郷土に伝わる民俗と信仰

地方史誌にとりあげられた民俗文献目録

飯澤文夫 監修

日外アソシエーツ

Folklore and Faith of Place Names
Compiled by Prefecture

in Japan

Supervised by
©Fumio Iizawa

Compiled by
©Nichigai Associates, Inc.

Nichigai Associates, Inc.
Printed in Japan, 2018

●編集担当● 小川 修司／青木 竜馬
装　丁：赤田 麻衣子

刊行にあたって

　本書は 2017 年 12 月刊行の『地名でたどる郷土の歴史―地方史誌にとりあげられた地名文献目録』（飯澤監修、日外アソシエーツ）の続編に当り、全国の地方史研究雑誌に掲載された民俗と信仰に関する論文・記事を、その事象が発生している地名のもとに索引化したものである。

　見出し項目として立てた地名は前編同様に、原則として論文・記事のタイトルに表示された旧国・藩名、新・旧行政地名、大字・小字、通称地名、寺社名をそのまま採用した。

　採録の範囲は、福田アジオほか編『日本民俗大辞典』下（吉川弘文館、2000）登載の「民俗」の解説を参照し、民衆の慣習、民間伝承、民間信仰、俗信に関わるものとした。

　柳田国男は民俗学を、民間伝承を通して生活変遷の跡を尋ね、民族文化を明らかにしようとする学問と定義している（『民俗学辞典』東京堂、1951）。また、和歌森太郎は、柳田のいう「民族文化」の理解をさらに深め、民族の基層文化の性質と本質を究明すること（『日本民俗事典』弘文堂、1972）と述べている。民俗と信仰の様相と歴史的展開を知ることは、すなわち、郷土とそこに暮らす人々の生きた姿を知ることであると思う。そうした意味において本書の意義は少なくないと自負するものであり、郷土研究の基礎資料として活用していただきたい。

　地方史研究雑誌掲載論文・記事の索引化は、『郷土ゆかりの人々―地方史誌にとりあげられた人物文献目録』（飯澤監修、日外アソシエーツ、2016）以来、これでシリーズ 3 冊目になるが、まだ大きな文献量をもつものとしては考古学が残されている。さらなる続編の刊行を願って止まない。

　今回もまた『地方史文献年鑑』のデータを提供してくださった岩田書院の岩田博氏と、データ構築・編集をされている白鳥舎の白鳥聡氏に感謝を申し上げる次第である。また企画・編集され、困難な採録、同定作業に当たられた日外アソシエーツ編集部の青木竜馬、小川修司さん、及び多くのスタッフの皆さんに敬意を表したい。

　2018 年 5 月

飯澤　文夫

凡　例

1. 収録期間と範囲

　1997 年 1 月〜2014 年 12 月に発行された地方史研究雑誌・地域文化誌及び地方史関係記事が比較的多く掲載される全国誌 2,459 誌から、21,734 の土地（地名）の民俗と信仰に関する文献 65,715 点を収録した。各文献の書誌事項は、飯澤文夫編『地方史文献年鑑』（岩田書院 1997 年版〜2014 年版）収録データを利用した。

2. 収録対象

（1）民俗、信仰、慣習、祭礼、伝統芸能など広く収録対象とした。

（2）歴史、考古学、人物に関する雑誌・文献は原則収録対象外とした。

3. 見出し語

（1）見出し語は記事タイトル中から切り出した地名、寺社名をそのまま用いたが、収録範囲に該当すると判断された文献については例外措置として、誌名または発行団体名中の地名を用いた。ただし、各都道府県全体に関係する文献は、各都道府県名の下に収めた。諏訪神社、熊野神社など全国に広く分布する寺社については、地名を見出しとした。また、地域特有の祭などを文中に含み、地名が類推できるものについては、その地名の下に収めた。国の重要無形文化財については、これを見出しとして用いた。

（2）見出し語は、原則最下位にあたる地名とし、複数の地名が主題となる文献はそれぞれの地名を見出し語とした。

（3）漢字は原則常用漢字・新字とした。

4. 見出しの排列

（1）地域（都道府県別）の下に見出し語の読みの五十音順で排列した。都道府県は記事タイトル中の表記及び掲載誌の出版地から判断した。複数の都道府県に亘る地名については原則掲載誌の出版地の都道府県に排列した。

（2）濁音・半濁音は清音扱いとし、ヂ→シ、ヅ→スとした。拗音・促音は直音扱い、長音符（音引き）は無視した。

5. 文献の排列と記載の形式

（1）排列

見出し語のもとに、記事が掲載された雑誌の刊行年月順で排列した。

（2）記載の形式

下記の原則によって記載した。各回タイトルのない連載記事は集約して表示したものがある。

論題／（著編者）／「誌名」／発行者／巻（号）／発行年月

6. 地名・寺社名索引

見出し語の読みの五十音順に排列し、本文での地域と掲載ページを示した。

目　　次

北方地域 ……………………………… 1
東日本 ………………………………… 2
　北海道 ……………………………… 4

東北 …………………………………… 19
　青森県 ……………………………… 26
　岩手県 ……………………………… 33
　宮城県 ……………………………… 48
　秋田県 ……………………………… 59
　山形県 ……………………………… 71
　福島県 ……………………………… 90

関東 …………………………………… 114
　茨城県 ……………………………… 118
　栃木県 ……………………………… 134
　群馬県 ……………………………… 148
　埼玉県 ……………………………… 174
　千葉県 ……………………………… 203
　東京都 ……………………………… 248
　神奈川県 …………………………… 336

北陸甲信越 …………………………… 372
　新潟県 ……………………………… 374
　富山県 ……………………………… 402
　石川県 ……………………………… 416
　福井県 ……………………………… 432
　山梨県 ……………………………… 444
　長野県 ……………………………… 455

東海 …………………………………… 514
　岐阜県 ……………………………… 516
　静岡県 ……………………………… 535
　愛知県 ……………………………… 569
　三重県 ……………………………… 598

西日本 ………………………………… 624
近畿 …………………………………… 627
　滋賀県 ……………………………… 630
　京都府 ……………………………… 661
　大阪府 ……………………………… 686
　兵庫県 ……………………………… 716
　奈良県 ……………………………… 740
　和歌山県 …………………………… 781

中国 …………………………………… 799
　鳥取県 ……………………………… 802
　島根県 ……………………………… 810
　岡山県 ……………………………… 830
　広島県 ……………………………… 847
　山口県 ……………………………… 879

四国 …………………………………… 897

徳島県 ………………………………… 902
香川県 ………………………………… 911
愛媛県 ………………………………… 926
高知県 ………………………………… 948

九州・沖縄 …………………………… 967
　福岡県 ……………………………… 972
　佐賀県 ……………………………… 994
　長崎県 ……………………………… 1002
　熊本県 ……………………………… 1011
　大分県 ……………………………… 1017
　宮崎県 ……………………………… 1039
　鹿児島県 …………………………… 1052
　沖縄県 ……………………………… 1079

その他 ………………………………… 1121
地名・寺社名索引 …………………… 1123

北方地域

浦潮本願寺

浦潮本願寺の成立と発展（松本郁子）「近代仏教」 日本近代仏教史研究会
（13） 2007.2

カムチャツカ

「鵬丸カムチャツカ周航アルバム」の民族誌としての意義 皮船バイダラ
を中心に（資料紹介）（渡部裕）「北海道立北方民族博物館研究紀要」
北海道立北方民族博物館 （23） 2014.03

樺太

第12回特別展 「樺太1905―45 日本領時代の少数民族」「北方民族博物
館だより」 北海道立北方民族博物館 27 1997.10

樺太アイヌの民俗誌（村崎恭子）「東北学.〔第1期〕」 東北芸術工科大学
東北文化研究センター，作品社（発売）7 2002.10

コレクションの系譜（13）立正大学博物館と久保樺太資料（坂詰秀一）
「Arctic circle」 北方文化振興協会 （55） 2005.6

樺太アイヌの木製品における刻印・人面の信仰的意義―事例と考察（北
原次郎太）「Itahcara」 『Itahcara』編集事務局 （5） 2006.12

北海道立北方民族博物館所蔵の田辺尚雄氏樺太調査関連資料について
（2）（資料紹介）（篠原智花，笹倉いる美）「北海道立北方民族博物館研
究紀要」 北海道立北方民族博物館 （17） 2008.3

カラフトアイヌ供養・顕彰碑と嘉永六年クシュンコタン占拠事件（関根
達人，市毛幹幸）「弘前大学国史研究」 弘前大学国史研究会 （124）
2008.3

日本領期の樺太における温泉文化誌・覚書（池田貴夫）「北海道開拓記念
館研究紀要」 北海道開拓記念館 （38） 2010.3

海外神社研究会「樺太の神社の終戦顚末」（研究会報告）（前田孝和）「非
文字資料研究」 神奈川大学21世紀COEプログラム拠点推進会議
（27） 2012.01

日本領期樺太の民俗・緒論（研究ノート）（池田貴夫）「日本民俗学」 日
本民俗学会 （272） 2012.11

トンコリはどこからきたか（研究論文）（篠原智花，丹菊逸治）「飛ノ台史
跡公園博物館紀要」 船橋市飛ノ台史跡公園博物館 （10） 2013.03

文献課の窓から 樺太に見る失われた文化（若林正博）「総合資料館だより」
京都府立総合資料館，京都府立総合資料館友の会 （178） 2014.1

樺太アイヌの口承文芸における語りの構造―浅井タケのトゥイタハ「カ
ラスと娘」の場合（大喜多紀明）「知床博物館研究報告」 斜里町立知床
博物館 （36） 2014.03

サハリン

サハリン島アイヌ民族の「三人きょうだい譚」の成立仮説―ニヴフ民族
の「三人の猟師」からの影響（丹菊逸治）「口承文藝研究」 日本口承文
藝學會 （35） 2012.03

サハリン口承文学の地域差（第36回日本口承文芸学会大会―研究発表報
告）（丹菊逸治）「伝え ： 日本口承文芸学会会報」 日本口承文芸学会
（51） 2012.10

サハリン口承文学の地域差（丹菊逸治）「口承文藝研究」 日本口承文藝學
會 （36） 2013.03

北方地域

北方民族の文化とアイヌ文化（2）～（4）（楠作高子）「久摺」 釧路アイヌ
文化懇話会 6/9 1997.5/2001.11

柳田国男にとっての北方文化―サケをめぐる民俗の看過の問題から（菅
豊）「民具マンスリー」 神奈川大学 31（4） 1998.7

第13回北方民族文化シンポジウム「北方の開発と環境」「北方民族博物
館だより」 北海道立北方民族博物館 32 1999.1

北の交友録・墓石が消えた（因幡勝雄）「北方探究」 北方懇話会 （1）
1999.6

第14回北方民族文化シンポジウム「北方諸民族文化のなかのアイヌ文化
―生業をめぐって」（中田篤）「北方民族博物館だより」 北海道立北方
民族博物館 36 2000.1

第15回北方民族文化シンポジウム「北方諸民族文化のなかのアイヌ文化
―儀礼・信仰・芸能をめぐって」（渡部裕，角達之助）「北方民族博物館
だより」 北海道立北方民族博物館 40 2001.1

第16回北方諸民族文化シンポジウム「北方諸民族文化のなかのアイヌ文
化―文化交流の諸相をめぐって」（渡部裕，角達之助）「北方民族博物館
だより」 北海道立北方民族博物館 44 2002.1

国際博物館の日記念講座 北方の歌・踊り・遊び（渡部裕）「北方民族博物
館だより」 北海道立北方民族博物館 50 2003.7

北方地域 "民族的集団" の名称（宇田川洋）「北方探究」 北方懇話会
（6） 2004.6

北の交換・交易―儀礼の杖と使者祭り（谷本一之）「北海道立北方民族博
物館研究紀要」 北海道立北方民族博物館 （17） 2008.3

佐々木馨著『北方伝説の誕生』（書評と紹介）（誉田慶信）「弘前大学国史
研究」 弘前大学国史研究会 （124） 2008.3

雁と熊―想像世界での系譜と宇宙創成神話（フィリップ，ヴァルテール，
渡邉浩司［訳］）「北海道立北方民族博物館研究紀要」 北海道立北方民
族博物館 （18） 2009.03

北海道立北方民族博物館所蔵のウイルタ資料I―対応する北方言の語彙を
中心に（1）～（3）（山田祥子，笹倉いる美）「北海道立北方民族博物館
研究紀要」 北海道立北方民族博物館 （19）/（22） 2010.03/2013.03

北方地域と浄土宗（論文）（佐々木馨）「秋大史学」 秋田大学史学会
（59） 2013.03

東日本

阿賀川流域

阿賀川流域の鮭漁をめぐって—近世の風土記・風俗帳を中心に（佐々木長生）「民具マンスリー」 神奈川大学 38（3）通号447 2005.6

岩船地蔵

書籍紹介 『歴史探索の手法—岩船地蔵を追って』（福田アジオ）「民具マンスリー」 神奈川大学 39（7）通号463 2006.10

福田アジオ著『歴史探索の手法—岩船地蔵を追って』（新刊紹介）（多々良典秀）「静岡県民俗学会誌」 静岡県民俗学会 （25） 2007.3

尾瀬

尾瀬と熊野信仰（柳澤践夫）「郷土」 郷土の文化を考える会 （7） 2007.12

関東信越

隠れキリシタン庚申塔—国東半島と関東信越の（近藤進）「国見物語」 国見町郷土史研究会 19 2000.6

三遠信

三遠信大念仏の五方と弾指（坂本要）「まつり通信」 まつり同好会 37（8）通号438 1997.7

美博文化講座講演会・映写会 澁澤フィルムと三遠信の民俗（伊藤正英）「伊那民俗研究」 柳田國男記念伊那民俗学研究所 （15） 2007.5

研究ノート 「山の民」と民俗芸能—三遠信地域の盆行事を題材にして（青木隆幸）「信濃［第3次］」 信濃史学会 62（8）通号727 2010.08

三遠南信

中絶・廃絶する民俗芸能の保存を—三遠南信の霜月神楽の現況から（山崎一司）「伊那民俗 ： 伊那民俗学研究所報」 柳田国男記念伊那民俗学研究所 （73） 2008.6

三遠南信地域の郷土食・五平餅（特集 信州と隣県—三遠南信）「地域文化」 八十二文化財団 （104） 2013.04

「民俗の宝庫〈三遠南信〉の発見と発信」新資料の紹介（1）向山雅重の「野帳」にみる渋沢敬三の教え（資料紹介）（櫻井弘人）「伊那民俗研究」 柳田國男記念伊那民俗学研究所 （20） 2013.05

「民俗の宝庫〈三遠南信〉の発見と発信」新資料の紹介（2）南信新聞等にみる柳田国男の新野の盆踊り調査（資料紹介）（櫻井弘人）「伊那民俗研究」 柳田國男記念伊那民俗学研究所 （21） 2013.12

道と地芝居の担い手たち—三遠南信と東濃を結ぶ街道筋から（特集 地芝居の今）（蒲池卓巳）「まつり」 まつり同好会 （75） 2013.12

津軽海峡

津軽海峡及び周辺地域のムダマハギ型漁船について（昆政明）「民具研究」 日本民具学会 通号118 1998.9

東国

戦国期、東国における京仏師の活動について（鳥居和郎）「神奈川県立博物館研究報告.人文科学」 神奈川県立歴史博物館 通号23 1997.3

柳田国男の『東国古道記』紀行（1）「伊那民俗 ： 伊那民俗学研究所報」 柳田国男記念伊那民俗学研究所 29 1997.6

柳田国男の『東国古道記』紀行（2）「十石峠」の道（中村俊一）「伊那民俗 ： 伊那民俗学研究所報」 柳田国男記念伊那民俗学研究所 30 1997.9

戦国期東国の郷村における家について—本家・新屋・門屋・明屋敷考（平山優）「武田氏研究」 武田氏研究会，岩田書院（発売） 18 1997.10

柳田国男の『東国古道記』「井川」の里（高橋寛治）「伊那民俗 ： 伊那民俗学研究所報」 柳田国男記念伊那民俗学研究所 31 1997.12

柳田国男の『東国古道記』紀行（4）道志の峡谷（宮坂昌利）「伊那民俗 ： 伊那民俗学研究所報」 柳田国男記念伊那民俗学研究所 32 1998.3

お寺が村をまるごと買った話—中世東国村落における末寺の形成（湯浅治久）「中世房総」 崙書房出版 10 1998.8

柳田国男の『東国古道記』紀行（5）青崩峠から遠山谷を歩く（松上清志）「伊那民俗 ： 伊那民俗学研究所報」 柳田国男記念伊那民俗学研究所 34 1998.10

柳田国男の『東国古道記』紀行（6）秋葉街道・奥遠州路を歩く（塩沢一郎）「伊那民俗 ： 伊那民俗学研究所報」 柳田国男記念伊那民俗学研究所 35 1998.12

柳田国男の『東国古道記』紀行（7）飯田下伊那の天王信仰とゆきよし様（横田正勝）「伊那民俗 ： 伊那民俗学研究所報」 柳田国男記念伊那民俗学研究所 36 1999.3

柳田国男の『東国古道記』紀行（8）旅人と風景（原幸夫）「伊那民俗

伊那民俗学研究所報」 柳田国男記念伊那民俗学研究所 37 1999.6

柳田国男の『東国古道記』紀行（9）柳田家ゆかりの飯田を歩く（高橋寛治）「伊那民俗 ： 伊那民俗学研究所報」 柳田国男記念伊那民俗学研究所 38 1999.9

柳田国男の『東国古道記』紀行（10）加賀様の隠し路 北アルプスの針の木峠（片桐みどり）「伊那民俗 ： 伊那民俗学研究所報」 柳田国男記念伊那民俗学研究所 39 1999.12

柳田国男の『東国古道記』紀行（11）赤壁の家（故神津猛邸）での一夜（中村健一）「伊那民俗 ： 伊那民俗学研究所報」 柳田国男記念伊那民俗学研究所 40 2000.3

中世東国の法華宗寺院における住持と隠居—安房妙本寺の日要・日我・日侃を中心として（佐藤博信）「千葉県史研究」 千葉県史料研究財団 8 2000.3

中世の法華宗関係文書を読む—東国編（重永卓爾）「季刊南九州文化」 南九州文化研究会 84 2000.7

シンポジウム「東国仏教の源流を探る」について（浅見靖幸）「群馬歴史散歩」 群馬歴史散歩の会 162 2000.9

古代東国村落址研究の現在—村の中の仏教（宮瀧交二）「帝京大学山梨文化財研究所報」 帝京大学山梨文化財研究所 （40） 2000.11

柳田国男の『東国古道記』紀行（12）秋葉道は中世諏訪信仰の道（清水三郎）「伊那民俗 ： 伊那民俗学研究所報」 柳田国男記念伊那民俗学研究所 43 2000.12

柳田国男の『東国古道記』紀行（13）奇談の流行（松上清志）「伊那民俗 ： 伊那民俗学研究所報」 柳田国男記念伊那民俗学研究所 44 2001.3

新刊点描 『多摩川絵図 今昔—源流から河口まで』、『東国の歴史と史跡』、『武蔵における社寺と古文化』（馬場喜信）「多摩地域史研究会会報」 多摩地域史研究会 53 2001.3

古代東国山岳山林寺院瞥見（2）（上野川勝）「唐澤考古」 唐沢考古会 20 2001.5

柳田国男の『東国古道記』紀行（14）浪合記の色々な異本（斉藤俊江）「伊那民俗 ： 伊那民俗学研究所報」 柳田国男記念伊那民俗学研究所 45 2001.6

柳田国男の『東国古道記』紀行（15）霊の話を信じて（折山邦彦）「伊那民俗 ： 伊那民俗学研究所報」 柳田国男記念伊那民俗学研究所 46 2001.9

柳田国男の『東国古道記』紀行（16）遠江と信濃との連絡（小林多門）「伊那民俗 ： 伊那民俗学研究所報」 柳田国男記念伊那民俗学研究所 49 2002.6

柳田国男の『東国古道記』紀行（17）甲州との交通（浜島晃）「伊那民俗 ： 伊那民俗学研究所報」 柳田国男記念伊那民俗学研究所 50 2002.9

柳田国男の『東国古道記』紀行（18）中世以前の旅行組織（高橋寛治）「伊那民俗 ： 伊那民俗学研究所報」 柳田国男記念伊那民俗学研究所 51 2002.12

柳田国男の『東国古道記』紀行（19）江戸以前の東国（前澤奈緒子）「伊那民俗 ： 伊那民俗学研究所報」 柳田国男記念伊那民俗学研究所 52 2003.3

律宗系文物からみた東国の律宗弘布の痕跡（桃崎祐輔）「戒律文化」 戒律文化研究会，法藏館（発売） （2） 2003.3

東国における天神信仰（真壁俊信）「季刊悠久.第2次」 鶴岡八幡宮悠久事務局 98 2004.7

佐藤博信著『中世東国日蓮宗寺院の研究』（寺尾英智）「千葉史学」 千葉歴史学会 （45） 2004.11

《特集 シンポジウム「古代の祈り—人面墨書土器からみた東国の祭祀」》「神奈川地域史研究」 神奈川地域史研究会 （23） 2005.3

「シンポジウム古代の祈り 人面墨書土器からみた東国の祭祀」参加記（新井重行）「神奈川地域史研究会会報」 神奈川地域史研究会 （77） 2005.6

新刊紹介 村田和義編集 東国板碑研究会同人発行 拓本展「東国の図像板碑」図録『中世人の祈り』（矢ヶ崎善太郎）「史迹と美術」 史迹美術同攷会 76（9）通号769 2006.11

富豪の寺—東国における村落有力者の氏寺の可能性について（冨永樹之）「神奈川考古」 神奈川考古同人会 （43） 2007.5

論文紹介 三舟隆之著『日本霊異記』における東国関係説話—説話形成の一試論」（塩入秀敏）「千曲」 東信史学会 （133） 2007.5

禅宗史料からみた東国の領土—『春日山林泉開山曇英禅師語録』の分析を中心として（森田真一）「群馬県立歴史博物館紀要」 群馬県立歴史博物館 （30） 2009.03

中世後期の東国社会における山伏の位置《《特集 中世地域社会における

宗教活動と民衆》）（近藤祐介）「民衆史研究」 民衆史研究会 （77） 2009.05

中世東国の律院の茶―称名寺とその寺領・末寺を通じてみた鎌倉の茶（永井晋）「鎌倉」 鎌倉文化研究会 通号107 2009.06

新刊紹介 小森正明著『室町期東国社会と寺社造営』（川本慎自）「千葉史学」 千葉歴史学会 （55） 2009.11

小森正明著『室町期東国社会と寺社造営』（書評）（湯浅治久）「史境」 歴史人類学会，日本図書センター（発売） （60） 2010.03

古代東国の竈神をめぐって（第72回例会報告）（荒井秀規）「多摩地域史研究会会報」 多摩地域史研究会 （95） 2010.11

古代渡河交通と寺院―東国の官衙周辺を事例として（2009年度総会研究報告「神奈川の資料保存とネットワーク」）（永井晋）「神奈川地域史研究」 神奈川地域史研究会 （28） 2010.12

院派仏師の東国進出について―神奈川・金剛寺地蔵菩薩坐像を中心に（曽根博明）「考古論叢神奈河」 神奈川県考古学会 20 2012.03

戦国期東国領主の儀式・儀礼（木村真理子）「歴史と文化」 栃木県歴史文化研究会，随想舎 （25） 2012.8

東国にみる蔵王権現（特集 役行者・蔵王権現）（田中英雄）「日本の石仏」 日本石仏協会，青娥書房（発売） （144） 2012.12

寛永二年醍醐寺僧侶の東国下向記（1）（高橋充，阿部綾子）「福島県立博物館紀要」 福島県立博物館 （28） 2014.03

鎌倉初期の東国武士と関東祈禱所の認定―横山時広と「進美寺文書」の検討（山野龍太郎）「八王子市史研究」 八王子市 （4） 2014.03

総会記念講演 運慶と東国―浄楽寺諸像の日本仏教史上の意義（山本勉）「三浦一族研究」 横須賀市 （18） 2014.03

東国の初期五輪塔（創刊70号記念特別号）（磯部淳一）「歴史考古学」 歴史考古学研究会 （70） 2014.12

二十四輩

史料としての『二十四輩順拝図会』（鈴木景二）「富山史壇」 越中史壇会 135・136 2001.12

『二十四輩巡拝図会』「信濃之部」の絵（1）（小林一郎）「長野」 長野郷土史研究会 （240） 2005.3

『二十四輩順拝図会』「信濃之部」の絵（2） 善光寺（小林一郎）「長野」 長野郷土史研究会 （243） 2005.9

二十五箇所と二十四輩のこと「四国辺路研究」 海王舎 （25） 2006.6

資料 二十四輩納経帳／親鸞聖人御染筆笹字御名号縁起「四国辺路研究」 海王舎 （25） 2006.6

親鸞・蓮如御旧跡巡拝帳―青木常吉の二十四輩巡拝（市村幸夫）「山形民俗」 山形県民俗研究協議会 （20） 2006.10

2007年7月例会 研究発表「増殖する"御旧跡"―二十四輩参詣記と巡拝記をめぐって―」菊池政和氏（鈴木善幸）「日本宗教民俗学会通信」 日本宗教民俗学会 （117） 2007.9

「二十四輩巡拝図絵」（山内英司氏寄贈書籍141）（小暮伸之）「福島県史料情報」 福島県歴史資料館 福島県文化振興財団 （23） 2009.02

『二十四輩順拝図会』「信濃之部」の絵（3）（小林一郎）「長野」 長野郷土史研究会 （272） 2010.08

念仏紀行 親鸞聖人と関東二十四輩（紀行文）（三好勝芳）「備陽史研究山城志： 備陽史探訪の会機関誌」 備陽史探訪の会 （21） 2013.01

磐越

大彦命伝承史地理考証―磐越古代の道（高橋富雄）「福島県立博物館紀要」 福島県立博物館 通号14 1999.11

東日本

"ほうたんかぶり"と"すこたんかぶり"（山田妙子）「土蔵」 土蔵の会 9 1997.5

あめと初市―東日本の事例から（木下守）「信濃［第3次］」 信濃史学会 54（1）通号624 2002.1

東日本各地の寺社と中世の千葉―資料編 中世4（県外文書）（松永勝巳）「千葉県史料研究財団だより」 千葉県史料研究財団 14 2003.1

武士神格化一覧・稿（上）東日本編（高野信治）「九州文化史研究所紀要」 九州大学附属図書館付設記録資料館九州文化史資料部門 （47） 2003.3

東日本の天神様を祀る神社一覧（関東甲信越以東）「季刊悠久.第2次」 鶴岡八幡宮悠久事務局 98 2004.7

名作に登場する御幣餅「地域文化」 八十二文化財団 70 2004.10

山の神信仰が発祥 東日本にゴヘイモチ食習圏（中田敬三）「地域文化」 八十二文化財団 70 2004.10

カンジキからみる東日本・東北（野堀正雄）「民具研究」 日本民具学会 （130） 2004.10

東日本における神社由緒と人物の伝説（佐藤智敬）「茨城の民俗」 茨城民俗学会 （43） 2004.11

不入斗の日常食―コゴメ活用の東日本比較（吉川祐子）「静岡県民俗学会会報」 静岡県民俗学会 105 2004.11

千葉・茨城・栃木・群馬・山梨・神奈川・静岡・宮城・岡山・熊本の鳥

八臼一覧表（関口渉）「野仏： 多摩石仏の会機関誌」 多摩石仏の会 36 2005.7

長吏・かわたの河原巻物に込められた意味・主張について―東日本の弾左衛門由緒書を中心に（《特集 由緒と伝承》―研究報告にあたって）（大熊哲雄）「歴文だより： 栃木県歴史文化研究会会報」 栃木県歴史文化研究会事務局 （56） 2005.7

三匹シシ舞の起源と芸能化の過程について（《特集 獅子舞とシシ踊り》）（小島美子）「東北学.［第2期］」 東北芸術工科大学東北文化研究センター，柏書房（発売） （12） 2007.8

展示紹介 埼玉県立歴史と民俗の博物館「名もなき至宝―うけつがれし重要有形民俗文化財」（二階堂実）「民具研究」 日本民具学会 （139） 2009.03

史料紹介 『奥南革師方諸留』と「癩人小屋についての状断片」（仮称）（鯨井千佐登）「解放研究： 東日本部落解放研究所紀要」 東日本部落解放研究所，解放書店（発売） （24） 2010.09

研究ノート 『廻国雑記』研究について（宮澤美和子）「東村山市史研究」 東村山市教育委員会 （20） 2011.03

伊勢参宮旅日記にみる江戸時代の旅行行程―東日本における観光行動を中心として（加藤芳典）「藤沢市史研究」 藤沢市文書館 （44） 2011.3

津波と民俗学（特集 地震・津波・原発―東日本大震災）（藤野弘章）「東北学.［第2期］」 東北芸術工科大学東北文化研究センター，柏書房（発売） （28） 2011.8

西海賢二著『東日本の山岳信仰と講集団』（書評と紹介）（西村敏也）「山岳修験」 日本山岳修験学会，岩田書院（発売） （49） 2012.03

『ひなの一ふし』にみる民謡の源流と変遷（1）～（3）（菊地利雄）「菅江真澄研究」 菅江真澄研究会 （76）/（82） 2012.05/2014.05

鳥追い歌の発生と伝播（本城屋勝）「北方風土： 北国の歴史民俗考古研究誌」 イズミヤ出版 （66） 2013.06

鳥勧進の起源 第2部 鳥勧進にみる西日本と東日本（木村成生）「散歩の手帖」 木村成生 （26） 2013.10

一人立ち三頭獅子舞の成り立ちを探る（小論・少考）（髙橋裕一）「かながわの民俗芸能」 神奈川県民俗芸能保存協会 （78） 2014.03

一人立ち三頭獅子舞の源流をたずねて（小論・少考）（荒井俊明）「かながわの民俗芸能」 神奈川県民俗芸能保存協会 （78） 2014.03

岩本由輝編『歴史としての東日本大震災 口碑伝承をおろそかにするなかれ』（書評と紹介）（岩間剛城）「民俗文化」 近畿大学民俗学研究所 （26） 2014.07

関東甲信越・東北にある近代までの石造仁王像（特集 石仏探訪XII）（高野幸司）「日本の石仏」 日本石仏協会，青娥書房（発売） （151） 2014.09

北海道

アイヌ古式舞踊
「アイヌ古式舞踊」がユネスコの無形文化遺産「代表一覧表」に記載決定「文化情報」 北海道文化財保護協会 （316） 2009.11

紋別、アイヌ古式舞踊の宴（山田雅也）「文化情報」 北海道文化財保護協会 （319） 2010.05

阿吽寺
松前町阿吽寺所蔵山王七社神像について 山王七社神像の図像を中心として（青木伸剛）「北海道の文化」 北海道文化財保護協会 通号80 2008.3

阿寒
阿寒観光とアイヌ文化に関する研究ノート—昭和40年代までの阿寒紹介記事を中心に（斎藤玲子）「北海道立北方民族博物館研究紀要」 北海道立北方民族博物館 通号8 1999.3

旭川
旭川の酒造業（1）—地場産業としての創生と成立（木村光夫）「旭川研究 ： 旭川市史編集機関誌 ： 今と昔」 旭川市 12 1997.11

旭川の酒造業（2）大正時代北国の酒造り（木村光夫）「旭川市史編集機関誌 ： 今と昔」 旭川市 13 1998.3

大正初期の旭川における婚儀の明細—坪沼家の婚礼の場所（喜多健二）「旭川研究 ： 旭川市史編集機関誌 ： 今と昔」 旭川市 16 2000.3

旭川地方におけるタブカラについて—杉村満さんの伝承より（甲地利恵）「北海道立アイヌ民族文化研究センター研究紀要」 北海道立アイヌ民族文化研究センター （10） 2004.3

金倉義慧著『旭川・アイヌ民族の近現代史』（新刊紹介）（平澤こずえ）「北海道・東北史研究」 北海道出版企画センター （3） 2006.12

旭川市
小説「蔵」にみる蔵元と蔵人（木村光夫）「旭川研究 ： 旭川市史編集機関誌 ： 今と昔」 旭川市 12 1997.11

市町村指定文化財（48）旭川市指定有形文化財 養蚕民家「文化情報」 北海道文化財保護協会 219 2000.6

information about Japanese Ainu Collection（青柳信克）「旭川市博物館研究報告」 旭川市博物館 8 2002.3

鎮守の森の樹木（鈴木紘一）「みゅじあむ ： 旭川市博物館だより」 旭川市博物館 19 2003.2

酒造りと水信仰（余言余話）（木村光夫）「旭川研究 ： 旭川市史編集機関誌 ： 今と昔」 旭川市 20 2003.2

干鮭のはなし（1）（学芸員解説）（瀬川拓郎）「みゅじあむ ： 旭川市博物館だより」 旭川市博物館 20 2003.7

アイヌ語数詞体系に対する考察（魚井一由，廣田徹）「旭川市博物館研究報告」 旭川市博物館 10 2004.3

石臼のこと（学芸員解説）（岡本達哉）「みゅじあむ ： 旭川市博物館だより」 旭川市博物館 21 2004.7

干鮭のはなし（2）食膳の干鮭（学芸員解説）（瀬川拓郎）「みゅじあむ ： 旭川市博物館だより」 旭川市博物館 21 2004.7

知里幸恵編 アイヌ神謡集の中の（旭川市博物館研究報告」 旭川市博物館 11 2005.3

干鮭のはなし（3）薬としての干鮭（1）（学芸員解説）（瀬川拓郎）「みゅじあむ ： 旭川市博物館だより」 旭川市博物館 22 2005.7

博物館講座「アイヌ文化」（鹿田川見）「みゅじあむ ： 旭川市博物館だより」 旭川市博物館 22 2005.7

干鮭のはなし（5）干鮭と塩引（1）（学芸員解説）（瀬川拓郎）「みゅじあむ ： 旭川市博物館だより」 旭川市博物館 （24） 2007.7

旭川神社
旭川神社祭典の変遷（池田貴夫）「旭川研究 ： 旭川市史編集機関誌 ： 今と昔」 旭川市 14 1998.12

旭川村
農民のいない旭川村誕生（木村光夫）「旭川研究 ： 旭川市史編集機関誌 ： 今と昔」 旭川市 11 1997.3

芦別市
現代の祭りにおける「伝承」のありかた—北海道芦別市の健夏山笠を題材に（福間裕爾）「福岡市博物館研究紀要」 福岡市博物館 （10） 2000.3

蘆別神社
ろうべつ神社とは読まない（井上寿）「文化情報」 北海道文化財保護協会 213 2000.1

飛鳥山神社
江別屯田の飛鳥山神社（田村邦雄）「屯田」 北海道屯田倶楽部 （45） 2009.04

厚岸町
地域の文化を後世に伝えるために—厚岸町指定無形文化財「厚岸かぐら」の取り組み（読者の声）（車塚洋）「文化情報」 北海道文化財保護協会 （334） 2012.11

厚沢部町
厚沢部町から収集した神楽関係資料（舟山直治，池田貴夫，村上孝一）「北海道開拓記念館研究紀要」 北海道開拓記念館 （41） 2013.03

厚田浜
石狩浜、厚田浜の履物（吉岡玉吉）「いしかり暦」 石狩市郷土研究会 （22） 2009.3

厚別
地域の形成と宗教施設—札幌・厚別地域を事例として（細川健裕）「北海道地域文化研究」 北海道地域文化学会 （[1]） 2009.03

厚別西
わがまち温故知新 神社が結ぶ土地との縁で、地域の一体感を醸成—厚別西厚信会（北室かず子）「札幌の歴史 ： 「新札幌市史」機関誌」 札幌市 （53） 2007.8

網走
網走の観光資源とサハリン先住民文化に関する新聞資料（1）（2008年度分野別研究）（田村将人）「北海道開拓記念館調査報告」 北海道開拓記念館 （48） 2009.3

網走のウイルタの小さな記録（笹倉いる美）「Arctic circle」 北方文化振興協会 （80） 2011.09

網走方言の名詞アクセントについて（第207回例会研究発表資料（2014.4.20）（ダリン，トーマス）「北海道方言研究会会報」 北海道方言研究会事務局 （91） 2014.12

虻田
アイヌ語虻田方言の英雄叙事詩（yukar）テキストとその方言的特徴［1］，（2）（佐藤知己）「北海道立アイヌ民族文化研究センター研究紀要」 北海道立アイヌ民族文化研究センター （15）/（16） 2009.03/2010.03

有明
郷土芸能の伝承—初山別村有明獅子舞（渡辺滋）「北海道を探る」 北海道みんぞく文化研究会 通号31 1998.11

石狩
石狩鍋と鰊漬と そして石川啄木（與士田龍策）「西日本文化」 西日本文化協会 358 2000.1

石狩・後志・空知 北海道の伝説より（久保孝夫）「箱館昔話」 函館パルス企画 （14） 2002.4

三平汁と石狩鍋（吉岡玉吉）「いしかり暦」 石狩市郷土研究会 （19） 2006.2

「図書にみる石狩鍋（サケなべ）材料の変換」によせて（鈴木トミエ，田中實，秋山正子，高瀬たみ，仲野孝，三島照子，安井澄子，吉本愛子）「いしかり暦」 石狩市郷土研究会 （22） 2009.03

プップ八幡さん—石狩で生まれた戯れ言葉（吉岡玉吉）「いしかり暦」 石狩市郷土研究会 （25） 2012.03

石狩越後盆踊り—郷土から持ち込んだ盆踊り（高瀬たみ）「いしかり暦」 石狩市郷土研究会 （27） 2014.03

石狩市
石狩市内の屋号（高瀬たみ，吉岡玉吉）「いしかり暦」 石狩市郷土研究会 （21） 2008.3

村山家文書（北海道開拓記念館所蔵）解読 『諸国知人幷部名前所附控』（村山耀一，安井澄子）「いしかり暦」 石狩市郷土研究会 （23） 2010.03

石狩市での今井家漁撈回顧（今井光男）「いしかり暦」 石狩市郷土研究会 （26） 2013.3

石狩浜
石狩浜漁業関係者の主な祭事（吉岡玉吉）「いしかり暦」 石狩市郷土研究会 （18） 2005.3

石狩浜、厚田浜の履物（吉岡玉吉）「いしかり暦」 石狩市郷土研究会

（22）2009.3

石狩浜の「鯨」と「塚」をめぐって（工藤義衛）「いしかり暦」 石狩市郷土研究会 （26）2013.3

石狩弁天社

市町村指定文化財（41）石狩市指定有形文化財 石狩弁天社「文化情報」北海道文化財保護協会 212 1999.11

一已兵村

獅子舞を伝えて百年・一已兵村（高尾須賀男）「屯田」 北海道屯田倶楽部（38）2005.10

岩戸観音堂

地崎3代と定山渓一温泉開発・岩戸観音堂建立を事例として（論文）（小泉昌弘）「北海道地域文化研究」 北海道地域文化学会 （6）2014.03

岩内

岩内方言の単文における格助詞「に」と「さ」の使われ方について（第165回例会発表資料）（高橋知恵）「北海道方言研究会会報」 北海道方言研究会 （81）2005.12

岩内町

北海道方言の副詞語彙について―日本海側岩内町での聞き取り・アンケート調査（見野久幸）「北海道方言研究会会報」 北海道方言研究会 67 1998.6

ウエンナイ神社三社

ウエンナイ神社三社調査報告（オホーツクミュージアムえさし 平成20年度研究報告）（丸井芳明，朝倉克美，佐藤修司，高畠孝宗）「枝幸研究」オホーツクミュージアムえさし （1）2009.11

有珠

有珠の信仰（酒井卓晃）「伊達の風土」 伊達郷土史研究会 20 2001.12

有珠善光寺

有珠善光寺の大絵馬と円空の観音像 寄進者泉藤兵衛について（上）（泉隆）「箱館昔話」 函館パルス企画 （10周年記念号）1998.4

有珠町

伊達市有珠町所在（善光寺宝物館蔵）泉藤兵衛奉納延命地蔵尊の由来と絵馬（泉隆）「箱館昔話」 函館パルス企画 （12）2000.4

臼谷稲荷神社

場所請負制成立期の遺産―小平町臼谷稲荷神社の「弁才天碑」（長澤政之）「北海道の文化」 北海道文化財保護協会 通号79 2007.3

歌登パンケナイ砂金地

歌登パンケナイ砂金地における熊野山石碑調査（高畠孝宗，朝倉克美，開地晃，笠井淳彦，神尾恵美子，齋藤克行，寺林正昭，村山良子，渡部恵子）「枝幸研究」 オホーツクミュージアムえさし （2）2010.12

歌笛

ルポルタージュ（無形民俗文化財の紹介）「三石町歌笛越前踊り（北海道）」について（白崎弘）「ふくい無形民俗文化財」 福井県無形民俗文化財保護協議会 （23）2001.4

内浦湾

北海道南西部における異民族間交流史の民俗学的研究―渡島半島の日本海沿岸と内浦湾沿岸の神社祭祀を中心に（舟山直治）「北海道開拓記念館研究紀要」 北海道開拓記念館 （41）2013.03

姥神大神宮

街中が燃える三日間江差姥神大神宮・山車まつり（石橋藤雄）「箱館昔話」函館パルス企画 （15）2003.4

表紙写真のことば 江差姥神大神宮渡御祭 北海道檜山郡江差町「まつり通信」 まつり同好会 53（4）通号566 2013.07

浦臼町

北海道樺戸郡浦臼町の人形芝居について（2006年度分野別研究）（三浦泰之）「北海道開拓記念館調査報告」 北海道開拓記念館 （46）2007.3

浦河町

コレクションの系譜（47）浦河町立郷土博物館のアイヌ文化資料（伊藤昭和）「Arctic circle」 北方文化振興協会 （90）2014.03

浦幌

浦幌の昔話（エッセイ）（高橋悦子）「トカプチ ： 郷土史研究」 NPO十勝文化会議郷土史研究部会 （18）2007.12

浦幌町

浦幌町の日時計が示す視太陽時の測定と精度（和歌山満）「浦幌町立博物館紀要」 浦幌町立博物館 （6）2006.3

永専寺

市町村指定文化財（64）網走市指定有形文化財 永専寺山門「文化情報」

北海道文化財保護協会 235 2001.10

江差

江差・奥尻民俗紀行―「青潮」と「白潮」の出会う海域《《北海道特集》》（戸井田克己）「民俗文化」 近畿大学民俗学研究所 （19）2007.3

江差餅つき囃子―豪商の年越し風習を再生（松村隆）「文化情報」 北海道文化財保護協会 （323）2011.01

江差町

八重山の歌と踊りにふれて―江差町南北文化交流団の思い出（館和夫）「しまうた」 しまうた文化研究会 14 2002.12

蝦夷

〔資料紹介〕岡村吉右衛門作 蝦夷絵シリーズ「熊送り（牡）」「熊送り（牝）」（福田雪江）「郷土と博物館」 鳥取県立博物館 44（2）通号88 1999.3

蝦夷の神「荒吐（あらはばき）神」の実態を明らかにする（伊藤祐紀）「北方風土 ： 北国の歴史民俗考古研究誌」 イズミヤ出版 通号38 1999.5

本願寺教団と蝦夷・北奥・村山（誉田慶信）「西村山地域史の研究」 西村山地域史研究会 （17）1999.9

彰考館旧蔵「蝦夷チヤランケ並浄瑠璃言」に収録されたアイヌ古文献「酒盃之席亭主江祝儀之口上」について―修辞論的な視点からの考察（大喜多紀明）「法政人類学」 法政大学人類学研究会 （94）2003.03

口絵図版 谷元旦「蝦夷器具図式」（阿部富喜男）「トカプチ ： 郷土史研究」NPO十勝文化会議郷土史研究部会 （17）/（18）2005.12/2007.12

義経蝦夷渡り伝説図絵馬（伊佐治知子）「文化情報」 北海道文化財保護協会 （314）2009.07

研究発表報告3 大谷洋一氏「カムイかにアイヌへの意思伝達について」、深澤美香氏「加賀家文書「菊のかんざしみだれ髪」からの眺め 蝦夷通詞によるアイヌ語版「お吉清三」口説」（第37回日本口承文芸学会大会）（丹菊逸治）「伝え ： 日本口承文芸学会会報」 日本口承文芸学会（53）2013.10

加賀家文書「菊のかんざしみだれ髪」からの眺め―蝦夷通辞によるアイヌ語版「お吉清三」口説（深澤美香）「口承文藝研究」 日本口承文藝學会 （37）2014.03

蝦夷島

蝦夷島におけるキリシタン禁制―津軽キリシタン史との関連を中心に（村井早苗）「地域学 ： 地域の理解にむけて」 弘前学院大学，北方新社（発売）4 2006.6

蝦夷地

第143回例会研究発表資料 蝦夷地の開拓と北海道の義経伝説（武沢和義）「北海道方言研究会会報」 北海道方言研究会 74 2001.8

近世蝦夷地の寺社（谷本晃久）「歴史地名通信」 平凡社地方資料センター26 2001.10

キリシタン渡来と蝦夷地（成田民夫）「永 福島町史研究会会報」 福島町史研究会 2 2003.2

蝦夷地への稲荷勧請（青木伸剛）「茂呂瀾」 室蘭地方史研究会 （38）2004.2

東本願寺の蝦夷地開教（橋本とおる）「北海道れきけん」 北海道歴史研究会 56 2004.9

『庄内藩蝦夷地風俗絵巻』にみる民俗芸能（手塚薫，舟山直治，三浦泰之）「北海道開拓記念館調査報告」 北海道開拓記念館 44 2005.3

蝦夷地三か寺の殿中儀礼と寺格について（高嶋弘志）「釧路公立大学地域研究」 釧路公立大学地域分析研究委員会 （18）2009.12

和人地と蝦夷地の境界の移動にともなう神社祭祀の変遷（舟山直治）「北海道開拓記念館研究紀要」 北海道開拓記念館 （38）2010.03

蝦夷地における漆器の流通と使途―椀（盃）・盃台・「台盃」（浅倉有子）「北海道・東北史研究」 北海道出版企画センター （6）2010.4

蝦夷地での円空作「十一面観音立像」の意味するもの（小笠原実）「永 福島町史研究会会報」 福島町史研究会 （9）2010.05

近世後期蝦夷地における他国者の埋葬・供養をめぐる意識―福山城下・弘前城下の比較を通じて（論説）（澁谷悠子）「歴史」 東北史学会 120 2013.04

江別

ふるさとの心を訪ねて［1］，（2）―江別の民話から（末岡登）「えべつの歴史 ： 市民がつくるまちのれきし」 江別市総務部 （9）/（11）2007.3/2009.3

江別市

戦前の雪遊び（岩井哲夫）「えべつの歴史 ： 市民がつくるまちのれきし」江別市総務部 2 1997.3

街頭点描―露天商人たち（高崎一夫）「えべつの歴史 ： 市民がつくるまちのれきし」 江別市総務部 3 1998.3

王子祭りの思い出（木下迪介）「えべつの歴史 ： 市民がつくるまちのれきし」 江別市総務部 3 1998.3

えべつ曼陀羅 仕事師二話（藤倉徹夫）「えべつの歴史 ： 市民がつくるまちのれきし」 江別市総務部 4 1999.3

懐かしい少年相撲（松下治芳）「えべつの歴史 ： 市民がつくるまちのれきし」 江別市総務部 4 1999.3

調査・地蔵さんと馬頭観音一市内の石碑・石塔など（広田寛三）「えべつの歴史 ： 市民がつくるまちのれきし」 江別市総務部 6 2001.3

若いまち若い人びと（上）、（下）一大正期のまちの風貌（市史編さん室）「えべつの歴史 ： 市民がつくるまちのれきし」 江別市総務部 6/7 2001.3/2002.3

中隊界一中隊界、馬頭観音碑、箕枡地蔵（和田俊作）「えべつの歴史 ： 市民がつくるまちのれきし」 江別市総務部 （11） 2009.03

えりも町

生きられる民俗としての微小地名（関礼子）「えりも研究 ： えりも町郷土資料館調査研究報告」 えりも町郷土資料館・水産の館 （6） 2009.3

大石の沼

「大石の沼」伝説（木下寿実夫）「文化情報」 北海道文化財保護協会 253 2003.5

大沢

大沢とキリシタン（川合正子）「永 福島町史研究会会報」 福島町史研究会 （6） 2007.3

オカレンボウシ貝塚

オカレンボウシ貝塚と送り場一清野謙次コレクション・アイヌ文化の骨角器から（三宅正浩）「大阪府立近つ飛鳥博物館館報」 大阪府立近つ飛鳥博物館 2 1997.3

奥尻

江差・奥尻民俗紀行一「青潮」と「白潮」の出会う海域《北海道特集》（戸田田克己）「民俗文化」 近畿大学民俗学研究所 （19） 2007.3

奥尻島

被災した民俗一北海道南西沖地震後の奥尻島における民俗事例の軌跡と文化再活性化について（池田貴夫）「北海道開拓記念館研究紀要」 北海道開拓記念館 （31） 2003.3

奥の院（利意志里山大権現）

市町村指定文化財（52）利尻富士町指定有形文化財 奥の院（利意志里山大権現）「文化情報」 北海道文化財保護協会 223 2000.10

納内屯田兵村

納内屯田兵村の神社と寺（高橋貞光）「屯田」 北海道屯田倶楽部 23 1998.4

渡島

渡島 北海道の伝説より（久保孝夫）「箱館昔話」 函館パルス企画 （12） 2000.4

北海道渡島地方の馬具一列島南北両端のハミなし制御具（山田哲郎）「あしなか」 山村民俗の会 288 2010.04

渡島半島

北海道南西部における異民族間交流史の民俗学的研究一渡島半島の日本海沿岸と内浦湾沿岸の神社祭祀を中心に（舟山直治）「北海道開拓記念館研究紀要」 北海道開拓記念館 （41） 2013.03

小樽

再起を待つ小樽能舞台（3）（佐藤志津）「北の青嵐 ： 道史協支部交流会報」 北海道史研究協議会 96 2001.1

小樽能舞台の再生を願って（佐藤志津）「北の青嵐 ： 道史協支部交流会報」 北海道史研究協議会 146 2005.3

明治初期隠岐のゆかり、小樽・住吉神社と近江・三井寺（日野雅之）「隠岐の島町教育委員会」 隠岐の島町教育委員会 （24） 2007.3

小樽における菓子文化の基礎研究（1）一旧吉乃屋所蔵の菓子木型（櫻井美香）「小樽市総合博物館紀要」 小樽市総合博物館 （26） 2013.3

小樽における菓子文化の基礎の研究（2）一菓子木型における地域の比較研究にむけて（櫻井美香）「小樽市総合博物館紀要」 小樽市総合博物館 （27） 2014.3

小樽市

市町村指定文化財（54）小樽市指定有形文化財 木造聖観音立像「文化情報」 北海道文化財保護協会 225 2001.1

小樽市能舞台の再起を夢めて（4）「能と狂言」の会を継続する（佐藤志津）「北の青嵐 ： 道史協支部交流会報」 北海道史研究協議会 125 2003.6

アイヌ風俗画稿の研究一林家旧蔵のアイヌ風俗画稿の分析（石川直章）「小樽市博物館紀要」 小樽市博物館 （19） 2006.3

ニシンはどこへ運ばれたのか？一鰊〆粕の流通と使用（予報）藍を中心に（石川直章）「小樽市総合博物館紀要」 小樽市総合博物館 （21） 2008.3

小樽市近隣の石仏・石塔（平成25年の活動報告 小樽近隣石仏の実地調査一平成25年3・11月）（五島公太郎）「野仏 ： 多摩石仏の会機関誌」 多摩石仏の会 45 2014.07

オッパイ山

オッパイ山祭り 参加記（松本成美）「久摺」 釧路アイヌ文化懇話会 10 2003.12

音江

刻まれていた、音江の丘陵地帯一植民地区割りの謎とロマン（岡田斉）「空知地方史研究」 空知地方史研究協議会 33 1999.6

帯広

帯広最古の春日神社（井上寿）「文化情報」 北海道文化財保護協会 194 1998.5

帯広地方わらべうた（童謡）「赤い山 青い山 白い山」の考察（岩井照清）「トカプチ ： 郷土史研究」 NPO十勝文化会議郷土史研究部会 （17） 2005.12

シカの霊送り儀礼一再考（秋野茂樹）「帯広百年記念館紀要」 帯広百年記念館 （24） 2006.3

場所請負制とアイヌの熊の霊送り儀礼一軽物・イコロから見る（秋野茂樹）「帯広百年記念館紀要」 帯広百年記念館 （26） 2008.3

アイヌの霊送り儀礼の地域的様相一江戸期の様相とともに（1）、（2）（秋野茂樹）「帯広百年記念館紀要」 帯広百年記念館 （28）/（29） 2010.03/2011.03

帯広競馬場

文化の新しい風 北海道遺産（12）北海道の馬文化（2）ばんえい競馬の存続決定と今後への期待（北海道遺産構想推進協議会）「文化情報」 北海道文化財保護協会 （299） 2007.3

帯広別院

帯広最古の建築物 真宗大谷派帯広別院の本堂（井上寿）「文化情報」 北海道文化財保護協会 206 1999.5

オプタテシケ

熊送り最初の歌舞 "オプタテシケ" 考（大塚一美）「旭川研究 ： 旭川市史編集機関誌 ： 今と昔」 旭川市 16 2000.3

恩穂山

恩穂山二つのお堂の物語（1）大師堂と新四国八十八ヶ所霊場（佐藤ヤエ）「美深町郷土資料報告」 美深町郷土研究会 （5） 2007.10

恩穂山二つのお堂の物語（2）恩穂山不動明王堂一移られた松屋不動尊（佐藤ヤエ）「美深町郷土資料報告」 美深町郷土研究会 （5） 2007.10

開原寺

開原寺ウネウサラ開講記 肌で学ぶアイヌ文化（長谷川国雄）「美深町郷土資料報告」 美深町郷土研究会 （4） 2007.3

開拓神社

北海道の開拓神社（広谷喜十郎）「秦史談」 秦史談会 109 2002.5

北海道ウォッチング（15）開拓神社で考えた（平井敦子）「北海道歴史教室」 歴史教育者協議会北海道協議会 （185） 2006.12

北海道開拓神社祭神 松川弁辨之助命（村越允弘）「三条歴史研究」 三条歴史研究会 （11） 2012.07

香川

香川から北海道へ伝承した獅子舞について（舟山直治，手塚薫，池田貴夫）「北海道開拓記念館調査報告」 北海道開拓記念館 43 2004.3

角田村

地域形成と宗教（1）一北海道栗山町（旧角田村）のキリスト者の相貌（研究ノート）（阿部敏夫）「北海道地域文化研究」 北海道地域文化学会 （6） 2014.03

鹿島国足神社

伊達市幌美内町の史跡探求（1）一草分神社・鹿島国足神社編（太畑重秋）「伊達の風土」 伊達郷土史研究会 24 2005.12

伊達市幌美内町の史跡探求（2）、（3）鹿島国足神社（太畑重秋）「伊達の風土」 伊達郷土史研究会 （25）/（26） 2006.12/2007.12

上音標神社

上音標神社天井絵調査報告（高畠隆宗，朝倉克美，今裕悦）「枝幸研究」 オホーツクミュージアムえさし （3） 2012.03

上川

百年前のアイヌ伝統文化上川保存案（余言余話）（原田一典）「旭川研究 ： 旭川市史編集機関誌 ： 今と昔」 旭川市 20 2003.2

上川神社

上川神社（旭川市神楽岡公園）（新企画 会員を訪ねる）（管野逸一）「儀礼文化ニュース」 儀礼文化学会 （194） 2014.06

上富良野町

蜜蜂と共に50年（鈴木秀雄）「郷土をさぐる」 上富良野町郷土をさぐる会 21 2004.4

昭和前期の祭りの催し物（成田政一，大森金男）「郷土をさぐる」 上富良野町郷土をさぐる会 （31） 2014.04

亀田

亀田の方言雑記（2）（蛯子芳則）「箱館昔話」 函館パルス企画 （10周年記念号） 1998.4

亀田の民間信仰考（蛯子芳則）「箱館昔話」 函館パルス企画 （14） 2002.4

亀田八満宮

物語 亀田八満宮（近江幸雄）「箱館昔話」 函館パルス企画 （10周年記念号） 1998.4

神恵内村

神恵内村厳島神社境内出土の「兜鉢」について（斉藤大朋）「北海道地域文化研究」 北海道地域文化学会 （3） 2011.03

川裾神社

小樽市における川裾神社の石碑について（舟山直治）「北海道開拓記念館研究紀要」 北海道開拓記念館 （31） 2003.3

帰厚院

市町村指定文化財（85） 岩内町指定有形文化財 帰厚院大阿弥陀如来像「文化情報」 北海道文化財保護協会 256 2003.8

北見

北見でアイヌ民族文化祭「先駆者の集い」 北海道アイヌ協会 （77） 1998.3

北見市

市町村指定文化財（79） 北見市指定民俗文化財 屯田兵人形「文化情報」 北海道文化財保護協会 250 2003.2

北矢

別海北矢に移住した木地師たち―惟喬親王像と木地師文書（戸田博史）「別海町郷土資料館だより」 別海町郷土資料館 74 2005.9

木村番屋

調査成果2 聞き取り調査 イワシ漁の概要／銭亀沢の生業／木村番屋の概要／イワシ地引き網漁／イワシの加工／漁の終了／俗信・風／農作業「市立函館博物館研究紀要」 市立函館博物館 （19） 2009.03

旧黒岩家住宅

市町村指定文化財（20） 札幌市指定有形文化財 旧黒岩家住宅「文化情報」 北海道文化財保護協会 189 1998.1

清滝寺

天神山不動尊清滝寺（山内孝彦）「茂呂瀾」 室蘭地方史研究会 （33） 1999.1

草分神社

伊達市幌美内町の史跡探求（1）―草分神社・鹿島国足神社編（太畑重秋）「伊達の風土」 伊達郷土史研究会 24 2005.12

釧路

釧路の神社（戸田恭司）「釧路市立博物館紀要」 釧路市立博物館 21 1997.3

創氏改名とアイヌ（竹ケ原秀三知）「久摺」 釧路アイヌ文化懇話会 6 1997.5

アイヌの貞操帯―井上文夫氏の研究紹介（豊岡イスズ）「久摺」 釧路アイヌ文化懇話会 6 1997.5

アイヌのお祭（3） フンペ祭り（大嶽正道）「久摺」 釧路アイヌ文化懇話会 6 1997.5

永久保秀二郎「アイヌ語雑録」の人間関係及び人物の語彙検討（中村一枝）「久摺」 釧路アイヌ文化懇話会 6 1997.5

アイヌ語の"イノミ"をめぐって（庄司章）「久摺」 釧路アイヌ文化懇話会 6 1997.5

サコロペ「狐の妖怪」をアイヌ語で読んで（山本悦也）「久摺」 釧路アイヌ文化懇話会 6 1997.5

アイヌ文化の特徴（播摩谷政一）「久摺」 釧路アイヌ文化懇話会 6 1997.5

謎の数字「六」について（天城英明）「久摺」 釧路アイヌ文化懇話会 7 1998.11

近代記録に見るアイヌ民族記事（佐藤有紀）「久摺」 釧路アイヌ文化懇話会 8 2000.2

アイヌの衣服 鳥皮衣（畠山歌子）「久摺」 釧路アイヌ文化懇話会 8 2000.2

月のアイヌ語名称考（浦田遊）「久摺」 釧路アイヌ文化懇話会 8 2000.2

アイヌ民族の過去と未来（松本成美）「久摺」 釧路アイヌ文化懇話会 9 2001.11

アイヌ民族、日本人のルーツを尋ねて（天城英明）「久摺」 釧路アイヌ文化懇話会 9 2001.11

古代天皇国家とアイヌ（大嶽正道）「久摺」 釧路アイヌ文化懇話会 9 2001.11

アイヌ文化と樹木（松田佐吉）「久摺」 釧路アイヌ文化懇話会 9 2001.11

アイヌ語教室（増野光教）「久摺」 釧路アイヌ文化懇話会 9 2001.11

アイヌ刺繍（菊池カヨ）「久摺」 釧路アイヌ文化懇話会 9 2001.11

近代のアイヌ民族の世界観と芸術（桶作高子）「久摺」 釧路アイヌ文化懇話会 10 2003.12

永久保秀二郎の「アイヌ語雑録」の天文・自然現象ほかの語彙検討（中村一枝）「久摺」 釧路アイヌ文化懇話会 10 2003.12

イオマンテ（大嶽正道）「久摺」 釧路アイヌ文化懇話会 10 2003.12

アイヌ民族のよき風習を学ぶために（加藤實）「久摺」 釧路アイヌ文化懇話会 10 2003.12

小・中の教科書記述から見えるアイヌ民族（千葉誠治）「久摺」 釧路アイヌ文化懇話会 10 2003.12

タスケ作の木彫鮭（四宅豊次郎）「久摺」 釧路アイヌ文化懇話会 （特集号） 2005.2

アイヌの精神文化（増野光教）「久摺」 釧路アイヌ文化懇話会 11 2005.8

アイヌ料理を作って食べよう（前山尚子）「久摺」 釧路アイヌ文化懇話会 11 2005.8

第四章 鮭とシシャモの文化誌 鮭／鮭の方言／シシャモ／アイヌのシシャモ伝説／シシャモの名詞とその系統種別／佐藤直太郎先生「釧路アイヌとシシャモ」との見解の相違点《「十勝の歴史と文化―若林三郎の著作と研究》」「大津・十勝川研究」 大津・十勝川学会 （5） 2007.3

「アイヌ語雑録」の語彙検討―短文・助詞など、拾遺の語及び伝承類（《「アイヌ先住民族」国会決議記念》）（中村一枝）「久摺」 釧路アイヌ文化懇話会 12 2008.9

アイヌの保存食トパについて（《「アイヌ先住民族」国会決議記念》）（伊藤せいち）「久摺」 釧路アイヌ文化懇話会 12 2008.9

コロポックルの行方（《「アイヌ先住民族」国会決議記念》）（浅野恵子）「久摺」 釧路アイヌ文化懇話会 12 2008.9

「アイヌモシリ」私考（《「アイヌ先住民族」国会決議記念》）（小林政一）「久摺」 釧路アイヌ文化懇話会 12 2008.9

アイヌ民族理解のために（《「アイヌ先住民族」国会決議記念》）（千葉誠治）「久摺」 釧路アイヌ文化懇話会 12 2008.9

百年前の啄木が見たアイヌ親―神様になった子ども（《「アイヌ先住民族」国会決議記念》）（佐藤寿子）「久摺」 釧路アイヌ文化懇話会 12 2008.9

「自分稼ぎ」と「地券発行」から見えてくるアイヌ民族の近世・近代（千葉誠治）「久摺」 釧路アイヌ文化懇話会 13 2010.10

クローズアップ 釧路鳥取きりん獅子舞（戸田恭司）「釧路市立博物館々報」 釧路市立博物館 （409） 2012.03

釧路市

親の伝承（飯島一雄）「釧路市立博物館々報」 釧路市立博物館 365 1999.5

運動会のなかの民俗―釧路市民大運動会の事例から（阿南透）「日本民俗学」 日本民俗学会 通号249 2007.2

釧路市立博物館のアイヌ衣服（《「アイヌ先住民族」国会決議記念》）（畠山歌子）「久摺」 釧路アイヌ文化懇話会 12 2008.9

煙草入れと煙管（松田猛）「釧路市立博物館紀要」 釧路市立博物館 34 2012.03

釧路八幡神社

八幡宮紹介 釧路八幡神社（北海道釧路郡釧路町）「季刊悠久.第2次」 鶴岡八幡宮悠久事務局 （133） 2013.10

栗山

北海道の和人樹木伝説考―「栗山・泣く木物語」の事例を通して（阿部敏夫）「北海道の文化」 北海道文化財保護協会 72 2000.2

栗山町

栗山町の文化財、鮭の木彫り（千瓢彫）のこと（読者の声）（出南紘）「文化情報」 北海道文化財保護協会 （336） 2013.03

地域形成と宗教（1）―北海道栗山町（旧角田村）のキリスト者の相貌（研究ノート）（阿部敏夫）「北海道地域文化研究」 北海道地域文化学会 （6） 2014.03

訓子府町

開拓移住村における主食品の呼称と形態―北海道東部の訓子府町と本別町の事例から（小田嶋政子）「女性と経験」 女性民俗学研究会 通号27 2002.12

北海道　　　　　　　　　　　　　　郷土に伝わる民俗と信仰　　　　　　　　　　　　　　東日本

光善寺

庭園調査（3）松前光善寺古廃庭復元（中間報告）（丸山恵照）「文化情報」北海道文化財保護協会　190　1998.1

庭園調査（5）―松前光善寺古廃庭復元―地下導水路について（丸山恵照）「文化情報」北海道文化財保護協会　192　1998.3

江南高等学校

文化の花開く北の若者たち（1）北海道釧路江南高等学校　蝦夷太鼓部（橋本隆夫）「文化情報」北海道文化財保護協会　250　2003.2

高竜寺

函館高龍寺の「会津藩士供養碑」について（会史亭）（千葉隆胤）「会津史談」会津史談会（79）2005.4

文化審議会の答申　函館市の高龍寺、本堂を含む建造物が登録有形文化財に「文化情報」北海道文化財保護協会（330）2012.03

国泰寺

厚岸国泰寺所蔵「仙台家位牌」の小考（佐藤宏一）「仙台藩白老元陣屋資料館報」仙台藩白老元陣屋資料館（6・7）2001.3

蝦夷国泰寺史料の諸相（6）～（8）（三渕美恵子）「鎌倉」鎌倉文化研究会97/（100）2003.12/2005.10

国泰寺の儀式と年中行事―十勝場所での法務（佐藤有紹）「大津十勝川研究」大津・十勝川学会（8）2010.03

北海道厚岸の旧鎌倉五山派国泰寺と真宗正行寺（関口欣也）「鎌倉」鎌倉文化研究会（117）2014.08

琴似神社

会津藩ゆかりの北海道の旅―余市町と札幌琴似神社を訪ねて（内藤敏子）「会津史談」会津史談会　71　1997.5

小野幌

表紙写真　小野幌の獅子頭（舟山直治）「とどまつ : 北海道開拓記念館・開拓の村友の会会報」北海道開拓記念館・開拓の村友の会（57）2010.03

昆布盛

昆布盛捕鯨場（森紫朗）「くるまいし : 根室市歴史と自然の資料館たより」根室市歴史と自然の資料館（23）2008.7

西念寺

村山家寄贈の蝦夷錦で作られた「七条の袈裟」を所蔵する西念寺と浄応寺（村山家文書「石狩場所で番人・支配人を勤めた能登屋圓吉」）（村山耀一）「いしかり暦」石狩市郷土研究会（27）2014.03

西本寺

西本寺における教化活動と文化活動（藤堂西涯）「なえい」奈井江町教育委員会［ほか］20　2001.3

西本寺と共に歩んだ日々（奈井江百年を支えた人々）（藤堂憲子）「なえい」奈井江町教育委員会［ほか］（25）2006.4

札幌

札幌の禊教（荻原稔）「札幌の歴史 : 「新札幌市史」機関誌」札幌市　47　2004.8

1970年以降の札幌地区におけるカトリック教会等の動向（平中忠信）「札幌の歴史 : 「新札幌市史」機関誌」札幌市　47　2004.8

ジンギスカン点描（札幌）（《特集 ジンギスカン物語》）「そうらっぷち」滝川市郷土研究会（39）2006.3

札幌じんぎすかん物語（《特集 ジンギスカン物語》）（高石啓一）「そうらっぷち」滝川市郷土研究会（39）2006.3

札幌書道前史―書画会から近代書道へ（橋場ゆみこ）「札幌の歴史 : 「新札幌市史」機関誌」札幌市　53　2007.8

札幌方言名詞アクセントの実時間研究―山鼻地区パネル調査　第一次報告（第192回例会研究発表資料（2011.4.17）（高野照司）「北海道方言研究会会報」北海道方言研究会（82）2011.12

札幌方言名詞アクセントの実時間パネル調査―変異理論的考察を中心に（第206回例会研究発表資料（2014.2.16）（高野照司）「北海道方言研究会会報」北海道方言研究会事務局（91）2014.12

札幌県

札幌県による十勝川流域のサケ禁漁とアイヌ民族（山田伸一）「北海道開拓記念館研究紀要」北海道開拓記念館（37）2009.3

札幌市

戦後の町内会組織の復活について（上），（下）（笹森秀雄）「札幌の歴史 : 「新札幌市史」機関誌」札幌市　32/33　1997.2/1997.8

少女の目でみた戦中戦後―遊びと文化活動（池上美佐子）「札幌の歴史 : 「新札幌市史」機関誌」札幌市　43　2002.8

『わがまちの温故知新』百十余年の伝統を守り、力強く次代へ受け継ぐ　札幌市無形文化財丘珠獅子舞保存会（北室かず子）「札幌の歴史 : 「新札幌市史」機関誌」札幌市（51）2006.8

北海道の夏（北海道札幌市）《特集 夏・お盆》（佐原浩二）「左海民俗」堺民俗会（122）2006.9

札幌神社

札幌神社（現北海道神宮）と末社開拓神社について（西尾良一）「北海道史研究協議会会報」北海道史研究協議会　69　2001.12

札幌神社の形成過程（福原紗綾香）「学習院史学」学習院大学史学会（44）2006.3

様似

神々の国　様似の古文書（水野洋一）「文化情報」北海道文化財保護協会（317）2010.01

沙流

沙流アイヌの葬制と他界観　若干の問題について（荻原真子）「東北学.［第1期］」東北芸術工科大学東北文化研究センター，作品社（発売）7　2002.10

沙流川

「沙流川周辺のいきものたち」と「アイヌの生活」（2）「沙流川歴史館だより」沙流川歴史館　16　2005.1

開拓資料　むかしのどうぐ（久米智江）「沙流川歴史館だより」沙流川歴史館　17　2006.4

沙流川流域に伝わるアイヌの「神謡」の音楽について（甲地利恵）「北海道立アイヌ民族文化研究センター研究紀要」北海道立アイヌ民族文化研究センター（12）2006.3

平和祭（昭和30年代）（佐々木和代）「沙流川歴史館だより」沙流川歴史館（50）2013.10

さんきち橋

さんきち橋の地蔵尊―建立の由来（鈴木利雄）「郷土研究」砂川市教育委員会　31　1998.3

汐泊チャシ

伝説の天皇御陵・汐泊チャシ（岡本杏一）「箱館昔話」函館パルス企画（13）2001.4

色丹神社

南千島シコタン島色丹神社境内の“鯨門”（岡本実）「熊野史研究」熊野歴史博物館設立準備室（43）1997.12

支笏湖

千歳音頭と支笏湖（守屋憲治）「志古津 : 『新千歳市史』編さんだより : 過去からのメッセージ : massage from the past」千歳市（14）2011.09

静内

アイヌ語静内方言の格助詞（奥田統己）「北海道立アイヌ民族文化研究センター研究紀要」北海道立アイヌ民族文化研究センター（5）1999.3

アイヌの人たちと淡路島―北海道静内の風土を通して（五島清弘）「あわじ : 淡路地方史研究会会誌」淡路地方史研究会（23）2006.1

篠津

北海道江別市篠津で見かけた民家とサイロ（宮崎勝弘）「昔風と当世風」古々路の会（88）2005.4

郷関問答（5）篠津の牛馬観音信仰とまつり（田中斉）「昔風と当世風」古々路の会（88）2005.4

篠津の思い出―人生儀礼（神かほり）「昔風と当世風」古々路の会（88）2005.4

篠津の伝承と生活（長野晃子）「昔風と当世風」古々路の会（88）2005.4

篠路

わがまち温故知新篠路歌舞伎保存会（北室かず子）「札幌の歴史 : 「新札幌市史」機関誌」札幌市　43　2002.8

地域がつくる芸能、芸能がつくる地域―篠路を中心として（シンポジウム記録）（川嶋康男，高橋克佐，秋元博行）「北海道地域文化研究」北海道地域文化学会（3）2011.03

標茶町

〔資料紹介〕タコ部屋物語（秋間達男）「標茶町郷土館報告」標茶町郷土館　11　1999.3

釧路川水系の遺跡（15）～（20）中流域の送り場（標茶町）（1）～（6）（豊原熙司）「釧路市立博物館々報」釧路市立博物館　390/（395）2005.8/2006.12

釧路川水系の遺跡（21）中流域の送り場とチャシの補足（標茶町）（豊原熙司）「釧路市立博物館々報」釧路市立博物館（397）2007.6

シボツ島

南千島のシボツ島　昆布拾いの女たち（岡本実）「熊野史研究」熊野歴史博物館設立準備室（42）1997.9

東日本　　　　郷土に伝わる民俗と信仰　　　　北海道

島牧村
膝栗毛で見た文化財（1）信仰の鍾乳洞（島牧村）（藤谷栄也）「文化情報」 北海道文化財保護協会 （289）2006.5

下川町
市町村指定文化財（101）下川町指定有形文化財 毘沙門天立像「文化情報」 北海道文化財保護協会 273 2005.1

斜古丹
色丹島斜古丹の墓碑（猪熊樹人）「くるまいし ： 根室市歴史と自然の資料館だより」 根室市歴史と自然の資料館 （23）2008.7

積丹町
積丹町にみられる大祓の神様（舟山廣治）「文化情報」 北海道文化財保護協会 （332）2012.07

浄応寺
村山家寄贈の蝦夷錦で作られた「七条の裂裟」を所蔵する西念寺と浄応寺（村山家文書「石狩場所で番人・支配人を勤めた能登屋圓吉」）（村山耀一）「いしかり暦」 石狩市郷土研究会 （27）2014.03

正行寺
北海道厚岸の旧鎌倉五山派国泰寺と真宗正行寺（関口欣也）「鎌倉」 鎌倉文化研究会 （117）2014.08

精進川
第133回例会研究報告概要 精進川伝説とアイヌ語地名（武沢和義）「北海道方言研究会会報」 北海道方言研究会 70 1999.11

照導寺
輪厚照導寺古文書 檀家台帳 寺院明細帳 由緒「郷土研究北ひろしま」 北広島郷土史研究会 （17）2005.9

白老
特集 白老アイヌのうた「アイヌ民族博物館だより」 アイヌ民族博物館 38 1998.3
白老の木彫りグマ（本田孜）「仙台藩白老元陣屋資料館報」 仙台藩白老元陣屋資料館 （6・7）2001.3
アイヌ民族の伝承有用植物に関する調査研究（6）白老ウペウ考（姉帯正樹，村木美幸，安田千夏，南収）「アイヌ民族博物館研究報告」 アイヌ民族博物館 （7）2001.6

白糠
アイヌ白糠方言における tek の用法（田杙雅史）「北海道立アイヌ民族文化研究センター研究紀要」 北海道立アイヌ民族文化研究センター （20）2014.03

後志
石狩・後志・空知 北海道の伝説より（久保孝夫）「箱館昔話」 函館パルス企画 （14）2002.4
第148回例会研究発表資料 北海道方言における音変化と意味変化—後志地方の海岸部と内陸部での副詞語彙調査を中心として（見野久幸）「北海道方言研究会会報」 北海道方言研究会 76 2002.9

知床半島
知床半島チャシコツ岬下B遺跡で確認したオホーツク文化終末期のヒグマ祭祀遺構について（加藤博文，内山幸子，木山克彦，布施和洋，松田功，マーク，ハドソン）「北海道考古学」 北海道考古学会 42 2006.3

新十津川
和服をリフォームしたアイヌ衣装—新十津川開拓記念館の収蔵資料（岡田淳子）「北海道の文化」 北海道文化財保護協会 通号81 2009.03
30周年行事を終えた「新十津川おどり保存会」（後木満男）「文化情報」 北海道文化財保護協会 （325）2011.C5

新十津川町
新十津川町開拓記念館所蔵「玉置神社奉祀之景」絵馬の意義—その描かれ方と神社の立地をめぐって（池田貴夫）「北海道開拓記念館研究紀要」 北海道開拓記念館 （37）2009.C3

神馬事記念館
釧路市大楽毛・神馬事記念館について（三浦泰之，山際秀紀）「北海道開拓記念館調査報告」 北海道開拓記念館 40 2001.3

新ひだか町
コレクションの系譜（44）新ひだか町アイヌ民俗資料館のアイヌ民具コレクション（藪中剛司）「Arctic circle」 北方文化振興協会 （87）2013.06

砂川市
街頭もちつきのルーツを訪ねて（石川寛）「郷土研究」 砂川市教育委員会 31 1998.3
冠婚葬祭今昔（特集 戦中、戦後の生活体験）（羽原昇一）「郷土研究」 砂

川市教育委員会 44 2011.03

誓王寺
市町村指定文化財（46）当麻町指定有形文化財 誓王寺本堂「文化情報」 北海道文化財保護協会 217 2000.4
市町村指定文化財（47）当麻町指定有形文化財 誓王寺鐘楼「文化情報」 北海道文化財保護協会 218 2000.5

静修熊野神社
徐福と静修熊野神社（菅原富夫）「郷土をさぐる」 上富良野町郷土をさぐる会 21 2004.4

銭亀沢
銭亀沢の神と仏—中近世を中心に（佐々木馨）「地域史研究はこだて」 函館市史編さん室 27 1998.3
銭亀沢のことわざ・俗信（久保孝夫）「箱館昔話」 函館パルス企画 （16）2004.4
調査成果2 聞き取り調査 イワシ漁の概要/銭亀沢の生業/木村番屋の概要/イワシ地引き網漁/イワシの加工/漁の終了/俗信・風/農作業「市立函館博物館研究紀要」 市立函館博物館 （19）2009.03

善光寺
北海道の善光寺（小林計一郎）「長野」 長野郷土史研究会 191 1997.1
等澍院と善光寺（森勇二）「北の青嵐 ： 道史協支部交流会報」 北海道史研究協議会 （180）2009.04
文化財（保存）蝦夷三官寺善光寺関係資料の修復事業が生み出したもの（伊達元成）「噴火湾文化 ： newsletter」 伊達市噴火湾文化研究所 8 2014.03

宗谷
宗谷管内所在の狛犬（中山真澄，西谷榮治，藤沢隆史，高畠孝宗，山谷文人）「利尻研究 ： 利尻町立博物館年報」 利尻町立博物館 （28）2009.03

空知
石狩・後志・空知 北海道の伝説より（久保孝夫）「箱館昔話」 函館パルス企画 （14）2002.4
写真で語る産業史・生活史はできたか（「明治大正昭和の空知写真集」編集について）（小林英輔）「空知地方史研究」 空知地方史研究協議会 （40）2006.6

大蛇神社
阿部敏夫「北海道移住者の民間説話について—事例：北広島・大蛇神社伝説の誕生と変容」（〈第30回大会報告〉—研究発表）（花部英雄）「伝え ： 日本口承文芸学会会報」 日本口承文芸学会 （39）2006.9

滝川
滝川の婦人会の設立と変遷（高畑イク）「そうらっぷち」 滝川市郷土研究会 35 1997.10
滝川ジンギスカンこぼれ話（〈特集 ジンギスカン物語〉）（中村泰二）「そうらっぷち」 滝川市郷土研究会 （39）2006.3
滝川はジンギスカンのマチです（〈特集 ジンギスカン物語〉）（深田義勝）「そうらっぷち」 滝川市郷土研究会 （39）2006.3
ジンギスカン点描（滝川）（〈特集 ジンギスカン物語〉）「そうらっぷち」 滝川市郷土研究会 （39）2006.3

滝川市
敬語について（高畑イク）「そうらっぷち」 滝川市郷土研究会 37 2002.3
終戦 あの頃の食べ物とあれこれ（〈特集 戦中戦後の体験〉）（武田元子）「そうらっぷち」 滝川市郷土研究会 38 2004.3
青春時代をともに歩んだ成吉思汗鍋との出会い（〈特集 ジンギスカン物語〉）（椿坂幸夫）「そうらっぷち」 滝川市郷土研究会 （39）2006.3
私の青春時代の想い出のジンギスカン（〈特集 ジンギスカン物語〉）（高橋康恵）「そうらっぷち」 滝川市郷土研究会 （39）2006.3
たきかわ ジンギスカンの系譜（〈特集 ジンギスカン物語〉）（白井重有）「そうらっぷち」 滝川市郷土研究会 （39）2006.3
羊肉料理「ジンギスカン」の一考察（〈特集 ジンギスカン物語〉）（高石啓一）「そうらっぷち」 滝川市郷土研究会 （39）2006.3
牧場の鐘（高石啓一）「そうらっぷち」 滝川市郷土研究会 （40）2008.7

伊達
開拓記念館で学び伝えたいこと 民俗資料から見えてくるもの（久光四郎）「伊達の風土」 伊達郷土史研究会 23 2004.12
伝承とアイヌ語地名（1），（2）（森美典）「伊達の風土」 伊達郷土史研究会 （26）/（29）2007.12/2010.12

伊達市
生活改善運動と婚姻・葬送儀礼の変化—北海道伊達市の事例から（小田嶋政子）「日本民俗学」 日本民俗学会 通号210 1997.5

伊達市さんさ時雨のいわれと保存会について（篠原次郎）「伊達の風土」　伊達郷土史研究会　24　2005.12

伊達市内の信仰碑探求［1］～（3）―馬頭観音（1）～（3）（太細重秋）「伊達の風土」　伊達郷土史研究会　（27）/（29）　2008.12/2010.12

インタビュー「fieldworker」　アイヌ文化（本田優子）「噴火湾文化 ： newsletter」　伊達市噴火湾文化研究所　5　2010.03

伊達市内の信仰碑探求（4）―地神祭と地神信仰（太細重秋）「伊達の風土」　伊達郷土史研究会　（30）　2011.12

シリーズ「folklore―伊達の民俗―」　伊達市市民生活文化伝承者 法螺貝吹き 佐藤三治氏「噴火湾文化 ： newsletter」　伊達市噴火湾文化研究所　6　2012.03

シリーズ「folklore―伊達の民俗―」　伊達市市民生活文化伝承者の姿 布川晃 木地師「噴火湾文化 ： newsletter」　伊達市噴火湾文化研究所　8　2014.03

千島

千島アイヌの河童伝承［1］～（4）（和田寛）「河童通心」　河童文庫　87/90　1999.9/1999.10

千歳

アイヌ語千歳方言における反復による有音休止（佐藤知己）「北海道立アイヌ民族文化研究センター研究紀要」　北海道立アイヌ民族文化研究センター　（6）　2000.3

アイヌ語千歳方言の「第三類の動詞」の構造と機能（佐藤知己）「北海道立アイヌ民族文化研究センター研究紀要」　北海道立アイヌ民族文化研究センター　（7）　2001.3

アイヌ語千歳方言の kane の用法（佐藤知己）「北海道立アイヌ民族文化研究センター研究紀要」　北海道立アイヌ民族文化研究センター　（8）　2002.3

再びアイヌ語千歳方言のアスペクトについて―特に完了を表す形式をめぐって（佐藤知己）「北海道立アイヌ民族文化研究センター研究紀要」　北海道立アイヌ民族文化研究センター　（13）　2007.3

アイヌ語千歳方言における推量の助動詞 nankor の意味について（佐藤知己）「北海道立アイヌ民族文化研究センター研究紀要」　北海道立アイヌ民族文化研究センター　（17）　2011.03

千歳音頭と支笏湖（守屋憲治）「志古津 ： 『新千歳市史』編さんだより ： 過去からのメッセージ ： massage from the past」　千歳市　（14）　2011.09

アイヌ語千歳方言における名詞抱合 その種類と関連諸規制（佐藤知己）「北海道立アイヌ民族文化研究センター研究紀要」　北海道立アイヌ民族文化研究センター　（18）　2012.03

アイヌ語千歳方言における siran の用法（佐藤知己）「北海道立アイヌ民族文化研究センター研究紀要」　北海道立アイヌ民族文化研究センター　（19）　2013.03

千歳市

市町村指定文化財（35）千歳市指定有形文化財 男性土偶「文化情報」　北海道文化財保護協会　205　1999.4

千歳神社

千歳神社とその歴史（金沢理恵）「志古津 ： 『新千歳市史』編さんだより ： 過去からのメッセージ ： massage from the past」　千歳市　（7）　2007.11

月崎神社

月崎神社縁起（大日方章さんの遺稿より）「永 福島町史研究会会報」　福島町史研究会　2　2003.2

天徳寺

天徳寺所蔵木像―屯田の木像さん（歴史随筆）（末岡登）「えべつの歴史 ： 市民がつくるまちのれきし」　江別市総務部　（10）　2008.2

等澍院

等澍院文書 第1集 蝦夷地寺院一件 全（森勇二）「北の青嵐 ： 道史協支部交流会報」　北海道史研究協議会　96　2001.1

等澍院文書 第7集 等澍院住職記（森勇二）「北の青嵐 ： 道史協支部交流会報」　北海道史研究協議会　107　2001.12

市町村指定文化財（91）様似町指定有形文化財 等澍院護摩堂「文化情報」　北海道文化財保護協会　262　2004.2

等澍院文書第9集第9巻「等澍院住職記」（北の青嵐 ： 道史協支部交流会報」　北海道史研究協議会　138　2004.7

等澍院と善光寺（森勇二）「北の青嵐 ： 道史協支部交流会報」　北海道史研究協議会　（180）　2009.04

道南

道南のしし舞の源流について―獅子舞・鹿子舞（富澤嘉平）「箱館昔話」　函館パルス企画　（16）　2004.4

塘路

標茶町塘路におけるアイヌの音楽活動に関する一考察（荏原小百合）「標茶町郷土館報告」　標茶町郷土館　12　2000.3

十勝

郷土文化と古書店（山内隆一）「トカプチ ： 郷土史研究」　NPO十勝文化会議郷土史研究部会　（12）　1999.8

アイヌ語十勝方言の親族名称について（沢井春美）「北海道立アイヌ民族文化研究センター研究紀要」　北海道立アイヌ民族文化研究センター　（7）　2001.3

山あいに咲いた伝説の花「乳神さん」（高橋悦子）「トカプチ ： 郷土史研究」　NPO十勝文化会議郷土史研究部会　（14）　2002.3

アイヌ語十勝方言の人称接辞 ＞a―＞an― の出現条件と例外的事例について（澤井春美）「北海道立アイヌ民族文化研究センター研究紀要」　北海道立アイヌ民族文化研究センター　（11）　2005.3

第四章 鮭とシシャモの文化誌 鮭/鮭の方言/シシャモ/アイヌのシシャモ伝説/シシャモの名詞とその系統種別/佐藤直太郎先生「釧路アイヌとシシャモ」との見解の相違点《《十勝の歴史と文化―若林三郎の著作と研究》》「大津十勝川研究」　大津・十勝川学会　（5）　2007.3

第五章 北海道の生活誌 北海道の方言/味覚と十勝/アイヌ料理/土を喰う話/ジュンサイ《《十勝の歴史と文化―若林三郎の著作と研究》》「大津十勝川研究」　大津・十勝川学会　（5）　2007.3

第六章 伝説・逸話・笑い話 偉方の寄行さまざま/アイヌ伝説について/喰いもの漫言/アイヌの笑い話・逸話《《十勝の歴史と文化―若林三郎の著作と研究》》「大津十勝川研究」　大津・十勝川学会　（5）　2007.3

アイヌ文化の伝承者 沢井トメ子のこと（エッセイ）（夏川當）「トカプチ ： 郷土史研究」　NPO十勝文化会議郷土史研究部会　（18）　2007.12

売られてしまった「黒鹿毛」（エッセイ）（佐藤昇）「トカプチ ： 郷土史研究」　NPO十勝文化会議郷土史研究部会　（18）　2007.12

アイヌ語十勝方言の接続助詞 wa,tek,ahinne について（澤井春美）「北海道立アイヌ民族文化研究センター研究紀要」　北海道立アイヌ民族文化研究センター　（14）　2008.3

馬飼い三代（エッセイ）（高山元和）「トカプチ ： 郷土史研究」　NPO十勝文化会議郷土史研究部会　（19）　2008.12

十勝の石仏視察報告（会員の広場）（森雅人）「日本の石仏」　日本石仏協会，青娥書房（発売）　（145）　2013.03

十勝海岸

松浦武四郎弘化2年初航の十勝海岸を歩む（戸部千春）「アイヌ語地名研究」　アイヌ語地名研究会，北海道出版企画センター（発売）　通号9　2006.12

十勝川流域

札幌県による十勝川流域のサケ禁漁とアイヌ民族（山田伸一）「北海道開拓記念館研究紀要」　北海道開拓記念館　（37）　2009.3

十勝旭明社

「十勝旭明社」その虚像と実像―捏造された50年史（松本尚志）「トカプチ ： 郷土史研究」　NPO十勝文化会議郷土史研究部会　（12）　1999.8

十勝場所

国泰寺の儀式と年中行事―十勝場所での法務（佐藤宥紹）「大津十勝川研究」　大津・十勝川学会　（8）　2010.03

利別

十勝・利別民俗紀行《《北海道特集》》（野本寛一）「民俗文化」　近畿大学民俗学研究所　（19）　2007.3

鳥取神社

鳥取神社（釧路市鳥取大通四丁目）（新企画 会員を訪ねる）（菅野逸一）「儀礼文化ニュース」　儀礼文化学会　（194）　2014.06

椴法華村

第164回例会発表資料道南方言圏・旧椴法華村における日常生活語（方言）の動態（中間報告）（見野久幸）「北海道方言研究会会報」　北海道方言研究会　（81）　2005.12

豊郷

文化財の若き伝道者（1）網走市立東小学校 体験学習に「豊郷神楽」取り入れる「文化情報」　北海道文化財保護協会　281　2005.9

豊浜

余市町豊浜の稲荷神社に置かれていた鯨骨（水島未記）「北海道開拓記念館調査報告」　北海道開拓記念館　40　2001.3

トラリ

トラリ地域の馬頭観世音菩薩《《特集 文化遺産》》（大口哲夫）「郷土研究 陸別町郷土研究会会報」　陸別町郷土研究会　（14）　2007.3

奈井江神社

奈井江神社と祭典（林辰三）「なえい」　奈井江町教育委員会［ほか］　16　1997.4

東日本　　　　　　　　　　　　　　　郷土に伝わる民俗と信仰　　　　　　　　　　　　　　　北海道

奈井江町

昔の仕事　開拓を支えた鍛冶屋（竹森勝太郎）「なえい」　奈井江町教育委員会［ほか］　17　1998.4

昔の仕事　不況から農家を救った養鶏（竹森勝太郎）「なえい」　奈井江町教育委員会［ほか］　18/19　1999.4/2000.4

幼き日の思い出　炭鉱祭・七夕祭・盆踊り（〈特集　ヤマに生きる〉）（川井久美子）「なえい」　奈井江町教育委員会［ほか］　19　2000.4

子どもたちに昔の遊びの伝承　新聞紙で数字のドリル遊び（会だより）（辻脇輝雄）「なえい」　奈井江町教育委員会［ほか］　（27）2008.4

学童と七夕あそび（会だより）（深井旭）「なえい」　奈井江町教育委員会［ほか］　（28）2009.04

先人の訓え（自由研究）（竹森勝太郎）「なえい」　奈井江町教育委員会［ほか］　（30）2011.04

学童と昔の遊び（伝承活動）（会だより）（松浦幸作）「なえい」　奈井江町教育委員会［ほか］　（30）2011.04

奈江村

奈江村誕生以降の老舗を訪ねて（井村勇）「郷土研究」　砂川市教育委員会　31　1998.3

長崎港

北千島サケ・マス流し網漁めしたき物語—北千島占守島長崎港を基地として（吉岡玉吉）「いしかり暦」　石狩市郷土研究会　（19）2006.2

七飯

七飯方言の名詞アクセントについて（第210回例会研究発表資料（2014.11.9））（ダリン，トーマス）「北海道方言研究会会報」　北海道方言研究会事務局　（91）2014.12

鍋こわし坂

鍋こわし坂（池田龍夫）「永　福島町史研究会会報」　福島町史研究会　（6）2007.3

新冠町

新冠町におけるアイヌの儀礼—イチャルパについて（高岡由香）「えちぜんわかさ　：　福井の民俗文化」　福井民俗の会　18　2003.8

西別岳

アイヌ伝説のご紹介！　西別岳の死神「別海町郷土資料館だより」　別海町郷土資料館　（114）2009.01

鰊御殿

千石場所の磯の香りを今に伝えて小樽の鰊御殿が一般公開を再開「文化情報」　北海道文化財保護協会　281　2005.9

沼田町

矢崎春菜氏「アイヌの「河童」にみられる日本（和人）の河童との類似性」/松井佳祐氏「沼田町の河童—弁天公園における河童のうわさの発生、伝播、消滅の過程について—」/齊藤純氏「大正〜昭和初期における石巻周辺の桃太郎伝説地考証活動—桑島正『陸奥の桃太郎伝説』をめぐって—」（第38回日本口承文芸学会大会　報告）（奥田統己）「伝え　：　日本口承文芸学会会報」　日本口承文芸学会　（55）2014.09

根崎

銭亀地区根崎の歴史と人々の生活—根崎の民俗採訪記録「箱館昔話」　函館パルス企画　（12）2000.4

根室市

又十（またじゅう）の皿（猪熊樹人）「くるまいし　：　根室市歴史と自然の資料館たより」　根室市歴史と自然の資料館　（24）2009.08

子モロ

子モロ詰足軽の入寺（佐藤宏一）「仙台藩白老元陣屋資料館報」　仙台藩白老元陣屋資料館　（4）1998.3

乃木神社

船魂神社・乃木神社（坂口延幸）「箱館昔話」　函館パルス企画　（10周年記念号）1998.4

ノッカマップ岬

ノッカマップイチャルパに参加して（玉槻美幸）「くるまいし　：　根室市歴史と自然の資料館たより」　根室市歴史と自然の資料館　（23）2008.7

函館

戦後函館の宗教界（佐々木馨）「地域史研究はこだて」　函館市史編さん室　29　1999.3

函館におけるアイヌ民族資料について思うこと（野村祐一）「地域史研究はこだて」　函館市史編さん室　30　1999.4

神彰と函館（大島幹雄）「地域史研究はこだて」　函館市史編さん室　35　2002.9

嫁入り今昔（函館一地区）（川合正子）「永　福島町史研究会会報」　福島町史研究会　2　2003.2

明治14年函館印行の『讃神歌』（田中實）「北の青嵐　：　道史協支部交流会報」　北海道史研究協議会　130　2003.11

ばあちゃんのむかし話（1）（久保登史）「箱館昔話」　函館パルス企画　（16）2004.4

稀本紹介　明治14年函館印行の『讃神歌』（田中實）「いしかり暦」　石狩市郷土研究会　（18）2005.3

私の写真博物館（26）函館の芸妓さん（渋谷四郎）「とどまつ　：　北海道開拓記念館・開拓の村友の会会報」　北海道開拓記念館・開拓の村友の会　（27）2005.3

アイヌの弦鳴楽器（大矢京右）「市立函館博物館研究紀要」　市立函館博物館　21　2011.03

函館市

占領期における社会と文化（渡辺道子）「地域史研究はこだて」　函館市史編さん室　29　1999.3

函館市に残る幕末・明治絵画の顔料調査（朽津信明，下山進）「市立函館博物館研究紀要」　市立函館博物館　11　2001.3

火葬場の移転問題（市史編さん室）「はこだて市史編さん室だより」　函館市総務部　（6）2006.3

北海道函館市東部地区方言における風位語彙体系の生業差（志村文隆）「北海道方言研究会会報」　北海道方言研究会　（85）2008.9

函館正教会

ニコライ堂遺聞　明治初年の函館正教会点描（上），（下）（長縄光男）「地域史研究はこだて」　函館市史編さん室　25/26　1997.3/1997.9

函館西部

函館・西部地区の町並みの明るさ（山本真也）「箱館昔話」　函館パルス企画　（12）2000.4

函館八幡宮

函館八幡宮のうつりかわり（函館八幡宮）「箱館昔話」　函館パルス企画　（12）2000.4

函館山七福神

函館山七福神（村山捨儀）「箱館昔話」　函館パルス企画　（16）2004.4

八十八箇所地蔵尊

八十八箇所地蔵尊の由来について（石川洋次）「郷土をさぐる」　上富良野町郷土をさぐる会　（23）2006.4

花咲港金刀比羅神社

花咲港金刀比羅神社に奉納されていた鹿子頭（猪熊樹人，田中大喜）「くるまいし　：　根室市歴史と自然の資料館たより」　根室市歴史と自然の資料館　（25）2010.08

ハママシケ

接触・交錯するアイヌと和人のまつり—『北役紀行』記載、文久3（1863）年ハママシケの神社祭礼とクマ送りから（手塚薫，池田貴夫，三浦泰之）「北海道開拓記念館研究紀要」　北海道開拓記念館　（33）2005.3

東中専妙寺

昭和39年解散の東中専妙寺の歩み（長尾哲雄）「郷土をさぐる」　上富良野町郷土をさぐる会　17　2000.4

檜倉岳

福島町の伝説　桧倉岳の天狗「山の不思議は天狗のいたずらか」（大日方章さんの遺稿より）「永　福島町史研究会会報」　福島町史研究会　3　2004.2

比布神社

比布神社祭典の変遷（三浦泰之）「旭川研究　：　旭川市史編集機関誌　：　今と昔」　旭川市　18　2001.3

美深

美深の先住民族（1）アイヌの人たちの歴史と文化（佐々木雅博）「美深町郷土資料報告」　美深町郷土研究会　（4）2007.3

美深町

小森地蔵は語る　生みの親は玉川の人々（佐久間昌美）「美深町郷土資料報告」　美深町郷土研究会　（5）2007.10

檜山

桧山　北海道の伝説より（久保孝夫）「箱館昔話」　函館パルス企画　（13）2001.4

北海道南西部、檜山地方中南部の神社祭祀（舟山直治）「北海道開拓記念館研究紀要」　北海道開拓記念館　（39）2011.03

北海道南西部、檜山地方北部の神社祭祀（舟山直治）「北海道開拓記念館研究紀要」　北海道開拓記念館　（40）2012.03

広瀬神社

廣瀬神社を訪ねて（舟山廣治）「北方博物館交流　：　（財）北海道北方博物館交流協会会誌」　北海道北方博物館交流協会　（25）2013.03

北海道　　　　　　　　　　　　　　　　　　郷土に伝わる民俗と信仰　　　　　　　　　　　　　　　　　　東日本

福島町

屋号（川合正子）「永 福島町史研究会会報」 福島町史研究会　1　2002.2

辻占売り（谷玲子）「永 福島町史研究会会報」 福島町史研究会　2　2003.2

神社の社名について一考察（常磐井武宮）「永 福島町史研究会会報」 福島町史研究会　2　2003.2

「円空仏」慈悲の微笑み（成田民夫）「永 福島町史研究会会報」 福島町史研究会　3　2004.2

「いか沖漬」記録（常磐井武宮）「永 福島町史研究会会報」 福島町史研究会　4　2005.3

人馬駄賃帳（常磐井武宮）「永 福島町史研究会会報」 福島町史研究会　（5）2006.3

道路の変遷（小松孝夫）「永 福島町史研究会会報」 福島町史研究会　（6）2007.3

船魂神社

船魂神社・乃木神社（坂口延幸）「箱館昔話」 函館パルス企画　（10周年記念号）1998.4

別海町

歴史を語る資料たち（7）アイヌ文化の成立「別海町郷土資料館だより」 別海町郷土資料館　30　2002.1

別当賀

秋田木材の石碑 別当賀山林由来記碑（川上栄二）「根室市博物館開設準備室だより」 根室市博物館開設準備室　15　2000.5

北海道

北海道における歌舞伎について（武井時紀）「北海道の文化」 北海道文化財保護協会　69　1997.2

泉藤兵蔵奉納延命地蔵尊の由来と絵馬（泉隆）「北海道の文化」 北海道文化財保護協会　69　1997.2

奇祭に見る地域文化（合田一道）「北海道の文化」 北海道文化財保護協会　69　1997.2

円空・木喰を尋ねる旅（横田直成）「北海道の文化」 北海道文化財保護協会　69　1997.2

アイヌ伝統音楽を尋ねて（5）,（6）,（8）～（10）（増田又寿）「北海道の文化」 北海道文化財保護協会　69/74　1997.2/2002.3

北海道・東北地方における古備戸流通（飯村均）「瀬戸市埋蔵文化財センター研究紀要」 瀬戸市文化振興財団　5　1997.3

東北・北海道の流通民具について（田中忠三郎）「民具研究」 日本民具学会　通号115　1997.9

「ヤン衆」のこと（佐藤利雄）「文化情報」 北海道文化財保護協会　187　1997.10

母村から伝えられた正月行事（小田嶋政子）「文化情報」 北海道文化財保護協会　189　1998.1

鏡開き（海田勝男）「北海道れきけん」 北海道歴史研究会　35　1998.1

アイヌ民族のユーカラを語る（講演）（萱野茂）「沖縄民俗研究」 沖縄民俗学会　通号18　1998.3

マキリ mzkiri—清野謙次コレクションのなかのアイヌ民族資料から（〔資料報告〕）（三宅正浩）「大阪府立近つ飛鳥博物館館報」 大阪府立近つ飛鳥博物館　3　1998.3

北海道方言の記述的研究を（小野米一）「北海道方言研究会会報」 北海道方言研究会　67　1998.6

北海道方言の副詞語彙について一日本海側岩内町での聞き取り・アンケート調査（見野久幸）「北海道方言研究会会報」 北海道方言研究会　67　1998.6

アイヌの義経伝承（平山裕人）「季刊邪馬台国」 「季刊邪馬台国」編纂委員会, 梓書院（発売）65　1998.7

北海道における湯殿山信仰についての覚書一大日坊大網精周の巡錫を中心として（嶋嶋弘志）「日本海地域史研究」 文献出版　（14）1998.9

紙芝居（舟山直治）「北海道開拓記念館だより」 北海道開拓記念館　28（3）通号151　1998.9

《個人の生活史と民俗文化》「北海道を探る」 北海道みんぞく文化研究会　通号31　1998.11

展示を考える（10）テーマ2「アイヌ文化の成立」「北海道開拓記念館だより」 北海道開拓記念館　28（4）通号152　1998.11

昔の鍋のくらしと方言を考える（大庭吉光）「北海道方言研究会会報」 北海道方言研究会　68　1998.12

鳥の鳴き声と方言（武沢和義）「北海道方言研究会会報」 北海道方言研究会　68　1998.12

アイヌ伝統音楽を尋ねて（7）一白糠・釧路・鶴居・塘路湖コタンの人々（山本融定）「北海道の文化」 北海道文化財保護協会　71　1999.2

北海道家庭学校博物館所蔵のアイヌ民具コレクション（内田祐一）「帯広百年記念館紀要」 帯広百年記念館　17　1999.3

頭（額）背負運搬の系譜と拡がり―アイヌ民族の頭（額）背負運搬を中心

に（氏家等）「北海道開拓記念館研究紀要」 北海道開拓記念館　通号27　1999.3

小川シゲノから上田トシへの伝承（3）（大谷洋一）「北海道立アイヌ民族文化研究センター研究紀要」 北海道立アイヌ民族文化研究センター　（5）1999.3

北海道大学農学部博物館のアイヌ民族資料（上）,（下）（沖野慎二）「北海道立アイヌ民族文化研究センター研究紀要」 北海道立アイヌ民族文化研究センター　（5）/（7）1999.3/2001.3

カナと漢字―「北海道の文化」71を読んで（梅原達治）「文化情報」 北海道文化財保護協会　205　1999.4

女性着袴是非論争（三木川喬）「北海道れきけん」 北海道歴史研究会　39　1999.5

『民謡録音資料目録』（北海道・東北編）の刊行について（稲雄次）「秋田歴研協会誌」 秋田県歴史研究者・研究団体協議会　11　1999.8

《個人の生活史と民俗文化》「北海道を探る」 北海道みんぞく文化研究会　通号32　1999.10

［書評］小田嶋政子『北海道の年中行事』（桜井徳太郎）「北海道を探る」 北海道みんぞく文化研究会　通号32　1999.10

第132回例会研究報告概要 北海道方言に関する、中学生の「道産子」度（酒井芳徳）「北海道方言研究会会報」 北海道方言研究会　70　1999.11

ルウンペ（木綿衣）「アイヌ民族博物館だより」 アイヌ民族博物館　44　2000.3

「クマ祭儀」の行方―縄文時代後期～弥生時代中期の北部東北地方と北海道における「クマ意匠」をめぐる一考察（女鹿潤哉）「北海道考古学」 北海道考古学会　36　2000.3

「私の残したい『北海道方言』」―札幌市高校生の予備調査より（道場優）「北海道方言研究会会報」 北海道方言研究会　71　2000.3

吉田菊太郎資料の中の金成マツ筆録口承文芸目録（本田優子）「北海道立アイヌ民族文化研究センター研究紀要」 北海道立アイヌ民族文化研究センター　（6）2000.3

松島トミさんの口承文芸（2）～（6）（大谷洋一）「北海道立アイヌ民族文化研究センター研究紀要」 北海道立アイヌ民族文化研究センター　（6）/（10）2000.3/2004.3

「クモの神の自叙」の音楽について一旋律構造とリズム配分を中心に（甲地利恵）「北海道立アイヌ民族文化研究センター研究紀要」 北海道立アイヌ民族文化研究センター　（6）2000.3

刀剣の刀装具にみる風俗と人物［1］,（2）（前田利則）「北海道れきけん」 北海道歴史研究会　42/48　2000.5/2002.5

北海道方言に関しての中学生の「道産子」度調査（3）（第138回例会発表資料）（酒井芳徳）「北海道方言研究会会報」 北海道方言研究会　72　2000.8

北海道方言について（第138回例会発表資料）（石垣福雄）「北海道方言研究会会報」 北海道方言研究会　72　2000.8

北海道からの視点―現代の文化変化から（小田嶋政子）「女性と経験」 女性民俗学研究会　通号25　2000.9

アイヌ民族と北海道「開拓」（松本尚志）「トカプチ ： 郷土史研究」 NPO十勝文化会議郷土史研究部会　（13）2001.3

近世期以降における和人とアイヌ民族の分化接触による水神信仰の変容について（舟山直治）「北海道開拓記念館研究紀要」 北海道開拓記念館　（29）2001.3

開拓使による狩猟規制とアイヌ民族―毒矢猟の禁止を中止に（山田伸一）「北海道開拓記念館研究紀要」 北海道開拓記念館　（29）2001.3

馬蹄型の馬頭観世音菩薩（井上寿）「文化情報」 北海道文化財保護協会　230　2001.5

アイヌの秘宝「鍬形」について（横田直成）「文化情報」 北海道文化財保護協会　231　2001.6

公開講演会 佐々木利和氏「日本列島の異文化人―アイヌとその文化」（関口由彦）「民俗学研究所ニュース」 成城大学民俗学研究所　53　2001.7

第143回例会研究発表資料 蝦夷地の開拓と北海道の義経伝説（武沢和義）「北海道方言研究会会報」 北海道方言研究会　74　2001.8

北方の丸木舟の民俗 東シベリア・アムール川・サハリン・北海道を辿る丸木舟の流れ（赤羽正春）「東北学」［第1期］ 東北芸術工科大学東北文化研究センター, 作品社（発売）5　2001.10

翻訳 J.バチェラー「北海道の穴居民とアイヌ語地名に関する考察」（鈴木史朗）「久摺」 釧路アイヌ文化懇話会　9/10　2001.11/2003.12

北海道に渡った阿波の在来犂（冨士田金輔）「民具マンスリー」 神奈川大学　34（11）通号407　2002.2

防府天満宮と「北海道人」松浦武四郎（森永明男）「佐波の里 ： 防府史談会会誌」 防府史談会　30　2002.3

民俗芸能に魅せられて（岡田淳子）「北海道の文化」 北海道文化財保護協会　74　2002.3

アイヌ家屋の神窓方位考察（冨永慶一）「北海道の文化」 北海道文化財保護協会　74　2002.3

「子供盆おどり唄」50年のあゆみ睦哲也と坪松一郎・山本雅之・藤沢健

夫らをめぐって（野村武雄）「北海道の文化」 北海道文化財保護協会 74 2002.3

アイヌ民族の住居（チセ）に関する研究（2）―北海道における民家研究史の検討と竪穴住居から平地住居への変容過程についての考察（小林孝二）「北海道開拓記念館研究紀要」 北海道開拓記念館 （30） 2002.3

新潟から北海道へ伝承した神楽について―近代以降の伝承過程における変遷要因の抽出を中心に（舟山直治，池田貴夫，兼平一志）「北海道開拓記念館研究紀要」 北海道開拓記念館 （30） 2002.3

「クモの神の神謡」の音楽について（続）―神謡の演唱にみる音節数・アクセント・音型・リズム型の相互関係（甲地利恵）「北海道立アイヌ民族文化研究センター研究紀要」 北海道立アイヌ民族文化研究センター （8） 2002.3

アイヌ民族文化の編年について（ユハ Ａ.，ヤンフネン）「北海道立北方民族博物館研究紀要」 北海道立北方民族博物館 （11） 2002.3

公開講演会 日本列島の異文化人―アイヌとその文化（佐々木利和）「民俗学研究所紀要」 成城大学民俗学研究所 26 2002.3

各地からの報告 口承文芸にかかわる北海音の動向（奥田統己）「伝え : 日本口承文芸学会会報」 日本口承文芸学会 30 2002.4

炭鉱よもやま話（5）炭山名物「盆おどり」（青木隆夫）「文化情報」 北海道文化財保護協会 244 2002.8

第145回例会研究発表資料 北海道方言文末詞研究についての覚え書き―1999年度調査より（山崎哲永）「北海道方言研究会会報」 北海道方言研究会 76 2002.9

第148回例会研究発表資料 北海道方言における音変化と意味変化―後志地方の海岸部と内陸部での副詞語彙調査を中心として（見野久幸）「北海道方言研究会会報」 北海道方言研究会 76 2002.9

書評 小野米一著『移住と言語変容―北海道方言の形成と変容』（道場優）「北海道方言研究会会報」 北海道方言研究会 76 2002.9

「子供盆おどり唄」の成立を巡る人びと―藤澤健夫と早坂文雄を中心に（野村武雄）「文化情報」 北海道文化財保護協会 246 2002.10

『アイヌ神謡集』の世界（新川寛）「文化青報」 北海道文化財保護協会 248 2002.12

講演会「アイヌ文化への展望」「北方民族博物館だより」 北海道立北方民族博物館 48 2003.1

北海道における宗教の伝播について（佐藤寿晃）「茂呂瀾」 室蘭地方史研究会 （37） 2003.2

アイヌ文化伝承記録映画『アイヌの漁撈とくらし―海魚・川魚』を見て（新川寛）「文化情報」 北海道文化財保護協会 251 2003.3

母と子の民俗―地域社会との接点（小田嶋政子）「北海道の文化」 北海道文化財保護協会 （75） 2003.3

野鳥に関することわざと俗信（第150回列会研究発表資料）（武沢和義）「北海道方言研究会会報」 北海道方言研究会 77 2003.3

1960年代，古老の歌の記憶―フィールド・ノートの落穂ひろい（谷本一之）「北海道立アイヌ民族文化研究センター研究紀要」 北海道立アイヌ民族文化研究センター （9） 2003.3

黒沢セツさんの伝承（1）アペクンチとベクンチの伝承（貝澤太一）「北海道立アイヌ民族文化研究センター研究紀要」 北海道立アイヌ民族文化研究センター （9） 2003.3

絵馬「北海道開拓図」奉納者の足跡を訪ねて（野口一雄）「村山民俗」 村山民俗の会 （17） 2003.6

柄の記憶―木工におけるアイヌの人々の身体技法の歴史（大西秀之）「民具マンスリー」 神奈川大学 36（4）通号424 2003.7

近代前期北海道における産婆の実態―北海道庁設置から1926年（大正15）まで（北隅静子）「女性史研究ほっかいどう」 札幌女性史研究会 （1） 2003.8

新たにスタートした分野別研究「北海道文化の形成と変容に関する民族・民俗学的研究について」（手塚薫）「北海道開拓記念館だより」 北海道開拓記念館 33（3）通号181 2003.11

アイヌ語の式内社（神山眞浦）「式内社のしおり」 式内社顕彰会 69 2004.1

〈アイヌ民族の伝承有用植物に関する調査研究〉「アイヌ民族博物館研究報告」 アイヌ民族博物館 （8）20C4.3

キナライタの"白いいも"（姉帯正樹，本田優子，村木美幸）「アイヌ民族博物館研究報告」 アイヌ民族博物館 （8） 2004.3

ブイの食材としての可能性について（姑帯正樹，菱田敦之，細川敬三，本田優子，村木美幸，小川広）「アイヌ民族博物館研究報告」 アイヌ民族博物館 （8） 2004.3

トゥレプからのデンプン採取と加工処理（姉帯正樹，本田優子，村木美幸）「アイヌ民族博物館研究報告」 アイヌ民族博物館 （8） 2004.3

南島神謡の発生―アイヌの神謡と南島の神謡の比較考察（片山龍峯）「沖縄学 : 沖縄学研究所紀要」 沖縄学研究所 7（1）通号7 2004.3

アイヌの祈禱祭祀具「鍬形」（2）北海道ゆかりの三枚 小樽市と東北歴史博物館で確認（横田直成）「北海道の文化」 北海道文化財保護協会 （76） 2004.3

香川から北海道へ伝承した獅子舞について（舟山直治，手塚薫，池田貴

夫）「北海道開拓記念館調査報告」 北海道開拓記念館 43 2004.3

知里幸恵『アイヌ神謡集』の難読個所と特異な言語事例をめぐって（佐藤知己）「北海道立アイヌ民族文化研究センター研究紀要」 北海道立アイヌ民族文化研究センター （10） 2004.3

アイヌ口承文芸にあらわれる衣服について（本田優子）「北海道立アイヌ民族文化研究センター研究紀要」 北海道立アイヌ民族文化研究センター （10） 2004.3

北海道方言カルタについて（第157回例会研究発表資料）（山崎哲永）「北海道方言研究会会報」 北海道方言研究会 79 2004.3

第59回特別展「北海道の民俗芸能―舞う、噺す、競う」（舟山直治）「北海道開拓記念館だより」 北海道開拓記念館 34（2）通号184 2004.9

北海道の白油仏（小島梯次）「微笑佛」 全国木喰研究会 （12） 2004.10

樺からみた北海道と東北―南（東北）北（ロシア）両文化の接触地域としての北海道（関秀志）「民具研究」 日本民具学会 （130） 2004.10

背負子・運搬具・運搬方法にみる北海道・東北―魚運搬具（もっこ）とアイヌ民族の背負紐（タラ）を中心に（氏家等）「民具研究」 日本民具学会 （130） 2004.10

自著自解『北海道仏教史の研究』（佐々木馨）「北海道・東北史研究」 北海道出版企画センター （1） 2004.12

先住民族に見る詩歌の世界（1）〜（19）（20）（21）（水無月怜）「北海道れきけん」 北海道歴史研究会 57/（66） 2005.1/2008.1

表紙写真 板かるた（池田貴夫）「北海道開拓記念館・開拓の村友の会会報」 北海道開拓記念館・開拓の村友の会 （27） 2005.3

北海道に伝わった讃岐の獅子舞「瀬戸内海歴史民俗資料館紀要」 瀬戸内海歴史民俗資料館 （17） 2005.3

コラム アイヌ文化と川魚（岡田路明）「仙台藩白老元陣屋資料館報」 仙台藩白老元陣屋資料館 （11） 2005.3

体験学習室行事 アイヌ民族のくらし（八幡美子）「北海道開拓記念館だより」 北海道開拓記念館 34（4）通号186 2005.3

「格言・名言」の一考察（第159回例会発表資料）（富田迪夫）「北海道方言研究会会報」 北海道方言研究会 （80） 2005.6

『北海道かるた方言篇』再考（第161回例会発表資料）（斎藤昭夫）「北海道方言研究会会報」 北海道方言研究会 （80） 2005.6

青い目の石臼―北海道大学附属博物館（三輪茂雄）「民俗文化」 滋賀民俗学会 （503） 2005.8

特集 多様なる植物との関係（2）揺籃から墓場までの植物利用―アイヌの事例を中心に（齋藤玲子）「Arctic circle」 北方文化振興協会 （56） 2005.9

良い仕事は、時間と労力を惜しんではだめ「子供盆おどり」誕生秘話（野村武雄）「文化情報」 北海道文化財保護協会 282 2005.10

佐々木利和・古原敏弘・児島恭子編『街道の日本史1 アイヌの道』（新刊紹介）（松本あづさ）「北海道・東北史研究」 北海道出版企画センター （2） 2005.12

北海道遺産ジンギスカン（〈特集 ジンギスカン物語〉）「そうらっぷち」 滝川市郷土研究会 （39） 2006.3

笑顔のアイヌ風俗画―林家旧蔵のアイヌ風俗画画稿（石川直章）「北海道の文化」 北海道文化財保護協会 通号78 2006.3

「北海道鹿猟規則」施行後のアイヌ民族のシカ猟（山田伸一）「北海道開拓記念館研究紀要」 北海道開拓記念館 （34） 2006.3

北海道における民俗芸能の伝承に関する研究―2005（平成17）年度調査概要（舟山直治，為岡進）「北海道開拓記念館調査報告」 北海道開拓記念館 （45） 2006.3

パシフォード・ディーンが収集したアイヌ民族資料について―ディーン・ノート解題（出利葉浩司）「北海道開拓記念館調査報告」 北海道開拓記念館 （45） 2006.3

オホーツク文化の動物儀礼（内山幸子）「北海道考古学」 北海道考古学会 42 2006.3

小川シゲノさんの口承文芸（大谷洋一）「北海道立アイヌ民族文化研究センター研究紀要」 北海道立アイヌ民族文化研究センター （12） 2006.3

第168回例会発表資料 日常語の由来と変化（武澤和義）「北海道方言研究会会報」 北海道方言研究会 （82） 2006.8

坂田美奈子「アイヌの散文物語における漁場および和人描写の特徴」（〈第30回大会報告〉―研究発表）（立石展大）「伝え : 日本口承文芸学会会報」 日本口承文芸学会 （39） 2006.9

「北海道の馬文化」展雑感（とどまつノート）（新川寛）「とどまつ : 北海道開拓記念館・開拓の村友の会会報」 北海道開拓記念館・開拓の村友の会 （30） 2006.11

アイヌ民俗の民話・伝説に関する書誌（宮本沙織）「文献探索」 金沢文圃閣 2006 2006.11

バチェラー八重子の『アイヌ語短歌』（丹菊逸治）「Itahcara」 『Itahcara』編集事務局 （5） 2006.12

クマ祭り研究の史的展開（池田貴夫）「北海道・東北史研究」 北海道出版企画センター （3） 2006.12

アイヌ民族が伝えてきた衣服（ルウンペ）「北海道開拓記念館だより」 北

海道開拓記念館　36（3）通号193　2007.2

巻頭言 北海道の文化としてのアイヌ文化（岡田淳子）「北海道の文化」 北海道文化財保護協会　通号79　2007.3

セントルイス万国博覧会で「展示」されたアイヌ衣服について（出利葉浩司）「北海道開拓記念館研究紀要」 北海道開拓記念館　（35）2007.3

18世紀中頃のアイヌ絵をめぐって（舟山直治，三浦泰之，池田貴夫，小林孝二）「北海道開拓記念館研究紀要」 北海道開拓記念館　（35）2007.3

北海道における民俗芸能の伝承に関する研究─2006（平成18）年度調査概要（舟山直治，為岡進）「北海道開拓記念館調査報告」 北海道開拓記念館　（46）2007.3

アイヌ語の主題化助詞─日本語の「は」との対照をとおして（第169回例会発表資料）（奥田統己）「北海道方言研究会会報」 北海道方言研究会（83）2007.3

北海道の祭りと風景（口絵写真）（渡辺良正）「民俗文化」 近畿大学民俗学研究所　（19）2007.3

伝統芸能の継承（舟山廣治）「文化情報」 北海道文化財保護協会　（300）2007.4

巻頭エッセイ 北風の歌の旅 熊送り解禁（谷本一之）「Arctic circle」 北方文化振興協会　（63）2007.6

コレクションの系譜（21）黄葉夕陽文庫のアイヌ工芸品（西村直城）「Arctic circle」 北方文化振興協会　（63）2007.6

アイヌ民俗図資料の見方（《特集 公開研究会「人びとの暮らしと生業─『日本近世生活絵引』作成への問題点をさぐる─」を振り返って》）（児島恭子）「非文字資料研究」 神奈川大学21世紀COEプログラム拠点推進会議　（16）2007.6

「オシラ神」信仰の展開─青森県と北海道との関わりから（増子美緒）「青森県の民俗」 青森県民俗の会　（7）2007.7

高島慎助著『北海道・東北の力石』（書誌紹介）（福田アジオ）「日本民俗学」 日本民俗学会　通号251　2007.8

北海道民具─アイヌ・開拓民具（関秀志）「民具研究」 日本民具学会（特別号）2007.8

九州人と北海道 食の春夏秋冬（熊澤璋夫）「西日本文化」 西日本文化協会　通号428　2007.8

FIELD NOTE 地層学とアイヌ口碑伝説から過去の大津波を探る（高清水康博）「Arctic circle」 北方文化振興協会　（64）2007.9

第7回企画展「アイヌ民族の歴史と文化」を開催して（駒井忠之）「ルシファー」 水平社博物館　通号10　2007.10

アイヌ語研究の足下─坂田美奈子「アイヌモシリにおけるウレシパの原則」（『北海道・東北史研究』1、2004年）をめぐって（奥田統己）「北海道・東北史研究」 北海道出版企画センター　（4）2007.12

榎森進著『アイヌ民族の歴史』（書評）（田端宏，河西英通）「北海道・東北史研究」 北海道出版企画センター　（4）2007.12

明治初期米沢藩士が見聞した北海道─『恵曽谷日誌』に記された民俗・伝承文化・鰊漁撈とことば（第172回例会発表資料）（見野久幸）「北海道方言研究会会報」 北海道方言研究会　（84）2007.12

アイヌ語のアクセントとイントネーション─日本語との対照をとおして（第175回例会発表資料）（奥田統己）「北海道方言研究会会報」 北海道方言研究会　（84）2007.12

正月の門付け神楽（舟山廣治）「文化情報」 北海道文化財保護協会（305）2008.1

資料・文献の紹介 榎森進著『アイヌ民族の歴史』（川上淳）「北海道史研究協議会会報」 北海道史研究協議会　（81）2008.1

ストーブ墨と私（とどまつノート）（筒渕美允）「とどまつ ： 北海道開拓記念館・開拓の村友の会会報」 北海道開拓記念館・開拓の村友の会（32）2008.2

第53回研究例会「アイヌ・女性・口承文芸」「伝え ： 日本口承文芸学会会報」 日本口承文芸学会　（42）2008.2

小規模町村における文化財の保存と活用─「木造十一面観音立像」道指定文化財へ向けての町の取り組みから（伊藤通康）「北海道の文化」 北海道文化財保護協会　通号80　2008.3

アイヌ民俗文化財調査報告書誌目録（青柳文吉）「北海道の文化」 北海道文化財保護協会　通号80　2008.3

北海道における鹿子舞とその伝承─物質文化から見えるもの（舟山直治，手塚薫，池田貴夫）「北海道開拓記念館研究紀要」 北海道開拓記念館（36）2008.3

北海道における民俗芸能の伝承に関する研究─2007（平成19）年度調査概要（舟山直治，為岡進）「北海道開拓記念館調査報告」 北海道開拓記念館　（47）2008.3

増補・虚構としての〈あいぬの風俗〉（竹ヶ原幸朗）「北海道立アイヌ民族文化研究センター研究紀要」 北海道立アイヌ民族文化研究センター（14）2008.3

『アイヌ文化関係書誌の書誌』（国内刊行編）（抄）（出村文理）「文献探索」 金沢文圃閣　2007　2008.3

『馬追原野』をよむ─北海道開拓伝承の在りか（前野雅彦）「日本文化史研究」 帝塚山大学奈良学総合文化研究所　（39）2008.3

アイヌの葬送儀礼について─死亡から湯灌までの流れ（《万葉古代学研究所第2回主催共同研究報告》）（藤村久和）「万葉古代学研究年報」 奈良県立万葉文化館　（6）2008.3

アイヌ英雄叙事詩の戦闘場面─男の語りと女の語り（遠藤志保）「口承文藝研究」 日本口承文藝學會　（31）2008.3

アイヌ文化を一目で 小・中学生向け副読本、全面改訂「文化情報」 北海道文化財保護協会　（307）2008.5

先住民族に見る詩歌の世界（22）アイヌ言語学者 知里真志保/（23）短詩型文芸作家 山本多寿子（水無月怜）「北海道れきけん」 北海道歴史研究会　（67）2008.6

アイヌ─その形成と文化について（西成辰雄）「北方風土 ： 北国の歴史民俗考古学誌」 イズミヤ出版　通号56　2008.6

アイヌは先住民族（山田雅也）「文化情報」 北海道文化財保護協会（308）2008.7

神função裁許状（東俊佑）「北海道開拓記念館だより」 北海道開拓記念館 38（2）通号200　2008.8

オホーツク海沿岸農家のケガニ捕り（土田拓）「民具マンスリー」 神奈川大学　41（5）通号485　2008.8

北海道における動物と植物の方言（1）鳥と花（第176回例会研究発表資料（2008.2.17））（道場優）「北海道方言研究会会報」 北海道方言研究会（85）2008.9

加齢に伴って若い頃の方言に逆戻りするか？（第178回例会研究発表資料（2008.6.22））（武沢和義）「北海道方言研究会会報」 北海道方言研究会　（85）2008.9

松浦武四郎文献の特色と山の呼称（渡辺隆）「アイヌ語地名研究」 アイヌ語地名研究会、北海道出版企画センター（発売）通号11　2008.12

アイヌ文化講習会「キナ織り」（斎藤玲子）「北方民族博物館だより」 北海道立北方民族博物館　（71）2008.12

アイヌ口承文芸にみられる「史実」と交易（本田優子）「北海道立アイヌ民族文化研究センター研究紀要」 北海道立アイヌ民族文化研究センター　（15）2009.03

北海道における民俗芸能の伝承に関する研究─2008（平成20）年度と4か年の調査概要（舟山直治，為岡進）「北海道開拓記念館調査報告」 北海道開拓記念館　（48）2009.3

ロミン・ヒチコックが語った北海道・アイヌの人々（矢口祐人，出利葉浩司）「北海道開拓記念館調査報告」 北海道開拓記念館　（48）2009.3

本の紹介 『アイヌ民族の歴史』（兵藤宏）「ひょうご部落解放」 ひょうご部落解放・人権研究所　132　2009.03

本の紹介 『北の歳時記 アイヌの世界へ』（竹本貞雄）「ひょうご部落解放」 ひょうご部落解放・人権研究所　132　2009.03

巻頭文 文化保護と食文化─記憶のなかの法要料理（小田嶋政子）「北海道の文化」 通号81　2009.03

宝の王の誕生─アイヌの宝器「鍬形」の起源をめぐる型式学的検討（瀬川拓郎）「北海道考古学」 北海道考古学会　45　2009.03

アイヌ英雄叙事詩成立過程の時間層─ユカラにおけるイシカラ人の役割（中川裕）「口承文藝研究」 日本口承文藝學會　（32）2009.03

アイヌ口承文芸にみられるエゾマツとトドマツ（安田千夏）「口承文藝研究」 日本口承文藝學會　（32）2009.03

聖伝にみる神話構造と叙述─アイヌ・女性・口承文芸（《シンポジウム アイヌ・女性・口承文芸》）（藤井貞和）「口承文藝研究」 日本口承文藝學會　（32）2009.03

女性の語りの妙─カムイユカラ（神謡）の問題（《シンポジウム アイヌ・女性・口承文芸》）（荻原眞子）「口承文藝研究」 日本口承文藝學會（32）2009.03

書評 萩中美枝著『アイヌ文化への招待─女性と口承文芸』（藤井貞和）「口承文藝研究」 日本口承文藝學會　（32）2009.03

ハンノキ類のアイヌ語名称とその用途について（安田千夏）「Itahcara」 「Itahcara」編集事務局　（11）2009.07

民具短信 福島県立博物館歴史・美術テーマ展示「アイヌの民具とくらし」展について（野堀正雄）「民具マンスリー」 神奈川大学　42（5）通号497　2009.08

北海道新方言の上京（上記掲載）（第180回例会研究発表資料（2008.11.9））（井上史雄）「北海道方言研究会会報」 北海道方言研究会　（86）2009.09

北海道方言におけるサ抜き現象の成立条件（第180回例会研究発表資料（2008.11.9））（佐々木冠）「北海道方言研究会会報」 北海道方言研究会　（86）2009.09

北海道における動物と植物の方言（2）鳥と花（2）（第181回例会研究発表資料（2009.2.15））（道場優）「北海道方言研究会会報」 北海道方言研究会　（86）2009.09

アイヌ語の人称表示再考（第184回例会研究発表資料（2009.9.13））（奥田統己）「北海道方言研究会会報」 北海道方言研究会　（86）2009.09

北海道博物館紀行 北海道立埋蔵文化財センター 土偶のおはなしと土偶づくり 講師・鎌田望氏（角達之助）「北方民族博物館だより」 北海道立北方民族博物館　（75）2009.12

魔祓いの儀礼、および魔祓いに関連する歌や踊りについての聴き取り―北海道立アイヌ民族文化研究センター採録音声資料より（甲地利恵）「北海道立アイヌ民族文化研究センター研究紀要」 北海道立アイヌ民族文化研究センター （16） 2010.03

巻頭エッセイ 木彫り熊―日ロ友好の証（渡部裕）「Arctic circle」 北方文化振興協会 （74） 2010.03

コレクションの系譜（32） 最上徳内記念館とアイヌ資料について（竹村玲緒）「Arctic circle」 北方文化振興協会 （74） 2010.03

北海道の祭りとイベント―観光振興の視点（森雅人）「北海道地域文化研究」 北海道地域文化学会 （2） 2010.03

Aomommomo（我つまびらかに述ぶ）について―アイヌ叙事詩ユカラの「一人称」叙述に寄せて（荻原眞子）「口承文藝研究」 日本口承文藝學會 （33） 2010.03

口絵 拓殖期北海道の社（特集 北海道の拓殖と社）「季刊悠久.第2次」 鶴岡八幡宮悠久事務局 （119） 2010.03

北海道の神社創建と展開―「神社明細帳」を通して（特集 北海道の拓殖と社）（茂木栄）「季刊悠久.第2次」 鶴岡八幡宮悠久事務局 （119） 2010.03

北海道の集落小祠―『北海道神社庁誌』の未公認社を中心にして（特集 北海道の拓殖と社）（前田孝和）「季刊悠久.第2次」 鶴岡八幡宮悠久事務局 （119） 2010.03

開拓村と切株・棒杭神社（特集 北海道の拓殖と社）（村田文江）「季刊悠久.第2次」 鶴岡八幡宮悠久事務局 〔119〕 2010.03

北海道の稲荷勧請―伏見稲荷大社からの分霊を中心として（特集 北海道の拓殖と社）（青木伸剛）「季刊悠久.第2次」 鶴岡八幡宮悠久事務局 （119） 2010.03

御祭神の撰び方（特集 北海道の拓殖と社―コラム）（山田一孝）「季刊悠久.第2次」 鶴岡八幡宮悠久事務局 （119） 2010.03

池田貴夫著「クマ祭り―文化観をめぐる社会情報学」（新刊紹介）（瀧澤正）「北海道・東北史研究」 北海道出版企画センター （6） 2010.04

道指定有形文化財の指定 大乗妙典一千部供養塔/知里幸恵ノート「文化情報」 北海道文化財保護協会 （319） 2010.05

アイヌを訪ねて（1），（2）―松林哲五郎の旅日記より（久々湊晴三）「北海道れきけん」 北海道歴史研究会 （73）/（74） 2010.06/2010.09

佐々木馨『北海道の宗教と信仰』（資料・文献の紹介）（谷本晃久）「北海道史研究協議会会報」 北海道史研究協議会 （86） 2010.06

帝塚山大学大学院人文科学研究所蔵 『アイヌの人々の着物』「月刊大和路ならら」 地域情報ネットワーク 13（6）通号141 2010.06

北海道での蛇の話探訪記覚書（1）（本田碩孝）「鹿児島民俗」 鹿児島民俗学会 （137） 2010.06

北海道石仏巡礼（水野英世）「野仏 : 多摩石仏の会機関誌」 多摩石仏の会 41 2010.08

遠藤志保「アイヌ英雄叙事詩における経緯に関する発話」（研究報告）（川森博司）「伝え : 日本口承文芸学会会報」 日本口承文芸学会 （47） 2010.11

第34回大会・シンポジウム うた・語りにおける人称―だれが語り歌うのか― 「アイヌの物語文学から」中川裕，「日本文学の文体からみる人称」古橋信孝，「琉球の神歌の「人称」」島村幸一，司会 三浦佑之（三浦佑之）「伝え : 日本口承文芸学会会報」 日本口承文芸学会 （47） 2010.11

コレクションの系譜（35） 現在、「民族資料」を収集することは可能なのか？―北海道開拓記念館が集めたちょっとかわったコレクション（出利葉浩司）「Arctic circle」 北方文化振興協会 （77） 2010.12

「～ですわ」考―対照方言学的考察（第136回例会研究発表資料（2010.2.14））（大鐘秀峰）「北海道方言研究会会報」 北海道方言研究会 （87） 2010.12

北海道における動物と植物の方言（3）―鳥と花（3）（第186回例会研究発表資料（2010.2.14））（道場優）「北海道方言研究会会報」 北海道方言研究会 （87） 2010.12

北海道での竜蛇の話探訪記覚書（2）（本日碩孝）「鹿児島民俗」 鹿児島民俗学会 （137） 2010.12

神楽面 収蔵番号：101,017（舟山直治）「北海道開拓記念館だより」 北海道開拓記念館 40（4）通号210 2011 01

調査報告 和人の散文説話―継母から殺されかけた姉を救った妹（大谷洋一）「北海道立アイヌ民族文化研究センター研究紀要」 北海道立アイヌ民族文化研究センター （17） 2011.03

アイヌの物語文学における人称表現（中川裕）「口承文藝研究」 日本口承文藝學會 （34） 2011.03

アイヌ英雄叙事詩における来歴話―鍋沢元蔵氏のテキストから（遠藤志保）「口承文藝研究」 日本口承文藝學會 （34） 2011.03

北海道の民俗音楽（日本民俗音楽学会第24回東京大会特集）（小林敏雄）「日本民俗音楽学会会報」 日本民俗音楽学会 （34） 2011.03

文化講演会（抄録）「アイヌ絵を読む―誰が何のために描いたか―」（五十嵐聡美）「文化情報」 北海道文化財保護協会 （325） 2011.05

第67回特別展「伊勢神宮と北海道」「北海道開拓記念館だより」 北海道開拓記念館 41（1）通号211 2011.06

林昇太郎美術史論集『アイヌ絵とその周辺』（資料・文献の紹介）（山際晶子）「北海道史研究協議会会報」 北海道史研究協議会 （88） 2011.06

帝塚山大学大学院人文科学研究所蔵 『アイヌ着物』「月刊大和路ならら」 地域情報ネットワーク 14（7）通号154 2011.07

北海道にある石見焼について（阿部志朗）「郷土石見 : 石見郷土研究懇話会機関誌」 石見郷土研究懇話会 （87） 2011.8

研究課題紹介 アイヌ口承文芸「和人の散文説話」の資料に関する調査研究「アイヌ民族文化研究センターだより」 北海道立アイヌ民族文化研究センター （35） 2011.09

北海道における動物と植物の方言（4）―鳥と花（4）（第190回例会研究発表資料（2010.11.14））（道場優）「北海道方言研究会会報」 北海道方言研究会 （88） 2011.12

逆使役構文は常に再帰構文として分析できるか 北海道方言のデータによる検証（第191回例会研究発表資料（2011.2.13））（佐々木冠）「北海道方言研究会会報」 北海道方言研究会 （88） 2011.12

アイヌ語の使役と逆使役概観―日本語との対照から（第191回例会研究発表資料（2011.2.13））（奥田統己）「北海道方言研究会会報」 北海道方言研究会 （88） 2011.12

泉の神に仕える女性の伝説「万葉集」より（第193回例会研究発表資料（2011.6.12））（武沢和義）「北海道方言研究会会報」 北海道方言研究会 （88） 2011.12

山田伸一『近代北海道とアイヌ民族 狩猟規制と土地問題』（資料・文献の紹介）（石川淳）「北海道史研究協議会会報」 北海道史研究協議会 （89） 2011.12

「アイヌ神謡」の修辞パターンから心意を辿る（上）―「交差対句」を糸口として（大喜多紀明）「西郊民俗」［西郊民俗談話会］ （217）/（218） 2011.12/2012.03

古文書あれこれ 熊狩りの代償―熊害ニ付手当支給伺ノ件（石川淳）「赤れんが : 北海道立文書館報」 北海道立文書館 （47） 2012.03

第157回テーマ展「小嶋コレクションにみるアイヌ文化の世界―なぜ民芸品店主が民具を集めたのか？―」を企画して（田村将人，出利葉浩司）「北海道開拓記念館だより」 北海道開拓記念館 （40） 2012.03

『北海道の口碑伝説』の底流（斉藤大朋）「北海道地域文化研究」 北海道地域文化学会 （4） 2012.3

書評 阿部敏夫著『北海道民間説話〈生成〉の研究』を読む（倉石忠彦）「北海道地域文化研究」 北海道地域文化学会 （4） 2012.3

アイヌ語口承文芸に描かれたイヌエンジュ、エゾノワトコの神格について（安田千夏）「北海道立アイヌ民族文化研究センター研究紀要」 北海道立アイヌ民族文化研究センター （18） 2012.03

伝統的なアイヌ音楽のモノフォニーの歌唱形式におけるポリフォニー的要素（研究ノート）（甲地利恵）「北海道立アイヌ民族文化研究センター研究紀要」 北海道立アイヌ民族文化研究センター （18） 2012.03

アイヌ民族の文化―話されない言葉、歌われない歌（特集 日本民俗音楽学会第25回沖縄大会 大会テーマ「故郷（ふるさと）を演ずる人々」―研究発表余話）（萬司）「日本民俗音楽学会会報」 日本民俗音楽学会 （36） 2012.03

アイヌ伝統音楽の教材化―ウポポの音楽的特徴（研究発表要旨）（萬司）「民俗音楽研究」 日本民俗音楽学会 （37） 2012.03

文化財と私 道教委選定児童文化財の六十周年「子ども盆おどり唄」その光と影（野村武雄）「文化情報」 北海道文化財保護協会 （331） 2012.05

開館40周年記念事業「『北の土偶―縄文の祈りと心―』と被災文化財の救援と修復」（代代啓視）「北海道開拓記念館だより」 北海道開拓記念館 42（2）通号216 2012.08

特集記事 付：北海道方言研究会例会第200回記念大会プログラム「北海道方言研究会会報」 北海道方言研究会 （89） 2012.12

わたしのことば遊び―「どうしん川柳」への投句から（第196回例会研究発表資料（2012.2.19））（小野米一）「北海道方言研究会会報」 北海道方言研究会 （89） 2012.12

パナンパ・ペナンパ民譚にみられる対称表現と調和（上），（下）（大喜多紀明）「西郊民俗」［西郊民俗談話会］ （221）/（222） 2012.12/2013.03

年越し膳から始まる正月行事（小田嶋政子）「文化情報」 北海道文化財保護協会 （335） 2013.01

神楽殿の新築について（葦原高穂）「文化情報」 北海道文化財保護協会 （335） 2013.01

円空仏（新川寛）「北海道の文化」 北海道文化財保護協会 （85） 2013.02

研究課題から アイヌ民族に伝わる漆器「アイヌ民族文化研究センターだより」 北海道立アイヌ民族文化研究センター （38） 2013.03

あの世の入り口とくぼみの他界観―アイヌ文化期におけるくぼみでの送り儀礼の意味（菅野修広）「北海道考古学」 北海道考古学会 49 2013.03

北海道におけるコミュニティの形成―赦しと祝祭の場をめぐり（大濱徹也）「北海道地域文化研究」 北海道地域文化学会 （5） 2013.03

北海道　　　郷土に伝わる民俗と信仰　　　東日本

『北海道の口碑伝説』の評価をめぐって（研究ノート）（斉藤大朋）「北海道地域文化研究」　北海道地域文化学会　（5）2013.03

アイヌ口承文芸に描かれたヤナギ科の樹木の特徴（研究ノート）（安田千夏）「北海道立アイヌ民族文化研究センター研究紀要」　北海道立アイヌ民族文化研究センター　（19）2013.03

司書のおススメ本「民族衣装を着なかったアイヌ―北の女たちから伝えられたこと」（櫻井万里子）「北海道開拓記念館だより」　北海道開拓記念館　43（2）通号220　2013.08

研究発表報告4 荻原眞子氏「アイヌの叙事詩「メノコユカラ」をめぐって」、熊野谷葉子氏「短詩型歌謡の機能抱合カ―ロシアのチャストゥーシカを例に―」（第37回日本口承文芸学会大会）（志賀雪湖）「伝え： 日本口承文芸学会会報」　日本口承文芸学会　（53）2013.10

阿部敏夫著『北海道民間説話〈生成〉の研究』共同文化社（2012年3月）（書評）（花部英雄）「日本民俗学」　日本民俗学会　（276）2013.11

加賀家文書のなかのアイヌ絵の一（論文・研究ノート）（佐々木利和）「北海道史研究協議会会報」　北海道史研究協議会　（93）2013.12

北海道の馬頭観音（研究大会要旨）（高久賢）「北海道史研究協議会会報」　北海道史研究協議会　（93）2013.12

北海道における動物と植物の方言（5）―動物と樹木（第201回例会研究発表資料（2013.2.17））（道場優）「北海道方言研究会会報」　北海道方言研究会　（90）2013.12

アイヌ語の挨拶表現と「イランカラプテ」キャンペーン（第205回例会研究発表資料（2013.11.10））（奥井統己）「北海道方言研究会会報」　北海道方言研究会　（90）2013.12

スター、バチェラーそしてセントルイスに行ったアイヌの人びとをめぐる北海道でのできごと（出利葉浩司）「北海道開拓記念館研究紀要」　北海道開拓記念館　（42）2014.03

神楽関係資料からみた移住者の祭神と神楽の伝承（1）（舟山直治）「北海道開拓記念館研究紀要」　北海道開拓記念館　（42）2014.03

北海道における地芝居の成立に関わる問題点（研究ノート）（高橋克依）「北海道地域文化研究」　北海道地域文化学会　（6）2014.03

『北海道の口碑伝説』の編纂発行について（研究ノート）（斉藤大明）「北海道地域文化研究」　北海道地域文化学会　（6）2014.03

坂田美奈子著『アイヌ口承文芸の認識論―歴史の方法としてのアイヌ散文説話』（新刊紹介）（阿部哲也）「北海道・東北史研究」　北海道出版企画センター　（9）2014.03

宝永元（1704）年 空念上人筆録アイヌ語彙「狄言葉」の言語学的考察（佐藤知己）「北海道立アイヌ民族文化研究センター研究紀要」　北海道立アイヌ民族文化研究センター　（20）2014.03

出雲大社と北海道松前氏（藤澤秀晴）「大社の史話」　大社史話会　（178）2014.3

カムイからの意思伝達のあり方―北海道アイヌの散文説話を中心に（大谷洋一）「口承文藝研究」　日本口承文藝學會　（37）2014.03

アイヌの叙事詩「メノコユカラ」（婦女詞曲）―若干のテキストについて（荻原眞子）「口承文藝研究」　日本口承文藝學會　（37）2014.03

アイヌ英雄叙事詩における結末―同一ストーリーにおける揺れを中心に（遠藤志保）「口承文藝研究」　日本口承文藝學會　（37）2014.03

特別寄稿 越崎宗一さんと「アイヌ絵コレクション」（高木庄治）「北海道史研究協議会会報」　北海道史研究協議会　（94）2014.06

粗食・無形文化遺産と北海道の食文化（小田嶋政子）「文化情報」　北海道文化財保護協会　（345）2014.9

矢崎春菜氏「アイヌの「河童」にみられる日本（和人）の河童との類似性」/松井佳祐氏「沼田町の河童―弁天公園における河童のうわさの発生、伝播、消滅の過程について―」/齊藤純氏「大正～昭和初期における石巻周辺の桃太郎伝説地考証活動―桑島正『陸奥の桃太郎伝説』をめぐって―」（第38回日本口承文芸学会大会 報告）（奥井統己）「伝え： 日本口承文芸学会会報」　日本口承文芸学会　（55）2014.09

北海道への入植とアイヌ民族の人たちとのかかわり―中村治美さんの証言から（大喜多紀明）「民俗文化」　滋賀民俗学会　（613）2014.10

伝統的な食文化を継承する学校給食（山部秀子）「文化情報」　北海道文化財保護協会　（346）2014.11

「道民カレッジ連携講座」当協会第一回文化財講演会（9月13日）「瀬川拓郎（旭川市博物館長）の"アイヌの祭儀と日本"～陰陽道・修験道などとの関係をめぐって～」を聴く「文化情報」　北海道文化財保護協会　（346）2014.11

書評 北原次郎太著『アイヌの祭具 イナウの研究』（書評・書籍紹介）（今西みぎわ）「民具研究」　日本民具学会　（150）2014.11

北海道・東北（各地の民俗芸能（第55回ブロック別民俗芸能大会の報告））（吉田純子）「民俗芸能」　民俗芸能刊行委員会　（94）2014.11

怪鳥フーリ（ペシュイの伝説）（談話室）（伊藤せいち）「アイヌ語地名研究」　アイヌ語地名研究会，北海道出版企画センター（発売）（17）2014.12

北海道に見られる菓子文化―木型を中心に（研究大会要旨）（櫻井美香）「北海道史研究協議会会報」　北海道史研究協議会　（95）2014.12

北海道三十三観音

移植される聖地―北海道三十三観音巡礼の事例より（岩崎慎司）「徳島地域文化研究」　徳島地域文化研究会　（3）2005.3

北海道神宮

札幌神社（現北海道神宮）と末社開拓神社について（西尾良一）「北海道史研究協議会会報」　北海道史研究協議会　69　2001.12

北海道神宮とアイヌ資料の謎―第142回テーマ展「北海道神宮史料にみる北海道のあゆみ」展によせて（出利葉浩司）「北海道開拓記念館だより」　北海道開拓記念館　34（4）通号186　2005.3

開拓使と北海道神宮の創祀（特集 北海道の拓殖と社）（吉田源彦）「季刊悠久.第2次」　鶴岡八幡宮悠久事務局　（119）2010.03

北海道神宮（札幌市中央区宮ヶ丘）（新企画 会員を訪ねる）（管野逸一）「儀礼文化ニュース」　儀礼文化学会　（194）2014.06

北方領土

北方領土の神社（特集 北海道の拓殖と社―小論文）（前田康）「季刊悠久.第2次」　鶴岡八幡宮悠久事務局　（119）2010.03

幌加内町

北海道の水稲直播き―雨竜郡幌加内町のタコアシをめぐって（水口千里）「民具マンスリー」　神奈川大学　37（9）通号441　2004.12

本郷

本郷庚申塚（木下寿実夫）「文化情報」　北海道文化財保護協会　257　2003.9

本別町

開拓移住村における主食品の呼称と形態―北海道東部の訓子府町と本別町の事例から（小田嶋政子）「女性と経験」　女性民俗学研究会　通号27　2002.12

真駒内

真駒内人形浄瑠璃の軌跡―故郷を偲ぶ開拓者たちの鎮魂歌（山田有）「民具マンスリー」　神奈川大学　35（8）通号416　2002.11

増毛厳島神社

市町村指定文化財（26）増毛町指定有形文化財 増毛厳島神社本殿「文化情報」　北海道文化財保護協会　196　1998.7

増毛町

接続方言「シテハ」―増毛町の方言調査より（第178回例会研究発表資料（2008.6.22））（栗本玲子）「北海道方言研究会会報」　北海道方言研究会　（85）2008.9

馬渡島

馬渡島大火百年―今も続く心の絆（熊本典宏）「郷土史誌末盧國」　松浦史談会，芸文堂（発売）（193）2013.3

松浦

松浦・吉野地区における年中行事（川合正子，松村三鈴）「永 福島町史研究会会報」　福島町史研究会　（8）2009.05

松前

北海道無形文化財・松前神楽の公開公演を実施（武田仁）「北海道の文化」　北海道文化財保護協会　74　2002.3

松前斎紀行―北の斎文化の発見（《北海道特集》）（大脇潔）「民俗文化」　近畿大学民俗学研究所　（19）2007.3

『日本近世生活絵引』の作成をめざして―近世の北陸農村と松前地漁村の人びとの暮らしと生業（《特集 公開研究会「人びとの暮らしと生業―『日本近世生活絵引』作成への問題点をさぐる―」を振り返って》）（田島佳也）「非文字資料研究」　神奈川大学21世紀COEプログラム拠点推進会議　（16）2007.6

松前の墓石から見た日本（舟山廣治）「文化情報」　北海道文化財保護協会　（336）2013.03

関根達人編『松前の墓石から見た近世日本』（書評と紹介）（浪川健治）「弘前大学国史研究」　弘前大学国史研究会　（134）2013.03

自著を語る 『松前の墓石から見た近世日本』（関根達人）「北海道史研究協議会会報」　北海道史研究協議会　（92）2013.06

菊池勇夫著『アイヌと松前の政治文化論―境界と民衆』（文献の紹介）（齊藤裕志）「北海道史研究協議会会報」　北海道史研究協議会　（93）2013.12

書評 菊池勇夫著『アイヌと松前の政治文化論―境界と民族―』（上田哲司）「北海道・東北史研究」　北海道出版企画センター　（9）2014.03

松前三湊

天保期の松前三湊における旅芝居興行覚書（三浦泰之）「北海道開拓記念館研究紀要」　北海道開拓記念館　（33）2005.3

松前藩

近世墓標に現れた自己意識―松前藩の事例分析に基づいて（関根達人）「歴史」　東北史学会　112　2009.04

東日本　　　　　　　　　　　郷土に伝わる民俗と信仰　　　　　　　　　　　北海道

円山
円山地区の植物のアイヌ語（円山方面探訪資料）（藤村久和）「アイヌ語地名研究会会報」　アイヌ語地名研究会　（48）2013.10

三石
新ひだか町三石の津波伝承（斉藤大朋）「北海道地域文化研究」　北海道地域文化学会　（4）2012.3

南茅部町
市町村指定文化財（34）南茅部町指定有形文化財 伝目定作脇侍形菩薩立像・伝目定作釈迦如来坐像「文化情報」　北海道文化財保護協会　204　1999.3

妙鮫法亀大明神
石狩市の文化遺産を訪ねて（1）―妙鮫法亀大明神 「鮫さま」のお社（高瀬たみ）「文化情報」　北海道文化財保護協会　211　1999.10

室蘭
『大日本寺院大鑑 北海道樺太版』に見る 昭和13年の室蘭寺院のすがた（資料紹介）（青木伸剛）「茂呂瀾」　室蘭地方史研究会　（45）2011.03

室蘭市
室蘭市の指定無形文化財「御供獅子舞」（調査研究報告）（本野里志）「茂呂瀾」　室蘭地方史研究会　（47）2013.03

室蘭製鉄所
室蘭製鉄所初出銑記念福神像（山内孝彦）「茂呂瀾」　室蘭地方史研究会　（31）1997.1

北海道製鉄の福神像（山内孝彦）「茂呂瀾」　室蘭地方史研究会　（38）2004.2

室蘭八幡宮
室蘭八幡宮御創紀よりの経緯と周辺（山内孝彦）「茂呂瀾」　室蘭地方史研究会　（34）2000.1

明治期の室蘭八幡宮の神職補任に関する一考察（青木伸剛）「茂呂瀾」　室蘭地方史研究会　（37）2003.2

望来
開拓者が伝えた神事芸能 石狩市望来獅子舞（高瀬たみ）「いしかり暦」　石狩市郷土研究会　（24）2011.03

妹背牛町
市町村指定文化財（71）妹背牛町指定有形文化財 獅子頭・天狗面「文化情報」　北海道文化財保護協会　242　2002.6

元浦河教会
所蔵資料紹介 元浦河教会資料について（小鳥加代子）「赤れんが : 北海道立文書館報」　北海道立文書館　36　2003.1

モトマリ
モトマリ延命地蔵縁起（青木伸剛）「茂呂瀾」　室蘭地方史研究会　（43）2009.02

紋別
紋別、アイヌ古式舞踊の宴（山田雅也）「文化情報」　北海道文化財保護協会　（319）2010.05

紋別市
北海道非稲作地域の暮らしと民俗―紋別市内陸部における麦の稈利用と脱穀をめぐる営み（土田拓）「北海道・東北史研究」　北海道出版企画センター　（2）2005.12

八雲
資料紹介 市立函館博物館所蔵「椎久コレクション」―八雲アイヌの民族資料とアイヌ語音声（大矢京右，大野徹人）「北海道立アイヌ民族文化研究センター研究紀要」　北海道立アイヌ民族文化研究センター　（19）2013.03

八雲神社
熱田神宮の御分霊を祀る八雲神社（平田末廣）「あつた」　熱田神宮宮庁　（243）2014.07

山神社
炭鉱よもやま話（3）山神社の「炭山祭り」と桜（青木隆夫）「文化情報」　北海道文化財保護協会　242　2002.6

山鼻
札幌方言名詞アクセントの実時間研究―山鼻地区パネル調査 第一次報告（第192回例会研究発表資料（2011.4.17））（高野照司）「北海道方言研究会会報」　北海道方言研究会　（38）2011.12

夕張神社
市町村指定文化財（99）夕張市指定有形文化財 夕張神社東郷平八郎揮毫額「文化情報」　北海道文化財保護協会　270　2004.10

余市
余市移住旧会津藩士資料 炉辺夜話と農業発達史について（前田克己）「会津史談」　会津史談会　71　1997.5

北の零年 会津の場合―余市に残る「緋の衣」（畑敬之助）「会津人群像」　歴史春秋出版　（5）2005.10

余市町
会津藩ゆかりの北海道の旅―余市町と札幌琴似神社を訪ねて（内藤敏子）「会津史談」　会津史談会　71　1997.5

市町村指定文化財（24）余市町指定有形文化財 鰐口「文化情報」　北海道文化財保護協会　193　1998.4

市町村指定文化財（30）余市町指定有形文化財 庚申塚「文化情報」　北海道文化財保護協会　200　1998.11

ヨイチ場所
近世末ヨイチ場所の年中行事と生産暦[1]，[2]（冨水慶一）「北海道の文化」　北海道文化財保護協会　69/70　1997.2/1998.2

義経神社
明治26年 義経神社（早川和男）「沙流川歴史館だより」　沙流川歴史館　（31）2008.10

「義經神社」の創祀について（特集 北海道の拓殖と社一小論文）（北嶋義三）「季刊悠久.第2次」　鶴岡八幡宮悠久事務局　（119）2010.03

吉野
松浦・吉野地区における年中行事（川合正子，松村三鈴）「永 福島町史研究会会報」　福島町史研究会　（8）2009.05

余別
積丹町余別における川下祭の伝承と兵庫県の祭祀状況（調査報告）（舟山直治）「北海道地域文化研究」　北海道地域文化学会　（6）2014.03

ラッコ島
特集 北海道東部・千島列島（4）ラッコ島とはどこか―近世ラッコ猟の歴史（菊池勇夫）「Arctic circle」　北方文化振興協会　（74）2010.3

蘭越
蘭越の幼児教育（中塚巖）「郷土探索」　蘭越町郷土研究会　（19）1997.3

蘭越で使われていた方言（中塚巖）「郷土探索」　蘭越町郷土研究会　（19）1997.3

蘭越町
蘭越町町民歌とらんこし音頭「郷土探索」　蘭越町郷土研究会　（20）1998.3

蘭越町の神楽思考「郷土探索」　蘭越町郷土研究会　（21）1999.3

根曲竹細工コンクール「郷土探索」　蘭越町郷土研究会　（21）1999.3

昨年の葬送風習「郷土探索」　蘭越町郷土研究会　（22）2000.3

根曲かり竹細工の伝承活動（竹細工のあゆみ）「郷土探索」　蘭越町郷土研究会　（23）2001.3

蘭越町根曲がり竹細工研究会のあゆみ（年表）（竹細工のあゆみ）「郷土探索」　蘭越町郷土研究会　（23）2001.3

蘭越町教育の歴史、人々の生活・文化・風俗「郷土探索」　蘭越町郷土研究会　（23）2001.3

陸別町
馬事文化考―人と馬と競馬と（《特集 文化遺産》）（向井啓）「郷土研究 陸別町郷土研究会会報」　陸別町郷土研究会　（14）2007.3

馬耕馬を語る（増田敏夫）「郷土研究 陸別町郷土研究会会報」　陸別町郷土研究会　（16）2008.11

利尻
利尻麒麟獅子舞う（西谷榮治）「北海道の文化」　北海道文化財保護協会　（77）2005.3

新しい利尻麒麟獅子の頭が舞う（地域の団体活動）（西谷榮治）「文化情報」　北海道文化財保護協会　（320）2010.07

利尻島
利尻島の生活史から見えるもの 島の未来へ 因幡の麒麟獅子の発見調査と獅子舞の復活（西谷榮治）「北海道地域文化研究」　北海道地域文化学会　（[1]）2009.03

利尻島・礼文島の馬頭観音（会員の広場）（高久賢）「日本の石仏」　日本石仏協会，青娥書房（発売）　（147）2013.09

利尻島に渡った因幡の麒麟を受け継ぐ 利尻麒麟獅子舞う会（第49回北海道文化財保護功労者表彰を受賞して）（西谷榮治）「文化情報」　北海道文化財保護協会　（341）2014.01

礼受
郷土芸能「礼受神楽」について（中山康彦）「文化情報」　北海道文化財保護協会　253　2003.5

烈々布

高橋克依『篠路村烈々布素人芝居』響文社（書評・紹介）（阿部敏夫）「北
海道地域文化研究」 北海道地域文化学会 （2） 2010.03

礼文華

豊浦町礼文華の阿久雲内観音堂の収蔵品について（福田茂夫）「北海道の
文化」 北海道文化財保護協会 通号79 2007.3

礼文島

テングサ採りの海女の出稼ぎ―三重県志摩地方から北海道利尻・礼文島
へ（会田理人）「北海道開拓記念館研究紀要」 北海道開拓記念館
（39） 2011.3

利尻島・礼文島の馬頭観音（会員の広場）（高久賢）「日本の石仏」 日本
石仏協会．青娥書房（発売）（147） 2013.09

若生町

八幡町古老が残した石狩市八幡町若生町の記録―田岡定男氏の「若生町
の頃」（資料紹介）（三島照子）「いしかり暦」 石狩市郷土研究会
（25） 2012.3

八幡町の古老が残した石狩市八幡町若生町の記録（2） 田岡定男氏の「若
生の頃 街の風景」（三島照子）「いしかり暦」 石狩市郷土研究会
（27） 2014.3

東北

奥羽

文化財と民俗芸能（門屋光昭）「奥羽史談」 奥羽史談会 102 1997.4

殺した泥棒を供養した黒川家の十王像（高橋文三郎）「奥羽史談」 奥羽史談会 103 1997.8

田植踊はこうして継承（村上与惣治）「奥羽史談」 奥羽史談会 111 2002.9

大石直正・川崎利夫編『中世奥羽と板碑の世界』（書評と紹介）（庄司晴美）「六軒丁中世史研究」 東北学院大学中世史研究会 （9） 2003.6

中世成立期奥羽宗教世界の一断面—頭・護持僧・達谷窟（誉田慶信）「六軒丁中世史研究」 東北学院大学中世史研究会 （14） 2009.10

奥州

石山戦争の広がりと奥州真宗寺院の動向—仙台称念寺所蔵文書を中心として（佐々木徹）「六軒丁中世史研究」 東北学院大学中世史研究会 （5） 1997.11

奥州金津流獅子舞（名須川溢男）「いわて文化財」 岩手県文化財愛護協会 179 2000.9

秩父出羽奥州参詣日記帳について（阿部信行）「沼南町史研究」 沼南町教育委員会 7 2003.3

奥州からの霊地参詣—富士・西国は憧れかつ情報収集の地なのか《大会特集II 南部の風土と地域形成》〈問題提起〉（西海賢二）「地方史研究」 地方史研究協議会 53（5）通号305 2003.10

北奥羽

博士とアリマサ—北奥羽の陰陽道系宗教者像（小池淳一）「青森県史研究」 青森県 通号2 1998.3

古代北奥羽の律令的祭祀（新井隆一）「古代文化」 古代学協会 58（1）通号564 2006.6

北奥羽における八聖山信仰の高まり（宇井啓）「西村山地域史の研究」 西村山地域史研究会 （30） 2012.09

北上山地

下北半島・北上山地にて—通りすがりの見聞記（杉崎満寿雄）「あしなか」 山村民俗の会 276 2006.12

スキを踏み続けた村—北上山地から（杉崎満寿雄）「あしなか」 山村民俗の会 289 2010.08

岡恵介著『視えざる森の暮らし—北上山地・村の民俗生態史』（書評と紹介）（戸井田克己）「民俗文化」 近畿大学民俗学研究所 （23） 2011.06

北東北

こども伝統芸能北東北大祭典 その内容と意義（花田千穂）「いわて文化財」 岩手県文化財愛護協会 185 2001.9

こども伝統芸能北東北大祭典（古水力）「いわて文化財」 岩手県文化財愛護協会 187 2002.1

「子供芸能北東北大祭典」に参加して（和合谷慶三郎）「史談」 土崎史談会 （42） 2002.5

〈特集「こども伝統芸能北東北大祭典」〉「いわて文化財」 岩手県文化財愛護協会 190 2002.7

「こども伝統芸能北東北大祭典」の意義（五十嵐正）「いわて文化財」 岩手県文化財愛護協会 191 2002.9

こども伝統芸能北東北大祭典（事務局）「いわて文化財」 岩手県文化財愛護協会 191 2002.9

錫杖状鉄製品の研究—北東北における古代祭祀具の一形態（井上雅孝）「岩手考古学」 岩手考古学会 （14） 2002.9

北東北大祭典（中村博文，青笹中学校）「いわて文化財」 岩手県文化財愛護協会 197 2003.9

描かれた北東北生活表した絵馬，屏風「擬宝珠」 盛岡の歴史を語る会 （152） 2005.1

三陸

記念企画展講演会 万祝にみる房総と三陸の交流（矢萩昭二）「安房博物館だより」 千葉県立安房博物館 69 1999.2

明治三陸大海嘯における宗教者の活動について（佐藤千尋）「東北宗教学」 東北大学大学院文学研究科宗教学研究室 8・9 2013.12

祭魚洞文庫に見る三陸地方の暮らし—「渡ノ波・流留塩田図解」を一例として（星洋和）「民具マンスリー」 神奈川大学 47（1）通号553 2014.04

三陸沿岸

三陸沿岸の「失せ物絵馬」（川島秀一）「民具マンスリー」 神奈川大学 30（5） 1997.8

三陸海岸

海と山をつなぐ民俗—被災地・三陸海岸での出来事を緒にして（東北地方の民俗）（戸井田克己）「民俗文化」 近畿大学民俗学研究所 （25） 2013.07

鳥海山

山里まんが通信 鳥海山の大物忌神《東北特集》（とよた時）「あしなか」 山村民俗の会 271・272 2005.8

山伏神楽・番楽から見た獅子舞—鳥海山周辺を中心に（神田より子）「民俗芸能研究」 民俗芸能学会 （50） 2011.03

出羽

神つきのこと（〔史料紹介〕）（三浦幸子）「出羽文化」 出羽文化ネットワーク 1 1998.7

出羽南部における埋経の経塚の分布について—古代山林寺院からの視点《山形の弥生文化小特集 山形の弥生文化シンポジウム記録》（小林貴宏）「さあべい」 さあべい同人会 （21） 2004.9

沢内の湖と狩人伝説、西和賀の風俗、そして出羽との交流（高橋暁樹）「北方風土 ： 北国の歴史民俗考古研究誌」 イズミヤ出版 通号56 2008.6

出羽国

出羽国における真宗流布史の研究 序—日本海、内陸ルート二教線の北上（神宮滋）「北方風土 ： 北国の歴史民俗考古研究誌」 イズミヤ出版 通号47 2004.1

出羽国における廻国聖による納経の経塚（川崎利夫）「米沢史学」 米沢史学会（山形県立米沢女子短期大学日本史学科内） （20） 2004.10

出羽国における善光寺信仰（大会特集II 出羽庄内の風土と歴史像—その一体性と多様性）（牛山佳幸）「地方史研究」 地方史研究協議会 61（5）通号353 2011.10

東北

北海道・東北地方における古瀬戸流通（飯村均）「瀬戸市埋蔵文化財センター研究紀要」 瀬戸市文化振興財団 5 1997.3

東北における三十三観音信仰と霊場（藤田定興）「福島県歴史資料館研究紀要」 福島県文化振興事業団 通号19 1997.3

これからの東北民俗学研究に望む（岩崎敏夫）「東北民俗学研究」 東北学院大学民俗学OB会 5 1997.9

祭りの源流について（岩崎敏夫）「東北民俗学研究」 東北学院大学民俗学OB会 5 1997.9

東北における陶磁器埋納（菅原計二）「貿易陶磁研究」 日本貿易陶磁研究会 17 1997.9

東北・北海道の流通民具について（田中忠三郎）「民具研究」 日本民具学会 通号115 1997.9

東北地方の七つ子登拝習俗（川島秀一）「山岳修験」 日本山岳修験学会，岩田書院（発売） 通号19 1997.10

ふたたび筆塚の記（石黒壮助）「北域 ： 郷土の季刊誌」 北域社 46 1997.12

寅の民俗 虎舞の意味（遠山英志）「北方風土 ： 北国の歴史民俗考古研究誌」 イズミヤ出版 通号36 1998.5

東北旅行記 土偶との出会い—見て、感じて、考えたこと（高田正樹）「みよし地方史」 三次市地方史研究会 48 1998.9

東北の民俗的世界（赤坂憲雄）「西村山地域史の研究」 西村山地域史研究会 16 1998.10

モノを介する吉書（遠藤基郎）「東北中世史研究会会報」 東北中世史研究会 （11） 1999.1

オシラサマ考（1）（福岡龍太郎）「北方風土 ： 北国の歴史民俗考古研究誌」 イズミヤ出版 通号37 1999.1

東北地方における近世食膳具の構成—近世墓の副葬品の検討から（関根達人）「東北文化研究室紀要」 東北大学大学院文学研究室東北文化研究室 通号40 1999.3

《東北特集》「民俗文化」 近畿大学民俗学研究所 （11） 1999.3

東北の祭り（口絵写真）（渡辺良正）「民俗文化」 近畿大学民俗学研究所 （11） 1999.3

東北農耕文化とマメ—岩手県北地方を中心として（岸本誠司）「民俗文

化」 近畿大学民俗学研究所 (11) 1999.3

ホウリョウ権現とホウリョウ地名について(佐藤貢)「秋田地名研究年報」 秋田地名研究会 15 1999.5

『民謡録音資料目録』(北海道・東北編)の刊行について(稲雄次)「秋田歴研協会誌」 秋田県歴史研究者・研究団体協議会 11 1999.8

縄文と民具(1) 麻と縄文の接点(田中忠三郎)「東北学. [第1期]」 東北芸術工科大学東北文化研究センター, 作品社(発売) 1 1999.10

馬の力 その民俗と近代(《特集 南北の地平に向けて》)(野本寛一)「東北学. [第1期]」 東北芸術工科大学東北文化研究センター, 作品社(発売) 1 1999.10

ホウリョウ神に関する資料(新谷正隆)「北方風土 ： 北国の歴史民俗考古研究誌」 イズミヤ出版 通号39 1999.12

花見と鹿踊り(遠山英志)「北方風土 ： 北国の歴史民俗考古研究誌」 イズミヤ出版 通号39 1999.12

東北の産育習俗をめぐって(1), (2)(渡辺みゆき)「コロス」 常民文化研究会 80/81 2000.2/2000.5

東北地方の間引き絵―「家族葛藤図」を中心に(松崎憲三)「民具研究」 日本民具学会 通号121 2000.2

院政期における御願寺と御願寺領荘園の形成(《報告要旨》)(丸山仁)「東北中世史研究会会報」 東北中世史研究会 (12) 2000.3

東北の霊場 その「まいり」の形と心―観音札所巡礼の「納札」の分析を中心として(華園聡麿)「東北文化研究室紀要」 東北大学大学院文学研究科東北文化研究室 通号41 2000.3

「クマ祭儀」の行方―縄文時代後期〜弥生時代中期の北部東北地方と北海道における「クマ意匠」をめぐる一考察(女鹿潤哉)「北海道考古学」 北海道考古学会 36 2000.4

東北祭紀行「ふるさと長尾」 大川郡長尾町教育委員会, 長尾町文化財保護協会 (23) 2000.4

《特集 巫女のいる風景》「東北学. [第1期]」 東北芸術工科大学東北文化研究センター, 作品社(発売) 2 2000.4

死霊供養の口寄せ ワカの葬式当 夜のホトケオロシ(佐治靖)「東北学. [第1期]」 東北芸術工科大学東北文化研究センター, 作品社(発売) 2 2000.4

巫女にして戦士なる者 神功皇后説話を読む(猪股ときわ)「東北学. [第1期]」 東北芸術工科大学東北文化研究センター, 作品社(発売) 2 2000.4

巫女とオシラ神 菅江真澄考(1)(赤坂憲雄)「東北学. [第1期]」 東北芸術工科大学東北文化研究センター, 作品社(発売) 2 2000.4

蝦夷の精神史史料としての伝説へ(特別インタビュー 東北幻視)(高橋克彦)「東北学. [第1期]」 東北芸術工科大学東北文化研究センター, 作品社(発売) 2 2000.4

縄文の鍬鋤を使い続けた人々 考古学で眠る民俗法(《小特集 考古学と民俗学のあいだ》)(山田昌久)「東北学. [第1期]」 東北芸術工科大学東北文化研究センター, 作品社(発売) 2 2000.4

縄文と民具(2) 木工品に遺る心(《小特集 考古学と民俗学のあいだ》)(田中忠三郎)「東北学. [第1期]」 東北芸術工科大学東北文化研究センター, 作品社(発売) 2 2000.4

民俗二題(遠山英志)「北方風土 ： 北国の歴史民俗考古研究誌」 イズミヤ出版 通号40 2000.6

東北の巫祖伝承(川島秀一)「東北民俗」 東北民俗の会 34 2000.7

産婦のアシアライ―産後3日目の習俗(鈴木由利子)「東北民俗」 東北民俗の会 34 2000.7

報告 日中稲作民俗文化合同研究会(佐藤敏悦)「東北民俗」 東北民俗の会 34 2000.7

近世の入寺慣行と法(難波信雄)「東北学院大学東北文化研究所紀要」 東北学院大学東北文化研究所 (32) 2000.8

東北地方南部における縄文時代の動物祭祀遺構覚書―福島県下の資料を中心に(《特集 原始・古代の精神文化》)(佐川久)「いわき地方史研究」 いわき地方史研究会 (37) 2000.9

罠猟とマタギ 土俗(民族)考古学の射程から(佐藤宏之)「東北学. [第1期]」 東北芸術工科大学東北文化研究センター, 作品社(発売) 3 2000.10

馬首祭祀論(松井章)「東北学. [第1期]」 東北芸術工科大学東北文化研究センター, 作品社(発売) 3 2000.10

「動物供養」は何のために？ 現代日本の自然認識のありか(中村生雄)「東北学. [第1期]」 東北芸術工科大学東北文化研究センター, 作品社(発売) 3 2000.10

けものとひととイオマンテの深層へ(中路正恒)「東北学. [第1期]」 東北芸術工科大学東北文化研究センター, 作品社(発売) 3 2000.10

人身御供と殺生罪業観 その覚書(六車由実)「東北学. [第1期]」 東北芸術工科大学東北文化研究センター, 作品社(発売) 3 2000.10

縄文と民具(3) 籠のある暮らし 樹の皮の文化(田中忠三郎)「東北学. [第1期]」 東北芸術工科大学東北文化研究センター, 作品社(発売) 3 2000.10

東北における山伏神楽の伝承と分布(野口一雄)「山形民俗」 山形県民俗研究協議会 14 2000.11

マタギと山伏(高橋富美雄)「北方風土 ： 北国の歴史民俗考古研究誌」 イズミヤ出版 通号41 2001.1

近世飢饉下の捨子・子殺し―東北地方を事例に(菊池勇夫)「キリスト教文化研究所研究年報 ： 民族と宗教」 宮城学院女子大学キリスト教文化研究所 (34) 2001.3

東北地方における木地屋集落の展開(1), (2)―「氏子狩帳」の分析を通して(田畑久夫)「日本文化史研究」 帝塚山大学奈良学総合文化研究所 (33)/(34) 2001.3/2002.3

〔書評と紹介〕 狩猟文化の一大論集―『東北学3 狩猟文化の系譜』(森俊)「民俗文化」 近畿大学民俗学研究所 (13) 2001.3

インタビュー 列島の焼畑民俗 マニュアルなき歩行へ(野本寛一)「東北学. [第1期]」 東北芸術工科大学東北文化研究センター, 作品社(発売) 4 2001.4

縄文と民具(4) 北国の冬を守った防寒衣 ケラとミノの民俗(田中忠三郎)「東北学. [第1期]」 東北芸術工科大学東北文化研究センター, 作品社(発売) 4 2001.4

東北地方の産育儀礼と信仰民具(渡辺みゆき)「民具マンスリー」 神奈川大学 34(3)通号399 2001.6

エビスバアサマのお振る舞い(川島秀一)「別冊東北学」 東北芸術工科大学東北文化研究センター, 作品社(発売) 2 2001.7

各地からの報告 語りの周辺 2001年 東北地方(武田忠)「伝え ： 日本口承文芸学会会報」 日本口承文芸学会 29 2001.9

東北地方の輪蔵と一切経(野崎準)「東北学院大学東北文化研究所紀要」 東北学院大学東北文化研究所 (33) 2001.9

〔書評〕 誉田慶信著『中世東北の民衆と宗教』(佐々木徹)「歴史」 東北史学会 97 2001.9

《特集 海と島の民族史》「東北学. [第1期]」 東北芸術工科大学東北文化研究センター, 作品社(発売) 5 2001.10

養蜂の民俗誌(八木洋行)「東北学. [第1期]」 東北芸術工科大学東北文化研究センター, 作品社(発売) 5 2001.10

クリの民俗史をめぐって・日本編(森山軍治郎)「東北学. [第1期]」 東北芸術工科大学東北文化研究センター, 作品社(発売) 5 2001.10

縄文と民具(最終回) 精神文化を織る手の技 麻糸と麻布(田中忠三郎)「東北学. [第1期]」 東北芸術工科大学東北文化研究センター, 作品社(発売) 5 2001.10

特集 東北学とアイヌ文化の夕べ「アイヌの神送り儀礼」菅野茂氏講演会「まんだら ： 東北文化友の会会報」 東北芸術工科大学東北文化研究センター 10 2001.12

二十歳の聞き書き(2) 信仰に生きる(井出理恵)「まんだら ： 東北文化友の会会報」 東北芸術工科大学東北文化研究センター 10 2001.12

土俵の習俗 旅立ちは鮮やかな御興で「別冊東北学」 東北芸術工科大学東北文化研究センター, 作品社(発売) 3 2002.1

絵で見る葬儀の形(佐々木洋子)「別冊東北学」 東北芸術工科大学東北文化研究センター, 作品社(発売) 3 2002.1

漂流する葬礼 「葬」と「喪」のはざまに(碑文谷創)「別冊東北学」 東北芸術工科大学東北文化研究センター, 作品社(発売) 3 2002.1

幻の婚礼 「ムカサリ絵馬」を追って(小岩環)「別冊東北学」 東北芸術工科大学東北文化研究センター, 作品社(発売) 3 2002.1

樹木葬の森 里山を「終の住処」に(田口泰正)「別冊東北学」 東北芸術工科大学東北文化研究センター, 作品社(発売) 3 2002.1

東北学ことはじめ(9) 稲作の神と祭礼行事から東北をみる(菊地和博)「まんだら ： 東北文化友の会会報」 東北芸術工科大学東北文化研究センター 11 2002.3

《特集 東北山の神信仰の研究》「東北芸術工科大学東北文化研究センター研究紀要」 東北芸術工科大学東北文化研究センター (1) 2002.3

東北の神楽に見る「山の神」(門屋光昭)「東北芸術工科大学東北文化研究センター研究紀要」 東北芸術工科大学東北文化研究センター (1) 2002.3

山オコゼの伝承誌(川島秀一)「東北芸術工科大学東北文化研究センター研究紀要」 東北芸術工科大学東北文化研究センター (1) 2002.3

人柱・人身御供・イケニエ(六車由実)「東北芸術工科大学東北文化研究センター研究紀要」 東北芸術工科大学東北文化研究センター (1) 2002.3

ある山村に見る祭祀空間の構造(滝澤克彦)「東北文化研究室紀要」 東北大学大学院文学研究科東北文化研究室 43 2002.3

東北地方のワラ製の神、ムラ境の神―事例報告(及川宏幸)「東北歴史博物館研究紀要」 東北歴史博物館 通号3 2002.3

「鹿踊り」を見た日(村上善男)「別冊東北学」 東北芸術工科大学東北文化研究センター, 作品社(発売) 4 2002.7

映像で民俗を記録する(六車由実)「別冊東北学」 東北芸術工科大学東北文化研究センター, 作品社(発売) 4 2002.7

加美郡中新田町上多田川 三輪足社/安永風土記の記録どおりの現存の神社/長床の位置/東北地方にある重要文化財の長床/東北地方のその他の長床(三文字孝司, 昆野良喜)「地名」 宮城県地名研究会 17 (別

東北　　郷土に伝わる民俗と信仰

冊）2002.9

インタビュー アイヌ文化の原像 交易の民としてのアイヌ（大塚和義）「東北学.［第1期］」 東北芸術工科大学東北文化研究センター，作品社（発売）7 2002.10

「ユーカラ」に探るアイヌ民族の歴史（榎森進）「東北学.［第1期］」 東北芸術工科大学東北文化研究センター，作品社（発売）7 2002.10

アイヌ文学の精神像 散文説話を事例に（中川裕）「東北学.［第1期］」 東北芸術工科大学東北文化研究センター，作品社（発売）7 2002.10

「アイヌ」学の語り手たち アイヌと金田一京助（丸山隆司）「東北学.［第1期］」 東北芸術工科大学東北文化研究センター，作品社（発売）7 2002.10

北アジアの中の東北、その民俗世界 日本文化の基層にある北方文化（赤羽正春）「東北学.［第1期］」 東北芸術工科大学東北文化研究センター，作品社（発売）7（1）2002.10

東北で聞いた金砂大祭礼のこと（堀切武）「茨城の民俗」 茨城民俗学会 41 2002.11

民俗芸能のルーツについて（小坂太郎）「まんだら：東北文化友の会会報」 東北芸術工科大学東北文化研究センター 14 2002.12

盆踊りの、いま（野添憲治）「まんだら：東北文化友の会会報」 東北芸術工科大学東北文化研究センター 14 2002.12

東北学ことはじめ（12）竈神と東北の風土（内藤正敏）「まんだら：東北文化友の会会報」 東北芸術工科大学東北文化研究センター 14 2002.12

東北地方における修験道[1]，(2)―岩手山信仰と田村語り（阿部幹男）「奥羽史談」 奥羽史談会 112/113 2003.3/2003.9

《特集 オシラサマ信仰の研究》「東北芸術工科大学東北文化研究センター研究紀要」 東北芸術工科大学東北文化研究センター 通号2 2003.3

オシラサマの研究―北からの視座、南からの視座（門屋光昭）「東北芸術工科大学東北文化研究センター研究紀要」 東北芸術工科大学東北文化研究センター 通号2 2003.3

タイシ像のオシラサマ（川島秀一）「東北芸術工科大学東北文化研究センター研究紀要」 東北芸術工科大学東北文化研究センター 通号2 2003.3

オシラサマの諸相―オシラサマは蚕神か（斎藤寿胤）「東北芸術工科大学東北文化研究センター研究紀要」 東北芸術工科大学東北文化研究センター 通号2 2003.3

オシラサマ変容論―使者引導・タイシ・秘密念仏・ウマヤマツリ（内藤正敏）「東北芸術工科大学東北文化研究センター研究紀要」 東北芸術工科大学東北文化研究センター 通号2 2003.3

オコナイサマとオシラサマ―家に祀る東北の神（菊地和博）「東北芸術工科大学東北文化研究センター研究紀要」 東北芸術工科大学東北文化研究センター 通号2 2003.3

東北地方の両墓制について（阿部陽子）「東北芸術工科大学東北文化研究センター研究紀要」 東北芸術工科大学東北文化研究センター 通号2 2003.3

座談 飢饉をめぐる歴史と民俗救荒以前の作物構造と市場経済の間で（野本寛一，菊池勇夫，赤坂憲雄）「東北学.［第1期］」 東北芸術工科大学東北文化研究センター，作品社（発売）8 2003.4

インタビュー 循環するカニバリズム 文学と民俗の視点から（中野美代子，六車由実）「東北学.［第1期］」 東北芸術工科大学東北文化研究センター，作品社（発売）8 2003.4

生存のミニマム 山菜・鮭・鱒の実験民俗学（赤羽正春）「東北学.［第1期］」 東北芸術工科大学東北文化研究センター，作品社（発売）8 2003.4

飢饉の神饌 トコロの食習と儀礼（金田久璋）「東北学.［第1期］」 東北芸術工科大学東北文化研究センター，作品社（発売）8 2003.4

死者に手向ける東北の獅子踊飢饉の風土に群舞する（菊地和博）「東北学.［第1期］」 東北芸術工科大学東北文化研究センター，作品社（発売）8 2003.4

飢餓の宗教・即身仏 木食行・飢饉・トチモチ正月・焼畑 連載・東北の原風景(8)（内藤正敏）「東北学.［第1期］」 東北芸術工科大学東北文化研究センター，作品社（発売）8 2003.4

栽培作物の基層と上層ササゲの民俗をめぐって（岸本誠司）「東北学.［第1期］」 東北芸術工科大学東北文化研究センター，作品社（発売）8 2003.4

二十歳の聞き書き（8）修験の山をふるさとに（森谷幸）「まんだら：東北文化友の会会報」 東北芸術工科大学東北文化研究センター 16 2003.6

今に残る伝承物語「鮭の大助」（松坂定徳）「歴史懇談」 大阪歴史懇談会（17）2003.8

東北学ことはじめ（15）地域と民俗芸能（森繁哉）「まんだら：東北文化友の会会報」 東北芸術工科大学東北文化研究センター 17 2003.9

東北ドブロクのフォークロア―野添憲治、真壁仁編著『どぶろくと抵抗』（内藤正敏）「真壁仁研究」 東北芸術工科大学東北文化研究センター（4）2003.12

特別講演 東北にみる人間守護の服飾の形（徳永幾久）「風俗史学：日本風俗史学会誌」 日本風俗史学会（26）2004.2

《特集 東北の小正月と来訪神》「東北芸術工科大学東北文化研究センター研究紀要」 東北芸術工科大学東北文化研究センター 通号3 2004.3

モチイヌの信仰―境界に立つ犬とその変容（石郷岡千鶴子）「東北芸術工科大学東北文化研究センター研究紀要」 東北芸術工科大学東北文化研究センター 通号3 2004.3

聖と賤・蚕と馬のフォークロア―春田打、オシラ祭文・春駒（内藤正敏）「東北芸術工科大学東北文化研究センター研究紀要」 東北芸術工科大学東北文化研究センター 通号3 2004.3

新聞メディアのイオマンテ像―イオマンテの興行をめぐって（毛利夏子）「東北芸術工科大学東北文化研究センター研究紀要」 東北芸術工科大学東北文化研究センター 通号3 2004.3

東北地方の引手なし馬鍬（河野通明）「民具マンスリー」 神奈川大学 37(1)通号433 2004.4

特派員だより(11)観光の波に洗われる民俗芸能（小坂太郎）「まんだら：東北文化友の会会報」 東北芸術工科大学東北文化研究センター（20）2004.6

日本の鬼探訪 東北地方 宮城県・山形県（大中良英）「六甲俱楽部報告」 六甲俱楽部 70 2004.9

吹き溜まる南の民具(3)運搬用具 背負い籠（川野和昭）「東北学.［第2期］」 東北芸術工科大学東北文化研究センター，柏書房（発売）(1)2004.10

東北地方の仏教の源流を考える（歴史教室）（藤原興道）「鷹巣地方史研究」 鷹巣地方史研究会（55）2004.10

カンジキからみる東日本・東北（野堀正雄）「民具研究」 日本民具学会（130）2004.10

樺からみた北海道と東北―南（東北）北（ロシア）両文化の接触地域としての北海道（関秀志）「民具研究」 日本民具学会（130）2004.10

背負子・運搬具・運搬方法にみる北海道・東北―魚運搬具（もっこ）とアイヌ民族の背負紐（タラ）を中心に（氏家等）「民具研究」 日本民具学会（130）2004.10

稲荷人形―東北を巡る(3)（杉崎満寿雄）「あしなか」 山村民俗の会 269 2004.12

熊野信仰の地方展開―信仰伝播ルート想定と末社の偏在について、九州と東北から考える（山口登志夫）「熊野誌」 熊野地方史研究会（50）2004.12

鹿踊り新考（遠山英志）「北方風土：北国の歴史民俗考古研究誌」 イズミヤ出版 通号49 2005.1

五月飯考―稲作儀礼における祖霊祭祀の源性（斎藤壽胤）「東北芸術工科大学東北文化研究センター研究紀要」 東北芸術工科大学東北文化研究センター 通号4 2005.3

農作業と口承文芸―オイサミ話と水引き話（川島秀一）「東北芸術工科大学東北文化研究センター研究紀要」 東北芸術工科大学東北文化研究センター 通号4 2005.3

東北の農耕事情と民俗芸能（菊地和博）「東北芸術工科大学東北文化研究センター研究紀要」 東北芸術工科大学東北文化研究センター 通号4 2005.3

北の農耕風景―田植唄を聞く真澄（細川純子）「東北芸術工科大学東北文化研究センター研究紀要」 東北芸術工科大学東北文化研究センター 通号4 2005.3

《特集 暴力のフォークロア》「東北学.［第2期］」 東北芸術工科大学東北文化研究センター，柏書房（発売）(3)2005.5

インタビュー 村の暴力のフォークロア―暴力のセルフコントロール 刀狩り・鉄砲・ナワバリ（藤木久志）「東北学.［第2期］」 東北芸術工科大学東北文化研究センター，柏書房（発売）(3)2005.5

部落差別と暴力―供養・犠牲、そして（辻本正教）「東北学.［第2期］」 東北芸術工科大学東北文化研究センター，柏書房（発売）(3)2005.5

正妻の儀礼（鯨井千佐登）「東北学.［第2期］」 東北芸術工科大学東北文化研究センター，柏書房（発売）(3)2005.5

姨捨て（暴力の民俗）（菊地和博）「東北学.［第2期］」 東北芸術工科大学東北文化研究センター，柏書房（発売）(3)2005.5

疫病（暴力の民俗）（菊地和博）「東北学.［第2期］」 東北芸術工科大学東北文化研究センター，柏書房（発売）(3)2005.5

外国人・花嫁（暴力の民俗）（森繁哉）「東北学.［第2期］」 東北芸術工科大学東北文化研究センター，柏書房（発売）(3)2005.5

乞食（暴力の民俗）（森繁哉）「東北学.［第2期］」 東北芸術工科大学東北文化研究センター，柏書房（発売）(3)2005.5

自殺（暴力の民俗）（森繁哉）「東北学.［第2期］」 東北芸術工科大学東北文化研究センター，柏書房（発売）(3)2005.5

水害（暴力の民俗）（高野公男、飯田恭子）「東北学.［第2期］」 東北芸術工科大学東北文化研究センター，柏書房（発売）(3)2005.5

祭り（暴力の民俗）（菊地和博）「東北学.［第2期］」 東北芸術工科大学東北文化研究センター，柏書房（発売）(3)2005.5

娘身売り（暴力の民俗）（森繁哉）「東北学.［第2期］」 東北芸術工科大学東北文化研究センター，柏書房（発売）(3)2005.5

郷土に伝わる民俗と信仰　　　　　　　　　　　　東北

嫁ごぶち（暴力の民俗）（今石みぎわ）「東北学.［第2期］」東北芸術工科大学東北文化研究センター，柏書房（発売）（3）2005.5

嫁と姑（暴力の民俗）（森繁哉）「東北学.［第2期］」東北芸術工科大学東北文化研究センター，柏書房（発売）（3）2005.5

考古学者よ、熊狩にゆけ（書評 宇田川洋『クマとフクロウのイオマンテ』）（中路正恒）「東北学.［第2期］」東北芸術工科大学東北文化研究センター，柏書房（発売）（3）2005.5

東北を巡る（4）瓢箪形のカンジキ（《東北特集》）（杉崎満寿雄）「あしなか」山村民俗の会　271・272　2005.8

ヒタカミ賛歌―愛しの東北よ、ラュまあだレ（《東北特集》）（塩野谷明夫）「あしなか」山村民俗の会　271・272　《東北特集》2005.8

東北地方の稲干し（《東北特集》）（浅野明）「あしなか」山村民俗の会　271・272　2005.8

映像民俗誌の可能性（田口洋美）「東北学.第2期」東北芸術工科大学東北文化研究センター，柏書房（発売）（4）2005.8

生活のなかの戦死者祭祀（岩田重則）「東北学.［第2期］」東北芸術工科大学東北文化研究センター，柏書房（発売）（4）2005.8

漁撈儀礼と供養―東北地方の鮭供養を事例に（高木大祐）「西郊民俗」［西郊民俗談話会］（192）2005.9

擬死再生と信仰獲得の民俗―南九州における「隠れ念仏」の入信儀礼と東北の「隠し念仏」の「鹿児島民俗」鹿児島民俗学会（128）2005.10

東北地方からの伊勢参宮と常陸国―道中日記からのルートを探る（堀切武）「茨城の民俗」茨城民俗学会　（44）2005.11

菅江真澄と民具学―東北地方の民具研究の一方法（佐々木長生）「真澄学」東北芸術工科大学東北文化研究センター　（2）2005.11

秋田の「庚申縁起絵巻」（《特集 東北遺産を探る》―私の東北遺産）（齊藤壽胤）「まんだら : 東北文化友の会会報」東北芸術工科大学東北文化研究センター　（26）2006.2

地域の民俗文化を撮る 学生たちとの民俗映像制作の試み（《特集1 映像民俗学は可能か？》）（六車由実）「東北芸術工科大学東北文化研究センター研究紀要」東北芸術工科大学東北文化研究センター　通号5　2006.3

東北の大地に記録された「標」としての寄生木の世界（上條耿之介）「民俗と風景 : the journal of the Chubu Branch, the Japanese Society for History of Manners and Customs」日本風俗史学会中部支部　（16）2006.3

東北の祭りと風景（口絵写真）（渡辺良正）「民俗文化」近畿大学民俗学研究所　（18）2006.3

近世的形態としての五月船―事件史と関わる民俗史（《東北特集》）（胡桃沢勘司）「民俗文化」近畿大学民俗学研究所　（18）2006.3

山村民俗の変容と現在（《特集 廃村―少子高齢化時代を迎えて》）（湯川洋司）「東北学.［第2期］」東北芸術工科大学東北文化研究センター，柏書房（発売）（7）2006.4

座談会 獅子芸能を語る（《特集 獅子芸能の世界へ》）（鈴木雅史，赤坂憲雄，菊地和博）「まんだら : 東北文化友の会会報」東北芸術工科大学東北文化研究センター　（27）2006.5

風流系獅子踊りの成立と伝播に関する一試論（《特集 獅子芸能の世界へ》―〈民族芸能研究会―東アジアの獅子芸能〉）（中村茂子）「まんだら : 東北文化友の会会報」東北芸術工科大学東北文化研究センター　（27）2006.5

獅子踊りと供養（《特集 獅子芸能の世界へ》―〈民族芸能研究会―東アジアの獅子芸能〉）（菊地和博）「まんだら : 東北文化友の会会報」東北芸術工科大学東北文化研究センター　（27）2006.5

地域づくりの現場を訪ねて（19）風土の囃子が聞こえる（森繁哉）「まんだら : 東北文化友の会会報」東北芸術工科大学東北文化研究センター　（27）2006.5

民俗資料の活用と諸問題―回想法事業の取り組みを通して（《特集 民俗の現在》）（車田敦）「東北民俗の会　40　2006.6

特別展「熊野信仰と東北―名宝でたどる祈りの歴史」（展示紹介）（新堀道生）「秋田県立博物館ニュース」秋田県立博物館　（140）2006.6

東北にたどる流行歌の源流（《特集 東北からの大衆芸能―東北はいかに歌い演じられたか》）（吉田司）「舞台評論」東北芸術工科大学東北文化研究センター　3　2006.6

伝統的パラダイムを超えたアイヌ文化の提示（書評）（佐藤宏之）「東北学.［第2期］」東北芸術工科大学東北文化研究センター，柏書房（発売）（8）2006.7

いけにえの祭の行方―家族経営の牧畜民と家畜との共存（《特集 家畜とペット》）（六車由実）「東北学.［第2期］」東北芸術工科大学東北文化研究センター，柏書房（発売）（9）2006.10

聞き書き・知られざる東北の技（9）北限の海女 欠畑サチ子さん（野添憲治）「まんだら : 東北文化友の会会報」東北芸術工科大学東北文化研究センター　（29）2006.11

漁業と供養―東北地方の鮭供養を事例として（高木大祐）「日本民俗学」日本民俗学会　通号248　2006.11

東北戊辰戦争の義人伝説（清野一夫）「伊達の風土」伊達郷土史研究会

（25）2006.12

大型獣捕獲儀礼の列島鳥瞰―熊・猪を事例として（《特集 日本の狩猟・アジアの狩猟》）（野本寛一）「東北学.［第2期］」東北芸術工科大学東北文化研究センター，柏書房（発売）（10）2007.1

狩猟装置「オス」と地名（《特集 日本の狩猟・アジアの狩猟》）（筒井功）「東北学.［第2期］」東北芸術工科大学東北文化研究センター，柏書房（発売）（10）2007.1

「宗教戦争」最前線に駆り出された青年僧（書評）（中村生雄）「東北学.［第2期］」東北芸術工科大学東北文化研究センター，柏書房（発売）（10）2007.1

養蚕と蚕糸業で開けた東北商都（丹治伸吉）「すぎのめ」福島市杉妻地区史跡保存会　（29）2007.1

奥羽人類学会と東北の信仰・民俗（《〈東北文化公開シンポジウム〉》）（山田仁史）「東北文化研究室紀要」東北大学大学院文学研究科東北文化研究室　48　2007.3

東北地方のシシ踊りの特質―供養性と野獣性の視点からみる（菊池和博）「東北芸術工科大学東北文化研究センター研究紀要」東北芸術工科大学東北文化研究センター　通号6　2007.3

書評 『民俗の発見I 東北の聖と賤』（内藤正敏著）（飯島吉晴）「まんだら : 東北文化友の会会報」東北芸術工科大学東北文化研究センター　（31）2007.5

山焼きの民俗思想―火を介した自然利用の方法の現代的可能性（《特集 焼畑と火の思想》）（六車由実）「東北学.［第2期］」東北芸術工科大学東北文化研究センター，柏書房（発売）（11）2007.5

東北におけるシシ踊りと獅子舞の出会い（菊地和博）「村山民俗」村山民俗の会　（21）2007.6

アラハバキ神と遮光器土偶（《特集 真？ 偽？ 古代史なんでも鑑定団》）（齋藤隆一）「季刊邪馬台国」「季刊邪馬台国」編纂委員会，梓書院（発売）（95）2007.6

山鉾を囃獅子―シシ踊りに先行する一人立獅子舞の伝承（《特集 獅子舞とシシ踊り》）（植木行宣）「東北学.［第2期］」東北芸術工科大学東北文化研究センター，柏書房（発売）（12）2007.8

東北の歴史風土とシシ踊り（《特集 獅子舞とシシ踊り》）（菊地和博）「東北学.［第2期］」東北芸術工科大学東北文化研究センター，柏書房（発売）（12）2007.8

高島慎助著『北海道・東北の力石』（書誌紹介）（福田アジオ）「日本民俗学」日本民俗学会　通号251　2007.8

東北地方の浅間神社を訪ねて（船水康宏）「富士山文化研究」富士山文化研究会　（8）2007.12

東北を巡る（5）山刀・フクロナガサ―秋田・阿仁マタギ聞き書（杉崎満寿雄）「あしなか」山村民俗の会　280　2008.1

技術遺産の保存と伝承主体の複数性―近代築港事業の一事例から（高橋雅也）「東北文化研究室紀要」東北大学大学院文学研究科東北文化研究室　49　2008.3

東北の修験神楽の「市場原理」（星野紘）「東北芸術工科大学東北文化研究センター研究紀要」東北芸術工科大学東北文化研究センター　通号7　2008.3

東北地方と修験系神楽「鐘巻」研究序説（菊地和博）「東北芸術工科大学東北文化研究センター研究紀要」東北芸術工科大学東北文化研究センター　通号7　2008.3

東北地方民俗学合同研究会公開講演 食の文化の可能性と地元学（結城登美雄）「福島の民俗」福島県民俗学会　（36）2008.3

研究ノート 焼津鰹節職人の東北地方における製造技術指導について（中村羊一郎）「焼津市史研究」焼津市　（9）2008.3

東北の修験道と出羽三山（《〈いでは文化講演会〉鶴岡市名誉市民 戸川安章氏を偲んで》）（宮家準）「庄内民俗」庄内民俗学会　通号34　2008.4

東北地方の神宮寺―神仏習合形態の北方への展開（神宮滋）「北方風土 : 北国の歴史民俗考古研究誌」イズミヤ出版　通号56　2008.6

昔話絵本の世界（3）『だいくとおにろく』（川越ゆり）「民話」東北文教大学短期大学部民話研究センター　（22）2008.7

「高校生のための地域学ゼミナール」火の民俗と文化（《特集 東北の深層へ》）「まんだら : 東北文化友の会会報」東北芸術工科大学東北文化研究センター　（36）2008.8

東北山の神紀行（《山の神特集》）（大塚安子）「あしなか」山村民俗の会　284　2009.02

東北研究の現在 東北地方および極東ロシアにおける頭信仰（誉田慶信，入間田宣夫，山口博之，赤羽正春，田口洋美，福田正宏，菊地和博）「まんだら : 東北文化友の会会報」東北芸術工科大学東北文化研究センター　（38）2009.02

アイヌの口承文芸に語られるイナウ―本州以南の削りかけとの比較の視点から（今石みぎわ）「東北芸術工科大学東北文化研究センター研究紀要」東北芸術工科大学東北文化研究センター　通号8　2009.03

縄文の祭りを継ぐ―アイヌ儀礼から読み解く縄文～続縄文の構造変動（《特集 東北の原像―縄文から弥生・続縄文へ》）（瀬川拓郎）「東北学.［第2期］」東北芸術工科大学東北文化研究センター，柏書房（発売）

（19）2009.05

小型沿岸捕鯨の民俗（川島秀一）「東北民俗」 東北民俗の会 43 2009.06

きのこと民俗―東北人のきのこ談義（根本敬子）「東北民俗」 東北民俗の会 43 2009.06

雪にまつわる民俗語彙（1）～（4）（稲雄次）「北方風土 ： 北国の歴史民俗考古研究誌」 イズミヤ出版 通号58/通号61 2009.07/2011.01

むらの景観の秩序―民俗地理学の視点から（《特集 環境と景観》）（今里信之）「東北学.［第2期］」 東北芸術工科大学東北文化研究センター，柏書房（発売）（20）2009.08

周縁の民の姿追う迫真の民俗誌（書評）（川上隆志）「東北学.［第2期］」 東北芸術工科大学東北文化研究センター，柏書房（発売）（21）2009.11

連載・写真曼荼羅（4）神々の異界（内藤正敏）「東北学.［第2期］」 東北芸術工科大学東北文化研究センター，柏書房（発売）（21）2009.11

年中行事の本義の解明―農村の一つ目小僧 大師講・大黒様の年取・戸窓塞ぎ・コト八日（第2期）（松橋由雄）「北方風土 ： 北国の歴史民俗考古研究誌」 イズミヤ出版 通号59 2010.01

民俗行事・民俗語（松橋由雄）「北方風土 ： 北国の歴史民俗考古研究誌」 イズミヤ出版 通号59 2010.01

方言詩の世界（佐藤貢）「北方風土 ： 北国の歴史民俗考古研究誌」 イズミヤ出版 通号59 2010.01

子に引き継ぐ雛人形（会員の声（1）雛節句）（鈴木直美）「まんだら ： 東北文化友の会会報」 東北芸術工科大学東北文化研究センター （42）2010.02

雛流しの復活（会員の声（1）雛節句）（川合正裕）「まんだら ： 東北文化友の会会報」 東北芸術工科大学東北文化研究センター （42）2010.02

アイヌ文化をフィールドワークする菅江真澄―特に機織りとクマ送りについて（池田貴夫）「真澄学」 東北芸術工科大学東北文化研究センター （5）2010.02

奉納のエコノミー―〈死者の結婚〉をプロモートするもの（小田島建己）「東北文化研究室紀要」 東北大学大学院文学研究科東北文化研究室 51 2010.03

考古学から見た東北地方の葬送文化（東北文化シンポジウム 死を見つめる心―現代東北の葬送文化―研究発表）（田中則和）「東北文化研究室紀要」 東北大学大学院文学研究科東北文化研究室 51 2010.03

「死」をめぐる言葉―方言学の立場から（東北文化シンポジウム 死を見つめる心―現代東北の葬送文化―研究発表）（澤村美幸）「東北文化研究室紀要」 東北大学大学院文学研究科東北文化研究室 51 2010.03

葬儀社アンケートから見た東北地方の葬送文化（東北文化シンポジウム 死を見つめる心―現代東北の葬送文化―研究発表）（鈴木岩弓）「東北文化研究室紀要」 東北大学大学院文学研究科東北文化研究室 51 2010.03

私の研究遍歴―巫俗と仏教のあいだ（佐々木宏幹）「東北民俗」 東北民俗の会 44 2010.07

村落空間論再考―「民俗」を可能にするもの（滝澤克彦）「東北民俗」 東北民俗の会 44 2010.07

「田植踊」と踊らせ方―指導方法から見た身体技法の習得過程（沼田愛）「東北民俗」 東北民俗の会 44 2010.07

なぜムサカリ絵馬は「怖い話」として広まったのか（金田明日香）「東北民俗」 東北民俗の会 44 2010.07

森繁哉『いのちの踊りの物語』、『疾走する地霊』（東北文化研究センター研究員・新刊紹介）（森繁哉）「まんだら ： 東北文化友の会会報」 東北芸術工科大学東北文化研究センター （44）2010.08

特別寄稿 山の神―山に生きる人の信仰と行動（村上一馬）「まんだら ： 東北文化友の会会報」 東北芸術工科大学東北文化研究センター （44）2010.08

対談 旅―新たな風景の発見―東北・文芸・フォークロア（特集 旅学の時代へ）（佐伯一麦，赤坂憲雄）「東北学.［第2期］」 東北芸術工科大学東北文化研究センター，柏書房（発売）（24）2010.8

東北の獅子信仰における番楽（平成21年度民俗芸能学会大会基調講演・シンポジウム 東北の獅子舞信仰における番楽―パネリスト報告）（松田訓）「民俗芸能研究」 民俗芸能学会 （49）2010.09

東北夏祭り紀行（北河直子）「公益社団法人全日本郷土芸能協会会報」 全日本郷土芸能協会 （61）2010.10

佐藤優「常陸坊海尊の長寿伝説信仰―東北地方を中心に―」（研究報告）（小堀光夫）「伝え ： 日本口承文芸学会会報」 日本口承文芸学会 （47）2010.11

近世東北の疱瘡対策（研究ノート）（竹原万雄）「真澄学」 東北芸術工科大学東北文化研究センター （6）2011.2

近世墓標・過去帳・系譜類にみる武家の家内秩序と「家」意識（澁谷悠子）「東北文化研究室紀要」 東北大学大学院文学研究科東北文化研究室 52 2011.03

中世村落の草創神話（特集 いくつもの日本の神話へ）（蘭部寿樹）「東北

学.［第2期］」 東北芸術工科大学東北文化研究センター，柏書房（発売）（27）2011.05

オシラサマと馬と娘と蚕と胞衣（えな）とミシャグジ―オシラサマはミシャグジ・蚕は女（松橋由雄）「北方風土 ： 北国の歴史民俗考古研究誌」 イズミヤ出版 通号62 2011.07

年中行事の本義の解明（2）―文字に隠された血の臭い（夏越の祭りの茅の輪・コト八日に似た針供養・小正月のトシナ・繭玉・初午祭り）（松橋由雄）「北方風土 ： 北国の歴史民俗考古研究誌」 イズミヤ出版 通号62 2011.07

未来への伝承に向けて（地域誌だより（21））（菅家博昭）「まんだら ： 東北文化友の会会報」 東北芸術工科大学東北文化研究センター （48）2011.08

お地蔵さんの視線の先には（栄村から、東北へ行く。）「月刊栄村」 NPO法人栄村ネットワーク （2）2011.08

東北における板碑研究の沿革（2）（縣敏夫）「歴史考古学」 歴史考古学研究会 （64）2011.10

連載・写真曼荼羅（12）新鋭編（5）inevitable（竹原優）「東北学.［第2期］」 東北芸術工科大学東北文化研究センター，柏書房（発売）（29）2011.11

東北の豊作祈願芸能と「藤九郎」（菊地和博）「山形民俗」 山形県民俗研究協議会 （26）2011.11

連載・写真曼荼羅（13）新鋭編（6）生命のミクロコスモス（山崎裕）「東北学.［第2期］」 東北芸術工科大学東北文化研究センター，柏書房（発売）（30）2012.02

資料館収蔵こけしの再考察―東北地方のこけしを中心として（安藤有希）「生活と文化 ： 研究紀要」 豊島区 （21）2012.03

中世の火葬土坑について―新潟県及び東北地方を中心に（石垣義則）「新潟考古」 新潟県考古学会 （23）2012.03

拒絶された土葬―東日本大震災の現場から（佐藤敏悦）「東北民俗」 東北民俗の会 46 2012.06

津波石の伝承誌（川島秀一）「東北民俗」 東北民俗の会 46 2012.06

純方言版 ひろし爺さまの昔話（本城屋勝）「北方風土 ： 北国の歴史民俗考古研究誌」 イズミヤ出版 （64）2012.08

鍛冶の神を考察する（上）、（下）（佐藤松雄）「北方風土 ： 北国の歴史民俗考古研究誌」 イズミヤ出版 （64）/通号65 2012.08/2013.01

「鮭の大助」と王権（村田弘）「山形民俗」 山形県民俗研究協議会 （26）2012.11

東北地方における炭焼き藤太・金売り吉次の伝説（菊地仁）「山形民俗」 山形県民俗研究協議会 （26）2012.11

わらべうたの深層（本城屋勝）「北方風土 ： 北国の歴史民俗考古研究誌」 イズミヤ出版 通号65 2013.01

発表2 儀礼における埋葬への視線（2012年度 東北文化公開講演会 表象としての身体―死の文化の諸相）（高橋恭寛）「東北文化研究室紀要」 東北大学大学院文学研究科東北文化研究室 54 2013.03

発表4 弘智法印について（2012年度 東北文化公開講演会 表象としての身体―死の文化の諸相）（ジョン＝モリス）「東北文化研究室紀要」 東北大学大学院文学研究科東北文化研究室 54 2013.03

講演1 埋葬の現場における身体（2012年度 東北文化公開講演会 表象としての身体―死の文化の諸相）（小谷みどり）「東北文化研究室紀要」 東北大学大学院文学研究科東北文化研究室 54 2013.03

流行神研究序説 『郷土の伝承』に見られる信仰の諸相（黄緑萍）「東北文化研究室紀要」 東北大学大学院文学研究科東北文化研究室 54 2013.03

古四王、その神格と分布地を探る（佐藤榮征）「新発田郷土誌」 新発田郷土研究会 （41）2013.03

『続 富士の神徳』―東北大震災における扶桑教の活動の記録（宍野史生）「富士山文化研究」 富士山文化研究会 （11）2013.07

表紙・口絵写真 東北地方の民俗（大脇潔，胡桃沢勘司，藤井弘章，渡辺良正）「民俗文化」 近畿大学民俗学研究所 （25）2013.07

東北地方太平洋沿岸のウミガメの民俗―東日本大震災後の追跡調査を踏まえて（東北地方の民俗）（藤井弘章）「民俗文化」 近畿大学民俗学研究所 （25）2013.07

東北の伝承切り紙（研究ノート）（榎陽介）「博物館だより」 福島県立博物館 （110）2013.09

「カンデッコあげ」と「かんかけ」（東北を巡る（6））（杉崎満寿雄）「あしなか」 山村民俗の会 299 2013.10

わらべうたと門付け［1］，（2）（本城屋勝）「北方風土 ： 北国の歴史民俗考古研究誌」 イズミヤ出版 （67）/（68）2014.01/2014.06

特集鼎談 人々の経験は未来の命を救うことができるのか（特集 災害の民俗知）（片田敏孝，川島秀一，田口洋美）「東北学.［第3期］」 東北芸術工科大学東北文化研究センター，はる書房（発売）3 2014.01

災害の民俗知とは何か―伝承の行方（特集 災害の民俗知）（田口洋美）「東北学.［第3期］」 東北芸術工科大学東北文化研究センター，はる書房（発売）3 2014.01

屋敷林と屋敷囲いからみた災害の民俗知（特集 災害の民俗知）（三浦修）

「東北学.[第3期]」 東北芸術工科大学東北文化研究センター，はる書房（発売） 3 2014.01

津波避難拠点として機能した社寺（特集 災害の民俗知）（大窪健之）「東北学.[第3期]」 東北芸術工科大学東北文化研究センター，はる書房（発売） 3 2014.01

言語行動の枠組みに基づく方言会話記録の試み（小林隆，内間早俊，坂喜美佳，佐藤亜実）「東北文化研究室紀要」 東北大学大学院文学研究科東北文化研究室 55 2014.06

イベントレポート 特集展「東北の伝承切り紙」関連行事 展示解説会（榎陽介）「博物館だより」 福島県立博物館 （112） 2014.03

東北から伝播した四国の鹿踊（大本敬久）「東北民俗」 東北民俗の会 48 2014.06

昔話・伝説・世間話から見た東北地方の天狗像とその比較（高橋）「北方風土 ： 北国の歴史民俗考古研究誌」 イズミヤ出版 （68） 2014.06

座談会 歩いて、見て、聞いて、そして届けて気づいたこと 東文研地域民俗誌ブックレット「東北一万年のフィールドワーク」の編集と刊行（佐藤健治，斉藤康ета，三好明日香，小松凉，鈴木彩也花，高橋佳帆里，高橋裕子，蛯原一平［司会］）「まんだら ： 東北文化友の会会報」 東北芸術工科大学東北文化研究センター （56） 2014.11

稲沢番楽「金巻」と東北の修験系神楽（第63回全国民俗芸能大会特集）（菊地和博）「民俗芸能」 民俗芸能刊行委員会 （94） 2014.11

北海道・東北（各地の民俗芸能（第55回ブロック別民俗芸能大会の報告））（吉田純子）「民俗芸能」 民俗芸能刊行委員会 （94） 2014.11

地域に伝えられる災害伝承をいかに受け止めるのか—「津波でんでんこ」をめぐって（特集 専門知と市民知—現場から問う）（遠州尋美）「Link ： 地域・大学・文化」 神戸大学大学院人文学研究科地域連携センター 6 2014.12

南奥

近世南奥における日課念仏の民衆化状況—不能の勧化による信者を中心として（藤田定興）「福島県歴史資料館研究紀要」 福島県文化振興事業団 通号21 1999.3

南部

注釈『奥の手風俗』/菅江真澄現代語訳（細川純子，今石みぎわ）「真澄学」 東北芸術工科大学東北文化研究センター （1） 2004.11

南部地方における放牧馬の生態と蒼前神信仰（赤田光男）「帝塚山大学人文科学部紀要」 帝塚山大学人文科学学部 （18） 2005.11

『東西遊記』と南部盲暦（宮崎茂夫）「あしなか」 山村民俗の会 283 2008.9

南部踏鋤—分布と似かよった用具（杉崎満寿雄）「あしなか」 山村民俗の会 294 2012.03

北奥

豊受大神考（抄）（高嶋喜与衛）「北奥文化 ： 郷土誌」 北奥文化研究会 18 1997.10

抱名について（佐藤文孝）「北奥文化 ： 郷土誌」 北奥文化研究会 18 1997.10

蓮如本願寺教団の蝦夷・北奥布教（誉田慶信）「青森県史研究」 青森県 通号3 1999.3

本願寺教団と蝦夷・北奥・村山（誉田慶信）「西村山地域史の研究」 西村山地域史研究会 17 1999.6

伝説と解釈、そして偽書（斎藤隆一）「北奥文化 ： 郷土誌」 北奥文化研究会 21 2000.11

女たちの抜参り（桜井冬樹）「北奥文化 ： 郷土誌」 北奥文化研究会 （24） 2003.10

若者組のこと（桜井冬樹）「北奥文化 ： 郷土誌」 北奥文化研究会 （25） 2004.12

飢饉供養塔からみた北奥近世社会の一側面（関根達人）「歴史」 東北史学会 105 2005.9

天皇・神社等の方位について（小考）（高嶋喜奥衛）「北奥文化 ： 郷土誌」 北奥文化研究会 （26） 2005.12

浪川健治著『近世北奥社会と民衆』（新刊紹介）（三浦泰之）「北海道・東北史研究」 北海道出版企画センター 2 2005.12

近世の北奥社会と被差別集団の動向—弘前藩における「革師」をめぐって（講演）（浪川健治）「解放研究 ： 東日本部落解放研究所紀要」 東日本部落解放研究所，解放書店（発売） （21） 2008.3

北奥における仏神と御霊飯と鍵懸と（入間田宣夫）「真澄学」 東北芸術工科大学東北文化研究センター （6） 2011.02

本州

副葬品からみたアイヌの歴史と文化—本州アイヌを視野に入れて（関根達人）「北奥文化」 青森県文化財保護協会 通号75 2004.3

本州の「舞台」地名は和語かアイヌ語か（1）〜（3）（清水清次郎）「北海道れきけん」 北海道歴史研究会 57/59 2005.1/2005.9

擦文社会における本州古代祭祀のあり方について（大島秀俊）「北海道の文化」 北海道文化財保護協会 通号78 2006.3

みちのく

みちのくの駿馬伝説を探る（高橋暁樹）「北方風土 ： 北国の歴史民俗考古研究誌」 イズミヤ出版 通号38 1999.5

忘れられた伝統—みちのくの姉家督（平川新）「米沢史学」 米沢史学会（山形県立米沢女子短期大学日本史学科内） （16） 2000.11

みちのく古寺巡礼に参加して（三輪行雄）「富田町史談会会報」 富田町史談会 （9） 2001.3

道草道中記—みちのくの古社寺訪ねある記（加藤宏，加藤信宏）「愛知のやしろ」 愛知の神社をたずねる会 23 2002.1

みちのく北方漁船博物館の紹介（西村美香）「民具マンスリー」 神奈川大学 35（1）通号409 2002.4

みちのくを支えた庶民のこころ（書評・菊池和博「庶民信仰と伝承芸能」）（武田正）「東北学.[第1期]」 東北芸術工科大学東北文化研究センター，作品社（発売） 7 2002.10

みちのく民俗村の催事の意義（高橋景子）「いわて文化財」 岩手県文化財愛護協会 192 2002.11

カッパ九千坊—みちのくの旅（田辺達也）「夜豆志呂」 八代史談会 141/142 2003.2/2003.6

みちのく蠅紀行—カワラ前線北上スレドモ《東北特集》（大脇潔）「民俗文化」 近畿大学民俗学研究所 （18） 2006.3

翻刻・再録 昔話・語りの世界（1） 牛方と山姥—みちのくの母・海老名ちゃうさん（上）（武田正）「民話」 東北文教大学短期大学部民話研究センター （19） 2007.6

野添憲治セレクション「みちのく・民の語り」月報第一 聞き書きの作法をめぐって（赤坂憲雄）「北のむらから」 能代文化出版社 （246） 2008.1

野添憲治セレクション「みちのく・民の語り」月報第二 味の伐採夫（上），（下）（安田武）「北のむらから」 能代文化出版社 （249）/（250） 2008.4/2008.5

野添憲治セレクション「みちのく・民の語り」月報第三 野添憲治さんとの出会い（森岡和江）「北のむらから」 能代文化出版社 （251） 2008.6

野添憲治セレクション「みちのく・民の語り」月報第三 野添憲治さんの原点（宇江敏勝）「北のむらから」 能代文化出版社 （252） 2008.7

野添憲治セレクション「みちのく・民の語り」月報第四 風立ぬ いざ生きめやも（佐高信）「北のむらから」 能代文化出版社 （253） 2008.8

野添憲治セレクション「みちのく・民の語り」月報第四 「自家製」という生き方（天野正子）「北のむらから」 能代文化出版社 （254） 2008.9

野添憲治セレクション「みちのく・民の語り」月報第五 資料の裏側へと向かう（米田綱路）「北のむらから」 能代文化出版社 （255） 2008.10

野添憲治セレクション「みちのく・民の語り」月報第五 著書百冊を超える その底に流れる精神（西成辰雄）「北のむらから」 能代文化出版社 （257） 2008.12

野添憲治セレクション「みちのく・民の語り」月報第六 北のムラで生きる野武士（大出俊幸）「北のむらから」 能代文化出版社 （258） 2009.01

野添憲治セレクション「みちのく・民の語り」月報第六 「民の声」を聞く旅がはじまった（鵜飼清）「北のむらから」 能代文化出版社 （259） 2009.02

追分阿弥陀像の伝説—都とみちのくの周辺（野崎準）「東北学院大学東北文化研究所紀要」 東北学院大学東北文化研究所 （43） 2011.12

みちのくの黄檗廃絶寺院（石渡吉彦）「黄檗文華」 黄檗山萬福寺文華殿 （132） 2013.07

観音菩薩とは/第1章 観音菩薩のすがた 木彫仏、金銅仏、鏡像・御正躰/第2章 観音菩薩への祈り 観音信仰の広がり、みちのくの三十三所巡礼、講と歌詠み、生と死をめぐる祈り「博物館だより」 福島県立博物館 （114） 2014.09

坂上田村麻呂と観音伝説—「みやことみちのく」の落穂（野崎準）「東北学院大学東北文化研究所紀要」 東北学院大学東北文化研究所 （46） 2014.12

南奥州

小林清治著『戦国の南奥州』（福田アジオ編『北小浦の民俗—柳田国男の世界を歩く』『柳田国男の世界—北小浦民俗誌を読む』）（西澤睦郎）「新潟史学」 新潟史学会 （50） 2003.10

陸奥

神社における石灯籠等の寄進者一覧（加藤慶司）「陸奥史談」 陸奥史談会 55 1998.5

社寺めぐり報告（千葉孝）「陸奥史談」 陸奥史談会 55 1998.5

続・陸奥南部における仏教受容のあり方（荒木隆）「福島考古」 福島県考古学会 （54） 2012.07

陸奥古碑考について（五島公太郎）「野仏 ： 多摩石仏の会機関誌」 多摩石仏の会 43 2012.07

陸奥南部における古代の国境祭祀と交通路（論文）（荒木隆）「福島考古」 福島県考古学会 （55） 2013.08

東北　　　　　　　　　　　　郷土に伝わる民俗と信仰

陸中

平成10年度大会報告 シンポジウム基調講演/陸中沿岸の廻り神楽（神田
より子）「民俗芸能研究」 民俗芸能学会　通号28　1999.3

青森県

相内
相内の神楽（相田敬造）「ふるさとなんぶ」 南部町郷土研究会 （20）1997.7

青森
特別寄稿 青森の口承文芸研究と内田邦彦（〈特集 遠野で活躍する女性たち〉）（佐々木達司）「遠野物語研究」 遠野物語研究所 （11）2008.3

青森・岩手におけるノウガミ信仰（川合正裕）「東北芸術工科大学東北文化研究センター研究紀要」 東北芸術工科大学東北文化研究センター 通号8 2009.03

やまがた民話資料紹介（23）『青森の「繁次郎ばなし」佐々木達司・新田寿弘、青森文芸協会（武田正）「民話」 東北文教大学短期大学部民話研究センター （24）2009.03

企画展示報告 講評だった青森の妖怪展（佐々木達司）「伝え ： 日本口承文芸学会会報」 日本口承文芸学会 （46）2010.02

青森県
神社における石塔寄進者調査（加藤慶司）「東奥文化」 青森県文化財保護協会 通号70 1999.3

異形のオシラサマ（大湯卓二）「青森県の民俗」 青森県民俗の会 1 2001.7

民俗芸能のマニュアル作成における成果と課題—青森県の『伝承マニュアル』を例に（小野寺節子）「芸能の科学」 文化財研究所東京文化財研究所 通号29 2002.3

アイヌと「日本」—民族と宗教の北方史（佐々木馨）「東奥文化」 青森県文化財保護協会 通号73 2002.3

ずいひつ マッコ仏の履歴書（丸山太一）「微笑佛」 全国木喰研究会 （10）2002.5

樹木と俗信—青森県の事例から（佐々木達司）「青森県の民俗」 青森県民俗の会 2 2002.6

産育と女性たちの子安講（長谷川方子）「青森県の民俗」 青森県民俗の会 2 2002.6

葬式を支えた組織の変容（豊島秀範）「青森県の民俗」 青森県民俗の会 2 2002.6

各地からの報告 青森県における口承文芸の動向（佐々木達司）「伝え ： 日本口承文芸学会会報」 日本口承文芸学会 31 2002.9

ようこそギャラリートークへ 第4展示室（民俗）山の達人「マタギ」（清野耕司）「青森県立郷土館だより ： 総合博物館」 青森県立郷土館 3（3）通号124 2002.12

伝承の場 付『芸能の科学』29補遺「民俗芸能のマニュアル作成にお…成果と課題—青森県の『伝承マニュアル』を例に」添付資料（小…子）「芸能の科学」 文化財研究所東京文化財研究所 通号30

…神送り（北川達男）「青森県の民俗」 青森県民俗の会 3

…の色—特集にあたって（小池淳一）「青森県の民俗」 青森… 3 2003.6

…野寺節子）「青森県の民俗」 青森県民俗の会 3

…シロからクロへの変容（豊島秀範）「青森県の民俗」 2003.6

…の板碑（川村眞一，佐藤仁）「青森県史研究」 青…

…村眞一）「東奥文化」 青森県文化財保護協会

…（大湯卓二）「東北芸術工科大学東北文化…芸術工科大学東北文化研究センター

…「六甲倶楽部報告」 六甲倶楽部 68

…「青森県の民俗」 青森県民俗の会

…青森県の民俗」 青森県民俗の

… 4 2004.5

…俗の会 4 2004.5

…民俗の会 4 2004.5
…の民俗」 青森県民俗

の会 4 2004.5

青森県のサケ漁（昆政明）「民具研究」 日本民具学会 （130）2004.10

西海岸地方の板碑と石材（川村眞一）「北奥文化 ： 郷土誌」 北奥文化研究会 （25）2004.12

青森県の虫送りに見る地域性—その生成過程をめぐって（大湯卓二）「東北芸術工科大学東北文化研究センター研究紀要」 東北芸術工科大学東北文化研究センター 通号4 2005.3

現代の信仰をかいま見る—幸福を求める人々（石山晃子）「青森県の民俗」 青森県民俗の会 5 2005.6

青森県南地方のさまざまな観音巡礼（滝尻善英）「青森県の民俗」 青森県民俗の会 5 2005.6

子安弘法大師信仰の担い手たち—漁民の交流を背景に（長谷川方子）「青森県の民俗」 青森県民俗の会 5 2005.6

青森県における百万遍念仏（数珠繰り）の受容と展開—百万遍念仏縁起の特色と数珠繰り儀礼の様相（大湯卓二，高達奈緒美）「青森県の民俗」 青森県民俗の会 （6）2006.8

青森県の大師講における儀礼要素の考察（清野耕司）「青森県の民俗」 青森県民俗の会 （6）2006.8

霊魂をめぐる民俗（石山晃子）「青森県の民俗」 青森県民俗の会 （6）2006.8

土曜セミナーより 映像でみるふるさとの伝承（小山隆秀）「青森県立郷土館だより ： 総合博物館」 青森県立郷土館 37（3）通号138 2006.10

青森県の小さな村の心に残るお祭り（島野正美）「民俗学研究所ニュース」 成城大学民俗学研究所 （76）2007.4

「オシラ神」信仰の展開—青森県と北海道との関わりから（増子美緒）「青森県の民俗」 青森県民俗の会 （7）2007.7

「歩み」と「走り」の身体伝承（小野隆秀）「青森県の民俗」 青森県民俗の会 （7）2007.7

副葬された土人形（成田滋彦）「青森県考古学」 青森県考古学会 （16）2008.3

土曜セミナー 青森県の円空仏（本田伸）「青森県立郷土館だより ： 総合博物館」 青森県立郷土館 39（1）通号143 2008.4

成育儀礼の地域的特色と子育て観（長谷川方子）「青森県の民俗」 青森県民俗の会 （8）2008.8

早物語の変容—民謡・わらべうた、そして昔話へ（佐々木達司）「青森県の民俗」 青森県民俗の会 （8）2008.8

鬼・大人・裸参り—角（鉢巻き）・相撲との関連（福士壽一）「青森県の民俗」 青森県民俗の会 （8）2008.8

縄文期のサケ漁具二例—民俗資料との比較から（福田友之）「青森県の民俗」 青森県民俗の会 （8）2008.8

青森県と秋田県の「をに」（中野譲）「六甲倶楽部報告」 六甲倶楽部 （87）2008.12

「お船歌」の研究(6) 青森県の文献資料と歌唱伝承について（〈第22回大会報告「日本民謡研究の現状と課題」〉（2008 東京）—研究発表要旨）（小野寺節子）「民俗音楽研究」 日本民俗音楽学会 （34）2009.03

「遊浴日記」の民俗的意義について（高松敬吉）「うそり」 下北の歴史と文化を語る会 通号45 2009.3

全国の「鶴の恩返し」「鶴女房」青森県に伝わる話「夕鶴」 夕鶴の里友の会 （41）2009.05

遺稿 草刈のわっぱ飯（追悼 若佐谷五郎兵衛氏）（若佐谷五郎兵衛）「青森県の民俗」 青森県民俗の会 （9）2009.07

民俗資料としての写真—佐々木直亮先生撮影写真について（成田敏）「青森県立郷土館研究紀要」 青森県立郷土館 （35）2011.03

青森県昔話結句試論—青森県外からの視点で（新田寿弘）「青森県の民俗」 青森県民俗の会 （10）2012.02

青森県における生殖器崇拝資料（増田公寧）「青森県立郷土館研究紀要」 青森県立郷土館 （36）2012.03

イタコ「祝文」（北川達夫）「青森県立郷土館研究紀要」 青森県立郷土館 （36）2012.03

青森県の船絵馬（昆政明）「青森県立郷土館研究紀要」 青森県立郷土館 （36）2012.03

天神さまとテンマサマー天満宮の男根形（増田公寧）「青森県立郷土館研究紀要」 青森県立郷土館 （37）2013.03

イタコ「オシラ祭文・神よせ」（北川達男）「青森県立郷土館研究紀要」 青森県立郷土館 （37）2013.03

くらしの民俗 2月10日（日）「青森県のくらしの民俗」 講師：豊島秀範（レポート 儀礼文化セミナー）（佐々木寛）「儀礼文化ニュース」 儀礼

文化学会　（189）2013.03

青森県の天狗像—昔話・伝説・世間話からの考察（高橋成）「西郊民俗」［西郊民俗談話会］（224）2013.09

馬の呼称と蒼前信仰（伊藤一允）「東奥文化」　青森県文化財保護協会（85）2014.05

青森市

死の考古学—上屋構造をもつ墓について（成田滋彦）「市史研究あおもり」　青森市　3　2000.3

青森市史編集委員会民俗部会の活動（石戸谷勉）「青森県の民俗」　青森県民俗の会　3　2003.6

青森市大正七年の農家年中行事（三浦貞栄治）「青森県の民俗」　青森県民俗の会　5　2005.6

伝説を維持するもの—炭焼熊太の伝承をめぐって（石山晃子）「市史研究あおもり」　青森市　通号8　2006.3

青森のねぶた

〔書評・新刊紹介〕宮田登・小松和彦監修『青森ねぶた誌』（内田忠賢）「京都民俗 : 京都民俗学会会誌」　京都民俗学会　通号19　2001.12

青森湾

真澄の一枚（9）善知鳥神社と青森湾のながめ　『粉本稿』より（大館市立中央図書館提供）「菅江真澄研究」　菅江真澄研究会　（77）2012.08

赤倉山

東北の原風景（2）赤倉山の鬼神 津軽・鬼神社民俗誌（《小特集 考古学と民俗学のあいだ》）（内藤正敏）「東北学.［第1期］」　東北芸術工科大学東北文化研究センター，作品社（発売）［第1期］　2000.4

菅江真澄のみた赤倉山—鬼神と真澄・岩木山信仰の神秘（岩渕和紀子）「真澄学」　東北芸術工科大学東北文化研究センター　（1）2004.11

鰺ヶ沢町

出稼ぎ生活の変化と持続—青森県西津軽郡鰺ヶ沢町の事例から（松田睦彦）「民俗学研究所紀要」　成城大学民俗学研究所　28　2004.3

新屋町

新屋町鎮守貴船神社縁起（佐藤喜代造）「毛上文化誌」　尾上町郷土史研究会　平成16年版　2005.4

飯詰八幡宮

八幡宮紹介 飯詰八幡宮（青森県五所川原市）「季刊悠久.第2次」　鶴岡八幡宮悠久事務局　（126）2011.12

板柳

板柳の民話（津軽民話の会採訪記録）「津軽の民話」　津軽民話の会　12　1999.6

岩木

『新編弘前市史 資料編 岩木地区』（民俗編）（書評と紹介）（大湯卓二）「弘前大学国史研究」　弘前大学国史研究会　（129）2010.10

岩木山

青森県における山の神信仰—岩木山に鎮まる伝説の女神をめぐって（大湯卓二）「東北芸術工科大学東北文化研究センター研究紀要」　東北芸術工科大学東北文化研究センター　（1）2002.3

東北の霊山と山の神—早池峰山、出羽三山、岩木山（内藤正敏）「東北芸術工科大学東北文化研究センター研究紀要」　東北芸術工科大学東北文化研究センター　（1）2002.3

鳥居の鬼 この前には岩木山が聳えていた（渡辺澄子）「六甲倶楽部報告」　六甲倶楽部　65　2003.6

岩木山の歴史と伝説（大湯卓二）「季刊悠久.第2次」　鶴岡八幡宮悠久事務局　94　2003.7

岩木山信仰形成における宗教者の役割と習俗の変化（小山隆秀）「青森県史研究」　青森県　（8）2003.12

菅江真澄のみた赤倉山—鬼神と真澄・岩木山信仰の神秘（岩渕和紀子）「真澄学」　東北芸術工科大学東北文化研究センター　（1）2004.11

津軽観音巡礼の旅（2）岩木山信仰の源流を求めて（菊池正浩）「津軽学 : 歩く見る聞く津軽」　津軽に学ぶ会　（2）2006.12

岩木山信仰と神楽（笹森建英、畠山篤）「地域学 : 地域の理解にむけて」　弘前学院大学，北方新社（発売）5　2007.5

引札の配札場面からみた岩木山信仰（小山隆秀）「青森県立郷土館研究紀要」　青森県立郷土館　（34）2010.03

岩木山の登拝行事

お山参詣（野呂重治）「いしがみ : 郷土文化誌」　いしがみ」刊行会　（12）2001.12

岩木山登拝と唱文考（白戸金治郎）「毛上文化誌」　尾上町郷土史研究会　平成14年版　2003.3

青森市細越のお山参詣（若佐谷五郎兵衛）「青森県の民俗」　青森県民俗の会　3　2003.6

西目屋村お山参詣（2004年度）（長谷川方子）「青森県の民俗」　青森県民俗の会　（6）2006.8

近現代における岩木山参詣習俗の変容—徒歩参詣の伝統化（金子直樹）「日本民俗学」　日本民俗学会　通号249　2007.2

岩木山・レッツウォークお山参詣（《場のちから 地の記憶》）（中路正恒）「津軽学 : 歩く見る聞く津軽」　津軽に学ぶ会　（3）2007.12

岩木山「お山参詣」における御来光遥拝と草木採取について（小山隆秀）「真澄学」　東北芸術工科大学東北文化研究センター　（6）2011.02

岩木山神社

岩木山神社の石碑に見る森田村の先人達（川添勇一）「いしがみ : 郷土文化誌」　いしがみ」刊行会　（8）1997.5

善知鳥神社

真澄の一枚（9）善知鳥神社と青森湾のながめ　『粉本稿』より（大館市立中央図書館提供）「菅江真澄研究」　菅江真澄研究会　（77）2012.08

雲祥寺

連載・写真曼荼羅（3）地獄絵（津軽・雲祥寺の十王曼陀羅）（内藤正敏）「東北学.［第2期］」　東北芸術工科大学東北文化研究センター，柏書房（発売）（20）2009.08

大沢

書評 弘前大学人文学部民俗学実習履修学生編『大沢の民俗—青森県弘前市大沢』（村中健大）「青森県の民俗」　青森県民俗の会　（9）2009.07

大館集落

大館集落のオシラさま（佐藤正治）「いしがみ : 郷土文化誌」　いしがみ」刊行会　（12）2001.12

大星神社

大星神社の舞楽面—青森市「青森県史だより」　青森県環境生活部　5　1998.9

大間

大間の天妃神仰について（米沢菊市）「東奥文化」　青森県文化財保護協会　通号68　1997.3

大湊

「大湊祭」最初の山車に関する一考察（立花善裕）「うそり」　下北の歴史と文化を語る会　（50）2014.02

岡三沢

口絵 岡三沢神楽「郷土史三沢」　三沢郷土史研究会　（7）2011.03

口絵 岡三沢神楽 岡三沢神楽のルーツと舌出し面について/おそらく他の神楽団体ではもう見られない "稲刈り舞" の存在（山本優）「郷土史三沢」　三沢郷土史研究会　（9）2013.03

口絵 〆切舞とその名人/岡三沢神楽のルーツを訪ねて（目名編）/野々宮本家と神楽御縁日（山本優）「郷土史三沢」　三沢郷土史研究会　（10）2014.03

おがみ神社

法霊神楽と法霊行列帳（阿部達）「八戸地域史」　伊吉書院　33　1998.12

恐山

恐山の地蔵講—速報（蒔田健）「まつり通信」　まつり同好会　37（9）通号439　1997.9

恐山紀行（安富伸子）「鳥取民俗懇話会会報」［鳥取民俗懇話会］（4）2000.4

恐山の略縁起と境内絵図（大村達郎）「青森県史研究」　青森県　（6）2002.2

恐山信仰の伝播についての一考察（《大会特集 南部の風土と地域形成》）—〈問題提起〉（宮崎ふみ子）「地方史研究」　地方史研究協議会　53（4）通号304　2003.8

オヤママイリ（恐山参り）と刷り物（大村達郎）「青森県の民俗」　青森県民俗の会　5　2005.6

恐山の「境内絵図」などについて（小熊健）「青森県の民俗」　青森県民俗の会　（6）2006.8

はじめに/文献による資料/恐山絵図/恐山街道/修験道の文書/イタコ・下北のイタコ/恐山関係や巫女の調査メモ/あとがき「うそり」　下北の歴史と文化を語る会　通号43（別冊）2007.3

霊園化する「霊場恐山」—近年の動向から（鈴木岩弓）「東北民俗」　東北民俗の会　41　2007.6

山上の仏おろし—死者の記憶と社会の輪郭（《場のちから 地の記憶》）（作道信介）「津軽学 : 歩く見る聞く津軽」　津軽に学ぶ会　（3）2007.12

「恐山境内林上地引戻申請書」の趣意（高松敏吉）「うそり」　下北の歴史と文化を語る会　通号44　2008.2

恐山と下北体験の旅（藤原恵子）「まつり通信」　まつり同好会　48（5）通号537　2008.9

霊場恐山にみる他界の構造（第20回記念大会シンポジウム）（鈴木岩弓）「宗教民俗研究」　日本宗教民俗学会　（21・22）2013.01

青森県　　　　　　郷土に伝わる民俗と信仰　　　　　　東北

尾上町

尾上町内「庚申塔」探索記（成田光雄）「尾上文化誌」　尾上町郷土史研究会　平成9年版　1998.3

天明の供養塔、ほか（斎藤翠）「尾上文化誌」　尾上町郷土史研究会　平成12年版　2001.3

お祭り（佐藤進）「尾上文化誌」　尾上町郷土史研究会　平成12年版　2001.3

雅の宴―有職故実の世界　追補（佐藤喜代造）「尾上文化誌」　尾上町郷土史研究会　平成16年版　2005.4

私の家紋ルーツを調べる（山口裕弘）「尾上文化誌」　尾上町郷土史研究会　平成16年版　2005.4

愛宕さま御燈明伝承（小田桐定義）「尾上文化誌」　尾上町郷土史研究会　2005年度版　2006.3

嘉瀬観音山

嘉瀬観音山をめぐって（山中長三郎）「かたりべ」　わがふるさとを探る会　(16)　2002.8

釜臥山

釜臥山の「お山かけ」パート3　登れば、登るほど良さが増す不思議な霊山　山かけと兵主神社（前田哲男）「うそり」　下北の歴史と文化を語る会　通号43　2007.2

霊山釜臥山とお山掛と旧道調査2009（4）（前田哲男）「うそり」　下北の歴史と文化を語る会　通号46　2010.03

霊山・釜臥山とお山掛け体験登山　2013パート5（前田哲男）「うそり」　下北の歴史と文化を語る会　(50)　2014.02

神山

春嵐の神山に鳥居の鬼っこを訪ねて（渡辺澄子）「六甲倶楽部報告」　六甲倶楽部　55　2000.12

川倉

〈死者の結婚〉表わす―「川倉賽の河原地蔵尊」の花嫁・花婿人形（小田島建己）「青森県の民俗」　青森県民俗の会　(9)　2009.07

川原平

山下祐介編『砂子瀬・川原平の生活文化記録集　第三号　砂子瀬・川原平を歩いた人びと　菅江真澄・平尾魯仙・津軽民俗の会』（書評と紹介）（村中健夫）「弘前大学国史研究」　弘前大学国史研究会　(125)　2008.10

鬼神社

東北の原風景（2）赤倉山の鬼神　津軽・鬼神社民俗誌〈〈小特集　考古学と民俗学のあいだ〉〉（内藤正敏）「東北学．［第1期］」　東北芸術工科大学東北文化研究センター，作品社（発売）2　2000.4

木造新田

木造新田の寺《汝を愛し、汝を憎む　太宰治的なものを問う》（藤川直迪）「津軽学：歩く見る聞く津軽」　津軽に学ぶ会　(4)　2008.12

木ノ下

木ノ下祭り（中里豊子）「郷土史三沢」　三沢郷土史研究会　(5)　2009.03

玉泉寺

せいりゅう　玉泉寺（特集　佛心―わが寺のことども）（赤沼宗司）「郷土史三沢」　三沢郷土史研究会　(6)　2010.03

杭止神社

杭止神社と堰神社（工藤弘）「東奥文化」　青森県文化財保護協会　通号71　2000.3

櫛引八幡宮

三戸城と櫛引八幡宮（地蔵慶護）「北海道れきけん」　北海道歴史研究会　(64)　2007.6

闇靇神社

闇靇神社考（2）（中村節雄）「北奥文化：郷土誌」　北奥文化研究会　18　1997.10

興雲寺

「佛様の教え」に参じて　興雲寺（特集　佛心―わが寺のことども）（大閑勝春）「郷土史三沢」　三沢郷土史研究会　(6)　2010.03

小金山神社

神に捧げる人形代―小金山神社の事例（石戸谷勉）「青森県の民俗」　青森県民俗の会　5　2005.6

戸建沢

戸建沢の伝承（大島建彦）「西郊民俗」　［西郊民俗談話会］　(215)　2011.06

小泊

北奥文化研究会　平成二十五年度文化講演会講演要旨　小泊の徐福伝説（柳澤良知）「北奥文化：郷土誌」　北奥文化研究会　(35)　2014.12

小目名村

『小目名村部落の伝説』（北上武夫）「うそり」　下北の歴史と文化を語る会　35　1998.11

是川

はちのへ是川の隠し念仏―邪教と誤解された祈りの形（地方史研究発表）（滝尻善英）「東奥文化」　青森県文化財保護協会　通号76　2005.3

佐井村

佐井村レポート　東北の祭りの原流をみて（落合治彦）「箱館昔話」　函館パルス企画　(14)　2002.4

沢田集落

フィールド探訪　ろうそく祭り、弘前市相馬地区沢田集落（弘前大学人物学部社会学研究室）「津軽学：歩く見る聞く津軽」　津軽に学ぶ会　(6)　2011.02

三世寺

三世寺地蔵堂について（対馬一二三）「陸奥史談」　陸奥史談会　56　2002.9

三戸郡

民俗の文献資料を探る―機関誌『三戸郡教育』『郷土号』を例に（資料報告）（小熊健）「青森県の民俗」　青森県民俗の会　(10)　2012.02

三戸城

三戸城と櫛引八幡宮（地蔵慶護）「北海道れきけん」　北海道歴史研究会　(64)　2007.6

三戸町

三戸町・小笠原家文書―宗門改めと天明の大飢饉（鈴木宏）「青森県史研究」　青森県　通号3　1999.3

三戸町の殺生釘―青森県三戸郡三戸町の佐藤家例（奄美・沖縄の民俗）（村本恵一郎）「民俗文化」　近畿大学民俗学研究所　(22)　2010.03

三本木

三本木の獅子舞（石川博司）「まつり通信」　まつり同好会　49（2）通号540　2009.03

幕末期三本木開拓地における祭礼と諸芸能について（中野渡一耕）「東奥文化」　青森県文化財保護協会　(85)　2014.05

島守

屋号と村人の世界観―三戸郡南郷村島守地区の事例から（アンドリュー，デール）「青森県の民俗」　青森県民俗の会　3　2003.6

下北

下北の風俗ロケ始末記［1］，(2)（遠藤克巳）「うそり」　下北の歴史と文化を語る会　35/39　1998.11/2003.3

下北の信仰（沢田光夫）「うそり」　下北の歴史と文化を語る会　36　1999.12

方言の力　民俗の再生（福田吉次郎）「うそり」　下北の歴史と文化を語る会　36　1999.12

下北のまじない歌（佐々木達司）「津軽の民話」　津軽民話の会　13　2001.10

下北の昔話資料「津軽の民話」　津軽民話の会　13　2001.10

下北の神楽歌（澤田光夫）「うそり」　下北の歴史と文化を語る会　38　2002.2

祭詞（祭文）に憶う（三上敏）「うそり」　下北の歴史と文化を語る会　38　2002.2

下北地方のオシラ講（斎藤博之）「青森県の民俗」　青森県民俗の会　2　2002.6

青森県下北地方の曲物細工（成田敏）「民具研究」　日本民具学会　(130)　2004.10

下北昔話の結句についての一考察―「一生暮らした」系と新潟地方の関連（佐々木達司）「青森県の民俗」　青森県民俗の会　5　2005.6

下北の庚申塚（堂）（澤田光夫）「うそり」　下北の歴史と文化を語る会　(42)　2006.4

『青森県史』第7回行巻を紹介します　民俗編　資料　下北（清野耕司，堀内久子，村中健太）「青森県史だより」　青森県環境生活部　(15)　2007.2

書誌紹介　『青森県史』（民俗編　資料　下北）（平辰彦）「秋田民俗」　秋田文化出版　(33)　2007.6

『青森県史　民俗編　資料編　下北』（書評と紹介）（古舘光治）「弘前大学国史研究」　弘前大学国史研究会　(124)　2008.3

下北地方の参道狛犬について（三浦順一郎）「うそり」　下北の歴史と文化を語る会　(50)　2014.02

下北北通り

下北北通りの地蔵講（清野耕司）「青森県の民俗」　青森県民俗の会　2　2002.6

下北郡
青森県下北郡の河川漁法の習俗―特に鮭漁の変遷を中心に（高松敬吉）「うそり」 下北の歴史と文化を語る会 （42） 2006.4
民間巫女の系譜―特に青森県下北郡のイタコの動態について（高松敬吉）「うそり」 下北の歴史と文化を語る会 通号43（別冊） 2007.3

下北半島
下北半島の修験をめぐる二、三の問題―獅子頭・牛王・由来譚（小池淳一）「津軽の民話」 津軽民話の会 13 2001.10
下北半島の昔話 『日本昔話通観』編集委員会「津軽の民話」 津軽民話の会 13 2001.10
四国香園寺子安弘法大師像の下北半島への伝播―弘法大師信仰の受容と変容（長谷川方子）「青森県の民俗」 青森県民俗の会 4 2004.5
〈資料報告と問題提起特集「下北半島の民俗」〉「青森県の民俗」 青森県民俗の会 5 2005.6
下北半島に残るオニカガシ習俗について（大湯卓二）「青森県の民俗」 青森県民俗の会 5 2005.6
現代の下北半島の民間宗教者（小山隆秀）「青森県の民俗」 青森県民俗の会 5 2005.6
下北半島・北上山地にて―通りすがりの見聞記（杉崎満寿雄）「あしなか」 山村民俗の会 276 2006.12
子安弘法大師信仰の下北半島における歴史的展開―女性の講から見る産育と信仰生活の近代（長谷川方子）「青森県の民俗」 青森県民俗の会 （10） 2012.02
下北半島における仏像文化について（滝尻善英）「東奥文化」 青森県文化財保護協会 （84） 2013.03

下北半島三十三ヶ所観音霊場
書評 滝尻善英著『下北半島三十三ヶ所観音霊場巡り』（遠藤克巳）「青森県の民俗」 青森県民俗の会 1 2001.7

下北半島西通り
青森県史叢書『下北半島西通りの民俗』（書評）（工藤紘一）「青森県の民俗」 青森県民俗の会 4 2004.5

十二神社
続・赤石の十二神社のこと（雇地昭）「ふるさとなんぶ」 南部町郷土研究会 （20） 1997.7

常覚院
奥浄瑠璃写本の有用性について―『四天王国廻 御傳書』（八戸常覚院文書）（阿部幹男）「地域学 ： 地域の理解にむけて」 弘前学院大学，北方新社（発売） 9 2011.03

聖寿寺
史料紹介 八戸市立図書館所蔵「盛岡御城江御立寄并聖寿寺御仏詣一件」（高橋博）「弘前大学国史研究」 弘前大学国史研究会 （126） 2009.03

浄土寺
天台宗朝日山浄土寺（高橋小太郎）「尾上文化誌」 尾上町郷土史研究会 平成8年版 1997.3

尻屋
地域研究の対象としての「尻屋」研究史―民俗学および隣接諸科学の調査研究の軌跡（小熊健）「青森県史研究」 青森県 （7） 2002.12

白八幡宮
八幡宮紹介 白八幡宮（青森県西津軽郡鰺沢町）「季刊悠久.第2次」 鶴岡八幡宮悠久事務局 92 2003.1

砂子瀬
山下祐介編『砂子瀬・川原平の生活文化記録集 第三号 砂子瀬・川原平を歩いた人びと 菅江真澄・平尾魯仙・津軽民俗の会』（書評と紹介）（村中健夫）「弘前大学国史研究」 弘前大学国史研究会 （125） 2008.10

隅ノ観音
雑記帳より拾う 隅ノ観音の話 三戸へ潜入した津軽密偵の話（佐藤嘉悦）「ふるさとなんぶ」 南部町郷土研究会 （20） 1997.7

堰神社
杭止神社と堰神社（工藤弘）「東奥文化」 青森県文化財保護協会 通号71 2000.3

外浜
外浜妙見宮と津軽開発の一様相（工藤弘樹）「青森県史研究」 青森県 （7） 2002.12

対泉寺
天明の大飢饉―八戸・対泉寺の供養塔（森俊宏）「茂呂瀾」 室蘭地方史研究会 （32） 1998.1

大日寺
大日寺六地蔵と十王について（三浦順一郎）「うそり」 下北の歴史と文化を語る会 （48） 2012.02

高照神社
岩木町・高照神社所蔵切支丹改文書（〔史料紹介〕）（福井敏隆）「青森県史研究」 青森県 通号4 2000.1

館神
館神と豊富稲荷（高嶋喜與衛）「北奥文化 ： 郷土誌」 北奥文化研究会 23 2002.11

長勝寺
太平山長勝寺伽藍の史的変遷について（上），（下）（小山連一）「陸奥史談」 陸奥史談会 56/（57） 2002.9/2006.10
記録的大雪の中「満天姫」の霊屋へ（下西勝彦）「わが町三原」 みはら歴史と観光の会 203 2008.2

津軽
津軽のサンゼンソウ―書物の印象と伝承（小池淳一）「世間話研究」 世間話研究会 （7） 1997.3
津軽方言青森場所の紹介（佐藤喜代造）「尾上文化誌」 尾上町郷土史研究会 平成8年版 1997.3
民謡「弥三郎節」（小山吉三郎）「いしがみ ： 郷土文化誌」 「いしがみ」刊行会 （8） 1997.5
津軽のわらべ歌（添田京子）「尾上文化誌」 尾上町郷土史研究会 平成9年版 1998.3
津軽の自然石塔婆に付いて（戸沢武）「陸奥史談」 陸奥史談会 55 1998.5
津軽弁を考える―方言はどうできたか（佐藤和之）「北奥文化 ： 郷土誌」 北奥文化研究会 19 1998.12
中野トマさん「オシラ祭文―きまん長者物語」（三浦佑之）「津軽の民話」 津軽民話の会 12 1999.6
中野トマさんのオシラ祭文（佐々木達司）「津軽の民話」 津軽民話の会 12 1999.6
雪の津軽に鳥居の鬼っこを訪ねて（渡辺澄子）「六甲倶楽部報告」 六甲倶楽部 53 2000.8
早春の津軽に鳥居の鬼っこを訪ねて（渡辺澄子）「六甲倶楽部報告」 六甲倶楽部 54 2000.9
林檎の花咲く津軽の鬼っこ（渡辺澄子）「六甲倶楽部報告」 六甲倶楽部 56 2001.3
津軽のサンスケ―山村生活における人形習俗の一考察（石戸谷勉）「青森県の民俗」 青森県民俗の会 1 2001.7
北奥文化研究会平成13年度文化講演会記録 津軽民俗研究の課題（小池淳一）「北奥文化 ： 郷土誌」 北奥文化研究会 22 2001.12
鳥居の上の津軽の鬼たち（渡辺澄子）「六甲倶楽部報告」 六甲倶楽部 59 2001.12
東北の原風景（6） 火と水の呪的コスモス 津軽修験の火性三昧（内藤正敏）「東北学．［第1期］」 東北芸術工科大学東北文化研究センター，作品社（発売） 6 2002.4
霊峰の間近に鳥居の鬼こを訪ねて（渡辺澄子）「六甲倶楽部報告」 六甲倶楽部 61 2002.7
津軽地方伝承俚謡解釈（秋元惣之進）「かたりべ」 わがふるさとを探る会 （16） 2002.8
津軽に生きるサルタヒコ―庚申信仰を中心にその姿を探る（〈第4回「猿田彦大神と未来の精神文化」研究・表現助成論文〉）（宮崎敦子）「あらはれ ： 猿田彦大神フォーラム年報 ： ひらかれる未来神話」 猿田彦大神フォーラム 5 2002.9
津軽にしかない鳥居の鬼こ（渡辺澄子）「六甲倶楽部報告」 六甲倶楽部 63 2002.12
津軽民謡の魅力と不思議―偉大な森田村の民謡人（講演記録）（松木宏泰）「いしがみ ： 郷土文化誌」 「いしがみ」刊行会 （13） 2003.3
津軽地方の天明の飢饉供養塔について（佐藤光男）「東奥文化」 青森県文化財保護協会 通号74 2003.3
青森県津軽地方のオシラサマ信仰（清野耕司）「東北芸術工科大学東北文化研究センター研究紀要」 東北芸術工科大学東北文化研究センター 通号2 2003.3
津軽の鳥居の鬼こ巡り（渡辺澄子）「六甲倶楽部報告」 六甲倶楽部 64 2003.3
鳥居の鬼こ巡り 最後の旅（渡辺澄子）「六甲倶楽部報告」 六甲倶楽部 66 2003.9
丹後船を忌む岩木の神―津軽の安寿姫伝説（菊池勇夫）「キリスト教文化研究所研究年報 ： 民族と宗教」 宮城学院女子大学キリスト教文化研究所 （37） 2004.3
津軽・那須家の養子縁組・相続儀礼（岡崎寛徳）「弘前大学国史研究」 弘前大学国史研究会 （116） 2004.3
エゾと刀と眉間尺と―津軽の民話伝承から（水上勲）「帝塚山大学人文科

学部紀要」 帝塚山大学人文科学部 （15） 2004.3

現代巡礼をめぐる認識について―津軽地方における調査から（石山晃子）「青森県の民俗」 青森県民俗の会 4 2004.5

正調弥三郎節を唄い続けて四十年取材記録(3)（盛トキワ）「いしがみ ： 郷土文化誌」 「いしがみ」刊行会 （15） 2004.12

津軽風俗性談噺（小田桐定義）「尾上文化誌」 尾上町郷土史研究会 平成16年版 2005.4

津軽における「九重守り」の受容（山田厳子）「青森県の民俗」 青森県民俗の会 5 2005.6

蝦夷島におけるキリシタン禁制―津軽キリシタン史との関連を中心に（村井早苗）「地域学 ： 地域の理解にむけて」 弘前学院大学, 北方新社（発売） 4 2006.6

津軽の鳥居の鬼コの背景―とくに役行者（観音）と毘沙門天（鬼）との関連において（土淵一壽一）「地域学 ： 地域の理解にむけて」 弘前学院大学, 北方新社（発売） 4 2006.6

北奥文化研究会平成17年度文化講演記録 民俗学からみた生と死について―津軽地方の事例を中心に（成田敏）「北奥文化 ： 郷土誌」 北奥文化研究会 （27） 2006.10

津軽のキリシタン（三浦行一）「陸奥史談」 陸奥史談会 （57） 2006.10

津軽観音巡りの旅（2） 岩木山信仰の源流を求めて（菊池正浩）「津軽学 ： 歩く見る聞く津軽」 津軽に学ぶ会 （2） 2006.12

舞台に立つ喜び 演劇と津軽民謡と 清水愛さん（《スローライフを楽しむこの人たちの生き方》）「La Sauge ： ふるさと四日市を知る本 ： 文化展望・四日市」 四日市文化まちづくり財団 （24） 2007.3

シンポジウム 鬼と山人―『津軽口碑集』を基点として（高塚さより）「伝え ： 日本口承文芸学会会報」 日本口承文芸学会 （41） 2007.9

伝統芸能 津軽民謡三味線（第58回松戸市文化祭参加）（松戸いぶき）「松戸史談」 松戸史談会 （47） 2007.10

異邦人たちの聖地《《場のちから 地の記憶》》（川嶋大史）「津軽学 ： 歩く見る聞く津軽」 津軽に学ぶ会 （3） 2007.12

津軽観音巡礼の旅（3）完結編 津軽・場にひそむ力（菊池正浩）「津軽学 ： 歩く見る聞く津軽」 津軽に学ぶ会 （3） 2007.12

津軽神楽《兼平》《獅生》《狐》の演劇的主題（今井民子）「地域学 ： 地域の理解にむけて」 弘前学院大学, 北方新社（発売） 6 2008.3

津軽神楽「蕨折」の復原と文学的評価（畠山篤）「地域学 ： 地域の理解にむけて」 弘前学院大学, 北方新社（発売） 6 2008.3

津軽の口説節の構造（笹森建英）「口承文藝研究」 日本口承文藝學會 （31） 2008.3

シンポジウム：鬼と山人―『津軽口碑集』を基点として―（佐々木達司, 花部英雄, 小池淳一, 飯倉義之）「口承文藝研究」 日本口承文藝學會 （31） 2008.3

なぜか、歌謡ごころ ジャワメグ津軽（地域誌だより（8））（杉山陸子）「まんだら ： 東北文化友の会会報」 東北芸術工科大学東北文化研究センター （35） 2008.3

津軽地方における「授かるオシラサマ」の信仰土壌（大湯卓二）「青森県の民俗」 青森県民俗の会 8 2008.8

縁起・由緒書から探る中世津軽寺院史研究―弘前市禅林街曹洞宗寺院を中心に（工藤弘樹）「青森県の民俗」 青森県民俗の会 （8） 2008.8

津軽地方の音楽文化（《ジャワメク磁場『津軽』その深層》）（笹森建英）「津軽学 ： 歩く見る聞く津軽」 津軽に学ぶ会 （4） 2008.12

新田開発の護り神（《ジャワメク磁場『津軽』その深層》）（藤川直迪）「津軽学 ： 歩く見る聞く津軽」 津軽に学ぶ会 （4） 2008.12

医療・福祉と方言―津軽の社会問題として（今村かほる）「地域学 ： 地域の理解にむけて」 弘前学院大学, 北方新社（発売） 8 2010.03

家の神の共同性―津軽における屋内神/屋外神を巡って（安藤祐希）「東北民俗」 東北民俗の会 44 2010.07

青森県津軽地方の地蔵信仰の再検討―弘前市内寺院の位牌型地蔵像調査にもとづいて（福眞睦城, 小山隆秀）「青森県立郷土館研究紀要」 青森県立郷土館 （35） 2011.03

青森県津軽地方における地蔵信仰の変容について（小山隆秀）「青森県立郷土館研究紀要」 青森県立郷土館 （36） 2012.03

津軽の化粧地蔵（特集 彩色と石仏）（古川実, 小山隆秀）「日本の石仏」 日本石仏協会, 青娥書房（発売） （143） 2012.09

北奥文化研究会 平成24年度文化講演会講演要旨 津軽における寺社参り（篠村正雄）「北奥文化 ： 郷土誌」 北奥文化研究会 （34） 2013.11

資料 津軽山唄考（佐藤信政）「陸奥史談」 陸奥史談会 （58） 2014.05

東奥日報社刊「青森県日記六十年史」より 唄は津軽で、踊は南部 津軽民謡今昔物語（山谷清彦）「いしがみ ： 郷土文化誌」 「いしがみ」刊行会 （25） 2014.12

津軽海峡

津軽海峡を渡ったオシラサマ（採集ノート）（大湯卓二）「青森県の民俗」 青森県民俗の会 4 2004.5

つがる市

子どもの遊び「いしがみ ： 郷土文化誌」 「いしがみ」刊行会 （8） 1997.5

風俗習慣「いしがみ ： 郷土文化誌」 「いしがみ」刊行会 （8） 1997.5

講演記録 郷土芸能を語る（大條和雄）「いしがみ ： 郷土文化誌」 「いしがみ」刊行会 （11） 2000.12

隠れキリシタン（米谷米三郎）「いしがみ ： 郷土文化誌」 「いしがみ」刊行会 （14） 2003.12

明治の正月と青年団活動（野呂重治）「いしがみ ： 郷土文化誌」 「いしがみ」刊行会 （15） 2004.12

三橋富五郎氏製造販売の練り薬 消毒圓について(1),(2)（大高興）「いしがみ ： 郷土文化誌」 「いしがみ」刊行会 （19）/（20） 2008.12/2009.12

江戸時代後期の庶民生活を考える（佐藤慶五）「いしがみ ： 郷土文化誌」 「いしがみ」刊行会 （24） 2013.12

津軽藩

津軽藩の東照宮寄進石燈籠と震災修覆石垣―日光東照宮と上野東照宮を中心に（山谷金也）「東奥文化」 青森県文化財保護協会 通号80 2009.03

椿明神

椿明神由来伝承成立攷（小池淳一）「津軽の民話」 津軽民話の会 12 1999.6

鶴舞

芸能を支えるしくみ―青森県三戸郡新郷村金ヶ沢鶴舞の事例から（松江夏愛）「東北民俗」 東北民俗の会 47 2013.06

伝法寺

伝法寺奇談（皇統日宮の研究）（中畑正雄）「東奥文化」 青森県文化財保護協会 通号71 2000.3

伝馬

油川伝馬熊野宮棟札および勧請記について（木村慎一）「東奥文化」 青森県文化財保護協会 通号70 1999.3

東円寺

東圓寺（金澤啓三郎）「ふる里なんぶ ： 会誌」 南部町歴史研究会 （6） 2012.07

床舞

森田町床舞に残る民話風の伝説二つ（佐藤三郎）「いしがみ ： 郷土文化誌」 「いしがみ」刊行会 （20） 2009.12

独狐

青森県弘前市独狐地区における春の託宣行事（福島春那）「青森県の民俗」 青森県民俗の会 （7） 2007.7

富岡集落

富岡集落の民俗習慣について（1）―盆供養（福士光俊）「いしがみ ： 郷土文化誌」 「いしがみ」刊行会 （13） 2002.12

富岡集落の民俗習慣について（2）―春の祭礼と祈願（福士光俊）「いしがみ ： 郷土文化誌」 「いしがみ」刊行会 （14） 2003.12

豊富稲荷

館神と豊富稲荷（高嶋喜與衛）「北奥文化 ： 郷土誌」 北奥文化研究会 23 2002.11

鳥井野

津軽の鳥井野に鳥居の鬼こを訪ねて（渡辺澄子）「六甲倶楽部報告」 六甲倶楽部 62 2002.10

十和田山

南部領内の奥浄瑠璃（2）―「十和田山由来記」の成立過程と本山派修験（須田学）「青森県史研究」 青森県 （7） 2002.12

中野

中野神楽におけるイエの祭り―三戸郡南郷村中野地区の事例から（アンドリューズ, デール）「青森県の民俗」 青森県民俗の会 4 2004.5

中別所

県内の板碑をめぐる諸問題―弘前市中別所の板碑をとおして（佐藤仁）「東奥文化」 青森県文化財保護協会 通号73 2002.3

名久井岳

霊峰名久井岳半腹に眠る天皇伝説（工藤釗）「ふるさとなんぶ」 南部町郷土研究会 （22） 1999.9

浪岡町

石塔の教えるもの―浪岡町近世の石塔（小野知行）「浪岡町史研究年報」 浪岡町史編さん室 3 1998.3

浪岡町内の墓地に建つ戦没兵士の墓碑《《浪岡町史第1巻発刊フォーラム特

集》》(北畠昭智)「浪岡町史研究年報」 浪岡町史編さん室　4　2001.3

南部

民俗芸能の変容と現在—青森県南部地方の事例から(長谷川方子)「青森県の民俗」　青森県民俗の会　1　200_.7

青森県南部地方の民家(寺沢一人)「西郊民俗」　[西郊民俗談話会]　(176)　2001.9

書評 青森県史編さん民俗部会編『青森県史 民俗編 資料南部』(倉石忠彦)「青森県の民俗」 青森県民俗の会　2　2002.6

青森県南部地方の屋敷神(大湯卓二)「青森県の民俗」 青森県民俗の会　4　2004.5

青森県南部地方巫女民俗調査第一次報告(民俗分野)「青森県立郷土館調査研究年報」 青森県立郷土館　(30)　2006.3

青森県南部地方巫女習俗調査(第二次報告)(櫻庭俊美, 小山隆秀)「青森県立郷土館調査研究年報」 青森県立郷土館　(31)　2007.3

青森県南部地方巫女習俗調査報告 「きょうもん(経文)」(北川達男)「青森県立郷土館研究紀要」 青森県立郷土館　(34)　2010.03

青森県南部地方のイタコに関する資料(大道晴香)「世間話研究」 世間話研究会　(21)　2013.03

南部町

漫筆 南部町ひやかし言葉(山崎精一郎)「ふるさとなんぶ」 南部町郷土研究会　(20)　1997.7

ふる里の文化財(餓死供養塔、藩塚墓、言文書)「ふる里なんぶ : 会誌」 南部町歴史研究会　(2)　2008.7

南部領

南部領内の奥浄瑠璃(1)—総説と「九戸軍記」諸本(須田学)「青森県史研究」 青森県　(6)　2002.2

南部領内の奥浄瑠璃(2)—「十和田山由来記」の成立過程と本山派修験(須田学)「青森県史研究」 青森県　(7)　2002.12

西浜

津軽西浜のサイノカワラ(北野晃)「西郊民俗」　[西郊民俗談話会]　(202)　2008.3

西目屋村

西目屋村お山参詣(2004年度)(長谷川方子)「青森県の民俗」 青森県民俗の会　(6)　2006.8

糠部三十三観音

糠部三十三観音巡り(2)(南部町歴史研究会—事業報告)(江戸忠雄)「ふる里なんぶ : 会誌」 南部町歴史研究会　(2)　2008.7

野辺地

野辺地常夜燈調査と咸臨丸終焉140年式典出席(中西史和)「多度津文化財 : 多度津町文化財保護協会会報」 多度津町文化財保護協会　(40)　2012.04

階上町

階上町の庚申信仰—庚申塔を中心に(滝尻善英)「青森県の民俗」 青森県民俗の会　1　2001.7

畑集落

マタギの伝承—青森県下北郡川内町字畑集落の民俗資料を中心に(資料報告)(高松敬吉)「青森県の民俗」 青森県民俗の会　(10)　2012.02

八戸

陰陽道と干支暦(石橋勝三)「八戸地域史」 伊吉書院　30・31　1997.12

八戸におけるハリストス正教会の成立と展開—受洗者名簿の記録から(山下須美礼)「弘前大学国史研究」 弘前大学国史研究会　(124)　2008.3

菅江真澄の「八戸田植踊」と豊作祈願の芸能(菊地和博)「真澄学」 東北芸術工科大学東北文化研究センター　(6)　2011.02

八戸地方の大小暦(斎藤潔)「八戸地域史」 伊吉書院　(50)　2013.12

八戸三社大祭の山車行事

ホイドブグロー八戸三社大祭を門付けから覗いて見て(古舘光治)「青森県の民俗」 青森県民俗の会　1　2001.7

カメラルポ—佐原商工会議所議員一行八戸市八戸三社大祭視察他「リヴラン佐原」 CAC企画　(383)　2007.?

書評 『八戸三社大祭の歴史』(上野末蔵)「八戸地域史」 伊吉書院　(44)　2007.12

八戸市

「根城」「櫛引八幡宮」「対泉院」… 八戸市(本野玲志)「茂呂瀾」 室蘭地方史研究会　(32)　1998.1

専門部会活動報告 自然・民俗・文化財部会(報告)(松浦純子)「はちのへ市史研究」 八戸市　(5)　2007.3

お浜入り神幸祭の今昔(滝尻善英)「はちのへ市史研究」 八戸市　(6)　2008.3

専門部会活動報告 自然・民俗・文化財部会(報告)(松浦純子)「はちのへ市史研究」 八戸市　(6)　2008.3

民間巫者の死後における「祭壇」の継承—青森県八戸市の事例から(大道晴香)「東北文化研究室紀要」 東北大学大学院文学研究科東北文化研究室　51　2010.03

八戸市の市名地名と陰陽五行—八戸市の町名の由来・陰陽道の町(三日町、十三日町、八日町、六日町、朔日町など)(松橋由雄)「北方風土 : 北国の歴史民俗考古研究誌」 イズミヤ出版　通号63　2012.1

八戸のえんぶり

えんぶりの余話(蒔田健)「まつり通信」 まつり同好会　42(4) 通号494　2002.3

青森県八戸市におけるえんぶりの社会構造とその変容(岡田尚孝)「宇大地理」 宇都宮大学教育学部地理学教室　7　2004.3

八戸地方のえんぶり(《特集 続祝福芸》)(蒔田健)「まつり」 まつり同好会　通号70　2008.12

八戸藩

八戸藩勘定所日記に現れた民俗的行事と相撲(阿部達)「八戸地域史」 伊吉書院　35・36　2000.7

八戸藩武家の結婚・離婚などの家族関係—遠山家日記を通して(三浦忠司)「八戸地域史」 伊吉書院　(47)　2010.10

八戸湊

八戸湊の飯盛女—船小宿・出稼ぎ・祭礼(相馬英生)「八戸地域史」 伊吉書院　(48)　2011.12

東通村

東通村の民俗芸能(川畑修二)「地域学 : 地域の理解にむけて」 弘前学院大学, 北方新社(発売)　6　2008.3

兵主神社

釜臥山の「お山かけ」パート3 登れば、登るほど良さが増す不思議な霊山 山かけと兵主神社(前田哲男)「うそり」 下北の歴史と文化を語る会　通号43　2007.2

平賀町

ある石碑から「平賀郷土史」 平賀町郷土史研究会　12　2002.4

弘前

弘前地方におけるキリスト教受容(岡部一興)「横浜プロテスタント史研究会報」 横浜プロテスタント史研究会　28　2001.4

「えみし」社会の成立とアイヌ民族へと連なるエトノスとの関連についての予察(女鹿潤哉)「弘前大学国史研究」 弘前大学国史研究会　(116)　2004.3

元禄・享保期の富山売薬、反魂丹売りと香具師—弘前の活動から(深井甚三)「富山史壇」 越中史壇会　142・143　2004.3

旧弘前城下のイエの神々の年越し—風邪神、内神、疱瘡神、山の神、ゴンゲン(小山隆秀)「青森県の民俗」 青森県民俗の会　4　2004.5

弘前学生民俗の会活動について(福島春那)「青森県の民俗」 青森県民俗の会　5　2005.6

弘前城下寺院採集の近世陶磁器(佐藤雄生)「弘前大学国史研究」 弘前大学国史研究会　(123)　2007.10

書評論文 榎森進著『アイヌ民族の歴史』(市毛幹幸)「弘前大学国史研究」 弘前大学国史研究会　(123)　2007.10

看護・福祉と「方言」の役割(日高貢一郎)「地域学 : 地域の理解にむけて」 弘前学院大学, 北方新社(発売)　6　2008.3

〈地域〉と民俗芸能—伝承のあり方を考える(大石泰夫)「地域学 : 地域の理解にむけて」 弘前学院大学, 北方新社(発売)　7　2009.03

常木晃編『食文化—歴史と民俗の饗宴』(書評と紹介)(白石睦弥)「弘前大学国史研究」 弘前大学国史研究会　(129)　2010.10

近世後期蝦夷地における他国者の埋葬・供養をめぐる意識—福山城下・弘前城下の比較を通じて(論説)(澁谷悠子)「歴史」 東北史学会　120　2013.04

弘前市

民俗研究からの視点(1)(森山泰太郎)「市史ひろさき : 年報」 弘前市企画部　6　1997.3

民俗研究からの視点(2)(奥民図彙)(森山泰太郎)「市史ひろさき : 年報」 弘前市企画部　7　1998.3

城下町とムラの境界に生まれた講—青森県弘前市「春日神社」(小山隆秀)「青森県の民俗」 青森県民俗の会　2　2002.6

弘前市建国祭に参加して(斎藤雅男)「尾上文誌誌」 尾上町郷土史研究会 平成14年版　2003.3

弘前市周辺のオシラサマ祭祀の現在—経験と解釈をめぐって(岩崎純愛)「青森県の民俗」 青森県民俗の会　(8)　2008.8

『新編弘前市史』の祭神について(高嶋嘉興衛)「北奥文化 : 郷土誌」 北奥文化研究会　(29)　2008.11

青森県津軽地方の地蔵信仰の再検討—弘前市内寺院の位牌型地蔵像調査にもとづいて(福眞睦城, 小山隆秀)「青森県立郷土館研究紀要」 青森

青森県　　　　　　　　　　　　　　　　郷土に伝わる民俗と信仰　　　　　　　　　　　　　　　　東北

県立郷土館　（35）　2011.03
城下町の商家の年中行事―青森県弘前市石場家調査報告（小山隆秀，増田公寧）「青森県立郷土館研究紀要」　青森県立郷土館　（36）　2012.3
弘前市の変わった庚申塔（会員の広場）（中森勝之）「日本の石仏」　日本石仏協会，青娥書房（発売）（148）　2013.12

弘前東照宮
表紙説明「弘前東照宮本殿」（工藤哲彦）「陸奥史談」　陸奥史談会　（58）　2014.05
弘前東照宮の変遷に関して（工藤哲彦）「陸奥史談」　陸奥史談会　（58）　2014.05

弘前のねぷた
おじまねぷた―弘前市とのつながり（町観光協会）「群馬歴史散歩」　群馬歴史散歩の会　160　2000.5
小学校の夏休みの思い出―青森県弘前市のねぷた祭り（特集 小、中学校の頃の学校休みの思い出）（木村榮作）「板橋史談」　板橋史談会　（268）　2012.01

弘前藩
弘前藩とキリスト教（工藤弘）「陸奥史談」　陸奥史談会　56　2002.9
身体技術伝承の近代化―旧弘前藩領における近世流派剣術から近・現代剣道への変容について（小山隆秀）「青森県の民俗」　青森県民俗の会　3　2003.6
弘前藩領における浄土真宗本願寺派寺院の成立に関するノート（工藤大輔）「市史研究あおもり」　青森市　通号8　2006.3
近世の北奥社会と被差別集団の動向―弘前藩における「革師」をめぐって（講演）（浪川健治）「解放研究 ： 東日本部落解放研究所紀要」　東日本部落解放研究所，解放書店（発売）（21）　2008.3
「津軽之喜太夫」考―元禄～享保期における弘前藩領の歌舞伎集団と自己認識（浪川健治）「弘前大学国史研究」　弘前大学国史研究会　（129）　2010.10

平安寺
平安寺に住して出来た事（〈5周年記念特集〉―伝えておきたい私の体験談・見聞録）（葛西満水）「郷土史三沢」　三沢郷土史研究会　（5）　2009.03
「平安寺の歴史」雑感 平安寺（特集 佛心―わが寺のことども）（葛西満水）「郷土史三沢」　三沢郷土史研究会　（6）　2010.03

法光寺
表紙説明 白華山法光寺三重の塔（南部町）「東奥文化」　青森県文化財保護協会　（85）　2014.05

北五
北五地域の虫札についての事例報告（福眞睦城）「青森県の民俗」　青森県民俗の会　（6）　2006.8

北五津軽
北五津軽地方における善光寺信仰（小山隆秀）「青森県の民俗」　青森県民俗の会　（6）　2006.8

細越
《姥留の伝説・記録》「細越物語」　［若佐谷五郎兵衛］　（11）　2003.6
姥留について/留の位置について/細越の土地の開拓/灌漑用水について/伝説/昭和8～9年まで/姥留まで道路申請（若佐谷五郎兵衛）「細越物語」　［若佐谷五郎兵衛］　（11）　2003.6
青森市細越のお山参詣（若佐谷五郎兵衛）「青森県の民俗」　青森県民俗の会　3　2003.6
姥留の伝説について「細越物語」　［若佐谷五郎兵衛］　（11）　2007.2
細越のお山参詣バダラバダラの山かけ「細越物語」　［若佐谷五郎兵衛］　（11）　2007.2
イタコと口寄せ「細越物語」　［若佐谷五郎兵衛］　（11）　2007.2
乱暴者の哀れな末路（重之丞の穴の伝説）「細越物語」　［若佐谷五郎兵衛］　（11）　2007.2

本覚寺
今別本覚寺「訪蓮社」額 見分覚書（目時和夫）「東奥文化」　青森県文化財保護協会　通号73　2002.3

本町
下北郡川内町本町地区の神社行事（大湯卓二）「青森県の民俗」　青森県民俗の会　2　2002.6

孫内
青森市孫内の淡嶋神社（大島建彦）「西郊民俗」　［西郊民俗談話会］　（224）　2013.09

馬淵川流域
書評 青森県史編さん室編『馬淵川流域の民俗』（古里淳）「青森県の民俗」　青森県民俗の会　1　2001.7

三沢
むかし話（1）～（5）（冨田トミノ作）（伊野アイ）「郷土史三沢」　三沢郷土史研究会　（4）/（8）　2008.3/2012.03
想いでの記（1）「イタコの口寄せと子安様・二十三夜様」（馬場操）「郷土史三沢」　三沢郷土史研究会　（4）　2008.3
わが家の伝説（〈5周年記念特集〉―伝えておきたい私の体験談・見聞録）（赤沼晃）「郷土史三沢」　三沢郷土史研究会　（5）　2009.03
三沢のむかし話（小比類巻みつる）「郷土史三沢」　三沢郷土史研究会　（6）/（10）　2010.03/2014.03

南田中村
南田中村熊野宮の縁起（白戸金治郎）「尾上文化誌」　尾上町郷土史研究会 平成16年版　2005.4

妙野ノ牧
日本一の「野馬土手」と「牧」遺跡―アイヌの伝説に包まれた八戸市の妙野ノ牧（松橋由雄）「北方風土 ： 北国の歴史民俗考古研究誌」　イズミヤ出版　（64）　2012.8

森田村
岩木山神社の石碑に見る森田村の先人達（川添勇一）「いしがみ ： 郷土文化誌」　「いしがみ」刊行会　（8）　1997.5

矢越
大漁祈願―佐井村矢越の福子稲荷と類似儀礼（採集ノート）（櫻庭俊美）「青森県の民俗」　青森県民俗の会　4　2004.5

箭根森八幡宮
青森県佐井村箭根森八幡宮の玉類・石器について―放浪の画家、養虫山人により明治期に描かれた玉ほか（齋藤岳）「青森県立郷土館研究紀要」　青森県立郷土館　（34）　2010.03

岩手県

赤石神社
赤石神社について─陸中？・岩代？（関啓司）「民俗文化」 滋賀民俗学会 448 2001.1

安代
ベットウと神社祭祀─岩手県八幡平市安代地区の事例から（山本拓朗）「青森県の民俗」 青森県民俗の会 （8） 2008.8

安庭
安庭の人形芝居（細川長吉）「いわて文化財」 岩手県文化財愛護協会 170 1999.3

綾織
郷土の作物（8）岩手県遠野市綾織の気仙柿（長沢利明）「昔風と当世風」 古々路の会 72 1997.5

安渡
大槌町 安渡大神楽と私の震災（濱田力）「とりら」 ふるさと岩手の芸能とくらし研究会 （6） 2012.04

安養寺
十六羅漢の画幅を安養寺（川崎村）に寄進する顛末─大野清太郎日誌から（藤原嘉徳）「東磐史学」 東磐史学会 （204） 1999.8
安養寺「マリア観音」に因んで（佐藤光聖）「東磐史学」 東磐史学会 （28） 2003.8

飯豊
飯豊神楽修行日記（熊谷航）「とりら」 ふるさと岩手の芸能とくらし研究会 （4） 2009.09

胆沢
胆沢の民家調査（2）（菊地憲夫）「胆沢史談」 胆沢史談会 （63） 1997.12
私の拝んだ仏たち（2）（村上六七男）「胆沢史談」 胆沢史談会 （67） 2001.12
胆沢の民家調査（5）若柳上鹿谷 加藤家（菊地憲夫）「胆沢史談」 胆沢史談会 （67） 2001.12
胆沢の民家調査（6）若柳大立目 日高橋家（菊地憲夫）「胆沢史談」 胆沢史談会 （68） 2002.12
胆沢の民家調査（7）若柳下萱刈窪 高橋家（菊地憲夫）「胆沢史談」 胆沢史談会 （69） 2003.12
秋葉山大権現講（及川定雄）「胆沢史談」 胆沢史談会 （70） 2004.12
鶴供養の由来［1］～（3）（菊池安雄）「胆沢史談」 胆沢史談会 （70）/（72） 2004.12/2007.3
胆沢の民家調査（8）門脇家住宅（菊地憲夫）「胆沢史談」 胆沢史談会 （70） 2004.12
共同墓地の起因（小野勝賢）「胆沢史談」 胆沢史談会 （71） 2006.3
神楽関係資料・断片（佐藤英男）「胆沢史談」 胆沢史談会 （71） 2006.3
胆沢の民俗調査（8）恩賜郷倉（南都田広岡）（菊地憲夫）「胆沢史談」 胆沢史談会 （71） 2006.3

胆沢川神社
胆沢川神社・元社跡の探訪（坂野勝雄）「胆沢史談」 胆沢史談会 （63） 1997.12

石関
金津流石関獅子躍 第十四代相伝式・供養碑除幕式「公益社団法人全日本郷土芸能協会会報」 全日本郷土芸能協会 （65） 2011.10
金津流石関獅子躍 完全復活（安部靖）「公益社団法人全日本郷土芸能協会会報」 全日本郷土芸能協会 （65） 2011.10

石鳥谷
私の知っている童歌（熊谷仁一）「いしどりや歴史と民俗」 石鳥谷歴史民俗研究会 11 1997.2
鳥霊信仰について（村上雄一）「いしどりや歴史と民俗」 石鳥谷歴史民俗研究会 12 1997.12
伝説「石鳥谷に金のロマン」（宇津宮定男）「いしどりや歴史と民俗」 石鳥谷歴史民俗研究会 16 2003.8
石鳥谷の昔話 五話（晴山ツカ）「いしどりや歴史と民俗」 石鳥谷歴史民俗研究会 16 2003.8

一関
一関地方の社寺院と文化財（千田一司）「岩手県南史談会研究紀要」 岩手県南史談会 32 2003.7
一関地方のキリシタン─釣り殺しの刑（研究発表）（畠山喜一）「岩手県南史談会研究紀要」 岩手県南史談会 37 2003.7
一関地方のキリシタン（畠山喜一）「奥羽史談」 奥羽史談会 （119・120） 2009.03

一関市
忘れられた路傍の石碑 一関市内の「珍しい庚申信仰塔」（1），（2）（金野俊彦）「岩手県南史談会研究紀要」 岩手県南史談会 31/32 2002.7/2003.7
忘れられた路傍の石碑 一関市内の庚申信仰塔（3）（金野俊彦）「岩手県南史談会研究紀要」 岩手県南史談会 33 2004.7

一関藩
一関藩の書物 百姓一揆供養石造文化財 指導者の覚悟顕彰（大島晃一）「擬宝珠」 盛岡の歴史を語る会 （130） 2002.6
黒石寺と一関藩（渡邊喜久雄）「歴研みやぎ」 宮城県歴史研究会 （95） 2014.11

市野々
市野々所在・水神供養碑（小野勝賢）「胆沢史談」 胆沢史談会 （70） 2004.12

磐井清水
グラビア 磐井清水若水送り（東山～金色堂）（佐藤育郎）「東方に在り」 平泉文化会議所 4 2000.4

岩泉町
旅の草ぐさ（7）鎌と刀を刻む道しるべ─岩手県岩泉町（杉崎満寿雄）「あしなか」 山村民俗の会 283 2008.9

岩手
岩手のまいりの仏と会津の太子守宗（門屋光昭）「東北民俗学研究」 東北学院大学民俗学OB会 5 1997.9
岩手の蘇民祭（千葉周秋，千葉淳子）「東北民俗学研究」 東北学院大学民俗学OB会 5 1997.9
岩手の民俗芸能（橋田純一）「いわて文化財」 岩手県文化財愛護協会 163 1998.1
副業奨励と岩手の竹細工─大正時代を中心に（工藤紘一）「岩手史学研究」 岩手史学会 （81） 1998.2
戦国期に於ける寺院の役割・或る一面─牡丹野家文書の示唆するもの（鎌田辰男）「岩手の古文書 ： the Iwate journal of diplomatics」 岩手古文書学会 12 1998.3
フォトスケッチ 移動展「原始岩手の生活と民間信仰」「岩手県立博物館だより」 岩手県文化振興事業団 76 1998.3
薬師堂（村井法一）「古文書研究会報」 岩手古文書研究会 244 1998.7
仏教伝来（村田敬太郎）「古文書研究会報」 岩手古文書研究会 250 1999.1
岩手の庚申塔─「七五庚申」塔をたずねて（嶋二郎）「日本の石仏」 日本石仏協会，青娥書房（発売）（99） 2001.9
新趣向で「岩手郷土芸能祭」（事務局）「いわて文化財」 岩手県文化財愛護協会 191 2002.9
岩手郷土芸能祭（事務局）「いわて文化財」 岩手県文化財愛護協会 192 2002.11
岩手の漆蝋（工藤紘一）「自然と文化」 日本ナショナルトラスト 通号72 2003.3
岩手のオシラサマ（工藤紘一）「東北芸術工科大学東北文化研究センター研究紀要」 東北芸術工科大学東北文化研究センター 通号2 2003.3
岩手の小正月（千葉周秋）「東北芸術工科大学東北文化研究センター研究紀要」 東北芸術工科大学東北文化研究センター 通号3 2004.3
百度参りと百度石（鎌田昭一）「古文書研究会報」 岩手古文書研究会 311 2004.9
岩手の盆供養と民俗芸能《特集 盆の芸能》（門屋光昭）「まつり」 まつり同好会 通号66 2004.12
岩手の短角牛《《東北特集》》（畠山剛）「あしなか」 山村民俗の会 271・272 2005.8
震災で繰延べになったお輿入れ（横山衛）「古文書研究会報」 岩手古文書研究会 323 2005.10
柳宗悦と岩手の工芸（工藤紘一）「岩手県立博物館研究報告」 岩手県文化振興事業団 （24） 2007.3

岩手県 郷土に伝わる民俗と信仰 東北

いわて芸能ごよみ「とりら」 ふるさと岩手の芸能とくらし研究会 （1） 2007.6

荒舞とダ・ヴィンチ・コード 鬼面の舞の源流（吉田隆一）「とりら」 ふるさと岩手の芸能とくらし研究会 （2） 2008.6

「寺社町奉行留」を読む 解題にかえて（横山裄）「古文書研究会報」 岩手古文書研究会 （352） 2008.6

さんさ踊りと盆踊り（飯坂真紀）「とりら」 ふるさと岩手の芸能とくらし研究会 （3） 2008.10

分からないこと 知りたいこと―寺社町奉行留から（横山裄）「古文書研究会報」 岩手古文書研究会 （360） 2009.02

青森・岩手におけるノウガミ信仰（川合正裕）「東北芸術工科大学東北文化研究センター研究紀要」 東北芸術工科大学東北文化研究センター 通号8 2009.3

年中行事を通しての子供の躾「古文書研究会報」 岩手古文書研究会 （363） 2009.06

田植踊りとコメ作り（飯坂真紀）「とりら」 ふるさと岩手の芸能とくらし研究会 （4） 2009.09

師の法界 権現舞という呼称の一考察（吉田隆一）「とりら」 ふるさと岩手の芸能とくらし研究会 （4） 2009.09

岩手の獅子信仰（平成21年度民俗芸能学会大会基調講演・シンポジウム 東北の獅子舞信仰における番楽―パネリスト報告）（久保田裕道）「民俗芸能研究」 民俗芸能学会 通号28 1999.3

伝説の里（鈴木美砂子）「古文書研究会報」 岩手古文書研究会 （378） 2010.10

米と神楽（吉田隆一）「とりら」 ふるさと岩手の芸能とくらし研究会 （5） 2010.12

地産地消の鳥兜（飯坂真紀）「とりら」 ふるさと岩手の芸能とくらし研究会 （5） 2010.12

聞き書き 岩手の年中行事（工藤紘一）「岩手県立博物館研究報告」 岩手県文化振興事業団 （28） 2011.03

切支丹宗門改帳を学習して（横山裄）「古文書研究会報」 岩手古文書研究会 （383） 2011.03

ことば遊び（横山裄）「古文書研究会報」 岩手古文書研究会 （391） 2011.12

通過儀礼 古実抜萃集から（横山裄）「古文書研究会報」 岩手古文書研究会 （393） 2012.02

沿岸の民俗芸能の現状とこれから（阿部武司）「とりら」 ふるさと岩手の芸能とくらし研究会 （6） 2013.02

岩手沿岸地方の祭と民俗芸能の現状（特集 天変地異・神仏と災害II―小論文）（阿部武司）「季刊悠久.第2次」 鶴岡八幡宮悠久事務局 （130） 2013.02

儀礼から芸能へ―鳥舞・御神楽・獅子六舞（吉田隆一）「とりら」 ふるさと岩手の芸能とくらし研究会 （7） 2013.11

念仏剣舞の伝播と派生について（安田隼人）「とりら」 ふるさと岩手の芸能とくらし研究会 （7） 2013.11

「聞き書き 岩手の年中行事」から思うこと（工藤紘一）「岩手県立博物館研究報告」 岩手県文化振興事業団 （31） 2014.03

野生表現が醸し出す象徴性―岩手のシシ踊り演目を中心として（菊地和博）「村山民俗」 村山民俗の会 （28） 2014.06

東北地方で実行している映像記録の方法―岩手の神楽から（特集 藝能史研究の過去・現在・未来―史料としての映像記録―提言・報告）（阿部武司）「藝能史研究」 藝能史研究會 （206） 2014.07

岩手かっぱ村

みちのく岩手かっぱ村（《特集 かっぱ・カッパ・河童 愛される川の妖怪》）（谷村和郎）「歴史民俗学」 批評社 （23） 2004.2

岩手県

文化財めぐり(153) 迦陵頻伽図絵馬「いわて文化財」 岩手県文化財愛護協会 157 1997.1

文化財めぐり(155) 布袋唐子遊戯図絵馬「いわて文化財」 岩手県文化財愛護協会 159 1997.5

国指定民俗芸能を伝承して（高橋清一）「いわて文化財」 岩手県文化財愛護協会 160 1997.7

伝承の通過点として大きな役割を（松本幸子）「いわて文化財」 岩手県文化財愛護協会 162 1997.11

観音像私観（橋田純一）「いわて文化財」 岩手県文化財愛護協会 162 1997.11

今も続く神楽巡業（岩沢義雄）「いわて文化財」 岩手県文化財愛護協会 163 1998.1

心育む伝承芸能（菊池武利）「いわて文化財」 岩手県文化財愛護協会 164 1998.3

岩手県の漆椀―秀衡椀と浄法寺椀と（佐島直三郎）「奥羽史談」 奥羽史談会 104 1998.3

「人」が感じられる民俗資料（熊谷賢）「いわて文化財」 岩手県文化財愛護協会 165 1998.5

江戸期後半県南地方の芸能史を探る（菊池日出海）「北上史談」 北上史談会 37 1998.5

郷土芸能調査の中間報告（事務局）「いわて文化財」 岩手県文化財愛護協会 166 1998.7

学校教育と郷土芸能[1],(2)（佐藤和夫）「いわて文化財」 岩手県文化財愛護協会 167/168 1998.9/1998.11

岩手県仏画調査と「仏画展」（大矢邦宣）「いわて文化財」 岩手県文化財愛護協会 168 1998.11

ふるさとの文化に学ぶ伝承活動（三浦晃）「いわて文化財」 岩手県文化財愛護協会 170 1999.3

岩手県旧江刺郡「甚句踊り」の伝播と変容（高木英理子）「民俗芸能研究」 民俗芸能学会 通号28 1999.3

東北農耕文化とマメ―岩手県北地方を中心として（岸本誠司）「民俗文化」 近畿大学民俗学研究所 （11） 1999.3

郷土芸能教育研究協議会（侘美淳）「いわて文化財」 岩手県文化財愛護協会 171 1999.5

憲真法印融通念仏碑について（大石泰夫）「いわて文化財」 岩手県文化財愛護協会 171 1999.5

活躍する南中の獅子舞（小野紘輝）「いわて文化財」 岩手県文化財愛護協会 172 1999.7

民俗芸能継承の課題（小形信夫）「いわて文化財」 岩手県文化財愛護協会 174 1999.11

郷土芸能に広がる熱き思い（河野洋一）「いわて文化財」 岩手県文化財愛護協会 176 2000.3

寺社と民家の建物管理について（小川惇）「いわて文化財」 岩手県文化財愛護協会 177 2000.5

民俗資料は情報の宝庫（名久井芳枝）「いわて文化財」 岩手県文化財愛護協会 177 2000.5

民俗芸能追跡調査（佐藤和夫）「いわて文化財」 岩手県文化財愛護協会 179 2000.9

郷土芸能団体の集い特集（事務局）「いわて文化財」 岩手県文化財愛護協会 180 2000.11

茅葺き民家の保存活用とその方策についての試み（瀬川修，吉岡裕，戸田忠祐）「岩手県立博物館研究報告」 岩手県文化振興事業団 （18） 2000.12

県指定無形民俗文化財，新たに二件（事務局）「いわて文化財」 岩手県文化財愛護協会 183 2001.5

民俗芸能指導者研修会報告（事務局）「いわて文化財」 岩手県文化財愛護協会 183 2001.5

胡桑と胡旋舞（佐藤宏）「いわて文化財」 岩手県文化財愛護協会 185 2001.9

留守家年中行事の特徴（留守まり子）「いわて文化財」 岩手県文化財愛護協会 186 2001.11

学校教育と郷土芸能（伊藤学司）「いわて文化財」 岩手県文化財愛護協会 187 2002.1

古写真による岩手県内の民家記録―森口多里コレクションから（瀬川修）「岩手県立博物館研究報告」 岩手県文化振興事業団 （19） 2002.3

岩手県の小中学校における芸能伝承について（小田島清朗）「民俗芸能研究」 民俗芸能学会 （34） 2002.3

岩手県の神楽と巫覡（大石泰夫）「巫覡盲僧学会会報」 巫覡盲僧学会 14 2002.3

打毬装束と木造二天立像（事務局）「いわて文化財」 岩手県文化財愛護協会 189 2002.5

岩手県における近世の鍋被り葬墓（羽柴直人）「墓標研究会会報」 墓標研究会 6 2002.6

中学生から学んだ伝統文化の継承（吉川健次）「いわて文化財」 岩手県文化財愛護協会 190 2002.7

「隠し念仏」の地域と人々（斎藤桂）「いわて文化財」 岩手県文化財愛護協会 190 2002.7

民俗芸能伝承のポイント（小形信夫）「いわて文化財」 岩手県文化財愛護協会 193 2003.1

獅子舞と権現様（高橋富美雄）「北方風土 : 北国の歴史民俗考古研究誌」 イズミヤ出版 通号45 2003.2

郷土芸能ネットワーク化構想（瀬川純）「いわて文化財」 岩手県文化財愛護協会 195 2003.5

民俗芸能と親の背中（及川和哉）「いわて文化財」 岩手県文化財愛護協会 197 2003.9

子どもを育む郷土の伝統行事（八重樫勝）「いわて文化財」 岩手県文化財愛護協会 198 2003.11

文化財の保護と伝承（金野静一，菊池市高）「いわて文化財」 岩手県文化財愛護協会 200 2004.3

郷土芸能祭の今日的意義（門屋光昭）「いわて文化財」 岩手県文化財愛護協会 201 2004.5

日本の鬼探訪 秋田県・岩手県（大中良英）「六甲倶楽部報告」 六甲倶楽部 69 2004.6

郷土芸能教育の実施状況（田崎農巳）「いわて文化財」 岩手県文化財愛護協会 202 2004.7

金鶏伝説における金鶏を埋める由縁についての一考察（及川大渓）「岩手県南史談会研究紀要」 岩手県南史談会 33 2004.7

郷土芸能をどう伝承するか（森田純）「いわて文化財」 岩手県文化財愛護協会 205 2005.1

エッセイ 県立博物館で「神楽」を楽しむ「岩手県立博物館だより」 岩手県文化振興事業団 104 2005.3

地域に息づく郷土芸能（渋谷美紀）「いわて文化財」 岩手県文化財愛護協会 209 2005.9

「鹿踊りのすべて」を見せる（事務局）「いわて文化財」 岩手県文化財愛護協会 209 2005.9

資料 西門の掛け仏「遠野物語通信」 遠野物語研究所 22 2005.12

鹿踊装束作りの伝承（小関新喜）「いわて文化財」 岩手県文化財愛護協会 （212）2006.3

神々の訪れ（飯坂真紀）「いわて文化財」 岩手県文化財愛護協会 （212）2006.3

保存民家活用の可能性（川向富美子）「いわて文化財」 岩手県文化財愛護協会 （216）2006.11

古仏尊顔（菅野澄順）「いわて文化財」 岩手県文化財愛護協会 （218）2007.3

郷土芸能のすごさ・重さ（佐々木寅夫）「いわて文化財」 岩手県文化財愛護協会 （218）2007.3

民俗芸能の信仰と振興（鈴木宣子）「いわて文化財」 岩手県文化財愛護協会 （218）2007.3

民俗芸能どこへ行く？（中田功一）「いわて文化財」 岩手県文化財愛護協会 （219）2007.5

民俗芸能自立のすすめ（畠山務）「いわて文化財」 岩手県文化財愛護協会 （219）2007.5

郷土芸能連合会で活性化（川端弘行）「いわて文化財」 岩手県文化財愛護協会 （220）2007.7

藩政時代の幕府布達の条目に見る羽黒派修験（小野寺啓）「岩手県南史談会研究紀要」 岩手県南史談会 36 2007.7

もう一つの浄土の世界（事務局）「いわて文化財」 岩手県文化財愛護協会 （221）2007.9

郷土芸能の「こころ」（伊藤敏男）「いわて文化財」 岩手県文化財愛護協会 （222）2007.11

いわて文化ノート 供養のかたち―盂蘭盆会雑記（民俗）「岩手県立博物館だより」 岩手県文化振興事業団 （115）2007.12

継続したい鉱山の噺「からめ節」への郷愁（田口純一）「北方風土 ： 北国の歴史民俗考古研究誌」 イズミヤ出版 通号55 2008.1

浄土と楽園（大矢邦宣）「いわて文化財」 岩手県文化財愛護協会 （227）2008.9

伝承地の「遺跡化」を（相原康二）「いわて文化財」 岩手県文化財愛護協会 （227）2008.9

絵馬に見る供養の諸相―岩手県下の「供養絵額」と山形県下の「社寺参詣図絵馬」（松崎憲三）「民具研究」 日本民具学会 （138）2008.9

岩手県の虎舞（吉川祐子）「月刊通信ふるさとの民俗を語る会」 民俗文化研究所 （18）2008.11

牛馬の争い 逸話と伝説《正月特集》―ウシづくし「いわて文化財」 岩手県文化財愛護協会 （229）2009.01

岩手県における「道祖神」周辺の事例（川向富貴子）「道祖神研究」 道祖神研究会 （3）2009.04

地域に育まれる大神楽（堀合俊郎）「いわて文化財」 岩手県文化財愛護協会 （231）2009.05

「老女の舞」の伝承―有り難きご縁に学ぶ（南洞頼賢）「いわて文化財」 岩手県文化財愛護協会 （232）2009.07

座談会 民俗芸能の興行化と伝承者たちの思い？（瀬川司男，中田功一，平野幸男，大月光康）「いわて文化財」 岩手県文化財愛護協会 （233）2009.09

座談会を傍聴して 伝承の根源を見失うな（座談会 民俗芸能の興行化と伝承者たちの思い？）（南洞頼賢）「いわて文化財」 岩手県文化財愛護協会 （233）2009.09

「女舞」を見て（菊池慧）「いわて文化財」 岩手県文化財愛護協会 （234）2009.11

いわて文化ノート 旧暦は暮らしやすいか「岩手県立博物館だより」 岩手県文化振興事業団 （123）2009.12

民俗芸能を支える道具 えんぶりの被り物「烏帽子」「いわて文化財」 岩手県文化財愛護協会 （235）2010.01

地域の連携育む民俗芸能（末崎順一）「いわて文化財」 岩手県文化財愛護協会 （235）2010.01

摩多羅神の"素顔"（高橋信雄）「いわて文化財」 岩手県文化財愛護協会 （235）2010.01

民俗写真の一元管理を（中田功一）「いわて文化財」 岩手県文化財愛護協会 （235）2010.01

郷土芸能保存協の活動（永嶺正治）「いわて文化財」 岩手県文化財愛護協会 （236）2010.03

郷土芸能励ます無名の手紙（平山徹）「いわて文化財」 岩手県文化財愛護協会 （236）2010.03

岩手県におけるミタマメシの分布（安藤有希）「民俗地図研究」 民俗地図研究会 （2）2010.03

鹿踊に魅せられて（小関新喜）「いわて文化財」 岩手県文化財愛護協会 （237）2010.05

三体の金銅聖観音像「岩手県立博物館だより」 岩手県文化振興事業団 （125）2010.06

さまざまな「しし」と「とら」が出演 究極のワザも披露/事業と予算決まる 県民俗芸能協会総会「いわて文化財」 岩手県文化財愛護協会 （238）2010.07

民俗芸能を支える道具 踊りを取り持つ打楽器「締め太鼓」「いわて文化財」 岩手県文化財愛護協会 （239）2010.09

ししととらの競演テーマに青少年民俗芸能フェスティバル 伝統文化の後継者 日頃の成果を披露（事務局）「いわて文化財」 岩手県文化財愛護協会 （239）2010.09

まほろばの郷に響き渡る神楽太鼓（小原茂志）「いわて文化財」 岩手県文化財愛護協会 （242）2011.03

民俗芸能調査を終えて（日時和哉）「いわて文化財」 岩手県文化財愛護協会 （243）2011.05

地域と共に踊りをつなぐ（畠山務）「いわて文化財」 岩手県文化財愛護協会 （244）2011.07

民俗芸能を支える道具 阿修羅系剣舞の採り物「金剛杖」「いわて文化財」 岩手県文化財愛護協会 （246）2011.11

陰陽道と民俗芸能（正月特集）（金野静一）「いわて文化財」 岩手県文化財愛護協会 （247）2012.01

オシラサマとオコナイサマ―岩手県の場合（工藤紘一）「民具マンスリー」 神奈川大学 44（11）通号527 2012.02

行山流鹿踊―宮城県北・岩手県南に分布する鹿踊群の系譜、装束と芸態整理（報告）（及川宏幸）「東北歴史博物館研究紀要」 東北歴史博物館 （13）2012.03

岩手県の無形民俗文化財被災状況報告（第136回研究例会 東日本大震災被災地の民俗文化財報告会）（阿部武司）「民俗芸能研究」 民俗芸能学会 （52）2012.03

津波にも負けず 郷土芸能の伝承（三上潤）「いわて文化財」 岩手県文化財愛護協会 （249）2012.05

山伏神楽における演目の成立と展開―岩手県の事例を中心として（千葉暁子）「東北民俗」 東北民俗の会 46 2012.06

民俗芸能を支える道具 阿修羅系剣舞の衣装「大口=おおくち」「いわて文化財」 岩手県文化財愛護協会 （250）2012.07

葉山信仰の諸相（5）―岩手県のハヤマ信仰（鈴木聖雄）「村山民俗」 村山民俗の会 （26）2012.07

民俗芸能を支える道具 神楽の獅子頭「権現様=ごんげん様」「いわて文化財」 岩手県文化財愛護協会 （252）2012.11

文化振興、文化財保護伝承を振り返って（船越昭治）「いわて文化財」 岩手県文化財愛護協会 （252）2012.11

民謡「探検隊」（特集 小さな郷土の大きな文化遺産）（金野静一）「いわて文化財」 岩手県文化財愛護協会 （253）2013.01

民俗芸能を支える道具 太夫・囃子方の被り物「笠=かさ」「いわて文化財」 岩手県文化財愛護協会 （254）2013.03

「絆」としての郷土芸能（中村良幸）「いわて文化財」 岩手県文化財愛護協会 （254）2013.03

解体された明治の民家（瀬川修）「いわて文化財」 岩手県文化財愛護協会 （254）2013.03

民俗芸能を支える道具 踊り手の採り物「扇=おうぎ」「いわて文化財」 岩手県文化財愛護協会 （255）2013.06

絆を紡ぐ民俗芸能（竹内重徳）「いわて文化財」 岩手県文化財愛護協会 （255）2013.06

平成の釈迦如来（菅野澄円）「いわて文化財」 岩手県文化財愛護協会 （255）2013.06

葉山信仰の諸相（6）―岩手県内のハヤマ信仰（鈴木聖雄）「村山民俗」 村山民俗の会 （27）2013.06

民俗芸能を支える道具 神楽舞台の印「締め縄・注連縄」「いわて文化財」 岩手県文化財愛護協会 （256）2013.09

祭り広場や学習の場に（指定史跡・建造物の管理活用と課題）（小原善則）「いわて文化財」 岩手県文化財愛護協会 （257）2014.01

使用痕を有する被災木製民俗資料の安定化処理方法（日時和哉，赤沼英男，川又晋，熊谷賢）「岩手県立博物館研究報告」 岩手県文化振興事業団 （31）2014.03

岩手県南旧仙台藩領

岩手県南旧仙台藩領の民家における柱内法制（一般論文）（菊地憲夫）「民俗建築」 日本民俗建築学会 （146）2014.11

岩手山

東北地方における修験道[1]，(2)―岩手山信仰と田村語り(阿部幹男)「奥羽史談」 奥羽史談会 112/113 2003.3/2003.9

岩脇山

花陰樵語 二題 岩脇山/新山権現 (紙上発表)(佐藤松雄)「岩手県南史談会研究紀要」 岩手県南史談会 38 2009.07

薄衣

薄衣・あばれ観音の記録―矢作観音のご巡行より(松元守夫)「東磐史学」 東磐史学会 (39) 2014.08

臼沢

未来へ！ 臼澤鹿子踊 "神の森 どろの木" へかける夢(東梅英夫)「とりら」 ふるさと岩手の芸能とくらし研究会 (7) 2013.11

鵜鳥神楽

鵜鳥神楽巡行日記 平成16年南廻り巡行より(村上千晶)「とりら」 ふるさと岩手の芸能とくらし研究会 (1) 2007.6

神楽人生60年 鵜鳥神楽胴取・三上岩富さんに聞く(村上千晶)「とりら」 ふるさと岩手の芸能とくらし研究会 (3) 2008.10

津波にも負けず 復興への祈りを舞う「鵜鳥神楽」(熊坂伸子)「いわて文化財」 岩手県文化財愛護協会 (249) 2012.05

事業報告 伝統芸能鑑賞会「鵜鳥神楽」 平成24年6月3日(日)(瀬川修)「岩手県立博物館だより」 岩手県文化振興事業団 (134) 2012.09

永沢寺

永澤寺の石仏三十三観音(小野寺敏男)「いわて文化財」 岩手県文化財愛護協会 188 2002.3

江刺区

「百鹿大群舞」と「供養」の鹿踊り―岩手県奥州市江刺区の祭りと盆にみる(〈特集 東北からの大衆芸能―東北はいかに歌い演じられたか〉)(菊地和博)「舞台評論」 東北芸術工科大学東北文化研究センター 3 2006.6

金津流の始祖「太蔵祭」(平野幸男)「いわて文化財」 岩手県文化財愛護協会 (235) 2010.01

円光寺

ふるさとの歴史を訪ねて 円光寺の貝塚 盛岡キリシタン秘史「擬宝珠」 盛岡の歴史を語る会 (147) 2004.7

延寿寺

延寿寺十一面観音碑と及川恒重献納「観世音」額裏面由来記(嶋二郎)「花巻史談」 花巻史談会 (31) 2006.3

生出

旧家とオシラさま―陸前高田市生出の場合(小野寺正人，佐藤敏悦)「東北民俗」 東北民俗の会 34 2000.7

大籠村

大籠村切支丹宗門帳を読む(横山衛)「古文書研究会報」 岩手古文書研究会 (333) 2006.9

天保九年磐井郡東山大籠村切支丹宗門人数改帳「古文書研究会報」 岩手古文書研究会 (333) 2006.9

大迫

大迫地方の講について(両川典子)「岩手の古文書 ： the Iwate journal of diplomatics」 岩手古文書学会 11 1997.3

大迫町

郷土資料紹介 大迫町，春日神社の懸仏(梅原廉)「早池峰文化」 大迫町教育委員会 11 1999.3

民episode芸能考(菊池一成)「早池峰文化」 大迫町教育委員会 12 2000.3

大迫町郷土芸能祭と山本清志氏―初期解説書の記述を中心に(小野義春)「早池峰文化」 大迫町教育委員会 13 2001.3

神楽ファンのひとりごと(北口まゆ子)「早池峰文化」 大迫町教育委員会 15 2003.3

大原八幡神社

大原八幡神社における梵鐘銘の紹介(菅原剛)「東磐史学」 東磐史学会 (31) 2006.8

大船渡市

大船渡市 大船渡の芸能を追って(佐藤瑛子)「とりら」 ふるさと岩手の芸能とくらし研究会 (6) 2012.04

大巻

芝居流大巻御祝い(長澤聖浩)「とりら」 ふるさと岩手の芸能とくらし研究会 (5) 2010.12

大宮神社

田野畑村 小○の村の大宮神楽と私(鈴木ゆう子)「とりら」 ふるさと岩

手の芸能とくらし研究会 (6) 2012.04

興田神社

資料紹介 東磐井郡大東町興田神社の前立「北上史談」 北上史談会 42 2003.2

小子内

消えた小子内の浜(高橋正幸)「昔風と当世風」 古々路の会 82 2002.5

小友

小友の昔話(〈2005年度 遠野学会記録(特集)〉)(高橋光穂)「遠野文化誌」 遠野物語研究所 (39) 2006.9

鬼剣舞

映像の自律性と芸能の記録について―「面打/men―uchi」、『究竟の地―岩崎鬼剣舞の一年』の製作からの考察(小特集 民俗学と記録映像)(三宅流)「日本民俗学」 日本民俗学会 通号264 2010.11

御明神

御明神と隠明寺氏について(大友武)「新庄古文書の会会誌」 新庄古文書の会 6 2002.6

おもかげ地蔵尊

「おもかげ地蔵尊」と「相馬大作の刀」(宍戸文彦)「古文書研究会報」 岩手古文書研究会 (356) 2008.10

小本街道

南部牛追いの伝承―小本街道を事例として(胡桃沢勘司)「民俗文化」 近畿大学民俗学研究所 (11) 1999.3

覚鼈城

覚鼈城はどこにあったか―山目・泥田廃寺を擬定する(紙上発表)(小野寺啓)「岩手県南史談会研究紀要」 岩手県南史談会 43 2014.7

葛西

平泉諸寺社・伊沢正法寺と中世社会―南北朝期奥州葛西領における地域社会秩序の構造転換(《特集 中世社会における寺社と地域秩序》)(佐々木徹)「民衆史研究」 民衆史研究会 (68) 2004.11

柏崎

語り部と語る(7) 柏崎の神々に育まれて 佐々木イセさん(佐藤誠輔)「遠野物語通信」 遠野物語研究所 11 1999.3

加藤家

胆沢の民家調査(5) 若柳上鹿谷 加藤家(菊地憲夫)「胆沢史談」 胆沢史談会 (67) 2001.12

角浜

森口多里フォトギャラリー(6) 角浜駒踊 種市町(現洋野町)「とりら」 ふるさと岩手の芸能とくらし研究会 (7) 2013.11

門脇家住宅

胆沢の民家調査(8) 門脇家住宅(菊地憲夫)「胆沢史談」 胆沢史談会 (70) 2004.12

金ヶ崎

民話における残酷性(高橋忠男)「金ヶ崎史談」 金ヶ崎史談会 (28) 1997.3

キツネに化かされる民話考(高橋忠男)「金ヶ崎史談」 金ヶ崎史談会 (34) 2003.4

茅屋根葺頭領の伝承巻物(千葉好穂)「金ヶ崎史談」 金ヶ崎史談会 (35) 2004.4

金ヶ崎町

農村に生きた馬のはなし―岩手県金ヶ崎町の民俗誌(《特集 民俗の現在》)(田中宥子)「東北民俗」 東北民俗の会 40 2006.6

釜石

釜石虎舞見聞録(大石泰夫)「月刊通信ふるさとの民俗を語る会」 民俗文化研究所 (18) 2008.11

釜石市

調査報告 釜石市立第一幼稚園における虎舞の取り組みに関する調査報告―民俗芸能継承活動が子どもの成長に果たす役割についての一考察(松本晴子)「民俗音楽研究」 日本民俗音楽学会 (37) 2012.03

釜石市 虎舞がある日常(菊地博)「とりら」 ふるさと岩手の芸能とくらし研究会 (6) 2012.04

釜津田

釜津田獅子踊りについて(佐々木祐子，三上勝志)「岩手の古文書 ： the Iwate journal of diplomatics」 岩手古文書学会 11 1997.3

上須々孫館跡

上須々孫館跡所在の元亨三年銘板碑(小田嶋知世，井上雅孝)「岩手考古学」 岩手考古学会 (16) 2004.10

東北　　　　　　　　　　　　郷土に伝わる民俗と信仰　　　　　　　　　　　岩手県

上閉伊郡
上閉伊郡の土偶（日下和寿）「岩手県立博物館研究報告」 岩手県文化振興事業団　(18)　2000.12

川原
陸前高田市 おらほのうごく七夕—陸前高田市高田町川原七夕祭組川人録（佐々木芳勝，千葉茂，村上毅彦）「とりら」 ふるさと岩手の芸能とくらし研究会　(6)　2012.04

観行院
修験寺八重畑村観行院について（加藤辰三郎）「花巻史談」 花巻史談会　(28)　2003.3

観自在王院
続平泉志(19) 観自在王院／無量光院 二つの院 初代の志を引き継いで地上に描く浄土の世界（及川和哉）「いわて文化財」 岩手県文化財愛護協会　(255)　2013.06

巌鷲山
巌鷲山阿弥陀来迎図 平成18年度テーマ展「庶民の神仏画—鎌田コレクション—」「岩手県立博物館だより」 岩手県文化振興事業団　(111)　2006.12

観音山
観音山の土塁と祖母杉と元官と（畠山博志）「花巻史談」 花巻史談会　(30)　2005.5

観音霊山
マリア観音にされた子安観音（佐藤光隆）「東磐史学」 東磐史学会　(37)　2012.08

北上
旅の草ぐさ(8) 山の神は誰なのか—北上・米沢（杉崎満寿雄）「あしなか」 山村民俗の会　284　2009.02

北上山系
エゴマと北上山系の民俗（古沢典夫）「早池峰」 早池峰の会　26　2000.3

北上山地
岡惠介著『視えざる森の暮らし—北上山地・村の民俗生態史—』（書評）（小椋純一）「日本民俗学」 日本民俗学会　通号262　2010.05
名久井文明著『伝承された縄紋技術』（新刊紹介）（安孫子昭二）「東京の遺跡」 東京考古談話会　(98)　2012.11

北上市
民俗の変容の中で続くものの意味—岩手県北上市の葬送の手伝いと儀礼（武井基晃）「東北民俗」 東北民俗の会　46　2012.06

帰命寺
帰命寺縁起と仏像 岩手らしさの定着＝信仰 庶民のあつい信仰（鈴木智覚）「擬宝珠」 盛岡の歴史を語る会　(130)　2002.6

旧高橋家
胆沢の民家調査(6) 若柳大立目 旧高橋家（菊地憲夫）「胆沢史談」 胆沢史談会　(68)　2002.12

教浄寺
教浄寺 南部氏が厚く保護 岩手らしさ定着 信仰（誉田慶信）「擬宝珠」 盛岡の歴史を語る会　(150)　2004.11

清水寺
清水寺研究（鈴木幸彦）「いわて文化財」 岩手県文化財愛護協会　184　2001.7
田村麻呂伝説 清水寺（花巻市） 33観世音参りの札所 南部家と深いかかわり「擬宝珠」 盛岡の歴史を語る会　(131)　2002.7

木六
室根山信仰の雑記帳—木六村上一族の異聞を中心とする（村上光一）「東磐史学」 東磐史学会　(36)　2011.08

金鶏山
金鶏伝説と金鶏山（佐藤松雄）「北方風土 ： 北国の歴史民俗考古研究誌」 イズミヤ出版　通号59　2010.1
続平泉志(4) 高舘、金鶏山、弁慶堂跡（及川和哉）「いわて文化財」 岩手県文化財愛護協会　(240)　2010.11
続平泉志(21) 清衡公八百年／中尊寺宝物殿／金鶏山を発掘（及川和哉）「いわて文化財」 岩手県文化財愛護協会　(257)　2014.01

国見山廃寺
幢竿支柱遺構の様式分類と占地考—夏井廃寺と国見山廃寺の事例を中心に（大竹憲治）「いわき地方史研究」 いわき地方史研究会　(43)　2006.9

国見山廃寺跡
国見山廃寺跡で見つかった塑像の螺髪（沼山源喜治）「北上史談」 北上史談会　36　1997.4
国史跡・国見山廃寺跡の年代について（沼山源喜治）「北上史談」 北上史談会　44　2004.5
企画展「国見山廃寺跡展」を終えて「岩手県北上市立博物館博物館だより」 北上市立博物館　(35)　2014.03

首切り観音
伝説を歩く 首切り観音「擬宝珠」 盛岡の歴史を語る会　(120)　2001.1

倉沢
倉沢人形歌舞伎の変遷 岩手県 倉沢人形歌舞伎代表 菅野芳治「公益社団法人全日本郷土芸能協会会報」 全日本郷土芸能協会　(64)　2011.07

鞍迫観音
資料 鞍迫観音の扁額「遠野物語通信」 遠野物語研究所　14　2000.12

黒石郷
黒き窟・黒石寺・正法寺—胆沢郡黒石郷における重層的宗教構造コスモロジー—（《報告要旨》）（佐々木徹）「東北中世史研究会会報」 東北中世史研究会　(12)　2000.3

黒石野
盛岡の神楽(2) 黒石野神楽（岡田現三）「とりら」 ふるさと岩手の芸能とくらし研究会　(5)　2010.12

黒き窟
黒き窟・黒石寺・正法寺—胆沢郡黒石郷における重層的宗教構造コスモロジー—（《報告要旨》）（佐々木徹）「東北中世史研究会会報」 東北中世史研究会　(12)　2000.3

黒沢尻
黒沢尻の商家における名字御免と襲名（千葉淳子）「北上史談」 北上史談会　(47)　2007.6
地芝居探訪(40) 山鹿野あじさい祭り／地芝居への誘い／戸沢花胡蝶歌舞伎／「相生座」美濃歌舞伎納涼公演／黒沢尻歌舞伎／柳橋歌舞伎「公益社団法人全日本郷土芸能協会会報」 全日本郷土芸能協会　(65)　2011.10
地芝居探訪(43) 湖西歌舞伎公演／大桃の舞台公演／戸沢花湖蝶歌舞伎／「相生座」美濃歌舞伎納涼公演／黒沢尻歌舞伎「公益社団法人全日本郷土芸能協会会報」 全日本郷土芸能協会　(69)　2012.10
地芝居探訪(48) 湖西歌舞伎公演／大桃の舞台公演／戸沢花湖蝶歌舞伎／青柳歌舞伎の夕べ／黒沢尻歌舞伎／祢津東町歌舞伎「公益社団法人全日本郷土芸能協会会報」 全日本郷土芸能協会　(73)　2013.10
地芝居探訪(52) 彦五郎祭公演／戸沢花湖蝶歌舞伎／美濃歌舞伎納涼公演／黒沢尻歌舞伎「公益社団法人全日本郷土芸能協会会報」 全日本郷土芸能協会　(77)　2014.10
地芝居見聞(15) 黒沢尻歌舞伎 定期公演／黒森歌舞伎 福島・旧広瀬座公演（北河直子）「公益社団法人全日本郷土芸能協会会報」 全日本郷土芸能協会　(77)　2014.10
吉川和子・吉川國男編『黒沢尻ヌルシャの分蜂』（書誌紹介）（鈴木岩弓）「日本民俗学」 日本民俗学会　(280)　2014.11

黒森神楽
黒森神楽の国指定（假屋雄一郎）「いわて文化財」 岩手県文化財愛護協会　(212)　2006.3
家と神楽 黒森神楽の儀礼（假屋雄一郎）「とりら」 ふるさと岩手の芸能とくらし研究会　(2)　2008.6

気仙
江戸時代の旅と信仰 気仙地方の例（渡辺兼雄）「仙台郷土研究」 仙台郷土研究会　26(2) 通号263　2001.12

気仙町
町の活性化担う「けんか七夕」（高田和弥）「いわて文化財」 岩手県文化財愛護協会　163　1998.1

気仙沼市
地名が伝えた事実(1)，(2)—岩手県気仙沼市（三輪茂雄）「民俗文化」 滋賀民俗学会　479／480　2003.8／2003.9

幸田
岩手県花巻市「幸田神楽」の神楽講中（阿部武司）「とりら」 ふるさと岩手の芸能とくらし研究会　(3)　2008.10

光林寺
資料 松林寺由緒（寺伝縁起）／光林寺起志（光林寺文書）「いしどりや歴史と民俗」 石鳥谷歴史民俗研究会　16　2003.8
文書由緒書 石鳥谷町光林寺文書「いしどりや歴史と民俗」 石鳥谷歴史民俗研究会　16　2003.8

小軽米
活動レポート「いわての宝をみよう」「春を呼ぶ小軽米えんぶり」「岩手

県立博物館だより」 岩手県文化振興事業団 （124） 2010.03

黒石寺

黒き窟・黒石寺・正法寺―胆沢郡黒石郷における重層的宗教構造コスモロジー（〈報告要旨〉）（佐々木徹）「東北中世史研究会会報」 東北中世史研究会 （12） 2000.3

陸奥黒石寺における「往古」の宗教的コスモロジー（佐々木徹）「岩手史学研究」 岩手史学会 （84） 2001.3

徳一と会津仏教の旅（2） 黒石寺（笠井尚）「月刊会津人」 月刊会津人社 （13） 2004.10

黒石寺蘇民祭始末（今野栄一）「古文書研究会報」 岩手古文書研究会 （349） 2008.2

「黒石寺・毛越寺・中尊寺」を訪ねて（旅行記）（香田永子）「館山と文化財：会報」 館山市文化財保護協会 （47） 2014.04

黒石寺（千葉明伸）「古文書研究会報」 岩手古文書研究会 （420） 2014.08

黒石寺と一関藩（渡邊喜久雄）「歴研みやぎ」 宮城県歴史研究会 （95） 2014.11

胡四王山

胡四王山ともう一つの白鳥伝説（吉田文憲）「東北学．[第1期]」 東北芸術工科大学東北文化研究センター，作品社（発売） 7 2002.10

不来方

もりおか地名物語 不来方と盛岡「擬宝珠」 盛岡の歴史を語る会 （97） 1998.5

狐禅寺村

人数改帳にみる天保期の狐禅寺村（鈴木宏）「岩手史学研究」 岩手史学会 （80） 1997.3

小田

書籍紹介 『地域の記憶 岩手県葛巻町小田周辺の民俗誌』（名久井文明）「民具マンスリー」 神奈川大学 42（3）通号495 2009.06

小舟渡八幡宮

小舟渡八幡宮について（佐藤脩）「花巻史談」 花巻史談会 （30） 2005.5

駒ヶ岳

"駒ヶ岳"という山―駒形の神とは何か（3）（さいとうせいや）「歴研みやぎ」 宮城県歴史研究会 （84） 2011.03

駒形根神社

駒形根神社社記の研究（4）（佐藤松雄）「岩手県南史談会研究紀要」 岩手県南史談会 26 1997.7

駒木

対談 民話の舞台―矢崎・駒木・元松崎のこと（海老子川一英，高柳俊郎，佐藤誠輔，千葉博）「遠野物語通信」 遠野物語研究所 21 2005.5

権現堂山

権現堂山から移った女神（小野義春）「早池峰文化」 大迫町教育委員会 11 1999.3

桜山神社

一枚の写真 桜山神社「擬宝珠」 盛岡の歴史を語る会 （168） 2008.5

笹崎

笹崎に生まれて良かった―仰山流笹崎鹿踊仲立として（佐藤孝也）「とりら」 ふるさと岩手の芸能とくらし研究会 （7） 2013.11

沢内

「沢内風土記」を読む 嫁娶りのこと（川村光夫）「湯田史談」 湯田史談会 （16） 1998.3

およね地蔵と沢内甚句（滝沢真喜子）「擬宝珠」 盛岡の歴史を語る会 （146） 2004.6

沢内の湖と狩人またぎ伝説（高橋暁樹）「西和賀史談」 西和賀史談会 （2） 2008.3

沢内の湖と狩人伝説、西和賀の風俗、そして出羽との交流（高橋暁樹）「北方風土：北国の歴史民俗考古研究誌」 イズミヤ出版 通号56 2008.6

沢内通り

「前九年の役」と「沢内通り」（現・西和賀町）に残る伝説について（高橋繁）「西和賀史談」 西和賀史談会 （4） 2010.3

沢口観音堂

沢口観音堂の変遷（佐々木勝宏）「岩手県立博物館研究報告」 岩手県文化振興事業団 （30） 2013.03

三陸

三陸郷土芸能奉演（菅野澄円）「関山：寺報」 中尊寺 （17） 2011.11

雫石

雫石あねっこの祖『野菊』伝説ルーツ探る「擬宝珠」 盛岡の歴史を語る会 （134） 2002.11

下伊沢

妙法山大林寺と下伊沢最後の大肝入（小野勝賢）「胆沢史談」 胆沢史談会 （72） 2007.3

常光寺

ふるさと散歩 玉山村・常光寺周辺 天にそびえる老木「擬宝珠」 盛岡の歴史を語る会 （143） 2003.12

聖寿禅寺

明治維新で解体された聖寿禅寺五重塔（千田和文）「擬宝珠」 盛岡の歴史を語る会 （97） 1998.5

浄法寺

岩手県の漆椀―秀衡椀と浄法寺椀と（佐島直三郎）「奥羽史談」 奥羽史談会 104 1998.3

浄法寺うるしの活性化を求めて（八重樫良暉）「早池峰」 早池峰の会 30 2004.6

浄法寺漆芸の殿堂（中村裕）「いわて文化財」 岩手県文化財愛護協会 （211） 2006.1

岩手県浄法寺産のアバ（工藤紘一）「民具マンスリー」 神奈川大学 41（3）通号483 2008.6

終戦前後の漆の動向―二戸市立浄法寺歴史民俗資料館所蔵「小田島家資料」から（工藤紘一）「岩手史学研究」 岩手史学会 （92） 2011.04

釈迦如来ご真言に思う（特集 祝中尊寺ご本尊の新造立 浄法寺漆と金箔仕上げ）（菅野澄順）「いわて文化財」 岩手県文化財愛護協会 （251） 2012.09

「浄法寺漆」と中尊寺新ご本尊（特集 祝中尊寺ご本尊の新造立 浄法寺漆と金箔仕上げ）（中村景子）「いわて文化財」 岩手県文化財愛護協会 （251） 2012.09

『遠野物語』と浄法寺（論説）（工藤紘一）「岩手史学研究」 岩手史学会 （94・95） 2014.03

浄法寺の文化財に触れてみませんか（中村裕）「いわて文化財」 岩手県文化財愛護協会 （259） 2014.06

正法寺

黒き窟・黒石寺・正法寺―胆沢郡黒石郷における重層的宗教構造コスモロジー（〈報告要旨〉）（佐々木徹）「東北中世史研究会会報」 東北中世史研究会 （12） 2000.3

正法寺建造物と保存修理（窪寺茂）「いわて文化財」 岩手県文化財愛護協会 187/188 2002.1/2002.3

平泉諸寺社・伊沢正法寺と中世社会―南北朝期奥州葛西領における地域社会秩序の構造転換（《特集 中世社会における寺社と地域秩序》）（佐々木徹）「民衆史研究」 民衆史研究会 （68） 2004.11

松林寺

松林寺文書（1）（玉山康一）「いしどりや歴史と民俗」 石鳥谷歴史民俗研究会 11 1997.2

資料 松林寺由緒（寺伝縁起）/光林寺起志（光林寺文書）「いしどりや歴史と民俗」 石鳥谷歴史民俗研究会 16 2003.8

白石

盛岡の神楽（1） 白石神楽（岡田現三）「とりら」 ふるさと岩手の芸能とくらし研究会 （1） 2007.6

志和観音

志和観音別当成海家文書（佐々木勝宏）「岩手県立博物館研究報告」 岩手県文化振興事業団 （30） 2013.03

新山神社

紫波町土館新山神社の文化財（佐々木勝宏）「岩手県立博物館研究報告」 岩手県文化振興事業団 （28） 2011.03

新山高原

新山高原での獅子踊りに思う（上沢正一）「遠野物語通信」 遠野物語研究所 10 1998.10

須川

霊山・須川と修験（紙上発表）「岩手県南史談会研究紀要」 岩手県南史談会 41 2012.07

菅窪

「菅窪鹿踊」の原点（畠山務）「いわて文化財」 岩手県文化財愛護協会 （232） 2009.07

菅窪鹿踊 岩手県下閉伊郡田畑村菅津「公益社団法人全日本郷土芸能協会会報」 全日本郷土芸能協会 （64） 2011.07

住田町

住田町の板碑（羽柴直人）「岩手考古学」 岩手考古学会 （22） 2011.04

聖長楼

よみがえる幻の楼閣「聖長楼」の復元試案（神山仁）「擬宝珠」 盛岡の歴史を語る会 （91） 1997.7

関根

川井村関根麒麟獅子（佐々木祐子）「岩手の古文書 ： the Iwate journal of diplomatics」 岩手古文書学会 11 1997.3

千厩町

資料 千厩町小梨西城家肝入文書目録/千厩町の民俗芸能の紹介「東磐史学」 東磐史学会 （32） 2007.8

先屋遺跡

伝説の五輪塔—花巻市先屋遺跡の初期五輪塔について（酒井宗孝，井上雅孝）「岩手考古学」 岩手考古学会 （17） 2005.7

大慈寺

ふるさと散歩 盛岡市大慈寺周辺（佐久間賢）「擬宝珠」 盛岡の歴史を語る会 （123） 2001.7

大勝寺

大勝寺鐘銘秘話（高橋捷夫）「岩手の古文書 ： the Iwate journal of diplomatics」 岩手古文書学会 12 1998.3

大勝寺鐘銘秘話余聞（高橋捷夫，千田由鶴子）「岩手の古文書 ： the Iwate journal of diplomatics」 岩手古文書学会 13 1999.3

大乗寺

一関「大乗寺」のオシラサマ（工藤紘一）「いわて文化財」 岩手県文化財愛護協会 （228） 2008.11

大泉寺

浄土宗大泉寺の山号由来（柴内正典）「擬宝珠」 盛岡の歴史を語る会 （96） 1998.1

大長寿院

鎌倉時代の中尊寺伽藍—大長寿院四至史料と骨寺村絵図紙裏図を中心として（《報告要旨》）（川島茂裕）「東北中世史研究会会報」 東北中世史研究会 （11） 1999.1

大東町

資料紹介 大東町の肝入文書目録（抄）/大東町の民俗芸能の紹介「東磐史学」 東磐史学会 （31） 2006.8

大林寺

妙法山大林寺と下伊沢最後の大肝入（小野勝賢）「胆沢史談」 胆沢史談会 （72） 2007.3

高田

調査ノート 持ち込まれた土人形の型 長野と高田の土人形（細井雄次郎）「長野市立博物館博物館だより」 長野市立博物館 （62） 2004.12

高舘

続平泉志（4）高舘、金鶏山、弁慶堂跡（及川和哉）「いわて文化財」 岩手県文化財愛護協会 （240） 2010.11

高田松原

高田松原の流木が清水寺の大日如来像に—縁は異なもの味なもの（松坂定徳）「歴史懇談」 大阪歴史懇談会 （26） 2012.08

高場

資料 松崎町大字光興寺字高場の山の神「遠野物語通信」 遠野物語研究所 8 1998.1

高橋家

胆沢の民家調査（7）若柳下萱刈窪 高橋家（菊地憲夫）「胆沢史談」 胆沢史談会 （69） 2003.12

高屋敷

伝統芸能鑑賞会「一戸の山伏神楽—高屋敷神楽公演」平成25年6月2日（日）午後1時30分〜3時30分（事業報告）（川向富貴子）「岩手県立博物館だより」 岩手県文化振興事業団 （138） 2013.09

岳

岳神楽・モスクワ公演を終えて（伊藤金人）「いわて文化財」 岩手県文化財愛護協会 196 2003.7

岳神楽の鶏舞における意味と力（長澤壮三）「民俗芸能研究」 民俗芸能学会 （41） 2006.9

資源としての民俗文化の動態—岩手県岳神楽を例に（長澤壮平）「日本民俗学」 日本民俗学会 通号250 2007.5

中嶋奈津子著『早池峰岳神楽の継承と伝播』（書評）（神田より子）「民俗芸能研究」 民俗芸能学会 （55） 2013.09

中嶋奈津子著『早池峰岳神楽の継承と伝播』思文閣出版（2013年2月）（書誌紹介）（神田より子）「日本民俗学」 日本民俗学会 （277） 2014.02

竹駒神社

藤沢町竹駒神社の梵鐘について（畠山篤雄）「東磐史学」 東磐史学会 （29） 2004.8

岳妙泉寺

岳妙泉寺と京文化（両川典子）「早池峰文化」 大迫町教育委員会 13 2001.3

『嶽妙泉寺文書』刊行について（佐々木和夫）「岩手の古文書 ： the Iwate journal of diplomatics」 岩手古文書学会 （21） 2007.3

田束

陸前高田市 田束念仏鎧剣舞と震災について（千田信男）「とりら」 ふるさと岩手の芸能とくらし研究会 （6） 2012.04

達谷窟

中世成立期奥羽宗教世界の一断面—頭・護持僧・達谷窟（誉田慶信）「六軒丁中世史研究」 東北学院大学中世史研究会 （14） 2009.10

達谷窟毘沙門堂

続平泉志（13），（14）達谷窟毘沙門堂（上），（下）（及川和哉）「いわて文化財」 岩手県文化財愛護協会 （249）/（250） 2012.05/2012.07

田中地蔵尊

もりおか今昔 田中地蔵尊（盛内政志）「擬宝珠」 盛岡の歴史を語る会 （156） 2005.8

玉山

郷土の資料 玉山十一面観音像・仁王像「擬宝珠」 盛岡の歴史を語る会 （103） 1998.12

田村大明神

一関城下の例祭「田村大明神御祭礼」（紙上発表）（大島晃一）「岩手県南史談会研究紀要」 岩手県南史談会 39 2010.07

田山

田山めくら心経（佐藤勝郎）「擬宝珠」 盛岡の歴史を語る会 （120） 2001.1

天明七年の田山暦（工藤紘一）「いわて文化財」 岩手県文化財愛護協会 204 2004.11

安代町田山の時宗板碑—殿坂の碑（延文二年銘六字名号板碑）（井上雅孝，東本茂樹）「岩手考古学」 岩手考古学会 （17） 2005.7

新発見・明治9年の田山暦（工藤紘一）「いわて文化財」 岩手県文化財愛護協会 210 2005.11

新発見の田山暦—「天明七年田山暦」と「明治九年田山暦」（工藤紘一）「岩手県立博物館研究報告」 岩手県立博物館研究報告会 （23） 2006.3

いわて文化ノート 新発見！ 天明三年田山暦の謎（瀬川修）「岩手県立博物館だより」 岩手県文化振興事業団 （137） 2013.6

中尊寺

三内丸山遺跡・中尊寺を訪ねて（岡野基行）「鹿行の文化財」 鹿行文化財保護連絡協議会 27 1997.3

鎌倉時代の中尊寺伽藍—大長寿院四至史料と骨寺村絵図紙裏図を中心として（《報告要旨》）（川島茂裕）「東北中世史研究会会報」 東北中世史研究会 （11） 1999.1

重文騎師文殊菩薩および眷属像の修理完了「関山 ： 寺報」 中尊寺 6 1999.11

中尊寺供養願文の成立契機—算額と千僧供養を中心にして（《報告要旨》）（川島茂裕）「東北中世史研究会会報」 東北中世史研究会 （12） 2000.3

中尊寺開山1150年（菅原光中）「いわて文化財」 岩手県文化財愛護協会 178 2000.7

《中尊寺開山1150年祭記念》「関山 ： 寺報」 中尊寺 7 2000.11

パネルディスカッション「伝記・伝説に関わる史実と信仰」「関山 ： 寺報」 中尊寺 7 2000.11

中尊寺という発信源（草柳大蔵）「東方に在り」 平泉文化会議所 5 2001.3

「金字宝塔曼荼羅」国宝指定（北嶺澄照）「いわて文化財」 岩手県文化財愛護協会 184 2001.7

中尊寺新讃衡蔵の設計意図と結果（勝部民男）「いわて文化財」 岩手県文化財愛護協会 184 2001.7

中尊寺領の村々の歴史的性格について（入間田宣夫）「六軒丁中世史研究」 東北学院大学中世史研究会 （8） 2001.11

法話「中尊」の誇り（千田孝信）「関山 ： 寺報」 中尊寺 8 2002.1

新指定の国宝「金字宝塔曼荼羅」「関山 ： 寺報」 中尊寺 8 2002.1

生きた「まんだら」—中尊寺菊まつり（千田孝信）「関山 ： 寺報」 中尊寺 9 2002.12

なぜ、中尊寺の山号は「関山」か—中尊寺成立の前史を探る（菅野成寛）

「関山 ： 寺報」 中尊寺　9　2002.12

植村和堂氏御奉納の金銀字経「関山 ： 寺報」 中尊寺　9　2002.12

平泉・中尊寺の草創に(1)(柴内正典)「擬宝珠」 盛岡の歴史を語る会
(138)　2003.6

奥州藤原氏中尊寺建立の謎を探る(湯田樹)「北方風土 ： 北国の歴史民
俗考古研究誌」 イズミヤ出版　通号46　2003.8

能楽対談「当地ならではの能も」(佐々木生生, 千葉万美子)「関山 ： 寺
報」 中尊寺　(10)　2003.12

骨仏と中尊寺(大矢邦宜)「いわて文化財」 岩手県文化財愛護協会　199
2004.1

「中尊寺ハス」を訪ねて(佐々木政威)「北上史談」 北上史談会　43
2004.2

中尊寺、毛越寺を訪れて(小島美登里)「下野史談」 下野史談会　100
2004.12

古寺巡礼と中尊寺(堤勝雄)「関山 ： 寺報」 中尊寺　(11)　2005.2

非日常の伝承(神居文彰)「関山 ： 寺報」 中尊寺　(11)　2005.2

中尊寺の貫首さん(尾崎重雄)「今市史談」 今市史談会　14　2005.4

中尊寺をかざる花、宝相華(久保智康)「関山 ： 寺報」 中尊寺　(12)
2006.2

金の雫の光堂(金森敦子)「関山 ： 寺報」 中尊寺　(13)　2007.1

中尊寺貫首 晋山・退山式(記録)「関山 ： 寺報」 中尊寺　(13)　2007.1

讃衡蔵 館蔵品展観報告「中尊寺と骨寺村」(菅原光聴)「関山 ： 寺
報」 中尊寺　(13)　2007.1

グラビア解説 江刺 高村哲郎氏紺紙金字経奉納「関山 ： 寺報」 中尊寺
(13)　2007.1

表紙解説 月岡耕魚画「中尊寺白山社能舞台」(菊池幸介)「東方に在り」
平泉文化会議所　(10)　2007.4

春の御神事(破石澄元)「関山 ： 寺報」 中尊寺　(14)　2008.1

伝承の現在(破石晋照)「関山 ： 寺報」 中尊寺　(14)　2008.1

いわゆる『中尊寺供養願文』に関する試論(1)(名村栄治)「仙台郷土研
究」 仙台郷土研究会　33(1) 通号276　2008.6

多賀城・中尊寺と王祇神(大江良松)「村山民俗」 村山民俗の会　(22)
2008.6

救済と表象―「中尊寺供養願文」寺院に投影された意味について(《特集
平泉、一万年の系譜のもとに》)「東北学. [第2期]」 東北
芸術工科大学東北文化研究センター, 柏書房(発売)　(16)　2008.8

現在其前一仏様は、その前にいらっしゃる(山田俊和)「関山 ： 寺報」
中尊寺　(15)　2009.01

不動尊(金色院蔵)の修理について「関山 ： 寺報」 中尊寺　(15)
2009.01

中尊寺の「文化遺産」(佐々木仁秀)「いわて文化財」 岩手県文化財愛護
協会　(234)　2009.11

王祇神の構造とハヤマの機構―「中尊寺落慶供養願文」の意味(大江良
松)「山形民俗」 山形県民俗研究協議会　(23)　2009.11

続平泉志(5)～(7) 開山中尊寺(上)、(中)、(下)(及川和哉)「いわて文
化財」 岩手県文化財愛護協会　(241)／(243)　2011.01/2011.05

本尊 丈六釈迦尊像の造立「関山 ： 寺報」 中尊寺　(17)　2011.11

本堂新御本尊造立にあたって(坪田最有, 菅野澄円)「関山 ： 寺報」 中
尊寺　(17)　2011.11

本尊造立結縁浄財「関山 ： 寺報」 中尊寺　(17)　2011.11

まち・ひと 菜種油を奉納「関山 ： 寺報」 中尊寺　(17)　2011.11

世界遺産の平泉中尊寺を訪ねて(一般投稿)(中村一男)「すぎのめ」 福
島市杉妻地区史跡保存会　(33)　2012.03

釈迦如来ご真言に思う(特集 祝中尊寺ご本尊の新造立 浄法寺漆と金箔
仕上げ)(菅野澄順)「いわて文化財」 岩手県文化財愛護協会　(251)
2012.09

中尊寺新本尊造立に思う(特集 祝中尊寺ご本尊の新造立 浄法寺漆と金
箔仕上げ)(藤里明久)「いわて文化財」 岩手県文化財愛護協会
(251)　2012.09

中尊寺新ご本尊 お会い出来る日を楽しみに(特集 祝中尊寺ご本尊の新
造立 浄法寺漆と金箔仕上げ)(藤波洋香)「いわて文化財」 岩手県文
化財愛護協会　(251)　2012.09

「浄法寺漆」と中尊寺新ご本尊(特集 祝中尊寺ご本尊の新造立 浄法寺漆
と金箔仕上げ)(中村景子)「いわて文化財」 岩手県文化財愛護協会
(251)　2012.09

本堂釈迦如来像開眼によせて―丈六仏に想う(佐々木邦世)「関山 ： 寺
報」 中尊寺　(18)　2013.01

中尊寺供養願文の偽作説について(入間田宣夫)「東北芸術工科大学東北
文化研究センター研究紀要」 東北芸術工科大学東北文化研究セン
ター　(12)　2013.03

藤原清衡の中尊寺造営の動機(会員研究)(高野賢彦)「歴研よこはま」
横浜歴史研究会　(68)　2013.05

中尊寺面について(研究発表)(千葉武志)「岩手県南史談会研究紀要」
岩手県南史談会　42　2013.07

続平泉志(21) 清衡公八百年/中尊寺宝物殿/金鶏山を発掘(及川和哉)
「いわて文化財」 岩手県文化財愛護協会　(257)　2014.01

慈覚大師報恩法要について(中尊寺法務部)「関山 ： 寺報」 中尊寺
(19)　2014.03

特別対談「中尊の釈迦」(多田孝文, 山田俊和)「関山 ： 寺報」 中尊寺
(19)　2014.03

表紙 中尊寺開山堂「慈覚大師坐像」「関山 ： 寺報」 中尊寺　(19)
2014.03

中尊寺落慶供養願文と宮澤賢治のこと(佐藤清)「花巻史談」 花巻史談会
(39)　2014.03

「黒石寺・毛越寺・中尊寺」を訪ねて(旅行記)(香田永子)「館山と文化
財 ： 会報」 館山市文化財保護協会　(47)　2014.04

中尊寺金色堂

グラビア 磐井清水若水送り(東山～金色堂)(佐藤育郎)「東方に在り」
平泉文化会議所　4　2000.4

金色堂と毛越寺(黒坂周平)「千曲」 東信史学会　110　2001.7

中尊寺金色堂を訪れて(神崎義照)「もろかた ： 諸県」 都城史談会
(38)　2004.11

グラビア解説新指定の国宝「金色堂壇上諸仏」「関山 ： 寺報」 中尊寺
(11)　2005.2

中尊寺金色堂と舎利信仰―金色堂はなぜ金色なのか(内藤榮)「帝塚山芸
術文化」 帝塚山大学芸術文化研究所　12　2005.3

続平泉志(24) 中尊寺大金堂跡の調査/金色堂のご遺体調査/金色堂の仏
像調査/金色堂の修理(及川和哉)「いわて文化財」 岩手県文化財愛護
協会　(260)　2014.09

長者ヶ原廃寺

長者ヶ原廃寺の伽藍配置雑感(國生尚)「岩手考古学」 岩手考古学会
(16)　2004.10

長者原廃寺跡

長者原廃寺跡の現状と展望(鹿野里絵)「いわて文化財」 岩手県文化財愛
護協会　205　2005.1

長松寺

長松寺の大石仏(新渡戸仙岳)「擬宝珠」 盛岡の歴史を語る会　(98)
1998.6

土橋

「土橋」という地名の起源と其の周辺探訪(坂野勝雄)「胆沢史談」 胆沢
史談会　(68)　2002.12

津谷川

津谷川の歌念仏(室根村)(小野寺耕蔵)「東磐史学」 東磐史学会　(24)
1999.8

津谷村

室根村(津谷村)の吉利支丹(小野寺耕蔵)「東磐史学」 東磐史学会
(22)　1997.8

寺ノ上経塚

資料紹介 前沢町寺ノ上経塚出土のかわらけ経(金子佐知子)「岩手考古
学」 岩手考古学会　(12)　2000.3

照井堰

続平泉志(12) 毛越寺十八坊/照井堰(及川和哉)「いわて文化財」 岩手
県文化財愛護協会　(248)　2012.3

天台寺

よみがえる舞楽奉納―天台寺舞楽面「陵王」(千田実)「奥羽史談」 奥羽
史談会　103　1997.8

天台寺の舞楽復興へ保存会が取り組む「奥羽史談」 奥羽史談会　104
1998.3

みちのく東北の天台寺を訪ねて(工藤忠道)「下野史談」 下野史談会
98　2003.12

奥六郡周辺の神仏像 浄法寺町・天台寺(田中恵)「擬宝珠」 盛岡の歴史
を語る会　(145)　2004.5

天台寺舞楽の復興を振り返る(佐藤正人)「いわて文化財」 岩手県文化財
愛護協会　(216)　2006.11

天台寺の鑑査状と課題(熊谷常正)「いわて文化財」 岩手県文化財愛護協
会　(259)　2014.06

田頭集落

岩手県八幡平市田頭集落の葬送儀礼の変容(安藤有希)「縁 ： 集いの広
場」 縁フォーラム事務局　(5)　2014.02

道寺

東磐井郡における道寺に関する一考察(畠山喜一)「岩手県南史談会研究
紀要」 岩手県南史談会　26　1997.7

東北 郷土に伝わる民俗と信仰 岩手県

東川院

東川院(旧栗原郡宮沢村川熊)について(長沼宗彰)「古川市郷土研究会会報」 古川市郷土研究会 (29) 2003.5

岩手・東和町に東川院を訪ねて(鈴木文雄)「古川市郷土研究会会報」 古川市郷土研究会 (30) 2004.5

東川院の梵鐘(鈴木明子)「古川市郷土研究会会報」 古川市郷土研究会 (30) 2004.5

東和町

早池峰神楽の継承と伝播―東和町における弟子神楽の変遷(中嶋奈津子)「民俗芸能研究」 民俗芸能学会 (45) 2008.9

早池峰神楽における「弟子神楽」―旧東和花巻市と旧東和町からみる弟子神楽の条件(中嶋奈津子)「日本民俗学」 日本民俗学会 通号266 2011.05

遠島

千葉大王御子の物語によせて(特集 いくつもの日本の神話へ)(入間田宣夫)「東北学.〔第2期〕」 東北芸術工科大学東北文化研究センター, 柏書房(発売) (27) 2011.05

遠野

遠野民謡「千福山」の租税詩想(沢口勝弥)「奥羽史談」 奥羽史談会 102 1997.4

〔書評〕吉川祐子編『白幡ミヨシの遠野がたり』(石川稔子)「宗教民俗研究」 日本宗教民俗学会 (7) 1997.6

ハッケオキと「六部殺し」伝承―岩手県遠野地方の事例分析(川島秀一)「東北民俗」 東北民俗の会 31 1997.6

遠野の氷口御犯(荒田昌典)「東北民俗学研究」 東北学院大学民俗学OB会 5 1997.9

第18回文化講演会「柳田国男に学ぶ」―『遠野物語』から「短説」まで(芦原修二)「我孫子の文化を守る会会報」 我孫子の文化を守る会 (78) 1998.1

史料の出どこ 薬師伝来記(遠野)「古文書研究会会報」 岩手古文書研究会 244 1998.7

語り部と語る(6) 遠野弁で遠野の昔話を語る 菊池ヤヨさん(佐藤誠輔)「遠野物語通信」 遠野物語研究所 10 1998.10

資料 天人児の織った曼陀羅(高柳俊郎)「遠野物語通信」 遠野物語研究所 11 1999.3

「遠野物語」の世界を行く(伊藤隆美)「東葛流山研究」 流山市立博物館友の会事務局, 崙書房出版(発売) (18) 1999.10

「遠野物語」ゼミナール'99 昔話の世界―その歴史と現代「遠野物語通信」 遠野物語研究所 12 1999.12

語り部と語る(8) 附馬牛文化を伝承して 北湯口正松さん(佐藤誠輔)「遠野物語通信」 遠野物語研究所 12 1999.12

遠野しし踊り考(《遠野地方特集》)(佐々木国允)「あしなか」 山村民俗の会 254 2000.3

ザシキボッコ(《遠野地方特集》)(鎌田奎峰)「あしなか」 山村民俗の会 254 2000.3

遠野採訪記―早池峯山麓附馬牛聞書(1)(鬪倉捷郎)「あしなか」 山村民俗の会 254 2000.3

《小特集 昔話の世界》「遠野物語研究」 遠野物語研究所 4 2000.3

鈴木サツさんと昔話(石井正己)「遠野物語研究」 遠野物語研究所 4 2000.3

座談会 『遠野物語』と遠野の昔話(石井正己, 佐藤誠輔, 阿部ヤヱ)「遠野物語研究」 遠野物語研究所 4 2000.3

高校「現代国語」での授業実践民俗と若者を結ぶ―『遠野物語』を授業で読む(松尾茂)「遠野物語研究」 遠野物語研究所 4 2000.3

遠野地方の狩猟秘伝書についての一考察(前川さおり)「民具マンスリー」 神奈川大学 33(3)通号387 2000.6

『遠野物語』のリアリティー(4)(高橋康雄)「比較文化論叢 : 札幌大学文化学部紀要」 札幌大学文化学部 通号6 2000.9

『拾遺』の神々を探ってみたい(鈴木重三)「遠野物語研究」 遠野物語研究所 5 2001.3

黒髪の呪力―『遠野物語』と沖縄の民間伝承(大竹有子)「遠野物語研究」 遠野物語研究所 5 2001.3

『遠野常民』100号終刊に思う この雑誌の成果を踏まえて『遠野物語』、『遠野の昔話』を考えよう(石井正己)「遠野物語通信」 遠野物語研究所 15 2001.3

語り部教室 2000年12月8日 福田八郎さんと「民話」(石井正己)「遠野文化誌」 遠野物語研究所 6 2001.7

遠野の養蜂(宇野理恵子)「自然と文化」 日本ナショナルトラスト 通号67 2001.11

隠れ里への道―「千と千尋の神隠し」と『遠野物語』マヨイガと(入江英弥)「民俗」 相模民俗学会 178 2001.11

第8回目の遠野物語ゼミナール 動物のフォークロア 多彩なプログラムで「遠野物語通信」 遠野物語研究所 16 2002.1

正月行事と昔話(川島秀一)「遠野文化誌」 遠野物語研究所 9 2002.2

山オコゼの伝承誌(川島秀一)「遠野文化誌」 遠野物語研究所 10 2002.2

菊池嘉七さんの昔話 語り部の家族の肖像(石井正己)「遠野文化誌」 遠野物語研究所 13 2002.5

《昔話の可能性 "昔話ゼミナール"記録集》「遠野文化誌」 遠野物語研究所 15 2002.10

講演 昔話の可能性(小澤俊夫)「遠野文化誌」 遠野物語研究所 15 2002.10

正部家ミヤさんの昔話「遠野文化誌」 遠野物語研究所 15 2002.10

《特集 遠野昔話の父、佐々木喜善の世界》「遠野物語研究」 遠野物語研究所 6 2002.11

囲炉裏端の語りから観光昔話へ―昔話世界の変容(川森博司)「遠野物語研究」 遠野物語研究所 6 2002.11

「供養絵額」をめぐる諸問題―展覧会を終えて(前川さおり)「遠野文化誌」 遠野物語研究所 16 2002.11

遠野の神木・巨木(松原宏)「遠野文化誌」 遠野物語研究所 16 2002.11

書誌紹介 石井正己著『遠野の民話と語り部』(川島秀一)「日本民俗学」 日本民俗学会 通号232 2002.11

訪ねる 遠野へ民話を訪ねに行こう「遠州民話の会通信」 遠州民話の会 (11) 2002.12

〔新刊紹介〕吉川祐子著『遠野昔話の民俗誌的研究』(大石泰夫)「静岡県民俗学会誌」 静岡県民俗学会 23 2002.12

もう一度「八幡信仰」を(《哀悼 後藤総一郎先生》)(多田頼申)「遠野物語通信」 遠野物語研究所(追悼特集号) 2003.3

遠野の河童騒動 「電波少年河童事件」余波(中田功一)「伝え : 日本口承文芸学会会報」 日本口承文芸学会 32 2003.3

遠野の憑祈禱(川島秀一)「伝え : 日本口承文芸学会会報」 日本口承文芸学会 32 2003.3

千葉家と遠野 真実から伝承の淵へ(金田弘之)「房総の郷土史」 千葉県郷土史研究連絡協議会 31 2003.3

遠野の五百羅漢をめぐって(荻野馨)「東北学.〔第1期〕」 東北芸術工科大学東北文化研究センター, 作品社(発売) 8 2003.4

昔話の語り 遠野昔話の世界―語り部の誕生と継承(内藤浩導)「伝え : 日本口承文芸学会会報」 日本口承文芸学会 33 2003.9

シンポジウム 口承文芸の研究と継承―遠野からの発信(常光徹)「伝え : 日本口承文芸学会会報」 日本口承文芸学会 33 2003.9

石井正己監修『遠野物語辞典』(書誌紹介)(井伊美紀子)「日本民俗学」 日本民俗学会 通号237 2004.2

訪ねる 遠野の旅(近藤いよ子)「遠州民話の会通信」 遠州民話の会 (13) 2004.3

《特集 遠野の自立と観光―『遠野物語』・昔話・町づくり》「遠野物語研究」 遠野物語研究所 7 2004.3

シンポジウム：口承文芸の研究と継承――遠野からの発信「口承文藝研究」 日本口承文藝學會 (27) 2004.3

お月お星考―菊池ヤヨさんの昔話(石井正己)「遠野文化誌」 遠野物語研究所 26 2004.12

オシラサマ再考 馬と養蚕 東アジアの伝承(三浦佑之)「遠野文化誌」 遠野物語研究所 27 2004.12

遠野における死者の肖像―供養絵額から遺影写真へ(前川さおり)「遠野文化誌」 遠野物語研究所 28 2004.12

佐々木イセさんの昔話(佐々木イセ, 佐藤誠輔)「遠野文化誌」 遠野物語研究所 34 2005.2

遠野と馬―馬が見られなくなって三十年(《東北特集》)(菊池健)「あしなか」 山村民俗の会 271・272 2005.8

山の神のついた男(川島秀一)「遠野物語研究」 遠野物語研究所 (38) 2006.1

巻頭座談会 金属民俗学と遠野(内藤正敏, 石井正己, 千葉博)「遠野物語研究」 遠野物語研究所 (9) 2006.3

万吉米屋、「清六天狗」とかかわること(千葉博)「遠野物語研究」 遠野物語研究所 (9) 2006.3

吉川祐子著『遠野昔話の民俗誌的研究』(書評)(川森博司)「日本民俗学」 日本民俗学会 通号246 2006.5

遠野地方と奥浄瑠璃(阿部幹男)「遠野文化誌」 遠野物語研究所 (40) 2006.12

英訳『遠野物語』2002年版(森田孟)「民俗学研究所ニュース」 成城大学民俗学研究所 (75) 2007.1

巻頭座談会 現代民話と遠野(松谷みよ子, 石井正己, 牧ヶ野靖子, 高柳俊郎)「遠野物語研究」 遠野物語研究所 (10) 2007.3

河童駒引きに関する一考察―ロシアの民俗との比較(ホジキャン, ルザン)「遠野物語研究」 遠野物語研究所 (10) 2007.3

『遠野物語』再論―柳田国男の "動機" をめぐる新たな読みの可能性(室井康成)「京都民俗 : 京都民俗学会会誌」 京都民俗学会 通号24 2007.3

姥捨て伝説と『遠野物語』(根本敬子)「東北民俗」 東北民俗の会 41 2007.6

『遠野物語』と山人(松本三喜夫)「隣人 : 草志会年報」 草志会 (21) 2008.1

巻頭対談 昔話をねた半世紀―遠野昔話発掘の軌跡(佐々木徳夫, 石井正己)「遠野物語研究」 遠野物語研究所 (11) 2008.3

審査論文 オシラサマ研究の現状と可能性―多様な解釈に向けての試論(〈特集 遠野で活躍する女性たち〉)(黛友明)「遠野物語研究」 遠野物語研究所 (11) 2008.3

「身毒丸」と『遠野物語』(兵藤裕己)「伝え : 日本口承文芸学会会報」 日本口承文芸学会 (43) 2008.9

遠野物語ゼミナール2009「遠野物語と昔話」(遠野物語研究所)「柳田学舎」 鎌倉柳田学舎 (95) 2009.06

神絵馬版木の謎―岩手県遠野から新潟県小出へ(山田哲郎)「あしなか」 山村民俗の会 286 2009.08

ふるさとの言葉でむかし語り(3) 遠野出身・大平悦子さん(加藤ゆりいか)「女性と経験」 女性民俗学研究会 通号34 2009.10

柳田国男『遠野物語』を読み解く―「戦慄」「感じたるまゝ」「現在の事実」そして可能性について(山田実)「埼玉民俗」 埼玉民俗の会 (35) 2010.03

開かれた〈野の学〉―遠野物語・郷土研究・一国民俗学(特集 遠野物語百年)(永池健二)「東北学. [第2期]」 東北芸術工科大学東北文化研究センター, 柏書房(発売) (23) 2010.05

『後狩詞記』『遠野物語』と坪井民俗学(特集 遠野物語百年)(小川直之)「東北学. [第2期]」 東北芸術工科大学東北文化研究センター, 柏書房(発売) (23) 2010.05

『後狩詞記』から『遠野物語』への道行き―柳田民俗学の豊饒と不幸(特集 遠野物語百年)(川野和昭)「東北学. [第2期]」 東北芸術工科大学東北文化研究センター, 柏書房(発売) (23) 2010.05

『遠野物語』のオシラサマ(特集 遠野物語百年)(内藤正敏)「東北学. [第2期]」 東北芸術工科大学東北文化研究センター, 柏書房(発売) (23) 2010.05

遠野物語ゼミナール2010「21世紀と遠野物語」(創刊100号記念特集―野の学びの紙碑―常民大学のひろば)(遠野物語研究所)「柳田学舎」 鎌倉柳田学舎 (100) 2010.05

遠野のしし踊り(地域誌だより(17))(滝沢真喜子)「まんだら : 東北文化友の会会報」 東北芸術工科大学東北文化研究センター (44) 2010.08

伝記廿「遠野の事」(横山衒)「古文書研究会報」 岩手古文書研究会 (380) 2010.12

遠野の金属伝承(特集 風土としての東北)(内藤正敏)「まんだら : 東北文化友の会会報」 東北芸術工科大学東北文化研究センター (46) 2011.2

『遠野物語』発刊100周年をめぐって(小特集1 『遠野物語』100年)(川島秀一)「伝え : 日本口承文芸学会会報」 日本口承文芸学会 (48) 2011.02

101年目の『遠野物語』への旅(小特集1 『遠野物語』100年)(米屋陽一)「伝え : 日本口承文芸学会会報」 日本口承文芸学会 (48) 2011.02

『遠野物語』の中の近世―交通・交易伝承を中心に(東北地方の民俗)(胡桃沢勘司)「民俗文化」 近畿大学民俗学研究所 (25) 2013.07

『遠野物語』と浄法寺(論説)(工藤紘一)「岩手史学研究」 岩手史学会 (94・95) 2014.03

遠野郷

方言談話資料形式による遠野郷の昔話(1)(氏家千恵)「東北文化研究室紀要」 東北大学大学院文学研究科東北文化研究室 通号38 1997.3

遠野郷の富士山碑―東北を巡る(1)(《富士・浅間信仰―山岳信仰特集II》)(杉崎満寿雄)「あしなか」 山村民俗の会 259・260 2001.11

遠野郷「幻の神馬絵」その後―271・272輯「表紙解説」追補(山田哲郎)「あしなか」 山村民俗の会 278 2007.6

遠野郷八幡宮

資料 遠野郷八幡宮の棟札「遠野物語通信」 遠野物語研究所 13 2000.6

遠野市

〔展示批評〕遠野市立博物館「オシラ神の発見」(前川さおり, 畠山豊)「民具研究」 日本民具学会 (123) 2001.1

伝統文化産業とフォークロリズム―岩手県遠野市の場合(川森博司)「日本民俗学」 日本民俗学会 通号236 2003.11

都南

となんの昔ばなし 山の上作太夫(千手観音と、大岩)「擬宝珠」 盛岡の歴史を語る会 (154) 2005.6

都南村

旧都南村の昔話 砂子姫物語(藤沢康太郎)「擬宝珠」 盛岡の歴史を語る会 (100) 1998.8

泊里浜

大船渡市泊里浜の五年祭(吉川祐子)「月刊通信ふるさとの民俗を語る会」 民俗文化研究所 (18) 2008.11

富岡八幡宮

座談会 富岡八幡宮大祭―水掛御輿渡御特別参加を振り返る(関山 : 寺報」 中尊寺 (15) 2009.01

泥田廃寺

覚鼈城はどこにあったか―山目・泥田廃寺を擬定する(紙上発表)(小野寺啓)「岩手県南史談会研究紀要」 岩手県南史談会 43 2014.7

永井の大念仏剣舞

永井の大念仏剣舞「笠揃え」の意義と今後(小笠原秋男)「いわて文化財」 岩手県文化財愛護協会 (228) 2008.11

長坂

私の見聞した長坂の蘇民祭(鈴木軍一)「東磐史学」 東磐史学会 (28) 2003.8

中里

中里七ッ舞に魅せられて(島崎篤子)「日本民俗音楽学会会報」 日本民俗音楽学会 23 2005.6

長島

民俗石神信仰と長島地区「庚申信仰塔」等(研究発表)(金野俊彦)「岩手県南史談会研究紀要」 岩手県南史談会 34 2005.7

中津川

甦る水100選記念こし石碑 盛岡の中津川「擬宝珠」 盛岡の歴史を語る会 (125) 2001.10

おはなしくらぶ 紙芝居屋さん 中津川に響くトランペット(桐田信)「擬宝珠」 盛岡の歴史を語る会 (149) 2004.10

中野

岩泉町 大地を踏みしめて、土を見て―中野七頭舞と私(阿部未幸)「とりら」 ふるさと岩手の芸能とくらし研究会 (6) 2012.04

長洞

現代における屋号の利用と継承―岩手県長洞部落を事例として(卒業論文要旨)(藤田香)「御影史学論集」 御影史学研究会 通号34 2009.10

長町

長町の木遣り音頭のこと(松館利作)「擬宝珠」 盛岡の歴史を語る会 (141) 2003.10

中村判官堂

印刷物の落とし穴 岩手県中村判官堂の例「郷土八街」 八街郷土史研究会 (7) 2008.4

夏井

夏井大梵天神楽の課題(播磨孝則)「いわて文化財」 岩手県文化財愛護協会 172 1999.7

夏井大梵天神楽の伝承(播磨孝則)「いわて文化財」 岩手県文化財愛護協会 (231) 2009.05

楢山

暮らしのかたち(40) 「姨棄山」を考える―「楢山まいり」はあるのか(井田安雄)「上州文化」 群馬県教育文化事業団 89 2002.2

成島

成島の兜跋毘沙門天(高橋信雄)「いわて文化財」 岩手県文化財愛護協会 (260) 2014.09

南部

南部牛追いの伝承―小本街道を事例として(胡桃沢勘司)「民俗文化」 近畿大学民俗学研究所 (11) 1999.3

岩手を代表する民家、南部曲り屋「岩手県立博物館だより」 岩手県文化振興事業団 87 2000.10

国指定重要無形民俗文化財「越後斗牛考・南部牛の旅路」(広井忠男)「長岡郷土史」 長岡郷土史研究会 (39) 2002.5

1月例会講演要旨 「南部絵暦」について(伊藤経一)「練馬郷土史研究会会報」 練馬郷土史研究会 (38) 2003.3

テーマ展「南部鉄器―盛岡と水沢 美と技の伝承」「岩手県立博物館だより」 岩手県文化振興事業団 101 2004.4

談話 南部杜氏(岩手)(高橋弘三)「La Sauge : ふるさと四日市を知る本 : 文化展望・四日市」 四日市市文化まちづくり財団 (23) 2006.3

南部神楽歌等の一考察(佐藤典男)「岩手県南史談会研究紀要」 岩手県南史談会 35 2006.7

書籍紹介 『南部の漆を支えた人びと―越前衆の軌跡』(工藤紘一)「民具マンスリー」 神奈川大学 39(6)通号462 2006.9

牛追い歌のまちに住んで(八重樫春子)「日本民俗音楽学会会報」 日本民

俗音楽学会 （29）2008.7

南部絵暦の疑問点（編集部）「杉並郷土史会史報」 杉並郷土史会 （218）2009.11

葦名神社と南部馬（研究発表）（関友征）「上津野」 鹿角市文化財保護協会 （37）2012.03

南部藩

東北の原風景（3）金牛と鰻神 伊達と南部・国境線の民俗誌（内藤正敏）「東北学．［第1期］」 東北芸術工科大学東北文化研究センター，作品社（発売）3 2000.10

新堀

新堀の板屋家（旧家の語らい）（藤原正造）「いしどりや歴史と民俗」 石鳥谷歴史民俗研究会 15 2001.3

新山

花陰樵語 二題 岩脇山／新山権現（紙上発表）（佐藤松雄）「岩手県南史談会研究紀要」 岩手県南史談会 38 2009.07

西和賀

西和賀の文化遺産「山の神」（田口光昭）「湯田史談」 湯田史談会 （19）2001.3

西和賀における野兎の民俗—野兎狩り（威嚇猟）を中心に（天野武）「西郊民俗」［西郊民俗談話会］ （197）2006.12

ふくべながれの唄（伊藤芳朗）「西和賀史談」 西和賀史談会 （2）/（3）2003.8/2009.03

沢内の湖と狩人伝説，西和賀の風俗，そして出羽との交流（高橋暁樹）「北方風土 ： 北国の歴史民俗考古研究誌」 イズミヤ出版 通号56 2008.6

八幡宮と銀杏（佐藤政信）「西和賀史談」 西和賀史談会 （3）2009.03

ふくべ流れの唄（伊藤芳朗）「西和賀史談」 西和賀史談会 （5）/（8）2011.03/2014.03

平殿墓場（佐藤政信）「西和賀史談」 西和賀史談会 （6）2012.03

二戸

二戸地方の漆をめぐって—輪島との交易・交流（工藤紘一）「民具マンスリー」 神奈川大学 32（11）通号383 2000.2

配志和神社

新春講演会 延喜式内配志和神社の成立と変遷—歴史的考察（小野寺啓）「岩手県南史談会研究紀要」 岩手県南史談会 42 2013.07

白山神社

白山神社能舞台の重文指定に寄せて（北嶺澄照）「関山 ： 寺報」 中尊寺 （10）2003.12

花泉町

山の神信仰をめぐって—岩手県西磐井郡花泉町の事例から（渡辺みゆき）「コロス」 常民文化研究会 78 1999.8

花巻

花巻の石碑が語る庶民の祈りと信仰（嶋二郎）「花巻史談」 花巻史談会 22 1997.5

蘇民祭考（加藤辰五郎）「花巻史談」 花巻史談会 23 1998.3

いわて文化ノート 花巻の大日堂二尊像／展覧会案内 テーマ展「庶民の神仏画—鎌田コレクション—」「岩手県立博物館だより」 岩手県文化振興事業団 （111）2006.12

表紙 七福神図 八重樫豊洋 江戸時代後期 本紙119.3×57.4cm 紙本著色 落款「豊洋」印章「號遊」／花巻人形の小槌乗りヘビ 高さ7.5cm、白ヘビ 高さ9.0cm、瓢箪乗りヘビ 高さ8.0cm、弁財天 高さ19.5cm「花巻市博物館だより」［花巻市博物館］ （36）2013.01

城下町花巻の仏教文化について（林正文）「花巻史談」 花巻史談会 （39）2014.03

花巻市

早池峰神楽における「弟子神楽」—旧花巻市と旧東和町からみる弟子神楽の条件（中嶋奈津子）「日本民俗学」 日本民俗学会 通号266 2011.05

収蔵資料紹介 文殊菩薩（多田等観請来資料）高さ15.2cm 幅8.6cm 奥行6.7cm 18〜19世紀 金銅製（藤村真由美）「花巻市博物館だより」［花巻市博物館］ （38）2013.07

花巻城

花巻城給人家の年中行事例—江戸末期の民俗資料として（松岡信）「花巻史談」 花巻史談会 （39）2014.3

早池峰

遠野探訪記—早池峯山麓附馬牛聞書（1）（岡倉捷郎）「あしなか」 山村民俗の会 278 2005.3

早池峰信仰の原風景（1）—松井道円の批判（小野義春）「早池峰文化」 大迫町教育委員会 12 2000.3

早池峰信仰の原風景（2）—四角藤蔵が活躍した時代（小野義春）「早池峰文化」 大迫町教育委員会 13 2001.3

早池峰信仰の原風景（3）—小田越の持つ意味を考える（小野義春）「早池峰文化」 大迫町教育委員会 14 2002.3

イスラエルに兵隊さんと早池峰の鳥居のことなど（向井田一男）「早池峰」 早池峰の会 28 2002.7

早池峰信仰の原風景（4）—新しき獅子頭の誕生（小野義春）「早池峰文化」 大迫町教育委員会 15 2003.3

エッセイ「早池峰の東麓を訪ねる」「岩手県立博物館だより」 岩手県文化振興事業団 （129）2011.06

早池峰神楽

神楽とともに［1］〜（26）（佐々木隆）「いわて文化財」 岩手県文化財愛護協会 187/（212）2002.1/2006.3

民俗芸能における「現在的」宗教性—早池峰神楽を例に（長澤壮平）「民俗芸能研究」 民俗芸能の会 （37）2004.10

民俗芸能の伝承についての一考察—「早池峰神楽」を一例として（松田瑞江）「歴史民俗」 早稲田大学第二文学部歴史・民俗系専修 2 2004.12

早池峰神楽（大償神楽）《特集 獅子芸能の世界へ》—〈獅子が踊る！ 獅子が舞う！—東アジアの獅子芸能Ⅱ〉）（佐々木隆）「まんだら ： 東北文化友の会会報」 東北芸術工科大学東北文化研究センター （27）2006.5

民俗芸能の旅（3）早池峰神楽（竹内秀夫）「足立史談会だより」 足立史談会 （219）2006.6

2007年4月例会 研究発表「早池峰神楽の門付—その盛衰と弟子神楽の形成」中嶋奈津子氏（鈴木善幸）「日本宗教民俗学会通信」 日本宗教民俗学会 （115）2007.5

早池峰神楽 歌の楽しみ（萬由美）「とりら」 ふるさと岩手の芸能とくらし研究会 （2）2008.6

神楽のいのち（佐々木隆）「いわて文化財」 岩手県文化財愛護協会 （229）2009.01

早池峰神楽「鳥舞」の形 舞とお囃子の重なりがおもしろい（萬由美）「とりら」 ふるさと岩手の芸能とくらし研究会 （4）2009.09

佐々木隆さんの「女舞」を堪能 愛護協会40年を祝う「いわて文化財」 岩手県文化財愛護協会 （234）2009.11

芸能伝承をめぐる地域的・民俗的要因—早池峰神楽と真室川番楽を中心に（菊地和博）「山形民俗」 山形県民俗研究協議会 （23）2009.11

早池峰神楽における「神楽由来書」と「言い立て本」（中嶋奈津子）「京都民俗 ： 京都民俗学会会誌」 京都民俗学会 通号28 2011.03

早池峰神楽における「弟子神楽」—旧花巻市と旧東和町からみる弟子神楽の条件（中嶋奈津子）「日本民俗学」 日本民俗学会 通号266 2011.05

中嶋奈津子著『早池峰岳神楽の継承と伝播』（書評）（橋本章）「京都民俗 ： 京都民俗学会会誌」 京都民俗学会 （30・31）2013.11

早池峰山

東北の霊山と山の神—早池峰山、出羽三山、岩木山（内藤正敏）「東北芸術工科大学東北文化研究センター研究紀要」 東北芸術工科大学東北文化研究センター （1）2002.3

神楽歌 早池峰山麓の展開（吉田隆一）「とりら」 ふるさと岩手の芸能とくらし研究会 （3）2008.10

早池峰神社

早池峰神社棟札文面一件の事（神宮滋）「出羽路」 秋田県文化財保護協会 （125）1999.7

早池峰神社棟札文面一件の事（神宮滋）「早池峰文化」 大迫町教育委員会 12 2000.3

慶長17年早池峰神社棟札中の「快遍」再考—新たな墓塔と史料の発掘（神宮滋）「早池峰文化」 大迫町教育委員会 15 2003.3

岩手県早池峰神社慶長十七年銘棟札上の仙北神宮寺僧「快遍」の研究（神宮滋）「北方風土 ： 北国の歴史民俗考古研究誌」 イズミヤ出版 通号46 2003.8

対談 思い出の早池峰神社杉山建次郎さん「遠野物語通信」 遠野物語研究所 22 2005.12

原体

宮沢賢治「春と修羅」より 「原体剣舞連」（アテルイの子、人首丸伝説）（金谷信之）「まんだ ： 北河内とその周辺の地域文化誌」 まんだ編集部 81 2004.7

稗貫・和賀二郡三拾四番

稗貫・和賀二郡三拾四番札所について（加藤辰五郎）「花巻史談」 花巻史談会 （26）2001.3

東磐井郡

東磐井郡のキリシタン遺跡（畠山喜一）「東磐史学」 東磐史学会 （27）2002.8

東磐井郡（岩手県）のキリシタン遺物（畠山喜一）「奥羽史談」 奥羽史談

会　112　2003.3

東磐井郡の板碑について―金書板碑を中心に（大矢邦宣）「東磐史学」　東磐史学会　（29）　2004.8

特集 東磐井郡の義経伝説「東磐史学」　東磐史学会　（30）　2005.7

岩手県東磐井郡内のキリシタン遺物（資料紹介）（畠山喜一）「奥羽史談」　奥羽史談会　（119・120）　2009.03

東山

グラビア 磐井清水若水送り（東山～金色堂）（佐藤育郎）「東方に在り」　平泉文化会議所　4　2000.4

東山町

東山町（岩手県東磐井郡）のキリシタン（畠山喜一）「東磐史学」　東磐史学会　（29）　2004.8

資料 東山町岩入中倉屋敷岩淵家肝入文書目録／東山町の民俗芸能の紹介「東磐史学」　東磐史学会　（33）　2008.8

日高

口絵 日高火防祭（《特集 火伏せ信仰》）「季刊悠久.第2次」　鶴岡八幡宮悠久事務局　（104）　2006.8

日高火防祭（《特集 火伏せ信仰》）（岩崎恵）「季刊悠久.第2次」　鶴岡八幡宮悠久事務局　（104）　2006.8

秀衡街道

神と秀衡街道（高橋正雄）「湯田史談」　湯田史談会　（16）　1998.3

日出神社

遠野の里に鹿が跳ねるとき 岩手県遠野市上郷町 日出神社 板澤のしし踊り（久保田裕道）「儀礼文化ニュース」　儀礼文化学会　（191）　2013.07

姫神観音

姫神観音の位置付け（太田忠雄）「いわて文化財」　岩手県文化財愛護協会　195　2003.5

姫神山

姫神山と十一面観音（太田忠雄）「いわて文化財」　岩手県文化財愛護協会　191　2002.9

白衣観音堂

白衣観音堂調査報告書（概報）（菊地憲夫）「金ヶ崎史談」　金ヶ崎史談会　（32）　2001.4

平泉

特集・平泉ガイド 平泉・浄土のテーマパーク（岸本葉子）「東方に在り」　平泉文化会議所　3　1998.7

神楽との出会い（千葉ローズマリー）「東方に在り」　平泉文化会議所　5　2001.3

50周年記念講演 平泉藤原三代の建寺・造仏について（入間田宣夫）「岩手県南史談会研究紀要」　岩手県南史談会　32　2003.7

東国平泉（白山信仰と共に世界遺産へ）―その後の事情（小野祐貴）「奥羽史談」　奥羽史談会　113　2003.9

平泉諸寺社・伊沢正法寺と中世社会―南北朝期奥州葛西領における地域社会秩序の構造転換（《特集 中世社会における寺社と地域秩序》）（佐々木徹）「民衆史研究」　民衆史研究会　（68）　2004.11

〈記念論稿 平泉文化と義経伝説〉「東磐史学」　東磐史学会　（30）　2005.7

中尊寺十界阿弥陀堂の成立―CG「甦る都市平泉」と平泉寺院研究（《特集 CG「甦る都市平泉」をめぐって―平泉研究の現在》）（菅野成寛）「宮城歴史科学研究」　宮城歴史科学研究会　（60）　2006.8

平泉の住まい―民家について（達谷窟敬祐）「東方に在り」　平泉文化会議所　（10）　2007.4

仏教史特講レポート 「平泉における浄土思想の展開」敗者泰衡への視点（木村安希子）「関山：寺報」　中尊寺　（14）　2008.1

平泉・宗教の系譜―仏教都市建設の底にあるもの（《特集 平泉、一万年の系譜のもとに》）（誉田慶信）「まんだら.［第2期］」　東北芸術工科大学東北文化研究センター，柏書房（発売）　（16）　2008.8

平泉諸寺院の系譜（1）～（3）（名村栄治）「仙台郷土研究」　仙台郷土研究会　33（2）通号277／34（2）通号279　2008.12／2009.12

開幕 讃衡蔵テーマ展「平泉」伝承の諸仏（菅原光聴）「関山：寺報」　中尊寺　（15）　2009.01

平泉の地に浄土思想を基調とした、平和文化の花を開いた、奥州藤原氏（高橋暁樹）「北方風土：北国の歴史民俗考古研究誌」　イズミヤ出版　通号57　2009.01

『平泉』浄土をあらわす文化遺産の全容（日報転載）（特集 まちの風）「東方に在り」　平泉文化会議所　（11）　2010.2

続平泉志（3）猫間が渕、無量光院跡（及川和哉）「いわて文化財」　岩手県文化財愛護協会　（239）　2010.3

続平泉志（4）高舘、金鶏山、弁慶堂跡（及川和哉）「いわて文化財」　岩手県文化財愛護協会　（240）　2010.11

続平泉志（5）～（7）開山中尊寺（上），（中），（下）（及川和哉）「いわて文

化財」　岩手県文化財愛護協会　（241）／（243）　2011.01／2011.05

平泉の神話（特集 いくつもの日本の神話へ）（斉藤利男）「東北学.［第2期］」　東北芸術工科大学東北文化研究センター，柏書房（発売）　（27）　2011.05

続平泉志（8）～（10）医王山毛越寺（上），（中），（下）（及川和哉）「いわて文化財」　岩手県文化財愛護協会　（244）／（246）　2011.07／2011.11

平泉の仏国土（浄土）思想（特集 世界遺産・平泉を語る）（八重樫忠郎，入間田宣夫）「まんだら：東北文化友の会会報」　東北芸術工科大学東北文化研究センター　（48）　2011.08

いわて文化ノート『「平泉の世界遺産」の世界遺産登録』「岩手県立博物館だより」　岩手県文化振興事業団　（130）　2011.09

続平泉志（11）二十日夜祭／毛越寺の宝物（及川和哉）「いわて文化財」　岩手県文化財愛護協会　（247）　2012.01

続平泉志（12）毛越寺十八坊／照田堰（及川和哉）「いわて文化財」　岩手県文化財愛護協会　（248）　2012.3

世界遺産、平泉の文化遺産（一般投稿）（赤間孝一）「すぎのめ」　福島市杉妻地区史跡保存会　（33）　2012.3

続平泉志（13），（14）達谷窟毘沙門堂（上），（下）（及川和哉）「いわて文化財」　岩手県文化財愛護協会　（249）／（250）　2012.05／2012.07

平泉世界遺産の追加登録の動きを巡って（特集 祝中尊寺ご本尊の新造立 浄法寺漆と金箔仕上げ）（安藤厚）「いわて文化財」　岩手県文化財愛護協会　（251）　2012.09

続平泉志（15）骨寺（及川和哉）「いわて文化財」　岩手県文化財愛護協会　（251）　2012.09

平泉と越前平泉寺（史蹟を尋ねて緑の旗は行く）（宮澤利仁）「伊那」　伊那史学会　60（12）通号1015　2012.12

続平泉志（18）供養願文（及川和哉）「いわて文化財」　岩手県文化財愛護協会　（254）　2013.03

表紙 平泉諸寺参詣曼荼羅図部分「関山：寺報」　中尊寺　（18）　2013.03

日本中世仏教のなかの平泉（研究報告）（誉田慶信）「平泉文化研究年報」　岩手県教育委員会　（13）　2013.03

初期佐竹氏の仏教文化と平泉（冨山章一）「郷土文化」　茨城県郷土文化研究会　（54）　2013.03

続平泉志（19）観自在王院／無量光院 二つの院 初代の志を引き継いで地上に描く浄土の世界（及川和哉）「いわて文化財」　岩手県文化財愛護協会　（255）　2013.06

続平泉志（20）毛越寺の蘇民祭／平泉の保存整備計画／平泉キャンペーン（及川和哉）「いわて文化財」　岩手県文化財愛護協会　（256）　2013.9

続平泉志（21）清衡公八百年／中尊寺宝物殿／金鶏山を発掘（及川和哉）「いわて文化財」　岩手県文化財愛護協会　（257）　2014.01

仏教建築にみる平泉文化の特質（基調講演）（清水擴）「平泉文化研究年報」　「世界遺産平泉」保存活用推進実行委員会　（14）　2014.03

平泉仏教の歴史的性格に関する文献資料科学的考察（研究報告）（誉田慶信）「平泉文化研究年報」　「世界遺産平泉」保存活用推進実行委員会　（14）　2014.03

続平泉志（23）無量光院跡の調査／毛越寺庭園の調査／観自在王院跡の調査（及川和哉）「いわて文化財」　岩手県文化財愛護協会　（259）　2014.6

続平泉志（24）中尊寺大金堂跡の調査／金色堂のご遺体調査／金色堂の仏像調査／金色堂の修理（及川和哉）「いわて文化財」　岩手県文化財愛護協会　（260）　2014.09

広岡

胆沢の民俗調査（8）恩賜郷倉（南郡田広岡）（菊地憲夫）「胆沢史談」　胆沢史談会　（71）　2006.3

広田町

陸前高田市広田町のジョウギ―技術・用具の普及をめぐって（石垣悟）「民具マンスリー」　神奈川大学　43（3）通号507　2010.06

葺手町

葺手町の愛染明王像（高橋清明）「擬宝珠」　盛岡の歴史を語る会　（125）　2001.10

布佐

資料 川崎町の民族芸能の紹介 布佐神楽について「東磐史学」　東磐史学会　（34）　2009.08

藤沢町

藤沢町の中世板碑について（石田末男）「東磐史学」　東磐史学会　（23）　1998.8

普門寺

岩手県・普門寺伝聖観音菩薩像について（遠藤廣昭）「横浜市歴史博物館紀要」　横浜市ふるさと歴史財団　6　2002.3

報恩寺

報恩寺羅漢堂の二体の異人像（柴内正典）「擬宝珠」　盛岡の歴史を語る会

（102）1998.11

報恩寺の梵鐘（千田和文）「擬宝珠」盛岡の歴史を語る会　（120）2001.1

宝積寺

宝積寺の開山伝説（阿部幹男）「いわて文化財」岩手県文化財愛護協会　190　2002.7

寶積寺の開山伝説とその周辺（阿部幹男・「岩手県立博物館だより」岩手県文化振興事業団　95　2002.10

峯寿院

峯壽院由緒「擬宝珠」盛岡の歴史を語る会　（155）2005.7

程洞稲荷

程洞稲荷から山人へ（《遠野地方特集》）（大塚安子）「あしなか」山村民俗の会　254　2000.3

骨寺

骨寺をめぐって（鈴木展充）「岩手県南史談会研究紀要」岩手県南史談会　26　1997.7

骨寺と中尊寺（大矢邦宣）「いわて文化財」岩手県文化財愛護協会　199　2004.1

新春講演会　世界遺産登録と骨寺考察（小野寺啓）「岩手県南史談会研究紀要」岩手県南史談会　37　2008.6

寺の生い立ちと骨寺（研究発表）（佐藤典男）「岩手県南史談会研究紀要」岩手県南史談会　38　2009.07

芸能伝承と本寺（骨寺）生活史の一断面《特集 骨寺村に日本の原風景をさぐる》）（菊地和博）「東北学．［第2期］」東北芸術工科大学東北文化研究センター　（21）2009.11

「骨寺」の調査を継続（藤堂隆則）「いわて文化財」岩手県文化財愛護協会　（249）2012.05

骨寺・舞winters修験と産鉄（紙上発表）（小野寺啓）「岩手県南史談会研究紀要」岩手県南史談会　41　2012.07

続平泉志（15）骨寺（及川和哉）「いわて文化財」岩手県文化財愛護協会（251）2012.09

骨寺荘

「陸奥国骨寺荘絵図」の宗教史―窟信仰と村の成り立ち（《特集 骨寺村に日本の原風景をさぐる》）（菅野成寛）「東北学．［第2期］」東北芸術工科大学東北文化研究センター，柏書房（発売）（21）2009.11

骨寺村

鎌倉時代の中尊寺伽藍―大長寿院四至史料と骨寺村絵図紙裏図を中心として（〈報告要旨〉）（川島茂裕）「東北中世史研究会会報」東北中世史研究会　（11）1999.1

讃衡蔵　館蔵品展報告「中尊寺と骨寺村」（菅原光聴）「関山 : 寺報」中尊寺　（13）2007.1

「骨寺村」における寺社への信仰―前要害屋敷佐藤家のお札を手がかりに（《特集 骨寺村に日本の原風景をさぐる》）（川合正裕）「東北学．［第2期］」東北芸術工科大学東北文化研究センター，柏書房（発売）（21）2009.11

本寺

陸奥国西磐井五串村本寺の石造物（大塚統子）「栃木史学」国学院大学栃木短期大学史学会　（20）2006.3

馬木ノ内

資料 馬木ノ内稲荷の「社号ノ事」「遠野物語通信」遠野物語研究所　20　2005.3

末崎町

門中組虎舞の歩み（新沼利雄）「いわて文化財」岩手県文化財愛護協会（238）2010.07

まつだ松林堂

対談 まつだ松林堂を継いで―町家の祭りに尽力（《特集 遠野で活躍する女性たち》）（松田和子，高柳俊郎，石井正己）「遠野物語研究」遠野物語研究所　（11）2008.3

三ヶ尻

三ヶ尻鹿踊の保存と伝承（小関新喜）「いわて文化財」岩手県文化財愛護協会　（230）2009.03

三ヶ尻鹿踊との交流（畠山務）「いわて文化財」岩手県文化財愛護協会（235）2010.01

水沢

テーマ展「南部鉄器―盛岡と水沢 美と技の伝承」「岩手県立博物館だよりー」岩手文化振興事業団　101　2004.4

宮古

みやこ広域郷土芸能祭りの意義（加藤勝章）「いわて文化財」岩手県文化財愛護協会　182　2001.3

明神淵

水にまつわる昔語り明神淵の河童（平野直）「擬宝珠」盛岡の歴史を語る会　（155）2005.7

妙琳寺

両川典子編『大迫妙琳寺襖の下張文書』（書評）（森ノブ）「岩手の古文書 : the Iwate journal of diplomatics」岩手古文書学会　（19）2005.3

陸奥国

古代陸奥国の仏教受容過程について―7・8世紀から9世紀にかけての歴史的展開（窪田大介）「岩手史学研究」岩手史学会　（91）2010.03

無量光院

無量光院復元プロジェクト（熊谷常正）「いわて文化財」岩手県文化財愛護協会（227）2008.9

続平泉志（19）観自在王院／無量光院 二つの院 初代の志を引き継いで地上に描く浄土の世界（及川和哉）「いわて文化財」岩手県文化財愛護協会（255）2013.06

無量光院跡

平泉・無量光院跡再考―近年の調査成果から（八重樫忠郎）「岩手考古学」岩手考古学会　（11）1999.3

続平泉志（3）猫間が淵、無量光院跡（及川和哉）「いわて文化財」岩手県文化財愛護協会（239）2010.9

室根神社

室根神社の鐘―そのうち「大正の鐘」について（藤原嘉徳）「東磐史学」東磐史学会　（23）1998.8

岩手県室根神社の三十三体観音（水野英世）「日本の石仏」日本石仏協会，青蛾書房（発売）（110）2004.6

室根神社特別大祭の特色と今昔―衰退の諸要因と課題（奥野義弘）「東磐史学」東磐史学会　（29）2004.8

室根山信仰と室根神社特別大祭（奥野義弘）「東磐史学」東磐史学会（36）2011.08

室根神社祭のマツリバ行事

マツリバ行事今昔（熊谷昭穂）「いわて文化財」岩手県文化財愛護協会　173　1999.9

室根町

磐井郡の中世石造物 室根町の板碑について（畠山篤雄）「東磐史学」東磐史学会　（36）2011.08

室根村

室根村（津谷村）の吉利支丹（小野寺耕蔵）「東磐史学」東磐史学会（22）1997.8

資料 室根村横沢家大肝入文書目録（抄）／室根村民俗芸能の紹介「東磐史学」東磐史学会　（30）2005.7

毛越寺

毛越寺の密教仏画（大矢邦宣）「岩手県立博物館だより」岩手県文化振興事業団　78　1998.9

毛越寺開山1150年（藤里明久）「いわて文化財」岩手県文化財愛護協会　178　2000.7

金色堂と毛越寺（黒坂周平）「千曲」東信史学会　110　2001.7

世界遺産と毛越寺の役割（南洞頼教）「いわて文化財」岩手県文化財愛護協会　195　2003.5

中尊寺、毛越寺を訪れて（小島美登里）「下野史談」下野史談会　100　2004.12

毛越寺の文化財をどう守り伝えるか（南洞頼賢）「いわて文化財」岩手県文化財愛護協会　（225）2008.5

続平泉志（8）～（10）医王山毛越寺（上），（中），（下）（及川和哉）「いわて文化財」岩手県文化財愛護協会　（244）/（246）2011.07/2011.11

続平泉志（11）二十日夜祭／毛越寺の宝物（及川和哉）「いわて文化財」岩手県文化財愛護協会　（247）2012.01

「黒石寺・毛越寺・中尊寺」を訪ねて（旅行記）（香田永子）「館山と文化 : 会報」館山市文化財保護協会　（47）2014.04

毛越寺庭園

続平泉志（23）無量光院跡の調査／毛越寺庭園の調査／観自在王院跡の調査（及川和哉）「いわて文化財」岩手県文化財愛護協会　（259）2014.6

毛越寺の延年

毛越寺「延年」と「田楽」考（南洞頼賢）「いわて文化財」岩手県文化財愛護協会　169　1999.1

延年を開く　『かすむこまがた』毛越寺常行堂 "摩多羅神祭" を読む（松尾恒一）「真澄学」東北芸術工科大学東北文化研究センター　（2）2005.11

民俗芸能を支える道具 毛越寺の延年の舞「面さまざま」「いわて文化財」

岩手県　　　　　　　　　　　　　　郷土に伝わる民俗と信仰　　　　　　　　　　　　　　東北

岩手県文化財愛護協会　（244）2011.07

餅田
奥山行上流餅田鹿踊（《特集 獅子芸能の世界へ》）―〈獅子が踊る！ 獅子が舞う！―東アジアの獅子芸能〉）（幸谷康文）「まんだら：東北文化友の会会報」 東北芸術工科大学東北文化研究センター　（27）2006.5

元松崎
対談 民話の舞台―矢崎・駒木・元松崎のこと（海老子川一英，高柳俊郎，佐藤誠輔，千葉博）「遠野物語通信」 遠野物語研究所　21　2005.5

盛岡
もりおか地名物語 不来方と盛岡「擬宝珠」 盛岡の歴史を語る会　（97）1998.5
もりおか町名由来［1］～［5］「擬宝珠」 盛岡の歴史を語る会　（99）/（104）1998.7/1999.1
老残の鐘楼守り（太田俊穂）「擬宝珠」 盛岡の歴史を語る会　（100）/（101）1998.8/1998.10
墓をめぐる教派を超えた活動の展開―盛岡キリスト教合同墓苑を事例として（待井扶美子）「民俗文化研究」 民俗文化研究所　（1）2000.9
盛岡の寺社富札（沢井敬一）「奥羽史談」 奥羽史談会　109　2001.1
古代の農業神から 蒼前駒形信仰（大矢邦宣）「擬宝珠」 盛岡の歴史を語る会　（122）2001.6
念仏踊りが深く関与（大石泰夫）「擬宝珠」 盛岡の歴史を語る会　（124）2001.8
盛岡城下周辺の飢饉供養塔から（山口義晴）「日本の石仏」 日本石仏協会，青蛾書房（発売）（99）2001.9
400年前から伝わる伝統芸能「盛岡万歳」が復活「擬宝珠」 盛岡の歴史を語る会　（129）2002.5
盛岡鎮護の神仏 城絵図が表現する曼荼羅（工藤利悦）「早池峰」 早池峰の会　28　2002.7
盛岡の盆踊り大会（山口剛）「擬宝珠」 盛岡の歴史を語る会　（132）2002.8
地方の言葉（桑原功雄）「擬宝珠」 盛岡の歴史を語る会　（138）2003.6
絵馬に託す願い/馬コの「春」本格化 チャグチャグ馬コ「擬宝珠」 盛岡の歴史を語る会　（138）2003.6
さんさ踊りの起源/さんさ踊りの伝承/さんさ踊り調査「擬宝珠」 盛岡の歴史を語る会　（140）2003.8
盛岡山車音頭を高らかに（川村道之）「擬宝珠」 盛岡の歴史を語る会　（141）2003.10
盛岡の伝説 敵見ヶ森「擬宝珠」 盛岡の歴史を語る会　（141）2003.10
石の伝説 からこ石（太田忠雄）「擬宝珠」 盛岡の歴史を語る会　（143）2003.12
盛岡に伝わる民話 銭神さま（及川悌三郎）「擬宝珠」 盛岡の歴史を語る会　（144）2004.1
テーマ展「南部鉄器―盛岡と水沢 美と技の伝承」「岩手県立博物館だより」 岩手県文化振興事業団　101　2004.4
伝説 酒買い地蔵 親切第一の教え「擬宝珠」 盛岡の歴史を語る会　（145）2004.5
はりつけ、獄門の庶民 供養への浄財募り建立「擬宝珠」 盛岡の歴史を語る会　（146）2004.6
ふるさとの歴史を訪ねて 円光寺の貝塚 盛岡キリシタン秘史「擬宝珠」 盛岡の歴史を語る会　（147）2004.7
お地蔵さま 見て歩き「擬宝珠」 盛岡の歴史を語る会　（147）2004.7
古墳時代の葬送儀礼 信仰と生活の豊かさ はにわ―形と心（中村紀顕）「擬宝珠」 盛岡の歴史を語る会　（147）2004.7
盛岡の伝説 墓所桜（太田忠雄）「擬宝珠」 盛岡の歴史を語る会　（148）2004.8
盛岡及び周辺の「七夕」「虫まつり」「疫病まつり」（岡田現三）「とりら」 ふるさと岩手の芸能とくらし研究会　（2）2008.6
盛岡周辺のシシ踊り（岡田現三）「とりら」 ふるさと岩手の芸能とくらし研究会　（3）2008.10
盛岡の時太鼓・時鐘について（論説）（大島晃一）「岩手史学研究」 岩手史学会　（94・95）2014.03

盛岡三十三観音
ふるさと散歩 盛岡三十三観音（1）古い民家に囲まれて「擬宝珠」 盛岡の歴史を語る会　（133）2002.10
ふるさと散歩 盛岡三十三観音（2）伝説の墓や「番町」の皿「擬宝珠」 盛岡の歴史を語る会　（134）2002.11

盛岡市
地方都市における観光化に伴う「祭礼群」の再編成―盛岡市の六つの祭礼の意味付けをめぐる葛藤とその解消（安藤直子）「日本民俗学」 日本民俗学会　通号231　2002.8

盛岡城
史料紹介 八戸市立図書館所蔵「盛岡御城江御立寄井聖寿寺御仏詣一件」

（高橋博）「弘前大学国史研究」 弘前大学国史研究会　（126）2009.03

盛岡天満宮
盛岡天満宮 啄木も愛した静寂の小宇宙「擬宝珠」 盛岡の歴史を語る会　（133）2002.10

盛岡八幡宮
盛岡八幡宮 おまつりの今昔「擬宝珠」 盛岡の歴史を語る会　（141）2003.10

盛岡藩
近世初期の藩政と芸能―盛岡藩御相撲制度を中心に（小林文雄）「米沢史学」 米沢史学会（山形県立米沢女子短期大学日本史学科内）通号14　1998.6
盛岡藩の芸能集団研究と私（門屋光昭）「擬宝珠」 盛岡の歴史を語る会　（102）1998.11
山伏神楽と神楽改革―近世盛岡藩の宗教政策を中心として（吉田隆一）「民俗芸能研究」 民俗芸能学会　（34）2002.3
盛岡藩が中央に先立ち興行や式法を整備 奈良女子大の木梨講師調査「擬宝珠」 盛岡の歴史を語る会　（134）2002.11
近世後期盛岡藩における神道優遇策について（岩森譲）「弘前大学国史研究」 弘前大学国史研究会　（119）2005.10

森小観音
森小観音（馬頭観世音の由緒について）（菊地清）「胆沢史談」 胆沢史談会　（71）2006.3

矢崎
対談 民話の舞台―矢崎・駒木・元松崎のこと（海老子川一英，高柳俊郎，佐藤誠輔，千葉博）「遠野物語通信」 遠野物語研究所　21　2005.5

八ツ口
復活した八ツ口神楽の巫女舞（佐藤信夫）「いわて文化財」 岩手県文化愛護協会　173　1999.9

山田町
八幡祭りと大杉祭り―岩手県下閉伊郡山田町（大島建彦）「西郊民俗」 ［西郊民俗談話会］（186）2004.3
山田町 山田町民の主成分はお祭りで出来ている（白濱和江）「とりら」 ふるさと岩手の芸能とくらし研究会　（6）2012.04

湯田
オロセ山の神とアスファルト交流の道（高橋暁樹）「湯田史談」 湯田史談会　（18）2000.3
ふくべ流れの唄（17）（18）～（20）（伊藤芳朗）「湯田史談」 湯田史談会（18）/（20）2000.3/2002.3
ふくべ流れの唄（21）ミッツミッツゴとカタゴの生えでくる音がする（伊藤吉朗）「湯田史談」 湯田史談会　（21）2003.3
ふくべ流れの唄（22）「湯田史談」 湯田史談会　（22）2004.3

湯田町
修験銘山神像と掠処―岩手県湯田町（《山の神特集》）（浅野明）「あしなか」 山村民俗の会　284　2009.02
神々の出征―岩手県湯田町で聞いた話 ほか（旅の草ぐさ（12））（浅野明）「あしなか」 山村民俗の会　298　2013.06

吉浜のスネカ
民俗文化財 スネカ「擬宝珠」 盛岡の歴史を語る会　（146）2004.6

四ツ家町
田中石地蔵尊 「田中の地蔵さん」「四ツ位家の地蔵さん」（鈴木美砂子）「古文書研究会報」 岩手古文書研究会　（422）2014.10

来内
来内にて―遠野民俗紀行（《遠野地方特集》）（鳳気至一広）「あしなか」 山村民俗の会　254　2000.3

陸前高田
陸前高田のオシラサマ（佐藤正彦）「東北民俗学研究」 東北学院大学民俗学OB会　5　1997.9
活動レポート「よみがえる登録有形民俗文化財『陸前高田の漁撈用具』」「岩手県立博物館だより」 岩手県文化振興事業団　（131）2011.12

陸前高田市
陸前高田市の板碑（特集 震災と文化財）（羽柴直人）「岩手史学研究」 岩手史学会　（93）2012.07

連正寺
盛岡・連正寺で初の「とうふ祭り」 豆腐への思い崩さず「擬宝珠」 盛岡の歴史を語る会　（146）2004.6

和賀
新県指定「和賀の大乗神楽」（事務局）「いわて文化財」 岩手県文化財愛

護協会　185　2001.9

千鶴丸生存説と和賀伝承（佐藤昭）「歴研よこはま」　横浜歴史研究会
（記念誌）2002.12

大乗神楽の大乗会復活へ（門屋光昭）「いわて文化財」　岩手県文化財愛護
協会　194　2003.3

和我叡登挙神社碑

「和我叡登挙神社碑」の建立者は誰か？（板野勝雄）「胆沢史談」　胆沢史
談会　（64）1998.12

若柳

若柳のキリシタン（及川定雄）「胆沢史談」　胆沢史談会　（68）2002.12

宮城県

青麻神社
常陸坊海尊の長寿伝説と信仰—東北地方の青麻神社信仰を中心に（佐藤優）「口承文芸研究」日本口承文藝學會（34）2011.03

青葉
第三十回仙台・青葉祭りに参加して（岩渕まつ子）「藩報きずな」仙台藩志会（52）2014.10

青葉神社
青葉神社に大神楽舞奉納さる（水戸嘉一）「藩報きずな」仙台藩志会 30 2003.10

Topics 青葉神社秋の例大祭に参加 玉串を奉奨して政宗公の偉業を偲ぶ「藩報きずな」仙台藩志会（42）2009.10

秋保
秋保の里に見る道ばたの石塔（佐藤達夫）「宮城史学」宮城歴史教育研究会（23）2004.3

秋保の田植踊
秋保の田植踊 世界遺産へ！「文化財せんだい」仙台市教育委員会文化財課（92）2008.10

秋保の田植踊について（仙台市教育委員会）（特集「秋保の田植踊」が無形文化遺産候補に！）（伊藤優）「宮城の文化財」宮城県文化財保護協会（118）2009.03

秋保の田植踊 宮城県仙台市「公益社団法人全日本郷土芸能協会会報」全日本郷土芸能協会（58）2010.01

浅布渓谷
栗原市花山の自然/（旧）村名「花山」の由来/花山湖/花山寺跡/不動明王立像と脇仏 栗原市花山字本沢山下49—10/花山峠/千葉周作/孤雲屋敷と千葉周作 旧佐藤家住宅（指定有形文化財）/孤雲屋敷（旧佐藤家住宅）/仙台藩花山村寒湯番所跡/仙北御境目守三浦家/花山ダム/浅布渓谷/御嶽神社/花山鉄砲祭り「宮城県文化財友の会だより」宮城県文化財友の会（210）2014.10

あずま街道
仙台・太白区坪沼に見る伝承「あずま街道」の道標（佐藤達夫）「仙台郷土研究」仙台郷土研究会 32（2）通号275 2007.12

安波山
安波山の野がけ—宮城県気仙沼市（大島建彦）「西郊民俗」［西郊民俗談話会］（191）2005.6

阿保原地蔵尊
総会講演 歯痛を治してくれる仏様 阿保原地蔵尊の由来（地方史の手帳）（城口健治）「鷹巣地方史研究」鷹巣地方史研究会（67）2011.11

荒浜
荒浜に伝承されている民謡・行事について（われらの広場）（青柳照桃）「郷土わたり」亘理郷土史研究会 91 2003.10

新町
新町の夏越しのお祭り（佐藤紀久子）「郷土たじり」田尻郷土研究会（32）2010.06

安藤家住宅
わがまちの文化財 七ヶ宿町 東光寺山門/安藤家住宅/聖観音像/六峰桜（七ヶ宿町教育委員会）「宮城の文化財」宮城県文化財保護協会（117）2008.2

安養寺
安養寺地名と一遍上人（三文字孝司）「地名」宮城県地名研究会（20）2004.11

飯川
古川市飯川の阿弥陀来迎図板碑（藤原二郎，石黒伸一朗）「宮城考古学」宮城県考古学会（3）2001.5

飯豊神社
飯豊山神社と飯豊神社（五十嵐力）「おくやまのしょう ： 奥山荘郷土研究会誌」奥山荘郷土研究会（36）2011.03

池月
岩出山町上山里と池月の懸仏（資料紹介）（石黒伸一朗）「宮城考古学」宮城県考古学会（7）2005.5

石神社
宮城県北部における大型板碑と小型板碑について—登米郡南方町石神社板碑群を素材として（佐藤信行，蝦名博之，安達訓仁）「宮城考古学」宮城県考古学会（5）2003.5

石巻
熊野・持渡津先達と板碑石巻地方の板碑（8）（勝倉元吉郎）「歴史考古学」歴史考古学研究会（55）2004.12

「三本式塔婆」考—石巻地方の板碑・九（勝倉元吉郎）「歴史考古学」歴史考古学研究会（58）2007.1

千石船の航海用語と信仰その他の慣習（佐藤三寿夫）「ナジェージダ（希望）」石巻若宮丸漂流民の会（16）2007.4

特別寄稿 奥州石巻観慶丸幸助船—富岡八幡神社の航海安全祈願奉納碑について（中野日出夫）「ナジェージダ（希望）」石巻若宮丸漂流民の会（27）2011.12

震災復興と石巻三峯講社（相澤耕悦）「みつミ祢山」三峯神社社務所（220）2013.04

矢崎春菜氏「アイヌの「河童」にみられる日本（和人）の河童との類似性」/松井佳祐氏「沼田町の河童—弁天公園における河童のうわさの発生、伝播、消滅の過程について—」/齊藤純氏「大正〜昭和初期における石巻周辺の桃太郎伝説地考証活動—桑島正『陸奥の桃太郎伝説』をめぐって—」（第38回日本口承文芸学会大会 報告）（奥田統己）「伝え ： 日本口承文芸学会会報」日本口承文芸学会（55）2014.09

石巻市
宮城県石巻市方言の記述的調査報告（小林隆，竹田晃子，玉懸元，佐藤祐希子）「東北文化研究室紀要」東北大学大学院文学研究科東北文化研究室 43 2002.3

石浜
女川町の春祈禱—小乗・石浜の獅子振り（久保田裕道）「まつり通信」まつり同好会 53（2）通号564 2013.03

伊豆佐比売神社
式内伊豆佐比売神社参拝記（本田謙真）「式内社のしおり」式内社顕彰会 63 2001.1

一宮八幡社
名取市一宮八幡社の懸仏（資料紹介）（石黒伸一朗）「宮城考古学」宮城県考古学会（10）2008.5

一迫邑
木地師史料 栗駒山麓一迫邑の木地師群—宮城県栗原郡（杉本壽）「民俗文化」滋賀民俗学会 441 2000.6

五日市
街角の祠 五日市と中町の境に建つ秋葉神社について聞く（編集委員会）「郷土わたり」亘理郷土史研究会（106）2011.06

疣石
下郡疣石の疣神さま（石間大暉）「郷土わたり」亘理郷土史研究会 79 1997.10

今泉区
今泉区における寺檀関係の変遷と墓制の調査（安田侃）「郷土わたり」亘理郷土史研究会（100）2008.3

今泉区における墓碑建立慣行の調査（安田侃）「郷土わたり」亘理郷土史研究会（104）2010.04

入谷
やまがた民話資料紹介（26）小田嶋利江『南三陸入谷の伝承 山内郁翁のむかしがたり』宮城民話の会・発行（武田正）「民話」東北文教大学短期大学部民話研究センター（27）2010.03

岩出山
岩出山の鐘銘と棟札銘（石黒伸一郎）「仙台郷土研究」仙台郷土研究会 32（1）通号274 2007.6

岩出山第46回政宗公まつり 仙台藩士会35名堂々の行進「藩報きずな」仙台藩志会（42）2009.10

岩沼市
資料紹介 岩沼市愛宕神社所蔵 藍作り絵馬・米作り絵馬について（佐々田弥生）「民具マンスリー」神奈川大学 43（6）通号510 2010.09

東北　　　　　　　　　　　　　　　　郷土に伝わる民俗と信仰　　　　　　　　　　　　　　　　宮城県

発表3〈死体なき墓〉と墓参―宮城県岩沼市の被災墓地（2012年度 東北文化公開講演会 表象としての身体―死の文化の諸相）（小田島建己）「東北文化研究室紀要」 東北大学大学院文学研究科東北文化研究室　54　2013.03

牛袋
牛袋熊野大権現社鎮守由来記（われらの玄場）（大友壽一）「郷土わたり」 亘理郷土史研究会　（104）　2010.04

上沼八幡神社
宮城県登米市中田町 上沼八幡神社の本殿について（関口重樹）「東北歴史博物館研究紀要」 東北歴史博物館　通号10　2009.03

絵図沢
宮城県大崎市岩出山絵図沢権現堂の風神像懸仏（石黒伸一朗）「史迹と美術」 史迹美術同攷会　79（8）通号798　2009.09

越後原
宮崎町越後原の平家伝承と漁法（鈴木彦）「昔風と当世風」 古々路の会　80　2001.3

生出森八幡神社
生出森八幡神社（永井隆之）「市史せんだい」 仙台市博物館　17　2007.9

奥州仙台七福神
奥州仙台七福神巡り（千葉文一）「歴研みやぎ」 宮城県歴史研究会　49　1999.6

「奥州仙臺七福神」の成立と展開―近代編（黄緑萍）「東北民俗」 東北民俗の会　47　2013.06

往生寺
宮城県栗原市往生寺の金装板碑（資料紹介）（吾妻俊典，佐藤信行，佐藤正人，安達訓仁）「宮城考古学」 宮城県考古学会　（7）　2005.5

大崎八幡宮
大崎八幡宮の壁画―仙台開府における位置づけ（濱田直嗣）「市史せんだい」 仙台市博物館　11　2001.7

調査報告 大崎八幡宮石の間天井画について（樋口智之）「仙台市博物館調査研究報告」 仙台市博物館　（23）　2003.3

国宝大崎八幡宮平成の大改修終わる（広報部）「藩報きずな」 仙台藩志会　33　2005.4

「いわしのあたま」にて候ふ―国宝大崎八幡宮を拝観して（加藤兵市）「古川市郷土研究会会報」 古川市郷土研究会　（31）　2005.5

大崎八幡神社
岩出山町大崎八幡神社の懸仏（石黒伸一郎）「仙台郷土研究」 仙台郷土研究会　30（2）通号271　2005.12

大貫
太古へのいざない 大貫日枝神社今昔（三神貞夫）「郷土たじり」 田尻郷土研究会　（26）　2004.3

太古へのいざない 大貫日枝神社今昔（承前）（三神貞夫）「郷土たじり」 田尻郷土研究会　（27）　2005.3

大貫弁の昔話「山王様のヒヒ退治」（三和貞夫）「郷土たじり」 田尻郷土研究会　（32）　2010.06

大道
屋号調べ歩記「大道の家」「地名」 宮城県地名研究会　15　2001.11

大室
被災地レポート 宮城県石巻市の神楽は今―雄勝法印神楽と大室南部神楽（東日本大震災後の全郷芸と会員の動き）「公益社団法人全日本郷土芸能協会会報」 全日本郷土芸能協会　（72）　2013.07

雄勝町
雄勝の歴史/雄勝町の板碑/雄勝法印神楽/雄勝石について/雄勝の文化財等/海に生きた人びと「宮城県文化財友の会だより」 宮城県文化財友の会　165　2005.10

雄勝法印神楽
被災地レポート 宮城県石巻市の神楽は今―雄勝法印神楽と大室南部神楽（東日本大震災後の全郷芸と会員の動き）「公益社団法人全日本郷土芸能協会会報」 全日本郷土芸能協会　（72）　2013.07

少学生の読後感想文 雄勝法印神楽（岡田親彦）「六甲倶楽部報告」 六甲倶楽部　（107）　2013.12

少学生の読後感想文 続・雄勝法印神楽・大覚寺身振狂言（岡田親彦）「六甲倶楽部報告」 六甲倶楽部　（108）　2014.03

牡鹿
面の中から見る神楽―牡鹿法印神楽の「実演」を通じて（星洋和）「東北民俗」 東北民俗の会　45　2011.06

牡鹿半島
牡鹿半島の病送り・虫送り（及川宏幸）「東北民俗」 東北民俗の会　34　2000.7

雄島
松島町雄島周辺海底採集板碑の報告（1），（2）（新野一浩，七海雅人）「東北学院大学東北文化研究所紀要」 東北学院大学東北文化研究所　（44）/（46）　2012.12/2014.12

追波川流域
新北上川（追波川）流域の鴨猟について（小野寺正人）「西郊民俗」 ［西郊民俗談話会］　（178）　2002.3

追波湾
宮城県追波湾のボラ網漁（小野寺正人）「西郊民俗」 ［西郊民俗談話会］　（188）　2004.9

女川
阿部真貴「探訪調査の方法 絶え行くものの研究 『女川飯田口説』について」（〈第30回大会報告〉―研究発表）（内藤浩誉）「伝え ： 日本口承文芸学会会報」 日本口承文芸学会　（39）　2006.9

女川町
女川町の春祈禱―小乗・石浜の獅子振り（久保田裕道）「まつり通信」 まつり同好会　53（2）通号564　2013.03

鬼首
資料紹介 鬼首御嶽神社の懸仏（石黒伸一朗）「宮城考古学」 宮城県考古学会　（9）　2007.5

覚照寺
経ヶ峯 表紙：宮床伊達家菩提寺 大義山覺照寺（撮松葉德壽）「藩報きずな」 仙台藩志会　（52）　2014.10

宮床伊達家と覚照寺（伊達洋司）「藩報きずな」 仙台藩志会　（52）　2014.10

角田市
文化財巡り 小川三夫棟梁と行く宮城県角田市の寺社めぐり（活動報告）（屋代方子）「氏家の歴史と文化」 氏家歴史文化研究会　（9）　2010.03

加護坊山
加護坊山を模して比叡山に延暦寺建立か？（鈴木秋子）「郷土たじり」 田尻郷土研究会　21　1999.3

笠野
笠野のお天王さん―県南地域の浜降り行事（小谷竜介）「東北歴史博物館研究紀要」 東北歴史博物館　通号7　2006.3

花山寺跡
花山寺跡について（伊東信雄）「宮城県文化財友の会だより」 宮城県文化財友の会　144　2001.9

鹿島神社
地震の神様・鹿島神社（大庭正八）「静岡歴研会報」 静岡県歴史研究会　81　1997.10

平成13年度文化財研究発表鹿島神社と地震信仰（山本賢）「きのくに文化財」 和歌山県文化財研究会　（36）　2003.3

甲冑堂
白石市斎川甲冑堂再建と甲冑堂伝説の変容（日下龍生）「之波太 ： 柴田町郷土研究会会報」 柴田町郷土研究会　26　1999.6

加美
長唄「加美の里」奉納のご縁をいただいて（阪田美枝）「和紙の里」 越前和紙を愛する会　（31）　2010.06

上郡
原田流上代神楽（上郡の神楽）（石間大暉）「郷土わたり」 亘理郷土史研究会　82　1999.4

上埣
上埣の「流れ観音」についての考察（北川宏峰）「古川市郷土研究会会報」 古川市郷土研究会　（27）　2001.5

上山八幡宮
八幡宮紹介 上山八幡宮（宮城県本吉郡南三陸町）「季刊悠久.第2次」 鶴岡八幡宮悠久事務局　（130）　2013.02

上町
宮城県登米郡豊里町に伝わる上町法印神楽の継承（福田裕美）「民俗音楽研究」 日本民俗音楽学会　（30）　2005.3

上山里
岩出山町上山里と池月の懸仏（資料紹介）（石黒伸一朗）「宮城考古学」 宮城県考古学会　（7）　2005.5

宮城県　　　　　　　　　　　　　郷土に伝わる民俗と信仰　　　　　　　　　　　　　東北

亀岡
報告 山田家の日常 宮城県東松島市野蒜字亀岡の民俗（山田栄克）「昔話伝説研究」 昔話伝説研究会 （31）2012.4

唐桑町
正月飾りと伝承切紙―気仙沼市、唐桑町、亘理町の事例「調査報告書」 仙台市教育委員会 18 1999.3

烏川
宮崎町・烏川の名刀の伝説（山田四郎）「地名」 宮城県地名研究会 （18）2003.5

岩蔵寺
岩沼市岩蔵寺の板碑を伴う集石遺構（資料紹介）（石黒伸一朗）「宮城考古学」 宮城県考古学会 （11）2009.05
岩沼市岩蔵寺の井内石製板碑（資料紹介）（石黒伸一朗）「宮城考古学」 宮城県考古学会 （16）2014.05

観音寺
悲恋の皆鶴姫と観音寺（吉田雅博）「歴研みやぎ」 宮城県歴史研究会 （80）2009.11

祇却寺
変遷する祇却寺と周辺（三神貞夫）「郷土たじり」 田尻郷土研究会 （24）2002.3

北方
近世の村と修験院―仙台領内桃生郡北方の場合（庄司恵一）「民具マンスリー」 神奈川大学 33（4）通号388 2000.7

北釜
名取北釜の甘藷―陸前南部沿海村の生業誌（《特集 民俗の現在》）（関口健）「東北民俗」 東北民俗の会 40 2006.6

北上山地
北上山地の鬼地名と伝説―宮城県登米郡東和町の場合（小野寺正人）「東北民俗」 東北民俗の会 31 1997.6

北山
北山界隈の寺院廻り（渡邊洋一）「歴研みやぎ」 宮城県歴史研究会 （84）2011.03

旧佐藤家住宅
栗原市花山の自然/（旧）村名「花山」の由来/花山湖/花山寺跡/不動明王立像と脇仏 栗原市花山字本沢山下49―10/花山峠/千葉周作/孤雲屋敷と千葉周作 旧佐藤家住宅（指定有形文化財）/孤雲屋敷（旧佐藤家住宅）/仙台藩花山村寒湯番所跡/仙北御境目守三浦家/花山ダム/浅布渓谷/御嶽神社/花山鉄砲祭り「宮城県文化財友の会だより」 宮城県文化財友の会 （210）2014.10

旧目黒家
旧目黒家の「土蔵」について（われらの広場）（寺島喬）「郷土わたり」 亘理郷土史研究会 （97）2006.10

金華山
宮城県・金華山の「ヘチ」ち四国の「ヘチ」補道（桑原康宏）「紀南・地名と風土研究会会報」 紀南・地名と風土研究会 （48）2011.4

金玉神社
金玉神社（ざとう塚）について（島貫裕）「仙台郷土研究」 仙台郷土研究会 28（2）通号267 2003.12

葛岡墓園
墓が語る現代―仙台市営葛岡墓園の場合（鈴木岩弓）「東北文化研究室紀要」 東北大学大学院文学研究科東北文化研究室 通号38 1997.3

久須志神社
濡れ薬師（久須志神社）（八巻昭六）「之波太 ： 柴田町郷土研究会会報」 柴田町郷土研究会 28 2001.3
仏堂から神社へ オヤグッサン・久須志神社の変身（後藤彰三）「之波太 ： 柴田町郷土研究会会報」 柴田町郷土研究会 28 2001.6

熊野堂
熊野堂における神仏分離の推移（川村善次郎）「仙台郷土研究」 仙台郷土研究会 27（1）通号264 2002.6

栗原
田の神の去来伝承（鈴木正夫）「栗原郷土研究」 栗原郷土史研究会 （29・30）1999.2
推論 義民伝承の一考察（小野寺健太郎）「栗原郷土研究」 栗原郷土史研究会 （29・30）1999.2
八幡神社物語（鈴木正夫）「栗原郷土研究」 栗原郷土史研究会 （31）2000.2

稲荷信仰と神使
稲荷信仰と神使・狐（鈴木正夫）「栗原郷土研究」 栗原郷土史研究会 （33）2002.4
屏風の下張りから垣間見る昔話（高橋啓三）「栗原郷土研究」 栗原郷土史研究会 （37）2006.3
方言・川柳のすすめ（佐藤一男）「栗原郷土研究」 栗原郷土史研究会 （37）2006.3
大仏堂・石佛のロマンを求めて 地域の素材＝古老の「謂れ書き」から（菅原勝）「栗原郷土研究」 栗原郷土史研究会 （41）2010.03
藤原仲麻呂（恵美押勝）と古代栗原―百万塔・西大寺等の造立から勅願霊場杉薬師創立に至る背景をさぐる（狩野忠志）「栗原郷土研究」 栗原郷土史研究会 （44）2013.06

栗原郡
栗原市に二つある「大土森」は語る―古代栗原郡を誕生させた大和の神々（狩野忠志）「栗原郷土研究」 栗原郷土史研究会 （37）2006.3
古代陸奥国栗原郡と仏教―双林寺所蔵棟札を中心として（大宮めぐみ）「国史談話会雑誌」 東北大学国史談話会 （49）2008.11
栗原郡における中世の修験―羽黒先達及び熊野先達（笠原信男）「東北歴史博物館研究紀要」 東北歴史博物館 通号12 2011.03

栗原市
栗原市に二つある「大土森」は語る―古代栗原郡を誕生させた大和の神々（狩野忠志）「栗原郷土研究」 栗原郷土史研究会 （37）2006.3

気仙沼
「歌詠み」の民俗―宮城県気仙沼地方の事例から（川島秀一）「東北民俗」 東北民俗の会 33 1999.6

気仙沼市
正月飾りと伝承切紙―気仙沼市、唐桑町、亘理町の事例「調査報告書」 仙台市教育委員 18 1999.3

賢聖院
引っ越しする仏さま 賢聖院二十三夜堂の得大勢至菩薩 郡山北目→北目町/満福寺毘沙門堂の毘沙門天 郡山北目→荒町/満蔵寺観音堂の千体仏 青葉山→上飯田「せんだい市史通信」 仙台市博物館市史編さん室 （32）2014.02

孝勝寺
孝勝寺と徳川振姫（佐藤まさ子）「仙台郷土研究」 仙台郷土研究会 25（1）通号260 2000.6

光明院
花嶋山光明院と大仏師本朝（佐々木昭）「郷土たじり」 田尻郷土研究会 （28）2006.3
表紙説明 丸森町大内の光明院での火祭りの行事（丸森町在住・会員 石川靖彦氏提供）「仙台郷土研究」 仙台郷土研究会 40（1）通号290 2015.06

光明寺
支倉常長菩提寺 松藤山光明寺にての茶話会に寄せて（佐藤鎮二）「藩報きずな」 仙台藩志会 （51）2014.04
四月十七日 光明寺様方 茶会に参加して キリシタンのかくれ茶会をイメージしつつ、政宗公のお心を拝察申し上げました（一力徳子）「藩報きずな」 仙台藩志会 （52）2014.10

孤雲屋敷
栗原市花山の自然/（旧）村名「花山」の由来/花山湖/花山寺跡/不動明王立像と脇仏 栗原市花山字本沢山下49―10/花山峠/千葉周作/孤雲屋敷と千葉周作 旧佐藤家住宅（指定有形文化財）/孤雲屋敷（旧佐藤家住宅）/仙台藩花山村寒湯番所跡/仙北御境目守三浦家/花山ダム/浅布渓谷/御嶽神社/花山鉄砲祭り「宮城県文化財友の会だより」 宮城県文化財友の会 （210）2014.10

郡山
行き倒れ人と他所者の看病・埋葬―奥州郡山における行き倒れ人の実態（松本純子）「東北文化研究室紀要」 東北大学大学院文学研究科東北文化研究室 通号42 2001.3

黄金島神社
われらの広場 黄金島神社のその由来について（菊池芳郎）「郷土わたり」 亘理郷土史研究会 89 2002.10

黄金山神社
黄金山神社の猿田彦神（滝沢純子）「千曲」 東信史学会 110 2001.7

小牛田山
小牛田山の神信仰（渡辺みゆき）「コロス」 常民文化研究会 71 1997.11

小斎
丸森町鹿島神社の歴史伝承（その1 歴史編）（齋藤良治）「宮城史学」 宮

東北　　　　　　　　郷土に伝わる民俗と信仰　　　　　　　　宮城県

城歴史教育研究会　（32）　2013.05
丸森町鹿島神社の歴史と伝承（その2 有形文化財編）（論文）（齋藤良治）「宮城史学」　宮城歴史教育研究会　（33）　2014.05

古城稲荷大明神
古城稲荷大明神（高橋宏）「古川市郷土研究会会報」　古川市郷土研究会　（25）　1999.5

五大堂
松島五大堂の梵鐘（石黒伸一朗）「史迹と美術」　史迹美術同攷会　78（6）通号786　2008.7

小乗浜
一般社団法人儀礼文化学会発足 第32回春季大会公演より 宮城県牡鹿郡女川町 小乗浜の獅子振り（久保田裕道）「儀礼文化ニュース」　儀礼文化学会　（184）　2012.05

駒形根神社
駒形根神社史料より（2）〜（6）（鈴杵憲穂）「栗原郷土研究」　栗原郷土史研究会　（33）/（37）　2002.4/2006.3
（十九）境内金石文と駒形根神社由来記碑について（鈴杵憲穂）「栗原郷土研究」　栗原郷土史研究会　（39）　2008.3

子眉嶺神社
子眉嶺神社周延（さいとうせいや）「歴研みやぎ」　宮城県歴史研究会　（78）　2009.03

箟峰寺
東北の原風景（5）鬼の神事に隠された“東北”箟峰寺の正月行事（内藤正敏）「東北学．［第1期］」　東北芸術工科大学東北文化研究センター，作品社（発売）　5　2001.10

裁松院三十三所観音
根白石の裁松院三十三所観音の建立目的について（中川健一）「歴研みやぎ」　宮城県歴史研究会　61　2003.7

西大寺
藤原仲麻呂（恵美押勝）と古代栗原—百万塔・西大寺等の造立から勅願霊場杉薬師創立に至る背景をさぐる（狩野忠志）「栗原郷土研究」　栗原郷土史研究会　（44）　2013.06

蔵王町
山元町の板碑と蔵王町の中世石塔（資料紹介）（石黒伸一朗）「宮城考古学」　宮城県考古学会　（7）　2005.5

作田
鹿島神社の作田の郷をたずねて（渡邉治男）「郷土わたり」　亘理郷土史研究会　86　2001.3

猿飛来
「猿飛来」地名伝説と「青雲権現」の謎に迫る（狩野忠志）「栗原郷土研究」　栗原郷土史研究会　（45）　2014.6

寒風沢
宮崎町字寒風沢訪問随想（宮崎玲子）「昔風と当世風」　古々路の会　80　2001.3
寒風沢の帰郷祭「ナジェージダ（希望）」　石巻若宮丸漂流民の会　（15）　2006.10
銚子に残る石巻・寒風沢出身船員の墓石（小林郁）「ナジェージダ（希望）」　石巻若宮丸漂流民の会　（32）　2014.08

三迫川流域
宮城県三迫川流域の溶結凝灰岩板碑群（佐藤信行，佐々木繁喜）「宮城考古学」　宮城県考古学会　（13）　2011.2

塩竈
猿田彦大神の原形と海の猿田彦—東北塩竈周辺の事例を中心として（馬場秀幸）「あらはれ : 猿田彦大神フォーラム年報 : ひらかれる未来神話」　猿田彦大神フォーラム　2　1999.10

塩竈神社
宮城県塩竈神社氏子の来町（伊東稔）「仙台藩白老元陣屋資料館報」　仙台藩白老元陣屋資料館　（6・7）　2001.3
仙台駅東・塩竈神社の「災い封じ石」（氏家一郎）「仙台郷土研究」　仙台郷土研究会　27（1）通号264　2002.6
鹽竈神社史料展を通して（茂木裕樹）「仙台藩白老元陣屋資料館報」　仙台藩白老元陣屋資料館　（10）　2004.3
志波彦神社・鹽竈神社（宮城県塩竈市一森山）（会員を訪ねる）（久保田裕道）「儀礼文化ニュース」　儀礼文化学会　（196）　2014.12

塩かま明神
芭蕉自筆本『おくの細道』—塩かま明神＝平泉藤原忠衡の項（島野穣）「歴史懇談」　大阪歴史懇談会　11　1997.8

敷玉
敷玉の伝説—小野小町と髪洗い橋・鏡の池・小町碑（手島多利男）「古川市郷土研究会会報」　古川市郷土研究会　（25）　1999.5

敷玉御玉神社
若宮八幡神社・敷玉御玉神社の由緒及び湯立について（草刈時広）「古川市郷土研究会会報」　古川市郷土研究会　（25）　1999.5

鹿折
気仙沼市鹿折の石碑（村上俊則）「地名」　宮城県地名研究会　15　2001.11

志津川
諸国探訪（16）志津川西宮神社（工藤祐允）「西宮えびす」　西宮神社　（34）　2010.12

志津川町
志津川町の歴史/神社/寺院/館/塚・壇/古碑/板碑/天然記念物/化石/民俗芸能「宮城県文化財友の会だより」　宮城県文化財友の会　157　2004.5

清水浜
宮城県東北部の念仏信仰に関する考察—本吉郡志津川町清水浜の事例を中心に（平山真）「東北民俗」　東北民俗の会　31　1997.6

七ヶ宿町
わがまちの文化財 七ヶ宿町 東光寺山門/安藤家住宅/聖観音像/六峰桜（七ヶ宿町教育委員会）「宮城の文化財」　宮城県文化財保護協会　（117）　2008.2

縛り地蔵
松笠地蔵（縛り地蔵）の伝説（柴修也）「歴研みやぎ」　宮城県歴史研究会　（95）　2014.11

下飯田
調査ノート「天神講記」—若林区下飯田天神講「調査報告書」　仙台市教育委員会　20　2002.3

下田
下田の気比神社のこと（さいとうせいや）「歴研みやぎ」　宮城県歴史研究会　（74）　2007.11

十三塚
松山道と十三塚（佐々木信義）「栗原郷土研究」　栗原郷土史研究会　（41）　2010.3

十八夜観世音堂
付属 十八夜観世音堂菩薩立像の樹種同定結果をうけて（酒井昌一郎）「仙台市博物館調査研究報告」　仙台市博物館　（30）　2010.03
十八夜観世音堂菩薩立像に使用された木材の樹種（大山幹成，星野安治，鈴木三男）「仙台市博物館調査研究報告」　仙台市博物館　（30）　2010.03

定義如来
「定義如来夏まつり」と地域社会（若林俊介）「東北民俗」　東北民俗の会　42　2008.6
定義如来の信仰（大島建彦）「西郊民俗」　［西郊民俗談話会］　（229）　2014.12

定禅寺
せんだい今昔 定禅寺と定禅寺通「せんだい市史通信」　仙台市博物館市史編さん室　（13）　2004.7

称念寺
石山戦争の広がりと奥州真宗寺院の動向—仙台称念寺所蔵文書を中心として（佐々木徹）「六軒丁中世史研究」　東北学院大学中世史研究会　（5）　1997.11

城生柵
菜切谷廃寺と城生柵跡（伊東信雄）「宮城県文化財友の会だより」　宮城県文化財友の会　155　2003.10

正法寺
「奥の正法寺」と地域社会（〈報告要旨〉）（佐々木徹）「東北中世史研究会会報」　東北中世史研究会　（11）　1999.1
奥の正法寺の三郡頭�（佐々木徹）「六軒丁中世史研究」　東北学院大学中世史研究会　（8）　2001.11
奥の正法寺の綸旨群（佐々木徹）「六軒丁中世史研究」　東北学院大学中世史研究会　（13）　2008.4
奥の正法寺と偽綸旨（佐々木徹）「仙台市博物館調査研究報告」　仙台市博物館　（31）　2011.03

常林寺
白石常林寺の寺子屋教育—幕末から明治初年にかけて（高橋昭夫）「仙台

郷土研究」 仙台郷土研究会　40(1)通号290　2015.06

白藤観音

白藤観音における報賽物の「倍返し」について(加藤寛)「東北民俗」　東北民俗の会　34　2000.7

白銀神社

郷土芸能なう!! 浜の祭りをいつまでも─宮城県石巻市雄勝町白銀神社の例祭(西嶋一泰)「公益社団法人全日本郷土芸能協会会報」　全日本郷土芸能協会　(76)　2014.07

志波彦神社

志波彦神社 名神大社(旧国幣中社)「式内社通信」　式内社顕彰会　(1)　2011.02

志波彦神社・鹽竈神社(宮城県塩竈市一森山)(会員を訪ねる)(久保田裕道)「儀礼文化ニュース」　儀礼文化学会　(196)　2014.12

新川

新川の「長名水」─爆ぜなかった擬「流行神」(小田島建己)「東北民俗」　東北民俗の会　47　2013.06

新北上川流域

新北上川(追波川)流域の鴨猟について(小野寺正人)「西郊民俗」　[西郊民俗談話会]　(178)　2002.3

新月村

産婆・聞き書き─宮城県新月村の産婆さん(鈴木由利子)「女性と経験」　女性民俗学研究会　通号32　2007.10

瑞巌寺

瑞巌寺蔵水晶六角五輪塔仏舎利容器について(河田貞)「東北歴史博物館研究紀要」　東北歴史博物館　1　2000.3

杉田町

金太郎伝説(1) 宮城県杉田町(笠間吉高)「史談足柄」　足柄史談会　35　1997.4

杉薬師

藤原仲麻呂(恵美押勝)と古代栗原─百万塔・西大寺等の造立から勅願霊場杉薬師創立に至る背景をさぐる(狩野忠志)「栗原郷土研究」　栗原郷土史研究会　(44)　2013.06

菅生道

菅生道に残る伝承「東街道」(佐藤達夫)「宮城史学」　宮城歴史教育研究会　(24)　2005.3

諏訪神社

宮城県諏訪神社 湯殿山碑の石銘(佐藤達夫)「宮城史学」　宮城歴史教育研究会　(30)　2011.05

諏訪峠

沼木 諏訪峠音頭(尾崎幸信)「郷土たじり」　田尻郷土研究会　(33)　2011.07

千手寺

巨木を訪ねて─千手寺の兄弟ケヤキ(石川岱)「古川市郷土研究会会報」　古川市郷土研究会　(27)　2001.5

禅昌寺

禅昌寺の若宮丸供養碑が輝いた日(《特集 若宮丸を偲ぶ会 in 禅昌寺》)(本間英二)「ナジェージダ(希望)」　石巻若宮丸漂流民の会　(18)　2008.1

仙台

仙台の小祠に伝わる文書について(佐藤敏悦)「東北民俗」　東北民俗の会　31　1997.6

仙台の季節、あるいは行事で区切られる仙台(佐島隆)「市史せんだい」　仙台市博物館　7　1997.7

仙台地方の正月飾りと伝承切紙(佐藤雅也)「民具研究」　日本民具学会　通号118　1998.9

社会的弱者の聖化の研究─仙台四郎伝承の発生と展開を中心として(清水大慈)「日本民俗学」　日本民俗学会　通号217　1999.2

仙台城下の芸能統制─宝暦7年の規制緩和をめぐって(小林文雄)「市史せんだい」　仙台市博物館　9　1999.7

仙台弁方言(鈴木恭子)「郷土わたり」　亘理郷土史研究会　83　1999.10

モノがたり板碑「せんだい市史通信」　仙台市博物館市史編さん室　3　2000.3

旧仙台領における修験寺院の変遷(1)、(2)(伊藤辰典)「東北文化研究室紀要」　東北大学大学院文学研究科東北文化研究室　通号41/通号42　2000.3/2001.3

日本のなかのフィリピン、フィリピンのなかの日本─仙台七夕祭の「多文化化」についての覚書(沼崎一郎)「東北文化研究室紀要」　東北大学大学院文学研究科東北文化研究室　通号41　2000.3

仙台領内の普化宗寺院について(吉岡一男)「仙台郷土研究」　仙台郷土研究会　25(1)通号260　2000.6

仙台の千体仏(有賀祥隆)「市史せんだい」　仙台市博物館　10　2000.7

仙台弁の歴史的変遷について 仙台方言浜荻を通して(後藤彰三)「之波太 ： 柴田町郷土研究会会報」　柴田町郷土研究会　27　2000.9

仙台祭についての覚え書き(小井川和夫)「東北歴史博物館研究紀要」　東北歴史博物館　2　2001.3

仙台の田植踊(千葉雄市)「まつり通信」　まつり同好会　41(7)通号485　2001.6

方言地図に見る仙台弁の地域差について(後藤彰三)「之波太 ： 柴田町郷土研究会会報」　柴田町郷土研究会　28　2001.6

仙台の剣舞(千葉雄市)「まつり通信」　まつり同好会　41(8)通号486　2001.7

葬送のことば「仙台郷土研究」　仙台郷土研究会　26(1)通号262　2001.7

仙台城下町の出入り一件と入寺慣行(難波信雄)「東北学院大学東北文化研究所紀要」　東北学院大学東北文化研究所　(33)　2001.9

伊達市仙台神楽の源流調査(3)(太細重秋)「伊達の風土」　伊達郷土史研究会　20　2001.12

なぜ似ている熊本弁と仙台弁─方言周圏論と宗任伝説(後藤彰三)「之波太 ： 柴田町郷土研究会会報」　柴田町郷土研究会　29　2002.6

仙台いしぶみ夜話(6) 東東洋と筆塚(高木治夫)「歴研みやぎ」　宮城県歴史研究会　59　2002.11

仙台の祭礼─繁華街の祭礼「調査報告書」　仙台市教育委員会　21　2003.3

仙台地方の年中行事「調査報告書」　仙台市教育委員会　21　2003.3

仙台地方の祭礼と年中行事「調査報告書」　仙台市教育委員会　21　2003.3

仙台地方の正月儀礼─正月迎えの切紙を中心に(佐藤雅也)「東北芸術工科大学東北文化研究センター研究紀要」　東北芸術工科大学東北文化研究センター　通号3　2004.3

仙台城下における庶民のくらしと年中行事[1]、[2](渡邊洋一)「歴研みやぎ」　宮城県歴史研究会　64/65　2004.7/2004.11

二つのお墓(渡辺圭祐)「藩報きずな」　仙台藩志会　32　2004.10

仙台の民俗芸能(2)、(3) 仙台の民俗芸能の特徴「文化財せんだい」　仙台市教育委員会文化財課　80/81　2004.10/2005.2

資料紹介 仙台鹿踊(及川宏幸)「東北歴史博物館研究紀要」　東北歴史博物館　通号6　2005.3

仙台いしぶみ夜話(7) 御用酒記念碑/(8) 八幡宮の碑(高木治夫)「歴研みやぎ」　宮城県歴史研究会　66　2005.3

ある修験堂宇の今昔(吉岡一男)「仙台郷土研究」　仙台郷土研究会　30(1)通号270　2005.6

仙台いしぶみ夜話(11) 桜田虎門顕彰碑/(12) 橋供養の碑(高木治夫)「歴研みやぎ」　宮城県歴史研究会　(69)　2006.3

江戸時代の芸能(湯村醇造)「藩報きずな」　仙台藩志会　(36)　2006.10

近代仙台における庶民の生活暦(2)(《足元から見る民俗15─失われた伝承・変容する伝承・新たなる伝承》)「調査報告書」　仙台市教育委員会　25　2007.3

仙台の刃物鍛冶(《足元から見る民俗15─失われた伝承・変容する伝承・新たなる伝承》)「調査報告書」　仙台市教育委員会　25　2007.3

仙台いしぶみ夜話(16) 役行者石像の碑/(17) 工芸指導所発祥の碑(高木治夫)「歴研みやぎ」　宮城県歴史研究会　(72)　2007.3

人から聞いた昔話(戸田孫一)「藩報きずな」　仙台藩志会　(38)　2007.10

近代仙台における庶民の生活暦(3)(《足元から見る民俗16─失われた伝承・変容する伝承・新たなる伝承》)「調査報告書」　仙台市教育委員会　26　2008.3

仙台いしぶみ夜話(18) 仙台叢居居士の碑/(19) 宗禅寺の鶏塚(高木治夫)「歴研みやぎ」　宮城県歴史研究会　(75)　2008.3

仙台の工芸(7) 仙台の染物デザイン─常盤紺形木綿染め(《特集 仙台の芝居と映画》)(庄子晃子)「仙臺文化 ： 杜の都の都市文化継承誌」『仙臺文化』編集室　(7)　2008.5

仙台雀踊り(稲863次)「東北民俗」　東北民俗の会　42　2008.6

近代墓地法制の形成・展開と墓地慣行との軋轢(1)～(4) 旧城下仙台を中心にして(岩本由輝)「東北学院大学東北文化研究所紀要」　東北学院大学東北文化研究所　(40)/(44)　2008.12/2012.12

民俗文化財調査 仙台の七夕飾り/仙台の木綿染め/仙台の竹細工「文化財せんだい」　仙台市教育委員会文化財課　(93)　2009.2

近代仙台の慰霊と招魂─戦死者祭祀の変遷(研究報告)「調査報告書」　仙台市教育委員会　27　2009.03

Topics戊辰百四十年慰霊祭「藩報きずな」　仙台藩志会　(41)　2009.04

「武家年中行事」について(私の報告)(櫻井滋郎)「仙台郷土研究」　仙台郷土研究会　34(2)通号279　2009.12

最新!!調査情報─民俗調査篇 仙台箪笥/仙台の曲輪「文化財せんだい」　仙台市教育委員会文化財課　(96)　2010.02

現代仙台における戦後の文化活動（2）,（3）―仙台三大祭りを中心に（研究報告）「調査報告書」 仙台市教育委員会 28/29 2010.03/2011.03

連載・写真曼荼羅（7）新鋭篇 SENDAI（大川孝，内藤正敏）「東北学．［第2期］」 東北芸術工科大学東北文化研究センター，柏書房（発売）（24） 2010.08

研究報告 仙台田植踊 はじめに/仙台田植踊の歴史と民俗/仙台田植踊に関する江戸時代の記録・古文書について/田植踊に関する近代の文献/田植踊に関する現代の文献（1）―戦後（自治体史・誌含む）/田植踊に関する現代の文献（2）―田植踊の保存団体・地区関係・文化財指定関係・芸能大会記録集ほか/おわりに（足元から見る民俗20―失われた伝承・変容する伝承・新たなる伝承）「調査報告書」 仙台市教育委員会 30 2012.03

ぶらり仙台 文化財のたび（5）古の木造建築を訪ねて―門を味わう 荘厳寺山門（青葉区新坂町）、宮城県知事公館正門（青葉区広瀬町）、陸奥国分寺薬師堂仁王門（若林区木ノ下）、泰心院山門（若林区南鍛治町）「文化財せんだい」 仙台市教育委員会文化財課 （107） 2013.11

ぶらり仙台 文化財のたび（6）古の木造彫刻を求めて―像を味わう 木造釈迦如来立像（青葉区八幡・龍宝寺）、木造不動明王立像（若林区木ノ下・陸奥国分寺）、木造安国上人坐像（若林区土樋・真福寺）、木造阿弥陀如来立像（若林区新寺・阿弥陀寺）「文化財せんだい」 仙台市教育委員会文化財課 （108） 2014.02

天江富彌編『仙臺郷土句帖』（書誌紹介）（鈴木岩弓）「日本民俗学」 日本民俗学会 （279） 2014.08

サン・ファン祭り 初めての参加（佐藤靖元）「藩報きずな」 仙台藩志会 （52） 2014.10

仙台市

『特別編5 板碑』の刊行にあたって（大石直正）「市史せんだい」 仙台市博物館 7 1997.7

『特別編6 民俗』の刊行にあたって（岩本日輝）「市史せんだい」 仙台市博物館 7 1997.7

理容業者の信仰と道具観―仙台市理容まつりを中心に（松崎憲三）「西郊民俗」 西郊民俗談話会 通号165 1998.12

〔資料紹介〕仙台市博物館所蔵『年中行事絵巻模本』18巻（樋口智之）「仙台市博物館調査研究報告」 仙台市博物館 （19） 1999.3

《足元からみる民俗（8）―失われた伝承・変容する伝承・新たなる伝承》「調査報告書」 仙台市教育委員会 18 1999.3

民俗と市場（2）―地域民衆の歴史的役割と文化的営為「調査報告書」 仙台市教育委員会 18 1999.3

宮城県仙台市方言の記述的調査報告（小林隆，李範錫，竹田晃子，瀧川美穂）「東北文化研究室紀要」 東北大学大学院文学研究科東北文化研究室 通号40 1999.3

墓が語る現代（2）―仙台市における民営共同墓地の場合（鈴木岩弓，サンド，ヘルリナ）「東北文化研究室紀要」 東北大学大学院文学研究科東北文化研究室 通号40 1999.3

板碑をどのように史料化するか―『仙台市史』特別編5を読んで（〈第2回歴史学入門講座〉）（三宅宗議）「宮城歴史科学研究」 宮城歴史科学研究会 通号47・48 2000.2

板碑について（林司朗）「市民文化財研究員活動報告書」 仙台市教育委員会 4 2000.3

《足元からみる民俗（9）―失われた伝承・変容する伝承・新たなる伝承》「調査報告書」 仙台市教育委員会 19 2000.3

職人の技術と民俗―問題意識と方法的考察「調査報告書」 仙台市教育委員会 19 2000.3

民具の近現代―形態・機能・役割の変遷と現代的意義について「調査報告書」 仙台市教育委員会 19 2000.3

縄文時代の葬制（赤間今日子）「市民文化財研究員活動報告書」 仙台市教育委員会 5 2001.3

《足元からみる民俗10―失われた伝承・変容する伝承・新たなる伝承》「調査報告書」 仙台市教育委員会 20 2002.3

戦争の民俗（2）―戦争体験とその後の人々をめぐる民衆・常民の心意とは「調査報告書」 仙台市教育委員会 20 2002.3

《小特集 祭礼と年中行事》「調査報告書」 仙台市教育委員会 21 2003.3

祭りと年中行事「調査報告書」 仙台市教育委員会 21 2003.3

門打つ庭の芸能―民俗芸能の本質を探る「調査報告書」 仙台市教育委員会 21 2003.3

ものづくりと民俗学「調査報告書」 仙台市教育委員会 21 2003.3

葬送と祈り…思い（千葉万里子）「市民文化財研究員活動報告書」 仙台市教育委員会 8 2004.3

日清・日露戦争で近代日本がどうかわったか？―文化・宗教を中心に「調査報告書」 仙台市教育委員会 22 2004.3

民俗と市場（3），（4）「調査報告書」 仙台市教育委員会 22/23 2004.3/2005.3

せんだい今昔 毘沙門堂の相撲興業「せんだい市史通信」 仙台市博物館市史編さん室 （12） 2004.5

石工用具と松焚祭（どんと祭）が新たな指定文化財に「文化財せんだい」 仙台市教育委員会文化財課 81 2005.2

《足元からみる民俗（13）―失われた伝承・変容する伝承・新たなる伝承》「調査報告書」 仙台市教育委員会 23 2005.3

戦争の民俗（3）―日本の博物館・資料館における戦争展示について「調査報告書」 仙台市教育委員会 23 2005.3

仙台の歴史を見つめてきた古木たち 瞑想の松/柳生のかや/鷲倉神社のうばすぎ/銀杏町のいちょう/裁松院のしらかし「せんだい市史通信」 仙台市博物館市史編さん室 （15） 2006.1

祭り（藤島千鶴子）「市民文化財研究員活動報告書」 仙台市教育委員会 通号11 2007.3

講演会記録 木が語る・暮し（《足元から見る民俗15―失われた伝承・変容する伝承・新たなる伝承》）「調査報告書」 仙台市教育委員会 25 2007.3

民俗学とフィールドワークの方法論―フィールドから何を摑むか（《足元から見る民俗16―失われた伝承・変容する伝承・新たなる伝承》）「調査報告書」 仙台市教育委員会 26 2008.3

家計簿にみるくらし―昭和21年の家計簿から（《足元から見る民俗16―失われた伝承・変容する伝承・新たなる伝承》）「調査報告書」 仙台市教育委員会 26 2008.3

《足元から見る民俗17―失われた伝承・変容する伝承・新たなる伝承》「調査報告書」 仙台市教育委員会 27 2009.03

絵馬―人々の祈り（研究報告）「調査報告書」 仙台市教育委員会 28 2010.03

平成20年代初頭における仙台市内「どんと祭」の開催時間帯の特徴（高橋嘉代）「東北宗教学」 東北大学大学院文学研究科宗教学研究室 6 2010.12

新たに仙台市指定文化財が3件仲間入り！ 朴沢学園裁縫教育資料 有形文化財（歴史資料）、木造菩薩立像 有形文化財（彫刻）、子平町の藤記念館（天然記念物）「文化財せんだい」 仙台市教育委員会文化財課 （101） 2011.11

住宅地における小規模どんと祭の特徴と機能―宮城県仙台市の事例から（高橋嘉代）「東北民俗」 東北民俗の会 47 2013.06

せんだい今昔 お釈迦さま御災難顛末「せんだい市史通信」 仙台市博物館市史編さん室 （32） 2014.02

戦争と庶民のくらし（1）―仙台市歴史民俗資料館の所蔵資料を中心に（調査報告）「調査報告書」 仙台市教育委員会 32 2014.3

仙台市博物館における巡回展「滋賀県立琵琶湖文化館が守り伝える美 近江巡礼 祈りの至宝展」の開催と展示構成（井上ひろ美）「滋賀県立琵琶湖文化館研究紀要」 滋賀県立琵琶湖文化館 （30） 2014.03

一琴邦言和歌営業願書と盲巫女始祖伝承（中川正人）「市史せんだい」 仙台市博物館 24 2014.09

仙台東照宮

仙台東照宮祭礼再考（稲雄次）「北方風土 ： 北国の歴史民俗考古研究誌」 イズミヤ出版 通号55 2008.1

仙台・青葉まつり―続・仙台東照宮祭礼再考（稲雄次）「北方風土 ： 北国の歴史民俗考古研究誌」 イズミヤ出版 通号56 2008.6

仙台藩

仙台藩伊達家ゆかりの「胞衣桶」保存処理完了「港郷土資料館だより」 港区立港郷土資料館 36 1998.3

旧仙台藩領におけるカマ神の成立（小野寺正人）「東北民俗」 東北民俗の会 33 1999.6

佐久間洞巌の式内社研究―仙台藩における式内社の伝承（高橋美由紀）「式内社のしおり」 式内社顕彰会 63 2001.1

仙台藩天文学の黎明期に関する一考察 土守神道と近代天文学の成立（黒須潔）「仙台郷土研究」 仙台郷土研究会 29（1）通号268 2004.6

仙台藩正月行事「御野始め」とその絵図について（島貫裕）「仙台郷土研究」 仙台郷土研究会 29（2）通号269 2004.12

『資料編9 仙台藩の文学芸能』の刊行にあたって（小井川百合子）「市史せんだい」 仙台市博物館 17 2007.9

「仙台藩演能記録」から（菅原友子）「市史せんだい」 仙台市博物館 18 2008.9

田植踊イメージの再検討―江戸時代中期から後期における仙台藩を事例に（論考）（沼田愛）「民俗芸能研究」 民俗芸能学会 （55） 2013.09

仙台平野

鎌倉・南北朝期における仙台平野の墓域とその周辺（田中則和）「六軒丁中世史研究」 東北学院大学中世史研究会 （8） 2001.11

イグネとくらし はじめに/イグネとは/仙台平野のイグネについて/仙台市若林区長喜城のイグネ/おわりに（足元から見る民俗20―失われた伝承・変容する伝承・新たなる伝承―調査報告）「調査報告書」 仙台市教育委員会 30 2012.3

仙台平野地域の歴史と民俗に関する調査報告―近代仙台の生業、広瀬

川・名取川・七北田川下流域の民俗を中心に（調査報告）「調査報告書」 仙台市教育委員会 31 2013.3

仙台領

明治初期の神仏分離をめぐって―仙台領内別当寺院の考察（吉岡一男）「国史談話会雑誌」 東北大学国史談話会 （43）2002.9

仙台領の『真澄遊覧記』と民俗研究（小野寺正人）「菅江真澄研究」 菅江真澄研究会 （61）2007.5

仙南

仙南における修験道組織の展開（伊藤辰典）「東北民俗」 東北民俗の会 33 1999.6

双林寺

古代陸奥国栗原郡と仏教―双林寺所蔵棟札を中心として（大宮めぐみ）「国史談話会雑誌」 東北大学国史談話会 （49）2008.11

遺稿 築館双林寺は何を語っているか（戸田孫一）「栗原郷土研究」 栗原郷土史研究会 （40）2009.03

大行院

亘理伊達家・ゆかりの建物 大行院のお籠堂について（寺島喬）「郷土わたり」 亘理郷土史研究会 （101）2008.10

大光院

山上霊地の死者供養―大光院のホトケヤマ（鈴木岩弓）「東北民俗」 東北民俗の会 48 2014.06

大年寺

〔史料紹介〕大年寺と門前町について（大竹誠一）「仙台郷土研究」 仙台郷土研究会 24（1）通号258 1999.6

太白山

三輪山と太白山（今泉隆雄）「大美和」 大神神社 100 2001.1

高清水善光寺

「中世霊場高清水善光寺」―栗原郡高清水善光寺の世界を復元する（佐藤正人）「六軒丁中世史研究」 東北学院大学中世史研究会 （8）2001.11

多賀神社

延喜式内社・多賀神社（小澤操）「いしぶみ」 「いしぶみ」発行所 （30）2009.04

多賀神社と多賀城（真山悟）「いしぶみ」 「いしぶみ」発行所 （37）2011.1

高柳

名取市高柳の丹野家に伝わる白鳥明神の祝詞について（丹野恭夫）「仙台郷土研究」 仙台郷土研究会 27（1）通号264 2002.6

竹駒神社

竹駒神社の神職にみる清めの意味（アリマンシャル）「東北文化研究室紀要」 東北大学大学院文学研究科東北文化研究室 54 2013.03

ケガレ論再考―竹駒神社にみる祓い清め（アリマンシャル）「東北民俗」 東北民俗の会 47 2013.06

竹駒神社（宮城県岩沼市稲荷町）（会員を訪ねる）（久保田裕道）「儀礼文化ニュース」 儀礼文化学会 （196）2014.12

田子

田子における野兎の民俗（天野武）「西郊民俗」 〔西郊民俗談話会〕（179）2002.6

田尻

馬公翁炉辺夜話より狐火の競演（三神貞夫）「郷土たじり」 田尻郷土研究会 22 2000.3

「山のお寺」の伝説と一考察（三神貞夫）「郷土たじり」 田尻郷土研究会 23 2001.2

八廣神の由来（玉野昭代）「郷土たじり」 田尻郷土研究会 （24）2002.3

田尻の米の唄（米倉福治）「郷土たじり」 田尻郷土研究会 （24）2002.3

「地域に伝わる昔話を聞く会」を実施して（佐藤紀久子）「郷土たじり」 田尻郷土研究会 （24）2002.3

郷土のむかしばなし（今川美枝子）「郷土たじり」 田尻郷土研究会 （24）2002.3

我が里の神々（小野武）「郷土たじり」 田尻郷土研究会 （26）2004.3

昔話ひとこま（澁谷晃）「郷土たじり」 田尻郷土研究会 （27）2005.3

「まんぼえ墓」の思い出（伊藤民雄）「郷土たじり」 田尻郷土研究会 （27）2005.3

遺稿 怪我した跛の古狐の恩返し／お茶談義と長生きソング（後藤静）「郷土たじり」 田尻郷土研究会 （27）2005.3

続 我が里の神々（小野武）「郷土たじり」 田尻郷土研究会 （27）2005.3

仏教と曹洞宗第十教区寺院の開山瞥見記（1），（2）（平野一郎）「郷土たじり」 田尻郷土研究会 （28）／（29）2006.3／2007.3

里の神々（3）忘れられた神様（小野武）「郷土たじり」 田尻郷土研究会

（29）2007.3

遺稿 板碑を追って（安部定雄）「郷土たじり」 田尻郷土研究会 （30）2008.3

墓石が語る創作余話 つづみ女のひとり言（三神貞夫）「郷土たじり」 田尻郷土研究会 （30）2008.3

きつねとむじなの思い出―祖母から聞いた昔話から（佐藤紀久子）「郷土たじり」 田尻郷土研究会 （30）2008.3

「加護坊故郷音頭」全町的な普及を田尻安部さん夫妻作詞、振付け（大崎タイムス 平7.6.3）「郷土たじり」 田尻郷土研究会 （30）2008.3

田尻米の唄 田尻郷土研究会20周年記念会（米倉福治）「郷土たじり」 田尻郷土研究会 （30）2008.3

十三仏像「郷土たじり」 田尻郷土研究会 （31）2009.05

オモダカが結んだご縁 副題 池泉が伝える吉祥物語（三神貞夫）「郷土たじり」 田尻郷土研究会 （32）2010.06

石碑の前で思い出したこと（村上久子）「郷土たじり」 田尻郷土研究会 （33）2011.07

お祭りの想い出（藤本田鶴子）「郷土たじり」 田尻郷土研究会 （33）2011.07

民謡に教わる庶民の暮し（今野信一）「郷土たじり」 田尻郷土研究会 （33）2011.07

古民家との出会い（尾形純平）「郷土たじり」 田尻郷土研究会 （34）2012.05

お振舞再現（床入りまで）（三神貞夫）「郷土たじり」 田尻郷土研究会 （35）2013.04

伊達藩

東北の原風景（3）金牛と鰻神 伊達と南部・国境線の民俗誌（内藤正敏）「東北学」〔第1期〕 東北芸術工科大学東北文化研究センター，作品社（発売） 3 2000.10

忠全寺跡

遠田山忠全寺跡（太宰幸子）「地名」 宮城県地名研究会 （37）2013.05

長喜城

イグネとくらし はじめに／イグネとは／仙台平野のイグネについて／仙台市若林区長喜城のイグネ／おわりに（足元から見る民俗20―失われた伝承・変容する伝承・新たなる伝承―調査報告）「調査報告書」 仙台市教育委員会 30 2012.3

長水寺

長水寺の人面石（玉野昭代）「郷土たじり」 田尻郷土研究会 23 2001.2

槻木遥拝所

表紙説明 三頭の狼を描いた絵馬 福島県伊達郡飯舘村佐須鎮座山津見神社槻木遙拝所資料（しばたの郷土館所蔵）「仙台郷土研究」 仙台郷土研究会 39（1）通号288 2014.06

柴田町の山津見神社槻木遥拝所―山と海をつなぐ狼の信仰（石黒伸一郎）「仙台郷土研究」 仙台郷土研究会 40（1）通号290 2015.06

坪沼

仙台市坪沼の近世梵鐘（資料紹介）（石黒伸一朗）「宮城考古学」 宮城県考古学会 （8）2006.5

仙台・太白区坪沼に見る伝承「あずま街道」の道標（佐藤達夫）「仙台郷土研究」 仙台郷土研究会 32（2）通号275 2007.12

仙台市太白区坪沼 菅野善藏家の板碑について（佐藤達夫）「宮城史学」 宮城歴史教育研究会 （28）2009.03

手長山

伝承 手長山のたたら製鉄と「おいらん、縫い笹」の傾城塚（吉田雅博）「歴研みやぎ」 宮城県歴史研究会 （87）2012.3

寺崎

寺崎のはねこ踊の群集化に見る民俗と芸能（小谷竜介）「東北民俗」 東北民俗の会 44 2010.07

天皇寺

大和町天皇寺と「飯坂の局」について（島貫裕）「歴研みやぎ」 宮城県歴史研究会 58 2002.7

洞雲寺

史料紹介 『洞雲寺縁起』について（佐藤清一）「仙台郷土研究」 仙台郷土研究会 34（2）通号279 2009.12

東街道

菅生道に残る伝承「東街道」（佐藤達夫）「宮城史学」 宮城歴史教育研究会 （24）2005.3

東光寺

東光寺の石窟群域・西平場が新たな指定文化財に「文化財せんだい」 仙台市教育委員会文化財課 （84）2006.2

東北 郷土に伝わる民俗と信仰 宮城県

洞ノ口遺跡

仙台市洞ノ口遺跡出土木製卒塔婆─中世後期の供養システム解明に向けて（田中則和）「六軒丁中世史研究」 東北学院大学中世史研究会 （13） 2008.4

東和町

北上山地の鬼地名と伝説─宮城県登米郡東和町の場合（小野寺正人）「東北民俗」 東北民俗の会 31 1997.6

遠刈田

こけしの語源／遠刈田のこけし（「こけしのふる里」 蔵王町・遠刈田歴史散歩）（遠藤哲雄）「宮城県文化財友の会だより」 宮城県文化財友の会 （194） 2011.09

遠田郡

西堀彌市と杞柳産業─岐阜県本巣郡・宮城県遠田郡における産業創出（荻久保嘉章）「郷土研究・岐阜 ： 岐阜県郷土資料研究協議会会報」 岐阜県郷土資料研究協議会 （115） 2011.03

富岡八幡神社

特別寄稿 奥州石巻観慶丸幸助船─富岡八幡神社の航海安全祈願奉納碑について（中野日出夫）「ナジェージダ（希望）」 石巻若宮丸漂流民の会 （27） 2011.12

富沢磨崖仏群

裸大仏・眠る観音、こけら不動 西国三十三札所もできる富沢磨崖仏群「宮城県文化財友の会だより」 宮城県文化財友の会 （199） 2012.09

登米

戦後における登米能の伝承（田村にしき）「民俗音楽研究」 日本民俗音楽学会 （35） 2010.03

登米地方における能と謡の伝承について─戦後を中心に（第23回大会報告「民俗音楽にみる川と道の十字路」（2009 浜松）─研究発表要旨）（田村にしき）「民俗音楽研究」 日本民俗音楽学会 （35） 2010.03

登米市

八幡宮紹介 八幡神社（宮城県登米市）「季刋悠久.第2次」 鶴岡八幡宮悠久事務局 （109） 2007.7

中新田

火伏せの虎舞─宮城県加美町中新田（《特集 火伏せ信仰》）（岩崎真幸）「季刋悠久.第2次」 鶴岡八幡宮悠久事務局 （104） 2006.8

中新田の風鎮祭「地名」 宮城県地名研究会 通号24 2006.11

中新田町

宮城県中新田町方言の記述的調査報告（加藤正信，小林隆，大橋純一，竹田晃子）「東北文化研究室紀要」 東北大学大学院文学研究科東北文化研究室 通号38 1997.3

中ノ原遺跡

岩沼市中ノ原遺跡所在の板碑と出土遺物について（資料紹介）（川又隆央，熊谷篤）「宮城考古学」 宮城県考古学会 （11） 2009.05

中野村

幕末農村の年中行事の解釈─宮城県中野村の農家の記録 はじめに（「懐宝年中行事」写真と読み下し文（足元から見る民俗20─失われた伝承・変容する伝承・新たなる伝承─資料紹介）「調査報告書」 仙台市教育委員会 30 2012.3

中町

街角の祠 五日市と中町の境に建つ秋葉神社について聞く（編集委員会）「郷土わたり」 亘理郷土史研究会 （106） 2011.06

中村大明神

真岡通信中村大明神覆屋見事に完成（横松榮一）「藩報きずな」 仙台藩志会 33 2005.4

真岡便り中村大明神に石燈籠と狛犬を建立─遷宮百年記念事業として（横松榮一）「藩報きずな」 仙台藩志会 （45） 2011.06

流留

祭魚洞文庫に見る三陸地方の暮らし─「渡ノ波・流留塩田図解」を一例として（星洋和）「民具マンスリー」 神奈川大学 47（1）通号553 2014.04

名取

名取老女への憧れ「神奈川県立歴史博物館だより」 神奈川県立歴史博物館 11（2）通号170 2005.10

陸前名取の熊野信仰図絵をめぐって（上）（太田將勝）「史迹と美術」 史迹美術同攷会 81（4）通号814 2011.05

名取熊野四社

郷土学講座史跡めぐり 秋─名取熊野四社をめぐる（平井正一）「之波太 ： 柴田町郷土研究会会報」 柴田町郷土研究会 28 2001.6

名取市

名取市の熊野神社考（1）（菅原伸一）「地名」 宮城県地名研究会 14 2000.6

七北田川河口

七北田川河口の神社と大津波（菅原伸一）「地名」 宮城県地名研究会 （35） 2012.05

名振

郷土芸能なう!! 浜に響く誇り 高き太鼓─名振のおめつき（西嶋一泰）「公益社団法人全日本郷土芸能協会会報」 全日本郷土芸能協会 （75） 2014.04

浪分神社

表紙写真解説 浪分神社（若林区霞目）（松岡祐也）「市史せんだい」 仙台市博物館 23 2013.09

鳴瀬川流域

中世における鳴瀬川・江合川流域の熊野信仰─宮崎熊野神社の潮垢離神事が示す信仰の世界（佐藤正人）「東北学院大学東北文化研究所紀要」 東北学院大学東北文化研究所 （36） 2004.11

新田ノ目

「寒稽古」─大崎市田尻大貫新田ノ目の謡の伝承事例を通して（車田敦）「東北民俗」 東北民俗の会 44 2010.07

二の森

経ヶ峯 表紙：宝華林廟に改葬なった二の森墓碑「藩報きずな」 仙台藩志会 （51） 2014.04

二本松

二本松のおいたち／二本松の風景／二本松城の歴史／粟ノ須古戦場跡／藩政時代から菊人形／二本松提灯祭り／安達ヶ原ふるさと村／鬼婆の岩屋／鬼婆ものがたり／智恵子の生家「宮城県文化財友の会だより」 宮城県文化財友の会 162 2005.5

濡れ薬師

濡れ薬師（久須志神社）（八巻昭六）「之波太 ： 柴田町郷土研究会会報」 柴田町郷土研究会 28 2001.6

仰ヶ返り地蔵前遺跡

宮城県栗原市高清水・仰ヶ返り地蔵前遺跡の調査研究（1）─東北地方最北の瓦葺き中世寺院を求めて（佐川正敏、藤原二郎、石黒伸一朗、工藤浩司、本田誠彦、操達哉）「東北学院大学東北文化研究所紀要」 東北学院大学東北文化研究所 （37） 2005.11

白山神社

せんだい今昔 白山神社のお祭り「せんだい市史通信」 仙台市博物館市史編さん室 5 2001.3

宮城県白山神社考（2），（3）（菅原伸一）「地名」 宮城県地名研究会 15/16 2001.11/2002.5

八本松

仙台・八本松 八幡宮碑祭礼（高橋寿之）「ナジェージダ（希望）」 石巻若宮丸漂流民の会 （28） 2012.07

波伝谷

南三陸の海はどこまでも青く 宮城県本吉郡南三陸町戸倉 波伝谷の春祈禱（久保田裕道）「儀礼文化ニュース」 儀礼文化学会 （189） 2013.03

花岳神社

花嶽神社安置の不動明王二童子像について（酒井昌一郎）「仙台市博物館調査研究報告」 仙台市博物館 （32・33） 2013.03

鼻節神社

「鼻節神社」について（田中利昭）「地名」 宮城県地名研究会 （19） 2004.6

花山

栗原市花山の自然/（旧）村名「花山」の由来/花山湖/花山寺跡/不動明王立像と脇仏 栗原市花山字本沢山下49─10/花山峠/千葉周作/孤雲屋敷と千葉周作 旧佐藤家住宅（指定有形文化財）/孤雲屋敷（旧佐藤家住宅）/仙台藩花山村寒湯番所跡/仙北御境目守三浦家/花山ダム/浅布渓谷/御嶽神社/花山鉄砲祭り「宮城県文化財友の会だより」 宮城県文化財友の会 （210） 2014.10

花山峠

栗原市花山の自然/（旧）村名「花山」の由来/花山湖/花山寺跡/不動明王立像と脇仏 栗原市花山字本沢山下49─10/花山峠/千葉周作/孤雲屋敷と千葉周作 旧佐藤家住宅（指定有形文化財）/孤雲屋敷（旧佐藤家住宅）/仙台藩花山村寒湯番所跡/仙北御境目守三浦家/花山ダム/浅布渓谷/御嶽神社/花山鉄砲祭り「宮城県文化財友の会だより」 宮城県文化財友の会 （210） 2014.10

宮城県

花山湖

栗原市花山の自然／(旧)村名「花山」の由来／花山湖／花山寺跡／不動明王立像と脇仏 栗原市花山字本沢山下49—10／花山峠／千葉周作／孤雲屋敷と千葉周作 旧佐藤家住宅(指定有形文化財)／孤雲屋敷(旧佐藤家住宅)／仙台藩花山村寒湯番所跡／仙北御境目守三浦家／花山ダム／浅布渓谷／御嶽神社／花山鉄砲祭り「宮城県文化財友の会だより」 宮城県文化財友の会 (210) 2014.10

花山ダム

栗原市花山の自然／(旧)村名「花山」の由来／花山湖／花山寺跡／不動明王立像と脇仏 栗原市花山字本沢山下49—10／花山峠／千葉周作／孤雲屋敷と千葉周作 旧佐藤家住宅(指定有形文化財)／孤雲屋敷(旧佐藤家住宅)／仙台藩花山村寒湯番所跡／仙北御境目守三浦家／花山ダム／浅布渓谷／御嶽神社／花山鉄砲祭り「宮城県文化財友の会だより」 宮城県文化財友の会 (210) 2014.10

花山村寒湯番所

栗原市花山の自然／(旧)村名「花山」の由来／花山湖／花山寺跡／不動明王立像と脇仏 栗原市花山字本沢山下49—10／花山峠／千葉周作／孤雲屋敷と千葉周作 旧佐藤家住宅(指定有形文化財)／孤雲屋敷(旧佐藤家住宅)／仙台藩花山村寒湯番所跡／仙北御境目守三浦家／花山ダム／浅布渓谷／御嶽神社／花山鉄砲祭り「宮城県文化財友の会だより」 宮城県文化財友の会 (210) 2014.10

原町

輪王寺と原町慈眼山観音堂の鐘名(石黒伸一郎)「仙台郷土研究」 仙台郷土研究会 32(2) 通号275 2007.12

筆甫

「生き返ったムラ」—宮城県丸森町の筆甫(ひっぱ)地区と筆まつり(武田朱美)「女性と経験」 女性民俗学研究会 通号22 1997.10

日吉寺

日足山日吉寺の歴史から 本朝の仏像と日足と大坊に思う(伊藤民雄)「郷土たぢり」 田尻郷土研究会 (35) 2013.04

平磯

みんなでいち早く復活させた平磯虎舞(平成22年度民俗芸能学会大会シンポジウム 震災風土における民俗芸能再生に向けて—現状と課題)(高橋弘則)「民俗芸能研究」 民俗芸能学会 (55) 2013.09

福応寺毘沙門堂

「国指定重要有形民俗文化財」福應寺毘沙門堂奉納養蚕信仰絵馬について 紹介(村上收)「郷土わたり」 亘理郷土史研究会 (109) 2013.04

藤田村

にわたり神のある村(藤田村及びその周辺)(現角田市藤田 阿武隈川東岸)(三文字孝司)「地名」 宮城県地名研究会 (37) 2013.05

物響寺

資料紹介 名取郡物響寺の文明5年銘磬(石黒伸一郎)「宮城考古学」 宮城県考古学会 通号2 2000.5

船形山神社

船形山神社の謎(三文字孝司)「地名」 宮城県地名研究会 15 2001.11

古川市

「枯筆塚」について(長沼宗彰)「古川市郷土研究会会報」 古川市郷土研究会 (25) 1999.5

神社由来記にちなんで(姉歯景孝)「古川市郷土研究会会報」 古川市郷土研究会 (29) 2003.5

愛宕神社由来記(高橋正司, 石川忠助, 加藤兵市)「古川市郷土研究会会報」 古川市郷土研究会 (30) 2004.5

古代信仰「アラハバキ」をさぐる(鈴木明子)「古川市郷土研究会会報」 古川市郷土研究会 (31) 2005.5

宝華林廟

経ヶ峯 表紙：宝華林廟に改葬なった二の森墓碑「藩報きずな」 仙台藩志会 (51) 2014.04

宝竜神社

本瀧大聖不動明王並に宝龍神社由来記(安部寿)「郷土たぢり」 田尻郷土研究会 22 2000.3

舞岳神社

舞嶽神社と舞嶽家について(舞嶽恭一)「郷土たぢり」 田尻郷土研究会 (28) 2006.3

松笠地蔵

松笠地蔵(縛り地蔵)の伝説(柴修也)「歴研みやぎ」 宮城県歴史研究会 (95) 2014.11

松島

松島地方の洞窟は「やぐら」です(加藤政久)「日本の石仏」 日本石仏協会, 青娥書房(発売) 通号84 1997.12

松山道

松山道と十三塚(佐々木信義)「栗原郷土研究」 栗原郷土史研究会 (41) 2010.3

万蔵稲荷

万蔵稲荷(宮野五郎)「郷土の研究」 国見町郷土史研究会 28 1998.3

満蔵寺

引っ越しする仏さま 賢聖院二十三夜堂の得大勢至菩薩 郡山北目→北目町／満福寺毘沙門堂の毘沙門天 郡山北目→荒町／満蔵寺観音堂の千体仏 青葉山→上飯田「せんだい市史通信」 仙台市博物館市史編さん室 (32) 2014.02

満福寺

引っ越しする仏さま 賢聖院二十三夜堂の得大勢至菩薩 郡山北目→北目町／満福寺毘沙門堂の毘沙門天 郡山北目→荒町／満蔵寺観音堂の千体仏 青葉山→上飯田「せんだい市史通信」 仙台市博物館市史編さん室 (32) 2014.02

湊神社

高須賀湊神社の関連について(われらの広場)(菊池芳郎)「郷土わたり」 亘理郷土史研究会 (97) 2006.10

宮城

新しい歴史学・新しい史料—板碑で掘り起こす地域の歴史(大石直正)「宮城歴史科学研究」 宮城歴史科学研究会 通号46 1999.2

文化財としての近世墓(関根達人)「宮城歴史科学研究」 宮城歴史科学研究会 (49) 2000.9

天皇の代替りと象徴天皇制(後藤致人)「宮城歴史科学研究」 宮城歴史科学研究会 (51) 2000.9

各地からの報告 「みやぎ民話の学校」の歩み(小野和子)「伝え ： 日本口承文芸学会会報」 日本口承文芸学会 31 2002.9

『祈りのかたち—宮城の正月飾り』(稲雄次)「秋田歴協会誌」 秋田県歴史研究者・研究団体協議会 24 2003.12

宮城・山形に現存する神輿万国全図(黒須潔)「仙台郷土研究」 仙台郷土研究会 32(1) 通号274 2007.6

民俗芸能上演会「お獅子さまがやってきた—宮城のシシ芸能」(東北歴史博物館)(小谷竜介)「宮城の文化財」 宮城県文化財保護協会 (118) 2009.03

マタギ山刀の民俗考古学(1)—山刀の型式と製作技術について(種石悠)「宮城考古学」 宮城県考古学会 (14) 2012.05

津波と地名 塩田跡の地名と津波伝説(太宰幸子)「地名」 宮城県地名研究会 (36) 2012.11

研究発表 民俗音楽伝承形態の多様性—みやぎ龍神太鼓の事例をめぐって(第8回民俗音楽研究発表会—2012 福島県郡山市—第2日(8月27日))(松本晴子)「民俗音楽研究」 日本民俗音楽学会 (38) 2013.03

宮城近郊における熊野信仰の足跡と地名(太宰幸子)「地名」 宮城県地名研究会 (39) 2014.05

宮城県

宮城県における山・鉾・屋台を主体とする祭礼行事「調査報告書」 仙台市教育委員会 18 1999.3

見直される音語(小山正平)「歴研みやぎ」 宮城県歴史研究会 51 2000.1

宮城県の民俗芸能(1)—法印神楽(千葉雄市)「東北歴史博物館研究紀要」 東北歴史博物館 1 2000.3

"東北"近代の盲巫女 宮城県の巫女をめぐって(川村邦光)「東北学.〔第1期〕」 東北芸術工科大学東北文化研究センター, 作品社(発売) 2 2000.4

屋号調べ歩記(久保自平)「地名」 宮城県地名研究会 14 2000.6

「剛」地名と「安永風土記」の姿(三文字孝司)「地名」 宮城県地名研究会 14 2000.6

北辰・北斗信仰—宮城県北の一神社に論を起こして日本と中国の比較に及ぶ(中嶋隆義)「東北文化研究室紀要」 東北大学大学院文学研究科東北文化研究室 通号42 2001.3

宮城県の民俗芸能(2)(千葉雄市)「東北歴史博物館研究紀要」 東北歴史博物館 2 2001.3

オンドリ雷神と古墳とニワタリの神(三文字孝司)「地名」 宮城県地名研究会 15 2001.11

北を向く神々(さいとうせいや)「歴研みやぎ」 宮城県歴史研究会 56 2001.11

随想 有形民俗文化財について(身崎一夫)「宮城の文化財」 宮城県文化財保護協会 (110) 2001.12

国・県指定文化財ガイド 賀茂神社のタラヨウ「宮城の文化財」 宮城県

文化財保護協会 （110） 2001.12

裸参り（本橋保久）「奥武蔵」 奥武蔵研究会 323 2002.1

稲の掛け干しについて—宮城県との比較（粕渕宏昭）「民俗文化」 滋賀民俗学会 460 2002.1

安永風土記の神（三文字孝司）「地名」 宮城県地名研究会 16 2002.5

河童について「宮城県文化財友の会だより」 宮城県文化財友の会 149 2002.9

にわたり神社の分布（鈴木恵子）「地名」 宮城県地名研究会 （18） 2003.5

「幾代、小佐治」の板碑（安倍章）「歴研みやぎ」 宮城県歴史研究会 62 2003.11

宮城県における修験の活動—中世熊野先達・持渡津をめぐって（笠原信男）「東北歴史博物館研究紀要」 東北歴史博物館 通号5 2004.3

日本の鬼探訪 東北地方 宮城県・山形県（大中良英）「六甲倶楽部報告」 六甲倶楽部 70 2004.9

お節供養碑にかかわる物語り（1）〜（3）（島貫裕）「歴研みやぎ」 宮城県歴史研究会 （69）/（71） 2006.3/2006.11

屋敷林の民俗—宮城県のイグネを緒として《東北特集》（野本寛一）「民俗文化」 近畿大学民俗学研究所 〔18〕 2006.3

神呪「千魚又次郎八百長歳」（松橋由雄）「地名」 宮城県地名研究会 通号23 2006.5

宮城県における白鳥信仰の分布とその展開《特集 民俗の現在》（佐藤真衣）「東北民俗」 東北民俗の会 40 2006.6

旧建長寺末寺考（3）宮城県編（鈴木佐）「鎌倉」 鎌倉文化研究会 通号101 2006.6

切支丹といわれた人々（1），（2）（三文字孝司）「地名」 宮城県地名研究会 通号24/通号25 2006.11/2007.5

「カクレキリシタン」遺跡を訪ねて（阿部章）「歴研みやぎ」 宮城県歴史研究会 （72） 2007.3

切支丹とよばれた人々（3）（三文字孝司）「地名」 宮城県地名研究会 通号26 2007.11

巨石崇拝の文化と遺跡（藤本正樹）「地名」 宮城県地名研究会 通号26 2007.11

水と地名の分布（相澤繁雄）「地名」 宮城県地名研究会 通号27 2008.5

殺された神・宇那禰神（松橋由雄）「地名」 宮城県地名研究会 通号27 2008.5

宮城県南部の猫神社（石黒伸一郎）「仙台郷土研究」 仙台郷土研究会 33（1）通号276 2008.6

宮城県の板碑布教（石黒伸一郎）「史迹と美術」 史迹美術同攷会 78（5）通号785 2008.6

宮城県中部の猫神社（私の報告）（石黒伸一郎）「仙台郷土研究」 仙台郷土研究会 33（2）通号277 2008.12

大仏・石仏・仏石について（1）〜（3）（村上俊則）「地名」 宮城県地名研究会 通号29/通号31 2009.05/2010.35

宮城県北部の猫神社（私の報告）（石黒伸一郎）「仙台郷土研究」 仙台郷土研究会 34（1）通号278 2009.8

江戸明治の文書に記された宮城県の懸仏（石黒伸一郎）「史迹と美術」 史迹美術同攷会 80（3）通号803 2010.03

宮城県の鳥追い行事の様相（山田栄克）「民俗地図研究」 民俗地図研究会 （2） 2010.03

宮城県における山車祭の分布（鈴木志乃）「民俗地図研究」 民俗地図研究会 （2） 2010.03

ニワタリの神（1）〜（3）（三文字孝司）「地名」 宮城県地名研究会 通号32/（34） 2010.11/2011.11

宮城県の一口知識「鮫氷」「宮城県公文書館だより」 宮城県公文書館 （18） 2011.4

宮城県の猫薬師碑（石黒伸一郎）「東北民俗」 東北民俗の会 45 2011.06

教育勅語渙発120周年 宮城県神社庁「郷土たどり」 田尻郷土研究会 （33） 2011.07

水神（小澤操）「地名」 宮城県地名研究会 （34） 2011.11

行山流鹿踊—宮城県北・岩手県南に分布する鹿踊群の系譜、装束と芸態整理（報告）（及川宏幸）「東北歴史博物館研究紀要」 東北歴史博物館 （13） 2012.03

各地からの報告 津波と口承文芸—2011年の宮城県の活動記録（川島秀一）「伝え ： 日本口承文芸学会会報」 日本口承文芸学会 （50） 2012.03

宮城県の無形民俗文化財被災状況報告（第136回研究例会 東日本大震災被災地の民俗文化財報告会）（小谷竜介）「民俗芸能研究」 民俗芸能学会 （52） 2012.03

賀茂神社について（島貫裕）「歴研みやぎ」 宮城県歴史研究会 （90） 2013.01

草祖神について（吉田雅博）「歴研みやぎ」 宮城県歴史研究会 （90） 2013.01

御朱印帳とカメラを手に（会員の声）（赤澤啓司）「宮城県文化財友の会だ

より」 宮城県文化財友の会 （201） 2013.02

被災地における祭礼・神事芸能と復興（宮城県）（特集 天変地異・神仏と災害II—小論文）（笠原信男）「季刊悠久.第2次」 鶴岡八幡宮悠久事務局 （130） 2013.02

屋号＝阿弥陀堂の家（太宰幸子）「地名」 宮城県地名研究会 （37） 2013.5

宮城県内の石造供養塔—いわゆる双式板碑調査研究の展望（論文）（恵美昌之）「六軒丁中世研究」 東北学院大学中世研究会 （15） 2013.12

聞き書きからの発見—宮城県で聞いた軍隊の話（沼崎麻矢）「民俗」 相模民俗学会 （226） 2014.02

宮城県南部の狼信仰（石黒伸一朗）「東北民俗」 東北民俗の会 48 2014.06

高倉浩樹・福澤克彦編『無形民俗文化財が被災するということ—東日本大震災と宮城県沿岸部地域社会の民俗誌』（書誌紹介）（久保田裕道）「日本民俗学」 日本民俗学会 （279） 2014.08

宮崎町

宮城県宮崎町のハレの膳椀についての雑感（神かほり）「民俗」 相模民俗学会 175 2001.2

《宮城県加美郡宮崎町合同調査特集》「昔風と当世風」 古々路の会 80 2001.3

宮崎町の契約講（神かほり）「昔風と当世風」 古々路の会 80 2001.3

宮崎町における信仰（岩野笙子）「昔風と当世風」 古々路の会 80 2001.3

宮崎町を訪ねて（小林幹子）「昔風と当世風」 古々路の会 80 2001.3

宮崎町西部地区の集落と民家（早瀬哲恒）「昔風と当世風」 古々路の会 80 2001.3

宮城県・宮崎町の民家（高原一朗）「昔風と当世風」 古々路の会 80 2001.3

宮崎町見聞雑記（五十嵐稔）「昔風と当世風」 古々路の会 80 2001.3

カマ神をまつる宮城県宮崎町の民家（津山正幹）「昔風と当世風」 古々路の会 80 2001.3

宮崎町の伝承と生活（長野晃子）「昔風と当世風」 古々路の会 80 2001.3

宮崎町合同調査のお礼にかえて（東葉子）「昔風と当世風」 古々路の会 80 2001.3

宮崎町麓に見る股木の卒塔婆（笠原剛）「地名」 宮城県地名研究会 15 2001.11

宮床

宮床伊達家と覚照寺（伊達洋司）「藩報きずな」 仙台藩志会 （52） 2014.10

三輪足社

加美郡中新田町上多田川 三輪足社／安永風土記の記録どおりの現存の神社／長床の位置／東北地方にある重要文化財の長床／東北地方のその他の長床（三文字孝司，昆野良喜）「地名」 宮城県地名研究会 17（別冊） 2002.9

陸奥国分寺

陸奥国分寺の不動明王・毘沙門天・十二神将（酒井昌一郎）「仙台市博物館調査研究報告」 仙台市博物館 （23） 2003.3

陸奥国分寺の仏像—主に表面仕上げに関するデータから（酒井昌一郎）「仙台市博物館調査研究報告」 仙台市博物館 （27） 2007.3

陸奥国分寺跡

陸奥国分寺跡／国分寺創建余話／養種園遺跡「宮城県文化財友の会だより」 宮城県文化財友の会 161 2005.4

陸奥国分尼寺

陸奥国分尼寺の寺域と伽藍・再考（木村浩二）「仙台市富沢遺跡保存館研究報告」 仙台市歴史文化事業団仙台市富沢遺跡保存館 （9） 2006.3

村田町

村田町におけるアキハサン—"廻り"の宗教民俗学（佐々木利恵）「東北民俗」 東北民俗の会 46 2012.06

村山

山形県村山地域における石造文化（2） 西蔵王の龍山信仰に由来するもの（笠原弘邦）「歴研みやぎ」 宮城県歴史研究会 （83） 2010.11

愛島

名取市愛島の子安観音堂と石仏（地域の話題）（佐藤達夫）「宮城史学」 宮城歴史教育研究会 （25） 2006.3

矢上

宮城県東松島市矢上の道祖神（山田栄克）「道祖神研究」 道祖神研究会 （3） 2009.04

宮城県　　　郷土に伝わる民俗と信仰　　　東北

柳津虚空蔵尊
圓蔵寺文書に見る戦国大名と「柳津虚空蔵尊」との関わり合い（大竹登）「歴史春秋」歴史春秋社　（70）2009.10

柳生
仙台の柳生和紙と松川達磨《足元から見る民俗15―失われた伝承・変容する伝承・新たなる伝承》「調査報告書」仙台市教育委員会　25　2007.3

柳沢
柳沢の焼け八幡とオコヤ（森隆男，加藤紫識）「昔風と当世風」古々路の会　80　2001.3

小正月の夜に来訪する裸の神々―宮城県加美町柳沢（森隆男）「𠮷陵：関西大学博物館彙報」関西大学博物館　（60）2010.03

山田
農家の年中行事―太白区山田の大里家「調査報告書」仙台市教育委員会　20　2002.3

山神社
小牛田山神社石碑をめぐって（渡辺みゆき）「コロス」常民文化研究会　74　1998.8

女性の祀る山の神―宮城県遠田郡小牛田山神社とその周辺（京田直美）「女性と経験」女性民俗学研究会　通号23　1998.10

山の寺
祭祀成立初期における神体のはたらき―「山の寺秋葉神社どんと祭」の事例から（高橋嘉代）「東北宗教学」東北大学大学院文学研究科宗教学研究室　2　2006.12

山元町
山元町の板碑と蔵王町の中世石塔（資料紹介）（石黒伸一朗）「宮城考古学」宮城県考古学会　（7）2005.5

行神社
富谷町志戸田　行神社考（三文字孝司）「地名」宮城県地名研究会　通号27　2008.5

湯本
花巻湯本大日堂白山神社の二体の大日如来坐像の変遷（佐々木勝宏）「岩手県立博物館研究報告」岩手県文化振興事業団　（25）2008.3

要害
屋号調べ歩記「要害屋敷」「地名」宮城県地名研究会　16　2002.5

吉田浜
吉田浜ものがたり―石碑を訪ねて（半澤麿）「郷土わたり」亘理郷土史研究会　（99）2007.10

米川
登米市東和町米川地区/隠れキリシタンの里を訪ねて"イエズス会信仰"土木・製鉄技術者への弾圧（登米市東和町歴史散歩）「宮城県文化財友の会だより」宮城県文化財友の会　（193）2011.08

米倉
米倉鹿嶋神社の献饌の儀（高橋由美）「地名」宮城県地名研究会　（22）2005.11

陸前江島
陸前江島の風（疫病）送り（伊達大喜）「あしなか」山村民俗の会　256　2000.11

滝沢寺
滝沢寺の百万遍講（太宰幸子）「地名」宮城県地名研究会　14　2000.6

竜宝寺
伊達家一門格別本山　恵澤山「龍寶寺」を取材して（柳沼宣洋）「藩報きずな」仙台藩志会　（47）2012.04

輪王寺
輪王寺と原町慈眼山観音堂の鐘久（石黒伸一郎）「仙台郷土研究」仙台郷土研究会　32（2）通号275　2007.12

蠟崎神社
馬と胡桃―仙台・蠟崎神社における習俗形成過程の考察（佐藤千尋）「東北民俗」東北民俗の会　43　2009.06

六角
六面石幢と六角という地名について（大石諭）「地名」宮城県地名研究会　17　2002.12

若葉区
伝承切り紙の頒布について―仙台市若葉区八幡神社の事例から（伊藤優）「東北民俗学研究」東北学院大学民俗学OB会　5　1997.9

若宮八幡神社
若宮八幡神社・敷玉御玉神社の由緒及び湯立について（草刈時広）「古川市郷土研究会会報」古川市郷土研究会　（25）1999.5

若柳
南部神楽と郷土若柳（高橋哲哉）「栗原郷土研究」栗原郷土史研究会　（29・30）1999.2

渡波
祭魚洞文庫に見る三陸地方の暮らし―「渡ノ波・流留塩田図解」を一例として（星洋和）「民具マンスリー」神奈川大学　47（1）通号553　2014.04

亘理
亘理の農業用水と用水にかかわる道具について（武田恵美）「民具マンスリー」神奈川大学　31（5）1998.8

われらの広場　供養石の松（鈴木清）「郷土わたり」亘理郷土史研究会　89　2002.10

われらの広場　渡舟で通ったお稲荷きつね（下郡太郎）「郷土わたり」亘理郷土史研究会　90　2003.4

えんころ節の由来（われらの広場）（武者惣蔵）「郷土わたり」亘理郷土史研究会　91　2003.10

夏（名）越しの祭り（われらの広場）（羽田正喜）「郷土わたり」亘理郷土史研究会　（99）2007.10

平成19年度総会講演（要旨）亘理地方における修験道のあゆみ（星宮智光）「郷土わたり」亘理郷土史研究会　（101）2008.10

御念佛と十三佛の由来について（われらの広場）（菊池芳郎）「郷土わたり」亘理郷土史研究会　（102）2009.04

亘理の民話二題（清野一夫）「伊達の風土」伊達郷土史研究会　（28）2009.10

江戸時代後期における民俗信仰―亘理に残された資料を手がかりに（吉岡一男）「仙台郷土研究」仙台郷土研究会　37（1）通号284　2012.06

亘理町
正月飾りと伝承切紙―気仙沼市、唐桑町、亘理町の事例「調査報告書」仙台市教育委員会　18　1999.3

年中行事講座「お餅をついて団子さしをしよう」の様子「郷土しりょうかん」亘理町郷土資料館　（103）2012.02

開館20周年記念　郷土資料館再発見　その5　七夕馬「郷土しりょうかん」亘理町郷土資料館　（118）2014.08

秋田県

合川

村の御祝儀 (1) 結婚式 (菊地ナツ)「史友」 合川地方史研究会 16 1998.9

昭和のはじめ 村の御祝儀 (2) 嫁入り (拵参道具のこと) (菊地ナツ)「史友」 合川地方史研究会 17 1999.3

昔話を考える かばえ過ぎてボロが出た (土濃塚富蔵)「史友」 合川地方史研究会 18 2000.3

随筆 人形芝居のこと (小笠原みつ代)「史友」 合川地方史研究会 20 2001.9

『喋夕舞・ばんば舞』 故松岡東三郎先輩に捧ぐ (成田弘三)「史友」 合川地方史研究会 20 2001.9

屋号のこと (小笠原みつ代)「史友」 合川地方史研究会 21 2002.2

随想 犬張子 (佐藤勇助)「史友」 合川地方史研究会 (23) 2003.9

村の女たちの美意識 野良着に魅せられて (27) 「衣の民俗」展示 (合川歴史民俗資料室) (福岡サヨ)「史友」 合川地方史研究会 (29) 2007.3

鳥追い (小正月行事) (福岡龍太郎)「史友」 合川地方史研究会 (29) 2007.3

葬式の花葺き (小笠原みつ代)「史友」 合川地方史研究会 (33) 2010.12

コラム しめなわ/絵馬/雷/俗信語彙「史友」 合川地方史研究会 (35) 2013.01

植物民俗 「コケッコヨー」の花が咲くころ (福岡サヨ)「史友」 合川地方史研究会 (35) 2013.01

赤神

男鹿半島の赤神と古代氏族を考える (伊藤祐紀)「北方風土 : 北国の歴史民俗考古研究誌」 イズミヤ出版 通号47 2004.1

赤神神社

赤神神社五社堂の修理—複数棟の修理、秋田地方の特殊な技法について (本多巖)「出羽路」 秋田県文化財保護協会 (131) 2002.7

特派員だより男鹿五社堂の円空仏 (池田昮次)「まんだら : 東北文化友の会会報」 東北芸術工科大学東北文化研究センター (22) 2005.2

赤田

祭りの文化—赤田大仏祭礼の祈りの構造から (斎藤寿胤)「鶴舞」 本荘地域文化財保護協会 73 1997.3

赤田村

近世後期の村・家・家族・個人—出羽国亀田藩領赤田村のキリシタン改帳から (今野真)「東北学院大学東北文化研究所紀要」 東北学院大学東北文化研究所 (36) 2004.11

赤沼

小さな遺産 (民俗) に想う—赤沼周辺から (菊地正男)「鶴舞」 本荘地域文化財保護協会 81 2001.5

秋田

秋田眠流し行事 (稲雄次)「年報能代市史研究」 能代市史編さん室 5 1997.3

地名に残る民俗語彙 (2) (佐藤貢)「秋田地名研究年報」 秋田地名研究会 13 1997.5

秋田ことば語源考 (6) ～ (9) 最終回 (三木蓁佑)「北方風土 : 北国の歴史民俗考古研究誌」 イズミヤ出版 通号34/通号37 1997.5/1999.1

秋田切支丹話 (1), (2) (高橋康三)「史談」 土崎史談会 (37) / (38) 1997.6/1998.6

山村と民具 (進藤孝一)「秋田民俗」 秋田文化出版 23 1997.6

田中秀和著『幕末維新期における宗教と地域社会』 (渡辺英夫)「秋田歴研協会誌」 秋田県歴史研究者・研究団体協議会 6 1997.10

秋田の星の信仰 [1], (2) (新谷正隆)「北方風土 : 北国の歴史民俗考古研究誌」 イズミヤ出版 通号35/通号36 1997.11/1998.5

秋田の星の信仰 (3)—環状列石・薬師・昼宮・黒又山・四天王寺 (新谷正隆)「北方風土 : 北国の歴史民俗考古研究誌」 イズミヤ出版 通号37 1998.9

秋田民謡論 (1), (2) (青柳信夫)「北方風土 : 北国の歴史民俗考古研究誌」 イズミヤ出版 通号37/通号39 1999.1/1999.12

秋田木村の石碑 別当賀山林由来記碑 (川上栄二)「根室市博物館開設準備室だより」 根室市博物館開設準備室 15 2000.5

経塚・秋田の古代と中世のはざまで (1), (2) (高橋康三)「史談」 土崎史談会 (40) / (41) 2000.5/2001.5

地名の文化時効 (斎藤広志)「秋田の地名 : 秋田地名研究会会報」 [秋田地名研究会] 31 2000.9

秋田の性神 (浅野明)「あしなか」 山村民俗の会 256 2000.11

年中行事の連続性—秋田の風土との関わりから (鎌田幸男)「秋田民俗」 秋田文化出版 27 2001.6

箒の民俗 (佐藤正)「秋田民俗」 秋田文化出版 27 2001.6

祭柳伝承—柳を斉う民俗信仰の一面 (斎藤壽胤)「秋田民俗」 秋田文化出版 27 2001.6

記録資料に見る秋田の民俗 (鎌田幸男)「秋田市史研究」 秋田市 10 2001.7

第23回企画展「記録された秋田の民俗芸能」「真澄」 秋田県立博物館菅江真澄資料センター 11 2001.9

唱え言と和歌の民俗性 (斎藤壽胤)「秋田歴研協会誌」 秋田県歴史研究者・研究団体協議会 18 2001.12

秋田の馬喰が建てた馬頭観音 (堀内暉巳)「長野」 長野郷土史研究会 221 2002.1

秋田の山の神まつり (稲雄次)「東北芸術工科大学東北文化研究センター研究紀要」 東北芸術工科大学東北文化研究センター (1) 2002.3

雨乞いの奇習 (川越雄助)「秋田民俗」 秋田文化出版 28 2002.6

"体験"民俗 ドブロク少年記 (佐藤正)「秋田民俗」 秋田文化出版 28 2002.6

祀られる酒と民間信仰「秋田民俗」 秋田文化出版 28 2002.6

書誌紹介 『語源探求秋田方言辞典』(稲雄次)「秋田民俗」 秋田文化出版 28 2002.6

赤神神社五社堂の修理—複数棟の修理、秋田地方の特殊な技法について (本多巖)「出羽路」 秋田県文化財保護協会 (131) 2002.7

トリオイ—小正月行事群の視点から (石郷岡千鶴子)「秋田民俗」 秋田文化出版 29 2003.6

書誌紹介 「オシラサマ信仰の研究」「漁撈伝承」『わが国における威嚇漁とその用具』(稲雄次)「秋田民俗」 秋田文化出版 29 2003.6

鎌倉仏教と秋田—伝播の背後に諸大名 (笹尾哲雄)「鶴舞」 本荘地域文化財保護協会 85 2003.6

海と山の相関の民俗 (鎌田幸男)「秋田歴研協会誌」 秋田県歴史研究者・研究団体協議会 24 2003.12

獅子の祭礼と舞—御頭巡行神事と権現信仰のよるところ (齊藤壽胤)「秋田民俗」 秋田文化出版 30 2004.6

神仏習合における「勝軍」の成立 (石郷岡千鶴子)「秋田民俗」 秋田文化出版 30 2004.6

『屋敷神・講・祠資料』(書誌紹介) (石郷岡千鶴子)「秋田民俗」 秋田文化出版 30 2004.6

菅江真澄『ひなの遊び』と秋田の民俗芸能 (門屋光昭)「真澄学」 東北芸術工科大学東北文化研究センター (1) 2004.11

シャギリ囃子の盛衰 (柳沢兌衛)「秋田民俗」 秋田文化出版 31 2005.6

大名佐竹氏の国替えと民俗文化の伝播—鹿島信仰と「ささら」の秋田への伝播伝承 (樫村賢二)「茨城の民俗」 茨城民俗学会 (44) 2005.11

寺号と地名 [1] ～ (2) (斎藤廣志)「秋田の地名 : 秋田地名研究会会報」 [秋田地名研究会] 40/ (41) 2005.12/2006.6

民俗学の立場から (佐藤正)「秋田歴研協会誌」 秋田県歴史研究者・研究団体協議会 (30) 2005.12

藩政期の秋田領内有力寺院に関する文書—『六郡諸寺院覚書』から (神宮滋)「北方風土 : 北国の歴史民俗考古研究誌」 イズミヤ出版 通号51 2006.11

秋田の『庚申縁起絵巻』《特集 東北遺産を探る》—私の東北遺産 (齊藤壽胤)「まんだら : 東北文化友の会会報」 東北芸術工科大学東北文化研究センター (26) 2006.2

秋田の円空仏探訪記 (金沢大士)「菅江真澄研究」 菅江真澄研究会 (58) 2006.5

正月と不老長生—年をとらない方法の伝承をめぐって (齊藤壽胤)「秋田民俗」 秋田文化出版 (32) 2006.6

金森正也編『『秋田風俗絵巻』を読む』(書評と紹介) (本田伸)「弘前大学国史研究」 弘前大学国史研究会 (121) 2006.10

わすれられた民俗語彙 地名に残る微かな痕跡 (大場久太郎)「秋田地名研究年報」 秋田地名研究会 (22) 2006.12

菅江真澄と秋田の民俗語彙 (三木蓁佑)「北方風土 : 北国の歴史民俗考古研究誌」 イズミヤ出版 通号53 2007.1

目ひとつの神のこと (齊藤壽胤)「秋田民俗」 秋田文化出版 (33) 2007.6

鍋被り神事における神饌運搬と嫁の被り物 (石郷岡千鶴子)「秋田民俗」

秋田文化出版 （33） 2007.6

北陸の民謡と秋田民謡との関わり—民謡緊急調査のデータベース化から（小田島清朗）「秋田民俗」 秋田文化出版 （33） 2007.6

秋田における近世在地修験の寺院経営—旧雄勝郡大澤村上法寺喜楽院を例に（〈月例会報告要旨〉）（松野聡子）「関東近世史研究」 関東近世史研究会 （63） 2007.10

温泉に関わる信仰の姿（歴研協第13回大会）（石郷岡千鶴子）「秋田歴研協会誌」 秋田県歴史研究者・研究団体協議会 （36） 2007.12

小正月の祝い棒とそのかたち—秋田の「火焚棒」の記録から（今石みぎわ）「真澄学」 東北芸術工科大学東北文化研究センター （4） 2008.11

秋田の式内社を巡る（田口昌樹）「菅江真澄研究」 菅江真澄研究会 （66） 2008.12

藩政期の秋田領内有力社寺の社領寺領に関する文書（4）白川・吉田神道文書より（神宮滋）「北方風土 ： 北国の歴史民俗考古研究誌」 イズミヤ出版 通号58 2009.07

経塚の展開における瓦経研究の意義（今野沙貴子）「秋田考古学」 秋田考古学協会 （53） 2009.11

『秋田風俗問状答』と菅江真澄—真澄の知識がどのように生かされたか（田口昌樹）「菅江真澄研究会 （72） 2010.5

山の神信仰—秋田の習俗から（進藤孝一）「秋田民俗」 秋田文化出版 （36） 2010.06

鷲谷良一編著『秋田と円空仏』（書誌紹介）（齊藤壽胤）「秋田民俗」 秋田文化出版 （36） 2010.06

「交衆帳」に見る近世初期長谷寺上山の秋田僧—秋田領内有力社寺の横断調査（5）完（神宮滋）「北方風土 ： 北国の歴史民俗考古研究誌」 イズミヤ出版 通号60 2010.07

重要有形民俗文化財、秋田県指定有形民俗文化財（秋田県内の国・県指定等文化財一覧）「出羽路」 秋田県文化財保護協会 通号149 2011.8

重要無形民俗文化財、秋田県指定無形民俗文化財（秋田県内の国・県指定等文化財一覧）「出羽路」 秋田県文化財保護協会 通号149 2011.8

歴史情報 研究ノート 民謡研究家、藤井清水が紹介した秋田民謡（麻生正秋）「秋田歴研協会誌」 秋田県歴史研究者・研究団体協議会 （47） 2011.09

秋田における古代火葬墓の一様相（高橋和成）「秋田考古学」 秋田考古学協会 （55） 2011.12

文化財保護関係資料（149号より続く）秋田県内の国登録文化財一覧 登録有形文化財（建造物）、登録記念物（動物）/国による記録作成等の措置を講ずべき無形の文化財/国による記録作成等の措置を講ずべき無形の民俗文化財（国記録選択）風俗慣習関係、民俗芸能・行事関係/秋田県記録選択無形民俗文化財/国登録抹消有形文化財（建造物）「出羽路」 秋田県文化財保護協会 通号150 2012.2

秋田マタギの開明性（村上一馬）「武蔵保谷村だより ： 高橋文太郎の『武蔵保谷村郷土資料』を手掛かりに」 下谷保の自然と文化を記録する会 （7） 2012.10

稲作と藥の文化を育んだ秋田の自然環境（民俗学シンポジウム報告）（力石國男）「雪国民俗」 ノースアジア大学 （37） 2013.03

研究発表 秋田民謡の流派の形成について—三味線の演奏様式（浅野流と睦美流）の成立を中心に（第8回民俗音楽研究会報告—2012 福島県郡山市—第2日（8月27日））（桂博章）「民俗音楽研究」 日本民俗音楽学会 （38） 2013.03

伝統の恵み（柳宗悦）「秋田手仕事たより」 秋田手仕事文化研究会 （78） 2014.02

雪と民芸（山口弘道）「秋田手仕事たより」 秋田手仕事文化研究会 （78） 2014.02

講演記録 秋田の伝説と真澄—「貞任伝説」生成の軌跡とその背景（阿部幹男）「菅江真澄資料センター真澄研究」 秋田県立博物館菅江真澄資料センター （18） 2014.3

風を祭るということ（齊藤壽胤）「秋田民俗」 秋田文化出版 （40） 2014.06

歌舞伎「松浦の太鼓」主役と秋田の関係（神宮滋）「北方風土 ： 北国の歴史民俗考古研究誌」 イズミヤ出版 （68） 2014.06

秋田の芸能の特徴と研究課題—番楽・神楽を中心に（特集 春のフォーラム 近世秋田の芸能史）（小田島清朗）「秋田歴研協会誌」 秋田県歴史研究者・研究団体協議会 （56） 2014.08

人々にとって祭とは、芸能とは—現状と課題を見つめて（特集 春のフォーラム 近世秋田の芸能史）（齊藤壽胤）「秋田歴研協会誌」 秋田県歴史研究者・研究団体協議会 （56） 2014.08

「芸能の命、芸能の力」に着目を—春のフォーラムを振り返って（特集 春のフォーラム 近世秋田の芸能史）（茶谷十六）「秋田歴研協会誌」 秋田県歴史研究者・研究団体協議会 （56） 2014.08

用語解説 社参と湯治の旅（半田和彦）「秋田歴研協会誌」 秋田県歴史研究者・研究団体協議会 （56） 2014.08

秋田らしさを育んできた民謡と秋田人の活躍—明治・大正・昭和初期という時代の特色（特集 秋のフォーラム 近現代の秋田民謡の展開）（麻生正秋）「秋田歴研協会誌」 秋田県歴史研究者・研究団体協議会

（57） 2014.12

風土と県民が育んだ秋田民謡—秋のフォーラムを振り返って（特集 秋のフォーラム 近現代の秋田民謡の展開）（佐々木久吾）「秋田歴研協会誌」 秋田県歴史研究者・研究団体協議会 （57） 2014.12

秋田県

秋田県内の宗教地名（4）〜（7）（斎藤広志）「秋田地名研究年報」 秋田地名研究会 13/16 1997.5/2000.6

秋田県沿岸南部のホウリョウ神について（佐藤貢）「鶴舞」 本荘地域文化財保護協会 78 1999.11

秋田県記録選択無形民俗文化財について—三助稲荷神社の梵天行事（秋田県教育庁文化課）「出羽路」 秋田県文化財保護協会 （126） 2000.3

佐竹北家と寺院経営の周辺（佐藤哲郎）「北方風土 ： 北国の歴史民俗考古研究誌」 イズミヤ出版 通号40 2000.6

『六部郡邑記』の再発見—「地誌」としての特色と歴史的意義（柴田次雄）「出羽路」 秋田県文化財保護協会 （129） 2001.7

秋田県南・県央部における民間巫者（伊藤康博）「都市民俗研究」 都市民俗学研究会 （8） 2002.3

ホトケオロシ習俗の変化の様相—秋田県を事例として（伊藤康博）「都市民俗研究」 都市民俗学研究会 （10） 2004.3

日本の鬼探訪 秋田県・岩手県（大中良英）「六甲倶楽部報告」 六甲倶楽部 69 2004.6

鹿島送りと藁人形立て（前）、（後）—秋田県の複合式藁人形行事の解明（稲雄次）「北方風土 ： 北国の歴史民俗考古研究誌」 イズミヤ出版 通号52/通号53 2006.6/2007.1

「山酒（やまざけ）」という山ノ神講の考察（齊藤壽胤）「雪国民俗」 ノースアジア大学 （32） 2007.10

秋田県の学校教育における「郷土の音楽」の取扱いについて（佐川馨）「日本民俗音楽学会会報」 日本民俗音楽学会 （29） 2008.7

青森県と秋田県の「をに」（中野譲）「六甲倶楽部報告」 六甲倶楽部 （87） 2008.12

国指定文化財紹介 新指定の重要文化財、重要無形民俗文化財、追加指定・名称変更の史跡「出羽路」 秋田県文化財保護協会 通号145 2009.07

県指定文化財紹介 新指定の県有形文化財、無形民俗文化財「出羽路」 秋田県文化財保護協会 通号145 2009.07

学芸ノート マツボックリ、型染めの型紙（絣型）「秋田県立博物館ニュース」 秋田県立博物館 （149） 2009.09

秋田県の伝統芸能20選（伊沢美佐子）「横手郷土史資料」 横手郷土史研究会 （84） 2010.03

講演記録 菅江真澄と民間説話（小堀光夫）「菅江真澄資料センター真澄研究」 秋田県立博物館菅江真澄資料センター （14） 2010.03

秋田県南の盆踊り、その歴史と現在（小田島清朗）「秋田民俗」 秋田文化出版 （36） 2010.06

菅江真澄と眠り流し（民俗学講演会・シンポジウムの収録（一部修正加筆））（田口昌樹）「雪国民俗」 ノースアジア大学 （35） 2010.10

中世〜近世における経塚の基礎的研究—研究体系の整備と方法論的課題、秋田県域を中心に（今野沙貴子）「青森県考古学」 青森県考古学会 （19） 2011.03

温泉今昔—秋田県の白濁湯の効能と湯治に関わる薬師信仰（大森惠子）「近畿民俗通信」 近畿民俗学会 （9） 2011.09

民俗学シンポジウム特集 基調講演 年中行事を探る—村や町の事例から（鎌田幸男）「雪国民俗」 ノースアジア大学 （36） 2012.00

報告 「やさら」の民俗伝承を絵がく（齊藤壽胤）「雪国民俗」 ノースアジア大学 （36） 2012.00

端午の節句—子供たちの菖蒲たたき（渡部景俊）「雪国民俗」 ノースアジア大学 （36） 2012.00

「境界」から鹿島行事を見る（石郷岡千鶴子）「雪国民俗」 ノースアジア大学 （36） 2012.00

秋田県北部の1人立3匹獅子舞について（特集 日本民俗音楽学会第25回沖縄大会 大会テーマ「故郷（ふるさと）を演ずる人々」—研究発表余話）（桂博章）「日本民俗音楽学会会報」 日本民俗音楽学会 （36） 2012.03

秋田県北部の「獅子・駒・奴踊り」の伝承法と伝承組織について（研究発表要旨）（桂博章）「民俗音楽研究」 日本民俗音楽学会 （37） 2012.03

震災・民俗芸能（高橋雄七）「会報」 秋田県文化財保護協会 （27） 2012.04

展示報告 企画コーナー展（菅江真澄資料センター）「伝説伝承そぞろ歩き」平成25年2月9日（土）〜3月24日（日）（松山修）「秋田県立博物館ニュース」 秋田県立博物館 （156） 2013.03

講演記録 方言と昔話—内田武志の軌跡I（石井正己）「菅江真澄資料センター真澄研究」 秋田県立博物館菅江真澄資料センター （17） 2013.03

雪国の暮らしと文化—藁の民具から（民俗学シンポジウム報告）（鎌田幸男）「雪国民俗」 ノースアジア大学 （37） 2013.03

「わら」の文化史—絵巻・物語と「わら」（民俗学シンポジウム報告）（花

田富二夫）「雪国民俗」　ノースアジア大学　（37）2013.03

藁の民俗展から（民俗学シンポジウム報告）（奥正孝）「雪国民俗」　ノースアジア大学　（37）2013.03

質疑応答（民俗学シンポジウム報告）「雪国民俗」　ノースアジア大学　（37）2013.03

秋田県の「3匹獅子舞」について─県北部と中央部の比較（第26回大会報告「都市における民俗芸能の新たな展開」（2012 東京）─研究発表要旨）（桂博章）「民俗音楽研究」　日本民俗音楽学会　（38）2013.03

支部活動と伝承行事の継承について（壽松木道作）「会報」　秋田県文化財保護協会　（29）2013.04

有形文化財「北家御日記」にみる無形民俗文化財の変遷─アーカイブズ講座第3回より（鍋島真）「古文書倶楽部」　秋田県公文書館　（55）2013.09

雪と暮らし─今と昔（民俗学シンポジウム報告）（鎌田幸男）「雪国民俗」　ノースアジア大学雪国民俗館　（38）2014.03

マタギ秘巻の源流に関して（民俗学シンポジウム報告）（花田富二夫）「雪国民俗」　ノースアジア大学雪国民俗館　（38）2014.03

雪国の暮らし─今と昔（民俗学シンポジウム報告）（力石國男）「雪国民俗」　ノースアジア大学雪国民俗館　（38）2014.03

"ねばり"食材の地域性─納豆ときびさを中心に（民俗学シンポジウム報告）（村中孝司）「雪国民俗」　ノースアジア大学雪国民俗館　（38）2014.03

質疑応答（民俗学シンポジウム報告）「雪国民俗」　ノースアジア大学雪国民俗館　（38）2014.03

「秋田県民俗学会」設立以前における民俗研究について（平成25年度研究大会発表要旨）（齊藤壽胤）「秋田民俗」　秋田文化出版　（40）2014.03

秋田県民俗学会の始まりと今─一四〇年の歴史における重要な研究と業績をふり返って（平成25年度研究大会発表要旨）（鎌田幸男）「秋田民俗」　秋田文化出版　（40）2014.06

資料紹介　民俗部門 盆馬（丸谷仁美）「Museum news」　秋田県立博物館　（159）2014.09

祭りのあとに…─アーカイブズ講座より（鍋島真）「古文書倶楽部」　秋田県公文書館　（62）2014.11

秋田市

秋田市の住まいの習俗調査（稲雄次）「秋田民俗」　秋田文化出版　26　2000.6

自著を語る 『秋田市史』16巻 民俗篇（鎌田幸男）「秋田歴研協会誌」　秋田県歴史研究者・研究団体協議会　23　2003.8

屋敷神と祭日の考察から─秋田市の屋敷神調査から（鎌田幸男）「秋田民俗」　秋田文化出版　30　2004.6

秋田市の寺院に伝わる貉の書（大嶋善孝）「静岡県民俗学会会報」　静岡県民俗学会　（143）2012.04

秋田のイタヤ箕製作技術

秋田県指定文化財の紹介 無形民俗文化財（民俗技術）太平と角館のイタヤ細工製作技術（会報）　秋田県文化財保護協会　（20）2008.11

座談会 「秋田のイタヤ箕製作技術」重要無形民俗文化財指定記念座談会 オエダラ箕を語る（田口召平, 渡辺弥太郎, 加藤鉄太郎）「まんだら：東北文化友の会会報」　東北芸術工科大学東北文化研究センター　（39）2009.05

秋田の竿灯

おわら風の盆と秋田の竿灯祭（百瀬恵）「オール諏訪 ： 郷土の総合文化誌」　諏訪郷土文化研究会　22（7）通号217　2002.10

都市の祭りにおける秩序関係の一考察─秋田市竿灯まつりを事例として（加藤淳）「秋田民俗」　秋田文化出版　（33）2007.6

秋田の竿燈と旧地名（齋藤廣志）「全国地名保存連盟会報」　全国地名保存連盟　（71）2010.5

眠り流しの本質を探ろう─竿燈祭りの理解を深めるために（民俗学講演会・シンポジウムの収録（一部修正加筆））（鎌田幸男）「雪国民俗」　ノースアジア大学　（35）2010.10

竿燈祭りの現状（民俗学講演会・シンポジウムの収録（一部修正加筆））（藤田勝）「雪国民俗」　ノースアジア大学　（35）2010.10

比較民俗芸能学から見た竿燈の形成と発展─眠り流しの民俗行事における源流を求めて（民俗学講演会・シンポジウムの収録（一部修正加筆））（平辰彦）「雪国民俗」　ノースアジア大学　（35）2010.10

秋田藩

武士身分の入寺─秋田藩所預佐竹南家を列として（高橋雄七）「東北文化研究室紀要」　東北大学大学院文学研究科東北文化研究室　48　2007.3

藩政期の秋田領内有力社寺の社領寺領に関する文書（3）（神宮滋）「北方風土 ： 北国の歴史民俗考古研究誌」　イズミヤ出版　通号56　2008.6

秋田藩主佐竹氏の伊勢信仰─参拝（代参）事例、方式、寄進などから（神宮滋）「北方風土 ： 北国の歴史民俗考古研究誌」　イズミヤ出版　通号60　2010.07

古文書こぼればなし 秋田藩士の正月料理─今年もよろしくお願いします（嵯峨稔雄）「古文書倶楽部」　秋田県公文書館　（38）2011.01

秋田藩主佐竹氏の祖神参拝事例─鎌倉八幡、石清水八幡、新羅社（神宮滋）「北方風土 ： 北国の歴史民俗考古研究誌」　イズミヤ出版　通号61　2011.01

秋田藩における鉄砲使用と狩人の関連性（池端夏実）「帝塚山大学大学院人文科学研究科紀要」　帝塚山大学大学院人文科学研究科　（13）2011.3

研究例会報告要旨 天保期秋田藩における感恩講の活動に関する一考察（塩屋朋子）「地方史研究」　地方史研究協議会　61（5）通号353　2011.10

2011年8月1日 在地修験寺院と「除病祈禱」─文久期の秋田藩を事例に（研究例会報告要旨）（松野聡子）「地方史研究」　地方史研究協議会　61（6）通号354　2011.12

マタギの秋田藩製薬と地域経済にはたした役割（池端夏実）「帝塚山大学大学院人文科学研究科紀要」　帝塚山大学大学院人文科学研究科　（14）2012.3

秋田藩主佐竹氏の江戸市中諸社参拝─浅草、神田、鳥越、湯島、他（神宮滋）「北方風土 ： 北国の歴史民俗考古研究誌」　イズミヤ出版　通号65　2013.01

秋田藩主佐竹氏の諸社参拝─日光、江戸邸内社、他（神宮滋）「北方風土 ： 北国の歴史民俗考古研究誌」　イズミヤ出版　（68）2014.06

秋田万歳

菅江真澄と秋田万歳の系譜─比較民俗芸能研究の視座を通して（平辰彦）「秋田民俗」　秋田文化出版　31　2005.6

最後の秋田万歳師を訪ねて（《特集 東北からの大衆芸能─東北はいかに歌い演じられたか》）（山川徹）「舞台評論」　東北芸術工科大学東北文化研究センター　3　2006.6

鼓の音で明日の天気がわかる─秋田万歳（《特集 祝福芸》）（飯塚喜市）「まつり」　まつり同好会　通号68　2006.12

秋田六郡観音霊場

秋田六郡観音霊場と観音信仰（高橋富美雄）「北方風土 ： 北国の歴史民俗考古研究誌」　イズミヤ出版　通号43　2002.1

明通り

口伝 明通りと金毘羅様（佐々木利光）「邑知」　大内文化財保護協会　23　1997.11

明通（あけとお）りと金毘羅様（佐々木利光）「邑知」　大内文化財保護協会　（32）2006.11

浅舞酒造

登録有形文化財（建造物）浅舞酒造／森子大物忌神社／旧鮎川小学校（文化財紹介─新登録定の国文化財）「出羽路」　秋田県文化財保護協会　通号150　2012.02

芦名沢

芦名沢大太鼓、市無形文化財に指定（文化財ニュース）（海沼雄一）「上津野」　鹿角市文化財保護協会　（34）2009.03

葦名寺（神社）

葦名寺（神社）の伝説と史実（会員の研究）（工藤利栄）「上津野」　鹿角市文化財保護協会　（37）2012.03

葦名神社

葦名神社と南部馬（研究発表）（関友征）「上津野」　鹿角市文化財保護協会　（37）2012.03

愛宕町

文化財探訪（7）「愛宕町地蔵堂の刻字石」（長谷川潤一）「鶴舞」　本荘地域文化財保護協会　80　2000.11

阿仁

東北を巡る（5）山刀・フクロナガサ─秋田・阿仁マタギ聞書き（杉崎満寿雄）「あしなか」　山村民俗の会　280　2008.1

阿仁部三十三観音

歴史の道ツアー 阿仁部三十三観音札所 合川地域めぐり（管外研修報告）「史友」　合川地方史研究会　（33）2010.12

管内研修視察 歴史の道ツアー 阿仁部三十三観音 米内沢地蔵（研修）（研修部）「史友」　合川地方史研究会　（34）2011.12

管内 歴史の道ツアー 阿仁部三十三観音札所─米内沢地域の一部と前田地区（研修視察）（編集部）「史友」　合川地方史研究会　（35）2013.01

阿仁町

熊の里阿仁町（大塚武彦）「下妻の文化」　下妻市文化団体連絡協議会　24　1999.5

阿部家住宅

新指定の秋田県指定文化財と国登録有形文化財 洲崎遺跡出土人魚木簡／一日市盆踊／旧奈良家住宅／渡部家住宅／阿部家住宅（秋田県教育庁生涯学習課文化財保護室）「出羽路」　秋田県文化財保護協会　通号139

秋田県　　　　　　　　　郷土に伝わる民俗と信仰　　　　　　　　　東北

2006.7

鮎川小学校
登録有形文化財（建造物）浅舞酒造／森子大物忌神社／旧鮎川小学校（文化財紹介—新登録定の国文化財）「出羽路」　秋田県文化財保護協会　通号150　2012.02

荒町
荒町は中世の交易地名（木村清幸）「秋田の地名 : 秋田地名研究会会報」［秋田地名研究会］30　2000.2

石沢郷
由利郡石沢郷猪股家のハレの日の食膳（旧名主の家の儀礼食の献立）（猪股直樹）「鶴舞」　本荘地域文化財保護協会　（87）2004.6

石脇
夏祭りに寄せて—石脇神楽の紹介（作左部勢策）「北城 : 郷土の季刊誌」北城社　50　1999.11

稲庭
伝統を綯う 稲庭うどん、伝承の味を地場産業へ（林由美）「別冊東北学」東北芸術工科大学東北文化研究センター，作品社（発売）7　2004.1

今木神社
田沢湖町の発鳥山と今木神社（佐藤忠治）「北方風土 : 北国の歴史民俗考古研究誌」イズミヤ出版　通号40　2000.6

岩崎
県の記録作成などの措置を講ずべき無形民俗文化財紹介 東由利のしめ飾り／湯沢市岩崎の鹿嶋まつり「出羽路」　秋田県文化財保護協会　通号148　2011.02

岩野目沢
おらほのことばこ—岩野目沢方言集抜粋（佐々木利光）「邑知」　大内文化財保護協会　（28）2002.10

羽後町
「むら」からムラへ—秋田県羽後町の事例から（石垣悟）「日本民俗学」日本民俗学会　通号221　2000.2

梅沢村
仙北郡梅沢村と神仏分離令（大石淳）「北方風土 : 北国の歴史民俗考古研究誌」イズミヤ出版　通号34　1997.5

浦城
浦城の悲劇と御前柳大明神—八郎潟東岸に真澄の足跡を訪ねる（田口昌樹）「菅江真澄研究」　菅江真澄研究会　（62）2007.10
「浦城の悲劇と板碑の謎を探る旅」を実施「菅江真澄研究」　菅江真澄研究会　（62）2007.10

円行寺
円行寺と化楽庵（地蔵様）について（佐々木毅）「温故」　秋田県文化財保護協会 西仙北支部　（9）2012.05

延慶碑
板碑「延慶碑」の一考察（1），（2）（福岡龍太郎）「史友」　合川地方史研究会　18/20　2000.3/2001.9
板碑「延慶碑」の一考察（3）—安東氏との関わり（福岡龍太郎）「史友」合川地方史研究会　21　2002.2

円福寺
潟上市昭和大久保の円福寺の歴史（笹尾哲雄）「鶴舞」　本荘地域文化財保護協会　（91）2006.9

円満寺
神仏分離当時に於ける円満寺十一面観音堂（工藤淳志）「温故」　秋田県文化財保護協会 西仙北支部　（7）2010.05

応供寺
秋田市旭南の応供寺の歴史（笹尾哲雄）「鶴舞」　本荘地域文化財保護協会　（92）2006.12

大内
防災習俗（打矢義雄）「邑知」　大内文化財保護協会　23　1997.11
民俗芸能（打矢義雄）「邑知」　大内文化財保護協会　（33）2007.11
地蔵菩薩像・十王像・脱衣婆像の紹介（小笠原察雄）「邑知」　大内文化財保護協会　（33）2007.11

大内沢
コラム 鎌沢の大仏／大内沢の老松／村の話「羽根山村」「史友」　合川地方史研究会　（31）2008.9

大内町
伊藤重五郎『参宮旅日記』天明2年（3）（大内町古文書解読グループ）「北方風土 : 北国の歴史民俗考古研究誌」イズミヤ出版　通号43

2002.1

大潟村
新刊紹介『大潟村歴史紙芝居』（冊子版）（歴史情報）（越中正一）「秋田歴研会誌」　秋田県歴史研究者・研究団体協議会　（42）2009.12

大沢郷
うぜん大沢郷の山村暮らし—柴田敏子さんの民俗口語り（野村敬子，渡辺豊子）「あしなか」　山村民俗の会　265　2003.10

大滝神社
大瀧神社 加羅陀仙様 雑感（1）（成田弘三）「史友」　合川地方史研究会　（25）2004.10

大館市
『ニンギョ様を祀る—秋田県大館市に見る人形道祖神を中心に—』（石田真著・松山尚撮影）（書誌紹介）（石郷岡千鶴子）「秋田民俗」　秋田文化出版　（36）2010.06

大鳥井山遺跡
横手の大鳥井山遺跡と荘園地名—長者伝説に託された横手平野の中世史（木村清幸）「秋田地名研究年報」　秋田地名研究会　（26）2010.12

大平山
大平山麓一村落における女人講の儀礼についての一考察—儀礼と俗信の関連を中心として（嵯峨浩之）「北方風土 : 北国の歴史民俗考古研究誌」イズミヤ出版　通号52　2006.6

大日霊貴神社
コラム 大日霊貴神社大日堂の舞楽（《特集 雅楽と舞楽II》）（加藤健司）「季刊悠久.第2次」　鶴岡八幡宮悠久事務局　（114）2009.01
大日堂（大日霊貴神社）の歴史（第34回鹿角市文化財保護研究発表会）（安部良行）「上津野」　鹿角市文化財保護協会　（34）2009.03
表紙説明 大日霊貴神社「東奥文化」　青森県文化財保護協会　（84）2013.03

大曲
新指定の無形民俗文化財 大曲の綱引き（県指定文化財紹介）「出羽路」秋田県文化財保護協会　通号148　2011.02

大湯環状列石
大湯環状列石は祭祀場であった（1）（横井國人）「きりん」　荒木集成館友の会　18　2014.05

大浦
大浦遥拝殿改築と新山神社ご神体など（仲川成章）「鶴舞」　本荘地域文化財保護協会　81　2001.5

男鹿
男鹿の鹿狩りと藩内の狼狩り（長岐喜代次）「北方風土 : 北国の歴史民俗考古研究誌」イズミヤ出版　通号37　1999.1
菅江真澄と男鹿の伝説（高橋一夫）「菅江真澄研究」　菅江真澄研究会　（69）2009.12

男鹿市
いますがごとくの葬送—秋田県男鹿市のある酒造旧家の葬儀を通して（東北文化シンポジウム 死を見つめる心—現代東北の葬送文化—研究発表）（山田慎也）「東北文化研究室紀要」　東北大学大学院文学研究科東北文化研究室　51　2010.03

雄勝
雄勝地区の住吉系神社から雄勝城跡を探す（伊úú祐紀）「北方風土 : 北国の歴史民俗考古研究誌」イズミヤ出版　通号40　2000.6

雄勝町
《秋田県雄勝郡雄勝町調査報告書》「常民」　中央大学民俗研究会　40　2002.11
概況／歴史／村落構成・生業／神社／葬制・墓制／盆行事／調査項目外採集事項「常民」　中央大学民俗研究会　40　2002.11

男鹿のナマハゲ
男鹿のナマハゲ（鎌田幸男）「民具研究」　日本民具学会　通号120　1999.10
男鹿のナマハゲにおける仮面の源流考—摩多羅神と外来芸能の影響をめぐって（平辰彦）「民俗芸能研究」　民俗芸能学会　（35）2002.9
祭りとしてのナマハゲ行事の比較研究—〈来訪神の祭り〉の源流と信仰をめぐって（平辰彦）「秋田民俗」　秋田文化出版　30　2004.6
『ナマハゲ—その面と習俗』（書誌紹介）（稲雄次）「秋田民俗」　秋田文化出版　30　2004.6
『ナマハゲ—その面と習俗』（自著を語る）（小早淳）「秋田歴研会誌」秋田県歴史研究者・研究団体協議会　（26）2004.8
八重山諸島のアカマタ・クロマタ再考—男鹿のナマハゲとの比較考察から（稲雄次）「北方風土 : 北国の歴史民俗考古研究誌」イズミヤ出版

通号49　2005.1

ナマハゲ（暴力の民俗）（菊地和博）「東北学．［第2期］」　東北芸術工科大学東北文化研究センター，柏書房（発売）（3）2005.5

ナマハゲ伝説と地名に隠された男鹿古代史の謎を解く（伊藤祐紀）「北方風土：北国の歴史民俗考古研究誌」　イズミヤ出版　通号51　2006.1

民俗と観光—ナマハゲ行事から（鎌田幸男）「雪国民俗」　ノースアジア大学　（32）2007.10

なまはげ文化圏内にみられる数例の民俗［磯野俊平］「男鹿半島史」　日本海域文化研究所　（52）2008.1

第三日　ナマハゲを体験（お祭りを通して人々のつながり感じました。　第32回儀礼文化学会地方大会「角館神明祭と秋田の儀礼文化を訪ねて」）（久保田裕道）「儀礼文化ニュース」　儀礼文化学会　（186）2012.09

男鹿半島

『男鹿半島—その自然・歴史・民俗』（稲雄次）「秋田歴研協会誌」　秋田県歴史研究者・研究団体協議会　10　1999.2

男鹿半島の熊野信仰に関する覚書（高橋正）「出羽路」　秋田県文化財保護協会　通号141・142　2007.10

小山

古文書こぼれ話　小山の地蔵さん—伝承と記録の接点（嵯峨稔雄）「古文書倶楽部」　秋田県公文書館　（23）2008.7

折渡峠

折渡峠と千体地蔵尊（佐藤義郎）「温故」　秋田県文化財保護協会　西仙北支部　（1）2004.4

海禅寺

海禅寺と関連する人々、関連寺院（佐藤宗久）「史談」　土崎史談会　（45）2005.3

貝蔓山稲荷神社

貝蔓山稲荷神社（小川誠三）「横手郷土史資料」　横手郷土史研究会　（76）2002.3

角館

秋田県指定文化財の紹介　無形民俗文化財（民俗技術）太平と角館のイタヤ細工製作技術「会報」　秋田県文化財保護協会　（20）2008.11

第一日　宵宮祭への参列（お祭りを通して人々のつながり感じました。　第32回儀礼文化学会地方大会「角館神明祭と秋田の儀礼文化を訪ねて」）（佐々木寛）「儀礼文化ニュース」　儀礼文化学会　（186）2012.09

第二日　角館から田沢湖へ（お祭りを通して人々のつながり感じました。第32回儀礼文化学会地方大会「角館神明祭と秋田の儀礼文化を訪ねて」）（佐々木幸子）「儀礼文化ニュース」　儀礼文化学会　（186）2012.09

角館町

地方都市とその周辺における祭囃子の伝承—秋田県角館町の飾山囃子の場合（桂博章）「民俗音楽研究」　日本民俗音楽学会　（30）2005.3

角館祭りのやま行事

県内研修　角館祭りのやま行事（富木耐一）「出羽路」　秋田県文化財保護協会　（126）2000.3

角館祭りのやま行事紀行（特別寄稿）（大塚武彦）「下妻の文化」　下妻市文化団体連絡協議会　（38）2013.05

鍛冶町

文化財探訪（3）松ケ崎鍛冶町の初午祭（須田高）「鶴舞」　本荘地域文化財保護協会　75　1998.3

鹿角

鹿角の開発地名とその時代—屋敷・在家・用野目について（柳沢兌衛）「秋田地名研究年報」　秋田地名研究会　13　1997.5

鹿角の風光と地名（柳沢兌衛）「秋田の地名：秋田地名研究会会報」　［秋田地名研究会］　30　2000.2

地域に生きる（15）地域みんなで楽しむ芝居が息づくまち・鹿角（村木哲次）「まんだら」　東北芸術工科大学東北文化研究センター　（20）2004.6

鹿角の民謡「からめ節」とプロレタリア文学—ドラマのなかの民謡の活用をめぐって（平辰彦）「秋田民俗」　秋田文化出版　（32）2006.6

『狼が遺したもの』II—三峰神社の信仰が鹿角にも（会員の研究）（工藤利栄）「上津野」　鹿角市文化財保護協会　（33）2008.3

鹿角の霊魂と座敷ボッコ（会員の研究）（阿部正記）「上津野」　鹿角市文化財保護協会　（37）2012.03

鹿角の庚申塚について（研究発表）（黒澤正）「上津野」　鹿角市文化財保護協会　（38）2013.03

記念講演　鹿角の民話（むがしっこ）について（阿部益栄）「上津野」　鹿角市文化財保護協会　（39）2014.03

鹿角の伝説「だんぶり長者」に学ぶ新時代の生き方（研究発表）（佐藤友信）「上津野」　鹿角市文化財保護協会　（39）2014.03

鹿角市

鹿角市の太神楽とその関連（柳沢兌衛）「秋田民俗」　秋田文化出版　30　2004.6

第33回鹿角市文化財保護研究発表会　伝説と歴史の鉱山道をたどる（柳舘計一ー）「上津野」　鹿角市文化財保護協会　（33）2008.3

地域による謡曲奉納を（会員の研究）（津嶋廣志）「上津野」　鹿角市文化財保護協会　（35）2010.03

絵馬調査報告書（研究ノート）（郷土史学習会）「上津野」　鹿角市文化財保護協会　（37）2012.03

鹿角市の絵馬調査報告書（研究ノート）（桜田守宏）「上津野」　鹿角市文化財保護協会　（38）2013.03

月山神社

毛馬内月山神社について（会員の研究）（泉澤寛）「上津野」　鹿角市文化財保護協会　（33）2008.3

金沢

金沢に伝わる方言について一考察（藤井忠）「横手郷土史資料」　横手郷土史研究会　71　1997.3

鎌沢神社

鎌沢神社掲額（解説）（編集部）「史友」　合川地方史研究会　（35）2013.01

鎌沢

コラム　鎌沢の大仏／大内沢の老松／村の話「羽根山村」「史友」　合川地方史研究会　（31）2008.9

上平根

佐藤タミさんの昔語り（2），（3）—秋田県鳥海町上平根（常光徹）「昔話伝説研究」　昔話伝説研究会　（24）／（25）2004.5／2005.5

亀田

再録（北方風土1号より）由利郡亀田・仙北郡強首の例を見る村落と祭祀線（ぬめひろし追悼特集）（ぬめひろし）「北方風土：北国の歴史民俗考古研究誌」　イズミヤ出版　通号45　2003.2

亀田藩

近世後期の村・家・家族・個人—出羽国亀田藩領赤田村のキリシタン改帳から（今野真）「東北学院大学東北文化研究所紀要」　東北学院大学東北文化研究所　（36）2004.11

唐松神社

唐松神社（高嶋喜与衛）「陸奥史談」　陸奥史談会　55　1998.5

唐松神社の鎮魂・魂振り神事について（進藤孝一）「秋田民俗」　秋田文化出版　24　1998.6

刈和野

刈和野の人たちが祀っていた氏神について（阿部一雄）「温故」　秋田県文化財保護協会　西仙北支部　（8）2011.05

川口

地名に残る民俗語彙（3）—城ケ島・川口（佐藤貢）「秋田地名研究年報」　秋田地名研究会　14　1998.5

川尻

秋田市川尻の宵節句「しょうぶたたき」（渡部景俊）「秋田民俗」　秋田文化出版　27　2001.6

寒風山

『男鹿寒風山麓農民日録』—農耕生活暦（〈研究会報告　吉田三郎の民俗〉）（渡部景俊）「秋田民俗」　秋田文化出版　（33）2007.6

蚶満寺

蚶満寺の菩秀才手栽培（熊谷直春）「鶴舞」　本荘地域文化財保護協会　（87）2004.6

象潟の蚶満寺（笹尾哲雄）「鶴舞」　本荘地域文化財保護協会　（97）2010.03

象潟蚶満寺の七不思議（佐藤はづき）「西郊民俗」　［西郊民俗談話会］　（216）2011.09

木境大物忌神社

『木境大物忌神社の虫除け祭り』について（鎌田幸雄）「秋田歴研協会誌」　秋田県歴史研究者・研究団体協議会　12　1999.10

象潟

象潟の交差儀礼—熊野神社と古四王神社の同日祭典行事（稲雄次）「秋田民俗」　秋田文化出版　30　2004.6

木在村

金比羅参詣船旅の諸相—木在村六之丞・平沢村作兵衛の場合（佐藤貢）「鶴舞」　本荘地域文化財保護協会　82　2001.12

秋田県　　　　　　　　　　　　　　郷土に伝わる民俗と信仰　　　　　　　　　　　　　　　　東北

北の又
表紙　秋田県五城目町北の又の民家（版画と文・安藤ひろし）「秋田手仕事たより」　秋田手仕事文化研究会　（78）　2014.2

旧工藤家住宅
有形文化財　旧工藤家住宅／銅像地蔵菩薩立像／戸平川遺跡出土土面／地方遺跡出土土面／藤倉神社石製狛犬／八幡神社石製狛犬／金刀比羅神社石製狛犬／鈴木空如筆法隆寺金堂壁画模写及び下絵（文化財紹介―新指定の県文化財）「出羽路」　秋田県文化財保護協会　通号150　2012.02

旧対川荘
国登録文化財紹介　新登録の登録有形文化財　旧対川荘　渡邊家住宅主屋「出羽路」　秋田県文化財保護協会　通号148　2011.02

旧鳥潟家住宅
口絵　鳥潟会館（旧鳥潟家住宅）／小田野直武筆　富嶽図／御曹子島渡り／伊勢堂岱遺跡出土土偶　星宮遺跡出土土偶「出羽路」　秋田県文化財保護協会　通号148　2011.02

新指定の有形文化財　鳥潟会館（旧鳥潟家住宅）／小田野直武筆　富嶽図／御曹子島渡り／黒岩1遺跡出土土偶／中杉沢A遺跡出土土偶／坂ノ上F遺跡出土土偶／東福寺村上出土土偶／伊勢堂岱遺跡出土土偶／塚ノ下遺跡出土土偶／虫内遺跡出土土偶／高森岱遺跡出土土偶／星宮遺跡出土土偶／鐙田遺跡出土土偶（県指定文化財紹介）「出羽路」　秋田県文化財保護協会　通号148　2011.02

新指定の名勝　鳥潟会館（旧鳥潟家住宅）庭園（県指定文化財紹介）「出羽路」　秋田県文化財保護協会　通号148　2011.02

旧奈良家住宅
新指定の県指定文化財と国登録有形文化財　洲崎遺跡出土人魚木簡／一日市盆踊／旧奈良家住宅／渡部家住宅／阿部家住宅（秋田県教育庁生涯学習課文化財保護室）「出羽路」　秋田県文化財保護協会　通号139　2006.7

協和町
農村の変容と民俗―仙北郡協和町の事例（進藤孝一）「秋田民俗」　秋田文化出版　27　2001.06

旭南
〔書誌紹介〕　『本荘市史 文化・民俗編』『秋田市史民俗調査概要報告書・旭南旭北地区』『農を支えて―農具の変遷』（稲雄次）「秋田民俗」　秋田文化出版　26　2000.6

旭北
〔書誌紹介〕　『本荘市史 文化・民俗編』『秋田市史民俗調査概要報告書・旭南旭北地区』『農を支えて―農具の変遷』（稲雄次）「秋田民俗」　秋田文化出版　26　2000.6

喜楽院
秋田における近世在地修験の寺院経営―旧雄勝郡大澤村上法寺喜楽院を例に（《月例会報告要旨》）（松野聡子）「関東近世史研究」　関東近世史研究会　（63）　2007.10

金照寺山三十三観音
金照寺山三十三観音と久保田ふだらく（松淵真洲雄）「出羽路」　秋田県文化財保護協会　通号139　2006.7

金峰神社
小滝金峰神社のチョウクライロ舞―鳥海山麓　象潟の修験芸能を見る（山田哲郎）「あしなか」　山村民俗の会　297　2013.02

口曲がり地蔵
道標石「口曲がり地蔵」（福岡サヨ）「史友」　合川地方史研究会　（34）　2011.12

久保田
江戸時代後期の雪室とカマクラ行事―久保田城下を事例として（後藤麻衣子）「日本民俗学」　日本民俗学会　通号246　2006.5

真澄と久保田地蔵めぐり（松淵眞洲雄）「出羽路」　秋田県文化財保護協会　通号145　2009.07

久保田城下のかまくら行事「秋田県公文書館だより」　秋田県公文書館　（25）　2010.03

菅江真澄の記録した久保田城下の暮らし―民俗行事を中心として（特集 春の歴史フォーラム 久保田城下のくらし・文化（パートIII））（田口昌樹）「秋田歴研協会誌」　秋田県歴史研究者・研究団体協議会　（47）　2011.9

久保田ふだらく
金照寺山三十三観音と久保田ふだらく（松淵真洲雄）「出羽路」　秋田県文化財保護協会　通号139　2006.7

黒川
翻刻・再録　昔話・語りの世界（7）通夜の語り部―秋田市黒川 古谷長之助さん（上），（下）（武田正）「民話」　東北文教大学短期大学部民話研究センター　（31）／（32）　2011.07／2012.01

毛馬内の盆踊
柳沢兌衛『毛馬内の盆踊』（稲雄次）「秋田歴研協会誌」　秋田県歴史研究者・研究団体協議会　12　1999.10

化楽庵
円行寺と化楽庵（地蔵様）について（佐々木毅）「温故」　秋田県文化財保護協会　西仙北支部　（9）　2012.05

県北
講演要旨　県北に伝わる民俗芸能（福司満）「史友」　合川地方史研究会　（27）　2005.10

高昌寺
仁賀保の高昌寺（笹尾哲雄）「鶴舞」　本荘地域文化財保護協会　（101）　2014.03

高照寺
高照寺ノート（江幡勝一郎）「鶴舞」　本荘地域文化財保護協会　80　2000.11

光専寺
光専寺の謎（伊沢美佐子）「横手郷土史資料」　横手郷土史研究会　75　2001.3

糠沢庵寺
糠沢庵寺と「円空作：阿弥陀如来坐像」（石川太永治）「鷹巣地方史研究」　鷹巣地方史研究会　（57）　2005.10

小吉山火葬墓跡
「小吉山火葬墓跡」の整備（石川茂治）「横手郷土史資料」　横手郷土史研究会　（76）　2002.3

小砂川集落
小砂川集落の正月行事―秋田県にかほ市小砂川（佐藤はづき）「西郊民俗」　〔西郊民俗談話会〕　（217）　2011.12

古四王神社
古四王神社（佐藤宗久）「史談」　土崎史談会　（42）　2002.5

象潟の交差儀礼―熊野神社と古四王神社の同日祭典行事（稲雄次）「秋田民俗」　秋田文化出版　30　2004.6

五社堂
秋田県の戦争遺跡（23）五社堂の石段（男鹿市門前）「北のむらから」　能代文化出版社　（272）　2010.03

五城目
『ひなのあそび』にみえる五城目の盆踊りを考える（上），（下）（歴史情報）（麻生正秋）「秋田歴研協会誌」　秋田県歴史研究者・研究団体協議会　（48）／（49）　2012.01／2012.05

足跡探訪会の報告―真澄が記録した五城目の神社・史跡と都市を訪ねて「菅江真澄研究」　菅江真澄研究会　（80）　2013.08

菅江真澄が見た五城目の盆踊〈打゙小゙身〉について（追考）（歴史情報）（麻生正秋）「秋田歴研協会誌」　秋田県歴史研究者・研究団体協議会　（55）　2014.05

御前柳大明神
浦城の悲劇と御前柳大明神―八郎潟東岸に真澄の足跡を訪ねる（田口昌樹）「菅江真澄研究」　菅江真澄研究会　（62）　2007.10

小滝のチョウクライロ舞
小滝金峰神社のチョウクライロ舞―鳥海山麓　象潟の修験芸能を見る（山田哲郎）「あしなか」　山村民俗の会　297　2013.02

金刀比羅神社
有形文化財　旧工藤家住宅／銅像地蔵菩薩立像／戸平川遺跡出土土面／地方遺跡出土土面／藤倉神社石製狛犬／八幡神社石製狛犬／金刀比羅神社石製狛犬／鈴木空如筆法隆寺金堂壁画模写及び下絵（文化財紹介―新指定の県文化財）「出羽路」　秋田県文化財保護協会　通号150　2012.02

駒形神社
研究ノート　大里駒形神社絵馬等調査報告書「上津野」　鹿角市文化財保護協会　（33）　2008.3

強首
再録（北方風土1号より）由利郡亀田・仙北郡強首の例を見る村落と祭祀線（《ぬめひろし追悼特集》）（ぬめひろし）「北方風土：北国の歴史民俗考古研究誌」　イズミヤ出版　通号45　2003.2

強首の庚申講解散記録（工藤淳志）「温故」　秋田県文化財保護協会　西仙北支部　（11）　2014.05

金剛寺
金剛寺について（工藤淳志）「温故」　秋田県文化財保護協会　西仙北支部
（1）2004.4

根田
夢の間の―根田芝居（成田弘三）「史友」　合川地方史研究会　19　2001.2

幸稲荷神社
表紙写真　幸稲荷神社の祭典（通称花輪ばやし）（丸谷仁美）「秋田民俗」
秋田文化出版　（40）2014.06

三十番神社
筬隊山神社と三十番神社の昔と今と（高橋茂信）「出羽路」　秋田県文化財
保護協会　（127）2000.7

三助稲荷神社
秋田県記録選択無形民俗文化財について―三助稲荷神社の梵天行事（秋
田県教育庁文化課）「出羽路」　秋田県文化財保護協会　（126）2000.3

塩湯彦神社
塩湯彦神社と萱森氏（川越雄助）「横手郷土史資料」　横手郷土史研究会
（78）2004.3

芝野
芝野の庚申講（齊藤壽胤）「秋田民俗」　秋田文化出版　（36）2010.06

下新城岩城
若者と山酒―秋田市下新城岩城（佐藤健助）「西郊民俗」　［西郊民俗談話
会］　通号165　1998.12

下浜八田
学芸ノート　ワラ仕事の日々／秋田市下浜八田のヤマハゲ行事「秋田県立
博物館ニュース」　秋田県立博物館　（145）2008.3

釈迦内
渇き！　水上勉の世界　釈迦内枢唄を観て（小川安士）「玖可文化」　玖可文
化の会　186　1999.9

十文字町
秋田県十文字町の石仏巡礼（水野英世）「野仏 : 多摩石仏の会機関誌」
多摩石仏の会　43　2012.07

樹温寺
木戸石樹温寺のこと（小笠原みつ代）「史友」　合川地方史研究会　17
1999.3

正覚寺
正覚寺と宝勝寺の宮家関係資料分析[二]～（4）（千葉克一）「鷹巣地方
史研究」　鷹巣地方史研究会　50/53　2002.4/2003.10

城ケ島
地名に残る民俗語彙（3）―城ケ島・川口（佐藤貢）「秋田地名研究年報」
秋田地名研究会　14　1998.5

常在院
男鹿市の常在院の歴史（笹尾哲雄）「鶴舞」　本荘地域文化財保護協会
（88）2004.12

常照寺
常照寺虚空蔵菩薩、市文化財の指定解除（文化財ニュース）（海沼雄一）
「上津野」　鹿角市文化財保護協会　（34）2009.03

昌東院
秋田市の昌東院の歴史（笹尾哲雄）「鶴舞」　本荘地域文化財保護協会
（95）2008.8

正平寺
松会田行事の構造―檜原山正平寺マツヤクの事例（山口正博）「山岳修
験」　日本山岳修験学会，岩田書院（発売）（32）2003.11

昭和町
昭和町の庚申講について（五十嵐五郎）「温故」　秋田県文化財保護協会
西仙北支部　（1）2004.4

白滝観音
白滝観音のこと（太田利三郎）「横手郷土史資料」　横手郷土史研究会
（80）2006.3

白瀧観音の新事実（半田作治）「横手郷土史資料」　横手郷土史研究会
（81）2007.3

神宮寺
神宮寺斎藤氏研究事始めの事―斎藤氏の系譜と八幡神社神主の就任を再
考する（神宮滋）「北方風土 : 北国の歴史民俗考古研究誌」　イズミヤ
出版　通号41　2001.1

岩手県早池峰神社慶長十七年銘棟札上の仙北神宮寺僧「快遍」の研究

（神宮滋）「北方風土 : 北国の歴史民俗考古研究誌」　イズミヤ出版
通号46　2003.8

出羽国所在の神宮寺に関する基礎的研究―神仏習合形態の北方への展開
（神宮滋）「出羽路」　秋田県文化財保護協会　通号137　2005.7

神宮寺斎藤氏の研究（3）完（神宮滋）「北方風土 : 北国の歴史民俗考古
研究誌」　イズミヤ出版　通号51　2006.1

神宮寺岳
北方風土先学の教示と人の交流―通明庶子の究明、国見された神宮寺
嶽、小野岡文書の始末（神宮滋）「北方風土 : 北国の歴史民俗考古研
究誌」　イズミヤ出版　通号42　2001.6

神宮寺嶽伝説と真澄（阿部幹男）「真澄学」　東北芸術工科大学東北文化研
究センター　（6）2011.02

神宮寺八幡
神宮寺長井斎藤氏に関する所説を再考する―神宮寺八幡神主は紀州野上
八幡からの移転か（神宮滋）「北方風土 : 北国の歴史民俗考古研究誌」
イズミヤ出版　通号55　2008.1

神宮寺八幡宮
神宮寺八幡宮の由緒並びに宝物（神宮滋）「北方風土 : 北国の歴史民俗
考古研究誌」　イズミヤ出版　通号35　1997.11

国目付、巡見使の神宮寺八幡宮へ参詣日記の事―文政目代日記、天保巡
見使日記の真相を読む（神宮滋）「出羽路」　秋田県文化財保護協会
（130）2002.2

神宮寺八幡宮別当の神祇灌頂史料を読む―大和国弘仁寺で尊常へ授与さ
れた印信（神宮滋）「北方風土 : 北国の歴史民俗考古研究誌」　イズミ
ヤ出版　通号44　2002.6

神宮寺八幡神社
神宮寺八幡神社神主系譜の事（2）―中世後期以降の斎藤氏（伊勢守）と八
幡神社棟札（神宮滋）「北方風土 : 北国の歴史民俗考古研究誌」　イズ
ミヤ出版　通号42　2001.6

神宮寺村
明治期の秋田の民家と家並―明治19年仙北郡神宮寺村建物坪数調の分布
（堤洋子）「秋田近代史研究」　秋田近代史研究会　42　2000.12

幕末期地方富裕地主の時代情報―神宮寺村相馬喜左衛門家文書に見る
（神宮滋）「北方風土 : 北国の歴史民俗考古研究誌」　イズミヤ出版
通号54　2007.6

新沢八幡宮
新沢八幡宮「石灯籠」の形式について（佐藤貢）「邑知」　大内文化財保護
協会　（32）2006.11

真山
秋田県教育委員会編『真山の万体仏』　秋田県文化財調査報告書第493号
（書誌紹介）（齊藤壽胤）「秋田民俗」　秋田文化出版　（40）2014.06

新山権現
新山権現考（佐藤松雄）「北方風土 : 北国の歴史民俗考古研究誌」　イズ
ミヤ出版　通号63　2012.01

新山神社
大浦遥拝殿改築と新山神社ご神体など（仲川成章）「鶴舞」　本荘地域文化
財保護協会　81　2001.5

瑞光寺
男鹿市の瑞光寺の歴史（笹尾哲雄）「鶴舞」　本荘地域文化財保護協会
（89）2005.7

瑞林寺
由利本荘市の瑞林寺（笹尾哲雄）「鶴舞」　本荘地域文化財保護協会
（99）2012.03

菅原神社
菅原神社の変遷と碑について（夏井勇）「史談」　土崎史談会　（37）
1997.6

洲崎遺跡
洲崎遺跡出土の人魚供養札「出羽路」　秋田県文化財保護協会　（125）
1999.7

善応寺
帰命山善応寺の成立に関する基礎的考察（鈴木登）「鶴舞」　本荘地域文化
財保護協会　（91）2006.9

仙北
調査報告　麻髭の呪力とソラデー秋田県仙北地方の仁王様（大楽和正）「道
祖神通信」　道祖神研究会　（8）2004.7

仙北地方の仁王・鍾馗信仰（大楽和正）「民具マンスリー」　神奈川大学
38（3）通号447　2005.6

研究発表　民俗部門　仙北神楽とその「山の神舞」について（《第15回大会

特集 近世日本海海運の展開と雄物川水運》〉(小田島清朗)「秋田歴研協会誌」 秋田県歴史研究者・研究団体協議会 (42) 2009.12

秋田県仙北神楽とその「山の神舞」について(小田島清朗)「民俗芸能研究」 民俗芸能学会 (48) 2010.03

仙北における野兎の民俗──ミミにまつわる一面を中心に(天野武)「秋田民俗」 秋田文化出版 (36) 2010.06

仙北における野兎の民俗──ミミにまつわる一面を中心に(天野武)「西郊民俗」〔西郊民俗談話会〕 (223) 2013.06

全良寺

再び「わが家のルーツは山伏」について 大智山全良寺の歴史(笹尾哲雄)「鶴舞」 本荘地域文化財保護協会 (87) 2004.6

副川神社

式内社副川神社の北方移転に関する文書(神宮滋)「北方風土 : 北国の歴史民俗考古研究誌」 イズミヤ出版 通号53 2007.1

蒼竜寺

蒼龍寺境内供養塔のこと(夏井勇)「秋田のいにしえ」 安東氏顕彰会 (24) 2007.5

大正寺

大正寺・細谷藤五郎『西鳥海山参詣道中記』(佐藤貢)「北方風土 : 北国の歴史民俗考古研究誌」 イズミヤ出版 通号51 2006.1

大蔵寺

由利本荘市の大蔵寺(笹尾哲雄)「鶴舞」 本荘地域文化財保護協会 (100) 2013.03

大徳寺

大徳寺銅像地蔵菩薩立像(文化財ニュース)(黒沢健明)「上津野」 鹿角市文化財保護協会 (37) 2012.03

大日堂

大日堂(大日霊貴神社)の歴史(第34回鹿角市文化財保護研究発表会)(安部良行)「上津野」 鹿角市文化財保護協会 (34) 2009.03

平成21年度総会記念講演に寄せて 大日堂の歴史と舞楽─近世を中心として(安倍良行)「上津野」 鹿角市文化財保護協会 (35) 2010.03

大日堂舞楽

大日堂舞楽─世界無形文化遺産日本候補に/田沢湖のクニマス(標本)─国登録記念物に(文化財ニュース)(海沼雄一)「上津野」 鹿角市文化財保護協会 (35) 2009.04

特別寄稿 奇跡の大日堂舞楽(橋本裕之)「上津野」 鹿角市文化財保護協会 (35) 2010.03

大日堂舞楽、ユネスコ無形文化遺産として登録(文化財ニュース)(海沼雄一)「上津野」 鹿角市文化財保護協会 (35) 2010.03

大悲寺

古利大悲寺について(歴史・郷土史研究)(山本米二)「足利文林」 足利文林会 (73) 2010.10

太平

秋田県指定文化財の紹介 無形民俗文化財(民俗技術) 太平と角館のイタヤ細工製作技術「会報」 秋田県文化財保護協会 (20) 2008.11

太平山三吉神社

町内の守護神 太平山三吉神社(佐藤國治)「鷹巣地方史研究」 鷹巣地方史研究会 52 2003.4

太平町の守護神 太平山三吉神社考(ひろば)(佐藤國治)「鷹巣地方史研究」 鷹巣地方史研究会 (65) 2009.10

太平寺

四海山太平寺の鐘つき堂(和田勇治)「史友」 合川地方史研究会 (34) 2011.12

大雄村

大雄村内の神社・石塔調査による民間信仰(小松田桂)「秋田民俗」 秋田文化出版 28 2002.6

大雄村の鹿島送り行事(小松田桂)「秋田民俗」 秋田文化出版 29 2003.6

台蓮寺

秋田県六郷町の台蓮寺茶庵について(二村悟, 小松知子, 野島由美香)「秋田近代史研究」 秋田近代史研究会 45 2003.12

鷹巣

孔雀地蔵尊並に黄金地蔵尊について(神成和泉)「鷹巣地方史研究」 鷹巣地方史研究会 42 1998.3

旧正月の思い出(長崎久)「鷹巣地方史研究」 鷹巣地方史研究会 46 2000.3

民間信仰の源流を考える(1)(古谷正巳)「鷹巣地方史研究」 鷹巣地方史研究会 47 2000.10

民間信仰学習調査に参加して(城口健治)「鷹巣地方史研究」 鷹巣地方

研究会 48 2001.3

修験物語(1),(2)(古谷正巳)「鷹巣地方史研究」 鷹巣地方史研究会 49/50 2001.10/2002.4

昔のあそび(佐藤恵利子)「鷹巣地方史研究」 鷹巣地方史研究会 51 2002.10

環状列石から推察する縄文人の姿─祭礼劇を通して一つの答えを(歴史教室)(伊藤武)「鷹巣地方史研究」 鷹巣地方史研究会 52 2003.4

おさるのかごやだほいさっさ─申の年にちなんで(さとうみお)「鷹巣地方史研究」 鷹巣地方史研究会 (54) 2004.4

お寺の狛犬(桜田俊)「鷹巣地方史研究」 鷹巣地方史研究会 (54) 2004.4

昔の遊び 今懐かしく(照内捷二)「鷹巣地方史研究」 鷹巣地方史研究会 (54) 2004.4

鷹巣神社

鷹巣神社のあゆみ─社殿の改築にあたって(ひろば)(成田節治)「鷹巣地方史研究」 鷹巣地方史研究会 (67) 2011.11

鷹巣盆地

鷹巣盆地の古代製鉄と地名(木村清幸)「秋田地名研究年報」 秋田地名研究会 13 1997.5

鷹巣盆地の土偶(地方史の手帳─歴史教室)(細田昌史)「鷹巣地方史研究」 鷹巣地方史研究会 (67) 2011.11

鷹巣町

鷹巣町の民間信仰調査学のみほとけと神々(鈴木敏雄)「鷹巣地方史研究」 鷹巣地方史研究会 51 2002.10

鷹巣町の念仏信仰─これからの民間念仏調査のための覚書(歴史教室)(佐藤俊晃)「鷹巣地方史研究」 鷹巣地方史研究会 52 2003.4

高屋村

高屋村の歴史(第二巻)我が村にもあった生き仏のお話 仏師観心坊(研究ノート)(高屋歴史同好会)「上津野」 鹿角市文化財保護協会 (34) 2009.03

田沢

田沢古伝説(羽川伍郎)「北域 : 郷土の季刊誌」 北域社 45 1997.6

田沢湖

第二日 角館から田沢湖へ(お祭りを通して人々のつながり感じました。第32回儀礼文化学会地方大会「角館神明祭と秋田の儀礼文化を訪ねて」)(佐々木幸子)「儀礼文化ニュース」 儀礼文化学会 (186) 2012.09

田沢湖姫観音

秋田県の戦争遺跡(27) 田沢湖の姫観音(仙北市田沢湖字潟前)「北のむらから」 能代文化出版社 (273) 2010.04

田代町

田代町の民俗聞書(1) 年中行事(田ノ沢・岩野目)(日景健)「みつがしわ : 田代町史研究」 田代町 1 1997.6

田代町の民俗聞書(2) 人の一生(田ノ沢・岩野目)(日景健)「みつがしわ : 田代町史研究」 田代町 2 1998.2

田代町の木工芸(小笠原一成)「みつがしわ : 田代町史研究」 田代町 2 1998.2

田代町の民俗聞書(3) 信仰(日景健)「みつがしわ : 田代町史研究」 田代町 3 1999.1

谷内経塚

鹿角市本勝寺経塚・谷内経塚(今野沙貴子)「秋田考古学」 秋田考古学協会 (56) 2012.12

田守神社

水分神社と田守神社考─中央公園誕生・堤の昔話・建物様式(桜田俊)「鷹巣地方史研究」 鷹巣地方史研究会 (62) 2008.4

鳥海山

随想 阿弥陀・薬師二如来信仰の来伝と庄内・由利二地域の「鳥海山」(1)(鎌田景吉)「鶴舞」 本荘地域文化財保護協会 (96) 2009.03

鳥海山大物忌神の研究覚─国史上の大物忌神(神宮滋)「北方風土 : 北国の歴史民俗考古研究誌」 イズミヤ出版 通号59 2010.01

出版報告 手許に眠る資料─佐藤タミ・常光徹(編)『鳥海山麓のむかし話 佐藤タミの語り』(常光徹)「伝え : 日本口承文芸学会会報」 日本口承文芸学会 (46) 2010.02

特別寄稿 史跡「鳥海山」の国指定にちなんで 鳥海山信仰の概要─鳥海山修験を中心に(三浦良隆)「鶴舞」 本荘地域文化財保護協会 (97) 2010.03

常光徹・黒沢せいこ『鳥海山麓のむかし話─佐藤クミの語り』(書誌紹介)(齊藤壽胤)「秋田民俗」 秋田文化出版 (36) 2010.06

東方朔と鳥海山の作神信仰(須田高)「鶴舞」 本荘地域文化財保護協会 (98) 2011.07

新刊紹介 神宮滋著『鳥海山 縁起の世界』を読む（歴史情報）（工藤一紘）「秋田歴研協会誌」 秋田県歴史研究者・研究団体協議会 （48） 2012.01

鳥海山北麓の獅子舞番楽（文化財紹介—新しい国記録選択）「出羽路」 秋田県文化財保護協会 通号150 2012.02

書評 『鳥海山縁起の世界』（神宮滋著）（稲雄次）「北方風土 ： 北国の歴史民俗考古研究誌」 イズミヤ出版 （64） 2012.08

鳥海町

『野中（猿倉）人形芝居の記録』（稲雄次）「秋田歴研協会誌」 秋田県歴史研究者・研究団体協議会 11 1999.8

特派員だより（3）野中人形芝居について（小坂太郎）「まんだら ： 東北文化友の会会報」 東北芸術工科大学東北文化研究センター （23） 2005.5

長岐寺

旧七日市村・長岐寺について（失われた修験道の信仰）（歴史教室）（佐藤俊晃）「鷹巣地方史研究」 鷹巣地方史研究会 （56） 2005.4

長谷寺

「交衆帳」に見る近世初期長谷寺上山の秋田僧—秋田領内有力社寺の横断調査（5）完（神宮滋）「北方風土 ： 北国の歴史民俗考古研究誌」 イズミヤ出版 通号60 2010.07

新指定文化財の紹介 長谷寺大仏殿（登録有形文化財）「会報」 秋田県文化財保護協会 （30） 2013.11

文化財紹介 登録有形文化財（建造物）長谷寺大仏殿（秋田県教育庁生涯学習課文化財保護室）「出羽路」 秋田県文化財保護協会 （154） 2014.02

長松寺

秋田市の長松寺の歴史（笹尾哲雄）「鶴舞」 本荘地域文化財保護協会 （93） 2007.6

長福寺

鹿角市長福寺経塚—埋納品のある近世廻国供養塔の一事例（今野沙貴子）「秋田考古学」 秋田考古学会 （54） 2010.11

土崎

湊の愛宕神社について（夏井勇）「史談」 土崎史談会 （38） 1998.6

伝承50年の歩み（和合谷慶三郎）「史談」 土崎史談会 （38） 1998.6

下題・芸題・外題について（出口喜一）「史談」 土崎史談会 （38） 1998.6

「みなと祭りのしおり」発刊30周年にあたり（秋元辰二）「史談」 土崎史談会 （42） 2002.5

民間信仰—土崎の屋敷神・講・祠（玉谷邦徳）「史談」 土崎史談会 （44） 2004.6

『みなと祭りのしおり』から見た国・県・市そして土崎の33年間の歴史（秋元辰二）「史談」 土崎史談会 （45） 2005.3

コラム（5）昔の祭りと山車の古老話「史談」 土崎史談会 （45） 2005.3

湊囃子の伝承について（和合谷慶三郎）「史談」 土崎史談会 （46） 2006.3

土崎神明社祭の曳山行事

曳山車奉納行事のあれこれ話（出口喜一）「史談」 土崎史談会 （37） 1997.6

「曳山祭り」について（松田金十郎）「史談」 土崎史談会 （45） 2005.3

曳山 "鳥居をくぐる"「史談」 土崎史談会 （46） 2006.3

秋田市土崎曳き山行事見学記（下地好孝）「きりん」 荒木集成館友の会 通号14 2010.03

土崎港

屋号と苗字（番外編）（1），（2）—秋田市・土崎港探訪記（加部聡）「民俗文化」 滋賀民俗学会 431/432 1999.8/1999.9

シリーズ土崎港夜話（2）みなと祭りの思い出（越中谷太郎）「史談」 土崎史談会 （42） 2002.5

男爵若槻克堂と土崎港祭り（松田金十郎）「史談」 土崎史談会 （43） 2003.5

土崎港の娯楽と芸能（和合谷慶三郎）「史談」 土崎史談会 （43） 2003.5

コラム（6）土崎港の神社について（夏井勇）「史談」 土崎史談会 （46） 2006.3

コラム（8）港の歴史今昔（1）休宝寺／蒼龍寺／嶺梅院／蛇松／見性寺周辺／五輪の坂／お休み稲荷／金刀比羅神社／湊安東氏顕彰碑「史談」 土崎史談会 （47） 2007.10

コラム（8）港の歴史今昔（2）さよむしろ稲荷／土崎小学校「史談」 土崎史談会 （47） 2007.10

堤端

堤端にあるドイツトウヒの森—長野県民俗の会第186回例会報告（三石稔）「長野県民俗の会通信」 長野県民俗の会 （237） 2013.09

出羽山北六所八幡宮

出羽山北六所八幡宮の研究—菅江真澄の思念という視点から（神宮滋）「出羽路」 秋田県文化財保護協会 通号141・142 2007.10

天徳寺

天徳寺保存の道作り下知状（草薙武雄）「秋田市史研究」 秋田市 6 1997.10

佐竹氏の菩提寺・天徳寺を探訪（夏井勇）「史談」 土崎史談会 （38） 1998.6

天徳寺文書『仁王尊化簿』注解—佐竹義和の発願による仁王像建立の実状（伊藤武美）「秋田市史研究」 秋田市 13 2004.7

天王

『ふるさと天王歴史民俗雑記』（石川久悦）（書誌紹介）（稲雄次）「秋田民俗」 秋田文化出版 （32） 2006.6

桃雲寺

短編二題 傑作寺桃雲寺・山の防火線（小川誠三）「横手郷土史資料」 横手郷土史研究会 （88） 2014.03

東湖八坂神社のトウニン（統人）行事

東湖八坂神社のくも舞源流考—その〈信仰的側面〉と〈芸能的側面〉の比較研究（平辰彦）「秋田民俗」 秋田文化出版 29 2003.6

東林寺

龍門寺、東林寺について（笹尾哲雄）「鶴舞」 本荘地域文化財保護協会 （98） 2011.07

戸隠神社

表紙解説 北前船・日本海域の船絵馬（秋田象潟・戸隠神社蔵）（塩野谷明夫）「あしなか」 山村民俗の会 299 2013.10

二十六木

文化財探訪（6） 「二十六木の虫供養」（須田高）「鶴舞」 本荘地域文化財保護協会 79 2000.5

長坂村

近世庶民の伊勢参宮の諸相—亀田領長坂村重五郎の記録を通して（佐藤貢）「鶴舞」 本荘地域文化財保護協会 77 1999.3

中里

カンデッコあげ行事の中里と「さいの神」（加藤義規）「秋田民俗通信」 秋田県民俗学会 （87） 2009.06

中田代八幡神社

八幡神社ロマン 中田代八幡神社開基の検証（2）（高野光悦）「邑知」 大内文化財保護協会 （36） 2011.03

中村

川筋の伝説—協和町峰吉川中村の伝説（進藤孝一）「秋田民俗」 秋田文化出版 28 2002.6

七座山神社

史料 七座山神社碑（秩父威仙）「鷹巣地方史研究」 鷹巣地方史研究会 46 2000.3

鉛山

般若院英泉撰述による山神縁起説の特徴（1）—『平鉛山乃山記』について（佐藤俊晃）「鷹巣地方史研究」 鷹巣地方史研究会 47 2000.10

南蔵院

南蔵院の阿弥陀如来立像と本多正純家（佐川君子）「横手郷土史資料」 横手郷土史研究会 （88） 2014.03

にかほ市

由利本荘・にかほ両市の神社（小松文夫）「鶴舞」 本荘地域文化財保護協会 （98） 2011.07

西ヶ坂

「西ヶ坂」の西神様？（半田作治）「横手郷土史資料」 横手郷土史研究会 （84） 2010.03

西仙北

金毘羅さんの思い出（阿部一雄）「温故」 秋田県文化財保護協会 西仙北支部 （1） 2004.4

歴史の彼方に遠ざかる「小正月の行事」（佐藤好攻）「温故」 秋田県文化財保護協会 西仙北支部 （4） 2007.4

西鳥海山

大正寺・細谷藤五郎『西鳥海山参詣道中記』（佐藤貢）「北方風土 ： 北国の歴史民俗考古研究誌」 イズミヤ出版 通号51 2006.1

西目町

民俗展（半田和彦）「西目町史研究」 西目町史編纂室 （2） 1997.3

秋田県　　　　　　　　　　　　　　　郷土に伝わる民俗と信仰　　　　　　　　　　　　　　　東北

民間における護法神の変容について（石郷岡千鶴子）「西目町史研究」　西目町史編纂室　（4）1999.3

師走の神々とその食物（石郷岡千鶴子）「西目町史研究」　西目町史編纂室（5）2000.6

西目町で発掘された遺跡出土品及び民俗資料の展示「西目町史研究」　西目町史編纂室　（5）2000.6

西馬音内の盆踊
西馬音内のお盆行事（小坂太郎）「自然と文化」　日本ナショナルトラスト　通号65　2001.1

西馬音内の盆踊　秋田県雄勝郡羽後町「公益社団法人全日本郷土芸能協会会報」　全日本郷土芸能協会　（60）2010.07

根城
作角力と民俗―根城相撲における信仰儀礼の考察（齊藤壽胤）「秋田民俗」　秋田文化出版　31　2005.6

根子
三代で支えた阿仁町根子の配置売薬―本マタギ佐藤仁三郎から受け継がれた懸帳簿と行商道具（赤田光男教授退職記念号）（池端夏実）「帝塚山大学大学院人文科学研究科紀要」　帝塚山大学大学院人文科学研究科（16）2014.03

能代
能代の年中行事三、四について（稲雄次）「年報能代市史研究」　能代市史編さん室　6　1999.3

能代の葬式（藤田栄子）「年報能代市史研究」　能代市史編さん室　6　1999.3

能代市
境の民俗構図（斎藤寿胤）「年報能代市史研究」　能代市史編さん室　5　1997.3

工芸・伝統技術調査ノート（床田昭治）「年報能代市史研究」　能代市史編さん室　6　1999.3

書評『能代市史 特別編民俗』（鎌田幸男）「秋田民俗」　秋田文化出版　31　2005.6

白山神社
史料紹介 白山神社史料（塩谷順耳）「秋田市史研究」　秋田市　12　2003.8

白次薬師
白次薬師について（太田利三郎）「横手郷土史資料」　横手郷土史研究会（80）2006.3

羽黒
羽黒の天狗について（1）（進藤良二）「横手郷土史資料」　横手郷土史研究会　75　2001.3

八幡平
八幡平地区の絵馬等調査報告書（研究ノート）（郷土史学習会）「上津野」　鹿角市文化財保護協会　（35）2010.03

八郎潟
八郎潟湖岸の文化と地名（斎藤肇）「秋田地名研究年報」　秋田地名研究会　15　1999.5

八郎潟町
紹介 八郎潟町教育委員会『八郎潟町の石碑』（編集部）「秋田歴研協会誌」　秋田県歴史研究者・研究団体協議会　17　2001.8

八郎潟町の「板碑」（北嶋雄一）「鷹巣地方史研究」　鷹巣地方史研究会（61）2007.10

筬隊山神社
筬隊山神社と三十番神社の昔と今と（高橋茂信）「出羽路」　秋田県文化財保護協会　（127）2000.7

発鳥山
田沢湖町の発鳥山と今木神社（佐藤忠治）「北方風土 ： 北国の歴史民俗考古研究誌」　イズミヤ出版　通号40　2000.6

花輪
花輪地区の絵馬等調査報告書（研究ノート）（郷土史学習会）「上津野」　鹿角市文化財保護協会　（34）2009.03

研究ノート 花輪地区の絵馬等調査報告書（郷土史学習会）「上津野」　鹿角市文化財保護協会　（36）2011.03

花輪祭の屋台行事
鹿角市教育委員会編『花輪祭り』（書評）（桂博章）「民俗芸能研究」　民俗芸能学会　（55）2013.09

文化財ニュース 花輪ばやし「国指定重要無形文化財」へ「上津野」　鹿角市文化財保護協会　（39）2014.03

特化された楽奏者―花輪ばやしと「芸人」（論考）（高久舞）「民俗芸能研究」　民俗芸能学会　（56）2014.03

表紙写真 幸稲荷神社の祭典（通称花輪ばやし）（丸谷仁美）「秋田民俗」　秋田文化出版　（40）2014.06

鹿角市教育委員会編『花輪祭り』（書誌紹介）（阿南透）「日本民俗学」　日本民俗学会　（279）2014.08

羽根山村
コラム 鎌沢の大仏/大内沢の老松/村の話「羽根山村」「史友」　合川地方史研究会　（31）2008.9

東鳥海山
東鳥海山（神社）のこと（田牧久穂）「北方風土 ： 北国の歴史民俗考古研究誌」　イズミヤ出版　通号37　1999.1

東由利
県の記録作成などの措置を講ずべき無形民俗文化財紹介 東由利のしめ飾り/湯沢市岩崎の鹿嶋まつり「出羽路」　秋田県文化財保護協会　通号148　2011.02

日吉八幡神社
秋田藩八橋日吉八幡神社における「神官」についての一考察（〈月例会報告要旨〉）（塩屋朋子）「関東近世史研究」　関東近世史研究会　（63）2007.10

平沢村
金比羅参詣船旅の諸相―木在村六之丞・平沢村作兵衛の場合（佐藤貢）「鶴舞」　本荘地域文化財保護協会　82　2001.12

福田村
悪食喜平伝説 血に染まった赤い土（斎藤スマ）「邑知」　大内文化財保護協会　24　1998.11

藤倉神社
有形文化財 旧工藤家住宅/銅像地蔵菩薩立像/戸平川遺跡出土土面/地方遺跡出土土面/藤倉神社石製狛犬/八幡神社石製狛犬/金刀比羅神社石製狛犬/鈴木空如筆法隆寺金堂壁画模写及び下絵（文化財紹介―新指定の県文化財）「出羽路」　秋田県文化財保護協会　通号150　2012.02

補陀寺
補陀寺の原風景―文書と棟札の建築史的考察を中心として（五十嵐典彦）「秋田市史研究」　秋田市　11　2002.8

船越
海苔養殖の伝播と技術伝承（7）―秋田県男鹿市船越の事例から（藤塚悦司）「大田区立郷土博物館紀要」　大田区立郷土博物館　（14）2004.3

宝鏡院
宝鏡院文書の事（神宮滋）「北方風土 ： 北国の歴史民俗考古研究誌」　イズミヤ出版　通号38　1999.5

法興寺
法興寺 立待つ月（田口久義）「菅江真澄研究」　菅江真澄研究会　（66）2008.12

坊沢
坊沢の獅子踊りについて（嶺脇勉）「鷹巣地方史研究」　鷹巣地方史研究会　47　2000.10

宝勝寺
正覚寺と宝勝寺の宮野家関係資料分析［1］〜（4）（千葉克一）「鷹巣地方史研究」　鷹巣地方史研究会　50/53　2002.4/2003.10

宝泉寺
宝泉寺の八幡様について（工藤淳志）「温故」　秋田県文化財保護協会 西仙北支部　（3）2006.4

古寺跡と宝泉寺―般若山龍雲寺について（工藤淳志）「温故」　秋田県文化財保護協会 西仙北支部　（4）2007.4

宝竜権現
宝竜権現と雨乞い神事（佐藤貢）「邑知」　大内文化財保護協会　（31）2005.10

保呂羽権現
出羽国仙北保呂羽山権現之縁起（神宮滋）「北方風土 ： 北国の歴史民俗考古研究誌」　イズミヤ出版　通号49　2005.1

保呂羽権現考（佐藤松雄）「北方風土 ： 北国の歴史民俗考古研究誌」　イズミヤ出版　通号57　2009.01

本海獅子舞番楽
新指定の重要無形民俗文化財 本海獅子舞番楽（国指定文化財紹介）「出羽路」　秋田県文化財保護協会　通号148　2011.02

本光院
鹿角市本光院の経塚（今野沙貴子）「秋田考古学」　秋田考古学協会（57）2013.12

本荘

ふるさと民謡考（12）草刈唄（牧賢蔵）「鶴舞」 本荘地域文化財保護協会 73 1997.3

民俗語彙の表す文化について（上），（中），（下）（佐藤貢）「鶴舞」 本荘地域文化財保護協会 73／76 1997.3／1998.9

ふるさと民謡考（13）盆踊唄（牧賢蔵）「鶴舞」 本荘地域文化財保護協会 75 1998.3

砲術絵馬を読む（試論）（佐藤貢）「鶴舞」 本荘地域文化財保護協会 79 2000.5

小さな民俗遺産に想う（2）―わらべの遊び歌から（菊地正男）「鶴舞」 本荘地域文化財保護協会 82 2001.12

本荘地区の口承文芸（原田明美）「鶴舞」 本荘地域文化財保護協会 （93） 2007.6

本荘地区の年中行事（阿部隆）「鶴舞」 本荘地域文化財保護協会 （93） 2007.6

一人立三頭の獅子コ（鎌田景吉）「鶴舞」 本荘地域文化財保護協会 （94） 2007.11

山岳信仰と密教（小松文夫）「鶴舞」 本荘地域文化財保護協会 （96） 2009.03

本荘市

〔書誌紹介〕『本荘市史 文化・民俗編』『秋田市史民俗調査概要報告書・旭南旭北地区』『農を支えて―農具の変遷』（稲雄次）「秋田民俗」 秋田文化出版 26 2000.6

『本荘市史 文化・民俗編』にまぼろしの民俗語彙を見る（佐藤貢）「鶴舞」 本荘地域文化財保護協会 80 2000.11

本勝寺経塚

鹿角市本勝寺経塚・谷内経塚（今野沙貴子）「秋田考古学」 秋田考古学協会 （56） 2012.12

本荘八幡神社

本荘藩内の社寺造営史料（1）―本荘八幡神社所蔵棟札（五十嵐典彦）「出羽路」 秋田県文化財保護協会 通号135 2004.7

本荘八幡神社祭典と傘鉾―傘鉾の復活を願って（今野喜次）「由理 ： 本荘由利地域史研究会・会誌」 本荘由利地域史研究会 （3） 2010.12

本荘藩

本荘藩内の社寺造営史料（1）―本荘八幡神社所蔵棟札（五十嵐典彦）「出羽路」 秋田県文化財保護協会 通号135 2004.7

本荘藩内の社寺造営資料（2）宮内八幡神社所蔵棟札（五十嵐典彦）「出羽路」 秋田県文化財保護協会 通号139 2006.7

本荘領三十三番観音霊場

本荘領三十三番観音霊場（猪股哲雲）「鶴舞」 本荘地域文化財保護協会 （100） 2013.03

増田

『増田の蔵』『新・いのちの食紀行』『横手の民俗資料集2』（書誌紹介）（石郷岡千鶴子）「秋田民俗」 秋田文化出版 31 2005.6

松ケ崎八幡神社

松ケ崎八幡神社の弓術絵馬と由利の弓道のことなど（仲川成章）「鶴舞」 本荘地域文化財保護協会 73 1997.3

万栄寺

横手の猿橋山万栄寺（高橋定雄）「西和賀史談」 西和賀史談会 （3） 2009.03

水分神社

水分神社と田守神社考―中央公園誕生・堤の昔話・建物様式（桜田俊）「鷹巣地方史研究」 鷹巣地方史研究会 （62） 2008.4

水沢集落

同族意識のあり方―秋田県水沢集落を事例として（《民俗学特輯号》）（伊藤康博）「信濃［第3次］」 信濃史学会 58（1）通号672 2006.1

皆瀬

湯沢町における人形立て行事―皆瀬地区の三つの事例（川邉絢一郎）「民俗」 相模民俗学会 （227） 2014.05

湊三ヵ寺

寺内にあった湊三ヵ寺（佐藤宗久）「史談」 土崎史談会 （43） 2003.5

宮内八幡神社

本荘藩内の社寺造営資料（2）宮内八幡神社所蔵棟札（五十嵐典彦）「出羽路」 秋田県文化財保護協会 通号139 2006.7

三吉神社

三吉神社境内の庚申碑（鷲谷良一）「史談」 土崎史談会 （40） 2000.5

表紙写真のことば 三吉ほんでん祭 秋田市大平山 三吉神社（渡辺良正）「まつり通信」 まつり同好会 54（1）通号569 2014.01

元城

元城の田の神祭りの持続と変化―秋田県雄勝郡羽後町西馬音内堀回字元城の事例（齊藤やよい）「村山民俗」 村山民俗の会 （24） 2010.06

森子大物忌神社

表紙によせて 森子大物忌神社社殿（由利地域）「鶴舞」 本荘地域文化財保護協会 （98） 2011.07

登録有形文化財（建造物）浅舞酒造／森子大物忌神社／旧鮎川小学校（文化財紹介―新登録定の国文化財）「出羽路」 秋田県文化財保護協会 通号150 2012.02

森吉山

森吉山麓縄紋社会の狩猟儀礼―マタギ文化の源流（《特集 新たな縄文像を探る―縄文考古学最新情報》）（小林克）「東北学．［第2期］」 東北芸術工科大学東北文化研究センター，柏書房（発売） （15） 2008.5

薬師寺村

表紙解説 「薬師寺村外九ケ村申出図」（県C―248）「秋田県公文書館だより」 秋田県公文書館 （27） 2012.03

矢沢木

「矢沢木獅子舞」の継承―学校と連携して（佐藤克男）「会報」 秋田県文化財保護協会 （30） 2013.11

矢島

延宝矢島騒動の概要と仁左衛門祭について（原田明美）「鶴舞」 本荘地域文化財保護協会 80 2000.11

書誌紹介 『矢島の神明社八朔祭』（稲雄次）「秋田民俗」 秋田文化出版 28 2002.6

矢立廃寺

矢立廃寺源流考（上），（下）―山田浅利氏理解のために（菊地隆二郎）「みつがしわ ： 田代町史研究」 田代町 2／3 1998.2／1999.1

山本

能代山本地域の板碑（播摩芳紀）「秋田考古学」 秋田考古学協会 （54） 2010.11

雄平

秋田県雄平地方の独自の石神像分布について（加藤孝雄）「日本の石仏」 日本石仏協会，青娥書房（発売） 通号92 1999.12

雄和

『雄和の民家』（書誌紹介）（佐藤正）「秋田民俗」 秋田文化出版 30 2004.6

湯沢市

「巫女」による教会の設立―秋田県湯沢市を事例に（髙棹健太）「東北民俗」 東北民俗の会 47 2013.06

由利

松ケ崎八幡神社の弓術絵馬と由利の弓道のことなど（仲川成章）「鶴舞」 本荘地域文化財保護協会 73 1997.3

自治体史 由利の民俗（編集部）「秋田歴研会誌」 秋田県歴史研究者・研究団体協議会 15 2001.2

随想 阿弥陀・薬師二如来信仰の来伝と庄内・由利二地域の「鳥海山」（1）（鎌田景吉）「鶴舞」 本荘地域文化財保護協会 （96） 2009.03

百合長根地蔵尊

「百合長根地蔵尊」由来記（加藤寛蔵）「邑知」 大内文化財保護協会 （38） 2013.06

由利本荘市

由利本荘・にかほ両市の神社（小松文夫）「鶴舞」 本荘地域文化財保護協会 （98） 2011.07

永泉寺

由利本荘市の永泉寺（笹尾哲雄）「鶴舞」 本荘地域文化財保護協会 （96） 2009.03

横手

秋田・横手木綿（絣）と久留米とのつながり―久留米からの織物技術伝播があったのか（中村健一）「久留米郷土研究会誌」 久留米郷土研究会 25 1997.11

籠城戦士の墓標（川越雄助）「横手郷土史資料」 横手郷土史研究会 73 1999.3

経道について愚考（高橋純一）「横手郷土史資料」 横手郷土史研究会 75 2001.3

真実の記録と伝承を（太田利三郎）「横手郷土史資料」 横手郷土史研究会 75 2001.3

横手における明治以降のキリスト教小史（森田溥）「横手郷土史資料」 横手郷土史研究会 （77） 2003.3

明治末期の神社合併をめぐって（高橋茂信）「横手郷土

史研究会 （79）2005.3

『増田の蔵』『新・いのちの食紀行』『横手の民俗資料集2』（書誌紹介）（石郷岡千鶴子）「秋田民俗」 秋田文化出版 31 2005.6

送り盆の仮橋（歴史の検証）（伊藤信一）「横手郷土史資料」 横手郷土史研究会 （85）2011.03

伊沢家の千手観音（伊沢美佐子）「横手郷土史資料」 横手郷土史研究会 （87）2013.03

歴史の検証 雪国の風俗（伊藤信一）「横手郷土史資料」 横手郷土史研究会 （87）2013.03

横手市

横手市内の淡嶋信仰（川越雄助）「秋田民俗」 秋田文化出版 27 2001.6

『横手市史（特別編）文化・民俗』（書誌紹介）（鎌田幸男）「秋田民俗」 秋田文化出版 （32）2006.6

横手市の四十八小屋地名と伝承（新谷正隆）「秋田地名研究年報」 秋田地名研究会 （22）2006.12

新刊紹介 『横手市史叢書8 横手の仏像』（髙本明博）「秋田歴研協会誌」 秋田県歴史研究者・研究団体協議会 （33）2006.12

芸能娯楽年表他（横手市史資料）（木村隆）「横手郷土史資料」 横手郷土史研究会 （84）2010.03

秋田県横手市の石仏巡礼（水野英世）「野仏 ： 多摩石仏の会機関誌」 多摩石仏の会 42 2011.08

横手平野

横手の大鳥井山遺跡と荘園地名—長者伝説に託された横手平野の中世史（木村清幸）「秋田地名研究年報」 秋田地名研究会 （26）2010.12

横手盆地

遮光器土偶と「ミナイ」地名、横手盆地の氾濫平野を思う（深田新一郎）「秋田の地名 ： 秋田地名研究会会報」［秋田地名研究会］ 33 2001.9

横淵

横淵の庚申さま（千葉仚一郎）「鷹巣地方史研究」 鷹巣地方史研究会 43 1998.10

与次郎稲荷神社

与次郎稲荷神社に想う（嵯峨重右エ門）「温故」 秋田県文化財保護協会西仙北支部 （6）2009.04

四津屋集落

調査報告 四津屋集落の観音講・念仏行事（小松田桂）「秋田民俗」 秋田文化出版 29 2003.6

米代川流域

米代川流域の小正月行事、ニッキについて（日景健）「年報能代市史研究」 能代市史編さん室 6 1999.3

竜雲寺

古寺跡と宝泉寺—般若山龍雲寺について（工藤淳志）「温故」 秋田県文化財保護協会 西仙北支部 （4）2007.4

隆昌寺

鹿角市隆昌寺の経塚（今野沙貴子）「秋田考古学」 秋田考古学協会 （55）2011.12

竜馬山

竜馬山巡拝記 付・岩（1）（田牧久穂）「北方風土 ： 北国の歴史民俗考古研究誌」 イズミヤ出版 通号40 2000.6

竜門寺

龍門寺、東林寺について（笹尾哲雄）「鶴舞」 本荘地域文化財保護協会 （98）2011.07

六郷

昔話—六郷の貉生け捕りの記（高橋國松）「北域 ： 郷土の季刊誌」 北域社 54 2002.8

渡辺家住宅

国登録文化財紹介 新登録の登録有形文化財 旧対川荘 渡邊家住宅主屋「出羽路」 秋田県文化財保護協会 通号148 2011.02

渡部家住宅

新指定の秋田県指定文化財と国登録有形文化財 洲崎遺跡出土人魚木簡/一日市盆踊/旧奈良家住宅/渡部家住宅/阿部家住宅（秋田県教育庁生涯学習課文化財保護室）「出羽路」 秋田県文化財保護協会 通号139 2006.7

山形県

合海
合海田植え踊りについて（熊谷勝保）「最二地域史」 最上地域史研究会 22 2000.3

山形県大蔵村合海田植踊と起源伝承をめぐる考察（菊地和博）「山形民俗」 山形県民俗研究協議会 （15）2001.11

赤川
赤川の鮭・鱒漁―姿を消した伝統漁法（犬塚幹士）「羽陽文化」 山形県文化財保護協会 （149）2005.3

赤坂集落
新庄市赤坂集落の地蔵講（大友義助）「最二地域史」 最上地域史研究会 （27）2005.3

赤湯
南陽市赤湯の磨崖庚申塔のこと（木村博）「羽陽文化」 山形県文化財保護協会 （148）2004.3

秋元藩
史料紹介 秋元藩年中行事の覚書（市村幸夫）「村山民俗」 村山民俗の会 （28）2014.06

飽海
酒田・飽海地域内における中世城館内の宗教遺構について（小松良博）「山形県地域史研究」 山形県地域史研究協議会 （29）2004.2

飽海（あくみ）風土記（田中春二）「民俗文化」 滋賀民俗学会 （573）2011.06

阿古屋
「阿古屋（耶）」地名・人名の語るもの（野口一雄）「郷土てんどう ： 天童郷土研究会会報」 天童郷土研究会 （36）2008.2

朝日
朝日修験にまつわる地名（白田勤）「西村山地域史の研究」 西村山地域史研究会 （29）2011.09

梓山
万世梓山獅子踊《特集 獅子芸能の世界へ》―〈獅子が踊る！ 獅子が舞う！―東アジアの獅子芸能〉（梅津幸保）「まんだら ： 東北文化友の会会報」 東北芸術工科大学東北文化研究センター （27）2006.5

梓山羽山神社の震災による修復（民俗短信）「置賜の民俗 ： 置賜民俗学会会誌」 置賜民俗学会 （19）2012.12

左沢
近世後期の左沢天満宮祭礼とシシ踊り（葉地和博）「村山民俗」 村山民俗の会 （24）2010.06

安倍平吉窯跡
平清水焼安倍平吉窯跡の研究―表採資料と民俗調査から（論文・研究ノート）（石垣義則，高橋拓）「山形考古」 山形考古学会 10（1）通号43 2013.08

雨呼山
雨呼山民俗信仰の研究（佐々木太四郎）「山形郷土史研究協議会研究資料集」 山形郷土史研究協議会 （28）2006.3

雨呼山周辺の水分信仰と太陽振興（長瀬一男）「郷土てんどう ： 天童郷土研究会会報」 天童郷土研究会 （37）2009.02

雨呼山山系
雨呼山山系に祀る不動尊（明王）の分布と信仰について（赤塚長一郎）「郷土てんどう ： 天童郷土研究会会報」 天童郷土研究会 （31）2003.2

余目
「碇」地名と血原伝説―高畠と余目の渡会氏（清野春樹）「置賜の民俗 ： 置賜民俗学会会誌」 置賜民俗学会 （18）2011.12

余目郷
中世安保氏の余目郷支配と乗慶寺への一考察（むかしを探る）（佐藤幸夫）「餘戸」 余目町郷土史研究会 （2）2006.3

余目町
古里の村祭り（むかしを想う）（兼古哲也）「餘戸」 余目町郷土史研究会 （2）2006.3

安楽城
やまがた民話資料紹介（16）安楽城の伝説―佐藤隆三さんの語り（武田正）「民話」 東北文教大学短期大学部民話研究センター （16）2006.6

翻刻・再録 昔話・語りの世界（4）そーれ物語そーろう―真室川町安楽城 佐藤隆三さん（上），（下）（武田正）「民話」 東北文教大学短期大学部民話研究センター （25）/（26）2009.07/2009.12

安楽城のわらべ唄（大友義助）「最上地域史」 最上地域史研究会 （32）2010.03

荒沢
肴町荒沢地蔵（市村幸夫）「村山民俗」 村山民俗の会 （24）2010.06

桐町
諸国探訪（13）桐町 西宮戎神社（白根澤孝穀）「西宮えびす」 西宮神社 通号31 2009.06

宮内熊野神社の中心氏子は桐町だったか―熊野大社史覚え書（須崎寛二）「南陽の歴史 ： 南陽の歴史を語る会会報」 南陽の歴史を語る会 （201）2014.06

安国寺
出羽国安国寺と山辺郷（樋口十郎）「研究山辺郷」 山辺町郷土史研究会 （2）1998.3

出羽国安国寺について（総会・研究大会）（三浦浩人）「山形県地域史研究」 山形県地域史研究協議会 （36）2011.02

安中坊
本楯高田家の仏像―付・元安中坊旧蔵谷地田宮家の弥陀像（阿部西喜夫）「西村山地域史の研究」 西村山地域史研究会 16 1998.10

安中坊系譜と金仲山맨明阿弥陀尊略縁起の再検討（北畠教爾）「西村山地域史の研究」 西村山地域史研究会 （30）2012.09

飯豊
第二講座（民俗）草木塔のこころ（地域史学習会）（梅津幸保）「歴史と考古」 いいで歴史考古の会 （5）2008.6

全国の草木塔一覧表 草木塔の写真―指定文化財 米沢17+南陽1+飯豊1+県外2（特集 草木塔の心をさぐる）（梅津幸保）「置賜の民俗 ： 置賜民俗学会会誌」 置賜民俗学会 （19）2012.12

飯豊山
民俗資料の文化資源化―飯豊山信仰を中心に（佐野賢治）「歴史と考古」 いいで歴史考古の会 （6）2009.06

飯豊山参詣年号帳にみる近世の飯豊参詣（原淳一郎）「置賜の民俗 ： 置賜民俗学会会誌」 置賜民俗学会 （18）2011.12

飯豊町
1講座 飯豊町の絵馬（地域史学習会）（大冨國雄）「歴史と考古」 いいで歴史考古の会 2 2005.6

置賜地方の民俗文化の特色について―飯豊町の獅子舞調査に寄せて（菊地和博）「歴史と考古」 いいで歴史考古の会 （6）2009.06

碇
「碇」地名と血原伝説―高畠と余目の渡会氏（清野春樹）「置賜の民俗 ： 置賜民俗学会会誌」 置賜民俗学会 （18）2011.12

池黒神明神社
南陽の石造文化財調査（59）―池黒神明神社「南陽の歴史 ： 南陽の歴史を語る会会報」 南陽の歴史を語る会 （144）2004.12

池黒村美濃
キリシタン「池黒村 美濃」の痕跡を尋ねて（上），（下）（須崎寛二）「南陽の歴史 ： 南陽の歴史を語る会会報」 南陽の歴史を語る会 （176）/（177）2010.04/2010.06

「キリシタン『池黒村美濃』の痕跡を尋ねて」の補訂（須崎寛二）「南陽の歴史 ： 南陽の歴史を語る会会報」 南陽の歴史を語る会 （179）2010.10

伊佐沢
長井市伊佐沢の念仏踊り（渋谷吉介）「置賜の民俗 ： 置賜民俗学会会誌」 置賜民俗学会 （21）2014.12

五十沢
東北文化研究センター民俗映像シリーズ3「五十沢のひと」（〈特集1 映像民俗学は可能か？〉）「東北芸術工科大学東北文化研究センター研究紀

要」 東北芸術工科大学東北文化研究センター 通号5 2006.3

石切沢
民俗聞き書き4 梓山の石切沢（小岩の目）のこと（梅津幸保）「置賜の民俗 ： 置賜民俗学会会誌」 置賜民俗学会 （21） 2014.12

板敷山
本願寺と謡曲「板敷山」（1）（籠谷真智子）「日本宗教文化史研究」 日本宗教文化史学会 9（2）通号18 2005.11

伊東原
山形市内の石造遺品―漆山字伊東原の層塔（加藤和徳）「歴史考古学」 歴史考古学研究会 （50） 2002.7

稲沢
口絵 金山の稲沢番楽（山形）／鶴岡八幡宮御神楽（神奈川）／駒ヶ嶽神社太々神楽（長野）／隠岐島前神楽（島根）（第63回全国民俗芸能大会特集）「民俗芸能」 民俗芸能刊行委員会 （94） 2014.11

稲沢番楽「金巻」と東北の修験系神楽（第63回全国民俗芸能大会特集）（菊地和博）「民俗芸能」 民俗芸能刊行委員会 （94） 2014.11

犬川
置賜の百足獅子―川西町犬川地区を主として（渡邊敏和）「山形民俗」 山形県民俗研究協議会 （27） 2013.11

犬の宮
犬の宮（高畠町高安）「夕鶴」 夕鶴の里友の会 31 2005.12

特別寄稿 犬の宮伝説と秦氏―東北南部の開拓（上），（下）（清野春樹）「まんだら ： 東北文化友の会会報」 東北芸術工科大学東北文化研究センター （42）／（43） 2010.02/2010.05

岩倉神社
岩倉神社は雨乞いにも霊験あらたか（須崎寛二）「南陽の歴史 ： 南陽の歴史を語る会会報」 南陽の歴史を語る会 （197） 2013.10

上杉神社
総会 上杉神社と鶴ケ城をゆく（矢久保徳行）「小千谷文化」 小千谷市総合文化協会「小千谷文化」編集委員会 152 1998.6

第18回談話会 16世紀末の日本と中国・朝鮮との講話交渉―米沢上杉神社所蔵の明朝冠服を手がかりに（新宮学）「西村山地域史の研究」 西村山地域史研究会 18 2000.9

第221回例会講話 上杉神社御祭神上杉謙信命（加沢昌人）「温故」 米沢温故会 （28） 2001.7

上杉神社を建設した屯田兵（井上まこと）「懐風」 米沢御堀端史跡保存会 （35） 2010.04

上ノ原
上ノ原一字一石経塚について（〈山形の江戸時代の考古学小特集〉）（海藤直行）「さあべい」 さあべい同人会 （22） 2006.5

羽前
名号塔の知識（18）羽能と羽前の名号塔（誌上講座）（岡村ほ造）「日本の石仏」 日本石仏協会，青蛾書房（発売）（151） 2014.09

内楯
内楯旭一流獅子踊と新仏供養儀礼（菊地和博）「村山民俗」 村山民俗の会 （16） 2002.6

宇津明神
宇津明神の議定書（井上俊雄）「置賜の民俗 ： 置賜民俗学会会誌」 置賜民俗学会 （18） 2011.12

海渡神社
玉庭海渡神社の落書きから見える世相（渡邊敏和）「置賜の民俗 ： 置賜民俗学会会誌」 置賜民俗学会 （19） 2012.12

漆山大仏
置賜遺跡巡り（31）南陽市漆山大仏・史跡（個人所蔵）文和三年阿弥陀板碑「うきたむ ： 山形県立うきたむ風土記の丘考古資料館館報」 山形県立うきたむ風土記の丘考古資料館 （34） 2010.01

雲南神社
南陽の石造文化財調査（61）―長岡雲南神社／漆山山の神社神社「南陽の歴史 ： 南陽の歴史を語る会会報」 南陽の歴史を語る会 （146） 2005.4

栄蔵坊
つながった山寺獅子踊の消失の輪―その民俗と由来書と平塩栄蔵坊文書（居駒永幸）「山形民俗」 山形県民俗研究協議会 11・12 1998.8

民俗芸能と修験の知―平塩栄蔵坊の獅子舞由来書をめぐって（居駒永幸）「山形民俗」 山形県民俗研究協議会 14 2000.11

平塩栄蔵坊文書にみる夜念仏史料（村山正市）「山形民俗」 山形県民俗研究協議会 （18） 2004.11

永蔵坊
平塩熊野権現永蔵坊支配の夜行念仏と獅子舞（野口一雄）「村山民俗」 村山民俗の会 （23） 2009.06

置霊山
「六地蔵屏風」と「十六羅漢塔」の民俗―東置賜郡川西町の「置霊山」を中心に（加藤和徳）「置賜の民俗 ： 置賜民俗学会会誌」 置賜民俗学会 （18） 2011.12

大井沢
きわだつ山の神の作神的機能―西川町大井沢の二つの民俗から（菊地和博）「山形民俗」 山形県民俗研究協議会 （17） 2003.11

大石田
大石田川船方役所「正一位船守稲荷大明神」の勧請と鎮座について（小山義雄）「北村山の歴史」 北村山地域史研究会 （11） 2011.06

大泉庄
ホウリョウ神と大泉庄（阿部公彦）「山形県地域史研究」 山形県地域史研究協議会 （39） 2014.02

大蔵村
『大蔵村の石仏』と『史料編』の発行について（村上正清）「山形県地域史研究」 山形県地域史研究協議会 （28） 2003.2

史料紹介「頼母子邉（講）中面附牒（大蔵村豊牧石川家文書）、「地蔵尊勧化附帳」（大蔵村藤田沢鈴木家文書）、「差上申年賦証文之事」（大蔵村旧合海村庄屋皆川家文書）（矢口實）「聴雪」 新庄古文書の会 （13） 2009.06

大蔵村の民話（熊谷勝保）「最上地域史」 最上地域史研究会 （36） 2014.03

大白布
翻刻・再録 昔話・語りの世界（6）四百ぶらりん 瞥女宿の昔語り―米沢市大白布 遠藤たけのさん（上），（下）（武田正）「民話」 東北文教大学短期大学部民話研究センター （29）／（30） 2010.12/2011.03

大寺
大寺地区の昔の女児の遊びと遊び唄（武田俊子）「研究山辺郷」 山辺町郷土史研究会 （2） 1998.3

大又集落
金山町三枝地区大又集落の「山の神の歓進」行事調査略報（大友義助）「最上地域史」 最上地域史研究会 （35） 2013.03

大町
天童市大町羽黒神社の御神体（野口一雄）「郷土てんどう ： 天童郷土研究会会報」 天童郷土研究会 28 2000.2

大町庚申堂の「観音賢菩薩行法経」の塔―米沢市大町庚申堂の塔・碑を中心に（会員の研究レポート）（加藤和徳）「置賜の民俗 ： 置賜民俗学会会誌」 置賜民俗学会 （20） 2013.12

大宮子易
伝えておきたいおらほの○○神様 大宮子易講「夕鶴」 夕鶴の里友の会 （42） 2009.09

大物忌神社
山岳信仰の神社における講組織の形成―国幣中社大物忌神社を事例に（筒井裕）「歴史地理学」 歴史地理学会，古今書院（発売）46（1）通号217 2004.1

近代の大物忌神社の運営組織内における社家集団の位置づけ（筒井裕）「日本民俗学」 日本民俗学会 通号250 2007.5

大森山
東根市大森山の磨崖仏群（石井浩幸）「山形県地域史研究」 山形県地域史研究協議会 25 2000.3

東根市大森山の経塚と出土遺物（川崎利夫）「さあべい」 さあべい同人会 （19） 2002.5

大森山をめぐる説話考証（石井浩幸）「北村山の歴史」 北村山地域史研究会 （5） 2003.5

大山
地酒のライバル大山酒の盛衰（木村光夫）「旭川研究 ： 旭川市史編集機関誌 ： 今と昔」 旭川市 14 1998.12

大山椙尾神社伝説（〈追悼 戸川安章先生〉）（小池陽一）「庄内民俗」 庄内民俗学会 通号34 2008.4

置賜
続 石碑・石塔 そのであい（清野悦良）「置賜文化」 置賜史談会 （98） 1998.6

置賜地方北部における蚕神の諸相（奥村幸雄）「置賜文化」 置賜史談会 （98） 1998.6

山形県置賜地方の山の神信仰（武田正）「東北芸術工科大学東北文化研究

センター研究紀要」 東北芸術工科大学東北文化研究センター （1）
2002.3
補 石碑・石塔 そのであい（清野悦良）「置賜文化」 置賜史談会 （102）
2002.6
置賜地方の中世六面幢概観（小野田政雄）「歴史考古学」 歴史考古学研究
会 （50） 2002.7
拾遺 石碑石塔そのであい（清野悦良）「置賜文化」 置賜史談会 （103）
2003.7
磨崖の庚申像・碑—置賜・村山地方の例から（加藤和徳）「羽陽文化」 山
形県文化財保護協会 （148） 2004.3
山形県置賜地方の万年堂（加藤和徳）「日本の石仏」 日本石仏協会，青蛾
書房（発売）（112） 2004.12
置賜地方における民間信仰の謎（奥村幸雄）「史談」 白鷹町史談会
（22・23） 2007.2
置賜地方の民俗文化の特色について—飯豊町の獅子舞調査に寄せて（菊
地和博）「歴史と考古」 いいで歴史考古の会 （6） 2009.06
八幡宮について—置賜地方の八幡宮についても触れつつ（松尾剛次）「歴
史と考古」 いいで歴史考古の会 （6） 2009.06
置賜の石像・石塔拾遺（小野田十九）「おくやまのしょう ： 奥山荘郷土
研究会誌」 奥山荘郷土研究会 （36） 2011.03
再び「彫刻・刻影」と彫られた供養塔のこと—置賜地方の仏像と石塔を
中心に（加藤和徳）「村山民俗」 村山民俗の会 （25） 2011.06
巻頭言 置賜は民俗の宝庫（特集 置賜の獅子踊り）（梅津幸保）「置賜の民
俗 ： 置賜民俗学会会誌」 置賜民俗学会 （18） 2011.12
講座資料 三頭シシ踊り（三匹獅子舞）の系譜を考える—三頭から多頭へ
の変化説の再検討（特集 置賜の獅子踊り）（菊地博）「置賜の民俗 ：
置賜民俗学会会誌」 置賜民俗学会 （18） 2011.12
「置賜のシシ踊りを考える情報交換会」記録（特集 置賜の獅子踊り）「置
賜の民俗 ： 置賜民俗学会会誌」 置賜民俗学会 （18） 2011.12
参加団体それぞれの獅子踊りの比較表（特集 置賜の獅子踊り）「置賜の民
俗 ： 置賜民俗学会会誌」 置賜民俗学会 （18） 2011.12
置賜の三匹獅子踊（特集 置賜の獅子踊り）（渡邊敏和）「置賜の民俗 ： 置
賜民俗学会会誌」 置賜民俗学会 （18） 2011.12
置賜の三匹獅子踊分布図（特集 置賜の獅子踊り）（渡邊敏和）「置賜の民
俗 ： 置賜民俗学会会誌」 置賜民俗学会 （18） 2011.12
近世後期置賜地方における飯豊信仰の組織化（原淳一郎）「置賜文化」 置
賜史談会 （111） 2012.10
置賜地域の記録された地震（渡邊敏和）「山形民俗」 山形県民俗研究協議
会 （26） 2012.11
シンポジウム「草木塔の心をさぐる」記録（特集 草木塔の心をさぐる）
「置賜の民俗 ： 置賜民俗学会会誌」 置賜民俗学会 （19） 2012.12
資料1 草木塔の心—自然の恵みに感謝し、草木を供養する（特集 草木塔
の心をさぐる）（梅津幸保）「置賜の民俗 ： 置賜民俗学会会誌」 置賜
民俗学会 （19） 2012.12
資料4 「材木供養塔」と「財木供養塔」のこと—材木供養塔から草木塔
を眺める（特集 草木塔の心をさぐる）（守谷英一）「置賜の民俗 ： 置賜
民俗学会会誌」 置賜民俗学会 （19） 2012.12
資料5 草木国土悉皆成仏の心（特集 草木塔の心をさぐる）（小野卓也）
「置賜の民俗 ： 置賜民俗学会会誌」 置賜民俗学会 （19） 2012.12
資料6 置賜民俗学会研究集会「草木塔の心をさぐる」（特集 草木塔の心
をさぐる）（岩鼻通明）「置賜の民俗 ： 置賜民俗学会会誌」 置賜民俗
学会 （19） 2012.12
墓石型の草木供養塔からの推察（特集 草木塔の心をさぐる）（渡邊敏和）
「置賜の民俗 ： 置賜民俗学会会誌」 置賜民俗学会 （19） 2012.12
鎌倉新仏教における草木仏性・成仏論（特集 草木塔の心をさぐる）（原
淳一郎）「置賜の民俗 ： 置賜民俗学会会誌」 置賜民俗学会 （19）
2012.12
草木塔を建てた人々（特集 草木塔の心をさぐる）（清野春樹）「置賜の民
俗 ： 置賜民俗学会会誌」 置賜民俗学会 （19） 2012.12
草木塔祭—なせばなる秋まつり（特集 草木塔の心をさぐる）（梅津幸保）
「置賜の民俗 ： 置賜民俗学会会誌」 置賜民俗学会 （19） 2012.12
「鬼子母神」信仰と「取子」の習俗（加藤和徳）「置賜の民俗 ： 置賜民俗
学会会誌」 置賜民俗学会 （19） 2012.12
民俗誌としての「シンボエ」（守谷英一）「置賜の民俗 ： 置賜民俗学会会
誌」 置賜民俗学会 （19） 2012.12
置賜の念仏踊（渡邊敏和）「山形県地域史研究」 山形県地域史研究協議会
（38） 2013.02
置賜の牛頭天王信仰と征夷軍（清野春樹）「懐風」 米沢御堀端史跡保存会
（38） 2013.04
石造の善光寺阿弥陀三尊仏—村山・置賜の事例から（加藤和徳）「村山
民俗」 村山民俗の会 （27） 2013.06
置賜の百足獅子—川西町犬川地区を主として（渡邊敏和）「山形民俗」 山
形県民俗研究協議会 （27） 2013.11
民俗聞き書き（梅津幸保）「置賜の民俗 ： 置賜民俗学会会誌」 置賜民俗
学会 （20） 2013.12

置賜の「間引き」とその絵馬について（渡邊敏和）「山形民俗」 山形県民
俗研究協議会 （28） 2014.11
置賜の民話と語り部（特集 発足50年記念号）「置賜の民俗 ： 置賜民俗学
会会誌」 置賜民俗学会 （21） 2014.12
解題 置賜の民話 地域の歴史を映す民話（特集 発足50年記念号）（清野春
樹）「置賜の民俗 ： 置賜民俗学会会誌」 置賜民俗学会 （21） 2014.12
「置賜の民話」デジタルアーカイブの研究（特集 発足50年記念号）（鈴木
真人）「置賜の民俗 ： 置賜民俗学会会誌」 置賜民俗学会 （21）
2014.12
置賜民俗学会50年の歩み（年表と概要）（特集 発足50年記念号）（渡邊敏
和）「置賜の民俗 ： 置賜民俗学会会誌」 置賜民俗学会 （21） 2014.12
先祖供養としての層塔と石燈籠（加藤和徳）「置賜の民俗 ： 置賜民俗学
会会誌」 置賜民俗学会 （21） 2014.12
干支の話 羊年について（関谷良寛）「置賜の民俗 ： 置賜民俗学会会誌」
置賜民俗学会 （21） 2014.12
武田正の初期小説と民俗（清野春樹）「置賜の民俗 ： 置賜民俗学会会誌」
置賜民俗学会 （21） 2014.12

置賜三十三観音

鍋田念仏おどりと置賜三十三観音—第213回学習会から「南陽の歴史 ：
南陽の歴史を語る会会報」 南陽の歴史を語る会 （191） 2012.10
置賜三十三観音ご開散心の旅について（齋藤美智子）「懐風」 米沢御堀端
史跡保存会 （38） 2013.04
巻頭言 庶民信仰の行方（特集 置賜三十三観音信仰の今）（梅津幸保）「置
賜の民俗 ： 置賜民俗学会会誌」 置賜民俗学会 （20） 2013.12
基調講演 参詣と巡礼・順礼（特集 置賜三十三観音信仰の今）（原淳一郎）
「置賜の民俗 ： 置賜民俗学会会誌」 置賜民俗学会 （20） 2013.12
シンポジウム概要（特集 置賜三十三観音信仰の今）「置賜の民俗 ： 置賜
民俗学会会誌」 置賜民俗学会 （20） 2013.12
パネリストの発言（特集 置賜三十三観音信仰の今）「置賜の民俗 ： 置賜
民俗学会会誌」 置賜民俗学会 （20） 2013.12
パネリスト資料（特集 置賜三十三観音信仰の今）「置賜の民俗 ： 置賜民
俗学会会誌」 置賜民俗学会 （20） 2013.12
置賜三十三観音巡礼について—始まりと札所の変遷（特集 置賜三十三観
音信仰の今）（渡邊敏和）「置賜の民俗 ： 置賜民俗学会会誌」 置賜民
俗学会 （20） 2013.12
置賜三十三観音札所 御詠歌（特集 置賜三十三観音信仰の今）（渡邊敏和）
「置賜の民俗 ： 置賜民俗学会会誌」 置賜民俗学会 （20） 2013.12
置賜三十三観音札所 所在地地図（特集 置賜三十三観音信仰の今）「置賜
の民俗 ： 置賜民俗学会会誌」 置賜民俗学会 （20） 2013.12
置賜三十三観音札所一覧（特集 置賜三十三観音信仰の今）「置賜の民俗 ：
置賜民俗学会会誌」 置賜民俗学会 （20） 2013.12

奥三山

奥三山参りと里先達—武蔵野西部の「宿坊道者帳」に見る（岡倉捷郎）
「あしなか」 山村民俗の会 280 2008.1

小国

小国駒と富山馬頭観音堂奉納絵馬（大友義助）「羽陽文化」 山形県文化財
保護協会 （153） 2009.03
若松寺観音堂修復における小国大工の記録（史料紹介）（大友義助）「最上
地域史」 最上地域史研究会 （31） 2009.03
小国大工の羽入林松寺再建（史料紹介）（大友義助）「最上地域史」 最上
地域史研究会 （32） 2010.03

小国郷

山形県最上町内の板碑群について—中世小国郷における特異な板碑文化
（佐藤信行）「さあべい」 さあべい同人会 16 1999.5

若木山

若木山信仰について（大友義助）「山形民俗」 山形県民俗研究協議会
（18） 2004.11

鬼甲山

鬼甲伝説と「鬼甲山合戦記」（居駒永幸）「村山民俗」 村山民俗の会
（15） 2001.6

尾花沢

尾花沢の板碑について（大類誠）「さあべい」 さあべい同人会 17
2000.5
尾花沢の懸仏（石黒伸一朗）「さあべい」 さあべい同人会 （25） 2009.05

小見

大江町小見地区の葬式習俗について（伊藤登啓）「村山民俗」 村山民俗の
会 （16） 2002.6

面白山

山寺堰の源流と水神・面白山信仰—水からみた民衆信仰（淺井紀夫）「郷
土てんどう ： 天童郷土研究会会報」 天童郷土研究会 （32） 2004.2

山形県　　　　　　　　　　　　　郷土に伝わる民俗と信仰　　　　　　　　　　　　　東北

海向寺
庄内・海向寺と出羽三山（渡邊喜久雄）「歴研みやぎ」　宮城県歴史研究会（89）2012.11

格知学舎
資料紹介　格知学舎の研究のために　昌林寺念仏溝趣意書並講則（赤塚長一郎）「出羽文化」　出羽文化ネットワーク　3　2004.7

覚範寺跡
第239回例会寺社見学　遠山覚範寺跡と西明寺（編集部）「温故」　米沢温故会（30）2003.8

柏沢
戸沢村柏沢地区の年中行事について—福俵投げ・人形流し・山の神しょい、しょい（大友義助）「最上川文化研究」　東北芸術工科大学東北文化研究センター（2）2004.3

春日
春日の仏師とは何か（伊藤登啓）「村山民俗」　村山民俗の会　（24）2010.06

月山
月山信仰（特集　月読命信仰—小論文）（岩崎真幸）「季刊悠久.第2次」　鶴岡八幡宮悠久事務局（120）2010.04

紹介　渡辺幸任著『出羽三山信仰と月山筍』（岩鼻通明）「東北民俗」　東北民俗の会　48　2014.06

月山神社
月山神社「御詠歌奉納額」について（横尾尚寿）「村山民俗」　村山民俗の会（25）2011.06

金山八幡神社
南陽の石造文化財調査(66)　金山八幡神社「南陽の歴史 ： 南陽の歴史を語る会会報」　南陽の歴史を語る会　（151）2006.2

金山町
金山町に「草木塔」があった（地域短信）（大友義助）「最上地域史」　最上地域史研究会（35）2013.03

河北町
河北町周辺部における葬送儀礼（鈴木聖雄）「村山民俗」　村山民俗の会（16）2002.6

河北町の絵馬（鈴木勲）「羽陽文化」　山形県文化財保護協会　（153）2009.03

上五十沢
民俗行事を担う村山市上五十沢の子どもたち（《特集　茅葺き集落の調査研究—山形県村山市上五十沢》）（菊地和博）「東北芸術工科大学東北文化研究センター研究紀要」　東北芸術工科大学東北文化研究センター　通号6　2007.3

上五十沢集落
上五十沢集落の民家調査（《特集　茅葺き集落の調査研究—山形県村山市上五十沢》）（宮本長二郎）「東北芸術工科大学東北文化研究センター研究紀要」　東北芸術工科大学東北文化研究センター　通号6　2007.3

上窪辻
梓山上窪辻の馬頭観音（梅津幸保）「置賜の民俗 ： 置賜民俗学会会誌」　置賜民俗学会　（21）2014.12

上長井
上長井地区における三山信仰（下平忠正）「置賜文化」　置賜史談会（103）2003.7

上貫津
天にのぼった竜—上貫津の伝説から（川崎利夫）「郷土てんどう ： 天童郷土研究会会報」　天童郷土研究会　（34）2006.2

上ノ山
上ノ山における「首洗い」の習慣と「首洗い井戸」の伝承（加藤和徳）「山形民俗」　山形県民俗研究協議会　（25）2011.11

羽前上ノ山の石造三十三観音探訪（特集　石仏探訪XII）（加藤和徳）「日本の石仏」　日本石仏協会．青娥書房（発売）（151）2014.09

上山市
山形県上山市の水神塔（加藤和穂）「日本の石仏」　日本石仏協会．青娥書房（発売）（107）2003.9

上山市における「ムカサリ絵馬」の奉納実態—昭和62年3月～8月までの調査から（加藤和徳）「山形民俗」　山形県民俗研究協議会　（21）2007.11

堂築節（どんづきぶし）という唄—上山市（旧，南村山郡西郷村小穴）の伝承から（加藤和徳）「山形民俗」　山形県民俗研究協議会　（24）2010.11

上柳渡戸八幡山遺跡
上柳渡戸八幡山遺跡と丹生の開発—根強い丹生都姫信仰（〈総会・研究大会〉）（奥山誉男）「山形県地域史研究」　山形県地域史研究協議会（31）2006.2

川西町
川西町の「獅子頭」について（渡邊敏和）「山形県地域史研究」　山形県地域史研究協議会　（33）2008.2

時宗の寺々と民衆を訪ねて—山形県東置賜郡川西町（佐々木勝夫）「民俗文化」　滋賀民俗学会　（542）2008.11

資料3　川西町所在の草木塔一覧（特集　草木塔の心をさぐる）（渡邊敏和）「置賜の民俗 ： 置賜民俗学会会誌」　置賜民俗学会　（19）2012.12

願行寺
菅生願正坊略伝附龍池山願行寺の略歴（鈴木吉郎）「郷土てんどう ： 天童郷土研究会会報」　天童郷土研究会（29）2001.2

真宗大谷派龍池山願行寺の本堂棟札について（村山正市）「山形民俗」　山形県民俗研究協議会　（25）2011.11

雁戸山
雁戸山の名称と石塔もの語り（會田庄一）「山形民俗」　山形県民俗研究協議会　（28）2014.11

北庄内
北庄内における"神代神楽今昔"（佐藤平一）「酒田民俗」　酒田民俗学会　5　2001.8

北野社
絵図にみる北野社の景観変遷（岩鼻通明）「村山民俗」　村山民俗の会　12　1998.11

北村山
北村山の板碑概括—地域における板碑の造立を中心に（加藤和徳）「北村山の歴史」　北村山地域史研究会　（14）2014.06

京田川
京田川沿岸集落の信仰（むかしを探る）（斎藤光也）「餘戸」　余目町郷土史研究会　（2）2006.3

金竜寺
南陽の石造文化財調査(55)—関根・金竜寺「南陽の歴史 ： 南陽の歴史を語る会会報」　南陽の歴史を語る会　（140）2004.4

功徳寺
宮内・功徳寺について（須崎寛二）「南陽の歴史 ： 南陽の歴史を語る会会報」　南陽の歴史を語る会　（143）2004.10

椚塚羽黒神社
南陽の石造文化財調査(67)　椚塚羽黒神社「南陽の歴史 ： 南陽の歴史を語る会会報」　南陽の歴史を語る会　（152）2006.4

久野本
注連縄奉納百二十年—久野本・神納会（斉藤隆一）「郷土てんどう ： 天童郷土研究会会報」　天童郷土研究会　29　2001.2

熊野大社
山形県熊野大社の懸仏群（山下立）「熊野歴史研究 ： 熊野歴史研究会紀要」　熊野歴史研究会　（6）1999.5

熊野大社・慶海山周辺の新碑など（須崎寛二）「南陽の歴史 ： 南陽の歴史を語る会会報」　南陽の歴史を語る会　（144）2004.12

台林院の施し（ほどこし）—熊野大社史おぼえ書38（須崎寛二）「南陽の歴史 ： 南陽の歴史を語る会会報」　南陽の歴史を語る会　（202）2014.08

熊野大社史おぼえ書42—秘仏三尊を宝積坊へお預けにつき（須崎寛二）「南陽の歴史 ： 南陽の歴史を語る会会報」　南陽の歴史を語る会（204）2014.12

栗駒山
栗駒山の山岳信仰（岩鼻通明）「山形民俗」　山形県民俗研究協議会（16）2002.12

黒川
オリモリ衆—王祇祭の裏方（春山進）「民俗芸能研究」　民俗芸能学会（36）2004.3

黒川能
黒川能（渡辺国茂）「まつり通信」　まつり同好会　39（2）通号456　1999.1

真壁仁と黒川能（佐藤治助）「真壁仁研究」　東北芸術工科大学東北文化研究センター　1　2000.12

黒川能の来訪神（〈エッセイ　出会い・素顔の真壁仁〉）（船曳由美）「真壁仁研究」　東北芸術工科大学東北文化研究センター　1　2000.12

真壁仁の黒川能（春山進）「真壁仁研究」 東北芸術工科大学東北文化研究センター （4） 2003.12

桜井昭雄著『黒川能と興業』（書誌紹介）（西海賢二）「日本民俗学」 日本民俗学会 通号237 2004.2

黒川能の構造と王祇神の本質（大江良松）「村山民俗」 村山民俗の会 （20） 2006.7

新装版『黒川能』のこと（エッセイ）《特集 真壁仁と農業》（舟越範夫）「真壁仁研究」 東北芸術工科大学東北文化研究センター （7） 2006.12

出会いのままに—黒川能と私（柴田真希）「日本民俗音楽学会会報」 日本民俗音楽学会 （27） 2007.7

黒川能の現代史研究（《第21回大会報告「民俗音楽の危機を乗り越えるために」》（2007 徳島）—研究発表要旨）（柴田真希）「民俗音楽研究」 日本民俗音楽学会 （33） 2008.3

黒川能の現代史研究（柴田真希）「山形県地域史研究」 山形県地域史研究協議会 （34） 2009.02

黒川能と文化財保護制度—昭和27、32、51年の文化財指定を中心に（柴田真希）「民俗音楽研究」 日本民俗音楽学会 （34） 2009.03

黒川能を教えるということ—小学校における伝習活動を中心に（《第22回大会報告「日本民謡研究の現状と課題」》（2008 東京）—研究発表要旨）（柴田真希）「民俗音楽研究」 日本民俗音楽学会 （34） 2009.03

黒川能の伝承現場における演技に関する言説についての考察（研究発表要旨）（柴田真希）「民俗音楽研究」 日本民俗音楽学会 （37） 2012.03

黒田玄仙

山形の薬本舗「黒田玄仙」と湯殿山行者（高橋信敬）「山形郷土史研究協議会研究資料集」 山形郷土史研究協議会 （29） 2007.3

黒鳥観音堂

絵馬奉納と観音巡礼—黒鳥観音堂の事例を中心に（小田島建己）「山形民俗」 山形県民俗研究協議会 （26） 2012.11

黒森

地芝居見聞（7） 黒森歌舞伎—山形県の雪中芝居／濃飛歌舞伎中津川保存会 吉例歌舞伎大会（北河直子）「公益社団法人全日本郷土芸能協会会報」 全日本郷土芸能協会 （67） 2012.04

口絵写真 山形県（酒田市）黒森歌舞伎狂言「奥州安達原」（渡辺良正撮影）、山形県黒森歌舞伎「蝶千鳥曽我対面」（渡辺良正撮影）、埼玉県秩父夜祭り一谷ふたば軍記（渡辺良正撮影）「まつり」 まつり同好会 （75） 2013.12

書評 佐治ゆかり著『近世庄内における芸能興行の研究—鶴岡・酒田・黒森』（神田より子）「民俗芸能研究」 民俗芸能学会 （56） 2014.03

地芝居見聞（15） 黒沢尻歌舞伎 定期公演／黒森歌舞伎 福島・旧広瀬座公演（北河直子）「公益社団法人全日本郷土芸能協会会報」 全日本郷土芸能協会 （77） 2014.10

慶海山

熊野大社・慶海山周辺の新碑など（須崎寛二）「南陽の歴史 ： 南陽の歴史を語る会会報」 南陽の歴史を語る会 （144） 2004.12

芸能神社

日本に一つしかない芸能神社を中心部に移転しよう（小林和夫）「懐風」 米沢御堀端史跡保存会 22 1997.4

粧坂

村山地方「粧坂」の両墓制（野口一雄）「山形民俗」 山形県民俗研究協議会 （15） 2001.11

埋め墓の塔婆供養—朝日町大谷字粧坂の事例（村田弘）「山形民俗」 山形県民俗研究協議会 （27） 2013.11

小穴

継承されなかった年中行事—上山市小穴地区の例から（加藤和徳）「村山民俗」 村山民俗の会 12 1998.11

耕源寺

特別寄稿 耕源寺の在る山の名を尋ねて（井関伸一）「まんだら ： 東北文化友の会会報」 東北芸術工科大学東北文化研究センター （37） 2008.11

光秀院

光秀院（大日様）の湯立について（総会・研究大会）（叶健三郎）「山形県地域史研究」 山形県地域史研究協議会 （36） 2011.02

光禅寺

最上屏風—光禅寺版「ゲルニカ」（市村幸夫）「村山民俗」 村山民俗の会 2012.07

向川寺

黒滝山向川寺開山と経済的背景（清水助六郎）「北村山の歴史」 北村山地域史研究会 （1） 1999.3

北村山地域史研究会「向川寺シンポジウム」基調講演 中世における曹洞宗の発展と向川寺（廣瀬良弘）「北村山の歴史」 北村山地域史研究会 （4） 2002.5

黒瀧山向川寺の開山年代について（関淳一）「北村山の歴史」 北村山地域史研究会 （4） 2002.5

幸徳院

第295回例会講話 寺社見学 幸徳院「温故」 米沢温故会 （37） 2010.08

光徳寺

長瀞光徳寺を語る（《総会・研究大会》）（吉田達雄）「山形県地域史研究」 山形県地域史研究協議会 （31） 2006.2

光明寺

光明寺々宝「阿弥陀仏三尊廿五菩薩」画像由来（寺崎厚一）「郷土山形」 山形郷土史研究協議会 80 1997.9

極楽寺

第215回例会講話 寺社訪問—極楽寺について（高野実）「温故」 米沢温故会 （27） 2000.7

小坂

翻刻・再録 昔話・語りの世界（9） 湖底の村の語り—飯豊町小坂 男鹿てつのさん（下）（武田正）「民話」 東北文教大学短期大学部民話研究センター （37） 2014.08

小釟

鎮守神と屋敷神、そして女性たちの祈りのかたち—山形県西村山地域に所在する小釟・弥勒寺両地区の事例から（鈴木明里）「東北芸術工科大学東北文化研究センター研究紀要」 東北芸術工科大学東北文化研究センター （12） 2013.03

小白川

山形県の絵馬研究史序論—附 渡辺信三『小白川天満宮の「オランダ語百人一首」絵馬』（野口一雄）「村山民俗」 村山民俗の会 （20） 2006.7

小白川・天満神社 オランダ語百人一首歌仙絵馬（オランダ語流ローマ字による小倉百人一首の歌仙額）（渡邊信三）「山形郷土史研究協議会研究資料集」 山形郷土史研究協議会 （29） 2007.3

小白川町

山形市小白川町の石造物集録—西光寺の五輪塔・宝篋印塔群から（加藤和徳）「さあべい」 さあべい同人会 （25） 2009.05

小玉川

フィールドワークの現場から 小玉川での熊祭りとわらび野焼き「まんだら ： 東北文化友の会会報」 東北芸術工科大学東北文化研究センター （51） 2012.07

古寺

大江貫見古寺における野兎の民俗—ユキサラシ・ユキウメを中心に（天野武）「西郊民俗」 ［西郊民俗談話会］ （204） 2008.9

琴平神社

南陽の石造文化財調査（58）—宮内双松公園・琴平神社「南陽の歴史 ： 南陽の歴史を語る会会報」 南陽の歴史を語る会 （143） 2004.10

牛房野

報告 映像民俗誌「牛房野のカノカブ」（六車由実）「まんだら ： 東北文化友の会会報」 東北芸術工科大学東北文化研究センター 10 2001.12

小屋

日本唯一か 小屋の筆司塔（民俗短信）（梅津幸保）「置賜の民俗 ： 置賜民俗学会会誌」 置賜民俗学会 （20） 2013.12

ころり薬師様

「ころり薬師様」の紹介（随感・随想）（宍戸文平）「郷土の研究」 国見町郷土史研究会 （43） 2013.03

金剛日寺

慈恩寺から金剛日寺へ—近世初期における村山葉山の修験集団をめぐって（関口健）「米沢史学」 米沢史学会（山形県立米沢女子短期大学日本史学科内） （26） 2010.10

金勝寺

山家金勝寺をたずねて（鈴木敬三）「郷土山形」 山形郷土史研究協議会 92 2000.12

西覚寺

西覚寺田植踊を見学して（梅木壽雄）「庄内民俗」 庄内民俗学会 通号35 2010.05

西光寺

山形市小白川町の石造物集録—西光寺の五輪塔・宝篋印塔群から（加藤和徳）「さあべい」 さあべい同人会 （25） 2009.05

西明寺

第239回例会寺社見学 遠山覚範寺跡と西明寺（編集部）「温故」 米沢温故会 （30） 2003.8

蔵王山

蔵王山と信仰（鈴井正孝）「郷土山形」 山形郷土史研究協議会 88 1999.11

蔵王山役銭出入—宝沢三乗院文書から（會田庄一）「村山民俗」 村山民俗の会 （28） 2014.06

寒河江

近世末における出羽国寒河江の一村人の旅参り（2）—五十嵐門太郎記『伊勢参宮日記』（大宮富善）「西村山地域史の研究」 西村山地域史研究会 15 1997.10

寒河江市

寒河江市の涅槃図について（宇井啓）「山形県地域史研究」 山形県地域史研究協議会 24 1999.2

寒河江八幡宮

寒河江八幡宮流鏑馬と楯西村検見帳（研究）（大宮富善）「羽陽文化」 山形県文化財保護協会 （157） 2013.03

酒田

湊町酒田の民衆教育と里修験（井川一良）「歴史」 東北史学会 95 2000.9

鬼の絵馬について（梅木壽雄）「酒田民俗」 酒田民俗学会 5 2001.8

地蔵の勧進（須藤良弘）「酒田民俗」 酒田民俗学会 5 2001.8

消えていく伝統的習慣（尾形与志子）「酒田民俗」 酒田民俗学会 5 2001.8

ふる里の伝説思考五題（佐藤春吉）「酒田民俗」 酒田民俗学会 5 2001.8

酒田・飽海地域内における中世城館内の宗教遺構について（小松良博）「山形県地域史研究」 山形県地域史研究協議会 （29） 2004.2

泉流寺と酒田三十六人衆（藤根茂）「擬宝珠」 盛岡の歴史を語る会 （145） 2004.5

庄内酒田の押絵雛（木下守）「長野県民俗の会通信」 長野県民俗の会 （205） 2008.5

酒田の聖徳太子像（小松光江）「聖徳」 聖徳宗教学部 （206） 2010.11

書評 佐治ゆかり著『近世庄内における芸能興行の研究—鶴岡・酒田・黒森』（神田より子）「民俗芸能研究」 民俗芸能学会 （56） 2014.03

酒田市

田んぼの中の墓—酒田市の東部にみられる諸事例に照射して（小田島建己）「山形民俗」 山形県民俗研究協議会 （28） 2014.11

桜小路

サイの神祭り行事を検証する—山形県羽黒町手向桜小路下区の事例から（菊地和博）「東北芸術工科大学東北文化研究センター研究紀要」 東北芸術工科大学東北文化研究センター 通号3 2004.3

佐倉藩城付領

地域における虚無僧の位置づけについて—佐倉藩城付領を事例に（論文）（長谷川佳澄）「千葉史学」 千葉歴史学会 （62） 2013.5

鮭川

鮭川歌舞伎について（1），（2）（大友義助）「山形民俗」 山形県民俗研究協議会 （19）／（20） 2005.11／2006.10

地芝居探訪（39）東町歌舞伎／垂井曳軕まつり子供歌舞伎／大鹿歌舞伎／お旅祭り子供歌舞伎／小原歌舞伎／鮭川歌舞伎（松浦島夫）「公益社団法人全日本郷土芸能協会会報」 全日本郷土芸能協会 （64） 2011.07

リレーエッセイ「東北を撮る」（6）鮭川歌舞伎（腰高直樹）「まんだら：東北文化友の会会報」 東北芸術工科大学東北文化研究センター （48） 2011.08

地芝居聞（11）鮭川歌舞伎（北河直子）「公益社団法人全日本郷土芸能協会会報」 全日本郷土芸能協会 （72） 2013.07

鮭川村

最上・鮭川村の伝統漁 鮎止め漁の漁師たち（特派員レポート（2））（腰高直樹）「まんだら：東北文化友の会会報」 東北芸術工科大学東北文化研究センター （42） 2010.2

笹野

笹野の式三番（石川博司）「まつり通信」 まつり同好会 42（9）通号499 2002.8

笹野観音

米沢・笹野観音の巨仏半伽仏石地蔵尊—古文書から見る製作から造立まで（加藤和徳）「山形民俗」 山形県民俗研究協議会 14 2000.11

三乗院

蔵王山役銭出入—宝沢三乗院文書から（會田庄一）「村山民俗」 村山民俗の会 （28） 2014.06

三瀬

日露戦争と村の軍国主義台頭—三瀬気比神社笹の葉ものがたり（日塔哲之）「山形県地域史研究」 山形県地域史研究協議会 （30） 2005.2

塩井

越後瞽女の伝承—米沢市塩井地区の聞取調査から（史料紹介）（本多貴子，松田澄子）「米沢史学」 米沢史学会（山形県立米沢女子短期大学日本史学科内） （22） 2006.6

慈恩寺

『慈恩寺中世史料』の発刊にむけて（北畠教爾）「寒河江市史編さんだより」 寒河江市教育委員会 12 1997.3

中世都市鎌倉と寒河江・慈恩寺（松尾剛次）「西村山地域史の研究」 西村山地域史研究会 16 1998.10

「寒河江市史慈恩寺中世史料」を編纂して（大宮富善）「山形県地域史研究」 山形県地域史研究協議会 24 1999.2

慈恩寺本尊五仏胎内納入印仏記載の真言について（大宮富善）「西村山地域史の研究」 西村山地域史研究会 （20） 2002.7

城館寺院 慈恩寺《《山形の城館特集》》（堀宗夫）「さあべい」 さあべい同人会 （20） 2003.5

平安・鎌倉時代における慈恩寺の歴史とその教学について（麻木脩平）「西村山地域史の研究」 西村山地域史研究会 （21） 2003.9

慈恩寺の中院・西院・東院についての一考察（大宮富善）「羽陽文化」 山形県文化財保護協会 （148） 2004.3

慈恩寺にみる大僧正天海のかげ—寛永・正保期の両宗争論をめぐって（北畠教爾）「西村山地域史の研究」 西村山地域史研究会 （22） 2004.9

山形の仏教史を考える—慈恩寺史をとおして（北畠教爾）「山形郷土史研究協議会研究資料集」 山形郷土史研究協議会 （28） 2006.3

羽州瑞宝山慈恩寺 伽藍記序の解説について（鈴木敬三）「山形郷土史研究協議会研究資料集」 山形郷土史研究協議会 （28） 2006.3

慈恩寺の法会（2）（北畠教爾）「西村山地域史の研究」 西村山地域史研究会 （24） 2006.9

慈恩寺から金剛日吉へ—近世初期における村山葉山の修験集団をめぐって（関口健）「米沢史学」 米沢史学会（山形県立米沢女子短期大学日本史学科内） （26） 2010.10

寒河江市慈恩寺の修験資料について（宇井啓）「羽陽文化」 山形県文化財保護協会 （155） 2011.03

慈恩寺シンポジウム基調講演 慈恩寺本堂法華彫像群の仏師の系統と制作時期について（麻木脩平）「西村山地域史の研究」 西村山地域史研究会 （29） 2011.09

慈恩寺修験と葉山修験について（北畠教爾）「西村山地域史の研究」 西村山地域史研究会 （29） 2011.09

慈恩寺修験の峯中と行場（宇井啓）「西村山地域史の研究」 西村山地域史研究会 （29） 2011.09

慈恩寺と西里に関する一考察—在家と土地の売買に触れながら（鈴木勲）「西村山地域史の研究」 西村山地域史研究会 （30） 2012.09

慈恩寺舞楽と雨乞いの考察—芸能文化と地域とのかかわり（菊地和博）「山形民俗」 山形県民俗研究協議会 （26） 2012.11

新資料から慈恩寺の歴史を再読する—二・三の問題について（研究・史料紹介）（北畠教爾）「西村山地域史の研究」 西村山地域史研究会 （31） 2013.09

出羽三山と古刹慈恩寺 平成25年10月8日・9日（山本修巳）「佐渡郷土文化」 佐渡郷土文化の会 （134） 2014.02

江戸時代初期の慈恩寺再建について（研究・史料紹介）（大宮富善）「西村山地域史の研究」 西村山地域史研究会 （32） 2014.09

「慈恩寺」にみる王祇神構造の展開—「鳥海山・若松観音・中尊寺」と「山形城の位置」（大江良松）「山形民俗」 山形県民俗研究協議会 （28） 2014.11

四国八十八所沢畑霊場

四国八十八所沢畑霊場の由来（槙清哉）「西村山地域史の研究」 西村山地域史研究会 （21） 2003.9

七所明神

『新庄地廻り三十三観音と七所明神巡礼案内』を出版して（伊藤妙子）「山形県地域史研究」 山形県地域史研究協議会 （28） 2003.2

四徳稲荷

南陽の石造文化財調査（54）一中の目・四徳稲荷「南陽の歴史：南陽の歴史を語る会会報」 南陽の歴史を語る会 （140） 2004.4

次年子

次年子石碑（海藤忠男）「北村山の歴史」 北村山地域史研究会 （4） 2002.5

次年子伝説（海藤忠男）「北村山の歴史」 北村山地域史研究会 （9）
2007.06

清水
清水のモリノヤマ信仰（五十嵐文蔵）「山彩民俗」 山形県民俗研究協議会
（15）2001.11

下野明
最上下野明における野兎の民俗（1），（2）（天野武）「西郊民俗」 ［西郊民
俗談話会］ （172）／（173）2000.9/2000.12

若松寺
若松寺旧参道沿いの樹叢について（佐藤定四郎）「郷土てんどう：天童
郷土研究会会報」 天童郷土研究会 〈30〉2002.2

若松寺石造宝篋印塔内の納経について（川崎利夫）「郷土てんどう：天
童郷土研究会会報」 天童郷土研究会 （32）2004.2

天童市山元若松寺の信仰―「家運永榮講」を読む（野口一雄）「村山民俗」
村山民俗の会 （19）2005.6

若松寺にみる「ムカサリ絵馬」奉納の変化（小田島建己）「村山民俗」 村
山民俗の会 （20）2006.7

若松寺にみる「ムカサリ絵馬」の描画様式の転換（小田島建己）「山形民
俗」 山形県民俗研究協議会 （20）2006.10

若松寺にみる「ムカサリ絵馬」の展開（小田島建己）「東北文化研究室紀
要」 東北大学大学院文学研究科東北文化研究室 48 2007.3

死者供養における個性の表出―若松寺への「ムカサリ絵馬」奉納にみる
（小田島建己）「東北民俗」 東北民俗の会 41 2007.6

「若松寺観音堂落書」から見えるもの（野口一雄）「村山民俗」 村山民俗
の会 （21）2007.6

雨乞いに使われる若松寺の倶利伽羅不動明王について（村田弘）「村山民
俗」 村山民俗の会 （21）2007.6

若松寺を考える―中世期の奉納物を中心に（野口一雄）「山形民俗」 山形
県民俗研究協議会 （21）2007.11

若松寺観音の慶安の朱引境内図を巡って（野口一雄）「郷土てんどう：
天童郷土研究会会報」 天童郷土研究会 （38）2010.02

十二堂
十二堂の「母の神」（《特集 茅葺き集落の調査研究―山形県村山市上五十
沢》）（大類誠）「東北芸術工科大学東北文化研究センター研究紀要」
東北芸術工科大学東北文化研究センター 通号6 2007.3

粥座明神
粥座明神由来記と御座神楽由来（船越行雄）「庄内民俗」 庄内民俗学会
4 2002.3

常安寺
第263回例会講話 清瀧山常安寺（小山田信一）「温故」 米沢温故会
（33）2006.8

松応寺
資料紹介 「松尾山松應寺記」と「延宝六年棟札」について（高橋一磨）
「郷土山形」 山形郷土史研究協議会 107 2005.7

常願寺
幻の山寺常願寺（村山正市）「羽陽文化」 山形県文化財保護協会 （148）
2004.3

山寺常願寺の史的考察（佐々木太四郎）「羽陽文化」 山形県文化財保護協
会 （149）2005.3

清池
清池骨堂の納骨習俗と願正坊法要（村山正市）「羽陽文化」 山形県文化財
保護協会 （154）2010.03

常慶院
第223回例会講話 南原常慶院を訪ねて「温故」 米沢温故会 （28）
2001.7

証誠寺
宮内熊野一山に「学頭 證誠寺」はあったか（須崎寛二）「南陽の歴史：
南陽の歴史を語る会会報」 南陽の歴史を語る会 （151）2006.2

宮内熊野神社と熊野山證誠寺（上），（下）（須崎寛二）「南陽の歴史：南
陽の歴史を語る会会報」 南陽の歴史を語る会 （153）／（154）2006.
5/2006.8

庄内
獅子踊の供養的役割と精霊一体化の思想―庄内・施食供養とのかかわり
を中心に（菊地和博）「山形県地域史研究」 山形県地域史研究協議会
23 1998.2

庄内地方のサキオリ（犬塚幹士）「酒田民俗」 酒田民俗学会 5 2001.8

庄内地方の占いの習俗をめぐって（梅木壽雄）「庄内民俗」 庄内民俗学会
4 2002.3

みなづき祭（後藤義治）「庄内民俗」 庄内民俗学会 4 2002.3

最上川の伝統漁撈―庄内のヤツメ漁と鮭漁を中心として（犬塚幹士）「最上
川文化研究」 東北芸術工科大学東北文化研究センター （1）2003.3

庄内地方の蠟搾りと絵蠟燭（犬塚幹士）「自然と文化」 日本ナショナルト
ラスト 通号72 2003.3

庄内地方南部の近世以降の経塚（《小野忍氏還暦記念 特集 日本海と庄
内》）（眞壁建）「庄内考古学」 庄内考古学研究会 22 2006.7

庄内地方における雛祭りの飾り物―雛菓子と押絵雛菓子（服部比呂美）
「無形文化遺産研究報告」 国立文化財機構東京文化財研究所 （2）
2008.3

川と民俗―河童伝説の資料（《追悼 戸川安章先生》）（梅木壽雄）「庄内民
俗」 庄内民俗学会 通号34 2008.4

随想 阿弥陀・薬師二如来信仰の来伝と庄内・由利二地域の「鳥海山」
（1）（鎌田景吉）「鶴舞」 本荘地域文化財保護協会 （96）2009.03

〈問題提起〉庄内地域の境界性と一向宗禁教（《大会特集／南九州の地域形
成と境界性―都城からの歴史像》）（西光三）「地方史研究」 地方史研
究協議会 59（4）通号340 2009.8

「千貫長者」（庄内の昔話）から学ぶ―黎明期の日本昔話研究の資料とし
て（佐藤玄祐）「庄内民俗」 庄内民俗学会 通号35 2010.05

山の民間信仰（後藤義治）「庄内民俗」 庄内民俗学会 通号35 2010.05

荷渡信仰はなぜ庄内地方にないのか（伊藤登啓）「庄内民俗」 庄内民俗学
会 通号35 2010.05

庄内地方のモリ供養（大会特集II 出羽庄内の風土と歴史像―その一体性
と多様性）（大塚幹士）「地方史研究」 地方史研究協議会 61（5）通号
353 2011.10

庄内地方の漁民と海の信仰（大会特集II 出羽庄内の風土と歴史像―その
一体性と多様性）（阿部友紀）「地方史研究」 地方史研究協議会 61
（5）通号353 2011.10

鬼哭の墓碑―庄内の乱（編集部）「三州文化」 三州文化社 （6）2013.03

庄内の草木塔を訪ねて（梅木壽雄）「庄内民俗」 庄内民俗学会 （36）
2013.06

庄内地域のモリ供養（阿部宇洋）「山形県地域史研究」 山形県地域史研究
協議会 （39）2014.02

庄内藩
「地域寺院と『藩世界』―天保11年庄内藩三方領知替反対一揆から」（斎
藤悦正）「岡山藩研究」 岡山藩研究会 41 2002.10

参加記 斎藤悦正「地域寺院と『藩世界』―天保11年庄内藩三方領知替反
対一揆から」を聴いて（杉仁）「岡山藩研究」 岡山藩研究会 41
2002.10

荘内藩
荘内藩士と鮭汁（工藤義衛）「いしかり暦」 石狩市郷土研究会 （25）
2012.3

庄内平野
庄内平野の修験と民俗（岩鼻通明）「季刊悠久.第2次」 鶴岡八幡宮悠久事
務局 80 2000.1

庄内町
山形県庄内町歴史民俗資料館所蔵 中屋重太郎作窓鋸の一考察（榎本与
一）「最上地域史」 最上地域史研究会 （32）2010.03

照陽寺
第279回例会寺社訪問 照陽寺の由来と上杉憲政公「温故」 米沢温故会
（35）2008.8

昌林寺
資料紹介 格知学舎の研究のために 昌林寺念仏溝趣意書並講則（赤塚長
一郎）「出羽文化」 出羽文化ネットワーク 3 2004.7

松例祭の大松明行事
山形県羽黒山松例祭（金田文男）「高志路」 新潟県民俗学会 （354）
2004.12

再録 戸川安章「羽黒山の松例祭と金峯山の庭燎祭」（『荘内文化』復刊第
1号 荘内文化財保護協会 昭和36年より）（《特集 戸川安章先生著作目
録》）「庄内民俗」 庄内民俗学会 （復刊5）通号33 2006.10

出羽三山神社の松例祭（佐藤和彦）「越佐研究」 新潟県人文研究会 68
2011.05

松例祭（冬峰）に見る死生観と迎春呪術（渡部幸）「庄内民俗」 庄内民俗
学会 （36）2013.06

白岩
白岩の金毘羅堂勧化帳断簡について（宇井啓，柏倉栄子）「西村山地域史
の研究」 西村山地域史研究会 （27）2009.08

白岩宿
近代白岩宿に泊った行者たち（宇井啓，柏倉栄子）「西村山地域史の研究」
西村山地域史研究会 （28）2010.9

山形県　　　　　　　　　郷土に伝わる民俗と信仰　　　　　　　　　東北

白鷹丘陵
白鷹丘陵に分布する経塚—その成立の背景と諸相（茂木光裕）「さあべい」　さあべい同人会　（26）　2010.05

白鷹町
山形県西置賜郡白鷹町の弘法水伝説と近現代（関根綾子）「世間話研究」　世間話研究会　（18）　2008.10

石塔から見る「相撲供養塔」—西置賜郡白鷹町を中心に（加藤和徳）「村山民俗」　村山民俗の会　（24）　2010.06

白子神社
白子神社を訪ねて「温故」　米沢温故会　24　1997.9

石倉帝山著「県社白子神社縁起考」について（吉田綱夫）「置賜文化」　置賜史談会　（98）　1998.6

新源寺
愛宕権現別当寶幢寺宿院大輪寺旧蔵の「延命地蔵菩薩坐像」を巡って—天童市道満、新源寺の「伝勝軍地蔵菩薩像」（野口一雄）「山形民俗」　山形県民俗研究協議会　（25）　2011.11

新庄
戊辰戦争墓参記録（滝田勉，佐藤宏，村上正清，大場英一）「新庄古文書の会会誌」　新庄古文書の会　3　1999.6

聴・年玉・聖霊祭（大友義助）「新庄古文書の会会誌」　新庄古文書の会　9　2005.6

中級講座の学習　当山御祈禱恒例（杳澤正昭，武田清夫）「聴雪」　新庄古文書の会　（11）　2007.7

付　解説「当山御祈禱恒例」（土屋道郎）「聴雪」　新庄古文書の会　（11）　2007.7

角沢村御朱印地の地方帳を読む—新庄領の御朱印地と関連し（大場英一）「聴雪」　新庄古文書の会　（11）　2007.7

寺社領本田畑地方帳（武田清夫）「聴雪」　新庄古文書の会　（11）　2007.7

新庄桜馬場の盆踊りについて（戸蒔晟光）「最上地域史」　最上地域史研究会　（30）　2008.3

「神隠し」の記録（自由研究・史料紹介）（大友義助）「聴雪」　新庄古文書の会　（18）　2014.06

新庄地廻り三十三観音
『新庄地廻り三十三観音と七所明神巡礼案内』を出版して（伊藤妙子）「山形県地域史研究」　山形県地域史研究協議会　（28）　2003.2

新庄藩
新庄藩主の馬頭観音信仰を伝える史料—浪高山東善院所蔵文書「記録　補陀落山扣」（伊藤和美）「最上地域史」　最上地域史研究会　（33）　2011.03

新荘藩
新荘藩士戊辰戦争戦死者の墓を訪ねて（佐藤宏）「新庄古文書の会会誌」　新庄古文書の会　3　1999.6

新庄町
新庄町の「小踊り」について（土屋道郎）「最上地域史」　最上地域史研究会　（28）　2006.3

新庄まつりの山車行事
新庄祭りにおける山車の変遷について《《特集 民俗の現在》）（川田祐司）「東北民俗」　東北民俗の会　40　2006.6

新庄まつりにおける山車の題材の変遷（川田祐司）「東北民俗」　東北民俗の会　41　2007.6

第31号に寄せて　新庄まつりの山車行事が国の重要無形文化財に指定（新国吉朗）「最上地域史」　最上地域史研究会　（31）　2009.03

新庄まつり山車行事の重文指定（郷土出版案内等）「最上地域史」　最上地域史研究会　（31）　2009.03

瑞雲院
瑞雲院西墓地戸澤家墓所の市文化財（史跡）指定（地域短信）（大友義助）「最上地域史」　最上地域史研究会　（35）　2013.03

水晶山
水晶山例大祭登山随行記（村田弘）「村山民俗」　村山民俗の会　（18）　2004.6

水晶山山麓の霊山寺遺跡を訪ねて（東海林忠吉）「郷土てんどう：天童郷土研究会会報」　天童郷土研究会　（36）　2008.2

杉沢比山
熊野を旅す　山形県遊佐町、熊野神社の杉沢比山から（平野俊）「熊野歴史研究：熊野歴史研究会紀要」　熊野歴史研究会　（11）　2004.5

盛興院
南陽の石造文化財調査（53）—上野・盛興院「南陽の歴史：南陽の歴史を語る会会報」　南陽の歴史を語る会　（139）　2004.2

青竜権現堂
龍興寺の鎮守青龍権現堂を探る（野口孝雄）「村山民俗」　村山民俗の会　13　1999.6

関川
東北文化研究センター民俗映像シリーズ（2）関川のしな織り（六車由実）「まんだら：東北文化友の会会報」　東北芸術工科大学東北文化研究センター　13　2002.9

東北文化研究センター民俗映像シリーズ2「関川のしな織」（《特集1 映像民俗学は可能か？》）「東北芸術工科大学東北文化研究センター研究紀要」　東北芸術工科大学東北文化研究センター　通号5　2006.3

雪害調査所
雪害調査所と民芸運動（1），（2）（大友義助）「山形民俗」　山形県民俗研究協議会　13/14　1999.11/2000.11

芹沢院
芹沢院の日本七佛薬師第五番（佐々木太四郎）「山形郷土史研究協議会研究資料集」　山形郷土史研究協議会　（29）　2007.3

善光寺
第253回例会講話善光寺如来尊について（加澤昌人）「温故」　米沢温故会　（32）　2005.8

第297回例会講話　秘仏　善光寺如来尊出開帳（高梨良興）「温故」　米沢温故会　（37）　2010.08

千手院
山寺千手院地区の石碑石仏調査（事務局）「村山民俗」　村山民俗の会　（15）　2001.6

山形市山寺・千手院の中世石造美術—長野・後藤家の中世石造美術を中心に（加藤和徳）「山形民俗」　山形県民俗研究協議会　（22）　2008.11

千手堂
山形市千手堂の中世石造物集録（加藤和徳）「さあべい」　さあべい同人会　（18）　2001.5

専称寺
専称寺・二王堂小路・裁判所その関係の謎（安孫子博幸）「村山民俗」　村山民俗の会　（27）　2013.06

善宝寺
漁民と祈禱札—善宝寺信仰を手がかりに（阿部友紀）「東北文化研究室紀要」　東北大学大学院文学研究科東北文化研究室　48　2007.3

効く祈願と効かない祈願—善宝寺龍王講にみる「ご利益」観（阿部友紀）「東北民俗」　東北民俗の会　42　2008.6

霊験譚の語りと信者—『善宝寺龍王講だより』の事例より（阿部友紀）「東北文化研究室紀要」　東北大学大学院文学研究科東北文化研究室　50　2009.03

「王昭君図」と大スリコギ—山形県鶴岡市の善宝寺における出会い（佐藤和彦）「高志路」　新潟県民俗学会　（375）　2010.02

泉流寺
泉流寺と酒田三十六人衆（藤根茂）「擬宝珠」　盛岡の歴史を語る会　（145）　2004.5

総宮神社
長井市・赤崩山総宮神社参拝と飯豊町舟越の佐原一族集団村落を訪ねる（佐原義春）「温故知新」　熱塩加納郷土史研究会　（11）　2005.3

諸国探訪（5）山形総宮神社「西宮えびす」　西宮神社　23　2005.6

大円院
葉山大円院跡周辺の石塔について（《特集 茅葺き集落の調査研究—山形県村山市上五十沢》）（村木志伸）「東北芸術工科大学東北文化研究センター研究紀要」　東北芸術工科大学東北文化研究センター　通号6　2007.3

大光院
大光院の千体地蔵尊—奉納者と製作者を考える（野口一雄）「村山民俗」　村山民俗の会　（27）　2013.06

大慈院
上山市大慈院の「敷石供養塔」（加藤和徳）「村山民俗」　村山民俗の会　13　1999.6

大日寺
湯殿山信仰について—旧本道寺・旧大日寺の文化財調査から（那須恒吉）「羽陽文化」　山形県文化財保護協会　（151）　2006.3

大日坊大蔵出張所
最上地方からの湯殿山まいり—大日坊大蔵出張所奉納大絵馬をめぐって（野口一雄）「山形民俗」　山形県民俗研究協議会　（22）　2008.11

東北　　　　　　　　　　　　郷土に伝わる民俗と信仰　　　　　　　　　　　　　　山形県

大宝寺
鶴ヶ岡城跡出土の大宝寺焼（菅原哲文）「庄内考古学」 庄内考古学研究会　21　2001.9

大輪寺
愛宕権現別当寶幢寺宿院大輪寺旧蔵の「延命地蔵菩薩坐像」を巡って―天童市道満、新源寺の「伝勝軍地蔵菩薩像」（野口一雄）「山形民俗」 山形県民俗研究協議会　（25）2011.11

高木
天童市高木の黄檗宗寺院について（研究）（野口一雄）「郷土てんどう : 天童郷土研究会会報」 天童郷土研究会　（42）2014.02

高倉山三所神社
南陽の石造文化財調査（68）荻窪町・高倉山三所神社「南陽の歴史 : 南陽の歴史を語る会会報」 南陽の歴史を語る会　（153）2006.5

高倉山
荻窪町・高倉山登拝記（須崎寛二）「南陽の歴史 : 南陽の歴史を語る会会報」 南陽の歴史を語る会　（153）2006.5

高瀬川流域
天蓋と蓮台を刻む石塔―山形・高瀬川流域を中心に（加藤和徳）「村山民俗」 村山民俗の会　（17）2003.6

高擶
高擶聖霊菩提獅子踊と夜行念仏（野口一雄）「村山民俗」 村山民俗の会　12　1998.11
高擶聖霊菩提獅子踊り（荒川一美）「まつり通信」 まつり同好会　38（12）通号454　1998.12
高擶聖霊菩提獅子踊の伝承と系譜（野口一雄）「郷土てんどう : 天童郷土研究会会報」 天童郷土研究会　29　2001.2
高擶聖霊菩提獅子踊りの踊りと回向―獅子踊歌（回向）の翻刻（村山正市）「山形民俗」 山形県民俗研究協議会　（15）2001.11
高擶夜行念仏秘伝の作法など―史料の翻刻（村山正市）「郷土てんどう : 天童郷土研究会会報」 天童郷土研究会　（30）2002.2
葬送儀礼における夜行念仏―高擶夜行念仏講を例として（村山正市）「村山民俗」 村山民俗の会　（16）2002.6
高擶夜行念仏の山寺参詣回向文―回向の翻刻と参詣経路（村山正市）「郷土てんどう : 天童郷土研究会会報」 天童郷土研究会　（32）2004.2
高擶夜行念仏の若松観音参詣（村山正市「村山民俗」 村山民俗の会　（20）2006.7
高擶夜行念佛の若松観音参詣記（村山正市）「村山民俗」 村山民俗の会　（23）2009.06
高擶獅子踊りを支えてきた敬愛会（村山正市）「郷土てんどう : 天童郷土研究会会報」 天童郷土研究会　（40）2012.02

高畠
公開講座/高畠の伝説めぐり「夕鶴」 夕鶴の里友の会　（33）2006.8
「碇」地名と血原伝説―高畠と余目の渡会氏（清野春樹）「置賜の民俗 : 置賜民俗学会会誌」 置賜民俗学会　〔18〕2011.12
置賜の民俗を訪ねる 高畠・民話のふるさと巡り（清野春樹）「置賜の民俗 : 置賜民俗学会会誌」 置賜民俗学会　（20）2013.12

田川
やまがた民話資料紹介（27）田川民話の会編『田川の昔話 先祖の心を子どもたちに』（佐藤晃）「民話」 東北文教大学短期大学部民話研究センター　（29）2010.12

田川八幡神社
田川八幡神社の宮座について（梅木寿雄）「山形県地域史研究」 山形県地域史研究協議会　23　1998.2

滝の山廃寺跡
山形市滝の山廃寺跡をめぐって（茨木光裕）「山形県地域史研究」 山形県地域史研究協議会　（30）2005.2
滝の山廃寺跡と浄土庭園（茨木光裕）「山形県地域史研究」 山形県地域史研究協議会　（35）2010.02

田沢
草木供養塔の話―米沢市田沢にそのルーツを訪ねる（特集 石仏と民俗伝承―心ときめく路傍の石たちとの出会い）（杉崎満寿雄）「あしなか」 山村民俗の会　295・296　2012.08
資料2 田沢の草木塔（特集 草木塔の心をさぐる）（荒澤教真）「置賜の民俗 : 置賜民俗学会会誌」 置賜民俗学会　（19）2012.12

楯西村
寒河江八幡宮流鏑馬と楯西村検見帳（研究）（大宮富善）「羽陽文化」 山形県文化財保護協会　（157）2013.03

館之内神社
南陽の石造文化財調査（60）―沖田・館之内神社「南陽の歴史 : 南陽の歴史を語る会会報」 南陽の歴史を語る会　（145）2005.2

達磨寺
明海上人と中山町達磨寺地区の念仏講（横尾尚壽）「村山民俗」 村山民俗の会　（27）2013.06

太郎村
表紙解説 太郎村春耕行事図絵馬（朝日町太郎大日堂、昭和57年1月13日町文化財に指定）（小川澄夫）「西村山地域史の研究」 西村山地域史研究会　（30）2012.09

誕生寺
「誕生寺」考（市村幸夫）「村山民俗」 村山民俗の会　13　1999.6

致道館
聖廟探訪 復活した致道館釈奠（竹内良雄）「閑谷学校研究」 特別史跡閑谷学校顕彰保存会　（7）2003.5

鳥海
昭和期における鳥海修験者の神札の調製と配札（筒井裕）「山形民俗」 山形県民俗研究協議会　（19）2005.11

鳥海山
〔資料紹介〕邑岡聖「湯殿三山鳥海山参詣道中日誌」（大迫徳行）「磐城民俗」 磐城民俗研究会　31　1998.11
鳥海山麓の本海流獅子舞と獅子信仰（《特集 獅子舞とシシ踊り》）（高山茂）「東北学．［第2期］」 東北芸術工科大学東北文化研究センター，柏書房（発売）（2）2007.8
鳥海山上社堂の造営と勧化（神宮滋）「山形県地域史研究」 山形県地域史研究協議会　（37）2012.02
鳥海山上御社の造営事例と遷宮法式（神宮滋）「山形県地域史研究」 山形県地域史研究協議会　（38）2013.02
鳥海山大物忌神と薬師・観音信仰（神宮滋）「山形県地域史研究」 山形県地域史研究協議会　（39）2014.02

鳥海山大物忌神社
大物忌神社神宮寺の創建（神宮滋）「山形県地域史研究」 山形県地域史研究協議会　（35）2010.02
再度『三代実録』の「大物忌神社在飽海郡山上」の読みと解釈（会員論考）（仲川成章）「由理 : 本荘由利地域史研究会・会誌」 本荘由利地域史研究会　（6）2013.12

長福寺
鶴岡市長福寺の図像板碑と笠塔婆（石黒伸一朗）「さあべい」 さあべい同人会　（22）2006.5

珍蔵寺
鶴布山珍蔵寺「夕鶴」 夕鶴の里友の会　（37）2007.12

栂峰
栂峰信仰と草木供養塔（特集 草木塔の心をさぐる）（菅原健治）「置賜の民俗 : 置賜民俗学会会誌」 置賜民俗学会　（19）2012.12

綱木
過疎集落にみる伝承芸能―米沢市「綱木獅子踊り」について（菊地和博）「村山民俗」 村山民俗の会　（23）2009.06
限界集落に継承される伝承文化―綱木獅子踊り（高橋国彦，雨田秀人，盛永未来，菊地和博［聞き手］）「でんなーる : 伝承文化支援研究ジャーナル」 山形シシ踊りネットワーク　（1）2014.12

角沢
知恩院御門跡様御馳走入用借上金請取（角沢大場家文書解読文）（高山五郎，高山マサ子）「聴雪」 新庄古文書の会　（10）2006.7

角沢八幡神社
角沢八幡神社の石碑を読む（大場英一）「新庄古文書の会会誌」 新庄古文書の会　1　1997.8

角沢村
角沢村御朱印地の地方帳を読む―新庄領の御朱印地と関連し（大場英一）「聴雪」 新庄古文書の会　（11）2007.7

鶴岡
鶴岡・風間家が祀る太子像（小松光江）「聖徳」 聖徳宗教学部　（204）2010.05
書評 佐治ゆかり著『近世庄内における芸能興行の研究―鶴岡・酒田・黒森』（神田より子）「民俗芸能研究」 民俗芸能学会　（56）2014.03
映画館をめぐる現代民俗―鶴岡まちなかキネマを事例として（岩鼻通明）「山形民俗」 山形県民俗研究協議会　（28）2014.11

山形県　　　　　　　　　　郷土に伝わる民俗と信仰　　　　　　　　　　東北

鶴ヶ岡城

鶴ヶ岡城跡出土の大宝寺焼（菅原哲文）「庄内考古学」 庄内考古学研究会 21 2001.9

出羽

秩父出羽奥州参詣日記帳について（阿部信行）「沼南町史研究」 沼南町教育委員会 7 2003.3

出羽三山

〔書評〕岩鼻通明著『出羽三山の文化と民俗』（小田匡保）「歴史地理学」 歴史地理学会 41(2)通号188 1998.3

本道寺檀那場の競合―文翔館所蔵長井氏資料（出羽三山関係）の紹介を兼ねて（岩鼻通明）「山形民俗」 山形県民俗研究協議会 11・12 1998.8

歴史探訪 出羽三山[1],(2)（林正三）「歴史みやぎ」 宮城県歴史研究会 48/57 1999.2/2002.3

出羽三山信仰の片鱗（小峰孝男）「東村山市史研究」 東村山市教育委員会 8 1999.3

出羽三山の信仰（檀原長則）「高井」 高井地方史研究会 127 1999.4

東北の原風景(1) 出羽三山 神と鬼・太陽と月・生命のコスモロジー（内藤正敏）「東北学．[第1期]」 東北芸術工科大学東北文化研究センター，作品社（発売） 1 1999.10

《特集 出羽三山の信仰》「季刊悠久．第2次」 鶴岡八幡宮悠久事務局 80 2000.1

鼎談 出羽三山信仰の歴史と伝統（阿部良春，緒方久信，東山昭子）「季刊悠久．第2次」 鶴岡八幡宮悠久事務局 80 2000.1

出羽三山の神仏分離（後藤赳司）「季刊悠久．第2次」 鶴岡八幡宮悠久事務局 80 2000.1

奥之院湯殿山を中心とした出羽三山信仰（月光善弘）「季刊悠久．第2次」 鶴岡八幡宮悠久事務局 80 2000.1

出羽三山に寄せる宗教民俗学的随想（戸川安章）「季刊悠久．第2次」 鶴岡八幡宮悠久事務局 80 2000.1

近年の出羽三山信仰の研究動向（岩鼻通明）「村山民俗」 村山民俗の会 (14) 2000.6

出羽三山への道―新出の三山参詣旅日記から（岩鼻通明）「山形民俗」 山形県民俗研究協議会 (15) 2001.11

明治42年の奥参り―明治42年『奥参り道中日記』を読む（堀切武）「郷土文化」 茨城県郷土文化研究会 43 2002.3

東北の霊山と山の神―早池峰山、出羽三山、岩木山（内藤正敏）「東北芸術工科大学東北文化研究センター研究紀要」 東北芸術工科大学東北文化研究センター (1) 2002.3

近世の出羽三山参詣（岩鼻通明）「季刊悠久．第2次」 鶴岡八幡宮悠久事務局 92 2003.1

出羽三山信仰の今昔（加藤兵市）「古川市郷土研究会会報」 古川市郷土研究会 (29) 2003.5

出羽三山信仰の圏構造（岩鼻通明）「御影史学論集」 御影史学研究会 通号29 2004.10

紹介 戸川安章著作集―『出羽三山と修験道』『修験道と民俗宗教』（岩鼻通明）「村山民俗」 村山民俗の会 (19) 2005.6

出羽三山と天宥別当―湯殿山「両ología法論」をめぐって《東北特集》（月光善弘）「あしなか」 山村民俗の会 271・272 2005.8

出羽三山信仰の祖霊供養的側面―宗教法人・教団による出羽三山登拝を事例として（平山眞）「白山人類学」 白山人類学研究会，岩田書院（発売） (9) 2006.3

出羽三山の旅に参加して（渡辺忠夫）「会報羽村郷土研究」 羽村郷土研究会 (85) 2006.6

紹介 渡辺幸任著『出羽三山絵日記』（岩鼻通明）「山形民俗」 山形県民俗研究協議会 (20) 2006.10

三山の宿坊と檀那場について（藤本昭一）「山形県地域史研究」 山形県地域史研究協議会 (32) 2007.2

出羽三山参詣道中記を読む（鈴木久弥）「麻生の文化」 行方市教育委員会 (38) 2007.3

出羽三山信仰について（斎藤強一）「郷土たじり」 田尻郷土研究会 (30) 2008.3

里の神々(4) 出羽三山と記念碑の建立（小野武）「郷土たじり」 田尻郷土研究会 (30) 2008.3

東北の修験道と出羽三山（〈いでは文化講演会 鶴岡市名誉市民 戸川安章氏を偲んで〉）（宮家準）「庄内民俗」 庄内民俗学会 通号34 2008.4

出羽三山研究の道標に（〈追悼 戸川安章先生〉）（渡部幸）「庄内民俗」 庄内民俗学会 通号34 2008.4

戸川安章著『新版・出羽三山修験道の研究』（佼正出版社・昭和61年発行）に学ぶ（〈追悼 戸川安章先生〉）（塩野俊恭）「庄内民俗」 庄内民俗学会 通号34 2008.4

出羽三山と最上川が織りなす文化的景観まんだら（〈追悼 戸川安章先生〉）（岩鼻通明）「庄内民俗」 庄内民俗学会 通号34 2008.4

「出羽三山」の宗教世界（手嶋健博）「村山民俗」 村山民俗の会 (22) 2008.6

手嶋健博氏「「出羽三山」の宗教世界」に触れて（岩鼻通明）「村山民俗」 村山民俗の会 (22) 2008.6

出羽三山参り道中記（川口芳昭）「会北史談」 会北史談会 (50) 2008.7

出羽三山・火にまつわる儀礼を読み解く《特集 東北の深層へ》（内藤正敏）「まんだら : 東北文化友の会会報」 東北芸術工科大学東北文化研究センター (36) 2008.8

翻刻・再録 昔話・語りの世界(3) お婆の手ん箱 出羽三山修験宿の語り―西川町大井沢中村 阿部キヌオさん（上），（下）（武田正）「民話」 東北文教大学短期大学部民話研究センター (23)/(24) 2008.12/2009.03

出羽三山供養塔（両澤清）「郷土だより」 東村山郷土研究会 (345) 2009.02

連載・写真曼荼羅(2) 出羽三山の版木（内藤正敏）「東北学．[第2期]」 東北芸術工科大学東北文化研究センター，柏書房（発売） (19) 2009.05

架蔵『羽州最上村山郡外川山仙人堂略縁起』―関東における出羽三山信仰に関する研究ノートと翻刻（佐藤優）「世間話研究」 世間話研究会 (19) 2009.10

出羽三山信仰における死者供養・祖霊信仰（大友義助）「山形民俗」 山形県民俗研究協議会 (23) 2009.11

平成23年度企画展「出羽三山と山伏―はるなかる神々の山をめざして―」「中央博物館だより」 千葉県立中央博物館 (68) 2011.03

出羽三山信仰の諸課題（大会特集I 出羽庄内の風土と歴史像―その一体性と多様性）（岩鼻通明）「地方史研究」 地方史研究協議会 61(4)通号352 2011.08

極難者が出羽三山詣りをする法（須崎寛二）「南陽の歴史 : 南陽の歴史を語る会会報」 南陽の歴史を語る会 (186) 2011.12

千葉県立中央博物館 企画展「出羽三山と山伏―はるかなる神々の山をめざして―」（展示批評・展示紹介）（島立理子）「民具研究」 日本民具学会 (145) 2012.03

出羽三山石仏巡り―羽黒山・月山・湯殿山（特集 石仏と民俗伝承―心ときめく路傍の石たちとの出会い）（山崎進）「あしなか」 山村民俗の会 295・296 2012.08

庄内・海向寺と出羽三山（渡邊喜久雄）「歴研みやぎ」 宮城県歴史研究会 (89) 2012.11

出羽三山の神仏分離―神と仏の対論（難波耕司）「宗教民俗研究」 日本宗教民俗学会 (21・22) 2013.01

市民史跡めぐり出羽三山に参加して（会員の声）（阿部弘）「郷土てんどう : 天童郷土研究会会報」 天童郷土研究会 (41) 2013.02

開催報告 公開講座 出羽三山の宇宙―羽黒山の開山伝承と景観のコスモロジー（講師 内藤正敏）/最上川の文化的景観―二十一世紀の地域づくりのために（講師 入間田宣夫）/東北文化研究センター交流の広場「まんだら : 東北文化友の会会報」 東北芸術工科大学東北文化研究センター (52) 2013.02

出羽三山信仰の地域的展開（西海賢二）「月曜ゼミナール」 月曜ゼミナール (5) 2013.03

最終講義 出羽三山の宇宙―羽黒山の開山伝承と景観のコスモロジー（特集 内藤正敏・入間田宣夫両先生のご退職に寄せて）（内藤正敏）「まんだら : 東北文化友の会会報」 東北芸術工科大学東北文化研究センター (53) 2013.08

出羽三山と古刹慈恩寺 平成25年10月8日・9日（山本修巳）「佐渡郷土文化」 佐渡郷土文化の会 (134) 2014.02

紹介 渡辺幸任著『出羽三山信仰と月山筍』（岩鼻通明）「東北民俗」 東北民俗の会 48 2014.06

出羽三山神社

出羽三山神社の年中祭祀について（緒方久信）「季刊悠久．第2次」 鶴岡八幡宮悠久事務局 80 2000.1

自己を見つめるための山岳修行―出羽三山神社を例に（原谷桜）「山岳修験」 日本山岳修験学会，岩田書院（発売） (41) 2008.3

出羽路

書誌紹介 木村博・加藤和徳・市村幸夫『信州石工 出羽路旅稼ぎ記』（西海賢二）「日本民俗学」 日本民俗学会 (268) 2011.11

出羽善光寺

第255回例会寺社訪問出羽善光寺について（酒井清秀）「温故」 米沢温故会 (32) 2005.8

天童

シンポジウム「やまがた 中世仏教文化の動向をさぐる」「郷土てんどう : 天童郷土研究会会報」 天童郷土研究会 26 1998.2

時宗一向派の動向を考えて―教線ルートの仮説（村山正市）「郷土てんどう : 天童郷土研究会会報」 天童郷土研究会 26 1998.2

地名天童と立石寺舞楽（長瀬一男）「郷土てんどう : 天童郷土研究会会報」 天童郷土研究会 27 1999.2

御詠歌について（大木彬）「郷土てんどう ： 天童郷土研究会会報」 天童郷土研究会 （37） 2009.02

「村の墓」を歩く（川崎利夫）「郷土てんどう ： 天童郷土研究会会報」 天童郷土研究会 （38） 2010.02

当地区をめぐる真宗教団の導入・弘道について（大木彬）「郷土てんどう ： 天童郷土研究会会報」 天童郷土研究会 （40） 2012.02

神つきのこと（三浦幸子）「郷土てんどう ： 天童郷土研究会会報」 天童郷土研究会 （40） 2012.02

天童市

天童市内の再利用された板碑（村山正市）「郷土てんどう ： 天童郷土研究会会報」 天童郷土研究会 25 1997.2

中世庶民信仰の勧進と定着―山形県天童市出土墨書碑から見た一向宗の実相（小野沢真）「鎌倉」 鎌倉文化研究会 91 2000.12

天童市内の夜念仏供養塔碑文（1）（村山正市）「郷土てんどう ： 天童郷土研究会会報」 天童郷土研究会 29 2001.2

天童市域における近世墓標の様相（《山形の江戸時代の考古学小特集》）（小座間直人，村木志伸）「さあべい」 さあべい同人会 （22） 2006.5

獅子踊りの記録を探る―天童市内の獅子踊りの痕跡と記録（村山正市）「村山民俗」 村山民俗の会 （21） 2007.6

天童市内の新知見の板碑（川崎利夫）「郷土てんどう ： 天童郷土研究会会報」 天童郷土研究会 （39） 2011.02

天童城

山口家本「天童落城並仏向寺縁起」を読む（大宮富善）「西村山地域史の研究」 西村山地域史研究会 （28） 2010.09

手向

雪の道者宿―羽黒山麓手向（《東北特集》）「あしなか」 山村民俗の会 271・272 2005.8

山形県鶴岡市羽黒町手向のサイノカミ祭り（服部比呂美）「道祖神研究」 道祖神研究会 （1） 2007.10

東源寺

第319回例会寺社訪問 万用山東源寺「温故」 米沢温故会 （40） 2013.08

東善院

新庄藩主の馬頭観音信仰を伝える史料―浪高山東善院所蔵文書「記録 補陀落山扣」（伊藤和美）「最上地域史」 最上地域史研究会 （33） 2011.03

通町

山上二町と武家屋敷通町の民俗資料から（田中邦彦）「温故」 米沢温故会 24 1997.9

時田村

下長井時田村における檀那寺と修験寺の争い（須崎寛二）「置賜文化」 置賜史談会 （101） 2001.8

徳昌寺

気になる徳昌寺（清水澄）「懐風」 米沢御堀端史跡保存会 25 2000.4

戸沢

地芝居探訪（40）山鹿野あじさい祭り／地芝居への誘い／戸沢花胡蝶歌舞伎／「相生座」美濃歌舞伎納涼公演／黒沢尻歌舞伎／柳橋歌舞伎「公益社団法人全日本郷土芸能協会会報」 全日本郷土芸能協会 （65） 2011.10

地芝居探訪（43）湖西歌舞伎公演／大桃の舞台公演／戸沢花湖蝶歌舞伎／「相生座」美濃歌舞伎納涼公演／黒沢尻歌舞伎「公益社団法人全日本郷土芸能協会会報」 全日本郷土芸能協会 （69） 2012.10

地芝居探訪（48）湖西歌舞伎公演／大桃の舞台公演／戸沢花湖蝶歌舞伎／青柳歌舞伎の夕べ／黒沢尻歌舞伎／祢津東町歌舞伎「公益社団法人全日本郷土芸能協会会報」 全日本郷土芸能協会 （73） 2013.10

地芝居探訪（52）彦五郎祭公演／戸沢花湖蝶歌舞伎／美濃歌舞伎納涼公演／黒沢尻歌舞伎「公益社団法人全日本郷土芸能協会会報」 全日本郷土芸能協会 （77） 2014.10

飛島

飛島の民俗―青潮に漁る人々（《東北特集》）（戸井田克己）「民俗文化」 近畿大学民俗学研究所 （18） 2006.9

古文書解読405号室（2）飛島・島民の勇姿と船乗りの信仰心（中村只吾）「まんだら ： 東北文化友の会会報」 東北芸術工科大学東北文化研究センター （46） 2011.2

考古学・歴史学・民俗学合同公開研究会・報告会 飛島―ほる・よむ・きく（平成23年度文部科学省オープン・リサーチ・センター整備事業「東北地方における環境・生業・技術に関する歴史動態的総合研究」）（福田正宏，中村只吾，岸本誠司）「まんだら ： 東北文化友の会会報」 東北芸術工科大学東北文化研究センター （49） 2011.11

富沢

最上富沢における野兎の民俗（1），（2）（天野武）「西郊民俗」 ［西郊民俗

談話会］ （176）／（177） 2001.9/2001.11

富山馬頭観音堂

富山馬頭観音堂奉納絵馬について（大友義助）「最上地域史」 最上地域史研究会 （30） 2008.3

小国駒と富山馬頭観音堂奉納絵馬（大友義助）「羽陽文化」 山形県文化財保護協会 （153） 2009.03

鳥上げ坂

「鳥上げ坂」―「上昇気流」に対する呼称（木村博）「西郊民俗」 ［西郊民俗談話会］ （196） 2006.9

長井市

山形県長井市における獅子舞について（鳴貫幹子）「東北民俗学研究」 東北学院大学民俗学OB会 5 1997.9

中郷

寒河江市中郷の庚申信仰（月光義弘）「山形民俗」 山形県民俗研究協議会 （15） 2001.11

中津川

翻刻・再録 昔話・語りの世界（5）峠の子守唄―飯豊町中津川 井上元一さん，高橋うんさん（上），（下）（武田正）「民話」 東北文教大学短期大学部民話研究センター （27）／（28） 2010.03/2010.07

長瀞

長瀞猪子踊（《特集 獅子芸能の世界へ》）―〈獅子が踊る！ 獅子が舞う！―東アジアの獅子芸能II〉）（堀江秋平）「まんだら ： 東北文化友の会会報」 東北芸術工科大学東北文化研究センター （27） 2006.5

中村

翻刻・再録 昔話・語りの世界（3）お婆の手ん箱 出羽三山修験宿の語り―西川町大井沢中村 阿部キヌさん（上），（下）（武田正）「民話」 東北文教大学短期大学部民話研究センター （23）／（24） 2008.12/2009.03

鍋田

鍋田念仏おどりと置賜三十三観音―第213回学習会から「南陽の歴史 ： 南陽の歴史を語る会会報」 南陽の歴史を語る会 （191） 2012.10

成生庄

出羽国成生庄における中世の石仏と板碑（川崎利夫）「日本の石仏」 日本石仏協会，青娥書房（発売） 通号83 1997.9

成生荘

成生荘型板碑再論（川崎利夫）「郷土てんどう ： 天童郷土研究会会報」 天童郷土研究会 （33） 2005.2

成島八幡神社

成島八幡神社棟札の周辺（1）―家吉・宗吉をめぐって（小林貴宏）「羽陽文化」 山形県文化財保護協会 （148） 2004.3

南陽

大きな寺や神社は御利益も大きいか―雨乞祈禱によせて（須崎寛二）「南陽の歴史 ： 南陽の歴史を語る会会報」 南陽の歴史を語る会 （154） 2006.8

「寺社奉行所」と「社寺奉行所」（須崎寛二）「南陽の歴史 ： 南陽の歴史を語る会会報」 南陽の歴史を語る会 （184） 2011.08

全国の草木塔一覧表 草木塔の写真―指定文化財 米沢17＋南陽1＋飯豊1＋県外2（特集 草木塔の心をさぐる）（梅津幸保）「置賜の民俗 ： 置賜民俗学会会誌」 置賜民俗学会 （19） 2012.12

「南陽の菊まつり」百年（鈴木孝一，高岡亮一）「置賜の民俗 ： 置賜民俗学会会誌」 置賜民俗学会 （19） 2012.12

南陽市

南陽市内の伝説昔話静御前と夜泣き地蔵（渡辺記美子）「夕鶴」 夕鶴の里友の会 11 1998.10

大己子易神像の形態―南陽市の大宮子易女神の形態を中心に（加藤和徳）「山形民俗」 山形県民俗研究協議会 （23） 2009.11

香典の変遷と地域社会―山形県南陽市の香典帳を事例として（山口睦）「日本民俗学」 日本民俗学会 （267） 2011.08

新山馬頭観音堂

南陽の石造文化財調査（56）―漆山・新山馬頭観音堂「南陽の歴史 ： 南陽の歴史を語る会会報」 南陽の歴史を語る会 （141） 2004.6

西川町

山形盆地西部の石祠について―西川町を中心として（那須恒吉）「日本の石仏」 日本石仏協会，青娥書房（発売） （111） 2004.9

西蔵王

山形県村山地域における石造文化（2）西蔵王の龍山信仰に由来するもの（笠原弘邦）「歴研みやぎ」 宮城県歴史研究会 （83） 2010.11

山形県　　　　　　　　　　　　　　　郷土に伝わる民俗と信仰　　　　　　　　　　　　　　　東北

西村山

西村山地方の民話から (5)〜(7)(中嶌寛)「西村山地域史の研究」 西村山地域史研究会　15/17　1997.10/1999.9

年中行事の思い出(小林義治)「西村山地域史の研究」 西村山地域史研究会　16　1998.10

第22回総会・「山形学」地域連携講座公開講演 西村山地方の平安後期の仏教文化(麻木脩平)「西村山地域史の研究」 西村山地域史研究会　(22)　2004.9

総会講演会 「山の寺」研究の方法をめぐって(仁木宏)「西村山地域史の研究」 西村山地域史研究会　(30)　2012.09

西山

第304回例会講話 米沢盆地西山に宿る神々と史跡(山田恒雄)「温故」 米沢温故会　(38)　2011.8

日朝寺

第327回例会講話 米沢、吉祥山日朝寺の歴史に挑む(玉木晃仁)「温故」 米沢温故会　(41)　2014.08

二番町

わたしの写真紀行 本間家のお雛様 山形県酒田市二番町「北のむらから」 能代文化出版社　(261)　2009.04

日本芸能神社

全国に一つしかない日本芸能神社(小林和夫)「懐風」 米沢御堀端史跡保存会　25　2000.4

丹生

上柳渡戸八幡山遺跡と丹生の開発―根強い丹生都姫信仰(《総会・研究大会》)(奥山譽男)「山形県地域史研究」 山形県地域史研究協議会　(31)　2006.2

貫見

貫見の「鰐口」と地蔵院について(加藤和徳)「西村山地域史の研究」 西村山地域史研究会　(30)　2012.09

梅竜寺

寒河江梅龍寺(廃寺)の仏像(宇井啓)「羽陽文化」 山形県文化財保護協会　(148)　2004.3

萩野村

大友義助監修 渡部豊子編著『昔話と村の暮らし―山形県最上郡旧萩野村―』(新刊紹介)(根岸英之)「昔話伝説研究」 昔話伝説研究会　(26)　2006.5

羽黒

玉依姫の霊窟―羽黒と宝満と(森弘子)「山岳修験」 日本山岳修験学会,岩田書院(発売)(35)　2005.3

羽黒山

旅日記にみる羽黒山の女人救済儀礼(岩鼻通明)「村山民俗」 村山民俗の会　13　1999.6

法師大名・羽黒山(堀宗夫)「さあべい」 さあべい同人会　17　2000.5

羽黒山五重塔保存修理について(大泉友子)「新庄古文書の会会誌」 新庄古文書の会　7　2003.6

湯殿山と羽黒山三神合祭殿参拝―五穀豊穣の祭り「花祭り」を見学(高野毅)「須高」 須高郷土史研究会　(57)　2003.11

表紙写真解説 修験 羽黒山・秋の峰(北村皆雄)「山岳修験」 日本山岳修験学会,岩田書院(発売)(34)　2004.11

連載・写真曼荼羅 (5) 羽黒山の秋峰修行(内藤正敏)「東北学. [第2期]」 東北芸術工科大学東北文化研究センター,柏書房(発売)(22)　2010.02

羽黒山五重塔小考(岩鼻通明)「山形民俗」 山形県民俗研究協議会　(24)　2010.11

参詣者側からみた神仏分離と山岳信仰―羽黒山西蔵坊所有房総登山帳の分析(菅根幸裕)「寺社と民衆」 民衆宗教史研究会　7　2011.03

開催報告 公開講座 出羽三山の宇宙―羽黒山信仰と景観のコスモロジー(講師 内藤正敏)/最上川の文化的景観―二十一世紀の地域づくりのために(講師 入間田宣夫)/東北文化研究センター交流の広場「まんだら : 東北文化友の会会報」 東北芸術工科大学東北文化研究センター　(52)　2013.02

最終講義 出羽三山の宇宙―羽黒山の開山伝承と景観のコスモロジー(特集 内藤正敏・入間田宣夫両先生のご退職に寄せて)(内藤正敏)「まんだら : 東北文化友の会会報」 東北芸術工科大学東北文化研究センター　(53)　2013.08

羽黒町

現代人と修行―羽黒町の山伏修行体験塾の事例を通して(津田千明)「東北宗教学」 東北大学大学院文学研究科宗教学研究室　2　2006.12

八聖山

八聖山信仰のこと(関口健)「村山民俗」 村山民俗の会　(17)　2003.6

御祈禱帳にみる羽州八聖山の信仰―祈禱所大瀧家を中心として(関口健)「山岳修験」 日本山岳修験学会,岩田書院(発売)(34)　2004.11

北奥羽における八聖山信仰の高まり(宇井啓)「西村山地域史の研究」 西村山地域史研究会　(30)　2012.09

花立

資料紹介 花立(楢)の歴史と伝説(長岡幹夫)「郷土山形」 山形郷土史研究協議会　(112)　2007.3

早坂山

我が館の展示品 (9) 早坂山の板碑「うきたむ : 山形県立うきたむ風土記の丘考古資料館館報」 山形県立うきたむ風土記の丘考古資料館　18　2001.11

林家舞楽

林家舞楽の周辺(野口一雄)「村山民俗」 村山民俗の会　(14)　2000.6

舞楽の家 林家の谷地転住への一考察(阿部西喜夫)「西村山地域史の研究」 西村山地域史研究会　18　2000.9

山寺立石寺に舞う迦陵頻―林家舞楽が解き明かす古代東北の歴史の謎(長瀬一男)「郷土てんどう : 天童郷土研究会会報」 天童郷土研究会　(30)　2002.2

林家舞楽の舞に秘められた真実(長瀬一男)「郷土てんどう : 天童郷土研究会会報」 天童郷土研究会　(35)　2007.2

古代宮廷の舞―林家舞楽(長瀬一男)「郷土てんどう : 天童郷土研究会会報」 天童郷土研究会　(36)　2008.2

奥羽の舞楽―谷地の林家舞楽の変遷と現状《特集 雅楽と舞楽II》)(菊地和博)「季刊悠久.第2次」 鶴岡八幡宮悠久事務局　(114)　2009.01

葉山

葉山参拝の思い出(小林義治)「西村山地域史の研究」 西村山地域史研究会　15　1997.10

霊山葉山の表参道をゆく(大沼輿右エ門)「さあべい」 さあべい同人会　(18)　2001.5

葉山縁起追考―失われた山岳霊場の空間復元に関する試み(関口健)「村山民俗」 村山民俗の会　(19)　2005.6

葉山信仰の諸相 (1) ハヤマ信仰と村山葉山(鈴木聖雄)「村山民俗」 村山民俗の会　(22)　2008.6

葉山信仰の諸相 (2) 山形県外とハヤマ信仰(鈴木聖雄)「村山民俗」 村山民俗の会　(23)　2009.06

葉山信仰の諸相 (3),(4)―山形県外のハヤマ信仰(鈴木聖雄)「村山民俗」 村山民俗の会　(24)　2010.06

慈恩寺から金剛日寺へ―近世初期における村山葉山の修験集団をめぐって(関口健)「米沢史学」 米沢史学会(山形県立米沢女子短期大学日本史学科内)(26)　2010.10

慈恩寺修験と葉山修験について(北畠教爾)「西村山地域史の研究」 西村山地域史研究会　(29)　2011.09

葉山信仰の諸相 (5)―岩手県のハヤマ信仰(鈴木聖雄)「村山民俗」 村山民俗の会　(26)　2012.07

葉山信仰の諸相 (6)―岩手県内のハヤマ信仰(鈴木聖雄)「村山民俗」 村山民俗の会　(27)　2013.06

葉山修験再考―近世期に展開したる大円院末流について(論文)(関口健)「米沢史学」 米沢史学会(山形県立米沢女子短期大学日本史学科内)(29)　2013.10

葉山大円院

葉山大円院歴代住職の在任検証(大沼輿右エ門)「山形県地域史研究」 山形県地域史研究協議会　(38)　2013.02

万松寺

千歳山・万松寺伝説(早坂忠彬)「民話」 東北文教大学短期大学部民話研究センター　(16)　2006.6

万世

米沢市の「彫刻・刻銘」と彫られた供養塔のこと―万世・南原地区の造立から(加藤和徳)「山形民俗」 山形県民俗研究協議会　(18)　2004.11

東沢

農民具について―川西町東沢を例として(酒井次生)「山形民俗」 山形県民俗研究協議会　11・12　1998.8

東根

「本照寺略縁起」からわかる東根の中世寺院(野口孝雄)「北村山の歴史」 北村山地域史研究会　(1)　1999.3

体験・紙漉きの技(こころ)と東根和紙再興―伝統文化を子どもと共に学ぶ(野口孝雄)「北村山の歴史」 北村山地域史研究会　(8)　2006.06

民話を学ぶ―東根の民話伝承の考察(滝口国也)「民話」 東北文教大学短期大学部民話研究センター　(29)　2010.12

東北　　　　　　　　　　　　　　郷土に伝わる民俗と信仰　　　　　　　　　　　　　　　山形県

東根市

東根市の中世石造物集録―板碑・宝篋印塔・層塔を中心に（加藤和徳）「さあべい」　さあべい同人会　（23）2007.5

東山丘陵

東山丘陵の標石と石碑（史料紹介）（三条正夫）「最上地域史」　最上地域史研究会　（33）2011.3

飛泉寺跡遺跡

小国町飛泉寺跡遺跡（菅原哲文）「山形県地域史研究」　山形県地域史研究協議会　（33）2008.2

白狐山

庄内地方稲荷探訪記―稲荷信仰の把握に向けて（1）白狐山と冷泉寺の稲荷（佐藤智敬）「神・人・自然」　「神・人・自然」研究会　（3）2013.10

平塩

平塩熊野神社池之坊について（宇井啓）「西村山地域史の研究」　西村山地域史研究会　18　2000.9

寒河江市平塩熊野神社の文化財（宇井啓）「羽陽文化」　山形県文化財保護協会　（154）2010.03

特別寄稿 山形・平塩熊野神社の神像（淺泳毅）「西村山地域史の研究」　西村山地域史研究会　（28）2010.09

平清水

平清水焼安倍平吉窯跡の研究―表採資料と民俗調査から（論文・研究ノート）（石垣義則，高橋拓）「山形考古」　山形考古学会　10（1）通号43　2013.08

平山

平山獅子踊りについて（民俗短信）（新野涓一）「置賜の民俗 ： 置賜民俗学会会誌」　置賜民俗学会　（20）2013.12

吹浦

表紙写真のことば 吹浦祭り 山形県飽海郡遊 5月4～5日（渡辺良正）「まつり通信」　まつり同好会　54（3）通号571　2014.05

福昌寺

太田の福昌寺について（土屋道郎）「最上地域史」　最上地域史研究会　（25）2003.3

福徳稲荷神社

福徳稲荷神社と百のしを里（1）（高野安宏）「懐風」　米沢御堀端史跡保存会　22　1997.4

普光寺

野津本「北条系図」による東根市普光寺鐘銘と鋳造・寄進者大檀那考―平長経は北条氏族「苅田氏」（奥山誉男）「北村山の歴史」　北村山地域史研究会　（2）2000.5

仏向寺

佛向寺の墓石調査について（村木志伸）「山形県地域史研究」　山形県地域史研究協議会　（30）2005.2

天童市佛向寺「満月の碑の筆者の検証」（今埜仁太郎）「郷土てんどう ： 天童郷土研究会会報」　天童郷土研究会　（35）2007.2

山口家本「天童落城並仏向寺縁起」を読む（大宮富善）「西村山地域史の研究」　西村山地域史研究会　（28）2010.09

不動淵

民俗聞き書き2 不動淵の河童（特集 草木塔の心をさぐる）「置賜の民俗 ： 置賜民俗学会会誌」　置賜民俗学会　（19）2012.12

舟形

アリとハギ（『舟形の昔話』より）「やまがた民話」　やまがた民話の会協議会　（14）2005.5

舟越

長井市・赤崩山総宮神社参拝と飯豊町舟越の佐原一族集団村落を訪ねる（佐原義春）「温故知新」　熱塩加納郷土史研究会　（11）2005.3

舟渡

翻刻・再録 昔話・語りの世界（2）おっかなくて…―小国町舟渡 塚原名右エ門さん（上）,（下）（武田正）「民話」　東北文教大学短期大学部民話研究センター　（21）/（22）2008.3/2008.7

山形県西置賜郡小国町 舟渡の獅子踊り 小国町指定無形民俗文化財（民俗短信）「置賜の民俗 ： 置賜民俗学会会誌」　置賜民俗学会　（19）2012.12

船町

船町にまつわる神社仏閣を訪ねて（宮沢武雄）「郷土山形」　山形郷土史研究協議会　93　2001.3

普門寺

第287回例会寺社訪問 普門寺の縁起と歴史（堤全隆）「温故」　米沢温故会　（36）2009.08

遍照寺

漆山遍照寺縁起―六部時政坊と遣唐使賢問子（市村幸夫）「村山民俗」　村山民俗の会　（19）2005.6

法音寺

米沢の法音寺と墓石（第445回郷土巡礼記 史蹟を尋ねて緑の旗は行く）（原田望）「伊那」　伊那史学会　57（12）通号979　2009.12

宝沢

宝沢のシシ踊り―五穀成就朝日踊（市村幸夫）「村山民俗」　村山民俗の会　（25）2011.06

宝沢芝居（市村幸夫）「村山民俗」　村山民俗の会　（28）2014.06

北条郷

北条郷埋蔵金伝説の解題（山岸久悦）「懐風」　米沢御堀端史跡保存会　24　1999.4

第299回例会講話 北条郷埋蔵金伝説を探る（山岸久悦）「温故」　米沢温故会　（37）2010.08

鳳台寺

第311回例会講話 聖壽山鳳台寺「温故」　米沢温故会　（39）2012.08

宝池院

日月寺塔中寺院宝池院の明治時代の動静について（研究・史料紹介）（藤本昭一）「西村山地域史の研究」　西村山地域史研究会　（32）2014.09

宝幢寺

宝幢寺本堂の再建時期（曽根匡信）「山形郷土史研究協議会研究資料集」　山形郷土史研究協議会　23　2001.3

法来寺

釈迦堂と法来寺（特集 釈迦如来）（市村幸夫）「日本の石仏」　日本石仏協会，青娥書房（発売）　（136）2010.12

法蓮寺

東根市花岡法蓮寺所蔵の通称「にょろにょろ」画及び「葬頭河婆」の画分析（〔史料紹介〕）（鈴木吉郎）「出羽文化」　出羽文化ネットワーク　1　1998.7

堀内村

堀内村里修験両徳院亮智の日録（大友義助）「最上地域史」　最上地域史研究会　（26）2004.3

保呂羽堂

保呂羽堂の天王燈籠（小野田十九）「おくやまのしょう ： 奥山荘郷土研究会誌」　奥山荘郷土研究会　（27）2002.3

保呂羽神社

熊野大社の保呂羽神社と色部氏（須崎寛二）「南陽の歴史 ： 南陽の歴史を語る会会報」　南陽の歴史を語る会　（179）2010.10

本照寺

「本照寺略縁起」からわかる東根の中世寺院（野口孝雄）「北村山の歴史」　北村山地域史研究会　（1）1999.3

梵天塚遺跡

戦国期の墓地跡―酒田市梵天塚遺跡の調査事例から（石井浩幸）「さあべい」　さあべい同人会　17　2000.5

本道寺

本道寺檀那場の競合―文翔館所蔵長井氏資料（出羽三山関係）の紹介を兼ねて（岩鼻通明）「山形民俗」　山形県民俗研究協議会　11・12　1998.8

湯殿山信仰について―旧本道寺・旧大日寺の文化財調査から（那須恒吉）「羽陽文化」　山形県文化財保護協会　（151）2006.3

真砂寺廃寺跡

山形市西部丘陵の宗教遺跡をめぐって―柏倉・真砂寺廃寺跡を中心として（茨木光裕）「さあべい」　さあべい同人会　（19）2002.5

升形村

升形村七所明神領寄進状について（神宮滋）「山形県地域史研究」　山形県地域史研究協議会　（30）2005.2

真室川

真室川の昔語り（野村敬子）「あしなか」　山村民俗の会　253　1999.11

芸能伝承をめぐる地域的・民俗的要因―早池峰神楽と真室川番楽を中心に（菊地和博）「山形民俗」　山形県民俗研究協議会　（23）2009.11

「真室川音頭」の生みの親 近岡ナカエの生涯（梁瀬平吉）「最上地域史」　最上地域史研究会　（36）2014.03

禊の井戸

古代大和朝廷認定の定額寺・霊山寺があったと推定される水晶山々内の禊の井戸について(概報)(赤塚長一郎)「郷土てんどう ： 天童郷土研究会会報」 天童郷土研究会 (33) 2005.2

御楯稲荷神社

御楯稲荷神社(江口儀雄)「懐風」 米沢御堀端史跡保存会 (38) 2013.04

三森山

鶴岡市清水のもりの山—三森山のもり供養(《特集 死者供養と祖霊信仰》)(犬塚幹士)「村山民俗」 村山民俗の会 (22) 2008.6

水無神社

山形県鶴岡市鎮座 水無神社に関わって(藤枝和泉)「飛騨春秋 ： 飛騨郷土学会誌」 高山市民時報社 487 2001.8

南野

南野皇大神社蔵 板彫仁王像考(研究)(渡邉真吾)「羽陽文化」 山形県文化財保護協会 (158) 2014.03

南原

南原の寺社分布とその背景について(小山田信一)「置賜文化」 置賜史談会 (97) 1997.6

米沢市の「彫刻・刻彫」と彫られた供養塔のこと—万世・南原地区の造立から(加藤和徳)「山形民俗」 山形県民俗研究協議会 (18) 2004.11

宮内

宮内熊野一山に「学頭 證誠寺」はあったか(須崎寛二)「南陽の歴史 ： 南陽の歴史を語る会会報」 南陽の歴史を語る会 (151) 2006.2

宮内熊野神社と熊野山證誠寺(上),(下)(須崎寛二)「南陽の歴史 ： 南陽の歴史を語る会会報」 南陽の歴史を語る会 (153)／(154) 2006.5/2006.8

宮内熊野大社と新宮熊野神社(須崎寛二)「南陽の歴史 ： 南陽の歴史を語る会会報」 南陽の歴史を語る会 (177) 2010.06

宮内熊野神社史覚書(1) 尾崎重誉、熊野八幡宮に御供田を寄進/熊野大社お御坂の修復(須崎寛二)「南陽の歴史 ： 南陽の歴史を語る会会報」 南陽の歴史を語る会 (180) 2010.11

宮内熊野神社おぼえがき 台林院は證誠寺とも呼ばれていた？/幕末の台林院住職「法田」についての一資料/孫嫁の病気平癒に大般若経/明治6年の宮内熊野神社神殿再建(須崎寛二)「南陽の歴史 ： 南陽の歴史を語る会会報」 南陽の歴史を語る会 (181) 2011.02

宮内熊野神社おぼえがき(3) 二宮神社と三宮神社の再建願い(須崎寛二)「南陽の歴史 ： 南陽の歴史を語る会会報」 南陽の歴史を語る会 (182) 2011.04

宮内熊野神社おぼえがき(4) 続・台林院住職法田について(須崎寛二)「南陽の歴史 ： 南陽の歴史を語る会会報」 南陽の歴史を語る会 (183) 2011.06

宮内熊野神社おぼえがき(5) 8 獅子舞禁止事件(須崎寛二)「南陽の歴史 ： 南陽の歴史を語る会会報」 南陽の歴史を語る会 (184) 2011.08

宮内熊野神社おぼえがき(6) 9 鐘楼の再建(須崎寛二)「南陽の歴史 ： 南陽の歴史を語る会会報」 南陽の歴史を語る会 (185) 2011.10

宮内熊野神社おぼえがき(7) 11 台林院法田の褒賞—続々 台林院法田について(須崎寛二)「南陽の歴史 ： 南陽の歴史を語る会会報」 南陽の歴史を語る会 (189) 2012.06

宮内熊野大社史おぼえ書(9) 19.法田、台林院の養子となる—続々続 台林院法田について(須崎寛二)「南陽の歴史 ： 南陽の歴史を語る会会報」 南陽の歴史を語る会 (193) 2013.02

宮内熊野大社おぼえ書(10) 20「神仏分離」につき朝廷お触れの写し、21氏子取り調べの命令、22熊野神社の由緒、23台林院に呼出状、24鰐口・梵鐘取り除けの命令、25本地仏三尊と前立三尊、26梵鐘存置の請願(須崎寛二)「南陽の歴史 ： 南陽の歴史を語る会会報」 南陽の歴史を語る会 (196) 2013.08

宮内熊野大社おぼえ書(11) 27神仏分離徹底の検査、28学頭代台林院の還俗、29社僧に還俗のこと、30台林院法田の改名披露、31熊野神社の舞人のこと(須崎寛二)「南陽の歴史 ： 南陽の歴史を語る会会報」 南陽の歴史を語る会 (198) 2013.12

宮内熊野大社おぼえ書(12) 32戊辰戦争の戦死者供養のこと、33台林院法田の墓(須崎寛二)「南陽の歴史 ： 南陽の歴史を語る会会報」 南陽の歴史を語る会 (199) 2014.02

宮内熊野大社史おぼえ書(13) 34学頭代台林院の住職になるには、35台林院の褒賞・補記(須崎寛二)「南陽の歴史 ： 南陽の歴史を語る会会報」 南陽の歴史を語る会 (200) 2014.04

宮内熊野神社の中心氏子は桐町だったか—熊野大社史覚え書(須崎寛二)「南陽の歴史 ： 南陽の歴史を語る会会報」 南陽の歴史を語る会 (201) 2014.06

宮内 熊野山絵図を見る—宮内熊野大社史おぼえ書37(須崎寛二)「南陽の歴史 ： 南陽の歴史を語る会会報」 南陽の歴史を語る会 (202) 2014.08

宮内・馬頭観音堂の屋根替えにつき—熊野大社史おぼえ書40(須崎寛二)「南陽の歴史 ： 南陽の歴史を語る会会報」 南陽の歴史を語る会 (203) 2014.10

宮内熊野大社にさぐる祭りの意味(高岡亮一)「置賜の民俗 ： 置賜民俗学会会誌」 置賜民俗学会 (21) 2014.12

深山観音堂

置賜遺跡巡り(20) 平安のなごりをとどめる深山観音堂「うきたむ ： 山形県立うきたむ風土記の丘考古資料館館報」 山形県立うきたむ風土記の丘考古資料館 (23) 2004.5

妙見寺

「山寺免許状」と朝日根元舞(妙見寺獅子踊)(菊地和博)「山形民俗」 山形県民俗研究協議会 (20) 2006.10

弥勒寺

鎮守神と屋敷神、そして女性たちの祈りのかたち—山形県西村山地域に所在する小鈬・弥勒寺両地区の事例から(鈴木明里)「東北芸術工科大学東北文化研究センター研究紀要」 東北芸術工科大学東北文化研究センター (12) 2013.03

弥勒寺集落

弥勒寺集落の年中行事(今部トヨエ)「西村山地域史の研究」 西村山地域史研究会 17 1999.9

六椹八幡社

両所宮並びに六椹八幡社石灯籠—日本海交通(北前船)と最上川舟運について(木村博)「山形民俗」 山形県民俗研究協議会 11・12 1998.8

村木沢

村木沢の伝説 「水の種」の実像とは何か？(渡辺正治)「郷土山形」 山形郷土史研究協議会 83 1998.6

村山

近世史料にみる巡礼と参詣の概念(岩鼻通明)「村山民俗」 村山民俗の会 11 1997.10

第3回Look for伝承文化—かがり火が誘う幽幻の物語—に参加して(月光善弘)「村山民俗」 村山民俗の会 12 1998.11

今の中に村山地方の「神おろし」の採集を(木村博)「村山民俗」 村山民俗の会 13 1999.6

本願寺教団と蝦夷・北奥・村山(誉田慶信)「西村山地域史の研究」 西村山地域史研究会 17 1999.9

山形県村山地方の葉山信仰—葉山派修験をめぐって(関口健)「山岳修験」 日本山岳修験学会，岩田書院(発売) 通号25 2000.3

六十六部廻国供養塔(市村幸夫)「村山民俗」 村山民俗の会 (14) 2000.6

村山地方の民話から(1)(仲嵩寛)「西村山地域史の研究」 西村山地域史研究会 18 2000.9

「民俗」の伝承(木村博)「村山民俗」 村山民俗の会 (15) 2001.6

村山地方における箱式石棺の再検討(茨木光裕)「庄内考古学」 庄内考古学研究会 21 2001.9

《特集 葬送儀礼》「村山民俗」 村山民俗の会 (16) 2002.6

中世の人びとはどのように葬むられたか(川崎利夫)「村山民俗」 村山民俗の会 (16) 2002.6

葬送と納骨儀礼—「神式で葬式を行う地域」と「歯骨納めの寺」(野口一雄)「村山民俗」 村山民俗の会 (16) 2002.6

国替と永代供養(市村幸夫)「村山民俗」 村山民俗の会 (16) 2002.6

中世期の霊場と墓地をめぐって—村山地域南部を主として(茨木光裕)「さあべい」 さあべい同人会 (20) 2003.5

アラハバキ神信仰とその民俗性(鈴木聖雄)「村山民俗」 村山民俗の会 (17) 2003.6

六十六部廻国略縁起(村山正一)「村山民俗」 村山民俗の会 (17) 2003.6

磨崖の庚申像・碑—置賜・村山地方の例から(加藤和徳)「羽陽文化」 山形県文化財保護協会 (148) 2004.3

「念仏聖」特定法師の名号碑について(鈴木聖雄)「村山民俗」 村山民俗の会 (18) 2004.6

六十六部の足跡(市村幸夫)「村山民俗」 村山民俗の会 (18) 2004.6

太陽暦の布告と年中行事について(伊藤登啓)「村山民俗」 村山民俗の会 (19) 2005.6

荷渡信仰(1),(2)(伊藤登啓)「村山民俗」 村山民俗の会 (20)／(22) 2006.7/2008.6

中世庶民墓地の形成(《特集 死者供養と祖霊信仰》)(川崎利夫)「村山民俗」 村山民俗の会 (22) 2008.6

シシ踊りの回向と縁起に見る死者供養(《特集 死者供養と祖霊信仰》)(村山正市)「村山民俗」 村山民俗の会 (22) 2008.6

虚空との交信—妙見信仰と鉱山(《特集 死者供養と祖霊信仰》)(野口一雄)「村山民俗」 村山民俗の会 (22) 2008.6

東北　　　　　　　　　郷土に伝わる民俗と信仰　　　　　　　　　山形県

おごすんさま―庚申（伊藤登啓）「村山民俗」　村山民俗の会　（23）
　2009.06
神仏習合の構造（難波耕司，岩鼻通明）「村山民俗」　村山民俗の会
　（23）2009.06
「祖師西来意」の石塔について―五輪塔・墓石・碑を中心に（加藤和徳）
　「村山民俗」　村山民俗の会　（23）2009.06
村山地方の竜女伝説（村田弘）「山形民俗」　山形県民俗研究協議会
　（23）2009.11
山形県村山地域における石造文化（1）山寺立石寺に由来するもの（笠原
　弘邦）「歴研みやぎ」　宮城県歴史研究会　（82）2010.07
山形県村山地方のムサカリ絵馬について―「独特な習俗」観への疑問
　（志賀祐紀）「米沢史学」　米沢史学会（山形県立米沢女子短期大学日
　本史学科内）（26）2010.10
心経会とカンジョウ板―中近世武家社会の習俗（三上喜孝）「村山民俗」
　村山民俗の会　（25）2011.06
死者を描いた「絵馬」の可能性（小田島建己）「村山民俗」　村山民俗の会
　（25）2011.06
震災復興と民俗学（岩鼻通明）「村山民俗」　村山民俗の会　（25）2011.06
子どもの伝承文化体験とその意義に関する考察（菊地和博）「村山民俗」
　村山民俗の会　（26）2012.07
被災地をめぐる現代民俗―映画館の顧客アンケートを通した試論（岩鼻
　通明）「村山民俗」　村山民俗の会　（27）2013.06
石造の善光寺式阿弥陀三尊仏―村山・置賜の事例から（加藤和徳）「村山
　民俗」　村山民俗の会　（27）2013.06
震災特集 上映をめぐる現代民俗―映画祭の顧客アンケートを通した試
　論（岩鼻通明）「村山民俗」　村山民俗の会　（28）2014.06
會田家の「紅花取引」「京都東本願寺への献木」「諸芸能への奉加」―會
　田庄一家所蔵「萬覚書」を読む（野口一雄）「村山民俗」　村山民俗の会
　（28）2014.06

最上

最上・米沢地方のカラムシについて（滝沢洋之）「会津の民俗」　歴史春秋
　社　27　1997.3
最上領の真宗寺院開基をめぐって（村山正市）「郷土てんどう : 天童郷
　土研究会会報」　天童郷土研究会　27　1999.2
敵味方供養塔（大友義助）「最上地域史」　最上地域史研究会　23　2001.3
最上地方の鬼の伝承（大友義助）「酒田民俗」　酒田民俗学会　2001.8
山と川の民話（最上の民話）（大友義助）「冗話」　東北文教大学短期大学
　部民話研究センター　6　2003.3
「最上踊り」の由来（板垣貞英）「郷土山形」　山形郷土史研究協議会
　107　2005.7
天満神社御神体台座の墨書について（土屋道郎）「最上地域史」　最上地域
　史研究会　（28）2006.3
安政3年の「御祭礼帳」について（土屋道郎）「最上地域史」　最上地域史
　研究会　（28）2006.3
「人面石大明神」の不思議（大友義助）「最上地域史」　最上地域史研究会
　（28）2006.3
最上の民話「小又の霊木」と「水蒟バッケ」（〈特集 語りの文化―日本民
　俗学会第58回年会プレ・シンポジウム講演要旨〉）（大友義助）「村山民
　俗」　村山民俗の会　（20）2006.7
最上の三鳥居（板垣貞英）「郷土山形」　山形郷土史研究協議会　（113）
　2007.7
最上川からの湯殿山まいり―大日坊大蔵出張所奉納大絵馬をめぐって
　（野口一雄）「山形民俗」　山形県民俗研究協議会（22）2008.11
天満宮御祭礼資料「塵實録」・「御祭礼帳」・「御用屋嘉覚」について（大
　友義助）「最上地域史」　最上地域史研究会　（31）2009.03
民話資料「笑ひ草紙」について（史料紹介）（大友義助）「最上地域史」
　最上地域史研究会　（31）2009.03
柚人と山の神（大友義助）「最上地域史」　最上地域史研究会　（32）
　2010.03
「門屋養安日記」に見る天満宮祭礼（史料紹介）（大友義助）「最上地域史」
　最上地域史研究会　（32）2010.03
最北地方の板碑―尾花沢市・大石田町・舟形町・最上町・鮭川村・戸沢
　村（加藤和徳）「さあべい」　さあべい同人会　（26）2010.05
武家の婚礼―安彦家文書「婚礼式」・「婚礼之事」（史料紹介）（大友義助）
　「最上地域史」　最上地域史研究会　（33）2011.03
本（株）と末（梢）は山の神に返す（大友義助）「最上地域史」　最上地域史
　研究会　（34）2012.03
最上屏風―光禅寺版「ゲルニカ」（市村幸夫）「村山民俗」　村山民俗の会
　（26）2012.07
口絵 最上地区の石鳥居（1）（2）「史迹と美術」　史迹美術同攷会　82（7）
　通号827　2012.08
口絵写真解説 最上地区の石鳥居（磯川政一，中西亨）「史迹と美術」　史
　迹美術同攷会　82（7）通号827　2012.08
最上地方の「民芸品」についての柳宗悦の評（大友義助）「最上地域史」

最上地域史研究会　（35）2013.03
第36号に寄せて 庭月氏寄進鰐口、村指定文化財になる（榎本与一）「最上
　地域史」　最上地域史研究会　（36）2014.03
アイヌの伐木儀礼について（大友義助）「最上地域史」　最上地域史研究会
　（36）2014.03
「神隠し」の記録（大友義助）「最上地域史」　最上地域史研究会　（36）
　2014.03

最上川

両所宮並びに六椹八幡社石灯籠―日本海交通（北前船）と最上川舟運につ
　いて（木村博）「山形民俗」　山形県民俗研究協議会　11・12　1998.8
最上川の伝統漁撈―庄内のヤツメ漁と鮭漁を中心として（犬塚幹士）「最
　上川文化研究」　東北芸術工科大学東北文化研究センター　（1）2003.3
最上川流域に存在する船絵馬について（浅黄喜悦）「最上川文化研究」　東
　北芸術工科大学東北文化研究センター　（2）2004.3
最上川から現れた稲荷様（武田一男）「北村山の歴史」　北村山地域史研究
　会　（6）2004.6
早物語の変容―昔話・わらべうたとの関連（武田正）「最上川文化研究」
　東北芸術工科大学東北文化研究センター　（3）2005.3
展示紹介 広島県立歴史民俗資料館「最上・荒川・江の川の漁撈用具―
　日本の河川三大漁撈文化」（山本智宏）「民具マンスリー」　神奈川大
　学　38（7）通号451　2005.10
最上川にまつわる民話「夕鶴」　夕鶴の里友の会　（32）2006.4
出羽三山と最上川が織りなす文化的景観まんだら（〈追悼 戸川安章先
　生〉）（岩鼻通明）「庄内民俗」　庄内民俗学会　通号34　2008.4
最上川から来た虫神様・仙人権現（石田年子）「日本の石仏」　日本石仏協
　会，青娥書房（発売）（132）2009.12
開催報告 公開講座 出羽三山の宇宙―羽黒山の開山伝承と景観のコスモ
　ロジー（講師 内藤正敏）/最上川の文化的景観―二十一世紀の地域づく
　りのために（講師 入間田宣夫）/東北文化研究センター交流の広場「ま
　んだら : 東北文化友の会会報」　東北芸術工科大学東北文化研究セン
　ター　（52）2013.02

最上観音霊場

最上観音霊場の札所観音成立期を探る―中世末・近世初頭の落書から
　（野口一雄）「山形民俗」　山形県民俗研究協議会　（26）2012.11

最上三十三観音

体験記 最上三十三観音を巡る「別冊東北学」　東北芸術工科大学東北文
　化研究センター，作品社（発売）3　2002.1
最上氏領国と最上三十三観音（伊藤清郎）「村山民俗」　村山民俗の会
　（21）2007.6

最上町

山形県最上町内の板碑群について―中世小国郷における特異な板碑文化
　（佐藤信行）「さあべい」　さあべい同人会　16　1999.5

元木

元木の石鳥居と瀧山信仰（《特集 東北遺産を探る》―私の東北遺産）（張
　大石）「まんだら : 東北文化友の会会報」　東北芸術工科大学東北文化
　研究センター　（26）2006.2

本楯

本楯高田家の仏像―付・元安中坊旧蔵谷地田宮家の弥陀像（阿部西喜夫）
　「西村山地域史の研究」　西村山地域史研究会　16　1998.10

元中山諏訪神社

南陽の石造文化財調査（69）元中山諏訪神社「南陽の歴史 : 南陽の歴
　史を語る会会報」　南陽の歴史を語る会　（154）2006.8

屋代

調査報告 高畠町屋代地区人生儀礼（武田正）「山形民俗」　山形県民俗研
　究協議会　13　1999.11

谷地

河北町谷地の雛文化と山形（菊地和博）「山形民俗」　山形県民俗研究協議
　会　11・12　1998.8
舞楽の家 林家の谷地転住への一考察（阿部西喜夫）「西村山地域史の研
　究」　西村山地域史研究会　18　2000.9
奥羽の舞楽―谷地の林家舞楽の変遷と現状（《特集 雅楽と舞楽II》）（菊
　地和博）「季刊悠久.第2次」　鶴岡八幡宮悠久事務局　（114）2009.01

谷地郷

谷地郷の虫送りと新町村一件（槙清哉）「西村山地域史の研究」　西村山地
　域史研究会　（20）2002.7

簗沢

翻刻・再録 昔話・語りの世界（8）木流し衆の語り―米沢市簗沢 宮下昇
　さん（上）（武田正）「民話」　東北文教大学短期大学部民話研究セン
　ター　（33）2012.07

矢馳

矢馳の「お庚申さま」に学ぶ（塩野俊恭）「庄内民俗」 庄内民俗学会 通号35 2010.05

山五十川

山形県温海町山五十川の山戸能と歌舞伎について一式三番を主として（五十嵐文蔵）「民俗芸能研究」 民俗芸能学会 通号25 1997.9

山形

板碑以前、そして板碑の成立―山形における板碑の成立をめぐって（川崎利夫）「さあべい」 さあべい同人会 15 1998.5

民俗芸能の分類について（五十嵐文蔵）「山形民俗」 山形県民俗研究協議会 11・12 1998.8

河北町谷地の雛文化と山形（菊地和博）「山形民俗」 山形県民俗研究協議会 11・12 1998.8

山の神と田の神をめぐる一考察（菊地和博）「山形民俗」 山形県民俗研究協議会 13 1999.11

槐と鬼門の信仰（月光善弘）「山形民俗」 山形県民俗研究協議会 13 1999.11

板碑（厨子型板碑）を道祖神とする例（加藤和徳）「山形民俗」 山形県民俗研究協議会 13 1999.11

山の神とオコゼについての考察（3）（村田弘）「山形民俗」 山形県民俗研究協議会 14 2000.11

山形における民俗研究の新しい目（武田正）「山形民俗」 山形県民俗研究協議会 14 2000.11

旅の異空間―地理学と民俗学の間（岩鼻通明）「山形民俗」 山形県民俗研究協議会 14 2000.11

やまがた民話資料紹介（1）『せんとくの金』江口文四郎編著（武田正）「民話」 東北文教大学短期大学部民話研究センター 1 2001.6

「瞽女の道」その他―新潟と山形を結ぶもの（木村博）「山形民俗」 山形県民俗研究協議会 （15） 2001.11

諸主尊とした庚申塔（加藤和徳）「山形民俗」 山形県民俗研究協議会 （15） 2001.11

山形北部における野兎の民俗（天野武）「西郊民俗」 西郊民俗談話会 （178） 2002.3

消滅した獅子踊りを訪ねる―その痕跡を追って（梅津幸保）「山形民俗」 山形県民俗研究協議会 （16） 2002.12

山形にもあった双体道祖神（加藤和徳）「山形民俗」 山形県民俗研究協議会 （17） 2003.11

語り文化から読む文化へ―昔話を中心に（武田正）「山形民俗」 山形県民俗研究協議会 （17） 2003.11

雪国・山形の民俗―山の信仰（大友義助）「最上地域史」 最上地域史研究会 （26） 2004.3

稲荷様の調査から（板垣貞英）「郷土山形」 山形郷土史研究協議会 104 2004.7

「遠くの神様有難い」―「遠隔地参詣」を支えた論理（木村博）「山形民俗」 山形県民俗研究協議会 （18） 2004.11

山岳信仰と女人禁制（岩鼻通明）「山形民俗」 山形県民俗研究協議会 （18） 2004.11

「水の種」伝説―山形へ運ばれた箱根の水（木村庄一）「扣之帳」 扣之帳刊行会 （8） 2005.5

神憑りと祈禱・託宣―ある人物の例を見て（村山正市）「山形民俗」 山形県民俗研究協議会 （19） 2005.11

獅子踊りと鎮魂供養（菊地和博）「山形民俗」 山形県民俗研究協議会 （19） 2005.11

昔話「語り」の民俗―伝承の装置ということ（武田正）「山形民俗」 山形県民俗研究協議会 （19） 2005.11

女相撲（女大力）絵馬について―近代女相撲発祥の地（村山正市）「羽陽文化」 山形県文化財保護協会 （151） 2006.3

山形の仏教史を考える―慈恩寺史をとおして（北畠教爾）「山形郷土史研究協議会研究論集」 山形郷土史研究協議会 （28） 2006.3

やまがた民話資料紹介（15）『とーびんと』（武田正）「民話」 東北文教大学短期大学部民話研究センター （15） 2006.3

やまがた民話資料紹介（16）安楽城の伝説―佐藤隆三さんの語り（武田正）「民話」 東北文教大学短期大学部民話研究センター （16） 2006.6

仏足石行脚・山形の三例《特集 石仏探訪V》（中森勝之）「日本の石仏」 日本石仏協会，青娥書房（発売）（118） 2006.6

"郷土"としての県―『山形民俗』第20号に寄せて（佐野賢治）「山形民俗」 山形県民俗研究協議会 （20） 2006.10

「幸運の法則」と現代伝説（武田正）「山形民俗」 山形県民俗研究協議会 （20） 2006.10

この地域の婚礼の儀―差配人の書付から（村山正市）「山形民俗」 山形県民俗研究協議会 （20） 2006.10

山形の取子習俗（野口一雄）「山形民俗」 山形県民俗研究協議会 （20） 2006.10

研究ノート 山の神とオコゼの考察―補考・文献にみるヒント（村田弘）「山形民俗」 山形県民俗研究協議会 （20） 2006.10

やまがた民話資料紹介（17）宮田登 日本を語る―全16巻（武田正）「民話」 東北文教大学短期大学部民話研究センター （17） 2006.12

やまがた民話資料紹介（18）はなたかおうぎ（武田正）「民話」 東北文教大学短期大学部民話研究センター （18） 2007.3

宮城・山形に現存する神輿万国全図（黒須潔）「仙台郷土研究」 仙台郷土研究会 32（1）通号274 2007.6

やまがた民話資料紹介（19）村の子供誌 第1巻（武田正）「民話」 東北文教大学短期大学部民話研究センター （19） 2007.6

明治大学博物館商品部門コレクション 意匠さまざまIII「山形の伝統工芸」/明治大学博物館考古部門コレクション10「中国古代の陶俑」「明治大学博物館友の会会報」 明治大学博物館友の会 （14） 2007.10

シシ踊り成立・伝播論の再検討（菊地和博）「山形民俗」 山形県民俗研究協議会 （21） 2007.11

薄荷栽培製法図絵馬（資料紹介）（小関徳雄）「郷土山形」 山形郷土史研究協議会 （115） 2008.3

山形の「民話」を題材とした日本語副読本の作成とパプアにおける活用支援事業（阿部康子）「民話」 東北文教大学短期大学部民話研究センター （21） 2008.3

やまがた民話資料紹介（21）『民話―伝承の現実』大島廣志著（武田正）「民話」 東北文教大学短期大学部民話研究センター （21） 2008.3

山形にあった聖徳太子信仰（木村博）「聖徳」 聖徳宗教学部 （197） 2008.7

川を渡る疱瘡神（大友義助）「山形民俗」 山形県民俗研究協議会 （22） 2008.11

餓鬼仏・無縁仏供養の歴史的実態（菊地和博）「山形民俗」 山形県民俗研究協議会 （22） 2008.11

やまがた民話資料紹介（22）『んだんだ弁―おぐのほそ道』大類孝子訳・朗読/山口純子訳（武田正）「民話」 東北文教大学短期大学部民話研究センター （23） 2008.12

やまがた民話資料紹介（24）復刻版『老媼夜譚』佐々木喜善（武田正）「民話」 東北文教大学短期大学部民話研究センター （25） 2009.07

教育сからみる民俗伝承「やまがた民俗文化伝承誌」を語る（渡部泰山、菊池和博）「まんだら：東北文化友の会会報」 東北芸術工科大学東北文化研究センター （40） 2009.08

飯縄信仰と金毘羅信仰（野口一雄）「山形民俗」 山形県民俗研究協議会 （23） 2009.11

やまがた民話資料紹介（25）『語りの回廊―聴き耳の五十年』野村敬子著（武田正）「民話」 東北文教大学短期大学部民話研究センター （26） 2009.12

出羽山形の廻国供養塔―出羽路を歩いた六十六部と民俗（特集 日本の巡礼）（市村幸夫）「日本の石仏」 日本石仏協会，青娥書房（発売）（133） 2010.03

小正月の火祭り行事とその解釈をめぐって（菊地和博）「山形民俗」 山形県民俗研究協議会 （24） 2010.11

天明鋳物師名のある「阿弥陀如来坐像」を巡って（野口一雄）「山形民俗」 山形県民俗研究協議会 （24） 2010.11

やまがた民話資料紹介（27）田川民話の会編『田川の昔話 先祖の心を子どもたちに』（佐藤晃）「民話」 東北文教大学短期大学部民話研究センター （29） 2010.12

やまがた民話資料紹介（28）山路愛子編著『むがぁし昔 あったけど―夕鶴の里で語った百話―』（佐藤晃）「民話」 東北文教大学短期大学部民話研究センター （31） 2011.07

石仏論考 出羽山形の仁王塔と種子（梵字）（加藤和徳）「日本の石仏」 日本石仏協会，青娥書房（発売）（139） 2011.09

共生の原点・草木供養塔について（大友義助）「山形民俗」 山形県民俗研究協議会 （25） 2011.11

暮らしのなかの太陽信仰・団子の木（清野春樹）「山形民俗」 山形県民俗研究協議会 （25） 2011.11

やまがた民話資料紹介（29）渡部豊子編『大地に刻みたい五人の証言―ひとりひとりの戦い、そして終戦―』（佐藤晃）「民話」 東北文教大学短期大学部民話研究センター （32） 2012.01

中世墓から近世墓標の成立と展開（論文・研究ノート）（川崎利夫）「山形考古」 山形考古学会 9（4）通号42 2012.08

遠隔地帯の民俗の一致の不思議（大友義助）「山形民俗」 山形県民俗研究協議会 （26） 2012.11

暮らしのなかの太陽信仰―結界（清野春樹）「山形民俗」 山形県民俗研究協議会 （26） 2012.11

暮らしのなかの太陽信仰・山の神とオコゼ（清野春樹）「山形民俗」 山形県民俗研究協議会 （27） 2013.11

鹿沼の「古峯ヶ原」にみる王祇神構造―山形周辺の「古峯神社」に関する一管見（大江良松）「山形民俗」 山形県民俗研究協議会 （27） 2013.11

山形城下絵図と寺院―お伴寺等をそれぞれの城下絵図から読む（安孫子

博幸）「村山民俗」 村山民俗の会 （28） 2014.06

山形県

山形県のなりわい絵馬（野口一雄）「東北民俗学研究」 東北学院大学民俗学OB会 5 1997.9

私的記録 北の故郷（4） いいこと聞け いいこと聞け（片岡千蔵）「土佐民俗 ： 土佐民俗会誌」 土佐民俗学会 69 1998.1

山岳信仰と御田・作占一山形県内の山岳を中心として（村山正市）「出羽文化」 出羽文化ネットワーク 1 1998.7

山形県の中国民話（1）（野村敬子）「女性と経験」 女性民俗学研究会 通号23 1998.10

私的記録 北の故郷（6） 大黒様の日（片岡千蔵）「土佐民俗 ： 土佐民俗会誌」 土佐民俗学会 71 1999.1

板碑編年論序説一山形県内の整形板碑を中心として（川崎利夫）「さあべい」 さあべい同人会 16 1999.5

洞穴・岩陰・巨石と庶民信仰（石井浩幸）「さあべい」 さあべい同人会 16 1999.5

山形県民俗誌文献目録（岩鼻通明）「村山民俗」 村山民俗の会 13 1999.6

「オナカマ」考 神子と瞽女の関連について（烏兎沼宏之）「東北学」 [第1期] 東北芸術工科大学東北文化研究センター，作品社（発売） 2 2000.4

山形県内の板碑・調査報告（加藤和徳）「日本の石仏」 日本石仏協会，青娥書房（発売）（99） 2001.9

山形県北部の山の神祭り考（菊地和博）「東北芸術工科大学東北文化研究センター研究紀要」 東北芸術工科大学東北文化研究センター （1） 2002.3

笹塔婆流しの祖霊供養（石井浩幸）「さあべい」 さあべい同人会 （19） 2002.5

山形県の経塚とその特色（川崎利夫）「歴史考古学」 歴史考古学研究会 （50） 2002.7

私的記録 北の故郷（9） お祭灯（オサイドウ）（片岡千蔵）「土佐民俗 ： 土佐民俗会誌」 土佐民俗学会 79 2003.1

板碑の廃棄と再利用一埋没した板碑、再利用・改変された板碑（村山正市）「さあべい」 さあべい同人会 （20） 2003.5

「モリの山」信仰の研究（1）一山形県内の事例と諸相（石井浩幸）「さあべい」 さあべい同人会 （20） 2003.5

私的記録 北の故郷（10） つなぎ（片岡千蔵）「土佐民俗 ： 土佐民俗会誌」 土佐民俗学会 81 2003.12

蜂子皇子（能除太子）の伝承（木村博）「聖徳」 聖徳宗教学部 180 2004.4

地域の祭りから学ぶこと（佐藤庄一）「うきたむ ： 山形県立うきたむ風土記の丘考古資料館館報」 山形県立うきたむ風土記の丘考古資料館 （23） 2004.5

埋められた経 こめられた願い第12回企画展やまがたの経塚「うきたむ ： 山形県立うきたむ風土記の丘考古資料館館報」 山形県立うきたむ風土記の丘考古資料館 （23） 2004.5

日本の鬼探訪 東北地方 宮城県・山形県（大中良英）「六甲倶楽部報告」 六甲倶楽部 70 2004.9

草木塔（高市俊次）「文化愛媛」 愛媛県文化振興財団 （54） 2005.3

民話の本・花ざかり（やまがた民話） やまがた民話の会協議会 （14） 2005.5

草木塔考（《特集 東北遺産を探る》一私の東北遺産）（千歳栄）「まんだら ： 東北文化友の会会報」 東北芸術工科大学東北文化研究センター （26） 2006.2

済口証文と隠れキリシタン（戸田紘）「羽陽文化」 山形県文化財保護協会 （151） 2006.3

県内の石造五輪塔雑見一中世の遺品を中心に（川崎利夫）「羽陽文化」 山形県文化財保護協会 （151） 2006.3

新発見の板碑（8）（加藤和徳）「羽陽文化」 山形県文化財保護協会 （151） 2006.3

中世庶民墓地の一形態（川崎利夫）「さあべい」 さあべい同人会 （22） 2006.5

山形県の絵馬研究史序論一附 渡辺信三「小白川天満宮の「オランダ語百人一首」絵馬」（野口一雄）「村山民俗」 村山民俗の会 （20） 2006.7

太々神楽のこと一北の故郷・私的な記録（片岡千蔵）「土佐民俗 ： 土佐民俗会誌」 土佐民俗学会 通号87 2006.9

近世遺跡の調査から「板碑」雑感（井田秀和）「うきたむ ： 山形県立うきたむ風土記の丘考古資料館館報」 山形県立うきたむ風土記の丘考古資料館 （28） 2007.2

山形県内の一石五輪塔と背光五輪塔（川崎利夫）「さあべい」 さあべい同人会 （23） 2007.5

山形県内陸の甲子（大黒天）信仰（《特集 大黒天》）（加藤和徳）「日本の石仏」 日本石仏協会，青娥書房（発売）（123） 2007.9

私的記録・北の故郷―ヤマビコ（片岡千蔵）「土佐民俗 ： 土佐民俗会誌」 土佐民俗学会 通号89 2007.12

養蚕守護の神々（江口儀雄）「山形県地域史研究」 山形県地域史研究協議会 （33） 2008.2

「利神」一考（結城敏雄）「羽陽文化」 山形県文化財保護協会 （152） 2008.3

藤間コレクションの相良人形について（門脇伸一）「行田市郷土博物館研究報告」 行田市郷土博物館 （6） 2008.3

絵馬に見る供養の諸相一岩手県下の「供養絵額」と山形県下の「社寺参詣図絵馬」（松崎憲三）「民具研究」 日本民具学会 （138） 2008.9

山形県の蔵王山信仰（《特集 修験と石造物》）（加藤和徳）「日本の石仏」 日本石仏協会，青娥書房（発売）（128） 2008.12

江戸初期における武家の五輪墓塔（川崎利夫）「羽陽文化」 山形県文化財保護協会 （153） 2009.03

大金神信仰の習俗について（村山正市）「羽陽文化」 山形県文化財保護協会 （153） 2009.03

山形県における野兎狩りの民俗（上） 威嚇猟と関連習俗の概要を中心に（天野武）「西郊民俗」 [西郊民俗談話会] （207）/（208） 2009.06/2009.09

山形県の虚空蔵信仰―中南部に造立されている石塔を中心に（加藤和徳）「日本の石仏」 日本石仏協会，青娥書房（発売）（131） 2009.09

地名伝説第五巻を発刊して（新関昭男）「山形県地域史研究」 山形県地域史研究協議会 （35） 2010.02

山形県内板碑の型式分類と地域色及び編年（川崎利夫）「羽陽文化」 山形県文化財保護協会 （154） 2010.03

「花笠踊り」の歴史民俗と集団踊りの中の位置（菊地和博）「東北芸術工科大学東北文化研究センター研究紀要」 東北芸術工科大学東北文化研究センター 通号9 2010.03

山形県内板碑銘文集成（川崎利夫）「さあべい」 さあべい同人会 （26） 2010.05

「オナカマ」と呼ばれた瞽女（志賀祐紀）「村山民俗」 村山民俗の会 （24） 2010.06

山形県北部の番楽と獅子信仰（平成21年度民俗芸能学会大会基調講演・シンポジウム 東北の獅子舞信仰における番楽―パネリスト報告）（菊地和博）「民俗芸能研究」 民俗芸能学会 （49） 2010.09

山形県内の雨乞い習俗の諸相―資料分析を中心にして（村田弘）「山形民俗」 山形県民俗研究協議会 （24） 2010.11

山形県の釈迦如来信仰（特集 釈迦如来）（加藤和徳）「日本の石仏」 日本石仏協会，青娥書房（発売）（136） 2010.12

仏像修理雑感（渡邉真吾）「羽陽文化」 山形県文化財保護協会 （155） 2011.03

焼畑再考―山形県のカノ型焼畑のカブの食べ方と儀礼を通して（阿部龍平）「東北芸術工科大学東北文化研究センター研究紀要」 東北芸術工科大学東北文化研究センター 通号10 2011.3

板碑銘文からみた中世の信仰世界―県内板碑銘文からよみとれるもの（調査研究報告）（川崎利夫）「さあべい」 さあべい同人会 （27） 2011.08

裸回り習俗と地域の開発について（清野春樹）「山形県地域史研究」 山形県地域史研究協議会 （37） 2012.02

「月夜燈（塔）」と刻まれた石燈籠（渡邊敏和）「山形県地域史研究」 山形県地域史研究協議会 （37） 2012.02

第34号に寄せて 草木塔と地域史研究（村松真）「最上地域史」 最上地域史研究会 （34） 2012.03

山形県の「牛方山姥」考―積荷と交易の関係（関根綾子）「昔話伝説研究」 昔話伝説研究会 （31） 2012.04

山形県にもあった石造「仁王像」（会員の広場）（加藤和徳）「日本の石仏」 日本石仏協会，青娥書房（発売）（145） 2013.03

山形県内の宝篋印塔と宝篋印塔型墓碑について（調査報告研究）（川崎利夫）「さあべい」 さあべい同人会 （28） 2013.04

山形県内の分骨信仰―歯骨納骨習俗を中心に（野口一雄）「山形民俗」 山形県民俗研究協議会 （27） 2013.11

表紙写真 如来坐像及び両脇侍立像「羽陽文化」 山形県文化財保護協会 （158） 2014.03

草木塔に刻まれた「一佛成道 観見法界 艸木國土 悉皆成佛」―その16文字法語の意味するもの（野口一雄）「山形民俗」 山形県民俗研究協議会 （28） 2014.11

草木塔「一佛成道観見法界 草木国土悉皆成佛」の考察―能・謡曲「鵺」「仏原」「野守」を踏まえながら（菊地和博）「山形民俗」 山形県民俗研究協議会 （28） 2014.11

山形市

山形市指定文化財 絹本著色大威徳明王像一幅 保存修理「米沢市文化財年報」 米沢市教育委員会 14 2002.3

山形市西部丘陵の宗教遺跡をめぐって―柏倉・真砂寺廃寺跡を中心として（茨木光裕）「さあべい」 さあべい同人会 （19） 2002.5

山形市の「日待供養塔」と信仰（加藤和徳）「村山民俗」 村山民俗の会 （18） 2004.6

石塔から見る月待信仰―山形市内に残る石碑を中心に（加藤和徳）「村山

山形県　　　　　　　　　　　　　　　郷土に伝わる民俗と信仰　　　　　　　　　　　　　　　東北

民俗」　村山民俗の会　（20）　2006.7
山形市の中世石造美術「板碑」（調査研究報告）（加藤和徳）「さあべい」
　さあべい同人会　（20）　2011.08
山形市の中世石像美術「宝篋印塔・層塔」（調査報告研究）（加藤和徳）
　「さあべい」　さあべい同人会　（28）　2013.04
山形市の中世石造美術「五輪塔」上（調査報告研究）（加藤和徳）「さあべ
　い」　さあべい同人会　（29）　2014.05

山形城跡
山形城跡出土の宝篋印塔について（調査報告研究）（齋藤仁）「さあべい」
　さあべい同人会　（29）　2014.05

山形盆地
山形盆地西部の石祠について―西川町を中心として（那須恒吉）「日本の
　石仏」　日本石仏協会，青娥書房（発売）　（111）　2004.9

山上二町
山上二町と武家屋敷通町の民俗資料から（田中邦彦）「温故」　米沢温故会
　24　1997.9

山口村
暦と年中行事―旧山口村（天童市大字山口）を中心に（伊藤正輝）「出羽文
　化」　出羽文化ネットワーク　1　1998.7

山崎
山の神勧進にみる地域共同体的祝祭性―山形県金山町山崎を中心にして
　（菊地和博）「山形民俗」　山形県民俗研究協議会　（16）　2002.12

山寺
つながった山寺獅子踊の消失の輪―その民俗と由来書と平塩栄蔵坊文書
　（居駒永幸）「山形民俗」　山形県民俗研究協議会　11・12　1998.8
夜念仏供養塔にみる山寺夜行念仏（村山正市）「村山民俗」　村山民俗の会
　（14）　2000.6
シンポジウム「山寺夜行念仏の伝承を探る」「村山民俗」　村山民俗の会
　（14）　2000.6
山寺夜行念仏の歴史を見る（村山正市）「山形民俗」　山形県民俗研究協議
　会　14　2000.12
夜念仏行事と習俗をめぐって（村山正市）「村山民俗」　村山民俗の会
　（15）　2001.6
夜念仏塔と後生車婆の習合石塔（加藤和徳）「村山民俗」　村山民俗の会
　（15）　2001.6
高擶夜行念仏講中巡り同行記（村山正市）「村山民俗」　村山民俗の会
　（15）　2001.6
「夜行念仏」研究論文目録（事務局）「村山民俗」　村山民俗の会　（15）
　2001.6
「夜行念仏」史料一覧（事務局）「村山民俗」　村山民俗の会　（15）　2001.6
夜念仏の石碑（事務局）「村山民俗」　村山民俗の会　（15）　2001.6
夜行念仏回向文一覧（事務局）「村山民俗」　村山民俗の会　（15）　2001.6
「山寺夜行念仏」研究の現状と課題（野口一雄）「山形県地域史研究」　山
　形県地域史研究協議会　（27）　2002.2
山寺しし踊りの考察（佐々木太四郎，矢萩常善）「郷土山形」　山形郷土史
　研究協議会　97　2002.3
山寺の葬儀（相原一士）「村山民俗」　村山民俗の会　（16）　2002.6
夜行念仏の庶民信仰と思想（村山正市）「山形民俗」　山形県民俗研究協議
　会　（16）　2002.12
夜行念仏を受ける庶民の信仰（村山正市）「山形民俗」　山形県民俗研究協
　議会　（17）　2003.11
夜念仏の石碑をよむ―山寺夜念仏の民間信仰圏（村山正市）「村山民俗」
　村山民俗の会　（18）　2004.6
調査報告　「風の戸」に見る山寺の伝承と民俗（武田久之進）「郷土山形」
　山形郷土史研究協議会　106　2005.3
磐司祭と山寺獅子踊りの起源問題（菊池和博）「村山民俗」　村山民俗の会
　（20）　2006.7
「山寺免許状」と朝日根元舞（妙見寺獅子踊）（菊地和博）「山形民俗」　山
　形県民俗研究協議会　（20）　2006.10
芸能としての磐司祭り考（佐々木太四郎）「山形郷土史研究協議会研究資
　料集」　山形郷土史研究協議会　（29）　2007.3
山寺夜行念仏の構成と伝承の力をめぐって（工藤紗貴子）「京都民俗：
　京都民俗学会会誌」　京都民俗学会　通号24　2007.3
夜行念仏の装束を考える（村山正市）「郷土てんどう：天童郷土研究会
　会報」　天童郷土研究会　（36）　2008.2
山形市山寺における死者供養について（《特集　死者供養と祖霊信仰》）
　（大友義助）「村山民俗」　村山民俗の会　（22）　2008.6

山寺観音堂
松山の山寺観音堂（佐藤誠）「酒田民俗」　酒田民俗学会　5　2001.8

山寺堰
山寺堰の源流と水神・面白山信仰―水からみた民衆信仰（淺井紀夫）「郷
　土てんどう：天童郷土研究会会報」　天童郷土研究会　（32）　2004.2

山の神神社
南陽の石造文化財調査（61）―長岡雲南神社／漆山山の神神社「南陽の歴
　史：南陽の歴史を語る会会報」　南陽の歴史を語る会　（146）　2005.4

山辺郷
出羽国安国寺と山辺郷（樋口十郎）「研究山辺郷」　山辺町郷土史研究会
　（2）　1998.3

山辺荘
山辺荘の板碑―その特徴をさぐる（調査報告研究）（三浦浩人）「さあべ
　い」　さあべい同人会　（28）　2013.04

山辺町
山辺町における祭りと年中行事（遠藤せつ子）「研究山辺郷」　山辺町郷土
　史研究会　（2）　1998.3
石塔調査で思う事（遠藤せつ子）「研究山辺郷」　山辺町郷土史研究会
　（3）　2001.1
彼岸と観音堂（高内又治郎）「研究山辺郷」　山辺町郷土史研究会　（3）
　2001.1

遊佐
神田より子編『鳥海山麓遊佐の民俗　上下巻』（書誌紹介）（山田慎也）「日
　本民俗学」　日本民俗学会　（280）　2014.11

湯殿
湯殿供養塚について（榎本実）「茨城の民俗」　茨城民俗学会　39　2000.
　11

湯殿山
北海道における湯殿山信仰についての覚書―大日坊大網精周の巡錫を中
　心として（高嶋弘志）「日本海地域史研究」　文献出版　（14）　1998.9
湯殿山参詣（竹田覚）「風早」　風早歴史文化研究会　47　2002.5
湯殿山と羽黒山三神合祭殿参拝―五穀豊穣の祭り「花祭り」を見学（高
　野等）「須高」　須高郷土史研究会　（57）　2003.11
未刊記録紹介　湯殿山道知留辺、他―道中記に見る道奥への庶民の旅（あ
　しなか編集室）「あしなか」　山村民俗の会　271・272　2005.8
湯殿山信仰について―旧本道寺・旧大日寺の文化財調査から（那須恒吉）
　「羽陽文化」　山形県文化財保護協会　（151）　2006.3
山形の薬本舗「黒田玄仙」と湯殿山行者（高橋信敬）「山形郷土史研究協
　議会研究資料集」　山形郷土史研究協議会　（29）　2007.3
新出の月山湯殿山参詣道中記について（岩鼻通明）「山形民俗」　山形県民
　俗研究協議会　（21）　2007.11
湯殿山を護持した真言四ヶ寺（石澤精三）「山形郷土史研究協議会研究資
　料集」　山形郷土史研究協議会　（30）　2008.3
最上地方からの湯殿山まいり―大日坊大蔵出張所奉納大絵馬をめぐって
　（野口一雄）「山形民俗」　山形県民俗研究協議会　（22）　2008.11
豆腐がつなぐ湯殿山麓と琉球紅型―六浄とルクジュウ（岩本由輝）「東北
　民俗」　東北民俗の会　44　2010.07

湯殿三山
［資料紹介］　邑岡聖「湯殿三山鳥海山参詣道中日誌」（大迫徳行）「磐城民
　俗」　磐城民俗研究会　31　1998.11

湯殿山神社
湯殿山神社のお祭（野木良平）「石川史談」　石陽史学会　（12）　1999.7

由良
ある一漁民の祈願と生業―山形県鶴岡市由良地区にみる（阿部友紀）「東
　北宗教学」　東北大学大学院文学研究科宗教学研究室　3　2007.12

陽春院
ある伝承と史実について―寒河江陽春院の地蔵尊を中心に（伊藤登啓）
　「村山民俗」　村山民俗の会　（18）　2004.6

吉野
吉野の伝説・史跡巡り／第5回民話の「語り駅伝」／語り部養成講座「公開
　講座」「夕鶴」　夕鶴の里友の会　（36）　2007.8

米沢
最上・米沢地方のカラムシについて（滝沢洋之）「会津の民俗」　歴史春秋
　社　27　1997.3
能面夜話（皆川慈山）「懐風」　米沢御堀端史跡保存会　23　1998.4
山物語―神仏にまつわる山名（渡部昭一）「懐風」　米沢御堀端史跡保存会
　25　2000.4
第216回例会講話　江戸時代の庚申信仰―特に庚申塔の造立　西部地区の
　場合（田中邦彦）「温故」　米沢温故会　（27）　2000.7
戦国大名伊達氏と本山派修験道―天正7年聖護院門跡道澄羽州米沢下向

の検討を通じて（大越良裕）「山岳修験」 日本山岳修験学会，岩田書院（発売） （27） 2001.3

近世米沢領における修験寺の霞争いの一例（須崎寛二）「置賜文化」 置賜史談会 （102） 2002.6

「おたまや」の石灯籠など（第251回例会講話）（田中邦彦）「温故」 米沢温故会 （31） 2004.8

昔話の異界——一つの妖怪論として（武田正）「米沢史学」 米沢史学会（山形県立米沢女子短期大学日本史学科内） （20） 2004.10

「碑東西南北」米沢地方の石碑について（清野悦良）「置賜文化」 置賜史談会 （105） 2005.7

第254回例会講話「おたまや」の石灯籠の再利用（田中邦彦）「温故」 米沢温故会 （32） 2005.8

方言に思う（細谷文子）「懐風」 米沢御堀端史跡保存会 （31） 2006.4

「米沢の能楽」閑話——金剛流と観世流・伝国の杜能舞台（篠田州雄）「懐風」 米沢御堀端史跡保存会 （32） 2007.4

米沢城下町の近世五輪塔（川崎利夫）「羽陽文化」 山形県文化財保護協会（152） 2008.3

旅の草ぐさ（8） 山の神は誰なのか——北上・米沢（杉崎満寿雄）「あしなか」 山村民俗の会 284 2009.02

雪灯篭まつりと茶会のこと（酒井登美子）「懐風」 米沢御堀端史跡保存会（34） 2009.04

一石五輪塔と堂形塔婆・墓塔——米沢地域の特異な墓塔（川崎利夫）「さあべい」 さあべい同人会 （25） 2009.05

第33回上杉雪灯篭まつり祭文（京極高晴）「懐風」 米沢御堀端史跡保存会 （35） 2010.04

米沢の逸話「養善寺恵秀和尚 三十五人力の大力僧」（赤尾雷水）「懐風」 米沢御堀端史跡保存会 （37） 2012.4

全国の草木塔一覧表 草木塔の写真——指定文化財 米沢17＋南陽1＋飯豊1＋県外2（特集 草木塔の心をさぐる）（梅津幸保）「置賜民俗学会会誌」 置賜民俗学会 （19） 2012.12

草木塔に想う（荒澤芳治）「懐風」 米沢御堀端史跡保存会 （38） 2013.04

米沢市

上杉雪灯篭祭りツアーに参加して（高橋庶久）「史友会報」 高鍋史友会（40） 2005.6

米沢藩

明治初期米沢藩士が見聞した北海道——『扈曽谷日誌』に記された民俗・伝承文化・鰊漁撈とことば（第172回例会発表資料）（見野久幸）「北海道方言研究会会報」 北海道方言研究会 （84） 2007.12

地域の想いを形に——米沢藩主葬礼場跡の整備（伊藤義昭）「懐風」 米沢御堀端史跡保存会 （35） 2010.04

頚城の家形石祠（墓塔）と米沢藩の万年堂（吉川繁）「石仏ふぉーらむ」新潟県石仏の会 （11） 2014.07

近世前中期の米沢藩主の葬送儀礼と高野山納骨（論文）（原淳一郎）「米沢史学」 米沢史学会 （30） 2014.10

立石寺

地名天童と立石寺舞楽（長瀬一男）「郷土てんどう ： 天童郷土研究会会報」 天童郷土研究会 27 1999.2

立石寺絵図に見える「阿所河院」（松尾剛次）「山形県地域史研究」 山形県地域史研究協議会 24 1999.2

紀行文と旅日記にみる立石寺（岩鼻通明）「村山民俗」 村山民俗の会（15） 2001.6

山寺立石寺に舞う迦陵頻——林家舞楽が解き明かす古代東北の歴史の謎（長瀬一男）「郷土てんどう ： 天童郷土研究会会報」 天童郷土研究会（30） 2002.2

『立石寺夜行念仏回向文』にみられる「むめ橋」について（日野西真定）「村山民俗」 村山民俗の会 （16） 2002.6

原立石寺はいつ、どこに創建されたか——天長七年の出来事（長瀬一男）「郷土てんどう ： 天童郷土研究会会報」 天童郷土研究会 （32） 2004.2

慈覚大師円仁立石寺七院開山の実相（佐々木太四郎）「山形郷土史研究協議会研究資料集」 山形郷土史研究協議会 27 2005.3

山形県村山地域における石造文化（1）山寺立石寺に由来するもの（笠原弘邦）「歴研みやぎ」 宮城県史研究会 （82） 2010.07

霊地・霊場の考古学——山寺立石寺とその周辺（総合討論の記録）（特集 日本考古学協会2009年度山形大会報告）（佐藤庄一）「山形考古」 山形考古学会 9（2）通号40 2010.10

竜興寺

龍興寺新旧ご本尊の仏師を求めて（野口孝雄）「村山民俗」 村山民俗の会 11 1997.10

滝山

瀧山を巡る仏教文化（佐久間久）「山形郷土史研究協議会研究資料集」 山形郷土史研究協議会 27 2005.3

元木の石鳥居と瀧山信仰（《特集 東北遺産を探る》——私の東北遺産）（張

大石）「まんだら ： 東北文化友の会会報」 東北芸術工科大学東北文化研究センター （26） 2006.2

公開講座 瀧山信仰の歴史と文化（千歳栄，井関伸一，入間田宣夫）「まんだら ： 東北文化友の会会報」 東北芸術工科大学東北文化研究センター （38） 2009.02

竜泉寺

東根市龍泉寺の「ムサカリ絵馬」奉納にみる絵師の関与（門口実代）「村山民俗」 村山民俗の会 （24） 2010.06

両所宮

両所宮並びに六椹八幡社石灯籠—日本海交通（北前船）と最上川舟運について（木村博）「山形民俗」 山形県民俗研究協議会 11・12 1998.8

霊山寺

水晶山に係わる霊山寺の問題について（赤塚長一郎）「山形郷土史研究協議会研究資料集」 山形郷土史研究協議会 23 2001.3

まほろしの霊山寺を探して（佐久間久）「郷土山形」 山形郷土史研究協議会 101 2003.8

古代大和朝廷認定の定額寺・霊山寺があったと推定される水晶山々内の禊の井戸について（概報）（赤塚長一郎）「郷土てんどう ： 天童郷土研究会会報」 天童郷土研究会 （33） 2005.2

霊山寺遺跡

水晶山山麓の霊山寺遺跡を訪ねて（東海林忠吉）「郷土てんどう ： 天童郷土研究会会報」 天童郷土研究会 （36） 2008.2

林松寺

小国大工の羽入林松寺再建（史料紹介）（大友義助）「最上地域史」 最上地域史研究会 （32） 2010.03

林泉寺

林泉寺の名和尚のはなし（高森務）「懐風」 米沢御堀端史跡保存会（30） 2005.4

禅宗史料からみた東国の領主——『春日山林泉開山曇英禅師語録』の分析を中心として（森田真一）「群馬県立歴史博物館紀要」 群馬県立歴史博物館 （30） 2009.03

林蔵院

尾花沢市六沢林蔵院壇前塚出土の経筒をめぐって（大類誠）「北村山の歴史」 北村山地域史研究会 （2） 2000.5

冷泉寺

庄内地方稲荷探訪記——稲荷信仰の把握に向けて（1）白狐山と冷泉寺の稲荷（佐藤智敬）「神・人・自然」 「神・人・自然」研究会 （3） 2013.10

六社明神

六社明神「ダイゴダイゴ」の行事——その由来と賄（村山正市）「山形民俗」 山形県民俗研究協議会 （23） 2009.11

若松観音

高擶夜行念仏の若松観音参詣（村山正市）「村山民俗」 村山民俗の会（20） 2006.7

熊野信仰と若松観音（大江良松）「村山民俗」 村山民俗の会 （21）2007.6

若松観音のおみ坂古参道にたつ「若の山」碑と緑の少年団員のかかわり（赤塚長一郎）「郷土てんどう ： 天童郷土研究会会報」 天童郷土研究会 （36） 2008.2

高擶夜行念佛の若松観音参詣記（村山正市）「村山民俗」 村山民俗の会（23） 2009.06

和光神社

和光神社が結ぶ歴史的奇遇——兼続の母の実家、尾崎家との関わりの中で（高岡亮一）「懐風」 米沢御堀端史跡保存会 （35） 2010.04

蕨岡

出羽庄内・蕨岡の城郭寺院考（堀宗夫）「北陸の中世城郭」 北陸城郭研究会 9 1999.6

鳥海山蕨岡修験にみる明治維新（岸昌一）「山岳修験」 日本山岳修験学会，岩田書院（発売）（35） 2005.3

福島県

会津

会津地方における蕪をめぐる民俗（佐々木長生）「会津の民俗」 歴史春秋社 27 1997.3
会津の農具（鷺山義雄）「会津の民俗」 歴史春秋社 27 1997.3
続・屋台子供歌舞伎（大竹修一）「会津の民俗」 歴史春秋社 27 1997.3
こけしを語る（佐藤芳巳）「会津史談」 会津史談会 71 1997.5
会津の民話を聞く会（2）（山田登志美）「会北史談」 会北史談会 39 1997.7
会津における石造三十三観音めぐり（2），（3）（佐原義春）「会北史談」 会北史談会 39/40 1997.7/1998.7
岩手のまいりの仏と会津の太子守宗（門屋光昭）「東北民俗学研究」 東北学院大学民俗学OB会 5 1997.9
雪の民俗（天野武）「会津の民俗」 歴史春秋社 28 1998.3
雪の民俗について（佐々木長生）「会津の民俗」 歴史春秋社 28 1998.3
雪国の生活（馬場義仲）「会津の民俗」 歴史春秋社 28 1998.3
峠越えの習俗（酒井淳）「会津の民俗」 歴史春秋社 28 1998.3
農村の民俗知識（安藤紫香）「会津の民俗」 歴史春秋社 28 1998.3
「会津の修験道」について（榊原源隆）「猪苗代地方史研究会会報」 猪苗代地方史研究会 （31）/（32） 1998.4/1999.4
諏訪神社授光祭について［正］，（続）（長谷川和夫）「歴史春秋」 歴史春秋社 （47）/（49） 1998.4/1999.4
会津の五輪塔（川井源治）「会津史談」 会津史談会 72 1998.5
会津念仏踊りについて（遠藤次男）「温故知新」 熱塩加納郷土史研究会 4 1998.8
会津地方における「なめ味噌」の習慣（酒井淳）「民俗」 相模民俗学会 166 1998.12
鯰絵研究と民俗学―地震と江戸文化（榎陽介）「会津の民俗」 歴史春秋社 29 1999.3
《特集 雪の民俗（2）》「会津の民俗」 歴史春秋社 29 1999.3
点灯の民俗（鷺山義雄）「会津の民俗」 歴史春秋社 29 1999.3
祝言の料理人と巻物（増田昭子）「会津の民俗」 歴史春秋社 29 1999.3
会津における民俗調査の動向「会津の民俗」 歴史春秋社 29 1999.3
会津における東照宮信仰と修験（曽根原理）「山岳修験」 日本山岳修験学会，岩田書院（発売） 通号23 1999.3
郷土の伝承を通して眺めた「会津中世史雑考」（斎藤豊一）「西会津史談」 西会津史談会 （2） 1999.4
江戸時代における板碑の存在形態（柳内寿彦）「歴史春秋」 歴史春秋社 （49） 1999.4
会津における石像三十三観音めぐり（4）～（11）（佐原義春）「会北史談」 会北史談会 41/（48） 1999.7/2006.7
会津の慶弔帳を読む（増田昭子）「会津若松市史研究」 会津若松市 通号1 1999.12
講演 栃木から見た会津の民俗（柏村祐司）「会津の民俗」 歴史春秋社 30 2000.3
狐よせ・イタチよせ（安藤紫香）「会津の民俗」 歴史春秋社 30 2000.3
中世後期の会津の流鏑馬（柳内寿彦）「歴史春秋」 歴史春秋社 （51） 2000.4
会津方言牧歌集こぼれ話（根本一）「会津会々報」 会津会 106 2000.6
会津で作られた綿繰り機（榎陽介）「民具マンスリー」 神奈川大学 33（5）通号389 2000.8
明治期の会津漆工（小林めぐみ）「会津若松市史研究」 会津若松市 （2） 2000.11
玄如節「談もの」の歌本（新井田忠誠）「会津の民俗」 歴史春秋社 31 2001.3
会津地方における山袴の呼称について（佐々木長生）「会津の民俗」 歴史春秋社 31 2001.3
会津少年白虎隊士の殉難とその埋葬（今井昭彦）「常民文化」 成城大学常民文化研究会 24 2001.3
各部の報告とお知らせ 寺社研究部（村越保寿）「会津史談通信」 会津史談会 45 2001.4
「御廻国使御巡見 両御通ニ付御伺并入用大積扣」について（海老名俊雄）「歴史春秋」 歴史春秋社 （53） 2001.4
会津弁と捨松（横山三郎）「会津会々報」 会津会 107 2001.6
会津漆器産地における木地屋の集団的性格と木地屋集落の変容（木村裕樹）「歴史地理学」 歴史地理学会，古今書院（発売） 43（4）通号205 2001.9
「御廻国使様御通ニ附御廻文留帳」について（海老名俊雄）「歴史春秋」 歴史春秋社 （54） 2001.10
神社祭祀の原風景（天川久代）「会津史談」 会津史談会 76 2002.5
十一の長持―考察（斎藤忠）「会津会々報」 会津会 108 2002.6
会津の木地師と木地師の入らなかった山（滝沢洋之）「会津若松市史研究」 会津若松市 （4） 2002.8
碑（《特集 碑（いしぶみ）》）（大塚實，角田十三男，佐藤一男，大竹登，羽染健一，栗城好次，海老名俊雄，安藤紫香，渡邊良三，森田慶一，小原覚右衛門，石井義八郎，佐原義春，永山三男，大須賀廉，小檜山六郎，物江敬止，星甚恵，佐藤高志，長谷川和夫，間島勲，佐藤重吉，渡辺新，鈴木滋雄）「歴史春秋」 歴史春秋社 （56） 2002.10
会津の漆蠟の歴史と技術（佐々木長生）「自然と文化」 日本ナショナルトラスト 通号72 2003.3
会津地方におけるソバ生産の拡大と地域づくりの展開（高野岳彦，深谷奈緒子）「福島地理論集」 福島地理学会 46 2003.3
会津の仏教文化を訪ねて（高澤佑輔）「富田町史談会会報」 富田町史談会 （11） 2003.4
女性の抜け参りと御関所―「近世庶民の旅」シリーズ2から（金田實）「歴史春秋」 歴史春秋社 （57） 2003.4
平成14年度会津史談会記念講演 仏像から見た会津の歴史（若林繁）「会津史談」 会津史談会 （77） 2003.5
会津五輪（芋）塔は誰が造ったか（川井源治）「会津史談」 会津史談会 （77） 2003.5
会津戦争を経験した人々の記録を見る（橋本哲男）「会津会々報」 会津会 109 2003.6
諏方暦こと「会津暦」（安藤紫香）「会津若松市史研究」 会津若松市 （5） 2003.9
会津のキリシタン（1）～（12）（小堀千明）「月刊会津人」 月刊会津人社 （2）/（13） 2003.11/2004.10
会津ゲスモグリ紀行 河童伝承の周辺（《特集 かっぱ・カッパ・河童 愛される川の妖怪》）（尾崎光弘）「歴史民俗学」 批評社 （23） 2004.2
会津若松市指定文化財「会津三匹獅子舞」無形民俗文化財に指定「あいづわかまつ文化財だより」 会津若松市教育委員会 11 2004.3
わら人形をつくる―会津に残された最後の行事（榎陽介）「博物館だより」 福島県立博物館 72 2004.3
会津地方における小正月の来訪神―近世の風土記・風俗帳を中心に（佐々木長生）「東北芸術工科大学東北文化研究センター研究紀要」 東北芸術工科大学東北文化研究センター 通号3 2004.3
記念講演 「会津暦」について（柏川修一）「歴史春秋」 歴史春秋社 （59） 2004.4
「会津暦」について（安藤紫香）「歴史春秋」 歴史春秋社 （59） 2004.4
会津暦（他）歳徳神の意匠についての考察（川井源治）「会津史談」 会津史談会 （78） 2004.5
〈特集 会津の桜にであって〉「会津人群像」 歴史春秋出版 （2） 2004.6
徳一と会津仏教の旅（1）（笠井尚）「月刊会津人」 月刊会津人社 （12） 2004.9
徳一と会津仏教の旅（2）黒石寺（笠井尚）「月刊会津人」 月刊会津人社 （13） 2004.10
特集 碑（いしぶみ）（佐藤一男，大竹登，安藤紫香，遠藤豊子，小檜山六郎，長谷川和夫，栗城好次，石井義一郎，佐藤重吉，大須賀廉，佐原義春，安部利男，星甚恵，穴沢味光）「歴史春秋」 歴史春秋社 （60） 2004.10
明治戊辰戦役殉難者墓と倉田家墳墓・供養塔（横山秀夫）「歴史春秋」 歴史春秋社 （60） 2004.10
徳一と会津仏教の旅（3）奈良の仏像を訪ねて（笠井尚）「月刊会津人」 月刊会津人社 （14） 2004.11
徳一と会津仏教の旅（4）徳一菩薩と唯識思想（笠井尚）「月刊会津人」 月刊会津人社 （15） 2004.12
徳一と会津仏教の旅（5）徳一と最澄の論争（笠井尚）「月刊会津人」 月刊会津人社 （16） 2005.1
《特集 会津の能楽》「会津人群像」 歴史春秋出版 （4） 2005.2
会津の能楽の足跡をたどる「会津人群像」 歴史春秋出版 （4） 2005.2
会津の能楽者たち「会津人群像」 歴史春秋出版 （4） 2005.2
会津の観世流―その活動家の系譜「会津人群像」 歴史春秋出版 （4） 2005.2
石碑に残る会津能楽の跡（杉原一保）「会津人群像」 歴史春秋出版 （4） 2005.2

会津を食す（4）花嫁ささげ（北塩原村早稲沢地区）（むとうかずこ）「会津人群像」歴史春秋出版 （4）2005.2

徳一と会津仏教の旅（6）〜（8）（笠井尚）「月刊会津人」月刊会津人社 (17)/(19) 2005.2/2005.4

『会津農書』にみる田植えと民俗（佐々木長生）「福島の民俗」福島県民俗学会 （33）2005.3

近世における会津地方の収穫儀礼—『会津農書』を中心に（佐々木長生）「福島県立博物館紀要」福島県立博物館 （19）2005.3

姥神事始め［正］，（続）（川井源治）「会津史談」会津史談会 （79）/(80) 2005.4/2006.4

特集 碑（いしぶみ）補遺三百年六地蔵（石井義八郎）「歴史春秋」歴史春秋社 （61）2005.4

会津北部の伝統行事《東北特集》（佐原義春）「あしなか」山村民俗の会 271・272 2005.8

先祖迎えの火（武藤弘子）「会津学」会津学研究会 1 2005.8

会津漆器業の系譜と変遷（高野弘道）「福島地理論集」福島地理学会 48 2005.9

会津の伝統野菜（平出美穂子）「会津若松市史研究」会津若松市 （7）2005.10

北の零年 会津の場合—余市に残る「緋の衣」（畑敬之助）「会津人群像」歴史春秋出版 （5）2005.10

特集 会津の「奉納額」（角田十三男，笹川壽夫，佐藤敏子，玉川圭佑，栗城好次，小沼利子，佐藤一男，長谷川慶一郎，飯塚恒夫，星甚惠，小松山六郎，横山秀夫，佐藤重吉，赤城正男，渡部力夫，大竹登，川原太郎，二瓶明治，森田慶一，羽染健一 長谷川和夫，井関鐵雄）「歴史春秋」歴史春秋社 （62）2005.10

民俗と薬（『会津農書』にみる稲と藁と暮らし）「調査報告書」仙台市教育委員会 24 2006.3

『会津農書』下巻にみる農業技術と民俗—寛延元年・文化12年写を中心に（佐々木長生）「福島県立博物館紀要」福島県立博物館 （20）2006.3

近世における「虫送り」の全容—会津の「風俗帳」を通して《特集 民俗の現在》（岩崎真幸）「東北民俗」東北民俗の会 40 2006.6

会津における佐原義連公の史実・伝承資料（佐原義春）「三浦一族研究」横須賀市 （10）2006.6

会津桐の民俗土壌—カノ＝焼畑を窓口として《特集 植物に添う》（野本寛一）「会津学」会津学研究会 2 2006.8

記憶の森を歩く—山に生きた暮らしを地名から聞く試み《特集 植物に添う》（菅家博昭）「会津学」会津学研究会 2 2006.8

渡部家の夜話（聞き書き）（渡部和）「会津学」会津学研究会 2 2006.8

鶴のカカァと亀の子（聞き書き）（長瀬谷百合子）「会津学」会津学研究会 2 2006.8

中丸家の保存食（聞き書き）（中丸惠美子）「会津学」会津学研究会 2 2006.8

囲炉裏端（聞き書き）（中川啓子）「会津学」会津学研究会 2 2006.8

龍蛇置換考（会津再考）（簗田直幸）「会津学」会津学研究会 2 2006.8

ここまで分かった古代・中世・戦国の会津（3）古代会津の寺院跡「謎の高寺と会津郡の寺」（石田明夫）「会津只談通信」会津史談会 （56）2006.10

「御国のため！」を旗印として，供出させられた寺院の文化財（横山秀夫）「歴史春秋」歴史春秋社 （63）2006.10

『会津農書』にみる脱穀用具—「竹扱」と「鉄扱」をめぐって（佐々木長生）「民具マンスリー」神奈川大学 39(11) 通号467 2007.2

石川純一郎著『会津の狩りの民俗』（新刊紹介）（吉川祐子）「静岡県民俗学会誌」静岡県民俗学会 （25）2007.3

『会津学』創刊号、第二号（書評と紹介）（戸井田克己）「民俗文化」近畿大学民俗学研究所 （19）2007.3

山の神と姥神（川井源治）「会津史談」会津史談会 （81）2007.4

行基図東行の会津—行基伝承の深意をさぐる（簗田直幸）「会津史談」会津史談会 （81）2007.4

会津の板碑とその変遷《特集 会津の中世》（柳内壽彦）「会津人群像」歴史春秋出版 （9）2007.6

会津の狩猟伝承—狩猟集落と山人の暮らし（石川純一郎）「あしなか」山村民俗の会 278 2007.6

会津における木造三十三観音めぐり（1）〜（5）（佐原義春）「会北史談」会北史談会 （49）/(53) 2007.7/2011.07

民具と語る—会津学ゼミナールレポート（地域誌だより（5））（今石みぎわ）「まんだら：東北文化友の会会報」東北芸術工科大学東北文化研究センター （32）2007.8

座談会 冬の生業を創る—屋根葺きと味噌作り（吉村徳男，湯田浩仁，湯田江美，菅家博昭）「会津学」会津学研究会 3 2007.8

クマ狩り（聞き書き）《特集 雪と暮らす》（長瀬谷百合子）「会津学」会津学研究会 3 2007.8

『会津農書』に見る雪と農業《特集 雪と暮らす》（佐々木長生）「会津学」会津学研究会 3 2007.8

屋根葺き職人の昭和史《特集 会津に生きる》（菅家重四郎）「会津学」会津学研究会 3 2007.8

伝統を繋ぐからむし（苧麻）の栽培《特集 会津に生きる》（羽染兵吉）「会津学」会津学研究会 3 2007.8

子どもに伝える中丸家の年中行事（写真レポート）（中丸惠美子）「会津学」会津学研究会 3 2007.8

『会津農書』にみる運搬具—吐筥・腰籠・透曬の呼称をめぐって（佐々木長生）「民具マンスリー」神奈川大学 40(6) 通号474 2007.9

会津の仏像《特集 仏都会津》（若林繁）「会津人群像」歴史春秋出版 （10）2007.11

会津戊辰戦争に関わる寺々《特集 仏都会津》（笹川壽夫）「会津人群像」歴史春秋出版 （10）2007.11

蛇と弁天様—会津の民間信仰（滝沢洋之）「会津人群像」歴史春秋出版 （10）2007.11

「仏都・会津」事始「会津人群像」歴史春秋出版 （10）2007.11

研究ノート 会津地方の産育儀礼と祝着（佐々木長生）「博物館だより」福島県立博物館 通号88 2008.3

近世会津における薬師信仰（野沢謙治）「福島の民俗」福島県民俗学会 （36）2008.3

会津の天孫降臨伝承が提起する問題—『記紀』以前の天孫降臨神話の痕跡（青山博樹）「福島史学研究」福島県史学会 （86）2008.3

会津の伝統芸能「彼岸獅子」を守る子どもたち（田平憲一郎）「開国史研究」横須賀市 （8）2008.3

むし塚（星清）「会津史談」会津史談会 （82）2008.4

猪苗代地方及び会津地方の八幡考（川井源治）「会津史談」会津史談会 （82）2008.4

会津浄土宗触頭二箇寺（横山秀夫）「歴史春秋」歴史春秋社 （67）2008.4

徳一開基の仏都会津に想う（簗田直幸）「会津会々報」会津会 （114）2008.6

経験科学としての『会津農書』—陰陽五行説と農業技術（佐々木長生）「磐城民俗」磐城民俗研究会 （35）2008.6

会津地方の産育儀礼と祝着（佐々木長生）「民具マンスリー」神奈川大学 41(3) 通号483 2008.6

会津の「こづゆ」は農民の常食だった（内藤昭子）「塩川史研究」塩川史振興会 （3）2008.7

『会津農書』にみる天気・地気と農業《特集 会津に生きる》（佐々木長生）「会津学」会津学研究会 4 2008.8

トンボ（䖸）物語（聞き書き）（鈴木克彦）「会津学」会津学研究会 4 2008.8

ヤナ番—男たちの遊び（聞き書き）（渡辺紀子）「会津学」会津学研究会 4 2008.8

わら葺民家の暮し（2）藤家さん宅の一年（写真レポート）（田沼隆之）「会津学」会津学研究会 4 2008.8

調査報告 会津における石灯籠（近藤真佐夫）「会津若松市史研究」会津若松市 （10）2008.9

特集 身近な神社（角田十三男，渡部祐三，佐藤一男，海老名俊雄，星甚惠，森田慶一，佐藤重吉，齋藤哲尉，佐藤敏子，佐原義春，赤城正男，横山秀夫，笹川壽夫，栗城好次，小熊和子，長谷川慶一郎，川原太郎，芳賀幸雄）「歴史春秋」歴史春秋社 （68）2008.10

源義家伝承の八幡神社（井上昌威）「歴史春秋」歴史春秋社 （68）2008.10

ふるさと歴史講座（1）習合文化圏の会津（簗田直幸）「温故知新」熱塩加納郷土史研究会 （15）2009.3

西山日光寺略史と仁王像の会津分布（簗田直幸）「会津史談」会津史談会 （83）2009.04

会津の民俗芸能《特集 会津の民俗芸能》（懸田弘訓）「会津人群像」歴史春秋出版 （14）2009.04

太々神楽と太神楽《特集 会津の民俗芸能》（大竹修一）「会津人群像」歴史春秋出版 （14）2009.04

祈りの象徴 三匹獅子と春を告げる使者 彼岸獅子《特集 会津の民俗芸能》（滝沢洋之，大竹修一）「会津人群像」歴史春秋出版 （14）2009.04

新たな風を感じる屋敷の人形芝居《特集 会津の民俗芸能》（村山唱子）「会津人群像」歴史春秋出版 （14）2009.04

会津の主な年中行事《特集 会津の民俗芸能》「会津人群像」歴史春秋出版 （14）2009.04

会津の民謡《特集 会津の民俗芸能》（芳賀幸雄）「会津人群像」歴史春秋出版 （14）2009.04

会津の民謡こぼれ話《特集 会津の民俗芸能》（千葉作美）「会津人群像」歴史春秋出版 （14）2009.04

祖母オリセのおもてなし 旧き良き時代の名残を留める《特集 会津の民俗芸能》（三木トク子）「会津人群像」歴史春秋出版 （14）2009.04

会津と越後の境界線をめぐる婚姻と婚礼用具—「両属」という視点から（門口実代）「東北民俗」東北民俗の会 43 2009.06

『会津農書』にみる施肥用具―ゑぼ・簣・垂袴の呼称をめぐって（佐々木長生）「民具マンスリー」 神奈川大学 42（3）通号495 2009.06

べこ職人（簗田直幸）「会津学」 会津学研究会 5 2009.08

虫送りの一日（写真レポート）（川合正裕）「会津学」 会津学研究会 5 2009.08

わら葺民家の暮し（3）藤家さん宅の農事暦（写真レポート）（田沼隆之）「会津学」 会津学研究会 5 2009.08

なだれ地形を棲処とするクマの伝統的マキ狩り猟について（寄稿）（草刈広一）「会津学」 会津学研究会 5 2009.08

会津漆器丸物木工協同組合の親王講（木村裕樹）「西郊民俗」［西郊民俗談話会］（209）2009.12

民具短信「会津蝋燭」について（佐々木長生）「民具マンスリー」 神奈川大学 42（9）通号501 2009.12

鈴木式轆轤の普及と担い手の顕彰―明治後期・大正期の福島県会津地方を中心に（木村裕樹）「民具マンスリー」 神奈川大学 42（10）通号502 2010.01

日本最初の白虎隊士の墓碑（特集 飯沼家に伝えられた白虎隊の真相を語る―長州・斗南と会津白虎隊）（大庭紀元）「会津人群像」 歴史春秋出版 （16）2010.03

『会津農書』にみる馬の民俗（佐々木長生）「福島の民俗」 福島県民俗学会 （38）2010.03

会津地方の鳥追い歌―悪口歌を中心に（後藤麻衣子）「福島の民俗」 福島県民俗学会 （38）2010.03

『会津農書』にみる選別用具の変遷（佐々木長生）「民具マンスリー」 神奈川大学 43（1）通号505 2010.04

西山日光寺略史と仁王像の会津分布（簗田直幸）「阿賀路 ： 東蒲原郡郷土誌」 阿賀路の会 48 2010.05

会津の民芸（1）赤べこ（吉田利昭）「会津人群像」 歴史春秋出版 （17）2010.08

農書と民具のはざまから―『会津歌農書』にみる藍栽培とアイガミサマ（佐々木長生）「民具マンスリー」 神奈川大学 43（5）通号509 2010.08

グラビア 山・里・曼荼羅（竹島善一）「会津学」 会津学研究会 6 2010.11

ヒンムキの暮らし―大正から戦後の食糧難を生きた人々（特集 暮らしを編む（聞き書き）―山村の農）（川合正裕）「会津学」 会津学研究会 6 2010.11

長瀬谷家の農事情（特集 暮らしを編む（聞き書き）―山村の農）（長瀬谷百合子）「会津学」 会津学研究会 6 2010.11

飯塚家の生業―母の聞く（特集 暮らしを編む（聞き書き）―山村の農）（中丸恵美子）「会津学」 会津学研究会 6 2010.11

わら葺民家の暮らし（4）―追悼 藤家テルヨさん（特集 暮らしを編む（聞き書き）―写真レポート）（田沼隆之）「会津学」 会津学研究会 6 2010.11

『会津農書』にみる虫送り行事（佐々木長生）「会津学」 会津学研究会 6 2010.11

『会津農書』にみる臼と杵（佐々木長生）「民具マンスリー」 神奈川大学 43（8）通号512 2010.11

会津の民芸（2）会津唐人凧「会津人群像」 歴史春秋出版 （18）2010.12

殺生石にまつわる源翁和尚の伝承 化け物の狐退治―会津地方の11か所に殺生石伝承（河野十四生）「会津人群像」 歴史春秋出版 （18）2010.12

『会津農書』にみる鉄製農具・鍛冶民俗（佐々木長生）「福島の民俗」 福島県民俗学会 （39）2011.03

『会津農書』にみる田うないの民俗（佐々木長生）「東北民俗」 東北民俗の会 45 2011.06

『会津農書』にみる田の草取りの民俗（佐々木長生）「民具マンスリー」 神奈川大学 44（3）通号519 2011.06

『会津農書』にみる代掻きの民俗―馬鍬を中心に（佐々木長生）「民具マンスリー」 神奈川大学 44（5）通号521 2011.08

『会津農書』にみる直播き「撒田」（佐々木長生）「西郊民俗」［西郊民俗談話会］（216）2011.09

『会津農書』にみる農耕儀礼（論文・報告）（佐々木長生）「磐城民俗」 磐城民俗研究会 （36）2011.09

蒲生氏に関わりのある寺院に掲げられている扁額（特集「扁額」）（横山秀夫）「歴史春秋」 歴史春秋社 （74）2011.10

身近な寺社の扁額（特集「扁額」）（星甚惠）「歴史春秋」 歴史春秋社 （74）2011.10

宗像神社（特集「扁額」）（菊地庄一）「歴史春秋」 歴史春秋社 （74）2011.10

会津一円の扁額（特集「扁額」）（小堀千明）「歴史春秋」 歴史春秋社 （74）2011.10

『会津農書』にみる仕事着（佐々木長生）「民具マンスリー」 神奈川大学 44（9）通号525 2011.12

『会津農書』にみる民俗知識（佐々木長生）「福島県立博物館紀要」 福島県立博物館 （26）2012.3

『会津農書』にみる農耕儀礼（論文・報告）（佐々木長生）「福島の民俗」 福島県民俗学会 （40）2012.03

会津の聖徳太子信仰（簗田直幸）「会津史談」 会津史談会 （86）2012.04

会津歌舞伎史への誘い（渡部康人）「会津人群像」 歴史春秋出版 （21）2012.04

『会津農書』にみる稲刈りと民俗（佐々木長生）「民具マンスリー」 神奈川大学 45（3）通号531 2012.06

「會津國替名残歌」考 會津国替名残歌 岩崎田龍筆／高田謹愼中雑記 斎藤岩次筆／会津藩士越後高田謹愼の事情 村山和夫著（資料紹介）（笹川壽夫）「歴史春秋」 歴史春秋社 （76）2012.11

イベントレポート 会津仏教会創立百周年記念 秋の企画展「会津の寺宝」関連行事 記念講演会「会津の仏像と仏画―鑑賞の極意―」（高橋充）「博物館だより」 福島県立博物館 （107）2012.12

民具短信 『会津農書』にみる「木鱒片縄引」について（佐々木長生）「民具マンスリー」 神奈川大学 45（9）通号537 2012.12

『会津農書』にみる馬の民具（佐々木長生）「民具マンスリー」 神奈川大学 45（11）通号539 2013.02

会津漆器、その歴史は古く（古川力）「温故知新」 熱塩加納郷土史研究会 （19）2013.3

『老媼茶話』にみる近世会津の民俗風景（佐々木長生）「福島県立博物館紀要」 福島県立博物館 （27）2013.3

渡部康人『会津歌舞伎史―基礎的調査と研究』（書評・書誌紹介）（榎陽介）「福島の民俗」 福島県民俗学会 （41）2013.03

会津の狩猟伝承（平成21・22年度大会講演）（石川純一郎）「静岡県民俗学会誌」 静岡県民俗学会 （28・29）2013.03

くろ谷 金戒光明寺について―会津と京都のかかわり（橋本周現）「文化財レポート」 京都文化財団 （26）2013.3

会津戊辰戦争と神仏分離政策 豊富な史料で新事実を解明（大竹邦洋）「会津人群像」 歴史春秋出版 （24）2013.9

総会講演 キリシタンと宗門人別制度 会津を中心にして（小堀千明）「歴史春秋」 歴史春秋社 （78）2013.10

会津にもあった即身成仏（会員研究発表）（川原太郎）「歴史春秋」 歴史春秋社 （78）2013.10

会津の石仏・板碑等所在地一覧（特集 路傍の野仏）（渡部四郎）「歴史春秋」 歴史春秋社 （78）2013.10

私的石仏探訪（特集 路傍の野仏）（渡部四郎）「歴史春秋」 歴史春秋社 （78）2013.10

路傍の野仏（特集 路傍の野仏）（酒井哲也）「歴史春秋」 歴史春秋社 （78）2013.10

路傍の神仏十六題（特集 路傍の野仏）（間島勲）「歴史春秋」 歴史春秋社 （78）2013.10

路傍の石仏供養費（特集 路傍の野仏）（井上昌威）「歴史春秋」 歴史春秋社 （78）2013.10

会津で二番目に古いという庚申塔（特集 路傍の野仏）（杉原一保）「歴史春秋」 歴史春秋社 （78）2013.10

燈籠型六地蔵塔の存在（特集 路傍の野仏）（川原太郎）「歴史春秋」 歴史春秋社 （78）2013.10

会津漆器産地における「手挽き轆轤」の一系譜（研究ノート）（木村裕樹）「京都民俗 ： 京都民俗学会会誌」 京都民俗学会 （30・31）2013.11

会津弁つれづれ（遠藤仁）「温故知新」 熱塩加納郷土史研究会 （20）2014.3

会津歌舞伎史―基礎的調査研究の概要（論文・報告）（渡部康人）「福島の民俗」 福島県民俗学会 （42）2014.03

会津の観音講と観音巡礼―女性の暮らしと産育祈願の民俗（論文・報告）（内山大介）「福島の民俗」 福島県民俗学会 （42）2014.03

会津の仏像分布にみる地蔵信仰（簗田直幸）「会津史談」 会津史談会 （88）2014.04

会津の神社絵図に見る明治三十年代の様子（簗田直幸）「会津会々報」 会津会 （120）2014.06

相津

古事記相津伝承東道論―鬼怒川 大川将軍道（高橋富雄）「福島県立博物館紀要」 福島県立博物館 （16）2002.3

会津熊野三山岩沢本宮

会津熊野三山岩沢本宮について（富田国衛）「会北史談」 会北史談会 （56）2014.08

会津五薬師

会津五薬師信仰と薬師の遠景（川井源治）「会津史談」 会津史談会 （85）2011.05

会津ころり三観音

終末期の心模様 安らかな死を願う会津ころり三観音巡り（中野香一）「別冊東北学」 東北芸術工科大学東北文化研究センター，作品社（発売）

東北　　　　　　　　　　　　　郷土に伝わる民俗と信仰　　　　　　　　　　　　福島県

3　2002.1
会津ころり三観音（佐藤和彦）「阿賀路 : 東蒲原郡郷土誌」 阿賀路の会　41　2003.5
「会津ころり三観音」について（史跡・古文書等研究）（須田鐵二）「しみず」 清水地区郷土史研究会　（24）2013.03
会津ころり三観音参り（木村武）「会津会々報」 会津会　（119）2013.06

会津山
姥神の座所・会津山麓の伝承から（田中英雄）「日本の石仏」 日本石仏協会，青蛾書房（発売）（99）2001.9

会津三十三観音
会津三十三観音巡礼はここからはじまる（共同研究）「塩川史研究」 塩川史振興会　（2）2005.10
示現寺の由来と会津三十三観音（遠藤次男）「温故知新」 熱塩加納郷土史研究会　（14）2008.3

会津高田
天海大僧正の生誕の地─会津高田と龍興寺（特集 天海ゆかりの地を訪れて）（笹川壽夫）「会津人群像」 歴史春秋出版　（18）2010.12

会津高田町
会津高田町（五十嵐勇作）「会津会々報」 会津会　103　1997.6
御田植神事の共同的性格と史的背景─福島県会津高田町の御田植祭の場合（菊地和博）「山形民俗」 山形県民俗研究協議会　14　2000.11
会津高田町の天海 天海僧正と龍興寺（笹川壽夫）「会津人群像」 歴史春秋出版　（3）2004.9
会員研究発表 会津高田町の寺院（川原太郎）「歴史春秋」 歴史春秋社　（76）2012.11

会津田島
地芝居見聞（5）会津田島の祇園祭/秋川歌舞伎あきる野座（北河直子）「公益社団法人全日本郷土芸能協会会報」 全日本郷土芸能協会　（65）2011.10

会津藩
余市移住旧会津藩士資料 炉辺夜話と農業発達史について（前田克己）「会津史談」 会津史談会　71　1997.5
墓地・墓碑銘資料 三浦・房総半島に於ける会津藩墓所について（星正夫）「赤星直忠博士文化財資料館だより」 赤星直忠博士文化財資料館　（6）1997.5
大阪一心寺の会津藩士墓地（田崎公司）「会津史談」 会津史談会　74　2000.4
「家世実紀」にみる会津藩の「入寺」（上），（中），（下）（佐藤孝之）「武尊通信」 群馬歴史民俗研究会　82/84　2000.6/2000.12
三浦・房総に於ける会津藩墓所について（星正夫）「赤星直忠博士文化財資料館だより」 赤星直忠博士文化財資料館　（10）2001.5
靖国神社と会津藩について（小林栄三）「歴史春秋」 歴史春秋社　（54）2001.10
会津藩の林業政策と庶民生活（峯岸幸雄）「温故知新」 熱塩加納郷土史研究会　（9）2003.8
会津藩士が眠る大窪山共同墓地（小林等）「好故」 会津武家屋敷文化財管理室　2003年　2003.10
会津藩政史における天台宗の影響─圓福寺と延壽寺とのかかわり（横山秀夫）「歴史春秋」 歴史春秋社　（59）2004.4
函館高龍寺の「会津藩士供養碑」について（会史亭）（千葉隆胤）「会津史談」 会津史談会　（79）2005.4
会津藩にかかわりのある江戸の寺院今昔（横山秀夫）「歴史春秋」 歴史春秋社　（62）2005.10
会津藩士の眠る寺（《特集 仏都会津》）（間島勲）「会津人群像」 歴史春秋出版　（10）2007.11
慶雲山勝方寺 会津藩町野家・南摩家殉難者法要の記（大竹邦洋）「会津史談」 会津史談会　（87）2013.04

会津坂下町
会津坂下町付近における宿駅集落の変容（菅野康二）「福島地理論集」 福島地理学会　47　2004.9
会津坂下町の寺院を訪ねて（二瓶明治）「会津史談」 会津史談会　（80）2006.4
仏教文化を支えた遺跡とその背景─会津坂下町を中心に（《特集 仏都会津》）（吉田博行）「会津人群像」 歴史春秋出版　（10）2007.11
会津坂下安兵衛太鼓20年の歩み（《会津坂下町編 越後街道》）（福地隆一）「下野街道」 ヤマト企画編集部　（9）2009.05

会津磐梯山
会津磐梯山は不思議な唄よ（エッセイ）（冠木雅夫）「会津人群像」 歴史春秋出版　（3）2004.9
基調提案 盆踊唄『会津磐梯山』の変遷とナンバ（第8回民俗音楽研究会報告─2012 福島県郡山市─第1日（8月26日））（懸田弘訓）「民俗音楽

研究」 日本民俗音楽学会　（38）2013.03

会津本郷
会津本郷焼の歴史（会津美里編 下野街道）（森源勝）「下野街道」 ヤマト企画編集部　（13）2013.5

会津万歳
企画展関連事業要旨 「会津万歳」、シンポジウム「民俗の中の『性』」（榎陽介）「博物館だより」 福島県立博物館　56　2000.4
会津萬歳師聞き書（《特集 祝福芸》）（鹿野正男）「まつり」 まつり同好会　通号68　2006.12
再訪「文化福島」 湖南の会津万歳（郡山市）「ふくしま文化情報 : 文化福島」 福島県文化振興事業団　（433）2009.03
消えゆく会津万歳とその灯を守り行く人々（《特集 会津の民俗芸能》）（笹川壽夫）「会津人群像」 歴史春秋出版　（14）2009.04

会津美里
民話の語り部たちへ（会津美里編 下野街道）（逢澤紀孝）「下野街道」 ヤマト企画編集部　（13）2013.05
お囃子会 エンジョイ会（会津美里編 下野街道）（遠藤進一）「下野街道」 ヤマト企画編集部　（13）2013.05
芝居小屋（会津美里編 下野街道）（佐藤雅通）「下野街道」 ヤマト企画編集部　（13）2013.05

会津美里町
会津美里町の寺めぐり（会津美里編 下野街道）（笹川壽夫）「下野街道」 ヤマト企画編集部　（13）2013.05

会津若松市
福西古文書にみる江戸時代の婚礼膳（平出美穂子）「会津若松市史研究」 会津若松市　（2）2000.11
「野村家系譜」について（間島勲）「会津若松市史研究」 会津若松市　（3）2001.10
諏方神社授光祭（長谷川和夫）「会津若松市史研究」 会津若松市　（5）2003.9
戦後の会津若松市における演劇活動（清水和博）「会津若松市史研究」 会津若松市　（6）2004.9
会津若松市のキリシタン塚（須崎寛二）「南陽の歴史 : 南陽の歴史を語る会会報」 南陽の歴史を語る会　（180）2010.11
会津若松市内、寺社の扁額（特集「扁額」）（森田慶一）「歴史春秋」 歴史春秋社　（74）2011.10

青柳
地芝居探訪（48）湖西歌舞伎公演/大桃の舞台公演/戸沢花湖蝶歌舞伎/青柳歌舞伎の夕べ/黒沢尻歌舞伎/祢津東町歌舞伎「公益社団法人全日本郷土芸能協会会報」 全日本郷土芸能協会　（73）2013.10

赤崎三十三観世音
赤崎三十三観世音石仏写真及び西国三十三観世音（遠藤次男）「温故知新」 熱塩加納郷土史研究会　5　1999.8

赤沢
オシンメイサマ信仰の地域的諸相─耶麻郡塩加納村赤沢地区の場合（佐治靖）「東北芸術工科大学東北文化研究紀要」 東北芸術工科大学東北文化研究センター　通号2　2003.3
口絵写真 神社シリーズ（25）赤沢・稲荷神社、与内畑・出雲神社、（26）塩の沢・熊野神社、添田・稲荷神社（山口四郎）「温故知新」 熱塩加納郷土史研究会　（14）2008.3

赤羽
赤羽天道念仏踊りについて（論考・論説）（角田学）「いわき地方史研究」 いわき地方史研究会　（50）2013.10

曙酒造
会津人と酒（5）会津城下、三つの酒蔵の物語 曙酒造・豊国酒造・廣木酒造（会津坂下町）（須田麻智子）「会津人群像」 歴史春秋出版　（5）2005.10

朝日稲荷神社
須賀川市朝日稲荷神社の奉納絵馬─文化財レスキュー活動の一事例（内山大介）「福島県立博物館紀要」 福島県立博物館　（26）2012.03
文化財レスキューと博物館展示─「朝日稲荷神社の絵馬」展の開催から（内山大介）「民具マンスリー」 神奈川大学　45（8）通号536　2012.11

吾妻
吾妻における野兎の民俗（上），（中），（下）（天野武）「西郊民俗」 ［西郊民俗談話会］ （215）/（217）2011.06/2011.12

吾妻山神社
吾妻山神社詣でについて（岡部慎平）「猪苗代地方史研究会会報」 猪苗代地方史研究会　（30）1997.4

福島県　　　　　　　　　　　　　郷土に伝わる民俗と信仰　　　　　　　　　　　　　東北

愛宕史跡
二つの観音堂がある愛宕史跡（橋本博幸）「えおひっぷす」 相馬郷土研究会　（225）2006.12

愛宕花園神社
9月から12月にかけての年中行事—いわきの愛宕花園神社を中心に（吉田博令）「磐城民俗」 磐城民俗研究会 33 2003.6
愛宕花園神社旧来七祭りについて（吉田博令）「福島の民俗」 福島県民俗学会　（34）2006.3
愛宕花園神社の子育詣りについて（吉田博令）「福島の民俗」 福島県民俗学会　（38）2010.03
研究ノート 愛宕花園神社社殿のあゆみ（吉田博令）「福島の民俗」 福島県民俗学会　（39）2011.03

愛宕山
愛宕山の「下の堂」発見（遠藤時夫）「えおひっぷす」 相馬郷土研究会　（220）2006.7

安達太良神社
安達太良神社が郷社に列格の時期と例祭日の変遷（山崎清敏）「歴程 ： 本宮町史だより」 本宮町教育委員会町史編纂室　（51）1998.9
安達太良神社の神秘と神事—山鳥と真弓について考える（菅野正一）「歴程 ： 本宮町史だより」 本宮町教育委員会町史編纂室　（59）2000.1

安達
奥浄瑠璃「安達物語」—語り本文の時代認定（阪口弘之）「口承文藝研究」 日本口承文藝學會　（35）2012.03

安達ヶ原
鬼婆伝説 安達ヶ原（柴内正典）「擬宝珠」 盛岡の歴史を語る会　（100）1998.8
弘誓山医王院と真弓山観世寺—「安達ヶ原の鬼婆」をめぐる縁起の諸相（渡邊充洋）「東北民俗」 東北民俗の会 44 2010.07

安達町
屋根裏の呪物・「おかまさま」を祀る—安達町を中心として（鳴原仙吉）「福島の民俗」 福島県民俗学会 28 2000.3

熱塩
口絵写真 神社シリーズ（28）熱塩・山神社 間瀬、日中・温泉神社「温故知新」 熱塩加納郷土史研究会　（15）2009.03
口絵写真 神社シリーズ（29）熱塩・稲荷神社、山岩尾・出雲神社、（30）下谷地・御穂神社 水沢・麓山神社「温故知新」 熱塩加納郷土史研究会　（16）2010.03

熱塩加納
道一土地の伝誦より（原源司）「温故知新」 熱塩加納郷土史研究会 3 1997.8
三十三観音菩薩について—大法輪閣より（岩下スミ子）「温故知新」 熱塩加納郷土史研究会 5 1999.8
たたら桧（遠藤次男）「温故知新」 熱塩加納郷土史研究会 5 1999.8
庚申講（原源司）「温故知新」 熱塩加納郷土史研究会 5 1999.8
黒滝長者のいわれ（大沢君一）「温故知新」 熱塩加納郷土史研究会 6 2000.8
諏訪神社（原源司）「温故知新」 熱塩加納郷土史研究会 6 2000.8
絵ろうそく（原源司）「温故知新」 熱塩加納郷土史研究会　（9）2003.8
幻のトテ馬車（樋口和男）「温故知新」 熱塩加納郷土史研究会　（9）2003.8
お葬式と「ほとけさん」（長谷川清）「温故知新」 熱塩加納郷土史研究会　（9）2003.8
春の七草と秋の七草（原源司）「温故知新」 熱塩加納郷土史研究会　（10）2004.4
中世の諏訪神社について（高橋充）「温故知新」 熱塩加納郷土史研究会　（10）2004.4
埋もれた五輪塔（遠藤徳雄）「温故知新」 熱塩加納郷土史研究会　（10）2004.4
子供の遊び「おにごっこ」（長谷川清）「温故知新」 熱塩加納郷土史研究会　（10）2004.4
猿蟹合戦（長谷川清）「温故知新」 熱塩加納郷土史研究会　（12）2006.3
梵天行事 これからどうなる（遠藤次男）「温故知新」 熱塩加納郷土史研究会　（12）2007.3
狛犬（長谷川清）「温故知新」 熱塩加納郷土史研究会　（13）2007.3
桃太郎（長谷川清）「温故知新」 熱塩加納郷土史研究会　（13）2007.3
稲荷神と眷属の狐（長谷川清）「温故知新」 熱塩加納郷土史研究会　（14）2008.3
蛇信仰（長谷川清）「温故知新」 熱塩加納郷土史研究会　（15）2009.03
表紙解説「風神祭り」（長谷川清）「温故知新」 熱塩加納郷土史研究会　（17）2011.03
節分の鬼（長谷川清）「温故知新」 熱塩加納郷土史研究会　（19）2013.03
ふるさと歴史講座 源翁禅師開山寺院（佐原義春）「温故知新」 熱塩加納郷土史研究会　（20）2014.03
星・星座の呼び名と伝説（長谷川清）「温故知新」 熱塩加納郷土史研究会　（20）2014.03
昆虫の方言（長谷川清）「温故知新」 熱塩加納郷土史研究会　（20）2014.03

熱塩加納村
熱塩加納村の正月注連縄めぐり（佐原義春）「会津の民俗」 歴史春秋社 30 2000.3
熱塩加納村の仏像—中世（若林繁）「温故知新」 熱塩加納郷土史研究会　（9）2003.8

熱田神宮
熱田神宮（長谷川清）「会北史談」 会北史談会　（56）2014.08

阿武隈川流域
阿武隈川流域における奈良時代寺院に関する新知見（木本元治）「福島考古」 福島県考古学会 40 1999.3

阿武隈高地
阿武隈高地のイバラ餅のこと（佐久間良雄）「いわき地方史研究」 いわき地方史研究会　（46）2009.10

阿武隈山系
福島県阿武隈山系北部・大黒天石仏の背景（《特集 大黒天》）（田中英雄）「日本の石仏」 日本石仏協会, 青娥書房（発売）（123）2007.9

阿武隈山地
埋設土器を伴う動物祭祀覚書—阿武隈山地を中心として（《特集 縄文から近代までの生業・信仰・芸能そして建国論》）（野坂知広）「いわき地方史研究」 いわき地方史研究会　（39）2002.9

天ノ沢
瞽女さまたちは天ノ澤が定宿（渡部稔）「温故知新」 熱塩加納郷土史研究会　（7）2001.7

阿弥陀寺
冬の収蔵資料品展「相馬・阿弥陀寺の宝物」「『明日』を見ていた昭和の記憶—ぼくのお父さんが子供だった頃」「博物館だより」 福島県立博物館 71 2003.12
明治戊辰戦争殉難者と阿弥陀寺とのかかわり（横山秀夫）「会津人群像」 歴史春秋出版　（23）2013.04

荒海
南会津町荒海地区町有林の森林植生と土地利用履歴（鈴木和次郎, 菊地賢, 渡部康人）「奥会津博物館研究紀要」 奥会津博物館　（1）2010.3

粟野
粟野三峯講の歩み（池田長生）「郷土やながわ」 福島県伊達市梁川町郷土史研究会　（13）2004.1

安住内
安住内地内の熊野宮についての考察（野田康樹）「郷土の香り ： 郷土文化財資料」 保原町文化財保存会 34 2001.3

安穏寺
安穏寺ぬれ地蔵の由来（小板橋栄一）「猪苗代地方史研究会会報」 猪苗代地方史研究会　（31）1998.4

安養寺
荒井宝光寺境内の安養寺碑（高橋明）「郡山地方史研究」 郡山地方史研究会 44 2014.03

飯坂
飯坂ゆかりの謡曲「摂待」（渡邉智裕）「福島県史料情報 ： 福島県歴史資料館」 福島県文化振興財団　（39）2014.06

飯坂町
尊像は黙して語らず（斎藤康夫）「寿里可美」 飯坂町史跡保存会　（5）1998.6
小さなわが町内 七十年前のあれこれ（伝承講演会の記録）（佐藤恒晴）「寿里可美」 飯坂町史跡保存会　（19）2013.12

飯舘
ジャンガラ～エイサー、飯舘民話（遠藤庄治）「文化福島」 福島県文化振興事業団 31（12）通号363 2002.3

飯豊山
飯豊山と山岳信仰について（樋口和男）「温故知新」 熱塩加納郷土史研究会　（7）2001.7
飯豊山信仰を考える（ふるさとの歴史講座）（小沢弘道）「温故知新」 熱塩加納郷土史研究会　（12）2006.3

飯豊山のルーツと福島県内の飯豊山神社〔石田明夫〕「下野街道」 ヤマト企画編集部 （8）2008.4

飯野八幡宮

飯野八幡宮と謡曲「飯野」《特集 縄文から近代までの生業・信仰・芸能そして建国論》〔小野一雄〕「いわき地方史研究」 いわき地方史研究会 （39）2002.9

八幡宮紹介 飯野八幡宮（福島県いわき市）「季刊悠久.第2次」 鶴岡八幡宮悠久事務局 97 2004.4

「飯野八幡宮射甲記」と葛山為篤〔小野一雄〕「いわき地方史研究」 いわき地方史研究会 （41）2004.9

飯森神社

字大桧沢山鎮座飯森神社の歴史〔遠藤次男〕「温故知新」 熱塩加納郷土史研究会 （13）2007.3

医王院

弘誓山医王院と真弓山観世寺―「安達ヶ原の鬼婆」をめぐる縁起の諸相〔渡邊充洋〕「東北民俗」 東北民俗の会 44 2010.07

医王寺

みちのくの歴史と文学の旅 上杉城下町・医王寺・文知摺観音〔市川三郎〕「府中史談」 府中市史談会 （32）2006.5

石阿弥陀

野仏の里「石阿弥陀」〔佐藤恭三〕「富田町史談会会報」 富田町史談会 （6）1998.3

石内

田沢石内組の庚申講について（一般投稿）〔丹治庄衛〕「すぎのめ」 福島市杉妻地区史跡保存会 （33）2012.03

石ヶ森

福島の石ヶ森伝説考〔木口勝弘〕「磐城民俗」 磐城民俗研究会 33 2003.6

石川

念仏講と十九夜講〔大楽清吉〕「石川史談」 石陽史学会 （13）2000.6

矢部氏同族神地神々社に詣でる〔岩谷浩光〕「石川史談」 石陽史学会 （13）2000.6

石川地方への曹洞宗遁幻派の教線拡張について―「最乗寺輪住帳」を基にして〔渡邊富幸〕「石川史談」 石陽史学会 （14）2001.6

県南地域に於ける中世修験組織の特性 八槻・石川・竹貫三修験院の確執をめぐって〔岩谷浩光〕「石川史談」 石陽史学会 （15）2002.7

愛宕信仰と八天狗〔野木良平〕「石川史談」 石陽史学会 （18）2006.3

井筒屋・浅川屋号と溝井一族覚書〔溝井崟介〕「石川史談」 石陽史学会 （18）2006.3

宗教と習俗雑感（〈石川史談20号記念特集〉）〔野木良平〕「石川史談」 石陽史学会 （20）2008.3

「牛頭天王」神社参詣紀行（〈石川史談20号記念特集〉）〔前田三男〕「石川史談」 石陽史学会 （20）2008.3

石川郡

昔話の伝承と個性―福島県石川郡のある女性の昔話と人生の記憶〔秋葉弘太郎〕「昔話伝説研究」 昔話伝説研究会 通号18 1997.5

石川庄

石川庄域の紀年銘板碑について〔角田学〕「いわき地方史研究」 いわき地方史研究会 （43）2006.9

石川町

石川町の無形民俗文化財について《特集 縄文から近代までの生業・信仰・民俗・そして人種論》〔角田学〕「いわき地方史研究」 いわき地方史研究会 （38）2001.9

福島県石川町における新発見の板碑について［1］,（2）〔角田学〕「史峰」 新進考古学同人会 （30）/（36）2003.5/2008.5

石室観音

表紙解説「石室観音」〔長谷川清〕「温故知新」 熱塩加納郷土史研究会 （19）2013.03

泉観音堂

原町市・泉観音堂十一面観音立像の修理〔若林繁〕「福島県立博物館紀要」 福島県立博物館 （15）2000.10

泉崎村

梅若伝説の展開―福島県西白河郡泉崎村の事例より〔高塚明恵〕「昔話伝説研究」 昔話伝説研究会 （28）2008.12

泉廃寺跡

福島県原町市泉廃寺跡出土軒瓦が語る古代行方郡衙郡寺の様相〔佐川正敏〕「東北学院大学東北文化研究所紀要」 東北学院大学東北文化研究所 （36）2004.11

郡衙と官道 泉廃寺跡〔藤本海〕「海韻古道を往く」 浜通り歴史の道研究会 （1）2007.8

石上峠

石上峠の道祖神（特集 路傍の野仏）〔酒井哲也〕「歴史春秋」 歴史春秋社 （78）2013.10

一箕

一箕八幡神社の絵馬（特集「絵馬・扁額」）〔横山秀夫〕「歴史春秋」 歴史春秋社 （76）2012.11

伊南川流域

南会津郡伊南川流域の経緯と水害―南郷村大新田の石経稲荷をめぐって〔酒井淳〕「福島の民俗」 福島県民俗学会 27 1999.3

伊南村

伊南村の慶弔帳と膳椀〔増田昭子〕「会津の民俗」 歴史春秋社 30 2000.3

猪苗代

神楽《会報第30号記念特集 子どもの仕事と遊び》〔岡部慎平〕「猪苗代地方史研究会会報」 猪苗代地方史研究会 （30）1997.4

旧正月主な行事《会報第30号記念特集 子どもの仕事と遊び》〔土屋大〕「猪苗代地方史研究会会報」 猪苗代地方史研究会 （30）1997.4

猪苗代ショーネ節保存会の記録《会報第30号記念特集 子どもの仕事と遊び》〔土屋大〕「猪苗代地方史研究会会報」 猪苗代地方史研究会 （30）1997.4

猪苗代地方歳時記《会報第30号記念特集 子どもの仕事と遊び》〔梅沢文子〕「猪苗代地方史研究会会報」 猪苗代地方史研究会 （30）1997.4

霊怨・化物物語り〔小板橋栄一〕「猪苗代地方史研究会会報」 猪苗代地方史研究会 （30）1997.4

昔話〔佐藤庄位〕「猪苗代地方史研究会会報」 猪苗代地方史研究会 （30）1997.4

昔からの結婚のならわし〔小板橋栄一〕「猪苗代地方史研究会会報」 猪苗代地方史研究会 （30）1997.4

百度参り・千度参り（団子参り）〔佐藤庄位〕「猪苗代地方史研究会会報」 猪苗代地方史研究会 （30）1997.4

猪苗代地方に於ける年中行事〔小板橋栄一〕「猪苗代地方史研究会会報」 猪苗代地方史研究会 （30）1997.4

豆占い〔岡部慎平〕「猪苗代地方史研究会会報」 猪苗代地方史研究会 （30）1997.4

いなわしろ地方に於ける素方言雑記帖（1）～（3）〔川井源治〕「猪苗代地方史研究会会報」 猪苗代地方史研究会 （31）/（33）1998.4/2000.4

方言考〔小板栄一〕「猪苗代地方史研究会会報」 猪苗代地方史研究会 （31）1998.4

部落の屋号について〔小松山勇〕「猪苗代地方史研究会会報」 猪苗代地方史研究会 （31）1998.4

屋号の研究〔鈴木三郎〕「猪苗代地方史研究会会報」 猪苗代地方史研究会 （31）1998.4

猪苗代の民謡〔鈴木三郎〕「猪苗代地方史研究会会報」 猪苗代地方史研究会 （31）1998.4

あほだら経〔土屋大〕「猪苗代地方史研究会会報」 猪苗代地方史研究会 （31）1998.4

法話の節談は有難く覚えやすい〔小板橋栄一〕「猪苗代地方史研究会会報」 猪苗代地方史研究会 （31）1998.4

修験（法印）の加持祈禱〔榊原源隆〕「猪苗代地方史研究会会報」 猪苗代地方史研究会 （31）/（32）1998.4/1999.4

猪苗代の地吹雪〔熊倉光瑞〕「会津の民俗」 歴史春秋社 29 1999.3

十字架〔高見沢功〕「猪苗代地方史研究会会報」 猪苗代地方史研究会 （32）1999.4

猪苗代地方における生活の中の小さい信仰（縁起など）〔川井源治〕「猪苗代地方史研究会会報」 猪苗代地方史研究会 （32）1999.4

小絵馬の絵解き 祈願の諸相〔鈴木三郎〕「猪苗代地方史研究会会報」 猪苗代地方史研究会 （32）1999.4

第3回懸賞論文入賞作 猪苗代地方に見る墓塔〔川井源治〕「会津史談」 会津史談会 74 2000.4

方言余話「かんぷらいも談義」〔川井源治〕「猪苗代地方史研究会会報」 猪苗代地方史研究会 （33）2000.4

戦場に於ける茶毘（火葬）について〔小鮒寿美〕「猪苗代地方史研究会会報」 猪苗代地方史研究会 （33）2000.4

昔より伝え来たった童べ唄と金言〔小板橋栄一〕「猪苗代地方史研究会会報」 猪苗代地方史研究会 （33）2000.4

猪苗代地方の信仰《猪苗代町編 二本松街道》〔石田明夫〕「下野街道」 ヤマト企画編集部 （7）2007.5

猪苗代地方及び会津地方の八幡考〔川井源治〕「会津史談」 会津史談会 （82）2008.4

福島県　　　　　　　　　郷土に伝わる民俗と信仰　　　　　　　　　東北

猪苗代地方の徴発馬供養塔とその遠景 (川井源治)「会津史談」　会津史談会　(88) 2014.04

猪苗代湖

猪苗代湖の由来と民話 (山本清)「温故知新」　熱塩加納郷土史研究会　3 1997.8

猪苗代宿

追分猪苗代宿下 (裏) 街道屋号について (小鮒寿美)「猪苗代地方史研究会会報」　猪苗代地方史研究会　(31) 1998.4

猪苗代城跡

猪苗代城跡に見る石間答 (川井源治)「猪苗代地方史研究会会報」　猪苗代地方史研究会　(33) 2000.4

岩尾

口絵写真 神社シリーズ (31) 宮川 岩尾・稲荷神社、(32) 山田 栗生沢・稲荷神社 坊平 (佐原義春)「温故知新」　熱塩加納郷土史研究会　(17) 2011.03

いわき

いわきの近世五輪塔考 (《特集 古代から近世までの生業・祭祀・墓制》)(松本友之)「いわき地方史研究」　いわき地方史研究会　34 1997.8

民俗の変貌 (氏家武夫)「潮流」　いわき地域学会　25 1997.12

馬をめぐる古代儀礼寸考 (《特集 縄文から近世までの生業・信仰・集落》)(大竹憲治)「いわき地方史研究」　いわき地方史研究会　35 1998.9

いわきにおける近世の成名のある石仏について (《特集 縄文から近世までの生業・信仰・集落》)(松本友之)「いわき地方史研究」　いわき地方史研究会　35 1998.9

いわきにおける中・近世の石造宝篋印塔について (《特集 いわき考古学の潮流》)(松本友之)「いわき地方史研究」　いわき地方史研究会　36 1999.9

現代イモ穴考—いわき地方の根菜貯蔵 (中山雅弘)「いわき地方史研究」　いわき地方史研究会　36 1999.9

竪穴住居跡出土錫杖の持つ意義 (《特集 縄文から近代までの生業・信仰・民俗・そして人種論》)(菅原文也)「いわき地方史研究」　いわき地方史研究会　(38) 2001.9

"まな"カツオ考 (《特集 縄文から近代までの生業・信仰・民俗・そして人種論》)(野坂知広)「いわき地方史研究」　いわき地方史研究会　(38) 2001.9

いわきの伝説 (吉田博令)「潮流」　いわき地域学会　29 2001.12

渡辺家の年中行事抄録 (新妻菜子)「潮流」　いわき地域学会　29 2001.12

いわきの絵馬 (吉田博令)「磐城民俗」　磐城民俗研究会　32 2002.2

いわきの万祝 (園部彩)「磐城民俗」　磐城民俗研究会　32 2002.2

いわきの年中行事—4月から8月 (吉田博令)「福島の民俗」　福島県民俗学会　(30) 2002.3

民俗学の概念と課題 (石井克生)「潮流」　いわき地域学会　30 2002.12

「やっちき踊り」の語源考 (渡邊行郎)「汀 ： いわき地域学會会員通信」　いわき地域学會　2 2004.1

「やっちき踊り」への情熱「汀 ： いわき地域学會会員通信」　いわき地域学會　2 2004.1

飯野家文書にみる中世建物の一例 (中山雅弘)「いわき地方史研究」　いわき地方史研究会　(41) 2004.9

煤払いの景と歳時民俗記 (夏井芳徳)「汀 ： いわき地域学会会員通信」　いわき地域学會　2 2004.11

いわき地域の板碑寸考 (脇坂省吾)「潮流」　いわき地域学会　32 2004.12

民俗行事の継承—いわきの鳥小屋の変遷 (《特集 民俗行事の保存と継承をめぐる今日的課題》)(太田史人)「福島の民俗」　福島県民俗学会　(34) 2006.3

年中行事—いわきを中心として (《特集 民俗の現在》)(吉田博令)「東北民俗」　東北民俗の会　40 2006.6

調査報告 十九夜様について (吉田博令)「潮流」　いわき地域学会　34 2006.12

いわきの獅子舞について 付参考資料 (吉田博令)「福島の民俗」　福島県民俗学会　(35) 2007.3

いわき奉仕団胡蝶会の奉納踊り「亀井 ： 内藤家顕彰会会誌」　内藤家顕彰会　2007年度 2007.5

11月例会 紅葉のいわき史跡探訪 コース/野口雨情生家/岡倉天心記念館/勿来関跡/白水阿弥陀堂「練馬郷土研究会会報」　練馬郷土研究会　(354) 2014.11

岩城

湯治場の夜話 (四家嘉雄)「会誌岩城」　岩城姓氏研究会　(10) 1997.3

岩城紙史考・近世前期 (《特集 古代から近世までの生業・祭祀・墓制》)(小牧忠雄)「いわき地方史研究」　いわき地方史研究会　34 1997.8

会員花だより 大島正武氏の調査書「岩城聞書」について (濱川秀正)「亀井 ： 内藤家顕彰会会誌」　内藤家顕彰会　平成17年度 2005.5

磐城

磐城の修験宗羽黒派の発展 (佐藤孝徳)「潮流」　いわき地域学会　25 1997.12

磐城の織の歴史と現況 (佐藤孝徳)「民具マンスリー」　神奈川大学　31 (2) 1998.5

磐城における仏教文化の受容—仏教関係遺物の検討をとおして (《特集 原始・古代の精神文化》)(菅原文也)「いわき地方史研究」　いわき地方史研究会　(37) 2000.9

鮎の歌・こおろぎの歌 (《岩崎敏夫先生追悼号》)(田母野公彦)「磐城民俗」　磐城民俗研究会　34 2005.7

御神輿渡御について (木口勝弘)「磐城民俗」　磐城民俗研究会　34 2005.7

日常民俗拾遺メモ (田母野公彦)「磐城民俗」　磐城民俗研究会　34 2005.7

『磐城誌料歳時民俗記』に記された田仕事—「鍬入れ」から「鍬からき」まで (夏井芳徳)「潮流」　いわき地域学会　33 2005.12

庚申様について (吉田博令)「磐城民俗」　磐城民俗研究会　(35) 2008.6

追想 山本明先生—「鬼の子小綱」と障子絵馬 (追悼・山本明先生)(田母野公彦)「磐城民俗」　磐城民俗研究会　(36) 2011.09

じゃんがらについて (論文・報告)(吉田博令)「磐城民俗」　磐城民俗研究会　(36) 2011.09

屋敷神祭祀の地域的展開とその背景 (論文・報告)(小西治子)「磐城民俗」　磐城民俗研究会　(36) 2011.09

高木誠一著・夏井芳徳校注『磐城の民謡・民俗学ノート』(書誌紹介)(岩崎真幸)「日本民俗学」　日本民俗学会　(270) 2012.05

いわき市

いわき市内の道祖神信仰 (石井克生)「磐城民俗」　磐城民俗研究会　33 2003.6

旧建長寺末寺考 (2)—福島県いわき市 (鈴木佐)「鎌倉」　鎌倉文化研究会　(98) 2004.6

福島県いわき市における信州 (高遠) 石工 (池上武)「伊那路」　上伊那郷土研究会　49 (7) 通号582 2005.7

赤鳥居の都市伝説—いわき市内の赤鳥居事例の紹介 (大竹憲治)「いわき地方史研究」　いわき地方史研究会　(49) 2012.10

じゃんがら念仏踊り雑感 (研究ノート)(菅野拓)「福島の民俗」　福島県民俗学会　(42) 2014.03

岩根

岩根伊藤家の馬頭観音菩薩像 (田村孝蔵)「歴程 ： 本宮町史だより」　本宮町教育委員会町史編纂室　(56) 1999.7

磐椅神社

磐椅神社のあとさき (川井源治)「猪苗代地方史研究会会報」　猪苗代地方史研究会　(31) 1998.4

猪苗代町磐椅神社覚記 (川井源治)「会津史談」　会津史談会　(87) 2013.04

薄磯

土版・岩版の用途雑考—七社宮・薄磯の事例を中心に (《特集 原始・古代の精神文化》)(野坂知広)「いわき地方史研究」　いわき地方史研究会　(37) 2000.9

宇多郡

明治25年、行方・宇多郡の祭礼—福島県神社庁文書から (論文・報告)(岩崎真幸)「福島の民俗」　福島県民俗学会　(40) 2012.03

内谷

内谷太々神楽稽古由来 (熊坂一)「郷土の研究」　国見町郷土史研究会　28 1998.3

永京寺

永京寺六地蔵尊 (編集部)「すぎのめ」　福島市杉妻地区史跡保存会　24 2001.11

鳥谷野永京寺位牌堂再建 (羽田仲男)「すぎのめ」　福島市杉妻地区史跡保存会　(30) 2008.1

江名

福島県いわき市江名における漁業の変容—漁村社会の把握にむけて (玄蕃充子)「常民文化」　成城大学常民文化研究会　(34) 2011.3

恵日寺

恵日寺を読む (1)～(3)(簑田直幸)「月刊会津人」　月刊会津人社 (7)/(9) 2004.4/2004.6

会津の古刹・ふれあいの旅 (3) 磐梯山恵日寺 (磐梯町)(伊藤泰雄)「会津人群像」　歴史春秋出版　(4) 2005.2

「絹本著色恵日寺絵図」をさぐる (伊藤泰雄)「歴史春秋」　歴史春秋社 (61) 2005.4

夏の収蔵資料品展「中世の恵日寺会津仏教文化の再興」「博物館だより」　福島県立博物館　(77) 2005.6

収蔵資料品展「中世の恵日寺」関連事業「博物館だより」　福島県立博物館　(78) 2005.9

徳一菩薩と恵日寺（鈴木利雄）「まきの木」　巻郷土資料館友の会　(83) 2005.10

恵日寺資料の集中期と空白期に関する一考察（木田浩）「福島県立博物館紀要」　福島県立博物館　(20) 2006.3

恵日寺の文化財をさぐる《特集 仏都会津》（伊藤泰雄）「会津人群像」　歴史春秋出版　(10) 2007.11

恵日寺旧蔵緑牙撥鏤尺の行方と描き起し図（生江芳徳）「史峰」　新進考古学同人会　(39) 2011.05

恵日寺の扁額について（特集「扁額」）（伊藤泰雄）「歴史春秋」　歴史春秋社　(74) 2011.10

随想 恵日寺改装つづり（湯野尻強）「会津史談通信」　会津史談会　(70) 2013.10

慧日寺

徳一と慧日寺《磐梯町編 慧日寺と徳一》（伊藤泰雄）「下野街道」　ヤマト企画編集部　(6) 2006.4

甦る古代慧日寺の「金堂」《磐梯町編 慧日寺と徳一》（白岩賢一郎）「下野街道」　ヤマト企画編集部　(6) 2006.4

磐梯山慧日寺と古代ソバ《磐梯町編 慧日寺と徳一》（長谷川徹）「下野街道」　ヤマト企画編集部　(6) 2006.4

流転する慧日寺旧蔵の撥鏤尺について―明治前期福島県の社寺宝物調査から（渡辺智裕）「いわき地方史研究」　いわき地方史研究会　(43) 2006.9

慧日寺とその旧蔵撥鏤尺について（穴沢咊光）「福島考古」　福島県考古学会　通号48 2007.3

慧日寺金堂の復元《特集 仏都会津》（白岩賢一郎）「会津人群像」　歴史春秋出版　(10) 2007.11

慧日寺旧蔵撥鏤尺の出現について（穴沢咊光）「歴史春秋」　歴史春秋社　(67) 2008.4

蝦夷征伐と慧日寺・勝常寺の謎（五十嵐廉夫）「会津会々報」　会津会　(115) 2009.06

遺物からみる慧日寺創建時についての考察（小林鉄兵）「会津若松市史研究」　会津若松市　(11) 2010.01

平成21年度会津史談会総会記念講演 発掘調査から見た慧日寺の歴史（白岩賢一郎）「会津史談」　会津史談会　(84) 2010.04

慧日寺跡

随想 史跡慧日寺跡金堂復元（五十嵐源市）「文化福島」　福島県文化振興事業団　37(10)通号423 2008.3

恵隆寺

会津の古刹・ふれあいの旅 金塔山恵隆寺（会津坂下町）（笹川壽夫）「会津人群像」　歴史春秋出版　(2) 2004.6

大正時代の恵隆寺観音堂の修復（渡邉智裕）「福島県史料情報 : 福島県歴史資料館」　福島県文化振興財団　(37) 2013.10

延寿寺

会津藩政史における天台宗の影響―圓福寺と延壽寺とのかかわり（横山秀夫）「歴史春秋」　歴史春秋社　(59) 2004.4

円成院

まちの文化財 円成院「久之浜通信」　もろびと舎　14 2001.12

円蔵寺

日本三所虚空蔵菩薩（佐藤輝夫）「館山と文化財」　館山市文化財保護協会　32 1999.4

圓蔵寺文書に見る戦国大名と「柳津虚空蔵尊」との関わり合い（大竹登）「歴史春秋」　歴史春秋社　(70) 2009.10

柳津 圓蔵寺山門（仁王門）の掲額（特集「扁額」）（大竹登）「歴史春秋」　歴史春秋社　(74) 2011.10

円福寺

会津藩政史における天台宗の影響―圓福寺と延壽寺とのかかわり（横山秀夫）「歴史春秋」　歴史春秋社　(59) 2004.4

奥州仙道

文献に見る天台宗の弘通について―主に奥州仙道を中心として（佐藤新一）「郡山地方史研究」　郡山地方史研究会　28 1998.3

大石田

福一満虚空蔵尊、大草鞋奉納―福島県大沼郡三島町大石田（川合正裕）「会津学」　会津学研究会　5 2009.08

大石田の虫送り（特集 暮らしを編む（聞き書き）―写真レポート）（湯田剛）「会津学」　会津学研究会　6 2010.11

大内宿

〈尊民撰夷〉の民俗学―宮本常一「大内宿」再考（相沢韶男）「東北学.［第2期］」　東北芸術工科大学東北文化研究センター，柏書房（発売）　(4) 2005.8

大川将軍道

古事記相津伝承東道論―鬼怒川 大川将軍道（高橋富雄）「福島県立博物館紀要」　福島県立博物館　(16) 2002.3

大木戸

大木戸の念仏講のあれこれ（阿部強）「郷土の研究」　国見町郷土史研究会　31 2001.3

大窪山共同墓地

会津藩士が眠る大窪山共同墓地（小林等）「好故」　会津武家屋敷文化財管理室　2003年 2003.10

大倉

大倉の笠踊り（太田史人）「潮流」　いわき地域学会　30 2002.12

大笹生

十二薬師（宍戸俊一）「郷土のあゆみ」　大笹生笹谷文化保存会　(78) 2013.04

大塩

大塩立岩虚空蔵堂（渡部新一）「峠のみち」　北塩原村郷土史研究会　(13) 1999.3

大平

北山形大平組と甲子講（渡辺実）「石川史談」　石陽史学会　10 1997.3

大滝神社

大滝神社浜下りの儀礼と組織（論文・報告）（今村瑠美）「磐城民俗」　磐城民俗研究会　(36) 2011.09

大寺宿

大寺宿の風景《磐梯町編 慧日寺と徳一》（齋藤五郎）「下野街道」　ヤマト企画編集部　(6) 2006.4

大新田

南会津郡伊南川流域の経緯と水害―南郷村大新田の石経稲荷をめぐって（酒井淳）「福島の民俗」　福島県民俗学会　27 1999.3

大場山

久之浜点描 地獄の坂道―大場山（しらどてつや）「久之浜通信」　もろびと舎　17 2003.8

大原

大原地区に実る黒い柿（山本義正）「塩川史研究」　塩川史振興会　(3) 2008.7

大部屋稲荷

松平周防守と大部屋稲荷（山田茂）「棚倉史談」　棚倉史談会　10 2002.5

大堀

伝統的陶器産地における商品開発の新動向について―福島県大堀相馬焼を事例に（外山徹）「明治大学博物館研究報告」　明治大学博物館事務室　通号5 2000.3

大甕神社

大甕神社と相馬侯信仰（渡辺武）「相馬郷土」　相馬郷土研究会　(24) 2009.03

大宮神社

田沢の大宮神社の変遷について（丹治邦三）「すぎのめ」　福島市杉妻地区史跡保存会　23 2000.11

大桃

地芝居探訪(43) 湖西歌舞伎公演/大桃の舞台公演/戸沢花湖蝶歌舞伎/「相生座」美濃歌舞伎納涼公演/黒沢尻歌舞伎「公益社団法人全日本郷土芸能協会会報」　全日本郷土芸能協会　(69) 2012.10

地芝居探訪(48) 湖西歌舞伎公演/大桃の舞台公演/戸沢花湖蝶歌舞伎/青柳歌舞伎の夕べ/黒沢尻歌舞伎/祢津東町歌舞伎「公益社団法人全日本郷土芸能協会会報」　全日本郷土芸能協会　(73) 2013.10

大山祇神社

大山祇神社《西会津編 越後街道》（伊藤仲）「下野街道」　ヤマト企画編集部　(8) 2008.4

奥会津

奥会津地方に見る墓塔形（川井源治）「会津史談」　会津史談会　73 1999.5

奥会津の口説（安藤紫香）「会津の民俗」　歴史春秋社　31 2001.3

巾広マグワ（馬鍬）（澤田けい子）「奥会津地方歴史民俗資料館だより」　奥会津地方歴史民俗資料館　(1) 2002.3

福島県　　　　　　　　　　　　　　郷土に伝わる民俗と信仰　　　　　　　　　　　　　　　　東北

トウミ（唐箕）（澤田けい子）「奥会津地方歴史民俗資料館だより」　奥会
　津地方歴史民俗資料館　（2）　2003.3
奥会津地方におけるモトヤマ・コビキ巻物（小松大介）「民具マンスリー」
　神奈川大学　36（7）通号427　2003.10
地域文化を考える　奥会津・山村の十二月（渡部和）「文化福島」　福島県
　文化振興事業団　36（8）通号411　2006.12
書籍紹介『奥会津地方の職人巻物―書承と口承の交錯』（小松大介）「民
　具マンスリー」　神奈川大学　39（9）通号465　2006.12
奥会津　トンボ（厠）と肥の物語―2008（鈴木克彦）「福島県立博物館紀要」
　福島県立博物館　（23）　2009.3
『出産にとものう民俗』―安藤紫香氏による奥会津の記録（鈴木由利子）
　「福島の民俗」　福島県民俗学会　（37）　2009.03
奥会津に花ひらいた歌舞伎文化（《特集　会津の民俗芸能》）（渡部陣一）
　「会津人群像」　歴史春秋出版　（14）　2009.04
奥会津　暮らしの物語―地域の風土の中で（鈴木克彦）「福島県立博物館紀
　要」　福島県立博物館　（24）　2010.3

雄国山
雄国山伝説三題（平宮ヤイ）「塩川史研究」　塩川史振興会　（3）　2008.7

御蔵入
会津御蔵入地方の双体道祖神　私考（大須賀廉）「歴史春秋」　歴史春秋社
　（50）　1999.10

小島
《特集　我が家の氏神様》「小島の民俗」　小島民俗の会　1　1999.9
小島の氏神様について（菅野善左エ門）「小島の民俗」　小島民俗の会　1
　1999.9
氏神の系譜（高木知典）「小島の民俗」　小島民俗の会　1　1999.9
随筆　田作の歯軋り（大堀敏雄）「小島の民俗」　小島民俗の会　1　1999.9
年中行事／聞き伝え／正月の行事「小島の民俗」　小島民俗の会　2
　2000.5
祈りの原風景（高木知典）「小島の民俗」　小島民俗の会　2　2000.5
マジナイ小考（大堀敏雄）「小島の民俗」　小島民俗の会　2　2000.5
現代のまじない（新関和雄）「小島の民俗」　小島民俗の会　2　2000.5
補遺　我が家の氏神様「小島の民俗」　小島民俗の会　2　2000.5
昔話　韋駄天の可作／天気予報（いいつたえ）／観天望気（高木久吉）「小島
　の民俗」　小島民俗の会　2　2000.5
石神信仰の源流（高木知典）「小島の民俗」　小島民俗の会　3　2001.7
〔資料〕火災見舞いにたいする謝状　高橋次男氏蔵「小島の民俗」　小島
　民俗の会　3　2001.7
近郷の神々（1）（高木久吉）「小島の民俗」　小島民俗の会　4　2002.5
旧暦と季節感「小島の民俗」　小島民俗の会　（5）　2003.3
“禊”にみる水野信仰（高木知典）「小島の民俗」　小島民俗の会　（5）
　2003.3
史料「伝馬一件済写」「小島の民俗」　小島民俗の会　（5）　2003.3
石の信仰（高木知典）「小島の民俗」　小島民俗の会　（6）　2004.3
近郷の神々（2）（高木久吉）「小島の民俗」　小島民俗の会　（6）　2004.3
伝承のぬくもり（高木知典）「小島の民俗」　小島民俗の会　（7）　2005.4
戦後神社消息（遠藤次郎右エ門）「小島の民俗」　小島民俗の会　（7）
　2005.4
戦国武将と信仰（高木知典）「小島の民俗」　小島民俗の会　（8）　2006.5

尾瀬沼
万里姫物語（三橋敏美）「会北史談」　会北史談会　（49）　2007.7

小高
「小高町大字小高史」「第三章　民俗・信仰」の補遺について（相馬胤道）
　「磐城民俗」　磐城民俗研究会　33　2003.6

御茶屋御殿
文化財を守る　御薬園　御茶屋御殿、大般若経　自在院、八葉寺　阿弥陀堂／第
　60回文化財防火デー　1月26日／院内御廟歴史散策会　7つの謎の答え「あ
　いづわかまつ文化財だより」　会津若松市教育委員会　（21）　2014.04

小手
近世中後期における惣社制を支えた人々―伊達郡小手地域の修験を中心
　に（菅野洋介）「福島史学研究」　福島県史学会　（87）　2009.03

男山八幡神社
八幡宮紹介　男山八幡神社（福島県南相馬市鹿島区）「季刊悠久.第2次」
　鶴岡八幡宮悠久事務局　（134）　2014.01

音路太子堂
音路太子堂（5）（佐藤恭三）「富田町史談会会報」　富田町史談会　（5）
　1997.3

小野観音堂
小野観音堂の十一面観世音菩薩籤（会史亭）（芳賀勇人）「会津史談」　会

津史談会　（85）　2011.05

「御薬園」楽寿亭
未来へ伝えるために―修復された「御薬園」楽寿亭・若松栄町教会「あ
　いづわかまつ文化財だより」　会津若松市教育委員会　9　2002.3

折戸
稲荷神社（折戸）（油井周二郎）「郷土のあゆみ」　大笹生笹谷文化保存会
　（78）　2013.04

温泉神社
大塩鎮守温泉神社の来歴（渡部新一）「峠のみち」　北塩原村郷土史研究会
　（13）　1999.3
温泉神社と百済王敬福（佐藤茂夫）「潮流」　いわき地域学会　31　2003.
　12

萱浜
「べんけい」の来た道―福島県南相馬市萱浜の郷土料理をめぐって（研究
　ノート）（川崎悠）「福島の民俗」　福島県民俗学会　（42）　2014.03

会北
年中行事について（小田切良正）「会北史談」　会北史談会　39　1997.7
講演「農耕図絵馬にみる農業技術」（佐々木長生）「会北史談」　会北史談
　会　40　1998.7
ふる里随筆　伝説と語り（佐藤栄馬）「会北史談」　会北史談会　（43）
　2001.7
ふるさと夜話「堀込オマン」（佐藤栄馬）「会北史談」　会北史談会
　（44）　2002.7
お天道様（三橋敏美）「会北史談」　会北史談会　（45）　2003.7
暦の話（小田切良正）「会北史談」　会北史談会　（45）　2003.7
禁忌の習俗と伝説（佐藤栄馬）「会北史談」　会北史談会　（45）　2003.7
長寿いろは唄（樋口和男）「会北史談」　会北史談会　（45）　2003.7
木流しについて（樋口和男）「会北史談」　会北史談会　（49）　2007.7
日光菩薩・月光菩薩（庄司君江）「会北史談」　会北史談会　（50）　2008.7
路傍の文化財「供養塔」（川口芳昭）「会北史談」　会北史談会　（53）
　2011.07
胞衣伝説と胞衣を取り巻く神々（長谷川清）「会北史談」　会北史談会
　（54）　2012.08
だんごさし（団子刺し）（遠藤悦夫）「会北史談」　会北史談会　（54）
　2012.08

鹿島神社
平成20年度国見町文化祭　国見町郷土史研究会展示について―時代と神
　社の変遷「鹿島神社」展（行事報告）（阿部義男）「郷土の研究」　国見
　町郷土史研究会　（39）　2009.03

鹿島町
相馬郡鹿島町の遊戯と玩具―『鹿島町史』の調査から（今野昭八郎）「磐
　城民俗」　磐城民俗研究会　31　1998.11
トピック　鹿島町・日吉神社のお浜下り「文化福島」　福島県文化振興事
　業団　34（1）通号384　2004.4

春日神社
春日神社御神酒（どぶろく）（横田広）「すぎのめ」　福島市杉妻地区史跡
　保存会　20　1997.10

金川集落
金川集落雑考（湯浅勇）「塩川史研究」　塩川史振興会　（3）　2008.7

金沢の羽山ごもり
ノリワラ誕生―金沢の羽山ごもりにみるノリワラの生成過程（佐治靖）
　「福島県立博物館紀要」　福島県立博物館　（19）　2005.3

金原田
梁川八幡宮流鏑馬役金原田の畑五郎左衛門元定（原義男）「郷土の香り　：
　郷土文化財資料」　保原町文化財保存会　37　2004.3

金谷
金谷部落の成立と荒神様の再建（八島省己）「郷土やながわ」　福島県伊達
　市梁川町郷土史研究会　（13）　2004.1

鐘撞堂
鐘撞堂の思い出（新妻郁男）「えおひっぷす」　相馬郷土研究会　（229）
　2007.4

金山
この地方の民謡について（坂内宗市）「金山史談」　（7）　1997
近世の師檀（御師と檀那）関係と神仏信仰（渡辺良三）「金山史談」　（7）
　1997
六地蔵信仰について（特別寄稿）（五ノ井良人）「金山史談」　（19）　2010.
　03

東北　　　　　　　　　　　　郷土に伝わる民俗と信仰　　　　　　　　　　　　福島県

金山町

トピック 金山町の流し雛行事「文化福島」 福島県文化振興事業団 32
（1）通号364 2002.4

トピック 金山町芸能伝承館「文化福島」 福島県文化振興事業団 32
（3）通号366 2002.6

食と暮らしの作法（金山町）（〈特集 会津に生きる〉）（いきいき生活倶楽
部）「会津学」 会津学研究会 4 2008.8

加納

「加納」という地名からみた半在家研究（遠藤三郎）「温故知新」 熱塩加
納郷土史研究会 （9）2003.8

叶津

只見叶津における野兎の民俗（天野武）「西郊民俗」 「西郊民俗談話会」
通号167 1999.6

上宇内薬師堂

各部の報告とお知らせ 寺社研究部 妻飾りを持つ調合寺（上宇内薬師堂）
の山門（仁王門）（村越保寿）「会津史談通信」 会津史談会 46 2001.
10

上名倉

福島市上名倉地区のカマド神（小林尚美）「西郊民俗」 「西郊民俗談話
会」 通号158 1997.3

上保原

上保原会場 展示と七福神の舞（保原町文化祭展示記録）（佐藤三郎）「郷
土の香り ： 郷土文化財資料」 保原町文化財保存会 39 2006.3

上行合村

明治前期の芸能政策の動向―旧磐前県上行合村の芸能興行をめぐって
（橋本今祐）「郡山地方史研究」 郡山地方史研究会 28 1998.3

からむし織りの里

からむし織りの里を訪ねて（会員フォーラム）（斎藤輝）「しみず」 清水
地区郷土史研究会 （25）2014.03

苅宿

東照権現（壇）と御塚権現と（大迫徳行）「福島の民俗」 福島県民俗学会
28 2000.3

川俣町

川俣町春日神社所蔵の「神船」について（早川武）「相馬郷土」 相馬郷土
研究会 （17）2002.3

寒耳庵

寒耳庵の事（丹治伸吉）「すぎのめ」 福島市杉妻地区史跡保存会 27
2004.11

願成寺

会津の古刹・ふれあいの旅（5）願成寺（喜多方市）（滝沢洋之）「会津人
群像」 歴史春秋出版 （6）2006.3

観世寺

弘誓山医王院と真弓山観世寺―「安達ヶ原の鬼婆」をめぐる縁起の諸相
（渡邊充洋）「東北民俗」 東北民俗の会 44 2010.07

観音寺

松峯山金川寺と大雲山観音寺の新しい事実（《特集 仏都会津》）（佐藤一
男）「会津人群像」 歴史春秋出版 （1C）2007.11

扉写真 慈應山観音寺山門の欄間（耶麻郡猪苗代町川桁字村北）「会津史
談」 会津史談会 （88）2014.04

巌峰寺

玉川村巌峰寺に関する一考察（高橋信一）「福島県歴史資料館研究紀要」
福島県文化振興事業団 （28）2006.3

喜多方

喜多方地方に於ける婚姻の変遷（遠藤徳雄）「温故知新」 熱塩加納郷土史
研究会 （12）2006.3

喜多方の農耕絵馬（佐々木長生）「民具マンスリー」 神奈川大学 41
（10）通号490 2009.01

喜多方の農耕絵馬（続）―稲稲荷神社明治四〇年奉納絵馬を中心に（1）、
（2）（佐々木長生）「民具マンスリー」 神奈川大学 47（4）通号556/
47（6）通号558 2014.07/2014.09

北塩原村

近き日の無縁仏となった墓碑（佐藤正美）「峠のみち」 北塩原村郷土史研
究会 （13）1999.3

北杉田

北杉田七夜桜の伝説 くにわけ「二歴研」 二本松歴史研究会 （15）
2002.2

貴船明神

貴船明神と雨乞い 『肝煎文書にみる 会津藩の八十年』 新明宜夫氏から
（菊地眞洲男）「会北史談」 会北史談会 （56）2014.08

旧滝沢本陣

まちなかの文化財―市内の代表的な指定建造物 藩主の休息の場―旧滝
沢本陣/珍しい建築様式―善龍門の山門/市内唯一の鞘堂―蒲生秀行廟
「あいづわかまつ文化財だより」 会津若松市教育委員会 10 2003.3

金性寺

金室山金性寺誌（鈴木昇［他］）「小高史談会誌」 小高町史談会 8
2002.3

金川寺

金川寺八百比丘尼尊の御神籤（共同研究）「塩川史研究」 塩川史振興会
（2）2005.10

会津金川寺所蔵八百比丘尼伝説関係史料類―縁起に成り上がった俗説
（中前正志）「日本宗教文化史研究」 日本宗教文化史学会 9（2）通号
18 2005.11

松峯山金川寺と大雲山観音寺の新しい事実（《特集 仏都会津》）（佐藤一
男）「会津人群像」 歴史春秋出版 （10）2007.11

国見町

「さざれ石」考（安孫子光夫）「郷土の研究」 国見町郷土史研究会 27
1997.3

凧辰さん（石原晃雲）「郷土の研究」 国見町郷土史研究会 27 1997.3

奉納額「観音様を拝む人々」の修復を終えて（玉手昭市）「郷土の研究」
国見町郷土史研究会 28 1998.3

「とめすけ桜について」ひと言（高橋常男）「郷土の研究」 国見町郷土史
研究会 28 1998.3

昔話のあれこれ（渡辺富男）「郷土の研究」 国見町郷土史研究会 29
1999.3

郷土の民俗 れいしゅ おみどじょう（菊池利雄）「郷土の研究」 国見町郷
土史研究会 30 2000.3

懐かしい昔の農家の公休日と農家の行事（続）（阿部強）「郷土の研究」
国見町郷土史研究会 31 2001.3

昔の葬式のあれこれ（阿部強）「郷土の研究」 国見町郷土史研究会 32
2002.3

土搗歌のこと（後藤昌伸）「郷土の研究」 国見町郷土史研究会 （35）
2005.3

庚申信仰のこと（秦宏）「郷土の研究」 国見町郷土史研究会 （38）
2008.3

南無妙法蓮華経の碑（内池育男）「郷土の研究」 国見町郷土史研究会
（38）2008.3

拝みっこの話（拝み講の話）（新村国夫）「郷土の研究」 国見町郷土史研
究会 （38）2008.3

平成19年度国見町文化祭 国見町郷土史研究会展示「西根堰と国見町の
神社仏閣」展について（行事報告）（阿部義男）「郷土の研究」 国見町
郷土史研究会 （38）2008.3

鹿島神社記 鹿島神社所蔵（秦宏）「郷土の研究」 国見町郷土史研究会
（39）2009.03

観音信仰と地方巡礼の一形態 国見町三十三観音と八十八大師画像碑群
（菊池利雄）「郷土の研究」 国見町郷土史研究会 （39）2009.03

平成20年度国見町文化祭 国見町郷土史研究会展示について―時代と神
社の変遷「鹿島神社」展（行事報告）（阿部義男）「郷土の研究」 国見
町郷土史研究会 （39）2009.03

文化財古民家家系図考（赤坂正勝）「郷土の研究」 国見町郷土史研究会
（41）2011.03

村古文書解読による社寺仏堂の由来について（ふるさとの研究）（佐藤代
八）「郷土の研究」 国見町郷土史研究会 （44）2014.03

民話「座頭の木」「嫁と姑の話」（文芸）（相原ミツエ）「郷土の研究」 国
見町郷土史研究会 （44）2014.03

栗出

栗出の戊辰戦争―栗出村羽山大権現信心講帳から（佐久間良雄）「船引地
方研究」 船引地方研究会 （16）2012.8

栗生沢

栗生沢の珠数くり（山口四郎）「温故知新」 熱塩加納郷土史研究会 3
1997.8

口絵写真 神社シリーズ（31）宮川 岩尾・稲荷神社、（32）山田 栗生沢・
稲荷神社 坊平（左原義春）「温故知新」 熱塩加納郷土史研究会 （17）
2011.03

くるめがすりの家

再訪「文化福島」 くるめがすりの家（新地町）「ふくしま文化情報 ： 文
化福島」 福島県文化振興事業団 （430）2008.11

黒岩

黒岩の墓地の八臼烏吹毛のこと（南光麿）「すぎのめ」 福島市杉妻地区史跡保存会　20　1997.10

天保8年遊黒岩記（[文化福島]　杉妻地区について）（村川友彦）「すぎのめ」 福島市杉妻地区史跡保存会　26　2003.11

黒岩虚空蔵

福島市指定史跡および名勝黒岩虚空蔵および満願寺（福島市教育委員会）「すぎのめ」 福島市杉妻地区史跡保存会　（30）　2008.1

黒岩虚空蔵尊

黒岩虚空蔵尊開創壱百弐百年祭（横田廣）「すぎのめ」 福島市杉妻地区史跡保存会　（30）　2008.1

黒沼神社

黒沼神社探訪―奥羽に残る重層信仰の考察（石垣仁久）「式内社のしおり」 式内社顕彰会　（80）　2010.06

慶徳稲荷神社

慶徳稲荷神社とお田植え祭り（喜多方編　米沢街道）（夏井永光）「下野街道」 ヤマト企画編集部　（10）　2010.05

慶徳寺

慶徳寺と源翁和尚（喜多方編　米沢街道）（佐藤和正）「下野街道」 ヤマト企画編集部　（10）　2010.05

恵倫寺

会津の古刹・ふれあいの旅（7）金剛山恵倫寺（会津若松市）（滝沢洋之）「会津人群像」 歴史春秋出版　（8）　2006.12

剣ヶ峯

剣ヶ峯延命地蔵尊建立記（阿部久仁於）「峠のみち」 北塩原村郷土史研究会　（13）　1999.3

弘長寺

住吉神社、弘長寺・東明寺（特集「扁額」）（長谷川和夫）「歴史春秋」 歴史春秋社　（74）　2011.10

興徳寺

旧建長寺末寺考（4）福島県会津地方　興徳寺開山鏡堂覚円とその弟子たち（鈴木佐）「鎌倉」 鎌倉文化研究会　通号103　2007.6

光徳寺

大悟山光徳寺山門の掲額から（菊地真洲男）「会北史談」 会北史談会　（54）　2012.08

郷之原

コラム 郷之原の観音講「博物館だより」 福島県立博物館　（114）　2014.09

光明寺

会津小立岩光明寺の本尊・什物と寺の由来（若林繁，原田文六郎）「福島考古」 福島県考古学会　41　2000.3

興隆寺

黒岩山興隆寺 秘佛 大日如来考（佐藤隆一）「あゆみ」 新鶴村郷土史研究会　（4）　1995.07

郡山

郡山地方の六字名号塔（小林剛三）「郡山地方史研究」 郡山地方史研究会　31　2001.3

元三大師の厄除け札（鹿野正男）「郡山地方史研究」 郡山地方史研究会　34　2004.3

口承文芸刊行物『郡山の地名』の紹介（独鈷仁吉）「郡山地方史研究」 郡山地方史研究会　36　2006.3

郡山の踊り念仏（小林剛三）「郡山地方史研究」 郡山地方史研究会　38　2008.3

郡山地方石仏点描（小林剛三）「郡山地方史研究」 郡山地方史研究会　40　2010.03

続・郡山地方石仏点描（小林剛三）「郡山地方史研究」 郡山地方史研究会　41　2011.03

静岡前供養塔（郡山）「郷土ちがさき」 茅ヶ崎郷土会　（126）　2013.01

婆ちゃんの昔話・馬繋石（佐藤兵一）「郡山地方史研究」 郡山地方史研究会　43　2013.03

郡山宿

天保期の郡山宿における操人形芝居―「観客人口」と興行経営を中心に（橋本今祐）「郡山地方史研究」 郡山地方史研究会　29　1999.3

郡山細沼教会

日本基督教団郡山細沼教会史（2）一粒の麦、芽出づる頃（庄司一幸）「郡山地方史研究」 郡山地方史研究会　27　1997.3

養蚕神社

文化財紹介 「養蚕神社」の由緒を調べる（齋藤勲）「郷土の香り ： 郷土文化財資料」 保原町文化財保存会　42　2009.03

子鍬倉神社

延喜式内社と古代集落との関係―いわき市平所在子鍬倉神社を例にして（菅原文也）「いわき地方史研究」 いわき地方史研究会　（41）　2004.9

湖南

再訪『文化福島』 湖南の会津万歳（郡山市）「ふくしま文化情報 ： 文化福島」 福島県文化振興事業団　（433）　2009.03

五百川

民俗編にこぼれた昔ばなし 499番目の五百川（菅野正一）「歴程 ： 本宮町史だより」 本宮町教育委員会町史編纂室　（46）　1997.11

小平潟天神

小平潟天神縁起の考察（榊原源隆）「猪苗代地方史研究会会報」 猪苗代地方史研究会　（30）　1997.4

小平潟天満宮

収蔵資料品展「小平潟天満宮の御宝物」「博物館だより」 福島県立博物館　63　2001.12

講演要旨 収蔵資料品展記念講演会「小平潟天満宮の御宝物」講師・榊原源隆氏「博物館だより」 福島県立博物館　64　2002.3

「小平潟天満宮所蔵信仰資料」概要（川延安直）「福島県立博物館紀要」 福島県立博物館　（16）　2002.3

猪苗代小平潟天満宮私考（川井源治）「会津史談」 会津史談会　（86）　2012.04

護法山

護法山の愛宕権現（山口四郎）「温故知新」 熱塩加納郷土史研究会　4　1998.8

御宝殿

祭りの変遷と意義―福島県いわき市御宝殿熊野神社の祭礼と芸能（入江英弥）「地域学 ： 地域の理解にむけて」 弘前学院大学，北方新社（発売）　10　2012.03

御宝殿の稚児田楽・風流

御宝殿の稚児田楽・風流 福島県いわき市錦町御宝殿 熊野神社 国指定重要無形民俗文化財「公益社団法人全日本郷土芸能協会会報」 全日本郷土芸能協会　（76）　2014.07

駒形神社

春を慶ぐ「お駒参り」（大迫徳行）「えおひっぷす」 相馬郷土研究会　（226）　2007.1

駒止峠

雪の駒止峠越え（安藤紫香）「会津の民俗」 歴史春秋社　29　1999.3

強清水

会津「強清水（こわしみず）の由来」（海老名貢）「富田町史談会会報」 富田町史談会　（10）　2002.3

西勝

西勝彼岸獅子舞について（会津美里編 下野街道）（高畑四郎）「下野街道」 ヤマト企画編集部　（13）　2013.05

西松寺

国見町西大枝・西松寺の慰霊碑（後藤昌伸）「郷土の研究」 国見町郷土史研究会　（36）　2006.3

鮭立

鮭立の磨崖仏（特集 路傍の野仏）（佐藤敏子）「歴史春秋」 歴史春秋社　（78）　2013.10

佐須

佐須の「山の神さま」（1），（2）（佐藤俊雄）「えおひっぷす」 相馬郷土研究会　（315）/（316）　2014.11/2014.12

鯖野

鯖野の三熊野様（安斎作記）「寿里可美」 飯坂町史跡保存会　（9）　2002.6

鮫川村

福島県東白川郡鮫川村の民家三棟（福島県東白川郡鮫川村合同調査特集）（宮崎勝弘）「昔風と当世風」 古々路の会　（94）　2010.03

鮫川村の合同調査（福島県東白川郡鮫川村合同調査特集）（折橋豊子）「昔風と当世風」 古々路の会　（94）　2010.03

納戸の観念的位置（福島県東白川郡鮫川村合同調査特集）（森隆男）「昔風と当世風」 古々路の会　（94）　2010.03

鮫川村調査に参加して（福島県東白川郡鮫川村合同調査特集）（早瀬哲恒）「昔風と当世風」 古々路の会　（94）　2010.03

東北　　　　　　　　　　　　　　　　　郷土に伝わる民俗と信仰　　　　　　　　　　　　　　　　福島県

なつかしい暮らしの道具―東白川郡鮫川村の民具など（福島県東白川郡鮫川村合同調査特集）（北河直子）「昔風と当世風」　古々路の会（94）2010.03

鮫川村の隠居制と葬制―福島県東白川郡鮫川村（福島県東白川郡鮫川村合同調査特集）（松尾あずさ）「昔風と当世風」　古々路の会（94）2010.03

阿武隈南部のおいしいもの―鮫川村の食べものから（福島県東白川郡鮫川村合同調査特集）（丸山久子）「昔風と当世風」　古々路の会（94）2010.03

鮫川村の母子健康センター跡で福島県のお産を考える（福島県東白川郡鮫川村合同調査特集）（むらき数子）「昔風と当世風」　古々路の会（94）2010.03

阿武隈高地の大工と茅手―福島県東白川郡鮫川村（福島県東白川郡鮫川村合同調査特集）（津山正幹）「昔風と当世風」　古々路の会（94）2010.03

鮫川村で見たもの聞いたこと―生業と民具（福島県東白川郡鮫川村合同調査特集）（五十嵐稔）「昔風と当世風」　古々路の会（94）2010.03

三乗院
口絵 三乗院山門 伊達市指定文化財（建造物）（三乗院所有）「霊山史談」　霊山町郷土史研究会（12）2012.03

塩川
永遠なる塩川（佐藤一男）「塩川史研究」　塩川史振興会（2）2005.10

屋号とのれんの街（佐藤一男）「塩川史研究」　塩川史振興会（2）2005.10

「杓子ケ入メグスリノキ」の保存秘話（佐藤一男）「塩川史研究」　塩川史振興会（2）2005.10

草木追善供養塔（佐藤一男）「塩川史研究」　塩川史振興会（2）2005.10

村方の流れ（湯浅勇）「塩川史研究」　塩川史振興会（3）2008.7

大正5年頃の実話・狐の御馳走（平宮ヤイ「塩川史研究」　塩川史振興会（3）2008.7

塩川町
「草木追善菩提」を刻した喜多方市塩川町の《三界萬霊塔》（佐藤一男）「塩川史研究」　塩川史振興会（3）2008.7

塩の沢
口絵写真 神社シリーズ（25）赤沢・稲荷神社、与内畑・出雲神社、（26）塩の沢・熊野神社、添田・稲荷神社（山口四郎）「温故知新」　熱塩加納郷土史研究会（14）2008.3

慈眼寺
古文書紹介 下野尻の家並み起源と慈眼寺と南光院の火防せ地蔵（西会津史談会古文書研究部）「西会津史談」　西会津史談会（4）2001.4

示現寺
示現寺開山忌（遠藤次男）「温故知新」　熱塩加納郷土史研究会　3 1997.8

示現寺と弘法大師（空海）（遠藤三郎）「温故知新」　熱塩加納郷土史研究会　5 1999.8

源翁和尚と示現寺（《特集 仏都会津》）（佐原義春）「会津人群像」　歴史春秋出版（10）2007.11

表紙解説「護法山示現寺総門」（山口四郎）「温故知新」　熱塩加納郷土史研究会（14）2008.3

示現寺の由来と会津三十三観音（遠藤次矢）「温故知新」　熱塩加納郷土史研究会（14）2008.3

示現寺格子天井絵と43世飛円順和尚（遠藤次男）「温故知新」　熱塩加納郷土史研究会（14）2008.3

喜多方の文化財 示現寺観音堂、他「下野街道」　ヤマト企画編集部（10）2010.05

口絵写真「示現寺天井格子」（伊藤真）「温故知新」　熱塩加納郷土史研究会（20）2014.03

自在院
文化財を守る 御薬園 御茶屋御殿、大般若経 自在院、八葉寺 阿弥陀堂／第60回文化財防火デー 1月26日／院内廟廟歴史散策会 7つの謎の答え「あいづわかまつ文化財だより」　会津若松市教育委員会（21）2014.04

地蔵山
福島県郡山市湖南町福良字地蔵山の図像板碑について（柳内壽彦）「宮城考古学」　宮城県考古学会（4）2002.5

下窪
下窪の武藤家の系図から（宮川春子）「塩川史研究」　塩川史振興会（2）2005.10

七社宮
土版・岩版の用途雑考―七社宮・薄磯の事例を中心に（《特集 原始・古代の精神文化》）（野坂知宏）「いわき地方史研究」　いわき地方史研究会（37）2000.9

信夫郡
明治45年大正元年 福島県信夫郡統計書に見る杉妻村の実勢（鐵貞雄）「すぎのめ」　福島市杉妻地区史跡保存会　26 2003.11

信夫山
奥州信夫山に見る重層信仰の一考察（石垣仁久）「式内社のしおり」　式内社顕彰会 65 2002.1

信夫山の供養塔について（地域の伝承など）（西沢君子）「しみず」　清水地区郷土史研究会（25）2014.03

信夫山の六供社人（小野孝太郎）「福島県史料情報 : 福島県歴史資料館」　福島県文化振興財団（40）2014.10

清水
炭焼き藤太ものがたり（地域の伝承、まつりなど）（村上博彦）「しみず」　清水地区郷土史研究会（24）2013.03

八幡さま（地域の伝承、まつりなど）（富田宗子）「しみず」　清水地区郷土史研究会（24）2013.03

「神のわらじのあときさ」（地域の伝承、まつりなど）（斎藤輝）「しみず」　清水地区郷土史研究会（24）2013.03

熊野信仰と葉書の木（地域の伝承、まつりなど）（渡邊武）「しみず」　清水地区郷土史研究会（24）2013.03

歴史研究「小原庄助さん」（地域の伝承など）（永野壽子）「しみず」　清水地区郷土史研究会（25）2014.03

鼻取地蔵ものがたり（地域の伝承など）（村上博彦）「しみず」　清水地区郷土史研究会（25）2014.03

清水町
清水町土人形の事（丹治伸吉）「すぎのめ」　福島市杉妻地区史跡保存会 23 2000.11

下大越
下大越の「獅子舞」について（渡邊行郎）「潮流」　いわき地域学会 33 2005.12

下田中
口絵写真 神社シリーズ（35）下田中 軍馬忠霊碑・他、（36）半在家並桜 稲荷神社・他（長谷川清）「温故知新」　熱塩加納郷土史研究会（19）2013.03

下手渡
消えた音源―わが下手渡（民俗短信）（菅野拓）「福島の民俗」　福島県民俗学会（40）2012.03

下野尻
古文書紹介 下野尻の家並み起源と慈眼寺と南光院の火防せ地蔵（西会津史談会古文書研究部）「西会津史談」　西会津史談会（4）2001.4

下谷地
口絵写真 神社シリーズ（29）熱塩・稲荷神社、山岩尾・出雲神社、（30）下谷地・御櫻神社 水沢・麓山神社「温故知新」　熱塩加納郷土史研究会（16）2010.03

蛇骨地蔵堂
修験がになう寺社縁起―福島県郡山市日和田町における蛇骨地蔵堂縁起の検討から（《特集 民俗の現在》）（渡邉久美子）「東北民俗」　東北民俗の会 40 2006.6

蛇頭館
蛇頭館と今宮常蓮院（今宮秀人）「棚倉史談」　棚倉史談会 10 2002.5

常安寺
常安寺と如意輪観音堂（長谷部英夫）「寿里可美」　飯坂町史跡保存会（10）2003.6

常栄寺
常栄寺考 常栄寺にかかる記録の疑問（丹野小太郎）「郷土やながわ」　福島県伊達市梁川町郷土史研究会 11 2000.2

松音寺
雑感！ 松音寺の今昔（佐藤正美）「峠のみち」　北塩原村郷土史研究会（12）1998.3

正教寺
多奈川・正教寺の朝鮮人遺骨の調査から（林耕二，平島将史）「大阪民衆史研究」　大阪民衆史研究会（66）2011.12

正西寺
中村正西寺の成立と僧発客の相続（岩本由輝）「相馬郷土」　相馬郷土研究会（17）2002.3

勝常寺
勝常寺（湯川村）を訪ねて（高澤佑輔）「富田町史談会会報」　富田町史談

福島県　　　　　　　　　　　　　郷土に伝わる民俗と信仰　　　　　　　　　　　　　　東北

会　（12）2004.4

会津の古刹・ふれあいの旅（4）勝常寺（湯川村）（滝沢洋之）「会津人群像」歴史春秋出版　（5）2005.10

蝦夷征伐と慧日寺・勝常寺の謎（五十嵐康夫）「会津会々報」会津会（115）2009.06

常福寺

水晶山常福寺の仏像（福地孔）「会誌岩城」岩城姓氏研究会　（10）1997.3

閼伽井嶽常福寺梵鐘銘考（《特集 縄文から近代までの生業・信仰・民俗・そして人種論》）（大竹憲治）「いわき地方史研究」いわき地方史研究会　（38）2001.9

正福寺

まちの文化財 正福寺「久之浜通信」もろびと舎　13　2001.8

勝方寺

慶雲山勝方寺 会津藩町野家・南摩家殉難者法要の記（大竹邦洋）「会津史談」会津史談会　（87）2013.04

常楽寺

異郷に眠る声なき墓標―野沢・常楽寺境内に在る戊辰戦争の戦士者墓標（西会津史談会資料調査部）「西会津史談」西会津史談会　（6）2003.4

常蓮院

蛇頭館と今宮常蓮院（今宮秀人）「棚倉史談」棚倉史談会　10　2002.5

昭和村

からむし新聞（調査報告）（昭和村立昭和小学校児童）「会津学」会津学研究会　2　2006.8

白河

栗原おどりと栗原白河おどりの由来（野部研二）「美濃民俗」美濃民俗文化の会　（484）2007.9

西濃と白河踊り（堤正樹）「美濃民俗」美濃民俗文化の会　（491）2008.4

白河人は祭りが大好き「だるま市」（白河編 白河街道）（齋藤孝弘）「下野街道」ヤマト企画編集部　（14）2014.06

白河提灯まつり（白河編 白河街道）（水野谷和聖）「下野街道」ヤマト企画編集部　（14）2014.06

お祭り男 地域づくり応援隊（白河編 白河街道）（大和田章）「下野街道」ヤマト企画編集部　（14）2014.06

白河郡

「宝亀十一年桃生白河郡神一十一社」について（鈴木啓）「福島考古」福島県考古学会　40　1999.3

白河市

白河市の町内会の活動と祭りの運営（森島光一）「宇大地理」宇都宮大学教育学部地理学教室　5　2002.3

白沢村

養蚕講異聞―白沢村のコジラ講を中心に（秋山政一）「すぎのめ」福島市杉妻地区史跡保存会　25　2002.11

白沢村の祭り・行事―養蚕との関わり（《特集 民俗行事の保存と継承をめぐる今日的課題》）（斉藤由美子）「福島の民俗」福島県民俗学会　（34）2006.3

白水阿弥陀堂

白水阿弥陀堂の仏像修理と岡倉天心（渡邉智裕）「福島県史料情報 ： 福島県歴史資料館」福島県文化振興財団　（33）2012.06

研修視察記「白水阿弥陀堂・他」（報告）（横瀬靖彦）「下妻の文化」下妻市文化団体連絡協議会　（38）2013.05

国宝白水阿弥陀堂の宝珠・露盤について（論考・論説）（渡辺智裕）「いわき地方史研究」いわき地方史研究会　（51）2014.10

白水阿弥陀堂の宝珠・露盤について（渡邉智裕）「福島県史料情報 ： 福島県歴史資料館」福島県文化振興財団　（40）2014.10

白田郷

多摩川下流域律令期における生業基盤への一視角―磐城郡白田郷に関する御高論にふれて（村田文夫）「いわき地方史研究」いわき地方史研究会　（46）2009.10

新開

梁川新開立始マリと念佛講（紺野昭平）「郷土やながわ」福島県伊達市梁川町郷土史研究会　（14）2006.3

新宮熊野神社

宝物殿建設にいたるまで（佐藤哲）「会北史談」会北史談会　（42）2000.7

トピック 新宮熊野神社宝物殿オープン「文化福島」福島県文化振興事業団　31（5）通号356　2001.8

新宮熊野神社七不思議私考（佐藤哲）「会北史談」会北史談会　（46）

2004.7

宮内熊野大社と新宮熊野神社（須崎寛二）「南陽の歴史 ： 南陽の歴史を語る会会報」南陽の歴史を語る会　（177）2010.06

信達

近世の在村宗教者と寺院―奥州信達地域を事例に（〈月例会報告要旨〉）（菅野洋介）「関東近世史研究」関東近世史研究会　（55）2004.7

古文書解読 霊山軍記の巻（6）起請文の事並信達坊舎焼払之事（斎藤勲）「郷土の香り ： 郷土文化財資料」保原町文化財保存会　38　2005.3

新屋敷

川桁新屋敷地区の屋号について（渡部誠）「猪苗代地方史研究会会報」猪苗代地方史研究会　（31）1998.4

須川南宮諏訪神社

須川南宮諏訪神社古文書（丹治邦三）「すぎのめ」福島市杉妻地区史跡保存会　28　2005.11

菅波

菅波秋の大祭（西島雅博）「汀 ： いわき地域学會会員通信」いわき地域学會　（6）2006.1

杉妻

鳥八臼について（羽田稔）「すぎのめ」福島市杉妻地区史跡保存会　20　1997.10

「荒人神の碑」について（矢吹益兵）「すぎのめ」福島市杉妻地区史跡保存会　20　1997.10

毘沙門天と金刀比羅様と半七ッアーン（菅野松雄）「すぎのめ」福島市杉妻地区史跡保存会　21　1998.9

村の鎮守様の由緒について「すぎのめ」福島市杉妻地区史跡保存会　21　1998.9

「農政と民俗」第15号 森と塚の伝承―郷土の錦塚をめぐって（赤間昇）「すぎのめ」福島市杉妻地区史跡保存会　22　1999.10

端午の節句と花かつみ（髙橋利夫）「すぎのめ」福島市杉妻地区史跡保存会　22　1999.10

四神「玄武」（編集部）「すぎのめ」福島市杉妻地区史跡保存会　22　1999.10

福島藩板倉領のころの杉妻地区のすがた（太田隆夫）「すぎのめ」福島市杉妻地区史跡保存会　23　2000.11

杉妻地区の民俗信仰（丹治伸吉）「すぎのめ」福島市杉妻地区史跡保存会　23　2000.11

神棚の社殿縁起（羽田稔）「すぎのめ」福島市杉妻地区史跡保存会　24　2001.11

持仏大日如来と古厨子（羽田稔）「すぎのめ」福島市杉妻地区史跡保存会　25　2002.11

杉妻地区の臨済宗寺院が妙心寺派の理由（大野順道）「すぎのめ」福島市杉妻地区史跡保存会　26　2003.11

福島の石仏（〔文化福島〕杉妻地区について）（大村三良）「すぎのめ」福島市杉妻地区史跡保存会　26　2003.11

杉妻地区の村絵図と小字（編集部）「すぎのめ」福島市杉妻地区史跡保存会　27　2004.11

姿を消しつつある伝統農産物（横田廣）「すぎのめ」福島市杉妻地区史跡保存会　（29）2007.1

年中行事随感（特別寄稿）（鐵貞雄）「すぎのめ」福島市杉妻地区史跡保存会　（30）2008.1

二十六夜の月待信仰（宍戸清次）「すぎのめ」福島市杉妻地区史跡保存会　（30）/（31）2008.1/2009.03

隠れが里赤間家に伝わる阿弥陀仏（赤間靖夫）「すぎのめ」福島市杉妻地区史跡保存会　（31）2009.03

昔話「道光内きつね」（丹治正）「すぎのめ」福島市杉妻地区史跡保存会　（31）2009.03

カンカン石の不思議（一般投稿）（横田廣）「すぎのめ」福島市杉妻地区史跡保存会　（33）2012.03

杉妻地区のいしぶみ 虚空蔵堂記、造地碑、心頭技健、開創千二百年記念碑、社殿再建十周年記念碑、遷座の記碑、宮司就任記念碑、種まき兎伝説発祥の地碑（一般投稿）（横田廣）「すぎのめ」福島市杉妻地区史跡保存会　（33）2012.03

杉妻村

明治45年大正元年 福島県信夫郡統計書に見る杉妻村の実勢（鐵貞雄）「すぎのめ」福島市杉妻地区史跡保存会　26　2003.11

終戦当時の福島市杉妻村、農業のすがた（横田廣）「すぎのめ」福島市杉妻地区史跡保存会　28　2005.11

椙原院

会津美里町椙原院大日堂の焼仏の応急処置について（松田隆嗣，新井田明子）「福島県立博物館紀要」福島県立博物館　（24）2010.03

雀林

会津高田町雀林に伝わるヘビの御年始「文化福島」 福島県文化振興事業団 338 2000.2

頭陀寺

頭陀寺の開創（高橋圭次）「小島の民俗」 小島民俗の会 3 2001.7
頭陀寺の開創（高橋圭次）「福島史学研究」 福島県史学会 (86) 2008.3

砂子原

トピック 柳津町砂子原のせんどむし「文化福島」 福島県文化振興事業団 36(8)通号411 2006.12

住吉神社

住吉神社、弘長寺・東明寺（特集「扁額」）（長谷川和夫）「歴史春秋」 歴史春秋社 (74) 2011.10

住吉磨崖仏第四号龕

磐城・住吉磨崖仏第四号龕の研究—特に中国四川省安岳県の石刻との類似性について（大竹憲治）「いわき古代の風」 いわき古代史研究会 (3) 2008.12

勢至堂

勢至堂を訪ねて（野崎豊吉）「富田町史談会会報」 富田町史談会 (6) 1998.3

清竜寺

天海大僧正異聞 高田文殊院清龍寺の文殊像の東叡山遷座（特集 天海ゆかりの地を訪れて）（川原太郎）「会津人群像」 歴史春秋出版 (18) 2010.12

積雲寺跡

積雲寺跡の解明（渡部行）「えおひっぷす」 相馬郷土研究会 (259) 2009.10

背戸尻観音

昭和10年前後の背戸尻観音—喜多方市・阿部光治氏所蔵の写真から（峯岸雄爾）「温故知新」 熱塩加納郷土史研究会 (7) 2001.7

専称寺

浄土宗名越派総本山専称寺文書について（佐藤孝徳）「社寺史料研究」 社寺史料研究会, 岩田書院（発売）(10) 2008.12

専福寺

会津の古刹 ふれあいの旅(11) 松井山専福寺（会津若松）（川原太郎）「会津人群像」 歴史春秋出版 (18) 2010.12

善竜寺

会津若松市指定文化財に「善龍寺の山門」を指定「あいづわかまつ文化財だより」 会津若松市教育委員会 8 2001.3
善竜寺にまつわる話（鈴木泰仲）「会北史談」 会北史談会 (50) 2008.7

相双

東日本大震災後の福島県相双地方の社会と民俗—津波と原発事故による地域コミュニティと民俗の危機（東北地方の民俗）（二本松文雄）「民俗文化」 近畿大学民俗学研究所 (25) 2013.07

相馬

筠軒と相馬焼（《特集 古代から近世までの生業・祭祀・墓制》）（鯨岡勝成）「いわき地方史研究」 いわき地方史研究会 34 1997.8
相馬地方の妙見信仰（《妙見信仰特輯》）（岩崎真幸）「あしなか」 山村民俗の会 249 1997.12
箸の習俗（大谷宏）「相馬郷土」 相馬郷土研究会 13 1998.3
近世末の奥方達の浦遊び（大迫徳行）「えおひっぷす」 相馬郷土研究会 157 2001.4
相馬の言葉「おけはくする」考（上田昌孝）「えおひっぷす」 相馬郷土研究会 197 2004.8
相馬の言葉「たてどおし」考（上田昌孝）「えおひっぷす」 相馬郷土研究会 199 2004.10
馬頭観音（千枝章一）「えおひっぷす」 桂馬郷土研究会 201・202 2005.1
「乞食」のあれこれ（渡部行）「えおひっぷす」 相馬郷土研究会 206 2005.5
相馬の言葉「地獄星」考（上田昌孝）「えおひっぷす」 相馬郷土研究会 (219) 2006.6
二つの墨塗り正月（山田實）「相馬郷土」 相馬郷土研究会 (23) 2008.3
領内正月潔斎のこと（山田實）「えおひっぷす」 相馬郷土研究会 (253) 2009.04
サッタロウ考（大和田幾雄）「えおひっぷす」 相馬郷土研究会 (256) 2009.07
浄土真宗門徒と在来農民との葛藤—火葬のこと（大迫一徳）「えおひっぷす」 相馬郷土研究会 (269) 2010.08
「津波の伝承」について（橋本博幸）「えおひっぷす」 相馬郷土研究会 (278) 2011.09
鐙の左右について—聞き書き（新妻郁男）「えおひっぷす」 相馬郷土研究会 (302) 2013.10

相馬市

手仕事ふるさと 相馬市の仏壇づくり「文化福島」 福島県文化振興事業団 329 1999.5
相馬市指定文化財「時鐘」と隠山和尚（遠藤時夫）「相馬郷土」 相馬郷土研究会 (27) 2012.03

相馬神社

相馬神社・剱社献詠歌「相馬郷土」 相馬郷土研究会 (28) 2013.03
相馬神社献詠歌「相馬郷土」 相馬郷土研究会 (29) 2014.03

相馬中村藩

二宮尊徳仕法の褒美農具について—相馬中村藩の事例（鈴木文雄）「民具マンスリー」 神奈川大学 34(1)通号397 2001.4
『土芥寇讎記』にみる元禄期の相馬中村藩（小野田義和）「えおひっぷす」 相馬郷土研究会 (270) 2010.09

相馬野馬追

絵馬「相馬野馬追額」について—福島県の「民俗誌」を振り返りながら（鈴木清）「東北民俗学研究」 東北学院大学民俗学OB会 5 1997.9
野馬奉献のこと（大迫徳行）「えおひっぷす」 相馬郷土研究会 176 2002.11
閏五月中の申の日の野馬追（岩本由輝）「えおひっぷす」 相馬郷土研究会 (232) 2007.7
閏五月に執行された野馬追本祭（岩本由輝）「えおひっぷす」 相馬郷土研究会 (238) 2008.1
服忌中の藩主と野馬追（岩本由輝）「えおひっぷす」 相馬郷土研究会 (239) 2008.2
野馬追いの郷は再生の道へ…（あすに向かって）（京谷則幸）「伊那」 伊那史学会 60(8)通号1011 2012.08

相馬藩

槍持ち佐五平の首（新妻郁男）「えおひっぷす」 相馬郷土研究会 (295) 2013.03

大光寺

会津美里町大光寺の延応二年銘阿弥陀一尊種子板碑について（坂内三彦）「会津若松市史研究」 会津若松市 (8) 2006.9

太鼓橋

今泉神社前に架かる太鼓橋について（菅野守恵男）「船引地方史研究」 船引地方史研究会 (12) 2006.3

大神宮

大神宮の正遷座と中村城下 上向町から河原町への道筋（南部孝之）「えおひっぷす」 相馬郷土研究会 191 2004.2
大神宮の正遷座と中村城下 鉄砲張町から大町への道筋（南部孝之）「えおひっぷす」 相馬郷土研究会 193 2004.3
万延元年の大神宮の御神幸(3) 大町から田町への道筋（南部孝之）「えおひっぷす」 相馬郷土研究会 205 2005.4
大神宮の御神幸と中村城下(4) 上町から上大町への道筋（南部孝之）「えおひっぷす」 相馬郷土研究会 (211) 2005.10
大神宮の御神幸と中村城下(5) 宇多田町から鉄砲張町への道筋（南部孝之）「えおひっぷす」 相馬郷土研究会 (213) 2005.12
大神宮の御神幸と中村城下(6) 向町から鍛冶町枡形への道筋（南部孝之）「えおひっぷす」 相馬郷土研究会 (216) 2006.3

大千寺

大千寺の無縁墓（秦宏）「郷土の研究」 国見町郷土史研究会 (34) 2004.3
大千寺のいしぶみに刻まれた不思議な記号（秦宏）「郷土の研究」 国見町郷土史研究会 (38) 2008.3

太平寺

「太平寺の稚児塚」について—諸文献の紹介と考察の試み（太田隆夫）「すぎのめ」 福島市杉妻地区史跡保存会 25 2002.11
「太平寺の稚児塚」について(2)—補遺として二・三のこと（太田隆夫）「すぎのめ」 福島市杉妻地区史跡保存会 27 2004.11

泰平寺

鎮守山泰平寺について（佐藤新一）「郡山地方史研究」 郡山地方史研究会 27 1997.3
顕密仏教の姿と鎮守山泰平寺（佐藤新一）「福島史学研究」 福島県史学会 78 2004.3

太用寺

藤樹学者たちの墓が在る太用寺釈迦堂（特集「絵馬・扁額」）（池上晃次）「歴史春秋」 歴史春秋社 (76) 2012.11

平

いわき市平の或る観音堂に収蔵の文化財（資料紹介）（渡邊行郎）「いわき地方史研究」　いわき地方史研究会　（42）2005.9

平上大越

現代の葬送儀礼―いわき市平上大越地区周辺の儀礼（合原香須美）「磐城民俗」　磐城民俗研究会　31　1998.11

大竜寺

大龍寺由緒（増子大道）「会津史談」　会津史談会　（78）2004.5

高き田

高き田の暮らし（聞き書き）（篠田直幸）「会津学」　会津学研究会　4　2008.8

高田

高田甚句の魅力（《特集 会津の民俗芸能》）（馬場啓介）「会津人群像」　歴史春秋出版　（14）2009.04

高寺

消えた「高寺」のなぞ 大伽藍と三千坊舎 兵火に焼亡（羽賀隆）「会津会々報」　会津会　104　1998.6

高寺山

高寺山物語（《特集 仏都会津》）（古川利意）「会津人群像」　歴史春秋出版　（10）2007.11

竹貫

県南地域に於ける中世修験組織の特性 八槻・石川・竹貫三修験院の確執をめぐって（岩谷浩光）「石川史談」　石陽史学会　（15）2002.7

高橋

トピック 高橋の虫送り「文化福島」　福島県文化振興事業団　36（5）通号408　2006.9

高森山

高森山金鉱伝説の由来（樋口光雄）「郷土の香り ： 郷土文化財資料」　保原町文化財保存会　45　2012.4

田沢

田沢、いしぶみロード（鐵貞雄）「すぎのめ」　福島市杉妻地区史跡保存会　（29）2007.1

田島

田島祇園祭屋台子供歌舞伎（3）「南山義民の碑」について（大竹修一）「会津の民俗」　歴史春秋社　28　1998.3

南会津における野兎の民俗―福島県南会津郡田島町田島の場合（天野武）「西郊民俗」「西郊民俗談話会」　通号168　1999.9

田島の染屋（沢田けい子）「民具研究」　日本民具学会　通号121　2000.2

只見

トピック 重要有形民俗文化財の指定目ざす只見の民具「文化福島」　福島県文化振興事業団　335　1999.11

民俗調査と映像記録―「只見の漁と鮨」をめぐって（榎陽介）「福島の民俗」　福島県民俗学会　（32）2004.3

只見川上流域

只見川上流域における鱒漁について（佐々木長生）「民具研究」　日本民具学会　通号115　1997.9

只見川中・下流域

福島県只見川中・下流域における鳥追い行事の地域的特色―雪室の役割を中心に（後藤麻衣子）「歴史地理学」　歴史地理学会，古今書院（発売）49（3）通号234　2007.6

只見川流域

只見川流域の雛流し（佐々木長生）「博物館だより」　福島県立博物館　（78）2005.9

只見町

南会津地方のドングリ食―只見町シダミ餅（佐々木長生）「会津の民俗」　歴史春秋社　30　2000.3

南会津地方における山の神信仰の諸相―只見町の事例を中心に（佐々木長生）「東北芸術工科大学東北文化研究センター研究紀要」　東北芸術工科大学東北文化研究センター　（1）2002.3

只見町の民具と保存活用（佐々木長生）「会津の民俗」　歴史春秋社　32　2002.6

会津・只見町の小笠原流礼法巻物と民俗（増田昭子）「民具マンスリー」　神奈川大学　36（7）通号427　2003.10

只見町の生業と民具―雪・山・川のつくる世界（佐々木長生）「非文字資料研究」　神奈川大学21世紀COEプログラム拠点推進会議　（14）2006.12

立木観音

仏都会津の立木観音（《会津坂下町編 越後街道》）（藤田恵盛）「下野街道」　ヤマト企画編集部　（9）2009.05

伊達

伊達地方の弘法清水の民話（地域の伝承、まつりなど）（加藤博）「しみず」　清水地区郷土史研究会　（24）2013.03

舘

舘のじゃんがら（太田史人）「潮流」　いわき地域学会　31　2003.12

喜多方の農耕絵馬（続）―舘稲荷神社明治四〇年奉納絵馬を中心に（1），（2）（佐々木長生）「民具マンスリー」　神奈川大学　47（4）通号556／47（6）通号558　2014.07/2014.09

舘岩

〔新刊紹介〕石川純一郎編『会津舘岩のむかし話』（吉川祐子）「静岡県民俗学会誌」　静岡県民俗学会　22　2001.12

舘岩村

「水引」の風景―舘岩村（佐藤昌明）「会津学」　会津学研究会　1　2005.8

伊達郡

近世の宗教者編成と地域社会―奥州伊達郡を事例として（菅野洋介）「福島史学研究」　福島県史学会　74　2002.3

地方神職の活動と地域文化―奥州伊達郡における惣社制度を中心として（菅野洋介）「福島史学研究」　福島県史学会　（79）2004.9

建鉾山

祭祀遺跡建鉾山瞥見（7）（勝田三枝子）「棚倉史談」　棚倉史談会　10　2002.5

田中神社

珍しい神社田中様（三橋敏美）「会北史談」　会北史談会　（42）2000.7

棚倉藩

「シンポジウム 棚倉藩と都々古別神社」報告（藤田直一）「福島の民俗」　福島県民俗学会　（42）2014.03

棚倉町

手仕事ふるさと 棚倉町の寄木細工「文化福島」　福島県文化振興事業団　328　1999.4

玉川村

方言特集「多萬閑和」　玉川村郷土史研究会　1999年　1999.9

玉川村の近世紀里修験（岩谷浩光）「石川史談」　石陽史学会　（18）2006.3

田村郡

民間巫子と〈話〉の生成・伝承―田村郡の事例から、託宣・遊行と説話伝承の一考察（高塚さおり）「世間話研究」　世間話研究会　（7）1997.3

太夫坂集落

太夫坂集落の葬儀の場の変遷（論文・報告）（新妻玲央）「磐城民俗」　磐城民俗研究会　（36）2011.09

中善寺

郷土のお寺 関榮中善寺（伊藤昭一）「会北史談」　会北史談会　（56）2014.08

長久寺

コラム 長久寺の山門（菅原海淳）「棚倉史談」　棚倉史談会　10　2002.5

調合寺

各部の報告とお知らせ 寺社研究部 妻飾りを持つ調合寺（上宇内薬師堂）の山門（仁王門）（村越保寿）「会津史談通信」　会津史談会　46　2001.10

調合寺と薬師堂（《会津坂下町編 越後街道》）（齋藤宣詔）「下野街道」　ヤマト企画編集部　（9）2009.05

長寿山

長寿山頂へ山神建立（小島林業組合）祝詞（高木知典）「小島の民俗」　小島民俗の会　3　2001.7

長盛寺

「数珠まわし」―牧野長盛寺の涅槃会の諸行事から（佐久間良雄）「船引地方史研究」　船引地方史研究会　（17）2014.10

長福寺

福島県いわき市長福寺本尊地蔵菩薩坐像と納入文書―概報（西岡芳文，瀬谷貴之，永村眞，福島金治，渡辺智裕，若林繁）「金沢文庫研究」　神奈川県立金沢文庫　（330）2013.03

長命不動尊

東北三十六不動 三十二番 長命不動尊（五十嵐郁子）「あゆみ」　新鶴村郷土史研究会　（4）1995.07

東北　　　　　　　　　　　　　郷土に伝わる民俗と信仰　　　　　　　　　　　　　　福島県

月舘町

伊達郡月舘町の産育・婚姻習俗 (氏家武夫)「磐城民俗」 磐城民俗研究会 31　1998.11

土湯

木地師業と土湯こけしの誕生 (高橋紀子)「文化福島」 福島県文化振興事業団　329　1999.5

土湯温泉

こけしの里太子像—福島・土湯温泉 (小松光江)「聖徳」 聖徳宗教学部 (195)　2008.2

都々古山

ツツコ山の古代祭祀と日本神話 (青山博樹)「文化福島」 福島県文化振興事業団　34(10) 通号393　2005.3

都々古別三社

福島県棚倉町伝統文化活性化実行委員会『都々古別三社「御枡廻し」調査報告書』(書評・書誌紹介) (岩崎真幸)「福島の民俗」 福島県民俗学会 (42)　2014.03

都々古別神社

「シンポジウム 棚倉藩と都々古別神社」報告 (藤田直一)「福島の民俗」 福島県民俗学会 (42)　2014.03

天栄村

トピック 天栄村・民話の出前「文化福島」 福島県文化振興事業団　32(9) 通号372　2003.1

天司の宮ばてれん塚

全国の大樹と猪苗代天司の欅並に天司の宮ばてれん塚とは (小板橋栄一)「猪苗代地方史研究会会報」 猪苗代地方史研究会 (30)　1997.4

天寧

天寧獅子 (《特集 獅子芸能の世界へ》—〈獅子が踊る！ 獅子が舞う！—東アジアの獅子芸能II〉) (大島正美)「ぉんだら ：東北文化友の会会報」 東北芸術工科大学東北文化研究センター (27)　2006.5

天寧寺

傑堂能勝禅師と会津天寧寺 (高橋一郎)「新発田郷土誌」 新発田郷土研究会 28　2000.3

各部の報告とお知らせ 調査記 万松山天寧寺周辺散策 (小熊和子)「会津史談通信」 会津史談会　45　2001.4

筒木原

筒木原の十九夜講 (久之浜のかたち) (太田史人)「久之浜通信」 もろびと舎　20　2005.8

道前原

扉写真 穴沢一族の五輪塔 (北塩原村大字桧原字道前原)「会津史談」 会津史談会 (87)　2013.04

塔寺

『異本塔寺長帳』と中世の気候変動 (上),(下) (簗田直幸)「月刊会津人」 月刊会津人社 (17)／(18)　2005.2/2005.3

「異本塔寺長帳」に読む 中世の寺社 社会事象の変動 (簗田直幸)「会津史談」 会津史談会 (82)　2008.4

塔寺八幡宮

「塔寺八幡宮長帳裏書」と「異本塔寺八幡宮長帳」との関連性について (簗田直幸)「会津史談」 会津史談会 (84)　2010.04

東福寺

東福寺に運慶作の薬師仏安置 (渡辺正之)「富田町史談会会報」 富田町史談会 (12)　2004.4

東明寺

住吉神社、弘長寺・東明寺 (特集「扁額」) (長谷川和夫)「歴史春秋」 歴史春秋社 (74)　2011.10

銅屋

銅屋の磨崖仏 (菅野善右衛門)「寿里可美」 飯坂町史跡保存会 (5)　1998.6

徳江観音

徳江観音様の話 (文芸) (菅井昭子)「郷土の研究」 国見町郷土史研究会 (44)　2014.03

徳江観音寺

徳江観音寺観音堂御本尊御開帳大祭 (内池育男)「郷土の研究」 国見町郷土史研究会 (33)　2003.3

徳善院

〔資料紹介〕 「文政六年三月松平越中守所替ニ付本山修験宗徳善院寺内

取調書上申帳控」(加藤義久)「福島の民俗」 福島県民俗学会　28　2000.3

本山修験須賀川徳善院の終末—「御一新森御殿御達書」を中心に (加藤義久)「福島の民俗」 福島県民俗学会 (33)　2005.3

豊島ヶ岡御陵

豊島ヶ岡御陵参拝と重陽祭 (宮森泰弘)「会津会々報」 会津会 (115)　2009.06

栃木沢

浜の歳時記 栃木沢の二十三夜様 (新妻英正)「久之浜通信」 もろびと舎 21　2005.10

富田

富田夜噺・鶴の巣籠り (佐藤恭三)「富田町史談会会報」 富田町史談会 (10)　2002.3

富田の昔ばなし (柳田悌一)「富田町史談会会報」 富田町史談会 (10)　2002.3

富田の夜ばなし 三題 (佐藤恭三)「富田町史談会会報」 富田町史談会 (11)　2003.4

富田町

点灯祝 (安斉トシ)「富田町史談会会報」 富田町史談会 (5)　1997.3

とみたの夜ばなし「ボンボン欅」(鈴木順安)「富田町史談会会報」 富田町史談会 (5)　1997.3

とみたの夜ばなし「お正月今昔」(順安)「富田町史談会会報」 富田町史談会 (6)　1998.3

日吉神社由緒 (阿部登)「富田町史談会会報」 富田町史談会 (10)　2002.3

祭り旅一年を振り返る (鹿野正男)「富田町史談会会報」 富田町史談会 (11)　2003.4

富田町日吉神社代々神楽の由来 (阿部登)「富田町史談会会報」 富田町史談会 (11)　2003.4

豊国酒造

会津人と酒 (5) 会津坂下、三つの酒蔵の物語 曙酒造・豊国酒造・廣木酒造 (会津坂下町) (須田麻智子)「会津人群像」 歴史春秋出版 (5)　2005.10

中志田

中志田の梵天祭 (原源司)「温故知新」 熱塩加納郷土史研究会　3　1997.8

熱塩加納中志田部落の梵天祭について (上田耕嗣)「会北史談」 会北史談会 (48)　2006.7

中田町柳橋

トピック 三十数年ぶりに野舞台復活 郡山市中田町柳橋歌舞伎「文化福島」 福島県文化振興事業団 334　1999.10

中通り

福島県中通り 仏様との出会い (江ヶ崎龍三)「史迹と美術」 史迹美術同攷会　72(8) 通号728　2002.9

福島県中通り北部の石祠 (高木政光)「日本の石仏」 日本石仏協会, 青蛾書房 (発売) (111)　2004.9

福島県中通り諸地域の板碑 (柳内壽彦)「六軒丁中世史研究」 東北学院大学中世史研究会 (13)　2008.4

近世、中通りにおける薬師信仰 (野沢謙治)「福島の民俗」 福島県民俗学会 (37)　2009.03

中野

まちの文化財 中野の稲荷様 (志賀賢司)「久之浜通信」 もろびと舎 21　2005.10

中ノ沢

中ノ沢こけし 蛸坊主 (本多洋)「猪苗代地方史研究会会報」 猪苗代地方史研究会 (31)　1998.4

中村

大神宮の正遷座と中村城下 上向原町から河原町への道筋 (南部孝之)「えおひっぷす」 相馬郷土研究会 191　2004.2

大神宮の正遷座と中村城下 鉄砲張町から大町への道筋 (南部孝之)「えおひっぷす」 相馬郷土研究会 192　2004.3

大神宮の御神幸と中村城下 (4) 上町から上大町への道筋 (南部孝之)「えおひっぷす」 相馬郷土研究会 (211)　2005.10

大神宮の御神幸と中村城下 (5) 宇多川町から鉄砲張町への道筋 (南部孝之)「えおひっぷす」 相馬郷土研究会 (213)　2005.12

大神宮の御神幸と中村城下 (6) 向町から鍛冶町枡形への道筋 (南部孝之)「えおひっぷす」 相馬郷土研究会 (216)　2006.3

中村藩

中村藩への浄土真宗信徒移民導入の時期再考 (1) (岩本由輝)「相馬郷土」

相馬郷土研究会 （28） 2013.03

流廃寺
庵室から山寺へ—福島県棚倉町流廃寺の場合（創刊70号記念特別号）（時枝務）「歴史考古学」 歴史考古学研究会 （70） 2014.12

中和田
中和田の多胡碑（渡部稔）「温故知新」 熱塩加納郷土史研究会 3 1997.8

名倉山酒造
会津人と酒（4） 蔵元達の心象風景名倉山酒造（会津若松市）（須田麻智子）「会津人群像」 歴史春秋出版 （4） 2005.2

夏井廃寺
轆轤支柱遺構の様式分類と占地考—夏井廃寺と国見山廃寺の事例を中心に（大竹憲治）「いわき地方史研究」 いわき地方史研究会 （43） 2006.9

浪江町
トピック 浪江町・陶芸の杜おおほり「文化福島」 福島県文化振興事業団 32（2）通号365 2002.5

行方郡
明治25年、行方・宇多郡の祭礼—福島県神社庁文書から（論文・報告）（岩崎真幸）「福島の民俗」 福島県民俗学会 （40） 2012.03

滑川村
資料紹介「安永五年長沼領滑川村御霊大明神奉納自神楽誉言葉」とその解釈（加藤義久）「福島の民俗」 福島県民俗学会 29 2001.3

奈良布
開拓村の暮らし—昭和村奈良布（特集 暮らしを編む（聞き書き）—山村の農）（川合正裕）「会津学」 会津学研究会 6 2010.11

縄沢村
民俗探訪—山論から400年間も姻戚関係のない村・松尾村と縄沢村の境塚を訪ねて（滝沢洋之）「会津の民俗」 歴史春秋社 31 2001.3

南光院
古文書紹介 下野尻の家並み起源と慈眼寺と南光院の火防せ地蔵（西会津史談会古文書研究部）「西会津史談」 西会津史談会 （4） 2001.4

南泉寺
南泉寺の大梵鐘と桜門（渡部力夫）「歴史春秋」 歴史春秋社 （54） 2001.10

二井田
二井田北野天満宮と二井田の原家（原義男）「郷土の香り ： 郷土文化財資料」 保原町文化財保存会 35 2002.3
文化財改修記録 二井田の阿弥陀堂改修に当たって（佐藤角治）「郷土の香り ： 郷土文化財資料」 保原町文化財保存会 38 2005.3
二井田津田家一族と氏神様（原義雄）「郷土の香り ： 郷土文化財資料」 保原町文化財保存会 42 2009.03

新鶴村
南向きのお地蔵様（長谷川静）「あゆみ」 新鶴村郷土史研究会 （4） 1995.07
流された仁王様（鴻巣孝子）「あゆみ」 新鶴村郷土史研究会 （4） 1995.07

新沼
新沼の御神楽について—老人の思い出を辿って（半谷一實）「相馬郷土」 相馬郷土研究会 （27） 2012.03

西会津
語源追跡「がらごり」の探求（根本一）「西会津史談」 西会津史談会 （2） 1999.4
墓地を尋ねて（我が家の歴史シリーズ）（伊藤アヤ子）「西会津史談」 西会津史談会 （3） 2000.4
民話と桜のある風景（《西会津編 越後街道》）（三瓶純一，三瓶たか）「下野街道」 ヤマト企画編集部 （8） 2008.4
会津と越後東蒲原の「方言の似比べ」（《西会津編 越後街道》）（和久井正巳）「下野街道」 ヤマト企画編集部 （8） 2008.4
西会津の宗教観光（《西会津編 越後街道》）（佐竹勲）「下野街道」 ヤマト企画編集部 （8） 2008.4

西会津町
再訪『文化福島』 屋敷人形芝居（西会津町）「ふくしま文化情報 ： 文化福島」 福島県文化振興事業団 （432） 2009.01

西麻生
北会津村西麻生に伝わる天神講について（新井田忠誠）「会津の民俗」 歴史春秋社 32 2002.6

西岩尾
口絵写真 神社シリーズ（23）西岩尾・三島神社、（24）鷲田・稲荷神社（山口四郎）「温故知新」 熱塩加納郷土史研究会 （13） 2007.3

西方
福島県の水祝い行事の考察—三春町西方の水掛け祭りを中心として（真壁敬司）「福島県立博物館紀要」 福島県立博物館 （15） 2000.10
トピックス 福島県大沼郡三島町西方の虫送り（佐藤智敬）「神・人・自然」 「神・人・自然」研究会 （3） 2013.10

西根堰
平成19年度国見町文化祭 国見町郷土史研究会展示「西根堰と国見町の神社仏閣」展について（行事報告）（阿部義男）「郷土の研究」 国見町郷土史研究会 （38） 2008.3

西原廃寺
福島県指定史跡 西原廃寺余聞（秋山政一）「寿里可美」 飯坂町史跡保存会 （8） 2001.6
西原廃寺を語る（伝承講演会の記録）（但木秀徳）「寿里可美」 飯坂町史跡保存会 （20） 2014.12

日新館
会津藩校日新館と沖縄久米崇聖廟（竹内良雄）「閑谷学校研究」 特別史跡閑谷学校顕彰保存会 （11） 2007.5
日新館神道教育の外郭的研究（鈴木斎彦）「会津若松市史研究」 会津若松市 （10） 2008.9

新田愛宕神社
つなぐ心—技と芸の伝承（1） 新田愛宕神社獅子踊保存会「文化福島」 福島県文化振興事業団 36（2）通号405 2006.5

日中
口絵写真 神社シリーズ（27）日中・八幡神社、日中・白髭神社「温故知新」 熱塩加納郷土史研究会 （15） 2009.03
口絵写真 神社シリーズ（28）熱塩・山神社 間瀬、日中・温泉神社「温故知新」 熱塩加納郷土史研究会 （15） 2009.03

二本松
念仏百万編塔について（高橋善作）「二歴研」 二本松歴史研究会 （14） 2001.2
二本松系太神楽を追い求めて（1）（鹿野正男）「富田町史談会会報」 富田町史談会 （10） 2002.3
二本松戒石銘（高澤佑輔）「富田町史談会会報」 富田町史談会 （10） 2002.3
二本松最古の太鼓台写真とその背景を探る（喜古康浩）「福島の民俗」 福島県民俗学会 （35） 2007.3

二本松神社
『福島中央新報』記事を基にした戦後の二本松神社例大祭の変遷（喜古康浩）「福島の民俗」 福島県民俗学会 （37） 2009.03
二本松神社例大祭の「呼び起こし」行事考察（喜古康浩）「福島の民俗」 福島県民俗学会 （38） 2010.03
戦時下の二本松神社例大祭（喜古康浩）「福島の民俗」 福島県民俗学会 （39） 2011.03
昭和恐慌下の二本松神社例大祭（論文・報告）（喜古康浩）「福島の民俗」 福島県民俗学会 （41） 2013.03
二本松神社例大祭 本町踊屋台の写真発見—提灯祭り踊屋台・山車の考察（論文・報告）（喜古康浩）「福島の民俗」 福島県民俗学会 （42） 2014.03

二本松藩
夷神の信仰について—二本松藩を中心に（山崎清敏）「歴程 ： 本宮町史だより」 本宮町教育委員会町史編纂室 （61） 2000.5
二本松藩領内の宝暦型太鼓台の発生と文政二年型太鼓台への造り替え—福島県内の祭礼囃子の源流（12）（相原達郎）「福島の民俗」 福島県民俗学会 （38） 2010.03

如法寺
会津の古刹・ふれあいの旅（6） 金剛山如法寺（西会津町）（笹川壽夫）「会津人群像」 歴史春秋出版 （7） 2006.8
会津西方浄土・鳥追観音如法寺（《西会津編 越後街道》）（三留晃衛）「下野街道」 ヤマト企画編集部 （8） 2008.4

如来寺
浄土宗名越派故本山如来寺草創のころ（渡邊行郎）「潮流」 いわき地域学会 31 2003.12

布引高原
布引高原だいこん（《創立50周年記念特集号 変容福島県》—（中通り地方に関する論考））（高田衛）「福島地理論集」 福島地理学会 51 2008.9

沼田神社

徳江の鎮守さま「沼田神社について」(村上浩)「郷土の研究」 国見町郷土史研究会 (36) 2006.3

根岸村

旧菊田郡根岸村にみる明治18年村中申合規約(佐川義文)「潮流」 いわき地域学会 35 2007.12

猫川

猫川馬頭観音堂の由来とその経過について(一條茂)「郷土の香り : 郷土文化財資料」 保原町文化財保存会 43 2010.03

猫魔岳

猫魔嶽の伝説(武藤啓)「峠のみち」 北塩原村郷土史研究会 (13) 1999.3

根子町

根子町土人形 蚕神によせて(丹治伸吉)「すぎのめ」 福島市杉妻地区史跡保存会 27 2004.11

根子町物語(一般投稿)(丹治康吉)「すきのめ」 福島市杉妻地区史跡保存会 (33) 2012.3

能力経塚

喜多方市塩川町の能力経塚と殺生石をめぐって(中村五郎)「福島考古」 福島県考古学会 通号49 2008.3

野沢

『私本・会津野沢風物誌』より(1)大山大々講「宇陀帰山」(根本一)「西会津史談」 西会津史談会 (6) 2003.4

西会津(野澤)開拓史料 『野澤熊野神社縁起』に見る野澤六人衆(西会津史談会古文書研究部)「西会津史談」 西会津史談会 (6) 2003.4

野行村

興復社と野行村開発(松本美笙)「相馬郷土」 相馬郷土研究会 (16) 2001.3

箱崎

再訪「文化福島」 箱崎の獅子舞(伊達市)「ふくしま文化情報 : 文化福島」 福島県文化振興事業団 (434) 2009.04

新春歴史文化講演会 箱崎の獅子舞(石井祐澄)「郷土の香り : 郷土文化財資料」 保原町文化財保存会 43 2010.03

橋本

伝統の技と芸の伝承(7)橋本アサさん「文化福島」 福島県文化振興事業団 36(8)通号411 2006.12

八幡神社の杜

會津探訪(3)石部桜・八幡神社の杜編(横山秀夫)「会津人群像」 歴史春秋出版 (19) 2011.04

八葉寺

八葉寺(播磨地域)の鬼追い(藤原喜美子)「まつり通信」 まつり同好会 50(1)通号545 2010.01

会津の古刹 ふれあいの旅(10)如来山八葉寺(会津若松市)(川原太郎)「会津人群像」 歴史春秋出版 (17) 2010.08

文化財を守る 御薬園 御茶屋御殿、大般若経 自在院、八葉寺 阿弥陀堂/第60回文化財防火デー 1月26日/院内御廟歴史散策 7つの謎の答え「あいづわかまつ文化財だより」 会津若松市教育委員会 (21) 2014.04

波立薬師

『歳時民俗記』のなかの波立薬師(久之浜のかたち)(夏井芳徳)「久之浜通信」 もろびと舎 19 2004.10

土津神社

土津神社の変遷(塩谷七重郎)「歴史春秋」 歴史春秋社 (57) 2003.4

土津神社をたずねて(気賀沢厚典)「伊那路」 上伊那郷土研究会 48(12)通号575 2004.12

土津神社と保科正之(《猪苗代町編 二本松街道》)(渡部淳)「下野街道」 ヤマト企画編集部 (7) 2007.5

「土津神社の石造物と其の背景」考(川井源治)「会津史談」 会津史談会 (84) 2010.04

土津神社を訪ねて(第37回上伊那歴史研究会県外実地踏査報告「福島県と上伊那とのつながりを探る」)(星野正明)「伊那路」 上伊那郷土研究会 56(12)通号671 2012.12

馬場都々古別神社

東京芸術大学大学院美術研究科文化財保存学専攻保存修復建造物研究室『馬場都々古別神社建造物調査報告書』(書評・書誌紹介)(藤田直一)「福島の民俗」 福島県民俗学会 (42) 2014.03

浜通り

福島県浜通り地方の漂着神伝承(佐々木長生)「磐城民俗」 磐城民俗研究会 31 1998.11

江戸時代における浜通り地方の源流について(《特集 いわきの原始・古代から近世までの生業と信仰》)(佐々木竜二)「いわき地方史研究」 いわき地方史研究会 (40) 2003.9

羽山

羽山と山ノ神信仰(高橋圭次)「小島の民俗」 小島民俗の会 4 2002.5

原町市

尊星王(妙見)法と千葉氏・相馬氏の妙見信仰(丸井敬司)「研究紀要」 野馬追の里原町市立博物館 6 2004.3

原町市の紀年銘千歯扱き―消費地から見た民具の生産と流通(二本松文雄)「民具研究」 日本民具学会 (130) 2004.10

波立寺

まちの文化財 波立寺「久之浜通信」 もろびと舎 11 2000.8

針生集落

針生集落の鎮守鬼渡神社の祭神(長谷川清)「会北史談」 会北史談会 (50) 2008.7

半在家

半在家の鼻取地蔵(原源司)「温故知新」 熱塩加納郷土史研究会 3 1997.8

半在家部落とわが家の年中行事(原源司)「温故知新」 熱塩加納郷土史研究会 (7) 2001.7

半在家並桜

口絵写真 神社シリーズ(35)下田中 軍馬忠霊碑・他、(36)半在家並桜 稲荷神社・他(長谷川清)「温故知新」 熱塩加納郷土史研究会 (19) 2013.03

磐梯山

磐梯神社からみる磐梯山信仰(木田浩)「会津若松市史研究」 会津若松市 (10) 2008.9

磐梯神社

磐梯神社からみる磐梯山信仰(木田浩)「会津若松市史研究」 会津若松市 (10) 2008.9

磐梯町

わが町の歳時記(《磐梯町編 慧日寺と徳一》)(鈴木秀一)「下野街道」 ヤマト企画編集部 (6) 2006.4

清酒 磐梯山、会津桜、醸造元(《磐梯町編 慧日寺と徳一》)(桑原大)「下野街道」 ヤマト企画編集部 (6) 2006.4

磐梯町の特産品について(《磐梯町編 慧日寺と徳一》)(田中茂)「下野街道」 ヤマト企画編集部 (6) 2006.4

万人子守地蔵尊

万人子守地蔵尊「縁起」(菊池芳郎)「郷土わたり」 亘理郷土史研究会 88 2002.4

東神指

東神指の彼岸獅子――受託資料の整理と調査から(内山大介)「福島県立博物館紀要」 福島県立博物館 (28) 2014.03

東山温泉

昔のスイーツ探し旅(24)湯の花羊羹(牛嶋英俊)「西日本文化」 西日本文化協会 (463) 2013.06

東湯野

東湯野秘仏二題(小原恒七,橘内豊吉)「寿里可美」 飯坂町史跡保存会 (5) 1998.6

東湯野昔ばなし 紙芝居「増田の姥石」(会員投稿)(渡辺勝治)「寿里可美」 飯坂町史跡保存会 (18) 2012.12

東湯野ふるさと歴史館と紙芝居「東湯野昔ばなし」(伝承講演会の記録)(渡辺勝治)「寿里可美」 飯坂町史跡保存会 (19) 2013.12

久之浜

ちんちん山とお別火様について(石井孝宗)「久之浜通信」 もろびと舎 11 2000.8

久之浜のかたち あんぼ信仰(和田文夫)「久之浜通信」 もろびと舎 13 2001.8

浜の歳時記 元朝参りと初日の出「久之浜通信」 もろびと舎 14 2001.12

久之浜魚祭りに参加して(佐藤雅子)「久之浜通信」 もろびと舎 14 2001.12

ふるさとの味 カワハギのきみみ「久之浜通信」 もろびと舎 16 2002.12

久之浜点描 地獄の坂道―大場山(しらどてつや)「久之浜通信」 もろびと舎 17 2003.8

ふるさとの味 沖ドンゴのたたき「久之浜通信」 もろびと舎 17 2003.8

福島県　　　　　　　　　　　　郷土に伝わる民俗と信仰　　　　　　　　　　　　東北

久之浜のじゃんがら（上）（久之浜のかたち）（太田史人）「久之浜通信」
　もろびと舎　19　2004.10
浜の歳時記 庚申講「久之浜通信」　もろびと舎　19　2004.10
浜の歳時記 諏訪神社の正月「久之浜通信」　もろびと舎　20　2005.8
久之浜の墓制ノート（久之浜のかたち）（太田史人）「久之浜通信」　もろ
　びと舎　21　2005.10
ふるさとの味 酢海鼠「久之浜通信」　もろびと舎　21　2005.10
つっつき十五夜（三ツ森ゼミナール）（商工会青年部・女性部）「久之浜通
　信」　もろびと舎　21　2005.10
じゃんがら念仏伝承について（三ツ森ゼミナール）（遠藤諭）「久之浜通
　信」　もろびと舎　（22）2006.9
神の呼吸の久之浜（三ツ森ゼミナール）（安藤栄作）「久之浜通信」　もろ
　びと舎　（22）2006.9
オクマばっぱの昔話（久之浜のかたち）（太田史人）「久之浜通信」　もろ
　びと舎　（23）2007.2

檜枝岐

秘境のぬくもり 桧枝岐歌舞伎を訪ねて（佐瀬美代子）「会津会々報」　会
　津会　104　1998.6
桧枝岐の「石ぐら」について（論文・報告）（佐々木長生）「福島の民俗」
　福島県民俗学会　（42）2014.03

檜枝岐村

エイノバンバの生活誌（1）（佐治靖）「福島県立博物館紀要」　福島県立博
　物館　（21）2007.3

ひばら湖

ひばら湖まつり追憶（渡部新一）「峠のみち」　北塩原村郷土史研究会
　（12）1998.3

蛭児社

蛭児社考（論文・報告）（加藤義久）「福島の民俗」　福島県民俗学会
　（41）2013.03

広木酒造

会津人と酒（5）会津坂下、三つの酒蔵の物語 曙酒造・豊国酒造・廣木
　酒造（会津坂下町）（須田麻智子）「会津人群像」　歴史春秋出版　（5）
　2005.10

広野村

昭和の郷食―広野村の場合（《特集 縄文から近代までの生業・信仰・社
　会構造》）（渡邉一雄）「いわき地方史研究」　いわき地方史研究会
　（44）2007.9

武縁寺

白石の虚無僧寺武縁寺について（藤田定興）「福島史学研究」　福島県史学
　会　75　2002.8

武音寺

虚無僧寺の場先―塙武音寺を中心として（藤田定興）「福島史学研究」　福
　島県史学会　70　2000.3

福島

三本鍬（和田文夫）「福島の民俗」　福島県民俗学会　25　1997.3
ふいご祭りと祭神（佐藤次郎）「福島の民俗」　福島県民俗学会　25
　1997.3
民俗短信 郷土玩具 スイトン（鹿野正男）「福島の民俗」　福島県民俗学会
　25　1997.3
雪国の民俗（安藤紫香）「福島の民俗」　福島県民俗学会　26　1998.3
民俗芸能・民俗行事の復activ活とその背景（鹿野正男）「福島の民俗」　福島県
　民俗学会　26　1998.3
錫杖形鉄製品について（阿部知己）「福島考古」　福島県考古学会　39
　1998.3
土葬のころの村定め（安藤紫香）「福島の民俗」　福島県民俗学会　27
　1999.3
現代の葬送儀礼における「主体」の問題について（合原香須美）「福島の
　民俗」　福島県民俗学会　27　1999.3
民俗短信 死後と霊（佐藤次郎）「福島の民俗」　福島県民俗学会　27
　1999.3
社殿の棟端を飾る木製鬼面について（藤田定興）「文化福島」　福島県文化
　振興事業団　328　1999.4
手仕事ふるさと 竹細工 西山昭一さん「文化福島」　福島県文化振興事業
　団　334　1999.10
手仕事ふるさと ガラス工 秦昌太さん「文化福島」　福島県文化振興事業
　団　335　1999.11
手仕事ふるさと だるま製作 飯田明子さん「文化福島」　福島県文化振興
　事業団　337　2000.1
手仕事ふるさと 摘かんざし 佐久間実さん「文化福島」　福島県文化振興
　事業団　338　2000.2

文字を聞く・文字を語る―ホンヨミの民俗誌（川島秀一）「福島の民俗」
　福島県民俗学会　28　2000.3
手仕事ふるさと 桶づくり 鈴木広育さん「文化福島」　福島県文化振興事
　業団　339　2000.3
お正月と郷土料理（平出美穂子）「文化福島」　福島県文化振興事業団
　30（10）通号349　2001.1
無尽―「盛り場」の民俗文化（佐治靖）「文化福島」　福島県文化振興事業
　団　30（11）通号350　2001.2
民俗短信 「神代文字」に思う（岩谷浩光）「福島の民俗」　福島県民俗学
　会　29　2001.3
町に定着した子供歌舞伎（刈屋豊蔵）「文化福島」　福島県文化振興事業団
　31（4）通号355　2001.7
猟師の祝い着・万祝（園部彰）「文化福島」　福島県文化振興事業団　31
　（6）通号357　2001.9
市の虚無僧と風呂屋―「連釈之大事」を中心として（藤田定興）「福島史
　学研究」　福島県史学会　76　2003.3
民家の「曲がり」の原型とその変容（菅野康二）「福島地理論集」　福島地
　理学会　46　2003.3
雛祭りのお吊るし物（山崎祐子）「福島の民俗」　福島県民俗学会　（31）
　2003.5
トピック 森の民話茶屋「文化福島」　福島県文化振興事業団　33（3）通
　号376　2003.6
ふくしまの原像（12）戦後写真にみる暮らしの原点 お蚕さま―養蚕の思
　い出（阿部輝郎）「文化福島」　福島県文化振興事業団　33（3）通号376
　2003.6
「安寿と厨子王物語」その原点を探る（遠藤拓二）「文化福島」　福島県文
　化振興事業団　33（4）通号377　2003.7
ふくしまの原像（14）ソバ打ち―香り立つ秋（阿部輝郎）「文化福島」　福
　島県文化振興事業団　33（5）通号378　2003.9
Q&A 福島の人形芝居（榎陽介）「博物館だより」　福島県立博物館　71
　2003.12
妙見神社（吉田博令）「福島の民俗」　福島県民俗学会　（32）2004.3
資料紹介 史料『天保農行記（抄）』下（加藤義久）「福島の民俗」　福島県
　民俗学会　（32）2004.3
虚無僧風呂屋の寺院化（藤田定興）「福島史学研究」　福島県史学会　78
　2004.3
ふくしまの原像（19）焚き火（阿部輝郎）「文化福島」　福島県文化振興事
　業団　33（10）通号383　2004.3
ふくしまの原像（20）春耕（阿部輝郎）「文化福島」　福島県文化振興事業
　団　34（1）通号384　2004.4
ふくしまの原像（22）田植え―結いの心と共に（阿部輝郎）「文化福島」
　福島県文化振興事業団　34（3）通号386　2004.6
お人形様への祈り（柳沼照栄）「文化福島」　福島県文化振興事業団　34
　（5）通号388　2004.9
ふくしまの原像（28）寒の水―冬の和紙の里（阿部輝郎）「文化福島」　福
　島県文化振興事業団　34（9）通号392　2005.1
位牌を分ける習俗（岩崎真幸）「福島の民俗」　福島県民俗学会　（33）
　2005.3
神子について（吉田博令）「福島の民俗」　福島県民俗学会　（33）2005.3
ふくしまの原像（31）紙芝居―子らの夢（阿部輝郎）「文化福島」　福島県
　文化振興事業団　35（2）通号395　2005.5
ふくしまの原像（34）養蚕の頃―自然の贈り物（阿部輝郎）「文化福島」
　福島県文化振興事業団　35（5）通号398　2005.9
トピック 歌集『ふくしまのわらべうた』「文化福島」　福島県文化振興事
　業団　35（9）通号402　2006.1
「残す」ことと「使う」こと―映像記録作成の現状と課題（《特集 民俗行
　事の保存と継承をめぐる今日的課題》）（鑓水実）「福島の民俗」　福島
　県民俗学会　（34）2006.3
行事の「発見」と映像記録（《特集 民俗行事の保存と継承をめぐる今日
　的課題》）（榎陽介）「福島の民俗」　福島県民俗学会　（34）2006.3
田植えの方法（民俗短信）（吉田博令）「福島の民俗」　福島県民俗学会
　（34）2006.3
宗教史から検討した縄文時代中期（中村五郎）「福島考古」　福島県考古学
　会　通号47　2006.3
随想 ユビソヤナギ―分布が意味するもの（鈴木和次郎）「文化福島」　福
　島県文化振興事業団　36（1）通号404　2006.4
ふくしま暮らしの行事 五月節供（太田隆夫）「文化福島」　福島県文化振
　興事業団　36（2）通号405　2006.5
つなぐ心―技と芸の伝承（2）亀田大介さん「文化福島」　福島県文化振
　興事業団　36（3）通号406　2006.6
ふくしま暮らしの行事 たなばた（太田隆夫）「文化福島」　福島県文化振
　興事業団　36（4）通号407　2006.7
つなぐ心―技と芸の伝承（3）大野勝雄さん「文化福島」　福島県文化振
　興事業団　36（4）通号407　2006.7
ふくしまの原像（43）七夕（阿部輝郎）「文化福島」　福島県文化振興事業

団 36(4) 通号407 2006.7

ふくしま暮らしの行事 お月見(太田隆夫)「文化福島」 福島県文化振興事業団 36(5) 通号408 2006.9

つなぐ心―技と芸の伝承(4) 久保田節子さん「文化福島」 福島県文化振興事業団 36(5) 通号408 2006.9

ふくしま暮らしの行事 九月の節供(太田隆夫)「文化福島」 福島県文化振興事業団 36(6) 通号409 2006.10

つなぐ心―技と芸の伝承(5) 丹伊田誠一さん「文化福島」 福島県文化振興事業団 36(6) 通号409 2006.10

ふくしま暮らしの行事 虫供養(太田隆夫)「文化福島」 福島県文化振興事業団 36(7) 通号410 2006.11

伝統の技と芸の伝承(6) 陳野原幸紀さん「文化福島」 福島県文化振興事業団 36(7) 通号410 2006.11

ふくしま暮らしの行事 年の暮れ(太田隆夫)「文化福島」 福島県文化振興事業団 36(8) 通号411 2006.12

ふくしま暮らしの行事 小正月(太田隆夫)「文化福島」 福島県文化振興事業団 36(9) 通号412 2007.1

伝統の技と芸の伝承(8) 鈴木澄夫さん ゛文化福島」 福島県文化振興事業団 36(9) 通号412 2007.1

ふくしま暮らしの行事 雛まつり(太田隆夫)「文化福島」 福島県文化振興事業団 36(10) 通号413 2007.3

伝統の技と芸の伝承(9) 橋本和成さん ゛文化福島」 福島県文化振興事業団 36(10) 通号413 2007.3

ふくしま暮らしの行事 お花見「高山祭り」(太田隆夫)「文化福島」 福島県文化振興事業団 37(1) 通号414 2007.4

伝統の技と芸の伝承(10) 飛田義一さん「文化福島」 福島県文化振興事業団 37(1) 通号414 2007.4

ふくしま暮らしの行事 端午の節句―鯉のぼり(太田隆夫)「文化福島」 福島県文化振興事業団 37(2) 通号4̲5 2007.5

ふくしまの原像(51) 流し雛(阿部輝郎)「文化福島」 福島県文化振興事業団 37(2) 通号415 2007.5

ふくしま暮らしの行事 お盆の行事(太田隆夫)「文化福島」 福島県文化振興事業団 37(4) 通号417 2007.7

ふくしま暮らしの行事 二百十日・二百二十日(太田隆夫)「文化福島」 福島県文化振興事業団 37(̲8 通号4̲8 2007.9

ふくしま暮らしの行事 刈り上げ祝い(太田隆夫)「文化福島」 福島県文化振興事業団 37(6) 通号419 2007.10

ふくしまの原像(55) 戦後の門出(阿部輝郎)「文化福島」 福島県文化振興事業団 37(6) 通号419 2007.10

ふくしま暮らしの行事 七五三(太田隆夫)「文化福島」 福島県文化振興事業団 37(7) 通号420 2007.11

ふくしまの原像(56) 木地師(阿部輝郎)「文化福島」 福島県文化振興事業団 37(7) 通号420 2007.11

ふくしま暮らしの行事 冬至と松迎え(太田隆夫)「文化福島」 福島県文化振興事業団 37(8) 通号421 2007.12

ふくしま暮らしの行事 節分と豆まき(太田隆夫)「文化福島」 福島県文化振興事業団 37(9) 通号422 2008.1

ふくしま暮らしの行事 桃の節供(太田隆夫)「文化福島」 福島県文化振興事業団 37(10) 通号423 2008.3

ふくしま暮らしの行事 水口祭り(太田隆夫)「文化福島」 福島県文化振興事業団 38(1) 通号424 2008.4

民俗短信「福島の民俗」 福島県民俗学会 (37) 2009.03

九字切り呪法土器を論じ派生する神仏の墨書(墨描き)土器・刻省(篦描き)土器との関係に迫る(大竹憲治)「福島考古」 福島県考古学会 通号50 2009.03

近世史料にみる福島の馬頭観音信仰(論文・報告)(野澤謙治)「福島の民俗」 福島県民俗学会 (40) 2012.03

福島城下の絵図(山内幹夫)「福島県史料情報 ： 福島県歴史資料館」 福島県文化振興財団 (33) 2012.6

田植え踊りにみる馬の毛の色(論文・報告)(野澤謙治)「福島の民俗」 福島県民俗学会 (41) 2013.03

福島県

福島県内の祭礼囃子の源流(10),(11)(相原達郎)「福島の民俗」 福島県民俗学会 25/26 1997.3/1998.3

福島県における古峰原信仰(菊池健策)゛かぬま歴史と文化 ： 鹿沼市史研究紀要」 鹿沼市 3 1998.3

近世六十六部行者の供養碑建立(藤田定興)「福島県歴史資料館研究紀要」 福島県文化振興事業団 通号20 1998.3

藁人形の民俗―福島県・茨城県の分布から(石井克生)「福島の民俗」 福島県民俗学会 27 1999.3

福島県東部地方・岐阜県高山市の伝統的工芸品に関する実態調査報告―大堀相馬焼・三春駒・三春張子/飛騨春慶・渋草焼(外山徹)「明治大学博物館研究報告」 明治大学博物館事務室 4 1999.3

明治前期の福島県の芸能興業(1)(橋本今祐)「歴程 ： 本宮町史だより」

本宮町教育委員会町史編纂室 (54) 1999.3

絵馬(真壁敬司)「博物館だより」 福島県立博物館 54 1999.10

福島県内の火伏せ(第82回研究報告)(榎陽介)「民具研究」 日本民具学会 (122) 2000.8

東北地方南部における縄文時代の動物祭祀遺構覚書―福島県下の資料を中心に(《特集 原始・古代の精神文化》)(佐川久)「いわき地方史研究」 いわき地方史研究会 (37) 2000.9

福島県の火伏せ習俗―性的意匠と家の誕生(榎陽介)「史境」 歴史人類学会, 日本図書センター(発売) 通号41 2000.9

福島県の水祝い行事の考察―三春町西方の水掛け祭りを中心として(真壁敬司)「福島県立博物館紀要」 福島県立博物館 (15) 2000.10

オセンダクーオシラ遊ばせと幣束(佐治靖)「福島県立博物館紀要」 福島県立博物館 (15) 2000.10

「塗師頭記録」について(小林めぐみ)「福島県立博物館紀要」 福島県立博物館 (15) 2000.10

明治期の福島県における芸能取締り令の変遷(1)～(4)(橋本今祐)「歴程 ： 本宮町史だより」 本宮町教育委員会町史編纂室 (67)/(70) 2001.5/2001.11

奉納絵馬と近代(猪巻恵)「博物館だより」 福島県立博物館 61 2001.7

明治期の芸能取締りの変遷(上),(下)―「旧福島県」・福島県を中心に(橋本今祐)「福島史学研究」 福島県史学会 73/74 2001.9/2002.3

墨書板碑ノート(柳内壽彦)「六軒丁中世史研究」 東北学院大学中世史研究会 (8) 2001.11

「初誕生初歩きの原理」の発見―福島県下に於ける初誕生儀礼の事例から(近藤直也)「近畿民俗 ： 近畿民俗学会会報 ： Bulletin of the Folklore Society of Kinki」 近畿民俗学会 (164・165) 2002.1

明治期の芸能取締りの変遷(小括)―「旧福島県」・福島県を中心に(岸本今祐)「歴程 ： 本宮町史だより」 本宮町教育委員会町史編纂室 (71) 2002.1

明治初年の旧福島県側における芸能興行(橋本今祐)「郡山地方史研究」 郡山地方史研究会 32 2002.3

里と山と「はやま」の祭り―福島県内の「はやま」信仰から(岩崎真幸)「東北芸術工科大学東北文化研究センター研究紀要」 東北芸術工科大学東北文化研究センター (1) 2002.3

明治期の福島県における興行税・芸人税の動向(1)(橋本今祐)「歴程 ： 本宮町史だより」 本宮町教育委員会町史編纂室 (72) 2002.3

ムラ境の神―藁人形(佐々木長生)「博物館だより」 福島県立博物館 67 2002.12

福島県内の来訪神(野沢謙治)「東北芸術工科大学東北文化研究センター研究紀要」 東北芸術工科大学東北文化研究センター 通号3 2004.3

『あめの夜の夢咄し』(菅野隆雄家文書一)(山田英明)「福島県史料情報 ： 福島県歴史資料館」 福島県文化振興事業団 8 2004.5

しまうたコーレーグス じゃんがら念仏踊りはエイサーのルーツか?(ヤンバカサー)「しまうた」 しまうた文化研究会 15 2004.12

日本の鬼探訪 福島県(大中良英)「六甲倶楽部報告」 六甲倶楽部 71 2004.12

府県庁文書の内的秩序と経年変化―福島県神社庁文書の構造と特質(山田英明)「福島県歴史資料館研究紀要」 福島県文化振興事業団 (27) 2005.3

高遠石工造立の鳥居―福島県北部(高木政光)「日本の石仏」 日本石仏協会, 青娥書房(発売) (114) 2005.6

軸木墨書にみる「十二天図」の修「博物館だより」 福島県立博物館 (79) 2005.12

福島県の「をに」(中野譲)「六甲倶楽部報告」 六甲倶楽部 75 2005.12

福島県における無形の文化財調査の現状と課題(《特集 民俗行事の保存と継承をめぐる 今日的課題》)(大山孝正)「福島の民俗」 福島県民俗学会 (34) 2006.3

遺跡調査部 福島県の民俗技術「文化福島」 福島県文化振興事業団 36(3) 通号406 2006.6

三田村佳子著『里神楽ハンドブック―福島・関東・甲信越』(書誌紹介)(小野寺節子)「日本民俗学」 日本民俗学会 通号247 2006.8

三田村佳子著『里神楽ハンドブック 福島・関東・甲信越』(書籍紹介)(大舘勝治)「民具研究」 日本民具学会 (134) 2006.9

民家の「曲がり」の原型とその変容(《創立50周年記念特集号 変容福島県》―《会津地方に関する論考》)(菅野康二)「福島地理論集」 福島地理学会 51 2008.9

研究ノート アイヌの民具とくらし(佐々木長生)「博物館だより」 福島県立博物館号91 2008.12

鹿児島県歴史資料センター黎明館・福島県立博物館編『樹と竹―列島の文化・北から南から』(書評と紹介)(橋村修)「民俗文化」 近畿大学民俗学研究所 (21) 2009.03

福島県の猫神碑と猫の石像(石黒伸一朗)「東北民俗」 東北民俗の会 43 2009.06

近代の芸能興行取締りの動向―明治期の福島県を中心に(橋本今祐)「福大史学」 福島大学史学会 (80) 2009.10

福島県の遺跡より出土した板碑(柳内壽彦)「六軒丁中世史研究」 東北学院大学中世史研究会 (14) 2009.10

二本松藩領内の宝暦型太鼓台の発生と文政二年型太鼓台への造り替え—福島県内の祭礼囃子の源流(12)(相原達郎)「福島の民俗」 福島県民俗学会 (38) 2010.03

福島県における威嚇猟(上)、(下)—その実態の概要と特色(天野武)「西郊民俗」「西郊民俗談話会」 (213)/(214) 2010.12/2011.03

イベントレポート テーマ展「天神さま—絵巻物から郷土玩具まで—」関連事業(佐藤洋一)「博物館だより」 福島県立博物館 (100) 2011.03

研究ノート 絵馬にみる地域の歴史と文化(内山大介)「博物館だより」 福島県立博物館 (104) 2012.09

福島県の無形民俗文化財被災状況報告(第136回研究例会 東日本大震災被災地の民俗文化財報告会)(懸田弘訓)「民俗芸能研究」 民俗芸能学会 (52) 2012.03

古社寺調掲載の住吉神社(山内幹夫)「福島県史料情報 : 福島県歴史資料館」 福島県文化振興財団 (34) 2012.10

高遠石工福島県の作品(北原多喜夫)「伊那路」 上伊那郷土研究会 56(12)通号671 2012.12

春日神社の神道裁許状(渡邉智裕)「福島県史料情報 : 福島県歴史資料館」 福島県文化振興財団 (35) 2013.02

被災地における祭礼・神事芸能と復興—福島県の状況(特集 天変地異・神仏と災害II—小論文)(佐治靖)「季刊悠久.第2次」 鶴岡八幡宮悠久事務局 (130) 2013.02

基調提案 福島県内の主なナンバの盆踊(第8回民俗音楽研究会報告—2012 福島県郡山市—第2日(8月27日))(懸田弘訓)「民俗音楽研究」 日本民俗音楽学会 (38) 2013.03

キリスト教禁教制度と『切支丹類族存命帳』(小野孝太郎)「福島県史料情報 : 福島県歴史資料館」 福島県文化振興財団 (36) 2013.06

『物産景況書』にみる塩づくり(佐々木慎一)「福島県史料情報 : 福島県歴史資料館」 福島県文化振興財団 (36) 2013.06

福島県の被災後の民俗芸能の復活状況(懸田弘訓)「日本民俗音楽学会会報」 日本民俗音楽学会 (39) 2013.07

コラム 三十三所巡礼の銘文のある観音像「博物館だより」 福島県立博物館 (114) 2014.09

書籍紹介 民俗芸能学会福島調査団編『福島県域の無形民俗文化財被災調査報告書 2011～2013』(入江宣子)「民俗芸能研究」 民俗芸能学会 (57) 2014.09

福田

トピック 新地町・福田十二神楽「文化福島」 福島県文化振興事業団 32(8)通号371 2002.12

伏拝

伏拝の地名伝説と伊達政宗(小林清治)「すぎのめ」 福島市杉妻地区史跡保存会 25 2002.11

伏拝坂

伏拝坂と道祖の神(菅野松雄)「すぎのめ」 福島市杉妻地区史跡保存会 22 1999.10

藤崎

藤崎地区の大般若経六百巻(斎藤洸旦)「えおひっぷす」 相馬郷土研究会 181 2003.4

藤室

藤室地区共同調査報告 正月年中行事(鈴木源英)「会津の民俗」 歴史春秋社 27 1997.3

双葉町

文明占い(鯨岡勝成)「双葉町歴史民俗資料館開館10周年記念研究紀要」 双葉町歴史民俗資料館 (特別記念号)2001.10

景教碑文について(佐々木竜二)「双葉町歴史民俗資料館開館10周年記念研究紀要」 双葉町歴史民俗資料館 (特別記念号)2001.10

甍と横穴墓—福島県双葉町における仏教受容に関する予察(鈴木源)「史峰」 新進考古学同人会 (31) 2003.9

船引

故郷の歴史・伝承について(堀越春男)「船引地方史研究」 船引地方史研究会 (9) 2001.3

故郷の伝説と伝承(堀越春男)「船引地方史研究」 船引地方史研究会 (11) 2004.6

我が郷の土搗き(遠藤宗義)「船引地方史研究」 船引地方史研究会 (11) 2004.6

産馬物語(宗像佐権)「船引地方史研究」 船引地方史研究会 (14) 2009.08

民話と昔話(1)(海老根宝)「船引地方史研究」 船引地方史研究会 (14) 2009.08

船引町

オニンギョウサマ製作の習俗—船引町内の藁人形(岩崎真幸)「福島の民俗」 福島県民俗学会 29 2001.3

古町

古町のあゆみ(湯浅勇)「塩川史研究」 塩川史振興会 (2) 2005.10

遍照寺

本町遍照寺能化上人祭はなぜ史資料にないのか(根本一)「西会津史談」 西会津史談会 (4) 2001.4

法橋寺

まちの文化財 法橋寺「久之浜通信」 もろびと舎 12 2000.12

宝光寺

荒井宝光寺境内の安養寺碑(高橋明)「郡山地方史研究」 郡山地方史研究会 44 2014.03

宝勝寺

宝勝寺創建私見(原源司)「温故知新」 熱塩加納郷土史研究会 4 1998.8

法道院

八幡山法道院(長谷部英夫)「寿里可美」 飯坂町史跡保存会 (5) 1998.6

房の内

房の内屋敷神、遷座(一般投稿)(横田廣)「すぎのめ」 福島市杉妻地区史跡保存会 (33) 2012.03

法用寺

会津の古刹・ふれあいの旅 雷電山法用寺(会津高田町)(笹川壽夫)「会津人群像」 歴史春秋出版 (3) 2004.9

観音札所の祖形・法用寺(簗田直幸)「月刊会津人」 月刊会津人社 (14) 2004.11

発見された『法用寺縁起絵巻』(渡辺智裕)「福島県史料情報 : 福島県歴史資料館」 福島県文化振興財団 (10) 2004.12

福島県庁文書所収の『法用寺縁起絵巻』について(渡辺智裕)「福島県歴史資料館研究紀要」 福島県文化振興事業団 (27) 2005.3

蓬莱山

蓬莱山姥捨物語(宗像政光)「富田町史談会会報」 富田町史談会 (11) 2003.4

宝林寺

まちの文化財 宝林寺「久之浜通信」 もろびと舎 17 2003.8

法界寺

寺社研究部 弁天堂を境内に持つ虚空蔵法界寺(村越保寿)「会津史談通信」 会津史談会 47 2002.4

母畑

石川郡石川町母畑地区の昔話伝承(伊藤清和)「福島の民俗」 福島県民俗学会 29 2001.3

保原

随筆 黄金と文学の郷・保原(遠藤利夫)「郷土の香り : 郷土文化財資料」 保原町文化財保存会 37 2004.3

保原町

保原神明宮地内の稲荷神社(山崎陽次)「郷土の香り : 郷土文化財資料」 保原町文化財保存会 32 1999.3

昔の結婚祝(第12集より)(佐藤政休)「郷土の香り : 郷土文化財資料」 保原町文化財保存会 32 1999.3

入金真綿の今昔(第12集より)(佐藤喜士)「郷土の香り : 郷土文化財資料」 保原町文化財保存会 32 1999.3

前木日記シリーズ 在郷町商家の年中行事(山崎陽次)「郷土の香り : 郷土文化財資料」 保原町文化財保存会 34 2001.3

前木日記シリーズ 長刀もの徘徊(山崎陽次)「郷土の香り : 郷土文化財資料」 保原町文化財保存会 34 2001.3

不動明王の修復に当たって(木谷徳也)「郷土の香り : 郷土文化財資料」 保原町文化財保存会 34 2001.3

初午と火消し祭り 春の火災予防運動の歴史?「保原町歴史文化資料館だより」 保原町歴史文化資料館 (15) 2001.4

前木日記シリーズ(5)在郷町商家の年中行事(春～夏)(山崎陽次)「郷土の香り : 郷土文化財資料」 保原町文化財保存会 35 2002.3

前木日記(6)お寺さまと商家(山崎陽次)「郷土の香り : 郷土文化財資料」 保原町文化財保存会 36 2003.3

歴訪 庚申講についての考察(野田康樹)「郷土の香り : 郷土文化財資料」 保原町文化財保存会 38 2005.3

昔の年中行事(鈴木鉄弥)「郷土の香り : 郷土文化財資料」 保原町文化財保存会 40 2007.3

祝の謡について（鈴木鉄弥）「郷土の香り ： 郷土文化財資料」 保原町文化財保存会 41 2008.3

つつこ引き祭りについて（平林宥尚）「郷土の香り ： 郷土文化財資料」 保原町文化財保存会 42 2009.03

当地方の結婚と結婚式の今昔（鈴木鉄弥）「郷土の香り ： 郷土文化財資料」 保原町文化財保存会 42 2009 03

冨澤屋古閑家の墓誌（漢文）（古閑儉威）「郷土の香り ： 郷土文化財資料」 保原町文化財保存会 44 2011 04

厳島神社（大嶽洋一）「郷土の香り ： 郷二文化財資料」 保原町文化財保存会 46 2013.03

保原町内の仏閣/保原町内の旧郷社、村社/保原町太鼓屋台の由来（第4章 保原の神社・仏閣・祭り）「郷土の香り ： 郷土文化財資料」 保原町文化財保存会 47 2014.06

本城
ひろば 震災以後の福島における「地域の儀礼文化」 浪江の「本城御神楽」について（丹治逸雄）「儀礼文化ニュース」 儀礼文化学会 （187） 2012.11

間方
間方の祈りと習い（〈特集 山に生きる〉―車座談義）（二瓶一義）「会津学」 会津学研究会 4 2008.8

増田
東湯野昔ばなし 紙芝居「増田の姥石」（会員投稿）（渡辺勝治）「寿里可美」 飯坂町史跡保存会 （18） 2012.12

間瀬
口絵写真 神社シリーズ（28）熱塩・山神社 間瀬、日中・温泉神社「温故知新」 熱塩加納郷土史研究会 （15） 2009.03

松尾大明神
お酒の神様「松尾大明神」と良寛さま（特集「扁額」）（佐藤敏子）「歴史春秋」 歴史春秋社 （74） 2011.10

松尾村
民俗探訪―山論から400年間も姻戚関係のない村・松尾村と縄沢村の境塚を訪ねて（滝沢洋之）「会津の民俗」 歴史春秋社 31 2001.3

松野
松野北向地蔵堂について（斎藤尚一）「会北史談」 会北史談会 41 1999.7

松野千光寺経塚
福島県松野千光寺経塚と「承安元年」銘三系塚（澁谷昌彦）「いわき地方史研究」 いわき地方史研究会 （48） 2011.12

満願寺
黒厳山満願寺―清浄嶺の十六羅漢（鉄貞雄）「すぎのめ」 福島市杉妻地区史跡保存会 22 1999.10

満願寺、大聖不動明王殿（中村進、横田廣）「すぎのめ」 福島市杉妻地区史跡保存会 26 2003.11

黒岩満願寺観音堂の由来 "寄進者梅嶺院の生涯とその裏面史"（特別寄稿）（太田隆夫）「すぎのめ」 福島市杉妻地区史跡保存会 （30） 2008.1

福島市指定史跡および名勝黒岩虚空蔵および満願寺（福島市教育委員会）「すぎのめ」 福島市杉妻地区史跡保存会 （30） 2008.1

万歳山
呪文の山 萬歳山考察 薬石鉱物研究者（紺野七郎）「郷土の研究」 国見町郷土史研究会 （38） 2008.3

美里町
美里町の歴史講演会を聞いて 天海大僧正さまとはどんな人（上野啓介）「会北史談」 会北史談会 （56） 2014.08

三島神社
會津探訪（2）滝沢本陣・三島神社編（横山秀夫）「会津人群像」 歴史春秋出版 （18） 2010.12

三嶋神社
浜の歳時記 三嶋神社の祭礼「久之浜通信」 もろびと舎 11 2000.8

三島町
「虫送り」と「虫供養」―福島県三島町の事例を通して（岩崎真幸）「福島の民俗」 福島県民俗学会 （31） 2003.5

トピック 三島町の虫供養「文化福島」 福島県文化振興事業団 34（8）通号391 2004.12

水沢
口絵写真 神社シリーズ（29）熱塩・稲荷神社、山岩尾・出雲神社、（30）下谷地・御穀神社 水沢・麓山神社「温故知新」 熱塩加納郷土史研究会 （16） 2010.03

水引
「水引」の風景―舘岩村（佐藤昌明）「会津学」 会津学研究会 1 2005.8

湊町
湊町の中世について（石田明夫）「会津若松市史研究」 会津若松市 （6） 2004.9

南会津
南会津地方のドングリ食―只見町シダミ餅（佐々木長生）「会津の民俗」 歴史春秋社 30 2000.3

南会津地方における山の神信仰の諸相―只見町の事例を中心に（佐々木長生）「東北芸術工科大学東北文化研究センター研究紀要」 東北芸術工科大学東北文化研究センター （1） 2002.3

南会津郡
『南会津郡 方言聞き取り調査資料』より（特集 暮らしを編む〈聞き書き〉―先人たちの聞き書き）（福島県立南会津高等学校国語科）「会津学」 会津学研究会 6 2010.11

南沢又
南沢又の馬頭観音（文字塔）（史跡・古文書等研究）（鈴木正雄）「しみず」 清水地区郷土史研究会 （24） 2013.03

南相馬市
さば神社を考える（21）南相馬市の製鉄遺跡と貞観大地震（西村堅一郎）「湘南考古学同好会々報」 湘南考古学同好会 （132） 2013.08

南津島
眼病平癒を祈願する田植踊―南津島の歌詞の梵字から（折橋豊子）「福島の民俗」 福島県民俗学会 （35） 2007.3

南山
田島祇園祭屋台子供歌舞伎（3）「南山義民の碑」について（大竹修一）「会津の民俗」 歴史春秋社 28 1998.3

箕輪
箕輪八王子大権現について（高橋善作）「二歴研」 二本松歴史研究会 （5） 2002.2

三春
三春・子育木馬と伝承（内藤浩誉）「女性と経験」 女性民俗学研究会 通号24 1999.10

『丙弘化三年 三春領百観音巡礼記 午二月吉日』「船引地方史研究」 船引地方史研究会 （11） 2004.6

郷土のことば―父の三春方言・なまり集（田母野公彦）「磐城民俗」 磐城民俗研究会 （35） 2008.6

三春城
奥州三春城主田村氏五代―「月斎と梅雪齋の対立と大越紀伊守」理解のために（若松富士雄）「船引地方史研究」 船引地方史研究会 （14） 2009.08

三春町
再訪「文化福島」 張り子づくり（三春町）「ふくしま文化情報 ： 文化福島」 福島県文化振興事業団 （431） 2008.12

妙音寺
町奉行神尾大蔵と妙音寺一件の考察（海老名俊雄）「歴史春秋」 歴史春秋社 （67） 2008.4

妙国寺
妙国寺所蔵涅槃図繍仏について（小林めぐみ）「福島県立博物館紀要」 福島県立博物館 （22） 2008.3

妙法寺
下荒井村の妙法寺（高橋充）「会津若松市史研究」 会津若松市 （9） 2007.9

三和町
阿武隈高地東縁の近世墓―福島県いわき市三和町の事例（《特集 古代から近世までの生業・祭祀・墓制》）（中山雅弘）「いわき地方史研究」 いわき地方史研究会 34 1997.8

女神山
女神山考（犀藤隠）「すぎのめ」 福島市杉妻地区史跡保存会 25 2002.11

文知摺観音
みちのくの歴史と文学の旅 上杉城下町・医王寺・文知摺観音（市川三郎）「府中史談」 府中市史談会 （32） 2006.5

文知摺観音「宮城県文化財友の会だより」 宮城県文化財友の会 （197） 2012.05

本宮

本宮のむかしばなし 狐にバカされたお百姓さん（斎藤由房）「歴程 ： 本宮町史だより」 本宮町教育委員会町史編纂室 （56）1999.7

本宮町

「伺」にみる芸能興行の動向［1］,（2）（橋本今祐）「歴程 ： 本宮町史だより」 本宮町教育委員会町史編纂室 （45）/（46）1997.9/1997.11

石塔婆（板碑）悉皆調査を終えて（若林伸亮）「歴程 ： 本宮町史だより」 本宮町教育委員会町史編纂室 （47）1998.1

民俗編にこぼれた昔ばなし（7）（菅野正一）「歴程 ： 本宮町史だより」 本宮町教育委員会町史編纂室 （47）1998.1

民間の医療信仰（風習）（菅野正一）「歴程 ： 本宮町史だより」 本宮町教育委員会町史編纂室 （60）2000.3

弁天様のお使い（斎藤由房）「歴程 ： 本宮町史だより」 本宮町教育委員会町史編纂室 （67）2001.5

我が故郷に伝わる源義家の伝説（高田宏彦）「歴程 ： 本宮町史だより」 本宮町教育委員会町史編纂室 （75）2002.9

茂庭

茂庭の生活誌（1）,（2）（小暮伸之）「福島県史料情報 ： 福島県歴史資料館」 福島県文化振興財団 （27）/（29）2010.05/2011.02

守山

守山の太元帥明王堂と別当寺・僧坊（高橋明）「郡山地方史研究」 郡山地方史研究会 42 2012.03

薬応寺

寺社研究部 発掘調査が進む会津坂下町医王山薬応寺（村越保寿）「会津史談通信」 会津史談会 48 2002.10

薬師寺

会津の古刹・ふれあいの旅（12）金光山薬師寺（南会津町）（笹川壽夫）「会津人群像」 歴史春秋出版 （19）2011.04

八島田

豊田神社拝殿の「新発田藩領図領（含・奥州八島田）」の奉納経緯（鈴木博）「新発田郷土誌」 新発田郷土研究会 （41）2013.03

八槻

県南地域に於ける中世修験組織の特性 八槻・石川・竹貫三修験院の確執をめぐって（岩谷浩光）「石川史談」 石陽史学会 （15）2002.7

八槻都々古別神社

八槻都々古別神社蔵大般若経の成立（菊池健策）「福島県立博物館紀要」 福島県立博物館 通号11 1997.3

八槻都々古別神社の御田植の図「明治十八年都々古別神社昇列書類」（県庁文書）（村川友彦）「福島県史料情報 ： 福島県歴史資料館」 福島県文化振興財団 7 2004.2

柳津町

トピック 柳津町・藤の和芸能保存会「文化福島」 福島県文化振興事業団 30（10）通号349 2001.1

会津に残された人形行事—柳津町胃中のニンギョウマンギョウ（榎陽介）「福島県立博物館紀要」 福島県立博物館 （18）2004.3

梁川

やながわの「柿」—あんぽ柿を中心に（引地直至）「文化福島」 福島県文化振興事業団 33（8）通号381 2003.12

梁川八幡宮

梁川八幡宮流鏑馬役金原田の畑五郎左衛門元定（原義男）「郷土の香り ： 郷土文化財資料」 保原町文化財保存会 37 2004.3

梁川町

雨乞い（通称あまよばり）について（阿久津幸三郎）「郷土やながわ」 福島県伊達市梁川町郷土史研究会 12 2001.11

我が家の「臥蛇杏」に想う（引地直至）「郷土やながわ」 福島県伊達市梁川町郷土史研究会 （13）2004.1

わが家の屋敷神（八巻康雄）「郷土やながわ」 福島県伊達市梁川町郷土史研究会 （15）2007.3

葬と墓—公営の斎場と墓地の建設を（菅野康男）「郷土やながわ」 福島県伊達市梁川町郷土史研究会 （15）2007.3

太子講の一端（斎藤義男）「郷土やながわ」 福島県伊達市梁川町郷土史研究会 （16）2010.03

平成二十五年度梁川町郷土史研究会総会講演会講話 梁川の民俗芸能、伝来の時期と特色（特別寄稿）（懸田弘訓）「郷土やながわ」 福島県伊達市梁川町郷土史研究会 （18）2014.06

掃苔（2）（菅野康男）「郷土やながわ」 福島県伊達市梁川町郷土史研究会 （18）2014.06

柳田

柳田の熊野尊について（橘邦夫）「郷土やながわ」 福島県伊達市梁川町郷土史研究会 （16）2010.03

柳橋

地芝居探訪（40）山鹿野あじさい祭り/地芝居への誘い/戸沢花胡蝶歌舞伎/「相生座」美濃歌舞伎納涼公演/黒沢尻歌舞伎/柳橋歌舞伎「公益社団法人全日本郷土芸能協会会報」 全日本郷土芸能協会 （65）2011.10

柳町

福島市柳町太鼓台の出自を探る（喜古康浩）「福島の民俗」 福島県民俗学会 （34）2006.3

山岩尾

口絵写真 神社シリーズ（29）熱塩・稲荷神社、山岩尾・出雲神社、（30）下谷地・御穣神社 水沢・麓山神社「温故知新」 熱塩加納郷土史研究会 （16）2010.03

山形山

村絵図と古文書—貝田村山形山の御林（小野孝太郎）「福島県史料情報 ： 福島県歴史資料館」 福島県文化振興財団 （38）2014.2

山津見神社

福島県飯舘村山津見神社の狼が描かれた天井画（石黒伸一郎）「仙台郷土研究」 仙台郷土研究会 39（1）通号288 2014.06

山中郷

御仕法と山中郷（小野孝太郎）「福島県史料情報 ： 福島県歴史資料館」 福島県文化振興財団 （33）2012.6

山根

山根の石仏（笠松金次）「郷土の研究」 国見町郷土史研究会 29 1999.3

山舟生

山舟生地区の方言（1）～（3）（中澤重雄）「郷土やながわ」 福島県伊達市梁川町郷土史研究会 （14）/（16）2006.3/2010.3

融通寺

融通寺文書 付・融通寺の歴史（史料紹介）（野口信一）「会津若松市史研究」 会津若松市 （9）2007.9

無行沼

無行沼の伝説（伊藤昭一）「会北史談」 会北史談会 （54）2012.08

四倉

初春から3月にかけての年中行事—いわき市四倉の事例を中心に（吉田博令）「磐城民俗」 磐城民俗研究会 31 1998.11

四倉町

祭りの変遷とその意味—福島県いわき市四倉町諏訪神社例大祭を巡って（細井雄次郎）「長野県民俗の会会報」 長野県民俗の会 20 1997.9

四倉町長友

ヘッツイ—福島県いわき市四倉町長友（和田文夫）「西郊民俗」 ［西郊民俗談話会］ 通号163・164 1998.6

与内畑

口絵写真 神社シリーズ（25）赤沢・稲荷神社、与内畑・出雲神社、（26）塩の沢・熊野神社、添田・稲荷神社（山口四郎）「温故知新」 熱塩加納郷土史研究会 （14）2008.3

らいでん沢

らいでん沢伝説とその場所について（南光磨）「すぎのめ」 福島市杉妻地区史跡保存会 25 2002.11

竜興寺

会津高田町の天海 天海僧正と龍興寺（笹川壽夫）「会津人群像」 歴史春秋出版 （3）2004.9

会津の古刹・ふれあいの旅（8）龍興寺（会津美里町高田）（笹川壽夫）「会津人群像」 歴史春秋出版 （15）2009.10

天海大僧正の生誕の地—会津高田と龍興寺（特集 天海ゆかりの地を訪れて）（笹川壽夫）「会津人群像」 歴史春秋出版 （18）2010.12

竜光寺

まちの文化財 龍光寺の『地獄絵図』「久之浜通信」 もろびと舎 19 2004.10

竜門寺

会津の古刹 ふれあいの旅（9）興隆山竜門寺（会津美里町尾岐窪）（川原太郎）「会津人群像」 歴史春秋出版 （16）2010.03

霊鷲山

霊鷲山出現の丈六阿弥陀如来坐像頭部（鈴木啓）「福島史学研究」 福島県

史学会　（87）　2009.03

霊山

山神講（菅野弘明）「霊山史談」　霊山町郷土史研究会　（9）　1998.5

山野利用と郡境―史料紹介　明治16年『霊山奥山入会事歴』(抄)（阿部俊夫）「福島県歴史資料館研究紀要」　福島県文化振興事業団　（24）　2002.3

古文書解読　霊山軍記の巻(6)　起請文の亭並信達坊舎焼払之事（斎藤勲）「郷土の香り　：　郷土文化財資料」　保原町文化財保存会　38　2005.3

明治8年4月『霊山奥山入会事歴』(阿部俊夫)「福島県史料情報　：　福島県歴史資料館」　福島県文化振興財団　（12）　2005.5

民間伝承伝聞わが家の「小史談」のすすめ（菅野純夫）「霊山史談」　霊山町郷土史研究会　（10）　2005.11

わが村の「びしゃもんさま」鎮座二百年（齋藤善司）「霊山史談」　霊山町郷土史研究会　（11）　2008.10

新春歴史文化講演会「霊山と民俗芸能について」(清野明是)「郷土の香り　：　郷土文化財資料」　保原町文化財保存会　44　2011.04

民謡「おけさ」の旅―九州から霊山へ（懸田弘訓）「霊山史談」　霊山町郷土史研究会　（12）　2012.03

霊山のサンショウウオの話（紺野薫）「えおひっぷす」　相馬郷土研究会　（313）　2014.09

霊山寺

霊山寺と善雄寺阿弥陀（特別寄稿）（鈴木啓）「霊山史談」　霊山町郷土史研究会　（11）　2008.10

幻の霊山寺解明を望む（特別寄稿）（鞍田炎）「霊山史談」　霊山町郷土史研究会　（11）　2008.10

四百年を経て対面　旧霊山寺の仏像（特別寄稿）（菅野家弘）「霊山史談」　霊山町郷土史研究会　（11）　2008.10

霊山寺の様相―出土遺物の整理から（特別寄稿）（今野賀章）「霊山史談」　霊山町郷土史研究会　（11）　2008.10

霊山寺の歴史（菅野家弘）「郷土の香り　：　郷土文化財資料」　保原町文化財保存会　46　2013.03

霊山神社

霊山神社宮司となった西郷頼母　明治31年11月1日付霊山神社創建発企人資格永続規定（日下金三郎家文書807号、部分）（渡邉智裕）「福島県史料情報　：　福島県歴史資料館」　福島県文化振興財団　（37）　2013.10

霊山青年道場

聖地の錬成に若人集う―福島県立霊山青年道場（会員発表と記録）（長井廣吉）「霊山史談」　霊山町郷土史研究会　（12）　2012.03

両沼

両沼地域に伝わる民俗芸能（《特集　会津の民俗芸能》）（梶原圭介）「会津人群像」　歴史春秋出版　（14）　2009.04

聯芳寺

白河市　聯芳寺の円形石碑について（研究ノート）（渡部四郎）「歴史春秋」　歴史春秋社　（80）　2014.10

六供

六供集落（信夫山六供）について（地域の伝承、まつりなど）（西坂君子）「しみず」　清水地区郷土史研究会　（24）　2013.3

若松

若松城下町づくし（遠藤香村）「会津会々報」　会津会　106　2000.6

若松城下における獅子踊りの変遷（《特集　獅子芸能の世界へ》―《民族芸能研究会―東アジアの獅子芸能》）（佐々木長生）「まんだら　：　東北文化友の会会報」　東北芸術工科大学東北文化研究センター　（27）　2006.5

「西の出雲、東の若松」の意味―元伊勢籠神社をめぐる王祇神構造の展開（大江良松）「山形民俗」　山形県民俗研究協議会　（25）　2011.11

若松栄町教会

未来へ伝えるために―修復された「御薬園」楽寿亭・若松栄町教会「あいづわかまつ文化財だより」　会津若松市教育委員会　9　2002.3

若松市

旧若松市内の年中行事（安藤紫香）「会津の民俗」　歴史春秋社　27　1997.3

鷲田

口絵写真　神社シリーズ(23)西岩尾・三島神社、(24)鷲田・稲荷神社（山口四郎）「温故知新」　熱塩加納郷土史研究会　（13）　2007.3

和田

和田の相馬（岩科小一郎）「あしなか」　山村民俗の会　251　1998.12

渡瀬

疫病除け祈願のお日需待―渡瀬地区字下（福島県東白川郡鮫川村合同調査特集）（折橋豊子）「昔風と当世風」　古々路の会　（94）　2010.03

関東

銅街道

銅街道沿い円筒型石室について（小林正芳）「日本の石仏」　日本石仏協会，青娥書房（発売）　通号92　1999.12

荒川

〔書評〕『利根川・荒川流域の生活と文化』を読む（平野馨）「利根川文化研究」　利根川文化研究会　（12）　1997.1

展示紹介　広島県立歴史民俗資料館「最上川・荒川・江の川の漁撈用具—日本の河川三大漁撈文化—」（山本智宏）「民具マンスリー」　神奈川大学　38（7）通号451　2005.10

江戸川河口

ヨシとクグをめぐる民俗と民具—東京湾奥部・江戸川河口のヨシ原から（尾上一明）「民具研究」　日本民具学会　（149）　2014.06

江戸川流域

江戸川流域の別時念仏千日廻向（《特集 石仏探訪V》）（石田年子）「日本の石仏」　日本石仏協会，青娥書房（発売）（118）　2006.6

奥古道

奥古道とその研究課題—古道は東京低地・埼玉低地を如何に越えたか（長沼映夫）「かつしか台地 ： 野田地方史懇話会会誌」　野田地方史懇話会　27　2004.3

鹿島踊

ミノコオドリの系譜—鹿島踊・弥勒踊の原像から距離をおいて（俵木悟）「芸能の科学」　文化財研究所東京文化財研究所　通号31　2004.3

「その他」の鹿島踊—祭礼行列に出る鹿島踊・弥勒踊を中心に（俵木悟）「芸能の科学」　文化財研究所東京文化財研究所　通号33　2006.3

2008年11月例会　研究発表「鹿島踊研究の課題—相模湾西海岸の鹿島踊から考える—」（大谷めぐみ）「日本宗教民俗学会通信」　日本宗教民俗学会　（122）　2008.12

柳田國男と鹿島踊（俵木悟）「民俗学研究所ニュース」　成城大学民俗学研究所　（93）　2011.07

鹿島踊のいろいろ　その1，その2（吉川祐子）「月刊通信ふるさとの民俗を語る会」　民俗文化研究所　（78）/（79）　2013.11/2013.12

関三寺

円通寺所蔵古文書関三寺並大本山古文書之写（芦田史朗）「丹波史」　丹波史懇話会　25　2005.6

関東

中世寺院における修学の歴史的性格—特に安房妙本寺と関東天台との関係を通じて（佐藤博信）「千葉県史研究」　千葉県史料研究財団　5　1997.3

戦国期の私年号について—「福徳」「弥勒」「命禄」を中心として（渡部恵美子）「信濃［第3次］」　信濃史学会　49（12）通号575　1997.12

三匹獅子舞研究の自分史—三匹獅子舞の現地と調査研究の実践を巡って（篠原亮二）「神奈川地域史研究」　神奈川地域史研究会　（16）　1998.3

近世中後期における寺院・僧侶と村落—関東・新義新言宗を中心に（朴沢直秀）「関東近世史研究」　関東近世史研究会　（43）　1998.7

庚申塔のショケラ考（舞田一夫）「せこ道」　山地民俗関東フォーラム　1　1999.7

代替誓詞の研究—近世社会における起請文（《月例会報告要旨》）（平野明夫）「関東近世史研究」　関東近世史研究会　（47）　1999.10

関東西北部地方における「足入れ」—聞き取り調査と近世史料（半本光子）「女性と経験」　女性民俗学研究会　通号24　1999.10

帝釈天と猿田彦の庚申塔（舞田一夫）「せこ道」　山地民俗関東フォーラム　2　2000.2

百姓的世界の地平—所有と共同性をめぐって（《特集 近世・近代の地域と産業》）（白川部達夫）「関東地域史研究」　文献出版　通号2　2000.3

《小特集 馬の民俗誌》「せこ道」　山地民俗関東フォーラム　3　2000.7

像容に見る石像馬頭観音について（栗田直次郎）「せこ道」　山地民俗関東フォーラム　3　2000.7

峠に祀られる馬頭尊（松尾翔）「せこ道」　山地民俗関東フォーラム　3　2000.7

地神の像塔を見る（舞田一夫）「せこ道」　山地民俗関東フォーラム　3　2000.7

「山の民」の諸相について（山基悟）「せこ道」　山地民俗関東フォーラム　3　2000.7

人の移動と地域社会史・試論—参詣旅行史研究の視点から《〈1999年度

大会特集 社会関係の広域化と秩序の再編—近世後期の地域像》）（青柳周一）「関東近世史研究」　関東近世史研究会　（48）　2000.10

青柳報告コメント（《1999年度大会特集 社会関係の広域化と秩序の再編—近世後期の地域像》）（外山徹）「関東近世史研究」　関東近世史研究会　（48）　2000.10

近世後期農民子弟による浄土宗関東檀林修学の特色（梶井一暁）「日本宗教文化史研究」　日本宗教文化史学会　4（2）通号8　2000.11

古河公方の関東禅院支配—公帖の分析を通して（阿部能久）「鎌倉」　鎌倉文化研究会　91　2000.12

多摩と関東の祝い歌（〈企画展「人生儀礼の諸相—誕生・結婚・葬送をめぐる人々」講演会記録》）（小野寺節子）「くにたち郷土文化館研究紀要」　くにたち文化・スポーツ振興財団くにたち郷土文化館　3　2001.3

天保4年8月関東大孝心について（小林秀樹）「富士信仰研究」　富士信仰研究会　（2）　2001.5

御免関東上酒と府中（阿部信行）「府中史談」　府中市史談会　27　2001.5

《小特集 山岳信仰》「せこ道」　山地民俗関東フォーラム　4　2001.7

里山石仏曼陀羅（田中英雄）「せこ道」　山地民俗関東フォーラム　4　2001.7

山名分布に見る信仰対象の山々（松尾翔）「せこ道」　山地民俗関東フォーラム　4　2001.7

山ノ神の諸相について（山基悟）「せこ道」　山地民俗関東フォーラム　4　2001.7

私の石仏行脚・村内安全も祈願した「移し霊場」（井戸寛）「せこ道」　山地民俗関東フォーラム　4　2001.7

関東型唐箕の形態分析（内藤大海）「民具研究」　日本民具学会　（124）　2001.7

書評と紹介　地方史研究協議会編『都市・近郊の信仰と遊山・観光』（外山徹）「関東近世史研究」　関東近世史研究会　（49）　2001.10

所員研究例会「関東の木曽御嶽講—講の系譜について（牧野真一）「民俗学研究所ニュース」　成城大学民俗学研究所　54　2001.10

千葉氏と妙見信仰について（2）（針ヶ谷毅）「大内文化探訪 ： 会誌」　大内文化探訪会　20　2002.2

関東畑作地帯における生態的地力維持方法について—とくにマメ作の見地から（岸本誠司）「民俗文化」　近畿大学民俗学研究所　（14）　2002.3

同木三体の不動尊（橋口明子）「目黒区郷土研究」　目黒区郷土研究会　567　2002.4

「同木三体不動尊」余録（1）〜（3）（田丸太郎）「目黒区郷土研究」　目黒区郷土研究会　570/572　2002.7/2002.9

近世関東の猿廻し身分について考える—その存在状況と身分・役割・生活実態など（大熊哲雄）「明日を拓く」　東日本部落解放研究所，解放書店（発売）29（3）通号48　2003.2

諸書に「鳩ヶ谷」を見る（8）御室地絵図の新視点・関東取締出役と鳩ヶ谷の賭場（加藤信明）「郷土はとがや ： 鳩ケ谷郷土史会会報」　鳩ケ谷郷土史会　51　2003.5

べいべい言葉のルーツは何か？（浅見喜義）「上州路 ： 郷土文化誌」　あさを社　30（6）通号349　2003.6

続報 関東西北部地方における「アシレイ」「トマリソメ」（半本光子）「女性と経験」　女性民俗学研究会　通号28　2003.9

近世後期関東農村における奉公人の労働と生活（《月例会報告要旨》）（佐藤雅子）「関東近世史研究」　関東近世史研究会　（53）　2003.10

近世・関東に於ける「時の鐘」について（川名禎）「利根川文化研究」　利根川文化研究会　（24）　2003.12

関東地方における "テケテットン" の分布とその系譜について（森林憲史）「埼玉民俗」　埼玉民俗の会　29　2004.3

埼玉の地先祖考—関東の「屋敷先祖」に関する予備的考察（内田幸彦）「埼玉民俗」　埼玉民俗の会　29　2004.3

地蔵尊「一木三体」考（池谷嘉徳）「足柄乃文化」　山北町地方史研究会　31　2004.3

里山石仏人曼陀羅（田中英雄）「せこ道」　山地民俗関東フォーラム　5　2004.6

石仏を生涯の伴に（井戸寛）「せこ道」　山地民俗関東フォーラム　5　2004.6

醍醐寺地蔵院親玄の関東下向—鎌倉幕府勤仕僧をめぐる一考察（石田浩子）「ヒストリア ： journal of Osaka Historical Association」　大阪歴史学会　（190）　2004.6

ボックリ（コロリ）信仰の諸相（3）—関東地方を事例として（松崎憲三）「西郊民俗」　「西郊民俗談話会」　（187）　2004.6

関東

山王権現塔 東京都・茨城県・栃木県・群馬県(中山正義)「野仏 : 多摩石仏の会機関誌」 多摩石仏の会 35 2004.7

恵方を向いてまるかぶれ—2005年・関東地方の「節分の巻寿司行事」広告資料(飯倉義之)「都市民俗研究」 都市民俗学会 (11) 2005.3

講演 関東地方の山岳信仰と高尾山(宮本袈裟雄)「八王子の歴史と文化 : 郷土資料館研究紀要・年報」 八王子市教育委員会 (17) 2005.3

関東の御嶽信仰と普寛行者(石森長博)「せこ道」 山地民俗関東フォーラム 6 2005.9

山ノ神石祠の祀られる処(松尾翔)「せこ道」 山地民俗関東フォーラム 6 2005.9

everyday 私のミニ参詣道(松尾翔)「せこ道」 山地民俗関東フォーラム 6 2005.9

石仏探訪 「八大霊塔名号塔」(井戸寛)「せこ道」 山地民俗関東フォーラム 6 2005.9

馬匹守護の名称の多さ(小泉共司)「せこ道」 山地民俗関東フォーラム 6 2005.9

頂上に摩利支天が!(松尾翔)「せこ道」 山地民俗関東フォーラム 6 2005.9

幕府勘定所支配と寺社—特に「改革組合村」との関係を中心に(堀亮一)「関東近世史研究」 関東近世史研究会 (59) 2005.10

百姓印formedの成立と展開—近世文書社会史の前提として(宮原一郎)「関東近世史研究」 関東近世史研究会 (59) 2005.10

関東地方の神楽囃子「三ツ拍子」に関する考察(森林憲史)「埼玉民俗」 埼玉民俗の会 (31) 2006.3

三田村佳子著『里神楽ハンドブック—福島・関東・甲信越』(書誌紹介)(小野寺節子)「日本民俗学」 日本民俗学会 通号247 2006.8

三田村佳子著『里神楽ハンドブック 福島・関東・甲信越』(書籍紹介)(大舘勝治)「民具研究」 日本民具学会 (134) 2006.9

日本の鬼探訪・関東地方(大中良英)「六甲倶楽部報告」 六甲倶楽部 (78) 2006.9

関東地方の神楽獅子について—謡曲から神楽の系譜を辿る試み(森林憲史)「民俗芸能研究」 民俗芸能学会 (42) 2007.3

『神奈川県立歴史博物館総合研究報告—関東地域における民具の流通』(書籍紹介)(長田平)「民具マンスリー」 神奈川大学 40(2)通号470 2007.5

関東南部の宝篋印塔・宝塔(1) 宝篋印塔(杉本安次郎,中村守)「岩槻史林」 岩槻地方史研究会 (34) 2007.6

関東地域における一心・一山系講の展開(《第19回国際宗教学宗教史会議世界大会IAHR 東京大会 特集号》—〈第2部 木曽御嶽信仰の現在〉)(牧野眞一)「山岳修験」 日本山岳修験学会,岩田書院(発売) (別冊)通号第19回国際宗教学 2007.11

関東の中世彫刻にみられる清凉寺式釈迦像の影響—縄状の髪型をめぐって(池田英真)「歴史民俗」 早稲田大学第二文学部歴史・民俗系専修 (5) 2007.12

関東の神楽「山の神」面の系譜—三眼黒色の面をめぐって(三田村佳子)「紀要」 埼玉県立歴史と民俗の博物館 (2) 2008.3

関東地方主要河川流路と武蔵型板碑の流通(1)(柴田徹)「松戸市立博物館紀要」 松戸市立博物館 (15) 2008.3

関東地方主要河川流路と武蔵型板碑の流通(2)(倉田恵津子)「松戸市立博物館紀要」 松戸市立博物館 (15) 2008.3

近世の時宗鉦打—関東における差別の様相と研究課題(大熊哲雄)「解放研究 : 東日本部落解放研究所紀要」 東日本部落解放研究所,解放書店(発売) (21) 2008.3

「三匹獅子舞」研究の現状と課題(鈴木達大)「神奈川県立歴史博物館研究報告.人文科学」 神奈川県立歴史博物館 (34) 2008.3

関東南部の宝篋印塔・宝塔(2) 宝塔(杉本安次郎,中村守)「岩槻史林」 岩槻地方史研究会 (35) 2008.6

民具便利論「農具便利論」で変容した関東のエンガ(河野通明)「民具マンスリー」 神奈川大学 41(5)通号485 2008.8

関東地方の天狗伝承(1),(2) その全体像(高橋成)「西郊民俗」 [西郊民俗談話会] (204)/(205) 2008.9/2008.12

斗栱からみた高倉寺観音堂の特徴について—関東地方における中世禅宗様仏堂の位置づけ(坂本忠規)「入間市博物館紀要」 入間市博物館 (8) 2009.03

武州多摩郡鈴木新田斎藤佐右衛門『日光道中日記』から読む江戸後期における関東庶民の日光参詣について(桑野正樹)「今市史談」 今市史談会 (18) 2009.04

関東地方の天狗伝承(2) 都県間の比較(高橋成)「西郊民俗」 [西郊民俗談話会] (208) 2009.09

架蔵『羽州最上村山郡外川山仙人堂略縁起』—関東における出羽三山信仰に関する研究ノートと翻刻(佐藤優)「世間話研究」 世間話研究会 (19) 2009.10

東京・埼玉・千葉・栃木・神奈川 鳥八臼一覧表の追加(2)(関口渉)「野仏 : 多摩石仏の会機関誌」 多摩石仏の会 41 2010.08

谷保のむかし話(二) 良ちゃんの関東大震災(佐伯安子)「にーだんご」

くにたちの暮らしを記録する会 (23) 2010.9

大会討論要旨(大会特集 儀礼と社会変容)「関東近世史研究」 関東近世史研究会 (69) 2010.10

史跡を訪ねて(17) 近県の古民家を巡る(終)(猪端尚志)「板橋史談」 板橋史談会 (261) 2010.11

戊申戦争、三者三様の見方 附 史料紹介「関東出帳道中日記帳」(森高清)「歴史玉名」 玉名歴史研究会 54 2010.11

卒業論文抄録 鎌倉期の陰陽道—関東陰陽道の成立と展開(赤羽美由紀)「大谷大学史学論究」 大谷大学文学部歴史学科 (16) 2011.03

木曽御嶽講の展開—長野市と関東地方の事例から(牧野眞一)「長野県民俗の会会報」 長野県民俗の会 (33) 2012.03

庚申塔ファイル(12) 関東地方の庚申真言塔(多田治昭)「野仏 : 多摩石仏の会機関誌」 多摩石仏の会 43 2012.07

後北条氏治下の修験(千代田恵汎)「近世史藁」 近世村落研究会 (6) 2012.08

所領なき「御朱印」 寺院の寺領と地域(月例会報告要旨)(保垣孝幸)「関東近世史研究」 関東近世史研究会 (72) 2012.10

地域を見つめる観音像(2)—関東大震災の犠牲者を追悼して(杉本絵美)「港郷土資料館だより」 港区立港郷土資料館 (70) 2012.10

書評と紹介 白川部達夫『近世質地請戻し慣行の研究』(渡辺尚志)「関東近世史研究」 関東近世史研究会 (73) 2012.11

関東のオシラサマ(阪本英一)「上毛民俗」 上毛民俗学会 (56) 2013.04

上野国歌探訪 関東方言と東海方言/上野国東歌のうち方言を含まない歌、また末勘国歌について/本歌の後に異伝を載せる歌/「伊香保ろの岨の榛原」(北川和秀)「上州文化」 群馬県教育文化事業団 (136) 2013.11

川名登著 船の科学館叢書7『船鑑』(書評・新刊紹介)(松井哲洋)「利根川文化研究」 利根川文化研究会 (33) 2013.12

関東の伊勢参宮—伊勢参詣記を中心に(特集 伊勢参詣記—論文)(杉山正司)「季刊悠久.第2次」 鶴岡八幡宮悠久事務局 (135) 2014.05

称名寺の二代長老釼阿と『関東往還記前記』(高橋秀栄)「金沢文庫研究」 神奈川県立金沢文庫 (333) 2014.10

関東(各地の民俗芸能(第55回ブロック別民俗芸能大会の報告))(樋口和宏)「民俗芸能」 民俗芸能刊行委員会 (94) 2014.11

関東祈禱所

鎌倉初期の東国武士と関東祈禱所の認定—横山時広と「進美寺文書」の検討(山野龍太郎)「八王子市史研究」 八王子市 (4) 2014.03

関東三十六不動霊場

巡礼と現代—関東三十六不動霊場を中心として(中山和久)「日本民俗学」 日本民俗学会 通号211 1997.8

関東檀林寺

天台宗東叡山勧学寮と関東檀林寺(内山純子)「茨城史林」 筑波書林 (33) 2009.06

北関東

北関東における古瀬戸の流通と消費(浅野晴樹)「瀬戸市埋蔵文化財センター研究紀要」 瀬戸市文化振興財団 7 1997.3

《北関東特集》「民俗文化」 近畿大学民俗学研究所 (14) 2002.3

北関東における宝篋印塔の二形態—周辺部の石造文化を考える(磯部淳一)「歴史考古学」 歴史考古学研究会 (50) 2002.7

基層社会の仏教受容に関する一考察—北関東における奈良・平安期の集落を中心として(須田亜紀)「婆良岐考古」 婆良岐考古同人会 (25) 2003.5

越中門徒の北関東移住者の子孫を尋ねて(大野康太郎)「魚津史談」 魚津歴史同好会 (27) 2005.3

新刊紹介『北関東三県の弥陀図像板碑』(村田和義著)(中西亨)「史迹と美術」 史迹美術同攷会 75(4)通号754 2005.5

北関東の田遊び—倭文神社の田遊びの検討(関孝夫)「群馬歴史民俗」 群馬歴史民俗研究会 (33) 2008.3

秩父型屋台と北関東の踊り屋台(作美hello 陽一)「埼玉民俗」 埼玉民俗の会 (33) 2008.3

北関東の木曽御嶽講と霊神碑(《木曽御嶽特集》)(時枝務)「山岳修験」 日本山岳修験学会,岩田書院(発売) (42) 2008.11

北関東におけるワラデッポウ—叩き棒の名称の分布と素材・用途の分布について(三輪京子)「信濃[第3次]」 信濃史学会 62(1)通号720 2010.01

北関東におけるワラデッポウの分布(三輪京子)「民俗地図研究」 民俗地図研究会 (2) 2010.03

北関東三県

北関東三県の板碑の分布を見る(村田和義)「歴史考古学」 歴史考古学研究会 (46) 2000.8

鬼怒川

古事記相津伝承東道論—鬼怒川 大川将軍道(高橋富雄)「福島県立博物館紀要」 福島県立博物館 (16) 2002.3

相模野

相模野・長尾川と大龍神社と三輪の神（西田克子）「三田史談」 三田市郷土文化研究会 （34） 2014.04

三国詣り

遍路入国禁止政策と三国詣り（小松勝記）「秦史談」 秦史談会 123 2004.9

四郡大師

利根町満徳寺の新四国霊場「四郡大師」（近江礼子）「茨城史林」 筑波書林 （35） 2011.06

下総

駆込寺と下総の村々（講演録）（佐藤孝之）「松戸市立博物館紀要」 松戸市立博物館 （12） 2005.3

下総国

史料紹介 芦崎寺衆徒が常陸国・上総国・下総国で形成した檀那場―文献史料再の檀那場（福江充）「富山史壇」 越中史壇会 140 2003.3

下総国における「旦那場・勧進場」成立の前提について（研究協議会の記録）（坂井康人）「房総史学」 国書刊行会 （46） 2006.3

下河辺庄

下河辺庄における喫茶文化（橋本素子）「金沢文庫研究」 神奈川県立金沢文庫 （324） 2010.3

上武新四国

上州新四国平成遍路記「仮称」上武新四国（邑楽郡・埼玉県）（内山信次）「上州路 ： 郷土文化誌」 あさを社 278/282 1997.7/1997.11

新四国相馬霊場

新四国相馬霊場を開創した観覚光音の血盆経（近江礼子）「西郊民俗」 ［西郊民俗談話会］ （210） 2010.03

新四国相馬霊場の開創者光音像を奉造した修験者「秀音」（論文・資料）（近江礼子）「茨城の民俗」 茨城民俗学会 （52） 2013.11

新四国相馬霊場八十八カ所

新四国相馬霊場八十八カ所の成立と変遷（論文）（近江礼子）「茨城史林」 筑波書林 （37） 2013.06

多摩川

多摩川のベラミア漁について―その成り立ちをめぐっての再考（金野啓史）「民具マンスリー」 神奈川大学 40（10）通号478 2008.1

多摩川下流域

割符（わりふ）と呼ばれる御幣について―多摩川下流域、分割された集落の共通祭祀具（《特集 第30回大会》）―〈公開シンポジューム 環シナ海文化からみた沖縄〉（北村敏）「民具研究」 日本民具学会 （134） 2006.9

東国

東国における日蓮宗寺院の中世的展開―安房本妙寺日我と上総本乗寺日膳の関係を中心に（佐藤博信）「千葉県の文書館」 千葉県文書館 （6） 2001.3

東国三社

市史研史跡バス見学 東国三社参りを終えて（東日出夫）「我孫子市史研究センター会報」 我孫子市史研究センター （152） 2014.10

徳川家霊廟

徳川家霊廟建築の史的分析―入札と投機の時代史（《第41回 近世史サマーセミナー特集》）（山澤学）「関東近世史研究」 関東近世史研究会 （53） 2003.10

利根川

土木技師井上二郎と利根川図志（是永定美）「利根川文化研究」 利根川文化研究会 （12） 1997.1

〔書評〕『利根川・荒川流域の生活と文化』を読む（平野馨）「利根川文化研究」 利根川文化研究会 （12） 1997.1

利根川及び近隣水域の和船関連資料について―高瀬船・五大力船・投網船・揚げ船（松井哲洋）「利根川文化研究」 利根川文化研究会 通号25 2004.8

さいたま民俗文化研究所編『利根川の漁労―中流域の漁法と漁具』（書誌紹介）（安室知）「日本民俗学」 日本民俗学会 通号254 2008.5

川名登著『河岸』―河川水運の総体的理解と河岸に暮らす人びとの物語（新刊紹介）（青木敏雄）「利根川文化研究」 利根川文化研究会 通号32 2008.12

明治二十九年利根川水害による地域秩序の動揺―水利慣行をめぐる訴訟事件を対象として（特集 流域の災害）（金子祥之）「利根川文化研究」 利根川文化研究会 （38） 2014.12

利根川下流域

マコモ繁る水辺―利根川下流域のマコモ細工（吉越笑子）「民具マンス

リー」 神奈川大学 30（9） 1997.12

新四国霊場と送り大師―利根川下流域に見られる事例（小林団）「西郊民俗」 ［西郊民俗談話会］ （183） 2003.6

利根川中流域

利根川中流域の甲子待大黒天の郷（《特集 大黒天》）（石田年子）「日本の石仏」 日本石仏協会，青娥書房（発売）（123） 2007.9

利根川流域

利根川流域の百堂念仏塔を追って（石田年子）「日本の石仏」 日本石仏協会，青娥書房（発売）（130） 2009.06

坂東

百観音供養塔にみる西国・坂東・秩父巡礼の位置付け（田中智彦）「日本の石仏」 日本石仏協会，青娥書房（発売）通号88 1998.12

坂東三十三カ所

坂東三十三カ所の古鐘（真鍋孝志）「梵鐘 ： 日本古鐘研究会機関誌」 日本古鐘研究会 8 1998.4

坂東三十三ヶ所観音霊場

坂東三十三ヶ所観音霊場めぐり（市川三郎）「府中史談」 府中市史談会 27 2001.5

坂東三十三所

長田攻一氏「現代の秩父観音巡礼」/坂田正顕氏「現代坂東三十三所巡礼の概況」/田中智彦氏「近世西国巡礼の実態―接待の存在について」「巡礼研究会通信」 巡礼研究会 （40） 2002.12

坂東三十三番観音

小田原方面 坂東三十三番観音札所史跡めぐり（宗森敦正）「県央史談」 県央史談会 38 1999.1

百観音

百観音巡礼（阿部健）「安城民俗」 安城民俗談話会 （30） 2008.5

百観音巡礼（再掲載する会報の記事）（阿部健）「安城民俗」 安城民俗談話会 （38・39） 2012.11

百観音霊場

百観音霊場めぐりの思い出（小坂いち）「史談しもふさ」 下総町郷土史研究会 （25） 2004.4

武相

西海賢二先生講演会「近世の遊行聖」武相の木食たち（講演会）（塩田安示）「いしぶみ」 まちだ史考会 （29） 2010.07

宝珠花

野田の歴史を聞く 元せきね屋女将が語る 宝珠花むかしばなし（飯田好）「かつしか台地 ： 野田地方史懇話会会誌」 野田地方史懇話会 （31） 2006.3

南関東

本の紹介 関東民具研究会編『南関東の共有膳椀―ハレの食器をどうしていたか』（土井義夫）「多摩のあゆみ」 たましん地域文化財団 101 2001.2

四ツ木・西光寺蔵聖徳太子像（暦応4年銘）の周辺 南関東における中世真宗の一遺例（津田徹英）「博物館研究紀要」 葛飾区郷土と天文の博物館 （9） 2002.3

派生する信仰集団―南関東の榛名講をめぐって（《大会特集 交流の地域史―ぐんまの山・川・道》―〔問題提起〕（西海賢二）「地方史研究」 地方史研究協議会 54（4）通号310 2004.8

山岳信仰の地域的展開―南関東の榛名講をめぐって（西海賢二）「武尊通信」 群馬歴史民俗研究会 100 2004.12

南武蔵

南北朝・室町期の南武蔵領主の様態と前提―武州普済寺と平姓柴崎氏を手がかりに（《特集 中世の立川を考える》）（小国浩寿）「多摩のあゆみ」 たましん地域文化財団 （118） 2005.5

見沼代用水

見沼代用水滞流一件考―見沼通船差配役・国学者高田與清の一挿話・足立郡辻村名主石田家文書から（岡田博）「埼玉地方史」 埼玉県地方史研究会 （58） 2007.6

武蔵

武蔵型板碑の製作技法―東京都大田区萬福寺の蝶形蓮座板碑を中心に（三宅宗議）「歴史考古学」 歴史考古学研究会 （50） 2002.7

サンカの人々の共有文化の検証 武蔵サンカ・松島兄妹による尾張サンカ資料の解説（《サンカの最新学2》）（飯尾恭之）「歴史民俗学」 批評社 （22） 2003.2

「新編武蔵風土記稿」考（井口昭英）「杉並郷土史会史報」 杉並郷土史会 181 2003.9

誌上郷土史入門講座 温故知新の手引き 基本バイブル「新編武蔵風土記

稿」/武蔵野・多摩ならこの一冊「武蔵名勝図会」/挿絵が秀逸「江戸名所図会」「しいのき ： 中野区立歴史民俗資料館だより」 中野区立歴史民俗資料館 （51） 2006.4

共催展における地域展示—特別展「お伊勢さんと武蔵」展示拾遺（杉山正司）「紀要」 埼玉県立歴史と民俗の博物館 （2） 2008.3

相模・武蔵南部における地方寺院の成立—宗元寺跡を中心として（2008年度総会研究報告「神奈川県域の古代寺院を考える」）（三舟隆之）「神奈川地域史研究」 神奈川地域史研究会 （27） 2010.01

関東民具研究会編『相模・武蔵の大山信仰』（本の紹介）（乾賢太郎）「多摩のあゆみ」 たましん地域文化財団 （145） 2012.02

史料紹介 高野山櫻池院『下総・武蔵・諸国供養帳』(1)（佐々木倫朗）「栃木県立文書館研究紀要」 栃木県立文書館 （17） 2013.03

復刻・郷土史料「足立」昭和26年刊、「郷土のあゆみ」昭和28年、「足立区史資料集・足立史考」昭和31年/「戦国期東武蔵の戦乱と信仰」加増啓二著「足立史談会だより」 足立史談会 （308） 2013.11

武蔵野

武蔵野の戸隠講—江戸期農民の雨乞信仰（《山岳信仰特集I》）（西海賢二）「あしなか」 山村民俗の会 257 2001.6

さし絵のなかの多摩(26) 武蔵野の蕎麦—『江戸名所図会』より「深大寺蕎麦」饗膳図（斎藤慎一）「多摩のあゆみ」 たましん地域文化財団 113 2004.2

《特集 武蔵野の水車》「多摩のあゆみ」 たましん地域文化財団 115 2004.8

奥三山参りと里先達—武蔵野西部の「宿坊道者帳」に見る（岡倉捷郎）「あしなか」 山村民俗の会 280 2008.1

特集 歴史館講座「あなたの街の東村山学＿ 伝統文化講座「秋から冬にかけての民俗行事」/郷土歴史講座「狭山丘陵と武蔵野」/もっと知りたい、見たい、やりたい海外へ 東村山に伝わる年中行事について「歴史館だより」 東村山ふるさと歴史館 （33） 2008.9

武蔵野新田成立と寺院創出—寺社奉行の動向をめぐって（特集 歴史学と宗教研究）（菅野洋介）「史潮」「歴史学会」，同成社（発売） （68） 2010.11

武蔵野の民家 二題—国営昭和記念公園こもれびの里の旧石井家住宅と東久留米市柳窪の村野家住宅について（特集 むかしの暮らしを復元する）（稲葉和也）「多摩のあゆみ」 たましん地域文化財団 （142） 2011.5

モノ・記憶・記録—民具からたどる武蔵野の水車屋ぐらし（特集 むかしの暮らしを復元する）（神野善治）「多摩のあゆみ」 たましん地域文化財団 （142） 2011.5

特別展「小麦と武蔵野のくらし」調査報告（川上香）「東京都江戸東京博物館紀要」 東京都江戸東京博物館 （3） 2013.3

武蔵野の民家の縮尺モデル制作1/20 縮尺モデル制作：本橋俊雄/記録・写真：高橋孝「武蔵保谷村だより ： 高橋文太郎の『武蔵保谷村郷土資料』を手掛かりに」 下保谷の自然と文化を記録する会 （9） 2013.4

武蔵国

地誌『新編武蔵国風土記稿』の一考察—長久寺文書『地蔵院過去帳』の検討をとおして（赤石光資）「埼玉史談」 埼玉県郷土文化会 58（3） 通号307 2011.10

武蔵国北部の郡郷と式内社をめぐって（坂本和俊）「東邦考古」 東邦考古学研究会 （36） 2012.03

研究ノート 武蔵・相模国における石橋供養塔の造立を支えた人びと（津田守一）「小田原地方史研究」 小田原地方史研究会 （26） 2012.05

資料よもやま話 明治初年の武蔵国の寺院と僧侶たち—浄土宗本末寺院明細帳から（西川武臣）「開港のひろば ： 横浜開港資料館館報」 横浜開港資料館 （121） 2013.07

武蔵野三十三観音

高札場 4月例会 4月29日（祝）武蔵野三十三観音巡拝(3)/5月例会 5月25日（日）新緑の栃木史跡めぐり「練馬郷土史研究会会報」 練馬郷土史研究会 （352） 2014.07

茨城県

青物町
水戸青物町の「祇園祭」(平宗子)「茨城の民俗」 茨城民俗学会 41 2002.11

青宿
担がれてゆく神輿―青宿祇園祭の神輿と人々(小林将人)「民具研究」 日本民具学会 通号114 1997.6

赤不動尊
「赤不動尊」(茨城新聞掲載「茨城の石仏・石塔」)(鈴木市右)「茨城の民俗」 茨城民俗学会 (44) 2005.11

秋山村
江戸時代の年中行事ならびに農民の食生活をみる―秋山村の宮田氏「年中仕方帳」より(江尻光昭)「郷土文化」 茨城県郷土文化研究会 (52) 2011.3

明野
山里だより(14) 明野の陰陽石(井上明生)「あしなか」 山村民俗の会 286 2009.08

旭
寄稿 旭の民話・わらべ歌(石崎勝三郎)「鉾田の文化」 鉾田市郷土文化研究会 (35) 2011.05

麻生
御庚申講について(高野悦男)「麻生の文化」 行方市教育委員会 29 1998.3
剣囃の神事(長峯善男)「麻生の文化」 行方市教育委員会 30 1999.3
力石と鳴子(平野敏夫)「麻生の文化」 行方市教育委員会 (33) 2002.3
今はもう見られない(1) 子どもの遊び、芸能など(高野悦男)「麻生の文化」 行方市教育委員会 (35) 2004.3
麻生の金くそ(羽生均)「麻生の文化」 行方市教育委員会 (37) 2006.3
遺稿 地区の屋号・苗字・組・生業について(飯島正彦)「麻生の文化」 行方市教育委員会 (38) 2007.3
新庄氏一族の墓地について(植田敏雄)「麻生の文化」 行方市教育委員会 (40) 2009.03

麻生町
麻生町に於ける吟詠剣詩舞道の歴史(茂木岩夫)「麻生の文化」 行方市教育委員会 30 1999.3
麻生町に於ける方言(高野悦男)「麻生の文化」 行方市教育委員会 30 1999.3
茨城県麻生町の山王廿一社庚申塔を見に行く(中山正義)「野仏 : 多摩石仏の会機関誌」 多摩石仏の会 31 2000.7
麻生町の方言―追加(高野悦男)「麻生の文化」 行方市教育委員会 (32) 2001.3
麻生町の方言―ふたたびの追加(高野悦男)「麻生の文化」 行方市教育委員会 (33) 2002.3
麻生町における方言(追加)(高野悦男)「麻生の文化」 行方市教育委員会 (36) 2005.3

阿武隈
阿武隈の魚交易路―平潟街道の伝承(胡桃沢勘司)「民俗文化」 近畿大学民俗学研究所 (14) 2002.3

雨引観音
筑波大御堂と雨引観音を訪ねる(田中将浩)「県央史談」 県央史談会 (43) 2004.1

阿弥陀院
阿弥陀院(国長)《名所「緒川十景」特集》―名所「緒川十景」紹介)「おがわの文化」 常陸大宮市緒川郷土文化研究会 (24) 2000.3
阿弥陀院(坏孝次)「おがわの文化」 常陸大宮市緒川郷土文化研究会 (24) 2000.3

安良川
高萩市安良川 八幡宮棟札(関周一,佐々木倫朗)「十王町の歴史と民俗」 日立市郷土博物館 14 2005.3

荒宿
荒宿祇園 昔と今(安部栄)「玉造史叢」 玉造郷土文化研究会 40 1999.4
私の知る荒宿と、祇園祭り(特集 守ろう、郷土の伝統と文化)(山口眼

巖)「玉造史叢」 玉造郷土文化研究会 50 2009.04

安禅寺
茨城県 安禅寺「禅宗地方史調査会年報」 [禅宗地方史調査会] (5) 1998.5

安穏寺
結城市内寺院所蔵の板碑(2)―安穏寺・称名寺・慈眼寺の板碑(鶴見貞雄)「茨城県考古学協会誌」 茨城県考古学協会 (13) 2001.5

安楽寺
安楽寺六地蔵石幢について(佐久間秀樹)「下妻の文化」 下妻市文化団体連絡協議会 (30) 2005.5

飯前
飯前の石仏と個人墓地(田山一男)「ひたち小川の文化」 小美玉市小川郷土文化研究会 17 1997.4

飯田町
虫送りという年中行事―土浦市飯田町の油虫(阪本佳子)「土浦市立博物館紀要」 土浦市立博物館 (12) 2002.3

伊佐部
東町伊佐部の祇園(黒田忠夫)「茨城の民俗」 茨城民俗学会 41 2002.11

石岡
石岡祭りに出る山車の類型(下地好孝)「きりん」 荒木集成館友の会 9 2005.6

石岡市
石岡市の女人信仰(近江礼子)「茨城の民俗」 茨城民俗学会 41 2002.11
無形民俗文化財指定と新たな民俗芸能の創出―茨城県石岡市の「石岡囃子」を事例に(金賢貞)「民俗芸能研究」 民俗芸能学会 (41) 2006.9

石神村
石神村のお稲荷様(ふるさと絵本の会「蘗」)「玉造史叢」 玉造郷土文化研究会 51 2010.04

石下町
茨城県石下町の建長銘板碑について(上),(下)(飛田英世)「茨城県立歴史館報」 茨城県立歴史館 通号32/通号33 2005.3/2006.3

石名坂
石名坂の水源と富士信仰(黒澤俊)「会報郷土ひたち」 郷土ひたち文化研究会 19 1998.10
石名坂の水源と弁財天社(2)(黒沢俊)「会報郷土ひたち」 郷土ひたち文化研究会 20 1999.7
金砂大祭礼と石名坂の大榎―謎の解明と提言(瀬谷義彦)「郷土ひたち」 郷土ひたち文化研究会 53 2003.3

泉神社
「オドウ」―泉神社の当屋祭(笹岡明)「市民と博物館」 日立市郷土博物館 59 2001.6

潮来
水郷点描(1) フナ釣りの賑わい(田坂浩)「おおとね : 千葉県立中央博物館大利根分館報」 千葉県立中央博物館大利根分館 18(3)通号61 1997.1
水郷点描(2) 水郷の子供(田坂浩)「おおとね : 千葉県立中央博物館大利根分館報」 千葉県立中央博物館大利根分館 19(1)通号62 1997.5
水郷点描(3) 午後の水郷堤(田坂浩)「おおとね : 千葉県立中央博物館大利根分館報」 千葉県立中央博物館大利根分館 19(2)通号63 1997.11
水郷点描(5),(6),(8)(藤川正司)「おおとね : 千葉県立中央博物館大利根分館報」 千葉県立中央博物館大利根分館 20(1)通号65/21(1)通号68 1998.5/1999.5
潮来の年中行事について(佐竹すみ子)「水郷の民俗」 水郷民俗研究会 5 1999.6
水郷点描(9)(大原正義)「おおとね : 千葉県立中央博物館大利根分館報」 千葉県立中央博物館大利根分館 21(1)通号69 2000.5
水郷点描(10) 田植え(大原正義)「おおとね : 千葉県立中央博物館大利根分館報」 千葉県立中央博物館大利根分館 71 2003.3

水郷点描 (11) 十二橋巡り (糠谷隆)「おおとね : 千葉県立中央博物館大利根分館報」 千葉県立中央博物館大利根分館 72 2003.7

水郷点描 (12) 楽しい遠足 (糠谷隆)「おおとね : 千葉県立中央博物館大利根分館報」 千葉県立中央博物館大利根分館 73 2004.3

水郷点描 (13) 水上遊覧飛行 (糠谷隆)「おおとね : 千葉県立中央博物館大利根分館報」 千葉県立中央博物館大利根分館 74 2004.11

潮来の繁栄と遊郭 (藤島一郎)「鹿行の文化財」 鹿行文化財保護連絡協議会 (35) 2005.3

近代で潮来及び周辺を舞台にした大衆文化 (小沼正司)「鹿行の文化財」 鹿行文化財保護連絡協議会 (36) 2006.3

水郷点描 (14) オカに上がった帆曳き船 (糠谷隆)「おおとね : 千葉県立中央博物館大利根分館報」 千葉県立中央博物館大利根分館 通号75 2006.3

潮来市

各家々の神々 (藤島一郎)「水郷の民俗」 水郷民俗研究会 5 1999.6

貝塚犬供養 (仲沢章寿)「水郷の民俗」 水郷民俗研究会 5 1999.6

針供養と淡島様 (郡司初江)「水郷の民俗」 水郷民俗研究会 5 1999.6

むかしの結婚式の料理番の心得 (篠塚平一郎)「水郷の民俗」 水郷民俗研究会 5 1999.6

三十三観音札所に思う (小谷野きよ)「水郷の民俗」 水郷民俗研究会 5 1999.6

水郷かっぱまつり企画展 (藤島一郎)「水郷の民俗」 水郷民俗研究会 9 2003.2

カワビタリ (酒井喜登世)「水郷の民俗」 水郷民俗研究会 9 2003.2

御仏信仰について (藤島一郎)「水郷の民俗」 水郷民俗研究会 9 2003.2

人形送りについて (藤島一郎)「水郷の民俗」 水郷民俗研究会 9 2003.2

妖怪など (小沼正司)「水郷の民俗」 水郷民俗研究会 9 2003.2

むかしの婚礼 (山澤幸次)「水郷の民俗」 水郷民俗研究会 (11) 2006.3

人生儀礼 (藤島一郎)「水郷の民俗」 水郷民俗研究会 (11) 2006.3

人生儀礼 (松崎松)「水郷の民俗」 水郷民俗研究会 (11) 2006.3

文化祭・年中行事 (藤島一郎)「水郷の民俗」 水郷民俗研究会 (11) 2006.3

板敷山

史料紹介 本願寺と謡曲「板敷山」(2) (籠谷眞智子)「日本宗教文化史研究」 日本宗教文化史学会 10(1) 通号19 2006.5

潮宮神社

潮宮神社の改築と歴史 (近藤進治)「ひたち小川の文化」 小美玉市小川郷土文化研究会 23 2003.4

市杵島神社

市杵島神社と集落 (2) 奉安殿と大銀杏 (八木操)「玉造史叢」 玉造郷土文化研究会 42 2001.4

市杵島神社と集落 (3) 十六人の氏子と七五三 (八木操)「玉造史叢」 玉造郷土文化研究会 43 2002.4

市杵島神社と集落 (4) 放禮の由来 (八木操)「玉造史叢」 玉造郷土文化研究会 44 2003.4

市杵島神社と集落 (5) 末裔の残照 (八木操)「玉造史叢」 玉造郷土文化研究会 51 2010.04

市杵島神社と集落 (6) 蛇女良こぼれ話 (魚鱗癬) (八木操)「玉造史叢」 玉造郷土文化研究会 52 2011.04

市杵島神社と集落 (7),(8) (歴史・考古) (八木操)「玉造史叢」 玉造郷土文化研究会 53/54 2012.04/2013.04

一閑寺

一閑寺、弁財天のこと (大和田義雄)「玉造史叢」 玉造郷土文化研究会 43 2002.4

稲田

報恩講と御伝鈔 常陸国 "稲田" を訪ねて (〈創立50周年記念号会員特別原稿〉) (田中文子)「加南地方史研究」 加南地方史研究会 (50) 2003.2

伊奈町

伊奈町の庚申塔―金石文調査の中間報告 (鈴木忍)「町史研究伊奈の歴史」 伊奈町 5 2001.3

伊奈町の仏像について (後藤道雄)「町史研究伊奈の歴史」 伊奈町 8 2004.3

伊奈町域における月待塔の成立と展開 (鈴木忍)「町史研究伊奈の歴史」 伊奈町 8 2004.3

石仏に対面して十年 (金石文調査の思い出) (金子豊子)「町史研究伊奈の歴史」 伊奈町 (10) 2008.1

石仏調査の参加して (金石文調査の思い出) (杉浦照雄)「町史研究伊奈の歴史」 伊奈町 (10) 2008.1

石仏・石塔の調査と慰霊碑―「村の記憶」にふれる (編纂事業の思い出)

(熊本史雄)「町史研究伊奈の歴史」 伊奈町 (10) 2008.1

印波の鳥見の丘

『常陸国風土記』における「印波の鳥見の丘」の一考察 (佐藤誠)「成田史談」 成田市文化財保護協会 (57) 2012.3

井上廃寺

井上廃寺と掘立土坑 (汀安衛)「玉造史叢」 玉造郷土文化研究会 50 2009.04

茨城

「鯰絵」再考 (今瀬文也)「常総の歴史」 崙書房出版茨城営業所 21 1998.7

ヘーヤとコンニャクヤ (鈴木恆男)「常総の歴史」 崙書房出版茨城営業所 21 1998.7

御太刀と大山信仰 (河野弘)「茨城の民俗」 茨城民俗学会 37 1998.11

流行正月考 (堀辺武)「茨城の民俗」 茨城民俗学会 37 1998.11

民俗と地名の運命 (今瀬文也)「茨城の民俗」 茨城民俗学会 37 1998.11

鯨墓考 (住谷英夫)「茨城の民俗」 茨城民俗学会 37 1998.11

解説「ささら」に関する参考文献目録 (増田修)「常総の歴史」 崙書房出版茨城営業所 22 1999.3

「ささら」に関する参考文献目録 (増田修, 横山妙子)「常総の歴史」 崙書房出版茨城営業所 22 1999.3

悪路王とは何者―蝦夷王国と神格化した悪路王 (岡村青)「常総の歴史」 崙書房出版茨城営業所 22 1999.9

六十六部と廻国塔 (河野弘)「茨城の民俗」 茨城民俗学会 38 1999.11

宗吾信仰の展開 (鏑木行広)「常総の歴史」 崙書房出版茨城営業所 24 2000.3

茨城の廻国塔 (河野弘)「常総の歴史」 崙書房出版茨城営業所 24 2000.3

《特集 民俗学とその周辺》「茨城の民俗」 茨城民俗学会 39 2000.11

六十六部墨・神功皇后の郷里を訪ねて (飛田英世)「茨城の民俗」 茨城民俗学会 39 2000.11

膳椀置場と椀貸伝説 (千歳竜彦)「茨城の民俗」 茨城民俗学会 40 2001.11

星神カガセオの足跡を探る―星神を祀る神社の全国分布 (野北舜介)「茨城の民俗」 茨城民俗学会 40 2001.11

蛇型鋼の習俗に就いて (5)―盆鋼のルーツを尋ねて (総集編) (嶋田尚)「茨城の民俗」 茨城民俗学会 40 2001.11

XYの民俗 (総集編・前)―結節の呪力に関する民間信仰 (新資料による分類) (嶋田尚)「茨城の民俗」 茨城民俗学会 41 2002.11

椀貸伝説と歴史―佐藤智敬氏の研究に寄せて (千歳竜彦)「茨城の民俗」 茨城民俗学会 41 2002.11

《特集 祇園祭》「茨城の民俗」 茨城民俗学会 41 2002.11

茨城の祇園祭を考える―分布・習俗・神輿・山車など (今瀬文也)「茨城の民俗」 茨城民俗学会 41 2002.11

私の村の葬送儀礼 (塚本治子)「茨城の民俗」 茨城民俗学会 (42) 2003.11

大塚家の盆行事 (大塚子之吉)「茨城の民俗」 茨城民俗学会 (42) 2003.11

《特集 人物伝説》「茨城の民俗」 茨城民俗学会 (43) 2004.11

藤田稔著『茨城の民俗文化』(書誌紹介) (清水博之)「日本民俗学」 日本民俗学会 通号241 2005.2

茨城における伝説・民話・昔話の中の天狗像 (高橋成)「茨城の民俗」 茨城民俗学会 (44) 2005.11

《特集 石仏・石塔》「茨城の民俗」 茨城民俗学会 (44) 2005.11

石仏・石塔考二題 (郡司一康)「茨城の民俗」 茨城民俗学会 (44) 2005.11

気になる石仏たち (佐藤不二也)「茨城の民俗」 茨城民俗学会 (44) 2005.11

石燈籠と自然石―木内克・木村武山 (大塚子之吉)「茨城の民俗」 茨城民俗学会 (44) 2005.11

木像から石仏へ―寺院の仏像を中心に考える (今瀬文也)「茨城の民俗」 茨城民俗学会 (44) 2005.11

気さくな仏様 (茨城新聞掲載「茨城の石仏・石塔」) (古井徹典)「茨城の民俗」 茨城民俗学会 (44) 2005.11

二十三夜尊 (茨城新聞掲載「茨城の石仏・石塔」) (井坂教)「茨城の民俗」 茨城民俗学会 (44) 2005.11

北向き道六神 (茨城新聞掲載「茨城の石仏・石塔」) (飯島匡孝)「茨城の民俗」 茨城民俗学会 (44) 2005.11

馬頭観音 (茨城新聞掲載「茨城の石仏・石塔」) (山形魏)「茨城の民俗」 茨城民俗学会 (44) 2005.11

猿の像 (茨城新聞掲載「茨城の石仏・石塔」) (蛭川吉男)「茨城の民俗」 茨城民俗学会 (44) 2005.11

牛の名医は女占い師 (菊池敏明)「茨城の民俗」 茨城民俗学会 (45)

2006.11

日立市郷土博物館編『むら・ひと・くらし―写真が語る茨城の民俗』（書誌紹介）（篠原徹）「日本民俗学」　日本民俗学会　通号249　2007.2

柳田國男と茨城―定本集に描かれた郷土《〈特集 柳田國男〉》（今瀬文也）「茨城の民俗」　茨城民俗学会　（46）　2007.11

途絶えた盆舟・精霊流し（大森政美）「茨城の民俗」　茨城民俗学会　（46）　2007.11

土公神は人間の言葉で話すのか（菊池敏明）「茨城の民俗」　茨城民俗学会　（46）　2007.11

住宅の用具「いろり」/茨城西洋建築の父 駒杵勤治/嫁くらべの条件―初午の料理も/年中行事「六月三十日のちのわくぐり」/大津の盆船/婚姻の習俗―結納は婚約成立の祝い「茨城の民俗」　茨城民俗学会　（46）　2007.11

「オタチ行事」の分布にみる歴史的環境《〈大会特集I 茨城の歴史的環境と地域形成〉―〈問題提起〉》（萩谷良太）「地方史研究」　地方史研究協議会　58（4）通号334　2008.8

正体知らぬ「いずな狐」（菊池敏明）「茨城の民俗」　茨城民俗学会　（47）　2008.11

茨城の基層食文化を探る―東アジア各地の祖型に学ぶ（特集 食）（西野虎之助）「茨城の民俗」　茨城民俗学会　（48）　2009.11

道中記にみる江戸時代の茨城の食（特集 食）（堀切武）「茨城の民俗」　茨城民俗学会　（48）　2009.11

郷土料理 二題（特集 食）（照山洋）「茨城の民俗」　茨城民俗学会　（48）　2009.11

食の民俗考―食生活の変遷（特集 食）（今瀬文也）「茨城の民俗」　茨城民俗学会　（48）　2009.11

浜降り祭雑記（河野弘）「茨城の民俗」　茨城民俗学会　（48）　2009.11

研究ノート 納豆/水戸光圀と食事/梅干し「茨城の民俗」　茨城民俗学会　（48）　2009.11

食物に関する職人・商人の一人前の民俗慣行（西村浩一）「茨城民俗学会会報」　茨城民俗学会　（62）　2010.01

幸福をもたらす七福神「茨城民俗学会会報」　茨城民俗学会　（62）　2010.01

茨城の衣と火の民俗（特集 衣・火）（今瀬文也）「茨城の民俗」　茨城民俗学会　（49）　2010.11

鉄と焼き物（特集 衣・火）（斉藤重）「茨城の民俗」　茨城民俗学会　（49）　2010.11

研究ノート へいさんぼう「茨城の民俗」　茨城民俗学会　（49）　2010.11

古文書からみる年中行事（論文・資料）（冨田ゆか子）「茨城の民俗」　茨城民俗学会　（52）　2013.11

寛永期大日如来石仏研究目録―『茨城の民俗』五十年から（論文・資料）（飯村富子）「茨城の民俗」　茨城民俗学会　（52）　2013.11

わが家の年中行事（創立五十周年記念のひとこと）（海老沢正孝）「茨城の民俗」　茨城民俗学会　（52）　2013.11

石仏との出会い（創立五十周年記念のひとこと）（佐藤不二也）「茨城の民俗」　茨城民俗学会　（52）　2013.11

わが家で祀る二体のオシンメサマ（創立五十周年記念のひとこと）（三浦清）「茨城の民俗」　茨城民俗学会　（52）　2013.11

『茨城の民俗』は宝物（創立五十周年記念のひとこと）（渡辺敦子）「茨城の民俗」　茨城民俗学会　（52）　2013.11

茨城県

農家の機織り 茨城県に伝えられてきた高機の手順（梅沢きみ，池上和子）「民具マンスリー」　神奈川大学　30（4）　1997.7

神社と信仰 香取神社と県内分布（海老原静夫）「郷土史研究会会報」　岩井市郷土史研究会　（11）　1998.3

字切図凹字名にみる、中世城郭・館の様相（関肇）「郷土文化」　茨城県郷土文化研究会　39　1998.3

神社由緒と伝説解釈―茨城県の源義経・義家伝説の記述の変化を通して（佐藤智数）「常民文化」　成城大学常民文化研究会　21　1998.3

〔資料紹介〕茨城県指定文化財阿弥陀如来像（桐原治美）「茨城県立歴史館だより」　茨城県立歴史館　75　1999.1

薬人形の民俗―福島県・茨城県の分布から（石井克生）「福島の民俗」　福島県民俗学会　27　1999.3

茨城県の富士塚見てあるき（藤井宏康）「富士信仰研究」　富士信仰研究会　（1）　2000.5

天狗（桜井仲雄）「耕人」　耕人社　6　2000.6

佐竹氏と八幡信仰（堤禎子）「茨城県立歴史館報」　茨城県立歴史館　通号28　2001.3

梅むすめこぼれ話（宮嶋敬夫）「耕人」　耕人社　7　2001.4

茨城県下の仏像美術悉皆調査―奈良県桜井市から茨城県河内町まで（田中義恭）「郷土研究誌かわち」　河内町史編さん委員会　（6）　2001.9

報告「民話カラオケ」による民話普及 2001年 栃木・茨城県（如月六日）「伝え：日本口承文芸学会会報」　日本口承文芸学会　29　2001.9

茨城県における職業組合の民俗慣行（西村浩一）「茨城の民俗」　茨城民俗

学会　40　2001.11

茨城県における諸職の信仰の民俗慣行（西村浩一）「茨城の民俗」　茨城民俗学会　41　2002.11

茨城県南部の水神塔（近江礼子）「日本の石仏」　日本石仏協会，青娥書房（発売）（107）　2003.9

茨城県における一人前の民俗慣行（西村浩一）「茨城の民俗」　茨城民俗学会　（42）　2003.11

太夫松と疱瘡神石宮―茨城県北部の疱瘡神信仰（近江礼子）「西郊民俗」　〔西郊民俗談話会〕（187）　2004.6

茨城県における天王様の祀り棄て（河野弘）「茨城の民俗」　茨城民俗学会　（43）　2004.11

茨城県の疱瘡神塔（近江礼子）「日本の石仏」　日本石仏協会，青娥書房（発売）（113）　2005.3

日本の鬼探訪 茨城県（大中良英）「六甲倶楽部報告」　六甲倶楽部　72　2005.3

尺八と虚無僧供養（斎藤孝介）「耕人」　耕人社　11　2005.5

茨城県の十九夜念仏供養塔（中上敬一）「茨城の民俗」　茨城民俗学会　（44）　2005.11

茨城県内における六十六部の旅（河野弘）「常総の歴史」　崙書房出版茨城営業所　（33）　2005.12

茨城県の初期板碑に関する覚書（糸賀茂男，磯野治司，池田敏宏，水谷類，村上弘子）「茨城県史研究」　茨城県教育委員会　通号90　2006.2

開墾義社と蚕業と（中井川紀男）「郷土文化」　茨城県郷土文化研究会　（47）　2006.3

茨城県内における親鸞伝説《〈親鸞特集〉》（河野弘）「常総の歴史」　崙書房出版茨城営業所　（34）　2006.7

茨城県下に残る親鸞伝承《〈親鸞特集〉》（新妻久郎）「常総の歴史」　崙書房出版茨城営業所　（34）　2006.7

茨城県内の富士信仰（河野弘）「茨城の民俗」　茨城民俗学会　（45）　2006.11

県内の正月と盆における神霊と祖霊の儀礼祭祀についての考察（上）（飯塚信久）「茨城県立歴史館報」　茨城県立歴史館　通号34　2007.3

茨城県と栃木県の女人信仰「雨引観音」（近江礼子）「日本の石仏」　日本石仏協会，青娥書房（発売）（121）　2007.3

茨城県の道祖神信仰（《道祖神特集》）（近江礼子）「西郊民俗」　〔西郊民俗談話会〕（200・201）　2007.9

茨城県と栃木県におけるワラデッポウ《〈民俗学特集号〉》（三輪京子）「信濃〔第3次〕」　信濃史学会　60（1）通号696　2008.1

山岳信仰と茨城県（赤城毅彦）「茨城の民俗」　茨城民俗学会　（47）　2008.11

資料紹介 御嶽教（明治三十八年茨城県北部）教導職名簿（秋山高志）「富士山文化研究」　富士山文化研究会　（9・10）　2008.12

茨城県の新盆参り（石本敏也）「茨城の民俗」　茨城民俗学会　（49）　2010.11

茨城県における大山石尊信仰の諸相（1），（2）（近江礼子）「西郊民俗」　〔西郊民俗談話会〕（216）/（218）　2011.09/2012.03

丁丑殉節碑（塙英雄）「茨城県郷土文化研究会」　茨城県郷土文化研究会　（53）　2012.03

民俗文化から見た―将門首と天神信仰の一考察（仲田安夫）「郷土文化」　茨城県郷土文化研究会　（54）　2013.03

初期佐竹氏の仏教文化と平泉（冨山章一）「郷土文化」　茨城県郷土文化研究会　（54）　2013.03

茨城県内の太々神楽（論文・資料）（河野弘）「茨城の民俗」　茨城民俗学会　（52）　2013.11

伊福部の岳

伊福部の岳とその神―風土記逸文からみた（志田諄一）「十王町の歴史と民俗」　日立市郷土博物館　13　2004.3

入四間湯殿権現

『入四間湯殿権現縁起』について（〔史料紹介〕）（笹岡明）「郷土ひたち」　郷土ひたち文化研究会　48　1998.3

岩井市

庚申待の由来（倉持敏夫）「郷土史研究会会報」　岩井市郷土史研究会　（13）　2000.3

岩城相馬街道

道中記にみる岩城相馬街道の景観と民俗―水戸～北茨城まで（堀切武）「交通史研究」　交通史学会，吉川弘文館（発売）（56）　2005.2

岩船地蔵

岩船地蔵（大久保景明）「茨城の民俗」　茨城民俗学会　（44）　2005.11

岩間町

祭のかたち―茨城県岩間町愛宕神社悪退祭調査報告（世森かん奈）「御影史学論集」　御影史学研究会　通号31　2006.10

関東　　　　　　　　　　　　　　郷土に伝わる民俗と信仰　　　　　　　　　　　　　　茨城県

宇崎

宇崎の観音様（辺田弘）「麻生の文化」　行方市教育委員会　（31）2000.3

牛久市

牛久市史民俗調査報告書を読んで（山田巌子）「牛久市史研究」　牛久市　7　19980200

牛久市の女人信仰（近江礼子）「茨城の民俗」　茨城民俗学会　38　1999.11

芸能に見る現代の河童のイメージについて―茨城県牛久市「うしくかっぱ祭り」の事例を中心に（福西大輔）「民俗芸能研究」　民俗芸能学会　（37）2004.10

牛堀

牛堀の文化から（おびしゃ）（飯田壽満）「水郷の民俗」　水郷民俗研究会　（11）2006.3

牛堀の年中行事（藤島一郎）「水郷の民俗」　水郷民俗研究会　（11）2006.3

牛渡

茨城県かすみがうら市牛渡地区の天神講（清水亨桐）「茨城の民俗」　茨城民俗学会　（46）2007.11

内出

内出庚申講について（登芳久）「うらわ文化」　浦和郷土文化会　（111）2010.03

宇内薬師堂

一枚の写真―宇内薬師堂の梵鐘（榎本實）「郷土ひたち」　郷土ひたち文化研究会　54　2004.3

茨城郡

常陸国茨城郡の式内社について（久信田喜一）「耕人」　耕人社　5　1999.6

永福寺

表紙　鉾田市　永福寺薬師堂（山上宗俊）「鹿行の文化財」　鹿行文化財保護連絡協議会　（42）2012.03

塩吹岩穴

塩吹岩穴の観音様（鈴木徹）「ほない歴史通信」　遊史の会　（36）2005.9

御岩山阿弥陀堂

御岩山阿弥陀堂縁起について（榎本実）「郷土ひたち」　郷土ひたち文化研究会　53　2003.3

大麻神社

大麻神社例大祭の下淵の山車についての覚書（宮嵜和洋）「麻生の文化」　行方市教育委員会　（45）2014.03

大洗神社

大場家大山事蹟の一端　大洗神社周辺の松（大場浩一）「玉造史叢」　玉造郷土文化研究会　44　2003.4

大杉神社

常陸の福泉寺と大杉神社を訪ねて（わらびゆみ）「郷土史研通信」　八千代市郷土歴史研究会　35　2001.10

大杉神社と大杉囃子（河野弘）「常総の歴史」　崙書房出版茨城営業所　29　2003.7

大杉神社（移動研修の報告）（岡本保）「鉾田の文化」　鉾田市郷土文化研究会　（30）2006.5

書評　大島建彦著『アンバ大杉の祭り』（入江宜子）「民俗芸能研究」　民俗芸能学会　（41）2006.9

儀礼文化セミナー（第2回）平成25年10月27日（日）「あんばさま総本宮大杉神社秋の大祭参観」（レポート）（塩澤以知子）「儀礼文化ニュース」　儀礼文化学会　（193）2014.03

大堤

大堤の人柱（ふるさと絵本の会「麋」）「玉造史叢」　玉造郷土文化研究会　49　2008.4

太田

八郷町の太田焼　瓦師　藤岡氏の氏神社祠（園肇）「郷土文化」　茨城県郷土文化研究会　43　2002.3

大津

住宅の用具「いろり」/茨城西洋建築の父　駒杵勤治/嫁くらべの条件―初午の料理も/年中行事「六月三十日のちのわくぐり」/大津の盆船/婚姻の習俗―結納は婚約成立の祝い「茨城の民俗」　茨城民俗学会　（46）2007.11

大津町

北茨城市大津町のアンバさま（大島建彦）「西郊民俗」　[西郊民俗談話会]　（189）2004.12

大生郷天満宮

妊婦と葬式と火の禁忌―（茨城県）大生郷天満宮周辺の事例から（内藤美奈）「女性と経験」　女性民俗学研究会　通号36　2011.10

赤色を食べる―大生郷天満宮における初宮詣の赤飯から（内藤美奈）「女性と経験」　女性民俗学研究会　（39）2014.1

大船津

中世鹿島社と大船津（飛田英世）「調査研究報告」　千葉県立大利根博物館　通号8　1999.3

大町

大町節分解説（随想編）（大塚武彦）「下妻の文化」　下妻市文化団体連絡協議会　（35）2010.05

大町はやしの軌跡（活動編・よろこび）（太田由喜夫）「下妻の文化」　下妻市文化団体連絡協議会　（38）2013.05

大御堂

筑波大御堂と雨引観音を訪ねる（田中将浩）「県央史談」　県央史談会　（43）2004.1

大宮

祭り事の今と昔（寺門忠雄）「大宮郷土研究」　大宮町郷土研究会　（2）1998.6

絵馬が思い出させた不可思議な話？（萩谷くめ）「大宮郷土研究」　大宮町郷土研究会　（2）1998.6

逆さ杭について（寺門忠雄）「大宮郷土研究」　大宮町郷土研究会　（3）1999.3

祭り（中崎哲）「大宮郷土研究」　大宮町郷土研究会　（6）2002.5

梟と烏の引越し物語（鈴木絹子）「大宮郷土研究」　大宮町郷土研究会　（6）2002.5

「開基帳」等にみる市内の浄土宗・一向宗（共通テーマ　親鸞とその弟子たち）（野内正美）「大宮郷土研究」　大宮町郷土研究会　（15）2011.06

大宮町

大宮町における同族氏神祭（河野弘）「茨城の民俗」　茨城民俗学会　39　2000.11

大宮町の神社における一村一社の鎮守制の確立について（河野弘）「大宮郷土研究」　大宮町郷土研究会　（6）2002.5

岡田

平成の金砂大祭礼を見て―岡田十二丁田の鳴弦神事についての考える（堀切武）「郷土文化」　茨城県郷土文化研究会　（45）2004.3

緒川

緒川十景案内マップ（《名所「緒川十景」特集》）「おがわの文化」　常陸大宮市緒川郷土文化研究会　（24）2000.3

ふるさとの信仰的行事について（栗田昇）「おがわの文化」　常陸大宮市緒川郷土文化研究会　（24）2000.3

地方八所宮（八新神）について（関六郷衛）「おがわの文化」　常陸大宮市緒川郷土文化研究会　（24）2000.3

不動尊について（根本正紀）「おがわの文化」　常陸大宮市緒川郷土文化研究会　（24）2000.3

歌舞伎舞台展示会と講演会の開催「歌舞伎舞台映像記録」出版を記念して「おがわの文化」　常陸大宮市緒川郷土文化研究会　（26）2004.3

歌舞伎の思い出話（長山金夫）「おがわの文化」　常陸大宮市緒川郷土文化研究会　（27）2006.1

緒川に来た神々（矢野忠）「おがわの文化」　常陸大宮市緒川郷土文化研究会　（30）2011.03

小川

食べものについて（2）（村山惣一）「ひたち小川の文化」　小美玉市小川郷土文化研究会　17　1997.4

講について（富塚正一）「ひたち小川の文化」　小美玉市小川郷土文化研究会　17　1997.4

三代の墓碑を訪ねて（本田正太郎）「ひたち小川の文化」　小美玉市小川郷土文化研究会　18　1998.4

思い出の食べもの（村山惣一）「ひたち小川の文化」　小美玉市小川郷土文化研究会　18　1998.4

思い出の生活用品（農具・職人など）（石田源）「ひたち小川の文化」　小美玉市小川郷土文化研究会　18　1998.4

正月行事「まゆだま・鏡開き」（飯田保）「ひたち小川の文化」　小美玉市小川郷土文化研究会　18　1998.4

小川の民俗語（2）（本田正太郎、伊能信雄、檜山寿夫、宮窪弘）「ひたち小川の文化」　小美玉市小川郷土文化研究会　19　1999.4

水神信仰（遺稿）（小仏所左門）「ひたち小川の文化」　小美玉市小川郷土文化研究会　22　2002

失われゆく年中行事（富塚正一）「ひたち小川の文化」　小美玉市小川郷土文化研究会　22　2002

茨城県　　　　　　　　　　　　　　郷土に伝わる民俗と信仰　　　　　　　　　　　　　　関東

小川町

小川町の昔ばなし（3）（富塚正一）「ひたち小川の文化」　小美玉市小川郷土文化研究会　17　1997.4

小川町の方言（本田太郎，石田源，伊能信雄，村山惣一，桧山寿夫，富塚正一，宮窪弘）「ひたち小川の文化」　小美玉市小川郷土文化研究会　17　1997.4

小川町の民俗語（1）（本田正太郎，伊能信雄，村山惣一，檜山寿夫，宮窪弘）「ひたち小川の文化」　小美玉市小川郷土文化研究会　18　1998.4

小茎

つくば市館野・茎崎町小茎所在の板碑について（大関武，田中幸夫）「婆良岐考古」　婆良岐考古同人会　（24）2002.5

奥久慈

奇妙な奥久慈の子守唄（論文・資料）（堀江文男）「茨城の民俗」　茨城民俗学会　（52）2013.11

於下村

四百石稲荷と近世の於下村（2）（浜田茂良）「麻生の文化」　行方市教育委員会　29　1998.3

オジロが池

「支那」と言う国名の探求伝説「オジロが池」（水内一夫）「鹿行の文化財」　鹿行文化財保護連絡協議会　（33）2003.3

小瀬

小瀬音頭歌碑建立について（《小瀬義民一揆125周年記念特集》）「おがわの文化」　常陸大宮市緒川郷土文化研究会　（25）2002.3

小瀬音頭の思い出（大久保勝夫）「おがわの文化」　常陸大宮市緒川郷土文化研究会　（26）2004.3

伊勢暴動と小瀬暴動の数え唄（八木淳夫）「三重の古文化」　三重郷土会庶務部　（97）2012.3

おせい稲荷

おせい稲荷（板橋博）「麻生の文化」　行方市教育委員会　（43）2012.03

小田

小田氏の乱と宗教ネットワーク（《大会特集II 茨城の歴史的環境と地域形成》―〈問題提起〉）（小国浩寿）「地方史研究」　地方史研究協議会　58（5）通号335　2008.10

小高

神社の旧社格と小高地区の分祀社―里の民間信仰（飯島正彦）「麻生の文化」　行方市教育委員会　（33）2002.4

頭臼上人伝説再考―新治村小高の五輪塔を中心に（榎本實）「茨城の民俗」　茨城民俗学会　（42）2003.11

女沼

茨城・女沼のささら（石川博司）「まつり通信」　まつり同好会　54（6）通号574　2014.11

小野子

小野子の観音さまと下妻城主の関係（菊池正生）「下妻の文化」　下妻市文化団体連絡協議会　23　1998.5

小野子千手観音

由緒深い小野子千手観音（矢中英吉）「下妻の文化」　下妻市文化団体連絡協議会　24　1999.5

小野子千手観音の由来と昔ばなし（随想編）（吉井弘）「下妻の文化」　下妻市文化団体連絡協議会　（37）2012.05

小野天神

普済寺と小野天神（榎本実）「郷土ひたち」　郷土ひたち文化研究会　47　1997.3

回天神社

回天神社・筑波山神社と天狗党（第38回上伊那歴史研究会県外実地踏査報告「茨城県と上伊那とのつながりを探る」）（福澤浩之）「伊那路」　上伊那郷土研究会　57（12）通号683　2013.12

貝谷

貝谷の庚申講について（桧山寿夫）「ひたち小川の文化」　小美玉市小川郷土文化研究会　17　1997.4

貝谷大日堂の今昔（檜山寿夫）「ひたち小川の文化」　小美玉市小川郷土文化研究会　20　2000.4

笠間

「明治廿五」年銘が墨書された笠間焼三彩甕（吹野富美夫）「史峰」　新進考古学同人会　（34）2006.5

笠間の村と笠間の神（久信田喜一）「常総台地」　常総台地研究会　（16）2009.12

笠間稲荷

綾瀬村寺尾下分の「笠間稲荷」関係資料（飯田孝）「県央史談」　県央史談会　41　2002.1

梶無川

梶無川の生活誌（森作武夫）「玉造史叢」　玉造郷土文化研究会　38　1997.4

鹿島

鹿島門徒を中心とした初期真宗教団（内山純子）「茨城史林」　筑波書林　21　1997.6

鹿島弥勒（4）―成田の踊り花見に就いて（嶋田尚）「茨城の民俗」　茨城民俗学会　37　1998.11

鹿島北部地域の方言（大貫一郎）「鉾田の文化」　鉾田市郷土文化研究会　23　1999.5

鹿島地方の女年寄り（1）―神向寺の「年中行事」文書と聞き書きを中心に（中川美穂子）「女性と経験」　女性民俗学研究会　通号24　1999.10

鹿島地方の女年寄り（2）―女年寄りの関わる村落祭祀（中川美穂子）「女性と経験」　女性民俗学研究会　通号26　2001.10

鹿島参詣紀行について（田中善信）「季刊悠久.第2次」　鶴岡八幡宮悠久事務局　92　2003.1

大名佐竹氏の国替えと民俗文化の伝播―鹿島信仰と「ささら」の秋田への伝播伝承（樫村賢二）「茨城の民俗」　茨城民俗学会　（44）2005.11

文正草子と鹿島信仰（渡邊昭五）「藝能文化史」　芸能文化史研究会，岩田書院（発売）　（23）2006.7

エッセイ 稲の精霊の舞「三番三」（《特集 鹿島信仰》）（山本東次郎）「季刊悠久.第2次」　鶴岡八幡宮悠久事務局　（108）2007.4

東国経営の拠点としての鹿島（《特集 鹿島信仰》）（矢作幸雄）「季刊悠久.第2次」　鶴岡八幡宮悠久事務局　（108）2007.4

鹿島の祭頭祭と地域社会（《特集 鹿島信仰》）（鹿島則由）「季刊悠久.第2次」　鶴岡八幡宮悠久事務局　（108）2007.4

鹿島流し（《特集 鹿島信仰》）（渡辺良正）「季刊悠久.第2次」　鶴岡八幡宮悠久事務局　（108）2007.4

宵まちと先祖の記憶―茨城県土浦市沖宿町鹿島例大祭における当屋を中心に（前川智子）「信濃（第3次）」　信濃史学会　61（9）通号716　2009.09

巨石に導かれる王祇神の世界―香取・鹿島・弥彦の神々と「城の山古墳」（大江良松）「山形民俗」　山形県民俗研究協議会　（26）2012.11

鹿島の祭頭祭 茨城県鹿嶋市・神栖市 国選択無形民俗文化財「公益社団法人全日本郷土芸能協会会報」　全日本郷土芸能協会　（75）2014.04

鹿島社

中世鹿島社と大船津（飛田英世）「調査研究報告」　千葉県立大利根博物館　通号8　1999.3

古代鹿島社の神戸に関する一考察（森下松壽）「茨城県考古学協会誌」　茨城県考古学協会　（17）2005.5

鹿島神宮

鹿島神宮の成立に関する一考察（1）～（3）（森下松寿）「茨城県考古学協会誌」　茨城県考古学協会　通号11／（13）1999.5/2001.5

「勤王志士佐久良東先生」の生家と鹿島神宮境内の「東雄桜」をたずねて（鈴木久弥）「鹿行の文化財」　鹿行文化財保護連絡協議会　30　2000.3

神道講座（13）「香取、鹿島、春日の神さま」のお話（西高辻信良）「飛梅」　太宰府天満宮社務所　118　2001.3

鹿島神宮の御船祭（藤島一郎）「水郷の民俗」　水郷民俗研究会　9　2003.2

第2回研修会報告「鹿島神宮御船祭の信仰上の起源について」（箕輪良）「鹿行の文化財」　鹿行文化財保護連絡協議会　（33）2003.3

史料紹介展 鹿島神宮文書（宮内教男）「茨城県立歴史館だより」　茨城県立歴史館　（95）2006.8

古代国家の形成と「香取・鹿島神宮」―神々の変遷をたどる（遠藤英次）「香取民衆史」　香取歴史教育者協議会　（10）2007.4

平安時代における鹿島神宮と藤原氏（《特集 鹿島信仰》）（関口力）「季刊悠久.第2次」　鶴岡八幡宮悠久事務局　（108）2007.4

香取の海の二つのお船祭―常陸の鹿島神宮・下総の香取神宮（北野晃）「まつり通信」　まつり同好会　47（3）通号529　2007.5

鹿島神宮雑記（河野弘）「茨城の民俗」　茨城民俗学会　（47）2008.11

鹿島神宮文書の成立と伝来（前川辰徳）「茨城県史研究」　茨城県教育委員会　通号95　2011.03

儀礼文化セミナー 3月9日（金）神道「鹿島神宮祭頭祭参観」（レポート）（久保田裕道）「儀礼文化ニュース」　儀礼文化学会　（184）2012.05

鹿島神社

養和元年の常陸国鹿島神社惣追補使職補任に関する一考察（《特集 近世・近代の地域と産業》）（清水亮）「関東地域史研究」　文献出版　通号2　2000.3

鹿島大明神

口絵解説 鯰絵にみる鹿島大明神・要石と鹿島の事触れ（《特集 鹿島信仰》）(加藤光男)「季刊悠久.第2次」 鶴岡八幡宮悠久事務局 （108） 2007.4

鹿嶋明神

中世における鹿嶋明神を巡る言説（《大会特集II 茨城の歴史的環境と地域形成》―〈問題提起〉）(由谷裕哉)「地方史研究」 地方史研究協議会 58(5)通号335 2008.10

柏崎

浜―柏崎の渡し舟 (貝塚国男)「玉造史叢」 玉造郷土文化研究会 40 1999.4

霞ヶ浦

霞ヶ浦の開発と漁法の変化 (小笠原輝)「民具マンスリー」 神奈川大学 30(5) 1997.8

茨城県霞が浦北部の古仏像を訪ねて (金田殖)「史迹と美術」 史迹美術同攷会 71(5)通号715 2001.6

霞ヶ浦周辺の石造物資料紹介 (越田真太郎)「婆良岐考古」 婆良岐考古同人会 （24) 2002.5

霞ヶ浦と他界観―富士見塚1号墳出土埴輪にみる線刻舟からの天鳥船思想 (千葉隆司)「婆良岐考古」 婆良岐考古同人会 （29) 2007.5

祇園祭を通した霞ヶ浦との関わり方―茨城県行方市羽生の羽生祇園祭における人々の行為と意味づけ（《道祖神特集》）(田中久美子)「西郊民俗」 ［西郊民俗談話会] （200・201) 2007.9

かすみがうら市

かすみがうら市地域の愛宕信仰をめぐって (清水亭桐)「茨城の民俗」 茨城民俗学会 （45) 2006.11

かすみがうら市の民俗に学ぶ（創立五十周年記念のひとこと）(清水亭桐)「茨城の民俗」 茨城民俗学会 （52) 2013.11

霞ヶ浦町

茨城県新治郡霞ヶ浦町の天神講―坂および田伏地区における行事の変化を中心として (清水亭桐)「茨城の民俗」 茨城民俗学会 41 2002.11

金江津

金江津地方の方言 (久松正巳)「郷土研究誌かわち」 河内町史編さん委員会 （3) 1998.3

金江津っ子祭り (栗山侑子)「郷土研究誌かわち」 河内町史編さん委員会 （5) 2000.5

金砂

金砂の大祭礼と凶作 (笹岡明)「さとみ風土記」 里美を知る会 （7) 2000.3

東北で聞いた金砂大祭礼のこと (堀切武)「茨城の民俗」 茨城民俗学会 41 2002.11

平成の金砂大祭礼を見て―二、三の疑問点について考える (堀切武)「茨城の民俗」 茨城民俗学会 （42) 2003.11

金砂大祭礼の磯出行列（特集 私にとっての時代の替り目）(河野弘)「茨城の民俗」 茨城民俗学会 （50) 2011.11

金砂神社

金砂田楽を読み解く (河野弘)「常総の歴史」 崙書房出版茨城営業所 26 2001.12

安政6年の金砂大祭礼をめぐって (志田諄一)「郷土ひたち」 郷土ひたち文化研究会 52 2002.3

文化財便り 世直しと金砂山磯出祭 (榎本実)「郷土ひたち」 郷土ひたち文化研究会 52 2002.3

歴史随想(28) 金砂大祭礼の思い出から (瀬谷義彦)「会報郷土ひたち」 郷土ひたち文化研究会 28 2002.12

磯出祭礼の道 (笹岡明)「会報郷土ひたち」 郷土ひたち文化研究会 28 2002.12

一生に一度、感動の東・西金砂神社大祭礼に行こう！ 本会創設30周年記念事業 会の未来永劫を願って (村田一男)「郷土史研通信」 八千代市郷土歴史研究会 41 2003.1

金砂大祭礼と石名坂の大榎―謎の解明と提言 (瀬谷義彦)「郷土ひたち」 郷土ひたち文化研究会 53 2003.3

金砂大祭礼をめぐる問題 (志田諄一)「郷土ひたち」 郷土ひたち文化研究会 53 2003.3

どうして七十二年目の未年か―金砂大祭礼周期についての試論 (堀切武)「郷土ひたち」 郷土ひたち文化研究会 53 2003.3

祭礼と地域権力―金砂山磯出祭礼をめぐって (笹岡明)「郷土ひたち」 郷土ひたち文化研究会 53 2003.3

金砂の大田楽の広場となる水木浜の海岸地形を探る―いなさ 風がつくったなぎさ (佐藤惣一)「郷土ひたち」 郷土ひたち文化研究会 53 2003.3

八千代歴研30周年記念事業 東・西金砂神社大祭見学会の報告 (わらびゆ

み)「郷土史研通信」 八千代市郷土歴史研究会 43 2003.7

常陸郷久慈川流域「金砂大田楽」からの囁言 (矢吹一幸)「あしなか」 山村民俗の会 265 2003.10

「金砂大田楽」見聞記 (小泉共司)「あしなか」 山村民俗の会 265 2003.10

報告 東・西金砂神社大祭見学旅行記 (成瀬摩希子)「史談八千代 ： 八千代市郷土歴史研究会機関誌」 八千代市郷土歴史研究会 （28) 2003.11

金砂大祭礼と制札―社寺・民衆と藩権力 (笹岡明)「郷土ひたち」 郷土ひたち文化研究会 54 2004.3

磯出祭と浜降り祭は違うのか―平成の金砂大祭礼を見て (堀切武)「郷土ひたち」 郷土ひたち文化研究会 54 2004.3

《特集 金砂大祭礼》「郷土文化」 茨城県郷土文化研究会 （45) 2004.3

磯出大祭礼―山田郷国安区の記録 (野上平)「郷土文化」 茨城県郷土文化研究会 （45) 2004.3

東西金砂大祭礼の点描 (菊池健晴)「郷土文化」 茨城県郷土文化研究会 （45) 2004.3

平成の金砂大祭礼を見て―岡田十二丁目の鳴弦神事についての考える (堀切武)「郷土文化」 茨城県郷土文化研究会 （45) 2004.3

「宗教行事を伴った民俗芸能」の行政支援に際する行政の戦略とその方法―茨城県金砂大田楽を事例に (野口憲一)「日本民俗学」 日本民俗学会 通号244 2005.11

江戸期における金砂田楽の担い手―水戸藩における神事舞太夫の組織と活動 (中野洋平)「民俗芸能研究」 民俗芸能学会 （51) 2011.09

金砂山

金砂山十二合祭の特徴について (樫村賢二)「日本民俗学」 日本民俗学会 通号234 2003.5

小久慈のつり橋と金砂山の石灯籠 (会沢晴美)「ほない歴史通信」 遊史の会 22 2014.09

金村別雷神社

信仰圏研究の成果と展望―金村別雷神社信仰を事例として (松井圭介)「歴史地理学」 歴史地理学会, 古今書院（発売) 47(1)通号222 2005.1

金町

金魂祭―文化財を活かした地域おこし (金町若連)「ほない歴史通信」 遊史の会 （73) 2014.12

金丸町

日本橋生まれの辨財天―石岡市金丸町山車人形江戸天下祭へ里帰り (長谷川晴彦)「常総の歴史」 崙書房出版茨城営業所 （40) 2009.12

加波山

加波山の信仰 (神原百世)「西郊民俗」 ［西郊民俗談話会] 通号159 1997.6

賀毗礼の高峰

天つ神の「賀毗礼の高峰」遷座に隠された古代の鉱毒事件 (戸嶋禮助)「茨城の民俗」 茨城民俗学会 （53) 2014.11

甲神社

茨城県大宮町甲神社所蔵面 (後藤淑)「大宮郷土研究」 大宮町郷土研究会 （3) 1999.3

資料紹介 茨城県大宮町甲神社所蔵面 (後藤淑)「民俗芸能研究」 民俗芸能学会 （30) 2000.3

上岩瀬

上岩瀬の如来堂について (榎本實)「茨城の民俗」 茨城民俗学会 （45) 2006.11

上小瀬

立野神社（上小瀬）(《名所「緒川十景」特集》―名所「緒川十景」紹介)「おがわの文化」 常陸大宮市緒川郷土文化研究会 （24) 2000.3

上軽部

茨城県かすみがうら市上軽部の鹿島神社の二体の石仏 (清水亭桐)「茨城の民俗」 茨城民俗学会 （44) 2005.11

上大角豆村

つくば市並木地区の歴史資料―上大角豆村の石造物について (大関武)「婆良岐考古」 婆良岐考古同人会 （32) 2010.05

茅沼

茅沼と周辺の伝説について（町民の記録）(古手進吾)「郷土研究誌かわち」 河内町史編さん委員会 （8) 2003.11

河内

河内の神々 (上武芳夫)「郷土研究誌かわち」 河内町史編さん委員会 （2) 1997.3

河内町

御伽噺について (上武芳夫)「郷土研究誌かわち」 河内町史編さん委員会

(5) 2000.5

「河内町民俗資料展示室見学」(広報『かわち』連載)再録(土武芳夫)「郷土研究誌かわち」 河内町史編さん委員会 (6) 2001.9

年中行事について(上武芳夫)「郷土研究誌かわち」 河内町史編さん委員会 (7) 2002.11

平成13年度民俗資料および文書史料収集について「郷土研究誌かわち」 河内町史編さん委員会 (7) 2002.11

河内町民俗資料館見学(広報『かわち』連載)再録(上武芳夫)「郷土研究誌かわち」 河内町史編さん委員会 (7)/(8) 2002.11/2003.11

河原子
歩く見る聞く(12) 河原子のオオセンド(榎本實)「会報郷土ひたち」 郷土ひたち文化研究会 30 2003.12

願成寺
中世筑波山麓における宗教空間の復原―常陸国惣持院願成寺の研究(間宮正光)「常総の歴史」 崙書房出版茨城営業所 (33) 2005.12

願誓寺
願誓寺と徳川光圀(堀川真尚)「ほない歴史通信」 遊史の会 (60) 2011.09

願入寺
歴史随想 願入寺は縁切寺だった!?―男僧寺院における縁切寺機能一斑(高木侃)「茨城県史研究」 茨城県教育委員会 通号95 2011.03

願入寺跡
大根田願入寺跡と西小屋の滝(下小瀬)《名所「緒川十景」特集》―名所「緒川十景」紹介)「おがわの文化」 常陸大宮市緒川郷土文化研究会 (24) 2000.3

観音寺
観音寺の文化財(井上光基)「鹿行の文化財」 鹿行文化財保護連絡協議会 27 1997.3

八郷町下林観音寺について(1),(2)(矢島英雄)「常総の歴史」 崙書房出版茨城営業所 25/26 2000.12/2001.12

八郷町観音寺について―当寺及び関係寺院の住僧の動向(矢島英雄)「茨城史林」 筑波書林 26 2002.6

八郷町下林観音寺真言宗八祖像の裏書について―小松寺、大山「宥岳」と観音寺「吽呆」の交流(矢島英雄)「常総の歴史」 崙書房出版茨城営業所 28 2002.12

石岡市(旧八郷町)下林観音寺蔵「天明四年辰七月 差上申一札之事」文書(観音寺100号文書)を巡って―観音寺と門末寺院、同寺と檀家村民との関係(矢島英雄)「茨城史林」 筑波書林 (32) 2008.6

石岡市(旧八郷町)下林 真言宗智山派村上山金剛院観音寺の功績住職について―観音寺歴代住職事績の検討(矢島英雄)「常総の歴史」 崙書房出版茨城営業所 (37) 2008.7

吉瀬
つくば市吉瀬の十王図 写真:御供文範「茨城民俗学会会報」 茨城民俗学会 (71) 2013.01

北郷
長野県信濃町仁之倉の小林家埒仏とその存在意義について―茨城県那珂市北郷C遺跡埒仏と同笵の事例(松澤芳宏)「信濃[第3次]」 信濃史学会 59(7)通号690 2007.7

北下総
鎌倉後期北下総を中心とする真宗の展開―親鸞没後の門徒の動向を探って(飛田英世)「茨城県立歴史館報」 茨城県立歴史館 通号38 2011.03

北田気
北田気地区の庚申塔「ほない歴史通信」 遊史の会 (61) 2011.12

北野五所神社
北野五所神社の祭神について(黒沢勝)「大宮郷土研究」 大宮町郷土研究会 (3) 1999.3

北ノ根
城里町増井北ノ根の地蔵菩薩(飯村保)「茨城の民俗」 茨城民俗学会 (44) 2005.11

久慈川
古代の政権交代 久慈川物語―星神天香々背男命について(古市巧)「郷土文化」 茨城県郷土文化研究会 (53) 2012.3

久慈川流域
常陸郷久慈川流域「金砂大田楽」からの囈言(矢吹一幸)「あしなか」 山村民俗の会 265 2003.10

串挽
串挽新川岸とおすわさま(郡司幸男)「鉾田の文化」 鉾田市郷土文化研究会 25 2001.5

杳掛
杳掛香取神社所蔵「杳掛邑茶製造所図」絵馬について(林一之)「郷土研究さしま」 猿島町立資料館 (15) 2003.3

国都神社
国都神について(国史現在社調査報告)(山本毅)「式内社のしおり」 式内社顕彰会 62 2000.7

国安区
磯出大祭礼―山田郷国安区の記録(野上平)「郷土文化」 茨城県郷土文化研究会 (45) 2004.3

倉数
倉数地区所在の庚申塚について(近藤進治)「ひたち小川の文化」 小美玉市小川郷土文化研究会 25 2005.4

倉数の薬師堂(小川郷土文化研究会)「ひたち小川の文化」 小美玉市小川郷土文化研究会 (30) 2010.06

晡時臥之山
晡時臥山の説話をめぐって(志田諄一)「常総の歴史」 崙書房出版茨城営業所 (42) 2011.1

黒駒
響け! 届け! 黒駒ばやし(石川春也)「下妻の文化」 下妻市文化団体連絡協議会 24 1999.5

黒坂
十王町の石造物(5)―黒坂地区 十王町中央公民館「歴史教室」実践編「十王町民俗資料館紀要」 十王町民俗資料館 (10) 2001.3

元祠堂
「元祠堂」と「舜水祠堂」(江畠一)「水戸史学」 水戸史学会 51 1999.11

県北
茨城県北にみる愛宕信仰(大森政美)「茨城の民俗」 茨城民俗学会 (43) 2004.11

茨城県北部にみる鳥追い形態(大森政美)「茨城の民俗」 茨城民俗学会 (51) 2012.11

災害伝承としての千軒の村―茨城県北地域における事例(笹岡明)「常総の歴史」 崙書房出版茨城営業所 (45) 2012.12

耕山寺
佐竹氏と耕山寺(志田諄一)「郷土ひたち」 郷土ひたち文化研究会 (56) 2006.3

興善寺
猿島町域の廃寺院について―杳掛村金乗院・山村宝蔵院・生子村興善寺(長命豊)「郷土研究さしま」 猿島町立資料館 (10) 1997.12

香仙寺
常福寺と香仙寺を訪ねて(茅根博)「郷土ひたち」 郷土ひたち文化研究会 53 2003.3

高徳寺
戦争を生きのびた高徳寺の梵鐘(飯村尋道)「ほない歴史通信」 遊史の会 (37) 2005.12

江畔寺
江畔寺の建築《名所「緒川十景」特集》(浜島正士)「おがわの文化」 常陸大宮市緒川郷土文化研究会 (24) 2000.3

江畔寺と小瀬城跡(館跡を含む)(上小瀬)《名所「緒川十景」特集》―名所「緒川十景」紹介)「おがわの文化」 常陸大宮市緒川郷土文化研究会 (24) 2000.3

神戸
古代鹿島社の神戸に関する一考察(森下松壽)「茨城県考古学協会誌」 茨城県考古学協会 (17) 2005.5

古河
古河公方の関東禅院支配―公帖の分析を通して(阿部能久)「鎌倉」 鎌倉文化研究会 91 2000.12

古河の弘法水(大島建彦)「西郊民俗」 [西郊民俗談話会] (217) 2011.12

蚕養神社
川尻蚕養神社の演技について(國井典子)「郷土ひたち」 郷土ひたち文化研究会 (59) 2009.02

日立市蚕養神社の養蚕信仰(近江礼子)「茨城の民俗」 茨城民俗学会 (51) 2012.11

蚕影神社
つくば市蚕影神社の養蚕信仰(近江礼子)「常総の歴史」 崙書房出版茨城営業所 (44) 2012.07

関東

郷土に伝わる民俗と信仰

茨城県

蚕霊神社

茨城県神栖市の星福寺と蚕霊神社の養蚕信仰（近江礼子）「西郊民俗」〔西郊民俗談話会〕（222）2013.03

古河市

古河の歴史概観/古河の人物列伝/古河城/古河の伝説・まつり/古河の施設めぐり/古河ゆかりの文学/古河史跡めぐり/旧古河市略図/古河の味《〈特集 古河市（茨城県）〉》（鷲尾政市 立石尚之，秋澤正之）「群馬歴史散歩」 群馬歴史散歩の会 （194）2006.4

五霞町

五霞町の民謡（亀ケ谷行雄）「茨城の民俗」 茨城民俗学会 37 1998.11

小久慈

小久慈のつり橋と金砂山の石灯籠（会沢晴美）「ほない歴史通信」 遊史の会 （72）2014.09

小座山稲荷神社

小座山稲荷神社記念碑の建立について（堀田音吉）「玉造史叢」 玉造郷土文化研究会 45 2004.4

御前山

大人形をやめたムラ石岡市八木・御前山《〈道祖神特集〉》（立石尚之）「西郊民俗」〔西郊民俗談話会〕（200・201）2007.9

五町田

祇園祭りの変遷（五町田 八坂神社）（高野悦男）「麻生の文化」 行方市教育委員会 （39）2008.3

五町田村

昔の五町田村と八坂神社について（6），（7）（鈴木久弥）「麻生の文化」 行方市教育委員会 29/30 1998.3/1999.3

子生

子生の弁天様（飛田寿）「鉾田の文化」 鉾田市郷土文化研究会 （33）2009.05

こばし池

「こばし池」の由来（小谷野きよ）「水郷の民俗」 水郷民俗研究会 9 2003.2

五百羅漢寺

水戸浜田東 伝説の巨大寺・五百羅漢寺 明治20年作の鳥瞰絵図発見 "幻がより現実的に" と地元（網代茂）「郷土文化」 茨城県郷土文化研究会 （50）2009.03

小舟

小舟の舞台と遷宮芝居（長山邦一）「おがわの文化」 常陸大宮市緒川郷土文化研究会 （28）2008.1

古分屋敷

漆掻き―男体山麓の古分屋敷を訪ねて（菊池信也）「ほない歴史通信」 遊史の会 （34）2005.3

五部

調査報告 五部のナンマイダンボと初囃子（立石尚之）「泉石 : 古河歴史博物館紀要」 古河歴史博物館 （10）2012.03

小堀

茨城県取手市小堀地区の川施餓鬼（近江礼子）「西郊民俗」〔西郊民俗談話会〕（225）2013.12

小松寺

八郷町下林観音寺真言宗八祖像の裏書について―小松寺、大山「宥岳」と観音寺「吽杲」の交流（矢島英雄）「常総の歴史」 崙書房出版茨城営業所 28 2002.12

小谷原稲荷大明神

小谷原稲荷大明神（浜）周辺の自然（野尻幸之助）「玉造史叢」 玉造郷土文化研究会 40 1999.4

権現山

友部村権現山博奕一件（小松徳年）「十王町の歴史と民俗」 日立市郷土博物館 （18）2009.3

金乗院

猿島町域の廃寺院について―杏掛村金乗院・山村宝蔵院・生子村興善寺（長命豊）「郷土研究さしま」 猿島町立資料館 （10）1997.12

今生塚

今生塚調査報告書（汀安衛）「玉造史叢」 玉造郷土文化研究会 39 1998.4

根本寺

鹿嶋市根本寺の「慧灌伝承」の周り（韓・中・日三国を巡った僧）（伊東

正一）「鹿行の文化財」 鹿行文化財保護連絡協議会 31 2001.3

鉾田三光院と鹿島根本寺（渡辺耕男）「鉾田の文化」 鉾田市郷土文化研究会 25 2001.5

西光院

表紙 鉾田市烟田 西光院観音堂（白田忠教）「鹿行の文化財」 鹿行文化財保護連絡協議会 （43）2013.04

西蓮寺

玉造町・西蓮寺の下総型石造物―茨城県側における一事例として（飛田英世）「調査研究報告」 千葉県立大利根博物館 通号7 1997.3

名刹・西蓮寺に 名工・後藤縫殿之介あり（歴史・考古）（根﨑哲郎）「玉造史叢」 玉造郷土文化研究会 55 2014.04

坂

茨城県新治郡霞ヶ浦町の天神講―坂および田伏地区における行事の変化を中心として（清水亨昭）「茨城の民俗」 茨城民俗学会 41 2002.11

境町

中世以前開基伝承寺社の所蔵資料（葛生雄二）「町史研究下総さかい」 境町史編さん委員会 （7）2001.12

受け継がれる「お礼信心」（渡辺一雄）「町史研究下総さかい」 境町史編さん委員会 （8）2003.3

利根川をさかのぼる（中・上流編）（5）―境町の船大工と船（榎美香）「世喜宿 : 千葉県立関宿城博物館報」 千葉県立関宿城博物館 16 2003.8

栄稲荷神社

栄稲荷神社―「地域」を記憶する社（萩谷良太）「朱」 伏見稲荷大社 （56）2013.02

酒門町

水戸市酒門町の地方神と石塔（平宗子）「茨城の民俗」 茨城民俗学会 （44）2005.11

鷺森神社

歩く見る聞く（14）鷺森神社のこと（榎本實）「会報郷土ひたち」 郷土ひたち文化研究会 32 2004.12

桜川八十八ヶ所霊場

茨城県の新四国「東福寺桜川八十八ヶ所霊場」（近江礼子）「常総の歴史」 崙書房出版茨城営業所 （40）2009.12

猿島

猿島門徒と妙安寺（今井雅晴）「茨城県史研究」 茨城県教育委員会 81 1998.10

猿島方言の背景（山崎正巳）「郷土研究さしま」 猿島町立資料館 （12）2000.3

猿島郡

茨城県猿島郡の産婆たち（むらき数子）「昔風と当世風」 古々路の会 79 2000.10

猿島新四国八十八ヶ所霊場

猿島新四国八十八ヶ所霊場について（猿島町立資料館）「郷土研究さしま」 猿島町立資料館 （12）2000.3

猿島町

子供の遊び（山崎正巳）「郷土研究さしま」 猿島町立資料館 （10）1997.12

流行神―流行神と粟飯は冷めぬうちに（山崎正巳）「郷土研究さしま」 猿島町立資料館 （11）1998.12

俗信さまざま（山崎正巳）「郷土研究さしま」 猿島町立資料館 （15）2003.3

土地ことば（山崎正巳）「郷土研究さしま」 猿島町立資料館 （16）2005.1

佐竹

佐竹のシシオドリ（榎本実）「茨城の民俗」 茨城民俗学会 37 1998.11

里美

ムロ地名と山岳信仰（笹岡明）「さとみ風土記」 里美を知る会 （6）1999.3

サヤト台

ふるさと逍遥 サヤトの台と秋葉神社（樫村宏吉）「会報郷土ひたち」 郷土ひたち文化研究会 30 2003.12

沢尻

表紙「鉾田市旭地区沢尻の鹿島神社」（白田忠教）「鹿行の文化財」 鹿行文化財保護連絡協議会 （41）2011.03

沢又

沢又三太巨人伝説（堀切文男）「茨城の民俗」 茨城民俗学会 （43）

2004.11

三光院

鉾田三光院と鹿島根本寺（渡辺耕男）「鉾田の文化」 鉾田市郷土文化研究会 25 2001.5

三世堂

好天に感謝、三世堂に感激の霊場めぐり（荒井茂男）「我孫子市史研究センター会報」 我孫子市史研究センター （135） 2013.05

慈眼寺

結城市内寺院所蔵の板碑（2）―安穏寺・称名寺・慈眼寺の板碑（鶴見貞雄）「茨城県考古学協会誌」 茨城県考古学協会 （13） 2001.5

表紙 鹿嶋市浜津賀 慈眼寺太子堂（絹張弥太郎）「鹿行の文化財」 鹿行文化財保護連絡協議会 （44） 2014.04

静神社

静神社の風まつり（高宮進）「おがわの文化」 常陸大宮市緒川郷土文化研究会 （24） 2000.3

常陸二の宮『静神社縁起』を読む（古市巧）「郷土文化」 茨城県郷土文化研究会 （45） 2004.3

続常陸二の宮『静神社縁起』を読む（古市巧）「郷土文化」 茨城県郷土文化研究会 （46） 2005.3

第二の残林集積地 静神社と夢窓派寺院を追って（自由テーマ）（冨山章一）「大宮郷土研究」 大宮郷土研究会 （18） 2014.06

下淵

下渕の大麻神社講（2）（瀧口喜八，立原勇）「麻生の文化」 行方市教育委員会 （33） 2002.3

下渕の虚空蔵講（立原勇）「麻生の文化」 行方市教育委員会 （36） 2005.3

大麻神社例大祭の下淵の山車についての覚書（宮嵜和洋）「麻生の文化」 行方市教育委員会 （45） 2014.03

渋井町

水戸市渋井町の祭事付き合い（《特集 人寄せ・付き合い》）（照山洋）「茨城の民俗」 茨城民俗学会 （45） 2006.11

七五三場

掘り出された板碑―結城市北南茂呂と七五三場出土の板碑（鶴見貞雄）「茨城県考古学協会誌」 茨城県考古学協会 通号12 2000.5

下岩

大宮町下岩の大般若心経（石井聖子）「耕人」 耕人社 6 2000.6

下小瀬

大根田願入寺跡と西小屋の滝（下小瀬）（《名所「緒川十景」特集》―名所「緒川十景」紹介）「おがわの文化」 常陸大宮市緒川郷土文化研究会 （24） 2000.3

下妻

どじょうほり（鈴木賢一）「下妻の文化」 下妻市文化団体連絡協議会 22 1997.5

下妻の祭ばやし（大塚武彦）「下妻の文化」 下妻市文化団体連絡協議会 22 1997.5

センバコキに見る民具の流通（佐久間秀樹）「下妻の文化」 下妻市文化団体連絡協議会 24 1999.5

狸の里（緑川進）「下妻の文化」 下妻市文化団体連絡協議会 24 1999.5

時宗と日本の文芸（川井弘昭）「下妻の文化」 下妻市文化団体連絡協議会 24 1999.5

「おはやしと講演のつどい」を実施して（小嶋勝平）「下妻の文化」 下妻市文化団体連絡協議会 25 2000.5

鬼蜘蛛（須藤恵美子）「下妻の文化」 下妻市文化団体連絡協議会 25 2000.5

十三夜（武井淳）「下妻の文化」 下妻市文化団体連絡協議会 25 2000.5

下妻の夏祭り今昔50年（前），（中），（後）（大塚武彦）「下妻の文化」 下妻市文化団体連絡協議会 26/（28） 2001.5/2003.5

太鼓が教えてくれたこと（植木由美子）「下妻の文化」 下妻市文化団体連絡協議会 26 2001.5

旧暦の思い出（菊池正生）「下妻の文化」 下妻市文化団体連絡協議会 27 2002.5

大瓢箪に魅せられて（木村武彦）「下妻の文化」 下妻市文化団体連絡協議会 27 2002.5

蘇民将来（福田信次）「下妻の文化」 下妻市文化団体連絡協議会 （28） 2003.5

下妻の伝説「高道祖七不思議―片葉の葦伝説」における比較民俗（佐久間秀樹）「下妻の文化」 下妻市文化団体連絡協議会 （29） 2004.5

下妻の経済と伝統芸能（大塚武彦）「下妻の文化」 下妻市文化団体連絡協議会 （30） 2005.5

民謡を尋ねて（粟野三重子）「下妻の文化」 下妻市文化団体連絡協議会 （30） 2005.5

合併記念下妻の伝統芸能祭（大塚武彦）「下妻の文化」 下妻市文化団体連絡協議会 （32） 2007.5

「ダボ」がいた（鈴木賢一）「下妻の文化」 下妻市文化団体連絡協議会 （32） 2007.5

礼拝仏の旅（角田茂雄）「下妻の文化」 下妻市文化団体連絡協議会 （33） 2008.5

口絵 ならせもち（菊池一雄）「下妻の文化」 下妻市文化団体連絡協議会 （35） 2010.05

社に伝わる梵鐘について（随想編）（山内光洋）「下妻の文化」 下妻市文化団体連絡協議会 （35） 2010.05

研究ノート 中世下妻地方と真宗（飛田英世）「茨城県立歴史館報」 茨城県立歴史館 （39） 2012.03

第2回下妻の伝統芸能祭の裏話（随想編）（大塚武彦）「下妻の文化」 下妻市文化団体連絡協議会 （37） 2012.05

ひな祭りに思う（随想編）（神田光子）「下妻の文化」 下妻市文化団体連絡協議会 （37） 2012.05

菊酒（随想編）（市村清）「下妻の文化」 下妻市文化団体連絡協議会 （38） 2013.05

おもかげ仏（随想編）（寺田陽子）「下妻の文化」 下妻市文化団体連絡協議会 （39） 2014.05

下妻市

下妻市伝統芸能保存連合会について（特別寄稿）（大塚武彦）「下妻の文化」 下妻市文化団体連絡協議会 （39） 2014.05

下妻城

小野子の観音さまと下妻城主の関係（菊池正生）「下妻の文化」 下妻市文化団体連絡協議会 23 1998.5

釈迦堂

釈迦堂の月―元禄6年10月、田中邸での雅会（大森林造）「会報郷土ひたち」 郷土ひたち文化研究会 24 2001.1

十王中学校

資料紹介 十王中学校敷地内（山ノ尾城址）の石造物―村絵図（新館）に残る庚申塚と石塔（綿引逸雄）「十王町の歴史と民俗」 日立市郷土博物館 （18） 2009.03

十王町

十王町域における火葬墓の新例―加幸沢火葬墓（片平雅俊，佐宗亜衣子，石田肇）「十王町民俗資料館紀要」 十王町民俗資料館 （10） 2001.3

史料紹介 「庄屋年中行事」（1）（橘松寿）「十王町の歴史と民俗」 日立市郷土博物館 11 2002.3

十王町山部

疱瘡神の詫び証文―茨城県多賀郡十王町山部（柏義生）「西郊民俗」 ［西郊民俗談話会］ （182） 2003.3

寿光稲荷神社

吉川の「寿光稲荷神社」（方波見康一郎）「鹿行の文化財」 鹿行文化財保護連絡協議会 （36） 2006.3

舜水祠堂

「元祠堂」と「舜水祠堂」（江畠一）「水戸史学」 水戸史学会 51 1999.11

勝軍寺

勝軍寺と同寺の仏像・仏画（岡本保）「鉾田の文化」 鉾田市郷土文化研究会 （27） 2003.5

性山寺

虚無僧寺古寺通寺 並に該寺の虚無僧の菩提寺性山寺に就いて（斎藤孝介）「耕人」 耕人社 4 1998.6

常正院

下総国埴生郡田川村修験道寺院常正院を探して（鈴木克彦）「郷土研究誌かわち」 河内町史編さん委員会 （8） 2003.11

常照禅寺

吉田松陰が拝した「義公の筆塚」探問―水戸・元吉田町の常照禅寺に（網代茂）「郷土文化」 茨城県郷土文化研究会 （47） 2006.3

常総

常総の寺社建築と領主権力―水戸・薬王院本堂を中心に（第18回地方史公開セミナー講演）（飛田英世）「茨城史林」 筑波書林 24 2000.6

常総地方の社殿の彫刻―「二十四考」について（河野弘）「常総の歴史」 崙書房出版茨城営業所 25 2000.12

常総の河童伝説を追って（藤島一郎）「鹿行の文化財」 鹿行文化財保護連絡協議会 31 2001.3

常総型石枕（1）（白井久美子）「千葉県史研究」 千葉県史料研究財団 9 2001.3

常総における女人信仰の一端―子安信仰の諸相と「淡島社」勧請（伊藤一男）「常総の歴史」 崙書房出版茨城営業所　27　2002.6

『常総・寛永期の大日石仏』の刊行によせて（岩鼻通明）「村山民俗」 村山民俗の会　(17)　2003.6

常総の伊勢参り（鈴木昭三）「常総の歴史」 崙書房出版茨城営業所　(35)　2007.2

常福寺

常福寺と香仙寺を訪ねて（茅根博）「郷土ひたち」 郷土ひたち文化研究会　53　2003.3

星福寺

茨城県神栖市の星福寺と蚕霊神社の養蚕信仰（近江礼子）「西郊民俗」 「西郊民俗談話会」　(222)　2013.03

常福寺跡

沖洲、常福寺跡の石仏・石塔（小沼政雄）「玉造史叢」 玉造郷土文化研究会　49　2008.4

常北町

常北町の祇園祭（飯村保）「茨城の民俗」 茨城民俗学会　41　2002.11

称名寺

結城市内寺院所蔵の板碑(2)―安穏寺・称名寺・慈眼寺の板碑（鶴見貞雄）「茨城県考古学協会誌」 茨城県考古学協会　(13)　2001.5

少林院

正宗寺末寺少林院と岡本氏（冨山章一）「郷土文化」 茨城県郷土文化研究会　(53)　2012.03

白鳥

地名「白鳥」と白鳥伝説（大沼信夫）「鉾田の文化」 鉾田市郷土文化研究会　(36)　2012.5

城里

城里地域の味噌づくり紹介（特集 食）（飯村保）「茨城の民俗」 茨城民俗学会　(48)　2009.11

新宮

新宮地区の石塔（二題）（岡本保）「鉾田の文化」 鉾田市郷土文化研究会　21　1997.5

新宮神社

新宮神社御本殿の考察（岡本保）「鉾田の文化」 鉾田市郷土文化研究会　(28)　2004.5

神向寺

鹿島地方の女年寄り(1)―神向寺の「年中行事」文書と聞き書きを中心に（中川美穂子）「女性と経験」 女性民俗学研究会　通号24　1999.10

新勝寺

古河林の新勝寺と成田山（久松正巳）「郷土研究誌かわち」 河内町史編さん委員会　(7)　2002.1

新善光寺

時宗解意派新善光寺史料（小野沢真）「社寺史料研究」 社寺史料研究会, 岩田書院（発売）3　2000.5

神善寺

神善寺について（中山照之）「鹿行の文化財」 鹿行文化財保護連絡協議会　(32)　2002.3

神台寺

神台寺と古代神仙思想（諸井勉）「下妻の文化」 下妻市文化団体連絡協議会　25　2000.5

水郷

くらしの中の祈り―絵馬のさんぽみち（藤島一郎）「水郷の民俗」 水郷民俗研究会　5　1999.6

かっぱの人・ひと（藤島一郎）「水郷の民俗」 水郷民俗研究会　9　2003.2

雀神社

資料紹介 雀神社日記（山口美男）「泉石　古河歴史博物館紀要」 古河歴史博物館　(10)　2012.03

雀神社異聞―「城下町古河を歩く」に参加して（柴垣弘武）「我孫子市史研究センター会報」 我孫子市史研究センター　(136)　2013.06

諏訪

鉾田諏訪地区石塔石仏調査の概要（塙一郎）「鉾田の文化」 鉾田市郷土文化研究会　26　2002

関宿藩

関宿藩のキリシタン禁制（香森輿）「郷土史研究会会報」 岩井市郷土史研究会　(11)　1998.3

千手院

肥後国の神社銘がある招魂社碑 茨城県土浦市中央2丁目・千手院（あ・ら・か・る・と―私の石仏案内）（佐藤不二也）「日本の石仏」 日本石仏協会, 青娥書房（発売）(148)　2013.12

相馬街道

旅人が見聞した岩城相馬街道沿いの民俗（堀切武）「茨城の民俗」 茨城民俗学会　(43)　2004.11

相馬御厨

相馬御厨と四神相応の地（高木繁吉）「常総の歴史」 崙書房出版茨城営業所　24　2000.3

総和町

『そうわの板碑』補遺（小林靖）「そうわ町史研究」 総和町教育委員会　4　1998.3

総和町における盆踊りと青年集団（山本拓司）「そうわ町史研究」 総和町教育委員会　10　2004.3

則霜寺

則霜寺と大師講（額賀熊雄）「水郷の民俗」 水郷民俗研究会　5　1999.6

側鷹神社

小高の側鷹神社とその周辺（飯島正彦）「麻生の文化」 行方市教育委員会　30　1999.3

大雄院

常陸の曹洞宗大雄院と信濃華厳寺（榎本實）「茨城の民俗」 茨城民俗学会　(46)　2007.11

大工町恵比寿神社

諸国探訪(19) 古河大工町恵比寿神社 茨城県古河市中央3丁目9―1（田上慶之助, 服部徹也）「西宮えびす」 西宮神社　(36)　2012.06

大子

大子の郷土食「やきもち」（大森政夫）「ほない歴史通信」 遊史の会　(9)　1998.12

大子の神社・寺院（江戸時代の記録から）（石井喜志夫）「ほない歴史通信」 遊史の会　(35)　2005.6

大子町

茨城県大子町の石塔にみる山岳信仰について（菅井和子）「常総の歴史」 崙書房出版茨城営業所　23　1999.9

大子町・鎮守の森(1) 近津神社（大子町下野宮1626）（高根信和）「ほない歴史通信」 遊史の会　(66)　2013.03

大子町所蔵のコンニャク栽培・加工用具解説（樋口潤一）「民具マンスリー」 神奈川大学　47(8)通号560　2014.11

大子町のコンニャクイモの栽培（山崎祐子）「民具マンスリー」 神奈川大学　47(8)通号560　2014.11

大山寺

大山寺山門の板簀股の家紋について（小野寺靖）「常総の歴史」 崙書房出版茨城営業所　(46)　2013.06

大宝沼

大宝沼干拓の由来（粟野寿樹）「下妻の文化」 下妻市文化団体連絡協議会　26　2001.5

大宝八幡宮

大宝八幡宮の大銀杏（外山崇行）「下妻の文化」 下妻市文化団体連絡協議会　(30)　2005.5

「大宝祭り」の思い出（随想編）（千勝弘巳）「下妻の文化」 下妻市文化団体連絡協議会　(37)　2012.05

大洋村

大洋村の寺と古墳（移動研修の報告）（大山勝之）「鉾田の文化」 鉾田市郷土文化研究会　(29)　2005.5

台渡里廃寺跡

マイ・フェイバレット・サイト(30) 国指定史跡 台渡里廃寺跡―茨城県水戸市（川口武彦）「アルカ通信」 考古学研究所アルカ　(37)　2006.10

発掘された常陸国最古の初期寺院―国指定史跡・台渡里廃寺跡（川口武彦）「常総の歴史」 崙書房出版茨城営業所　(35)　2007.2

高岡

隠居慣行の変容と現在―茨城県高萩市高岡地区の生活と民俗変化（山本質素, 工藤豪）「民俗学研究所紀要」 成城大学民俗学研究所　29　2005.3

現代家族における「隠居研究」の意義―茨城県高萩市高岡地区調査からの接近（工藤豪）「日本民俗学」 日本民俗学会　通号261　2010.02

多賀郡

たかの郡の上人と猿の話（志田諄一）「十王町の歴史と民俗」 日立市郷土博物館　11　2002.3

高道祖神社
茨城県下妻市高道祖神社の道祖神祭について(随想編)(佐久間秀樹)「下妻の文化」 下妻市文化団体連絡協議会 (38) 2013.05

高須大師
牛久沼沿岸の新四国霊場「高須大師」の成立と変遷(近江礼子)「常総の歴史」 崙書房出版茨城営業所 (47) 2013.12

高田神社
近世の高田神社の歴史と廃仏毀釈(上),(下)(吉田俊純)「耕人」 耕人社 (12)/(13) 2006.6/2007.6

高田村
高田村熊野権現社神領における近世の百姓一揆(吉田俊純)「耕人」 耕人社 11 2005.5

高萩市
常陸高萩市の馬供養碑(山田哲郎)「あしなか」 山村民俗の会 270 2005.4

高原
十王町の石造物(4)―高原地区(十王町中央公民館)「十王町民俗資料館紀要」 十王町民俗資料館 (9) 2000.3

鷹山明神
鷹山明神のこと(榎本實)「茨城の民俗」 茨城民俗学会 (44) 2005.11

田尻浜
日立市田尻浜の地蔵講と御日待(《特集 人寄せ・付き合い》)(大森政美)「茨城の民俗」 茨城民俗学会 (45) 2006.11

立延
立延の盆綱(飯田保)「ひたち小川の文化」 小美玉市小川郷土文化研究会 18 1998.4

橘郷造神社
弟橘媛にまつわる鳥塚橋と橘郷造神社(民話)(野原幸之助)「玉造史叢」 玉造郷土文化研究会 40 1999.4

立原
茨城県鹿嶋市大字和立原地区のジャランボギオン(山本節)「西郊民俗」［西郊民俗談話会］ (190) 2005.3

館野
つくば市館野・茎崎町小茎所在の板碑について(大関武, 田中幸夫)「婆良岐考古」 婆良岐考古同人会 (24) 2002.5

立野神社
立野神社(上小瀬)(《名所「緒川十景」特集》―名所「緒川十景」紹介)「おがわの文化」 常陸大宮市緒川郷土文化研究会 (24) 2000.3

田伏
茨城県新治郡霞ヶ浦町の天神講―坂および田伏地区における行事の変化を中心として(清水亨桐)「茨城の民俗」 茨城民俗学会 41 2002.11

玉造
常陸国風土記から玉造地域の植生の変遷を考察する(野原幸之助)「玉造史叢」 玉造郷土文化研究会 38 1997.4

巳待講について(田山信男)「玉造史叢」 玉造郷土文化研究会 38 1997.4

石仏・石塔を語り継ぐ集い(宮崎幸男)「玉造史叢」 玉造郷土文化研究会 38 1997.4

マコモむしろ織り実習記(池上和子)「玉造史叢」 玉造郷土文化研究会 39 1998.4

マコモむしろの盆棚(塙あさ子)「玉造史叢」 玉造郷土文化研究会 39 1998.4

おじいさんは山へ柴刈りに(野原幸之助)「玉造史叢」 玉造郷土文化研究会 39 1998.4

八坂神社本殿屋根改修工事に携わって(野原小右二)「玉造史叢」 玉造郷土文化研究会 39 1998.4

社寺林と巨樹を訪ねる(16)(野原幸之助)「玉造史叢」 玉造郷土文化研究会 39 1998.4

祇園祭りと御浜下り(野原幸之助)「玉造史叢」 玉造郷土文化研究会 40 1999.4

水に関する「故事・諺」(高野泰治)「玉造史叢」 玉造郷土文化研究会 40 1999.4

河童の恩返し(ふるさと絵本の会「蘖」)「玉造史叢」 玉造郷土文化研究会 40 1999.4

おもいでの故郷の小川(塚本正)「玉造史叢」 玉造郷土文化研究会 40 1999.4

露座聖観世音の歴史を訪ねて(大和田秋海棠)「玉造史叢」 玉造郷土文化研究会 40 1999.4

農村のことわざ風土記めぐり(1)(野原幸之助)「玉造史叢」 玉造郷土文化研究会 42 2001.4

うなぎ塚(ふるさと絵本の会「蘖」)「玉造史叢」 玉造郷土文化研究会 42 2001.4

荼吉尼天のルーツを訪ねて(大和田義雄)「玉造史叢」 玉造郷土文化研究会 42 2001.4

石仏・石塔に刻まれた道案内(石仏・石塔を語り継ぐ集い)「玉造史叢」 玉造郷土文化研究会 42 2001.4

《特集 祭り》「玉造史叢」 玉造郷土文化研究会 43 2002.4

こよりと七夕まつり(村松重信)「玉造史叢」 玉造郷土文化研究会 43 2002.4

思い出(2) お祭りの食事(飯田祐子)「玉造史叢」 玉造郷土文化研究会 43 2002.4

「ふれあい えのきまつり」の由来とその目的(宮本泰男)「玉造史叢」 玉造郷土文化研究会 43 2002.4

石の仁王さま(ふるさと絵本の会「蘖」)「玉造史叢」 玉造郷土文化研究会 43 2002.4

簞笥職に懸けた歳月―浅野政雄さんは語る(田宮みつ)「玉造史叢」 玉造郷土文化研究会 44 2003.4

竹籠、京笊を作る名人に聞く(仲田洋二)「玉造史叢」 玉造郷土文化研究会 44 2003.4

茅葺き屋根替え職人を訪ねて(野原小右二)「玉造史叢」 玉造郷土文化研究会 44 2003.4

山王大権現のこと(大和田義雄)「玉造史叢」 玉造郷土文化研究会 44 2003.4

消え行く伝統行事 風習を残そう(2)(野原幸之助)「玉造史叢」 玉造郷土文化研究会 44 2003.4

石仏石塔を探る―弘法大師供養塔について(小沼政雄)「玉造史叢」 玉造郷土文化研究会 44 2003.4

青面金剛と庚申様(大和田義雄)「玉造史叢」 玉造郷土文化研究会 45 2004.4

年中行事回顧(中島安右衛門)「玉造史叢」 玉造郷土文化研究会 45 2004.4

大六天さま(ふるさと絵本の会「蘖」)「玉造史叢」 玉造郷土文化研究会 45 2004.4

玉造の民話めぐり(飯田祐子)「玉造史叢」 玉造郷土文化研究会 45 2004.4

石仏あれこれ(小沼政雄)「玉造史叢」 玉造郷土文化研究会 45 2004.4

廃寺の石仏・石塔(小沼政雄)「玉造史叢」 玉造郷土文化研究会 48 2007.4

俚謡と都々一について(大和田義雄)「玉造史叢」 玉造郷土文化研究会 48 2007.4

郷土史探訪―私の視点 「倭武命」→諡号～日本武尊 玉造地方遍歴説話と背景(宮崎幸男)「玉造史叢」 玉造郷土文化研究会 49 2008.4

くらしの中の神と仏(特集 守ろう、郷土の伝統と文化)(小沼政雄)「玉造史叢」 玉造郷土文化研究会 50 2009.04

村祈禱について(特集 守ろう、郷土の伝統と文化)(舘亮恭)「玉造史叢」 玉造郷土文化研究会 50 2009.04

いなりごもり(特集 守ろう、郷土の伝統と文化)(田宮みつ)「玉造史叢」 玉造郷土文化研究会 50 2009.04

お稲荷さんが新しくなった(特集 守ろう、郷土の伝統と文化)(茂木昌)「玉造史叢」 玉造郷土文化研究会 50 2009.04

忠霊塔の前で思う(仲島長文)「玉造史叢」 玉造郷土文化研究会 50 2009.04

我が家の少し古い記録(野原小右二)「玉造史叢」 玉造郷土文化研究会 50 2009.04

民話「氷室の姫」(ふるさと絵本の会「蘖」)「玉造史叢」 玉造郷土文化研究会 50 2009.04

玉造俚謡百年史(成島青芦(良昌))「玉造史叢」 玉造郷土文化研究会 50 2009.04

残しておきたい郷土の歴史 野仏/史跡/日本の年中行事とお正月/方言/地名の由来(特集 守ろう、郷土の伝統と文化)(「玉造史叢」編集委員会)「玉造史叢」 玉造郷土文化研究会 51 2010.4

地蔵菩薩のお話(特集 守ろう、郷土の伝統と文化)(大和田義雄)「玉造史叢」 玉造郷土文化研究会 51 2010.04

二王尊像解体修理の記(特集 守ろう、郷土の伝統と文化)(熊岡明然)「玉造史叢」 玉造郷土文化研究会 51 2010.04

三峯講社創立50周年 玉造講社のあゆみと講祠三峯神社建設について(特集 守ろう、郷土の伝統と文化)(風間亨夫)「玉造史叢」 玉造郷土文化研究会 51 2010.04

子供の頃の我が家の風景(特集 先人たちのくらしの知恵、再考)(野原小右二)「玉造史叢」 玉造郷土文化研究会 52 2011.04

農作業の移り変わり(1) 戦後から現代までの稲作の変遷(特集 先人たちのくらしの知恵、再考)(仲島長文)「玉造史叢」 玉造郷土文化研究会 52 2011.04

玉造町（続き）

農作業の移り変わり (2) 甘藷栽培の変遷 (特集 先人たちのくらしの知恵、再考) (仲島長文)「玉造史叢」 玉造郷土文化研究会 52 2011.04

郷土歴史探訪―私の視点 梵鐘こぼれ話 (宮崎幸男)「玉造史叢」 玉造郷土文化研究会 52 2011.04

仁王尊像解体修理仕様と完成 (熊岡明然)「玉造史叢」 玉造郷土文化研究会 52 2011.04

お米の話 (羽生春芳)「玉造史叢」 玉造郷土文化研究会 52 2011.04

忠霊塔と現今 (歴史・考古) (仲島長文)「玉造史叢」 玉造郷土文化研究会 55 2014.04

玉造町

玉造町の石仏・石塔の現況について (小沼政雄)「玉造史叢」 玉造郷土文化研究会 39 1998.4

玉造町の主な祭り一覧 (編集委員会)「玉造史叢」 玉造郷土文化研究会 43 2002.4

近津神社

近津神社の「お枡廻し」に見る穀霊 (樫木賢二)「日本民俗学」 日本民俗学会 通号244 2005.11

大子町・鎮守の森 (1) 近津神社 (大子町下野宮1626) (高根信和)「ほない歴史通信」 遊史の会 (66) 2013.03

千勝神社

下妻市の元宮千勝神社とつくば市の本社千勝神社 (近江礼子)「茨城の民俗」 茨城民俗学会 (53) 2014.11

底哩不動尊

底哩不動尊 (ふるさと絵本の会「蘖」)「玉造史叢」 玉造郷土文化研究会 46 2005.4

月居峠

月居峠の供養塔「ほない歴史通信」 遊兌の会 (59) 2011.06

月読神社

月讀神社講社「安産講について」(佐藤茂)「おがわの文化」 常陸大宮市緒川郷土文化研究会 (27) 2006.1

筑波郡

常陸国筑波郡の江戸中期の宗門帳の解読 (菊池健晴)「郷土文化」 茨城県郷土文化研究会 42 2001.7

筑波山

筑波山麓に「かがひ」の跡を訪ねて (内田俊男)「郷土文化」 茨城県郷土文化研究会 40 1999.11

筑波山麓の講 (真道由美)「西郊民俗」「西郊民俗談話会」 (179) 2002.6

中世筑波山麓における宗教空間の復原―常陸国惣持院願成寺の研究 (間宮正光)「常総の歴史」 崙書房出版茨城営業所 (33) 2005.12

筑波山麓地方のあいさつことば (《特集 人寄せ・付き合い》)(赤城毅彦)「茨城の民俗」 茨城民俗学会 (45) 2006.11

茨城県立歴史館特別展「筑波山―神と仏の御座す山―」(展示批評)(櫛田良道)「地方史研究」 地方史研究協議会 64(1) 通号367 2014.02

筑波山神社

回天神社・筑波山神社と天狗党 (第38回上伊那歴史研究会県外実地踏査報告「茨城県と上伊那とのつながりを探る」)(福澤浩之)「伊那路」 上伊那郷土研究会 57(12) 通号683 2013.12

つくば市

つくば市の民謡 (亀ヶ谷行雄)「茨城の民谷」 茨城民俗学会 39 2000.11

繻沢

繻沢の過去と庚申 (板橋博)「麻生の文化」 行方市教育委員会 (41) 2010.03

土浦

常州土浦土屋家中の甲州参詣―天保八年甲州旅行について (青木光行)「土浦市立博物館紀要」 土浦市立博物館 (15) 2005.3

土浦の大山信仰―江戸志向型の民俗に関する一考察 (萩谷良太)「土浦市立博物館紀要」 土浦市立博物館 (17) 2007.3

土浦市立博物館「城下町土浦の祭礼―江戸の文化と土浦」を観て (展示批評)(松岡薫)「地方史研究」 地方史研究協議会 64(6) 通号372 2014.12

土浦市

土浦市のかっぱの手 (事務局)「水郷の民俗」 水郷民俗研究会 9 2003.2

町内と祭礼―茨城県土浦市街地八坂祇園祭を中心に (前川智子)「史境」 歴史人類学会, 日本図書センター (発売)(57) 2008.9

手賀

手賀八坂神社雑感 (野原小右二)「玉造史叢」 玉造郷土文化研究会 43 2002.4

手接神社

手接神社河童碑建立記念 (中村敏男)「ひたち小川の文化」 小美玉市小川郷土文化研究会 20 2000.4

手接神社の石造の手・足 (《特集 伝承と石仏》)(町田茂)「日本の石仏」 日本石仏協会, 青娥書房 (発売)(119) 2006.9

天神前

ふるさと逍遥 (24) 天神前から (吉田稔)「会報郷土ひたち」 郷土ひたち文化研究会 24 2001.1

東海村

茨城県東海村の文化的景観 (特集 流域の文化的景観)(宮田裕紀枝)「利根川文化研究」 利根川文化研究会 (37) 2013.12

東光院

神栖町東光院の下総 (型) 板碑―茨城県鹿島郡 (石井保満)「史迹と美術」 史迹美術同攷会 71(8) 通号718 2001.9

東光寺

資料紹介 結城市内寺院所蔵の板碑 (3)―東光寺の板碑 (鶴見貞雄)「茨城県考古学協会誌」 茨城県考古学協会 (14) 2002.5

東持寺

資料紹介 結城市内寺院所蔵の板碑 (4)―東持寺の板碑 (鶴見貞雄)「茨城県考古学協会誌」 茨城県考古学協会 (16) 2004.5

東林寺

戦国時代常陸東林寺の動向について (荒川善夫)「栃木県立文書館研究紀要」 栃木県立文書館 (11) 2007.3

徳林寺

応永期における常陸東条氏の動向―旧東町福田徳林寺の虚空蔵菩薩坐像底部銘の発見から (内山俊身)「茨城県立歴史館報」 茨城県立歴史館 通号33 2006.3

利根

茨城県 利根地固め唄保存会 (民謡・民舞特集)(井原正光)「公益社団法人全日本郷土芸能協会会報」 全日本郷土芸能協会 (56) 2009.07

利根川

利根川べりの女人信仰「待道大権現」を追って (近江礼子)「常総の歴史」 崙書房出版茨城営業所 25 2000.12

利根川左岸

茨城県利根川左岸の月待塔 (水野英世)「野仏 : 多摩石仏の会機関誌」 多摩石仏の会 40 2009.08

利根川流域

利根川流域の民謡 (芦原修二)「常総の歴史」 崙書房出版茨城営業所 28 2002.12

近世における利根川流域の女人講によせて (《大会特集II 茨城の歴史的環境と地域形成》―〈問題提起〉)(西海賢二)「地方史研究」 地方史研究協議会 58(5) 通号335 2008.10

利根川流域の山岳信仰―大山信仰をめぐって (大会特集II 北総地域の水辺と台地―生活空間の歴史的変容―問題提起)(西海賢二)「地方史研究」 地方史研究協議会 60(5) 通号347 2010.10

外之内

外之内の庚申講 (倉田庄三郎)「ひたち小川の文化」 小美玉市小川郷土文化研究会 17 1997.4

富田弁天

富田弁天由来 (飯田貞)「郷土史研究会会報」 岩井市郷土史研究会 (10) 1997.3

友部村

中世友部の城郭と社寺―天保友部村絵図を読む (2) (笹岡明)「十王町民俗資料館紀要」 十王町民俗資料館 (9) 2000.3

中世友部の城郭と社寺―天保期友部村絵図を読む (3) (笹岡明)「十王町民俗資料館紀要」 十王町民俗資料館 (10) 2001.3

豊岡町

水海道市豊岡町所在の板碑について (大関武)「研究ノート」 茨城県教育財団 8 1999.6

鳥塚橋

弟橘媛にまつわる鳥塚橋と橘郷造神社 (民話)(野原幸之助)「玉造史叢」 玉造郷土文化研究会 40 1999.4

取手

取手・牛久周辺の伝説と民話（特集 楽しい東葛伝説民話事典）「東葛流山研究」 流山市立博物館友の会事務局，崙書房出版（発売）（29） 2011.03

取手八坂神社の祇園祭（特集 私にとっての時代の替り目）（近江礼子）「茨城の民俗」 茨城民俗学会 （50） 2011.11

那賀

百観音（那賀）《名所「緒川十景」特集》—名所「緒川十景」紹介）「おがわの文化」 常陸大宮市緒川郷土文化研究会 （24） 2000.3

中妻町

尊勝曼荼羅の石仏（市指定文化財）茨城県常総市中妻町2467－3（あ・ら・か・る・と—私の石仏案内）（中上敬一）「日本の石仏」 日本石仏協会，青娥書房（発売）（146） 2013.06

那賀郡

常陸国那賀郡における寺と官衙について（黒沢彰哉）「茨城県立歴史館報」 茨城県立歴史館 通号25 1998.3

那賀郡における神社の分布について（斎藤史）「那須文化研究」 那須文化研究会 （17） 2003.12

民俗学講座『常陸国風土記』 那賀郡を読む「茨城民俗学会会報」 茨城民俗学会 （62） 2010.01

中家郷

常陸国信太郡中家郷の調布と法隆寺（堀部猛）「土浦市立博物館紀要」 土浦市立博物館 （24） 2014.3

那珂湊天満宮

那珂湊天満宮祭礼における市文化財「下り羽」について（菊池恒雄）「常総の歴史」 崙書房出版茨城営業所 27 2002.6

並木

つくば市並木地区の歴史資料—上大角豆村の石造物について（大関武）「婆良岐考古」 婆良岐考古同人会 （32） 2010.05

行方市

浅間神社由来の研究（2）（茂木岩夫）「麻生の文化」 行方市教育委員会 （36） 2005.3

長者屋敷跡と稲荷神社について（板橋博）「麻生の文化」 行方市教育委員会 （44） 2013.03

行方村

「行方村三十四番坂東御詠歌」について（鴨下満）「麻生の文化」 行方市教育委員会 29 1998.3

南郷街道

「南郷街道」の名称は誤伝承（飯村尋道）「水戸史学」 水戸史学会 （81） 2014.11

男体山

漆掻き—男体山麓の古分屋敷を訪ねて（菊池信也）「ほない歴史通信」 遊史の会 （34） 2005.3

西金砂神社

周期的祭祀に見る宗教的意味—西金砂神社小祭礼を中心に（樫村賢二）「日本民俗学」 日本民俗学会 通号230 2002.5

72年に一回の大田楽—茨城県久慈郡金砂郷町西金砂郷村西金砂神社の田楽を見て（所崎平）「鹿児島民俗」 鹿児島民俗学会 123 2003.5

茨城県金砂郷町の「西金砂祭礼と田楽」について（柴田正蔵）「北方風土：北国の歴史民俗考古研究誌」 イズミヤ出版 通号46 2003.8

第198回西金砂神社小祭礼—祭礼を支える人（西野保）「常総台地」 常総台地研究会 （16） 2009.12

西金砂山

史料紹介 『西金砂山小祭礼行列次第』について（榎本實）「茨城の民俗」 茨城民俗学会 （43） 2004.11

西小屋の滝

大根田願入寺跡と西小屋の滝（下小瀬）《名所「緒川十景」特集》—名所「緒川十景」紹介）「おがわの文化」 常陸大宮市緒川郷土文化研究会 （24） 2000.3

西塩子

西塩子回り舞台のチョボ（河野弘）「大宮郷土研究」 大宮町郷土研究会 （2） 1998.6

西塩子の回り舞台の価値（鳥越文蔵）「大宮郷土研究」 大宮町郷土研究会 （2） 1998.6

村芝居の楽しみ 「西塩子の回り舞台」（吉田稔）「市民と博物館」 日立市郷土博物館 61 2002.1

「西塩子の回り舞台」組立て・公演参加記（渡辺由貴子，長浜叔子）「茨城大学中世史研究」 茨城大学中世史研究会 6 2009.03

地芝居あれこれ（12） 伴走する人々—西塩子の回り舞台から（蒲池卓巳）「公益社団法人全日本郷土芸能協会会報」 全日本郷土芸能協会 （73） 2013.10

地芝居あれこれ（13） 西塩子の回り舞台—日本最古の組み立て式歌舞伎舞台（北河直子）「公益社団法人全日本郷土芸能協会会報」 全日本郷土芸能協会 （74） 2014.01

西丸山

西丸山の祈禱囃子と天狗の人形（立石尚之）「西郊民俗」 ［西郊民俗談話会］ （207） 2009.06

日光東街道

日光東街道と天保の日光社参—仁連町・諸川町を中心に（小野崎克巳）「茨城史林」 筑波書林 24 2000.6

日光東街道と慶安・寛文・享保の日光社参—下総国猿島郡仁連町・諸川町を中心にして（小野崎克巳）「茨城史林」 筑波書林 （27） 2003.6

仁連町

日光東街道と天保の日光社参—仁連町・諸川町を中心に（小野崎克巳）「茨城史林」 筑波書林 24 2000.6

日光東街道と慶安・寛文・享保の日光社参—下総国猿島郡仁連町・諸川町を中心にして（小野崎克巳）「茨城史林」 筑波書林 （27） 2003.6

根本

大宮町根本の「常州茨城田植唄」（河野弘）「大宮郷土研究」 大宮町郷土研究会 （3） 1999.3

能寺院

能寺院のこと（小塙義輔）「ひたち小川の文化」 小美玉市小川郷土文化研究会 25 2005.4

延方

延方の「勝ち相撲」（山田知子）「まつり通信」 まつり同好会 39（9）通号463 1999.9

波崎

波崎の民話「おさつ物語」の出版について（佐藤新司）「鹿行の文化財」 鹿行文化財保護連絡協議会 （36） 2006.3

波崎の伝統工芸品「籐細工」（堀江正則）「鹿行の文化財」 鹿行文化財保護連絡協議会 （36） 2006.3

波崎町

波崎町の文学碑と揮毫について（篠塚国男）「鹿行の文化財」 鹿行文化財保護連絡協議会 27 1997.3

波崎町の伝統工芸品「籐細工」（我が郷土の匠）（佐藤正）「鹿行の文化財」 鹿行文化財保護連絡協議会 （35） 2005.3

羽生

祇園祭を通した霞ヶ浦との関わり方—茨城県行方市羽生の羽生祇園祭における人々の行為と意味づけ《道祖神特集》（田中久美子）「西郊民俗」 ［西郊民俗談話会］ （200・201） 2007.9

浜

浜—柏崎の渡し舟（貝塚国男）「玉造史叢」 玉造郷土文化研究会 40 1999.4

日吉山王神社

「大般若経」に求めた先人たちと永山の日吉山王神社（今泉元成）「鹿行の文化財」 鹿行文化財保護連絡協議会 30 2000.3

東金砂

東金砂田楽の創出（河野弘）「茨城の民俗」 茨城民俗学会 （49） 2010.11

東金砂神社

江戸期「東金砂山磯出祭行列絵巻」について（榎本實）「郷土ひたち文化研究会」 郷土ひたち文化研究会 54 2004.3

東金砂神社の田楽と小祭礼について（史料紹介）（榎本實）「郷土ひたち」 郷土ひたち文化研究会 （58） 2008.3

東猫穴

「改善」されたお祭り—東猫穴明神社における祭礼次第の変更（小谷竜介）「牛久市史研究」 牛久市 8 1999.3

牛久市東猫穴の奉納相撲（山田知子）「まつり通信」 まつり同好会 41（12）通号490 2001.11

常陸

常陸と親鸞伝承（新妻久郎）「常総の歴史」 崙書房出版茨城営業所 22 1999.3

常陸風土記と延喜式内社（田辺英治）「歴研よこはま」 横浜歴史研究会 44 1999.3

「入寺」慣行からみた村と寺院—下野・常陸・下総の事例から（佐藤孝之）「栃木史学」 国学院大学栃木短期大学史学会 （15） 2001.3

古代常陸の食（佐々木義則）「婆良岐考古」 婆良岐考古同人会 （25）

2003.5

応永期における常陸東条氏の動向―旧東町福田徳林寺の虚空蔵菩薩坐像底部銘の発見から（内山俊身）「茨城県立歴史館報」　茨城県立歴史館　通号33　2006.3

「開基帳」にみる中世常陸北部の真言宗（宮内教男）「茨城県立歴史館報」　茨城県立歴史館　通号34　2007.3

常陸（特集 風土記の神と社―論文）（矢作幸雄）「季刊悠久.第2次」　鶴岡八幡宮悠久事務局　（134）2014.01

日立

尺八のかけはし（川上千尋）「郷土ひたち」　郷土ひたち文化研究会　49　1999.3

歩く見る聞く（2）ミチユキビトの墓標（榎本実）「会報郷土ひたち」　郷土ひたち文化研究会　20　1999.7

歩く見る聞く（3）一字一石塔（榎本実）「会報郷土ひたち」　郷土ひたち文化研究会　21　1999.10

日立の女人信仰と講（大森政美）「茨城の民俗」　茨城民俗学会　38　1999.11

新資料紹介 茨城県郷土工芸品ひたち竹人形（大貫総）「茨城県立歴史館だより」　茨城県立歴史館　79　2000.7

山神祭の「飛行器」のこと（吉成茂）「会報郷土ひたち」　郷土ひたち文化研究会　25　2001.8

馬力神の誕生―寛政年間の馬力神碑をめぐって（笹岡明）「郷土ひたち」　郷土ひたち文化研究会　52　2002.3

日立の祇園（天王）信仰（大森政美）「茨城の民俗」　茨城民俗学会　41　2002.11

永正14年銘のささら獅子頭（榎本實）「郷土ひたち」　郷土ひたち文化研究会　（56）2006.11

歩く見る聞く（17）スリザサラ（榎本實）「会報郷土ひたち」　郷土ひたち文化研究会　（35）2006.7

日立地方における延生地蔵和讃口承（大森政美）「茨城の民俗」　茨城民俗学会　（47）2008.11

女人信仰の石仏と掛軸（大森政美）「郷土ひたち」　郷土ひたち文化研究会　（60）2010.03

途絶えた日立の大助人形（大森政美）「茨城の民俗」　茨城民俗学会　（49）2010.11

常陸太田

石仏探訪（10）常陸太田の蛇紋岩で造られた手水石（石田年子）「会報」　房総石造文化財研究会事務局　（120）2014.01

常陸大宮市

常陸大宮市内の神社（河野弘）「茨城の民俗」　茨城民俗学会　（44）2005.11

常陸大宮市内の親鸞二十四輩寺（共通テーマ 親鸞とその弟子たち）（河野弘）「大宮郷土研究」　大宮町郷土研究会　（15）2011.06

常陸路

神話と伝説の地、常陸路を行く（花井鉄弥）「目黒区郷土研究」　目黒区郷土研究会　562　2001.11

日立市

日立市所在の宝冠釈迦如来像について（後藤道雄）「市民と博物館」　日立市郷土博物館　48　1998.10

常陸大子

登録有形民俗文化財に登録された常陸大子のコンニャク栽培用具及び加工用具について（家田望）「民具マンスリー」　神奈川大学　47（8）通号560　2014.11

常陸国

延喜神名式にみる常陸国内の諸社の動向（中村光一）「町史研究伊奈の歴史」　伊奈町　3　1998.3

「常陸国風土記」の夜刀神について（岡本保）「鉾田の文化」　鉾田市郷土文化研究会　25　2001.5

『常陸国風土記』研究・参考文献目録（増田修、横山妙子）「常総の歴史」　崙書房出版茨城営業所　（特別号）2001.7

史料紹介 芦峅寺衆徒が常陸国・上総国・下総国で形成した檀那場―文献史料再の檀那場（福江充）「富山史壇」　越中史壇会　140　2003.3

岐阜県揖斐郡大野町付近と『常陸国風土記』と結城紬の関係（石田明乗）「城」　東海古城研究会　（186）2003.6

風土記の編纂と推進―『常陸国風土記』の成立をめぐって（荊木美行）「つどい」　豊中歴史同好会　196　2004.7

『常陸・豊後・肥前国風土記』に描かれた神・人・集団一覧（田井恭一）「東播磨 地域史論集」　東播磨地域史懇話会　（11）2005.3

律令体制下の常陸国における官衙および寺院での鉄器獲得方法について（関博充）「茨城県考古学協会誌」　茨城県考古学協会　（17）2005.5

東北地方からの伊勢参宮と常陸国―道中日記からルートを探る（堀切武）「茨城の民俗」　茨城民俗学会　（44）2005.11

『常陸国風土記』における「国巣」（国栖）と「佐伯」《特集 『常陸国風土記』》（松崎健一郎）「茨城の民俗」　茨城民俗学会　（47）2008.11

『常陸国風土記』―概要と伝説《特集 『常陸国風土記』》（今瀬文也）「茨城の民俗」　茨城民俗学会　（47）2008.11

『常陸国風土記』における神樹・聖泉（松崎健一郎）「茨城の民俗」　茨城民俗学会　（48）2009.11

常陸国総社宮

都市祭礼におけるヨソモノの存在とその意義―茨城県石岡市常陸国総社宮大祭を事例に（金賢貞）「日本民俗学」　日本民俗学会　通号246　2006.5

日立風流物

ユネスコ無形文化遺産になった日立風流物（清水博之）「市民と博物館」　日立市郷土博物館　通号94　2010.03

氷之沢

沈まなかった村―美和村氷之沢の民俗（今瀬文也）「茨城の民俗」　茨城民俗学会　38　1999.11

百観音

百観音（那賀）《名所「緒川十景」特集》―名所「緒川十景」紹介）「おがわの文化」　常陸大宮市緒川郷土文化研究会　（24）2000.3

百観音の制作者 小森清蔵所有の位牌（長山尚）「おがわの文化」　常陸大宮市緒川郷土文化研究会　（31）2014.03

平川

平川の年中行事覚書（椿茂）「郷土研究誌かわち」　河内町史編さん委員会　（5）2000.5

福泉寺

常陸の福泉寺と大杉神社を訪ねて（わらびゆみ）「郷土史研通信」　八千代市郷土歴史研究会　35　2001.10

普済寺

普済寺と小野天神（榎本実）「郷土ひたち」　郷土ひたち文化研究会　47　1997.3

藤代

狂歌で読む農事の一年（山口豊）「藤代の歴史散歩」　藤代町　1　2000.2

藤代町

茨城県北相馬郡藤代町の「力石」（高島慎助）「常総の歴史」　崙書房出版茨城営業所　20　1998.1

不動院

伊奈町板橋の清安山不動院境内にある、岡田寒泉功徳碑、黒髪塚碑及び埋箋碑について（村内必典）「郷土文化」　茨城県郷土文化研究会　39　1998.3

不動院三重塔から読める歴史（上）―形式と技法の考察（畑野経夫）「町史研究伊奈の歴史」　伊奈町　4　1999.3

座談会 板橋村・不動院門前の賑わい―大正～昭和初期頃の町並み再現（猪瀬勇、森喜一、青木賢吉、沼尻たみ）「町史研究伊奈の歴史」　伊奈町　5　2001.3

不動院三重塔から読める歴史（下）―建築経過と工匠からみた考察（畑野経夫）「町史研究伊奈の歴史」　伊奈町　5　2001.3

不動宿

不動宿ひょっとこ余談（1）～（7）（市村元一）「下妻の文化」　下妻市文化団体連絡協議会　24/（30）1999.5/2005.5

平潟街道

阿武隈の魚交易路―平潟街道の伝承（胡桃沢勘司）「民俗文化」　近畿大学民俗学研究所　（14）2002.3

宝光寺

石岡市（旧八郷町）下林観音寺蔵旧川又村「朝倉山寶光寺過去帳」について―過去帳に見る寺、僧、村民の生活（矢島英雄）「茨城史林」　筑波書林　（30）2006.7

法鷲院

昭和初期の法鷲院山門（笹岡明）「会報郷土ひたち」　郷土ひたち文化研究会　33　2005.8

逢善寺

天台宗談義所としての逢善寺（内山純子）「茨城史林」　筑波書林　（30）2006.7

法専寺

明法房と法専寺（河野弘）「大宮郷土研究」　大宮町郷土研究会　（2）1998.6

宝蔵院

猿島町域の廃寺院について―沓掛村金乗院・山村宝蔵院・生子村興善寺

茨城県　　　郷土に伝わる民俗と信仰　　　関東

（長命豊）「郷土研究さしま」　猿島町立資料館　（10）1997.12

宝蔵寺跡
宝蔵寺跡墓地（結城市大木）の板碑（鶴見貞雄）「婆良岐考古」　婆良岐考古同人会　（24）2002.5

宝幢院
東茨城郡常北町那珂西寶幢院蔵「茨城史林」　筑波書林　（28）2004.6

史料紹介 茨城県東茨城郡城里町（旧常北町）那珂西寶幢院蔵『公衆帳』（矢島英雄）「茨城史林」　筑波書林　（29）2005.6

北総
北総の木曽御嶽信仰—関東巴講本祠教会の活動をめぐって（西海賢二）「常総の歴史」　崙書房出版茨城営業所　21　1998.7

北南茂呂
掘り出された板碑—結城市北南茂呂と七五三場出土の板碑（鶴見貞雄）「茨城県考古学協会誌」　茨城県考古学協会　通号12　2000.5

鉾神社
鉾田城跡と鉾神社—鉾田地名起因説（渡辺耕男）「鉾田の文化」　鉾田市郷土文化研究会　26　2002

鉾田
勝軍地蔵と十王絵（岡本保）「鉾田の文化」　鉾田市郷土文化研究会　22　1998.5

「留墓」考（塙一郎）「鉾田の文化」　鉾田市郷土文化研究会　22　1998.5

ほこた音頭（藤野茂福）「鉾田の文化」　鉾田市郷土文化研究会　22　1998.5

田山家日記にみる 江戸時代鉾田の年中行事（続）（大沼信夫）「七瀬 : 鉾田町史研究」　鉾田町　11　2001.3

仏教各派における教説派生考論（塙一郎）「鉾田の文化」　鉾田市郷土文化研究会　25　2001.5

祭りと習俗（渡辺幸男）「鉾田の文化」　鉾田市郷土文化研究会　（27）2003.5

農村集落の屋号（家名）について（大貫一郎）「鉾田の文化」　鉾田市郷土文化研究会　（27）2003.5

庚申講について（大沼信夫）「鉾田の文化」　鉾田市郷土文化研究会　（28）2004.5

七庚申と三庚申（岡本保）「鉾田の文化」　鉾田市郷土文化研究会　（29）2005.5

「鉾田俚謡会」発足の頃から（藤野茂福）「鉾田の文化」　鉾田市郷土文化研究会　（29）2005.5

虚空蔵さまの話（岡本保）「鉾田の文化」　鉾田市郷土文化研究会　（29）2005.5

里（むら）のくらしと行事（大貫一郎）「鉾田の文化」　鉾田市郷土文化研究会　（32）2008.5

石塔・石仏について　鉾田（旧大字鉾田）の石塔・石仏について（大沼信夫）「鉾田の文化」　鉾田市郷土文化研究会　（36）2012.05

鉾田城跡
鉾田城跡と鉾神社—鉾田地名起因説（渡辺耕男）「鉾田の文化」　鉾田市郷土文化研究会　26　2002

鉾田町
お盆の一日多い村（岡本保）「七瀬 : 鉾田町史研究」　鉾田町　7　1997.2

稲荷考—稲荷社をいろいろの方向より観て（岡本保）「七瀬 : 鉾田町史研究」　鉾田町　8　1998.2

星合遺跡
星合遺跡における祭祀について（寺門千勝）「研究ノート」　茨城県教育財団　8　1999.6

ぽっくり不動尊
岩井市弓田のぽっくり不動尊（立石尚之）「西郊民俗」　［西郊民俗談話会］　（191）2005.6

保内
『ひだまりの茅葺き民家』に学ぶ「ほない歴史通信」　遊史の会　（46）2008.3

諏訪神社の狛犬「ほない歴史通信」　遊史の会　（56）2010.09

資料紹介「開基帳」にみる町内の曹洞宗「ほない歴史通信」　遊史の会　（58）2011.03

資料紹介「開基帳」にみる町内の天台宗・一向宗「ほない歴史通信」　遊史の会　（59）2011.06

資料紹介「開基帳」にみる町内の真言宗「ほない歴史通信」　遊史の会　（60）2011.09

昭和の初め頃の農家の行事（2）一月の行事「ほない歴史通信」　遊史の会　（60）2011.09

昭和の初め頃の農家の行事（3）二月の行事「ほない歴史通信」　遊史の

会　（61）2011.12

本泉寺
野上・本泉寺について（共通テーマ 親鸞とその弟子たち）（木村宏）「大宮郷土研究」　大宮町郷土研究会　（15）2011.06

真壁
真壁大同講（1）（嶋田尚）「茨城の民俗」　茨城民俗学会　38　1999.11

曲松
曲松のまがり松（西山たか子）「水郷の民俗」　水郷民俗研究会　5　1999.6

万福寺
万福寺の阿弥陀三尊と宝篋印塔（万福寺）「玉造史叢」　玉造郷土文化研究会　46　2005.4

水木浜
金砂の大田楽の広場となる水木浜の海岸地形を探る—いなさ 風がつくったなぎさ（佐藤惣一）「郷土ひたち」　郷土ひたち文化研究会　53　2003.3

金砂神と水木浜—隠されたもう一つのドラマ（山立虎魚）「あしなか」　山村民俗の会　265　2003.10

密蔵院
徳川光圀と長谷密蔵院（志田諄一）「郷土ひたち」　郷土ひたち文化研究会　55　2005.3

水戸
江戸時代の水戸噂話（天変地異）（堀江克己）「郷土文化」　茨城県郷土文化研究会　39　1998.3

水戸大神楽（《特集 獅子芸能の世界へ》—〈獅子が踊る！ 獅子が舞う！—東アジアの獅子芸能〉）（柳貴家正楽）「まんだら : 東北文化友の会会報」　東北芸術工科大学東北文化研究センター　（27）2006.5

農人形（仲田昭一）「水戸史学」　水戸史学会　（68）2008.6

子供達が作った平成の農人形（住谷光一）「水戸史学」　水戸史学会　（70）2009.06

水戸様と浜降り祭（河野弘）「茨城の民俗」　茨城民俗学会　（51）2012.11

湊川神社と水戸との所縁（岡村光浩）「水戸史学」　水戸史学会　（77）2012.11

水戸天狗党鎮魂の社・松原神社のれきし調査（幡谷賢三）「会誌」　日本海地誌調査研究会　（12）2014.03

水戸市
水戸市内の石仏・石塔（菊地清治）「茨城の民俗」　茨城民俗学会　（44）2005.11

水戸東照宮
『水戸紀年』にみる水戸東照宮祭（河野弘）「茨城の民俗」　茨城民俗学会　（46）2007.11

水戸藩
水戸藩の石仏・石塔廃毀（佐藤次男）「茨城の民俗」　茨城民俗学会　（44）2005.11

蓑輪峠
蓑輪峠の由来（篠田四郎）「大宮郷土研究」　大宮町郷土研究会　（3）1999.3

宮ケ崎村
男女別の檀家制について—常州茨城鹿島両郡宮ケ崎村の事例紹介（海老澤正孝）「茨城史林」　筑波書林　22　1998.6

宮脇鹿島神社
下吉影宮脇鹿島神社（檜山寿夫）「ひたち小川の文化」　小美玉市小川郷土文化研究会　24　2004.4

妙安寺
猿島門徒と妙安寺（今井雅晴）「茨城県史研究」　茨城県教育委員会　81　1998.10

妙雲寺
水戸市見川町の妙雲寺にある塙家の墓碑銘について（村内必典，志賀信次）「郷土文化」　茨城県郷土文化研究会　42　2001.7

妙本寺
一ノ谷妙本寺由緒書（中村成恵）「町史研究下総さかい」　境町史編さん委員会　（4）1998.7

向井町
茨城・向井町の散々楽（石川博司）「まつり通信」　まつり同好会　53（6）通号568　2013.11

関東　　　　　　　　　　　　　　郷土に伝わる民俗と信仰　　　　　　　　　　　　　　茨城県

元宮千勝神社

下妻市の元宮千勝神社とつくば市の本社―勝神社（近江礼子）「茨城の民俗」　茨城民俗学会　（53）2014.11

椎山神社

徳宿城址・合戦場跡・椎山神社（渡辺耕男）「鉾田の文化」　鉾田市郷土文化研究会　25　2001.5

椎山大明神

「椎山大明神由来之書」について（渡辺耕男）「鉾田の文化」　鉾田市郷土文化研究会　（32）2008.5

諸井

諸井長者（ふるさと絵本の会「蘗」）「玉造史叢」　玉造郷土文化研究会　39　1998.4

諸川

三和町諸川の獅子頭に関するメモ（榎本実）「茨城の民俗」　茨城民俗学会　38　1999.11

諸川町

日光東街道と天保の日光社参―仁連町・諸川町を中心に（小野崎克巳）「茨城史林」　筑波書林　24　2000.6

日光東街道と慶安・寛文・享保の日光社参―下総国猿島郡仁連村・諸川町を中心にして（小野崎克巳）「茨城史林」　筑波書林　（27）2003.6

柳橋

柳橋磐戸神楽（〈総和町の指定文化財（平成10年度）〉）「そうわの文化財」　総和町教育委員会　8　2001.3

八木蒔

八木蒔地区の女人講について（小沼政雄）「玉造史叢」　玉造郷土文化研究会　38　1997.4

石仏石塔を探る―八木蒔「瀬能長者」に関わる石塔―石仏・石塔を語り継ぐ集い（小沼政雄）「玉造史叢」　玉造郷土文化研究会　43　2002.4

薬王院

常総の寺社建築と領主権力―水戸・薬王院本堂を中心に（第18回地方史公開セミナー講演）（飛田英世）「茨城史林」　筑波書林　24　2000.6

八柱神社

唐子遊び―八柱神社本殿の彫刻を中心に（河野弘）「茨城の民俗」　茨城民俗学会　40　2001.11

八広稲荷

天神山の「八広稲荷」の主守りをして（特集 守ろう、郷土の伝統と文化）（平野安子）「玉造史叢」　玉造郷土文化研究会　51　2010.04

山尾

伝承の中の山尾小野崎氏―社寺との関わりを中心に（笹岡明）「十王町の歴史と民俗」　日立市郷土博物館　14　2005.3

山ノ尾城址

資料紹介 十王中学校敷地内（山ノ尾城址）の石造物―村絵図（新館）に残る庚申塚と石塔（綿引逸雄）「十王町の歴史と民俗」　日立市郷土博物館　（18）2009.03

八溝嶺神社

八溝嶺神社の遠鳥居について（飯村尋道）「水戸史学」　水戸史学会　60　2004.6

結城

岐阜県揖斐郡大野町付近と『常陸国風土記』と結城紬の関係（石田明乗）「城」　東海古城研究会　（186）2003.6

結城廃寺

結城廃寺について（鈴木守治）「郷土文化」　茨城県郷土文化研究会　（44）2003.3

四百石稲荷

四百石稲荷と近世の於下村（2）（浜田茂良）「麻生の文化」　行方市教育委員会　29　1998.3

来迎院

茨城県竜ヶ崎市来迎院の火防大祭（近江礼子）「西郊民俗」　[西郊民俗談話会]　（191）2005.6

礼堂薬師

佐竹氏と礼堂薬師（志田諄一）「郷土ひたち」　郷土ひたち文化研究会　54　2004.3

竜ヶ崎

史跡探訪 利根川流域の無形民俗文化財を追って 龍ヶ崎撞舞を観に行く（勝田武彦）「かつしか台地 : 野田地方史懇話会会誌」　野田地方史懇話会　（42）2011.09

竜ヶ崎市

茨城県龍ヶ崎市の道祖神（塚本忠太郎）「日本の石仏」　日本石仏協会，青娥書房（発売）　通号86　1998.6

龍ヶ崎市における一人前の民俗慣行（西村浩一）「茨城の民俗」　茨城民俗学会　39　2000.11

道祖神は石祠―茨城県龍ヶ崎市の道祖神信仰（塚本忠太郎）「日本の石仏」　日本石仏協会，青娥書房（発売）　（103）2002.9

六地蔵寺

伝説「六地蔵寺の大杉」「茨城の民俗」　茨城民俗学会　（50）2011.11

鹿行

合同研修会報告 「鹿行の歴史と民俗」（藤島一郎）「鹿行の文化財」　鹿行文化財保護連絡協議会　27　1997.3

鹿島・行方地方の仏像について（後藤道雄）「鹿行の文化財」　鹿行文化財保護連絡協議会　29　1999.4

鹿行の建築文化史断片（一色史彦）「鹿行の文化財」　鹿行文化財保護連絡協議会　29　1999.4

年中行事の身近な植物（1）（野原幸之助）「鹿行の文化財」　鹿行文化財保護連絡協議会　31　2001.3

厨子に刻まれた文字の謎（水内一夫）「鹿行の文化財」　鹿行文化財保護連絡協議会　（32）2002.3

笛、つつみ作りの達人（我が郷土の匠）（中村国男）「鹿行の文化財」　鹿行文化財保護連絡協議会　（35）2005.3

我が郷土の匠 宮造りに "匠" の技を 栗俣隆棟梁の歩み（山中泰雄）「鹿行の文化財」　鹿行文化財保護連絡協議会　（35）2005.3

第2回研修会報告「寛永期の大日石仏」（窪谷悌二郎）「鹿行の文化財」　鹿行文化財保護連絡協議会　（36）2006.3

鹿行の民俗―信仰を中心に（今瀬文也）「水郷の民俗」　水郷民俗研究会　（11）2006.3

八坂神社について（鈴木久彌）「鹿行の文化財」　鹿行文化財保護連絡協議会　（38）2008.3

成田講と成田信仰（研究報告）（石津藤好）「鹿行の文化財」　鹿行文化財保護連絡協議会　（43）2013.04

若海集落

若海集落の神事（森作武夫）「玉造史叢」　玉造郷土文化研究会　40　1999.4

鷲の宮

常州鷲の宮伝説―浄土宗藤田派炎州と佐竹氏（榎本実）「郷土ひたち」　郷土ひたち文化研究会　49　1999.3

栃木県

赤田山神社
肇耕社の「赤田山組」開墾地 赤田山神社創建奉仕や陸稲栽培についての移住人対応について（谷野幸市）「那須野ケ原開拓史研究」 那須ケ原開拓史研究会　48　2000.6

阿久津河岸
阿久津河岸に伝わる念仏—特に浮島地蔵尊念仏について（研究ノート）（小林俊夫）「氏家の歴史と文化」 氏家歴史文化研究会　（11）2012.03

浅沼
郷土史余話（2）浅沼（阿曽沼）物語—附・もう一つの遠野物語（京谷博次）「史談」 安蘇史談会　16　2000.6

足尾
足尾の蛇の話（新義雄）「足尾を語る会会報」 足尾を語る会　8　1998.5
足尾に残る銅山唄（茂木真弘）「わたらせ川」 わたらせ川協会，随想舎（発売）5　1999.12
聞き取り「狐の嫁入り」（大坪一三）「足尾を語る会会報」 足尾を語る会　10　2000.10
グラビア足尾の四季 足尾グラフィティ 足尾の祭り（山本正夫）「足尾を語る会会報.第2次」 足尾を語る会　（12）2008.5
足尾のまつり囃子（再掲載）（エッセイ）（新義雄）「足尾を語る会会報.第2次」 足尾を語る会　（12）2008.5
古峰講と足尾講（エッセイ）（前田三郎）「足尾を語る会会報.第2次」 足尾を語る会　（13）2009.05
足尾歳時記（4）"盆踊り唄"に誘われて（前田三郎）「足尾を語る会会報.第2次」 足尾を語る会　（14）2010.05

足尾銅山
足尾銅山と稲荷神社—鉱山地域と共に生きる稲荷（冬月律）「朱」 伏見稲荷大社　（56）2013.02

足尾山城
山中に残された異形の明王像—上州安蘇・足尾山城（続・石仏と民俗伝承）（鷲頭隆）「あしなか」 山村民俗の会　300　2014.04

足利
足利絵馬めぐり（8）～［26］（最終回）（小倉喜兵衛）「足利文林」 足利文林会　58/（76）2003.5/2012.06
占ひは足利にて伝受か—「甲陽軍鑑」に見る占筮（倉沢昭寿）「足利文林」 足利文林会　59　2003.10
足利地方における仏教寺院について（川田昌宏）「研究紀要」 足利教育会　（41）2004.3
近代足利の織物意匠と近藤徳太郎—意匠重視の伝統とその系譜（日下部高明）「歴史と文化」 栃木県歴史文化研究会，随想舎（発売）（13）2004.8
講演会要旨 足利の「八木節の由来」再考（菊地卓）「松龍史談」 大月手紙の会　5　2004.12
足利八木節の源流を訪ねて—宗家五代目 堀込源太に聞く（永瀬文三）「桐生史苑」 桐生文化史談会　（45）2006.3
足利学校と鑁阿寺に伝来する武田勝頼の禁制に関する一考察—足利・館林領主長尾氏と足利学校の関連について（《中世後期と近世初頭における足利学校の歴史的検討へのアプローチ》）柳田貞夫「足利地方史研究」 柳田貞夫　（2）2007.3
足利周辺の碑文を探る（1）葷酒山門に入るを許さず—「禁牌石」考（平賀康雄）「扣之帳」 扣之帳刊行会　（17）2007.9
足利周辺の碑文を探る（2）流行神のナムアミダブツー「徳本・唯念名号碑」考（平賀康雄）「扣之帳」 扣之帳刊行会　（18）2007.12
炉辺談話 偏見の病名（鶴貝虎魚）「足利文林」 足利文林会　（68）2008.5
足利周辺の碑文を探る（5）神仏詣での道しるべ—いにしえの道標考（平賀康雄）「扣之帳」 扣之帳刊行会　（21）2008.9
足利周辺の碑文を探る（6）浅間信仰の語り部—富士講碑考（平賀康雄）「扣之帳」 扣之帳刊行会　（22）2008.12
足利周辺の碑文を探る（7）昨今、路傍の神の嘆きを察するに—道祖神考（平賀康雄）「扣之帳」 扣之帳刊行会　（23）2009.03
足利周辺の碑文を探る（8）お日待ちの神様の代表格、今はその形骸のみ 路辺に在り—庚申塔考（平賀康雄）「扣之帳」 扣之帳刊行会　（24）2009.06
民俗史話 足利怨霊地誌—われらこの地に祟りをなさん（中島太郎）「史談」 安蘇史談会　（25）2009.9

牛膝（イノコズチ）（塚越一江）「足利文林」 足利文林会　（71）2009.10
民俗 北の郷物語III（9）～（13）（中島太郎）「足利文林」 足利文林会　（72）/（76）2010.05/2012.06
「回漕問屋忠兵衛の石灯籠」について（杉田茂久）「足利文林」 足利文林会　（75）2011.10
足利の民話「笛吹き坂」（随想）（菊地礼子）「足利文林」 足利文林会　（75）2011.10
つうと与ひょう 恩愛の絆（随想）（大和田豊）「足利文林」 足利文林会　（75）2011.10
裏山のきつね（随想）（塚越一江）「足利文林」 足利文林会　（75）2011.10
足利の怨霊地誌（中島太郎）「とちぎの歴史と文化を語る会年報」 とちぎの歴史と文化を語る会　（9）2012.02
足利富士山信仰「富士山文化研究会会報」 富士山文化研究会　（36）2012.10

足利学校
足利学校の寺院的性格（柏瀬順一）「学校 : 史跡足利学校「研究紀要」」 足利市教育委員会史跡足利学校事務所　（1）2001.3
足利学校孔子坐像考（大沢慶子）「学校 : 史跡足利学校「研究紀要」」 足利市教育委員会史跡足利学校事務所　（2）2002.3
史跡足利学校所蔵「岡崎系図」の紹介 附・足利市域の旧家の先祖供養（菊地卓，斎藤徳雄）「松龍史談」 大月手紙の会　4　2003.9
足利学校孔子坐像考補遺（大澤慶子）「学校 : 史跡足利学校「研究紀要」」 足利市教育委員会史跡足利学校事務所　（4）2004.3
資料紹介 足利学校大成殿大棟の海獣（須永美知夫）「学校 : 史跡足利学校「研究紀要」」 足利市教育委員会史跡足利学校事務所　（4）2004.3
足利学校釈菜考・釈菜考（倉澤昭壽）「学校 : 史跡足利学校「研究紀要」」 足利市教育委員会史跡足利学校事務所　（6）2006.3
足利学校と鑁阿寺に伝来する武田勝頼の禁制に関する一考察—足利・館林領主長尾氏と足利学校の関連について（《中世後期と近世初頭における足利学校の歴史的検討へのアプローチ》）（柳田貞夫）「足利地方史研究」 柳田貞夫　（2）2007.3
現行足利学校釋奠について（市橋一郎）「学校 : 史跡足利学校「研究紀要」」 足利市教育委員会史跡足利学校事務所　（7）2009.03
資料紹介 釋奠「祝文」解説（須永美知夫）「学校 : 史跡足利学校「研究紀要」」 足利市教育委員会史跡足利学校事務所　（7）2009.03
釋奠記念講演 『釋奠史管見』（宇野茂彦）「学校 : 史跡足利学校「研究紀要」」 足利市教育委員会史跡足利学校事務所　（8）2009.12
足利学校アカデミー講演 足利学校と戦国時代の禅宗世界（伊藤幸司）「学校 : 史跡足利学校「研究紀要」」 足利市教育委員会史跡足利学校事務所　（10）2012.2
足利学校釋奠器について（資料紹介）（市橋一郎）「学校 : 史跡足利学校「研究紀要」」 足利市教育委員会史跡足利学校事務所　（11）2013.3

足利市
昭和初期に書かれた精神衛生のための書籍にみられる「神隠し」の事例—中村古峡による文献を中心として（大喜多紀明）「民俗文化」 滋賀民俗学会　（604）2014.01

東村
東村の小さな仏達（古美門佳一郎）「わたらせ川」 わたらせ川協会，随想舎（発売）3　1997.6

安蘇
鬼の信仰—弓神事の的・オニの考証（萩原智雄）「史談」 安蘇史談会　14　1998.6
雷神信仰（塩谷民一）「史談」 安蘇史談会　15　1999.6
巡見の道を踏査して（黒田哲哉）「史談」 安蘇史談会　17　2001.6
〔史料紹介〕 庚申信仰の伝播（臼井好雄）「史談」 安蘇史談会　17　2001.6
青山一家氏神祭りについて（青山守）「史談」 安蘇史談会　（19）2003.6
怨霊と御霊（和田正明）「史談」 安蘇史談会　（20）2004.6
今も続く十五夜の行事（篠崎澄子）「史談」 安蘇史談会　（21）2005.6
寄稿 田蟲地蔵（長谷川寛）「史談」 安蘇史談会　（24）2008.6
大永四年銘の"鰐口"（小島唯一）「史談」 安蘇史談会　（25）2009.09
鐘楼門の記憶（川田春樹）「史談」 安蘇史談会　（27）2011.09
消えた集落、消え行く集落（北園清信）「史談」 安蘇史談会　（27）2011.9

関東　　　　　　　　　　郷土に伝わる民俗と信仰　　　　　　　　　　栃木県

庚申塔—この一年（川田春樹）「史談」 安蘇史談会 （28） 2012.05

三人の六十六部—永代接待船の自観・妙心＆廻国行者道観法師（京谷博次）「史談」 安蘇史談会 （29） 2013.05

口絵写真説明 国指定重要文化財「鋳銅梅竹文透釣燈籠」「史談」 安蘇史談会 （30） 2014.05

阿曽沼

郷土史余話（2）浅沼（阿曽沼）物語—附・もう一つの遠野物語（京谷博次）「史談」 安蘇史談会 16 2000.6

阿夫利神社

鷹の巣山（大小山）と阿夫利神社（京谷博次）「史談」 安蘇史談会 （30） 2014.05

綾織池

綾織池の伝説—「椀貸し伝説」の系譜から（木村康夫）「那須文化研究」 那須文化研究会 （17） 2003.12

安国寺

安国寺不動院（堀江和義）「足利文林」 足利文林会 59 2003.10

医王寺

医王寺唐門の彫刻（国立恵俊）「鹿沼史林」 鹿沼史談会 （44） 2004.12

医王寺金堂蛙股彫刻と二十四孝の愚見（国立恵俊）「鹿沼史林」 鹿沼史談会 （45） 2005.12

昭和2年 醫王寺年中行事（国立恵俊）「鹿沼史林」 鹿沼史談会 （46） 2006.11

生子神社

鹿沼市生子神社 日の出祭りの的射神事—杓射神事の本来の意義について（細矢藤策）「鹿沼史林」 鹿沼史談会 41 2001.12

生岡神社

生岡神社の子供強飯式（佐藤善幸）「今市史談」 今市史談会 （18） 2009.04

石橋

伝統食文化（伊藤翠）「会報いしばし」 石橋郷土史研究会 2013年秋季号 2013.09

石橋御成御殿

将軍の日光社参と石橋御成御殿（上野敏夫）「下野史談」 下野史談会 91 2000.6

伊勢神社

伊勢神社境内に奉納された石灯籠について（杉田茂久）「足利文林」 足利文林会 （67） 2007.10

板荷畑

板荷畑の厳島神社と地蔵寺（中島正）「鹿沼史林」 鹿沼史談会 （47） 2007.12

一区町

二十一世紀・2002年（平成14年）・西那須野町一区町地域の「二十四節気暦」と「花暦」(1)（戸畑弘）「那須野ケ原開拓史研究」 那須野ケ原開拓史研究会 54 2003.6

一区町の神社について（戸畑弘）「那須野ケ原開拓史研究」 那須野ケ原開拓史研究会 56 2004.6

一向寺

宇都宮一向寺銅造阿弥陀如来坐像・附解説（小野澤眞）「寺社と民衆」 民衆宗教史研究会 （[1]） 2005.3

一向寺跡

「一向寺跡」標柱建設について「鹿沼史林」 鹿沼史談会 （43） 2003.12

一瓶塚稲荷神社

口絵写真＝説明 国認定重要美術品「一瓶塚稲荷神社銅製鳥居附文書二通」「史談」 安蘇史談会 （29） 2013.06

伊門神社

調査報告 下野国国史現在社 伊門神社について（佐藤浩一郎）「式内社のしおり」 式内社顕彰会 63 2001.1

今市

聞きおぼえ—今市の伝説・昔話（渡辺武雄）「今市史談」 今市史談会 13 2004.4

農家の年中行事（狐塚ヤイ）「今市史談」 今市史談会 14 2005.4

猿牽供奉（渡邉武雄）「今市史談」 今市史談会 14 2005.4

史料紹介 二千メートルの新道開削六日で竣工 只で工事をして呉れる不二道講（加藤久）「今市史談」 今市史談会 （16） 2007.4

遠い日の体験（3）〜（7）初市、花市、夜刈り／裁縫所／庚申講、消えてしまった歌／母の実家／水車組合、十五夜の子ども達（狐塚ヤイ）「今市史談」 今市史談会 （16） 2007.4

落穂拾いの今市市史（4）〜（8）今市の製氷／雲井龍雄の遺体と辞世／初めて日光山へきた外国人／戊辰戦後日談（佐藤権司）「今市史談」 今市史談会 （16） 2007.4

落穂拾いの今市市史（9）〜（20）石合戦と水車遊び／情報社会の日光領／一枚の修業証書／御鷹鳥屋／村の遊び日／川除御普請／麻作りの作業暦／稲荷信仰／村役人／村にもあった「こっくりさん」／鎌倉街道（佐藤権司）「今市史談」 今市史談会 （17） 2008.4

落穂拾いの今市市史（21）〜（32）雲井龍雄事件の桜正坊／二つの墓、両墓制／勝善様（蒼前様）／兄弟契り／愛宕山／天王祭／今市にもあった「アンバ様」／沢蔵司稲荷／「間の道」と二つの間の道／御鷹鳥屋（2）／如来寺領の検地と訴訟／村明細帳の作成と地境争論（佐藤権司）「今市史談」 今市史談会 （18） 2009.4

落穂拾いの今市市史（33）〜（44）戊辰戦争今市御蔵の残米／村の自治「貸し山」・「借り山」／「瀬尾村年中行事」連載を終えて／天狗党参加を望む若者／宇都宮今市浄水場／高畑上組・下組の神社とお堂／岩崎観音／70年の祈り 今市キリスト教会／農民の肉食事情／今市にもあった平家落人伝説／針貝村と塩野室村の地境争論／大桑村の馬市と提灯行列（佐藤権司）「今市史談」 今市史談会 （19） 2010.4

今市町

「今市町郷土誌」 今市遊郭／琴平山の花見会／東郷町八坂祭／小倉町三丁目御輿に見られる文字史料／朝日町御輿と道路開鑿記念碑／瀧尾神社大鳥居建設記念奉額（手塚雅身）「今市史談」 今市史談会 （17） 2008.4

今市報徳二宮神社

今市報徳二宮神社創建の沿革（加藤久）「今市史談」 今市史談会 12 2003.4

今宮

『今宮祭祀録』所収記録と文書との対比（1）宇都宮氏の宇都宮退去から宇都宮復帰まで（鴨志田智啓）「氏家の歴史と文化」 氏家歴史文化研究会 （8） 2009.03

今宮祭祀録所収記録と文書との対比（2）—勝綱御出仕、同若君御出仕について（研究ノート）（鴨志田智啓）「氏家の歴史と文化」 氏家歴史文化研究会 （13） 2014.06

今宮神社

氏家の歴史文化めぐり—谷蟆のながめ（5）今宮神社境内にある記念碑（金子立）「氏家の歴史と文化」 氏家歴史文化研究会 （5） 2006.3

今宮神社の祭礼と鹿沼の人びと（水谷類）「かぬま歴史と文化 ： 鹿沼市史研究紀要」 鹿沼市 （10） 2007.3

鹿沼今宮神社の祭礼と屋台（補遺）—屋台彫刻について（中島正）「鹿沼史林」 鹿沼史談会 （50） 2010.12

岩崎

岩崎の琴平神社祭礼見聞記（佐藤治由）「今市史談」 今市史談会 12 2003.4

岩出惣社

史料紹介 近世根来寺と岩出惣社に関する史料（《特集 根来寺の歴史と文化》）（木村英一）「和歌山県立博物館研究紀要」 和歌山県立博物館 （8） 2002.10

岩船地蔵

巻頭言 岩船地蔵の江戸出開帳（上岡一郎）「藤岡史談」 藤岡町古文書研究会 （13） 2007.7

植野村

ザ・植野村（2）下の宮赤城神社について（栗島弘）「史談」 安蘇史談会 14 1998.6

浮島地蔵尊

阿久津河岸に伝わる念仏—特に浮島地蔵尊念仏について（研究ノート）（小林俊夫）「氏家の歴史と文化」 氏家歴史文化研究会 （11） 2012.03

氏家

仏像礼賛・この一年（大橋功）「氏家の歴史と文化」 氏家歴史文化研究会 2 2003.3

郷土の風（鈴木奈保子）「氏家の歴史と文化」 氏家歴史文化研究会 4 2005.3

色あせた雑記帳から「万才」の始まりをご存知か？（檜山猛朗）「氏家の歴史と文化」 氏家歴史文化研究会 （5） 2006.3

氏家の歴史文化めぐり—谷蟆のながめ（5）今宮神社境内にある記念碑（金子立）「氏家の歴史と文化」 氏家歴史文化研究会 （5） 2006.3

氏家の歴史文化めぐり—谷蟆のながめ（6）近くにいる神々 庚申さま（金子立）「氏家の歴史と文化」 氏家歴史文化研究会 （6） 2007.3

大正期 氏家における相撲の賑わい（鈴木奈保子）「氏家の歴史と文化」 氏家歴史文化研究会 （8） 2009.3

矢板・氏家の青麻碑（海老原郁雄）「那須文化研究」 那須文化研究会 （25） 2012.2

（5）渡辺清絵日記にみる年中行事 篠﨑茂雄氏（活動報告—歴史講座 町

史史料編解説シリーズ）「氏家の歴史と文化」 氏家歴史文化研究会
（11） 2012.03

氏家のわら切り機工業の一翼をになって―農機具製造販売の歴史 小野
亨氏（活動報告―学習会）「氏家の歴史と文化」 氏家歴史文化研究会
（11） 2012.03

調査活動 氏家の民具調査 保存された資料の紹介（2），（3）（活動報告）
（屋代方子）「氏家の歴史と文化」 氏家歴史文化研究会 （11）／（12）
2012.03/2013.06

巴波川

栃木市湊町の巴波川の百八灯流しについて（島田芳行）「下野民俗」 下野
民俗研究会 43 2003.12

巴波川の船頭唄（荒川昌次）「藤岡史談」 藤岡町古文書研究会 （11）
2005.7

宇都宮

宇都宮弘安式条にみえる祭礼（《特集 祭り》）（鴨志田智啓）「歴史だより
： 栃木県歴史文化研究会会報」 栃木県歴史文化研究会事務局 26
1998.1

牡丹燈籠の宇都宮（伊勢丈太郎）「下野史談」 下野史談会 88 1998.12

「二荒山神社」―日光と宇都宮の本家争い（田村豊幸）「下野史談」 下野
史談会 96 2002.12

「今宮祭祀録」所収記録と文書との対比（1） 宇都宮氏の宇都宮退去から
宇都宮復帰まで（鴨志田智啓）「氏家の歴史と文化」 氏家歴史文化研
究会 （8） 2009.03

立山信仰関係資料44点を栃木県宇都宮で確認「たてはく ： 人と自然の
情報交流誌」 富山県立山博物館 （79） 2012.01

宇都宮市

宇都宮市内の神社について（作新学院高等学校社会研究部）「研究集録」
栃木県高等学校文化連盟社会部会 （28） 2007.3

宇都宮女子高等学校

栃木県立宇都宮女子高等学校所蔵「百萬塔」について（森嶋秀一）「栃木
県立博物館研究紀要.人文」 栃木県立博物館 （22） 2005.3

宇都宮明神

宇都宮明神の「付祭り」にみる宇都宮町人町の変容（渡辺康代）「歴史地
理学」 歴史地理学会，古今書院（発売）44（2）通号208 2002.3

漆山陣屋

戒名のない墓碑 館林藩分領漆山陣屋考（山田秀穂）「足利文林」 足利文
林会 59 2003.10

雲巌寺

栃木県黒羽町雲巌寺掲出前額について（江畠一）「茨城史林」 筑波書林
23 1999.6

雲巌禅寺

〔史料紹介〕「野州東山雲巌禅寺旧記」について（1），（2）（鈴木努，皆川
義孝）「那須文化研究」 那須文化研究会 12/13 1998.12/1999.12

雲照寺

雲照寺開創百二十周年山門建設成る（植木不二夫）「那須野ケ原開拓史研
究」 那須野ケ原開拓史研究会 （69） 2010.12

胞衣神社

鹿沼の胞衣神社についての予備的考察―北押原地区の事例から（猿渡土
貴）「民俗学研究所紀要」 成城大学民俗学研究所 36 2012.03

塩那

塩那地方の千本杵と餅つき唄小考―熊野講を中心として事例をもとに
（中山琥一）「歴史と文化」 栃木県歴史文化研究会，随想舎（発売）
（15） 2006.8

大岩毘沙門天

足利市大岩毘沙門天額と一茶（丸山一彦）「長野」 長野郷土史研究会
199 1998.5

大桑村

落穂拾いの今市市史（33）～（44） 戊辰戦今市御蔵の残米/村の自治「貸
し山」・「借り山」/「瀬尾村年中行事」連載を終えて/天狗党参加を望む
若者/宇都宮市今市浄水場/高畑上組・下組の神社とお堂/岩崎観音/70
年の祈り 今市キリスト教会/農民の肉食事情/今市にもあった平家落
人伝説/針貝村と塩野室村の地境争論/大桑村の馬市と提灯行列（佐藤
権六）「今市史談」 今市史談会 （19） 2010.4

大前神社

栃木県真岡市・大前神社の「御神体」と「御神像」の事（田村豊幸）「下
野史談」 下野史談会 101 2005.7

大杉さま

大杉サマ雑感（鯉沼敏夫）「郷土史会報」 南河内町教育委員会 （19）

2006.8

大田和宿

日光修験大田和宿の石仏・法印行恵（特集 石仏探訪VIII）（田中英雄）
「日本の石仏」 日本石仏協会，青娥書房（発売）（134） 2010.06

大月

調査報告 村田家（旧姓桑山家）の弁才天坐像（大澤慶子）「松龍史談」 大
月手紙の会 2 2002.3

"しもつかれ"［1］～（承前）（川西亜起）「松龍史談」 大月手紙の会 6/
（7） 2005.12/2006.12

史料紹介 「従天保二年以来預修法事記之」（菊地卓）「松龍史談」 大月手
紙の会 （7） 2006.12

維新期の修験・神道の動きを知る―丸山家文書目録の刊行を終えて（日
下部高明）「松龍史談」 大月手紙の会 （8） 2007.12

銅造鳥居一基石柱・左柱の銘文（史料紹介）（関口重男）「松龍史談」 大
月手紙の会 （9） 2010.02

大槻

梵天あげ習俗の考察―大槻梵天祭り保存会の事例を中心に（中山琥一）
「歴史と文化」 栃木県歴史文化研究会，随想舎（発売）（13） 2004.8

大野

「大野」（今の大町）と「弁天様」―その沿革をたずねて（菊地卓）「松龍史
談」 大月手紙の会 4 2003.9

太平山

歴史の窓 特別展「太平山麓の歴史遺産―太平寺と連祥院―」（小林青樹，
高垣美菜子）「栃木史学」 国学院大学栃木短期大学史学会 （28）
2014.03

大平町

大平町の銅細工―職人からの聞き書きより（小川聖）「下野民俗」 下野民
俗研究会 41 2001.9

大真名子山

鶏頂山と大真名子山の御嶽教（佐藤権司）「鹿沼史林」 鹿沼史談会
（46） 2006.11

大室村

近世後期野州河内郡大室村「若者組」による「若者金」制度の運用と社
会（桑野正樹）「今市史談」 今市史談会 （16） 2007.4

大谷

大谷石石垣の多い衾（栗山佳也）「郷土目黒」 目黒区郷土研究会 49
2005.10

大谷石切りをめぐる民俗（柏村祐司）「歴史と文化」 栃木県歴史文化研究
会，随想舎（発売）（16） 2007.8

大谷の千手観音菩薩立像（第一龕）（《特集 下野の仏さま》）（北口英雄）
「歴文だより ： 栃木県歴史文化研究会会報」 栃木県歴史文化研究会
事務局 （67） 2008.4

大谷磨崖仏

大谷磨崖仏造像の歴史的背景について―下野における観音信仰展開との
関連で（橋本澄朗）「研究紀要」 とちぎ未来づくり財団埋蔵文化財セ
ンター 10 2002.5

大谷磨崖仏の歴史的評価について（橋本澄朗）「歴文だより ： 栃木県歴
史文化研究会会報」 栃木県歴史文化研究会事務局 （64） 2007.7

橋本澄朗氏報告「大谷磨崖仏の歴史的評価―造像時期との関連で―」を
聞いて（《第17回大会 研究報告》）（本田論）「歴文だより ： 栃木県歴
史文化研究会会報」 栃木県歴史文化研究会事務局 （65） 2007.10

おしどり塚

「オシドリ塚」考（日野原正）「下野史談」 下野史談会 90 1999.12

男抱山

男抱山伝説―下野悲恋譚（船生史郎）「下野史談」 下野史談会 （112）
2014.11

尾出山

尾出山の奥社 石祠と山名について（柏村祐司）「歴史と文化」 栃木県歴
史文化研究会，随想舎（発売）（17） 2008.8

乙女河岸

河岸をめぐる民俗―乙女河岸を中心に（小川聖）「小山市立博物館紀要」
小山市立博物館 （7） 2001.3

御目洗井戸

菊沢川の新源流判明「御目洗井戸」（栗島弘）「史談」 安蘇史談会 15
1999.6

思川

旧思川沿いの水神（久野俊彦）「歴文だより ： 栃木県歴史文化研究会会
報」 栃木県歴史文化研究会事務局 （69） 2008.11

小山市

小山市周辺の南無地蔵習俗について（小川聖）「栃木史学」 国学院大学栃木短期大学史学会 （18） 2004.3

ダンナとカシラ—栃木県小山市における商家と町鳶の民俗（内山大介）「民具マンスリー」 神奈川大学 40（9）通号477 2007.12

収蔵資料案内 紙芝居（昭和13〜20年）（飯島快尚氏 寄贈）「小山市立博物館博物館だより」 小山市立博物館 53 2011.09

温泉神社

温泉神とその信仰—栃木県那須郡鎮座の温泉神社を事例として（上野力）「式内社のしおり」 式内社顕彰会 69 2004.1

温泉神社考—温泉神社の読み方と祀られる祭神から分かること（中山晶壹）「那須文化研究」 那須文化研究会 （27） 2013.12

笠石神社

助さんの手紙と笠石神社（高橋大）「那須野ケ原開拓史研究」 那須野ケ原開拓史研究会 （68） 2010.06

鹿島

初詣を鹿島・香取に（篠崎澄子）「史談」 安蘇史談会 （21） 2005.6

鹿島神宮

要石信仰—地震鯰を押さえる石に託された願い（《特集 知られざる善光寺表参道（2）歴史の町長野を紡ぐ会5周年》）（高原英男）「長野」 長野郷土史研究会 （251） 2007.2

糟尾大明神

翻刻 「糟尾大明神縁起」とその解説ほか（細矢藤策）「鹿沼史林」 鹿沼史談会 （48） 2008.12

加蘇山神社

うから・やから 加蘇山神社の由緒と御師（祀職）の系譜断片（湯沢貞）「季刊悠久.第2次」 鶴岡八幡宮悠久事務局 82 2000.7

賀蘇山神社

粟野町の賀蘇山神社の大杉を訪ねて（物井カ子）「下野史談」 下野史談会 89 1999.6

金沢

「河井のささら」と「金沢ささら舞」（佐藤保雄）「会報いしばし」 石橋郷土史研究会 2013年春季号 2013.04

金山神社

天明鋳物金山神社考（小島唯一）「史談」 安蘇史談会 （18） 2002.6

天明鋳物師 小嶋家文書／天明鋳物師 金山神社考（2）（小島唯一）「史談」 安蘇史談会 （19） 2003.6

河南

第26回足利文林賞 「河南地区の寺院とお堂」（山田秀穂）「足利文林」 足利文林会 （73） 2010.10

鹿沼

鹿沼秋祭りの変遷と町会（《特集 祭り》）（久野俊彦）「歴文だより ： 栃木県歴史文化研究会会報」 栃木県歴史文化研究会事務局 26 1998.1

郷土彫工 石塚直吉一族（田野井成男）「鹿沼史林」 鹿沼史談会 38 1998.12

神幸習俗よりみた鹿沼の祭りと囃子（1）〜（12）（中島正）「鹿沼史林」 鹿沼史談会 38/（43）1998.12/2003.12

地方文書に見る近世末の農村医療（柳田芳男）「鹿沼史林」 鹿沼史談会 39 1999.12

鹿沼麻の九十九里商い（平野哲也）「文書館だより」 栃木県立文書館 28 2000.7

鹿沼建具産業の歴史（白石邦男）「鹿沼史林」 鹿沼史談会 40 2000.12

納経の歴史からみた鹿沼（皆川義孝）「鹿沼史林」 鹿沼史談会 40 2000.12

四国八十八ヶ所霊場写野州拝礼所一円之図（国立恵俊）「鹿沼史林」 鹿沼史談会 40 2000.12

江戸時代後期における鹿沼麻の流通—在村麻商人による麻と魚肥との相互流通（平野哲也）「かぬま歴史と文化 ： 鹿沼市史研究紀要」 鹿沼市 6 2001.3

「土御門神道」と晃麓の神職たち（菊地卓）「鹿沼史林」 鹿沼史談会 （42）2002.12

明治期の麻苧商組合—鹿沼を中心として（石川明範）「下野民俗」 下野民俗研究会 43 2002.12

ふるさとの野辺に祈る—石仏めぐり十章（田村右品）「鹿沼史林」 鹿沼史談会 （45）2005.12

野ざらしの母子像（田村右品）「鹿沼史林」 鹿沼史談会 （46）2006.11

今宮神社の祭礼と鹿沼の人びと（水谷類）「かぬま歴史と文化 ： 鹿沼市史研究紀要」 鹿沼市 （10）2007.3

柿沼広身「葬祭誅言」・日光県「葬祭式法」—鹿沼地域の神葬祭史料（史料紹介）（久保康顕）「かぬま歴史と文化 ： 鹿沼市史研究紀要」 鹿沼市 （10）2007.3

娘の生体解剖の雷を助けた話—伝説と歴史のかかわり（細矢藤策）「鹿沼史林」 鹿沼史談会 （47）2007.12

鹿沼地名と東歌（関口重男）「とちぎの歴史と文化を語る会年報」 とちぎの歴史と文化を語る会 （9）2012.2

録事尊石仏・石像の分布（駒場一男）「鹿沼史林」 鹿沼史談会 （54）2014.12

鹿沼今宮権現

鹿沼今宮権現の頭役と郷村—日光山領と今宮権現の関係を中心に（佐々木茂）「歴史と文化」 栃木県歴史文化研究会，随想舎（発売）（16）2007.8

鹿沼今宮神社祭の屋台行事

鹿沼今宮神社の祭礼と屋台（補遺）—屋台彫刻について（中島正）「鹿沼史林」 鹿沼史談会 （50）2010.12

鹿沼市

滝（瀑布）と民俗信仰—鹿沼市の滝を中心にして（山中清次）「かぬま歴史と文化 ： 鹿沼市史研究紀要」 鹿沼市 2 1997.3

鹿沼市内における十九夜和讃（森田茂）「鹿沼史林」 鹿沼史談会 （45）2005.12

樺崎寺

足利樺崎寺赤御堂考（千田孝明）「歴史と文化」 栃木県歴史文化研究会，随想舎（発売）（20）2011.08

樺崎寺跡

国史跡「樺崎寺跡」と足利氏（日下部高明）「足利文林」 足利文林会 60 2004.5

史跡樺崎寺跡出土の護摩炉についての一考察（板橋稔）「栃木県考古学会誌」 栃木県考古学会 28 2007.3

上阿久津

調査活動 上阿久津の彫刻屋台と高尾神社祭礼（活動報告）（高木奈保子）「氏家の歴史と文化」 氏家歴史文化研究会 （13）2014.06

神倉神社

近津神社と神倉神社（渡辺久志郎）「道鏡を守る会 ： 道鏡禅師を知ろう」 道鏡を守る会 21 1999.11

上大領

石橋上大領のお篠塚とお笹塚の謎（船生史郎）「会報いしばし」 石橋郷土史研究会 2013年春季号 2013.04

賀茂別雷神社

〔史料紹介〕 見返に描かれた「御簾」—賀茂別雷神社所蔵『加茂祭古図巻物』（佐多芳彦）「栃木史学」 国学院大学栃木短期大学史学会 通号14 2000.3

唐沢

封土と石塔・石碑—「塚」をめぐる信仰の一様相（関口慶久）「唐澤考古」 唐沢考古会 23 2004.5

椎名姓鋳物師のゆくえ（2）（高橋久敬）「唐澤考古」 唐沢考古会 （33）2014.05

唐沢山

唐沢山添景（序説）佐野市の寺社のことなど—三日月さまをめぐって（廣木雅子）「史談」 安蘇史談会 （22）2006.6

唐澤山奇譚（京谷博次）「史談」 安蘇史談会 （22）2006.6

唐澤山周辺の中世供養塔（安蘇史談会主催 第23回「安蘇の歴史と風土」講演要旨）（京谷博次）「史談」 安蘇史談会 （24）2008.6

唐沢山神社

藤原秀郷と唐沢山神社の創建を振り返る（大高八三郎）「史談」 安蘇史談会 （19）2003.6

藤原秀郷公ゆかりの神社（大森千哥子）「史談」 安蘇史談会 （27）/（30）2011.09/2014.05

烏森神社

烏森神社と三島神社（平野孝雄）「那須野ケ原開拓史研究」 那須野ケ原開拓史研究会 （70）2011.06

烏山藩

烏山藩領志鳥村における浄土真宗移民についての基礎的研究（上野修一）「栃木県立文書館研究紀要」 栃木県立文書館 （7）2003.3

烏山城

収蔵文書紹介（29）烏山城主代々寺社領寄進状（阿久津友男）「文書館だより」 栃木県立文書館 30 2001.7

河井

「河井のささら」と「金沢ささら舞」(佐藤保雄)「会報いしばし」 石橋郷土史研究会 2013年春季号 2013.04

川戸

湯西川字川戸のカチグリ(伴場聡)「今市史談」 今市史談会 (15) 2006.4

川沼新田

都賀郡川沼新田のむかしの話し(松倉榮三)「史談」 安蘇史談会 (19) 2003.6

川俣

栗山村川俣の餅(海賀正枝)「歴史と文化」 栃木県歴史文化研究会, 随想舎(発売) 11 2002.8

閑馬村

幕末維新期の里修験と神職―下野国安蘇郡閑馬村の事例から(山中清次)「史談」 安蘇史談会 (29) 2013.06

祇園城跡

祇園城跡の金泥の板碑(《特集 碑》)(秋山隆雄)「歴文だより ： 栃木県歴史文化研究会会報」 栃木県歴史文化研究会事務局 34 2000.1

菊沢川

菊沢川の新源流判明「御目洗井戸」(栗島弘)「史談」 安蘇史談会 15 1999.6

北押原

鹿沼の胞衣神社についての予備的考察―北押原地区の事例から(猿渡土貴)「民俗学研究所紀要」 成城大学民俗学研究所 36 2012.03

吉沢

吉沢人形(津布久貞夫)「下野民俗」 下野民俗研究会 39 1999.3

喜連川

郷土史余話(1)喜連川・足利氏寄進の大仏(京谷博次)「史談」 安蘇史談会 15 1999.6

鬼怒川中流域

鬼怒川中流域の天祭(瀧田浩二)「下野民俗」 下野民俗研究会 43 2003.12

木幡神社

錦秋の京都 塩谷朝業・木幡神社ゆかりの地を往く(木村軍一)「ふるさと矢板」 矢板市教育委員会生涯学習課 (37) 2009.03

君田町

墓制のこと 佐野市君田町の両墓制(小島唯一)「史談」 安蘇史談会 (23) 2007.6

久我神社

資料からみた久我神社の祭祀(中島正)「鹿沼史林」 鹿沼史談会 (54) 2014.12

久下田

久下田・長沼地区の年中行事覚え書き(黒川徳男)「二宮町史研究」 二宮町 2 2004.3

物部・久下田地区の年中行事覚え書き(黒川徳男)「二宮町史研究」 二宮町 3 2005.3

倉掛湧水池

矢板の立足・古民家と倉掛湧水池(研究ノート)(海老原郁雄)「氏家の歴史と文化」 氏家歴史文化研究会 (9) 2010.3

栗山村

栗山村における産にまつわる習俗(柏村祐司)「下野民俗」 下野民俗研究会 40 2000.3

栃木県栗山村における男体山登拝習俗(柏村祐司)「山岳修験」 日本山岳修験学会, 岩田書院(発売) (28) 2001.10

栗山村の昔話の諸相(柏村祐司)「歴史と文化」 栃木県歴史文化研究会, 随想舎(発売) (14) 2005.8

黒塚

黒塚の衝撃と年輪年代法―毛野の年代に連動するか(大出雪夫)「歴史と文化」 栃木県歴史文化研究会, 随想舎(発売) 8 1999.8

軍馬碑

「軍馬碑」調査報告(小松原圭一)「史談」 安蘇史談会 (30) 2014.05

鶏頂山

鶏頂山と大真名子山の御嶽教(佐藤権司)「鹿沼史林」 鹿沼史談会 (46) 2006.11

華厳寺

表紙説明 華厳寺(平成24年1月撮影)「文化しもつけ」 下野市文化協会 (6) 2012.04

毛野

黒塚の衝撃と年輪年代法―毛野の年代に連動するか(大出雪夫)「歴史と文化」 栃木県歴史文化研究会, 随想舎(発売) 8 1999.8

見性寺

上三川町見性寺五輪塔群について(岩橋康子)「栃木県考古学会誌」 栃木県考古学会 23 2002.5

県南

県南地方の方言と特色(森下喜一)「とちぎの歴史と文化を語る会年報」 とちぎの歴史と文化を語る会 (4) 2006.9

庚申山荘

庚申山荘の怪(加藤恒彦)「奥武蔵」 奥武蔵研究会 309 1999.9

光尊寺

光尊寺関係書簡集(品川貞之)「那須野ケ原開拓史研究」 那須野ケ原開拓史研究会 53 2002.12

光太寺

光太寺の「笠塚」について(中島正)「鹿沼史林」 鹿沼史談会 (53) 2013.11

光丸山

光丸山天狗面の由来(礒和徳)「那須文化研究」 那須文化研究会 (21) 2007.12

光明寺

光明寺鐘と修験道(國立恵俊)「鹿沼史林」 鹿沼史談会 (49) 2009.12

光明寺廃寺

光明寺廃寺(大森千哥子)「史談」 安蘇史談会 (21) 2005.6

国府

栃木市国府地区A家の葬送儀礼調査報告(島田芳行)「下野民俗」 下野民俗研究会 38 1998.3

国分寺町

国分寺町内所在の大型五輪塔について(岩橋康子)「栃木県考古学会誌」 栃木県考古学会 24 2003.6

小百

小百の百万遍念仏考(福田匡男)「今市史談」 今市史談会 (17) 2008.4

古峯ヶ原

福島県における古峰原信仰(菊池健策)「かぬま歴史と文化 ： 鹿沼市史研究紀要」 鹿沼市 3 1998.3

市川佳代子氏「古峰ヶ原信仰について」を聞いて(《大会研究報告を聞いて》)(久野俊彦)「歴文だより ： 栃木県歴史文化研究会会報」 栃木県歴史文化研究会事務局 45 2002.10

鹿沼の「古峯ヶ原」にみる王祇神構造―山形県周辺の「古峯神社」に関する一管見(大江良松)「山形民俗」 山形県民俗研究協議会 (27) 2013.11

金蔵院

八溝山麓・金蔵院の大般若会について(工藤忠道)「下野史談」 下野史談会 94 2001.11

西光寺

収蔵資料案内 寄託資料 銅造善光寺式阿弥陀三尊像(西光寺所蔵)制作年代15世紀～16世紀「小山市立博物館博物館だより」 小山市立博物館 51 2010.08

酒盛稲荷

山川長林寺開基の岡見氏と菊川下の酒盛稲荷(篠崎澄子)「史談」 安蘇史談会 (22) 2006.6

酒盛稲荷神社

正一位酒盛稲荷神社(京谷博次)「史談」 安蘇史談会 15 1999.6

酒野谷稲荷神社

酒野谷稲荷神社の祭祀について(中島正)「鹿沼史林」 鹿沼史談会 (51) 2011.12

笹塚

表紙絵 石川和子先生画「お篠塚とお笹塚」「会報いしばし」 石橋郷土史研究会 2013年春季号 2013.04

石橋上大領のお篠塚とお笹塚の謎(船生史郎)「会報いしばし」 石橋郷土史研究会 2013年春季号 2013.04

里矢場町

足利市里矢場町所在の田蟲地蔵について―中世模擬横穴式石室の一事例（長谷川寛，市橋一郎，齋藤糸子，齋藤弘）「唐澤考古」唐沢考古会（28）2009.05

佐野

佐野地域の村芝居と農村舞台（永松啓輔）「下野民俗」下野民俗研究会 39 1999.3

佐野のおかいこさま―21世紀に伝えたい郷土の産業（板川武史）「下野民俗」下野民俗研究会 41 2001.9

佐野の庚申塔（抄）（京谷博次）「史談」安蘇史談会（21）2005.6

中世人の死生観―佐野新都市の発掘から（安蘇史談会主催 第23回「安蘇の歴史と風土」講演要旨）（齋藤弘）「史談」安蘇史談会（24）2008.6

佐野市

唐沢山添景（序説）佐野市の寺社のことなど―三日月さまをめぐって（廣本雅子）「史談」安蘇史談会（22）2006.6

板碑が語る佐野市の中世（京谷博次）「史談」安蘇史談会（25）2009.09

佐野城墟

佐野藩（佐倉藩の支藩）（1）佐野城墟・堀田稲荷（佐野市植下町）（田中征志）「佐倉の地名 ： 佐倉地名研究会会報」佐倉地名研究会（8）2014.10

佐野荘

路傍の社（鷺宮三騎神社）が語る藤原足利氏の終焉と佐野荘の源流（関野吉之助）「とちぎの歴史と文化を語る会年報」とちぎの歴史と文化を語る会（4）2006.9

佐野藩

佐野藩（佐倉藩の支藩）（1）佐野城墟・堀田稲荷（佐野市植下町）（田中征志）「佐倉の地名 ： 佐倉地名研究会会報」佐倉地名研究会（8）2014.10

山王寺

蛭沼山王寺受難の記（荒川昌次）「藤岡史談」藤岡町古文書研究会（6）2000.8

三宝院

供養山三寶院所蔵文書解説並目録（菊地卓）「松龍史談」大月手紙の会（9）2010.02

示現神社

関馬 示現神社 "神家記録" から（京谷博次）「史談」安蘇史談会 14 1998.6

地蔵堂

蛭沼地蔵堂盛衰の記（荒川昌次）「藤岡史談」藤岡町古文書研究会（7）2001.6

志鳥村

烏山藩領志鳥村における浄土真宗移民についての基礎的研究（上野修一）「栃木県立文書館研究紀要」栃木県立文書館（7）2003.3

篠塚

表紙絵 石川和子先生画「お篠塚とお笹塚」「会報いしばし」石橋郷土史研究会 2013年春季号 2013.04

石橋上大領のお篠塚とお笹塚の謎（船生卯郎）「会報いしばし」石橋郷土史研究会 2013年春季号 2013.04

持宝院

矢板市文化財指定 建造物「持宝院山門」（君嶋通夫）「ふるさと矢板」矢板市教育委員会生涯学習課（37）2009.03

島田家住宅

島田家の木像について（中島正）「鹿沼史林」鹿沼史談会（53）2013.11

下伊佐野村

江戸時代の村のくらし―下伊佐野村を中心にして（阿久津友男）「ふるさと矢板」矢板市教育委員会生涯学習課（34）2007.9

下石塚

下石塚の風土について（黒田哲哉）「史談」安蘇史談会（21）2005.6

下大久保

「神直し神廻文」（下大久保 檀渕義雄家文書）（史料紹介）（西垣晴次）「かぬま歴史と文化 ： 鹿沼市史研究紀要」鹿沼市（10）2007.3

下高間木

十三塚と十三仏信仰―真岡市下高間木所在十三塚の調査を通して（小森紀男）「歴史と文化」栃木県歴史文化研究会，随想舎（発売）6 1997.8

下野

イサベラ・バード女史の「禅」考（伊勢丈太郎）「下野史談」下野史談会 88 1998.12

那須町堂平仏堂跡―下野における平安時代村落内寺院の一形態（高橋史朗）「那須文化研究」那須文化研究会 12 1998.12

高校生が知っている不思議な話（久野俊彦）「下野民俗」下野民俗研究会 39 1999.3

山窩考［1］，（2）（船生史郎）「下野史談」下野史談会 89/90 1999.6/1999.12

下野の怪談・清夜の幽笛（霜清只男）「下野史談」下野史談会 89 1999.6

古峯神社と下野の史跡を訪ねて（石井尚之）「史談八千代 ： 八千代市郷土歴史研究会機関誌」八千代市郷土歴史研究会（24）1999.10

郷土芸能大会に思う（津布久良夫）「下野民俗」下野民俗研究会 40 2000.3

一農村に於けるお日待講について（工藤忠道）「下野史談」下野史談会 92 2000.11

下野の経塚資料とその特徴（皆川義孝）「栃木県立博物館研究紀要.人文」栃木県立博物館（18）2001.3

「入寺」慣行からみた村と寺院―下野・常陸・下総の事例から（佐藤孝之）「栃木史学」国学院大学栃木短期大学史学会（15）2001.3

下野謡曲物語（上）（伊勢丈太郎）「下野史談」下野史談会 93 2001.6

人面獣心の璧書（中三川時雄）「下野史談」下野史談会 93 2001.6

下野の普化宗寺院の展開（川田純之）「歴史と文化」栃木県歴史文化研究会，随想舎（発売）10 2001.8

下野の空海伝説を追う（船生史郎）「下野史談」下野史談会 94 2001.11

下野謡曲漫言（下）（伊勢丈太郎）「下野史談」下野史談会 94 2001.11

大谷磨崖仏造像の歴史的背景について―下野における観音信仰展開との関連で（橋本澄朗）「研究紀要」とちぎ未来づくり財団埋蔵文化財センター 10 2002.5

下野における民衆文化の世界（小貫隆久）「文書館だより」栃木県立文書館 32 2002.7

籠釣瓶（かごつるべ）の話（伊勢丈太郎）「下野史談」下野史談会 96 2002.12

昼行燈（木下ひろし）「下野史談」下野史談会 96 2002.12

民俗芸能の芸態記録について（津布久良夫）「下野民俗」下野民俗研究会 42 2002.12

畑作物の民俗に関する一考察（飯村良治）「下野民俗」下野民俗研究会 42 2002.12

下野の "肉付き面" 物語（伊勢丈太郎）「下野史談」下野史談会 97 2003.6

民話の里を訪ねて（物井力子）「下野史談」下野史談会 100 2004.12

盆に行われる三匹獅子舞について（津布久良夫）「下野民俗」下野民俗研究会 44 2004.12

庚申信仰（船生史郎）「下野史談」下野史談会 102 2005.12

廻国聖の道（2）上野・下野を歩く（足立順司）「静岡県埋蔵文化財調査研究所研究紀要」静岡県埋蔵文化財調査研究所（12）2006.3

下野における中世寺院の様相（大澤伸啓）「歴史だより ： 栃木県歴史文化研究会会報」栃木県歴史文化研究会事務局（64）2007.7

近世下野の地誌・軍記における伝説資料（久野俊彦）「歴史と文化」栃木県歴史文化研究会，随想舎（発売）（16）2007.8

大澤伸啓氏報告「下野における中世寺院の様相」を聞いて（〈第17回大会 研究報告〉）（荒川善夫）「歴史だより ： 栃木県歴史文化研究会会報」栃木県歴史文化研究会事務局（65）2007.10

鼻取り哀話 下野史談会春季見学旅行に参加して（片岡秀雄）「下野史談」下野史談会（105）2007.12

万葉集の東歌・防人歌と下野の方言について（森下喜一）「とちぎの歴史と文化を語る会年報」とちぎの歴史と文化を語る会（6）2008.12

過疎の町に残る「祠」と「お堂」を調査して（工藤忠道）「下野史談」下野史談会（106）2008.12

下野方言と未開文化（森下喜一）「とちぎの歴史と文化を語る会年報」とちぎの歴史と文化を語る会（8）2011.2

方言でわかる下野の人と文化（森下喜一）「とちぎの歴史と文化を語る会年報」とちぎの歴史と文化を語る会（9）2012.2

下野国府

下野国府から芳賀地方へ通ずる古代の伝説（吉村光右）「会報いしばし」石橋郷土史研究会 2013年春季号 2013.4

下野国分寺

国分寺建立の詔と下野国分寺の創建について―古代国家の宮都造営祭祀と山岳鎮祭の視点から（上野川勝）「唐澤考古」唐沢考古会 19 2000.5

下野国

〔史料紹介〕神宮文庫所蔵「下野国檀那事」（佐々木茂）「かぬま歴史と文化 ： 鹿沼市史研究紀要」鹿沼市 5 2000.3

近世女人文人風土記（11）―下野国の巻（栃木県）（古屋祥子）「江戸期お

ん考」桂文庫　(11)　2000.10

近世における勧進の変化と地域社会―下野国を中心にして(坂井康人)「明日を拓く」東日本部落解放研究所, 解放書店(発売) 32(4)通号64　2006.3

下野国における中世寺院の様相(大澤伸啓)「歴史と文化」栃木県歴史文化研究会, 随想舎(発売)　(17)　2008.8

里修験と「入寺」慣行―下野国の事例から(山中清次)「山岳修験」日本山岳修験学会, 岩田書院(発売)　(45)　2010.03

維新期における本山派里修験の動向―下野国の復飾神勤を中心にして(山中清次)「とちぎの歴史と文化を語る会年報」とちぎの歴史と文化を語る会　(9)　2012.02

高野山清浄心院「下野国供養帳」から広がる皆川氏の世界(小池淳元)「鹿沼史林」鹿沼史談会　(52)　2012.12

下野国一社八幡宮
山辺八幡宮(下野国一社八幡宮)所蔵文書の補修から(阿部幸造)「松籠史談」大月手紙の会　(7)　2006.12

下野国一社八幡宮から新たな発見された古文書群(菊地卓)「松籠史談」大月手紙の会　(9)　2010.02

下野国薬師寺
特別寄稿 下野国薬師寺創建の目的は何か(創立30周年記念レポート)(松尾光)「歴研よこはま」横浜歴史研究会　(記念誌)　2012.11

下野薬師寺
下野薬師寺と下野薬師寺八幡宮の関係について(田村豊幸)「下野史談」下野史談会　(103)　2006.6

講演抄録 下野薬師寺と平城京下野寺(森郁夫)「栃木県考古学会誌」栃木県考古学会　27　2006.6

下野薬師寺創建に憶ふ(永井啓二郎)「郷土史会報」南河内町教育委員会　(19)　2006.8

下野薬師寺(小林和貴)「いしぶみ」まちだ史考会　(24)　2007.12

下野薬師堂
下野薬師堂の古代史(佐藤信)「栃木県立文書館研究紀要」栃木県立文書館　(13)　2009.03

下の宮赤城神社
ザ・植野村(2)下の宮赤城神社について(栗島弘)「史談」安蘇史談会　14　1998.6

寂光寺
日光山寂光寺釘抜念仏とその伝播(中川光熹)「歴文だより : 栃木県歴史文化研究会会報」栃木県歴史文化研究会事務局　36　2000.7

日光山寂光寺釘抜念仏とその伝播について(中川光熹)「歴史と文化」栃木県歴史文化研究会, 随想舎(発売) 10　2001.8

常行堂
中世後期日光山常行堂の経済基盤(新井敦史)「文書館だより」栃木県立文書館　27　2000.2

浄法寺
那珂川町の文化財散歩 浄法寺の「大日堂」(福嶋正)「那須之風」那珂川町文化財愛護会　(2)　2009.03

常楽寺
本堂復元改修・半田住職は探題に(大橋功)「氏家の歴史と文化」氏家歴史文化研究会　3　2004.3

城鍬舞
城鍬舞の継承と現状(中山琼一)「民俗芸能研究」民俗芸能学会　(46)　2009.03

人而其神碑
「人而其神碑」の碑文の読み方(大沼美雄)「那須野ケ原開拓史研究」那須野ケ原開拓史研究会　55　2003.12

石尊山
足利市小俣町石尊山の推定修験道関連遺構(斎藤弘)「栃木県考古学会誌」栃木県考古学会　26　2005.6

足利市小俣町 石尊山の梵天祭りについて(宮田妙子)「栃木県立博物館研究紀要.人文」栃木県立博物館　(30)　2013.03

関根
関根焼日待講の由来について(工藤忠道)「下野史談」下野史談会　(103)　2006.6

関根薬師堂
関根薬師堂物語(工藤忠道)「会報いしばし」石橋郷土史研究会　2013年春季号　2013.04

関谷
「関谷城鍬舞」復活(君島守)「那須文化研究」那須文化研究会　(28)

2014.12

芹沢
調査報告 日光市芹沢の「ふれあい夏祭り」―大草鞋奉納と獅子舞について(宮田妙子)「栃木県立博物館研究紀要.人文」栃木県立博物館　(27)　2010.03

浅間
祭りめぐり(5)浅間の火祭り(塚崎庸子)「ATT」ATT流域研究所　(11)　1997.2

専修寺
専修寺所蔵木造真仏坐像、木造顕智坐像(《小特集 高田専修寺》)(川瀬由照)「二宮町史研究」二宮町　(4)　2007.3

「下野国高田専修寺」の中興(《小特集 高田専修寺》)(本橋端奈子)「二宮町史研究」二宮町　(4)　2007.3

近世高田専修寺と一身田本山(《小特集 高田専修寺》)(菅根幸裕)「二宮町史研究」二宮町　(4)　2007.3

専修寺における官有地払下問題―上知から下戻まで(《小特集 高田専修寺》)(田中淳)「二宮町史研究」二宮町　(4)　2007.3

全水寺
栃木県二宮町・全水寺の仏像と仏画(調査報告)(本田諭)「栃木県立博物館研究紀要.人文」栃木県立博物館　(25)　2008.3

宗光寺
調査報告 栃木県真岡市・宗光寺蔵 薬師如来坐像について(本田諭)「栃木県立博物館研究紀要.人文」栃木県立博物館　(26)　2009.03

大庵寺
史料紹介 大庵寺「念仏日記」(月井剛)「栃木県立文書館研究紀要」栃木県立文書館　(18)　2014.03

大雄寺
黒羽山大雄寺所蔵 文書資料の概要(調査報告)(舩木明夫)「栃木県立博物館研究紀要.人文」栃木県立博物館　(25)　2008.3

帝釈山間地
帝釈山間地における餅食について(柏村祐司)「歴史と文化」栃木県歴史文化研究会, 随想舎(発売)　(12)　2003.8

帝釈山間地における栃の実加工と食素材としての利用(柏村祐司)「下野民俗」下野民俗研究会　43　2003.12

大小山
鷹の巣山(大小山)と阿夫利神社(京谷博次)「史談」安蘇史談会　(30)　2014.05

大中寺
栃木・大中寺の旅(櫻沢一昭)「会報羽村郷土研究」羽村郷土研究会　(85)　2006.6

太平寺
歴史の窓 特別展『太平山麓の歴史遺産―太平寺と連祥院―』(小林青樹, 高垣美菜子)「栃木史学」国学院大学栃木短期大学史学会　(28)　2014.03

高尾
高尾の能書伝説と花扇(鈴木淳)「那須文化研究」那須文化研究会　(25)　2012.2

高尾神社
調査活動 上阿久津の彫刻屋台と高尾神社祭礼(活動報告)(高木奈保子)「氏家の歴史と文化」氏家歴史文化研究会　(13)　2014.06

高根沢
口承文芸の諸相―芳賀・高根沢地区を中心にして(木村康夫)「歴史と文化」栃木県歴史文化研究会, 随想舎(発売)　(12)　2003.8

高根沢のうどん水車(海老原郁雄)「氏家の歴史と文化」氏家歴史文化研究会　(2)　2009.3

鷹の巣山
鷹の巣山(大小山)と阿夫利神社(京谷博次)「史談」安蘇史談会　(30)　2014.05

高原山
高原山麓に踊った漢(船生史郎)「下野史談」下野史談会　93　2001.6

高湯山
那須岳白湯山・高湯山信仰の分析について(廣本祥己)「歴史地理学」歴史地理学会, 古今書院(発売) 46(1)通号217　2004.1

高湯山信仰(廣本祥己)「那須文化研究」那須文化研究会　(19)　2005.12

滝尾
朝日の射す丘―日光滝尾の祭神を考える/二つの二荒山神社(吉野薫)

関東　　　　　　　　　　　　　　郷土に伝わる民俗と信仰　　　　　　　　　　　　　　栃木県

「今市史談」　今市史談会　（17）2008 4

滝尾神社

今市の総鎮守滝尾神社（吉田勇吉）「今市史談」　今市史談会　14　2005.4

瀧尾神社氏子区内の八坂天王祭（手塚雅身）「今市史談」　今市史談会　（15）2006.4

沢蔵司稲荷

今市の沢蔵司稲荷はそば稲荷「いまいち一円会誌」　報徳道研修いまいち一円会　（8）2004.9

立足

矢板の立足・古民家と倉掛湧水池（研究ノート）（海老原郁雄）「氏家の歴史と文化」　氏家歴史文化研究会　（9）2010.3

立石

矢板市指定文化財　平野・箒根神社本殿（彫刻一面）、立石・箒根神社本殿（彫刻一面）（君嶋通夫）「ふるさと矢板」　矢板市教育委員会生涯学習課　（32）2006.9

館林藩分領

戒名のない墓碑　館林藩分領漆山陣屋考（山田秀穂）「足利文林」　足利文林会　59　2003.10

煙草大神創祭記念碑

「煙草大神創祭記念碑」について（後藤悟）「那須野ケ原開拓史研究」　那須野ケ原開拓史研究会　（73）2013.12

近津神社

近津神社と神倉神社（渡辺久志郎）「道鏡を守る会 ： 道鏡禅師を知ろう」　道鏡を守る会　21　1999.11

長林寺

長林寺所蔵「長尾政長像」について—中世武家服制再考の素材として（佐多芳彦）「栃木史学」　国学院大学栃木短期大学史学会　（19）2005.3

山川長林寺開基の岡見氏と菊川下の酒盛稲荷（篠崎澄子）「史談」　安蘇史談会　（22）2006.6

椿田稲荷大明神

〔史料紹介〕正一位椿田稲荷大明神（福地茂穂）「史談」　安蘇史談会　17　2001.6

天明

天明鋳物師小島家文書（3）献上燈籠について（小島唯一）「史談」　安蘇史談会　14　1998.6

天明鋳物師金山神社考（小島唯一）「史談」　安蘇史談会　（18）2002.6

天明鋳物師 小嶋家文書／天明鋳物師 金山神社考（2）（小島唯一）「史談」　安蘇史談会　（19）2003.6

天明鋳物師小嶋氏と枝姓について（小島唯一）「史談」　安蘇史談会　（24）2008.6

同慶寺

同慶寺蔵 本尊釈迦如来坐像と大同妙吉兰像について—芳賀一族に関わりのある仏像（北口英雄）「歴史と文化」　栃木県歴史文化研究会，随想舎（発売）（16）2007.8

東光寺

足利東光寺蔵 礒邊凡龍斎信秀作大黒天立像について（北口英雄）「鹿沼史林」　鹿沼史談会　（47）2007.12

東照宮

東照宮縁起に描かれた祭礼行列（高藤晴俊）「下野民俗」　下野民俗研究会　42　2012.9

《特集 東照宮の信仰》「季刊悠久.第2次」　鶴岡八幡宮悠久事務局　97　2004.4

東照宮祭祀の原型（落合偉洲）「季刊悠久 第2次」　鶴岡八幡宮悠久事務局　97　2004.4

東照宮の彫刻・絵画に込められた思想（高藤晴俊）「季刊悠久.第2次」　鶴岡八幡宮悠久事務局　97　2004.4

東照宮と狛犬《特集 狛犬》（落合偉洲）「季刊悠久.第2次」　鶴岡八幡宮悠久事務局　（116）2009.05

東照宮イデオロギーと異国—寛永期を中心に（張慧珍）「日本史攷究」　日本史攷究会　（34）2010.11

堂平仏堂跡

那須町堂平仏堂跡—下野における平安時代村落内寺院の一形態（高橋史朗）「那須文化研究」　那須文化研究会　12　1998.12

東隆寺

東隆寺と厚東氏（堀江和義）「足利文林」　足利文林会　61　2004.10

常盤が丘

常盤が丘墳墓誌（西山蔣子）「那須野ケ原開拓史研究」　那須野ケ原開拓史

研究会　46　1999.6

徳蔵寺

威容を誇る千庚申塔 栃木県足利市猿田町9—3 徳蔵寺（あ・ら・か・る・と—私の石仏案内）（中森勝之）「日本の石仏」　日本石仏協会，青蛾書房（発売）（150）2014.06

栃木

栃木まつりの山車（石川博司）「まつり通信」　まつり同好会　37（11）通号441　1997.11

講演 栃木から見た会津の民俗（柏村祐司）「会津の民俗」　歴史春秋社　30　2000.3

栃木の仏像—鎌倉の三作例より《《特集 栃木の文化財（美術）》》（鈴木かおる）「歴文だより ： 栃木県歴史文化研究会会報」　栃木県歴史文化研究会事務局　43　2002.4

陶製仏殿についての若干の考察—編年・系譜、概念定義の検討（池田敏宏）「研究紀要」　とちぎ未来づくり財団埋蔵文化財センター　10　2002.5

甲比丹の妖術・栃木幻視行（伊勢丈太郎）「下野談」　下野談会　95　2002.6

伝説・民話・昔話における栃木の天狗像（高橋成）「歴史と文化」　栃木県歴史文化研究会，随想舎（発売）（14）2005.8

演題 栃木方言のルーツをさぐる「とちぎの歴史と文化を語る会年報」　とちぎの歴史と文化を語る会　（3）2005.9

猪垣考（関野吉之助）「とちぎの歴史と文化を語る会年報」　とちぎの歴史と文化を語る会　（5）2007.11

郷土誌と伝説集の形成—口頭伝承と文字文化の円環《《栃木・知の周辺を探る》》（久野俊彦）「歴文だより ： 栃木県歴史文化研究会会報」　栃木県歴史文化研究会事務局　（72）2009.7

久野俊彦氏報告「郷土誌と伝説集の形成」を聞いて《《栃木・知の周辺を探る—大会報告》》（大谷津忠一）「歴文だより ： 栃木県歴史文化研究会会報」　栃木県歴史文化研究会事務局　（73）2009.10

埴輪の巫女はなぜ小さい—衣装復元覚え書き（篠原浩恵）「研究紀要」　とちぎ未来づくり財団埋蔵文化財センター　（18）2010.03

石製祭具製作に於ける螺旋式錐先垂下孔穿孔具の存在について（車塚哲久、篠原祐一）「研究紀要」　とちぎ未来づくり財団埋蔵文化財センター　（18）2010.03

とちぎの民話（野村敬子）「とちぎの歴史と文化を語る会年報」　とちぎの歴史と文化を語る会　（8）2011.02

シモツカレについて（関口重男）「とちぎの歴史と文化を語る会年報」　とちぎの歴史と文化を語る会　（8）2011.02

栃木県

甦っていた縄文祭祀《《特集 祭り》》（斎藤弘）「歴文だより ： 栃木県歴史文化研究会会報」　栃木県歴史文化研究会事務局　26　1998.1

栃木県の民俗芸能の保存と伝承を（尾島利雄）「下野民俗」　下野民俗研究会　38　1998.3

栃木県市町村別民話総覧（1）（上野直哲）「下野民俗」　下野民俗研究会　38　1998.3

干瓢料理について付・夕顔の料理（柏村祐司）「栃木県立博物館研究紀要」　栃木県立博物館　通号15　1998.3

屋台・山車祭り雑感（柏村祐司）「歴史と文化」　栃木県歴史文化研究会，随想舎（発売）7　1998.8

野兎狩り 栃木県内の事例（柏村祐司）「下野民俗」　下野民俗研究会　39　1999.3

民俗芸能の変遷—事例に見る推移過程の考察（中山珖一）「栃木県立博物館研究紀要.人文」　栃木県立博物館　（18）2001.3

栃木県の富士塚（船水康宏，藤井宏康）「富士信仰研究」　富士信仰研究会　（2）2001.5

報告 「民話カラオケ」による民話普及 2001年 栃木・茨城県（如月六日）「伝え」 ： 日本口承文芸学会会報」　日本口承文芸学会　29　2001.9

栃木県の神社と朝鮮と鉄の関係（田村豊幸）「下野史談」　下野史談会　95　2002.6

70年前の栃木県、名所旧蹟は？（斎藤均）「文書館だより」　栃木県立文書館　32　2002.7

市神を祀る人々《《特集 移動する人々》》（久野俊彦）「歴文だより ： 栃木県歴史文化研究会会報」　栃木県歴史文化研究会事務局　46　2003.1

栃木県の里山伏（山中清次）「とちぎの歴史と文化を語る会年報」　とちぎの歴史と文化を語る会　（1）2003.3

栃木県の新方言（佐藤高司）「とちぎの歴史と文化を語る会年報」　とちぎの歴史と文化を語る会　（1）2003.3

五七調民謡の宝庫・栃木県（小林豊）「歴史と文化」　栃木県歴史文化研究会，随想舎（発売）（12）2003.8

シモツカレ考（関口重男）「高校地理歴史・公民科紀要」　栃木県高等学校教育研究会地理歴史・公民部会　42　2004.3

「古碑考」に掲載された板碑の行方をたずねて（荒川善夫）「栃木県立博物館研究紀要.人文」　栃木県立博物館　（22）2005.3

郷土に伝わる民俗と信仰　　　　　　　　　　　　　　　　　　　　関東

由緒と伝承—創られた伝統と歴史認識（《特集 由緒と伝承》）（久野俊彦）「歴文だより : 栃木県歴史文化研究会会報」 栃木県歴史文化研究会事務局 （56） 2005.7

能と栃木県（渡辺文雄）「下野史談」 下野史談会 102 2005.12

栃木県神社内輪話（田村豊幸）「下野史談」 下野史談会 102 2005.12

古文書・古典籍を読む（2）白狐と稲荷信仰—江戸時代の村方文書にみる稲荷信仰の盛り上がり（平野哲也）「歴文だより : 栃木県歴史文化研究会会報」 栃木県歴史文化研究会事務局 （59） 2006.4

戦国期の郷村と祭礼（《特集 戦国の村、近世の村》）（佐々木茂）「歴文だより : 栃木県歴史文化研究会会報」 栃木県歴史文化研究会事務局 （60） 2006.7

面門微笑の大勝金剛について（瀧澤龍雄）「歴史と文化」 栃木県歴史文化研究会, 随想舎（発売）（15） 2006.8

佐々木茂氏報告「戦国期の郷村と祭礼」を聞いて（研究大会報告）（新井敦史）「歴文だより : 栃木県歴史文化研究会会報」 栃木県歴史文化研究会事務局 （61） 2006.10

茨城県と栃木県の女人信仰「雨引観音」（近江礼子）「日本の石仏」 日本石仏協会, 青娥書房（発売）（121） 2007.3

茨城県と栃木県におけるワラデッポウ（《民俗学特集号》）（三輪京子）「信濃［第3次］」 信濃史学会 60（1）通号696 2008.1

栃木県指定文化財 銅像大日如来坐像（君嶋通夫）「ふるさと矢板」 矢板市教育委員会生涯学習課 （9） 2008.9

明治末期町村郷土誌における伝説の創出（《特集 郷土と教育》）（久野俊彦）「歴文だより : 栃木県歴史文化研究会会報」 栃木県歴史文化研究会事務局 （70） 2009.01

栃木県の砥石と砥石商経営—芳賀郡三谷村の砥石問屋鷺谷家を事例として（中谷正克）「歴史と文化」 栃木県歴史文化研究会, 随想舎（発売）（18） 2009.8

近世前期における地方神社の成立と神職の動向（磯島康）「歴史と文化」 栃木県歴史文化研究会, 随想舎（発売）（18） 2009.08

栃木県の民間療法（日野原正）「下野史談」 下野史談会 （107） 2009.12

歴史随想 もう一つの花祭りのこと（中山珠一）「歴史と文化」 栃木県歴史文化研究会, 随想舎（発売）（19） 2010.08

殺される女神（渡辺誠）「栃木県立博物館研究紀要.人文」 栃木県立博物館 （29） 2012.03

災害にまつわる民俗事象と知識（特集 災害と社会）（宮田妙子）「歴文だより : 栃木県歴史文化研究会会報」 栃木県歴史文化研究会事務局 （84） 2012.07

巻頭言 五重塔の不思議（千田孝明）「歴史と文化」 栃木県歴史文化研究会, 随想舎（発売）（21） 2012.08

栃木県西南部での富士・浅間信仰（船水康宏）「富士山文化研究」 富士山文化研究会 （11） 2013.07

無形の民俗事象に見る災害の記録とその対応（研究論文 本会第22回大会関連論文）（宮田妙子）「歴史と文化」 栃木県歴史文化研究会, 随想舎（発売）（22） 2013.08

赤子養育仕法と領主・村・女性（特集 歴史のなかの女性）（泉正人）「歴文だより : 栃木県歴史文化研究会会報」 栃木県歴史文化研究会事務局 （88） 2013.08

狐がもたらす禍福（特集 歴史のなかの動物）（平野哲也）「歴文だより : 栃木県歴史文化研究会会報」 栃木県歴史文化研究会事務局 （90） 2014.01

神と人とを結ぶ動物（特集 歴史のなかの動物）（佐々木茂）「歴文だより : 栃木県歴史文化研究会会報」 栃木県歴史文化研究会事務局 （90） 2014.01

連載コラム 生きた町の歴史を知ろう（5）えびす講が盛んな内陸の長野・群馬・栃木県（小林竜太郎）「長野」 長野郷土史研究会 （297） 2014.10

栃木市

栃木市新獅子舞考—風流系獅子舞の一試論（中山珠一）「栃木県立博物館研究紀要」 栃木県立博物館 通号15 1998.3

小江戸栃木市と平林寺（歴史散歩）（成田美季）「いしぶみ」 まちだ史考会 （35） 2013.07

栃本

栃本の薬王寺移転について（大森千哥子）「史談」 安蘇史談会 （22） 2006.6

長尾弁天社

足利市通六丁目長尾弁天社務所蔵文書目録（付・解説）（本町の史料を読む会）「松龍史談」 大月手紙の会 （8） 2007.12

那珂川

篠崎茂雄、宮田妙子編著『那珂川の漁撈用具』（書誌紹介）（佐藤智敬）「神・人・自然」 「神・人・自然」研究会 （2） 2012.10

那珂川町

郷土の民話 長者五郎兵屋敷（泉すま子）「那須之風」 那珂川町文化財愛護会 （1） 2008.9

那珂川町における葉煙草（在来種・だるま葉）の生産について（篠崎茂雄）「栃木県立博物館研究紀要.人文」 栃木県立博物館 （30） 2013.3

中川村

下野の茂木郷「旧中川村」に伝わるお堂と祠について その祀りと一・二にーの形態の考察（工藤忠道）「下野史談」 下野史談会 （107） 2009.12

野州下野の茂木郷「旧中川村」に伝わるお堂と祠について（続）（工藤忠道）「下野史談」 下野史談会 （108） 2010.12

那珂川流域

栃木県那珂川流域の民俗—生業要素を緒として（野本寛一）「民俗文化」 近畿大学民俗学研究所 （14） 2002.3

《特集 下野国那珂川流域の古刹・史跡を訪ねる旅》「歴研よこはま」 横浜歴史研究会 （51） 2002.3

那珂川流域の川漁師たち—技術と知識の保秘と伝達（手塚佳介）「下野民俗」 下野民俗研究会 44 2004.12

中坪

〔資料紹介〕 下沢中坪星野茂夫家々蔵六十六部関係資料について（関口健）「かぬま歴史と文化 : 鹿沼市史研究紀要」 鹿沼市 4 1999.3

長沼

久下田・長沼地区の年中行事覚え書き（黒川徳男）「二宮町史研究」 二宮町 2 2004.3

長沼八幡宮

近世村落における中小神社と別当職の実態について—長沼八幡宮と別当道樹坊との出入をめぐって（浪江健雄）「二宮町史研究」 二宮町 1 2003.3

中平出

栃木県の虫送り行事について—宇都宮市平出町中平出地区の虫送り行事の事例を通して（篠崎茂雄）「栃木県立博物館研究紀要.人文」 栃木県立博物館 （22） 2005.3

中村城小太郎神社

伊達家始祖一世朝宗公築城 栃木県真岡市の中村城小太郎神社を参拝「藩報きずな」 仙台藩志会 （41） 2009.04

那須

大師まいり・地域の人々との交流（草野知明）「那須文化研究」 那須文化研究会 （15） 2001.12

「観光」と民話—栃木県那須・日光（如月六日）「伝え : 日本口承芸学会会報」 日本口承文芸学会 30 2002.4

「止戈枢要—機織彙編巻」にみる桑苗仕立てと育蚕法の考察（木村由利子）「那須文化研究」 那須文化研究会 （16） 2002.12

地方文書は語る—「縁談取組証文」について（高根沢広之）「那須文化研究」 那須文化研究会 （16） 2002.12

「稲所翁墓表」の読み方（大沼美雄）「那須文化研究」 那須文化研究会 （17） 2003.12

那須地方の気象の今昔について（戸畑弘）「那須野ケ原開拓史研究」 那須野ケ原開拓史研究会 （57） 2004.12

地方文書は語る（4）—入寺慣行と詫び証文（高根沢広之）「那須文化研究」 那須文化研究会 （19） 2005.12

那須地区に馬頭観音を訪ねて（加地勝）「野仏 : 多摩石仏の会機関誌」 多摩石仏の会 38 2007.7

地方文書は語る（7）宗門送り手形にみる情報について（高根沢広之）「那須文化研究」 那須文化研究会 （22） 2008.12

狐でなく人間に騙された話—那須「殺生石」での出来事（佐宗欣二）「扣之帳」 扣之帳刊行会 （26） 2009.12

地方文書は語る（9）—宗旨送り手形について（高根沢広之）「那須文化研究」 那須文化研究会 （24） 2011.02

那須の篠工芸—栃木県指定伝統工芸品の現状（那須町プロジェクト調査報告書）（鈴木俊策）「那須文化研究」 那須文化研究会 （26） 2012.12

那須岳

下野国那須岳白湯山信仰に関する近世の争論について（廣本祥子）「地方史研究」 地方史研究協議会 53（3）通号303 2003.6

那須岳における近代の参詣習俗について（廣本祥己）「山岳修験」 日本山岳修験学会, 岩田書院（発売）（35） 2005.3

那須野

那須野における馬にまつわるよもやま話（斎藤清伸）「那須野ケ原開拓史研究」 那須野ケ原開拓史研究会 （62） 2007.6

三浦大介義明の那須野の狐退治—殺生石伝説の裏面に潜むもの（簗田直幸）「会津会々報」 会津会 （116） 2010.06

関東　　　　　　　　　　郷土に伝わる民俗と信仰　　　　　　　　　　栃木県

那須野が原

那須野ヶ原開拓史の一側面(13),(14)那須野ヶ原開拓と烏森神社(2),(3)(斎藤清伸)「那須野ケ原開拓史研究」那須野ケ原開拓史研究会　48/49　2000.6/2000.12

那須野ヶ原開拓史の一側面(18)那須野ヶ原開拓地における浄土真宗寺院の成立と展開(1)—「明如山光尊寺」の建立と発展をめぐって(斎藤清伸)「那須野ケ原開拓史研究」那須野ケ原開拓史研究会　53　2002.12

津久井家の年中行事(木沢宏美)「那須が原博物館紀要」那須塩原市那須が原博物館　(8)　2012.03

那須野ケ原

六地蔵について(高藤大)「那須野ケ原開拓史研究」那須野ケ原開拓史研究会　56　2004.6

「トコトンヤレ節」考(品川貞之)「那須野ケ原開拓史研究」那須野ケ原開拓史研究会　(58)　2005.6

開拓に生きた女性の生活と文化—民間の言仰を中心に(木村康夫)「那須野ケ原開拓史研究」那須野ケ原開拓史研究会　(72)　2012.12

那須町

わが家に残る古文書絵巻を読む殺生石と原翁能照和尚行状記(橋谷田昌司、角田十三男)「西会津史談」西会津史談会　(8)　2005.4

男体山

栃木県栗山村における男体山登拝習俗(柏村祐司)「山岳修験」日本山岳修験学会、岩田書院(発売)　(28)　2001.10

男体山信仰と祭礼(森島光一)「宇大地理」宇都宮大学教育学部地理学教室　7　2004.3

白山禅定と男体山禅定—白山山頂遺跡の特質をめぐって(時枝務)「山岳修験」日本山岳修験学会、岩田書院(発売)　(43)　2009.03

西那須野

新刊紹介　永岡兼好「東関根忘れられた生活—西那須野旧村落の習俗」(木村康夫)「那須野ケ原開拓史研究」那須野ケ原開拓史研究会　50　2001.6

西那須野地区の養蚕信仰とその背景(木村康夫)「那須が原博物館紀要」那須塩原市那須野が原博物館　(2)　2006.3

西那須野地区の養蚕をめぐって(木村康夫)「那須野ケ原開拓史研究」那須野ケ原開拓史研究会　(73)　2013.12

日光

古文書が語る上州史(45)　日光例幣使の通行(田畑勉)「群馬風土記」群馬出版センター　51　1997.10

日光・家体の登場と「町内」(《特集 祭り》)(山沢学)「歴文だより：栃木県歴史文化研究会会報」栃木県歴史文化研究会事務局　26　1998.1

「聖地」日光と「名所」日光(小貫隆久)「文書館だより」栃木県立文書館　26　1999.7

日光と周辺の愛宕神像(奥村隆志)「歴史と文化」栃木県歴史文化研究会、随想舎(発売)　8　1999.8

第14回企画展「日光—聖地と名所」を振り返って「文書館だより」栃木県立文書館　27　2000.2

近世「日光文化」の諸相—伽山・鳳鳴閣そして致道(竹末広美)「歴文だより：栃木県歴史文化研究会会報」栃木県歴史文化研究会事務局　36　2000.7

明治23年、村長の善光寺参り　永田与三吉「東京・日光・善光寺・伊勢巡遊記行」(小林計一郎)「長野」長野郷土史研究会　214　2000.11

《日光特集》「山岳修験」日本山岳修験学会、岩田書院(発売)　(28)　2001.10

日光修験冬峰における御松焼・扇之的の執行形態(山澤学)「山岳修験」日本山岳修験学会、岩田書院(発売)　(28)　2001.10

地域史の史料　日光御社参御用向諸式控帳より　享保年間「房総：郷土の古文書研究」川城文庫・藩政史研究会　91　2001.10

「観木」と民話—栃木県那須・日光(如月六日)「伝え：日本口承文芸学会会報」日本口承文芸学会　30　20う2.4

「二荒山神社」—日光と宇都宮の本家争い(田村豊幸)「下野史談」下野史談会　96　2002.12

日光領農民と馬査仕法(佐藤権司)「鹿沼史林」鹿沼史談会　(42)　2002.12

日光御社参と郷土(八田英夫)「西上総文化会報」西上総文化会　(63)　2003.3

第525回研究発表会II「日光御社参と郷土」(八田英夫)「西上総文化会報」西上総文化会　(63)　2003.3

「二猿」の庚申塔—日光を中心に(前原美彦)「下野民俗」下野民俗研究会　43　2003.12

琉球使節の日光参詣(佐藤権司)「鹿沼史林」鹿沼史談会　(43)　2003.12

神楽演目「日光権現」(小野勝賢)「胆沢史談」胆沢史談会　(69)　2003.12

日光県

栃木県日光周辺の中世石像物—日光市・今市市・足尾町・栗山町・鹿沼市(瀧澤龍雄)「日本の石仏」日本石仏協会、青娥書房(発売)　(109)　2004.3

幕末の日光修験(山澤学)「歴文だより：栃木県歴史文化研究会会報」栃木県歴史文化研究会事務局　52　2004.7

日光領農民と漆仕法(佐藤権司)「鹿沼史林」鹿沼史談会　(44)　2004.12

日光領農民と二宮仕法(佐藤権司)「鹿沼史林」鹿沼史談会　(45)　2005.12

史料紹介「日光 御成 覚書」(福山城博物館所蔵)(舩木明夫)「栃木県立博物館研究紀要.人文」栃木県立博物館　(24)　2007.3

「世界遺産・日光の社寺」の文化遺産保存政策の歴史的経緯(関根理恵)「歴史と文化」栃木県歴史文化研究会、随想舎(発売)　(16)　2007.8

日光領農民と川除御普請(佐藤権司)「鹿沼史林」鹿沼史談会　(47)　2007.12

善光寺参りと日光見物の旅—「道中入用帳」から(はむら民俗の会)「羽村市郷土博物館紀要」羽村市郷土博物館　(22)　2007.12

「日光領農民と川除御普請」補遺　文化9年瀬尾村の大谷川洪水村請御普請(佐藤権司)「鹿沼史林」鹿沼史談会　(24)　2008.12

武州多摩郡鈴木新田斎藤庄右衛門『日光道中日記』から読む江戸後期における関東庶民の日光参詣について(桑野正樹)「今市史談」今市史談会　(18)　2009.04

池田正夫『全踏査 日光修験三峯五禅定の道』(書評と紹介)(山澤学)「山岳修験」日本山岳修験学会、岩田書院(発売)　(45)　2010.03

日光御幣使(1)(佐藤義一)「宇須比」松井田町文化会　(66)　2012.5

菅原信海・田邉三郎助編『日光—その歴史と宗教—』(書評と紹介)(伊藤聡)「山岳修験」日本山岳修験学会、岩田書院(発売)　(51)　2013.03

自治体史編纂と世界遺産「日光の社寺」をめぐる諸問題(企画例会「関東近世史研究と自治体史編纂—第四回 栃木県—」)(山澤学)「関東近世史研究」関東近世史研究会　(75)　2014.05

秋田藩主佐竹氏の諸社参拝—日光、江戸邸内社、他(神宮滋)「北方風土：北国の歴史民俗考古研究誌」イズミヤ出版　(68)　2014.06

日光県

柿沼広身「葬祭誅言」・日光県「葬祭式法」—鹿沼地域の神葬祭史料(史料紹介)(久保康顕)「かぬま歴史と文化：鹿沼市史研究紀要」鹿沼市　(10)　2007.3

日光御神領

日光御神領拡大の変遷(田邉博彬)「今市史談」今市史談会　(19)　2010.4

現日光市内日光御神領以外の村々領主の変遷(田邉博彬)「今市史談」今市史談会　(19)　2010.4

日光山

室町期日光山の所領支配機構(新井敦史)「かぬま歴史と文化：鹿沼市史研究紀要」鹿沼市　2　1997.3

「日光山社堂明細書」について(山沢学)「社寺史料研究」社寺史料研究会、岩田書院(発売)　3　2000.5

室町期日光山の組織と意思決定—慶守の事例を中心として(皆川義孝)「かぬま歴史と文化：鹿沼市史研究紀要」鹿沼市　6　2001.3

応永期日光山領府祈郷関係文書の再検討(新井敦史)「かぬま歴史と文化：鹿沼市史研究紀要」鹿沼市　6　2001.3

日光山史と輪王寺文書(柴辻俊六)「練馬古文書研究会会報」練馬古文書研究会　27　2001.3

日光山と修験道(菅原信海)「山岳修験」日本山岳修験学会、岩田書院(発売)　(28)　2001.10

日光山における星辰信仰についての覚書(高藤晴俊)「山岳修験」日本山岳修験学会、岩田書院(発売)　(28)　2001.10

日光山大千度修行の一考察(中川光熹)「山岳修験」日本山岳修験学会、岩田書院(発売)　(28)　2001.10

布教者の活動から見た中世日光山(皆川義孝)「山岳修験」日本山岳修験学会、岩田書院(発売)　(28)　2002.3

中世日光山の布教者たち(皆川義孝)「文書館だより」栃木県立文書館　31　2002.3

江戸時代日光山一坊の組織と活動—廃寺・散逸文書の行方(山澤学)「社寺史料研究」社寺史料研究会、岩田書院(発売)　5　2003.3

資料翻刻・解説　日光山例幣祇使　奉天満宮御社参書(斎藤徳雄)「松龍史談」大月手紙の会　5　2004.12

史料紹介『日光山別当次第』(慶長14年写)—「当山秘所丼代々別当次第」の翻刻紹介(千田孝明)「栃木県立博物館研究紀要.人文」栃木県立博物館　(23)　2006.3

日光山と円空(中川光熹)「山岳修験」日本山岳修験学会、岩田書院(発売)　(39)　2007.3

落穂拾いの今市市史(4)～(8)　今市の製氷/雲井龍雄の遺体と辞世/初めて日光山へきた外国人/聖徳太子信仰/戊辰戦後日誌(佐藤権司)「今市史談」今市史談会　(16)　2007.4

栃木県　　　　　　　　　　　　　　郷土に伝わる民俗と信仰　　　　　　　　　　　　　　関東

日光山縁起の世界 (吉野薫)「今市史談」 今市史談会　(19) 2010.04

比叡山と日光山の山岳修行―大行満願海を介して (特集 山岳信仰の原像と展開) (柴田立史)「山岳修験」 日本山岳修験学会，岩田書院 (発売) (46) 2010.10

日光山周辺の勝軍地蔵石仏現状報告 (特集 石仏の受難) (山下立)「日本の石仏」 日本石仏協会，青蛾書房 (発売) (140) 2011.12

神像と叱枳尼天騎狐像―日光山の神々との習合 (北口英雄)「栃木県立博物館研究紀要.人文」 栃木県立博物館　(29) 2012.03

中丸子羽黒権現と日光山―江戸南・多摩川渡し口の前立神 (岡倉捷郎)「あしなか」 山村民俗の会　299　2013.10

研究論文 室町期日光山別当考 (小池勝也)「歴史と文化」 栃木県歴史文化研究会，随想舎 (発売) (23) 2014.08

日光山東照宮

日光山御宮之圖 坤 (本殿内陣後外通北部分) (市川理)「文書館だより」 栃木県立文書館　33　2003.3

日光山領

鹿沼今宮権現の頭役と郷村―日光山領と今宮権現の関係を中心に (佐々木茂)「歴史と文化」 栃木県歴史文化研究会，随想舎 (発売) (16) 2007.8

日光社

宇都宮城と日光社参 (《特集 宇都宮城》) (川田純之)「歴文だより ： 栃木県歴史文化研究会会報」 栃木県歴史文化研究会事務局　27　1998.4

将軍の日光社参と石橋御成御殿 (上野敏夫)「下野史談」 下野史談会　91　2000.6

社参行列を迎える村々―天保の日光社参と民衆 (早田旅人)「文書館だより」 栃木県立文書館　32　2002.7

相州三浦郡の継立人馬役・水主役と日光社参人馬役 (馬場弘臣)「市史研究横須賀」 横須賀市総務部　(7) 2008.3

徳川将軍家日光社参と岩槻藩 (松崎武雄)「岩槻史林」 岩槻地方史研究会　(37) 2010.06

資料紹介 文政六年将軍日光社参延期 (佐藤繁)「埼玉史談」 埼玉県郷土文化会　59(3)通号311　2012.10

日光神社

日光神社の社名について (井口博夫)「季刊南九州文化」 南九州文化研究会　78　1999.1

日光神領

日光神領の男女共同参画社会 (佐藤権司)「今市史談」 今市史談会　12　2003.4

日光神領復興仕法役所今市報徳振興会館参観資料「いまいち一円会誌」 報徳道研修いまいち一円会　(8) 2004.9

日光杉並木街道

浄土宗 星顕山如来寺/日光杉並木街道の散歩 (吉田勇吉)「今市史談」 今市史談会　(17) 2008.4

日光東照宮

郷土探訪 家康公二百回御神忌への密蔵院住職・日光東照宮参向 (桜井芳昭)「郷土誌かすがい」 春日井市教育委員会　52　1998.3

日光東照宮建立とその関係者について (田辺元一郎)「桐生史苑」 桐生文化史談会　(41) 2003.3

幕藩体制下における将軍の御成―参詣を中心に (山本梨加)「皇学館史学」 皇学館大学史学会　通号17　2002.11

日光東照宮と板垣退助 (上)，(下) (吉岡健二)「オール諏訪 ： 郷土の総合文化誌」 諏訪郷土文化研究会　24(9)通号243/24(12)通号246　2004.12/2005.3

文化財巡り 高藤晴俊氏，金子立氏と巡る知られざる日光東照宮 (池田真規)「氏家の歴史と文化」 氏家歴史文化研究会　4　2005.3

秋の巡見 日光東照宮 (鈴木エイ子)「歴史春秋」 歴史春秋社　(63) 2006.4

芭蕉と神田上水・日光東照宮 (大松騏一)「すみだ川 ： 隅田川市民交流実行委員会会報」 隅田川市民交流実行委員会　(41) 2007.4

津軽藩の東照宮寄進石燈籠と震災修覆石垣―日光東照宮と上野東照宮を中心に (山谷金也)「東奥文化」 青森県文化財保護協会　通号80　2009.03

文献紹介 山澤学著『日光東照宮の成立 近世日光山の「荘厳」と祭祀・組織』(西海賢二)「歴史地理学」 歴史地理学会，古今書院 (発売) 51(3)通号245　2009.06

芸術の山・日光東照宮 (田森テイ子)「浜木綿 ： 五島文化協会同人誌」 五島文化協会　(89) 2010.05

館蔵「日光東照宮参詣図屏風」について (調査研究) (小澤弘)「東京都江戸東京博物館紀要」 東京都江戸東京博物館　(2) 2012.03

表紙図版 「日光東照宮参詣図屏風」第5・6扇の部分図(95202772)「東京都江戸東京博物館紀要」 東京都江戸東京博物館　(2) 2012.03

研究の散歩道 描写年代の謎解き―日光東照宮参詣図屏風 (小澤弘)「江戸

東京博物館news ： Edo-Tokyo Museum news」 東京都歴史文化財団東京都江戸東京博物館　(79) 2012.09

歴史随想三題 幻の万貫棒/大日本平和協会/日光東照宮陽明門 (佐野利夫)「沼津史談」 沼津史談会　(64) 2013.03

二宮町

栃木県二宮町の四猿庚申塔 (中山正義)「野仏 ： 多摩石仏の会機関誌」 多摩石仏の会　33　2002.7

石造物所在調査報告 (龍澤潤)「二宮町史研究」 二宮町　(4) 2007.3

如来寺

如来寺における戊辰役戦故者の回向について (渡辺武雄)「今市史談」 今市史談会　12　2003.4

浄土宗 星顕山如来寺/日光杉並木街道の散歩 (吉田勇吉)「今市史談」 今市史談会　(17) 2008.4

鶏権現

鶏権現縁日考 (小川聖)「下野民俗」 下野民俗研究会　40　2000.3

野上川

野上川と蓬莱神社 (田口巳喜男)「史談」 安蘇史談会　14　1998.6

延島新田

島村蚕種業者による栃木県延島新田進出と蚕室経営 (宮崎俊弥)「ぐんま史料研究」 群馬県立文書館　(16) 2001.3

芳賀

芳賀の「人別手形」(椙山聖子)「歴史と文化」 栃木県歴史文化研究会，随想舎 (発売) 6　1997.8

口承文芸の諸相―芳賀・高根沢地区を中心にして (木村康夫)「歴史と文化」 栃木県歴史文化研究会，随想舎 (発売) (12) 2003.8

下野国府から芳賀地方へ通ずる古代の伝説 (吉村光右)「会報いしばし」 石橋郷土史研究会　2013年春季号　2013.4

芳賀郡

芳賀郡における義民顕彰と世直し頭取の墓 (大嶽浩良)「歴文だより ： 栃木県歴史文化研究会会報」 栃木県歴史文化研究会事務局　33　1999.10

芳賀町

栃木県芳賀町の板碑の特色と阿弥陀一尊種子板碑について (林宏子)「史叢」 日本大学史学会　(77) 2007.9

白湯山

那須岳白湯山・高湯山信仰の分析について (廣本祥己)「歴史地理学」 歴史地理学会，古今書院 (発売) 46(1)通号217　2004.1

馬場町

第14回定期総会 記念講演 二荒山神社・馬場町界隈の近現代史 大嶽浩良先生「栃木県立博物館友の会だより」 栃木県立博物館友の会　31　2003.5

繁桂寺

「繁桂寺文書」を読む (五月女昇始)「藤岡史談」 藤岡町古文書研究会　(10) 2004.7

鑁阿寺

寄稿 堀越公方と足利鑁阿寺 (杉山一弥)「文書館だより」 栃木県立文書館　(46) 2009.07

中世鑁阿寺の寺領経営 (中田愛)「歴史と文化」 栃木県歴史文化研究会，随想舎 (発売) (21) 2012.08

表紙写真解説 鑁阿寺本堂 (足利市・国宝) (江田郁夫)「歴史と文化」 栃木県歴史文化研究会，随想舎 (発売) (23) 2014.08

般若寺

九十五年昔の僧侶の葬儀と真岡市般若寺の薬師如来 (田村豊幸)「下野史談」 下野史談会　(108) 2010.12

東関根

新刊紹介 永岡兼好「東関根忘れられた生活―西那須野旧村落の習俗」(木村康夫)「那須野ケ原開拓史研究」 那須野ケ原開拓史研究会　50　2001.6

飛駒村

ふるさと飛駒村―故郷に棲む鬼 (萩原智雄)「史談」 安蘇史談会　17　2001.6

故郷「飛駒村」―老人の昔話 (萩原智雄)「史談」 安蘇史談会　(18) 2002.6

氷室山

氷室山伝説 (塩谷民一)「史談」 安蘇史談会　16　2000.6

檜山

檜山の仁王様の事 (片岡秀雄)「会報いしばし」 石橋郷土史研究会

関東　　　　　　　　　　郷土に伝わる民俗と信仰　　　　　　　　　　栃木県

2013年春季号　2013.04

平野

矢板市指定文化財 平野・箒根神社本殿（彫刻一面）、立石・箒根神社本殿（彫刻一面）（君嶋通夫）「ふるさと矢板」 矢板市教育委員会生涯学習課　（32）2006.9

藤岡

黒田引寺願大略日記（五月女昇始）「藤岡史談」 藤岡町古文書研究会（5）1999.7

修験の古代寺院寸描（小山弘二）「藤岡史談」 藤岡町古文書研究会（11）2005.7

寺院と修験（上岡一郎）「藤岡史談」 藤岡町古文書研究会 （11）2005.7

庚申講と庚申塔（荒川昌次）「藤岡史談」 藤岡町古文書研究会 （12）2006.8

郷土のお囃子について（小林利市）「藤岡史談」 藤岡町古文書研究会（13）2007.7

道中記 地震行（近世藤岡札記（5））（石川善克）「藤岡史談」 藤岡町古文書研究会 （15）2009.7

藤岡町

板碑概観―藤岡町の実態（小山弘二）「藤岡史談」 藤岡町古文書研究会（4）1998.6

藤岡町のことば―今と昔「とちぎの歴史と文化を語る会年報」 とちぎの歴史と文化を語る会　（3）2005.9

藤岡町の寺院伝承（上），（下）（小山弘二）「藤岡史談」 藤岡町古文書研究会 （12）/（13）2006.8/2007.7

セザルのついた庚申塔 栃木県藤岡町（大飼康祐）「野仏 : 多摩石仏の会機関誌」 多摩石仏の会 38 2007.7

藤岡町の名字考（1）（小山弘二）「藤岡史談」 藤岡町古文書研究会（15）2009.7

二荒山神社

「二荒山神社」―日光と宇都宮の本家争い（田村豊幸）「下野史談」 下野史談会 96 2002.12

第14回定期総会 記念講演 二荒山神社・馬場町界隈の近現代史 大嶽浩良先生「栃木県立博物館友の会だより」 栃木県立博物館友の会 31 2003.5

二荒山神社の歴史（中三川時雄）「下野史談」 下野史談会 100 2004.12

朝日の射す丘―日光滝尾の祭神を考える/二つの二荒山神社（吉野薫）「今市史談」 今市史談会 （17）2008.4

史料紹介 野口日枝神社蔵 日光山権現出現記/続・二つの二荒山神社（吉野薫）「今市史談」 今市史談会 （18）2009.04

仏生寺

資料紹介 仏生寺蔵 木造十二神将立像（北口英雄）「栃木県立博物館研究紀要.人文」 栃木県立博物館 （24）2007.3

仏生寺にて（川田春樹）「史談」 安蘇史談会 （23）2007.6

府所郷

府所郷と茄子盛（中島正）「鹿沼史林」 鹿沼史談会 （46）2006.11

古峯

古峯信仰の流行について（木下守）「長野県民俗の会通信」 長野県民俗の会 （216）2010.03

古峯神社

古峯神社と下野の史跡を訪ねて（石井尚子）「史談八千代 : 八千代市郷土歴史研究会機関誌」 八千代市郷土歴史研究会 （24）1999.10

古峯神社参拝と湯西川の旅（飯田喜三郎）「越後赤塚」 赤塚郷土研究会（18）2007.6

明治17年の古峰神社参拝道中記（川口芳昭）「会北史談」 会北史談会（49）2007.7

部屋

部屋地区の発展と屋号のある家（荒川昌次）「藤岡史談」 藤岡町古文書研究会（14）2008.7

法界寺

特別連載 下野国足利の法界寺について（1）～（3）（歴史・郷土史研究）（前澤輝政）「足利文林」 足利文林会 （73）/（75）2010.10/2011.10

宝城寺

上南摩宝城寺（國立惠俊）「鹿沼史林」 鹿沼史談会 （47）2007.12

芳全寺

対談 芳全寺第26代住職荒木秀胤師に聞く（桐原邦夫，北島隆行）「二宮町史研究」 二宮町 3 2005.3

蓬莱神社

野上川と蓬莱神社（田口巳喜男）「史談」 安蘇史談会 14 1998.6

星宮神社

星宮神社の獅子舞（石川博司）「まつり通信」 まつり同好会 43（5）通号507 2003.9

星宮神社についての一考察（大西旦）「下野史談」 下野史談会 （105）2007.12

星宮神社の謎（田村豊幸）「下野史談」 下野史談会 （105）2007.12

菩提院

菩提院引寺のこと（上岡一郎）「藤岡史談」 藤岡町古文書研究会 （15）2009.07

洞観音

那須八溝山系の南端に残る「洞観音」について（工藤忠道）「下野史談」 下野史談会 （104）2007.6

牧

地芝居探訪（41）藤野村歌舞伎/小森歌舞伎/牧歌舞伎/小原歌舞伎/小鹿野歌舞伎/東濃歌舞伎保存会大会（松浦烏夫）「公益社団法人全日本郷土芸能協会会報」 全日本郷土芸能協会 （66）2012.01

益子

栃木県南東地域の五輪塔―益子地域の五輪塔を中心として（上原康子）「研究紀要」 とちぎ未来づくり財団埋蔵文化財センター 9 2001.3

真名子

御伽草子と真名子（郷）（菊地卓）「鹿沼史林」 鹿沼史談会 （45）2005.12

間々田

表紙解説 間々田のジャガマイタ（篠崎茂雄）「歴史と文化」 栃木県歴史文化研究会，随想舎（発売）（22）2013.08

満願寺

山の小文（1）出流山満願寺 訪問記（田牧久穂）「北方風土 : 北国の歴史民俗考古研究誌」 イズミヤ出版 （64）2012.08

三日月

唐沢山添景（序説）佐野市の寺社のことなど―三日月さまをめぐって（廣木雅子）「史談」 安蘇史談会 （22）2006.6

三毳山

『下野国誌』所載「三毳山之図」をめぐって（川田春樹）「史談」 安蘇史談会 （25）2009.9

御厨神社

梁田御厨の郷社『御厨神社社誌』を拝読しての雑感（黒田哲哉）「史談」 安蘇史談会 （25）2009.09

三島神社

烏森神社と三島神社（平野孝雄）「那須野ケ原開拓史研究」 那須野ケ原開拓史研究会 （70）2011.06

蜜蔵院

調査報告 蜜蔵院の観音菩薩立像（大澤慶子）「松龍史談」 大月手紙の会 1 2000.9

調査報告 蜜蔵院の如来坐像（大澤慶子）「松龍史談」 大月手紙の会 3 2002.11

調査報告 蜜蔵院の地蔵菩薩坐像（大澤慶子）「松龍史談」 大月手紙の会 4 2003.9

調査報告（グラビア）蜜蔵院所蔵 妙法蓮華経（大澤慶子）「松龍史談」 大月手紙の会 5 2004.12

蜜蔵院付近の文化財（志部憲一）「松龍史談」 大月手紙の会 （7）2006.12

グラビア 調査報告 蜜蔵院境内の石仏（斎藤弘）「松龍史談」 大月手紙の会 （9）2010.02

壬生

「七色掛物反対越訴」―意識と伝承（泉正人）「歴文だより : 栃木県歴史文化研究会会報」 栃木県歴史文化研究会事務局 33 1999.10

三谷村

近世から近現代における下野国の砥石稼ぎ―芳賀郡三谷村における砥石稼ぎを中心に（中谷正克）「歴文だより : 栃木県歴史文化研究会会報」 栃木県歴史文化研究会事務局 （68）2008.7

栃木県の砥石と砥石業経営―芳賀郡三谷村の砥石問屋鷺谷家を事例として（中谷正克）「歴史と文化」 栃木県歴史文化研究会，随想舎（発売）（18）2009.8

妙雲寺

箒川渓谷の紅葉と妙雲寺・化石園の見学（尾田敬子）「栃木県立博物館友の会だより」 栃木県立博物館友の会 （45）2008.2

妙法寺

鬼気せまる迫力―妙法寺の即身仏(中三川時雄)「下野史談」 下野史談会 95 2002.6

村檜神社

下野国延喜式内社 村檜神社(研究・評論)(清水タマエ)「足利文林」 足利文林会 (75) 2011.10

室の八島

「室の八島」と煙の謎に関する一考察―旧藤岡町甲に「室の八島」を刻む金石文を発見(清水喜三)「史談」 安蘇史談会 (28) 2012.05

真岡

下野真岡の隠れ仏(嘉津山清)「史迹と美術」 史迹美術同攷会 72(2)通号722 2002.2

真岡には何年前からお寺があったのか(田村豊幸)「下野史談」 下野史談会 (105) 2007.12

真岡市

栃木県真岡市は芳賀公の城下町なのに殿様を祭った神社も墓地もない理由(田村豊幸)「下野史談」 下野史談会 (107) 2009.12

茂木町

野州・茂木町に残る一陸の洞門について(工藤忠道)「下野史談」 下野史談会 95 2002.6

犬供養と女人信仰―茂木町の事例から(特集 歴史のなかの女性)(磯寿人)「歴史だより ： 栃木県歴史文化研究会会報」 栃木県歴史文化研究会事務局 (88) 2013.08

犬供養と女人信仰―茂木町の事例から(本会第23回大会関連論文)(磯寿人)「歴史と文化」 栃木県歴史文化研究会. 随想舎(発売) (23) 2014.08

元古沢

野州下野の八溝山系に残る葬祭儀礼について―茂木町「旧中川村」の山内元古沢地区に見る(工藤忠道)「下野史談」 下野史談会 (109) 2012.11

物部

物部・久下田地区の年中行事覚え書き(黒川徳男)「二宮町史研究」 二宮町 3 2005.3

樅山

樅山の日の出まつり(山田知子)「まつり通信」 まつり同好会 43(2)通号504 2003.3

矢板

矢板・氏家の青麻碑(海老原郁雄)「那須文化研究」 那須文化研究会 (25) 2012.2

八木

八木節誕生秘話(しの木弘明)「群馬風土記」 群馬出版センター 12(2)通号53 1998.4

シリーズ故郷(21) そろいの仕度で八木節音頭(亀井好恵)「民俗学研究所ニュース」 成城大学民俗学研究所 61 2002.7

民俗芸能としての八木節研究―八木節の伝承母体の歴史的変遷(黒崎岳大)「群馬歴史民俗」 群馬歴史民俗研究会 (24) 2003.3

「三室勘助」義民伝と子ども八木節(小暮利明)「群馬歴史散歩」 群馬歴史散歩の会 (221) 2011.10

薬王寺

薬王寺所蔵天文二十二年書写呪符集と修験道(久保康顕)「かぬま歴史と文化 ： 鹿沼市史研究紀要」 鹿沼市 8 2003.3

栃本の薬王寺移転について(大森千哥子)「史談」 安蘇史談会 (22) 2006.6

薬王寺の東照宮社・大猷院殿宝塔について(中島正)「鹿沼史林」 鹿沼史談会 (48) 2008.12

野州

野州麻に関する生産・加工用具(篠崎茂雄)「民具研究」 日本民具学会 (135) 2007.3

麻のまつわる思い出―企画展「野州麻」に寄せて(冨祐次)「栃木県立博物館友の会だより」 栃木県立博物館友の会 (47) 2008.10

展示批評 栃木県立博物館「野州麻―道具がかたる麻づくり」(浜野達也)「民具研究」 日本民具学会 (139) 2009.03

野州麻の生産地における麻の加工方法について―他地域との比較を通して(篠崎茂雄)「民具研究」 日本民具学会 (142) 2010.10

梁田御厨

梁田御厨の郷社『御厨神社社誌』を拝読しての雑感(黒田哲哉)「史談」 安蘇史談会 (25) 2009.09

山菅

表紙絵 石川和子先生画「勝道上人と山菅の蛇橋」「会報いしばし」 石橋郷土史研究会 2013年秋季号 2013.09

八溝

下野八溝地方に残る古寺の行事について その形態とあり方(工藤忠道)「下野史談」 下野史談会 (110) 2013.07

八溝山系

野州下野の八溝山系に残る葬祭儀礼について―茂木町「旧中川村」の山内元古沢地区に見る(工藤忠道)「下野史談」 下野史談会 (109) 2012.11

湯西川

古峯神社参拝と湯西川の旅(飯田喜三郎)「越後赤塚」 赤塚郷土研究会 (18) 2007.6

横田村

桜町領横田村のかくれ芝居の一件(尾上武)「扣之帳」 扣之帳刊行会 (46) 2014.12

横根山

横根山の祠・石仏・石碑(安生信夫)「鹿沼史林」 鹿沼史談会 (50) 2010.12

四区町

四区町の「賽河原地蔵尊」について(谷野幸市)「那須文化研究」 那須文化研究会 (15) 2001.12

雷電神社

佐野船津川町雷電神社東「地蔵庚申」について(臼井好雄)「史談」 安蘇史談会 15 1999.6

名木「なんじゃもんじゃ」の歴史と雷電神社(戸畑弘)「那須野ケ原開拓史研究」 那須野ケ原開拓史研究会 55 2003.12

利性院

グラビア 利性院・閻魔大王(足利市文化課)「足利文林」 足利文林会 (72) 2010.05

竜興寺

表紙説明 下野薬師寺別院 龍興寺(平成24年12月撮影)「文化しもつけ」 下野市文化協会 (7) 2013.04

竜光寺

さくら市龍光寺蔵 木造喜連川恵氏坐像について(本田諭)「栃木県立博物館研究紀要. 人文」 栃木県立博物館 (29) 2012.03

さくら市竜光寺の仏像について(本田諭)「栃木県立博物館研究紀要. 人文」 栃木県立博物館 (30) 2013.03

輪王寺

家光公年忌法会に随喜して一日光山輪王寺宝物殿(目崎靖子)「歴史と文化」 栃木県歴史文化研究会. 随想舎(発売) 8 1999.8

日光山輪王寺蔵・浜船海老貝文漆絵箱の保存修復に関する研究(辻賢三)「歴史と文化」 栃木県歴史文化研究会. 随想舎(発売) (14) 2005.8

栃木県日光山輪王寺所蔵「刺繍不動明王二童子像掛幅」について(関根理恵)「歴史と文化」 栃木県歴史文化研究会. 随想舎(発売) (14) 2005.8

日光山輪王寺蔵 板絵勝道上人像について(本田諭)「栃木県立博物館研究紀要. 人文」 栃木県立博物館 (23) 2006.3

日光山輪王寺蔵「伊頭那(飯縄)曼荼羅図」について(入江多美)「栃木県立博物館研究紀要. 人文」 栃木県立博物館 (25) 2008.3

輪王寺蔵「伊頭那(飯縄)曼荼羅図」と仁和寺蔵『多聞吒枳尼経』について(入江多美)「歴史と文化」 栃木県歴史文化研究会. 随想舎(発売) (17) 2008.8

連祥院

栃木市連祥院所蔵の「百萬塔」―江戸時代製作の事例(森嶋秀一)「栃木県立博物館研究紀要. 人文」 栃木県立博物館 (24) 2007.3

歴史の窓 特別展『太平山麓の歴史遺産―太平寺と連祥院―』(小林青樹, 高垣美菜子)「栃木史学」 国学院大学栃木短期大学史学会 (28) 2014.03

蓮岱寺

蓮岱寺についての一考察(菊地卓)「松龍史談」 大月手紙の会 2 2002.3

蓮台寺

史(資)料紹介『蓮臺寺之記』(菊地卓)「松龍史談」 大月手紙の会 2 2002.3

六所大明神

只木村の六所大明神をめぐって(上岡一郎)「藤岡史談」 藤岡町古文書研究会 (10) 2004.7

関東   郷土に伝わる民俗と信仰   栃木県

若間

若間におけるトチ食の一事例（伴場聡）「今市史談」　今市史談会　（15）
2006.4

渡辺開墾

大田原小唄と渡辺開墾（長地開墾）と（高藤大）「那須野ケ原開拓史研究」
那須野ケ原開拓史研究会　（58）2005.6

渡良瀬遊水地

渡良瀬遊水池のヨシ焼き文化と自然環境（特集 流域の文化的景観）（白
井勝二）「利根川文化研究」　利根川文化研究会　（37）2013.12

群馬県

相生町
秀ノ山一門と愛宕神社四本柱土俵（田辺源一郎）「桐生史苑」 桐生文化史談会 38 1999.3

鮎川
群馬・鮎川の獅子舞（石川博司）「まつり通信」 まつり同好会 52(1)通号557 2012.01

相川家
上州の重要民家をたずねる(106) 相川家の旧主家と茶室 伊勢崎市三光町（桑原稔，岡本克則）「上州路 ： 郷土文化誌」 あさを社 33(4)通号383 2006.4

鮎屋
漁撈と魚食を繋ぐ者―利根川中流域、鮎屋の民俗誌（内田幸彦）「群馬歴史民俗」 群馬歴史民俗研究会 （28）2007.3

赤岩
六合の赤岩から国の赤岩へ―赤岩重要伝統的建造物群保存地区（山本伸一）「群馬文化」 群馬県地域文化研究協議会 通号296 2008.10

赤城
農耕と赤城の神（沢畠貞）「大宮郷土研究」 大宮町郷土研究会 （3）1999.3
赤城南麓の民俗信仰―卯月八日の赤城登拝を中心として（井田安雄）「群馬文化」 群馬県地域文化研究協議会 265 2001.1
群馬の筆子塚―赤城南麓を中心として（柳井久雄）「群馬文化」 群馬県地域文化研究協議会 265 2001.1
泉沢人形と赤城座の盛衰（川野文行）「群馬歴史民俗」 群馬歴史民俗研究会 （25）2004.3
赤城の山開祭見開記（新井裕美）「武尊通信」 群馬歴史民俗研究会 （106）2006.6
上州にやってきた阿波木偶箱廻し―赤城人形大一座（特集 部落の人々の移動と越境）（友常勉）「明日を拓く」 東日本部落解放研究所, 解放書店（発売）36(4)通号84 2010.02
近藤義雄元会員の傘寿記念論文から―赤城の神について（特集追悼号）（小山宏）「上毛民俗」 上毛民俗学会 （56）2013.04

赤城山
赤城山頂大沼・小沼とその信仰―水中納鏡の原理と赤城山信仰（小林修）「赤城村歴史資料館紀要」 赤城村教育委員会 8 2005.12
赤城山信仰と在地武士団（大瀬祐太）「群馬風土記」 群馬出版センター 26(4)通号111 2012.10
中毛 赤城山信仰について（特集 群馬の地名）（須藤雅美）「群馬歴史散歩」 群馬歴史散歩の会 （236）2014.10

赤城神社
赤城神社の由来（角田登）「群馬歴史散歩」 群馬歴史散歩の会 144 1997.9
上野国勢多郡三夜沢村赤城神社西宮社家史料―執奏関連史料を中心として「社寺史料研究」 社寺史料研究会, 岩田書院（発売）2 1999.5
赤城神社西宮真隅田家史料について（菊池誠一）「社寺史料研究」 社寺史料研究会, 岩田書院（発売）2 1999.5
寛政期神祇管領長上吉田家江戸役所の活動の一端―上野国勢多郡大洞赤城神社白川家奉額出入を中心として（菊池誠一）「社寺史料研究」 社寺史料研究会, 岩田書院（発売）2 2000.5
赤城神社 神代文字碑（岡村庄造）「秦史談」 秦史談会 100 2000.11

赤城神社元宮跡地
赤城信仰の変遷(1) 赤城神社元宮跡地（群馬を歩く）（福田日出子）「群馬風土記」 群馬出版センター 22(1)通号92/22(2)通号93 2008.1/2008.4

赤城村
赤城村の「カイト」について（須田武雄）「群馬歴史散歩」 群馬歴史散歩の会 144 1997.9
赤城村における伝統芸能への取組みと今後の展望（新井正喜）「上州文化」 群馬県教育文化事業団 76 1998.11
消えゆく地名集に「赤城村の地名と屋号」（群馬地名だより ： 群馬地名研究会会報）「群馬地名研究会」 59 2005.3
信州高遠石工の上州赤城村への足跡（角田尚士）「渋川市赤城歴史資料館

紀要」 渋川市教育委員会 9 2007.3

吾妻
麻の工芸 名産・吾妻の麻（小池利夫）「群馬歴史散歩」 群馬歴史散歩の会 172 2002.5

吾妻町
吾妻町附近の方言について（角田隆雄）「群馬歴史散歩」 群馬歴史散歩の会 146 1998.1
群馬の装束(10) 吾妻町（藤井龍人）「群馬風土記」 群馬出版センター 15(3)通号66 2001.7
郷土の歴史を語る 吾妻こけし（特集 東吾妻町（旧吾妻郡吾妻町・東町））（小池利夫）「群馬歴史散歩」 群馬歴史散歩の会 （214）2010.5

赤堀町
赤堀町におけるキリシタンの痕跡（近藤進）「群馬歴史散歩」 群馬歴史散歩の会 145 1997.9
赤堀町の伝承（井田安雄）「群馬歴史散歩」 群馬歴史散歩の会 145 1997.9

秋畑
甘楽町秋畑の那須ノ与一伝説（大塚政義）「群馬風土記」 群馬出版センター 49 1997.4
秋畑の和紙（阪本英一）「群馬歴史散歩」 群馬歴史散歩の会 170 2002.1
秋畑和紙の伝統（田中隆志）「武尊通信」 群馬歴史民俗研究会 （114）2008.6

秋間古窯跡
放光寺（山王廃寺）と秋間古窯跡（栗原和彦）「群馬文化」 群馬県地域文化研究協議会 （312）2012.10

秋元宮
京都市八瀬の秋元神社及び館林市の秋元宮―人を神に祀る風習（共同研究「人神信仰の基礎的研究」中間報告）（松崎憲三）「民俗学研究所紀要」 成城大学民俗学研究所 36 2012.03

阿久津
渋川市阿久津の天神講（清水亨桐）「武尊通信」 群馬歴史民俗研究会 89 2002.3

阿久津町
寮の尼僧―群馬県高崎市阿久津町万日堂の事例（時枝務）「武尊通信」 群馬歴史民俗研究会 96 2003.12

浅間
浅間大噴火と鎌原観音堂の石段（さのすすむ）「上州路 ： 郷土文化誌」 あさを社 28(4)通号323 2001.4

浅間大明神
延命寺と浅間大明神由来（上）,（下）（唐沢邦武）「群馬風土記」 群馬出版センター 18(4)通号79/19(1)通号80 2004.10/2005.1

浅間山
桐生市浅間山の山開き―信仰の変遷を中心に（中島理恵）「群馬歴史民俗」 群馬歴史民俗研究会 （26）2005.3
江戸時代の浅間山噴火と復興への歩み（特集 災害の民俗知）（渡辺尚志）「東北学」 ［第3期］ 東北芸術工科大学東北文化研究センター, はる書房（発売）3 2014.1

あじさい寺
あじさい寺と金井烏洲の絵画（大山雄三）「群馬歴史散歩」 群馬歴史散歩の会 （195）2006.7

東八十八ヶ所霊場
東八十八ヶ所霊場参詣記（竹渕清茂）「群馬歴史散歩」 群馬歴史散歩の会 165 2001.3

東村
《特集 吾妻郡東村》「群馬歴史散歩」 群馬歴史散歩の会 147 1998.3
不動の霊水と近代化遺産―吾妻東村（唐沢定一）「群馬歴史散歩」 群馬歴史散歩の会 147 1998.3
村の伝承（東村文化財調査委員会）「群馬歴史散歩」 群馬歴史散歩の会 147 1998.3
佐波郡東村の寺院（定方洋）「群馬歴史散歩」 群馬歴史散歩の会 148

1998.5

つきあい再考—群馬県吾妻郡東村を事例として（若旅淑乃）「日本民俗学」 日本民俗学会 通号233 2003.2

天田亨家

上州の重要民家をたずねる（14）天田亨家（桑原稔，西村利夫）「上州路 ： 郷土文化誌」 あさを社 290 1998.7

天引

天引の麦祭り—2010年秋祭りの調査より（斎藤弘美）「武尊通信」 群馬歴史民俗研究会 （125） 2011.03

新井孝男家

上州の重要民家をたずねる（79）新井孝男家（多野郡神流町）（桑原稔，家泉博，金井淑幸）「上州路 ： 郷土文化誌」 あさを社 31（1）通号356 2004.1

荒船不動

黒滝山不動寺から荒船不動まで（松尾翔）「せこ道」 山地民俗関東フォーラム 1 1999.7

有馬

有馬の神戸膳組合と模擬婚礼（野口求）「群馬歴史散歩」 群馬歴史散歩の会 182 2004.1

有馬遺跡

墓が壊されることの意味—渋川市有馬遺跡における検討を中心として（飯島義雄）「群馬県立歴史博物館紀要」 群馬県立歴史博物館 通号18 1997.3

有馬村

慶応三年有馬村芝居騒動（大島史郎）「群馬歴史散歩」 群馬歴史散歩の会 （195） 2006.7

安勝寺

安勝寺調査報告書（桑原稔，川嵜清和，金井淑幸，川田常雄，家泉博，加藤浩一）「ビエネス ： 群馬県文化財研究会論文報告集」 群馬県文化財研究会 （17） 2011.03

安中

ぐんまのくらしと民俗 安中の絹笠信仰（阪本英一）「ぐんま地域文化」 群馬地域文化振興会 （22） 2004.5

群馬・安中の石《特集 群馬の石と岩の伝説》（佐野進）「上州路 ： 郷土文化誌」 あさを社 33（12）通号39□ 2006.12

特集 播かれし種 安中に芽生えたキリスト教「上州風」 上毛新聞社 （27） 2007.9

安中教会

ぐんまの人物誌 初期安中教会の人々（井口實）「ぐんま地域文化」 群馬地域文化振興会 （22） 2004.5

その3、自由の風 安中教会とステンドグラス/日向輝武と林きむ子/三遊亭圓朝の取材旅「谷中・根津・千駄木」 谷根千工房 （84） 2006.7

安中市

群馬の板碑（10）安中市編（行方平三郎）「群馬風土記」 群馬出版センター 49 1997.4

安中市とキリスト教（井口實）「群馬歴史散歩」 群馬歴史散歩の会 150 1998.9

ものをつくる人々 座繰 東宣江・中野紘子「上州風」 上毛新聞社 12 2002.9

自然災害（凍霜害）と安中市の養蚕（伊丹伸七）「宇須比」 松井田町文化会 （60） 2009.5

安中の蚕の神（特集 安中市）（阪本英一）「群馬歴史散歩」 群馬歴史散歩の会 （212） 2010.01

安中中宿の燈篭人形

中宿糸操燈篭人形（阪本英一）「群馬歴史散歩」 群馬歴史散歩の会 150 1998.9

ぐんまの郷土芸能 中宿糸繰り燈籠人形（桜井富太郎）「ぐんま地域文化」 群馬地域文化振興会 （22） 2004.5

幻想的な人形で、独自の世界を安中・中宿糸繰燈籠人形（金井竹徳）「上州路 ： 郷土文化誌」 あさを社 32（7）通号374 2005.7

飯塚市郎家

上州の重要民家をたずねる（11）飯塚市郎家（桑原稔，西村利夫，金井淑幸）「上州路 ： 郷土文化誌」 あさを社 287 1998.4

飯塚馨家

上州の重要民家をたずねる（80）飯塚馨家（多野郡鬼石町）（桑原稔，家泉博，金井淑幸）「上州路 ： 郷土文化誌」 あさを社 31（2）通号357 2004.2

伊香保

伊香保の独鈷石（大塚昌彦）「群馬考古学手帳」 群馬土器観会 通号17 2007.5

伊香保温泉

石段ひなまつり（さのすすむ）「上州路 ： 郷土文化誌」 あさを社 28（4）通号323 2001.4

伊香保神社

伊香保神社（轟木裕）「群馬歴史散歩」 群馬歴史散歩の会 151 1998.11

生品神社

生品神社調査報告（桑原稔，川嵜清和，家泉博，金井淑幸，加藤浩一，川田常雄）「ビエネス ： 群馬県文化財研究会論文報告集」 群馬県文化財研究会 （14） 2008.2

ぐんまのくらしと民俗 生品神社の鏑矢祭と東照宮の御鍬始め式（正田喜久）「ぐんま地域文化」 群馬地域文化振興会 （34） 2010.05

医光寺

医光寺本堂の彫刻欄間（桑原稔）「ビエネス ： 群馬県文化財研究会論文報告集」 群馬県文化財研究会 （9） 2003.2

赤城信仰の名刹 真言宗涌丸山医光寺—寺宝 虚空蔵菩薩像・菩薩経（川池三男）「群馬歴史散歩」 群馬歴史散歩の会 177 2003.3

石山観音

石山観音の大鰐口（高橋久敬）「群馬歴史散歩」 群馬歴史散歩の会 145 1997.9

泉沢

泉沢人形と赤城座の盛衰（川野文行）「群馬歴史民俗」 群馬歴史民俗研究会 （25） 2004.3

伊勢崎

二十四孝の彫刻—伊勢崎にあるのを発見（宮田保）「群馬歴史散歩」 群馬歴史散歩の会 152 1999.1

井田金七家

上州の重要民家をたずねる（7）井田金七家（桑原稔，家泉博，金井淑幸，岡島正好）「上州路 ： 郷土文化誌」 あさを社 283 1997.12

板倉

水の文化と板倉—生活の知恵「水塚」（荒井英世）「群馬歴史散歩」 群馬歴史散歩の会 153 1999.3

民俗芸能手帳 板倉の飴売りうた/月夜野河内歌舞伎「上州文化」 群馬県教育文化事業団 （117） 2009.02

板倉町

水文化と川魚の民俗—群馬県邑楽郡板倉町の事例から《群馬県特集》（板橋春夫）「利根川文化研究」 利根川文化研究会 通号28 2006.6

水防の知恵が息づく板倉町の「水塚」と「楊舟」（文化財めぐり）（宮田裕紀枝）「利根川文化研究」 利根川文化研究会 通号28 2006.6

国選定重要文化的景観「利根川・渡良瀬川合流域の水場景観」—群馬県板倉町（特集 流域の文化的景観）（宮田裕紀枝）「利根川文化研究」 利根川文化研究会 （37） 2013.12

市川義夫家

上州の重要民家をたずねる（32）市川義夫家（桑原稔，池田修，金井淑幸）「上州路 ： 郷土文化誌」 あさを社 26（2）通号309 2000.2

一宮修家

上州の重要民家をたずねる（94）一宮修家（般若坊）榛名神社社家町の宿坊調査報告（桑原稔，家泉博）「上州路 ： 郷土文化誌」 あさを社 32（4）通号371 2005.4

一之宮貫前神社

上野国一之宮貫前神社式年遷宮考（2）—造替の建物について（神保侑史）「群馬県埋蔵文化財調査事業団研究紀要」 群馬県埋蔵文化財調査事業団 （22） 2004.3

上野国一之宮貫前神社式年遷宮考（3）—遷宮祭と御戸開祭について（神保侑史）「群馬県埋蔵文化財調査事業団研究紀要」 群馬県埋蔵文化財調査事業団 （23） 2005.3

一之宮貫前神社の報告（文化財レポート）（柳澤幸代）「群馬文化」 群馬県地域文化研究協議会 （317） 2014.01

井出上神社

井出上神社の「シイ」と道祖神（栗原秀雄）「群馬歴史散歩」 群馬歴史散歩の会 162 2000.9

稲含大明神

上野総社神社所蔵本『上野国神名帳』前書と『総社・稲含両大明神草創縁起』に関する一考察（神保侑史）「群馬文化」 群馬県地域文化研究協議会 通号291 2007.7

群馬県   郷土に伝わる民俗と信仰   関東

稲含山
稲含山と信仰（阪本英一）「群馬歴史散歩」 群馬歴史散歩の会 170 2002.1

伊奈良の沼
「伊奈良の沼・可保夜が沼」考（澤口宏）「群馬地名だより：群馬地名研究会会報」 群馬地名研究会 57 2004.5

井野川流域
上野国における熊野先達と檀那—群馬県高崎市井野川流域の場合（研究ノート）（時枝務）「群馬歴史民俗」 群馬歴史民俗研究会 （32） 2011.03

今泉嘉一郎生家
上州の重要民家をたずねる（119）今泉嘉一郎生家 みどり市東町花輪（桑原稔）「上州路：郷土文化誌」 あさを社 34（5）通号396 2007.5

入山
ふるさと伝統工芸士 入山メンバ「上州文化」 群馬県教育文化事業団 83 2000.8
群馬のお弁当「六合村入山の白木めんぱ」「上州風」 上毛新聞社 （25） 2006.9

色地蔵
木崎宿の色地蔵（高橋一二）「上州路：郷土文化誌」 あさを社 28（3）通号322 2001.3

岩井堂観世音
岩井堂観世音（村上鎮利）「群馬歴史散歩」 群馬歴史散歩の会 163 2000.11

岩島
岩島の麻三題（丸橋寅次）「群馬歴史散歩」 群馬歴史散歩の会 146 1998.1
散歩の出会い 岩島の力石（小池利夫）「群馬歴史散歩」 群馬歴史散歩の会 （205） 2008.7

岩櫃
岩櫃の力石（小池利夫）「群馬歴史散歩」 群馬歴史散歩の会 （199） 2007.5

上野村
上野村の伝承（雨木久康）「群馬歴史散歩」 群馬歴史散歩の会 154 1999.5
上野村の民俗あれこれ（阪本英一）「群馬歴史散歩」 群馬歴史散歩の会 154 1999.5
上野村に残る山里文化 「おてんまの会」の取り組みについて（鷲田晋）「上州文化」 群馬県教育文化事業団 92 2002.11

宇賀弁天
上州の民話と伝承（10）宇賀弁天、他（上原安男）「群馬風土記」 群馬出版センター 48 1997.1

牛の塔
牛の塔について（加藤喜代子）「群馬歴史散歩」 群馬歴史散歩の会 140 1997.1

碓氷峠
〔資料紹介〕碓氷峠熊野神社の懸仏（山下立）「史迹と美術」 史迹美術同攷会 67（1） 1997.1
碓氷峠の熊野神社と日本武尊の伝承（榎本千賀）「熊野誌」 熊野地方史研究会 43 1997.12
旧中山道碓氷峠の名号塔と経典書写塔（伊丹仲七）「宇須比」 松井田町文化会 （65） 2011.12

宇田
群馬県富岡市宇田「林家文書」一心庵宗祥禅師と林橘作をめぐって（山内祥二）「研究紀要」 設楽原歴史資料館，長篠城址史跡保存館 （16） 2012.03

内山武家
上州の重要民家をたずねる（68）内山武家（桑原稔，池田修）「上州路：郷土文化誌」 あさを社 30（2）通号345 2003.2

梅田町
梅田町の民話（清水義男）「桐生史苑」 桐生文化史談会 39 2000.3

雲谷寺
利根郡白沢村雲谷寺旧蔵文明5年銘の半鐘について（山本世紀）「群馬文化」 群馬県地域文化研究協議会 273 2003.1

江口
江口のササラ（江口のササラ保存会）「群馬歴史散歩」 群馬歴史散歩の会 141 1997.3

円福寺
円福寺と新田氏累代の墓（諏訪和雄）「群馬歴史散歩」 群馬歴史散歩の会 157 1999.11

延命院
延命院と板碑（高山広昭）「群馬歴史散歩」 群馬歴史散歩の会 168 2001.9

延命寺
延命寺と浅間大明神由来（上）,（下）（唐沢邦武）「群馬風土記」 群馬出版センター 18（4）通号79/19（1）通号80 2004.10/2005.1

延養寺
高崎市延養寺の円空仏「天神像」について（岡部央）「群馬県立歴史博物館紀要」 群馬県立歴史博物館 通号18 1997.3
池田先生と延養寺・円空神像（特集追悼号）（森田秀策）「上毛民俗」 上毛民俗学会 （56） 2013.04

花魁地蔵
花魁地蔵・酒呑み地蔵（春木征子）「上州路：郷土文化誌」 あさを社 28（3）通号322 2001.3

王城山
上州王城山の祭りと芸能（時枝務）「山岳修験」 日本山岳修験学会，岩田書院（発売）（32） 2003.11
ぐんまの郷土芸能 王城山のだんご相撲（市村勝美）「ぐんま地域文化」 群馬地域文化振興会 （42） 2014.05

応声寺
館林の城鐘（応声寺）（川島維知）「群馬風土記」 群馬出版センター 59 1999.10

邑楽
邑楽・館林地域の葦原景観（特集 流域の文化的景観）（岡屋英治）「利根川文化研究」 利根川文化研究会 （37） 2013.12

邑楽町
邑楽町の絵馬（大塚康子）「群馬歴史散歩」 群馬歴史散歩の会 159 2000.3
邑楽町のばてれん遺跡について（厚川小一）「群馬歴史散歩」 群馬歴史散歩の会 159 2000.3

大泉町
群馬の板碑（12）大泉・尾島町（行方平三郎）「群馬風土記」 群馬出版センター 51 1997.10

大国神社
大国神社からの連想 采女考《《特集 上毛人の足跡》》（三津間弘）「群馬風土記」 群馬出版センター 22（4）通号95 2008.10

太田
ふるさと伝統工芸士（11）太田の絞り（飯島節乃）「上州文化」 群馬県教育文化事業団 92 2002.11

大岳山
『上野国群馬郡大嶽山縁起』と『神道集』関連の在地縁起資料（榎本千賀）「西郊民俗」 〔西郊民俗談話会〕 （193） 2005.12

太田市
群馬の板碑（13）太田市（行方平三郎）「群馬風土記」 群馬出版センター 12（3）通号54 1998.7
太平記の里をたずねて（三好勝芳）「備陽史探訪」 備陽史探訪の会 86 1998.12

大槻剛家
上州の重要民家をたずねる（49）大槻剛家（桑原稔，池田修）「上州路：郷土文化誌」 あさを社 28（7）通号326 2001.7

大前田諏訪神社
地域の話題 大前田諏訪神社の獅子舞（下田徳二）「上州文化」 群馬県教育文化事業団 （110） 2007.5

大間々
明治期における大間々蚕糸業の展開（宮崎俊弥）「群馬文化」 群馬県地域文化研究協議会 252 1997.10
大間々平糸について（宮崎俊弥）「桐生史苑」 桐生文化史談会 37 1998.3
大間々の珍しい石造物（石仏）（小林一好）「群馬歴史散歩」 群馬歴史散歩の会 158 2000.1
大間々の円空仏をめぐって（竹内寛）「群馬歴史散歩」 群馬歴史散歩の会 158 2000.1
大間々祇園祭りの歴史（河内良範）「群馬歴史散歩」 群馬歴史散歩の会 158 2000.1

近世後期在郷町大間々における日常生活―『大泉院日記』の記事を手がかりに (今村和昭)「群馬歴史散歩」 群馬歴史散歩の会 158 2000.1

大間々地域の庚申塔 (五十嵐昭雄)「桐生史苑」 桐生文化史談会 40 2001.3

大間々神明宮
大間々神明宮と大泉院日記 (東宮敏男)「群馬風土記」 群馬出版センター 14 (2) 通号61 2000.4

大間々町
群馬県大間々町周辺の修験道史料 (時枝務)「社寺史料研究会会報」 社寺史料研究会 (3) 1999.3

大宮神社
大宮神社の鳥居の話 (新井博行)「宇須比」 松井田町文化会 (67) 2012.12

大幽
武尊山麓神秘の大洞窟「大幽」(《特集 利根郡みなかみ町 (旧利根郡水上町・月夜野町・新治村)》) (林好一)「群馬歴史散歩」 群馬歴史散歩の会 (207) 2009.01

岡里
ぐんまの郷土芸能大島岡里神代神楽 (原幸恵)「ぐんま地域文化」 群馬地域文化振興会 (25) 2005.10

荻野重雄家
上州の重要民家をたずねる (114) 荻野重雄家 (株式会社まるへい) 甘楽郡下仁田町 (1) (桑原稔, 川嶋清和, 加藤浩一, 金井淑幸)「上州路 : 郷土文化誌」 あさを社 33 (12) 通号391 2006.12

上州の重要民家をたずねる (115) 荻野重雄家 (株式会社まるへい) 甘楽郡下仁田町 (2) (桑原稔, 川田常雄, 加藤浩一)「上州路 : 郷土文化誌」 あさを社 34 (1) 通号392 2007.1

小沢
小沢における念仏供養 (大崎展靖)「富士見郷土研究」 (67) 2014.03

尾島
おじまねぶた―弘前市とのつながり (町観光協会)「群馬歴史散歩」 群馬歴史散歩の会 160 2000.5

尾島町
群馬の板碑 (12) 大泉・尾島町 (行方平三郎)「群馬風土記」 群馬出版センター 51 1997.10

群馬の板碑 (13) 尾島町 (行方平三郎)「群馬風土記」 群馬出版センター 12 (1) 通号52 1998.1

女淵
込皆戸「式三番叟」と女渕「太々神楽」(清水博太郎)「群馬歴史散歩」 群馬歴史散歩の会 166 2001.5

鬼石
鬼石のキリシタン (城間良彦)「群馬歴史散歩」 群馬歴史散歩の会 162 2000.9

鬼石町
かみつけの里はにわ祭「王の儀式」再現劇 (《特集 藤岡市 (旧藤岡市・旧多野郡鬼石町)》) (横山千晶)「群馬歴史散歩」 群馬歴史散歩の会 (208) 2009.03

大沼
赤城山頂大沼・小沼とその信仰―水中納鏡の原理と赤城山信仰 (小林修)「赤城村歴史資料館紀要」 赤城村教育委員会 8 2005.12

小野上
石造物と温泉の村小野上 (村山憲一)「群馬歴史散歩」 群馬歴史散歩の会 163 2000.11

作間神社太々神楽 (小野上の郷土芸能) (今泉義政)「群馬歴史散歩」 群馬歴史散歩の会 163 2000.11

小野上村
小野上村の民俗「削りハナ」(石川俊雄)「群馬歴史散歩」 群馬歴史散歩の会 163 2000.11

小野里武一家
上州の重要民家をたずねる (97) 小野里武一家 勢多郡黒保根村 (桑原稔, 川嶋清和, 金井淑幸)「上州路 : 郷土文化誌」 あさを社 32 (7) 通号374 2005.7

小野良太郎家書院
上州の重要民家をたずねる (24) 小野良太郎家書院 (桑原稔, 西村利夫, 家泉博)「上州路 : 郷土文化誌」 あさを社 26 (6) 通号301 1999.6

おろかもの之碑
呼び覚ませ 語れ 日本唯一「おろかもの之碑」「上州風」 上毛新聞社 8 2001.9

温泉神社
温泉神社境内見取図「文書館だより」 群馬県立文書館 (42) 2004.10

恩幣幸雄家
上州の重要民家をたずねる (89) 恩幣幸雄家 甘楽郡南牧村 (桑原稔, 家泉博)「上州路 : 郷土文化誌」 あさを社 31 (11) 通号366 2004.11

蚕神社
蚕神社の基礎的研究―『上野国神社明細帳』の分析から (吉井勇也)「常民文化」 成城大学常民文化研究会 (31) 2008.3

鏡陵皇太神碑
鏡陵皇太神碑 (関口渉)「野仏 : 多摩石仏の会機関誌」 多摩石仏の会 36 2005.7

掛川清明家
上州の重要民家をたずねる (86) 掛川清明家 甘楽郡妙義町 (桑原稔, 家泉博, 金井淑幸)「上州路 : 郷土文化誌」 あさを社 31 (8) 通号363 2004.8

笠懸町
笠懸町の寺院と神社 (小菅将夫)「群馬歴史散歩」 群馬歴史散歩の会 165 2001.3

粕川村
ヒノエウマの俗信と出産―群馬県粕川村の事例を中心に (板橋春夫)「群馬歴史民俗」 群馬歴史民俗研究会 18 1998.2

粕川村屋号調査 (関口克巳)「群馬歴史散歩」 群馬歴史散歩の会 164 2001.1

神いますふるさと―粕川村 (原田恒弘)「群馬歴史散歩」 群馬歴史散歩の会 166 2001.5

片品
片品の十二 [1], (2) 十二山神社・十二様について (大竹将彦)「群馬地名だより : 群馬地名研究会会報」 群馬地名研究会 (70) / (71) 2009.02/2009.07

ぐんまのくらしと民俗 片品の十二様 (大竹将彦)「ぐんま地域文化」 群馬地域文化振興会 (43) 2014.10

ぐんまの郷土芸能 片品のアルプホルン (戸丸玉枝)「ぐんま地域文化」 群馬地域文化振興会 (43) 2014.10

片品の猿追い祭
花咲・猿追い祭り (高山翠)「群馬歴史散歩」 群馬歴史散歩の会 167 2001.7

片品村・武尊神社の「猿追い祭り」(鈴木英恵)「上州路 : 郷土文化誌」 あさを社 31 (1) 通号356 2004.1

地域の話題 片品の「猿追い祭り」「上州文化」 群馬県教育文化事業団 103 2005.8

片品村
片品村の木工 (阪本英一)「群馬歴史散歩」 群馬歴史散歩の会 167 2001.7

勝沼館
勝沼館跡と戒名のない墓碑 (《特集 上州の今昔》) (塩澤全司)「群馬風土記」 群馬出版センター 21 (4) 通号91 2007.10

勝沼館跡と戒名のない墓碑 (2) (《特集 埋もれた郷土史》) (塩澤全司)「群馬風土記」 群馬出版センター 22 (1) 通号92 2008.1

門倉勝家
上州の重要民家をたずねる (95) 門倉勝家 (善徳坊) 榛名神社社家町の宿坊調査報告 (2) (桑原稔, 家泉博)「上州路 : 郷土文化誌」 あさを社 32 (5) 通号372 2005.5

金井沢碑
「山上碑」「金井沢碑」と地域の仏教―古代上毛野の「地域の論理」(関口功一)「地方史研究」 地方史研究協議会 52 (4) 通号298 2002.8

金井沢碑にみる祖先祭祀の史的特質 (門田誠一)「日本宗教文化史研究」 日本宗教文化史学会 17 (2) 通号34 2013.11

金敷平
箕郷町を歩く―神葬の里、金敷平再訪 (久保田淳子)「上州路 : 郷土文化誌」 あさを社 281 1997.10

金善子七社明神
金善子七社明神由来 (佐藤吉男)「群馬歴史散歩」 群馬歴史散歩の会 163 2000.11

金山八幡宮

金山八幡宮（天狗様）（須田浩一）「群馬歴史散歩」　群馬歴史散歩の会　144　1997.9

金古絹市場

金古絹市場の焼死者供養地蔵（長井和雄）「上州路 ： 郷土文化誌」　あさを社　28（3）通号322　2001.3

金島公民館

上州の重要民家をたずねる（30）金島公民館（桑原稔，西村利夫）「上州路 ： 郷土文化誌」　あさを社　26（12）通号307　1999.12

狩野徳市家

上州の重要民家をたずねる（74）狩野徳市家（桑原稔，小池照一，家泉博）「上州路 ： 郷土文化誌」　あさを社　30（8）通号351　2003.8

狩野々八幡宮

狩野々八幡宮の懸仏（小林修）「赤城村歴史資料館紀要」　赤城村教育委員会　7　2005.3

可保夜が沼

「伊奈良の沼・可保夜が沼」考（澤口宏）「群馬地名だより ： 群馬地名研究会会報」　群馬地名研究会　57　2004.5

鎌塚清男家

上州の重要民家をたずねる（52）鎌塚清男家（桑原稔，西村利夫，家泉博）「上州路 ： 郷土文化誌」　あさを社　28（10）通号329　2001.10

上植木廃寺跡

上植木廃寺跡に思う（岡田栄一）「群馬歴史散歩」　群馬歴史散歩の会　152　1999.1

上植木村

近世の村由緒と小祠―上野国佐位郡上植木村の場合（時枝務）「群馬歴史民俗」　群馬歴史民俗研究会　（33）　2012.3

上小野子

上小野子獅子舞（小野上の郷土芸能）（平方美代治）「群馬歴史散歩」　群馬歴史散歩の会　163　2000.11

上神

ぐんまのくらしと民俗上神の庚申講（坪井哲夫）「ぐんま地域文化」　群馬地域文化振興会　（24）　2005.5

上正六

倉賀野町字上正六の薬師様の祭り（土屋政江）「高崎市市史編さんだより」　高崎市　19　1999.7

上新田

群馬・上新田の獅子舞（石川博司）「まつり通信」　まつり同好会　50（1）通号545　2010.01

上毛野

「山上碑」「金井沢碑」と地域の仏教―古代上毛野の「地域の論理」（関口功一）「地方史研究」　地方史研究協議会　52（4）通号298　2002.8

上毛野氏と古代仏教の関わりについて―大僧都行賀をめぐる諸問題（関口功一）「群馬文化」　群馬県地域文化研究協議会　通号297　2009.01

上の森八幡宮

上の森八幡宮と指定文化財（須田武雄）「群馬歴史散歩」　群馬歴史散歩の会　144　1997.9

神原美弘家

上州の重要民家をたずねる（78）神原美弘家（桑原稔，家泉博）「上州路 ： 郷土文化誌」　あさを社　30（12）通号355　2003.12

上三林

いのちの民俗誌試論―群馬県館林市上三林、下三林地区における誕生と死の儀礼分析から（板橋春夫）「ぐんま史料研究」　群馬県立文書館　（26）　2009.03

上三原田

上三原田歌舞伎を見学して（関根正喜）「上州文化」　群馬県教育文化事業団　69　1997.2

文化財を発進源とした地域づくり―上三原田歌舞伎舞台の保存と継承（星野敬太郎）「群馬文化」　群馬県地域文化研究協議会　269　2002.1

国指定重要有形民俗文化財 "上三原田の歌舞伎舞台が泣いている"（星野敬太郎）「上州文化」　群馬県教育文化事業団　95　2003.8

「上三原田歌舞伎舞台」の建造と地芝居について（長岡覚司）「群馬歴史散歩」　群馬歴史散歩の会　189　2005.5

地域づくりと文化遺産 農村歌舞伎舞台の保存と伝承活動―国指定重要有形民俗文化財・上三原田の歌舞伎舞台（小林修）「ぐんま地域文化」　群馬地域文化振興会　（27）　2006.10

ART NOW「上三原田歌舞伎舞台」と赤城南中学校「歌舞伎愛好会」について（遠藤豊）「上州文化」　群馬県教育文化事業団　（113）　2008.2

特集 上三原田歌舞伎舞台操作伝承委員会 舞台にかけた男たち「上州風」　上毛新聞社　（28）　2008.3

上三原田庚塚

上三原田庚塚と梅花鏡（小林修）「群馬考古学手帳」　群馬土器観会　14　2004.5

唐沢姫雄家

上州の重要民家をたずねる（109）唐沢姫雄家 吾妻郡中之条町（桑原稔，川嵜清和）「上州路 ： 郷土文化誌」　あさを社　33（7）通号386　2006.7

辛科神社

辛科神社の神名・祭神一考（神保侑史）「群馬歴史散歩」　群馬歴史散歩の会　142　1997.5

川島祥三家

上州の重要民家をたずねる（56）川島祥三家（桑原稔，西村利夫，家泉博，金井祥幸）「上州路 ： 郷土文化誌」　あさを社　29（2）通号333　2002.2

川場村

川場村の地名と「河波姫伝説」（飯塚敬五郎）「群馬地名だより ： 群馬地名研究会会報」　群馬地名研究会　42　1999.9

川場村の石仏たち（金井竹徳）「群馬歴史散歩」　群馬歴史散歩の会　168　2001.9

川場村門前の春駒（阪本英一）「群馬歴史散歩」　群馬歴史散歩の会　168　2001.9

川場村伝説民話・方言（宮内健輔）「群馬歴史散歩」　群馬歴史散歩の会　168　2001.9

群馬県川場村における道祖神信仰―地域の形成と道祖神信仰の関わり（末永千尋）「道祖神研究」　道祖神研究会　（2）　2008.8

川場村吉祥寺「木造釈迦如来坐像」（特集 平成の新指定―北毛編）（岡部央）「群馬歴史散歩」　群馬歴史散歩の会　（222）　2012.01

川和

上野村川和の初絵売り（青木理恵）「群馬歴史民俗」　群馬歴史民俗研究会　（26）　2005.3

群馬・川和の獅子舞（石川博司）「まつり通信」　まつり同好会　49（4）通号542　2009.07

観昌寺

動向 群馬県下における地震災害の資料化について―観昌寺の宝篋印塔に残された西埼玉地震の民間記録（能登健，内田健治）「群馬文化」　群馬県地域文化研究協議会　（310）　2012.04

神流川

神流川と「さんばせき」（《特集 群馬の石と岩の伝説》）（村山久）「上州路 ： 郷土文化誌」　あさを社　33（12）通号391　2006.12

神流川の農業水利と信仰―上里町の雨乞いを中心に（和田健一）「群馬歴史民俗」　群馬歴史民俗研究会　（29）　2008.3

民俗芸能手帳 中山神社の太々神楽/神流川のお川下げ「上州文化」　群馬県教育文化事業団　（116）　2008.11

神流町

上州鋳物師による貴重な殿鐘と―高橋久敬氏の調査（《特集 多野郡神流町（旧中里村・万場町）》）（新津行信）「群馬歴史散歩」　群馬歴史散歩の会　（201）　2007.9

御荷鉾の鬼が投げた石は、枕状溶岩（《特集 多野郡神流町（旧中里村・万場町）》）（伊藤歓）「群馬歴史散歩」　群馬歴史散歩の会　（201）　2007.9

桐ノ城山の石仏と石尊様―西上州神流町（特集 石仏と民俗伝承―心ときめく路傍の石たちとの出会い）（田中雅史）「あしなか」　山村民俗の会　295・296　2012.08

鎌原観音堂

鎌原観音堂修復考（山崎顕次）「群馬歴史散歩」　群馬歴史散歩の会　162　2000.9

浅間大噴火と鎌原観音堂の石段（さのすすむ）「上州路 ： 郷土文化誌」　あさを社　28（4）通号323　2001.4

神戸金貴家

上州の重要民家をたずねる（87）神戸金貴家 甘楽郡下仁田町（桑原稔，家泉博，金井淑幸）「上州路 ： 郷土文化誌」　あさを社　31（9）通号364　2004.9

神戸国吉家

上州の重要民家をたずねる（88）神戸國吉家 甘楽郡下仁田町（桑原稔，家泉博，川田常雄）「上州路 ： 郷土文化誌」　あさを社　31（10）通号365　2004.10

関東　　　　　　　　　　　　　　　郷土に伝わる民俗と信仰　　　　　　　　　　　　　　　群馬県

冠稲荷

弥勒寺音二郎の作「冠稲荷」の聖天宮（菅間健司）「群馬歴史散歩」　群馬歴史散歩の会　157　1999.11

古写真の中の歴史世界（2）冠稲荷の初午〔亀山泰照）「荒川ふるさと文化館だより」　荒川区教育委員会荒川ふるさと文化館　（31）　2014.03

甘楽

第3回「かんら能」「群馬風土記」　群馬出版センター　57　1999.4

「楽山園」国名勝指定記念「かんら薪能・狂言」「群馬風土記」　群馬出版センター　14（3）通号62　2000.7

甘楽・富岡地域における荒粉生産と蒟蒻三切り機（伊藤克枝）「民具マンスリー」　神奈川大学　38（5）通号449　2005.8

群馬見て歩き（8）東国文化発祥のかんら野へ「上州文化」　群馬県教育文化事業団　（117）　2009.2

宝生流　かんら薪能（辰巳満次郎）「群馬風土記」　群馬出版センター　24（1）通号100　2010.01

甘楽郡

鎌倉武士団と板碑造立―上野国甘楽郡の場合（久保田順一）「ぐんま史料研究」　群馬県立文書館　通号11　1998.10

甘楽町

甘楽町鎌倉時代の板碑と笠塔婆（町田寿男）「群馬歴史散歩」　群馬歴史散歩の会　170　2002.1

甘楽町「宝生流かんら能」（小幡力造）「群馬風土記」　群馬出版センター　19（3）通号82　2005.7

木崎

ぐんまの郷土芸能　太田市新田木崎町の木崎音頭（節）「ぐんま地域文化」　群馬地域文化振興会　（34〕　2010.05

木崎宿

木崎宿「飯盛女供養塔」建立（野沢時次）「群馬歴史散歩」　群馬歴史散歩の会　186　2004.9

日光例幣使街道木崎宿飯売女墓石調査より検証（川田晃三）「明日を拓く」　東日本部落解放研究所，解放書店（発売）31（2・3）通号57・58　2004.12

北爪安司家

上州の重要民家をたずねる（25）北爪安司家（桑原稔，池田修）「上州路 ： 郷土文化誌」　あさを社　26（7）通号302　1999.7

吉祥寺

吉祥寺（杉本豊）「群馬歴史散歩」　群馬歴史散歩の会　168　2001.9

図録 ぐんまの文化財 利根の名刹「吉祥寺」（藤田茂樹，諸田義行）「ぐんま地域文化」　群馬地域文化振興会　（35）　2010.11

川場村吉祥寺 木造釈迦如来座像の報告（文化財レポート）（角田貫）「群馬文化」　群馬県地域文化研究協議会　（311）　2012.07

絹の家

上州の重要民家をたずねる（71）絹の家（日金子仲次郎家）（桑原稔，池田修）「上州路 ： 郷土文化誌」　あさを社　30（5）通号348　2003.5

木部町

ぐんまのくらしと民俗 木部町の百万遍今昔（萩原明夫）「ぐんま地域文化」　群馬地域文化振興会　（37）　2011.11

旧安中藩郡奉行役宅

上州の重要民家をたずねる（121）旧安中藩郡奉行役宅（安中市指定重要文化財）安中市安中（桑原稔，川嵜清和）「上州路 ： 郷土文化誌」　あさを社　34（7）通号398　2007.7

旧安中藩武家長屋

上州の重要民家をたずねる（122）旧安中藩武家長屋（安中市指定重要文化財）安中市安中（桑原稔，川嵜清和）「上州路 ： 郷土文化誌」　あさを社　34（8）通号399　2007.8

旧入沢住宅

上州の重要民家をたずねる（100）旧入澤住宅（渋川市指定重要文化財）渋川市（桑原稔，川嵜清和）「上州路 ： 郷土文化誌」　あさを社　32（10）通号377　2005.10

旧生方家住宅

上州の重要民家をたずねる（110）旧生方家住宅 沼田市（桑原稔）「上州路 ： 郷土文化誌」　あさを社　33（8）通号387　2006.8

旧菊池敏清家

旧菊池敏清家調査報告書（川嵜清和，桑原稔，川田常雄，加藤浩一，金井淑幸）「ビエネス ： 群馬県文化財研究会論文報告集」　群馬県文化財研究会　（16）　2010.03

旧雲越仙太郎家

上州の重要民家をたずねる（72）旧雲越仙太郎家（桑原稔，池田修，家泉博）「上州路 ： 郷土文化誌」　あさを社　30（6）通号349　2003.6

旧黒沢家住宅

上州の重要民家をたずねる（83）旧黒澤家住宅（国指定重要文化財）多野郡上野村（桑原稔，家泉博）「上州路 ： 郷土文化誌」　あさを社　31（5）通号360　2004.5

上州の重要民家をたずねる（84）旧黒澤家住宅（国指定重要文化財）勢多郡宮城村（桑原稔，家泉博）「上州路 ： 郷土文化誌」　あさを社　31（6）通号361　2004.6

旧下田邸書院

上州の重要民家をたずねる（66）旧下田邸書院（桑原稔，金井淑幸）「上州路 ： 郷土文化誌」　あさを社　29（12）通号343　2002.12

宮昌寺

宮昌寺（酒井麟児）「群馬歴史散歩」　群馬歴史散歩の会　186　2004.9

旧鈴木家住宅

上州の重要民家をたずねる（117）旧鈴木家住宅（沼田市指定重要文化財）（1）沼田市利根町（桑原稔，田中英子）「上州路 ： 郷土文化誌」　あさを社　34（3）通号394　2007.3

上州の重要民家をたずねる（118）旧鈴木家住宅（沼田市指定重要文化財）（2）沼田市利根町（桑原稔，田中英子）「上州路 ： 郷土文化誌」　あさを社　34（4）通号395　2007.4

旧千明太礼家

上州の重要民家をたずねる（38）旧千明太礼家（桑原稔，池田修）「上州路 ： 郷土文化誌」　あさを社　26（8）通号315　2000.8

旧戸部家住宅

上州の重要民家をたずねる（104）旧戸部家住宅（国指定重要文化財）利根郡みなかみ町（桑原稔）「上州路 ： 郷土文化誌」　あさを社　33（2）通号381　2006.2

旧富沢家住宅

旧富沢家住宅（国指定重要文化財）吾妻郡中之条町（桑原稔，川嵜清和）「上州路 ： 郷土文化誌」　あさを社　32（12）通号379　2005.12

旧彦部家住宅

上州の重要民家をたずねる（107）旧彦部家住宅 桐生市広沢町（桑原稔）「上州路 ： 郷土文化誌」　あさを社　33（5）通号384　2006.5

旧茂木家住宅

上州の重要民家をたずねる（99）旧茂木家住宅（国指定重要文化財）富岡市宮崎公園内（桑原稔，川嵜清和）「上州路 ： 郷土文化誌」　あさを社　32（9）通号376　2005.9

旧森村家住宅

上州の重要民家をたずねる（108）旧森村家住宅 伊勢崎市連取町（桑原稔，岡本克則）「上州路 ： 郷土文化誌」　あさを社　33（6）通号385　2006.6

旧吉井藩陣屋

上州の重要民家をたずねる（101）旧吉井藩陣屋の足軽長屋 多野郡吉井町（桑原稔，家泉清和，川嵜清和）「上州路 ： 郷土文化誌」　あさを社　32（11）通号378　2005.11

京ヶ島

高崎京ヶ島地区の年末年始行事（阿部功）「群馬歴史散歩」　群馬歴史散歩の会　176　2003.1

京目町

京目町の役行者石像（近藤義雄）「高崎市市史編さんだより」　高崎市　16　1998.3

玉田寺

近世石堂と清浄心院上野国供養帳について―玉田寺に残る墓石をもとに（金子智一）「群馬文化」　群馬県地域文化研究協議会　通号290　2007.4

桐ノ城山

桐ノ城山の石仏と石尊様―西上州神流町（特集 石仏と民俗伝承―心ときめく磐傍の石たちとの出会い）（田中雅史）「あしなか」　山村民俗の会　295・296　2012.08

桐生

各地の山車と祭り囃子（前），（後）（五十嵐昭雄）「桐生史苑」　桐生文化史談会　38/39　1999.3/2000.3

ふるさと伝統工芸士 桐生紙「上州文化」　群馬県教育文化事業団　85　2001.2

桐生祇園・鉾屋台考―その美しさ（奈良彰一）「桐生史苑」　桐生文化史談

会　40　2001.3

桐生の社寺彫刻・他(小林一好)「群馬歴史散歩」　群馬歴史散歩の会　171　2002.3

桐生における機神信仰(小林公子)「群馬歴史民俗」　群馬歴史民俗研究会　23　2002.3

ふるさと伝統工芸士(13)桐生養虫工芸　森敏彦「上州文化」　群馬県教育文化事業団　95　2003.8

近世桐生の入寺(佐藤孝之)「武尊通信」　群馬歴史民俗研究会　(106)　2006.6

織姫繻子劇の真実に迫る(川嶋伸行)「桐生史苑」　桐生文化史談会　(46)　2007.3

群馬県鋸鍛冶職人の歴史─上州桐生「中屋半兵衛・熊五郎」を中心に(原眞)「桐生史苑」　桐生文化史談会　(46)　2007.3

資料　桐生祇園祭礼芸術一覧表改訂版(奈良彰一)「桐生史苑」　桐生文化史談会　(47)　2008.3

近世桐生領における駆込寺(佐藤孝之)「桐生史苑」　桐生文化史談会　(49)　2010.03

桐生祇園祭発祥の地に関する年表(奈良彰一)「桐生史苑」　桐生文化史談会　(52)　2013.03

桐生市

ふるさと伝統工芸士　和重喜ながし　須田重三郎「上州文化」　群馬県教育文化事業団　89　2002.2

桐生市内指定文化財・国有形・無形文化財一覧(教育委員会)「群馬歴史散歩」　群馬歴史散歩の会　171　2002.3

調査報告　桐生市・みどり市内「橋」「石橋」供養塔(神山勇)「桐生史苑」　桐生文化史談会　(51)　2012.03

桐生新町

〔資料紹介〕　明治26年桐生新町八坂神社祭礼記「桐生史苑」　桐生文化史談会　36　1997.3

牛頭天王祭礼付け祭り復活願いについて─江戸後期、上州桐生新町の祭礼規制(巻島隆)「群馬文化」　群馬県地域文化研究協議会　278　2004.4

桐生新町の歴史人口学研究─文化3年から天保7年までの宗門人別帳から見えてくるもの(清水照治)「桐生史苑」　桐生文化史談会　(44)　2005.3

桐生新町史譚(3)　絹札─新宿村新市一件(巻島隆)「群馬風土記」　群馬出版センター　20(2)通号85　2006.4

桐生新町史譚(3)　牛頭天王祭礼─祭礼規制(巻島隆)「群馬風土記」　群馬出版センター　26(3)通号86　2006.7

桐生新町史譚(10)　近世桐生の食事情(巻島隆)「群馬風土記」　群馬出版センター　22(1)通号92　2008.1

桐生新町史譚(27)　仁田山紬は幻か(巻島隆)「群馬風土記」　群馬出版センター　26(2)通号109　2012.4

桐生天満宮

桐生天満宮概説と彫刻解説(小林一好)「群馬歴史散歩」　群馬歴史散歩の会　165　2001.3

桐生西宮神社

関東一社桐生西宮神社(平塚貞作)「群馬歴史散歩」　群馬歴史散歩の会　171　2002.3

まつりの賑わい/諸国講社の今昔/諸国探訪(1)関東一社　桐生西宮神社/福娘その後/兵庫津　太々御神楽講への勧進「西宮えびす」　西宮神社　19　2003.6

金竜寺

新田義貞を祭る金龍寺(諏訪和雄)「群馬歴史散歩」　群馬歴史散歩の会　157　1999.11

草津

草津の冬住み(堀口吉雄)「群馬歴史散歩」　群馬歴史散歩の会　173　2002.7

謡曲「草津」(本多銀造)「群馬歴史散歩」　群馬歴史散歩の会　173　2002.7

草津「毒水の碑」の発見(須賀昌五)「群馬風土記」　群馬出版センター　19(4)通号83　2005.10

上州紬・渋川太織・草津紬(小山宏)「群馬歴史散歩」　群馬歴史散歩の会　(208)　2009.3

草津温泉

草津温泉をめぐる伝説(横山秀夫)「群馬歴史散歩」　群馬歴史散歩の会　175　2002.11

草津温泉の冬住み制度(上),(下)(唐沢邦武)「群馬風土記」　群馬出版センター　18(1)通号76/18(2)通号77　2004.1/2004.4

絵はがきから草津温泉の景観を読む(関戸明子)「えりあぐんま」　群馬地理学会　(17)　2011.7

国定の石仏(林晴嵐)「群馬歴史散歩」　群馬歴史散歩の会　148　1998.5

六合村

六合村の道祖神(中澤豊一)「群馬歴史散歩」　群馬歴史散歩の会　174　2002.9

吾妻郡六合村における食生活の変化(横田雅博)「えりあぐんま」　群馬地理学会　(12)　2006.7

首塚

安中梁瀬の首塚(大槻時彦)「群馬風土記」　群馬出版センター　50　1997.7

久保西

高崎市岩鼻町久保西出土の板碑について(時枝務)「群馬文化」　群馬県地域文化研究協議会　通号285　2006.1

雲越仙太郎旧居

上州北部山村における竈をめぐる民俗─雲越仙太郎旧居の場合を中心として(天野武)「西郊民俗」　[西郊民俗談話会]　通号163・164　1998.6

倉賀野河岸

農間余業と船稼ぎ─倉賀野河岸を中心に(和田健一)「群馬歴史民俗」　群馬歴史民俗研究会　(31)　2010.3

倉賀野町

ぐんまのくらしと民俗　倉賀野町の農休みと饅頭(横田雅博)「ぐんま地域文化」　群馬地域文化振興会　(41)　2013.11

倉淵町

小栗まつり　墓前祭　記念講演会「たつなみ : 顕彰会機関誌」　小栗上野介顕彰会　(39)　2014.08

人形の小栗像「たつなみ : 顕彰会機関誌」　小栗上野介顕彰会　(39)　2014.08

倉淵村

ふるさとの愛の神々(倉渕村)(牧野清)「群馬風土記」　群馬出版センター　15(4)通号67　2001.10

倉渕村の道祖神(塚越昇)「群馬歴史散歩」　群馬歴史散歩の会　175　2002.11

倉渕村の方言について(塚越真一)「群馬歴史散歩」　群馬歴史散歩の会　175　2002.11

ぐんまのくらしと民俗　倉渕村の炭焼(井野修二)「ぐんま地域文化」　群馬地域文化振興会　(26)　2006.5

車評

放光寺と車評(群馬県)(研究)(栗原和彦)「群馬文化」　群馬県地域文化研究協議会　(318)　2014.04

黒岩九蔵家

上州の重要民家をたずねる(34)黒岩九蔵家(桑原稔,西村利夫,金井淑幸)「上州路 : 郷土文化誌」　あさを社　26(4)通号311　2000.4

黒髪山神社

黒髪山神社と修験者の怪(山口初雄)「群馬歴史散歩」　群馬歴史散歩の会　186　2004.9

相馬山をめぐる庶民信仰(2)　黒髪山神社の成立(小山友孝)「群馬県立歴史博物館紀要」　群馬県立歴史博物館　(29)　2008.3

群馬

群馬の板碑(9)(行方平三郎)「群馬風土記」　群馬出版センター　48　1997.1

板碑と五輪塔(坂本周一)「群馬歴史散歩」　群馬歴史散歩の会　140　1997.1

ぐんまの祭り─現状と問題点　新治村・新田町・笠懸町・太田市・邑楽町・尾島町・藪塚本町・館林市・大泉町・桐生市・大間々町・新里村・大胡町・勢多東村・赤城村・富士見村・黒保根村・昭和村・白沢村・月夜野町・片品村・沼田市・川場村(井田安雄)「上州路 : 郷土文化誌」　あさを社　272　1997.1

群馬の民俗行事(井田安雄)「上州文化」　群馬県教育文化事業団　69　1997.2

地名と伝説(関口進)「群馬地名だより : 群馬地名研究会会報」　群馬地名研究会　32　1997.5

猿引の建てた石碑(大熊哲雄)「武尊通信」　群馬歴史民俗研究会　70　1997.6

グンマの伝説(1)　景時伝説ほか(笠原ひろき)「群馬風土記」　群馬出版センター　50　1997.7

群馬の仏像拝観(岡部央)「上州文化」　群馬県教育文化事業団　71/88　1997.8/2001.11

弘法の清水の今と昔(須田敬子)「群馬歴史散歩」　群馬歴史散歩の会　144　1997.9

関東　　　　　　　　　　　　　　　　　　　　　郷土に伝わる民俗と信仰　　　　　　　　　　　　　　　　　　　群馬県

有難き水 恐怖の水（牛木隆夫）「群馬歴史散歩」 群馬歴史散歩の会
144 1997.9
火の番の習俗（板橋春夫）「武尊通信」 群馬歴史民俗研究会 71 1997.9
グンマの伝説（2）彦狭島王の将軍塚（笠原ひろき）「群馬風土記」 群馬
出版センター 51 1997.10
伝説と地名（1）―日本武尊・弘法大師・源義経伝説を中心として（関口
正己）「群馬地名だより : 群馬地名研究会会報」 群馬地名研究会
35 1997.12
伝説と地名（近藤義雄）「群馬地名だより : 群馬地名研究会会報」 群馬
地名研究会 35 1997.12
飴入り焼餅と饅頭（横田雅博）「武尊通信」 群馬歴史民俗研究会 72
1997.12
麻挽きの思い出（青木その）「群馬歴史散歩」 群馬歴史散歩の会 146
1998.1
夏越しの伝統行事 茅の輪くぐり（小池利夫）「群馬歴史散歩」 群馬歴史
散歩の会 146 1998.1
伝説と地名（2）―日本武尊・弘法大師・源義経を中心として（関口正己）
「群馬地名だより : 群馬地名研究会会報」 群馬地名研究会 36
1998.2
葬式における赤飯について（板橋春夫）「武尊通信」 群馬歴史民俗研究会
73 1998.3
空白の歴史（27）隠れ切支丹（浅見喜義）「群馬風土記」 群馬出版セン
ター 12（2）通号53 1998.4
いしぶみ探訪（神久武雄）「群馬歴史散歩」 群馬歴史散歩の会 148
1998.5
獅子舞の唄について（定方洋）「群馬歴史散歩」 群馬歴史散歩の会 148
1998.5
木乃伊の話（黒岩憲司）「群馬歴史散歩」 群馬歴史散歩の会 148
1998.5
群馬の力石と由来碑の建立（小池利夫）「群馬歴史散歩」 群馬歴史散歩の
会 149 1998.7
竹姫君様（生方穣衛）「群馬歴史散歩」 群馬歴史散歩の会 150 1998.9
戊辰殉難者の墓を訪ねて（川島維知）「群馬風土記」 群馬出版センター
12（4）通号55 1998.10
群馬の子どもと「上毛かるた」「上州路 : 郷土文化誌」 あさを社 295
1998.12
群馬の幣束（1）～（8）（藤井龍人）「群馬風土記」 群馬出版センター
56/14（4）通号63 1999.1/2000.10
訪ねてみよう 群馬の遺跡総社古墳群と上野国分寺（木津博明）「埋文群
馬」 群馬県埋蔵文化財調査事業団 31 1999.2
とのさまやしき（関口進，井上清）「群馬歴史散歩」 群馬歴史散歩の会
153 1999.3
鉄漿・お歯黒（今井貞三郎）「群馬歴史散歩」 群馬歴史散歩の会 153
1999.3
ぐんまの地名と民俗「ぐんま地域文化」 群馬地域文化振興会 12
1999.5
ぐんまの昔話と伝説「ぐんま地域文化」 群馬地域文化振興会 12
1999.5
ぐんまの郷土芸能「ぐんま地域文化」 群馬地域文化振興会 12 1999.5
ぐんまの職人文化「ぐんま地域文化」 群馬地域文化振興会 12 1999.5
山間に眠る菊の紋章（今井興雄）「群馬歴史散歩」 群馬歴史散歩の会
154 1999.5
寺社巡り（茂木允視）「群馬歴史散歩」 群馬歴史散歩の会 156 1999.9
ぐんまの郷土芸能「ぐんま地域文化」 群馬地域文化振興会 13 1999.
10
ぐんまの職人文化「ぐんま地域文化」 群馬地域文化振興会 13 1999.
10
獅子舞 三題（穴原雅巳）「群馬歴史散歩」 群馬歴史散歩の会 157
1999.11
群馬の猫伝承（上），（下）民間伝承落穂拾い（井田安雄）「法政人類学」
法政大学人類学研究会 （81）/（82）1999.12/2000.03
訪ねてみよう 群馬の遺跡 山王廃寺「埋文群馬」 群馬県埋蔵文化財調査
事業団 33 2000.1
群馬の木炭の今「上州路 : 郷土文化誌」 あさを社 26（2）通号309
2000.2
神話と伝説と鬼の町（浅見孝道）「群馬歴史散歩」 群馬歴史散歩の会
162 2000.9
虚空蔵信仰と地下資源（桜井西一）「群馬歴史散歩」 群馬歴史散歩の会
162 2000.9
宝篋印塔 石造文化財のみかた（4）（ぐんまの歴史入門講座）（近藤義雄）
「ぐんま地域文化」 群馬地域文化振興会 15 2000.11
"湯の口"と"涌く玉"（福田浩）「群馬地名だより : 群馬地名研究会会
報」 群馬地名研究会 45 2000.11
特集 群馬の山岳信仰（近藤義雄）「上州路 : 郷土文化誌」 あさを社
27（12）通号319 2000.12
群馬の幣束（9）新治村（藤井龍人）「群馬風土記」 群馬出版センター
15（1）通号64 2001.1
群馬の筆子塚―赤城南麓を中心として（柳井久雄）「群馬文化」 群馬県地
域文化研究協議会 265 2001.1
謎の「野馬台ノ詩」（群馬太郎）「群馬風土記」 群馬出版センター 15
（2）通号65 2001.4
生きている伝承 木仏様（千明実）「群馬歴史散歩」 群馬歴史散歩の会
167 2001.7
地名にまつわる神社を訪ねて（井野修二）「群馬歴史散歩」 群馬歴史散歩
の会 169 2001.11
大岩壁に刻まれた磨崖文字（田村光彦）「群馬歴史散歩」 群馬歴史散歩の
会 170 2002.1
群馬の仏像拝観（31）金色に輝くバーミヤンの大仏と記した女奘三蔵法
師 心洞寺 高崎市木部町（岡部央）「上州文化」 群馬県教育文化事業団
89 2002.2
雷の民俗―雷伝承の二面性を中心に（青柳智之）「群馬歴史民俗」 群馬歴
史民俗研究会 23 2002.3
群馬の郷土カルタと子育て信仰―その予察的考察（戸井田克己）「民俗文
化」 近畿大学民俗学研究所 （14）2002.3
ぐんまのくらしと民俗「ぐんま地域文化」 群馬地域文化振興会 18
2002.5
ぐんまの郷土芸能「ぐんま地域文化」 群馬地域文化振興会 18 2002.5
鈴釧―象徴的「鈴」の一つとして（渡辺みどり）「群馬考古学手帳」 群馬
土器観会 12 2002.5
八反どりに思う―昔の田の草とり（竹渕清茂）「群馬歴史散歩」 群馬歴史
散歩の会 172 2002.5
午年に因み農家生活と馬の話（鈴木松寿）「群馬歴史散歩」 群馬歴史散歩
の会 172 2002.5
群馬の仏像拝見（32）親鸞回心を支えた佐貫庄の性信上人 宝福寺邑楽郡
板倉町板倉（岡部央）「上州文化」 群馬県教育文化事業団 90 2002.5
群馬の犬伝承―民間信仰落穂拾い（1）～（3）（井田安雄）「法政人類学」
法政大学人類学研究会 （91）/（93）2002.06/2002.12
群馬の仏像拝観（33）遺灰でかたどった栄朝禅師の影像 長楽寺 新田郡尾
島町世良田（岡部央）「上州文化」 群馬県教育文化事業団 91 2002.8
暮らしのかたち（42）群馬の田の神信仰―田の神は一時滞在か常住か
（井田安雄）「上州文化」 群馬県教育文化事業団 91 2002.8
山にまつわる信仰（黒岩勇）「群馬歴史散歩」 群馬歴史散歩の会 174
2002.9
おんべーや（おんぼやまたはどんど焼）ねどふみ・おぼやしない・とおか
んや（山本茂）「群馬歴史散歩」 群馬歴史散歩の会 174 2002.9
うりひめとあまんじゃく・田の水かけ（山本茂）「群馬歴史散歩」 群馬歴
史散歩の会 174 2002.9
「さざれ石」を尋ねて（黒岩憲司）「群馬歴史散歩」 群馬歴史散歩の会
174 2002.9
御嶽流神楽の由緒（小池利夫）「群馬歴史散歩」 群馬歴史散歩の会 175
2002.11
舞台への誘い（3）ぐんま伝統歌舞伎―群馬に咲いた民俗芸能の花（高坂
登）「上州文化」 群馬県教育文化事業団 92 2002.11
フランス人医師ヴィダルが観察したカマイタチの迷信（須長泰一）「武尊
通信」 群馬歴史民俗研究会 92 2002.12
《特集 正月・今と昔》「群馬歴史散歩」 群馬歴史散歩の会 176 2003.1
正月・小正月特集（阪本英一）「群馬歴史散歩」 群馬歴史散歩の会 176
2003.1
正月行事いろいろ（阪本英一）「群馬歴史散歩」 群馬歴史散歩の会 176
2003.1
わが家の正月行事の昔と今（柳井久雄）「群馬歴史散歩」 群馬歴史散歩の
会 176 2003.1
正月・今と昔（小菅将夫，横山榮一）「群馬歴史散歩」 群馬歴史散歩の会
176 2003.1
正月行事と伝統食（恩田さく）「群馬歴史散歩」 群馬歴史散歩の会 176
2003.1
正月の記憶 わが家とその周辺集落（丸澤良一郎）「群馬歴史散歩」 群馬
歴史散歩の会 176 2003.1
しめ縄について（橋場久真三）「群馬歴史散歩」 群馬歴史散歩の会 176
2003.1
「みづち」のふるさと群馬（丹治富美子）「上州文化」 群馬県教育文化事
業団 93 2003.2
暮らしのかたち（44）群馬の山の神信仰―山の神信仰の二つの系譜（井
田安雄）「上州文化」 群馬県教育文化事業団 93 2003.2
地蔵尊の民話 お助け地蔵さん（小池利夫）「群馬歴史散歩」 群馬歴史散
歩の会 179 2003.7
軽石に埋もれたムラと墓（石井克己）「群馬歴史散歩」 群馬歴史散歩の会
180 2003.9
民俗ノートから（1）男性産婆の顕彰碑（板橋春夫）「群馬歴史散歩」 群
馬歴史散歩の会 181 2003.11
餅なしとイモズイモンの正月家例（川池三男）「群馬歴史散歩」 群馬歴史

散歩の会　182　2004.1

民俗ノートから(2) 女性の信仰生きる十九夜様 (板橋春夫)「群馬歴史散歩」　群馬歴史散歩の会　182　2004.1

民俗ノートから(3) 誕生餅を背負う (板橋春夫)「群馬歴史散歩」　群馬歴史散歩の会　183　2004.3

己巳戦役における戦死者の埋葬—東軍戦死者を中心に (今井昭彦)「群馬歴史民俗」　群馬歴史民俗研究会　(25)　2004.3

寒雷の二面性について—豊凶を伝える冬の雷伝承から考えられること (青柳智之)「武尊通信」　群馬歴史民俗研究会　97　2004.3

追憶 味噌煮 (原澤あつ)「群馬風土記」　群馬出版センター　18(2)通号77　2004.4

民俗ノートから(4) 石のおかず (板橋春夫)「群馬歴史散歩」　群馬歴史散歩の会　184　2004.5

水場の知恵「藻とり」(宮田裕紀枝)「武尊通信」　群馬歴史民俗研究会　98　2004.6

親族の呼称と親等 (川原勝一郎)「群馬風土記」　群馬出版センター　18(3)通号78　2004.7

村の寺院 (飯田祐中)「群馬歴史散歩」　群馬歴史散歩の会　185　2004.7

折れ箸で夕食占い (小池利夫)「群馬歴史散歩」　群馬歴史散歩の会　185　2004.7

猪土手 (清水敏夫)「群馬歴史散歩」　群馬歴史散歩の会　186　2004.9

民俗ノートから(6) 便所参り (板橋春夫)「群馬歴史散歩」　群馬歴史散歩の会　186　2004.9

群馬の「小話」について (井田安雄)「世間話研究」　世間話研究会　(14)　2004.10

民俗ノートから(7) 初宮参り (板橋春夫)「群馬歴史散歩」　群馬歴史散歩の会　187　2004.11

天神講 (岩田重則)「武尊通信」　群馬歴史民俗研究会　100　2004.12

昔話に見る正月行事 (井野修二)「群馬歴史散歩」　群馬歴史散歩の会　188　2005.1

郷土の正月行事 故郷を語る (小池利夫)「群馬歴史散歩」　群馬歴史散歩の会　188　2005.1

民俗ノートから(8) 七夜着物と麻の葉模様 (板橋春夫)「群馬歴史散歩」　群馬歴史散歩の会　188　2005.1

葬送と日取り (沼崎麻矢)「群馬歴史民俗」　群馬歴史民俗研究会　(26)　2005.3

愛宕さま (田島紹平)「群馬歴史散歩」　群馬歴史散歩の会　189　2005.5

鬼面を刻む石祠 (今成昭二)「群馬歴史散歩」　群馬歴史散歩の会　189　2005.5

足利氏ゆかりの寺院 (菊地卓)「群馬歴史散歩」　群馬歴史散歩の会　190　2005.7

群馬伝統芸能継承への情熱群馬の人形芝居 (金井竹徳)「上州路 ： 郷土文化誌」　あさを社　32(7)通号374　2005.7

ぐんまのくらしと民俗流しと生活文化 (吉井勇也)「ぐんま地域文化」　群馬地域文化振興会　(25)　2005.10

地蔵尊の謎の隠し文字 (編集部)「群馬風土記」　群馬出版センター　19(4)通号83　2005.10

民俗ノートから(9) 母乳と乳付け (板橋春夫)「群馬歴史散歩」　群馬歴史散歩の会　191　2005.10

上州・群馬の蚕神—信仰と造像 (角田尚士)「赤城村歴史資料館紀要」　赤城村教育委員会　8　2005.12

初乳のこと (板橋春夫)「武尊通信」　群馬歴史民俗研究会　(104)　2005.12

民俗ノートから(10) 名付け (板橋春夫)「群馬歴史散歩」　群馬歴史散歩の会　(192)　2006.1

現存する夜光瓢 (細谷清吉)「群馬歴史散歩」　群馬歴史散歩の会　(193)　2006.3

民俗ノートから(11) 産着と獅子舞 (板橋春夫)「群馬歴史散歩」　群馬歴史散歩の会　(193)　2006.3

群馬の地犬 過酷な自然環境が育てた名犬の資質 (小山宏)「上州風」　上毛新聞社　(24)　2006.3

ステージ ぐんま子ども歌舞伎フェスティバル「上州風」　上毛新聞社　(24)　2006.3

湯かけ祭りと共同浴場王湯 (《特集 シンポジウム「温泉の歴史と文化を考える」について》)(板橋春夫)「武尊通信」　群馬歴史民俗研究会　(105)　2006.3

温泉饅頭と鉱泉煎餅 (《特集 シンポジウム「温泉の歴史と文化を考える」について》)(横田雅博)「武尊通信」　群馬歴史民俗研究会　(105)　2006.3

地域づくりと文化遺産 足元のお宝「道祖神」で地域づくり (塚越昇)「ぐんま地域文化」　群馬地域文化振興会　(26)　2006.5

ぐんまの自然と風土 残して欲しい棚田の風景 (里見哲夫)「ぐんま地域文化」　群馬地域文化振興会　(26)　2006.5

ぐんまのくらしと民俗 二人の男性産婆 (板橋春夫)「ぐんま地域文化」　群馬地域文化振興会　(27)　2006.10

諏訪神社の力石 (《特集 群馬の石と岩の伝説》)(編集部)「上州路 ： 郷土文化誌」　あさを社　33(12)通号391　2006.12

かぐら石の響き (《特集 群馬の石と岩の伝説》)(萩原康次郎)「上州路 ： 郷土文化誌」　あさを社　33(12)通号391　2006.12

群馬伝統歌舞伎盛衰 (あーとぐんま)(小野信太郎)「上州文化」　群馬県教育文化事業団　(109)　2007.3

近代群馬の名産 (手島仁，山口聡)「群馬県立歴史博物館紀要」　群馬県立歴史博物館　(28)　2007.3

三匹獅子舞の重層性—拍子物・風流踊りとしての視点 (関孝夫)「群馬歴史民俗」　群馬歴史民俗研究会　(28)　2007.3

群馬の天狗像 (高橋成)「群馬歴史民俗」　群馬歴史民俗研究会　(28)　2007.3

寛永初期年号を持つ石堂について—近世石堂への漸移形態として (金子智一)「群馬考古学手帳」　群馬土器観会　通号17　2007.5

入寺の成立とその条件 (佐藤孝之)「武尊通信」　群馬歴史民俗研究会　(110)　2007.6

街角の民俗 (栗原秀雄)「群馬歴史散歩」　群馬歴史散歩の会　(200)　2007.7

群馬伝統音楽の音楽理論の確立に向けて (《特集 『上州路』創刊400号記念 群馬の今日、そして未来へ》)(酒井正保)「上州路 ： 郷土文化誌」　あさを社　34(9)通号400　2007.9

ふるさと焼物考 (《特集 『上州路』創刊400号記念 群馬の今日、そして未来へ》)(青木昇)「上州路 ： 郷土文化誌」　あさを社　34(9)通号400　2007.9

石仏開眼 (《特集 『上州路』創刊400号記念 群馬の今日、そして未来へ》)(金井竹徳)「上州路 ： 郷土文化誌」　あさを社　34(9)通号400　2007.9

原始群馬の工芸 (《特集 上州の今昔》)(中東耕志)「群馬風土記」　群馬出版センター　21(4)通号91　2007.10

タケダとウエスギ—クワガタ虫の方言 (板橋春夫)「武尊通信」　群馬歴史民俗研究会　(112)　2007.12

男性産婆の伝承—羞恥心とジェンダーを視野に入れて (板橋春夫)「群馬歴史民俗」　群馬歴史民俗研究会　(29)　2008.3

平成19年度企画展記念講演会「カイコの神さま」—ぐんまの養蚕信仰と養蚕神 (角田尚士)「渋川市赤城歴史資料館紀要」　渋川市教育委員会　10　2008.5

子ども組と天神講 (清水亨桐)「武尊通信」　群馬歴史民俗研究会　(114)　2008.6

続 街角の民俗—八丁注連について (栗原秀雄)「群馬歴史散歩」　群馬歴史散歩の会　(205)　2008.7

亥年と摩利支天 (黒岩憲)「群馬歴史散歩」　群馬歴史散歩の会　(205)　2008.7

ぐんまのくらしと民俗 社日と探湯神事 (川島健二)「ぐんま地域文化」　群馬地域文化振興会　(31)　2008.10

いのちの民俗と個人—誕生と死についての聞き書きから (板橋春夫)「群馬歴史民俗」　群馬歴史民俗研究会　(30)　2009.03

つまづいた石を磨いて玉とする (柴山卓也)「ぐんま地域文化」　群馬地域文化振興会　(32)　2009.05

群馬ゆかりの道忠と慈光寺 (《特集 忘れられる歴史》)(三津間弘)「群馬風土記」　群馬出版センター　23(3)通号98　2009.05

郷土民俗の歴史を後世へ 力石の由来 (小池利夫)「群馬歴史散歩」　群馬歴史散歩の会　(210)　2009.07

群馬の酒饅頭—ス饅頭・焼き饅頭をめぐる一考察 (横田雅博)「群馬歴史民俗」　群馬歴史民俗研究会　(31)　2010.03

近代出産文化史における男性産婆 (板橋春夫)「群馬歴史民俗」　群馬歴史民俗研究会　(31)　2010.03

地域づくりと文化遺産 無形民俗文化財 (伝統芸能) の継承と地域の活性化 (宮田毅)「ぐんま地域文化」　群馬地域文化振興会　(34)　2010.05

現時点で見た群馬の蚕神信仰—県内の石造蚕神調査から (特集 石仏探訪VIII)(角田尚士)「日本の石仏」　日本石仏協会，青娥書房 (発売)　(134)　2010.06

「群馬の酒饅頭」に寄せて (加藤隆志)「武尊通信」　群馬歴史民俗研究会　(123)　2010.9

二種類の竹製蚕籠 (飯島康夫)「武尊通信」　群馬歴史民俗研究会　(124)　2010.12

神保貞夫家の家例—各月の主要事項 (神保貞夫)「群馬歴史散歩」　群馬歴史散歩の会　(217)　2011.01

群馬・宿の獅子舞 (石川博司)「まつり通信」　まつり同好会　51(1)通号551　2011.01

猫絵版画の変遷—養蚕守護から家内ネズミ除けへ (伊藤克枝)「武尊通信」　群馬歴史民俗研究会　(125)　2011.03

神保家 (総社家) のお墓 (神保貞夫)「群馬歴史散歩」　群馬歴史散歩の会　(223)　2012.03

地芝居探訪 (42) ぐんま郷土芸能の祭典「伝統歌舞伎公演」/信州農村歌舞伎/東濃歌舞伎中津川「公益社団法人全日本郷土芸能協会会報」　全

日本郷土芸能協会　(67)　2012.04

ぐんまのくらしと民俗 千輝玉斎筆「豊年満作図」にみる民具とくらし（神宮善彦）「ぐんま地域文化」　群馬地域文化振興会　(38)　2012.5

カメムシと大雪—気象民俗の一例（板橋春夫）「武尊通信」　群馬歴史民俗研究会　(131)　2012.09

道祖神の継承と地域振興—「道祖神の里めぐり」を例として（論文）（鈴木英恵）「群馬歴史民俗」　群馬歴史民俗研究会　(34)　2013.03

禅林の食文化（石附周行）「ぐんま地域文化」　群馬地域文化振興会　(40)　2013.05

ぐんまのくらしと民俗 祐天上人を巡る民間信仰—重病人の生死の決着を求める習俗（井田安雄）「ぐんま地域文化」　群馬地域文化振興会　(40)　2013.05

なぜ死者の胸元に刃物を置くのか（板橋春夫）「武尊通信」　群馬歴史民俗研究会　(134)　2013.06

板橋春夫著『群馬を知るための12章—民欲学からのアプローチ—』（文献紹介）（小口千明）「歴史地理学」　歴史地理学会，古今書院（発売）55(4) 通号266　2013.09

石仏の魅力と道祖神（鈴木英恵）「武尊通信」　群馬歴史民俗研究会　(136)　2013.12

富士山信仰と群馬（小山宏）「群馬歴史散歩」　群馬歴史散歩の会　(233)　2014.03

土葬のはなし（板橋春夫）「武尊通信」　群馬歴史民俗研究会　(137)　2014.03

カンカチと風呂敷ササラ—三匹獅子舞にみる芸態習得のあり方（研究ノート）（板橋春夫）「群馬歴史民俗」　群馬歴史民俗研究会　(35)　2014.05

群馬の中世石塔拾遺（四方田悟）「武尊通信」　群馬歴史民俗研究会　(138)　2014.06

群馬郡

地蔵行事の変化—旧群馬郡およびその周辺地域を事例として（清水亨桐）「群馬歴史民俗」　群馬歴史民俗研究会　21　2000.3

群馬県

群馬県の双体道祖神（塔）について（田上叔夫）「おくやまのしょう ： 奥山荘郷土研究会誌」　奥山荘郷土研究会　22　1997.3

群馬県の民家（桑原稔）「上州路」　あさを社　276　1997.5

戦後の群馬県民家に関する文献一覧表「上州路 ： 郷土文化誌」　あさを社　276　1997.5

郷土芸能のお供《特集 萩原進先生追悼号》（篠木弘明）「群馬文化」　群馬県地域文化研究協議会　通号257　1997.7

群馬県梵鐘年表稿（石田肇）「群文研新報」　群馬県文化財研究会　9　1997.10

群馬県下における「作物禁忌」について（上），（下）里芋とゴマの禁作を中心にして（井田安雄）「法政人類学」　法政大学人類学研究会　通号74/通号75　1998.03/1998.06

ゆで饅頭考（横田雅博）「群馬文化」　群馬県地域文化研究協議会　255　1998.7

民俗のフィールドから(8) 片足の草履（飯島康夫）「博物館だより」　群馬県立歴史博物館　72　1998.8

長寿銭の習俗—長寿観の一側面（板橋春夫）「群馬文化」　群馬県地域文化研究協議会　256　1998.10

民俗のフィールドから(9) 山の神様の木（飯島康夫）「博物館だより」　群馬県立歴史博物館　73　1999.1

研究ノート さがしものを見つけてくれる稲荷さまの絵馬（神宮善彦）「博物館だより」　群馬県立歴史博物館　73　1999.1

民俗のフィールドから(10) 寛政9年の「いねこき」（飯島康夫）「博物館だより」　群馬県立歴史博物館　74　1999.3

昭和期における復興神社の実態と祭祀の諸相—昭和10年「神社復興ニ関スル調書」の検討から（福田豊美）「群馬文化」　群馬県地域文化研究協議会　258　1999.4

信仰の山々に祀られる石神仏の諸相—群馬県西部の山村を中心に（松尾翔）「せこ道」　山地民俗関東フォーラム　2　2000.2

馬のいる風景—日本古代における馬の飼育の景観復元（高井佳弘）「群馬県埋蔵文化財調査事業団研究紀要」　群馬県埋蔵文化財調査事業団　18　2000.5

群馬県の富士塚（船木康宏）「富士信仰研究」　富士信仰研究会　(1)　2000.5

昭和戦前期における忠霊塔建設について（今井昭彦）「群馬文化」　群馬県地域文化研究協議会　263　2000.7

里修験の補任状（時枝務）「文書館だより」　群馬県立文書館　36　2001.2

群馬県の庚申塔（青面金剛像）（田上俶夫）「おくやまのしょう ： 奥山荘郷土研究会誌」　奥山荘郷土研究会　(26)　2001.3

道祖神祭りの変容と継承—地域づくりの視点から（神宮善彦）「群馬県立歴史博物館紀要」　群馬県立歴史博物館　(22)　2001.3

学芸員歴史一口メモ 「鯰押さえ」のはなし（林直美）「博物館だより」　群馬県立歴史博物館　83　2001.6

群馬県の蚕糸業について（小山千秋，植木不二夫）「那須野ケ原開拓史研究」　那須野ケ原開拓史研究会　50　2001.6

書評 日本民俗音楽学会編『民俗音楽の底力—群馬県モデルを中心に』（丸山妙子）「民俗芸能研究」　民俗芸能学会　(34)　2002.3

私の石仏探訪記—群馬県内の地蔵を中心にして（清水亨桐）「日本の石仏」　日本石仏協会，青娥書房（発売）(102)　2002.6

群馬県下における河童伝承（林直美）「武尊通信」　群馬歴史民俗研究会　90　2002.6

明治10年の神祠仏堂処分と集落の祭祀—明治末期社寺合併の前提（福田豊美）「ぐんま史料研究」　群馬県立文書館　(20)　2003.1

塑像は語る（阿久津宗二）「群馬文化」　群馬県地域文化研究協議会　273　2003.1

ヒコサシマとミモロワケ—上毛野氏伝承に関する再考（関口功一）「群馬文化」　群馬県地域文化研究協議会　273　2003.1

群馬県における竹箆製作の源流と技術—農商務省資料を参照しつつ（松島一心）「明日を拓く」　東日本部落解放研究所，解放出版社（発売）29(1・2) 通号46・47　2003.1

雛祭りと雛人形（郭玉傑）「ビエネス ： 群馬県文化財研究会論文報告集」　群馬県文化財研究会　(9)　2003.2

赤子を取り上げた男たち—群馬県における男性産婆の存在形態（板橋春夫）「群馬歴史民俗」　群馬歴史民俗研究会　(24)　2003.3

葬式の臼—群馬県の事例から（武藤直美）「武尊通信」　群馬歴史民俗研究会　94　2003.6

食国（おすくに）と贄（にえ）—古代の国家（王権）における飲食儀礼の意味（斉藤和之）「群馬県埋蔵文化財調査事業団研究紀要」　群馬県埋蔵文化財調査事業団　(21)　2003.12

県内各地の地蔵さま（佐野進）「上州路 ： 郷土文化誌」　あさを社　30(12) 通号355　2003.12

山村における地域間交流—群馬県南西部の民俗事例から《大会特集 交流の地域史—ぐんまの山・川・道》—〈問題提起〉（飯島康夫）「地方史研究」　地方史研究協議会　54(4) 通号310　2004.8

カイコビョウの民俗—群馬県における養蚕労働者の交流史《大会特集 交流の地域史—ぐんまの山・川・道》—〈問題提起〉（吉井勇也）「地方史研究」　地方史研究協議会　54(4) 通号310　2004.8

龍と龍の卵（桑原稔）「群文研新報」　群馬県文化財研究会　23　2004.10

方言に含まれた山の子の親しみと敬意（あらいまさはる）「上州路 ： 郷土文化誌」　あさを社　31(11) 通号366　2004.11

史料を読む—「蟻の目」、「鷹の目」、「モグラの目」（中島明）「群馬文化」　群馬県地域文化研究協議会　(282)　2005.1

群馬県西南部山村に見る巨大庚申塔群の系譜（松尾翔）「日本の石仏」　日本石仏協会，青娥書房（発売）(114)　2005.6

日本の鬼探訪 群馬県（大中良英）「六甲倶楽部報告」　六甲倶楽部　73　2005.6

群馬県及び埼玉県北部・北西部における三隣亡信仰について（上），（下）（小澤守）「埼玉民俗」　埼玉民俗の会　(31)／(32)　2006.3/2007.3

社寺総合調査報告「群文研新報」　群馬県文化財研究会　(26)／(30)　2006.4/2008.4

佐藤孝之著『駈込寺と村社会』（新刊紹介）（中村潔）「群馬文化」　群馬県地域文化研究協議会　通号288　2006.10

縁切り一筋四十年（高木侃）「群馬文化」　群馬県地域文化研究協議会　通号289　2007.1

群馬県鋸鍛冶職人の歴史—上州桐生「中屋半兵衛・熊五郎」を中心に（原眞）「桐生史苑」　桐生文化史談会　(46)　2007.3

無量光明考—光明表現と阿弥陀仏来現の認識（唐澤至朗）「群馬県立歴史博物館紀要」　群馬県立歴史博物館　(28)　2007.3

山繭の飼育と伝承—群馬県の事例を中心に（佐野和子）「群馬歴史民俗」　群馬歴史民俗研究会　(28)　2007.3

短信 群馬県でワラダは用いられたか？（飯島康夫）「武尊通信」　群馬歴史民俗研究会　(111)　2007.9

屋根上に鳥を載せる習俗（桑原稔）「ビエネス ： 群馬県文化財研究会論文報告集」　群馬県文化財研究会　(14)　2008.2

群馬県内中世火葬遺構と火葬人骨（楢崎修一郎）「群馬文化」　群馬県地域文化研究協議会　通号294　2008.4

群馬県に旅して十二支の石仏を知った（北村市朗）「北陸石仏の会研究紀要」　北陸石仏の会　(9)　2008.6

群馬県での富士・浅間信仰（船水康宏）「富士山文化研究」　富士山文化研究会　(9・10)　2008.12

いま山村では…。その生活と文化の継承「上州風」　上毛新聞社　(30)　2009.3

重要社寺総合調査の中間報告「群文研新報」　群馬県文化財研究会　(32)　2009.04

群馬県北東部に大友氏の菩提寺があった（丸小野昭治）「国見物語」　国見町郷土史研究会　28　2009.04

五十五の団子考—厄年と長寿儀礼の民俗（板橋春夫）「群馬文化」　群馬県地域文化研究協議会　通号299　2009.07

群馬県

近世墓石に関する一考察—慈順石における調査を中心に（金子智一）「群馬文化」 群馬県地域文化研究協議会 通号299 2009.07

群馬県における「クッチャゴ」物語（井田安雄）「世間話研究」 世間話研究会 （19）2009.10

端午節についての中日比較（王暁東）「ビエネス ： 群馬県文化財研究会論文報告集」 群馬県文化財研究会 （16）2010.03

伝承・地名と中世史研究（随想）（久保田順一）「群馬文化」 群馬県地域文化研究協議会 （302）2010.4

都丸十九一著『餅なし正月の世界』（新刊紹介）（横田雅機）「群馬文化」 群馬県地域文化研究協議会 （302）2010.04

社寺総合調査報告「群文研新報」 群馬県文化財研究会 （34）2010.04

群馬県内における河童伝承について（神宮善彦）「群馬県立歴史博物館紀要」 群馬県立歴史博物館 （32）2011.03

オキリコミと水団（横田雅博）「群馬県立歴史博物館紀要」 群馬県立歴史博物館 （32）2011.03

勝山家資料の内 碁盤・碁笥「博物館だより」 群馬県立歴史博物館 （122）2011.03

「七歳までは神のうち」再考—群馬県内の事例から（研究ノート）（小野博史）「群馬歴史民俗」 群馬歴史民俗研究会 （32）2011.03

魔除けの形とその源流（桑原稔）「ビエネス ： 群馬県文化財研究会論文報告集」 群馬県文化財研究会 （17）2011.03

重要社寺総合調査の中間報告「群文研新報」 群馬県文化財研究会 （36）2011.04

群馬県内の「御嶽流神楽」—神道修成派の動向を背景に神楽の成立を考える（森林憲史）「民俗芸能研究」 民俗芸能学会 （51）2011.09

社寺総合調査報告「群文研新報」 群馬県文化財研究会 （37）2011.10

調査報告書紹介「群馬県 鋳鍛冶職人 師弟系譜」平成16年度〜平成22年度調査報告（馬場永子）「東京産業考古学会ニューズレター」 東京産業考古学会事務局 （91）2011.11

群馬県鋳鍛冶職人の歴史（原眞）「群馬文化」 群馬県地域文化研究協議会 （309）2012.1

天候を占う一群馬県の事例より（武藤直美）「群馬県立歴史博物館紀要」 群馬県立歴史博物館 （33）2012.3

動向 群馬県下における地震災害の資料化について—観昌寺の宝篋印塔に残された西埼玉地震の民間記録（能登健，内田健治）「群馬文化」 群馬県地域文化研究協議会 （310）2012.04

群馬県内の「御霊流・豊穂講神楽」—渋川・前橋両市周辺に分布する神楽の出自を考える（論考）（森林憲史）「民俗芸能研究」 民俗芸能学会 （54）2013.03

群馬県の木曽御嶽信仰研究小史（特集追悼号）（時枝務）「上毛民俗」 上毛民俗学会 （56）2013.04

伊勢殿について—群馬県内にみえる伊勢御師の活動拠点（研究発表）（久保康顕）「群馬文化」 群馬県地域文化研究協議会 （315）2013.07

群馬県北部における「六十六部供養塔」（特集 廻国塔—祈りの足跡）（角田尚士）「日本の石仏」 日本石仏協会, 青娥書房（発売）（147）2013.09

口絵 紺紙金泥写経—群馬県立歴史博物館蔵品資料（118）（中山剛志）「群馬文化」 群馬県地域文化研究協議会 （317）2014.01

表紙「紺紙金泥写経」「博物館だより」 群馬県立歴史博物館 （132）2014.03

獅子舞の継承に関する一考察—群馬県における獅子舞の担い手の視点から（研究ノート）（鈴木英恵）「群馬歴史民俗」 群馬歴史民俗研究会 （35）2014.05

口絵 紺紙金泥写経—群馬県立歴史博物館蔵品資料（121）（小野瀬和男）「群馬文化」 群馬県地域文化研究協議会 （320）2014.10

連載コラム 生きた町の歴史を知ろう（5）えびす講が盛んな内陸の長野・群馬・栃木県（小林竜太郎）「長野」 長野郷土史研究会 （297）2014.10

群馬町

群馬町の石造延命地蔵椅坐像（近藤昭一）「史迹と美術」 史迹美術同攷会 69（2）通号692 1999.2

毛塚茂平治家

上州の重要民家をたずねる（40）毛塚茂平治家（桑原稔，家泉博）「上州 ： 郷土文化誌」 あさを社 27（10）通号317 2000.10

華蔵寺

華蔵寺経蔵調査と仏像再制作の経緯について（高井恭子）「黄檗文華」 黄檗山萬福寺文華殿 （122）2003.7

三河龍渓院と華蔵寺一切経をめぐって—経典の取捨改刻と既成仏教との関係（高井恭子）「黄檗文華」 黄檗山萬福寺文華殿 （128）2009.07

華蔵寺公園

華蔵寺公園の石碑—公園では珍しい多数の石碑（宮田保）「群馬歴史散歩」 群馬歴史散歩の会 152 1999.1

小泉神社

小泉神社（富山敏）「群馬歴史散歩」 群馬歴史散歩の会 155 1999.7

光恩寺

図録 ぐんまの文化財 千代田町光恩寺の文化財（長柄行光）「ぐんま地域文化」 群馬地域文化振興会 （40）2013.05

上野

物部神道と上野—長野采女と榛名神道（佐藤喜久一郎）「群馬文化」 群馬県地域文化研究協議会 278 2004.4

廻国聖の道（2）上野・下野を歩く（足立順司）「静岡県埋蔵文化財調査研究所研究紀要」 静岡県埋蔵文化財調査研究所 （12）2006.3

上野砥初期請負人市川家の砥山経営（徳江康）「群馬文化」 群馬県地域文化研究協議会 通号296 2008.10

上野国分寺

訪ねてみよう 群馬の遺跡総社古墳群と上野国分寺（木津博明）「埋文群馬」 群馬県埋蔵文化財調査事業団 31 1999.2

古代寺院の付属施設に関する一考察—上野国分寺周辺を中心に（桜岡正信，関口功一）「群馬考古学手帳」 群馬土器観会 11 2001.5

上野国分寺「東院」について（桜岡正信，関口功一）「群馬考古学手帳」 群馬土器観会 13 2003.5

上野国分南辺築垣の走向の検討（研究）（飯島義雄）「群馬文化」 群馬県地域文化研究協議会 （320）2014.10

上野国分寺跡

上野国分寺跡（国指定史跡）と国分尼寺跡（清水豊）「群馬歴史散歩」 群馬歴史散歩の会 179 2003.7

特集2 上野国分寺跡考（松田直弘）「上州路 ： 郷土文化誌」 あさを社 32（2）通号369 2005.2

上野国

上野（群馬県）の板碑（田上侊夫）「おくやまのしょう ： 奥山荘郷土研究会誌」 奥山荘郷土研究会 24 1999.3

「上野国交替実録帳」諸郡官舎項の再検討（関口功一）「群馬文化」 群馬県地域文化研究協議会 260 1999.10

上野国における平安時代の神社行政（川原秀夫）「ぐんま史料研究」 群馬県立文書館 （16）2001.3

里修験と憑霊信仰—近世上野国の事例（時枝務）「山岳修験」 日本山岳修験学会，岩田書院（発売）（27）2001.3

緑釉陶器にみる古代上野国（神谷佳明）「群馬県埋蔵文化財調査事業団研究紀要」 群馬県埋蔵文化財調査事業団 19 2001.4

明治初期における伊・仏国外交官による養蚕地帯の視察—特に上野国の視察に視点を当てて（今井幹夫）「ぐんま史料研究」 群馬県立文書館 （17）2001.10

町田延陵書写の『上野国神名帳』について（神保侑史）「群馬県立歴史博物館紀要」 群馬県立歴史博物館 （23）2002.3

寛政期上野国における本山派修験寺院の分布と霞支配—文政9年写『上野国本山々伏名所記』の整理を通して（久保康顕）「えりあぐんま」 群馬地理学会 （8）2002.5

浄土信仰の普及—上野国中世の事例を中心に（近藤義雄）「群馬文化」 群馬県地域文化研究協議会 276 2003.10

上野国における仏教系遺物（渡邊大士）「奈和」 奈和同人会 （45）2007.4

補陀落渡海における上野国と琉球王国のえにし（大野富次）「群馬歴史散歩」 群馬歴史散歩の会 （199）2007.5

新刊紹介 近藤昭一遺稿集「中世日本人の信仰—上野国の仏教遺物・遺跡を中心に」（中西亨）「史迹と美術」 史迹美術同攷会 77（4）通号774 2007.5

上野総社神社所蔵本『上野国神名帳』前書と『総社・稲含両大明神草創縁起』に関する一考察（神保侑史）「群馬文化」 群馬県地域文化研究協議会 通号291 2007.7

不在の「外来王」—上野国誕生の神話（佐藤喜久一郎）「群馬文化」 群馬県地域文化研究協議会 通号292 2007.10

江戸後期の上野国本山派修験（久保康顕）「武尊通信」 群馬歴史民俗研究会 （115）2008.9

上野国中世社会の信仰について[1]，(2)（小山宏）「上毛民俗」 上毛民俗学会 （54）/（55）2010.10/2011.04

近世上野国における本山派年中行事と同行（時枝務）「山岳修験」 日本山岳修験学会，岩田書院（発売）（51）2013.03

上野東歌探訪 関東方言と東海方言／上野国東歌のうち方言を含まない歌，また末勘国歌について／本歌の後に異伝を載せる歌／伊香保ろの岨の榛原」（北川和秀）「上州文化」 群馬県教育文化事業団 （136）2013.11

戦国大名武田氏と修験—上野国年行事職相論の検討を中心に（2013年度駒沢史学会大会発表要旨）（長谷川幸一）「駒沢史学」 駒沢史学会 （81）2013.12

上野国総社神社

上野国総社神社神名帳に関する一考察（近藤晃）「群馬文化」 群馬県地域文化研究協議会 通号285 2006.1

上野国総社神社神名帳に関する考察補遺（近藤晃）「群馬文化」 群馬県地域文化研究協議会 通号289 2007.1

上野総社神社

上野総社神社調査報告書（川嵜清和，桑原稔，金井淑幸，加藤浩一，川田常雄，家泉博）「ビエネス ： 群馬県文化財研究会論文報告集」 群馬県文化財研究会 （17） 2011.03

国分寺尼寺跡

上野国分寺跡（国指定史跡）と国分寺尼寺跡（清水豊）「群馬歴史散歩」 群馬歴史散歩の会 179 2003.7

小暮神社

小暮神社の長者石（池田建一）「富士見郷土研究」 富士見村郷土研究会 （55） 2002.3

小柴家

上州の重要民家をたずねる（2） 小柴家（桑原稔，岡島正好）「上州路 ： 郷土文化誌」 あさを社 278 1997.7

五代村

暮らしのかたち（43） 伝説「五代村」の話―中国故事「爛柯」との関わり（井田安雄）「上州文化」 群馬県教育文化事業団 92 2002.11

五町田

前観音・後観音（五町田文化財調査委）「群馬歴史散歩」 群馬歴史散歩の会 147 1998.3

小沼

赤城山頂大沼・小沼とその信仰―水中線鏡の原理と赤城山信仰（小林修）「赤城村歴史資料館紀要」 赤城村教育委員会 8 2005.12

小林英二郎家

上州の重要民家をたずねる（57），（58） 小林英二郎家（桑原稔，西村利夫，家泉博，金井淑幸）「上州路 ： 郷土文化誌」 あさを社 29（3）通号334/29（4）通号335 2002.3/2002.4

小林久豊家

上州の重要民家をたずねる（37），（44） 小林久豊家（桑原稔，池田修，金井淑幸）「上州路 ： 郷土文化誌」 あさを社 26（7）通号314/28（2）通号321 2000.7/2001.2

こぶ観音

こぶ観音 今と昔（石本浩道）「群馬歴史散歩」 群馬歴史散歩の会 159 2000.3

駒岩

群馬・駒岩の獅子舞（石川博司）「まつり通信」 まつり同好会 54（3）通号571 2014.05

駒形駅

駒形駅を巡る「鉄道忌避伝説」に就いて（井田安雄）「世間話研究」 世間話研究会 （18） 2008.10

込皆戸

込皆戸「式三番叟」と女渕「太々神楽」（清水博太郎）「群馬歴史散歩」 群馬歴史散歩の会 166 2001.5

古馬牧

ぐんまの郷土芸能 古馬牧（コメマキ）の人形浄瑠璃（略称 下牧人形）（山田出夫）「ぐんま地域文化」 群馬地域文化振興会 （32） 2009.05

子持神社

子持山と子持神社（佐藤善一郎）「群馬歴史散歩」 群馬歴史散歩の会 180 2003.9

子持村

子持村の民俗芸能について（小暮三之）「群馬歴史散歩」 群馬歴史散歩の会 180 2003.9

子持山

子持山と子持神社（佐藤善一郎）「群馬歴史散歩」 群馬歴史散歩の会 180 2003.9

五科

玉村町五科の水神祭（文化財めぐり）（小柴可信）「利根川文化研究」 利根川文化研究会 通号28 2006.6

五料

ぐんまの郷土芸能 玉村町五料の水神祭り（板橋春夫）「ぐんま地域文化」 群馬地域文化振興会 （38） 2012.05

五料の茶屋本陣

「五料の茶屋本陣お西」のひな人形展（上原富次）「上州風」 上毛新聞社 （24） 2006.3

金泉寺

清水山金泉寺の師檀関係について（久保康顕）「山岳修験」 日本山岳修験学会，岩田書院（発売） （31） 2003.3

境島村

日常の生活空間に同居する祖先（群馬県伊勢崎市境島村地区合同調査特集）（森隆男）「昔風と当世風」 古々路の会 （95） 2011.04

境島村の養蚕家屋（群馬県伊勢崎市境島村地区合同調査特集）（宮崎勝弘）「昔風と当世風」 古々路の会 （95） 2011.04

蚕種の里 “島村” 探訪（群馬県伊勢崎市境島村地区合同調査特集）（早瀬哲恒）「昔風と当世風」 古々路の会 （95） 2011.04

利根川の恵みと脅威―群馬県伊勢崎市境島村（群馬県伊勢崎市境島村地区合同調査特集）（津山正幹）「昔風と当世風」 古々路の会 （95） 2011.04

境町

境町の例幣使道（茂木伸司）「群馬歴史散歩」 群馬歴史散歩の会 181 2003.11

佐口幸夫家

上州の重要民家をたずねる（48） 佐口幸夫家（桑原稔，西村利夫，家泉博）「上州路 ： 郷土文化誌」 あさを社 28（6）通号325 2001.6

作間神社

作間神社太々神楽（小野上の郷土芸能）（今泉義政）「群馬歴史散歩」 群馬歴史散歩の会 163 2000.11

桜岩観音

桜岩観音について（坂寄富士夫）「群馬歴史散歩」 群馬歴史散歩の会 160 2000.5

酒呑み地蔵

花魁地蔵・酒呑み地蔵（春木征子）「上州路 ： 郷土文化誌」 あさを社 28（3）通号322 2001.3

さざえ堂

上州の一番 日本三堂最大 さざえ堂（鈴木石花）「上州路 ： 郷土文化誌」 あさを社 32（12）通号379 2005.12

佐藤善一郎家

上州の重要民家をたずねる（90） 佐藤善一郎家（旧横堀宿本陣） 北群馬郡子持村（桑原稔，家泉博，金井淑幸）「上州路 ： 郷土文化誌」 あさを社 31（12）通号367 2004.12

里見隆家

上州の重要民家をたずねる（65） 里見隆家（桑原稔，西村利夫，金井淑幸）「上州路 ： 郷土文化誌」 あさを社 29（11）通号342 2002.11

里見哲夫家

上州の重要民家をたずねる（112），（113） 里見哲夫家 甘楽郡下仁田町［1］，（2）（桑原稔，川嵜清和，加藤浩一，金井淑幸，川田常雄）「上州路 ： 郷土文化誌」 あさを社 33（10）通号389/33（11）通号390 2006.10/2006.11

ざる観音

長松寺とざる観音（柴崎喜朗）「群馬歴史散歩」 群馬歴史散歩の会 143 1997.7

産泰様

民俗ノートから（5）お産の神「産泰様」（板橋春夫）「群馬歴史散歩」 群馬歴史散歩の会 185 2004.7

産泰神社

高山彦九郎「子安神社道の記」を歩く（2）～（10）（星野正明）「群馬風土記」 群馬出版センター 51/59 1997.10/1999.10

産泰神社（鯉登茂行）「群馬歴史散歩」 群馬歴史散歩の会 188 2005.1

山王集落

前橋市総社町山王集落の民家と樫ぐね景観（特集 流域の文化的景観）（戸所隆）「利根川文化研究」 利根川文化研究会 （37） 2013.12

山王町

わが町の文化財散歩（3） 前橋市山王町の筆子塚と鶴光路町の筆塚（岡田昭二）「群馬歴史散歩」 群馬歴史散歩の会 （231） 2013.9

山王廃寺

よみがえる白鳳の寺・山王廃寺―平成9年度の調査から（前原豊）「群馬文化」 群馬県地域文化研究協議会 254 1998.4

訪ねてみよう 群馬の遺跡 山王廃寺「埋文群馬」 群馬県埋蔵文化財調査事業団 33 2000.1

山王廃寺出土「放光寺」銘文字瓦をめぐって（栗原和彦）「群馬文化」 群馬県地域文化研究協議会 通号288 2006.10

祈りのかたち（2） 山王廃寺塑像（三輪途道）「上州風」 上毛新聞社 （30） 2009.03

伝 山王廃寺出土の調度品（小山宏）「群馬歴史散歩」 群馬歴史散歩の会 （223） 2012.03

放光寺（山王廃寺）と秋間古窯跡（栗原和彦）「群馬文化」 群馬県地域文化研究協議会 （312） 2012.10

山王廃寺跡

随想 時空を超えた連携と協力でよみがえる山王廃寺跡（石川克博）「群馬文化」 群馬県地域文化研究協議会 通号297 2009.01

山王廃寺跡の範囲内容確認調査を終えて（文化財レポート）（山下歳信）「群馬文化」 群馬県地域文化研究協議会 （309） 2012.01

東国のロマン・山王廃寺跡（特集 前橋市の文化財）（山下歳信）「群馬歴史散歩」 群馬歴史散歩の会 （225） 2012.07

三宮神社

三宮神社について（星野林造）「群馬歴史散歩」 群馬歴史散歩の会 143 1997.7

三波川谷

石仏の宝庫 鬼石町三波川谷の石仏（松尾翔）「群馬歴史散歩」 群馬歴史散歩の会 162 2000.9

三波川村

古文書が語る上州史（48）三波川村の鮎漁（田畑勉）「群馬風土記」 群馬出版センター 12（3）通号54 1998.7

慈眼院

お別れと癒しの「お葬式」 観音山慈眼院住職・橋爪良恒師に聞く「上州路 : 郷土文化誌」 あさを社 279 1997.8

自性寺

群馬の職人文化 自性寺焼―群馬県ふるさと伝統工芸品（青木昇）「ぐんま地域文化」 群馬地域文化振興会 （22） 2004.5

地蔵岳

赤城霊山考―地蔵岳に死者の霊が籠ること（井田安雄）「世間話研究」 世間話研究会 （20） 2011.03

倭文神社

祭りの唱えことば「エートウ」について（伊藤克枝）「武尊通信」 群馬歴史民俗研究会 97 2004.3

北関東の田遊び―倭文神社の田遊びの検討（関孝夫）「群馬歴史民俗」 群馬歴史民俗研究会 （29） 2008.3

芝宿

堀口の屋号―例幣使の芝下宿（山田雄弥）「群馬歴史散歩」 群馬歴史散歩の会 152 1999.1

柴町八幡神社

柴町八幡神社―由緒及び天井絵（茂木邦好）「群馬歴史散歩」 群馬歴史散歩の会 152 1999.1

渋川

渋川もじり句と輪島段駄羅（平沢文夫）「群馬歴史散歩」 群馬歴史散歩の会 154 1999.5

上州紬・渋川太織・草津紬（小山宏）「群馬歴史散歩」 群馬歴史散歩の会 （208） 2009.3

地芝居探訪（44） 栗井春日歌舞伎/小森歌舞伎/渋川歌舞伎/小鹿野歌舞伎/新城歌舞伎「公益社団法人全日本郷土芸能協会会報」 全日本郷土芸能協会 （70） 2013.01

渋川の祇園祭り（小山宏）「群馬歴史散歩」 群馬歴史散歩の会 （229） 2013.05

渋川市

渋川市の寺院と眞光寺のこぼれ話（大島史郎）「群馬歴史散歩」 群馬歴史散歩の会 182 2004.1

吉岡町と渋川市の鬼面を刻む石祠や石堂・石殿（《特集 軽井沢町（長野県）》）（大島史郎）「群馬歴史散歩」 群馬歴史散歩の会 （192） 2006.1

群馬県内の「御獅流・豊饒講神楽」―渋川・前橋両市周辺に分布する神楽の出自を考える（論考）（森林憲史）「民俗芸能研究」 民俗芸能学会 （54） 2013.03

渋川村

「渋川神社仏閣 三十四ヶ所順礼縁起」について（大島史郎）「渋川市赤城歴史資料館紀要」 渋川市教育委員会 10 2008.5

島村

島村蚕種業者による栃木県延島新田進出と蚕室経営（宮崎俊弥）「ぐんま史料研究」 群馬県立文書館 （16） 2001.3

島村一養蚕農家の風景（栗原嘉二）「群馬歴史散歩」 群馬歴史散歩の会 172 2002.5

島村の蚕種とその文化をたずねて（関口敏廣）「群馬歴史散歩」 群馬歴史散歩の会 181 2003.11

ぐんまの郷土芸能 島村小唄（関口勝）「ぐんま地域文化」 群馬地域文化振興会 （28） 2007.4

ぐんまのくらしと民俗 蚕の村 島村（田島亀夫）「ぐんま地域文化」 群馬地域文化振興会 （28） 2007.4

伊勢崎市島村地区の川の民俗（群馬県伊勢崎市境島村地区合同調査特集）（鈴木秋彦）「昔風と当世風」 古々路の会 （95） 2011.04

伊勢崎市島村合同調査を終えて（群馬県伊勢崎市境島村地区合同調査特集）（谷川隼也）「昔風と当世風」 古々路の会 （95） 2011.04

伊勢崎市島村の食と衣から（群馬県伊勢崎市境島村地区合同調査特集）（丸山久子）「昔風と当世風」 古々路の会 （95） 2011.04

公民館で逢いましょう―群馬県、島村青年団・公民館結婚・産育（群馬県伊勢崎市境島村地区合同調査特集）（むらき数子）「昔風と当世風」 古々路の会 （95） 2011.04

島村のキリスト教（群馬県伊勢崎市境島村地区合同調査特集）（折橋豊子）「昔風と当世風」 古々路の会 （95） 2011.04

島村・養蚕農家の施設と水回り（群馬県伊勢崎市境島村地区合同調査特集）（神かほり）「昔風と当世風」 古々路の会 （95） 2011.04

島村教会

第83講 島村教会の歴史（ぐんまの歴史入門講座）（宮崎俊弥）「ぐんま地域文化」 群馬地域文化振興会 （28） 2007.4

下小塙町

下小塙町北野神社の奉納額（森田秀策）「高崎市市史編さんだより」 高崎市 23 2001.7

下田竹司家旧主家

上州の重要民家をたずねる（75） 下田竹司家旧主家（桑原稔，池田修）「上州路 : 郷土文化誌」 あさを社 30（9）通号352 2003.9

下長磯

下長磯操翁式三番叟（小山儀一）「上州文化」 群馬県教育文化事業団 99 2004.8

二人遣いの厳粛な神事下長磯操翁式三番叟見学記（高山正）「上州路 : 郷土文化誌」 あさを社 32（7）通号374 2005.7

下南室

ぐんまの郷土芸能 下南室の太々御神楽（今井登）「ぐんま地域文化」 群馬地域文化振興会 （27） 2006.10

下南室太々神楽「養蚕の舞」（文化財レポート）（今井郁男）「群馬文化」 群馬県地域文化研究協議会 （316） 2013.10

下仁田

下仁田ネギ由来譚（上原安男）「群馬風土記」 群馬出版センター 57 1999.4

名馬磨墨と下仁田・富岡・妙義の伝説地名（福田孔一）「群馬地名だより : 群馬地名研究会会報」 群馬地名研究会 42 1999.9

戦前の農村習俗（下仁田）（上原安男）「群馬風土記」 群馬出版センター 14（3）通号62 2000.7

ぐんまの歴史と民俗 下仁田・南牧地域の両墓制（池田秀夫）「ぐんま地域文化」 群馬地域文化振興会 15 2000.11

"呪いの藁人形"騒動（下仁田地方）（上原安男）「群馬風土記」 群馬出版センター 15（2）通号65 2001.4

昭和―農村の一風景（下仁田地方）（上原安男）「群馬風土記」 群馬出版センター 16（1）通号68/16（2）通号69 2002.1/2002.4

下仁田コンニャク（坂本正行）「上州路 : 郷土文化誌」 あさを社 30（9）通号352 2003.9

ネギとこんにゃく下仁田名産（市川肇）「群馬歴史散歩」 群馬歴史散歩の会 183 2004.3

下仁田道

古文書で語る歴史の道（5）下仁田道と上野紙の輸送（岡田昭二）「上州文化」 群馬県教育文化事業団 98 2004.5

下仁田町

般若心経碑と空居上人―群馬県下仁田町（続・石仏と民俗伝承）（時枝務）「あしなか」 山村民俗の会 300 2014.04

下広沢村

下広沢村島居領の宗門人別帳（戸籍）から見えてくるもの（清水照治）「桐生文苑」 桐生文化史談会 （53） 2014.3

下三林

いのちの民俗誌試論―群馬県館林市上三林、下三林地区における誕生と死の儀礼分析から（板橋春夫）「ぐんま史料研究」 群馬県立文書館

下牧

ぐんまの郷土芸能 古馬牧（コメマキ）の人形浄瑠璃（略称 下牧人形）（山田忠夫）「ぐんま地域文化」 群馬地域文化振興会 （32） 2009.05

社日稲荷神社

社日稲荷神社（富山畝）「群馬歴史散歩」 群馬歴史散歩の会 155 1999.7

十三宝塚遺跡

史跡十三宝塚遺跡における寺院建立の背景（覚書）（坂爪久純）「群馬歴史散歩」 群馬歴史散歩の会 181 2003.11

十二山神社

片品の十二[1]，(2) 十二山神社・十二様について（大竹将彦）「群馬地名だより ： 群馬地名研究会会報」 群馬地名研究会 （70）/（71） 2009.02/2009.07

宿稲荷神社

宿稲荷神社と彫刻（小林一好）「群馬歴史散歩」 群馬歴史散歩の会 159 2000.3

宿稲荷神社（彫刻は村指定文化財）（久保田音吉）「群馬歴史散歩」 群馬歴史散歩の会 186 2004.9

宿大類

神社経営と基本財産―宿大類熊野神社の場合（森田秀策）「高崎市市史編さんだより」 高崎市 27 2003.7

浄運寺

桐生浄運寺本堂内陣彫刻の彫刻年代と彫刻師解明（小林一好）「群馬歴史散歩」 群馬歴史散歩の会 149 1998.7

浄運寺本堂の彫刻年代と彫刻師解明（小林一好）「桐生史苑」 桐生文化史談会 38 1999.3

正覚寺

沼田市正覚寺「絹本著色地蔵十王図」（特集 平成の新指定―北毛編）（小池雅典）「群馬歴史散歩」 群馬歴史散歩の会 （222） 2012.01

上州

《特集 ぐんまの祭り(2)》「上州路 ： 郷土文化誌」 あさを社 272 1997.1

上州の伝承民謡 わらべうた（酒井正保）「上州路 ： 郷土文化誌」 あさを社 272/295 1997.1/1998.12

新発見 梅を描いた円空仏（岡部央）「上州文化」 群馬県教育文化事業団 69 1997.2

結婚の今昔―貸し衣装・入家儀礼・婚逃げ習俗（板橋春夫）「上州路 ： 郷土文化誌」 あさを社 274 1997.3

長井キクエさんに聞く 私の嫁入り―昭和初期の結婚式（編集部）「上州路 ： 郷土文化誌」 あさを社 274 1997.3

空白の歴史（23）上州気質と上州弁（浅見喜義）「群馬風土記」 群馬出版センター 49 1997.4

上州の民話と伝承（11）弘法の悪水、他（上原安男）「群馬風土記」 群馬出版センター 49 1997.4

民家に寄せて（寺崎喜三）「上州路 ： 郷土文化誌」 あさを社 276 1997.5

《特集 お葬式いまむかし》「上州路 ： 郷土文化誌」 あさを社 279 1997.8

葬式の今昔―ケガレと非日常の民俗（板橋春夫）「上州路 ： 郷土文化誌」 あさを社 279 1997.8

わが家のお葬式（青山ハルナ）「上州路 ： 郷土文化誌」 あさを社 279 1997.8

上州の重要民家をたずねる（3），(4)（桑原稔，岡島正好）「上州路 ： 郷土文化誌」 あさを社 279/280 1997.8/1997.9

古文書が語る上州史（45）日光例幣使の通行（田畑勉）「群馬風土記」 群馬出版センター 51 1997.10

昭和4年「上州小唄」民謡論争―地域文化創造の視点から（手島仁）「群馬文化」 群馬県地域文化研究協議会 252 1997.10

上州の重要民家をたずねる（5）（桑原稔，家泉博）「上州路 ： 郷土文化誌」 あさを社 281 1997.10

神の世界（1）七五三について（藤原大士）「上州路 ： 郷土文化誌」 あさを社 282 1997.11

神の世界（2）除夜の鐘と門松（藤原大士）「上州路 ： 郷土文化誌」 あさを社 283 1997.12

伝説の残る名字「上州路 ： 郷土文化誌」 あさを社 284 1998.1

神の世界（3）初詣について（藤原大士）「上州路 ： 郷土文化誌」 あさを社 284 1998.1

神の世界（4）立春と祈念祭について（藤原大士）「上州路 ： 郷土文化誌」 あさを社 285 1998.2

神の世界（5）雛祭りについて（藤原大士）「上州路 ： 郷土文化誌」 あさを社 286 1998.3

神の世界（7）氏神様と産土神の神様（藤原大士）「上州路 ： 郷土文化誌」 あさを社 288 1998.5

神の世界（8）人事を尽くして天命を待つ（藤原大士）「上州路 ： 郷土文化誌」 あさを社 289 1998.6

神の世界（9）「人は神の子」か「猿の進化」か（藤原大士）「上州路 ： 郷土文化誌」 あさを社 290 1998.7

心を伝える芝居作り（森田哲夫）「上州文化」 群馬県教育文化事業団 75 1998.8

神の世界（10）私達は、何を拝むのか（藤原大士）「上州路 ： 郷土文化誌」 あさを社 291 1998.8

空白の歴史（29）上州やくざ考（浅見喜義）「群馬風土記」 群馬出版センター 12(4)通号55 1998.10

神の世界（11）神様はどこにおられるのか（藤原大士）「上州路 ： 郷土文化誌」 あさを社 293 1998.10

伝統的人形芝居復活への仕掛け（星野紘）「上州文化」 群馬県教育文化事業団 76 1998.11

上州で初めて発見された花輪彫刻始祖の作品（小林一好）「桐生史苑」 桐生文化史談会 38 1999.3

神の世界（18）「祖霊祀り」は神道に起因する（藤原大士）「上州路 ： 郷土文化誌」 あさを社 26(5)通号300 1999.5

上州のことば・文化・歴史（峰岸純夫）「上州文化」 群馬県教育文化事業団 79 1999.8

廃れゆく風俗・習慣（野口幸男）「上州文化」 群馬県教育文化事業団 79 1999.8

上州路辻説法 酒（酒井大岳）「上州路 ： 郷土文化誌」 あさを社 26(2)通号309 2000.2

早春を楽しむ茶飯釜（真下育子）「上州路 ： 郷土文化誌」 あさを社 26(3)通号310 2000.3

《特集 性神紀行》「上州路 ： 郷土文化誌」 あさを社 26(4)通号311 2000.4

性神のいろいろ/道祖神、その他/性風習のいろいろ「上州路 ： 郷土文化誌」 あさを社 26(4)通号311 2000.4

鏡開き鎧着初め式（梅山仁一郎）「上州路 ： 郷土文化誌」 あさを社 26(9)通号316 2000.9

上州の重要民家をたずねる（42），(43)（桑原稔，池田修，家泉博）「上州路 ： 郷土文化誌」 あさを社 27(12)通号319/28(1)通号320 2000.12/2001.1

語り継ぎたい五人囃子（加藤豊子）「上州文化」 群馬県教育文化事業団 85 2001.2

上州村々にみる出火と「火元入寺」（佐藤孝之）「群馬歴史民俗」 群馬歴史民俗研究会 22 2001.3

《特集 お地蔵さんをたずねる1》「上州路 ： 郷土文化誌」 あさを社 28(3)通号322 2001.3

開山と向き合う序曲（木村隆）「上州路 ： 郷土文化誌」 あさを社 28(4)通号323 2001.4

椎茸生産の現状と課題（松原甚太郎）「上州路 ： 郷土文化誌」 あさを社 28(5)通号324 2001.5

上州音頭と高崎観音山（小鮒智）「上州路 ： 郷土文化誌」 あさを社 28(6)通号325 2001.6

時の鐘（菅原秀明）「上州路 ： 郷土文化誌」 あさを社 28(6)通号325 2001.6

堰の唄（桑原かず子）「上州路 ： 郷土文化誌」 あさを社 28(6)通号325 2001.6

時の鐘の音（貝瀬久代）「上州路 ： 郷土文化誌」 あさを社 28(6)通号325 2001.6

蚕の一生（橋爪ひさ子）「上州路 ： 郷土文化誌」 あさを社 28(6)通号325 2001.6

でんでん太鼓の不思議（横田金治）「上州路 ： 郷土文化誌」 あさを社 28(6)通号325 2001.6

桐生の絹市/桐生地方の市争い/絹市騒動/天明絹運上運動/吉井の市/藤岡の絹市/伊勢崎の市/前橋の市/高崎の市/富岡の市/境の市/安中の市/太田の市/金古の絹市/大間々の市「上州路 ： 郷土文化誌」 あさを社 28(7)通号326 2001.7

道祖神フェスティバル（塚越昇）「上州文化」 群馬県教育文化事業団 87 2001.8

「小栗さま」のいる村「上州風」 上毛新聞社 8 2001.9

峠神信仰を詮索する（浅見喜義）「上州路 ： 郷土文化誌」 あさを社 28(9)通号328 2001.9

物交から定期市へ/地名が示す古い市/米市場の永井宿と本宿/渋川の馬市/市神と連尺神/館林の市/榛名町下室田の市/原町と中之条の市/沼田と月夜野の市/松井田の市/玉村地方の市「上州路 ： 郷土文化誌」 あさを社 28(10)通号329 2001.10

歴史の証人・苔むす塔碑（浅見喜義）「上州路 ： 郷土文化誌」 あさを社 28(10)通号329 2001.10

群馬県　郷土に伝わる民俗と信仰　関東

新発見円空仏 円空と上州 (小山宏)「群馬歴史散歩」 群馬歴史散歩の会 169 2001.11

《特集 馬の民俗―午年に因んでの馬のはなし》「上州路 ： 郷土文化誌」 あさを社 29 (1) 通号332 2002.1

天神信仰の意味したもの (浅見喜義)「上州文化」 群馬県教育文化事業団 29 (3) 通号334 2002.3

暮らしのかたち (41)「神隠し」のはなし―異界との交信記録 (井田安雄)「上州文化」 群馬県教育文化事業団 90 2002.5

上州祭文よリ浪花節へ (星野富夫)「東国史論」 群馬考古学研究会 17 2002.5

古文書が語る上州史 (64) 家抱が残る村 (田畑勉)「群馬風土記」 群馬出版センター 16 (3) 通号70 2002.7

神楽の素晴らしさ (太田晃三)「上州文化」 群馬県教育文化事業団 91 2002.8

仏塔を訪ねて (嶋村迪雄)「上州文化」 群馬県教育文化事業団 91 2002.8

上州産出のカワノリ (中島直樹)「武尊通信」 群馬歴史民俗研究会 91 2002.9

父の吉祥天 (植原弘子)「上州路 ： 郷土文化誌」 あさを社 29 (10) 通号341 2002.10

特集 上州地酒万歳／上州を旅した落語の神様 三遊亭円朝「上州風」 上毛新聞社 13 2002.12

幻の無形文化財 (持谷靖子)「上州文化」 群馬県教育文化事業団 93 2003.2

駒形には竹馬も含まれる (浅見喜義)「上州路 ： 郷土文化誌」 あさを社 30 (5) 通号348 2003.5

昭和初期の風物 (1)～(5) (櫛渕真澄)「上州路 ： 郷土文化誌」 あさを社 30 (6) 通号349／30 (10) 通号353 2003.6／2003.10

ナマズの味噌汁 (坂本正行)「上州路 ： 郷土文化誌」 あさを社 30 (7) 通号350 2003.7

寄稿 冷や汁 (坂本正行)「上州路 ： 郷土文化誌」 あさを社 30 (8) 通号351 2003.8

上州初期在村文化、旧地侍層の教育・文化・信仰活動―地域イデオロギーとしての「文人」と「信心」と「軍記」(杉仁)「在村文化研究」 在村文化研究会 (16) 2003.9

祖霊が宿る清浄な山 山岳信仰の原型 (近藤義雄)「上州風」 上毛新聞社 16 2003.9

山霊との対話 (小山友孝)「上州風」 上毛新聞社 16 2003.9

オキリコミ (坂本正行)「上州路 ： 郷土文化誌」 あさを社 30 (11) 通号354 2003.11

特集 上州人は何を食べてきたか いつも食卓には、うどんとまんじゅうがあった「上州風」 上毛新聞社 17 2003.12

《特集 お地蔵さんをたずねる2》「上州路 ： 郷土文化誌」 あさを社 30 (12) 通号355 2003.12

ふるさとの地蔵信仰 (酒井正保)「上州路 ： 郷土文化誌」 あさを社 30 (12) 通号355 2003.12

しみ豆腐 (坂本正行)「上州路 ： 郷土文化誌」 あさを社 30 (12) 通号355 2003.12

上州の七草粥 (坂本正行)「上州路 ： 郷土文化誌」 あさを社 31 (1) 通号356 2004.1

酒席閑話 (35) 臍繰りの由来 (豊泉清)「上州路 ： 郷土文化誌」 あさを社 31 (2) 通号357 2004.2

「古酒」といわれる酒―酒・蔵・探・訪 70年代の日本酒が琥珀色した甘い香りの酒になった「上州風」 上毛新聞社 18 2004.3

寄稿・フキノトウ (坂本正行)「上州路 ： 郷土文化誌」 あさを社 31 (3) 通号358 2004.3

端午の節句 (坂本正行)「上州路 ： 郷土文化誌」 あさを社 31 (4) 通号359 2004.4

上州巡礼 (1) 巡礼と上州 (森山透)「上州路 ： 郷土文化誌」 あさを社 31 (6) 通号361 2004.6

上州巡礼 (2) 巡礼と光の癒し (森山透)「上州路 ： 郷土文化誌」 あさを社 31 (7) 通号362 2004.7

上州の七夕祭リ (坂本正行)「上州路 ： 郷土文化誌」 あさを社 31 (7) 通号362 2004.7

上州巡礼 (3) 巡礼と水の癒し (森山透)「上州路 ： 郷土文化誌」 あさを社 31 (8) 通号363 2004.8

上州のお盆 (坂本正行)「上州路 ： 郷土文化誌」 あさを社 31 (8) 通号363 2004.8

幕末期の上州農村の地芝居について―その上演と諸経費を中心に (田畑勉)「ぐんま史料研究」 群馬県立文書館 (22) 2004.9

《特集 上州の野仏たち》「上州路 ： 郷土文化誌」 あさを社 31 (9) 通号364 2004.9

上州の野仏たち (金井竹徳)「上州路 ： 郷土文化誌」 あさを社 31 (9) 通号364 2004.9

無駄ばなし 「野の仏」(伊藤和彦)「上州路 ： 郷土文化誌」 あさを社

石仏雑記 (岡田徹)「上州路 ： 郷土文化誌」 あさを社 31 (9) 通号364 2004.9

上州の蚕神 (角田尚士)「上州路 ： 郷土文化誌」 あさを社 31 (9) 通号364 2004.9

上州巡礼 (4) 巡礼と花の癒し (森山透)「上州路 ： 郷土文化誌」 あさを社 31 (9) 通号364 2004.9

上州巡礼 (5) 巡礼と鳥の癒し (森山透)「上州路 ： 郷土文化誌」 あさを社 31 (10) 通号365 2004.10

うちの一郷一学 まんてん紙芝居の会／歴史塾「上州風」 上毛新聞社 20 2004.11

門松 (大隅道子)「上州路 ： 郷土文化誌」 あさを社 31 (11) 通号366 2004.11

羽根つき (植原弘子)「上州路 ： 郷土文化誌」 あさを社 31 (11) 通号366 2004.11

繭玉飾リ (片山弘美)「上州路 ： 郷土文化誌」 あさを社 31 (11) 通号366 2004.11

どんど焼き (中山克巳)「上州路 ： 郷土文化誌」 あさを社 31 (11) 通号366 2004.11

門付け (赤羽華代)「上州路 ： 郷土文化誌」 あさを社 31 (11) 通号366 2004.11

七夕飾リ (阿佐美敦子)「上州路 ： 郷土文化誌」 あさを社 31 (11) 通号366 2004.11

月見 (中曽根史一)「上州路 ： 郷土文化誌」 あさを社 31 (11) 通号366 2004.11

足入れ (正田菊江)「上州路 ： 郷土文化誌」 あさを社 31 (11) 通号366 2004.11

こっくりさん (塚越秋琴)「上州路 ： 郷土文化誌」 あさを社 31 (11) 通号366 2004.11

女の子の遊び (正田菊江)「上州路 ： 郷土文化誌」 あさを社 31 (11) 通号366 2004.11

まりつき (竹田朋子)「上州路 ： 郷土文化誌」 あさを社 31 (11) 通号366 2004.11

メンコ とっこ遊び (中山克巳)「上州路 ： 郷土文化誌」 あさを社 31 (11) 通号366 2004.11

ベーゴマ 縄跳び (あらいまさはる)「上州路 ： 郷土文化誌」 あさを社 31 (11) 通号366 2004.11

大通リの縄跳び (鈴木石花)「上州路 ： 郷土文化誌」 あさを社 31 (11) 通号366 2004.11

「チャガシすんだかい」(下田一成)「上州路 ： 郷土文化誌」 あさを社 31 (11) 通号366 2004.11

上州巡礼 (6) 巡礼と月の癒し (森山透)「上州路 ： 郷土文化誌」 あさを社 31 (11) 通号366 2004.11

《特集 お葬式の不思議―新時代の「送りの光景」考》「上州路 ： 郷土文化誌」 あさを社 31 (12) 通号367 2004.12

上州巡礼 (7) 巡礼と人の癒し (森山透)「上州路 ： 郷土文化誌」 あさを社 31 (12) 通号367 2004.12

一枚の古文書との出会いから―「三河万歳」の上州廻勤 (岡田昭二)「武尊通信」 群馬歴史民俗研究会 100 2004.12

古文書が語る上州史 (75) 遊行上人の廻国 (田畑勉)「群馬風土記」 群馬出版センター 19 (2) 通号81 2005.4

《特集 上州に生きる木偶たち―人形芝居》「上州路 ： 郷土文化誌」 あさを社 32 (7) 通号374 2005.7

県内各地の人形芝居 尻高人形 錦松会 (高山村)／津久田人形 桜座 (赤城村)／八城人形浄瑠璃 城若座 (松井田町)／古馬牧の人形浄瑠璃「下牧人形」吉田座 (月夜野町)／沼須人形芝居 あけぼの座 (沼田市)「上州路 ： 郷土文化誌」 あさを社 32 (7) 通号374 2005.7

江戸時代の上州鋳物師と真継家支配 (高橋久敬)「群馬文化」 群馬県地域文化研究協議会 (284) 2005.10

上州の重要民家をたずねる (102)「上州路 ： 郷土文化誌」 あさを社 32 (12) 通号379 2005.12

上州・群馬の蚕神―信仰と造像 (角田尚士)「赤城村歴史資料館紀要」 赤城村教育委員会 8 2005.12

「上州のかかあ天下」は中世にさかのぼれるか (峰岸純夫)「群馬文化」 群馬県地域文化研究協議会 通号285 2006.1

落語に世界に見る上州《特集 落語に世界に見る上州》(前澤哲也, 編集部)「上州路 ： 郷土文化誌」 あさを社 33 (1) 通号380 2006.1

上州のお噺紀行その一 高崎が舞台？ 宿屋の仇討《特集 落語に世界に見る上州》)「上州路 ： 郷土文化誌」 あさを社 33 (1) 通号380 2006.1

上州のお噺紀行その二 大人の落語 鈴振りと大光院《特集 落語に世界に見る上州》)「上州路 ： 郷土文化誌」 あさを社 33 (1) 通号380 2006.1

上州のお噺紀行その四 山村に残った「かんかんのう」《特集 落語に世界に見る上州》)「上州路 ： 郷土文化誌」 あさを社 33 (1) 通号380

2006.1

子ども歌舞伎と花舞台 (あーとぐんま) (三桝京昇)「上州文化」 群馬県
教育文化事業団 (105) 2006.2

上州の雛祭り (坂本正行)「上州路 ： 郷土文化誌」 あさを社 33 (3) 通
号382 2006.3

祈りの風景—上州の小正月ツクリモノ (神宮善彦)「博物館だより」 群馬
県立歴史博物館 (105) 2006.11

地域の話題 からくり人形芝居移動舞台公演 (紙谷隆三)「上州文化」 群
馬県教育文化事業団 (109) 2007.2

酒席閑話 (73) 銭能通神 (豊泉清)「上州路 ： 郷土文化誌」 あさを社
34 (2) 通号393 2007.2

特集 こけしを作り続けること (富所ふみを)「上州文化」 群馬県教育文
化事業団 (110) 2007.5

特集 上州伝承わらべうたの旅「上州文化」 群馬県教育文化事業団
(114) 2008.5

古文書が語る上州史 (88) 儀礼をめぐる紛争 (田畑勉)「群馬風土記」 群
馬出版センター 22 (3) 通号94 2008.7

特集 上州伝承わらべうたの旅「上州文化」 群馬県教育文化事業団
(115) 2008.8

16世紀における上州六十六部聖の廻国納経 (覚書) (小林修)「群馬文化」
群馬県地域文化研究協議会 通号296 2008.10

特集 上州伝承わらべうたの旅「上州文化」 群馬県教育文化事業団
(116) 2008.11

特集 上州伝承わらべうたの旅「上州文化」 群馬県教育文化事業団
(117) 2009.02

上州紬・渋川太織・草津紬 (小山宏)「群馬歴史散歩」 群馬歴史散歩の会
(208) 2009.3

いろはにこんぺと こころの証「上州風」 上毛新聞社 (30) 2009.03

それでも雪男はいる (八木原国明)「上州風」 上毛新聞社 (30) 2009.03

ART NOW 挽物 伝統工芸に見る「上州文化」 群馬県教育文化事業団
(118) 2009.05

群馬県 上州八木節会 (民謡・民舞特集) (加藤義雄)「公益社団法人全日
本郷土芸能協会会報」 全日本郷土芸能協会 (56) 2009.07

祈りのかたち (3) 養蚕の神様 (三輪途道)「上州風」 上毛新聞社 (31)
2009.09

上州風エッセー 旅と三重塔 (本多忠衛)「上州風」 上毛新聞社 (31)
2009.09

上州にやってきた阿波木偶箱廻し—赤城人形大一座 (特集 部落の人々の
移動と越境) (友常勉)「明日を拓く」 東日本部落解放研究所, 解放書
店 (発売) 36 (4) 通号84 2010.02

祈りのかたち (4) 十一面観音像 (三輪途道)「上州風」 上毛新聞社
(32) 2010.03

秩父神楽と「上州神楽」について—秩父神楽に於ける演劇的演目の起源を
めぐって (森林憲史)「民俗芸能研究」 民俗芸能学会 (48) 2010.03

小山友孝著『歴史民俗研究—上州の風土と歴史—』(新刊紹介) (飯島康
夫)「群馬文化」 群馬県地域文化研究協議会 (302) 2010.04

泉岳寺と上州 (編集部)「群馬風土記」 群馬出版センター 25 (3) 通号
106 2011.7

地域文化をつなぐ 奉額調査 (千明政夫)「上州文化」 群馬県教育文化事
業団 (129) 2012.02

地域文化をつなぐ 民謡に魅せられて (木下進)「上州文化」 群馬県教育
文化事業団 (131) 2012.08

上州の石祠と騎馬遊牧民族 (特集 石仏と民俗伝承—心ときめく路傍の石
たちとの出会い) (鷲頭隆)「あしなか」 山村民俗の会 295・296
2012.08

上州太田七福神

上州太田七福神の七草寺めぐり (正田喜久)「群馬歴史散歩」 群馬歴史散
歩の会 157 1999.11

上州新四国八十八ヶ所

上州の新四国八十八所 緑野・南甘楽・北甘楽・多胡 (内山信次)「上州路
： 郷土文化誌」 あさを社 272/274 1997.1/1997.3

上州新四国平成遍路記「上州新四国八十八ヶ所道案内」 緑野・南甘楽・
北甘楽・多胡 (内山信次)「上州路 ： 郷土文化誌」 あさを社 275/
277 1997.4/1997.6

常清寺

常清寺の権五郎堂 (山本十四男)「群馬歴史散歩」 群馬歴史散歩の会
152 1999.1

浄蔵寺

大樹浪漫「浄蔵寺の大イチョウ」「上州文化」 群馬県教育文化事業団
(113) 2008.2

城沼

群馬見て歩き (12) 城沼と城下町に狐と狸が早春の便り・館林市 25万石
の歴史と伝説の散策「上州文化」 群馬県教育文化事業団 (121)

2010.2

上武国境

上武国境地域におけるクワトリビナ習俗 (高橋菜々子)「群馬歴史民俗」
群馬歴史民俗研究会 (33) 2012.03

浄法寺

伝教大師と浄法寺 (浅見靖幸)「群馬歴史散歩」 群馬歴史散歩の会 162
2000.9

最澄発願 相輪棠の寺 (三津間弘)「群馬風土記」 群馬出版センター 18
(1) 通号76 2004.1

正法寺

正法寺と脇屋館跡 (諏訪和雄)「群馬歴史散歩」 群馬歴史散歩の会 157
1999.11

上毛

上毛かるたの誕生と歴史「上州路 ： 郷土文化誌」 あさを社 295
1998.12

日本一の上毛かるた「上州路 ： 郷土文化誌」 あさを社 295 1998.12

セッチンビナ・厠には美人の神様がいる (小山宏)「上毛民俗」 上毛民俗
学会 (55) 2011.04

便所の神様 (阪本英一)「上毛民俗」 上毛民俗学会 (55) 2011.04

上毛五色山

特集 「上毛五色山」は信仰の山だった「上州風」 上毛新聞社 16
2003.9

常楽寺

常楽寺の建築調査報告書 (桑原稔)「ビエネス ： 群馬県文化財研究会論
文報告集」 群馬県文化財研究会 (8) 2002.3

少林山

民俗史料としての祭礼入用帳—群馬県高崎市舘の少林山信仰の場合 (時
枝務)「武尊通信」 群馬歴史民俗研究会 70 1997.6

少林山の年中行事 (長沢利明)「群馬歴史民俗」 群馬歴史民俗研究会
18 1998.2

青蓮寺

青蓮寺とその周辺 (関口義二)「群馬歴史散歩」 群馬歴史散歩の会 160
2000.5

昭和村

河岸段丘に点在する神社群—昭和村 (飯塚正人, 角田侃男)「群馬歴史散
歩」 群馬歴史散歩の会 184 2004.5

白倉

寶治の板碑断片—甘楽町白倉路傍 (四方田悟)「武尊通信」 群馬歴史民俗
研究会 (122) 2010.06

白沢村

伝承の中に史実を探る—白沢村の新田義宗伝承 (諸田義行)「群馬文化」
群馬県地域文化研究協議会 263 2000.7

白沢村の芸能 平出歌舞伎/生枝獅子舞 (小野信太郎)「群馬歴史散歩」 群
馬歴史散歩の会 185 2004.7

白沢村の祭り (白塚富夫)「群馬歴史散歩」 群馬歴史散歩の会 185
2004.7

白井

白井鋳物師の由緒と伝統 (高橋久敬)「群馬歴史散歩」 群馬歴史散歩の会
180 2003.9

真光寺

渋川市の寺院と眞光寺のこぼれ話 (大島史郎)「群馬歴史散歩」 群馬歴史
散歩の会 182 2004.1

仁叟寺

仁叟寺 (長谷川寛見)「群馬歴史散歩」 群馬歴史散歩の会 142 1997.5

賑貸感恩碑

賑貸感恩碑とへだまの木 (島田国二三)「群馬歴史散歩」 群馬歴史散歩の
会 147 1998.3

新田町

群馬の板碑 (13) 新田町 (行方平三郎)「群馬風土記」 群馬出版センター
12 (2) 通号53 1998.4

心洞寺

群馬の仏像拝観 (31) 金色に輝くバーミヤンの大仏と記した玄奘三蔵法
師 心洞寺 高崎市木部町 (岡部央)「上州文化」 群馬県教育文化事業団
89 2002.2

神保俊二郎家

上州の重要民家をたずねる (27) 神保俊二郎家 (桑原稔)「上州路 ： 郷土
文化誌」 あさを社 26 (9) 通号304 1999.9

神保友重家

上州の重要民家をたずねる（70）神保友重家（桑原稔、池田修、金井淑幸）「上州路 ： 郷土文化誌」 あさを社 30（4）通号347 2003.4

真竜寺

真龍寺とその周辺（飯塚玄浩）「群馬歴史散歩」 群馬歴史散歩の会 163 2000.11

鈴ヶ岳山

赤城山鈴ヶ岳山頂の石碑について（狩野千代子、桑原美枝子、桑原恵美子、名塚エミ子、津久井美恵子、須田輝子、高橋秀子、大畠賀子、近藤多美子、小林修）「赤城村歴史資料館紀要」 赤城村教育委員会 8 2005.12

鐸木真哉家

上州の重要民家をたずねる（96）鐸木眞哉家（本坊）榛名神社社家町の宿坊調査報告（3）（桑原稔、家泉博）「上州路 ： 郷土文化誌」 あさを社 32（6）通号373 2005.6

須田貝

藤原須田貝における野兎の民俗（天野武）「上毛民俗」 上毛民俗学会 （54）2010.10

須田幸秀家

上州の重要民家をたずねる（18）須田幸秀家（桑原稔、池田修）「上州路 ： 郷土文化誌」 あさを社 294 1998.11

砂子

地名と神話 砂子（宮野入孝）「群馬地名だより ： 群馬地名研究会会報」 群馬地名研究会 34 1997.11

住谷宗七家

上州の重要民家をたずねる（54）住谷宗七家（桑原稔、池田修、家泉博）「上州路 ： 郷土文化誌」 あさを社 28（12）通号331 2001.12

清岸院

清岸院と虚空蔵堂（井上孝栽）「群馬歴史散歩」 群馬歴史散歩の会 168 2001.9

清水寺

春、清水寺の石段へ（青井かな）「上州路 ： 郷土文化誌」 あさを社 28（4）通号323 2001.4

西毛

西毛の不動明王（吉田初江）「上州路 ： 郷土文化誌」 あさを社 31（9）通号364 2004.9

積善館

上州の重要民家をたずねる（123）積善館の本館（県指定重要文化財）中之条町四万温泉（桑原稔）「上州路 ： 郷土文化誌」 あさを社 34（9）通号400 2007.9

関根才市家

上州の重要民家をたずねる（35）関根才市家（桑原稔、池田修）「上州路 ： 郷土文化誌」 あさを社 26（5）通号312 2000.5

関磨崖仏

高縄磨崖仏・関磨崖仏考（野澤均）「あらかわ」 あらかわ考古談話会 （11）2008.5

銭神

中毛 銭神・銭神塚（特集 群馬の地名）（中村倫司）「群馬歴史散歩」 群馬歴史散歩の会 （236）2014.10

銭神塚

中毛 銭神・銭神塚（特集 群馬の地名）（中村倫司）「群馬歴史散歩」 群馬歴史散歩の会 （236）2014.10

世良田

世良田祇園（八坂神社）（関口富治）「群馬歴史散歩」 群馬歴史散歩の会 160 2000.5

記念講演「上州・世良田の縁切寺と三くだり半」を聞いて（平山徹）「東日本部落解放研究所ニュース」 東日本部落解放研究所 （70）2006.7

おもしろ歴史まめ知識「上州世良田夏祭之全図」「博物館だより」 群馬県立歴史博物館 （130）2013.09

世良田東照宮

世良田東照宮（徳川氏発祥の地）（菊池清）「群馬歴史散歩」 群馬歴史散歩の会 160 2000.5

仙石

ぐんまの郷土芸能 仙石ささらと吉田西里神楽（川島健二）「ぐんま地域文化」 群馬地域文化振興会 （31）2008.10

千石

千石のお稲荷さま（角田久雄）「群馬歴史散歩」 群馬歴史散歩の会 144 1997.9

全性寺

宮林山全性寺の調査報告（桑原稔、家泉博、川嵜清和、川田常雄、加藤浩一）「ビエネス ： 群馬県文化財研究会論文報告集」 群馬県文化財研究会 （13）2007.3

善徳坊

上州の重要民家をたずねる（95）門倉勝家（善徳坊）榛名神社社家町の宿坊調査報告（2）（桑原稔、家泉博）「上州路 ： 郷土文化誌」 あさを社 32（5）通号372 2005.5

専念寺

専念寺三十三の石仏群（200号に寄せて）（中島義明）「群馬歴史散歩」 群馬歴史散歩の会 （200）2007.7

善念寺

善念寺所蔵 県指定重要文化財 木造阿弥陀如来立像（文化財レポート）（富樫昌明）「群馬文化」 群馬県地域文化研究協議会 （307）2011.07

千本木茂家

上州の重要民家をたずねる（47）千本木茂家（桑原稔、西村利夫、家泉博）「上州路 ： 郷土文化誌」 あさを社 28（5）通号324 2001.5

千本木神社

千本木龍頭神舞と学校連携―茂呂小学校における民俗芸能の活用事例から（板橋春夫）「群馬文化」 群馬県地域文化研究協議会 通号288 2006.10

泉竜寺

泉龍寺大般若経について（唐沢定市）「群馬歴史散歩」 群馬歴史散歩の会 154 1999.5

曹源寺

曹源寺（さざえ堂）と名工町田兵部栄清（木村義一郎）「群馬歴史散歩」 群馬歴史散歩の会 157 1999.11

三繞三匝寺の寺 曹源寺《特集 郷土史余録》（三津間弘）「群馬風土記」 群馬出版センター 23（1）通号96 2009.01

総社大明神

上野総社神社所蔵本『上野国神名帳』前書と『総社・稲含両大明神草創縁起』に関する一考察（神保侍攸）「群馬文化」 群馬県地域文化研究協議会 通号291 2007.7

相馬山

相馬山をめぐる庶民信仰（2）黒髪山神社の成立（小山友孝）「群馬県立歴史博物館紀要」 群馬県立歴史博物館 （29）2008.3

双林寺

双林寺・忍城・松代城（矢久保徳司）「小千谷文化」 小千谷市総合文化協会「小千谷文化」編集委員会 158・159 2000.3

大光院

大光院の弓矢八幡像と願文（細谷清吉）「群馬風土記」 群馬出版センター 12（3）通号54 1998.7

「子育て呑竜」の大光院（菅間健司）「群馬歴史散歩」 群馬歴史散歩の会 157 1999.11

義重山大光院新田寺建立の徳川家康（細谷清吉）「群馬歴史散歩」 群馬歴史散歩の会 （210）2009.07

義重山大光院の秘佛（細谷清吉）「群馬歴史散歩」 群馬歴史散歩の会 （214）2010.05

絵葉書で残った 太田大光院戦時供出梵鐘（高橋久敬）「群馬歴史散歩」 群馬歴史散歩の会 （222）2012.01

上州太田金山城址と七福神の大光院・ほか（史跡探訪）（石塚スカ）「かつしか台地 ： 野田地方史懇話会会誌」 野田地方史懇話会 （48）2014.9

大泉院

祭礼と里修験―近世後期における上野国山田郡大間々町大泉院の事例（時枝務）「山岳修験」 日本山岳修験学会、岩田書院（発売）通号19 1997.10

近世後期在郷町大間々における日常生活―『大泉院日記』の記事を手がかりに（今村和昭）「群馬歴史散歩」 群馬歴史散歩の会 158 2000.1

近世後期における里修験の生活と文化―上野国大間々町大泉院の事例（時枝務）「群馬歴史民俗」 群馬歴史民俗研究会 21 2000.3

大間々神明宮と大泉院日記（東宮敏男）「群馬風土記」 群馬出版センター 14（2）通号61 2000.4

大泉寺

小山田大泉寺と群馬県の兄弟寺院 寺二ヵ寺の関係（堀江泰紹）「町田地方

史研究」　町田地方史研究会　14　2000.5

大通寺

群馬県大通寺境内に「飯盛女供養塔」建立される　開眼式おごそかに（市川忠夫）「良寛だより : 全国良寛会会報」　全国良寛会　104　2004.4

大日六観音堂

岩久保山大日六観音堂（東村文化財調査委員会）「群馬歴史散歩」　群馬歴史散歩の会　147　1998.3

多比良

群馬・多比良の獅子舞（石川博司）「まつり通信」　まつり同好会　54（2）通号570　2014.03

平

地域文化をつなぐ　地域の伝統文化平獅子舞（角田浩一）「上州文化」　群馬県教育文化事業団　（133）2013.02

高草木重鎈家

上州の重要民家をたずねる（67）高草木重鎈家（桑原稔，金井淑幸）「上州路 : 郷土文化誌」　あさを社　30（二）通号344　2003.1

高崎

高崎忌辰録（篠木弘明）「高崎市史研究」　高崎市　11　1999.10

ふるさと伝統工芸士　高崎縄のれん「上州文化」　群馬県教育文化事業団　84　2000.11

高崎のまつりと山車（土屋喜英）「高崎市史研究」　高崎市　14　2001.8

ふるさと伝統工芸師（9）高崎張子獅子頭　岡田一郎「上州文化」　群馬県教育文化事業団　90　2002.5

上州のお噺紀行その一　高崎が舞台？　宿屋の仇討《《特集 落語に世界に見る上州》》「上州路 : 郷土文化誌」　あさを社　33（1）通号380　2006.1

近世庶民教育と筆子塚―高崎五万石騒動の文化的背景（研究発表）（和田健一）「群馬文化」　群馬県地域文化研究協議会　（315）2013.7

高崎観音山

上州音頭と高崎観音山（小鮒智）「上州路 : 郷土文化誌」　あさを社　28（6）通号325　2001.6

高崎市

寝具の今昔（土屋政江）「高崎市市史編さんだより」　高崎市　17　1998.7

牛や馬に押した印（上原啓巳）「高崎市市史編さんだより」　高崎市　18　1999.2

デエラボッチの足跡（飯島康夫）「高崎市市史編さんだより」　高崎市　18　1999.2

結婚式の変遷（畑聡一郎）「高崎市市史編さんだより」　高崎市　20　2000.2

高崎市域の修験道（久保康顕）「高崎市市史編さんだより」　高崎市　21　2000.7

ネギと殿様―殿様交友会の一端（中村茂）「高崎市市史編さんだより」　高崎市　22　2001.2

山車囃子の笛について（川村勝司）「高崎市市史編さんだより」　高崎市　23　2001.7

羽釜という煮炊き具について（桜岡正信）「高崎市市史編さんだより」　高崎市　25　2002.7

饅頭をめぐる歴史と民俗（横田雅博）「高崎市市史編さんだより」　高崎市　25　2002.7

神社の合併をめぐって（森田秀策）「高崎市市史編さんだより」　高崎市　25　2002.7

高崎市における近世墓石の編年―墓石からみた近世（磯部淳一）「高崎市史研究」　高崎市　16　2002.9

便所神様（若旅淑乃）「高崎市市史編さんだより」　高崎市　26　2003.2

近世庶民の墓石（磯部淳一）「高崎市市史編さんだより」　高崎市　26　2003.2

高崎市周辺における近世石堂・四十九院塔について（金子智一）「高崎市史研究」　高崎市　19　2004.3

代参講関係史料の調査―伊勢講・大山講・富士講（民俗部会）「高崎市史研究」　高崎市　19　2004.3

乱世に造立された六地蔵石幢（近藤義雄）「高崎市市史編さんだより」　高崎市　28　2004.3

毘沙門天石像と飯野家文書（星野守弘）「高崎市市史編さんだより」　高崎市　28　2004.3

合併した神社の由緒（森田秀策）「高崎市市史編さんだより」　高崎市　28　2004.3

高崎市史編さん委員会編『新編 高崎市史 民俗編』（書誌紹介）（永島政彦）「日本民俗学」　日本民俗学会　通号245　2006.2

高崎城下町探訪―歴史と文化財/高崎城周辺の寺社/高崎市の主な史跡　特別保護樹山上碑および古墳・金井沢碑、国指定史跡 保渡田古墳群（八幡塚古墳）・日高遺跡（《特集 高崎市〈旧高崎市、旧群馬郡倉渕村・箕

郷町・群馬町・榛名町、旧多野郡新町》》（高崎市文化財保護課）「群馬歴史散歩」　群馬歴史散歩の会　（209）2009.05

ぐんまの郷土芸能 関東一の獅子組を持つ高崎市（金井昭）「ぐんま地域文化」　群馬地域文化振興会　（37）2011.11

ぐんまの郷土芸能 東音頭と盆踊り（横田雅博）「ぐんま地域文化」　群馬地域文化振興会　（41）2013.11

高崎藩

右京柄考―上野国高崎藩の特色ある刀装について（平野進一，小山友孝）「群馬県立歴史博物館紀要」　群馬県立歴史博物館　（28）2007.3

高梨次男家

上州の重要民家をたずねる（28）高梨次男家（桑原稔，池田修，家泉博，金井淑幸）「上州路 : 郷土文化誌」　あさを社　26（10）通号305　1999.10

高縄磨崖仏

高縄磨崖仏・関磨崖仏考（野澤均）「あらかわ」　あらかわ考古談話会　（11）2008.5

高橋栄次家

上州の重要民家をたずねる（31）高橋栄次家（桑原稔，池田修）「上州路 : 郷土文化誌」　あさを社　26（1）通号308　2000.1

高山神社

高山神社と高山彦九郎記念館（正田喜久）「群馬歴史散歩」　群馬歴史散歩の会　157　1999.11

高山御厨

神明縁起（伝説）から高山御厨（歴史）へ 椿杜神社の由来を尋ねる（関口正己）「群馬歴史散歩」　群馬歴史散歩の会　190　2005.7

高山村

星の村の人形芝居フェスティバル（若月眠）「上州文化」　群馬県教育文化事業団　87　2001.8

滝沢てる家

上州の重要民家をたずねる（92）滝澤てる家 利根郡月夜野町（桑原稔，西村利夫，家泉博）「上州路 : 郷土文化誌」　あさを社　32（2）通号369　2005.2

滝沢とき家

上州の重要民家をたずねる（33）滝沢とき家（桑原稔，池田修）「上州路 : 郷土文化誌」　あさを社　26（3）通号310　2000.3

武井菊子家

上州の重要民家をたずねる（111）武井菊子家（県指定史跡）安中市松井田町（桑原稔，家泉博，川嵜清和）「上州路 : 郷土文化誌」　あさを社　33（9）通号388　2006.9

武井紀之家

上州の重要民家をたずねる（116）武井紀之家 安中市松井田町（桑原稔，川嵜清和，金井淑幸，加藤浩一）「上州路 : 郷土文化誌」　あさを社　34（2）通号393　2007.2

武孫平家

上州の重要民家をたずねる（1）武孫平家（桑原稔）「上州路 : 郷土文化誌」　あさを社　277　1997.6

嵩山

地域づくりと文化遺産 嵩山の百体観音と平成の大修復について（唐沢姫雄）「ぐんま地域文化」　群馬地域文化振興会　（30）2008.4

多胡郡

二つの羊太夫伝説（上），（下）（佐藤喜久一郎）「群馬風土記」　群馬出版センター　17（3）通号74/17（4）通号75　2003.7/2003.10

羊太夫説話の成立（茨木由行）「群馬文化」　群馬県地域文化研究協議会　通号287　2006.7

多胡の嶺

「多胡の嶺」について―その神話的側面から（斉藤和之）「群馬県埋蔵文化財調査事業団研究紀要」　群馬県埋蔵文化財調査事業団　19　2001.4

田篠

富岡市原田篠図像石仏（四方田悟）「武尊通信」　群馬歴史民俗研究会　85　2001.3

田島健一家

上州の重要民家をたずねる（76）田島健一家（桑原稔，家泉博，金井淑幸）「上州路 : 郷土文化誌」　あさを社　30（10）通号353　2003.10

田島健一家屋敷取り（群馬県伊勢崎市境島村地区合同調査特集）（坪郷英彦）「昔風と当世風」　古々路の会　（95）2011.04

群馬県　　　　　　　　　　　　　　　　　郷土に伝わる民俗と信仰　　　　　　　　　　　　　　　　　　関東

橘樹神社

愛妻の日と橘樹神社（黒岩憲司）「群馬歴史散歩」　群馬歴史散歩の会　（195）　2006.7

舘

石仏からみた庶民信仰—群馬県高崎市寺尾町舘を事例に（時枝務）「日本の石仏」　日本石仏協会，青娥書房（発売）（132）2009.12

館林

足利学校と鑁阿寺に伝来する武田勝頼の禁制に関する一考察—足利・館林領主長尾氏と足利学校の関連について（《中世後期と近世初頭における足利学校の歴史的検討へのアプローチ》）（柳田貞夫）「足利地方史研究」　柳田貞夫　（2）2007.3

邑楽・館林地域の葦原景観（特集 流域の文化的景観）（岡屋英治）「利根川文化研究」　利根川文化研究会　（37）2013.12

頭上に種子をいただいた地蔵画像板碑（特集 中近世の館林地域）（簗瀬大輔）「群馬歴史散歩」　群馬歴史散歩の会　（232）2014.01

館林市

群馬見て歩き（12）城沼と城下町に狐と狸が早春の便り・館林市25万石の歴史と伝説の散策「上州文化」　群馬県教育文化事業団　（121）2010.2

田中博家

上州の重要民家をたずねる（12）田中博家（桑原稔，西村利夫，家泉博，金井淑幸）「上州路 ： 郷土文化誌」　あさを社　288　1998.5

田中亮家

上州の重要民家をたずねる（9）田中亮家（桑原稔，金井淑幸）「上州路 ： 郷土文化誌」　あさを社　285　1998.2

棚下不動

棚下不動について（石坂政右門）「群馬歴史散歩」　群馬歴史散歩の会　144　1997.9

棚下不動明王と母の思い出（加藤由三）「群馬歴史散歩」　群馬歴史散歩の会　144　1997.9

谷川岳

群馬の峠を歩く 谷川岳の天神峠谷川岳への山岳信仰の峠道をたどる（須田茂）「上州路 ： 郷土文化誌」　あさを社　31（12）通号367　2004.12

谷川岳に残る富士信仰（船水康宏）「富士山文化研究会会報」　富士山文化研究会　（22）2006.12

多野藤岡

多野藤岡地域農民が支えた養蚕指導伝習組織『高山社』（関口覺）「群馬文化」　群馬県地域文化研究協議会　（303）2010.7

田部井行男家

上州の重要民家をたずねる（46）田部井行男家（桑原稔，西村利夫，家泉博）「上州路 ： 郷土文化誌」　あさを社　28（4）通号323　2001.4

玉村八幡宮

図録 ぐんまの文化財 玉村八幡宮の建築（村田敬一）「ぐんま地域文化」　群馬地域文化振興会　（38）2012.05

田村利良家

上州の重要民家をたずねる（85）田村利良家 甘楽郡甘楽町（桑原稔，家泉博，金井淑幸）「上州路 ： 郷土文化誌」　あさを社　31（7）通号362　2004.7

達磨寺

埼玉北部の妙見信仰—上州引間妙見寺・鼻高町達磨寺（《妙見信仰特輯》）（中嶋信彰）「あしなか」　山村民俗の会　249　1997.12

マイカーで行く街道の旅（17）八幡宮と達磨寺（中山道6）（長井和雄）「上州路 ： 郷土文化誌」　あさを社　285　1998.2

花の達磨寺をあるく（青井かな）「上州路 ： 郷土文化誌」　あさを社　28（4）通号323　2001.4

達磨寺の百庚申（石川博司）「野仏 ： 多摩石仏の会機関誌」　多摩石仏の会　32　2001.8

博物館・美術館めぐり 少林山達磨寺「群馬文化」　群馬県地域文化研究協議会　274　2003.4

近戸神社

月田近戸神社獅子舞（前橋市粕川町月田）「上州文化」　群馬県教育文化事業団　102　2005.5

近戸神社調査報告書（川嵜清和，桑原稔，家泉博，加藤浩一，金井淑幸）「ビエネス ： 群馬県文化財研究会論文報告集」　群馬県文化財研究会　（16）2010.03

秩父巡礼道

群馬県域における秩父巡礼道の復元的考察（須田茂）「群馬県埋蔵文化財調査事業団研究紀要」　群馬県埋蔵文化財調査事業団　（27）2009.03

茶屋本陣両中島家

上州の重要民家をたずねる（105）茶屋本陣両中島家 碓氷郡松井田町五料（桑原稔，川嵜清和）「上州路 ： 郷土文化誌」　あさを社　33（3）通号382　2006.3

長慶寺

長慶天皇と長慶寺（上）（大川竹雄）「群馬風土記」　群馬出版センター　20（1）通号84　2006.1

千利久と長慶寺（大川竹雄）「群馬風土記」　群馬出版センター　20（2）通号85　2006.4

長寿院

高松山長寿院の調査報告（桑原稔，家泉博，金井淑幸，川嵜清和，川田常雄，加藤浩一）「ビエネス ： 群馬県文化財研究会論文報告集」　群馬県文化財研究会　（14）2008.2

長松寺

長松寺とざる観音（柴崎喜朗）「群馬歴史散歩」　群馬歴史散歩の会　143　1997.7

長成吉家

上州の重要民家をたずねる（45）長成吉家（桑原稔，西村利夫，家泉博，川田常雄）「上州路 ： 郷土文化誌」　あさを社　28（3）通号322　2001.3

長楽寺

長楽寺（歴史公園）（須永光一）「群馬歴史散歩」　群馬歴史散歩の会　160　2000.5

長楽寺永禄日記の世界（小此木実次）「群馬歴史散歩」　群馬歴史散歩の会　160　2000.5

群馬の仏像拝観（33）遺灰でかたどった栄朝禅師の影像 長楽寺 新田郡尾島町世良田（岡部央）「上州文化」　群馬県教育文化事業団　91　2002.8

上野国長楽寺の五鈷鈴（近藤昭一）「史迹と美術」　史迹美術同攷会　73（10）通号740　2003.12

長楽寺建立・再建と新田一族（久保田順一）「ぐんま史料研究」　群馬県立文書館　（22）2004.9

知られざる天海の足跡 世良田長楽寺と天海僧正（特集 天海ゆかりの地を訪れて）（川原太郎）「会津人群像」　歴史春秋出版　（18）2010.12

月田

庚申待と月田の庚申塔群（石橋晃作）「群馬歴史散歩」　群馬歴史散歩の会　146　1998.1

月夜野

民俗芸能手帳 板倉の飴売りうた/月夜野河内歌舞伎「上州文化」　群馬県教育文化事業団　（117）2009.02

造石法華経供養遺跡

県指定史跡造石法華経供養遺跡（随想）（津金澤吉茂）「群馬文化」　群馬県地域文化研究協議会　（302）2010.04

常将神社

柳澤寺と常将神社（小川晃泰）「群馬歴史散歩」　群馬歴史散歩の会　186　2004.9

角田嘉吉家

上州の重要民家をたずねる（36）角田嘉吉家（桑原稔，池田修，金井淑幸）「上州路 ： 郷土文化誌」　あさを社　26（6）通号313　2000.6

椿杜神社

神明縁起（伝説）から高山御厨（歴史）へ 椿杜神社の由来を尋ねる（関口正己）「群馬歴史散歩」　群馬歴史散歩の会　190　2005.7

鶴光路町

わが町の文化財散歩（3）前橋市山王町の筆子塚と鶴光路町の筆塚（岡田昭二）「群馬歴史散歩」　群馬歴史散歩の会　（231）2013.9

天狗岩堰用水

私の歴史散歩 天狗岩用水（勅使河原司郎）「群馬歴史散歩」　群馬歴史散歩の会　（202）2008.1

天狗岩堰用水開削研究序説—『上毛傳説雑記』の検討からみえるもの（和田健一）「群馬歴史民俗」　群馬歴史民俗研究会　（32）2011.3

天神山

「天神山石」の石仏・石塔と石切り場跡を歩く（特集 石仏探訪XII）（内山孝男）「日本の石仏」　日本石仏協会，青娥書房（発売）（151）2014.09

東覚廃寺

東覚廃寺の梵鐘（今井貞三郎）「群馬歴史散歩」　群馬歴史散歩の会　182　2004.1

東宮惇允家

上州の重要民家をたずねる（61）東宮惇允家（桑原稔，池田修，家泉博）

「上州路 ： 郷土文化誌」 あさを社　29（7）通号338　2002.7

東照宮

ぐんまのくらしと民俗 生品神社の鏑矢祭と東照宮の御鈴始め式（正田喜久）「ぐんま地域文化」 群馬地域文化振興会　（34）2010.05

東善寺

謎の東善寺襲撃事件（群馬を歩く）（河野王男）「群馬風土記」 群馬出版センター　23（2）通号97　2009.04

東福寺

慧日山東福寺調査報告書（桑原稔，川嵜涓和，家泉博，金井淑幸）「ビエネス ： 群馬県文化財研究会論文報告集」 群馬県文化財研究会　（15）2009.02

東毛

東毛におけるロシア正教の伝播（中西聡）「桐生史苑」 桐生文化史談会　37　1998.3

五種鈴について（国指定重要文化財）（特集 平成の新指定—東毛編）（長柄行光）「群馬歴史散歩」 群馬歴史散歩の会　（224）2012.5

斗合田

民俗芸能手帳 斗合田の獅子舞/山車（里神楽）「上州文化」 群馬県教育文化事業団　（115）2008.8

土師神社

ぐんまの郷土芸能 土師神社の花馬と流鏑馬（伊藤実）「ぐんま地域文化」 群馬地域文化振興会　（33）2009.11

栃本

消滅した栃本神楽について（斎藤芳郎）「群馬歴史散歩」 群馬歴史散歩の会　（201）2007.9

鳥頭神社

神楽の伝承・鳥頭神社（小池利夫）「群馬歴史散歩」 群馬歴史散歩の会　164　2001.1

利根

神々の御利益—利根・沼田編 自然の神/健康、病気の平癒/諸願成就/家や屋敷に祀る神/子宝・安産・子育ての神/特異な御利益《《特集 神々の御利益—利根・沼田編》》（金井竹徳）「上州路 ： 郷土文化誌」 あさを社　34（1）通号392　2007.1

利根川

古文書で語る歴史の道（4）日光例幣使街道と利根川の渡し（岡野昭二）「上州文化」 群馬県教育文化事業団　97　2004.2

川の神々と利根川の神 平尾神社/沼田利根地方の水神 諏訪神社/水運の神 大杉神社/古利根川の神 飯玉神社/館林・邑楽地方に多い長柄・長良神社/烏川の神 高崎神社/吾妻川の神 甲波宿禰神社/神流川の神 波与大明神《《特集 川の神々》》（近藤義雄）「上州路 ： 郷土文化誌」 あさを社　33（3）通号382　2006.3

漁撈と魚食を繋ぐ者—利根川中流域、鮎屋の民俗誌（内田幸彦）「群馬歴史民俗」 群馬歴史民俗研究会　（28）2007.3

トチの「皮剥き石」考（粟島義明）「利根川」 利根川同人　29　2007.5

中世仏教の地域的展開と利根川（簗瀬大輔）「群馬県立歴史博物館紀要」 群馬県立歴史博物館　（32）2011.03

利根川の恵みと脅威—群馬県伊勢崎市境島村（群馬県伊勢崎市境島村地区合同調査特集）（津山正幹）「昔風と当世風」 古々路の会　（95）2011.04

『すわらじ』魂—柴田秀吉さんのこと（坂本彰）「利根川」 利根川同人　33　2011.05

"ぶどう仙人"のこと（坂本彰）「利根川」 利根川同人　34　2012.05

利根沼田

利根・沼田の石《《特集 群馬の石と岩の伝説》》（金井竹徳，高山正）「上州路 ： 郷土文化誌」 あさを社　33（12）通号391　2006.12

都丸茂雄家

上州の重要民家をたずねる（17），（18）都丸茂雄家（桑原稔，池田修，家泉博，金井淑幸）「上州路 ： 郷土文化誌」 あさを社　293/295　1998.10/1998.12

富岡

名馬磨墨と下仁田・富岡・妙義の伝説地名（福田孔一）「群馬地名だより ： 群馬地名研究会会報」 群馬地名研究会　42　1999.9

甘楽・富岡地域における荒粉生産と蒟蒻玉切り機（伊藤克枝）「民具マンスリー」 神奈川大学　38（5）通号449　2005.8

ぐんまのくらしと民俗 富岡の百八燈（伊藤克枝）「ぐんま地域文化」 群馬地域文化振興会　（29）2007.10

ぐんまの郷土芸能 富岡伝統芸能祭りと富岡どんとまつり（結城雅則）「ぐんま地域文化」 群馬地域文化振興会　（29）2007.10

戸谷塚

戸谷塚の夜泣き地蔵（編集部）「上州路 ： 郷土文化誌」 あさを社　28（3）通号322　2001.3

豊田屋

駅弁 旅の友、土地の味/駅前旅館の草分け豊田屋125年「上州風」 上毛新聞社　18　2004.3

豊田屋旅館

上州の重要民家をたずねる（120）豊田屋旅館の本館（国登録有形文化財）高崎市八島町（桑原稔，川嵜清和）「上州路 ： 郷土文化誌」 あさを社　34（6）通号397　2007.6

中尾

中尾獅子舞（小野上の郷土芸能）（吉沢義男）「群馬歴史散歩」 群馬歴史散歩の会　163　2000.11

中尾観音堂

金箔板碑—中尾観音堂内安座（飯塚市郎）「群馬歴史散歩」 群馬歴史散歩の会　163　2000.11

中宿

中宿糸操燈籠人形（阪本英一）「群馬歴史散歩」 群馬歴史散歩の会　150　1998.9

ぐんまの郷土芸能 中宿糸繰り燈籠人形（桜井富太郎）「ぐんま地域文化」 群馬地域文化振興会　（22）2004.5

幻想的な人形で、独自の世界を安中・中宿糸繰燈籠人形（金井竹徳）「上州路 ： 郷土文化誌」 あさを社　32（7）通号374　2005.7

中野

中野絣（川島一夫）「群馬歴史散歩」 群馬歴史散歩の会　159　2000.3

中之条

ぐんまのくらしと民俗 中之条の民俗—「お茶講」と「鳥追祭」（井田安雄）「ぐんま地域文化」 群馬地域文化振興会　（30）2008.4

中之条の「位牌分け」（阪本英一）「上毛民俗」 上毛民俗学会　（54）2010.10

中之条町

ぐんまの宗教と生活 中之条町の修験道（時枝務）「ぐんま地域文化」 群馬地域文化振興会　（30）2008.4

群馬県吾妻郡中之条町市域の「お三夜さま」（会員の広場）（角田尚士）「日本の石仏」 日本石仏協会，青娥書房（発売）（148）2013.12

中之岳神社

中之嶽神社の凍てついた石段（編集部）「上州路 ： 郷土文化誌」 あさを社　28（4）通号323　2001.4

中村遺跡

横壁中村遺跡の一字一石経（飯田陽一）「群馬文化」 群馬県地域文化研究協議会　通号288　2006.10

ながめ公園

ながめ公園とながめ余興場（小林一好）「群馬歴史散歩」 群馬歴史散歩の会　158　2000.1

中山神社

中山神社の調査報告（桑原稔，池田修，家泉博，金井淑幸）「ビエネス ： 群馬県文化財研究会論文報告集」 群馬県文化財研究会　（10）2004.3

民俗芸能手帳 中山神社の太々神楽/神流川のお川下げ「上州文化」 群馬県教育文化事業団　（116）2008.11

長柄神社

長柄神社の文化財（森戸栄一）「群馬歴史散歩」 群馬歴史散歩の会　159　2000.3

長柄と長良は別社（細谷清吉）「群馬歴史散歩」 群馬歴史散歩の会　188　2005.1

長良神社

長柄明神と長良神社（上），（下）（細谷清吉）「群馬風土記」 群馬出版センター　59/14（1）通号60　1999.10/2000.1

長柄と長良は別社（細谷清吉）「群馬歴史散歩」 群馬歴史散歩の会　188　2005.1

長柄明神

長柄明神と長良神社（上），（下）（細谷清吉）「群馬風土記」 群馬出版センター　59/14（1）通号60　1999.10/2000.1

七草寺

伊勢崎東部七草寺散歩（殖蓮史談会）「群馬歴史散歩」 群馬歴史散歩の会　152　1999.1

上州太田七福神の七草寺めぐり（正田喜久）「群馬歴史散歩」 群馬歴史散歩の会　157　1999.11

生枝

白沢村の芸能 平出歌舞伎/生枝獅子舞(小野信太郎)「群馬歴史散歩」 群馬歴史散歩の会　185　2004.7

生品

ぐんまのくらしと民俗 生品の座敷箒(千木良敬一郎)「ぐんま地域文化」 ぐんま地域文化振興会　(35)　2010.11

行沢観音

行沢観音と渡氏(渡孝一)「群馬歴史散歩」 群馬歴史散歩の会　146　1998.1

南牧

ぐんまの歴史と民俗 下仁田・南牧地域の両墓制(池田秀夫)「ぐんま地域文化」 ぐんま地域文化振興会　15　2000.11

ぐんまの職人文化 南牧和紙(市川肇)「ぐんま地域文化」 ぐんま地域文化振興会　15　2000.11

南牧谷

上州山間部南牧谷の黄檗宗寺院と旧土豪層の活動―17世紀西上州、在村文化のあけぼのをさぐる(1)(杉仁)「在村文化研究」 在村文化研究会　(14)　2003.4

上州山間部南牧谷、黄檗寺院と在村文化のあけぼの(2)―黒瀧山不動寺の開基と潮音道海の入山(杉仁)「在村文化研究」 在村文化研究会　(15)　2003.6

上州山間部南牧谷、黄檗寺院と在村文化のあけぼの(3)―旧地主層「大澤政勝」を中心に(杉仁)「在村文化研究」 在村文化研究会　(15)　2003.6

南牧村

山里だより(11) 雨乞い習俗と天狗―上州南牧村(高橋成)「あしなか」 山村民俗の会　280　2008.1

書籍紹介 さいたま民俗文化研究所編『南牧村の民具―こんにゃく作りとその用具』(柳正博)「民具研究」 日本民具学会　(139)　2009.03

新里村

群馬の板碑(13) 新里村(行方平三郎)「群馬風土記」 群馬出版センター　12(4)通号55　1998.10

新治村

群馬の幣束(9) 新治村(藤井龍人)「群馬風土記」 群馬出版センター　15(1)通号64　2001.1

西上州

西上州山地に密集して祀られる不動明王(松尾翔)「せこ道」 山地民俗関東フォーラム　1　1999.7

西上州山村の女人造立石像物管見(松尾翔)「日本の石仏」 日本石仏協会．青蛾書房(発売)　通号91　1999.9

西上州山村に見る馬頭観音石仏の諸相(松尾翔)「せこ道」 山地民俗関東フォーラム　3　2000.7

西上州山村に見る廻国塔・巡拝塔など(松尾翔)「せこ道」 山地民俗関東フォーラム　4　2001.7

上州山間部南牧谷の黄檗宗寺院と旧土豪層の活動―17世紀西上州、在村文化のあけぼのをさぐる(1)(杉仁)「在村文化研究」 在村文化研究会　(14)　2003.4

西上州山村に見る廻国塔・巡拝塔の諸相(改訂版)(松尾翔)「せこ道」 山地民俗関東フォーラム　5　2004.6

西上州山地

西上州山地における信仰の山々に祀られる石神仏の諸相(上), (下)(松尾翔)「奥武蔵」 奥武蔵研究会　通号373/通号374　2010.05/2010.07

仁田山

仁田山紬の起源についての私論(亀田光三)「桐生史苑」 桐生文化史談会　36　1997.3

日光御成道

日光御成道における助郷制の展開(兼子順)「浦和市史研究」 浦和市総務部　15　2000.3

幕末・維新期における日光御成道の助郷制(兼子順)「浦和市史研究」 浦和市総務部　16　2001.3

日光例幣使街道

古文書で語る歴史の道(4) 日光例幣使街道と利根川の渡し(岡田昭二)「上州文化」 群馬県教育文化事業団　97　2004.2

例幣使街道と周辺の石造物(都筑利之)「上州路 ： 郷土文化誌」 あさを社　31(9)通号364　2004.9

新田郡

新田郡の里修験―当山派修験を中心として(時枝務)「群馬文化」 群馬県地域文化研究協議会　261　2000.1

新田神社

幕末維新期の「新田家旧臣」による新田神社創建について―新居喜左衛門日記を読む(巻島隆)「ぐんま史料研究」 群馬県立文書館　(24)　2006.11

新田秩父三十四番

東上州新田秩父三十四番札所(正田喜久)「群馬歴史散歩」 群馬歴史散歩の会　157　1999.11

二宮赤城神社

ぐんまの郷土芸能 二宮赤城神社に伝わる郷土芸能(井野誠一)「ぐんま地域文化」 ぐんま地域文化振興会　(39)　2012.11

丹生神社

群馬の丹生神社(星野富夫)「東国史論」 群馬考古学研究会　15　2000.5

丹生神社の鳥居(宮沢朋子)「ビエネス ： 群馬県文化財研究会論文報告集」 群馬県文化財研究会　(10)　2004.3

如意寺

大慈山如意寺の由来(穴沢大功)「群馬歴史散歩」 群馬歴史散歩の会　163　2000.11

貫前神社

参拝に上って下る珍しい石段(編集部)「上州路 ： 郷土文化誌」 あさを社　28(4)通号323　2001.4

地域の話題 貫前神社 鹿占習俗「上州文化」 群馬県教育文化事業団　104　2005.11

沼須

沼田市指定民俗文化財 沼須人形芝居(金井竹徳)「上州文化」 群馬県教育文化事業団　96　2003.11

沼須人形芝居の公演を見て(大崎岸子)「群馬歴史散歩」 群馬歴史散歩の会　(195)　2006.7

民俗芸能手帳 平出歌舞伎/沼須人形芝居「上州文化」 群馬県教育文化事業団　(114)　2008.5

沼田

ふるさと伝統工芸士 沼田指物「上州文化」 群馬県教育文化事業団　86　2001.5

ふるさと伝統工芸士 沼田鉈「上州文化」 群馬県教育文化事業団　88　2001.11

「上州沼田住泰秀」銘の太刀と沼田打ちについて(平野進一, 小山友孝)「群馬県立歴史博物館紀要」 群馬県立歴史博物館　(27)　2006.3

神々の御利益―利根・沼田編 自然の神/健康、病気の平癒/諸願成就/家や屋敷に祀る神/子宝・安産・子育ての神/特異な御利益《特集 神々の御利益―利根・沼田編》(金井竹徳)「上州路 ： 郷土文化誌」 あさを社　34(1)通号392　2007.1

資料紹介 「沼田のベエ凧」(神宮善彦)「群馬県立歴史博物館紀要」 群馬県立歴史博物館　(31)　2010.3

沼田市

沼田市地域における復興神社の状況(福田博美)「群馬文化」 群馬県地域文化研究協議会　264　2000.10

沼田藩

沼田藩 キリシタンの潜伏「上州路 ： 郷土文化誌」 あさを社　273　1997.2

沼田真田家旧臣の墓について(赤見初夫)「群馬歴史散歩」 群馬歴史散歩の会　148　1998.5

沼田藩主本多家と在所菩提寺の関係について(藤井茂樹)「群馬歴史民俗」 群馬歴史民俗研究会　(24)　2003.3

沼田藩の漆年貢について(藤井茂樹)「武尊通信」 群馬歴史民俗研究会　(129)　2012.3

温川百所観音

温川百所観音―西国三十三所観音(竹渕清茂)「群馬歴史散歩」 群馬歴史散歩の会　146　1998.1

根古屋百庚申塚

根古屋百庚申塚の像塔(丸橋寅次)「群馬歴史散歩」 群馬歴史散歩の会　146　1998.1

根利

ふるさと伝統工芸士 根利のスズしょうぎ「上州文化」 群馬県教育文化事業団　87　2001.8

野口正雄家

上州の重要民家をたずねる(73) 野口正雄家(桑原稔, 西村利夫)「上州路 ： 郷土文化誌」 あさを社　30(7)通号350　2003.7

野田

野田、原沢家と河童の物語(後藤新一)「群馬歴史散歩」 群馬歴史散歩の

萩室

萩室の獅子舞（宮内健輔）「群馬歴史散歩」　群馬歴史散歩の会　168　2001.9

箱島

箱島の不動尊湧水の怪（箱島文化財調査委員会）「群馬歴史散歩」　群馬歴史散歩の会　147　1998.3

長谷川邦男家

上州の重要民家をたずねる（13）長谷川邦男家（桑原稔）「上州路 ： 郷土文化誌」　あさを社　289　1998.6

八幡宮

マイカーで行く街道の旅（17）八幡宮と達磨寺（中山道6）（長井和雄）「上州路 ： 郷土文化誌」　あさを社　285　1998.2

花咲

花咲・猿追い祭り（高山翠）「群馬歴史散歩」　群馬歴史散歩の会　167　2001.7

鼻曲山

随想 鼻曲山（小板橋忠晴）「宇須比」　松井田町文化会　37　1997

花輪

上州で初めて発見された花輪彫刻始祖の作品（小林一好）「桐生史苑」　桐生文化史談会　38　1999.3

羽場

群馬・羽場の獅子舞（石川博司）「まつり通信」　まつり同好会　52（3）通号559　2012.05

羽場日枝神社

地域づくりと文化遺産（2）羽場日枝神社の文化財―下座を中心に（原澤潤治）「ぐんま地域文化」　群馬地域文化振興会　（32）2009.05

浜名寛家

上州の重要民家をたずねる（77）浜名寛家（桑原稔、池田修、家泉博）「上州路 ： 郷土文化誌」　あさを社　30（11）通号354　2003.11

原

富岡市原田篠図像石仏（四方田悟）「武尊通信」　群馬歴史民俗研究会　85　2001.3

原市教会

原市教会の歩み（村田元）「群馬歴史散歩」　群馬歴史散歩の会　150　1998.9

礫茂左衛門地蔵

月夜野の礫茂左衛門地蔵（編集部）「上州路 ： 郷土文化誌」　あさを社　28（3）通号322　2001.3

榛名

榛名信仰系譜考―中世修験の背景を中心に（関茂）「群馬文化」　群馬県地域文化研究協議会　259　1999.7
物部神道と上野―長野采女と榛名神道（佐藤喜久一郎）「群馬文化」　群馬県地域文化研究協議会　278　2004.4

榛名山

榛名山の雨乞いと羅漢町の獅子（田口智彦）「高崎市市史編さんだより」　高崎市　21　2000.7
榛名神社太々講―榛名山太々講道中日記を通して（飯塚好）「埼玉民俗」　埼玉民俗の会　26　2001.3
調査ノート 上野国榛名山麓における雨乞い獅子（小山友孝）「群馬県立歴史博物館紀要」　群馬県立歴史博物館　（25）2004.3
妙義・榛名山参詣の道（伊丹仲七）「上州路 ： 郷土文化誌」　あさを社　31（9）通号364　2004.9
地域づくりと文化遺産榛名山と榛名神社（清水強雄）「ぐんま地域文化」　群馬地域文化振興会　（24）2005.5
養蚕と雹害の記録―榛名山東麓における明治二十年の雹害を例として（吉井勇也）「日本民俗学」　日本民俗学会　通号256　2008.11

榛名神社

空白の歴史（32）榛名神社考（浅見喜義）「群馬風土記」　群馬出版センター　59　1999.10
榛名神社太々講―榛名山太々講道中日記を通して（飯塚好）「埼玉民俗」　埼玉民俗の会　26　2001.3
図録 ぐんまの文化財榛名神社の建造物群（清水喜臣）「ぐんま地域文化」　群馬地域文化振興会　（24）2005.5
地域づくりと文化遺産榛名山と榛名神社（清水強雄）「ぐんま地域文化」　群馬地域文化振興会　（24）2005.5
ぐんまの郷土芸能榛名神社の神楽（清水喜臣）「ぐんま地域文化」　群馬地域文化振興会　（24）2005.5
榛名神社の調査（桑原稔、竹林秀彦、川嵜清和、岡本克則、川田常雄）「ビエネス ： 群馬県文化財研究会論文報告集」　群馬県文化財研究会　（12）2006.3
榛名神社御師の普及活動と榛名講―近世後期を中心に（高山都）「えりあ ぐんま」　群馬地理学会　（14）2008.6
特集 祈りのかたち（1）榛名神社随神像（三輪途道）「上州風」　上毛新聞社　（29）2008.9

榛名神社社家町

榛名神社社家町宿坊調査報告書（桑原稔、家泉博）「ビエネス ： 群馬県文化財研究会論文報告集」　群馬県文化財研究会　（11）2005.3

春山基二家

上州の重要民家をたずねる（64）春山基二家（桑原稔、西村利夫、金井淑幸）「上州路 ： 郷土文化誌」　あさを社　29（10）通号341　2002.10

半田

渋川半田歌舞伎坂東座（高橋輝光）「上州文化」　群馬県教育文化事業団　98　2004.5

般若坊

上州の重要民家をたずねる（94）一宮修家（般若坊）榛名神社社家町の宿坊調査報告（桑原稔、家泉博）「上州路 ： 郷土文化誌」　あさを社　32（4）通号371　2005.4

東吾妻町

東吾妻町の力石 力石四方山ばなし（《特集 群馬の石と岩の伝説》）（小池利夫）「上州路 ： 郷土文化誌」　あさを社　33（12）通号391　2006.12

東上野町

天道念仏のなかの暮らし―群馬県前橋市東上野町より（高橋健一）「日本民俗学」　日本民俗学会　通号234　2003.5

東区民会館

上州の重要民家をたずねる（41）本町2丁目東区民会館（桑原稔、池田修、家泉博）「上州路 ： 郷土文化誌」　あさを社　26（11）通号318　2000.11

東善町

わが町の文化財散歩（2）―前橋市東善町の「硯塚」と「手習條目」（岡田昭二）「群馬歴史散歩」　群馬歴史散歩の会　（229）2013.5

東御荷鉾山不動尊

東御荷鉾山不動尊と郷土芸能伝承に取り組む妹ケ谷の人たち（飯塚暹）「群馬歴史散歩」　群馬歴史散歩の会　162　2000.9

東矢嶋

群馬・東矢嶋の獅子舞（石川博司）「まつり通信」　まつり同好会　51（2）通号552　2011.03

樋越神明宮の春鍬祭

国指定重要無形民俗文化財 春鍬祭（文化財レポート）（根岸朋子）「群馬文化」　群馬県地域文化研究協議会　（306）2011.04

日高

高崎市宿日高の伝統的民俗行事（さのすすむ）「上州路 ： 郷土文化誌」　あさを社　28（3）通号322　2001.3

白衣大観音

白衣大観音建立の趣意書（田口正美）「群馬歴史散歩」　群馬歴史散歩の会　（233）2014.03

平出

藤原平出における野兎の民俗（天野武）「西郊民俗」　［西郊民俗談話会］　通号159　1997.6
クマノリ（月の輪熊乗り）習俗考―水上町藤原平出の場合を中心に（天野武）「西郊民俗」　［西郊民俗談話会］　通号166　1999.3
白沢村の芸能 平出歌舞伎/生枝獅子舞（小野信太郎）「群馬歴史散歩」　群馬歴史散歩の会　185　2004.7
平出歌舞伎今昔（小野信太郎）「上州文化」　群馬県教育文化事業団　101　2005.2
民俗芸能手帳 平出歌舞伎/沼須人形芝居「上州文化」　群馬県教育文化事業団　（114）2008.5
ぐんまの郷土芸能 平出歌舞伎（小野信太郎）「ぐんま地域文化」　群馬地域文化振興会　（35）2010.11

平塚赤城神社

平塚赤城神社の「お川入れ」神事―付 舟運関係の信仰石造物（金子緯一郎）「群馬歴史散歩」　群馬歴史散歩の会　181　2003.11

広瀬

寄稿 まほろしの漁場広瀬の簗（生方清支）「上州路 ： 郷土文化誌」　あさ

を社 290 1998.7

笛木喜一家

上州の重要民家をたずねる（62）笛木喜一家（桑原稔，池田修，家泉博）「上州路 ： 郷土文化誌」 あさを社 29（8）通号339 2002.8

深沢

深沢の角地蔵（編集部）「上州路 ： 郷土文化誌」 あさを社 28（3）通号322 2001.3

福島松寿家

上州の重要民家をたずねる（50）福島松寿家（桑原稔，西村利夫，家泉博）「上州路 ： 郷土文化誌」 あさを社 28（8）通号327 2001.8

福増寺

長寿山福増寺（柳井貞次）「群馬歴史散歩」 群馬歴史散歩の会 144 1997.9

藤岡

ふるさと伝統工芸士（12）藤岡鬼面瓦 山口茂「上州文化」 群馬県教育文化事業団 94 2003.5

藤岡市

かみつけの里はにわ祭「王の儀式」再現劇（《特集 藤岡市（旧藤岡市・旧多野郡鬼石町）》）（横山千晶）「群馬歴史散歩」 群馬歴史散歩の会 （208）2009.03

富士見

筆子塚（柳井久雄）「富士見郷土研究」 富士見村郷土研究会 （53）2000.3
尺神様（柳井久雄）「富士見郷土研究」 富士見村郷土研究会 （53）2000.3

富士見村

富士見村内の筆子塚「富士見郷土研究」 富士見村郷土研究会 （53）2000.3

藤原

藤原のケシネ袋（飯島康夫）「武尊通信」 群馬歴史民俗研究会 91 2002.9
藤原の（獅）師子舞の取り組み 藤原（獅）師子舞保存会（林明男）「上州文化」 群馬県教育文化事業団 93 2003.2
水上町藤原の炭焼き（飯島康夫）「武尊通信」 群馬歴史民俗研究会 （103）2005.9
秘境藤原の昔の生活「養蚕が盛んだった頃」（《特集 利根郡みなかみ町（旧利根郡水上町・月夜野町・新治村）》）（林好一）「群馬歴史散歩」 群馬歴史散歩の会 （207）2009.1
ぐんまのくらしと民俗 みなかみの民俗「藤原の獅子舞」（林好一）「ぐんま地域文化」 群馬地域文化振興会 （32）2009.05

伏島宏家

上州の重要民家をたずねる（6）伏島宏家（桑原稔，金井淑幸）「上州路 ： 郷土文化誌」 あさを社 282 1997.11

不動寺

黒滝山不動寺から荒船不動まで（松尾翔）「せこ道」 山地民俗関東フォーラム 1 1999.7
宿坊の精進料理と観音様のおわす峰—黒滝山不動寺の一泊（松尾和子）「せこ道」 山地民俗関東フォーラム 2 2000.2
上州山間部南牧谷、黄檗寺院と在村文化のあけぼの（2）—黒瀧山不動寺の開基と潮音道海の入山（杉仁）「在村文化研究」 在村文化研究会 （15）2003.6

風呂川

ぐんまの川と生活 前橋城の命綱・風呂川（澤口宏）「ぐんま地域文化」 群馬地域文化振興会 （39）2012.11

放光寺

放光寺・護摩をめぐって（井上次男）「上州路 ： 郷土文化誌」 あさを社 32（3）通号370 2005.3
山王廃寺出土「放光寺」銘文字瓦をめぐって（栗原和彦）「群馬文化」 群馬地域文化研究協議会 通号288 2006.10
放光寺（山王廃寺）と秋間古窯跡（栗原和彦）「群馬文化」 群馬県地域文化研究協議会 （312）2012.10

宝積寺

曹洞宗の名刹 鷲翎山宝積寺（田村光彦）「群馬歴史散歩」 群馬歴史散歩の会 170 2002.1

宝寿院

宝寿院不動尊厨子の建築的価値（桑原稔）「ビエネス ： 群馬県文化財研究会論文報告集」 群馬県文化財研究会 （4）1998

宝福寺

群馬の仏像拝見（32）親鸞回心を支えた佐貫庄の性信上人 宝福寺邑楽郡板倉町板倉（岡部央）「上州文化」 群馬県教育文化事業団 90 2002.5

星尾

舞台跡から往時をしのぶ星尾人形を訪ねて（高山正）「上州路 ： 郷土文化誌」 あさを社 32（7）通号374 2005.7

武尊山

本明院普寛と上州武尊開山—『武尊山開闢記』をもとに（中山郁）「ぐんま史料研究」 群馬県立文書館 通号13 1999.10
武尊山の山岳信仰（丑木幸男）「群馬歴史散歩」 群馬歴史散歩の会 168 2001.9
本明院普寛の開山活動と上州武尊山開闢（久保康顕）「武尊通信」 群馬歴史民俗研究会 （102）2005.6

堀口

堀口の屋号—例幣使の芝下宿（山田雄弥）「群馬歴史散歩」 群馬歴史散歩の会 152 1999.1

堀越公一郎家

上州の重要民家をたずねる（63）堀越公一郎家（桑原稔，西村利夫，金井淑幸）「上州路 ： 郷土文化誌」 あさを社 29（9）通号340 2002.9

堀之内

ぐんまのくらしと民俗 堀之内のお茶講（篠原敏子）「ぐんま地域文化」 群馬地域文化振興会 （42）2014.05

本多健一郎家

上州の重要民家をたずねる（103）本多健一郎家 利根郡みなかみ町（桑原稔，岡本克則）「上州路 ： 郷土文化誌」 あさを社 33（1）通号380 2006.1

梵天山

表紙写真 群馬県大間々町（みどり市）小平 梵天山 六角の庚申塔「野仏 ： 多摩石仏の会機関誌」 多摩石仏の会 44 2013.07

前橋

群馬の板碑（17）前橋（行方平三郎）「群馬風土記」 群馬出版センター 56 1999.1
文化の定着と伝統の創造—「前橋だんべえ踊り」を事例に（松本大）「えりあぐんま」 群馬地理学会 （12）2006.7
前橋の石（《特集 群馬の石と岩の伝説》）（長井和雄）「上州路 ： 郷土文化誌」 あさを社 33（12）通号391 2006.12

前橋市

資料 街角の民俗『前橋市民俗文化財調査報告書』等（栗原秀雄）「群馬歴史散歩」 群馬歴史散歩の会 （205）2008.7
東国のロマン・山王廃寺跡（特集 前橋市の文化財）（山下歳信）「群馬歴史散歩」 群馬歴史散歩の会 （225）2012.07
群馬県内の「御嶽流・豊穂講神楽」—渋川・前橋両市周辺に分布する神楽の出自を考える（論考）（森林憲史）「民俗芸能研究」 民俗芸能学会 （54）2013.03

前橋城

前橋城と邑の踊り（大友康之）「上州文化」 群馬県教育文化事業団 99 2004.8
ぐんまの川と生活 前橋城の命綱・風呂川（澤口宏）「ぐんま地域文化」 群馬地域文化振興会 （39）2012.11

前橋藩

殖産興業のため前橋藩が作った陶磁器 “幻”の「皆沢焼」を求めて「上州風」 上毛新聞社 （32）2010.3

前橋町

資料紹介 寛政十年前橋町々祭礼行列絵巻について（桑原弘美）「群馬県立歴史博物館紀要」 群馬県立歴史博物館 （26）2005.3

前原中組

一農村における鎮守と若者組について—前橋市青梨子町前原中組の場合（松下熙雄）「群馬文化」 群馬県地域文化研究協議会 260 1999.10

蒔田

ぐんまの郷土芸能 蒔田の獅子舞（森務）「ぐんま地域文化」 群馬地域文化振興会 15 2000.11

真下和哉家

上州の重要民家をたずねる（55）真下和哉家（桑原稔，西村利夫，家泉博）「上州路 ： 郷土文化誌」 あさを社 29（1）通号332 2002.1

増田善市家

上州の重要民家をたずねる（91）増田善市家 利根郡月夜野町（桑原稔，家泉博，金井淑幸）「上州路 ： 郷土文化誌」 あさを社 32（1）通号

町田浩蔵家

上州の重要民家をたずねる(10) 町田浩蔵家(桑原稔, 西村利夫, 金井淑幸)「上州路 : 郷土文化誌」 あさを社 286 1998.3

松井田町

人形浄瑠璃について(原田徳四郎)「宇須比」 松井田町文化会 36 1997

群馬の板碑(11) 松井田町ほか(行方平三郎)「群馬風土記」 群馬出版センター 50 1997.7

珍しき石仏(伊丹仲七)「宇須比」 松井田町文化会 (51) 2004.11

瑠璃光薬師(小林二三雄)「宇須比」 松井田町文化会 (51) 2004.11

珍しい石仏(伊丹仲七)「宇須比」 松井田町文化会 (53) 2005.10

松井田町の弁才天(伊丹仲七)「宇須比」 松井田町文化会 (54) 2006.5

雷神(伊丹仲七)「宇須比」 松井田町文化会 (55) 2006.11

魚籃観音(伊丹仲七)「宇須比」 松井田町文化会 (56) 2007.5

半鐘泥棒のお陰(上原富次)「宇須比」 松井田町文化会 (57) 2007.11

三界萬霊等(伊丹仲七)「宇須比」 松井田町文化会 (57) 2007.11

「一郷一学」と厄詣(上原向山)「宇須比」 松井田町文化会 (58) 2008.5

松井田町の輪廻塔(伊丹仲七)「宇須比」 松井田町文化会 (59) 2008.11

階供養塔(伊丹仲七)「宇須比」 松井田町文化会 (64) 2011.07

松井田町誌にのっている神名(土屋登)「宇須比」 松井田町文化会 (68) 2013.05

松井直之家

上州の重要民家をたずねる(16) 松井直之家(桑原稔, 西村利夫)「上州路 : 郷土文化誌」 あさを社 292 1998.9

松島滋家

上州の重要民家をたずねる(59) 松島滋家(桑原稔, 西村利夫)「上州路 : 郷土文化誌」 あさを社 29(5)通号336 2002.5

松本一郎治家

上州の重要民家をたずねる(98) 松本一郎治家 勢多郡黒保根村(桑原稔, 川嵜清和)「上州路 : 郷土文化誌」 あさを社 32(8)通号375 2005.8

馬庭念流道場

上州の重要民家をたずねる(81) 馬庭念流道場(樋口家念流道場)多野郡吉井町馬庭(家泉博, 桑原稔)「上州路 : 郷土文化誌」 あさを社 31(3)通号358 2004.3

間物

誌上ルポ 神流町間物のオンマラ様の祭り(寺崎喜三)「上州文化」 群馬県教育文化事業団 (105) 2006.2

満徳寺

新たな歴史展示の展開—縁切寺満徳寺資料館をたずねて(古沢勝幸)「群馬文化」 群馬県地域文化研究協議会 259 1999.7

特集 世界に二つの縁切寺「上州文化」 群馬県教育文化事業団 (118) 2009.05

特集 世界に二つの縁切寺「上州文化」 群馬県教育文化事業団 (119) 2009.08

特集 世界に二つの縁切寺「上州文化」 群馬県教育文化事業団 (120) 2009.11

特集 世界に二つの縁切寺「上州文化」 群馬県教育文化事業団 (121) 2010.02

特集 世界に二つの縁切寺 資料館の建設と本堂等の復元—平成の満徳寺(1)(高木侃)「上州文化」 群馬県教育文化事業団 (124) 2010.11

世界に二つの縁切寺 縁切り現代版としての「縁切り・縁結び廁」—平成の満徳寺(2)(高木侃)「上州文化」 群馬県教育文化事業団 (125) 2011.02

利根町満徳寺の新四国霊場「四郡大師」(近江礼子)「茨城史林」 筑波書林 (35) 2011.06

世界に二つの縁切寺 縁切寺満徳寺資料館の企画展等の諸行事—平成の満徳寺(3)(高木侃)「上州文化」 群馬県教育文化事業団 (128) 2011.11

満徳寺遺跡公園

縁切寺満徳寺遺跡公園(板垣祥子)「群馬歴史散歩」 群馬歴史散歩の会 160 2000.5

万福寺

ぐんまの歴史入門講座 第106講 万福寺に伝わる南蛮絵と切支丹(志村哲)「ぐんま地域文化」 群馬地域文化振興会 (33) 2009.11

満福寺

満福寺に伝わる南蛮絵(榊原憲雄)「群馬歴史散歩」 群馬歴史散歩の会 162 2000.9

みかえり阿弥陀

マイカーで行く街道の旅(18) 夢見る顔のみかえり阿弥陀(中山道7)(長井和雄)「上州路 : 郷土文化誌」 あさを社 286 1998.3

三木玄夫家

上州の重要民家をたずねる(82) 三木玄夫家 多野郡吉井町大字黒熊(桑原稔, 池田修, 家泉博)「上州路 : 郷土文化誌」 あさを社 31(4)通号359 2004.4

三国

ふるさと伝統工芸士(10) 三国桐下駄(田村登)「上州文化」 群馬県教育文化事業団 91 2002.8

三国峠

コラム 三国峠(新潟・群馬)の廻国塔(特集 廻国塔—祈りの足跡)(田中英雄)「日本の石仏」 日本石仏協会, 青娥書房(発売) (147) 2013.09

三国三社権現

『三国三社権現縁起』研究序論—土佐光芳画の縁起絵巻をめぐって(大島由紀夫)「ぐんま史料研究」 群馬県立文書館 (14) 2000.2

三郷

三郷竜神太鼓(堤久代)「上州路 : 郷土文化誌」 あさを社 28(6)通号325 2001.6

箕郷町

箕郷町を歩く—神葬の里、金敷平再訪(久保田淳子)「上州路 : 郷土文化誌」 あさを社 281 1997.10

三嶋神社

ぐんまのくらしと民俗 三嶋神社と夜祭り(志村哲)「ぐんま地域文化」 群馬地域文化振興会 (33) 2009.11

水沢観音

水沢観音をバスで訪ねて(世古晴次)「県央史談」 県央史談会 40 2001.1

水沢寺

水沢寺の水天像を見て(会員の広場)(浅見初枝)「日本の石仏」 日本石仏協会, 青娥書房(発売) (152) 2014.12

水沼

ぐんまの郷土芸能 水沼の獅子舞(富田林一)「ぐんま地域文化」 群馬地域文化振興会 (26) 2006.5

水沼神社

水沼神社考(関茂)「群馬文化」 群馬県地域文化研究協議会 254 1998.4

道しるべ観音

浅間分去り茶屋と道しるべ観音(唐沢邦武)「群馬風土記」 群馬出版センター 58 1999.7

三ツ寺

三ツ寺 嘉永の庚申碑(石田忠夫)「群馬風土記」 群馬出版センター 17(2)通号73 2003.4

みどり市

調査報告 桐生市・みどり市内「橋」「石橋」供養塔(神山勇)「桐生史苑」 桐生文化史談会 (51) 2012.03

皆沢

殖産興業のため前橋藩が作った陶磁器 "幻"の「皆沢焼」を求めて「上州風」 上毛新聞社 (32) 2010.3

南上州

北武州~南上州の農村商品と文化交流—俳諧と養蚕・藍玉・舟運(杉仁)「立正大学地域研究センター年報」 立正大学地域研究センター年報編集室 (21) 1998.3

宮田国三郎家

上州の重要民家をたずねる(26) 宮田国三郎家(桑原稔, 西村利夫)「上州路 : 郷土文化誌」 あさを社 26(8)通号303 1999.8

宮田不動尊

宮田不動尊のお祭りについて(諸田健次郎)「群馬歴史散歩」 群馬歴史散歩の会 144 1997.9

御守り(宮田不動尊)(旅行記)(庄司民江)「館山と文化財」 館山市文化財保護協会 (45) 2012.04

妙安寺

絹本著色親鸞聖人旅姿像(前橋市・妙安寺/県指定重要文化財)「博物館だより」 群馬県立歴史博物館 (122) 2011.03

明王院

明王院（島田厚司）「群馬歴史散歩」 群馬歴史散歩の会　160　2000.5

妙義

名馬磨墨と下仁田・富岡・妙義の伝説地名（福田孔一）「群馬地名だより ： 群馬地名研究会会報」 群馬地名研究会　42　1999.9

妙義山

妙義・榛名山参詣の道（伊丹仲七）「上州路 ： 郷土文化誌」 あさを社　31（9）通号364　2004.9

妙義神社

空白の歴史（30）妙義神社と波己曽神（浅見喜義）「群馬風土記」 群馬出版センター　56　1999.1

妙義神社の老杉に囲まれた石段（編集部）「上州路 ： 郷土文化誌」 あさを社　28（4）通号323　2001.4

妙見寺

埼玉北部の妙見信仰―上州引間妙見寺・鼻高町達磨寺《妙見信仰特輯》（中嶋信彰）「あしなか」 山村民俗の会　249　1997.12

関東地方最古の妙見宮 三鈷山妙見寺（針ヶ谷毅）「大内文化探訪 ： 会誌」 大内文化探訪会　19　2001.2

妙見寺（松田直弘）「群馬歴史散歩」 群馬歴史散歩の会　179　2003.7

妙典寺

高崎市小八木町妙典寺の石造物（磯部淳一）「高崎市史研究」 高崎市　10　1999.2

美和神社

上野国美和神社の官社化と神階奉授（鈴木正信）「桐生史苑」 桐生文化史談会　（53）2014.03

明和町

ぐんまの郷土芸能 明和町の郷土芸能（吉永博彰）「ぐんま地域文化」 群馬地域文化振興会　（40）2013.05

明和村

明和村の民俗あれこれ（阪本英一）「群馬歴史散歩」 群馬歴史散歩の会　141　1997.3

明和村の石仏（立川明浩）「群馬歴史散歩」 群馬歴史散歩の会　141　1997.3

元総社町

群馬県前橋市元総社町の千庚申（縣敏夫）「野仏 ： 多摩石仏の会機関誌」 多摩石仏の会　33　2002.7

茂原富次郎家

上州の重要民家をたずねる（8）茂原富次郎家（桑原稔，家泉博，金井淑幸）「上州路 ： 郷土文化誌」 あさを社　284　1998.1

桃井里

上毛野国車評桃井里と大贄鮎（福田浩）「上州路 ： 郷土文化誌」 あさを社　28（8）通号327　2001.8

森栄一郎家

上州の重要民家をたずねる（53）森栄一郎家（桑原稔，西村利夫，家泉博，金井淑幸）「上州路 ： 郷土文化誌」 あさを社　28（11）通号330　2001.11

森享造家

上州の重要民家をたずねる（51）森享造家（桑原稔，西村利夫，家泉博）「上州路 ： 郷土文化誌」 あさを社　28（9）通号328　2001.9

森村章明家

上州の重要民家をたずねる（15）森村章明家（桑原稔）「上州路 ： 郷土文化誌」 あさを社　291　1998.8

茂林寺

青龍山茂林寺調査報告書（川嵜清和，桑原稔，家泉博，金井淑幸，川田常雄）「ビエネス ： 群馬県文化財研究会論文報告集」 群馬県文化財研究会　（16）2010.03

茂呂小学校

千本木龍頭神舞と学校連携―茂呂小学校における民俗芸能の活用事例から（板橋春夫）「群馬文化」 群馬県地域文化研究協議会　通号288　2006.10

茂呂村

近世村落の宗教施設―上野国那波郡茂呂村の場合（研究）（時枝務）「群馬文化」 群馬県地域文化研究協議会　（316）2013.10

谷中観音

中野藤内左衛門と谷中観音《特集 軽井沢町（長野県）》（細谷清吉）「群馬歴史散歩」 群馬歴史散歩の会　（192）2006.1

山上多重塔

山上多重塔小考（小野里了一）「桐生史苑」 桐生文化史談会　（52）2013.03

山田孝充家

上州の重要民家をたずねる（39）山田孝充家（桑原稔，家泉博，宮沢朋子）「上州路 ： 郷土文化誌」 あさを社　26（9）通号316　2000.9

山名神社

山名神社祇園祭舞楽の記録（鷲野正昭）「まつり通信」 まつり同好会　53（1）通号563　2013.01

山ノ上碑

山ノ上碑にみる孝の顕現―古代における儒仏混淆の地域的様相（門田誠一）「鷹陵史学」 鷹陵史学会　（37）2011.9

山上碑

「山上碑」「金井沢碑」と地域の仏教―古代上毛野の「地域の論理」（関口功一）「地方史研究」 地方史研究協議会　52（4）通号298　2002.8

八幡八幡宮

八幡八幡宮の建築（桑原稔）「ビエネス ： 群馬県文化財研究会論文報告集」 群馬県文化財研究会　（3）1997.3

養老の滝

口絵 引札「恵比須と養老の滝」―群馬県立歴史博物館蔵品資料（111）（神宮善彦）「群馬文化」 群馬県地域文化研究協議会　（310）2012.4

横坂喜代吉家

上州の重要民家をたずねる（93）横坂喜代吉家 利根郡白沢村（桑原稔，西村利夫，家泉博）「上州路 ： 郷土文化誌」 あさを社　32（3）通号370　2005.3

横室

横室の祇園祭り（大友五十吉）「富士見郷土研究」 富士見村郷土研究会　（54）2001.3

横室の祇園祭と笛師―横笛と笛師の系譜（石田和男）「富士見郷土研究」　（67）2014.03

吉井

吉井火打金に関する諸問題（中嶋義明）「群馬歴史民俗」 群馬歴史民俗研究会　（30）2009.3

吉井宿

姫街道・吉井宿と火打金（山崎誠一）「群馬歴史散歩」 群馬歴史散歩の会　142　1997.5

吉岡町

吉岡町と渋川市の鬼面を刻む石祠や石堂・石殿《特集 軽井沢町（長野県）》（大島史郎）「群馬歴史散歩」 群馬歴史散歩の会　（192）2006.1

吉田トモ子家

上州の重要民家をたずねる（60）吉田トモ子家（桑原稔，西村利夫）「上州路 ： 郷土文化誌」 あさを社　29（6）通号337　2002.6

吉田西

ぐんまの郷土芸能 仙石ささらと吉田西里神楽（川島健二）「ぐんま地域文化」 群馬地域文化振興会　（31）2008.10

芳太朗地蔵尊

生存中にまつられた芳太朗地蔵尊（竹渕清茂）「群馬歴史散歩」 群馬歴史散歩の会　155　1999.7

四ツ又山

神々のおわす山・西上州の四ツ又山に登って（後藤アツ子）「せこ道」 山地民俗関東フォーラム　2　2000.2

雷電神社

雷電神社と末社八幡宮・稲荷神社社殿（荒井英世）「群馬歴史散歩」 群馬歴史散歩の会　153　1999.3

羅漢町

榛名山の雨乞いと羅漢町の獅子（田口智彦）「高崎市市史編さんだより」 高崎市　21　2000.7

竜海院

龍海院の本末論争一件（井野修二）「武尊通信」 群馬歴史民俗研究会　（107）2006.9

龍海院晩鐘余話（井野修二）「群馬歴史散歩」 群馬歴史散歩の会　（199）2007.5

柳沢寺

柳澤寺と常将神社（小川晃泰）「群馬歴史散歩」 群馬歴史散歩の会　186　2004.9

竜舞
龍舞賀茂神社の萬燈祭（特集 平成の新指定―東毛編）（岸伸洋）「群馬歴史散歩」　群馬歴史散歩の会　（224）2012.05

例幣使道
境町の例幣使道（茂木伸司）「群馬歴史散歩」　群馬歴史散歩の会　181　2003.11

六里ヶ原
六里ヶ原と道しるべ観音（坂寄富士夫）「群馬歴史散歩」　群馬歴史散歩の会　157　1999.11

分去り茶屋
浅間分去り茶屋と道しるべ観音（唐沢邦武）「群馬風土記」　群馬出版センター　58　1999.7

若松町
高崎市若松町の小満地蔵尊（春木征子）「上州路 ： 郷土文化誌」　あさを社　28（3）通号322　2001.3

脇屋館跡
正法寺と脇屋館跡（諏訪和雄）「群馬歴史教歩」　群馬歴史散歩の会　157　1999.11

渡辺健一郎家
上州の重要民家をたずねる（69）渡辺健一郎家（桑原稔，池田修，家泉博，金井淑幸）「上州路 ： 郷土文化誌」　あさを社　30（3）通号346　2003.3

渡良瀬
「わたらせ太鼓」のこと（川瀬寿子）「上州文化」　群馬県教育文化事業団　79　1999.8

埼玉県

赤尾
埼玉県坂戸市赤尾の年中行事（榎本直樹）「埼玉民俗」 埼玉民俗の会 24 1999.3

埼玉県坂戸市赤尾の「五月行事」（榎本直樹）「埼玉民俗」 埼玉民俗の会 25 2000.3

赤沢
埼玉の民謡の継承―飯能市赤沢岩本信蔵氏民謡資料付（小野寺節子）「埼玉民俗」 埼玉民俗の会 29 2004.3

我野神社
奥武蔵妙見考―我野神社・北川神社と秩父妙見（《妙見信仰特輯》）（井上勝海）「あしなか」 山村民俗の会 249 1997.12

奥多摩の獅子舞い紀行（61）埼玉・我野神社の獅子舞い「かわせみ通信」 川崎実 61 2000.8

獅子舞への誘い（21）三社我野神社の舞（関口洋介）「奥武蔵」 奥武蔵研究会 通号359 2008.1

赤山
在来産業と民俗 「赤山笊」についての報告（1）（服部武）「紀要」 埼玉県立博物館 通号26 2001.3

朝霞
江戸時代の朝霞伸銅をめぐって（白井哲哉）「埼玉地方史」 埼玉県地方史研究会 38 1997.7

板碑製作と技法をめぐる諸問題（磯野治司）「あらかわ」 あらかわ考古談話会 （10） 2007.5

朝霞市
地域的霊地について―朝霞市内の事例を中心に（野沢均）「あらかわ」 あらかわ考古談話会 （10） 2007.5

宗教施設から見た中世前期の朝霞市内の開発について（予察）（野澤均）「あらかわ」 あらかわ考古談話会 （11） 2008.5

考古 埼玉県朝霞市・県指定文化財 不動曼荼羅板碑（学芸員の机から）「岡豊風日 : 高知県立歴史民俗資料館だより」 高知県立歴史民俗資料館 （86） 2014.06

朝日根
獅子舞考―朝日根の暴れ獅子（関口洋介）「奥武蔵」 奥武蔵研究会 339 2004.9

朝日根の獅子舞（石川博司）「まつり通信」 まつり同好会 47（6）通号532 2007.11

奥武蔵・秩父の獅子舞（49）―朝日根の暴れ獅子（関口洋介）「奥武蔵」 奥武蔵研究会 （394） 2013.11

阿佐間
埼玉県大利根町阿佐間M家の年中行事（板垣時夫）「コロス」 常民文化研究会 86 2001.8

芦ヶ久保
奥多摩の獅子舞い紀行（62）埼玉・芦ヶ久保の獅子舞い「かわせみ通信」 川崎実 62 2000.9

獅子舞考―芦ヶ久保の白刃（関口洋介）「奥武蔵」 奥武蔵研究会 340 2004.11

横瀬町歴史民俗資料館「芦ヶ久保の獅子舞」展を開催して―民俗芸能事始め（深田芳行）「埼玉民俗」 埼玉民俗の会 （31） 2006.3

芦ヶ久保の氏神様（酒井昌樹）「奥武蔵」 奥武蔵研究会 通号351 2006.9

『忍藩秩父領割役御公用日記』に見える芦ヶ久保の獅子舞について（調査報告）（宮前功）「野外調査研究所報告」 野外調査研究所 （19・20） 2013.06

足立郡百不動尊
付録 安政6年8月再版『武州足立郡百不動尊巡拝図』「蕨市立歴史民俗資料館紀要」 蕨市立歴史民俗資料館 （7） 2010.03

足立十二薬師
足立十二薬師について（野中味恵子）「緑の歴史」 さいたま市緑区歴史の会 （7） 2012.01

足立神社
足立郡市内足立神社考（森田悌）「埼玉史談」 埼玉県郷土文化会 59（3）通号311 2012.10

足立寅薬師
足立寅薬師（高島英一）「埼玉史談」 埼玉県郷土文化会 45（4）通号256 1999.1

足立八十八ヵ所弘法大師霊場
「足立八十八ヵ所弘法大師霊場」と「新四国八十八ヵ所弘法大師霊場」札所の所在とその変遷について（川島浩）「蕨市立歴史民俗資料館紀要」 蕨市立歴史民俗資料館 （9） 2012.03

足立坂東札所
足立坂東札所関係資料（一）〜（三）（史料紹介）「蕨市立歴史民俗資料館紀要」 蕨市立歴史民俗資料館 （11） 2014.03

安達百不動尊
特別展「安達百不動尊」を終えて「あかんさす : さいたま市立浦和博物館館報」 さいたま市立浦和博物館 41（1）通号104 2013.02

足立百不動尊
星野順栄碑と足立百不動尊供養塔（織本重道）「大宮の郷土史」 大宮郷土史研究会 （31） 2012.03

阿寺
奥武蔵、秩父の獅子舞（34）―大見得を切る阿寺の舞（関口洋介）「奥武蔵」 奥武蔵研究会 通号375 2010.09

花桐
獅子舞への誘い（11）花桐の笹良獅子（関口洋介）「奥武蔵」 奥武蔵研究会 通号349 2006.5

荒井新田
白岡町大字荒井新田の百万遍―フセギの習俗（板垣時夫）「埼玉史談」 埼玉県郷土文化会 50（3）通号275 2003.10

荒川
荒川・大麻生河原の「砂利ふるき」（馬場國夫）「熊谷市郷土文化会誌」 熊谷市郷土文化会 （65） 2009.11

荒川白久
山東伝の風俗描写からみる民俗芸能―秩父市荒川白久「神明社神楽」に挿入される江戸期の物真似・流行歌（第54回大会特集）（川﨑瑞穂）「風俗史学 : 日本風俗史学会誌」 日本風俗史学会, 岩田書店（発売） （58） 2014.05

荒川村
秩父八幡講力士会と荒川村の信願相撲（坂井郁子）「都市民俗研究」 都市民俗学研究会 （6） 2000.3

近世前期〜中期における土豪家と村落寺院―武蔵国榛沢郡荒川村を事例に（鈴木直樹）「関東近世史研究」 関東近世史研究会 （73） 2012.11

荒脛神社
荒脛神社について（岩井茂）「埼玉史談」 埼玉県郷土文化会 48（1）通号265 2001.4

粟野村
識字学習写本孫写し記（1）人生と信心と戒律―文政八年六月下野国都賀郡粟野村阿部兵蔵写本から（岡田博）「富士山遺文拾遺」 「まるはとだより発行所」 （3） 2006.6

安行藤八
安行藤八の獅子舞い（埼玉県川口市安行藤八）（川崎実）「かわせみ通信」 川崎実 （123） 2010.07

安国寺
安国寺の古文書（鈴木秀俊）「越谷市郷土研究会会報 : 古志賀谷」 越谷市郷土研究会 （10） 1999.6

安藤記念教会
安藤記念教会とその周辺（新堂元亨）「あゆみ」 毛呂山郷土史研究会 （35） 2012.02

安楽寺
埼玉の坂東9・11番寺詣で（千葉弘）「県央史談」 県央史談会 （42） 2003.1

西別府 安楽寺に疎開して（岡田菊江）「熊谷市郷土文化会誌」 熊谷市郷土文化会 （66） 2010.11

関東　　　　　　　　　郷土に伝わる民俗と信仰　　　　　　　　　埼玉県

飯塚
飯塚地区の屋号（内田秀太郎）「岩槻史林」　岩槻地方史研究会　（31）　2004.6

飯塚村
巻頭写真　昭和初期の片倉製糸工場関係写、（江戸時代）妻沼村田惣反別絵図（妻沼荒井家文書）、元禄4年（1691）飯塚村鎮守八幡宮社地神木出入訴状（飯塚川田家文書）、享保6年（1712）高札（妻沼内田氏所蔵資料）「熊谷市史研究」　熊谷市教育委員会　（3）　2011.03

飯田
岩殿沢の黒田家と飯田の鉄砲祭り（関口守正）「グループ秩父事件会報」　グループ秩父事件事務局　62　1997.2

猪狩山
秩父・猪狩山山頂の奇祭に参加して（松尾翔）「せこ道」　山地民俗関東フォーラム　6　2005.9

池上
池上獅子舞保存会の活動（茂木貞純）「熊谷市郷土文化会誌」　熊谷市郷土文化会　54　1999.11

いざなぎ神社
わがふるさと伝承行事「いざなぎ神社（三川上）と絵馬由来」（石川友次）「熊谷市郷土文化会誌」　熊谷市郷土文化会　（67）　2011.11

石田
石田の獅子舞（石川博司）「まつり通信」　まつり同好会　41（4）通号482　2001.3
「ふるさとのまつり」御紹介　石田の獅子舞/埼玉県指定文化財　丸木舟/第14回ミニ展　むかしの勉強・むかしの遊び「川越市立博物館博物館だより」　川越市立博物館　40　2003.12
獅子舞の風土シリーズ（88）埼玉県川越市/石田の獅子舞い「かわせみ通信」　川崎実　88　2004.11

石原
奥多摩の獅子舞い紀行（59）埼玉・石原のささら獅子舞い「かわせみ通信」　川崎実　59　2000.5
「山の神」がいる石原ささら獅子舞（菊地和博）「山形民俗」　山形県民俗研究協議会　（18）　2004.11
災厄を祓う　石原のささら獅子舞（宗形慧）「川越の文化財」　川越市文化財保護協会　（113）　2013.02

泉井神社
奥武蔵・秩父の獅子舞（54）―鳩山町、昊井神社の舞（関口洋介）「奥武蔵」　奥武蔵研究会　（399）　2014.09

出雲伊波比神社
墨渓の扇面出雲伊波比神社縁起（内野勝裕）「あゆみ」　毛呂山郷土史研究会　25　1999.4
出雲伊波比神社の流鏑馬祭り（田島善）「あゆみ」　毛呂山郷土史研究会　（35）　2012.02
出雲伊波比神社のやぶさめ　埼玉県指定　無形民俗文化財「あゆみ」　毛呂山郷土史研究会　（37）　2013.05
毛呂山町　出雲伊波比神社のやぶさめ　県指定無形民俗文化財「あゆみ」　毛呂山郷土史研究会　（38）　2014.03

出雲乃伊波比神社
出雲乃伊波比神社（逸見雄司）「郷土のあゆみ」　寄居町郷土文化会　33　1997.3

市川
川の大じめ（埼玉県上尾市市川2丁目　神明神社）（川崎実）「かわせみ通信」　川崎実　（128）　2011.05

一乗院
一乗院縁起（中村友多佳）「熊谷市郷土文化会誌」　熊谷市郷土文化会　（65）　2009.11

市神社
市神社修復記念特別寄稿　鳩ヶ谷市神社の御祭神と市開設歴（中島義一）「郷土はとがや：鳩ケ谷郷土史会会報」　鳩ケ谷郷土史会　51　2003.5

一山神社
太陽信仰を求めて（2）――一山神社の柚子祭りと解脱会・金鑽神楽・テンゴウ祭り（内田賢作）「西郊民俗」［西郊民俗談話会］　（173）　2000.12

伊奈町
石饅頭のはなし―伊奈町史の思い出から（編纂事業の思い出）（大沼宜規）「町史研究伊奈の歴史」　伊奈町　（10）　2008.1

猪狩神社
あなたに伝えたい　猪狩神社のお祭り風景（広本礼子）「奥武蔵」　奥武蔵研究会　335　2004.1

今井
今井の廻り地蔵（曽根真二）「熊谷市郷土文化会誌」　熊谷市郷土文化会　（58）　2003.11

入曽
入曽の獅子舞（石川博司）「まつり通信」　まつり同好会　48（5）通号537　2008.9

入間川
入間川の筏流し（《埼玉県特集》）（柳戸信吾）「利根川文化研究」　利根川文化研究　通号31　2008.9
奥武蔵、秩父の獅子舞（39）―入間川、八幡神社の獅子舞（関口洋介）「奥武蔵」　奥武蔵研究会　（384）　2012.03

入間郡
入間郡式内社考（森田悌）「埼玉史談」　埼玉県郷土文化会　60（1）通号313　2013.04

入間郡東部
埼玉県入間郡東部地区に分布する同型板碑について（和田晋治）「あらかわ」　あらかわ考古談話会　（11）　2008.5

入間東部
「都市民俗誌」としての『埼玉県入間東部地区の民俗』（佐々木真理）「都市民俗研究」　都市民俗学研究会　（3）　1997.3
近世村落における中小規模寺院と檀家―入間東部地区・川越市旧南古谷村分を中心に（橋本鶴人）「市史研究きんもくせい」　上福岡市教育委員会　（5）　2000.3

岩井堂
浅草観音の生地　岩井堂（入子助蔵）「郷土はんのう」　飯能郷土史研究会　（28）　2008.3

岩井堂観音
岩井堂観音受難―甦る伝承の源（入子文子）「奥武蔵」　奥武蔵研究会　通号358　2007.11

岩槻
麹屋の仕事と仕事場―岩槻の鈴木こうじ製造本舗の場合（朱通祥男）「埼玉民俗」　埼玉民俗の会　22　1997.5
冬扇簿（松村じゅん）「岩槻史林」　岩槻地方史研究会　25　1998.3
2月例会記・民文講演会および展示見学　講演「城下町岩槻の祭礼について」/特別展示「押し絵羽子板展」について「しらつる：岩槻地方史研究会だより」　岩槻地方史研究会　（174）　2003.4
岩槻地方の逆手・左手如意輪観音墓（中村守）「岩槻史林」　岩槻地方史研究会　（31）　2004.6
市における香具師について（飯山実）「岩槻史林」　岩槻地方史研究会　（32）　2005.6
ちょっと昔の岩槻言葉（1）あ～お（松村じゅん）「岩槻史林」　岩槻地方史研究会　（33）　2006.6
ちょっと昔の岩槻言葉（2）か～こ（松村じゅん）「岩槻史林」　岩槻地方史研究会　（34）　2007.6
ちょっと昔の岩槻言葉（3）さ～そ（松村じゅん）「岩槻史林」　岩槻地方史研究会　（35）　2008.6
ちょっと昔の岩槻言葉（4）た～と（松村じゅん）「岩槻史林」　岩槻地方史研究会　（36）　2009.6
画期的な神と仏の復縁　古代名刹大霊場巡りと地方（大熊晋一）「岩槻史林」　岩槻地方史研究会　（36）　2009.06
ちょっと昔の岩槻言葉（5）な～の（松村じゅん）「岩槻史林」　岩槻地方史研究会　（37）　2010.6
画期的な神と仏の復縁　古代名刹大霊場巡りと地方（大熊晋一）「岩槻史林」　岩槻地方史研究会　（37）　2010.06
盃状穴（中村守）「岩槻史林」　岩槻地方史研究会　（37）　2010.06
岩槻人形の起源についての一仮説（高須久樹）「埼玉民俗」　埼玉民俗の会　（36）　2011.03
岩槻の神と佛・二題（大熊晋一）「埼玉史談」　埼玉県郷土文化会　58（1）通号305　2011.04
ちょっと昔の岩槻ことば（6）は～ほ（松村じゅん）「岩槻史林」　岩槻地方史研究会　（38）　2011.6
ちょっと昔の岩槻ことば（7）ま～も（松村恂）「岩槻史林」　岩槻地方史研究会　（39）　2012.7

岩付
東大阪市専宗寺所蔵　岩付太田氏関係文書について（新井浩文）「文書館紀要」　埼玉県立文書館　（16）　2003.3
増林の勝林寺本尊と岩付の渋江氏（山本泰秀）「越谷市郷土研究会会報：古志賀谷」　越谷市郷土研究会　（15）　2009.07

岩槻市

石碑に見る丸岩講（岩槻市内編）（内田，並木，中村）「岩槻史林」 岩槻地方史研究会　27　2000.6

岩槻の古式土俵入り

古今東西宝語（5）岩槻鈎上神明社少年土俵入祝詞「富士山遺文拾遺」［まるはとだより発行所］　（5）2006.8

国指定重要無形民俗文化財 岩槻の古式土俵入り「榧りぽーと ： さいたま市文化財時報」 さいたま市教育委員会生涯学習部　（47）2012.12

岩槻藩

徳川将軍家日光社参と岩槻藩（松崎武雄）「岩槻史林」 岩槻地方史研究会　（37）2010.06

石戸地蔵堂

「伊東祐頼」が背負っていった地蔵尊（木村博）「伊豆史談」 伊豆史談会　130　2001.3

岩殿沢

岩殿沢の黒田家と飯田の鉄砲祭り（関口守正）「グループ秩父事件会報」 グループ秩父事件事務局　62　1997.2

岩根神社

岩根神社の大口真神信仰—埼玉県秩父郡長瀞町井戸（長沢利明，金井塚正道）「西郊民俗」［西郊民俗談話会］　（193）2005.12

岩野木

幸房・岩野木の獅子舞（歴史民俗講座）（山本あづさ）「葦のみち ： 三郷市史研究」 三郷市　（18）2006.3

岩原

南足柄市岩原八幡神社丸岩講榊立について（小林謙光）「富士山文化研究」 富士山文化研究会　（8）2007.12

光岩稲荷神社

光岩稲荷神社再建（新井喜男）「みつミ祢山」 三峯神社社務所　（192）2006.4

岩船地蔵

岩船地蔵探索記（上），（下）（斎藤勝治）「埼玉史談」 埼玉県郷土文化会　46（2）通号258/47（1）通号261　1999.8/2000.4

岩谷洞

表紙写真解説 六字名号笠塔婆（本庄市児玉町小平岩谷洞）「埼玉史談」 埼玉県郷土文化会　58（1）通号305　2011.04

浮谷

浮谷地区の屋号（内田秀太郎）「岩槻史林」 岩槻地方史研究会　（29）2002.5

梅園

獅子舞への誘い（8）—梅園、二刀流の舞（関口洋介）「奥武蔵」 奥武蔵研究会　（346）2005.11

梅園神社

奥多摩の獅子舞い紀行（56）埼玉・梅園神社の獅子舞い「かわせみ通信」 川崎実　56　2000.2

浦島の不動滝

口絵 特集 天部の石造物 弁才天 埼玉県小鹿野町両神薄・浦島の不動滝／誌上写真展 '14日本石仏協会写真展より くつろいで坐る童子像（制吒童子？）東京都稲城市矢野口・妙ற寺、変わった印相の大日如来 神奈川県平塚市吉沢・宗海寺跡、ラクシュミー（吉祥天）ネパール国バタン市「日本の石仏」 日本石仏協会，青娥書房（発売）（152）2014.12

浦寺

浦寺の昔ばなし（自分史で語る鳩ケ谷現代史）（井出野千代子）「郷土はとがや ： 鳩ケ谷郷土史会会報」 鳩ケ谷郷土史会　（61）2008.5

浦寺にあった地蔵堂は法性寺「旦過（短歌）（鍬）察」であった（若松哲夫）「郷土はとがや ： 鳩ケ谷郷土史会会報」 鳩ケ谷郷土史会　（69）2012.05

浦寺村

高野山千蔵院過去帳（8）武州足立郡赤山領浦寺村（小渕甚蔵）「郷土はとがや ： 鳩ケ谷郷土史会会報」 鳩ケ谷郷土史会　（62）2008.11

浦山

「浦山」と民具学のもう一つの創世（小林茂）「埼玉民俗」 埼玉民俗の会　（32）2007.3

浦山大日堂

奥武蔵、秩父の獅子舞（30）浦山、大日堂の舞（関口洋介）「奥武蔵」 奥武蔵研究会　通号368　2009.07

浦山大日如来堂

奥多摩の獅子舞い紀行（70）埼玉/浦山大日如来堂の獅子舞「かわせみ通信」 川崎実　70　2002.1

浦和

浦和の月待信仰資料（野原靖）「浦和市博物館研究調査報告書」 浦和市立郷土博物館　24　1997.3

板碑にみる民間信仰（1）—浦和所在の民間信仰板碑（諸岡勝）「浦和市史研究」 浦和市総務部　13　1998.3

浦和の十二直マチ（石川博司）「まつり通信」 まつり同好会　39（12）通号466　1999.11

板碑にみる民間信仰（2）—民間信仰系板碑編年目録・所在目録の作成（諸岡勝）「浦和市史研究」 浦和市総務部　15　2000.3

浦和の茅屋根葺き—浦和葺き（横山弘美）「浦和市博物館研究調査報告書」 浦和市立郷土博物館　27　2000.3

浦和における雨乞い儀礼の諸相（野原靖）「浦和市博物館研究調査報告書」 浦和市立郷土博物館　27　2000.3

資料紹介 庚申塔「みんかえんだより 浦和くらしの博物館民家園館報」 浦和くらしの博物館民家園　20　2001.3

浦和周辺の庚申塔にある偈について（五島公太郎）「野仏 ： 多摩石仏の会機関誌」 多摩石仏の会　37　2006.9

川口・浦和型庚申塔について（五島公太郎）「野仏 ： 多摩石仏の会機関誌」 多摩石仏の会　39　2008.7

浦和のキリシタン灯籠・カトリック浦和教会の石灯籠「うらわ文化」 浦和郷土文化会　（109）2009.03

昔のあそび・昔のおもちゃづくり「あかんさす ： さいたま市立浦和博物館館報」 さいたま市立浦和博物館　40（2）通号103　2012.03

江戸時代の石造物にみられる石工名「あかんさす ： さいたま市立浦和博物館館報」 さいたま市立浦和博物館　42（2）通号107　2014.03

講演要旨 石仏の楽しみ 酒井正氏「うらわ文化」 浦和郷土文化会　（120）2014.04

浦和市

民家の長屋門について—浦和市内の調査例から（青木義脩）「埼玉民俗」 埼玉民俗の会　22　1997.5

浦和くらしの博物館民家園の移築民家と周辺の保存民家（高山清司）「さいたま市博物館研究紀要」 さいたま市立博物館　2　2002.3

旧浦和市の庚申塔（五島公太郎）「野仏 ： 多摩石仏の会機関誌」 多摩石仏の会　38　2007.7

旧浦和市の石敢当・道祖神・久那斗神について（五島公太郎）「野仏 ： 多摩石仏の会機関誌」 多摩石仏の会　38　2007.7

永源寺

口絵写真解説 坂戸永源寺の什物—「嶋田重次郎墓誌」と「降誕釈尊佛」「埼玉史談」 埼玉県郷土文化会　59（1）通号309　2012.04

江戸川

旅の記憶と痕跡—江戸川の川漁調査から（内田幸彦）「埼玉民俗」 埼玉民俗の会　28　2003.3

埼玉県江戸川・元荒川流域の墓制（内田賢作）「葦のみち ： 三郷市史研究」 三郷市　（20）2008.3

江戸川開削に関する小流寺縁起と小嶋庄右衛門の考察（長堀榮）「埼玉地方史」 埼玉県地方史研究会　（63）2010.4

江戸川上流

江戸川上流地域の富士塚・浅間祠碑（藤井宏康）「富士信仰研究」 富士信仰研究会　（2）2001.5

江戸川流域

平地林・屋敷林を伐採する—江戸川流域・台地と低地の接点で生きたシャリキの環境民俗誌（内田幸彦）「埼玉民俗」 埼玉民俗の会　27　2002.3

円光寺

表紙写真解説 嘉暦三年阿弥陀三尊板碑断片（川越市菅間円光寺）「埼玉史談」 埼玉県郷土文化会　59（2）通号310　2012.07

円光寺梵鐘の流転（酒井昌樹）「奥武蔵」 奥武蔵研究会　（388）2012.11

円通寺

赤井村円通寺文書と鳩ケ谷領考（若松哲夫）「郷土はとがや ： 鳩ケ谷郷土史会会報」 鳩ケ谷郷土史会　（60）2007.11

表紙写真解説 年不詳阿弥陀三尊板碑（川口市赤井円通寺）「埼玉史談」 埼玉県郷土文化会　58（4）通号308　2012.01

延命院

天保十二年彦倉村延命院虚空蔵尊の開帳（歴史民俗講座）（斉藤照徳）「葦のみち ： 三郷市史研究」 三郷市，三郷市教育委員会　（25）2014.03

大麻生

荒川・大麻生河原の「砂利ふるき」（馬場國夫）「熊谷市郷土文化会誌」

熊谷市郷土文化会 （65） 2009.11

大麻生の祭り 大麻生地区の祭り 大栄神社のおしっさまさま（お獅子様）/川原明戸地区の祭り「天王様」と「おしっさま」（特集 残しておきたい「地域の小さなまつり」）（馬場國夫）「熊谷市郷土文化会誌」 熊谷市郷土文化会 （67） 2011.11

大井

大井郷土資料館 平成18年度企画展「大井のつのや おらぁほうの曲り屋」「資料館通信」 ふじみ野市立上福岡歴史民俗資料館 （59） 2006.10

大井氷川神社

第25特別展「信仰と旅」から資料紹介 大井氷川神社の木太刀と大山信仰（上福岡歴史民俗資料館）「資料館通言」 ふじみ野市立上福岡歴史民俗資料館 （64） 2011.12

大内沢

獅子舞への誘い（20） 大内沢ツシマ流の舞（関口洋介）「奥武蔵」 奥武蔵研究会 通号358 2007.11

大内沢の獅子舞（石川博司）「まつり通信」 まつり同好会 48（6）通号538 2008.11

大河土御厨

大河土御厨足立の比定地と矢古宇郷（長嶌剛次郎）「川口史林 ： 川口市郷土史会々誌」 川口市郷土史会 （7） 2006.3

大北

調査実習 大北稲荷社本殿実測（青木義脩）「緑の歴史」 さいたま市緑区歴史の会 （9） 2014.02

大里

大里地方の山車屋台（作実陽一）「埼玉民俗」 埼玉民俗の会 27 2002.3

大沢

川口の「お女郎仏」と大沢（岩瀬静江）「越谷市郷土研究会会報 ： 古志賀谷」 越谷市郷土研究会 （15） 2009.07

大沢町

その2「越谷のわらべ歌（大沢町）」（特集 越谷市内に残る歌）（岩瀬静江）「越谷市郷土研究会会報 ： 古志賀谷」 越谷市郷土研究会 （16） 2011.12

大瀬

獅子舞の風土シリーズ（90） 埼玉県八潮市/大瀬の獅子舞い（川崎実）「かわせみ通信」 川崎実 90 2005.1

埼玉・大瀬の獅子舞（石川博司）「まつり通信」 まつり同好会 53（3）通号565 2013.05

太田部

秩父郡太田部・金沢の獅子頭（栃原嗣雄）「埼玉民俗」 埼玉民俗の会 （36） 2011.03

太田部村

秩父山村の明治時代の生業—太田部村を通して（飯塚好）「埼玉民俗」「埼玉民俗の会」 （39） 2014.03

大附

獅子舞への誘い（18） 大附のささら（関口洋介）「奥武蔵」 奥武蔵研究会 通号356 2007.7

大戸地蔵堂

宮城氏の古蹟を訪ねて 大戸地蔵堂調査報告（塚田博）「足立史談」 足立区教育委員会 406 2001.12

大利根町

大利根町の漂着神伝承（板垣時夫）「埼玉史談」 埼玉県郷土文化会 48（4）通号268 2002.1

大野

奥武蔵、秩父の獅子舞（37）—大野のキチガイザクラ（関口洋介）「奥武蔵」 奥武蔵研究会 （380） 2011.07

大野村

近世村落の寺社と紛争処理—秩父郡大野村の事例から（宮原一郎）「埼玉地方史」 埼玉県地方史研究会 38 1997.7

山間村落における信仰集団存立の地域的基盤—江戸時代の秩父郡大野村を事例として（三木一彦）「歴史地理学」 歴史地理学会，古今書院（発売）41（2）通号188 1998.3

大広戸

座談会 大広戸の蛇祭り（市民・元市史編集委員）「葦のみち ： 三郷市史研究」 三郷市 （18） 2006.3

大袋

大袋地区に散在する石仏・石塔について（加藤幸一）「越谷市郷土研究会

会報 ： 古志賀谷」 越谷市郷土研究会 （10） 1999.6

大袋新田

「ふるさとのまつり」御紹介 大袋新田の弁天講/「川越の職人」コーナー 曲物師/第21回企画展 はにわは語る「川越市立博物館博物館だより」 川越市立博物館 38 2003.3

大間木

詩月翁碑—大間木氷川神社境内所在「緑の歴史」 さいたま市緑区歴史の会 （4） 2009.03

大宮

大宮暦と北原村の暦新田—昔、一宮に頒暦あり（沼田直道）「大宮の郷土史」 大宮郷土史研究会 （31） 2012.3

人々の伝承、歴史上の記録、大地の記憶（沼田尚道）「大宮の郷土史」 大宮郷土史研究会 （31） 2012.03

大宮市

旧大宮市の公式資料にない庚申塔（五島公太郎）「野仏 ： 多摩石仏の会機関誌」 多摩石仏の会 37 2006.7

大宮宿

武州大宮宿の黒塚伝説について（下村克彦）「さいたま博物館研究紀要」 さいたま市立博物館 5 2006.3

大宮住吉神社

大宮住吉神社御神楽に関する記録(中)，(下)（編集部）「埼玉史談」 埼玉県郷土文化会 55（4）通号296/56（1）通号297 2009.01/2009.04

大宮氷川神社

報告要旨 近世神職の地位と幕府・藩・朝廷勢力—大宮氷川神社神主を事例に（靏矢嘉史）「岡山藩研究」 岡山藩研究会 47 2004.10

大宮氷川神社ノート（1）（織本重道）「大宮の郷土史」 大宮郷土史研究会 （30） 2011.03

大宮氷川神社と明治維新—神主岩井宅道と平田国学運動（斉藤文孝）「大宮の郷土史」 大宮郷土史研究会 （31） 2012.03

大谷

表紙 虚空蔵菩薩 丑寅生の守本尊（さいたま市見沼区大谷 松村チエ氏）「野仏 ： 多摩石仏の会機関誌」 多摩石仏の会 45 2014.07

大谷木

大谷木地内山腹にある供養塔（宝篋印塔）について（岡野恵二）「あゆみ」 毛呂山郷土史研究会 （30） 2004.4

大山道

「大山道中記」のこと（高橋正澄）「越谷市郷土研究会会報 ： 古志賀谷」 越谷市郷土研究会 （10） 1999.6

大吉村

大吉村の香取神社と松伏溜井図（鈴木進志）「越谷市郷土研究会会報 ： 古志賀谷」 越谷市郷土研究会 （15） 2009.7

大類

道標—わが家の暦と大類風土記（岸伊佐巳）「あゆみ」 毛呂山郷土史研究会 （31） 2005.4

大和田宿

「江戸の旅—成田詣と大和田宿」「写真集九十九里浜」「千葉県伝染病史」「日本村落自治資料調査研究紀要第9号」（井上隆男）「房総の郷土史」 千葉県郷土史研究連絡協議会 （33） 2005.3

大和田村

足立郡大和田村弥陀堂半鐘（浅子武夫，織本重道）「大宮の郷土史」 大宮郷土史研究会 （28） 2009.03

岡新田

岡新田 熊野神社と境内社の年中行事について（永井隆一）「岡部史話」 岡部郷土文化会 （28） 2008.10

小鹿野

小鹿野歌舞伎と義太夫—歌舞伎を支えたもう一つの歴史（村津優麒彦）「埼玉民俗」 埼玉民俗の会 22 1997.5

小鹿野歌舞伎—小鹿野というところ（高橋保）「埼玉史談」 埼玉県郷土文化会 51（1）通号277 2004.4

地芝居探訪（41） 藤野村歌舞伎/小森歌舞伎/牧歌舞伎/小原歌舞伎/小鹿野歌舞伎/東濃歌舞伎保存会大会（松浦鳥夫）「公益社団法人全日本郷土芸能協会会報」 全日本郷土芸能協会 （66） 2012.01

地芝居探訪（43） 常盤座歌舞伎/小鹿野歌舞伎・春祭り公演/小鹿野歌舞伎・お天狗様祭り公演/全国子供歌舞伎フェスティバル in 小松/秩父歌舞伎正和会/小原歌舞伎「公益社団法人全日本郷土芸能協会会報」 全日本郷土芸能協会 （68） 2012.07

地芝居探訪（44） 粟井春日歌舞伎/小森歌舞伎/渋川歌舞伎/小鹿野歌舞

伎/新城歌舞伎「公益社団法人全日本郷土芸能協会会報」全日本郷土芸能協会（70）2013.01

地芝居探訪（45）ぐんま「伝統歌舞伎公演」/信州農村歌舞伎祭/東濃歌舞伎中津川/小鹿野歌舞伎（十六様歌舞伎公演）「公益社団法人全日本郷土芸能協会会報」全日本郷土芸能協会（71）2013.04

地芝居探訪（47）小鹿野春祭り歌舞伎公演/東谷農村歌舞伎「祇園座」/横仙歌舞伎/秩父歌舞伎正和会/小原歌舞伎「公益社団法人全日本郷土芸能協会会報」全日本郷土芸能協会（72）2013.07

地芝居探訪（49）赤坂の舞台歌舞伎公演/小森歌舞伎/横尾歌舞伎/入谷歌舞伎/小鹿野歌舞伎/さぬき歌舞伎まつり「公益社団法人全日本郷土芸能協会会報」全日本郷土芸能協会（74）2014.01

地芝居探訪（50）新城歌舞伎/東濃歌舞伎大会/ぐんま「伝統歌舞伎公演」/南山大学歌舞伎公演/小鹿野歌舞伎（十六様奉納公演）（松浦島夫）「公益社団法人全日本郷土芸能協会会報」全日本郷土芸能協会（75）2014.04

岡部

岡部地方の方言集（田村常壽）「岡部史話」岡部郷土文化会（28）2008.10

岡部聖天

岡部聖天と大般若経―武州榛沢郡岡部郷聖天社の考究（栗原仲道）「埼玉史談」埼玉県郷土文化会 44（3）通号251 1997.10

越上山

役行者像から越上山（山行報告）（関口洋介）「奥武蔵」奥武蔵研究会（393）2013.09

小川町

比企地方の祭り―小川町の祭りに見られる団子について（山本修康）「研究紀要」埼玉県立歴史資料館（23）2001.3

小川村

第7回例会発表要旨 近世墓標の形式と階層性―武蔵国比企郡小川村の墓標を事例として（三宅宗議）「墓標研究会会報」墓標研究会 9 2005.1

荻島

荻島地区きき書き（郷土研究会）「越谷市郷土研究会会報 ： 古志賀谷」越谷市郷土研究会（12）2003.8

荻島地区の石仏（加藤幸一）「越谷市郷土研究会会報 ： 古志賀谷」越谷市郷土研究会（12）2003.8

荻堂

秩父札所六番荻堂の "とか池" 物語（宮崎裕雅）「埼玉史談」埼玉県郷土文化会 45（2）通号254 1998.7

奥秩父山

奥秩父山開き式に参列して（山口峯生）「みつミ祢山」三峯神社社務所173 2001.7

奥武蔵

奥武蔵妙見考―我野神社・北川神社と秩父妙見（《妙見信仰特輯》）（井上勝海）「あしなか」山村民俗の会 249 1997.12

奥武蔵周辺の修験寺院（栗原仲道）「あゆみ」毛呂山郷土史研究会 25 1999.4

奥武蔵の湯権現―温泉神と熊野修験（1）（山立虎魚）「あしなか」山村民俗の会 256 2000.11

奥武蔵の富士山信仰―飯能市畑井の富士講先達・続篇（岡倉捷郎）「あしなか」山村民俗の会 262 2002.9

金属生産地の信仰と伝説（山志多實）「奥武蔵」奥武蔵研究会 336 2004.3

奥武蔵・雨乞い龍神紀行（小泉重光）「せこ道」山地民俗関東フォーラム6 2005.9

狛犬の話（秋澤英雄）「奥武蔵」奥武蔵研究会 通号347 2006.1

山上の浅間社碑―奥武蔵 "藤原大尽" と富士講先達（岡倉捷郎）「あしなか」山村民俗の会 277 2007.3

正月雑感（阿野守）「奥武蔵」奥武蔵研究会 通号360 2008.3

奥武蔵にもあった四国八十八ヶ所霊場（内野勝裕）「あゆみ」毛呂山郷土史研究会（32）2008.11

蓬餅（佐藤八郎）「奥武蔵」奥武蔵研究会 通号368 2009.07

猪と猪猟の話（藤本一美）「奥武蔵」奥武蔵研究会（385）2012.05

消えた古代寺院の謎を追う（前），（後）（小泉重光）「奥武蔵」奥武蔵研究会（387）/（388）2012.09/2012.11

桶川

埼玉の三匹獅子舞と信仰―桶川と三峯の獅子舞から（内田賢作）「埼玉民俗」埼玉民俗の会 28 2003.3

越生

越生地方の修験道と役行者（町田尚夫）「奥武蔵」奥武蔵研究会 通号358 2007.11

越生町

越生町の庚申塔（石川博司）「野仏 ： 多摩石仏の会機関誌」多摩石仏の会 34 2003.7

尾崎神社

常設展示室から 芳地戸のふせぎ/氷川祭礼絵馬「川越市立博物館博物館だより」川越市立博物館 34 2001.11

郷土の祭り 芳地戸のふせぎ 笠幡 尾崎神社（宗形慧）「川越の文化財」川越市文化財保護協会（118）2014.10

越畑

獅子舞の風土シリーズ（101）埼玉県比企郡嵐山町/越畑の獅子舞い（川崎実）「かわせみ通信」川崎実（101）2006.10

奥武蔵・秩父の獅子舞（46）―越畑八幡神社の舞（関口洋介）「奥武蔵」奥武蔵研究会（391）2013.05

鉤上

古今東西宝語（5）岩槻鉤上神明社少年土俵入祝詞「富士山遺文拾遺」［まるはとだより発行所］（5）2006.8

柿沼

柿沼の蚕影大神について（村田助七）「熊谷市郷土文化会誌」熊谷市郷土文化会 54 1999.11

廓信寺

さいたま市廓信寺「元亨四年」板碑からの展開（四方田悟）「埼玉史談」埼玉県郷土文化会 50（1）通号273 2003.4

柏崎

谷下地区及び柏崎地区の屋号（内田秀太郎）「岩槻史林」岩槻地方史研究会（30）2003.5

春日部八幡神社

八幡宮紹介 春日部八幡神社（埼玉県春日部市）「季刊悠久.第2次」鶴岡八幡宮悠久事務局 85 2001.4

加須

御室大明神と地名加須（野本誠一）「埼玉史談」埼玉県郷土文化会 49（4）通号272 2003.1

加須市

加須市のジャンボ鯉織の歴史（中村賢司）「埼玉史談」埼玉県郷土文化会 57（1）通号301 2010.4

加須町

木曽鳥居峠の武州加須町銘不動明王像碑（野本誠一）「埼玉史談」埼玉県郷土文化会 51（1）通号277 2004.4

片柳

見沼区片柳秋本家の庚申塔について（下村克彦）「さいたま市博物館研究紀要」さいたま市立博物館 5 2006.3

片柳地域のお茶作り（河田捷一）「さいたま市博物館研究紀要」さいたま市立博物館 6 2007.3

見沼区片柳秋本家の庚申塔について（補遺）（下村克彦）「さいたま市博物館研究紀要」さいたま市立博物館 8 2009.03

桂木観音堂

表紙写真誌説明 桂木観音堂 十一面観音菩薩立像（小室健二）「あゆみ」毛呂山郷土史研究会（36）2013.03

門平

獅子舞への誘い（7）―門平のアオノキザサラ（関口洋介）「奥武蔵」奥武蔵研究会（345）2005.9

埼玉・門平の獅子舞（石川博司）「まつり通信」まつり同好会 50（5）通号549 2010.09

金尾

奥武蔵・秩父の獅子舞（45）―金尾、白髪神社の舞（関口洋介）「奥武蔵」奥武蔵研究会（390）2013.03

金崎

獅子舞への誘い（5）―金崎・国神のトビアガリザサラ（関口洋介）「奥武蔵」奥武蔵研究会（343）2005.5

金崎神社

奥多摩の獅子舞い紀行（66）埼玉・金崎神社の獅子舞い「かわせみ通信」川崎実 66 2001.5

金鑽神社

太陽信仰を求めて（1）―金鑽神社の火鑽り祭と木葉神社のねんねこ祭り（内田賢作）「西郊民俗」［西郊民俗談話会］（172）2000.9

国指定重要文化財 金鑽神社多宝塔保存修理事業について（神川町教育委員会）「埼玉文化財だより ： 埼玉県文化財保護協会時報」埼玉県文化

財保護協会 （108） 2009.11

金鑽神社

民俗芸能調査「金鑽神楽」について（三田村佳子）「The amuseum」 埼玉県立歴史と民俗の博物館 3(1)通号7 2008.7

金山神社

川口鋳物と金山神社（今井利幸）「川口史林 ： 川口市郷土史会々誌」 川口市郷土史会 （74） 2009.03

神庭村

三峯山別當観音院与 古大瀧之内神庭村並木論争絵圖「みつミ祢山」 三峯神社社務所 （201） 2008.7

金子村

武州金子村妙円地蔵のこと（猪股一郎）「せたかい ： 歴史さろん」 世田谷区史研究会 （59） 2007.7

金沢

秩父郡太田部・金沢の獅子頭（栃原嗣雄）「埼玉民俗」 埼玉民俗の会 （36） 2011.03

口絵写真解説 『私門示現』秩父郡皆野町金沢「埼玉史談」 埼玉県郷土文化会 60(1)通号313 2013.4

鎌倉路

闇婆菜の歴史―鎌倉路山の道沿いに伝わる伝統野菜のらぼう菜について（小林峰治）「埼玉民俗」 埼玉民俗の会 （32） 2007.3

上泉井

双体の青面金剛像 埼玉県比企郡鳩山町上泉井 個人墓地（あ・ら・か・る・と―私の石仏案内）（門間勇）「日本の石仏」 日本石仏協会，青娥書房（発売） （145） 2013.03

上里町

埼玉県北西部の民謡―児玉郡上里町の麦ぶち唄を中心に（小野寺節子）「埼玉民俗」 埼玉民俗の会 23 1998.4

上里町の歴史 上里町の概観／上里町歴史点描（武川郷はどこか、五明廃寺と上野国、浅間山古墳、武蔵七党と丹党、帯刀先生義賢の墓、神流川合戦、金窪城跡）《《特集 上里町（埼玉県）》》（小野英彦）「群馬歴史散歩」 群馬歴史散歩の会 （198） 2007.3

神流川の農業水利と信仰―上里町の雨乞いを中心に（和田健一）「群馬歴史民俗」 群馬歴史民俗研究会 （29） 2008.3

上勝呂

墓地から見る現代同族結合継続の条件―埼玉県比企郡小川町竹沢地区上勝呂におけるイッケを事例に（松本有加）「埼玉民俗」 埼玉民俗の会 （33） 2008.3

上寺山

「ふるさとのまつり」紹介 上寺山の獅子舞「川越市立博物館博物館だより」 川越市立博物館 （49） 2006.12

上名栗

奥武蔵、秩父の獅子舞(22) 上名栗、檜澗の舞（関口洋介）「奥武蔵」 奥武蔵研究会 通号360 2008.3

奥武蔵、秩父の獅子舞(24) 上名栗、星宮の舞（関口洋介）「奥武蔵」 奥武蔵研究会 通号362 2008.3

庚申待板碑の初発について―飯能市上名栗・庚申講銘板碑の検討（特集 石仏探訪IX）（縣敏夫）「日本の石仏」 日本石仏協会，青娥書房（発売） （138） 2011.06

上福岡

地域いきいき伝統文化継承事業「資料館通信」 ふじみ野市立上福岡歴史民俗資料館 47 1999.1

地域いきいき伝統文化敬称事業の活動報告「資料館通信」 ふじみ野市立上福岡歴史民俗資料館 49 2000.1

お茶づくりの思い出（小林久美）「資料館通信」 ふじみ野市立上福岡歴史民俗資料館 50 2000.3

上福岡の庚申塔と造立月から見た庚申塔（高木文夫）「四十雀 ： 市史編さんだより」 上福岡市教育委員会市史編纂室 8 2001.11

上福岡市

民俗部会の活動と新たな試み（佐藤良博）「市史研究きんもくせい」 上福岡市教育委員会 （9） 2003.10

上谷ケ貫

奥多摩の獅子舞い紀行(19) 上谷ケ貫の獅子舞い「かわせみ通信」 川崎実 22 1997.4

蒲生

砂利供養塔（蒲生1丁目）について（高橋正澄）「越谷市郷土研究会会報 ： 古志賀谷」 越谷市郷土研究会 （14） 2007.11

唐沢

過疎・高齢化・少子化に喘ぐ獅子舞―秩父の唐沢獅子舞の報告（栃原嗣雄）「埼玉民俗」 埼玉民俗の会 （33） 2008.3

烏山稲荷神社

思い出深い仲町の烏山稲荷神社（吉野侑男）「川越の文化財」 川越市文化財保護協会 （99） 2008.4

川角

川角八幡神社の神鏡盗難事件（小室健二）「あゆみ」 毛呂山郷土史研究会 （34） 2010.05

奥武蔵・秩父の獅子舞(45)―川角・八幡神社の暴れ獅子（関口洋介）「奥武蔵」 奥武蔵研究会 （389） 2013.01

川口

鋳物工場名と商標について―『川口鋳物同業組合員案内名簿』よりみた昭和5年頃の川口鋳物業（宇田哲雄）「民俗」 相模民俗学会 166 1998.12

川口鋳物業研究の視点―産業の近代化と民俗学（宇田哲雄）「日本民俗学」 日本民俗学会 通号219 1999.8

川口鋳物工業と文化財（宇田哲雄）「日本民俗学」 日本民俗学会 通号229 2002.2

川口・浦和型庚申塔について（五島公太郎）「野仏 ： 多摩石仏の会機関誌」 多摩石仏の会 39 2008.7

川口の「お女郎仏」と大沢（岩瀬静江）「越谷市郷土研究会会報 ： 古志賀谷」 越谷市郷土研究会 （15） 2009.07

川口市

よなげ屋考（小原昭二）「川口史林 ： 川口市郷土史会々誌」 川口市郷土史会 57・58 1997.3

埼玉県川口市の「力石」（高島慎助，平野清次）「埼玉民俗」 埼玉民俗の会 23 1998.4

川口市内の力石（平野清次）「川口史林 ： 川口市郷土史会々誌」 川口市郷土史会 63・64 2000.3

川口市金物問屋「鍋平」の旧宅を訪ねて（戸張和子）「板橋史談」 板橋史談会 200 2000.9

謎解きは幸若舞からはじまった（沼口信一）「川口史林 ： 川口市郷土史会々誌」 川口市郷土史会 （72） 2007.3

補遺 瀧山家の遺品―イノシシに座す摩利支天像について（畦上百合子）「川口史林 ： 川口市郷土史会々誌」 川口市郷土史会 （75） 2010.03

今年の話題 不動明王・小谷三志・御成姫（小室雄元）「川口史林 ： 川口市郷土史会々誌」 川口市郷土史会 （79） 2014.03

川越

川越まつり（石川博司）「まつり通信」 まつり同好会 37(10)通号440 1997.10

手漉き和紙の里、蔵の町川越を訪ねて（田嶋蓉子）「グローバル21 ： 睦沢町立歴史民俗資料館友の会会報」 睦沢町立歴史民俗資料館友の会 4 1998.9

古代の川越のまつり（平岩俊哉）「川越市立博物館博物館だより」 川越市立博物館 26 1999.3

晩秋路に小江戸・川越と久能山東照宮を訪ねて（富永万千子）「小浜市郷土研究会便り」 小浜市郷土研究会 34 2001.1

「川越の職人」コーナー 石工「川越市立博物館博物館だより」 川越市立博物館 32 2001.3

常設展示室から 川越のお太刀洗い／高札「川越市立博物館博物館だより」 川越市立博物館 33 2001.7

常設展示室から 芳地戸のふせぎ／氷川祭礼絵馬「川越市立博物館博物館だより」 川越市立博物館 34 2001.11

川越いもの作り初めの頃のこと（井上浩）「板橋史談」 板橋史談会 209 2002.3

「ふるさとのまつり」御紹介 大袋新田の弁天講／「川越の職人」コーナー 曲物師／第21回企画展 はにわは語る「川越市立博物館博物館だより」 川越市立博物館 38 2003.3

「川越の職人」コーナー 提灯師「川越市立博物館博物館だより」 川越市立博物館 41 2004.3

2004年度社寺史料研究会大会報告川越氷川祭礼に関する文献資料調査について（重田正夫）「社寺史料研究」 社寺史料研究会，岩田書院（発売） 7 2005.4

「川越の職人」コーナー 篁箒職人「川越市立博物館博物館だより」 川越市立博物館 （47） 2006.3

「川越の職人」コーナー だるま職人「川越市立博物館博物館だより」 川越市立博物館 （50） 2007.3

近世川越の神社祭礼の屋台と芸人雇い（斉藤照徳）「民俗文化史研究」 民俗文化史研究会 （4） 2007.7

埼玉県　　　　　　　　　郷土に伝わる民俗と信仰　　　　　　　　　関東

災害と「地域の結びつき」を考える―川越の火事の記録と記憶から(小
　茂島貴夫)「川越市立博物館博物館だより」　川越市立博物館　(51)
　2007.9
川越祭り囃子の研究―川越祭り囃子と川越まつりの関連とその変容(皆
　木七緒)「都市民俗研究」　都市民俗学研究会　(14) 2008.3
川越の三峰講(西村敏也)「埼玉民俗」　埼玉民俗の会　(35) 2010.03
川越祭の来歴再考(1) 江戸期における主な動向(谷澤勇)「川越の文化
　財」　川越市文化財保護協会　(110) 2012.02
川越祭の来歴再考(2) 明治・大正・昭和前期の主な動向(谷澤勇)「川越
　の文化財」　川越市文化財保護協会　(111) 2012.06
昭和の川越、思い出話 聞き書き(舘川伸子)「川越の文化財」　川越市文
　化財保護協会　(111) 2012.6
研究ノート 川越氷川祭と轍立て(田中敦子)「川越市立博物館博物館だよ
　り」　川越市立博物館　(66) 2012.07
川越の太神楽(服部安行)「川越の文化財」　川越市文化財保護協会
　(112) 2012.10
川越祭の来歴再考(3) 昭和後期・平成期の主な動向(谷澤勇)「川越の文
　化財」　川越市文化財保護協会　(112) 2012.10
川越時代の大興寺と東照宮の変遷(井口信久)「川越市立博物館博物館だ
　より」　川越市立博物館　(71) 2014.03
川越町家の月次行事(2)～(4)(服部安行)「川越の文化財」　川越市文化
　財保護協会　(116)／(118) 2014.03/2014.10
川越大火と蔵造りの町並(吉野侑男)「川越の文化財」　川越市文化財保護
　協会　(117) 2014.7

川越街道
遊行上人の川越街道通行について(佐藤啓子)「ふみおか ： 入間東部地
　区文化財保護連絡協議会活動報告」　入間東部地区文化財保護連絡協
　議会　2 2000.3

川越市
埼玉県川越市のワンジメ(長沢利明)「西郊民俗」　[西郊民俗談話会]
　通号165 1998.12
埼玉県川越市のワンジメ(金井塚正道)「西郊民俗」　[西郊民俗談話会]
　通号165 1998.12
埼玉県川越市の「力石」(高島慎助)「埼玉民俗」　埼玉民俗の会　25
　2000.3
石仏のはなし(阿部徳之助)「川越市立博物館博物館だより」　川越市立博
　物館　32 2001.3
五月人形「桃太郎」「川越市立博物館博物館だより」　川越市立博物館
　41 2004.3
地口行灯について(峯岸太郎)「川越市立博物館博物館だより」　川越市立
　博物館　41 2004.3
疱瘡絵「川越市立博物館博物館だより」　川越市立博物館　43 2004.12
マコモ馬(七夕馬)について「川越市立博物館博物館だより」　川越市立
　博物館　(48) 2006.7
絹本著色東照大権現像(川越市立博物館蔵)「川越市立博物館博物館だよ
　り」　川越市立博物館　(51) 2007.9
フセギ考―川越市西部の場合(《道祖神特集》)(天野武)「西郊民俗」
　[西郊民俗談話会]　(200・201) 2007.9
大黒天図「川越市立博物館博物館だより」　川越市立博物館　(52)
　2007.9
松平大和守家文庫「御在城中年中行事」(上・下)の紹介(井口信久)「川
　越市立博物館博物館だより」　川越市立博物館　(59) 2010.03
嶋村俊表の多聞天像「川越市立博物館博物館だより」　川越市立博物館
　(68) 2013.03
伝えられた歴史文化―「初雁」の由来から紐解く(田中信)「川越市立博
　物館博物館だより」　川越市立博物館　(73) 2014.12

川越七福神
川越七福神探訪報告「足立史談会だより」　足立史談会　203 2005.2

川越城
川越城の太鼓「川越市立博物館博物館だより」　川越市立博物館　(63)
　2011.7

川越八幡宮
解明を持つ川越八幡の古文書と不二庵不二丸(桑原政則)「川越の文化
　財」　川越市文化財保護協会　(110) 2012.02

川越八幡神社
八幡宮紹介 川越八幡神社(埼玉県川越市南通町)「季刊悠久.第2次」　鶴
　岡八幡宮悠久事務局　(115) 2009.04

川越藩
川越藩領における喜多院「仙波金」と村落―弘化・嘉永期の騒動を中心
　に(《月例会報告要旨》)(高尾善希)「関東近世史研究」　関東近世史研
　究会　(47) 1999.10

川柳
川柳地区の石仏をたずねて(増岡武司)「越谷市郷土研究会会報 ： 古志
　賀谷」　越谷市郷土研究会　(13) 2005.9

川原明戸
大麻生の祭り 大麻生地区の祭り 大栄神社のおしっさまさま(お獅子
　様)／川原明戸地区の祭り「天王様」と「おしっさま」(特集 残してお
　きたい「地域の小さなまつり」(馬場國夫)「熊谷市郷土文化会誌」
　熊谷市郷土文化会　(67) 2011.11

歓喜院
新堀歓喜院・安行原東光寺 江戸袋東光院についての考察(平野清次)「川
　口史林 ： 川口市郷土史会々誌」　川口市郷土史会　(70) 2005.3
重文歓喜院聖天堂の修理完了(熊谷市教育委員会)「埼玉文化財だより ：
　埼玉県文化財保護協会時報」　埼玉県文化財保護協会　(113) 2011.07

観音院
秩父札所三十一番 観音院(観音山)の修験的特質について(松尾翔)「奥
　武蔵」　奥武蔵研究会　312 2000.3
三峯山別当観音院与 古大瀧之内神庭村並木論争絵図「みつ5㐂山」　三
　峯神社社務所　(201) 2008.7
資料紹介 万吉観音院の「金吾小野」銘板碑について(新井端)「熊谷市史
　研究」　熊谷市教育委員会　(4) 2012.03

観音寺
埼玉県川島町南戸守・旧観音寺の「談義千座供養塔」(特集 石仏探訪
　(10))(門間勇)「日本の石仏」　日本石仏協会, 青娥書房(発売)
　(142) 2012.06

観音山
秩父札所三十一番 観音院(観音山)の修験的特質について(松尾翔)「奥
　武蔵」　奥武蔵研究会　312 2000.3

菊水寺
菊水寺の阿六句碑ともう一つの菊塚(内野勝裕)「埼玉史談」　埼玉県郷土
　文化会　52(4)通号284 2006.1

騎西城
騎西城と神社仏閣(2年間)を調べる(小林恵)「埼玉史談」　埼玉県郷土文
　化会　46(4)通号260 2000.2

騎西城跡
地中から発見された蘇民将来符―長岡京跡と騎西城跡の出土事例からの
　考察(倉澤正幸)「上田盆地」　上田民俗研究会　(37) 2002.11

騎西町
説経節と騎西町(池内正)「埼玉史談」　埼玉県郷土文化会　59(1)通号
　309 2012.04

紀州鷹場
近世中期後における在地寺社の秩序化と社会動向―紀州鷹場・開発の影
　響をめぐって(大会特集 儀礼と社会変容)(菅野洋介)「関東近世史研
　究」　関東近世史研究会　(69) 2010.10
菅野報告コメント(大会特集 儀礼と社会変容)(宮原一郎)「関東近世史
　研究」　関東近世史研究会　(69) 2010.10

鬼鎮神社
嵐山町川島の鬼鎮神社をたずねて(渡辺澄子)「六甲倶楽部報告」　六甲倶
　楽部　(77) 2006.6

木曽呂
木曽呂富士塚の保存修理―文化財保存の諸問題(宇田哲雄)「民俗」　相模
　民俗学会　159 1997.2

北浅羽
奥武蔵・秩父の獅子舞(51)―北浅羽・八幡神社の舞(関口洋介)「奥武
　蔵」　奥武蔵研究会　(396) 2014.03

北足立郡
(一)「北足立郡神社明細帳」、(二)「北足立郡寺院明細帳」、(三)「北足立
　郡堂庵明細帳」(埼玉県立文書館蔵)(史料紹介)「蕨市立歴史民俗資料
　館紀要」　蕨市立歴史民俗資料館　(11) 2014.03

喜多院
川越藩領における喜多院「仙波金」と村落―弘化・嘉永期の騒動を中心
　に(《月例会報告要旨》)(高尾善希)「関東近世史研究」　関東近世史研
　究会　(47) 1999.10
史跡探訪 川越・喜多院を訪ねて(内藤信郎)「かつしか台地 ： 野田地方
　史懇話会会誌」　野田地方史懇話会　21 2001.3
川越の天海 天海僧正と喜多院(塩入秀知)「会津人群像」　歴史春秋出版
　(3) 2004.9
喜多院蔵、活歴物「春日局」の歌舞伎写真をめぐって(松尾鉄城)「川越

の文化財」 川越市文化財保護協会 （二05）2010.09

喜多院寺域外の関連施設（桑原政則）「川越の文化財」 川越市文化財保護協会 （111）2012.06

喜多院寺内の関連施設（桑原政則）「川越の文化財」 川越市文化財保護協会 （112）2012.10

これも「六地蔵菩薩」 川越市小仙波町 喜多院斎霊殿墓墓地（あ・ら・か・る・と一私の石仏案内）（門間勇）「日本の石仏」 日本石仏協会，青娥書房（発売）（151）2014.09

北川

奥武蔵、秩父の獅子舞（42）—飯能市、北川の舞（関口洋介）「奥武蔵」 奥武蔵研究会 （387）2012.09

喜多川神社

獅子舞の風土シリーズ（95）埼玉県飯能市北川/喜多川神社の獅子舞い（川崎実）「かわせみ通信」 川崎実 （95）2005.11

北川神社

奥武蔵妙見考—我野神社・北川神社と秩父妙見（《妙見信仰特輯》）（井上勝海）「あしなか」 山村民俗の会 249 1997.12

北埼玉

北埼玉地方の曳山（作美陽一）「埼玉民俗」 埼玉民俗の会 23 1998.4

北埼玉地方の盆の土盛り（三国村佳子）「埼玉民俗」 埼玉民俗の会 29 2004.3

吉田林

獅子舞の風土シリーズ（86）埼玉県児玉郡児玉町/吉田林の獅子舞い「かわせみ通信」 川崎実 86 2004.7

北原村

大宮暦と北原村の暦新田—昔、一宮に頒暦あり（沼田直道）「大宮の郷土史」 大宮郷土史研究会 （31）2012.3

北武州

北武州～南上州の農村商品と文化交流—伊勢講と養蚕・藍玉・舟運（杉仁）「立正大学地域研究センター年報」 立正大学地域研究センター年報編集室 （21）1998.3

北武蔵

特別例会 北武蔵の隠れた名刹探訪（1）～（3）（芦田正次郎）「練馬郷土史研究会会報」 練馬郷土史研究会 278/280 2002.3/2002.7

北武蔵の羽釜（末木啓介）「研究紀要」 埼玉県立歴史資料館 （26）2004.3

歴史のしおり 「北武蔵の農具」とコレクションとしての民俗文化財の価値（内田幸彦）「The amuseum」 埼玉県立歴史と民俗の博物館 7（3）通号21 2012.12

問題提起 板碑と地域の仏教史（大会特集II 北武蔵の地域形成—水と地形が織りなす歴史像）（有元修一）「地方史研究」 地方史研究協議会 64（5）通号371 2014.1

問題提起 北武蔵地域における板碑造立に関する一視点（大会特集II 北武蔵の地域形成—水と地形が織りなす歴史像）（滝澤雅史）「地方史研究」 地方史研究協議会 64（5）通号371 2014.1

旧新井家住宅

巾着田の古民家—旧新井家住宅を訪ねて（関口洋介）「奥武蔵」 奥武蔵研究会 （382）2011.07

奥武蔵・秩父の花（4）旧新井家住宅と曼珠沙華（山行報告）（関口洋介）「奥武蔵」 奥武蔵研究会 （388）2012.11

旧川越織物市場

第7回市内文化財めぐり 旧川越織物市場と日本聖公会川越キリスト教会「川越の文化財」 川越市文化財保護協会 （117）2014.07

旧高野家住宅

茅葺屋根復原！ 旧高野家住宅「みんかえんだより 浦和くらしの博物館民家園館報」 浦和くらしの博物館民家園 28 2005.3

旧高橋家住宅

国指定重要文化財旧高橋家住宅の開園について（朝霞市教育委員会）「埼玉文化財だより ： 埼玉県文化財保護協会時報」 埼玉県文化財保護協会 （107）2009.03

旧坂東家住宅

旧坂東家住宅差し茅の記録（豊田和夫）「さいたま市博物館研究紀要」 さいたま市立博物館 5 2006.3

京蔵寺

京蔵寺の仏像等について（調査・研究）（柴崎一正）「熊谷市郷土文化会誌」 熊谷市郷土文化会 （68）2012.11

行田市

行田市の塞神塔短報（金子弘）「日本の石仏」 日本石仏協会，青娥書房

（発売）通号86 1998.6

薬師如来立像「ミュージアム行田 ： 行田市郷土博物館だより」 行田市郷土博物館 （32）2003.10

第17回企画展「仏像と寺宝」「ミュージアム行田 ： 行田市郷土博物館だより」 行田市郷土博物館 （32）2003.10

行田市内の板碑をめぐる/行田市史料館ごあんない「ミュージアム行田 ： 行田市郷土博物館だより」 行田市郷土博物館 （38）2006.10

調査報告 行田市域の庚申塔・塞神（滝澤雅史）「行田市郷土博物館研究報告」 行田市郷土博物館 （6）2008.3

金岳川

金嶽川の流域をめぐる—歴史と信仰のさと古寺（町田尚夫）「奥武蔵」 奥武蔵研究会 326 2002.7

久喜

久喜の提灯祭り（石川博司）「まつり通信」 まつり同好会 39（7）通号461 1999.6

鯨井

「ふるさとのまつり」紹介 鯨井の万作「川越市立博物館博物館だより」 川越市立博物館 42 2004.7

葛和田

「千代田丸」乗船記—県内最後の渡船「葛和田の渡し」に乗る（板垣時夫）「埼玉民俗」 埼玉民俗の会 23 1998.4

久那

奥武蔵、秩父の獅子舞（32）御幣を蹴る久那の舞（関口洋介）「奥武蔵」 奥武蔵研究会 通号370 2009.11

埼玉・久那の獅子舞（石川博司）「まつり通信」 まつり同好会 50（2）通号546 2010.02

国神

獅子舞への誘い（5）—金崎・国神のトビアガリザサラ（関口洋介）「奥武蔵」 奥武蔵研究会 （343）2005.5

椚平

奥多摩の獅子舞い紀行（50）椚平のささら獅子「かわせみ通信」 川崎実 53 1999.11

奥武蔵・秩父の獅子舞（48）—椚平稲荷神社と狐つり（関口洋介）「奥武蔵」 奥武蔵研究会 （393）2013.09

久保島

久保島のお獅子様の変遷（特集 残しておきたい「地域の小さなまつり」）（松岡淳一）「熊谷市郷土文化会誌」 熊谷市郷土文化会 （67）2011.11

久保田村

武蔵国横見郡久保田村における村鎮守造営と新井家（太田弥保）「文書館紀要」 埼玉県立文書館 （25）2012.3

熊谷

麦の文化—小麦の町、熊谷地方に伝えられてきた食（ハレとケの食事）（平井加余子）「立正大学地域研究センター年報」 立正大学地域研究センター年報編集室 （21）1998.3

熊谷のうちわ祭り（石川博司）「まつり通信」 まつり同好会 38（7）通号449 1998.7

麦の文化—小麦の町、熊谷地方に伝えられた食（平井加余子）「立正大学地域研究センター年報」 立正大学地域研究センター年報編集室 通号22 1999.1

《特集 くまがやの暮らしと文化今昔》「熊谷市郷土文化会誌」 熊谷市郷土文化会 （57）2002.11

熊谷地方の迷信［1］，（2）（小池幹衛）「熊谷市郷土文化会誌」 熊谷市郷土文化会 （57）/（58）2002.11/2003.11

江戸後期・熊谷の酒づくり（山田淳之）「熊谷市郷土文化会誌」 熊谷市郷土文化会 （57）2002.11

《特集 くまがやの暮らしと文化今昔2》「熊谷市郷土文化会誌」 熊谷市郷土文化会 （58）2003.11

《特集 くまがやの暮らしと文化今むかし3》「熊谷市郷土文化会誌」 熊谷市郷土文化会 （59）2004.11

熊谷（幡羅郡）における寺子屋の実態—教育者の墓碑・寿碑等を通して（新井常雄）「熊谷市郷土文化会誌」 熊谷市郷土文化会 （63）2007.11

雑学から見た熊谷ものしり事典—明治・大正期における熊谷の自慢ばなし（鯨井邦双）「熊谷市郷土文化会誌」 熊谷市郷土文化会 （63）2007.11

聞き書き 熊谷の鵜使い（平井加余子）「熊谷市郷土文化会誌」 熊谷市郷土文化会 （64）2008.11

熊谷地方の食文化—別府沼の恵み（平井加余子）「熊谷市郷土文化会誌」 熊谷市郷土文化会 （65）2009.11

雑学から見た熊谷の写真概説（鯨井邦双）「熊谷市郷土文化会誌」 熊谷市郷土文化会 （65）2009.11

熊谷の「子宝ぼた餅」(馬場國夫)「熊谷市郷土文化会誌」 熊谷市郷土文化会 (66) 2010.11

地芝居 熊谷歌舞伎の今(鶴田幸子)「熊谷市郷土文化会誌」 熊谷市郷土文化会 (66) 2010.11

表紙写真ことば うちわ祭り(渡辺良正)「まつり通信」 まつり同好会 51(4)通号554 2011.07

熊谷地方における神仏分離の様相(1)(村田安穂)「熊谷市史研究」 熊谷市教育委員会 (4) 2012.3

熊谷の食 ハレの日のご馳走―まんじゅう・だんご・もち―その(1) まんじゅう(調査・研究)(平井加余子)「熊谷市郷土文化会誌」 熊谷市郷土文化会 (68) 2012.11

石仏めぐり(熊谷近郊)に参加して(小此木敏明)「宇須比」 松井田町文化会 (68) 2013.05

熊谷の食 ハレの日のご馳走―その(2) もち(調査・研究)(平井加余子)「熊谷市郷土文化会誌」 熊谷市郷土文化会 (69) 2013.11

熊谷の食 ハレの日のご馳走 その3 だんご(調査研究)(平井加余子)「熊谷市郷土文化会誌」 熊谷市郷土文化会 (70) 2014.11

研修委員会 平成25年度第3回研修会 江戸後期熊谷地方における神仏混淆について(委員会活動報告)「熊谷市郷土文化会誌」 熊谷市郷土文化会 (70) 2014.11

熊谷市

古寺の点晴―出山の釈迦像との対面(山田淳之)「熊谷市郷土文化会誌」 熊谷市郷土文化会 52 1997.11

熊谷市内に鎮座する神社に思う(志村忠夫)「熊谷市郷土文化会誌」 熊谷市郷土文化会 53 1998.11

《特集 ふるさとこぼれ話》「熊谷市郷土文化会誌」 熊谷市郷土文化会 54 1999.11

戦災を語る石灯籠(中村重郎)「熊谷市郷土文化会誌」 熊谷市郷土文化会 54 1999.11

村社・八幡神社(山下一夫)「熊谷市郷土文化会誌」 熊谷市郷土文化会 54 1999.11

御触―子返し・間引き(小池幹衛)「熊谷市郷土文化会誌」 熊谷市郷土文化会 54 1999.11

奉納絵馬の発見(馬場国夫)「熊谷市郷土文化会誌」 熊谷市郷土文化会 54 1999.11

《特集 ふるさとこぼれ話3》「熊谷市郷土文化会誌」 熊谷市郷土文化会 55 2000.10

ふるさとのまつりの復活(小池幹衛)「熊谷市郷土文化会誌」 熊谷市郷土文化会 (56) 2001.11

桑、蚕、繭・四話(来間平八)「熊谷市郷土文化会誌」 熊谷市郷土文化会 (57) 2002.11

名実共に消え失せる旧跡(中島浩一)「熊谷市郷土文化会誌」 熊谷市郷土文化会 (57) 2002.11

鈿女宮(うずめのみや)(井上善治郎)「熊谷市郷土文化会誌」 熊谷市郷土文化会 (58) 2003.11

提灯塚(内田伝南)「熊谷市郷土文化会誌」 熊谷市郷土文化会 (59) 2004.11

熊谷市内の絵馬市(平井加余子)「熊谷市郷土文化会誌」 熊谷市郷土文化会 (59) 2004.11

神々にかこまれた村―ひと・もの・こと(山田淳之)「熊谷市郷土文化会誌」 熊谷市郷土文化会 (61) 2006.12

宿のお地蔵様の上屋(井上善治郎)「熊谷市郷土文化会誌」 熊谷市郷土文化会 (61) 2006.12

鳥居建立(森田道和)「熊谷市郷土文化会誌」 熊谷市郷土文化会 (61) 2006.12

妻沼聖天夫 石積燈籠記(馬場國夫)「熊谷市郷土文化会誌」 熊谷市郷土文化会 (64) 2008.11

文書に見る民俗(飯塚好)「熊谷市史研究」 熊谷市教育委員会 (1) 2009.3

熊谷うちわ祭 埼玉県熊谷市「公益社団法人全日本郷土芸能協会会報」 全日本郷土芸能協会 (56) 2009.07

鎌倉時代末期の板碑の一事例―「築道型」の分布と特性(諸岡勝)「熊谷市史研究」 熊谷市教育委員会 (3) 2011.03

浅間神社(下の茶屋)(特集 残しておきたい「地域の小さなまつり」)(森田道和)「熊谷市郷土文化会誌」 熊谷市郷土文化会 (67) 2011.11

秋葉神社の大祭について(特集 残しておきたい「地域の小さなまつり」)(柴崎一正)「熊谷市郷土文化会誌」 熊谷市郷土文化会 (67) 2011.11

庚申様の祭りについて(特集 残しておきたい「地域の小さなまつり」)(柴崎一正)「熊谷市郷土文化会誌」 熊谷市郷土文化会 (67) 2011.11

榛名講(特集 残しておきたい「地域の小さなまつり」)(内田伝衛)「熊谷市郷土文化会誌」 熊谷市郷土文化会 (67) 2011.11

巻頭写真 建長4年(1252)銘阿弥陀三尊図像板碑/上中条、四方寺、大塚、上川上地区板碑/東竹院だるま石、絵葉書、熊谷堤の桜/天保7年(1836)北組三拾七村南組二拾二村組合絵図(中島忠一郎家文書)「熊谷市史研究」 熊谷市教育委員会 (4) 2012.3

報告 熊谷市の初発期板碑概報(1)(中世石造物調査班)「熊谷市史研究」 熊谷市教育委員会 (4) 2012.03

報告 建長四年銘阿弥陀三尊図像板碑(中世石造物調査班)「熊谷市史研究」 熊谷市教育委員会 (4) 2012.03

回想 青年団活動と盆踊り大会(紹介・随筆・思い出)(中澤隆夫)「熊谷市郷土文化会誌」 熊谷市郷土文化会 (68) 2012.11

調査研究委員会 神社本殿の建築様式(研修記録)「熊谷市郷土文化会誌」 熊谷市郷土文化会 (68) 2012.11

平成24年度第3回研修会 残しておきたい「地域の小さなまつり」(研修記録 研修委員会)「熊谷市郷土文化会誌」 熊谷市郷土文化会 (69) 2013.11

神社本殿の建築様式(研修記録 調査研究委員会)「熊谷市郷土文化会誌」 熊谷市郷土文化会 (69) 2013.11

巻頭写真 古宮神社獅子頭、能護寺・弘法寺・歓喜院銅鐘、妻沼聖天山金工品、東京国立博物館蔵「埋蔵物録」、竹井家葬列写真、集福寺東西吉田家墓所、鈴木進氏寄贈文書「熊谷市史研究」 熊谷市教育委員会 (6) 2014.03

熊谷市の獅子舞―周辺の獅子舞との比較を通して(飯塚好)「熊谷市史研究」 熊谷市教育委員会 (6) 2014.03

竹井家の葬列写真(研究ノート)(栗原健一)「熊谷市史研究」 熊谷市教育委員会 (6) 2014.03

うちわ祭(紹介・随筆・思い出等)(海老原興一)「熊谷市郷土文化会誌」 熊谷市郷土文化会 (70) 2014.11

仲人今昔物語(紹介・随筆・思い出等)(持田重男)「熊谷市郷土文化会誌」 熊谷市郷土文化会 (70) 2014.11

調査研究委員会 神社本殿の建築様式(委員会活動報告)「熊谷市郷土文化会誌」 熊谷市郷土文化会 (70) 2014.11

雲取山

三峯山豆知識 雲取山「みつ三祢山」 三峯神社社務所 (197) 2007.7

栗坪

獅子舞への誘い(16) 栗坪に狂う(関口洋介)「奥武蔵」 奥武蔵研究会 通号354 2007.3

栗橋町

栗橋町の水塚(板垣時夫, 大谷千佳子)「埼玉民俗」 埼玉民俗の会 (33) 2008.3

黒谷

獅子舞の風土シリーズ(89) 埼玉県秩父市/黒谷の獅子舞い(川崎実)「かわせみ通信」 川崎実 89 2005.1

黒谷地区の屋号(内田秀太郎)「岩槻史林」 岩槻地方史研究会 (32) 2005.6

獅子舞への誘い(19) 黒谷の足の籠(関口洋介)「奥武蔵」 奥武蔵研究会 通号357 2007.9

桑崎

奥多摩の獅子舞い紀行(78) 埼玉/桑崎の獅子舞い「かわせみ通信」 川崎実 78 2003.2

桑原堂

桑原堂の板石塔婆(五島公太郎, 青木義脩)「緑の歴史」 さいたま市緑区歴史の会 (7) 2012.01

毛長神社

毛長神社の伝説に関する雑考(昼間喜博)「草加市史協年報」 草加市史編さん協力会 23 2004.3

源助橋

源助橋は生きていた(若松哲夫)「郷土はとがや : 鳩ケ谷郷土史会会報」 鳩ケ谷郷土史会 50 2002.11

源長寺

川口市・源長寺「伊奈家過去帳」の一考察(赤石光資)「埼玉史談」 埼玉県郷土文化会 59(3)通号311 2012.10

広見

広見の庚申講と庚申塔(高木文夫)「埼玉民俗」 埼玉民俗の会 (32) 2007.3

広見寺

武蔵国秩父札所三十四観音霊場の形成にみる中世後期禅宗の地方展開―特に曹洞宗陸奥国黒石正法寺末、広見寺とその末寺を中心に(小野澤眞)「国史談話会雑誌」 東北大学国史談話会 (53) 2012.12

広済寺

広済寺案内 「どっこい喜多町・広済寺」と親しまれ、伝説にも富む広済寺。(桑原政則)「川越の文化財」 川越市文化財保護協会 (118) 2014.10

関東　　　　　　　　　　　　　郷土に伝わる民俗と信仰　　　　　　　　　　　　　埼玉県

興禅院

興禅院本尊と寄進者藤川氏について（長島剛次郎）「川口史林 ： 川口市郷土史会々誌」 川口市郷土史会 （69） 2004.3

高倉寺

斗栱からみた高倉寺観音堂の特徴について—関東地方における中世禅宗様仏堂の位置づけ（坂本忠規）「入間市博物館紀要」 入間市博物館 （8） 2009.03

（4）重要文化財 高倉寺観音堂 復元修理記録—解体修理写真にみる復元根拠（特集 入間市の歴史的建造物）（小田部家秀）「入間市博物館紀要」 入間市博物館 （9） 2011.03

神門

秩父札所十八番神門の天池物語（宮崎裕雅）「埼玉史談」 埼玉県郷土文化会 48（4）通号268 2002.1

鴻巣市

三峰山仁王像の行方—鴻巣市（山里だより（10））（飯野頼治）「あしなか」 山村民俗の会 277 2007.3

興福寺

興福寺・鳩谷氏の消えた謎（小渕甚蔵）「郷土はとがや ： 鳩ケ谷郷土史会会報」 鳩ケ谷郷土史会 40 1997.11

高福寺

高福寺の阿弥陀像を拝観して（田島善）「あゆみ」 毛呂山郷土史研究会 （36） 2013.03

表紙写真 高福寺の聖観音菩薩坐像「あゆみ」 毛呂山郷土史研究会 （38） 2014.03

滝の入高福寺 伝聖宝宝冠観音菩薩坐像（表紙写真説明）（小室健二）「あゆみ」 毛呂山郷土史研究会 （38） 2014.03

滝の入高福寺 十王図（掛け軸）（表紙写真説明）「あゆみ」 毛呂山郷土史研究会 （38） 2014.03

滝の入高福寺 木造阿弥陀如来坐像（表紙写真説明）「あゆみ」 毛呂山郷土史研究会 （38） 2014.03

高谷

埼玉県比企郡小川町高谷 島田幸一家の年中行事（新田文子）「埼玉民俗」 埼玉民俗の会 （31） 2006.3

香林寺

香林寺のウハッキュウについて（中村守）「埼玉史談」 埼玉県郷土文化会 45（2）通号254 1998.7

曹洞宗 福聚山香林寺（岡田菊江）「熊谷市郷土文化会誌」 熊谷市郷土文化会 （66） 2010.11

古ヶ場

八百よろずの神々と古ヶ場八幡社の今（大熊晋一）「岩槻史林」 岩槻地方史研究会 （33） 2006.6

岩槻の神と仏 古ヶ場八幡社 或る農地改革記念碑（大熊晋一）「岩槻史林」 岩槻地方史研究会 （38） 2011.06

小久喜

小久喜ささら獅子舞親方の回想（板垣時夫）「埼玉民俗」 ［埼玉民俗の会］ （39） 2014.03

国済寺

深谷市国済寺中世石塔の調査（2）（青木忠雄）「埼玉史談」 埼玉県郷土文化会 53（4）通号288 2007.1

未発表旧稿 深谷市国済寺中世石塔の調査（3）（青木忠雄）「埼玉史談」 埼玉県郷土文化会 55（2）通号294 2008.7

小熊家

小熊家の守り札（藤田智子）「さいたま市博物館研究紀要」 さいたま市立博物館 4 2005.3

越ヶ谷

四国で亡くなった越ヶ谷の六十六部行者（加藤幸一）「越谷市郷土研究会会報 ： 古志賀谷」 越谷市郷土研究会 （15） 2009.07

越谷

越谷寺院思考（1）（高橋正輝）「越谷市郷土研究会会報 ： 古志賀谷」 越谷市郷土研究会 （10） 1999.6

越谷のお正月と「とうかんやのわらでっぽう」（金岡由紀子）「越谷市郷土研究会会報 ： 古志賀谷」 越谷市郷土研究会 （11） 2001.6

越谷の寺院の梵鐘と銘文（菅波昌夫）「越谷市郷土研究会会報 ： 古志賀谷」 越谷市郷土研究会 （12） 2003.8

越谷のクワイ（武蔵野の食文化（1））（加藤功）「武蔵野」 武蔵野文化協会 82（1）通号343 2006.6

越谷「焼き米」の方が草加煎餅より古い（宮川進）「越谷市郷土研究会会報 ： 古志賀谷」 越谷市郷土研究会 （15） 2009.7

越谷の史跡紹介 塩かけ地蔵（菅波昌夫）「越谷市郷土研究会会報 ： 古志賀谷」 越谷市郷土研究会 （15） 2009.07

越谷周辺の六阿弥陀めぐりと新発見の御詠歌（加藤幸一）「越谷市郷土研究会会報 ： 古志賀谷」 越谷市郷土研究会 （16） 2011.12

越谷型青面金剛像庚申塔（秦野秀明）「越谷市郷土研究会会報 ： 古志賀谷」 越谷市郷土研究会 （17） 2014.03

越谷コラム（1） 越谷七不思議の選定「越谷市郷土研究会会報 ： 古志賀谷」 越谷市郷土研究会 （17） 2014.3

越谷の六地蔵石幢（松本裕志）「越谷市郷土研究会会報 ： 古志賀谷」 越谷市郷土研究会 （17） 2014.03

越谷市

文書にみる寺家の食生活（一色英子）「越谷市郷土研究会会報 ： 古志賀谷」 越谷市郷土研究会 （9） 1997.6

二十三夜供養塔（高島英一）「越谷市郷土研究会会報 ： 古志賀谷」 越谷市郷土研究会 （9） 1997.6

越谷市の狛犬（野村勝八）「越谷市郷土研究会会報 ： 古志賀谷」 越谷市郷土研究会 （10） 1999.6

文書にみる寺家の食生活「精進料理献立」（一色英子）「越谷市郷土研究会会報 ： 古志賀谷」 越谷市郷土研究会 （10） 1999.6

「薬細工・祝い亀」のこと（宇田川正治，一色英子）「越谷市郷土研究会会報 ： 古志賀谷」 越谷市郷土研究会 （11） 2001.6

「古志賀谷」10号狛犬・追加と訂正（泉雅彦）「越谷市郷土研究会会報 ： 古志賀谷」 越谷市郷土研究会 （11） 2001.6

ちっとんべ（中島満，三ツ木宗一，長谷川和子）「越谷市郷土研究会会報 ： 古志賀谷」 越谷市郷土研究会 （12） 2003.8

とうかんやの「わらでっぽう」（金岡由紀子）「越谷市郷土研究会会報 ： 古志賀谷」 越谷市郷土研究会 （12） 2003.8

こしがやふるさと話（増岡武司）「越谷市郷土研究会会報 ： 古志賀谷」 越谷市郷土研究会 （13） 2005.9

子安地蔵を主尊とする一石六地蔵塔—越谷市（加地勝）「野仏 ： 多摩石仏の会機関誌」 多摩石仏の会 41 2010.08

子安地蔵の六地蔵（加地勝）「野仏 ： 多摩石仏の会機関誌」 多摩石仏の会 42 2011.08

いぼ稲荷といぼの木（谷岡隆夫）「越谷市郷土研究会会報 ： 古志賀谷」 越谷市郷土研究会 （16） 2011.12

その1「越谷市内の消えゆく歌」（特集 越谷市内に残る歌）（高崎力）「越谷市郷土研究会会報 ： 古志賀谷」 越谷市郷土研究会 （16） 2011.12

その2「越谷のわらべ歌（大沢町）」（特集 越谷市内に残る歌）（岩瀬静江）「越谷市郷土研究会会報 ： 古志賀谷」 越谷市郷土研究会 （16） 2011.12

その3「東武線手まり唄」（特集 越谷市内に残る歌）（原田民自）「越谷市郷土研究会会報 ： 古志賀谷」 越谷市郷土研究会 （16） 2011.12

名号塔の知識（14） 越谷市近辺の名号塔（誌上講座）（岡村庄造）「日本の石仏」 日本石仏協会 （146） 2013.06

名物鬼焼（白石克）「越谷市郷土研究会会報 ： 古志賀谷」 越谷市郷土研究会 （17） 2014.03

越ヶ谷宿

越ヶ谷宿・三鷹屋嘉兵衛奉納の石燈籠（木原徹也）「越谷市郷土研究会会報 ： 古志賀谷」 越谷市郷土研究会 （14） 2007.11

越谷町

越谷町で起きた怪奇現象（原田民自）「越谷市郷土研究会会報 ： 古志賀谷」 越谷市郷土研究会 （17） 2014.3

御所

比企郡吉見町御所三峯講社講祠移転奉告祭（市川逸郎）「みつミ祢山」 三峯神社社務所 （225） 2014.07

小瀬戸

奥武蔵、秩父の獅子舞（33）—子安浅間、小瀬戸の舞（関口洋介）「奥武蔵」 奥武蔵研究会 通号372 2010.03

児玉

児玉地方の曳山（作美陽一）「埼玉民俗」 埼玉民俗の会 22 1997.5

児玉家の阿弥陀如来像（阿南志のぶ）「微笑佛」 全国木喰研究会 （14） 2006.4

小針

埼玉県下における明治期の神社整理—伊奈町小針地区を例として（黒川徳男）「埼玉県史研究」 埼玉県立文書館 35 2000.3

五百羅漢

春風と五百羅漢・小江戸川越探訪記（上）（辰巳侃）「下野史談」 下野史談会 93 2001.6

小淵村

高野山千蔵院過去帳（5） 平柳領小淵村（小渕甚蔵）「郷土はとがや ： 鳩

ケ谷郷土史会会報」鳩ヶ谷郷土史会 （59）2007.5

午王山遺跡

武蔵型板碑の銘文配置（上），（下）—和光市新倉午王山遺跡の板碑の場合（三宅宗議）「埼玉史談」埼玉県郷土文化会 45（1）通号253/45（2）通号254 1998.4/1998.7

高麗郡

高麗郡建郡と白鬚神社（宮本豊太郎）「武蔵野」武蔵野文化協会 77（2）通号334 2001.6

明治前期における在地修験の動向—埼玉県高麗郡の事例から（研究例会報告要旨）（酒井麻子）「地方史研究」地方史研究協議会 63（2）通号362 2013.04

高麗神社

高麗神社と高麗氏の歴史（高麗文康）「武蔵野」武蔵野文化協会 77（2）通号334 2001.6

高麗神社・聖天院と入間市博物館見学（青木義脩）「うらわ文化」浦和郷土文化会 （119）2014.01

古宮神社

調査研究委員会 古宮神社調査（研修記録）「熊谷市郷土文化会誌」熊谷市郷土文化会 （67）2011.11

小森

地芝居探訪（41）藤野村歌舞伎/小森歌舞伎/牧野歌舞伎/小原歌舞伎/小鹿野歌舞伎/東濃歌舞伎保存会大会（松浦鳥夫）「公益社団法人全日本郷土芸能協会会報」全日本郷土芸能協会 （66）2012.01

地芝居探訪（44）栗井春日歌舞伎/小森歌舞伎/渋川歌舞伎/小鹿野歌舞伎/新城歌舞伎「公益社団法人全日本郷土芸能協会会報」全日本郷土芸能協会 （70）2013.01

地芝居探訪（49）赤坂の舞台歌舞伎公演/小森歌舞伎/横尾歌舞伎/入谷歌舞伎/小鹿野歌舞伎/さぬき歌舞伎まつり「公益社団法人全日本郷土芸能協会会報」全日本郷土芸能協会 （74）2014.01

小谷

獅子舞の風土シリーズ（93）北足立郡/小谷のささら獅子舞い（川崎実）「かわせみ通信」川崎実 （93）2005.7

子安浅間

奥武蔵、秩父の獅子舞（33）—子安浅間、小瀬戸の舞（関口洋介）「奥武蔵」奥武蔵研究会 通号372 2010.03

小用

小用鋳物師遺品集成（2）—火の見の半鐘（島野隆司）「研究紀要」埼玉県立歴史資料館 通号19 1997.3

権現河岸

権現河岸と蛙（鈴木由蔵）「葦のみち ： 三郷市史研究」三郷市 11 1999.3

権現堂村

旧権現堂村取材ノートから 織部の賦（小泉重光）「奥武蔵」奥武蔵研究会 （395）2014.1

午頭山

午頭山とその周辺—毛呂山の神仏ゆかりの山々（町田尚夫）「奥武蔵」奥武蔵研究会 325 2002.5

西光寺

秩父札所十六番西光寺の六つの西光寺物語（宮崎裕雅）「埼玉史談」埼玉県郷土文化会 50（1）通号273 2003.4

秩父札所十六番西光寺の資料紹介—宮崎裕雅氏の「西光寺物語」によせて（栗原一夫）「埼玉史談」埼玉県郷土文化会 50（3）通号275 2003.10

埼玉

《特集 住まいの民俗》「埼玉民俗」埼玉民俗の会 22 1997.5

肥料からみた風呂と便所（津山正幹）「埼玉民俗」埼玉民俗の会 22 1997.5

坂上田村麻呂伝説の地域的展開—北の寺社建立譚と南の異人征討譚（榎本千賀）「埼玉民俗」埼玉民俗の会 22 1997.5

左馬（紀陸伊勢松）「埼玉史談」埼玉県郷土文化会 44（3）通号251 1997.10

埼玉北部の妙見信仰—上州引間妙見寺・鼻高町達磨寺《妙見信仰特輯》（中嶋信彰）「あしなか」山村民俗の会 249 1997.12

近世以降の相撲—埼玉の事例を中心にして（飯塚好）「埼玉県立民俗文化センター研究紀要」埼玉県立民俗文化センター 14 1998.3

埼玉の盆踊り唄（亀ヶ谷行雄）「埼玉民俗」埼玉民俗の会 23 1998.4

埼玉東南部の祝い唄「これさま」（亀ヶ谷行雄）「埼玉民俗」埼玉民俗の会 24 1999.3

埼玉の雪隠参り（中村啓子）「埼玉民俗」埼玉民俗の会 24 1999.3

伝説 しゃくじの咳切りの木（伊藤正和）「埼玉民俗」埼玉民俗の会 24 1999.3

新興住宅地の"まつり"—ある新興住宅地の事例を中心に（佐々木真理）「埼玉民俗」埼玉民俗の会 24 1999.3

埼玉の神楽（飯塚好）「みつみ祢山」三峯神社社務所 164 1999.4

埼玉における「生祠」・「死祠」覚書（石井昇）「埼玉史談」埼玉県郷土文化会 46（1）通号257 1999.4

石神石仏の分類について（三宅宗議）「埼玉史談」埼玉県郷土文化会 46（2）通号258 1999.8

ショケラ考（森春男）「埼玉史談」埼玉県郷土文化会 46（4）通号260 2000.2

《特集 雨乞い》「埼玉民俗」埼玉民俗の会 25 2000.3

二つの「トキ」を結ぶもの（内田賢作）「埼玉民俗」埼玉民俗の会 25 2000.3

山村生活の変容—嫁いで来て、炭焼き一筋だった（石川博行）「埼玉民俗」埼玉民俗の会 25 2000.3

埼玉の風祭り—周辺地域との関わりのなかで（三田村佳子）「調査研究報告」埼玉県立さきたま資料館 （14）2001.3

中世～近世の地鎮について（上），（中）（鈴木孝之）「埼玉考古」埼玉考古学会 36/（37）2001.3/2002.3

《特集 代参講》「埼玉民俗」埼玉民俗の会 26 2001.3

埼玉の榛名講と榛名信仰（内田賢作）「埼玉民俗」埼玉民俗の会 26 2001.3

一つの文化として見た「カンカンノー」—「カンカンノー」再考（1）（石川友子）「埼玉民俗」埼玉民俗の会 26 2001.3

民俗芸能の中の「カンカンノー」—「カンカンノー」再考（2）（大明敦）「埼玉民俗」埼玉民俗の会 26 2001.3

国指定（重要有形民俗文化財）の富士塚の紹介（赤石光資）「埼玉民俗」埼玉民俗の会 26 2001.3

特別展 埼玉の名宝シリーズ3「神楽の風景」「埼玉県立博物館だより ： The Amuseum」埼玉県立博物館 30（2）通号108 2001.10

見所紹介 特別展 埼玉の名宝シリーズ3「神楽の風景」「埼玉県立博物館だより ： The Amuseum」埼玉県立博物館 30（2）通号108 2001.10

児童・生徒のみなさんへ 埼玉の名宝シリーズ3「神楽の風景」にようこそ（川上由美子）「埼玉県立博物館だより ： The Amuseum」埼玉県立博物館 30（2）通号108 2001.10

民俗の原風景から学ぶ—民俗からの発想（大舘勝治）「埼玉民俗」埼玉民俗の会 27 2002.3

女神と信仰（内田賢作）「埼玉民俗」埼玉民俗の会 27 2002.3

富士講のひとつ丸岩講について（中村守）「埼玉史談」埼玉県郷土文化会 49（1）通号269 2002.4

奥多摩の獅子舞い紀行（77）埼玉/浅間神社の獅子舞い「かわせみ通信」川崎実 77 2003.1

小豆粥とアボ・ヘボに見る埼玉の小正月（柳正博）「研究紀要」埼玉県立歴史資料館 （25）2003.3

《特集 獅子舞》「埼玉民俗」埼玉民俗の会 28 2003.3

「寒松日暦」よりみた祭道公事（沼口信一）「埼玉史談」埼玉県郷土文化会 50（2）通号274 2003.7

奥古道とその研究課題—古道は東京低地・埼玉低地を如何に越えたか（長沼映夫）「かつしか台地 ： 野田地方史懇話会会誌」野田地方史懇話会 27 2004.3

《特集 歌と民俗》「埼玉民俗」埼玉民俗の会 29 2004.3

ササラ獅子舞と歌（飯塚好）「埼玉民俗」埼玉民俗の会 29 2004.3

埼玉の民謡の継承—飯能市赤沢岩本信義氏民謡資料付（小野学節子）「埼玉民俗」埼玉民俗の会 29 2004.3

埼玉の地先祖考—関東の「屋敷先祖」に関する予備的考察（内田幸彦）「埼玉民俗」埼玉民俗の会 29 2004.3

伝説に見る埼玉の天狗像（高橋成）「埼玉民俗」埼玉民俗の会 29 2004.3

正月のお飾り—聞き書きと実演（伊藤正和）「埼玉民俗」埼玉民俗の会 29 2004.3

2月例会記 第208回研究会・民文講演会 埼玉のお天気占い「しらつる ： 岩槻地方史研究会だより」岩槻地方史研究会 （180）2004.4

埼玉地方の「国内祭典案内」について（飯山実）「岩槻史林」岩槻地方史研究会 （31）2004.6

間引きの絵馬のこと（松本三喜夫）「隣人 ： 草志会年報」草志会 18 2004.6

「右り」の道しるべ[1]，（2）（森春男）「埼玉史談」埼玉県郷土文化会 51（2）通号278/54（1）通号289 2004.7/2007.4

帰ってきた文化財（鰐口・梵鐘・大鰐口）（大山雄三）「埼玉史談」埼玉県郷土文化会 51（3）通号279 2004.10

庚申塔の猿を見る—千葉・埼玉・東京・神奈川（舞田一夫）「あしなか」山村民俗の会 269 2004.12

口絵写真説明 埼玉の図像板碑（1）～（4）（村田和義）「史迹と美術」史迹美術同攷会 75（1）通号751/76（2）通号762 2005.1/2006.2

書籍紹介 『埼玉の船大工』(三田村佳子)「民具研究」 日本民具学会 (132) 2005.9

節成きゅうりは埼玉特産(野本誠一)「埼玉史談」 埼玉県郷土文化会 52(3)通号283 2005.10

石塔 聖徳太子碑と九六鍬講について(大山雄三)「埼玉史談」 埼玉県郷土文化会 52(3)通号283 2005.10

埼玉の七夕習俗―七夕飾りと農耕儀礼をめぐって(柳正博)「研究紀要」 埼玉県立歴史資料館 (27) 2005.12

道祖神の呼称と石造物(榎本直樹)「埼玉民俗」 埼玉民俗の会 (31) 2006.3

鍛冶屋の仕事始め―雛形の予備的考察・埼玉の事例から(三田村佳子)「埼玉民俗」 埼玉民俗の会 (31) 2006.3

流浪の鬼板師の技とその伝播(高木文夫)「埼玉民俗」 埼玉民俗の会 (31) 2006.3

思い出話(小池信一)「埼玉民俗」 埼玉民俗の会 (31) 2006.3

「通過儀礼の現代化」に伴う地域社会の変貌―祝儀・不祝儀に見る一報告(神正博)「埼玉民俗」 埼玉民俗の会 (32) 2007.3

「石敢当」考(小林甲子男)「埼玉史談」 埼玉県郷土文化会 54(1)通号289 2007.4

埼玉の藍染―今に伝える浴衣染の技(山本修康)「紀要」 埼玉県立歴史と民俗の博物館 (2) 2008.3

茶磨考(上)(森田安彦)「埼玉考古」 埼玉考古学会 通号43 2008.3

三頭立て獅子舞―棒術・奴・鬼(飯塚好)「埼玉民俗」 埼玉民俗の会 (33) 2008.3

ムラの芸能と遊び―民俗芸能と地方文芸(関孝夫)「埼玉民俗」 埼玉民俗の会 (33) 2008.3

石鳥居神宮参拝祈念碑の謎(大熊晋一)「埼玉史談」 埼玉県郷土文化会 55(1)通号293 2008.4

学芸員のおと―埼玉の大山信仰(柳正博)『The amuseum』 埼玉県立歴史と民俗の博物館 3(2)通号8 2008.10

みどころ紹介 常設展示室「一年を生きる―埼玉の祭りと年中行事」(服部武)『The amuseum』 埼玉県立歴史と民俗の博物館 3(3)通号9 2009.01

「つなぎ馬」の絵馬のこと(松本三喜夫)「蘗人 : 草志会年報」 草志会 (22) 2009.03

本山派修験大先達山本坊の妻子引導訴願―文化・文政期の訴願を中心に(千代田恵汎)「埼玉地方史」 埼玉県地方史研究会 (62) 2009.09

陸稲の力―畑作地域における米の儀礼食をめぐって(渡部圭一)「埼玉民俗」 埼玉民俗の会 (35) 2010.03

矢島家(蓮田市久伊豆神社)所蔵の湯立資料―埼玉の湯立神事・湯立神楽の理解にむけて(三田村佳子)「紀要」 埼玉県立歴史と民俗の博物館 (4) 2010.03

神と仏の復縁(大熊晋一)「埼玉史談」 埼玉県郷土文化会 57(1)通号301 2010.04

江戸の茶磨(森田安彦)「埼玉考古」 埼玉考古学会 通号45 2010.06

埼玉・二丁目の獅子舞(石川博司)「まつり通信」 まつり同好会 50(4)通号548 2010.07

カマド掛け口考(高橋一夫)「埼玉考古」 埼玉考古学会 通号46 2011.03

埼玉の節分習俗(板垣時夫)「埼玉民俗」 埼玉民俗の会 (36) 2011.03

修理銘の記録 ささら獅子舞の主用具に関して(赤石光資)「埼玉民俗」 埼玉民俗の会 (36) 2011.03

厄病への対応―伝染病に人々はどう行動したか(大久根茂)「埼玉民俗」 埼玉民俗の会 (36) 2011.03

伊奈氏が造立した地蔵尊―紹介と予察(赤石光資)「埼玉史談」 埼玉県郷土文化会 59(1)通号309 2012.04

第55回研究発表会要旨 平成23年2月27日〔日〕 鎌倉時代末期の板碑の一事例 「築道型」の分布と特性(諸岡勝)「埼玉地方史」 埼玉県地方史研究会 (67) 2013.05

池原昭治氏と埼玉の民話―企画展「絵で語る埼玉の民話」を通じて(大明敦)「紀要」 埼玉県立歴史と民俗の博物館 (8) 2014.03

埼玉県

輪の呪力―土俵・数珠・茅の輪(三田村佳子)「埼玉県立民俗文化センター研究紀要」 埼玉県立民俗文化センター 13 1997.3

土俵という舞台―獅子舞と相撲の関連の中で(三田村佳子)「埼玉県立民俗文化センター研究紀要」 埼玉県立民俗文化センター 13 1997.3

近世の祭礼文化―町場の祭礼と村の祭礼(飯塚好)「埼玉県立民俗文化センター研究紀要」 埼玉県立民俗文化センター 13 1997.3

埼玉県手水鉢拾遺(8)―伊勢講の手水鉢(嘉津山清)「埼玉史談」 埼玉県郷土文化会 44(2)通号250 1997.7

埼玉県北部の中世石塔―宝篋印塔・五輪塔を中心として(四方田悟)「埼玉史談」 埼玉県郷土文化会 44(4)通号252 1998.1

埼玉県の手水鉢拾遺(9)―念仏講の手水鉢(嘉津山清)「埼玉史談」 埼玉県郷土文化会 44(4)通号252 1998.1

文明開化と宗教・信仰(村田安徳)「埼玉県史料叢書月報」 埼玉県立文書館 (5) 1998.3

五家宝の歴史と製造技術(井上かおり)「埼玉県立民俗文化センター研究紀要」 埼玉県立民俗文化センター 14 1998.3

埼玉県手水鉢拾遺(10)―仙波東照宮手水鉢(嘉津山清)「埼玉史談」 埼玉県郷土文化会 45(1)通号253 1998.4

埼玉県北西部の民謡―児玉郡上里町の麦ぶち唄を中心に(小野寺節子)「埼玉民俗」 埼玉民俗の会 23 1998.4

「お伝え」にみる富士信仰の変遷―埼玉県北部K家の事例を中心として(中嶋信彰)「宗教民俗研究」 日本宗教民俗学会 (8) 1998.6

埼玉県のかまど神と産飯(榎本直樹)「西郊民俗」 〔西郊民俗談話会〕 通号163・164 1998.6

埼玉県手水鉢拾遺(11)―白岡八幡宮手水鉢(嘉津山清)「埼玉史談」 埼玉県郷土文化会 45(3)通号255 1998.10

県南東部における盆の作り物―墓地に立てるコシカケを中心として(川上由美子)「紀要」 埼玉県立博物館 通号24 1999.3

山村生活の変容―嫁いで来て、炭焼き一筋だった(石川博行)「研究紀要」 埼玉県立歴史資料館 通号21 1999.3

埼玉県下における明治期の神社整理―伊奈町小針地区を例として(黒川徳男)「埼玉県史研究」 埼玉県立文書館 35 2000.3

考古学から見た古代の神社―もう一つの律令祭祀(井上尚明)「紀要」 埼玉県立博物館 通号25 2000.3

埼玉県の『神社明細帳』なるもの(金鑽俊樹)「社寺史料研究会会報」 社寺史料研究会 (5) 2000.4

埼玉県手水鉢(12)―芳林寺手水鉢(嘉津山清)「埼玉史談」 埼玉県郷土文化会 47(3)通号263 2000.10

季節の添景(4) 吉例、蛇づくし(大久根茂)「埼玉県立博物館だより : The Amuseum」 埼玉県立博物館 29(3)通号106 2001.1

信仰資料としての紡錘車(鈴木孝之, 若松良一)「研究紀要」 埼玉県埋蔵文化財調査事業団 (16) 2001.3

埼玉県の中世五輪塔編年案(栗岡真理子)「研究紀要」 埼玉県立歴史資料館 (23) 2001.3

同型板碑の一事例(諸岡勝)「研究紀要」 埼玉県立歴史資料館 (23) 2001.3

季節の添景(1) 鉄砲(宮昌之)「埼玉県立博物館だより : The Amuseum」 埼玉県立博物館 30(1)通号107 2001.7

季節の添景(2) 印籠と根付(宮昌之)「埼玉県立博物館だより : The Amuseum」 埼玉県立博物館 30(1)通号107 2001.7

季節の添景(3) 菓子木型(岡本一雄)「埼玉県立博物館だより : The Amuseum」 埼玉県立博物館 30(2)通号108 2001.10

季節の添景(5) 吉例、馬づくり(岡本一雄)「埼玉県立博物館だより : The Amuseum」 埼玉県立博物館 30(3)通号109 2002.2

季節の添景(6) 雛のいろいろ(岡本一雄)「埼玉県立博物館だより : The Amuseum」 埼玉県立博物館 30(3)通号109 2002.2

埼玉県の中世宝篋印塔の変遷について(栗岡眞理子)「研究紀要」 埼玉県立歴史資料館 (24) 2002.3

季節の添景(1) 張子人形(斎藤修平)「埼玉県立博物館だより : The Amuseum」 埼玉県立博物館 31(1)通号110 2002.6

季節の添景(3) 鐔・印籠(池田伸子)「埼玉県立博物館だより : The Amuseum」 埼玉県立博物館 31(2)通号111 2002.10

季節の添景(4) 香炉(宮昌之)「埼玉県立博物館だより : The Amuseum」 埼玉県立博物館 31(2)通号111 2002.10

埼玉県手水鉢拾遺(13)(嘉津山清)「埼玉史談」 埼玉県郷土文化会 49(3)通号271 2002.10

吉例・羊づくし(季節の添景)(白井哲哉)「埼玉県立博物館だより : The Amuseum」 埼玉県立博物館 31(3)通号112 2003.2

歴史のしおり(43) 算盤は奥が深い(斎藤修平)「埼玉県立博物館だより : The Amuseum」 埼玉県立博物館 31(3)通号112 2003.2

職人の笶と農家副業の笶―共通の違いに焦点をあてた製造法の比較(服部武)「調査研究報告」 埼玉県立さきたま資料館 (16) 2003.3

「太平記絵巻」と寛文期文化の一側面―絵入り版本と幸若舞「新曲」(谷澤孝)「調査研究報告」 埼玉県立さきたま資料館 (16) 2003.3

埼玉県の山王権現塔(中山正義)「野仏 : 多摩石仏の会機関誌」 多摩石仏の会 34 2003.7

太陽信仰を求めて(4),(5)―埼玉県平野部の獅子舞(1),(2)(内田賢作)「西郊民俗」 〔西郊民俗談話会〕 (184) / (185) 2003.9/2003.12

特別公開 山の道具と川の道具(斎藤修平)「埼玉県立博物館だより : The Amuseum」 埼玉県立博物館 32(1)通号113 2003.10

道の民俗(1),(2)―道にまつわる民俗(埼玉県内の事例から)(板垣時夫)「コロス」 常民文化研究会 95/96 2003.11/2004.2

「吉例・申つくし」の展示から(斎藤修平)「埼玉県立博物館だより : The Amuseum」 埼玉県立博物館 31(3)通号114 2004.1

埼玉県西北部に見る火伏せ信仰(柳正博)「研究紀要」 埼玉県立歴史資料館 (26) 2004.3

埼玉県　　　　　　　　　　　　　郷土に伝わる民俗と信仰　　　　　　　　　　　　　関東

十日夜と亥の子―行事の構成と変異（飯塚好）「紀要」 埼玉県立博物館 通号30　2005.3

埼玉県立博物館所蔵 年中行事絵巻について（池田伸子）「紀要」 埼玉県立博物館　通号30　2005.3

不食供養金石銘文集 和歌山県／大阪府／奈良県／長野県／埼玉県（奥村隆彦）「歴史考古学」 歴史考古学研究会　（56）2005.6

特別展「芸能絵巻―舞い踊り囃すー」「埼玉県立博物館だより ： The Amuseum」 埼玉県立博物館　33（3）通号121　2006.3

歴史のしおり（51）農具の変化―道具から機械へ「埼玉県立博物館だより ： The Amuseum」 埼玉県立博物館　33（3）通号121　2006.3

三頭立て獅子舞とササラ（飯塚好）「紀要」 埼玉県立博物館　通号31　2006.3

梨の民俗―埼玉県東部地域の事例を中心に（板垣時夫）「埼玉民俗」 埼玉民俗の会　（31）2006.3

平成17年度の埼玉県指定及び選択の民俗文化財（岡本一雄）「埼玉民俗」 埼玉民俗の会　（31）2006.3

群馬県及び埼玉県北部・北西部における三隣亡信仰について（上），（下）（小澤守）「埼玉民俗」 埼玉民俗の会　（31）/（32）2006.3/2007.3

イノメの系譜と展開―「いの芽」から「猪目」へ（三田村佳子）「紀要」 埼玉県立歴史と民俗の博物館　（[1]）2007.3

火打石小考（大屋道則）「研究紀要」 埼玉県埋蔵文化財調査事業団　（22）2007.6

埼玉県東部低地の田植え衣装（宮本八恵子）「民具マンスリー」 神奈川大学　40（3）通号471　2007.6

仏教の大数珠繰り―埼玉県の民俗的事例について（岩瀬誠）「日本精神文化」 日本精神文化学会　（17）2007.7

埼玉県の大黒天（甲子塔）《特集 大黒天》（中上敬一）「日本の石仏」 日本石仏協会，青娥書房（発売）（123）2007.9

「江戸富士塚」と浅間塚―埼玉県富士塚調査その後《富士塚特集》（岡田博）「あしなか」 山村民俗の会　279　2007.10

県内の曹洞宗季雲派の活動について（若松哲夫）「郷土はとがや ： 鳩ケ谷郷土史会会報」 鳩ケ谷郷土史会　（61）2008.5

絵馬に描かれた河川改修《埼玉県特集》（大久根茂）「利根川文化研究」 利根川文化研究会　通号31　2008.9

埼玉県立歴史と民俗の博物館 常設展示 第10室 民俗展示室「一年を生きる―埼玉の祭りと行事―」（展示紹介）（山田実）「民具研究」 日本民具学会　（138）2008.9

水の神への祈り―地域共同体が祀る水神をめぐる一考察（柳正博）「紀要」 埼玉県立歴史と民俗の博物館　（3）2009.03

学芸員ノート 雛人形の伝統と技（川上由美子）「The amuseum」 埼玉県立歴史と民俗の博物館　4（3）通号12　2010.02

出土板碑からみた製作工程の復元（加藤光男）「埼玉県立史跡の博物館紀要」 埼玉県立さきたま史跡の博物館，埼玉県立嵐山史跡の博物館　（4）2010.03

埼玉県内における宝篋印塔・五輪塔の特徴と分布域（栗岡眞理子）「埼玉県立史跡の博物館紀要」 埼玉県立さきたま史跡の博物館，埼玉県立嵐山史跡の博物館　（4）2010.03

月見と畑作儀礼―十五夜・十三夜・十日夜をめぐって（柳正博）「紀要」 埼玉県立歴史と民俗の博物館　（4）2010.03

特別展「いただきます―食の文化史―」イメージを具現化する試み（井上かおり）「紀要」 埼玉県立歴史と民俗の博物館　（4）2010.03

「五大尊明王開帳参詣図」について―二組の浮世絵が物語るもの（西口由子）「紀要」 埼玉県立歴史と民俗の博物館　（4）2010.03

新刊紹介 石造美術探訪記VII―2『埼玉県南部の図像板碑』（村田和義著）（中西亨）「史迹と美術」 史迹美術同攷会　80（6）通号806　2010.07

埼玉県立歴史と民俗の博物館常設展示「一生を生きる―人生儀礼―」（展示批評・展示紹介）（板橋春夫）「民具研究」 日本民具学会　（142）2010.10

葬送儀礼の現代化と地域社会の変容（柳正博）「紀要」 埼玉県立歴史と民俗の博物館　（5）2011.03

埼玉県の花見堂地蔵について（特集 道祖神信仰と石造物）（中上敬一）「日本の石仏」 日本石仏協会，青娥書房（発売）（137）2011.03

学芸員ノート 木製品から見える昔の生活（大和田瞳）「The amuseum」 埼玉県立歴史と民俗の博物館　6（1）通号16　2011.06

歴史のしおり 東西を旅した仏典（根ヶ山泰史）「The amuseum」 埼玉県立歴史と民俗の博物館　7（1）通号19　2012.06

歴史のしおり 鉄のほとけさま（内山美代子）「The amuseum」 埼玉県立歴史と民俗の博物館　7（2）通号20　2012.09

歴史のしおり 貴重な当館の竹細工コレクション（服部武）「The amuseum」 埼玉県立歴史と民俗の博物館　8（2）通号23　2013.09

近世・近代の伊勢講と参宮―埼玉県内の二・三の事例を通じて（石川達也）「日本学研究」 金沢工業大学日本学研究所　（16）2013.12

民俗資料ノート 石橋供養塔の語るもの・その1，その2―埼玉県西部地域の分布（1），（2）（あしなか編集室）「あしなか」 山村民俗の会　300/301　2014.04/2014.09

歴史のしおり 農耕絵馬図をどう見るか？（大久根茂）「The amuseum」 埼玉県立歴史と民俗の博物館　9（2）通号26　2014.9

さいたま市

歴史のしおり（39）さいたま市の文化財―民俗（斎藤修平）「埼玉県立博物館だより ： The Amuseum」 埼玉県立博物館　30（2）通号108　2001.10

年中行事の中から―作る（河田捷一，斎藤良夫）「さいたま市博物館研究紀要」 さいたま市立博物館　1　2002.3

最近調査のさいたま市周辺神社本殿について（青木義脩，野尻靖）「さいたま市博物館研究紀要」 さいたま市立博物館　3　2004.3

庚申塔の造立日について 付・文明年以降庚申年月日一覧（下村克彦）「さいたま市博物館研究紀要」 さいたま市立博物館　4　2005.3

続・最近調査のさいたま市周辺の神社本殿について（青木義脩，野尻靖）「さいたま市博物館研究紀要」 さいたま市立博物館　4　2005.3

続々・最近調査のさいたま市周辺の神社本殿について（青木義脩，野尻靖）「さいたま市博物館研究紀要」 さいたま市立博物館　5　2006.3

さいたま市周辺の同型庚申塔（五島公太郎）「野仏 ： 多摩石仏の会機関誌」 多摩石仏の会　40　2009.08

金の光は阿弥陀ほど―さいたま市内の阿弥陀如来 阿弥陀如来の指先に注目！―一九つの「印」「樔りぽーと ： さいたま市文化財時報」 さいたま市教育委員会生涯学習部　（38）2010.09

事務局からのご報告 さいたま市の花見堂地蔵について（石田年子）「会報」 房総石造文化財研究会事務局　（108）2010.09

最近のさいたま市の庚申塔情報（五島公太郎）「野仏 ： 多摩石仏の会機関誌」 多摩石仏の会　44　2013.07

原市の庚申塔（道標）に見るさいたま市との繋がり（野中味恵子）「うらわ文化」 浦和郷土文化会　（120）2014.04

お知らせ 木遣歌（さいたま市消防出初式）/田島の獅子舞「樔りぽーと ： さいたま市文化財時報」 さいたま市教育委員会生涯学習部　（55）2014.12

西戸

西戸の大蛇伝説について（杉田鐘治）「あゆみ」 毛呂山郷土史研究会　（34）2010.05

才羽

埼玉県北葛飾郡杉戸町才羽のS家の年中行事（板垣時夫）「コロス」 常民文化研究会　97　2004.5

笹井観音堂

武蔵国熊野里修験笹井観音堂[1]～（3）（高橋一）「埼玉史談」 埼玉県郷土文化会　60（1）通号313/60（4）通号316　2013.04/2014.01

笹久保

笹久保の屋号（内田秀太郎）「岩槻史林」 岩槻地方史研究会　25/（33）1998.3/2006.6

笹久保に伝わる榛名信仰と十日念仏（内田秀太郎）「岩槻史林」 岩槻地方史研究会　27　2000.6

笹久保新田

笹久保新田の屋号（内田秀太郎）「岩槻史林」 岩槻地方史研究会　26　1999.3

笹目神社

笹目神社蔵 神馬の由来について（郷土博物館）「戸田市史研究」 戸田市　11　1997.3

指扇

さいたま市無形民俗文化財「日進餅つき踊り」と「指扇の餅搗き踊り」「樔りぽーと ： さいたま市文化財時報」 さいたま市教育委員会生涯学習部　（35）2009.12

指扇領別所

指扇領別所八幡宮 合祀されてから再勧請まで（諸橋一久）「大宮の郷土史」 大宮郷土史研究会　（32）2013.03

幸手市

1 大水の記憶と水塚（自然災害から生活を守る知恵としての文化遺産）「幸手市文化遺産だより」 幸手市教育委員会　（6）2009.03

2 水塚調査の概要報告（自然災害から生活を守る知恵としての文化遺産）「幸手市文化遺産だより」 幸手市教育委員会　（6）2009.03

佐谷田

佐谷田北郭の御大師様（特集 残しておきたい「地域の小さなまつり」）（平井加奈子）「熊谷市郷土文化会誌」 熊谷市郷土文化会　（67）2011.11

狭山

入間市博物館所蔵 国登録有形民俗文化財「狭山茶の生産用具」について（三浦久美子）「民具研究」 日本民具学会　（139）2009.03

狭山茶づくりと炭の活用（特集 多摩の炭焼き）（工藤宏，三浦久美子）

「多摩のあゆみ」 たましん地域文化財団 （152） 2013.11

狭山丘陵

村のくらしと雑木林―狭山丘陵周辺のくずはぎ（吉川忠）「多摩のあゆみ」 たましん地域文化財団 89 1998.2

狭山丘陵南麓の石仏を訪ねて（喜井哲夫）「野仏 : 多摩石仏の会機関誌」 多摩石仏の会 35 2004.7

過去帳焼亡譚の伝承史―狭山丘陵北麓亡村のイッケを例に（渡部圭一）「埼玉民俗」 埼玉民俗の会 （32） 2007.3

狭山丘陵巡礼―中世的丘陵のすすめ 紀行文の中の狭山丘陵/狭山丘陵の中世/狭山三十三観世音霊場札所一覧/もうひとつの狭山丘陵巡礼―狭山三十三観音めぐり「歴史館だより」 東村山ふるさと歴史館 （32） 2008.3

特集 歴史館講座「あなたの街の東村山学」 伝統文化講座「秋から冬にかけての民俗行事」/郷土歴史講座「狭山丘陵と武蔵野」/もっと知りたい、見たい、やりたい海外へ 東村山に伝わる年中行事について「歴史館だより」 東村山ふるさと歴史館 （33） 2008.9

立地と景観から考える多摩の中世（前期）寺院―江戸期の地誌・絵図と近代地形図を手がかりに（13） 4.正福寺と狭山丘陵の寺院（3）時頼か、時宗か（馬場喜信）「多摩地域史研究会会報」 多摩地域史研究会 （94） 2010.08

立地と景観から考える多摩の中世（前期）寺院―江戸期の地誌・絵図と近代地形図を手がかりに（14） 4.正福寺と狭山丘陵の寺院（4）鎌倉幕府の武蔵野開発と正福寺（馬場喜信）「多摩地域史研究会会報」 多摩地域史研究会 （95） 2010.11

狭山丘陵周辺の石橋および石橋供養塔（石仏論考）（南川光一）「日本の石仏」 日本石仏協会，青娥書房（発売）（145） 2013.03

狭山三十三観音

狭山丘陵巡礼―中世的丘陵のすすめ 紀行文の中の狭山丘陵/狭山丘陵の中世/狭山三十三観世音霊場札所一覧/もうひとつの狭山丘陵巡礼―狭山三十三観音めぐり「歴史館だより」 東村山ふるさと歴史館 （32） 2008.3

三富

三富文化財ウィーク―富のイモと開拓の歴史「資料館通信」 ふじみ野市立上福岡歴史民俗資料館 （60） 2007.10

慈恩寺

石仏めぐりから武州太平記―岩槻市慈恩寺燈籠銘文に寄せて（美馬秀造）「かつしか台地 : 野田地方史懇話会会誌」 野田地方史懇話会 15 1998.3

志木

市域を中心とする土葬時代の習俗（高橋長次）「郷土志木」 志木市郷土史研究会 （38） 2009.11

修験道に関する石造遺物「郷土志木」 志木市郷土史研究会 （39） 2010.10

昔の若者の娯楽見聞録（高橋長次）「郷土志木」 志木市郷土史研究会 （40） 2011.10

水運関係者と水神信仰（高橋長次）「郷土志木」 志木市郷土史研究会 （41） 2012.11

慈眼寺

連載コラム 長野と全国各地の繋がり（4） 秩父三十四番札所、開創十三権者の善光寺如来（小林玲子）「長野」 長野郷土史研究会 （296） 2014.08

慈光寺

秩父三峯と慈光寺を訪ねて（石井尚子）「史談八千代 : 八千代市郷土歴史研究会機関誌」 八千代市郷土歴史研究会 23 1998.10

比企の里山探訪（3）慈光寺周辺を歩く（町田尚夫）「奥武蔵」 奥武蔵研究会 314 2000.7

埼玉の坂東9・11番寺詣で（千葉弘）「県央史談」 県央史談会 （42） 2003.1

伝説という名の道標 古道散策紀行（3）―西吾野から慈光寺（小泉重光）「奥武蔵」 奥武蔵研究会 （344） 2005.7

群馬ゆかりの道忠と慈光寺《特集 忘れられる歴史》（三津川弘）「群馬風土記」 群馬出版センター 23（3）通号98 2009.07

慈光寺伝承散歩（酒井昌樹）「奥武蔵」 奥武蔵研究会 （377） 2011.01

慈光寺逍遥（6），（7）（山行報告）（酒井昌樹）「奥武蔵」 奥武蔵研究会 （377）/（383） 2011.01/2012.01

一日の王となり慈光寺の旧道を歩く（広本礼子）「奥武蔵」 奥武蔵研究会 （380） 2011.07

慈光寺の銅鐘は歩渉調なり（山口正義）「埼玉史談」 埼玉県郷土文化会 59（3）通号311 2012.10

慈光寺麓18社巡拝（1）～（3）（酒井昌樹）「奥武蔵」 奥武蔵研究会 （391）/（399） 2013.05/2014.09

四寸道

四寸道の七曲りに不動を見た古道探検紀行（1）（小泉重光）「奥武蔵」 奥武蔵研究会 342 2005.3

地蔵院

清瀧院宥盛書状から見る浦寺地蔵院と新井宿寶蔵寺（若松哲夫）「郷土はとがや : 鳩ケ谷郷土史会会報」 鳩ケ谷郷土史会 （57） 2006.5

地蔵院の歴史の古さを物語る生きた証拠「楠」（小室雄充）「郷土はとがや : 鳩ケ谷郷土史会会報」 鳩ケ谷郷土史会 （67） 2011.05

地蔵院の四代の梵鐘の史実と物語（日光御成道まつり特集号）（伊澤隆男）「川口史林 : 川口市郷土史会々誌」 川口市郷土史会 （78） 2013.03

十社神社

十社神社の由来（岩田忠良著 清水儀助翁文庫より）「あゆみ」 毛呂山郷土史研究会 24 1998.4

実相寺

ドイ屋敷と実相寺（沼口信一）「川口史林 : 川口市郷土史会々誌」 川口市郷土史会 61・62 1999.3

芝村

近世初頭の芝村周辺の民俗（沼口信一）「埼玉史談」 埼玉県郷土文化会 57（1）通号301 2010.4

渋江

渋江鋳物師について（岩井茂）「埼玉史談」 埼玉県郷土文化会 52（4）通号284 2006.1

地福寺

埼玉考古学史点描（1）和光市白子・地福寺の「お石神様」（宮瀧交二）「あらかわ」 あらかわ考古談話会 （5） 2002.5

四方寺

資料紹介 飛脚 市ヶ谷から四方寺へ（佐藤繁）「埼玉史談」 埼玉県郷土文化会 56（3）通号299 2009.10

島田

六間取り民家の居住習俗の一例―埼玉県坂戸市島田（榎本直樹）「埼玉民俗」 埼玉民俗の会 22 1997.5

四万部

秩父札所一番四万部の経塚物語（宮崎裕雅）「埼玉史談」 埼玉県郷土文化会 46（4）通号260 2000.2

下老袋

郷土の祭り 老袋弓取式 下老袋・氷川神社（宗形慧）「川越の文化財」 川越市文化財保護協会 （112） 2012.10

下小坂

下小坂の獅子舞（田中敦子）「川越市立博物館博物館だより」 川越市立博物館 27 1999.7

獅子舞の風土シリーズ（87）埼玉県川越市/下小坂の獅子舞い「かわせみ通信」 川崎実 87 2004.9

下郷

奥武蔵、秩父の獅子舞（28）下郷、日向の座敷ざさら（関口洋介）「奥武蔵」 奥武蔵研究会 通号366 2009.03

下里

獅子舞への誘い（13） 小川町唯一の舞、下里（関口洋介）「奥武蔵」 奥武蔵研究会 通号351 2006.9

下名栗

獅子舞考―舞の極地・下名栗（関口洋介）「奥武蔵」 奥武蔵研究会 341 2005.1

下名栗の仙元庚申―奥武蔵小沢・富士行者周辺を歩く（前）（特集 石仏と民俗伝承―心ときめく路傍の石たちとの出会い）（岡倉捷郎）「あしなか」 山村民俗の会 295・296 2012.08

下名栗の仙元庚申（後）―奥武蔵小沢・富士行者周辺を歩く（岡倉捷郎）「あしなか」 山村民俗の会 298 2013.06

下日出谷

下日出谷の春祈禱（石川博司）「まつり通信」 まつり同好会 46（2）通号522 2006.3

下藤沢

藤沢の獅子舞（埼玉県入間市下藤沢）（川崎実）「かわせみ通信」 川崎実 （122） 2010.05

下細谷

表紙写真解説 吉見町下細谷薬師堂 年不詳阿弥陀三尊板碑断片「埼玉史談」 埼玉県郷土文化会 59（4）通号312 2013.01

埼玉県　　　　　　　　　　郷土に伝わる民俗と信仰　　　　　　　　　　関東

下間久里
獅子舞の風土シリーズ（94）越谷市下間久里／下間久里の獅子舞い（川崎実）「かわせみ通信」　川崎実　（94）2005.9

下三沢
獅子舞への誘い（4）―下三沢の雨乞いざさら（関口洋介）「奥武蔵」　奥武蔵研究会　342　2005.3

下安松
七曲坂経由下安松行き―たくわんダイコンを選んだ青年の話（宮本八恵子）「所沢市史研究」　所沢市教育委員会　22　1999.3

鷲岩殿
秩父札所三十一番鷲岩殿の観音堂物語（宮崎裕雅）「埼玉史談」　埼玉県郷土文化会　47（2）通号262　2000.7

十玉院
近世武蔵国里修験十玉院（上），（中），（下）（高橋一）「埼玉史談」　埼玉県郷土文化会　58（4）通号308/59（2）通号310　2012.01/2012.07
続・近世武蔵国里修験十玉院（高橋一）「埼玉史談」　埼玉県郷土文化会　59（3）通号311　2012.10

十玉坊
中世武蔵国修験十玉坊展開の意義（1），（下）（高橋一）「埼玉史談」　埼玉県郷土文化会　58（2）通号306/58（3）通号307　2011.07/2011.10

鷲窟磨崖仏
鷲窟磨崖仏考（野澤均）「あらかわ」　あらかわ考古談話会　（13）2011.05

出牛峠
出牛峠のデウス（加藤恒彦）「せこ道」　山地民俗関東フォーラム　6　2005.9

十二所神社
消えて無くなった？「十二所神社」「郷土はとがや：鳩ケ谷郷土史会会報」　鳩ケ谷郷土史会　49　2002.5

十二天神社
十二天神社について（金邦夫）「郷土研究」　奥多摩郷土研究会　（20）2009.03

集福寺
春の講演会「集福寺の歴史」（榎本文岳）「熊谷市郷土文化会誌」　熊谷市郷土文化会　（61）2006.12
熊谷集福寺所在の吉田家墓所（調査報告）（池上悟）「熊谷市史研究」　熊谷市教育委員会　（6）2014.03

十文字峠
十文字峠越えと一里観音―武州栃本から信州梓山へ（特集 石仏と民俗伝承―心ときめく路傍の石たちとの出会い）（松家晋）「あしなか」　山村民俗の会　295・296　2012.08

十連寺
門前の標石柱から学ぶもの―上尾市今泉・十連寺（青木健）「埼玉史談」　埼玉県郷土文化会　52（1）通号281　2005.4

成安寺
風変わりな宝篋印塔 埼玉県比企郡滑川町下福田成安寺（門間勇）「日本の石仏」　日本石仏協会，青娥書房（発売）（143）2012.09

浄覚院
本山修験正年行事浄覚院と狂歌師雅楽堂鄙住（内野勝裕）「あゆみ」　毛呂山郷土史研究会　（36）2013.03

浄山寺
浄山寺の鴟墓について（中村守）「埼玉史談」　埼玉県郷土文化会　44（2）通号250　1997.7

清浄院
中世の武将団、新方氏と名利清浄院（岩井茂）「埼玉史談」　埼玉県郷土文化会　54（4）通号292　2008.1

常泉寺
秩父札所めぐり 三番札所 常泉寺（岡部志げ乃）「郷土研だより」　東村山郷土研究会　（395）2013.04
表紙解説 常泉寺「蔵王大権現」絵札（狭山市北入曽）（続・石仏と民俗伝承）（編集室）「あしなか」　山村民俗の会　300　2014.04

正泉寺
六地蔵所刻の四面幢について―川島町正泉寺の事例（市川修）「研究紀要」　埼玉県立歴史資料館　（23）2001.3

勝蔵寺
表紙写真解説 應永廿四年宝篋印塔基礎（日高市久保勝蔵寺）「埼玉史談」

埼玉県郷土文化会　57（4）通号304　2011.01

聖天院
高麗神社・聖天院と入間市博物館見学（青木義脩）「うらわ文化」　浦和郷土文化会　（119）2014.01

聖天社
稲村坦元先生旧蔵の岡部郷聖天社大般若経について（青木忠雄）「埼玉史談」　埼玉県郷土文化会　48（2）通号266　2001.7

聖天堂
特別展「刻まれた鼓動 歓喜院聖天堂の建築彫刻」（太田富康）「埼玉県立博物館だより：The Amuseum」　埼玉県立博物館　33（2）通号120　2005.10

聖徳寺
樋遺川聖徳寺縁起碑「加須郷土史」　加須郷土史研究会　（64）2008.7

正法寺
近世武州修験の研究―岩殿山正法寺の修験（千代田恵汎）「鳩山町史研究」　鳩山町教育委員会　（4）2004.3

常楽寺跡
「常楽寺跡」は果たして「常楽寺」跡なのか「毛呂山町歴史民俗資料館研究紀要」　毛呂山町歴史民俗資料館　（5）1999.3

小流寺
「小流寺縁起」考―江戸幕府の利根川治水政策と関連して（所理喜夫）「葦のみち：三郷市史研究」　三郷市　11　1999.3

勝林寺
増林の勝林寺本尊と岩付の渋江氏（山本泰秀）「越谷市郷土研究会会報：古志賀谷」　越谷市郷土研究会　（15）2009.07

少林寺
埼玉県上尾市西門前少林寺画「涅槃図」について（芦田正次郎）「武蔵野」　武蔵野文化協会　83（1）通号345　2007.5

定林寺
秩父市定林寺における奉納絵馬（由谷裕哉）「西郊民俗」　西郊民俗談話会　（224）2013.09

白岩
奥武蔵、秩父の獅子舞（25）吉田阿熊白岩の舞（関口洋介）「奥武蔵」　奥武蔵研究会　通号363　2008.9
白岩に捧げる鎮魂（小泉重光）「奥武蔵」　奥武蔵研究会　（399）2014.09

白岡八幡宮
埼玉県手水鉢拾遺（11）―白岡八幡宮手水鉢（嘉津山清）「埼玉史談」　埼玉県郷土文化会　45（3）通号255　1998.10

白岡町
白岡町の橋あれこれ―人名のつく橋・橋にまつわる伝承（板垣時夫）「埼玉史談」　埼玉県郷土文化会　45（2）通号254　1998.7

白髪神社
幡羅郡式内白髪神社考（森田俤）「埼玉史談」　埼玉県郷土文化会　58（4）通号308　2012.01

白子川流域
白子川流域における題目板碑に関する基礎的検討（中岡貴裕）「あらかわ」　あらかわ考古談話会　（15）2013.05

白久
白久串人形芝居（石川博司）「まつり通信」　まつり同好会　42（4）通号494　2002.3

新川
新川の奇祭と長土手の妖怪（大島利雄）「熊谷市郷土文化会誌」　熊谷市郷土文化会　55　2000.10

新四国八十八ヵ所弘法大師霊場
「足立八十八ヵ所弘法大師霊場」と「新四国八十八ヵ所弘法大師霊場」札所の所在とその変遷について（川島浩）「蕨市立歴史民俗資料館紀要」　蕨市立歴史民俗資料館　（9）2012.03

新田
調査報告 行田市新田の年中行事（石川博行）「埼玉民俗」　埼玉民俗の会　（33）2008.3
新田の猫絵（齊藤薫）「深谷上杉・郷土史研究会会報」　深谷上杉・郷土史研究会　（128）2012.1

真福寺
資料紹介 岡田・観護寺で発見された武州福田村真福寺の鰐口（三沢恵一氏蔵）（高木秀彰）「寒川文書館だより」　寒川文書館　16　2014.09

須賀神社

郷土資料館の資料紹介(7) 須賀神社の神輿伝説を覆す古文書の出現 菅岩房次郎氏「神代誌」の紹介(島村邦男)「郷土はとがや : 鳩ケ谷郷土史会会報」 鳩ケ谷郷土史会 53 2004.5

須賀神社祭礼と武南桜(花岡武司)「郷土はとがや : 鳩ケ谷郷土史会会報」 鳩ケ谷郷土史会 (58) 2006.11

菅原神社

飯能市中藤下郷所在の菅原神社の調査結果報告(柳戸信吾)「飯能市郷土館研究紀要」 飯能市郷土館 (6) 2013.03

雀神社

慕祖の賦 剣士と浪人/伝承の墓誌から/象嵌刀と雀神社(山田淳之)「熊谷市郷土文化会誌」 熊谷市郷土文化会 53 1998.11

脚折

脚折雨乞い考―埼玉県鶴ヶ島市脚折(長沢利明, 金井塚良道)「西郊民俗」「西郊民俗談話会」(206) 2009.03

埼玉県脚折の雨乞い(千代田惠汎)「近世兄藁」 近世村落史研究会 (7) 2014.05

住吉四所神社

奥武蔵・秩父の獅子舞(50)―毛呂山町葛貫住吉四所神社(関口洋介)「奥武蔵」 奥武蔵研究会 (395) 2014.01

諏訪神社

秋祭り諏訪神社とユガテ探訪(山行報告)(町田尚夫, 関口洋介)「奥武蔵」 奥武蔵研究会 (394) 2013.11

関

富士信仰に係わる雨乞い―児玉郡美里町関の事例について(中嶋信彰)「埼玉民俗」 埼玉民俗の会 25 2000.3

石上寺

現地研修会 石上寺の歴史(角田光男)「熊谷市郷土文化会誌」 熊谷市郷土文化会 (63) 2007.11

瀬崎村

事例紹介 草加市域における富士山信仰―ことに、旧瀬崎村の富士講について(特集 武蔵野と富士)(今井規雄)「武蔵野」 武蔵野文化協会 89(1)通号353 2014.05

切腹稲荷

切腹稲荷(高瀬博)「郷土はとがや : 鳩ケ谷郷土史会会報」 鳩ケ谷郷土史会 (62) 2008.11

浅間

浅間さまの初山―北足立郡伊奈町 字小室字浅間(小河純子)「民具マンスリー」 神奈川大学 30(9) 1997.12

仙元宮

奥武蔵の仙元宮―飯能市畑井の富士講先達(《富士・浅間信仰―山岳信仰特集II》)(岡倉捷郎)「あしなか」 山村民俗の会 259・260 2001.11

奥武蔵の仙元宮を訪ねて―昔を偲ぶ富士講遺跡(町田尚夫)「奥武蔵」 奥武蔵研究会 通号350 2006.7

千手院

表紙写真解説 年不詳阿弥陀三尊板碑(鴻巣市下忍千手院)「埼玉史談」 埼玉県郷土文化会 59(1)通号309 2012.04

善貞庵

瀬崎の尼寺善貞庵について(浅古倉政)「草加市史協年報」 草加市史編さん協力会 18 1999.3

善能寺

埼玉の中世石造遺物 五輪塔―鶴ヶ島市脚折善能寺所在の五輪塔の空風輪について(小野義信)「紀要」 埼玉県立歴史と民俗の博物館 (3) 2009.03

仙波東照宮

埼玉県手水鉢拾遺(10)―仙波東照宮手水鉢(嘉津山清)「埼玉史談」 埼玉県郷土文化会 45(1)通号253 1998.4

泉福寺

桶川・泉福寺の昭和庚申塔と仁王(会員の広場)(石川博司)「日本の石仏」 日本石仏協会, 青娥書房(発売)(145) 2013.03

草加

草加の富士塚とその周辺(浅古倉政)「草加市史協年報」 草加市史編さん協力会 16 1997.3

草加の石鳥居巡拝信仰について(浅古倉政)「草加市史協年報」 草加市史編さん協力会 17 1998.3

「草加煎餅の由来」を拝読して(花岡武司)「郷土はとがや : 鳩ケ谷郷土史会会報」 鳩ケ谷郷土史会 51 2003.5

越谷「焼き米」の方が草加煎餅より古い(宮川進)「越谷市郷土研究会会報 : 古志賀谷」 越谷市郷土研究会 (15) 2009.7

草加市

せんべい雑話三題(鈴木平八郎)「草加市史研究」 草加市 11 1998.3

かわやのかみさま(篠崎兵太郎)「草加市史協年報」 草加市史編さん協力会 19 2000.3

埋蔵金(酒井達男)「草加市史協年報」 草加市史編さん協力会 19 2000.3

初午祭と子供組について(浅古倉政)「草加市史協年報」 草加市史編さん協力会 20 2001.3

年中行事のなぞ・ふしぎ―儀礼食としての稲・芋・大根(大友務)「草加市史協年報」 草加市史編さん協力会 21 2002.3

草加市域の建築儀礼について(浅古倉政)「草加市史協年報」 草加市史編さん協力会 23 2004.3

事例紹介 草加市域における富士山信仰―ことに、旧瀬崎村の富士講について(特集 武蔵野と富士)(今井規雄)「武蔵野」 武蔵野文化協会 89(1)通号353 2014.05

崇徳寺

毛呂山町川角崇徳寺跡延慶の板碑「あゆみ」 毛呂山郷土史研究会 (29) 2003.4

外秩父

外秩父の神送り行事(大久根茂)「埼玉県立民俗文化センター研究紀要」 埼玉県立民俗文化センター 14 1998.3

外秩父山地

外秩父山地―山村における民家の屋根素材―旧平村役場文書にある諸家屋調べから(内藤ふみ)「埼玉民俗」 埼玉民俗の会 22 1997.5

反町遺跡

神矢考―反町遺跡祭祀跡に見る古代歩射神事(劔持和夫)「研究紀要」 埼玉県埋蔵文化財調査事業団 (24) 2009.08

大栄神社

大麻生の祭り 大麻生地区の祭り 大栄神社のおしっさまさま(お獅子様)/川原明戸地区の祭り「天王様」と「おしっさま」(特集 残しておきたい「地域の小さなまつり」)(馬場國夫)「熊谷市郷土文化会誌」 熊谷市郷土文化会 (67) 2011.11

大光寺

大光寺の花祭り(特集 残しておきたい「地域の小さなまつり」)(小池博)「熊谷市郷土文化会誌」 熊谷市郷土文化会 (67) 2011.11

大師堂

大師堂の由来について(岡野恵二)「あゆみ」 毛呂山郷土史研究会 25 1999.4

大師堂の池(内野勝裕)「あゆみ」 毛呂山郷土史研究会 (29) 2003.4

太田窪

太田窪の板石塔婆3例(滝沢昌久, 青木義脩)「緑の歴史」 さいたま市緑区歴史の会 (8) 2013.02

大徳院

木曽御嶽信仰の展開と在地修験―嘉永安政期の武州入間郡森戸村大徳院をめぐって(菅野洋介)「埼玉地方史」 埼玉県地方史研究会 (62) 2009.09

大陽寺

三峯山豆知識 古池(三峯山と大陽寺)「みつミ祢山」 三峯神社社務所 (198) 2007.10

平村

外秩父山地―山村における民家の屋根素材―旧平村役場文書にある諸家屋調べから(内藤ふみ)「埼玉民俗」 埼玉民俗の会 22 1997.5

高倉

高倉の獅子舞(石川博司)「まつり通信」 まつり同好会 42(11)通号501 2002.10

獅子舞への誘い(9) 山麓系統の舞、高倉(関口洋介)「奥武蔵」 奥武蔵研究会 通号347 2006.1

高野

高野の大施餓鬼(上野龍谷)「葦のみち : 三郷市史研究」 三郷市 14 2002.3

高荻神明神社

表紙写真解説 寛文九年板碑型庚申塔(日高市高荻神明神社)「埼玉史談」 埼玉県郷土文化会 59(3)通号311 2012.10

高畑集落

さいたま市東部高畑集落におけるくわい栽培の展開（小原規宏）「埼玉地理」埼玉地理学会　26　2002.7

高山不動

高山不動「参道七鳥居版木」解（小泉重光）「奥武蔵」奥武蔵研究会　通号372　2010.03

高山不動に墜ちた空の要塞（小泉重光）「奥武蔵」奥武蔵研究会　（389）2013.01

加藤樹家護符にみる子ノ権現・竹寺・高山不動への信仰について（村上達哉）「飯能市郷土館研究紀要」飯能市郷土館　（6）2013.03

滝ノ入

奥武蔵、秩父の獅子舞（35）―滝ノ入、住吉の舞（関口洋介）「奥武蔵」奥武蔵研究会　（377）2011.01

竹寺

ようこそ市毛良枝さん―子の権現・竹寺同行記（入江文子）「奥武蔵」奥武蔵研究会　318　2001.3

十二年に一度　本尊牛頭天王丑歳大開帳（坂口和子）「郷はんのう」飯能郷土史研究会　（29）2009.03

加藤樹家護符にみる子ノ権現・竹寺・高山不動への信仰について（村上達哉）「飯能市郷土館研究紀要」飯能市郷土館　（6）2013.03

武幡横手神社

獅子舞への誘い（15）武幡横手神社の舞（関口洋介）「奥武蔵」奥武蔵研究会　通号353　2007.1

田子山

志木市田子山富士塚の保存と史跡指定（特集　武蔵野と富士）（井上國夫）「武蔵野」武蔵野文化協会　89（1）通号353　2014.05

田島

田島の獅子舞（石川博司）「まつり通信」まつり同好会　41（3）通号481　2001.2

田島の獅子舞と辻の獅子舞―中断と復活（青木義脩）「埼玉民俗」埼玉民俗の会　28　2003.3

獅子舞の風土シリーズ（108）埼玉県さいたま市桜区　田島の獅子舞い（川崎実）「かわせみ通信」川崎実　（108）2007.7

お知らせ　木遣歌（さいたま市消防出初式）/田島の獅子舞「樺りぽーと　：さいたま市文化財情報」さいたま市教育委員会生涯学習部　（55）2014.12

玉井

玉井　行屋の山王様（特集　残しておきたい「地域の小さなまつり」）（平井加余子）「熊谷市郷土文化会誌」熊谷市郷土文化会　（67）2011.11

玉井神社

玉井神社のオビシャ（特集　残しておきたい「地域の小さなまつり」）（中村定弘）「熊谷市郷土文化会誌」熊谷市郷土文化会　（67）2011.11

玉敷神社

玉敷神社と久伊豆神社（森田俤）「埼玉史談」埼玉県郷土文化会　55（2）通号294　2008.7

玉敷神社神楽

表紙写真解説　玉敷神社神楽/裏表紙写真解説　中津川の鉄砲堰製作技術「埼玉民俗」埼玉民俗の会　（33）2008.3

玉敷神社神楽の国重要無形民俗文化財指定について（騎西町教育委員会）「埼玉文化財だより　：　埼玉県文化財保護協会時報」埼玉県文化財保護協会　（105）2008.9

玉井村

神仏分離令と旧玉井村（松岡淳一）「熊谷市郷土文化会誌」熊谷市郷土文化会　（63）2007.11

多和目

奥武蔵、秩父の獅子舞（43）―多和目のオシシ（関口洋介）「奥武蔵」奥武蔵研究会　（388）2012.11

血洗島

渋沢栄一・敬三ゆかりの血洗島獅子舞（内田幸彦）「埼玉民俗」「埼玉民俗の会」（39）2014.03

近戸

近戸地蔵院（1）～（4）（品川栄嗣）「グループ秩父事件会報」グループ秩父事件事務局　79/82　2001.5/2002.2

竹間沢

竹間沢車人形について（前田益夫）「ふみおか　：　入間東部地区文化財保護連絡協議会活動報告」入間東部地区文化財保護連絡協議会　1　1999.3

秩父

十三権者の絵と解説「長野」長野郷土史研究会　191　1997.1

秩父の写し絵考（若林मます）「説経節の会・説経節を語る会会報」説経節の会・説経節を語る会　（1）1997.6

秩父夜祭（石川博司）「まつり通信」まつり同好会　37（12）通号442　1997.12

百観音供養塔にみる西国・坂東・秩父巡礼の位置付け（田中智彦）「日本の石仏」日本石仏協会，青娥書房（発売）通号88　1998.12

秩父オオカミ信仰に関する比較民俗学的分析（石塚正英）「立正大学地域研究センター年報」立正大学地域研究センター年報編集室　通号22　1999.1

秩父事件と禊教（錦織美和子）「グループ秩父事件会報」グループ秩父事件事務局　70　1999.2

秩父地方の神楽における神楽殿の構造と演出―「岩戸開き」を例として（三田村佳子）「民俗芸能研究」民俗芸能学会　通号28　1999.3

峠に祀られるものの諸相―奥武蔵・秩父地方を中心に（松尾翔）「奥武蔵」奥武蔵研究会　309　1999.9

秩父地方の山岳信仰と三峰山（千嶋寿）「山岳修験」日本山岳修験学会，岩田書院（発売）通号24　1999.11

秩父地方の雨乞い習俗から見た龍（宮平佳奈）「埼玉民俗」埼玉民俗の会　25　2000.3

秩父八幡講力士会と荒川村の信願相撲（坂井郁子）「都市民俗研究」都市民俗学研究会　（6）2000.3

秩父・馬語り―元馬方たちの証言から（飯野頼治）「せこ道」山地民俗関東フォーラム　3　2000.7

もう一つの秩父夜祭見物（宮下玲子）「奥武蔵」奥武蔵研究会　317　2001.1

庚辰（龍）どしと秩父妙見（小島清）「埼玉史談」埼玉県郷土文化会　48（2）通号266　2001.7

太陽信仰を求めて（3）―熊野の花の窟神事と秩父の初午・卯月八日（内田賢作）「西郊民俗」西郊民俗談話会　（177）2001.11

秩父の背板（飯野頼治）「あしなか」山村民俗の会　261　2002.5

秩父の奇祭・ジャランポン祭り（広本礼子）「奥武蔵」奥武蔵研究会　325　2002.5

秩父の風景（2）農道と石仏（品川栄嗣）「グループ秩父事件会報」グループ秩父事件事務局　84　2002.8

朴の木のスッポヌケとさわぐるみの皮魚籠　秩父山村の樹皮製民具（小林茂）「自然と文化」日本ナショナルトラスト　通号71　2003.2

山岳信仰と奥多摩地方（2）―修験道の普及と秩父多摩の山々（黒澤昭治）「郷土研究」奥多摩郷土研究会　（14）2003.3

秩父出羽奥州参詣日記帳について（阿部信行）「沼南町史研究」沼南町教育委員会　7　2003.3

瞽女（ごぜ）と秩父（飯野頼治）「せこ道」山地民俗関東フォーラム　5　2004.6

秩父の姥捨と生入塚（飯野頼治）「せこ道」山地民俗関東フォーラム　6　2005.9

秩父の狩猟伝承聞き書き（栃原嗣雄）「埼玉民俗」埼玉民俗の会　（31）2006.3

栃原嗣雄著『秩父の民俗―山里の祭りとくらし』（書誌紹介）（大友務）「日本民俗学」日本民俗学会　通号247　2006.8

秩父豊年踊りの唄（栃原嗣雄）「埼玉民俗」埼玉民俗の会　（32）2007.3

秩父型屋台と北関東の踊り屋台（作美陽一）「埼玉民俗」埼玉民俗の会　（33）2008.3

秩父夜祭り　故郷は遠くにありて憶うもの（榊原一郎）「川口史林　：　川口市郷土史会々誌」川口市郷土史会　（73）2008.3

連載　秩父の説経節（1）（若林祐美）「説経　：　説経節の会通信」説経節の会　（77）2008.3

連載　秩父の説経節（2）若松佐登太夫口伝の検証（若林祐美）「説経　：　説経節の会通信」説経節の会　（78）2008.4

連載　秩父の説経節（3）人形芝居とその遣い手（若林祐美）「説経　：　説経節の会通信」説経節の会　（79）2008.5

連載　秩父の説経節（4）語りと三味線方（若林祐美）「説経　：　説経節の会通信」説経節の会　（80）2008.6

秩父地方の獅子舞（飯塚好）「みつミ祢山」三峯神社社務所　（201）2008.7

秩父地方の雨乞い習俗（1）～（4）（宮下玲子）「奥武蔵」奥武蔵研究会　通号363/通号366　2008.9/2009.03

三峯神社と秩父めぐり（事務局）「伊豆史談」伊豆史談会　通号138　2009.01

近世中期における伊勢参宮の実態―忍藩秩父領を中心に（重田正夫）「埼玉地方史」埼玉県地方史研究会　（61）2009.05

秩父の写し絵考（若林祐美）「説経　：　説経節の会通信」説経節の会　（92）2009.06

秩父・奈良尾の獅子舞（石川博司）「まつり通信」まつり同好会　49（5）通号543　2009.09

カミキリムシの幼虫を食用としたことについて—秩父地方の事例（小澤守）「埼玉民俗」 埼玉民俗の会 （35）2010.03

秩父神楽と「上州神楽」について—秩父神楽における演劇的演目の起源をめぐって（森林憲史）「民俗芸能研究」 民俗芸能学会 （48）2010.03

全地連寄稿文 秩父歌舞伎正和会「伝統」を重んじて 十二代目喜熨斗屋坂東彦五郎「公益社団法人全日本郷土芸能協会会報」 全日本郷土芸能協会 （64）2011.07

地芝居探訪（43）常盤座歌舞伎／小鹿野歌舞伎・春祭り公演／小鹿野歌舞伎・お天狗様祭り公演／全国子供歌舞伎フェスティバル in 小松／秩父歌舞伎正和会／小原歌舞伎「公益社団法人全日本郷土芸能協会会報」 全日本郷土芸能協会 （68）2012.07

天明大飢饉と秩父の石仏（特集 石仏と民俗伝承―心ときめく路傍の石たちとの出会い）（飯野頼治）「あしなか」 山村民俗の会 295・296 2012.08

書籍紹介 小林茂著『秩父 山の民俗考古』（大久根茂）「民具研究」 日本民具学会 （146）2012.10

『忍藩秩父領割役御公用日記』に見える芦ヶ久保の獅子舞について（調査報告）（宮前功）「野外調査研究所報告」 野外調査研究所 （19・20）2013.06

地芝居探訪（47）小鹿野春祭り歌舞伎公演／東谷農村歌舞伎「祇園座」／横仙歌舞伎公演／秩父歌舞伎正和会／小原歌舞伎「公益社団法人全日本郷土芸能協会会報」 全日本郷土芸能協会 （72）2013.07

口絵写真 山形県（酒田市）黒森歌舞伎狂言「奥州安達原」（渡辺良正撮影）、山形県黒森歌舞伎「蝶千鳥曽我対面」（渡辺良正撮影）、埼玉県秩父夜祭り 一谷ふたば軍記（渡辺良正撮影）「まつり」 まつり同好会 （75）2013.12

秩父山村の明治時代の生業―太田部村を通して（飯塚好）「埼玉民俗」 「埼玉民俗の会」 （39）2014.03

秩父の道祖神（野口正士）「埼玉民俗」 「埼玉民俗の会」 （39）2014.03

地芝居探訪（51）常盤座歌舞伎／津谷木歌舞伎／鳳凰座歌舞伎／全国子供歌舞伎フェスティバル in 小松／秩父歌舞伎正和会／小原歌舞伎「公益社団法人全日本郷土芸能協会会報」 全日本郷土芸能協会 （76）2014.07

地芝居探訪（52）彦五郎祭公演／戸沢花湖塚歌舞伎／美濃歌舞伎納涼公演／黒沢尻歌舞伎「公益社団法人全日本郷土芸能協会会報」 全日本郷土芸能協会 （77）2014.10

秩父今宮神社

史料紹介 秩父今宮神社と維新期の文書（西村慎太郎）「寺社と民衆」 民衆宗教史研究会 8 2012.03

秩父御岳神社

秩父御嶽神社と鴨下清八（町田尚夫）「奥武蔵」 奥武蔵研究会 通号351 2006.9

秩父観音

長田攻一氏「現代の秩父観音巡礼」／坂田正顕氏「現代坂東三十三所巡礼の概況」／田中智彦氏「近世四国巡礼の実態―接待の存在について」「巡礼研究会通信」 巡礼研究会 （40）2002.12

秩父観音霊場

秩父観音霊場と秩父事件の史跡を訪ねて（蕨由美）「史談八千代 ： 八千代市郷土歴史研究会機関誌」 八千代市郷土歴史研究会 22 1997.10

神と仏と歴史の里―ヤマトタケルと秩父観音霊場を訪ねて「歴研よこはま」 横浜歴史研究会 （54）2004.5

秩父三社

「秩父三社と札所めぐり」で一寸思い出した事（藤沢修）「郷土研だより」 東村山郷土研究会 （395）2013.04

秩父三社と札所めぐり（長原信二）「郷土研だより」 東村山郷土研究会 （395）2013.04

秩父三十四カ所

「長享番付」の検証（2）—伝承された原縁起（千嶋壽）「埼玉史談」 埼玉県郷土文化会 61（1）通号317 2014.05

「長享番付」の検証（3）—観音堂三表記法の意味（千嶋壽）「埼玉史談」 埼玉県郷土文化会 61（2）通号318 2014.09

秩父三十四ヶ所

『秩父巡拝図絵』からみる秩父三十四ヶ所―秩父観音霊場の体験と記録（小宅里美）「法政史学」 法政大学史学会 （69）2008.3

秩父三十四箇所札所

秩父三十四箇所札所巡り結願なる（西沢直人）「とぐら ： 戸倉史談会誌」 戸倉史談会 （29）2004.2

秩父三十四所

西国三十三所観音巡礼信仰と秩父三十四所観音巡礼信仰と善光寺如来（井阪康二）「御影史学論集」 御影史学研究会 通号36 2011.10

秩父三十四番札所

秩父三十四番札所めぐり（宮原三郎）「とぐら ： 戸倉史談会誌」 戸倉史談会 （26）2001.2

秩父三十四番札所めぐり（西沢直人）「とぐら ： 戸倉史談会誌」 戸倉史談会 （28）2003.2

秩父34札所

秩父34札所巡りを終えて（大渡眞司）「史友」 東京史蹟史談会 11 2003.2

秩父路

秩父路の社寺を訪ねて（小杉半三）「目黒区郷土研究」 目黒区郷土研究会 538 1999.11

秩父神社

『秩父神社日鑑』について（西垣晴次）「季刊悠久.第2次」 鶴岡八幡宮悠久事務局 77 1999.4

秩父笠鉾物語―秩父神社例大祭の二台の笠鉾が歩んだ道（中村知夫）「埼玉民俗」 埼玉民俗の会 28 2003.3

中町屋台水代帳について―秩父神社例祭附祭史料（栗原一夫）「埼玉史談」 埼玉県郷土文化会 53（1）通号285 2006.4

秩父神社例大祭―雨の記憶（中村知夫）「埼玉民俗」 埼玉民俗の会 （35）2010.03

秩父神社の棟札について（1）～（3）（栗原一夫）「埼玉史談」 埼玉県郷土文化会 57（2）通号302/58（1）通号305 2010.07/2011.04

秩父札所

秩父札所めぐり（稲村和一，石川恒子）「熊谷市郷土文化会誌」 熊谷市郷土文化会 55 2000.10

『長享二年秩父札所番付』にみる聖地と村境―横瀬町歴史民俗資料館の事業から（深田芳行）「埼玉民俗」 埼玉民俗の会 （35）2010.03

学芸員ノート 秩父札所巡礼道の道しるべ（宮昌之）「The amuseum」 埼玉県立歴史と民俗の博物館 5（1）通号13 2010.07

「秩父札所めぐり」に参加して（大井芳文）「郷土研だより」 東村山郷土研究会 （395）2013.04

宝登山と秩父札所めぐり（下ノ村勇）「郷土研だより」 東村山郷土研究会 （395）2013.04

「秩父三社と札所めぐり」で一寸思い出した事（藤沢修）「郷土研だより」 東村山郷土研究会 （395）2013.04

秩父三社と札所めぐり（長原信二）「郷土研だより」 東村山郷土研究会 （395）2013.04

秩父札所巡り（1）～（6）（山行報告）（西東昭夫）「奥武蔵」 奥武蔵研究会 （398）/（400）2014.07/2014.11

秩父札所三十四観音霊場

武蔵国秩父札所三十四観音霊場の形成にみる中世後期禅宗の地方展開―特に曹洞宗陸奥国黒石正法寺末、広見寺とその末寺を中心に（小野澤眞）「国史談話会雑誌」 東北大学国史談話会 （53）2012.12

秩父妙見

奥武蔵妙見考―我野神社・北川神社と秩父妙見《妙見信仰特輯》（井上勝海）「あしなか」 山村民俗の会 249 1997.12

長久寺

久米長久寺の格天井絵について（林田宏昭）「所沢市史研究」 所沢市教育委員会 20 1997.3

長久寺明和二年宝篋印塔納入の宝篋印陀羅尼について（調査報告）（滝澤雅史）「行田市郷土博物館研究報告」 行田市郷土博物館 （7）2012.03

銚子口

獅子舞の風土シリーズ（98）埼玉県春日部市／銚子口の獅子舞い（川崎実）「かわせみ通信」 川崎実 （98）2006.5

長勝院

長勝院はたざくら物語（尾崎征男）「郷土志木」 志木市郷土史研究会 （37）2008.11

長勝院見聞記（高橋長次）「郷土志木」 志木市郷土史研究会 （43）2014.10

長徳寺

当寺第十世建長龍派大和尚（1），（2）（沼口信一）「川口史林 ： 川口市郷土史会々誌」 川口市郷土史会 （75）/（76）2010.03/2011.03

長念寺

飯能市白子長念寺の中世石塔群について―板碑と宝篋印塔が語る中世長念寺の景観と歴史（研究ノート）（小田部家秀）「入間市博物館紀要」 入間市博物館 （10）2013.03

通船会所

通舩會所の庚申塔について（五島公太郎）「野仏 ： 多摩石仏の会機関誌」 多摩石仏の会 42 2011.08

埼玉県　　　　　　　　　　郷土に伝わる民俗と信仰　　　　　　　　　　関東

月輪神社
奥武蔵・秩父の獅子舞（53）─滑川 月輪神社の舞（関口洋介）「奥武蔵」 奥武蔵研究会　（398）2014.07

津久根
奥多摩の獅子舞い紀行（58）埼玉・津久根のささら獅子舞い「かわせみ通信」 川崎実　58　2000.4

奥武蔵、秩父の獅子舞（40）─津久根八幡の舞（関口洋介）「奥武蔵」 奥武蔵研究会　（385）2012.05

辻の獅子舞
田島の獅子舞と辻の獅子舞─中断と復活（青木義脩）「埼玉民俗」 埼玉民俗の会　28　2003.3

辻の獅子舞を訪ねる（石川博司）「まつり通信」 まつり同好会　48（3）通号535　2008.5

葛貫
毛呂山町葛貫の観音堂（西川正巳）「あゆみ」 毛呂山郷土史研究会（38）2014.03

津谷木
地芝居探訪（51）常盤座歌舞伎／津谷木歌舞伎／鳳凰座歌舞伎／全国子供歌舞伎フェスティバル in 小松／秩父歌舞伎正和会／小原歌舞伎「公益社団法人全日本郷土芸能協会会報」 全日本郷土芸能協会　（76）2014.07

鶴ヶ島市
族制研究の方法的再検討─埼玉県鶴ヶ島市のイッケ分析を通して（小野博史）「日本民俗学」 日本民俗学会　通号229　2002.2

鶴馬
奥多摩の獅子舞い紀行（75）埼玉／鶴馬諏訪神社の獅子舞い「かわせみ通信」 川崎実　75　2002.10

寺谷廃寺
武蔵寺谷廃寺の研究（昼間孝志，木戸春夫，赤熊浩一）「研究紀要」 埼玉県埋蔵文化財調査事業団　（15）1999.3

東光院
新堀歓喜院・安行原東光寺 江戸袋東光院についての考察（平野清次）「川口史林 ： 川口市郷土史会々誌」 川口市郷土史会　（70）2005.3

東光寺
新堀歓喜院・安行原東光寺 江戸袋東光院についての考察（平野清次）「川口史林 ： 川口市郷土史会々誌」 川口市郷土史会　（70）2005.3

東漸院
東漸院庫裡調査報告（堀内仁之）「草加市史研究」 草加市　11　1998.3

東漸寺
東漸寺の「烏八臼」に就いて（山口平八）「熊谷市郷土文化会誌」 熊谷市郷土文化会　（60）2005.12

東漸寺と城和泉守昌茂（松崎光男）「熊谷市郷土文化会誌」 熊谷市郷土文化会　（60）2005.12

熊谷・東漸寺の古形万字「卍」について（村田悠紀夫）「埼玉史談」 埼玉県郷土文化会　54（3）通号291　2007.10

堂平山
秩父堂平山異聞─謎の大仏とお僧様（飯野頼治）「あしなか」 山村民俗の会　270　2005.4

東福寺
東越谷の東福寺の樒（しきみ）（松本裕志）「越谷市郷土研究会会報 ： 古志賀谷」 越谷市郷土研究会　（16）2011.12

東武線
その3「東武線手まり唄」（特集 越谷市内に残る歌）（原田民自）「越谷市郷土研究会会報 ： 古志賀谷」 越谷市郷土研究会　（16）2011.12

東部地域
改ざんの塞神塔─埼玉県東部地域の調査から（山口義晴）「日本の石仏」 日本石仏協会，青娥書房（発売）通号86　1998.6

童部堂
秩父札所二十二番「童部堂」物語（宮崎裕雅）「埼玉史談」 埼玉県郷土文化会　45（4）通号256　1999.1

東武東上線
埼玉県を走る東武東上線に沿って倶利伽羅龍王を訪ねる（特集 石仏探訪（10））（長島誠）「日本の石仏」 日本石仏協会，青娥書房（発売）（142）2012.06

戸ヶ崎
戸ヶ崎香取・浅間神社の祭礼（入山紀子）「葦のみち ： 三郷市史研究」 三郷市　（16）2004.3

獅子舞の風土シリーズ（91）埼玉県三郷市／戸ヶ崎の獅子舞い（川崎実）「かわせみ通信」 川崎実　91　2005.3

都幾川村
七夕禁忌の背景─埼玉県比企郡都幾川村の事例から（小堀光夫）「昔話伝説研究」 昔話伝説研究会　通号18　1997.5

常盤
常盤二丁目の庚申塔について（野中味惠子）「うらわ文化」 浦和郷土文化会　（116）2012.09

常世岐姫神社
常世岐姫神社の一考察（岩井茂）「埼玉史談」 埼玉県郷土文化会　47（3）通号263　2000.10

所沢
所沢の古社・古寺［1］，（2）─柳瀬川流域の歴史と文化（2），（3）（栗原仲道）「所沢市史研究」 所沢市教育委員会　20/21　1997.3/1998.3

機屋・篊屋・機大工─所沢飛白を支えた農村職人（田村均）「所沢市史研究」 所沢市教育委員会　21　1998.3

実践で得られる民具の情報─所沢絣復元作業の絣縛りを例に（宮本八恵子）「民具研究」 日本民具学会　（127）2003.3

増上寺石燈籠群の考察─所沢への流出の経緯と歴史的意味（伊藤友己）「東村山市史研究」 東村山市教育委員会　（13）2004.3

雷神社と十七人衆（所沢）（野田康樹）「郷土の香り ： 郷土文化財資料」 保原町文化財保存会　41　2008.3

所沢飛白の再現を通してみるモノと身体技法とのかかわり（宮本八惠子）「民具研究」 日本民具学会　（139）2009.03

第124回研究会報告 所沢飛白製作の再現を通して知る身体技法とモノとの関わり（大藪裕子）「民具研究」 日本民具学会　（139）2009.03

所沢市
ボロとオサスリ─一軒の農家に収蔵された衣生活資料から見えるもの（宮本八恵子）「所沢市史研究」 所沢市教育委員会　23　2000.3

重松流祭り囃子の伝承と伝播─明治初期を中心として（江連恭弘）「東村山市史研究」 東村山市教育委員会　（12）2003.3

利仁神社経塚
利仁神社経塚の造営意義について（野沢均）「あらかわ」 あらかわ考古談話会　（4）2001.5

戸田
祈りの地蔵尊─戸田の石仏にみる（金子弘）「研究紀要」 戸田市立郷土博物館　（13）1998.3

『日本金石年表』と戸田の板碑（金子弘）「研究紀要」 戸田市立郷土博物館　（14）1999.3

米櫃を開ける─戸田の伝統漁法（小林茂）「研究紀要」 戸田市立郷土博物館　（18）2004.3

戸田市
ウハッキウの話─意義・形態・供養塔（金子弘）「研究紀要」 戸田市立郷土博物館　（15）2000.3

馬頭観音信仰考（金子弘）「研究紀要」 戸田市立郷土博物館　（16）2002.3

文化財の指定を待つ石仏（1），（2）（金子弘）「研究紀要」 戸田市立郷土博物館　（17）/（18）2003.3/2004.3

戸田市の水神さま（金子弘）「日本の石仏」 日本石仏協会，青娥書房（発売）（110）2004.6

特別展レビュー「食べ物 いまむかし─子どもたちを取り巻く世界─」「郷土博物館だより」 戸田市立郷土博物館　（34）2006.3

収蔵庫情報（30）置き薬と吸入器「郷土博物館だより」 戸田市立郷土博物館　（34）2006.3

収蔵庫情報（32）浮世人形「郷土博物館だより」 戸田市立郷土博物館　（36）2008.3

収蔵庫情報35「馬図絵馬」「牛図絵馬」「向かいめ絵馬」「繭図絵馬」「鷹図絵馬」「鶏図絵馬」「拝み絵馬」「郷土博物館だより」 戸田市立郷土博物館　（39）2011.03

戸田羽黒権現
戸田羽黒権現の神水─中山道・荒川渡し口（《山岳信仰特集Ⅰ》）（岡倉捷郎）「あしなか」 山村民俗の会　257　2001.6

利根川
「小流寺縁起」考─江戸幕府の利根川治水政策と関連して（所理喜夫）「葦のみち ： 三郷市史研究」 三郷市　11　1999.3

妻沼地方の利根川水車船について（大山雄三）「埼玉史談」 埼玉県郷土文化会　52（1）通号281　2005.4

武州・利根川西岸の十九夜塔（特集 石仏探訪ⅩⅡ）（石田年子）「日本の石仏」 日本石仏協会，青娥書房（発売）（151）2014.09

利根川流域
初山の研究―利根川流域のある産育習俗(中嶋信彰)「埼玉民俗」 埼玉民俗の会 23 1998.4
摩多利神と摩怛利神―利根川流域を中心とした疫病神について(矢嶋正幸)「埼玉民俗」 埼玉民俗の会 (36) 2011.03

寅薬師堂
高野寅薬師堂について(野中昧惠子)「うらわ文化」 浦和郷土文化会 (121) 2014.09

中尾神社
中尾神社前庚申塔道標調査(拓本採り実習及び石造品調査報告)(酒井正)「緑の歴史」 さいたま市緑区歴史の会 (8) 2013.02

中川
中川沿岸に咲いた仏教文化(岩井茂)「埼玉史談」 埼玉県郷土文化会 52(3)通号283 2005.10

中川流域
中川流域の掘上げ田の農耕(堀充宏)「民具マンスリー」 神奈川大学 32(10)通号382 2000.1

中釘
石室「御胎内」と「懐胎十月の事弁守り本尊」―さいたま市中釘・池上家富士浅間塚の事例から(青木忠雄)「富士信仰研究」 富士信仰研究会 (5) 2004.7
秋葉のささら獅子舞い(埼玉県さいたま市西区中釘)(川崎実)「かわせみ通信」 川崎実 (124) 2010.09

中釘村
武州足立郡中釘村神仏分離史料(中),(下)(青木忠雄, 諸橋一久, 池上秀夫)「埼玉史談」 埼玉県郷土文化会 44(3)通号251/44(4)通号252 1997.10/1998.1

中郷薬師堂
新指定 有形文化財(歴史資料) 岩槻城幷侍屋敷城下町迄総絵図/有形民俗文化財 中郷薬師堂の元禄十三年無食供養塔「榧りぽーと : さいたま市文化財時報」 さいたま市教育委員会生涯学習部 (49) 2013.06

永田馬場
永田馬場山王社鰐口銘の鋳物師たち(沼口信一)「埼玉史談」 埼玉県郷土文化会 54(2)通号290 2007.7

中町
中町屋台永代帳について―秩父神社例祭附祭史料(栗原一夫)「埼玉史談」 埼玉県郷土文化会 53(1)通号285 2006.4
中町 浅間神社の懸仏(水上清)「越谷市郷土研究会会報 : 古志賀谷」 越谷市郷土研究会 (15) 2009.07
稲荷山中町講社講祠再建と講社再編成「みつミ祢山」 三峯神社社務所 (215) 2012.01

中津川
表紙写真解説 玉敷神社神楽/裏表紙写真解説 中津川の鉄砲堰製作技術「埼玉民俗」 埼玉民俗の会 (33) 2008.3

中富
所沢市中富の雨乞い(宮本八恵子)「埼玉民俗」 埼玉民俗の会 25 2000.3

長瀞七草寺
長瀞七草寺めぐり(山行報告)(西東昭夫)「奥武蔵」 奥武蔵研究会 (382) 2011.11

長瀞町
埼玉県長瀞町に子抱き神使を見る(城山霞寿翁)「せこ道」 山地民俗関東フォーラム 3 2000.7
明治中期の長瀞町域における神楽の状況について―『持田鹿之助日記』を資料として(小澤守)「埼玉民俗」 埼玉民俗の会 (33) 2008.3
明治期野上(現長瀞町)方面の歌舞伎(栃原嗣雄)「埼玉民俗」 [埼玉民俗の会] (39) 2014.03

中奈良村
文政改革以降における祭礼執行体制―武蔵国幡羅郡中奈良村牛頭天王祭礼(関口豊樹)「関東近世史研究」 関東近世史研究会 (44) 1999.3

中野
庄和町中野の獅子舞―辻切りと奉納舞(大明敦)「埼玉民俗」 埼玉民俗の会 28 2003.3

中氷川神社
相給村の神事と由緒―近世入間郡三ヶ島村中氷川神社の流鏑馬神事(渡部圭一)「埼玉民俗」 埼玉民俗の会 (33) 2008.3

中福
郷土の祭り 中福の神楽 中福稲荷神社(宗形慧)「川越の文化財」 川越市文化財保護協会 (110) 2012.02

中丸
中尾・中丸にあった両墓制(武内桑久)「緑の歴史」 さいたま市緑区歴史の会 (9) 2014.02

中武蔵七十二薬師
中武蔵七十二薬師寅年開帳(榎本直樹)「西郊民俗」 [西郊民俗談話会] (212) 2010.09

中山神社
中山神社共同調査報告(大宮郷土史研究会)「大宮の郷土史」 大宮郷土史研究会 (32) 2013.03
続・中山神社共同調査報告(大宮郷土史研究会)「大宮の郷土史」 大宮郷土史研究会 (33) 2014.03

長留
獅子舞の風土シリーズ(92) 埼玉県小鹿野町/長留の獅子舞い(川崎実)「かわせみ通信」 川崎実 (92) 2005.5
長留の獅子舞(石川博司)「まつり通信」 まつり同好会 47(5)通号531 2007.9
奥武蔵、秩父の獅子舞(41)―長留の御殿ザサラ(関口洋介)「奥武蔵」 奥武蔵研究会 (386) 2012.07

奈倉
再現 奈倉の雨乞い(村津優麒彦)「埼玉民俗」 埼玉民俗の会 25 2000.3

名栗
図版・資料編(《名栗の中世石塔》)「名栗村史研究那栗郷」 飯能市郷土館 通号5 2006.3
解説(《名栗の中世石塔》)(諸岡勝)「名栗村史研究那栗郷」 飯能市郷土館 通号5 2006.3
飯能・名栗石塔編年目録(《名栗の中世石塔》)「名栗村史研究那栗郷」 飯能市郷土館 通号5 2006.3

奈良尾
獅子舞への誘い(6)―奈良尾の貼獅子(関口洋介)「奥武蔵」 奥武蔵研究会 (344) 2005.7

奈良神社
奈良神社の官社預列(森田悌)「埼玉史談」 埼玉県郷土文化会 58(3)通号307 2011.10

成沢村
埼玉県成沢村八坂神社の祭礼参加問題 大審院で勝利したが祭礼参加の実現は半世紀後(石田貞)「明日を拓く」 東日本部落解放研究所, 解放書店(発売) 33(2)通号67 2007.2

南蔵寺
口絵写真説明 南蔵寺と法如上人について(小室健二)「あゆみ」 毛呂山郷土史研究会 (35) 2012.02

南畑
埼玉・南畑の獅子舞(石川博司)「まつり通信」 まつり同好会 51(4)通号554 2011.07

南部領辻
南部領辻の獅子舞い(埼玉県さいたま市緑区)(川崎実)「かわせみ通信」 川崎実 (121) 2010.03

新方
新方地区に散在する石仏類について(加藤幸一)「越谷市郷土研究会会報 : 古志賀谷」 越谷市郷土研究会 (9) 1997.6

新曽
戸田市新曽の富士信仰―本橋源兵衛『不二道開伝一字開御礼奉申上候』の影印と翻刻及び解題(今井功)「研究紀要」 戸田市立郷土博物館 (24) 2014.03
埼玉県戸田市の新曽浅間神社と山開き(今井功一)「埼玉民俗」 [埼玉民俗の会] (39) 2014.03

苦林宿
崇徳寺跡と鎌倉街道(苦林宿)(内野勝裕)「埼玉史談」 埼玉県郷土文化会 60(4)通号316 2014.1

苦林野
苦林野に関する昔話(小室健二)「あゆみ」 毛呂山郷土史研究会 (31) 2005.4

二郷半領
二郷半領のむじな嫁(鈴木由蔵)「葦のみち : 三郷市史研究」 三郷市

12　2000.3

二郷半領のお産物語（鈴木由蔵）「葦のみち : 三郷市史研究」三郷市　14　2002.3

武州二郷半領に林立する謎の八大竜王塔（石田年子）「日本の石仏」日本石仏協会，青蛾書房（発売）（107）2003.9

市民の歴史広場 二郷半領の稲作文化—生活の中の屋号（鈴木由蔵）「葦のみち : 三郷市史研究」三郷市　（21）2010.3

西吾野

伝説という名の道標 古道散策紀行（3）—西吾野から慈光寺（小泉重光）「奥武蔵」奥武蔵研究会　（344）2005.7

西方村

西方村旧記に見られる疱瘡・麻疹の薬（田部巾明）「越谷市郷土研究会会報 : 古志賀谷」越谷市郷土研究会　（17）2014.3

西埼玉

動向 群馬県下における地震災害の資料化について—観昌寺の宝篋印塔に残された西埼玉地震の民間記録（能登健，内田健治）「群馬文化」群馬県地域文化研究協議会　（310）2012.04

西平

都幾川村西平の石室と石棺について（市川修）「研究紀要」埼玉県立歴史資料館　通号19　1997.3

西秩父

埼玉県西秩父地域における副業的竹籠職人の技術体系と意匠（坪郷英彦）「民具研究」日本民具学会　（126）2002.12

西別府祭祀遺跡

熊谷市西別府廃寺・西別府祭祀遺跡について（吉野健）「武蔵野」武蔵野文化協会　81（1）通号341　2005.3

西別府廃寺

熊谷市西別府廃寺・西別府祭祀遺跡について（吉野健）「武蔵野」武蔵野文化協会　81（1）通号341　2005.3

日光御成道

御成道まつりこぼれ話（日光御成道まつり特集号）（千葉乙郎）「川口史林 : 川口市郷土史会々誌」川口市郷土史会　（78）2013.03

川口宿鳩ケ谷宿日光御成道まつり見物記（日光御成道まつり特集号）（榛葉毅）「川口史林 : 川口市郷土史会々誌」川口市郷土史会　（78）2013.03

日進

日進の張子（河田捷一）「大宮の郷土史」大宮郷土史研究会　（27）2008.3

さいたま市無形民俗文化財「日進餅つき踊り」と「指扇の餅搗き踊り」「櫂りぽーと : さいたま市文化財情報」さいたま市教育委員会生涯学習部　（35）2009.12

二尾稲荷

東松山の二尾稲荷（大島建彦）「西郊民俗」［西郊民俗談話会］　（199）2007.6

日本聖公会川越キリスト教会

第7回市内文化財めぐり 旧川越織物市場と日本聖公会川越キリスト教会「川越の文化財」川越市文化財保護協会　（117）2014.07

女体神社

女体神社考（鈴木平八郎）「草加市史研究」草加市　11　1998.3

楡山神社

古代幡羅郡と式内楡山神社（森田悌）「埼玉史談」埼玉県郷土文化会　61（2）通号318　2014.09

子の権現

ようこそ市毛良枝さん—子の権現・竹寺同行記（入江文子）「奥武蔵」奥武蔵研究会　318　2001.3

コースガイド ひと味ちがう子の権現みち（町田尚夫）「奥武蔵」奥武蔵研究会　335　2004.1

子ノ権現

『遊歴雑記』を歩く（子ノ権現）（酒井昌樹）「奥武蔵」奥武蔵研究会　（345）2005.9

加藤樹家護符にみる子ノ権現・竹寺・高山不動への信仰について（村上達哉）「飯能市郷土館研究紀要」飯能市郷土館　（6）2013.03

子ノ権現の出開帳（1），（2）（酒井昌樹）「奥武蔵」奥武蔵研究会　（393）/（395）2013.09/2014.01

子ノ山

続『遊歴雑記』を歩く（子ノ山全図）（酒井昌樹）「奥武蔵」奥武蔵研究会　通号368　2009.7

年代

調査報告 弥藤吾年代の中世石仏（磯野治司）「熊谷市史研究」熊谷市教育委員会　（2）2010.03

能護寺

妻沼能護寺縁起と格天井絵画と板碑（大山雄三）「埼玉史談」埼玉県郷土文化会　53（1）通号285　2006.4

能仁寺

平成22年度秋の史跡巡り 「忍城」「さきたま古墳群」「能仁寺」（宮田治三）「郷土史」八王子市川口郷土史研究会　（32）2011.1

戸外学習会 維新前夜の飯能市郷土館と能仁寺を見学（坂本晶）「練馬古文書研究会会報」練馬古文書研究会　（53）2014.12

野上

明治期野上（現長瀞町）方面の歌舞伎（栃原嗣雄）「埼玉民俗」［埼玉民俗の会］　（39）2014.03

野々宮

獅子舞への誘い（17）蛇を呑む野々宮の舞（関口洋介）「奥武蔵」奥武蔵研究会　通号355　2007.5

野々宮神社

武蔵・野々宮神社と府中六所宮—祭礼と文芸をめぐる新資料から（小野一之）「府中市郷土の森博物館紀要」府中文化振興財団府中市郷土の森博物館　（19）2006.3

登戸

鴻巣登戸獅子舞と三峰山常夜塔—埼玉県文化財再生記二題（飯野頼治）「あしなか」山村民俗の会　279　2007.10

萩平

奥多摩の獅子舞い紀行（51）埼玉・萩平のささら獅子「かわせみ通信」川崎実　54　1999.12

萩平歌舞伎舞台 埼玉県秩父市寺尾 諏訪神社 県指定有形民俗文化財「公益社団法人全日本郷土芸能協会会報」全日本郷土芸能協会　（77）2014.10

萩日吉

奥武蔵、秩父の獅子舞（38）—萩日吉のアメップリササラ（関口洋介）「奥武蔵」奥武蔵研究会　（383）2012.01

萩日吉神社

萩日吉神社神楽文書について（飯塚好）「紀要」埼玉県立歴史と民俗の博物館　（[1]）2007.3

白山別所

秩父札所二十四番白山別所の二人の姫君物語（宮崎裕雅）「埼玉史談」埼玉県郷土文化会　50（3）通号275　2003.10

橋倉

「道切り」習俗の変容—埼玉県秩父郡吉田町橋倉のフセギを対象として（車塚洋）「埼玉民俗」埼玉民俗の会　26　2001.3

畑井

奥武蔵の仙元宮—飯能市畑井の富士講先達（《富士・浅間信仰—山岳信仰特集II》）（岡倉捷郎）「あしなか」山村民俗の会　259・260　2001.11

奥武蔵の富士山信仰—飯能市畑井の富士講先達・続篇（岡倉捷郎）「あしなか」山村民俗の会　262　2002.9

山村の修験体験—奥武蔵畑井の富士講先達・続々篇（岡倉捷郎）「あしなか」山村民俗の会　268　2004.10

畑井の梵天上げ（町田尚夫）「奥武蔵」奥武蔵研究会　通号369　2009.09

八王子

八王子の三峰講（西村敏也）「埼玉民俗」［埼玉民俗の会］　（39）2014.03

鳩井郷

第35回定例総会記念講演 地蔵院の不動明王と梵鐘から導き知る鎌倉時代の鳩井郷の状勢（小室雄充）「郷土はとがや : 鳩ケ谷郷土史会会報」鳩ケ谷郷土史会　（66）2010.11

鳩ケ谷

鳩ケ谷釣竿の歴史と江戸和竿師（吉野忠克）「郷土はとがや : 鳩ケ谷郷土史会会報」鳩ケ谷郷土史会　40　1997.11

野仏夢物語り（高瀬博）「郷土はとがや : 鳩ケ谷郷土史会会報」鳩ケ谷郷土史会　40　1997.11

鳩ケ谷のお盆・お彼岸今昔（嶋田文子）「郷土はとがや : 鳩ケ谷郷土史会会報」鳩ケ谷郷土史会　40　1997.11

屋号調べ（2）鳩ケ谷に江戸時代から続く店（小淵甚蔵）「郷土はとがや : 鳩ケ谷郷土史会会報」鳩ケ谷郷土史会　42　1998.11

鳩ケ谷の風俗こぼれ話（2）（船津富彦）「郷土はとがや : 鳩ケ谷郷土史

会会報」鳩ケ谷郷土史会　44　1999.11

里「サト」と村「ムラ」のお話(小林龍雄)「郷土はとがや ： 鳩ケ谷郷土史会会報」鳩ケ谷郷土史会　47　2001.5

鳩ヶ谷に残るガラクタ民具に学ぶ(船津富彦)「郷土はとがや ： 鳩ケ谷郷土史会会報」鳩ケ谷郷土史会　50　2002.11

弥陀種子板碑への考察(花岡武司)「郷土はとがや ： 鳩ケ谷郷土史会会報」鳩ケ谷郷土史会　50　2002.11

諸書に「鳩ヶ谷」を見る(8)　御宮地絵図の新視点・関東取締出役と鳩ヶ谷の賭場(加藤信明)「郷土はとがや ： 鳩ケ谷郷土史会会報」鳩ケ谷郷土史会　51　2003.5

熊野の大杉はどこにあったのか(若松哲夫)「郷土はとがや ： 鳩ケ谷郷土史会会報」鳩ケ谷郷土史会　52　2003.11

鋳物師鈴木文吾さん(篠田常子)「郷土はとがや ： 鳩ケ谷郷土史会会報」鳩ケ谷郷土史会　(54)　2004.11

死者の供養と郷土史「郷土はとがや ： 鳩ケ谷郷土史会会報」鳩ケ谷郷土史会　(56)　2005.11

お風呂(銭湯)の文化史(乗橋猛)「郷土はとがや ： 鳩ケ谷郷土史会会報」鳩ケ谷郷土史会　(57)　2006.5

諸書に鳩ヶ谷を見る(11)　鳩ヶ谷の駆け込み寺(加藤信明)「郷土はとがや ： 鳩ケ谷郷土史会会報」鳩ケ谷郷土史会　(58)　2006.11

こんにゃく祈禱とお獅子(田畑誠一)「郷土はとがや ： 鳩ケ谷郷土史会会報」鳩ケ谷郷土史会　(59)　2007.5

丘の煙と宝の山(高瀬博)「郷土はとがや ： 鳩ケ谷郷土史会会報」鳩ケ谷郷土史会　(59)　2007.5

鳩ヶ谷氷川神社参道のイチョウ(藤波不二雄)「郷土はとがや ： 鳩ケ谷郷土史会会報」鳩ケ谷郷土史会　(59)　2007.5

鳩ヶ谷のことば(2)～(4)(米山徹)「郷土はとがや ： 鳩ケ谷郷土史会会報」鳩ケ谷郷土史会　(59)/(61)　2007.5/2008.5

赤井村円通寺文書と鳩ヶ谷領考(若松哲夫)「郷土はとがや ： 鳩ケ谷郷土史会会報」鳩ケ谷郷土史会　(60)　2007.11

まぼろしの鳩ヶ谷御成祭り(花岡武司)「郷土はとがや ： 鳩ケ谷郷土史会会報」鳩ケ谷郷土史会　(60)　2007.11

仏壇(篠田常子)「郷土はとがや ： 鳩ケ谷郷土史会会報」鳩ケ谷郷土史会　(60)　2007.11

連れてけ地蔵のこと(自分史で語る鳩ヶ谷現代史)(日吉一夫)「郷土はとがや ： 鳩ケ谷郷土史会会報」鳩ケ谷郷土史会　(63)　2009.05

神輿、パトカーを乗り越える(自分史で語る鳩ヶ谷現代史)(高瀬博)「郷土はとがや ： 鳩ケ谷郷土史会会報」鳩ケ谷郷土史会　(63)　2009.05

魚供養碑を見て感じたこと(歴史随想)(藤波不二雄)「郷土はとがや ： 鳩ケ谷郷土史会会報」鳩ケ谷郷土史会　(64)　2009.11

古書耽読書留抄『埼玉史談』の鳩ヶ谷八景と小唄(スモール.h.グテイ)「郷土はとがや ： 鳩ケ谷郷土史会会報」鳩ケ谷郷土史会　(67)　2011.5

鳩ヶ谷市

特別課題　私の写した古文書・金石文　鳩ケ谷市内の金石に刻まれた歌と句[1]～(3)(小渕甚蔵)「郷土はとがや ： 鳩ケ谷郷土史会会報」鳩ケ谷郷土史会　52/(54)　2003.11/2004.11

鳩ケ谷浅間社

東西南北　「室の八島」と鳩ケ谷浅間社―中島信彰先生の研究から「まるはとだより ： 小谷三志翁顕彰会月報」まるはとだより発行所　96　1997.7

鳩山

鳩山の結衆板碑にみる地域とのつながり(四方田佳悟)「鳩山町史研究」鳩山町教育委員会　(1)　1998.3

花ノ木

表紙写真解説　入間市花ノ木共同墓地　文安四年　種子板碑断片「埼玉史談」埼玉県郷土文化会　58(3)通号307　2011.10

花見堂

花見堂地名等と花見堂供養塔(滝沢昌久)「緑の歴史」さいたま緑区歴史の会　(9)　2014.02

花和田

市民の記録(聞き取り調査)　渡し舟があった頃―花和田の交通今昔(渋谷千代,渋谷豊,渋谷和子)「葦のみち ： 三郷市史研究」三郷市(17)　2005.3

羽生

武州羽生領における不二道(小林秀樹)「富士信仰研究」富士信仰研究会(1)　2000.5

羽尾

埼玉県比企郡滑川町羽尾の道祖神(《道祖神特集》)(榎本直樹)「西郊民俗」[西郊民俗談話会](200・201)　2007.9

原

大井郷土資料館　原の囃子用具、45年ぶりに確認！「資料館通信」ふじみ野市立上福岡歴史民俗資料館　(64)　2011.12

原市

上尾市原市・日枝神社の御神体(赤石光資)「埼玉史談」埼玉県郷土文化会　60(1)通号313　2013.04

原市の庚申塔(道標)に見るさいたま市との繋がり(野中味惠子)「うらわ文化」浦和郷土文化会　(120)　2014.04

幡羅郡

熊谷(幡羅郡)における寺子屋の実態―教育者の墓碑・寿碑等を通して(新井常雄)「熊谷市郷土文化会誌」熊谷市郷土文化会　(63)　2007.11

古代幡羅郡と式内楡山神社(森田悌)「埼玉史談」埼玉県郷土文化会　61(2)通号318　2014.09

幡羅郡新四国八十八ケ所霊場

幡羅郡新四国八十八ケ所霊場(13),(14)(荻野勝正)「深谷上杉・郷土史研究会会報」深谷上杉・郷土史研究会　(128)/(130)　2012.01/2012.09

原馬室

鴻巣市原馬室の真言行事(山田実)「埼玉県立民俗文化センター研究紀要」埼玉県立民俗文化センター　13　1997.3

奥多摩の獅子舞い紀行(81)　埼玉県鴻巣市/原馬室の祈禱ささら「かわせみ通信」川崎実　81　2003.9

坂東家

坂東家に伝わる鬼子母神・十羅利女像をめぐって(山口康行,宮内正勝)「さいたま市博物館研究紀要」さいたま市立博物館　4　2005.3

般若村

聖教をめぐる伝説―武蔵国秩父郡般若村と大般若経(加増啓二)「寺院史研究」寺院史研究会　(12)　2008.8

飯能

飯能の底抜け屋台(石川博司)「まつり通信」まつり同好会　41(11)通号489　2001.10

飯能戦争余話　説経節にみる渋沢平九郎の最期(町田尚夫)「奥武蔵」奥武蔵研究会　通号353　2007.1

飯能地方のわらべうた(深堀道義)「郷土はんのう」飯能郷土史研究会(29)　2009.03

飯能の山車・屋台―その構造と来歴(小槻成克)「郷土はんのう」飯能郷土史研究会　(29)　2009.03

桐の下駄(随筆)(大野悦子)「郷土はんのう」飯能郷土史研究会　(29)　2009.03

白いかっぽう着(随筆)(田嶋和子)「郷土はんのう」飯能郷土史研究会(29)　2009.03

飯能祭における通り一丁目町内会の地口行灯(川崎実)「かわせみ通信」川崎実　(125)　2010.11

奥武蔵、秩父の獅子舞(36)―飯能・諏訪八幡の舞(関口洋介)「奥武蔵」奥武蔵研究会　(378)　2011.03

飯能市

飯能市域に残された天狗の伝説について(村上達哉)「飯能市郷土館研究紀要」飯能市郷土館　(4)　2008.3

飯能市域における山岳宗教について(村上達哉)「飯能市郷土館研究紀要」飯能市郷土館　(5)　2010.03

飯能市郷土館

戸外学習会　維新前夜の飯能市郷土館と能仁寺を見学(坂本晶)「練馬古文書研究会会報」練馬古文書研究会　(53)　2014.12

飯能町

入間郡飯能町2丁目の山車と囃子の成立について―史料を中心に検討して(池田昇)「埼玉史談」埼玉県郷土文化会　46(1)通号257　1999.4

東別府

天王さま(東別府夏祭り)(岡田菊江)「熊谷市郷土文化会誌」熊谷市郷土文化会　53　1998.11

東別府神社

東別府神社について(紹介・随筆・思い出・短歌等)(岡田菊江)「熊谷市郷土文化会誌」熊谷市郷土文化会　(69)　2013.11

東村山

神々と神社(12)　村社氷川神社の秋祭り(加藤貞夫)「郷土研だより」東村山郷土研究会　(377)　2011.10

東山神社

奥多摩の獅子舞い紀行(42)　東山神社の獅子舞い「かわせみ通信」川崎実　45　1999.3

埼玉県　　　　　　　　　郷土に伝わる民俗と信仰　　　　　　　　　関東

獅子舞への誘い(10) 奥武蔵最後の舞、上野東山(関口洋介)「奥武蔵」
奥武蔵研究会　通号348　2006.3

氷川神社

民俗からみた氷川神社(山田勝利)「埼玉民俗」　埼玉民俗の会　22
1997.5

武蔵一宮氷川神社の神楽の盛衰と変容―神楽講・神楽師を中心に(三田
村佳子)「埼玉民俗」　埼玉民俗の会　24　1999.3

武蔵国一宮氷川神社の「新嘗祭」―江戸時代の史料を中心として(海上
直士)「日本民俗学」　日本民俗学会　通号229　2002.2

元年行幸と「氷川神社行幸絵巻」(下村克彦)「さいたま市博物館研究紀
要」　さいたま市立博物館　1　2002.3

氷川神社祭神考(森田悌)「埼玉史談」　埼玉県郷土文化会　52(2)通号
282　2005.7

氷川神社と中氷川・氷川女体神社(森田悌)「埼玉史談」　埼玉県郷土文化
会　52(3)通号283　2005.10

宿の氷川神社の合祀碑(金井安之助)「むかしの馬宮」　馬宮郷土史同好会
(29)　2010.02

新指定 有形文化財(建造物) 大宮氷川神社摂社客人神社本殿・摂社天津
神社本殿・末社御嶽神社本殿/新指定 天然記念物 法光寺のシイノキ
「櫂りぽーと ： さいたま市文化財時報」　さいたま市教育委員会生涯
学習部　(41)　2011.06

神道国教化政策下における神社の実態―大宮氷川神社と周辺神社の動向
を中心に(2012年度第42回明治維新史学会大会報告要旨)(徳永暁)
「会報明治維新史学会だより」　明治維新史学会　(17)　2012.05

徳永暁氏「神道国教化政策下における神社の実態―教導職期における大
宮氷川神社と周辺神社の動向を中心に―」(2012年度第42回明治維新
史学会大会討論要旨)(長南伸治)「会報明治維新史学会だより」　明治
維新史学会　(18)　2012.10

氷川神社と坂上田村麻呂伝説(吉安耕一)「郷土志木」　志木市郷土史研究
会　(42)　2013.11

氷川神社旧本殿

"氷川移し"と氷川神社旧本殿について［上］,(下) (青木義脩)「埼玉史談」
埼玉県郷土文化会　54(1)通号289/54(2)通号290　2007.4/2007.7

氷川女体神社

氷川女體神社所蔵大般若経の成立過程―書写・補充書写・購入・真読・
折本化・請箱製作事業の展開(野尻靖)「埼玉地方史」　埼玉県地方史研
究会　(52)　2004.5

氷川神社と中氷川・氷川女体神社(森田悌)「埼玉史談」　埼玉県郷土文化
会　52(3)通号283　2005.10

比企

『武蔵国郡村誌』にみえる比企の物産(沼野勉, 内田正喜)「研究紀要」
埼玉県立歴史資料館　通号20　1998.3

比企地方の祭車(作美陽一)「埼玉民俗」　埼玉民俗の会　24　1999.3

比企地方の祭り―小川町の祭りに見られる団子について(山本修康)「研
究紀要」　埼玉県立歴史資料館　(23)　2001.3

展示に見る「比企のまつり(比企のタイムカプセル)」―都市を単位とす
る試みと協働(柳正博)「埼玉民俗」　埼玉民俗の会　(31)　2006.3

彦糸

短報 武蔵国三十三番札所標示石(三郷市彦糸公民館)「埼玉史談」　埼玉
県郷土文化会　49(2)通号270　2002.7

久伊豆神社

石原の赤城・久伊豆神社について(松崎好夫)「熊谷市郷土文化会誌」　熊
谷市郷土文化会　(58)　2003.11

越ヶ谷久伊豆神社の収支決算書(木原徹也)「越谷市郷土研究会会報 ：
古志賀谷」　越谷市郷土研究会　(33)　2005.9

玉敷神社と久伊豆神社(森田悌)「埼玉史談」　埼玉県郷土文化会　55(2)
通号294　2008.7

矢島家(蓮田市久伊豆神社)所蔵の湯立資料―埼玉の湯立神事・湯立神
楽の理解にむけて(三田村佳子)「紀要」　埼玉県立歴史と民俗の博物
館　(4)　2010.03

久長

奥武蔵、秩父の獅子舞(31) 樋口流、久長の舞(関口洋介)「奥武蔵」　奥
武蔵研究会　通号369　2009.09

美女木

資料紹介 戸田市美女木のウハッキュウについて(吉田真理子)「武蔵野」
武蔵野文化協会　83(2)通号346　2008.4

日高市

埼玉で発明された農具―日高市の桑扱器についての報告(1)(服部武)
「調査研究報告」　埼玉県立さきたま資料館　(15)　2002.3

日向

関白流についての考察―日向獅子舞文書をもとに(中山珖一)「民俗芸能
研究」　民俗芸能学会　(39)　2005.9

獅子舞の風土シリーズ(118) 埼玉県秩父市荒川贄川 日向の獅子舞
(川崎実)「かわせみ通信」　川崎実　(118)　2009.03

奥武蔵、秩父の獅子舞(28) 下郷、日向の座敷ささら(関口洋介)「奥武
蔵」　奥武蔵研究会　通号366　2009.03

避来矢神社

秀郷を祀る避来矢神社(篠崎澄子)「史談」　安蘇史談会　(19)　2003.6

平方

祭りの変容―平方のどろいんきょをめぐって(関孝夫)「埼玉民俗」　埼玉
民俗の会　23　1998.4

平方のどろいんきょ(埼玉県上尾市平方 八枝神社)(川崎実)「かわせみ
通信」　川崎実　(126)　2011.01

平田家屋敷

表紙写真解説 平田家屋敷出土の板碑群「埼玉史談」　埼玉県郷土文化会
61(2)通号318　2014.09

平戸

家伝薬・平戸の痂気の薬(藤井健一)「熊谷市郷土文化会誌」　熊谷市郷土
文化会　54　1999.11

平柳領辻

高野山千蔵院過去帳(6) 武州足立郡平柳領辻(小渕甚蔵)「郷土はとがや
： 鳩ケ谷郷土史会会報」　鳩ケ谷郷土史会　(60)　2007.11

笛吹峠

「闘静堅固の月」―笛吹峠夜話(小泉重光)「奥武蔵」　奥武蔵研究会　通
号376　2010.11

深谷寺

秩父札所三十番深谷寺の百観音物語(宮崎裕雅)「埼玉史談」　埼玉県郷土
文化会　51(2)通号278　2004.7

福生寺

資料紹介 熊谷市日向福生寺の中世石造物(四方田悟)「埼玉史談」　埼玉
県郷土文化会　53(4)通号288　2007.1

中尾駒形・旧福生寺の仏像調査(林宏一, 青木義脩)「うらわ文化」　浦和
郷土文化会　(120)　2014.04

福田

トピックス 博物館文化祭/「ふるさとのまつり」御紹介 福田の獅子舞―
川越市指定無形民俗文化財/第13回ミニ展 むかしの勉強・むかしの遊
び「川越市立博物館博物館だより」　川越市立博物館　37　2003.1

奥武蔵・秩父の獅子舞(47)―天王様、福田の獅子舞(関口洋介)「奥武
蔵」　奥武蔵研究会　(392)　2013.07

郷土の獅子舞 福田の獅子舞 福田 赤城神社(宗形慧)「川越の文化財」　川
越市文化財保護協会　(117)　2014.07

武甲山

横瀬町歴史民俗資料館「武甲山御嶽神社里宮神楽」展を開催して―里宮
神楽のルーツを訪ねて(深田芳行)「埼玉民俗」　埼玉民俗の会　(32)
2007.3

武甲山の湧水・長命水への疑問(藤本一美)「奥武蔵」　奥武蔵研究会　通
号357　2007.9

武甲山開山祭(浦野要)「奥武蔵」　奥武蔵研究会　通号374　2010.07

普済寺

川里町普済寺のマン墓について(中村守)「埼玉史談」　埼玉県郷土文化会
47(1)通号261　2000.4

普済寺のウハッキュウ及びマン付き位牌について(中村守)「埼玉史談」
埼玉県郷土文化会　48(1)通号265　2001.4

富士見市

商品としての藁縄研究に向けて―埼玉県富士見市の事例より(駒木敦
子)「民具マンスリー」　神奈川大学　38(5)通号449　2005.8

足踏み脱穀機・動力脱穀機の普及について―埼玉県富士見市の事例より
(駒木敦子)「民具マンスリー」　神奈川大学　39(3)通号459　2006.6

洪水対策の民俗知―埼玉県富士見市に残る「上げ舟」について(蛯原一
平)「東北芸術工科大学東北文化研究センター研究紀要」　東北芸術工
科大学東北文化研究センター　(13)　2014.3

ふじみ野市

市指定文化財に新しい仲間 元禄7年奉納の鰐口「資料館通信」　ふじみ野
市立上福岡歴史民俗資料館　47　1999.1

武州

武州丸岩講と相州丸岩講(小林謙光)「富士信仰研究」　富士信仰研究会
(1)　2000.5

近世武州修験の研究—岩殿山正法寺の修験（千代田恵汎）「鳩山町史研究」 鳩山町教育委員会 （4） 2004.3

習合家神職集団の形成と展開（下）—近世武州における神事舞太夫の事例を中心に（橋本鶴人）「埼玉地方史」 埼玉県地方史研究会 （57） 2007.4

武州山間地域における修験の存立構造—修験の妻子・百姓山伏の位置をめぐって（菅野洋介）「埼玉地方史」 埼玉県地方史研究会 （57） 2007.4

石山社中、回天す 武州里神楽石山裕雅社中（埼玉県）（寄稿）（石山裕雅）「公益社団法人全日本郷土芸能協会会報」 全日本郷土芸能協会 （71） 2013.04

宗教的職能者と情報伝播—武州一揆と御師（西海賢二）「コロス」 常民文化研究会 （133） 2013.5

武州稲荷

武州稲荷吒枳尼天由緒（村山広道）「熊谷市郷土文化会誌」 熊谷市郷土文化会 53 1998.11

藤原

藤原庚申（高島英一）「埼玉史談」 埼玉県郷土文化会 46（2）通号258 1999.8

武南桜

須賀神社祭礼と武南桜（花岡武司）「郷土はとがや ： 鳩ケ谷郷土史会会報」 鳩ケ谷郷土史会 （58） 2006.11

普門院

普門院調査報告（1）（大宮郷土史研究会）「大宮の郷土史」 大宮郷土史研究会 （28） 2009.03

古尾谷

「ふるさとのまつり」紹介 ほろ祭「川越市立博物館博物館だより」 川越市立博物館 （51） 2007.9

古尾谷庄

古尾谷庄と八幡宮—古尾谷八幡宮略縁起に寄せて（栗原仲道）「埼玉史談」 埼玉県郷土文化会 48（3）通号267 2001.10

古尾谷八幡宮

古尾谷庄と八幡宮—古尾谷八幡宮略縁起に寄せて（栗原仲道）「埼玉史談」 埼玉県郷土文化会 48（3）通号267 2001.10

古尾谷八幡神社

八幡宮紹介 古尾谷八幡神社（埼玉県川越市）「季刊悠久.第2次」 鶴岡八幡宮悠久事務局 87 2001.10

資料紹介 古尾谷八幡神社に残された将軍の朱印状（宮原一郎）「川越市立博物館博物館だより」 川越市立博物館 （66） 2012.07

古里

嵐山町古里の獅子舞（山田実）「研究紀要 埼玉県立歴史資料館 （23） 2001.3

古谷本郷

常設展示室から 古谷本郷の獅子舞／板碑「川越市立博物館博物館だより」 川越市立博物館 43 2004.12

平林寺

特別展図録 平林寺を訪れた文学者たち（宮瀧交二）「埼玉県立博物館だより ： The Amuseum」 埼玉県立博物館 32（1）通号113 2003.10

平林僧堂開単100年・野火止用水350年記念 特別展「平林寺」禅刹の名宝、今ここに初公開（池田伸子）「埼玉県立博物館だより ： The Amuseum」 埼玉県立博物館 32（1）通号113 2003.10

特別展「平林寺」出品一覧「埼玉県立博物館だより ： The Amuseum」 埼玉県立博物館 32（1）通号113 2003.10

平林寺の草創と歴代住職（岩井茂）「岩槻史林」 岩槻地方史研究会 （32） 2005.6

「武蔵野」の残る平林寺と見性院殿の墓（木村武）「会津会々報」 会津会 （113） 2007.6

歴史探訪 緑輝く関東の名刹「平林寺」を訪ねて（釜付功）「郷土研だより」 東村山郷土研究会 （364） 2010.09

野火止物がたり（10）平林寺のお宝探し（近内信輝）「郷土研だより」 東村山郷土研究会 （373） 2011.6

野火止・平林寺（染谷鷹治）「奥武蔵」 奥武蔵研究会 （381） 2011.09

小江戸栃木市と平林寺（歴史散歩）（成田美季）「いしぶみ」 まちだ史考会 （35） 2013.07

別府沼

熊谷地方の食文化—別府沼の恵み（平井加余子）「熊谷市郷土文化会誌」 熊谷市郷土文化会 （65） 2009.11

兵執神社

奥武蔵・秩父の獅子舞（52）—古里兵執神社の舞（関口洋介）「奥武蔵」 奥武蔵研究会 （397） 2014.05

芳地戸

芳地戸のフセギ（石川博司）「まつり通信」 まつり同好会 40（3）通号469 2000.2

保正寺

玉龍山保正寺（法性寺）二世震龍景春禅師と震龍派［1］,（2）（若松哲夫）「郷土はとがや ： 鳩ケ谷郷土史会会報」 鳩ケ谷郷土史会 （62）/（63） 2008.11/2009.05

宝勝寺

慶安5年（1652）鈴木正三の鳩谷宝勝寺（法性寺）説話「郷土はとがや ： 鳩ケ谷郷土史会会報」 鳩ケ谷郷土史会 （55） 2005.5

法性寺

慶安5年（1652）鈴木正三の鳩谷宝勝寺（法性寺）説話「郷土はとがや ： 鳩ケ谷郷土史会会報」 鳩ケ谷郷土史会 （55） 2005.5

玉瀧山法性寺「随意会地再許可状」についての一考察（若松哲夫）「郷土はとがや ： 鳩ケ谷郷土史会会報」 鳩ケ谷郷土史会 （55） 2005.5

法性寺墓地の「ウハッキョウ」墓石［1］,（2）（スモール.h.グテイ）「郷土はとがや ： 鳩ケ谷郷土史会会報」 鳩ケ谷郷土史会 （57）/（58） 2006.5/2006.11

玉瀧山法性寺開山についての一考察（若松哲夫）「郷土はとがや ： 鳩ケ谷郷土史会会報」 鳩ケ谷郷土史会 （59） 2007.5

玉龍山保正寺（法性寺）二世震龍景春禅師と震龍派［1］,（2）（若松哲夫）「郷土はとがや ： 鳩ケ谷郷土史会会報」 鳩ケ谷郷土史会 （62）/（63） 2008.11/2009.05

浦寺にあった地蔵堂は法性寺「旦過（短歌）（鍬）寮」であった（若松哲夫）「郷土はとがや ： 鳩ケ谷郷土史会会報」 鳩ケ谷郷土史会 （69） 2012.05

宝蔵寺

清瀧院宥盛書状から見る浦寺地蔵院と新井宿寶蔵寺（若松哲夫）「郷土はとがや ： 鳩ケ谷郷土史会会報」 鳩ケ谷郷土史会 （57） 2006.5

宝幢寺

樹木が語る寶幢寺の歴史（尾崎征男）「郷土志木」 志木市郷土史研究会 （40） 2011.10

芳林寺

埼玉県手水鉢（12）—芳林寺手水鉢（嘉津山清）「埼玉史談」 埼玉県郷土文化会 47（3）通号263 2000.10

芳林寺内岩槻藩士墓石について（中村守）「岩槻史林」 岩槻地方史研究会 （30） 2003.5

卜雲寺

秩父札所第六番卜雲寺の寺宝—「葵の紋の帳」について（栗原一夫）「埼玉史談」 埼玉県郷土文化会 59（4）通号312 2013.01

星宮神社

妙見・鍛冶・修験（1）—赤沢星宮神社と鍛冶絵馬の周辺（《妙見信仰特輯》）（山立虎魚）「あしなか」 山村民俗の会 249 1997.12

細川

製紙用具からみた細川紙の技術とその変遷（大久根茂）「民具研究」 日本民具学会 通号118 1998.9

宝登山

宝登山と秩父札所めぐり（下ノ村勇）「郷土研だより」 東村山郷土研究会 （395） 2013.04

宝登山神社

上石原後郭に残る宝登山神社講（特集 残しておきたい「地域の小さなまつり」）（角田光男）「熊谷市郷土文化会誌」 熊谷市郷土文化会 （67） 2011.11

本郷村

旧本郷村の伝説（小林寛也）「岡部史話」 岡部郷土文化会 （32） 2012.11

本庄

本庄まつり（石川博司）「まつり通信」 まつり同好会 38（11）通号453 1998.11

本野上

平成22（2010）年における葬儀の形態—秩父郡長瀞町大字本野上の事例（小澤守）「埼玉民俗」 埼玉民俗の会 （36） 2011.03

前田村

高野山千蔵院過去帳（7）武州足立郡平柳領前田村（小渕甚蔵）「郷土はとがや ： 鳩ケ谷郷土史会会報」 鳩ケ谷郷土史会 （61） 2008.5

間久里

江戸時代の名物・間久里の鰻（宮川進）「越谷市郷土研究会会報 ： 古志賀谷」 越谷市郷土研究会 （17） 2014.03

埼玉県　　　　　　　　　　　　　　　郷土に伝わる民俗と信仰　　　　　　　　　　　　　　　関東

増林

増林地区の石仏（加藤幸一）「越谷市郷土研究会会報 ： 古志賀谷」 越谷市郷土研究会 　（11）2001.6

増林地区の江戸時代の寺社（山本泰秀）「越谷市郷土研究会会報 ： 古志賀谷」 越谷市郷土研究会 　（11）2001.6

増林のねんね河岸の河童（山本泰秀）「越谷市郷土研究会会報 ： 古志賀谷」 越谷市郷土研究会 　（14）2007.11

増林に残る庚申塔（尾川芳男）「越谷市郷土研究会会報 ： 古志賀谷」 越谷市郷土研究会 　（17）2014.03

松伏溜井

大吉村の香取神社と松伏溜井図（鈴木進志）「越谷市郷土研究会会報 ： 古志賀谷」 越谷市郷土研究会 　（15）2009.7

松伏町

松伏町の食生活ノート（山田実）「紀要」 埼玉県立博物館 　通号29　2004.3

松伏町 石川民部家ルーツ考（逆井清）「かつしか台地 ： 野田地方史懇話会会誌」 野田地方史懇話会 　（44）（別冊）2012.09

馬宮

広大尽の家・絡繰り屋敷・覚蔵院（郷土資料の紹介）（森雄蔵）「むかしの馬宮」 馬宮郷土史同好会 　（27）2008.2

馬宮の宝篋印塔（武田敏文）「むかしの馬宮」 馬宮郷土史同好会 　（29）2010.02

馬宮の水神宮（武田敏史）「むかしの馬宮」 馬宮郷土史同好会 　（31）2012.03

丸ヶ崎観音堂

丸ヶ崎観音堂石塔群 馬頭観音梵字真言（諸橋一久）「大宮の郷土史」 大宮郷土史研究会 　（31）2012.03

満願寺

表紙写真説明 市場満願寺の花祭り（小室健二）「あゆみ」 毛呂山郷土史研究会 　（35）2012.02

万年寺

萬年寺調査報告[1]，(2)（大宮郷土史研究会）「大宮の郷土史」 大宮郷土史研究会 　（30）/（31）2011.03/2012.03

萬年寺の旧墓地と水いかりについて（浅子武夫）「大宮の郷土史」 大宮郷土史研究会 　（31）2012.03

三郷

市民の記録 三郷の川漁を聞く（坂巻栄一，吉田力）「葦のみち ： 三郷市史研究」 三郷市 　9　1997.3

座談会 三郷の商いを語る「葦のみち ： 三郷市史研究」 三郷市 　11　1999.3

三郷のしめ縄づくり（沼野弘）「葦のみち ： 三郷市史研究」 三郷市 　11　1999.3

座談会 三郷の祝いごとを語る―祝言を中心に「葦のみち ： 三郷市史研究」 三郷市 　12　2000.3

三郷の商い―菓子卸の移り変わり（永富正幸）「葦のみち ： 三郷市史研究」 三郷市 　12　2000.3

三郷の「盃状穴」の所在調査（昼間喜博）「葦のみち ： 三郷市史研究」 三郷市 　（16）2004.3

座談会 三郷のトムライ―今と昔（市民・元市史編集委員）「葦のみち ： 三郷市史研究」 三郷市 　（17）2005.3

三郷の力石の調査（昼間喜博）「葦のみち ： 三郷市史研究」 三郷市 　（18）2006.3

三郷の井戸職人―上総掘りを聞く（田中留五郎）「葦のみち ： 三郷市史研究」 三郷市 　（18）2006.3

三郷の早版米（武蔵野の食文化（2））（山本あづさ）「武蔵野」 武蔵野文化協会 　82（2）通号344　2006.10

座談会 三郷音頭とその時代（市民・元市史編集委員）「葦のみち ： 三郷市史研究」 三郷市 　（19）2007.3

三郷の力石余話（昼間喜博）「葦のみち ： 三郷市史研究」 三郷市 　（19）2007.3

三郷の文化財・江戸期石造鳥居と流山石工・行徳屋孫七について（市史の歴史広場）（小林將）「葦のみち ： 三郷市史研究」 三郷市 　（24）2013.03

三郷市の昔話と二ская半領稲作文化五ヶ条（市民の歴史広場）（鈴木由蔵）「葦のみち ： 三郷市史研究」 三郷市，三郷市教育委員会 　（25）2014.3

三郷市

座談会 家族生活の今昔を語る「葦のみち ： 三郷市史研究」 三郷市 　10　1998.3

八頭巻伝説（鈴木由蔵）「葦のみち ： 三郷市史研究」 三郷市 　10　1998.3

土橋と獅子舞の風景（成瀬栄治）「葦のみち ： 三郷市史研究」 三郷市 　10　1998.3

在来産業と民俗―三郷市のよしず生産についての報告（2）（服部武）「紀要」 埼玉県立博物館 　通号24　1999.3

石材採集可能地についての一考察（柴田徹）「葦のみち ： 三郷市史研究」 三郷市 　12　2000.3

午年の御開帳（入山紀子）「葦のみち ： 三郷市史研究」 三郷市 　（15）2003.3

座談会 観音参り―午年の御開帳「葦のみち ： 三郷市史研究」 三郷市 　（16）2004.3

水損と検見（歴史民俗講座）（出口宏幸）「葦のみち ： 三郷市史研究」 三郷市 　（18）2006.3

祭り・芸能を支える組織―ワカイシュコウと子ども組（飯塚好）「葦のみち ： 三郷市史研究」 三郷市 　（19）2007.3

三郷市域の漂着神信仰について（市史研究レポート）（板垣時夫）「葦のみち ： 三郷市史研究」 三郷市，三郷市教育委員会 　（25）2014.03

三沢

獅子舞の風土シリーズ（84）埼玉県皆野町/三沢の獅子舞い「かわせみ通信」 川崎実 　84　2004.3

竜谷山から三沢獅子舞（山行報告）（成川茂雄，関口洋介）「奥武蔵」 奥武蔵研究会 　（389）2013.01

水谷

水谷地区の年中行事（伊藤正和）「ふみおか ： 入間東部地区文化財保護連絡協議会活動報告」 入間東部地区文化財保護連絡協議会 　2　2000.3

溝沼

奥多摩の獅子舞い紀行（40）溝沼の獅子舞い「かわせみ通信」 川崎実 　43　1999.1

御岳山

表紙写真説明（宗岡御獄山）「郷土志木」 志木市郷土研究会 　（39）2010.10

密蔵院

「庚申」を信仰した人々の検討―上尾市・密蔵院の仏像（墨書銘）資料から（赤石光資）「埼玉民俗」 埼玉民俗の会 　（31）2006.3

三俣

鯉のぼり 心に水を/三俣地区の天神社について/本堂落慶「加須郷土史」 加須郷土史研究会 　（63）2008.3

三峰

檀廻と奉納の記録にみる江戸の三峰信仰―19世紀前半に焦点をあてて（三木一彦）「山岳修験」 日本山岳修験学会，岩田書院（発売） 　通号24　1999.11

三峰想いで抄（席書）（石川員弥）「みつミ祢山」 三峯神社社務所 　174　2001.10

三木一彦著『三峰信仰の展開と地域の基盤』（書評）（筒井裕）「歴史地理学」 歴史地理学会，古今書院（発売） 　52（4）通号251　2010.09

三木一彦著『三峰信仰の展開と地域の基盤』（書評と紹介）（西村敏也）「山岳修験」 日本山岳修験学会，岩田書院（発売） 　（47）2011.03

書誌紹介 三木一彦『三峰信仰の展開と地域の基盤』（岩鼻通明）「日本民俗学」 日本民俗学会 　（268）2011.11

三峯

秩父三峯と慈光寺を訪ねて（石井尚子）「史談八千代 ： 八千代市郷土歴史研究会機関誌」 八千代市郷土歴史研究会 　23　1998.10

三峯信仰の展開（横山晴夫）「山岳修験」 日本山岳修験学会，岩田書院（発売） 　通号24　1999.11

暦応二年の鰐口と三峯（横山晴夫）「みつミ祢山」 三峯神社社務所 　176　2002.4

三峯のお山（杉山林継）「みつミ祢山」 三峯神社社務所 　179　2003.1

埼玉の三匹獅子舞と信仰―桶川と三峯の獅子舞から（内田賢作）「埼玉民俗」 埼玉民俗の会 　28　2003.3

赤坂氷川神社と三峯（上）―日鑑摘録（横山晴夫）「みつミ祢山」 三峯神社社務所 　185　2004.7

三峯の開帳（上），（下）―日鑑摘録（横山晴天）「みつミ祢山」 三峯神社社務所 　（195）/（197）2007.1/2007.7

奥武蔵，秩父の獅子舞（27）神領三峯の舞（関口洋介）「奥武蔵」 奥武蔵研究会 　通号365　2009.01

三峯における神佛分離令（下）―日鑑摘録（横山晴夫）「みつミ祢山」 三峯神社社務所 　（207）2010.01

三峰観音院と聖護院（特集 地方霊山と本山派修験道）（西村敏也）「山岳修験」 日本山岳修験学会，岩田書院（発売） 　（50）2012.09

三峰山

異宗門間交流について―武州三峰山住職任命をめぐって（西村敏也）「関東近世史研究」 関東近世史研究会 　（43）1998.7

三峰山信仰の変遷（水原康道）「甲斐路」 山梨郷土研究会 91 1998.8
秩父地方の山岳信仰と三峰山（千嶋寿）「山岳修験」 日本山岳修験学会,
　岩田書院（発売） 通号24 1999.11
三峰山仁王像の行方―鴻巣市（山里だより（10）（飯野頼治）「あしなか」
　山村民俗の会 277 2007.3
鴻巣登戸獅子舞と三峰山常夜塔―埼玉県文化財再生記二題（飯野頼治）
　「あしなか」 山村民俗の会 279 2007.10
西村敏也『武州三峰山の歴史民俗学的研究』（書評と紹介）（乾賢太郎）
　「山岳修験」 日本山岳修験学会, 岩田書院（発売） （45） 2010.03
西村敏也『武州三峰山の歴史民俗学的研究』（書評と紹介）（菅野洋介）
　「関東近世史研究」 関東近世史研究会 （68） 2010.07

三峯山

三峯山と普寛行者（高橋稔）「みつミ祢山」 三峯神社社務所 162
　1998.10
三峯山の宝物 三寶荒神像「みつミ祢山」 三峯神社社務所 171 2001.1
三峯山中興「月観道満」（中山高嶺）「みつミ祢山」 三峯神社社務所
　172 2001.4
三峯山の宝物 御神犬画額「みつミ祢山」 三峯神社社務所 172 2001.4
三峯山―神霊の気と人々のぬくもり（北條賢三）「みつミ祢山」 三峯神社
　社務所 172 2001.4
三峯山の宝物 毘沙門天像「みつミ祢山」 三峯神社社務所 173 2001.7
三峯山の宝物 愛染明王像「みつミ祢山」 三峯神社社務所 174 2001.
　10
三峯山の宝物 三峯山額字「みつミ祢山」 三峯神社社務所 175 2002.1
三峯山の宝物 唐銅神饌器「みつミ祢山」 三峯神社社務所 176 2002.4
三峯山の宝物 三峯大権現御開扉通達建札「みつミ祢山」 三峯神社社務
　所 177 2002.7
三峯山の宝物 護摩本尊不動尊「みつミ祢山」 三峯神社社務所 178
　2002.10
三峯山の宝物 千手観音像「みつミ祢山」 三峯神社社務所 179 2003.1
三峯山の宝物 神犬像「みつミ祢山」 三峯神社社務所 181 2003.7
三峯山の宝物 法螺貝「みつミ祢山」 三峯神社社務所 183 2004.1
三峯山豆知識 山駕篭「みつミ祢山」 三峯神社社務所 （187）2005.1
三峯山豆知識 三峯索道「みつミ祢山」 三峯神社社務所 （188）2005.4
三峯山豆知識 清浄の滝「みつミ祢山」 三峯神社社務所 （189）2005.7
三峯山豆知識 薬師堂「みつミ祢山」 三峯神社社務所 （190）2005.10
コレラの流行と三峯山―日鑑摘録（横山晴夫）「みつミ祢山」 三峯神社社
　務所 （192）2006.4
三峯山豆知識 遙拝殿「みつミ祢山」 三峯神社社務所 （192）2006.4
三峯山豆知識 妙法ヶ岳「みつミ祢山」 三峯神社社務所 （193）2006.7
三峯山豆知識 小教院「みつミ祢山」 三峯神社社務所 （195）2007.1
梅林山人書『三峯山詣』「みつミ祢山」 三峯神社社務所 （196）2007.4
三峯山豆知識 雲取山「みつミ祢山」 三峯神社社務所 （197）2007.7
三峯山豆知識 古池（三峯山と大陽寺）「みつミ祢山」 三峯神社社務所
　（198）2007.10
三峯山豆知識 本殿・拝殿「みつミ祢山」 三峯神社社務所 （199）
　2008.1
三峯山豆知識 国常立神社「みつミ祢山」 三峯神社社務所 （200）
　2008.4
三峯山豆知識 祖霊社「みつミ祢山」 三峯神社社務所 （201）2008.7
三峯山豆知識 日本武神社「みつミ祢山」 三峯神社社務所 （202）
　2008.10
三峯山豆知識 東照宮「みつミ祢山」 三峯神社社務所 （204）2009.04
『三峯山観音院記録』「みつミ祢山」 三峯神社社務所 （205）2009.07
三峯山豆知識 大山祇神社「みつミ祢山」 三峯神社社務所 （205）
　2009.07
三峯山豆知識 末社・秩父神社、八幡宮、春日神社「みつミ祢山」 三峯
　神社社務所 （206）2009.10
三峯山豆知識 末社・祓戸神社、御井神社「みつミ祢山」 三峯神社社務
　所 （207）2010.01
お山の気（中山高嶺）「みつミ祢山」 三峯神社社務所 （208）2010.04
三峯山豆知識 末社・安房神社、金鑚神社、諏訪神社「みつミ祢山」 三
　峯神社社務所 （208）2010.04
三峯山豆知識 末社・菅原神社、浅間神社、稲荷神社「みつミ祢山」 三峯
　神社社務所 （209）2010.07
三峯山豆知識 末社・屋船神社 琴平神社、杵築神社「みつミ祢山」 三峯
　神社社務所 （210）2010.10
三峯山豆知識 末社・厳島神社、鎮火神社、塞神社「みつミ祢山」 三峯
　神社社務所 （211）2011.01
三峯山豆知識 末社・猿田彦神社、月讀神社「みつミ祢山」 三峯神社社
　務所 （212）2011.04
三峯山豆知識 摂社・竈三柱神社「みつミ祢山」 三峯神社社務所
　（213）2011.07

三峯山豆知識 洪鐘「みつミ祢山」 三峯神社社務所 （214）2011.10
三峯山豆知識 三峯山の正月飾り「みつミ祢山」 三峯神社社務所
　（219）2013.01
三峯山豆知識 三峯山の獅子舞「みつミ祢山」 三峯神社社務所 （221）
　2013.07

三峯神社

『浪・釈男女考』（左近銘名録（6）（橘左近）「みつミ祢山」 三峯神社社
　務所 161 1998.7
〔書評と紹介〕横山晴夫編『三峯神社史料集』（西村敏也）「山岳修験」 日
　本山岳修験学会, 岩田書院（発売） 通号23 1999.3
三峯神社の狛犬信仰をめぐって（金子善光）「山岳修験」 日本山岳修験学
　会, 岩田書院（発売） 通号24 1999.11
武州三峯神社の神仏分離（朝日則安）「山岳修験」 日本山岳修験学会, 岩
　田書院（発売） 通号24 1999.11
浪・釈考 左近銘名録（10）（橘左近）「みつミ祢山」 三峯神社社務所
　171 2001.1
御眷属様を戴いて（佐藤正雄）「みつミ祢山」 三峯神社社務所 171
　2001.1
駒ヶ根地区の三峯講と秩父三峯神社を訪ねて（池田和守）「伊那路」 上伊
　那郷土研究会 45（1）通号528 2001.1
三峯大権様（鈴木義明）「みつミ祢山」 三峯神社社務所 173 2001.7
三峯神社を拝み奉りて―新春に思うこと（加藤隆久）「みつミ祢山」 三峯
　神社社務所 175 2002.1
三峯神社に見る神仏習合―十一面観音曼荼羅をめぐって（頼富本宏）「み
　つミ祢山」 三峯神社社務所 177 2002.7
御眷属のお犬様（三橋健）「みつミ祢山」 三峯神社社務所 178 2002.10
四月八日（中山高嶺）「みつミ祢山」 三峯神社社務所 184 2004.4
紺紙金泥仏説菩薩内習六波羅蜜経「みつミ祢山」 三峯神社社務所 184
　2004.4
記念事業竣功 御本殿・拝殿・随身門 極彩色に復元「みつミ祢山」 三峯
　神社社務所 （186）2004.10
七夕に想う（中山高嶺）「みつミ祢山」 三峯神社社務所 （189）2005.7
祝儀袋考（橘左近）「みつミ祢山」 三峯神社社務所 （191）2006.1
火盗除けお犬様信仰―三峯神社の歴史と信仰（《特集 火伏せ信仰》）（岡
　本一雄）「季刊悠久.第2次」 鶴岡八幡宮悠久事務局 （104）2006.8
常夜塔再建の記（木村英一）「みつミ祢山」 三峯神社社務所 （195）
　2007.1
どぜう讃歌考（橘左近）「みつミ祢山」 三峯神社社務所 （195）2007.1
式年遷宮（中山高嶺）「みつミ祢山」 三峯神社社務所 （196）2007.4
『結袈裟』「みつミ祢山」 三峯神社社務所 （197）2007.7
『山手檀廻記』・『下町檀廻記』「みつミ祢山」 三峯神社社務所 （198）
　2007.10
江戸城大奥より祈禱依頼 日鑑摘録（横山晴夫）「みつミ祢山」 三峯神社
　社務所 （199）2008.1
不動明王図『掛軸』「みつミ祢山」 三峯神社社務所 （200）2008.4
『大般若波羅密多経』（全六百巻）「みつミ祢山」 三峯神社社務所 （202）
　2008.10
正月の準備と家の神（高橋寛司）「みつミ祢山」 三峯神社社務所 （202）
　2008.10
鞍（青貝入）「みつミ祢山」 三峯神社社務所 （203）2009.01
新年に「旧暦」を思う（岡田芳朗）「みつミ祢山」 三峯神社社務所
　（203）2009.01
三峯神社と秩父めぐり（事務局）「伊豆史談」 伊豆史談会 通号138
　2009.01
夏のまつり（中山高嶺）「みつミ祢山」 三峯神社社務所 （205）2009.07
No.72 建碑考（橘左近）「みつミ祢山」 三峯神社社務所 （205）2009.07
『郷社三峯神社縮図』「みつミ祢山」 三峯神社社務所 （206）2009.10
三峯神社豆いり祭（大野百樹）「みつミ祢山」 三峯神社社務所 （207）
　2010.01
御幸町三峯神社の秋祭（青木道太郎）「みつミ祢山」 三峯神社社務所
　（207）2010.01
三峯神社登拝路いまむかし（町田尚夫）「奥武蔵」 奥武蔵研究会 通号
　373 2010.05

緑区

力石の話―緑区を中心に「緑の歴史」 さいたま市緑区歴史の会 （3）
　2008.1
板石塔婆調査報告「緑の歴史」 さいたま市緑区歴史の会 （5）2010.03
庚申待板石塔婆調査報告（青木義脩）「緑の歴史」 さいたま市緑区歴史の
　会 （8）2013.02
「會所・船方中」を刻む石塔（五島公太郎）「緑の歴史」 さいたま市緑区
　歴史の会 （9）2014.02
徳本上人念仏供養塔（宮澤誠一）「緑の歴史」 さいたま市緑区歴史の会
　（9）2014.02

埼玉県　　　　　　　　　　郷土に伝わる民俗と信仰　　　　　　　　　　関東

皆野
皆野の獅子舞（石川博司）「まつり通信」　まつり同好会　47（4）通号530　2007.7

南大塚
分館だより　本丸御殿で聴く雅の調べ／南大塚の餅つき踊り「川越市立博物館博物館だより」　川越市立博物館　43　2004.12

南河原石塔婆
国指定史跡　南河原石塔婆（行田市南河原観福寺）「ミュージアム行田：行田市郷土博物館だより」　行田市郷土博物館　（38）　2006.10

南田島
郷土の祭り　南田島の足踊り　南田島　氷川神社（宗形慧）「川越の文化財」　川越市文化財保護協会　（116）　2014.03

南古谷村
近世村落における中小規模寺院と檀家—入間東部地区・川越市旧南古谷村分を中心に（橋本鶴人）「市史研究きんもくせい」　上福岡市教育委員会　（5）　2000.3

見沼
見沼の弁天信仰（阿達志郎）「西郊民俗」　［西郊民俗談話会］　通号171　2000.6
第5回さいたま市郷土芸能のつどいに見沼通船舟歌上演「尾間木史跡保存会報」　さいたま市尾間木史跡保存会　（12）　2008.3
見沼地域史研究への視点—見沼に蓮を作らない話を端緒として（宇田哲雄）「緑の歴史」　さいたま市緑区歴史の会　（6）　2011.3

蓑山神社
秩父蓑山神社の狼信仰（西村敏也）「山岳修験」　日本山岳修験学会，岩田書院（発売）（53）　2014.03

三室村
参考資料　北足立郡三室村・岩船祭（「四神社閣記」より）（編集室）「あしなか」　山村民俗の会　289　2010.08

宮ケ谷戸
所沢で地名類型を考える　地の神と地名「宮ケ谷戸」論考（後藤光）「練馬区地名研究会会報」　練馬区地名研究会　（102）　2013.2

宮代町
「二重の檀家慣行」に関する一考察—埼玉県宮代町の事例から（吉原睦）「日本民俗学」　日本民俗学会　通号221　2000.2

宮寺
近世橋供養塔の造立に関する一考察—埼玉県入間市宮寺を中心として（上椙英之）「久里」　神戸女子民俗学会　（19）　2006.10

妙顕寺
子安信仰に関する一考察—妙顕寺蔵「鬼子母神像」について（香林有希子）「研究紀要」　戸田市立郷土博物館　（14）　1999.3

明道寺
『明道寺焼失一件控帳』を読む（中島忠一郎，新井晴次，来間平八）「熊谷市郷土文化会誌」　熊谷市郷土文化会　（56）　2001.11

妙法ヶ岳
三峯山豆知識　妙法ヶ岳「みつミ祢山」　三峯神社社務所　（193）　2006.7

三芳野天神
三芳野天神の通りゃんせ（吉原侑男）「川越の文化財」　川越市文化財保護協会　（112）　2012.10

麦原
獅子舞の風土シリーズ（83）埼玉県入間市越生町／麦原の獅子舞い「かわせみ通信」　川崎実　2004.1
奥武蔵、秩父の獅子舞（29）麦原、住吉の舞（関口洋介）「奥武蔵」　奥武蔵研究会　通号367　2009.05

椋神社
奥武蔵、秩父の獅子舞（26）皆野椋神社のジョナメキザサラ（関口洋介）「奥武蔵」　奥武蔵研究会　通号364　2008.11

武蔵
巻頭言　新編武蔵風土記稿のこと（大村進）「岩槻史林」　岩槻地方史研究会　（38）　2011.6

武蔵国
「六条八幡宮造営注文」にみる武蔵国御家人（鈴木宏美）「埼玉地方史」　埼玉県地方史研究会　40　1998.6
近世中期・武蔵国の宗源宣言—地域の歴史・民俗資料として（榎本直樹）「埼玉民俗」　埼玉民俗の会　26　2001.3
史料紹介　高野山清浄心院所蔵武蔵国供養帳について（上），（中），（下）

（有元修一）「埼玉地方史」　埼玉県地方史研究会　46/48　2002.1/2002.11
武蔵国における伊勢講の師檀関係（杉山正司）「埼玉地方史」　埼玉県地方史研究会　（61）　2009.05
延喜式神名帳の近世的展開—武蔵国四十四座式内社巡拝案内書の成立をめぐって（渡部圭一）「埼玉民俗」　埼玉民俗の会　（36）　2011.03

武蔵国三十三番札所
短報　武蔵国三十三番札所標示石（三郷市彦糸公民館）「埼玉史談」　埼玉県郷土文化会　49（2）通号270　2002.7

室の八島
東西南北「室の八島」と鳩ケ谷浅間社—中島信彰先生の研究から「まるはとだより：小谷三志翁顕彰会月報」　まるはとだより発行所　96　1997.7

妻沼
妻沼地方の利根川水車船について（大山雄三）「埼玉史談」　埼玉県郷土文化会　52（1）通号281　2005.4
妻沼の聖天山信仰（栗原恵）「民俗文化史研究」　民俗文化史研究会　（4）　2007.7

妻沼郷聖天堂
妻沼郷聖天堂の寺宝—「紵絲斗帳」8代将軍上覧の経緯（大山雄三）「埼玉史談」　埼玉県郷土文化会　54（4）通号292　2008.1

妻沼聖天山
妻沼聖天山貴惣門設計から建築に至る経緯（上），（下）（大山雄三）「埼玉史談」　埼玉県郷土文化会　47（2）通号262/47（3）通号263　2000.7/2000.10
妻沼聖天山所蔵金工品調査（調査報告）（加島勝）「熊谷市史研究」　熊谷市教育委員会　（6）　2014.3

妻沼低地
利根川氾濫原・妻沼低地の漂着伝承—「福石と祭事」・「漂着の神輿　八坂神社祭事」（大山雄三）「埼玉史談」　埼玉県郷土文化会　48（4）通号268　2002.1

元荒川
埼玉県江戸川・元荒川流域の墓制（内田賢作）「葦のみち：三郷市史研究」　三郷市　（20）　2008.3
元荒川以北の同型板碑（四方田悟）「埼玉史談」　埼玉県郷土文化会　61（1）通号317　2014.05
表紙写真解説　密教系弥陀信仰板碑（解説は「元荒川以北の同型板碑」本文参照）「埼玉史談」　埼玉県郷土文化会　61（1）通号317　2014.05

元町
元町2丁目保管「猿の操り人形」について（福原敏男）「川越市立博物館博物館だより」　川越市立博物館　（53）　2008.3

本太観音堂
浦和本太観音堂と本尊聖観音について（青木健）「埼玉史談」　埼玉県郷土文化会　56（1）通号297　2009.04

本太村
「おかげ参り」の接待を記録した本太村の農民（重田正夫）「うらわ文化」　浦和郷土文化会　（119）　2014.1

守屋家天満宮筆塚花塚
守屋家天満宮筆塚花塚調査報告「大宮の郷土史」　大宮郷土史研究会　（31）　2012.03

毛呂
毛呂の流鏑馬—その歴史的背景（内野勝裕）「あゆみ」　毛呂山郷土史研究会　（34）　2010.05
毛呂の流鏑馬は子供が乗る流鏑馬ではない（内野勝裕）「あゆみ」　毛呂山郷土史研究会　（36）　2013.03

毛呂山
明治時代の社寺参拝帳　清水叢書第4編（2）〜（4）（岡野恵二）「あゆみ」　毛呂山郷土史研究会　23/25　1997.4/1999.4
明治時代の社寺参拝記の三（清水儀助翁文庫より）「あゆみ」　毛呂山郷土史研究会　24　1998.4
八幡神社の宝篋印塔（清水儀助翁文庫より）「あゆみ」　毛呂山郷土史研究会　24　1998.4
毛呂山に羽黒修験の寺院を探る（内野勝裕）「あゆみ」　毛呂山郷土史研究会　27　2001.4
清水叢書第5編　大正時代社寺参拝記念帖「あゆみ」　毛呂山郷土史研究会　27（30）　2001.4/2004.4
午頭山とその周辺—毛呂山の神仏ゆかりの山々（町田尚夫）「奥武蔵」　奥武蔵研究会　325　2002.5
表紙写真説明／町内に残る石仏の紹介（小室健二）「あゆみ」　毛呂山郷土

史研究会 （32） 2008.11

町風土・里模様・人模様（伊藤和由）「あゆみ」 毛呂山郷土史研究会 （33） 2009.4

表紙写真 十一面観音菩薩立像/口絵写真 裏彰状「文化ともしび賞」「あゆみ」 毛呂山郷土史研究会 （36） 20□3.03

毛呂山の大山信仰と権田直助（町田美雄）「あゆみ」 毛呂山郷土史研究会 （38） 2014.03

毛呂山町

関口潔家の正月行事調査記録報告（中間）「毛呂山町歴史民俗資料館研究紀要」 毛呂山町歴史民俗資料館 （4） 1998.3

毛呂山町歴史民俗資料館の箕の収集資料について（資料紹介）「毛呂山町歴史民俗資料館研究紀要」 毛呂山町歴史民俗資料館 （5） 1999.3

毛呂山町の修験について「毛呂山町歴史民俗資料館研究紀要」 毛呂山町歴史民俗資料館 （6） 2000.3

毛呂山町歴史民俗資料館収蔵の板碑（1）「毛呂山町歴史民俗資料館研究紀要」 毛呂山町歴史民俗資料館 （6） 2000.3

毛呂山町の古式やぶさめ祭り（埼玉県毛呂山町）（川崎実）「かわせみ通信」 川崎実 （120） 2010.01

毛呂山町の両墓制について（小室健二）「あゆみ」 毛呂山郷土史研究会 （38） 2014.03

百間

だるま石と「百間出争論」（研究ノート）（昌須茂）「熊谷市史研究」 熊谷市教育委員会 （4） 2012.3

八枝神社

平方のどろいんきょ（埼玉県上尾市平方 八枝神社）（川崎実）「かわせみ通信」 川崎実 （126） 2011.01

野牛

白岡町野牛のオシッサマ（板垣時夫）「埼玉民俗」 埼玉民俗の会 （32） 2007.3

矢行地

獅子舞への誘い（14）春を呼ぶ矢行地の舞（関口洋介）「奥武蔵」 奥武蔵研究会 通号352 2006.11

矢古宇郷

大河土御厨足立の比定地と矢古宇郷（長嶌剛次郎）「川口史林 ： 川口市郷土史会々誌」 川口市郷土史会 （71） 2006.3

八潮市

獅子舞の風土シリーズ（116）埼玉県八潮市 二丁目の獅子舞い（川崎実）「かわせみ通信」 川崎実 （116） 2008 11

谷下

谷下地区及び柏崎地区の屋号（内田秀太郎）「岩槻史林」 岩槻地方史研究会 （30） 2003.5

安松

安松ザルのはなし（長嶋初男）「東村山市史研究」 東村山市教育委員会 8 1999.3

八咫神社

郷土の祭り 上寺山のまんぐり 上寺山八咫神社（宗形慧）「川越の文化財」 川越市文化財保護協会 （111） 2012.06

奴稲荷

歴史のしおり 熊谷の「奴稲荷」の話（大明敦）「The amuseum」 埼玉県立歴史と民俗の博物館 5（1）通号13 2010.07

柳瀬川流域

所沢の古社・古寺［1］，（2）―柳瀬川流域の歴史と文化（2），（3）（栗原仲道）「所沢市史研究」 所沢市教育委員会 20/21 1997.3/1998.3

矢畑

表紙写真解説 秩父市下吉田矢畑路傍 中世石佛残像「埼玉史談」 埼玉県郷土文化会 60（3）通号315 2013.10

山口観音

十夜と諷誦文―埼玉県所沢市山口観音（長沢利明）「西郊民俗」 ［西郊民俗談話会］ （190） 2005.3

ユガテ

秋祭り諏訪神社とユガテ探訪（山行報告）〈町田尚夫，関口洋介〉「奥武蔵」 奥武蔵研究会 （394） 2013.11

養寿院

養寿院案内（桑原政則）「川越の文化財」 川越市文化財保護協会 （116） 2014.03

用土

獅子舞の風土シリーズ（99）埼玉県大里郡寄居町/用土の獅子舞い（川崎

実）「かわせみ通信」 川崎実 （99） 2006.7

用土村

中井三軒物語り―埼玉北部山麓用土村《埼玉北部山麓用土村 中井三軒物語り》（岡田博）「あしなか」 山村民俗の会 263 2003.1

「中井三軒物語り」（岡田博著）を読む―民俗誌の "社会性" に寄せて（秋山高志，浦西勉，岡田陽一，小川博，小泉共司，杉崎満寿雄，田口貞一，寺島清文，野村敬子，林英夫，林今朝信，府川昭男，藤野泰弘）「あしなか」 山村民俗の会 265 2003.10

除堀の獅子舞

除堀の獅子舞（石川博司）「まつり通信」 まつり同好会 48（2）通号534 2008.3

横瀬

横瀬説経節の現状（若林祐美）「説経節の会・説経節を語る会会報」 説経節の会・説経節を語る会 （1） 1997.6

秩父横瀬人形芝居鑑賞記（坂田宏之）「説経 ： 説経節の会通信」 説経節の会 （104） 2010.06

横瀬町

神饌田・御田植神事―秩父横瀬町（山里だより（3））（飯野頼治）「あしなか」 山村民俗の会 266 2004.5

横根

横根地区の屋号（内田秀太郎）「岩槻史林」 岩槻地方史研究会 （28） 2001.5

横見郡

古代横見郡と式内社（森田悌）「埼玉史談」 埼玉県郷土文化会 60（3）通号315 2013.10

吉川

吉川の的神事と魔除けの呪的文様について（内田賢作）「埼玉民俗」 埼玉民俗の会 （35） 2010.03

吉川市

吉川市史編さん委員会編『吉川市史 民俗編』（書誌紹介）（牧野眞一）「日本民俗学」 日本民俗学会 （269） 2012.02

吉野神社

新築なった吉野神社の由緒・歴史・建造物（中島留男）「大宮の郷土史」 大宮郷土史研究会 （32） 2013.03

吉見百穴

平成24年度秋の史跡巡り 吉見百穴とコロポックル伝説（玉利勝範）「郷土史」 八王子市川口郷土史研究会 （34） 2013.2

四日市場

口絵写真解説 滝不動尊 坂戸市四日市場「埼玉史談」 埼玉県郷土文化会 60（2）通号314 2013.07

寄居

武州寄居神田囃子の音楽的要素について（内藤ふみ）「埼玉県立民俗文化センター研究紀要」 埼玉県立民俗文化センター 13 1997.3

寄居十二支

寄居十二支めぐり（山行報告）（西東昭夫）「奥武蔵」 奥武蔵研究会 （396） 2014.03

寄居町

よりいの石仏（2）（田嶋栄一郎）「郷土のあゆみ」 寄居町郷土文化会 33 1997.3

雷神社

雷神社と十七人衆（所沢）（野田康樹）「郷土の香り ： 郷土文化財資料」 保原町文化財保存会 41 2008.3

竜淵寺

龍淵寺の天狗つぶて（中島迪武）「熊谷市郷土文化会誌」 熊谷市郷土文化会 53 1998.11

竜淵寺の散策（小池幹衛）「熊谷市郷土文化会誌」 熊谷市郷土文化会 53 1998.11

竜王寺

梅林山梅松院龍王寺の口伝（酒井昌樹）「奥武蔵」 奥武蔵研究会 （384） 2012.03

竜谷山

竜谷山から三沢獅子舞（山行報告）（成川茂雄，関口洋介）「奥武蔵」 奥武蔵研究会 （389） 2013.01

竜ヶ谷山神社

龍ヶ谷山神社考（小峰幸雄）「あゆみ」 毛呂山郷土史研究会 （34） 2010.05

竜谷寺

阿弥陀堂墓地から（1）狭山卅三所観世音 十番竜谷寺について（西牧信一）「郷土研だより」 東村山郷土研究会　281　2002.7

立善講寺

立善講寺と年中行事（高橋長次）「郷土志木」 志木市郷土史研究会　（37）　2008.11

竜泉寺

渡辺崋山筆龍泉寺「松図格天井画」他の考察（馬場國夫）「熊谷市郷土文化会誌」 熊谷市郷土文化会　（65）　2009.11

両神山

秩父・両神山の山岳信仰（飯野頼治）「せこ道」 山地民俗関東フォーラム　4　2001.7

両神村

芝一件の儀―両神村加藤家文書より（栗原一夫）「埼玉史談」 埼玉県郷土文化会　49（2）通号270　2002.7

林蔵院

近世における修験寺院の回壇と祈禱寺壇関係―武州入間郡上寺山村本山派修験・林蔵院を中心として（田中洋平）「風俗史学 ： 日本風俗史学会誌」 日本風俗史学会　（16）　2001.7

近世の村鎮守祭礼をめぐる別当寺の動向―武州入間郡上寺山村本山派修験林蔵院を事例として（田中洋平）「風俗史学 ： 日本風俗史学会誌」 日本風俗史学会　（24）　2003.7

近世農村地帯における修験寺院経営―武州入間郡上寺山村林蔵院を中心として（《大会特集 交流の地域史―ぐんまの山・川・道》―〈問題提起〉）（田中洋平）「地方史研究」 地方史研究協議会　54（4）通号310　2004.8

林蔵寺

近世における修験寺院の回檀と祈禱寺壇関係―武州入間郡上寺山村本山派修験・林蔵寺を中心として（田中洋平）「風俗史学 ： 日本風俗史学会誌」 日本風俗史学会　（16）　2001.7

蓮馨寺

蓮馨寺のおみくじ（中林洋）「板橋史談」 板橋史談会　210　2002.5

蓮馨寺に見る北条系僧侶の功績（歴史シンポジウム 知られざる後北条氏の時代 いかにして河越の町はつくられたか）（桑原恒久）「川越の文化財」 川越市文化財保護協会　（113）　2013.02

蓮光寺

高橋家墓誌碑文集（1）蓮光寺（佐藤繁）「埼玉史談」 埼玉県郷土文化会　51（2）通号278　2004.7

連雀町

御神酒枠（連雀町自治会蔵）「川越市立博物館博物館だより」 川越市立博物館　34　2001.11

六万部塚

六万部塚付近をあるく―歴史と伝説を訪ねて（町田尚夫）「奥武蔵」 奥武蔵研究会　323　2002.1

鷲神社

鷲神社修造碑「加須郷土史」 加須郷土史研究会　（65）　2008.11

鷲宮催馬楽神楽

現代の伝統芸能事情―鷲宮催馬楽神楽における女性神楽師の誕生（槙島知子）「民俗文化研究」 民俗文化研究所　（3）　2002.9

鷲宮町

北葛飾郡鷲宮町の年中行事―文献資料との比較を試みて（板垣時夫）「埼玉民俗」 埼玉民俗の会　25　2000.3

渡瀬

神川町渡瀬の「隠れキリシタン」伝承の疑問と伝キリシタン墓の謎の解明（須藤忠夫）「立正大学地域研究センター年報」 立正大学地域研究センター年報編集室　通号22　1999.1

蕨

蕨の龍体院信仰（長沢利明）「埼玉民俗」 埼玉民俗の会　24　1999.3

蕨市

在来産業と民俗工芸―蕨市のパイスケ生産（服部武）「民具マンスリー」 神奈川大学　31（1）　1998.4

蕨市の伝説（潮地悦三郎）「蕨市立歴史民俗資料館紀要」 蕨市立歴史民俗資料館　（8）　2011.03

明治四十四年十二月「鎮守合祀祭諸費用計算表」（史料紹介）「蕨市立歴史民俗資料館紀要」 蕨市立歴史民俗資料館　（10）　2013.03

和楽備神社

和楽備神社の十三仏板碑について（諸岡勝）「蕨市立歴史民俗資料館紀要」 蕨市立歴史民俗資料館　（6）　2009.03

千葉県

相浜
共同漁業における代分け慣行―千葉県館山市相浜の場合（川部裕幸）「民俗学研究所紀要」 成城大学民俗学研究所　通号23　1999.3

青木集落
江見の民俗（3） 正月風景 青木集落（川名護平）「江見の自然と文化」 江見公民館郷土の自然と文化教室　（3） 1999.8

青堀
青堀・人見浦での木篊から竹篊への年代と民俗（川名興）「東京湾学会誌：東京湾の水土」 東京湾学会　2（6）通号12　2008.3

県神社
表紙写真 「橋弁慶」絵馬 縣神社（大網白里町）「千葉いまむかし」 千葉市教育委員会　（26） 2013.03

あく井戸
あく井戸の話を聞いて（石川和徳）「ふるさとちくら」 南房総市教育委員会　（15） 1998.4

明眼地蔵
随想 つれづれなるまゝに「明眼地蔵」（小形博子）「館山と文化財」 館山市文化財保護協会　（46） 2013.04

朝夷郡
朝夷郡と延喜式内社下立松原神社（郷土研究）（青木徳雄）「館山と文化財：会報」 館山市文化財保護協会　（47） 2014.04

朝日森稲荷
カメラルポ―早春の風物詩 朝日森稲荷初午大祭「リヴラン佐原」 CAC企画　（401） 2009.03

あじさい寺
千葉県麻綿原あじさい寺の年末餅つき行事（立花弥生）「民俗」 相模民俗学会　（207） 2009.03

千葉県麻綿原あじさい寺 恒例の味噌炊きに参加して（立花弥生）「民俗」 相模民俗学会　（208） 2009.06

麻綿原あじさい寺の「中興開山会」参加記―主催者側の裏方として（立花弥生）「民俗」 相模民俗学会　（215） 2011.03

東
東鰒と隠岐鰒（宮原武夫）「千葉県史研究」 千葉県史料研究財団　8　2000.3

吾妻神社
調査報告 千葉県富津市吾妻神社祭礼調査報告（高橋克）「日本民俗学」 日本民俗学会　通号260　2009.11

吾嬬神社
吾嬬神社の軌跡と諸相―核としてのオトタチバナヒメ伝承（高塚さより）「女性と経験」 女性民俗学研究会　通号32　2007.10

姉崎
姉崎音頭（山田恒雄）「上総：かみつふさ」 上総国歴史の会　（2） 1999.1

我孫子
我孫子のむかしばなし（1）～（5）「我孫子の文化を守る会会報」 我孫子の文化を守る会　（79）/（83） 1998.4/1999.4

我孫子のむかしばなし（6），（7） 桐姫物語（2），（3）（鳴海和彦）「我孫子の文化を守る会会報」 我孫子の文化を守る会　（84）/（85） 1999.7/1999.10

我孫子のむかしばなし（8）～（10） 藤姫の悲恋物語（1）～（3）（鳴海和彦）「我孫子の文化を守る会会報」 我孫子の文化を守る会　（86）/（88） 2000.1/2000.7

我孫子のむかしばなし（11），（12） 手賀沼の白い牛（1），（2）（鳴海和彦）「我孫子市史研究」 我孫子市教育委員会　89/（90） 2000.10/2001.1

我孫子のむかしばなし（13）―布佐に伝わる昔話と伝説 かっぱの話（1）（鳴海和彦）「我孫子の文化を守る会会報」 我孫子の文化を守る会　（91） 2001.4

我孫子のむかしばなし（14）―布佐に伝わる昔話と伝説 切所沼のカッパ（2）（村越ふさ子）「我孫子の文化を守る会会報」 我孫子の文化を守る会　（92） 2001.7

我孫子のむかしばなし（15）―布佐に伝わる昔話と伝説（2） きつねの嫁入り（鳴海和彦）「我孫子の文化を守る会会報」 我孫子の文化を守る会　（93） 2001.10

我孫子のむかしばなし（16）―布佐に伝わる昔話と伝説（3） 竹内神社縁起（鳴海和彦）「我孫子の文化を守る会会報」 我孫子の文化を守る会　（94） 2002.1

第22回文化講演会「我孫子と陶芸―リーチ・蒔山など」講師・岩村守氏「我孫子の文化を守る会会報」 我孫子の文化を守る会　（95） 2002.4

我孫子のむかしばなし（17），（18）―昭和4・5年頃の我孫子（1），（2）（小熊勝夫）「我孫子の文化を守る会会報」 我孫子の文化を守る会　（95）/（96） 2002.4/2002.7

第22回文化講演会「我孫子と陶芸―リーチ・蒔山など」「我孫子の文化を守る会会報」 我孫子の文化を守る会　（96） 2002.7

手賀沼の王は？（特集 楽しい東葛伝説民話事典―我孫子の伝説と民話）「東葛流山研究」 流山市立博物館友の会事務局，崙書房出版（発売）（29） 2011.03

子之神大黒天の伝説（特集 楽しい東葛伝説民話事典―我孫子の伝説と民話）「東葛流山研究」 流山市立博物館友の会事務局，崙書房出版（発売）（29） 2011.03

山神宮の大杉（特集 楽しい東葛伝説民話事典―我孫子の伝説と民話）「東葛流山研究」 流山市立博物館友の会事務局，崙書房出版（発売）（29） 2011.03

妙見様の亀（特集 楽しい東葛伝説民話事典―我孫子の伝説と民話）「東葛流山研究」 流山市立博物館友の会事務局，崙書房出版（発売）（29） 2011.03

法性尼と血盆経由来（特集 楽しい東葛伝説民話事典―我孫子の伝説と民話）「東葛流山研究」 流山市立博物館友の会事務局，崙書房出版（発売）（29） 2011.03

歴史探訪部会・座学 「我孫子周辺の大山信仰」を受講して（土井玲子）「我孫子市史研究センター会報」 我孫子市史研究センター　（140） 2013.10

我孫子におけるアンバ大杉信仰―都部と下ヶ戸の事例（近江礼子）「我孫子市史研究センター会報」 我孫子市史研究センター　（152） 2014.10

我孫子市
我孫子市の衣生活（松田恵子）「西郊民俗」 ［西郊民俗談話会］ 通号162　1998.3

合同部会7月の活動（7/21） 我孫子市緑の香取神社調査（近江礼子）「我孫子市史研究センター会報」 我孫子市史研究センター　（125） 2012.07

「八坂神社祭礼の由来」書とお神輿渡御（松本庸夫）「我孫子市史研究センター会報」 我孫子市史研究センター　（138） 2013.08

合同部会の新事業 「我孫子市の社寺を訪ねる」（仮題）の現地調査と報告方式について（中澤雅夫）「我孫子市史研究センター会報」 我孫子市史研究センター　（139） 2013.09

我孫子市の社寺を訪ねて1―根戸 東陽寺、弁天社、妙蓮寺、八幡社、大師堂（近江礼子）「我孫子市史研究センター会報」 我孫子市史研究センター　（140） 2013.10

天津
天津・小湊の石仏（尾形弘道）「郷土文化」 郷土文化の会　（11） 2002.3

天津小湊
天津小湊のオダワラボッコをめぐって（西海賢二）「史談天津小湊」 天津小湊町　2　2000.3

天沼千軒
幻の天沼千軒と善光寺について（長谷川芳夫）「史談会報」 船橋市史談会　（33） 2014.3

阿弥陀堂
阿弥陀堂改築のこと（森正治）「東庄の郷土史」 東庄郷土史研究会　（23） 2007.6

有木城跡
有木城跡石造十三重層塔について（安藤登）「上総市原」 市原市文化財研究会　10　1997.9

安房
安房の捕鯨（小牧恭子）「豊津のあゆみ」 豊津会　（3） 1997.2

〔資料紹介〕 古文書にみる万祝と紺屋「安房博物館だより」 千葉県立安房博物館　65　1997.3

幕末の海岸警備武士の生活記録（佐藤恵重）「安房博物館だより」 千葉県

立安房博物館　65　1997.3

安房地方を中心とした鍬の柄の製作について―職人の民俗知識体系（榎美香）「民具研究」　日本民具学会　通号114　1997.6

〔資料紹介〕　古文書にみる万祝と紺屋（2）マイワイ見本帳「安房博物館だより」　千葉県立安房博物館　66　1997.8

安房博の重文紹介コーナー（15）ドビンカゴ「安房博物館だより」　千葉県立安房博物館　66　1997.8

安房の富士講と先達―ある大先達の手記を中心に（山本志乃）「常総の歴史」　崙書房出版茨城営業所　20　1998.1

鶴岡八幡宮再興と上総・安房（山田邦明）「中世房総」　崙書房出版　10　1998.8

〔資料紹介〕　古文書にみる万祝と紺屋（3）注文帳「安房博物館だより」　千葉県立安房博物館　68　1998.9

安房博の重文紹介コーナー（17）カグラサン「安房博物館だより」　千葉県立安房博物館　68　1998.9

開館25周年記念企画展「万祝」「安房博物館だより」　千葉県立安房博物館　69　1999.2

安房博の重文紹介コーナー（18）マイワイ「安房博物館だより」　千葉県立安房博物館　69　1999.2

安房の富士講（坂野安子）「郷土文化」　郷土文化の会　（8）1999.3

安房博の重文紹介コーナー（19）シメキリン「安房博物館だより」　千葉県立安房博物館　70　1999.9

平成11年度企画展「海のまつり」「安房博物館だより」　千葉県立安房博物館　71　2000.1

安房博の重文紹介コーナー（20）ヤッサカゴ「安房博物館だより」　千葉県立安房博物館　71　2000.1

安房博の重文紹介コーナー（21）フナダマサマ（安斎信人）「安房博物館だより」　千葉県立安房博物館　72　2000.9

収蔵資料展「海女の道具」を終えて（高橋克）「安房博物館だより」　千葉県立安房博物館　72　2000.9

商家・実演風景をのぞく―畳の店　安房屋「瓦版大木戸 ：千葉県立房総のむら館報」　千葉県立房総のむら　28　2001.8

生業研究の課題　漁撈習俗調査の実施に臨んで（小島孝夫）「安房博物館だより」　千葉県立安房博物館　74　2001.9

安房の伝統工芸展（本吉正宏）「安房博物館だより」　千葉県立安房博物館　74　2001.9

波間に消えた安房節（鈴木巽）「豊津のあゆみ」　豊津会　（5）2002.2

平成13年度企画展「祈りの舟」（高橋克）「安房博物館だより」　千葉県立安房博物館　75　2002.3

安房博の重文紹介コーナー（24）フンドシビシ（本吉正宏）「安房博物館だより」　千葉県立安房博物館　75　2002.3

安房博の重文紹介コーナー（25）テングサガマ（笹生衛）「安房博物館だより」　千葉県立安房博物館　76　2002.9

安房の伝統工芸展（笹生衛）「安房博物館だより」　千葉県立安房博物館　76　2002.9

「安房の伝統工芸展II」（笹生衛）「安房博物館だより」　千葉県立安房博物館　77　2003.3

安房博の重文紹介コーナー（26）クウキモリ（本吉正宏）「安房博物館だより」　千葉県立安房博物館　77　2003.3

安房博の重文紹介コーナー（27）メカゴ（鈴木啓治）「安房博物館だより」　千葉県立安房博物館　78　2003.10

安房の伝統工芸（笹生衛）「安房博物館だより」　千葉県立安房博物館　78　2003.10

安房博の重文紹介コーナー（28）ロクロ（高田博）「安房博物館だより」　千葉県立安房博物館　79　2003.10

安房南島部地区の七福神（庄司哲夫）「嶺岡」　鴨川市郷土史研究会　（3）2004.5

安房博の重文紹介コーナー（29）タコツボ（山口加奈）「安房博物館だより」　千葉県立安房博物館　80　2004.10

安房の伝統工芸展I・II（笹生衛）「安房博物館だより」　千葉県立安房博物館　81　2005.3

安房博の重文紹介コーナー（30）フナズメン（山口加奈）「安房博物館だより」　千葉県立安房博物館　81　2005.3

安房博の重文紹介コーナー（31）アバリ（山口加奈）「安房博物館だより」　千葉県立安房博物館　82　2005.10

安房・忌部の旧閏異事（佐藤輝夫）「館山と文化財」　館山市文化財保護協会　（39）2006.4

上総・下総と安房の農家（むらの体験風景のぞく）（村田憲一）「瓦版大木戸 ：千葉県立房総のむら館報」　千葉県立房総のむら　38　2006.10

千葉県伝統文化伝承事業「安房の郷土芸能交流会　華の舞台2007」（丹羽敏之）「安房博物館だより」　千葉県立安房博物館　（85）2007.3

収蔵展　万祝「安房博物館だより」　千葉県立安房博物館　（86）2007.11

安房の民間仏教　百姓の日常生活（4）（清水信明）「館山と文化財」　館山市文化財保護協会　（41）2008.4

海辺の山岳寺院―安房にみる廃絶した山寺と存続した山寺（上野川勝）「唐澤考古」　唐沢考古会　（27）2008.5

収蔵展「万祝一～三」（丹羽敏之）「安房博物館だより」　千葉県立安房博物館　（88・89）2009.02

安房博の重文紹介コーナー（36）ロクロ（安齋信人）「安房博物館だより」　千葉県立安房博物館　（88・89）2009.02

「むら」だより1　下総の農家・安房の農家・農村歌舞伎舞台で茅葺き屋根葺き替え等の工事を実施（村田憲一）「瓦版大木戸 ：千葉県立房総のむら館報」　千葉県立房総のむら　（43）2009.03

安房の行基伝説（田村勇）「館山と文化財」　館山市文化財保護協会　（42）2009.04

安房の人形浄瑠璃に関する研究（對島郁夫）「館山と文化財」　館山市文化財保護協会　（42）2009.04

安房忌部の神々（鈴木馨）「館山と文化財」　館山市文化財保護協会　（42）2009.04

安房の石神二題　綿打神と虫神（早川正司）「日本の石仏」　日本石仏協会，青娥書房（発売）（132）2009.12

安房の雨乞い祭りと良弁伝説（田村勇）「館山と文化財」　館山市文化財保護協会　（43）2010.05

安房の初期庚申塔とその周辺（早川正司）「館山と文化財」　館山市文化財保護協会　（43）2010.05

中世安房の地蔵菩薩像に見る宋風彫刻の影響（池田英真）「館山と文化財」　館山市文化財保護協会　（43）2010.05

文化祭講演会の実施「安房の富士講と先達」（平成21年度協会記事）（山本志乃）「館山と文化財」　館山市文化財保護協会　（43）2010.05

安房の当山派修験寺院についての試論（郷土研究）（清水信明）「館山と文化財」　館山市文化財保護協会　（45）2012.04

富浦町の多田良と安房の製鉄・鍛冶伝承（郷土研究）（田村勇）「館山と文化財」　館山市文化財保護協会　（46）2013.4

安房小湊

相模の民俗あれこれ（73）―安房小湊のオダワラボッコをめぐって（西海賢二）「コロス」　常民文化研究会　79　1999.11

粟野

墓塔が語る村落の歴史と文化―粟野地区の事例を中心に（小川浩）「鎌ケ谷市史研究」　鎌ケ谷市教育委員会　（16）2003.3

新規の市指定文化財について―「粟野庚申塔」と「粟野庚申塔群」（資・史料紹介）（後野真弥）「鎌ケ谷市史研究」　鎌ケ谷市教育委員会　（27）2014.03

安房国

〔資料紹介〕　安房国における大和石工橘氏の作例（野村隆）「史迹と美術」　史迹美術同攷会　69（9）通号699　1999.11

近世安房国における新義真言宗の寺院組織（朴沢直秀）「千葉県史研究」　千葉県史料研究財団　8　2000.3

近世安房国における新義真言宗の僧侶集団（朴沢直秀）「千葉県史研究」　千葉県史料研究財団　9（別冊）2001.3

近世女人文人風土記（12）―安房・上総・下総国の巻（千葉県）（大井多津子）「江戸期おんな考」　桂文庫　（12）2001.10

安房国浅間宮百八番―富士講先達・栄行真山の信仰世界《富士・浅間信仰―山岳信仰特集II》（山本志乃）「あしなか」　山村民俗の会　259・260　2001.11

安房国の式内社について（島津晴久）「式内社のしおり」　式内社顕彰会　66　2002.8

川名登編『里見家分限帳集成［増補版］附安房国四郡御検地高目録帳　安房国寺社領帳』（書評・新刊紹介）（遠山成一）「利根川文化研究」　利根川文化研究会　通号34　2011.01

安国寺

上総国の安国寺を温ねて（鈴木貢）「西上総文化会報」　西上総文化会　（62）2002.3

飯岡

会員寄稿　利根川下流域の百庚申石材　飯岡石について（宮内欽一）「会報」　房総石造文化財研究会事務局　（115）2012.10

飯岡律僧寺

『三国伝記』の「飯岡律僧寺」のこと（歴史随想）（外山信司）「千葉史学」　千葉歴史学会　（52）2008.5

飯尾寺

調査概報　長柄町飯尾寺狛犬再考（早川正司）「会報」　房総石造文化財研究会事務局　（122）2014.07

飯香岡八幡宮

飯香岡八幡宮手洗石考（小幡重康）「上総市原」　市原市文化財研究会　10　1997.9

飯縄神社

飯縄神社の玉垣に施された「二十四孝」彫刻（特集 旧萱田村の総合研究I ―「菅田の飯綱神社と飯綱信仰」の調査・報告）（目黒邦夫，鈴木康彦，藤本早苗，藤本涼輔）「史談八千代 ： 八千代市郷土歴史研究会機関誌」 八千代市郷土歴史研究会 （35）2010.11

飯沼観音

一里塚について―銚子市飯沼観音から下総滑河観音まで（高森良昌）「房総の郷土史」 千葉県郷土史研究連絡協議会 27 1999.3

飯沼観音信仰と17世紀の銚子―「飯沼山観世音縁起」を中心に（山沢学，蓼沼綾子）「歴史地理学調査報告」 筑波大学人文社会科学研究科歴史・人類学専攻歴史地理学研究室 （9）2000.3

銚子における地域間関係の変化―円福寺寺院組織と飯沼観音支持者に見る（蓼沼綾子）「歴史地理学調査報告」 筑波大学人文社会科学研究科歴史・人類学専攻歴史地理学研究室 （10）2002.3

名刹紹介 円福寺・飯沼観音の歴史―武家持ちの寺から庶民の寺へ（岡田勝太郎）「房総の郷土史」 千葉県郷土史研究連絡協議会 （38）2010.06

飯沼山観世音

飯沼山観世音縁起（明暦2年）《飯沼山円福寺の記録》（山沢学）「歴史地理学調査報告」 筑波大学人文社会科学研究科歴史・人類学専攻歴史地理学研究室 （9）（別冊）2000.2

飯野陣屋跡

飯野陣屋跡と浄信寺を訪ねて（矢田直也）「伊那路」 上伊那郷土研究会 49（12）通号587 2005.12

医光寺

医光寺の宝篋印塔（桐谷清史）「上総 ： かみつふさ」 上総国歴史の会 （2）1999.1

飯縄寺

延暦寺末明王山飯縄寺と寄付者―長柄郷の寄付者をめぐって「房総 ： 郷土の古文書研究」 川城文庫・藩政史研究会 71 1997.1

イヅナ信仰と飯縄寺（永井義憲）「西郊民俗」［西郊民俗談話会］ （188）2004.9

泉

旧沼南町県の禁忌（特集 楽しい東葛伝説民話事典―柏の伝説と民話）「東葛流山研究」 流山市立博物館友の会事務局，崙書房出版（発売）（29）2011.03

夷灊郡

古代の夷灊と蝦夷戦争―上総国夷灊郡の神火を中心に（論文）（河名勉）「千葉史学」 千葉歴史学会 （62）2013.5

夷隅郡

市にみる商いと取引の諸相―夷隅郡の六斎市を例として（山本志乃）「千葉県史研究」 千葉県史料研究財団 7 1999.3

夷隅郡猟狩りと四季打ち鉄砲阿部五三二分割知行「房総 ： 郷土の古文書研究」 川城文庫・藩政史研究会 92 2002.1

和泉公会堂

和泉公会堂と伝承行事（坂野安子）「郷土文化」 郷土文化の会 （10）2001.3

泉水村

佐倉炭の流通と市域の四町村―千葉町・登戸村・寒川村・泉水村（土屋雅人）「千葉いまむかし」 千葉市教育委員会 （19）2006.3

市川

ぞうり作りと民話の伝承―市川緑の市民フォーラムの取り組み（根岸英之）「民具マンスリー」 神奈川大学 30（2）1997.5

高津新田民俗調査から「市川の地蔵さま」を探して（わらびゆみ）「郷土史研通信」 八千代市郷土史研究会 43 2003.7

研究ノート 板碑にみる追善儀礼の一様態―日蓮宗と壇越千葉胤貞の場合（研究紀要編）（湯浅治久）「市立市川歴史博物館館報」 市立市川歴史博物館 2010年度 2012.03

市川市

市川市所在の庚申塔について―分布と造立の特徴（小泉みち子）「市立市川歴史博物館館報」 市立市川歴史博物館 2000年度 2002.3

市川市・安政の地震風難供養塔によせて（石田年子）「房総の石仏」 房総石造文化財研究会 （19）2009.12

市川市史編さん講演録 日蓮が遺したもの―近世・近代の信仰と文化（安中尚史）「市史研究いちかわ」 市川市文化国際部 （2）2011.03

調査報告 市民部会平成21・22年度調査報告（内藤浩誉）「市史研究いちかわ」 市川市文化国際部 （2）201_.03

エビスコウ習俗の再検討（研究ノート）[水谷類]「市史研究いちかわ」 市川市文化国際部 （3）2012.03

一宮本郷村

上総一宮本郷・東浪見村他漁業の衰退―九十九里浜の地引網を探る（川城昭一）「房総 ： 郷土の古文書研究」 川城文庫・藩政史研究会 101 2004.1

市原

市原の板碑（2）―併せて西上総に於ける初期板碑について（谷島一馬）「市原地方史研究」 市原市教育委員会 19 1999.3

八幡神社修理工事に関する覚書―神社の歴史と平成8年調査、修理に伴う発見物等について（滝本平八）「市原地方史研究」 市原市教育委員会 19 1999.3

市原の山包講（青柳至彦，時田克男）「富士信仰研究」 富士信仰研究会 （2）2001.5

石塔・疱瘡神と疱瘡について（小川正夫）「上総市原」 市原市文化財研究会 12 2001.8

市原にある大名旗本の墓・碑銘を訪ねて（山岸弘明）「上総市原」 市原市文化財研究会 13 2002.10

運慶様式の受容と房総の造像―市原の造像との関わり（紺野敏文）「市原地方史研究」 市原市教育委員会 20 2003.3

市原市

市原市近世の石造宝篋印塔 市原市近世の石造宝篋印塔の調査（2），（3）（安ъ登）「上総市原」 市原市文化財研究会 12/14 2001.8/2003.5

博物館Report 千葉市市原市の富士講―平成18年度外川家住宅学術調査経過報告（高橋晶子）「Marubi ： 富士吉田市歴史民俗博物館だより ： Fujiyoshida Museum of Local History news」 富士吉田市歴史民俗博物館 通号27 2006.10

都部

我孫子におけるアンバ大杉信仰―都部と下ヶ戸の事例（近江礼子）「我孫子市史研究センター会報」 我孫子市史研究センター （152）2014.10

稲毛

稲毛文化ゾーン構想―浅間の杜を中心として（平田敏行）「まつ風」 稲毛文化懇話会 （2）1997.2

浅間神社のお神楽（植草博）「まつ風」 稲毛文化懇話会 （2）1997.2

稲毛の概況（千葉市民俗調査報告書4 稲毛の民俗）（千葉市民俗調査会）「研究紀要」 千葉市立郷土博物館 （17）2011.03

稲毛の生業（千葉市民俗調査報告書4 稲毛の民俗）（林絢子）「研究紀要」 千葉市立郷土博物館 （17）2011.03

稲毛の旅館と海の家（千葉市民俗調査報告書4 稲毛の民俗）（千葉市民俗調査会）「研究紀要」 千葉市立郷土博物館 （17）2011.03

稲毛の年中行事（千葉市民俗調査報告書4 稲毛の民俗）（林絢子）「研究紀要」 千葉市立郷土博物館 （17）2011.03

稲毛の人の一生（千葉市民俗調査報告書4 稲毛の民俗）（加藤秀雄）「研究紀要」 千葉市立郷土博物館 （17）2011.03

稲毛の信仰（千葉市民俗調査報告書4 稲毛の民俗）（小山由）「研究紀要」 千葉市立郷土博物館 （17）2011.03

稲毛のオビシャ（千葉市民俗調査会）「研究紀要」 千葉市立郷土博物館 （20）2014.03

稲毛沖

稲毛沖の巻網漁（高橋覚）「千葉史学」 千葉歴史学会 （43）2003.12

稲毛海岸

伝統文化の観照会 浅間神社お神楽と稲毛海岸伝承郷土料理（吉野晴義）「まつ風」 稲毛文化懇話会 （2）1997.2

伊南庄新巡礼三十三カ所

地域史の研究 夷隅郡内寺院 上総国伊南庄新巡礼三十三カ所御詠歌を尋ねて（川城昭一）「房総 ： 郷土の古文書研究」 川城文庫・藩政史研究会 95 2002.5

井野

井野の「辻切り」―各組の取組みから（長典子）「佐倉市史研究」 佐倉市総務部 （12）1999.3

伊能

演武 鹿島神伝直心影流・民俗芸能 伊能の歌舞伎について「瓦版大木戸 ： 千葉県立房総のむら館報」 千葉県立房総のむら 30 2002.8

稲生神社

小さな試み―南今泉の稲生神社をめぐって（飯倉照平）「忘らえぬかも ： 故里の歴史をさぐる」 大網白里町文化協会 （5）2008.4

イボ弁天

柏のイボ弁天（特集 楽しい東葛伝説民話事典―柏の伝説と民話）「東葛流山研究」 流山市立博物館友の会事務局，崙書房出版（発売）（29）2011.03

今井

私の若かった頃の今井の百姓仕事（今井庄一）「たいわ ： 語り伝える白井の歴史 ： 白井市郷土史の会機関誌」 白井市郷土史の会 14 1997.4

今泉村

今泉村の大地主・大網主 上代平左衛門家について考える（鈴木茂）「忘らえぬかも ： 故里の歴史をさぐる」 （8） 2014.04

今上河岸

下総国今上河岸と醤油の流通─桝田仁左衛門家文書による（吉田ゆり子）「野田市史研究」 野田市 （8） 1997.3

今上村

江戸川における船稼ぎ─今上村を事例として（永原健彦）「野田市史研究」 野田市 （22） 2012.3

今宮神社

香取の歴史民俗見聞記（16） 佐原区 寺内の光福寺・谷中の今宮神社（島田七夫）「リヴラン佐原」 CAC企画 （400） 2009.02

今谷

今谷の刑場（特集 楽しい東葛伝説民話事典─柏の伝説と民話）「東葛流山研究」 流山市立博物館友の会事務局, 崙書房出版（発売） （29） 2011.03

弥彦神社

弥彦神社と災害（探訪雑記）（平野剛）「東庄の郷土史」 東庄郷土史研究会 （26） 2010.08

岩井戸

池和田字岩井戸の民話（吉野ふみ）「南総郷土文化研究会誌」 南総郷土文化研究会 通号16 2008.1

岩沼

岩沼の獅子舞と宮のいわれ「房総 ： 郷土の古文書研究」 川城文庫・藩政史研究会 104 2004.9

岩沼村

題未定 長柄郡岩沼村氏神第六天社地と大法寺別当（川城昭一）「房総 ： 郷土の古文書研究」 川城文庫・藩政史研究会 109 2005.10

岩船地蔵

岩船地蔵と和讃の研究（対馬郁夫）「千葉県立安房博物館研究紀要」 千葉県立安房博物館 8 2001.3

岩船地蔵と和讃の研究（対馬郁夫）「上総市原」 市原市文化財研究会 12/13 2001.8/2002.10

岩船地蔵と和讃について（対馬郁夫）「安房博物館だより」 千葉県立安房博物館 75 2002.3

印西

印西の女神たち─宗像神社・厳島神社・水神宮（研究投稿）（五十嵐行男）「印西の歴史」 印西市教育委員会 （7） 2013.03

北総散策 印西 松虫寺・龍腹寺・泉倉寺・結縁寺（1）（伊藤清）「佐倉の地名 ： 佐倉地名研究会会報」 佐倉地名研究会 （8） 2014.10

印西市

恵心流五重念仏相伝資料について（榎本正三）「印西の歴史」 印西市教育委員会 （2） 1999.3

印西市の念仏信仰と泉倉寺（一島正良）「印西の歴史」 印西市教育委員会 （2） 1999.3

印西市の湯殿山信仰（榎本正三）「印西の歴史」 印西市教育委員会 （3） 2001.3

印西市湯殿山信仰における神仏分離令と石仏（榎本正三）「房総の石仏」 房総石造文化財研究会 （13） 2001.7

印旛郡

房総における古代寺院の成立過程─印旛郡・埴生郡を例として「千葉県文化財センター研究紀要」 千葉県文化財センター 18 1997.9

いわゆる「有合地」と「有合証文」─下総国印旛郡の質地慣行（舟橋明宏）「千葉県史研究」 千葉県史料研究財団 13 2005.3

印旛郡域出土の石枕について（根本岳史）「印旛郡市文化財センター研究紀要」 印旛郡市文化財センター （8） 2011.03

印旛沼

印旛沼淡貝美術品の誕生─佐藤悟郎翁聞き書き（橋爪藤光）「うすゐ」 白井文化懇話会 （15） 1999.12

印旛沼北西部における花見堂地蔵（木原律子）「房総の石仏」 房総石造文化財研究会 （21） 2011.07

平成25年度第2回研修会 印旛沼周辺の漁業に係る近代行政の動きと漁撈絵図（榎美香）「印旛郡市地域史料保存利用連絡協議会会報」 印旛郡市地域史料保存利用連絡協議会 （18） 2014.03

印旛・手賀沼周辺の「生首持ち庚申」の詳細（会員の広場）（石田年子）

「日本の石仏」 日本石仏協会. 青蛾書房（発売） （149） 2014.03

上野

上野、下野古寺巡礼（旅行記）（里見香華）「館山と文化財」 館山市文化財保護協会 （45） 2012.04

上原

東上総の梨─夷隅郡の上原ウーガとその周辺（深澤小百合）「歴史民俗資料館研究紀要」 睦沢町立歴史民俗資料館 7 2002.3

牛久

牛久ばやしの音楽と伝承（小野寺節子）「市原地方史研究」 市原市教育委員会 20 2003.3

牛久における八坂祭の位置（島田潔）「市原地方史研究」 市原市教育委員会 20 2003.3

取手・牛久周辺の伝説と民話（特集 楽しい東葛伝説民話事典）「東葛流山研究」 流山市立博物館友の会事務局, 崙書房出版（発売） （29） 2011.03

臼井

特別講座 文化の伝承─資料の側面から（渡辺晨）「うすゐ」 臼井文化懇話会 （16） 2000.12

惣五郎伝説はどこまで本当か（宮近千世子）「うすゐ」 臼井文化懇話会 （16） 2000.12

忘れられてゆく里の風習（立崎定幸）「うすゐ」 臼井文化懇話会 （24） 2008.12

臼井田

「おたつ」の碑文と伝承・伝説ということ（古山哲子）「佐倉の地名 ： 佐倉地名研究会会報」 佐倉地名研究会 （6） 2014.01

臼井台

臼井台の弁天講（伊藤俊一）「うすゐ」 臼井文化懇話会 （15） 1999.12

宇奈加美

庚申と月待ち（小松繁）「宇奈加美」 宇奈加美考古学研究会 4 1998.8

海上

地域風土記の編集に期待─成功した、銚子市海上地区の事例（近況寸言）（高森良昌）「房総の郷土史」 千葉県郷土史研究連絡協議会 （40） 2012.5

海上八幡宮

在地神社の組織構造─下総国海上郡柴崎村海上八幡宮を事例として（若杉温）「千葉県史研究」 千葉県史料研究財団 9（別冊） 2001.3

八幡宮紹介 海上八幡宮（千葉県銚子市柴崎町）「季刊悠久.第2次」 鵜岡八幡宮悠久事務局 （118） 2009.12

有年

源氏流挿花と有年千葉氏（論文）（村上昭彦）「房総の郷土史」 千葉県郷土史研究連絡協議会 （41） 2013.6

鵜羽神社

新収蔵資料から 鵜羽神社祭礼関係資料「Mutsuzawa Museum news」 睦沢町立歴史民俗資料館 12 2003.3

鵜原

勝浦市鵜原のアンバさま（大島建彦）「西郊民俗」 ［西郊民俗談話会］ （187） 2004.6

馬乗り馬頭観音

馬乗り馬頭観音をたずねて［1］～（3）（小林義和）「高井」 高井地方史研究会 （180）/（188） 2012.08/2014.08

浦安

特集 千葉県指定文化財30周年記念事業 浦安のお洒落踊り「あっさり君 ： 浦安市郷土博物館ニュース」 浦安市郷土博物館 6 2004.11

企画展「浦安の海苔養殖」「あっさり君 ： 浦安市郷土博物館ニュース」 浦安市郷土博物館 （12） 2007.4

企画展「浦安の三軒長屋」「あっさり君 ： 浦安市郷土博物館ニュース」 浦安市郷土博物館 （13） 2007.11

企画展「浦安今昔暮らし展─タイムスリップ・イン・昭和レトロ浦安」、「浦安の海苔養殖」「あっさり君 ： 浦安市郷土博物館ニュース」 浦安市郷土博物館 （14） 2008.3

千葉・浦安で名古屋・下之一色の漁具を紹介 共催企画展「三角州上にできた2つの漁師町」名古屋市下之一色と浦安（井上善博）「名古屋市博物館だより」 名古屋市博物館 （196） 2011.01

浦安市

べか舟新造「あっさり君 ： 浦安市郷土博物館ニュース」 浦安市郷土博物館 9 2005.11

博物館祭典2007「下町の遊び・娯楽」/ベーゴマが大ブーム「あっさり君 ： 浦安市郷土博物館ニュース」 浦安市郷土博物館 （13） 2007.11

永久寺

永久寺、浄土院へ合併の古文書より永吉の寺院をみる（堀節子）「上総市原」　市原市文化財研究会　12　2001.8

江戸川

ヤマトタケルの江戸川渡河伝説（山路直充）「市史研究いちかわ」　市川市文化国際部　（1）　2010.03

江戸川における船稼ぎ—今上村を事例として（永原健彦）「野田市史研究」　野田市　（22）　2012.3

江戸川西岸

「江戸川西岸沿いの庚申塔を訪ねて」に参加して（土井照美）「会報」　房総石造文化財研究会事務局　（107）　2)10.09

江戸川土手

春山寺・金乗院の地蔵菩薩と江戸川土手の記念燈について（石造物調査報告）（一色信男）「流山市史研究」　流山市教育委員会　（21）　2012.03

江戸湾

江戸湾の湊と流通 房総沿岸を中心として（筑紫敏夫）「利根川文化研究」　利根川文化研究会　（18）　2000.3

榎戸

八街市内・石像野仏一覧（明治以前）／榎戸は史跡がいっぱい／ゆっくり歩いてみよう／妙立山新蔵寺／大宮神社／巻末 榎戸史跡マップ（特集 史跡いっぱいの榎戸）「郷土八街」　八街郷土史研究会　（9）　2009.04

特集 熊野信仰を追う—榎戸区の道休様・上砂区の熊野権現神社「郷土八街」　八街郷土史研究会　（20）　2013.01

江見

石仏は語る（3）馬頭観音（堀井貞雄）「江見の自然と文化」　江見公民館郷土の自然と文化教室　（3）　1999.8

近世の江見と周辺の事情 寄り鯨一件（佐藤恵重）「江見の自然と文化」　江見公民館郷土の自然と文化教室　（3）　1999.8

近世の江見と周辺の事情 私たちの住む江見について（川上汎洋）「江見の自然と文化」　江見公民館郷土の自然と文化教室　（3）　1999.8

江見の民俗（3）炉端で語る祖父の物語（玄田若雄）「江見の自然と文化」　江見公民館郷土の自然と文化教室　（3）　1999.8

江見の民俗（3）昔の焚場あれこれ（川名護平）「江見の自然と文化」　江見公民館郷土の自然と文化教室　（3）　1999.8

江見の民俗（3）正月風景 青木集落（川名護平）「江見の自然と文化」　江見公民館郷土の自然と文化教室　（3）　1999.8

江見の民俗（3）正月風景 中原集落（佐藤千代子, 川名ナツ）「江見の自然と文化」　江見公民館郷土の自然と文化教室　（3）　1999.8

円慶寺

会員寄稿（1）松戸市円慶寺にある青面金剛の脇童子（入谷雄二）「会報」　房総石造文化財研究会事務局　（109）　2011.04

円乗院

円乗院は目のほとけ様（高橋広大）「ふるさとちくら」　南房総市教育委員会　（24）　2007.3

円勝寺

資料紹介 富里市円勝寺 聖徳太子二歳立像（木原律子）「千葉文華」　千葉県文化財保護協会　（40）　2008.8

円正寺

千葉県君津市湊川下流域の中世磨崖仏・やぐらについて—竹岡薬王寺・不入斗円正寺を中心に（松本勝）「六浦文化研究」　六浦文化研究所　（11）　2002.5

円蔵院

円蔵院の宝物（早川幸希）「ふるさとちくら」　南房総市教育委員会　（14）　1997.4

新福山本寺圓蔵院古刹の境内を歩く（1）（佐野邦雄）「ふるさとちくら」　南房総市教育委員会　（18）　2001.3

円蔵院と宮彫師初代後藤義光（鈴木照文）「ふるさとちくら」　南房総市教育委員会　（21）　2004.3

円蔵院梵鐘の銘文について（岩波正夫, 山口勘解由, 早川正司, 山口健治郎）「ふるさとちくら」　南房総市教育委員会　（21）　2004.3

円蔵院「鐘楼」について考える（岩波正夫, 山口健治郎, 新藤長利）「ふるさとちくら」　南房総市教育委員会　（22）　2005.3

円応寺

円応寺の倶梨迦羅板碑考—千葉県香取郡大栄町（石井保満）「史迹と美術」　史迹美術同攷会　68（5）　1998.€

円福寺

銚子における地域間関係の変化—円福寺寺院組織と飯沼観音支持者に見る（蓼沼綾子）「歴史地理学調査報告」　筑波大学人文社会科学研究科

歴史・人類学専攻歴史地理学研究室　（10）　2002.3

勝田円福寺の宝篋印塔と「漢字宝篋印塔陀羅尼」（板倉守）「郷土史研究通信」　八千代市郷土歴史研究会　（58）　2007.5

名刹紹介 円福寺・飯沼観音の歴史—武家持ちの寺から庶民の寺へ（岡田勝太郎）「房総の郷土史」　千葉県郷土史研究連絡協議会　（38）　2010.06

円満寺

円満寺石造宝篋印塔について（安藤登）「市原地方史研究」　市原市教育委員会　19　1999.3

延命寺

延命寺の維持管理の変遷（稲葉正三）「たいわ ： 語り伝える白井の歴史 ： 白井市郷土史の会機関誌」　白井市郷土史の会　（27）　2010.04

延命地蔵堂

堤台・延命地蔵堂の流行神絵馬（石田年子）「かつしか台地 ： 野田地方史懇話会会誌」　野田地方史懇話会　（34）　2007.9

大網

対談 大網の昔話（向坂謹之助, 小宮悦彰, 加養嘉雄）「忘らえぬかも ： 故里の歴史をさぐる」　大網白里町文化協会　（5）　2008.4

大網白里

大網白里の日蓮宗檀林（濱名徳順）「忘らえぬかも ： 故里の歴史をさぐる」　（8）　2014.04

大網白里町

半世紀前の子供の遊びと行事（小倉丈夫）「忘らえぬかも ： 故里の歴史をさぐる」　大網白里町文化協会　（2）　2002.4

辻家と雅楽の歴史（新倉雅楽子）「忘らえぬかも ： 故里の歴史をさぐる」　大網白里町文化協会　（2）　2002.4

平家物語琵琶一人語り（足立純男）「忘らえぬかも ： 故里の歴史をさぐる」　大網白里町文化協会　（3）　2004.6

子供の頃の正月の食べ物と遊び（全員）「忘らえぬかも ： 故里の歴史をさぐる」　大網白里町文化協会　（7）　2012.04

昭和8、9年の家計ノートから（飯倉照平）「忘らえぬかも ： 故里の歴史をさぐる」　大網白里町文化協会　（7）　2012.04

大網白里町の社寺建築（宮島和雄）「忘らえぬかも ： 故里の歴史をさぐる」　大網白里町文化協会　（7）　2012.04

船霊について（古山豊）「忘らえぬかも ： 故里の歴史をさぐる」　大網白里町文化協会　（7）　2012.04

修験道を背景とした出羽三山信仰の展開（要旨）（對馬郁夫）「忘らえぬかも ： 故里の歴史をさぐる」　（8）　2014.04

大網八幡神社

大網八幡神社の今昔（加養嘉雄）「忘らえぬかも ： 故里の歴史をさぐる」　大網白里町文化協会　（1）　2000.10

大井

沼南大井のキツネの嫁入り（特集 楽しい東葛伝説民話事典—柏の伝説と民話）「東葛流山研究」　流山市立博物館友の会事務局, 崙書房出版（発売）　（29）　2011.03

大内かっぱハウス

大内かっぱハウス（銚子市）（《特集 かっぱ・カッパ・河童 愛される川の妖怪》）（木村まき）「歴史民俗学」　批評社　（23）　2004.2

大木戸

大木戸の山車（海上義治）「東庄の郷土史」　東庄郷土史研究会　（22）　2006.6

大木戸区

大木戸区の山車余話（海上義治）「東庄の郷土史」　東庄郷土史研究会　（23）　2007.6

大佐倉

佐倉市大佐倉発見の石枕について（[資料紹介]）（高花宏行）「佐倉市史研究」　佐倉市総務部　（11）　1997.11

大佐倉型の出現（石川博司）「野仏 ： 多摩石仏の会機関誌」　多摩石仏の会　33　2002.7

大須賀大明神

近世の地方神社・神主と吉田神道—下総国香取郡、大須賀大明神を中心に（木村修）「成田市史研究」　成田市教育委員会　（37）　2013.03

大関区

検証 大関区の道陸神「郷土八街」　八街郷土史研究会　（16）　2012.01

大関区の若宮神社「郷土八街」　八街郷土史研究会　（20）　2013.01

大高神社

志高村鎮座の大高神社について（宇井弘）「山田の郷土史」　山田町郷土史研究会　（4）　1997.10

大多喜

郷土の歴史探索 大多喜のマリア観音立像（白磁製）―「かくれキリシタン」を訪ねて「房総 ： 郷土の古文書研究」 川城文庫・藩政史研究会 104 2004.9

大塚山

睦沢町佐貫森之谷地区の木造馬頭観世音菩薩立像と「大塚山馬頭観世音菩薩由来記」（久野一郎）「歴史民俗資料館研究紀要」 睦沢町立歴史民俗資料館 8 2004.3

大戸神社

香取の歴史民俗見聞記(15) 佐原区・大戸神社と地福寺（島田七夫）「リヴラン佐原」 CAC企画 （399） 2009.01

大利根

大利根百話(33) サッパ舟小考（小林稔）「おおとね ： 千葉県立中央博物館大利根分館報」 千葉県立中央博物館大利根分館 19(2)通号63 1997.11

ヤマトシジミ採苗器による天然採苗について（宮本明）「調査研究報告」 千葉県立大利根博物館 通号8 1999.3

古写経の伝来（中尾堯）「おおとね ： 千葉県立中央博物館大利根分館報」 千葉県立中央博物館大利根分館 21(1)通号68 1999.5

大利根百話(37)「話は庚申の晩に」（吉越笑子）「おおとね ： 千葉県立中央博物館大利根分館報」 千葉県立中央博物館大利根分館 21(1)通号68 1999.5

大利根百話(40) 利根川下流域の相撲（小林裕美）「おおとね ： 千葉県立中央博物館大利根分館報」 千葉県立中央博物館大利根分館 通号75 2006.3

大友観音堂

東庄町大友観音堂所在の弥陀三尊来迎図像板碑について（早川正司）「房総の石仏」 房総石造文化財研究会 （15） 2005.5

大原大宮神社

大原大宮神社（恵志あや）「史談八千代 ： 八千代市郷土歴史研究会機関誌」 八千代市郷土歴史研究会 22 1997.10

大原町

「ホクリ」大権現をめぐって―高松市鬼無・千葉県大原町（松崎憲三）「西郊民俗」 ［西郊民俗談話会］ （182） 2003.3

大谷口

松戸・大谷口神明神社の百庚申（入谷雄二）「房総の石仏」 房総石造文化財研究会 （20） 2010.09

大山

大山の出羽三山碑（尾形弘道）「郷土文化」 郷土文化の会 （12） 2003.3

歴史探訪部会・座学「我孫子周辺の大山信仰」を受講して（土井玲子）「我孫子市史研究センター会報」 我孫子市史研究センター （140） 2013.10

大山寺

長狭大山寺を中心として（渡辺匡夫）「郷土文化」 郷土文化の会 （6） 1997.3

高柳不動堂と大山寺不動尊について（研究論文など）（亀田慎）「西上総文化会報」 西上総文化会 （73） 2013.03

大山不動

大山不動豆知識 鉄の不動明王が何故錆びないのか（原田慶子）「我孫子市史研究センター会報」 我孫子市史研究センター （141） 2013.11

大谷流

大谷流・馬頭観世音菩薩は安永二巳十一月建立「郷土八街」 八街郷土史研究会 （8） 2008.9

大和田

戦国時代「大和田」を通った献上柑子（わらびゆみ）「郷土史研通信」 八千代市郷土歴史研究会 40 2002.11

大和田新田

大和田新田「善兵衛」家の聞き取り調査をスタート（蕨由美）「郷土史研通信」 八千代市郷土歴史研究会 （53） 2006.2

4月22日（土） 大和田新田旧酪農開拓家 市東家訪問（佐久間弘文）「郷土史研通信」 八千代市郷土歴史研究会 （54） 2006.5

6月24日（土） 大和田新田旧家訪問(3)（佐久間弘文）「郷土史研通信」 八千代市郷土歴史研究会 （55） 2006.8

大和田新田の社寺（《特集 旧大和田新田の総合研究I》）（牧野光男）「史談八千代 ： 八千代市郷土歴史研究会機関誌」 八千代市郷土歴史研究会 （31） 2006.11

大和田新田の屋号とムラの姿（《特集 旧大和田新田の総合研究I》）（蕨由美）「史談八千代 ： 八千代市郷土歴史研究会機関誌」 八千代市郷土歴史研究会 （31） 2006.11

平成19年末明 大和田新田両区の八幡神社に初詣（蕨由美）「郷土史研通信」 八千代市郷土歴史研究会 （57） 2007.2

酪農産業の盛衰（《特集 旧大和田新田の総合研究II》）―大和田新田の酪農）（斉藤正一）「史談八千代 ： 八千代市郷土歴史研究会機関誌」 八千代市郷土歴史研究会 （32） 2007.11

酪農記念碑・牛魂碑などに残る酪農史（《特集 旧大和田新田の総合研究II》―大和田新田の酪農）（佐久間弘文）「史談八千代 ： 八千代市郷土歴史研究会機関誌」 八千代市郷土歴史研究会 （32） 2007.11

休日のない職業―昭和の酪農業に思う（《特集 旧大和田新田の総合研究II》―大和田新田の酪農）（石井尚子）「史談八千代 ： 八千代市郷土歴史研究会機関誌」 八千代市郷土歴史研究会 （32） 2007.11

民俗行事にみる旧村の伝統と新しい街・大和田新田の姿（《特集 旧大和田新田の総合研究II》）（蕨由美）「史談八千代 ： 八千代市郷土歴史研究会機関誌」 八千代市郷土歴史研究会 （32） 2007.11

大和田新田のわらべうた（《特集 旧大和田新田の総合研究II》）（小林千代美）「史談八千代 ： 八千代市郷土歴史研究会機関誌」 八千代市郷土歴史研究会 （32） 2007.11

大和田新田小柴家の墓地が修復されました（畠山隆）「郷土史研通信」 八千代市郷土歴史研究会 （67） 2009.08

大和田新田上区

10月9日（祝） 上区八幡神社の祭礼参加記録（佐久間弘文）「郷土史研通信」 八千代市郷土歴史研究会 （56） 2006.11

大和田新田下区

7.9.例会報告資料（要旨） 大和田新田下区の民俗（蕨由美）「郷土史研通信」 八千代市郷土歴史研究会 （55） 2006.8

岡瀬田区

岡瀬田区の八幡様と幼い頃の想い出（高木良子）「ふるさとちくら」 南房総市教育委員会 （18） 2001.3

岡田

岡田の神社集落（民俗調査特集）「郷土八街」 八街郷土史研究会 （21） 2013.05

送り大師

松戸市立博物館映像記録「送り大師―東葛印旛大師講の人々」（［資料紹介］）（青木俊也）「松戸市立博物館紀要」 松戸市立博物館 （4） 1997.3

送り大師 東葛印旛大師講（青木俊也）「松戸史談」 松戸史談会 （37） 1997.10

東印旛大師講の送り大師（小林団）「西郊民俗」 ［西郊民俗談話会］ （173） 2000.12

東葛印旛大師講巡礼「送り大師」考（小野塚利雄）「松戸史談」 松戸史談会 （51） 2011.11

講演会1 送り大師（椎名宏雄）「かしわの歴史 ： 柏市史研究」 柏市史編さん委員会 （2） 2014.03

尾崎

東金野井・尾崎地域の神社史跡を訪ねる（史跡探訪）（宮本勝仲）「かつしか台地 ： 野田地方史懇話会会誌」 野田地方史懇話会 （45） 2013.03

押日八幡社

奇祭 人輪三層「親の日だ」夷隅郡岬町押日八幡社の祭礼（川城昭一）「房総 ： 郷土の古文書研究」 川城文庫・藩政史研究会 104 2004.9

奇祭 人輪三層「親の日だ」夷隅郡岬町押日八幡社の祭礼「房総 ： 郷土の古文書研究」 川城文庫・藩政史研究会 （123） 2009.01

おたきさん道

おたきさん道（石井尚子）「史談八千代 ： 八千代市郷土歴史研究会機関誌」 八千代市郷土歴史研究会 （25） 2000.10

おたきさん道道標（牧野光男）「郷土史研通信」 八千代市郷土歴史研究会 （64） 2008.11

御滝不動

大正7年 ドイツ兵の遠足先は「御滝不動」だった！（わらびゆみ）「郷土史研通信」 八千代市郷土歴史研究会 41 2003.1

小滝涼源寺遺跡

房総の海の文化に親しむ(1) 古代房総の海辺の祭り―白浜町小滝涼源寺遺跡（笹生衛）「安房博物館だより」 千葉県立安房博物館 79 2004.3

小竹

出羽三山碑と宿坊加護帳にみる佐倉の人々―佐倉市下志津・上志津・小竹の例（田中正志）「佐倉市史研究」 佐倉市総務部 （25） 2012.03

小戸

南房総白浜町小戸の奉納芸能について（田村勇）「千葉県史研究」 千葉県史料研究財団 10 2002.3

白浜町小戸の「初午祭」について（田村勇）「千葉県立安房博物館研究紀

要」 千葉県立安房博物館 9 2002.3

女ケ堰
長生郡睦沢町上の郷女ケ堰用水論争—人柱伝説・女乞食と梅の木（川城昭一）「房総 : 郷土の古文書研究」 川城文庫・藩政史研究会 73 1997.5

小野川
佐原いまむかし 小野川周辺の風景（木下正治郎）「佐原の歴史」 佐原市教育委員会 3 2003.3

小櫃
小櫃ぞいの「かしま人形」（高崎繁雄）「千葉文華」 千葉県文化財保護協会 33 1998.3

小見川
資料紹介 小見川の下総板碑—資料編「会報」 房総石造文化財研究会事務局 （99） 2008.9
戦国期の小見川と穂徳寺—宗教と経済活動分離の一側面（横田光雄）「千葉史学」 千葉歴史学会 （55） 2009.11
石仏探訪（32） 香取市の新資料紹介 天和三年の虚空増菩薩／小見川・熊野神社の己巳待塔（石田年子）「会報」 房総石造文化財研究会事務局 （107） 2010.09
会員寄稿（2） 石仏調査について—小見川の正元元年板碑を巡って（小西則子）「会報」 房総石造文化財研究会事務局 （111） 2011.10

オランダ観音
ペルシャ馬の悲劇 オランダ観音（特集 楽しい東葛伝説民話事典—流山の伝説と民話）「東葛流山研究」 流山市立博物館友の会事務局, 崙書房出版（発売） （29） 2011.03

加
流山市加地区の屋号について（神田繁男）「東葛流山研究」 流山市立博物館友の会事務局, 崙書房出版（発売） （18） 1999.10

海匝
海匝地区の辻切り（八杉真帆）「西郊民俗」 ［西郊民俗談話会］ 通号159 1997.6
香取・海匝地域における徳本・念佛塔の分布（研究ノート）（高森良昌）「房総の郷土史」 千葉県郷土史研究連絡協議会 （39） 2011.05

海隣寺
佐倉市海隣寺の千葉氏石塔群について（小高春雄）「千葉城郭研究」 千葉城郭研究会 （5） 1998.7
海隣寺と千葉家の人々（総力取材！ 懇談会 佐倉の古い地名を語る）（野村忠男）「佐倉の地名 : 佐倉地名研究会会報」 佐倉地名研究会 （4） 2013.07
地名に学ぶ（3） 海隣寺と千葉宗家の人々（野村忠男）「佐倉の地名 : 佐倉地名研究会会報」 佐倉地名研究会 （5） 2013.10

笠森観音
笠森観音を訪ねて（田村志津子）「郷土文化」 郷土文化の会 （12） 2003.3

鹿島川上・中流域
遠坪遺跡と鹿島川上・中流域の中近世移行期—日蓮宗長興寺をめぐって（外山信司）「千葉いまむかし」 千葉市教育委員会 （15） 2002.3

柏
巨人伝説 デーダラボッチ（特集 楽しい東葛伝説民話事典—柏の伝説と民話）「東葛流山研究」 流山市立博物館友の会事務局, 崙書房出版（発売） （29） 2011.03
柏のイボ弁天（特集 楽しい東葛伝説民話事典—柏の伝説と民話）「東葛流山研究」 流山市立博物館友の会事務局, 崙書房出版（発売） （29） 2011.03
弘誓院の「間引き絵馬」（特集 楽しい東葛伝説民話事典—柏の伝説と民話）「東葛流山研究」 流山市立博物館友の会事務局, 崙書房出版（発売） （29） 2011.03
カワウソの供養碑（特集 楽しい東葛伝説民話事典—柏の伝説と民話）「東葛流山研究」 流山市立博物館友の会事務局, 崙書房出版（発売） （29） 2011.03
捕ったり庄兵衛（特集 楽しい東葛伝説民話事典—柏の伝説と民話）「東葛流山研究」 流山市立博物館友の会事務局, 崙書房出版（発売） （29） 2011.03
法林寺の大イチョウ（特集 楽しい東葛伝説民話事典—柏の伝説と民話）「東葛流山研究」 流山市立博物館友の会事務局, 崙書房出版（発売） （29） 2011.03
今谷の刑場（特集 楽しい東葛伝説民話事典—柏の伝説と民話）「東葛流山研究」 流山市立博物館友の会事務局, 崙書房出版（発売） （29） 2011.03
布施弁天の紅龍（特集 楽しい東葛伝説民話事典—柏の伝説と民話）「東葛

流山研究」 流山市立博物館友の会事務局, 崙書房出版（発売） （29） 2011.03
南柏の松並木と黄門伝説（特集 楽しい東葛伝説民話事典—柏の伝説と民話）「東葛流山研究」 流山市立博物館友の会事務局, 崙書房出版（発売） （29） 2011.03
豊四季入植者を訪ねた元朝臣（特集 楽しい東葛伝説民話事典—柏の伝説と民話）「東葛流山研究」 流山市立博物館友の会事務局, 崙書房出版（発売） （29） 2011.03
沼南大井のキツネの嫁入り（特集 楽しい東葛伝説民話事典—柏の伝説と民話）「東葛流山研究」 流山市立博物館友の会事務局, 崙書房出版（発売） （29） 2011.03
工業団地に深夜 鎧兜の武士たち（特集 楽しい東葛伝説民話事典—柏の伝説と民話）「東葛流山研究」 流山市立博物館友の会事務局, 崙書房出版（発売） （29） 2011.03
こんぶくろ池のウナギ（特集 楽しい東葛伝説民話事典—柏の伝説と民話）「東葛流山研究」 流山市立博物館友の会事務局, 崙書房出版（発売） （29） 2011.03
小金原の決闘（特集 楽しい東葛伝説民話事典—柏の伝説と民話）「東葛流山研究」 流山市立博物館友の会事務局, 崙書房出版（発売） （29） 2011.03
寄稿2 借用証文に見る近世柏の借金事情（福島嘉彦）「かしわの歴史 : 柏市史研究」 柏市史編さん委員会 （1） 2012.3

上総
上総の馬車（山田哲郎）「あしなか」 山村民俗の会 250 1998.8
鶴岡八幡宮再興と上総・安房（山田邦明）「中世房総」 崙書房出版 10 1998.8
よろずおぼえ しほり染—上総屋（荒井喜代美）「瓦版大木戸 : 千葉県立房総のむら館報」 千葉県立房総のむら 23 1999.3
竹ざるをつくる—竹細工職人・内記明男さんに聞く「千葉県立上総博物館報」 千葉県立上総博物館 93 1999.3
展示室だより 平成11年度企画展「竹と語る—つくる・うる・つかう・そして…」好評のうちに終わる「千葉県立上総博物館報」 千葉県立上総博物館 94 1999.7
よろずおぼえ 型染め—上総屋（荒井喜代美）「瓦版大木戸 : 千葉県立房総のむら館報」 千葉県立房総のむら 24 2000.3
むらの民具（12） 田舟（上総の農家・下総の農家）（立和名啓人）「瓦版大木戸 : 千葉県立房総のむら館報」 千葉県立房総のむら 24/25 2000.3
よろずおぼえ 型染め—上総屋（荒井喜代美）「瓦版大木戸 : 千葉県立房総のむら館報」 千葉県立房総のむら 25 2000.3
上総木綿と大矢織物（大矢喜一）「忘らえぬかも : 故里の歴史をさぐる」 大網白里町文化協会 （1） 2000.10
むら体験風景をのぞく 上総の農家 炭焼き体験／商家・鍛冶屋 鍛冶屋に挑戦「瓦版大木戸 : 千葉県立房総のむら館報」 千葉県立房総のむら 32 2003.8
収蔵展「着物と柄鏡—模様に込められた想い」（本吉正宏）「千葉県立上総博物館報」 千葉県立上総博物館 104 2004.6
むら体験風景をのぞく 上総の農家／商家・菓子の店／風土記の丘資料館「瓦版大木戸 : 千葉県立房総のむら館報」 千葉県立房総のむら 36 2005.8
上総・下総・安房の農家（むらの体験風景のぞく）（村田憲一）「瓦版大木戸 : 千葉県立房総のむら館報」 千葉県立房総のむら 38 2006.10
漁業と上総木綿とレンズ村（鈴木茂）「忘らえぬかも : 故里の歴史をさぐる」 大網白里町文化協会 （5） 2008.4
むらの体験風景をのぞく 上総の農家 庭木の手入れ 庭木の手入れで今年も豊作！（谷鹿栄一）「瓦版大木戸 : 千葉県立房総のむら館報」 千葉県立房総のむら （42） 2009.01
忘れられた寺社—本山修験上総西組（1）（〈報告2 市史編さん成果還元事業講演会〉）（宮本敬一, 高木澄子）「袖ケ浦市史研究」 袖ケ浦市郷土博物館 （14） 2009.03
上総の農家「節供凧作り」 風にのって天までとどけ！（むらの体験風景をのぞく）（山崎恵美子）「瓦版大木戸 : 千葉県立房総のむら館報」 千葉県立房総のむら （44） 2010.03

上総一ノ宮
上総一ノ宮釣ケ崎祭礼の騒動 一ノ宮昇（かくふ）の不法狼藉を働く「房総 : 郷土の古文書研究」 川城文庫・藩政史研究会 86 2000.6
上総一ノ宮の社の今昔を考察（川城昭一）「房総 : 郷土の古文書研究」 川城文庫・藩政史研究会 107 2005.5

上総国分寺
上総国分寺の太子像（小松光江）「聖徳」 聖徳宗教学部 （199） 2009.03

上総国分寺跡
上総国分寺跡を訪ねて（刈込えつ）「郷土文化」 郷土文化の会 （11） 2002.3

千葉県　　　郷土に伝わる民俗と信仰　　　関東

上総国分尼寺

史跡探訪会 史跡探訪―よみがえる天平の甍・上総国分尼寺など（菰田達夫）「房総の郷土史」 千葉県郷土史研究連絡協議会 （42）2014.03

上総国

上総国の日本武尊・弟橘姫伝承地を訪ねて（田中操）「上総国市原」 市原市文化財研究会 10 1997.9

日本武尊の伝説（多賀昶夫）「上総 ： かみつふさ」 上総国歴史の会 （2）1999.1

史料紹介 上総国における神仏分離令直後の宗教者の動向（立野晃）「千葉県史研究」 千葉県史料研究財団 9（別冊）2001.3

近世女人文人風土記（12）―安房・上総・下総国の巻（千葉県）（大井多津子）「江戸期おんな考」 桂文庫 12 2001.10

史料紹介 芦峪寺衆徒が常陸国・上総国・下総国で形成した檀那場―文献史料再の檀那場（福江充）「富山史壇」 越中史壇会 140 2003.3

中世末から近世初頭の上総国新義真言宗教団の展開について（市史編さん成果還元事業講演会）（植野英夫）「袖ケ浦市史研究」 袖ケ浦市郷土博物館 （13）2007.3

上総掘りの技術

21世紀に向けて 上総掘りと映像記録のこと（諸岡青人）「千葉県立上総博物館報」 千葉県立上総博物館 95 2000.3

展示室だより 千葉県立上総博物館30周年記念展「上総掘り」の開催「千葉県立上総博物館報」 千葉県立上総博物館 95 2000.3

伝統技術の忘失と社会の変貌―上総掘り職人からみる農村社会（藤田牧子）「袖ケ浦市史研究」 袖ケ浦市郷土博物館 8 2000.3

展示室だより 上総掘りあれこれ（小高春雄）「千葉県立上総博物館報」 千葉県立上総博物館 96 2000.6

千葉県立上総博物館30周年記念展「上総掘り」無事終わる「千葉県立上総博物館報」 千葉県立上総博物館 96 2000.7

上総掘り考（平野金治）「房総文化」 房総文化研究所 23 2001.3

上総掘り雑感（福田久）「千葉史学」 千葉歴史学会 （40）2002.5

上総掘り井戸の所在分布調査を終えて（地引尚幸）「千葉県立上総博物館報」 千葉県立上総博物館 101 2003.3

「上総掘りの用具」の保存処理―スイコのカマを一例として（雨森久晃）「千葉県立上総博物館報」 千葉県立上総博物館 102 2003.6

三郷の井戸職人―上総掘りを開く（田中留五郎）「葦のみち ： 三郷市史研究」 三郷市 （18）2006.3

上総掘りの意義と特色（市史編さん成果還元事業講演会）（大島暁雄）「袖ケ浦市史研究」 袖ケ浦市郷土博物館 （13）2007.3

史・資料からみた上総掘り元祖・石井峯次郎と上総掘り職人たち（1）（史料紹介）（渡辺和子，能城秀喜，高木澄子）「袖ケ浦市史研究」 袖ケ浦市郷土博物館 （15）2011.3

史跡探訪 上総掘りの里・久留里の史跡を訪ねて（福原貞夫）「房総の郷土史」 千葉県郷土史研究連絡協議会 （40）2012.5

近年の調査から 地域で違う!?上総掘り「君津市立久留里城址資料館だより」 君津市立久留里城址資料館 （43）2012.9

今に伝う上総掘り技術（國定美津子）「松戸史談」 松戸史談会 （52）2012.11

平成23年度企画展関連講演会記録（写真 旧周南村の上総掘り職人たち）「君津市立久留里城址資料館年報」 君津市立久留里城址資料館 （33）2013.3

勝浦

近世後期勝浦領における炭生産の実態（尾崎晃）「勝浦市史研究」 勝浦市教育委員会 8 2003.3

『大福帳』からみた江戸末期勝浦の祭礼（菅根幸裕）「勝浦市史研究」 勝浦市教育委員会 8 2003.3

勝浦市

冠婚葬祭に対する規制について（田仲省三）「勝浦市史研究」 勝浦市教育委員会 7 2001.3

民俗調査について（田仲省三）「勝浦市史研究」 勝浦市教育委員会 8 2003.3

葛飾大師八十八ヶ所

新四国巡礼の記録―葛飾大師八十八ヶ所（村上昭彦）「千葉文華」 千葉県文化財保護協会 （41）2011.02

勝田

獅子舞の風土シリーズ（103）千葉県八千代市 勝田の獅子舞い（川崎実）「かわせみ通信」 川崎実 （103）2007.1

勝田圓福寺に寺子屋が…?（佐久間弘文）「郷土史研通信」 八千代市郷土歴史研究会 （61）2008.2

千葉・勝田の獅子舞（石川博司）「まつり通信」 まつり同好会 54（5）通号573 2014.09

勝田台

八千代市勝田台の庚申塔（多田治昭）「野仏 ： 多摩石仏の会機関誌」 多摩石仏の会 34 2003.7

勝山

近世勝山のクジラ漁―醍醐新兵衛とクジラ（佐野邦雄）「ふるさとちくら」 南房総市教育委員会 （22）2005.3

房総半島における漁村集落実態調査報告2 安房郡鋸南町勝山地区の漁撈と民俗（對馬郁夫）「千葉県立安房博物館研究紀要」 千葉県立安房博物館 （13）2007.3

香取

香取文書にみる中世の年号意識（山田邦明）「千葉県史研究」 千葉県史料研究財団 6 1998.3

香取大宮司家文書の再発見―香取の海を越えて（金子恭子）「千葉県史料研究財団だより」 千葉県史料研究財団 11 2000.2

初詣を鹿島・香取に（篠崎澄子）「史談」 安蘇史談会 （21）2005.6

香取の海の二つのお船祭―常陸の鹿島神宮・下総の香取神宮（北野晃）「まつり通信」 まつり同好会 47（3）通号529 2007.5

香取・栗源区の大乗寺を訪ねて（島田七夫）「史談しもふさ」 下総町郷土史研究会 （29）2008.04

香取・海匝地域における徳本・念佛塔の分布（研究ノート）（高森良昌）「房総の郷土史」 千葉県郷土史研究連絡協議会 （39）2011.05

巨石に導かれる王祇神の世界―香取・鹿島・弥彦の神々と「城の山古墳」（大江良松）「山形民俗」 山形県民俗研究協議会 （26）2012.11

香取地方の石仏事情―東庄町の石仏調査を中心に（石田年子）「房総の石仏」 房総石造文化財研究会 （23）2013.08

香取郡

明治期千葉県における墓地の開設―香取郡の性学墓をめぐって（米谷博）「町と村調査研究」 千葉県立房総のむら 1 1998.3

近世〜近代村方地主の消費生活―下総国香取郡鏑木治郎兵衛家を素材として（井奥成彦）「千葉県史研究」 千葉県史料研究財団 8 2000.3

山田愨の研究―『香取郡誌』の成立背景とその思想（平野功）「香取民衆史」 香取歴史教育者協議会 （9）2003.3

近世の地方神社・神主と吉田神道―下総国香取郡、大須賀大明神を中心に（木村修）「成田市史研究」 成田市教育委員会 （37）2013.03

香取市

石仏探訪（32）香取市の新資料紹介 天和三年の虚空増菩薩／小見川・熊野神社の己巳待塔（石田年子）「会報」 房総石造文化財研究会事務局 （107）2010.09

香取社

香取社神輿の鎌倉動座（小国浩寿）「鎌倉」 鎌倉文化研究会 84 1997.5

下総香取社の近世神官組織と祭礼―中世香取社研究のために（藤井豊久）「中世房総」 崙書房出版 11 1999.11

室町期における香取社大禰宜家の一動向―応永〜嘉吉の一族相論を手がかりに（湯浅治久）「千葉県史研究」 千葉県史料研究財団 （17）2009.03

香取社領

中世香取社領のほまち田について（ノート）（鈴木哲雄）「中世房総」 崙書房出版 10 1998.8

香取社領における地本と下地について（鈴木哲雄）「千葉県史研究」 千葉県史料研究財団 11（別冊2）2003.3

中世香取社領における土地売買の基本的性格―土地証文類の数量の推移と相互関連の検討から（湯浅治久）「千葉県史研究」 千葉県史料研究財団 12 2004.3

香取神宮

香取大中臣氏と鹿嶋中臣氏―古代末期の香取神宮神主職をめぐって（川尻秋生）「佐原の歴史」 佐原市教育委員会 1 2001.3

神道講座（13）「香取、鹿島、春日の神さま」のお話（西高辻信良）「飛梅」 太宰府天満宮社務所 118 2001.3

古文書を読んでみよう（3）秀吉の関東征伐と香取神宮（山田邦明）「佐原の歴史」 佐原市教育委員会 3 2003.3

講演要旨 香取神宮と蝦夷戦争 講師・宮原武夫先生「船橋市郷土資料館資料館だより」 船橋市郷土資料館 （85）2005.3

香取神宮式年神幸祭（猿田茂）「鹿行の文化財」 鹿行文化財保護連絡協議会 （36）2006.3

要石信仰―地震鯰を押さえる石に託された願い（《特集 知られざる善光寺表参道（2）歴史の町長野を紡ぐ会5周年》）（高原英男）「長野」 長野郷土史研究会 （251）2007.2

資料紹介 香取神宮神幸祭絵巻（権検非違使家本）について（鈴木哲雄）「千葉県史研究」 千葉県史料研究財団 （15）2007.3

古代国家の形成と「香取・鹿島神宮」―神々の変遷をたどる（遠藤英次）「香取民衆史」 香取歴史教育者協議会 （10）2007.4

香取の海の二つのお船祭―常陸の鹿島神宮・下総の香取神宮（北野晃）「まつり通信」まつり同好会　47(3)通号529　2007.5

カメラルポ―新春神事香取神宮星鎮祭「リヴラン佐原」CAC企画（400）2009.02

戊辰戦争と香取神宮（宮間純一）「千葉県の文書館」千葉県文書館（14）2009.03

香取神宮と成田山新勝寺のこと（研究余滴）（久保木良）「研究紀要」日本村落自治史料調査研究所　通号14　2010.03

報告　昔の町並み探検隊　香取神宮参拝の巻（藤崎芳樹）「瓦版大木戸　：千葉県立房総のむら館報」千葉県立房総のむら（52）2014.03

催事スケッチ　香取神宮御田植祭　豊作を願い、神へ切実な祈り（渡辺良正）「儀礼文化ニュース」儀礼文化学会　（193）2014.03

香取神社
香取神社の現地調査に参加して「我孫子市史研究センター会報」我孫子市史研究センター　（125）2012.07

合同部会7月の活動(7/21)我孫子市緑の香取神社調査（近江礼子）「我孫子市史研究センター会報」我孫子市史研究センター　（125）2012.07

香取大神宮寺
香取大神宮寺、金剛宝寺考―神仏分離の実態（高森良昌）「香取民衆史」香取歴史教育者協議会　（8）1997.9

金谷浜
上総金谷浜の大鳥賊見世物興行―上総の漁師と江戸の香具師（実形裕介）「千葉県史料研究財団だより」千葉県史料研究財団　13　2002.1

金ケ作陣屋
歌舞伎よもやまばなしと金ケ作陣屋の解説（佐藤昌男）「松戸史談」松戸史談会　（38）1998.10

金沢
蔵王権現と久保の佐藤・金沢の佐藤（佐藤明正）「ふるさとちくら」南房総市教育委員会　（19）2002.3

鹿野山
鹿野山の梯子獅子舞（石川博司）「まつり通信」まつり同好会　47(2)通号528　2007.3

鹿野山中の「招魂之碑」を訪ねて（諏訪貞夫）「西上総文化会報」西上総文化会　（69）2009.03

鏑木城
特集　鏑木城の歴史と伝承「ひかたの歴史と民俗」大原幽学記念館　2　1999.10

鎌ケ谷市
鎌ケ谷市域の農具―鍬の形体・用途の分析（小川浩）「鎌ケ谷市史研究」鎌ケ谷市教育委員会　（25）2012.3

鎌ケ谷市の指定文化財第1号　鎌ケ谷大仏のはなし「鎌ケ谷市郷土資料館だより」鎌ケ谷市郷土資料館　（30）2012.03

鎌ケ谷市の近世庚申塔―かたちと銘文からみる庚申信仰の展開（石神裕之）「鎌ケ谷市史研究」鎌ケ谷市教育委員会　（27）2014.03

鎌苅
鎌苅の歳時記―祭事の今昔（加藤六蔵）「印旛　：印旛村歴史民俗資料館報」印旛村歴史民俗資料館　（12）1999.8

上砂
祠を構えた道祖神（上砂区）「郷土八街」八街郷土史研究会　（18）2012.06

特集　熊野信仰を追う―榎戸区の道休様・上砂区の熊野権現神社「郷土八街」八街郷土史研究会　（20）2013.01

上砂の神々たち（民俗調査特集）「郷土八街」八街郷土史研究会　（21）2013.05

上高野
子安神社（蕨由美）「史談八千代　：八千代市郷土歴史研究会機関誌」八千代市郷土歴史研究会　22　1997.10

子安神社（藤本早苗）「史談八千代　：八千代市郷土歴史研究会機関誌」八千代市郷土歴史研究会　（30）2005.11

上高野原
金乗院と上高野原の巡拝供養塔（石井尚子，清水正子）「史談八千代　：八千代市郷土歴史研究会機関誌」八千代市郷土歴史研究会　（26）2001.10

上志津
出羽三山碑と宿坊加護帳にみる佐倉の人々―佐倉市下志津・上志津・小竹の例（田中征志）「佐倉市史研究」佐倉市総務部　（25）2012.03

上之郷村
上之郷村の寺請証文について「房総　：郷土の古文書研究」川城文庫・

藩政史研究会　90　2001.7

上本郷
上本郷に伝わる七不思議（特集　楽しい東葛伝説民話事典―松戸の伝説と民話）「東葛流山研究」流山市立博物館友の会事務局，崙書房出版（発売）（29）2011.03

亀谷堂
亀谷堂の団十郎餅・海老蔵飴（大野秀明）「なりた　：成田山霊光館報」成田山霊光館　26(3)通号74　1999.1

亀山神社
近年の調査から　亀山神社「君津市立久留里城址資料館だより」君津市立久留里城址資料館　（42）2011.08

鴨川市
郷土の石棺の謎（小林倫子）「嶺岡」鴨川市郷土史研究会　（2）1999.3

鴨川市域の山車・屋台（東島暉）「嶺岡」鴨川市郷土史研究会　（3）2004.5

郷社・諏訪神社由緒書より（東島暉）「嶺岡」鴨川市郷土史研究会　（3）2004.5

鴨川市域の山車・屋台（東島暉）「千葉文華」千葉県文化財保護協会（39）2007.3

房総にみる守札にみる信仰―千葉県鴨川市の守札にみる信仰（木原律子）「民具マンスリー」神奈川大学　40(8)通号476　2007.11

石仏探訪(8)　水陸塔と蝗神供養塔―鴨川市・石造物百選めによせて（石田年子）「会報」房総石造文化財研究会事務局　（117）2013.04

鴨川市の水陸塔と虫供養（調査報告）（石田年子）「日本の石仏」日本石仏協会，青娥書房（発売）（150）2014.06

萱田
飯綱権現への道（蕨由美）「萱田道」「史談八千代　：八千代市郷土歴史研究会機関誌」八千代市郷土歴史研究会　（25）2000.10

菅田
飯綱神社の由来とその伝承（蕨由美）「史談八千代　：八千代市郷土歴史研究会機関誌」八千代市郷土歴史研究会　（24）1999.10

菅田飯綱神社のルーツ飯綱信仰を各地に訪ねて（特集　旧萱田村の総合研究I―「菅田の飯綱神社と飯綱信仰」の調査・報告）（蕨由美）「史談八千代　：八千代市郷土歴史研究会機関誌」八千代市郷土歴史研究会　（35）2010.11

「飯綱大神」額を寄進した「鍋新」を追って（特集　旧萱田村の総合研究I―「菅田の飯綱神社と飯綱信仰」の調査・報告）（吉野静生，田村勲）「史談八千代　：八千代市郷土歴史研究会機関誌」八千代市郷土歴史研究会　（35）2010.11

飯綱神社の魅力（特集　旧萱田村の総合研究II）（田村勲，鈴木康彦）「史談八千代　：八千代市郷土歴史研究会機関誌」八千代市郷土歴史研究会　（36）2011.11

八千代市菅田の石造物にみる女人講の姿（蕨由美）「史談八千代　：八千代市郷土歴史研究会機関誌」八千代市郷土歴史研究会　（36）2011.11

萱田町
萱田町に残った権現様の道しるべ（黒住美代子）「史談八千代　：八千代市郷土歴史研究会機関誌」八千代市郷土歴史研究会　23　1998.10

川口
川口三石講（加藤一江）「ふるさとちくら」南房総市教育委員会　（14）1997.4

川口部落の昔話について（加藤一江）「ふるさとちくら」南房総市教育委員会　（18）2001.3

川口神社
銚子市川口神社を巡る神事の変遷と信仰圏の形成―銚港神社との比較から（松尾須美礼）「歴史地理学調査報告」筑波大学人文社会科学研究科歴史・人類学専攻歴史地理学研究室　（10）2002.3

銚子市川口神社を巡る漁業と信仰の変遷―大正から昭和20年代を中心に（松尾須美礼）「歴史地理学調査報告」筑波大学人文社会科学研究科歴史・人類学専攻歴史地理学研究室　（11）2004.3

川口明神
川口明神の頌徳碑（吉田仁）「東庄の郷土史」東庄郷土史研究会　（18）2002.6

川崎
那古正木（川崎）の三平姓と鯉幟（松本久）「館山と文化財」館山市文化財保護協会　33　2000.4

川名岡
川名岡の巨人の話（川名和歌）「館山と文化財」館山市文化財保護協会　33　2000.4

千葉県　　　　　　　　　　　　　　　　　　郷土に伝わる民俗と信仰　　　　　　　　　　　　　　　　　　関東

川間
郷土史講座 川間地区の歴史と民俗（小川浩）「かつしか台地 ： 野田地方史懇話会会誌」 野田地方史懇話会 （45） 2013.3

願成寺
総州願成寺の探索―房総における西大寺流真言律寺院の沿革小考（桃崎祐輔）「六浦文化研究」 六浦文化研究所 （8） 1998.12

願定院
瀬戸願定院の力石「印旛 ： 印旛村歴史民俗資料館報」 印旛村歴史民俗資料館 （11） 1998.8

桑納
村落の行事の改廃―八千代市桑納の春祈禱と天道念仏（大島建彦）「西郊民俗」 ［西郊民俗談話会］ （188） 2004.9

神納
古老が語る神納の昔ばなし（関巌）「袖ケ浦市史研究」 袖ケ浦市郷土博物館 7 1999.3
古老が語る神納の昔ばなし（2）―付「昭和町農業変革記録」（関巌）「袖ケ浦市史研究」 袖ケ浦市郷土博物館 9 2001.3

神納村
旧神納村の屋号について（多田憲美）「袖ケ浦市史研究」 袖ケ浦市郷土博物館 8 2000.3
風説130年いま村人は―上総国望陀郡神納村の記録から（多田憲美）「西上総文化会報」 西上総文化会 （63） 2003.3

観音寺
例会 高津山観音寺にて（蕨由美）「郷土史研通信」 八千代市郷土歴史研究会 47 2004.8
高津山観音寺文書の紹介（村田一男）「史談八千代 ： 八千代市郷土歴史研究会機関誌」 八千代市郷土歴史研究会 （30） 2005.11
資料1 高津山観世音略縁起（目録No.5）（高津姫伝説のルーツ高津山観音寺縁起資料）（佐久間弘文）「史談八千代 ： 八千代市郷土歴史研究会機関誌」 八千代市郷土歴史研究会 （30） 2005.11
資料2 略縁起付帯の和文（目録No.6）（高津姫伝説のルーツ高津山観音寺縁起資料）（関和時男、畠山隆資）「史談八千代 ： 八千代市郷土歴史研究会機関誌」 八千代市郷土歴史研究会 （30） 2005.11
史料3 高津山観世音之縁起（目録No.9）（高津姫伝説のルーツ高津山観音寺縁起資料）（佐久間弘文）「史談八千代 ： 八千代市郷土歴史研究会機関誌」 八千代市郷土歴史研究会 （30） 2005.11
高津姫伝説のルーツ 高津山観音寺縁起の考察（滝口昭二）「史談八千代 ： 八千代市郷土歴史研究会機関誌」 八千代市郷土歴史研究会 （30） 2005.11
高津山観音寺の戦没者墓碑（石像物群像）（畠山隆、小菅俊雄、鈴木登）「史談八千代 ： 八千代市郷土歴史研究会機関誌」 八千代市郷土歴史研究会 （30） 2005.11
観音寺所在の韓国式鐘楼についての考察（牧野光男）「史談八千代 ： 八千代市郷土歴史研究会機関誌」 八千代市郷土歴史研究会 （30） 2005.11
八千代市観音寺所在の韓国式鐘楼について（発表要旨）（牧野光男）「房総の郷土史」 千葉県郷土史研究連絡協議会 （34） 2006.3

観福寺
伊能豊秋日記より抜き書 宝暦・明和期の観福寺と仏教興隆の状況（香取五郎）「佐原の歴史」 佐原市教育委員会 2 2002.3
香取の歴史民俗見聞記（3）山田区・山倉の山倉大神・観福寺（島田七夫）「リヴラン佐原」 CAC企画 （384） 2007.10
香取の歴史民俗見聞記（12）佐原区・牧野の観福寺（島田七夫）「リヴラン佐原」 CAC企画 （396） 2008.10

観明寺
上総国一宮玉崎山観明寺の古文書・金石文を調べ（川城昭一）「房総 ： 郷土の古文書研究」 川城文庫・藩政史研究会 （117） 2007.8

木下
明治十年代、初期銚港丸三船の建造及びその経営実態について（研究投稿）（村越隆茂）「印西の歴史」 印西市教育委員会 （7） 2013.3

菊田神社
菊田神社（恵志あや）「史談八千代 ： 八千代市郷土歴史研究会機関誌」 八千代市郷土歴史研究会 22 1997.10

木更津
平成10年度企画展「木更津甚句と切られ与三―湊町木更津の賑わい」「千葉県立上総博物館報」 千葉県立上総博物館 91 1998.3
木更津船私考（高崎繁雄）「千葉県立上総博物館友の会報」 千葉県立上総博物館 1998.7
私年号「神徳」と木更津船の船持（筑紫敏夫）「東京湾学会誌 ： 東京湾の水土」 東京湾学会 1（3） 1999.12
木更津を歩く（石川博司）「野仏 ： 多摩石仏の会機関誌」 多摩石仏の会 33 2002.7
史跡探訪 伝説とロマンのまち木更津（福原貞夫）「房総の郷土史」 千葉県郷土史研究連絡協議会 （37） 2009.5
エッセイ 原敬と民謡木更津甚句（柳井達雄）「歴研よこはま」 横浜歴史研究会 （66） 2011.05
近世木更津周辺の石工（研究論文など）（稲木章宏）「西上総文化会報」 西上総文化会 （73） 2013.3
第605回例会 研究発表II 講演「近世木更津周辺の石工」 稲木章宏会員（例会とその内容）「西上総文化会報」 西上総文化会 （73） 2013.3
木更津の石造物（1）地名の表記（稲木章宏）「会報」 房総石造文化財研究会事務局 （119） 2013.10
木更津の石造物（2）～（5）石工とその系譜［1］～（4）（稲本章宏）「会報」 房総石造文化財研究会事務局 （120）/（123） 2014.01/2014.10

木更津市
資料紹介 貞応3年千葉県木更津市某寺蔵木造聖観音菩薩立像について（〈報告2 市史編さん成果還元事業講演会〉）（秋山一雄）「袖ケ浦市史研究」 袖ケ浦市郷土博物館 （14） 2009.03

北之幸谷
獅子舞の風土シリーズ（97）千葉県東金市/北之幸谷の獅子舞い（川崎実）「かわせみ通信」 川崎実 （97） 2006.3

北松戸
桜満開の増上寺 御忌法要見学記/初夏の北松戸を歩く「荒川史談」 荒川史談会 （282） 2005.6

北水口
北水口の白幡神社の頼朝神像（川城昭一）「房総 ： 郷土の古文書研究」 川城文庫・藩政史研究会 （116） 2007.3

橘禅寺
橘禅寺に寄せる歌（《藤原文夫先生追想号》）（藤原文夫）「南総郷土文化研究会誌」 南総郷土文化研究会 15 1997.2

吉保八幡
鴨川市吉保八幡の「杉庵志道翁碑」と石工宮亀年（嘉津山清）「房総の石仏」 房総石造文化財研究会 （20） 2010.09

鬼泪山
近世鬼泪山の入会関係について（後藤恵菜）「千葉県史研究」 千葉県史料研究財団 10（別冊） 2002.3

木野崎下町
70年ぶり、ご開帳になった木野崎下町の大日如来（市原正巳）「かつしか台地 ： 野田地方史懇話会会誌」 野田地方史懇話会 13 1997.3

木間ケ瀬
房総富士塚雑記―野田市木間ヶ瀬・富士塚築造記録の発見（《富士塚特集》）（沖本博）「あしなか」 山村民俗の会 279 2007.10
野田市の屋敷神―木間ヶ瀬を中心に（論文）（石田年子）「研究報告」 千葉県立関宿城博物館 （18） 2014.03

君津
日本三大祭りと地元の祭り（生徒歴史研究発表大会の記録）（君津高校郷土研究同好会）「房総史学」 国書刊行会 （54） 2014.03

君津市
唐人凧（小林三郎）「吻々」 君津市文化協会文化財部 （6） 1997.3
近年の調査から 手水石の謎のふしみ「君津市立久留里城址資料館だより」 君津市立久留里城址資料館 （45） 2014.10

旧稲垣邸
天保期の民家・明治期に移築の旧稲垣邸解体報告（所在、八千代市八千代台南3丁目）（村田一男）「八千代市立郷土博物館館報」 八千代市立郷土博物館 （15） 2009.03
さらば・旧稲垣邸 天保期の移築住宅解体さる（牧野光男）「郷土史研通信」 八千代市郷土歴史研究会 （66） 2009.05

旧堀田邸
旧堀田邸の建築、その形式と系譜（《特集 旧堀田邸（重要文化財 旧堀田家住宅）》）（濱島正士）「佐倉市史研究」 佐倉市総務部 （20） 2007.3
旧堀田邸の庭園（《特集 旧堀田邸（重要文化財 旧堀田家住宅）》）（田畑貞寿）「佐倉市史研究」 佐倉市総務部 （20） 2007.3

旧吉田家
調査報告1 現代社会と民具―旧吉田家民具調査の意義（旧吉田家民具調査）（佐野賢治）「かしわの歴史 ： 柏市史研究」 柏市史編さん委員会 （1） 2012.3
調査報告2 旧吉田家民具調査方法と目的（旧吉田家民具調査）（石野律子）

「かしわの歴史 ： 柏市史研究」 柏市史編さん委員会 (1) 2012.3

調査報告3 旧吉田家の屋大工が製作した諸道具—大工藤蔵を中心に (旧吉田家民具調査) (石野律子)「かしわの歴史 ： 柏市史研究」 柏市史編さん委員会 (1) 2012.3

調査報告4 旧吉田家所有の江戸期の木挽鋸 (前挽大鋸) について (旧吉田家民具調査) (芝崎浩平)「かしわの歴史 ： 柏市史研究」 柏市史編さん委員会 (1) 2012.3

調査報告5 民具整理と商号—「民具リスト」作成の課題より (旧吉田家民具調査) (新原淳弘)「かしわの歴史 ： 柏市史研究」 柏市史編さん委員会 (1) 2012.3

調査報告6 吉田家近郊から購入した民具—埼玉県吉川市から購入した肥桶 (旧吉田家民具調査) (小松大介)「かしわの歴史 ： 柏市史研究」 柏市史編さん委員会 (1) 2012.3

報告1 旧吉田家の民具所有を表す語彙と記号 (屋号・家印・商標) について (旧吉田家民具調査) (石野律子)「かしわの歴史 ： 柏市史研究」 柏市史編さん委員会 (2) 2014.3

報告2 東京郊外の商家の番頭さんの暮らしと仕事 (大正から昭和前期を中心に)—聞き書きと八木原由蔵氏の手帳を参考に (旧吉田家民具調査) (古谷野洋子)「かしわの歴史 ： 柏市史研究」 柏市史編さん委員会 (2) 2014.3

報告3 旧吉田家の醤油関係資料について (旧吉田家民具調査) (関悦子)「かしわの歴史 ： 柏市史研究」 柏市史編さん委員会 (2) 2014.03

行元寺

表紙 行元寺の初代武志伊八の「波と宝珠」 北斎に大きな影響を与えた「西上総文化会報」 西上総文化会 (74) 2014.03

行人台

短信 (4) 行人台から消えた石祠「松戸史談」 松戸史談会 (53) 2013.11

行徳

下総国行徳領内の製塩に就いて (平野清次)「川口史林 ： 川口市郷土史会々誌」 川口市郷土史会 57・58 1997.3

行徳地域の寺町散策 (川島信克)「東京湾学会誌 ： 東京湾の水土」 東京湾学会 2(1) 2003.3

研究ノート 行徳の下り塩購入と浦賀・神奈川湊の荷船 (池田真由美)「市立市川歴史博物館館報」 市立市川歴史博物館 2006年度 2008.3

論文 行徳の製塩業と沿海インフラ (研究紀要編) (菅野洋介)「市立市川歴史博物館館報」 市立市川歴史博物館 2012年度 2014.03

鏡忍寺

押本支店長と鏡忍寺での出会い (平嶋昭一)「郷土文化」 郷土文化の会 (9) 2000.3

菩提寺・鏡忍寺 (押本孝道)「郷土文化」 郷土文化の会 (9) 2000.3

清水寺

坂東の札所めぐり 三十二番音羽山千光院清水寺 (川城昭一)「房総 ： 郷土の古文書研究」 川城文庫・藩政史研究会 (126) 2009.07

清水寺の御開帳/御開帳の年表/文化年間の御開帳「房総 ： 郷土の古文書研究」 川城文庫・藩政史研究会 (126) 2009.07

鬼来迎

千葉県光町の広済寺の “鬼来迎” を訪ねて (梁地孝子)「六甲倶楽部報告」 六甲倶楽部 50 1999.9

鬼来迎—千葉県光町 (高瀬美代子)「西日本文化」 西日本文化協会 397 2003.12

「鬼来迎」へのご案内 (小澤正人)「六甲倶楽部報告」 六甲倶楽部 (94) 2010.09

声のコスモロジー 鬼来迎源流考 (論文) (外山日出男)「房総の郷土史」 千葉県郷土史研究連絡協議会 (41) 2013.06

金気神社

金気神社に思う—過ぎた年のかぜはよしよし (佐野邦雄)「館山と文化財」 館山市文化財保護協会 (36) 2003.4

金谷寺

2013年2月13日 (水) 八ヶ崎風土記 “映像で見る金谷寺の歴史とその周辺”—松戸八ヶ崎の史跡と歴史考 (松戸史談会会員勉強会 (要旨)) (沖福松)「松戸史談」 松戸史談会 (53) 2013.11

久寺家

我孫子市の社寺を訪ねる3—久寺家 (中川 健治)「我孫子市史研究センター会報」 我孫子市史研究センター (142) 2013.12

九十九坊廃寺

消えた古代の寺 君津市九十九坊廃寺について「きみさらづ ： 財団法人君津郡市文化財センター広報誌」 君津郡市文化財センター 19 2001.9

九十九里

東浪見甚句—九十九里南部の民謡 (川城昭一)「房総 ： 郷土の古文書研究」 川城文庫・藩政史研究会 75 1997.11

鹿沼麻の九十九里商い (平野哲也)「文書館だより」 栃木県立文書館 28 2000.7

上方との文化的・経済的交流の重大性—九十九里漁業の歴史の一端 (川村優)「房総の郷土史」 千葉県郷土史研究連絡協議会 (32) 2004.3

民話に関する一考察 (生徒歴史研究発表大会の記録) (九十九里高校有志)「房総史学」 国書刊行会 (53) 2013.03

九十九里浜

地域史の民俗 九十九里浜の螺子・錦紗子について (川城昭一)「房総 ： 郷土の古文書研究」 川城文庫・藩政史研究会 93 2002.3

地域史の民俗 九十九里浜の螺子 又は綿紗子について (川城昭一)「房総 ： 郷土の古文書研究」 川城文庫・藩政史研究会 96 2002.9

上総一宮本郷・東浪見村他漁業の衰退—九十九里浜の地引網を探る (川城昭一)「房総 ： 郷土の古文書研究」 川城文庫・藩政史研究会 101 2004.1

聞き取り紹介 九十九里浜の木造船 (永田征子)「利根川文化研究」 利根川文化研究会 通号25 2004.8

「江戸の旅一成田詣と大和田宿」「写真集九十九里浜」「千葉県伝染病史」「日本村落自治資料調査研究紀要第9号」(井上隆男)「房総の郷土史」 千葉県郷土史研究連絡協議会 (33) 2005.3

房総の歴史 江戸の往来物「浜庇小児教種」(はまびしょうにおしえだね) を読んで 関川堂 今川経山の往来物—九十九里浜漁村の往来物 (川城昭一)「房総 ： 郷土の古文書研究」 川城文庫・藩政史研究会 (123) 2009.1

九十九里浜の地曳網の想い出 付・澪に流された自分の体験 (鈴木茂)「忘らえぬかも ： 故里の歴史をさぐる」 大網白里町文化協会 (7) 2012.4

弘誓院

弘誓院の「間引き絵馬」(特集 楽しい東葛伝説民話事典—柏の伝説と民話)「東葛流山研究」 流山市立博物館友の会事務局，崙書房出版 (発売) (29) 2011.03

首斬り地蔵

首斬り地蔵由来 (神尾武男)「松戸史談」 松戸史談会 (46) 2006.10

久保

蔵王権現と久保の佐藤・金沢の佐藤 (佐藤明正)「ふるさとちくら」 南房総市教育委員会 (19) 2002.3

弘法寺

歴史発見 不思議なお墓見つけました 市川市真間弘法寺「あずま」 文化財情報誌「あずま」編集室 (5) 1999.12

久保神社

久保神社と蔵王権現 (1)，(2) (香田永子)「ふるさとちくら」 南房総市教育委員会 (14)/(15) 1997.4/1998.4

久保神社の由来から明治の狛犬まで (佐藤明正)「ふるさとちくら」 南房総市教育委員会 (21) 2004.3

香取市久保・久保神社「千葉親胤御影」について—作者・江戸時代初期の千葉定胤 (千葉家当主) (角田吉信)「香取民衆史」 香取歴史教育者協議会 (10) 2007.4

久留里

久留里を訪ねて (植松達也)「えおひっぷす」 相馬郷土研究会 195 2004.6

史跡探訪 上総掘りの里・久留里の史跡を訪ねて (福原貞夫)「房総の郷土史」 千葉県郷土史研究連絡協議会 (40) 2012.5

久留里市場

「お手玉遊び」に関する一考察—君津市久留里市場の事例から (野首百代)「町と村調査研究」 千葉県立房総のむら 1 1998.3

久留里市場の例祭に関する調査と研究 (調査ノート)「君津市立久留里城址資料館年報」 君津市立久留里城址資料館 通号31 2010.08

久留里街道西往還

迅速測図を用いた久留里街道西往還の推定と付近の石造物 (加来利一)「房総の石仏」 房総石造文化財研究会 (24) 2014.10

検見川

検見川の概況 (千葉市民俗調査報告書5 検見川の民俗) (岩田明日香)「研究紀要」 千葉市立郷土博物館 (19) 2013.03

検見川の生業 (千葉市民俗調査報告書5 検見川の民俗) (千葉市民俗調査会)「研究紀要」 千葉市立郷土博物館 (19) 2013.03

検見川の年中行事 (千葉市民俗調査報告書5 検見川の民俗) (林絢子)「研究紀要」 千葉市立郷土博物館 (19) 2013.03

検見川の人の一生 (千葉市民俗調査報告書5 検見川の民俗) (千葉市民俗

千葉県　　　　　　　　　　　　　　　　　　　郷土に伝わる民俗と信仰　　　　　　　　　　　　　　　　関東

調査会）「研究紀要」　千葉市立郷土博物館　（19）2013.03

検見川の信仰（千葉市民俗調査報告書5 検見川の民俗）（林絢子）「研究紀要」　千葉市立郷土博物館　（19）2013.03

見物

部落の聞き書きあれこれ（1）見物部落（鈴木庸一）「館山と文化財」　館山市文化財保護協会　32　1999.4

建暦寺

建暦寺縁起と貞元親王について（石井喜美代）「西上総文化会報」　西上総文化会　（67）2007.3

小網寺

資料紹介 小網寺 降三世明王像「ミュージアム発見伝 ： 館山市立博物館報」　館山市立博物館　（88）2014.03

小岩

小岩の番傘（花沢怜子）「東葛流山研究」　流山市立博物館友の会事務局，崙書房出版（発売）（18）1999.10

光巌寺

東京湾岸戦国史跡（82）光巌寺「ミュージアム発見伝 ： 館山市立博物館報」　館山市立博物館　（83）2009.01

広済寺

千葉県光町の広済寺の“鬼来迎”を訪ねて（梁地孝子）「六甲倶楽部報告」　六甲倶楽部　50　1999.9

「鬼来迎」へのご案内（小澤正人）「六甲倶楽部報告」　六甲倶楽部　（94）2010.09

声のコスモロジー 鬼来迎源流考（論文）（外山日出男）「房総の郷土史」　千葉県郷土史研究連絡協議会　（41）2013.06

神崎町

千葉県神崎町の石枕（高木博彦）「調査研究報告」　千葉県立大利根博物館　通号7　1997.3

迎接寺

平成25年度 下総歴史民俗資料館企画展「迎接寺の鬼舞面」 迎接寺の鬼舞面/迎接寺と鬼舞について/鬼舞について/鬼舞開催記録「資料館だより」　成田市下総歴史民俗資料館　（6）2014.03

高田寺

東京湾岸戦国史跡（57）高田寺「ミュージアム発見伝 ： 館山市立博物館報」　館山市立博物館　58　1997.5

広徳寺

広徳寺と植松佐宗治考（1），（2）（平久保久雄）「松戸史談」　松戸史談会　（44）/（45）2004.10/2005.10

国府台

鐘懸けの松（宮崎敏子）「目黒区郷土研究」　目黒区郷土研究会　595　2004.8

高野山

我孫子市の社寺を訪ねる（7）―高野山（1）（三谷和夫）「我孫子市史研究センター会報」　我孫子市史研究センター　（153）2014.11

高野山新田

我孫子の社寺を訪ねる（6）高野山新田（三谷和夫）「我孫子市史研究センター会報」　我孫子市史研究センター　（151）2014.09

光福寺

近世新義真言宗田舎本寺の門末支配の実相―上総国望陀郡三箇村光福寺の場合（植野英夫，高木澄子）「袖ケ浦市史研究」　袖ケ浦市郷土博物館　9　2001.3

香取の歴史民俗見聞記（16）佐原区 寺内の光福寺・谷中の今宮神社（島田七夫）「リヴラン佐原」　CAC企画　（400）2009.02

光福寺所蔵「諸大事集」―光福寺文書にみる中世の聖教（2）（史料紹介）（植野英夫）「袖ケ浦市史研究」　袖ケ浦市郷土博物館　（15）2011.03

高福寺

高福寺・木造地蔵菩薩坐像について（木村修）「成田史談」　成田市文化財保護協会　（58）2013.03

光明寺

上野東叡山末の古刹光明寺に伝承する徳川家康の逸話に就いて（浜名徳永）「千葉文華」　千葉県文化財保護協会　34　1999.3

幸谷

幸谷の黒観音（特集 楽しい東葛伝説民話事典―松戸の伝説と民話）「東葛流山研究」　流山市立博物館友の会事務局，崙書房出版（発売）（29）2011.03

高野

第3回研修会（報告）富里市高野地区発見の「守札」に見る江戸時代の信仰（講師：木原律子氏）（酒井弘志）「印旛郡市地域史料保存利用連絡協議会会報」　印旛郡市地域史料保存利用連絡協議会　（16）2012.03

小金

総州庄内領・小金領に花開いた甲子待信仰（石田年子）「房総の石仏」　房総石造文化財研究会　（14）2004.6

小金宿

史跡巡り「紅葉の本土寺と小金宿・高城氏居館跡周辺を訪ねる」に参加して（史跡探訪）（尾崎淳子）「かつしか台地 ： 野田地方史懇話会会誌」　野田地方史懇話会　19　2000.3

小金原

小金原の決闘（特集 楽しい東葛伝説民話事典―柏の伝説と民話）「東葛流山研究」　流山市立博物館友の会事務局，崙書房出版（発売）（29）2011.03

小金牧

花島観音・高津新田大師堂・小金牧の見学調査（天野和邦）「郷土史研通信」　八千代市郷土歴史研究会　39　2002.7

生祠・石見塔と小金牧周辺の山樽塔（石田子）「房総の石仏」　房総石造文化財研究会　（22）2012.07

石納

石造物を読む（2）香取市石納の出羽三山塔（米谷博）「会報」　房総石造文化財研究会事務局　（105）2010.04

国分校地遺跡

火を用いた祭祀についての一考察―和洋国分校地遺跡出土の「神酒杯」墨書土器の検討から（見留武士）「房総文化」　房総文化研究所　22　2000.3

小菅村

小菅村で病死した巡礼者（成田市史調査員だより（3））（鏑木行廣）「成田市史研究」　成田市教育委員会　通号34　2010.03

小浜

木更津市小浜庚申塔の三猿（稲木章宏）「会報」　房総石造文化財研究会事務局　（113）2012.04

駒形

旧山田町石仏調査（5）田部・駒形の馬頭観音堂「会報」　房総石造文化財研究会事務局　（107）2010.09

駒形神社

上高野駒形神社の奉納句額（関和時男）「郷土史研通信」　八千代市郷土歴史研究会　34　2001.7

駒木村

駒木村の与八塚（特集 楽しい東葛伝説民話事典―流山の伝説と民話）「東葛流山研究」　流山市立博物館友の会事務局，崙書房出版（発売）（29）2011.03

小松

神崎町小松の石枕と緑川永国（高木博彦）「房総の郷土史」　千葉県郷土史研究連絡協議会　26　1998.3

小松寺

小松寺の繁栄を願って（佐藤那美子）「ふるさとちくら」　南房総市教育委員会　（19）2002.3

小御門神社

小御門神社文書について（成田市史調査員だより（1））（中村政弘）「成田市史研究」　成田市教育委員会　通号32　2008.3

小御門神社とその周辺 御奈祭神の末裔 青山氏（肆辺泰山）「史談しもふさ」　下総町郷土史研究会　（29）2008.04

小湊

天津・小湊の石仏（尾形弘道）「郷土文化」　郷土文化の会　（11）2002.3

子守神社

子守神社（村上昭彦）「史談八千代 ： 八千代市郷土歴史研究会機関誌」　八千代市郷土歴史研究会　22　1997.10

幕張の子守神社（白井千万子）「房総路 ： 郷土研究誌」　房総歴史研究会事務局　38　1998.8

子安神社

子安神社と子安講―千葉市花見川区畑町（大島建彦）「西郊民俗」　[西郊民俗談話会]　通号169　1999.12

ごろが池弁天さま

ごろが池弁天さまと野馬奉行（山中健司）「松戸史談」　松戸史談会

（49）2009.11

子和清水

養老伝説 子和清水（特集 楽しい東葛伝説民話事典―松戸の伝説と民話）「東葛流山研究」 流山市立博物館友の会事務局，崙書房出版（発売）（29）2011.03

権現塚

権現塚の桜（特集 楽しい東葛伝説民話事典―野田の伝説と民話）「東葛流山研究」 流山市立博物館友の会事務局，崙書房出版（発売）（29）2011.03

権現堂

史料紹介 近世の「村法」・「民法」と日用について―上総国望陀郡権現堂（横山鈴子）「房総の郷土史」 千葉県郷土史研究連絡協議会 （41）2013.6

金剛寺

口絵 物井地区稲荷塚遺跡、小屋ノ内遺跡出土墨書土器、成山地区南作遺跡出土墨書土器、寛永17年（1640）菩提山弘覚院金剛寺「金銅製出羽三山宮棟札」、伝千葉勝胤肖像画（勝胤寺蔵・非公開）、勝胤寺本堂、千葉石（勝胤寺蔵・非公開）、千葉家供養塔（勝胤寺境内）、長勝寺本堂、千葉次郎勝胤の墓（長勝寺境内）「四街道の歴史 ： 市史研究誌」四街道市教育委員会 （9）2014.03

金剛宝寺

香取大神宮寺、金剛宝寺考―神仏分離の実態（高森良昌）「香取民衆史」香取歴史教育者協議会 （8）1997.9

金乗院

金乗院と上高野原の巡拝供養塔（石井尚子，清水正子）「史談八千代 ： 八千代市郷土歴史研究会機関誌」 八千代市郷土歴史研究会 （26）2001.10

清水の金乗院 仁王門と熊笹（特集 楽しい東葛伝説民話事典―野田の伝説と民話）「東葛流山研究」 流山市立博物館友の会事務局，崙書房出版（発売）（29）2011.03

春山寺・金乗院の地蔵菩薩と江戸川土手の記念燈について（石造物調査報告）（一色信男）「流山市史研究」 流山市教育委員会 （21）2012.03

魂生神社

大鷲神社摂社魂生神社における妊娠祈願（安藤有希）「都市民俗研究」 都市民俗学研究会 （16）2010.03

妊娠祈願の方法―魂生神社を事例として（安藤有希）「長野県民俗の会会報」 長野県民俗の会 （32）2011.04

根本寺

会員寄稿 鈴身の子安講と根本寺（三代川千恵子）「会報」 房総石造文化財研究会事務局 （104）2010.01

西雲寺

稲荷山正念院西雲寺について［正］，（続）（高木積善）「山田の郷土史」 山田町郷土史研究会 （4）/（9）1997.10/2002.12

旧山田町石仏調査（6）田部・西雲寺の三神霊之墓（石田年子）「会報」房総石造文化財研究会事務局 （109）2011.04

西音寺

下ヶ戸西音寺大師堂の再調査とオビシャ（近江礼子）「我孫子市史研究センター会報」 我孫子市史研究センター （122）2012.04

西行清水

西行清水のお宮さん（小坂義弘）「佐倉の地名 ： 佐倉地名研究会会報」佐倉地名研究会 （8）2014.10

西光寺

西光寺の昔話（平野剛）「東庄の郷土史」 東庄郷土史研究会 （29）2013.07

最成寺

過去帳縁起 新蔵寺・最成寺の記録「郷土八街」 八街郷土史研究会 （12）2010.07

西福寺

印西市・西福寺の賢光作 不動明王立像及び毘沙門天立像について（塩澤寛樹）「印西の歴史」 印西市教育委員会 （4）2008.3

境宮神社

香取の歴史民俗見聞記（2）小見川区一ノ分目の境宮神社・善雄寺（島田七夫）「リヴラン佐原」 CAC企画 （383）2007.9

栄町

栄町の神社・寺院棟札集成編さんについて（荒井信司）「房総の郷土史」千葉県郷土史研究連絡協議会 27 1999.3

坂戸越

行き倒れ考―市内神納字坂戸越の「伊勢参り様」を手がかりとして（市史編さん成果還元事業講演会）（小川信雄）「袖ケ浦市史研究」 袖ケ浦市郷土博物館 （13）2007.3

佐倉

佐倉炭創始者川上右仲（天下井恵）「たいわ ： 語り伝える白井の歴史 ： 白井市郷土史の会機関誌」 白井市郷土史の会 15 1998.4

〔書評と紹介〕鏑木行広著「佐倉惣五郎と宗吾信仰」（筑紫敏夫）「関東近世史研究」 関東近世史研究会 （44）1999.3

佐倉宗吾信仰（塩沢一郎）「伊那」 伊那史学会 48（1）通号860 2000.1

地方巡礼の一形態―千葉県佐倉組十善護国講社中印旛組大廻りを事例として（田村良子）「成田市史研究」 成田市教育委員会 （25）2001.3

佐倉惣五郎信仰をめぐって（鏑木行廣）「成田市史研究」 成田市教育委員会 （26）2002.3

佐倉炭と川上右仲（天下井恵）「たいわ ： 語り伝える白井の歴史 ： 白井市郷土史の会機関誌」 白井市郷土史の会 16 2002.4

佐倉炭の流通と市域の四町村―千葉町・登戸村・寒川村・泉水村（土屋雅人）「千葉いまむかし」 千葉市教育委員会 （19）2006.3

佐倉周辺の社日塔―五社様―についての小考（田中征志）「房総の石仏」房総石造文化財研究会 （19）2009.12

佐倉周辺の社日塔（3）（田中征志）「会報」 房総石造文化財研究会事務局 （114）2012.07

佐倉周辺の出羽三山碑―出羽三山信仰の始原に迫る（田中征志）「会報」房総石造文化財研究会事務局 （118）2013.07

桜木神社

千葉県立野田市櫻木神社の大々神楽面（後藤淑）「野田市史研究」 野田市（14）2003.3

櫻木神社あれこれ（高梨富彌）「かつしか台地 ： 野田地方史懇話会会誌」野田地方史懇話会 27 2004.3

佐倉市

天正十年銘の一石宝篋印塔について（資料紹介）（小高春雄）「佐倉市史研究」 佐倉市総務部 （17）2004.3

佐倉市内の神社建築にみる形式手法の変遷（濱島正士）「佐倉市史研究」佐倉市総務部 （18）2005.3

考古学からみた死と鳥のかかわり―ハクチョウを表す例をつうじて（賀来孝代）「佐倉市史研究」 佐倉市総務部 （25）2012.03

吉田家文書 祭礼諸入用控帳（資料紹介）（土佐博文）「佐倉市史研究」 佐倉市総務部 （25）2012.03

佐倉七福神

佐倉七福神巡りレポート（成瀬摩希子）「郷土史研究通信」 八千代市郷土歴史研究会 45 2004.2

佐倉藩

佐倉藩の雨乞い祈禱（小倉博）「なりた ： 成田山霊光館報」 成田山霊光館 27（2）通号76 1999.9

千葉県立中央図書館所蔵「釈奠儀略」について―佐倉藩釈奠資料の紹介（外山信司）「佐倉市史研究」 佐倉市総務部 （19）2006.3

石仏資料紹介 佐倉藩飛地の「堀田宮」（石田年子）「房総の石仏」 房総石造文化財研究会 （18）2008.6

特別投稿 子孫が伝えた旧佐倉藩士の暮らし―佐治千枝氏のお話しから（植野英夫）「町と村調査研究」 千葉県立房総のむら （9）2009.03

佐倉藩の釈奠について―二つの「釈奠儀略」と堀田正睦（外山信司）「佐倉市史研究」 佐倉市総務部 （23）2010.03

佐倉藩の雨乞い祈禱（成田市史調査委員だより（3））（小倉博）「成田市史研究」 成田市教育委員会 通号34 2010.3

下ヶ戸

千葉県我孫子市下ヶ戸のオビシャ（近江礼子）「西郊民俗」 ［西郊民俗談話会］ （227）2014.06

我孫子におけるアンバ大杉信仰―都部と下ヶ戸の事例（近江礼子）「我孫子市史研究センター会報」 我孫子市史研究センター （152）2014.10

笹川

「笹川神楽」の大和町上演について（小早稲喜久男）「東庄の郷土史」 東庄郷土史研究会 （15）1999.6

笹川諏訪大明神―大地にきざまれた歴史（田中圭一）「東庄の郷土史」 東庄郷土史研究会 （17）2001.6

田中圭一先生随行記―諏訪神社と笹川神楽（野口政司）「東庄の郷土史」東庄郷土史研究会 （17）2001.6

笹川船手組合（2）―笹川西浜の水天宮と祭事等の史料（土屋清實）「東庄の郷土史」 東庄郷土史研究会 （18）2002.6

笹川船手組合（3）―水天宮祭事等の史料（土屋清實）「東庄の郷土史」 東庄郷土史研究会 （19）2003.6

笹川船手組合（6）水天宮祭事件などの史料（土屋清實）「東庄の郷土史」

東庄郷土史研究会　（22）　2006.6

笹川船手組合（8）水天宮祭事件などの史料（つづき）（土屋清實）「東庄の郷土史」　東庄郷土史研究会　（24）　2008.6

笹川神楽の太鼓（海上義治）「東庄の郷土史」　東庄郷土史研究会　（29）　2013.07

猿島三十三カ所観音

利根川をさかのぼる（中・上流編）（1）―猿島三十三カ所観音（榎美香）「世喜宿 : 千葉県立関宿城博物館報」　千葉県立関宿城博物館　12　2001.8

佐貫

睦沢町佐貫地区の浅間祭り・天王講・辻切り・盆行事（朝比奈時子，久野一郎，宇野幸）「歴史民俗資料館研究紀要」　睦沢町立歴史民俗資料館　4　1998.3

佐貫藩

譜代大名家臣団の通婚実態―近世後期・佐貫藩阿部氏家臣団を中心に（藤方博之）「千葉史学」　千葉歴史学会　（48）　2006.5

佐野

万葉のロマンと厄除大師の町・佐野を訪ねる（後藤金三）「かつしか台地 : 野田地方史懇話会会誌」　野田地方史懇話会　28　2004.9

寒川

千葉市民俗調査報告書1 寒川の民俗「研究紀要」　千葉市立郷土博物館　（10）　2004.3

寒川村

佐倉炭の流通と市域の四町村―千葉町・登戸村・寒川村・泉水村（土屋雅人）「千葉いまむかし」　千葉市教育委員会　（19）　2006.3

佐山

奥多摩の獅子舞い紀行（82）千葉県八千代市/佐山の獅子舞い「かわせみ通信」　川崎実　82　2003.10

猿田神社

戦国期における在村文化の萌芽―房総銚子の猿田神社「誹諧奉納」を中心に（杉仁）「在村文化研究」　在村文化研究会　（11）　2002.7

猿田神社古文書調査の概要と所見（水谷類）「社寺史料研究」　社寺史料研究会，岩田書院（発売）（8）　2006.3

沢辺

南総澤辺地区における観音講・念仏講について（松永誠）「南総郷土文化研究会誌」　南総郷土文化研究会　通号16　2008.1

佐原

佐原の常夜燈を建てた人々―利根川図誌を読む（風見太一）「郷土史研究会会報」　岩井市郷土史研究会　（11）　1998.3

佐原祭りにみる天下祭りの面影（植木行宣）「おおとね : 千葉県立中央博物館大利根分館報」　千葉県立中央博物館大利根分館　20（1）通号65　1998.5

ひながたにみる明治末千葉県佐原の裁縫所（島立理子）「民具マンスリー」　神奈川大学　32（2）通号374　1999.5

佐原の大祭・秋祭（石川博司）「まつり通信」　まつり同好会　39（10）通号464　1999.10

"水郷の商都"佐原の町並み（佐原市教育委員会）「千葉文華」　千葉県文化財保護協会　35　2000.3

佐原いまむかし 小野川周辺の風景（木下正治郎）「佐原の歴史」　佐原市教育委員会　3　2003.3

佐原いまむかし 新島の暮らし（大須賀三郎）「佐原の歴史」　佐原市教育委員会　4　2004.3

針供養の変容と裁縫を教える場の終焉―千葉県佐原の事例から（島立理子）「千葉県立中央博物館研究報告.人文科学」　千葉県立中央博物館　8（2）通号17　2004.3

佐原の「出シ」の修復（椎名和宏）「千葉県史料研究財団だより」　千葉県史料研究財団　（18）　2004.3

カメラルポ―佐原商工会議所議員一行八戸市八戸三社大祭視察他「リヴラン佐原」　CAC企画　（383）　2007.9

佐原囃子におけるシャギリの考察（坂本行広）「民俗芸能研究」　民俗芸能学会　（52）　2012.03

佐原囃子の構造―「さんぎり」を中心に（研究ノート）（坂本行広）「民俗芸能研究」　民俗芸能学会　（54）　2013.03

佐原市

町の年中行事―千葉県佐原市の場合（小林裕美）「町と村調査研究」　千葉県立房総のむら　1　1998.3

旧佐原市内の八十八ヶ所札所について（石井保満）「房総の石仏」　房総石造文化財研究会　（13）　2001.7

文献紹介『上香貫 霊山寺の近世墓』『佐原市石造物目録』（吉澤悟）「墓標研究会会報」　墓標研究会　8　2003.11

佐原市域板碑所在調査報告―下総型板碑の定型（池上悟）「佐原の歴史」　佐原市教育委員会　4　2004.3

桶職人の暮らしと技―佐原市の桶職人関根五郎氏を軸にして（渋谷さゆり，福田久，荒井喜代美，植野百代，小林裕美，鈴木敬子）「町と村調査研究」　千葉県立房総のむら　6　2004.3

佐原の山車行事

続々佐原山車人形について「金時・山姥」（ひょっとこ）「リヴラン佐原」　CAC企画　（395）　2008.9

続々佐原山車人形について「日本武尊」（ひょっとこ）「リヴラン佐原」　CAC企画　（396）　2008.10

続々佐原山車人形について「鎮西八郎為朝」（ひょっとこ）「リヴラン佐原」　CAC企画　（397）　2008.11

続々佐原山車人形について「昔ばなし桃太郎」（ひょっとこ）「リヴラン佐原」　CAC企画　（398）　2008.12

続々佐原山車人形について「悲運の武将・源義経」（ひょっとこ）「リヴラン佐原」　CAC企画　（399）/（402）　2009.01/2009.04

三条

谷と山の生活・歴史・民俗―大多喜町三条地区（田中圭一，田中達也）「千葉県史研究」　千葉県史料研究財団　6　1998.3

大多喜町三条・君塚政則家の「宗門人別帳」を読む（千葉恵菜）「千葉県史料研究財団だより」　千葉県史料研究財団　（19）　2008.3

三代王神社

三代王神社（園田充一）「史談八千代 : 八千代市郷土歴史研究会機関誌」　八千代市郷土歴史研究会　22　1997.10

三福寺

東京湾岸戦国史跡（64）三福寺「ミュージアム発見伝 : 館山市立博物館報」　館山市立博物館　65　2000.3

椎津

椎津のカラダミ―千葉県市原市椎津（大島建彦）「西郊民俗」　〔西郊民俗談話会〕　（190）　2005.3

塩古郷

東吉田の八幡神社―小出古郷編「塩古郷誌」（集中特集 旧川上（塩古）村）「郷土八街」　八街郷土史研究会　（22）　2013.01

塩古六所社

どっぷり塩古六所社―六所社の祭神を探る（集中特集 旧川上（塩古）村）「郷土八街」　八街郷土史研究会　（22）　2013.01

塩屋観音堂

真門塩屋観音堂のご本尊の由来について（河名喜夫）「嶺岡」　鴨川市郷土史研究会　（3）　2004.5

篠籠田

篠籠田の三匹獅子舞（赤間栄太郎）「松戸史談」　松戸史談会　（43）　2003.10

篠籠田の獅子舞（千葉県柏市篠籠田 西光院）（川崎実）「かわせみ通信」　川崎実　（127）　2011.05

千葉・篠籠田の獅子舞（石川博司）「まつり通信」　まつり同好会　53（4）通号566　2013.07

鹿見塚

上総鹿見塚考（歴史随想）（遠山成一）「千葉史学」　千葉歴史学会　（55）　2009.11

志津

佐倉地名研究会志津部会 報告資料 志津地区北部の石碑移動などのお知らせ（小坂義弘）「佐倉の地名 : 佐倉地名研究会会報」　佐倉地名研究会　（1）　2012.9

酒々井町

千葉県酒々井町のいわゆる双体道祖神（《道祖神特集》）（厚香苗）「西郊民俗」　〔西郊民俗談話会〕　（200・201）　2007.9

「酒々井町の双体道祖神を訪ねる」に参加して（土井照美）「会報」　房総石造文化財研究会事務局　（108）　2010.09

地蔵院

地蔵院の縁起を由緒書から読む（鈴木照文）「ふるさとちくら」　南房総市教育委員会　（18）　2001.3

下方村

幕末期の下方村と年中行事（大谷貞夫）「成田市史研究」　成田市教育委員会　（27）　2003.3

七天王塚

七天王塚伝説に関する文献的考察（石出猛史）「千葉いまむかし」　千葉市教育委員会　（19）　2006.3

七百余所神社

鎮守の森「七百余所神社」(特集 旧村上村・旧下市場村の総合研究II—旧村上村の研究)(畠山隆)「史談八千代 ： 八千代市郷土歴史研究会機関誌」 八千代市郷土歴史研究会 (38) 2013.11

七面神社

七面神社の蛇伝説(特集 楽しい東葛伝説民話事典—松戸の伝説と民話)「東葛流山研究」 流山市立博物館友の会事務局, 崙書房出版(発売) (29) 2011.03

実相寺

総会記念講演 実相寺と久世家(大野要修)「かつしか台地 ： 野田地方史懇話会会誌」 野田地方史懇話会 30 2005.9

実本寺

一宮町實本寺に伝わる加納家の位牌(川城昭一)「房総 ： 郷土の古文書研究」 川城文庫・藩政史研究会 (11€) 2007.3

至徳堂

郷学至徳堂の釈奠儀礼(三浦茂一)「千葉史学」 千葉歴史学会 (56) 2010.05

至徳堂の頼母子講と重威琢斎(三浦茂一)「西上総文化会報」 西上総文化会 (71) 2011.3

篠原新田

篠原新田の水神様の石造物(新たな川のフィールド・ミュージアム—いしぶみ調査隊)(玉造功)「たかっぽ通信 ： 大利根川のフィールドミュージアムニュースレター」 千葉県立中央博物館大利根分館 (5) 2013.03

柴崎神社

南竜寺の絵馬と柴崎神社の黒髪塚—地域の民衆から日露戦争(臨地研究会の記録)(鳥泉義和)「房総史学」 国書刊行会 (51) 2011.03

芝原

睦沢町森・長南芝原地区の年中行事(朝比奈時子, 久野一郎, 宇野幸)「歴史民俗資料館研究紀要」 睦沢町立歴史民俗資料館 6 2001.3

芝山仁王尊

芝山仁王尊初詣り(佐藤章)「コロス」 常民文化研究会 68 1997.2

芝山町

芝山町の夏念仏塔(小倉博)「房総の石仏」 房総石造文化財研究会 (16) 2006.5

地福寺

香取の歴史民俗見聞記(15) 佐原区・大戸神社と地福寺(島田七夫)「リヴラン佐原」 CAC企画 (399) 2009.01

島

信仰厚き村の生活 日蓮宗不受不施派多古町島(斎藤功)「千葉県史料研究財団だより」 千葉県史料研究財団 11 2000.2

下市場

下市場八坂神社に残るさくばミチの道しるべ(関和時男)「史談八千代：八千代市郷土歴史研究会機関誌」 八千代市郷土歴史研究会 23 1998.10

正覚院釈迦如来像延宝二年の修理—総州下市場の石塔と武州三輪村の板碑(村上昭彦)「房総の郷土史」 千葉県郷土史研究連絡協議会 (36) 2008.5

下市場村

延宝6年建立「壱挺切念仏講回向」の念仏供養塔(特集 旧村上村・旧下市場村の総合研究II—旧下市場村の研究)(村田一男)「史談八千代 ： 八千代市郷土歴史研究会機関誌」 八千代市郷土歴史研究会 (38) 2013.11

下市場村のオビシャと辻切り(特集 旧村上村・旧下市場村の総合研究II—旧下市場村の研究)(石田広道)「史談八千代 ： 八千代市郷土歴史研究会機関誌」 八千代市郷土歴史研究会 (38) 2013.11

下総

下総文学・歴史散歩 心をえぐられる間引きの絵馬(海老原澄子)「におどり ： 流山市立博物館友の会会報」 流山市立博物館友の会 (50) 1997.3

下総板碑における双式板碑小考(石井保満)「調査研究報告」 千葉県立大利根博物館 通号7 1997.3

収蔵品展「下総歳時記——一年の暮らしと行事」「おおとね ： 千葉県立中央博物館大利根分館報」 千葉県立中央博物館大利根分館 19(2)通号63 1997.11

むらの民具(13) 日ミノ(下総の農家)(石原重男)「瓦版大木戸 ： 千葉県立房総のむら館報」 千葉県立房総のむら 23 1999.3

第1回研修会要旨 下総地方の石仏や絵馬が語る女人信仰(榎本正三)「印

播郡市地域史料保存利用連絡協議会会報」 印播郡市地域史料保存利用連絡協議会 (4) 2000.3

むらの民具(12) 田舟(上総の農家・下総の農家)(立和名啓人)「瓦版大木戸 ： 千葉県立房総のむら館報」 千葉県立房総のむら 24/25 2000.3

「入寺」慣行からみた村と寺院—下野・常陸・下総の事例から(佐藤孝之)「栃木史学」 国学院大学栃木短期大学史学会 (15) 2001.3

女人信仰の一断面に見る下総女の連帯性(榎本正三)「日本の石仏」 日本石仏協会, 青娥書房(発売) (98) 2001.6

むら製作体験をのぞく 下総の農家 機織り/薬の道 七味唐辛子作り「瓦版大木戸 ： 千葉県立房総のむら館報」 千葉県立房総のむら 30 2002.8

甲斐駒嶽信仰と下総の文書にみる石仏建立願い(田中英雄)「日本の石仏」 日本石仏協会, 青娥書房(発売) (106) 2003.6

むら実演・体験風景をのぞく 下総の農家 米作り体験/商家・木工所 大工の技「瓦版大木戸 ： 千葉県立房総のむら館報」 千葉県立房総のむら 33 2004.3

十九夜信仰の一考察—下総地方の女年寄りの関わりを中心に(中川美穂子)「女性と経験」 女性民俗学研究会 通号29 2004.9

上総・下総・安房の農家(むらの体験風景のぞく)(村田憲一)「瓦版大木戸 ： 千葉県立房総のむら館報」 千葉県立房総のむら 38 2006.10

鎮守の杜の性格—『下総名勝図絵』を視点として(猿田正悦)「神道宗教」 神道宗教学会 (212) 2008.10

「むら」だより1 下総の農家・安房の農家・農村歌舞伎舞台で茅葺き屋根葺き替え等の工事を実施(村田憲一)「瓦版大木戸 ： 千葉県立房総のむら館報」 千葉県立房総のむら (43) 2009.03

近江の勧請吊と似た下総の年頭行事—平年は十二、閏年は十三の民俗(澤田文夫)「近畿民俗 ： 近畿民俗学会会報 ： Bulletin of the Folklore Society of Kinki」 近畿民俗学会 (177) 2009.04

越後の「灯籠押し」—下総地方における灯籠風流の展開(三田村佳子)「信濃 [第3次]」 信濃史学会 62(1)通号720 2010.01

講演録平成21年度市史講座 江戸時代の下総村々にみる駆込寺と入寺(佐藤孝之)「成田市史研究」 成田市教育委員会 (35) 2011.3

石造物を読む(7) 古墳碑と下総板碑群(米谷博)「会報」 房総石造文化財研究会事務局 (111) 2011.10

史料紹介 高野山櫻池院『下総・武蔵・諸国供養帳』(1)(佐々木倫朗)「栃木県立文書館研究紀要」 栃木県立文書館 (17) 2013.03

下総板碑の蓮台について(小西剛子)「房総の石仏」 房総石造文化財研究会 (23) 2013.08

下総地方の十九夜塔と女人講(石田年子)「房総の石仏」 房総石造文化財研究会 (24) 2014.10

下総国

中世下総国における真言宗展開に関する一考察—白井庄六所宮旧蔵大般若波羅蜜多経を手がかりに(植野英夫)「中世房総」 崙書房出版 10 1998.8

近世女人文人風土記(12)—安房・上総・下総国の巻(千葉県)(大井多津子)「江戸期おんな考」 桂文庫 (12) 2001.10

下総四郡新四国八十八ヶ所

下総四郡新四国八十八ヶ所の展開とその特質(末満宗治)「松戸史談」 松戸史談会 (38) 1998.10

下総四郡新四国八十八ヶ所札所の展開とその特質(2),(3)(末満宗治)「松戸史談」 松戸史談会 (39)/(40) 1999.10/2000.10

下総四郡八十八ヶ所

下総四郡八十八ヶ所について—存秀法印百回忌法要の足跡を辿る(村上昭彦)「千葉史学」 千葉歴史学会 (48) 2006.5

下勝田

佐倉下勝田世直し大明神・手洗石ありますョ「郷土八街」 八街郷土史研究会 (24) 2014.08

下烏田

下烏田の熊野神社考(研究論文など)(諏訪貞夫)「西上総文化会報」 西上総文化会 (74) 2014.03

下高野

八千代市下高野の葬送儀礼—土葬から火葬へ(木原律子)「千葉文華」 千葉県文化財保護協会 (39) 2007.3

下志津

出羽三山碑と宿坊加護帳にみる佐倉の人々—佐倉市下志津・上志津・小竹の例(田中征志)「佐倉市史研究」 佐倉市総務部 (25) 2012.03

下立松原神社

朝夷郡と延喜式内社下立松原神社(郷土研究)(青木徳雄)「館山と文化財 ： 会報」 館山市文化財保護協会 (47) 2014.04

下長殿

下長殿の地蔵菩薩像修理報告（伊藤武雄）「たいわ ： 語り伝える白井の歴史 ： 白井市郷土史の会機関誌」 白井市郷土史の会 （22） 2005.4

下野

上野、下野古寺巡礼（旅行記）（里見香華）「館山と文化財」 館山市文化財保護協会 （45） 2012.04

下総町

表紙解説 「おっかぶせ漁」（史談しもふさ 第18号24頁 椿正直氏の文から）「史談しもふさ」 下総町郷土史研究会 （28） 2007.04

勾玉と蓮台について（吉江浄善）「史談しもふさ」 下総町郷土史研究会 （31） 2010.09

周南村

平成23年度企画展関連講演会記録（写真 旧周南村の上総掘り職人たち）「君津市立久留里城址資料館年報」 君津市立久留里城址資料館 （33） 2013.3

十六島

十六島の食用ガエル捕り（加藤仁紀）「調査研究報告」 千葉県立大利根博物館 通号8 1999.3

「水塚」っなぁに／「水塚」は貴重な文化遺産／水神社／十六島地区「水塚調査隊」に参加しよう「たかっぽ通信 ： 大利根川のフィールドミュージアムニュースレター」 千葉県立中央博物館大利根分館 （準備号） 2008.10

鷲山寺

鷲山寺元禄津波供養塔に見る檀家被害—供養塔刻字と地元史料の比較を通して（古山豊）「忘らえぬかも ： 故里の歴史をさぐる」 大網白里町文化協会 （2） 2002.4

春山寺

春山寺・金乗院の地蔵菩薩と江戸川土手の記念燈について（石造物調査報告）（一色信男）「流山市史研究」 流山市教育委員会 （21） 2012.03

勝胤寺

口絵 物井地区稲荷塚遺跡、小屋ノ内遺跡出土墨書土器、成山地区南作遺跡出土墨書土器、寛永17年（1640）菩提山弘覚院金剛寺「金銅製出羽三山宮棟札」、伝千葉勝胤肖像画（勝胤寺蔵・非公開）、勝胤寺本堂、千葉石（勝胤寺蔵・非公開）、千葉家供養塔（勝胤寺境内）、長勝寺本堂、千葉次郎勝胤の墓（長勝寺境内）「四街道の歴史 ： 市史研究誌」 四街道市教育委員会 （9） 2014.03

正覚院

押しどり伝説と「嵯峨野の釈迦」を追って（蕨由美）「史談八千代 ： 八千代市郷土歴史研究会機関誌」 八千代市郷土歴史研究会 23 1998.10

正覚院釈迦如来像延宝二年の修理—紀州下市場の石塔と武州三輪村の板碑（村上昭彦）「房総の郷土史」 千葉県郷土史研究連絡協議会 （36） 2008.5

池証山鴨鷲寺正覚院の年表（特集 旧村上村・旧下市場村の総合研究I—正覚院の歴史と特色）（村田一男）「史談八千代 ： 八千代市郷土歴史研究会機関誌」 八千代市郷土歴史研究会 （37） 2012.12

正覚院の十九夜塔と十五夜塔について（特集 旧村上村・旧下市場村の総合研究I—正覚院の歴史と特色）（蕨由美）「史談八千代 ： 八千代市郷土歴史研究会機関誌」 八千代市郷土歴史研究会 （37） 2012.12

「正覚院文書」に見る正覚院元除地の土地取得に関する訴訟事件（特集 旧村上村・旧下市場村の総合研究I—正覚院の歴史と特色）（関和時男）「史談八千代 ： 八千代市郷土歴史研究会機関誌」 八千代市郷土歴史研究会 （37） 2012.12

川嶋市郎右衛門家と花まつり（特集 旧村上村・旧下市場村の総合研究I—正覚院の歴史と特色）（成田忠志）「史談八千代 ： 八千代市郷土歴史研究会機関誌」 八千代市郷土歴史研究会 （37） 2012.12

乗願寺

乗願寺の閻魔大王について（吉江浄善）「史談しもふさ」 下総町郷土史研究会 （30） 2009.09

名古屋乗願寺の本堂戸板の落書きと農繁期託児所について（吉江浄善）「史談しもふさ」 下総町郷土史研究会 （32） 2011.05

上行寺

牧ノ城と上行寺（永嶋，鶴岡）「上総 ： かみつふさ」 上総国歴史の会 （2） 1999.1

成顕寺

成顕寺の大龍王とお坊さま（特集 楽しい東葛伝説民話事典—流山の伝説と民話）「東葛流山研究」 流山市立博物館友の会事務局，崙書房出版（発売） （29） 2011.03

浄光寺

浄光寺界隈のこと（土屋清実）「東庄の郷土史」 東庄郷土史研究会

（15） 1999.6

浄光寺観音様の伝承（鈴木貢）「西上総文化会報」 西上総文化会 （63） 2003.3

浄国寺

悲田宗弾圧と浄国寺（小島一仁）「佐原の歴史」 佐原市教育委員会 1 2001.3

銚子市「浄国寺」お宝拝観（宮崎一彦）「東庄の郷土史」 東庄郷土史研究会 （27） 2011.07

請西藩

市原市石川の龍渓寺と旧請西藩主 林家の墓石について（研究論文など）（諏訪貞夫）「西上総文化会報」 西上総文化会 （73） 2013.03

正寿院

富山町の正寿院を訪ねて（佐藤那美子）「ふるさとちくら」 南房総市教育委員会 （16） 1999.4

証誠寺

第557回 研究発表II 証誠寺と遠山玄門について（三浦茂一）「西上総文化会報」 西上総文化会 （67） 2007.3

常照寺漢学塾

香取の歴史民俗見聞記（13）佐原区・常照寺漢学塾と新村出先生（島田七夫）「リヴラン佐原」 CAC企画 （397） 2008.11

浄信寺

浄信寺と保科家（県外実地踏査の報告—高遠ゆかりの上総飯野藩保科氏の故地を訪ねて）（気賀沢厚典）「伊那路」 上伊那郷土研究会 41（11）通号490 1997.11

飯野陣屋跡と浄信寺を訪ねて（矢田直也）「伊那路」 上伊那郷土研究会 49（12）通号587 2005.12

正泉寺

正泉寺と「血盆経」—千葉県我孫子市湖北台（大島建彦）「西郊民俗」［西郊民俗談話会］ （179） 2002.6

我孫子市湖北台正泉寺の伝法性尼五輪塔について（小高春雄）「房総の石仏」 房総石造文化財研究会 （24） 2014.10

浄土院

永久寺、浄土院へ合併の古文書より永吉の寺院をみる（墻節子）「上総市原」 市原市文化財研究会 12 2001.8

常灯寺

銚子市・常灯寺薬師堂の沿革と保護について（小林弘美，植野英夫）「千葉文華」 千葉県文化財保護協会 （40） 2008.8

庄内

総州庄内領・小金領に花開いた甲子待信仰（石田年子）「房総の石仏」 房総石造文化財研究会 （14） 2004.6

沼南

沼南の修験道寺院（椎名宏雄）「沼南町史研究」 沼南町教育委員会 5 1998.3

宣教師ニコライ 沼南布教日記（史料紹介）（高野博夫）「沼南町史研究」 沼南町教育委員会 6 2000.3

寄稿1 沼南地域の出羽三山講と参詣旅日記について（阿部信行）「かしわの歴史 ： 柏市史研究」 柏市史編さん委員会 （1） 2012.03

沼南町

雛人形あれこれ（史料紹介）（榊原好江）「沼南町史研究」 沼南町教育委員会 6 2000.3

「女念仏」について—千葉県東葛飾郡沼南町の事例を中心に（中川美穂子）「女性と経験」 女性民俗学研究会 通号27 2002.12

女年寄りの行うオコモリの伝承千葉県沼南町の事例を中心に（中川美穂子）「女性と経験」 女性民俗学研究会 通号28 2003.9

常福寺

名木・常福寺と中興有鑁（ゆうばん）法印（島田七夫）「成田市史研究」 成田市教育委員会 （35） 2011.03

貞福寺

貞福寺存秀法印堂に奉納された「かぞえ歌」（特集 旧吉橋村の総合研究その1）（村田一男）「史談八千代 ： 八千代市郷土歴史研究会機関誌」 八千代市郷土歴史研究会 （39） 2014.11

正福寺跡

旧十番札所正福寺跡をたずねて（高津ムラの信仰史誌）（森山一徳）「史談八千代 ： 八千代市郷土歴史研究会機関誌」 八千代市郷土歴史研究会 （30） 2005.11

称名寺領

上総国称名寺領と年貢・公事徴収（盛本昌広）「千葉県史研究」 千葉県史

料研究財団　11（別冊2）2003.3

松竜寺
徳川家康と松龍寺（花輪茂道）「松戸史談」　松戸史談会　（51）2011.11
松龍寺開創四百年（花輪茂道）「松戸史談」　松戸史談会　（52）2012.11
徳川慶喜と松龍寺（花輪茂道）「松戸史談」　松戸史談会　（54）2014.11

松籠寺
将軍御休憩所の松籠寺について　花輪茂道氏（松戸史談会会員勉強会（要旨））「松戸史談」　松戸史談会　（49）2009.11

松林寺
佐倉の名刹　松林寺（中村正）「うすゐ」　白井文化懇話会　（16）2000.12
松林寺土井家石塔群について（小高春雄）「佐倉市史研究」　佐倉市総務部　（22）2009.03

昭和町
古老が語る神納の昔ばなし（2）一付「昭和町農業変革記録」（関巖）「袖ケ浦市史研究」　袖ケ浦市郷土博物館　9　2001.3

白井家墓地
10月14日（土）白井家墓地と阿弥陀堂の調査について（蕨由美）「郷土史研通信」　八千代市郷土歴史研究会　（56）2006.11

白幡八幡神社
白幡八幡神社の祭礼と東金御殿（古山豊）「忘らえぬかも ： 故里の歴史をさぐる」　（8）2014.04

白間津
白間津の講仲（仲間）について（宇山弥生）「ふるさとちくら」　南房総市教育委員会　（14）1997.4

白間津のオオマチ（大祭）行事
白間津の大祭（三田善子）「ふるさとちくら」　南房総市教育委員会　（23）2006.3

白井
白井大師講と法螺貝吹き（宇賀正一）「たいわ ： 語り伝える白井の歴史 ： 白井市郷土史の会機関誌」　白井市郷土史の会　14　1997.4
白井鎮守の森（坪井敏）「たいわ ： 語り伝える白井の歴史 ： 白井市郷土史の会機関誌」　白井市郷土史の会　16　1999.4
白井の水神様（坪井敏）「たいわ ： 語り伝える白井の歴史 ： 白井市郷土史の会機関誌」　白井市郷土史の会　（24）2007.4
白井の富士講と屋号「先達」（小林茂）「たいわ ： 語り伝える白井の歴史 ： 白井市郷土史の会機関誌」　白井市郷土史の会　（26）2009.04
白井の氏神様（坪井敏）「たいわ ： 語り伝える白井の歴史 ： 白井市郷土史の会機関誌」　白井市郷土史の会　（26）2009.04
白井の野辺の佛様を訪ねて（坪井敏）「たいわ ： 語り伝える白井市郷土史の会機関誌」　白井市郷土史の会　（27）2010.04

白井市
井上筑後守とキリシタン迫害（小林正継）「たいわ ： 語り伝える白井の歴史 ： 白井市郷土史の会機関誌」　白井市郷土史の会　14　1997.4
昔の民具と農具（今井庄一）「たいわ ： 語り伝える白井の歴史 ： 白井市郷土史の会機関誌」　白井市郷土史の会　15　1998.4
竜彫屁巻柱の研究（鈴木普二男）「たいわ ： 語り伝える白井の歴史 ： 白井市郷土史の会機関誌」　白井市郷土史の会　15　1998.4
川上家のお蔵開き（印南満子）「たいわ ： 語り伝える白井の歴史 ： 白井市郷土史の会機関誌」　白井市郷土史の会　16　1999.4
方言をたぐってみれば（横木美代子）「たいわ ： 語り伝える白井の歴史 ： 白井市郷土史の会機関誌」　白井市郷土史の会　16　1999.4
昔の女の生活振り（今井庄一）「たいわ ： 語り伝える白井の歴史 ： 白井市郷土史の会機関誌」　白井市郷土史の会　18　2001.4
民俗信仰のタイヨウ（おてんとう）様（鈴木普二男）「たいわ ： 語り伝える白井の歴史 ： 白井市郷土史の会機関誌」　白井市郷土史の会　19　2002.4
村に伝わる民謡について（今井庄一）「たいわ ： 語り伝える白井の歴史 ： 白井市郷土史の会機関誌」　白井市郷土史の会　19　2002.4
ロシア正教会（正しくハリストス正教会）と協地元仏教界（飯島邦雄）「たいわ ： 語り伝える白井の歴史 ： 白井市郷土史の会機関誌」　白井市郷土史の会　（20）2003.4
「力石」を尋ねて（原田玲子）「たいわ ： 語り伝える白井の歴史 ： 白井市郷土史の会機関誌」　白井市郷土史の会　（21）2004.4
虫が知らせた「棟札」（宇賀正一）「たいわ ： 語り伝える白井の歴史 ： 白井市郷土史の会機関誌」　白井市郷土史の会　（21）2004.4
身近な場所で見かける「猿」白井市の庚申塔（高花宏行）「たいわ ： 語り伝える白井の歴史 ： 白井市郷土史の会機関誌」　白井市郷土史の会　（21）2004.4
「小豆の小話」（印南満子）「たいわ ： 語り伝える白井の歴史 ： 白井市郷土史の会機関誌」　白井市郷土史の会　（21）2004.4

七福神と七福神めぐりのルーツをめぐって（高花宏行）「たいわ ： 語り伝える白井の歴史 ： 白井市郷土史の会機関誌」　白井市郷土史の会　（22）2005.4
郷土史の会がふるさと祭りに参加して（印南満子，吉見なほみ）「たいわ ： 語り伝える白井の歴史 ： 白井市郷土史の会機関誌」　白井市郷土史の会　（23）2006.4
白井市内の浅間神社・富士塚について（小林茂）「たいわ ： 語り伝える白井の歴史 ： 白井市郷土史の会機関誌」　白井市郷土史の会　（24）2007.4
大師講が終った時（宇賀正一）「たいわ ： 語り伝える白井の歴史 ： 白井市郷土史の会機関誌」　白井市郷土史の会　（24）2007.4
鈴木普二男先生の遺稿　折立の熊野神社は白井の匠が創った／谷田と清戸で支える宗像神社本殿／伊藤家などの筆子中／食パン製造店の始まり《《鈴木普二男先生追悼号》》「たいわ ： 語り伝える白井の歴史 ： 白井市郷土史の会機関誌」　白井市郷土史の会　（25）2008.4
「竜神伝説」補遺（高花宏行）「たいわ ： 語り伝える白井の歴史 ： 白井市郷土史の会機関誌」　白井市郷土史の会　（26）2009.04
農家の年中行事に付いて（宇賀正一）「たいわ ： 語り伝える白井の歴史 ： 白井市郷土史の会機関誌」　白井市郷土史の会　（26）2009.04
行事　食い初め（大場幸子）「たいわ ： 語り伝える白井の歴史 ： 白井市郷土史の会機関誌」　白井市郷土史の会　（26）2009.04
板碑（小林茂）「たいわ ： 語り伝える白井の歴史 ： 白井市郷土史の会機関誌」　白井市郷土史の会　（27）2010.04
重台と風呂敷（大場幸子）「たいわ ： 語り伝える白井の歴史 ： 白井市郷土史の会機関誌」　白井市郷土史の会　（27）2010.04
白井市の庚申塔と成田市竜台の百庚申（土井照美）「房総の石仏」　房総石造文化財研究会　（20）2010.09
屋号について（小林正継）「たいわ ： 語り伝える白井の歴史 ： 白井市郷土史の会機関誌」　白井市郷土史の会　（28）2011.4
昔の遊び（小林正継）「たいわ ： 語り伝える白井の歴史 ： 白井市郷土史の会機関誌」　白井市郷土史の会　（29）2013.04
昔の農業（宇賀正一）「たいわ ： 語り伝える白井の歴史 ： 白井市郷土史の会機関誌」　白井市郷土史の会　（29）2013.4

白井町
白井町にある大師講（高花宏行）「たいわ ： 語り伝える白井の歴史 ： 白井市郷土史の会機関誌」　白井市郷土史の会　16　1999.4

四郎右衛門邸
巻頭言　「日本博覧図」より垣間見た四郎右衛門邸（古山豊）「忘らえぬかも ： 故里の歴史をさぐる」　大網白里町文化協会　（7）2012.04

新川村
旧新川村の神々と信仰（田口藤造）「東葛流山研究」　流山市立博物館友の会事務局，崙書房出版（発売）（18）1999.10

真行寺
山武市真行寺の石仏について（試論）（川戸彰）「房総の石仏」　房総石造文化財研究会　（24）2014.10

新行人塚
千葉市南生実の新行人塚の開山供養と梵天大供養について（對馬郁夫）「千葉文華」　千葉県文化財保護協会　（40）2008.8

真高寺
千葉県市原市真高寺の西国八十八ヶ所尊塔（町田茂）「日本の石仏」　日本石仏協会，青娥書房（発売）通号88　1998.12

新四国猿島八十八ヶ所霊場
下総国の新四国猿島八十八ヶ所霊場（近江礼子）「西郊民俗」　［西郊民俗談話会］（228）2014.09

新四国相馬霊場
安永4年版の光音著『（新四国相馬）霊場石土写記　全』[I]～II（近江礼子）「我孫子市史研究センター会報」　我孫子市史研究センター　（137）/（138）2013.07/2013.08
新四国相馬霊場の大師宿（近江礼子）「我孫子市史研究センター会報」　我孫子市史研究センター　（146）2014.04

新四国相馬霊場八十八ヶ所
『新四国相馬霊場八十八ヶ所を訪ねる』「我孫子市史研究センター会報」　我孫子市史研究センター　（130）2012.12
『新四国相馬霊場八十八ヶ所を訪ねる』が発行されました（中澤雅夫）「我孫子市史研究センター会報」　我孫子市史研究センター　（131）2013.01
『新四国相馬霊場八十八ヶ所を訪ねる』余話（1），（2）（中澤雅夫）「我孫子市史研究センター会報」　我孫子市史研究センター　（132）/（133）2013.02/2013.08
盛大に行われた『新四国相馬霊場八十八ヶ所を訪ねる』出版記念祝賀会（中澤雅夫）「我孫子市史研究センター会報」　我孫子市史研究センター

（134）2013.04

『新四国相馬霊場八十八ヶ所を訪ねる』余話（3）相馬八十八ヶ所うた物語（三谷和夫）「我孫子市史研究センター会報」 我孫子市史研究センター （134）2013.04

『新四国相馬霊場八十八ヶ所を訪ねる』余話（4）思い出と残った疑問点（松本庸夫）「我孫子市史研究センター会報」 我孫子市史研究センター （135）2013.05

『新四国相馬霊場八十八ヶ所を訪ねる』余話（5）寮とはなんぞや？（原田慶子）「我孫子市史研究センター会報」 我孫子市史研究センター （136）2013.06

『新四国相馬霊場八十八ヶ所を訪ねる』余話（6）わたしと新四国相馬霊場めぐり（江澤由紀子）「我孫子市史研究センター会報」 我孫子市史研究センター （137）2013.07

『新四国相馬霊場八十八ヶ所を訪ねる』余話（7）（中川健治）「我孫子市史研究センター会報」 我孫子市史研究センター （137）2013.07

『新四国相馬霊場八十八ヶ所を訪ねる』余話（8）思い付くままに（土井玲子）「我孫子市史研究センター会報」 我孫子市史研究センター （138）2013.08

『新四国相馬霊場八十八ヶ所を訪ねる』余話（9）新四国相馬霊場札所の神社（金成典知）「我孫子市史研究センター会報」 我孫子市史研究センター （138）2013.08

『新四国相馬霊場八十八ヶ所を訪ねる』出版記念 歴史探訪部会主催 相馬霊場の札所参り その2 布佐地区 9月4日（水）「我孫子市史研究センター会報」 我孫子市史研究センター （138）2013.08

募集 『新四国相馬霊場八十八ヶ所を訪ねる』出版記念 歴史探訪部会主催 相馬霊場の札所参り その3 布佐〜湖北「我孫子市史研究センター会報」 我孫子市史研究センター （144）2014.02

『新四国相馬霊場八十八ヶ所を訪ねる』余話（10）布佐下稲荷（原田慶子）「我孫子市史研究センター会報」 我孫子市史研究センター （146）2014.04

『新四国相馬霊場八十八ヶ所を訪ねる』余話（11）富士講（原田慶子）「我孫子市史研究センター会報」 我孫子市史研究センター （146）2014.04

新島

佐原いまむかし 新島の暮らし（大須賀三郎）「佐原の歴史」 佐原市教育委員会 4 2004.3

神社集落

砂の神社集落（民俗調査特集）「郷土八街」 八街郷土史研究会 （21）2013.05

新勝寺

成田山新勝寺と門前町成田 講師・小倉博氏（大里富枝）「印旛郡市地域史料保存利用連絡協議会会報」 印旛郡市地域史料保存利用連絡協議会 （6）2002.3

第232回史跡研究会 成田山新勝寺拝観（阿部倬子）「北区史を考える会会報」 北区史を考える会 64 2002.5

成田山新勝寺史料集編纂委員会編『成田山新勝寺史料集 第6巻』（新刊紹介）（原淳一郎）「千葉史学」 千葉歴史学会 （42）2003.7

『成田山新勝寺史料集』に登場する力士（上），（下）（門脇利明）「なりた ： 成田山霊光館報」 成田山霊光館 32（3）通号92/33（1）通号93 2005.1/2005.5

成田山新勝寺における勧進興行の一考察—文政7年7月市川団十郎興行を素材として（木村涼）「千葉史学」 千葉歴史学会 （49）2006.11

資料紹介 成田山新勝寺史料集別巻—金石文編「会報」 房総石造文化財研究会事務局 （100）2009.01

成田山新勝寺でのこと（風生）「リヴラン佐原」 CAC企画 （400）2009.02

香取神宮と成田山新勝寺のこと（研究余滴）（久保木良）「研究紀要」 日本村落自治史料調査研究所 通号14 2010.03

社会事業と成田山新勝寺（大会特集I 北総地域の水辺と台地—生活空間の歴史的変容—問題提起）（中澤惠子）「地方史研究」 地方史研究協議会 60（4）通号346 2010.08

成田山新勝寺初詣と房総縦貫土記の丘の旅（杉山慶一，山口隆夫）「小田原史談 ： 小田原史談会々報」 小田原史談会 （229）2012.04

新勝寺釈迦堂の二十四孝彫刻（村上昭彦）「成田史談」 成田市文化財保護協会 （58）2013.03

七代目市川団十郎と成田山新勝寺（小倉博）「成田史談」 成田市文化財保護協会 （58）2013.03

近世寺院による赦免嘆願の社会的背景—近世後期成田山新勝寺の事例から（論文）（林保奈美）「千葉史学」 千葉歴史学会 （63）2013.11

成田山新勝寺石段横張奉納碑—産業地域社会の遺産（宇田哲雄）「民具マンスリー」 神奈川大学 47（8）通号560 2014.11

新蔵寺

民俗 土井様おひまち 土井様ひまち「郷土八街」 八街郷土史研究会

証言 昭和30年代まであった土井様おひまち（吉井大亮）「郷土八街」 八街郷土史研究会 （10）2009.07

補遺 新蔵寺と身延山「郷土八街」 八街郷土史研究会 （11）2010.03

過去帳縁起 新蔵寺・最成寺の記録「郷土八街」 八街郷土史研究会 （12）2010.07

信篤

平成25年度 信篤地区 民俗部会調査報告（調査報告）（佐藤あずさ）「市史研究いちかわ」 市川市文化国際部 （5）2014.03

神保領十三ヵ寺

神保領十三ヵ寺千部講における水難横死供養塔の造立（木原律子）「房総の石仏」 房総石造文化財研究会 （22）2012.07

新町

木野崎・新町の地蔵行事について（我妻宏美）「野田市史研究」 野田市 （9）1998.3

新町の庚申講（宮内欽一）「東庄の郷土史」 東庄郷土史研究会 （27）2011.07

瑞竜院

東京湾岸戦国史跡（80），（81）ふたつの瑞龍院（1），（2）「ミュージアム発見伝 ： 館山市立博物館報」 館山市立博物館 （81）/（82）2008.1/2008.7

須賀ハリストス正教会

福秀寺と須賀ハリストス正教会（梶美保子）「たいわ ： 語り伝える白井の歴史 ： 白井市郷土史の会機関誌」 白井市郷土史の会 19 2002.4

須賀ハリストス正教会と鵜澤修司祭（小林正継）「たいわ ： 語り伝える白井の歴史 ： 白井市郷土史の会機関誌」 白井市郷土史の会 （27）2010.04

菅原大神

菅原大神の子宝石について（東大社式年神幸祭関係特集—第21号）（飯田篤永）「東庄の郷土史」 東庄郷土史研究会 （特集号）2010.01

鈴身

会員寄稿 鈴身の子安講と根本寺（三代川千恵子）「会報」 房総石造文化財研究会事務局 （104）2010.01

洲崎

みのこおどり（小澤瑛梨花）「館山と文化財」 館山市文化財保護協会 （38）2005.4

洲宮

安房の民俗芸能誌（21）洲宮の御田植祭「ミュージアム発見伝 ： 館山市立博物館報」 館山市立博物館 60 1998.1

住野区

住野区の権現神社「郷土八街」 八街郷土史研究会 （17）2012.04

諏訪道

諏訪道と布施弁天への道 運河ができるまで米を馬で運ぶ（《特集 楽しい東葛ウォーク事典》）（福島茂太）「東葛流山研究」 流山市立博物館友の会事務局，崙書房出版（発売）（27）2009.03

信仰と物流の道 諏訪道を行く（小宮山榮一）「松戸史談」 松戸史談会 （50）2010.11

清澄寺

清澄寺の山門・星の井戸など（庄司哲夫）「郷土文化」 郷土文化の会 （11）2002.3

日蓮上人ゆかりの誕生寺・清澄寺ほか（新川陽一）「せたかい ： 歴史さろん」 世田谷区誌研究会 （56）2004.11

清澄寺石幢と六十六箇廻国聖（創刊70号記念特別号）（早川正司）「歴史考古学」 歴史考古学研究会 （70）2014.12

関宿

博物館の資料（6）起請文（島田洋）「世喜宿 ： 千葉県立関宿城博物館報」 千葉県立関宿城博物館 6 1998.6

関宿の郷土料理（3）〜（7），（9）〜（13）（瀬戸久夫）「世喜宿 ： 千葉県立関宿城博物館報」 千葉県立関宿城博物館 7/17 1999.1/2004.2

博物館の資料 神幸軍神祭御船遊之図（三枚組）（島田洋）「世喜宿 ： 千葉県立関宿城博物館報」 千葉県立関宿城博物館 11 2001.2

野田・関宿の赤痢流行と摩怛利神塔（石田年子）「研究報告」 千葉県立関宿城博物館 （5）2001.3

関宿の郷土料理（8）麦飯とトロロ（瀬戸久夫）「世喜宿 ： 千葉県立関宿城博物館報」 千葉県立関宿城博物館 12 2001.8

博物館の資料 船持中 石碑（榎美香）「世喜宿 ： 千葉県立関宿城博物館報」 千葉県立関宿城博物館 13 2002.3

利根川をさかのぼる（中・上流編）（2）—関宿周辺の川漁（榎美香）「世喜宿 ： 千葉県立関宿城博物館報」 千葉県立関宿城博物館 14 2002.9

『利根川図志』・『関宿伝記』にみる関宿の地理・伝記・怪異譚（松丸明弘）「研究報告」 千葉県立関宿城博物館 （10）2006.3

関宿町

関宿町における石塔に見る水神信仰（石日年子）「研究報告」 千葉県立関宿城博物館 （6）2002.3

石造物が教える利根川中流域の寺子屋師匠達─関宿町及び野田市の筆子塔・天神塔を中心として（石田年子）「研究報告」 千葉県立関宿城博物館 （7）2003.3

千葉県野田市（旧関宿町）の力石（高島愼助，石田年子）「研究報告」 千葉県立関宿城博物館 （8）2004.3

浅間山

石仏紹介 災害碑（1）天明の浅間山噴火供養塔（石田年子）「会報」 房総石造文化財研究会事務局 （99）2008.9

善光寺

隠居六兵衛、晴れて善光寺へ参る「我孫子市史研究センター会報」 我孫子市史研究センター （123）2012.05

千手院

館山市千手院の石造千手三尊について（旦川正司）「房総の石仏」 房総石造文化財研究会 （22）2012.07

泉倉寺

印西市の念仏信仰と泉倉寺（一島正真）「印西の歴史」 印西市教育委員会 （2）1999.3

千駄堀村

仏の生まれと縁切れ 加えて漢字文化流入の一形態─千駄堀村の場合（末満宗治）「松戸史談」 松戸史談会 （41）2001.10

善導大師本堂

〔史料紹介〕 「善導大師本堂再建勧化帳」について（藤下昌信）「成田市史研究」 成田市教育委員会 22 1998.3

船頭給

地域史の資料 一ツ松船頭給のいわれについて「房総 ： 郷土の古文書研究」 川城文庫・藩政史研究会 96 2002.9

善雄寺

香取の歴史民俗見聞記（2）小見川区一ノ分目の境宮神社・善雄寺（島田七夫）「リヴラン佐原」 CAC企画 （383）2007.9

霊山寺と善雄寺阿弥陀（特別寄稿）（鈴木啓）「霊山史談」 霊山町郷土史会 （11）2008.10

善福寺

袖ヶ浦市善福寺の阿弥陀如来三尊像について（〈報告2 市史編さん成果還元事業講演会〉）（濱名徳順）「袖ヶ浦市史研究」 袖ヶ浦市郷土博物館 （14）2009.03

石仏紹介 鋸南町・善福寺の達磨を抱く童子（石田年子）「会報」 房総石造文化財研究会事務局 （112）2012 01

藻原寺

新資料 訴訟中裁約定書 茂原西町住民と藻原寺との訴い「房総 ： 郷土の古文書研究」 川城文庫・藩政史研究会 81 1999.4

中世日蓮宗寺院における造像活動について─茂原藻原寺の場合（寺尾英智）「千葉県史料研究財団 11（別冊2）2003.3

異教の埋葬をめぐり藻原寺との論 明治16年12月付「公教萬報」より記載「房総 ： 郷土の古文書研究」 川城文庫・藩政史研究会 103 2004.6

宗吾霊堂

国立歴史博物館と成田山・宗吾霊堂「足立史談会だより」 足立史談会 （284）2011.11

研修視察記「国立歴史民俗博物館・宗吾霊堂」（報告）（粉川孝）「下妻の文化」 下妻市文化団体連絡協議会 （39）2014.05

匝瑳市

「下総十二座神楽」について（森林憲史）「民俗芸能研究」 民俗芸能学会 （46）2009.03

会員寄稿 匝瑳市の閻魔大王坐像について（渡邉昌之）「会報」 房総石造文化財研究会事務局 （121）2014.04

惣持院

佐原市香取神宮「大別当」惣持院について（1）〜（3）（矢島英雄）「常総の歴史」 崙書房出版茨城営業所 3C/（34）2003.12/2006.7

香取市（旧佐原市）香取神宮「大別当」惣持院について（4）（矢島英雄）「常総の歴史」 崙書房出版茨城営業所 （35）2007.2

香取市・惣持院板碑群について（小西則子）「房総の石仏」 房総石造文化財研究会 （20）2010.09

香取市・惣持院板碑について（2）（小西則子）「房総の石仏」 房総石造文化財研究会 （21）2011.07

総南

企画展「総南・神々の宝展」「でんごんばん」 睦沢町立歴史民俗資料館友の会 （17）1998.10

事業報告 平成12年度特別展「総南の仏画」「Mutsuzawa Museum news」 睦沢町立歴史民俗資料館 8 2001.3

像法寺

富津市指定文化財 像法寺石造宝篋印塔・石造五重層塔について（1），（2）（安藤登）「上総市原」 市原市文化財研究会 12/13 2001.8/2002.10

富津市像法寺の石塔群について（小高春雄）「房総の石仏」 房総石造文化財研究会 （23）2013.08

相馬

千葉・相馬の羽衣伝説と妙見信仰（二本松文雄）「研究紀要」 野馬追の里原町市立博物館 6 2004.3

七に関する将門伝説と妙見信仰─千葉・相馬地方を中心として（二本松文雄）「研究紀要」 野馬追の里原町市立博物館 7 2005.3

相馬大師

相馬大師講講元 中村忠治氏の記念碑（高津ムラの信仰史誌）（平塚胖）「史談八千代 ： 八千代市郷土歴史研究会機関誌」 八千代市郷土歴史研究会 （30）2005.11

高津の相馬大師巡拝に参加して（吉野静生）「郷土史研通信」 八千代市郷土史研究会 （62）2008.5

相馬御厨

中世後期の相馬御厨に関する基礎的考察（中山文人）「松戸市立博物館紀要」 松戸市立博物館 （8）2001.3

相馬霊場

相馬霊場札所参り（その2）報告（田中由紀）「我孫子市史研究センター会報」 我孫子市史研究センター （139）2013.09

歴史探訪部会3月の活動 3月5日（水）相馬霊場の札所参り その3（長谷川秀也）「我孫子市史研究センター会報」 我孫子市史研究センター （145）2014.03

歴史探訪部会相馬霊場の札所参りその4 新木〜湖北（中川健治）「我孫子市史研究センター会報」 我孫子市史研究センター （147）2014.05

双林寺八十八番大師堂

栄町教育委員会『雙林寺八十八番大師堂修理工事報告書』（新刊紹介）（井上隆男）「房総の郷土史」 千葉県郷土史研究連絡協議会 （32）2004.3

袖ヶ浦

袖ヶ浦の動物の呼び名と民俗（上），（下）（川名興）「袖ヶ浦市史研究」 袖ヶ浦市郷土博物館 7/8 1999.3/2001.3

袖ヶ浦の植物の呼び名と民俗（川名興）「袖ヶ浦市史研究」 袖ヶ浦市郷土博物館 9 2001.3

袖ヶ浦の野菜園芸（谷萩藤嗣）「袖ヶ浦市史研究」 袖ヶ浦市郷土博物館 9 2001.3

袖ヶ浦地名考─弟橘姫伝説を科学する（光江章）「袖ヶ浦市史研究」 袖ヶ浦市郷土博物館 （10）2002.3

袖ヶ浦市

『袖ヶ浦市史 自然・民俗編』─自然分野を中心に（新刊紹介）（中村俊彦）「袖ヶ浦市史研究」 袖ヶ浦市郷土博物館 8 2000.3

『袖ヶ浦市史 自然・民俗編』─民俗分野を中心に（新刊紹介）（平野馨）「袖ヶ浦市史研究」 袖ヶ浦市郷土博物館 8 2000.3

地名と名字、そして氏神様─自分の名字からの或る連想（多田憲美）「袖ヶ浦市史研究」 袖ヶ浦市郷土博物館 （10）2002.3

事務局からの御報告 袖ヶ浦市の石仏 本地観音菩薩銘のある山王廿一社大権現庚申塔（石田年子）「会報」 房総石造文化財研究会事務局 （109）2011.04

側高神社

香取の歴史民俗見聞記（17）佐原区 大倉の側高神社（島田七夫）「リヴラン佐原」 CAC企画 （401）2009.03

大栄寺

桑田の大栄寺に残る文書 観世音菩薩水中感得之記（川城昭一）「房総 ： 郷土の古文書研究」 川城文庫・藩政史研究会 （121）2008.6

大栄町

女人講の組織とその変遷─千葉県香取郡大栄町一坪田の事例を中心に（丸谷仁美）「常民文化」 成城大学常民文化研究会 20 1997.3

大円寺

睦沢町上之郷大円寺文書（調査報告）（日暮義晃）「紙魚之友」 房総史料調査会 （29）2011.11

台方村

百姓印の複数所持とその使用─上総国山辺郡台方村前嶋家の分析から

（林進一郎）「千葉県の文書館」　千葉県文書館　（18）2013.03

大巌院
大巌院四面名号塔と韓国石南寺名号塔（大鳥居総夫）「史迹と美術」　史迹美術同攷会　67(10) 1997.12

大巌院四面石塔（関口渉）「野仏 : 多摩石仏の会機関誌」　多摩石仏の会　36　2005.7

大教院
吉橋大師第32番札所 大教院について（平塚胖）「史談八千代 : 八千代市郷土歴史研究会機関誌」　八千代市郷土歴史研究会　（31）2006.11

「大教院」についての一考察（〈特集 旧大和田新田の総合研究III〉）（平塚胖）「史談八千代 : 八千代市郷土歴史研究会機関誌」　八千代市郷土歴史研究会　（33）2008.11

大慈恩寺
大慈恩寺の紛失状についての一考察（神崎勉）「香取民衆史」　香取歴史教育者協議会　（8）1997.9

大慈恩寺開基大須賀胤氏と宝治合戦（外山信司）「千葉史学」　千葉歴史学会　通号35　1999.11

勅使が立寄った古刹大慈恩寺（成田市史調査員だより（2））（藤下昌信）「成田市史研究」　成田市教育委員会　通号33　2009.03

台宿
新四国相馬霊場の第61番札所―取手市台宿「大日堂の堂守」（近江礼子）「我孫子市史研究センター会報」　我孫子市史研究センター　（131）2013.01

大聖院
大川大聖院境内の宇山一同の宝篋印塔について（山口健治郎, 岩波正夫, 毛利良新, 早川正司）「ふるさとちくら」　南房総市教育委員会　（14）1997.4

大聖院と彫刻（鈴木照文）「ふるさとちくら」　南房総市教育委員会　（16）1999.4

大正学院
長安寺と大正学院（酒井吉尾）「郷土文化」　郷土文化の会　（9）2000.3

大乗寺
香取・栗源区の大乗寺を訪ねて（島田七夫）「史談しもふさ」　下総町郷土史研究会　（29）2008.04

大神宮
安房の民俗芸能誌(22) 大神宮の御田植祭「ミュージアム発見伝 : 館山市立博物館報」　館山市立博物館　61　1998.5

大神宮村
大神宮村七人様伝承記（庄司利光）「館山と文化財」　館山市文化財保護協会　（38）2005.4

台田
我孫子市の社寺を訪ねて2―台田・根戸新田（近江礼子）「我孫子市史研究センター会報」　我孫子市史研究センター　（141）2013.11

大通寺
大通寺の「鶴おとし」（小幡重康）「房総路 : 郷土研究誌」　房総歴史研究会事務局　38　1998.8

大法寺
題未定 長柄郡岩沼村氏神第六天社地と大法寺別当（川城昭一）「房総 : 郷土の古文書研究」　川城文庫・藩政史研究会　109　2005.10

大竜寺
大竜寺・謎の供養塔（石田年子）「かつしか台地 : 野田地方史懇話会会誌」　野田地方史懇話会　19　2000.3

高岡区観音堂
高岡区観音堂に立つ、馬頭観世音石碑について（礒辺大暢）「史談しもふさ」　下総町郷土史研究会　（31）2010.09

高城氏居館跡
史跡巡り「紅葉の本土寺と小金宿・高城氏居館跡周辺を訪ねる」に参加して（史跡探訪）（尾崎淳子）「かつしか台地 : 野田地方史懇話会会誌」　野田地方史懇話会　19　2000.3

高木陣屋
高木両陣屋と鎮守（花輪茂道）「松戸史談」　松戸史談会　（53）2013.11

高滝
神社関係文書の特色とその整理―市原市高滝小幡家文書を事例として（平野明夫）「千葉県の文書館」　千葉県文書館　（10）2005.2

高津
高津の馬頭観音に刻まれた道しるべ（平野仁蔵）「史談八千代 : 八千代

市郷土歴史研究会機関誌」　八千代市郷土歴史研究会　23　1998.10

高津と高津新田のオビシャを見学（わらびゆみ）「郷土史研通信」　八千代市郷土歴史研究会　38　2002.4

高津地区における大師信仰の不思議（村上昭彦）「郷土史研通信」　八千代市郷土歴史研究会　38　2002.4

高津地区フィールドワーク―現れたお地蔵さん（小菅俊雄）「郷土史研通信」　八千代市郷土歴史研究会　46　2004.5

高津のムラ境を祀る民俗（蕨由美）「史談八千代 : 八千代市郷土歴史研究会機関誌」　八千代市郷土歴史研究会　（29）2004.11

フィールドワーク高津の歴史と民俗を訪ねて（佐久間弘文）「郷土史研通信」　八千代市郷土歴史研究会　50　2005.5

2005年春 高津の民俗歳時記（蕨由美）「郷土史研通信」　八千代市郷土歴史研究会　50　2005.5

高津の巡拝信仰調査グループ報告（佐久間弘文）「郷土史研通信」　八千代市郷土歴史研究会　51　2005.8

高津の大師信仰信仰高津における吉橋大師巡拝（高津ムラの信仰史誌）（斎藤君代）「史談八千代 : 八千代市郷土歴史研究会機関誌」　八千代市郷土歴史研究会　（30）2005.11

相馬大師講講元 中村忠治氏の記念碑（高津ムラの信仰史誌）（平塚胖）「史談八千代 : 八千代市郷土歴史研究会機関誌」　八千代市郷土歴史研究会　（30）2005.11

六番ご詠歌を詠んで（高津ムラの信仰史誌）（清水正子）「史談八千代 : 八千代市郷土歴史研究会機関誌」　八千代市郷土歴史研究会　（30）2005.11

高津の女人信仰の民俗―子安講・秩父参り・念仏講・観音講（高津ムラの信仰史誌）（蕨由美）「史談八千代 : 八千代市郷土歴史研究会機関誌」　八千代市郷土歴史研究会　（30）2005.11

高津と八千代市内の女人信仰に関わる石像物の変遷（石像物群像）（蕨由美）「史談八千代 : 八千代市郷土歴史研究会機関誌」　八千代市郷土歴史研究会　（30）2005.11

高津観音堂
観音堂六番ご詠歌の謎坂東第六番札所（高津ムラの信仰史誌）（佐久間弘文）「史談八千代 : 八千代市郷土歴史研究会機関誌」　八千代市郷土歴史研究会　（30）2005.11

生れ変わる高津観音堂周辺（鈴木登）「郷土史研通信」　八千代市郷土歴史研究会　（57）2007.2

高津観音堂墓地相続登記に参加して（斉藤正一）「郷土史研通信」　八千代市郷土歴史研究会　（58）2007.5

高津新田
高津と高津新田のオビシャを見学（わらびゆみ）「郷土史研通信」　八千代市郷土歴史研究会　38　2002.4

花島観音・高津新田大師堂・小金牧の見学調査（天野和邦）「郷土史研通信」　八千代市郷土歴史研究会　39　2002.7

高津新田の旧家訪問 聞き取り調査覚書（畠山隆, 酒井正男, わらびゆみ）「郷土史研通信」　八千代市郷土歴史研究会　40　2002.11

今に伝わる高津新田の民俗行事（蕨由美）「史談八千代 : 八千代市郷土歴史研究会機関誌」　八千代市郷土歴史研究会　（27）2002.11

高津新田大師堂調査報告（村上昭彦）「史談八千代 : 八千代市郷土歴史研究会機関誌」　八千代市郷土歴史研究会　（27）2002.11

八千代市民文化祭郷土史展 テーマ「高津新田研究II イエとムラとくらし」「郷土史研通信」　八千代市郷土歴史研究会　44　2003.11

高津比咩神社
高津比咩神社（平野仁蔵）「史談八千代 : 八千代市郷土歴史研究会機関誌」　八千代市郷土歴史研究会　22　1997.10

三山七年祭取材メモ 高津比咩神社の準備を追う（蕨由美）「郷土史研通信」　八千代市郷土歴史研究会　44　2003.11

高津比咩神社 三山の七年祭見学レポート（成瀬摩希子）「郷土史研通信」　八千代市郷土歴史研究会　44　2003.11

高津比咩神社晦日のおこもり（成瀬摩希子）「史談八千代 : 八千代市郷土歴史研究会機関誌」　八千代市郷土歴史研究会　（29）2004.11

高津比咩神社（蕨由美）「史談八千代 : 八千代市郷土歴史研究会機関誌」　八千代市郷土歴史研究会　（29）2004.11

高津村
高津村領主間宮氏と高秀霊神（畠山隆）「史談八千代 : 八千代市郷土歴史研究会機関誌」　八千代市郷土歴史研究会　（29）2004.11

古文書に見る屋号（高津ムラの構成基礎資料）（畠山隆金）「史談八千代 : 八千代市郷土歴史研究会機関誌」　八千代市郷土歴史研究会　（30）2005.11

石文に見る屋号（高津ムラの構成基礎資料）（園田充一）「史談八千代 : 八千代市郷土歴史研究会機関誌」　八千代市郷土歴史研究会　（30）2005.11

関東　　　　　　　　　郷土に伝わる民俗と信仰　　　　　　　　　千葉県

高浜

高浜の七年祭（入江宜子）「まつり通信」 まつり同好会　41（7）通号485　2001.6

高浜七年祭見学の記録（関根健夫）「まつり通信」 まつり同好会　53（5）通号567　2013.09

高皇産霊神社

千田区高皇産霊神社神興囃し歌について（高橋定利，山口健治郎）「ふるさとくら」 南房総市教育委員会　（22）2005.3

高本

吉橋（高本・寺台）の道標と寺社調査（特集 旧吉橋村の総合研究 その1―近世・近代の吉橋村）（村杉スミ子）「史談八千代 ： 八千代市郷土歴史研究会機関誌」 八千代市郷土歴史研究会　（39）2014.11

高本の虚空蔵菩薩（特集 旧吉橋村の総合研究 その1―高本の先人たちが残したもの）（小林詔三）「史談八千代 ： 八千代市郷土歴史研究会機関誌」 八千代市郷土歴史研究会　（39）2014.11

高柳不動堂

高柳不動堂と大山寺不動尊について（研究論文など）（亀田慎）「西上総文化会報」 西上総文化会　（73）2013.03

滝大神

瀧大神の由来（小林源助）「東庄の郷土史」 東庄郷土史研究会　（19）2003.6

滝田家住宅

滝田家住宅の茅葺き替え（永瀬洋子）「たいわ ： 語り伝える白井の歴史 ： 白井市郷土史の会機関誌」 白井市郷土史の会　（23）2006.4

竹内神社

我孫子のむかしばなし（16）―布佐に伝わる昔話と伝説（3）竹内神社縁起（鳴海和彦）「我孫子の文化を守る会会報」 我孫子の文化を守る会　（94）2002.1

多古町

多古町の七夕馬行事（石原重男）「町と村調査研究」 千葉県立房総のむら　3　2000.3

多田良

富浦町の多田良と安房の製鉄・鍛冶伝承（郷土研究）（田村勇）「館山と文化財」 館山市文化財保護協会　（46）2013.4

橘樹神社

茂原市橘樹神社境内地出土の経塚遺物（西野元）「千葉県文化財センター研究紀要」 千葉県文化財センター　24　2005.3

橘神社

伝承地を歩く（12）橘神社（引佐郡三ヶ日町本坂）「遠州民話の会通信」 遠州民話の会　（12）2003.8

橘神社（中野菊枝）「史談しもふさ」 下総町郷土史研究会　（32）2011.05

表紙 本郷 橘神社の神馬「わが町三原」 みはら歴史と観光の会　274　2014.01

竜台

白井市の庚申塔と成田市竜台の百庚申（土井照美）「房総の石仏」 房総石造文化財研究会　（20）2010.09

館野

昔の館野地区の農村風景（渡邉重雄）「館山と文化財」 館山市文化財保護協会　（42）2009.4

館山

里芋祭り見聞記（庄司民江）「館山と文化財」 館山市文化財保護協会　31　1998.4

船を襲う「たこ」（尾谷茂）「館山と文化財」 館山市文化財保護協会　31　1998.4

狐狸物語（佐藤輝夫）「館山と文化財」 館山市文化財保護協会　31　1998.4

船幽霊物語（佐藤輝夫）「館山と文化財」 館山市文化財保護協会　31　1998.4

押送り船（鈴木馨）「館山と文化財」 館山市文化財保護協会　33　2000.4

集落の聞き書きあれこれ（2），（3）（鈴木庸一）「館山と文化財」 館山市文化財保護協会　33/34　2000.4/2001.4

鳥居のはなし（山田恵一）「館山と文化財」 館山市文化財保護協会　34　2001.4

昔の魚肉腸詰簡易作り方（尾谷茂）「館山と文化財」 館山市文化財保護協会　34　2001.4

蛙のご難事始め（尾谷茂）「館山と文化財」 館山市文化財保護協会　34　2001.4

民家の民間信仰と彫物の推移（佐藤輝夫）「館山と文化財」 館山市文化財保護協会　35　2002.4

1世紀前の食物文化史の一齣（缶詰内容の進化）（尾谷茂）「館山と文化財」 館山市文化財保護協会　35　2002.4

お飾り作りをして（加藤未来）「館山と文化財」 館山市文化財保護協会　（36）2003.4

伝説・民話 澤風物語（2）（吉野茂）「館山と文化財」 館山市文化財保護協会　（36）2003.4

むかしばなし（館石万紀子）「館山と文化財」 館山市文化財保護協会　（37）2004.4

百姓の日常生活（1）―村・家・生業（清水信明）「館山と文化財」 館山市文化財保護協会　（38）2005.4

百姓の日常生活（2），（3）（清水信明）「館山と文化財」 館山市文化財保護協会　（39）/（40）2006.4/2007.4

館山の石碑（鈴木庸一）「館山と文化財」 館山市文化財保護協会　（41）2008.4

時の流れを刻んだふる里の海（佐野邦雄）「館山と文化財」 館山市文化財保護協会　（42）2009.4

旅行記 寺社巡りに参加して（石井美枝子）「館山と文化財」 館山市文化財保護協会　（44）2011.05

曼珠沙華（郷土研究）（佐野邦雄）「館山と文化財」 館山市文化財保護協会　（45）/（46）2012.04/2013.04

館山市

大橋の下にオロチが住むという奥山の石橋（岡田晃司）「ミュージアム発見伝 ： 館山市立博物館報」 館山市立博物館　57　1997.1

ピックアップ八犬伝 死絵「ミュージアム発見伝 ： 館山市立博物館報」 館山市立博物館　60　1998.1

朝比奈三郎伝説（岡田晃司）「ミュージアム発見伝 ： 館山市立博物館報」 館山市立博物館　62　1998.9

地方文化人が残した祝着（岡田晃司）「ミュージアム発見伝 ： 館山市立博物館報」 館山市立博物館　63　1999.1

頼朝の隠井戸伝説 御園の姫が井（岡田晃司）「ミュージアム発見伝 ： 館山市立博物館報」 館山市立博物館　67　2001.1

町家の資料と商家の町並み（岡田晃司）「ミュージアム発見伝 ： 館山市立博物館報」 館山市立博物館　（74）2004.7

医者どんと神農（岡田晃司）「ミュージアム発見伝 ： 館山市立博物館報」 館山市立博物館　（81）2008.1

特別展「村の医者どん」「イシドハン」の屋号が語る村の歴史「ミュージアム発見伝 ： 館山市立博物館報」 館山市立博物館　（81）2008.1

収蔵資料紹介 甲子大黒天画像「ミュージアム発見伝 ： 館山市立博物館報」 館山市立博物館　（81）2008.1

講と掛軸（山村恭子）「ミュージアム発見伝 ： 館山市立博物館報」 館山市立博物館　（82）2008.7

ピックアップ八犬伝 続・古今未曾有の錦絵「ミュージアム発見伝 ： 館山市立博物館報」 館山市立博物館　（82）2008.7

八犬伝出世双六（岡田晃司）「ミュージアム発見伝 ： 館山市立博物館報」 館山市立博物館　（83）2009.01

むらの行事 まちの行事 ジンガカエ「ミュージアム発見伝 ： 館山市立博物館報」 館山市立博物館　（87）2013.02

むらの行事 まちの行事 穴掘り（あなほり）「ミュージアム発見伝 ： 館山市立博物館報」 館山市立博物館　（88）2014.03

館山湾

近世後期館山湾における漁業秩序と村落―「新規之漁業」とその対応を通して（出口宏幸）「史潮」 ［歴史学会］，同成社（発売）（54）2003.11

田部

旧山田町石仏調査（5）田部・駒形の馬頭観音堂「会報」 房総石造文化財研究会事務局　（107）2010.09

玉前社

上総国一ノ宮玉前社の裸まつり（川城昭一）「房総 ： 郷土の古文書研究」 川城文庫・藩政史研究会　（119）2008.1

誕生寺

義公・烈公と小湊誕生寺の茶釜「法華堂」（但野正弘）「水戸史学」 水戸史学会　53　2000.11

日蓮上人ゆかりの誕生寺・清澄寺ほか（新川陽一）「せたかい ： 歴史さろん」 世田谷区誌研究会　（56）2004.11

房州誕生石造三層塔について（早川正司）「千葉文華」 千葉県文化財保護協会　（40）2008.8

誕生寺石造三層塔について想う（歴史随想）（早川正司）「千葉史学」 千葉歴史学会　（57）2010.11

竺園寺

石仏論考 竺園寺の宇賀神をめぐって（殿南直也）「日本の石仏」 日本石仏協会，青娥書房（発売）（139）2011.09

千葉県 　　　　　　　　　　　　　　　　郷土に伝わる民俗と信仰 　　　　　　　　　　　　　　　　関東

千種新田

第585回例会 研修発表会I 富津市千種新田と諏訪神社の由来（諏訪貞夫）「西上総文化会報」 西上総文化会 （71）2011.03

千倉

房総半島における漁村集落実態調査報告4 千倉の漁撈と民俗（佐野邦雄）「千葉県立安房博物館研究紀要」 千葉県立安房博物館 （15）2009.03

千倉町

〈千倉町の講について〉「ふるさとちくら」 南房総市教育委員会 （14）1997.4

千倉町の講について（高梨武夫）「ふるさとちくら」 南房総市教育委員会 （14）1997.4

安房千倉町出現の貞治五輪塔とその周辺（早川正司）「ふるさとちくら」 南房総市教育委員会 （23）2006.3

南房総市千倉町出現の貞治銘五輪塔とその周辺（早川正司）「房総の石仏」 房総石造文化財研究会 （16）2006.5

血流地蔵道

「血流地蔵道」説明板が設置されました「郷土史研通信」 八千代市郷土歴史研究会 39 2002.7

血流地蔵尊

血流地蔵尊雑煮会（村上昭彦）「房総の郷土史」 千葉県郷土史研究連絡協議会 （35）2007.5

千葉

妙見信仰序説—千葉氏妙見とその源流（《妙見信仰特輯》）（沖本博）「あしなか」 山村民俗の会 249 1997.12

現存作例からみた千葉氏の妙見信仰をめぐる二、三の問題（津田徹英）「研究紀要」 千葉市立郷土博物館 通号4 1998.3

2001年の無形文化財（対馬昇）「千葉文華」 千葉県文化財保護協会 33 1998.3

慰霊屍碑をめぐって（山内章吉）「千葉文華」 千葉県文化財保護協会 33 1998.3

千葉の醤油（海上義治）「東庄の郷土史」 東庄郷土史研究会 （15）1999.6

近世名所寺院の経営と宣伝活動（原淳一郎）「千葉史学」 千葉歴史学会 通号35 1999.11

貧者の一灯（西君枝）「千葉文華」 千葉県文化財保護協会 35 2000.3

千葉から全国に展開した千葉一族と妙見信仰（鈴木佐）「房総の郷土史」 千葉県郷土史研究連絡協議会 29 2001.3

金毘羅の風物詩によせて（坂井大信）「千葉史学」 千葉歴史学会 （38）2001.5

東日本各地の寺社と中世の千葉—資料編 中世4（県外文書）（松永勝巳）「千葉県史料研究財団だより」 千葉県史料研究財団 14 2003.1

ノリの研究に懸けた漁民たちの1950年代（森脇孝広）「千葉史学」 千葉歴史学会 45 2004.11

庚申塔の猿を見る—千葉・埼玉・東京・神奈川（舞田一夫）「あしなか」 山村民俗の会 269 2004.12

商家の生活と伝承（1）（小林忠雄）「千葉いまむかし」 千葉市教育委員会 （18）2005.3

「古今著聞集」の「聖母と軽業師」（歴史随想）（本郷恵子）「千葉史学」 千葉歴史学会 （50）2007.5

誌上古文書講座 座頭の入門額「千葉いまむかし」 千葉市教育委員会 （21）2008.3

千葉の仮託礼拝物（隠れキリシタン）を観て歩く（三明弘）「房総の石仏」 房総石造文化財研究会 （18）2008.6

虚無僧の風体について（歴史随想）（長谷川佳澄）「千葉史学」 千葉歴史学会 （55）2009.11

誌上古文書講座 近隣向けの醤油造りと奉公人（市史編さん担当）「千葉いまむかし」 千葉市教育委員会 （23）2010.03

怪談の歴史（生徒歴史研究発表大会の記録）（千葉商科大学附属高校歴史部）「房総史学」 国書刊行会 （10）2010.03

「模様」の歴史—最古の模様と紋切り遊び（生徒歴史研究発表大会の記録）（千葉商科大学付属高校歴史部）「房総史学」 国書刊行会 （51）2011.03

千葉大王御子の物語によせて（特集 いくつもの日本の神話へ）（入間田宣夫）「東北学．［第2期］」 東北芸術工科大学東北文化研究センター．柏書房（発売）（27）2011.05

誌上古文書講座 町場化する境内（市史編さん担当）「千葉いまむかし」 千葉市教育委員会 （26）2013.03

お寺さんが少なくなる（随想）（大里功）「千葉文華」 千葉県文化財保護協会 （42）2013.03

新聞にみる千葉のむかし 新しい時代・新しい産業 千葉と養蚕「ちば市史編さん便り」 千葉市立郷土博物館 （12）2014.3

写真にみる千葉のむかし だらだら祭り「ちば市史編さん便り」 千葉市立郷土博物館 （13）2014.09

千葉御茶屋御殿

千葉におけるもう一つの御殿跡—千葉御殿と千葉御茶屋御殿（簗瀬裕一）「千葉いまむかし」 千葉市教育委員会 （18）2005.3

千葉かっぱ村

千葉かっぱ村の現在と展望《特集 かっぱ・カッパ・河童 愛される川の妖怪》）（清野文男）「歴史民俗学」 批評社 （23）2004.2

千葉県

仏像の像内に梵字真言等の密教的墨書が見られることについて（吉田辰郎）「千葉県立総南博物館研究報告」 千葉県立総南博物館 （1）1997.3

千葉県文化財実態調査について—絵馬・奉納額・建築彫刻（生涯学習部文化課）「千葉文華」 千葉県文化財保護協会 32 1997.3

《古代仏教遺跡の諸問題—重要遺跡確認調査の成果と課題（1）》「千葉県文化財センター研究紀要」 千葉県文化財センター 18 1997.9

仏器・瓦塔・墨書土器（各論）「千葉県文化財センター研究紀要」 千葉県文化財センター 18 1997.9

寺院と仏堂・付属施設（各論）「千葉県文化財センター研究紀要」 千葉県文化財センター 18 1997.9

観音三十三寺と巡礼の由来について（腰越信夫）「郷土文化」 郷土文化の会 （7）1998.3

千葉氏の嫡宗権と妙見信仰—『源平闘諍録』成立の前提（野口実）「千葉県史研究」 千葉県史料研究財団 6 1998.3

古墳時代のまつり—住居出土の石製模造品をめぐって（黒沢崇）「研究連絡誌」 千葉県教育振興財団文化センター 52 1998.3

出土点数からみた土偶祭祀千葉を例として（藤村東男）「東邦考古」 東邦考古学研究会 （22）1998.3

民俗にみる地域性—別編 民俗1 総論（渡部修）「千葉県史料研究財団だより」 千葉県史料研究財団 10 1998.12

江戸時代の旅行ガイドブックを読む—『旅行用心集』から（瀬戸久夫）「研究報告」 千葉県立関宿城博物館 （3）1999.3

「独鈷石」未成品考（山岸良二）「東邦考古」 東邦考古学研究会 （23）1999.3

熊野信仰の地方展開（3）—千葉県の熊野信仰地を訪ねて（山口登志夫）「熊野誌」 熊野地方史研究会 45 1999.12

企画展「千葉県の七夕馬—草で作ったウマとウシIV：千葉県立房総のむら館報」 千葉県立房総のむら 24 2000.3

企画展「千葉県の七夕馬—藁で作ったウマとウシIV：千葉県立房総のむら館報」 千葉県立房総のむら 24 2000.3

『千葉県の歴史 別編民俗1（総論）』」（〔書評〕（倉石忠彦）「千葉県史研究」 千葉県史料研究財団 8 2000.3

醤油醸造業と地域市場—ヤマサ醤油株式会社文書から（丹治雄一）「千葉県史料研究財団だより」 千葉県史料研究財団 12 2001.1

農間渡世ノート（吉田伸之）「千葉県史研究」 千葉県史料研究財団 9（別冊）2001.3

山水講について（沖本博）「富士信仰研究」 富士信仰研究会 （2）2001.5

千葉県の山王権現塔（中山正義）「野仏：多摩石仏の会機関誌」 多摩石仏の会 32 2001.8

伝承と記録—千葉県史別編「民俗2」（渡部修）「千葉県史料研究財団だより」 千葉県史料研究財団 13 2002.1

戦国時代の書簡作法書—書札礼書の世界（今泉徹）「千葉県史料研究財団だより」 千葉県史料研究財団 13 2002.1

文化財の保護と現在—千葉県無形民俗文化財「踊り花見」を事例として（田村良子）「成田市史研究」 成田市教育委員会 （26）2002.3

県内出土の木製塔婆（斎木勝）「研究連絡誌」 千葉県教育振興財団文化センター （62）2002.3

明治期における千葉県の農耕牛・農耕馬の分布について（立和名啓人）「町と村調査研究」 千葉県立房総のむら 4 2002.3

千葉県の竹細工事情《サンカの最新学2》（田村勇）「歴史民俗学」 批評社 （22）2002.2

近世熊野神社の神幸祭に関する一考察—関係する村々を中心に（小川夕子）「千葉県史研究」 千葉県史料研究財団 11（別冊1）2003.3

心太草の集荷と浦請（後藤雅知）「千葉県史研究」 千葉県史料研究財団 11（別冊1）2003.3

海辺の人々からみた天文・気象方言と天気の言い伝え（川名興）「千葉県立安房博物館研究紀要」 千葉県立安房博物館 10 2003.3

千葉県南部における木炭生産（尾崎晃，渡邊高弘）「町と村調査研究」 千葉県立房総のむら 5 2003.3

千葉県鰹節考—鰹節製造の発生と背景、そして現況まで（新和宏）「町と村調査研究」 千葉県立房総のむら 5 2003.3

千葉県における板碑研究の現状と課題（斎木勝）「研究連絡誌」 千葉県教育振興財団文化センター （65）2003.8

千葉県内出土板碑の諸相（斎木勝）「研究連絡誌」 千葉県教育振興財団文

化財センター　(66)　2004.3

『千葉県の歴史 別編 民俗2〈各論〉』〈書評〉(板橋春夫)「千葉県史研究」　千葉県史料研究財団　12　2004.3

千葉県における明治時代後期の七夕行事─『郡誌』の記述を頼りとして(渡辺善司)「千葉県立中央博物館研究報告.人文科学」　千葉県立中央博物館　8(2)通号17　2004.3

千葉県内の「独鈷石」一覧表(山岸良二)「東邦考古」　東邦考古学研究会　(28)　2004.3

鍛冶の場所─民族事例にみる鍛冶操業の空間(神野信)「研究連絡誌」　千葉県教育振興財団文化財センター　(67)　2005.3

七夕及び盆行事から見た祖霊観について─千葉県内の事例を中心にして(村田憲一)「町と村調査研究」　千葉県立房総のむら　7　2005.3

「江戸の旅─成田詣と大和田宿」「写真集九十九里浜」「千葉県伝染病史」「日本村落自治資料調査研究紀要第9号」(井上隆男)「房総の郷土史」　千葉県郷土史研究連絡協議会　(33)　2005.3

式年祭の予備的考察─千葉県下の事例を中心に(松崎憲三)「民俗学研究所紀要」　成城大学民俗学研究所　29　2005.3

日本の鬼探訪 千葉県(大中良英)「六甲俳楽部報告」　六甲倶楽部　74　2005.9

明治後期の千葉県における揚繰網の登場と発展─漁具改良と普及に貢献した漁業家たち(松浦眞二)「千葉県史研究」　千葉県史料研究財団　(14)　2006.3

「正蓮百ケ日忌日我談」(資料紹介)(佐藤博信)「千葉県史研究」　千葉県史料研究財団　(14)　2006.3

千葉県の力石(高島愼助)「東邦考古」　東邦考古学研究会　通号30　2006.3

千葉県の天狗像─昔話・伝説・世間話からの考察(高橋成)「西郊民俗」　[西郊民俗談話会]　(195)　2006.6

1950年代漁村社会の一断面─千葉県内湾漁村を事例として(森脇孝広)「千葉歴史学」　千葉歴史学会　(49)　2006.11

平安時代の仏像胎内に納められたタカラガイ類─その採集地の推定(黒住耐二)「千葉県立中央博物館研究報告.人文科学」　千葉県立中央博物館　10(1)通号20　2007.3

千葉県における出土板碑の諸相(斎木勝)「千葉文華」　千葉県文化財保護協会　(39)　2007.3

最新「独鈷石」研究4題(山岸良二)「東邦考古」　東邦考古学研究会　通号31　2007.3

千葉県に残る木食観正塔(西岡宣夫)「房総の石仏」　房総石造文化財研究会　(17)　2007.5

各地からの報告「千葉県の民話伝承活動」(落合奈央)「伝え ： 日本口承文芸学会会報」　日本口承文芸学会　(42)　2008.2

新刊紹介「房州アワビ漁業の変遷と漁業法」、「板倉中物語」、「明治郵便事始─千葉県における発達史」「房総の郷土史」　千葉県郷土史研究連絡協議会　(36)　2008.5

再び千葉県の不二道拿心講について(沖ノ博)「房総の石仏」　房総石造文化財研究会　(18)　2008.6

木造船の劣化腐食─建造後50年経過した投錨船の船板と船釘(松井哲洋)「研究報告」　千葉県立関宿城博物館　(12)　2008.9

千葉県の戦後被差別部落の生活と運動(〈近現代小特集〉)(黒川みどり)「千葉県史研究」　千葉県史料研究財団　(17)　2009.3

東国熊野社領の景観─『長寛勘文』と千葉県内の事例から(〈報告1 開館25周年記念シンポジウム「房総と熊野をつなぐもの」〉)(笹生衛)「袖ケ浦市史研究」　袖ケ浦市郷土博物館　(14)　2009.3

千葉県の里海の漁業とくらし(1) 南房総市富浦町(川名興)「東京湾学会誌 ： 東京湾の水土」　東京湾学会　3(1)通号13　2009.3

石仏探訪(2) 千葉県最古の浅間宮(石田年子)「会報」　房総石造文化財研究会事務局　(106)　2010.06

「イッペガサ」から考える技術伝承と地域社会─伝えていきたい「イッペガサ」への提言(高橋克)「東京湾学会誌 ： 東京湾の水土」　東京湾学会　3(3)通号15　2011.03

千葉県の里海の漁業とくらし(3)(川名興)「東京湾学会誌 ： 東京湾の水土」　東京湾学会　3(4)通号16　2011.3

千葉県の花見堂地蔵について(特集 石仏探訪IX)(中上敬一)「日本の石仏」　日本石仏協会，青娥書房(発売)　(138)　2011.06

石仏探訪(4) 県内最古の白山権現塔(石田年子)「会報」　房総石造文化財研究会事務局　(110)　2011.07

石仏調査報告 千葉県の変わった庚申塔六題(町田茂)「日本の石仏」　日本石仏協会，青娥書房(発売)　(140)　2011.12

兵士たちの日清・日露戦争─千葉県出身兵士たちの従軍日誌・軍事郵便などを読み解く(池田順)「千葉県の文書館」　千葉県文書館　(17)　2012.3

千葉県の神社、特に熊野神社について(足立純男)「忘らえぬかも ： 故里の歴史をさぐる」　大網白里町文化会　(7)　2012.04

表紙写真について 木造妙見菩薩立像 千葉県指定有形文化財「東庄の郷土史」　東庄郷土史研究会　(28)　2012.07

順礼塔にみる近世の旅(論文)(石田年子)「研究報告」　千葉県立関宿城博物館　(17)　2013.03

年中行事并覚書(史料紹介)(千葉県立関宿城博物館古文書研究会)「研究報告」　千葉県立関宿城博物館　(17)　2013.03

千葉県の里山の農業とくらし(川名興)「東京湾学会誌 ： 東京湾の水土」　東京湾学会　3(5)通号17　2013.03

「ちば遺産」「ちば文化の景観」と千葉県の取り組み(特集 流域の文化的景観)(渡辺修一)「利根川文化研究」　利根川文化研究会　(37)　2013.12

千葉県の特産品を味わおう！ 落花生のおそうざい(吉田歩未)「瓦版大木戸 ： 千葉県立房総のむら館報」　千葉県立房総のむら　(52)　2014.3

農村女性の生活改善─1950年代前半の千葉県を事例として(森脇孝広)「千葉県の文書館」　千葉県文書館　(19)　2014.3

仏教美術で地域文化を再発見(分館から)「中央博物館だより」　千葉県立中央博物館　(71)　2014.03

千葉御殿

千葉におけるもう一つの御殿跡─千葉御殿と千葉御茶屋御殿(簗瀬裕一)「千葉いまむかし」　千葉市教育委員会　(18)　2005.3

千葉市

千葉市内の寺院を行く(村上次郎)「房総路 ： 郷土研究誌」　房総歴史研究会事務局　38　1998.8

千葉市十善講大師巡行を取材して(1)(板谷繁，畠山隆)「郷土史研通信」　八千代市郷土歴史研究会　39　2002.7

旧妙見寺文書について(段木一行)「千葉いまむかし」　千葉市教育委員会　(17)　2004.3

千葉市近郊の力石(高島愼助)「東邦考古」　東邦考古学研究会　(28)　2004.3

千葉市立郷土博物館・千葉氏の興亡と妙見信仰(井上隆男)「リヴラン佐原」　CAC企画　(399)　2009.01

千葉市における富士講─千葉市富士講石造物調査報告(沖本博)「房総の石仏」　房総石造文化財研究会　(20)　2010.09

「御四箇寺御用触留」(旧妙見寺文書調査会)「研究紀要」　千葉市立郷土博物館　(20)　2014.03

千葉神社

千葉の妙見大祭(石井秀美)「西郊民俗」　[西郊民俗談話会]　通号171　2000.6

千葉大学園芸学部松戸キャンパス

園芸学部キャンパスに秀海講の碑を見る(渡邉幸三郎)「松戸史談」　松戸史談会　(43)　2003.10

千葉寺

千葉寺に移った牛頭天王碑(大谷克己)「千葉文華」　千葉県文化財保護協会　32　1997.3

千葉寺十善講調査報告書[前]，(後)「研究紀要」　千葉市立郷土博物館　(16)／(18)　2010.03/2012.03

千葉町

佐倉炭の流通と市域の四町村─千葉町・登戸村・寒川村・泉水村(土屋雅人)「千葉いまむかし」　千葉市教育委員会　(19)　2006.3

紙上古文書講座 千葉町の寺領と海防(市史編さん担当)「千葉いまむかし」　千葉市教育委員会　(24)　2011.3

千葉妙見

牛頭天王について(2)─千葉妙見との関わりを中心に(宮原さつき)「研究紀要」　千葉市立郷土博物館　通号3　1997.3

千葉妙見の縁起とその成立に関する考察(丸井敬司)「研究紀要」　千葉市立郷土博物館　(9)　2003.3

「2004千葉氏フォーラム 千葉妙見説話の史的評価」の報告について「研究紀要」　千葉市立郷土博物館　(11)　2005.3

千葉妙見の祭礼─その原初的風景(段木一行)「房総の郷土史」　千葉県郷土史研究連絡協議会　(33)　2005.3

「紙本著色千葉妙見大縁起絵巻」と妙見菩薩の本源・本地について─伊勢の妙見信仰と戦国期の千葉妙見「研究紀要」　千葉市立郷土博物館　(16)　2010.3

千葉妙見宮

千葉妙見宮縁起(1) 東保胤家文書の紹介(土屋清実)「東庄の郷土史」　東庄郷土史研究会　(15)　1999.6

千葉妙見宮縁起(2)(土屋清実)「東庄の郷土史」　東庄郷土史研究会　(16)　2000.6

千葉妙見寺

千葉妙見寺より発行された二つの御影(妙見像)について─像容から見る千葉氏の妙見信仰と武士団の再編(丸井敬司)「研究紀要」　千葉市立郷土博物館　(12)　2006.3

資料編 千葉妙見寺の四箇寺御用留について「研究紀要」　千葉市立郷土

博物館 (12) 2006.3

長安寺
長安寺と大正学院(酒井吉尾)「郷土文化」 郷土文化の会 (9) 2000.3

長興寺
遠坪遺跡と鹿島川上・中流域の中近世移行期—日蓮宗長興寺をめぐって(外山信司)「千葉いまむかし」 千葉市教育委員会 (15) 2002.3

銚港神社
銚子市川口神社を巡る神事の変遷と信仰圏の形成—銚港神社との比較から(松尾須美礼)「歴史地理学調査報告」 筑波大学人文社会科学研究科歴史・人類学専攻歴史地理学研究室 (10) 2002.3

長谷寺
旧山田町石仏調査(4) 山影の寺跡・長谷寺と大阿闍梨法印恵潭(石田年子)「会報」 房総石造文化財研究会事務局 (104) 2010.01

銚子
流域紀行 銚子磯めぐり紀行(小足武司)「利根川文化研究」 利根川文化研究会 (17) 1999.7
飯沼観音信仰と17世紀の銚子—「飯沼山観世音縁起」を中心に(山沢学,蓼沼綾子)「歴史地理学調査報告」 筑波大学人文社会科学研究科歴史・人類学専攻歴史地理学研究室 (9) 2000.3
銚子砂岩製の六地蔵石幢(池上悟)「佐原の歴史」 佐原市教育委員会 1 2001.3
東総の祭り考(銚子地区を例にして)(永澤謹吾)「房総史学」 国書刊行会 (41) 2001.3
銚子地方の河童伝承(《特集 かっぱ・カッパ・河童 愛される川の妖怪》)(永澤謹吾)「歴史民俗学」 批評社 (23) 2004.2
銚子・海辺の宿の食卓風景—明治後期の賄帳から(保坂和子)「女性と経験」 女性民俗学研究会 通号31 2005.10
東大社と銚子御幸(東大社式年神幸祭関係特集—第21号)(吉田仁)「東庄の郷土史」 東庄郷土史研究会 (特集号) 2010.01
第54回東大社年銚子大神幸祭の意義と系譜(東大社式年神幸祭関係特集—第21号)(大木衛)「東庄の郷土史」 東庄郷土史研究会 (特集号) 2010.01
豊玉姫神社式年銚子大神幸祭について(平成2年)(東大社式年神幸祭関係特集—第5号)(郡光胤)「東庄の郷土史」 東庄郷土史研究会 (特集号) 2010.01
東大社の銚子御幸(供奉の行列)(東大社式年神幸祭関係特集—第25号)(吉田仁)「東庄の郷土史」 東庄郷土史研究会 (特集号) 2010.01
付録 第54回銚子大神幸祭芸能及び関所一覧(東大社式年神幸祭関係特集)「東庄の郷土史」 東庄郷土史研究会 (特集号) 2010.01
銚子に残る石巻・寒風沢出身船員の墓石(小林郁)「ナジェージダ(希望)」 石巻若宮丸漂流民の会 (32) 2014.08

銚子かっぱ村
座談会 銚子かっぱ村村民に聞く(《特集 かっぱ・カッパ・河童 愛される川の妖怪》)「歴史民俗学」 批評社 (23) 2004.2

銚子市
「オハナミ」のこと(1),(2)—銚子市の事例を中心に(中川美穂子)「女性と経験」 女性民俗学研究会 通号22/通号23 1997.10/1998.10
河童の心—それは反乱の心だ! 第12回全国河童ドン会議講演要録(千葉県銚子市)(田辺達也)「夜豆志呂」 八代史談会 136 2001.6

長勝寺
口絵 物井地区稲荷塚遺跡、小屋ノ内遺跡出土墨書土器、成山地区南作遺跡出土墨書土器、寛永17年(1640)菩提山弘覚院金剛寺「金銅製出羽三山宮棟札」、伝千葉勝胤肖像画(勝胤寺蔵・非公開)、勝胤寺本堂、千葉石(勝胤寺蔵・非公開)、千葉家供養塔(勝胤寺境内)、長勝寺本堂、千葉次郎勝胤の墓(長勝寺境内)「四街道の歴史 : 市史研究誌」 四街道市教育委員会 (9) 2014.03

長生
長生の名刹を訪ねて(鬼形むつ子)「西上総文化会報」 西上総文化会 (68) 2008.3
「七夕まつり」を追って!(生徒歴史研究発表大会の記録)(長生高校社会科研究部)「房総史学」 国書刊行会 (50) 2010.03

長生村
全国でも珍しい長生村の「虫供養之碑」の銘文を読んで(川城昭一)「房総 : 郷土の古文書研究」 川城文庫・藩政史研究会 97 2002.12
長生村「虫供養の碑」を尋ねて(川城昭一)「房総 : 郷土の古文書研究」 川城文庫・藩政史研究会 (122) 2008.9

長南
長南とんび—常澄富美夫の凧作り(小林裕美)「民具マンスリー」 神奈川大学 32(12)通号384 2000.3

長柄・長南の古塔二例について(小高春雄)「房総の石仏」 房総石造文化財研究会 (21) 2011.07

長南町
長南・睦沢における茅葺き民家の維持保全に関する研究(菅野武人)「歴史民俗資料館研究紀要」 睦沢町立歴史民俗資料館 5 2000.3

長福寺
寺院の神々—神仏分離から神仏習合へ 上総国杉戸村長福寺の史料から(菅根幸裕)「勝浦市史研究」 勝浦市教育委員会 3 1997.3
千葉県香取郡東庄町林福寺(旧長福寺)において発見された二つの真言宗醍醐三宝院地蔵院流実勝方血脈—関係寺院の広がりと僧達(矢島英雄)「茨城史林」 筑波書林 24 2000.6
長福寺の紹介(特集 旧萱田村の総合研究I—菅田山長福寺を訪ねる)(佐久間弘文,石井尚子)「史談八千代 : 八千代市郷土史研究会機関誌」 八千代市郷土史研究会 (35) 2010.11
虎列刺消除十一面尊永代日護摩勧由簿(特集 旧萱田村の総合研究I—菅田山長福寺を訪ねる)(成田忠志)「史談八千代 : 八千代市郷土史研究会機関誌」 八千代市郷土史研究会 (35) 2010.11
六地蔵(特集 旧萱田村の総合研究I—菅田山長福寺を訪ねる)(鈴木千代)「史談八千代 : 八千代市郷土史研究会機関誌」 八千代市郷土史研究会 (35) 2010.11
筆子塚(特集 旧萱田村の総合研究I—菅田山長福寺を訪ねる)(斎藤惇)「史談八千代 : 八千代市郷土史研究会機関誌」 八千代市郷土歴史研究会 (35) 2010.11
二十三夜・日記念仏供養塔(特集 旧萱田村の総合研究I—菅田山長福寺を訪ねる)(佐久間弘文, 中島和子)「史談八千代 : 八千代市郷土歴史研究会機関誌」 八千代市郷土歴史研究会 (35) 2010.11
戊辰戦争の爪痕を追う—寄子萬霊塔に刻まれた戦士たち(郷土研究)(佐野邦雄)「館山と文化財」 館山市文化財保護協会 (44) 2011.05
流山市旧長福寺愛染明王坐像の奉納物について(増崎勝仁)「流山市史研究」 流山市教育委員会 (22) 2014.03

長福寿寺
長福寿寺の住持と寺格—延暦寺再興事業の前後を中心に(岡野浩二)「千葉県の文書館」 千葉県文書館 (16) 2011.03

長妙寺
長妙寺に残る悲痛な墓碑(佐久間弘文)「郷土史研通信」 八千代市郷土歴史研究会 (68) 2009.11

長養寺
松戸市の石仏(1) 長養寺の白楽天王宮塔(入谷雄二)「会報」 房総石造文化財研究会事務局 (112) 2012.01

長楽寺
民俗調査概報(2) 長楽寺地区の年中行事(朝比奈時子, 久野一郎, 宇野幸)「歴史民俗資料館研究紀要」 睦沢町立歴史民俗資料館 5 2000.3
調査報告 睦沢町長楽寺中村正明家旧蔵文書(村和明)「紙魚之友」 房総調査会 (28) 2011.03

都賀
都賀の概況(《千葉市民俗調査報告書3 都賀の民俗》)(今野大輔)「研究紀要」 千葉市立郷土博物館 (15) 2009.03
都賀の生業(《千葉市民俗調査報告書3 都賀の民俗》)(飯田愛)「研究紀要」 千葉市立郷土博物館 (15) 2009.03
都賀の人の一生(《千葉市民俗調査報告書3 都賀の民俗》)(加藤秀雄)「研究紀要」 千葉市立郷土博物館 (15) 2009.03
都賀の年中行事(《千葉市民俗調査報告書3 都賀の民俗》)(林絢子)「研究紀要」 千葉市立郷土博物館 (15) 2009.03
都賀の信仰(《千葉市民俗調査報告書3 都賀の民俗》)(小山由)「研究紀要」 千葉市立郷土博物館 (15) 2009.03

月貫山
月貫山の碑(小倉博)「房総の石仏」 房総石造文化財研究会 (18) 2008.6

土睦村
土睦村歌([資料紹介])(小高祥子)「ろばた : 睦沢町郷土研究愛好会会報」 睦沢町郷土研究愛好会 9 1998.3

堤台
平成23年度総会記念講演 間引き絵馬とは—堤台子育地蔵尊の間引き絵馬を中心に(萩原法子)「かつしか台地 : 野田地方史懇話会会誌」 野田地方史懇話会 (42) 2011.09

堤根
関宿町堤根・神明神社の流れ不動のこと(石田年子)「かつしか台地 : 野田地方史懇話会会誌」 野田地方史懇話会 17 1999.3

関東　　　　　　　　　　　　　郷土に伝わる民俗と信仰　　　　　　　　　　　　　千葉県

鶴ケ谷八幡宮
表紙写真のことば 鶴ケ谷八幡宮例大祭 千葉県館山市 9月13・14日（渡辺良正）「まつり通信」 まつり同好会 54(5)通号573 2014.09

手賀
手賀のあんば様（篠原喜世雄）「沼南町史研究」 沼南町教育委員会 7 2003.3
地域の伝統芸能「手賀ばやし」の活動（林槙紘）「沼南町史研究」 沼南町教育委員会 7 2003.3

手賀使徒伊望教会堂
沼南町の所在・手賀使徒伊望教会堂と兄の葬儀（小川さだ子）「たいわ：語り伝える白井の歴史 ： 白井市郷土史の会機関誌」 白井市郷土史の会 (20) 2003.4

手賀沼
我孫子市のむかしばなし(11),(12) 手賀沼の白い牛(1),(2)（鳴海和彦）「我孫子市史研究」 我孫子市教育委員会 89/(90) 2000.10/2001.1
手賀沼の生物と環境と漁業を主とした変遷（深山正巳）「印西の歴史」 印西市教育委員会 (3) 2001.3
手賀沼の王は？（特集 楽しい東葛伝説民話事典—我孫子の伝説と民話）「東葛流山研究」 流山市立博物館友の会事務局，崙書房出版（発売）(29) 2011.03
手賀沼の自然・文化景観の現在（特集 流域の文化的景観）（中村勝）「利根川文化研究」 利根川文化研究会 (37) 2013.12
印旛・手賀沼周辺の「生首持ち庚申」の詳細（会員の広場）（石田年子）「日本の石仏」 日本石仏協会，青蛾書房（発売）(149) 2014.03

デカンショ街道
デカンショ街道を行く(1),(2)（薬丸比呂志）「西上総文化会報」 西上総文化会 (65)/(66) 2005.3/2006.3
デカンショ街道(3)（薬丸比呂志）「西上総文化会報」 西上総文化会 (67) 2007.3

寺門
寺門地区の家紋について（佐久間行央）「嶺岡」 鴨川市郷土史研究会 (2) 1999.3

寺崎
佐倉市寺崎の孫嫡子（大島建彦）「西郊民俗」 〔西郊民俗談話会〕 (204) 2008.9

寺台
寺台の稲垣家に伝わる坂東三十三観音霊場巡礼の布軸について（中小路純）「成田史談」 成田市文化財保護協会 (57) 2012.03
吉橋（高本・寺台）の道標と寺社調査（特集 旧吉橋村の総合研究 その1—近世・近代の吉橋村）（村杉スミ子）「史談八千代 ： 八千代市郷土歴史研究会機関誌」 八千代市郷土歴史研究会 (39) 2014.11
寺台の安産祈願と龍ヶ崎市龍泉寺「ショイ観音」（特集 旧吉橋村の総合研究 その1）（佐久間弘文，畠山隆）「史談八千代 ： 八千代市郷土歴史研究会機関誌」 八千代市郷土歴史研究会 (39) 2014.11

天照神社
天照神社の二十一仏種子板碑について（小西則子）「会報」 房総石造文化財研究会事務局 (117) 2013.04

東栄寺
保品・東栄寺の薬師堂の落慶法要と新史料紹介（わらびゆみ）「郷土史通信」 八千代市郷土歴史研究会 39 2002.7

東葛
東葛地方の講について（立野晃）「史談会報」 船橋市史談会 17 1997.3
民俗学から見た東葛のさまざまな伝承（山本鉱太郎）「東葛流山研究」 流山市立博物館友の会事務局，崙書房出版（発売）(18) 1999.10
東葛でたばこが盛んに作られていた頃（美馬秀造）「かつしか台地 ： 野田地方歴史懇話会会誌」 野田地方史懇話会 19 2000.3
東葛の菊作り（住吉盛幸）「東葛流山研究」 流山市立博物館友の会事務局，崙書房出版（発売）(22) 2003.11
流鉄流山駅／一茶双樹記念館／呉服新川屋／柴崎・吉野家長屋門／旧花野井家住宅／野田キッコーマン御用蔵／興風会館／旧茂木左平治邸宅・茶室／上花輪歴史館／キノエネ醤油工場／愛宕神社／小林家四脚門（〈特集 東葛地区の建築散歩〉）「東葛流山研究」 流山市立博物館友の会事務局，崙書房出版（発売）(25) 2007.3
旧徳川家松戸戸定邸／萬満寺／旧小金宿旅籠玉屋跡／東海寺布施弁天／弥惣治文庫文芸資料館／大井福満寺鐘楼／旧手賀聖堂／花野井・吉田家住宅／相馬芸術文化村／葺不合神社（〈特集 東葛地区の建築散歩〉）「東葛流山研究」 流山市立博物館友の会事務局，崙書房出版（発売）(25) 2007.3
東葛地方のカトリック信仰（倉科武）「東葛流山研究」 流山市立博物館友の会事務局，崙書房出版（発売）(25) 2007.3

東葛地区における神社神殿の「二十四孝」彫刻（中村哲夫）「東葛流山研究」 流山市立博物館友の会事務局，崙書房出版（発売）(25) 2007.3
東葛型庚申塔（二手青面金剛）の像容分析（吉村光敏）「市立市川歴史博物館館報」 市立市川歴史博物館 2008年度 2010.03
東葛二手庚申塔を追う（入谷雄二）「会報」 房総石造文化財研究会事務局 (106) 2010.06
手児奈講碑からみた東葛地域における手児奈講の展開（資料紹介）（朽木量）「市史研究いちかわ」 市川市文化国際部 (2) 2011.03
参考文献（特集 楽しい東葛伝説民話事典）「東葛流山研究」 流山市立博物館友の会事務局，崙書房出版（発売）(29) 2011.03
東葛の庚申塔「我孫子市史研究センター会報」 我孫子市史研究センター (128) 2012.10

東葛印旛大師
松戸市立博物館映像記録「送り大師—東葛印旛大師講の人々」〔資料紹介〕（青木俊也）「松戸市立博物館紀要」 松戸市立博物館 (4) 1997.3
送り大師 東葛印旛大師講（青木俊也）「松戸史談」 松戸史談会 (37) 1997.10
東葛印旛大師講巡礼「送り大師」考（小野塚利雄）「松戸史談」 松戸史談会 (51) 2011.11

東葛八十八ヶ所
松戸史談会講演会 スライドと拓本とお話で綴る東葛八十八ヶ所札所の環今昔（末満宗治）「松戸史談」 松戸史談会 (41) 2001.10

東金御殿
白幡八幡神社の祭礼と東金御殿（古山豊）「忘らえぬかも ： 故里の歴史をさぐる」 (8) 2014.04

とうかんぼう
とうかんぼうの狐火（鈴木康央）「越谷市郷土研究会会報 ： 古志賀谷」 越谷市郷土研究会 (17) 2014.03

道脇寺
道脇寺について（松井徳三）「道鏡を守る会通信」 道鏡を守る会 52 2001.1

東京湾
明治期の漁法をめぐる地域対立—東京湾小晒網紛争を事例にして（高林直樹）「千葉県史研究」 千葉県史料研究財団 8（別冊）2000.3
明治12年「水産調」にみる東京湾房総沿岸の貝類採取（筑紫敏夫）「千葉県立中央博物館研究報告.人文科学」 千葉県立中央博物館 9(2)通号19 2006.3

東光院
白井市名内東光院地蔵菩薩立像の胎内銘をめぐって（川戸彰）「鎌ケ谷市史研究」 鎌ケ谷市教育委員会 (15) 2002.3

東光寺
東光寺改築始末記（宇井弘）「山田の郷土史」 山田町郷土史研究会 (4) 1997.10
志高村東光寺の本尊に就いて（宇井弘）「山田の郷土史」 山田町郷土史研究会 (5) 1998.11

東条
東条族と袋倉伝説について（腰越信夫）「郷土文化」 郷土文化の会 (10) 2001.3
東条の六地蔵たち（渡辺義之）「郷土文化」 郷土文化の会 (13) 2004.3

東照寺
安養山東照寺について（〈特集 旧平戸村の総合研究II〉）（滝口昭二）「史談八千代 ： 八千代市郷土歴史研究会機関誌」 八千代市郷土歴史研究会 (34) 2009.11

東泉寺
東庄町の東泉寺の石文について（宇井弘）「会報」 房総石造文化財研究会事務局 (89) 2005.10

東漸寺
旭市東漸寺の伝木曽氏石塔について（小高春雄）「房総の石仏」 房総石造文化研究会 (20) 2010.09

東禅寺
下総土橋東禅寺と鎌倉極楽寺・称名寺（福島金治）「千葉県史研究」 千葉県史料研究財団 11（別冊2）2003.3
多古町東禅寺の石塔群について（小高春雄）「千葉史学」 千葉歴史学会 (51) 2007.11
多古町東禅寺五輪塔調査報告（斎木勝）「房総の石仏」 房総石造文化財研究会 (22) 2012.07

東総

東総日ノ神考(3)〜(6)(常世田令子)「常総の歴史」 崙書房出版茨城営業所 18/21 1997.1/1998.7

東総の祭り考(銚子地区を例にして)(永澤謹吾)「房総史学」 国書刊行会 (41) 2001.3

東総の石造物―いわゆる七里法華との関係にもふれて(小高春雄)「房総の石仏」 房総石造文化財研究会 (15) 2005.5

東総地域における神職の学問受容―松沢村熊野神主・宇井包教と平田国学(小田真裕)「千葉史学」 千葉歴史学会 (53) 2008.12

東総の民俗「会報」 房総石造文化財研究会事務局 (114) 2012.07

東総地域の妙見像分布―海上、銚子、匝瑳地区(研究ノート)(高森良昌)「房総の郷土史」 千葉県郷土史研究連絡協議会 (41) 2013.06

石仏探訪(9) 行倒れ塔(1) 東総の任人を祀る行倒れ塔(石田年子)「会報」 房総石造文化財研究会事務局 (118) 2013.07

東大社

東大社と御神幸(2)(〈東大社式年神幸祭関係特集〉)(吉田仁)「東庄の郷土史」 東庄郷土史研究会 (22) 2006.6

東大社御神幸随想(〈東大社式年神幸祭関係特集〉)(土屋清實)「東庄の郷土史」 東庄郷土史研究会 (22) 2006.6

二〇二〇年迄日々精進(〈東大社式年神幸祭関係特集〉)(西川敏之)「東庄の郷土史」 東庄郷土史研究会 (22) 2006.6

20年の「神幸祭」の記録保全を決意 後世への継承はわが団塊世代の責務(野口稔)「東庄の郷土史」 東庄郷土史研究会 (24) 2008.6

特集号発刊にあたって(東大社式年神幸祭関係特集)(海上義治)「東庄の郷土史」 東庄郷土史研究会 (26) 2010.08

東大社について(東大社式年神幸祭関係特集―第11号)(飯田真也)「東庄の郷土史」 東庄郷土史研究会 (特集号) 2010.01

東大社式年神幸祭関係特集 第54回の神幸祭を迎えるにあたって(東大社式年神幸祭関係特集―第21号)「東庄の郷土史」 東庄郷土史研究会 (特集号) 2010.01

東大社と銚子御幸(東大社式年神幸祭関係特集―第21号)(吉田仁)「東庄の郷土史」 東庄郷土史研究会 (特集号) 2010.01

第53回東大社式年神幸祭に供奉して(東大社式年神幸祭関係特集―第21号)(鈴木学之)「東庄の郷土史」 東庄郷土史研究会 (特集号) 2010.01

第54回東大社式年銚子大神幸祭の意義と系譜(東大社式年神幸祭関係特集―第21号)(大木衛)「東庄の郷土史」 東庄郷土史研究会 (特集号) 2010.01

東大社流鏑祭(東大社式年神幸祭関係特集―第21号)(河連秀太郎)「東庄の郷土史」 東庄郷土史研究会 (特集号) 2010.01

東大神入学及幼少時代の思い出他(東大社式年神幸祭関係特集―第21号)(河連秀太郎)「東庄の郷土史」 東庄郷土史研究会 (特集号) 2010.01

東大社境内の相撲開祖野見宿禰石像について(東大社式年神幸祭関係特集―第21号)(山本直彦)「東庄の郷土史」 東庄郷土史研究会 (特集号) 2010.01

(無題)(東大社式年神幸祭関係特集―第21号)(高瀬博史)「東庄の郷土史」 東庄郷土史研究会 (特集号) 2010.01

(無題)(東大社式年神幸祭関係特集―第21号)(高瀬ファビエンヌ)「東庄の郷土史」 東庄郷土史研究会 (特集号) 2010.01

まだ見ぬ「神幸祭」に思う(東大社式年神幸祭関係特集―第21号)(野口稔)「東庄の郷土史」 東庄郷土史研究会 (特集号) 2010.01

東大社(オウジン様)(東大社式年神幸祭関係特集―第21号)(吉原敏行)「東庄の郷土史」 東庄郷土史研究会 (特集号) 2010.01

豊玉姫神社式年銚子大神幸祭について(平成2年)(東大社式年神幸祭関係特集―第5号)(郡光胤)「東庄の郷土史」 東庄郷土史研究会 (特集号) 2010.01

東大社と御神幸(2)(東大社式年神幸祭関係特集―第22号)(吉田仁)「東庄の郷土史」 東庄郷土史研究会 (特集号) 2010.01

東大社御神幸随感(東大社式年神幸祭関係特集―第22号)(土屋清實)「東庄の郷土史」 東庄郷土史研究会 (特集号) 2010.01

2010年まで 日々精進(東大社式年神幸祭関係特集―第22号)(西川敏之)「東庄の郷土史」 東庄郷土史研究会 (特集号) 2010.01

東大社の銚子御幸(供奉の行列)(東大社式年神幸祭関係特集―第25号)(吉田仁)「東庄の郷土史」 東庄郷土史研究会 (特集号) 2010.01

付録 第54回銚子大神幸祭芸能及び関所一覧(東大社式年神幸祭関係特集)「東庄の郷土史」 東庄郷土史研究会 (特集号) 2010.01

東大社第54回式年大神幸祭(東大社・神幸祭特集)(飯田眞也)「東庄の郷土史」 東庄郷土史研究会 (26) 2010.08

神幸祭 随行記(序)(東大社・神幸祭特集)(吉田仁)「東庄の郷土史」 東庄郷土史研究会 (26) 2010.08

短歌五首 神幸祭に詠める(東大社・神幸祭特集)(鈴木久子)「東庄の郷土史」 東庄郷土史研究会 (26) 2010.08

オオジン様と東庄後とのゆかり(東大社・神幸祭特集)(鹿子田賢三郎)「東庄の郷土史」 東庄郷土史研究会 (26) 2010.08

神幸祭関係書紹介(東大社・神幸祭特集)「東庄の郷土史」 東庄郷土史研究会 (26) 2010.08

東大社の和歌・俳諧(東大社・神幸祭特集)(長谷川康夫)「東庄の郷土史」 東庄郷土史研究会 (26) 2010.08

表紙写真 野見宿禰石像 東大社境内「東庄の郷土史」 東庄郷土史研究会 (29) 2013.07

森山城主「東氏」と東大社宮司「飯田氏」(飯田武士)「東庄の郷土史」 東庄郷土史研究会 (30) 2014.7

遠坪遺跡

遠坪遺跡と鹿島川上・中流域の中近世移行期―日蓮宗長興寺をめぐって(外山信司)「千葉いまむかし」 千葉市教育委員会 (15) 2002.3

東庄

村のきまり(森正治)「東庄の郷土史」 東庄郷土史研究会 (15) 1999.6

ドクナガシ(吉田仁)「東庄の郷土史」 東庄郷土史研究会 (15) 1999.6

伝統の味 入正醤油(海上義治)「東庄の郷土史」 東庄郷土史研究会 (16) 2000.6

無尽講(森正治)「東庄の郷土史」 東庄郷土史研究会 (16) 2000.6

「リス」を追って―昭和10年代の子供の遊び(吉田仁)「東庄の郷土史」 東庄郷土史研究会 (16) 2000.6

飯田耕一氏遺稿 仲内における道祖神信仰(飯田耕一)「東庄の郷土史」 東庄郷土史研究会 (17) 2001.6

戦争と兵隊 戦野の「ざれうた」(野口政司)「東庄の郷土史」 東庄郷土史研究会 (17) 2001.6

東庄地域における「不二道孝心講」(吉田仁)「東庄の郷土史」 東庄郷土史研究会 (19) 2003.6

暦の発生と世の移り変わり(野口政司)「東庄の郷土史」 東庄郷土史研究会 (19) 2003.6

もく(藻)とり(森正治)「東庄の郷土史」 東庄郷土史研究会 (19) 2003.6

わが町に相撲がある(2)、(3)(海上義治)「東庄の郷土史」 東庄郷土史研究会 (26)/(30) 2010.08/2014.07

オオジン様と東庄後とのゆかり(東大社・神幸祭特集)(鹿子田賢三郎)「東庄の郷土史」 東庄郷土史研究会 (26) 2010.08

「トッコウバナ」の思い出(拾遺あれこれ)(無名人)「東庄の郷土史」 東庄郷土史研究会 (26) 2010.08

私の方言体験―私を育てた言葉たち(長谷川康夫)「東庄の郷土史」 東庄郷土史研究会 (27) 2011.7

石造物調査によせて―両墓制について(吉田仁)「東庄の郷土史」 東庄郷土史研究会 (28) 2012.07

座頭市夜話(越川栄一郎)「東庄の郷土史」 東庄郷土史研究会 (28) 2012.07

石仏から読む江戸時代の東庄(宮崎一彦)「東庄の郷土史」 東庄郷土史研究会 (29) 2013.07

わが町の板碑(宮崎一彦)「東庄の郷土史」 東庄郷土史研究会 (30) 2014.07

東庄町

香取地方の石仏事情―東庄町の石仏調査を中心に(石田年子)「房総の石仏」 房総石造文化財研究会 (23) 2013.08

東福寺

笹川東福寺の墓石(1)―住職のこと・墓石概観(土屋清實)「東庄の郷土史」 東庄郷土史研究会 (19) 2003.6

寺院文書群の編成方法―東福寺文書の整理を通して(角田朋彦)「千葉県の文書館」 千葉県文書館 (9) 2004.3

東福寺の墓石(4)(土屋清實)「東庄の郷土史」 東庄郷土史研究会 (22) 2006.6

笹川東福寺の墓石(5)(土屋清實)「東庄の郷土史」 東庄郷土史研究会 (23) 2007.6

東福寺千体阿弥陀仏立像台座から発見された木札(金子鈴恵)「流山市史研究」 流山市教育委員会 (20) 2008.3

東福寺の目つぶしの鴨(特集 楽しい東葛伝説民話事典―流山の伝説と民話)「東葛流山研究」 流山市立博物館友の会事務局, 崙書房出版(発売) (29) 2011.03

胴埋塚

胴埋塚とその周辺のことなど(佐倉東雄)「上総市原」 市原市文化財研究会 13 2002.10

時平神社

時平神社(石井尚子)「史談八千代 : 八千代市郷土歴史研究会機関誌」 八千代市郷土歴史研究会 22 1997.10

三山七年祭取材メモ 時平神社地区の動き(板谷繁)「郷土史研通信」 八千代市郷土歴史研究会 44 2003.11

時平神社「三山七年祭り」の会員の動向(牧野光男)「郷土史研通信」 八千代市郷土歴史研究会 44 2003.11

関東　　　　　　　　　　　　　　郷土に伝わる民俗と信仰　　　　　　　　　　　　　　千葉県

大和田時平神社 (牧野光男)「史談八千代 ： 八千代市郷土歴史研究会機
　関誌」 八千代市郷土歴史研究会　(29)　2004.11
萱田町時平神社 (森山一徳)「史談八千代 ： 八千代市郷土歴史研究会機
　関誌」 八千代市郷土歴史研究会　(29)　2004.11
時平神社七年祭中年祭礼を取材して (10月8日) (斉藤君代)「郷土史研通
　信」 八千代市郷土歴史研究会　(56)　2006.11
2月11日 萱田町 時平神社のオビシャに参加して (平塚胖)「郷土史研通
　信」 八千代市郷土歴史研究会　(58)　2007.5

徳願寺
江東外見発見伝 徳願寺の永代橋崩落事故犠牲者供養塔「下町文化」 江
　東区地域振興部　223　2003.9

徳ぞう院
徳ぞう院・能ぞう院 (小山舞)「ふるさとちくら」 南房総市教育委員会
　(14)　1997.4

利根川
佐原の常夜燈を建てた人々―利根川図誌を読む (風見太一)「郷土史研究
　会会報」 岩井市郷土研究会　(11)　1998.3
企画展 「絵馬に託す―利根川に生きる」「世喜宿 ： 千葉県立関宿城博
　物館報」 千葉県立関宿城博物館　12　1999.8
利根川をさかのぼる (中・上流編)―(1)―嶺島三十三カ所観音 (榎美香)
　「世喜宿 ： 千葉県立関宿城博物館報」 千葉県立関宿城博物館　12
　2001.8
利根川をさかのぼる (中・上流編)―(2)―関宿周辺の川漁 (榎美香)「世喜
　宿 ： 千葉県立関宿城博物館報」 千葉県立関宿城博物館　14　2002.9
利根川をさかのぼる (中・上流編)―(5)―境町の船大工と船 (榎美香)「世
　喜宿 ： 千葉県立関宿城博物館報」 千葉県立関宿城博物館　16
　2003.8
シンポジウム基調報告要旨 海の舟と川の舟 (川名登)「利根川文化研究」
　利根川文化研究会　通号25　2004.8
利根川の河童伝説 (特集 楽しい東葛伝説民話事典) (菊池光純)「東葛流
　山研究」 流山市立博物館友の会事務局, 崙書房出版 (発売)　(29)
　2011.03
趣旨説明 (特集 流域の文化的景観) (川名禎)「利根川文化研究」 利根川
　文化研究会　(37)　2013.12

利根川下流域
大利根百話 (40) 利根川下流域の相撲 (小林裕美)「おおとね ： 千葉県立
　中央博物館大利根分館報」 千葉県立中央博物館大利根分館　通号75
　2006.3
廃絶したつく舞をめぐって―利根川下流域の水運の盛衰とともに
　(〈テーマ 物から見た町と村の交流〉) (秋山笑子)「町と村調査研究」
　千葉県立房総のむら　(8)　2006.3
千葉県指定有形民俗文化財「利根川下流域の漁労用具」特集「おおとね
　： 千葉県立中央博物館大利根分館報」 千葉県立中央博物館大利根分
　館　通号76　2007.3

利根川水系
利根川水系・川船の構造について (4) (〔史料紹介〕) (川名登)「利根川文
　化研究」 利根川文化研究会　(12)　1997.1
利根川水系の文化 (色川大吉)「千葉県立中央博物館大利根
　分館報」 千葉県立中央博物館大利根分館　19(2)通号63　1997.11
利根川水系及び近隣水域にある船板図の解析 (1)―高瀬船、五大力船な
　ど (松井哲洋)「研究報告」 千葉県立関宿城博物館　(9)　2005.3

利根川中・下流
利根川中・下流の淡島信仰―野田市を中心として (石田年子)「房総の石
　仏」 房総石造文化財研究会　(18)　2008.6

利根川中・下流域
利根川中・下流域の淡島信仰 (石田年子)「かつしか台road ： 野田地方史
　懇話会会誌」 野田地方史懇話会　(38) (別冊)　2009.09

利根川中流域
利根川中流域の石枕 (高木博彦)「研究報告」 千葉県立関宿城博物館
　(6)　2002.3
石造物が教える利根川中流域の寺子屋師丘達―関宿町及び野田市の筆子
　塔・天神塔を中心として (石田年子)「研究報告」 千葉県立関宿城博物
　館　(7)　2003.3

利根川流域
利根川流域の洪水と水神信仰―野田市の水神塔を中心として (石田年
　子)「房総の石仏」 房総石造文化財研究会　(16)　2006.5
歴史講座 利根川流域とアンバ信仰 (大島建彦)「研究報告」 千葉県立関
　宿城博物館　(12)　2008.9

殿部田
殿部田のショウガツさん (大島建彦)「西郊民俗」 〔西郊民俗談話会〕

(226)　2014.03

鳥羽小左衛門邸宅
3月例会 銅版画「鳥羽小左衛門邸宅・千玉堂之図」の現地を訪ねる (石
　田広道)「郷土史研通信」 八千代市郷土歴史研究会　(66)　2009.05

飛血山
刑場飛血山 (特集 楽しい東葛伝説民話事典―流山の伝説と民話)「東葛流
　山研究」 流山市立博物館友の会事務局, 崙書房出版 (発売)　(29)
　2011.03

富浦
富浦の歴史と民話 (発表要旨) (生稲謹爾)「房総の郷土史」 千葉県郷土
　史研究連絡協議会　(33)　2005.3
新刊紹介 「南方熊楠」(飯倉照平著)/「富浦の昔ばなし」(生稲謹爾著) (秋
　葉輝夫)「房総の郷土史」 千葉県郷土史研究連絡協議会　(35)　2007.5
房総半島における漁村集落実態調査報告3 富浦の漁撈と民俗 (田村勇)
　「千葉県立安房博物館研究紀要」 千葉県立安房博物館　(14)　2008.3

富浦町
國學院大學説話研究会編・飯倉義之責任編集『富浦町のはなし―千葉県
　安房郡富浦町〈口承〉資料集』(長野隆之)「昔話伝説研究」 昔話伝説研
　究会　(23)　2003.4
千葉県の里海の漁業とくらし (1) 南房総市富浦町 (川名興)「東京湾学会
　誌 ： 東京湾の水土」 東京湾学会　3(1)通号13　2009.3

富岡八幡宮
西村・嘉永4年富岡八幡宮に灯籠奉納「郷土八街」 八街郷土史研究会
　(23)　2014.04

富崎
房総西方漁村 (富崎・西崎地区)の小祠と石造物 (田中順勝)「千葉県立安
　房博物館研究紀要」 千葉県立安房博物館　4　1997.3

富里
富里の石仏 (4) 弁財天を追う道祖神 (木原律子)「会報」 房総石造文
　財研究会事務局　(99)　2008.9
富里の石仏 (5) 日吉倉の齋念仏塔 (木原律子)「会報」 房総石造文化財
　研究会事務局　(100)　2009.01
富里の石仏 (木原律子)「房総の石仏」 房総石造文化財研究会　(19)
　2009.12

鳥見神社
白井の鳥見神社案内 (鈴木普二男)「たいわ ： 語り伝える白井の歴史 ：
　白井市郷土史の会機関誌」 白井市郷土史の会　16　1999.4
「我が原点」加えて、富塚鳥見神社の祭礼取材について (印南満子)「たい
　わ ： 語り伝える白井の歴史 ： 白井市郷土史の会機関誌」 白井市郷
　土史の会　(20)　2003.4
獅子舞の風土シリーズ (100) 千葉県印旛郡印西市/平岡鳥見神社の獅子
　舞い (川崎実)「かわせみ通信」 川崎実　(100)　2006.9

富山
三匹獅子舞の廃絶について―『富山祭礼降雹番組』を読む (田村勇)「千
　葉県史研究」 千葉県史料研究財団　6　1998.3

十余一
民俗文化財調査団の一員として「十余一の香取神社取材」(小木曽栄子)
　「たいわ ： 語り伝える白井の歴史 ： 白井市郷土史の会機関誌」 白井
　市郷土史の会　(20)　2003.4

豊受神社
江東外伝発見伝 浦安の豊受神社に深川海辺大工町の石燈籠 (木ノ本博
　通)「下町文化」 江東区地域振興部　(237)　2007.4

豊四季
豊四季入権者を訪ねた元朝臣 (特集 楽しい東葛伝説民話事典―柏の伝説
　と民話)「東葛流山研究」 流山市立博物館友の会事務局, 崙書房出版
　(発売)　(29)　2011.03

豊玉姫神社
豊玉姫神社式年銚子大神幸祭について (平成2年) (東大社式年神幸祭関
　係特集―第5号) (郡光胤)「東庄の郷土史」 東庄郷土史研究会　(特集
　号)　2010.01

豊津
氏族伝承と考古学から探る古代の豊津 (杉江敬)「豊津のあゆみ」 豊津会
　(3)　1997.2
イワシの不思議あれこれ (平木紀久雄)「豊津のあゆみ」 豊津会　(3)
　1997.2
浜の魚の話 (熊沢久助)「豊津のあゆみ」 豊津会　(4)　2000.2
源親元卿の伝承を考える (利渉義宣)「豊津のあゆみ」 豊津会　(4)
　2000.2

御船歌「桜くどき」に見られる用語の技法（正木高明）「豊津のあゆみ」 豊津会 （4） 2000.2

やんのう節考（利渉義宜）「豊津のあゆみ」 豊津会 （4） 2000.2

干鰯場争い（利渉義宜）「豊津のあゆみ」 豊津会 （5） 2002.2

豊浜

海が鳴る・豊浜地区の「童唄」（真田精三）「勝浦市史研究」 勝浦市教育委員会 6 2000.3

東浪見

東浪見甚句―九十九里南部の民謡（川城昭一）「房総 : 郷土の古文書研究」 川城文庫・藩政史研究会 75 1997.11

東浪見村

長生郡東浪見村の漁業「房総 : 郷土の古文書研究」 川城文庫・藩政史研究会 83 1999.10

上総一宮本郷・東浪見村他漁業の衰退―九十九里浜の地引網を探る（川城昭一）「房総 : 郷土の古文書研究」 川城文庫・藩政史研究会 101 2004.1

名内

名内の栗島様（今井庄一）「たいわ : 語り伝える白井の歴史 : 白井市郷土史の会機関誌」 白井市郷土史の会 17 2000.4

名内伝統行事参加（粟島神社本人形供養神事）（本会の企画事業の記録）（印南満子）「たいわ : 語り伝える白井の歴史 : 白井市郷土史の会機関誌」 白井市郷土史の会 （26） 2009.04

中印旛

地方巡礼の一形態―千葉県佐倉組十善護国講社中印旛組大廻りを事例として（田村良子）「成田市史研究」 成田市教育委員会 （25） 2001.3

長尾神社

大川区長尾神社 神輿囃し歌（吉田勝年，保田定吉，山口健治郎）「ふるさとちくら」 南房総市教育委員会 （18） 2001.3

中川村

地域社会の女性観とその変容―千葉県君津郡中川村の事例から（後藤康行）「千葉史学」 千葉歴史学会 （56） 2010.5

長狭観音

長狭観音（1）（杉田恭一）「郷土文化」 郷土文化の会 （7） 1998.3

長狭三十三観音

長狭三十三観音を訪ねて（吉川高次）「嶺岡」 鴨川市郷土史研究会 （2） 1999.3

中島

旧金田村中島の「丸山教」信仰（木村智行）「西上総文化会報」 西上総文化会 （62） 2002.3

長須賀村

上総国望陀郡長須賀村と石造物（筑紫敏夫）「房総の石仏」 房総石造文化財研究会 （21） 2011.07

中滝郷

中滝郷の「おおやのへいだ」が「親の日」だ「房総 : 郷土の古文書研究」 川城文庫・藩政史研究会 75 1997.11

仲町

仲町山車覚書き（資料紹介）（北詰栄男）「佐倉市史研究」 佐倉市総務部 （18） 2005.3

長沼集落

成田市長沼集落と捕魚採藻之図「むら」の多様性と現代民俗（堀充宏）「成田市史研究」 成田市教育委員会 （28） 2004.3

中原集落

江見の民俗（3）正月風景 中原集落（佐藤千代子，川名ナツ）「江見の自然と文化」 江見公民館郷土の自然と文化教室 （3） 1999.8

中峠

我孫子市中峠の「四季工作図」について（榎美香）「研究報告」 千葉県立関宿城博物館 （8） 2004.3

永吉

永久寺、浄土院へ合併の古文書より永吉の寺院をみる（塙節子）「上総市原」 市原市文化財研究会 12 2001.8

長柄

仏教思想と文学（永井義憲）「長柄の歴史」 長柄歴史同好会 （5） 2007.11

オトタチバナヒメ伝説と長柄（色田幹雄）「長柄の歴史」 長柄歴史同好会 （5） 2007.11

長柄・長南の古塔二例について（小高春雄）「房総の石仏」 房総石造文化財研究会 （21） 2011.07

長柄郷

延暦寺末明王山飯縄寺と寄付者―長柄郷の寄付者をめぐって「房総 : 郷土の古文書研究」 川城文庫・藩政史研究会 71 1997.1

長柄町

アンバさまの流伝―千葉県長生郡長柄町（大島建彦）「西郊民俗」 ［西郊民俗談話会］ （198） 2007.3

石仏探訪（11）災害史と石仏―長柄町の雨乞い塔（石田年子）「会報」 房総石造文化財研究会事務局 （121） 2014.04

流山

近世民衆教育運動の成立と展開―流山における手習塾（寺子屋）探索の方法論とともに（松丸明弘）「流山市史研究」 流山市教育委員会 （15） 1999.2

なんじゃもんじゃに花咲けば（高柳登喜子）「東葛流山研究」 流山市立博物館友の会事務局，崙書房出版（発売） （18） 1999.10

見たか聞いたかきつねの嫁入り（飯野嘉子）「東葛流山研究」 流山市立博物館友の会事務局，崙書房出版（発売） （18） 1999.10

金毘羅さんの森の物語と柳沢家（瀬下登美子）「東葛流山研究」 流山市立博物館友の会事務局，崙書房出版（発売） （22） 2003.11

今は思い出 流山むかし話（神田繁男）「東葛流山研究」 流山市立博物館友の会事務局，崙書房出版（発売） （25） 2007.3

造り酒屋の蔵開き（三島良子）「東葛流山研究」 流山市立博物館友の会事務局，崙書房出版（発売） （25） 2007.3

講演要旨 鉄道忌避伝説を考える―流山と船橋の例を中心として（青木栄一）「千葉史学」 千葉歴史学会 （53） 2008.12

ある鎮魂の旅（随想）（石川恵美子）「東葛流山研究」 流山市立博物館友の会事務局，崙書房出版（発売） （25） 2007.3

東福寺の目つぶしの鴨（特集 楽しい東葛伝説民話事典―流山の伝説と民話）「東葛流山研究」 流山市立博物館友の会事務局，崙書房出版（発売） （29） 2011.03

忠犬小金丸の悲話（特集 楽しい東葛伝説民話事典―流山の伝説と民話）「東葛流山研究」 流山市立博物館友の会事務局，崙書房出版（発売） （29） 2011.03

ペルシャ馬の悲劇 オランダ観音（特集 楽しい東葛伝説民話事典―流山の伝説と民話）「東葛流山研究」 流山市立博物館友の会事務局，崙書房出版（発売） （29） 2011.03

朝寝坊の観音さま 琵琶首観音（特集 楽しい東葛伝説民話事典―流山の伝説と民話）「東葛流山研究」 流山市立博物館友の会事務局，崙書房出版（発売） （29） 2011.03

義賊金市さまと三千歳の恋（特集 楽しい東葛伝説民話事典―流山の伝説と民話）「東葛流山研究」 流山市立博物館友の会事務局，崙書房出版（発売） （29） 2011.03

ばちあたりの仙蔵（特集 楽しい東葛伝説民話事典―流山の伝説と民話）「東葛流山研究」 流山市立博物館友の会事務局，崙書房出版（発売） （29） 2011.03

きつねの雨降り（特集 楽しい東葛伝説民話事典―流山の伝説と民話）「東葛流山研究」 流山市立博物館友の会事務局，崙書房出版（発売） （29） 2011.03

諏訪神社の鞍掛の松（特集 楽しい東葛伝説民話事典―流山の伝説と民話）「東葛流山研究」 流山市立博物館友の会事務局，崙書房出版（発売） （29） 2011.03

駒木村の与八塚（特集 楽しい東葛伝説民話事典―流山の伝説と民話）「東葛流山研究」 流山市立博物館友の会事務局，崙書房出版（発売） （29） 2011.03

刑場飛血山（特集 楽しい東葛伝説民話事典―流山の伝説と民話）「東葛流山研究」 流山市立博物館友の会事務局，崙書房出版（発売） （29） 2011.03

八木の椎の木（特集 楽しい東葛伝説民話事典―流山の伝説と民話）「東葛流山研究」 流山市立博物館友の会事務局，崙書房出版（発売） （29） 2011.03

成顕寺の大龍王とお坊さま（特集 楽しい東葛伝説民話事典―流山の伝説と民話）「東葛流山研究」 流山市立博物館友の会事務局，崙書房出版（発売） （29） 2011.03

流山の地名由来（特集 楽しい東葛伝説民話事典―流山の伝説と民話）「東葛流山研究」 流山市立博物館友の会事務局，崙書房出版（発売） （29） 2011.3

流山民話伝説アラカルト（特集 楽しい東葛伝説民話事典―流山の伝説と民話）「東葛流山研究」 流山市立博物館友の会事務局，崙書房出版（発売） （29） 2011.03

東葛流山の石仏、石碑（特集 楽しい東葛伝説民話事典）（相原正義）「東葛流山研究」 流山市立博物館友の会事務局，崙書房出版（発売） （29） 2011.03

三郷の文化財・江戸期石造鳥居と流山石工・行徳屋孫七について（市史の歴史広場）（小林將）「葦のみち : 三郷市史研究」 三郷市 （24）

2013.03

郷土史講座 流山白みりん200年—歩みと文化の発展（川根正教）「かつしか台地 : 野田地方史懇話会会誌」 野田地方史懇話会 （47） 2014.3

流山市

江東外見発見伝—区外資料の紹介 流山市諏訪神社の石造燈籠「下町文化」 江東区地域振興部 196 1998.7

流山市の民家（篠田智章）「流山市史研究」 流山市教育委員会 （16） 2000.3

博物館「石仏を調査し隊」活動記録（石造物調査報告）（小栗信一郎）「流山市史研究」 流山市教育委員会 （21） 2012.03

口絵解説 木造愛染明王坐像胎内銘札（増崎勝仁）「流山市史研究」 流山市教育委員会 （21） 2012.03

那古寺

坂東三十三番結願寺那古寺を訪ねて（宗森敦正）「県央史談」 県央史談会 41 2002.1

補陀落山 那古寺と元禄大地震（佐野邦雄）「館山と文化財」 館山市文化財保護協会 （36） 2003.4

那古寺の文化財と修理の歴史（岡田晃司）『ミュージアム発見伝 : 館山市立博物館報』 館山市立博物館 （78） 2006.7

安房那古寺有恰条書案と里見氏（《50号記念特集》）（岡田晃司）「千葉史学」 千葉歴史学会 （50） 2007.5

莫越山神社

江東歴史紀行 莫越山神社と祖神信仰—江戸東京の大工職組合（龍澤潤）「下町文化」 江東区地域振興部 （247） 2009.09

夏見潟

夏見潟を巡る湊と船橋大神宮の関わりについて（長谷川芳夫）「史談会報」 船橋市史談会 （27） 2007.3

夏目

全国の八幡神社と夏目八幡の由来など（寄稿）（往古光正）「東庄の郷土史」 東庄郷土史研究会 （28） 2012.07

夏目堰

鴨猟覚書・夏目堰の無双網猟（伊豆守彦）「調査研究報告」 千葉県立大利根博物館 通号7 1997.3

七浦

七浦の民話を勉強して（中谷隆志）「ふるさとちくら」 南房総市教育委員会 （14） 1997.4

七浦の民話（宇山葉月）「ふるさとちくら」 南房総市教育委員会 （14） 1997.4

七浦の民話をつたえたい「館山と文化財」 館山市文化財保護協会 34 2001.4

七浦沖奇談（尾谷茂）「館山と文化財」 館山市文化財保護協会 35 2002.4

浪切不動

成東石と成東鉱泉—浪切不動を地学的に見る（宮本幸治）「千葉県史料研究財団だより」 千葉県史料研究財団 15 2004.3

滑河観音

一里塚について—銚子市飯沼観音から下総滑河観音まで（高森良昌）「房総の郷土史」 千葉県郷土史研究連絡協議会 27 1999.3

納谷

関宿納谷の処刑場跡（特集 楽しい東葛伝説民話事典—野田の伝説と民話）「東葛流山研究」 流山市立博物館友の会事務局, 崙書房出版（発売） （29） 2011.3

北風原

安房の民俗芸能誌（19） 鴨川市北風原のかっこ舞『ミュージアム発見伝 : 館山市立博物館報』 館山市立博物館 57 1997.1

習志野

習志野に残る日露戦争関係の石碑（山岸良二）「東邦考古」 東邦考古学研究会 （36） 2012.03

成田

鹿島弥勒（4）—成田の踊り花見に就いて（嶋田尚）「茨城の民俗」 茨城民俗学会 37 1998.11

成田山新勝寺と門前町成田 講師・小倉博氏（大里富枝）「印旛郡市地域史料保存利用連絡協議会会報」 印旛郡市地域史料保存利用連絡協議会 （6） 2002.3

「江戸の旅—成田詣と大和田宿」「写真集九十九里浜」「千葉県伝染病史」「日本村落自治資料調査研究紀要第9号」（井上隆男）「房総の郷土史」 千葉県郷土史研究連絡協議会 （33） 2005.3

かぞえ歌雑考（大野政治）「成田史談」 成田市文化財保護協会 （51） 2006.3

吉岡本「地蔵堂通夜物語」について（報告）（滝口昭二）「成田史談」 成田市文化財保護協会 （55） 2010.03

明治初年の廃寺について（『成田の地名と歴史—大字別地域の事典—』編集余話2）（神尾武則）「成田市史研究」 成田市教育委員会 （37） 2013.03

成田街道

資料館界隈の風景（17） 参詣への道（成田街道）（朝比奈竹男）「八千代市歴史民俗資料館だより」 八千代市歴史民俗資料館 （18） 1998.1

成田空港

成田の現代史の「歴」と「史」—「成田空港問題」の歴史伝承（新井勝紘）「成田市史研究」 成田市教育委員会 通号32 2008.3

成田山

成人教育機関「新更会」と霊光館の設立前後のことども（大野政治）「成田市史研究」 成田市教育委員会 21 1997.3

成田山信仰と戦争（高橋清行）「香取民衆史」 香取歴史教育者協議会 （8） 1997.9

恵方詣り成田山（吉川礼子）「郷土文化」 郷土文化の会 （8） 1999.3

成田山を中心にした歴史の証人たち（久保木良）「房総の郷土史」 千葉県郷土史研究連絡協議会 27 1999.3

遊歴雑記に見る成田山（小倉博）「なりた : 成田山霊光館報」 成田山霊光館 27（1）通号75 1999.5

成田山と京成（矢嶋毅之）「なりた : 成田山霊光館報」 成田山霊光館 28（1）通号78 2000.5

成田山御旅宿の世話人考（木村亜希）「なりた : 成田山霊光館報」 成田山霊光館 30（1）通号84 2002.5

資料紹介 文政9年の成田山における勧進相撲（矢嶋毅之）「なりた : 成田山霊光館報」 成田山霊光館 30（1）通号84 2002.5

古河林の新勝寺と成田山（久松正巳）「郷土研究誌かわち」 河内町史編さん委員会 （7） 2002.11

成田山信仰圏の拡大（鴻岬廣）「郷土研究誌かわち」 河内町史編さん委員会 （7） 2002.11

成田山の出開帳中、門前町はどうしていたのだろう（木村亜希）「なりた : 成田山霊光館報」 成田山霊光館 30（3）通号86 2003.1

成田山の寺侍・中務定俊（矢嶋毅之）「なりた : 成田山霊光館報」 成田山霊光館 31（1）通号87 2003.5

文芸に見る成田山の江戸出開帳（小倉博）「なりた : 成田山霊光館報」 成田山霊光館 31（2）通号88 2003.9

成田山御旅宿について（矢嶋毅之）「なりた : 成田山霊光館報」 成田山霊光館 31（3）通号89 2004.1

成田山二十四孝「題不祥図」（村上昭彦）「房総の郷土史」 千葉県郷土史研究連絡協議会 （32） 2004.3

江東外見発見伝 成田山の江東区関係文化財「下町文化」 江東区地域振興部 226 2004.7

江戸時代の成田山の講社について—弘化2年の諸国講中記を中心に（小倉博）「成田市史研究」 成田市教育委員会 通号29 2005.3

成田山弘明講について（矢嶋毅之）「なりた : 成田山霊光館報」 成田山霊光館 33（1）通号93 2005.5

佐倉藩主の成田山参詣について（矢嶋毅之）「なりた : 成田山霊光館報」 成田山霊光館 33（2）通号94 2005.9

寄せ書き『雲行』の小世界を読む（小林裕満）「なりた : 成田山霊光館報」 成田山霊光館 33（2）通号94 2005.9

見学記 成田山霊光院企画展「成田詣—信仰の道を辿る」（長谷川佳澄）「千葉史学」 千葉歴史学会 （47） 2005.11

成田山の節分会（矢嶋毅之）「なりた : 成田山霊光館報」 成田山霊光館 33（3）通号95 2006.1

奉納された電灯「なりた」成田山霊光館報」 成田山霊光館 34（1）通号96 2006.5

登録グループ活動報告 資料紹介 成田山出開帳をめぐる出入（1）～（3）（足立古文書学習会）「足立史談」 足立区教育委員会 （466）/（468） 2006.12/2007.2

初代市川団十郎と成田山（小倉博）「なりた : 成田山霊光館報」 成田山霊光館 34（3）通号98 2007.1

2代市川団十郎と成田山（小倉博）「なりた : 成田山霊光館報」 成田山霊光館 35（1）通号99 2007.5

成田山の御手長（矢嶋毅之）「なりた : 成田山霊光館報」 成田山霊光館 35（1）通号99 2007.5

3代・4代市川団十郎と成田山（小倉博）「なりた : 成田山霊光館報」 成田山霊光館 35（2）通号100 2007.9

5代市川団十郎と成田山（小倉博）「なりた : 成田山霊光館報」 成田山霊光館 35（3）通号101 2008.1

成田山仏教図書館 疱瘡呪詛・加持祈禱停止文書「郷土八街」 八街郷土史研究会 （7） 2008.4

7代目市川団十郎の額堂寄進と「五側」の扁額奉納（木村涼）「なりた :

成田山霊光館報」 成田山霊光館　36（1）通号102　2008.5

成田山門前町と絵葉書（白土貞夫）「なりた ： 成田山霊光館報」 成田山霊光館　36（1）通号102　2008.5

見学記 成田山霊光館を見学して（輿石尚実）「千葉史学」 千葉歴史学会　（53）2008.12

資料保存施設の紹介─成田山霊光館について（矢嶋毅之）「千葉県の文書館」 千葉県文書館　（14）2009.03

「成田山」銘の石塔の事（増田弘行）「よしかわ文化」 吉川市郷土史会　（24）2009.03

随想 成田山のお守り（栗山佳也）「目黒区郷土研究」 目黒区郷土研究会　（652）2009.05

資料紹介 収蔵古写真から 成田山不動尊開眼（永島寿夫氏提供）昭和2年ヵ「君津市立久留里城址資料館だより」 君津市立久留里城址資料館　（41）2010.09

博物館・資料館めぐり（33）成田山霊光館（小埜尾修一）「房総史学」 国書刊行会　（53）2013.03

「奉納成田山不動明王」木札について（民俗特集号）（中川村歴史民俗資料館）「伊那路」 上伊那郷土研究会　58（10）通号693　2014.10

成田市

成田市出土の石枕（高木博彦）「成田市史研究」 成田市教育委員会　22　1998.3

〔史料紹介〕明治23年の女性旅日記（小倉博）「成田市史研究」 成田市教育委員会　23　1999.3

市内に所在する三体の平安期如来像について─平成14年実施の市内仏像調査の結果から（浜名徳順）「成田市史研究」 成田市教育委員会　（27）2003.3

「オビシャ」考（1）（生方徹夫）「成田市史研究」 成田市教育委員会　通号30　2006.3

成田市の力石（高島慎助）「なりた ： 成田山霊光館報」 成田山霊光館　34（2）通号97　2006.9

資料紹介「方言辞典」（小倉博）「成田市史研究」 成田市教育委員会　通号31　2007.3

「オビシャ」考（2）祭事にみる心意伝承（生方徹夫）「成田市史研究」 成田市教育委員会　通号32　2008.3

「オビシャ」考（3）─心意伝承の断片的考察（生方徹夫）「成田市史研究」 成田市教育委員会　通号34　2010.03

浄慶作の仏像をめぐって（成田市史調査員だより（3））（木村修）「成田市史研究」 成田市教育委員会　通号34　2010.03

大須賀氏の日蓮宗信仰（成田市史調査員だより（3））（外山信司）「成田市史研究」 成田市教育委員会　通号34　2010.03

指定文化財・観音堂が消失する（動向 地域研究活動）（事務局）「成田史談」 成田市文化財保護協会　（57）2012.03

一石六地蔵（小倉博）「成田市史研究」 成田市教育委員会　（36）2012.03

史料紹介 明治19年の女性の旅日記（関和弥）「成田市史研究」 成田市教育委員会　（36）2012.03

鬼舞台本 登場キャラクター 閻魔大王、仏、善童子・悪童子・鬼・三途河の姥・幽霊「資料館だより」 成田市下総歴史民俗資料館　（6）2014.03

鳴山

上総東浪見鳴山の伝説─古資料にもとずく（川城昭一）「房総 ： 郷土の古文書研究」 川城文庫・藩政史研究会　90　2001.7

成東

成東石と成東鉱泉─浪切不動を地学的に見る（宮本幸治）「千葉県史料研究団だより」 千葉県史料研究財団　15　2004.3

成東町

資料保存利用施設の紹介─成東町歴史民俗資料館について（山口直人）「千葉県の文書館」 千葉県文書館　（7）2002.3

南総

内田邦彦「南総の俚俗」について（飯室照平）「忘らえぬかも ： 故里の歴史をさぐる」 大網白里町文化協会　（1）2000.10

南総の名刹と南総里見八犬伝のロマンを訪ねて（中坂和正）「かながわ文化財」 神奈川県文化財協会　98　2002.5

一石二体像について（鷲沢正夫）「南総郷土文化研究会誌」 南総郷土文化研究会　通号16　2008.1

毘盧遮那佛と黄金（小川八紀）「南総郷土文化研究会誌」 南総郷土文化研究会　通号16　2008.1

南竜寺

南竜寺の絵馬と柴崎神社の黒髪塚─地域の民衆から日露戦争（臨地研究会の記録）（鳥塚義和）「房総史学」 国書刊行会　（51）2011.03

新木戸

大和田新田青年会主催「新木戸まつり」を取材して（10月8日）（蕨由美）

「郷土史研通信」 八千代市郷土歴史研究会　（56）2006.11

西海神

西海神の日本廻国衆五千人供養塔（白石重男）「会報」 房総石造文化財研究会事務局　（100）2009.01

西上総

能の楽しみ─そのことはじめ（鬼形むつ子）「西上総文化会報」 西上総文化会　（57）1997.3

子どもの遊びについて（菱田忠義）「西上総文化会報」 西上総文化会　（58）1998.3

市原の板碑（2）─併せて西上総に於ける初期板碑について（谷島一馬）「市原地方史研究」 市原市教育委員会　19　1999.3

地域文化を支えるもの─漁村部落「念仏集」の一考察（木村智行）「西上総文化会報」 西上総文化会　（61）2001.3

あんば様見聞録（多田憲美）「西上総文化会報」 西上総文化会　（64）2004.3

年賀状物語（多田憲美）「西上総文化会報」 西上総文化会　（65）2005.3

鳥居について─考察（鈴木貢）「西上総文化会報」 西上総文化会　（65）2005.3

御詠歌考（八田英夫）「西上総文化会報」 西上総文化会　（66）2006.3

村の庚申（木村智行）「西上総文化会報」 西上総文化会　（66）2006.3

お墓のあれこれ（服部量三）「西上総文化会報」 西上総文化会　（66）2006.3

第545回 研究発表I お墓のあれこれ（服部量三）「西上総文化会報」 西上総文化会　（66）2006.3

第549回 研究発表会II 庚申塔について（木村智行）「西上総文化会報」 西上総文化会　（66）2006.3

摩訶不思議日本の言葉（多田憲美）「西上総文化会報」 西上総文化会　（66）2006.3

吾が故郷の浅間神社［1］,（2）（鈴木貢）「西上総文化会」 （67）/（68）2007.3/2008.3

板碑を語る（木村智行）「西上総文化会報」 西上総文化会　（67）2007.3

研究発表 高札下のキリスト教集会（第561回例会）（作本一成）「西上総文化会報」 西上総文化会　（68）2008.3

第565回例会 研究発表会 近世後期における西上総の海運業（筑紫敏夫）「西上総文化会報」 西上総文化会　（68）2008.3

狸査知 狸囃子と狸の腹鼓（関狸亭）「西上総文化会報」 西上総文化会　（72）2012.03

調査概報 西上総の徳本名号塔（稲木章宏）「会報」 房総石造文化財研究会事務局　（116）2013.01

村の浅間神社信仰の考察（研究論文など）（鈴木貢）「西上総文化会報」 西上総文化会　（73）2013.03

囲碁─魂のほど見ゆる（研究論文など）（橘田昭雄）「西上総文化会報」 西上総文化会　（73）2013.03

観音信仰とて私のルーツ（祝賀をうけて）（曽根美代子）「西上総文化会報」 西上総文化会　（73）2013.03

狸査知 三大狸伝説（研究論文など）（関狸亭）「西上総文化会報」 西上総文化会　（74）2014.03

西崎

房総西方漁村（富崎・西崎地区）の小祠と石造物（田中順勝）「千葉県立安房博物館研究紀要」 千葉県立安房博物館　4　1997.3

西岬

房総半島における漁村集落実態調査報告5 館山市西岬地区の漁撈と民俗（岡田晃司）「千葉県立安房博物館研究紀要」 千葉県立安房博物館　（15）2009.03

西町

新資料 訴訟中裁約定書 茂原西町住民と藻原寺との訴い「房総 ： 郷土の古文書研究」 川城文庫・藩政史研究会　81　1999.4

西船

変わった灯籠型庚申塔 千葉県船橋市西船5丁目（あ・ら・か・る・と─私の石仏案内）（町田茂）「日本の石仏」 日本石仏協会，青娥書房（発売）　（146）2013.06

西山荘

西山荘にて 茂名の里芋まつり（庄司民江）「館山と文化財」 館山市文化財保護協会　32　1999.4

西山荘（春名重義）「館山と文化財」 館山市文化財保護協会　32　1999.4

二宮神社

二宮神社（関和時男）「史談八千代 ： 八千代市郷土歴史研究会機関誌」 八千代市郷土歴史研究会　22　1997.10

二宮神社の節分祭に参加して（平塚胖）「郷土史研通信」 八千代市郷土歴史研究会　50　2005.5

丹生神社

資料紹介 「剣之峰丹生神社沿革記」について（調査ノート）「君津市立久留里城址資料館年報」 君津市立久留里城址資料館 通号31 2010.08

女体神社

横須賀女躰神社考（平久保久雄）「松戸史談」 松戸史談会 （46） 2006.10

横須賀女躰神社考（1）（平久保久雄）「松戸史談」 松戸史談会 （47） 2007.10

女体神社巡り（史跡探訪）（桃井美千代）「かつしか台地 ： 野田地方史懇話会会誌」 野田地方史懇話会 （48） 2014.09

根木内

短信（2）根木内稲荷神社文書の調査（棚井行隆）「松戸史談」 松戸史談会 （54） 2014.11

根戸新田

我孫子市の社寺を訪ねて2—台田・根戸新田（近江礼子）「我孫子市史研究センター会報」 我孫子市史研究センター （141） 2013.11

子之神大黒天

子之神大黒天の伝説（特集 楽しい東葛伝説民話事典—我孫子の伝説と民話）「東葛流山研究」 流山市立博物館友の会事務局、崙書房出版（発売） （29） 2011.09

根本

松戸根本「清水講」開講年代について（山室功）「松戸史談」 松戸史談会 （49） 2009.11

能ぞう院

徳ぞう院・能ぞう院（小山舞）「ふるさとちくら」 南房総市教育委員会 （14） 1997.4

野口塚群

印旛郡白井町野口塚群について［1］,（承前）（雨宮龍太郎）「研究連絡誌」 千葉県教育振興財団文化財センター 55/58 1999.11/2000.7

鋸山

鋸山と唐桟織など（小木曽栄子）「たいわ ： 語り伝える白井の歴史 ： 白井市郷土史の会機関誌」 白井市郷土史の会 15 1998.4

鋸山日本寺

鋸山日本寺の梵鐘（館林藩秋元氏）「群馬風土記」 群馬出版センター 16（4）通号71 2002.9

野田

座談会「野田を語る」(6)—野田の川魚漁（小川浩［ほか］）「野田市史研究」 野田市 （8） 1997.3

樽作り絵図（玉ノ井芳雄）「かつしか台地 ： 野田地方史懇話会会誌」 野田地方史懇話会 14 1997.9

座談会「野田を語る」(7)—たばこ作りあれこれ（小川浩［他］）「野田市史研究」 野田市 （9） 1998.3

昭和期の換金作物栽培と野田地方—茗荷軟化栽培と煙草耕作を中心に（小川浩）「野田市史研究」 野田市 （9） 1998.3

馬頭観音二題（桝田孝平）「かつしか台地 ： 野田地方史懇話会会誌」 野田地方史懇話会 16 1998.9

野田地方の七夕馬について（吉岡茂）「かつしか台地 ： 野田地方史懇話会会誌」 野田地方史懇話会 17 1999.3

わが家のお雛さま（豊倉洋子）「かつしか台地 ： 野田地方史懇話会会誌」 野田地方史懇話会 17 1999.3

座談会 野田を語る(8)—どろ祭りの思いで（下津谷達男［他］）「野田市史研究」 野田市 （10） 1999.3

霞村処士『野田盛況史』（明治38年）と宇都宮税務監督局『野田銚 醤油業調査書』について（田中則雄）「野田市史研究」 野田市 （10） 1999.3

第59回史跡文学散歩 醤油の町野田を訪ねて（光成高志）「我孫子の文化を守る会会報」 我孫子の文化を守る会 （85） 1999.10

昭和期の換金作物栽培と野田地方(2)—藺草耕作を中心に（小川浩）「野田市史研究」 野田市 （11） 2000.3

暮らしの中の発酵食品と食文化（浜野光年）「かつしか台地 ： 野田地方史懇話会会誌」 野田地方史懇話会 2） 2000.9

弁天になった遊女（石田年子）「かつしか台地 ： 野田地方史懇話会会誌」 野田地方史懇話会 20 2000.9

第215回史跡研究会 しょう油の町・野田（芦田正次郎）「北区史を考える会会報」 北区史を考える会 58 20C0.11

野田の空駆ける猿田彦塔（石田年子）「房総の石仏」 房総石造文化財研究会 （13） 2001.7

野田の歴史を聞く 「キノエネ醤油」とわたくし（山下和子）「かつしか台地 ： 野田地方史懇話会会誌」 野田地方史懇話会 23 2002.3

愛宕神社境内 大鳥神社を祀る築山について（美馬秀造）「かつしか台地 ： 野田地方史懇話会会誌」 野田地方史懇話会 24 2002.9

筆子塔にみる野田地方の寺子屋（石田年子）「かつしか台地 ： 野田地方史懇話会会誌」 野田地方史懇話会 25 2003.3

野田の樽—その歴史と技術（乙竹孝文, 小林裕美, 寺嶋政長, 福田久）「町と村調査研究」 千葉県立房総のむら 5 2003.3

火打石 野田と私と石仏（市原正巳）「かつしか台地 ： 野田地方史懇話会会誌」 野田地方史懇話会 26 2003.9

野田の樽職人（本田純男）「東葛流山研究」 流山市立博物館友の会事務局、崙書房出版（発売） （22） 2003.11

火打石 花まつり（木野和子）「かつしか台地 ： 野田地方史懇話会会誌」 野田地方史懇話会 28 2004.9

火打石 民話の心（松村直人）「かつしか台地 ： 野田地方史懇話会会誌」 野田地方史懇話会 30 2005.9

野田の歴史を聞く 元せきね屋女将が語る 宝珠花むかしばなし（飯田好）「かつしか台地 ： 野田地方史懇話会会誌」 野田地方史懇話会 （31） 2006.3

筆子塔と道しるべを訪ねる（史跡探訪）（佐藤和宏）「かつしか台地 ： 野田地方史懇話会会誌」 野田地方史懇話会 （31） 2006.3

火打石 蛍と茄子提灯（染谷和美）「かつしか台地 ： 野田地方史懇話会会誌」 野田地方史懇話会 （31） 2006.3

研究レポート 「かごめかごめ」野田発祥説を探る（北野浩之）「野田市史研究」 野田市 （17） 2006.3

かごめかごめと野田・小林一茶と『美録二年』（北野浩之）「かつしか台地 ： 野田地方史懇話会会誌」 野田地方史懇話会 （31） 2007.3

巻頭雑感 野田の文化と醤油（田中則雄）「野田市史研究」 野田市 （20） 2009.3

座談会「野田を語る」(17) 将棋 棋士二代—関根金次郎から渡辺東一へ（関根嘉子［他］）「野田市史研究」 野田市 （20） 2009.03

会長を囲んで 醤油造家と飢饉対策（下津谷達男）「かつしか台地 ： 野田地方史懇話会会誌」 野田地方史懇話会 （38） 2009.09

野田の文化と醤油（田中則雄）「かつしか台地 ： 野田地方史懇話会会誌」 野田地方史懇話会 （38）（別冊） 2009.9

七夕馬（巻頭言）「かつしか台地 ： 野田地方史懇話会会誌」 野田地方史懇話会 （40） 2010.09

郷土史講座「野田の原風景—醤油造り以前の野田」（平成21年9月12日 於 野田市北部公民館講堂） 講師・東京外国語大学総合国際学研究員教授 吉田ゆり子「かつしか台地 ： 野田地方史懇話会会誌」 野田地方史懇話会 （40）（別冊） 2010.9

懇話会と民俗調査の日々（石田年子）「かつしか台地 ： 野田地方史懇話会会誌」 野田地方史懇話会 （41） 2011.03

清水の金乗院 仁王門と熊笹（特集 楽しい東葛伝説民話事典—野田の伝説と民話）「東葛流山研究」 流山市立博物館友の会事務局、崙書房出版（発売） （29） 2011.03

東葛の奇祭 どろ祭（特集 楽しい東葛伝説民話事典—野田の伝説と民話）「東葛流山研究」 流山市立博物館友の会事務局、崙書房出版（発売） （29） 2011.03

野田の津ぶ舞いの雨蛙（特集 楽しい東葛伝説民話事典—野田の伝説と民話）「東葛流山研究」 流山市立博物館友の会事務局、崙書房出版（発売） （29） 2011.03

権現塚の桜（特集 楽しい東葛伝説民話事典—野田の伝説と民話）「東葛流山研究」 流山市立博物館友の会事務局、崙書房出版（発売） （29） 2011.03

目吹のマリア観音（特集 楽しい東葛伝説民話事典—野田の伝説と民話）「東葛流山研究」 流山市立博物館友の会事務局、崙書房出版（発売） （29） 2011.03

鎌倉権五郎と目洗いの池（特集 楽しい東葛伝説民話事典—野田の伝説と民話）「東葛流山研究」 流山市立博物館友の会事務局、崙書房出版（発売） （29） 2011.03

野田の七夕まつり—商店街から市民祭へ（阿南透）「野田市史研究」 野田市 （21） 2011.03

郷土史講座（於 北部公民館 平成22年6月26日） 明治時代 野田醤油の発展 講師・田中則雄「かつしか台地 ： 野田地方史懇話会会誌」 野田地方史懇話会 （42）（別冊） 2011.9

七夕馬「かつしか台地 ： 野田地方史懇話会会誌」 野田地方史懇話会 （43） 2012.03

常設展示改修報告6 野田の籠職人—野菜籠の復元製作と技術の調査から（内山大介）「足立区立郷土博物館紀要」 足立区立郷土博物館 （33） 2012.3

七夕馬「かつしか台地 ： 野田地方史懇話会会誌」 野田地方史懇話会 （44） 2012.09

火打石 鳥居にまつわる二、三の話題（志賀一朗）「かつしか台地 ： 野田地方史懇話会会誌」 野田地方史懇話会 （44） 2012.09

七夕馬（巻頭言）「かつしか台地 ： 野田地方史懇話会会誌」 野田地方史懇話会 （45） 2013.03

火打石 下道と神明さま（史跡探訪）（染谷和美）「かつしか台地 ： 野田地方史懇話会会誌」 野田地方史懇話会 （45） 2013.03

千葉県　　　　　　　　　　　　　　郷土に伝わる民俗と信仰　　　　　　　　　　　　　　関東

大正～昭和前期の野田関係タトウ入り絵はがき（資料紹介）（柏女弘道）「野田市郷土博物館・市民会館年報・紀要」野田市郷土博物館　（5）2013.12

七夕馬（巻頭随想）「かつしか台地 ： 野田地方史懇話会会誌」野田地方史懇話会　（47）2014.03

七夕馬（巻頭随想）「かつしか台地 ： 野田地方史懇話会会誌」野田地方史懇話会　（48）2014.09

火打石 民俗芸能は生きた「歴史」（須賀田省一）「かつしか台地 ： 野田地方史懇話会会誌」野田地方史懇話会　（48）2014.09

随想 シリーズ 私の野田百景 花輪のアミダ様（松崎健吉）「かつしか台地 ： 野田地方史懇話会会誌」野田地方史懇話会　（48）（別冊19）2014.09

野田市

オビシャ研究史（阿南透）「野田市史研究」野田市　（9）1998.3

民俗芸能の保存と伝承―野田市民俗芸能大会から野田市民俗芸能連絡協議会結成への歩み（野田市教育委員会）「千葉文華」千葉県文化財保護協会　34　1999.3

巻頭雑感 仁王様のお腹から出てきた書類（加藤純章）「野田市史研究」野田市　（10）1999.3

終戦直後に於ける醤油醸造業界の状況と醤油の輸出再開の問題について（田中則雄）「野田市史研究」野田市　（13）2002.3

石造物が教える利根川中流域の寺子屋師匠達―関宿町及び野田市の筆子塔・天神塔を中心として（石田年子）「研究報告」千葉県立関宿城博物館　（7）2003.3

千葉県野田市（旧関宿町）の力石（高島愼助，石田年子）「研究報告」千葉県立関宿城博物館　（8）2004.3

江戸近郊の神楽師の近代―興行としての神楽と芝居 千葉県野田市高梨家の文献資料から（三田村佳子）「民俗芸能研究」民俗芸能学会　（36）2004.3

魚醤及び魚醤油と昭和初期に於ける日本の魚醤油調査について（田中則雄）「野田市史研究」野田市　（15）2004.3

千葉県野田市（旧野田市）の力石（高島愼助，石田年子）「房総の石仏」房総石造文化財研究会　（14）2004.6

野田市周辺の石仏（2）夫婦ふたりの廻国塔（石田年子）「会報」房総石造文化財研究会事務局　（84）2004.8

野田市の山岳信仰（1）石造物に見る野田地方の出羽三山信仰（石田年子）「研究報告」千葉県立関宿城博物館　（9）2005.3

懇話会の総力を結集した野田市の筆子塔（遠藤隆之）「かつしか台地 ： 野田地方史懇話会会誌」野田地方史懇話会　30　2005.9

野田市周辺の石仏（6）引付人足と水神塔（石田年子）「会報」房総石造文化財研究会事務局　（89）2005.10

利根川中流域の女人信仰―野田市・十九夜塔を中心として（石田年子）「研究報告」千葉県立関宿城博物館　（10）2006.3

巻頭雑感 記念事業を期に 仏像・寺宝調査を終えて（古谷尊生）「野田市史研究」野田市　（17）2006.3

野田市周辺の石仏（7）青面金剛像二基（石田年子）「会報」房総石造文化財研究会事務局　（90）2006.4

利根川流域の洪水と水神信仰―野田市の水神塔を中心として（石田年子）「房総の石仏」房総石造文化財研究会　（16）2006.5

野田市の山岳信仰（2）浅間塚が語る富士講の隆盛（石田年子）「研究報告」千葉県立関宿城博物館　（11）2007.3

野田市の板碑（川戸彰）「野田市史研究」野田市　（18）2007.3

小谷三志日記に見る野田市の不二道（石田年子）「房総の石仏」房総石造文化財研究会　（17）2007.5

中世野田市域の寺院について（長谷川弘道）「野田市史研究」野田市　（19）2008.3

利根川中・下流の淡島信仰―野田市を中心として（石田年子）「房総の石仏」房総石造文化財研究会　（18）2008.6

研究ノート 生き方を見つめる・見つめる場として 市民コレクション展「土人形の魅力」のこころみ（田尻美和子）「野田市郷土博物館・市民会館年報・紀要」野田市郷土博物館　（1）2009.02

野田市の山岳信仰（3）霊神碑が語る木曽御嶽講の歴史（石田年子）「研究報告」千葉県立関宿城博物館　（13）2009.03

野田市の猿田彦像塔について（《特集 猿田彦大神と石仏》）（石田年子）「日本の石仏」日本石仏協会，青娥書房（発売）（129）2009.03

野田市の伊勢信仰―奉納絵馬・記念碑を中心として（石田年子）「研究報告」千葉県立関宿城博物館　（14）2010.03

野田市の猿田彦塔（石田年子）「房総の石仏」房総石造文化財研究会　（20）2010.09

醤油樽から民芸樽へ―菅谷又三氏の細工場と道具について（報告）（大貫洋介）「野田市郷土博物館・市民会館年報・紀要」野田市郷土博物館　（4）2012.03

野田市の屋敷神―木間ケ瀬を中心に（論文）（石田年子）「研究報告」千葉県立関宿城博物館　（18）2014.03

事業報告 自主調査研究グループ育成講座「みんなで調べよう、昭和の道具～博物館の裏側へようこそ～」の実施と、「なつかしの道具探究会」の結成および活動（大貫洋介）「野田市郷土博物館・市民会館年報・紀要」野田市郷土博物館　（6）2014.08

野田市・愛宕神社の六角雪見燈籠（石田年子）「会報」房総石造文化財研究会事務局　（123）2014.10

野田町

郷土史講座 野田町の起こりと醤油産業（平山忠夫）「かつしか台地 ： 野田地方史懇話会会誌」野田地方史懇話会　（37）2009.3

登戸

千葉市民俗調査報告書2「登戸の民俗」「研究紀要」千葉市立郷土博物館　（13）2007.3

登戸村

佐倉炭の流通と市域の四町村―千葉町・登戸村・寒川村・泉水村（土屋雅人）「千葉いまむかし」千葉市教育委員会　（19）2006.3

萩生

千葉県の里海の漁業とくらし（2）―富津市萩生の漁民のくらし（川名興）「東京湾学会誌 ： 東京湾の水土」東京湾学会　3（3）通号15　2011.03

萩原

追加報告 印西市萩原の花見堂地蔵（木原律子）「会報」房総石造文化財研究会事務局　（111）2011.10

白山

我孫子の社寺を訪ねる（4），（5）―白山（1），（2）（吉田とし子）「我孫子市史研究センター会報」我孫子市史研究センター　（144）/（151）2014.02/2014.09

八王子神社

八王子神社（森山一徳）「史談八千代 ： 八千代市郷土歴史研究会機関誌」八千代市郷土歴史研究会　22　1997.10

八ヶ崎

2013年2月13日（水）八ヶ崎風土記 "映像で見る金谷寺の歴史とその周辺"―松戸八ヶ崎の史跡と歴史考（松戸史談会会員勉強会（要旨））（沖福松）「松戸史談」松戸史談会　（53）2013.11

初富

現在に残る初富開墾の記憶―復活した土地紀年講（佐藤未紗音）「鎌ケ谷市史研究」鎌ケ谷市教育委員会　（21）2008.3

花島

萱田花島墓地の三体の石像仏について（板倉守）「郷土史研通信」八千代市郷土歴史研究会　（59）2007.8

花島観音

花島観音・高津新田大師堂・小金牧の見学調査（天野和邦）「郷土史研通信」八千代市郷土歴史研究会　39　2002.7

花野井村

史料紹介 近世花野井村の人口―「下総国葛飾郡花野井村宗門改帳」から（高橋美由紀）「かしわの歴史 ： 柏市史研究」柏市史編さん委員会　（1）2012.3

埴生郡

房総における古代寺院の成立過程―印旛郡・埴生郡を例として「千葉県文化財センター研究紀要」千葉県文化財センター　18　1997.9

坂東

大竹坂東所在の石棺石材（『成田の地名と歴史―大字別地域の事典―』編集余話）（小川和博）「成田市史研究」成田市教育委員会　（36）2012.03

坂東三十三観音霊場

寺台の稲垣家に伝わる坂東三十三観音霊場巡礼の布織について（中小路純）「成田市談」成田市文化財保護協会　（57）2012.03

半福寺跡

写真解説 宇賀神（君津市宮下 半福寺跡）（早川正司）「房総の石仏」房総石造文化財研究会　（24）2014.10

東上総

東上総の型―夷隅郡の上原ウーガとその周辺（深澤小百合）「歴史民俗資料館研究紀要」睦沢町立歴史民俗資料館　7　2002.3

近世における東上総六斎市と塩流通（土屋雅人）「千葉史学」千葉歴史学会　（44）2004.5

東上総における鎌倉期真言律宗諸寺について（研究余滴）（小高春雄）「研究紀要」日本村落自治史料調査研究所　（16）2012.04

東葛飾

東葛飾地方の妙見信仰（千田美雪）「西郊民俗」［西郊民俗談話会］ 通号167　1999.6

展示批評 松戸市立博物館企画展「中世の東葛飾─いのり・くらし・まつりごと」（大石泰史）「地方史研究」 地方史研究協議会　52（1）通号295　2002.2

松戸市立博物館企画展「中世の東葛飾─いのり・くらし・まつりごと」参加記（押川佳七子）「千葉史学」 千葉歴史学会　（40）2002.5

東金野井

東金野井・尾崎地域の神社史跡を訪ねる〈史跡探訪〉（宮本勝仲）「かつしか台地 ： 野田地方史懇話会会誌」 野田地方史懇話会　（45）2013.03

東吉田

東吉田の八幡神社─小出古郷編「塩古郷誌」（集中特集 旧川上（塩古）村）「郷土八街」 八街郷土史研究会　（22）2013.01

干潟

幕末・明治初期における寺子屋、私塾教育─干潟地域の師匠たち「ひかたの歴史と民俗」 大原幽学記念館　1　1998.10

干潟町

寺子屋・私塾師匠の墓碑・頌徳碑等所在地「ひかたの歴史と民俗」 大原幽学記念館　1　1998.10

《熊野神社の神幸祭》「ひかたの歴史と民俗」 大原幽学記念館　3　2001.3

熊野神社の由緒と沿革「ひかたの歴史と民俗」 大原幽学記念館　3　2001.3

神幸における祭典「ひかたの歴史と民俗」 大原幽学記念館　3　2001.3

御神幸における奉納芸「ひかたの歴史と民俗」 大原幽学記念館　3　2001.3

神幸祭余話「ひかたの歴史と民俗」 大原幽学記念館　3　2001.3

村および村々の文化・神幸祭「ひかたの歴史と民俗」 大原幽学記念館　3　2001.3

《路傍の神さま仏さま附・その他の石造物》「ひかたの歴史と民俗」 大原幽学記念館　6　2005.3

道祖神／馬頭観世音菩薩／庚申塔／疱瘡神 石祠及び石塔（大杉大明神石祠を含む）／附道しるべ及び力石「ひかたの歴史と民俗」 大原幽学記念館　6　2005.3

光町

鬼来迎─千葉県光町（高瀬美代子）「西日本文化」 西日本文化協会　397　2003.12

人見浦

青堀・人見浦での木簎から竹箕への年代と民俗（川名興）「東京湾学会誌 ： 東京湾の水土」 東京湾学会　2（6）通号12　2008.3

日宮神社

日宮神社について（高木積善）「山田の郷土史」 山田町郷土史研究会　（5）1998.11

日宮神社再建由来記（宇井正泰）「山田の郷土史」 山田町郷土史研究会　（9）2002.12

百尺観音

口絵写真 百尺観音（片岡伸）「房総の郷土史」 千葉県郷土史研究連絡協議会　（40）2012.05

日吉倉

富里の石仏（5）日吉倉の齋念仏塔（木原律子）「会報」 房総石造文化研究会事務局　（100）2009.01

平作

平作の阿弥陀堂調査（《特集 旧大和田新田の総合研究II》）（畠山隆，斉藤君代）「史談八千代 ： 八千代市郷土歴史研究会機関誌」 八千代市郷土歴史研究会　（32）2007.11

平塚ムラ大師

平塚ムラ大師の記録（高花宏行）「たいわ ： 語り伝える白井の歴史 ： 白井市郷土史の会機関誌」 白井市郷土史の会　（20）2003.4

平戸

平戸の「お釈迦講」の取材＆古墳発掘情報（蕨由美）「郷土史研通信」 八千代市郷土歴史研究会　（62）2008.5

八千代市平戸の民俗行事「お釈迦講」と「大川施餓鬼」（〈特集 旧平戸村の総合研究I〉）（蕨由美）「史談八千代 ： 八千代市郷土歴史研究会機関誌」 八千代市郷土歴史研究会　（33）2008.11

平戸集落

平戸集落の屋敷氏神（〈特集 旧平戸村の総合研究I〉）（小林千代美）「史談八千代 ： 八千代市郷土歴史研究会機関誌」 八千代市郷土歴史研究会　（33）2008.11

平戸村

新発見の「筆子石祠」─富澤和子家氏神（〈特集 旧平戸村の総合研究I〉）（村田一男）「史談八千代 ： 八千代市郷土歴史研究会機関誌」 八千代市郷土歴史研究会　（33）2008.11

琵琶首観音

朝寝坊の観音さま 琵琶首観音（特集 楽しい東葛伝説民話事典─流山の伝説と民話）「東葛流山研究」 流山市立博物館友の会事務局，崙書房出版（発売）（29）2011.03

布鎌

川との折り合いのなかで生まれた景観─利根川下流・布鎌地域の文化的景観（特集 流域の文化的景観）（金子祥之）「利根川文化研究」 利根川文化研究会　（37）2013.12

災害格差を均衡化する仕組みとしての水利慣行─利根川下流域・布鎌地域における水害受容の論理（論文）（金子祥之）「日本民俗学」 日本民俗学会　（278）2014.05

布川

一茶の見た布川の「つく舞」（須田敏男）「長野」 長野郷土史研究会　（246）2006.4

茸不合神社

茸不合神社と鵜戸神宮（三谷和夫）「我孫子市史研究センター会報」 我孫子市史研究センター　（142）2013.12

福秀寺

福秀寺と須賀ハリストス正教会（梶美保子）「たいわ ： 語り伝える白井の歴史 ： 白井市郷土史の会機関誌」 白井市郷土史の会　19　2002.4

袋倉

東条族と袋倉伝説について（腰越信夫）「郷土文化」 郷土文化の会　（10）2001.3

布佐

我孫子のむかしばなし（13）─布佐に伝わる昔話と伝説 かっぱの話（1）（鳴海和彦）「我孫子の文化を守る会会報」 我孫子の文化を守る会　（91）2001.4

我孫子のむかしばなし（14）─布佐に伝わる昔話と伝説 切所沼のカッパ（2）（村越ふさ子）「我孫子の文化を守る会会報」 我孫子の文化を守る会　（92）2001.7

我孫子のむかしばなし（15）─布佐に伝わる昔話と伝説（2）きつねの嫁入り（鳴海和彦）「我孫子の文化を守る会会報」 我孫子の文化を守る会　（93）2001.10

我孫子のむかしばなし（16）─布佐に伝わる昔話と伝説（3）竹内神社縁起（鳴海和彦）「我孫子の文化を守る会会報」 我孫子の文化を守る会　（94）2002.1

布佐下稲荷

『新四国相馬霊場八十八ヶ所を訪ねる』余話（10）布佐下稲荷（原田慶子）「我孫子市史研究センター会報」 我孫子市史研究センター　（146）2014.04

武州

武州鍬の伝播に関する一考察（猪野義信）「町と村調査研究」 千葉県立房総のむら　7　2005.3

布施

夷隅の文化財紹介─布施の宝塔について／寄贈資料紹介 題目板碑「総南博物館報」 千葉県立総南博物館　69　2003.3

布施の弁天（大島建彦）「西郊民俗」［西郊民俗談話会］（206）2009.03

伏姫桜

姫様物語（2）─伏姫と伏姫桜（宮崎敏子）「目黒区郷土研究」 目黒区郷土研究会　569　2002.6

布施弁財天

本多家下総領飛地と布施弁財天（長田直子）「藤枝市史だより」 藤枝市（15）2006.11

布施弁天

布施弁天とからくり伊賀七（中村哲夫）「東葛流山研究」 流山市立博物館友の会事務局，崙書房出版（発売）（22）2003.11

布施弁天の江戸出開帳（小川夕子）「千葉県史料研究財団だより」 千葉県史料研究財団　15　2004.3

布施弁天と但馬筒江の交流物語（田口康造）「東葛流山研究」 流山市立博物館友の会事務局，崙書房出版（発売）（23）2005.3

諏訪道と布施弁天への道 運河ができるまで米を馬で運ぶ（《特集 楽しい東葛ウォーク事典》）（福島茂太）「東葛流山研究」 流山市立博物館友の会事務局，崙書房出版（発売）（27）2009.03

布施弁天の紅龍（特集 楽しい東葛伝説民話事典─柏の伝説と民話）「東葛

「流山研究」　流山市立博物館友の会事務局，崙書房出版（発売）　(29)　2011.03

布施弁天御開帳参観記（中澤雅夫）「我孫子市史研究センター会報」　我孫子市史研究センター　(140)　2013.10

布施村

時宗善照寺と布施村（川本勝彦）「かしわの歴史：柏市史研究」　柏市史編さん委員会　(2)　2014.3

富津

大山参りと海上交通について―野嶋・富津間を中心にして（後藤良治）「かながわ文化財」　神奈川県文化財協会　96　2000.5

房総半島における漁村集落実態調査報告1 富津の漁撈と民俗（川名登）「千葉県立安房博物館研究紀要」　千葉県立安房博物館　(12)　2006.3

富津市

馬だし祭り（富津市）―神の乗る馬の祭り（高橋克）「東京湾学会誌：東京湾の水土」　東京湾学会　3(1)通号13　2009.03

富津岬

富津岬の里うみの藻場造成（中村俊彦）「東京湾学会誌：東京湾の水土」　東京湾学会　2(3)　2005.3

不動院

役の行者と不動院（山口健治郎）「ふるさとちくら」　南房総市教育委員会　(16)　1999.4

不動院墓地の面積「郷土八街」　八街郷土史研究会　(12)　2010.07

八街山不動院「郷土八街」　八街郷土史研究会　(17)　2012.04

明治以来、不動院墓地の面積不変「郷土八街」　八街郷土史研究会　(21)　2013.05

西村翁と成田山八街分院不動院（史料で見る西村郡司小伝）「郷土八街」　八街郷土史研究会　(臨時号)　2013.11

西村翁と成田山八街分院不動院（史料で見る 西村郡司翁小伝）「郷土八街」　八街郷土史研究会　(臨時号)　2014.05

船形

館山船形の餌いわし漁業（平本紀久雄）「豊津のあゆみ」　豊津会　(5)　2002.2

特別寄稿 すわ神社（館山市立那古小学校）「館山と文化財：会報」　館山市文化財保護協会　(47)　2014.04

船形香取神社

火打石 船形香取神社「オゼンマイ」の雑感（瀬能建夫）「かつしか台地：野田地方史懇話会会誌」　野田地方史懇話会　(42)　2011.09

船形陣屋

幻の船形陣屋（正木高明）「館山と文化財」　館山市文化財保護協会　34　2001.4

船形村

研究発表 『伊勢参宮・西国巡礼旅日記』からみた江戸時代の旅―船形村の農民たちの四ヶ月の大旅行（木原敏也）「かつしか台地：野田地方史懇話会会誌」　野田地方史懇話会　(43)　(別冊)　2012.03

船木小学校

活動報告 千葉県銚子市における小学校の力石調査―船木小学校の歴史探検隊（米谷博）「民具マンスリー」　神奈川大学　37(2)通号434　2004.5

船戸

香取市船戸の水神様（新たな川のフィールド・ミュージアム―いしぶみ調査隊）（板橋薫）「たかっぽ通信：大利根川のフィールドミュージアムニュースレター」　千葉県立中央博物館大利根分館　(5)　2013.03

船橋

資料紹介船橋の民俗芸能 民謡(1)「船橋市郷土資料館資料館だより」　[船橋市郷土資料館]　(85)　2005.3

地蔵堂通夜物語と船橋（滝口昭二）「史談会報」　船橋市史談会　(28)　2008.3

講演要旨 鉄道忌避伝説を考える―流山と船橋の例を中心として（青木栄一）「千葉史学」　千葉歴史学会　(53)　2008.12

船橋浦

江戸内湾における重層的漁業秩序について―下総国葛飾郡船橋浦の沖洪と磯漁を素材に（高橋覚）「千葉史学」　千葉歴史学会　(38)　2001.5

船橋漁港

船橋漁港の水神祭（川島信克）「東京湾学会誌：東京湾の水土」　東京湾学会　3(1)通号13　2009.03

船橋市

船橋市北部地区の「初ばやし」―変貌する都市近郊の民俗行事（綿貫啓一）「千葉文華」　千葉県文化財保護協会　32　1997.3

「むらの寺社」を観る（綿貫啓一）「史談会報」　船橋市史談会　20　2000.3

庚申信仰について（長谷川芳夫）「史談会報」　船橋市史談会　20　2000.3

船橋市域の近世の寺社（綿貫啓一）「史談会報」　船橋市史談会　23　2003.1

講演会 船橋市内の仏像について（木原律子）「史談会報」　船橋市史談会　(25)　2004.12

歴史講演会 江戸時代の三番叟（高橋覚）「史談会報」　船橋市史談会　(26)　2006.3

講演要旨 鉄道忌避伝説を考える―明治の人は本当に駅を遠ざけたのか 講師・青木栄一先生（「船橋市郷土資料館資料館だより」　[船橋市郷土資料館]　(93)　2009.03

人造鰯について（滝口昭二）「史談会報」　船橋市史談会　(30)　2010.03

船橋市地域の〈筆子塚〉について（坂田守良）「史談会報」　船橋市史談会　(31)　2012.03

船橋大神宮

船橋大神宮文書の写本 黒川春村の写本をめぐって（田村浩）「千葉県史料研究財団だより」　千葉県史料研究財団　12　2001.1

船橋大神宮の宮坂石垣と石工・長十郎について（小林將）「史談会報」　船橋市史談会　(33)　2014.03

船橋不動院

雑話三題 コウブシ考、放下師とアサリの味噌汁、船橋不動院飯盛り大仏の謎（八田英之）「西上総文化会報」　西上総文化会　(72)　2012.03

府馬

府馬の七井戸（宇井猷二）「山田の郷土史」　山田町郷土史研究会　(6)　1999.12

古内村

古内村墓地の謎の石塔（宇井弘）「山田の郷土史」　山田町郷土史研究会　(5)　1998.11

平群

よろずおぼえ 紙漉き―平群屋（乙竹孝文）「瓦版大木戸：千葉県立房総のむら館報」　千葉県立房総のむら　26　2000.8

平久里天神社

平久里天神社参詣と天神絵巻見学（高梨武夫）「ふるさとちくら」　南房総市教育委員会　(16)　1999.4

報恩寺

総南の文化財紹介―報恩寺梵鐘/館蔵資料紹介 松平正和書「讀書懐古今」「総南博物館報」　千葉県立総南博物館　70　2004.3

法巌寺

調査概報 君津市法巌寺の石造物略報（早川正司）「会報」　房総石造文化財研究会事務局　(120)　2014.01

法花

民具短信 藁で編んだ砥袋とカマス―勝浦法花在住の篤農家のお話を中心に（立花弥生）「民具マンスリー」　神奈川大学　42(2)通号494　2009.05

昭和20年代の藁草履再現―勝浦市法花地区在住の篤農家の御教示により（立花弥生）「民具マンスリー」　神奈川大学　42(11)通号503　2010.02

勝浦市法花地区の盆棚―お盆に仏壇を空にする風習を伝える（立花弥生）「民具マンスリー」　神奈川大学　43(4)通号508　2010.07

宝金剛寺

宝金剛寺の五輪塔について（［資料紹介］）（松田富美子）「佐倉市史研究」　佐倉市総務部　(16)　2003.3

房州

『房州彫物師考』（下）（片岡栄）「千葉県立総南博物館研究報告」　千葉県立総南博物館　(1)　1997.3

房州鋸の伝統を今に伝えて（波々伯部益夫）「江見の自然と文化」　江見公民館郷土の自然と文化教室　(3)　1999.8

房州弁―「ジンダ」考（高橋克）「安房博物館だより」　千葉県立安房博物館　74　2001.9

房州鰯の成立と伝播について（田村勇）「豊津のあゆみ」　豊津会　(5)　2002.2

うちわの太田屋補遺 房州うちわと丸亀うちわ「谷中・根津・千駄木」　谷根千工房　71　2002.10

収蔵資料紹介 『房州零묘 普利雨考』「ミュージアム発見伝：館山市立博物館報」　館山市立博物館　(73)　2004.1

房州うちわの伝統的工芸を支えてきたもの（佐野邦雄）「館山と文化財」　館山市文化財保護協会　(37)　2004.4

古文書に見る房州の漁業―元名村「村方議定書」を通して（研究発表要旨）（出口宏幸）「房総の郷土史」　千葉県郷土史研究連絡協議会　(35)　2007.5

新刊紹介 「房州アワビ漁業の変遷と漁業法」、「板倉中物語」、「明治郵便事始―千葉県における発達史」「房総の郷土史」 千葉県郷土史研究連絡協議会 （36） 2008.5

江戸時代から明治初期にかけての「房州石」の生産（筑紫敏夫）「西上総文化会報」 西上総文化会 （71） 2011.3

法宣寺

特集 根古谷・法宣寺文書めぐり「郷土八街」 八街郷土史研究会 （24） 2014.08

特集 法宣寺の権門駕籠「郷土八街」 八街郷土史研究会 （24） 2014.08

房総

房総における武芸の継承について（尾崎晃）「千葉県立総南博物館研究報告」 千葉県立総南博物館 （1） 1997.3

薬蛇の道―房総周辺の事例を中心に（秋山笑子）「調査研究報告」 千葉県立大利根博物館 通号7 1997.3

房総における古代寺院の成立過程―印旛郡・埴生郡を例として「千葉県文化財センター研究紀要」 千葉県文化財センター 18 1997.9

房総の「やぐら」と仏たち（立原啓三，町田茂）「日本の石仏」 日本石仏協会，青娥書房（発売） 通号84 1997.12

安房妙本寺と房総里見氏―上総金谷城・沙本寺要害及び勝山城をめぐって（佐藤博信）「千葉県史研究」 千葉県史料研究財団 6 1998.3

紙漉きのさと（渡辺善司）「町と村調査研究」 千葉県立房総のむら 1 1998.3

房総の村（樋口誠太郎）「房総の郷土史」 千葉県郷土史研究連絡協議会 26 1998.3

祭（大山嘉一）「房総の郷土史」 千葉県郷土史研究連絡協議会 26 1998.3

いわしが主役の一日（福井孝）「房総の郷土史」 千葉県郷土史研究連絡協議会 26 1998.3

献納されたポスト（絵鳩昌之）「房総の郷土史」 千葉県郷土史研究連絡協議会 26 1998.3

村の草分けの家と伝承［1］,（2）（小幡重康）「房総の郷土史」 千葉県郷土史研究連絡協議会 26/27 1998.3/1999.3

《特集 むらの寺社のいわれ》「房総路 ： 郷土研究誌」 房総歴史研究会事務局 38 1998.8

「むらの寺社」を観る（綿貫啓一）「房総路 ： 郷土研究誌」 房総歴史研究会事務局 38 1998.8

姥神様（奈良輪美智野）「房総路 ： 郷土研究誌」 房総歴史研究会事務局 38 1998.8

房総地方の万祝と紺屋（安斎信人）「首都圏形成史研究会会報」 首都圏形成史研究会 8 1998.9

よみがえる明治時代の音色「千葉県立房総風土記の丘だより」 千葉県立房総風土記の丘 36 1998.10

房総地方の万祝と「紺屋」（安斎信人）「民具マンスリー」 神奈川大学 31（9）通号369 1998.12

総州顕成寺の探索―房総における西大寺流真言律寺院の沿革小考（桃崎祐輔）「六浦文化研究」 六浦文化研究所 （8） 1998.12

懐かしい房総の唱歌（川城昭一）「房総 ： 郷土の古文書研究」 川城文庫・藩政史研究会 80 1999.1

懐かしい行事習慣「房総 ： 郷土の古文書研究」 川城文庫・藩政史研究会 80 1999.1

記念企画展講演会 万祝にみる房総と三陸の交流（矢萩昭二）「安房博物館だより」 千葉県立安房博物館 69 ゛1999.2

冴えわたる江戸の名人芸ご覧あれ！ 企画展「大道芸―往来の芸能者たち」「瓦版大木戸 ： 千葉県立房総のむら館報」 千葉県立房総のむら 23 1999.3

企画展示 「草で作ったウマとウシⅢ」「瓦版大木戸 ： 千葉県立房総のむら館報」 千葉県立房総のむら 23 1999.3

むらの年中行事 端午の節供（小林裕美）「瓦版大木戸 ： 千葉県立房総のむら館報」 千葉県立房総のむら 23 1999.3

明治初頭の直轄県における人民教化政策の推進―宮谷県知事柴山典と房総の神職たち（三浦茂一）「千葉いまむかし」 千葉市教育委員会 （12） 1999.3

明治期の宗門改め（小幡重康）「房総史学」 国書刊行会 （39） 1999.3

房総鰯の成立と伝播について（田村勇）「安房博物館だより」 千葉県立安房博物館 70 1999.9

房総の車地蔵（町田茂）「日本の石仏」 日本石仏協会，青娥書房（発売） 通号92 1999.12

房総の海のまつりあれこれ「安房博物館だより」 千葉県立安房博物館 71 2000.1

むらの年中行事 田植えとハカ（榎美香）゛瓦版大木戸 ： 千葉県立房総のむら館報」 千葉県立房総のむら 24 2000.3

むらの年中行事―田植えとハカ（榎美香）「瓦版大木戸 ： 千葉県立房総のむら館報」 千葉県立房総のむら 25 2000.3

「むら」の裁縫所（島立理子）「町と村調査研究」 千葉県立房総のむら 3 2000.3

妙見信仰と千葉氏（丸井敬司）「房総の郷土史」 千葉県郷土史研究連絡協議会 28 2000.3

房総の丸彫り三猿―庚申と山王権現《《庚申信仰特集》》（沖本博）「あしなか」 山村民俗の会 255 2000.7

むらの民具（13） 墓石（米谷博）「瓦版大木戸 ： 千葉県立房総のむら館報」 千葉県立房総のむら 26 2000.7

むらの年中行事 盆―華やかな死者との交流（星野好正）「瓦版大木戸 ： 千葉県立房総のむら館報」 千葉県立房総のむら 26 2000.8

古代房総の漁撈民とその生産活動（天野努）「千葉県立安房博物館研究紀要」 千葉県立安房博物館 8 2001.3

千葉県所在および房総関係の懸仏（木村修）「千葉県立中央博物館研究報告.人文科学」 千葉県立中央博物館 7（1）通号14 2001.3

房総に於ける日本武尊東征伝説の分布とその状況（長谷川芳夫）「千葉文華」 千葉県文化財保護協会 （36） 2001.3

郷土史研究上の誤認点―板石塔婆と大原幽学の事例（宇井弘）「房総の郷土史」 千葉県郷土史研究連絡協議会 29 2001.3

妙見信仰と九曜紋（金田弘之）「房総の郷土史」 千葉県郷土史研究連絡協議会 29 2001.3

房総の雨乞いについて（三明弘）「房総の郷土史」 千葉県郷土史研究連絡協議会 29 2001.3

妙見信仰と九曜紋（金田弘之）「房総の郷土史」 千葉県郷土史研究連絡協議会 29 2001.3

澪つくし醤油（海上義治）「房総の郷土史」 千葉県郷土史研究連絡協議会 29 2001.3

三浦・房総に於ける会津藩墓所について（星正夫）「赤星直忠博士文化財資料館だより」 赤星直忠博士文化財資料館 （10） 2001.5

展示室だより 第9回千葉県立美術館・博物館合同企画展 「浮世絵にみる自然とくらし―房総地方を中心として」終了する「千葉県立上総博物館報」 千葉県立上総博物館 98 2001.7

房総の六地蔵（町田茂）「房総の石仏」 房総石造文化財研究会 （13） 2001.7

三猿考―庚申研究ノート（2）（沖本博）「房総の石仏」 房総石造文化財研究会 （13） 2001.7

房総の山と石造物（小高春雄）「房総の石仏」 房総石造文化財研究会 （13） 2001.7

私と庚申塔（三明弘）「房総の石仏」 房総石造文化財研究会 （13） 2001.7

むらの民具（15）―ざるとかご「瓦版大木戸 ： 千葉県立房総のむら館報」 千葉県立房総のむら 28 2001.8

むらの年中行事―収穫の行事「瓦版大木戸 ： 千葉県立房総のむら館報」 千葉県立房総のむら 28 2001.8

商家・製作体験をのぞく―和ろうそく作り「瓦版大木戸 ： 千葉県立房総のむら館報」 千葉県立房総のむら 29 2002.3

むらの年中行事―鳥害と「水口祭り」「瓦版大木戸 ： 千葉県立房総のむら館報」 千葉県立房総のむら 29 2002.3

むらの民具（16）―脱穀用具（扱き箸・千歯扱き・足踏み脱穀機）「瓦版大木戸 ： 千葉県立房総のむら館報」 千葉県立房総のむら 29 2002.3

房総の農村歌舞伎の系譜（榎美香）「研究報告」 千葉県立関宿城博物館 （6） 2002.3

山車と車輪について（大山嘉一）「房総の郷土史」 千葉県郷土史研究連絡協議会 30 2002.3

在村文化の地域圏 再考―房総の芭蕉塚と筆子塚の対比から（杉仁）「在村文化研究」 在村文化研究会 （10） 2002.4

むらの自然―里山の樹木「瓦版大木戸 ： 千葉県立房総のむら館報」 千葉県立房総のむら 30 2002.8

平成14年度合同企画展「房総の漁―海と川」（本吉正宏）「安房博物館だより」 千葉県立安房博物館 76 2002.9

第10回千葉県立美術館・博物館合同企画展「房総の漁―海と川」講演会「漁の知恵―禁漁習俗を中心に」小島孝夫氏「安房博物館だより」 千葉県立安房博物館 76 2002.9

活動報告 合同企画展「房総の漁」/出土遺物巡回展「房総発掘ものがたり」/企画展示「房総の近代化遺産」/企画展示「むかしの道具」/収蔵資料展「手ぬぐい型紙」/他「おおとね ： 千葉県立中央博物館大利根分館報」 千葉県立中央博物館大利根分館 71 2003.3

むら製作体験をのぞく 農家の履物作り/商家・瀬戸物の店 焼物体験「瓦版大木戸 ： 千葉県立房総のむら館報」 千葉県立房総のむら 31 2003.3

運慶様式の受容と房総の造像―市原の造像との関わり（紺野敏文）「市原地方史研究」 市原市教育委員会 20 2003.3

「浮世絵に見る房総の海と漁業」（海田一幸）「安房博物館だより」 千葉県立安房博物館 77 2003.3

〈テーマ 物から見た町と村の交流―生業1〉「町と村調査研究」 千葉県立房総のむら 5 2003.3

畦畔茶をめぐる民俗（猪野義信）「町と村調査研究」 千葉県立房総のむら

5 2003.3

出羽三山石碑群と「行人行事の覚」(吉田豊)「房総の郷土史」 千葉県郷土史研究連絡協議会 31 2003.3

よみがえれ日本―歳事・習俗の心 (生方徹夫)「房総の郷土史」 千葉県郷土史研究連絡協議会 31 2003.3

神社建設に魅せられて(野口美江)「房総の郷土史」 千葉県郷土史研究連絡協議会 31 2003.3

房総に伝わる祝い唄 (川城文庫)「房総 ： 郷土の古文書研究」 川城文庫・藩政史研究会 99 2003.4

房総の地蔵抜苦の石塔(町田茂)「日本の石仏」 日本石仏協会，青蛾書房(発売)(106) 2003.6

房総の雨乞いと石造物調査報告(三明弘)「日本の石仏」 日本石仏協会，青蛾書房(発売)(108) 2003.12

申に因んだ廻しを締めた赤猿の力士像(川城昭一)「房総 ： 郷土の古文書研究」 川城文庫・藩政史研究会 101 2004.1

伊勢神宮と中世の房総(澤田善明)「千葉県史料研究財団だより」 千葉県史料研究財団 15 2004.3

「房総の伝統漁法」(本吉正宏)「安房博物館だより」 千葉県立安房博物館 79 2004.3

平成15年度企画展「房総の凧展」(鈴木啓治)「安房博物館だより」 千葉県立安房博物館 79 2004.3

深河元衡の『房總三州漫録』の動植物方言と民俗(川名興)「袖ケ浦市史研究」 袖ケ浦市郷土博物館 (11) 2004.3

〈テーマ 物から見た町と村の交流―生業2〉「町と村調査研究」 千葉県立房総のむら 6 2004.3

お正月の今昔(松井清子)「房総の郷土史」 千葉県郷土史研究連絡協議会 (32) 2004.3

溺鬼供養塔をめぐる一試論(記念講演)(木島里八)「房総の郷土史」 千葉県郷土史研究連絡協議会 (32) 2004.3

千葉氏の妙見信仰と縁起絵巻(樋口誠太郎)「房総の郷土史」 千葉県郷土史研究連絡協議会 (32) 2004.3

日蓮宗系庚申塔について―庚申塔ノート(3)(沖本博)「房総の石仏」 房総石造文化財研究会 (14) 2004.6

石塔に刻まれた「宝篋印陀羅尼経」経文について(西岡宣夫)「房総の石仏」 房総石造文化財研究会 (14) 2004.6

むら体験風景をのぞく 農家 秋の味覚収穫体験/商家・めし屋 太巻き寿司/風土記の丘資料館勾玉づくり「瓦版大木戸 ： 千葉県立房総のむら館報」 千葉県立房総のむら 34 2004.8

平成16年度企画展「房総漁村の原風景―古代房総の漁撈民とその生活」(笹生衛)「安房博物館だより」 千葉県立安房博物館 80 2004.10

房総の海の文化に親しむ(2)安房神社の高坏(天野努)「安房博物館だより」 千葉県立安房博物館 80 2004.10

房総地方の妙見信仰と製鉄・鍛冶について(丸井敬司)「研究紀要」 千葉市立郷土博物館 (11) 2005.3

〈テーマ 物から見た町と村の交流〉「町と村調査研究」 千葉県立房総のむら 7 2005.3

文学と大相撲と温泉と(鳥海宗一郎)「房総の郷土史」 千葉県郷土史研究連絡協議会 (33) 2005.3

房総における燈火器の変遷について(石井洋輔)「房総の郷土史」 千葉県郷土史研究連絡協議会 (33) 2005.3

「出羽三山碑」活用ノススメ(研究協議会の記録)(佐藤誠)「房総史学」 国書刊行会 (45) 2005.3

展示批評 千葉県立中央博物館「秋の展示 語る・観る 房総の石仏」によせて(西海賢二)「地方史研究」 地方史研究協議会 55(2)通号314 2005.4

地神碑の地域的展開(正富博行)「房総の石仏」 房総石造文化財研究会 (15) 2005.5

むら体験風景をのぞく 竹日和・わら日和/「うなぎの蒲焼き」/鹿角製ペンダントに挑戦「瓦版大木戸 ： 千葉県立房総のむら館報」 千葉県立房総のむら 37 2006.3

煎茶の「合」―地域に根ざした茶商の技(《テーマ 物から見た町と村の交流》)(植野百代)「町と村調査研究」 千葉県立房総のむら (8) 2006.3

長老の金言・予言のデータベース化(川村優)「房総の郷土史」 千葉県郷土史研究連絡協議会 (34) 2006.3

『佛説延命地蔵菩薩経』と地蔵菩薩像(西岡宣夫)「房総の石仏」 房総石造文化財研究会 (16) 2006.5

法華経信仰と地神碑建立の背景(正富博行)「房総の石仏」 房総石造文化財研究会 (16) 2006.5

雨乞石塔探し(三明弘)「房総の石仏」 房総石造文化財研究会 (16) 2006.5

房総における燈火器の変遷について(石井祐輔)「忘らえぬかも ： 故里の歴史をさぐる」 大網白里町文化協会 (4) 2006.6

房総の頼朝伝説(田中伸幸)「紀南・地名と風土研究会会報」 紀南・地名と風土研究会 (39) 2006.7

屋敷内に納める絵馬―房総東部の小絵馬習俗(1)(榎美香)「民具マンスリー」 神奈川大学 39(5)通号461 2006.8

総屋(むらの体験風景のぞく)(糸原清)「瓦版大木戸 ： 千葉県立房総のむら館報」 千葉県立房総のむら 38 2006.10

商家・瀬戸物の店(むらの体験風景のぞく)(鈴木敬子)「瓦版大木戸 ： 千葉県立房総のむら館報」 千葉県立房総のむら 38 2006.10

平成18年度企画展「千葉県の伝統的工芸品」―房総の匠百人展「千葉県立上総博物館報」 千葉県立上総博物館 (109) 2007.3

資料 一札之事(川城昭一)「房総 ： 郷土の古文書研究」 川城文庫・藩政史研究会 (116) 2007.3

記念講演 房総の古民家(道塚元嘉)「房総の郷土史」 千葉県郷土史研究連絡協議会 (35) 2007.5

やすの「萬覚帳」をめぐって(研究発表要旨)(横山鈴子)「房総の郷土史」 千葉県郷土史研究連絡協議会 (35) 2007.5

高宕石製石造物について(小高春雄)「房総の石仏」 房総石造文化財研究会 (17) 2007.5

房総富士塚雑記―野田市木間ヶ瀬・富士塚築造記録の発見(《富士塚特集》)(沖本博)「あしなか」 山村民俗の会 279 2007.10

房総の海と村(出口宏幸)「研究紀要」 日本村落自治史料調査研究所 通号11 2007.12

昔なつかし むらのお正月「瓦版大木戸 ： 千葉県立房総のむら館報」 千葉県立房総のむら (41) 2008.01

鎌倉期房総における衣料生産(《中世小特集》)(盛本昌広)「千葉県史研究」 千葉県史料研究財団 (16) 2008.3

房総キリスト教史―横浜から伝えられたプロテスタント(小倉光夫)「横浜プロテスタント史研究会報」 横浜プロテスタント史研究会 (42) 2008.4

石仏紹介 災害碑(1) 天明の浅間山噴火供養塔(石田年子)「会報」 房総石造文化財研究会事務局 (99) 2008.9

楽しく盛りだくさんで大入り 秋のまつり(村田憲一)「瓦版大木戸 ： 千葉県立房総のむら館報」 千葉県立房総のむら (42) 2009.01

むらの体験風景をのぞく 商家 張り子 江戸時代のエコなおもちゃ(鈴木敬子)「瓦版大木戸 ： 千葉県立房総のむら館報」 千葉県立房総のむら (42) 2009.01

房総の歴史 江戸の往来物『浜庇小児教種』(はまべひしょうにおしえだね)を読んで 関川堂 今川経山の九十九里浜漁村の往来物(川城昭一)「房総 ： 郷土の古文書研究」 川城文庫・藩政史研究会 (123) 2009.1

第1回石仏調査会参加体験記(大木英雄)「会報」 房総石造文化財研究会事務局 (100) 2009.01

企画展「房総の捕鯨」(高梨友子)「安房博物館だより」 千葉県立安房博物館 (88・89) 2009.2

懐かしさいっぱいのイベントで，身も心もタイムスリップ 春のまつり(立和名啓人)「瓦版大木戸 ： 千葉県立房総のむら館報」 千葉県立房総のむら (43) 2009.03

農家周辺屋外展示「災いよけ」 災いよけで災難を吹き飛ばせ!(むらの体験風景をのぞく)(谷鹿栄一)「瓦版大木戸 ： 千葉県立房総のむら館報」 千葉県立房総のむら (43) 2009.03

商家の町並み「七味唐辛子」 手作りで本物の味を!(むらの体験風景をのぞく)(立和名啓人)「瓦版大木戸 ： 千葉県立房総のむら館報」 千葉県立房総のむら (43) 2009.03

房総の熊野信仰をめぐる展望と課題(《報告1 開館25周年記念シンポジウム「房総と熊野をつなぐもの」》)(桐村久美子)「袖ケ浦市史研究」 袖ケ浦市郷土博物館 (14) 2009.03

「海上の道」と中世の房総社会―熊野神社・熊野信仰をもたらしたもの(《報告1 開館25周年記念シンポジウム「房総と熊野をつなぐもの」》)(湯浅治久)「袖ケ浦市史研究」 袖ケ浦市郷土博物館 (14) 2009.3

房総の農家建築(《テーマ 物から見た町と村の交流―建造物から》)「町と村調査研究」 千葉県立房総のむら (9) 2009.3

房総の町家建築(《テーマ 物から見た町と村の交流―建造物から》)「町と村調査研究」 千葉県立房総のむら (9) 2009.3

房総のむらの武家屋敷建築(《テーマ 物から見た町と村の交流―建造物から》)「町と村調査研究」 千葉県立房総のむら (9) 2009.3

房総に伝わる祝い唄 川城文庫収集「房総 ： 郷土の古文書研究」 川城文庫・藩政史研究会 (124) 2009.03

百万遍の念仏講について(川城昭一)「房総 ： 郷土の古文書研究」 川城文庫・藩政史研究会 (124) 2009.03

横穴に葬られた人々(《房総に生きた人びとと歴史》―古代)(萩原恭一)「千葉史学」 千葉歴史学会 (54) 2009.05

コラム 寺子屋の子どもたち(《房総に生きた人びとと歴史》―近世)(石山秀和)「千葉史学」 千葉歴史学会 (54) 2009.05

際物としての絵馬―房総東部の小絵馬習俗(2)(榎美香)「民具マンスリー」 神奈川大学 42(4)通号496 2009.07

地方文書に見る石仏の造立と撤去(小倉博)「房総の石仏」 房総石造文化財研究会 (19) 2009.12

商家菓子の店「練切り講習会」本格的な和菓子作りに挑戦！（むらの体験風景をのぞく）（植野百代）「瓦版大木戸：千葉県立房総のむら館報」千葉県立房総のむら　（44）2010.03

会員寄稿 正元元年と正嘉二年の板碑について（小西則子）「会報」房総石造文化財研究会事務局　（105）2010.04

釈迦所刻碑を考える（川戸彰）「房総の石仏」房総石造文化財研究会　（20）2010.09

弥勒菩薩の像容あれこれ（町田茂）「房総の石仏」房総石造文化財研究会　（20）2010.09

石造物を読む（4）石仏たちの明治維新（米谷博）「会報」房総石造文化財研究会事務局　（108）2010.09

参詣者側からみた神仏分離と山岳信仰―羽黒山西蔵坊所有房総登山帳の分析（菅根幸裕）「寺社と民衆」民衆宗教史研究会　7　2011.03

石造物を読む（5）力石という名称―民俗資料の呼称（米谷博）「会報」房総石造文化財研究会事務局　（109）2011.04

会員寄稿（2）子安塔にみるムラの産婆・産科医（蕨由美）「会報」房総石造文化財研究会事務局　（109）2011.04

房総にあるもう一つの獅子舞「郷土研究」（田村勇）「館山と文化財」館山市文化財保護協会　（44）/（45）2011.05/2012.04

房総四季耕作図と岡勝谷筆「四季農村風俗図屏風」について（小特集 四季耕作図をめぐって）（榎美香）「千葉史学」千葉歴史学会　（58）2011.5

絵馬で見る村人の歴史（研究発表要旨）（高橋誠一）「房総の郷土史」千葉県郷土史研究連絡協議会　（39）2011.05

円光大師二十五霊場と房総のミニチュア霊場について（研究論文）（村上昭广）「房総の郷土史」千葉県郷土史研究連絡協議会　（39）2011.05

石造物を読む（6）筆子塚という名称と建立者（米谷博）「会報」房総石造文化財研究会事務局　（110）2011.07

事務局からの御報告 廻国塔の情報交換について―「日本九峰修行日記」にもみれて（石田年子）「会報」房総石造文化財研究会事務局　（110）2011.07

データから見た庚申塔の造立（入谷謙二）「房総の石仏」房総石造文化財研究会　（21）2011.07

中世文書にみる一学僧の板碑（川戸彰）「房総の石仏」房総石造文化財研究会　（21）2011.07

石造物を読む（7）古墳碑と下総板碑（米谷博）「会報」房総石造文化財研究会事務局　（111）2011.10

石仏探訪（5）西国二十六番札所の巡礼データより房総地方の百番順礼塔（石田年子）「会報」房総石造文化財研究会事務局　（111）2011.10

千葉県立房総のむら企画展「豊年満作！農耕図のナゾを解け!!―房総の四季耕作図と農具絵図―」（展示批評・展示紹介）（河野通明）「民具研究」日本民具学会　（144）2011.11

会員寄稿 瞽女（ごぜ）奉納の手水石と感謝の石碑（蕨由美）「会報」房総石造文化財研究会事務局　（112）2012.01

石仏探訪（6）万治の日記念仏塔発見―房総の日記念仏塔事情（石田年子）「会報」房総石造文化財研究会事務局　（113）2012.04

文化祭講演会の実施「四季耕作図から見た明治前期の房総農村風景」（平成23年度協会記事）（榎美香）「館山と文化財」館山市文化財保護協会　（45）2012.4

わが町に相撲がある（近況寸言）（海上義治）「房総の郷土史」千葉県郷土史研究連絡協議会　（40）2012.05

調査概報 永禄銘六地蔵庚申塔の出現（早川正司）「会報」房総石造文化財研究会事務局　（114）2012.07

十二仏を刻む石造遺品について（川戸彰）「房総の石仏」房総石造文化財研究会　（22）2012.07

石造物を読む（米谷博）「房総の石仏」房総石造文化財研究会　（22）2012.07

醤油作り体験（立和名啓人）「瓦版大木戸：千葉県立房総のむら館報」千葉県立房総のむら　（49）2012.09

老婆風の疱瘡神（沖本博）「会報」房総石造文化財研究会事務局　（115）2012.10

石仏探訪（7）大日如来像を刻む己巳塔（石田年子）「会報」房総石造文化財研究会事務局　（115）2012.10

梵天に見る房総の出羽三山信仰の現在（調査報告）（小林裕美）「千葉県立中央博物館研究報告.人文科学」千葉県立中央博物館　13（1）通号26　2013.01

下駄の鼻緒すげ―カランコロンと粋な音（榎美香）「瓦版大木戸：千葉県立房総のむら館報」千葉県立房総のむら　（50）2013.03

房総の青麻神社信仰と常陸北海寿長寿伝説（佐藤優）「房総の石仏」房総石造文化財研究会　（23）2013.08

秋の三大まつり（高橋覚）「瓦版大木戸：千葉県立房総のむら館報」千葉県立房総のむら　（51）2013.09

機織りの技を体験する（倉内郁子）「瓦版大木戸：千葉県立房総のむら館報」千葉県立房総のむら　（51）2013.09

果実酒作り（柴崎浩平）「瓦版大木戸：千葉県立房総のむら館報」千葉県立房総のむら　（51）2013.09

会員寄稿2 辨榮上人と線刻仏画碑（溝渕碩治）「会報」房総石造文化財研究会事務局　（119）2013.10

石仏探訪（10）常陸太田の蛇紋岩で造られた手水石（石田年子）「会報」房総石造文化財研究会事務局　（120）2014.01

雛祭り（倉内郁子）「瓦版大木戸：千葉県立房総のむら館報」千葉県立房総のむら　（52）2014.03

基調報告2 房総から見た富士山―文化・文学の視点から（東京湾学会シンポジウム「房総から望む富士山の自然と文化」特集）（佐藤毅）「東京湾学会誌：東京湾の水土」東京湾学会　3（6）通号18　2014.3

論文 農民芸能と五大院安念（外山日出男）「房総の郷土史」千葉県郷土史研究連絡協議会　（42）2014.03

出羽三山信仰と房総（研究発表大会研究講演要旨）（菅根幸裕）「房総の郷土史」千葉県郷土史研究連絡協議会　（42）2014.03

房総の民謡、童謡風土の背景（研究発表大会報告要旨）（松井安俊）「房総の郷土史」千葉県郷土史研究連絡協議会　（42）2014.03

房総の石造仁王像について（小西則子）「会報」房総石造文化財研究会事務局　（121）2014.04

貝化石を含む石材利用の石灯籠について（斎木勝）「会報」房総石造文化財研究会事務局　（122）2014.07

農家の風景を覗く「七夕馬作り」（萩原衣美）「瓦版大木戸：千葉県立房総のむら館報」千葉県立房総のむら　（53）2014.09

妙見菩薩と鎮宅霊符尊（沖本博）「房総の石仏」房総石造文化財研究会　（24）2014.09

房総の石造仁王像について（小西則子）「房総の石仏」房総石造文化財研究会　（24）2014.10

千葉県神社庁「房総の伊勢信仰」企画委員会編著『房総の伊勢信仰―第六十二回神宮式年遷宮奉祝』（書誌紹介）（濱千代早由美）「日本民俗学」日本民俗学会　（280）2014.11

宝蔵院

宝蔵院のいわれについて（保坂明）「ふるさとちくら」南房総市教育委員会　（14）1997.4

房総座

房総座（打田未来）「瓦版大木戸：千葉県立房総のむら館報」千葉県立房総のむら　（48）2012.3

房総半島

船霊信仰から見た房総半島の儀礼（深沢克友）「千葉県立安房博物館研究紀要」千葉県立安房博物館　4　1997.3

房総半島における「やぐら」―線刻・浮彫五輪塔を中心として（井上哲朗）「史館」史館同人　通号29　1997.4

墓地・墓碑銘資料 三浦・房総半島に於ける会津藩墓所について（星正夫）「赤星直忠博士文化財資料館だより」赤星直忠博士文化財資料館　（6）1997.5

房総半島における海藻と神事（富塚朋子）「千葉県史料研究財団だより」千葉県史料研究財団　11　2000.2

江戸時代後期における房総半島の立山信仰―江戸時代後期に足尾寺宗徒が房総半島で形成した檀那場について（福江充）「富山市日本海文化研究所報」富山市日本海文化研究所　（26）2001.3

房総半島における海藻の文化（宮田昌彦，富塚朋子）「千葉県立中央博物館研究報告.人文科学」千葉県立中央博物館　10（1）通号20　2007.3

房総半島と初期日蓮教団（《特集 房総講座》）（沼田晃佑）「甲斐」山梨郷土研究会　（117）2008.8

房総風土記の丘

成田山新勝寺初詣と房総風土記の丘の旅（杉山虔一，山口隆夫）「小田原史談：小田原史談会々報」小田原史談会　（229）2012.04

法林寺

法林寺の大イチョウ（特集 楽しい東葛伝説民話事典―柏の伝説と民話）「東葛流山研究」流山市立博物館友の会事務局，崙書房出版（発売）（29）2011.03

北総

北総の猪垣（雨宮龍太郎）「研究連絡誌」千葉県教育振興財団文化財センター　51　1997.11

解禁直後の北総キリスト教史の断片（小林正継）「たいわ：語り伝える白井の歴史：白井市郷土史の会機関誌」白井市郷土史の会　18　2001.4

北総地域とハリストス正教会（小林正継）「たいわ：語り伝える白井の歴史：白井市郷土史の会機関誌」白井市郷土史の会　19　2002.4

浜名徳順著『北総の名刹巡礼』わが町の古寺を訪ねて（上）（井上隆男）「リヴラン佐原」CAC企画　（383）2007.9

北総の子安塔とその由来を訪ねて（蕨由美）「郷土史研通信」八千代市郷土歴史研究会　（66）2009.05

香取本「大江山絵詞」の伝承と北総地域（大会特集I 北総地域の水辺と台

地一生活空間の歴史的変容—問題提起）（鈴木哲雄）「地方史研究」 地方史研究協議会　60（4）通号346　2010.8

北総の子安塔の系譜—江戸時代中期におけるその出現と成立について（蕨由美）「房総の石仏」 房総石造文化財研究会　（20）　2010.09

北総の子安像塔—江戸時代後期（文化～天保期）の展開について（蕨由美）「房総の石仏」 房総石造文化財研究会　（21）　2011.07

研究ノート 北総に於ける妙見菩薩の分布とその像容（高森良昌）「利根川文化研究」 利根川文化研究会　（35）　2011.12

北総の子安像塔—江戸時代末期から現代までの様相について（蕨由美）「房総の石仏」 房総石造文化財研究会　（22）　2012.07

法華経寺

"中山法華経寺と真間の手児奈霊堂を訪ねる"に参加して（染谷啓之）「かつしか台地 ： 野田地方史懇話会会誌」 野田地方史懇話会　18　1999.9

中山法華経寺界隈昔語り（吉川礼子）「郷土文化」 郷土文化の会　（9）　2000.3

〔資料紹介〕 中山村法華経寺門前助兵衛の慶応元年身延道中記（池田真由美）「市立市川歴史博物館年報」 市立市川歴史博物館　18　2001.1

安房妙本寺と中山法華経寺—戦国末期の一通の文書から（佐藤博信）「千葉史学」 千葉歴史学会　（53）　2008.12

中山法華経寺の大仏（天下井恵）「市立市川歴史博物館館報」 市立市川歴史博物館　2007年度　2009.03

中山法華経寺蔵『識分法門一念三千即離事』の一考察（下）（菅原関道）「日蓮仏教研究」 常円寺日蓮仏教研究所　（4）　2010.03

中山法華経寺の板碑（資料紹介）（伊藤宏之）「市史研究いちかわ」 市川市文化国際部　（3）　2012.03

中世～近世移行期における地域社会と寺檀関係—中山法華経寺蔵『護代帳』の基礎的考察（論文）（湯浅治久）「市史研究いちかわ」 市川市文化国際部　（4）　2013.03

細草檀林

表紙 細草檀林の東門（現 要行寺山門） 大網白里市指定文化財 「忘らえぬかも ： 故里の歴史をさぐる」 （8）　2014.04

保田

保田の祭礼（高橋克）「千葉県立安房博物館研究紀要」 千葉県立安房博物館　9　2002.3

堀田宮

佐倉藩飛地の生祠—堀田宮八基（《特集 石仏探訪Ⅳ》）（石田年子）「日本の石仏」 日本石仏協会，青娥書房（発売）（122）2007.6

石仏資料紹介 佐倉藩飛地の「堀田宮」（石田年子）「房総の石仏」 房総石造文化財研究会　（18）　2008.6

本昌寺

経王山本昌寺と開墾事業「郷土八街」 八街郷土史研究会　（10）　2009.07

經王山傳燈記 經王山本昌寺小史（經王山傳燈記）（阿部良玄，大給鳳祐）「郷土八街」 八街郷土史研究会　（臨時号）　2012.07

經王山傳燈記 古墳に聞く／領主土井氏新田村／開基上人と鹿倉氏の法勲／沿革の概要／八街草創と教線の進展／御遠忌奉行記／本井戸開鑿工事完成／寺有財産略記／川島平蔵氏の美挙／八街法華講の沿革（經王山傳燈記）「郷土八街」 八街郷土史研究会　（臨時号）　2012.7

35世妙應院日法上人・阿部良玄／若宮八幡宮と天神山／明治3年7月15日の御中先日記／本昌寺の寺宝／経王山本昌寺小史／八街開拓先者無縁報恩之塔芳名／あとがき（經王山傳燈記）「郷土八街」 八街郷土史研究会　（臨時号）　2012.07

付記—川島関山の寄付した2塔（經王山傳燈記）「郷土八街」 八街郷土史研究会　（臨時号）　2012.07

經王山傳燈記—經王山本昌寺小史「郷土八街」 八街郷土史研究会　（19）　2012.09

本乗寺

東国における日蓮宗寺院の中世的展開—安房本妙寺日我と上総本乗寺日膳の関係を中心に（佐藤博信）「千葉県の文書館」 千葉県文書館　（6）　2001.3

本多家下総領飛地

本多家下総領飛地と布施弁財天（長田直子）「藤枝市史だより」 藤枝市　（15）　2006.11

本土寺

史跡巡り「紅葉の本土寺と小金宿・高城氏居館跡周辺を訪ねる」に参加して（史跡探訪）（尾崎淳子）「かつしか台地 ： 野田地方史懇話会会誌」 野田地方史懇話会　19　2000.3

本土寺参道余話 泥濘脛を没す学童為に泣き（塩尻英児）「松戸史談」 松戸史談会　（45）　2005.10

本土寺過去帳天正本補遺—未公開写本による復元の試み（史料紹介）（中山文人）「松戸市立博物館紀要」 松戸市立博物館　（21）　2014.03

本福寺

史跡・旧蹟の探検（2）上本郷・本福寺関連について（岩月慶助，池田眞也，平久保久雄）「松戸史談」 松戸史談会　（44）　2004.10

本妙寺

東国における日蓮宗寺院の中世的展開—安房本妙寺日我と上総本乗寺日膳の関係を中心に（佐藤博信）「千葉県の文書館」 千葉県文書館　（6）　2001.3

麻賀多神社

神社探求（2）下総の麻賀多神社（田辺英治）「歴研よこはま」 横浜歴史研究会　40　1997.3

佐倉麻賀多神社祭礼変遷考（北詰栄男）「佐倉市史研究」 佐倉市総務部　（22）　2009.03

真亀

当世七五三事情—九十九里町真亀山本家（斎藤功）「千葉県史料研究財団だより」 千葉県史料研究財団　14　2003.1

調査報告 九十九里町真亀の葬送儀礼（大木淳一，島立理子）「千葉県立中央博物館研究報告.人文科学」 千葉県立中央博物館　12（1）通号24　2011.02

牧田

明和～安永期の武志伊八郎信由と牧田の社殿彫刻（郷土研究）（青木徳雄）「館山と文化財」 館山市文化財保護協会　（44）　2011.05

牧ノ城

牧ノ城と上行寺（永嶋，鶴岡）「上総 ： かみつふさ」 上総国歴史の会　（2）　1999.1

馬込遺跡

印西市馬込遺跡の瓦塔について（沖松信隆）「研究連絡誌」 千葉県教育振興財団文化財センター　58　2000.7

正木

那古正木（川崎）の三平姓と鯉職（松本久）「館山と文化財」 館山市文化財保護協会　33　2000.4

増間

三芳村増間の御神的神事を見る（高橋利夫）「郷土文化」 郷土文化の会　（10）　2001.3

新聞『日刊房州』連載「ユウモラスな増間話」（上）—安田高次氏旧蔵資料（飯倉義之）「昔話伝説研究」 昔話伝説研究会　（22）　2002.3

地方紙・郷土史家・民俗調査—安田高次氏旧蔵資料 新聞『日刊房州』連載「ユウモラスな増間話」解題（飯倉義之）「昔話伝説研究」 昔話伝説研究会　（24）　2004.5

松沢

松沢熊野神社御神幸—マッザのオイデ（宇井弘）「山田の郷土史」 山田町郷土史研究会　（5）　1998.11

卯年に不作無し 松沢熊野神社神幸祭余話（高木積善）「山田の郷土史」 山田町郷土史研究会　（6）　1999.12

宮前の御出と松沢の御出（宇井弘）「山田の郷土史」 山田町郷土史研究会　（6）　1999.12

松沢熊野神社式年御神幸祭随想（河津秀太郎）「東庄の郷土史」 東庄郷土史研究会　（16）　2000.6

松戸

講演「三味線の歴史」講談「大瀬半五郎」（佐藤昌男）「松戸史談」 松戸史談会　（39）　1999.10

企画展「戦後松戸の生活革新」における現代生活資料の展示表現（青木俊也）「ミュージアム多摩 ： 東京都三多摩公立博物館協議会会報」 東京都三多摩公立博物館協議会　22　2001.3

〔展示批評〕 松戸市立博物館企画展「戦後松戸の生活革新」（福岡直子）「民具研究」 日本民具学会　（124）　2001.7

松戸の稲荷（末満宗治）「松戸史談」 松戸史談会　（42）　2002.10

松戸の歴史と民俗 大杉信仰（1），（2）（永潤定）「松戸史談」 松戸史談会　（43）／（44）　2003.10/2004.10

伝統芸能2002年 古典舞踊への招待（花柳美世照さんご一行）「松戸史談」 松戸史談会　（43）　2003.10

松戸の稲荷（松戸史談会講演会）（末満宗治）「松戸史談」 松戸史談会　（43）　2003.10

松戸の歴史・民俗、オビシャなど（松戸史談会講演会）（永潤定）「松戸史談」 松戸史談会　（43）　2003.10

松戸の寺院（1），（2）（末満宗治）「松戸史談」 松戸史談会　（44）／（45）　2004.10/2005.10

松戸の歴史と民俗（3），（4）念仏講（1），（2）（永潤定）「松戸史談」 松戸史談会　（45）／（46）　2005.10/2006.10

松戸の庚申塔と庚申信仰（松田孝史）「松戸史談」 松戸史談会　（47）　2007.10

分析「松戸の庚申塔」(入谷雄二)「房総の石仏」 房総石造文化財研究会
(18) 2008.6

路傍の庚申塔について―再調査(松田孝史)「松戸史談」 松戸史談会
(48) 2008.11

松戸に遺る大師像「秀海講」(入谷雄二)「房総の石仏」 房総石造文化
財研究会 (19) 2009.12

三匹獅子舞を見て(会員の広場)(佐久間憲雄)「松戸史談」 松戸史談会
(50) 2010.11

馬橋の万満寺の小僧弁天(特集 楽しい東葛伝説民話事典―松戸の伝説と
民話)「東葛流山研究」 流山市立博物館友の会事務局, 崙書房出版(発
売) (29) 2011.03

養老伝説 子和清水(特集 楽しい東葛伝説民話事典―松戸の伝説と民話)
「東葛流山研究」 流山市立博物館友の会事務局, 崙書房出版(発売)
(29) 2011.03

上本郷に伝わる七不思議(特集 楽しい東葛伝説民話事典―松戸の伝説と
民話)「東葛流山研究」 流山市立博物館友の会事務局, 崙書房出版(発
売) (29) 2011.03

万満寺の仁王の股くぐり(特集 楽しい東葛伝説民話事典―松戸の伝説と
民話)「東葛流山研究」 流山市立博物館友の会事務局, 崙書房出版(発
売) (29) 2011.03

七面神社の蛇伝説(特集 楽しい東葛伝説民話事典―松戸の伝説と民話)
「東葛流山研究」 流山市立博物館友の会事務局, 崙書房出版(発売)
(29) 2011.03

矢切の獅子塚と野猿塚(特集 楽しい東葛伝説民話事典―松戸の伝説と民
話)「東葛流山研究」 流山市立博物館友の会事務局, 崙書房出版(発
売) (29) 2011.03

和尚と大蛇(特集 楽しい東葛伝説民話事典―松戸の伝説と民話)「東葛流
山研究」 流山市立博物館友の会事務局, 崙書房出版(発売) (29)
2011.03

幸谷の黒観音(特集 楽しい東葛伝説民話事典―松戸の伝説と民話)「東葛
流山研究」 流山市立博物館友の会事務局, 崙書房出版(発売) (29)
2011.03

名馬生月の塚(特集 楽しい東葛伝説民話事典―松戸の伝説と民話)「東葛
流山研究」 流山市立博物館友の会事務局, 崙書房出版(発売) (29)
2011.03

松戸周辺・真間・水元 伝説ルポ(特集 楽しい東葛伝説民話事典―松戸
の伝説と民話)「東葛流山研究」 流山市立博物館友の会事務局, 崙書
房出版(発売) (29) 2011.03

松戸の石仏(3) 慶安三年庚申塔三猿の不思議(入谷雄二)「会報」 房総
石造文化財研究会事務局 (114) 2012.07

松戸の石仏(4) 松戸に所在する特徴ある庚申塔(入谷雄二)「会報」 房
総石造文化財研究会事務局 (115) 2012.10

松戸の石仏(5) 石塔造立禁令について(入谷雄二)「会報」 房総石造文
化財研究会事務局 (116) 2013.01

松戸の道祖神について(松田孝史)「松戸史談」 松戸史談会 (53)
2013.11

2012年12月2日(日)仏教と仏像のいろいろについて(松戸史談会会員勉
強会(要旨))(松田孝史)「松戸史談」 松戸史談会 (53) 2013.11

2014年12月8日(月)松戸の秀海講と大師像(松戸史談会会員勉強会(要
旨))(塩尻英児)「松戸史談」 松戸史談会 (54) 2014.11

松戸駅

松戸駅・東口界隈 "記憶する原風景"(3) 「池田辯財天」と、それを囲む
「墓地」(池田眞也)「松戸史談」 松戸史談会 (54) 2014.11

松戸市

松戸市地区のオビシャについて(萩原法子)「常総の歴史」 崙書房出版茨
城営業所 18 1997.1

民俗芸能における〈内閉した美意識〉について(2)―松戸市の三匹獅子舞
の事例から(小林康正)「相模原市立博物館研究報告」 相模原市立博
物館 6 1997.3

〔書評〕松戸市立博物館調査報告書1『千葉県松戸市の三匹獅子舞』(入
江宣子)「民俗芸能研究」 民俗芸能学会 通号25 1997.9

展示をつくる思想―「福神の世界」展の記録(青木俊也)「松戸市立博物
館紀要」 松戸市立博物館 (6) 1999.3

「福神の世界」展を観て(宮本袈裟雄)「松戸市立博物館紀要」 松戸市立
博物館 (6) 1999.3

第51回松戸市文化祭参加記録 相撲甚句「矢部良造)「松戸史談」 松戸史
談会 (40) 2000.10

唄「相撲甚句」(第51回松戸市文化祭参加行事報告)(佐藤昌男)「松戸史
談」 松戸史談会 (40) 2000.10

松戸市近郊八十八大師(浅野明)「房総の石仏」 房総石造文化財研究会
(13) 2001.7

「第52回松戸市文化祭参加行事」報告 講演「旧石器人の暮しと知恵」・伝
統芸能「万作踊り」(佐藤昌男)「松戸史談」 松戸史談会 (41) 2001.
10

講演録 石枕と立花のマツリ(白井久美子)「松戸市立博物館紀要」 松戸
市立博物館 (13) 2006.3

松戸市の石仏(1) 長養寺の白楽天王宮塔(入谷雄二)「会報」 房総石造
文化財研究会事務局 (112) 2012.01

松戸市の石仏(2) 松戸の隔夜念仏塔(入谷雄二)「会報」 房総石造文化
財研究会事務局 (113) 2012.04

伝統芸能 松戸の万作踊り(第63回松戸市文化祭参加)(池田眞也)「松戸
史談」 松戸史談会 (52) 2012.11

松戸市の石仏(入谷雄二)「房総の石仏」 房総石造文化財研究会 (23)
2013.08

失敗しない郷土玩具製作マニュアルの試作―郷土玩具「パタパタ」をめ
ぐって(研究ノート)(山田尚彦)「松戸市立博物館紀要」 松戸市立博
物館 (21) 2014.03

民俗「今」につながる。伝える、伝わる。「まつどミュージアム : 松戸
市立博物館情報誌」 松戸市立博物館 (22) 2014.03

松戸神社

遺稿 松戸神社の史実(福田野美晴)「松戸史談」 松戸史談会 (46)
2006.10

光圀と松戸神社の白鳥(特集 楽しい東葛伝説民話事典―松戸の伝説と民
話)「東葛流山研究」 流山市立博物館友の会事務局, 崙書房出版(発
売) (29) 2011.03

特別寄稿 松戸神社拝殿天井画に寄せて(千葉寛)「松戸史談」 松戸史談
会 (51) 2011.11

松林

松林の妙見神社―新開地初の神社「郷土八街」 八街郷土史研究会
(19) 2012.09

馬橋

〔資料紹介〕馬橋王子神社で発見された常滑焼の壺について(付渥美焼
蓋・ロクロ土師器坏)(谷口栄, 中山文人)「松戸市立博物館紀要」 松
戸市立博物館 (6) 1999.3

馬橋地区の祭りと信仰(永淵定)「松戸史談」 松戸史談会 (42) 2002.10
短信(2)馬橋・王子神社境内を散策「松戸史談」 松戸史談会 (53)
2013.11

真間

"中山法華経寺と真間の手児奈霊堂を訪ねる"に参加して(染谷啓之)「か
つしか台地 : 野田地方史懇話会会誌」 野田地方史懇話会 18
1999.9

松戸周辺・真間・水元 伝説ルポ(特集 楽しい東葛伝説民話事典―松戸
の伝説と民話)「東葛流山研究」 流山市立博物館友の会事務局, 崙書
房出版(発売) (29) 2011.03

万福寺

萬福寺羅怙羅像所感(林武之)「東庄の郷土史」 東庄郷土史研究会
(15) 1999.6

万満寺

萬満寺、両国回向院出開帳往来考(平久保久雄)「松戸史談」 松戸史談会
(41) 2001.10

馬橋の万満寺の小僧弁天(特集 楽しい東葛伝説民話事典―松戸の伝説と
民話)「東葛流山研究」 流山市立博物館友の会事務局, 崙書房出版(発
売) (29) 2011.03

万満寺の仁王の股くぐり(特集 楽しい東葛伝説民話事典―松戸の伝説と
民話)「東葛流山研究」 流山市立博物館友の会事務局, 崙書房出版(発
売) (29) 2011.03

萬満寺に一日堂建設その他(神尾武男)「松戸史談」 松戸史談会 (51)
2011.11

萬満寺に「栢日庵碑」建立の記(神尾武男)「松戸史談」 松戸史談会
(52) 2012.11

萬満寺・一日堂の緑蔭坐禅会(小野塚利雄)「松戸史談」 松戸史談会
(53) 2013.11

三川浦

三川浦神幸の由来「ひかたの歴史と民俗」 大原幽学記念館 3 2001.3

岬町

睦沢町および岬町におけるホウジャリの伝承と消滅の理由(宇野幸)「睦
沢町史研究」 睦沢町教育委員会 4 2002.3

昭和55年度7月起 ふるさとの昔ばなし(有線放送)(夷隅郡岬町史編さん
室)「房総 : 郷土の古文書研究」 川城文庫・藩政史研究会 102
2004.4

水元

松戸周辺・真間・水元 伝説ルポ(特集 楽しい東葛伝説民話事典―松戸
の伝説と民話)「東葛流山研究」 流山市立博物館友の会事務局, 崙書
房出版(発売) (29) 2011.03

千葉県　　　　　　　　　　　　郷土に伝わる民俗と信仰　　　　　　　　　　　　関東

湊川下流域

千葉県富津市湊川下流域の中世磨崖仏・やぐらについて―竹岡薬王寺・不入斗円正寺を中心に（松本勝）「六浦文化研究」　六浦文化研究所（11）2002.5

南今泉村

南今泉村の伝承と文化（八角俊）「忘らえぬかも ： 故里の歴史をさぐる」（8）2014.4

南生実

千葉市南生実の新行人塚の開山供養と梵天大供養について（對馬郁夫）「千葉文華」　千葉県文化財保護協会　（40）2008.8

南柏

南柏の松並木と黄門伝説（特集 楽しい東葛伝説民話事典―柏の伝説と民話）「東葛流山研究」　流山市立博物館友の会事務局，崙書房出版（発売）（29）2011.03

南玉

南玉地区に伝わる伝統行事（鈴木益子）「忘らえぬかも ： 故里の歴史をさぐる」　大網白里町文化協会　（1）2000.10

南千倉

南千倉不動様（鈴木文子）「ふるさとちくら」　南房総市教育委員会（23）2006.3

南房総

「鰹」の訓みと南房総のサンマ漁（田村勇）「千葉県立安房博物館研究紀要」　千葉県立安房博物館　8　2001.3
南房総の「おかつ節」について（田村勇）「豊津のあゆみ」　豊津会　（5）2002.2
石仏紹介 棚田の浄土・南房総の三山塚（早川正司［現地調査・写真撮影］，田中征志［現地調査・図面作成］，石田年子［文責］）「会報」　房総石造文化財研究会事務局　（123）2014.10

南房総市

愛宕神社の秘密（青木貴志）「ふるさとちくら」　南房総市教育委員会（14）1997.4
お飾りを作って（長谷川洋平）「ふるさとちくら」　南房総市教育委員会（14）1997.4
初めてのお飾り作り（武井千春）「ふるさとちくら」　南房総市教育委員会（14）1997.4
仏様の世界へ（荒井大樹）「ふるさとちくら」　南房総市教育委員会（14）1997.4
不思議いっぱいのお寺（大久保あい）「ふるさとちくら」　南房総市教育委員会　（14）1997.4
お飾りづくり（三平英希）「ふるさとちくら」　南房総市教育委員会（14）1997.4
いろんな思いがこもっているお飾り（大野寿里）「ふるさとちくら」　南房総市教育委員会　（14）1997.4
初めてのお飾り作り（下羽佑樹）「ふるさとちくら」　南房総市教育委員会（14）1997.4
おかざり作りをして（山口菜見里）「ふるさとちくら」　南房総市教育委員会（14）1997.4
金剛講（鈴木ള則文）「ふるさとちくら」　南房総市教育委員会（14）1997.4
庚申講（栗原忠夫）「ふるさとちくら」　南房総市教育委員会（14）1997.4
題目講（加藤芳子）「ふるさとちくら」　南房総市教育委員会（14）1997.4
子安講（影山歌子）「ふるさとちくら」　南房総市教育委員会（14）1997.4
子安講（高梨武夫）「ふるさとちくら」　南房総市教育委員会（14）1997.4
伊勢講について（真田房子）「ふるさとちくら」　南房総市教育委員会（14）1997.4
天王講（山口進一）「ふるさとちくら」　南房総市教育委員会（14）1997.4
二十三夜講（保坂明）「ふるさとちくら」　南房総市教育委員会　（14）1997.4
稲荷講について（鈴木文子）「ふるさとちくら」　南房総市教育委員会（14）1997.4
大師講（加藤芳子）「ふるさとちくら」　南房総市教育委員会　（14）1997.4
おとりこし（報恩講）（新井喜代）「ふるさとちくら」　南房総市教育委員会（14）1997.4
成田講（新井喜代）「ふるさとちくら」　南房総市教育委員会　（14）1997.4
講の研究と絵馬から日本神話を考える（高梨武夫）「ふるさとちくら」　南

房総市教育委員会　（14）1997.4
かさ神様（真田房子）「ふるさとちくら」　南房総市教育委員会　（14）1997.4
しめ飾りを作って（飯野弘幸）「ふるさとちくら」　南房総市教育委員会（15）1998.4
お飾りを作って（鈴木麻里）「ふるさとちくら」　南房総市教育委員会（15）1998.4
お飾り作りに参加して（川上雅弘）「ふるさとちくら」　南房総市教育委員会　（15）1998.4
初めてのおかざり作り（柴本さゆり）「ふるさとちくら」　南房総市教育委員会　（15）1998.4
難しいおかざり作り（早川恵美子）「ふるさとちくら」　南房総市教育委員会（15）1998.4
おかざり作り（松下いずみ）「ふるさとちくら」　南房総市教育委員会（15）1998.4
お正月のおかざりを作ってみて（松元瑛理）「ふるさとちくら」　南房総市教育委員会　（15）1998.4
〈昔の遊びについて〉「ふるさとちくら」　南房総市教育委員会　（15）1998.4
「昔の遊び」研究にとりくんで（高梨武夫）「ふるさとちくら」　南房総市教育委員会　（15）1998.4
昔の遊び―これからの子供たちに伝えたい遊び（鈴木文夫）「ふるさとちくら」　南房総市教育委員会　（15）1998.4
昔の子供の遊びについて（加藤一江）「ふるさとちくら」　南房総市教育委員会　（15）1998.4
少女時代の思い出は一友や弟妹との遊び（宇山弥生）「ふるさとちくら」　南房総市教育委員会　（15）1998.4
町内小学校「遊びについて」のアンケート（高梨武夫）「ふるさとちくら」　南房総市教育委員会　（15）1998.4
楽しかった昔の遊び（高木豊）「ふるさとちくら」　南房総市教育委員会（16）1999.4
お手玉の作り方や遊び方（栗原絵里子）「ふるさとちくら」　南房総市教育委員会　（16）1999.4
どこにも売っていないお飾り（忍足富士美）「ふるさとちくら」　南房総市教育委員会　（16）1999.4
幸福をむかえてくれるお飾り（石井裕太）「ふるさとちくら」　南房総市教育委員会　（16）1999.4
お飾りで来年もいい年に（酒井香織）「ふるさとちくら」　南房総市教育委員会　（16）1999.4
手作りのお飾り（小高あゆみ）「ふるさとちくら」　南房総市教育委員会（16）1999.4
一生懸命やったおかざり作り（川上希）「ふるさとちくら」　南房総市教育委員会　（16）1999.4
おかざり作りは未体験（景山祐介）「ふるさとちくら」　南房総市教育委員会　（16）1999.4
おもしろかったおかざり作り（東条紗知）「ふるさとちくら」　南房総市教育委員会　（16）1999.4
おかざり作り（関悠一）「ふるさとちくら」　南房総市教育委員会　（16）1999.4
子供の頃の古里の神仏（宇山弥生）「ふるさとちくら」　南房総市教育委員会　（16）1999.4
狐の化かされた少年（宇山弥生）「ふるさとちくら」　南房総市教育委員会（18）2001.3
サンマの「しら干し」について（平本紀久雄）「ふるさとちくら」　南房総市教育委員会　（18）2001.3
浜のおかず「まんぼう」（平本紀久雄）「ふるさとちくら」　南房総市教育委員会　（19）2002.3
日枝神社と初代後藤利兵衛橘義光の彫刻（三田善子）「ふるさとちくら」　南房総市教育委員会　（21）2004.3
新しいふるさと運動/郷土の民話「ふるさとちくら」　南房総市教育委員会　（23）2006.3
大黒様は台所のかみ様（高木瑠海）「ふるさとちくら」　南房総市教育委員会　（24）2007.3
じごくの写真（鈴木日和）「ふるさとちくら」　南房総市教育委員会（24）2007.3
南房総市の民話について（研究発表要旨）（生駒謹爾）「房総の郷土史」　千葉県郷土史研究連絡協議会　（37）2009.05

嶺岡

嶺岡白牛考 インド産か日本在来牛か（郷土研究）（清水信明）「館山と文化財 ： 会報」　館山市文化財保護協会　（47）2014.4

宮小路

宮小路第2町内会秋祭「万灯」について（橋爪藤光）「うすみ」　臼井文化懇話会　（15）1999.12

関東　郷土に伝わる民俗と信仰　千葉県

宮谷県
明治初頭の直轄県における人民教化政策の推進―宮谷県知事柴山典と房総の神職たち（三浦茂一）「千葉いまむかし」　千葉市教育委員会　（12）　1999.3

宮成村
地域史の民俗 長柄郡宮成村の三夜盛り「房総 ： 郷土の古文書研究」　川城文庫・藩政史研究会　96　2002.9

三山
《三山の七年祭》「史談八千代 ： 八千代市郷土歴史研究会機関誌」　八千代市郷土歴史研究会　22　1997.10
三山の七年祭へのおさそい（村田一男）「史談八千代 ： 八千代市郷土歴史研究会機関誌」　八千代市郷土歴史研究会　22　1997.10
三山の七年祭のあらまし（牧野光男）「史談八千代 ： 八千代市郷土歴史研究会機関誌」　八千代市郷土歴史研究会　22　1997.10
三山七年祭取材メモ 時平神社地区の動き（板谷繁）「郷土史研通信」　八千代市郷土歴史研究会　44　2003.11
時平神社「三山七年祭り」の会員の動向（牧野光男）「郷土史研通信」　八千代市郷土歴史研究会　44　2003.11
三山七年祭取材メモ 高津比咩神社の準備を追う（蕨由美）「郷土史研通信」　八千代市郷土歴史研究会　44　2003.11
高津比咩神社 三山の七年祭見学レポート（成瀬摩希子）「郷土史研通信」　八千代市郷土歴史研究会　44　2003.11
平成15年「七年まつり」の記録「船橋市郷土資料館資料館だより」［船橋市郷土資料館］　83　2004.3
〈平成15年「三山の七年祭り」準備記録〉「史談八千代 ： 八千代市郷土歴史研究会機関誌」　八千代市郷土歴史研究会　（29）　2004.11
三山の七年祭（白井千万子）「千葉いまむかし」　千葉市教育委員会　（18）　2005.3
企画展「千葉市の戦国時代城館跡―千葉市史編纂40周年」/はみだし のぞいてみよう 三山の七年祭「ちば市史編さん便り」　千葉市立郷土博物館　（3）　2009.08
特集 下総三山の七年祭り―平成21年の記録「船橋市郷土資料館資料館だより」［船橋市郷土資料館］　（94）　2010.03

宮前
千葉県香取郡山田町志高区宮前の土葬（吉越笑子）「調査研究報告」　千葉県立大利根博物館　通号8　1999.3
宮前の御出と松沢の御出（宇井弘）「山田の郷土史」　山田町郷土史研究会　（6）　1999.12

妙覚寺
平成25年12.15「妙覚寺と雷電為右衛門」（公開講演・例会講話）（佐藤徳樹）「うすゐ」　臼井文化懇話会　（30）　2014.11

妙見寺
下総国妙見祭礼における神事舞太夫―寺社祭礼における先払い役の担い手（中野洋平）「鷹陵史学」　鷹陵史学会　（35）　2010.03

妙興寺
野呂檀林妙興寺と悲田派（濱名信順）「研究紀要」　千葉市立郷土博物館　（18）　2012.03
若葉区野呂妙興寺における子安講調査報告（林絢子）「研究紀要」　千葉市立郷土博物館　（20）　2014.03

妙光寺
千葉介胤直と妙光寺（川戸彰）「中世房総」　崙書房出版　10　1998.8

妙正寺
特集 疱瘡神を追う―妙正寺の史料を中心に「郷土八街」　八街郷土史研究会　（19）　2012.09

妙泉寺
新資料紹介 八千代市島田妙泉寺の戦時に供出された梵鐘とその銘文記録（蕨由美）「史談八千代 ： 八千代市郷土歴史研究会機関誌」　八千代市郷土歴史研究会　（33）　2008.11

妙本寺
安房妙本寺所蔵日我寄進の折敷・打敷について―妙本寺研究の多角化のために（佐藤博信）「千葉県の文書館」　千葉県文書館　（2）　1997.3
中世寺院における修学の歴史的性格―特に安房妙本寺と関東天台との関係を通じて（佐藤博信）「千葉県史研究」　千葉県史料研究財団　5　1997.3
東京湾岸戦国史跡（58）妙本寺「ミュージアム発見伝 ： 館山市立博物館報」　館山市立博物館　59　1997.9
安房妙本寺と房総里見氏―上総金谷城・妙本寺要害及び勝山城をめぐって（佐藤博信）「千葉県史研究」　千葉県史料研究財団　6　1998.3
安房妙本寺と「石塚之御影御座ス所」―妙本寺研究の断章（佐藤博信）「中世房総」　崙書房出版　10　1998.8

安房国妙本寺日我の「未来記」執筆の背景（重永卓爾）「季刊南九州文化」南九州文化研究会　82　2000.1
中世東国の法華宗寺院における住持と隠居―安房妙本寺の日要・日我・日侃を中心として（佐藤博信）「千葉県史研究」　千葉県史料研究財団　8　2000.3
安房妙本寺の日向末寺の再興者たち―「山本坊過去帳」から（歴史随想）（佐藤博信）「千葉史学」　千葉歴史学会　（50）　2007.5
「安房吉浜妙本寺絵図」にみる樹木（武田歌織）「千葉県史研究」　千葉県史料研究財団　（16）　2008.3
安房妙本寺と中山法華経寺―戦国末期の一通の文書から（佐藤博信）「千葉史学」　千葉歴史学会　（53）　2008.12
安房妙本寺と和泉堺本伝寺―新出史料の検討（佐藤博信）「日蓮仏教研究」　常円寺日蓮仏教研究所　（4）　2010.03

妙楽寺
睦沢町妙楽寺のお大日様を拝見して（江沢孝二）「ろばた ： 睦沢町郷土研究愛好会会報」　睦沢町郷土研究愛好会　9　1998.3

妙蓮寺
妙蓮寺址平と日円（鎌形家達）「山田の郷土史」　山田町郷土史研究会　（6）　1999.12

向山
向山金比羅さまと八十八ヶ所写し霊場の想ひ出（福田野芙晴）「松戸史談」　松戸史談会　（39）　1999.10

武社（射）国
竹の水門と武社（射）国―日本武尊東征の真実（金田弘之）「季刊邪馬台国」　「季刊邪馬台国」編纂委員会，梓書院（発売）　（87）　2005.4

虫生
地域社会の変容と伝統文化の行方―千葉県匝瑳郡光町虫生を事例として（小島孝夫）「民俗学研究所紀要」　成城大学民俗学研究所　29　2005.3

六崎組十善講
佐倉の大師参り 六崎組十善講（伊藤清）「佐倉の地名 ： 佐倉地名研究会会報」　佐倉地名研究会　（5）　2013.10

睦沢
睦沢の旧寺院「房総 ： 郷土の古文書研究」　川城文庫・藩政史研究会　78　1998.7
睦沢の稲作―機械化前における稲作技術の伝承（深沢小百合）「睦沢町史研究」　睦沢町教育委員会　2　2000.3

睦沢町
モーモンジャのこと（［資料紹介］（津川つね）「ろばた ： 睦沢町郷土研究愛好会会報」　睦沢町郷土研究愛好会　9　1998.3
仏像彫刻の魅力「Mutsuzawa Museum news」　睦沢町立歴史民俗資料館　4　1999.3
日本昔話絵本原画展「Mutsuzawa Museum news」　睦沢町立歴史民俗資料館　4　1999.3
睦沢町屋号調査進捗報告（調査委員会）「睦沢町史研究」　睦沢町教育委員会　1　1999.3
初午の頃（中島満）「グローバル21 ： 睦沢町立歴史民俗資料館友の会会報」　睦沢町立歴史民俗資料館友の会　5　1999.9
睦沢町民俗調査アンケート中間報告―年中行事を中心に（朝比奈時子，宇野幸，久野一郎）「睦沢町史研究」　睦沢町教育委員会　2　2000.3
長南・睦沢町における茅葺き民家の維持保全に関する研究（菅野武人）「歴史民俗資料館研究紀要」　睦沢町立歴史民俗資料館　5　2000.3
睦沢町における民家の調査と保存（マーティン，モリス，菅野武人）「睦沢町史研究」　睦沢町教育委員会　3　2001.3
小高庫家の農具―古農具を中心として（深沢小百合）「睦沢町史研究」　睦沢町教育委員会　3　2001.3
復元民家前のたなばた飾り「Mutsuzawa Museum news」　睦沢町立歴史民俗資料館　9　2001.9
睦沢町および岬町におけるホウジャリの伝承と消滅の理由（宇野幸）「睦沢町史研究」　睦沢町教育委員会　4　2002.3
事業報告 睦沢町立歴史民俗資料館開館20周年記念 特別展「総南の至宝 未来への遺産」展/企画展「庶民の願い 行堂の仏たち」/ほか「Mutsuzawa Museum news」　睦沢町立歴史民俗資料館　12　2003.3
古い建物に魅せられて（山田英夫）「グローバル21 ： 睦沢町立歴史民俗資料館友の会会報」　睦沢町立歴史民俗資料館友の会　9　2003.12
特集 裁縫雛形でみる裁縫のあり方とその変化―睦沢町立歴史民俗資料館所蔵の磯野きみの作品を中心に（林夏子）「睦沢町史研究」　睦沢町教育委員会　6　2004.3

六実
資料紹介 松戸市六実の旧不動堂資料について―文明17年銘の板碑を中心に（辻村真弥）「鎌ケ谷市史研究」　鎌ケ谷市教育委員会　（14）　2001.3

村上

八千代市村上地区の女人講石造物（特集 旧村上村・旧下市場村の総合研究I）（蕨由美）「史談八千代 ： 八千代市郷土歴史研究会機関誌」 八千代市郷土歴史研究会　(37) 2012.12

女人講と石造物—浅間内遺跡出土の十九夜塔の考証（特集 旧村上村・旧下市場村の総合研究II—むかしの村上を探る）（蕨由美）「史談八千代 ： 八千代市郷土歴史研究会機関誌」 八千代市郷土歴史研究会　(38) 2013.11

村上村

村上村の神社と寺院について（特集 旧村上村・旧下市場村の総合研究II—旧村上村の研究 村明細帳から見る江戸時代の村上村）（村杉スミ子）「史談八千代 ： 八千代市郷土歴史研究会機関誌」 八千代市郷土歴史研究会　(38) 2013.11

村田川流域

続・村田川流域の疱瘡神祠（大谷克己，福田誠）「千葉文華」 千葉県文化財保護協会　33 1998.3

布沼

安房の民俗芸能誌（20）布沼のかっこ舞「ミュージアム発見伝 ： 館山市立博物館報」 館山市立博物館　58 1997.5

目吹

目吹のマリア観音（特集 楽しい東葛伝説民話事典—野田の伝説と民話）「東葛流山研究」 流山市立博物館友の会事務局，崙書房出版（発売）　(29) 2011.03

布良

布良星 伝説の話（尾谷茂）「館山と文化財」 館山市文化財保護協会　34 2001.4

唐神社

東条・唐神社から裏山へ登って（渡辺昌良）「郷土文化」 郷土文化の会　(11) 2002.3

唐神社（永田和子）「郷土文化」 郷土文化の会　(13) 2004.3

望陀郡

望陀布の復元に関する覚書（井口崇）「千葉史学」 千葉歴史学会　通号 32 1998.5

望陀布（大川義行）「袖ケ浦市史研究」 袖ケ浦市郷土博物館　8 2000.3

元観音

元観音の石絵馬[1]，(2)（横井和子）「房総の郷土史」 千葉県郷土史研究連絡協議会　26/27 1998.3/1999.3

本埜村

新田開発地域における水神信仰—千葉県印旛郡本埜村の事例を中心に（福西大輔）「日本民俗学」 日本民俗学会　通号241 2005.2

茂名の里芋祭

西山荘にて 茂名の里芋まつり（庄司民江）「館山と文化財」 館山市文化財保護協会　32 1999.4

茂原

藻原寺の制札からみた戦国期の茂原（《特集 東上線の戦国城郭と社会》）（滝川恒昭）「千葉城郭研究」 千葉城郭研究会　(8) 2006.11

桃園稲荷神社

特集 桃園稲荷神社（明治20・25各年の記録）「郷土八街」 八街郷土史研究会　(17) 2012.04

森

睦沢町森・長南芝原地区の年中行事（朝比奈時子，久野一郎，宇野幸）「歴史民俗資料館研究紀要」 睦沢町立歴史民俗資料館　6 2001.3

森之谷

睦沢町佐貫森之谷地区の木造馬頭観世音菩薩立像と「大塚山馬頭観世音菩薩由来記」（久野一郎）「歴史民俗資料館研究紀要」 睦沢町立歴史民俗資料館　8 2004.3

森山城

森山城主「東氏」と東大社宮司「飯田氏」（飯田武士）「東庄の郷土史」 東庄郷土史研究会　(30) 2014.7

八木

八木の椎の木（特集 楽しい東葛伝説民話事典—流山の伝説と民話）「東葛流山研究」 流山市立博物館友の会事務局，崙書房出版（発売）　(29) 2011.03

矢切

矢切の獅子塚と野猿塚（特集 楽しい東葛伝説民話事典—松戸の伝説と民話）「東葛流山研究」 流山市立博物館友の会事務局，崙書房出版（発売）　(29) 2011.03

薬王寺

千葉県富津市湊川下流域の中世磨崖仏・やぐらについて—竹岡薬王寺・不入斗円正寺を中心に（松本勝）「六浦文化研究」 六浦文化研究所　(11) 2002.5

矢口神社

矢口神社の由来（上村博眞）「忘らえぬかも ： 故里の歴史をさぐる」 大網白里町文化協会　(1) 2000.10

谷津遺跡

スポットライト 南北朝期の仏神崎町 谷津遺跡出土の銅製聖観音立像と銅板線刻仏「加止里 ： 財団法人香取郡市文化財センター広報誌」 香取市文化財センター　7 2002.3

谷津経塚

千葉県香取郡下総町大須賀谷津経塚出土の大治4年銘経筒について(1)，(2)（髙森良文）「利根川文化研究」 利根川文化研究会　(14)/(15) 1998.1/1998.6

谷田

谷田地方の婚姻の成立と結婚式に関わる風習（内藤忠俊）「たいわ ： 語り伝える白井の歴史 ： 白井市郷土史の会機関誌」 白井市郷土史の会　15 1998.4

谷田地区での主な農作業の順序（内藤忠俊）「たいわ ： 語り伝える白井の歴史 ： 白井市郷土史の会機関誌」 白井市郷土史の会　(21) 2004.4

谷田地区での葬式（土葬の頃）の習慣について（内藤忠俊）「たいわ ： 語り伝える白井の歴史 ： 白井市郷土史の会機関誌」 白井市郷土史の会　(22) 2005.4

八街

馬頭観世音菩薩像補遺「郷土八街」 八街郷土史研究会　(7) 2008.4

鬼のはなし（池田勝宣）「郷土八街」 八街郷土史研究会　(7) 2008.4

元気な古老のはなし（池田勝宣）「郷土八街」 八街郷土史研究会　(8) 2008.9

民俗 回顧・土葬「郷土八街」 八街郷土史研究会　(9) 2009.04

おたいしさま 八街にも6札所「郷土八街」 八街郷土史研究会　(12) 2010.07

補「十善譜」ご詠歌「郷土八街」 八街郷土史研究会　(17) 2012.04

「夫食」を「七食」と解してしまった「郷土八街」 八街郷土史研究会　(17) 2012.04

神社の分霊って何「郷土八街」 八街郷土史研究会　(18) 2012.06

報告 絵馬で見る村人の歴史（県郷土史研究連絡協議会）「郷土八街」 八街郷土史研究会　(18) 2012.6

八街だけの"うた"—笹引今昔物語「郷土八街」 八街郷土史研究会　(19) 2012.09

切り抜き—宗派ごとに地理的偏り（朝日新聞）「郷土八街」 八街郷土史研究会　(19) 2012.09

消えた神社 こんぴらさん(2区)「郷土八街」 八街郷土史研究会　(20) 2013.01

男墓・女墓 教えて！「郷土八街」 八街郷土史研究会　(20) 2013.01

道祖神を兼ねた疣神様・風邪神様（民俗調査特集）「郷土八街」 八街郷土史研究会　(21) 2013.05

石像・石造（民俗調査特集）「郷土八街」 八街郷土史研究会　(21) 2013.05

写経 静かにただ無駄続ける「郷土八街」 八街郷土史研究会　(21) 2013.05

西村翁と成田山八街分院不動院（史料で見る西村郡司小伝）「郷土八街」 八街郷土史研究会　(臨時号) 2013.11

西村翁と成田山八街分院不動院（史料で見る 西村郡司翁小伝）「郷土八街」 八街郷土史研究会　(臨時号) 2014.05

八街市

村の年中行事（瀬尾年勇）「八街市史研究」 八街市史編さん委員会　(3) 1997.3

市内の権現様を探る「郷土八街」 八街郷土史研究会　(20) 2013.01

市内神社小史—境内の石造物を全調査（民俗調査特集）「郷土八街」 八街郷土史研究会　(21) 2013.05

八街神社

西村辰三建碑を読む 八街神社境内の記念碑「郷土八街」 八街郷土史研究会　(10) 2009.07

補遺 八街神社の7社分霊 明治13年11月2日「郷土八街」 八街郷土史研究会　(18) 2012.06

八千代

6月5日（金）東京成徳大学特別講義「地域研究から見える八千代の歴史II おもしろ石造物講座—狛犬と子安塔」「郷土史研通信」 八千代市郷土歴史研究会　(67) 2009.08

八千代市

収蔵資料紹介（6）静かに眠る獅子頭「八千代市歴史民俗資料館だより」　八千代市歴史民俗資料館　（16）1997.7

収蔵資料紹介（7）災いからムラを守るワラヘビ「八千代市歴史民俗資料館だより」　八千代市歴史民俗資料館　（17）1997.10

収蔵資料紹介（8）注連飾り「八千代市歴史民俗資料館だより」　八千代市歴史民俗資料館　（18）1998.1

残された権現様の道しるべ（森山一徳）「史談八千代 ： 八千代市郷土歴史研究会機関誌」　八千代市郷土歴史研究会　23　1998.10

疱瘡神についての考察（上山ひろし）「史談八千代 ： 八千代市郷土歴史研究会機関誌」　八千代市郷土歴史研究会　23　1998.10

資料館界隈の風景（20）村の危急を知らせてきた半鐘（八木康行）「八千代市歴史民俗資料館だより」　八千代市歴史民俗資料館　（21）1999.9

「疱瘡神についての考察」（本誌23号）の訂正について（上山ひろし）「史談八千代 ： 八千代市郷土歴史研究会機関誌」　八千代市郷土歴史研究会　（24）1999.10

幻のみこし道（恵志あや）「史談八千代 ： 八千代市郷土歴史研究会機関誌」　八千代市郷土歴史研究会　（25）2000.10

春をむかえるムラの行事（蕨由美）「史談八千代 ： 八千代市郷土歴史研究会機関誌」　八千代市郷土歴史研究会　（26）2001.10

神社と路傍の石造物（園田充一）「史談八千代 ： 八千代市郷土歴史研究会機関誌」　八千代市郷土歴史研究会　（26）2001.10

寺院と石造文化財（小菅俊雄）「史談八千代 ： 八千代市郷土歴史研究会機関誌」　八千代市郷土歴史研究会　（26）2001.10

毘沙門堂の縁起と行事（酒井正男）「史談八千代 ： 八千代市郷土歴史研究会機関誌」　八千代市郷土歴史研究会　（26）2001.10

板碑（村田一男）「史談八千代 ： 八千代市郷土歴史研究会機関誌」　八千代市郷土歴史研究会　（26）2001.10

石造物調査（小菅俊雄，園田充一，福田和雄）「史談八千代 ： 八千代市郷土歴史研究会機関誌」　八千代市郷土歴史研究会　（27）2002.11

諏訪神社境内の富士塚（小菅俊雄）「史談八千代 ： 八千代市郷土歴史研究会機関誌」　八千代市郷土歴史研究会　（27）2002.11

12月例会報告 古民家調査と反省会（牧野光男）「郷土史研通信」　八千代市郷土歴史研究会　42　2003.4

二十四孝彫刻の究明（村田一男）「郷土史研通信」　八千代市郷土歴史研究会　42　2003.4

資料紹介 稲垣家もう一つの家相図（村田一男）「郷土史研通信」　八千代市郷土歴史研究会　43　2003.7

八千代市史資料編にみる屋号（畠山隆）「史談八千代 ： 八千代市郷土歴史研究会機関誌」　八千代市郷土歴史研究会　（28）2003.11

墓碑銘にみる旧家の変遷（酒井正男，平野仁蔵）「史談八千代 ： 八千代市郷土歴史研究会機関誌」　八千代市郷土歴史研究会　（28）2003.11

市内最古か 享保16年の馬頭観音塔（小菅俊雄，福田和雄，園田充一，酒井正男）「史談八千代 ： 八千代市郷土歴史研究会機関誌」　八千代市郷土歴史研究会　（28）2003.11

平成15年度諏訪神社本殿礎石改修の銘文について（小菅俊雄，園田充一，福田和雄）「史談八千代 ： 八千代市郷土歴史研究会機関誌」　八千代市郷土歴史研究会　（28）2003.11

民俗II－かつての暮らしと習わしの記憶から（蕨由美）「史談八千代 ： 八千代市郷土歴史研究会機関誌」　八千代市郷土歴史研究会　（28）2003.11

旧家・稲垣勘右衛門家の家相図からみる間取りとその復元（牧野光男）「史談八千代 ： 八千代市郷土歴史研究会機関誌」　八千代市郷土歴史研究会　（28）2003.11

八千代市域の石造物（1）（小菅俊雄）「房総の石仏」　房総石造文化財研究会　（14）2004.6

1月9日 新春恒例七福神巡り（関和時男）「郷土史研通信」　八千代市郷土歴史研究会　49　2005.2

弁天様とドウロクジン—民俗信仰の展開（小池淳一）「八千代市立郷土博物館館報」　八千代市立郷土博物館　（11）2005.3

真砂弘会員の研究発表「寺子屋の研究」を聞いて（会員研究発表会の報告）（小菅俊雄）「郷土史研通信」　八千代市郷土歴史研究会　50　2005.5

狛犬さんは何処へ（平塚胖）「郷土史研通信」　八千代市郷土歴史研究会　52　2005.11

高津と八千代市内の女人信仰に関わる石像物の変遷（石像物群像）（蕨由美）「史談八千代 ： 八千代市郷土歴史研究会機関誌」　八千代市郷土歴史研究会　（30）2005.11

地方における大師信仰について（阿河要）「史談八千代 ： 八千代市郷土歴史研究会機関誌」　八千代市郷土歴史研究会　（30）2005.11

参拝の礼儀（佐藤二郎）「史談八千代 ： 八千代市郷土歴史研究会機関誌」　八千代市郷土歴史研究会　（30）2005.11

町家に思う（羽計一宏）「史談八千代 ： 八千代市郷土歴史研究会機関誌」　八千代市郷土歴史研究会　（30）2005.11

新春恒例七福神巡り（福田和雄）「郷土史研通信」　八千代市郷土歴史研究会　（53）2006.2

第30号記事の訂正とお詫び 市内最古の十九夜塔は寛文の丸彫り如意輪像（「史談八千代」30号補遺）（蕨由美）「郷土史研通信」　八千代市郷土歴史研究会　（53）2006.2

八千代市の石造物（2），（3）（小菅俊雄）「房総の石仏」　房総石造文化財研究会　（16）/（17）2006.5/2007.5

未調査の石造物 地蔵菩薩を発見（小菅俊雄）「郷土史研通信」　八千代市郷土歴史研究会　（56）2006.11

江戸時代の石造物にみる屋号（園田充一，小菅俊雄，鈴木登）「史談八千代 ： 八千代市郷土歴史研究会機関誌」　八千代市郷土歴史研究会　（31）2006.11

筆子塚—小林佐圃先生とその周辺（佐久間弘文）「史談八千代 ： 八千代市郷土歴史研究会機関誌」　八千代市郷土歴史研究会　（31）2006.11

平成19年丁亥1月7日（日）新春恒例七福神巡り（酒井正男）「郷土史研通信」　八千代市郷土歴史研究会　（57）2007.2

宝篋印塔のルーツ（蕨由美）「郷土史研通信」　八千代市郷土歴史研究会　（58）2007.5

市立郷土博物館主催文化財散歩「あんば様を訪ねて」参加記（牧野光男）「郷土史研通信」　八千代市郷土歴史研究会　（60）2007.11

私の狛犬研究（平塚胖）「郷土史研通信」　八千代市郷土歴史研究会　（66）2009.05

今までに巡った七福神（事務局）「郷土史研通信」　八千代市郷土歴史研究会　（68）2009.11

君塚孫右衛門家の浅間様 日蓮宗宝塔の報告（村田一男）「史談八千代 ： 八千代市郷土歴史研究会機関誌」　八千代市郷土歴史研究会　（36）2011.11

「君塚長右衛門家墓地の板碑」報告（村田一男）「史談八千代 ： 八千代市郷土歴史研究会機関誌」　八千代市郷土歴史研究会　（36）2011.11

変化する民俗、その後（木原善和）「八千代市立郷土博物館館報」　八千代市立郷土博物館　（18）通号40　2012.03

狛犬のルーツについての雑感（ずいひつ）（山口忠）「史談八千代 ： 八千代市郷土歴史研究会機関誌」　八千代市郷土歴史研究会　（39）2014.11

八千代台西

八千代台西の石仏に刻まれた道しるべ（平野仁蔵）「史談八千代 ： 八千代市郷土歴史研究会機関誌」　八千代市郷土歴史研究会　23　1998.10

八千代八福神

「再発見八千代」八福神めぐりと歴史探訪に参加して（小菅俊雄）「郷土史研通信」　八千代市郷土歴史研究会　（62）2008.5

八千代八福神創設20周年「八福神の見どころ」八千代八福神創設とご案内（村田一男）「郷土史研通信」　八千代市郷土歴史研究会　（68）2009.11

八福神めぐりと歴史探訪（〈特集 八千代八福神創設20周年〉）（八千代市郷土歴史研究会）「史談八千代 ： 八千代市郷土歴史研究会機関誌」　八千代市郷土歴史研究会　（34）2009.11

八千代八福神めぐり巡拝略図（〈特集 八千代八福神創設20周年〉）「史談八千代 ： 八千代市郷土歴史研究会機関誌」　八千代市郷土歴史研究会　（34）2009.11

八福神の見所 小池妙光寺（吉祥天）、真木野妙徳寺（大黒天）、保品東栄寺（福禄寿）、光本長福寺（弁財天）、村上正覚寺（毘沙門天）、萱田長福寺（寿老人）、吉橋貞福寺（恵比寿）、高津観音寺（布袋尊）（〈特集 八千代八福神創設20周年〉）「史談八千代 ： 八千代市郷土歴史研究会機関誌」　八千代市郷土歴史研究会　（34）2009.11

八千代緑が丘駅

開通した東葉線の駅を歩いてみよう 八千代緑が丘駅から吉橋方面へ新四国霊場を訪ねて（村上昭彦）「史談八千代 ： 八千代市郷土歴史研究会機関誌」　八千代市郷土歴史研究会　22　1997.10

八代

八代金比羅神社の真鍮製御幣（成田市史調査員だより（3））（藤下昌信）「成田市史研究」　成田市教育委員会　通号34　2010.03

谷津田

中村俊彦著『里やま自然誌』（新刊紹介）（高橋克行）「東京湾学会誌 ： 東京湾の水土」　東京湾学会　2（3）2005.3

八剣神社

八劔神社例大祭（川島信克）「東京湾学会誌 ： 東京湾の水土」　東京湾学会　2（6）通号12　2008.3

八剣八幡神社

八劔八幡神社瑞垣の記録（高崎繁雄）「西上総文化会報」　西上総文化会　（63）2003.3

八幡宮紹介 八劔八幡神社（千葉県木更津市）「季刊悠久.第2次」　鶴岡八幡宮悠久事務局　（111）2008.4

千葉県　　　　　　　　　　　　郷土に伝わる民俗と信仰　　　　　　　　　　　　関東

谷中

谷中の祭・谷中の葬儀（神葬祭）（島村道子）「袖ケ浦市史研究」　袖ケ浦市郷土博物館　（11）2004.3

石造物を読む（1）香取市谷中の光明真言塔（米谷博）「会報」　房総石造文化財研究会事務局　（103）2009.10

八柱霊園

八柱霊園の開設（秋本勝造）「松戸史談」　松戸史談会　（37）1997.10

随想 炎天下の八柱霊園に思う（佐藤昌男）「松戸史談」　松戸史談会　（39）1999.10

山口

成田市山口の盆綱―現代にいきづく民俗行事（弓削田綾乃）「成田市史研究」　成田市教育委員会　通号29　2005.3

山口家住宅

山口家住宅の修理について（資料紹介）（角野茂勝）「佐倉市史研究」　佐倉市総務部　（17）2004.3

山神宮

山神宮の大杉（特集 楽しい東葛伝説民話事典―我孫子の伝説と民話）「東葛流山研究」　流山市立博物館友の会事務局，崙書房出版（発売）（29）2011.03

松戸の「山神宮」石塔と林業従事者（入谷雄二）「房総の石仏」　房総石造文化財研究会　（24）2014.10

山田

健丸物語り誕生のプロセス（高野つる）「山田の郷土史」　山田町郷土史研究会　（4）1997.10

仏縁（高野つる）「山田の郷土史」　山田町郷土史研究会　（5）1998.11

現在の研究事項 五重相伝念仏塔とアドヅゲエ墓地（平野正二）「山田の郷土史」　山田町郷土史研究会　（6）1999.12

仏縁にみちびかれて（高野つる）「山田の郷土史」　山田町郷土史研究会　（9）2002.12

山田区

香取の歴史民俗見聞記（14）山田区・府馬の大クスと愛宕神社（島田七夫）「リヴラン佐原」　CAC企画　（398）2008.12

山田谷

上之郷山田谷祭ばやしの記録（山田谷祭囃子保存会）「睦沢町史研究」　睦沢町教育委員会　1　1999.3

歴史民俗資料館アラカルト/新収蔵資料から 睦沢町上之郷山田谷地区の天神講関係資料「Mutsuzawa Museum news」　睦沢町立歴史民俗資料館　14　2004.3

山田町

愛宕神社の神代文字（宇井弘）「山田の郷土史」　山田町郷土史研究会　（4）1997.10

性学墓について 千葉県香取郡山田町の事例から（1），（2）（米谷博）「民具マンスリー」　神奈川大学　30（11）/30（12）1998.2/1998.3

若宮八幡宮神幸祭使者受の芸無形文化財指定願に就いて（宇井弘）「山田の郷土史」　山田町郷土史研究会　（6）1999.12

町内所在の六地蔵石幢（荒井世志紀）「山田の郷土史」　山田町郷土史研究会　（9）2002.12

旧山田町石仏調査より（3）至徳銘宝篋印塔図像板碑の調査（早川正司）「会報」　房総石造文化財研究会事務局　（103）2009.10

旧山田町の石仏調査に参加して（小西則子）「会報」　房総石造文化財研究会事務局　（103）2009.10

鑓水

睦沢町大上鑓水地区のホウジャリ（上），（下）（宇野幸）「歴史民俗資料館研究紀要」　睦沢町立歴史民俗資料館　5/6　2000.3/2001.3

八幡宿

幕末に八幡宿の百姓が製産した硝石（佐藤敬子）「五郎兵衛記念館報」　五郎兵衛記念館　29　2003.2

八日市場

佐原市八日市場の大鯉についての覚書（坂本行広）「民具マンスリー」　神奈川大学　33（10）通号394　2001.1

要行寺

表紙 細草檀林の東門（現 要行寺山門）大網白里市指定文化財「忘らえぬかも ： 故里の歴史をさぐる」　（8）2014.04

養老渓谷街道

千葉養老渓谷街道の古仏像を訪ねて（金田殖）「史迹と美術」　史迹美術同攷会　69（9）通号699　1999.11

吉尾

吉尾の神社の鳥居・狛犬について（尾形弘道）「郷土文化」　郷土文化の会　（13）2004.3

吉橋

開通した東葉線の駅を歩いてみよう 八千代緑が丘駅から吉橋方面へ新四国霊場を訪ねて（村上昭彦）「史談八千代 ： 八千代市郷土歴史研究会機関誌」　八千代市郷土歴史研究会　（39）2014.11

吉橋（高本・寺台）の道標と寺社調査（特集 旧吉橋村の総合研究 その1―近世・近代の吉橋村）（村杉スミ子）「史談八千代 ： 八千代市郷土歴史研究会機関誌」　八千代市郷土歴史研究会　（39）2014.11

吉橋地区の酪農（特集 旧吉橋村の総合研究 その1―近世・近代の吉橋村）（佐久間弘文）「史談八千代 ： 八千代市郷土歴史研究会機関誌」　八千代市郷土歴史研究会　（39）2014.11

吉橋城

血流地蔵尊と吉橋落城伝説―幻の吉橋・貞福寺縁起から（村上昭彦）「房総の郷土史」　千葉県郷土史研究連絡協議会　（34）2006.3

吉橋大師

吉橋大師講の道標（村上昭彦）「史談八千代 ： 八千代市郷土歴史研究会機関誌」　八千代市郷土歴史研究会　23　1998.10

石造物が語る吉橋大師講の変遷（村上昭彦）「史談八千代 ： 八千代市郷土歴史研究会機関誌」　八千代市郷土歴史研究会　（24）1999.10

続・石造物が語る吉橋大師講の変遷（村上昭彦）「史談八千代 ： 八千代市郷土歴史研究会機関誌」　八千代市郷土歴史研究会　（26）2001.10

高津の吉橋大師巡拝同行記（斎藤君代）「郷土史研通信」　八千代市郷土歴史研究会　52　2005.11

高津の大師観音信仰高津における吉橋大師巡拝（高津ムラの信仰史誌）（斎藤君代）「史談八千代 ： 八千代市郷土歴史研究会機関誌」　八千代市郷土歴史研究会　（30）2005.11

高津の吉橋大師巡拝に参加して（浄園恵子）「郷土史研通信」　八千代市郷土歴史研究会　（60）2007.11

4月8日～9日 吉橋大師巡拝に参加（佐久間弘文）「郷土史研通信」　八千代市郷土歴史研究会　（67）2009.08

吉橋村

吉橋の庚申塔について（特集 旧吉橋村の総合研究 その1―近世・近代の吉橋村）（蕕由美）「史談八千代 ： 八千代市郷土歴史研究会機関誌」　八千代市郷土歴史研究会　（39）2014.11

四街道

井岡家文書「諸国神社仏閣造中日記」を読む 江戸時代の庶民の大旅行（大矢敏夫）「四街道の歴史 ： 市史研究誌」　四街道市教育委員会　（7）2009.03

淀藩下総領

淀藩下総領の宗門改め（成田市史調査員だより（4））（鏑木行廣）「成田市史研究」　成田市教育委員会　（35）2011.3

世直神社

世直神社と五霊権現―佐倉宗吾との関連を考える「郷土八街」　八街郷土史研究会　（22）2013.01

米本稲荷

米本稲荷への道（福田和雄）「史談八千代 ： 八千代市郷土歴史研究会機関誌」　八千代市郷土歴史研究会　（25）2000.10

来迎寺

調査概略 天正銘小見川来迎寺の庚申塔（早川正司）「会報」　房総石造文化財研究会事務局　（116）2013.01

小見川来迎寺の天正銘宝篋印塔（石仏論考）（早川正司）「日本の石仏」　日本石仏協会，青娥書房（発売）（145）2013.03

頼忠寺

東京湾岸戦国史跡（67）頼忠寺と堀江頼忠「ミュージアム発見伝 ： 館山市立博物館報」　館山市立博物館　68　2001.7

雷電神社

隣は「雷電神社」（新谷喬史）「松戸史談」　松戸史談会　（48）2008.11

楽満寺

楽満寺版折の血盆経について（植野英夫）「千葉文華」　千葉県文化財保護協会　34　1999.3

竜角寺

平成21年度企画展「龍女建立―龍角寺古墳群と龍角寺―」をふりかえって（糸原清）「瓦版大木戸 ： 千葉県立房総のむら館報」　千葉県立房総のむら　（44）2010.03

龍の来た道―龍角寺・龍腹寺・龍尾寺 説話の設立について（随想）（五十嵐行男）「房総の郷土史」　千葉県郷土史研究連絡協議会　（40）2012.

05

竜渓寺

市原市石川の龍渓寺と旧請西藩主 林家の墓石について（研究論文など）
（諏訪貞夫）「西上総文化会報」 西上総文化会 （73）2013.03

竜湖寺

龍湖寺の子安信仰—千葉県印旛郡本埜村物木（大島建彦）「西郊民俗」
「西郊民俗談話会」（178）2002.3

石仏探訪（1）旧本埜村・龍湖寺周辺の石仏（石田年子）「会報」房総石
造文化財研究会事務局 （105）2010.04

滝山寺

鴨川市滝山寺・薬師如来立像（郷土研究）（池田英真）「館山と文化財」
館山市文化財保護協会 （45）2012.04

竜泉院

近世の龍泉院と檀越（椎名宏雄）「沼南町史研究」 沼南町教育委員会 7
2003.3

竜泉寺

寺台の安産祈願と龍ヶ崎市龍泉寺「ショウ観音」（特集 旧吉橋村の総合
研究 その1）（佐久間弘文，畠山隆）「史談八千代 ： 八千代市郷土歴史
研究会機関誌」 八千代市郷土歴史研究会 （39）2014.11

竜尾寺

龍の来た道—龍角寺・龍腹寺・龍尾寺 説話の設立について（随想）（五十
嵐行男）「房総の郷土史」 千葉県郷土史研究連絡協議会 （40）2012.
05

竜腹寺

下総国印西荘龍腹寺宝塔棟札について（発表要旨）（植野英夫）「房総の郷
土史」 千葉県郷土史研究連絡協議会 （34）2006.3

龍の来た道—龍角寺・龍腹寺・龍尾寺 説話の設立について（随想）（五十
嵐行男）「房総の郷土史」 千葉県郷土史研究連絡協議会 （40）2012.
05

両総

近世妙見寺と両総の村落—旧妙見寺文書の考察から（後藤有）「研究紀
要」 千葉市立郷土博物館 通号4 1998.3

林福寺

千葉県香取郡東庄町林福寺（旧長福寺）において発見された二つの真言
宗醍醐三宝院地蔵院流実勝方血脈—関係寺院の広がりと僧達（矢島英
雄）「茨城史林」 筑波書林 24 2000.6

林福寺所蔵 木像地蔵菩薩胎内墨書（石出猛史）「房総の郷土史」 千葉県
郷土史研究連絡協議会 29 2001.3

蓮照寺

寶珠山蓮照寺由緒沿革（井村大祐）「忘らえぬかも ： 故里の歴史をさぐ
る」 大網白里町文化協会 （4）2006.6

蓮台堂

一宮椎ヶ沢にあった蓮臺堂の地蔵菩薩坐像（川城昭一）「房総 ： 郷土の
古文書研究」 川城文庫・藩政史研究会 （118）2007.10

六所宮

中世下総国における真言宗展開に関する一考察—白井庄六所宮旧蔵大般
若波羅蜜多経を手がかりに（植野英夫）「中世房総」 崙書房出版 10
1998.8

六所神社

国府台旧所在の六所神社について—古代から近代までの展望（山路直充，
湯浅治久，池田真由美）「市立市川考古博物館研究紀要」 市立市川考
古博物館 （1）1997.1

在庁官人次郎介桑原氏から六所神社神主桑原氏へ—下総国衙在庁の系譜
をひく「村の領主」（湯浅治久）「市立市川歴史博物館館報」 市立市川
歴史博物館 2005年度 2007.3

近世における下総国六所神社の基礎的研究—朱印地支配をめぐる問題を
中心に（菅野洋介）「市立市川歴史博物館館報」 市立市川歴史博物館
2009年度 2011.03

鷲神社

先崎鷲神社と大江山伝説（中田悌之輔）「佐倉市史研究」 佐倉市総務部
（16）2003.3

鷲神社周辺の話（滝口昭二）「佐倉の地名 ： 佐倉地名研究会会報」 佐倉
地名研究会 （1）2012.09

和名ヶ谷

伝統芸能 三匹獅子舞（和名ヶ谷・日枝神社）解説（第61回松戸市文化祭
参加）（秋谷憲一）「松戸史談」 松戸史談会 （50）2010.11

東京都

愛敬稲荷社
中五反田の愛敬稲荷社由来（中山富男）「阿由多加」 稲田郷土史会（44） 2006.10

相原町
「鯉幟を立てない」という禁忌―東京都町田市相原町の諏訪加賀伝説をめぐって（小島美香子，西海賢二）「民俗文化史研究」 民俗文化史研究会　1　2003.4

青井
足立区青井 百番体の庚申塔（縣敏夫）「野仏 : 多摩石仏の会機関誌」 多摩石仏の会　34　2003.7

青渭神社
獅子舞の風土シリーズ（112） 東京都稲城市 青渭神社の獅子舞い（川崎実）「かわせみ通信」 川崎実　（112） 2008.3

調布の神社と里人たち（5） 深大寺・青渭神社（1）（角田陽次郎）「調布史談会誌」 調布史談会　（38） 2009.04

調布の神社と里人たち（6） 深大寺・青渭神社と深沙大王堂（2）（角田陽次郎）「調布史談会誌」 調布史談会　（39） 2010.04

多摩地域史研究会 第75回例会 稲城市・青渭神社の獅子舞と天台宗常楽寺阿弥陀堂見学「多摩地域史研究会会報」 多摩地域史研究会　（99） 2011.09

第75回例会報告 青渭神社の獅子舞と天台宗常楽寺阿弥陀堂（進藤重孝）「多摩地域史研究会会報」 多摩地域史研究会　（99） 2011.11

調布の神社と里人たち（8），（9） 青渭神社と式内社（調布・稲城・青梅）（1），（2）（角田陽次郎）「調布史談会誌」 調布史談会　（41）/（42） 2012.04/2013.04

調布の神社と里人たち（10） 青渭神社と式内社（調布・稲城・青梅）（3）（角田陽次郎）「調布史談会誌」 調布史談会　（43） 2014.04

青ヶ島
伊豆青ヶ島の怪（広江晋）「南島研究」 南島研究会　通号47　2006.11

青ヶ島の焼酎作り（酒井卯作）「南島研究」 南島研究会　通号48　2007.11

青山通
歴史探訪ウォーキング 神山神社と青山通（視察研究）（小林富幸，草門隆）「於保為」 大井町郷土史研究会　（33） 2014.02

青山墓地
空間の「怪異」・「埋葬」の空間―東京青山墓地怪異譚考（戸塚ひろみ）「世間話研究」 世間話研究会　（12） 2002.10

青山墓地に眠る鹿児島の人々（平田信芳）「鹿児島史談」 鹿児島史談会編集委員会　（5） 2003.12

銅御殿
谷根千オンブズマン 銅御殿を訪ねて「谷中・根津・千駄木」 谷根千工房　（92） 2009.04

赤城神社
赤城神社の大般若波羅密多経について（矢島有希彦）「新宿区立新宿歴史博物館研究紀要」 新宿区立新宿歴史博物館　5　2000.3

赤坂白山神社
赤坂白山神社板碑の検討―越前国赤坂新善光寺の所在を巡って（清水邦彦，古川登）「日引 : 石造物研究会会誌」 （13） 2012.05

赤坂氷川神社
赤坂氷川神社と三峯（上）―日鑑摘録（横山晴夫）「みつミ袮山」 三峯神社社務所　185　2004.7

資料紹介 江戸時代だって落書きはダメ!!―享保15年赤坂氷川神社条目から（竹村到）「港郷土資料館だより」 港区立港郷土資料館　（63） 2009.03

赤塚
赤塚の獅子舞（石川博司）「まつり通信」 まつり同好会　37（6）通号436　1997.6

赤塚の盆棚―その作り方と飾り方・沖田萬司家の事例（斉川昭二）「板橋区立郷土資料館紀要」 板橋区教育委員会　（16） 2007.3

獅子舞の風土シリーズ（114） 東京都板橋区 赤塚の獅子舞い（川崎実）「かわせみ通信」 川崎実　（114） 2008.7

写真ニュース（12）「赤塚獅子舞」（井上富夫）「板橋史談」 板橋史談会（252） 2009.05

赤塚郷
中世鹿王院と赤塚郷（畠山聡）「板橋区立郷土資料館紀要」 板橋区教育委員会　（13） 2001.3

赤塚諏訪神社
史料から見た赤塚諏訪神社の田遊び（吉田政博）「板橋区立郷土資料館紀要」 板橋区教育委員会　（15） 2005.1

表紙写真解説 赤塚諏訪神社獅子舞（大門）（井上富夫）「板橋史談」 板橋史談会　（279） 2014.02

わが町の獅子舞―赤塚諏訪神社・歓喜の舞い（小泉重光）「奥武蔵」 奥武蔵研究会　（397） 2014.05

赤塚氷川神社
写真ニュース（23） もう一つの田遊び（赤塚氷川神社）（井上富夫）「板橋史談」 板橋史談会　（269） 2012.03

赤羽家長屋門
足立区の文化財 平成2年版「足立区の文化財」による 有形民俗文化財 赤羽家長屋門 1棟、保木間十三仏堂 1棟、細井家経蔵 1棟「足立史談会だより」 足立史談会　（319） 2014.10

秋川
書誌紹介 秋川歌舞伎保存会編『秋川歌舞伎』（中村規）「民俗芸能研究」 民俗芸能学会　（37） 2004.10

村芝居をよー（5） 武蔵国府八幡宮で秋川歌舞伎を見る（本多博）「扣之帳」 扣之帳刊行会　（29） 2010.09

地芝居見聞（5） 会津田島の祇園祭/秋川歌舞伎あきる野座（北河直子）「公益社団法人全日本郷土芸能協会会報」 全日本郷土芸能協会（65） 2011.10

地芝居見聞（12） 秋川歌舞伎あきる野座 しょうが祭/飛騨・美濃歌舞伎大会えな2013（北河直子）「公益社団法人全日本郷土芸能協会会報」 全日本郷土芸能協会　（73） 2013.10

秋川渓谷
見学 羽村の堰と秋川渓谷の古刹（笠原誠一）「目黒区郷土研究」 目黒区郷土研究会　557　2001.6

秋川谷
さし絵のなかの多摩（44） 秋川谷の三匹獅子舞―『風俗画報』のさし絵と「儀三郎日記」など（齋藤愼一）「多摩のあゆみ」 たましん地域文化財団　（132） 2008.11

昭島市
わがまちの文化財・昭島市 大日堂と日吉神社の文化財（昭島市教育委員会）「東京の文化財」 東京都教育庁地域教育支援部　88　2002.11

昭島市の大日堂及び仁王門の修理「東京の文化財」 東京都教育庁地域教育支援部　94　2004.11

秋津
神々と神社（18） 秋津の鎮守 氷川神社（小池紀枝）「郷土研だより」 東村山郷土研究会　（383） 2012.04

東村山の昔ばなし（13） 秋津 へびになった法印さま（比留間信春，糀谷忠三，両澤清）「郷土研だより」 東村山郷土研究会　（384） 2012.05

東村山の昔ばなし（18） 秋津 トンボの宿り木（東原那美，糀谷忠三，両澤清）「郷土研だより」 東村山郷土研究会　（389） 2012.10

東村山の昔ばなし（20） 秋津 ホトトギスの泣き声（肥沼浅吉，糀谷忠三，両澤清）「郷土研だより」 東村山郷土研究会　（391） 2012.12

東村山の昔ばなし（29） 秋津の雨乞い（比留間信春，糀谷忠三，両澤清）「郷土研だより」 東村山郷土研究会　（400） 2013.09

東村山の昔ばなし（39） 秋津 もみじ山の仇討（中谷エミ［話］，糀谷忠三［絵］，両澤清［再話］）「郷土研だより」 東村山郷土研究会　（410） 2014.07

秋津神社
神々と神社（11） 東村山市有形文化財 秋津神社本殿―秋津の不動様（小池紀枝）「郷土研だより」 東村山郷土研究会　（376） 2011.09

調査研究報告 湧水・貯水池等の歴史と現状（3）「湧水・不動池」秋津神社彫刻」を見る（渡邉潤）「郷土研だより」 東村山郷土研究会（400） 2013.09

阿伎留神社

武蔵国「阿伎留神社」と「神代文字」(田辺英治)「歴研よこはま」 横浜歴史研究会 43 1998.8

秋留台地

聞き書き 秋留台地、檜原の農業(《特集 近現代の多摩農業》)(大谷孟雄)「多摩のあゆみ」 たましん地域文化財団 (136) 2009.11

あきる野市

伊奈石の月待五輪塔(石川博司)「日本の石仏」 日本石仏協会, 青娥書房(発売) 通号83 1997.9

「夜明け前」の星竹―日記が語る昔の暮らし(石井道郎)「郷土あれこれ」 あきる野市教育委員会 4 1998.1

私年号福徳の伊奈石五輪塔(縣敏夫)「野仏 : 多摩石仏の会機関誌」 多摩石仏の会 30 1999.8

名産黒八丈(坂上洋之)「郷土あれこれ」 あきる野市教育委員会 8 2000.3

石工の技と伊奈石工(樽良平)「多摩のあゆみ」 たましん地域文化財団 112 2003.11

あきる野市教育委員会編『あきる野市の石造物―市内石造物調査報告書―』(本の紹介)(伊藤宏之)「多摩のあゆみ」 たましん地域文化財団 (149) 2013.02

阿佐ヶ谷

阿佐ヶ谷の竜吐水について(村主耕一)「杉並郷土史会史報」 杉並郷土史会 176 2002.11

阿佐谷

阿佐谷の簓図会(村主耕一)「杉並郷土史会史報」 杉並郷土史会 (196) 2006.3

中野宝仙寺と阿佐谷[正]、(続)(菅野郁雄)「杉並郷土史会会報」 杉並郷土史会 (239) / (245) 2013.05/2014.05

阿佐谷北

平成20年度 指定文化財 釜寺東遺跡出土古墳時代遺物 1195点/登録文化財 阿佐谷北五丁目42番所在 民間信仰石造物 4基「杉並郷土史会史報」 杉並郷土史会 (216) 2009.07

浅川金刀比羅神社

金比羅山遺跡と浅川地下壕 浅川金刀比羅神社の歴史/金比羅山遺跡/中島飛行機浅川地下工場ロ地区編/切迫する開発に対して、市の力で金比羅緑地保存が決まる(十菱駿武)「浅川 地下壕の保存をすすめる会ニュース」 浅川地下壕の保存をすすめる会 (98) 2014.02

浅川金刀比羅神社の宗教活動と課題について(奥田靖二)「浅川地下壕の保存をすすめる会ニュース」 浅川地下壕の保存をすすめる会 (103) 2014.12

浅川金刀比羅大権現

特別寄稿 鎮魂・自然護持未来永劫のお山 浅川金刀比羅大権現(人見達雄)「浅川地下壕の保存をすすめる会ニュース」 浅川地下壕の保存をすすめる会 (73) 2009.12

浅草

浅草の観音様(《藤原文夫先生追想号》)(松田正平)「南総郷土文化研究会誌」 南総郷土文化研究会 15 1997.2

サロンぷろてうす 浅草の平和地蔵尊と満州地蔵(青木自由治)「行動と文化」 行動と文化研究会 (22) 1999.12

浅草の羽子板市(石川博司)「まつり通信」 まつり同好会 40(12)通号478 2000.11

満州母子地蔵(浅草)(宮崎敏子)「目黒区郷土研究」 目黒区郷土研究会 551 2000.12

梵鐘紀行 鐘は上野か浅草か(中屋敷康)「郷土史紀行」 ヒューマン・レクチャー・クラブ (41) 2006.11

浅草三社祭に神輿を担いで35年―三社祭の変遷と(《第20回大会報告「都市の祭礼と音楽」》(2006 東京)―研究発表要旨)(越智恵)「民俗音楽研究」 日本民俗音楽学会 2007.3

浅草界隈と河童(和田寛)「河童通心」 河童文庫 (312) 2009.10

江戸東京の食文化・川文化―浅草の食文化繁栄の原点を探る 平成21年10月10日(土)(隅田川大学公開講座)(丸山眞司, 齋藤興平)「すみだ川 : 隅田川市民交流実行委員会会報」 隅田川市民交流実行委員会 (47) 2010.4

浅草木馬館史―浅草大衆芸能の一側面(前)、(後)(研究ノート)(兵頭美子)「民俗芸能研究」 民俗芸能学会 (55) / (56) 2013.09/2014.03

浅草観音

第220回史跡研究会 江戸東京の不死鳥浅草観音信仰(芦田正次郎)「北区史を考える会会報」 北区史を考える会 60 2001.5

浅草観音の生地 岩井堂(入子助蔵)「郷土はんのう」 飯能郷土史研究会 (28) 2008.3

浅草七福神

1月浅草七福神めぐり報告「足立史談会だより」 足立史談会 178 2003.1

浅草神社

浅草神社神事びんざさら舞の由来 神事びんざさら舞(日本民俗音楽学会第24回東京大会特集―民俗音楽公演に出演して)(田中将隆)「日本民俗音楽学会会報」 日本民俗音楽学会 (34) 2011.03

浅草溜

近世・江戸行刑史跡と半助地蔵尊縁起―江戸・浅草溜の民法俗(荒井貢次郎)「武蔵野」 武蔵野文化協会 78(1)通号335 2002.2

浅草名所七福神

2008年新春恒例行事「浅草名所 七福神もうで」(藤本早苗)「郷土史研通信」 八千代市郷土歴史研究会 (61) 2008.2

浅草名所七福神(山行報告)(秋澤英雄)「奥武蔵」 奥武蔵研究会 (384) 2012.03

浅草富士

富士塚前史考(2) 高田富士以前の江戸の代表的富士塚―本郷富士・千駄ヶ谷富士・浅草富士(竹谷靭負)「富士山文化研究」 富士山文化研究会 (9・10) 2008.12

浅茅ヶ原

一つ家伝説の浮世絵等について(下村克彦)「さいたま市博物館研究紀要」 さいたま市立博物館 6 2007.3

一つ家伝説について(補遺)～補遺3(下村克彦)「さいたま市立博物館研究紀要」 さいたま市立博物館 8/10 2009.03/2011.03

葦毛塚

葦毛塚(大輪敏男)「郷土目黒」 目黒区郷土研究会 49 2005.10

葦毛塚(橋口明子)「目黒区郷土研究」 目黒区郷土研究会 (619) 2006.8

芦毛塚

目黒の昔を語る(7) 芦毛塚(編集部)「目黒区郷土研究」 目黒区郷土研究会 578 2003.3

飛鳥山

資料紹介 SPレコード「飛鳥山音頭」「王子小唄」「ぽいす : 北区飛鳥山博物館だより」 北区飛鳥山博物館 29 2012.09

飛鳥山碑文と王子田楽 ほか雑記 その1(高木基雄)「北区史を考える会会報」 北区史を考える会 (110) 2013.11

小豆沢

志村回想雑記(7) 小豆沢の七七子崎と十二天(石井誠一)「まちは生きた博物館」 いたばしまち博友の会 (25) 2002.9

東町

自然と生きる 西東京市の主な屋敷林(5) 東町・富士町(小川武廣)「武蔵保谷村だより : 高橋文太郎の『武蔵保谷村郷土資料』を手掛かりに」 下保谷の自然と文化を記録する会 (6) 2012.7

阿蘇神社

阿蘇神社の地口行灯(小作庫生)「会報羽村郷土研究」 羽村郷土研究会 (85) 2006.6

愛宕

愛宕の火祭り お滝さま(佐藤米司)「まつり通信」 まつり同好会 41(8)通号486 2001.7

愛宕神社

江戸の小さな神々 徳川幕府の尊崇あつかった防火、鎮火の神様―愛宕神社(《特集 火伏せ信仰》)(清水靖子)「季刊悠久.第2次」 鶴岡八幡宮socいう事務局 (104) 2006.8

愛宕山

史蹟を訪ねて(5) 東京都板橋区清涼寺と港区愛宕山へ(猪瀬尚志)「板橋史談」 板橋史談会 (246) 2008.5

足立

熊野信仰と足立(3)～(9)(塚田博)「足立史談」 足立区教育委員会 354/360 1997.8/1998.2

郷土博物館特別展示 足立の歴史と文化「足立史談会だより」 足立史談会 113 1997.8

獅子舞をめぐる謎(1)、(2)(唐沢勝敏)「足立史談」 足立区教育委員会 355/356 1997.9/1997.10

足立風土記だより(50) ひと昔前の風景とくらし(大久保美智子)「足立史談」 足立区教育委員会 355 1997.9

虫封じ(小泉健男)「足立史談」 足立区教育委員会 358 1997.12

足立の庚申塔(95)～(112)(磯周二)「足立史談」 足立区教育委員会 358/376 1997.12/1999.6

足立風土記だより(54)「六条八幡造営注文」に見える足立氏(塚田博)「足立史談」 足立区教育委員会 359 1998.1

とらの話(安藤義雄)「足立史談会だより」 足立史談会 118 1998.1

熊野信仰と足立(10) 区内・近郊に残る熊野伝承(2)(塚田博)「足立史談」 足立区教育委員会 361 1998.3

熊野信仰と足立(11) 区内・近郊に残る熊野伝承(3)―六阿弥陀伝承の諸相(塚田博)「足立史談」 足立区教育委員会 362 1998.4

熊野信仰と足立(12) 区内に残る熊野伝承(4)―六阿弥陀伝承の諸相(塚田博)「足立史談」 足立区教育委員会 363 1998.5

氏子札(小泉健男)「足立史談」 足立区教育委員会 365 1998.7

足立風土記だより(60) 地名由来(多田文夫)「足立史談」 足立区教育委員会 365 1998.7

橋供養(塔)(1),(2)(小島勲)「足立史談」 足立区教育委員会 366/367 1998.8/1998.9

古民具囲炉裏話(1)～(3)(小泉健男)「足立史談会だより」 足立史談会 129/132 1998.12/1999.3

兎の話(安藤義雄)「足立史談会だより」 足立史談会 130 1999.1

村境に立っていた道しるべ庚申塔(菊池孝之)「足立史談」 足立区教育委員会 372 1999.2

足立風土記だより(69) まちの風土と知恵(多田文夫)「足立史談」 足立区教育委員会 374 1999.4

四文銭あれこれ(小泉健男)「足立史談会だより」 足立史談会 136 1999.6

銭湯の小判(小泉健男)「足立史談会だより」 足立史談会 137 1999.8

噴き井戸&水売り(小泉健男)「足立史談会だより」 足立史談会 138 1999.9

特別展「足立の絵馬―社寺参詣大願成就」「足立区立郷土博物館だより」 足立区立郷土博物館 38 1999.10

酒の値段(小泉健男)「足立史談会だより」 足立史談会 139 1999.10

足立風土記だより(76) 彰義隊伝承と村びと(桑原功一)「足立史談」 足立区教育委員会 382 1999.12

辰龍の話(安藤義雄)「足立史談会だより」 足立史談会 142 2000.1

1月 七福神巡り報告「足立史談会だより」 足立史談会 143 2000.2

応寺過去帳と足立の近世村落(塚田博)「足立区立郷土博物館だより」 足立区立郷土博物館 39 2000.4

梶の葉で、平安風七夕を遊ぶ(岩部石松)「足立史談会だより」 足立史談会 150 2000.9

足立風土記だより(84) 多彩な言い伝え(多田文夫)「足立史談」 足立区教育委員会 392 2000.10

昔話シリーズ(1) 目から鱗が落ちる(小泉健男)「足立史談会だより」 足立史談会 153 2000.12

古式豊かな本堂・客殿工匠式(堀川和夫)「足立史談」 足立区教育委員会 395 2001.1

「昭代楽事」の人々(1)(矢沢幸一朗)「足立史談」 足立区教育委員会 395 2001.1

縁起を担ぐ飾り熊手の縁起物「足立史談会だより」 足立史談会 154 2001.1

商店の開店と昭和初期の足立の商業(多田文夫)「足立史談」 足立区教育委員会 396 2001.2

東京都足立・荒川・葛飾及びその周辺における第六天信仰(木村博)「西郊民俗」〔西郊民俗談話会〕(174)2001.3

遊びの思い出(1) 杉の実鉄砲(神谷知利)「足立史談会だより」 足立史談会 156 2001.3

楽しかった遊び(本間静江)「足立史談会だより」 足立史談会 156 2001.3

昔話シリーズ(2) 担つぎ屋から聞いた話(小泉健男)「足立史談会だより」 足立史談会 156 2001.3

遊びの思いで(2) ベーゴマ遊び(瀬田徹)「足立史談会だより」 足立史談会 157 2001.4

昔話シリーズ(3) 八分目(小泉健男)「足立史談会だより」 足立史談会 157 2001.4

「昭代楽事」の人々(矢沢幸一朗)「足立史談」 足立区教育委員会 399 2001.5

郷土博物館複写収集資料から(8) ヤッチャバの成立年代記録「足立史談」 足立区教育委員会 399 2001.5

あだちの稲作(2) 畦塗り・肥蒔き(荻原ちとせ)「足立史談」 足立区教育委員会 399 2001.5

あだちの稲作(3) 田植え(荻原ちとせ)「足立史談」 足立区教育委員会 400 2001.5

春季区民教養講座講演報告 足立のズシ―村の中の生活組織 森朋久氏「足立史談会だより」 足立史談会 159 2001.6

あだちの稲作(4)―草取り(荻原ちとせ)「足立史談」 足立区教育委員会 401 2001.7

あだちの稲作(5)―夏の田んぼ(荻原ちとせ)「足立史談」 足立区教育委員会 402 2001.8

あだちの稲作(7)―暑い稲刈り(荻原ちとせ)「足立史談」 足立区教育委員会 404 2001.10

あだちの稲作(8)―脱穀作業(荻原ちとせ)「足立史談」 足立区教育委員会 405 2001.11

午・うまのはなし(安藤義雄)「足立史談会だより」 足立史談会 166 2002.1

お金の話(1),(2) 大仏の化身とお竹如来「足立史談会だより」 足立史談会 166/167 2002.1/2002.2

足立の奉納絵馬―「物語図」の性格を巡って(川向富貴子)「足立区立郷土博物館紀要」 足立区立郷土博物館 (23)2002.3

稲作地帯の写真「足立史談」 足立区教育委員会 409 2002.3

お金の話(3) 自然現象の処理(続き)(小泉健男)「足立史談会だより」 足立史談会 169 2002.4

お金の話(4) 江戸っ子と初かつお/銭売りと緡売り大違い(小泉健男)「足立史談会だより」 足立史談会 171 2002.6

お金の話(4)(小泉健男)「足立史談会だより」 足立史談会 172 2002.7

体感！ 郷土の伝統文化―第28回郷土芸能大会(〈小特集 お囃子とお神楽の秋―区制70周年記念事業〉)「足立史談」 足立区教育委員会 415 2002.9

見て学ぶおはやしの世界―特別展「おはやし天国」(〈小特集 お囃子とお神楽の秋―区制70周年記念事業〉)「足立史談」 足立区教育委員会 415 2002.9

お金の話(5),(6) 小判の効用(小泉健男)「足立史談会だより」 足立史談会 174/178 2002.9/2003.1

活動を発表 15中生徒の家並調査探検隊調査活動のその後(堀川和夫)「足立史談」 足立区教育委員会 417 2002.11

十五中生徒の家並調査探検隊調査活動のその後(2)(堀川和夫)「足立史談」 足立区教育委員会 418 2002.12

継承された"ごほう市" 舎人文化市の賑わい(矢沢幸一朗)「足立史談」 足立区教育委員会 419 2003.1

羊のはなし(安藤義雄)「足立史談会だより」 足立史談会 178 2003.1

お金の話シリーズ(7),(8) 海辺の南宿と波(小泉健男)「足立史談会だより」 足立史談会 179/180 2003.2/2003.3

お金の話(9) 百三は激安なり(続き)(小泉健男)「足立史談会だより」 足立史談会 181 2003.4

小判の価値「足立史談会だより」 足立史談会 181 2003.4

足立の草相撲覚書(荻原ちとせ)「足立史談」 足立区教育委員会 423 2003.5

お金の話シリーズ(10) 六文で遣う小判見栄っ張り(小泉健男)「足立史談会だより」 足立史談会 183 2003.6

お金の話シリーズ(11) 六文で遣う小判見栄っ張り(小泉健男)「足立史談会だより」 足立史談会 184 2003.7

お金の話シリーズ(12),(13) 紺屋高尾の三年(小泉健男)「足立史談会だより」 足立史談会 185/186 2003.8/2003.9

あだち文化財ウォッチング 足立の行事―11月(川越仁恵)「足立史談」 足立区教育委員会 428 2003.10

あだち文化財ウォッチング 足立の行事―12月(荻原ちとせ)「足立史談」 足立区教育委員会 429 2003.11

あだち文化財ウォッチング 足立の行事―1月(荻原ちとせ)「足立史談」 足立区教育委員会 430 2003.12

あだち文化財ウォッチング 足立の行事―2月(荻原ちとせ)「足立史談」 足立区教育委員会 431 2004.1

猿のはなし(安藤義雄)「足立史談会だより」 足立史談会 190 2004.1

あだち文化財ウォッチング 足立の行事―3月 厄を払う行事(1) 大般若(荻原ちとせ)「足立史談」 足立区教育委員会 432 2004.2

第254回月例研究会 江戸六阿弥陀が語る豊島・足立の交流―その縁起伝承と巡拝風俗を中心に(安藤義雄)「北区史を考える会会報」 北区史を考える会 71 2004.2

あだち文化財ウォッチング 足立の行事―4月 厄を払う行事(2)(川越仁恵)「足立史談」 足立区教育委員会 433 2004.3

小泉健男氏遺稿(1),(2) 胞衣壺[1],(2)「足立史談会だより」 足立史談会 192/193 2004.3/2004.4

あだち文化財ウォッチング 足立の行事―5月 百万遍(川越仁恵)「足立史談」 足立区教育委員会 434 2004.4

あだち文化財ウォッチング 足立の行事―6月(荻原ちとせ)「足立史談」 足立区教育委員会 435 2004.5

村を廻る獅子頭(荻原ちとせ)「足立史談」 足立区教育委員会 436 2004.6

あだち文化財ウォッチング 足立の行事―7月(川越仁恵)「足立史談」 足立区教育委員会 436 2004.6

小泉健男氏遺稿 氏子札「足立史談会だより」 足立史談会 195 2004.6

あだち文化財ウォッチング 足立の行事―8月(荻原ちとせ)「足立史談」 足立区教育委員会 437 2004.7

あだち文化財ウォッチング 足立の行事―9月(川越仁恵)「足立史談」 足

立区教育委員会　438　2004.8

矢萩三保三氏遺稿［1］,（2）養蚕の想い出「足立史談会だより」 足立史談会　197/198　2004.8/2004.9

あだち文化財ウォッチング 足立の行事—10月（萩原ちとせ）「足立史談」 足立区教育委員会　439　2004.9

〈街に生きる行事と芸能—文化財ウィーク小特集 文化財と足立〉「足立史談」 足立区教育委員会　440　2004.10

あだち文化財ウォッチング 足立の行事（最終回） さまざまな行事の背景（萩原ちとせ）「足立史談」 足立区教育委員会　440　2004.10

地口行灯あれこれ（1）～（9）（萩原ちとせ）「足立史談」 足立区教育委員会　441/450　2004.11/2005.8

西の市について（赤田直樹）「足立史談会だより」 足立史談会　200　2004.11

街角を飾る絵と詞—地口行灯あれこれ（2）（萩原ちとせ）「足立史談」 足立区教育委員会　442　2004.12

足立民俗芸能（竹内秀夫）「足立史談会だより」 足立史談会　201　2004.12

鶏のはなし（安藤義雄）「足立史談会だより」 足立史談会　202　2005.1

小特集 地口行灯（じぐちあんどん）「足立史談」 足立区教育委員会　449　2005.7

版木と印刷・伝統の道具と技（矢沢幸一朗）「足立史談会だより」 足立史談会　208　2005.7

地口行灯あれこれ（最終回）地口行灯のナゾと未来（萩原ちとせ）「足立史談」 足立区教育委員会　（452）2005.10

犬のはなし（安藤義雄）「足立史談会だより」 足立史談会　（214）2006.1

町並みと風俗を見つける（矢沢幸一朗）「足立史談会だより」 足立史談会　（218）2006.5

郷土博物館企画展「一攫千金・商売繁昌」富を求める民俗展「足立史談」 足立区教育委員会　（461）2006.7

祭り囃子の道具（瀬田勇次郎）「足立史談」 足立区教育委員会　（463）2006.9

伝承的事実と歴史的事実 語り伝えの特徴と保存（編集局）「足立史談」 足立区教育委員会　（464）2006.10

小特集 地漉紙生産 見どころ再発見（編集局）「足立史談」 足立区教育委員会　（468）2007.2

民俗芸能の旅（4）獅子舞いろいろ（竹内秀夫）「足立史談会だより」 足立史談会　（227）2007.2

足立・まつりの今（1）番神祭（川越仁恵）「足立史談」 足立区教育委員会　（471）2007.5

紙漉き碑の碑文文字について（矢沢幸一朗）「足立史談」 足立区教育委員会　（472）2007.6

足立・まつりの今（2）大般若会（川越仁恵）「足立史談」 足立区教育委員会　（472）2007.6

文化財の保存と保護（10）庚申塔と板碑の文化財登録 膨大な量の石造物保存と周知の方法は？（矢沢幸一朗）「足立史談会だより」 足立史談会　（233）2007.8

足立・まつりの今（3）花畑—近世の酉の市（川越仁恵）「足立史談」 足立区教育委員会　（477）2007.11

小泉健男氏遺稿三編 火の見櫓（平成8年1月号）/江北の不動様（平成9年1月）/酉の市「足立史談会だより」 足立史談会　（236）2007.11

足立・まつりの今（4）酉の市と飾り熊手職人（川越仁恵）「足立史談」 足立区教育委員会　（478）2007.12

松飾り御用—大名屋敷に出入りしていた百姓（山野健一）「足立史談」 足立区教育委員会　（479）2008.1

特集記事1 消えた年中行事 ヨウカゼックの伝承を考える（〈小特集 足立の年中行事〉）（編集局）「足立史談」 足立区教育委員会　（480）2008.2

大名屋敷の下掃除をめぐる願書（山野健一）「足立史談」 足立区教育委員会　（481）2008.3

山車からくり解体見学会「足立史談」 足立区教育委員会　（485）2008.7

年中行事のいろいろ（7月～9月）（瀬田良雄）「足立史談」 足立区教育委員会　（485）2008.7

常設展示リニューアル報告（1）市場建物と村の景観の調査「足立史談」 足立区教育委員会　（486）2008.8

小泉健男氏遺稿集 川施餓鬼「足立史談会だより」 足立史談会　（246）2008.9

肥溜めの展示によせて［1］,（2）「足立史談」 足立区教育委員会　（494）/（498）2009.04/2009.08

成長する展示—復元都営住宅（郷土博物館）「足立史談」 足立区教育委員会　（497）2009.07

都市近郊の農産物を追う（22）～（28）しめ飾り（1）～（7）（萩原ちとせ）「足立史談」 足立区教育委員会　5(00)/（506）2009.10/2010.04

鳶と火消—新年の出初式に向けて（内山大介）「足立史談」 足立区教育委員会　（502）2009.12

囚人墓地のその後（高野恒幸）「足立史談」 足立区教育委員会　（506）2010.04

足立史談カルタ紹介 ろ「六月村の炎天寺」「足立史談会だより」 足立史談会　（267）2010.06

都市近郊の農産物を追う（32）節分のヒイラギ（萩原ちとせ）「足立史談」 足立区教育委員会　（510）2010.08

足立史談カルタ紹介 は「初午に千住絵馬」「足立史談会だより」 足立史談会　（269）2010.8

「やっちゃば説明板」完成「足立史談会だより」 足立史談会　（269）2010.08

都市近郊の農産物を追う（33）～（35）マコモのゴザ—盆の草市の商品［1］～（3）（萩原ちとせ）「足立史談」 足立区教育委員会　（511）/（513）2010.09/2010.11

「近世伊興村—我が家の先祖調査を通じて」藤波恭一氏の発表/「各地の桜 足立とソメイヨシノ」青木太氏・谷内英明氏/「鷗外の碑と関連史跡」木村繁氏/「足立の農業 これまでと今」大熊久三郎氏/「東京周辺の高射砲陣地」鈴木恒雄氏「足立史談会だより」 足立史談会　（270）2010.9

足立史談カルタ紹介 「ほ」星兜出た應現寺「足立史談会だより」 足立史談会　（272）2010.11

門松売りのことなど（1）,（2）（薊照夫）「足立史談」 足立区教育委員会　（514）/（518）2010.12/2011.04

都市近郊の農産物を追う（35）,（36）藁加工品—わらじ（1）,（2）（萩原ちとせ）「足立史談」 足立区教育委員会　（514）/（515）2010.12/2011.01

足立史談カルタ紹介 「と」西の市には大鷲神社「足立史談会だより」 足立史談会　（274）2011.01

都市近郊の農産物を追う（37）～（41）藁加工品—ムシロ・コモ・ナワ（1）～（5）（萩原ちとせ）「足立史談」 足立区教育委員会　（516）/（520）2011.02/2011.06

足立史談カルタ紹介 「り」俚謡で名高い千住節「足立史談会だより」 足立史談会　（276）2011.03

収蔵資料展「写真でふりかえる懐かしい情景」「足立史談」 足立区教育委員会　（521）2011.07

足立史談カルタ紹介 「る」留守番をした猿仏「足立史談会だより」 足立史談会　（280）2011.7

足立を舞台にした顔見世狂言『二人智座定』（青木昇）「足立史談」 足立区教育委員会　（523）2011.09

特別展講座 第2回「家伝のタブー—浪人伝説について—」「足立史談」 足立区教育委員会　（525）2011.11

郷土博物館収蔵資料展 むかしの道具—衣・食・住と子どものくらし「足立史談」 足立区教育委員会　（526）2011.12

足立史談カルタ紹介 「か」金仏まつる安養院「足立史談会だより」 足立史談会　（285）2011.12

除夜の鐘（赤田直繁）「足立史談会だより」 足立史談会　（285）2011.12

カルタの歴史（お話し歳時記より）「足立史談会だより」 足立史談会　（286）2012.01

12月4日 教養講座「身近な文化財で考える地域史—板碑と足立の中世寺院・庚申信仰」加増啓二先生/日米さくら交流百周年記念シンポジウム（矢澤幸一朗）「足立史談会だより」 足立史談会　（286）2012.01

足立史談カルタ紹介 「た」大師の釣鐘アメリカ帰り「足立史談会だより」 足立史談会　（290）2012.5

寺院調査レポート（1）日本の寺院と鏡（楢山満照）「足立史談」 足立区教育委員会　（532）2012.06

足立史談カルタ紹介 「れ」霊木ついた熊の木杙「足立史談会だより」 足立史談会　（291）2012.6

廃寺物の中に板碑あり「足立史談会だより」 足立史談会　（293）2012.08

区制80周年記念特別展 足立の仏像—ほとけがつなぐ足立の歴史（郷土博物館）「足立史談」 足立区教育委員会　（536）2012.10

神社と鳥居（赤田直繁）「足立史談会だより」 足立史談会　（295）2012.10

「足立の仏像」展によせて「子授け観音立像」写真で里帰り「足立史談会だより」 足立史談会　（295）2012.10

六十六部回国のこと 安藤義雄（『足立史談』第204号、昭和60年2月）「足立史談会だより」 足立史談会　（295）2012.10

初荷を飾る（萩原ちとせ）「足立史談」 足立区教育委員会　（538）2012.12

特別展「足立の仏像」展によせて 円心をめぐる新たな驚き 香の煙も絶え間なし お堂もあり年二回の例祭、ご詠歌すまであった（足立史談会）「足立史談」 足立区教育委員会　（539）2013.01

区民教養講座「足立の庚申塔」講師：関口崇史先生「足立史談会だより」 足立史談会　（298）2013.01

お獅子の口から手が出た「足立史談会だより」 足立史談会　（298）2013.01

全国的にも珍しいハスの手鋤（郷土博物館）「足立史談」 足立区教育委員

会 （542） 2013.04

〆縄飾り・紙切れ騒動（赤田直繁）「足立史談会だより」 足立史談会 （301） 2013.04

無尽の道具―新収蔵資料展から（荻原ちとせ）「足立史談」 足立区教育委員会 （543） 2013.05

榛名講と足立（1）〜（4）（竹内秀夫）「足立史談会だより」 足立史談会 （307）/（311） 2013.10/2014.02

史談大学（第五講ちょっとだけ）足立の仏像と美術 早稲田大学・真田尊光先生/「大正記念道碑」地盤補修工事/史談会の皆様へ「足立史談会だより」 足立史談会 （308） 2013.11

節分と初午の行事（郷土博物館）「足立史談」 足立区教育委員会 （551） 2014.01

足立史談カルタ紹介「う」唄に残った川越夜船、「ゐ」井戸を掘り疫病退散弘法大師、「の」飲みに飲んだり酒合戦「足立史談会だより」 足立史談会 （311） 2014.02

古峯講（上） 第三の思い出（大熊久三郎）「足立史談会だより」 足立史談会 （311） 2014.02

古峯講（下）（竹内秀夫）「足立史談会だより」 足立史談会 （311） 2014.02

足立の明治時代―伊興氷川神社の絵馬を中心に（夏目琢史）「足立史談」 足立区教育委員会 （553） 2014.03

北への回国修行者群（日野喜八郎）「足立史談」 足立区教育委員会 （553） 2014.03

復活・継承された獅子舞 復活四十五年新たな関門も…「足立史談会だより」 足立史談会 （319） 2014.10

足立区

近世足立区域の頼み証文（森朋久）「足立区立郷土博物館紀要」 足立区立郷土博物館 （19） 1997.3

「足立区文化財調査報告 板碑編」補遺（2）〜（4）（板碑を調べる会）「足立区立郷土博物館紀要」 足立区立郷土博物館 （19）/（21） 1997.3/1999.3

東京都足立区の力石（高島慎治）「足立区立郷土博物館紀要」 足立区立郷土博物館 （23） 2002.3

足立区域のじゃんけんの掛け声と遊びについて（子どもの遊びを調べる会）「足立区立郷土博物館紀要」 足立区立郷土博物館 （25） 2004.3

足立区立郷土博物館・足立風土記編さん委員会編『ブックレット足立風土記』（宍戸知）「関東近世史研究」 関東近世史研究会 （57） 2004.10

元方問屋と地漉紙流通をめぐる一考察（山野健一）「足立区立郷土博物館紀要」 足立区立郷土博物館 （28） 2007.3

わがまちの文化財・足立区 庚申信仰の板碑と庚申塔「東京の文化財」 東京都教育庁地域教育支援部 （103） 2007.11

研究ノート 足立区におけるものづくりの特色（川越仁恵）「足立区立郷土博物館紀要」 足立区立郷土博物館 （29） 2008.3

文化財調査報告 足立区所在庚申塔目録（足立区立教育委員会文化課文化財係）「足立区立郷土博物館紀要」 足立区立郷土博物館 （29） 2008.3

まだあった足立区の庚申塔（犬飼康祐）「野仏： 多摩石仏の会機関誌」 多摩石仏の会 39 2008.7

足立区所在板碑銘文集成（足立区立教育委員会文化課文化財係）「足立区立郷土博物館紀要」 足立区立郷土博物館 （30） 2009.03

足立区の登録文化財を観る 総持寺山門一棟/出置新田事/永野家文書旧考録/夜念仏供養阿弥陀一尊来迎像板碑 一基（編集部）「足立史談会だより」 足立史談会 （258） 2009.9

足立区の登録文化財を観る 舎人諏訪神社本殿 一棟/紙本著色弘法大師修法図 一幅/荷馬の絵と句 一幅「足立史談会だより」 足立史談会 （272） 2010.11

足立区の登録文化財を観る 紙本墨画雪嶽図 一幅/絹本著色楓鹿図 一幅/絹本著色涅槃図 一面「足立史談会だより」 足立史談会 （273） 2010.12

足立区の登録文化財を観る 有形文化財（彫刻）銅造大日如来坐像 一軀/木造閻魔王坐像 一軀/石造聖観音及び地蔵坐像 二軀/石造魚藍観音立像 一軀「足立史談会だより」 足立史談会 （283） 2011.10

足立区の登録文化財を観る 有形文化財（彫刻）木造千手観音立像 一軀/厨子入木造大日如来坐像 一軀/木造僧形坐像 一軀/有形文化財（工芸品）鍔絵・潮汲みの図一点（伊豆長八作）「足立史談会だより」 足立史談会 （284） 2011.11

足立区の登録文化財を観る 有形文化財（工芸品）鍔絵・遊女の図一点/金銅装神輿 一基/金銅装神輿 一基/金泥千鳥紋朱塗大酒盃 付千住酒合戦絵巻一巻「足立史談会だより」 足立史談会 （286） 2012.1

区内の各家に伝わる禁忌（鈴木志乃）「足立史談」 足立区教育委員会 （529） 2012.3

足立区の登録文化財を観る 有形文化財（工芸品）蒔絵丁度類 三十五点/四神文鏡 一面/黒漆小形厨子 二基/源証寺半鐘 一口「足立史談会だより」 足立史談会 （289） 2012.4

明治期史料から探る足立区内の廃寺跡について（柴田英治）「足立史談」

足立区教育委員会 （537） 2012.11

史談大学特別講座 回国修行者円心がつないだ歴史と人の絆に学ぶ/冬季区民教養講座「足立区の庚申塔」/江北美術展、荒川今昔写真展「足立史談会だより」 足立史談会 （296） 2012.11

足立区内の講に関する調査報告―寺院仏堂で行われている講を中心に（鈴木志乃）「足立区立郷土博物館紀要」 足立区立郷土博物館 （34） 2013.03

足立区の文化財 有形文化財（古文書）「報恩社法録」、関原不動尊略縁起（版木）、「地誌」（明治九年「地誌篇 伊東谷村」、明治九年「地誌書上 第十大区六小区次郎左衛門新田」、明治十年「地誌書上 第十大区六小区弥五郎新田」、明治十年「地誌書上 第十大区六小区五兵衛新田」）、千ヶ崎家文書 1点、船津家文書 2点（天保九戊年「宗旨御改め壱人別帳」、明治四〇年「荒川堤上裁桜原簿写」）「足立史談会だより」 足立史談会 （303） 2013.6

足立区の文化財 平成2年「足立区の文化財」による 有形文化財（古文書）甲田家文書 1点「（日光道中千住宿村差出明細書）」/有形文化財（歴史資料）本荘家（桂昌院）の墓 1基、金子五兵衛の墓 1基、浅田長右衛門の墓 1基、唐松家文書 1点「足立史談会だより」 足立史談会 （305） 2013.8

足立区の文化財 平成2年「足立区の文化財」による 有形文化財（歴史資料）渡辺小右衛門の墓 1基、伊藤嘉兵衛の墓 1基、佐野新蔵胤信の墓 1基、伝・河合平内の墓 1基「足立史談会だより」 足立史談会 （306） 2013.9

足立区の文化財 平成2年版「足立区の文化財」から 有形文化財（歴史資料）竹塚東子の墓 1基、千葉次郎勝胤の墓 1基、塩原太助の墓 1基、遊女供養塔 1基「足立史談会だより」 足立史談会 （307） 2013.10

復刻・郷土史料「足立」昭和26年刊、「郷土のあゆみ」昭和28年、「足立区史資料集・足立史考」昭和31年/「戦国期東武蔵の戦乱と信仰」加増啓二著「足立史談会だより」 足立史談会 （308） 2013.11

足立区の文化財 平成2年版「足立区の文化財」から 有形文化財（歴史資料）天保餓死者と千住遊女供養塔 2基、解剖人塚 1基、関谷天満宮碑 1基、大正記念道碑 1基「足立史談会だより」 足立史談会 （308） 2013.11

足立区の文化財 平成2年版「足立区の文化財」による 有形文化財（歴史資料）正木樔蔭事績碑 1基、高正天満宮縁起碑 1基、明王院算額 1面「足立史談会だより」 足立史談会 （312） 2014.3

足立区の文化財 平成2年版「足立区の文化財」による 有形文化財（歴史資料）花畑大鷲神社算額 1面、東京府武蔵国南足立郡之縮図 1枚、千住宿高札 1札、鷹番廃止の高札 1札「足立史談会だより」 足立史談会 （313） 2014.4

足立区の文化財 平成2年版「足立区の文化財」による 有形文化財（歴史資料）五榜（ごぼう）の掲示 1札、開帳木札 1札、御鹿狩勢子村旗淵江領鴫根村 1旗、無形文化財（工芸技術）鬼瓦造り 保持者中川3―22―4 尾本正一「足立史談会だより」 足立史談会 （315） 2014.6

足立区の文化財 平成2年版「足立区の文化財」による 有形文化財（歴史資料）阿弥陀一尊種子板碑 1基、釈迦一尊種子板碑 1基、阿弥陀三尊種子板碑 1基、庚申待供養板碑 1基、阿弥陀三尊種子板碑 1基、題目連碑 1基、釈迦・阿弥陀一尊種子板碑 1基、題目三尊板碑 1基、六字名号板碑 1基、阿弥陀一尊種子板碑 1基、阿弥陀三尊種子板碑 1基、夜念仏供養阿弥陀一尊種子板碑 1基、阿弥陀三尊種子板碑 1基「足立史談会だより」 足立史談会 （316） 2014.07

足立区の文化財 平成2年版「足立区の文化財」による 有形文化財（歴史資料）六字名号（双式）板碑 2基（応現寺）、阿弥陀三尊種子板碑 1基（性翁寺）、阿弥陀三尊種子板碑 1基（郷土博物館）/有形民俗文化財横山家住宅 1棟「足立史談会だより」 足立史談会 （317） 2014.8

足立区の文化財 平成2年版「足立区の文化財」による 有形民俗文化財清水家住宅 1棟、阿出川家煉瓦造蔵 1棟、増野製作所長屋門 1棟「足立史談会だより」 足立史談会 （318） 2014.9

足立区の文化財 平成2年版「足立区の文化財」による 有形民俗文化財赤羽家長屋門 1棟、保木間十三仏堂 1棟、細井家経蔵 1棟「足立史談会だより」 足立史談会 （319） 2014.10

足立区の文化財 平成2年版「足立区の文化財」による 有形民俗文化財花畑大鷲神社力石 13石、猿仏塚、助六の塚「足立史談会だより」 足立史談会 （321） 2014.12

足立郡

足立区の文化財 平成2年版「足立区の文化財」による 有形文化財（歴史資料）花畑大鷲神社算額 1面、東京府武蔵国南足立郡之縮図 1枚、千住宿高札 1札、鷹番廃止の高札 1札「足立史談会だより」 足立史談会 （313） 2014.4

阿出川家煉瓦造蔵

足立区の文化財 平成2年版「足立区の文化財」による 有形民俗文化財清水家住宅 1棟、阿出川家煉瓦造蔵 1棟、増野製作所長屋門 1棟「足立史談会だより」 足立史談会 （318） 2014.9

穴沢天神社

獅子舞の風土シリーズ（96） 東京都稲城市/穴澤天神社の獅子舞い（川崎

実）「かわせみ通信」 川崎実 （96）2006.1

穴守稲荷

八王子のお稲荷様—穴守稲荷（美甘由紀子）「八王子市郷土資料館だより」 八王子市郷土資料館 （85）2009.06

油面

高地蔵（油面）（宮崎敏子）「目黒区郷土研究」 目黒区郷土研究会 525 1998.10

天沼

石仏紹介（155）天沼の百観音順礼供養塔他（1）（藤井正三）「杉並郷土史会史報」 杉並郷土史会 190 2005.3

石仏紹介（156）天沼一丁目の庚申塔（2）（藤井正三）「杉並郷土史会史報」 杉並郷土史会 191 2005.5

阿弥陀堂墓地

阿弥陀堂墓地から（1）狭山卅三所観世音 十番竜谷寺について（西牧信一）「郷土研だより」 東村山郷土研究会 281 2002.7

阿弥陀堂墓地から（2）徴兵制施行後初の戦死者（西牧信一）「郷土研だより」 東村山郷土研究会 282 2002.9

再び阿弥陀堂墓地から（補遺）—墓石は語る（西牧信一）「郷土研だより」 東村山郷土研究会 288 2003.5

雨武主神社

雨武主神社本殿（白井裕泰）「郷土あれこれ」 あきる野市教育委員会 （22）2011.03

綾瀬観音寺

改築成った 綾瀬観音寺の本堂・客殿（堀川和夫）「足立史談」 足立区教育委員会 （460）2006.6

新井

東京都日野市新井の庚申講（犬飼康祐）「野仏 ： 多摩石仏の会機関誌」 多摩石仏の会 34 2003.7

新井宿

東京市大森区新井宿二丁目町会の戦時回覧板—昭和18年（1943）7月〜19年1月（当館所蔵）（北村敏）「大田区立郷土博物館紀要」 大田区立郷土博物館 （12）2002.3

新井薬師

文化財よもやま話 新井薬師の縁日「しいのき ： 中野区立歴史民俗資料館だより」 中野区立歴史民俗資料館 29 1997.4

中野の新井薬師界隈探訪報告「足立史談会だより」 足立史談会 211 2005.10

麁香神社

史跡文化財シリーズ（60）有形文化財 麁香神社関係資料「荒川史談」 荒川史談会 （283）2005.9

荒川

正月七福神詣り「荒川史談」 荒川史談会 253 1998.3

閻魔詣り「荒川史談」 荒川史談会 253 1998.3

第1回あらかわの伝統技術展—伝統に生きる「荒川史談」 荒川史談会 255 1998.9

荒川・多摩川流域における武蔵型板碑について（倉田恵津子）「武蔵野」 武蔵野文化協会 76（2）通号332 1998.10

七福神にねがいを寄せて「荒川史談」 荒川史談会 257 1999.3

企画展「あらかわと職人の歴史世界」＆第20回あらかわの伝統技術展「荒川ふるさと文化館だより」 荒川区教育委員会荒川ふるさと文化館 3 1999.9

第20回あらかわの伝統技術展終わる「荒川史談」 荒川史談会 260 1999.12

史跡・文化財シリーズ（38）有形民俗文化財 庚申塔「荒川史談」 荒川史談会 261 2000.3

専門員は見た（2）試掘・人骨・火葬場の歴史像「荒川ふるさと文化館だより」 荒川区教育委員会荒川ふるさと文化館 6 2001.3

史跡・文化財シリーズ（42）有形民俗文化財 念仏講用具「荒川史談」 荒川史談会 265 2001.3

東京都足立・荒川・葛飾及びその周辺における第六天信仰（木村博）「西郊民俗」 「西郊民俗談話会」 （174）2001.3

史跡・文化財シリーズ（45）有形民俗文化財 成田講用具「荒川史談」 荒川史談会 268 2001.12

主催事業を終えて—あらかわ伝統技術展と歴史資料展「荒川史談」 荒川史談会 268 2001.12

武蔵・荒川の鮎漁とその用具（小林茂）「多摩のあゆみ」 たましん地域文化財団 110 2003.5

あらかわタイムトンネルズ（11）背が伸びたお地蔵さん（亀川泰照）「荒川ふるさと文化館だより」 荒川区教育委員会荒川ふるさと文化館 （14）2005.3

過ぎゆく季節へのたより（1）山車人形の縁結び（亀川泰照）「荒川ふるさと文化館だより」 荒川区教育委員会荒川ふるさと文化館 （15）2005.9

文化館繁昌記（2）ラシャ場の絵馬があらかわへ戻ってきた!!—流転の絵馬その後（加藤陽子）「荒川ふるさと文化館だより」 荒川区教育委員会荒川ふるさと文化館 （16）2006.3

過ぎゆく季節へのたより（2）安政五年の瓦版「厄払い」を読む 春よ来い！ 気の早い「節分」「荒川ふるさと文化館だより」 荒川区教育委員会荒川ふるさと文化館 （16）2006.3

史跡文化財シリーズ（63）有形文化財 地蔵教書「荒川史談」 荒川史談会 （286）2006.6

着せ替え地蔵 企画展こぼれ話（2）（亀川泰照）「荒川ふるさと文化館だより」 荒川区教育委員会荒川ふるさと文化館 （18）2007.3

第28回あらかわの伝統技術展終わる/区内に残るレンガ建物を検べる「荒川史談」 荒川史談会 （291）2007.9

職人こぼれ話（3）地口行灯と地口絵（澤田善明）「荒川ふるさと文化館だより」 荒川区教育委員会荒川ふるさと文化館 （20）2008.3

第29回あらかわの伝統技術展「荒川史談」 荒川史談会 （295）2008.9

荒川水系の川船と船大工（高木文夫、松井哲洋）「利根川文化研究」 利根川文化研究会 通号32 2008.12

史蹟・文化財シリーズ（73）有形文化財 諏方神社文書「荒川史談」 荒川史談会 （296）2008.12

史蹟・文化財シリーズ（75）板碑（（岡村）「荒川史談」 荒川史談会 （298）2009.6

第30回あらかわの伝統技術展（（高尾）「荒川史談」 荒川史談会 （299）2009.09

過ぎゆく季節へのたより（5）明治の天王祭と山車人形（亀川泰照）「荒川ふるさと文化館だより」 荒川区教育委員会荒川ふるさと文化館 （23）2010.03

史蹟・文化財シリーズ（78）有形文化財 板碑四基（永仁4年10月日銘他）「荒川史談」 荒川史談会 （301）2010.03

第30回あらかわの伝統技術展「荒川史談」 荒川史談会 （301）2010.03

史蹟・文化財シリーズ（79）有形文化財 板碑（文明15年10月7日銘）「荒川史談」 荒川史談会 （302）2010.06

史蹟・文化財シリーズ（80）有形文化財 宝篋印塔「荒川史談」 荒川史談会 （303）2010.09

職人こぼれ話（6）金切鋏（澤田善明）「荒川ふるさと文化館だより」 荒川区教育委員会荒川ふるさと文化館 （24）2010.10

あらかわタイムトンネルズ（19）自々斎一舟作恵比須・大黒様（野尻かおる）「荒川ふるさと文化館だより」 荒川区教育委員会荒川ふるさと文化館 （24）2010.10

史蹟・文化財シリーズ（81）有形文化財 宝篋印塔二基（明徳2年銘他）「荒川史談」 荒川史談会 （304）2010.12

史蹟・文化財シリーズ（82）有形文化財 宝篋印塔（元禄16年6月26日銘）「荒川史談」 荒川史談会 （305）2011.03

第32回あらかわの伝統技術展「荒川史談」 荒川史談会 （306）2011.06

第32回あらかわの伝統技術展「荒川史談」 荒川史談会 （307）2011.09

古写真の中の歴史世界（1）弁天様と「はい・ポーズ」（野尻かおる）「荒川ふるさと文化館だより」 荒川区教育委員会荒川ふるさと文化館 （28）2012.09

過ぎゆく季節へのたより（6）八月の天王祭（亀川泰照）「荒川ふるさと文化館だより」 荒川区教育委員会荒川ふるさと文化館 （28）2012.09

史談大学特別講座 回国修行者円心がつないだ歴史と人の絆に学ぶ/冬季区民教養講座「足立区の庚申塔」/江北美術館/荒川今昔写真展「足立史談会だより」 足立史談会 （296）2012.11

職人こぼれ話（10）明治時代の象牙職人（八代和杏子）「荒川ふるさと文化館だより」 荒川区教育委員会荒川ふるさと文化館 （29）2013.03

第34回あらかわの伝統技術展「荒川史談」 荒川史談会 （315）2013.09

あらかわタイムトンネルズ（23）金庫に貼られたお札（関悦子）「荒川ふるさと文化館だより」 荒川区教育委員会荒川ふるさと文化館 （30）2013.9

第369回 月例研究会 9月8日（日）明治維新後の東京近郊農村における農民の変貌—特に北区を中心とした荒川流域（倉木常夫）「北区史を考える会会報」 北区史を考える会 （110）2013.11

荒川史談会のあゆみ（広報紙から）広報「荒川史談」刊行/荒川史談会の刊行物/主な事業/伝統技術展/文化祭 歴史資料展/谷中七福神めぐり/荒川史談会20周年記念/新聞にみる荒川の世相史—昭和編「荒川史談」 荒川史談会 （316）2013.12

あらかわモノ知りシリーズ 第1回 文化鍋、発祥の地あらかわ（八代和杏子）「荒川ふるさと文化館だより」 荒川区教育委員会荒川ふるさと文化館 （32）2014.10

荒川下流域

あしもとの文化財でたどる室町・戦国時代—荒川下流域の結衆板碑「足立史談会だより」 足立史談会 128 1998.11

東京都 郷土に伝わる民俗と信仰 関東

荒川区

新聞に見る荒川区の世相史 昭和編(1)〜(52)「荒川史談」 荒川史談会 259/(315) 1999.9/2013.9

東京都北区・荒川区の「力石」(高島慎助)「文化財研究紀要」 東京都北区教育委員会 13 2000.3

昭和前期の宗教結社と地域社会―荒川区の事例より(川又俊則)「常民文化」 成城大学常民文化研究会 24 2001.3

史跡・文化財シリーズ(46) 有形民俗文化財 うすさま明王石像 正覚寺/新聞に見る荒川区の世相史(10) 昭和編/郷土の思い出を語る―昭和の時代(2) 松田正治さん/第29回谷中七福神めぐり/平成14年度総会終わる「荒川史談」 荒川史談会 269 2002.3

史跡・文化財シリーズ(47) 有形民俗文化財 庚申塔2基 誓願寺/新聞に見る荒川区の世相史(11) 昭和編/郷土の思い出を語る―昭和の時代(前)(1) 村田英三郎さん/3月の湯島界隈をたずねて―岩崎邸・大観記念館・鷗外旧居/五月晴れの栃木県の街見学「荒川史談」 荒川史談会 270 2002.6

史跡・文化財シリーズ(48) 有形民俗文化財 日待供養塔(2基) 延命子育地蔵尊内/新聞に見る荒川区の世相史(12) 昭和編/郷土の思い出を語る―昭和の時代(1) 飯島功さん/晩夏の上州路を旅する―草津研修旅行/平成14年荒川区文化祭歴史資料展/第23回あらかわの伝統技術展「荒川史談」 荒川史談会 271 2002.9

荒川堤

足立区の文化財 有形文化財(古文書)「報恩社法録」、関原不動尊略縁起(版本)、「地誌」(明治九年「地誌篇 伊東谷村」、明治九年「地誌書上 第十大区六小区次郎左衛門新田」、明治十年「地誌書上 第十大区六小区弥五郎新田」、明治十年「地誌書上 第十大区六小区五兵衛新田」)、千ヶ崎家文書1点、船津家文書2点(天保九戊年「宗旨御改め壱人別帳」、明治四〇年「荒川堤上裁桜原簿写」)「足立史談会だより」 足立史談会 (303) 2013.6

阿羅波婆岐社

氷川郷について(7)―氷川登計集落と阿羅波婆岐社に関して(渡辺友一郎)「郷土研究」 奥多摩郷土研究会 (15) 2004.3

有原堂

内藤重鎮「有原堂年中行事」(史料紹介)(佐藤智敬)「府中市郷土の森博物館紀要」 府中文化振興財団府中市郷土の森博物館 (20) 2007.3

有馬屋敷

有馬屋敷の水天宮と五島屋敷の水天宮(和田寛)「河童通心」 河童文庫 (278) 2006.12

安養院

蟠龍寺・念仏堂・安養院(橋口明子)「目黒区郷土研究」 目黒区郷土研究会 607 2005.8

足立史談カルタ紹介「か」金仏まつる安養院「足立史談会だより」 足立史談会 (285) 2011.12

安養寺

九品仏と安養寺「荒川史談」 荒川史談会 257 1999.3

多摩のみほとけ(7) 日野市安養寺 毘沙門天像(齊藤経生)「多摩のあゆみ」 たましん地域文化財団 (144) 2011.11

安楽寺

普化禅宗活惣派末寺頭安楽寺(調布)旧火下派(会員発表)(小川春夫)「由比野」 元八王子歴史研究会 (13) 2005.4

井荻

井荻の差札(原田弘)「杉並郷土史会史報」 杉並郷土史会 (214) 2009.3

井草

井草たんぼ 稲荷と狐と乞食橋(井口昭英)「杉並郷土史会々報」 杉並郷土史会 144 1997.7

奥多摩の獅子舞い紀行(43) 井草囃子の獅子舞い「かわせみ通信」 川崎実 46 1999.4

石仏紹介(121) 井草2丁目の地蔵堂(藤井正三)「杉並郷土史会史報」 杉並郷土史会 156 1999.7

東京都杉並区井草の通過儀礼(1)〜(3)(田中正明)「西郊民俗」 [西郊民俗談話会] (185)/(187) 2003.12/2004.6

東京都杉並区井草の年中行事(1)、(2)(田中正明)「西郊民俗」 [西郊民俗談話会] (188)/(189) 2004.9/2004.12

東京都杉並区井草の衣生活(田中正明)「西郊民俗」 [西郊民俗談話会] (191) 2005.6

石仏紹介(158) 井草の庚申堂(藤井正三)「杉並郷土史会史報」 杉並郷土史会 (193) 2005.9

東京都杉並区井草の食生活(1)、(2)(田中正明)「西郊民俗」 [西郊民俗談話会] (192)/(193) 2005.9/2005.12

東京都杉並区井草の住生活(田中正明)「西郊民俗」 [西郊民俗談話会]

(194) 2006.3

井草観音堂

石仏紹介(159) 井草観音堂の石佛(藤井正三)「杉並郷土史会史報」 杉並郷土史会 (194) 2005.11

井草八幡宮

杉並区井草八幡宮所蔵の釣手土器の再検討(研究ノート)(永瀬史人,中村耕作)「新西郊文化」 新西郊文化研究会 (2) 2012.12

井草八幡宮例大祭 古式流鏑馬神事(伊東勝)「杉並郷土史会会報」 杉並郷土史会 (243) 2014.01

井草八幡参道

石仏紹介(152),(153) 井草八幡参道の富士講燈籠一対(1),(2)(藤井正三)「杉並郷土史会史報」 杉並郷土史会 187/188 2004.9/2004.11

池上七福神

本門寺と池上七福神めぐり(柳下一雄)「とみづか」 戸塚歴史の会 28 2002.6

池上本門寺

2月探訪報告 池上本門寺界隈「足立史談会だより」 足立史談会 144 2000.3

新刊紹介 『本門寺の石経碑その他 石匠窪世祥について』(嘉津山清著)(大鳥居総夫)「史迹と美術」 史迹美術同攷会 71(6)通号716 2001.7

池上本門寺谷谷の坊と池上本院(安藤昌就)「寺院史研究」 寺院史研究会 (12) 2008.8

池尻庚申堂

私の散歩道(59) 池尻庚申堂(大輪敏男)「目黒区郷土研究」 目黒区郷土研究会 525 1998.10

池之端

本郷界隈掃苔の記(11) 池之端周辺(一寸木紀夫)「四季本郷」 文泉堂 (16) 1998.7

池袋

職人と地域の歴史(1) 邦楽器の音色を決める糸職人―早川喜由さん・池袋「かたりべ : 豊島区立郷土資料館ミュージアム開設準備だより」 豊島区立郷土資料館 63 2001.8

職人と地域の歴史(2) 組紐100年の技を記録する―土山弥太郎さん・池袋「かたりべ : 豊島区立郷土資料館ミュージアム開設準備だより」 豊島区立郷土資料館 67 2002.8

豊島をさぐる(13)池袋の女―江戸時代の怪奇現象「かたりべ : 豊島区立郷土資料館ミュージアム開設準備だより」 豊島区立郷土資料館 (80) 2005.12

地域社会の糸職人―東京都豊島区池袋・早川喜由氏(福岡直子)「生活と文化 : 研究紀要」 豊島区 155 2005.12

丸池(「池袋地名の由来の池」)説話成立に関する文献的考証(青木哲夫)「生活と文化 : 研究紀要」 豊島区 (18) 2009.3

池袋の天神(大島建彦)「西郊民俗」 [西郊民俗談話会] (218) 2012.03

伊興七福神

伊興七福神と伊興の歴史 1月探訪報告「足立史談会だより」 足立史談会 (275) 2011.2

伊興寺町

伊興寺町探訪報告「足立史談会だより」 足立史談会 206 2005.5

伊興氷川神社

足立の明治時代―伊興氷川神社の絵馬を中心に(夏目琢史)「足立史談」 足立区教育委員会 (553) 2014.03

伊興村

「近世伊興村―我が家の先祖調査を通じて」藤波恭一氏の発表/「各地の桜 足立とソメイヨシノ」青木太氏・谷内英明氏/「鷗外の碑と関連史跡」木村繁氏/「足立の農業 これまでと今」大熊久三郎氏/「東京周辺の高射砲陣地」鈴木恒雄氏「足立史談会だより」 足立史談会 (270) 2010.9

石井家住宅

石井家住宅の特徴と暮らしの背景 平尾家の景観から見る暮らしの様相/石井家住宅の屋敷構成と暮らしの変遷/石井家住宅の実測報告・主屋の現状と復原/土蔵の現状と復原《調査報告 平尾・石井家古民家の調査報告》)「稲城市文化財研究紀要」 稲城市教育委員会教育部 (7) 2006.3

石神社

石神井の地名成因と石神社(《特集 シンポジウム 石神井・シャクジ・三宮司》)(瓜生清)「練馬区地名研究会会報」 練馬区地名研究会 43 1998.2

関東　　　　　　　　　　郷土に伝わる民俗と信仰　　　　　　　　　　東京都

石川町

奥多摩の獅子舞い紀行（79）東京都八王子市/石川町の竜頭舞い「かわせみ通信」　川崎実　79　2003.4

石浜神社

史跡・文化財シリーズ（44）有形民俗文化財　庚申塔群（3基）石浜神社「荒川史談」　荒川史談会　267　2001.9

石原

奥多摩の獅子舞い紀行（41）石原の獅子舞い「かわせみ通信」　川崎実　44　1999.2

伊豆諸島

伊豆諸島における陶磁器埋納（惟村忠志）「貿易陶磁研究」　日本貿易陶磁研究会　17　1997.9

伊豆諸島の亀卜と南九州南端の占い（橋口尚武）「郵政考古紀要」　大阪郵政考古学会　通号40　2007.01

伊豆殿堀

東村山の昔ばなし（17）恩多　伊豆殿堀の話［農村用］高等小學讀本 巻一（糀谷忠三．両澤清）「郷土研だより」　東村山郷土研究会　（388）2012.9

東村山の昔ばなし（44）廻田 伊豆殿堀の女狐（野沢家の夜話［話］，糀谷忠三［絵］，両澤清［再話］）「郷土研だより」　東村山郷土研究会　（415）2014.12

泉町

泉町 聖マリア教会の古看板（伊藤弘一）「由比野」　元八王子歴史研究会　（13）2005.4

自然と生きる 西東京市の主な屋敷林（1）斉藤家（泉町）（小川武廣）「武蔵保谷村だより ： 高橋文太郎の『武蔵保谷村郷土資料』を手掛かりに」　下保谷の自然と文化を記録する会　（2）2011.7

出雲神社

指定を解除するもの 出雲神社のツバキ（〝東京都指定文化財の新指定〟）「東京の文化財」　東京都教育庁地域教育支援部　（101）2007.3

伊勢丸稲荷

三軒茶屋の数奇な運命を辿った「伊勢丸稲荷」（人見輝人）「せたかい ： 歴史さろん」　世田谷区誌研究会　（5C）1998.5

板橋

もらい水をしたころ（泉貞代）「板橋史談」　板橋史談会　178　1997.1

四つ葉と四つ場（清水治男）「板橋史談」　板橋史談会　180　1997.5

駐車場のお地蔵様（泉貞代）「板橋史談」　板橋史談会　180　1997.5

屋敷神調査の聞き書き（水竹銀子）「板橋史談」　板橋史談会　181　1997.7

民家に見る住いの習俗（1），（2）（津山正幹）「板橋史談」　板橋史談会　185/186　1998.3/1998.5

屋敷神調査中間報告（1）～（5）（若松慶治）「板橋史談」　板橋史談会　186/191　1998.5/1999.3

盆の精霊迎え（木村博）「板橋史談」　板橋史談会　187　1998.7

今昔物語集より（1）～（6）（浅羽彦三）「板橋史談」　板橋史談会　187/193　1998.7/1999.7

中世武蔵国における浄土宗の展開過程―豊島郡・板橋地域を中心として（吉田政博）「板橋区立郷土資料館紀要」　板橋区教育委員会　（12）1998.12

追儺と葬送に見る「方相氏」（足立登美枝）「板橋史談」　板橋史談会　191　1999.3

「一夜塚」の伝承（木村博）「板橋史談」　板橋史談会　193　1999.7

こよみの原理（武藤伸）「板橋史談」　板橋史談会　194　1999.9

「雷神」を鎌で切る習俗（木村博）「板橋史談」　板橋史談会　195　1999.11

板橋の茶と茶人（1）～（3）（小西雅徳）「板橋史談」　板橋史談会　197/199　2000.3/2000.7

「もらい水…」こほればなし（泉貞代）「板橋史談」　板橋史談会　197　2000.3

いたばしゆかりの高僧三人（井上富夫）「板橋史談」　板橋史談会　200　2000.9

とむすけの時間―昭和30年代回顧（泉貞弋）「板橋史談」　板橋史談会　202　2001.1

21世紀へ繋げたい子供のあそび（泉貞代）「板橋史談」　板橋史談会　204　2001.5

昔のお話を聞く会 おばあちゃんの時代にタイムスリップ（水竹銀子）「板橋史談」　板橋史談会　206　2001.9

いたばしの民謡（泉貞代）「板橋史談」　板橋史談会　207　2001.11

ひろば 千人針の思い出（斎藤重信）「板橋史談」　板橋史談会　207　2001.11

火の見櫓と半鐘（堺由行）「まちは生きた博物館」　いたばしまち博友の会

(25)　2002.9

企画展「板橋の茶園と喫茶文化」を観て（猪瀬尚志）「板橋史談」　板橋史談会　212　2002.9

板橋における茶栽培とその生産について―特に明治期を中心として（小西雅徳）「板橋区立郷土資料館紀要」　板橋区教育委員会　（14）2002.11

郷土芸能伝承館の伝承講座（ひろば）「板橋史談」　板橋史談会　220　2004.1

いたばしの民俗芸能（小野寺節子）「板橋史談」　板橋史談会　221　2004.3

「狐火」（「狐の嫁入り」？）（木村博）「板橋史談」　板橋史談会　（231）2005.11

ふるさと歳時記（1）～（3）（星野紀昭）「板橋史談」　板橋史談会　（236）/（238）2006.9/2007.1

火葬をいやがる感覚（寄稿）（木村博）「板橋史談」　板橋史談会　（238）2007.1

ふるさと歳時記（4）煤はき・餅つき（星野紀昭）「板橋史談」　板橋史談会　（239）2007.3

史蹟を訪ねて（6）掃苔に行く（猪瀬尚志）「板橋史談」　板橋史談会　（247）2008.8

写真ニュース（8）「公園内の庚申塔」（井上富夫）「板橋史談」　板橋史談会　（248）2008.9

続 敗戦前後《特集 昭和のくらし》（森田千春）「板橋史談」　板橋史談会　（250）2009.01

私の戦後《特集 昭和のくらし》（百瀬謙三）「板橋史談」　板橋史談会　（250）2009.01

「砂払」を道標に（1）（森田千春）「板橋史談」　板橋史談会　（251）2009.03

「砂払」を道標に（弐）刻と金（森田千春）「板橋史談」　板橋史談会　（254）2009.09

「砂払」を道標に（参）その行く末（森田千春）「板橋史談」　板橋史談会　（255）2009.11

写真ニュース（15）文化財登録の意義（庚申塔をめぐって）（井上富夫）「板橋史談」　板橋史談会　（255）2009.11

電気も水道も無かった五十五年前の暮らし（特集 戦後回顧）（泉貞代）「板橋史談」　板橋史談会　（256）2010.01

写真ニュース（16）郷土芸能大会（板橋農業まつり）（井上富夫）「板橋史談」　板橋史談会　（256）2010.01

写真ニュース（17）「初庚申」の日の庚申塔は？（井上富夫）「板橋史談」　板橋史談会　（257）2010.03

写真ニュース（20）新たな石仏発見？（井上富夫）「板橋史談」　板橋史談会　（260）2010.09

写真ニュース（21）秋祭りで奉納される里神楽（井上富夫）「板橋史談」　板橋史談会　（261）2010.11

わが家と私の年中行事（板橋の町にて）（特集 回顧 昔と今の年中行事）（猪瀬尚志）「板橋史談」　板橋史談会　（262）2011.01

神仏分離と牛頭信仰（成澤誠司）「板橋史談」　板橋史談会　（264）2011.05

不思議の世界―いたばしの昔話から（小林保男）「板橋史談」　板橋史談会　（266）2011.9

一枚の写真から（8）にぎやかなお正月―昭和40年（泉貞代）「板橋史談」　板橋史談会　（268）2012.01

表紙写真解説 夏越しの大祓い（井上富夫）「板橋史談」　板橋史談会　（276）2013.05

板橋の民家と板橋史談会―後角をもつ民家（津山正幹）「板橋史談」　板橋史談会　（282）2014.11

板橋の石造文化―石工調査50年から考える（小松光衛）「板橋史談」　板橋史談会　（282）2014.11

板橋区

地蔵と閻魔―民間信仰の諸相（松崎憲三）「いたばし区史研究」　東京都板橋区　6　1997.3

宝徳講のこと（［思い出の一枚］）（手島地枝子）「いたばし区史研究」　東京都板橋区　6　1997.3

幕末期から明治維新における神社の諸相―板橋区域の神社を中心として（小林保男）「板橋区立郷土資料館紀要」　板橋区教育委員会　（12）1998.12

〔資料紹介〕板橋区内現用の戦時下の統制陶磁器―常盤台天祖神社所蔵品（大沢鷹逝）「板橋区立郷土資料館紀要」　板橋区教育委員会　（12）1998.12

石田収蔵旧蔵「（仮称）板碑ノート」（小松寿治）「板橋区立郷土資料館紀要」　板橋区教育委員会　（13）2001.3

板橋区伝統工芸展を振り返って（斎川昭二）「板橋区立郷土資料館紀要」　板橋区教育委員会　（15）2005.1

全国と板橋区の民俗芸能（石塚輝雄）「板橋史談」　板橋史談会　（244）2008.1

板橋区の廃寺について―板橋区公文書館史料拾遺（大井晔）「板橋史談」

板橋史談会 （254）2009.09

七夕行事と七夕馬について―板橋区における「七夕馬（マコモ馬）」の特徴（齊藤千秋）「板橋区立郷土資料館紀要」 板橋区立郷土資料館（19）2013.03

表紙写真 区内神社の祭礼の一コマ（戸田忠明，小林保男）「板橋史談」 板橋史談会 （282）2014.11

板橋七福神

写真ニュース（6）「板橋七福神ご開帳」（井上富夫）「板橋史談」 板橋史談会 （246）2008.5

板橋宿

中山道板橋宿の旅籠屋について―豊田家文書の屋敷間取り図の分析を中心として（中野達哉）「板橋区立郷土資料館紀要」 板橋区教育委員会（15）2005.1

『我衣』を歩く（3）「板橋宿事件帳 其の一」（木田誼）「板橋史談」 板橋史談会 （255）2009.11

板橋の田遊び

板橋の田遊びと音楽―二つの田遊びの楽曲資料とその検討（小野寺節子）「いたばし区史研究」 東京都板橋区 6 1997.3

昼間の田遊び（思い出の一枚）（本橋太平）「いたばし区史研究」 東京都板橋区 6 1997.3

東京の民俗芸能 五穀豊穣を祈願―板橋の田遊び「東京の文化財」 東京都教育庁地域教育支援部 94 2004.11

写真ニュース（1）「板橋の田遊び」（井上富夫）「板橋史談」 板橋史談会（240）2007.5

板橋の田遊び（すぎなみ禿頭人）「杉並郷土史会史報」 杉並郷土史会（215）2009.05

田遊びと神武東征を追う 主役は三足烏（前），（後）（成澤誠司）「板橋史談」 板橋史談会 （258）/（259）2010.05/2010.07

田遊びが板橋に残ったのはなぜか（ひろば）（大澤鷹邇）「板橋史談」 板橋史談会 （274）2013.01

市ヶ谷

資料紹介 飛脚 市ヶ谷から四方寺へ（佐藤繁）「埼玉史談」 埼玉県郷土文化会 56（3）通号299 2009.10

一の宮

一の宮の付属神職と連光寺の神楽（佐伯弘次）「多摩のあゆみ」 たましん地域文化財団 107 2002.8

一ノ宮神社

野火止物がたり 一ノ宮神社（近内信輝）「郷土研だより」 東村山郷土研究会 （366）2010.11

五日市

五日市と古江の十二神祇（三村泰臣）「まつり通信」 まつり同好会 41（4）通号482 2001.3

五日市を歩く（石川博司）「野仏 ： 多摩石仏の会機関誌」 多摩石仏の会 34 2003.7

郡内地方に分布する伊奈石製宝篋印塔について―中世における武州五日市と都留郡北部の交流の一端をみる（持田友宏）「山梨県史研究」 山梨県 13 2005.3

五日市特産「のらぼう菜」と地質・地形（《特集 近現代の多摩農業》）（樽良平）「多摩のあゆみ」 たましん地域文化財団 （136）2009.11

一軒茶屋

一軒茶屋の松虫―「嘉陵紀行」より（橋口明子）「目黒区郷土研究」 目黒区郷土研究会 562 2001.11

一軒茶屋由緒（1）藤は咲いたか（橋口明子）「目黒区郷土研究」 目黒区郷土研究会 563 2001.12

一軒茶屋由緒（2）婆々が茶屋（橋口明子）「目黒区郷土研究」 目黒区郷土研究会 564 2002.1

一石山

さし絵のなかの多摩（32）五日市街道牛浜の蕎麦屋―「御嶽山一石山紀行」と「牛浜出水図」（齋藤愼一）「多摩のあゆみ」 たましん地域文化財団 （119）2005.8

伊藤谷村

足立区の文化財 有形文化財（古文書）「報恩社法録」、関原不動尊略縁起（版木）、「地誌」（明治九年「地誌篇 伊東谷村」、明治九年「地誌書上 第十大区六小区次郎左衛門新田」、明治十年「地誌書上 第十大区六小区弥五郎新田」、明治十年「地誌書上 第十大区六小区五兵衛新田」、千ヶ崎家文書1点、船津家文書2点（天保九戊年「宗旨御改め壱人別帳」、明治四〇年「荒川堤上裁桜原簿写」）「足立史談会だより」 足立史談会 （303）2013.6

稲城市

本の紹介 稲城市教育委員会教育部生涯学習課編『稲城市の民具 第2集―

多摩川中流域の川船建造用具」（尾上一明）「多摩のあゆみ」 たましん地域文化財団 （136）2009.11

稲付

〔指定文化財議案説明書〕 稲付の餅搗唄阿弥陀三尊来迎画像夜念仏供養板碑「文化財研究紀要」 東京都北区教育委員会 10 1997.3

稲付地区の民俗（上），（下）（高達奈緒美，小林将人）「文化財研究紀要」 東京都北区教育委員会 19/20 2006.3/2007.3

犬目

犬目・熊野神社の彫刻（村松勉）「郷土史」 八王子市川口郷土史研究会（20）1998.6

犬目町

犬目町に秋山誠一さん（古老に聞く）（齋藤三男）「郷土史」 八王子市川口郷土史研究会 （25）2003.10

井上醬油醸造

聞き書き 井上醬油醸造（関口宣明）「郷土博物館だより」 調布市郷土博物館 （75）2014.3

今熊

今熊の獅子舞（石川博司）「まつり通信」 まつり同好会 40（8）通号474 2000.7

縛られ地蔵

縛られ地蔵（山口博）「左海民俗」 堺民俗会 107 2001.9

訪ねてみよう東京の縛られ地蔵（犬飼康佑）「日本の石仏」 日本石仏協会，青娥書房（発売）（114）2005.6

今戸

研究ノート 今戸焼（小林克）「江戸東京博物館news ： Edo-Tokyo Museum news」 東京都歴史文化財団東京都江戸東京博物館 18 1997.6

入野

奥多摩の獅子舞い紀行（21），（35）入野の獅子舞い「かわせみ通信」 川崎実 24/38 1997.6/1998.8

入野の獅子舞（石川博司）「まつり通信」 まつり同好会 38（5）通号447 1998.5

入谷

入谷の釣船講について（蓟照夫）「足立史談会だより」 足立史談会 （312）2014.03

居木神社

居木神社の富士塚について（仲野基道）「目黒区郷土研究」 目黒区郷土研究会 569 2002.6

岩蔵

岩蔵のフセギ（石川博司）「まつり通信」 まつり同好会 41（7）通号485 2001.6

岩蔵のオイヌサマ―東京都青梅市小木曽五丁目（大島建彦）「西郊民俗」〔西郊民俗談話会〕 （193）2005.12

岩淵

岩淵地区の民俗（上），（下）（坂本要，高達奈緒美）「文化財研究紀要」 東京都北区教育委員会 17/18 2004.3/2005.3

岩船地蔵

岩船地蔵について（萩原清高）「野仏 ： 多摩石仏の会機関誌」 多摩石仏の会 28 1997.8

岩船地蔵と舟乗り地蔵（萩原清高）「野仏 ： 多摩石仏の会機関誌」 多摩石仏の会 31 2000.7

岩船地蔵とオージー現象（片桐譲）「田無地方史研究会紀要」 田無地方史研究会 21 2001.3

享保時代の流行神 岩船地蔵の村送りと府中周辺（阿部信行）「府中史談」 府中市史談会 （33）2007.5

位田家住宅

位田家住宅主屋調査報告書（大田区教育委員会・建築文化研究所）「大田区立郷土博物館紀要」 大田区立郷土博物館 （15）2005.3

上野

明治の思い出 上野の生活（江本義数）「谷中・根津・千駄木」 谷根千工房 51 1997.10

梵鐘紀行 鐘は上野か浅草か（中屋敷康）「郷土史紀行」 ヒューマン・レクチャー・クラブ （41）2006.11

上野公園

閑話休題 上野公園にあった大仏「郷土村松」 村松郷土史研究会 （64）2007.3

上野東照宮

第195回月例研究会 北区の近世（2）東照宮と北区（芦田正次郎）「北区史を考える会会報」 北区史を考える会 52 1999.5

谷中を愛する心 上野東照宮にある二つの大鳥居「谷中・根津・千駄木」 谷根千工房 75 2004.1

研究ノート 松平直政寄進の銅燈籠—上野東照宮所在、慶安四年銘（鳥谷芳雄）「季刊文化財」 島根県文化財愛護協会 （117） 2008.8

津軽藩の東照宮寄進石燈籠と震災修覆石垣—日光東照宮と上野東照宮を中心に（山谷金也）「東奥文化」 青森県文化財保護協会 通号80 2009.03

重要文化財（建造物）東照宮社殿「東京の文化財」 東京都教育庁地域教育支援課 （117） 2014.03

上ノ原台地

第372回 月例研究会 12月8日（日）「王子神社・王子稲荷神社・そして上ノ原台地」その歴史語り 副題〈狐で町おこし〉（高木基雄）「北区史を考える会会報」 北区史を考える会 （111） 2014.02

浮島神社

浮島神社の棟札と久保田建設（角田清美）「青梅市文化財ニュース」 青梅市文化財保護指導員会 （256） 2009.02

丑川

会報にみる目黒の昔（20）「碑文谷公園"伝統の大蛇" 太田省三」「丑川と目黒地区の伝統」太田省三「正泉寺『名墓』の石標の完成」羽倉敬尚「目黒区郷土研究」 目黒区郷土研究会 （654） 2009.7

牛田

牛田について（1）駅名に残る牛田や盆の月（平野宗一郎）「足立史談」 足立区教育委員会 （501） 2009.11

牛田について（2），（3）（平野宗一郎）「足立史談」 足立区教育委員会 （502）/（503） 2009.12/2010.1

牛天神

牛天神の庚申塔（石川博司）「野仏 ： 多摩石仏の会機関誌」 多摩石仏の会 31 2000.7

牛天神と葛飾八幡の道祖神（犬飼靖祐）「野仏 ： 多摩石仏の会機関誌」 多摩石仏の会 31 2000.7

牛天神北野神社

資料調査報告 牛天神北野神社に関する調査報告書「文京ふるさと歴史館年報」 文京区 （10） 2008.3

打越

十三仏様移転についてのお願い（岩田久雄）「打越」 打越歴史研究会 43 1997.7

人生儀礼「産育」（1），（2）—助産婦T・Tさんよりの聞き書き（折橋豊子）「打越」 打越歴史研究会 58/59 2001.4/2001.7

打越弁財天

昔の打越弁財天風景[1]，（2）打越町中谷戸 小山フサさん提供「打越」 打越歴史研究会 57/58 2001.1/2001.4

打越町

弁財天に奉納された白蛇の絵馬（縣敏夫）「野仏 ： 多摩石仏の会機関誌」 多摩石仏の会 37 2006.7

海辺大工町

江東外伝発見伝 浦安の豊受神社に深川海辺大工町の石燈籠（木ノ本博通）「下町文化」 江東区地域振興部 （237） 2007.4

梅沢

梅沢熊野神社祭礼旗について（山崎介司）「郷土研究」 奥多摩郷土研究会 （15） 2004.3

梅田

足立風土記だより（80）風土記の素材・梅田界隈（安藤義雄）「足立史談」 足立区教育委員会 387 2000.4

せきの弥彦さま—明王院と梅田の人々（佐南谷雅枝）「足立史談」 足立区教育委員会 391 2000.9

『梅田の今昔』こぼれ話、見たり聞いたり 一、梅田の紙漉きと表紙（1）〜（3）（瀬田良雄）「足立史談」 足立区教育委員会 （472）/（476） 2007.6/2007.10

『梅田の今昔』こぼれ話、見たり聞いたり 二、今に続く講、消えた講（瀬田良雄）「足立史談」 足立区教育委員会 （477） 2007.11

特集記事2『梅田の今昔』こぼれ話、見たり聞いたり 年中行事のいろいろ〈正月〜3月〉（〈小特集 足立の年中行事〉）（瀬田良雄）「足立史談」 足立区教育委員会 （480） 2008.2

『梅田の今昔』こぼれ話、見たり聞いたり 年中行事のいろいろ（4月〜6月）（瀬田良雄）「足立史談」 足立区教育委員会 （482） 2008.4

『梅田の今昔』こぼれ話、見たり聞いたり 年中行事のいろいろ（11月〜12月）（瀬田良雄）「足立史談」 足立区教育委員会 （488） 2008.10

梅田町

梅田町会館旧蔵の鰐口（史料紹介）（伊藤宏之）「博物館研究紀要」 葛飾区郷土と天文の博物館 （12） 2011.03

梅若塚

梅若塚と木母寺（中三川時雄）「下野談話」 下野談話会 98 2003.12

妙亀塚と梅若塚 今に生きる能「隅田川」の母と子（坂真次郎）「すみだ川 ： 隅田川市民交流実行委員会会報」 隅田川市民交流実行委員会 （39） 2006.4

雲興寺

廃寺「雲興寺」考（小川春夫）「由比野」 元八王子歴史研究会 （9） 1998.12

永代寺

深川永代寺とその周辺—「盛り場」を支える寺院社会の構造（栗原修）「江東区文化財研究紀要」 江東区教育委員会生涯学習部 （12） 2001.3

永代橋

石仏紹介 災害碑（2）永代橋崩落溺死者供養塔（入谷雄二）「会報」 房総石造文化財研究会事務局 （100） 2009.01

永代橋と率塔婆（県別・写真・観光日本案内『東京都』昭和36年6月 修道社・刊）「すみだ川 ： 隅田川市民交流実行委員会会報」 隅田川市民交流実行委員会 （56） 2014.10

永代橋沈溺横死諸亡霊塚

永代橋沈溺横死諸亡霊塚—200年続く供養（編集部）「目黒区郷土研究」 目黒区郷土研究会 583 2003.8

永福寺

杉並に伝わる地蔵物語（4）おめだま地蔵/永福寺の子授け地蔵（遠藤塩子）「野仏 ： 多摩石仏の会機関誌」 多摩石仏の会 31 2000.7

第432回例会記 東京都文化財ウィーク 永福寺界隈の史跡探訪（芦原義守）「杉並郷土史会史報」 杉並郷土史会 （215） 2009.05

永隆寺

駿河大納言忠長の正室（織田氏）と永隆寺（高橋賢治）「目黒区郷土研究」 目黒区郷土研究会 551 2000.12

回向院

萬満寺、両国回向院出開帳往来考（平久保久雄）「松戸史談」 松戸史談会 （41） 2001.10

専門員は見た 兼小塚原刑場跡遺跡調査速報（4）そして回向院は史跡になった（亀川泰照）「荒川ふるさと文化館だより」 荒川区教育委員会 荒川ふるさと文化館 （12） 2004.3

回向院（内藤りつ子）「伊那路」 上伊那郷土研究会 49（12）通号587 2005.12

回向院の海難供養碑 とくに「溺死人之墓」について（中野日出夫）「熊野誌」 熊野地方研究会 （57） 2010.10

明暦の大火（振袖火事）と回向院—善光寺は出開帳により再建される（鎌倉治雄）「ちょうま」 更埴郷土を知る会 （34） 2013.12

江古田

事業報告・地域史講座 富士塚はなぜ造られたか—"豊島長崎の富士塚" と "江古田の富士塚" をフィールドワークして「かたりべ ： 豊島区立郷土資料館ミュージアム開設準備だより」 豊島区立郷土資料館 64 2001.12

獅子舞の風土シリーズ（85）東京都中野区/江古田の獅子舞「かわせみ通信」 川崎実 85 2004.5

特集 江古田の獅子舞「しいのき ： 中野区立歴史民俗資料館だより」 中野区立歴史民俗資料館 48 2004.10

「江古田富士」登頂記—東京都練馬区「浅間神社富士塚」（酒井幸光）「あしなか」 山村民俗の会 273 2005.12

中野が誇る江古田の獅子舞（三隅治雄）「しいのき ： 中野区立歴史民俗資料館だより」 中野区立歴史民俗資料館 （56） 2008.10

国指定重要有形民俗文化財 江古田と長崎の富士塚について（特集 武蔵野と富士）（島田正人）「武蔵野」 武蔵野文化協会 89（1）通号353 2014.05

江島杉山神社

江島杉山神社の信仰（大島建彦）「西郊民俗」 ［西郊民俗談話会］ （225） 2013.12

江戸

ルポ てしごと風土記（25）篠工芸職 小峰尚さん（橋本克彦）「探 ： 江戸・とうきょう・Tokyo」 「探」編集部 （25） 1997

ルポ てしごと風土記（26）彫刻師 田村伸さん（橋本克彦）「探 ： 江戸・とうきょう・Tokyo」 「探」編集部 （26） 1997

ルポ てしごと風土記（27）竹細工職 磯貝又四郎さん（橋本克彦）「探 ：

江戸・とうきょう・Tokyo」 「探」編集部 （27） 1997

江戸の富士講と富士塚（平野栄次）「武蔵野」 武蔵野文化協会 75（1）通号329 1997.2

江戸東京から見た富士（芦田正次郎）「武蔵野」 武蔵野文化協会 75（1）通号329 1997.2

猿猴庵著『江戸循覧記』にみる江戸認識のあり方（鈴木章生）「東京都江戸東京博物館研究報告」 東京都江戸東京博物館 通号2 1997.3

近世幕末期の江戸における立山信仰─越中立山山麓芦峅寺衆徒の江戸の檀那場での廻檀配札活動（福江充）「研究紀要」 富山県立立山博物館 4 1997.3

大都市江戸近在農家の食生活（芦原義守）「杉並郷土史会々報」 杉並郷土史会 143 1997.5

企画展「遊びと求道の心 江戸東京の茶の湯400年」展（真下祥幸）「江戸東京博物館news ： Edo-Tokyo Museum news」 東京都歴史文化財団東京都江戸東京博物館 18 1997.6

江戸切子と薩摩切子（小木新造）「江戸東京博物館news ： Edo-Tokyo Museum news」 東京都歴史文化財団東京都江戸東京博物館 18 1997.6

はくぶつかん・すぽっとがいど（9）しめかざり─江戸とかつしかを繋いだ商品（内田幸彦）「博物館だより」 葛飾区郷土と天文の博物館 45 1997.9

江戸歌舞伎と役者絵（服部幸雄）「館報池田文庫」 阪急学園池田文庫 11 1997.10

「神葬願記江戸在府中日記」（〔史料紹介〕）（田村達也）「鳥取地域史通信」 鳥取地域史研究会 1（2）/1（4） 1997.10/1997.12

鳩ケ谷釣竿の歴史と江戸和竿師（吉野忠克）「郷土はとがや ： 鳩ケ谷郷土史会会報」 鳩ケ谷郷土史会 40 1997.11

江戸相撲の吉田巡業を探る（森国弘）「三河地域史研究」 三河地域史研究会 15 1997.11

江戸・東京妙見さま巡り（《妙見信仰特輯》）（宮崎茂夫）「あしなか」 山村民俗の会 249 1997.12

ルポ てしごと風土記（28）ごぼうじめ 芦田五郎さん（橋本克彦）「探 ： 江戸・とうきょう・Tokyo」 「探」編集部 （28） 1998

ルポ てしごと風土記（29）提灯づくり 下田一郎さん（橋本克彦）「探 ： 江戸・とうきょう・Tokyo」 「探」編集部 （29） 1998

ルポ てしごと風土記（30）江戸風鈴 篠原裕さん（橋本克彦）「探 ： 江戸・とうきょう・Tokyo」 「探」編集部 （30） 1998

ルポ てしごと風土記（31）時代裳束染色師 三ツ木秀男さん（橋本克彦）「探 ： 江戸・とうきょう・Tokyo」 「探」編集部 （31） 1998

明治初年の旧大名家の消費と江戸の商人・職人（岩going令治）「東京都江戸東京博物館研究報告」 東京都江戸東京博物館 通号3 1998.3

菓子に託された祈り─疱瘡除けにみる江戸の民間信仰（田中斉）「文京ふるさと歴史館だより」「文京ふるさと歴史館」 5 1998.4

江戸の火葬墓をめぐる諸問題（惟村忠志）「東京考古」 東京考古談話会 通号16 1998.5

江戸富士講史跡（富士塚）探訪に参加して（木ノ内君枝）「月の輪」 富士宮市郷土史同好会 13 1998.6

寺子屋講座「江戸方角」(1)～(5)（安藤義雄）「足立史談」 足立区教育委員会 364/370 1998.6/1998.12

江戸前と土佐前（松田広士）「いの史談」 いの史談会 （47） 1998.7

平成5年度港区指定文化財 月岡芳年筆「ま」組火消し絵馬─今に伝わる江戸の町火消したちの面影（日野原健司）「港郷土資料館だより」 港区立港郷土資料館 38 1998.11

江戸の民家 開発に消える「荒川史談」 荒川史談会 256 1998.12

ルポ てしごと風土記（33）「足袋づくり」石田芳和さん（橋本克彦）「探 ： 江戸・とうきょう・Tokyo」 「探」編集部 （33） 1999

ルポ てしごと風土記（34）「帽子づくり」木原三郎さん（橋本克彦）「探 ： 江戸・とうきょう・Tokyo」 「探」編集部 （34） 1999

ルポ てしごと風土記（35）「地球儀製作」矢作芳郎さん（橋本克彦）「探 ： 江戸・とうきょう・Tokyo」 「探」編集部 （35） 1999

寺子屋講座「江戸方角」(6)～(11)（安藤義雄）「足立史談」 足立区教育委員会 371/378 1999.1/1999.8

江戸湯屋文書（原史彦）「東京都江戸東京博物館研究報告」 東京都江戸東京博物館 通号4 1999.2

江戸湯屋建築の復元的研究（米山勇）「東京都江戸東京博物館研究報告」 東京都江戸東京博物館 通号4 1999.2

幕末期江戸の立山信仰─芦峅寺宝泉坊の江戸の檀那場と廻檀配札活動の実態（福江充）「研究紀要」 富山県立立山博物館 通号6 1999.3

江戸風俗ちょっといい噺（太田剛遠）「杉並郷土史会会史報」 杉並郷土史会 156 1999.5

さし絵のなかの多摩（10）多摩の柏餅と江戸の柏餅「桑園日記」続編図解 柏葉市図（斎藤慎一）「多摩のあゆみ」 たましな地域文化財団 95 1999.8

江戸庶民の社寺参詣─相模国大山参詣を中心として（原淳一郎）「地方史

研究」 地方史研究協議会 49（4）通号280 1999.8

江戸消防の元祖 祐天上人と町火消（二瓶英二郎）「目黒区郷土研究」 目黒区郷土研究会 535 1999.8

研究ノート 武州御嶽山と江戸庶民「江戸東京博物館news ： Edo-Tokyo Museum news」 東京都歴史文化財団東京都江戸東京博物館 27 1999.9

新潟県に於ける明治の唄本（3）─「甚句踊り」および安政の江戸大地震と幕末の唄本（板垣俊一）「新潟の生活文化 ： 新潟県生活文化研究会誌」 新潟県生活文化研究会 （6） 1999.9

常設展示室から ミュージアムトークより「江戸の正月」「江戸東京博物館news ： Edo-Tokyo Museum news」 東京都歴史文化財団東京都江戸東京博物館 28 1999.12

ルポ てしごと風土記（36）ブリキのバケツ製作 近藤善明さん（橋本克彦）「探 ： 江戸・とうきょう・Tokyo」 「探」編集部 （36） 1999.12

《特集「不思議」を楽しむ─江戸のメディアと俗信》「東京都江戸東京博物館研究報告」 東京都江戸東京博物館 通号5 2000.2

江戸の七不思議変遷考（横山泰子）「東京都江戸東京博物館研究報告」 東京都江戸東京博物館 通号5 2000.2

化物と遊ぶ─「なんけんけれどもばけ物双六」（岩城紀子）「東京都江戸東京博物館研究報告」 東京都江戸東京博物館 通号5 2000.2

近世後期江戸周辺水車産業の地域展開（《特集 近世・近代の地域と産業》）（鈴木芳行）「関東地域史研究」 文献出版 通号5 2000.3

ルポ てしごと風土記（37）亀の子束子 西尾松二郎さん（橋本克彦）「探 ： 江戸・とうきょう・Tokyo」 「探」編集部 （37） 2000.3

「重闔茶湯碑」と「奉神楽之碑」その他について（下）─江戸の名工窪世祥について（嘉津山清）「埼玉談話」 埼玉県郷土文化会 47（1）通号261 2000.4

江戸都市民の大名屋敷内鎮守への参詣行動─太郎稲荷の流行を中心に（吉田正高）「地方史研究」 地方史研究協議会 50（2）通号284 2000.4

近世庚申塔にみる施主名称の史的変遷─江戸周辺農村における近世前期の一様相（石神裕之）「日本宗教文化史研究」 日本宗教文化史学会 4（1）通号7 2000.5

庚申塔の邪鬼─江戸西郊の事例（《庚申信仰特集》）（舞田一夫）「あしなか」 山村民俗の会 255 2000.7

講演記念 江戸から目黒への道（田丸太郎）「郷土目黒」 目黒区郷土研究会 44 2000.10

江戸中期における江戸の立山信仰（福江充）「富山史壇」 越中史壇会 133 2000.12

特集 江戸の暮らしと江戸っ子の遊び（2）開帳の賑わいが培った江戸の盛り場・見世物小屋「探 ： 江戸・とうきょう・Tokyo」 「探」編集部 （41） 2001

ルポ てしごと風土記（41）「袋物職人」藤井直行さん（橋本克彦）「探 ： 江戸・とうきょう・Tokyo」 「探」編集部 （41） 2001

お馴染みの忠臣蔵の社会─江戸時代にあったワイロの常識（川城昭一）「房総 ： 郷土の古文書研究」 川城文庫・藩政史研究会 88 2001.1

江戸相撲「雷電相撲控帳」と勧進相撲（田辺元一郎）「桐生史苑」 桐生文化史談会 40 2001.3

江戸のお墓─人とともに葬られた品々（丸山清志）「港郷土資料館だより」 港区立港郷土資料館 45 2001.3

江戸東京の瞽女（ジェラルド，グローマー）「東京都江戸東京博物館研究報告」 東京都江戸東京博物館 （7） 2001.3

大岡越前守様御奉行所江江戸香具師之者共「ふるさとよしうら」 吉浦郷土史研究会 48 2001.7

江戸図屏風の「目黒弁当之寺」（栗山佳也）「目黒区郷土研究」 目黒区郷土研究会 559 2001.8

江戸寺社境内地の基礎構造─明治維新期社寺地処分の理解のために（滝島功）「関東近世史研究」 関東近世史研究会 （49） 2001.10

常設展示室から 徳川家の雛道具（斎藤慎一）「江戸東京博物館news ： Edo-Tokyo Museum news」 東京都歴史文化財団東京都江戸東京博物館 36 2001.12

上総金谷浜の大鳥賊見世物興行─上総の漁師と江戸の香具師（実形裕介）「千葉県史料研究財団だより」 千葉県史料研究財団 13 2002.1

テーマ展（13）江戸のあかりと暖房（丸山清志）「港郷土資料館だより」 港区立港郷土資料館 48 2002.3

茶室を訪ねて 江戸千家見学記（伊郷吉信）「谷中・根津・千駄木」 谷根千工房 69 2002.4

豊島区巣鴨遺跡出土の青銅製観音像─江戸の観音信仰小考（〔資料紹介〕）（関口慶久）「東京考古」 東京考古談話会 通号20 2002.5

江戸の地下室（古泉弘）「武蔵野」 武蔵野文化協会 78（2）通号336 2002.5

第二特集 手仕事を訪ねて 江戸籠甲「谷中・根津・千駄木」 谷根千工房 70 2002.7

テーマ展（14）発掘された江戸の墓（杉本絵美）「港郷土資料館だより」 港区立港郷土資料館 49 2002.8

第148回例会研究発表資料 地名の方言変化─江戸と伊豆（三橋誠之）「北

海道方言研究会会報」 北海道方言研究会 76 2002.9

鼠小僧義賊伝説(境淳伍)「民俗文化」 滋賀民俗学会 468 2002.9

近世庚申塔にみる流行型式の普及—江戸周辺における物質文化交流の復原への試み(石神裕之)「歴史地理学」 歴史地理学会, 古今書院(発売) 44(4)通号210 2002.9

江戸の火葬と機能/都市 [《大会特集II 大都市周辺の史的空間—江戸・東京北郊地域の視点から》(〈問題提起〉)(亀川泰照)「地方史研究」 地方史研究協議会 52(5)通号299 2002.10

江戸の名所めぐり—江戸の昔の面影をたどる/第2回収蔵資料展「地図・絵図で豊島区を読む」/旧田島平良家長屋門所蔵資料の整理・調査事業の中間報告 むかし"農具"いま"資料"「かたりべ」 豊島区立郷土資料館ミュージアム開設準備だより 豊島区立郷土資料館 68 2002.11

本の紹介 池上真由美著『江戸庶民の信仰と行楽』(鈴木良明)「多摩のあゆみ」 たましん地域文化財団 108 2002.11

江戸近郊の鎮守祭礼と地域住民—祭礼行事の都市化と問題点(《特集 近世村町社会と〈宗教〉》)(吉田正高)「民衆史研究」 民衆史研究会 (64) 2002.11

西宮神社と江戸の町「西宮えびす」 西宮神社 18 2002.12

江戸の相撲玩具(谷川章雄)「Museum Kyushu : 文明のクロスロード」 博物館等建設推進九州会議 19(4)通号74 2003.2

江戸の相撲と出雲の相撲(《第2回神在月シンポジウム 陣幕久五郎没後100年記念》 相撲の歴史に迫る)—リレートーク)(高埜利彦)「しまねの古代文化 : 古代文化記録集」 島根県古代文化センター (10) 2003.3

江戸の喫煙具 火入れ(杉本絵美)「港郷土資料館だより」 港区立港郷土資料館 (51) 2003.3

江戸を生きる—矢崎俊三氏と近世邦楽(岡田万里子)「研究紀要」 港区立港郷土資料館 (7) 2003.3

新出浄瑠璃本『和泉式部軒端梅』の紹介と翻刻—その他、明和前期の江戸人形浄瑠璃新出資料の紹介(神津武男)「沼津市博物館紀要」 沼津市歴史民俗資料館[ほか] 通号27 2003.3

三編上巻六十五「小野小町が石燈籠」(小堀光夫)「昔話伝説研究」 昔話伝説研究会 (23) 2003.4

五編中巻四十二「町代万が家宝庖瘡神の誤り証文」(久保華誉)「昔話伝説研究」 昔話伝説研究会 (23) 2003.4

江戸の手遊 とんどりはねたり(内田信之)「府中史談」 府中市史談会 (29) 2003.5

幕末から明治初期の贈品品にみる江戸近郊の食—江戸近郊の主婦の日記を中心に(櫻井美代子)「風俗史学 : 日本風俗史学会誌」 日本風俗史学会 (24) 2003.7

問題提起 江戸の信仰と社会関係—居住者の視点から(《2002年度大会特集 江戸の信仰と社会関係—居住者の視点から》)(関東近世史研究会常任委員会)「関東近世史研究」 関東近世史研究会 (54) 2003.10

江戸・東京における町内鎮守管理者としての修験と地域住民—就任、相続、退身の実態を中心に(《2002年度大会特集 江戸の信仰と社会関係—居住者の視点から》)(吉田正高)「関東近世史研究」 関東近世史研究会 (54) 2003.10

吉田報告コメント(《2002年度大会特集 江戸の信仰と社会関係—居住者の視点から》)(小泉雅弘)「関東近世史研究」 関東近世史研究会 (54) 2003.10

江戸庶民信仰の娯楽化—千社札をめぐって(《2002年度大会特集 江戸の信仰と社会関係—居住者の視点から》)(滝口正哉)「関東近世史研究」 関東近世史研究会 (54) 2003.10

滝口報告コメント(《2002年度大会特集 江戸の信仰と社会関係—居住者の視点から》)(鈴木章生)「関東近世史研究」 関東近世史研究会 (54) 2003.10

原報告コメント(《2002年度大会特集 江戸の信仰と社会関係—居住者の視点から》)(葛生雄二)「関東近世史研究」 関東近世史研究会 (54) 2003.10

大会討論要旨(《2002年度大会特集 江戸の信仰と社会関係—居住者の視点から》)「関東近世史研究」 関東近世史研究会 (54) 2003.10

参勤大名の儀礼について—享保初期の「左文藩嶋津家江戸日記」をもとに(甲斐亮典)「みやざき民俗」 宮崎県民俗学会 56 2003.11

江戸庶民の富士信仰 杉並にも立派なお富士さんがあった(芦原義守)「杉並郷土史会史報」 杉並郷土史会 182 2003.11

江戸東京のまじない(1),(2)(長沢利明)「西郊民俗」 [西郊民俗談話会] (185)/(186) 2003.12/2004.3

江戸前ニギリ鮨と江戸食文化(石川壽満)「宇摩史談」 宇摩史談会 87 2004.1

江戸と東京 風俗野史「大道芸通信」 日本大道芸・大道芸の会 112 2004.3

仙台坂出土の埋葬犬と江戸のイヌたち(金子浩昌)「品川歴史館紀要」 品川区立品川歴史館 (19) 2004.3

江戸近郊の神楽師の近代—興行としての神楽と芝居 千葉県野田市高梨家の文献資料から(三田村佳子)「民俗芸能研究」 民俗芸能学会

(36) 2004.3

江戸の年中行事と大黒天(田丸太郎)「目黒区郷土研究」 目黒区郷土研究会 592 2004.5

江戸天下祭りに参加して(東島暉)「嶺岡」 鴨川市郷土史研究会 (3) 2004.5

江戸の銭相場—元禄〜正徳期を中心として(吉原健一郎)「練馬古文書研究会会報」 練馬古文書研究会 (32) 2004.5

「江戸」の聖徳太子伝承(木村博)「聖徳」 聖徳宗教学部 181 2004.7

失われゆく江戸文化、受け継がれゆく江戸文化(1)—細刻み煙草(松本健)「港郷土資料館だより」 港区立港郷土資料館 (54) 2004.9

近世後期の江戸における歌舞伎役者と風俗取締政策—七代目市川団十郎を中心として(《月例会報告要旨》)(木村涼)「関東近世史研究」 関東近世史研究会 (57) 2004.10

江戸周辺地域における「寺社領」の位置—寺社領「村高」化課程を中心に(《月例会報告要旨》)(保垣孝幸)「関東近世史研究」 関東近世史研究会 (57) 2004.10

文化講演 江戸開府四百年 江戸と周辺にみる寺社建築—江戸建築の特色を探る(濱島正士)「松戸史談会」 松戸史談会 (44) 2004.10

伝統芸能 和太鼓 大江戸助六太鼓(菖友会)「松戸史談」 松戸史談会 (44) 2004.10

古川柳にみる江戸 風俗と物の値段(山田龍治)「会誌」 鯖江郷土史懇談会 (12) 2004.10

社寺参詣をめぐる研究の動向と展望—江戸およびその周辺を中心として(鈴木章生)「交通史研究」 交通史学会, 吉川弘文館(発売) (56) 2005.2

江戸と周辺村落の墓制(《特集 葬送と墓制》)(谷川章雄)「多摩のあゆみ」 たましん地域文化財団 117 2005.2

失われゆく江戸文化、受け継がれゆく江戸文化(2),(3)—泥面子(杉本絵美)「港郷土資料館だより」 港区立港郷土資料館 (55)/(56) 2005.3/2005.9

奈川牛と江戸—史料編纂との関わりの中で(講演)(熊井保)「松本市史研究 : 松本市文書館紀要」 松本市 (15) 2005.3

研究の窓 芝居衣裳を江戸で買う—佐久郡臼田村の歌舞伎芝居(市川包雄)「長野県立歴史館だより」 長野県立歴史館 42 2005.3

勤番武士は何を食べていたか(酒井容子)「津久見史談」 津久見史談会 (9) 2005.3

江戸将軍家の江の島弁財天信仰(鈴木良明)「藤沢市史研究」 藤沢市文書館 (38) 2005.3

『江戸名所図会』のなかのヤマトタケル伝説(小野一之)「府中市郷土の森博物館紀要」 府中文化振興財団府中市郷土の森博物館 (18) 2005.3

江戸年中行事と大黒天祭り(田丸太郎)「目黒区郷土研究」 目黒区郷土研究会 602 2005.3

野村純一著『江戸東京の噂話「こんな晩」から「口裂け女」まで』(内藤浩誉)「昔話伝説研究」 昔話伝説研究会 (25) 2005.5

殿様のくらし(43) 十万石大垣藩主江戸中屋敷(清水進)「美濃民俗」 美濃民俗文化の会 457 2005.6

高井地方の草相撲—江戸相撲との関わりを中心に(徳永泰男)「高井」 高井地方史研究会 (152) 2005.8

野村純一著『江戸東京の噂話—「こんな晩」から「口裂け女」まで』(書誌紹介)(篠原徹)「日本民俗学」 日本民俗学会 通号243 2005.8

殿様のくらし(44) 十万石大垣藩主の江戸下屋敷(清水進)「美濃民俗」 美濃民俗文化の会 460 2005.9

江戸の講釈師たち(境淳伍)「民俗文化」 滋賀民俗学会 (504) 2005.9

会津藩にかかわりのある江戸の寺院今昔(横山秀夫)「歴史春秋」 歴史春秋社 (62) 2005.10

私の本棚から(28) 『江戸/東京はやり信仰事典』(芦原義守)「杉並郷土史会史報」 杉並郷土史会 (194) 2005.11

江戸の稲荷信仰における町内鎮守の成立と展開(若杉温)「千葉史学」 千葉歴史学会 (47) 2005.11

殿様のくらし(45) 十万石大垣藩主江戸の大火と大垣藩邸(清水進)「美濃民俗」 美濃民俗文化の会 462 2005.11

十返舎一九の「戸隠善光寺往来」—江戸っ子のための善光寺戸隠案内記(《特集 いま甦る北信濃の三大霊場—善光寺・戸隠・飯綱》)(小林一郎)「長野」 長野郷土史研究会 (245) 2006.2

雑札場—江戸庶民の魚市場(山根洋子)「港郷土資料館だより」 港区立港郷土資料館 (57) 2006.3

失われゆく江戸文化 受け継がれゆく江戸文化(4) 浮世絵版画(1)(小澤絵理子)「港郷土資料館だより」 港区立港郷土資料館 (57) 2006.3

続 勤番武士は何を食べていたか 外右馬の江戸日記より(酒井容子)「津久見史談」 津久見史談会 (10) 2006.3

誌上郷土史入門講座 温故知新の手引き 基本バイブル「新編武蔵風土記稿」/武蔵野・多摩ならこの一冊「武蔵名勝図会」/挿絵が秀逸「江戸名所図会」「しいのき : 中野区立歴史民俗資料館だより」 中野区立歴史民俗資料館 (51) 2006.4

参詣行動にみる江戸生活者の寺社認識—江戸における「参詣される寺

社」と参詣者(例会報告)(吉田正高)「交通史研究」 交通史学会. 吉川弘文館(発売)(59) 2006.4

歌舞伎・文人と江戸社会—七代目 市川団十郎を中心として(《江戸の社会構造と意識》)(木村涼)「関東近世史研究」 関東近世史研究会(60) 2006.7

木村報告コメント(《江戸の社会構造と意識》)(神田由築)「関東近世史研究」 関東近世史研究会 (60) 2006.7

江戸の社会と「葬」をめぐる意識—墓制・盆儀礼・「おんぼう」(《江戸の社会構造と意識》)(西木浩一)「関東近世史研究」 関東近世史研究会(60) 2006.7

西木報告コメント(《江戸の社会構造と意識》)(木下光生)「関東近世史研究」 関東近世史研究会 (60) 2006.7

江戸小紋(《特集 ものづくりに集うプロの作家達》)(藍田正雄)「上州路：郷土文化誌」 あさを社 33(10)通号389 2006.10

江戸小紋(《特集 ものづくりに集うプロの作家達》)(田中正子)「上州路：郷土文化誌」 あさを社 33(10)通号389 2006.10

郷土博物館開館20周年記念特別展「葵の御威光—江戸近郊徳川領の歴史と伝説—」「足立区立郷土博物館だより」 足立区立郷土博物館(52) 2006.10

万石通しの発明と伝播(2) 江戸での発明、大坂への伝播の詳細(河野通明)「民具マンスリー」 神奈川大学 39(8)通号464 2006.11

幕末・江戸の神在月(縁結び)ブーム(《第6回神在月古代文化シンポジウム 出雲、神在月の謎に迫る—なぜ、神々は出雲に集うのか》)(岡宏三)「しまねの古代文化：古代文化記録集」 島根県古代文化センター(14) 2007.3

続 勤番武士は何を食べていたか(酒井容子)「津久見史談」 津久見史談会 (11) 2007.3

江戸っ子の金銭感覚(加藤貴)「練馬古文書研究会会報」 練馬古文書研究会 (38) 2007.6

収蔵庫から(10) 甘酒は夏に飲むのが江戸っ子流—天野屋の「ツボ」(加藤紫織)「千代田区立四番町歴史民俗資料館資料館だより」 東京都千代田区教育委員会, 千代田区立四番町歴史民俗資料館 (25) 2007.7

インタビュー 時代の職人になる 江戸小紋染め 藍田正雄「上州風」 上毛新聞社 (27) 2007.9

常設展示室から 企画展「川上不白と江戸千家展—花ひらく茶の湯の妙道—」「江戸東京博物館news ： Edo-Tokyo Museum news」 東京都歴史文化財団東京都江戸東京博物館 59 2007.9

「江戸富士塚」と浅間塚—埼玉県富士塚調査その後(《富士塚特集》)(岡田博)「あしなか」 山村民俗の会 279 2007.10

見学記 成田山霊光館特別展「江戸土産—広重が描いた江戸風景」(佐藤夏美, 高橋詩織)「千葉史学」 千葉歴史学会 (51) 2007.11

第413回例会記 続江戸川柳の世界(古川柳に見る江戸の習俗と庶民像)古沢靖先生「杉並郷土史会史報」 杉並郷土史会 (206) 2007.11

展示準備ノート 小袖の模様「小袖 江戸のオートクチュール」から「名古屋市博物館だより」 名古屋市博物館 (180) 2008.2

「江戸」周辺における聖徳太子伝承(木村博)「聖徳」 聖徳宗教学部 (195) 2008.2

「三つ拍子」から江戸神楽を考える—神楽囃子と所作から江戸神楽の古態を探る試み(森林憲史)「民俗芸能研究」 民俗芸能学会 (44) 2008.3

芦﨑寺宝泉坊の江戸での檀那場形成と「立山信仰」の展開(1)(福江充)「研究紀要」 富山県立山博物館 15 2008.3

江戸の食文化(竹内誠)「武蔵野」 武蔵野文化協会 83(2)通号346 2008.4

書評 沢山美果子著『江戸の捨て子たち—その肖像—』(渡部祐子)「岡山地方史研究」 岡山地方史研究会 通号115 2008.9

都市江戸とやきものの消費(《備前歴史フォーラム 江戸時代の暮らしと備前焼》—基調講演)(堀内秀樹)「備前市歴史民俗資料館紀要」 備前市歴史民俗資料館 (10) 2008.9

江戸の銭と庶民の暮らし(吉原健一郎)「郷土目黒」 目黒区郷土研究会 52 2008.10

常設展示室 企画展「絵にみる春夏秋冬—江戸東京の一年—」/「えどはくでおさらい！ 江戸時代」「江戸東京博物館news ： Edo-Tokyo Museum news」 東京都歴史文化財団東京都江戸東京博物館 64 2008.12

なりきりお江戸流 江戸時代フェスティバル(村田憲一)「瓦版大木戸：千葉県立房総のむら館報」 千葉県立房総のむら (42) 2009.01

芦﨑寺宝泉坊の江戸での檀那場形成と「立山信仰」の展開(2) 江戸時代後期の江戸城大奥及び諸大名家をめぐる立山信仰(福江充)「研究紀要」 富山県立山博物館 16 2009.03

隅田川大学公開講座 隅田川沿いに花開いた江戸の歌舞伎(近藤尚子)「すみだ川 ： 隅田川市民交流実行委員会会報」 隅田川市民交流実行委員会 (44) 2009.03

会員便り 江戸の粋「屋形船」(鈴木哲夫)「すみだ川 ： 隅田川市民交流実行委員会会報」 隅田川市民交流実行委員会 (45) 2009.04

文献史料からみた「酒容器」としての「角樽」—循環型角樽と所有角樽の江戸と今(村田香澄)「東京考古」 東京考古談話会 通号27 2009.05

収蔵資料紹介 幕末江戸の小芝居番付(佐藤かつら)「館報池田文庫」 阪急学園池田文庫 (34) 2009.06

2009年4月例会 研究発表「幕末期における江戸の立山信仰—特に江戸城をめぐる立山信仰について」福江充氏(加藤基樹)「日本宗教民俗学会通信」 日本宗教民俗学会 (124) 2009.07

市制80周年記念「江戸一目図屏風」制作200年 特別企画「江戸一目図屏風」「博物館だより」 津山郷土博物館 (62) 2009.08

東京文化財保護ウィーク2009 東京8区文化財古民家めぐり/中川船番所資料館特別企画展「江戸の流通と中川番所」「下町文化」 江東区地域振興部 (247) 2009.9

書評 滝口正哉著『江戸の社会と御免富—富くじ・寺社・庶民』(加藤貴)「日本史攷究」 日本史攷究会 (33) 2009.11

書評 滝口正哉著『江戸の社会と御免富—富くじ・寺社・庶民』(小沢詠美子)「史潮」「歴史学会」 同成社(発売)(66) 2009.11

日本橋生まれの辨財天—石岡市金丸町山車人形江戸天下祭へ里帰り(長谷川晴彦)「常総の歴史」 崙書房出版茨城営業所 (40) 2009.12

『燕石十種』レファレンス索引(衣・食・住・生業編)—中央公論社本をもとに(栗原智久)「東京都江戸東京博物館研究報告」 東京都江戸東京博物館 (16) 2010.03

江戸将来の石灯籠(石川治夫)「沼津市博物館紀要」 沼津市歴史民俗資料館[ほか] 通号34 2010.03

江戸東京の食文化・川文化—浅草の食文化繁栄の原点を探る 平成21年10月10日(土)(隅田川大学公開講座)(丸山眞司, 齋藤興平)「すみだ川 ： 隅田川市民交流実行委員会会報」 隅田川市民交流実行委員会(47) 2010.4

江戸富士塚を巡る(1)—千駄ヶ谷富士・高松富士(酒井幸光)「あしなか」 山村民俗の会 288 2010.04

記念講演要旨 本山寺の秘法—江戸の開帳と地域社会(胡光)「三豊史談」 三豊史談会 (1) 2010.06

たてもので語る江戸東京の歴史と文化(米山勇)「江戸東京たてもの園だより」 東京都歴史文化財団 (36) 2010.9

特別展「隅田川—江戸が愛した風景—」(我妻直美)「江戸東京博物館news ： Edo-Tokyo Museum news」 東京都歴史文化財団東京都江戸東京博物館 71 2010.09

近世庚申塔にみる「かたち」の普及—多摩と江戸・周辺地域とのつながり(特集 石仏にみる民間信仰)(石神裕之)「多摩のあゆみ」 たましん地域文化財団 (140) 2010.11

江戸富士塚を巡る(2)—音羽富士・十条富士(酒井幸光)「あしなか」 山村民俗の会 290 2010.11

常設展示室 企画展「明治流行 うさぎづくし&江戸の町名主」「江戸東京博物館news ： Edo-Tokyo Museum news」 東京都歴史文化財団東京都江戸東京博物館 72 2010.11

文化講演会 江戸積み三河酒の衰退をめぐって—神谷和正編『近世三河の酒造業』を中心に(吉永昭)「かりや ： 郷土文化誌」 刈谷市郷土文化研究会 (32) 2011.03

書評 「江戸天下祭絵巻の世界」都市と祭礼研究会編(城所恵子)「日本民俗音楽学会会報」 日本民俗音楽学会 (35) 2011.06

書評 都市と祭礼研究会編『江戸天下祭絵巻の世界—うたい おどり ばける—』(鬼頭秀明)「民俗芸能研究」 民俗芸能学会 (51) 2011.09

表紙解説 江戸切絵図と富士塚巡り(酒井幸光)「あしなか」 山村民俗の会 293 2011.10

江戸富士塚を巡る(3)—下谷坂本の富士・東大久保富士・駒込富士(酒井幸光)「あしなか」 山村民俗の会 293 2011.10

江戸の町 女性のくらしと文化 原采蘋の行きかた 女性史サークルの講演から(古坂啓子)「八王子市川口郷土史研究会」 (33) 2012.1

ミニ企画展「院庄と児島高徳伝承」/「江戸一目図屏風」「津博 ： 津山郷土博物館だより「つはく」」 津山郷土博物館 (71) 2012.01

江戸消防記念会第十一区 大盃の儀(鈴木志乃)「足立史談」 足立区教育委員会 (528) 2012.02

文政期における鷹場と江戸—文政6年の浅草寺境内普請統制を中心に(山﨑久登)「関東近世史研究」 関東近世史研究会 (71) 2012.02

第349回月例研究会 1月29日(日) 王子稲荷と江戸市民(加藤貴)「北区史を考える会会報」 北区史を考える会 (103) 2012.02

江戸に下った太子像(小松光江)「聖徳」 聖徳宗教学部 (211) 2012.02

江戸の神社と狛犬を尋ねて(会員の広場)(田辺義典)「故郷の花」 小郡市郷土史研究会 (37) 2012.03

明治45年『木材の工芸的利用』に見る江戸東京と周辺地域での笊籠の生産と流通(服部武)「民具研究」 日本民具学会 (145) 2012.03

人宿米屋田中家創業期の系譜と石碑建立活動について(調査研究)(市川寛明)「東京都江戸東京博物館紀要」 東京都江戸東京博物館 (2) 2012.03

江戸・東京・東京の祭礼に見る近代化—江戸らしさの祭りから(西海賢二)「コロス」 常民文化研究会 (129) 2012.05

研究の散歩道 「百珍物」の世界—豆腐・鯛・甘藷(田中実穂)「江戸東京博物館news ： Edo-Tokyo Museum news」 東京都歴史文化財団東

京都江戸東京博物館 （78） 2012.06

「天道念仏」に関する文献から―『江戸名所図会』を中心に（加藤和徳）「村山民俗」 村山民俗の会 （26） 20.2.07

安政江戸大地震が残したもの―鯰絵と世直し（真板道夫）「杉並郷土史会会報」 杉並郷土史会 （235） 2012.9

都市社会と「自粛」現象―江戸・東京における鳴物停止の構造・展開を中心に（月例会報告要旨）（佐藤麻里）「関東近世研究」 関東近世史研究会 （72） 2012.10

第357回講演会 9月30日（日）遺跡から見る江戸の食文化（阿部常樹）「北区史を考える会会報」 北区史を考える会 （106） 2012.11

刀が語る、ある広島藩士の江戸詰め暮らし―新着収蔵品オススメ紹介 松尾秀任作の刀・短刀（山縣紀子）「しろうや！ 広島城」 広島市未来都市創造財団 （34） 2012.12

江戸周辺の八百比丘尼（大島建彦）「西郊民俗」 ［西郊民俗談話会］（221） 2012.12

秋田藩主佐竹氏の江戸市中諸社参拝―浅草、神田、鳥越、湯島、他（神宮滋）「北方風土 ： 北国の歴史民俗考古研究誌」 イズミヤ出版 通号65 2013.01

帝塚山大学図書館蔵『江戸道中記』「嵯峨名所」 『奈良大乗院院家南院資料』について（3）（史料紹介）（中根麻貴）「奈良学研究」 帝塚山大学奈良学総合文化研究所 （15） 2013 02

講演録 江戸及び周辺の墓標をめぐる問題（谷川章雄）「市史研究いちかわ」 市川市文化国際部 （4） 2013.03

2012年度冬の収蔵資料展報告「江戸の玩具と子どもの世界」（中山なな）「かたりべ ： 豊島区立郷土資料館ミュージアム開設準備だより」 豊島区立郷土資料館 （109） 2013.03

斎藤月岑の「武江扁額縮圖」をめぐって―東北大学附属図書館狩野亨吉文庫「大江戸絵馬集」を中心に（小澤弘）「東京都江戸東京博物館紀要」 東京都江戸東京博物館 （3） 2013.03

公開講演報告3 民俗資料の口承文芸と基層をなす神話―大島建彦氏の講演「江戸東京の民俗信仰」を拝聴して（第37回日本口承文芸学会大会）（廣田收）「伝え ： 日本口承文芸学会会報」 日本口承文芸学会 （53） 2013.10

江戸の七不思議（高塚さmyり）「下町文化」 江東区地域振興部 （264） 2014.1

幕末期江戸における迷子石の社会的意義―浅草寺の事例を中心に（特集 都市の風俗を考える）（加藤友梨）「風俗史学 ： 日本風俗史学会誌」 日本風俗史学会、岩田書店（発売） （53） 2014.1

特別展「花開く 江戸の園芸」実施報告（田中実穂）「東京都江戸東京博物館紀要」 東京都江戸東京博物館 （4） 2014.3

江戸名所花暦―金橋桜花の補植と地域住民「東京都公文書館だより」 東京都公文書館 （24） 2014.3

江戸東京の民俗信仰（大島建彦）「口承文藝研究」 日本口承文藝學會 （37） 2014.03

第507回例会記 平成25年11月23日 江戸と周辺農村との人的交流―武士と農民の婚姻関係を中心に 講師：森安彦先生（小島智）「杉並郷土史会会報」 杉並郷土史会 （245） 2014.5

富士講隆盛以前の江戸における富士信仰（特集 武蔵野と富士）（大谷正幸）「武蔵野」 武蔵野文化協会 89（1）通号353 2014.05

富士塚築造にみる江戸庶民の富士山崇拝と創造性―目黒新富士と胎内洞穴を例に（特集 武蔵野と富士）（横山昭一）「武蔵野」 武蔵野文化協会 89（1）通号353 2014.05

秋田藩主佐竹氏の諸社参拝―日光、江戸邸内社、他（神宮滋）「北方風土 ： 北国の歴史民俗考古研究誌」 イズミヤ出版 （68） 2014.06

江戸庶民の「こころ」を語る その暮らしと文化（講演会）（塩田安示）「いしぶみ」 まちだ史考会 （37） 2014.7

資料紹介 『名所江戸百景』（法厳寺蔵/西尾市岩瀬文庫寄託）「岩瀬文庫だより」 西尾市岩瀬文庫 （43） 2014.09

天神信仰の地域的展開―江戸・東京の天満宮巡拝を例に（中川和明）「日本宗教文化史研究」 日本宗教文化史学会 18（2）通号36 2014.11

江戸川

江戸川の庚申塔巡り（中山正義）「史迹と美術」 史迹美術同攷会 67（4） 1997.5

企画展「江戸・東京のやきもの」―隅田川・江戸川流域の窯業史「博物館だより」 葛飾区郷土と天文の博物館 56 1999.9

江戸川区

江戸川区の富士塚巡り―平成22年秋・瑰地探索行事（宮崎孝志）「あしなか」 山村民俗の会 290 2010.11

江戸川橋

3月探訪報告 目白界隈―護国寺から江戸川橋へ「足立史談会だより」 足立史談会 145 2000.4

江戸川流域

江戸川流域の農耕馬貸借慣行（2）（堀充宏）「博物館研究紀要」 葛飾区郷土と天文の博物館 （5） 1998.3

江戸五色不動

江戸五色不動の謎（1）～（14）（田丸太郎）「目黒区郷土研究」 目黒区郷土研究会 （651）/（664） 2009.04/2010.05

江戸城大奥

江戸城大奥より祈禱依頼 日鑑摘録（横山晴夫）「みつ\u3084みゝ祢山」 三峯神社社務所 （199） 2008.1

裸回りと大奥の新参舞（長沢利明）「西郊民俗」 ［西郊民俗談話会］（208） 2009.09

書評 福江充著『江戸城大奥と立山信仰』（嶋本隆一）「富山史壇」 越中史壇会 （167） 2012.03

福江充著『江戸城大奥と立山信仰』（新刊紹介）（高橋平明）「ヒストリア ： journal of Osaka Historical Association」 大阪歴史学会 （232） 2012.06

寺院が所持する大奥関係資料（畑尚子）「東京都江戸東京博物館紀要」 東京都江戸東京博物館 （4） 2014.03

江戸内湾

江戸内湾における重層的漁業秩序について―下総国葛飾郡船橋浦の沖漁と磯漁を素材に（高橋覚）「千葉史学」 千葉歴史学会 （38） 2001.5

江戸の里神楽

江戸里神楽師の存在形態とその変容（三田村佳子）「埼玉県立民俗文化センター研究紀要」 埼玉県立民俗文化センター 14 1998.3

資料紹介 江戸里神楽師前田家の衣裳について―上着を中心にして（川上由美子）「紀要」 埼玉県立博物館 通号28 2002.3

神々の装い―江戸里神楽衣裳の色と形（三田村佳子）「埼玉民俗」 埼玉民俗の会 28 2003.3

企画展「江戸の里神楽―品川 間宮社中―」展示概要「品川歴史館紀要」 品川区立品川歴史館 （22） 2007.3

江戸里神楽「三番（住吉三神）」の成立と変容―県南神楽師の演出を中心に（三田村佳子）「紀要」 埼玉県立歴史と民俗の博物館 （4） 2010.03

江戸のサンタ・マリア

会報にみる目黒の昔（19）「江戸のサンタ・マリア（一）（二）」樋口信助「目黒区郷土研究」 目黒区郷土研究会 （653） 2009.06

江戸前

藤井克彦著『江戸前の素顔』（新刊紹介）（筑紫敏夫）「東京湾学会誌 ： 東京湾の水土」 東京湾学会 2（2） 2004.3

『江戸前漁撈と海苔』（新刊紹介）（山本たか子）「品川歴史館紀要」 品川区立品川歴史館 （21） 2006.3

江戸前の葭簀職人を偲ぶ（宮崎茂夫氏を偲ぶ）（小海敏雄）「あしなか」 山村民俗の会 286 2009.08

江戸六阿弥陀

第196回史跡研究会 北区の六阿弥陀めぐり（柳沢継男）「北区史を考える会会報」 北区史を考える会 52 1999.5

第254回月例研究会 江戸六阿弥陀が語る豊島・足立の交流―その縁起伝承と巡拝風俗を中心に（安藤義雄）「北区史を考える会会報」 北区史を考える会 71 2004.2

第293回史跡研究会 4月8日（日）古くて新しい北区の六阿弥陀めぐり（芦田正次郎）「北区史を考える会会報」 北区史を考える会 （84） 2007.5

江戸六阿弥陀巡拝路（1）～（3）（本間孝夫）「足立史談」 足立区教育委員会 （555）/（557） 2014.05/2014.07

江戸六阿弥陀巡拝路（4）終 「六阿弥陀路程略記」…（本間孝夫）「足立史談」 足立区教育委員会 （558） 2014.08

江戸六地蔵

お地蔵様（8）,（9）江戸の六地蔵［1］,（2）（宮崎敏子）「目黒区郷土研究」 目黒区郷土研究会 540/541 2000.1/2000.2

江戸六地蔵 再考（角田篤彦）「谷中・根津・千駄木」 谷根千工房 65 2001.3

江戸の六地蔵（金田大義）「史友」 東京史蹟史談会 10 2002.8

江戸六地蔵と西運（橋口明子）「目黒区郷土研究」 目黒区郷土研究会 594 2004.7

深川の地蔵坊正元建立江戸六地蔵を訪ねて（青木一郎）「江東ふるさと歴史研究」 東京都江東区教育委員会 通号7 2008.3

江戸湾

天保の日光社参と江戸湾防備―涌井氏の報告を聞いて（〈第27回全体会の記録〉）（下重清）「岡山藩研究」 岡山藩研究会 （57） 2008.7

交流を仲介する海「江戸湾」と海晏寺の雲版（《特集 品川の中世・再発見》）（滝川恒昭）「品川歴史館紀要」 品川区立品川歴史館 （24） 2009.3

榎稲荷

千駄ヶ谷の榎稲荷（大島建彦）「西郊民俗」 ［西郊民俗談話会］ （211）

2010.06

神田の記憶・榎稲荷と元徳稲荷 (滝口正哉)「千代田区立日比谷図書文化館文化財ニュース」 千代田区立日比谷図書文化館 (2) 2012.07

榎坂

虫歯と榎―東京都港区榎坂 (長沢利明)「西郊民俗」 [西郊民俗談話会] 通号158 1997.3

荏原郡

荏原郡の神仏分離―太子堂森家文書を中心に (田丸太郎)「せたがい : 歴史さろん」 世田谷区誌研究会 (50) 1998.5

円覚寺

史話三題―古墳はなぜ大地に/円覚寺縁起/鯔屋の暖簾 (豊田眞佐男)「せたがい : 歴史さろん」 世田谷区誌研究会 (55) 2003.11

縁切榎

「縁切榎」のこと・その他 (木村博)「板橋史談」 板橋史談会 204 2001.5

郷土の史跡 縁切榎を尋ねて (山口感子)「板橋史談」 板橋史談会 (231) 2005.11

落語の世界から見た板橋 (1) 「縁切榎」(猪瀬尚志)「板橋史談」 板橋史談会 (242) 2007.9

円成院

黄檗宗寺院の創建と新田村落―円成院を例に (研究報告) (菅野洋介)「小平の歴史を拓く : 市史研究」 小平市企画政策部 (4) 2012.03

円照寺

円照寺の板碑について (三村忠義)「練馬郷土史研究会会報」 練馬郷土史研究会 286 2003.7

円乗寺

円乗寺の龍塚 (坂井健二)「板橋史談」 板橋史談会 212 2002.9

円城寺

表紙解説 鶴間・円城寺の聖徳太子立像 (西島護)「いしぶみ」 まちだ史考会 (35) 2013.07

円泉寺

世田谷境界紀行 (2) 円泉寺の辻周辺「せたかい通信」 世田谷区誌研究会 (2) 2005.10

聖徳太子と圓泉寺 (中村甲)「せたかい : 歴史さろん」 世田谷区誌研究会 (58) 2006.7

炎天寺

小林一茶ゆかりの炎天寺訪問記 (池内功)「風早」 風早歴史文化研究会 39 1998.5

炎天寺本堂落慶法要参列記 (上), (下) (竹内秀夫)「足立史談会だより」 足立史談会 (256) / (257) 2009.07/2009.08

足立史談カルタ紹介 ろ「六月村の炎天寺」「足立史談会だより」 足立史談会 (267) 2010.06

円福寺

研究ノート 西台圓福寺所蔵の「太田道灌」像について―伝道元禅師への再検討 (吉田政博)「板橋区立郷土資料館紀要」 板橋区教育委員会 (16) 2007.3

焔魔堂

和泉焔魔堂々史 (小川春夫)「杉並郷土史会史報」 杉並郷土史会 (209) 2008.5

閻魔堂

歴史案内 (61) 市内の閻魔堂 (鈴木利信)「八王子市郷土資料館だより」 八王子市郷土資料館 66 1999.10

円明院

やいむさまの地蔵さん (円明院)「ねりまの文化財」 練馬区地域文化部 35 1997.7

延命寺

志村延命寺の創建に関する考察 (井上富夫)「板橋史談」 板橋史談会 (249) 2008.11

延命寺に寄せられた、関前高射砲中隊の兵士の手紙から (秋山晟文)「戦争のきずあと・むさしの」 武蔵野の空襲と戦争遺跡を記録する会 (32) 2009.07

足立の登録文化財を観る 延命寺山門/大鷲神社本殿/大聖寺本堂「足立史談会だより」 足立史談会 (265) 2010.04

延命寺に残る戦争証言遺物 (中里崇亮)「戦争のきずあと・むさしの」 武蔵野の空襲と戦争遺跡を記録する会 (51) 2014.08

足立区の廃寺余話 (2) 小台延命寺と幻の復旧願書 (柴田英治)「足立史談」 足立区教育委員会 (562) 2014.12

円優寺

樹や草のつぶやき (4) 円優寺の大銀杏 (宮崎敏子)「目黒区郷土研究」 目黒区郷土研究会 560 2001.9

円融寺

目黒の昔を語る (15) 圓融寺の日源五重石塔 (1) (編集部)「目黒区郷土研究」 目黒区郷土研究会 586 2003.11

めぐろの昔を語る (16) 圓融寺の日源五重石塔 (2) (編集部)「目黒区郷土研究」 目黒区郷土研究会 587 2003.12

目黒不動尊と圓融寺の体操会場訪問 (斎藤誠)「目黒区郷土研究」 目黒区郷土研究会 589 2004.2

城南研・主催「碑文谷圓融寺周辺を探る」に参加して (奥田直道)「目黒区郷土研究」 目黒区郷土研究会 599 2004.12

お穴の鬼子母神

東京の鬼 (1) 鬼子母神 (雑司が谷) とお穴の鬼子母神 (梁地孝子)「六甲倶楽部報告」 六甲倶楽部 52 2000.3

於岩稲荷

「於岩稲荷験玉櫛」と五代目尾上菊五郎―「四谷怪談」大詰の演出をめぐって (日置貴之)「朱」 伏見稲荷大社 (55) 2011.12

扇

足立風土記だより (62) 扇一丁目不動堂にみる図子の生活 (矢沢幸一郎)「足立史談」 足立区教育委員会 367 1998.9

応現寺

応現寺過去帳と足立の近世村落 (塚田博)「足立区立郷土博物館だより」 足立区立郷土博物館 39 2000.4

足立の登録文化財を観る 大聖寺本堂 一棟/応現寺山門 一棟/舎人氷川神社本殿 一棟「足立史談会だより」 足立史談会 (268) 2010.07

足立区の登録文化財を観る 正覚院五輪塔 一基/鷲神社鳥居 一基/応現寺石燈籠 二基「足立史談会だより」 足立史談会 (271) 2010.10

足立史談カルタ紹介 「ほ」星兜出た應現寺「足立史談会だより」 足立史談会 (272) 2010.11

王子

王子の火防凧 (石川博司)「まつり通信」 まつり同好会 39 (2) 通号456 1999.1

王子田楽の整備と現状 (上), (下) (高木基雄)「文化財研究紀要」 東京都北区教育委員会 12/13 1999.3/2000.3

子どもの身体性と記憶―戦前期・王子田楽奉仕者へのインタビュー映像記録 (石倉孝祐)「北区飛鳥山博物館研究報告」 東京都北区教育委員会 (6) 2004.3

売薬「王子五香散」(中村洋子)「北区飛鳥山博物館研究報告」 東京都北区教育委員会 (7) 2005.3

所蔵浮世絵紹介 (1) 略画王子海老屋の図 (資料紹介) (久保埜企美子)「北区飛鳥山博物館研究報告」 東京都北区教育委員会 (9) 2007.3

第301回月例研究会 12月1日 (土) 王子の狐火伝承の復権のために 王子狐の行列の背景を考える (高木基雄)「北区史を考える会会報」 北区史を考える会 (87) 2008.2

「王子五香散」の内容物に関する調査について (久保埜企美子)「北区飛鳥山博物館研究報告」 東京都北区教育委員会 (10) 2008.3

イベントレポート「からだをなおす・くすりでなおす」―王子の万能妙薬と江戸・明治くすり事情「ぼいす : 北区飛鳥山博物館だより」 北区飛鳥山博物館 24 2010.03

王子の檜祭り (長沢利明)「西郊民俗」 [西郊民俗談話会] (215) 2011.06

資料紹介 SPレコード「飛鳥山音頭」「王子小唄」「ぼいす : 北区飛鳥山博物館だより」 北区飛鳥山博物館 29 2012.09

飛鳥山碑文と王子田楽 ほか雑記 その1 (高木基雄)「北区史を考える会会報」 北区史を考える会 (110) 2013.11

王子稲荷

春の企画展 狐火幻影―王子稲荷と芸能「ぼいす : 北区飛鳥山博物館だより」 北区飛鳥山博物館 12 2004.3

第349回月例研究会 1月29日 (日) 王子稲荷と江戸市民 (加藤貴)「北区史を考える会会報」 北区史を考える会 (103) 2012.02

王子稲荷神社

第372回 月例研究会 12月8日 (日) 「王子神社・王子稲荷神社・そして上ノ原台地」その歴史語り 副題 (狐で町おこし) (高木基雄)「北区史を考える会会報」 北区史を考える会 (111) 2014.02

王子権現

大岡家文書「王子権現霊験志」―解題と翻刻 (資料紹介) (井上綾子)「北区飛鳥山博物館研究報告」 東京都北区教育委員会 (9) 2007.3

王子神社

王子神社の田楽 (石川博司)「まつり通信」 まつり同好会 37 (8) 通号

関東　　　　　　　　　　　　　　郷土に伝わる民俗と信仰　　　　　　　　　　　　　　東京都

438　1997.7
第372回 月例研究会 12月8日（日）「王子神社・王子稲荷神社・そして上ノ原台地」その歴史語り 副題（狐で町おこし）（高木基雄）「北区史を考える会会報」 北区史を考える会 （111）2014.02

王子両社
企画展：この資料に注目！ 歌川国貞「紅毛油絵尽 王子権現稲荷両社之図」「ほいす ： 北区飛鳥山博物館だより」 北区飛鳥山博物館 31 2013.09

お馬塚
西福寺の「東京新名所」―あのお馬塚が消えていた（浜田信男）「南国史談」 南国史談会 （22）1999.2

青梅
青梅の民家保存に携わって（滝沢博）「多摩のあゆみ」 たましん地域文化財団 89 1998.2
企画展「今から100年前の青梅」（青梅市郷土博物館）「ミュージアム多摩 : 東京都三多摩公立博物館協議会会報」 東京都三多摩公立博物館協議会 22 2001.3
江戸時代後期における青梅の焼物（久保田正寿）「多摩のあゆみ」 たましん地域文化財団 102 2001.5
さし絵のなかの多摩（30）江戸風多摩祭礼―青梅娘手古舞図と市町案内（斎藤慎一）「多摩のあゆみ」 たましん地域文化財団 117 2003.5
さし絵のなかの多摩（33）「家器」という籠と青梅の市―『武蔵野話』と『遊歴雑記』の「家路」図（斎藤愼一）「多摩のあゆみ」 たましん地域文化財団 （121）2006.2
明治43年の青梅の馬方・運送業―西国三十三観世音菩薩霊場写し碑 第二十九番 丹後国松尾寺写しの石碑より（三好ゆき江）「青梅市文化財ニュース」 青梅市文化財保護指導委員会 （282）2011.04
山里だより（16）ヒヨドリ群がる季節―奥多摩・青梅（中嶋捷恵）「あしなか」 山村民俗の会 291・292 2011.04
明治の神官の軌跡―青梅の近世文芸と神職齋藤眞指（特集 多摩の神職と僧侶）（齋藤愼一）「多摩のあゆみ」 たましん地域文化財団 （145）2012.02
「新編武蔵風土記稿 淨書稿本」に描かれた青梅の風景（小島みどり）「青梅市文化財ニュース」 青梅市文化財保護指導委員会 （305）2013.3

青梅街道
さし絵のなかの多摩（6）坂上屋林蔵店先の景―「御嶽菅立」より青梅街道の風俗（斎藤慎一）「多摩のあゆみ」 たましん地域文化財団 91 1998.8
青梅街道を歩く（荻田利雄）「立川民俗」 立川民俗の会 （15）2005.10

青梅市
桶職の太子講「青梅市文化財ニュース」 青梅市文化財保護指導委員会 129 1998.7
廃寺になった寺々「青梅市文化財ニュース」 青梅市文化財保護指導委員会 131 1998.9
史料にみる江戸時代後期の婚礼祝儀について「青梅市文化財ニュース」 青梅市文化財保護指導委員会 132 1998.10
禍いを除け、福を招く植物たち「青梅市文化財ニュース」 青梅市文化財保護指導委員会 136 1999.2
年中行事と食物―青梅市内の調査と周辺地域の報告から（寺沢陽子）「西郊民俗」 西郊民俗談話会 （176）2001.9
十三仏のお念仏（棚橋正道）「青梅市文化財ニュース」 青梅市文化財保護指導委員会 （200）2004.6
血盆経銘の如意輪観音 東京都青梅市（犬飼康祐）「野仏 ： 多摩石仏の会機関誌」 多摩石仏の会 35 2004.7
子年にちなむ青梅市内の甲子講・大黒天（七福神）・子の権現社（三好ゆき江）「青梅市文化財ニュース」 青梅市文化財保護指導委員会 （244）2008.2
市内の神社（3）（神森正）「青梅市文化財ニュース」 青梅市文化財保護指導委員会 （252）2008.10
新嘗祭と神嘗祭（神森正）「青梅市文化財ニュース」 青梅市文化財保護指導委員会 （252）2008.10
市内2例目の木食白道作の仏像（大久保芳木）「青梅市文化財ニュース」 青梅市文化財保護指導委員会 （276）2010.10
火鑽（ひきり）（須崎直洋）「青梅市文化財ニュース」 青梅市文化財保護指導委員会 （310）2013.08
青梅市内の役行者石像紹介（会員の広場）（石川博司）「日本の石仏」 日本石仏協会, 青娥書房（発売）（147）2013.09

青梅宿
青梅宿の町内組織の展開―その生活規模と儀礼（北村和寛）「多摩のあゆみ」 たましん地域文化財団 94 1999.5
青梅市郷土博物館編『青梅宿―町の生活・文芸・祭礼』〔本の紹介〕（村上直）「多摩のあゆみ」 たましん地域文化財団 99 2000.8

青梅新町
青梅の市―青梅町と青梅新町の市日係争（特集 江戸後期の流通と市場）（齋藤愼一）「多摩のあゆみ」 たましん地域文化財団 （156）2014.10

青梅町
さし絵のなかの多摩（8）「青梅町」の町並―「御嶽菅笠」より「青梅町」の図（斎藤慎一）「多摩のあゆみ」 たましん地域文化財団 93 1999.2
青梅の市―青梅町と青梅新町の市日係争（特集 江戸後期の流通と市場）（齋藤愼一）「多摩のあゆみ」 たましん地域文化財団 （156）2014.10

青梅村
さし絵のなかの多摩（41）町と鎮守と祭礼舞台―青梅村住吉明神絵図（齋藤愼一）「多摩のあゆみ」 たましん地域文化財団 （129）2008.2

大泉
大泉の地名による屋号（《第60回例会 特集 地名と屋号》）（編集部）「練馬区地名研究会会報」 練馬区地名研究会 61 2002.8

大泉学園町
力持ち惣兵衛の馬頭観音（大泉学園町）「ねりまの文化財」 練馬区地域文化部 35 1997.7

大川端
御堀端の河童と大川端の河童（和田寛）「河童通心」 河童文庫 （311）2009.09

大国魂神社
ミニ展「江戸時代の暗闇祭をかいま見る」「あるむぜお ： 府中市郷土の森博物館だより」 府中文化振興財団府中市郷土の森博物館 47 1999.3
大国魂神社境内の「彰功碑」について（新宮譲治）「府中市郷土の森紀要」 府中市教育委員会 13 2000.3
収蔵資料の紹介 大国魂神社に6つの本殿？―『日本麁子』（深沢靖幸）「あるむぜお ： 府中市郷土の森博物館だより」 府中文化振興財団府中市郷土の森博物館 56 2001.6
暗闇祭の間に（石川博司）「野仏 ： 多摩石仏の会機関誌」 多摩石仏の会 32 2001.8
府中市・大國魂神社「くらやみ祀り」（小泉共司）「せこ道」 山地民俗関東フォーラム 6 2005.9
表紙 宮本常一の見た府中（4）大国魂神社・くらやみ祭を撮る（佐藤智敬）「あるむぜお ： 府中市郷土の森博物館だより」 府中文化振興財団府中市郷土の森博物館 （75）2006.3
大國魂神社相殿奉祀の諸社を訪ねて（氷川神社・金鑽神社・秩父神社他）（阿部信行）「府中史談」 府中市史談会 （34）2008.5
講演録 大國魂神社の太鼓（宮本常一）「府中市郷土の森博物館紀要」 府中文化振興財団府中市郷土の森博物館 （22）2009.03
講演録「大國魂神社の太鼓」発表にあたって（佐藤智敬）「府中市郷土の森博物館紀要」 府中文化振興財団府中市郷土の森博物館 （22）2009.03
変容からみる祭礼の現代的状況―東京都府中市大国魂神社くらやみ祭の事例から（中里亮平）「日本民俗学」 日本民俗学会 通号261 2010.02
多摩のみほとけ（6）府中市大国魂神社 本地仏像（齊藤経生）「多摩のあゆみ」 たましん地域文化財団 （143）2010.08
神社仏閣探検隊（54）大國魂神社（山行報告）（秋澤英雄）「奥武蔵」 奥武蔵研究会 （381）2011.09
御鎮座壱千九百年奉祝大祭について（猿渡昌盛）「府中史談」 府中市史談会 （38）2012.05
町外歴史探訪 国立天文台・深大寺・大國魂神社歴史研究（視察研究）（田邊永一, 小林恵子）「於保為」 大井町郷土史研究会 （32）2012.08
大国魂神社と金鑽神社―武蔵国六所宮をめぐる一考察（町田尚夫）「奥武蔵」 奥武蔵研究会 （387）2012.09
大國魂神社の永い歴史のひとこま（野口忠直）「府中史談」 府中市史談会 （39）2013.10
大國魂神社宮司家の伝世かわらけ（小林謙一, 小川望, 深澤靖幸）「府中市郷土の森博物館紀要」 府中文化振興財団府中市郷土の森博物館 （27）2014.03
「御本社太鼓講中」の現状と歴史―大國魂神社くらやみ祭を支える人々（下村盛章, 飯島芳則, 小野一之）「府中市郷土の森博物館紀要」 府中文化振興財団府中市郷土の森博物館 （27）2014.03

大久野村
西多摩郡大久野村「長井囃子」の起源について（池田昇）「多摩のあゆみ」 たましん地域文化財団 86 1997.5
多摩郡大久野村「玉の内の獅子舞」の伝播過程とその起源―史料を中心にみて（池田昇）「埼玉史談」 埼玉県郷土文化会 52（2）通号282 2005.7

大蔵
資料紹介 板絵着色大蔵氷川神社奉納絵図「世田谷区立郷土資料館資料館

だより」［東京都］世田谷区立郷土資料館　36　2002.3

大島

奥多摩の獅子舞い紀行（55）大島の獅子舞い「かわせみ通信」　川崎実　55　2000.1

城東北部（亀戸・大島）《特集 移りゆく街並みを記録して―定点観測調査16年の軌跡》（岩渕和恵，坂本佳子，常澤愛子）「下町文化」　江東区地域振興部　（240）　2008.1

その町の戦跡 羅漢寺の墓地内のお地蔵様と境内の地蔵尊 江東区大島3―1―8（小保方貞夫）「東京大空襲・戦災資料センターニュース ： 平和研究交流誌」　東京大空襲・戦災資料センター　（21）2012.07

大田区

海苔漁家のすまいとくらし（田口久雄）「大田区立郷土博物館紀要」　大田区立郷土博物館　7　1997.3

大田区立郷土博物館企画展示「大田区の船大工」（〔展示批評〕）（尾上一明）「民具研究」　日本民具学会　通号113　1997.3

海苔養殖技術調査覚書（北村敏）「大田区立郷土博物館紀要」　大田区立郷土博物館　（9）1999.3

国指定・重要有形民俗文化財の海苔船について（北村敏）「大田区立郷土博物館紀要」　大田区立郷土博物館　（11）2001.3

大田区立郷土博物館所蔵 海苔漁業関係資料目録「大田区立郷土博物館紀要」　大田区立郷土博物館　（11）2001.3

海苔漁家の記録「鳴嶋兼雄日記」（藤塚悦司）「大田区立郷土博物館紀要」　大田区立郷土博物館　（13）2003.3

乾し板海苔製造を介した道具と技術についての覚書（北村敏）「大田区立郷土博物館紀要」　大田区立郷土博物館　（14）2004.3

日本海沿岸岩ノリ調査報告（北村敏）「大田区立郷土博物館紀要」　大田区立郷土博物館　（15）2005.3

修復文化財「青面金剛及び二童子四夜叉立像」―300年前の仏像、現代によみがえる！（大田区教育委員会郷土博物館文化財担当）「大田区立郷土博物館紀要」　大田区立郷土博物館　（17）2007.3

大丹波

奥多摩の獅子舞い紀行（27）大丹波の獅子舞い「かわせみ通信」　川崎実　30　1997.12

大丹波の獅子舞（石川博司）「まつり通信」　まつり同好会　44（4）通号512　2004.7

大丹波日本舞台舞由来書解読（相馬文夫）「郷土研究」　奥多摩郷土研究会　（18）2007.3

太田姫稲荷神社

千代田区指定文化財 紙本著色太田姫稲荷神社絵巻「千代田区立四番町歴史民俗資料館資料館だより」　東京都千代田区教育委員会. 千代田区立四番町歴史民俗資料館　12　2001.3

大塚観音

第23回歴史見て歩き―百草園城跡・大塚観音・稲荷塚古墳を訪ねる「打越」　打越歴史研究会　43　1997.7

大鳥神社

樹・木・草のつぶやき（42）、（43）大鳥神社の赤樫（上）、（下）（宮崎敏子）「目黒区郷土研究」　目黒区郷土研究会　607/608　2005.8/2005.9

大鳥神社大祭（奥田直道）「目黒区郷土研究」　目黒区郷土研究会　（622）2006.11

諸国探訪（17）大島神社境内社西宮神社（清水雄介）「西宮えびす」　西宮神社　（35）2011.06

大鷲神社

酉の市の起源（1），（2）―東京都足立区大鷲神社（長沢利明）「西郊民俗」［西郊民俗談話会］　（187）/（188）2004.6/2004.9

足立の登録文化財を観る 延命寺山門/大鷲神社本殿/大聖寺本堂「足立史談会だより」　足立史談会　（265）2010.04

足立史談カルタ紹介 「と」酉の市には大鷲神社「足立史談会だより」　足立史談会　（274）2011.01

大鷲神社の法楽和歌の奉納者について（青木昇）「足立史談」　足立区教育委員会　（530）2012.04

花畑大鷲神社界隈を歩く「足立史談会だより」　足立史談会　（302）2013.05

鷲神社

浅草鷲神社の酉の市―東京都台東区千束鷲神社（長沢利明）「西郊民俗」［西郊民俗談話会］　（207）2009.06

足立区の登録文化財を観る 正覚院五輪塔 一基/鷲神社鳥居 一基/応現寺石燈籠 二基「足立史談会だより」　足立史談会　（271）2010.10

足立史談会へ繋ぐ「葛飾史談」16号（昭和30年）「花畑町の鷲神社」田澄彌太郎「足立史談会だより」　足立史談会　（306）2013.09

鷲大明神

足立史談会へ繋ぐ「葛飾史談」14号（昭和28年）「花又鷲大明神博奕禁

止文書と古川柳」磯部鎮雄「足立史談会だより」　足立史談会　（304）2013.7

大沼田新田

近世中後期村落における印の相続と女性当主―武蔵国多摩郡大沼田新田を事例として（千葉真由美）「小平の歴史を拓く ： 市史研究」　小平市企画政策部　（1）2009.3

大根

東村山の昔ばなし（30）大岱（恩多）亥の子餅と大根（増田三枝子，糀谷忠三，両澤清）「郷土研だより」　東村山郷土研究会　（401）2013.10

大宮

大宮と宮前について（森宏太郎）「杉並郷土史会史報」　杉並郷土史会　（194）2005.11

大宮遺跡

平成19年度 指定文化財 福相寺木造大黒天像及び大黒天信仰関係版木並びに石造物一式/登録文化財 高千穂大学大宮遺跡円墳出土遺物「杉並郷土史会史報」　杉並郷土史会　（210）2008.7

大宮小学校

妙法寺前身 廃寺・大正寺と大宮小学校（小川春夫）「杉並郷土史会会報」　杉並郷土史会　（243）2014.01

大宮八幡宮

第410回会記 大宮八幡宮と杉並の歴史 萩原弘道先生「杉並郷土史会史報」　杉並郷土史会　（204）2007.7

大宮八幡宮は吉田家より裁許状を受ける（編集部）「杉並郷土史会史報」　杉並郷土史会　（207）2008.1

大宮八幡宮の乞巧奠「杉並郷土史会史報」　杉並郷土史会　（221）2010.05

大森

麦わら細工・大森編み細工復元の試み（中野朝司）「大田区立郷土博物館紀要」　大田区立郷土博物館　（10）2000.3

「大森麦わら細工」調査資料について―編み細工の部（藤塚悦司）「大田区立郷土博物館紀要」　大田区立郷土博物館　（10）2000.3

大森の水止舞（石川博司）「まつり通信」　まつり同好会　40（7）通号473　2000.6

大森麦わら細工（張り細工）の製法について（藤塚悦司）「大田区立郷土博物館紀要」　大田区立郷土博物館　（12）2002.3

重要有形民俗文化財「大森及び周辺地域の海苔生産用具」保存処理計画（伊達仁美）「大田区立郷土博物館紀要」　大田区立郷土博物館　（12）2002.3

重要有形民俗文化財「大森及び周辺地域の海苔生産用具」保存処理（日高真吾）「大田区立郷土博物館紀要」　大田区立郷土博物館　（12）2002.3

見る・知る・守る 大森及び周辺地域の海苔生産用具881点「東京の文化財」　東京都教育庁地域教育支援部　88　2002.11

大田区立郷土博物館の学校教育との連携活動―「大森麦わら細工」を活用した博物館活動の記録（藤塚悦司）「大田区立郷土博物館紀要」　大田区立郷土博物館　（17）2007.3

展示批評 大田区立郷土博物館「大森麦わら細工作品展―輝け！ 私たちの麦わら細工―」（松井勅尚）「民具研究」　日本民具学会　（136）2007.9

展示批評・展示紹介 大森海苔のふるさと館（藤塚悦司）「民具研究」　日本民具学会　（140）2009.09

ピーボディー・エセックス博物館所蔵 モース・コレクションの麦わら細工について（藤塚悦司）「大田区立郷土博物館紀要」　大田区立郷土博物館　（20）2014.03

大門

表紙写真解説「大門餅つき」乗蓮寺（赤塚五丁目）（井上富夫）「板橋史談」　板橋史談会　（278）2013.11

大柳神社跡

大柳神社跡を訪ねて（1），（2）（松本紀郎）「秦史談」　秦史談会　（156）/（157）2010.03/2010.05

大谷口

明治生まれ―女性の眼からみた板橋大谷口の住宅地化と生活変化（小口千明）「いたばし区史研究」　東京都板橋区　6　1997.3

懐かしの一枚 大谷口の田園風景（大野ふじ子）「板橋史談」　板橋史談会　201　2000.11

大谷田

桜と堤防のあゆみ 葛西用水大谷田桜祭りによせて（郷土博物館）「足立史談」　足立区教育委員会　（469）2007.3

亀有大谷田物語［1］～（3）―昭和30年代の私（伊藤純）「足立史談」　足立区教育委員会　（507）/（509）2010.5/2010.7

亀有大谷田物語（4）～（8）―昭和30年代の私 食（1）～（4）（伊藤純）「足立史談」　足立区教育委員会　（510）/（514）2010.8/2010.12

関東　　　　　　　　　　　　　　　郷土に伝わる民俗と信仰　　　　　　　　　　　　　　東京都

亀有大谷田物語（9）～（10）―昭和30年代の私 住（1）～（2）（伊藤純）
「足立史談」 足立区教育委員会 （515）/（516）2011.1/2011.2
亀有大谷田物語（11）～（16）―昭和30年代の私 遊［1］～（6）（伊藤純）
「足立史談」 足立区教育委員会 （517）/（522）2011.3/2011.8
亀有大谷田物語 最終回―連載終了にあたって（伊藤純）「足立史談」 足
立区教育委員会 （523）2011.9

大谷代官屋敷
姫街道見て歩き（6）六部様/姫街道見て歩き（1）大谷代官屋敷（「郷土：
三ヶ日町の歴史を語る人びと」三ヶ日町郷土を語る会編 平成23年9
月）「足立史談会だより」 足立史談会 （295）2012.10

大山福地蔵尊
祝・大山福地蔵尊 還座50周年（泉貞代）「板橋史談」 板橋史談会 217
2003.7
大山福地蔵尊の「昔ばなしの会」（中林洋）「板橋史談」 板橋史談会
219 2003.11

大山道
私の散歩道（100）大山道、旅人の像（大輪敏男）「目黒区郷土研究」 目
黒区郷土研究会 568 2002.5
写真集・練馬の大山道（2）（編集部）「板橋史談」 板橋史談会 （231）
2005.11

大横町
お十夜の思い出 大横町・大善町今昔（古坂容子）「郷土史」 八王子市川
口郷土史研究会 （35）2014.2

大和田町
八王子市大和田町 遊廓寄進の手洗石（縣紘夫）「野仏：多摩石仏の会機
関誌」 多摩石仏の会 28 1997.8

小笠原島
研究 小笠原島（瀬川清子）「女性と経験」 女性民俗学研究会 （38）
2013.10
「小笠原島」再録にあたって（岡田照子）「女性と経験」 女性民俗学研究
会 （38）2013.10

岡田足袋店
大輪敏男さん「碑文谷五丁目・岡田足袋店」を読んで（前）,（後）（久保
田静子）「目黒区郷土研究」 目黒区郷土研究会 547/548 2000.8/
2000.9

小川
南地区（鶴間・小川）石仏等調査探訪（活動報告）（荒井仁）「いしぶみ」
まちだ史考会 （36）2013.12

小川村
小川村の梵鐘と小川村の宿屋及び勧化について（研究報告）（蛭田廣一）
「小平の歴史を拓く：市史研究」 小平市企画政策部 （5）2013.3

小川四番
小平・さきがけの会編『小川四番の女たちII 季節と祀りと暮らし』（本の
紹介）（寺沢一人）「多摩のあゆみ」 たましん地域文化財団 110
2003.5
資料紹介 小川四番組代参講の百年―講中保管文書の分析から（柏木亨介）
「小平の歴史を拓く：市史研究」 小平市企画政策部 （3）2011.03

荻窪
白山社と虫歯治し（長沢利明）「杉並郷土史会史報」 杉並郷土史会 153
1999.1

荻窪八幡神社
八幡宮紹介 荻窪八幡神社（東京都杉並区）「季刊悠久.第2次」 鶴岡八幡
宮悠久事務局 （114）2009.01

尾久
過ぎゆく季節へのたより（7）おぐぎんざ商店街の地域おこし―尾久の七
夕まつり（宮部俊周）「荒川ふるさと文化館だより」 荒川区教育委員
会荒川ふるさと文化館 （29）2013.03

奥沢
奥沢の藁蛇作り（石川博司）「まつり通信」 まつり同好会 40（9）通号
475 2000.8

奥沢城
姫様物語（4）―常磐姫と鷺草（宮崎敏子）「目黒区郷土研究」 目黒区郷土
研究会 571 2002.8

奥多摩
特集 奥多摩・歴史の散歩道―柚の暮らしとその文化 山間の里・奥多摩
の風土と自然を訪ねて（1）,（2）「探：江戸・とうきょう・Tokyo」
「探」編集部 （26）/（27）1997
昔の正月（木村六之助）「郷土研究」 奥多摩郷土研究会 （8）1997.3

奥多摩ことば（坂和連）「郷土研究」 奥多摩郷土研究会 （8）1997.3
奥多摩民家建築の覚え書（清水利三郎）「郷土研究」 奥多摩郷土研究会
（8）1997.3
宗門人別改帳（山崎介司）「郷土研究」 奥多摩郷土研究会 （8）1997.3
柚保（8）―修験者と太子信仰（安藤精一）「郷土研究」 奥多摩郷土研究会
（9）1998.3
風祭り雨乞い祭り（岡部義重）「郷土研究」 奥多摩郷土研究会 （9）
1998.3
奥多摩の獅子舞い紀行（34）獅子明法神紀聞「かわせみ通信」 川崎実
37 1998.7
日本民俗学原点の地奥多摩（大舘誉）「郷土研究」 奥多摩郷土研究会
（10）1999.3
奥多摩の獅子舞い紀行（57）参考文献『獅子舞手控え帖』「かわせみ通信」
川崎実 57 2000.3
郷土の唄を後世に歌い継ごう（木村六之助）「郷土研究」 奥多摩郷土研究
会 （13）2002.3
山岳信仰と奥多摩地方（1）―修験道の発祥と普及について（黒澤昭治）
「郷土研究」 奥多摩郷土研究会 （13）2002.3
奥多摩の獅子舞い紀行（72）おびしゃ祭（お毘謝祭）「かわせみ通信」 川
崎実 72 2002.5
奥多摩の獅子舞い紀行（76）蛇より行事「かわせみ通信」 川崎実 76
2002.11
山岳信仰と奥多摩地方（2）―修験道の普及と秩父奥多摩の山々（黒澤昭治）
「郷土研究」 奥多摩郷土研究会 （14）2003.3
奥多摩の神社について（清水利三郎）「郷土研究」 奥多摩郷土研究会
（14）2003.3
山岳信仰と奥多摩地方（3）―古来の山岳信仰と自然保護（黒澤昭治）「郷
土研究」 奥多摩郷土研究会 （15）2004.3
山岳信仰と奥多摩地方（5）武蔵御嶽神社と周辺の社寺（黒澤昭治）「郷
土研究」 奥多摩郷土研究会 （17）2006.3
山岳信仰と奥多摩地方（6）西多摩地域の社寺をたずねて（黒澤昭治）「郷
土研究」 奥多摩郷土研究会 （18）2007.3
山岳信仰と奥多摩地方（7）,（8）西多摩周辺の霊山と社寺その他［正］,
（続）（黒澤昭治）「郷土研究」 奥多摩郷土研究会 （19）/（20）2008.
3/2009.03
「聞き書き」について（原島俊二）「郷土研究」 奥多摩郷土研究会 （20）
2009.03
水神祭神名帳にみる筏乗り仲間の日待（渡辺友一郎）「郷土研究」 奥多摩
郷土研究会 （20）2009.03
奥多摩ワサビ《特集 近現代の多摩農業》（荒木俊光）「多摩のあゆみ」
たましん地域文化財団 （136）2009.11
山岳信仰と奥多摩地方（9）―西多摩周辺の霊山と社寺その他（3）（黒澤
義重）「郷土研究」 奥多摩郷土研究会 （21）2010.03
山里だより（16）ヒヨドリ群がる季節―奥多摩・青梅（中嶋捷恵）「あし
なか」 山村民俗の会 291・292 2011.04
山岳信仰と奥多摩地方（11）（黒澤昭治）「郷土研究」 奥多摩郷土研究会
（23）2012.03
『奥多摩いろは歌留多』解説（中山紗由）「羽村市郷土博物館紀要」 羽村
市郷土博物館 （26）2012.3
石碑の風化の懸念（新垣勝子）「郷土研究」 奥多摩郷土研究会 （24）
2013.03
帰ってきた日章旗（伊藤広光）「郷土研究」 奥多摩郷土研究会 （24）
2013.03
山岳信仰と奥多摩地方（12）―高尾山と各地の富士塚を散策（黒澤昭治）
「郷土研究」 奥多摩郷土研究会 （24）2013.03
山岳信仰と奥多摩地方（13）―富士山が世界文化遺産に登録（黒澤昭治）
「郷土研究」 奥多摩郷土研究会 （25）2014.03
奥多摩富士浅間信仰の路（金邦夫）「郷土研究」 奥多摩郷土研究会
（25）2014.03
山里だより（19）"鳥獣蟲草木供養塔"を―奥多摩の里山から（内嶋捷恵）
「あしなか」 山村民俗の会 300 2014.04

奥多摩町
奥多摩町内の民話より（岡部義重）「郷土研究」 奥多摩郷土研究会 （8）
1997.3
奥多摩町周辺に伝わる昔話について（成田直穂）「法政人類学」 法政大学
人類学研究会 （85）2000.12

尾久八幡神社
八幡宮紹介 尾久八幡神社（東京都荒川区）「季刊悠久.第2次」 鶴岡八幡
宮悠久事務局 86 2001.7

奥氷川神社
奥多摩の獅子舞い紀行（28）奥氷川神社のやぶさめ祭「かわせみ通信」
川崎実 31 1998.1
氷川郷について（2）―奥氷川神社の鎮座に関して（渡辺友一郎）「郷土研

究」 奥多摩郷土研究会 （10） 1999.3

日本獅子舞之来由（奥氷川神社）（相馬文夫）「郷土研究」 奥多摩郷土研
究会 （21） 2010.03

奥山

両国広小路・浅草奥山の「河童の見世物」（和田寛）「河童通心」 河童文
庫 239 2003.9

小河内

獅子舞変遷の一形態—小河内原の獅子舞について（岡部義重）「郷土研
究」 奥多摩郷土研究会 （10） 1999.3

甲武国境（5） 小河内の寺院（岡部義重）「郷土研究」 奥多摩郷土研究会
（17） 2006.3

小河内村

旧小河内村の伝承芸能（吉川祐子）「月刊通信ふるさとの民俗を語る会」
民俗文化研究所 （76） 2013.09

小作

昭和30年初頭までの鳩胸坂と小作部落の生活（下田亘）「会報羽村郷土研
究」 羽村郷土研究会 （85） 2006.6

押部

押部の百万遍（西山純男）「足立史談」 足立区教育委員会 （484） 2008.6

押部八幡神社奉納 明治41年『『鯨生捕記念』絵馬」と当時の関連新聞記
事抜粋「足立史談会だより」 足立史談会 （292） 2012.07

5月探訪報告 表参道から明治神宮へ／町会行事になった押部の百万遍
「足立史談会だより」 足立史談会 （303） 2013.06

おそのいの滝

刀の鐔の酢柄になった「おそのいの滝」（井口昭英）「杉並郷土史会史報」
杉並郷土史会 160 2000.3

お大尽稲荷

お大尽稲荷と晴れ祭り雨祭り（栗山佳也）「目黒区郷土研究」 目黒区郷土
研究会 571 2002.8

落合

「都市化」・「担い手」・民俗誌—『新宿区の民俗（4） 落合地区編』を通し
て（若狭蔵乃）「都市民俗研究」 都市民俗学研究会 （3） 1997.3

落合白山神社の獅子舞（山崎祐子）「ふるさと多摩 ： 多摩市史年報」 多
摩市 9 1999.3

多摩市落合の社会組織と葬送儀礼（山崎祐子, 松尾あずさ）「民俗」 相模
民俗学会 184 2003.5

聞き書き 多摩の農業—落合地区を事例として（乾賢太郎）「パルテノン多
摩博物館部門研究紀要」 資料館文化振興財団 （9） 2006.1

わがまちの文化財・多摩市 八角形の稲荷塚古墳と落合白山神社の三匹
獅子舞用具「東京の文化財」 東京都教育庁地域教育支援部 （104）
2008.3

小津

明治はじめの山村生活—恩方村小津の場合（植松森一）「桑都民俗 ： 桑
都民俗の会会報」 桑都民俗の会 22 2004.11

小名木川

隅田川大学公開講座 講演会（その1） 小名木川界隈の昔ばなし 平成26年
3月29日（土）（渡辺早苗）「すみだ川 ： 隅田川市民交流実行委員会会
報」 隅田川市民交流実行委員会 （56） 2014.10

「小名木川界隈の昔ばなし」雑感（小堀郁恵）「すみだ川 ： 隅田川市民交
流実行委員会会報」 隅田川市民交流実行委員会 （56） 2014.10

言いだしっぺ 講演会「小名木川界隈の昔ばなし」実現への経緯（小木曽
淑子）「すみだ川 ： 隅田川市民交流実行委員会会報」 隅田川市民交流
実行委員会 （56） 2014.10

御成橋

史談カルタ 「お」御成橋は国土安穏寺「足立史談会だより」 足立史談
会 （313） 2014.04

鬼塚

鬼塚の再検討—塚の変遷とその背景（熊野正也, 谷口榮）「博物館研究紀
要」 葛飾区郷土と天文の博物館 （12） 2011.03

小野路

三体地蔵（町田市小野路）（宮崎敏子）「目黒区郷土研究」 目黒区郷土研
究会 548 2000.9

小野路村

近世小野路村小島家における炭焼き（特集 多摩の炭焼き）（福田敏一）
「多摩のあゆみ」 たましん地域文化財団 （152） 2013.11

小野神社

小野神社とくらやみ祭り（横山卓夫）「ふるさと多摩 ： 多摩市史年報」
多摩市 8 1997.3

第4回 武蔵国府・総社六所宮・小野神社（〈歴史講座 小野神社の周辺—
古代・中世の小野牧・小野氏・六所宮をめぐって〉）（小野一之）「パル
テノン多摩博物館部門研究紀要」 多摩市文化振興財団 （9） 2006.1

多摩市一ノ宮小野神社神主太田家の近代（特集 多摩の神職と僧侶）（桜
井昭男）「多摩のあゆみ」 たましん地域文化財団 （145） 2012.02

多摩のみほとけ(18) 多摩市小野神社 木造随身倚像（二軀）（齊藤経生）
「多摩のあゆみ」 たましん地域文化財団 （155） 2014.08

お福地蔵

お福地蔵（遷座50周年を迎えるにあたって）（木村栄作）「板橋史談」 板
橋史談会 213 2002.11

御堀端

御堀端の河童と大川端の河童（和田寛）「河童通心」 河童文庫 （311）
2009.09

小村井

三十三人の仲間たち—小村井・香取神社、獅子頭巡行（秋沢英雄）「あし
なか」 山村民俗の会 250 1998.8

表参道

5月探訪報告 表参道から明治神宮へ／町会行事になった押部の百万遍
「足立史談会だより」 足立史談会 （303） 2013.06

小山

小山まほろば会編『玉利軒日記江戸のころの小山のくらし』（本の紹介）
（島崎秀雄）「多摩のあゆみ」 たましん地域文化財団 （118） 2005.5

恩方

恩方の石仏(5),(6) 最終回（浅倉金次）「桑都民俗 ： 桑都民俗の会会
報」 桑都民俗の会 16/17 1997.1/1998.3

講演 地域に根ざした文化活動—恩方を事例として（秋間健郎）「八王子の
歴史と文化 ： 郷土資料館研究紀要・年報」 八王子市教育委員会 14
2002.3

『新八王子市史民俗調査報告書 第一集 八王子市西部地域 恩方の民俗』
（書籍紹介）（神かほり）「民具マンスリー」 神奈川大学 45(10) 通号
538 2013.01

新八王子市史民俗調査報告書第1集 八王子市西部地域 恩方の民俗（新刊
紹介）（小川直之）「八王子市史研究」 八王子市 （3） 2013.03

恩方村

聞き書き 恩方村の文化活動(1)（神かほり）「八王子の歴史と文化 ： 郷土
資料館研究紀要・年報」 八王子市教育委員会 15 2003.3

資料集 聞き書き・恩方村の文化活動(2)（神かほり）「八王子の歴史と文化
： 郷土資料館研究紀要・年報」 八王子市教育委員会 （16） 2004.3

恩多

東村山の昔ばなし(41)恩多 水車屋打ちこわし（市川重［話］, 糀谷忠三
［絵］, 両澤清［再話］）「郷土だより」 東村山郷土研究会 （412）
2014.09

大岱

「静かで美しかった大岱部落」 高橋信成著『想い出づるままに』（野田正
穂）「郷土だより」 東村山郷土研究会 285 2003.1

神々と神社(13) 大岱 稲荷神社（七森繁満）「郷土だより」 東村山郷
土研究会 （378） 2011.11

東村山の昔ばなし(24) 大岱 東村山の名前のいわれ（市沢重, 糀谷忠三,
両澤清）「郷土研だより」 東村山郷土研究会 （395） 2013.4

東村山の昔ばなし(40)恩多 大岱の空襲（金子増茂［話］, 糀谷忠三
［絵］, 両澤清［再話］）「郷土だより」 東村山郷土研究会 （411）
2014.8

大岱学校

〔史料紹介〕 江戸中期石橋勧化に関する史料について大岱学校沿革誌に
ついて「東村山市史研究」 東村山市教育委員会 7 1998.3

御岳山

御岳山の日の出祭（石川博司）「まつり通信」 まつり同好会 37(5) 通号
435 1997.5

エピソード 御嶽山御師の剣術（数馬広二）「多摩のあゆみ」 たましん地
域文化財団 86 1997.5

研究ノート 武州御嶽山と江戸庶民「江戸東京博物館news ： Edo-
Tokyo Museum news」 東京都歴史文化財団東京都江戸東京博物館
27 1999.9

御嶽山の御師集落（長沢利明）「西郊民俗」 〔西郊民俗談話会〕 通号170
2000.3

さし絵の中の多摩(21) 机龍之助の定紋と中里介山—「大菩薩峠繪本」
と御嶽山の開平三知流額（斎藤慎一）「多摩のあゆみ」 たましん地域
文化財団 107 2002.8

法政大学・青梅市教育委員会編『武州御嶽山文書第一巻—金井家文書

（1）』（本の紹介）（宮本袈裟雄）「多摩のあゆみ」 たましん地域文化財団 116 2004.11

さし絵のなかの多摩（32）五日市街道牛浜の蕎麦屋―「御嶽山―石山紀行」と「牛浜出水図」（齋藤愼一）「多摩のあゆみ」 たましん地域文化財団 （119）2005.8

さし絵のなかの多摩（40）御嶽詣の道の石碑―御嶽山之図と桑都日記続編など（齋藤愼一）「多摩のあゆみ」 たましん地域文化財団 （128）2007.10

さし絵のなかの多摩（47）近代大和絵が描いた御嶽山と大欅―松岡映丘の「春の山」（齋藤愼一）「多摩のあゆみ」 たましん地域文化財団 （136）2009.11

近世武州御嶽山の神社と神職（特集 多摩の神職と僧侶）（靱矢嘉史）「多摩のあゆみ」 たましん地域文化財団 （145）2012.02

古文書は語る（32）武州御嶽山の御師と檀那―馬場猛仲家文書「檀那売り渡し手形」より（馬場憲一）「多摩のあゆみ」 たましん地域文化財団 （145）2012.02

御岳神社

御嶽神社の太々神楽（石川博司）「まつり通信」 まつり同好会 40（6）通号472 2000.5

御嶽神社とおいぬさま（須崎直洋）「青梅市文化財ニュース」 青梅市文化財保護指導員会 （249）2008.7

恩多町

東村山の昔ばなし（3）恩多町 呪いの釘（増田喜久夫，山田民夫，両澤清）「郷土研だより」 東村山郷土研究会 （374）2011.07

東村山の昔ばなし（5）恩多町 お地蔵さまの引越し（當麻喜一，山田民夫，両澤清）「郷土研だより」 東村山郷土研究会 （376）2011.09

海晏寺

新富士と海晏寺お開帳（橋口明子）「目黒区郷土研究」 目黒区郷土研究会 549 2000.10

海晏寺五輪塔にみる中世品川の一特性（〈小特集 特別展「大井―海に発展するまち―」をめぐって〉）（本間岳人）「品川歴史館紀要」 品川区立品川歴史館 （22）2007.3

交流を仲介する海「江戸湾」と海晏寺の雲版（《特集 品川の中世・再発見》）（滝川恒昭）「品川歴史館紀要」 品川区立品川歴史館 （24）2009.3

海雲寺

品川の千体荒神祭―東京都品川区海雲寺（長沢利明）「西郊民俗」 ［西郊民俗談話会］ 通号163・164 1998.6

開運弁財天

〔史料〕『開運弁財天由来』（編集部）「郷土目黒」 目黒区郷土研究会 42 1998.10

会水庵

会水庵（新規収蔵建造物）（畑尚子）「江戸東京たてもの園だより」 東京都歴史文化財団 12 1998.10

海禅寺

既に指定しているものの種別を変更し、追加するもの 海禅寺境域（東京都指定文化財の新指定）「東京の文化財」 東京都教育庁地域教育支援部 （109）2010.03

海福寺

私の散歩道（86）海福寺（大輪敏男）「目黒区郷土研究」 目黒区郷土研究会 554 2001.3

樹・木・草のつぶやき（45）熊野神社の森の木々の話し/（46）黄檗の木（海福寺）（宮崎敏子）「目黒区郷土研究」 目黒区郷土研究会 （613）2006.2

柿の木坂

「柿の木坂の移り変わり」 「昔話関係」から（柿の木坂町会）「目黒区郷土研究」 目黒区郷土研究会 （661）2010.2

柿の木坂の移り変わり 昔「子供の遊び」 平成6年1月町会誌抜粋（柿の木坂町会）「目黒区郷土研究」 目黒区郷土研究会 （664）2010.5

葛西

葛西氏伝承と近代文献（葛生雄二）「博物館研究紀要」 葛飾区郷土と天文の博物館 （4）1997.9

ひろば 葛西囃子保存会六十周年を祝う会に参列して（中村裕之）「儀礼文化ニュース」 儀礼文化学会 （186）2012.09

葛西領

江戸の菜園を支えた村々―淵江領・葛西領の農民と御前栽畑（多田文夫）「足立史談」 足立区教育委員会 （503）2010.1

鹿嶋大明神

来迎院・鹿嶋大明神の起立縁起とその周辺（〈小特集 特別展「大井―海に発展するまち―」をめぐって〉）（冨川武史）「品川歴史館紀要」 品

川区立品川歴史館 （22）2007.3

数馬

檜原村の特産であった数馬の砥石（檜原村郷土資料館）「ミュージアム多摩 ： 東京都三多摩公立博物館協議会会報」 東京都三多摩公立博物館協議会 （24）2003.3

糟嶺神社

糟嶺神社社前 伊勢太々講中の石灯籠（井上明枝）「郷土博物館だより」 調布市郷土博物館 60 2001.8

片倉村

古文書は語る（4）多摩丘陵村落の家族構成と通婚圏―川幡家文書「片倉村宗旨人別御改帳」より（馬場憲一）「多摩のあゆみ」 たましん地域文化財団 102 2001.5

葛飾

はくぶつかん・すぽっとがいど（9）しめかざり―江戸とかつしかを繋いだ商品（内田幸彦）「博物館だより」 葛飾区郷土と天文の博物館 45 1997.9

東京葛飾の木曽御岳講（西海賢二）「あしなか」 山村民俗の会 252 1999.7

座談会報告 かつしかのやきものを語る（内山英良，橋本正司，青木更吉，谷口栄）「博物館研究紀要」 葛飾区郷土と天文の博物館 （8）2001.3

東京都足立・荒川・葛飾及びその周辺における第六天信仰（木村博）「西郊民俗」 ［西郊民俗談話会］ （174）2001.3

寒念仏雑記（『葛飾史談』二十号 昭和三十二年三月）/寒念仏雑記（追補）（『葛飾史談』二十一号）（福島憲太郎）「足立史談会だより」 足立史談会 （320）2014.11

葛飾区

下肥をめぐる「話」（堀充宏）「博物館研究紀要」 葛飾区郷土と天文の博物館 （4）1997.9

星の伝承調査―中間報告（長尾園子）「博物館研究紀要」 葛飾区郷土と天文の博物館 （4）1997.9

翻刻と紹介 宮内庁書陵部蔵『きね川のこと葉』、東京都公文書館蔵『はん田みちのき』（葛生雄二）「博物館研究紀要」 葛飾区郷土と天文の博物館 （5）1998.3

博物館スポットガイド（14）中世のまじない―呪符と形代（谷口栄）「博物館だより」 葛飾区郷土と天文の博物館 50 1998.7

博物館スポットガイド（15）ふのり物語（堀充宏）「博物館だより」 葛飾区郷土と天文の博物館 51 1998.9

家内安全、商売繁盛 年末の風物詩、酉の市「博物館だより」 葛飾区郷土と天文の博物館 52 1998.11

クミッカエで大奮闘―伝統漁法の体験学習「博物館だより」 葛飾区郷土と天文の博物館 56 1999.9

特別展「肥やしのチカラ 肥やしのむかしと肥やしのみらい」「博物館だより」 葛飾区郷土と天文の博物館 78 2005.3

葛飾区における庚申塔の所在調査（研究ノート）（葛飾区庚申塔調査グループ）「博物館研究紀要」 葛飾区郷土と天文の博物館 （12）2011.03

葛飾八幡

牛天神と葛飾八幡の道祖神（犬飼靖祐）「野仏 ： 多摩石仏の会機関誌」 多摩石仏の会 31 2000.7

角地蔵

要害城と角地蔵（加藤昌幸）「史友」 東京史蹟史談会 1 1997.8

金鑽神社

大国魂神社と金鑽神社―武蔵国六所宮をめぐる一考察（町田尚夫）「奥武蔵」 奥武蔵研究会 （387）2012.09

金杉

芝・金杉の漁業と海苔作り（茂木真佐美）「港郷土資料館だより」 港区立港郷土資料館 45 2001.3

金橋桜花

近世後期の小平における地域文化の生成―名所・金橋桜花と俳諧文化（論文）（工藤航平）「小平の歴史を拓く ： 市史研究」 小平市企画政策部 （5）2013.3

要町

職人と地域の歴史（8）戦後の菓子作り―かなめ製菓さん・要町「かたりべ ： 豊島区立郷土資料館ミュージアム開設準備だより」 豊島区立郷土資料館 （97）2010.3

金山神社

神々と神社（8）廻田の鎮守・金山神社（田口京子）「郷土研だより」 東村山郷土研究会 （370）2011.03

東京都　　　　　　　　　　郷土に伝わる民俗と信仰　　　　　　　　　　関東

金子八反田稲荷神社

調布の神社と里人たち（1）金子八反田稲荷神社（角田陽次郎）「調布史談会誌」調布史談会　（35）2006.3

歌舞伎座

歌舞伎座における信仰の現在（吉田洋子）「都市民俗研究」都市民俗学研究会　（13）2007.3

釜田寺

圓師山大蔵院釜田寺（高橋康禎）「いしぶみ」まちだ史考会　（23）2007.7

釜寺東遺跡

平成20年度 指定文化財 釜寺東遺跡出土古墳時代遺物 1195点/登録文化財 阿佐谷北五丁目42番所在 民間信仰石造物 4基「杉並郷土史会史報」杉並郷土史会　（216）2009.07

釜屋堀庚申堂

文化財保護推進協力員レポート 釜屋堀庚申堂のおまつり（坂本住子）「下町文化」江東区地域振興部　（252）2011.01

上井草

上井草の「穀櫃」（芦原義守）「杉並郷土史会史報」杉並郷土史会　153　1999.1
石仏紹介（119）上井草2丁目の富士向観音（藤井正三）「杉並郷土史会史報」杉並郷土史会　154　1999.3
石仏紹介（120）上井草2丁目の道標付の地蔵尊（藤井正三）「杉並郷土史会史報」杉並郷土史会　155　1999.5

上石原

上石原後郭に残る宝登山神社講（特集 残しておきたい「地域の小さなまつり」）（角田光男）「熊谷市郷土文化会誌」熊谷市郷土文化会　（67）2011.11

上石原若宮八幡神社

上石原若宮八幡神社本殿 "棟梁追求" の講演を聴いて—調査・研究のより一層の進展を願う（青木一美）「調布史談会誌」調布史談会　27　1998.1

上板橋

写真ニュース（3）「上板橋子育地蔵の縁日」（井上富夫）「板橋史談」板橋史談会　（242）2007.9

上落川

日野を歩く 上落川の椀伝「日野市ふるさと博物館ニュース」日野市ふるさと博物館　（14）1999.12

上恩方

八王子市上恩方の両墓制墓地（犬飼康祐）「多摩のあゆみ」たましん地域文化財団　98　2000.5
八王子市西部地域の川魚漁—上恩方地区の事例をもとに（宮本八惠子）「民具マンスリー」神奈川大学　47（5）通号557　2014.08

上恩方町

調査報告 むらの商い—上恩方町の呉服店と水車商い（宮本八惠子）「八王子市史研究」八王子市　（3）2013.3

上川町

上川町の秋山得吉氏（古老に聞く）（高澤寿民）「郷土史」八王子市川口郷土史研究会　（25）2003.10

上北沢左内屋敷

上北沢左内屋敷と牡丹園（倉島幸雄）「せたかい ： 歴史さろん」世田谷区誌研究会　（52）2000.7

上郷

青梅市上郷三峯講の由来（渡辺友一郎）「みつミ祢山」三峯神社社務所　（197）2007.7

上十条村

上十条村の鶴殺生一件について（1）〜（4）（榎本龍治）「十條村近世史雑考」榎本龍治　（3）/（6）1999.9/2000.3
上十条村の鶴殺生一件について（最終回）（榎本龍治）「十條村近世史雑考」榎本龍治　（7）2000.5

上宿

懐古「上宿さんのお会式」（立河光子）「郷土研だより」東村山郷土研究会　（309）2005.10

上高井戸

石仏紹介（124）上高井戸2丁目の百日各夜の地蔵尊（藤井正三）「杉並郷土史会史報」杉並郷土史会　159　2000.1
石仏紹介（136）上高井戸二丁目の庚申塔（藤井正三）「杉並郷土史会史報」杉並郷土史会　171　2002.1

上高田

上高田の屋敷神（堀田あかね）「西郊民俗」［西郊民俗談話会］通号168　1999.9
文化財めぐり 上高田の寺町「しいのき ： 中野区立歴史民俗資料館だより」中野区立歴史民俗資料館　（54）2007.10
中野往来 上高田氷川神社辺りを巡る「しいのき ： 中野区立歴史民俗資料館だより」中野区立歴史民俗資料館　（59）2010.04

上中庚申塔

商店会が守る上中庚申塔（大澤鷹邇）「板橋史談」板橋史談会　（276）2013.05

上蛇窪

米屋陽一編著『上蛇窪ムラばなし百話 米屋トモエ・聴き書き』（新刊紹介）（内藤久義）「昔話伝説研究」昔話伝説研究会　（31）2012.04

上保谷

柳田国男と田無・上保谷の信仰（石井正己）「武蔵保谷村だより ： 高橋文太郎の『武蔵保谷村郷土資料』を手掛かりに」下保谷の自然と文化を記録する会　（2）2011.07

上目黒

目黒銀座物語（2）上目黒2丁目地区再開発と第六天社（二瓶英二郎）「目黒区郷土研究」目黒区郷土研究会　532　1999.5
上目黒・第六天社（大輪敏男）「目黒区郷土研究」目黒区郷土研究会　534　1999.7
会報より再録 上目黒第六天社について（中島正伍）「郷土目黒」目黒区郷土研究会　46　2002.10
画・文 上目黒・六天社（大輪敏男）「郷土目黒」目黒区郷土研究会　46　2002.10

上目黒村

上目黒村氷川神社の神主（田丸太郎）「目黒区郷土研究」目黒区郷土研究会　541　2000.2

神山神社

歴史探訪ウォーキング 神山神社と青山通（視察研究）（小林富幸，草門隆）「於保為」大井町郷土史研究会　（33）2014.02

上柚木

八王子上柚木の大師遠忌供養塔（懸敏夫）「野仏 ： 多摩石仏の会機関誌」多摩石仏の会　29　1998.7

上八日町

上八日町の山車と人形（石川博司）「まつり通信」まつり同好会　42（8）通号498　2002.7
八王子・上八日町山車のルーツを見る（相原悦夫）「桑都民俗 ： 桑都民俗の会会報」桑都民俗の会　20・21　2004.4

上代継

奥多摩の獅子舞い紀行（18）上代継の獅子舞い「かわせみ通信」川崎実　21　1997.3

亀戸

葛飾区の伝統野菜「亀戸大根」（堀充宏）「博物館だより」葛飾区郷土と天文の博物館　62　2001.3
城東北部（亀戸・大島）（《特集 移りゆく街並みを記録して一定点観測調査16年の軌跡》）（岩渕和恵，坂本住子，常澤愛子）「下町文化」江東区地域振興部　（240）2008.1
亀戸の頓宮神（長沢利明）「西郊民俗」［西郊民俗談話会］（211）2010.06
江東区域の西洋瓦—亀戸浅間神社出土資料と猿江の工場（野本賢二）「下町文化」江東区地域振興部　（252）2011.1

亀戸七福神

1月 恒例七福神巡り報告 亀戸七福神めぐり「足立史談会だより」足立史談会　155　2001.2
平成22年1月7日（木）恒例の新春「亀戸七福神めぐり」「郷土史研通信」八千代市郷土史研究会　（69）2010.02
亀戸七福神めぐり 1月6日 35名参加「杉並郷土史会会報」杉並郷土史会　（233）2012.05
亀戸七福神めぐり 24年1月6日（東京文化財ウィーク2011例会記）（服部建人）「杉並郷土史会会報」杉並郷土史会　（236）2012.11
亀戸七福神 スカイツリー周辺を巡る（山行報告）（秋澤英雄）「奥武蔵」奥武蔵研究会　（390）2013.03

亀戸天神

東京の鬼（9）四つ目の鬼「亀戸天神」—かけ声は「鬼は外」だけ（梁池孝子）「六甲倶楽部報告」六甲倶楽部　（80）2007.3

亀戸天神社

五百羅漢寺と亀戸天神社への道しるべ 五百羅漢道標を指定「下町文化」

江東区地域振興部 （233） 2006.4

亀戸天神の鷽替え―東京都江東区亀戸天神社（長沢利明）「西郊民俗」
［西郊民俗談話会］ （210） 2010.03

亀戸天満宮

東宰府 亀戸天満宮（関東の古天神）（大鳥居武司）「季刊悠久.第2次」 鶴
岡八幡宮悠久事務局 98 2004.7

亀戸村

江東歴史紀行 中世亀戸村の庚申講（今野慶信）「下町文化」 江東区地域
振興部 206 1999.7

亀塚

亀塚の謎（前），（後）（杉本絵美）「港郷土資料館だより」 港区立港郷土資
料館 （61）/（62） 2008.3/2008.9

烏森稲荷

樹や草のつぶやき（3）烏森稲荷の銀杏と欅（宮崎敏子）「目黒区郷土研
究」 目黒区郷土研究会 559 2001.8

烏森神社

烏森神社の思い出（花井鉄弥）「郷土目黒」 目黒区郷土研究会 54
2010.10

烏山川緑道

城南郷土史研究協議会・主催 松陰神社から烏山川緑道などを経て豪徳
寺周辺の史跡を訪ねる（事業部）「目黒区郷土研究」 目黒区郷土研究
会 （623） 2006.12

空堀川

東村山の昔ばなし（37）野口 空堀川の大蛇（町田次郎［話］，糀谷忠三
［絵］，両澤清［再話］）「郷土研だより」 東村山郷土研究会 （408）
2014.05

川井

奥多摩の獅子舞い紀行（33）川井のささら獅子舞い「かわせみ通信」 川
崎実 36 1998.6

川口

川口から世界の石仏へ（斉藤三男）「郷土足」 八王子市川口郷土史研究会
（20） 1998.6

伝説 狼のお産見舞の周辺（久保喜一）「郷土史」 八王子市川口郷土史研
究会 （20） 1998.6

神社・仏閣の建築について（飯島高吉）「郷土史」 八王子市川口郷土史研
究会 （20） 1998.6

第205回月例研究会北区にある川口の鋳物（2）（峯田元治）「北区史を考
える会会報」 北区史を考える会 55 2000.2

時宗について（米山久雄）「郷土史」 八王子市川口郷土史研究会 （25）
2003.10

すこし昔の川口の暮らし（1） 「泡漬けの味」と「百足梯子」―久保喜一
さんに聞く（車田勝彦）「郷土史」 八王子市川口郷土史研究会 （29）
2008.1

聞書 川口・少し昔の暮らし（2）里山の仕事―秋山久芳さん（車田，岡
村）「郷土史」 八王子市川口郷土史研究会 （31） 2010.1

聞書 川口・少し昔の暮らし（3）太子講の話―久保武さん「郷土史」 八
王子市川口郷土史研究会 （33） 2011.1

郷土史講演会 八王子市生涯学習センター川口分館共催 説経節の由来と
実演―解説・川口と説経節 宮川孝之/回想・写し絵の興行 久保喜一
（杉田博）「郷土史」 八王子市川口郷土史研究会 （33） 2012.01

聞書 川口・少し昔の暮らし（4）瞽女さんと一悦庵―井出敏夫さん（岡村
繁雄，伊藤勝之）「郷土史」 八王子市川口郷土史研究会 （33） 2012.1

「どんど焼き」（車田勝彦）「郷土史」 八王子市川口郷土史研究会 （34）
2013.02

聞書 川口・少し昔の暮らし（5）獅子舞と賽の神―久保喜一さん（岡村繁
雄）「郷土史」 八王子市川口郷土史研究会 （34） 2013.02

川野

川野の車人形（石川博司）「まつり通信」 まつり同好会 38（3）通号445
1998.3

川野獅子舞由来由緒書解読（相馬文夫）「郷土研究」 奥多摩郷土研究会
（19） 2008.3

小河内川野車人形観劇記（山本博布）「説経 ： 説経節の会通信」 説経節
の会 （101） 2010.03

瓦谷戸窯

瓦谷戸窯跡の操業年代と武蔵国分寺の造営事情「稲城市文化財研究紀
要」 稲城市教育委員会教育部 （8） 2008.3

寛永寺

東叡山寛永寺領の村むら（1）（桑原功一）「足立史談」 足立区教育委員会
386 2000.4

東叡山寛永寺領の村々（2）（桑原功一）「足立史談」 足立区教育委員会
387/388 2000.4/2000.6

戸田の石切場と寛永寺（堤高史）「伊豆の郷土研究」 田方地域文化財保護
審議委員連絡協議会 26 2001.3

金沢東照宮と寛永寺常照院（曽根原理）「日本学研究」 金沢工業大学日本
学研究所 （7） 2004.6

見て歩き「上野・寛永寺」報告（船津孝雄）「郷土研だより」 東村山郷土
研究会 （348） 2009.05

見て歩き「上野・寛永寺」感想文（服部友廣）「郷土研だより」 東村山郷
土研究会 （348） 2009.05

旧寛永寺の兄弟灯籠を津久井の産業破棄場で発見（サトウマコト）「郷土
つるみ」 鶴見歴史の会 （69） 2011.3

寛永寺谷中徳川家近世墓所調査団編『東叡山寛永寺徳川将軍家御裏方霊
廟』（新刊紹介）（古泉弘）「東京の遺跡」 東京考古談話会 （97）
2012.06

史跡探訪回想―上野の山 寛永寺を主に・幕末から明治へ（土屋清實）「東
庄の郷土史」 東庄郷土史研究会 （28） 2012.07

神田

東京の鬼（10）神田鬼祭戻る（梁池孝子）「六甲倶楽部報告」 六甲倶楽部
（82） 2007.9

神田地域と産婆学校（水本和美）「千代田区立四番町歴史民俗資料館資料
館だより」 東京都千代田区教育委員会，千代田区立四番町歴史民俗
資料館 （29） 2008.11

神田祭―担ぎ手の動員をめぐる町会と神輿同好会の関係（清水純）「日本
民俗学」 日本民俗学会 （271） 2012.08

書評 福原敏男著『江戸最盛期の神田祭絵巻―文政六年御雇祭と附祭―』
（入江宣子）「民俗芸能研究」 民俗芸能学会 （53） 2012.09

神田祭/際物師と奸買「大道芸通信」 日本大道芸・大道芸の会 （251）
2013.05

神田上水

芭蕉と神田上水・日光東照宮（大松騏一）「すみだ川 ： 隅田川市民交流
実行委員会会報」 隅田川市民交流実行委員会 （41） 2007.4

神田明神

都市と祭礼研究会編『天下祭読本―幕末の神田明神祭礼を読み解く』（新
刊紹介）（小沢詠美子）「史潮」 ［歴史学会］，同成社（発売） （62）
2007.11

都市と祭礼研究会編『天下祭読本―幕末の神田明神祭礼を読み解く』（書
誌紹介）（牧田勲）「日本民俗学」 日本民俗学会 通号253 2008.2

都市と祭礼研究会編『天下祭読本―幕末の神田明神祭礼を読み解く』（書
籍紹介）（鈴木正崇）「民俗芸能研究」 民俗芸能学会 （44） 2008.3

神田明神・祇園三社と将門塚「大道芸通信」 日本大道芸・大道芸の会
（242）/（243） 2012.08/2012.09

特集 平成25年度指定文化財紹介 栖岸院跡出土資料 140点/紙本着色神
田明神祭礼図巻 3巻「千代田区立日比谷図書文化館文化財ニュース」
千代田区立日比谷図書文化館 （4） 2013.06

感応寺

感応寺（都内世田谷区）の将軍地蔵について（外川一實）「おくやまのしょ
う ： 奥山荘郷土研究会誌」 奥山荘郷土研究会 （36） 2011.03

観音寺

わがまちの文化財・青梅市観音寺の仏像群（青梅市教育委員会）「東京の
文化財」 東京都教育庁地域教育支援部 86 2002.3

観音寺のこと（あさくらゆう）「足立史談」 足立区教育委員会 （452）
2005.10

観音橋

旧観音橋際の馬頭観音供養塔（安藤義雄）「足立史談」 足立区教育委員会
373 1999.3

鬼王神社

鬼王神社の秋の例大祭（梁池孝子）「六甲倶楽部報告」 六甲倶楽部
（76） 2006.3

祇園三社

神田明神・祇園三社と将門塚「大道芸通信」 日本大道芸・大道芸の会
（242）/（243） 2012.08/2012.09

祇園寺

祇園寺薬師堂改修工事に伴い、新たな発見「調布の文化財」 調布市郷土
博物館 36 2004.10

虎狛山日光院祇園寺 薬師堂改修工事の調査速報（稲葉和也）「調布の文化
財」 調布市郷土博物館 36 2004.10

鬼子母神

東京の鬼（1）鬼子母神（雑司が谷）とお穴の鬼子母神（梁地孝子）「六甲
倶楽部報告」 六甲倶楽部 52 2000.3

東京都 郷土に伝わる民俗と信仰 関東

豊島をさぐる(10) 鬼子母神を描いた絵画「かたりべ : 豊島区立郷土資料館ミュージアム開設準備だより」 豊島区立郷土資料館 (77) 2005.3

紀州神社
第211回月例研究会 紀州神社について(倉木常夫)「北区史を考える会会報」 北区史を考える会 57 2000.8

気象神社
高円寺の気象神社(長沢利明)「杉並郷土史会史報」 杉並郷土史会 (223) 2010.09
気象神社の祭神について(編集部)「杉並郷土史会史報」 杉並郷土史会 (224) 2010.11

北秋川
檜原村北秋川雑感と芝居(東京都西多摩郡檜原村北秋川渓谷合同調査特集)(北河直子)「昔風と当世風」 古々路の会 (98) 2014.04

北秋川渓谷
北秋川渓谷の住まいと養蚕(東京都西多摩郡檜原村北秋川渓谷合同調査特集)(坪部英彦)「昔風と当世風」 古々路の会 (98) 2014.04

北硫黄島
小笠原諸島 北硫黄島—太平洋上の孤島に発見された謎の祭祀遺構(小田静夫)「Bulletin of the International Jomon Culture Conference」 国際縄文学協会 (3) 2010.11

北川
未来の川のほとりにて—北川かっぱの会のめざすもの(三島悟)「東村山市史研究」 東村山市教育委員会 7 1998.3

北区
第179回月例研究会 区内に残る五節句の行事(倉木常夫)「北区史を考える会会報」 北区史を考える会 46 1997.11
第188回跡研究会 家を建てるフォークロア(民俗)(倉木常夫)「北区史を考える会会報」 北区史を考える会 49 1998.8
第195回月例研究会 北区の近世(2) 東照宮と北区(芦田正次郎)「北区史を考える会会報」 北区史を考える会 52 1999.5
寺小屋の実態(安藤義雄)「北区史を考える会会報」 北区史を考える会 55 2000.2
東京都北区・荒川区の「力石」(高嶋慎助)「文化財研究紀要」 東京都北区教育委員会 13 2000.3
都市神社の持続と変化(石井研士)「北区飛鳥山博物館研究報告」 東京都北区教育委員会 (2) 2000.3
「火防せの凧」の製作について(中野守久)「北区飛鳥山博物館研究報告」 東京都北区教育委員会 (2) 2000.3
長塚家とおまじない(長塚梅子)「北区史を考える会会報」 北区史を考える会 63 2002.2
指定文化財説明書 木造阿弥陀如来坐像/中里遺跡出土縄文土器「文化財研究紀要」 東京都北区教育委員会 15 2002.3
東京都北区の「烏八臼」墓塔(関口渉)「野仏 : 多摩石仏の会機関誌」 多摩石仏の会 33 2002.7
白酒祭(熊野神社)における歩射行事の民俗学的性格について(中野泰)「文化財研究紀要」 東京都北区教育委員会 16 2003.3
指定文化財説明書 熊野神社の白酒祭(オビシャ行事)御ություꭓ前遺跡祭祀遺構出土土器「文化財研究紀要」 東京都北区教育委員会 16 2003.3
近世地誌類にみる板碑—『遊歴雑記』と北区の板碑を中心に(中村洋子)「北区飛鳥山博物館研究報告」 東京都北区教育委員会 (8) 2006.3
秋の企画展「遠くと近くの熊野 中世熊野と北区展」「ぽいす : 北区飛鳥山博物館だより」 北区飛鳥山博物館 17 2006.9
学び甲斐ある企画展を—「遠くと近くの熊野 中世熊野と北区展」にみる公立博物館の役割(〈エキシビジョン・レビュー 北区飛鳥山博物館企画展「遠くと近くの熊野 中世熊野と北区展」によせて〉)(湯川恵子)「北区飛鳥山博物館研究報告」 東京都北区教育委員会 (9) 2007.3
第304回月例研究会 3月8日(土) 海外団体旅行の今昔… 戦後最初の訪欧団体旅行団の奮闘記(大澤栄美)「北区史を考える会会報」 北区史を考える会 (88) 2008.5
寄稿 お稲荷さんの狐(長塚梅子)「北区史を考える会会報」 北区史を考える会 (88) 2008.5
もっと知りたい! ちょっと気になるこの一品 常設展示「種物音頭」「ぽいす : 北区飛鳥山博物館だより」 北区飛鳥山博物館 21 2008.9
北区指定有形民俗文化財「赤紙仁王」(石造金剛力士立像)の現状変更について「文化財研究紀要」 東京都北区教育委員会 22 2009.03
VOICE「延命地蔵」、またの名を「ぽっくり地蔵」「ぽいす : 北区飛鳥山博物館だより」 北区飛鳥山博物館 24 2010.03
常設展示 もっと知りたい! ちょっと気になるこの一品 花見弁当の押し鮨「ぽいす : 北区飛鳥山博物館だより」 北区飛鳥山博物館 24 2010.03
第327回月例研究会 2月16日(火) 丸参富士講と伊藤伊兵衛(榎本龍治)

「北区史を考える会会報」 北区史を考える会 (96) 2010.05
ぽいす 昔の道具で思い出を語る「ぽいす : 北区飛鳥山博物館だより」 北区飛鳥山博物館 26 2011.03
もっと知りたい! ちょっと気になるこの一品 私年号板碑「ぽいす : 北区飛鳥山博物館だより」 北区飛鳥山博物館 26 2011.03
第345回月例研究会 9月17日(土) 街頭紙芝居座談会(領塚正浩[司会])「北区史を考える会会報」 北区史を考える会 (102) 2011.11
第346回月例研究会 10月9日(日) 北区で最後の街頭紙芝居(領塚正浩)「北区史を考える会会報」 北区史を考える会 (102) 2011.11
『オボエテマスカ?—あの暮らし・この道具』—思い出のための空間づくり「ぽいす : 北区飛鳥山博物館だより」 北区飛鳥山博物館 28 2012.03
第351回月例研究会 3月10日(土) 北区内の河川と水神様(齋藤要)「北区史を考える会会報」 北区史を考える会 (104) 2012.5
第369回 月例研究会 9月8日(日) 明治維新後の東京近郊農村における農民の変貌—特に北区を中心とした荒川流域(倉木常夫)「北区史を考える会会報」 北区史を考える会 (110) 2013.11
第378回 月例研究会 6月15日(日) 私たちの生活と地名について(倉木常夫)「北区史を考える会会報」 北区史を考える会 (113) 2014.08

北沢八幡神社
八幡宮紹介 北澤八幡神社(東京都世田谷区)「季刊悠久.第2次」 鶴岡八幡宮悠久事務局 (110) 2007.10

北沢牡丹園
はじめに/鈴木左内の出自について/北沢牡丹園の創始時期「上北沢牡丹屋敷疑香園名寄」について/『思い出草』「世田谷区立郷土資料館資料館だより」 [東京都]世田谷区立郷土資料館 (58) 2013.3

北鹿浜町
縁故疎開ですごした北鹿浜町の想い出(10)～(15) 戦時下の鹿浜の子供たちの遊び(1)～(6)(小川誠一郎)「足立史談」 足立区教育委員会 (547)／(552) 2013.09/2014.2
縁故疎開ですごした北鹿浜町の想い出(19)～(23) 鹿浜の子どもの生活[1]～(5)(小川誠一郎)「足立史談」 足立区教育委員会 (556)／(561) 2014.06/2014.11
縁故疎開ですごした北鹿浜町の想い出(24) 鹿浜の子どもの生活(6) 釣り遊び/エビカニ釣り/ナマズとり/タニシとり(小川誠一郎)「足立史談」 足立区教育委員会 (562) 2014.12

北品川稲荷
史料紹介 東京都江戸東京博物館所蔵『北品川稲荷門前文書』について(石山秀和)「品川歴史館紀要」 品川区立品川歴史館 (23) 2008.3

北千住駅
北千住駅構内の猿田彦大神由来(堀川和夫)「足立史談」 足立区教育委員会 428 2003.10

北多摩
北多摩の精白・製粉水車(小坂克信)「多摩のあゆみ」 たましん地域文化財団 115 2004.8
近世中後期の北多摩地域の住民と定期市利用(特集 江戸後期の流通と市場)(渡邉英明)「多摩のあゆみ」 たましん地域文化財団 (156) 2014.10

北多摩郡
資料紹介 新たに見つかった社寺明細帳図—横浜市栄区、金沢区と北多摩郡から(山地純)「金沢文庫研究」 神奈川県立金沢文庫 (332) 2014.03

北野
打越・北野・長沼の古民家など(平成2年調査より)(下島彬)「打越」 打越歴史研究会 53 2000.1

北野神社
調査レポート 本木北野神社の棟札と絵馬資料等について(矢沢幸一朗)「足立史談」 足立区教育委員会 377 1999.7
奥多摩の獅子舞い紀行(67) 板橋区・北野神社の獅子舞い「かわせみ通信」 川崎実 67 2001.7
北野神社の田遊び見学と懇談会(泉貞代)「板橋史談」 板橋史談会 222 2004.5

北野天神
北野天神所在の古碑一基について(伊藤正夫)「打越」 打越歴史研究会 42 1997.4

北町
自然と生きる 西東京市の主な屋敷林(2) 本橋家(北町)(小川武廣)「武蔵保谷村だより : 高橋文太郎の『武蔵保谷村郷土資料』を手掛かりに」 下保谷の自然と文化を記録する会 (3) 2011.10
自然と生きる 西東京市の主な屋敷林(6) 北町・栄町・ひばりが丘北・

関東　　　　　　　　　　　　　　　　郷土に伝わる民俗と信仰　　　　　　　　　　　　　　　　東京都

住吉町（小川武廣）「武蔵保谷村だより ： 高橋文太郎の『武蔵保谷村郷土資料』を手掛かりに」 下保谷の自然と文化を記録する会 （7） 2012.10

喜多見
喜多見のまむし除け（《特集 世田谷の伝説》）（田丸太郎）「せたかい ： 歴史さろん」 世田谷区誌研究会 （60） 2009.07

斎藤家の「真虫除秘児録」について（1），（2）（寄稿）（田丸太郎）「せたかい ： 歴史さろん」 世田谷区誌研究会 （62）/（63） 2010.08/2011.07

北嶺町
私の散歩道（79） 御嶽神社（大田区北嶺町）（大輪敏男）「目黒区郷土研究」 目黒区郷土研究会 545 2000.6

北山
郷土の伝統文化 神社のしめ縄作りと北山田んぼの稲作（小山邦昭）「郷土研だより」 東村山郷土研究会 （404） 2014.01

吉祥院
足立区本木西町吉祥院所蔵大般若波羅蜜多経および廻村習俗について（足立区立教育委員会文化課文化財係）「足立区立郷土博物館紀要」 足立区立郷土博物館 （28） 2007.3

足立区の登録文化財を観る 大乗院本堂 一棟/吉祥院山門 一棟/吉祥院宝篋印塔 一基「足立史談会だより」 足立史談会 （270） 2010.09

寺院調査レポート（3） 本木吉祥院弁才天坐像─元禄生まれの華麗な弁天さま（小野英二）「足立史談」 足立区教育委員会 （534） 2012.08

吉祥寺
足立風土記だより（68） 瑞祥寺と吉祥寺の先塋（矢沢幸一朗）「足立史談」 足立区教育委員会 373 1999.3

鈴木育男著『吉祥寺と周辺寸描鈴木育男写真作品集〈第2集〉』（本の紹介）（佐藤美知男）「多摩のあゆみ」 たましん地域文化財団 113 2004.2

狐塚
樹・木・草のつぶやき（38） 樫の木の話 狐塚（宮崎敏子）「目黒区郷土研究」 目黒区郷土研究会 602 2005.3

木下川やくしみち
平成24年度新指定文化財 相撲呼出し裁着袴製作、江戸切子（ガラス工芸）、木下川やくしみち道標 宝暦11年在銘/身近な「歴史」に関心を「下町文化」 江東区地域振興部 （261） 2013.4

義民地蔵
樹・木・草のつぶやき（39） 樫の木の話 義民地蔵（宮崎敏子）「目黒区郷土研究」 目黒区郷土研究会 603 2005.4

旧朝倉邸
旧朝倉邸（仲野基道）「目黒区郷土研究」 目黒区郷土研究会 （667） 2010.8

旧薊家住宅
足立区の登録文化財を観る 旧和井田家住宅（母屋）一棟、旧薊家住宅（納屋）一棟、花畑大鷲神社獅子舞（編集部）「足立史談会だより」 足立史談会 （261） 2009.12

旧安藤家住宅
区指定有形文化財（建造物）旧安藤家住宅復元工事完了「せたがやの文化財」 東京都世田谷区教育委員会事務局 （10） 1998.3

古民家の保存・継承を考える─旧安藤家住宅移築復元工事に寄せて（古我思彦）「せたかい ： 歴史さろん」 世田谷区誌研究会 （50） 1998.5

旧石井家住宅
新指定文化財紹介「旧石井家住宅主屋 長屋門 土蔵」「立川市歴史民俗資料館だより」 立川市歴史民俗資料館 （14） 2010.8

武蔵野の民家 二題─国営昭和記念公園こもれびの里の旧石井家住宅と東久留米市柳窪の村野家住宅について（特集 むかしの暮らしを復元する）（稲葉和也）「多摩のあゆみ」 たましん地域文化財団 （142） 2011.5

旧市倉家
旧市倉家の年中行事（あきる野市五日市郷土館）「ミュージアム多摩 ： 東京都三多摩公立博物館協議会会報」 東京都三多摩公立博物館協議会 （26） 2005.3

旧市倉家住宅
あきる野市指定有形文化財 旧市倉家住宅について（白井裕泰）「郷土あれこれ」 あきる野市教育委員会 （9） 2001.3

旧市倉家住宅と「儀三郎日記（二）」（あきる野市五日市郷土館）「ミュージアム多摩 ： 東京都三多摩公立博物館協議会会報」 東京都三多摩公立博物館協議会 （23） 2002.3

旧稲葉家住宅
東京都指定有形民俗文化財「旧稲葉家住宅土蔵復原事業」（会員館活動報告）（青梅市郷土博物館）「ミュージアム多摩 ： 東京都三多摩公立博物

館協議会会報」 東京都三多摩公立博物館協議会 （33） 2012.3

旧大石家住宅
旧大石家住宅でネギ栽培「下町文化」 江東区地域振興部 195 1998.6

囲炉裏ばた（大石家日記）(1) 真夏の庭掃除「下町文化」 江東区地域振興部 227 2004.9

囲炉裏ばた（大石家日記）(2) 障子貼り（中村正男）「下町文化」 江東区地域振興部 （228） 2005.1

旧大石家特別公開を終えて「下町文化」 江東区地域振興部 （228） 2005.1

囲炉裏ばた（大石家日記）(3) 古民家と薪「下町文化」 江東区地域振興部 （229） 2005.4

囲炉裏ばた（大石家日記）(6) 旧大石家住宅友の会「下町文化」 江東区地域振興部 （233） 2006.4

守り伝える古民家 旧大石家住宅移築10周年!!「下町文化」 江東区地域振興部 （234） 2006.7

ここにも歴史があった／昔の写真を探しています／囲炉裏ばた（大石家日記）(7) 七夕お話会「下町文化」 江東区地域振興部 （235） 2006.9

囲炉裏ばた（大石家日記）(8) 夏の風物詩─簾を展示（向山伸子）「下町文化」 江東区地域振興部 （242） 2008.6

ココにも歴史があった／囲炉裏ばた（大石家日記）(9) 大石家のノリ養殖道具「下町文化」 江東区地域振興部 （246） 2009.07

囲炉裏ばた（大石家日記）(11) 旧大石家と学校見学（向山伸子）「下町文化」 江東区地域振興部 （250） 2010.07

囲炉裏端（大石家日記）(13) メトロガイドの取材を受けました「下町文化」 江東区地域振興部 （257） 2012.04

囲炉裏ばた（大石家日記）(14) 旧大石家住宅の年中行事「下町文化」 江東区地域振興部 （262） 2013.7

旧荻野家住宅
幕末漢方医の家─町田市・旧荻野家住宅（小林昌人）「多摩のあゆみ」 たましん地域文化財団 89 1998.2

旧粕谷家住宅
史跡を訪ねて（13） 旧粕谷家住宅から23区の古民家を巡る（上）（猪瀬尚志）「板橋史談」 板橋史談会 （255） 2009.11

旧菊池家住宅主屋
新登録の文化財 国登録有形文化財（建造物）「白百合女子大学めぐみ荘（旧菊池家住宅主屋）」（赤城高志）「調布の文化財」 調布市郷土博物館 （50） 2014.03

旧共栄市場
妙法寺参詣道を歩く（4） 旧共栄市場と東高円寺（前田浩志）「らぶりい杉並」 杉並の今昔を語る会 （14） 1998.8

旧光明寺
石仏紹介（113）～（115） 久我山旧光明寺の地蔵堂（1）～（3）（藤井正三）「杉並郷土史会々報」 杉並郷土史会 148/150 1998.3/1998.7

旧自証院霊屋
たての園から 旧自証院霊屋のお色直し（畑尚子）「江戸東京博物館news ： Edo-Tokyo Museum news」 東京都歴史文化財団東京都江戸東京博物館 （78） 2012.06

旧下田家住宅
旧下田家住宅の構造変化と展示のあり方（松本美虹）「羽村市郷土博物館紀要」 羽村市郷土博物館 （26） 2012.03

旧鈴木家住宅
「旧鈴木家住宅」の資料たち 第1回 「旧鈴木家住宅」の特徴と軌跡（木下）「かたりべ ： 豊島区立郷土資料館ミュージアム開設準備だより」 豊島区立郷土資料館 （114） 2014.12

旧田島平良家
旧田島平良家長屋門所蔵資料の整理・調査事業の中間報告（続編）資料の健康診断書をつくる「かたりべ ： 豊島区立郷土資料館ミュージアム開設準備だより」 豊島区立郷土資料館 73 2004.3

書籍紹介『旧田島平良家長屋門総合調査』（小川直之）「民具研究」 日本民具学会 （136） 2007.9

豊島区・旧田島平良家長屋門の調査（特集 むかしの暮らしを復元する）（福岡直子）「多摩のあゆみ」 たましん地域文化財団 （142） 2011.05

旧谷岡家
旧谷岡家表門復元工事中の取組み「せたがやの文化財」 東京都世田谷区教育委員会事務局 （16） 2004.3

久兵衛水車
淀橋の久兵衛水車について（土方晢）「杉並郷土史会々報」 杉並郷土史会 147 1998.1

東京都　　　　　　　　　　　　　　　郷土に伝わる民俗と信仰　　　　　　　　　　　　　　　関東

久法院
修験宗當山派「和泉山久法院」(小川春夫)「杉並郷土史会史報」　杉並郷土史会　(198)　2006.7

旧松沢家住宅
旧松澤家住宅の復原について(川端修司)「文化財研究紀要」　東京都北区教育委員会　18　2005.3

旧松澤家住宅移築復原工事の経過について(永島恵，山口隆太郎)「文化財研究紀要」　東京都北区教育委員会　18　2005.3

指定文化財説明書 近藤勇と新選組隊士供養塔/七社神社前遺跡土坑群出土資料/旧松澤家住宅 附倉屋「文化財研究紀要」　東京都北区教育委員会　18　2005.3

北区指定有形文化財(建造物)「旧松澤家住宅」の震災被害修理について(調査報告)(北区教育委員会事務局，飛鳥山博物館)「北区飛鳥山博物館研究報告」　東京都北区教育委員会　(15)　2013.3

旧武藤家
市文化財の旧武藤家が焼失(日笠山正治)「郷土研だより」　東村山郷土研究会　256　1999.6

旧武藤家住宅
「かやぶき民家の伝えてきたもの―旧武藤家住宅主屋」「歴史館だより」　東村山ふるさと歴史館　12　2000.8

旧和井田家住宅
足立区の登録文化財を観る 旧和井田家住宅(母屋)一棟、旧薊家住宅(納屋)一棟、花畑大鷲神社獅子舞(編集部)「足立史談会だより」　足立史談会　(261)　2009.12

経王寺
史蹟・文化財シリーズ(84) 有形文化財 区指定有形文化財(建造物) 経王寺山門 付門番所 所在地：西日暮里3―2―6(経王寺)「荒川史談」　荒川史談会　(307)　2011.09

教学院
私の散歩道(98) 教学院・目青不動(大輪敏男)「目黒区郷土研究」　目黒区郷土研究会　566　2002.3

行元寺
禿坂・行元寺の隠語の碑(田丸太郎)「目黒区郷土研究」　目黒区郷土研究会　(669)　2010.10

凝香園
上北沢牡丹屋敷凝香園について(研究ノート)(武田庸二郎)「世田谷区立郷土資料館資料館だより」　[東京都]世田谷区立郷土資料館　(58)　2013.3

はじめに/鈴木左内の出自について/北沢牡丹園の創始時期/『上北沢牡丹屋敷凝香園名寄』について/『思い出草』「世田谷区立郷土資料館資料館だより」　[東京都]世田谷区立郷土資料館　(58)　2013.3

行人坂
行人坂敷石造道供養碑について(編集部)「目黒区郷土研究」　目黒区郷土研究会　569　2002.6

行人坂般若塚
行人坂般若塚の謎(田丸太郎)「目黒区郷土研究」　目黒区郷土研究会　533　1999.6

経文橋
経文橋の供養塔(両澤清)「郷土研だより」　東村山郷土研究会　(341)　2008.10

前川に架かる祟りの経文橋(両澤清)「郷土研だより」　東村山郷土研究会　(361)　2010.6

東村山の昔ばなし(14) 野口 たたりの経文橋(糀谷忠三，両澤清)「郷土研だより」　東村山郷土研究会　(386)　2012.7

玉蔵院
旧武蔵国足立郡玉蔵院と醍醐寺三宝院との接点をめぐって―「関東真言宗」と呼ばれた寺院を考えるために(高橋千恵)「文化財研究紀要」　東京都北区教育委員会　12　1999.3

清瀬
清瀬のフセギ(石川博司)「まつり通信」　まつり同好会　39(5)通号459　1999.4

清瀬富士塚の火の花祭り《富士・浅間信仰―山岳信仰特集II》(佐藤磧男)「あしなか」　山村民俗の会　259・260　2001.11

展示紹介 清瀬市郷土博物館開館20周年記念特別企画「清瀬のうちおり展―糸に託した女たちの想い―」(柳澤剛)「民具研究」　日本民具学会　(136)　2007.9

清瀬市
わがまちの文化財・清瀬市 清瀬市指定有形民俗文化財「清瀬市及び周辺地域のうちおり衣料」について「東京の文化財」　東京都教育庁地域教育支援部　(101)　2007.3

清瀬市郷土博物館編『うちおり―清瀬市及び周辺地域の自家製織物―』(本の紹介)(村野圭市)「多摩のあゆみ」　たましん地域文化財団　(146)　2012.05

清瀬市郷土博物館編『清瀬の民俗行事と民俗芸能』(本の紹介)(今井美代子)「多摩のあゆみ」　たましん地域文化財団　(155)　2014.08

魚籃寺
平成4年度港区指定文化財三田魚籃寺の版木資料と開帳(大村達郎)「港郷土資料館だより」　港区立港郷土資料館　38　1998.11

銀座
銀ブラ文化に未来はあるか(〈特集1 シンポジウム「日本橋・銀座・汐留―にぎわいの街」〉)(三枝進)「東京都江戸東京博物館研究報告」　東京都江戸東京博物館　(13)　2007.3

錦糸町
第26回東京大会を終えて 東京花祭りと錦糸町河内音頭の実演紹介の経過など(特集 第26回東京大会 大会テーマ「都市における民俗芸能の新たな展開」)(星野紘)「日本民俗音楽学会会報」　日本民俗音楽学会　(38)　2013.03

金宗寺
表紙解説 金森・旧金宗寺勢至菩薩立像(西島護)「いしぶみ」　まちだ史考会　(36)　2013.12

金輪寺
緊急試論 王子金輪寺の兼帯供僧について(榎本龍治)「十條村近世史雑考」　榎本龍治　(8)　2000.6

久我山
石仏紹介(132) 久我山5丁目の庚申塔(1)(藤井正三)「杉並郷土史会史報」　杉並郷土史会　167　2001.5

第337回例会記 長山泰介「久我山風土記によせて―久我山一口歴史」(長山泰介)「杉並郷土史会史報」　杉並郷土史会　169　2001.9

石仏紹介(134) 久我山区境の庚申と牟礼橋(3)(藤井正三)「杉並郷土史会史報」　杉並郷土史会　169　2001.9

石仏紹介(135) 久我山1丁目の庚申塔(4)(藤井正三)「杉並郷土史会史報」　杉並郷土史会　170　2001.11

久我山稲荷神社
石仏紹介(133) 久我山稲荷神社の西向庚申塔(2)(藤井正三)「杉並郷土史会史報」　杉並郷土史会　168　2001.7

葛谷御霊神社
写真ニュース 備射祭(中井御霊神社・葛谷御霊神社)(三原寿太郎)「板橋史談」　板橋史談会　(276)　2013.05

九段南
収蔵庫から 九段南「寿々木」の菓子木型―大人気「鳳瑞」の影の功労者たち「千代田区立四番町歴史民俗資料館資料館だより」　東京都千代田区教育委員会，千代田区立四番町歴史民俗資料館　15　2003.3

杏掛
地域に残る民間信仰二題 堀の内に残る地蔵まつり/復活した旧井草村杏掛の庚申講「杉並郷土史会史報」　杉並郷土史会　187　2004.9

国立
20回目を迎えたどんど焼き―「ふるさと意識を！ 子供たちに」を合言葉に「くにたちの自然と文化」　国立の自然と文化を守る会　(17)　1997.3

民具案内 体験学習の意義(佐伯安子)「にーだんご」　くにたちの暮らしを記録する会　10　1997.4

お手の観音様(3) 御本尊彫仏の由来(北島マツ)「にーだんご」　くにたちの暮らしを記録する会　10　1997.4

シリーズ郷土の食べ物 餅草だんご(北島清三)「にーだんご」　くにたちの暮らしを記録する会　10　1997.4

川での遊び(山口松男)「にーだんご」　くにたちの暮らしを記録する会　10　1997.4

養蚕農家の思い出(神成カネ)「にーだんご」　くにたちの暮らしを記録する会　10　1997.4

お手の観音様(4) 縁故のかたり(北島マツ)「にーだんご」　くにたちの暮らしを記録する会　11　1997.12

あの頃の学校行事 全校虫取りの日(北島清三)「にーだんご」　くにたちの暮らしを記録する会　11　1997.12

正月の室内遊び(山口松男)「にーだんご」　くにたちの暮らしを記録する会　11　1997.12

シリーズ郷土の食べ物 アラレ(北島マツ)「にーだんご」　くにたちの暮らしを記録する会　11　1997.12

商いの変遷からくにたちの歴史をのぞく―記録史編さんに向けて聞き採

り調査スタート「くにたちの自然と文化」 国立の自然と文化を守る会 （19） 1998.5

国立の石仏あれこれ（関口渉）「くにたちの自然と文化」 国立の自然と文化を守る会 （19） 1998.5

国立の墓塔仏（関口渉）「野仏 ： 多摩石仏の会機関誌」 多摩石仏の会 29 1998.7

資料紹介 観世音菩薩坐像木型（清水周）「くにたち郷土文化館だより」 くにたち郷土文化館 （15） 2000.1

民具調査 聞き手から伝え手に（中島正枝）「にーだんご」 くにたちの暮らしを記録する会 13 2000.1

「十日夜の日」の思い出（神成カネ）「にーだんご」 くにたちの暮らしを記録する会 13 2000.1

薪取り（北島清三）「にーだんご」 くにたちの暮らしを記録する会 13 2000.1

七草によせて（北島マツ）「にーだんご」 くにたちの暮らしを記録する会 13 2000.1

資料紹介 戦死者の公葬を伝える村報（平松左枝子）「くにたち郷土文化館だより」 くにたち郷土文化館 （17） 2000.5

資料紹介 くにたちの祭りと万灯（森永正）「くにたち郷土文化館だより」 くにたち郷土文化館 （20） 2001.1

くにたちの祭りと神輿の系譜（森永正）「くにたち郷土文化館研究紀要」 くにたち文化・スポーツ振興財団くにたち郷土文化館 3 2001.3

誕生と葬送の儀礼（〈企画展「人生儀礼の諸相—誕生・結婚・葬送をめぐる人々」講演会記録〉）（宮田登）「くにたち郷土文化館研究紀要」 くにたち文化・スポーツ振興財団くにたち郷土文化館 3 2001.3

企画展「くにたちの祭り」を終えて（森永正）「くにたち郷土文化館だより」 くにたち郷土文化館 （22） 20C1.5

資料紹介 三つ組盃と銚子（講中資料）（渭水周）「くにたち郷土文化館だより」 くにたち郷土文化館 （23） 2001.7

企画展「くにたちの祭り」雑感（森永正）「にーだんご」 くにたちの暮らしを記録する会 14 2001.8

おしめり（雨降り）正月（北島清三）「にーだんご」 くにたちの暮らしを記録する会 14 2001.8

企画展「くにたちの年中行事—四季の祈り〈春から夏へ〉」「くにたち郷土文化館だより」 くにたち郷土文化館 （26） 2002.2

家族とは… 暮らしを考える（佐伯安子）「にーだんご」 くにたちの暮らしを記録する会 15 2002.8

企画展「くにたちの年中行事 春から夏へ」（森永正）「にーだんご」 くにたちの暮らしを記録する会 15 2002.8

郊外授業民具案内 石臼によせて（北島マツ）「にーだんご」 くにたちの暮らしを記録する会 15 2002.8

生活今昔（谷内太三郎）「にーだんご」 くにたちの暮らしを記録する会 15 2002.8

企画展「まち・ひと・くらし—写真でみるくにたち」を開催して（平松左枝子）「くにたち郷土文化館だより」 くにたち郷土文化館 （32） 2003.3

資料紹介 大工道具（森永正）「くにたち郷土文化館だより」 くにたち郷土文化館 （32） 2003.3

地口行灯の調査記録（岡村昌夫）「くにたち郷土文化館研究紀要」 くにたち文化・スポーツ振興財団くにたち郷土文化館 5 2003.3

国立の石造地蔵菩薩（濱中秀子）「くにたち郷土文化館研究紀要」 くにたち文化・スポーツ振興財団くにたち郷土文化館 5 2003.3

郷土文化館収蔵の大工道具について（安斎順子，宮本速寿）「くにたち郷土文化館研究紀要」 くにたち文化・スポーツ振興財団くにたち郷土文化館 5 2003.3

企画展「くにたちの年中行事〈秋から冬へ〉」を開催して（森永正）「くにたち郷土文化館だより」 くにたち郷土文化館 （33） 2003.5

氏子祭り—折口信夫ノートから（立川信夫）「にーだんご」 くにたちの暮らしを記録する会 17 2004.9

六月が来る度に—農繁期（神成カネ）「にーだんご」 くにたちの暮らしを記録する会 17 2004.9

花まつり（北島マツ）「にーだんご」 くにたちの暮らしを記録する会 （18） 2005.9

草履作り（古田元美）「にーだんご」 くにたちの暮らしを記録する会 （18） 2005.9

昔のあそび（冬）（北島道敏）「にーだんご」 くにたちの暮らしを記録する会 （18） 2005.9

天台矢保佐（立川信夫）「にーだんご」 くにたちの暮らしを記録する会 （18） 2005.9

民具調査 聞き書き 伝承—くにたち郷土文化館と共に 地域活動のあゆみ（《地域 わたしたちの図書館・博物館》（佐伯安子）「多摩のあゆみ」 たましん地域文化財団 （120） 2005.11

天王祭（夏祭り）の思い出（神成カネ）「にーだんご」 くにたちの暮らしを記録する会 （19） 2006.9

昔のあそび（2）（夏）（北島道敏）「にーだんご」 くにたちの暮らしを記

録する会 （19） 2006.9

お盆さん 先祖を迎え送る（佐伯安子）「にーだんご」 くにたちの暮らしを記録する会 （20） 2007.9

忘れられた風祭り（北島清三）「にーだんご」 くにたちの暮らしを記録する会 （20） 2007.9

戦中の農家の暮らし（神成カネ）「にーだんご」 くにたちの暮らしを記録する会 （21） 2008.9

あの頃の夜遊び（北島清三）「にーだんご」 くにたちの暮らしを記録する会 （21） 2008.9

盂蘭盆、考（谷合秀子）「にーだんご」 くにたちの暮らしを記録する会 （21） 2008.9

夏の思い出「いなご捕り」など（北島通敏）「にーだんご」 くにたちの暮らしを記録する会 （21） 2008.9

民具のこれから（安斎順子）「にーだんご」 くにたちの暮らしを記録する会 （23） 2010.09

里山を残して（北島清三）「にーだんご」 くにたちの暮らしを記録する会 （23） 2010.09

子どもの頃のお正月（北島道敏）「にーだんご」 くにたちの暮らしを記録する会 （24） 2011.09

先祖をうやまう お盆さま（佐伯安子）「にーだんご」 くにたちの暮らしを記録する会 （25） 2012.09

虫干しの頃（北島清三）「にーだんご」 くにたちの暮らしを記録する会 （26） 2013.09

民具案内（會田梢）「にーだんご」 くにたちの暮らしを記録する会 （26） 2013.09

八つ手のおまじない（北島道敏）「にーだんご」 くにたちの暮らしを記録する会 （26） 2013.09

国立市

ご存じですか？—国立市石造物調査と『くにたちの石造物を歩く』について（浜中秀子）「くにたち郷土文化館だより」 くにたち郷土文化館 （13） 1999.9

神輿の誕生—東京都国立市（長沢利明）「西郊民俗」 ［西郊民俗談話会］ （176） 2001.9

町内会と盆踊り—東京都国立市（長沢利明）「西郊民俗」 ［西郊民俗談話会］ （177） 2001.11

くにたちの神社年中行事—神事暦からみた国立市の一年（長沢利明）「くにたち郷土文化館研究紀要」 くにたち文化・スポーツ振興財団くにたち郷土文化館 4 2002.3

くにたちの寺院年中行事—仏教儀礼暦からみた国立市の一年（長沢利明）「くにたち郷土文化館研究紀要」 くにたち文化・スポーツ振興財団くにたち郷土文化館 5 2003.3

特産、多摩川梨はどうなる（北島清三）「にーだんご」 くにたちの暮らしを記録する会 （24） 2011.9

九品院

そば喰い地蔵（十一ケ寺 九品院）「ねりまの文化財」 練馬区地域文化部 35 1997.7

九品仏

九品仏と安養寺「荒川史談」 荒川史談会 257 1999.3

姫様物語（3）—九品仏の榧と常盤姫（宮崎敏子）「目黒区郷土研究」 目黒区郷土研究会 570 2002.7

九品仏について（田丸太郎）「目黒区郷土研究」 目黒区郷土研究会 （629） 2007.6

熊野堤

史談かるた く「熊野堤は古い道」、や「槍掛け松は清亮寺」「足立史談会だより」 足立史談会 （320） 2014.11

久米川

久米川の大地蔵（両澤清）「郷土研だより」 東村山郷土研究会 （335） 2008.4

神々と神社（10）久米川の総鎮守・熊野神社「おくまんさま」（立河光子）「郷土研だより」 東村山郷土研究会 （373） 2011.06

東村山の昔ばなし（7）久米川 夜遊びの好きなお猿様（東原政二，山田民夫，両澤清）「郷土研だより」 東村山郷土研究会 （378） 2011.11

東村山の昔ばなし（9）秋津・久米川 ムジナのあだ討ち（木下トメ，山田民夫，両澤清）「郷土研だより」 東村山郷土研究会 （380） 2012.01

東村山の昔ばなし（10）久米川 ムジナのいたずら（立河正時，糀谷忠三，両澤清）「郷土研だより」 東村山郷土研究会 （381） 2012.02

東村山の昔ばなし（19）久米川 夜泣きするモミの木（東原那美，糀谷忠三， 両澤清）「郷土研だより」 東村山郷土研究会 （390） 2012.11

東村山の昔ばなし（26）久米川 久米川に爆弾が落ちる（市沢喜久男，糀谷忠三，両澤清）「郷土研だより」 東村山郷土研究会 （397） 2013.6

東村山の昔ばなし（28）久米川 追いかけて来る不思議な音（市沢喜久男，糀谷忠三，両澤清）「郷土研だより」 東村山郷土研究会 （399）

2013.08

東村山の昔ばなし(31) 久米川 動く鳥居(比留間信春, 糀谷忠三, 両澤清)「郷土研だより」 東村山郷土研究会 (402) 2013.11

東村山の昔ばなし(43) 久米川 故郷を恋うる霊の声(岩田ウタ[話], 糀谷忠三[絵], 両澤清[再話])「郷土研だより」 東村山郷土研究会 (414) 2014.11

久米川宿

東村山の昔ばなし(38) 久米川 日蓮上人と久米川宿(立川昇[話], 糀谷忠三[絵], 両澤清[再話])「郷土研だより」 東村山郷土研究会 (409) 2014.06

暗闇坂

板橋にもあった「暗闇坂」(木村博)「板橋史談」 板橋史談会 211 2002.7

「暗闇坂」という呼称―「仇名」の民俗の一例として(木村博)「西郊民俗」 西郊民俗談話会 (180) 2002.9

栗原氷川神社

高張り提灯と手古舞 9月13日・栗原氷川神社「足立史談会だより」 足立史談会 (319) 2014.10

黒沢

黒沢石仏散歩(石川博司)「野仏 : 多摩石仏の会機関誌」 多摩石仏の会 34 2003.7

軍道

東京都指定無形文化財―軍道紙「東京の文化財」 東京都教育庁地域教育支援課 (114) 2012.9

翠川好道著『軍道紙―東京都指定無形文化財―』(本の紹介)(小澤洋三)「多摩のあゆみ」 たましん地域文化財団 (150) 2013.05

京王御陵線跡

地形図の威力―京王御陵線跡を歩いて武蔵陵墓地を訪れる(参加後記)(馬場喜信)「多摩地域史研究会会報」 多摩地域史研究会 60 2002.11

慶元寺

慶元寺報集録から読む江戸氏・喜多見氏の小史(寄稿)(武居義之[編])「せたかい : 歴史さろん」 世田谷区誌研究会 (66) 2014.07

表紙 慶元寺江戸太郎重長像/裏表紙 玄照寺正門狛犬(阿形)「せたかい : 歴史さろん」 世田谷区誌研究会 (66) 2014.07

慶性院

多摩のみほとけ(11) 東大和市慶性院 木造薬師如来立像(齊藤経生)「多摩のあゆみ」 たましん地域文化財団 (148) 2012.11

袈裟塚の耳無不動

史跡・文化財シリーズ(37) 有形民俗文化財 袈裟塚の耳無不動「荒川史談」 荒川史談会 260 1999.12

下頭六蔵菩薩

「下頭六蔵菩薩」と頭山満(坂田宏一)「板橋史談」 板橋史談会 (261) 2010.11

源覚寺

写真は語る 雪の源覚寺と2.26事件「文京ふるさと歴史館だより」 [文京ふるさと歴史館] 6 1999.4

源証寺

足立区の登録文化財を観る 源証寺太子堂 一棟/橋戸稲荷神社本殿 一棟/千住三丁目氷川神社旧社殿 一棟「足立史談会だより」 足立史談会 (269) 2010.08

足立区の登録文化財を観る 有形文化財(工芸品)源証寺梵鐘 一口/西門寺半鐘 一口/冑付具足 一具「足立史談会だより」 足立史談会 (288) 2012.03

源正寺

40年前、源正寺住職に聞く(阿部洋子)「戦争のきずあと・むさしの」 武蔵野の空襲と戦争遺跡を記録する会 (28) 2008.5

玄照寺

表紙 慶元寺江戸太郎重長像/裏表紙 玄照寺正門狛犬(阿形)「せたかい : 歴史さろん」 世田谷区誌研究会 (66) 2014.07

源長寺

よみがえった源長寺山門(堀川和夫)「足立史談」 足立区教育委員会 443 2005.1

元徳稲荷

神田の記憶・榎稲荷と元徳稲荷(滝口正哉)「千代田区立日比谷図書文化館文化財ニュース」 千代田区立日比谷図書文化館 (2) 2012.07

小合溜井

小合溜井と自普請助け合い(歴史民俗講座)(菅野将史)「葦のみち : 三郷市史研究」 三郷市 (24) 2013.3

小石川

第172回史跡研究会小石川の名庭と史跡(白鳥善時)「北区史を考える会会報」 北区史を考える会 44 1997.5

小石川七福神

1月探訪案内 小石川七福神/雪中のじんがんなわ「足立史談会だより」 足立史談会 (299) 2013.02

小泉家屋敷

小泉家屋敷(小泉栄一)「多摩のあゆみ」 たましん地域文化財団 89 1998.2

小出邸

新規収蔵建物 小出邸(早川典子)「江戸東京たてもの園だより」 東京都歴史文化財団 11 1998.4

高安護国禅寺

武蔵禅林 龍門山・高安護国禅寺Q&A(府中市史談会)「府中史談」 府中市史談会 (32) 2006.5

講安寺

湯島講安寺における墓域の空間利用―東京大学医学部附属病院病棟地点で検出した埋葬施設の検討(原祐一)「東京考古」 東京考古談話会 通号15 1997.5

高安寺

「武州高安寺」銘の中世鰐口(深沢靖幸)「府中市郷土の森紀要」 府中市教育委員会 12 1999.3

高円寺

妙法寺参詣道を歩く(3) 高円寺田圃と田中稲荷(前田浩志)「らぶりい杉並」 杉並の今昔を語る会 (13) 1998.5

高円寺村

中野村・高円寺村・馬橋村三か村用水開削の経緯と成宗弁天(竹村誠)「杉並区立郷土博物館研究紀要」 杉並区立郷土博物館 (15) 2007.3

広園寺

寄稿 広園寺の鐘銘とその周辺(多勢隆)「置賜文化」 置賜史談会 (109) 2009.10

廣園寺と片倉城 探訪 参加記(馬場喜信)「多摩地域史研究会会報」 多摩地域史研究会 (101) 2012.02

廣園寺の梵鐘銘について(紺野英二)「八王子市郷土資料館だより」 八王子市郷土資料館 (95) 2014.07

高岩寺

お地蔵様(12) 高岩寺のとげぬき地蔵(巣鴨)(宮崎敏子)「目黒区郷土研究」 目黒区郷土研究会 544 2000.5

光源寺

寺に聞く 防災を考える 駒込大観音光源寺 島田富士子さん「谷中・根津・千駄木」 谷根千工房 (92) 2009.04

麹町

千代田区内の年中行事(1) 麹町の雛市(加藤紫織)「千代田区立四番町歴史民俗資料館資料館だより」 東京都千代田区教育委員会, 千代田区立四番町歴史民俗資料館 (24) 2007.3

甲州道

さし絵のなかの多摩(4) 甲州道中の風景と石仏と―馬琴文・崋山絵の一枚刷り(縣敏夫)「多摩のあゆみ」 たましん地域文化財団 89 1998.2

さし絵のなかの多摩(37) 甲州道中の味覚・鮎料理―『甲州道中商人鑑』と『道草日記 腕枕』(齋藤愼一)「多摩のあゆみ」 たましん地域文化財団 (125) 2007.2

高勝寺

稲城市浜坂高勝寺宝篋印塔(犬飼康祐)「野仏 : 多摩石仏の会機関誌」 多摩石仏の会 37 2006.7

強情島

東村山の昔ばなし(22) 廻田 強情島(頑張り鳥)(池谷泰男, 糀谷忠三, 両澤清)「郷土研だより」 東村山郷土研究会 (393) 2013.2

神津島

ヒトーリ考(序)―神津島のキョウダイとの関わりから(中野泰)「静岡県民俗学会誌」 静岡県民俗学会 18 1997.12

神津島の百観音霊場―西国・坂東・秩父札所巡り(宮下玲子)「せこ道」 山地民俗関東フォーラム 3 2000.7

関東　　　　　　　　　　　　郷土に伝わる民俗と信仰　　　　　　　　　　　　東京都

神津島のかつお釣り行事

わがまちの文化財・神津島村 神津島のかつお釣り行事「東京の文化財」
東京都教育庁地域教育支援部　（109）2010.03

高栖寺

報告1 三ヶ日町高栖寺の子授観音について（真田尊光）「足立史談会だよ
り」足立史談会　（297）2012.12

興禅寺

私の最期はどんなだろう補遺―眠る場所はどこ？　万霊塔のすすめ 谷中
興禅寺山崎正矩住職に聞く「谷中・根津・千駄木」谷根千工房
（89）2008.3

高蔵院

東京都多摩市和田 高蔵院 六角柱について［1］,（2）（犬飼康祐）「野仏：
多摩石仏の会機関誌」多摩石仏の会　41/42　2010.08/2011.08

東京都多摩市 高蔵院 萬霊六部供養塔について（関口渉）「野仏：多摩石
仏の会機関誌」多摩石仏の会　42　2011.08

高蔵寺地蔵堂

お地蔵様（17）高蔵寺地蔵堂（町田市）（宮崎敏子）「目黒区郷土研究」
目黒区郷土研究会　549　2000.10

江東

江東歴史紀行 史料に見る「角木乗」について（出口宏幸）「下町文化」
江東区地域振興部　207　1999.9

江東歴史紀行 幕末期江東の桶職人（源田千尋）「下町文化」江東区地域
振興部　208　2000.1

かつしか文学散歩（13）「江東歳時記」石田波郷（谷口桜）「博物館だより」
葛飾区郷土と天文の博物館　75　2004.6

江東今昔（7）昔からここにあった富士塚「下町文化」江東区地域振興
部（234）2006.7

江東歴史紀行 江戸前に生きる―海苔作りを支えた道具たち（赤尾奈津
子）「下町文化」江東区地域振興部（236）2007.1

江東の古道をゆく（3）常光寺、亀戸天神への道「下町文化」江東区地
域振興部（260）2013.1

江東の古道をゆく（4）十方庵敬順が歩いた元八幡への道（1）（栗原修）
「下町文化」江東区地域振興部（267）2014.9

江東区

登録文化財986件に絹本着色釈迦十六善神像を指定「下町文化」江東区
地域振興部　193　1998.4

江東区教育委員会・深川江戸資料館合同企画展「水彩都市江東の歴史と
くらし―河川にみる流通・産業・文化」下町文化」江東区地域振興
部　201　1998.12

第2回江東区教育委員会・深川江戸資料館合同企画展「移りゆく江東と
庶民のくらし―江戸から東京へ」「下町文化」江東区地域振興部
208　2000.1

日本最古の紀年銘力石を指定！　登録文化財は1019件に「下町文化」
江東区地域振興部　209　2000.4

江東外見発見伝 成田山の江東区関係文化財「下町文化」江東区地域振
興部　226　2004.7

江東区の富士塚について（赤澤春彦，今野慶信）「江東区文化財研究紀要」
江東区教育委員会生涯学習部　（14）2005.3

江東区における無形文化財（工芸技術）の現状とその保護・普及（栗原
修）「江東区文化財研究紀要」江東区教育委員会生涯学習部　（14）
2005.3

平成19年度特別講演会講演録 江東区の寺社建築（藤井恵介）「下町文化」
江東区地域振興部　（241）2008.4

平成21年度新指定・登録文化財の紹介 指定文化財 前原家文書、富士せん
けん・亀戸天神・六阿みだ・あさくさ道道標/登録文化財 新大橋親柱、
和倉橋親柱、震災復興橋梁図面、美辰・その女歌碑、富士信仰歌碑、保
持者追加認定 染色「下町文化」江東区地域振興部　（249）2010.04

江東区域の西洋瓦―亀戸浅間神社出土資料と猿江の工場（野本賢二）「下
町文化」江東区地域振興部　（252）2011.1

指定文化財 銅造水整 太田正義作、ガラス乾板 深川区史図版、漆芸 保
持者・前田仁/登録文化財 石造鳥居 昭和5年在銘、越中島砲台跡/卓
越技能賞受賞 木工（建具）友國三郎氏「下町文化」江東区地域振興
部　（253）2011.04

平成23年度の新指定文化財 鬼子母神道道標・更紗染（染織）・指物（大
工）文化財は地域を知る歴史・文化遺産「下町文化」江東区地域振
興部　（257）2012.4

江東区民俗芸能大会「下町文化」江東区地域振興部　（259）2012.09

平成24年度新指定文化財 相撲呼出し裁着袴製作、江戸切子（ガラス工
芸）、木下川やくしみち道標 宝暦11年在銘/身近な「歴史」に関心を
「下町文化」江東区地域振興部　（261）2013.4

江東区伝統工芸展「下町文化」江東区地域振興部　（263）2013.9

江東のお富士さん―江東区域の富士信仰（前）,（後）（鈴木将典）「下町文

化」江東区地域振興部　　（264）/（265）2014.01/2014.04

文化財まめ知識 江東区内の庚申塔（金井貴司）「下町文化」江東区地域
振興部　（266）2014.07

江東区伝統工芸展「下町文化」江東区地域振興部　（267）2014.9

江東と海 江戸前と澪筋（出口宏幸）「下町文化」江東区地域振興部
（267）2014.9

文化財まめ知識（2）江東区内の狛犬（功力俊広）「下町文化」江東区地
域振興部　（267）2014.09

高幢寺

明治維新と高幢寺（田丸太郎）「郷土目黒」目黒区郷土研究会　48
2004.10

広徳寺

廣徳寺「大道芸通信」日本大道芸・大道芸の会　87　2002.6

豪徳寺

豪徳寺、井伊家、そして書家日下部鳴鶴（内山昌玄）「せたかい：歴史
さろん」世田谷区誌研究会　（51）1999.5

《特集 彦根藩主井伊氏・豪徳寺》「せたかい：歴史さろん」世田谷区誌
研究会　（55）2003.11

名刹豪徳寺を訪ねて―粕川鉄禅師に聞く（編集部）「せたかい：歴史さ
ろん」世田谷区誌研究会　（55）2003.11

11月豪徳寺界隈 探訪報告「足立史談会だより」足立史談会　189
2003.12

わがまちの文化財・世田谷区 井伊家菩提寺 大谿山豪徳寺（世田谷区教育
委員会）「東京の文化財」東京都教育庁地域教育支援部　93　2004.8

豪徳寺・木造岡本黄石坐像に関する新知見（鈴木泉）「世田谷区立郷土資
料館資料館だより」　［東京都］世田谷区立郷土資料館　（42）2005.3

城南郷土史研究協議会・主催 松陰神社から烏山川緑道などを経て豪徳
寺周辺の史跡を訪ねる（事業部）「目黒区郷土研究」目黒区郷土研究
会　（623）2006.12

国指定史跡 彦根藩主井伊家墓所―豪徳寺「せたがやの文化財」東京都
世田谷区教育委員会事務局　通号20　2008.3

昭和20年代の世田谷城及び豪徳寺の「土塁」「堀・濠」の記憶（采澤正
臣）「せたかい：歴史さろん」世田谷区誌研究会　（60）2009.7

江北

インターネットと郷土史（4）江北の氷川神社（多田文夫）「足立史談」
足立区教育委員会　378　1999.8

足立風土記稿・江北補遺 堀内家文書（塚田博，矢沢幸一郎）「足立史談」
足立区教育委員会　390　2000.8

史談大学特別講座 回国修行者円心がつないだ歴史と人の絆に学ぶ/冬季
区民教養講座「足立区の庚申塔」/江北美術展/荒川今昔写真展「足立
史談会だより」足立史談会　（296）2012.11

光明院

石仏紹介（147）荻寺光明院の石仏（1）（藤井正三）「杉並郷土史会史報」
杉並郷土史会　182　2003.11

石仏紹介（148）荻寺光明院の六地蔵（3）（藤井正三）「杉並郷土史会史報」
杉並郷土史会　183　2004.1

石仏紹介（149）荻寺光明院の如意輪観音（4）（藤井正三）「杉並郷土史会
史報」杉並郷土史会　184　2004.3

資料紹介 光明院出土の一石五輪塔（手塚美穂）「新西郊文化」新西郊文
化研究会　（2）2012.12

光明寺

「廃寺」（久我山）光明寺考（小川春夫）「杉並郷土史会史報」杉並郷土史
会　（193）2005.9

浩妙寺

井上氏の遺跡を訪ねて（3）覺性山浩妙寺（2）（磯辺大暢）「史談しもふさ」
下総町郷土史研究会　（25）2004.4

高野

足立区周辺の盆習俗―ガラガラと高野の施餓鬼（編集部）「足立史談」足
立区教育委員会　（498）2009.08

孝養寺

山崎山孝養寺新築の経緯（小町和義）「桑都民俗：桑都民俗の会会報」
桑都民俗の会　16　1997.1

高楽寺横穴石仏群

高楽寺横穴石仏群造立の背景（光石知恵子）「八王子市郷土資料館だよ
り」八王子市郷土資料館　65　1999.5

荒綾八十八ケ所

荒綾八十八ケ所巡拝御詠歌（1）～（6）（矢沢幸一朗）「足立史談」足立区
教育委員会　383/388　2000.1/2000.6

荒綾八十八ヶ所由来和讃について（〈小特集 荒綾八十八ヶ所〉）（矢沢幸

一朗)「足立史談」 足立区教育委員会　392　2000.10

香林院
東京都 香林院「禅宗地方史調査会年報」「禅宗地方史調査会」　(5)　1998.5

高林寺
寺に聞く 向丘 金峰山高林寺 緒方洪庵の墓と熱帯情報研究所「谷中・根津・千駄木」 谷根千工房　(86)　2007.2

小右衛門稲荷神社
郷土博物館複写収集資料から (1) 小右衛門稲荷神社の縁起「足立史談」 足立区教育委員会　391　2000.9

小金井神社
周辺マップ 小金井神社「江戸東京たてもの園だより」 東京都歴史文化財団　18　2001.9

国土安穏寺
史談カルタ 「お」御成橋は国土安穏寺「足立史談会だより」 足立史談会　(313)　2014.04

国府
国府の中の「寺」(〔資料紹介〕)(荒井健治)「東京考古」 東京考古談話会 通号18　2000.5

《特集 国府・国分寺・東山道》「多摩のあゆみ」 たましん地域文化財団　103　2001.8

国府八幡宮
国府八幡宮の中世瓦(深澤靖幸)「府中市郷土の森博物館紀要」 府中文化振興財団府中市郷土の森博物館　(24)　2011.03

国分寺
国分寺の石仏(関口渉)「野仏 : 多摩石仏の会機関誌」 多摩石仏の会　31　2000.7

《特集 国府・国分寺・東山道》「多摩のあゆみ」 たましん地域文化財団　103　2001.8

見て歩き報告 国分寺界隈(渡邉潤)「郷土研だより」 東村山郷土研究会　(378)　2011.11

国分寺跡
多摩地域史研究会 第78回例会 講演会 戦国の軍隊と合戦/多摩地域史研究会 第79回例会 史跡整備前の国分寺跡を訪ねる「多摩地域史研究会会報」 多摩地域史研究会　(104)　2012.07

第79回例会 「史跡整備前の国分寺跡を訪ねる」参加記(梶原勝)「多摩地域史研究会会報」 多摩地域史研究会　(105)　2013.01

国分寺伽藍旧跡
さし絵のなかの多摩(25) 江戸文人の懐古と好古―「江戸名所図会」・国分寺伽藍旧跡の農作業と古瓦(斎藤慎一)「多摩のあゆみ」 たましん地域文化財団　112　2003.11

国分寺村
さし絵のなかの多摩(9) 多摩の黒炭と炭俵―江戸名所図会巻3 「国分寺村炭かま」(斎藤慎一)「多摩のあゆみ」 たましん地域文化財団　94　1999.5

国立天文台
「東京都三鷹市国立天文台構内遺跡の近世墓」の発表を聞いて(中野高久)「墓標研究会会報」 墓標研究会　2　2001.5

町外歴史探訪 国立天文台・深大寺・大國魂神社歴史研究(視察研究)(田邊永一, 小林惠子)「於保多」 大井町郷土研究会　(32)　2012.08

小樽村
講演録 民話から繙く江戸期の小樽村(鈴木義範)「練馬古文書研究会会報」 練馬古文書研究会　(48)　2012.7

護国寺
本郷界隈掃苔の記(12) 護国寺(一寸木紀夫)「四季本郷」 文泉堂　(17)　1999.4

3月探訪報告 目白界隈―護国寺から江戸川橋へ「足立史談会だより」 足立史談会　145　2000.4

古文書は語る(23) 武州御嶽権現社の江戸出開帳―金井家文書「江戸護国寺での出開帳許可願書」より(馬場憲一)「多摩のあゆみ」 たましん地域文化財団　(131)　2008.8

護国寺所蔵「護国寺日記」「護持院日記」について(坂本正仁)「社寺史料研究」 社寺史料研究会, 岩田書院(発売)　(10)　2008.12

一紙文書「護国寺桂昌院寄進状」の真偽と史料の性格について(研究ノート)(横山鈴子)「房総の郷土史」 千葉県郷土史研究連絡協議会　(42)　2014.03

護持院
護国寺所蔵「護国寺日記」「護持院日記」について(坂本正仁)「社寺史料

研究」 社寺史料研究会, 岩田書院(発売)　(10)　2008.12

五色不動
石めぐり(3) 江戸の五色不動(角田篤彦)「谷中・根津・千駄木」 谷根千工房　62　2000.7

五色不動はいつ出来たか(田丸太郎)「郷土目黒」 目黒区郷土研究会　54　2010.10

越野観音堂
多摩のみほとけ(12) 八王子市越野観音堂 聖観音菩薩坐像(齋藤経生)「多摩のあゆみ」 たましん地域文化財団　(149)　2013.02

五社神社
わがまちの文化財・檜原村 人里・五社神社の文化財「東京の文化財」 東京都教育庁地域教育支援部　(109)　2010.03

五条天神社
五条天神社(熊谷正朋)「紀南・地名と風土研究会会報」 紀南・地名と風土研究会　27　2000.7

特集 節分と追儺 鬼は～そと！ 福は～うち！ 春来る鬼 五條天神社の「うけらの神事」/方相氏の悲劇/鬼を追い払う追儺/マレビトとしての春来る鬼/アジアの視点から節分の鬼をみる(久保田裕道)「儀礼文化ニュース」 儀礼文化学会　(188)　2013.01

古地老稲荷
八芳園脇の古地老稲荷(田丸太郎)「目黒区郷土研究」 目黒区郷土研究会　(626)　2007.3

小塚原刑場跡遺跡
専門員は見た 兼小塚原刑場跡遺跡調査速報(4) そして回向院は史跡になった(亀川泰照)「荒川ふるさと文化館だより」 荒川区教育委員会荒川ふるさと文化館　(12)　2004.3

小塚原
史跡文化財シリーズ(66) 有形文化財 小塚原の首切地蔵「荒川史談」 荒川史談会　(289)　2007.3

土の中の荒川区(5) 小塚原にみる六道銭(八代和香子)「荒川ふるさと文化館だより」 荒川区教育委員会荒川ふるさと文化館　(23)　2010.03

二つの文化財修復事業―小塚原の首切地蔵と木造二天王立像「荒川ふるさと文化館だより」 荒川区教育委員会荒川ふるさと文化館　(28)　2012.09

小杉慶司さん宅
小杉慶司さん宅の「力石」(平山元也)「目黒区郷土研究」 目黒区郷土研究会　568　2002.5

牛頭天王川
郷土史講演会 八王子市生涯学習センター川口分館共催 「北条氏照の印文未詳印」について 前川實/牛頭天王川流れの伝承 高澤寿民(杉田博)「郷土史」 八王子市川口郷土史研究会　(32)　2011.01

牛頭天王三社
神田明神境内に鎮座する祇園 牛頭天王三社(現三天王社)「大道芸通信」 日本大道芸・大道芸の会　(236)　2012.02

小平
考古・自然・民俗編調査報告(香月洋一郎)「小平の歴史を拓く : 市史研究」 小平市企画政策部　(2)　2010.03

コラム(1) 江戸時代の百姓のはんこ(千葉真由美)「小平の歴史を拓く : 市史研究」 小平市企画政策部　(2)　2010.03

コラム(3) 子どもは「小平西瓜」を二度味わう(杉本仁)「小平の歴史を拓く : 市史研究」 小平市企画政策部　(2)　2010.3

コラム(7) 消えゆく雪合戦(杉本仁)「小平の歴史を拓く : 市史研究」 小平市企画政策部　(2)　2010.03

考古・自然・民俗編調査報告(香月洋一郎)「小平の歴史を拓く : 市史研究」 小平市企画政策部　(3)　2011.03

コラム(2) 江戸の生け花と小平―允中流『允中挿花鑑』の図絵から(松久茂嘉)「小平の歴史を拓く : 市史研究」 小平市企画政策部　(3)　2011.3

コラム(4) 最後の醤油絞り(中込敦子)「小平の歴史を拓く : 市史研究」 小平市企画政策部　(3)　2011.3

資料紹介 ある家に贈られた見舞金の「のし袋」から(中野紀和)「小平の歴史を拓く : 市史研究」 小平市企画政策部　(3)　2011.03

コラム(6) 生き肝の話(今井美代子)「小平の歴史を拓く : 市史研究」 小平市企画政策部　(3)　2011.03

地理・考古・民俗調査報告(活動報告)(香月洋一郎)「小平の歴史を拓く : 市史研究」 小平市企画政策部　(4)　2012.03

コラム(2) ヒイラギと生け垣(杉本仁)「小平の歴史を拓く : 市史研究」 小平市企画政策部　(4)　2012.03

コラム(3) 「御嶽菅笠」と御岳講(今井美代子)「小平の歴史を拓く : 市史研究」 小平市企画政策部　(4)　2012.03

関東　　　　　　　　　　　　　　　　　郷土に伝わる民俗と信仰　　　　　　　　　　　　　　　東京都

コラム（4）村の鉄砲の行方―明治初年の拝借銃（三野行徳）「小平の歴史
を拓く : 市史研究」　小平市企画政策部　（4）2012.3
コラム（5）豆腐屋のラッパの音は騒音か（杉本仁）「小平の歴史を拓く :
市史研究」　小平市企画政策部　（4）2012.03
地理・考古・民俗調査報告（活動報告）（香月洋一郎）「小平の歴史を拓く
: 市史研究」　小平市企画政策部　（5）2013.03
近世後期の小平における地域文化の生成―名所・金橋桜花と俳諧文化
（論文）（工藤航平）「小平の歴史を拓く : 市史研究」　小平市企画政策
部　（5）2013.3
コラム（2）屋号のはなし（研究報告）（今丰美代子）「小平の歴史を拓く
: 市史研究」　小平市企画政策部　（5）2013.03
コラム（3）御嶽講と講碑、そしてペットの修祓（資料紹介）（杉本仁）「小
平の歴史を拓く : 市史研究」　小平市企画政策部　（5）2013.03

小平市
東京都小平市の都市農家と農産物直売（斎藤竜太）「昔風と当世風」　古々
路の会　83　2002.11
民俗伝承の場としての小平（小平市史刊行記念講演会）（香月洋一郎）「小
平の歴史を拓く : 市史研究」　小平市企画政策部　（6）2014.3

小平霊園
小平霊園に東京人のルーツを捜す（船津孝雄）「郷土研だより」　東村山郷
土研究会　（370）2011.03

小丹波
小丹波熊野神社と獅子箱（白井孝昌）「郷土研究」　奥多摩郷土研究会
（21）2010.03
小丹波寄場名主原島家（屋号酒屋）の血統と歴史（白井孝昌）「郷土研究」
奥多摩郷土研究会　（23）2012.03

小丹波原嶋家
小丹波原嶋家（屋号酒屋）屋敷構とその実象（白井孝昌）「郷土研究」　奥
多摩郷土研究会　（24）2013.3

御殿山
品川御殿山出土石塔に関する若干の報告（《特集 品川の中世・再発見》）
（本間岳人）「品川歴史館紀要」　品川区立品川歴史館　（24）2009.03

五島屋敷
有馬屋敷の水天宮と五島屋敷の水天宮（和田寛）「河童通心」　河童文庫
（278）2006.12

小留浦
奥多摩の獅子舞い紀行（29）小留浦の獅子舞い「かわせみ通信」　川崎実
32　1998.2
日本獅子舞の由来の比較（小留浦を基本として）[1]，（2）（相馬文夫）「郷
土研究」　奥多摩郷土研究会　（23）/（24）2012.03/2013.03

金比羅宮
虎ノ門金比羅宮の碑（村越武平）「調布史談会誌」　調布史談会　（34）
2005.3

虎狛神社
新指定の文化財「虎狛神社本殿」1棟（附 棟札3枚）（長瀬出）「調布の文
化財」　調布市郷土博物館　（48）2012.12
文化財の保護・普及活動 指定文化財説明板の新設と付替え 東京都指定
天然記念物 佐須の神亨丸古木/調布市指定有形文化財（建造物）虎狛
神社本殿 附棟札三枚/調布市指定有形文化財（彫刻）木造阿弥陀如来
坐像/調布市指定有形民俗文化財（民俗）飛田給石造瑠璃光薬師如来立
像/調布市指定有形民俗文化財（民俗）百万遍供養塔（長瀬出）「調布の
文化財」　調布市郷土博物館　（49）2013.03

小林家住宅
古民家園小林家住宅茅葺き屋根を一部葺き替え「立川市歴史民俗資料館
だより」　立川市歴史民俗資料館　（9）2005.3
古民家園茅葺屋根葺き替え工事「立川市歴史民俗資料館だより」　立川
市歴史民俗資料館　（16）2012.03
市有形文化財「小林家住宅」茅葺屋根葺き替え工事（会員館活動報告）
（立川市歴史民俗資料館）「ミュージアム多摩 : 東京都三多摩公立博
物館協議会会報」　東京都三多摩公立博物館協議会　（33）2012.3
国指定重要文化財「小林家住宅保存修理事業」（会員館活動報告）（檜原
村郷土資料館）「ミュージアム多摩 : 東京都三多摩公立博物館協議会
会報」　東京都三多摩公立博物館協議会　（34）2013.3

五百羅漢寺
私の散歩道（84）五百羅漢寺（大輪敏男）「目黒区郷土研究」　目黒区郷土
研究会　551　2000.12
五百羅漢寺と亀戸天神社への道しるべ 五百羅漢道標を指定「下町文化」
江東区地域振興部　（233）2006.4

御府内八十八ヶ所
御府内八十八ヶ所の巡拝（中江二三）「目黒区郷土研究」　目黒区郷土研究
会　575　2002.12
「御府内八十八ヶ所」について（編集部）「目黒区郷土研究」　目黒区郷土
研究会　575　2002.12

五兵衛新田
足立区の文化財 有形文化財（古文書）「報恩社法録」、関原不動尊略縁
起（版木）、「地誌」（明治九年「地誌篇 伊東谷村」、明治九年「地誌書
上 第十大区六小区次郎左衛門新田」、明治十年「地誌書上 第十大区六
小区弥五郎新田」、明治十年「地誌書上 第十大区六小区五兵衛新
田」）、千々崎家文書 1点、船津家文書 2点（天保九戊年「宗旨御改め
壱人別帳」、明治四〇年「荒川堤上裁桜原簿写」）「足立史談会だより」
足立史談会　（303）2013.6

五兵衛新田屯所
新選組隊士も食べた？ 千住の雀焼き―五兵衛新田屯所への物資供給
（編集部）「足立史談」　足立区教育委員会　432　2004.2

五本木
トピックス 五本木庚申塔群の今「目黒区郷土研究」　目黒区郷土研究会
（651）2009.04
五本木・屋敷神の一つ 肥前稲荷大明神縁起（宮川栄一）「目黒区郷土研
究」　目黒区郷土研究会　（653）2009.06
五本木・屋敷神の一つ 肥前稲荷大明神縁起（宮川栄一）「郷土目黒」　目
黒区郷土研究会　53　2009.10

狛江
狛江の年中行事（1）～（4）「文化財ノート」　狛江市教育委員会　5/8
1997.3
狛江の代参講「文化財ノート」　狛江市教育委員会　11　1998.3

狛江市
モノが語る石井家のくらし―東京都狛江市石井家の民家解体に伴う民具
調査について（石野律子，芝崎浩平，宮本八惠子）「民具研究」　日本民
具学会　（141）2010.04
狛江市の生業覚書（1）～（5）（長沢利明）「西郊民俗」　[西郊民俗談話
会]　（218）/（223）2012.03/2013.06

駒込
第3回収蔵資料展「思い出は資料館へ2―区民寄贈生活資料展」/東京第二
師範附属 上山の疎開学寮日誌/駒込の奇聞二話「かたりべ : 豊島区
立郷土資料館ミュージアム開設準備だより」　豊島区立郷土資料館
65　2002.2
駒込のお富士さん（石川博司）「まつり通信」　まつり同好会　42（6）通号
496　2002.5
目赤不動尊と駒込界隈散策（高橋英一）「目黒区郷土研究」　目黒区郷土研
究会　604　2005.5
駒込の茄子（武蔵野の食文化（1））（中家健）「武蔵野」　武蔵野文化協会
82（1）通号343　2006.6
江戸富士塚を巡る（3）―下谷坂本の富士・東大久保富士・駒込富士（酒
井幸光）「あしなか」　山村民俗の会　293　2011.10

駒込天祖神社
駒込天祖神社 44年ぶり、幻の神輿担ぐ 神幸祭、追跡「谷中・根津・千
駄木」　谷根千工房　63　2000.10

駒込名主屋敷
ご近所調査報告 駒込名主屋敷「谷中・根津・千駄木」　谷根千工房
（83）2006.3

駒込日光御成道
第263回史跡研究会 駒込日光御成道（岡本忠直，阿部倬子）「北区史を考
える会会報」　北区史を考える会　74　2004.11

駒込富士神社
郷土史発掘 富士神社と富士講 駒込は一富士二鷹三茄子「谷中・根津・
千駄木」　谷根千工房　61　2000.3

小松川
小松川の小松菜（武蔵野の食文化（1））（中沢正子）「武蔵野」　武蔵野文
化協会　82（1）通号343　2006.6

駒繋神社
私の散歩道（96）駒繋神社（大輪敏男）「目黒区郷土研究」　目黒区郷土研
究会　564　2002.1
下馬・駒繋神社考（横山精太郎）「せたがい : 歴史さろん」　世田谷区誌
研究会　（58）2006.7

駒留神社
私の散歩道（99）駒留神社（大輪敏男）「目黒区郷土研究」　目黒区郷土研
究会　567　2002.4

小宮神社

獅子舞の風土シリーズ（117）東京都あきるの市 小宮神社の獅子舞い（川崎実）「かわせみ通信」 川崎実（117）2009.01

小宮町

千枚の御札―八王子市小宮町関根家の事例から（美甘由紀子）「八王子の歴史と文化 ： 郷土資料館研究紀要・年報」 八王子市教育委員会（24）2012.01

こもれびの里

巻頭イラスト 国営昭和記念公園こもれびの里 古民家復元想定図「立川市歴史民俗資料館だより」 立川市歴史民俗資料館（14）2010.03

こもれびの里長屋門上棟式「立川民俗」 立川民俗の会（18）2012.10

小山酒造

小山酒造建造物調査報告（波多野純）「文化財研究紀要」 東京都北区教育委員会 16 2003.3

小山酒造とその酒造り（坂本要、高達奈緒美）「文化財研究紀要」 東京都北区教育委員会 16 2003.3

小山村

「玉利軒日記」から見た小山村の一端（内田征一）「町田地方史研究」 町田地方史研究会 16 2002.9

地元小山村に残る板碑（内田征一）「いしぶみ」 まちだ史考会（26）2008.12

古里村

古里村史稿より 江戸文化継承―古里地区の昔話（山崎介司）「郷土研究」 奥多摩郷土研究会（20）2009.3

御霊谷戸

三つの御霊社―八王子城前史の中の「御霊谷戸」（近藤創）「八王子城研究」 八王子城研究会 9 2002.8

五輪地蔵

石仏紹介（4）五輪地蔵（多田治昭）「野仏 ： 多摩石仏の会機関誌」 多摩石仏の会 37 2006.7

是政

NOTE 是政 鹿島神社の懸仏（深澤靖幸）「あるむぜお ： 府中市郷土の森博物館だより」 府中文化振興財団府中市郷土の森博物館（98）2011.12

胡録神社

収蔵庫のイッピン！ 一品目 汐入胡録神社の襖御披露告知文（村山翠）「荒川ふるさと文化館だより」 荒川区教育委員会荒川ふるさと文化館（32）2014.10

金剛院

わがまちの文化財・豊島区 長崎域の文化財 金剛院山門・長崎獅子舞・冨士元囃子「東京の文化財」 東京都教育庁地域教育支援部（97）2005.11

旧蓮沼村の石祠と廃寺金剛院を追って（井上富夫）「板橋史談」 板橋史談会（271）2012.07

旧蓮沼村の石祠と廃寺金剛院を追って（補）（井上富夫）「板橋史談」 板橋史談会（273）2012.11

金剛寺

〈高幡山金剛寺文書刊行記念講演会講演概略〉「ニューズレター」 法政大学地域研究センター（5）1997.6

高幡山金剛寺文書と地域文化について（村上直）「ニューズレター」 法政大学地域研究センター（5）1997.6

中世の高幡山金剛寺について（小川信）「ニューズレター」 法政大学地域研究センター 5 1997.6

儀海上人と高幡不動尊金剛寺（川澄祐勝）「多摩のあゆみ」 たましん地域文化財団 104 2001.11

高幡山金剛寺の茶湯石について（金野啓史）「民俗」 相模民俗学会 180 2002.5

本の紹介 高幡山金剛寺編『高幡山金剛寺重要文化財 木造不動明王及び二童子像保存修理報告書』（清雲俊元）「多摩のあゆみ」 たましん地域文化財団 108 2002.11

高幡山金剛寺編『高幡山金剛寺の歴史』（本の紹介）（村上直）「多摩のあゆみ」 たましん地域文化財団（126）2007.5

厳正寺

獅子舞の風土シリーズ（109）東京都大田区 厳正寺の水止舞い（川崎実）「かわせみ通信」 川崎実（109）2007.9

金蔵院

衾の氷川神社別当金蔵院（栗山佳也）「目黒区郷土研究」 目黒区郷土研究会 570 2002.7

金蔵院廃寺のこと（田丸太郎）「目黒区郷土研究」 目黒区郷土研究会 582 2003.7

金蔵院復寺のこと（1），（2）（田丸太郎）「目黒区郷土研究」 目黒区郷土研究会 583/584 2003.8/2003.9

金地院

『増上寺金地院替地内掛合熟談略記』（佐藤清二）「鎌倉」 鎌倉文化研究会（113）2012.07

金毘羅山

高尾・金毘羅山の山神祭り（〈民俗芸能探訪の旅〉）（佐藤芝明）「あしなか」 山村民俗の会 266 2004.5

済海寺

「竹芝寺」の伝説と済海寺―伝承形成の事例として（加瀬文雄）「港郷土資料館だより」 港区立港郷土資料館 40 1999.8

さいかち

さいかちの姫物語（前），（後）（宮崎敏子）「目黒区郷土研究」 目黒区郷土研究会 580/581 2003.5/2003.6

西光院

本堂・客殿の落慶法要と稚児行列 長門の西光院（堀川和夫）「足立史談」 足立区教育委員会 405 2001.11

西光寺

舎人・西光寺跡石造物調査（安藤義雄）「足立史談」 足立区教育委員会 360 1998.2

四ツ木・西光寺蔵聖徳太子像（暦応4年銘）の周辺 南関東における中世真宗の一遺例（津田徹英）「博物館研究紀要」 葛飾区郷土と天文の博物館（9）2002.3

市指定文化財「西光寺仁王門」の修理に伴い、仁王尊像から胎内木札が発見されました!!「調布の文化財」 調布市郷土博物館（40）2006.10

ホットレポート 西光寺仁王門及び仁王尊像の修理報告（井上明枝）「調布の文化財」 調布市郷土博物館（40）2006.10

市内の文化財 西光寺の観音会と地口行灯（金井安子）「調布の文化財」 調布市郷土博物館（42）2008.3

新指定の文化財 市指定有形文化財（絵画・歴史資料）「紙本著色仏涅槃図」 西光寺（長瀬出）「調布の文化財」 調布市郷土博物館（50）2014.03

新指定の文化財 市指定有形文化財（工芸品）「梵鐘」 西光寺（立川明子）「調布の文化財」 調布市郷土博物館（50）2014.03

済松寺

済松寺 家光の御霊屋のあった寺（新村康敏）「杉並郷土史会史報」 杉並郷土史会（194）2005.11

西照寺

西照寺の海中出現仏（長沢利明）「杉並郷土史会史報」 杉並郷土史会 159 2000.1

西蔵院

府中市西蔵院所蔵近世ठ経資料をめぐって（深沢靖幸）「府中市郷土の森紀要」 府中市教育委員会 10 1997.3

NOTE「鼻どり地蔵」の由来（小野一之）「あるむぜお ： 府中市郷土の森博物館だより」 府中文化振興財団府中市郷土の森博物館 66 2003.12

西澄寺

表紙 九品佛浄眞寺総門（油絵・黒瀬威氏提供）/裏表紙 西澄寺山門（写真・内山昌玄氏提供）「せたがい ： 歴史さろん」 世田谷区誌研究会（64）2012.07

西徳寺

西徳寺の聖徳太子像―法隆寺・江戸出開帳の宿所（小松光江）「聖徳」 聖徳宗教学部（186）2005.11

西福寺

西福寺の「東京新名所」―あのお馬塚が消えていた（浜田信男）「南国史談」 南国史談会（22）1999.2

西門寺

足立区の登録文化財を観る 有形文化財（工芸品）源証寺梵鐘 一口/西門寺半鐘 一口/胃付具足 一具「足立史談会だより」 足立史談会（288）2012.03

西蓮寺

西蓮寺・阿弥陀如来坐像保存修理について（立松志乃）「文化財研究紀要」 東京都北区教育委員会 11 1998.3

旧下村 西蓮寺文書調査報告（北区古文書調査会）「文化財研究紀要」 東京都北区教育委員会 16 2003.3

貞享期における地域寺院の朱印状頂戴願いと幕府の対応―武州豊島郡下村西蓮寺・同郡稲付村静勝寺の事例をもとに（保垣孝幸）「文化財研究

関東　　　　　　　　　　　郷土に伝わる民俗と信仰　　　　　　　　　　　東京都

境
　境獅子舞由来書解読（相馬文夫）「郷土研究」 奥多摩郷土研究会 　(17)
　　2006.3

境川
　「道祖神」を燃やす―町田市木曽町境川地区（加藤隆志）「民俗」 相模民
　　俗学会　 (220) 2012.07

栄町
　立川の民俗一口メモ ひなたの鶏糞／葉っぱの肥やし／栄町 愛宕神社／西
　　砂三新田の社寺「立川民俗」 立川民俗の会 　(15) 2005.10
　自然と生きる 西東京市の主な屋敷林(6) 北町・栄町・ひばりが丘北・
　　住吉町（小川武廣）「武蔵保谷村だより ： 高橋文太郎の『武蔵保谷村
　　郷土資料』を手掛かりに」 下保谷の自然と文化を記録する会 　(7)
　　2012.10

坂下地蔵堂
　多摩のみほとけ(17) 日野市坂下地蔵堂 銅造地蔵菩薩坐像（齊藤経生）
　　「多摩のあゆみ」 たましん地域文化財団 　(154) 2014.05

佐賀町
　深川江戸資料館開館20周年 秋の特別展「深川佐賀町の歴史と生活」「下
　　町文化」 江東区地域振興部 　(235) 2006.9

坂の太子堂
　せたがや中世拾い歩き(8) 坂の太子堂―喜光寺聖の足跡を訪ねる（谷山
　　敦子）「Collegio」 之潮 　(57) 2014.10

坂本
　江戸富士塚を巡る(3)―下谷坂本の富士・東大久保富士・駒込富士（酒
　　井卓光）「あしなか」 山村民俗の会 　293 2011.10

桜ヶ丘庚申神社
　多摩市桜ヶ丘庚申神社のとうふ祭り（犬飼康祐）「野仏 ： 多摩石仏の会
　　機関誌」 多摩石仏の会 　33 2002.7

桜川
　写真ニュース(18) 桜川の御嶽神社に伝わる「おびしゃ」（井上富夫）「板
　　橋史談」 板橋史談会 　(258) 2010.05

桜木神社
　写真は語る 祭りの人びと―簸川神社と桜ヶ神社（田中斉）「文京ふるさと
　　歴史館だより」 ［文京ふるさと歴史館］ 4 1997.4

笹久保
　遠藤家の御祝儀控帳と鍛冶屋の話―檜原村笹久保の事例から（東京都西
　　多摩郡檜原村北秋川渓谷合同調査特集）（佐志原圭子）「昔風と当世風」
　　古々路の会 　(98) 2014.04

薩摩藩江戸藩邸
　薩摩藩江戸藩邸と薩摩焼（大八木謙司）「港郷土資料館だより」 港区立港
　　郷土資料館 　36 1998.3

薩摩藩江戸屋敷
　薩摩藩江戸屋敷の"薩摩焼"(1) 土瓶・銚子・水注（毎田佳奈子）「東京
　　考古」 東京考古談話会 　通号24 2006.5
　薩摩藩江戸屋敷の"薩摩焼"(2) 碗・鉢・皿・その他（毎田佳奈子）「東京
　　考古」 東京考古談話会 　通号25 2007.5

佐野家妙見社
　佐野家妙見社礎石刻文（矢沢幸一朗）「足立史談」 足立区教育委員会
　　394 2000.12
　文化財の保存と保護(4) ひっくり返された「佐野家妙見社刻文礎石」
　　（矢沢幸一朗）「足立史談会だより」 足立史談会 205 2005.4

佐野氏邸
　足立史談会へ繋ぐ「葛飾史談」19号 昭和33年2月 佐野氏邸訪問記（田辺
　　彌太郎）「足立史談会だより」 足立史談会 　(300) 2013.3

狭山ヶ丘
　狭山ヶ丘に皇民道場（小山博）「郷土研だより」 東村山郷土研究会 256
　　1999.6

猿江
　江東区域の西洋瓦―亀戸浅間神社出土資料と猿江の工場（野本賢二）「下
　　町文化」 江東区地域振興部 　(252) 2011.1

去我苦塚
　去我苦塚（橋口明子）「目黒区郷土研究」 目黒区郷土研究会 　(636)
　　2008.1

沢井
　奥多摩の獅子舞い紀行(47) 改訂増補 沢井の獅子舞い「かわせみ通信」

川崎実 50 1999.8
　青梅市沢井の黒地蔵（石川博司）「日本の石仏」 日本石仏協会，青娥書房
　　（発売）通号92 1999.12

三郡六阿弥陀
　二編中巻十二「三郡六阿弥陀の巡路詠歌」（関根綾子）「昔話伝説研究」
　　昔話伝説研究会 　(23) 2003.4

三光院
　聖学山三光院略史（車田勝彦）「郷土史」 八王子市川口郷土史研究会
　　(30) 2009.02

三社
　神社石造物の改刻―都内三社の場合（石川博司）「日本の石仏」 日本石仏
　　協会，青娥書房（発売） (96) 2000.12

三十三間堂
　描かれた三十三間堂 深川にもあった三十三間堂（出口宏幸）「下町文化」
　　江東区地域振興部 　(264) 2014.01

三畝院
　寄稿 赤塚三畝院（坊）の中世石造物一在銘の「宝篋印塔」と「夜念仏板
　　碑」の残欠から（加藤和徳）「板橋史談」 板橋史談会 　(270) 2012.05

三千人塚
　既に指定しているものの面積を追加し、一部を解除するもの 三千人塚
　　（〈東京都指定文化財の新指定〉）「東京の文化財」 東京都教育庁地域
　　教育支援部 　(104) 2008.3

散田
　散田の富士塚考―富士吉田御師衆の八王子移住伝承（竹谷靱負）「あしな
　　か」 山村民俗の会 285 2009.05

三多摩
　ボランティアが伝える昔の暮らし―小学生民具案内（くにたち郷土文化
　　館）「ミュージアム多摩 ： 東京都三多摩公立博物館協議会会報」 東京
　　都三多摩公立博物館協議会 　(24) 2003.3
　三多摩の水車を巡る諸問題（末尾至行）「多摩のあゆみ」 たましん地域文
　　化財団 115 2004.8

三天王社
　神田明神境内に鎮座する祇園 牛頭天王三社（現三天王社）「大道芸通信」
　　日本大道芸・大道芸の会 　(236) 2012.02

山王稲荷神社
　区内文化財案内 山王稲荷神社本殿350年目の化粧直し（高木知己）「千代
　　田区立四番町歴史民俗資料館資料館だより」 東京都千代田区教育委
　　員会，千代田区立四番町歴史民俗資料館 　(34) 2010.10

三宝寺
　「三宝寺」はサンボウ寺かサンボウ寺か？（木村博）「練馬郷土史研究会会
　　報」 練馬郷土史研究会 260 1999.3
　石仏紹介(163) 三宝寺の平和観音（藤井正三）「杉並郷土史会史報」 杉
　　並郷土史会 　(198) 2006.7

三宝寺池
　三宝寺池の金の鞍（石神井公園）「ねりまの文化財」 練馬区地域文化部
　　35 1997.7
　新・豊島氏紀行(3) 石神井公園・三宝寺池付近の伝説「かたりべ ： 豊
　　島区立郷土資料館ミュージアム開設準備だより」 豊島区立郷土資料
　　館 62 2001.5

三本榎
　市指定史跡"三本榎"のうち加藤榎の伐採について（青木哲）「武蔵村山市
　　立歴史民俗資料館報 ： 資料館だより」 武蔵村山市立歴史民俗資料館
　　(48) 2008.3

椎名町
　富士講関係調査(1) 静岡県富士宮市人穴富士講遺跡「月三椎名町元講・
　　三平上総介源信忠供養塔」調査報告（福岡）「かたりべ ： 豊島区立郷
　　土資料館ミュージアム開設準備だより」 豊島区立郷土資料館
　　(108) 2013.01

椎葉村
　椎葉村の狩場概念図のこと（高田賢）「武蔵保谷村だより ： 高橋文太郎
　　の『武蔵保谷村郷土資料』を手掛かりに」 下保谷の自然と文化を記
　　録する会 　(9) 2013.4

JR成田線
　JR成田線沿線の月待供養塔（水野英世）「野仏 ： 多摩石仏の会機関誌」
　　多摩石仏の会 　39 2008.7

汐入
　専門員は見た(7) 汐入の変遷―千住汐入大橋の開通と石仏の行方（弥永

浩二)「荒川ふるさと文化館だより」 荒川区教育委員会荒川ふるさと文化館 (16) 2006.3

千住のやっちゃ場と汐入の八百屋―野菜売りと空襲(中瀬一郎)「足立史談」 足立区教育委員会 (528) 2012.2

塩船観音寺

青梅・塩船観音寺の仏像と仏師(山本勉)「多摩のあゆみ」 たましん地域文化財団 112 2003.11

塩般観音寺の仁王様の股くぐり(麻疹よけ・疱瘡よけ)(三好ゆき江)「青梅市文化財ニュース」 青梅市文化財保護指導委員会 (254) 2008.12

鹿浜

郷土芸能の舞台鹿浜の三匹獅子舞(編集部)「足立史談」 足立区教育委員会 (452) 2005.10

足立の登録文化財を観る 鹿浜獅子舞、じんがんなわ、石出掃部亮吉の墓一基(編集部)「足立史談会だより」 足立史談会 (262) 2010.01

足立の伝統芸能 鹿浜獅子舞を見て(田中三郎)「足立史談会だより」 足立史談会 (319) 2014.10

慈願寺

足立区の廃寺余話(1) 鹿浜慈願寺と長谷寺交衆帳(柴田英治)「足立史談」 足立区教育委員会 (561) 2014.11

時雨岡不動堂

時雨岡不動堂―不動の鳥居(3)(竹田務)「目黒区郷土研究」 目黒区郷土研究会 574 2002.11

獅子王堂

獅子王堂に残されていた横中馬獅子舞の記録(1)(高橋健樹)「武蔵村山市立歴史民俗資料館報 ： 資料館だより」 武蔵村山市立歴史民俗資料館 (55) 2014.03

地蔵院

新しく指定したもの 狛江市和泉遺跡出土和泉式土器/地蔵院のカゴノキ(〈東京都指定文化財の新指定〉)「東京の文化財」 東京都教育庁地域教育支援部 (104) 2008.3

下町

よみがえる古仏の輝きと伝統の"技"を記録する「下町文化」 江東区地域振興部 192 1998.3

伝統文化を支える工匠の"技"を記録「下町文化」 江東区地域振興部 204 1999.3

あるく・きく・かく 文化財レポート 塩の中から狛犬出現!?「下町文化」 江東区地域振興部 205 1999.4

所蔵資料紹介 新撰東錦絵 神明相撲闘争之図/子供あそび之うち角のり「下町文化」 江東区地域振興部 207 1999.9

かつしか文学散歩(7) 「下町一代・六三のカブ」加太こうじ(谷口榮)「博物館だより」 葛飾区郷土と天文の博物館 69 2003.1

夏を涼しく すだれ作って100年―すだれ職人三代「下町文化」 江東区地域振興部 226 2004.7

あるく・きく・かく 文化財レポート 鷺替神事「下町文化」 江東区地域振興部 (228) 2005.1

平成17年度特別展「親鸞と青砥藤綱―東京下町の歴史伝説を探る」「博物館だより」 葛飾区郷土と天文の博物館 80 2005.10

強調月間定例講演会講演録 「民俗」発見と「民俗文化財」の創出 中村ひろ子先生「下町文化」 江東区地域振興部 (232) 2006.1

「下町」をよりリアルに―「街づくり(情景再現)」(米山勇)「江戸東京たてもの園だより」 東京都歴史文化財団 通号29 2007.3

祭りのあと―下町夕涼み2007(宮崎英治)「江戸東京たてもの園だより」 東京都歴史文化財団 通号30 2007.9

下町問答 皆さんの質問にお答えします 招き猫の由来/招き猫の種類「下町風俗資料館號外」 台東区立下町風俗資料館 2008年(3月) 2008.3

収蔵資料から 炭火アイロン「下町風俗資料館號外」 台東区立下町風俗資料館 2008年(3月) 2008.3

意外な!?事実譚―ウソのようなホントの話 むかしのマスクは黒かった!?「下町風俗資料館號外」 台東区立下町風俗資料館 2008年(3月) 2008.3

メンコが語る昭和の世相(石井広士)「下町風俗資料館號外」 台東区立下町風俗資料館 2008年(8月) 2008.8

下町問答 皆さんの質問にお答えします お稲荷さんのルーツ/名前の由来/狐との関係「下町風俗資料館號外」 台東区立下町風俗資料館 2008年(8月) 2008.8

型抜きあそび―夢中になったイロ祭りと得点集め(斉藤進)「下町風俗資料館號外」 台東区立下町風俗資料館 2009年(3月) 2009.03

収蔵資料から 縫い針セット「下町風俗資料館號外」 台東区立下町風俗資料館 2009年(3月) 2009.03

収蔵資料から クラブ洗粉「下町風俗資料館號外」 台東区立下町風俗資料館 2009年(8月) 2009.08

下町問答 皆さんの質問にお答えします リリアンって何？/リリアンの遊び方「下町風俗資料館號外」 台東区立下町風俗資料館 2010年(8月) 2010.08

暮らしの中の神々 3つの国の神様を集めた福徳をもたらす七福神/家屋内に神をまつる神棚/身近な神様・稲荷/暮らしの中の神々から見えてくるもの(石井広士)「下町風俗資料館號外」 台東区立下町風俗資料館 2011年 2011.03

下町問答 皆さんの質問にお答えします メンコのルーツ/泥メンコの遊び方/鉛メンコの遊び方「下町風俗資料館號外」 台東区立下町風俗資料館 2011年 2011.03

収蔵資料から ファインゴム宣伝カード「下町風俗資料館號外」 台東区立下町風俗資料館 2011年 2011.03

下町問答 皆さんの質問にお答えします 張り板「下町風俗資料館號外」 台東区立下町風俗資料館 2012年 2012.03

意外な!?事実譚―モダン時代と言われた昭和初期、モダン振ることを「もだる」と言った!?「下町風俗資料館號外」 台東区立下町風俗資料館 2012年 2012.03

出版物に見る昭和の初めの女性像 日々の暮らしの豆知識『主婦の心得いろは歌』「下町風俗資料館號外」 台東区立下町風俗資料館 2013年 2013.03

下谷

特集 とっておき1930年、モダンな下谷・本郷 マッチラベルに残る町「谷中・根津・千駄木」 谷根千工房 51 1997.10

専門員は見た(6) 富士講「下谷講社」のマネキ発見！(野尻かおる)「荒川ふるさと文化館だより」 荒川区教育委員会荒川ふるさと文化館 (15) 2005.9

下谷七福神

下谷七福神巡り報告「足立史談会だより」 足立史談会 (263) 2010.02

七軒町

寄稿 七軒町(しちけんちょう)と四本木(しほんぎ)稲荷(高木基雄)「北区史を考える会会報」 北区史を考える会 (112) 2014.05

七国峠

・ 七国峠にある出羽三山供養塔(萩原清高)「野仏 ： 多摩石仏の会機関誌」 多摩石仏の会 33 2002.7

室泉寺

私の散歩道(66) 室泉寺(真言宗)への道(大輪敏男)「目黒区郷土研究」 目黒区郷土研究会 532 1999.5

品川

東海寺輪番僧の品川生活―永野又次郎宛書簡より(牧野宏子)「品川歴史館紀要」 品川区立品川歴史館 (15) 2000.3

新刊紹介 『品川拍子の伝承とあゆみ』(坂本道夫)「品川歴史館紀要」 品川区立品川歴史館 (19) 2004.3

武蔵国のなかの「くらやみ祭」(3)品川沖の潮盛り神事(小野一之)「あるむぜお ： 府中市郷土の森博物館だより」 府中文化振興財団府中市郷土の森博物館 (70) 2004.12

海晏寺五輪塔にみる中世品川の一特性(〈小特集 特別展「大井―海に発展するまち―」をめぐって〉)(本間岳人)「品川歴史館紀要」 品川区立品川歴史館 (22) 2007.3

企画展「江戸の里神楽―品川 間宮社中―」展示概要「品川歴史館紀要」 品川区立品川歴史館 (22) 2007.3

展示批評 企画展「江戸の里神楽―品川 間宮社中―」によせて(小林紀子)「品川歴史館紀要」 品川区立品川歴史館 (22) 2007.3

寛政十年の鯨(湯浅淑子)「品川歴史館紀要」 品川区立品川歴史館 (26) 2011.03

平成21年度企画展「品川歌舞伎の大舞台―館役者絵展―」をふりかえって(塚越理恵子)「品川歴史館紀要」 品川区立品川歴史館 (26) 2011.03

連載「武蔵野の食文化」(5) 品川の筍栽培―孟宗筍栽培記念碑(坂本道夫)「武蔵野」 武蔵野文化協会 86(1)通号350 2011.7

品川における近世以前の梵鐘(特集 特別展「品川御台場」)(本間岳人)「品川歴史館紀要」 品川区立品川歴史館 (27) 2012.03

品川大森羽田海苔場

資料紹介 『品川大森羽田海苔場処絵図』(北村敏)「大田区立郷土博物館紀要」 大田区立郷土博物館 (14) 2004.3

品川区

大山講について(4)―品川区の「北新御神酒講」の場合(田中宣一)「民俗」 相模民俗学会 163 1998.2

幻の碑文谷道―品川区内を歩く(上山満子)「郷土目黒」 目黒区郷土研究会 43 1999.10

都市開発と稲荷神社―東京都品川区の敷地利用の分析から(渡部鮎美)

関東　　　　　　　　　　　　郷土に伝わる民俗と信仰　　　　　　　　　　　　東京都

「朱」　伏見稲荷大社　（55）　2011.12

品川神社
品川神社の七鳥居くぐり（長沢利明）「民俗」　相模民俗学会　165　1998.8

芝
大山講について（2）―東京都港区の「芝御太刀講」の場合（田中宣一）「民俗」　相模民俗学会　159　1997.2

幻の芝家家具を探して（川越仁恵）「研究紀要」　港区立港郷土資料館　（8）　2005.3

港区芝の雑魚場跡鹿島神社境内地点から得られた動物遺体―近世のバカガイ貝剥きの検証（黒住耐二，樋泉岳二，山根洋子，西野雅人，鶴岡英一）「研究紀要」　港区立港郷土資料館　通号9　2006.5

後久洋家家具店　彩色図―図面から見える新橋・芝 家家具業（川上悠介）「港郷土資料館だより」　港区立港郷土資料館　（66）　2010.09

芝久保町
自然と生きる 西東京市の主な屋敷林（7）―叶町・向台町・芝久保町（小川武廣）「武蔵保谷村だより : 高橋文太郎の『武蔵保谷村郷土資料』を手掛かりに」　下保谷の自然と文化を記録する会　（8）　2013.1

芝車町
港区江戸遊里譚―高輪・芝車町（平田秀勝）「港郷土資料館だより」　港区立港郷土資料館　（59）　2007.3

柴崎
昭和20年代の柴崎界隈（浜中政江）「立川民俗」　立川民俗の会　（15）　2005.10

柴崎新田
柴崎新田について（森信保）「立川民俗」　立川民俗の会　（13）　2002.12

芝新網町
芝新網町とキリスト教―19世紀末から20世紀初頭、日本聖公会の活動（友寄景方）「明日を拓く」　東日本部落解放研究所，解放書店（発売）　28（3）通号43　2002.3

芝大神宮
「わざ」の伝承の危機―芝大神宮の太々神楽の場合（大村達郎）「港郷土資料館だより」　港区立港郷土資料館　36　1998.3

芝大神宮の祭礼―だらだら祭りと人々の願い（潮木秀佳）「港郷土資料館だより」　港区立港郷土資料館　（50）　2002.12

芝大神宮の祭礼―め組の半鐘祭（潮木秀佳）「港郷土資料館だより」　港区立港郷土資料館　（51）　2003.3

芝間
博物館のとなりに茅葺き農家があった―芝間（府中市南町）の暮らし昔語り（小野一之）「府中市郷土の森博物館紀要」　府中文化振興財団府中市郷土の森博物館　（22）　2009.3

芝間（府中市南町）の暮らしと年中行事（芝間昔語りの会）「府中市郷土の森博物館紀要」　府中文化振興財団府中市郷土の森博物館　（25）　2012.3

柴又
柴又の獅子舞（石川博司）「まつり通信」　まつり同好会　40（10）通号476　2000.9

柴又七福神
正月探訪・柴又七福神・おまけつき「足立史談会だより」　足立史談会　（311）　2014.02

柴又帝釈天
寅さんと帝釈天「荒川史談」　荒川史談会　254　1998.6

平成25年初詣の報告「東京都 柴又帝釈天 西新井大師への初詣」（事業部）「史談足柄」　足柄史談会　51　2013.04

柴又八幡神社
柴又八幡神社の神獅子舞い 場所：東京都葛飾区柴又 柴又八幡神社 探訪：平成23年10月9・10日、平成25年10月10日（川崎実）「かわせみ通信」　川崎実　（138）　2014.08

芝明神
芝明神太々神楽面の概要と特色（後藤淑）「研究紀要」　港区立港郷土資料館　通号9　2006.5

渋谷
渋谷における神社の多義性について（山口千恵子）「都市民俗研究」　都市民俗学研究会　（6）　2000.3

渋谷のイメージ把握―雑誌『東京人』を中心に（車塚洋）「都市民俗研究」　都市民俗学研究会　（8）　2002.3

大正期の渋谷における子どもの空間認識（長野隆之）「都市民俗研究」　都市民俗学研究会　（9）　2003.3

渋谷のヤマンバ―その誕生と展開（吉江真美）「都市民俗研究」　都市民俗学研究会　（9）　2003.3

野村敬子編『渋谷のむかし口語り区民が紡ぐ昭和』（新刊紹介）（立石展大）「昔話伝説研究」　昔話伝説研究会　（24）　2004.5

マツリにおこなわれる「芸能」の類型―「渋谷・鹿児島おはら祭」を中心として（長野隆之）「都市民俗研究」　都市民俗学研究会　（11）　2005.3

人生儀礼を撮る―渋谷の写真館に見る世相の変遷（折橋豊子）「都市民俗研究」　都市民俗学研究会　（14）　2008.3

歌から見た渋谷（長野隆之）「名古屋民俗」　名古屋民俗研究会　（58）　2011.03

渋谷の稲荷（石井研士）「朱」　伏見稲荷大社　（55）　2011.12

こえ 渋谷の語りと研究とのコラボレーション―渋谷民話の会×温故学会×國學院大學語りと伝承の研究会（飯倉義之）「伝え : 日本口承文芸学会会報」　日本口承文芸学会　（50）　2012.03

石井研士・國學院大学研究開発推進センター渋谷学研究会編『渋谷の神々』雄山閣（2013年）（書誌紹介）（阿南透）「日本民俗学」　日本民俗学会　（278）　2014.05

四本木
寄稿 七軒町（しちけんちょう）と四本木（しほんぎ）稲荷（高木基雄）「北区史を考える会会報」　北区史を考える会　（112）　2014.05

島薗邸
ご近所調査報告 千駄木島薗邸 林町での日々（島薗久子）「谷中・根津・千駄木」　谷根千工房　61　2000.3

島根
民俗芸能の旅（1）島根神代神楽（竹内秀夫）「足立史談会だより」　足立史談会　（216）　2006.3

史談かるた マ「松の名前は苗間戸稲荷」、け「源氏ゆかりの白旗塚」、ふ「笛の音さえる島根ばやし」（足立史談会）「足立史談会だより」　足立史談会　（321）　2014.12

嶋根村
足立区の文化財 平成2年版「足立区の文化財」による 有形文化財（歴史資料）五榜（ごぼう）の掲示 1札、開帳木札 1札、御directi狩勢子村旗淵江領嶋根村 1旗、無形文化財（工芸技術）鬼瓦造り 保持者中川3―22―4 尾本正一「足立史談会だより」　足立史談会　（315）　2014.6

嶋之坊
「嶋之坊」からみた修験（たけのこうき）「八王子城研究」　八王子城研究会　9　2002.8

清水
石仏紹介（127）清水の帝釈天の石仏（藤井正三）「杉並郷土史会史報」　杉並郷土史会　162　2000.7

清水が丘
資料が語る多摩 むだ堀伝承のある大溝―府中市清水が丘地区の大溝（中山真治）「多摩地域史研究会会報」　多摩地域史研究会　39　1998.6

清水公園
めぐろの昔を語る（10），（11）清水公園の弁財天縁起［正］，（続）（編集部）「目黒区郷土研究」　目黒区郷土研究会　581/582　2003.6/2003.7

清水立場
さし絵のなかの多摩（19）崖下の湧水・素麺・まくわ瓜―「江戸名所図会」の清水立場（斎藤慎一）「多摩のあゆみ」　たましん地域文化財団　105　2002.2

志村
いたばしの庚申塔探訪（1）志村2―3の庚申塔（大澤鷹邇）「板橋史談」　板橋史談会　（249）　2008.11

志茂
志茂の白酒祭り（石川博司）「まつり通信」　まつり同好会　38（2）通号444　1998.2

下赤塚
下赤塚・野口庚申講（ひろば）（木村榮作）「板橋史談」　板橋史談会　（274）　2013.01

下井草
石仏紹介（157）下井草三丁目の庚申塔（道標付）（藤井正三）「杉並郷土史会史報」　杉並郷土史会　（192）　2005.7

下井草村
村入用をめぐるあらそい―下井草村の例（真板道夫）「杉並郷土史会史報」　杉並郷土史会　（214）　2009.3

下石原
獅子舞の風土シリーズ（111）東京都調布市 下石原八幡神社の獅子舞い（川崎実）「かわせみ通信」　川崎実　（111）　2008.1

下石原八幡神社

下石原八幡神社の獅子舞が復活しました!!「調布の文化財」 調布市郷土博物館 （45） 2010.08

市内の郷土芸能 下石原八幡神社の獅子舞（赤城高志）「調布の文化財」 調布市郷土博物館 （45） 2010.08

下恩方

八王子市下恩方中世庚申供養の宝篋印塔（縣敏夫）「野仏 ： 多摩石仏の会機関誌」 多摩石仏の会 28 1997.8

下北沢

近世後期江戸近郊名所下北沢淡島明神社にみる文人と庶民信仰—病気治癒の現世利益（《2002年度大会特集 江戸の信仰と社会関係—居住者の視点から》）（原淳一郎）「関東近世史研究」 関東近世史研究会 （54） 2003.10

しもきたの天狗まつり（宇治上公貞明）「あらはれ ： 猿田彦大神フォーラム年報 ： ひらかれる未来神話」 猿田彦大神フォーラム 7 2004.10

下十条村

下十条村の出羽三山供養塔について（榎本龍治）「十條村近世史雑考」 榎本龍治 （10） 2000.11

下田八幡宮

下田八幡宮の宝篋印塔庚申塔の銘文（犬飼康祐）「日野の歴史と文化」 日野史談会 49 1999.4

下長淵

奥多摩の獅子舞い紀行（16） 下長淵の鹿舞い「かわせみ通信」 川崎実 19 1997.1

下練馬

研究発表要旨 下練馬の屋号（《第60回例会 特集 地名と屋号》）（鈴木曹元）「練馬区地名研究会会報」 練馬区地名研究会 61 2002.8

地名を掘る 下練馬（《第60回例会 特集 地名と屋号》）（岩崎美智子）「練馬区地名研究会会報」 練馬区地名研究会 61 2002.8

下練馬村

東京北郊地域における農家副業として漬物製造—東京府北豊島郡下練馬村田中宇兵衛家の沢庵漬販売を事例として（渡辺嘉之）「板橋区立郷土資料館紀要」 板橋区教育委員会 （14） 2002.11

旧下練馬村の半檀家制について（安藤久瑠美、福島菜摘、菊地照夫）「寺社と民衆」 民衆宗教史研究会 10 2014.03

下平井の鳳凰の舞

平井の鳳凰の舞（石川博司）「まつり通信」 まつり同好会 38（9）通号451 1998.9

下保谷

西東京市旧下保谷における二つの民俗調査[1]～（4）最終回—高橋文太郎と市史編纂委員会による婚姻習俗調査を例として（高田賢）「武蔵保谷村だより ： 高橋文太郎の『武蔵保谷村郷土資料』を手掛かりに」 下保谷の自然と文化を記録する会 （1）/（5） 2011.04/2012.4

村人と信仰 下保谷のお伊勢講（1）（高橋孝）「武蔵保谷村だより ： 高橋文太郎の『武蔵保谷村郷土資料』を手掛かりに」 下保谷の自然と文化を記録する会 （1） 2011.04

自然と生きる 西東京市の主な屋敷林（4）下保谷（小川武廣）「武蔵保谷村だより」 高橋文太郎の『武蔵保谷村郷土資料』を手掛かりに」 下保谷の自然と文化を記録する会 （5） 2012.4

村人と信仰 下保谷のお伊勢講（2）—明治時代（高橋孝）「武蔵保谷村だより ： 高橋文太郎の『武蔵保谷村郷土資料』を手掛かりに」 下保谷の自然と文化を記録する会 （5） 2012.04

村人と信仰 下保谷の御嶽講（高橋孝）「武蔵保谷村だより ： 高橋文太郎の『武蔵保谷村郷土資料』を手掛かりに」 下保谷の自然と文化を記録する会 （8） 2013.01

下保谷村

下保谷村の力石（高橋孝）「武蔵保谷村だより ： 高橋文太郎の『武蔵保谷村郷土資料』を手掛かりに」 下保谷の自然と文化を記録する会 （7） 2012.10

下保谷村の松飾り（高橋孝）「武蔵保谷村だより ： 高橋文太郎の『武蔵保谷村郷土資料』を手掛かりに」 下保谷の自然と文化を記録する会 （8） 2013.1

下保谷村の松飾りと幕府の政策転換（松尾政司）「武蔵保谷村だより ： 高橋文太郎の『武蔵保谷村郷土資料』を手掛かりに」 下保谷の自然と文化を記録する会 （8） 2013.1

村人と信仰 下保谷村の御嶽講（豊栄満）と、身延講（高橋孝）「武蔵保谷村だより ： 高橋文太郎の『武蔵保谷村郷土資料』を手掛かりに」 下保谷の自然と文化を記録する会 （9） 2013.04

下村

旧下村 西蓮寺文書調査報告（北区古文書調査会）「文化財研究紀要」 東

京都北区教育委員会 15 2002.3

下目黒

下目黒—競馬場と不動尊裏山（高橋武雄）「郷土目黒」 目黒区郷土研究会 43 1999.10

下元郷

奥多摩の獅子舞い紀行（80） 東京都西多摩郡檜原村/下元郷の獅子舞い「かわせみ通信」 川崎実 80 2003.7

石神井

シャクジの泉の用水池（《特集 シンポジウム 石神井・シャクジ・三宮司》）（下島邦夫）「練馬区地名研究会会報」 練馬区地名研究会 43 1998.2

三宮司について（《特集 シンポジウム 石神井・シャクジ・三宮司》）（神代武男）「練馬区地名研究会会報」 練馬区地名研究会 43 1998.2

石神井の地名成因と石神井（《特集 シンポジウム 石神井・シャクジ・三宮司》）（瓜生清）「練馬区地名研究会会報」 練馬区地名研究会 43 1998.2

第70回例会 シャクジとは何か—諸説を読む（下島邦夫）「練馬区地名研究会会報」 練馬区地名研究会 （71） 2005.2

シャクジとは何か—諸説を読む（続）（下島邦夫）「練馬区地名研究会会報」 練馬区地名研究会 （84） 2008.7

石神井川

表紙写真解説 「石神井川のこいのぼり」板橋（仲宿）（井上富夫）「板橋史談」 板橋史談会 （280） 2014.05

若松寺

若松寺観音堂修復における小国大工の記録（史料紹介）（大友義助）「最上地域史」 最上地域史研究会 （31） 2009.03

遮軍神社

目黒不動尊の遮軍神社について（田丸太郎）「郷土目黒」 目黒区郷土研究会 46 2002.10

十七が坂

十七が坂のはなし（1）～（3）（田丸太郎）「目黒区郷土研究」 目黒区郷土研究会 605/607 2005.6/2005.8

「十七」とはなにか（田丸太郎）「目黒区郷土研究」 目黒区郷土研究会 608 2005.9

十条

第169回月例研究会十条の図子（自治会）推考（醍醐清造）「北区史を考える会会報」 北区史を考える会 43 1997.2

十条のお富士さん（石川博司）「まつり通信」 まつり同好会 37（7）通号437 1997.7

第181回月例研究会水と旧十条の雨乞い（醍醐清造）「北区史を考える会会報」 北区史を考える会 47 1998.2

第248回月例研究会 村境としての十条富士塚—麦わら蛇の多義性を考える（榎本龍治）「北区史を考える会会報」 北区史を考える会 69 2006.6

写真に見るあの日あの時 十条のお風呂やさん「ぽいす ： 北区飛鳥山博物館だより」 北区飛鳥山博物館 18 2007.3

江戸富士塚を巡る（2）—音羽富士・十条富士（酒井幸光）「あしなか」 山村民俗の会 290 2010.11

十条富士

「十条富士塚」の保全をめぐって（大会特集II 北総地域の水辺と台地—生活空間の歴史的変容—問題提起）（中山学）「地方史研究」 地方史研究協議会 60（5）通号347 2010.10

十条村

村のしくみ—村組（ズシ）編（榎本龍治）「十條村近世史雑考」 榎本龍治 （9） 2000.9

史料紹介 「むしばましない覚」について—明治初期神官の私祈禱記録「十條村近世史雑考」 榎本龍治 （15） 2001.12

高野山の供養記録と十条村（1） 史料の概要と問題点（榎本龍治）「十條村近世史雑考」 榎本龍治 （20） 2003.2

高野山の供養記録と十条村（2） 地域史研究上の問題点（榎本龍治）「十條村近世史雑考」 榎本龍治 （21） 2003.4

十条村幸龍寺領の村役人について（榎本龍治）「十條村研究」 榎本龍治 （25） 2006.6

十羅刹女堂

十羅刹女堂の手洗鉢（井口昭英）「杉並郷土史会史報」 杉並郷土史会 （214） 2009.03

重林寺

豊島をさぐる（16） 60数年ぶりに里帰りした重林寺の梵鐘「かたりべ ： 豊島区立郷土資料館ミュージアム開設準備だより」 豊島区立郷土資

料館　通号90　2008.6

宿山

宿山の庚申地蔵（宮崎敏子）「目黒区郷土研究」　目黒区郷土研究会　526
1998.11

宿山の庚申塔群（花井鉄弥）「目黒区郷土研究」　目黒区郷土研究会
（677）2011.06

修性院

史蹟・文化財シリーズ（90）有形文化財　区登録有形文化財（彫刻）木造
一塔両尊仏坐像　付・胎内文書　所在地：西日暮里3―7―12（修性院）
「荒川史談」　荒川史談会　（313）2013.03

史蹟・文化財シリーズ（92）有形文化財　区登録有形文化財（彫刻）木造
三十番神坐像　所在地：西日暮里3―7―12（修性院）「荒川史談」　荒川
史談会　（315）2013.09

寿徳寺

ひろば　寿徳寺の「谷津大観音」開眼法要式典に参列して（猪瀬尚志）「板
橋史談」　板橋史談会　（250）2009.01

寿福寺

相生地蔵（寿福寺）（宮崎敏子）「目黒区郷土研究」　目黒区郷土研究会
528　1999.1

私の散歩道（95）寿福寺（大輪敏男）「目黒区郷土研究」　目黒区郷土研究
会　563　2001.12

上目黒寿福寺の六十六部像（栗山佳也）「郷土目黒」　目黒区郷土研究会
51　2007.10

樹林寺

法華寺および樹林寺を訪ねて（加藤清幸）「伊那路」　上伊那郷土研究会
49（12）通号587　2005.12

春清寺

古文書は語る（33）柴田勝家の兜奉納とその伝承―春清寺文書「柴田勝
家位牌奉安添状」より（馬場憲一）「多摩のあゆみ」　たましん地域文化
財団　（146）2012.05

駿馬塚

内藤清成公の武勇伝・駿馬塚（大崎清）「亀井：内藤家顕彰会会誌」　内
藤家顕彰会　2006年度　2006.5

松庵稲荷

石仏紹介（140）松庵稲荷の庚申塔（藤井正三）「杉並郷土史会史報」　杉
並郷土史会　175　2002.9

松陰神社

城南郷土史研究協議会・主催　松陰神社から烏山川緑道などを経て豪徳
寺周辺の史跡を訪ねる（事業部）「目黒区郷土研究」　目黒区郷土研究
会　（623）2006.12

祥雲寺

斬首刑吏・家譜の探索―江戸・祥雲寺の一壇徒伝承考（荒井貢次郎）「武
蔵野」　武蔵野文化協会　75（2）通号330　1997.8

常円寺

常圓寺・東光寺の銀杏（宮崎敏子）「目黒区郷土研究」　目黒区郷土研究会
558　2001.7

衾の常圓寺の花祭り（栗山佳也）「目黒区郷土研究」　目黒区郷土研究会
596　2004.9

性翁寺

語られた中世「龍燈山性翁寺縁起絵巻」性翁寺蔵から（石倉孝祐）「国際
熊野学会会報」　国際熊野学会　（5）2006.10

浄開寺

史跡文化財シリーズ（54）有形文化財　浄鬨寺過去帳「荒川史談」　荒川
史談会　277　2004.3

正覚院

足立区の登録文化財を観る　正覚院五輪塔　一基／鷲神社鳥居　一基／応現寺
石燈籠　二基「足立史談会だより」　足立史談会　（271）2010.10

浄覚寺

浄覚寺はどこにあった（1），（2）（田丸太郎）「目黒区郷土研究」　目黒区
郷土研究会　535/536　1999.8/1999.9

浄覚寺の歴史（田丸太郎）「郷土目黒」　目黒区郷土研究会　49　2005.10

浄覚寺再論（田丸太郎）「郷土目黒」　目黒区郷土研究会　51　2007.10

正覚寺

「南無妙法蓮華経畜牛霊鬼菩提之塔」入魂供養行われる（平山元也）「目黒
区郷土研究」　目黒区郷土研究会　（630）2007.7

畜牛霊鬼菩提之塔入魂供養（平山元也）「郷土目黒」　目黒区郷土研究会
51　2007.10

正覚寺の畜牛慰霊碑に説明板が設置された（平山元也）「目黒区郷土研
究」　目黒区郷土研究会　（652）2009.05

享保の大飢饉と正覺寺（外川一實）「おくやまのしょう：奥山荘郷土研
究会誌」　奥山荘郷土研究会　（37）2012.03

上川原村

嘉永二酉年の上川原村とその社会背景（〈自主講座「幕末期の幕藩体制
下における多摩」より〉）（松田説子）「歴報」　昭島・歴史をよむ会
（24）2002.4

天保八年二月頃の上川原村での物価―御公用向控から（鹿野耕次）「歴
報」　（28）2013.5

浄閑寺

区外に刻まれた区の歴史（2）草創期の浄閑寺―八千代の仏像修理銘が語
るもの（野尻かおる）「荒川ふるさと文化館だより」　荒川区教育委員
会荒川ふるさと文化館　（23）2010.03

史蹟・文化財シリーズ（85）有形文化財　区登録有形文化財（建造物）浄
閑寺表門　所在地：南千住2―1―12（浄閑寺）「荒川史談」　荒川史談会
（308）2011.12

上行寺

上行寺移転に関する若干の考察―大名家の屋敷地取得と寺院の移転（竹
村到）「研究紀要」　港区立港郷土資料館　（13）2011.03

上行寺移転の経緯　大名家の屋敷地取得と寺院の移転（1）（竹村到）「港郷
土資料館だより」　港区立港郷土資料館　（67）2011.03

常行寺

貞享元年の常行寺の訴訟　大名家の屋敷地取得と寺院の移転（2）（竹村
到）「港郷土資料館だより」　港区立港郷土資料館　（69）2012.03

松月院

川名林助（南条山人）と松月院（1），（2）（長沢和彦）「板橋史談」　板橋史
談会　186/187　1998.5/1998.7

赤塚松月院の宝物館（大井眸）「板橋史談」　板橋史談会　186　1998.5

郷土の古文書「松月院の脱走方便集」とは（古文書部木曜会）「板橋史
談」　板橋史談会　218　2003.9

郷土の古文書「松月院の脱走方便集」とは　の続き（清水治男）「板橋史
談」　板橋史談会　220　2004.1

勝光院

社寺調査余聞（3）勝光院書院の修理保存経過（倉島幸雄）「せたかい：
歴史さろん」　世田谷区誌研究会　（52）2000.7

勝光院薬師佛縁起について（〈特集　世田谷の伝説〉）（下山照夫）「せたか
い：歴史さろん」　世田谷区誌研究会　（60）2009.07

浄光寺

奥津家定に関する若干の考察―浄光寺・鶴岡八幡宮に伝わる2通の文書
（谷口栄）「博物館研究紀要」　葛飾区郷土と天文の博物館　（7）2000.3

浄光寺・銅造地蔵菩薩立像修復について（西山智香）「荒川ふるさと文化
館館報・紀要」　荒川区立荒川ふるさと文化館　（1）2000.3

史跡・文化財シリーズ（43）有形民俗文化財　庚申塔群（7基）浄光寺「荒
川史談」　荒川史談会　266　2001.6

成就院

お静地蔵（成就院）（宮崎敏子）「目黒区郷土研究」　目黒区郷土研究会
529　1999.2

成就院の金精神と飯縄権現（1）〜（4）（田丸太郎）「目黒区郷土研究」　目
黒区郷土研究会　544/547　2000.5/2000.8

蛸薬師（成就院）（仲野基道）「目黒区郷土研究」　目黒区郷土研究会　571
2002.8

正受院

正受院奪衣婆の錦絵と世相（富沢達三）「地方史研究」　地方史研究協議会
48（6）1998.12

正受院奪衣婆の錦絵と世相（〈月例会報告要旨〉）（富沢達三）「関東近世
史研究」　関東近世史研究会　（47）1999.10

松秀寺

日限地蔵の信仰―東京都港区白金松秀寺（長沢利明）「西郊民俗」　西郊
民俗談話会　通号166　1999.3

松寿弁財天

綱下げの松（宮崎敏子）「目黒区郷土研究」　目黒区郷土研究会　596
2004.9

常性寺

調布の建造物　常性寺本堂・不動堂及び地蔵堂（元田長次郎）「調布の文化
財」　調布市郷土博物館　21　1997.3

浄正寺

史蹟・文化財シリーズ（83）有形文化財　宝篋印塔（元和7年8月15日銘）
所在地：荒川3―53―1　浄正寺「荒川史談」　荒川史談会　（306）

2011.06

浄真寺

私の散歩道 (58) 九品仏「浄真寺」(大輪敏男)「目黒区郷土研究」 目黒区郷土研究会 524 1998.9

樹や草のつぶやき (8) 浄真寺の銀杏 (宮崎敏子)「目黒区郷土研究」 目黒区郷土研究会 564 2002.1

江東外見発見伝—区外資料の紹介 九品仏浄真寺の接待茶釜「下町文化」 江東区地域振興部 219 2002.9

九品佛浄眞寺「おめんかぶり」(黒瀬威)「せたかい : 歴史さろん」 世田谷区誌研究会 (64) 2012.07

表紙 九品佛浄眞寺総門 (油絵・黒瀬威氏提供)/裏表紙 西澄寺山門 (写真・内山昌玄氏提供)「せたかい : 歴史さろん」 世田谷区誌研究会 (64) 2012.07

常善院

足立区の登録文化財を観る 有形文化財 (典籍) 大般若経 完本 常善院/大般若経 完本 大聖寺「足立史談会だより」 足立史談会 (296) 2012.11

勝専寺

インターネットと郷土史 (2) 千住の勝専寺 (多田文夫)「足立史談」 足立区教育委員会 376 1999.6

正泉寺

お地蔵様 (7) 文子地蔵 (正泉寺) (宮崎敏子)「目黒区郷土研究」 目黒区郷土研究会 539 1999.12

勝蔵院

維新と目黒不動尊勝蔵院 (田丸太郎)「目黒区郷土研究」 目黒区郷土研究会 (665) 2010.06

明治維新と目黒不動尊勝蔵院 (続き) (田丸太郎)「目黒区郷土研究」 目黒区郷土研究会 (666) 2010.07

城東

平成10年度民俗調査 城東地域民俗調査始まる「下町文化」 江東区地域振興部 195 1998.6

城東のくらし—平成10年度民俗調査から「下町文化」 江東区地域振興部 206 1999.7

松風庵

足立区の文化財 平成2年版「足立区の文化財」による 有形民俗文化財 田光り観音 1軀、光茶釜付 松風庵揮毫帳、乳泉石及び箱「足立史談会だより」 足立史談会 (320) 2014.11

正福寺

わがまちの文化財・東村山市 国宝 正福寺地蔵堂「東京の文化財」 東京都教育庁地域教育支援部 94 2004.11

7月例会 講演会 正福寺の歴史と伽藍形式 講師・稲葉和也先生 (鈴木裕子)「郷土だより」 東村山郷土研究会 (308) 2005.8

市の文化財に指定された正福寺山門建築年について (日笠山正治)「郷土研だより」 東村山郷土研究会 (308) 2005.8

復元竣工間近い正福寺南大門らくがきの功 (露久保力)「郷土研だより」 東村山郷土研究会 (308) 2005.8

東村山ふるさと歴史館編 特別展『正福寺展図録』(本の紹介) (稲葉和也)「多摩のあゆみ」 たましん地域文化財団 (130) 2008.5

立地と景観から考える多摩の中世 (前期) 寺院—江戸期の地誌・絵図と近代地形図を手がかりに (13) 4.正福寺と狭山丘陵の寺院 (3) 時頼か、時宗か (馬場喜信)「多摩地域史研究会会報」 多摩地域史研究会 (94) 2010.08

立地と景観から考える多摩の中世 (前期) 寺院—江戸期の地誌・絵図と近代地形図を手がかりに (14) 4.正福寺と狭山丘陵の寺院 (4) 鎌倉幕府の武蔵野開発と正福寺 (馬場喜信)「多摩地域史研究会会報」 多摩地域史研究会 (95) 2010.11

報告 市民産業まつり/正福寺地蔵まつり (内海淳)「郷土だより」 東村山郷土研究会 (403) 2013.12

東村山・郷土調査資料 正福寺境内の石碑・石造物/徳蔵寺・正福寺に置かれた徳川将軍家墓所 (増上寺) の燈籠 (高山博之)「郷土研だより」 東村山郷土研究会 (403) 2013.12

東村山の再発見・見どころ11選 (7) 正福寺の魅力を探る (高山博之)「郷土研だより」 東村山郷土研究会 (414) 2014.11

正福寺地蔵堂

民俗建築アーカイブ (6) 昭和9年の修理以前の正福寺地蔵堂の写真 (日本民俗建築学会資料担当)「民俗建築」 日本民俗建築学会 (146) 2014.11

浄名院

お地蔵様 (14) 八万四千体 (浄名院) (宮崎敏子)「目黒区郷土研究」 目黒区郷土研究会 546 2000.7

常楽寺

多摩地域史研究会 第75回例会 稲城市・青渭神社の獅子舞と天台宗常楽寺阿弥陀堂見学「多摩地域史研究会会報」 多摩地域史研究会 (99) 2011.09

第75回例会報告 青渭神社の獅子舞と天台宗常楽寺阿弥陀堂 (進藤重孝)「多摩地域史研究会会報」 多摩地域史研究会 (100) 2011.11

多摩のみほとけ (16) 稲城市常楽寺 木造阿弥陀三尊像 (齊藤経生)「多摩のあゆみ」 たましん地域文化財団 (153) 2014.02

少林寺

少林寺の涅槃会 (石川博司)「まつり通信」 まつり同好会 41 (2) 通号 480 2001.1

松林寺

石仏紹介 (106), (107) 松林寺の石仏 (1), (2) (藤井正三)「杉並郷土史会々報」 杉並郷土史会 141/142 1997.1/1997.3

石仏紹介 (141) 松林寺の石仏 (1) (藤井正三)「杉並郷土史会史報」 杉並郷土史会 176 2002.11

石仏紹介 (142) 松林寺の供養塔 (2) (藤井正三)「杉並郷土史会史報」 杉並郷土史会 177 2003.1

石仏紹介 (143) 松林寺の庚申塔と六地蔵尊 (3) (藤井正三)「杉並郷土史会史報」 杉並郷土史会 178 2003.3

松連寺

さし絵のなかの多摩 (14) 名勝意識と文芸—「百草邑松連寺境内旧迹之図」など (斎藤慎一)「多摩のあゆみ」 たましん地域文化財団 100 2000.11

解けない歴史の謎 岡崎信康追悼の松連寺再建 (石井啓文)「扣之帳」 扣之帳刊行会 (11) 2006.3

日野市百草山における二つの廃寺—慈岳山松連寺と桝井山松連寺 (西村勉)「黄檗文華」 黄檗山萬福寺文華殿 (127) 2008.7

表紙「松連寺」新編武蔵風土記稿「調布史談会誌」 調布史談会 (43) 2014.04

乗蓮寺

姫様物語 (5)—乗蓮寺の櫃と政子 (宮崎敏子)「目黒区郷土研究」 目黒区郷土研究会 572 2002.9

表紙写真解説 「大門餅つき」乗蓮寺 (赤塚五丁目) (井上富夫)「板橋史談」 板橋史談会 (278) 2013.11

正蓮寺

「三軒茶屋を記録する会」よりその4 正蓮寺 (瀬村進)「せたかい : 歴史さろん」 世田谷区誌研究会 (57) 2005.12

昭和新撰

江戸札所道しるべ「昭和新撰」の紹介 (芦原義守)「杉並郷土史会史報」 杉並郷土史会 155 1999.5

白旗塚

史談かるた ま「松の名前は苗間戸稲荷」、け「源氏ゆかりの白旗塚」、ふ「笛の音さえる島根ばやし」「足立史談会だより」 足立史談会 (321) 2014.12

白鬚神社

私の散歩道 (62) 白鬚神社と西川春洞住居跡 (大輪敏男)「目黒区郷土研究」 目黒区郷土研究会 528 1999.1

白金猿町

白金猿町の鍛冶職人と筍掘り具 (高山優)「港郷土資料館だより」 港区立港郷土資料館 43 2000.8

次郎左衛門新田

足立区の文化財 有形文化財 (古文書)「報恩社法録」、関原不動尊略縁起 (版木)、「地誌」(明治九年「地誌篇 伊東谷村」、明治九年「地誌書上 第十大区六小区次郎左衛門新田」、明治十年「地誌書上 第十大区六小区弥五郎新田」、明治十年「地誌書上 第十大区六小区五兵衛新田」、千ヶ崎家文書 1点、船津家文書 2点 (天保九戊年「宗旨御改め壱人別帳」、明治四〇年「荒川堤上裁桜原簿写」)「足立史談会だより」 足立史談会 (303) 2013.6

代田八幡神社

区指定有形文化財 (建造物) 代田八幡神社鳥居 (新しく登録・指定された文化財)「せたがやの文化財」 東京都世田谷区教育委員会事務局 (24) 2012.03

真覚寺

真覚寺の池の円通橋の寄付連名碑について (岸田林太郎)「桑都民俗 : 桑都民俗の会会報」 桑都民俗の会 16 1997.1

森巌寺

新指定文化財 無形民俗文化財 (風俗慣習) 森巌寺の針供養「せたがやの文化財」 東京都世田谷区教育委員会事務局 (12) 2000.2

関東　　　　　　　　　　　　　　　　郷土に伝わる民俗と信仰　　　　　　　　　　　　　　　　東京都

真源寺

入谷の朝顔市―東京都台東区下谷真源寺（長沢利明）「西郊民俗」 ［西郊民俗談話会］ （213）2010.12

真慈悲寺

活動を始めた幻の真慈悲寺調査推進プロジェクト―市民とともに地域の謎に迫り、地域振興の核ともなる博物館を目指して（中山弘樹）「多摩地域史研究会会報」 多摩地域史研究会 （77）2006.12

幻の真慈悲寺を追う（高野壽一）「杉並郷土会会史報」 杉並郷土会 （207）2008.1

2007年12月16日「シンポジウム 幻の真慈悲寺を追う」終わる（事務局）「多摩地域史研究会会報」 多摩地域史研究会 （82）2008.1

深沙大王堂

記念碑みてある記 深沙大王堂記念碑（井上明枝）「郷土博物館だより」 調布市郷土博物館 55 1999.3

調布の神社と里人たち（6）深大寺・青渭神社と深沙大王堂（2）（角田陽次郎）「調布史談会誌」 調布史談会 （39）2010.04

調布の神社と里人たち（7）深大寺村・深沙大王堂と深大寺（角田陽次郎）「調布史談会誌」 調布史談会 （40）2011.06

市指定有形文化財「深沙大王堂内宮殿」の修復事業（赤城高志）「調布の文化財」 調布市郷土博物館 （49）2013.03

新宿

新宿・築地などの「河童の見世物」（和田寛）「河童通心」 河童文庫 242 2003.12

新宿区

新宿区内の富士講聞書（《富士・浅間信仰―山岳信仰特集II》）（小川博）「あしなか」 山村民俗の会 259・260 2001.11

新宿山の手七福神

1月新宿山の手七福神巡り「足立史談会だより」 足立史談会 191 2004.2

信松院

史蹟を訪ねて（1）八王子の信松院へ（猪瀬尚志）「板橋史談」 板橋史談会 （241）2007.7

真照寺

〔史料紹介〕真照寺学寮保母日誌「多摩のあゆみ」 たましん地域文化財団 91 1998.8

真盛寺

真盛寺見学（第408回例会記）（石橋和子）「杉並郷土会会史録」 杉並郷土会 （202）2007.3

圧巻 真盛寺客殿（編集部）「杉並郷土会史報」 杉並郷土会 （202）2007.3

真蔵院

春を告げる大般若経の行列 東京都江戸川区東葛西 真蔵院・雷町会 雷不動の大般若（久保田裕道）「儀礼文化ニュース」 儀礼文化学会 （188）2013.03

深大寺

ホットレポート 暁斎が描いた深大寺の般若十六善神図「調布の文化財」 調布市郷土博物館 22 1997.10

深大寺大師堂再建仕法帳（吉田豊）「田無地方史研究会紀要」 田無地方史研究会 18 1998.3

調布の建造物 深大寺の建造物（元田長次郎）「調布の文化財」 調布市郷土博物館 24 1998.10

深大寺界隈を歩く（茨木智志）「都立日野高等学校研究紀要」 東京都立日野高等学校 （8）1999.3

指定文化財レポート 深大寺の永和の梵鐘が語るもの―歴史を刻む国の重要文化財（小川信）「調布の文化財」 調布市郷土博物館 29 2001.3

資料紹介 郷土玩具「深大寺赤駒」（関口宣明）「郷土博物館だより」 調布市郷土博物館 61 2002.3

市天然記念物「深大寺のイヌシデ」倒れる「調布の文化財」 調布市郷土博物館 32 2002.10

さし絵のなかの多摩（26）武蔵野の蕎麦―「江戸名所図会」より「深大寺蕎麦」饗膳図（斎藤慎一）「多摩のあゆみ」 たましん地域文化財団 113 2004.2

深大寺共有水車覚書（関口宣明）「郷土博物館だより」 調布市郷土博物館 （65）2004.3

調布の神社と里人たち（5）深大寺・青渭神社（1）（角田陽次郎）「調布史談会誌」 調布史談会 （38）2009.04

調布の神社と里人たち（6）深大寺・青渭神社と深沙大王堂（2）（角田陽次郎）「調布史談会誌」 調布史談会 （39）2010.04

多摩のみほとけ（1）調布市深大寺 銅造釈迦如来倚像（国指定重要文化財）（齋藤経生）「多摩のあゆみ」 たましん地域文化財団 （138）

2010.05

文化財講演会抄録 村松哲文氏「深大寺白鳳仏の謎を探る」（高山尚三）「調布の文化財」 調布市郷土博物館 （45）2010.08

調布の神社と里人たち（7）深大寺村・深沙大王堂と深大寺（角田陽次郎）「調布史談会誌」 調布史談会 （40）2011.06

市指定有形文化財「深大寺毘沙門天立像」の修復事業（赤城高志）「調布の文化財」 調布市郷土博物館 （47）2012.03

町外歴史探訪 国立天文台・深大寺・大塚魂神社歴史研究（視察研究）（田邊永一，小林恵子）「於保為」 大井町郷土史研究会 （32）2012.08

『私案抄』にみる卒都婆の造立（深澤靖幸）「府中市郷土の森博物館紀要」 府中文化振興財団府中市郷土の森博物館 （26）2013.03

25.5.12. 第95回講演会「白鳳仏だけではない・古代深大寺の真の御本尊は？」 講師：角田陽次郎氏（本会のあしあと（43））（榎本啓子）「調布史談会誌」 調布史談会 （43）2014.04

深大寺参詣 11月17日「足立史談会だより」 足立史談会 （321）2014.12

深大寺参詣道

北からの深大寺参詣道（深大寺道）を歩く（櫻井昌治）「調布史談会誌」 調布史談会 （31）2002.3

深大寺水車館

深大寺水車館と体験学習（関口宣明）「郷土博物館だより」 調布市郷土博物館 60 2001.8

深大寺道

北からの深大寺参詣道（深大寺道）を歩く（櫻井昌治）「調布史談会誌」 調布史談会 （31）2002.3

新橋

百合根貿易で栄えた新橋のまち並み（翠川宣子）「郷土いずみ」 （12）2006.5

後久洋家具店 彩色図―図面から見える新橋・芝 家具業（川上悠介）「港郷土資料館だより」 港区立港郷土資料館 （66）2010.09

新富士

新富士と海晏寺お開帳（橋口明子）「目黒区郷土研究」 目黒区郷土研究会 549 2000.10

会報にみる目黒の昔（11）「目黒富士講の発展」三輪善之助／「滅びる目黒富士を悼む」／「目黒富士」落合次郎／「新富士にあった石碑が別所坂児童遊園に設置」平山元也「目黒区郷土研究」 目黒区郷土研究会 （645）2008.10

心法寺

千代田区麹町心法寺における墓石調査概要（小山貴子）「千代田区立四番町歴史民俗資料館資料館報」 東京都千代田区教育委員会，千代田区立四番町歴史民俗資料館 （15）2006年度

神明町

収蔵庫探検室 旧駒込神明町の火消装束（荒井和美）「文京ふるさと歴史館だより」 ［文京ふるさと歴史館］ 4 1997.4

新吉原

あらかわタイムトンネルズ（25）新吉原総霊塔のむかし（亀山泰照）「荒川ふるさと文化館だより」 荒川区教育委員会荒川ふるさと文化館 （32）2014.10

瑞祥寺

足立風土記だより（68）瑞祥寺と吉祥寺の先塋（矢沢幸一朗）「足立史談」 足立区教育委員会 373 1999.3

末吉不動堂

末吉不動堂―不動の鳥居（2）（竹田務）「目黒区郷土研究」 目黒区郷土研究会 573 2002.10

菅生

東海大学菅生中学・高校「学園祭」三座競演公演（菅生の組立舞台・菅生一座・あきる野座）「秋川歌舞伎だより」 秋川歌舞伎保存会 （45）2003.11

地芝居見聞（9）菅生の組立舞台（北河直子）「公益社団法人全日本郷土芸能協会会報」 全日本郷土芸能協会 （69）2012.10

菅生の組立舞台（1），（2）（北河直子）「まつり通信」 まつり同好会 52（6）通号562/53（1）通号563 2012.11/2013.01

須賀神社

団子天王―東京都台東区浅草橋須賀神社（1），（2）（長沢利明）「コロス」 常民文化研究会 70/71 1997.9/1997.11

石仏紹介（150）須賀神社内の富士講の石造仏（1）（藤井正三）「杉並郷土会史報」 杉並郷土会 185 2004.5

石仏紹介（151）須賀神社内の石橋供養塔（2）（藤井正三）「杉並郷土会史報」 杉並郷土会 186 2004.7

東京都 郷土に伝わる民俗と信仰 関東

須賀神社の祭神と名前の由来（記念特集 地名にしひがし一名字編）（須賀頼子）「練馬区地名研究会会報」 練馬区地名研究会 （100）2012.08

巣鴨

巣鴨の奇聞二話「かたりべ：豊島区立郷土資料館ミュージアム開設準備だより」 豊島区立郷土資料館 64 2001.12

中山道・巣鴨と染井霊園を訪ねて（奥田直道）「目黒区郷土研究」 目黒区郷土研究会 585 2003.10

職人と地域の歴史（3）絵馬と奉納額に名を遺す―巣鴨・江山堂「かたりべ：豊島区立郷土資料館ミュージアム開設準備だより」 豊島区立郷土資料館 74 2004.6

菊花見物と菊見案内―「染井・すかも 造りきく道のしほり」を読む（秋山伸一）「生活と文化：研究紀要」 豊島区 （22）2013.03

巣鴨遺跡

豊島区巣鴨遺跡出土の青銅製観音像―江戸の観音信仰小考（〔資料紹介〕）（関口慶久）「東京考古」 東京考古談話会 通号20 2002.5

巣鴨庚申塚

庚申塚の考察―巣鴨庚申塚を訪ねて（杉村伵）「伊豆史談」 伊豆史談会 130 2001.3

杉並

「庚申」こぼればなし（北川政次）「杉並郷土史会々報」 杉並郷土史会 141 1997.1

第279回例会記 牛の民俗 長沢利明「杉並郷土史会々報」 杉並郷土史会 141 1997.1

杉並に伝わる地蔵物語[1]～（3）（遠藤塩子）「野仏：多摩石仏の会機関誌」 多摩石仏の会 28/30 1997.8/1999.8

四面塔の話（都筑勝三郎）「杉並郷土史会々報」 杉並郷土史会 147 1998.1

トピックス（52）神社本庁と別表神社（森泰樹）「杉並郷土史会々報」 杉並郷土史会 148 1998.3

杉並の屋敷林（小林将人）「杉並区立郷土博物館研究紀要」 杉並区立郷土博物館 （6）1998.3

一農家の伝承（村主耕一）「杉並郷土史会史報」 杉並郷土史会 150 1998.7

第300回例会記 森泰樹「杉並の神社と寺院」「杉並郷土史会史報」 杉並郷土史会 151 1998.9

トピックス（55）鍾馗様（森泰樹）「杉並郷土史会史報」 杉並郷土史会 151 1998.9

十六ムサシ 子供の頃の遊びから（井口昭英）「杉並郷土史会史報」 杉並郷土史会 152 1998.11

杉並の墓地―明治期以降の墓地分布の変遷と管理形態の諸相（岩野邦康）「杉並区立郷土博物館研究紀要」 杉並区立郷土博物館 （7）1999.3

第308回例会記 吉池堯澄「日常生活と民間信仰」（原田弘）「杉並郷土史会史報」 杉並郷土史会 155 1999.5

涅槃像雑考（北川政治）「杉並郷土史会史報」 杉並郷土史会 157 1999.9

第314回例会記 芦原義守「明暦のふりそで火事の真犯人は？」「食文化の中で銀めしの明暗」（島義信）「杉並郷土史会史報」 杉並郷土史会 159 2000.1

第321回例会記 森安太郎「民俗学から見た食について」（島義信）「杉並郷土史会史報」 杉並郷土史会 161 2000.5

杉並に伝わる地蔵物語（4）おめだま地蔵／永福寺の子授け地蔵（遠藤塩子）「野仏：多摩石仏の会機関誌」 多摩石仏の会 31 2000.7

資料の周辺（16），（18）杉並の盆行事（1），（2）（高橋正剛）「炉辺閑話：杉並区立郷土博物館だより」 東京都杉並区立郷土博物館 23/25 2000.10/2001.10

第333回例会記 芦原義守「病と民間信仰」（芦原義守）「杉並郷土史会史報」 杉並郷土史会 167 2001.5

これ何？ 60年の経過を重く感じます 紀元2600年記念に歌われた二つの歌（芦原義守）「杉並郷土史会史報」 杉並郷土史会 167 2001.5

第334回例会記 森宏太郎「魚と市―民俗学の視点から見た」（森宏太郎）「杉並郷土史会史報」 杉並郷土史会 168 2001.7

杉並に伝わる地蔵物語（5）～（8）（遠藤塩子）「野仏：多摩石仏の会機関誌」 多摩石仏の会 32/36 2001.8/2005.7

第338回例会記 守屋哲雄「石仏に魅せられて」（芦原義守）「杉並郷土史会史報」 杉並郷土史会 170 2001.11

都内にある神社の分布は一様ではない（芦原義守）「杉並郷土史会史報」 杉並郷土史会 172 2002.5

江戸時代の防災豆知識（芦原義守）「杉並郷土史会史報」 杉並郷土史会 174 2002.7

第348回例会記 「庶民の教育を支えた寺子屋あれこれ」安藤義雄先生（芦原義守）「杉並郷土史会史報」 杉並郷土史会 174 2002.7

杉並と荏胡麻（エゴマ）（芦原義守）「杉並郷土史会史報」 杉並郷土史会 176 2002.11

鍋横の「お題目碑」中野から杉並へ（原田弘）「杉並郷土史会史報」 杉並郷土史会 176 2002.11

第351回例会記 「民間行事の神事化（土地開発の波の中における民俗のあり方）」真板道夫先生（木村輝夫）「杉並郷土史会史報」 杉並郷土史会 176 2002.11

正月の菓子「切山椒」（芦原義守）「杉並郷土史会史報」 杉並郷土史会 177 2003.1

「稲荷大明神」アラカルト（芦原義守）「杉並郷土史会史報」 杉並郷土史会 179 2003.5

第362回例会記 「羊の民俗」長沢利明先生「杉並郷土史会史報」 杉並郷土史会 180 2003.7

江戸庶民の富士信仰 杉並にも立派なお富士さんがあった（芦原義守）「杉並郷土史会史報」 杉並郷土史会 180 2003.7

第366回例会記 「雪月花の民俗」鈴木正彦先生「杉並郷土史会史報」 杉並郷土史会 183 2004.1

第369回例会記 「猿の民俗」長沢利明先生「杉並郷土史会史報」 杉並郷土史会 184 2004.3

第371回例会記 「幕府の年中行事」松尾美恵子先生「杉並郷土史会史報」 杉並郷土史会 185 2004.5

杉並寺子屋事情 江戸時代の寺子屋を明らかにする手がかりは？（渡辺やす子）「炉辺閑話：杉並区立郷土博物館だより」 東京都杉並区立郷土博物館 （32）2005.3

力石について（新村康敏）「杉並郷土史会史報」 杉並郷土史会 （197）2006.5

特別展「杉並のお風呂屋さん」「炉辺閑話：杉並区立郷土博物館だより」 東京都杉並区立郷土博物館 （35）2006.7

第410回例会記 大宮八幡宮と杉並の歴史 萩原弘道先生「杉並郷土史会史報」 杉並郷土史会 （204）2007.7

杉並に伝わる地蔵物語（9）お釈迦塚・儀右衛門塚と庚申塚（遠藤塩子）「野仏：多摩石仏の会機関誌」 多摩石仏の会 38 2007.7

写真展 レンズの記憶―杉並、あの時、あの場所「炉辺閑話：杉並区立郷土博物館だより」 東京都杉並区立郷土博物館 （37）2007.10

初めて杉並郷土芸能大会を見て（岩田文夫）「杉並郷土史会史報」 杉並郷土史会 （208）2008.3

トピックス二題 14億円の大日如来像／由井正雪ゆかりの絵馬 公開（新村康敏）「杉並郷土史会史報」 杉並郷土史会 （209）2008.5

第427回例会記 明治維新後になぜ多数の寺院の移転が―特に杉並、中野、世田谷地区に寺町が 芦原義守先生（芦原義守）「杉並郷土史会史報」 杉並郷土史会 （213）2009.1

寝耳に水の旧暦から新暦への大転換（芦原義守）「杉並郷土史会史報」 杉並郷土史会 （215）2009.05

田遊び・附記（編集部）「杉並郷土史会史報」 杉並郷土史会 （215）2009.05

掃苔記（須永万里子）「杉並郷土史会史報」 杉並郷土史会 （215）2009.05

杉並に伝わる地蔵物語（10）田端神社の子の権現他（遠藤塩子）「野仏：多摩石仏の会機関誌」 多摩石仏の会 40 2009.08

旧農家の初午祭今昔と稲荷雑稿（大河原善雄）「杉並郷土史会史報」 杉並郷土史会 （226）2011.05

平成22年度指定文化財 井口正一家文書（古文書）／縄文時代早期遺物（考古資料）／富士講燈籠、丸を講資料（信仰）・渡辺錠太郎、柳井平八関係資料（歴史資料）「杉並郷土史会史報」 杉並郷土史会 （228）2011.07

貞治元年檀那願文考（菅野郁雄）「杉並郷土史会会報」 杉並郷土史会 （234）2012.07

歴史のなかの杉並の梵鐘「杉並郷土史会会報」 杉並郷土史会 （234）2012.07

第485回例会記 5月20日 武蔵府中くらやみ祭 歴史とネットワーク―杉並にも講中があった 小野一之先生「杉並郷土史会会報」 杉並郷土史会 （237）2013.01

区文化財の追加指定の紹介 指定文化財（建造物）杉並能楽堂舞台／指定文化財（彫刻）明和八年銘石造狛犬（原田弘）「杉並郷土史会会報」 杉並郷土史会 （239）2013.05

郷土博物館・年中行事のこれまで、これから―杉並の変化と地域性を捉えるために（田村真実）「炉辺閑話：杉並区立郷土博物館だより」 東京都杉並区立郷土博物館 （50）2014.03

平成26年 新春七福神めぐり（伊東勝）「杉並郷土史会会報」 杉並郷土史会 （245）2014.05

杉並区

資料の周辺（9）民俗資料の周辺（小林将人）「炉辺閑話：杉並区立郷土博物館だより」 東京都杉並区立郷土博物館 16 1997.3

資料の周辺（10）刺子半纏（岩野邦康）「炉辺閑話：杉並区立郷土博物館だより」 東京都杉並区立郷土博物館 17 1997.7

東京都杉並区の「力石」（高島慎助，畠中涼子）「杉並郷土史会々報」 杉並郷土史会 146 1997.11

資料の周辺（11）大八車（岩野邦康）「炉辺閑話：杉並区立郷土博物館だ

より」 東京都杉並区立郷土博物館　18　1998.1

資料の周辺(12)　膳椀(岩野邦康)「炉辺閑話 : 杉並区立郷土博物館だより」 東京都杉並区立郷土博物館　19　1998.7

資料の周辺(13)　共同墓地とウチバカ(岩野邦康)「炉辺閑話 : 杉並区立郷土博物館だより」 東京都杉並区立郷土博物館　20　1999.3

資料の周辺(15)　籾殻焼き(高橋正剛)「炉辺閑話 : 杉並区立郷土博物館だより」 東京都杉並区立郷土博物館　22　2000.2

古文書こぼればなし(23)　江戸時代の離婚(久保貴子)「炉辺閑話 : 杉並区立郷土博物館だより」 東京都杉並区立郷土博物館　24　2001.3

資料の周辺(17)　産着(高橋正剛)「炉辺閑話 : 杉並区立郷土博物館だより」 東京都杉並区立郷土博物館　24　2001.3

古文書こぼればなし(24)　御用留にみる鳥物停止(久保貴子)「炉辺閑話 : 杉並区立郷土博物館だより」 東京都杉並区立郷土博物館　25　2001.10

杉並区の寺院からみた一考察(大渡真司)「史友」 東京史蹟史談会　10　2002.8

資料の周辺(18)　餅搗き(高橋正剛)「炉辺閑話 : 杉並区立郷土博物館だより」 東京都杉並区立郷土博物館　27　2002.10

古文書こぼればなし(28)　「昔語」と「取り立て免状」(久保貴子)「炉辺閑話 : 杉並区立郷土博物館だより」 東京都杉並区立郷土博物館　29　2003.10

報告　「古民家の一日」体験(高橋正剛)「炉辺閑話 : 杉並区立郷土博物館だより」 東京都杉並区立郷土博物館　29　2003.10

古文書こぼればなし(31)　寺子屋の教科書(久保貴子)「炉辺閑話 : 杉並区立郷土博物館だより」 東京都杉並区立郷土博物館　(32)　2005.3

教育関連資料　石盤と狛犬(寺田史朗)「炉辺閑話 : 杉並区立郷土博物館だより」 東京都杉並区立郷土博物館　(32)　2005.3

資料の周辺(20)　移りゆく七夕行事(大楽和正)「炉辺閑話 : 杉並区立郷土博物館だより」 東京都杉並区立郷二博物館　(33)　2005.7

資料の周辺(21)　木槌(大楽和正)「炉辺閑話 : 杉並区立郷土博物館だより」 東京都杉並区立郷土博物館　(3￩)　2005.10

銭湯の番台(渡辺やす子)「炉辺閑話 : 杉並区立郷土博物館だより」 東京都杉並区立郷土博物館　(35)　2006.7

古文書こぼればなし(34)　江戸時代の銭湯(金子貴司)「炉辺閑話 : 杉並区立郷土博物館だより」 東京都杉並区立郷土博物館　(35)　2006.7

資料の周辺(22)　脱衣籠(大楽和正)「炉辺閑話 : 杉並区立郷土博物館だより」 東京都杉並区立郷土博物館　(35)　2006.7

古文書こぼればなし(35)　江戸時代の雛市(金井貴司)「炉辺閑話 : 杉並区立郷土博物館だより」 東京都杉並区立郷土博物館　(36)　2007.3

資料の周辺(23)　初午と地口行灯(大楽和正)「炉辺閑話 : 杉並区立郷土博物館だより」 東京都杉並区立郷土博物館　(36)　2007.3

杉並区内の旧村社は江戸時代・吉田家または白川家の何れに所属か(大谷光男)「杉並郷土史会史報」 杉並郷土史会　(204)　2007.7

米・米・米!　戦後の杉並区民の生活から(大西路男)「杉並郷土史会史報」 杉並郷土史会　(205)　2007.9

古文書こぼればなし(36)　江戸時代の人相書(金井貴司)「炉辺閑話 : 杉並区立郷土博物館だより」 東京都杉並区立郷土博物館　(37)　2007.10

古文書こぼればなし(37),(38)　無宿・罪人の圏預(1),(2)(金井貴司)「炉辺閑話 : 杉並区立郷土博物館だより」 東京都杉並区立郷土博物館　(38)／(39)　2008.3／2008.9

資料の周辺(24)　享保雛(大楽和正)「炉辺閑話 : 杉並区立郷土博物館だより」 東京都杉並区立郷土博物館　(38)　2008.3

資料の周辺(25)　竈と竈神(荒井州平)「炉辺閑話 : 杉並区立郷土博物館だより」 東京都杉並区立郷土博物館　(39)　2008.9

古民家へようこそ(1)　囲炉裏(荒井州平)「炉辺閑話 : 杉並区立郷土博物館だより」 東京都杉並区立郷土博物館　(40)　2009.02

古民家へようこそ(2)　石臼(荒井州平)「炉辺閑話 : 杉並区立郷土博物館だより」 東京都杉並区立郷土博物館　(41)　2009.10

古文書こぼればなし(42)　江戸時代の相撲(金井貴司)「炉辺閑話 : 杉並区立郷土博物館だより」 東京都杉並区立郷土博物館　(43)　2010.10

資料の周辺(26)　角樽(阿部直子)「炉辺閑話 : 杉並区立郷土博物館だより」 東京都杉並区立郷土博物館　(43)　2010.10

資料の周辺(27)　衣料切符(鈴木一史)「炉辺閑話 : 杉並区立郷土博物館だより」 東京都杉並区立郷土博物館　(44)　2011.02

開店祝いの絵びらについて(幸田有美子)「新西郊文化」 新西郊文化研究会　(1)　2011.12

資料の周辺(29)　煙管(きせる)と羅宇屋(らおや)(幸田有美子)「炉辺閑話 : 杉並区立郷土博物館だより」 東京都杉並区立郷土博物館　(46)　2012.03

資料の周辺(31)　仕事着(田村真実)「炉辺閑話 : 杉並区立郷土博物館だより」 東京都杉並区立郷土博物館　(49)　2013.10

資料の周辺(34)　花おぎ　木村生花店の包装紙(山本菜摘)「炉辺閑話 : 杉並区立郷土博物館だより」 東京都杉並区立郷土博物館　(50)　2014.03

古文書こぼればなし(49)　丸銀商店の帳簿(大橋毅顕)「炉辺閑話 : 杉並区立郷土博物館だより」 東京都杉並区立郷土博物館　(50)　2014.03

資料の周辺(35)　月見の行事(田村真実)「炉辺閑話 : 杉並区立郷土博物館だより」 東京都杉並区立郷土博物館　(51)　2014.10

杉山神社

府中六所宮と六宮・杉山神社(小野一之)「府中市郷土の森博物館紀要」 府中文化振興財団府中市郷土の森博物館　(20)　2007.3

椙山神社

三輪椙山神社考始末―大神神社からの手紙(飯田俊郎)「県央史談」 県央史談会　(48)　2009.01

州崎神社

深川・州崎神社「波除碑」(大輪敏男)「目黒区郷土研究」 目黒区郷土研究会　556　2001.5

素盞雄神社

〔資料紹介〕荒川区素盞雄神社文化14年銘石燈籠(加増啓二)「足立史談」 足立区教育委員会　357　1997.11

あらかわタイムトンネルズ(17)　素盞雄神社興鳳車と宮彫師後藤忠明(八代和香子)「荒川ふるさと文化館だより」 荒川区教育委員会荒川ふるさと文化館　(23)　2010.03

図師

図師・乱塔場の板碑(高場康禎)「いしぶみ」 まちだ史考会　(24)　2007.12

鈴木新田

武州多摩郡鈴木新田斎藤佐右衛門『日光道中日記』から読む江戸後期における関東庶民の日光参詣について(桑野正樹)「今市史談」 今市史談会　(18)　2009.04

鈴木町

鈴木ばやしの歴史(窪田治)「小平の歴史を拓く : 市史研究」 小平市企画政策部　(2)　2010.03

砂川

砂川太織り考(檜山泰子)「立川民俗」 立川民俗の会　(13)　2002.12

砂川の冠婚葬祭今昔(宮崎光一)「立川民俗」 立川民俗の会　(13)　2002.12

砂川はどこから始まったか(豊泉喜一)「立川民俗」 立川民俗の会　(13)　2002.12

チットンベむかしの砂川正月行事 他二題(荻田利雄)「立川民俗」 立川民俗の会　(14)　2004.3

砂川における富士講について(檜山泰子)「立川民俗」 立川民俗の会　(15)　2005.10

砂川における農産物の変遷(宮崎光一)「立川民俗」 立川民俗の会　(16)　2008.3

砂川開拓開始四百年(豊泉喜一)「立川民俗」 立川民俗の会　(17)　2010.12

砂川の大幟について(豊泉喜一)「立川民俗」 立川民俗の会　(17)　2010.12

砂川開拓開始四百年連続講座まとめ(石塚孝江)「立川民俗」 立川民俗の会　(18)　2012.10

砂川における青年団活動(宮崎光一)「立川民俗」 立川民俗の会　(19)　2014.10

砂川と武蔵村山の境界について(宮崎誠之助)「立川民俗」 立川民俗の会　(19)　2014.10

砂川、最後の織元「清水織物」の歴史(真壁繁樹)「立川民俗」 立川民俗の会　(19)　2014.10

砂川三番石橋

表紙　砂川三番石橋　砂川3番(砂川町4丁目18番地付近から北を望む)大正時代「立川民俗」 立川民俗の会　(19)　2014.10

砂川村

砂川村水積売り渡し騒動記(豊泉喜一)「立川民俗」 立川民俗の会　(14)　2004.3

砂川村の信仰の諸相(檜山泰子)「立川民俗」 立川民俗の会　(14)　2004.3

砂ノ川

東村山の昔ばなし(21)　廻田　砂ノ川の大蛇(高橋喜司，糀谷忠三，両澤清)「郷土研だより」 東村山郷土研究会　(392)　2013.01

砂町

城東南部(砂町)(《特集 移りゆく街並みを記録して―定点観測調査16年の軌跡》)(井戸勝朗，中村智幸，箕輪一夫)「下町文化」 江東区地域振興部　(240)　2008.1

中川船番所資料館企画展「砂町の漁業―海苔養殖と砂町の近代―」(鈴木

将典）「下町文化」　江東区地域振興部　（267）2014.9

砂村稲荷神社

近世近代移行期の長州藩毛利家と抱屋敷内神社―「砂村稲荷神社関係文書」の紹介を中心として（小泉雅弘）「江東区文化財研究紀要」　江東区教育委員会生涯学習部　（9）1998.3

墨田

親から子へ受け継がれたお雛様たちのお披露目「みやこどり ： すみだ郷土文化資料館だより」　すみだ郷土文化資料館　（28）2008.2

第26回東京シンポジウム報告 新しい民俗の伝統的音楽文化をどう考える、重要な問題提起―東京花祭り・すみだ河内音頭、ともに悩みは資金集め（特集 第26回東京大会 大会テーマ「都市における民俗芸能の新たな展開」）（入江宜子）「日本民俗音楽学会会報」　日本民俗音楽学会　（38）2013.03

隅田川

隅田川をめぐって―能「隅田川」と説話（田口和夫）「八潮市史研究」　八潮市立資料館　19　1998.3

隅田川をめぐるくらしと文化―花見から桜まつりへ（友野千鶴子，鈴木章生）「江戸東京博物館news ： Edo-Tokyo Museum news」　東京都歴史文化財団東京都江戸東京博物館　22　1998.6

企画展「江戸・東京のやきもの」―隅田川・江戸川流域の窯業史「博物館だより」　葛飾区郷土と天文の博物館　56　1999.9

隅田川落語地図（森貞行）「すみだ川 ： 隅田川市民交流実行委員会会報」　隅田川市民交流実行委員会　32　2003.4

妙亀塚と梅若塚 今に生きる能「隅田川」の母と子（坂東次郎）「すみだ川 ： 隅田川市民交流実行委員会会報」　隅田川市民交流実行委員会　（39）2006.4

桜・花火・隅田川 江戸と明治の庶民文化を描いた錦絵「みやこどり ： すみだ郷土文化資料館だより」　すみだ郷土文化資料館　（29）2008.7

すみだ郷土文化資料館開館10周年記念特別展 隅田川文化の誕生―梅若伝説と幻の町・隅田宿―「みやこどり ： すみだ郷土文化資料館だより」　すみだ郷土文化資料館　（30）2008.11

特別展「隅田川―江戸が愛した風景―」（我妻直美）「江戸東京博物館news ： Edo-Tokyo Museum news」　東京都歴史文化財団東京都江戸東京博物館　71　2010.09

薬師如来を求めて（会員便り）（蕨清之）「すみだ川 ： 隅田川市民交流実行委員会会報」　隅田川市民交流実行委員会　（56）2014.10

隅田川七福神

隅田川七福神と周辺の史跡を訪ねる（長瀬宏一）「とみづか」　戸塚歴史の会　29　2003.6

第8回隅田川大学フィールドワーク「寺社―隅田川七福神めぐり」（森貞行，田中兼勝）「すみだ川 ： 隅田川市民交流実行委員会会報」　隅田川市民交流実行委員会　（43）2008.4

隅田川七福神初詣の旅（渡邊敏一）「小田原史談 ： 小田原史談会々報」　小田原史談会　（217）2009.03

隅田川大学公開講座 その2 隅田川七福神を巡って 講師・田中治郎（田中治郎）「すみだ川 ： 隅田川市民交流実行委員会会報」　隅田川市民交流実行委員会　（46）2009.10

隅田川七福神（山行報告）（秋澤英雄）「奥武蔵」　奥武蔵研究会　（396）2014.03

墨田区

企画展 雛人形に込められた想い 墨田に伝わる人形たち「みやこどり ： すみだ郷土文化資料館だより」　すみだ郷土文化資料館　（28）2008.2

墨田区内に残る志布さん造営の神輿（高塚明恵）「みやこどり ： すみだ郷土文化資料館だより」　すみだ郷土文化資料館　（35）2011.07

隅田宿

すみだ郷土文化資料館開館10周年記念特別展 隅田川文化の誕生―梅若伝説と幻の町・隅田宿―「みやこどり ： すみだ郷土文化資料館だより」　すみだ郷土文化資料館　（30）2008.11

住吉町

府中市内米蔵の調査記録―住吉町内藤正家（博物館ボランティア資料整理班，佐藤智敬）「府中市郷土の森博物館紀要」　府中文化振興財団府中市郷土の森博物館　（18）2005.3

自然と生きる 西東京市の主な屋敷林（6）北町・栄町・ひばりが丘北・住吉町（小川武廣）「武蔵保谷村だより ： 高橋文太郎の『武蔵保谷村郷土資料』を手掛かりに」　下保谷の自然と文化を記録する会　（7）2012.10

諏方道

諏方道での発見（椎原晶子）「谷中・根津・千駄木」　谷根千工房　56　1998.12

諏訪明神社

古文書は語る（18）諏訪明神社地における諸木雑草刈取り事件―吉野家

文書「社地諸木雑草刈取りにつき訴状」より（馬場憲一）「多摩のあゆみ」　たましん地域文化財団　（125）2007.2

正位寺

正位寺・徳蔵寺伝存の中世宝篋印塔・五輪塔・板碑に関する資料（資料紹介）（小川直裕，高野宏峰）「東村山市史研究」　東京都東村山市　（23）2014.01

清岩院

多摩のみほとけ（5）福生市清岩院 銅像菩薩立像（齊藤経生）「多摩のあゆみ」　たましん地域文化財団　（142）2011.05

栖岸院跡

特集 平成25年度指定文化財紹介 栖岸院跡出土資料 140点／紙本着色神田明神祭礼図巻 3巻「千代田区立日比谷図書文化館文化財ニュース」　千代田区立日比谷図書文化館　（4）2013.06

清鏡寺

多摩のみほとけ（4）八王子市清鏡寺 十一面千手千眼観世音菩薩坐像（齊藤経生）「多摩のあゆみ」　たましん地域文化財団　（141）2011.02

清源寺

清源寺「子育ていのちの地蔵尊」と水子供養（鈴木由利子）「東北学院大学東北文化研究所紀要」　東北学院大学東北文化研究所　（44）2012.12

清光寺

新・豊島氏紀行（5）東京都北区豊島医王寺清光寺「かたりべ ： 豊島区立郷土資料館ミュージアム開設準備だより」　豊島区立郷土資料館　65　2002.2

爰村清光寺最後の住職（田丸太郎）「目黒区郷土研究」　目黒区郷土研究会　580　2003.5

清光寺の本寺合併（田丸太郎）「目黒区郷土研究」　目黒区郷土研究会　581　2003.6

静勝寺

貞享期における地域寺院の朱印状頂戴願いと幕府の対応―武州豊島郡下村西蓮寺・同郡稲付村静勝寺の事例をもとに（保垣孝幸）「文化財研究紀要」　東京都北区教育委員会　23　2010.03

清亮寺

文化財の保存と保護 西新井大師の水屋／清亮寺・解剖人墓（矢沢幸一朗）「足立史談会だより」　足立史談会　199　2004.10

清亮寺「槍掛け松」碑建立（矢沢幸一朗）「足立史談」　足立区教育委員会　450　2005.8

近代医学の黎明を告げる解剖人墓の修復「足立史談会だより」　足立史談会　（262）2010.01

解剖人墓修理について（足立区文化財保護指導員 退任にあたり書き伝えたいこと（1））（瀬田一男）「足立史談会だより」　足立史談会　（265）2010.04

清亮寺の解剖人墓と医師大久保適斎（1），（2）（矢沢幸一朗）「足立史談」　足立区教育委員会　（522）／（523）2011.08／2011.09

史談かるた く「熊野堤は古い道」、や「槍掛け松は清亮寺」「足立史談会だより」　足立史談会　（320）2014.11

清涼寺

史蹟を訪ねて（5）東京都板橋区清涼寺と港区愛宕山へ（猪瀬尚志）「板橋史談」　板橋史談会　（246）2008.5

関

石神井・関の屋号から（《第60回例会 特集 地名と屋号》）（長坂淳子）「練馬区地名研究会会報」　練馬区地名研究会　61　2002.8

関原

せんべいづくりのこと―足立区関原・会田せんべい店（内山大介）「足立史談」　足立区教育委員会　（516）2011.02

関前

延命寺に寄せられた、関前高射砲中隊の兵士の手紙から（秋山昌文）「戦争のきずあと・むさしの」　武蔵野の空襲と戦争遺跡を記録する会　（32）2009.07

世尊院

石仏紹介（116）～（118）世尊院の石仏（1）～（3）（藤井正三）「杉並郷土史会史報」　杉並郷土史会　151／153　1998.9／1999.1

世田谷

世田谷の百万遍念仏（石川博司）「まつり通信」　まつり同好会　39（3）通号457　1999.2

世田谷道の縁日（田丸太郎）「目黒区郷土研究」　目黒区郷土研究会　562　2001.11

世田谷ボロ市（石川博司）「まつり通信」　まつり同好会　42（1）通号491　2001.12

ボロ市に学ぶ（西脇真紀江）「コロス」　常民文化研究会　92　2003.2

世田谷のボロ市一人の行動追跡（早川典江）「コロス」 常民文化研究会 92 2003.2

ボロ市を調査して（有馬奈保子）「コロス」 常民文化研究会 92 2003.2

特別展「世田谷の絵馬」「世田谷区立郷土資料館資料館だより」 ［東京都］世田谷区立郷土資料館 39 2003.10

「世田谷のボロ市」を東京都指定無形民俗文化財に指定「せたがやの文化財」 東京都世田谷区教育委員会事務局 通号19 2007.3

史料紹介 石井至穀編『世田谷徴故録』『続世田谷徴故録』について（武田庸二郎）「世田谷区立郷土資料館資料館だより」 ［東京都］世田谷区立郷土資料館 （46） 2007.3

世田谷のボロ市〈《東京都指定文化財の新指定》一新しく指定した文化財〉「東京の文化財」 東京都教育庁地域教育支援部 （101） 2007.3

特別寄稿 寺子屋から学ぶ《特集 世田谷の教育史》（安藤義雄）「せたかい ： 歴史さろん」 世田谷区誌研究会 （59） 2007.7

第427回例会記 明治維新後になぜ多数の寺院の移転が一特に杉並、中野、世田谷地区に寺町が 芦原義守先生「杉並郷土史会史報」 杉並郷土史会 （213） 2009.1

せたがや文化創造塾 世田谷の暮らしと文化/新刊のご案内「せたがやの文化財」 東京都世田谷区教育委員会事務局 通号21 2009.03

武蔵野の民話《特集 世田谷の伝説》（下山照夫）「せたかい ： 歴史さろん」 世田谷区誌研究会 （60） 2009.07

勝光院薬師佛縁起について《特集 世田谷の伝説》（下山照夫）「せたかい ： 歴史さろん」 世田谷区誌研究会 （60） 2009.07

喜多見のまむし除け《特集 世田谷の伝説》（田丸太郎）「せたかい ： 歴史さろん」 世田谷区誌研究会 （60） 2009.07

世田谷の伝説と技術の伝承《特集 世田谷の伝説》（編集部）「せたかい ： 歴史さろん」 世田谷区誌研究会 （60） 2009.7

研究報告 世田谷地方の伝統技能と職人の業（下山照夫）「せたかい ： 歴史さろん」 世田谷区誌研究会 （62） 2010.8

せたがや中世拾い歩き（1）鉤の手と寺院の配置（谷山敦子）「Collegio」 之潮 （50） 2012.10

復刻 世田谷ボロ市の歴史「せたかい ： 歴史さろん」 世田谷区誌研究会 （65） 2013.07

表紙 ボロ市の風景（写真・内山昌玄氏提供）/裏表紙 さようなら玉電（写真・大塚勝利氏提供）「せたかい ： 歴史さろん」 世田谷区誌研究会 （65） 2013.07

せたがや中世拾い歩き（5）塚めぐり一「境界」への小さな旅（谷山敦子）「Collegio」 之潮 （53） 2013.11

せたがや中世拾い歩き（6）彼岸と此岸をつなぐ橋一熊野信仰の空間を行く（谷山敦子）「Collegio」 之潮 （55） 2014.2

せたがや中世拾い歩き（7）そして熊野神社は残った一熊野先達満願寺と檀那吉良氏（谷山敦子）「Collegio」 之潮 （56） 2014.06

世田谷の寺院（計量的見地から）（寄稿）（高木良浩）「せたかい ： 歴史さろん」 世田谷区誌研究会 （66） 2014.07

せたがや中世拾い歩き（8）坂の太子堂一善光寺聖の足跡を訪ねる（谷山敦子）「Collegio」 之潮 （57） 2014.10

世田谷観音

私の散歩道（97）世田谷観音（大輪敏男）「目黒区郷土研究」 目黒区郷土研究会 565 2002.2

世田谷区

里神楽一中村蝶之助一座（恵津森智行）「世田谷区立郷土資料館資料館だより」 ［東京都］世田谷区立郷土資料館 26 1997.3

キリシタン禁制と宗門人別御改帳（下山照夫）「せたかい ： 歴史さろん」 世田谷区誌研究会 （51） 1999.5

企画展「これは何でしょう ばあと3一紀銘具具展」（恵津森智行）「世田谷区立郷土資料館資料館だより」 ［東京都］世田谷区立郷土資料館 31 1999.10

世田谷区の神社整理（田丸太郎）「せたかい ： 歴史さろん」 世田谷区誌研究会 （53） 2001.6

世田谷区指定文化財保存事業実施報告「木造十一面観音立像」保存修理事業「せたがやの文化財」 東京都世田谷区教育委員会事務局 （17） 2005.3

エナの習俗と胞衣詮議の伝承（河原英俊）「せたかい ： 歴史さろん」 世田谷区誌研究会 （57） 2005.12

元禄の六地蔵（柏原明彦）「せたかい ： 歴史さろん」 世田谷区誌研究会 （60） 2009.07

新しく登録・指定された文化財 区指定有形文化財 鈴木家住宅穀倉/区登録有形文化財 東玉川神社社殿/区登録有形文化財 善養院本堂並びに庫裡/区指定有形文化財 桜本遺跡出土の縄文時代遺物一括/区指定有形文化財 喜多見中通遺跡出土馬具/区指定有形文化財 旧多摩郡大蔵村井山家文書/区指定有形文化財 石井家文書/区登録有形文化財 宇津木家文書/区登録有形文化財 K家住宅/国登録有形文化財 日本学園1号館「せたがやの文化財」 東京都世田谷区教育委員会事務局 通号22 2010.02

「齊の神」と「左義長」の由緒（寄稿）（大場富雄）「せたかい ： 歴史さろん」 世田谷区誌研究会 （62） 2010.08

新しく登録・指定された文化財 瀬田遺跡環濠出土の古墳時代土器一括/志村家住宅/船橋観音堂厨子/高麗版良元新訳華厳経疏巻第十「せたがやの文化財」 東京都世田谷区教育委員会事務局 （23） 2011.03

区重要文化財（絵画）紙本白描応現観音図（新しく登録・指定された文化財）「せたがやの文化財」 東京都世田谷区教育委員会事務局 （24） 2012.03

講演会「世田谷の仏教美術」（鈴木泉氏・世田谷区立郷土資料館学芸員）（世田谷区誌研究会24年度の記録（講演会、見学会）（鈴木泉）「せたかい ： 歴史さろん」 世田谷区誌研究会 （65） 2013.07

世田谷八幡宮

世田谷八幡宮の奉納相撲（寄稿）（松本龍雄）「せたかい ： 歴史さろん」 世田谷区誌研究会 （66） 2014.07

泉岳寺

泉岳寺『釈迦八相祇園精舎曼荼羅』（伊藤真弓）「港郷土資料館だより」 港区立港郷土資料館 33 1997.3

高輪接遇所一泉岳寺にあった英国公使館（吉崎雅規）「港郷土資料館だより」 港区立港郷土資料館 （51） 2003.3

泉岳寺所蔵『釈迦八相祇園精舎曼荼羅』のこと（本多election尚）「研究紀要」 港区立港郷土資料館 （15） 2013.03

善久寺

寺院調査レポート（4）善久寺 聖徳太子像一足立に残る彫刻家 森鳳声の作品（大島幸代）「足立史談」 足立区教育委員会 （535） 2012.09

浅間山

浅間山・大塚・小塚（こっぺ塚）（間野光正）「郷土研だより」 東村山郷土研究会 298 2004.7

善光寺

善光寺時供養の板碑（縣敏夫）「野仏 ： 多摩石仏の会機関誌」 多摩石仏の会 31 2000.7

千住

酒合戦の再現（編集部）「足立史談」 足立区教育委員会 430 2003.12

千住四丁目氷川神社大織（1）～（3）（横山恵一）「足立史談」 足立区教育委員会 430/432 2003.12/2004.2

新選組隊士も食べた？ 千住の雀焼き一五兵衛新田屯所への物資供給（編集部）「足立史談」 足立区教育委員会 432 2004.2

千住風物（1）～（5）（磯ヶ谷紫江）「足立史談会だより」 足立史談会 208/212 2005.7/2005.11

富士塚と富士講一丸藤千住十三夜同行（相川謹之助）「足立史談」 足立区教育委員会 （455） 2006.1

資料紹介 千住やっちゃばの記念碑 建立から百年「足立史談」 足立区教育委員会 （458） 2006.4

近藤芳太郎旅行紀に見る日光東照宮東京千住百萬講参拝（相川謹之助）「足立史談会だより」 足立史談会 （223） 2006.10

千住のやっちゃば玉手箱（1）空襲を耐えた蔵のメッセージ一「谷塚屋」資料の紹介（編集部）「足立史談」 足立区教育委員会 （473） 2007.7

あらかわタイムトンネルズ（13）『東都歳時記』「千住綱曳き」から見えるもの（野尻かおる）「荒川ふるさと文化館だより」 荒川区教育委員会荒川ふるさと文化館 （19） 2007.12

千住四丁目氷川神社の山車一7月20日の解体と保存調査（編集部）「足立史談」 足立区教育委員会 （485） 2008.7

足立史談カルタ紹介 は「初午に千住絵馬」「足立史談会だより」 足立史談会 （269） 2010.8

千住の祭り一平成22年の宵宮と大祭（内山大介）「足立史談」 足立区教育委員会 （512） 2010.10

足立史談カルタ紹介 「り」俚謡で名高い千住節「足立史談会だより」 足立史談会 （276） 2011.03

足立区文化遺産調査報告 千住厄除地蔵講（鈴木志乃）「足立史談」 足立区教育委員会 （522） 2011.08

足立区の登録文化財を観る 有形文化財（工芸品）鍍絵・遊女の図 一点/金銅装神輿 一基/金銅装神輿 一基/金泥千鳥紋朱塗大酒盃 付千住酒合戦絵巻一巻「足立史談会だより」 足立史談会 （286） 2012.1

千住のやっちゃ場と汐入の八百屋一野菜売りと空襲（中瀬一郎）「足立史談」 足立区教育委員会 （528） 2012.2

二つの富士講祭具一千住元講の系譜（萩原ちとせ）「足立史談」 足立区教育委員会 （529） 2012.03

千住のおえんま様（相川謹之助）「足立史談会だより」 足立史談会 （298） 2013.01

千住の大相撲一東京大相撲をよんだ明治の「大千住」（多田文夫）「足立史談」 足立区教育委員会 （545） 2013.7

大千住展へ 千住ネギの大束まるき（郷土博物館）「足立史談」 足立区教育委員会 （549） 2013.11

東京都　　　　　　　　　　　　　郷土に伝わる民俗と信仰　　　　　　　　　　　　　　関東

よみがえる千住四丁目氷川神社の山車（鈴木志乃）「足立史談」　足立区教育委員会　（549）　2013.11

千住四丁目氷川神社山車の解体について（郷土博物館）「足立史談」　足立区教育委員会　（551）　2014.01

千住青物市場

「千住青物市場創立三百三十年祭記念碑」に寄せて 建立者の消息を尋ねる（2）（長谷川浩平）「足立史談」　足立区教育委員会　（462）　2006.8

千住河原町

《小特集 建部巣兆集と酒合戦の再現 千住河原町で再現された江戸時代の文化》「足立史談」　足立区教育委員会　430　2003.12

千住のやっちゃ場玉手箱（2）戦前の千住河原町の旧道「足立史談」　足立区教育委員会　（476）　2007.10

千住河原町青物市場

やっちゃ場案内板できる―千住河原町青物市場の歴史としくみ（編集部）「足立史談」　足立区教育委員会　（510）　2010.8

千住汐入大橋

専門員は見た（7）汐入の変遷―千住汐入大橋の開通と石仏の行方（弥永浩二）「荒川ふるさと文化館だより」　荒川区教育委員会荒川ふるさと文化館　（16）　2006.3

千住市場

交差点 写真「千住市場の朝」について（長谷川浩平）「足立史談」　足立区教育委員会　420　2003.2

常設展示リニューアル報告（3）千住市場の問屋と建物（1）出桁造り（内山大介）「足立史談」　足立区教育委員会　（487）　2008.9

常設展示リニューアル報告（4）千住市場の問屋と建物（2）ヒトミ（人見築）（内山大介）「足立史談」　足立区教育委員会　（489）　2008.11

千住のやっちゃ場玉手箱（2）明治に記録された千住葱「千住市場調書」から（1）（編集部）「足立史談」　足立区教育委員会　（495）　2009.5

千寿七福神

1月千寿七福神巡り報告「足立史談会だより」　足立史談会　（215）　2006.1

1月千寿七福神巡拝報告「足立史談会だより」　足立史談会　（251）　2009.02

千住宿

足立区の文化財 平成2年版「足立区の文化財」による 有形文化財（歴史資料）花畑大鷲神社算額 1面、東京府武蔵国南足立郡之縮図 1枚、千住宿高札 1札、鷹番廃止の高札 1札「足立史談会だより」　足立史談会　（313）　2014.4

千住宿・千住七福神

千住宿・千住七福神（山行報告）（秋澤英雄）「奥武蔵」　奥武蔵研究会　（378）　2011.03

千住橋戸町稲荷神社

千住橋戸町稲荷神社屋根修復竣工の奉告祭（矢沢幸一朗）「足立史談」　足立区教育委員会　447　2005.5

千住本氷川神社

足立区の登録文化財を観る 源証寺太子堂 一棟/橋戸稲荷神社本殿 一棟/千住三丁目氷川神社旧社殿 一棟「足立史談会だより」　足立史談会　（269）　2010.08

善性寺

史跡文化財シリーズ（62）有形文化財 善性寺文書「荒川史談」　荒川史談会　（285）　2006.3

善生寺

大久保彦左衛門一族と善生寺（4）～（7）（木村浩）「日野の歴史と文化」　日野史談会　45/48　1997.4/1998.10

大久保彦左衛門一族と善生寺（木村浩）「日野の歴史と文化」　日野史談会　49　1999.4

千蔵院

第289回月例研究会 12月9日（土）龍泉院過去帳群（元千蔵院過去帳）から近世農村を見る（倉木常夫）「北区史を考える会会報」　北区史を考える会　（83）　2007.2

浅草寺

浅草寺の銀杏（宮崎敏子）「目黒区郷土研究」　目黒区郷土研究会　567　2002.4

金龍山浅草寺における火災対応について―天保初年を中心に（小沢詠美子）「関東近世史研究」　関東近世史研究会　（52）　2003.6

江戸における富興行について―『浅草寺日記』の事例を中心に（〈月例会報告要旨〉）（滝口正哉）「関東近世史研究」　関東近世史研究会　（53）　2003.10

研究の散歩道 都市図の深層―寛永後期の幻の浅草寺伽藍（小澤弘）「江戸東京博物館news ： Edo-Tokyo Museum news」　東京都歴史文化財団東京都江戸東京博物館　57　2007.3

武蔵型板碑の生産と流通に関する一考察―浅草寺における応永期の板碑を中心として（伊藤宏之）「寺院史研究」　寺院史研究会　（13）　2011.05

文政期における鷹場と江戸―文政6年の浅草寺境内普請統制を中心に（山崎久登）「関東近世史研究」　関東近世史研究会　（71）　2012.02

幕末期江戸における迷子石の社会的意義―浅草寺の事例を中心に（特集 都市の風俗を考える）（加藤友梨）「風俗史学 ： 日本風俗史学会誌」　日本風俗史学会，岩田書店（発売）（56）　2014.1

浅草寺寺内町

浅草寺寺内町（田丸太郎）「目黒区郷土研究」　目黒区郷土研究会　（667）　2010.8

洗足池

袈裟掛けの松（洗足池）（宮崎敏子）「目黒区郷土研究」　目黒区郷土研究会　592　2004.5

千束稲荷

千束稲荷の二の午（石川博司）「まつり通信」　まつり同好会　40（2）通号468　2000.1

千束郷

鎌倉時代の千葉氏と武蔵国豊島郡千束郷―『日蓮遺文紙背文書』を読む（1）（湯浅治久）「市立市川歴史博物館年報」　市立市川歴史博物館　16　1999.3

千束八幡宮

私の散歩道（73）千束八幡宮（大輪敏男）「目黒区郷土研究」　目黒区郷土研究会　539　1999.12

仙台坂

仙台坂出土の埋葬犬と江戸のイヌたち（金子浩昌）「品川歴史館紀要」　品川区立品川歴史館　（19）　2004.3

千駄ヶ谷

見る・知る・守る 千駄ケ谷の富士塚と中里の富士塚「東京の文化財」　東京都教育庁地域教育支援部　75　1998.3

江戸富士塚を巡る（1）―千駄ケ谷富士・高松富士（酒井幸光）「あしなか」　山村民俗の会　288　2010.04

千駄谷観音堂

千駄ケ谷観音堂―不動の鳥居（5）（竹田務）「目黒区郷土研究」　目黒区郷土研究会　576　2003.1

千駄ヶ谷富士

富士塚前史考（2）高田富士以前の江戸の代表的富士塚―本郷富士・千駄ケ谷富士・浅草富士（竹谷靱負）「富士山文化研究」　富士山文化研究会　（9・10）　2008.12

千駄木

ご近所調査報告―日本舞踊、萩井流家元の稽古場 踊りたい人、この指とまれ「谷中・根津・千駄木」　谷根千工房　51　1997.10

善長寺

写真ニュース（5）「善長寺のしまいの酉の市」と「天祖神社の熊手市」（井上富夫）「板橋史談」　板橋史談会　（245）　2008.3

善導寺

祐天上人と善導寺（田丸太郎）「目黒区郷土研究」　目黒区郷土研究会　567　2002.4

泉福寺

現地見学 8月18日（月）陸軍歩兵101連隊（東部62部隊）と溝の口演習場のあとを探るコース 戦場へ向かう新兵たちを偲ぶ 境界石・泉福寺/お化け灯籠/馬房・装蹄小屋/野外射撃場跡（中田均）「浅川地下壕の保存をすすめる会ニュース」　浅川地下壕の保存をすすめる会　（102）　2014.10

善福寺

石仏紹介（122）善福寺4丁目の江戸向地蔵（藤井正三）「杉並郷土会史報」　杉並郷土史会　157　1999.9

石仏紹介（123）善福寺の将軍地蔵塔（藤井正三）「杉並郷土会史報」　杉並郷土史会　158　1999.11

石仏紹介（137），（138）善福寺の将軍地蔵（1），（2）（藤井正三）「杉並郷土史会史報」　杉並郷土史会　172/173　2002.3/2002.5

善福寺の銀杏（港区）（宮崎敏子）「目黒区郷土研究」　目黒区郷土研究会　566　2002.3

善福寺と福寿庵（1），（2）（菅野郁雄）「杉並郷土史会史報」　杉並郷土史会　（211）/（212）　2008.9/2008.11

中世の善福寺（竹村知）「港郷土資料館だより」　港区立港郷土資料館　（68）　2011.09

関東　　　　　　　　　　　　　郷土に伝わる民俗と信仰　　　　　　　　　　　　　東京都

善福寺池
第441回例会記 私の善福寺池ものがたり 古川英夫先生「杉並郷土史会史報」 杉並郷土史会 （220） 2010.3

善明寺
鉄仏の来歴と畠山重忠の伝説（小野一之）「府中市郷土の森博物館紀要」 府中文化振興財団府中市郷土の森博物館 （24） 2011.03

善養寺
私の散歩道（80）世田谷野毛・善養寺（大輪敏男）「目黒区郷土研究」 目黒区郷土研究会 546 2000.7

泉竜寺
わがまちの文化財・狛江市 泉龍寺「東京の文化財」 東京都教育庁地域教育支援部 （98） 2006.3

宗円寺
宗円寺のショウズカのばば―東京都世田谷区上馬（大島建彦）「西郊民俗」［西郊民俗談話会］ （196） 200€.9

雑司が谷
資料の寄贈 みずから書き留めて―「雛人形の思い出」雑司が谷・若林さん「かたりべ： 豊島区立郷土資料館ミュージアム開設準備だより」 豊島区立郷土資料館 通号84 2007.1
産婦を助ける産婆さん―若林ミヨさん・雑司が谷「かたりべ： 豊島区立郷土資料館ミュージアム開設準備だより」 豊島区立郷土資料館 通号90 2008.6

雑司ヶ谷鬼子母神堂
雑司ヶ谷鬼子母神堂によせて（杉村佖）「伊豆史談」 伊豆史談会 131 2002.3

雑司が谷旧宣教師館
雑司が谷旧宣教師館住民保存運動経緯について（浜地真実子）「生活と文化： 研究紀要」 豊島区 （14） 2004.12
雑司が谷旧宣教師館における教育普及事業について（柳河加奈子）「生活と文化： 研究紀要」 豊島区 （18） 2009.03

雑司が谷霊園
職人と地域の歴史（5）石にたずさわる人と技―雑司が谷霊園周辺の石畳「かたりべ： 豊島区立郷土資料館ミュージアム開設準備だより」 豊島区立郷土資料館 （78） 2005.6

総持寺
江戸時代はじめの総持寺について（多田文夫）「足立史談」 足立区教育委員会 363 1998.5
第226回史跡研究会 総持寺・生麦事件碑を訪ねて（阿部偉子）「北区史を考える会会報」 北区史を考える会 62 2001.11
足立の登録文化財を観る 総持寺三匝堂「足立史談会だより」 足立史談会 （266） 2010.05
西新井大師総持寺蔵 虚空蔵菩薩画像（真田尊光）「足立史談」 足立区教育委員会 （524） 2011.10

増上寺
ハサミ供養をめぐって―東京都港区芝・増上寺（大崎智子）「民具マンスリー」 神奈川大学 30（1） 1997.4
増上寺の諸仏―江戸時代の仏像を中心として（伊藤真弓）「港郷土資料館だより」 港区立港郷土資料館 34 1997.7
平成2年度港区指定文化財 増上寺蔵「涅槃図」の保存修理（松本健）「港郷土資料館だより」 港区立港郷土資料館 38 1998.11
増上寺の石燈籠を求めて（伊藤友己）「郷土研だより」 東村山郷土研究会 289 2003.6
増上寺切害事件（黒川秀雄）「東海地域文化研究」 名古屋学芸大学短期大学部附属東海地域文化研究所 （14） 2003.7
増上寺石燈籠群の考察―所沢への流出の経緯と歴史的意味（伊藤友己）「東村山市史研究」 東村山市教育委員会 （13） 2004.3
溜詰大名の将軍家霊廟参詣―彦根藩主井伊家の場合（野田浩子）「彦根城博物館研究紀要」 彦根城博物館 （15） 2005.3
桜満開の増上寺 御忌法要見学記/初夏の北松戸を歩く「荒川史談」 荒川史談会 （282） 2005.6
東京・芝・増上寺徳川家霊廟由来石灯籠の山梨県内各地への移設について（深澤喜延）「甲斐」 山梨郷土研究会 105 2005.3
「芝増上寺」見学記（寺内大吉師法話）（竹内茂子）「せたかい： 歴史さろん」 世田谷区誌研究会 （59） 2007.7
失われた旧増上寺の文化遺産（田原口保貞）「相馬郷土」 相馬郷土研究会 （23） 2008.3
研究余話 増上寺所蔵の『入寺帳』と『寺院成就記』「横浜市歴史博物館news： Yokohama History Museum news」 横浜市歴史博物館 （26） 2008.3
明治二年・増上寺と民政（橋口明子）「目黒区郷土研究」 目黒区郷土研究

会 （646） 2008.11
特別展「増上寺徳川家霊廟」を終えて（高山優）「港郷土資料館だより」 港区立港郷土資料館 （65） 2010.03
平成21年度第2回企画ロビー展 増上寺と徳川家霊廟の近代「東京都公文書館だより」 東京都公文書館 （16） 2010.03
特別展 法然上人八百年御遠忌奉賛「五百羅漢―増上寺秘蔵の仏画 幕末の絵師狩野一信」「江戸東京博物館news： Edo-Tokyo Museum news」 東京都歴史文化財団東京都江戸東京博物館 （73） 2011.03
増上寺と堀家（渡辺好明）「郷土杉松」 村松郷土史研究会 （69） 2012.05
増上寺三解脱門の建立年代に関する一考察（米山勇）「東京都江戸東京博物館紀要」 東京都江戸東京博物館 （3） 2013.03
新版画と伝統―「増上寺の雪」の制作と戦後の状況について（小山周子）「東京都江戸東京博物館紀要」 東京都江戸東京博物館 （3） 2013.03
表紙図版 川瀬巴水「増上寺の雪」部分図（7200017）「東京都江戸東京博物館紀要」 東京都江戸東京博物館 （3） 2013.03
法然上人絵伝の源流―増上寺本の復元的考察（高間由香里）「史学研究」 広島史学研究会 （280） 2013.07
東村山・郷土調査資料 正福寺境内の石碑・石造物/徳蔵寺・正福寺に置かれた徳川将軍家墓所（増上寺）の燈籠（高山博之）「郷土だより」 東村山郷土研究会 （403） 2013.12
増上寺火之番に関する覚書―「増上寺火之御番被仰合覚書」の紹介を兼ねて（竹村到）「研究紀要」 港区立港郷土資料館 （16） 2014.03
資料紹介『在府中日記』と増上寺徳川将軍家霊廟訪問記録（高山優，平田秀勝）「研究紀要」 港区立港郷土資料館 （16） 2014.3

増上寺領
目黒区域の増上寺領（柳下顕紀）「郷土目黒」 目黒区郷土研究会 45 2001.10

桑都
さし絵のなかの多摩（18）油単台と縞市風景―桑都日記の桑都朝市図（斎藤慎一）「多摩のあゆみ」 たましん地域文化財団 104 2001.11
住まいの民俗（1），（2）―住まいの内と外（池田和夫）「桑都民俗： 桑都民俗の会会報」 桑都民俗の会 22/23 2004.11/2005.5
最近の墓石の変化について―新聞の霊園折込広告を見て（下島彬）「桑都民俗： 桑都民俗の会会報」 桑都民俗の会 22 2004.11
民話『長太郎昔ばなし』のこと（秋間健郎）「桑都民俗： 桑都民俗の会会報」 桑都民俗の会 23 2005.5

僧尼寺
僧尼寺伽藍内外の様相―尼寺金堂前庭発見の幡（幡）竿柱跡をめぐって（福田信夫）「多摩のあゆみ」 たましん地域文化財団 103 2001.8

即清寺新四国霊場
東京都青梅市即清寺新四国霊場（石川博司）「日本の石仏」 日本石仏協会，青娥書房（発売） 通号88 1998.12
即清寺新四国霊場と古文書（石川博司）「野仏： 多摩石仏の会機関誌」 多摩石仏の会 30 1999.8

染井
菊花見物と菊見案内―「染井・すかも 造りきく道のしをり」を読む（秋山伸一）「生活と文化： 研究紀要」 豊島区 （22） 2013.03

染井霊園
染井霊園に眠る人（岩谷芳子）「史友」 東京史蹟史談会 7 2000.8
中山道・巣鴨と染井霊園を訪ねて（奥田直道）「目黒区郷土研究」 目黒区郷土研究会 585 2003.10

空川
会報にみる目黒の昔（29）「み魂遷しとけころ坂」浅海行夫/「空川の源流を探る」松田素風「目黒区郷土研究」 目黒区郷土研究会 （666） 2010.7

大円寺
大円寺の潮見地蔵（長沢利明）「杉並郷土史会々報」 杉並郷土史会 145 1997.9
泉谷山大円寺（県外実地踏査の報告―高遠ゆかりの上総飯野藩保科氏の故地を訪ねて）（北沢哲郎）「伊那路」 上伊那郷土研究会 41（11）通号490 1997.11
大圓寺の大黒天（1），（2）（田丸太郎）「目黒区郷土研究」 目黒区郷土研究会 590/591 2004.3/2004.4
大圓寺の五百羅漢等（編集部）「目黒区郷土研究」 目黒区郷土研究会 595 2004.8
大圓寺の目黒川架橋供養勢至菩薩像（編集部）「目黒区郷土研究」 目黒区郷土研究会 596 2004.9
もう一つの大圓寺（橋口明子）「目黒区郷土研究」 目黒区郷土研究会 608 2005.9
清涼寺式釈迦如来立像を拝観する（平山元也）「目黒区郷土研究」 目黒区郷土研究会 （625） 2007.2

東京都　　　　　　　　　　　　　　郷土に伝わる民俗と信仰　　　　　　　　　　　　　　関東

大圓寺の墓の草どもむしれ（原田弘）「杉並郷土史会史報」　杉並郷土史会　（224）2010.11

島津家菩提寺 大円寺より新資料（新村康敏）「杉並郷土史会会報」　杉並郷土史会　（238）2013.03

墓誌から見る大名家奥方の履歴―島津家大円寺墓誌より（竹村到）「港郷土資料館だより」　港区立港郷土資料館　（71）2013.03

大義寺

歴史案内（57）大義寺（鈴木利信）「八王子市郷土資料館だより」　八王子市郷土資料館　62　1997.11

大吉寺

社寺調査余聞（2）大吉寺（倉島幸雄）「せたがい : 歴史さろん」　世田谷区誌研究会　（50）1998.5

題経寺

わがまちの文化財・葛飾区 堀切菖蒲園と題経寺の文化財「東京の文化財」　東京都教育庁地域教育支援部　（104）2008.3

大師送り

大師送り（小泉健男）「足立史談」　足立区教育委員会　392　2000.10

太子堂

荏原郡の神仏分離―太子堂森家文書を中心に（田丸太郎）「せたがい : 歴史さろん」　世田谷区誌研究会　（50）1998.5

大乗院

出羽三山講先達王子村「大乗院」について（榎本龍治）「十條村近世史雑考」　榎本龍治　（11）2001.1

第231回月例研究会 出羽三山講先達王子村「大乗院」について（榎本龍治）「北区史を考える会会報」　北区史を考える会　64　2002.5

足立区の登録文化財を観る 大乗院本堂 一棟/吉祥院山門 一棟/吉祥院宝篋印塔 一基「足立史談会だより」　足立史談会　（270）2010.09

新春三題 出初め式 梯子乗り/じんがんなわ 大乗院/初釜と寿獅子 郷土博物館「足立史談会だより」　足立史談会　（287）2012.02

大聖院

私の散歩道（89）大聖院（大輪敏男）「目黒区郷土研究」　目黒区郷土研究会　557　2001.6

大正寺

調布の建造物 大正寺本堂及び山門（元田長次郎）「調布の文化財」　調布市郷土博物館　22　1997.10

妙法寺前身 廃寺・大正寺と大宮小学校（小川春夫）「杉並郷土史会会報」　杉並郷土史会　（243）2014.01

大聖寺

大聖寺中興の泉能について（矢沢幸一朗）「足立史談」　足立区教育委員会　382　1999.12

足立の登録文化財を観る 延命寺山門/大鷲神社本殿/大聖寺本堂「足立史談会だより」　足立史談会　（265）2010.04

足立区の登録文化財を観る 大聖寺本堂 一棟/応現寺山門 一棟/舎人氷川神社本殿 一棟「足立史談会だより」　足立史談会　（268）2010.07

足立区の登録文化財を観る 有形文化財（典籍）大般若経 完本 常善院/大般若経 完本 大聖寺「足立史談会だより」　足立史談会　（296）2012.11

大正天皇多摩陵

東京都の陵墓（4）豊島岡墓地補遺、大正天皇多摩陵（外池昇）「多摩地域史研究会会報」　多摩地域史研究会　52　2001.1

大泉寺

小山田大泉寺と群馬県の兄弟寺院 寺二ヵ寺の関係（堀江泰紹）「町田地方史研究」　町田地方史研究会　14　2000.5

大善寺

さし絵のなかの多摩（31）多摩のおまつりとマチの賑わい―六所宮大晦日の市と大善寺十夜の市の図（斎藤慎一）「多摩のあゆみ」　たましん地域文化財団　（118）2005.5

八王子大善寺の「お十夜」が復活―八王子城落城の戦死者の慰霊が始まり（山本仁）「郷土史」　八王子市川口郷土史研究会　（34）2013.02

「東村山の再発見・見どころ11選」（3）大善寺と弁天池（七森繁満、宮元裕子）「郷土研だより」　東村山郷土研究会　（411）2014.8

大善町

お十夜の思い出 大横町・大善町今昔（古坂容子）「郷土史」　八王子市川口郷土史研究会　（35）2014.2

代田

新指定文化財 無形民俗文化財（民俗芸能）代田餅搗き「せたがやの文化財」　東京都世田谷区教育委員会事務局　（12）2000.2

代田の歴史と伝説（河原英俊）「せたがい : 歴史さろん」　世田谷区誌研究会　（58）2006.7

代田八幡

代田八幡の餅搗き（石川博司）「まつり通信」　まつり同好会　47（1）通号527　2007.1

大堂

修復された大堂の庚申塔（ひろば）（戸張和子）「板橋史談」　板橋史談会　（230）2005.9

赤塚大堂についての試論（井上富夫）「板橋史談」　板橋史談会　（251）2009.03

大徳院

本山派大先達山本坊の霞支配と大徳院（千代田恵汎）「近世史叢」　近世村落史研究会　（4）2009.03

台徳院霊廟

荘厳な色彩甦る・台徳院霊廟（中村琢巳）「港郷土資料館だより」　港区立港郷土資料館　（54）2004.9

特集・増上寺徳川家霊廟 もう一つの葵三代―台徳院霊廟跡地出土遺物より（高山優）「港郷土資料館だより」　港区立港郷土資料館　（64）2009.09

大悲願寺

御朱印帳の公儀御年頭御礼登城―武州多摩郡横沢村大悲願寺文書から（清水浩）「多摩のあゆみ」　たましん地域文化財団　106　2002.5

文化財修復事業の現場から あきる野市指定文化財 大悲願寺観音堂保存修理工事「東京の文化財」　東京都教育庁地域教育支援部　（103）2007.11

大悲願寺御住職 加藤章雄氏にお話をうかがいました「東京の文化財」　東京都教育庁地域教育支援部　（103）2007.11

『大悲願寺日記』と石造物（特集 石造物と古文書）（内山孝男）「日本の石仏」　日本石仏協会，青娥書房（発売）（148）2013.12

大門厨子

民俗行事［1］,（2）ジンガンナワ（小島勲）「足立史談会だより」　足立史談会　155/156　2001.2/2001.3

足立の登録文化財を観る 鹿浜獅子舞、じんがんなわ、石出掃部亮吉の墓 一基（編集部）「足立史談会だより」　足立史談会　（262）2010.01

新春三題 出初め式 梯子乗り/じんがんなわ 大乗院/初釜と寿獅子 郷土博物館「足立史談会だより」　足立史談会　（287）2012.02

1月探訪案内 小石川七福神/雪中のじんがんなわ「足立史談会だより」　足立史談会　（299）2013.02

じんがんなわ（加藤修）「足立史談会だより」　足立史談会　（311）2014.02

大楽寺

大楽寺にあった「瀧山」と「大楽寺址十王免」等について（小山祐三）「由比野」　元八王子歴史研究会　（13）2005.4

高井堂

修験宗本山派（聖護院派）高井山本覚院（俗称高井堂）（小川春夫）「杉並郷土史会史報」　杉並郷土史会　（203）2007.5

高尾

高尾稲荷と高尾の旧跡（1）,（2）（長沢利明）「西郊民俗」［西郊民俗談話会］　通号159/通号160　1997.6/1997.9

奥多摩の獅子舞紀行（30）高尾の獅子舞「かわせみ通信」　川崎実　33　1998.3

特別展「多摩陵・高尾と八王子」（八王子市郷土資料館）を観て（外池昇）「多摩地域史研究会会報」　多摩地域史研究会　（77）2006.12

武州高尾と飯綱信仰と修験（西澤新吉）「須高」　須高郷土史研究会　（70）2010.04

高尾山

高尾山の春祭り（石川博司）「まつり通信」　まつり同好会　37（4）通号434　1997.4

高尾山の表記について（杉中浩一郎）「紀南・地名と風土研究会会報」　紀南・地名と風土研究会　22　1997.11

高尾山と村人の暮らし（西川広平）「八王子市郷土資料館だより」　八王子市郷土資料館　63　1998.6

江戸時代における高尾山信仰の展開（外山徹）「関東近世研究」　関東近世史研究会　（43）1998.7

高尾山の町石（縣敏夫）「日本の石仏」　日本石仏協会，青娥書房（発売）通号87　1998.9

『近世高尾山史の研究』刊行について（村上直）「社寺史料研究会会報」　社寺史料研究会　（3）1999.3

［書評と紹介］村上直編『近世高尾山史の研究』（西村敏也）「関東近世研究」　関東近世史研究会　（45）1999.10

《特集 高尾山》「多摩のあゆみ」　たましん地域文化財団　99　2000.8

関東　　　　　　　　　　　　郷土に伝わる民俗と信仰　　　　　　　　　　　東京都

高尾山薬王院の「縁起」について（村上直）「多摩のあゆみ」　たましん地域文化財団　99　2000.8

高尾山信仰の歴史（外山徹）「多摩のあゆみ」　たましん地域文化財団　99　2000.8

高尾山の絵図を読む―蛇滝・薬王院・一の鳥居（縣敏夫）「多摩のあゆみ」　たましん地域文化財団　99　2000.8

近世高尾山における山林保護と名所化（岩濤清美）「多摩のあゆみ」　たましん地域文化財団　99　2000.8

古文書は語る（1）　山野をめぐる争論―高尾山薬王院文書より（馬場憲一）「多摩のあゆみ」　たましん地域文化財団　99　2000.8

高尾山の修験道（田中紀子）「せこ道」　山地民俗関東フォーラム　4　2001.7

高尾山に掲げられた制札―「新編武蔵風土記稿」に参加して（金井和夫）「いしぶみ」　まちだ史考会　（12）2002.1

高尾山飯綱大権と善光寺常円坊鎮座飯綱天明神「長野」　長野郷土史研究会　221　2002.1

古文書は語る（6）　寺領農民の掟書―高尾山薬王院文書「差上申一札之事」より（馬場憲一）「多摩のあゆみ」　たましん地域文化財団　107　2002.8

高尾山と天狗・山伏（神かほり）「八王子市郷土資料館だより」　八王子市郷土資料館　73　2003.7

民具短信　高尾山講のマネキについて（神かほり，美甘由紀子）「民具マンスリー」　神奈川大学　36（10）通号430　2004.1

第251回月例研究会　高尾山薬王院拝観（小林廣治）「北区史を考える会会報」　北区史を考える会　71　2004.2

高尾山講の展開―「講中経歴帳」の分析をとおして（乾賢太郎）「山岳修験」　日本山岳修験学会，岩田書院（発売）（33）2004.3

高尾山薬王院の奉納額について（八王子市郷土資料館）「八王子の歴史と文化　：　郷土資料館研究紀要・年報」　八王子市教育委員会　（16）2004.3

寒川神社大祭奉納車人形/高尾山節分追儺式「八王子車人形後援会報」　八王子車人形後援会　（11）2004.3

高尾山の霊神碑と修験（縣敏夫）「野仏　：　多摩石仏の会機関誌」　多摩石仏の会　35　2004.7

講組織の結束と発展―現代の高尾山講を事例として（乾賢太郎）「山岳修験」　日本山岳修験学会，岩田書院（発売）（35）2005.3

講演　関東地方の山岳信仰と高尾山（宮本袈裟雄）「八王子の歴史と文化　：　郷土資料館研究紀要・年報」　八王子市教育委員会　（17）2005.3

高尾山との関わり（市川光夫）「奥武蔵」　奥武蔵研究会　通号347　2006.1

村上直編著『高尾山薬王院文書を紐とく』（本の紹介）（桜井昭男）「多摩のあゆみ」　たましん地域文化財団　（121）2006.2

高尾山の八手弁財天（縣敏夫）「野仏　：　多摩石仏の会機関誌」　多摩石仏の会　37　2006.7

古い写真を読む（12）高尾山飯縄権現護摩堂「八王子市郷土資料館だより」　八王子市郷土資料館　（80）2007.1

高尾山の道標（縣敏夫）「野仏　：　多摩石仏の会機関誌」　多摩石仏の会　38　2007.7

村上直編『高尾山薬王院文書を紐とく』（書評と紹介）（滝口正哉）「関東近世史研究」　関東近世史研究会　（63）2007.10

古文書は語る（21）高尾山薬王院の江戸出開帳―高尾山薬王院文書「薬王院出開帳許可願書」より（馬場憲一）「多摩のあゆみ」　たましん地域文化財団　（128）2007.10

縣敏夫編著『高尾山の記念碑・石仏』（本の紹介）（外山徹）「多摩のあゆみ」　たましん地域文化財団　（130）2008.5

高尾山訪問記（山本博布）「説経　：　説経節の会通信」　説経節の会　（81）2008.7

古い写真を読む（17）高尾山五重塔（明治30年代末の絵葉書）「八王子市郷土資料館だより」　八王子市郷土資料館　（85）2009.06

高尾山五重塔の宝塔について（1），（2）（土井義夫）「八王子市郷土資料館だより」　八王子市郷土資料館　（85），（86）2009.06/2009.12

江戸時代における高尾山薬王院と周辺農民の境相論について（安宅達利）「多摩地域史研究会会報」　多摩地域史研究会　（93）2010.05

私が出会った珍しい石造物　あきる野市雨尾山中の降三世明王/庚申塔の楽しい三猿―目隠し鬼遊びと綱引きに興じる三猿/平塚市片岡龍源寺の文字庚申塔（佐野泰道）「野仏　：　多摩石仏の会機関誌」　多摩石仏の会　41　2010.08

戦前期の高尾山とその周辺（安宅達利）「多摩地域史研究会会報」　多摩地域史研究会　（95）2010.11

たてもの園から　武蔵御嶽神社と高尾山薬王院（米崎清実）「江戸東京博物館news：Edo-Tokyo Museum news」　東京都歴史文化財団東京都江戸東京博物館　72　2010.12

江戸東京たてもの園の特別展「武蔵御嶽神社と高尾山薬王院」展をふりかえって（米崎清実）「江戸東京たてもの園だより」　東京都歴史文化財団　（37）2011.03

高尾山薬王院をめぐる宗教者群像（特集 多摩の神職と僧侶）（外山徹）「多摩のあゆみ」　たましん地域文化財団　（145）2012.02

外山徹著「武州高尾山の歴史と信仰」（本の紹介）（西村敏也）「多摩のあゆみ」　たましん地域文化財団　（146）2012.05

山岳信仰と奥多摩地方（12）―高尾山と各地の富士塚を散策（黒澤昭治）「郷土研究」　奥多摩郷土研究会　（24）2013.03

古文書は語る（39）高尾山薬王院と紀伊徳川家との関わり―高尾山薬王院文書「母子肥立ち祈願ならびにお守り札送付依頼状」（馬場憲一）「多摩のあゆみ」　たましん地域文化財団　（155）2014.08

高尾山八十八大師

高尾山八十八大師（縣敏夫）「野仏　：　多摩石仏の会機関誌」　多摩石仏の会　30　1999.8

高木神社

高木の獅子舞（東京都東大和市高木 高木神社）（川崎実）「かわせみ通信」　川崎実　（131）2011.08

高田

富士講関係調査（2）　「高田十三夜講」の足跡―御師・大国屋と船津胎内をたどる（福岡）「かたりべ　：　豊島区立郷土資料館ミュージアム開設準備だより」　豊島区立郷土資料館　（109）2013.03

高田富士

現存していた「高田富士」（仲野喜道）「目黒区郷土研究」　目黒区郷土研究会　564　2002.1

富塚富士と高田富士―"偽せもの"見聞考（《富士塚特集》）（酒井幸光）「あしなか」　山村民俗の会　279　2007.10

高田富士の移築と早稲田大学（《富士塚特集》）（小川博）「あしなか」　山村民俗の会　279　2007.10

竹谷靫負編『富士塚考 江戸高田富士 築造の謎を探る』（本の紹介）（城川隆生）「多摩のあゆみ」　たましん地域文化財団　（138）2010.05

高輪

地蔵移転 東京高輪から大分・中津へ（奥平政幸）「日本の石仏」　日本石仏協会，青娥書房（発売）通号92　1999.12

港区江戸遊里譚―高輪・芝車町（平田秀勝）「港郷土資料館だより」　港区立港郷土資料館　（59）2007.3

高輪の今昔（大島建彦）「西郊民俗」　［西郊民俗談話会］　（220）2012.09

高輪接遇所

高輪接遇所―泉岳寺にあった英国公使館（吉崎雅規）「港郷土資料館だより」　港区立港郷土資料館　（51）2003.3

高橋敬一家

自然と生きる 西東京市の主な屋敷林（3）高橋敬一家（下保谷4丁目）（小川武廣）「武蔵保谷村だより　：　高橋文太郎の『武蔵保谷村郷土資料』を手掛かりに」　下保谷の自然と文化を記録する会　（4）2012.1

高橋家屋敷林

自然と生きる 西東京市の主な屋敷林（8）高橋家屋敷林の今日的存在意義（小川武廣）「武蔵保谷村だより　：　高橋文太郎の『武蔵保谷村郷土資料』を手掛かりに」　下保谷の自然と文化を記録する会　（9）2013.4

高幡

高幡と南平の水車―森久保作蔵の水車・撚糸水車・貸水車（上野さだ子）「日野の歴史と文化」　日野史談会　46　1997.10

高幡上組

高幡上組念仏講の膳椀その他について（金野啓史）「日野市ふるさと博物館紀要」　日野市ふるさと博物館　6　1997.3

高幡不動

高幡不動の永代融通念仏塔（大飼康祐）「野仏　：　多摩石仏の会機関誌」　多摩石仏の会　33　2002.7

旗掛けの松（宮崎敏子）「目黒区郷土研究」　目黒区郷土研究会　597　2004.10

2月高幡不動・百草園探訪報告「足立史談会だより」　足立史談会　204　2005.3

高幡不動尊

千載一遇 平成9年の高幡不動尊（田中紀子）「日野の歴史と文化」　日野史談会　46　1997.10

古文書は語る（12）古刹高幡不動尊の堂舎修復―高幡不動金剛寺文書「本山拝借金返済延期願書」より（馬場憲一）「多摩のあゆみ」　たましん地域文化財団　114　2004.5

百草園から高幡不動尊（山行報告）（関口洋介）「奥武蔵」　奥武蔵研究会　（387）2012.09

鷹番住区

風・物・誌（24）鷹番住区のどんど焼き（長沢英男）「目黒区郷土研究」　目黒区郷土研究会　529　1999.2

高松

江戸富士塚を巡る（1）―千駄ヶ谷富士・高松富士（酒井幸光）「あしなか」山村民俗の会　288　2010.04

高水山

奥多摩の獅子舞い紀行（32）高水山の獅子舞い「かわせみ通信」　川崎実　35　1998.5

高水山の古式獅子舞（大沢昭美）「奥武蔵」奥武蔵研究会　313　2000.5

獅子舞への誘い（12）下名栗の母、高水山（関口洋介）「奥武蔵」奥武蔵研究会　通号350　2006.7

旅の草ぐさ（4）奥多摩高水山で獅子舞を見た―遠い日のモノクロ写真から（酒井幸光）「あしなか」山村民俗の会　277　2007.3

宝田稲荷

「宝田稲荷」伏見稲荷本社へお返しされる（泉貞代）「板橋史談」板橋史談会　220　2004.1

滝

八王子の来訪神・八王子市高月町滝の福の神（沢井栄）「八王子の歴史と文化：郷土資料館研究紀要・年報」八王子市教育委員会　13　2001.3

滝ノ院

滝ノ院持仏堂の再建に向けて（遠藤吉次）「くにたちの自然と文化」国立の自然と文化を守る会　（20）　1999.6

滝野川村

指定文化財説明書 滝野川村榎本家文書 附民俗資料「文化財研究紀要」東京都北区教育委員会　20　2007.3

滝野川大長ニンジンと滝野川村（町）字三軒家（武蔵野の食文化（3））（芦田正次郎）「武蔵野」武蔵野文化協会　83（1）通号345　2007.5

滝山

第26回東京大会を終えて 東京花祭りと錦糸町河内音頭の実演紹介の経過など（特集 第26回東京大会 大会テーマ「都市における民俗芸能の新たな展開」）（星野紘）「日本民俗音楽学会会報」日本民俗音楽学会　（38）　2013.03

第26回東京シンポジウム報告 新しい民俗的伝統的音楽文化をどう考える、重要な問題提起―東京花祭り・すみだ河内音頭、ともに悩みは資金集め（特集 第26回東京大会 大会テーマ「都市における民俗芸能の新たな展開」）（入江宣子）「日本民俗音楽学会会報」日本民俗音楽学会　（38）　2013.03

竹芝寺

『更級日記』にみえる「竹芝寺」の所在地をめぐって（上）,（下）（加瀬文雄）「港郷土資料館だより」港区立港郷土資料館　33/36　1997.3/1998.3

「竹芝寺」の伝説と済海寺―伝承形成の事例として（加瀬文雄）「港郷土資料館だより」港区立港郷土資料館　40　1999.8

竹姫の井戸

竹姫の井戸と三田用水（橋口明子）「目黒区郷土研究」目黒区郷土研究会　534　1999.7

多西郡

「多西郡」在銘の島根県大田南八幡宮奉納経筒（深澤靖幸）「府中市郷土の森博物館紀要」府中文化振興財団府中市郷土の森博物館　（17）　2004.3

立川

『立川の生活誌』の刊行（立川市歴史民俗資料館）「ミュージアム多摩：東京都三多摩公立博物館協議会会報」東京都三多摩公立博物館協議会　20　1999.3

弥兵衛の松の伝説（横川令子）「立川柳田国男を読む会通信」立川柳田国男を読む会　（57）　1999.8

呪術「九字印大事」について（鈴木功）「立川民俗」立川民俗の会　（13）　2002.12

伝承の民間薬（中島玲子）「立川民俗」立川民俗の会　（13）　2002.12

並木の歩み（2）明治・大正から第二次大戦まで（吉澤勘吾）「立川民俗」立川民俗の会　（13）　2002.12

神社建築と鳥居の種類（荻田利雄）「立川民俗」立川民俗の会　（13）　2002.12

節目の行事と食べ物（2）（鈴木サト）「立川民俗」立川民俗の会　（13）　2002.12

消えてゆく民俗行事（1）（三田鶴吉）「立川民俗」立川民俗の会　（14）　2004.3

観天望気―夕やけ小やけあした天気になーれ（鈴木功）「立川民俗」立川民俗の会　（14）　2004.3

縁切寺と縁切川柳（石塚孝江）「立川民俗」立川民俗の会　（14）　2004.3

はじめの一歩（浜中政江）「立川民俗」立川民俗の会　（14）　2004.3

わが生涯の記（三田鶴吉）「立川民俗」立川民俗の会　（15）　2005.10

公私日記に見る温泉行きと利用（中島玲子）「立川民俗」立川民俗の会　（15）　2005.10

地域の歴史を語る踏切名（鈴木功）「立川民俗」立川民俗の会　（15）　2005.10

宮崎糺編（昭和29年）「故老にものを聞く会」記録（豊泉喜一）「立川民俗」立川民俗の会　（15）　2005.10

故老に物を聞く会記録考察（豊泉喜一）「立川民俗」立川民俗の会　（15）　2005.10

立川の民俗一口メモ ひなたの鶏糞/葉っぱの肥やし/栄町 愛宕神社/西砂三新田の社寺「立川民俗」立川民俗の会　（15）　2005.10

村の料理人（中島玲子）「立川民俗」立川民俗の会　（16）　2008.3

野取反別帳の考察（豊泉喜一）「立川民俗」立川民俗の会　（16）　2008.3

俗信と迷信の謎（石塚孝江）「立川民俗」立川民俗の会　（16）　2008.3

立川の民俗一口メモ 御岳のおいぬさま/麦蒔/伴さん/麦踏み（三田鶴吉）「立川民俗」立川民俗の会　（16）　2008.3

石について（荻田利雄）「立川民俗」立川民俗の会　（18）　2012.10

バク（大麦）飯のこと（檜山泰子）「立川民俗」立川民俗の会　（18）　2012.10

立川小唄について（豊泉喜一）「立川民俗」立川民俗の会　（18）　2012.10

立川の昔ばなし「つむじ風」「普済寺の首塚」「麦屁」「むじなのそら死に」「立川民俗」立川民俗の会　（18）　2012.10

立川の部落会・自治会発展過程を追う（岩瀬英治）「立川民俗」立川民俗の会　（19）　2014.10

昭和の食事「戦中、戦後」（檜山泰子）「立川民俗」立川民俗の会　（19）　2014.10

立川の昔ばなし「流泉寺の小豆とぎ」、「おたか塚」、「子の権現参り」「立川民俗」立川民俗の会　（19）　2014.10

立川崖線

立川崖線雑感（鈴木功）「立川民俗」立川民俗の会　（17）　2010.12

立川家

立川家のお会式（原山冨士子）「郷土研だより」東村山郷土研究会　（310）　2005.11

立川家を拝観して（正村昭孝）「郷土研だより」東村山郷土研究会　（310）　2005.11

立川家のお会式―参詣報告（高山博之）「郷土研だより」東村山郷土研究会　（354）　2009.11

立川市

立川市教育委員会編『立川の生活誌第六集立川のお医者さん』（本の紹介）（長田直子）「多摩のあゆみ」たましん地域文化財団　（118）　2005.5

たっちゃん池

東村山の昔ばなし（4）宅部 たっちゃん池（山田民夫,両澤清）「郷土研だより」東村山郷土研究会　（375）　2011.08

立石

葛飾区立石の木曽御嶽講―神道修成派梅林講を中心として（西海賢二）「博物館研究紀要」葛飾区郷土と天文の博物館　（5）　1998.3

立石様研究ノート[1],（2）（谷口栄）「博物館研究紀要」葛飾区郷土と天文の博物館　（5）/（8）　1998.3/2001.3

田中

御念仏帳（日野市南平田中）（犬飼康祐）「日野の歴史と文化」日野史談会　47　1998.4

本の紹介 清水守男著『伝承・わが街の歴史―南平田中の昔』（北村澄江）「多摩のあゆみ」たましん地域文化財団　101　2001.2

田中稲荷

妙法寺参詣道を歩く（3）高円寺田圃と田中稲荷（前田浩志）「らぶりい杉並」杉並の今昔を語る会　（13）　1998.5

田中みめぐりの稲荷

初編下巻二十三「田中みめぐりの稲荷の社」（伊藤龍平）「昔話伝説研究」昔話伝説研究会　（23）　2003.4

棚沢

奥多摩の獅子舞い紀行（25）棚沢の獅子舞い「かわせみ通信」川崎実　28　1997.10

棚沢の戦没者慰霊碑について（伊藤広光）「郷土研究」奥多摩郷土研究会　（17）　2006.3

田無

柳田国男と田無・上保谷の信仰（石井正己）「武蔵保谷村だより：高橋文太郎の『武蔵保谷村郷土資料』を手掛かりに」下保谷の自然と文化を記録する会　（2）　2011.07

前号の石井先生の内容として関連して 田無の庚申塔と保谷の地蔵尊（増淵和利）「武蔵保谷村だより：高橋文太郎の『武蔵保谷村郷土資料』を手掛かりに」下保谷の自然と文化を記録する会　（3）　2011.10

関東　　　　　　　　　　　　　　郷土に伝わる民俗と信仰　　　　　　　　　　　　東京都

たなし八十八箇所

「たなし八十八箇所めぐり」報告（近辻喜一）「多摩地域史研究会会報」
多摩地域史研究会　34　1997.6

田端神社

トピックス（47）田端神社の木槌（森泰樹）「杉並郷土史会々報」　杉並郷
土史会　143　1997.5

石仏紹介（130），（131）田端神社の石仏（1），（2）（藤井正三）「杉並郷土
史会史報」　杉並郷土史会　165/166　2001.1/2001.3

杉並に伝わる地蔵物語（10）田端神社の子の権現他（遠藤塩子）「野仏　：
多摩石仏の会機関誌」　多摩石仏の会　40　2009.08

田光り観音

足立区の文化財　平成2年版「足立区の文化財」による　有形民俗文化財
田光り観音　1軀、光茶釜付　松風庵揮毫帳、乳泉石及び箱「足立史談会
だより」　足立史談会　（320）2014.11

多摩

資料が語る多摩　塚から考えること（山田義高）「多摩地域史研究会会報」
多摩地域史研究会　32　1997.2

多摩の養蚕あれこれ（2）種繭（中島正枝）"にーだんご"　くにたちの暮
らしを記録する会　10　1997.4

多摩の「烏八臼」墓塔（関口渉）「野仏　：　多摩石仏の会機関誌」　多摩石
仏の会　28　1997.8

平成の庚申塔（多田治昭）「野仏　：　多摩石仏の会機関誌」　多摩石仏の会
28　1997.8

道祖神写真展と文献目録（石川博司）「野仏　：　多摩石仏の会機関誌」　多
摩石仏の会　28　1997.8

稲荷の本地仏（石川博司）「野仏　：　多摩石仏の会機関誌」　多摩石仏の会
28　1997.8

十四夜念仏塔の報告（石川博司）「野仏　：　多摩石仏の会機関誌」　多摩石
仏の会　28　1997.8

庚申塔殺人事件（石川博司）「野仏　：　多摩石仏の会機関誌」　多摩石仏の
会　28　1997.8

四猿の置物　せざるをいれて四猿なり（犬飼康祐）「野仏　：　多摩石仏の会
機関誌」　多摩石仏の会　28　1997.8

《特集 多摩の民家》「多摩のあゆみ」　たましん地域文化財団　89　1998.2

名主の家と庶民の家―多摩の民家史のあらまし（白井裕泰）「多摩のあゆ
み」　たましん地域文化財団　89　1998.2

山の古民家（田中進）「多摩のあゆみ」　たましん地域文化財団　89
1998.2

見学できる保存民家（大嶋一人）「多摩のあゆみ」　たましん地域文化財団
89　1998.2

多摩地方の塞神（石川博司）「日本の石仏」　日本石仏協会，青娥書房（発
売）　通号86　1998.6

村明細帳石塔記録と現存石仏について（萩原清高）「野仏　：　多摩石仏の
会機関誌」　多摩石仏の会　29　1998.7

庚申塔の背後を読むには（石川博司）「野仏　：　多摩石仏の会機関誌」　多
摩石仏の会　29　1998.7

原さんと『新多摩石仏散歩』（石川博司）「野仏　：　多摩石仏の会機関誌」
多摩石仏の会　29　1998.7

石仏調査資料 十六羅漢の像容（犬飼康祐）「野仏　：　多摩石仏の会機関
誌」　多摩石仏の会　29　1998.7

多摩と私のくらし・研究（石田頼房）「多摩学会」　多摩学会　10　1998.
11

多摩の寺子屋師匠（佐野貴宏）「多摩のあゆみ」　たましん地域文化財団
93　1999.2

多摩地域養糸業の概要（小作寿郎）「羽村市郷土博物館紀要」　羽村市郷土
博物館　14　1999.3

さし絵のなかの多摩（9）多摩の黒炭と炭俵―江戸名所図会巻3「国分寺
村炭かま」（斎藤慎一）「多摩のあゆみ」　たましん地域文化財団　94
1999.5

多摩の繭玉講（長沢利明）「西郊民俗」「西郊民俗談話会」　通号167
1999.6

馬と神事（野村幸希）「多摩のあゆみ」　たましん地域文化財団　95
1999.8

馬の信仰と民俗―代参・馬待ち（後藤広史）「多摩のあゆみ」　たましん地
域文化財団　95　1999.8

馬の仏 多摩の馬頭観音（犬飼康祐）「多摩のあゆみ」　たましん地域文化
財団　95　1999.8

多摩で行なわれた曲馬興行（太田和子）「多摩のあゆみ」　たましん地域文
化財団　95　1999.8

「髭達磨」（田中吉美）「多摩のあゆみ」　たましん地域文化財団　95
1999.8

さし絵のなかの多摩（10）多摩の柏葉と江戸の柏餅『桑都日記』続編図
解 柏葉市図（斎藤慎一）「多摩のあゆみ」　たましん地域文化財団　95
1999.8

庚申塔ファイル（1）（多田治昭）「野仏　：　多摩石仏の会機関誌」　多摩石
仏の会　30　1999.8

六地蔵の庚申塔（多田治昭）「野仏　：　多摩石仏の会機関誌」　多摩石仏の
会　30　1999.8

せざるのついた庚申塔（犬飼康祐）「野仏　：　多摩石仏の会機関誌」　多摩
石仏の会　30　1999.8

烏八臼二題（関口渉）「野仏　：　多摩石仏の会機関誌」　多摩石仏の会　30
1999.8

続・鐘番塔について（中山正義）「野仏　：　多摩石仏の会機関誌」　多摩石
仏の会　30　1999.8

『多摩石仏散歩』事始めの中で（島田実）「野仏　：　多摩石仏の会機関誌」
多摩石仏の会　30　1999.8

ショケラについて［1］，（2）（犬飼康祐）「野仏　：　多摩石仏の会機関誌」
多摩石仏の会　30/32　1999.8/2001.8

多摩の近世唐箕―嘉永7年唐箕の発見と唐箕大工を追って（内藤大海）
「民具マンスリー」　神奈川大学　32（7）通号379　1999.10

近世民家の成立過程―多摩地方を中心として（今井恵昭）「東京都埋蔵文
化財センター研究論集」　東京都埋蔵文化財センター　通号18　2000.3

縣敏夫著『図説 庚申塔』（〔本の紹介〕）（斎藤慎一）「多摩のあゆみ」　た
ましん地域文化財団　98　2000.5

ウスサマ明王の石仏補遺（水野英世）「野仏　：　多摩石仏の会機関誌」　多
摩石仏の会　31　2000.7

庚申塔ファイル（2）その1、その2（多田治昭）「野仏　：　多摩石仏の会機関
誌」　多摩石仏の会　31/32　2000.7/2001.8

銘「某甲」について（犬飼靖祐）「野仏　：　多摩石仏の会機関誌」　多摩石
仏の会　31　2000.7

庚申塔ファイル（1）追録（石川博司）「野仏　：　多摩石仏の会機関誌」　多
摩石仏の会　31　2000.7

犬も歩けば石仏にあたる（石川博司）「野仏　：　多摩石仏の会機関誌」　多
摩石仏の会　31　2000.7

心のふるさと 祈りのお山（大山隆玄）「多摩のあゆみ」　たましん地域文
化財団　99　2000.8

さし絵のなかの多摩（14）名勝意識と文芸―「百草邑松連寺境内旧迹之
図」など（斎藤慎一）「多摩のあゆみ」　たましん地域文化財団　100
2000.11

雑考・多摩地域の食生活（小作寿郎）「隣人　：　草志会年報」　草志会　15
2000.11

《特集 昭和の子どもたちと遊び》「多摩のあゆみ」　たましん地域文化財
団　101　2001.2

子どもの遊びに見る四季（小島政孝）「多摩のあゆみ」　たましん地域文化
財団　101　2001.2

水あめ―紙芝居のおじさんの思い出（佐藤大助）「多摩のあゆみ」　たまし
ん地域文化財団　101　2001.2

「ゴム段」・「ゴムとび」　ちょっと考察（平松左枝子）「多摩のあゆみ」　た
ましん地域文化財団　101　2001.2

「ろくむし」の記憶（清水周）「多摩のあゆみ」　たましん地域文化財団
101　2001.2

メンコの歴史、思い出（進藤進）「多摩のあゆみ」　たましん地域文化財団
101　2001.2

多摩地域の人生儀礼（〈企画展「人生儀礼の諸相―誕生・結婚・葬送をめ
ぐる人々」講演会記録〉）（増田昭子）「くにたち郷土文化館研究紀要」
くにたち文化・スポーツ振興財団くにたち郷土文化館　3　2001.3

多摩と関東の祝い歌（〈企画展「人生儀礼の諸相―誕生・結婚・葬送をめ
ぐる人々」講演会記録〉）（小野寺節子）「くにたち郷土文化館研究紀要」
くにたち文化・スポーツ振興財団くにたち郷土文化館　3　2001.3

二手青面金剛を追う（石川博司）「野仏　：　多摩石仏の会機関誌」　多摩石
仏の会　32　2001.8

服部清五郎『造塔』第2年の紹介（縣敏夫）「野仏　：　多摩石仏の会機関
誌」　多摩石仏の会　32　2001.8

三光のついた庚申塔［1］，（2）（犬飼康祐）「野仏　：　多摩石仏の会機関誌」
多摩石仏の会　32/33　2001.8/2002.7

庚申塔は再建か移動か（犬飼康祐）「野仏　：　多摩石仏の会機関誌」　多摩
石仏の会　32　2001.8

目隠し鬼遊びの三猿（犬飼康祐）「野仏　：　多摩石仏の会機関誌」　多摩石
仏の会　32　2001.8

《特集 多摩の名僧―中世編》「多摩のあゆみ」　たましん地域文化財団
104　2001.11

多摩仏教の展開と曹洞禅宗の名僧たち（広瀬良弘）「多摩のあゆみ」　たま
しん地域文化財団　104　2001.11

学僧印融法印と多摩地方（遠藤広昭）「多摩のあゆみ」　たましん地域文化
財団　104　2001.11

福生市郷土資料館特別展「多摩の微笑仏―木喰白道」（外池昇）「多摩地域
史研究会会報」　多摩地域史研究会　56　2001.12

《特集 多摩の養蚕・織物》「多摩のあゆみ」　たましん地域文化財団　106
2002.5

黒八丈の歴史と製造技術（松島満）「多摩のあゆみ」 たましん地域文化財団 106 2002.5

紀年銘にみる二十八宿・七曜について（縣敏夫）「野仏 ： 多摩石仏の会機関誌」 多摩石仏の会 33 2002.7

難解な紀年銘との出会い（縣敏夫）「野仏 ： 多摩石仏の会機関誌」 多摩石仏の会 33 2002.7

庚申塔ファイル（3）青面金剛（多田治昭）「野仏 ： 多摩石仏の会機関誌」 多摩石仏の会 33 2002.7

珍しい石神（関口渉）「野仏 ： 多摩石仏の会機関誌」 多摩石仏の会 33 2002.7

草木国土悉皆成佛銘の馬頭観音（犬飼康祐）「野仏 ： 多摩石仏の会機関誌」 多摩石仏の会 33 2002.7

《特集 神楽、神楽師》「多摩のあゆみ」 たましん地域文化財団 107 2002.8

多摩地域の里神楽（中村規）「多摩のあゆみ」 たましん地域文化財団 107 2002.8

怪談「雪おんな」が出来るまでの軌跡（芦田文代）「多摩のあゆみ」 たましん地域文化財団 108 2002.11

八雲の「雪おんな」まで—伝承の事情と近世多摩の在村文化（斎藤慎一）「多摩のあゆみ」 たましん地域文化財団 108 2002.11

中世多摩の武士団と国府・寺社（峰岸純夫）「中央史学」 中央史学会 （26） 2003.3

近世多摩の新田開発と寺社—享保期新田と黄檗宗寺院（森安彦）「中央史学」 中央史学会 （26） 2003.3

多摩の昔話と酉の市の熊手作り（笠井義博）「府中史談」 府中市史談会 （29） 2003.5

馬頭をのせない馬頭観音（犬飼康祐）「野仏 ： 多摩石仏の会機関誌」 多摩石仏の会 34 2003.7

「烏八臼」墓塔等一覧表（1），（2）（関口渉）「野仏 ： 多摩石仏の会機関誌」 多摩石仏の会 34/35 2003.7/2004.7

「三界横流九居」塔について（縣敏夫）「野仏 ： 多摩石仏の会機関誌」 多摩石仏の会 34 2003.7

庚申塔ファイル（4）～（6）（多田治昭）「野仏 ： 多摩石仏の会機関誌」 多摩石仏の会 34/37 2003.7/2006.7

逃水伝説と文学（小川秋子）「多摩のあゆみ」 たましん地域文化財団 111 2003.8

生活者の会編『多摩の井戸を探して—調査から見えた昔の暮し』（本の紹介）（松尾あずさ）「多摩のあゆみ」 たましん地域文化財団 111 2003.8

近世後期多摩地域における医療の実態—鈴木平九郎『公私日記』を中心に（《月例会報告要旨》）（長田直子）「関東近世史研究」 関東近世史研究会 （53） 2003.10

《特集 中世の技術、職人》「多摩のあゆみ」 たましん地域文化財団 112 2003.11

中世多摩の技術（峰岸純夫）「多摩のあゆみ」 たましん地域文化財団 112 2003.11

多摩及びその周辺の中世の様式と技術（小林康幸）「多摩のあゆみ」 たましん地域文化財団 112 2003.11

「黒鍬」雑考（小林茂）「多摩のあゆみ」 たましん地域文化財団 112 2003.11

インタビューコーナー 技術としての織物・農業の中の織物「多摩の歴史・文化・自然環境研究会ニューズレター」 多摩の歴史・文化・自然環境研究会 （2） 2004

第14回大会「多摩のすまい」開催にあたって（馬場喜信）「多摩地域史研究会会報」 多摩地域史研究会 66 2004.6

地神塔データの活用（石川博司）「野仏 ： 多摩石仏の会機関誌」 多摩石仏の会 35 2004.7

龍を腹に巻く青面金剛（石川博司）「野仏 ： 多摩石仏の会機関誌」 多摩石仏の会 35 2004.7

続烏八臼二題（関口渉）「野仏 ： 多摩石仏の会機関誌」 多摩石仏の会 35 2004.7

第14回大会「多摩のすまい」に参加して（永田史子）「多摩地域史研究会会報」 多摩地域史研究会 67 2004.9

多摩の火消組（長沢利明）「西郊民俗」 [西郊民俗談話会] （189） 2004.12

発掘調査事例に探る多摩地域の近世墓制（《特集 葬送と墓制》）（長佐古真也）「多摩のあゆみ」 たましん地域文化財団 117 2005.2

多摩の火葬場事情（《特集 葬送と墓制》）（浅香勝輔，山口秀行）「多摩のあゆみ」 たましん地域文化財団 117 2005.2

現代の霊園と葬送墓制（《特集 葬送と墓制》）（稲村吉彦）「多摩のあゆみ」 たましん地域文化財団 117 2005.2

陸軍墓地と一般墓地内の軍人墓（《特集 葬送と墓制》）（横山篤夫）「多摩のあゆみ」 たましん地域文化財団 117 2005.2

さし絵のなかの多摩（30）江戸風多摩祭礼—青梅娘手古舞図と市町案内（斎藤慎一）「多摩のあゆみ」 たましん地域文化財団 117 2005.2

文化財講演会抄録 稲葉和也氏「近藤勇生家と多摩の古民家」（高山尚三）「調布の文化財」 調布市郷土博物館 37 2005.3

さし絵のなかの多摩（31）多摩のおまつりとマチの賑わい—六所宮大晦日の市と大善寺十夜の市の図（斎藤慎一）「多摩のあゆみ」 たましん地域文化財団 （118） 2005.5

講演会報告「江戸時代 多摩農民の祈り」（内田征一）「いしぶみ」 まちだ史考会 （19） 2005.7

百庚申と千庚申（石川博司）「野仏 ： 多摩石仏の会機関誌」 多摩石仏の会 36 2005.7

銘文の読み切れない庚申塔（中山正義）「野仏 ： 多摩石仏の会機関誌」 多摩石仏の会 36 2005.7

一猿の三不猿（犬飼康祐）「野仏 ： 多摩石仏の会機関誌」 多摩石仏の会 36 2005.7

地蔵二童子の庚申塔（犬飼康祐）「野仏 ： 多摩石仏の会機関誌」 多摩石仏の会 36 2005.7

石仏紹介 1・2・3（多田治昭）「野仏 ： 多摩石仏の会機関誌」 多摩石仏の会 36 2005.7

日記からみた石造物（石川博司）「野仏 ： 多摩石仏の会機関誌」 多摩石仏の会 36 2005.7

現代作の道祖神（石川博司）「野仏 ： 多摩石仏の会機関誌」 多摩石仏の会 36 2005.7

紀年銘における「戌」の記述について（縣敏夫）「野仏 ： 多摩石仏の会機関誌」 多摩石仏の会 36 2005.7

蝶型蓮座と半円形蓮実型の板碑（縣敏夫）「野仏 ： 多摩石仏の会機関誌」 多摩石仏の会 36 2005.7

聞き書き 多摩の農業—落合地区を事例として（乾賢太郎）「パルテノン多摩博物館部門研究紀要」 多摩市文化振興財団 （9） 2006.1

建物雑想記（6）解体と記録（酒井哲）「多摩のあゆみ」 たましん地域文化財団 （121） 2006.2

資料が語る多摩「表忠碑」が語る戦中・敗戦時の世相（成迫政則）「多摩地域史研究会会報」 多摩地域史研究会 （74） 2006.4

さし絵のなかの多摩（34）「江戸名所図会」「六所宮祭礼之図」細見—A・アンベール『幕末日本』の多摩風景など（斎藤慎一）「多摩のあゆみ」 たましん地域文化財団 （122） 2006.5

資料が語る多摩 流れ着いた八高線衝突事故の供養佛（三村章）「多摩地域史研究会会報」 多摩地域史研究会 （75） 2006.6

佛足石を追う（石川博司）「野仏 ： 多摩石仏の会機関誌」 多摩石仏の会 37 2006.7

続・佛足石を追う（石川博司）「野仏 ： 多摩石仏の会機関誌」 多摩石仏の会 37 2006.7

鐘番について（3）（中山正義）「野仏 ： 多摩石仏の会機関誌」 多摩石仏の会 37 2006.7

烏八臼の石佛（関口渉）「野仏 ： 多摩石仏の会機関誌」 多摩石仏の会 37 2006.7

続続烏八臼二題（関口渉）「野仏 ： 多摩石仏の会機関誌」 多摩石仏の会 37 2006.7

石造七福神を訪ねる（萩原清高）「野仏 ： 多摩石仏の会機関誌」 多摩石仏の会 37 2006.7

珍しい石塔二基（加地勝）「野仏 ： 多摩石仏の会機関誌」 多摩石仏の会 37 2006.7

頭上に馬のない馬頭観音（犬飼康祐）「野仏 ： 多摩石仏の会機関誌」 多摩石仏の会 37 2006.7

石仏紹介（5）六観音（多田治昭）「野仏 ： 多摩石仏の会機関誌」 多摩石仏の会 37 2006.7

さし絵のなかの多摩（35）多摩の傍示杭・定杭・塩竃杭—『道草日記 腕枕』『金草鞋』『牛浜出水図』（斎藤慎一）「多摩のあゆみ」 たましん地域文化財団 （123） 2006.8

建物随想記（10）近代和風建築（酒井哲）「多摩のあゆみ」 たましん地域文化財団 （125） 2007.2

「下水」とは何か？—近世絵図に見る下水のかたち（《特集 多摩の下水道》）（栗田彰）「多摩のあゆみ」 たましん地域文化財団 （126） 2007.5

多摩地域の下水道整備のあゆみ（《特集 多摩の下水道》）（坂巻和男）「多摩のあゆみ」 たましん地域文化財団 （126） 2007.5

下水道がなかった頃のトイレ事情（《特集 多摩の下水道》）（池田修一）「多摩のあゆみ」 たましん地域文化財団 （126） 2007.5

相撲取りの名のある手洗石（中山正義）「野仏 ： 多摩石仏の会機関誌」 多摩石仏の会 38 2007.7

庚申塔ファイル（7）平成の庚申塔（多田治昭）「野仏 ： 多摩石仏の会機関誌」 多摩石仏の会 38 2007.7

馬頭観音二題（犬飼康祐）「野仏 ： 多摩石仏の会機関誌」 多摩石仏の会 38 2007.7

烏八臼一覧表の追加（関口渉）「野仏 ： 多摩石仏の会機関誌」 多摩石仏の会 38 2007.7

さし絵のなかの多摩（39）続江戸風多摩祭禮—北斎の武者絵と多摩の山

車人形（齋藤愼一）「多摩のあゆみ」 たましん地域文化財団 （127） 2007.8

石川日記からみる人々の生活と石仏（《特集 江戸時代の多摩を歩く》）（犬飼ības祐）「多摩のあゆみ」 たましん地域文化財団 （128） 2007.10

立地と景観から考える多摩の中世（前期）寺院―江戸期の地誌・絵図と近代地形図を手がかりに（1）～（12）（馬場喜信）「多摩地域史研究会会報」 多摩地域史研究会 （82）/（93） 2008.1/2010.05

研究の散歩道 手習本にみる多摩農村の庶民生活（石山秀和）「江戸東京博物館news ： Edo-Tokyo Museum news」 東京都歴史文化財団東京都江戸東京博物館 61 2008.3

さし絵のなかの多摩（42）多摩の板碑と好古の旅人―『江戸名所図会』平維盛古墳図の風景（齋藤愼一）「多摩のあゆみ」 たましん地域文化財団 （130） 2008.5

猿を伴う庚申塔・山王塔について（縣敏夫）「野仏 ： 多摩石仏の会機関誌」 多摩石仏の会 39 2008.7

烏八臼参考文献（関口渉）「野仏 ： 多摩石仏の会機関誌」 多摩石仏の会 39 2008.7

私が出会った私年号板碑（中山正義）「野仏 ： 多摩石仏の会機関誌」 多摩石仏の会 39 2008.7

庚申塔ファイル（8）庚申塔婆集の庚申塔（多田治昭）「野仏 ： 多摩石仏の会機関誌」 多摩石仏の会 39 2008.7

石仏紹介（6）珍しい三猿（多田治昭）「野仏 ： 多摩石仏の会機関誌」 多摩石仏の会 39 2008.7

石仏紹介（7）猿のような邪鬼（多田治昭）「野仏 ： 多摩石仏の会機関誌」 多摩石仏の会 39 2008.7

石仏紹介（8）二尊の庚申塔（多田治昭）「野仏 ： 多摩石仏の会機関誌」 多摩石仏の会 39 2008.7

奉公と婚姻―在郷商人の娘たち（《特集 19世紀の家族像》）（畑尚子）「多摩のあゆみ」 たましん地域文化財団 （131） 2008.8

多摩の近世墓標―墓標からみる家族意識の発現（《特集 19世紀の家族像》）（服部敬史）「多摩のあゆみ」 たましん地域文化財団 （131） 2008.8

第1回 里山の民俗学（講演録 歴史講座 多摩の里山―その成立と変遷）（安室知）「パルテノン多摩博物館部門研究紀要」 多摩市文化振興財団 （10） 2008.10

第3回 里山の変遷と保全（講演録 歴史講座 多摩の里山―その成立と変遷）（横張真）「パルテノン多摩博物館部門研究紀要」 多摩市文化振興財団 （10） 2008.10

多摩地方における近世瓦生産の一様相―町田市カワラ峯瓦窯と府中の寺社（深澤靖幸）「府中市郷土の森博物館紀要」 府中文化振興財団府中市郷土の森博物館 （22） 2009.3

多摩の野草方言を探る（《特集 身近な野草を知ろう》）（岡崎学）「多摩のあゆみ」 たましん地域文化財団 （134） 2009.05

さし絵のなかの多摩（46）多摩の祭礼の屋台型山車―普明寺蔵「山王祭礼図絵」より（齋藤愼一）「多摩のあゆみ」 たましん地域文化財団 （135） 2009.08

大日如来応身真言の頭字（関口渉）「野仏 ： 多摩石仏の会機関誌」 多摩石仏の会 40 2009.08

二石一対の馬頭観音像と三猿像（加地勝）「野仏 ： 多摩石仏の会機関誌」 多摩石仏の会 40 2009.08

庚申塔ファイル（9）聖徳太子の庚申塔（多田治昭）「野仏 ： 多摩石仏の会機関誌」 多摩石仏の会 40 2009.08

五輪塔と一体化した大日如来（犬飼康祐）「野仏 ： 多摩石仏の会機関誌」 多摩石仏の会 40 2009.08

ウド（《特集 近現代の多摩農業》）（川村眞次）「多摩のあゆみ」 たましん地域文化財団 （136） 2009.11

多摩の農業景観と地域文化・その保全と復活（《特集 近現代の多摩農業》）（大竹道茂）「多摩のあゆみ」 たましん地域文化財団 （136） 2009.11

多摩の植木生産の歴史（《特集 近現代の多摩農業》）（川島隆之）「多摩のあゆみ」 たましん地域文化財団 （136） 2009.11

多摩地区農業と市民的利用（《特集 近現代の多摩農業》）（井原満明）「多摩のあゆみ」 たましん地域文化財団 （136） 2009.11

特別展「多摩の酒蔵」（米崎清実）「江戸東京たてもの園だより」 東京都歴史文化財団 通号35 2010.03

たてもの園から 「多摩の酒造」展（米崎清実）「江戸東京博物館news ： Edo-Tokyo Museum news」 東京都歴史文化財団東京都江戸東京博物館 69 2010.03

戦国大名北条氏の宗教政策（特集 戦国大名北条氏）（加藤哲）「多摩のあゆみ」 たましん地域文化財団 （139） 2010.08

さし絵のなかの多摩（49）多摩の江戸型山車―青梅森下町武内宿禰山車絵図（齋藤愼一）「多摩のあゆみ」 たましん地域文化財団 （139） 2010.08

多摩の食文化誌（1）―在来作物の種子を保存・栽培しよう（増田昭子）「多摩のあゆみ」 たましん地域文化財団 （139） 2010.08

第71回例会報告 「カワラケと戦国大名」・「後北条の宗教政策」に参加して（宮澤美和子）「多摩地域史研究会会報」 多摩地域史研究会 （94） 2010.08

立地と景観から考える多摩の中世（前期）寺院―江戸期の地誌・絵図と近代地形図を手がかりに（13）4.正福寺と狭山丘陵の寺院（3）時頼か、時宗か（馬場喜信）「多摩地域史研究会会報」 多摩地域史研究会 （94） 2010.08

石仏紹介（9）物を持つ邪鬼（多田治昭）「野仏 ： 多摩石仏の会機関誌」 多摩石仏の会 41 2010.08

石仏紹介（10）最近見た馬頭観音 2基（多田治昭）「野仏 ： 多摩石仏の会機関誌」 多摩石仏の会 41 2010.08

「大竹太冶右エ門」銘の石塔（五島公太郎）「野仏 ： 多摩石仏の会機関誌」 多摩石仏の会 41 2010.08

庚申塔ファイル（10）「諸善奉行」の庚申塔（多田治昭）「野仏 ： 多摩石仏の会機関誌」 多摩石仏の会 41 2010.08

研究所活動報告 所員研究例会 平成22年7月1日（木）「多摩地域の地芝居」（北河直子）「民俗学研究所ニュース」 成城大学民俗学研究所 （90） 2010.10

石仏とその背後や周辺（特集 石仏にみる民間信仰）（石川博司）「多摩のあゆみ」 たましん地域文化財団 （140） 2010.11

村落結衆板碑と近世石仏の接点（特集 石仏にみる民間信仰）（縣敏夫）「多摩のあゆみ」 たましん地域文化財団 （140） 2010.11

近世庚申塔にみる「かたち」の普及―多摩と江戸・周辺地域とのつながり（特集 石仏にみる民間信仰）（石神裕之）「多摩のあゆみ」 たましん地域文化財団 （140） 2010.11

多摩地域の念仏講と融通念仏塔（特集 石仏にみる民間信仰）（犬飼康祐）「多摩のあゆみ」 たましん地域文化財団 （140） 2010.11

建物随想記（24）煉瓦積みの蔵（酒井哲）「多摩のあゆみ」 たましん地域文化財団 （140） 2010.11

多摩の食文化誌（2）種子は神の前に（増田昭子）「多摩のあゆみ」 たましん地域文化財団 （140） 2010.11

立地と景観から考える多摩の中世（前期）寺院―江戸期の地誌・絵図と近代地形図を手がかりに（14）4.正福寺と狭山丘陵の寺院（4）鎌倉府の武蔵野開発と正福寺（馬場喜信）「多摩地域史研究会会報」 多摩地域史研究会 （95） 2010.11

市民が調べる多摩の民俗（会員館活動報告）（パルテノン多摩歴史ミュージアム）「ミュージアム多摩 ： 東京都三多摩公立博物館協議会会報」 東京都三多摩公立博物館協議会 （32） 2011.03

多摩の食文化誌（3）大麦は健康食の筆頭（増田昭子）「多摩のあゆみ」 たましん地域文化財団 （142） 2011.05

多摩の食文化誌（4）,（5）食の情景（1）,（2）（増田昭子）「多摩のあゆみ」 たましん地域文化財団 （143）/（144） 2011.08/2011.11

大災害の被災者を供養する石造物その他（佐野泰道）「野仏 ： 多摩石仏の会機関誌」 多摩石仏の会 42 2011.08

石仏紹介（11）膝に髑髏が（多田治昭）「野仏 ： 多摩石仏の会機関誌」 多摩石仏の会 42 2011.08

石仏紹介（12）神明（多田治昭）「野仏 ： 多摩石仏の会機関誌」 多摩石仏の会 42 2011.08

仏足石巡拝記（4）～（7）（関口渉）「野仏 ： 多摩石仏の会機関誌」 多摩石仏の会 42/45 2011.08/2014.07

石仏紹介（13）平成の庚申塔（1）（多田治昭）「野仏 ： 多摩石仏の会機関誌」 多摩石仏の会 42 2011.08

石仏紹介（14）阿耨観音（多田治昭）「野仏 ： 多摩石仏の会機関誌」 多摩石仏の会 42 2011.08

庚申塔ファイル（11）表影理理無数之妙相の銘を刻む庚申塔（多田治昭）「野仏 ： 多摩石仏の会機関誌」 多摩石仏の会 42 2011.08

「新編武蔵国風土記稿」にみる多摩の寺院（特集 多摩の神職と僧侶）（米崎清実）「多摩のあゆみ」 たましん地域文化財団 （145） 2012.02

明治の神官の軌跡―青梅の近世文芸と神職齋藤眞指（特集 多摩の神職と僧侶）（齋藤愼一）「多摩のあゆみ」 たましん地域文化財団 （145） 2012.02

多摩の食文化誌（6）食の情景（3）多摩の主食・麦飯三題（増田昭子）「多摩のあゆみ」 たましん地域文化財団 （145） 2012.02

第77回例会報告 八王子のふたつの御霊社―多摩における御霊信仰の始まりと終わり、あるいは近藤助実のこと（馬場喜信）「多摩地域史研究会会報」 多摩地域史研究会 （102） 2012.03

多摩地域史研究会 第21回大会報告 多摩・中世寺院の諸様相―多摩における中世寺院の機能・役割を考える「多摩地域史研究会会報」 多摩地域史研究会 （103） 2012.05

多摩の食文化誌（7）「煮る・炊く」論争と多摩の米事情（増田昭子）「多摩のあゆみ」 たましん地域文化財団 （146） 2012.05

第21回大会報告 第21回大会「多摩・中世寺院の諸様相」を終えて（梶原勝）「多摩地域史研究会会報」 多摩地域史研究会 （104） 2012.07

第21回大会「多摩・中世寺院の諸様相―多摩における中世寺院の機能・役割を考える―」に参加して（高田賢治）「多摩地域史研究会会報」 多

摩地域史研究会　（104）　2012.07

第21回大会「多摩・中世寺院の諸様相」に参加して（高木まどか）「多摩地域史研究会会報」　多摩地域史研究会　（104）　2012.07

東京多摩の後生車ちょこっと探訪（犬飼康祐）「野仏：多摩石仏の会機関誌」　多摩石仏の会　43　2012.07

ショウケラについて（3）（犬飼康祐）「野仏：多摩石仏の会機関誌」　多摩石仏の会　43　2012.07

多摩地区最古の在石工銘塔（佐野泰造）「野仏：多摩石仏の会機関誌」　多摩石仏の会　43　2012.07

石仏紹介（15）髑髏を持つ地蔵菩薩（多田治昭）「野仏：多摩石仏の会機関誌」　多摩石仏の会　43　2012.07

石仏紹介（16）猿顔の青面金剛（多田治昭）「野仏：多摩石仏の会機関誌」　多摩石仏の会　43　2012.07

石仏に見る大黒天と大國主命（犬飼康祐）「野仏：多摩石仏の会機関誌」　多摩石仏の会　43　2012.07

多摩の食文化誌（8）多摩の手打ちうどん（増田昭子）「多摩のあゆみ」　たましん地域文化財団　（147）　2012.08

多摩周辺博物館の民俗関係展示会と民俗資料―雑誌『多摩のあゆみ』より（特集 博物館と民俗学）（佐藤智敬）「神・人・自然」　「神・人・自然」研究会　（2）　2012.10

多摩の食文化誌（9）大麦と小麦にも立場がある（増田昭子）「多摩のあゆみ」　たましん地域文化財団　（148）　2012.11

多摩の食文化誌（10）粒と粉にして食べるまでの穀物の旅（増田昭子）「多摩のあゆみ」　たましん地域文化財団　（149）　2013.02

「多摩のまつりと民衆宗教」によせて（西海賢二）「コロス」　常民文化研究会　（132）　2013.02

多摩地域史研究会 第22回大会 多摩・中世寺院と地域社会「多摩地域史研究会会報」　多摩地域史研究会　（106）　2013.05

建物随想記（34）モダンな古民家の史跡（酒井哲）「多摩のあゆみ」　たましん地域文化財団　（150）　2013.5

多摩の食文化誌（11）「雑穀」って、なに？（増田昭子）「多摩のあゆみ」　たましん地域文化財団　（150）　2013.05

石造物研究における自伝的随想（縣敏夫）「野仏：多摩石仏の会機関誌」　多摩石仏の会　44　2013.07

東京多摩の後生車ちょこっと探訪 追録二基（犬飼康祐）「野仏：多摩石仏の会機関誌」　多摩石仏の会　44　2013.07

多摩以外のよその後生車も見てみよう［1］,（2）（犬飼康祐）「野仏：多摩石仏の会機関誌」　多摩石仏の会　44/45　2013.07/2014.07

庚申塔ファイル（13）三角・六角の庚申塔（多田治昭）「野仏：多摩石仏の会機関誌」　多摩石仏の会　44　2013.07

石仏紹介（17）人頭を持つ地蔵菩薩（多田治昭）「野仏：多摩石仏の会機関誌」　多摩石仏の会　44　2013.07

石仏紹介（18）不思議な像（多田治昭）「野仏：多摩石仏の会機関誌」　多摩石仏の会　44　2013.07

第22回大会報告《寺院》から見えてきた多摩の中世社会―多摩地域史研究会第21・22回大会が明らかにしたこと（馬場喜信）「多摩地域史研究会会報」　多摩地域史研究会　（107）　2013.08

多摩の食文化誌（12）生産量からみた雑穀の歴史（増田昭子）「多摩のあゆみ」　たましん地域文化財団　（151）　2013.8

多摩の炭―近世の市と中世の火鉢（特集 多摩の炭焼き）（齋藤愼一）「多摩のあゆみ」　たましん地域文化財団　（152）　2013.11

狭山茶づくりと炭の活用（特集 多摩の炭焼き）（工藤宏，三浦久美子）「多摩のあゆみ」　たましん地域文化財団　（152）　2013.11

多摩の食文化誌（13）雑穀栽培と都市化（増田昭子）「多摩のあゆみ」　たましん地域文化財団　（152）　2013.11

多摩の食文化誌（14）雑穀を食べるまで―農具と精白器の登場（増田昭子）「多摩のあゆみ」　たましん地域文化財団　（153）　2014.02

多摩地域の中世寺院と供養の空間（立川明子）「調布史談会誌」　調布史談会　（43）　2014.04

26.1.25. 第96回地域文化講演会「多摩地域の中世寺院と供養の空間」 講師：立川明子氏（本会のあしあと（43））（井上孝）「調布史談会誌」　調布史談会　（43）　2014.04

多摩の食文化誌（15）稗飯を食べていた時代（増田昭子）「多摩のあゆみ」　たましん地域文化財団　（154）　2014.05

祖師西来意塔について（佐野泰道）「野仏：多摩石仏の会機関誌」　多摩石仏の会　45　2014.07

東京多摩の後生車 ちょこっと探訪（3）追録一基と六根清浄車（犬飼康祐）「野仏：多摩石仏の会機関誌」　多摩石仏の会　45　2014.07

続「大竹太治衛門」銘の石塔（五島公太郎）「野仏：多摩石仏の会機関誌」　多摩石仏の会　45　2014.07

多摩の食文化誌（16）稗を作って食べる暮らし（増田昭子）「多摩のあゆみ」　たましん地域文化財団　（155）　2014.08

多摩の食文化誌（17）栗・黍・モロコシを食べる（増田昭子）「多摩のあゆみ」　たましん地域文化財団　（156）　2014.10

玉川

小森地蔵は語る 生みの親は玉川の人々（佐久間昌美）「美深町郷土資料報告」　美深町郷土研究会　（5）　2007.10

「玉川文楽のうつしえ用具」の指定解除「調布の文化財」　調布市郷土博物館　（46）　2012.01

市内の郷土芸能 玉川文楽と写し絵（赤城高志）「調布の文化財」　調布市郷土博物館　（46）　2012.01

当館所蔵「玉川鮎猟鵜飼之図（鮎猟鵜飼実施之景況麁絵図）」の考察―日野市郷土資料館所蔵「武州玉川鮎猟鵜飼之絵図」との比較を通じて（資料紹介）（橋場万里子）「パルテノン多摩博物館部門研究紀要」　多摩市文化振興財団　（12）　2014.03

多摩川

荒川・多摩川流域における武蔵型板碑について（倉田恵津子）「武蔵野」　武蔵野文化協会　76（2）通号332　1998.10

多摩川海苔の生産と伝承（藤塚悦司）「大田区立郷土博物館紀要」　大田区立郷土博物館　（9）　1999.3

新刊点描『多摩川絵図 今昔―源流から河口まで』、『東国の歴史と史跡』、『武蔵における社寺と古文化』（馬場喜信）「多摩地域史研究会会報」　多摩地域史研究会　53　2001.3

さし絵のなかの多摩（17）多摩川鮎の風雅―遊歴雑記、江戸名所図会、広重（斎藤慎一）「多摩のあゆみ」　たましん地域文化財団　103　2001.8

多摩川の鮎漁（豊田真佐男）「せたがい：歴史さろん」　世田谷区誌研究会　（54）　2002.6

多摩川の漁撈文化史抄（安斎忠雄）「多摩のあゆみ」　たましん地域文化財団　110　2003.5

さし絵のなかの多摩（27）多摩川の舟車―「御嶽山―石山紀行」と「武野奇賞」そして「行く春」屏風（斎藤慎一）「多摩のあゆみ」　たましん地域文化財団　114　2004.5

多摩川の筏流し余話―元締の記録を中心に（渡辺友一郎）「郷土研究」　奥多摩郷土研究会　（19）　2008.3

多摩川の花火（栗山佳也）「目黒区郷土研究」　目黒区郷土研究会　（654）　2009.07

多摩川下流域律令期における生業基盤への一視角―磐城郡白田郷に関する御高論にふれて（村田文夫）「いわき地方史研究」　いわき地方史研究会　（46）　2009.10

「伝統文化ものつくり体験―多摩川製鉄体験塾―」を実施して（会員館活動報告）（福生市郷土資料室）「ミュージアム多摩：東京都三多摩公立博物館協議会会報」　東京都三多摩公立博物館協議会　（33）　2012.03

多摩川と府中（1）府中の鮎漁（佐藤智敬）「あるむぜお：府中市郷土の森博物館だより」　府中文化振興財団府中市郷土の森博物館　（104）　2013.6

多摩川園

多摩川園の鮎焼き（栗山佳也）「目黒区郷土研究」　目黒区郷土研究会　（649）　2009.2

多摩川沿岸

伊勢西国への旅 文政8年の道中日記から/大正14年 大日本職業別明細図之内 多摩川沿岸「郷土博物館だより」　調布市郷土博物館　61　2002.3

多摩川上流域

古文書は語る（5）多摩川上流域における獅子舞の相伝―福島家文書「一札之事」より（馬場憲一）「多摩のあゆみ」　たましん地域文化財団　105　2002.2

柚の保（16）,（17）多摩川上流域の「太子信仰」(1),（2）（安藤精一）「郷土研究」　奥多摩郷土研究会　（17）/（18）　2006.3/2007.3

多摩川中流域

本の紹介 稲城市教育委員会教育部生涯学習課編『稲城市の民具 第2集―多摩川中流域の川船建造用具』（尾上一明）「多摩のあゆみ」　たましん地域文化財団　（136）　2009.11

多摩川流域

多摩川流域における水の利用、排水処理（《特集 多摩の下水道》）（北川知正）「多摩のあゆみ」　たましん地域文化財団　（126）　2007.5

多摩丘陵

古文書は語る（4）多摩丘陵村落の家族構成と通婚圏―川幡家文書「片倉村宗旨人別御改帳」より（馬場憲一）「多摩のあゆみ」　たましん地域文化財団　102　2001.5

武蔵国分寺造営前後の多摩丘陵「稲城市文化財研究紀要」　稲城市教育委員会教育部　（8）　2008.3

多摩郡

改革組合村と村外宗教者―武州多摩郡の虚無僧の事例を中心に（堀亮一）「関東近世史研究」　関東近世史研究会　（44）　1999.3

多摩郡における『新編武蔵風土記稿』の編纂に伴う廻村調査の一事例（矢沢湊）「世田谷区立郷土資料館資料館だより」　［東京都］世田谷区

立郷土資料館 38 2003.3

多摩郡に於ける『新編武蔵風土記稿』の編纂に伴う廻村調査の例、並びに「地誌捜索問目」と「本町田村」(矢沢湊)「町田地方史研究」 町田地方史研究会 17 2005.1

多摩湖町

東村山市多摩湖町出土瓦塔について(高崎光司)「東村山市史研究」 東村山市教育委員会 8 1999.3

多摩御陵

多摩御陵の臨時郵便局(近辻喜一)「多摩地域史研究会会報」 多摩地域史研究会 61 2003.2

資料紹介 『多摩御陵御造営工事記念写真帖』(昭和3年、大林組)(外池昇)「多摩地域史研究会会報」 多摩地域史研究会 (83) 2008.3

多摩市

竈と荒神―多摩市の事例(山崎祐子)「西郊民俗」〔西郊民俗談話会〕通号163・164 1998.6

多摩市の脱穀調整具―千歯扱き・万石・米選機・唐箕・足踏脱穀機の調査(1)(橋場万里子)「パルテノン多摩博物館部門年報・紀要」〔多摩市文化振興財団〕 8 2004.12

多摩市の脱穀調整具―千歯扱き・唐箕・万石・米選機・足踏脱穀機の調査(2)(橋場万里子)「パルテノン多摩博物館部門研究紀要」 多摩市文化振興財団 (9) 2006.1

多摩市域における明治前半の稲こき状況―太田家所蔵文書「苗種年中万覚帳」を中心として(橋場万里子)「民具マンスリー」 神奈川大学 39(3)通号459 2006.6

多摩市内にある相州煤ヶ谷石工銘の石塔について(萩原清高)「野仏 ： 多摩石仏の会機関誌」 多摩石仏の会 40 2009.08

多摩市の石仏調査に参加して(大窪俊彦)「野仏 ： 多摩石仏の会機関誌」 多摩石仏の会 40 2009.08

住まいと暮らしの道具―多摩市峰岸松三氏の絵と話より(特集 むかしの暮らしを復元する)(山崎祐子)「多摩のあゆみ」 たましん地域文化財団 (142) 2011.05

多摩西部

獅子舞の風土シリーズ(102),(104),(105),(119) 東京都の獅子舞い歌集(1)～(3) 多摩西部編(前)～(後),(続)(川崎実)「かわせみ通信」川崎実 (102)/(119) 2006.11/2009 05

多磨町

町にまつわる雑学講座―多磨町(佐藤智敬)「あるむぜお ： 府中市郷土の森博物館だより」 府中文化振興財団府中市郷土の森博物館 (101) 2012.9

多摩ニュータウン

多摩ニュータウンにおける「伝統」と地域の紐帯―失われた獅子舞と神社再建をめぐって(金子淳)「民具マンスリー」 神奈川大学 37(3)通号435 2004.6

多摩ニュータウンにおける語りとその断層(シンポジウム 語りの実践と「つながり」の創出―まちづくり・記憶・文化資源)(金子淳)「口承文藝研究」 日本口承文藝學會 (35) 2012.03

小泉家所蔵「目籠売上帳」に見る多摩ニュータウン銘開発前の目籠生産(資料紹介)(橋場万里子)「パルテノン多摩博物館部門研究紀要」 多摩市文化振興財団 (11) 2013.3

玉の内

玉の内風祭獅子舞い(川崎実)「かわせみ通信」 川崎実 (135) 2012.08

玉内

さし絵のなかの多摩(43) 大久野村玉内の雨乞と獅子舞―「風俗画報」のさし絵と『儀三郎日記』(齋藤愼一)「多摩のあゆみ」 たましん地域文化財団 (131) 2008.8

多摩陵

多摩陵造営と郷土史研究団体[1]～(7)・保坂一房)「多摩地域史研究会会報」 多摩地域史研究会 59/66 2002.9/2004.6

第15回大会「多摩陵の造営と地域社会」開催にあたって(外池昇)「多摩地域史研究会会報」 多摩地域史研究会 71 2005.8

第15回大会「多摩陵の造営と地域社会」に参加して(梅田定宏)「多摩地域史研究会会報」 多摩地域史研究会 72 2005.11

多摩陵の造営と八王子の教育―「多摩勤労中学」の開校を糸口に(齋藤智文)「多摩地域史研究会会報」 多摩地域史研究会 (73) 2006.9

多摩陵造営と郷土史研究団体(8)～(10) 八王子史談会の活動(承前)(保坂一房)「多摩地域史研究会会報」 多摩地域史研究会 (77)/(81) 2006.12/2007.11

特別展「多摩陵・高尾と八王子」(八王子市郷土資料館)を観て(外池昇)「多摩地域史研究会会報」 多摩地域史研究会 (77) 2006.12

多摩村

多摩村に住んだ「四十年前」(谷口栖司)「ふるさと多摩 ： 多摩市史年報」 多摩市 9 1999.3

多磨霊園

多磨霊園と八王子霊園(特集 多摩の公園)(樋渡達也)「多摩のあゆみ」たましん地域文化財団 (149) 2013.02

田守神社

奥多摩の獅子舞い紀行(49) 田守神社の獅子舞い「かわせみ通信」 川崎実 52 1999.10

太郎稲荷

江戸都市民の大名屋敷内鎮守への参詣行動―太郎稲荷の流行を中心に(吉田正高)「地方史研究」 地方史研究協議会 50(2)通号284 2000.4

丹三郎

大正拾参年榛名代参記録―丹三郎講中の場合(原島副哲)「郷土研究」 奥多摩郷土研究会 (17) 2006.3

丹三郎稲荷前のお稲荷さん(沢本和容)「郷土研究」 奥多摩郷土研究会 (20) 2009.03

丹三郎村

柚木即清斗寺新四国八十八ヶ所霊場と丹三郎村(渡辺友一郎)「郷土研究」奥多摩郷土研究会 (8) 1997.3

知行院

新指定の世田谷区指定文化財 知行院の木造十一面観音菩薩立像「せたがやの文化財」 東京都世田谷区教育委員会事務局 通号20 2008.3

中央区

縫箔屋(山本昇三郎)「郷土資料館だより」 東京都中央区立築地社会教育会館郷土資料館 52 1998.2

縫箔職人・山本昇三郎(野本淳)「郷土資料館だより」 東京都中央区立築地社会教育会館郷土資料館 52 1998.2

中文堂

中文堂の歴史(真壁繁樹)「立川民俗」 立川民俗の会 (18) 2012.10

長慶寺

東京都の長慶天皇陵―八王子・長慶寺を訪れて(外池昇)「多摩地域史研究会会報」 多摩地域史研究会 62 2003.5

長慶天皇陵

東京都の長慶天皇陵―八王子・長慶寺を訪れて(外池昇)「多摩地域史研究会会報」 多摩地域史研究会 62 2003.5

長光寺

東京湾岸戦国史跡(68) 長光寺「ミュージアム発見伝 ： 館山市立博物館報」 館山市立博物館 (69) 2002.1

長泉院

私の散歩道(91) 長泉院(大輪敏男)「目黒区郷土研究」 目黒区郷土研究会 559 2001.8

長泉院の大銀杏(仲野基道)「目黒区郷土研究」 目黒区郷土研究会 (665) 2010.06

長泉寺

石仏紹介(110)～(112) 長泉寺の石仏(1)～(3)(藤井正三)「杉並郷土史々々報」 杉並郷土史会 145/147 1997.9/1998.1

神宮前に長泉寺を訪ねる(細沼辰郎)「都市民俗研究」 都市民俗学研究会 (9) 2003.3

羅漢さんに呼ばれて長泉寺へ(伊東勝)「杉並郷土史会会報」 杉並郷土史会 (242) 2013.11

長泉律院

新寺・長泉律院の創立について(橋口明子)「目黒区郷土研究」 目黒区郷土研究会 589 2004.2

長泉律院の景観(橋口明子)「目黒区郷土研究」 目黒区郷土研究会 591 2004.4

長徳寺

「寿命石」その他(木村博)「板橋史談」 板橋史談会 179 1997.3

品川区指定文化財 長徳寺文書(史料紹介)(冨川武史)「品川歴史館紀要」品川区立品川歴史館 (29) 2014.03

調布

ビデオで見よう 調布の自然と暮らし「郷土博物館だより」 調布市郷土博物館 51 1997.2

特集 江戸・調布の祭ばやし(入部志郎)「調布の文化財」 調布市郷土博物館 21 1997.3

調布の伝統技術 知られざる職人の技術(わざ)を訪ねて 絹撚糸業の巻(1),(2)(長田康正)「調布の文化財」 調布市郷土博物館 22/23

1997.10/1998.3

調布の建造物 諏訪神社本殿附・神社本殿覆屋について（元田長次郎）「調布の文化財」 調布市郷土博物館 23 1998.3

調布水耕農場 マッカーサーも食べた調布の野菜（金井安子）「郷土博物館だより」 調布市郷土博物館 56 1999.8

文化財の視点 民俗文化財と民俗（倉石忠彦）「調布の文化財」 調布市郷土博物館 26 1999.10

文化財の視点 調布の年中行事（倉石忠彦）「調布の文化財」 調布市郷土博物館 27 2000.3

調布の指定文化財 新たに文化財に指定された板碑「調布の文化財」 調布市郷土博物館 28 2000.10

《特集 調布の20世紀》「郷土博物館だより」 調布市郷土博物館 59 2001.3

〈わが家・わがまちの年中行事〉「調布史談会誌」 調布史談会 （32） 2003.3

私の掃苔記（綿貫早八）「調布史談会誌」 調布史談会 （33） 2004.1

地元の方々により路傍の庚申塔に覆屋と説明板が設置されました!!「調布の文化財」 調布市郷土博物館 （39） 2006.3

文化財講演会抄録 木下正史氏「万葉時代の食文化」（高山尚三）「調布の文化財」 調布市郷土博物館 （39） 2006.3

調布の講と村境（関口宣明）「調布史談会誌」 調布史談会 （39） 2010.4

22.1.30. 講演会「伝承が語る調布の庶民信仰」（本会のあしあと（39））（阿部勉）「調布史談会誌」 調布史談会 （39） 2010.04

調布の畳職（秋輪畳店）（高野千尋）「郷土博物館だより」 調布市郷土博物館 （73） 2012.7

新指定の文化財「木造阿弥陀如来坐像」1軀（立川明子）「調布の文化財」 調布市郷土博物館 （48） 2012.12

企画展「日活100年と映画のまち調布」の開催（会員館活動報告）（調布市郷土博物館）「ミュージアム多摩 : 東京都三多摩公立博物館協議会会報」 東京都三多摩公立博物館協議会 （34） 2013.03

調布市

灯下と人々の暮らしともし火から電灯へ「郷土博物館だより」 調布市郷土博物館 51 1997.2

市内の指物職覚書（1），（2）（関口宣明）「郷土博物館だより」 調布市郷土博物館 52/53 1997.8/1998.3

あの頃のはなし—貧困と混乱の時代に生きたある元小学生の手記（長田康正）「郷土博物館だより」 調布市郷土博物館 53 1998.3

資料紹介 百回し（関口宣明）「郷土博物館だより」 調布市郷土博物館 54 1998.7

農家の副業、あれこれ—家計を支えた茶・わさび・柿（関口宣明）「郷土博物館だより」 調布市郷土博物館 58 2000.8

生業・暮らしの100年（関口宣明）「郷土博物館だより」 調布市郷土博物館 59 2001.3

教育・文化の100年（金井安子）「郷土博物館だより」 調布市郷土博物館 59 2001.3

香具師の歴史と民俗—調布市域の事例を中心に（八木橋伸浩）「調布史談会誌」 調布史談会 （31） 2002.3

街道の伝承と旅人の足跡（関口宣明）「郷土博物館だより」 調布市郷土博物館 62 2002.8

戦時下の「飯茶碗」国鑑にゆれるふだん使いの器（浅川範之）「郷土博物館だより」 調布市郷土博物館 （66） 2004.8

資料紹介 唐箕（長瀬衛）「郷土博物館だより」 調布市郷土博物館 （70） 2007.2

資料紹介 足踏みから動力脱穀機へ（平自由）「郷土博物館だより」 調布市郷土博物館 （71） 2008.3

文化財の保護・普及活動 指定文化財説明板の新設と付替え 東京都指定天然記念物 佐須の禅寺丸古木/調布市指定有形文化財（建造物） 虎狛神社本殿 附棟札三枚/調布市指定有形文化財（彫刻） 木造阿弥陀如来坐像/調布市指定有形民俗文化財（民俗） 飛田給石造瑠璃光薬師如来立像/調布市指定有形民俗文化財（民俗） 百万遍供養塔（長瀬出）「調布の文化財」 調布市郷土博物館 （49） 2013.03

長命寺

身がわり閻魔（長命寺 奥之院）「ねりまの文化財」 練馬区地域文化部 35 1997.7

石仏紹介（160）練馬の長命寺の十三佛（1）（藤井正三）「杉並郷土史会史報」 杉並郷土史会 （195） 2006.1

石仏紹介（161）練馬の長命寺の大師堂（2）（藤井正三）「杉並郷土史会史報」 杉並郷土史会 （196） 2006.3

石神井・長命寺における「姿見の井」等の伝承（木村博）「練馬郷土史研究会会報」 練馬郷土史研究会 （302） 2006.3

長楽寺

長楽寺の薬師如来座像・薬師堂説明（飯島高吉）「郷土史」 八王子市川口郷土史研究会 （20） 1998.6

千代ヶ池

千代ヶ池伝承（竹田務）「目黒区郷土研究」 目黒区郷土研究会 （663） 2010.4

千代田

特集 平成20年度特別展「ひとの一生—千代田の人生儀礼」を振り返って（加藤紫織）「千代田区立四番町歴史民俗資料館資料館だより」 東京都千代田区教育委員会，千代田区立四番町歴史民俗資料館 （30） 2009.03

千代田の年中行事 七夕・八朔「千代田区立日比谷図書文化館文化財ニュース」 千代田区立日比谷図書文化館 （6） 2014.06

千代田区

千代田区の民具分類と文化財情報システム（第73回研究会報告）（後藤宏樹，鈴木明子）「民具研究」 日本民具学会 通号119 1999.6

千代田区指定文化財 富士講の祭祀用具 附登拝装束一式「千代田区立四番町歴史民俗資料館資料館だより」 東京都千代田区教育委員会，千代田区立四番町歴史民俗資料館 13 2001.9

収蔵庫から「洗多苦」から「神器・電気洗濯機」への道のり「千代田区立四番町歴史民俗資料館資料館だより」 東京都千代田区教育委員会，千代田区立四番町歴史民俗資料館 14 2002.3

千代田区指定文化財 富士講関係石碑群「千代田区立四番町歴史民俗資料館資料館だより」 東京都千代田区教育委員会，千代田区立四番町歴史民俗資料館 14 2002.3

千代田区立四番町資料館蔵「御守札」について（加藤紫織）「西郊民俗」 ［西郊民俗談話会］ （182） 2003.3

千代田区の文化財 収蔵庫から着物プロデューサー「悉皆屋」の仕事（加藤紫識）「千代田区立四番町歴史民俗資料館資料館だより」 東京都千代田区教育委員会，千代田区立四番町歴史民俗資料館 （18） 2004.9

千代田区の文化財 千代田区の指定文化財 銅製燈籠一対「千代田区立四番町歴史民俗資料館資料館だより」 東京都千代田区教育委員会，千代田区立四番町歴史民俗資料館 （20） 2005.8

千代田区の文化財 収蔵庫から（8）足止めのご利益「はしり大黒」—はしり大黒を追いかけて「千代田区立四番町歴史民俗資料館資料館だより」 東京都千代田区教育委員会，千代田区立四番町歴史民俗資料館 （21） 2006.3

千代田区の指定文化財 力石（大磐石）「千代田区立四番町歴史民俗資料館資料館だより」 東京都千代田区教育委員会，千代田区立四番町歴史民俗資料館 （21） 2006.3

千代田区の指定文化財 狛犬一対（高木知己）「千代田区立四番町歴史民俗資料館資料館だより」 東京都千代田区教育委員会，千代田区立四番町歴史民俗資料館 （22） 2006.6

千代田区内に残る富士信仰（加藤紫織）「民具マンスリー」 神奈川大学 39（4）通号460 2006.7

収蔵庫から（11）やきものに描かれる文様世界（水本和美）「千代田区立四番町歴史民俗資料館資料館だより」 東京都千代田区教育委員会，千代田区立四番町歴史民俗資料館 （26） 2007.10

区内文化財案内 千代田区の稲荷めぐり 文化財調査報告書17「千代田の稲荷」刊行（加藤紫織）「千代田区立四番町歴史民俗資料館資料館だより」 東京都千代田区教育委員会，千代田区立四番町歴史民俗資料館 （27） 2008.3

鏝絵（区内文化財案内）（小山貴子）「千代田区立四番町歴史民俗資料館資料館だより」 東京都千代田区教育委員会，千代田区立四番町歴史民俗資料館 （28） 2008.7

収蔵庫から（12）版下絵を読む 婚礼（滝口正政）「千代田区立四番町歴史民俗資料館資料館だより」 東京都千代田区教育委員会，千代田区立四番町歴史民俗資料館 （29） 2008.11

特集 平成23年度指定文化財紹介 山王大権現神号額 宝暦六年銘 1面/庚申塔 1基「千代田区立四番町歴史民俗資料館資料館だより」 東京都千代田区教育委員会，千代田区立四番町歴史民俗資料館 （35） 2011.03

特集 平成24年度指定文化財紹介 震災紀念の碑 1基/井澤彌兵衛墓碑 1基（高木知己）「千代田区立日比谷図書文化館文化財ニュース」 千代田区立日比谷図書文化館 （1） 2012.03

椿山荘

石仏紹介（166）椿山荘の庚申塔と関口芭蕉庵（藤井正三）「杉並郷土史会史報」 杉並郷土史会 （204） 2007.7

築地

新宿・築地などの「河童の見世物」（和田寛）「河童通心」 河童文庫 242 2003.12

築地市場

旅の草ぐさ（5）築地市場の石仏—東京・中央区（宮崎茂夫）「あしなか」 山村民俗の会 280 2008.1

築地本願寺

全国寺院めぐり 築地本願寺（武蔵正仲）「旅とルーツ」 芳文館出版 78

関東　　　　郷土に伝わる民俗と信仰　　　　東京都

1999.9
お面がご縁の聖徳太子像―築地本願寺（小松光江）「聖徳」 聖徳宗教学部
　（188）2006.6

佃島

佃島の盆踊り（《小特集 江戸切絵図の夏》）（茂木栄）「季刊悠久.第2次」
鶴岡八幡宮悠久事務局 （102）2006.□

和田堀周所と佃島（長沢利明）「杉並郷土史会史報」 杉並郷土史会
　（209）2008.5

築土神社

区内文化財案内 築土神社とその氏子地区（加藤紫織）「千代田区立四番町
歴史民俗資料館資料館だより」 東京都千代田区教育委員会，千代田
区立四番町歴史民俗資料館 （26）2007.10

辻が谷戸

日野市平山六丁目平山辻が谷戸の念仏講（犬飼康祐）「日野の歴史と文
化」 日野史談会 48 1998.10

辻村

見沼代用水滞流一件考―見沼通船差配役・国学者高田輿清の一挿話・足
立郡辻村名主石田家文書から（岡田博）「埼玉地方史」 埼玉県地方史
研究会 （58）2007.6

綱島家

新規収蔵建物 綱島家（農家）（川上香）「江戸東京たてもの園だより」 東
京都歴史文化財団 10 1997.10

椿神社

東京都大田区の椿神社とシャグジ（《道祖神特集》）（川添裕希）「西郊民
俗」 西郊民俗談話会 （200・201）2007.9

妻恋稲荷

高ヶ坂の久昌稲荷社と妻恋稲荷勧請（矢口昇）「町田地方史研究」 町田地
方史研究会 （19）2008.6

鶴間

南地区（鶴間・小川）石仏等調査探訪（活動報告）（荒井仁）「いしぶみ」
まちだ史考会 （36）2013.12

鉄砲洲稲荷神社

鉄砲洲稲荷神社と上棟銭（高木繁司）「歴足玉名」 玉名歴史研究会 34
1998.10

天祖神社

天祖神社のお祭りの思い出（溝口千世）「郷土目黒」 目黒区郷土研究会
43 1999.10

天祖神社 石神その後―都内板橋区西台辺を歩く（酒井幸光）「あしなか」
山村民俗の会 268 2004.10

写真ニュース（5）「善長寺のしまいの酉の市」と「天祖神社の熊手市」
（井上富夫）「板橋史談」 板橋史談会 （245）2008.3

天徳寺

資料紹介 天徳寺所在の石造物（杉本絵美）「研究紀要」 港区立港郷土資
料館 （15）2013.03

天寧寺

多摩のみほとけ（8）青梅市天寧寺 釈迦如来坐像及び十六羅漢像（齊藤経
生）「多摩のあゆみ」 たましん地域文化財団 （145）2012.02

伝法院

浅草寺伝法院庭園見学（石橋和子）「杉並郷土史会史報」 杉並郷土史会
（214）2009.03

八王子の文化財 傳法院の石塀「八王子市郷土資料館だより」 八王子市
郷土資料館 （94）2013.12

東運寺

石仏紹介（108），（109）釜寺東運寺の石仏（1），（2）（藤井正三）「杉並郷
土史会々報」 杉並郷土史会 143/144 1997.5/1997.7

石仏紹介（144）東運寺（釜寺）の石仏（1）（藤井正三）「杉並郷土史会会
報」 杉並郷土史会 179 2003.5

石仏紹介（145）東運寺（釜寺）の名号塔（2）（藤井正三）「杉並郷土史会
史報」 杉並郷土史会 180 2003.7

石仏紹介（146）東運寺（釜寺）の身代地蔵（3）（藤井正三）「杉並郷土史
会史報」 杉並郷土史会 181 2003.9

東雲寺

表紙解説 町田の文化財（2）成瀬・奈良谷戸・東雲寺 地蔵菩薩半跏像―
地元の安泰を願う庶民の祈り（西島護）「いしぶみ」 まちだ史考会
（34）2012.12

東叡山

江戸近郊地域における寺社領の問題―東叡山領の固定化を素材に（《大

会特集 大都市周辺の史的空間―江戸・東京北郊地域の視点から》―
〈問題提起〉）（保垣孝幸）「地方史研究」 地方史研究協議会 52（4）通
号298 2002.8

東叡山の石灯籠―膳所藩主本多俊次奉献（玉城幸男）「河内長野市郷土研
究会誌」 河内長野市郷土研究会 （52）2010.04

天海大僧正異聞 高田文殊院清龍寺の文殊像の東叡山遷座（特集 天海ゆ
かりの地を訪れて）（川原太郎）「会津人群像」 歴史春秋出版 （18）
2010.12

東叡山勧学寮

天台宗東叡山勧学寮と関東檀林寺（内山純子）「茨城史林」 筑波書林
（33）2009.06

東叡山領

承応・明暦期の東叡山領について（榎本龍治）「北区を考える会会報」
北区史を考える会 53 1999.8

東海寺

東海寺輪番僧の品川生活―永野又次郎宛書簡より（牧野宏子）「品川歴史
館紀要」 品川区立品川歴史館 （15）2000.3

東海寺の文房具・茶道具について（名児耶明）「品川歴史館紀要」 品川区
立品川歴史館 （25）2010.03

東海七福神

東海七福神を歩く―旅の草ぐさ（宮崎茂夫）「あしなか」 山村民俗の会
264 2003.4

東海道

東海道の民俗学―境界（峠・川）の名物（八木洋行）「静岡県民俗学会誌」
静岡県民俗学会 21 2000.12

東海道の「名物」に関する一考察（西嶋晃）「民俗文化史研究」 民俗文化
史研究会 （4）2007.7

浜松大会シンポジウムを振り返って―東海道と民謡（日本民俗音楽学会
第23回浜松大会特集）（西角井正大）「日本民俗音楽学会会報」 日本民
俗音楽学会 （32）2010.03

芦峅寺宿坊家が東海道筋に形成した檀那場―特に駿河国と横浜の事例を
とりあげて（福江充）「研究紀要」 富山県立山博物館 20 2013.3

ヤマトタケルノミコト東征幻想―三浦半島の古東海道を尋ねて（松元岑
生）「郷土誌葉山」 葉山郷土史研究会 （10）2013.4

東覚寺

白龍山東覚寺旧蔵の「廣群鶴」鋳刻銘入常夜燈「文化財研究紀要」 東京
都北区教育委員会 22 2009.03

道観山稲荷

道観山稲荷の餅撞唄（石川博司）「まつり通信」 まつり同好会 45（1）通
号515 2005.1

東京

江戸東京から見た富士（芦田正次郎）「武蔵野」 武蔵野文化協会 75（1）
通号329 1997.2

常設展示のみどころ 東京ゾーン―よみがえる東京 「三種の神器」って
何？（板谷敏弘）「江戸東京博物館news ： Edo-Tokyo Museum
news」 東京都歴史文化財団東京都江戸東京博物館 17 1997.3

「日本画」をまとう工芸―東京絵付と明治前期の応用美術政策（小林純
子）「東京都江戸東京博物館研究報告」 東京都江戸東京博物館 通号2
1997.3

鏑木清方と東京の芸能（横山泰子）「東京都江戸東京博物館研究報告」 東
京都江戸東京博物館 通号2 1997.3

旧大名家当主嫡子の食生活と東京の商人・職人―明治3年の蓮池藩を事
例として（岩淵令治）「東京都江戸東京博物館研究報告」 東京都江戸
東京博物館 通号2 1997.3

東京エイサーシンカにおけるエイサーの「経験」―「演技の民俗誌」へ
の試みとして（小林香代）「民俗芸能研究」 民俗芸能学会 通号24
1997.3

企画展「遊びと求道の心 江戸東京の茶の湯400年」展（真下祥幸）「江戸
東京博物館news ： Edo-Tokyo Museum news」 東京都歴史文化財
団東京都江戸東京博物館 18 1997.6

和の神輿 再刊に当って（藤倉隆二）「史友」 東京史蹟史談会 1 1997.8
神社の「鈴」のいわれ（山口武二）「史友」 東京史蹟史談会 1 1997.8
「座禅」体験記（菅野信）「史友」 東京史蹟史談会 1 1997.8
「鬼」鼎談（金子正雄）「史友」 東京史蹟史談会 1 1997.8

第176回月例研究会 近代における建物の変遷 東京の町屋の移り変わり
（山口隆太郎）「北区を考える会会報」 北区史を考える会 45
1997.8

江戸・東京妙見さま巡り（《妙見信仰特輯》）（宮崎茂夫）「あしなか」 山
村民俗の会 249 1997.12

妖怪の歴史（風間喜助）「史友」 東京史蹟史談会 2 1998.2

又四郎曲尺と念仏尺（梶原利夫）「東京産業考古学会」 東京産業考古学会

事務局　17/18　1998.12/1999.2

荒神様のいわれ(山口武二)「史友」　東京史蹟史談会　4　1999.2

石仏と私(越後ヨシ)「史友」　東京史蹟史談会　4　1999.2

第4回収蔵品展 東京の伝統「組紐の技と職人」「かたりべ : 豊島区立郷土資料館ミュージアム開設準備だより」　豊島区立郷土資料館　53　1999.3

事業報告 東京の伝統「組紐の技と職人」「かたりべ : 豊島区立郷土資料館ミュージアム開設準備だより」　豊島区立郷土資料館　54　1999.6

東京にもあった「箱型双体地蔵」(佐藤不二也)「日本の石仏」　日本石仏協会，青娥書房(発売)　通号92　1999.12

雑感―意外な地にあったお墓(広田のぶ子)「史友」　東京史蹟史談会　6　2000.2

雛のみち(前田宏子)「史友」　東京史蹟史談会　6　2000.2

東京塵界物語(1) 老若男女氏名不詳の方々(安本丹)「アセタルヲ」　世田谷歴史文化研究会　(3)　2000.3

平成11年度特別展「怪力伝説―東京近郊の草相撲と力持ち」「博物館だより」　葛飾区郷土と天文の博物館　58　2000.3

昭和30年代東京のくらし(町田忍)「江戸東京たてもの園だより」　東京都歴史文化財団　15　2000.3

笊籠の東京方面への流通についての報告(1)―在来産業と民俗(服部武)「紀要」　埼玉県立博物館　通号25　2000.3

明治初期東京の邸内社堂―社寺地処分研究の一環として(滝島功)「中央史学」　中央史学会　(23)　2000.3

東京の鬼(1) 鬼子母神(雑司が谷)とお穴の鬼子母神(梁地孝子)「六甲倶楽部報告」　六甲倶楽部　52　2000.3

今は昔 東京の海苔(1)(斉藤和美)「東京産業考古学会」　東京産業考古学会事務局　28　2000.9

東京の鬼(1) 2000年東京の節分(梁地孝子)「六甲倶楽部報告」　六甲倶楽部　54　2000.9

明治23年、村長の善光寺参り 永田与三吉「東京・日光・善光寺・伊勢巡遊記行」(小林計一郎)「長野」　長野郷土史研究会　214　2000.11

江戸東京の暦な(ジェラルド，グローマー)「東京都江戸東京博物館研究報告」　東京都江戸東京博物館　(7)　2001.3

和船における船釘について(長島節五)「東京産業考古学会」　東京産業考古学会事務局　32　2001.5

東京の「烏八臼」墓塔 区部(関口渉)「野仏 : 多摩石仏の会機関誌」　多摩石仏の会　32　2001.8

東京の鬼(3) 白石加代子の『燈台鬼』(梁地孝子)「六甲倶楽部報告」　六甲倶楽部　58　2001.9

東京の富士塚(仲野基道)「郷土目黒」　目黒区郷土研究会　45　2001.10

東京の被差別部落とキリスト教―19世紀後半におけるプロテスタント・キリスト教の諸活動に関する史料(矢寄景方)「明日を拓く」　東日本部落解放研究所，解放書店(発売) 28(2)通号42　2002.1

昔ばなし(山口武二)「史友」　東京史蹟史談会　9　2002.2

曲屋集落を訪ねて(前田宏子)「史友」　東京史蹟史談会　9　2002.2

おともり(関口サク)「史友」　東京史蹟史談会　9　2002.2

東京の鬼(4)(5)(梁地孝子)「六甲倶楽部報告」　六甲倶楽部　61　2002.7

「提灯」 ちょうちん昔話(江原猛二)「史友」　東京史蹟史談会　10　2002.8

木地師のみち(岩谷芳子)「史友」　東京史蹟史談会　10　2002.8

無形民俗文化財の保存伝承と変容「東京の文化財」　東京都教育庁地域教育支援部　88　2002.11

東京の酒造り(長沢利明)「西郊民俗」　[西郊民俗談話会]　(181)　2002.12

東京の鬼(6)，(7)(梁池孝子)「六甲倶楽部報告」　六甲倶楽部　63/64　2002.12/2003.3

東京にもある種まき権兵衛の話(民話)(中野朝生)「奥熊野の民俗」　紀北民俗研究会　7　2003.1

企画展 江戸開府400年 江戸東京博物館開館10周年記念「東京流行生活展」(新田太郎)「江戸東京博物館news : Edo-Tokyo Museum news」　東京都歴史文化財団東京都江戸東京博物館　43　2003.9

江戸・東京における町内鎮守管理者としての修験と地域住民―就任、相続、退身の実態を中心に(《2002年度大会特集 江戸の信仰と社会関係―居住者の視点から》)(吉田正高)「関東近世研究」　関東近世史研究会　(54)　2003.10

〔展示会短評〕 江戸東京博物館企画展「東京流行生活展」「民衆史研究」　民衆史研究会　(66)　2003.11

東京の洋鋏職人(加藤紫識，長沢利明)「民俗」　相模民俗学会　186　2003.11

江戸東京のまじない(1)，(2)(長沢利明)「西郊民俗」　[西郊民俗談話会]　(185)／(186)　2003.12/2004.3

奥古道とその研究課題―古道は東京低地・埼玉低地を如何に越えたか(長沼映夫)「かつしか台地 : 野田地方史懇話会会誌」　野田地方史懇話会　27　2004.3

東京に暮らした食用蛙―江東デルタ地帯、大田区森ヶ崎(現大森南五丁目)、八丈島、小笠原村父島・母島の食用蛙記録から(塩屋照雄，茂木真佐美)「大田区立郷土博物館紀要」　大田区立郷土博物館　(14)　2004.3

江戸と東京 風俗野史「大道芸通信」　日本大道芸・大道芸の会　112　2004.3

東京における翁・三番叟の伝承と民俗的思想(中村規)「民俗芸能研究」　民俗芸能学会　(36)　2004.3

庚申塔の猿を見る―千葉・埼玉・東京・神奈川(舞田一夫)「あしなか」　山村民俗の会　269　2004.12

野村純一著『江戸東京の噂話「こんな晩」から「口裂け女」まで』(内藤浩誉)「昔話伝説研究」　昔話伝説研究会　(25)　2005.5

野村純一著『江戸東京の噂話―「こんな晩」から「口裂け女」まで』(書誌紹介)(篠原徹)「日本民俗学」　日本民俗学会　通号243　2005.8

烏八臼をたずねて―東京を中心にして(関口渉)「日本の石仏」　日本石仏協会，青娥書房(発売)　(115)　2005.9

ジャッジ二題野球審判、東京裁判(牧民郎)「鹿児島民俗」　鹿児島民俗学会　(128)　2005.10

私の本棚から(28)　「江戸/東京はやり信仰事典」(芦原義守)「杉並郷土史会史報」　杉並郷土史会　(194)　2005.11

展開期の瓦塔系譜―荻ノ原・大仏類型類似瓦塔の位置付け(池田敏宏)「東京考古」　東京考古談話会　通号24　2006.5

東京大空襲の想い出 四斗樽での葬儀(小林弥太郎)「足立史談会だより」　足立史談会　(220)　2006.7

帽子の歴史 明治期の帽子事情(制帽の場合)(水野理一)「東京産業考古学会」　東京産業考古学会事務局　通号243　2006.7

近代日本の大都市近郊鉄道と恵方―東京と大阪を中心に(《例会報告要旨》)(平山昇)「交通史研究」　交通史学会，吉川弘文館(発売)　(60)　2006.8

東京の天狗伝承―昔話・伝説・世間話に見る(高橋成)「あしなか」　山村民俗の会　275　2006.9

企画展「東京 ムギ・麦―東京近郊の麦食文化―」 展示あらかると「博物館だより」　葛飾区郷土と天文の博物館　84　2006.9

東京でおへんろ(《特集 おへんろ再発見》)(玉井建三)「文化愛媛」　愛媛県文化振興財団　(57)　2006.10

有形文化財(建造物・美術工芸品)/無形文化財・民俗文化財/史跡・旧跡/名勝・天然記念物/考古資料「東京の文化財」　東京都教育庁地域教育支援部　(100)　2006.11

明治・大正期東京・大阪の社寺参詣における恵方の変容(《第32回大会共通論題「都市と交通II―観光・行楽・参詣」特集号》)(平山昇)「交通史研究」　交通史学会，吉川弘文館(発売)　(61)　2006.12

東京の鬼(8) 「鬼は外」と言わない節分(梁池孝子)「六甲倶楽部報告」　六甲倶楽部　(79)　2006.12

稲作以前の食文化研究(研究・MEMO)(宮尾亨)「東京の遺跡」　東京考古談話会　(84)　2007.3

東京の寄席における音曲師の伝承のあり方(《第20回大会報告「都市の祭礼と音楽」》(2006 東京)―研究発表要旨)(寺田真由美)「民俗音楽研究」　日本民俗音楽学会　(32)　2007.3

東京の鬼(9) 四つ目の鬼「亀戸天神」―かけ声は「鬼は外」だけ(梁池孝子)「六甲倶楽部報告」　六甲倶楽部　(80)　2007.3

東京内湾奥部のウナギ漁―手づかみ漁法と竹筒漁法を中心に(尾上一明)「民具マンスリー」　神奈川大学　40(2)通号470　2007.5

近代和風建築総合調査について「東京の文化財」　東京都教育庁地域教育支援部　(102)　2007.7

戦争の間、仕上工見習いで働いて(1)，(2)(金属労働研究 第88号より抜粋)(岩渕誠一)「東京産業考古学会」　東京産業考古学会事務局　(73)／(74)　2008.3/2008.6

東京の燈鬼二題(犬飼康祐)「野仏 : 多摩石仏の会機関誌」　多摩石仏の会　39　2008.7

戦争の間、仕上工見習いで働いて(3)(金属労働研究 第88号より抜粋)―見習い工には厳しかった火造りの作業(岩渕誠一)「東京産業考古学会」　東京産業考古学会事務局　(75)　2008.9

常設展示室 企画展「絵にみる春夏秋冬―江戸東京の一年―」「えどはくでおさらい！ 江戸時代」「江戸東京博物館news : Edo-Tokyo Museum news」　東京都歴史文化財団東京都江戸東京博物館　64　2008.12

森まゆみ「聞き書きという幸せな作業」 東京転々 中一弥の人と仕事(後)「谷中・根津・千駄木」 谷根千工房　(91)　2008.12

史料研究 大熊邦也家文書の紹介　「琴平拝記録」大熊彦九郎筆/「再琴平神社エ拝参引」大熊彦九郎筆/「東京旅日記」大熊彦九郎筆(北播磨探史研究会)「北播磨探史研究」　北播磨探史研究会　(3)　2009.02

東京の鬼(11)(梁池孝子)「六甲倶楽部報告」　六甲倶楽部　(92)　2010.03

明治期新聞資料における東京の「怪異」(三柴友太)「民俗地図研究」　民俗地図研究会　(2)　2010.03

江戸東京の食文化・川文化―浅草の食文化繁栄の原点を探る 平成21年

関東　　　郷土に伝わる民俗と信仰　　　東京都

10月10日（土）（隅田川大学公開講座）（丸山眞司，齋藤興平）「すみだ川：隅田川市民交流実行委員会会報」隅田川市民交流実行委員会　（47）2010.4

たてもので語る江戸東京の歴史と文化（米山勇）「江戸東京たてもの園だより」東京都歴史文化財団　（36）2010.9

「近世伊興村―我が家の先祖調査を通じて」藤波恭一氏の発表／「各地の桜 足立とソメイヨシノ」青木太氏・谷内英明氏／「陽外の碑と関連史跡」木村繁氏／「足立の農業 これまでと今」大熊久三郎氏／「東京周辺の高射砲陣地」鈴木恒雄氏「足立史談会だより」足立史談会　（270）2010.9

小平霊園に東京人のルーツを捜す（船津孝雄）「郷土研だより」中村山郷土研究会　（370）2011.03

松本近辺の葬儀の行方―東京近郊の葬儀の変化と比較して（福澤昭司）「松本市史研究：松本市文書館紀要」松本市　（21）2011.03

東京の田植地蔵・鼻取地蔵（長沢利明）「西郊民俗」［西郊民俗談話会］（214）2011.03

下肥に依存する農業―東京近郊の肥料を考える（1）～（3）（萩原ちとせ）「足立史談」足立区教育委員会　（521）/（524）2011.7/2011.10

下肥に依存する農業―東京近郊の肥料を考える（最終回）（萩原ちとせ）「足立史談」足立区教育委員会　（525）2011.11

明治45年『木材の工芸的利用』に見る江戸東京と周辺地域での筏籠の生産と流通（服部武）「民具研究」日本民具学会　（145）2012.03

古墳時代（墓制）（東京考古30号特集 『東京考古』到達点と展望）（中村新之介）「東京考古」東京考古談話会　（30）2012.05

古代（官衙・寺院）（東京考古30号特集 『東京考古』到達点と展望）（荒井健治）「東京考古」東京考古談話会　（30）2012.05

都市社会と「自粛」現象―江戸・東京における鳴物停止の構造・展開を中心に（月例会報告要旨）（佐藤麻里）「関東近世研究」関東近世史研究会　（72）2012.10

千住の大相撲―東京大相撲をよんだ明治の「大千住」（多田文夫）「足立史談」足立区教育委員会　（545）2013.7

公開講演報告3 民俗資料の口承文芸と基層をなす神話―大島建彦氏の講演「江戸東京の民俗信仰」を拝聴して（第37回日本口承文芸学会大会）（廣田収）「伝え：日本口承文芸学会会報」日本口承文芸学会　（53）2013.10

企画展「雑誌に見る東京の20世紀―館蔵資料紹介―」実施報告（行吉正一）「東京都江戸東京博物館紀要」東京都江戸東京博物館　（4）2014.3

江戸東京の民俗信仰（大島建彦）「口承文藝研究」日本口承文藝學會　（37）2014.03

天神信仰の地域的展開―江戸・東京の天満宮巡拝を例に（中川和明）「日本宗教文化史研究」日本宗教文化史学会　18（2）通号36 2014.11

東京軻軻祖神親王講の規約―万年堂をめぐる講と技（小池淳一）「西郊民俗」［西郊民俗談話会］（229）2014.12

東京華族会館

私の木喰巡礼（14）丸畑・小林家の馬頭観音と東京華族會館における木喰展（大久保ները次）「微笑佛」全国木喰研究会　（14）2006.4

東京9区

東京文化財ウィーク2010 東京9区文化財古民家めぐり（出口宏幸）「下町文化」江東区地域振興部　（251）2010.9

東京文化財ウィーク2012 東京9区文化財古民家めぐり「下町文化」江東区地域振興部　（259）2012.9

東京文化財ウィーク2012 東京9区文化財古民家めぐり 10月1日（月）～11月30日（金）/パネル展示「来て見て発見！ はじめよう古民家めぐり」10月3日（水）～15日（月）「下町文化」江東区地域振興部　（260）2013.1

イベントレポート 東京9区文化財古民家めぐり「ほいす：北区飛鳥山博物館だより」北区飛鳥山博物館　30 2013.3

東京9区文化財古民家めぐり/旧大石家住宅友の会「下町文化」江東区地域振興部　（262）2013.7

文化財保護強調月間 民俗芸能大会/文化財講演会/東京9区文化財古民家めぐり「下町文化」江東区地域振興部　（263）2013.9

東京競馬場

競争馬の供養―東京競馬場正門の小祠・碑塔をめぐって（松崎憲三）「西郊民俗」［西郊民俗談話会］（180）2002.9

東京国際空港

東京国際空港（羽田飛行場）の成立は？―「語呂あわせ」民俗の一例として（木村博）「西郊民俗」［西郊民俗談話会］（185）2003.12

東京市

大正期における庚申塔の調査 山中共古と沢田四郎作の東京市内調査（縣敏夫）「野仏：多摩石仏の会機関誌」多摩石仏の会　31 2000.7

東京真宗中学校

ご近所調査報告 谷中にあった東京真宗中学校（《特集 M落ち穂拾いに夢中―書きかけ項目を一挙公開》）（數藤吉彦）「谷中・根津・千駄木」谷根千工房　（94）2009.8

東京大学医学部附属病院

湯島講安寺における墓域の空間利用―東京大学医学部附属病院病棟地点で検出した埋葬施設の検討（原祐一）「東京考古」東京考古談話会　号15 1997.5

東京タワー

特集1 特別展「できゆく東京タワーの足もとで―昭和30年代のくらし」東京タワーとチャブ台と白いレインコート（浅川範之）「江戸東京たてもの園だより」東京都歴史文化財団　（26）2005.11

特集2 特別展「できゆくタワーの足もとで―昭和30年代のくらし―」を終えて―展示室ノート「お客様の声」に記されたお客様の声より（浅川範之）「江戸東京たてもの園だより」東京都歴史文化財団　通号28 2006.12

コーナー展 東京タワーと昭和のくらし（川上悠介）「港郷土資料館だより」港区立港郷土資料館　（62）2008.9

東京都

都内墓地探訪（下嶋敏夫）「グループ秩父事件会報」グループ秩父事件事務局　63 1997.5

神無月に去来する火所の神―東京都の事例（大嶋一人）「西郊民俗」［西郊民俗談話会］通号163・164 1998.6

依代・職旗と旗棹（小作寿郎）「隣人：草志会年報」草志会　13 1998.8

常設展示のみどころ 東京都指定有形民俗文化財 瓦製造用具の公開（佐々木秀彦）「江戸東京博物館news：Edo-Tokyo Museum news」東京都歴史文化財団東京都江戸東京博物館　23 1998.9

歴史教育の現場から ホンチ遊びとこどもたち（中村隆）「あずま」文化財情報誌「あずま」編集室　（2）1999.6

モノからワザへ 伝統技術の保護と再生「あずま」文化財情報誌「あずま」編集室　（4）1999.10

東京都の図像板碑リスト（村田和義）「歴史考古学」歴史考古学研究会　通号45 2000.6

歴史教育の現場から 石臼でそばを挽く（中村隆）「あずま」文化財情報誌「あずま」編集室　（6）2000.2

東京都の陵墓（1），（2）（外池昇）「多摩地域史研究会会報」多摩地域史研究会　47/48 2000.2/2000.4

「庚申塔」という文化「あずま」文化財情報誌「あずま」編集室　（7）2000.6

稲荷の神像を見る―東京都区内・近郊を巡る（舞田一夫）「あしなか」山村民俗の会　262 2002.9

冬至と水の火伏せ―東京都の事例を中心に（寺沢一人）「昔風と当世風」古々路の会　83 2002.11

豊島一族関係社寺一覧（東京都）（豊島信夫）「北区史を考える会会報」北区史を考える会　67 2003.2

民俗・井戸と湧水と水道（小作寿郎）「隣人：草志会年報」草志会　17 2003.5

書評と紹介 高井蘭山著 澤登寛 聡編『農家調宝記』（石山秀和）「関東近世史研究」関東近世史研究会　（53）2003.10

竹の民俗（小作寿郎）「隣人：草志会年報」草志会　18 2004.6

新刊紹介 山神戯交―山ノ神の御産す山と里往還―松尾翔（浦野要）「奥武蔵」奥武蔵研究会　338 2004.7

近世庚申塔の造立期日銘にみる地域差―東京都区部を中心として（石神裕之）「日本宗教文化史研究」日本宗教文化史学会　10（2）通号20 2006.11

丙戌・犬の民俗（小作寿郎）「隣人：草志会年報」草志会　（20）2007.1

モダン都市の街と建物（《特集1 シンポジウム「日本橋・銀座・汐留―にぎわいの街」》）（米山勇）「東京都江戸東京博物館研究報告」東京都江戸東京博物館　（13）2007.3

都内の一代守本尊石佛（石川博司）「野仏：多摩石仏の会機関誌」多摩石仏の会　38 2007.7

民俗・猫とネズミ（小作寿郎）「隣人：草志会年報」草志会　（21）2008.1

東京都の弟橘媛をまつる神社―「弟橘媛」を歩く（入江英弥）「民俗」相模民俗学会　（203）2008.3

東京都区内の神社と祭神（岡博）「季刊邪馬台国」「季刊邪馬台国」編纂委員会，梓書院（発売）（99）2008.7

地図からみる東京都の祭囃子（高久舞）「信濃［第3次］」信濃史学会　61（1）通号708 2009.01

カラムシから糸作り（（小薬））「たまのよこやま：東京都埋蔵文化財センター報」東京都埋蔵文化財センター　（78）2009.09

既に指定しているものに附として追加して指定するもの 銅造地蔵菩薩

坐像（東京都指定文化財の新指定）「東京の文化財」　東京都教育庁地域教育支援部　(109)　2010.03

牛（丑）の民俗（小作寿郎）「隣人：草志会年報」　草志会　(23)　2010.03

史跡を訪ねて(16)　都内の古民家を巡る（補）（猪瀬尚志）「板橋史談」　板橋史談会　(260)　2010.9

東京都内に残る「鬼問答」（小澤正人）「六甲倶楽部報告」　六甲倶楽部　(96)　2011.03

特別区庚申塔共同調査チーム編「文化財の保護」43号「東京都東部庚申塔データー集成」（書誌紹介）（西海賢二）「日本民俗学」　日本民俗学会　(270)　2012.05

東京都民俗芸能調査について「東京の文化財」　東京都教育庁地域教育支援部　(114)　2012.09

東京都文化財ウィーク2012 企画展 公文書にみる近代の神社・寺院「東京都公文書館だより」　東京都公文書館　(22)　2013.03

国選定保存技術―金唐紙「東京の文化財」　東京都教育庁地域教育支援部　(115)　2013.3

イベントレポート 北区と都内の富士塚めぐり「ほいす：北区飛鳥山博物館だより」　北区飛鳥山博物館　31　2013.09

芸能史ノート 近代における一橋徳川家と能楽―茨城県立歴史館蔵「日記」をめぐって（青柳有利子）「藝能史研究」　藝能史研究會　(204)　2014.01

東京都と帝釈天塔（特集 天部の石造物）（石川博司）「日本の石仏」　日本石仏協会，青娥書房（発売）　(152)　2014.12

東京8区

東京文化財保護ウィーク2009 東京8区文化財古民家めぐり/中川船番所資料館特別企画展「江戸の流通と中川番所」「下町文化」　江東区地域振興部　(247)　2009.9

囲炉裏ばた（大石家日記）(10)　東京文化財ウィーク2009 東京8区文化財古民家めぐりを終えて（向山伸子）「下町文化」　江東区地域振興部　(248)　2010.1

東京府

明治初期の東京府による舞夫・梓女の統制―習合神道神事舞太夫家の近代（創立50周年記念号）（中野洋平）「芸能史研究」　芸能史研究会　(203)　2013.10

東京湾

漁業にみる川と海の関わり合い東京湾漁業者へアンケート調査（概要）《特集 疲れても微笑む東京湾母なる海に甘えた都市の発展》（ATT東京湾調査班）「ATT」　ATT流域研究会　(18)　1999.6

水神祭とアナゴ漁―東京湾・海のくらし（茂木真佐美）「港郷土資料館だより」　港区立港郷土資料館　42　2000.3

東京湾のくらしの変化を方言からさぐる―子どもの軟体動物方言を1964年と2001年を比較して（川名興，鎌田八寿江）「東京湾学会誌：東京湾の水土」　東京湾学会　2(1)　2003.3

東光院

第六天と王子権現―中世王子信仰の一形態(9)　十一王子と東光院（榎本龍治）「十条村研究」　榎本龍治　(26)　2010.01

東光寺

東光寺の宇喜多秀家供養塔について（畠山聡）「板橋史談」　板橋史談会　201　2000.11

常圓寺・東光寺の銀杏（宮崎敏子）「目黒区郷土研究」　目黒区郷土研究会　558　2001.7

東光寺文書の「一貫五百文」について（栗山佳也）「目黒区郷土研究」　目黒区郷土研究会　582　2003.7

爰東光寺の鬼の念仏石像（栗山佳也）「目黒区郷土研究」　目黒区郷土研究会　(638)　2008.3

東光寺と吉良三代の墓(1)～(5)（竹田務）「目黒区郷土研究」　目黒区郷土研究会　(642)/(647)　2008.7/2008.12

随想 東光寺とお茶（新倉繁夫）「目黒区郷土研究」　目黒区郷土研究会　(648)　2009.01

東光寺と吉良三代の墓（終）（竹田務）「目黒区郷土研究」　目黒区郷土研究会　(648)　2009.01

動坂

ひろみの1960年代図鑑(1)　動坂のお地蔵さま「谷中・根津・千駄木」　谷根千工房　59　1999.10

東山道

《特集 国府・国分寺・東山道》「多摩のあゆみ」　たましん地域文化財団　103　2001.8

道者街道

板橋の「道者街道」（木村博）「板橋史談」　板橋史談会　200　2000.9

東昌寺

普化宗虚無僧寺―龍渓山東昌寺（金沢十郎）「郷土目黒」　目黒区郷土研究

東漸寺

東漸寺事件の「賞牌」 警護の武士に贈られたビクトリア女王のメダル（吉崎雅規）「港郷土資料館だより」　港区立港郷土資料館　(55)　2005.3

東禅寺

東禅寺事件の「賞牌」(2)（吉崎雅規）「港郷土資料館だより」　港区立港郷土資料館　(57)　2006.3

国史跡「東禅寺」 指定に至る経緯と調査成果（特集 最初のイギリス公使館東禅寺）（松本健）「港郷土資料館だより」　港区立港郷土資料館　(65)　2010.03

公使館の選定理由―なぜ東禅寺は最初のイギリス公使館となったのか（特集 最初のイギリス公使館東禅寺）（竹村到）「港郷土資料館だより」　港区立港郷土資料館　(65)　2010.03

東都三拾三間堂

江東歴史紀行ミニ 東都三拾三間堂深川移転顛末覚（赤澤春彦）「下町文化」　江東区地域振興部　(245)　2009.04

東都三十三間堂

東都三十三間堂旧記、龍眼寺の庚申塔 指定文化財!!「下町文化」　江東区地域振興部　(237)　2007.4

豆腐地蔵

豆腐地蔵と豆腐（芦原義守）「杉並郷土史会史報」　杉並郷土史会　151　1998.9

豆腐地蔵のこと（犬飼靖祐）「野仏：多摩石仏の会機関誌」　多摩石仏の会　31　2000.7

東陽院

東陽院蔵「釈迦如来立像」・「観音菩薩立像」・「弘法大師坐像及び厨子」の保存修理について（文化財事業報告）（大田区教育委員会郷土博物館文化財担当）「大田区立郷土博物館紀要」　大田区立郷土博物館　(18)　2010.03

東陽寺

普化禅宗（幸手）東陽寺考（小川春夫）「由比野」　元八王子歴史研究会　(12)　2002.10

十日森稲荷神社

新装された小丹波十日森の稲荷神社（白井孝昌）「郷土研究」　奥多摩郷土研究会　(25)　2014.03

常盤台天祖神社

〔資料紹介〕 板橋区内現用の戦時下の統制陶磁器―常盤台天祖神社所蔵品（大沢鷹逸）「板橋区立郷土資料館紀要」　板橋区教育委員会　(12)　1998.12

常盤台天祖神社文書をめぐって―国家統制時代の神社（小林保男）「板橋区立郷土資料館紀要」　板橋区教育委員会　(17)　2009.03

徳川霊廟

口絵 徳川霊廟奉献燈籠の鋳物師、渡辺銅意法橋正駿と鳥居権左正信「史迹と美術」　史迹美術同攷会　82(5)通号825　2012.05

徳善院

日野市平山徳善院の仏像と板碑（平山徳善院）「日野の歴史と文化」　日野史談会　49　1999.4

徳蔵寺

東村山・郷土調査資料 正福寺境内の石碑・石造物/徳蔵寺・正福寺に置かれた徳川将軍家墓所（増上寺）の燈籠（高山博之）「郷土研だより」　東村山郷土研究会　(403)　2013.12

徳蔵寺の中世五輪塔・宝篋印塔（本間岳人）「東村山市史研究」　東京都東村山市　(23)　2014.01

正位寺・徳蔵寺伝存の中世宝篋印塔・五輪塔・板碑に関する資料（資料紹介）（小川直裕，高野宏峰）「東村山市史研究」　東京都東村山市　(23)　2014.01

東村山ふるさと歴史館編『徳蔵寺展―元弘の板碑と寺にまもられてきた文化財』図録紹介（新刊紹介）（峰岸純夫）「多摩地域史研究会会報」　多摩地域史研究会　(111)　2014.09

東村山ふるさと歴史館編『特別展 徳蔵寺展―元光の板碑と寺にまもられてきた文化財―』（本の紹介）（峰岸純夫）「多摩のあゆみ」　たましん地域文化財団　(156)　2014.10

徳丸

徳丸の獅子舞（石川博司）「まつり通信」　まつり同好会　41(5)通号483　2001.4

徳丸の田遊び（石川博司）「まつり通信」　まつり同好会　42(2)通号492　2002.1

徳丸北野神社

写真ニュース(2)　「徳丸北野神社獅子舞」「徳丸四つ竹踊り」（井上富

夫)「板橋史談」 板橋史談会 （241）2007.7

徳丸北野神社田遊び 徳丸北野神社田遊び保存会会長（日本民俗音楽学会第24回東京大会特集―民俗音楽公演に出演して）（石田彰）「日本民俗音楽学会会報」 日本民俗音楽学会 （34）2011.03

徳丸本村

幕末期徳丸本村の年中行事（宮原浩）「板橋区立郷土資料館紀要」 板橋区教育委員会 （12）1998.12

豊島

第254回月例研究会 江戸六阿弥陀が語る豊島・足立の交流―その縁起伝承と巡拝風俗を中心に（安藤義雄）「北区史を考える会会報」 北区史を考える会 71 2004.2

豊島をさぐる（10）鬼子母神を描いた絵画「かたりべ ： 豊島区立郷土資料館ミュージアム開設準備だより」 豊島区立郷土資料館 （77）2005.3

豊島をさぐる（13）池袋の女―江戸時代の怪奇現象「かたりべ ： 豊島区立郷土資料館ミュージアム開設準備だより」 豊島区立郷土資料館 （80）2005.12

豊島をさぐる（14）動物供養塔―様々な供養のかたち「かたりべ ： 豊島区立郷土資料館ミュージアム開設準備だより」 豊島区立郷土資料館 通号81 2006.3

豊島をさぐる（16）60数年ぶりに里帰りした重林寺の梵鐘「かたりべ ： 豊島区立郷土資料館ミュージアム開設準備だより」 豊島区立郷土資料館 通号90 2008.6

利島

伊豆諸島利島の女ショイコ―大島・利島の肩縄及び頭縄負子事例（前）、（後）（織野英史）「民具マンスリー」 神奈川大学 45（8）通号536/45（9）通号537 2012.11/2012.12

豊島岡墓地

東京都の陵墓（3）豊島岡墓地（外池昇）「多摩地域史研究会会報」 多摩地域史研究会 51 2000.10

東京都の陵墓（4）豊島岡墓地補遺、大正天皇多摩陵（外池昇）「多摩地域史研究会会報」 多摩地域史研究会 52 2001.1

豊島区

一点の資料から（番外編）木樋「かたりべ ： 豊島区立郷土資料館ミュージアム開設準備だより」 豊島区立郷土資料館 47 1997.6

一点の資料から 水洗化工事で中止されたおみこし巡行「かたりべ ： 豊島区立郷土資料館ミュージアム開設準備だより」 豊島区立郷土資料館 61 2001.3

豊島区で生まれた幻のやきもの「竹本焼」が郷土資料館に寄贈されました「かたりべ ： 豊島区立郷土資料館ミュージアム開設準備だより」 豊島区立郷土資料館 62 2001.5

第3回収蔵資料展「思い出は資料館へ2―区民寄贈生活資料展」/東京第二師範附属 上山の疎開学寮日誌/駒込の奇聞二話「かたりべ ： 豊島区立郷土資料館ミュージアム開設準備だより」 豊島区立郷土資料館 65 2002.2

展示報告 2001年度第2回収蔵資料展「竹本焼と園芸・盆栽文化―中島英雄コレクションを中心に」「かたりべ ： 豊島区立郷土資料館ミュージアム開設準備だより」 豊島区立郷土資料館 65 2002.2

ぼくがさがした庚申塔（中島将太，福岡直子）「生活と文化 ： 研究紀要」 豊島区 （12）2002.10

江戸の名所めぐり―江戸の昔の面影をたどる/第2回収蔵資料展「地図・絵図で読む/旧田島平良家長屋門所蔵資料の整理・調査事業の中間報告 むかし "農具" いま "資料"「かたりべ ： 豊島区立郷土資料館ミュージアム開設準備だより」 豊島区立郷土資料館 68 2002.11

職人の集住と拡散（福岡直子）「生活と文化 ： 研究紀要」 豊島区 （13）2003.8

掲鉢図 鬼子母神の説話画―百鬼夜行絵巻と関連させて（藤岡摩里子）「生活と文化 ： 研究紀要」 豊島区 （14）2004.12

地域史講座「石の文化史」を終えて 石はまちのなかで生きている―石質や石工を見てみよう「かたりべ ： 豊島区立郷土資料館ミュージアム開設準備だより」 豊島区立郷土資料館 （79）2005.9

疱瘡除けミミズクの考察―疱瘡絵を中心として（藤岡摩里子）「生活と文化 ： 研究紀要」 豊島区 （15）2005.12

資料は廻る 豊島区と長野県を結ぶ こたつのやぐら・盆・黒板・飯台「かたりべ ： 豊島区立郷土資料館ミュージアム開設準備だより」 豊島区立郷土資料館 通号83 2006.9

世界に通じる "KUMIHIMO"「かたりべ ： 豊島区立郷土資料館ミュージアム開設準備だより」 豊島区立郷土資料館 通号88 2007.10

報告 豊島区の "くみひも" 世界へ紹介 第1回組紐国際会議「かたりべ ： 豊島区立郷土資料館ミュージアム開設準備だより」 豊島区立郷土資料館 通号89 2008.3

くみひも―第1回組紐国際会議に参加して（福岡直子）「生活と文化 ： 研究紀要」 豊島区 （17）2008.3

豊島をさぐる（19）豊島区の特産物（3）「雑司ヶ谷南瓜」とは？「かたりべ ： 豊島区立郷土資料館ミュージアム開設準備だより」 豊島区立郷土資料館 （97）2010.3

豊島をさぐる（21）豊島区の特産物（5）地図・絵図にみる大根「かたりべ ： 豊島区立郷土資料館ミュージアム開設準備だより」 豊島区立郷土資料館 （99）2010.9

ふたりで作る組紐―「手」と「足の指」を道具に「かたりべ ： 豊島区立郷土資料館ミュージアム開設準備だより」 豊島区立郷土資料館 （105）2012.03

獅子舞を支える（福岡）「かたりべ ： 豊島区立郷土資料館ミュージアム開設準備だより」 豊島区立郷土資料館 （106）2012.07

地元を離れがたい「お不動さま」―受け継がれし心・地域によみがえる石像物（福岡）「かたりべ ： 豊島区立郷土資料館ミュージアム開設準備だより」 豊島区立郷土資料館 （107）2012.10

富士講関係調査（3）富士行衣に押された印―印から見る富士講修行の足跡（佐久間）「かたりべ ： 豊島区立郷土資料館ミュージアム開設準備だより」 豊島区立郷土資料館 （111）2014.03

利島村

現代の家と別居構造に関する一試論―東京都利島村における隠居慣行の変容と家継承の問題をめぐって（増田武夫）「日本民俗学」 日本民俗学会 通号221 2000.2

戸田家上屋敷

殿様のくらし（41）十万石大垣藩主戸田家上屋敷（清水進）「美濃民俗」 美濃民俗文化の会 455 2005.4

戸田の渡し

『我衣』を歩く（2の1）戸田の渡し旧堤防辺り（木田誼）「板橋史談」 板橋史談会 （252）2009.5

『我衣』を歩く（2の2）「戸田の渡し」渡船場（木田誼）「板橋史談」 板橋史談会 （253）2009.7

栃久保

奥多摩の獅子舞い紀行（36）栃久保の獅子舞い「かわせみ通信」 川崎実 39 1998.9

利根川

流域紀行 利根川下流域と相撲（米谷博）「利根川文化研究」 利根川文化研究会 通号25 2004.8

舎人

5月舎人の寺社めぐり探訪報告「足立史談会だより」 足立史談会 135 1999.6

舎人諏訪神社

足立区の登録文化財を観る 舎人諏訪神社本殿 一棟/紙本著色弘法大師修法図 一幅/荷馬の絵と句 一幅「足立史談会だより」 足立史談会 （272）2010.11

舎人氷川神社

足立の登録文化財を観る 大聖寺本堂 一棟/応現寺山門 一棟/舎人氷川神社本殿 一棟「足立史談会だより」 足立史談会 （268）2010.07

殿ヶ谷分水

西砂三新田の母なる川殿ヶ谷分水（宮崎光一）「立川民俗」 立川民俗の会 （17）2010.12

殿ヶ谷分水跡碑建立「立川民俗」 立川民俗の会 （18）2012.10

飛田給

調布の民俗文化財 飛田給の念仏講（倉石忠彦）「調布の文化財」 調布市郷土博物館 31 2002.3

調布随想 飛田給の瑠璃光薬師（榎本正身）「調布史談会会誌」 調布史談会 （41）2012.04

文化財の保護・普及活動 指定文化財説明板の新設と付替え 東京都指定天然記念物 佐須の榧寺九古木/調布市指定有形文化財（建造物） 虎狛神社本殿 附棟札三枚/調布市指定有形文化財（彫刻） 木造阿弥陀如来坐像/調布市指定有形民俗文化財（民俗）飛田給石造瑠璃光薬師如来立像/調布市指定有形民俗文化財（民俗）百万遍供養塔（長瀬出）「調布の文化財」 調布市郷土博物館 （49）2013.03

富岡八幡宮

江戸の小さな神々 天下祭りや勧進相撲で江戸庶民に愛された―富岡八幡宮（清水靖子）「季刊悠久.第2次」 鶴岡八幡宮悠久事務局 （107）2007.3

富岡八幡宮とその周辺部（松田磐余）「Collegio」 之潮 （53）2013.08

富塚富士

富塚富士と高田富士―"偏せもの" 見聞考（《富士塚特集》）（酒井幸光）「あしなか」 山村民俗の会 279 2007.10

友田

友田の獅子舞（石川博司）「まつり通信」 まつり同好会 44（5）通号513
2004.9

友田町

青梅市友田町・方砂の大日石仏（《特集 伝承と石仏》）（石川博司）「日本
の石仏」 日本石仏協会, 青娥書房（発売） （119） 2006.9

戸山山荘

尾張徳川家下屋敷（戸山山荘）（川合正治）「安城民俗」 安城民俗談話会
16 2001.5

豊玉西

豊玉西講社の三峯宮（榎本勝喜）「みつミ祢山」 三峯神社社務所 （193）
2006.7

トンガラシ地蔵尊

日野の石仏（3） トンガラシ地蔵尊（加地勝）「野仏 ： 多摩石仏の会機関
誌」 多摩石仏の会 44 2013.07

とんとん地蔵尊

「とんとん地蔵尊」除幕式（高澤寿民）「郷土史」 八王子市川口郷土史研
究会 （29） 2008.1
第2回高尾山とんとん地蔵尊会（車田勝彦）「郷土史」 八王子市川口郷土
史研究会 （31） 2010.01
第5回 高尾山とんとん地蔵尊会（岩本行雄）「郷土史」 八王子市川口郷土
史研究会 （34） 2013.02

どんどん橋

豊島をさぐる（23） どんどん橋（堀之内跨線人道橋）の古レール「かたり
べ ： 豊島区立郷土資料館ミュージアム開設準備だより」 豊島区立郷
土資料館 （103） 2011.10

内藤新宿

奪衣婆礼讃!?―内藤新宿の奪衣婆像との出会いから（渡辺澄子）「六甲倶
楽部報告」 六甲倶楽部 （89） 2009.06
「奪衣婆礼讃」補遺（渡辺澄子）「六甲倶楽部報告」 六甲倶楽部 （90）
2009.09
「奪衣婆礼讃」補遺の補遺（渡辺澄子）「六甲倶楽部報告」 六甲倶楽部
（91） 2009.12
「奪衣婆礼賛」補遺の補遺の補遺（渡辺澄子）「六甲倶楽部報告」 六甲倶
楽部 （92） 2010.03
神社仏閣探検隊（53）旧内藤新宿を歩く（山行報告）（秋澤英雄）「奥武
蔵」 奥武蔵研究会 （380） 2011.07

苗間戸稲荷

史談かるた ま「松の名前は苗間戸稲荷」、け「源氏ゆかりの白旗塚」、ふ
「笛の音さえる島根ばやし」「足立史談会だより」 足立史談会
（321） 2014.12

中井

奥多摩の獅子舞い紀行（71）中井御霊神社のびしゃ祭「かわせみ通信」
川崎実 71 2002.2
安産祈願の信仰と変遷―新宿区中井の御霊神社の事例から（田口祐子）
「女性と経験」 女性民俗学研究会 通号35 2010.10

中井御霊神社

写真ニュース 備射祭（中井御霊神社・葛谷御霊神社）（三原寿太郎）「板
橋史談」 板橋史談会 （276） 2013.05

中神

奥多摩の獅子舞い紀行（45）中神の獅子舞い「かわせみ通信」 川崎実
48 1999.6

中川番所

中川船番所資料館特別企画展「江戸前に生きる―のり・かい・さかな
―」「下町文化」 江東区地域振興部 （235） 2006.9
東京文化財保護ウィーク2009 東京8区文化財古民家めぐり/中川船番所
資料館特別企画展「江戸の流通と中川番所」「下町文化」 江東区地域
振興部 （247） 2009.9

中清戸

奥多摩の獅子舞い紀行（24）中清戸の獅子舞い「かわせみ通信」 川崎実
27 1997.9
表紙写真解説 不動明王像（清瀬市中清戸・日枝神社）「埼玉史談」 埼玉
県郷土文化会 58（2）通号306 2011.07

長崎

奥多摩の獅子舞い紀行（60）長崎の獅子舞い「かわせみ通信」 川崎実
60 2000.6
事業報告・地域史講座 富士塚はなぜ造られたか―"豊島長崎の富士塚"
と"江古田の富士塚"をフィールドワークして「かたりべ ： 豊島区立

郷土資料館ミュージアム開設準備だより」 豊島区立郷土資料館 64
2001.12
職人と地域の歴史（4） "シマジ"を利用―長崎地域・植木屋「かたりべ：
豊島区立郷土資料館ミュージアム開設準備だより」 豊島区立郷土資
料館 75 2004.9
わがまちの文化財・豊島区 長崎域の文化財 金剛院山門・長崎獅子舞・
富士元囃子「東京の文化財」 東京都教育庁地域教育支援部 （97）
2005.11
国指定重要有形民俗文化財 江古田と長崎の富士塚について（特集 武蔵
野と富士）（島田正人）「武蔵野」 武蔵野文化協会 89（1）通号353
2014.05

長崎村

講演会記録「歌でつづる村の歳時記」―1996年特別展「長崎村物語―江
戸近郊農村の伝承文化」より（田島五郎、小野寺節子、福岡直子）「豊
島区立郷土資料館年報」 豊島区教育委員会 13 1999.3

中里

中里の火の花祭り（石川博司）「まつり通信」 まつり同好会 37（9）通号
439 1997.9
見る・知る・守る 千駄ケ谷の富士塚と中里の富士塚「東京の文化財」
東京都教育庁地域教育支援部 75 1998.3
清瀬中里の富士山信仰（佐藤碩男）「せこ道」 山地民俗関東フォーラム
2 2000.2
石積みの技術と住民の居住―東京都西多摩郡檜原村中里（東京都西多摩
郡檜原村北秋川渓谷合同調査特集）（津山正幹）「昔風と当世風」 古々
路の会 （98） 2014.4

中宿

聞き書き 下石原中宿の念仏講中（金井安子）「郷土博物館だより」 調布
市郷土博物館 （73） 2012.07

仲宿

表紙写真解説 「石神井川のこいのぼり」板橋（仲宿）（井上富夫）「板橋
史談」 板橋史談会 （280） 2014.05

中山道

中山道は姫街道（白木幸一）「中山道加納宿 ： 中山道加納宿文化保存会
会誌」 中山道加納宿文化保存会 38 2001.10
本年は「姫街道400年」「中山道加納宿 ： 中山道加納宿文化保存会会誌」
中山道加納宿文化保存会 39 2002.3
西国巡礼者の中山道利用（田中智彦）「交通史研究」 交通史学会, 吉川弘
文館（発売） （52） 2003.4
中山道・巣鴨と染井霊園を訪ねて（奥田直道）「目黒区郷土研究」 目黒区
郷土研究会 585 2003.10
中山道新考―近藤勇と新選組隊士供養塔・北区文化財に指定（芦田正次
郎）「武蔵野」 武蔵野文化協会 79（2）通号338 2004.3
平治の乱の中山道青墓の石仏（1）,（2）（鈴木秀雄）「中山道加納宿 ： 中山
道加納宿文化保存会会誌」 中山道加納宿文化保存会 （46）/（47）
2005.10/2006.4
伝承に見る淡海（26） 老女が斧を磨いた峠は中山道一の絶景の地（黄地百
合子）「湖国と文化」 滋賀県文化振興事業団 33（3）通号128 2009.7

中山道十七宿

中山道十七宿と美濃の神々（1）～（11）（今津隆弘）「中山道加納宿 ： 中
山道加納宿文化保存会会誌」 中山道加納宿文化保存会 （53）/（63）
2009.04/2014.4

中曽根神社

中曽根神社の妙見と還御（矢沢幸一朗）「足立史談」 足立区教育委員会
380 1999.10

中町

自然と生きる 西東京市の主な屋敷林（7） 中町・向台町・芝久保町（小川
武廣）「武蔵保谷村だより ： 高橋文太郎の『武蔵保谷村郷土資料』を
手掛かりに」 下保谷の自然と文化を記録する会 （8） 2013.1

仲町

練馬区旧仲町地区の庚申講の現在（菊地照夫）「昔風と当世風」 古々路の
会 （89） 2005.10
今季特別展・出展品紹介 仲町氷川神社蔵・四神鉾（鈴木志乃）「足立史
談」 足立区教育委員会 （547） 2013.09

長沼

打越・北野・長沼の古民家など（平成2年調査より）（下島彬）「打越」 打
越歴史研究会 53 2000.1

中根

衾中根の十二日講（栗山佳也）「目黒区郷土研究」 目黒区郷土研究会
（640） 2008.5
衾中根の墓堀順帳（栗山佳也）「目黒区郷土研究」 目黒区郷土研究会

関東　　　　　　　　　　　　　郷土に伝わる民俗と信仰　　　　　　　　　　　　　東京都

　（642）　2008.7
襖中根十二日講の身延講（栗山佳也）「目黒区郷土研究」　目黒区郷土研究
　会　　（644）　2008.9

中根三叉路

中根三叉路の庚申塔（栗山佳也）「目黒区郷土研究」　目黒区郷土研究会
　575　2002.12

中野

「中野長者」に思う（佐藤博信）「千葉史学」　千葉歴史学会　通号34
　1999.5
鍋横の「お題目碑」中野から杉並へ（原田弘）「杉並郷土史会会報」　杉並
　郷土史会　176　2002.11
中野往来 姉様人形作り教室「しいのき : 中野区立歴史民俗資料館だよ
　り」　中野区立歴史民俗資料館　（49）2005.4
文化財よもやま話 中野の講「しいのき : 中野区立歴史民俗資料館だよ
　り」　中野区立歴史民俗資料館　（51）2006.4
中野往来 お経塚「しいのき : 中野区立歴史民俗資料館だより」　中野
　区立歴史民俗資料館　（55）2008.4
第427回例会記 明治維新後になぜ多数の寺院の移転が―特に杉並、中
　野、世田谷地区に寺町か 芦原義守先生「杉並郷土史会会史報」　杉並郷
　土史会　（213）2009.1
中野往来 中野のおひなさま展「しいのき : 中野区立歴史民俗資料館だ
　より」　中野区立歴史民俗資料館　（57）2009.04
里神楽と中野（三隅治雄）「しいのき : 中野区立歴史民俗資料館だより」
　中野区立歴史民俗資料館　（58）2009.10
再発見、中野の歴史と民俗（中村茂男）「しいのき : 中野区立歴史民俗
　資料館だより」　中野区立歴史民俗資料館　（60）2010.10
文化財よもやま話 中野の農業と農具「しいのき : 中野区立歴史民俗資
　料館だより」　中野区立歴史民俗資料館　（60）2010.10

中野区

お正月は子供が「神さま」（三隅治雄）「しいのき : 中野区立歴史民俗資
　料館だより」　中野区立歴史民俗資料館　28　1997.1
文化財よもやま話 旧家の伝承「しいのき : 中野区立歴史民俗資料館だ
　より」　中野区立歴史民俗資料館　28　1997.1
大地に眠る歴史 区内瓦葺きの建物はいつからか？「しいのき : 中野区
　立歴史民俗資料館だより」　中野区立歴史民俗資料館　28　1997.1
大地に眠る歴史 伝説と現実のはざま「しいのき : 中野区立歴史民俗資
　料館だより」　中野区立歴史民俗資料館　29　1997.4
文化財よもやま話 おひなさま展のこと「しいのき : 中野区立歴史民俗
　資料館だより」　中野区立歴史民俗資料館　33　1998.4
文化財よもやま話 七夕「しいのき : 中野区立歴史民俗資料館だより」
　中野区立歴史民俗資料館　34　1998.7
歴史ある建造物の復元 茶室・書院・客間（香西清）「しいのき : 中野区
　立歴史民俗資料館だより」　中野区立歴史民俗資料館　35　1998.10
文化財よもやま話 七福神「しいのき : 中野区立歴史民俗資料館だよ
　り」　中野区立歴史民俗資料館　38　1999.10
中野区内にある赤穂事件に関係ある寺院（木村輝夫）「杉並郷土史会会史
　報」　杉並郷土史会　162　2000.7
文化財よもやま話 茅の輪くぐり「しいのき : 中野区立歴史民俗資料館
　だより」　中野区立歴史民俗資料館　40　2000.10
お花見は花占い（三隅治雄）「しいのき : 中野区立歴史民俗資料館だよ
　り」　中野区立歴史民俗資料館　41　2001.4
山崎家の男雛・女雛（三隅治雄）「しいのき : 中野区立歴史民俗資料館
　だより」　中野区立歴史民俗資料館　42　2001.10
文化財よもやま話 天神さま「しいのき : 中野区立歴史民俗資料館だよ
　り」　中野区立歴史民俗資料館　42　2001.10
特集 醤油屋の椎の木が見えてきた山崎家「しいのき : 中野区立歴史民
　俗資料館だより」　中野区立歴史民俗資料館　42　2001.10
異郷・異郷への憧憬（三隅治雄）「しいのき : 中野区立歴史民俗資料館
　だより」　中野区立歴史民俗資料館　44　2002.4
特集 サイコロの転がす運命―スゴロクの世界「しいのき : 中野区立歴
　史民俗資料館だより」　中野区立歴史民俗資料館　45　2003.4
旧家は区史の生き証人（三隅治雄）「しいのき : 中野区立歴史民俗資料
　館だより」　中野区立歴史民俗資料館　46　2003.10
文化財よもやま話 音を観るほとけさま「しいのき : 中野区立歴史民俗
　資料館だより」　中野区立歴史民俗資料館　46　2003.10
万垢離（三隅治雄）「しいのき : 中野区立歴史民俗資料館だより」　中野
　区立歴史民俗資料館　47　2004.4
文化財よもやま話 オリンピックと民俗芸能「しいのき : 中野区立歴史
　民俗資料館だより」　中野区立歴史民俗資料館　（48）2004.10
文化財よもやま話 クルリ（麦打ち）棒求む「しいのき : 中野区立歴史民
　俗資料館だより」　中野区立歴史民俗資料館　（53）2007.4
能の面（三隅治雄）「しいのき : 中野区立歴史民俗資料館だより」　中野
　区立歴史民俗資料館　（54）2007.10

人形に込められた祈り（三隅治雄）「しいのき : 中野区立歴史民俗資料
　館だより」　中野区立歴史民俗資料館　（55）2008.4
文化財よもやま話 "仁羽"のリズムにのって「しいのき : 中野区立歴史
　民俗資料館だより」　中野区立歴史民俗資料館　（59）2010.04
文化財のある町 哲学堂公園/野方風致地区/北野神社（松ヶ丘天神）/江
　古田公園/星光山蓮華寺/野方配水塔/日照山阿弥陀院東光寺/七星山息
　災寺光徳院/中野区立歴史民俗資料館の井上円了資料「しいのき : 中
　野区立歴史民俗資料館だより」　中野区立歴史民俗資料館　（61）
　2011.10
文化財よもやま話 裁縫道具とひな形展を終えて「しいのき : 中野区立
　歴史民俗資料館だより」　中野区立歴史民俗資料館　（62）2012.10
れきみん収蔵品紹介 小絵馬コレクション 絵馬の歴史/おがみ絵馬/色々
　な願い「しいのき : 中野区立歴史民俗資料館だより」　中野区立歴史
　民俗資料館　（63）2013.10
新指定・登録文化財紹介 区指定有形民俗文化財 「裁縫ひな形」ほか関
　連資料（中野区指定有形文化財：登録・指定第119号）/国登録有形文
　化財 中村家住宅洋館（中野1丁目）、細井家住宅主屋（上高田3丁目）、
　萬昌院功運寺 庫裡（上高田4丁目）、萬昌院功運寺 鐘楼（上高田4丁
　目）、萬昌院功運寺 山門（上高田4丁目）、三岸家住宅アトリエ（上鷺
　宮2丁目）「しいのき : 中野区立歴史民俗資料館だより」　中野区立歴
　史民俗資料館　（64）2014.10
おもちゃ絵の世界 子どものための浮世絵「しいのき : 中野区立歴史民
　俗資料館だより」　中野区立歴史民俗資料館　（64）2014.10

中野村

中野村・高円寺村・馬橋村三か村用水開削の経緯と成宗弁天（竹村誠）
　「杉並区立郷土博物館研究紀要」　杉並区立郷土博物館　（15）2007.3
『勝五郎再生記聞』小考（門脇大）「鈴屋学会報」　鈴屋学会　（28）2011.
　12

中丸

板橋中丸の「勝軍地蔵菩薩」の行方（ひろば）（清水治男）「板橋史談」
　板橋史談会　（232）2006.1

中丸村

中丸村の昔話（清水治男）「板橋史談」　板橋史談会　184　1998.1

仲見世

浅草寺の仲見世（田丸太郎）「目黒区郷土研究」　目黒区郷土研究会
　（668）2010.9

中村南

中村南の「八幡神社の本殿」を調査しました「ねりまの文化財」　練馬区
　地域文化部　46　2000.1

中目黒

中目黒夏まつり（2）,（3）（岩田トメ）「目黒区郷土研究」　目黒区郷土研
　究会　609/611　2005.10/2005.12

中目黒八幡

浦安の舞・三代（中目黒八幡）（仲野基道）「目黒区郷土研究」　目黒区郷
　土研究会　（613）2006.2

中目黒八幡神社

中目黒八幡神社（大輪敏男）「郷土目黒」　目黒区郷土研究会　51　2007.
　10

永山

多摩市乞田地区永山のオコモリ（調査報告）（乾賢太郎）「パルテノン多摩
　博物館部門研究紀要」　多摩市文化振興財団　（10）2008.10

名倉堂

「千住名倉堂風物」磯ヶ谷紫江著[1],（2）「足立史談会だより」　足立史
　談会　（280）/（281）2011.7/2011.8

七国山

表紙 鎌倉井戸（町田市山崎町七国山）「いしぶみ」　まちだ史考会　（38）
　2014.12

七社神社

指定文化財説明書 近藤勇と新選組隊士供養塔/七社神社前遺跡土坑群出
　土資料/旧松澤家住宅 附倉屋「文化財研究紀要」　東京都北区教育委
　員会　18　2005.3

七曲坂

七曲坂経由下安松行き―たくわんダイコンを選んだ青年の話（宮本八恵
　子）「所沢市史研究」　所沢市教育委員会　22　1999.3

波切不動堂

波切不動堂（竹田務）「目黒区郷土研究」　目黒区郷土研究会　575
　2002.12

東京都　　　　郷土に伝わる民俗と信仰　　　　関東

成増
見学会「成増の昔の風景と生活」(大澤鷹邇, 坂本郁子)「板橋史談」板橋史談会　(230) 2005.9

成子天神
都内最大富士塚登頂記―東京新宿・成子天神の富士塚 (酒井幸光)「あしなか」山村民俗の会　283　2008.9

成瀬会館
歴史や文化を伝承する拠点「成瀬会館」を建設中 (新会員の抱負)(中里猪一)「町田地方史研究会会報」町田地方史研究会　(7) 2006.9

南蔵院
「南蔵院薬師堂建立勧進状」の構成とその資料的性格 (秋山伸一)「生活と文化：研究紀要」豊島区　(12) 2002.10

南部坂
「南部坂雪の別れ」(木下信一)「目黒区郷土研究」目黒区郷土研究会　534　1999.7

南養寺
国立市南養寺の半鐘 (関口渉)「野仏：多摩石仏の会機関誌」多摩石仏の会　31　2000.7

多摩のみほとけ(15) 国立市南養寺 木造千手観音坐像 (齊藤経生)「多摩のあゆみ」たましん地域文化財団　(152) 2013.11

新倉村
新倉村の幼かりし頃のお正月 (特集 回顧 昔と今の年中行事)(星野紀昭)「板橋史談」板橋史談会　(262) 2011.01

新島村
民具短信 新島村のコーガ石について―島の成り立ち (北村武)「民具マンスリー」神奈川大学　42(5) 通号497　2009.08

ニコライ堂
区内の文化財紹介 ニコライ堂「千代田区立四番町歴史民俗資料館資料だより」東京都千代田区教育委員会, 千代田区立四番町歴史民俗資料館　8　1997.3

西新井
足立風土記だより(64) 西新井地区の板碑 (塚田博)「足立史談」足立区教育委員会　369　1998.11

都市近郊の農産物を追う(5),(6) 西新井大英と三河島大英 (上),(下)(荻原ちとせ)「足立史談」足立区教育委員会　(477)/(478) 2007.11/2007.12

西新井大師
文化財の保存と保護 西新井大師の水屋/清亮寺・解剖人墓 (矢沢幸一朗)「足立史談会だより」足立史談会　199　2004.10

西新井大師境内記念碑拝見報告「足立史談会だより」足立史談会　(265) 2010.04

平成25年初詣の報告「東京都 柴又帝釈天 西新井大師への初詣」(事業部)「史談史柄」足柄史談会　51　2013.04

西落合
相模流萩原正義社中と里神楽 (石塚輝雄)「板橋史談」板橋史談会　(275) 2013.03

西川古柳座
人形遣いの技を伝える八王子車人形 (西川古柳座)と糸あやつり (結城座)「東京の文化財」東京都教育庁地域教育支援部　73　1997.7

歴史の窓(5) 信太森の狐―西川古柳座の「世間話」(松尾あずさ)「稲荷山通信：八王子市市史編さん室だより」八王子市市史編さん室　5　2010.07

西川春洞住居跡
私の散歩道(62) 白鬚神社と西川春洞住居跡 (大輪敏男)「目黒区郷土研究」目黒区郷土研究会　528　1999.1

西熊野神社
写真ニュース(22) 小さくても侮れない、西熊野神社 (井上富夫)「板橋史談」板橋史談会　(266) 2011.09

西宿
旧西宿の儀礼食・供え物を通して見えるもの―日本農耕文化の複合的性格と社会構造との相関をめぐる一考察 (立柳聡)「東村山市史研究」東村山市教育委員会　(15) 2006.3

西砂三新田
立川の民俗一口メモ ひなたの鶏糞/葉っぱの肥やし/栄町 愛宕神社/西砂三新田の社寺「立川民俗」立川民俗の会　(15) 2005.10

西砂三新田の母なる川殿ヶ谷分水 (宮崎光一)「立川民俗」立川民俗の会　(17) 2010.12

西田
西田・庚申塔のご縁ばなし (磯見孝子)「いしぶみ」まちだ史考会　(22) 2006.12

西台
天祖神社 石神その後―都内板橋区西台辺を歩く (酒井幸光)「あしなか」山村民俗の会　268　2004.10

西多摩
西多摩における水車の盛衰 (天野宏司)「多摩のあゆみ」たましん地域文化財団　115　2004.8

山岳信仰と奥多摩地方(6) 西多摩地域の社寺をたずねて (黒澤昭治)「郷土研究」奥多摩郷土研究会　(18) 2007.3

山岳信仰と奥多摩地方(7),(8) 西多摩周辺の霊山と社寺その他[正],(続)(黒澤昭治)「郷土研究」奥多摩郷土研究会　(19)/(20) 2008.3/2009.03

玉の内七不思議巡り―西多摩の散歩道 (特集 おもしろいぞ！多摩のまち歩き―エッセイ多摩のまち歩き)(鈴木秀章)「多摩学会」多摩学会　(21) 2010.2

山岳信仰と奥多摩地方(9)―西多摩周辺の霊山と社寺その他(3)(黒澤義重)「郷土研究」奥多摩郷土研究会　(21) 2010.03

西東京市
自然と生きる 西東京市の主な屋敷林(1) 斉藤家 (泉町)(小川武廣)「武蔵保谷村だより：高橋文太郎の『武蔵保谷村郷土資料』を手掛かりに」下保谷の自然と文化を記録する会　(2) 2011.7

自然と生きる 西東京市の主な屋敷林(2) 本橋家 (北町)(小川武廣)「武蔵保谷村だより：高橋文太郎の『武蔵保谷村郷土資料』を手掛かりに」下保谷の自然と文化を記録する会　(3) 2011.10

西日暮里
谷根千オンブズマン 「諏方神社境内整備事業計画」の真偽「谷中・根津・千駄木」谷根千工房　67　2001.10

追っかけ！諏方神社リポート山車人形が里帰り (武藤歌織)「谷中・根津・千駄木」谷根千工房　81　2005.10

23区
史跡を訪ねて(13) 旧粕谷家住宅から23区の古民家を巡る (上)(猪瀬尚志)「板橋史談」板橋史談会　(255) 2009.11

史跡を訪ねて(14),(15) 23区の古民家を巡る (中),(下)(猪瀬尚志)「板橋史談」板橋史談会　(257)/(258) 2010.3/2010.5

日慶寺
史蹟・文化財シリーズ(76) 板碑 (日慶寺)((大久保))「荒川史談」荒川史談会　(299) 2009.09

日仏寺
文化財よもやま話 沼袋にあった？日仏寺「しいのき：中野区立歴史民俗資料館だより」中野区立歴史民俗資料館　(57) 2009.04

日光道
椿椿山筆「日光道中真景図巻稿」について (本田諭)「栃木県立博物館研究紀要.人文」栃木県立博物館　(28) 2011.3

ルーツを求めて(1) 日光道中日記(1),(2)(清水貴子)「川越の文化財」川越市文化財保護協会　(112)/(113) 2012.10/2013.2

日原
日原の木工業 (村木征一)「郷土研究」奥多摩郷土研究会　(25) 2014.3

日暮里
日暮里の勧進塑 企画展こぼれ話 (弥永浩二)「荒川ふるさと文化館だより」荒川区教育委員会荒川ふるさと文化館　(10) 2003.3

うれしいお買いもの(4) 錦絵に描かれた「ひぐらしのさと」(斉藤照徳)「荒川ふるさと文化館だより」荒川区教育委員会荒川ふるさと文化館　(23) 2010.3

企画展こぼれ話(9) 日暮里の山車人形・鎮西八郎源為朝の高欄 (亀川泰照)「荒川ふるさと文化館だより」荒川区教育委員会荒川ふるさと文化館　(29) 2013.03

うれしいおえ買いもの(7) 「日暮里・諏訪神社の見晴し」(澤田善明)「荒川ふるさと文化館だより」荒川区教育委員会荒川ふるさと文化館　(32) 2014.10

日暮里町
職人こぼれ話(11) 『日暮里町政沿革史』に見る日暮里の鋳造家 (八代和香子)「荒川ふるさと文化館だより」荒川区教育委員会荒川ふるさと文化館　(30) 2013.9

二宮
二宮歌舞伎の興こりから立川公演に至るまで (成迫政則)「多摩地域史研究会会報」多摩地域史研究会　46　1999.11

二宮の生姜祭り (石川博司)「まつり通信」まつり同好会　41(9) 通号

487 2001.8

二宮の神楽師「古谷家」―その多彩な芸能の背景（小黒まや）「多摩のあゆみ」 たましん地域文化財団 107 2002.8

二宮神社

二宮神社境内の地宝（小野本敦）「郷土あれこれ」 あきる野市教育委員会 （23） 2012.03

日本基督教団富士見丘教会

国登録有形文化財 日本基督教団富士見丘教会「せたがやの文化財」 東京都世田谷区教育委員会事務局 （16） 2004.3

日本橋

浮世絵巻「熈代勝覧」を観て（保坂峯子）「西上総文化会報」 西上総文化会 （63） 2003.3

お江戸日本橋から善光寺参りの旅（金子清）「長野」 長野郷土史研究会 232 2003.11

お江戸日本橋から善光寺参りの旅（長田元水）「長野」 長野郷土史研究会 235 2004.5

映像で見る日本橋の賑わい 熈代勝覧を読む「足立史談会だより」 足立史談会 198 2004.9

日本橋生まれの辨財天―石岡市金丸町山車人形江戸天下祭へ里帰り（長谷川晴彦）「常総の歴史」 崙書房出版茨城営業所 （40） 2009.12

日本橋七福神

日本橋七福神巡りと史跡を訪ねて（酒井正男）「郷土史研通信」 八千代市郷土歴史研究会 38 2002.4

日本橋七福神巡り報告「足立史談会だより」 足立史談会 （227） 2007.2

日本福音ルーテル市川教会堂

国登録文化財に新たに登録された日本福音ルーテル市川教会堂（平井東幸）「東京産業考古学会」 東京産業考古学会事務局 （76） 2008.12

沼田

足立史談カルタ紹介 「ぬ」沼田はむかし御神領「足立史談会だより」 足立史談会 （279） 2011.6

沼袋

文化財めぐり 沼袋の寺院「しいのき ： 中野区立歴史民俗資料館だより」 中野区立歴史民俗資料館 （56） 2008.10

根ヶ布

山から亀が！―青梅市根ヶ布（山里だより）（4）（中嶋捷恵）「あしなか」 山村民俗の会 267 2004.7

冬眠しなかったアナグマの話―青梅市根ヶ布（山里だより）（6）（中嶋捷恵）「あしなか」 山村民俗の会 273 2005.12

“白面”のタヌキと疥癬病―奥多摩・青梅市根ヶ布（山里だより）（15）（中嶋捷恵）「あしなか」 山村民俗の会 288 2010.04

根岸町

根岸町に伝承されている民俗芸能こやな踊り（中丸祐昌）「町田地方史研究」 町田地方史研究会 17 2005.1

根津

特集 根津百話「谷中・根津・千駄木」 谷根千工房 56 1998.12

いさかかつじの根津日和（1） 権現さま（いさかかつじ）「谷中・根津・千駄木」 谷根千工房 56 1998.12

いさかかつじの根津日和（2） つつじ祭りの植木屋さん（いさかかつじ）「谷中・根津・千駄木」 谷根千工房 57 1999.3

町の記憶 根津界隈覚え書き（渋江達三）「谷中・根津・千駄木」 谷根千工房 58 1999.7

いさかかつじの根津日和（4） 祭りの準備（いさかかつじ）「谷中・根津・千駄木」 谷根千工房 59 1999.10

根津権現

谷根千江戸奇譚（3） ただ一度の根津権現、宝永の天下祭（村山文彦）「谷中・根津・千駄木」 谷根千工房 70 2002.7

見て歩き「谷中霊園から根津権現へ」 7月行事の活動報告（船津孝雄）「郷土研だより」 東村山郷土研究会 （339） 2008.8

根津神社

根津神社「御遷座三百年祭神幸祭」 江戸神輿、担ぐ（宮地健太郎）「谷中・根津・千駄木」 谷根千工房 （85） 2006.10

子の権現

立川の昔ばなし 「流泉寺の小豆とぎ」、「おたか塚」、「子の権現参り」「立川民俗」 立川民俗の会 （19） 2014.10

子の権現社

子年にちなむ青梅市内の甲子講・大黒天（七福神）・子の権現社（三好ゆき江）「青梅市文化財ニュース」 青梅市文化財保護指導員会 （244） 2008.2

練馬

石仏と道しるべ―練馬の石仏に寄せて（栗原仲道）「練馬郷土史研究会会報」 練馬郷土史研究会 252 1997.11

『練馬の寺院』の改訂作業から（三上英男）「ねりまの文化部」 練馬区地域文化部 37 1997.12

練馬の「屋号」は？（木村博）「練馬郷土史研究会会報」 練馬郷土史研究会 264 1999.11

『練馬の農業を支えた女性たち』を拝読して（木村博）「練馬郷土史研究会会報」 練馬郷土史研究会 266 2000.3

『新版・練馬大根』について（木村博）「練馬郷土史研究会会報」 練馬郷土史研究会 267 2000.6

練馬における「月待」信仰（木村博）「練馬郷土史研究会会報」 練馬郷土史研究会 275 2001.9

石田滝磯の墓碑に記された練馬の囃子連中（中村理行）「練馬郷土史研究会会報」 練馬郷土史研究会 276 2001.11

「日待」と「月待」（木村博）「練馬郷土史研究会会報」 練馬郷土史研究会 278 2002.3

「地獄の釜」のたぎる音か？ それとも「亡者」のうめき声か？（木村博）「練馬郷土史研究会会報」 練馬郷土史研究会 280 2002.7

「ミンナシギョウニン」という言葉（木村博）「練馬郷土史研究会会報」 練馬郷土史研究会 285 2003.6

路傍の石神（三村忠義）「練馬郷土史研究会会報」 練馬郷土史研究会 296 2005.3

「歌」の呪力（木村博）「練馬郷土史研究会会報」 練馬郷土史研究会 298 2005.7

写真集・練馬の大山道（2）（編集部）「板橋史談」 板橋史談会 （231） 2005.11

酉の市考（坂内正雄）「練馬郷土史研究会会報」 練馬郷土史研究会 （306） 2006.11

練馬の大根（武蔵野の食文化（3））（島田正人）「武蔵野」 武蔵野文化協会 83（1）通号345 2007.5

練馬の「男寺」「女寺」の問題―「男女別寺（別墓）」をめぐって（木村博）「練馬郷土史研究会会報」 練馬郷土史研究会 （319） 2009.01

照姫伝説考（1）～（6）（遠武健好）「練馬郷土史研究会会報」 練馬郷土史研究会 （329）/（336） 2010.09/2011.11

太平洋を渡った二つの寺の鐘（河勝大）「練馬郷土史研究会会報」 練馬郷土史研究会 （334） 2011.07

ほとけ風呂（吉田禎昭）「練馬郷土史研究会会報」 練馬郷土史研究会 （342） 2012.10

戸外学習講座 拷問処刑具の凄さと古文書の輝き（中村澄雄）「練馬古文書研究会会報」 練馬古文書研究会 （51） 2013.11

第108回例会 平成26・7・21 練馬の下掃除（内野博司）「練馬区地名研究会」 練馬区地名研究会 （108） 2014.09

練馬区

郷土資料室収蔵品シリーズ（25）彦根秤「ねりまの文化財」 練馬区地域文化部 33 1997.3

《むかしばなし特集》「ねりまの文化財」 練馬区地域文化部 35 1997.7

民俗芸能で出会った地名の話（中村理行）「練馬区地名研究会会報」 練馬区地名研究会 45 1998.8

昔の脱穀・精米体験会 米のはなし「ねりまの文化財」 練馬区地域文化部 41・42 1999.1

文化財講座「練馬区の伝統工芸工房訪問」から 東京手織友禅「ねりまの文化財」 練馬区地域文化部 51 2001.1

平成12年度登録・指定文化財決まる！ 桐原家薬医門（1棟）、関のかんかん地蔵（1基）、中野屋商店文書（一括）、谷原延命地蔵（1基）、練馬区指定文化財一覧、練馬区登録文化財一覧、神輿渡御行列図絵馬（1面）、江古田の富士講関係資料（一括）「ねりまの文化財」 練馬区地域文化部 51 2001.5

平成14年度新規指定・登録文化財紹介 伊賀衆奉納の水盤・鳥居、相原好吉家文書、田柄囃子、石神井台囃子、南田中囃子、大山講灯籠立て行事、河野鎮平筆子碑、田柄用水跡「ねりまの文化財」 練馬区地域文化部 57 2003.5

平成15年度新たに指定・登録した文化財を紹介します 井頭のヤナギ/木下家文書/貫井囃子/春日町囃子/富士見台囃子/谷原囃子/小林家住宅/石神井西尋常小学校のリードオルガン「ねりまの文化財」 練馬区地域文化部 61 2004.5

郷土資料室特別展 新収蔵品展/第16回 練馬区伝統工芸展/区内ではじめて国の登録文化財建造物に 青柳家住宅主屋/ご存じですか？ 区内にある国指定文化財・都指定文化財「ねりまの文化財」 練馬区地域文化部 62 2004.9

第6回地名談話会 「熈代勝覧」について（吉川政光）「練馬区地名研究会会報」 練馬区地名研究会 70 2004.11

「江古田富士」登頂記―東京都練馬区「浅間神社富士塚」（酒井幸光）「あしなか」 山村民俗の会 273 2005.12

東京都　　　　　　　　　　　　郷土に伝わる民俗と信仰　　　　　　　　　　　　関東

第84回例会 絵馬の発生と展開（佐藤光治）「練馬区地名研究会会報」 練馬区地名研究会 （84） 2008.7

国指定・登録・都指定文化財を公開しています 練馬白山神社の大ケヤキ／三宝寺池沼沢植物群落／牧野記念庭園（牧野富太郎宅跡）／石神井城跡／東高野山奥之院／尾崎遺跡／池永道雲墓／丸山東遺跡方形周溝墓出土品「ねりまの文化財」 練馬区地域文化部 （83） 2011.09

登録無形文化財「絵馬制作」を紹介します「ねりまの文化財」 練馬区地域文化部 （84） 2012.01

平成23年度新規の指定・登録文化財 丸山東遺跡出土の石棒（指定有形文化財）／貫井の東高野山道道標（登録有形文化財）／北新井遺跡出土の土偶（登録有形文化財）／三原台の馬頭観音（登録有形民俗文化財）／上石神井立野の庚申塔（登録有形民俗文化財）／出羽三山・百八十八ヶ所観音供養塔（登録有形民俗文化財）／金乗院の大イチョウ（登録天然記念物）／他「ねりまの文化財」 練馬区地域文化部 （85） 2012.04

平成24年度新規の指定・登録文化財 小竹遺跡出土の大珠（指定有形文化財）／正親町天皇綸旨 非公開（登録有形文化財）／明叟宗普道号頌 非公開（登録有形文化財）／明叟宗普書状 非公開（登録有形文化財）／妙福寺の駕籠 非公開（登録有形文化財）／石神井火車站之碑（登録有形文化財）／本覚寺の版木 非公開（登録有形民俗文化財）「ねりまの文化財」 練馬区地域文化部 （88） 2013.4

平成25年度新規の登録文化財 丸山遺跡出土の片口土器（登録有形文化財）／草摺引図絵馬（登録有形文化財）／森田家資料（登録有形文化財）／アニメーション撮影台（登録有形文化財）／文明十七年の月待板碑（登録有形民俗文化財）／明曆元年の月待板碑（登録有形民俗文化財）「ねりまの文化財」 練馬区地域文化部 （91） 2014.04

国指定・登録、都指定の文化財を公開しています 練馬白山神社の大ケヤキ（国指定天然記念物）／三宝寺池沼沢植物群落（国指定天然記念物）／牧野記念庭園（牧野富太郎宅跡）（国登録記念物）／石神井城跡（都指定史跡）／小野蘭山墓及び墓誌（都指定有形文化財）／池永道雲墓（都指定旧跡）／東高野山奥之院（都指定史跡）／丸山東遺跡方形周溝墓出土品（都指定有形文化財）「ねりまの文化財」 練馬区地域文化部 （92） 2014.9

練馬御殿

伝説と歴史―5代将軍徳川綱吉と練馬御殿「ねりまの文化財」 練馬区地域文化部 55 2002.10

念仏堂

西運・念仏堂と明王院（橋口明子）「目黒区郷土研究」 目黒区郷土研究会 601 2005.2

蟠龍寺・念仏堂・安養院（橋口明子）「目黒区郷土研究」 目黒区郷土研究会 607 2005.8

野上

奥多摩の獅子舞い紀行（20）野上の獅子舞い「かわせみ通信」 川崎実 23 1997.5

野際神社

神々と神社（17）野際神社（天王宮）（渡邉瀾）「郷土研だより」 東村山郷土研究会 （382） 2012.03

野口

東村山の昔ばなし（6）野口 時宗公とお地蔵さま（山田民夫，両澤清）「郷土研だより」 東村山郷土研究会 （377） 2011.10

東村山の昔ばなし（11）野口 弁天様の鯉（遠藤経年，糀谷忠三，両澤清）「郷土研だより」 東村山郷土研究会 （382） 2012.03

東村山の昔ばなし（15）野口 キツネの恩がえし（遠藤経年，糀谷忠三，両澤清）「郷土研だより」 東村山郷土研究会 （385） 2012.06

下赤塚・野口庚申講（ひろば）（木村榮作）「板橋史談」 板橋史談会 （274） 2013.01

東村山の昔ばなし（23）野口 逝いの桜（池田芳之助，糀谷忠三，両澤清）「郷土研だより」 東村山郷土研究会 （394） 2013.03

東村山の昔ばなし（25）野口 ひとだまの話（遠藤経年，糀谷忠三，両澤清）「郷土研だより」 東村山郷土研究会 （396） 2013.05

東村山の昔ばなし（33）野口 生り木責め（東原那美［話］，糀谷忠三［絵］，両澤清［再話］）「郷土研だより」 東村山郷土研究会 （404） 2014.01

東村山の昔ばなし（34）野口 どこにあったか古代の悲加処（東原那美［話］，糀谷忠三［絵］，両澤清［再話］）「郷土研だより」 東村山郷土研究会 （405） 2014.2

東村山の昔ばなし（35）野口 キツネに化かされた話（遠藤経年［話］，糀谷忠三［絵］，両澤清［再話］）「郷土研だより」 東村山郷土研究会 （406） 2014.03

東村山の昔ばなし（36）野口 キツネの嫁入り（細淵静雄［話］，糀谷忠三［絵］，両澤清［再話］）「郷土研だより」 東村山郷土研究会 （407） 2014.04

東村山の昔ばなし（42）野口 狐のお祭り（清水セイ［話］，糀谷忠三［絵］，両澤清［再話］）「郷土研だより」 東村山郷土研究会 （413）

2014.10

野口仮屋

野口仮屋の神事（大島建彦）「西郊民俗」 ［西郊民俗談話会］ （194） 2006.3

野口町

四方山話（2）話し手・野口町 武藤進士（立河光子）「郷土研だより」 東村山郷土研究会 258 1999.10

神々と神社（9）野口町の鎮守 八坂神社（村山春巳）「郷土研だより」 東村山郷土研究会 （371） 2011.04

野沢

野沢のダイダラボッチの足跡（田丸太郎）「目黒区郷土研究」 目黒区郷土研究会 532 1999.5

野津田町薬師堂

表紙解説 町田の文化財（1）野津田町薬師堂 薬師如来坐像―庶民の祈り・町田最古の木造仏像（西島護）「いしぶみ」 まちだ史考会 （33） 2012.07

野津田村

千人同心の地誌捜索関連絵図（野津田村寺社絵図）（亀尾美香）「八王子市郷土資料館だより」 八王子市郷土資料館 （88） 2010.12

野津田薬師堂

多摩のみほとけ（9）町田市野津田薬師堂 薬師如来坐像（齊藤経生）「多摩のあゆみ」 たましん地域文化財団 （146） 2012.05

野中新田

研究報告 武蔵野新田における寺院建立の背景―野中新田の組分けをめぐって（菅野洋介）「小平の歴史を拓く ： 市史研究」 小平市企画政策部 （3） 2011.03

呑川

呑川 ともち草団子（新倉繁夫）「目黒区郷土研究」 目黒区郷土研究会 （627） 2007.4

梅岩寺

トトロの木と出会う 梅岩寺の大カヤ（柳野龍男）「郷土研だより」 東村山郷土研究会 （335） 2008.4

トトロの木と出会う 梅岩寺の大ケヤキ（柳野龍男）「郷土研だより」 東村山郷土研究会 （339） 2008.4

梅岩寺の西国三十三ヶ所霊場の写し（儘田小夜子）「青梅市文化財ニュース」 青梅市文化財保護指導員会 （281） 2011.03

東村山の再発見・見どころ11選（2）梅岩寺と阿弥陀堂―歴史を刻む巨樹や石造物を中心に（内海淳）「郷土研だより」 東村山郷土研究会 （410） 2014.07

梅郷

奥多摩の獅子舞い紀行（31）梅郷の獅子舞い「かわせみ通信」 川崎実 34 1998.4

拝島

拝島の撚糸水車―絵はがきの写真をめぐって（小坂克信）「多摩のあゆみ」 たましん地域文化財団 （121） 2006.2

拝島宿

さし絵のなかの多摩（48）拝島宿と原舟月の額―拝島村密厳院浄土寺真景全図（齋藤愼一）「多摩のあゆみ」 たましん地域文化財団 （138） 2010.5

拝島大師

第26回歴史見て歩き―拝島大師を訪ねる 「打越」 打越歴史研究会 49 1999.1

梅照院

中野往来 梅照院本堂再営供養塔「しいのき ： 中野区立歴史民俗資料館だより」 中野区立歴史民俗資料館 （51） 2006.4

梅洞寺

梅洞寺の弁才天讃仰和讃（天野七郎，長勇）「打越」 打越歴史研究会 54 2000.4

萩原家住宅

登録文化財の紹介―萩原家住宅「せたがやの文化財」 東京都世田谷区教育委員会事務局 （12） 2000.2

白山神社

神々と神社（16）白山神社（藤澤修）「郷土研だより」 東村山郷土研究会 （381） 2012.02

羽黒ノ宮

『我衣』を歩く（1）羽黒ノ宮（木田誼）「板橋史談」 板橋史談会 （251） 2009.3

箱根ヶ崎

奥多摩の獅子舞い紀行（26）箱根ヶ崎の獅子舞い「かわせみ通信」川崎実 29 1997.11

箱根ヶ崎のダルマ造り（石川博司）「まつり通信」まつり同好会 41（12）通号490 2001.11

狭間

獅子舞の風土シリーズ（110）東京都八王子市 狭間の獅子舞い（川崎実）「かわせみ通信」川崎実 （110）2007.11

橋戸稲荷

伊豆長八の名作橋戸稲荷の鏝絵無事保存（安藤義雄）「足立史談」足立区教育委員会 367 1998.9

橋戸稲荷神社

足立区の登録文化財を観る 源証寺太子堂 一棟／橋戸稲荷神社本殿 一棟／千住三丁目氷川神社旧社殿 一棟「足立史談会だより」足立史談会（269）2010.08

橋和屋地蔵

橋和屋地蔵秘話（橋口明子）「目黒区郷土研究」目黒区郷土研究会（669）2010.10

蓮沼村

旧蓮沼村の石祠と廃寺金剛院を追って（井上富夫）「板橋史談」板橋史談会 （271）2012.07

旧蓮沼村の石祠と廃寺金剛院を追って（補）（井上富夫）「板橋史談」板橋史談会（273）2012.11

長谷寺

長谷寺の懸衣翁（石川博司）「野仏 ： 多摩石仏の会機関誌」多摩石仏の会 28 1997.8

足立区の廃寺余話（1）鹿浜慈願寺と長谷寺交衆帳（柴田英治）「足立史談」足立区教育委員会（561）2014.11

旗岡八幡神社

八幡宮紹介 旗岡八幡神社（東京都品川区戸越の台）「季刊悠久.第2次」鶴岡八幡宮悠久事務局 90 2002.7

旗岡八幡神社に奉納された地籍図に関する研究（星野玲子）「品川歴史舘紀要」品川区立品川歴史館（26）2011.03

八王子

人形遣いの技を伝える八王子車人形（西川古柳座）と糸あやつり（結城座）「東京の文化財」東京都教育庁地域教育支援部 73 1997.7

酒蔵から生れた車人形（松下紀久雄）「八王子車人形後援会報」八王子車人形後援会 1 1998.3

三田村鳶魚と八王子車人形（新藤恵久）「八王子車人形後援会報」八王子車人形後援会 2 1998.9

道成寺・安珍と清姫―日高川入相桜 八王子車人形（松下紀久雄）「八王子車人形後援会報」八王子車人形後援会 2 1998.9

近世前期八王子の養蚕事情（光石知恵子）「八王子の歴史と文化 ： 郷土資料館研究紀要・年報」八王子市教育委員会 11 1999.3

八王子高校車人形のこと（中村恵美子）「八王子車人形後援会報」八王子車人形後援会 3 1999.3

最近の車人形研究から（佐藤広）「八王子車人形後援会報」八王子車人形後援会 4 1999.9

昭和初期の車人形公演の図（新藤恵久）「八王子車人形後援会報」八王子車人形後援会 4 1999.9

山の母（松下紀久雄）「八王子車人形後援会報」八王子車人形後援会 4 1999.9

かしらのはなし 人形首を彫る（西川柳峰）「八王子車人形後援会報」八王子車人形後援会 4 1999.9

海を越えて行く八王子車人形「八王子車人形後援会報」八王子車人形後援会 5 2000.5

かしらのはなし（西川柳峰）「八王子車人形後援会報」八王子車人形後援会 5 2000.5

お地蔵さま（18）ランドセル地蔵（八王子）（宮崎敏子）「目黒区郷土研究」目黒区郷土研究会 550 2000.5

昭和の子ども遊び歌 八王子周辺（瀬沼秀雄）「多摩のあゆみ」たましん地域文化財団 101 2001.2

近世八王子石灰の展開に見る「由緒」の歴史的意義（岩橋清美）「東京都江戸東京博物館研究報告」東京都江戸東京博物館 （6）2001.2

八王子の伝統芸能・八王子車人形について（岩本行雄）「由比野」元八王子歴史研究会 （11）2001.4

大正期における八王子周辺の庚申塔調査（縣敏夫）「野仏 ： 多摩石仏の会機関誌」多摩石仏の会 32 2001.8

八王子の弁財天・蛇体像（犬飼康祐）「野仏 ： 多摩石仏の会機関誌」多摩石仏の会 32 2001.8

本の紹介 瀬沼秀雄・瀬沼ユキ子著『昭和の子ども遊び歌―八王子周辺』（茅野俊文）「多摩のあゆみ」たましん地域文化財団 104 2001.11

近世八王子の養蚕と生糸（光石知恵子）「多摩のあゆみ」たましん地域文化財団 106 2002.5

八王子の消防と鳶職（美甘由紀子）「民俗」相模民俗学会 180 2002.5

八王子にある明治の切支丹墓地（明石延男）「野仏 ： 多摩石仏の会機関誌」多摩石仏の会 33 2002.7

書簡にみる戦時下の八王子（亀尾美香）「八王子市郷土資料館だより」八王子市郷土資料館 72 2002.10

瀬沼秀雄氏のご講演「八王子の遊び唄について」―ギャングエイジの重要性を考える（齋藤三男）「郷土史」八王子市川口郷土史研究会（25）2003.10

講演会 八王子の歴史と織物（田中貞夫）「岡谷蚕糸博物館紀要」岡谷市教育委員会 （10）2005.12

多摩陵の造営と八王子の教育―「多摩勤労中学」の開校を糸口に（斎藤智文）「多摩地域史研究会会報」多摩地域史研究会 （73）2006.1

八王子の副業―目籠づくりの分布について（神かほり）「八王子市郷土資料館だより」八王子市郷土資料館 （78）2006.1

所員研究例会 八王子の消防制度の変遷に関する一考察（美甘由紀子）「民俗学研究所ニュース」成城大学民俗学研究所 （71）2006.1

八王子車人形と出合って（鈴木佳代子）「八王子車人形後援会報」八王子車人形後援会 （15）2006.6

八王子の弁財天・蛇像（2）（犬飼康祐）「野仏 ： 多摩石仏の会機関誌」多摩石仏の会 37 2006.7

戦時中八王子の食生活（中村明美）「八王子の歴史と文化 ： 郷土資料館研究紀要・年報」八王子市教育委員会 （19）2006.8

多摩陵造営と郷土史研究団体（8）～（10）八王子史談会の活動（承前）（保坂一房）「多摩地域史研究会会報」多摩地域史研究会 （77）／（81）2006.12/2007.11

特別展「多摩陵・高尾と八王子」（八王子市郷土資料館）を観て（外池昇）「多摩地域史研究会会報」多摩地域史研究会 （77）2006.12

コラム コッペパン一筋60年―八王子のパン屋さんの戦後史（神かほり）「民俗」相模民俗学会 （204）2008.5

古い写真を読む（15）八王子名勝 琵絶地（明治40年ころ）「八王子市郷土資料館だより」八王子市郷土資料館 （83）2008.7

八王子の女性史に関わって（古坂容子）「郷土史」八王子市川口郷土史研究会 （30）2009.2

『甲州街道分間延絵図』に見る八王子の庚申塔（縣敏夫）「野仏 ： 多摩石仏の会機関誌」多摩石仏の会 40 2009.6

八王子祭山車はどのように認識されているか（坪郷英彦，宮内貴久，工藤芳彰，伊藤真奈美）「民具研究」日本民具学会 （140）2009.09

古文書は語る（28）八王子千人同心の地誌探索補充調査―金井家文書「世尊仁つき問合せ覚」より（馬場憲一）「多摩のあゆみ」たましん地域文化財団 （139）2010.8

八王子の女性史を学ぶ―川口の女性からも聞き取り（古坂容子）「郷土史」八王子市川口郷土史研究会 （32）2011.1

「八王子まつり」の現在―実行委員会と山車町内の意図（高久舞）「民俗芸能研究」民俗芸能学会 （50）2011.03

第77回例会報告 八王子のふたつの御霊社―多摩における御霊信仰の始まりと終わり、あるいは近藤助実のこと（馬場喜信）「多摩地域史研究会会報」多摩地域史研究会 （102）2012.03

八王子西部の馬頭観世音塔（島田実）「野仏 ： 多摩石仏の会機関誌」多摩石仏の会 43 2012.07

近世八王子の鋳物師・師岡氏について（紺野英二）「八王子市郷土資料館だより」八王子市郷土資料館 （91）2012.07

近世地誌にみる八王子の鋳物師―『御府内備考続編』から「八王子市郷土資料館だより」八王子市郷土資料館 （92）2013.1

平成24年総会・新年会 八王子のむかし話を聴く（瀬沼秀雄）「郷土史」八王子市川口郷土史研究会 （34）2013.2

一般投稿 車人形と新車人形―八王子車人形・五代目西川古柳氏に聞く（細田明宏）「八王子市史研究」八王子市 （3）2013.03

八王子のお土産コンクール（美甘由紀子）「八王子市郷土資料館だより」八王子市郷土資料館 （94）2013.12

八王子の石仏いろいろ―どんな石仏があるか訪ねてみよう（犬飼康祐）「八王子市史研究」八王子市 （4）2014.03

八王子の市と周辺の村々（特集 江戸後期の流通と市場）（神立孝一）「多摩のあゆみ」たましん地域文化財団 （156）2014.10

研究部員 よこやま光子講演「八王子の説経節」（野尻尚子）「説経 ： 説経節の会通信」説経節の会 （132）2014.11

八王子市

展示室から八幡神社の「手洗石」後日譚（服部敬史）「八王子市郷土資料館だより」八王子市郷土資料館 64 1998.10

八王子市郷土資料館所蔵の千歯扱きについて（神かほり，美甘由紀子）「八王子の歴史と文化 ： 郷土資料館研究紀要・年報」八王子市教育

委員会 13 2001.3

史料 千人町一件日記控/日光よりの書状一・二/東禅寺事件控（もみじ会，近世古文書を学ぶ会）「八王子の歴史と文化：郷土資料館研究紀要・年報」八王子市教育委員会 13 2001.3

青木家の年中行事（美甘由紀子）「八王子市郷土資料館だより」八王子市郷土資料館 71 2002.7

八王子市郷土資料館所蔵の力石について（美甘由紀子）「八王子の歴史と文化：郷土資料館研究紀要・年報」八王子市教育委員会 15 2003.3

端午の節句と柏餅づくり（中村明美，美甘由紀子）「八王子市郷土資料館だより」八王子市郷土資料館 73 2003.7

展示室から―着物を仕立てる「八王子市郷土資料館だより」八王子市郷土資料館 76 2005.1

「御用留」にみる明治時代の犯罪（亀尾美香）「八王子市郷土資料館だより」八王子市郷土資料館 76 2005.1

本の紹介縣敏夫著「八王子市の板碑」（齋藤愼一）「多摩のあゆみ」たましん地域文化財団 （120）2005.11

古い写真を読む（10）天盃拝受式「八王子市郷土資料館だより」八王子市郷土資料館 （78）2006.1

資料紹介 幕末に勧進された稲荷社（美甘由紀子）「八王子市郷土資料館だより」八王子市郷土資料館 （78）2006.1

新刊紹介 縣敏夫『八王子市の板碑』（村田和義）「史迹と美術」史迹美術同攷会 76（1）通号761 2006.1

特別展「戦時下の市民生活」（《特集2 戦後60年》）「八王子市郷土資料館」「ミュージアム多摩：東京都三多摩公立博物館協議会会報」東京都三多摩公立博物館協議会 （27）2006.3

戦時中のお菓子屋さん―萬屋菓子店の資料から（亀尾美香）「八王子市郷土資料館だより」八王子市郷土資料館 （79）2006.1

講座「戦時中の食生活」から（中村明美）「八王子市郷土資料館だより」八王子市郷土資料館 （79）2006.7

大人も子どもも楽しむ昔の遊び「八王子市郷土資料館だより」八王子市郷土資料館 （81）2007.7

八王子市郷土資料館編「写し絵・車人形・説経節」（本の紹介）（渡部雅彦）「多摩のあゆみ」たましん地域文化財団 （129）2008.2

『石川日記』にみる輸出用百合根栽培（美甘由紀子）「八王子市郷土資料館だより」八王子市郷土資料館 （84）2008.12

屋外展示の石造物 "徳本念仏塔"（紺野英二）「八王子市郷土資料館だより」八王子市郷土資料館 （84）2008.12

「八王子市の板碑」補足調査（1）（縣敏夫）「野仏：多摩石仏の会機関誌」多摩石仏の会 40 2009.08

疫病退散！「疫神からの詫び証文」（美甘由紀子）「八王子市郷土資料館だより」八王子市郷土資料館 （86）2009.12

醤油しぼり（中村明美）「八王子市郷土資料館だより」八王子市郷土資料館 （87）2010.06

八王子市の根おいの文化を探る 民俗部会長（専門部会の動きと計画）（小川直之）「稲荷山通信：八王子市市史編さん室だより」八王子市市史編さん室 （6）2010.12

歴史の窓（8）水と人々の暮らし―絵図から読み解く（佐藤千枝）「稲荷山通信：八王子市市史編さん室だより」八王子市市史編さん室 （8）2011.10

八王子市の名号石仏（懸敏夫）「野仏：多摩石仏の会機関誌」多摩石仏の会 43 2012.07

資料紹介 木食白道の御守り（美甘由紀子）「八王子市郷土資料館だより」八王子市郷土資料館 （91）2012.07

歴史の窓（10）水田のある風景―田植えの調査から（春日祐美）「稲荷山通信：八王子市市史編さん室だより」八王子市市史編さん室 （10）2012.09

古い写真を読む（24）紀元2600年記念式典集合写真（昭和15年）「八王子市郷土資料館だより」八王子市郷土資料館 （92）2013.01

武者行列の醍醐味 北條五代祭りと北條氏照まつり（秋山正勝）「郷土史」八王子市川口郷土史研究会 （34）2013.02

近世庶民の酒と経済（神立孝一）「八王子市史研究」八王子市 （3）2013.03

歴史の窓（11）聞き取り調査からたどる近世の洪水（鈴木直樹）「稲荷山通信：八王子市市史編さん室だより」八王子市市史編さん室 （11）2013.10

祭囃子からみるマチとムラ（調査報告）（髙久舞）「八王子市史研究」八王子市 （4）2014.03

八王子市史叢書2 聞き書き 織物の技と生業（新刊紹介）（佐藤広）「八王子市史研究」八王子市 （4）2014.03

写真紹介 市制施行20周年記念広告祭―大谷仁助商店（美甘由紀子）「八王子市郷土資料館だより」八王子市郷土資料館 （95）2014.07

八王子宿

さし絵のなかの多摩（28）八王子宿札の辻の旅籠―『甲州道中商人鑑』八王子の宿（斎藤愼一）「多摩のあゆみ」たましん地域文化財団 115 2004.8

さし絵のなかの多摩（29）甲州道中八王子八日市宿―「八王子名勝志」の緻密さ（斎藤愼一）「多摩のあゆみ」たましん地域文化財団 116 2004.11

江戸から明治初期 八王子宿の下水の行方（《特集 多摩の下水道》）（柳下重雄）「多摩のあゆみ」たましん地域文化財団 （126）2007.5

八王子城

三つの御霊社―八王子城前史の中の「御霊谷戸」（近藤創）「八王子城研究」八王子城研究会 9 2002.8

八王子大善寺の「お十夜」が復活―八王子城落城の戦死者の慰霊が始まり（山本仁）「郷土史」八王子市川口郷土史研究会 （34）2013.02

八王子霊園

多磨霊園と八王子霊園（特集 多摩の公園）（樋渡達也）「多摩のあゆみ」たましん地域文化財団 （149）2013.02

八高線

資料が語る多摩 流れ着いた八高線衝突事故の供養仏（三村章）「多摩地域史研究会会報」多摩地域史研究会 （75）2006.6

八国山

むらやま茶屋 古文書から八国山「歴史館だより」東村山ふるさと歴史館 （45）2013.6

八丈島

八丈島と母系制―高群逸枝から読む（長野ふさ子）「女性と経験」女性民俗学研究会 通号24 1999.10

八丈島について 海洋性と孤島苦（松本三喜夫）「隣人：草志会年報」草志会 16 2002.3

八丈島の「四季耕作屏風」二点（河野通明）「民具マンスリー」神奈川大学 35（4）通号412 2002.7

八丈島における始祖伝説・考（伊川公司）「民俗」相模民俗学会 （194・195）2006.2

八丈島島民、近藤富蔵の熊野参詣（吹揚克之）「紀南・地名と風土研究会会報」紀南・地名と風土研究会 （48）2011.6

八丈町

東京都八丈島八丈町におけるタナバ（丹娜婆）の伝承（山本節）「西郊民俗」［西郊民俗談話会］ （210）2010.03

八幡宿村

NOTE 江戸時代行路行倒人事情―八幡宿村の場合（1）発見から吟味まで（花木知子）「あるむぜお：府中市郷土の森博物館だより」府中文化振興財団府中市郷土の森博物館 （83）2008.3

NOTE 江戸時代行路行倒人事情―八幡宿村の場合（2）療養と仮埋葬（花木知子）「あるむぜお：府中市郷土の森博物館だより」府中文化振興財団府中市郷土の森博物館 （90）2009.12

八幡町

インタビュー 野鍛冶職人の仕事 府中市八幡町「かじ福」相原丈三氏（満81歳）「東京の文化財」東京都教育庁地域教育支援部 （109）2010.03

鉢山町

渋谷区鉢山町聞き書き［1］,（2）（沼崎麻矢）「都市民俗研究」都市民俗学研究会 （9）/（10）2003.3/2004.3

初天神三社

初天神三社の鷽（石川博司）「まつり通信」まつり同好会 41（1）通号479 2000.12

鳩胸坂

昭和30年初頭までの鳩胸坂と小作部落の生活（下田亘）「会報羽村郷土研究」羽村郷土研究会 （85）2006.6

花園神社

江戸の小さな神々 新宿の総鎮守―花園神社（清水靖子）「季刊悠久.第2次」鶴岡八幡宮悠久事務局 （106）2006.12

花畑

花畑の獅子舞（石川博司）「まつり通信」まつり同好会 45（4）通号518 2005.7

足立・まつりの今（3）花畑―近世の酉の市（川越仁恵）「足立史談」足立区教育委員会 （477）2007.11

獅子舞の風土シリーズ（113）東京都足立区 花畑の獅子舞い（川崎実）「かわせみ通信」川崎実 （113）2008.5

大般若の村巡り―花畑地区を例として（鈴木志乃）「足立史談」足立区教育委員会 （535）2012.09

足立区の文化財 平成2年版「足立区の文化財」による 有形文化財（歴史資料）花畑大鷲神社算額1面、東京府武蔵国南足立郡之縮図1枚、千住高札1札、鷹狩廃止の高札1札「足立史談会だより」足立史談会 （313）2014.4

関東　　　　　　　　　　　　　　　郷土に伝わる民俗と信仰　　　　　　　　　　　　　　　東京都

花畑大鷲神社

足立区の登録文化財を観る 旧和井田家住宅（母屋）一棟、旧蕎家住宅（納屋）一棟、花畑大鷲神社獅子舞（編集部）「足立史談会だより」 足立史談会 （261） 2009.12

羽田飛行場

東京国際空港（羽田飛行場）の成立は？―〝語呂あわせ〟民俗の一例として（木村博）「西郊民俗」 ［西郊民俗談話会］ （185） 2003.12

婆々が茶屋

一軒茶屋由緒（2）婆々が茶屋（橋口明子）「目黒区郷土研究」 目黒区郷土研究会 564 2002.1

馬場大門

ケヤキ並木Part1 源頼義・義家奉納伝承を検証する（深沢靖幸）「あるむぜお ： 府中市郷土の森博物館だより」 府中文化振興財団府中市郷土の森博物館 56 2001.6

浜田藩江戸屋敷

浜田藩江戸屋敷女敵討の実録と読本（田中則雄）「山陰研究」 島根大学法文学部山陰研究センター （4） 2011.12

羽村

羽村のサイノカミ（石川博司）「まつり通信」 まつり同好会 40（1）通号467 1999.12

帰ってきた「羽村臨視日記」―19年ぶりに所蔵者・堀江家へ戻る（薄井清）「町田地方史研究」 町田地方史研究会 16 2002.9

羽村における水車業の変遷―幕末から昭和初期にかけて（下田亘）「会報羽村郷土研究」 羽村郷土研究会 （84） 2005.7

『養豚便り』にみる羽村のブタと養豚家（中山紗由）「羽村市郷土博物館紀要」 羽村市郷土博物館 （25） 2011.3

明治・大正における、羽村における農業日誌（下田亘）「羽村市郷土博物館紀要」 羽村市郷土博物館 （25） 2011.3

羽村の雛祭り―雛人形と共に金魚を飾る（松本美虹）「女性と経験」 女性民俗学研究会 通号36 2011.10

羽村市

きもの雛形小考（保坂和子）「羽村市郷土博物館紀要」 羽村市郷土博物館 12 1997.3

羽村市の近世社寺建築（高野恵子）「羽村市郷土博物館紀要」 羽村市郷土博物館 12 1997.3

羽子板考―その源流と変貌（保坂和子）「羽村市郷土博物館紀要」 羽村市郷土博物館 13 1998.3

成進社と風穴蚕種（上）（坂上洋之）「羽村市郷土博物館紀要」 羽村市郷土博物館 14 1999.3

収蔵品調査報告 きもの雛形（続）―下野キエ氏の寄贈品を中心に（保坂和子）「羽村市郷土博物館紀要」 羽村市郷土博物館 14 1999.3

収蔵資料小考―雛人形について（安藤華子）「羽村市郷土博物館紀要」 羽村市郷土博物館 （24） 2010.03

はむら民俗の会・羽村市郷土博物館編『お伊勢・金毘羅道中記―明治八年 羽村びとの旅―』（本の紹介）（大野一郎）「多摩のあゆみ」 たましん地域文化財団 （140） 2010.11

地口行灯絵解きの楽しさ 企画展「地口行灯一〇〇展」の解説（岡崎学）「羽村市郷土博物館紀要」 羽村市郷土博物館 （27） 2013.03

羽村の堰

見学 羽村の堰と秋川渓谷の古刹（笠原誠一）「目黒区郷土研究」 目黒区郷土研究会 557 2001.3

羽村町

羽村町のブタが担った役割（中山紗由）「羽村市郷土博物館紀要」 羽村市郷土博物館 （24） 2010.3

林家墓地

わがまちの文化財・新宿区 国指定史跡 林家墓地（新宿区教育委員会）「東京の文化財」 東京都教育庁地域教育支援部 85 2001.11

原町田七福神

「二・六の市の碑」と原町田七福神（追悼 森山兼光さん）（今福克保）「町田地方史研究」 町田地方史研究会 （21） 2014.11

原村

日本獅子舞由来（原村）（相馬文夫）「郷土研究」 奥多摩郷土研究会 （20） 2009.03

繁栄稲荷神社

平成25年度新指定文化財・登録文化財紹介 繁栄稲荷神社本殿、庚申塔寛文元年在銘／ほか「下町文化」 江東区地域振興部 （265） 2014.04

半助地蔵尊

近世・江戸行刑史跡と半助地蔵尊縁起―江戸・浅草溜の民法俗（荒井貢次郎）「武蔵野」 武蔵野文化協会 78（1）通号335 2002.2

半田稲荷社

半田稲荷社の略縁起と願人坊主（鈴木明子）「宗教民俗研究」 日本宗教民俗学会 （9） 1999.6

番場

NOTE 江戸のなごりか 府中宿番場矢島キン家住宅の調査（馬場治子）「あるむぜお ： 府中市郷土の森博物館だより」 府中文化振興財団府中市郷土の森博物館 （78） 2006.12

番場南裏通り

番場南裏通りの風物（4）～（7）（岡崎利夫）「府中史談」 府中市史談会 24／（30） 1998.5／2004.5

蟠竜寺

史料 『火急用意 全』（蟠龍寺所蔵）（高橋武雄）「郷土目黒」 目黒区郷土研究会 46 2002.10

解説 『火急用意 全』（蟠龍寺所蔵）（編集部）「郷土目黒」 目黒区郷土研究会 46 2002.10

蟠龍寺・念仏堂・夜養院（橋口明子）「目黒区郷土研究」 目黒区郷土研究会 607 2005.8

日吉山王社

館蔵「日吉山王社参詣図屏風」について（小澤弘）「東京都江戸東京博物館研究報告」 東京都江戸東京博物館 （16） 2010.03

日枝山王社社家邸宅跡

近世社家社会における生活什器としての漆器資料―江戸・日枝山王社社家邸宅跡出土漆器資料を中心として（北野信彦）「愛知大学綜合郷土研究所紀要」 愛知大学綜合郷土研究所 通号43 1998.3

日枝神社

奥多摩の獅子舞い紀行（65）日枝神社のびしゃ祭「かわせみ通信」 川崎実 65 2001.1

資料紹介 山王祭礼図屏風（池谷浩一）「國學院大學神道資料館館報」 國學院大學研究開発推進機構学術資料館神道資料館部門 1 2001.3

『江府山王祭渡物』―近世中期の江戸山王祭史料（福原敏男）「社寺史料研究」 社寺史料研究会，岩田書院（発売） （10） 2008.12

儀礼文化セミナー 6月13日 日枝神社参拝と山王祭参観（レポート）（佐々木幸子）「儀礼文化ニュース」 儀礼文化学会 （174） 2010.07

東大久保

江戸富士塚を巡る（3）―下谷坂本の富士・東大久保富士・駒込富士（酒井幸光）「あしなか」 山村民俗の会 293 2011.10

東久留米市

新指定文化財 石幢六地蔵／旧延命寺跡民間信仰石造物群／神明山南遺跡出土品一括／楊柳沢御殿跡「くるめの文化財」 東久留米市教育委員会 19 2004.3

東高円寺

妙法寺参詣道を歩く（4）旧共栄市場と東高円寺（前田浩志）「らぶりい杉並」 杉並の今昔を語る会 （14） 1998.8

東町観音堂

多摩のみほとけ（3）あきる野市東町観音堂 阿弥陀如来坐像（市指定文化財）（齋藤経生）「多摩のあゆみ」 たましん地域文化財団 （140） 2010.11

東村山

四方山話（1）（小山博）「郷土研だより」 東村山郷土研究会 258 1999.10

展示報告「近世庶民文化の開花―村人と芸と技」「歴史館だより」 東村山ふるさと歴史館 12 2000.8

新田義貞伝説あれこれ（小山博）「郷土研だより」 東村山郷土研究会 267 2001.6

東村山の伝承遊び教室（両沢清）「多摩のあゆみ」 たましん地域文化財団 101 2001.2

収蔵品展「千歯扱きにみる東村山」「歴史館だより」 東村山ふるさと歴史館 14 2001.3

歴史館カレンダー―東村山の年中行事紹介「歴史館だより」 東村山ふるさと歴史館 14 2001.3

歴史館カレンダー―東村山の年中行事紹介「歴史館だより」 東村山ふるさと歴史館 17 2002.2

本年度共同調査「東村山の家庭医薬・療法のあゆみ」まとまる（日笠山正治）「郷土研だより」 東村山郷土研究会 283 2002.10

東村山の民話雑考（1），（2）（両澤清）「郷土研だより」 東村山郷土研究会 283／289 2002.10／2003.6

触書にみる家庭医薬・療法について（近内信輝）「郷土研だより」 東村山郷土研究会 284 2002.12

文化祭「家庭の医薬・療法の歩み」展 感想いろいろ（立河光子）「郷土研だより」東村山郷土研究会 284 2002.12

郷土の伝統食復活「歴史館だより」東村山ふるさと歴史館 18 2003.1

しらべてみよう「十六むさし」ってどんなゲーム？「歴史館だより」東村山ふるさと歴史館 18 2003.1

見学会余話「笹塔婆」・「経木塔婆」（立河光子）「郷土研だより」東村山郷土研究会 290 2003.7

火事場の「たくあん」（四方山話）（桜井わか）「郷土研だより」東村山郷土研究会 290 2003.7

火事場の「にぎりめし」（四方山話）（立河光子）「郷土研だより」東村山郷土研究会 290 2003.7

「禁じられたあそび」（四方山話）（立河光子）「郷土研だより」東村山郷土研究会 290 2003.7

「大きな亀の子」（四方山話）（立河光子）「郷土研だより」東村山郷土研究会 290 2003.7

東村山ふるさとの味―十二ヶ月 九月（岸藤子）「郷土研だより」東村山郷土研究会 291 2003.8

東村山ふるさとの味―十二ヶ月 十月・十一月（岸藤子）「郷土研だより」東村山郷土研究会 292 2003.10

東村山の四方山話「郷土研だより」東村山郷土研究会 292 2003.10

東村山ふるさとの味―十二ヶ月 十二月・一月（岸藤子）「郷土研だより」東村山郷土研究会 293 2003.12

東村山の四方山話「郷土研だより」東村山郷土研究会 293 2003.12

特集 おまつりに行こう！ いろいろあるお祭り／祭りばやし／獅子舞／お神楽「歴史館だより」東村山ふるさと歴史館 19 2003.12

「地口あんどん」のだじゃれ「歴史館だより」東村山ふるさと歴史館 19 2003.12

東村山ふるさとの味―十二ヶ月 二月 節分と初午の頃（岸藤子）「郷土研だより」東村山郷土研究会 294 2004.1

東村山ふるさとの味―十二ヶ月 三月 桃の節句と春の彼岸（岸藤子）「郷土研だより」東村山郷土研究会 295 2004.3

東村山の四方山話 校庭が海（松本喜和子）「郷土研だより」東村山郷土研究会 295 2004.3

東村山で発明された麦の種蒔き器「志村式」（大藪裕子）「東村山市史研究」東村山市教育委員会 （13）2004.3

東村山ふるさとの味―十二ヶ月 五月 さつまだんご（岸藤子）「郷土研だより」東村山郷土研究会 296 2004.4

東村山ふるさとの味―十二ヶ月 六月 麦の刈り入りの頃（岸藤子）「郷土研だより」東村山郷土研究会 297 2004.5

東村山ふるさとの味―十二ヶ月 七月 うでまんじゅう（岸藤子）「郷土研だより」東村山郷土研究会 298 2004.7

東村山ふるさとの味―十二ヶ月 八月 おかず（岸藤子）「郷土研だより」東村山郷土研究会 299 2004.9

四方山話 匂いのするお話（立河光子）「郷土研だより」東村山郷土研究会 299 2004.9

お地蔵様（熊田洋子）「郷土研だより」東村山郷土研究会 299 2004.9

『ふるさと昔語り 東村山の四方山話』を刊行（日笠山正治）「郷土研だより」東村山郷土研究会 301 2004.12

東村山四方山話数え歌（近内信輝）「郷土研だより」東村山郷土研究会 303 2005.2

『四方山話』を読んで「郷土研だより」東村山郷土研究会 303 2005.2

東村山の昔のことば―朝から夜まで（市民の声）（立河光子、多田知子）「東村山市史研究」東村山市教育委員会 （14）2005.3

東村山民俗数え歌（近内信輝）「郷土研だより」東村山郷土研究会 306 2005.5

懐かしい「お会式」（川島岩治）「郷土研だより」東村山郷土研究会 （310）2005.11

八坂神社の文化財について（近内信輝）「郷土研だより」東村山郷土研究会 （311）2006.1

「東村山の四方山話」を読んで（山本房子）「郷土研だより」東村山郷土研究会 （317）2006.8

「集古十種」の碑 今いずこ（日笠山正治）「郷土研だより」東村山郷土研究会 （318）2006.10

文化祭参加の記録 東村山農業の今昔展（近内信輝）「郷土研だより」東村山郷土研究会 （319）2006.11

『東村山の四方山話』を読んで（山田治男）「郷土研だより」東村山郷土研究会 （319）2006.11

路傍の石仏（両澤清）「郷土研だより」東村山郷土研究会 （332）2008.1

ハケの観音様（両澤清）「郷土研だより」東村山郷土研究会 （333）2008.2

石橋供養塔（両澤清）「郷土研だより」東村山郷土研究会 （334）2008.3

馬頭観音（両澤清）「郷土研だより」東村山郷土研究会 （336）2008.5

如意輪観音（両澤清）「郷土研だより」東村山郷土研究会 （337）2008.6

閻魔大王（両澤清）「郷土研だより」東村山郷土研究会 （338）2008.7

大日如来（両澤清）「郷土研だより」東村山郷土研究会 （340）2008.9

特集 歴史館講座「あなたの街の東村山学」伝統文化講座「秋から冬にかけての民俗行事」／郷土歴史講座「狭山丘陵と武蔵野」／もっと知りたい、見たい、やりたい海外へ 東村山に伝わる年中行事について「歴史館だより」東村山ふるさと歴史館 （33）2008.9

千手観音（両澤清）「郷土研だより」東村山郷土研究会 （342）2008.11

一石六地蔵（両澤清）「郷土研だより」東村山郷土研究会 （343）2008.12

「東村山で使われたことば」座談会報告（1）～（3）（大井芳文）「郷土研だより」東村山郷土研究会 （343）/（345）2008.12/2009.2

百万遍念仏塔「郷土研だより」東村山郷土研究会 （344）2009.01

白山神社の牛頭天王像（両澤清）「郷土研だより」東村山郷土研究会 （346）2009.03

東村山郷土研究会講演会 東村山の石仏と民間信仰（江藤昌明）「郷土研だより」東村山郷土研究会 （346）2009.03

寺子屋（両澤清）「郷土研だより」東村山郷土研究会 （348）2009.05

「東村山の戦時中のくらし」（講演会の予告（2）～（4））「郷土研だより」東村山郷土研究会 （353）/（355）2009.10/2009.12

東村山郷土研究会 講演会報告 昔の暮らしをしのぶ講演会「東村山の戦時中のくらし」講師：立河光子氏・市川喜久男氏（秋田清治）「郷土研だより」東村山郷土研究会 （358）2010.3

東村山の石橋と石橋供養塔（市民の声）（西牧信一）「東村山市史研究」東村山市教育委員会 （19）2010.6

神々と神社（1）神とは？ 神はどこに宿る？（高山博之）「郷土研だより」東村山郷土研究会 （363）2010.08

神々と神社（2）日本神話に登場する神々（高山博之）「郷土研だより」東村山郷土研究会 （364）2010.09

神々と神社（3）,（4）東村山の神社（1）,（2）（渡邉潤）「郷土研だより」東村山郷土研究会 （365）/（366）2010.10/2010.11

神々と神社（5）狛犬は犬ではない（高山博之）「郷土研だより」東村山郷土研究会 （367）2010.12

神々と神社（6）鳥居をくぐり拝殿、本殿へ（高山博之）「郷土研だより」東村山郷土研究会 （368）2011.01

神々と神社（7）鎮守の神様（近内信輝）「郷土研だより」東村山郷土研究会 （369）2011.02

川島人形店寄贈「押絵羽子板製作関連資料」（特集 歴史館の新発見・新収蔵品）「歴史館だより」東村山ふるさと歴史館 （38）2011.02

東村山の昔ばなし（1）カッパのわび証文（比留間信春、山田民夫、両澤清）「郷土研だより」東村山郷土研究会 （372）2011.05

東村山の昔ばなし（2）南秋津 嵐よけのお札（比留間信春、山田民夫、両澤清）「郷土研だより」東村山郷土研究会 （373）2011.06

東村山の昔ばなし（3）恩多町 呪いの釘（増田喜久夫、山田民夫、両澤清）「郷土研だより」東村山郷土研究会 （374）2011.07

東村山の昔ばなし（4）宅部 たっちゃん池（山田民夫、両澤清）「郷土研だより」東村山郷土研究会 （375）2011.08

東村山の昔ばなし（5）恩多町 お地蔵さまの引越し（當麻喜一、山田民夫、両澤清）「郷土研だより」東村山郷土研究会 （376）2011.09

東村山の昔ばなし（6）野口 時宗公とお地蔵さま（山田民夫、両澤清）「郷土研だより」東村山郷土研究会 （377）2011.10

特集 さつまいも！ サツマイモ！ 薩摩芋！ 東村山の特産「金時」／おやつとしてのサツマイモ／食糧難時代のサツマイモ「歴史館だより」東村山ふるさと歴史館 （40）2011.10

かんたん郷土食 サツマダンゴをつくろう！「歴史館だより」東村山ふるさと歴史館 （40）2011.10

東村山の昔ばなし（7）久米川 夜遊びの好きなお猿様（東原政二、山田民夫、両澤清）「郷土研だより」東村山郷土研究会 （378）2011.11

東村山の昔ばなし（9）秋津・久米川 ムジナのあだ討ち（木下トメ、山田民夫、両澤清）「郷土研だより」東村山郷土研究会 （380）2012.01

東村山の昔ばなし（10）久米川 ムジナのいたずら（立河正時、糀谷忠三、両澤清）「郷土研だより」東村山郷土研究会 （381）2012.02

東村山の昔ばなし（11）野口 弁天様の鯉（遠藤経年、糀谷忠三、両澤清）「郷土研だより」東村山郷土研究会 （382）2012.03

熊野神社 案内板設置に協力「郷土研だより」東村山郷土研究会 （382）2012.03

市民の声 東村山の石工たちの業績（西牧信一）「東村山市史研究」東村山市教育委員会 （21）2012.3

春と花見の周辺（特集 春の行事と花）「歴史館だより」東村山ふるさと歴史館 （41）2012.03

古代のモモとまつり（特集 春の行事と花）「歴史館だより」東村山ふるさと歴史館 （41）2012.03

花より団子（特集 春の行事と花）「歴史館だより」東村山ふるさと歴史館 （41）2012.03

東村山の昔ばなし（12）廻田 へびと菖蒲湯（細田キク、糀谷忠三、両澤清）「郷土研だより」東村山郷土研究会 （383）2012.04

東村山の昔ばなし（13）秋津 へびになった法印さま（比留間信春，糀谷忠三，両澤清）「郷土研だより」 東村山郷土研究会 （384）2012.05

神々と神社（19）多様に広がる東村山の神社信仰（高山博之）「郷土研だより」 東村山郷土研究会 （385）2012.06

東村山の昔ばなし（15）野口 キツネの恩がえし（遠藤経年，糀谷忠三，両澤清）「郷土研だより」 東村山郷土研究会 （385）2012.06

雨乞いの慣習とその記録（特集 天変地異）「歴史館だより」 東村山ふるさと歴史館 （42）2012.06

神々と神社（20）最終回 伝統文化を繋ぐ神社信仰（高山博之）「郷土研だより」 東村山郷土研究会 （386）2012.07

東村山の昔ばなし（16）廻田 キツネのあだうち（高橋喜司，糀谷忠三，両澤清）「郷土研だより」 東村山郷土研究会 （387）2012.08

東村山の昔ばなし（17）恩多 伊豆殿堀の話［農村用］高等小學讀本 巻一（糀谷忠三，両澤清）「郷土研だより」 東村山郷土研究会 （388）2012.9

東村山の昔ばなし（18）秋津 トンボの宿り木（東原那美，糀谷忠三，両澤清）「郷土研だより」 東村山郷土研究会 （389）2012.10

東村山の昔ばなし（19）久米川 夜泣きするモミの木（東原那美，糀谷忠三，両澤清）「郷土研だより」 東村山郷土研究会 （390）2012.11

東村山の昔ばなし（20）秋津 ホトトギスの泣き声（肥沼浅吉，糀谷忠三，両澤清）「郷土研だより」 東村山郷土研究会 （391）2012.12

自由寄稿 都内寺院めぐり（長原信二）「郷土研だより」 東村山郷土研究会 （392）2013.01

東村山の昔ばなし（21）廻田 砂ノ川の大蛇（高橋喜司，糀谷忠三，両澤清）「郷土研だより」 東村山郷土研究会 （392）2013.01

東村山に造られた糞尿卸場貯溜槽と下肥利用（論文）（大藪裕子）「東村山市史研究」 東村山市教育委員会 （22）2013.1

特別寄稿「モノ」と「お話」からみる村山絣（大藪裕子）「郷土研だより」 東村山郷土研究会 （393）2013.2

東村山の昔ばなし（22）廻田 強情島（頑張り島）（池谷泰男，糀谷忠三，両澤清）「郷土研だより」 東村山郷土研究会 （393）2013.2

東村山の昔ばなし（23）野口 速いの桜（池田芳之助，糀谷忠三，両澤清）「郷土研だより」 東村山郷土研究会 （394）2013.03

東村山の昔ばなし（24）大岱 東村山の名前のいわれ（市沢重，糀谷忠三，両澤清）「郷土研だより」 東村山郷土研究会 （395）2013.4

観音巡礼の魅力（高山博之）「郷土研だより」 東村山郷土研究会 （395）2013.04

東村山の昔ばなし（25）野口 ひとだまの話（遠藤経年，糀谷忠三，両澤清）「郷土研だより」 東村山郷土研究会 （396）2013.05

東村山の稲荷信仰（近内信輝）「郷土研だより」 東村山郷土研究会 （396）2013.05

東村山の昔ばなし（26）久米川 久米川に爆弾が落ちる（市沢喜久男，糀谷忠三，両澤清）「郷土研だより」 東村山郷土研究会 （397）2013.6

特集 教科書から探る東村山 はじめに／御門訴事件とは／御門訴事件の理由「歴史館だより」 東村山ふるさと歴史館 （45）2013.6

東村山の昔ばなし（27）宅部 宅部の姥捨山（清水忠助，糀谷忠三，両澤清）「郷土研だより」 東村山郷土研究会 （398）2013.7

特別寄稿 寺子屋師匠と赤米記（寺西明子）「郷土研だより」 東村山郷土研究会 （399）2013.08

東村山の昔ばなし（28）久米川 追いかけて来る不思議な音（市沢喜久男，糀谷忠三，両澤清）「郷土研だより」 東村山郷土研究会 （399）2013.08

東村山の昔ばなし（29）秋津の雨乞い（比留間信春，糀谷忠三，両澤清）「郷土研だより」 東村山郷土研究会 （400）2013.09

東村山の昔ばなし（30）大岱（恩多）亥の子餅と大根（増田三枝子，糀谷忠三，両澤清）「郷土研だより」 東村山郷土研究会 （401）2013.10

東村山の昔ばなし（31）久米川 動く鳥居（比留間信春，糀谷忠三，両澤清）「郷土研だより」 東村山郷土研究会 （402）2013.11

東村山の昔ばなし（32）秋津 秋津の平和観音（小俣権太郎，糀谷忠三，両澤清）「郷土研だより」 東村山郷土研究会 （403）2013.12

東村山の昔ばなし（33）野口 生り木責め（東原那美［話］，糀谷忠三［絵］，両澤清［再話］）「郷土研だより」 東村山郷土研究会 （404）2014.01

企画展「讀む、古文書—江戸時代の東村山の生活」展示資料（資料紹介）（寺西明子，高野宏峰）「東村山市史研究」 東京都東村山市 （23）2014.1

東村山の昔ばなし（34）野口 どこにあったか古代の悲田処（東原那美［話］，糀谷忠三［絵］，両澤清［再話］）「郷土研だより」 東村山郷土研究会 （405）2014.2

東村山の昔ばなし（35）野口 キツネに化かされた話（遠藤経年［話］，糀谷忠三［絵］，両澤清［再話］）「郷土研だより」 東村山郷土研究会 （406）2014.03

東村山の昔ばなし（36）野口 キツネの嫁入り（細渕静雄［話］，糀谷忠三［絵］，両澤清［再話］）「郷土研だより」 東村山郷土研究会 （407）2014.04

東村山の昔ばなし（37）野口 空堀川の大蛇（町田次郎［話］，糀谷忠三［絵］，両澤清［再話］）「郷土研だより」 東村山郷土研究会 （408）2014.05

東村山の昔ばなし（38）久米川 日蓮上人と久米川宿（立川昇［話］，糀谷忠三［絵］，両澤清［再話］）「郷土研だより」 東村山郷土研究会 （409）2014.06

菖蒲まつりガイド報告 花菖蒲に魅せられて（畔上純代）「郷土研だより」 東村山郷土研究会 （410）2014.07

東村山の昔ばなし（39）秋津 もみじ山の仇討（中谷エミ［話］，糀谷忠三［絵］，両澤清［再話］）「郷土研だより」 東村山郷土研究会 （410）2014.07

東村山の昔ばなし（40）恩多 大岱の空襲（金子増茂［話］，糀谷忠三［絵］，両澤清［再話］）「郷土研だより」 東村山郷土研究会 （411）2014.8

「東村山の再発見・見どころ」11選（4）市内の神社社殿の彫刻と神像（小池紀枝，長原信二）「郷土研だより」 東村山郷土研究会 （412）2014.09

東村山の昔ばなし（41）恩多 水車屋打ちこわし（市川重［話］，糀谷忠三［絵］，両澤清［再話］）「郷土研だより」 東村山郷土研究会 （412）2014.09

東村山の昔ばなし（42）野口 狐のお祭り（清水セイ［話］，糀谷忠三［絵］，両澤清［再話］）「郷土研だより」 東村山郷土研究会 （413）2014.10

東村山の昔ばなし（43）久米川 故郷を恋うる霊の声（岩田ウタ［話］，糀谷忠三［絵］，両澤清［再話］）「郷土研だより」 東村山郷土研究会 （414）2014.11

東村山の昔ばなし（44）廻田 伊豆殿堀の女狐（野沢家の夜話［話］，糀谷忠三［絵］，両澤清［再話］）「郷土研だより」 東村山郷土研究会 （415）2014.12

東村山市

縄文時代の弓猟にともなう狩猟儀礼について（千葉敏朗）「東村山市史研究」 東村山市教育委員会 10 2001.3

祝いのよそおいと流行織物（田村均）「東村山市史研究」 東村山市教育委員会 10 2001.3

東村山市・小野家阿弥陀如来像について（花村統由）「東村山市史研究」 東村山市教育委員会 11 2002.3

生業を通して見る衣生活（宮本八重子）「東村山市史研究」 東村山市教育委員会 11 2002.3

暮らしをめぐる民俗（2）—時代と生きる（宮本八惠子）「東村山市史研究」 東村山市教育委員会 （19）2010.03

小柄の村山絣—その製作用具と技術（宮本八惠子）「東村山市史研究」 東村山市教育委員会 （21）2012.3

『東村山市史研究』第21号所収「東村山の石工たちの業績」訂正（市民の声）（西牧信一）「東村山市史研究」 東村山市教育委員会 （22）2013.1

郷土研の調査研究追考2 東村山市域に残る多様な屋敷神（高山博之）「郷土研だより」 東村山郷土研究会 （406）2014.03

東村山停車場

神々と神社（15）猿田彦神社—東村山停車場と共に発展（神宮祐臣）「郷土研だより」 東村山郷土研究会 （380）2012.01

東谷戸

鑓水東谷戸「講中什物控」について（神かほり）「桑都民俗 ： 桑都民俗の会会報」 桑都民俗の会 18・19 1999.3

東山

新覆舎が完成した東山の馬頭観音碑（平山元也）「目黒区郷土研究」 目黒区郷土研究会 587 2003.12

東大和市

かぐや姫と蛍（前原恵二）「雑木林の詩 ： 東大和市環境を考える会会報」 東大和市環境を考える会 46 2002.5

簸川神社

写真は語る 祭りの人びと—簸川神社と桜木神社（田中斉）「文京ふるさと歴史館だより」 ［文京ふるさと歴史館］ 4 1997.4

氷川神社

奥多摩の獅子舞い紀行（63）氷川神社の獅子舞い「かわせみ通信」 川崎実 63 2000.10

氷川台

氷川神社宮宿鶴の舞楽中歌（中村理行）「ねりまの文化財」 練馬区地域文化部 48 2000.8

氷川町

表紙写真解説 「里神楽」萩原正義社中 氷川神社（氷川町）（井上富夫）「板橋史談」 板橋史談会 （281）2014.08

東京都 郷土に伝わる民俗と信仰 関東

氷川登計集落

氷川郷について（7）―氷川登計集落と阿羅波婆岐社に関して（渡辺友一郎）「郷土研究」 奥多摩郷土研究会 （15） 2004.3

樋里

炭焼きとお茶づくり―檜原村藤倉地区・樋里地区（東京都西多摩郡檜原村北秋川渓谷合同調査特集）（神かほり）「昔風と当世風」 古々路の会 （98） 2014.4

久昌稲荷社

高ヶ坂の久昌稲荷社と妻恋稲荷勧請（矢口昇）「町田地方史研究」 町田地方史研究会 （19） 2008.6

肥前稲荷大明神

肥前稲荷大明神縁起［1］,（2）「目黒区郷土研究」 目黒区郷土研究会 （642）/（654） 2008.7/2009.07

五本木・屋敷神の一つ 肥前稲荷大明神縁起（宮川栄一）「目黒区郷土研究」 目黒区郷土研究会 （653） 2009.06

五本木・屋敷神の一つ 肥前稲荷大明神縁起（宮川栄一）「郷土目黒」 目黒区郷土研究会 53 2009.10

日向

日向の馬頭さま（大舘誉）「郷土研究」 奥多摩郷土研究会 （8） 1997.3

日野

日野の方言シリーズ 生活関係・身辺の道具など（古谷洋太）「日野の歴史と文化」 日野史談会 45/46 1997.4/1997.10

《特集 日野の鍛冶屋》「日野市ふるさと博物館紀要」 日野市ふるさと博物館 7 1998.3

日野の鍛冶屋の雛形の剣（上野さだ子）「日野市ふるさと博物館紀要」 日野市ふるさと博物館 7 1998.3

日野の水車台帳（上野さだ子）「日野の歴史と文化」 日野史談会 47 1998.4

民間信仰と御札（猪鼻洋助）「日野の歴史と文化」 日野史談会 47 1998.4

日野の橘と榊（田中紀子）「日野の歴史と文化」 日野史談会 47 1998.4

大工職人の覚え書き（1）～（3）（谷合秀夫）「日野の歴史と文化」 日野史談会 47/49 1998.4/1999.4

民間信仰とお札（谷長一）「日野の歴史と文化」 日野史談会 48 1998.9

《特集 日野の鍛冶屋2》「日野市ふるさと博物館紀要」 日野市ふるさと博物館 8 1999.3

日野の掘抜井戸について（浅倉康雅）「日野の歴史と文化」 日野史談会 49 1999.4

聞き書きこども歳時記（菊地信吾）「日野の歴史と文化」 日野史談会 49 1999.4

夏の企画展「貝は語る・日野の自然とくらし」「日野市ふるさと博物館ニュース」 日野市ふるさと博物館 （14） 1999.12

日野の水車の歴史と変遷（上野さだ子）「日野の歴史と文化」 日野史談会 50 2000.3

まぼろしの古鐘（木村浩）「日野の歴史と文化」 日野史談会 50 2000.3

わが地域の念仏講のこと（馬場美代子）「日野の歴史と文化」 日野史談会 50 2000.3

本の紹介 日野の歴史と民俗の会『日野の石仏散歩』（北村敏）「多摩のあゆみ」 たましん地域文化財団 105 2002.2

鮎をめぐる暮らし―鈴木由太郎氏の漁具からみた日野の鮎漁と玉川亭（金野啓史）「多摩のあゆみ」 たましん地域文化財団 110 2003.5

日野の石仏（4）盗まれたが返された双体道祖神（加地勝）「野仏 : 多摩石仏の会機関誌」 多摩石仏の会 45 2014.07

「日先」神社

「日先」神社と摩利支天の伝承（佐藤智敬）「常民文化」 成城大学常民文化研究会 25 2002.3

日野市

鍛冶屋露木隆氏調査報告［1］,（2）―その技術と生活（金野啓史）「日野市ふるさと博物館紀要」 日野市ふるさと博物館 7/8 1998.3/1999.3

鍛冶屋の道具―露木サト氏の寄贈資料（金野啓史）「日野市ふるさと博物館紀要」 日野市ふるさと博物館 7 1998.3

「勝五郎再生記」―日野市に伝わる不思議な話（北村澄江）「多摩のあゆみ」 たましん地域文化財団 108 2002.11

「勝五郎再生記」と老侯田冠山（鈴木淳世）「多摩のあゆみ」 たましん地域文化財団 108 2002.11

日野市における石仏の保存の動きについて（加地勝）「野仏 : 多摩石仏の会機関誌」 多摩石仏の会 34 2003.7

日野市における石仏の保存の動きについて（加地勝）「野仏 : 多摩石仏の会機関誌」 多摩石仏の会 35 2004.7

日野市内の石碑について（加地勝）「野仏 : 多摩石仏の会機関誌」 多摩

石仏の会 39 2008.7

日野市の石仏（1）―勝五郎再生物語に関係の馬頭観音（加地勝）「野仏 : 多摩石仏の会機関誌」 多摩石仏の会 42 2011.08

日野宿

甲州街道・日野宿の地蔵めぐり（加地勝）「野仏 : 多摩石仏の会機関誌」 多摩石仏の会 40 2009.08

建物随想記（26）日野宿藏模様（酒井哲）「多摩のあゆみ」 たましん地域文化財団 （142） 2011.5

日野宿けんころ地蔵建立報告（加地勝）「野仏 : 多摩石仏の会機関誌」 多摩石仏の会 43 2012.07

日野谷

日野谷の春―祭りと花（藤井千枝子）「グループ秩父事件会報」 グループ秩父事件事務局 67 1998.5

日野津

さし絵のなかの多摩（20）雪旦・真桑瓜・鮎の子鰶―『江戸名所図会』の日野津（斎藤慎一）「多摩のあゆみ」 たましん地域文化財団 106 2002.5

檜原

聞き書き 秋留台地、檜原の農業（《特集 近現代の多摩農業》）（大谷孟雄）「多摩のあゆみ」 たましん地域文化財団 （136） 2009.11

檜原村

檜原村梵字地神塔（縣敏夫）「野仏 : 多摩石仏の会機関誌」 多摩石仏の会 28 1997.8

古い民家の調査（檜原村郷土資料館）「ミュージアム多摩 : 東京都三多摩公立博物館協議会会報」 東京都三多摩公立博物館協議会 （23） 2002.3

古文書は語る（11）檜原村春日神社の御餉神事―小室家文書「御餉当番名前帳」より（馬場憲一）「多摩のあゆみ」 たましん地域文化財団 113 2004.2

甲武国境（8）檜原村の御厨神事（岡部義重）「郷土研究」 奥多摩郷土研究会 （20） 2009.3

西多摩郡檜原村の養蚕信仰と小正月行事（東京都西多摩郡檜原村北秋川渓谷合同調査特集）（関廣好）「昔風と当世風」 古々路の会 （98） 2014.04

檜原村の民家（東京都西多摩郡檜原村北秋川渓谷合同調査特集）（椿原佳恵）「昔風と当世風」 古々路の会 （98） 2014.4

檜原村の獅子舞（東京都西多摩郡檜原村北秋川渓谷合同調査特集）（白井正子）「昔風と当世風」 古々路の会 （98） 2014.04

近現代の出産と胞衣の変遷―東京都西多摩郡檜原村の事例を中心に（東京都西多摩郡檜原村北秋川渓谷合同調査特集）（望月彩恵）「昔風と当世風」 古々路の会 （98） 2014.04

東京都檜原村の民具（抄）（東京都西多摩郡檜原村北秋川渓谷合同調査特集）（五十嵐稔）「昔風と当世風」 古々路の会 （98） 2014.04

ひばりが丘北

自然と生きる 西東京市の主な屋敷林（6）北町・栄町・ひばりが丘北・住吉町（小川武廣）「武蔵保谷村だより : 高橋文太郎の『武蔵保谷村郷土資料』を手掛かりに」 下保谷の自然と文化を記録する会 （7） 2012.10

火防観音

地域を見つめる観音像―火防観音（杉本絵美）「港郷土資料館だより」 港区立港郷土資料館 （69） 2012.03

姫街道

姫街道見て歩き（6）六部様/姫街道見て歩き（1）大谷代官屋敷（「郷土 : 三ヶ町の歴史を語る人びと」三ヶ町郷土を語る会編 平成23年9月）「足立史談会だより」 足立史談会 （295） 2012.10

碑文谷

幻の碑文谷道―品川区内を歩く（上山満子）「郷土目黒」 目黒区郷土研究会 43 1999.10

幻の道「碑文谷道」再考（上山満子）「郷土目黒」 目黒区郷土研究会 45 2001.10

会報にみる目黒の昔（22）「碑文谷仁王碑の修復完成」川口絢二/「自由が丘の昔と今（一）七十五年のあらまし」久利山きん（編集部）「目黒区郷土研究」 目黒区郷土研究会 （656） 2009.9

碑文谷のどんど焼き（高林健二）「目黒区郷土研究」 目黒区郷土研究会 （674） 2011.03

碑文谷池厳島神社

碑文谷池の厳島神社について（田丸太郎）「目黒区郷土研究」 目黒区郷土研究会 524 1998.9

厳島神社社殿等の放火焼失と再建計画（松本金光）「目黒区郷土研究」 目黒区郷土研究会 604 2005.5

関東　　　　　　　　　　　　　　　郷土に伝わる民俗と信仰　　　　　　　　　　　　　　　東京都

碑文谷公園の厳島神社再建計画(2),(3)(4)(松本金光)「目黒区郷土研究」　目黒区郷土研究会　606/611　2005.7/2005.12

厳島神社社殿再建中間報告(松本金光)「目黒区郷土研究」　目黒区郷土研究会　(619)　2006.8

厳島神社社殿等の放火焼失と再建計画(松本金光)「郷土目黒」　目黒区郷土研究会　50　2006.10

碑文谷公園の厳島神社再建第一期工事が終る(松本金光)「目黒区郷土研究」　目黒区郷土研究会　(626)　2007.3

碑文谷厳島神社再建完成報告(高林謙二)「目黒区郷土研究」　目黒区郷土研究会　(654)　2009.07

碑文谷池厳島神社再建(高林健二)「郷土目黒」　目黒区郷土研究会　53　2009.10

碑文谷公園

碑文谷公園の雪吊りを見る(編集部)「目黒区郷土研究」　目黒区郷土研究会　(649)　2009.2

会長にみる目黒の昔(20)　「碑文谷公園伝統の大蛇」太田省三/「丑川と目黒地区の伝統」太田省三/「正泉寺『名墓』の石標の完成」羽倉敬尚「目黒区郷土研究」　目黒区郷土研究会　(654)　2009.7

碑文谷八幡宮

碑文谷八幡宮と明治維新(田丸太郎)「郷二目黒」　目黒区郷土研究会　42　1998.10

畠山重忠と碑文谷八幡宮(笠原誠一)「郷二目黒」　目黒区郷土研究会　48　2004.10

百観音明治寺

石仏紹介(162)　中野沼袋の百観音明治寺(藤井正三)「杉並郷土史会史報」　杉並郷土史会　(197)　2006.5

兵庫島

兵庫島伝説の由来(鶴見邦男)「阿由多加」　稲田郷土史会　38　2000.10

平井川

平井川のサイノカミ(石川博司)「まつり通信」　まつり同好会　37(2)通号432　1997.2

平井村

多摩郡平井村の山車と重松流祭り囃子の伝播(池田昇)「埼玉史談」　埼玉県郷土文化会　47(3)通号263　2000.10

平河天神社

史料紹介 明治初年の平河天神社(滝口正哉)「千代田区立四番町歴史民俗資料館資料館報」　東京都千代田区教育委員会,千代田区立四番町歴史民俗資料館　(15)　2006年度

平塚神社

平塚神社にて頼朝を想う(新村康敏)「杉並郷土史会史報」　杉並郷土史会　175　2002.9

平溝

奥多摩の獅子舞い紀行(46)　平溝天之社の獅子舞い「かわせみ通信」　川崎実　49　1999.7

平溝太神楽獅子を訪ねる(石川博司)「せこ道」　山地民俗関東フォーラム　6　2005.9

広尾

広尾の墓石―稲川余燼(2)(堀池信夫)「清見潟 ： 清水郷土史研究会会誌」　清水郷土史研究会　(23)　2014.05

弘前藩江戸藩邸

弘前藩江戸藩邸の稲荷について(篠村正雄)「市史ひろさき ： 年報」　弘前市企画部　9　2000.10

深川

特集 両国橋物語―お江戸・下町・長屋の暮らし 江戸の町文化を培った本所・深川界隈を訪ねる(2)「探 ： 江戸・とうきょう・Tokyo」「探」編集部　(25)　1997

深川江戸資料館新春特別展「江戸深川の飲食店―信仰・行楽の地」「下町文化」　江東区地域振興部　190　1998.1

平成8・9年度民俗総合調査 深川東部の暮らし「下町文化」　江東区地域振興部　191　1998.2

江東歴史紀行 深川とそば(早田旅人)「下町文化」　江東区地域振興部　208　2000.1

深川の八幡さま(移動研修の報告)(織田幸一)「鉾田の文化」　鉾田市郷土文化研究会　(28)　2004.5

江東歴史紀行 深川の河童目撃談(今野慶信)「下町文化」　江東区地域振興部　(235)　2006.9

深川北部(仙台堀川以北)(《特集 移りゆく街並みを記録して―一定点観測調査16年の軌跡》)(島内康光,日紫喜一史,三嶽俊司)「下町文化」　江東区地域振興部　(240)　2008.1

深川南部・臨海(仙台堀川以南)(《特集 移りゆく街並みを記録して―一定点観測調査16年の軌跡》)(木村敏子,長公子,山本利)「下町文化」　江東区地域振興部　(240)　2008.1

深川の地蔵坊正元建立江戸六地蔵を訪ねて(青木一郎)「江東ふるさと歴史研究」　東京都江東区教育委員会　通号7　2008.3

江東歴史紀行ミニ 東都三俣三間堂深川移転顚末覚(赤澤春彦)「下町文化」　江東区地域振興部　(245)　2009.04

深川から生雲へ分霊勧請 四天王の今昔(中野良彦)「郷土文化ながと」　長門市郷土文化研究会　(21)　2009.05

芭蕉の深川・史跡探訪によせて(笠原宏)「かつしか台地 ： 野田地方史懇話会会誌」　野田地方史懇話会　(40)　2010.9

公開語りセミナー「江戸・深川のくらしと語り―七不思議・相撲の話など―」(第37回日本口承文芸学会大会)(高塚さより)「伝え ： 日本口承文芸学会会報」　日本口承文芸学会　(53)　2013.10

描かれた三十三間堂 深川にもあった三十三間堂(出口宏幸)「下町文化」　江東区地域振興部　(264)　2014.01

深川永代寺

深川永代寺門前町屋の形成と幕府代官伊奈氏(《特集 江東地域の新出絵図》)(栗原修)「江東区文化財研究紀要」　江東区教育委員会生涯学習部　(16)　2009.3

深川七福神

1月探訪報告 深川七福神巡り「足立史談会だより」　足立史談会　166　2002.1

深川七福神巡りと史跡を訪ねて(福田和夫)「郷土史通信」　八千代市郷土歴史研究会　42　2003.4

初詣 深川七福神めぐり 実施報告「小田原史談 ： 小田原史談会々報」　小田原史談会　(213)　2008.3

深川七福神めぐりに参加して(田口鏡子)「小田原史談 ： 小田原史談会々報」　小田原史談会　(213)　2008.3

深川宿

あるく・みる・きく・かく 「深川宿」の名が刻まれた奉納物(向山伸子)「下町文化」　江東区地域振興部　(246)　2009.07

深川富士

江東歴史紀行 深川富士の山開き(今野慶信)「下町文化」　江東区地域振興部　226　2004.7

福寿庵

善福寺と福寿庵(1),(2)(菅野郁雄)「杉並郷土史会史報」　杉並郷土史会　(211)/(212)　2008.9/2008.11

福寿院

福寿院所在の朝比奈氏碑について(青木昇)「足立史談」　足立区教育委員会　442　2004.12

福相寺

平成19年度 指定文化財 福相寺木造大黒天像及び大黒天信仰関係版木並びに石造物一式/登録文化財 高千穂大学大宮遺跡円墳出土遺物「杉並郷土史会史報」　杉並郷土史会　(210)　2008.7

普済寺

普済寺と物外可什(西山美香)「多摩のあゆみ」　たましん地域文化財団　104　2001.11

普済寺の首塚に想う(中島玲子)「立川民俗」　立川民俗の会　(14)　2004.3

南北朝・室町期の南武蔵領主の様態と前提―武州普済寺と平姓柴崎氏を手がかりに(《特集 中世の立川を考える》)(小国浩寿)「多摩のあゆみ」　たましん地域文化財団　(118)　2005.5

さし絵のなかの多摩(38) 普済寺六面輈と江戸の好事癖―『集古十種』『南畝秀言』「江戸名所図絵」(齋藤愼一)「多摩のあゆみ」　たましん地域文化財団　(126)　2007.5

多摩のみほとけ(10) 立川市普済寺 六面石幢(齊藤経生)「多摩のあゆみ」　たましん地域文化財団　(147)　2012.08

立川の昔ばなし「つむじ風」普済寺の首塚「麦屁」「むじなのそら死に」「立川民俗」　立川民俗の会　(18)　2012.10

富士大山道

写真探訪 板橋の地名(11) 富士大山道と「南坂」(大澤鷹邇)「板橋史談」　板橋史談会　(259)　2010.7

藤倉

奥多摩の獅子舞い紀行(64)藤倉の獅子舞い「かわせみ通信」　川崎実　64　2000.12

炭焼きとお茶づくり―檜原村藤倉地区・樋里地区(東京都西多摩郡檜原村北秋川渓谷合同調査特集)(神かほり)「昔風と当世風」　古々路の会　(98)　2014.4

東京都　郷土に伝わる民俗と信仰　関東

富士町

自然と生きる 西東京市の主な屋敷林（5）東町・富士町（小川武廣）「武蔵保谷村だより : 高橋文太郎の『武蔵保谷村郷土資料』を手掛かりに」 下保谷の自然と文化を記録する会　（6）2012.7

武州御岳

武州御嶽講と雨乞い（長沢利明）「埼玉民俗」 埼玉民俗の会　25　2000.3

武州御嶽講と太々神楽（長沢利明）「埼玉民俗」 埼玉民俗の会　26　2001.3

武州御岳権現社

古文書は語る（23）武州御嶽権現社の江戸出開帳―金井家文書「江戸護国寺での出開帳許可願書」より（馬場憲一）「多摩のあゆみ」 たましん地域文化財団　（131）2008.8

古文書は語る（24）武州御嶽権現社の御免勧化―金井家文書「武相甲三ヶ国御免勧化許可願書」より（馬場憲一）「多摩のあゆみ」 たましん地域文化財団　（132）2008.11

古文書は語る（25）武州御嶽権現社の富籤興行―金井家文書「富籤行諸入用取決め一札」より（馬場憲一）「多摩のあゆみ」 たましん地域文化財団　（133）2009.02

武州御岳神社

3月例会 講演会 武州御岳神社の信仰 講師・斎藤慎一先生（両澤清）「郷土研だより」 東村山郷土研究会　（313）2006.3

武州六阿弥陀

江戸の3つの「六阿弥陀参」における「武州六阿弥陀参」の特徴（研究ノート）（古田悦造）「歴史地理学」 歴史地理学会，古今書院（発売）56（2）通号269　2014.03

袰

袰の初午、十二日講、社日（栗山佳也）「郷土目黒」 目黒区郷土研究会　43　1999.10

戦中戦後の花屋と袰地域（栗山佳也）「郷土目黒」 目黒区郷土研究会　44　2000.10

袰の天神様（栗山佳也）「目黒区郷土研究」 目黒区郷土研究会　562　2001.11

袰のいけ花事情（栗山佳也）「郷土目黒」 目黒区郷土研究会　46　2002.10

大谷石石垣の多い袰（栗山佳也）「郷土目黒」 目黒区郷土研究会　49　2005.10

袰の先輩たちの大山への雨乞い考（栗山佳也）「郷土目黒」 目黒区郷土研究会　53　2009.10

袰帝釈天

袰帝釈天の祭礼と氷川神社の夏祭（栗山佳也）「目黒区郷土研究」 目黒区郷土研究会　535　1999.8

袰帝釈天の虫干しと雨乞い（栗山佳也）「目黒区郷土研究」 目黒区郷土研究会　536　1999.9

袰村

旧袰村鎮守氷川大明神と明治維新（田丸太郎）「郷土目黒」 目黒区郷土研究会　43　1999.10

随想 袰村の惣鎮守氷川神社（新倉繁夫）「郷土目黒」 目黒区郷土研究会　51　2007.10

武相荘

「武相荘」訪問記（竹間久江）「町田地方史研究」 町田地方史研究会　16　2002.9

布田五宿

ホットレポート 布田五宿の香具師習俗調査 野口家所蔵文書調査の概要報告（八木橋伸浩）「調布の文化財」 調布市郷土博物館　38　2005.10

二瀬橋

「二瀬橋の渡り初め式」（東村山市久米川町5―19）（大井芳文）「郷土研だより」 東村山郷土研究会　（392）2013.1

布多天神社

調布の建造物 布多天神社本殿（元田長次郎）「調布の文化財」 調布市郷土博物館　25　1999.3

布多天神社本殿ほか4件調布市重宝（建造物）に指定「調布の文化財」 調布市郷土博物館　25　1999.3

双葉町

表紙写真解説 「神幸祭」氷川神社（双葉町）（井上富夫）「板橋史談」 板橋史談会　（277）2013.08

淵江領

江戸の菜園を支えた村々―淵江領・葛西領の農民と御前栽畑（多田文夫）「足立史談」 足立区教育委員会　（503）2010.1

府中

東条吉良氏と西条吉良氏の菩提所（阿部信行）「府中史談」 府中市史談会　23　1997.5

座談会 昔の府中の子どもの遊び「府中史談」 府中市史談会　24　1998.5

潜切支丹の礼拝物（阿部信行）「府中史談」 府中市史談会　24　1998.5

府中けやき甚句（吉野正二）「府中史談」 府中市史談会　24　1998.5

切支丹信仰遺物の探求（阿部信行）「府中史談」 府中市史談会　26　2000.5

御免関東上酒と府中（阿部信行）「府中史談」 府中市史談会　27　2001.5

暗闇祭の山車（石川博司）「まつり通信」 まつり同好会　42（5）通号495　2002.4

市制50年 府中の町並み変化 一枚の地図から（馬場治子）「あるむぜお : 府中市郷土の森博物館だより」 府中文化振興財団府中市郷土の森博物館　68　2004.6

中世武蔵府中における板碑建立の場（深澤靖幸）「府中市郷土の森博物館紀要」 府中文化振興財団府中市郷土の森博物館　（18）2005.3

府中のお稲荷さん―その把握に向けて（佐藤智敬）「府中市郷土の森博物館紀要」 府中文化振興財団府中市郷土の森博物館　（18）2005.3

お地蔵様［正］、（続）（内田信之）「府中史談」 府中市史談会　（31）/（32）2005.5/2006.5

表紙 宮本常一の見た府中（1）宮本常一と府中の写真（佐藤智敬）「あるむぜお : 府中市郷土の森博物館だより」 府中文化振興財団府中市郷土の森博物館　（72）2005.6

表紙 宮本常一の見た府中（3）門松の立たない町（佐藤智敬）「あるむぜお : 府中市郷土の森博物館だより」 府中文化振興財団府中市郷土の森博物館　（74）2005.12

表紙 宮本常一の見た府中（4）大国魂神社・くらやみ祭を撮る（佐藤智敬）「あるむぜお : 府中市郷土の森博物館だより」 府中文化振興財団府中市郷土の森博物館　（75）2006.3

NOTE 府中どんど焼き事情（佐藤智敬）「あるむぜお : 府中市郷土の森博物館だより」 府中文化振興財団府中市郷土の森博物館　（75）2006.3

『大岡越前守忠相日記』にみる府中御前栽瓜（船本道子）「府中市郷土の森博物館紀要」 府中文化振興財団府中市郷土の森博物館　（19）2006.3

講演録 府中の民俗資料（宮本常一）「府中市郷土の森博物館紀要」 府中文化振興財団府中市郷土の森博物館　（19）2006.3

表紙 宮本常一の見た府中（5）家の外に掲げるおまじない（佐藤智敬）「あるむぜお : 府中市郷土の森博物館だより」 府中文化振興財団府中市郷土の森博物館　（76）2006.6

表紙 宮本常一の見た府中（6）失われゆく草葺民家を撮る（佐藤智敬）「あるむぜお : 府中市郷土の森博物館だより」 府中文化振興財団府中市郷土の森博物館　（77）2006.9

表紙 宮本常一の見た府中（7）ハケの道を歩く（佐藤智敬）「あるむぜお : 府中市郷土の森博物館だより」 府中文化振興財団府中市郷土の森博物館　（78）2006.12

表紙 宮本常一の見た府中（8）パノラマ一眼に見えた世界を広く切り取る（佐藤智敬）「あるむぜお : 府中市郷土の森博物館だより」 府中文化振興財団府中市郷土の森博物館　（79）2007.3

享保時代の流行神 岩船地蔵の村送りと府中周辺（阿部信行）「府中史談」 府中市史談会　（33）2007.5

昭和初期に於ける府中の名字と職業（藤田英孝）「府中史談」 府中市史談会　（33）2007.5

府中祭礼囃子の伝承について（阿部信行）「府中史談」 府中市史談会　（34）2008.5

府中市郷土の森博物館「府中くらやみ祭」コーナー誕生―常設展示室リニューアル事業（展示紹介）（小野一之）「民具研究」 日本民具学会　（138）2008.9

多摩地方における近世瓦生産の一様相―町田市カワラ峯瓦窯と府中の寺社（深澤靖幸）「府中市郷土の森博物館紀要」 府中文化振興財団府中市郷土の森博物館　（22）2008.3

新たに指定するもの 旧三井家拝島別邸/稲荷台遺跡出土品/武蔵府中のくらやみ祭/日野郷脇本陣（東京都指定文化財の新指定）「東京の文化財」 東京都教育庁地域教育支援部　（109）2010.03

武蔵府中くらやみ祭によせて（小林悦子）「コロス」 常民文化研究会　（122）2010.08

「サイノカミ」から「どんど焼き」へ―武蔵府中どんど焼き事情（佐藤智敬）「府中市郷土の森博物館紀要」 府中文化振興財団府中市郷土の森博物館　（25）2012.3

盆行事（年中行事の現在 in 府中（1））（佐藤智敬）「あるむぜお : 府中市郷土の森博物館だより」 府中文化振興財団府中市郷土の森博物館　（100）2012.06

年中行事の現在 in 府中（2）お月見（佐藤智敬）「あるむぜお : 府中市郷土の森博物館だより」 府中文化振興財団府中市郷土の森博物館　（101）2012.09

年中行事の現在 in 府中（3）どんど焼き（佐藤智敬）「あるむぜお : 府

中市郷土の森博物館だより」（102）2012.12

第485回例会記 5月20日 武蔵府中くらやみ祭 歴史とネットワーク—杉並にも講中があった 小野一之先生「杉並郷土史会会報」 杉並郷土史会（27）2013.01

年中行事の現在 in 府中（4）鯉のぼり（佐藤智敬）「あるむぜお ： 府中市郷土の森博物館だより」 府中文化振興財団府中市郷土の森博物館（103）2013.03

NOTE 蘇民招来の子孫と武蔵府中（佐藤智敬）「あるむぜお ： 府中市郷土の森博物館だより」 府中文化振興財団府中市郷土の森博物館（103）2013.03

多摩川と府中（1）府中の鮎漁（佐藤智敬）「あるむぜお ： 府中市郷土の森博物館だより」 府中文化振興財団府中市郷土の森博物館（104）2013.6

資料紹介 『在府中日記』と増上寺徳川将軍家霊廟訪問記録（高山優, 平田秀勝）「研究紀要」 港区立港郷土資料館（16）2014.3

NOTE 府中における養蚕と神仏（佐藤智敬）「あるむぜお ： 府中市郷土の森博物館だより」 府中市郷土の森博物館（108）2014.06

府中競馬場

府中競馬場正門近くの馬頭観音（大輪敏男）「郷土目黒」 目黒区郷土研究会 49 2005.10

府中三町

六所宮と府中三町（特集 多摩の神職と僧侶）（馬場治子）「多摩のあゆみ」 たましん地域文化財団（145）2012.02

府中市

ザ・プロフェショナル ワラ細工 高木錠助「あるむぜお ： 府中市郷土の森博物館だより」 府中文化振興財団府中市郷土の森博物館 47 1999.3

街頭紙芝居を見ましたか？（馬場治子）「あるむぜお ： 府中市郷土の森博物館だより」 府中文化振興財団府中市郷土の森博物館 50 1999.12

収蔵資料の紹介 神々の戦争—太平洋戦争期の「お守り」群（小野一之）「あるむぜお ： 府中市郷土の森博物館だより」 府中文化振興財団府中市郷土の森博物館 53 2000.9

収蔵資料の紹介 ハンダイとは何ですか（佐藤智敬）「あるむぜお ： 府中市郷土の森博物館だより」 府中文化振興財団府中市郷土の森博物館 55 2001.3

市内石造遺物所在一覧（除板碑）（府中市史談会）「府中史談」 府中市史談会 27 2001.5

収蔵資料の紹介 消防道具だった纏（佐藤智敬）「あるむぜお ： 府中市郷土の森博物館だより」 府中文化振興財団府中市郷土の森博物館 59 2002.3

椀貸伝説と共有膳椀（佐藤智敬）「府中市郷土の森博物館紀要」 府中文化振興財団府中市郷土の森博物館（15）2002.3

NOTE 土蔵解体と醤油屋（馬場治子）「あるむぜお ： 府中市郷土の森博物館だより」 府中文化振興財団府中市郷土の森博物館 62 2002.12

村の伝説、村の歴史—村開発伝承研究に関する覚書（佐藤智敬）「府中市郷土の森博物館紀要」 府中文化振興財団府中市郷土の森博物館（16）2003.3

民具発見（1）屋根裏の忘れ去られた呪物たち（佐藤智敬）「あるむぜお ： 府中市郷土の森博物館だより」 府中文化振興財団府中市郷土の森博物館 64 2003.6

民具発見（2）墓穴掘りは当たり前の行事（佐藤智敬）「あるむぜお ： 府中市郷土の森博物館だより」 府中文化振興財団府中市郷土の森博物館 65 2003.9

民具発見（3）紙はゴミ、ゴミは神……（佐藤智敬）「あるむぜお ： 府中市郷土の森博物館だより」 府中文化振興財団府中市郷土の森博物館 66 2003.12

民具発見（4）思い出、伝承なき民具の見かた（佐藤智敬）「あるむぜお ： 府中市郷土の森博物館だより」 府中文化振興財団府中市郷土の森博物館 67 2004.3

昭和初期の紙芝居よみがえる？（府中市郷土の森博物館）「ミュージアム多摩 ： 東京都三多摩公立博物館協議会会報」 東京都三多摩公立博物館協議会（25）2004.3

府中新宿菊池家文書にみる屋号・商人名（博物館ボランティア古文書整理班）「府中市郷土の森博物館紀要」 府中文化振興財団府中市郷土の森博物館（17）2004.3

民具が博物館に入るとき—2002年度の資料受入れ調書から（小野一之）「府中市郷土の森博物館紀要」 府中文化振興財団府中市郷土の森博物館（17）2004.3

民具発見（5）思い出、伝承なき民具を使い、整理する—これは龍吐水？（佐藤智敬）「あるむぜお ： 府中市郷土の森博物館だより」 府中文化振興財団府中市郷土の森博物館 68 2004.6

NOTE 稲荷神社幟旗の復活（佐藤智敬）「あるむぜお ： 府中市郷土の森博物館だより」 府中文化振興財団府中市郷土の森博物館 69 2004.9

民具発見（6）奇妙なる稲荷の縁（佐藤智敬）「あるむぜお ： 府中市郷土の森博物館だより」 府中文化振興財団府中市郷土の森博物館 69 2004.9

民具発見（7）再発見のための準備—収蔵蔵（佐藤智敬）「あるむぜお ： 府中市郷土の森博物館だより」 府中文化振興財団府中市郷土の森博物館（70）2004.12

民具発見（8）終わりなき発見（佐藤智敬）「あるむぜお ： 府中市郷土の森博物館だより」 府中文化振興財団府中市郷土の森博物館（71）2005.3

表紙 宮本常一の見た府中（2）緑を求めて府中市に…（佐藤智敬）「あるむぜお ： 府中市郷土の森博物館だより」 府中文化振興財団府中市郷土の森博物館（73）2005.9

戦後の風景を追跡した記録—宮本常一の遺した写真から（〈特集2 戦後60年〉）（府中市郷土の森博物館）「ミュージアム多摩 ： 東京都三多摩公立博物館協議会会報」 東京都三多摩公立博物館協議会（27）2006.3

リニューアルトピックス—展示室再生（5）～（8）まずは「祭」コーナーから［1］～（4）「あるむぜお ： 府中市郷土の森博物館だより」 府中文化振興財団府中市郷土の森博物館（80）/（83）2007.6/2008.3

府中市郷土の森博物館開館20周年 はたちの思い出（2）復元建築物と伝統技術（渡邊保弘）「あるむぜお ： 府中市郷土の森博物館だより」 府中文化振興財団府中市郷土の森博物館（81）2007.9

NOTE『府中市史』民俗編と宮本常一（佐藤智敬）「あるむぜお ： 府中市郷土の森博物館だより」 府中文化振興財団府中市郷土の森博物館（81）2007.9

収蔵庫のニューフェイス 行火「あるむぜお ： 府中市郷土の森博物館だより」 府中文化振興財団府中市郷土の森博物館（81）2007.9

テーマ展45 府中市の念仏講—人を送る、つどう（展示会案内）（佐藤智敬）「あるむぜお ： 府中市郷土の森博物館だより」 府中文化振興財団府中市郷土の森博物館（84）2008.6

NOTE 古代国府びとの食を探る（深澤靖幸）「あるむぜお ： 府中市郷土の森博物館だより」 府中文化振興財団府中市郷土の森博物館（91）2010.3

収蔵資料あれこれ 一軒に複数の稲荷様（佐藤智敬）「あるむぜお ： 府中市郷土の森博物館だより」 府中文化振興財団府中市郷土の森博物館（92）2010.06

NOTE 博物館入りした古式の御輿（小野一之）「あるむぜお ： 府中市郷土の森博物館だより」 府中市郷土の森博物館（93）2010.09

府中市内稲荷の「創建」と「勧請」—鎮座起源の伝承と歴史（佐藤智敬）「府中市郷土の森博物館紀要」 府中文化振興財団府中市郷土の森博物館（24）2011.03

収蔵資料あれこれ 団地びな登場（佐藤智敬）「あるむぜお ： 府中市郷土の森博物館だより」 府中文化振興財団府中市郷土の森博物館（96）2011.06

ムダ堀に関する覚書（深澤靖幸）「府中市郷土の森博物館紀要」 府中文化振興財団府中市郷土の森博物館（25）2012.03

あしもとの自然に里山のカケラを発見—夏季特別展の成果（会員館活動報告）「ミュージアム多摩 ： 東京都三多摩公立博物館協議会会報」 東京都三多摩公立博物館協議会（34）2013.03

NOTE 安政コレラ騒擾記—信仰を集めた寺社（花木知子）「あるむぜお ： 府中市郷土の森博物館だより」 府中文化振興財団府中市郷土の森博物館（104）2013.06

「車返の方々による「セイノカミ」の再現作業風景」「あるむぜお ： 府中市郷土の森博物館だより」 府中市郷土の森博物館（109）2014.09

リニューアル速報！（2）「セイノカミ」再現（佐藤智敬）「あるむぜお ： 府中市郷土の森博物館だより」 府中市郷土の森博物館（109）2014.09

府中宿

府中宿に〇△がやってきた！（1）浪人・山伏・座頭・虚無僧（花木知子）「あるむぜお ： 府中市郷土の森博物館だより」 府中文化振興財団府中市郷土の森博物館（92）2010.6

府中宿に〇△がやってきた！（2）祭礼に集まる者たち（花木知子）「あるむぜお ： 府中市郷土の森博物館だより」 府中文化振興財団府中市郷土の森博物館（93）2010.09

府中宿に〇△がやってきた！（3）虚無僧との契約（花木知子）「あるむぜお ： 府中市郷土の森博物館だより」 府中文化振興財団府中市郷土の森博物館（94）2010.12

市市再興願いに見る府中宿の市場（特集 江戸後期の流通と市場）（花木知子）「多摩のあゆみ」 たましん地域文化財団（156）2014.10

府中東京競馬場

私の散歩道（70）府中東京競馬場・馬頭観世音菩薩碑（大輪敏男）「目黒区郷土研究」 目黒区郷土研究会 536 1999.9

府中町

町にまつわる雑学講座—府中町・緑町（馬場治子）「あるむぜお ： 府中

東京都　　　　郷土に伝わる民俗と信仰　　　　関東

市郷土の森博物館だより」　府中文化振興財団府中市郷土の森博物館
（102）2012.12

福生
“子どもの意見”で見た福生っ子（山崎茂男）「多摩のあゆみ」　たましん地域文化財団　101　2001.2

一枚の済口証文に残された怨恨（清水浩）「古文書研究会会報」　福生古文書研究会　（2）2003.3

節知振舞（日野さよ子）「古文書研究会会報」　福生古文書研究会　（2）2003.3

江戸期紺屋序説（平戸三重子）「古文書研究会会報」　福生古文書研究会　（2）2003.3

村法（郷法）に逆らうもの（清水浩）「古文書研究会会報」　福生古文書研究会　（3）2005.3

「一件中日記」より─垣間見える百姓の生活（日野さよ子）「古文書研究会会報」　福生古文書研究会　（3）2005.3

福生村
宿帳にみる大正期の農村─西多摩郡福生村の場合（保坂和子）「女性と経験」　女性民俗学研究会　通号26　2001.10

宿帳にみる昭和初期の農村─西多摩郡福生村の場合（保坂和子）「女性と経験」　女性民俗学研究会　通号27　2002.12

不動池
調査研究報告 湧水・貯水池等の歴史と現状（3）「湧水・不動池」「秋津神社彫刻」を見る（渡邉潤）「郷土研だより」　東村山郷土研究会（400）2013.09

不動院
「不動院への道標」ものがたり（六笠美樹）「足立史談」　足立教育委員会　（474）2007.8

不動滝
不動明王堂と幻の「不動滝跡」（伊藤弘一）「由比野」　元八王子歴史研究会（14）2007.5

不動堂
現存する「不動堂の鳥居」（竹田務）「目黒区郷土研究」　目黒区郷土研究会　579　2003.4

府内
資料紹介　『〈江戸府内〉絵本風俗往来』「岩瀬文庫だより」　西尾市岩瀬文庫　（44）2014.12

船田町
八王子市船田町の子育地蔵の寛永17年銘・名号塔（縣敏夫）「野仏：多摩石仏の会機関誌」　多摩石仏の会　30　1999.8

舟乗り地蔵
岩船地蔵と舟乗り地蔵（萩原清高）「野仏：多摩石仏の会機関誌」　多摩石仏の会　31　2000.7

分梅町
町にまつわる雑学講座─分梅町「あるむぜお：府中市郷土の森博物館だより」　府中文化振興財団府中市郷土の森博物館　（103）2013.3

普明寺
さし絵のなかの多摩（46）多摩の祭礼の屋台型山車─普明寺蔵「山王祭礼図絵」より（齋藤愼一）「多摩のあゆみ」　たましん地域文化財団（135）2009.08

多摩のみほとけ（19）昭島市普明寺　木造大日如来坐像（齊藤経生）「多摩のあゆみ」　たましん地域文化財団　（156）2014.10

古川薬師
樹や草のつぶやき（5）古川薬師の銀杏（西六郷）（宮崎敏子）「目黒区郷土研究」　目黒区郷土研究会　561　2001.10

文京
常設展示から 現代に生きる伝統工芸（田中斉）「文京ふるさと歴史館だより」　［文京ふるさと歴史館］　4　1997.4

自宅で出産していた頃─明治生まれの産婆の記録を通して（荒井和美）「文京ふるさと歴史館だより」　［文京ふるさと歴史館］　5　1998.4

収蔵庫探検室 資料にみる文京の富士講「文京ふるさと歴史館だより」　［文京ふるさと歴史館］　6　1999.4

富士講関係資料目録「文京ふるさと歴史館年報」　文京区　2　2000.3

菊人形の来し方・行く末（川口明代）「文京ふるさと歴史館だより」　［文京ふるさと歴史館］　（9）2002.4

和紙をめぐる文化─文京紙漉史考（田中斉）「文京ふるさと歴史館だより」　［文京ふるさと歴史館］　（10）2003.4

20世紀前半、文京の園芸文化─菊栽培と温室文化（平野恵）「文京ふるさと歴史館だより」　［文京ふるさと歴史館］　（16）2009.6

収蔵品展余話「浪曲師テーブルかけ」をめぐって（川口明代）「文京ふるさと歴史館だより」　［文京ふるさと歴史館］　（16）2009.06

子どものための錦絵─おもちゃ絵と教育錦絵（齊藤智美）「文京ふるさと歴史館だより」　［文京ふるさと歴史館］　（17）2010.06

文京区
文京区劇場・映画館・寄席関係資料目録「文京ふるさと歴史館年報」　文京区　4　2001.12

平和観音
平和観音像（両澤清）「郷土研だより」　東村山郷土研究会　（339）2008.8

南秋津の平和観音 B29撃墜より65年の軌跡（大井芳文）「郷土研だより」　東村山郷土研究会　（359）2010.04

紙芝居「南秋津の平和観音」（1）一「南秋津の平和観音像を見つめる親子」、三「サイパンからのB29爆撃機のコース」（大井芳文，大井直子）「郷土研だより」　東村山郷土研究会　（384）2012.05

紙芝居「南秋津の平和観音」（2）四「空を覆うB29の編隊」、五「中島飛行機武蔵製作所を標的とした地図」（大井芳文，大井直子）「郷土研だより」　東村山郷土研究会　（385）2012.06

紙芝居「南秋津の平和観音」（3）六「火を噴き墜落するB29」、七「火だるまのアメリカ兵」（大井芳文，大井直子）「郷土研だより」　東村山郷土研究会　（386）2012.07

紙芝居「南秋津の平和観音」（4）八「墜落するB29を見つめる人々」、九「粉々になったB29を掘り起こす人々」、十「米軍十一名が埋葬された花見堂墓地」（大井芳文，大井直子）「郷土研だより」　東村山郷土研究会　（387）2012.08

紙芝居「南秋津の平和観音」（5）十一「女学生・立河光子氏、戦時中の日記より」、十二「東村山空襲の記録」1945年・9回（大井芳文，大井直子）「郷土研だより」　東村山郷土研究会　（388）2012.09

紙芝居「南秋津の平和観音」（6）十三「平和観音開眼式」（1960年11月27日）、十四「小俣権太郎さん、横田基地訪問」（「アフターバーナー」1961年4月14日）、十五「小俣光明さん訪米の旅、タイム紙に載る」、十六「南秋津の平和観音 拡大図・平和の願い」（大井芳文，大井直子）「郷土研だより」　東村山郷土研究会　（389）2012.10

南秋津の平和観音（市民の声）（大井芳文）「東村山市史研究」　東村山市教育委員会　（22）2013.01

東村山の昔ばなし（32）秋津 秋津の平和観音（小俣権太郎，糀谷忠三，両澤清）「郷土研だより」　東村山郷土研究会　（403）2013.12

「平和観音」慰霊碑建立供養（秋津町1─4─7）（大井芳文）「郷土研だより」　東村山郷土研究会　（408）2014.05

別所坂児童遊園
「新富士」にあった石碑が別所坂児童遊園に設置（平山元也）「目黒区郷土研究」　目黒区郷土研究会　（632）2007.9

会報にみる目黒の昔（11）「目黒富士講の発展」三輪善之助／「滅びる目黒富士を悼む」/「目黒富士」落合次郎／「新富士にあった石碑が別所坂児童遊園に設置」平山元也「目黒区郷土研究」　目黒区郷土研究会　（645）2008.10

紅皿塚
紅皿塚の縁起（大島建彦）「西郊民俗」　［西郊民俗談話会］　（213）2010.12

弁天池
「東村山の再発見・見どころ11選」（3）大善寺と弁天池（七森繁満，宮元裕子）「郷土研だより」　東村山郷土研究会　（411）2014.8

弁天坂庚申塔
ホットレポート 辨天坂庚申塔と庚申信仰（赤城高志）「調布の文化財」　調布市郷土博物館　（39）2006.3

弁天洞窟
相模の弁天洞窟と石仏（山本力）「日本の石仏」　日本石仏協会，青娥書房（発売）通号84　1997.12

東京都あきる野市網代弁天洞窟の文明九年銘の大黒天石像（《特集 大黒天》）（内山孝男）「日本の石仏」　日本石仏協会，青娥書房（発売）（123）2007.9

人里
郷土芸能なう!! 獅子と過ごす祭りの夜─東京都檜原村人里の獅子舞（西嶋一泰）「公益社団法人全日本郷土芸能協会会報」　全日本郷土芸能協会　（77）2014.10

宝昌寺
石仏紹介（125）,（126）宝昌寺の石仏（1）,（2）（藤井正三）「杉並郷土史会史報」　杉並郷土史会　160/161　2000.3/2000.5

宝仙寺
石臼供養─東京・宝仙寺の臼塚（三輪茂雄）「民俗文化」　滋賀民俗学会（504）2005.9

中野宝仙寺と阿佐谷［正］，（続）（菅野郁雄）「杉並郷土史会会報」 杉並郷土史会 （239）/（245）2013.05/2014.05

宝泉寺
私の散歩道（67）宝泉寺への道（大輪敏男）「目黒区郷土研究」 目黒区郷土研究会 533 1999.6

法明寺
セピア色の記憶（16）威光山法明寺参道に仁王門があったって？「かたりべ：豊島区立郷土資料館ミュージアム開設準備だより」 豊島区立郷土資料館 通号82 2006.5

保谷
保谷囃子（片桐讓）「田無地方史研究会紀要」 田無地方史研究会 17 1997.3

インタビュー 文化継承・創造する 「保谷ばやし」を守る—高橋慶司・高田政雄・高橋勉氏に聞く（高田賢）「武蔵保谷村だより： 高橋文太郎の『武蔵保谷村郷土資料』を手掛かりに」 下保谷の自然と文化を記録する会 （3）2011.10

前号の石井先生の内容として関連して 田無の庚申塔と保谷の地蔵尊（増渕和利）「武蔵保谷村だより： 高橋文太郎の『武蔵保谷村郷土資料』を手掛かりに」 下保谷の自然と文化を記録する会 （3）2011.10

自然（野鳥）保谷の野鳥盛衰（若菜潔）「武蔵保谷村だより： 高橋文太郎の『武蔵保谷村郷土資料』を手掛かりに」 下保谷の自然と文化を記録する会 （3）2011.10

自然（気象）保谷の積雪—過去44年間の記録より（馬場恒夫）「武蔵保谷村だより： 高橋文太郎の『武蔵保谷村郷土資料』を手掛かりに」 下保谷の自然と文化を記録する会 （4）2012.1

資料2 古鶴と民俗博物館 尾崎秀樹（郷土誌『保谷』第1号 昭和38年10月1日発行）「武蔵保谷村だより： 高橋文太郎の『武蔵保谷村郷土資料』を手掛かりに」 下保谷の自然と文化を記録する会 （7）2012.10

資料1 東京都下農民の食物—市外保谷村に住みて 『「社会科」のための食物文化誌』後藤興善著、火星社、昭和23年7月発行、から/資料2 保谷の地層断面図と水〈保谷町水道課提供地層図及び吉村信吉『武蔵野の水』による補足〉郷土誌『保谷』第2号、郷土誌保谷発行会、昭和40年5月発行、から「武蔵保谷村だより： 高橋文太郎の『武蔵保谷村郷土資料』を手掛かりに」 下保谷の自然と文化を記録する会 （9）2013.4

保谷村の養蚕について（近辻喜一）「武蔵保谷村だより： 高橋文太郎の『武蔵保谷村郷土資料』を手掛かりに」 下保谷の自然と文化を記録する会 （10）2013.7

保谷ことば—暮らしの中で使われていた言葉（本橋俊雄）「武蔵保谷村だより： 高橋文太郎の『武蔵保谷村郷土資料』を手掛かりに」 下保谷の自然と文化を記録する会 （10）2013.7

保谷村
自然（植物）植物の方言名は暮らしの名残（緒方信子）「武蔵保谷村だより： 高橋文太郎の『武蔵保谷村郷土資料』を手掛かりに」 下保谷の自然と文化を記録する会 （1）2011.04

Columu 屋敷林の白い花と青空に寄せて（亀田直美）「武蔵保谷村だより： 高橋文太郎の『武蔵保谷村郷土資料』を手掛かりに」 下保谷の自然と文化を記録する会 （1）2011.04

自然（動物）身近に見られた小動物の呼び名—五感に訴える命名法に着目して（岡野重吉）「武蔵保谷村だより： 高橋文太郎の『武蔵保谷村郷土資料』を手掛かりに」 下保谷の自然と文化を記録する会 （2）2011.07

マタギたちの将来（永松敦）「武蔵保谷村だより： 高橋文太郎の『武蔵保谷村郷土資料』を手掛かりに」 下保谷の自然と文化を記録する会 （3）2011.10

第3回 民具展示「屋敷林とむかしのくらし」—つなげる想い（亀田直美）「武蔵保谷村だより： 高橋文太郎の『武蔵保谷村郷土資料』を手掛かりに」 下保谷の自然と文化を記録する会 （4）2012.01

Columu 鎮守様の白い龍（亀田直美）「武蔵保谷村だより： 高橋文太郎の『武蔵保谷村郷土資料』を手掛かりに」 下保谷の自然と文化を記録する会 （6）2012.07

資料1 有賀喜左衛門氏による『武蔵保谷村郷土資料』評（『民族学研究』第2巻第2号 1936（S11）年4月）「武蔵保谷村だより： 高橋文太郎の『武蔵保谷村郷土資料』を手掛かりに」 下保谷の自然と文化を記録する会 （7）2012.10

屋敷林をめぐる二、三の問題（高田賢）「武蔵保谷村だより： 高橋文太郎の『武蔵保谷村郷土資料』を手掛かりに」 下保谷の自然と文化を記録する会 （9）2013.04

アチック・ミューゼアム「水産史料」の意義について（加藤幸治）「武蔵保谷村だより： 高橋文太郎の『武蔵保谷村郷土資料』を手掛かりに」 下保谷の自然と文化を記録する会 （10）2013.07

鳳来寺山
鳳来寺山と黄色いリボン（調布随想）（榎本啓子）「調布史談会誌」 調布史談会 （43）2014.04

法竜寺
蛙供養塔のある珍しい寺—江戸川区船堀の「法龍寺」（城山霞寿翁）「せこ道」 山地民俗関東フォーラム 2 2000.2

法蓮寺
法蓮寺略史（米山久雄）「郷土史」 八王子市川口郷土史研究会 （25）2003.10

金石文などからみた中世の宗門事情 再考・法蓮寺と龍光寺（杉田博）「郷土史」 八王子市川口郷土史研究会 （35）2014.02

保木間
寺院調査レポート（2）細井家経蔵釈迦三像—足立区にも現存した清涼寺式釈迦如来像（真田尊光）「足立史談」 足立区教育委員会 （533）2012.07

文化財調査報告 足立区保木間細井家旧蔵大般若波羅蜜多経について（足立区地域のちから推進部地域文化課文化財係）「足立区立郷土博物館紀要」 足立区立郷土博物館 （34）2013.03

保木間十三仏堂
保木間十三仏堂観音講（鈴木志乃）「足立史談」 足立区教育委員会 （540）2013.02

北辰妙見尊
古文書は語る（30）蛇より行事の由来—妙見寺文書「北辰妙見尊略縁起」より（馬場憲一）「多摩のあゆみ」 たましん地域文化財団 （143）2011.08

星竹
奥多摩の獅子舞い紀行（22）星竹の嵐除け獅子祭「かわせみ通信」 川崎実 25 1997.7

牡丹園
上北沢左内屋敷と牡丹園（倉島幸雄）「せたかい： 歴史さろん」 世田谷区誌研究会 （52）2000.7

法華寺
法華寺および樹林寺を訪ねて（加藤清幸）「伊那路」 上伊那郷土研究会 49（12）通号587 2005.12

堀切菖蒲園
わがまちの文化財・葛飾区 堀切菖蒲園と題経寺の文化財「東京の文化財」 東京都教育庁地域教育支援部 （104）2008.3

堀の内
地域に残る民間信仰二題 堀の内に残る地蔵まつり/復活した旧井草村杏掛の庚申講「杉並郷土史会史報」 杉並郷土史会 187 2004.9

本天沼
石仏紹介（154）本天沼二丁目の稲穂地蔵（藤井正三）「杉並郷土史会史報」 杉並郷土史会 189 2005.1

本覚院
修験宗本山派（聖護院派）高井山本覺院（俗称高井堂）（小川春夫）「杉並郷土史会史報」 杉並郷土史会 （203）2007.5

本郷
特集 とっておき1930年、モダンな下谷・本郷 マッチラベルに残る町「谷中・根津・千駄木」 谷根千工房 51 1997.10

本郷・人物ファイル（11）もう一つの銀杏子伝説「四季本郷」 文泉堂 （15）1997.12

本光寺
本光寺関係文書について（吉川邦子）「かながわ文化財」 神奈川県文化財協会 93 1997.3

町の神さま仏さま（1）頭の神様・本光寺の一人頭さん 試験直前、合格祈願は谷中でも「谷中・根津・千駄木」 谷根千工房 64 2000.12

本郷富士
富士塚前史考（2）高田富士以前の江戸の代表的富士塚—本郷富士・千駄ヶ谷富士・浅草富士（竹谷靭負）「富士山文化研究」 富士山文化研究会 （9・10）2008.12

本宿
誰か故郷を想わざる—本宿共同墓地人名録 第1章（藤田英孝）「府中史談」 府中市史談会 （38）2012.05

誰か故郷を想わざる—本宿共同墓地人名録 第2章（藤田英孝）「府中史談」 府中市史談会 （39）2013.10

本所
特集 両国橋物語—お江戸・下町・長屋の暮らし 江戸の町文化を培った本所・深川界隈を訪ねる（2）「探： 江戸・とうきょう・Tokyo」「探」編集部 （25）1997

二編下巻七十三「本所敷原氏石庫の妖怪」（佐藤太二）「昔話伝説研究」

昔話伝説研究会　(23)　2003.4

開館10周年記念企画展　錦絵のなかの本所・向島「みやこどり : すみだ郷土文化資料館だより」　すみだ郷土文化資料館　(29)　2008.7

空襲で壊滅した本所　記憶がたどる戦前の町の姿「みやこどり : すみだ郷土文化資料館だより」　すみだ郷土文化資料館　(31)　2009.7

本所下屋敷

本所下屋敷の配置と下掃除分担(山野健一)「足立史談」　足立区教育委員会　(482)　2008.4

本応寺

足立風土記だより(83)　谷在家・本応寺の筆子塚(桑原功一)「足立史談」　足立区教育委員会　391　2000.9

本町田七面堂

本町田七面堂と登戸石工伊勢屋(萩原清高)「町田地方史研究」　町田地方史研究会　(18)　2006.12

本町田村

多摩郡に於ける『新編武蔵風土記稿』の編纂に伴う廻村調査の例、並びに「地誌捜索問目」と「本町田村」(矢沢湊)「町田地方史研究」　町田地方史研究会　17　2005.1

本妙寺

明暦の大火(振袖火事)と本妙寺(門谷東生)「法華仏教研究」　法華仏教研究会　(1)　2009.12

本門寺

本門寺の石経碑その他　石匠窪世祥について(嘉津山清)「大田区立郷土博物館紀要」　大田区立郷土博物館　(11)　2001.3

本門寺と池上七福神めぐり(柳下一雄)「とみづか」　戸塚歴史の会　28　2002.6

わがまちの文化財・大田区　重要文化財　本門寺五重塔「東京の文化財」　東京都教育庁地域教育支援部　92　2004.3

本立寺

上野町本立寺建武三季偈板碑について(伊藤正夫)「打越」　打越歴史研究会　41　1997.1

「てんばの吉」像(本立寺)「ねりまの文化財」　練馬区地域文化部　35　1997.7

前川

前川に架かる祟りの経文橋(両澤清)「郷土研だより」　東村山郷土研究会　(361)　2010.6

前新田

北区今昔百景　心を結ぶ、地域を結ぶ─前新田の念仏講「ほいす : 北区飛鳥山博物館だより」　北区飛鳥山博物館　25　2010.09

将門塚

神田明神・祇園三社と将門塚「大道芸通信」　日本大道芸・大道芸の会　(242)／(243)　2012.08/2012.09

間島

座談会　四谷・間島の念仏(四谷・間島念仏講)「府中史談」　府中市史談会　25　1999.5

増野製作所長屋門

足立区の文化財　平成2年版「足立区の文化財」による　有形民俗文化財　清水家住宅1棟、阿出川家煉瓦造蔵1棟、増野製作所長屋門1棟「足立史談会だより」　足立史談会　(318)　2014.9

町田

町田の石仏　馬頭観音塔［正］;(続)(萩原清高)「町田地方史研究」　町田地方史研究会　12/13　1997.9/1999.3

町田の月待塔(萩原清高)「町田地方史研究」　町田地方史研究会　14　2000.5

『新編武蔵風土記稿』にみる町田(上)、(下)(金井和夫)「町田地方史研究」　町田地方史研究会　14/15　2000.5/2001.8

「川柳」「酉の市」(藤田良實)「いしぶみ」　まちだ史考会　(12)　2002.1

町田の巡拝塔(萩原清高)「町田地方史研究」　町田地方史研究会　16　2002.9

"伝統こけし"に魅せられて(昌谷明男)「いしぶみ」　まちだ史考会　(16)　2003.11

講演会「町田・民俗の世界から」を聴講して(内田征一)「いしぶみ」　まちだ史考会　(16)　2003.11

江戸時代の入寺慣行について一寺に駈け込む人々(講演会報告)(戸村公子)「いしぶみ」　まちだ史考会　(17)　2004.7

町田の石仏─特に石工を中心にして(講演会報告)(武藤敏)「いしぶみ」　まちだ史考会　(17)　2004.7

町田の石造物にある七宗石工銘(萩原清高)「町田地方史研究」　町田地方史研究会　17　2005.1

特集座談会　我がふるさとまちだ─新編武蔵風土記稿にみる町田の今昔(安藤利也, 磯見孝子, 川瀬基, 中脇陽一, 矢沢湊, 山口拓郎)「いしぶみ」　まちだ史考会　(19)　2005.7

定期総会・記念講演会報告「歴史余話」─人相書・庶民の名前(岸一衛)「いしぶみ」　まちだ史考会　(19)　2005.7

特集座談会「町田の文化財の現状─野仏を中心に」(宇野喜一, 小林和貴, 鈴木道晴, 高橋徹, 丸山通夫, 山口拓郎)「いしぶみ」　まちだ史考会　(21)　2006.7

『新編武蔵風土記稿』に載る町田各村の地誌捜索のいつ、誰、によって行なわれたか(矢沢湊, 安藤利也)「町田地方史研究」　町田地方史研究会　(18)　2006.12

八木家文書と『新編武蔵風土記稿』に載る町田各村の街道記事について(矢沢湊)「町田地方史研究」　町田地方史研究会　(19)　2008.6

石仏写真展(特集1 市制50周年記念行事)(鈴木道晴)「いしぶみ」　まちだ史考会　(26)　2008.12

風土記稿(読書会)(友井英雄)「いしぶみ」　まちだ史考会　(26)　2008.12

コラム　小島日記と囲碁(高場康禎)「町田地方史研究」　町田地方史研究会　(20)　2010.08

寄稿「伝承」のでき方を考える(金井和夫)「いしぶみ」　まちだ史考会　(31)　2011.07

随筆　私の原風景　道祖神(1)、(2)(川瀬基)「いしぶみ」　まちだ史考会　(32)／(33)　2011.12/2012.07

寄稿　町田ストーンサークル(湯浅起夫)「いしぶみ」　まちだ史考会　(32)　2011.12

怨霊考(大野隆夫)「いしぶみ」　まちだ史考会　(33)　2012.07

講演会　副島弘道先生講演会「仏像の魅力と仏師の工夫」(川上和久)「いしぶみ」　まちだ史考会　(35)　2013.07

活動報告　野の石仏調査の一端(林静雄)「いしぶみ」　まちだ史考会　(35)　2013.07

表紙　勢至菩薩立像(江戸中期)　木造・漆塗・玉眼　像高52.5cm「いしぶみ」　まちだ史考会　(36)　2013.12

『吾妻鏡』中世の鋳物師(読書会)(林英理子)「いしぶみ」　まちだ史考会　(36)　2013.12

表紙　聖観世音菩薩立像(白鳳時代・七世紀後半)　国宝　銅造　像高188.9cm「いしぶみ」　まちだ史考会　(37)　2014.07

町田市

町田市域に足跡を残した石工たち(萩原清高)「野仏 : 多摩石仏の会機関誌」　多摩石仏の会　32　2001.8

戦争のフォークロア─祈願と慰霊を中心に(講演録)(本康宏史)「自由民権 : 町田市立自由民権資料館紀要」　町田市教育委員会　通号16　2003.3

町田市の石造物にある石工銘(萩原清高)「野仏 : 多摩石仏の会機関誌」　多摩石仏の会　34　2003.7

町田市文化財保護審議会編『町田の伝承　町田の方言と俗信・俗謡』(本の紹介)(山崎祐子)「多摩のあゆみ」　たましん地域文化財団　117　2005.2

読書会「新編武蔵風土記稿」(町田市域二十七ヶ村)を読み終えて(武藤敏)「いしぶみ」　まちだ史考会　(20)　2005.12

町田市の神社・寺院と村落の成立(森山兼光)「町田地方史研究」　町田地方史研究会　(18)　2006.12

多摩地方における近世瓦生産の一様相─町田市カワラ峯瓦窯と府中の寺社(深澤靖幸)「府中市郷土の森博物館紀要」　府中文化振興財団府中市郷土の森博物館　(22)　2009.3

文化財調査グループ報告　町田市域の石仏調査考(西島護)「いしぶみ」　まちだ史考会　(31)　2011.07

『町田市史』養蚕の歴史(2)(読書会)(中津訓美, 川村幸子)「いしぶみ」　まちだ史考会　(35)　2013.7

近世村別にみた動植物方言と伝承─東京都町田市域の事例(川井照代, 室崎直, 畠山豊)「民俗」　相模民俗学会　(228)　2014.10

松沢村

旧松沢村村長上保家所蔵写真の紹介(大庭光治, 古我照彦, 倉島幸雄)「せたかい : 歴史さろん」　世田谷区誌研究会　(51)　1999.5

旧「荏原郡松澤村」に残された伝説(寄稿)(大庭光治)「せたかい : 歴史さろん」　世田谷区誌研究会　(65)　2013.7

松中ッ原

松中ッ原周辺今昔(西川洋子)「立川民俗」　立川民俗の会　(17)　2010.12

松見坂地蔵尊

松見坂地蔵尊の周辺整備とお祭り(森貞次)「郷土目黒」　目黒区郷土研究会　44　2000.10

松本神社

松本神社拝殿建築記録(下田亘)「羽村市郷土博物館紀要」　羽村市郷土博

関東　　　　　　　　　　　　郷土に伝わる民俗と信仰　　　　　　　　　　　　東京都

物館　（26）2012.03

馬橋稲荷

馬橋稲荷の餅搗き（石川博司）「まつり通信」 まつり同好会　46(1)通号
521　2006.1

馬橋稲荷神社

馬橋稲荷神社のお神輿「杉並郷土史会会報」 杉並郷土史会　（236）
2012.11

馬橋村

江戸時代の杉並の農村について 馬橋村の記録から（新村康敏）「杉並郷土
史会史報」 杉並郷土史会　184　2004.3

中野村・高円寺村・馬橋村三か村用水開削の経緯と成宗弁天（竹村誠）
「杉並区立郷土博物館研究紀要」 杉並区立郷土博物館　（15）2007.3

馬引沢

多摩の近世村落と民家の成立―多摩市連光寺村馬引沢（今井惠昭，秋元
孝雄）「東京都埋蔵文化財センター研究論集」 東京都埋蔵文化財セン
ター　通号22　2006.3

開発による民俗行事の変遷―多摩市馬引沢地域のセーノカミ行事を例に
（調査報告）（村山絵美）「パルテノン多摩博物館部門研究紀要」 多摩
市文化振興財団　（10）2008.10

丸池

丸池（「池袋地名の由来の池」）説話成立に関する文献的考証（青木哲夫）
「生活と文化 ： 研究紀要」 豊島区　（18）2009.3

満願寺

せたがや中世拾い歩き（7）そして熊野神社は残った―熊野先達満願寺と
檀那吉良氏（谷山敦子）「Collegio」 之潮　（56）2014.06

万願寺一里塚

わがまちの文化財・日野市 日野市指定史跡 甲州街道万願寺一里塚（日
野市教育委員会）「東京の文化財」 東京都教育庁地域教育支援部　93
2004.8

満光寺

史跡文化財シリーズ(59) 有形文化財 満光寺文書「荒川史談」 荒川史談
会　（282）2005.6

史蹟・文化財シリーズ(77) 板碑 六基（満光寺）（（大久保）「荒川史談」
荒川史談会　（300）2009.12

万寿湯

万寿湯の「庚申塚」碑発見と保存（平山元也）「目黒区郷土研究」 目黒区
郷土研究会　553　2001.2

万寿湯の「庚申塚」碑保存へ（平山元也）「目黒区郷土研究」 目黒区郷土
研究会　555　2001.4

万徳旅館

青梅・万徳旅館について（特集 むかしの暮らしを復元する）（早川典子）
「多摩のあゆみ」 たましん地域文化財団　（142）2011.5

万徳旅館（特集記事 お待たせしました 大和屋本店・万徳旅館 ついに公
開！）（早川典子）「江戸東京たてもの園だより」 東京都歴史文化財団
（38）2011.09

「万徳旅館にみる暮らしの100年」展 回顧（早川典子）「江戸東京たても
の園だより」 東京都歴史文化財団　（39）2012.3

万年橋

さし絵のなかの多摩（45）多摩の奇勝 日間和田万年橋―『武蔵名勝図
会』から大下藤次郎まで（齋藤愼一）「多摩のあゆみ」 たましん地域文
化財団　（133）2009.2

万福寺

武蔵型板碑の製作技法―東京都大田区萬福寺の蝶形蓮座板碑を中心に
（三宅宗議）「歴史考古学」 歴史考古学研究会　（50）2002.7

三河島

文化財NEWS速報 あった!! 三河島の "献上の鶴"「荒川ふるさと文化館
だより」 荒川区教育委員会荒川ふるさと文化館　6　2001.3

過ぎゆく季節へのたより（3）茅輪くぐりは三河島で（亀川泰照）「荒川ふ
るさと文化館だより」 荒川区教育委員会荒川ふるさと文化館　（17）
2006.9

都市近郊の農産物を追う（5），（6）西新井大茎と三河島大茎（上），（下）
（荻原ちとせ）「足立史談」 足立区教育委員会　（477）/（478）2007.
11/2007.12

御蔵島

御蔵島の椎茸栽培「焼き作り」（八木洋行）「静岡県民俗学会誌」 静岡県
民俗学会　18　1997.12

三崎港

三崎港のだんちょね節―マグロあれこれ（斎藤和美）「東京産業考古学

会」 東京産業考古学会事務局　（67）2007.3

三崎坂

町の近況、事後報告 住民の決めた町づくりルール 谷中三崎坂「建築協
定」「谷中・根津・千駄木」 谷根千工房　59　1999.10

三島神社

調査レポート 扇2丁目三島神社の棟札（矢沢幸一朗）「足立史談」 足立区
教育委員会　378　1999.8

瑞穂町

平成17年度秋季企画展 郷土の伝統工芸―竹細工と染織（瑞穂町郷土資料
館）「ミュージアム多摩 ： 東京都三多摩公立博物館協議会会報」 東京
都三多摩公立博物館協議会　（27）2006.3

瑞穂町の屋敷神（合冊号1～3集）（川崎実）「かわせみ通信」 川崎実
（130）2011.06

瑞穂町の屋敷神（第4集）（東京都西多摩郡瑞穂町）（川崎実）「かわせみ通
信」 川崎実　（132）2011.09

瑞穂町の屋敷神（第5集）（東京都西多摩郡瑞穂町）（川崎実）「かわせみ通
信」 川崎実　（133）2011.10

水元

水元地区の年中行事―記録映画の撮影に携わって（加藤友子）「博物館研
究紀要」 葛飾区郷土と天文の博物館　（4）1997.9

三田

三田にあった水車（橋口明子）「目黒区郷土研究」 目黒区郷土研究会
548　2000.9

三鷹

三鷹阿波踊りの表象（松井悠）「都市民俗研究」 都市民俗学研究会
（11）2005.3

御岳

御嶽御師の御犬講（長沢利明）「西郊民俗」 ［西郊民俗談話会］ 通号171
2000.6

武州御嶽講と代参（長沢利明）「西郊民俗」 ［西郊民俗談話会］ （172）
2000.9

武州御嶽講と御師の配札（長沢利明）「西郊民俗」 ［西郊民俗談話会］
（174）2001.3

立川の民俗一口メモ 御岳のおいぬさま/麦蒔/伴さん/麦踏み（三田鶴
吉）「立川民俗」 立川民俗の会　（16）2008.3

三田寺町

三田寺町の江戸建築（中村琢巳）「港郷土資料館だより」 港区立港郷土資
料館　（63）2009.3

三田用水

竹姫の井戸と三田用水（橋口明子）「目黒区郷土研究」 目黒区郷土研究会
534　1999.7

三田用水の石橋供養塔再建される（平山元也）「目黒区郷土研究」 目黒区
郷土研究会　（653）2009.06

三田用水の石橋供養塔に説明板が設置された（平山元也）「目黒区郷土研
究」 目黒区郷土研究会　（667）2010.08

三ツ木

天王様祇園ばやし（秋山和美）「武蔵村山市市史だより」 武蔵村山市市史
編さん室　（12）1998.8

密蔵院

密蔵院蔵「青面金剛及び二童子四夜叉立像」の保存修理について（大田
区教育委員会郷土博物館文化財担当）「大田区立郷土博物館紀要」 大
田区立郷土博物館　（17）2007.3

水戸道

水戸道中界隈の史跡と伝承考（松戸史談会会員勉強会（要旨））（平久保
久雄）「松戸史談」 松戸史談会　（49）2009.11

緑町

本所緑町にあった？ 金沢家ゆかりの阿弥陀像（資料紹介）（西岡芳文）
「金沢文庫研究」 神奈川県立金沢文庫　（324）2010.03

町にまつわる雑学講座―府中町・緑町（馬場治子）「あるむぜお ： 府中
市郷土の森博物館だより」 府中文化振興財団府中市郷土の森博物館
（102）2012.12

港区

武家の江戸屋敷の生活―臼杵藩稲葉家祐筆日記から（江後迪子）「研究紀
要」 港区立港郷土資料館　（4）1997.2

〔資料紹介〕乃木文庫「三町火消心得書写」（加瀬文雄）「研究紀要」 港
区立港郷土資料館　（4）1997.2

道具の世界(1)―暮らしの道具（高山優）「港郷土資料館だより」 港区立
港郷土資料館　33　1997.3

道具の世界（2）―桶職人の道具（金子智）「港郷土資料館だより」 港区立港郷土資料館　33　1997.3

酒器から見た酒と生活―飲酒の民俗（大村達郎）「港郷土資料館だより」 港区立港郷土資料館　33　1997.3

武家の江戸屋敷の生活―臼杵藩稲葉家祐筆日記から（江後迪子）「港郷土資料館だより」 港区立港郷土資料館　34　1997.7

五月人形展―館蔵資料より（大村達雄）「港郷土資料館だより」 港区立港郷土資料館　34　1997.7

ミニ・コーナー展（18）庭師とその道具―寄贈資料を中心に（大村達郎）「港郷土資料館だより」 港区立港郷土資料館　39　1999.3

信仰と絵画―絵解きについて（日野原健司）「港郷土資料館だより」 港区立港郷土資料館　40　1999.8

ミニ・コーナー展（21）車人形の首たち―矢崎家寄託資料より（日野原健司）「港郷土資料館だより」 港区立港郷土資料館　41　1999.12

民俗資料調査ノート―大工道具目録作成に向けて（山根洋子）「港郷土資料館だより」 港区立港郷土資料館　45　2001.3

ミニ・コーナー（27）戦時下のくらし（潮木秀佳）「港郷土資料館だより」 港区立港郷土資料館　49　2002.8

近世・近代芸能史と浄瑠璃人形の世界―郷土史家の収集資料を通して「港郷土資料館だより」 港区立港郷土資料館　（50）2002.12

矢崎家資料調査の経緯と経過（高山優）「研究紀要」 港区立港郷土資料館　（7）2003.3

矢崎家資料にみる歌舞伎関係資料（日野原健司）「研究紀要」 港区立港郷土資料館　（7）2003.3

矢崎家資料と素人義太夫（水野悠子）「研究紀要」 港区立港郷土資料館　（7）2003.3

矢崎家浄瑠璃人形のかしら・衣裳について（大谷津早苗，安藤裕子）「研究紀要」 港区立港郷土資料館　（7）2003.3

矢崎家資料調査の意義（吉原健一郎）「研究紀要」 港区立港郷土資料館　（7）2003.3

矢崎家資料目録（矢崎直子，日野原健司）「研究紀要」 港区立港郷土資料館　（7）2003.3

第8回港区文化財調査・研究発表会 近世・近代の港区の職人（1）―鋳物師と鋳物製作「港郷土資料館だより」 港区立港郷土資料館　（53）2004.3

鯨髭・鯨歯工芸品の歩みをふりかえって―昭和30年代～平成初期を中心に（内田昌宏）「研究紀要」 港区立港郷土資料館　通号9　2006.5

箸から見える食文化（杉本絵美）「港郷土資料館だより」 港区立港郷土資料館　（59）2007.3

矢崎家資料の新出人形浄瑠璃番付について―付録・歴史史料保存機関と近世演劇資料（神津武男）「研究紀要」 港区立港郷土資料館　通号10　2007.5

鯨缶詰と学校給食が物語る鯨食文化の変遷―昭和時代移行を中心に（内田昌宏）「研究紀要」 港区立港郷土資料館　通号10　2007.5

愛宕神社のほおずき市（田丸太郎）「目黒区郷土研究」 目黒区郷土研究会　（634）2007.11

ある商家の葬儀写真―港区における近世・近代の葬・墓制に関する素描（1）（高山優）「研究紀要」 港区立港郷土資料館　通号11　2008.5

展示資料から お菓子のカタチたち 形屋長七「萬形下絵帳」（大坪潤子）「港郷土資料館だより」 港区立港郷土資料館　（63）2009.03

邸内社を知っていますか？（竹村到）「港郷土資料館だより」 港区立港郷土資料館　（66）2010.09

コーナー展 グラフ誌にみる昭和30年代―館蔵資料より（大坪潤子）「港郷土資料館だより」 港区立港郷土資料館　（70）2012.10

港七福神

1月探訪 港七福神巡拝「足立史談会だより」 足立史談会　（287）2012.02

南秋津

東村山の昔ばなし（2）南秋津 嵐よけのお札（比留間信春，山田民夫，両澤清）「郷土研だより」 東村山郷土研究会　（373）2011.06

南秋津村

南秋津村神楽師熊川家の家職と活動（小峰孝男）「多摩のあゆみ」 たましん地域文化財団　107　2002.8

南坂

写真探訪 板橋の地名（11）富士大山道と「南坂」（大澤鷹邇）「板橋史談」 板橋史談会　（259）2010.7

南砂川

南砂川の地番考（中野隆右）「立川民俗」 立川民俗の会　（17）2010.12

南千住

史蹟・文化財シリーズ（86）有形文化財 区登録有形文化財（建造物）日枝神社本殿 所在地：南千住7―23―17「荒川史談」 荒川史談会　（309）2012.03

あらかわタイムトンネルズ（22）もう一つの南千住の生薬―長寿金龍丹（亀川泰照）「荒川ふるさと文化館だより」 荒川区教育委員会荒川ふるさと文化館　（30）2013.9

南平

《南平特集》「日野の歴史と文化」 日野史談会　46　1997.10

日野市南平の板碑について（秦哲子）「日野の歴史と文化」 日野史談会　46　1997.10

高幡と南平の水車―森久保作蔵の水車・撚糸水車・貸水車（上野さだ子）「日野の歴史と文化」 日野史談会　46　1997.10

南平に住む（2）（郡司金幸）「日野の歴史と文化」 日野史談会　47　1998.4

南多摩

相模・南多摩の撚糸水車―半原撚糸を中心に（浜田弘明）「多摩のあゆみ」 たましん地域文化財団　115　2004.8

多摩の製炭業の歴史―南多摩における製炭のあゆみ、産業としての変遷（特集 多摩の炭焼き）（山口慶一）「多摩のあゆみ」 たましん地域文化財団　（152）2013.11

南布田

調布の神社と里人たち（4）（南布田白山宮）（角田陽次郎）「調布史談誌」 調布史談会　（37）2008.4

峰

奥多摩の獅子舞い紀行（44）峰の獅子舞い「かわせみ通信」 川崎実　47　1999.5

三宅島

山口幸洋 年賀状の文面（三宅島その他の習俗）から、その他（門田徳雄）「富士民俗の会会報」 富士民俗の会　（28）2005.7

島の巡り神輿（西海賢二）「コロス」 常民文化研究会　（128）2012.02

宮永町

第一特集 根津宮永町 うちわの太田屋のこと「谷中・根津・千駄木」 谷根千工房　70　2002.7

宮鍋家住宅

古民家解体調査の新たな方向―東大和市宮鍋家住宅の調査成果から（後藤祥夫）「多摩のあゆみ」 たましん地域文化財団　89　1998.2

ミヤノメ神社

国庁跡に建てられた社―ミヤノメ神社小考（深沢靖幸）「府中市郷土の森博物館紀要」 府中文化振興財団府中市郷土の森博物館　（15）2002.3

宮之咩神社

国府跡に建てられた社 宮之咩神社（深沢靖幸）「あるむぜお： 府中市郷土の森博物館だより」 府中文化振興財団府中市郷土の森博物館　52　2000.6

美山

美山の獅子舞（石川博司）「まつり通信」 まつり同好会　39（4）通号458　1999.3

獅子舞の風土シリーズ（115）東京都八王子市 美山のささら獅子舞い（川崎実）「かわせみ通信」 川崎実　（115）2008.9

宮前

郷土の作物（9）―東京都杉並区宮前の大宮前柿（長沢利明）「昔風と当世風」 古々路の会　75　1998.5

石仏紹介（139）宮前一丁目の庚申の藤（藤井正三）「杉並郷土史会史報」 杉並郷土史会　174　2002.7

大宮と宮前について（森宏太郎）「杉並郷土史会史報」 杉並郷土史会　（194）2005.11

妙円寺

衾にあった妙圓寺の跡地（栗山佳也）「目黒区郷土研究」 目黒区郷土研究会　578　2003.3

妙圓寺の開山瀧本采女について（栗山佳也）「目黒区郷土研究」 目黒区郷土研究会　579　2003.4

妙円地蔵

妙圓地蔵（関口渉）「野仏： 多摩石仏の会機関誌」 多摩石仏の会　33　2002.7

明王院

せきの弥彦さま―明王院と梅田の人々（佐南谷雅枝）「足立史談」 足立区教育委員会　391　2000.9

明王院に楓を訪う記―「嘉陵紀行」より（橋口明子）「目黒区郷土研究」 目黒区郷土研究会　566　2002.3

資料紹介 明王院縁起（1），（2）「足立史談」 足立区教育委員会　418/419　2002.12/2003.1

明王院衰微廃寺説について（1），（3），（4）（田丸太郎）「目黒区郷土研究」

目黒区郷土研究会　593/596　2004.6/2004.9

明王院衰微廃寺説について（田丸太郎）「目黒区郷土研究」　目黒区郷土研究会　594　2004.7

明王院の廃寺について（1），（2）（田丸太郎）「目黒区郷土研究」　目黒区郷土研究会　597/598　2004.10/2004.11

明王院衰微廃寺説・補遺（田丸太郎）「目黒区郷土研究」　目黒区郷土研究会　599　2004.12

西運・念仏堂と明王院（橋口明子）「目黒区郷土研究」　目黒区郷土研究会　601　2005.2

梅田の明王院 お戻りになった如意輪観世音菩薩坐像（郷土博物館）「足立史談」　足立区教育委員会　（470）　2007.4

梅田の明王院 お戻りになった如意輪観世音菩薩坐像（瀬田良雄）「足立史談」　足立区教育委員会　（478）　2007.12

妙覚寺

口絵 特集 天部の石造物 弁才天 埼玉県小鹿野町両神薄・浦島の不動滝/誌上写真展 '14日本石仏協会写真展より くつろいで坐る童子像（制咤童子？）東京都稲城市矢野口・妙覚寺、変わった印相の大日如来 神奈川県平塚市吉沢・宗海寺跡、ラクシュミー（吉祥天）ネパール国バタン「日本の石仏」　日本石仏協会，青娥書房（発売）（152）　2014.12

妙亀塚

妙亀塚と梅若塚 今に生きる能「隅田川」の母と子（坂真次郎）「すみだ川 ： 隅田川市民交流実行委員会会報」　隅田川市民交流実行委員会　（39）　2006.4

妙見堂

妙見堂を訪ねて（戸原正次）「一里塚」　生野銀山史談会　（8）　2001.3

妙寿寺

新指定の世田谷区指定文化財 妙壽寺客殿「せたがやの文化財」　東京都世田谷区教育委員会事務局　通号21　2009.03

妙正寺

妙正寺のこと（井口昭英）「杉並郷土史会叟報」　杉並郷土史会　165　2001.1

妙正寺 三十番神 葵の紋幕（伊東勝）「杉並郷土史会会報」　杉並郷土史会　（235）　2012.09

妙法寺

維新期の妙法寺（庄司寿完）「杉並郷土史会々報」　杉並郷土史会　142　1997.3

トピックス（46）妙法寺の祖師堂（森泰樹）「杉並郷土史会々報」　杉並郷土史会　142　1997.3

維新期の妙法寺・続（庄司寿完）「杉並郷土史会々報」　杉並郷土史会　143　1997.5

妙法寺御洗米（井上恒正）「杉並郷土史会叟報」　杉並郷土史会　151　1998.9

妙法寺祖師堂床下の経塚―経石からみた近世信仰形態（有富由紀子）「杉並区立郷土博物館研究紀要」　杉並区立郷土博物館　（8）　2000.3

郷土博物館12年度特別展「霊宝開帳と妙法寺の文化財展」「炉辺閑話 ： 杉並区立郷土博物館だより」　杉並区立郷土博物館　23　2000.9

妙法寺お題目道しるべ石（原田弘）「杉並郷土史会史報」　杉並郷土史会　177　2003.1

わがまちの文化財・杉並区 堀ノ内やくよけ祖師妙法寺「東京の文化財」　東京都教育庁地域教育支援部　（96）　2005.8

有形文化財（工芸品）妙法寺の梵鐘（附 鐘楼一棟）「杉並郷土史会史報」　杉並郷土史会　（221）　2010.05

妙法寺前身 廃寺・大正寺と大宮小学校（小川春夫）「杉並郷土史会会報」　杉並郷土史会　（243）　2014.01

資料紹介 妙法寺の梵鐘（高野和弘）「新西郊文化」　新西郊文化研究会　（3）　2014.03

妙法寺参詣道

妙法寺参詣道を歩く（1）桜新道（前田浩志）「らぶりい杉並」　杉並の今昔を語る会　（11）　1997.11

妙法寺参詣道を歩く（2）「圃」と「桃園」（前田浩志）「らぶりい杉並」　杉並の今昔を語る会　（12）　1998.2

妙法寺参詣道を歩く（3）高円寺田圃と田中稲荷（前田浩志）「らぶりい杉並」　杉並の今昔を語る会　（13）　1998.5

妙法寺参詣道を歩く（4）旧共栄市場と東高円寺（前田浩志）「らぶりい杉並」　杉並の今昔を語る会　（14）　1998.8

妙法寺参詣道を歩く（5）蚕糸試験場と大燈篭（前田浩志）「らぶりい杉並」　杉並の今昔を語る会　（15）　1998.11

妙法寺参詣道の説明板設置（原田弘）「杉並郷土史会史報」　杉並郷土史会　（228）　2011.07

妙薬寺

歴史案内（58）妙薬寺（鈴木利信）「八王子市郷土資料館だより」　八王子市郷土資料館　63　1998.6

三輪村

正覚院釈迦如来像延宝二年の修理―総州下市場の石塔と武州三輪村の板碑（村上昭彦）「房総の郷土史」　千葉県郷土史研究連絡協議会　（36）　2008.5

向原

向原、我が家の正月行事について（特集 回顧 昔と今の年中行事）（三原寿太郎）「板橋史談」　板橋史談会　2011.01

向原の昔（2）向原の寺社（三原寿太郎）「板橋史談」　板橋史談会　（273）　2012.11

向原の昔（3）正月の行事（三原寿太郎）「板橋史談」　板橋史談会　（274）　2013.01

向原の昔（4）講・寺社との関連（三原寿太郎）「板橋史談」　板橋史談会　（275）　2013.03

向原の昔（9）向原八雲神社信仰関係資料（板橋区登録有形民俗文化財）―資料紹介と幾つかの考察（三原寿太郎）「板橋史談」　板橋史談会　（282）　2014.11

向丘

本郷界隈掃苔の記（10）向丘二丁目周辺（一寸木紀夫）「四季本郷」　文泉堂　（15）　1997.12

向島

開館10周年記念企画展 錦絵のなかの本所・向島「みやこどり ： すみだ郷土文化資料館だより」　すみだ郷土文化資料館　（29）　2008.7

祝福芸能の再生に向けての試演―東京・向島地区での「はるこま」を事例として《〈特集 続祝福芸〉》（上島敏昭）「まつり」　まつり同好会　通号70　2008.12

向島百花園

向島百花園ものがたり―隅田川と文人・町人たちが創った庶民庭園（猪刈達夫）「すみだ川 ： 隅田川市民交流実行委員会会報」　隅田川市民交流実行委員会　（53）　2013.4

向台町

自然と生きる 西東京市の主な屋敷林（7）中町・向台町・芝久保町（小川武廣）「武蔵保谷村だより ： 高橋文太郎の『武蔵保谷村郷土資料』を手掛かりに」　下保谷の自然と文化を記録する会　（8）　2013.1

武蔵

中世武蔵の懸仏と富士山信仰（加藤功）「武蔵野」　武蔵野文化協会　75（1）通号329　1997.2

〔新刊紹介〕稲村徹元編『武蔵における社寺と古文化―稲村坦元論文集』（有元修一）「社寺史料研究」　社寺史料研究会，岩田書院（発売）3　2000.5

新刊点描「多摩川絵図 今昔―源流から河口まで」、『東国の歴史と史跡』、『武蔵における社寺と古文化』（馬場喜信）「多摩地域史研究会会報」　多摩地域史研究会　53　2001.3

府中市郷土の森博物館編『武蔵の国府と国分寺』（本の紹介）（服部敬史）「多摩のあゆみ」　たましん地域文化財団　112　2003.11

読書会「新編武蔵風土記稿」（町田市域二十七ヶ村）を読み終えて（武藤敏）「いしぶみ」　まちだ史考会　（20）　2005.12

新編武蔵風土記稿I（読書会）（伊藤暢厚）「いしぶみ」　まちだ史考会　（25）　2008.7

新編武蔵風土記稿II（読書会）（岡田勲）「いしぶみ」　まちだ史考会　（25）　2008.7

新編武蔵風土記稿（読書会）（新井紘）「いしぶみ」　まちだ史考会　（27）　2009.7

新編武蔵風土記稿に参加して（読書会）（小山健介）「いしぶみ」　まちだ史考会　（34）　2012.12

人穴碑碣群に見る武蔵富士講の願い（特集 武蔵野と富士）（渡井一信）「武蔵野」　武蔵野文化協会　89（1）通号353　2014.05

武蔵一の宮参道

武蔵一の宮参道を歩く「足立史談会だより」　足立史談会　（301）　2013.04

武蔵国府

三鱗文兵庫鋳太刀残欠考―中世の武蔵御嶽神社と武蔵国府（斎藤慎一）「歴史考古学」　歴史考古学研究会　2002.7

第4回 武蔵国府・総社六所宮・小野神社（〈歴史講座 小野神社の周辺―古代・中世の小野牧・小野氏・六所宮をめぐって〉）（小野一之）「パルテノン多摩博物館部門研究紀要」　多摩市文化振興財団　（9）　2006.1

武蔵国府跡

国府のなかの寺と堂―武蔵国府跡の発掘調査事例から（深澤靖幸）「府中市郷土の森博物館紀要」　府中文化振興財団府中市郷土の森博物館　（19）　2006.3

武蔵国分寺

軒先瓦、文字瓦から探る武蔵国分寺（有吉重蔵）「多摩のあゆみ」 たましん地域文化財団 103 2001.8

11月探訪報告 武蔵国分寺と古代幹線道を歩く「足立史談会だより」 足立史談会 165 2001.12

武蔵国分寺七重塔と史跡整備計画について（福田信夫）「武蔵野」 武蔵野文化協会 81（1）通号341 2005.3

瓦谷戸窯跡の操業年代と武蔵国分寺の造営事情「稲城市文化財研究紀要」 稲城市教育委員会教育部 （8）2008.3

多摩のみほとけ（13）国分寺市武蔵国分寺 木造薬師如来坐像（齋藤経生）「多摩のあゆみ」 たましん地域文化財団 （150）2013.05

武蔵国分寺跡

晩秋の武蔵国分寺跡を訪ねて（瀬田一男）「足立史談会だより」 足立史談会 165 2001.12

武蔵国分寺跡歴史公園「東京の文化財」 東京都教育庁地域教育支援部 92 2004.3

武蔵野

《特集 武蔵野の富士》「武蔵野」 武蔵野文化協会 75（1）通号329 1997.2

武蔵野における富士山とその文学作品について（村越知世）「武蔵野」 武蔵野文化協会 75（1）通号329 1997.2

能・狂言の「武蔵野」から―自由・共有・無主の空間（斎藤慎一）「多摩のあゆみ」 たましん地域文化財団 92 1998.11

「武蔵野開拓当時の苦労」を偲ぶ家訓伝承（木村博）「板橋史談」 板橋史談会 197 2000.3

武蔵野の名古刹歴史探訪（1）（入子文子）「奥武蔵」 奥武蔵研究会 314 2000.7

武蔵野における飛鳥信仰（木村博）「板橋史談」 板橋史談会 210 2002.5

異界との接点としての穴 お菊井戸・狸穴・狐穴（中家健）「武蔵野」 武蔵野文化協会 78（2）通号336 2002.5

8月3日執行 武蔵野に残る川施餓鬼（原田弘）「杉並郷土史会史報」 杉並郷土史会 181 2003.9

本の紹介「柳田国男の武蔵野」（『多摩のあゆみ』第114号）（刊行物から）（松本三喜夫）「柳田学舎」 鎌倉柳田学会 （77）2006.2

「葬式儀礼」史料に関する国書解題（翻刻）（前島康彦）「武蔵野」 武蔵野文化協会 82（1）通号343 2006.6

そば雑考（武蔵野の食文化（1））（楠見昭次）「武蔵野」 武蔵野文化協会 82（1）通号343 2006.6

武蔵野のうどん（武蔵野の食文化（1））（森内優子）「武蔵野」 武蔵野文化協会 82（1）通号343 2006.6

駒込の茄子（武蔵野の食文化（1））（中家健）「武蔵野」 武蔵野文化協会 82（1）通号343 2006.6

小松川の小松菜（武蔵野の食文化（1））（中沢正子）「武蔵野」 武蔵野文化協会 82（1）通号343 2006.6

越谷のクワイ（武蔵野の食文化（1））（加藤功）「武蔵野」 武蔵野文化協会 82（1）通号343 2006.6

武蔵野芸能史（三隅治雄）「しいのき ： 中野区立歴史民俗資料館だより」 中野区立歴史民俗資料館 （52）2006.10

わさび（山葵）雑考（武蔵野の食文化（2））（井上尚也）「武蔵野」 武蔵野文化協会 82（2）通号344 2006.10

三郷の早稲米（武蔵野の食文化（2））（山本あづさ）「武蔵野」 武蔵野文化協会 82（2）通号344 2006.10

供養塔が語る出羽三山信仰の旅―武蔵野西部山麓地帯の調査から（はむら民俗の会）「多摩のあゆみ」 たましん地域文化財団 （126）2007.5

ショーガとミョーガ（武蔵野の食文化（3））（三橋広延）「武蔵野」 武蔵野文化協会 83（1）通号345 2007.5

2008年10月例会 研究発表「江戸武蔵野の湧水地における弁天石造物の諸相」殿南直也氏（大谷ぐみ）「日本宗教民俗学会通信」 日本宗教民俗学会 （122）2008.12

うますぎた「煮だんご」（島津好江）「戦争のきずあと・むさしの」 武蔵野の空襲と戦争遺跡を記録する会 （31）2009.04

武蔵野の民話（《特集 世田谷の伝説》）（下山照夫）「せたかい ： 歴史さろん」 世田谷区誌研究会 （60）2009.07

武蔵野における神社の存率形態―近代神社関係資料の民俗学的分析（柏木亨介）「小平の歴史を拓く ： 市史研究」 小平市企画政策部 （2）2010.03

立地と景観から考える多摩の中世（前期）寺院―江戸期の地誌・絵図と近代地形図を手がかりに（14）4.正福寺と狭山丘陵の寺院（4）鎌倉幕府の武蔵野寺院と正福寺（馬場喜信）「多摩地域史研究会会報」 多摩地域史研究会 （95）2010.11

武蔵野の最後の空師 並木一雄さん―大樹を伐る職人わざ（萩原恵子）「武蔵保谷村だより ： 高橋文太郎の『武蔵保谷村郷土資料』を手掛かりに」 下保谷の自然と文化を記録する会 （3）2011.10

武蔵野における民家の屋根葺き替えについて（高橋孝）「武蔵保谷村だより ： 高橋文太郎の『武蔵保谷村郷土資料』を手掛かりに」 下保谷の自然と文化を記録する会 （10）2013.7

序 「特集・武蔵野と富士」の発刊にあたって（特集 武蔵野と富士）（樋渡達也）「武蔵野」 武蔵野文化協会 89（1）通号353 2014.05

「特集・武蔵野と富士」に寄せて（特集 武蔵野と富士）（坂詰秀一）「武蔵野」 武蔵野文化協会 89（1）通号353 2014.05

富士山信仰からみる中世武蔵野びとの想い―鰐口・懸仏から（特集 武蔵野と富士）（加藤功）「武蔵野」 武蔵野文化協会 89（1）通号353 2014.05

武蔵野の弁才天と京都の地蔵信仰（特集 天部の石造物）（殿南直也）「日本の石仏」 日本石仏協会，青娥書房（発売）（152）2014.12

武蔵国

中世武蔵国における浄土宗の展開過程―豊島郡・板橋地域を中心として（吉田政博）「板橋区立郷土資料館紀要」 板橋区教育委員会 （12）1998.12

「武蔵鐙」―武蔵国司は帰らない（小野一之）「あるむぜお ： 府中市郷土の森博物館だより」 府中文化振興財団府中市郷土の森博物館 56 2001.6

武蔵国の源義義・義家伝説―源頼朝伝説との比較もかねて（佐藤智敬）「府中市郷土の森博物館紀要」 府中文化振興財団府中市郷土の森博物館 （17）2004.3

武蔵国のなかの「くらやみ祭」（1）御田植え祭（小野一之）「あるむぜお ： 府中市郷土の森博物館だより」 府中文化振興財団府中市郷土の森博物館 68 2004.6

武蔵国のなかの「くらやみ祭」（2）競馬と馬市（小野一之）「あるむぜお ： 府中市郷土の森博物館だより」 府中文化振興財団府中市郷土の森博物館 69 2004.9

武蔵国のなかの「くらやみ祭」（3）品川沖の潮盛り神事（小野一之）「あるむぜお ： 府中市郷土の森博物館だより」 府中文化振興財団府中市郷土の森博物館 （70）2004.12

表紙 武蔵国のなかの「くらやみ祭」（4）国内の6つの神社（小野一之）「あるむぜお ： 府中市郷土の森博物館だより」 府中文化振興財団府中市郷土の森博物館 （71）2005.3

武蔵国府八幡宮

村芝居よオー（5）武蔵国府八幡宮で秋川歌舞伎を見る（本多博）「扣之帳」 扣之帳刊行会 （29）2010.09

武蔵野三十三観音霊場

観音霊場めぐりレポート 昭和15年に新設した武蔵野三十三観音霊場「練馬郷土史研究会会報」 練馬郷土史研究会 292 2004.7

武蔵野市

武蔵野市の民間信仰―富士山信仰を中心に（榎本幸二郎）「富士山文化研究」 富士山文化研究会 （11）2013.07

武蔵野新田

享保期武蔵野新田における離檀と引寺（小峰孝男）「東村山市史研究」 東村山市教育委員会 11 2002.3

研究報告 武蔵野新田における寺院建立の背景―野中新田の組分けをめぐって（菅野洋介）「小平の歴史を拓く ： 市史研究」 小平市企画政策部 （3）2011.03

武蔵野新田村

古文書は語る（13）武蔵野新田村への年季奉公と寺請制度―小川家文書「指上ヶ申手形之事」より（馬場憲一）「多摩のあゆみ」 たましん地域文化財団 115 2004.8

武蔵御岳神社

杣保（そまのほ）（9）―武蔵御嶽神社旧本殿の用材から「杉」と修験者を中心に（安藤精一）「郷土研究」 奥多摩郷土研究会 （10）1999.3

武蔵御嶽神社及び御師家古文書学術調査報告書（1）―金井家文書目録（北村和寛）「多摩地域史研究会会報」 多摩地域史研究会 56 2001.12

三鱗文兵庫鍮太刀残欠考申―中世の武蔵御嶽神社と武蔵国府（斎藤慎一）「歴史考古学」 歴史考古学研究会 （50）2002.7

山岳信仰と奥多摩地方（5）武蔵御嶽神社と周辺の社寺（黒澤昭治）「郷土研究」 奥多摩郷土研究会 （17）2006.3

武蔵御嶽神社及び御師家古文書学術調査報告書（I）～（IV）―金井家文書（鹽田小夜子）「青梅市文化財ニュース」 青梅市文化財保護指導員会 （271）2010.04

たてもの園から 武蔵御嶽神社と高尾山薬王院（米崎清実）「江戸東京博物館news ： Edo-Tokyo Museum news」 東京都歴史文化財団東京都江戸東京博物館 72 2010.03

イノシシの出現と武蔵御嶽神社（角田清美）「青梅市文化財ニュース」 青梅市文化財保護指導員会 （278）2010.12

江戸東京たてもの園の特別展「武蔵御嶽神社と高尾山薬王院」展をふりかえって（米崎清実）「江戸東京たてもの園だより」 東京都歴史文化

財団 （37）　2011.03

武蔵村山

武蔵村山の年中行事（長沢利明）「武蔵村山市市史だより」　武蔵村山市市史編さん室　（11）1997.12

武蔵村山の民家（片岡雅子）「武蔵村山市市史だより」　武蔵村山市市史編さん室　（11）1997.12

武蔵村山の伝統文化（1）旧村時代の獅子頭巡行習俗（水野紀一）「武蔵村山市立歴史民俗資料館報 ： 資料館だより」　武蔵村山市立歴史民俗資料館　29　1998.8

武蔵村山の伝統文化（2）『指田日記』に見る民間療法（1）（水野紀一）「武蔵村山市立歴史民俗資料館報 ： 資料館だより」　武蔵村山市立歴史民俗資料館　30　1998.8

古文書からみた武蔵村山（7）花角力一件（寺町勲）「武蔵村山市立歴史民俗資料館報 ： 資料館だより」　武蔵村山市立歴史民俗資料館　31　1999.9

武蔵村山の芸能（秋山和美）「武蔵村山市市史だより」　武蔵村山市市史編さん室　（17）2001.3

写真展「ちっとんべえ昔の武蔵村山―三ツ榎と五郎松を中心に」「武蔵村山市市史だより」　武蔵村山市市史編さん室　（37）2002.7

武蔵村山における伝統文化（4）『指田日記』にみる民間療法（3）（水野紀一）「武蔵村山市市史だより」　武蔵村山市市史編さん室　（37）2002.7

むさしむらやま妖怪マップ「武蔵村山市立歴史民俗資料館報 ： 資料館だより」　武蔵村山市立歴史民俗資料館　（45）2006.9

砂川と武蔵村山の境界について（宮崎誠之助）「立川民俗」　立川民俗の会　（19）2014.10

武蔵村山市

暮らしのサイクルと民具（外立ますみ）「武蔵村山市市史だより」　武蔵村山市市史編さん室　（10）1997.8

収蔵品展からトウロマチ（燈籠祭）の世界「武蔵村山市立歴史民俗資料館報 ： 資料館だより」　武蔵村山市立歴史民俗資料館　27　1997.8

古文書からみた武蔵村山市（3）江戸時代の産業（寺町勲）「武蔵村山市立歴史民俗資料館報 ： 資料館だより」　武蔵村山市立歴史民俗資料館　27　1997.8

武蔵村山市の炮烙灸（長沢利明）「コロス」　常民文化研究会　73　1998.5

武蔵村山市に残る口承文芸（田中斉）「武蔵村山市市史だより」　武蔵村山市市史編さん室　（12）1998.8

歴史講座「ヤマ」の石造物めぐりの実施（武蔵村山市立歴史民俗資料館）「ミュージアム多摩 ： 東京都三多摩公立博物館協議会会報」　東京都三多摩公立博物館協議会　20　1999.3

灯籠祭と地口行灯―東京都武蔵村山市（長沢利明）「西郊民俗」　[西郊民俗談話会]　通号168　1999.9

村の寺社と文化（寺町勲）「武蔵村山市市史だより」　武蔵村山市市史編さん室　（15）2000.3

江戸時代における村人の生活（鍋本由徳）「武蔵村山市市史だより」　武蔵村山市市史編さん室　（15）2000.3

『指田日記』に見る家内行事（長沢利明）「武蔵村山市市史だより」　武蔵村山市市史編さん室　（17）2001.3

ムラの生活と日々のつきあい（大山孝正）「武蔵村山市市史だより」　武蔵村山市市史編さん室　（17）2001.3

ミニコーナー展「進藤コレクションの蚕織錦絵」「武蔵村山市市史だより」　武蔵村山市市史編さん室　（36）2002.2

収蔵資料紹介武蔵村山市の新省講（青木哲）「武蔵村山市立歴史民俗資料館報 ： 資料館だより」　武蔵村山市立歴史民俗資料館　43　2005.9

デエダラボッチの井戸伝説（青木哲）「武蔵村山市立歴史民俗資料館報 ： 資料館だより」　武蔵村山市立歴史民俗資料館　（45）2006.9

大正時代の段飾り 季節展「桃の節供」より「武蔵村山市立歴史民俗資料館報 ： 資料館だより」　武蔵村山市立歴史民俗資料館　（51）2010.03

資料館常設展示室の「峰大幟飾彫刻」「武蔵村山市立歴史民俗資料館報 ： 資料館だより」　武蔵村山市立歴史民俗資料館　（53）2012.03

「峰大幟飾彫刻」―武蔵村山市峰地区に残されていた「大幟」と「飾彫刻」はじめに/寄贈された峰大幟と飾彫刻/大幟と飾彫刻の形状/大幟が掲げられていた風景/幟の歴史/武蔵村山の幟/まとめ（高橋健樹）「武蔵村山市立歴史民俗資料館報 ： 資料館だより」　武蔵村山市立歴史民俗資料館　（53）2012.3

平成24年度 企画展「村のくらし―膳椀組合をとおして―」の展示風景より「武蔵村山市立歴史民俗資料館報 ： 資料館だより」　武蔵村山市立歴史民俗資料館　（54）2012.10

「村のくらし―膳椀組合をとおして―」 はじめに/武蔵村山のくらしと地域名/膳椀組合（膳椀組）/膳椀組合が所有するもの/祝儀（ハレ）・不祝儀（ケ）の人寄せ/人寄せに関わった組合の人々/女衆（オンナシ）の役割/各地域の膳椀組合の様相/まとめ「武蔵村山市立歴史民俗資料館報 ： 資料館だより」　武蔵村山市立歴史民俗資料館　（54）2012.10

「渡辺酒造寄贈資料総合調査報告書」についての発行後記（平成24年度の主な事業報告）（武蔵村山市立歴史民俗資料館）「武蔵村山市立歴史民

俗資料館報 ： 資料館だより」　武蔵村山市立歴史民俗資料館　（55）2014.03

武蔵陵墓地

武蔵陵墓地を訪ねる（外池昇）「多摩地域史研究会会報」　多摩地域史研究会　59　2002.9

地形図の威力―京王御陵線跡を歩いて武蔵陵墓地を訪れる（参加後記）（馬場喜信）「多摩地域史研究会会報」　多摩地域史研究会　60　2002.11

武蔵陵墓地について（特集 武蔵の上円下方墳とその周辺）（紺野英二）「武蔵野」　武蔵野文化協会　84（1）通号347　2010.05

村上精華堂

新規収蔵建造物 村上精華堂（小林克）「江戸東京たてもの園だより」　東京都歴史文化財団　14　1999.9

村野家住宅

武蔵野の民家 二題―国営昭和記念公園こもれびの里の旧石井家住宅と東久留米市柳窪の村野家住宅について（特集 むかしの暮らしを復元する）（稲葉和也）「多摩のあゆみ」　たましん地域文化財団　（142）2011.5

村山

特別展から 特別展「村山で作られていた押絵羽子板」「武蔵村山市立歴史民俗資料館報 ： 資料館だより」　武蔵村山市立歴史民俗資料館　28　1998.1

近代の村山織物―綿織物から絹織物への転換（鈴木芳行）「多摩のあゆみ」　たましん地域文化財団　106　2002.5

「村山絣」の復元をめざして 特別展を終えて「歴史館だより」　東村山ふるさと歴史館　18　2003.1

村山村

子供たちの記憶から見えてくる村山村―戦争末期における都市近郊農村の暮らし（特集 戦時下の地域社会 その2）（楢崎由美）「多摩のあゆみ」　たましん地域文化財団　（141）2011.2

牟礼橋

石仏紹介（134）久我山区境の庚申と牟礼橋（3）（藤井正三）「杉並郷土史会史報」　杉並郷土史会　169　2001.9

目青不動

私の散歩道（98）教学院・目青不動（大輪敏男）「目黒区郷土研究」　目黒区郷土研究会　566　2002.3

目赤不動尊

目赤不動尊と駒込界隈散策（高橋英一）「目黒区郷土研究」　目黒区郷土研究会　604　2005.5

明治神宮

回顧閑谷中学校 第13回明治神宮国民錬成大会に出場して（秋山一麿）「閑谷学校研究」　特別史跡閑谷学校顕彰保存会　（4）2000.5

神社奉祀調査会について（上）―明治神宮計画における「由緒」と「風致」（山口輝臣）「海南史学」　高知海南史学会　（39）2001.8

何卒御鎮座地に御選定相成度 明治神宮の候補地に映る東京（山口輝臣）「史淵」　九州大学大学院人文科学研究院　139　2002.3

昭和14年の明治神宮国民体育大会―村史編集室収集資料紹介（玉城裕美子）「読谷村立歴史民俗資料館紀要」　読谷村教育委員会　26　2002.3

明治神宮造営と明治聖徳論の展開（佐藤一伯）「神道宗教」　神道宗教学会　（212）2008.10

明治神宮華道五流献華式 本年は小原流家元が奉納（石田武久）「儀礼文化ニュース」　儀礼文化学会　（190）2013.05

5月探訪報告 表参道から明治神宮へ/町会行事になった押部の百万遍「足立史談会だより」　足立史談会　（303）2013.06

「伝説」と「史実」のあいだ―明治神宮・「清正井」・井伊直弼をめぐる歴史認識（小泉雅弘）「駒沢史学」　駒沢史学会　（81）2013.12

廻田

四方山話 廻田下川遊び（細渕久仁夫）「郷土研だより」　東村山郷土研究会　298　2004.7

東村山の昔ばなし（12）廻田 へびと菖蒲湯（細田キク，糀谷忠三，両澤清）「郷土研だより」　東村山郷土研究会　（383）2012.04

東村山の昔ばなし（16）廻田 キツネのあだうち（高橋喜司，糀谷忠三，両澤清）「郷土研だより」　東村山郷土研究会　（387）2012.08

目黒

水神様（宮崎敏子）「郷土目黒」　目黒区郷土研究会　42　1998.10

ちょっと昔の話（1）目黒の筍（宮崎敏子）「目黒区郷土研究」　目黒区郷土研究会　530　1999.3

郷土資料室収蔵資料展『目黒のたけのこ』（郷土資料室）「郷土目黒」　目黒区郷土研究会　43　1999.10

〈小特集 戦前の目黒〉「郷土目黒」　目黒区郷土研究会　43　1999.10

世界のミキモト・パールと目黒(二瓶英二郎)「郷土目黒」 目黒区郷土研究会 43 1999.10

目黒にあった瞽女宿と瞽女唄講演(平山元也)「目黒区郷土研究」 目黒区郷土研究会 538 1999.11

講演記念 江戸から目黒への道(田丸太郎)「郷土目黒」 目黒区郷土研究会 44 2000.10

神社明細帳に見る目黒の神社(田丸太郎)「郷土目黒」 目黒区郷土研究会 44 2000.10

お祭りの思い出(溝口千世)「郷土目黒」 目黒区郷土研究会 44 2000.10

「子供たちの遊びの記録が郷土の歴史になる」と言われて(松本金光)「郷土目黒」 目黒区郷土研究会 44 2000.10

江戸時代の目黒と浄土宗寺院(高橋賢治)「目黒区郷土研究」 目黒区郷土研究会 549 2000.10

江戸図屏風の「目黒弁当之寺」(栗山佳也)「目黒区郷土研究」 目黒区郷土研究会 559 2001.8

「僧侶本籍地書上帳」─維新と仏教(田丸太郎)「郷土目黒」 目黒区郷土研究会 45 2001.10

富士の見える目黒の坂(田丸太郎)「目黒区郷土研究」 目黒区郷土研究会 561 2001.10

目黒の力石(高島慎助)「目黒区郷土研究」 目黒区郷土研究会 565 2002.2

目黒に富士塚を!(仲野基道)「目黒区郷土研究」 目黒区郷土研究会 566 2002.3

目黒に富士塚を!(余滴1)(仲野基道)「目黒区郷土研究」 目黒区郷土研究会 567 2002.4

目黒に富士塚を!(余滴2)(仲野基道)「目黒区郷土研究」 目黒区郷土研究会 568 2002.5

根と講─地域史の可能性(岩崎信夫)「郷土目黒」 目黒区郷土研究会 47 2003.10

目黒の金毘羅と天狗(田丸太郎)「郷土目黒」 目黒区郷土研究会 47 2003.10

目黒の昔を語る(14) めぐろの筍のルーツ(編集部)「目黒区郷土研究」 目黒区郷土研究会 585 2003.10

目黒の昔を語る(15) 圓融寺の日源五重石塔(1)(編集部)「目黒区郷土研究」 目黒区郷土研究会 586 2003.11

「目黒の七福神」巡り(下山田允子)「目黒区郷土研究」 目黒区郷土研究会 589 2004.2

めぐろの昔を語る(23) 目黒の庚申塔(編集部)「目黒区郷土研究」 目黒区郷土研究会 594 2004.7

目黒の寺(仲野基道)「目黒区郷土研究」 目黒区郷土研究会 594 2004.7

目黒の昔を語る(26) 銅造役の行者像(編集部)「目黒区郷土研究」 目黒区郷土研究会 597 2004.10

目黒のサンマの里案内記(仲野基道)「郷土目黒」 目黒区郷土研究会 49 2005.10

オンダマ(宮崎敏子)「郷土目黒」 目黒区郷土研究会 49 2005.10

エッセイ 目黒の古民家─ふくよかな母の匂いが(浅間哲)「郷土目黒」 目黒区郷土研究会 49 2005.10

目黒の民謡・麦打唄[1]~(10)(田丸太郎)「目黒区郷土研究」 目黒区郷土研究会 (615)/(624) 2006.4/2007.1

目黒囃子の実情(木場伸也)「郷土目黒」 目黒区郷土研究会 50 2006.10

随想 目黒の麦打唄(田丸太郎)「郷土目黒」 目黒区郷土研究会 50 2006.10

『江戸名所図会』 目黒飴(橋口明子)「目黒区郷土研究」 目黒区郷土研究会 (623) 2006.12

目黒の麦打ち唄 この世が闇になるとも(田丸太郎)「目黒区郷土研究」 目黒区郷土研究会 (625) 2007.2

続・目黒の麦打唄(1)~(3)(田丸太郎)「目黒区郷土研究」 目黒区郷土研究会 (628)/(632) 2007.5/2007.9

続・目黒の麦打歌(4)~(6)(田丸太郎)「目黒区郷土研究」 目黒区郷土研究会 (644)/(646) 2008.9/2008.11

会報にみる目黒の昔(10) 「ひもんやの法力」安東庄次郎(編集部)「目黒区郷土研究」 目黒区郷土研究会 (644) 2008.9

目黒盆栽研究会について(平山元也)「郷土目黒」 目黒区郷土研究会 52 2008.10

第六天社大祭を終えて お祀の歩みを顧みる(岩田トメ)「郷土目黒」 目黒区郷土研究会 52 2008.10

赤提灯・四十年の軌跡(仲野基道)「郷土目黒」 目黒区郷土研究会 52 2008.10

随想 続・目黒の麦打唄(田丸太郎)「郷土目黒」 目黒区郷土研究会 52 2008.10

会報にみる目黒の昔(13) 「目黒落穂集(二)」富岡丘蔵/「目黒歳時記(一)正月」「目黒歳時記(二)初午」目黒竹山人(編集部)「目黒区郷土研究」 目黒区郷土研究会 (647) 2008.12

会報にみる目黒の昔(14) 「目黒歳時記二 初午(続き)」「目黒歳時記三 ひな」「目黒歳時記四 桜」目黒竹山人「目黒区郷土研究」 目黒区郷土研究会 (648) 2009.1

会報にみる目黒の昔(15) 「目黒歳時記五 たけのこ」「目黒歳時記六 花菖蒲」「目黒歳時記七 うらぼん」目黒竹山人「目黒区郷土研究」 目黒区郷土研究会 (649) 2009.2

会報にみる目黒の昔(16) 「目黒歳時記八 草すもう」「目黒歳時記九 祭り」目黒竹山人(編集部)「目黒区郷土研究」 目黒区郷土研究会 (650) 2009.03

会報にみる目黒の昔(17) 「目黒歳時記十 秋の日」目黒竹山人「目黒区郷土研究」 目黒区郷土研究会 (651) 2009.4

会報にみる目黒の昔(18) 「目黒歳時記十一 とりの市」「目黒歳時記十二 年の暮」目黒竹山人「目黒区郷土研究」 目黒区郷土研究会 (652) 2009.5

会報にみる目黒の昔(19) 「江戸のサンタ・マリア(一)(二)」樋口信助「目黒区郷土研究」 目黒区郷土研究会 (653) 2009.06

会報にみる目黒の昔(20) 「碑文谷公園伝統の大蛇」太田省三/「丑川と目黒地区の伝統」太田省三/「正泉寺『名墓』の石標の完成」羽倉敬尚「目黒区郷土研究」 目黒区郷土研究会 (654) 2009.7

会報にみる目黒の昔(27) 「"マンション王国"目黒区」/「目黒の『筍めし』のはなし」太田省三「目黒区郷土研究」 目黒区郷土研究会 (661) 2010.2

会報にみる目黒の昔(29) 「み魂遷しとけころ坂」浅海行夫/「空川の源流を探る」松田素風「目黒区郷土研究」 目黒区郷土研究会 (666) 2010.7

小学校の遠足・参宮旅行の思い出(川合正治)「郷土目黒」 目黒区郷土研究会 54 2010.10

目黒と落語(仲野基道)「郷土目黒」 目黒区郷土研究会 54 2010.10

狛犬ならぬ和犬(栗山佳也)「郷土目黒」 目黒区郷土研究会 54 2010.10

目黒囃子と殿様(橋口明彦)「目黒区郷土研究」 目黒区郷土研究会 (675) 2011.04

目黒と目と黒と(7) 一つ目の神・金屋子神(目黒英夫)「目黒区郷土研究」 目黒区郷土研究会 (680) 2011.09

念仏僧西運の行跡(橋口明子)「郷土目黒」 目黒区郷土研究会 55 2011.10

目黒川

目黒川架橋供養碑について(橋口明子)「目黒区郷土研究」 目黒区郷土研究会 568 2002.5

大圓寺の目黒川架橋供養勢至菩薩像(編集部)「目黒区郷土研究」 目黒区郷土研究会 596 2004.9

目黒銀座

目黒銀座物語(2) 上目黒2丁目地区再開発と第六天社(二瓶英二郎)「目黒区郷土研究」 目黒区郷土研究会 532 1999.5

私の散歩道(69) 目黒銀座・馬頭観音(大輪敏男)「目黒区郷土研究」 目黒区郷土研究会 535 1999.8

目黒銀座観音

目黒銀座物語(1) 目黒銀座観音(二瓶英二郎)「目黒区郷土研究」 目黒区郷土研究会 531 1999.4

目黒区

ダイダラボッチ伝説(1)~(4)(田丸太郎)「目黒区郷土研究」 目黒区郷土研究会 526/529 1998.11/1999.2

ちょっと昔の話(3) 白山様(宮崎敏子)「目黒区郷土研究」 目黒区郷土研究会 532 1999.5

たくあんづくり(宮崎敏子)「目黒区郷土研究」 目黒区郷土研究会 534 1999.7

私の散歩道(72) ダイダラボッチ(大輪敏男)「目黒区郷土研究」 目黒区郷土研究会 538 1999.11

お地蔵様(11) 変わった名のお地蔵様(宮崎敏子)「目黒区郷土研究」 目黒区郷土研究会 543 2000.4

お地蔵さま(13) 続・変わった名のお地蔵様(宮崎敏子)「目黒区郷土研究」 目黒区郷土研究会 545 2000.6

人の名前をもらった地蔵様(宮崎敏子)「目黒区郷土研究」 目黒区郷土研究会 547 2000.8

「墨引」と「朱引」について(田丸太郎)「目黒区郷土研究」 目黒区郷土研究会 550 2000.11

文政3庚申年の「星祭」(橋口明子)「目黒区郷土研究」 目黒区郷土研究会 551 2000.12

地蔵尊とは(宮崎敏子)「目黒区郷土研究」 目黒区郷土研究会 552 2001.1

初詣で 初夢・七福神(大輪敏男)「目黒区郷土研究」 目黒区郷土研究会 552 2001.1

イコンと地蔵(宮崎敏子)「目黒区郷土研究」 目黒区郷土研究会 553 2001.2

大穴牟遅神とダイダラボッチ(田丸太郎)「目黒区郷土研究」 目黒区郷土研究会 560 2001.9

私の散歩道(92)庚申道「藤の庚申」(大輪敏男)「目黒区郷土研究」 目黒区郷土研究会 560 2001.9

目黒区域の増上寺領(柳下顕紀)「郷土目黒」 目黒区郷土研究会 45 2001.10

曲り松と二股の竹(栗山佳也)「目黒区郷土研究」 目黒区郷土研究会 561 2001.10

もどってきた第六天社(編集部)「目黒区郷土研究」 目黒区郷土研究会 570 2002.7

不動の鳥居(竹田務)「目黒区郷土研究」 目黒区郷土研究会 572 2002.9

六天地の社(岩田トメ)「目黒区郷土研究」 目黒区郷土研究会 573 2002.10

樹や草のつぶやき(17)姫様・若様物語—そろいの単衣で(宮崎敏子)「目黒区郷土研究」 目黒区郷土研究会 573 2002.10

現代の出産とエナ観を捉える試みとして—東京都目黒区在住の女性たちを対象としたアンケートの結果より(猿渡士貴)「日本民俗学」 日本民俗学会 通号232 2002.11

竹田務氏「不動の鳥居」について(編集部)「目黒区郷土研究」 目黒区郷土研究会 577 2003.2

キリシタン灯籠(上),(下)(宮崎敏子)「目黒区郷土研究会 582/583 2003.7/2003.8

柿の木の話(3)—御衣奉納碑(前)(宮崎敏子)「目黒区郷土研究」 目黒区郷土研究会 587 2003.12

百日柿(仲野基道)「目黒区郷土研究」 目黒区郷土研究会 589 2004.2

2月号の「昔の暮らし、遊び」展の記事を読んで(内田康子)「目黒区郷土研究」 目黒区郷土研究会 591 2004.4

日本最古の民家(栗山佳也)「目黒区郷土研究」 目黒区郷土研究会 599 2004.12

半鐘の話(1)〜(3)(平山元也)「目黒区郷土研究会 599/603 2004.12/2005.4

鮎かつぎ唄(田丸太郎)「目黒区郷土研究」 目黒区郷土研究会 610 2005.11

鮎かつぎ唄 つづき一(田丸太郎)「目黒区郷土研究」 目黒区郷土研究会 611 2005.12

樹・木・草のつぶやき(45)熊野神社の森の木々(上)(宮崎敏子)「目黒区郷土研究」 目黒区郷土研究会 611 2005.12

孔子の木・学問の木「楷の木」を思う(宮野鼻洋三)「目黒区郷土研究会 (612) 2006.1

鮎かつぎ唄 つづき二(田丸太郎)「目黒区郷土研究会 (612) 2006.1

樹・木・草のつぶやき(45)熊野神社の森の木々の話し/(46)黄檗の木(海福寺)(宮崎敏子)「目黒区郷土研究」 目黒区郷土研究会 (613) 2006.2

最近のメディアより ペットの墓(橋口明子)「目黒区郷土研究」 目黒区郷土研究会 (615) 2006.4

『江戸名所図会』金毘羅大権現(橋口明子)「目黒区郷土研究」 目黒区郷土研究会 (624) 2007.1

春の七草(宮崎敏子)「目黒区郷土研究」 目黒区郷土研究会 (624) 2007.1

糸車の戦車(栗山佳也)「目黒区郷土研究」 目黒区郷土研究会 (625) 2007.2

手つくりの延べ竿(栗山佳也)「目黒区郷土研究」 目黒区郷土研究会 (630) 2007.7

青桐の枝の刀(栗山佳也)「目黒区郷土研究」 目黒区郷土研究会 (631) 2007.8

江戸時代の道の呼び方(田丸太郎)「目黒区郷土研究」 目黒区郷土研究会 (633) 2007.10

氷川神社再考(竹田務)「目黒区郷土研究」 目黒区郷土研究会 (637) 2008.2

ひとつ赤提灯が消えた(仲野基道)「目黒区郷土研究」 目黒区郷土研究会 (639) 2008.4

『旧事諮問録』より(橋口明子)「目黒区郷土研究」 目黒区郷土研究会 (640) 2008.5

「廻国」印の出土その他(竹田務)「目黒区郷土研究」 目黒区郷土研究会 (641) 2008.6

繭玉、雪玉考(栗山佳也)「目黒区郷土研究」 目黒区郷土研究会 (647) 2008.12

廻国印と吉良頼治(1),(2)(竹田務)「目黒区郷土研究」 目黒区郷土研究会 (651)/(652) 2009.04/2009.05

お稲荷様とお祭り(栗山佳也)「目黒区郷土研究」 目黒区郷土研究会 (657) 2009.10

東京都目黒区指定無形民俗文化財「目黒ばやし」講演会(柁原年)「日本民俗音楽学会会報」 日本民俗音楽学会 (37) 2012.06

目黒七福神

2009年正月7日 目黒七福神巡りに参加して(成田忠志)「郷土史研通信」 八千代市郷土歴史研究会 (65) 2009.02

目黒新富士

めぐろの昔を語る(13)消えた"目黒新富士"(編集部)「目黒区郷土研究」 目黒区郷土研究会 584 2003.9

富士塚築造にみる江戸庶民の富士山崇拝と創造性—目黒新富士と胎内洞穴を例に(特集 武蔵野と富士)(横山昭一)「武蔵野」 武蔵野文化協会 89(1)通号353 2014.05

目黒大仏

目黒大仏って何処にあった(栗山佳也)「目黒区郷土研究」 目黒区郷土研究会 (629) 2007.6

「目黒大仏」私見(田丸太郎)「目黒区郷土研究」 目黒区郷土研究会 (630) 2007.7

目黒邸

重要文化財・目黒邸(仲野基道)「目黒区郷土研究」 目黒区郷土研究会 (623) 2006.12

目黒富士

二つの目黒富士—『嘉陵紀行』より(橋口明子)「目黒区郷土研究」 目黒区郷土研究会 587 2003.12

目黒富士・富士見山御立場(橋口明子)「目黒区郷土研究」 目黒区郷土研究会 (614) 2006.3

会報にみる目黒の昔(11)「目黒富士講の発展」三輪善之助/「滅びる目黒富士を悼む」/「目黒富士」落合次郎/「新富士にあった石碑が別所坂児童遊園に設置」平山元也「目黒区郷土研究」 目黒区郷土研究会 (645) 2008.10

目黒不動

目黒不動の滝プール(高橋武雄)「目黒区郷土研究」 目黒区郷土研究会 534 1999.7

江戸時代における目黒不動(2)—中興開基生順と第2世慈海宋順・第3世円山亮順(高橋賢治)「郷土目黒」 目黒区郷土研究会 43 1999.10

お地蔵様(10)目黒不動の延命地蔵(宮崎敏子)「目黒区郷土研究」 目黒区郷土研究会 542 2000.3

目黒不動の銀杏と大日如来(宮崎敏子)「目黒区郷土研究」 目黒区郷土研究会 563 2001.12

目黒不動の大行事権現祠(田丸太郎)「目黒区郷土研究」 目黒区郷土研究会 564 2002.1

2月探訪報告 目黒不動と祐天寺界隈(矢沢幸一朗)「足立史談会だより」 足立史談会 180 2003.3

目黒不動の青木昆陽の墓(編集部)「目黒区郷土研究」 目黒区郷土研究会 589 2004.2

目黒不動尊

明治維新と目黒不動尊門前町(田丸太郎)「目黒区郷土研究」 目黒区郷土研究会 540 2000.1

目黒不動尊周辺の古道を歩く(高橋英一)「目黒区郷土研究」 目黒区郷土研究会 563 2001.12

目黒不動尊の進軍神社について(田丸太郎)「郷土目黒」 目黒区郷土研究会 46 2002.10

目黒不動尊と圓融寺の体操会場訪問(斎藤誠)「目黒区郷土研究」 目黒区郷土研究会 589 2004.2

目黒不動尊の近代美術(編集部)「目黒区郷土研究」 目黒区郷土研究会 605 2005.6

目黒元富士

めぐろの昔を語る(9)目黒元富士の名残(編集部)「目黒区郷土研究」 目黒区郷土研究会 580 2003.5

飯盛

名樹飯盛杉の保全について(沢本和容)「郷土研究」 奥多摩郷土研究会 (19) 2008.3

その後の飯盛杉(沢本和容)「郷土研究」 奥多摩郷土研究会 (23) 2012.3

目白

3月探訪報告 目白界隈—護国寺から江戸川橋へ「足立史談会だより」 足立史談会 145 2000.4

目白不動

消えた目白不動と残された地名(野口瑠璃)「全国地名保存連盟会報」 全国地名保存連盟 45 2001.1

百草園

2月高幡不動・百草園探訪報告「足立史談会だより」 足立史談会 204 2005.3

百草園から高幡不動尊（山行報告）（関口洋介）「奥武蔵」 奥武蔵研究会 （387） 2012.09

百草園城跡

第23回歴史見て歩き―百草園城跡・大塚観音・稲荷塚古墳を訪ねる「打越」 打越歴史研究会 43 1997.7

百草村

日野の石仏（2）百草村の領主が建てた庚申塔（加地勝）「野仏：多摩石仏の会機関誌」 多摩石仏の会 43 2012.07

黙想の家

建物雑想記（30）回廊のある修道院―旧東京黙想の家（酒井哲）「多摩のあゆみ」 たましん地域文化財団 （146） 2012.05

木母寺

私の散歩道（63）木母寺（大輪敏男）「目黒区郷土研究」 目黒区郷土研究会 529 1999.2

梅若塚と木母寺（中三川時雄）「下野史談」 下野史談会 98 2003.12

資料紹介 梅柳山木母寺所蔵『梅若丸』絵巻について（加増啓二）「足立区立郷土博物館紀要」 足立区立郷土博物館 （27） 2006.3

木母寺を訪ねて（堤正樹）「美濃民俗」 美濃民俗文化の会 （490） 2008.3

史料紹介 木母寺旧蔵「梅若丸画像」の模写絵について（武田庸二郎）「世田谷区立郷土資料館資料館だより」 ［東京都］世田谷区立郷土資料館 （60） 2014.03

本木

足立区における湿生作物栽培―本木のセリ栽培（1），（2）（荻原ちとせ）「足立区立郷土博物館紀要」 足立区立郷土博物館 （20）/（21） 1998.3/1999.3

足立風土記だより（67）明治29年・本木の図子の家数（矢沢幸一朗）「足立史談」 足立区教育委員会 372 1999.2

本木村

本木村と六部様（塚田博）「足立史談」 足立区教育委員会 379 1999.9

元八王子

生活文化の基調提案（内田弥三郎）「由比野」 元八王子歴史研究会 （8） 1997.11

中世戦国時代の食文化（石川正幸）「由比野」 元八王子歴史研究会 （8） 1997.11

虚無僧寺（普化禅宗）の開帳（小川春夫）「由比野」 元八王子歴史研究会 （8） 1997.11

天正年間落城前後の食文化に一考を（松岡末吉）「由比野」 元八王子歴史研究会 （8） 1997.11

廃仏毀釈について（鈴木秀夫）「由比野」 元八王子歴史研究会 （11） 2001.4

私の好きな仏像（1），（2）（山田幸夫）「由比野」 元八王子歴史研究会 （12）/（13） 2002.10/2005.4

仏像の見方（会員発表）（山田幸夫）「由比野」 元八王子歴史研究会 （13） 2005.4

元八幡

江東の古道をゆく（4）十方庵敬順が歩いた元八幡への道（1）（栗原修）「下町文化」 江東区地域振興部 （267） 2014.9

元横山町

玄関の民俗―八王子市元横山町をケースとして（相原悦夫）「桑都民俗：桑都民俗の会会報」 桑都民俗の会 18・19 1999.3

紅葉山

静岡へ移住した紅葉山楽人（1），（2）（樋口雄彦）「静岡県近代史研究会会報」 静岡県近代史研究会 （379）/（380） 2010.04/2010.05

百村

百村の蛇撚り（石川博司）「まつり通信」 まつり同好会 39（8）通号462 1999.7

森下町

さし絵のなかの多摩（49）多摩の江戸型山車―青梅森下町武内宿禰山車絵図（齋藤愼一）「多摩のあゆみ」 たましん地域文化財団 （139） 2010.08

森田寿吉家住宅

清瀬市森田寿吉家住宅について（大平茂男）「多摩地域史研究会会報」 多摩地域史研究会 41 1998.11

薬王院

石仏紹介（165）薬王院の庚申塔（藤井正三）「杉並郷土史会史報」 杉並郷土史会 （201） 2007.1

薬王寺

皆野町薬王寺のやぐら（栗岡真理子）「武蔵野」 武蔵野文化協会 78（2）通号336 2002.5

薬師堂

地名を撮る 薬師堂（『地名目録』5E、新記・小名所載）（岩崎美智子）「練馬区地名研究会会報」 練馬区地名研究会 67 2004.2

八雲

樹・木・草のつぶやき（41），（42）八雲氷川神社の森の話（上），（下）（宮崎敏子）「目黒区郷土研究」 目黒区郷土研究会 605/606 2005.6/2005.7

八雲神社

向原の昔（9）向原八雲神社信仰関係資料（板橋区登録有形民俗文化財）―資料紹介と幾つかの考察（三原寿太郎）「板橋史談」 板橋史談会 （282） 2014.11

矢倉沢往還

大雄山最乗寺を訪ねて（矢倉沢往還最終回）（荻山勝重）「県央史談」 県央史談会 （46） 2007.1

宅部

東村山の昔ばなし（27）宅部 宅部の姥捨山（清水忠助，糀谷忠三，両澤清）「郷土史研だより」 東村山郷土研究会 （398） 2013.7

弥五郎新田

足立区の文化財 有形文化財（古文書）「報恩社法録」、関原不動尊略縁起（版木）、「地誌」（明治九年「地誌篇 伊東谷村」、明治九年「地誌書上 第十大区六小区次郎左衛門新田」、明治十年「地誌書上 第十大区六小区弥五郎新田」、明治十年「地誌書上 第十大区六小区五兵衛新田」）、千ヶ崎家文書1点、船津家文書2点（天保九戌年「宗旨御改め壱人別帳」、明治四〇年「荒川堤上裁桜原簿写」）「足立史談会だより」 足立史談会 （303） 2013.6

八坂

八坂ばやしの想い出（小山三津次）「東村山市史研究」 東村山市教育委員会 7 1998.3

野新田

野新田に於ける桜草の文化史（1），（2）（大久保幸治）「足立史談」 足立区教育委員会 422/423 2003.4/2003.5

再び野新田に於ける桜草の文化史（1）～（4）（大久保幸治）「足立史談」 足立区教育委員会 431/434 2004.1/2004.4

靖国

靖国問題とお盆（時評）（中村生雄）「東北学.［第1期］」 東北芸術工科大学東北文化研究センター，作品社（発売）7 2002.10

英霊・靖国などにかかわる心持ち―刀根ノートに応えて（牧民郎）「鹿児島民俗」 鹿児島民俗学会 （126） 2004.10

靖国と護国神社（田邊英治）「歴研よこはま」 横浜歴史研究会 （58） 2006.5

反米ナショナリズム封じの靖国カード（特集 靖国問題）（岩間一雄）「人権21：調査と研究」 おかやま人権研究センター （183） 2006.8

靖国問題についての考察（特集 靖国問題）（ジョエル，ヨース）「人権21：調査と研究」 おかやま人権研究センター （183） 2006.8

高橋哲哉氏の「靖国」論―「追悼」と「顕彰」（特集 靖国問題）（小畑隆資）「人権21：調査と研究」 おかやま人権研究センター （183） 2006.8

反日に翻弄される靖国（間渕二三夫）「歴研よこはま」 横浜歴史研究会 （59） 2006.11

靖国問題を考える（〈文芸ゆすはら〉―随想）（中越孝一）「檮原 文芸・史談」 檮原町文化協会 （31） 2006.11

靖国参拝訴訟をめぐる法的問題の一考察（富永健）「皇學館大学神道研究所紀要」 皇學館大学神道研究所 23 2007.3

「靖国問題」とは何か―「特集・靖国問題」（『人権21』2006年8月号）を読む（小畑隆資）「人権と社会」 岡山人権問題研究所『人権と社会』編集委員会 （2） 2007.3

台湾侵略神社跡地のヤスクニ（辻子実）「年報非文字資料研究」 神奈川大学日本常民文化研究所非文字資料研究センター （8） 2012.03

靖国の遺児（町から村から）（依田光子）「郷土石見：石見郷土研究懇話会機関誌」 石見郷土研究懇話会 （91） 2012.12

靖国にまつられる身が（若林英一）「会報いしばし」 石橋郷土史研究会 2013年秋季号 2013.09

靖国の裏ばなし（前田宏）「季刊南九州文化」 南九州文化協会 （120） 2014.11

靖国神社

靖国神社に参拝（平賀房子）「あゆち潟」 「あゆち潟」の自然と歴史に親しむ会 （5） 1999.3

靖国神社と会津藩について（小林榮三）「歴史春秋」 歴史春秋社 （54）
2001.10

靖国神社と室生寺（隈部健二郎）「嶽南風土記・有家史談」 有家町史談会
（10）2003.3

「戦後」という言葉と「靖国問題」（河村和男）「碧」 碧の会 （13）
2005.6

私の戦後60年「靖国神社へお会いにおいでと言った人は」―戦争未亡人に
聞く 植田房枝様・伊藤幸子様・山本サミ様《《終戦60周年記念特集》》
（村上清子, 広沢由美子）「大社の史話」 大社史談会 （144）2005.9

戦歿者追悼の歴史―靖国神社を中心として《《特集 英霊を祀る》》（大山
晋吾）「季刊悠久.第2次」 鶴岡八幡宮悠久事務局 （102）2006.1

変貌著しい靖国神社《《特集 私の「靖国神社問題考」》》（横山忠宏）「歴
研よこはま」 横浜歴史研究会 （58）2006.5

私の靖国問題《《特集 私の「靖国神社問題考」》》（斉藤伊三郎）「歴研よ
こはま」 横浜歴史研究会 （58）2006.5

前事不忘 後事之師《《特集 私の「靖国神社問題考」》》（加藤導男）「歴研
よこはま」 横浜歴史研究会 （58）2006.5

私の靖国神社考《《特集 私の「靖国神社問題考」》》（竹村紘一）「歴研
よこはま」 横浜歴史研究会 （58）2006.5

赤澤史朗著『靖国神社―せめぎあう〈戦没者追悼〉のゆくえ』（書評）（安
藤丈将）「ヒストリア ： journal of Osaka Historical Association」
大阪歴史学会 （201）2006.7

第1回定例読書会 テキスト 海竜社刊「靖国神社―正しく理解するため
に」 レポーター・田代菊雄（岡確）「岡山部落解放研究所報」 岡山部
落解放研究所 （282）2006.11

地域の陸軍墓地を通して靖国を考える―赤澤史朗『靖国神社』をめぐっ
て（横山篤夫）「歴史科学」 大阪歴史科学協議会 （187）2007.2

靖国神社と臼杵（楠君子）「臼杵史談」 臼杵史談会 （97）2007.5

朝日山と招魂場そして靖国神社（吉岡正）「大内文化探訪 ： 会誌」 大内
文化探訪会 （26）2008.4

靖国神社・遊就館覚え書―近現代史における "軍靴の足跡" を問みして
（因藤泉石）「香川史学」 香川歴史学会 （35）2008.07

靖国神社と国民（講演会記録）「調査報告書」 仙台市教育委員会 27
2009.03

靖国神社の境内に憲兵碑の建立について（相馬文夫）「鷹巣地方史研究」
鷹巣地方史研究会 （64）2009.04

靖国神社（山本眞申）「えびの」 えびの市史談会 （43）2009.05

靖国神社に祀られる神霊（津田勉）「山口県神道史研究」 山口県神道史研
究会 （23）2011.07

靖國神社霊籍簿等抹消曽使用について（宮永健）「皇學館大学神道研究所
紀要」 皇學館大学神道研究所 28 2012.03

招魂社から 靖国神社・護国神社への考察（川村一彦）「歴史懇談」 大阪
歴史懇談会 （26）2012.08

靖国神社遊就館

太平洋戦争と私（2）靖国神社遊就館と石灯籠（中川政彌）「板橋史談」 板
橋史談会 224 2004.9

靖国の杜

靖国の杜にて（川口平三郎）「西宮文化協会会報」 西宮文化協会 424
2003.7

安八百屋通り

町の記憶 昭和初期の安八百屋通り「谷中・根津・千駄木」 谷根千工房
70 2002.7

八千代

区外に刻まれた区の歴史（2）草創期の浄閑寺―八千代の仏像修理銘が語
るもの（野尻かおる）「荒川ふるさと文化館だより」 荒川区教育委員
会荒川ふるさと文化館 （23）2010.03

谷中

「音羽屋」が行く 人力車試乗記「谷中・根津・千駄木」 谷根千工房 77
2004.8

平和地蔵と三四真地蔵（昭和20年3月4日「谷中・根津・千駄木」 谷根
千工房 80 2005.7

五重塔は谷中の象徴に（坂部明弘）「谷中・根津・千駄木」 谷根千工房
（88）2007.10

この町にこんな人（谷中）寄席文化の継承を！ 三遊亭円左衛門さんに
聞く「谷中・根津・千駄木」 谷根千工房 （91）2008.12

谷中に生まれて育って働いて―松田櫃雄さん《《特集 聞きたかった話、伝
えたかったこと》》「谷中・根津・千駄木」 谷根千工房 （93）2009.08

谷中五重塔

下宿東台館、そして谷中五重塔が燃えた日 関達夫さん（時には昔の話を
―三間通り三話）「谷中・根津・千駄木」 谷根千工房 （89）2008.3

谷中七福神

谷中七福神めぐり報告（安藤義雄）「足立史談会だより」 足立史談会
131 1999.2

第27回谷中七福神詣り「荒川史談」 荒川史談会 261 2000.3

第28回谷中七福神めぐり「荒川史談」 荒川史談会 265 2001.3

第30回谷中七福神めぐり/平成15年総会終わる「荒川史談」 荒川史談会
273 2003.3

第31回谷中七福神めぐり/平成16年総会終わる「荒川史談」 荒川史談会
277 2004.3

第32回谷中七福神めぐり/平成17年荒川史談会総会終わる「荒川史談」
荒川史談会 281 2005.3

第33回谷中七福神めぐり/平成18年荒川史談会総会「荒川史談」 荒川史
談会 （285）2006.3

第34回谷中七福神めぐり/平成19年荒川史談会総会/平成19年度会費納
入者名簿「荒川史談」 荒川史談会 （289）2007.3

1月谷中七福神巡り報告「足立史談会だより」 足立史談会 （239）
2008.2

第35回谷中七福神めぐり「荒川史談」 荒川史談会 （293）2008.3

第36回谷中七福神めぐり（（岡村））「荒川史談」 荒川史談会 （297）
2009.03

第37回谷中七福神めぐり「荒川史談」 荒川史談会 （301）2010.03

第38回谷中七福神めぐり「荒川史談」 荒川史談会 （305）2011.03

谷中七福神巡り（1月6日）（服部建人）「杉並郷土史会史報」 杉並郷土史
会 （226）2011.03

第39回谷中七福神めぐり「荒川史談」 荒川史談会 （309）2012.03

第40回谷中七福神めぐり「荒川史談」 荒川史談会 （313）2013.03

谷中墓地

谷中墓地を考える（1）生活ゴミ（野沢延行）「谷中・根津・千駄木」 谷
根千工房 57 1999.3

谷中墓地のあしたはどっちだ（2）除草剤（野沢延行）「谷中・根津・千駄
木」 谷根千工房 58 1999.7

谷中墓地のあしたはどっちだ（3）樹木編（野沢延行）「谷中・根津・千駄
木」 谷根千工房 59 1999.10

谷中墓地のあしたはどっちだ（4）ネコ編「谷中・根津・千駄木」 谷根
千工房 60 1999.12

谷中墓地のあしたはどっちだ（5）マスコミ編（野沢延行）「谷中・根津・
千駄木」 谷根千工房 61 2000.3

谷中墓地のあしたはどっちだ カラス編（野沢延行）「谷中・根津・千駄
木」 谷根千工房 66 2001.7

第一特集 谷中墓地の樹木 緑の台帳をつくろう「谷中・根津・千駄木」
谷根千工房 69 2002.4

谷中墓地の樹木補遺 イチョウの切り株「谷中・根津・千駄木」 谷根千
工房 70 2002.7

谷中墓地掃苔録・肆 準備編（藤澤次識、青山胤通）「谷中・根津・千駄
木」 谷根千工房 81 2005.10

特集 谷中墓地桜並木の石碑と霊園再生計画 其塔碑は即ち魂魂の憑る所
「谷中・根津・千駄木」 谷根千工房 （86）2007.2

続・谷中墓地の桜並木の石碑と霊園再生計画 其塔碑は即ち魂魂の憑る
所（後）「谷中・根津・千駄木」 谷根千工房 （87）2007.6

谷中町

郷土史発掘 谷中町の関羽再び「谷中・根津・千駄木」 谷根千工房 64
2000.12

谷中霊園

谷中霊園掃苔録「幕末史研究」 三十一人会, 小島資料館（発売）（37）
2001.7

見て歩き「谷中霊園から根津権現へ」 7月行事の活動報告（船津孝雄）
「郷土研だより」 東村山郷土研究会 （339）2008.8

柳久保

武蔵野の食文化（4）奥住又右衛門のこと―よみがえった柳久保小麦（伊
佐九三四郎）「武蔵野」 武蔵野文化協会 83（2）通号346 2008.4

柳瀬川

かっぱ伝説の残る柳瀬川（両澤清）「郷土研だより」 東村山郷土研究会
（363）2010.08

柳瀬橋

「柳瀬橋の渡り初め式」（東村山市秋津町3―16・3―21）（大井芳文）「郷
土研だより」 東村山郷土研究会 （391）2012.12

谷根千

ひろみの生活道具探検（1）はたき「谷中・根津・千駄木」 谷根千工房
53 1998.3

特集 谷根千そば入門 あたしゃあんたの蕎麦がいい「谷中・根津・千駄
木」 谷根千工房 54 1998.7

ひろみの生活道具探検（2）硼酸団子「谷中・根津・千駄木」 谷根千工
房 54 1998.7

ひろみの生活道具探検 (3) 七輪「谷中・根津・千駄木」 谷根千工房 55 1998.10

《特集 谷根千の植木屋 (前) 江戸の農芸》「谷中・根津・千駄木」 谷根千工房 61 2000.3

《特集 谷根千の巡礼みち》「谷中・根津・千駄木」 谷根千工房 65 2001.3

谷根千落語三昧 その壱 志ん生のいた町 その弐 寄席はすぐそこ「谷中・根津・千駄木」 谷根千工房 71 2002.10

「落語三昧」補遺 佐々木良子さん、美濃部美津子さんに聞く「谷中・根津・千駄木」 谷根千工房 72 2003.2

特集 谷根千れんが探しの旅 煉瓦の記憶「谷中・根津・千駄木」 谷根千工房 73 2003.6

「落語三昧」補遺の補遺 関座・富久屋忠兵衛は天狗でござる「谷中・根津・千駄木」 谷根千工房 73 2003.6

特集 素朴な信仰 お稲荷さん「谷中・根津・千駄木」 谷根千工房 76 2004.5

76号稲荷特集補遺 消えた稲荷「谷中・根津・千駄木」 谷根千工房 79 2005.3

いろいろ補遺 ステンドグラス、稲荷、そして博物誌「谷中・根津・千駄木」 谷根千工房 80 2005.7

郷土史発掘 バルトン撮影による幻の写真集『日本の戸外生活風景』発見 (石井白児)「谷中・根津・千駄木」 谷根千工房 81 2005.10

落語特集補遺の補遺 三代目春風亭柳好の思い出 (森幸彦)「谷中・根津・千駄木」 谷根千工房 81 2005.10

特集「キモノ」をめぐる生活 はたらくキモノ「谷中・根津・千駄木」 谷根千工房 (83) 2006.3

手仕事を訪ねて「丁子屋」洗い張りの現場/この町にこんな人 琵琶をひく人、川島信子/Yのキモノ修行 スナック美奈子での五日間「谷中・根津・千駄木」 谷根千工房 (83) 2006.3

子どもの遊び、少年の記憶 (特集 楽しく暮らせる町とは)「谷中・根津・千駄木」 谷根千工房 (91) 2008.12

民俗学三代一宮本瑞夫さん (《特集 聞きたかった話、伝えたかったこと》)「谷中・根津・千駄木」 谷根千工房 (93) 2009.08

樹齢五百年の椎と茶畑と一太田松子さん (《特集 聞きたかった話、伝えたかったこと》)「谷中・根津・千駄木」 谷根千工房 (93) 2009.08

鍛金、打ち物師の仕事一河内光明さん (《特集 聞きたかった話、伝えたかったこと》)「谷中・根津・千駄木」 谷根千工房 (93) 2009.08

あんなことやこんなことや (《特集 聞きたかった話、伝えたかったこと》)「谷中・根津・千駄木」 谷根千工房 (93) 2009.08

矢野口

山本社中の里楽について一「神楽式名録」と神楽の変遷 (久保田裕道)「多摩のあゆみ」 たましん地域文化財団 107 2002.8

稲城市矢野口中部 庚申社祭礼 (犬飼康祐)「野仏 : 多摩石仏の会機関誌」 多摩石仏の会 37 2006.7

矢部八幡宮

矢部八幡宮獅子舞を見学して (三木光次)「いしぶみ」 まちだ史考会 (16) 2003.11

谷保

奥多摩の獅子舞い紀行 (17) 谷保の獅子舞い「かわせみ通信」 川崎実 20 1997.2

十五夜団子と谷保風茄子のごまよごし (高橋静江)「にーだんご」 くにたちの暮らしを記録する会 13 2000.1

谷保におけるキリスト教伝道 (渡辺彰子)「くにたちの自然と文化」 国立の自然と文化を守る会 (23) 2001.1

谷保に来た宣教師についての前書き (三田賢司)「くにたちの自然と文化」 国立の自然と文化を守る会 (23) 2001.1

多摩の屋根屋伝書 (1)、(2)一東京都国立市谷保 (長沢利明)「西郊民俗」 [西郊民俗談話会] (191) / (192) 2005.6/2005.9

谷保のむかし話 (ニ) 良ちゃんの関東大震災 (佐伯安子)「にーだんご」 くにたちの暮らしを記録する会 2 2010.9

谷保のむかし話 (3) 百万遍のお数珠 (佐伯安子)「にーだんご」 くにたちの暮らしを記録する会 (24) 2011.09

谷保のむかし話 (5) 子守りうた (佐伯安子)「にーだんご」 くにたちの暮らしを記録する会 (26) 2013.09

くにたち郷土文化館編『谷保の歌が聞こえる一歌と共にみる村の暮らし一』(本の紹介) (畠山豊)「多摩のあゆみ」 たましん地域文化財団 (154) 2014.05

くにたち郷土文化館企画展「谷保の歌が聞こえる〜歌と共にみる村の暮らし〜」展を見て (展示批評・展示紹介) (川野和昭)「民具研究」 日本民具学会 (149) 2014.06

「谷保の歌が聞こえる〜歌と共にみる村の暮らし〜」展示を振り返って (展示批評・展示紹介) (安齋順子)「民具研究」 日本民具学会 (149) 2014.06

谷保のむかし話 (6)「おかあさん」(佐伯安子)「にーだんご」 くにたちの暮らしを記録する会 (27) 2014.09

谷保天神

谷保天神の獅子舞 (石川博司)「まつり通信」 まつり同好会 39 (9) 通号 463 1999.9

谷保天満宮

気になる木 谷保天満宮の飛梅と佐藤栄蔵さん「くにたちの自然と文化」 国立の自然と文化を守る会 (17) 1997.3

村上天皇と谷保天満宮 (北島芳雄)「くにたちの自然と文化」 国立の自然と文化を守る会 (18) 1997.8

国立市谷保天満宮への奉納俳諧一状一保存されていた津戸家新資料から (丹野美子)「八王子の歴史と文化 : 郷土資料館研究紀要・年報」 八王子市教育委員会 11 1999.3

〔資料紹介〕谷保天満宮獅子舞と獅子頭 (森永正)「くにたち郷土文化館だより」 くにたち郷土文化館 (13) 1999.9

谷保天満宮祭礼と神酒所 (長沢利明)「くにたち郷土文化館研究紀要」 くにたち文化・スポーツ振興財団くにたち郷土文化館 3 2001.3

谷保天満宮 (関東の古天神) (津戸最)「季刊悠久.第2次」 鶴岡八幡宮悠久事務局 98 2004.7

わがまちの文化財・国立市谷保天満宮「東京の文化財」 東京都教育庁地域教育支援部 (96) 2007.3

ふるさと府中再発見一谷保天満宮発祥之地の記念碑 (藤田英孝)「府中史談」 府中市史談会 (34) 2008.5

谷保村

企画展「江戸近郊の鋳物師─谷保村関鋳物師の業績」「くにたち郷土文化館だより」 くにたち郷土文化館 (15) 2000.1

企画展「江戸近郊の鋳物師─谷保村関鋳物師の業績」を終えて (清水周)「くにたち郷土文化館だより」 くにたち郷土文化館 (17) 2000.5

山際神社

山際神社について (田丸太郎)「せたがや : 歴史さろん」 世田谷区誌研究会 (51) 1999.5

山崎家住宅

山崎家住宅主屋調査報告書 (大田区教育委員会・建築文化研究所)「大田区立郷土博物館紀要」 大田区立郷土博物館 (16) 2006.3

山田

奥多摩の獅子舞い紀行 (48) 山田の獅子舞い「かわせみ通信」 川崎実 51 1999.9

大和屋本店

新規復元工事、着々と進行中─万徳旅館・大和屋本店 (乾物屋)「江戸東京たてもの園だより」 東京都歴史文化財団 (36) 2010.09

大和屋本店 (乾物屋) (特集記事 お待たせしました 大和屋本店・万徳旅館 ついに公開!) (米崎清実)「江戸東京たてもの園だより」 東京都歴史文化財団 (38) 2011.09

山野

破却された山野富士塚─東京調布市深大寺 (《富士塚特集》) (松家晋)「あしなか」 山村民俗の会 279 2007.10

山手七福神

山手七福神の変遷 (田丸太郎)「目黒区郷土研究」 目黒区郷土研究会 588 2004.1

山道三十三観音

山道三十三観音調査始め (片桐譲)「田無地方史研究会紀要」 田無地方史研究会 20 2000.3

山本有三邸

昭和初期撮影の空中写真─玉川上水・南井の頭田園住宅・山本有三邸 (特集 空中写真で地域を読み解く) (矢野勝巳)「多摩のあゆみ」 たましん地域文化財団 (138) 2010.5

山脇邸睡庵

茶室を訪ねて (1) 千駄木 山脇邸睡庵「谷中・根津・千駄木」 谷根千工房 62 2000.7

唯称寺

唯称寺所蔵「法具変妖之図」について (大高康正)「帝塚山大学大学院人文科学研究科紀要」 帝塚山大学大学院人文科学研究科 (5) 2004.1

夕顔観音

江戸名所・夕顔観音の盛衰と「情報」─風聞・文芸・縁起・摺物 (葛生雄二)「博物館研究紀要」 葛飾区郷土と天文の博物館 (7) 2000.3

結城座

人形遣いの技を伝える八王子車人形 (西川古柳座)と糸あやつり (結城座)「東京の文化財」 東京都教育庁地域教育支援部 73 1997.7

祐天寺

東京探訪目黒の祐天寺（森本久吉）「宇須比」 松井田町文化会 36 1997

お地蔵様（3）善久院の地蔵（宮崎敏子）「目黒区郷土研究」 目黒区郷土研究会 527 1998.12

祐天寺と周辺の歴史を探る（事業部）「目黒区郷土研究」 目黒区郷土研究会 549 2000.10

祐天寺と周辺の歴史を探るに参加（渡辺雅子）「せたかい：歴史さろん」 世田谷区誌研究会 （53） 2001.6

画と文 祐天寺（大輪敏男）「郷土目黒」 目黒区郷土研究会 45 2001.10

思い出 祐天寺と子供の頃の遊び（溝口千世）「郷土目黒」 目黒区郷土研究会 46 2002.10

2月探訪報告 目黒不動と祐天寺界隈（矢沢幸一郎）「足立史談会だより」 足立史談会 180 2003.3

祐天寺界隈忘れ草（2），（3）（小杉栄）「目黒区郷土研究」 目黒区郷土研究会 592/593 2004.5/2004.6

図録で見る「寺宝で綴る祐天上人と祐天寺」（齋藤誠）「目黒区郷土研究」 目黒区郷土研究会 （625） 2007.2

平成18年度中野区指定文化財 山崎家旧蔵祐天寺関係資料（書跡3点）（大石学）「しいのき：中野区立歴史民俗資料館だより」 中野区立歴史民俗資料館 （53） 2007.4

金子善四郎の寄進と祐天寺（石川達也）「郷土目黒」 目黒区郷土研究会 54 2010.10

由木

石井義長著『武蔵国多摩郡と由木の里の昔語り』（本の紹介）（佐藤広）「多摩のあゆみ」 たましん地域文化財団 （153） 2014.02

新八王子市史民俗調査報告書第2集 八王子市東部地域 由木の民俗（新刊紹介）（津山正幹）「八王子市史研究」 八王子市 （4） 2014.03

雪ヶ谷八幡

私の散歩道（74）雪ヶ谷八幡（大輪敏男）「目黒区郷土研究」 目黒区郷土研究会 540 2000.1

柚木即清寺新四国八十八ケ所霊場

柚木即清寺新四国八十八ケ所霊場と丹三郎村（渡辺友一郎）「郷土研究」 奥多摩郷土研究会 （8） 1997.3

湯島

史跡・文化財シリーズ（47）有形民俗文化財 庚申塔2基 誓願寺/新聞に見る荒川区の世相史（11）昭和編/郷土の思い出を語る―昭和の時代（前）（1）村田英三郎さん/3月の湯島界隈をたずねて―岩崎邸・大観記念館・鷗外旧居/五月晴れの栃木県の街見学「荒川史談」 荒川史談会 270 2002.6

湯島神社

全国神社めぐり 湯島神社（武蔵正仲）「旅とルーツ」 芳文館出版 74 1997.10

湯島聖堂

聖廟探訪 湯島聖堂（竹内良雄）「閑谷学校研究」 特別史跡閑谷学校顕彰保存会 2 1998.5

湯島天神

北野天神・湯島天神（田中義広）「まつり通信」 まつり同好会 38（3）通号445 1998.3

湯島天神と周辺の歴史探索（長瀬宏一）「とみづか」 戸塚歴史の会 28 2002.6

湯島天満宮

湯島天満宮の今昔（関東の古天神）（小野善一郎）「季刊悠久.第2次」 鶴岡八幡宮悠久事務局 98 2004.7

江戸の小さな神々 学問の神様―菅原道真の心を伝える 湯島天満宮（清水靖子）「季刊悠久.第2次」 鶴岡八幡宮悠久事務局 （108） 2007.4

要害城

要害城と角地蔵（加藤昌幸）「史友」 東京史蹟史談会 1 1997.8

八日町

古い写真を読む（5）両社大祭八王子八日町三・四丁目事務所「八王子市郷土資料館だより」 八王子市郷土資料館 73 2003.7

用賀村

新しく登録・指定された文化財 旧清水家住宅書院/奥沢台遺跡出土の注口土器/有栖川宮織仁親王原書「攻玉」木額/旧荏原郡用賀村名主飯田家関係史料/桂太郎墓「せたがやの文化財」 東京都世田谷区教育委員会事務局 （25） 2013.3

養玉院

養玉院如来寺と天海（特集 特別展「大井に大仏がやってきた！―養玉院如来寺の歴史と寺宝―」）（中川仁喜）「品川歴史館紀要」 品川区立品川歴史館 （29） 2014.03

長崎で彫像された黄檗様の養玉院本尊の伝来について（特集 特別展「大井に大仏がやってきた！―養玉院如来寺の歴史と寺宝―」）（米谷均）「品川歴史館紀要」 品川区立品川歴史館 （29） 2014.03

展示批評「大井に大仏がやってきた！―養玉院如来寺の歴史と寺宝―」によせて（特集 特別展「大井に大仏がやってきた！―養玉院如来寺の歴史と寺宝―」）（中川仁喜）「品川歴史館紀要」 品川区立品川歴史館 （29） 2014.03

展示批評 特別展「大井に大仏がやってきた！―養玉院如来寺の歴史と寺宝―」展をみて（特集 特別展「大井に大仏がやってきた！―養玉院如来寺の歴史と寺宝―」）（山口幸弘）「品川歴史館紀要」 品川区立品川歴史館 （29） 2014.03

展示批評 特別展「大井に大仏がやってきた！―養玉院如来寺の歴史と寺宝―」をふりかえって―その成果と課題（特集 特別展「大井に大仏がやってきた！―養玉院如来寺の歴史と寺宝―」）（湯本幸子）「品川歴史館紀要」 品川区立品川歴史館 （29） 2014.03

養沢

養沢の獅子舞（東京都あきる野市下養沢 八坂神社）（川崎実）「かわせみ通信」 川崎実 （134） 2012.01

東京・養沢の獅子舞（石川博司）「まつり通信」 まつり同好会 52（4）通号560 2012.07

養沢神社

龍の狛犬 東京都あきる野市養沢 養澤神社（あ・ら・か・る・と―私の石仏案内）（町田茂）「日本の石仏」 日本石仏協会，青娥書房（発売） （149） 2014.03

養福寺

寺を訪ねる養福寺―根岸榮広さんに聞く「谷中・根津・千駄木」 谷根千工房 80 2005.7

横沢入

伊奈石の会編『横沢入の歴史遺産を歩く―伊奈石の石切場と石仏』（本の紹介）（角田清美）「多摩のあゆみ」 たましん地域文化財団 （137） 2010.02

横中馬

奥多摩の獅子舞い紀行（23）横中馬の獅子舞い「かわせみ通信」 川崎実 26 1997.8

郷土芸能「横中馬獅子舞」「武蔵村山市立歴史民俗資料館館報：資料館だより」 武蔵村山市立歴史民俗資料館 41 2004.9

横中馬獅子舞と子役―モノクローム写真の思い出（大野益代）「武蔵村山市立歴史民俗資料館館報：資料館だより」 武蔵村山市立歴史民俗資料館 41 2004.9

表紙「横中馬獅子舞」太郎獅子頭（歴史民俗資料館特別展風景から）「武蔵村山市立歴史民俗資料館館報：資料館だより」 武蔵村山市立歴史民俗資料館 （55） 2014.03

獅子王堂に残されていた横中馬獅子舞の記録（1）（高橋健樹）「武蔵村山市立歴史民俗資料館館報：資料館だより」 武蔵村山市立歴史民俗資料館 （55） 2014.03

武蔵村山市立歴史民俗資料館編『横中馬獅子舞 当地伝承260周年記念』（本の紹介）（安斎順子）「多摩のあゆみ」 たましん地域文化財団 （154） 2014.05

横山家住宅

足立区登録文化財横山家住宅三次元計測報告（サクラプランニング）「足立区立郷土博物館紀要」 足立区立郷土博物館 （27） 2006.3

足立区の文化財 平成2年版「足立区の文化財」による 有形文化財（歴史資料）六字名号（双式）板碑2基（応現寺）、阿弥陀三尊種子板碑1基（性翁寺）、阿弥陀三尊種子板碑1基（郷土博物館）/有形民俗文化財横山家住宅1棟「足立史談会だより」 足立史談会 （317） 2014.8

吉野家

民家の移築と保存について―江戸東京たてもの園復元建造物「吉野家」を中心に（早川典子）「多摩のあゆみ」 たましん地域文化財団 89 1998.2

吉原

吉原トップスターの広告塔か 善光寺の高尾太夫常夜灯、二基の謎（野口一郎）「長野」 長野郷土史研究会 227 2003.1

四つ木

報告 葛飾区四つ木橋本家のだるま窯（馬場永子）「東京産業考古学会」 東京産業考古学会事務局 16 1998.10

四ッ葉村

郷土の古文書 四ッ葉村の水車（清水治男）「板橋史談」 板橋史談会 （230） 2005.9

四谷

座談会 四谷・間島の念仏（四谷・間島念仏講）「府中史談」 府中市史談

会 25 1999.5

西府村四谷の女達の歳時記（市川信子）「府中史談」 府中市史談会
（30） 2004.5

四谷の龍頭の舞（石川博司）「まつり通信」 まつり同好会 46（4）通号
524 2006.7

獅子舞の風土シリーズ（105）東京都八王子市 四谷龍頭の舞い（川崎実）
「かわせみ通信」 川崎実 （105） 2007.3

資料紹介 よつや十二そう（津田卓子）「名古屋市博物館だより」 名古屋
市博物館 （183） 2008.8

「於岩稲荷験王櫛」と五代目尾上菊五郎―「四谷怪談」大詰の演出をめ
ぐって（日置貴之）「朱」 伏見稲荷大社 （55） 2011.12

町にまつわる雑学講座―四谷（花木知子）「あるむぜお ： 府中市郷土の
森博物館だより」 府中文化振興財団府中市郷土の森博物館 （100）
2012.6

呼ばわり山

「呼ばわり山」（車田勝彦）「郷土史」 八王子市川口郷土史研究会 （33）
2012.01

代々木

代々木の餅搗唄（石川博司）「まつり通信」 まつり同好会 44（2）通号
510 2004.2

鎧神社

鎧神社とその周辺（豊田和子）「大宮郷土研究」 大宮町郷土研究会 （2）
1998.6

来迎院

来迎院・鹿嶋大明神の起立縁起とその周辺（〈小特集 特別展「大井―海
に発展するまち―」をめぐって〉）（冨川武史）「品川歴史館紀要」 品
川区立品川歴史館 （22） 2007.3

来迎院所蔵資料の科学的調査（〈小特集 特別展「大井―海に発展するま
ち―」をめぐって〉）（星野玲子）「品川歴史館紀要」 品川区立品川歴
史館 （22） 2007.3

羅漢寺

区外史料調査報告 安政の大地震と羅漢寺復興計画（赤澤春彦）「下町文
化」 江東区地域振興部 （234） 2006.7

羅漢寺考―勧進と聖の狭間で（西海賢二）「ぶい＆ぶい ： 日本史史料研
究会会報」 日本史史料研究会企画部 8 2009.06

その町の戦跡 羅漢寺の墓地内のお地蔵様と境内の地蔵尊 江東区大島3―
1―8（小保方貞夫）「東京大空襲・戦災資料センターニュース ： 平和
研究交流誌」 東京大空襲・戦災資料センター （21） 2012.07

六義園

9月探訪 「六義園」界隈報告「足立史談会だより」 足立史談会 （271）
2010.10

立源寺

立源寺の荒行（栗山佳也）「目黒区郷土研究」 目黒区郷土研究会 567
2002.4

立源寺の水行式（高林健二）「目黒区郷土研究」 目黒区郷土研究会
（662） 2010.03

立源寺のケヤキ林（栗山佳也）「目黒区郷土研究」 目黒区郷土研究会
（666） 2010.07

立源寺の水行式（高林健二）「郷土目黒」 目黒区郷土研究会 54 2010.
10

竜眼寺

東都三十三間堂旧記、龍眼寺の庚申塔 指定文化財!!「下町文化」 江東区
地域振興部 （237） 2007.4

竜見寺

多摩のみほとけ（2）八王子市龍見寺 木造大日如来坐像（齋藤経生）「多
摩のあゆみ」 たましん地域文化財団 （139） 2010.08

龍見寺をとりまく経塚群（深澤靖幸）「八王子市史研究」 八王子市 （3）
2013.03

竜源寺

史蹟を訪ねて（2）三鷹の龍源寺ほかへ（猪瀬尚志）「板橋史談」 板橋史
談会 （242） 2007.9

私が出会った珍しい石造物 あきる野市高尾山中の降三世明王／庚申塔の
楽しい三猿一目隠し鬼遊びと綱引きに興じる三猿／平塚市片岡龍源寺
の文字庚申塔（佐野泰道）「野仏 ： 多摩石仏の会機関誌」 多摩石仏の
会 41 2010.08

竜光寺

石仏紹介（128）,（129）龍光寺の石仏［1］,（2）（藤井正三）「杉並郷土
史会史報」 杉並郷土史会 163/164 2000.9/2000.11

金石文などからみた中世の宗門事情 再考・法蓮寺と龍光寺（杉田博）「郷
土史」 八王子市川口郷土史研究会 （35） 2014.02

竜泉院

第230回月例研究会 区内農民の姓について（竜泉院過去帳による）（倉木
常夫）「北区史を考える会会報」 北区史を考える会 63 2002.2

第289回月例研究会 12月9日（土）龍泉院過去帳群（元千蔵院過去帳）か
ら近世農村を見る（倉木常夫）「北区史を考える会会報」 北区史を考
える会 （83） 2007.2

流泉寺

立川の昔ばなし 「流泉寺の小豆とぎ」、「おたか塚」、「子の権現参り」
「立川民俗」 立川民俗の会 （19） 2014.10

竜泉寺

多摩のみほとけ（14）府中市龍泉寺 木造釈迦如来立像（齋藤経生）「多摩
のあゆみ」 たましん地域文化財団 （151） 2013.08

両国橋

特集 両国橋物語―お江戸・下町・長屋の暮らし 江戸の町文化を培った
本所・深川界隈を訪ねる（2）「探 ： 江戸・とうきょう・Tokyo」
「探」編集部 （25） 1997

両国広小路

両国広小路・浅草奥山の「河童の見世物」（和田寛）「河童通心」 河童文
庫 239 2003.9

梁田寺

梁田寺物語（磯見孝子）「いしぶみ」 まちだ史考会 （23） 2007.7

梁田寺参禅会に参加して（岩田由美子）「いしぶみ」 まちだ史考会
（24） 2007.12

輪王寺

日光山史と輪王寺文書（柴辻俊六）「練馬古文書研究会会報」 練馬古文書
研究会 27 2001.3

輪王寺宮墓地

東京都の陵墓（5）寛永寺輪王寺宮墓（外池昇）「多摩地域史研究会会報」
多摩地域史研究会 53 2001.3

霊巌寺

霊巌寺型妙見菩薩像とその遺例（山下立）「日本宗教文化史研究」 日本宗
教文化史学会 3（2）通号6 1999.11

連光寺

一の宮の付属神職と連光寺の神楽（佐伯弘次）「多摩のあゆみ」 たましん
地域文化財団 107 2002.8

旧多摩聖蹟記念館収蔵資料紹介 めもりあむ（112）連光寺行幸春蘭写真
「雑木林 ： 旧多摩聖蹟記念館広報」 多摩市教育委員会 112 2006.6

常設展 志士の遺墨―土佐藩士の遺墨/特別展 連光寺の「聖蹟」化と多摩
聖蹟記念館「雑木林 ： 旧多摩聖蹟記念館広報」 多摩市教育委員会
150 2012.10

特別展 連光寺の「聖蹟」化と多摩聖蹟記念館/常設展 志士の遺墨―桜田
門外の変と水戸藩士「雑木林 ： 旧多摩聖蹟記念館広報」 多摩市教育
委員会 151 2012.12

滝泉寺

滝泉寺垢離堂と前不動堂（大輪敏男）「郷土目黒」 目黒区郷土研究会
42 1998.10

六阿弥陀

六阿弥陀、六地蔵「谷中・根津・千駄木」 谷根千工房 65 2001.3

名所を育んだ地域の人びと―六阿弥陀めぐりの文献から（多田文夫）「足
立史談」 足立区教育委員会 （475） 2007.9

六月村

史料紹介 「毎談儀」（3）―六月村で説かれていた教訓（山野健一）「足立
史談」 足立区教育委員会 441 2004.11

六郷

六郷の子供獅子舞（石川博司）「まつり通信」 まつり同好会 38（6）通号
448 1998.6

奥多摩の獅子舞い紀行（73）六郷の子供やぶさめ「かわせみ通信」 川崎
実 73 2002.6

六郷神社

奥多摩の獅子舞い紀行（69）六郷神社の獅子舞い「かわせみ通信」 川崎
実 69 2001.11

区市町村の新たな文化財指定から（大田区）「六郷神社獅子舞」が大田
区指定無形民俗文化財に「東京の文化財」 東京都教育庁地域教育支
援部 （102） 2007.7

六地蔵

六阿弥陀、六地蔵「谷中・根津・千駄木」 谷根千工房 65 2001.3

六所宮

納経所としての六所宮（深沢靖幸）「あるむぜお ： 府中市郷土の森博物館だより」 府中文化振興財団府中市郷土の森博物館 46 1998.12

府中六所宮祭礼の近世絵画史料（小野一之）「府中市郷土の森紀要」 府中市教育委員会 13 2000.3

さし絵のなかの多摩（31）多摩のおまつりとマチの賑わい―六所宮大晦日の市と大善寺十夜の市の図（斎藤慎一）「多摩のあゆみ」 たましん地域文化財団 （118）2005.5

第4回 武蔵国府・総社六所宮・小野神社（〈歴史講座 小野神社の周辺―古代・中世の小野牧・小野氏・六所宮をめぐって〉）（小野一之）「パルテノン多摩博物館部門研究紀要」 多摩市文化振興財団 （9）2006.1

武蔵・野々宮神社と府中六所宮―祭礼と文芸をめぐる新資料から（小野一之）「府中市郷土の森博物館紀要」 府中文化振興財団府中市郷土の森博物館 （19）2006.3

府中六所宮と六宮・杉山神社（小野一之）「府中市郷土の森博物館紀要」 府中文化振興財団府中市郷土の森博物館 （20）2007.3

六所宮と府中三町（特集 多摩の神職と僧·呂）（馬場治子）「多摩のあゆみ」 たましん地域文化財団 （145）2012.02

大国魂神社と金鑽神社―武蔵国六所宮をめぐる一考察（町田尚夫）「奥武蔵」 奥武蔵研究会 （387）2012.09

六所宮社領

延宝期の六所宮社領について（関根恒男）「府中市郷土の森博物館紀要」 府中文化振興財団府中市郷土の森博物館 （16）2003.3

六道の辻

六道の辻とあずま道（小川大和）「群馬歴史散歩」 群馬歴史散歩の会 148 1998.5

若郷

新島村若郷の大掛網―「シオを捕る」という漁撈について（《特集 民俗の現在》）（川島秀一）「東北民俗」 東北民俗の会 40 2006.6

若松町

盆行事 市内若松町の盆飾り（2009年8月1日撮影）（年中行事の現在 in 府中（1））「あるむぜお ： 府中市郷土の森博物館だより」 府中文化振興財団府中市郷土の森博物館 （100）2012.06

和田

和田の愛宕神社にまつわる歴史と伝承（研究ノート）（乾賢太郎）「パルテノン多摩博物館部門研究紀要」 多摩市文化振興財団 （12）2014.03

和田乃神社

和田乃神社例大祭の奉納相撲（久保田繁夷）「青梅市文化財ニュース」 青梅市文化財保護指導員会 （250）2008.8

和田堀廟所

和田堀廟所と佃島（長沢利明）「杉並郷土史会史報」 杉並郷土史会 （209）2008.5

神奈川県

相川

故石井勇蔵氏の遺稿から 民具の品名と用途/厚木市相川地区民家屋号調査表/相川地区民家屋号漁労諸職調査の控（飯田孝）「阿夫利 ： 厚木市文化財協会会報」 厚木市文化財協会 （17）2006.1

愛川村

柳田國男の「地方の研究」時代—明治42年の愛川村訪問から大正7年の内郷村調査へ（小島瓔禮）「民俗学研究所紀要」 成城大学民俗学研究所 31 2007.3

愛甲郡

愛甲郡における桶屋稼業—桶屋仲間寄合帳から（大塚博夫）「県央史談」 県央史談会 37 1998.1

愛甲村

近世相州の神事舞太夫と神楽師集団の動向—愛甲村萩原家・祓講を中心に（橋本鶴人）「民俗芸能研究」 民俗芸能学会 （36）2004.3

赤羽根神明大神

「赤羽根神明大神所蔵の棟札」調査報告（川越三千雄）「文化資料館調査研究報告」 茅ケ崎市教育委員会 通号11 2003.3

秋葉山古墳群

水銀朱の使用と祭祀（〈シンポジウム「墳丘墓から古墳へ—秋葉山古墳群の築造」〉）（北條芳隆）「えびなの歴史 ： 海老名市史研究」 海老名市 14 2004.3

阿久和教会

中丸家とキリスト教阿久和教会（地域の歴史）（五明容子）「郷土いずみ」（14）2008.5

麻溝

麻溝・新磯地区 民俗編調査から（方波見淳）「さがみはら市史編さんだより」 相模原市総務局 20 2004.9

足柄

足柄の富士講（続）（小林謙光）「足柄乃文化」 山北町地方史研究会 24 1997.4

足柄地方の村上藤丸講［正］,（続）（小林謙光）「民俗」 相模民俗学会 161/164 1997.8/1998.5

研究記録 信仰の道 道標調査（2）（調査研究部）「史談足柄」 足柄史談会 36 1998.4

山の祀りと初山行事（高木吉蔵）「史談足柄」 足柄史談会 36 1998.4

研究記録 信仰の道標調査・富士講碑（3）（調査研究部）「史談足柄」 足柄史談会 37 1999.4

宗教法人 弁財天の再建（高木吉蔵）「史談足柄」 足柄史談会 40 2002.4

お念仏（石村豊）「史談足柄」 足柄史談会 41 2003.4

調査報告 天狗羽石復元・向田道標・山の神信仰（調査研究部）「史談足柄」 足柄史談会 43 2005.4

囃子について（市川鉐雄）「史談足柄」 足柄史談会 43 2005.4

足柄学講座—民俗編城下町の民俗的世界［1］～（3）（西海賢二）「扣之帳」 扣之帳刊行会 （8）/（10）2005.5/2005.10

調査報告 山ノ神とその他の民間信仰について（調査研究部）「史談足柄」 足柄史談会 44 2006.4

足柄の神の変遷（石口健次郎）「史談足柄」 足柄史談会 44 2006.4

足柄学講座・民俗編 生と死の民俗 道祖神のことなど（木村博）「扣之帳」 扣之帳刊行会 （12）2006.6

足柄学講座・民俗編 生と死の民俗（2）五百羅漢のことなど（木村博）「扣之帳」 扣之帳刊行会 （13）2006.9

足柄学講座・民俗編 生と死の民俗（3）第六天のことなど（木村博）「扣之帳」 扣之帳刊行会 （14）2006.12

調査報告 民間信仰「講」とその信仰対象物（調査研究部）「史談足柄」 足柄史談会 45 2007.4

天狗の原点（犬飼和雄）「史談足柄」 足柄史談会 50 2012.04

足柄の仁王門の特色を探る（内田清）「史談足柄」 足柄史談会 52 2014.04

牛頭天王彫刻と奉納（ひろば）（熊澤賢二）「史談足柄」 足柄史談会 52 2014.04

足柄神社

調査報告 足柄神社から雨坪まで 遺蹟と文化財（調査研究部）「史談足柄」

足柄史談会 42 2004.4

足柄神社の木造男神坐像について（薄井和男）「神奈川県立博物館研究報告.人文科学」 神奈川県立歴史博物館 （36）2010.03

足柄峠

「風」の伝承—足柄峠における「新羅三郎」伝承を中心に（木村博）「伊豆史談」 伊豆史談会 （134）2004.12

足柄平野

「道了大薩埵」の二つの碑（1）,（2）—最乗寺参詣道の変遷にみる足柄平野の近代交通史（高橋佐年）「小田原史談 ： 小田原史談会々報」 小田原史談会 190/191 2002.7/2002.10

足柄平野における礎石経塚造営について—開成町延沢の石経書写宝塔と西福寺経石を事例に（津田守一）「小田原地方史研究」 小田原地方史研究会 （23）2005.9

足柄平野の道祖神祭り（浜野達也）「道祖神研究」 道祖神研究会 （1）2007.10

足柄平野の酒（小田原シルバー大学「自主研究報告」紹介）（浅見勝, 飯沼忠雄, 久保田豊, 森田榮宏, 田代智恵子, 秦弘枝）「小田原史談 ： 小田原史談会々報」 小田原史談会 （221）2010.4

足柄道

相模の民俗あれこれ（76）—足柄道の交通交易をめぐって（西海賢二）「コロス」 常民文化研究会 84 2001.2

足柄明神

「足柄明神」は古代歌謡・芸能の発信地だった（内田清）「史談足柄」 足柄史談会 42 2004.4

足柄明神とヤマトタケル（内田清）「史談足柄」 足柄史談会 51 2013.04

吾妻神社

江戸時代の吾妻神社参詣（井上攻）「本牧の丘」 横浜市八聖殿郷土資料館 （28）2002.3

厚木

厚木 古道沿いの社寺祠堂（下）（田中豊司）「県央史談」 県央史談会 36 1997.1

厚木の岩船地蔵尊（小林笑子）「阿夫利 ： 厚木市文化財協会会報」 厚木市文化財協会 （17）2006.1

厚木市厚木地区の五輪塔型道祖神と俵石及び厚木市の五輪石について（角田浩一）「阿夫利 ： 厚木市文化財協会会報」 厚木市文化財協会 （17）2006.1

鮎かつぎ唄 厚木編（田丸太郎）「目黒区郷土研究」 目黒区郷土研究会 （613）2006.2

厚木市

小説に描かれた厚木市域の食生活—明治・大正・昭和の食生活事情（山田海二）「民俗」 相模民俗学会 163 1998.2

研究ノート（1）—厚木市内寺院の江戸出開帳について（出水定）「阿夫利 ： 厚木市文化財協会会報」 厚木市文化財協会 12 1999.3

〔資料紹介〕厚木市郷土資料館蔵〈耕織図〉について—耕図十九図から（大野一郎）「民具マンスリー」 神奈川大学 32（6）通号378 1999.9

資料紹介 厚木市郷土資料館蔵「耕織図」について（2）—織図20図から（大野一郎）「民具マンスリー」 神奈川大学 34（9）通号405 2001.12

厚木市内の神楽殿について（柏木喜重郎）「県央史談」 県央史談会 41 2002.1

伊勢原郷土史研究会講演記録 相模国府祭と小野神社/「厚木市史」にみる伊勢原市域の文化人（飯田孝）「阿夫利 ： 厚木市文化財協会会報」 厚木市文化財協会 （18）2007.2

『飯田コレクション 養蚕書関連資料リスト』（書籍紹介）（大野一郎）「民具マンスリー」 神奈川大学 39（12）通号468 2007.3

新しく生み出される民俗（落合清春）「厚木市史たより」 厚木市 （5）2012.04

平成24年度 厚木市歴史講演会講演録 都市と農村の食文化—江戸時代を中心に— 講師：原田信男氏「厚木市史たより」 厚木市 （8）2013.4

『厚木市史』民俗編（1）生活誌編集について（内藤佳康）「厚木市史たより」 厚木市 （10）2014.03

厚木市郷土芸能保存会について（平成25年度新規入会団体紹介）（山口熱子）「かながわの民俗芸能」 神奈川県民俗芸能保存協会 （78）2014.03

関東　　　　　　　　　　　　　郷土に伝わる民俗と信仰　　　　　　　　　　　　神奈川県

厚木宿

相州厚木宿に伝来した富士講資料「烏帽子岩御日並書直筆」について（鈴木宏）「阿夫利 ： 厚木市文化財協会会報」 厚木市文化財協会　12　1999.3

厚木神社

口絵 厚木航空隊正門の東側付近に設けられていた厚木神社「大和市史研究」 大和市文化スポーツ部　（37）2012.03

雨坪

調査報告 足柄神社から雨坪まで 遺蹟と文化財（調査研究部）「史談足柄」 足柄史談会　42　2004.4

甘縄観世音寺

鎌倉周辺の勧進に関する新出資料―甘縄観世音寺・城ヶ島薬師堂等に関する新発見資料の紹介（西岡芳文）「金沢文庫研究」 神奈川県立金沢文庫　（312）2004.3

甘縄神明社

甘縄神明社の石碑と半僧坊（佐藤一）「鎌倉」 鎌倉文化研究会　90　2000.6

網一色

小田原市山王原・網一色のナナトコマイリ（髙橋一公）「民俗」 相模民俗学会　（219）2012.04

綾瀬市

綾瀬市域のクルリについて―その形態・伝承に関する若干の整理（加藤隆志）「綾瀬市史研究」 綾瀬市　4　1997.3

膳椀類の共有と食文化（小川直之）「綾瀬市史研究」 綾瀬市　7　2000.3

道祖神とセイトバライ（小川直之）「綾瀬市史研究」 綾瀬市　8　2002.3

本間平太夫の神楽について―綾瀬市における神代神楽の系譜と盛衰（久保田裕道）「綾瀬市史研究」 綾瀬市　8　2002.3

書評 『綾瀬市史8（下）別編 民俗』（佐川和裕）「綾瀬市史研究」 綾瀬市　8　2002.3

綾瀬市の水と火と台所道具と料理（京馬伸子）「綾瀬市史研究」 綾瀬市　（11）2010.3

新井閣

横須賀を語る近代和風建築 小松と新井閣 横須賀建築探偵団の調査から（富沢喜美枝）「三浦半島の文化」 三浦半島の文化を考える会　（10）2000.10

新磯

麻溝・新磯地区 民俗編調査から（方波見淳）「さがみはら市史編さんだより」 相模原市総務局　20　2004.9

荒巻

海中出現・聖徳太子像（小松光江）「聖徳」 聖徳宗教学部　（192）2007.6

有鹿神社

随想 有鹿神社社号考（田中將浩）「県央史談」 県央史談会　（45）2006.1

説話縁起に見る水利権の確保 式内社・有鹿神社と郷社・鈴鹿明神（田邊英治）「歴研よこはま」 横浜歴史研究会　（61）2008.11

安国寺跡

調査速報 安国寺跡の調査（森孝子）「かまくら考古」 鎌倉考古学研究所（6）2010.08

安藤家長屋門

第1回市内巡検 安藤家長屋門と中原街道（武山豊彦）「川崎研究」 川崎郷土研究会　（52）2014.5

飯泉

「飯泉十一面観世音御縁起概誌」（浅田霊鳳）「扣之帳」 扣之帳刊行会（36）2012.06

飯泉観音

飯泉観音詣での旅びとが往来巡礼街道をたどる（石綿勉）「西さがみ庶民史録」 西さがみ庶民史録の会　43　1999.11

飯田

飯田の歌舞伎と花十郎（中野清治）「郷土いずみ」 3　1997.5

飯山寺

長谷観音信仰と中世律宗―金沢・海岸尼寺、厚木・飯山寺、鎌倉・長谷寺、日道・浄土寺、奈良・西大寺をめぐって（瀬谷貴之）「鎌倉」 鎌倉文化研究会　（100）2005.10

雷神社

女性史研究の方法―雷神社縁起を例にして（研究懇談会発表要旨報告）（山本詔一）「三浦半島の文化」 三浦半島の文化を考える会　（10）2000.10

池子

伝説・民話による池子のメッセージ（三浦澄子）「御浦」 三浦文化研究会（19）2003.11

池子村

江戸時代の鎌倉英勝寺所領と三浦郡池子村（中村裕生）「神奈川地域史研究会会報」 神奈川地域史研究会　50　1998.3

石神社

石神社と甲子祭[1],（2)―荻野神社六十年祭をめぐって（大塚博夫）「県央史談」 県央史談会　38/39　1999.1/2000.1

石田城址

伊勢原史跡石田城址に関わる石田家の伝承（会員コーナー）（石田久二）「三浦一族研究」 横須賀市　（16）2012.03

石薬師本陣

石薬師本陣に大岡忠相公の扇子が（樋田豊宏）「郷土ちがさき」 茅ヶ崎郷土会　85　1999.5

伊介神社

大庭御厨における在地住人と伊介神社祝荒木田氏―史料『天養記』所収文書の一考察（伊藤一美）「藤沢市史研究」 藤沢市文書館　（39）2006.3

和泉

明治29年2月25日中和田村和泉の芝居興業（資料紹介）（有馬純律）「とみづか」 戸塚歴史の会　29　2003.6

泉区

珍しい地神像（藤縄勝祐）「郷土いずみ」 3　1997.5

泉区の石仏, 馬頭観音塔について（3)（林行雄）「郷土いずみ」 3　1997.5

路傍の地神塔と義経記の中の堅牢地神（藤縄勝祐）「郷土いずみ」 4　1998.5

富士塚有為転変（藤縄勝祐）「郷土いずみ」 6　2000.5

泉区の石造物（有馬純律）「郷土いずみ」 7　2001.5

泉区の「屋号さがし」（上),（中),（下）（泉区民会議・文化教育分科会）「郷土いずみ」 7/9　2001.5/2003.5

泉区の近代地場産業（シンポジウム）（石原正弘）「郷土いずみ」 10　2004.5

墓碑銘にみる製糸工女の軌跡（石原正弘, 田口さと江）「郷土いずみ」 11　2005.5

正月の民俗行事「セイト焼き」（石井善満）「郷土いずみ」 （12）2006.5

講座「修験道の活動と江戸時代の暮らし」（（横浜開港150周年・泉区歴史の会創立15周年記念特集））（西川武臣）「郷土いずみ」 （15）2009.05

『地名と伝説と史実と』 泉区史跡の会設立総会講演資料（特集 郷土資料にみる泉区の中世・史跡・人物・伝承・石造物）「郷土いずみ」 （19）2013.5

泉中央公園中世武家館跡

泉中央公園中世武家館跡と泉小次郎伝承を検証する（特集 郷土資料にみる泉区の中世・史跡・人物・伝承・石造物）（翠川宜子）「郷土いずみ」 （19）2013.05

伊勢佐木

企画展「ときめきのイセザキ140年―盛り場からみる横浜庶民文化―」（平野正裕）「開港のひろば ： 横浜開港資料館館報」 横浜開港資料館（110）2010.10

伊勢原

「湖付」の一札（山口研一）「伊勢原の歴史」 伊勢原市　12　1997.3

めくら縞と袙のない長着―支配と服飾・規制（小林笑子）「伊勢原の歴史」 伊勢原市　12　1997.3

伊勢原にもあった「トコウラ（床浦・徳浦）」信仰（木村博）「西郊民俗」 [西郊民俗談話会] 通号169　1999.12

伊勢原市

伊勢原郷土史研究会講演記録 相模国府祭と小野神社/「厚木市史」にみる伊勢原市域の文化人（飯田孝）「阿夫利 ： 厚木市文化財協会会報」 厚木市文化財協会　（18）2007.2

伊勢山皇大神宮

伊勢山皇大神宮と重城保（三浦茂一）「西上総文化会報」 西上総文化会（65）2005.3

板橋

小田原板橋地域の小田原囃子と相模人形芝居の共演について（保存会だより）（三上芳範）「かながわの民俗芸能」 神奈川県民俗芸能保存協会（76）2012.03

板橋地蔵尊

箱根板橋地蔵尊大祭（会員だより）（祖父江精治）「かながわの民俗芸能」 神奈川県民俗芸能保存協会　（77）2013.03

神奈川県 郷土に伝わる民俗と信仰 関東

一之宮

「一之宮」への道―寒川関係の道標集成(鈴木忍)「寒川町史研究」 寒川町 15 2002.3

一之宮八幡大神

表紙 一之宮八幡大神の震災復興(『目でみる寒川』より)「寒川文書館だより」 寒川文書館 15 2014.03

資料紹介 一之宮八幡大神の震災復興(『目でみる寒川』より)(渡辺真治)「寒川文書館だより」 寒川文書館 15 2014.03

市場

市場熊野神社蔵河崎山王社御神印(萩原貞雄)「郷土つるみ」 鶴見歴史の会 51 2000.4

市場神代里神楽(1)(萩原貞雄)「郷土つるみ」 鶴見歴史の会 (59) 2004.5

研究余話 近世の市場神代里神楽「横浜市歴史博物館news : Yokohama History Museum news」 横浜市歴史博物館 (20) 2005.3

知っていますか? ビデオ「市場神代郷神楽の世界」「横浜市歴史博物館news : Yokohama History Museum news」 横浜市歴史博物館 (24) 2007.3

市場一里塚

市場一里塚「道祖神」の由来(穴沢忠義)「郷土つるみ」 鶴見歴史の会 50 1999.8

一騎塚

よりみち『吾妻鏡』――一騎塚伝承と武ノ二郎義国について(山崎正)「三浦一族研究」 横須賀市 (5) 2001.5

一色

葉山一色発「三十番神」めぐり(小峰清治)「郷土誌葉山」 葉山郷土史研究会 (2) 2005.4

平成の葉山町一色の庚申講(特集 石仏探訪IX)(森永五郎)「日本の石仏」 日本石仏協会, 青娥書房(発売) (138) 2011.06

一色の屋号と家紋(特集 続・一色)(今井俊夫)「郷土誌葉山」 葉山郷土史研究会 (9) 2012.4

一色にあった「谷戸の旧家」(特集 続・一色)(石渡清吉)「郷土誌葉山」 葉山郷土史研究会 (9) 2012.4

「相州葉山一色木遺保存会」の現況(特集 続・一色)(寺山ルリ子)「郷土誌葉山」 葉山郷土史研究会 (9) 2012.4

チョロケン揺きについて(特集 続・一色)(鈴木寅治)「郷土誌葉山」 葉山郷土史研究会 (9) 2012.04

一色村

葉山一色村の富士講(特集 続・一色)(鳥居信吉)「郷土誌葉山」 葉山郷土史研究会 (9) 2012.04

稲毛薬師

稲毛薬師の太子像(小松光江)「聖徳」 聖徳宗教学部 (213) 2012.07

稲田

古民謡の採譜(5),(7)(新井由紀男)「阿由多加」 稲田郷土史会 35/37 1997.10/1999.10

入谷

入谷歌舞伎の再興(島村利明, 浅野寛)「郷土神奈川」 神奈川県立図書館 通号37 1999.3

地芝居探訪(49) 赤坂の舞台歌舞伎公演/小森歌舞伎/横尾歌舞伎/入谷歌舞伎/小鹿野歌舞伎/さぬき歌舞伎まつり「公益社団法人全日本郷土芸能協会会報」 全日本郷土芸能協会 (74) 2014.01

岩瀬山横穴墓群

明治期における遺跡と民衆―横浜市鶴見区岩瀬山横穴墓群(「お穴様」)をめぐって(桜井準也)「横浜市歴史博物館紀要」 横浜市ふるさと歴史財団 13 2009.03

岩本院

戦国期の江の島遷宮関連文書―岩本院文書二通の紹介と検討(石塚勝)「神奈川地域史研究」 神奈川地域史研究会 (17) 1999.3

江の島弁財天信仰と別当岩本院(圭室文雄)「藤沢市史研究」 藤沢市文書館 25 2005.3

岩本坊

江の島岩本坊の戦勝祈念(石塚勝)「かながわ文化財」 神奈川県文化財協会 93 1997.3

インド水塔

インド水塔のこと(原田こずえ)「郷土よこはま」 横浜市中央図書館 132 1998.12

植谷戸

インタビュー――玉縄万華鏡 玉縄城と共に500年 植谷戸の旧家 白崎弘さん/玉縄再発見 龍寶寺山門が葺き替えられ昔日の輝きを取り戻しました「玉縄城まちだより」 玉縄城址まちづくり会議 (4) 2009.05

潮田

消える潮田の弁天様(林正巳)「郷土つるみ」 鶴見歴史の会 50 1999.8

中山龍風著『続潮田を探る』より転載 ふる里の祭り(穴沢忠義)「郷土つるみ」 鶴見歴史の会 (64) 2008.3

潮田神社

潮田神社考(海翁石・柔兆屈敦呂・鳥居寄進由来)(林正巳)「郷土つるみ」 鶴見歴史の会 53 2001.3

内川

内川の虎踊り(小論・少考)(川本真由美)「かながわの民俗芸能」 神奈川県民俗芸能保存協会 (77) 2013.03

内郷村

柳田國男の「地方の研究」時代―明治42年の愛川村訪問から大正7年の内郷村調査へ(小島瓔禮)「民俗学研究所紀要」 成城大学民俗学研究所 31 2007.3

鈴木重光著『爐邊叢書 相州内郷村話』を読む―「心有る青年」の民俗学《特集 『爐邊叢書』》(高塚さより)「昔話伝説研究」 昔話伝説研究会 (27) 2007.5

姥島

姥島の潜水漁に従事して―内藤貞子・松下国枝氏に聞く(インタビュー)(茅ヶ崎市史編集委員会, 市川大祐)「茅ヶ崎市史研究」 茅ヶ崎市 (30) 2006.3

姥島とその信仰について(須藤格)「文化資料館調査研究報告」 茅ケ崎市教育委員会 (20) 2011.03

浦賀

「浦賀の燈明堂設置の謎」を追って(石川秀幸)「御浦」 三浦文化研究会 (14) 1998.11

国旗日の丸のルーツは―浦賀建造の幕府軍艦・鳳凰丸(石井行夫)「開国史研究」 横須賀市 (4) 2004.3

研究ノート 行徳の下り塩購入と浦賀・神奈川湊の荷船(池田真由美)「市立市川歴史博物館館報」 市立市川歴史博物館 2006年度 2008.3

横須賀の喰漆彫刻―浦賀地区の作品を中心として(上杉孝良)「市史研究横須賀」 横須賀市総務部 (8) 2009.3

総会記念講演 湊町浦賀の人びとのくらし(吉田ゆり子)「開国史研究」 横須賀市 (12) 2012.3

浦賀の「お稲荷さん」と「初午祭」(会員だより)(金子隆一)「かながわの民俗芸能」 神奈川県民俗芸能保存協会 (76) 2012.03

神奈川県浦賀の浦島氏の浦島伝承(山田栄克)「昔話伝説研究」 昔話伝説研究会 (32) 2013.04

雲林寺

雲林寺(恵比寿)(記念特集・戸塚宿戸塚七福神めぐり―各寺院の取り組みと参詣状況)(鈴木晋)「とみづか」 戸塚歴史の会 (40) 2014.06

永久寺

新城と亀姫―小田原谷津の永久寺と桃源寺(今川徳子)「扣之帳」 扣之帳刊行会 (20) 2008.6

英勝寺

江戸時代の鎌倉英勝寺所領と三浦郡池子村(中村裕生)「神奈川地域史研究会会報」 神奈川地域史研究会 50 1998.3

河内家と英勝寺(浪川幹夫)「鎌倉」 鎌倉文化研究会 (99) 2004.12

英勝寺山門と境内諸堂(浪川幹夫)「鎌倉」 鎌倉文化研究会 通号108 2009.12

鎌倉・英勝寺山門基壇改修工事に伴う出土遺物(山口正紀)「かまくら考古」 鎌倉考古学研究所 (4) 2010.03

英勝寺客殿・仏殿・山門の年代について(関口欣也)「鎌倉」 鎌倉文化研究会 (115) 2013.07

英連邦戦没者墓地

陸軍第四師団兵器部大手前倉庫跡出土の認識票―死者の認識票と英連邦戦没者墓地((部会報告))(江浦洋)「ヒストリア : journal of Osaka Historical Association」 大阪歴史学会 (183) 2003.1

荏柄天神

荏柄天神縁起絵巻(真保亨)「季刊悠久.第2次」 鶴岡八幡宮悠久事務局 98 2004.7

荏柄天神社

荏柄天神社の「御用材」について(浪川幹夫)「鎌倉」 鎌倉文化研究会 96 2003.6

荏柄天神社の社殿建築(鈴木亘)「季刊悠久.第2次」 鶴岡八幡宮悠久事務局 98 2004.7

荏柄天神社(関東の古天神)(吉田茂穂)「季刊悠久.第2次」 鶴岡八幡宮

悠久事務局　98　2004.7

依知郷

日蓮の星下り伝説と虚空蔵寺院―愛甲郡依知郷、そして荻野郷（篠原幸久）「鎌倉」　鎌倉文化研究会　通号106　2008.12

江の島

戦国期の江の島遷宮関連文書―岩本院文書二通の紹介と検討（石塚勝）「神奈川地域史研究」　神奈川地域史研究会　（17）1999.3

江ノ島縁起考―泰澄江ノ島に参詣す（斎藤清彦）「会誌」　鯖江郷土史懇談会　7　1999.11

江の島縁起絵巻見学会に参加して（中元幸二）「神奈川地域史研究会会報」　神奈川地域史研究会　61　2000.12

近世参詣地名所における参詣者意識―江戸十里以上の江の島参詣（原淳一郎）「交通史研究」　交通史学会，吉川弘文館（発売）（51）2002.11

資料 鎌倉江の島参詣の絵図「季刊悠久.第2次」　鶴岡八幡宮悠久事務局　92　2003.1

歴史講座 「近世江の島と弁財天信仰」開催にあたり「藤沢市史研究」　藤沢市文書館　（38）2005.3

江戸将軍家の江の島弁財天信仰（鈴木良明）「藤沢市史研究」　藤沢市文書館　（38）2005.3

江の島弁財天信仰と別当岩本院（圭室文雄）「藤沢市史研究」　藤沢市文書館　（38）2005.3

江の島の島民生活と弁財天別当（池田真由美）「藤沢市史研究」　藤沢市文書館　（38）2005.3

江の島参詣の風俗（品川文彦）「藤沢市史研究」　藤沢市文書館　（38）2005.3

資料紹介 江の島の常夜燈「八王子市郷土資料館だより」　八王子市郷土資料館　（79）2006.7

講演要旨 江の島の民話―地名と伝承（粂智子）「藤沢地名の会会報」　藤沢地名の会　（66）2008.2

『旅と伝説』第68号より 昭和10年2月号 相州江ノ島の二月行事と磯バットウ（清野久雄）「藤沢地名の会会報」　藤沢地名の会　（66）2008.2

近代の江の島の観光と神社（歴史講座）（森悟朗）「藤沢市史研究」　藤沢市文書館　（41）2008.3

会員研究発表第一 江の島と浦島伝説（中村恵司）「藤沢地名の会会報」　藤沢地名の会　（67）2008.5

江の島の岩屋が富士の人穴などの抜け穴であるという伝説について（出張千秋）「わが住む里」　藤沢市総合市民図書館　通号58　2009.3

鎌倉・江の島と龍伝説（島本千也）「鎌倉」　鎌倉文化研究会　通号110　2010.12

地名講演会（会員発表）講演要旨 富士山と江の島との繋がり（出張千秋）「藤沢地名の会会報」　藤沢地名の会　（76）2011.5

江ノ島の中世石碑―「大日本国江島霊迹建寺之記」碑の紹介と分析（古田土俊一，大塚紀弘）「鎌倉」　鎌倉文化研究会　（116）2014.01

江の嶋

『江の嶋詣』（佐藤一）「鎌倉」　鎌倉文化研究会　通号103　2007.6

江島神社

相州得瑞嶋上之宮縁起について―翻刻と紹介（向坂卓也）「金沢文庫研究」　神奈川県立金沢文庫　（319）2007.10

江島寺

旧江島寺梵鐘と寄進者齊藤左次衛門重成をめぐる人々（出張千秋）「わが住む里」　藤沢市総合市民図書館　通号55　2006.3

江ノ島八福神

藤沢・江ノ島八福神話（歴史散歩）（石井善満）「郷土いずみ」　11　2005.5

江ノ島弁天

相模周辺に廃仏毀釈の痕跡を探る（4） 鶴ヶ岡八幡宮、江ノ島弁天（平賀康雄）「扣之帳」　扣之帳刊行会　（30）2010.12

江之島道

嘉永2年6月『大山江之島道中日記帳』（史料紹介）「蕨市立歴史民俗資料館紀要」　蕨市立歴史民俗資料館　（8）2011.3

海老名

海老名の生姜市（中野佳枝）「えびなの歴史 ： 海老名市史研究」　海老名市　9　1997.11

江戸後期から明治初期の海老名の農業―作物・品種・播種植付け時期（細川光成）「えびなの歴史 ： 海老名市史研究」　海老名市　11　2000.3

地誌・道中記に画かれた近世期の海老名（飯田孝）「えびなの歴史 ： 海老名市史研究」　海老名市　12　2002.3

江戸時代の寺院や住職の村社会での役割―海老名の場合を中心に（細川光成）「えびなの歴史 ： 海老名市史研究」　海老名市　15　2005.3

海老名の醤油醸造業（田中勉）「えびなの歴史 ： 海老名市史研究」　海老名市　15　2005.3

海老名市

海老名市仏像彫刻悉皆調査の中間報告（2）～（4）最終回（薄井和男）「えびなの歴史 ： 海老名市史研究」　海老名市　9/12　1997.11/2002.3

村の神社文書にみる戦時のようす（森晤）「えびなの歴史 ： 海老名市史研究」　海老名市　10　1998.10

円覚寺

鎌倉期における円覚寺領の形成過程（錦昭江）「郷土神奈川」　神奈川県立図書館　（40）2002.3

円覚寺洪鐘祭の記録―「洪鐘弁財天謡曲」「圓覚寺洪鐘祭祭禮屋臺入目帳」（荒井昇）「鎌倉」　鎌倉文化研究会　97　2003.12

『円覚寺文書』に見る中世の円覚寺経済（山内哲生）「鎌倉」　鎌倉文化研究会　（98）2004.6

規式に見える中世後期の禅宗寺院の動向―鎌倉円覚寺を事例に（山内哲生）「地方史研究」　地方史研究協議会　54（3）通号309　2004.6

円覚寺洪鐘祭禮記（本郷孝衣）「鎌倉」　鎌倉文化研究会　（99）2004.12

特集・鎌倉学 円覚寺方丈・庫裡・書院（関口欣也）「鎌倉」　鎌倉文化研究会　通号103　2007.6

鎌倉円覚寺建長寺「風入れ」の見学会に参加して（第5回見学会）（斉藤正）「かながわ文化財」　神奈川県文化財協会　（104）2008.5

「円覚寺、建長寺、風入れ」に参加して（第5回見学会）（青山啓一）「かながわ文化財」　神奈川県文化財協会　（104）2008.5

経文を刻む五輪塔―円覚寺旧境内遺跡出土資料（吉田智哉）「神奈川考古」　神奈川考古同人会　（44）2008.5

円覚寺佛舎利出府記録（佐藤清二）「鎌倉」　鎌倉文化研究会　通号107　2009.06

円覚寺蔵「岸駒筆三幅対」資料について（三渕美恵子）「鎌倉」　鎌倉文化研究会　通号109　2010.07

会員投稿 鎌倉ぶらり旅「円覚寺塔頭と梵鐘を訪ねる」（小瀬川雅彦）「藤沢地名の会会報」　藤沢地名の会　（85）2014.05

延寿堂

鎌倉の「延寿堂」考（三浦勝男）「鎌倉」　鎌倉文化研究会　通号101　2006.6

円蔵寺

旧津久井町又野・圓蔵寺の廻り地蔵（加藤隆志）「民俗」　相模民俗学会　（214）2010.11

円通寺

横須賀市大矢部円通寺跡の三浦氏深谷やぐらの現状（見学記）（鈴木かほる）「三浦一族研究」　横須賀市　（10）2006.6

円通寺跡

円通寺跡と三浦氏古墳について（三浦澄子）「三浦一族研究」　横須賀市　（1）1997.5

遠藤

遠藤周辺の伝説と古跡の検証（長田良彦）「わが住む里」　藤沢市総合市民図書館　（51）2002.3

延命寺

鎌倉ある記（5）―延命寺の古狸塚（昔話より）「逗子吾妻鏡研究」　逗子吾妻鏡研究会　26　2001.9

延命地蔵尊

お寺に行かれた延命地蔵尊（コラム）（横田文男）「郷土誌葉山」　葉山郷土史研究会　（6）2009.04

お穴様

『飯田九一随筆集』にのっていた『お穴様と一銭蒸気』（サトウマコト）「郷土つるみ」　鶴見歴史の会　（68）2010.05

王禅寺

柿の話（2）―王禅寺の柿［上］，（下）（宮崎敏子）「目黒区郷土研究」　目黒区郷土研究会　585/586　2003.10/2003.11

鬼門の方角から蟇目（引目）を射る―再び、神奈川県王禅寺白山横穴墓の線刻画寸考（村田文夫）「史峰」　新進考古学同人会　（34）2006.5

川崎市麻生区の王禅寺（樋田豊宏）「郷土ちがさき」　茅ヶ崎郷土会　（110）2007.9

王禅寺村

近世前期、村内小集落をめぐる村民意識とその評価について―正徳年間武蔵国都筑郡王禅寺村内表郷・真福寺谷争論を素材に（〈月例会報告要旨〉）（福重旨乃）「関東近世史研究」　関東近世史研究会　（49）2001.10

大井

講演 古文書・遺物で語る大井の庶民史 講師・内田清「於保為」　大井町郷土史研究会　（26）2008.5

神奈川県　　　　　　　　　　　　郷土に伝わる民俗と信仰　　　　　　　　　　　　　関東

大磯

中世都市大磯の様相—陸と海・信仰の接点からの作業ノート（島崎直人）「大磯町史研究」　大磯町　7　2000.3

大磯の木遣歌—天保14年の木遣資料を中心に（山崎祐子）「大磯町史研究」　大磯町　10　2003.3

覚書 大磯の酒造業（田中勉）「大磯町史研究」　大磯町　12　2005.3

大磯の「さざれ石」と白山宮の守り石（久保田宏）「明日を拓く」　東日本部落解放研究所，解放書店（発売）41（2）通号107　2014.12

大磯の左義長

見学会雑感 大磯の左義長（越川次郎）「民俗」　相模民俗学会　176　2001.5

大磯の左義長見学会に参加して（清田雅郎）「かながわ文化財」　神奈川県文化財協会　98　2002.5

大磯町

「身八つ口のある男物」と「半袖のハンテン」をめぐって（佐川和裕）「大磯町史研究」　大磯町　5　1997.3

大磯町内寺社調査概略（1），（2）（島崎直人）「大磯町史研究」　大磯町　8/10　2001.3/2003.3

流れ仏の習俗について（高橋典子）「大磯町史研究」　大磯町　8　2001.3

境界の民俗（杉山純一）「大磯町史研究」　大磯町　9　2002.3

大磯町「御船祭り」見学会の報告（沼崎麻矢）「民俗」　相模民俗学会　189　2004.8

新聞記事にみる大磯町内の民俗行事（1），（2）（飯田福信，佐川和裕）「大磯町史研究」　大磯町　（14）/（15）　2007.3/2008.3

大磯六所神社

わが郷愁の里神楽師たち—消え去った神楽曲の余韻を追って（田代道彌）「扣之帳」　扣之帳刊行会　（27）　2010.03

大井町

婚姻の歴史の追加資料説明（田邊永一）「於保為」　大井町郷土史研究会　（17）　1997.5

紙芝居で郷土史を（橋本恵美子，加藤三春）「於保為」　大井町郷土史研究会　（21）　2001.10

甘庶栽培と砂糖製造の普及—池上太郎左衛門幸豊（田邊永一）「於保為」　大井町郷土史研究会　（22）　2002.3

ななくさ（小林富幸）「於保為」　大井町郷土史研究会　（22）　2002.10

講演 村の宗教—明治初期における大井町域の動向（柏木操男）「於保為」　大井町郷土史研究会　（22）　2002.10

金毘羅信仰の原点（小林富幸）「於保為」　大井町郷土史研究会　（25）　2008.2

七福神巡りについて（山口伸）「於保為」　大井町郷土史研究会　（25）　2008.2

大井町につながる昔ばなし 講師・岩田達治先生（講演）（清水幸子）「於保為」　大井町郷土史研究会　（25）　2008.2

雑煮（田邊永一）「於保為」　大井町郷土史研究会　（26）　2008.5

江戸時代の離縁状（田邊永一）「於保為」　大井町郷土史研究会　（27）　2008.8

「金次郎かるた」について（加藤弥千代）「於保為」　大井町郷土史研究会　（27）　2008.8

町内歴史ウォーキング—山田中屋敷・下山田地区 一本松・馬場石仏群・薬師堂・観音堂・中屋敷石仏群・天神社・瀬戸佐太郎家・曽根惣右衛門屋敷跡ほか 講師・香川順次/幹事・籔田米雄氏，香川富子氏（視察研究）「於保為」　大井町郷土史研究会　（28）　2009.05

歌舞伎—歴史と鑑賞の楽しみ（坂入清四郎）「於保為」　大井町郷土史研究会　（29）　2010.04

「まゆ玉だんご」について（小林富幸）「於保為」　大井町郷土史研究会　（29）　2010.04

古典・芸能・能・狂言の歴史（坂入清四郎）「於保為」　大井町郷土史研究会　（30）　2011.05

町内歴史探訪ウォーキング—赤田・獅子塚地区 講師：太田光雄・柳川忠雄 幹事：籔田米雄・香川美智子（視察研究）「於保為」　大井町郷土史研究会　（30）　2011.05

大井町の農業の移り変わりについて（講演）（小野一雄）「於保為」　大井町郷土史研究会　（33）　2014.2

大井町の産業史 酒蔵「井上酒造」（講演）（井上寛）「於保為」　大井町郷土史研究会　（33）　2014.2

農耕儀礼のこと（会員研究）（山口伸）「於保為」　大井町郷土史研究会　（33）　2014.02

大川戸

大川戸熊野神社文書について（古川元也）「神奈川県立博物館研究報告.人文科学」　神奈川県立歴史博物館　（32）　2006.3

大沢

大沢の熊野権現社と山神社（コラム）（高城通教）「郷土誌葉山」　葉山郷土史研究会　（6）　2009.04

大田和村

鈴木亀二氏と浜浅葉日記（〈追悼 鈴木亀二先生〉）（辻井善弥）「三浦半島の文化」　三浦半島の文化を考える会　（11）　2001.10

浜浅葉日記にみる庶民仏教（辻井善彌）「三浦半島の文化」　三浦半島の文化を考える会　（13）　2003.10

浜浅葉日記の生活暦（辻井善彌）「三浦半島の文化」　三浦半島の文化を考える会　（15）　2005.10

太神社

太神社（秋葉神社）の変遷（渡辺文雄）「足柄乃文化」　山北町地方史研究会　（30）　2003.3

大庭御厨

福島金治氏「大庭御厨の北と南」（橋本浩）「神奈川地域史研究会会報」　神奈川地域史研究会　49　1997.12

大庭御厨における在地住人と伊弉神社祝荒木田氏—史料『天養記』所収文書の一考察（伊藤一美）「藤沢市史研究」　藤沢市文書館　（39）　2006.3

源義朝と大庭御厨（歴史講座）（伊藤一美）「藤沢市史研究」　藤沢市文書館　（39）　2006.3

大船観音

玉縄思い出写真館 大船観音の昔のお姿 提供：豊田富美子さん 昭和20年代撮影「玉縄城まちだより」　玉縄城址まちづくり会議　（6）　2010.05

大峰山

大峰山（三ヶ岡）と修験道（特集 続・一色）（高城通教）「郷土誌葉山」　葉山郷土史研究会　（9）　2012.04

大室権現

室生明神と大室権現（茂木哲夫）「足柄乃文化」　山北町地方史研究会　（40）　2013.03

大谷

地芝居三昧（1）大谷芸能保存会（歌舞伎部会）公演/祢津東町歌舞伎公演（吉澤昭正）「公益社団法人全日本郷土芸能協会会報」　全日本郷土芸能協会　（68）　2012.07

大山

コミュニケーション的行為としての「檀廻」—相模大山御師村山八太夫の檀廻を中心として（松岡俊）「伊勢原の歴史」　伊勢原市　12　1997.3

富士講・大山講の巡拝と遊山（平野栄次）「地方史研究」　地方史研究協議会　48（4）　1998.8

大山参詣をめぐる地域変容と民衆文化—大山信仰・渡船・名所（岩橋清美）「地方史研究」　地方史研究協議会　48（4）　1998.8

大山御師の活動とその影響—村の休日を視点として（宮原浩）「地方史研究」　地方史研究協議会　48（4）　1998.8

江戸庶民の社寺参詣—相模国大山参詣を中心として（原淳一郎）「地方史研究」　地方史研究協議会　49（4）通号280　1999.8

大山の筒粥祭（田中宣一）「民俗」　相模民俗学会　181　2002.8

大山講について（5）—田中彰勇会の場合（田中宣一）「民俗」　相模民俗学会　182　2002.11

大山参り（鈴木良明）「季刊悠久.第2次」　鶴岡八幡宮悠久事務局　92　2003.1

大山参詣に見る近世の旅—旅日記の分析を通じて（原淳一郎）「郷土神奈川」　神奈川県立図書館　（42）　2004.3

富士山と相模大山は親子か姉妹か—祭神とその関係からみえてくるもの（大野一郎）「富士信仰研究」　富士信仰研究会　（5）　2004.7

大山と天狗講（佐々木良文）「郷土ちがさき」　茅ヶ崎郷土会　（110）　2007.9

西海賢二著『富士・大山信仰 山岳信仰と地域社会：下』（書誌紹介）（牧野眞一）「日本民俗学」　日本民俗学会　通号259　2009.08

相模国分寺と大山参り（事務局）「伊豆史談」　伊豆史談会　通号139　2010.1

大山講講中札（まねき）「神奈川県立公文書館だより」　神奈川県立公文書館　（23）　2010.03

「大山詣り」水と暮らし（佐伯安子）「にーだんご」　くにたちの暮らしを記録する会　（23）　2010.09

大山の「寶印」（美甘由紀子）「民俗」　相模民俗学会　（218）　2012.02

大山地区の生活文化と行事（特集 続・長柄）（高梨勇次，高梨新一）「郷土誌葉山」　葉山郷土史研究会　（10）　2013.4

大山阿夫利神社

近世南武蔵農村地域の雨乞いと大山阿夫利神社（野尻靖）「さいたま市博物館研究紀要」　さいたま市立博物館　1　2002.3

相模大山阿夫利神社について（小林晃枝）「式内社のしおり」　式内社顕彰

会 68 2003.8

大山阿夫利神社への額奉納（西井美雪）「都市民俗研究」 都市民俗学研究会 （16） 2010.03

覚え書き 現代雨乞い考—神奈川県大山阿夫利神社を例として（小林晃枝）「女性と経験」 女性民俗学研究会 通号35 2010.10

覚え書き 祭祀変遷考—大山阿夫利神社「引目祭」について（小林晃枝）「女性と経験」 女性民俗学研究会 通号36 2011.10

県内歴史研究 大山阿夫利神社・大山寺・日向薬師堂を巡る旅（視察研究）（山口角蔵，田邊永一，池田孝）「於保為」 大井町郷土史研究会 （33） 2014.02

大山石尊大権現

相模周辺に廃仏毀釈の痕跡を探る（1）大山石尊大権現とその近隣（平賀康雄）「扣之帳」 扣之帳刊行会 （27） 2010.03

大山寺

大山寺縁起絵巻「神奈川県立公文書館だより」 神奈川県立公文書館 5 1998.10

県内歴史研究 大山阿夫利神社・大山寺・日向薬師堂を巡る旅（視察研究）（山口角蔵，田邊永一，池田孝）「於保為」 大井町郷土史研究会 （33） 2014.02

大山道

脇道のあった大山道（宮本忠直）「郷土いづみ」 4 1998.5

大山道コースを歩く（高橋重雄）「とみづか」 戸塚歴史の会 26 2000.6

大山詣の道・柏尾通り大山道を歩く（榛澤言義）「郷土いづみ」 7 2001.5

講演会「大山道と寒川」（松岡俊）「寒川町史研究」 寒川町 15 2002.3

展示会記録「大山道と寒川」「寒川町史研究」 寒川町 15 2002.3

大山道と箪山の足跡を歩く（渋谷利雄）「県央史談」 県央史談会 （42） 2003.1

柏尾通り大山道（有馬純律）「郷土いづみ」 9 2003.5

資料紹介 大山道関係資料について（芳賀こずえ）「郷土神奈川」 神奈川県立図書館 （42） 2004.3

本在寺の常燈明と大山道の鳥居（金子栄司）「文化資料館調査研究報告」 茅ヶ崎市教育委員会 通号14 2006.3

大山道標あれこれ（榛澤言義）「郷土いづみ」 （12） 2006.5

講演会記録 町史講座「江戸時代の道—圧村通り大山道を中心に」（飯田孝）「寒川町史研究」 寒川町 （21） 2008.3

聖域の森へ—大山道（清水照信）「わが住む里」 藤沢市総合市民図書館 通号58 2009.3

講演 まほら道しるべ—古道・大山道について（武勝美）「於保為」 大井町郷土史研究会 （32） 2012.8

大山信仰と茅ヶ崎の大山道（名和稔雄）「郷土ちがさき」 茅ヶ崎郷土会 （127） 2013.05

岡津町

戸塚宿在の富士信仰の碑—岡津町丘陵美林中の富士塚（茂木堯秀）「とみづか」 戸塚歴史の会 25 1999.6

岡本

調査研究報告（岡本地区の神社）（調査研究部）「史談足柄」 足柄史談会 52 2014.04

荻野郷

日蓮の星下り伝説と虚空蔵寺院—愛甲郡依知郷、そして荻野郷（篠原幸人）「鎌倉」 鎌倉文化研究会 通号106 2008.12

荻野神社

石神社と甲子祭［1］，（2）—荻野神社六十年祭をめぐって（大塚博夫）「県央史談」 県央史談会 38/39 1999.1/2000.1

小田原

相模の民俗あれこれ（67）—小田原の若者規約をめぐって（西海賢二）「コロス」 常民文化研究会 70 1997.9

小田原の富士信仰（2）～（7），（続）（小林謙光）「小田原史談 ： 小田原史談会々報」 小田原史談会 172/184 1998.1/2001.1

唄と兵隊（高田喜久三）「小田原史談 ： 小田原史談会々報」 小田原史談会 172 1998.1

相模の民俗あれこれ（68）～（70）近世・近代絵馬考 小田原の絵馬（2）～（4）（西海賢二）「コロス」 常民文化研究会 72/75 1998.2/1998.11

小田原・ロシア正教事始（《特集 小田原現代史を読み直す》）（太田俊郎）「おだわら ： 歴史と文化」 小田原市教育委員会 11 1998.3

古文書講座（25）墓碑にみられる夫婦愛（内田清）「小田原史談 ： 小田原史談会々報」 小田原史談会 175 1998.10

小田原方面 坂東三十三番観音札所史跡めぐり（宗森敦正）「県央史談」 県央史談会 38 1999.1

小田原の彫刻史と「小田原市仏師」（清水真澄）「おだわら ： 歴史と文化」 小田原市教育委員会 12 1999.3

小田原の地場産業—ヒアリング調査から 伝統の提灯づくりを受け継いで（飯沼恒雄氏談）/かまぼこ一筋70年（故杉山兼吉氏談）「おだわら ： 歴史と文化」 小田原市教育委員会 12 1999.3

東海道すじの練り歩き—小田原周辺を中心にして（西海賢二）「コロス」 常民文化研究会 77 1999.5

惟喬親王伝説異伝（蓮沼州子）「小田原史談 ： 小田原史談会々報」 小田原史談会 187 2001.10

空想小田原民話（播摩晃一）「西さがみ庶民史録」 西さがみ庶民史録の会 47 2001.11

小田原叢談（43）小田原と謡曲（石井富之助）「小田原史談 ： 小田原史談会々報」 小田原史談会 191 2002.10

小正月のだんご・まゆだま—聞き書きから知る物づくり（石綿勉）「小田原史談 ： 小田原史談会々報」 小田原史談会 192 2003.1

小田原叢談（44）小田原と歌舞伎（石井富之助）「小田原史談 ： 小田原史談会々報」 小田原史談会 193 2003.3

小田原提灯［1］～（4）（秋沢達雄）「小田原史談 ： 小田原史談会々報」 小田原史談会 193/197 2003.3/2004.3

小田原叢談（45）小田原と落語（石井富之助）「小田原史談 ： 小田原史談会々報」 小田原史談会 195 2003.10

語り合った我が家、我が故郷の年中行事（語り部委員会）「小田原史談 ： 小田原史談会々報」 小田原史談会 （200） 2005.1

謎の神「第六天」を考える（東好一）「小田原史談 ： 小田原史談会々報」 小田原史談会 （201） 2005.3

城下町の民俗的世界—小田原の社会生活（1）～（11）（西海賢二）「コロス」 常民文化研究会 （101）/（111） 2005.5/2007.11

話してください「我が家、我が故郷の年中行事」（2）—花祭りからお盆まで「小田原史談 ： 小田原史談会々報」 小田原史談会 （203） 2005.10

小田原漫談（51）金太郎の話（石井富之助）「小田原史談 ： 小田原史談会々報」 小田原史談会 （203） 2005.10

城下町の民俗的世界—小田原の祭礼と民俗芸能（西海賢二）「民俗と風俗 ： the journal of the Chubu Branch, the Japanese Society for History of Manners and Customs」 日本風俗史学会中部支部 （16） 2006.3

小田原の梅干し、始まりは粕漬け？（石井啓文）「扣之帳」 扣之帳刊行会 （12） 2006.6

江戸時代の小田原地方の酒 15年度総会講演資料から（瀬戸崎緑雄）「小田原史談 ： 小田原史談会々報」 小田原史談会 （206） 2006.7

城下町の民俗的世界—小田原の社寺と信仰（1）～（9）（西海賢二）「民俗」 相模民俗学会 （197）/（208） 2007.1/2009.06

地域の三つの神社について（山口一夫）「小田原史談 ： 小田原史談会々報」 小田原史談会 （209） 2007.4

城下町の民俗的世界—小田原の生業と日々の暮らし（西海賢二）「民俗文化史研究」 民俗文化史研究会 （4） 2007.7

小田原叢談（57），（58）拾遺 小田原・箱根の歌（上），（下）（石井富之助）「小田原史談 ： 小田原史談会々報」 小田原史談会 （211）/（212） 2007.10/2008.1

戦国期における小田原鋳物師山田氏の動向（山口博）「小田原地方史研究」 小田原地方史研究会 （24） 2007.10

日中戦争期における「英霊」の帰還（井上弘）「小田原地方史研究」 小田原地方史研究会 （24） 2007.10

資料紹介 養笠之助の『農家貫行』と『続農家貫行録』（松尾公就）「小田原地方史研究」 小田原地方史研究会 （24） 2007.10

城下町の民俗的世界—小田原の衣・食・住（4），（5）（西海賢二）「コロス」 常民文化研究会 （111）/（112） 2007.11/2008.2

お正月と浜と海（植田博之）「小田原史談 ： 小田原史談会々報」 小田原史談会 （212） 2008.1

史談再録（2）民俗探訪「子供るす」『小田原史談』創刊号（昭和36年〈1961年〉3月15日発行）（木村博）「小田原史談 ： 小田原史談会々報」 小田原史談会 （212） 2008.1

相模の地における小田原鋳物の歴史文化と今後（上島国澄）「郷土神奈川」 神奈川県立図書館 （46） 2008.2

小田原史土史再発見 小田原の梅干、始まりは粕漬けか？（石井啓文）「小田原史談 ： 小田原史談会々報」 小田原史談会 （213） 2008.3

城下町の民俗的世界—小田原の年中行事（2）～（17）（西海賢二）「コロス」 常民文化研究会 （113）/（128） 2008.5/2012.02

小田原・箱根周辺における聖徳太子伝承（木村博）「聖徳」 聖徳宗教学部 （196） 2008.6

小田原漆器の焼き物一筋 斉藤讓三さん（83歳）に聞く（鳥居泰一郎，佐久間俊治）「小田原史談 ： 小田原史談会々報」 小田原史談会 （214） 2008.7

「小田原ちょうちんづくり」横浜マリノス株式会社とのタイアップ事業レポート「横浜市歴史博物館news ： Yokohama History Museum news」 横浜市歴史博物館 （27） 2008.9

史談再録（3）怪異綺談『小田原史談』第15号（1962年〈昭和37年〉所

載）（門松利平）「小田原史談 ： 小田原史談会々報」 小田原史談会
（215） 2008.10

小田原北條五代祭りに参加して（秋山勝男）「郷土史」 八王子市川口郷土
史研究会 （30） 2009.02

徐福一創られる伝説（遠志保）「小田原史談 ： 小田原史談会々報」 小田
原史談会 （218） 2009.07

小田原の庚申塔（森永五郎）「野仏 ： 多摩石仏の会機関誌」 多摩石仏の
会 40 2009.08

史談再録（12） 組のお稲荷さま 『小田原史談』第52号（昭和43年10月
号）（宇野応之）「小田原史談 ： 小田原史談会々報」 小田原史談会
（222） 2010.07

小田原の郷土史再発見 鏡信一刀流師範十二人の顕彰碑と墓碑（上），
（下）（石井啓文）「小田原史談 ： 小田原史談会々報」 小田原史談会
（225）/（226） 2011.04/2011.07

小田原史談雑記帳 曽我の郷 梅の事始め 伝承を深読みする（市川清司）
「小田原史談 ： 小田原史談会々報」 小田原史談会 （228） 2012.01

『1950年代と地域社会 神奈川県小田原地域を対象として』を民俗として
読む（西海賢二）「みやざき民俗」 宮崎県民俗学会 （64） 2012.03

海に月 人の星一小田原雛子多古保存会とともに（会員だより）（徳山泰
子）「かながわの民俗芸能」 神奈川県民俗芸能保存協会 （77） 2013.
03

小田原蒲鉾の籠清です 話し手 石黒駒士さん「小田原史談 ： 小田原史談
会々報」 小田原史談会 （236） 2014.1

小田原市

相模国足柄下郡堀之内村（現小田原市堀之内）皇国地誌村誌より「コロ
ス」 常民文化研究会 72 1998.2

武者行列の醍醐味 北條五代祭りと北條氏照まつり（秋山正勝）「郷土史」
八王子市川口郷土史研究会 （34） 2013.02

小田原七福神

小田原七福神の誕生について（安藤康哉）「小田原史談 ： 小田原史談
会々報」 小田原史談会 173 1998.3

小田原城

おだわらシルバー大学自主研究 小田原城主大森氏の仏教政策一箱根権
現と曹洞宗寺院「小田原史談 ： 小田原史談会々報」 小田原史談会
（213） 2008.3

小田原藩

参詣の道・生計の道一小田原藩地域政策と富士山参詣者（青柳周一）「地
方史研究」 地方史研究協議会 47（4） 1997.8

相模の民俗あれこれ（71），（72） 旧小田原藩領域のジルイ・ジワケをめ
ぐって（西海賢二）「コロス」 常民文化研究会 76/77 1999.2/1999.5

小野神社

小野神社と祭神天下春命（柳下安行）「県央史談」 県央史談会 （46）
2007.1

伊勢原郷土史研究会講演記録 相模国府祭と小野神社/「厚木市史」にみ
る伊勢原市域の文化人（飯田孝）/「阿夫利 ： 厚木市文化財協会会報」
厚木市文化財協会 （18） 2007.2

大山街道

大山街道飛ぶ鳥マンダラ（翠川宣子）「郷土いずみ」 5 1999.5

武蔵・相模国における石橋供養塔の調査報告II一石橋供養塔の造立と大
山街道の関連性について（研究ノート）（津田守一）「小田原地方史研
究」 小田原地方史研究会 （27） 2014.05

恩名

「恩名」地名再考一古文書と伝承から探る（柳下安行）「県央史談」 県央
史談会 （49） 2010.1

海岸尼寺

長谷観音信仰と中世律宗一金沢・海岸尼寺、厚木・飯山寺、鎌倉・長谷
寺、尾道・浄土寺、奈良・西大寺をめぐって（瀬谷貴之）「鎌倉」 鎌倉
文化研究会 （100） 2005.10

外国人墓地

外国人墓地に眠る幼子たち（小林功芳）「横浜プロテスタント史研究会
報」 横浜プロテスタント史研究会 （35） 2004.10

開成町

埋もれていた町域内の村の皇国地誌成立までの経緯（瀬戸崎雄）「開成町
史研究」 開成町文化財保護委員会 （10） 1998.3

皇国地誌「開成町史研究」 開成町文化財保護委員会 （10） 1998.3

海蔵院

海蔵院（布袋尊）（記念特集・戸塚宿戸塚七福神めぐりー各寺院の取り組
みと参詣状況）（三橋景子）「とみづか」 戸塚歴史の会 （40） 2014.06

海蔵寺

鎌倉ある記（3） 海蔵寺の子守薬師と観音さま「逗子吾妻鏡研究」 逗子
吾妻鏡研究会 21 1998.9

海南神社

〔資料紹介〕 三浦市海南神社の朝鮮の瓦（小暮慶明）「赤星直忠博士文化
財資料館だより」 赤星直忠博士文化財資料館 （10） 2001.5

香川

香川の歴史と神社・寺「郷土ちがさき」 茅ヶ崎郷土会 81 1998.1

茅ヶ崎市香川の中世墓址（國平健三、古川元也）「文化資料館調査研究報
告」 茅ケ崎市教育委員会 通号11 2003.3

覚園寺

新居西條庄と鎌倉覚園寺（松木達雄）「伊予史談」 伊予史談会 （327）
2002.10

風祭

「風祭」という地名一風まつり習俗探訪ノートから（田代道彌）「扣之帳」
扣之帳刊行会 （22） 2008.12

梶原

梶原御霊神社氏子会について（各地の梶原氏顕彰会）（石井道喜）「寒川町
史研究」 寒川町 13 2000.3

糟屋荘

糟屋荘と熊野社および極楽寺の創建について（吉野勝洋）「県央史談」 県
央史談会 （48） 2009.01

加瀬山

加瀬山にまつわる底なし穴の話一川崎市幸区加瀬山（大喜多紀明）「民俗
文化」 滋賀民俗学会 （600） 2013.09

片瀬

諏訪神社の勧請をめぐる片瀬の古代史（1）～（4）（鈴木和一）「湘南考古学
同好会々報」 湘南考古学同好会 通号121/（125） 2010.12/2011.12

カトリック箱根教会

カトリック箱根教会の思い出（佐宗欣二）「扣之帳」 扣之帳刊行会
（37） 2012.09

神奈川

「かながわ」の芝居をめぐって（服部幸雄）「神奈川文化」 神奈川県立図
書館 43（3）通号379 1997.10

伝統技能と大工道具（前場幸治）「神奈川文化」 神奈川県立図書館 44
（3）通号383 1998.10

県指定有形民俗文化財「神奈川の職人の道具」コレクションについて
「神奈川県立歴史博物館だより」 神奈川県立歴史博物館 5（1）通号
151 1999.7

神奈川の年中行事（関祐子）「西郊民俗」 〔西郊民俗談話会〕 通号169
1999.12

記念講演録 村に入り来る勧進たち（西海賢二）「神奈川地域史研究」 神
奈川地域史研究会 （18） 2000.3

「絵入 農家貫行」に見る江戸時代の農業「神奈川文化」 神奈川県立図書
館 46（1）通号388 2000.4

記念講演録 檀家制度の成立と展開（圭室文雄）「神奈川地域史研究」 神
奈川地域史研究会 （19） 2001.3

堅穴住居址の屋内空間一民俗・民俗誌との隙間に（小川岳人）「神奈川考
古」 神奈川考古同人会 （37） 2001.5

土偶と死の関係性（阿部友寿）「神奈川考古」 神奈川考古同人会 （37）
2001.5

神奈川の経塚（富永樹之）「神奈川考古」 神奈川考古同人会 （38）
2002.5

企画展「郷土を誌す一近代横浜・神奈川の地誌」（石崎康子）「開港のひろ
ば ： 横浜開港資料館館報」 横浜開港資料館 79 2003.2

近世民家の集成（2）～（10）（近世研究プロジェクトチーム）「かながわの
考古学 ： 研究紀要」 かながわ考古学財団 （9）/（19） 2004.2/
2014.03

神奈川から眺める富士山（田代博）「郷土神奈川」 神奈川県立図書館
（42） 2004.3

1月例会参加記 「寺社縁起と神仏霊験譚」展を見学して（酒井保）「神奈
川地域史研究会会報」 神奈川地域史研究会 74 2004.3

祖先祭祀・再生観の語られた方一配石遺構・墓制との関連において（阿部
友寿）「神奈川考古」 神奈川考古同人会 （40） 2004.5

庚申塔の猿を見る一千葉・埼玉・東京・神奈川（舞田一夫）「あしなか」
山村民俗の会 269 2004.12

民俗芸能と文字テキスト一神代神楽諸家に伝わる筋書きを巡って（笹原
亮二）「郷土神奈川」 神奈川県立図書館 （43） 2005.2

神奈川の三匹獅子舞について「神奈川県立歴史博物館だより」 神奈川
県立歴史博物館 10（3）通号168 2005.3

関東　　　　　　　　　　　郷土に伝わる民俗と信仰　　　　　　　　　　神奈川県

講演会「神奈川の板碑」(翠川宜子)「郷土いずみ」 11 2005.5

神奈川の天狗像―昔話・伝説・世間話からの考察(高橋成)「西郊民俗」「西郊民俗談話会」(197) 2006.12

神奈川の地神塔(森永五郎)「野仏 ： 多摩石仏の会機関誌」 多摩石仏の会 38 2007.7

神奈川の庚申石祠(森永五郎)「野仏 ： 多摩石仏の会機関誌」 多摩石仏の会 39 2008.7

「谷」のやぐら、「山」のやぐら(鈴木庸一郎)「神奈川考古」 神奈川考古同人会 (45) 2009.05

2010年度総合研究報告 近世前期永代売買の内実―「帰り永代」慣行と返り手形(荒木仁朗)「神奈川地域史研究」 神奈川地域史研究会 (29) 2011.12

軍隊と神社―神奈川の営内神社等を中心として(坂井久能)「神奈川地域史研究」 神奈川地域史研究会 (29) 2011.12

神様のいない十二か月―神奈川フィルと相模里神楽に教わったこと(会員だより)(徳山泰子)「かながわの民俗芸能」 神奈川県民俗芸能保存協会 (76) 2012.03

神奈川県

かまどの用土と利用―カマチについてのしるべ(小島茂平)「県央史談」 県央史談会 36 1997.1

神奈川県下における近世墓制の研究(2)(近世研究プロジェクトチーム)「かながわの考古学 ： 研究紀要」 かながわ考古学財団 2 1997.3

神社整理後の「神社復祀」について(鈴木通大)「神奈川県立博物館研究報告.人文科学」 神奈川県立博物館 通号23 1997.3

赤星直忠博士による「やぐら」の研究―研究略史(田代郁夫)「鎌倉」 鎌倉文化研究会 84 1997.5

文化財めぐりこぼれ話「不思議な犬」(仁藤貞一)「県央史談」 県央史談会 37 1998.1

木の民具を生み出した森林―雑木林(中川重年)「神奈川県立歴史博物館だより」 神奈川県立歴史博物館 3(3 通号147 1998.1

漁村に伝わる謎のじゅもん(山下金義)「神奈川県博物館協会会報」 神奈川県博物館協会 (69) 1998.3

大工道具、鉋の歴史(前場幸治)「神奈川県博物館協会会報」 神奈川県博物館協会 (69) 1998.3

道祖神研究史素描―神奈川県の道祖神研究に向けて(入江英弥)「足柄乃文化」 山北町地方史研究会 26 1999.3

神奈川県下の盆の「砂盛り」について(長田平)「大磯町史研究」 大磯町 6 1999.3

シリーズ あたらしい時代へ 神奈川県方言の地理的背景(佐藤亮一)「神奈川文化」 神奈川県立図書館 45(1) 通号386 1999.9

「源頼朝とゆかりの寺社の名宝展」を観賞して(樋口実)「かながわ文化財」 神奈川県文化財協会 96 2000.5

律僧長老五輪塔(神奈川県内)について(野村隆)「かながわ文化財」 神奈川県文化財協会 96 2000.5

埋葬(岡本勇)「考古論叢神奈河」 神奈川県考古学会 9 2001.2

後北条氏の職人支配―皮作り職人を中心として(松永三八子)「古文書を読む会会報」 古文書を読む会 24 2002.3

神奈川県の山王権現塔(中山正義)「野仏 ： 多摩石仏の会機関誌」 多摩石仏の会 33 2002.7

古代を考えるI 郡の役所と寺院(望月一樹)「Museum News」 川崎市民ミュージアム (68) 2003.4

逆境に喘ぐ野辺の石仏(神奈川県から)(森永五郎)「日本の石仏」 日本石仏協会, 青蛾書房(発売) (106) 2003.6

神奈川県の山王権現塔(中山正義)「野仏 ： 多摩石仏の会機関誌」 多摩石仏の会 34 2003.7

6月例会参加記 「郡の役所と寺院」展を見学して(高橋浩明)「神奈川地域史研究会会報」 神奈川地域史研究会 73 2003.12

金刀比羅様の由来(岡部貞一)「県央史談」 県央史談会 (43) 2004.1

神奈川県内の「やぐら」集成(3)―「やぐら」出土の石造塔類について(中世研究プロジェクトチーム)「かながわの考古学 ： 研究紀要」 かながわ考古学財団 通号10 2005.2

神奈川県の庚申神塔に見る民間信仰との交流(森永五郎)「野仏 ： 多摩石仏の会機関誌」 多摩石仏の会 37 2006.7

映画資料に見る笈の形式(佐々木登美子)「神奈川県立博物館研究報告.人文科学」 神奈川県立歴史博物館 (33) 2007.3

後北条氏関係文書の料紙と折紙について―形と祈りに込められた意識(鳥居和郎)「神奈川県立博物館研究報告.人文科学」 神奈川県立歴史博物館 (34) 2008.3

中世の板碑―当館コレクション展示によせて(古川元也)「神奈川県立歴史博物館だより」 神奈川県立歴史博物館 14(2) 通号179 2008.10

神奈川県立歴史博物館所蔵十六羅漢図修理報告(梅沢恵)「神奈川県立博物館研究報告.人文科学」 神奈川県立歴史博物館 (35) 2009.03

「ういろう」との出逢い(加藤導男)「歴研よこはま」 横浜歴史研究会 (62) 2009.05

総会研究報告趣旨(2008年度総会研究報告「神奈川県域の古代寺院を考える」)「神奈川地域史研究」 神奈川地域史研究会 (27) 2010.01

総会研究報告討論要旨(2008年度総会研究報告「神奈川県域の古代寺院を考える」)「神奈川地域史研究」 神奈川地域史研究会 (27) 2010.01

石神考(柳下安行)「県央史談」 県央史談会 (50) 2011.01

特別寄稿 民俗芸能の意義と継承(田中宣一)「かながわの民俗芸能」 神奈川県民俗芸能保存協会 (75) 2011.03

私とお神楽(会員だより)(臼井良子)「かながわの民俗芸能」 神奈川県民俗芸能保存協会 (75) 2011.03

明治初期の神職をめぐる裁判とその特質―相州六所神社の神主職をめぐる裁判と神祇官・神奈川県(早田旅人)「自然と文化 ： 平塚市博物館研究報告」 平塚市博物館 (34) 2011.03

自治体史〈民俗編〉の編さん動向について―神奈川県域を中心に(鈴木通大)「大和市史研究」 大和市文化スポーツ部 (36) 2011.03

田祭りを振り返って(きらめくふるさと2011かながわ民俗芸能祭特集)(今泉唯)「かながわの民俗芸能」 神奈川県民俗芸能保存協会 (76) 2012.03

神奈川県民俗芸能保存協会の中における沖縄芸能(きらめくふるさと2011かながわ民俗芸能祭特集)(長島清子)「かながわの民俗芸能」 神奈川県民俗芸能保存協会 (76) 2012.03

民具短信 神奈川県域のクルリ棒・ヨコゴ・麦灯台について(鈴木通大)「民具マンスリー」 神奈川大学 45(10) 通号538 2013.01

神奈川県における獅子舞文化(小論・少考)(高橋裕一)「かながわの民俗芸能」 神奈川県民俗芸能保存協会 (77) 2013.03

獅子舞に出会って―伝承芸能・記述書作成への取り組み(保存会だより)(吉村俊介)「かながわの民俗芸能」 神奈川県民俗芸能保存協会 (77) 2013.03

「神楽舞と神楽囃子」のワークショップに参加して(保存会だより)(佐野優子)「かながわの民俗芸能」 神奈川県民俗芸能保存協会 (77) 2013.03

お峯入り―古代祭祀の面影(会員だより)(保田晴男)「かながわの民俗芸能」 神奈川県民俗芸能保存協会 (77) 2013.03

伝統芸能に負けない「郷土芸能」(会員だより)(山田隆司)「かながわの民俗芸能」 神奈川県民俗芸能保存協会 (77) 2013.03

当館の御札・御守コレクション(新井裕美)「神奈川県立歴史博物館だより」 神奈川県立歴史博物館 19(2) 通号194 2013.09

神奈川県における地芝居の「復活」について(特集 地芝居の今)(舘野太朗)「まつり」 まつり同好会 (75) 2013.12

篠笛のススメ(篠笛を育てて郷土芸能を育てる)(会員だより)(山田隆司)「かながわの民俗芸能」 神奈川県民俗芸能保存協会 (78) 2014.03

新箸祝い(会員だより)(永田泰祐)「かながわの民俗芸能」 神奈川県民俗芸能保存協会 (78) 2014.03

スサノオ神話に由来する疫病退散祭礼の現代的意味―神奈川県「蛇も蚊も祭り」を例として(2012年度奨励研究成果論文)(姚琼)「年報非文字資料研究」 神奈川大学日本常民文化研究所非文字資料研究センター (10) 2014.03

神奈川県の道祖神信仰(倉石忠彦)「縁 ： 集いの広場」 縁フォーラム事務局 (7) 2014.09

神奈川宿

神奈川宿の開帳と相撲興行(井上攻)「横浜市歴史博物館紀要」 横浜市ふるさと歴史財団 4 2000.3

「神奈川宿歴史の道」道筋の寺院と「滝の川」の河童(和田寛)「河童通心」 河童文庫 243 2004.1

神奈川宿の歴史と伝説(〈横浜開港150周年・泉区歴史の会創立15周年記念特集〉)(小澤明夫)「郷土いずみ」 (15) 2009.5

神奈川湊

研究ノート 行徳の下り塩購入と浦賀・神奈川湊の荷船(池田真由美)「市立市川歴史博物館報」 市立市川歴史博物館 2006年度 2008.3

神奈川遊廓神風楼跡地

神奈川遊廓神風楼跡地一件(斎藤多喜夫)「開港のひろば ： 横浜開港資料館館報」 横浜開港資料館 60 1998.4

金沢

金沢称名寺の所領経営と金沢北条氏―元亨元年の所領相博を中心として(畠山聡)「板橋区立郷土資料館紀要」 板橋区教育委員会 (12) 1998.12

再び甦る室ノ木の家々そして金沢の祭礼(山田善一)「六浦文化研究」 六浦文化研究所 (11) 2002.5

金沢区

第二次大戦中における「やぐら」の転用について―横浜市金沢区(大喜多紀明)「民俗文化」 滋賀民俗学会 (591) 2012.12

君ケ崎から金澤称名寺に至る道程の昔と今―横浜市金沢区(大喜多紀明)「民俗文化」 滋賀民俗学会 (595) 2013.04

神奈川県　　　　　　　　　　　　郷土に伝わる民俗と信仰　　　　　　　　　　　　関東

百八の経塚―横浜市金沢区（大喜多紀朗）「民俗文化」　滋賀民俗学会　（602）　2013.11

資料紹介　新たに見つかった社寺明細帳図―横浜市栄区、金沢区と北多摩郡から（山地純）「金沢文庫研究」　神奈川県立金沢文庫　（332）2014.03

金沢能見堂

武州金沢能見堂「四阿・三星亭」について（上）、（下）（前田元重）「金沢文庫研究」　神奈川県立金沢文庫　（309）/（310）2002.10/2003.3

武州金沢能見堂の出版物について―『八景安見図』、『金澤能見堂八景縁記』、『能見堂八景』の成立年とその考察（飯原玲子）「金沢古文書を読む会会報」　金沢古文書を読む会　（2）2009.03

金沢文庫

金沢文庫と称名寺（上村信義）「郷土いずみ」　6　2000.5

「金沢文庫見学」と「上行寺やぐら群」を訪ねて（雨宮郁夫）「三浦半島の文化」　三浦半島の文化を考える会　（10）2000.10

資料紹介　金沢文庫新出の中世芸能・地域資料二題（西岡芳文）「金沢文庫研究」　神奈川県立金沢文庫　（310）2003.3

金沢文庫と称名寺と（高崎繁雄）「西上総文化会報」　西上総文化会　（64）2004.3

紙漉きの技術にみる中世の古文書（宍倉佐敏）「金沢文庫研究」　神奈川県立金沢文庫　（313）2004.10

鎌倉時代の密教書にみる茶（高橋秀榮）「金沢文庫研究」　神奈川県立金沢文庫　（315）2005.10

「茶」に関する文書リスト―重要文化財「金沢文庫文書」より（山地純）「金沢文庫研究」　神奈川県立金沢文庫　（316）2006.3

称名寺と金沢文庫/区民まつり参加「足立史談会だより」　足立史談会　（296）2012.11

ほとけのすがた―金沢文庫コレクションI（活動報告）（学芸課）「金沢文庫研究」　神奈川県立金沢文庫　（332）2014.03

ふみのかたち―金沢文庫コレクションII（活動報告）（学芸課）「金沢文庫研究」　神奈川県立金沢文庫　（332）2014.3

金山神社

五猿の絵馬―川崎市川崎区金山神社（犬飼康祐）「野仏：多摩石仏の会機関誌」　多摩石仏の会　29　1998.7

鐘ヶ岳

鐘ヶ嶽の丁石（山本力）「日本の石仏」　日本石仏協会，青娥書房（発売）　通号89　1999.3

金子村

町内歴史探訪ウォーキング―金子村（根岸上・下）最明寺・金田水道跡・屋敷神・南水道・贅育館・不動明王碑ほか（視察研究）（清水幸子，籔田米雄）「於保為」　大井町郷土史研究会　（26）2008.5

兜塚

史蹟「兜塚」について（三谷勉）「郷土つるみ」　鶴見歴史の会　（59）2004.5

壁土山地蔵堂

藤沢宿坂戸町壁土山地蔵堂考―本町三丁目北向き地蔵の由来（湯山学）「藤沢市史研究」　藤沢市文書館　（35）2002.3

鎌ヶ岳

富士塚と富士講―鎌ヶ嶽と富士信仰をめぐって（論文）（大野一郎）「郷土神奈川」　神奈川県立図書館　（52）2014.02

鎌倉

『吾妻鏡』にみる歳事儀礼（下）―源家三代期を中心に（大友務）「研究紀要」　埼玉県立歴史資料館　通号19　1997.3

中世都市鎌倉と周辺地域出土の瀬戸窯製品（服部実喜）「瀬戸市埋蔵文化財センター研究紀要」　瀬戸市文化振興財団　5　1997.3

『新編相模国風土記稿』に見る鎌倉の弁天社と宇賀神（勝田みほ）「コロス」　常民文化研究会　69　1997.5

香取社神輿の鎌倉動座（小国浩寿）「鎌倉」　鎌倉文化研究会　84　1997.5

中世の窓から（8）―説教上手（尾崎令）「鎌倉」　鎌倉文化研究会　84　1997.5

娘に贈られた「母の日」―鎌倉の寺をめぐる（老野静子）「三郷文化」　三郷郷土研究会　61　1997.7

鎌倉の陶磁器埋納事例（大河内勉）「貿易陶磁研究」　日本貿易陶磁研究会　17　1997.9

鎌倉公方の春―中世民俗誌としての『鎌倉年中行事』（藤木久志）「六浦文化研究」　六浦文化研究所　（7）1997.12

近世鎌倉の寺領と永高（勝田みほ）「コロス」　常民文化研究会　73　1998.5

中世都市鎌倉と寒河江・慈恩寺（松尾剛次）「西村山地域史の研究」　西村山地域史研究会　16　1998.10

中世鎌倉の舞楽と楽所（荻美津夫）「季刊悠久.第2次」　鶴岡八幡宮悠久事務局　76　1999.3

「かまくらの石塔―極楽浄土への祈りのかたち」開催にあたって「神奈川県立歴史博物館だより」　神奈川県立歴史博物館　5（1）通号151　1999.7

「かまくらの石塔」展を見学して（香川芳文）「神奈川地域史研究会会報」　神奈川地域史研究会　56　1999.9

『菩提講縁起』（今西三郎）「鎌倉」　鎌倉文化研究会　89　1999.12

鎌倉の札所と文化財めぐり（渋谷利雄）「県央史談」　県央史談会　39　2000.1

「かまくらの石塔」見学記（広井淳）「湘南考古学同好会々報」　湘南考古学同好会　79　2000.4

県博に「かまくらの石塔」展を見学して（山本力）「湘南考古学同好会々報」　湘南考古学同好会　79　2000.4

特別展「かまくらの石塔―極楽浄土への祈りのかたち」に触れて（渡辺美彦）「かながわ文化財」　神奈川県文化財協会　96　2000.5

中世の窓から（14）―仏心の風景（尾崎令）「鎌倉」　鎌倉文化研究会　90　2000.6

『梵鐘御届書控』（堀越正夫）「鎌倉」　鎌倉文化研究会　91　2000.12

鎌倉彫と鎌倉物―三条西実隆の意識から（古川元也）「神奈川県立博物館研究報告.人文科学」　神奈川県立歴史博物館　（27）2001.3

鎌倉周辺の和田義盛とその一族の旧跡と伝承の地（藤信子）「三浦一族研究」　横須賀市　（5）2001.5

『由緒書』（小杉秀夫）「鎌倉」　鎌倉文化研究会　92　2001.6

新収資料紹介　鎌倉彫獅子形香合「神奈川県立歴史博物館だより」　神奈川県立歴史博物館　7（1）通号157　2001.6

鎌倉寺院巡り（安部ヒサコ）「たいわ：語り伝える白井の歴史：白井市郷土史の会機関誌」　白井市郷土史の会　19　2002.4

大仏造立の痕跡を探る（福田誠）「鎌倉」　鎌倉文化研究会　94　2002.6

県内歴史研究「北条実時展」と「鎌倉名刹」見学記（山口伸）「於保為」　大井町郷土史研究会　（22）2002.10

「鎌倉の発掘」と三浦半島（3）―中世・古代の寺院（雨宮郁夫）「三浦半島の文化」　三浦半島の文化を考える会　（12）2002.10

鎌倉とその周辺の天神について（轟信子）「御浦」　三浦文化研究会　（18）2002.11

小浜祇園祭礼の鉾―鎌倉と傘鉾（柿東敏博）「まつり」　まつり同好会　通号63　2002.12

近世に於ける鎌倉大工の造営活動（奥山信治）「鎌倉」　鎌倉文化研究会　95　2002.12

鎌倉ある記（6）―昔話より“よしとききさま”「逗子吾妻鏡研究」　逗子吾妻鏡研究会　（28）2003.5

鎌倉地区におけるやぐらの思想背景―古瀬戸骨蔵器を中心に（立花弥生）「民俗」　相模民俗学会　185　2003.8

足利氏縁りの鎌倉の寺社（加藤導男）「歴研よこはま」　横浜歴史研究会　（53）2003.11

鎌倉周辺の勧進に関する新出資料―甘縄観世音寺・城ヶ島薬師堂等に関する新発見資料の紹介（西岡芳文）「金沢文庫研究」　神奈川県立金沢文庫　（312）2004.3

古代鎌倉の卜骨と三浦半島―律令期における海浜部集落の一側面（押木弘己）「考古論叢神奈河」　神奈川県考古学会　12　2004.4

研究発表会　鎌倉の石塔（斎藤彦司）「三浦一族研究」　横須賀市　（8）2004.5

横浜市磯子区氷取沢町所在「観音やぐら」の現況―鎌倉の北辺に位置する「やぐら」（鈴木庸一郎）「神奈川考古」　神奈川考古同人会　（41）2005.5

鎌倉本牧の武士梶原景時ゆかりの伝説の地を訪ねる（須田裕）「逗子吾妻鏡研究」　逗子吾妻鏡研究会　（30）2005.5

近世における参詣行動と歴史意識―鎌倉の再発見と懐古主義（原淳一郎）「歴史地理学」　歴史地理学会，古今書院（発売）47（3）通号224　2005.6

日蓮以後の甲斐国日蓮教団と鎌倉（新夏教材研究）（沼田晃佑）「甲斐」　山梨郷土研究会　（108）2005.8

《特集　鎌倉と観音信仰》「鎌倉」　鎌倉文化研究会　（100）2005.10

鎌倉の観音信仰（三浦勝男）「鎌倉」　鎌倉文化研究会　（100）2005.10

鎌倉の主な観音縁起（鎌倉古文書研究会）「鎌倉」　鎌倉文化研究会　（100）2005.10

『鎌倉の廃寺』余聞（加藤導男）「歴研よこはま」　横浜歴史研究会　（57）2005.11

鎌倉将軍の八万四千塔供養と育王山信仰（西山美香）「金沢文庫研究」　神奈川県立金沢文庫　（316）2006.3

鎌倉の墓めぐり（《特集　石仏探訪V》）（酒井保）「日本の石仏」　日本石仏協会，青娥書房（発売）　118　2006.6

北条時頼の伝承・遺跡（1）（三浦勝男）「鎌倉」　鎌倉文化研究会　通号102　2006.12

鎌倉殿護持僧についての一考察―源家三代期から宗尊親王期までを中心に（永塚昌仁）「山形大学歴史・地理・人類学論集」　山形大学歴史・地

理・人類学研究会　(8)　2007.3

鎌倉地方における虚空蔵信仰の諸相 (篠原幸久)「鎌倉」鎌倉文化研究会
通号103　2007.6

コラム 鎌倉の華まつり (《特集 生花 花道の成立以前の花》) (小峰敏司)
「季刊悠久.第2次」鶴岡八幡宮悠久事務局　(110)　2007.7

鎌倉やぐら式墓崖の十王磨崖尊 (《特集 石仏の座所》) (筒井隆義)「日本
の石仏」日本石仏協会, 青娥書房 (発売) (124)　2007.12

鎌倉におけるやぐらへの葬送—火葬骨・非火葬骨の出土事例から (松葉
崇)「神奈川考古」神奈川考古同人会　(44)　2008.5

重源弟子空諦の仏舎利盗掘事件と鎌倉 (伊藤一美)「鎌倉」鎌倉文化研究
会　通号105　2008.6

幡が飛ぶ伝説—伝統の伝播を考える (山崎右子)「鎌倉」鎌倉文化研究会
通号105　2008.6

近世後期摂家の鎌倉参詣—将軍宣下参列に際して (原淳一郎)「鎌倉」鎌
倉文化研究会　通号106　2008.12

日光例幣使の鎌倉通行と三浦郡の村々一寸域に残る二点の継立関係資料
から (飯島端治)「手帳 : 逗子の郷土誌」手帳の会　(174)　2008.12

中世東国の律院の茶—称名寺とその寺領・末寺を通じてみた鎌倉の茶
(永井晋)「鎌倉」鎌倉文化研究会　通号107　2009.06

特別展「鎌倉の日蓮聖人—中世人の信仰世界」展を終えて「神奈川県立歴
史博物館だより」神奈川県立歴史博物館　15 (2) 通号182　2009.11

『鎌倉年中行事』と海老名季高 (長塚孝)「鎌倉」鎌倉文化研究会　通号
108　2009.12

ほんとかねぇ 古都鎌倉に不思議な水 (赤田直繁)「足立史談会だより」
足立史談会　(269)　2010.08

やぐらに見られる劣化について (星野玲子)「かまくら考古」鎌倉考古学
研究所　(6)　2010.08

鎌倉幕府の草創神話—現代人をも拘束する歴史認識 (特集 いくつもの日
本の神話へ) (川合康)「東北学.[第2期]」東北芸術工科大学東北文
化研究センター, 柏書房 (発売) (27)　2011.05

大仏隧道の沿革とその煉瓦について (奥山言治)「鎌倉」鎌倉文化研究会
(112)　2012.01

鎌倉ハムとその周辺 (斎藤多喜夫)「郷土神奈川」神奈川県立図書館
(50)　2012.2

中世前期鎌倉における五輪塔の様相 (古田土俊一)「考古論叢神奈河」神
奈川県考古学会　20　2012.03

中世都市鎌倉の大災害—大仏殿倒壊を中心に (特集 武蔵野の災害〈前
編〉) (八幡義信)「武蔵野」武蔵野文化協会　87 (1) 通号351　2012.7

鎌倉ゆかりの「社寺明細帳図」—合祀された神社 (山地純)「鎌倉」鎌倉
文化研究会　(113)　2012.07

講演「鎌倉出土の仏像彫刻」[1]～(3) (渾井和男)「かまくら考古」鎌
倉考古学研究所　(16) / (20)　2013.03/2014.03

会員講座 (第9回)「鎌倉仏教立宗開花について」川村一彦氏「会報」
大阪歴史懇談会　30 (3) 通号343　2013.03

会員投稿 鎌倉ぶらり旅「円覚寺塔頭と梵鐘を訪ねる」(小瀬川雅彦)「藤
沢地名の会会報」藤沢地名の会　(85)　2014.05

平成27年度春の特別展 中世東国の茶—武家の台頭と鎌倉における茶の文化
(永井晋)「神奈川県立歴史博物館だより」神奈川県立歴史博物館
20 (3) 通号198　2014.12

鎌倉街道

西行説話と武蔵野・鎌倉街道 (小野一之)「府中市郷土の森博物館紀要」
府中文化振興財団府中郷土の森博物館　(25)　2012.3

崇徳寺跡と鎌倉街道 (苦林宿) (内野勝裕)「埼玉県人談」埼玉県郷土文化
会　60 (4) 通号316　2014.1

鎌倉街道上道

史跡や文化遺産からみた鎌倉街道上道—鎌倉期の石造物・中世寺院跡・
城館跡・古戦場の数量的分布を通して (内田正喜)「研究紀要」埼玉県
立歴史資料館　通号21　1999.3

鎌倉古道

祭祀空間と交通路—相模国北西部「鎌倉古道」の「三角辻」をめぐって
(松本尚)「歴史地理学」歴史地理学会　古今書院 (発売) 46 (1) 通号
217　2004.1

鎌倉三十三観音

鎌倉三十三観音巡りある記 (小瀬川雅彦)「藤沢地名の会会報」藤沢地名
の会　(60)　2006.2

鎌倉七福神

新春鎌倉七福神めぐり (小林雄三)「郷土いずみ」(19)　2013.05

鎌倉大仏

得宗・大仏・都市—鎌倉大仏造立と都市経営 (馬淵和雄)「帝京大学山梨
文化財研究所研究報告」帝京大学山梨文化財研究所, 岩田書院 (発
売) 通号8　1997.6

鎌倉大仏周辺を歩く (内海岩雄)「三浦半島の文化」三浦半島の文化を考

える会　(14)　2004.10

特集・鎌倉学 鎌倉大仏の再興と明治維新 (浪川幹夫)「鎌倉」鎌倉文化
研究会　通号102　2006.12

中世における鎌倉大仏の修理痕跡の検討 (玉林美男)「かまくら考古」鎌
倉考古学研究所　(12)　2012.02

鎌倉幕府

鎌倉幕府儀礼の展開 (盛本昌弘)「鎌倉」鎌倉文化研究会　85　1997.12

鎌倉幕府と妙見信仰—鎌倉幕府で行なわれた尊星王法について (丸井敬
司)「鎌倉」鎌倉文化研究会　(98)　2004.6

鎌倉八幡

秋田藩主佐竹氏の祖神参拝事例—鎌倉八幡, 石清水八幡, 新羅社 (神宮
滋)「北方風土 : 北国の歴史民俗考古研究誌」イズミヤ出版　通号
61　2011.01

鎌倉浜

鎌倉浜の大鳥居のこと (岩橋春樹)「全国地名保存連盟会報」全国地名保
存連盟　46　2001.1

鎌倉道

聖域の森へ—鎌倉道 (清水照信)「わが住む里」藤沢市総合市民図書館
通号57　2008.3

釜利谷

白山権現社の再興にまつわる記録 (1)～(3)—横浜市金沢区釜利谷地区
(大喜多紀明)「民俗文化」滋賀民俗学会　(587) / (589)　2012.08 /
2012.10

釜利谷郷

失われてしまった大人神輿—横浜市金沢区釜利谷郷 (大喜多紀明)「民俗
文化」滋賀民俗学会　(592)　2013.01

「おこ地蔵」と「ヤカン」の怪異—横浜市金沢区釜利谷郷の「やぐら」に
見る (大喜多紀明)「あしなか」山村民俗の会　298　2013.06

風化のすすむ磨崖仏—横浜市釜利谷郷白山道奥 (続・石仏と民俗伝承)
(大喜多紀明)「あしなか」山村民俗の会　300　2014.04

上飯田

籠と再生・繭の町上飯田 (翠川宜子)「郷土いずみ」8　2002.5

上磯部

上磯部・下村講中における共有道具成立の様相—昭和初期・経済更正計
画と民俗 (加藤隆志)「相模原市立博物館研究報告」相模原市立博物
館　9　2000.3

上大槻

資料紹介 上大槻 鈴野家寄贈資料—神職と大先達を務めた家の記録 (原
和子)「秦野市史研究」秦野市　(26)　2007.3

上九沢

ある民具調査から—相模原市上九沢・笹塚家調査 (加藤隆志)「民具研究」
日本民具学会　通号115　1997.9

上郷神明社

獅子ケ谷上郷神明社の「光猷大明神」石宮と狛犬 (畫間松之助)「郷土つ
るみ」鶴見歴史の会　(70)　2012.03

神縄

「昭和53年山市場・湯本平・平山・神縄地区」民俗調査報告について (加
藤隆志)「足柄乃文化」山北町地方研究会　28　2001.3

上溝

上溝夏祭りと相模原市の天王信仰 (浜野達也)「相模原市史ノート」相模
原市総務局　(4)　2007.3

上矢部

コラム 上矢部の地に伝わる丹後山伝説 (小川宏)「とみづか」戸塚歴史
の会　(39)　2013.06

上山口

上山口歴史巡り (庚申塔巡り) (《特集 上山口—にほんの里100選》) (鈴
木雅子)「郷土誌葉山」葉山郷土史研究会　(6)　2009.04

五人組帳にみる上山口の屋号と家紋 (屋号・家紋表) (《特集 上山口—に
ほんの里100選》) (今井義雄)「郷土誌葉山」葉山郷土史研究会　(6)
2009.4

上山口のお盆雑記 (コラム) (片山義雄)「郷土誌葉山」葉山郷土史研究
会　(6)　2009.04

上山口の河童伝説 (コラム) (須藤勝治)「郷土誌葉山」葉山郷土史研究
会　(6)　2009.04

神山権現社

小田原の郷土史再発見 町田村願成寺と久野村神山権現社の創建秘話 (石
井啓文)「小田原史談 : 小田原史談会々報」小田原史談会　(235)

2013.10

上山田

町内歴史採訪ウォーキング―上山田地区 そうわ会館・県道開通記念碑・道祖神・阿弥陀堂・大日如来・日月神社・地蔵堂ほか 講師・香川順次氏/幹事・籔田米雄氏，香川富子氏(視察研究)「於保為」 大井町郷土史研究会 (27) 2008.8

上和田

上和田の双盤念仏(坂本要)「大和市史研究」 大和市文化スポーツ部 28 2012.3

亀井六郎屋敷跡

亀井六郎屋敷跡の伝承を追う―逗子亀井の地名伝説(三浦澄子)「御浦」 三浦文化研究会 (17) 2001.11

亀ヶ池八幡宮

八幡宮紹介 亀ヶ池八幡宮(神奈川県相模原市)「季刊悠久.第2次」 鶴岡八幡宮悠久事務局 99 2004.10

資料紹介 亀ヶ池八幡宮所蔵文禄5年棟札銘について―市史棟札赤外線読み取り調査から(井上泰)「相模原市史ノート」 相模原市総務局 (11) 2014.03

栢山神社

栢山神社縁起 私見(木村俊雄)「小田原史談 : 小田原史談会々報」 小田原史談会 (223) 2010.10

川崎

〈川崎町並み復元(6) 大師新道・平間寺界隈〉「シャベル : 語りつぐ町の歴史」 「町の歴史掘り起こし事業」企画運営委員会 (6) 1997.3

川崎町並み復元にとりくんで「シャベル : 語りつぐ町の歴史」 「町の歴史掘り起こし事業」企画運営委員会 (6) 1997.3

川崎町並み復元図「シャベル : 語りつぐ町の歴史」 「町の歴史掘り起こし事業」企画運営委員会 (6) 1997.3

〈川崎町並み復元(7) 渡田・大島・小田・下新田〉「シャベル : 語りつぐ町の歴史」 「町の歴史掘り起こし事業」企画運営委員会 (7) 1998.10

川崎町並み復元にとりくんで「シャベル : 語りつぐ町の歴史」 「町の歴史掘り起こし事業」企画運営委員会 (7) 1998.10

街頭風物考(福岡正三)「シャベル : 語りつぐ町の歴史」 「町の歴史掘り起こし事業」企画運営委員会 (7) 1998.10

絵図・川崎町並復元「シャベル : 語りつぐ町の歴史」 「町の歴史掘り起こし事業」企画運営委員会 (7) 1998.10

川崎で海苔がとれたころ(斎藤金作)「史誌かわさき」 川崎区誌研究会 (1) 2001.5

『新編武蔵風土記稿』に記された横浜・川崎の横穴墓(上田薫)「神奈川考古」 神奈川考古同人会 (40) 2004.5

川崎が生んだ長十郎梨(武山豊彦)「川崎研究」 川崎郷土研究会 (44) 2006.5

太田道灌と伝説(鈴木重六)「川崎研究」 川崎郷土研究会 (45) 2007.5

民俗芸能散歩 川崎・鶴見の沖縄芸能(大城康彦)「かながわの民俗芸能」 神奈川県民俗芸能保存協会 (78) 2014.03

川崎区

《特集 川崎区にあった地場産業の歴史》「史誌かわさき」 川崎区誌研究会 (1) 2001.5

〈果物のふるさと〉「史誌かわさき」 川崎区誌研究会 (1) 2001.5

〈県下一の海苔養殖〉「史誌かわさき」 川崎区誌研究会 (1) 2001.5

海苔づくりを語る(石渡武雄，桜井文雄)「史誌かわさき」 川崎区誌研究会 (1) 2001.5

力石と力持ち興業(金井晃)「史誌かわさき」 川崎区誌研究会 (3) 2004.5

海苔創業の人たち(桜井文雄)「史誌かわさき」 川崎区誌研究会 (3) 2004.5

地域の文化財 川崎区の梵鐘を巡って(金子新)「史誌かわさき」 川崎区誌研究会 (3) 2004.5

河崎山王社

市場熊野神社蔵河崎山王社御神印(萩原貞雄)「郷土つるみ」 鶴見歴史の会 51 2000.4

川崎市

呪いと占い(高橋典子)「Museum News」 川崎市市民ミュージアム (59) 2001.4

川崎市域の絵馬奉納について―「川崎の絵馬」調査を中心に(高橋典子)「川崎市市民ミュージアム紀要」 川崎市市民ミュージアム 14 2002.3

唐箕の地域的特色(小坂広志)「川崎市市民ミュージアム紀要」 川崎市市民ミュージアム 15 2003.3

川崎市の成人式(小林美年子)「川崎研究」 川崎郷土研究会 (45)

2007.5

収蔵庫を覗いてみれば 川崎市市民ミュージアム所蔵の灯火具コレクション(高橋典子)「民具マンスリー」 神奈川大学 42(4)通号496 2009.07

田辺家寄贈の板碑について(資料紹介)(副島蔵人，伝田郁夫)「川崎市市民ミュージアム紀要」 川崎市市民ミュージアム 22 2010.03

川崎大師

川崎大師と川崎道を歩く(石原正弘)「郷土いずみ」 7 2001.5

県内歴史研究 横浜・川崎方面 県立歴史博物館・川崎大師とその周辺・若宮八幡・池言坊など(視察研究)(中根三郎)「於保為」 大井町郷土史研究会 (26) 2008.5

川崎町

旧川崎町の酒造家森家の人びと(野口貞之)「史誌かわさき」 川崎区誌研究会 (5) 2006.5

川崎道

川崎大師と川崎道を歩く(石原正弘)「郷土いずみ」 7 2001.5

川崎民家園

小田原史談会初詣 高幡不動尊金剛寺と川崎民家園の旅(河合多美江)「小田原史談 : 小田原史談会々報」 小田原史談会 (233) 2013.04

川名

宮前・川名の御霊神社の由緒と祭神及び関連神社略記(志村泰一)「わが住む里」 藤沢市総合市民図書館 (48) 1999.3

川村

山北町民俗芸能調査報告(2) 「山北地区の川村囃子」―室生神社例大祭と花車巡行(久保田裕道)「足柄乃文化」 山北町地方史研究会 (32) 2005.3

山北町民俗芸能調査報告(3) 「岸地区の川村囃子」―八幡神社例大祭と花車巡行(久保田裕道)「足柄乃文化」 山北町地方史研究会 (33) 2006.3

山北町民俗芸能調査報告(4) 向原の川村囃子及び山北町の祭り囃子の伝承について(久保田裕道)「足柄乃文化」 山北町地方史研究会 (34) 2007.3

川勾神社

川勾神社と二宮の史跡巡り(荻山勝重，柳下安行)「県央史談」 県央史談会 (49) 2010.01

観護寺

表紙 岡田・観護寺で発見された鰐口の記録(三沢恵一氏蔵)「寒川文書館だより」 寒川文書館 16 2014.09

資料紹介 岡田・観護寺で発見された武州福田村真福寺の鰐口(三沢恵一氏蔵)(高木秀彰)「寒川文書館だより」 寒川文書館 16 2014.09

願修寺

亀右衛門咄(14) 谷津村願修寺の井戸(青木良一)「扣之帳」 扣之帳刊行会 (38) 2012.12

観正院

松葉山観正院(コラム)(上村章)「郷土誌葉山」 葉山郷土史研究会 (6) 2009.04

願成寺

小田原の郷土史再発見 町田村願成寺と久野村神山権現社の創建秘話(石井啓文)「小田原史談 : 小田原史談会々報」 小田原史談会 (235) 2013.10

岩殿寺

吾妻鏡と岩殿寺(三浦澄子)「逗子吾妻鏡研究」 逗子吾妻鏡研究会 20 1998.1

感念井戸

「感念井戸」を発見(安西実)「郷土いずみ」 5 1999.5

観音寺

安藤家菩提寺・観音寺について(地域の歴史)(翠川宣子)「郷土いずみ」 (14) 2008.5

鴨居三丁目「観音寺跡」の石碑について(飯島端治)「手帳 : 逗子の郷土誌」 手帳の会 (174) 2008.12

観音堂跡

馬場観音(聖観音)と観音堂跡の謎(伊藤実)「郷土つるみ」 鶴見歴史の会 48 1998.7

観音やぐら

横浜市磯子区氷取沢町所在「観音やぐら」の現況―鎌倉の北辺に位置する「やぐら」(鈴木庸一郎)「神奈川考古」 神奈川考古同人会 (41) 2005.5

関東　　　　　　　　　　　郷土に伝わる民俗と信仰　　　　　　　　　　　　神奈川県

紀伊神社

聖徳太子伝承と惟喬親王伝承の習合—小田原市早川・紀伊神社の例（木村博）「聖徳」　聖徳宗教学部　（185）2005.8

菊名

菊名あやめ踊り復活物語（会員だより）（菊池忠）「かながわの民俗芸能」　神奈川県民俗芸能保存協会　（75）2011.03

亀谷山

『亀谷山記録』（1）～（12）（鎌倉古文書研究会）「鎌倉」　鎌倉文化研究会　91／（116）2000.12／2014.01

木古庭

木古庭の屋号と家紋（《特集 木古庭》）（今井俊夫）「郷土誌葉山」　葉山郷土史研究会　（5）2008.4

木古庭の正月行事のどんど焼き（石井豊吉・鹿島悠平）（鈴木雅子）「郷土誌葉山」　葉山郷土史研究会　（5）20C8.4

岸

岸地区の道祖神について（石田公夫）「足柄乃文化」　山北町地方史研究会　（32）2005.3

山北町民俗芸能調査報告（3）「岸地区の川村囃子」—八幡神社例大祭と花車巡行（久保田裕道）「足柄乃文化」　山北町地方史研究会　（33）2006.3

『皇国地誌』川村岸・川村山北・川村向原「村誌」の意義（茂木哲夫）「足柄乃文化」　山北町地方史研究会　（35）2008.3

やまきたの棟札 岸の山神社（編集委員会）「足柄乃文化」　山北町地方史研究会　（39）2012.03

北相模

北相模の板碑（大貫英明）「相模原市立博物館研究報告」　相模原市立博物館　6　1997.3

北寺尾

北寺尾囃子と御日待（晝間松之助）「郷土つるみ」　鶴見歴史の会　（72）2013.10

衣笠城経塚

衣笠城経塚—横須賀市衣笠町（上杉孝良）「三浦一族研究」　横須賀市　（9）2005.5

木之下

大磯町国府新宿地区木之下の地蔵念仏（保坂匠）「民俗」　相模民俗学会　（229）2014.11

貴船神社の船祭り

第2回見学会 真鶴・貴船まつり参観記（中村裕生）「かながわ文化財」　神奈川県文化財協会　（106）2010.05

君ケ崎

君ケ崎から金澤称名寺に至る道程の昔と今—横浜市金沢区（大喜多紀明）「民俗文化」　滋賀民俗学会　（595）2013.04

君ケ崎稲荷神社

君ケ崎稲荷神社の寒念仏と泥田新田—横浜市金沢区（大喜多紀明）「民俗文化」　滋賀民俗学会　（594）2013.03

旧石井家住宅

インタビュー—玉縄万華鏡 「旧石井家住宅」（龍寶寺境内）にお住まいだった石井廣志さん「玉縄城まちだより」　玉縄城址まちづくり会議　（7）2010.11

休岩寺

休岩寺と湯坂公民館（相原伊勢雄）「足柄乃文化」　山北町地方史研究会　（34）2007.3

旧小机領三十三所子歳観音霊場

研究余話 「旧小机領三十三所子歳観音霊場」をめぐって「横浜市歴史博物館news ： Yokohama History Museum news」　横浜市歴史博物館　（27）2008.9

旧福原家長屋門

旧福原家長屋門下の調査（藤沢市教育委員会）「湘南考古学同好会々報」　湘南考古学同好会　通号110　2008.2

旧和田家

民俗資料館「旧和田家」屋根葺き替え工事完成（羽切信夫）「郷土ちがさき」　茅ヶ崎郷土会　（112）2008.5

旧和田家住宅

旧和田家住宅の普請と職人（小沢朝江）「文化資料館調査研究報告」　茅ヶ崎市教育委員会　通号18　2009.03

玉蔵院

コラム 玉蔵院境内の宝篋印塔（本多清法）「郷土誌葉山」　葉山郷土史研究会　（9）2012.04

玉宝院

廃寺玉宝院について（コラム）（内藤範子）「郷土誌葉山」　葉山郷土史研究会　（7）2010.04

玉滝坊

小田原の郷土史再発見 小田原の総鎮守・松原明神社と別当・玉瀧坊（石井啓文）「小田原史談 ： 小田原史談会々報」　小田原史談会　（234）2013.07

鵠沼皇太神宮

鵠沼皇太神宮の山車（石川博司）「まつり通信」　まつり同好会　41（8）通号486　2001.7

久成寺

小竹久成寺と三十番神堂（米光道子）「小田原史談 ： 小田原史談会々報」　小田原史談会　（239）2014.10

公所横穴群

下鶴間公所横穴群について—葬祭儀礼における位置付け（田代郁夫）「大和市史研究」　大和市文化スポーツ部　26　2000.3

久野村

皇国地誌久野村誌（草稿本）の発見〔（史料紹介）（田代道弥）「おだわら ： 歴史と文化」　小田原市教育委員会　13　2000.3

首塚

もうひとつの首塚（二宮嘉延）「秦野市史研究」　秦野市　（25）2006.3

続もうひとつの首塚（二宮嘉延）「秦野市史研究」　秦野市　（26）2007.3

再び、もうひとつの首塚（二宮嘉延）「秦野市史研究」　秦野市　（27）2008.3

熊野社

糟屋荘と熊野社および極楽寺の創建について（吉野勝洋）「県央史談」　県央史談会　（48）2009.01

弘明寺

坂東第十四番弘明寺と生麦事件の文化財めぐり（難波清一郎）「県央史談」　県央史談会　39　2000.1

弘明寺の古瓦（岡本孝之，國平健三，田代郁夫）「神奈川考古」　神奈川考古同人会　（37）2001.5

中世初頭以前の弘明寺（篠原幸久）「鎌倉」　鎌倉文化研究会　通号101　2006.6

車地蔵

寒川一宮車地蔵「郷土ちがさき」　茅ヶ崎郷土会　84　1999.1

鉄神社

鉄の獅子舞（石川博司）「まつり通信」　まつり同好会　38（10）通号452　1998.10

鉄の井

鎌倉のいしぶみ散歩（5）鉄の井（薬師寺良子）「逗子吾妻鏡研究」　逗子吾妻鏡研究会　（35）2013.9

黒川

多摩丘陵産のブランド・黒川炭を焼く—最後の伝承者・市川家の見聞録（特集 多摩の炭焼き）（村田文夫）「多摩のあゆみ」　たましん地域文化財団　（152）2013.11

桑原

小田原市桑原の盆の砂盛り（高橋一公）「民俗」　相模民俗学会　（216）2011.09

慶珊寺

新・豊島氏紀行（4）神奈川県横浜市金沢区 富岡八幡宮・慶珊寺「かたりべ ： 豊島区立郷土資料館ミュージアム開設準備だより」　豊島区立郷土資料館　64　2001.12

慶僧院

廃寺 慶僧院のこと（内藤範子）「郷土誌葉山」　葉山郷土史研究会　（3）2006.4

慶増院

「赤星ノート」より 葉山町、旧慶増院在五輪塔と板碑（軽部一一）「赤星直忠博士文化財資料館だより」　赤星直忠博士文化財資料館　（13）2004.3

県央

神奈川県県央地区における修験道の石造物（《特集 修験と石造物》）（大野一郎）「日本の石仏」　日本石仏協会，青娥書房（発売）（128）2008.12

源氏山

源氏山から鶴ヶ岡八幡宮（山行報告）（成川茂雄）「奥武蔵」　奥武蔵研究会　（390）2013.03

建長興国禅寺

建長興国禅寺碑の紹介と分析（大塚紀弘，古田土俊一）「鎌倉」　鎌倉文化研究会　（114）2013.02

建長寺

巨福山建長寺什物帳（1），（2）（三浦浩樹）「鎌倉」　鎌倉文化研究会　83/84　1997.1/1997.5

建長寺近世史料（1）～（13）（三浦浩樹）「鎌倉」　鎌倉文化研究会　85/通号105　1997.12/2008.6

全国寺院めぐり　建長寺（武蔵正伸）「旅とルーツ」　芳文館出版　76　1998.11

旧建長寺末寺考（1）―林曳徳瓊と平心処斎（鈴木佐）「鎌倉」　鎌倉文化研究会　97　2003.12

旧建長寺末寺考（2）―福島県いわき市（鈴木佐）「鎌倉」　鎌倉文化研究会　（98）2004.6

建長開山出頭日記（乗松満世）「鎌倉」　鎌倉文化研究会　（98）2004.6

旧建長寺末寺考（3）宮城県編（鈴木佐）「鎌倉」　鎌倉文化研究会　通号101　2006.6

旧建長寺末寺考（4）福島県会津地方　興徳寺開山鏡堂覚円とその弟子たち（鈴木佐）「鎌倉」　鎌倉文化研究会　通号103　2007.6

佐原葦名氏と鎌倉建長寺（会津若松訪問交流研修・ミニ講演会）（鈴木かほる）「三浦一族研究」　横須賀市　（11）2007.6

建長寺の釈迦三尊図（市指定文化財）と十六羅漢図（重要文化財）（村野真作）「鎌倉」　鎌倉文化研究会　通号104　2007.12

鎌倉円覚寺建長寺「風入れ」の見学会に参加して（第5回見学会）（斉藤正）「かながわ文化財」　神奈川県文化財協会　（104）2008.5

「円覚寺、建長寺、風入れ」に参加して（第5回見学会）（青山啓一）「かながわ文化財」　神奈川県文化財協会　（104）2008.5

旧建長寺末寺考（5）兵庫県神戸市編（鈴木佐）「鎌倉」　鎌倉文化研究会　通号106　2008.12

時空を超えて　鎌倉建長寺と道隆辞跡（福谷平）「大隅」　大隅史談会　（53）2010.03

旧建長寺末寺考（6）―岡山県（備前国・備中国・美作国）及び広島県（備後国）編（鈴木佐）「鎌倉」　鎌倉文化研究会　通号109　2010.07

旧建長寺末寺考（7）―広島県（安芸国）・山口県（周防国・長門国）編（鈴木佐）「鎌倉」　鎌倉文化研究会　（112）2012.01

アジアのなかの建長寺（特集 大本山建長寺 開基・北条時頼公750年諱記念）（榎本渉）「禅文化」　禅文化研究所　（228）2013.04

建長寺で出版された禅の書物（特集 大本山建長寺 開基・北条時頼公750年諱記念）（高橋秀策）「禅文化」　禅文化研究所　（228）2013.04

グラビア 大本山建長寺宝物（解説 浅見龍介/高橋真作）（特集 大本山建長寺 開基・北条時頼公750年諱記念）「禅文化」　禅文化研究所　（228）2013.04

建長寺と地蔵・観音信仰（特集 大本山建長寺 開基・北条時頼公750年諱記念）（三浦浩樹）「禅文化」　禅文化研究所　（228）2013.04

建長寺と私（特集 大本山建長寺 開基・北条時頼公750年諱記念）（高井正俊）「禅文化」　禅文化研究所　（228）2013.04

旧建長寺末寺考（8）―福岡県（筑前・筑後・豊前国）編（鈴木佐）「鎌倉」　鎌倉文化研究会　（115）2013.07

旧建長寺末寺考（9）―佐賀県（肥前国）編（鈴木佐）「鎌倉」　鎌倉文化研究会　（117）2014.08

子合地蔵尊

荻野子合地蔵尊の義太夫語り台（渋谷利雄）「県央史談」　県央史談会　（42）2003.1

小出

小出最中 茅ヶ崎の銘菓（4）「郷土ちがさき」　茅ヶ崎郷土会　82　1998.5

小出地区の石仏 飯岡英仁他19名「文化資料館調査研究報告」　茅ヶ崎市教育委員会　通号14　2006.3

小出七福神

小出七福神について「郷土ちがさき」　茅ヶ崎郷土会　85　1999.5

小出七福神めぐりに参加して「郷土ちがさき」　茅ヶ崎郷土会　（118）2010.05

港栄館

銭湯「港栄館」の道具（羽毛田智幸）「横浜市歴史博物館news：Yokohama History Museum news」　横浜市歴史博物館　（33）2012.9

高乾院

三春高乾院所蔵「闔衆名簿」について（三浦浩樹）「鎌倉」　鎌倉文化研究会　97　2003.12

高座

菖蒲沢養豚組合の成り立ちと活動―高座豚種豚産地の形成から有畜農業による経済更正（八田恵子）「藤沢市史研究」　藤沢市文書館　（35）2002.3

横浜開港と高座豚（湯浅起夫）「いしぶみ」　まちだ史考会　（23）2007.7

高座地域の日記と民俗（歴史講座）（小川直之）「藤沢市史研究」　藤沢市文書館　（41）2008.3

高松寺

高松寺（大黒天）（記念特集・戸塚宿戸塚七福神めぐり―各寺院の取り組みと参詣状況）（小川宏）「とみづか」　戸塚歴史の会　（40）2014.06

国府津

国府津からの最乗寺参詣道（高橋佐年）「史談足柄」　足柄史談会　35　1997.4

光則寺

表紙写真説明 鎌倉の光則寺を尋ねて（小室健二）「あゆみ」　毛呂山郷土史研究会　（33）2009.04

続・鎌倉御家人宿屋氏の歴史―鎌倉に行時山光則寺を訪ねて（内野勝裕）「埼玉談」　埼玉県郷土文化会　56（1）通号297　2009.04

向導寺

向導寺本堂再建（地域の歴史）（北村岑雄）「郷土いずみ」　（14）2008.5

光徳寺

光徳寺の三梵鐘（軽部一一）「郷土誌葉山」　葉山郷土史研究会　（8）2011.04

光明院

新出・光明院大威徳明王像について（萩原哉，津田徹英）「金沢文庫研究」　神奈川県立金沢文庫　通号303　1999.10

称名寺光明院新出黒漆塗厨子扉絵について（向坂卓也）「金沢文庫研究」　神奈川県立金沢文庫　（306）2001.3

特集 光明院所蔵 運慶作 大威徳明王坐像「金沢文庫研究」　神奈川県立金沢文庫　（320）2008.3

川崎・光明院の太子堂―職人衆の支えた太子講（小松光江）「聖徳」　聖徳宗教学部　（197）2008.7

光明寺

光明寺における善導大師像の縁起―多摩川の漂着伝承を考える（渋谷卓男）「川崎市市民ミュージアム紀要」　川崎市市民ミュージアム　通号10　1998.3

内藤侯を偲ぶ鎌倉光明寺参詣 いわき奉仕団「亀井 ： 内藤家顕彰会会誌」　内藤家顕彰会　2011年度　2011.05

二子村の成立と光明寺（研究）（鈴木博）「川崎研究」　川崎郷土研究会　（52）2014.5

再録「西区郷土史研究会会報」19号 平成12年5月1日 『久保山光明寺の慰霊碑』（秋山佳史）「横浜西区郷土史研究会会報」　横浜西区郷土史研究会　（43）2014.10

神山神社

続・地域で戦争を伝えるものを調べて（3）神山神社境内の魚雷と戦争碑（矢野慎一）「戦争と民衆」　戦時下の小田原地方を記録する会　（71）2013.08

高麗寺村

高麗領高麗寺村の分村自立（土井浩）「大磯町史研究」　大磯町　5　1997.3

近世高麗寺村の村役人（宮戸理恵，後藤ひろ子）「大磯町史研究」　大磯町　5　1997.3

国府

民具の機能と形態―相模国府祭におけるウスを例として（沼崎麻矢）「民俗」　相模民俗学会　（196）2006.8

国府祭あれこれ（綿引進）「郷土ちがさき」　茅ヶ崎郷土会　（122）2011.09

国分

神奈川県海老名市国分地区の団子焼きと道祖神（新井裕美）「道祖神研究」　道祖神研究会　（3）2009.04

極楽寺

下総土橋東禅寺と鎌倉極楽寺・称名寺（福島金治）「千葉県史研究」　千葉県史料研究財団　11（別冊2）2003.3

糟屋荘と熊野神社および極楽寺の創建について（吉野勝洋）「県央史談」　県央史談会　（48）2009.01

極楽寺観音堂の造立とその主唱者（吉野勝洋）「県央史談」　県央史談会　（49）2010.01

百丈禅師椅像と極楽寺記録を指定文化財に（内田清）「史談足柄」　足柄史談会　48　2010.04

関東　　　　　郷土に伝わる民俗と信仰　　　　　神奈川県

2010年12月17日（於・立正大学）鎌倉極楽寺流律家の西国展開―播磨国報恩寺を中心に（研究例会報告要旨）（大塚紀弘）「地方史研究」　地方史研究協議会　61（3）通号351　2011.06

鎌倉極楽寺流律家の西国展開―播磨国報恩寺を中心に（大塚紀弘）「地方史研究」　地方史研究協議会　62（3）通号357　2012.06

五山
室町期詩画軸制作における五山僧の役割について（竹田和夫）「新潟史学」　新潟史学会　（54）2005.10

腰掛神社
鎮守腰掛神社の今と昔（米山清一）「郷土ちがさき」　茅ヶ崎郷土会　78　1997.1

腰掛神社のお化け（樋田豊宏）「郷土ちがさき」　茅ヶ崎郷土会　（112）2008.5

古清水
相模原市緑区の天王祭二題―大島古清水の神輿と人形及び相模原麻田の山車人形（加藤隆志）「民俗」　相模民俗学会　（229）2014.11

小杉道
末吉道（小杉道）周辺の社寺（四元宏）「郷土つるみ」　鶴見歴史の会　49　1999.2

子育観音堂
平の里「子育観音堂」（コラム）（須藤実，渋谷清一）「郷土誌葉山」　葉山郷土史研究会　（7）2010.04

小坪
天王社三十三年祭と小坪のお囃子・山車（田野倉伸子）「手帳　：　逗子の郷土誌」　手帳の会　162　1997.2

小坪の不受不施信徒（篠田健三）「手帳　：　逗子の郷土誌」　手帳の会　（174）2008.12

子生観音
収集・収蔵資料の紹介（8）子生観音境内之図「横浜市歴史博物館news：Yokohama History Museum news」　横浜市歴史博物館　6　1997.9

小松
横須賀を語る近代和風建築 小松と新井閣 横須賀建築探偵団の調査から（富沢喜美枝）「三浦半島の文化」　三浦半島の文化を考える会　（10）2000.10

高麗寺
相模国高麗寺領の寺領「改革」と慧歓（馬場弘臣）「大磯町史研究」　大磯町　5　1997.3

高麗寺護摩講について（細井守）「大磯町史研究」　大磯町　5　1997.3

資料紹介高麗寺日記抜き書き帳断簡（細井守）「大磯町史研究」　大磯町　12　2005.3

高麗寺領
中世高麗寺領の復元的研究（則竹雄一）「大磯町史研究」　大磯町　6　1999.3

駒林神社
ミニ調査報告 横浜市港北区駒林神社の刻印石（三瓶裕司）「多摩地域史研究会会報」　多摩地域史研究会　（76）2006.9

米神神社
月明かりの鹿島踊り（西田清三）「扣之帳」　扣之帳刊行会　（40）2013.06

子易神社
社殿裏の鳥居 伊勢原市子易神社（大野一郎）「民俗」　相模民俗学会　187　2004.2

古山
「もったいない」の民俗―再利用・手入れ・修理 相模原市下溝古山地区の調査から（中野佳枝）「相模原市立博物館研究報告」　相模原市立博物館　6　1997.3

最後の念仏講―相模原市下溝古山地区・下講中（山口千恵子）「民俗」　相模民俗学会　183　2003.2

相模原市古山・下講中の和讃帳（渡辺みゆき）「民俗」　相模民俗学会　183　2003.2

御霊神社
御霊神社と左馬神社（川戸清）「神奈川県紙漉研究会会報」　神奈川県紙漉研究会　（76）2006.2

御霊神社を尋ねて（川戸清）「神奈川県紙漉研究会会報」　神奈川県紙漉研究会　（80）2007.1

民俗芸能散歩 御霊神社の面掛行列（小林章子）「かながわの民俗芸能」　神奈川県民俗芸能保存協会　（77）2013.03

グラビア 御霊神社の今昔1～5（相中留恩記略・御霊社遷宮記念・根岸稔写真）（特集 続・長柄）（編集部）「郷土誌葉山」　葉山郷土史研究会

（10）2013.04

御霊神社山車の復活物語（転載）（特集 続・長柄）（笠原吉昭）「郷土誌葉山」　葉山郷土史研究会　（10）2013.04

御霊神社の祭神・鎌倉権五郎景政（戸塚ゆかりの武将たち―平安末から鎌倉期にかけての武将たち）（伊藤正俊）「とみづか」　戸塚歴史の会　（39）2013.06

小和田
茅ヶ崎市小和田の生態道祖神―ドイツ本『Sexualia』への紹介（特集 石仏と民俗伝承―心ときめく路傍の石たちとの出会い）（小海敏雄）「あしなか」　山村民俗の会　295・296　2012.08

金剛寺
実朝と金剛寺（岡部貞一）「県央史談」　県央史談会　（44）2005.1

院派仏師の東国進出について―神奈川・金剛寺地蔵菩薩坐像を中心に（曽根博明）「考古論叢神奈河」　神奈川県考古学会　20　2012.03

小田原史談会初詣 高幡不動尊金剛寺と川崎民家園の旅（河合多美江）「小田原史談：小田原史談会々報」　小田原史談会　（233）2013.04

権五郎神社
私の散歩道（85）御霊神社（権五郎神社）（大輪敏男）「目黒区郷土研究」　目黒区郷土研究会　553　2001.2

西光寺
西光寺余話（《特集 上山口―にほんの里100選》）（齋藤昭次）「郷土誌葉山」　葉山郷土史研究会　（6）2009.04

最乗寺
古文書講座（23）朝鮮通信使最乗寺の盗鶏を食う（内田清）「小田原史談：小田原史談会々報」　小田原史談会　173　1998.3

研究記録 最乗寺・道了尊を調査して（調査研究部）「史談足柄」　足柄史談会　38　2000.4

石川地方への曹洞宗通幻派の教線拡張について―「最乗寺輪住帳」を基にして（渡邊富幸）「石川史談」　石陽史学会　（14）2001.6

大雄山最乗寺・道了尊史跡めぐりに参加して（柳沢健樹）「県央史談」　県央史談会　（46）2007.1

大雄山最乗寺を訪ねて（矢倉沢往還最終回）（荻山勝重）「県央史談」　県央史談会　（46）2007.1

関東ぶらり旅 大雄山「最乗寺」を行く（広川克郎）「刈羽村文化」　刈羽村郷土研究会　（87）2007.7

相模周辺に廃仏毀釈の痕跡を探る（3）大雄山最乗寺とその周辺（平賀康雄）「扣之帳」　扣之帳刊行会　（29）2010.09

史談再録（17）第180号 最乗寺と辻村甚八郎（内田清）「小田原史談：小田原史談会々報」　小田原史談会　（234）2013.07

最乗寺道了尊の再生に尽くした 曽比屋三代目辻村甚八郎（内田清）「小田原史談：小田原史談会々報」　小田原史談会　（236）2014.01

渋川子持支部 曹洞宗最乗寺（神奈川県南足柄市）と曹洞宗大本山總持寺（横浜市）平成26年5月23日（金）（支部だより）（新井敏夫）「群馬歴史散歩」　群馬歴史散歩の会　（236）2014.10

最乗寺参詣道
国府津からの最乗寺参詣道（高橋佐年）「史談足柄」　足柄史談会　35　1997.4

「道了大薩埵」の二つの碑（1），（2）―最乗寺参詣道の変遷にみる足柄平野の近代交通史（高橋佐年）「小田原史談　：　小田原史談会々報」　小田原史談会　190/191　2002.7/2002.10

最乗寺参道
大雄山最乗寺参道の二十八宿道標について（1）現況調査報告を中心に（平塚市博物館星祭りを調べる会）「自然と文化　：　平塚市博物館研究報告」　平塚市博物館　（31）2008.3

大雄山最乗寺参道の二十八宿道標について（2）（澤村泰彦，星祭りを調べる会）「自然と文化　：　平塚市博物館研究報告」　平塚市博物館　（32）2009.03

西福寺
足柄平野における礎石経塚築造営について―開成町延沢の石経書写宝塔と西福寺経石を事例に（津田守一）「小田原地方史研究」　小田原地方史研究会　（23）2005.9

西明寺
松田山の西明寺と源延 附・西明寺にまつわる話（島村俊介）「扣之帳」　扣之帳刊行会　（32）2011.06

全盛期の松田西明寺想像図（島村俊介）「扣之帳」　扣之帳刊行会　（33）2011.09

酒井
酒井の神楽師（岡部貞一）「県央史談」　県央史談会　39　2000.1

神奈川県　　　　　　　　　　　　　　郷土に伝わる民俗と信仰　　　　　　　　　　　　　　関東

境木

泥棒よけ地蔵（境木）（宮崎敏子）「目黒区郷土研究」　目黒区郷土研究会　538　1999.11

栄区

資料紹介 新たに見つかった社寺明細帳図―横浜市栄区、金沢区と北多摩郡から（山地純）「金沢文庫研究」　神奈川県立金沢文庫　（332）2014.03

相模

相模の民俗あれこれ(67)―小田原市東町（山王原）龍宮神社の絵馬（西海賢二）「コロス」　常民文化研究会　68　1997.2

相模の民俗あれこれ(67)―小田原の若者規約をめぐって（西海賢二）「コロス」　常民文化研究会　70　1997.9

ユリバーサの話（増田昭子）「民俗」　相模民俗学会　162　1997.11

物と昔話（和田正洲）「民俗」　相模民俗学会　162　1997.11

中世相模における再利用板碑（渡辺美彦）「綾瀬市史研究」　綾瀬市　5　1998.3

ボンガマ再考―酒井卯作氏の批判に答えて（長沢利明）「民俗」　相模民俗学会　164　1998.5

新たに発見された唐箕―年号を有する唐箕一覧表の作成（小坂広志）「民俗」　相模民俗学会　167　1999.3

近代社会における胞衣容器の一考察（小松清）「民俗」　相模民俗学会　168　1999.5

歴史民俗資料学としての日記活用の可能性―資料紹介とその解題（西海賢二）「民俗」　相模民俗学会　169　1999.8

笹の鉄砲（長沢利明）「民俗」　相模民俗学会　170　1999.11

相模の民俗あれこれ(74)―義民と盆行事（西海賢二）「コロス」　常民文化研究会　81　2000.5

相模の民俗(1)―年中行事（天野祥子）「コロス」　常民文化研究会　81　2000.5

相原の民俗(2)―正月行事（天野祥子）「コロス」　常民文化研究会　82　2000.8

相模の民俗あれこれ(75)―家族・同族団と民俗知識から（西海賢二）「コロス」　常民文化研究会　83　2000.11

相模の民俗あれこれ(77)～(79)―神仏の信仰と祭礼をめぐって（西海賢二）「コロス」　常民文化研究会　85/88　2001.5/2002.2

裸足と履物の文化的論理（川部裕幸）「民俗」　相模民俗学会　176　2001.5

台風の中でのお馬流し（牧野真一）「民俗」　相模民俗学会　176　2001.5

石塔における相模型反花座の成立（斎藤彦司）「鎌倉」　鎌倉文化研究会　92　2001.6

砂勧請（長沢利明）「民俗」　相模民俗学会　178　2001.11

「蛇も蚊も」見聞記（浜野達也）「民俗」　相模民俗学会　178　2001.11

興行女相撲と女の草相撲に関する一試論（亀井好恵）「民俗」　相模民俗学会　179　2002.2

相模の民俗あれこれ(80),(81)―葬送儀礼をめぐって(1),(2)（西海賢二）「コロス」　常民文化研究会　89/90　2002.5/2002.8

近年の雨乞い―平成6年の場合を中心に（松崎憲三）「民俗」　相模民俗学会　181　2002.8

相模の祭り2002（平塚市博物館民俗探訪会）「自然と文化 ： 平塚市博物館研究報告」　平塚市博物館　（26）2003.3

資料紹介 碑伝状の石造物（大野一郎）「民俗」　相模民俗学会　185　2003.8

嫁の入家儀礼と箕・笠・傘―相模の民俗調査ノートから（小林笑子）「女性と経験」　女性民俗学研究会　通号28　2003.9

相模の地神信仰(1),(2)―石造物と御影掛軸を中心に（畠山豊）「民俗」　相模民俗学会　187/188　2004.2/2004.5

相模のまつり―2003（平塚市博物館民俗探訪会）「自然と文化 ： 平塚市博物館研究報告」　平塚市博物館　（27）2004.3

福三郎の鉋（資料紹介）（羽毛田智幸）「民俗」　相模民俗学会　188　2004.5

相模・南多摩の撚糸水車―半原撚糸を中心に（浜田弘明）「多摩のあゆみ」　たましん地域文化財団　115　2004.8

律令と民俗学―相模民俗学会とともに（小島瓔禮）「民俗」　相模民俗学会　（190・191）2005.2

城下町の民俗的世界(1),(2)―都市と農村の交流（西海賢二）「民俗」　相模民俗学会　（192／193）2005.5/2005.7

博物館と民俗資料（鈴木通大）「民俗」　相模民俗学会　（194・195）2006.2

ニワバとジミョウ―和田正洲学説から学ぶ（福田アジオ）「民俗」　相模民俗学会　（194・195）2006.2

ミカリの伝承と現状（大島建彦）「民俗」　相模民俗学会　（194・195）2006.2

霊の性格に関する覚書（平山和彦）「民俗」　相模民俗学会　（194・195）2006.2

「霊鳥としての燕」の伝承（木村博）「民俗」　相模民俗学会　（194・195）2006.2

相模の大凧―明治期の資料を中心に（飯田孝）「民俗」　相模民俗学会　（194・195）2006.2

盆の馬と八幡の馬と（小島瓔禮）「民俗」　相模民俗学会　（194・195）2006.2

ハナヨゴレの朔日（小島瓔禮）「民俗」　相模民俗学会　（198）2007.2

道祖神の社会組織（小島瓔禮）「民俗」　相模民俗学会　（199・200）2007.5

茶湯石から呼ばわり山へ（長沢利明）「民俗」　相模民俗学会　（201）2007.8

講演要旨 相模の道と石仏―石仏で地名を確かめる（浜田弘明）「藤沢地名の会会報」　藤沢地名の会　（65）2007.9

歳神と屋敷の稲荷神（小島瓔禮）「民俗」　相模民俗学会　（204）2008.5

正月飾りと屋敷神（小島瓔禮）「民俗」　相模民俗学会　（206）2008.12

私設エコミュージアムの実践と可能性―農民と民俗学的知（高塚さより）「民俗」　相模民俗学会　（206）2008.12

"地球温暖化"と民俗（佐川和裕）「民俗」　相模民俗学会　（207）2009.03

相模の民俗に映る地域の姿（書評）（岸本誠司）「東北学.［第2期］」　東北芸術工科大学東北文化研究センター，柏書房（発売）（19）2009.05

相模・武蔵南部における地方寺院の成立―宗元寺院を中心として（2008年度総会研究報告「神奈川県域の古代寺院を考える」）（三舟隆之）「神奈川地域史研究」　神奈川地域史研究会　（27）2010.01

相模周辺に廃仏毀釈の痕跡を探る(1) 大山石尊大権現とその近隣（平賀康雄）「扣之帳」　扣之帳刊行会　（27）2010.03

相模周辺に廃仏毀釈の痕跡を探る(2) 箱根権現、伊豆山権現（平賀康雄）「扣之帳」　扣之帳刊行会　（28）2010.06

相模周辺に廃仏毀釈の痕跡を探る(3) 大雄山最乗寺とその周辺（平賀康雄）「扣之帳」　扣之帳刊行会　（29）2010.09

相模周辺に廃仏毀釈の痕跡を探る(4) 鶴ヶ岡八幡宮、江ノ島弁天（平賀康雄）「扣之帳」　扣之帳刊行会　（30）2010.12

里山という言葉（小島瓔禮）「民俗」　相模民俗学会　（216）2011.09

事例紹介「赤ちゃんの呼び名」（沼崎麻矢）「民俗」　相模民俗学会　（217）2011.12

関東民具研究会編『相模・武蔵の大山信仰』（本の紹介）（乾賢太郎）「多摩のあゆみ」　たましん地域文化財団　（145）2012.02

神様のいない十二ヶ月―神奈川フィルと相模里神楽に教わったこと（会員だより）（徳山泰子）「かながわの民俗芸能」　神奈川県民俗芸能保存協会　（76）2012.03

魚毒漁とその伝承（長沢利明）「民俗」　相模民俗学会　（220）2012.07

火事と腰巻（長沢利明）「民俗」　相模民俗学会　（221）2012.10

回想の「鳥罠」（斎藤国郎）「民俗」　相模民俗学会　（224）2013.06

門松から国旗へ―社会慣習と法制（小島瓔禮）「民俗」　相模民俗学会　（225）2013.12

相模における国分寺造営以降の瓦生産体制について―国分寺・国府・国内諸寺間における瓦工人の動向について（個人研究論文）（高橋香）「かながわの考古学 ： 研究紀要」　かながわ考古学財団　（19）2014.03

歌の力（浜野達也）「民俗」　相模民俗学会　（227）2014.05

トッカエダンゴ（浜野達也）「民俗」　相模民俗学会　（228）2014.10

相模川

相模川の魚族と漁法（岡部貞一）「県央史談」　県央史談会　40　2001.1

相模川の鮎漁（飯田孝）「多摩のあゆみ」　たましん地域文化財団　110　2003.5

平塚市博物館編「山と海を結ぶ道―相模川・相模湾の水運―」（新刊紹介）（小田匡保）「交通史研究」　交通史学会，吉川弘文館（発売）（72）2010.10

相模国府祭六社

町外歴史探訪 国府祭・六社めぐり（視察研究）（加藤弥千代，山口角蔵）「於保為」　大井町郷土史研究会　（32）2012.08

相模国府

伊勢原郷土史研究会講演記録 相模国府祭と小野神社/「厚木市史」にみる伊勢原市域の文化人（飯田孝）「阿夫利 ： 厚木市文化財協会会報」　厚木市文化財協会　（18）2007.2

相模国分寺

鎌倉期における相模国分寺（池田正一郎）「えびなの歴史 ： 海老名市史研究」　海老名市　9　1997.11

相模国分寺の研究（中）（國平健三）「神奈川県立博物館研究報告.人文科学」　神奈川県立歴史博物館　（31）2005.3

相模国分寺と大山参り（事務局）「伊豆史談」　伊豆史談会　通号139　2010.01

相模国分寺の変遷と歴史の空白期―飯田孝さんと国分寺薬師堂跡（柳下安行）「県央史談」　県央史談会　（52）2013.01

相模国分寺跡

史跡相模国分寺跡出土の水煙について（海老名市教育委員会）「えびなの歴史 : 海老名市史研究」 海老名市 9 1997.11

相模国分尼寺

相模国分尼寺の研究—出土瓦の分析を中心に（浅井希）「えびなの歴史 : 海老名市史研究」 海老名市 （17） 2007.3

相模路

町史講座「相模路を歩いた高野聖たち—檀廻日並記にみる高野山信仰」（《特集 高野聖と相模国II》）（圭室文雄）「寒川町史研究」 寒川町 （22） 2009.03

相模人形芝居

小田原板橋地域の小田原囃子と相模人形芝居の共演について（保存会だより）（三上芳範）「かながわの民俗芸能」 神奈川県民俗芸能保存協会 （76） 2012.03

第40回相模人形芝居大会開催によせて（采存会だより）（山戸アサ子）「かながわの民俗芸能」 神奈川県民俗芸能保存協会 （77） 2013.03

相模国

相模国の舞太夫集団（林淳）「地方史研究」 地方史研究協議会 48（4） 1998.8

南郷力丸 "伝承の民話"／東海道ルネッサンスを茅ヶ崎にも／茅ヶ崎お囃子まつり／大山の紅葉を訪ねて／茅ヶ崎のお菓子（5）御菓子・村田屋／電気記念日に寄せて／再び最乗寺踏切について／別刷について／茅ヶ崎の寺と仏像の一覧表について／新編相模国風土記稿（現代文）「郷土ちがさき」 茅ヶ崎郷土会 87 2000.6

近世相模国の生業と流通 南武蔵と相模と内海（安池尋幸）「利根川文化研究」 利根川文化研究会 （18） 2000.3

近世女人文人風土記 相模・武蔵国の巻（神奈川県）（山口哲子）「江戸期おんな考」 桂文庫 （13） 2002.10

祭祀空間と交通路—相模国北西部「鎌倉古道」の「三角辻」をめぐって（松本司）「歴史地理学」 歴史地理学会，古今書院（発売）46（1）通号217 2004.1

新発見の『新編相模国風土記稿』草稿について（土井義夫，亀尾美春）「八王子の歴史と文化 : 郷土資料館研究紀要・年報」 八王子市教育委員会 （16） 2004.3

近世後期における高野山参詣の様相と変容—相模国からの高室院参詣を中心に（佐藤顕）「地方史研究」 地方史研究協議会 59（3）通号339 2009.06

新編相模国風土記稿（読書会）（川瀬基）「いしぶみ」 まちだ史考会 （27） 2009.7

相模国における古代寺院の展開—宗元寺跡の忍冬交飾蓮華文軒丸瓦の系譜と年代をめぐって（2008年度総会研究報告「神奈川県域の古代寺院を考える」）（國平健三）「神奈川地域史研究」 神奈川地域史研究会 （27） 2010.01

研究ノート 武蔵・相模国における石橋佐養塔の造立を支えた人びと（津田守一）「小田原地方史研究」 小田原地方史研究会 （26） 2012.05

武蔵・相模国における石橋供養塔の調査報告II—石橋供養塔の造立と大山街道の関連性について（研究ノート）（津田守一）「小田原地方史研究」 小田原地方史研究会 （27） 2014.05

相模国延喜式十三社めぐり

第261回史跡めぐり 相模国延喜式十三社めぐり編（No.1）寒川神社から高座郡衙 平成26年5月26日（月）（源荓章）「郷土ちがさき」 茅ヶ崎郷土会 （131） 2014.09

第262回史跡めぐり 相模国延喜式十三社めぐり編（No.2）前鳥神社～平塚宿 平成26年7月8日（火）（西輝幸）「郷土ちがさき」 茅ヶ崎郷土会 （131） 2014.09

相模国準四国八十八ヶ所

講演要旨 相模国準四国八十八ヶ所を巡る（樋田豊宏）「藤沢地名の会会報」 藤沢地名の会 （60） 2006.2

相模野航空隊

相模野航空隊の神社と地域の人々（加藤明子）「市史だより」 綾瀬市 （29） 2006.3

相模原

相模原の石仏—石仏が伝える地域の歴史「相模原市立博物館news」 相模原市立博物館 34 2004.4

相模原の聖徳太子像（小松光江）「聖徳」 聖徳宗教学部 183 2005.2

学芸員がみた「さがみはら」 民俗講座とフィールドワーク（加藤隆志）「相模原市立博物館news」 相模原市立博物館 42 2006.4

相模原の石仏—企画展「相模原の石仏—石仏が伝える地域の歴史—」の調査データから（加藤隆志）「相模原市立博物館研究報告」 相模原市立博物館 17 2008.3

相模原の石仏悉皆調査にみる民間信仰（特集 石仏にみる民間信仰）（加

相模原市

歴史的景観の復元と「板碑」（大貫英明）「相模原市立博物館news」 相模原市立博物館 7 1997.7

「酒饅頭」の伝承と分布（加藤隆志）「相模原市立博物館研究報告」 相模原市立博物館 7 1998.3

相模原市立博物館所蔵の講中道具—その整理と若干の課題について（加藤隆志）「相模原市立博物館研究報告」 相模原市立博物館 8 1999.3

民俗収蔵品展「講中の共有道具」開催の経過と実際—地域博物館における資料収集保存・調査研究と関連して（加藤隆志）「相模原市立博物館研究報告」 相模原市立博物館 12 2003.3

相模原市民俗調査（1），（2）（加藤隆志）「相模原市立博物館研究報告」 相模原市立博物館 13/14 2004.3/2005.3

相模原市の観光イベントと民俗芸能を学ぶ（三木次次）「いしぶみ」 まちだ史考会 （17） 2004.7

市民が調べた相模原市内の「団子焼き」（1），（2）（加藤隆志，道祖神を調べる会）「相模原市立博物館研究報告」 相模原市立博物館 14/15 2005.3/2006.3

上溝夏祭りと相模原市の天王信仰（浜野達也）「相模原市史ノート」 相模原市総務局 （4） 2007.3

市民が調べた相模原市内の「団子焼き」（3）平成18年の調査報告と3年間のまとめ（加藤隆志，道祖神を調べる会）「相模原市立博物館研究報告」 相模原市立博物館 16 2007.3

神奈川県相模原市域における「団子焼き」行事の現状—市民とともに行った調査結果から（加藤隆志）「道祖神研究」 道祖神研究会 （1） 2007.10

市民が調べた相模原市内の「団子焼き」（4），（5）（加藤隆志，道祖神を調べる会）「相模原市立博物館研究報告」 相模原市立博物館 17/18 2008.3/2009.3

各地のお祭りを尋ねてみれば…（加藤隆志）「相模原市立博物館news」 相模原市立博物館 52 2008.10

神奈川県 相模原市民俗芸能保存協会（民謡・民舞特集）（関根述）「公益社団法人全日本郷土芸能協会会報」 全日本郷土芸能協会 （56） 2009.07

チラシ広告と年中行事（入江英弥）「相模原市史ノート」 相模原市総務局 （7） 2010.03

書評『相模原市史 民俗編』（神かほり）「相模原市史ノート」 相模原市総務局 （8） 2011.03

相模原市の講（榛名講・秋葉講・不動講）（加藤隆志）「民俗」 相模民俗学会 （217） 2011.12

「市史民俗編を読む」講座の開催—市民が活用する市史を目指して（加藤隆志）「相模原市史ノート」 相模原市総務局 （9） 2012.03

「むじな坂のだまし」について—神奈川県相模原市（大喜多紀明）「民俗文化」 滋賀民俗学会 （598） 2013.07

相模原市の百体地蔵2か所（あ・ら・か・る・と—私の石仏案内）（中森勝之）「日本の石仏」 日本石仏協会，青娥書房（発売）（152） 2014.12

相模湾

2008年11月例会 研究発表「鹿島踊研究の課題—相模湾西海岸の鹿島踊から考える—」吉川祐子氏（大谷めぐみ）「日本宗教民俗学会通信」 日本宗教民俗学会 （122） 2008.12

平塚市博物館編『山と海を結ぶ道—相模川・相模湾の水運—』（新刊紹介）（小田匡保）「交通史研究」 交通史学会，吉川弘文館（発売）（72） 2010.10

坂本

中津坂本風土記 追録編（柏木喜重郎）「阿夫利 : 厚木市文化財協会会報」 厚木市文化財協会 13 1999.12

酒匂

僕が使っていた酒匂地方の言葉（譲原良二）「小田原史談 : 小田原史談会々報」 小田原史談会 （207） 2006.10

酒匂だより「お盆」（町田紀美子）「扣之帳」 扣之帳刊行会 （45） 2014.09

酒匂川

大脇良夫「富士山宝永噴火と酒匂川」—酒匂川の治水神を考える（平倉正）「小田原史談 : 小田原史談会々報」 小田原史談会 （210） 2007.7

酒匂川沿岸

「酒匂川治水四百年を考える小田原・足柄住民の集い」パネル2 酒匂川沿岸に水神さんを訪ねる「小田原史談 : 小田原史談会々報」 小田原史談会 （222） 2010.07

神奈川県　　　　　　　　　郷土に伝わる民俗と信仰　　　　　　　　　　関東

前鳥神社
前鳥神社と平塚の史跡めぐり (内藤佳康)「県央史談」 県央史談会 (49) 2010.01

桜山
逗子の伝承 (5) 秘境 桜山飛地の大うなぎ (雨宮郁夫)「手帳 : 逗子の郷土誌」 手帳の会 (173) 2006.6

桜山村
逗子市元桜山村の旧家の調査から (黒田康子)「三浦半島の文化」 三浦半島の文化を考える会 (13) 2003.10

佐島
書誌紹介 編・安室知「佐島の民俗―神奈川県横須賀市佐島―」(神奈川大学歴史民俗調査報告書第13集) (安室知)「民俗」 相模民俗学会 (224) 2013.06

佐奈田飴本舗
初代佐奈田飴本舗のはなし (剣持芳枝)「小田原史談 : 小田原史談会々報」 小田原史談会 (235) 2013.10

佐奈田霊社
美声を欲せんとすれば佐奈田飴 (原義照)「小田原史談 : 小田原史談会々報」 小田原史談会 (235) 2013.10

さば神社
さば神社を考える (1) ～ (11) (西村堅一郎)「湘南考古学同好会々報」 湘南考古学同好会 通号105/通号119 2006.12/2010.04
さば神社を考える (12) 4.さば神社と鉄製錬 (西村堅一郎)「湘南考古学同好会々報」 湘南考古学同好会 通号121 2010.12
さば神社を考える (13) 4.さば神社と鉄製錬 (西村堅一郎)「湘南考古学同好会々報」 湘南考古学同好会 (123) 2011.04
さば神社を考える (14) 4.5 砂鉄 (続き)、4.6 木炭 (西村堅一郎)「湘南考古学同好会々報」 湘南考古学同好会 (124) 2011.08
さば神社を考える (16) 4.6 木炭 (続き) (西村堅一郎)「湘南考古学同好会々報」 湘南考古学同好会 (125) 2011.12
さば神社を考える (17) 4.7 鉄をつくる (西村堅一郎)「湘南考古学同好会々報」 湘南考古学同好会 (127) 2012.04
さば神社を考える (19) 防府佐波神社訪問記 (西村堅一郎)「湘南考古学同好会々報」 湘南考古学同好会 (130) 2013.02
さば神社を考える (20) 4.7 鉄をつくる (3) ～ (4) (西村堅一郎)「湘南考古学同好会々報」 湘南考古学同好会 (131) / (133) 2013.04/2013.12
さば神社を考える (21) 南相馬市の製鉄遺跡と貞観大地震 (西村堅一郎)「湘南考古学同好会々報」 湘南考古学同好会 (132) 2013.08
さば神社を考える (23) 4.7 鉄をつくる (5) (西村堅一郎)「湘南考古学同好会々報」 湘南考古学同好会 (135) 2014.04
さば神社を考える (24) 谷川健一先生をしのぶ (西村堅一郎)「湘南考古学同好会々報」 湘南考古学同好会 (136) 2014.08

サバ神社
「サバ神社を考える集い」報告 (植松晴男, 江本好一, 湯山学)「藤沢市史研究」 藤沢市文書館 (32) 1999.3
サバ神社の謎 (渡辺久雄)「湘南考古学同好会々報」 湘南考古学同好会 92 2003.8
サバ神社考 (大湖光雄)「郷土いずみ」 (12) 2006.5
サバ神社 (特集 郷土資料にみる泉区の中世・史跡・人物・伝承・石造物) (島崎朝彦, 川戸清)「郷土いずみ」 (19) 2013.05

左馬神社
御霊神社と左馬神社 (川戸清)「神奈川県紙漉研究会会報」 神奈川県紙漉研究会 (76) 2006.2

寒川
近江に寒川比古命が「郷土ちがさき」 茅ヶ崎郷土会 85 1999.5
講演会「大山道と寒川」(松岡俊)「寒川町史研究」 寒川町 15 2002.3
展示会記録「大山道と寒川」「寒川町史研究」 寒川町 15 2002.3

寒川神社
地域で戦争を伝えるものを調べて (6) 松田町・戦没者の慰霊―寒川神社祖霊社について (矢野慎一)「戦争と民衆」 戦時下の小田原地方を記録する会 43 2000.2
講演記録 寒川神社の震災記録と絵はがき (松岡俊)「寒川町史研究」 寒川町 (17) 2004.3
寒川神社大祭奉納車人形/高尾山節分追儺式「八王子車人形後援会報」 八王子車人形後援会 (11) 2004.3
シリーズ 寒川の先人たち (7)「寒川神社志」の編さん―菟田茂丸 (渡辺真治)「寒川文書館だより」 寒川文書館 8 2010.09
寒川神社から白旗神社への社名変更 (金子雄次)「わが住む里」 藤沢総

合市民図書館 (61) 2012.03
寒川神社と胡瓜「郷土ちがさき」 茅ヶ崎郷土会 (125) 2012.09
町史講座 明治時代の寒川神社 (特集 明治時代の寒川神社) (圭室文雄)「寒川町史研究」 寒川町 (25) 2013.03
宮大工矢内匠家資料に見る寒川神社 (特集 明治時代の寒川神社) (細井守)「寒川町史研究」 寒川町 (25) 2013.03
資料紹介 明治期寒川神社の新聞記事 (特集 明治時代の寒川神社) (圭室文雄)「寒川町史研究」 寒川町 (25) 2013.03

寒川町
〔書評〕『寒川町史』10別編 寺院 (長野覚)「寒川町史研究」 寒川町 12 1999.3
浜降祭をささえてきた人々 (高橋清)「寒川町史研究」 寒川町 (18) 2005.3
資料紹介 高室院の廻壇日並 (《特集 高野聖と相模国II》) (椿田有希子)「寒川町史研究」 寒川町 (22) 2009.03

三ヶ岡
大峰山 (三ヶ岡) と修験道 (特集 続・一色) (高城通教)「郷土誌葉山」 葉山郷土史研究会 (9) 2012.04
創作民話 一色三ヶ岡の「石芋井戸」(特集 続・一色) (山本貫恭)「郷土誌葉山」 葉山郷土史研究会 (9) 2012.04

三渓園
重要文化財 木製多宝塔 至徳2年 (1450) 銘 南北朝時代 88.0cm×36.0cm×36.0cm 三渓園蔵「岐阜市歴史博物館博物館だより」 岐阜市歴史博物館 (87) 2014.07

三十番神堂
小竹久成寺と三十番神堂 (米光道子)「小田原史談 : 小田原史談会々報」 小田原史談会 (239) 2014.10

山王堂東谷やぐら群
やぐらの埋葬と供養―山王堂東谷やぐら群で発見された切石基壇と経石をめぐって (宍戸信悟, 池田治, 船場昌子)「かながわの考古学 : 研究紀要」 かながわ考古学財団 7 2002.3

山王原
小田原市山王原・網一色のナナトコマイリ (髙橋一公)「民俗」 相模民俗学会 (219) 2012.04

塩浜
〈塩浜の地名を残した製塩〉「史誌かわさき」 川崎区誌研究会 (1) 2001.5

慈眼寺
亀右衛門咄 (10) 元禄大地震百ヶ年忌供養―谷津慈眼寺縁起 (青木良一)「扣之帳」 扣之帳刊行会 (33) 2011.09

獅子ヶ谷
獅子ヶ谷の年中行事から―昼間家日記を中心に (鈴木通大)「郷土つるみ」 鶴見歴史の会 56 2002.10

地蔵院
浄光明寺考「塔頭・地蔵院」(郡司新次)「逗子吾妻鏡研究」 逗子吾妻鏡研究会 (36) 2014.10

地蔵堂
地蔵堂地区 山村の長閑な暮らし (2) (中戸川三郎, 石村豊)「史談足柄」 足柄史談会 36 1998.4

地蔵原
「地蔵原」にあったお地蔵さんと板碑「郷土いずみ」 9 2003.5

七桶
七桶 (コラム) (田中富)「郷土誌葉山」 葉山郷土史研究会 (8) 2011.4

七堂伽藍跡
茅ヶ崎市下寺尾七堂伽藍跡の調査―その保存の歩みと近年の調査成果 (大村浩司)「かながわ文化財」 神奈川県文化財協会 (107) 2011.05

日月社
日月社の扁額―横浜市金沢区 (大喜多紀明)「民俗文化」 滋賀民俗学会 (593) 2013.02

柴
「横浜海苔ごよみ」のはなし―本牧と柴を中心に (浜野郁子)「本牧の丘」 横浜市八聖殿郷土資料館 (27) 2000.3

芝崎
芝崎の七井戸 (鈴木勝巳)「郷土誌葉山」 葉山郷土史研究会 (9) 2012.4

渋沢
渋沢の稲荷神社 (畫間松之助)「郷土つるみ」 鶴見歴史の会 (69)

2011.03

下麻生

下麻生の乞食祭り―土気重視の呪術（清水昭男）「まつり通信」 まつり同好会 42（5）通号495 2002.4

乞食観に関して―下麻生「桶側祭り」から（清水昭男）「まつり通信」 まつり同好会 42（8）通号498 2002.7

下岩

奥相模下岩の「おこもり」行事（杉崎満寿雄）「あしなか」 山村民俗の会 252 1999.7

下九沢

下九沢獅子舞・2011かながわ民俗芸能祭に参加して（きらめくふるさと2011かながわ民俗芸能祭特集）（小川光一）「かながわの民俗芸能」 神奈川県民俗芸能保存協会 （76） 2012 03

相模原市緑区下九沢の瘡守稲荷の絵馬（加藤隆志）「民俗」 相模民俗学会 （224） 2013.06

下鶴間

下鶴間長谷川家からみた民俗信仰について（鈴木通大）「大和市史研究」 大和市文化スポーツ部 30 2004.3

下寺尾

下寺尾出土の五輪塔について（曽禰正夫，岡本孝之，寺井朗雄，加藤幸一）「文化資料館調査研究報告」 茅ヶ崎市教育委員会 通号5 1997.3

茅ヶ崎街道筋史談あれこれ下寺尾の古代寺院（名和稔雄）「郷土ちがさき」 茅ヶ崎郷土会 95 2002.9

下山口

民間信仰・下山口のお庚申さま巡り（特集 下山口―下山口の歴史と暮らし）（片山義雄）「郷土誌葉山」 葉山郷土史研究会 （7） 2010.04

神明社（特集 下山口―下山口の歴史と暮らし）（高城通教）「郷土誌葉山」 葉山郷土史研究会 （7） 2010.04

「宗門人別書上帳」にみる下山口の屋号と家紋 附・葉山南御用邸（南邸）と県立葉山公園が出来るまで（特集 下山口―下山口の歴史と暮らし）（今井俊夫）「郷土誌葉山」 葉山郷土史研究会 （7） 2010.4

山口理髪店の歴史―伝統技術とハイカラさん（特集 下山口―下山口の歴史と暮らし）（矢嶋道文）「郷土誌葉山」 葉山郷土史研究会 （7） 2010.4

下山口・葉山かっぱ村誕生秘話（コラム）（金城宏孟）「郷土誌葉山」 葉山郷土史研究会 （7） 2010.4

宗海寺跡

口絵 特集 天部の石造物 弁才天 埼玉県小鹿野町両神薄・浦島の不動滝/誌上写真展 '14日本石仏協会写真展より くつろいで坐る童子像（制叱童子？）東京都稲城市矢野口・妙覚寺、変わった印相の大日如来 神奈川県平塚市吉沢・宗海寺跡、ラクシュミー（吉祥天）ネパール国バタン市「日本の石仏」 日本石仏協会，青娥書房（発売）（152） 2014.12

洲干弁天社

展示余話 写真と浮世絵の対話―洲干弁天社を写す・描く（斎藤多喜夫）「開港のひろば ： 横浜開港資料館館報」 横浜開港資料館 （93） 2006.8

寿延山

「寿延山年譜」（池田令道）「鎌倉」 鎌倉文化研究会 （100） 2005.10

宿河原不動

宿河原不動とその信仰―草創期の新明国上教会（渋谷卓男）「川崎市市民ミュージアム紀要」 川崎市市民ミュージアム 通号12 2000.3

寿昌寺

寿昌寺の岡本秋暉花鳥図（〔史料紹介〕）（相沢正彦）「おだわら ： 歴史と文化」 小田原市教育委員会 13 2000.3

城ヶ島

相州三浦城ヶ島宝篋印塔について（前田元重）「金沢文庫研究」 神奈川県立金沢文庫 通号299 1997.9

1960年まで島民によって火葬が行われていた城ヶ島のこと（石渡喜一郎）「赤星直忠博士文化財資料館だより」 赤星直忠博士文化財資料館 （7） 1998.7

城ヶ島薬師堂

鎌倉周辺の勧進に関する新出資料―甘縄観世音寺・城ヶ島薬師堂等に関する新発見資料の紹介（西岡芳文）「金沢文庫研究」 神奈川県立金沢文庫 （312） 2004.3

城願寺

幕山梅林に遊び城願寺を尋ねて（横山正輝）「とみづか」 戸塚歴史の会 24 1998.6

上行寺やぐら群

「金沢文庫見学」と「上行寺やぐら群」を訪ねて（雨宮郁夫）「三浦半島の文化」 三浦半島の文化を考える会 （10） 2000.10

浄慶寺

柿生のアジサイ寺 浄慶寺―村の歴史を伝える石仏と新しい羅漢さん（廣川英彦）「川崎研究」 川崎郷土研究会 （45） 2007.5

勝源寺

勝源寺の六本庚申と養蚕信仰（加藤隆志，山口千恵子）「相模原市史ノート」 相模原市総務局 （2） 2005.3

常顕寺

常顕寺（茅ヶ崎市萩園）の古墓石等調査記録（平野文明）「文化資料館調査研究報告」 茅ヶ崎市教育委員会 （23） 2014.03

浄見寺

浄見寺の巾着形の賽銭箱について（佐藤正）「郷土ちがさき」 茅ヶ崎郷土会 （112） 2008.5

常光寺

常光寺と真土騒動の関係について（丸山清）「わが住む里」 藤沢市総合市民図書館 （48） 1999.3

浄光明寺

浄光明寺考「塔頭・地蔵院」（郡司新次）「逗子吾妻鏡研究」 逗子吾妻鏡研究会 （36） 2014.10

星谷寺

座間星谷寺挿花会「郷土ちがさき」 茅ヶ崎郷土会 91 2001.5

成就院

成就院界隈「シャベル ： 語りつぐ町の歴史」 「町の歴史掘り起こし事業」企画運営委員会 （7） 1998.10

成就院の石造地蔵菩薩について（瀬戸栄二）「足柄乃文化」 山北町地方史研究会 （35） 2008.3

昌清院

鎌倉「昌清院」史料（西岡節子）「鎌倉」 鎌倉文化研究会 94 2002.6

松石寺

厚木市松石寺の八十八ヶ所札場（樋田豊弘）「郷土ちがさき」 茅ヶ崎郷土会 92 2001.9

訂正 第92号 平成13年9月1日発行 厚木市松石寺の八十八ヶ所札場（樋田豊宏）「郷土ちがさき」 茅ヶ崎郷土会 （116） 2009.09

祥泉寺

祥泉寺御朱印出勤記録（山田正法）「鎌倉」 鎌倉文化研究会 通号101 2006.6

勝長寿院

鎌倉勝長寿院の影―市史講座補遺（樋口州男）「葦のみち ： 三郷市史研究」 三郷市 （18） 2006.3

聖徳寺

聖徳寺所在の宝篋印塔陽刻板碑について（田中理）「市史研究横須賀」 横須賀市総務部 （7） 2008.3

浄土寺

江戸時代の死者たち春光院浄土寺（播摩信之）「西さがみ庶民史録」 西さがみ庶民史録の会 40 1998.5

湘南

空華日用工夫略集にみる葬制の一形態（田代郁夫）「湘南考古学同好会々報」 湘南考古学同好会 100 2005.10

墓誌銘の資料的価値（浜野浩美）「湘南考古学同好会々報」 湘南考古学同好会 101 2005.12

「かなり古い」五輪塔（田代郁夫）「湘南考古学同好会々報」 湘南考古学同好会 通号107 2007.4

「湘南」地名由来の考察―特にその禅語由来説について（小栗隆博）「鎌倉」 鎌倉文化研究会 通号109 2010.7

民俗学と祭祀遺物（伊藤郭）「湘南考古学同好会々報」 湘南考古学同好会 （127） 2012.04

常福寺

飯嶋吉六の庚申塔 神奈川県横須賀市浦賀2丁目 常福寺（あ・ら・か・る・と―私の石仏案内）（内山孝男）「日本の石仏」 日本石仏協会，青娥書房（発売）（150） 2014.06

菖蒲沢

菖蒲沢養豚組合の成り立ちと活動―高座豚種豚産地の形成から有畜農業による経済更正（八田恵子）「藤沢市史研究」 藤沢市文書館 （35） 2002.3

神奈川県　郷土に伝わる民俗と信仰　関東

成仏寺
企画展 神奈川宿成仏寺のヘボンたち―貴重な写真発見される！（石崎康子）「開港のひろば ： 横浜開港資料館館報」 横浜開港資料館 （103） 2009.01

勝宝院
仁和寺子院勝宝院と武蔵国六浦庄（湯山学）「六浦文化研究」 六浦文化研究所 （7） 1997.12

証菩提寺
神奈川・証菩提寺阿弥陀三尊像再考（塩沢寛樹）「神奈川県立博物館研究報告.人文科学」 神奈川県立歴史博物館 通号25 1999.3

浄発願寺
浄発願寺と末寺（高橋稔）「むしくら ： むしくら交流会ニュースレター」 虫倉交流会 （42・43） 2001.11

浄明院
浄明院（於さめ姫）（今川徳子）「扣之帳」 扣之帳刊行会 （37） 2012.09

称名寺
《特集 称名寺絵図》「金沢文庫研究」 神奈川県立金沢文庫 通号298 1997.3

称名寺絵図と結界記―その史料批判の試み（松原誠司，吉田敏弘）「金沢文庫研究」 神奈川県立金沢文庫 通号298 1997.3

称名寺結界絵図に描かれた建築群について―特に律院としての性格をめぐって（藤井恵介）「金沢文庫研究」 神奈川県立金沢文庫 通号298 1997.3

称名寺絵図にみる建物とその機能（高橋秀栄）「金沢文庫研究」 神奈川県立金沢文庫 通号298 1997.3

金沢称名寺による年貢管理と太田荘支配（福島紀子）「信濃［第3次］」 信濃史学会 50（11） 通号586 1998.11

金沢称名寺の所領経営と金沢北条氏―元亨元年の所領相博を中心として（畠山聡）「板橋区立郷土資料館紀要」 板橋区教育委員会 （12） 1998.12

史跡称名寺境内保存運動―大規模開発から歴史的遺産を守った記録（天下井恵）「六浦文化研究」 六浦文化研究所 （8） 1998.12

称名寺金堂壁画の再検討（吉田典代）「金沢文庫研究」 神奈川県立金沢文庫 通号302 1999.3

金沢称名寺に伝来した妙音院流聖教―『三十二相』を中心に見る声明と音曲の道（小島裕子）「金沢文庫研究」 神奈川県立金沢文庫 通号304 2000.3

金沢文庫と称名寺（上村信義）「郷土いずみ」 6 2000.5

尊経閣文庫所蔵『古文状』について（上），（下）―新見正路周辺の称名寺流出資料の紹介（西岡芳文）「金沢文庫研究」 神奈川県立金沢文庫 （305）／（306） 2000.10／2001.3

称名寺絵図のアポリアと解決（上），（下）―「称名寺絵図並結界記」の分析・読解（黒田日出男）「金沢文庫研究」 神奈川県立金沢文庫 （307）／（308） 2001.10／2002.3

称名寺現代墓地に所在する中世の石造物について（斎藤彦司）「金沢文庫研究」 神奈川県立金沢文庫 （308） 2002.3

称名寺本『十二神将釈』について―翻刻と解題（向坂卓也）「金沢文庫研究」 神奈川県立金沢文庫 （310） 2003.3

例会参加記 中世律宗と金沢称名寺（小野澤眞）「神奈川地域史研究会会報」 神奈川地域史研究会 70 2003.3

下総土橋東禅寺と鎌倉極楽寺・称名寺（福島金治）「千葉県史研究」 千葉県史料研究財団 11（別冊2） 2003.3

称名寺旧蔵『授菩薩戒儀 湛然』について（林鳴宇）「金沢文庫研究」 神奈川県立金沢文庫 （312） 2004.3

新出資料『称名寺御朱印記録控』の紹介（鈴木良明）「金沢文庫研究」 神奈川県立金沢文庫 （312） 2004.3

金沢文庫と称名寺と（高崎繁雄）「西上総文化会報」 西上総文化会 （64） 2004.3

審海の書入れがある称名寺最古の声明資料（高橋秀栄）「金沢文庫研究」 神奈川県立金沢文庫 （316） 2006.3

称名寺本『覚禅抄』のうち『大威徳転法輪法』および『灌頂抄』について―翻刻と紹介（向坂卓也）「金沢文庫研究」 神奈川県立金沢文庫 （317） 2006.10

称名寺聖教に見る宇賀神関係資料について―翻刻と紹介（向坂卓也）「金沢文庫研究」 神奈川県立金沢文庫 （318） 2007.3

仏教音楽関係資料一覧―重要文化財「称名寺聖教」より（山地純）「金沢文庫研究」 神奈川県立金沢文庫 （318） 2007.3

称名寺聖教『瑜祇経伝授次第』について（宇都宮啓吾）「金沢文庫研究」 神奈川県立金沢文庫 （319） 2007.10

金沢称名寺における頓成悉地法―企画展「陰陽道×密教」補遺（西岡芳文）「金沢文庫研究」 神奈川県立金沢文庫 （320） 2008.3

称名寺聖教『護摩肝葉鈔』について―その翻刻と研究（大八木隆祥）「金沢文庫研究」 神奈川県立金沢文庫 （321） 2008.10

中世東国の律院の茶―称名寺とその寺領・末寺を通じてみた鎌倉の茶（永井晋）「鎌倉」 鎌倉文化研究会 通号107 2009.06

称名寺聖教『阿弥陀経抄』について（能島覚）「金沢文庫研究」 神奈川県立金沢文庫 （323） 2009.10

新出の称名寺壁画断片とその諸問題について（向坂卓也）「金沢文庫研究」 神奈川県立金沢文庫 （323） 2009.10

箱館称名寺紀行 中村吉兵衛政憲の墓を掃苔する（園尾裕）「潮待ちの館資料館だより」 福山市鞆の浦歴史民俗資料館 （45） 2010.09

昭和初期における称名寺文化財の修理記録について（資料紹介）（向坂卓也）「金沢文庫研究」 神奈川県立金沢文庫 （325） 2010.10

称名寺と金沢文庫／区民まつり参加「足立史談会だより」 足立史談会 （296） 2012.11

君ケ崎から金澤称名寺に至る道程の昔と今―横浜市金沢区（大喜多紀明）「民俗文化」 滋賀民俗学会 （595） 2013.04

称名寺所蔵絹本著色十二神将像修理事業について（向坂卓也）「金沢文庫研究」 神奈川県立金沢文庫 （331） 2013.10

口絵 特集 石仏探訪XII 地蔵菩薩 山梨県都留市鹿留 西方寺／誌上写真展'14日本石仏協会写真展より ワンコ三兄弟 長野県上田市真田の天狗岩，五智如来 静岡県浜松市初山 宝林寺，如意輪観音 神奈川県横浜市金沢区金沢文庫 称名寺「日本の石仏」 日本石仏協会，青娥書房（発売）（151） 2014.09

浄楽寺
総会記念講演 運慶と東国―浄楽寺諸像の日本仏教史上の意義（山本勉）「三浦一族研究」 横須賀市 （18） 2014.03

白幡社
古墳の上にある白幡社（大谷浩）「郷土つるみ」 鶴見歴史の会 54 2001.9

白旗神社
寒川神社から白旗神社への社名変更（金子雄次）「わが住む里」 藤沢市総合市民図書館 （61） 2012.09

白旗神社と静御前の墓「郷土ちがさき」 茅ヶ崎郷土会 （125） 2012.09

東海道中記にみる白旗神社の位置（金子雄次）「わが住む里」 藤沢市総合市民図書館 （63） 2014.03

白幡（旗）神社
『新編武蔵風土記稿』にある白幡（旗）神社（大谷浩）「郷土つるみ」 鶴見歴史の会 50 1999.8

白旗神社
山北町民俗芸能調査報告（1）「道ゆきの祭り囃子」―山北町谷ケ地区白旗神社祭り囃子（久保田裕道）「足柄乃文化」 山北町地方史研究会 31 2004.3

白髯神社
伊勢原の白髯神社と高麗若光（田中将浩）「県央史談」 県央史談会 （44） 2005.1

城宿
インタビュー―玉縄万華鏡 七十年前の城宿の旧家の話 石原琴子さん・豊田冨美子さん「玉縄城まちだより」 玉縄城址まちづくり会議 （6） 2010.05

新宿
逗子の伝承（4）―久木の孫三郎ぎつねと新宿のお夏ぎつね（雨宮郁夫）「手帳 ： 逗子の郷土誌」 手帳の会 172 2004.4

真浄院
三浦市市原・真浄院石造地蔵菩薩像と律宗（〈研究懇談会発表要旨報告〉）（上杉孝良）「三浦半島の文化」 三浦半島の文化を考える会 （11） 2001.10

新城城
新城城と亀姫―小田原谷津の永久寺と桃源寺（今川徳子）「扣之帳」 扣之帳刊行会 （20） 2008.6

新善光寺
新善光寺に建つ徳本上人の六字名号碑（《特集 上山口―にほんの里100選》）（片山義雄）「郷土誌葉山」 葉山郷土史研究会 （6） 2009.04

不捨山摂取院新善光寺（コラム）（片山義雄）「郷土誌葉山」 葉山郷土史研究会 （6） 2009.04

新田
種豚飼育と農家―海老名市新田の事例（加藤隆志）「民俗」 相模民俗学会 163 1998.2

新田宿
神奈川県座間市新田宿下組「団子焼き」の現在（山口千恵子）「道祖神研究」 道祖神研究会 （1） 2007.10

新戸

ミニコラム 盆踊りの唄（相模原市新戸）（卯藤隆志）「民俗」 相模民俗学会 179 2002.2

真土

常光寺と真土騒動の関係について（丸山清）「わが住む里」 藤沢市総合市民図書館 （48）1999.3

真名瀬

真名瀬の竜宮祭と名島（コラム）（鈴木雅子）「郷土誌葉山」 葉山郷土史研究会 （8）2011.04

親縁寺

親縁寺（福禄寿）（記念特集・戸塚宿戸塚七福神めぐり─各寺院の取り組みと参詣状況）（中島克浩）「とみづか」 戸塚歴史の会 （40）2014.06

真福寺

横浜・木造真福寺千手観音立像について（塩沢寛樹）「神奈川県立博物館研究報告.人文科学」 神奈川県立歴史博物館 通号24 1998.3

信法寺

信法寺木造阿弥陀如来立像修理並びに台座光背制作報告書（本間紀男）「大和市史研究」 大和市文化スポーツ部 （38）2013.06

神武寺

逗子「神武寺」の諸相（3）～（6）─住民から見た郷土の古刹（雨宮郁夫）「御浦」 三浦文化研究会 （17）/（20）2001.11/2004.11

「湘南の古刹 神武寺の遺宝」特別展に参加して（清田雅郎）「かながわ文化財」 神奈川県文化財協会 （101）2005.3

逗子・神武寺伝阿弥陀如来像考（山本勉）「金沢文庫研究」 神奈川県立金沢文庫 （316）2006.3

神武寺弥勒窟

神武寺弥勒窟について（田代郁夫）「湘南考古学同好会々報」 湘南考古学同好会 95 2004.4

新明国上教会

宿河原不動とその信仰─草創期の新明国上教会（渋谷卓男）「川崎市市民ミュージアム紀要」 川崎市市民ミュージアム 通号12 2000.3

神明大神宮

円蔵・神明大神の棟札について（伊藤稚郎）「文化資料館調査研究報告」 茅ケ崎市教育委員会 通号15 2007.3

瑞泉寺

鎌倉瑞泉寺と大徳寺大仙院の庭園 池庭と枯山水（町田香）「禅文化」 禅文化研究所 通号223 2012.01

末吉道

古道に沿った石仏、石碑類─末吉道（星名道弘，吉沢寿泰）「郷土つるみ」 鶴見歴史の会 49 1999.2

末吉道（小杉道）周辺の社寺（四元宏）「郷土つるみ」 鶴見歴史の会 49 1999.2

須賀

平塚の海辺と須賀の祭典─『風俗画報』から（[資料紹介]）（内藤佳康）「県央史談」 県央史談会 37 1998.1

素鵞神社

古文書資料 鈴木家文書（素鵞神社）（寄託資料）（所蔵資料紹介）「神奈川県立公文書館だより」 神奈川県立公文書館 （20）2008.9

杉山神社

私の杉山神社考（飯田俊郎）「町田地方史研究」 町田地方史研究会 17 2005.1

杉山神社 六つの謎（上），（下）（飯田俊郎）「町田地方史研究」 町田地方史研究会 （18）/（19）2006.12/2008.6

上山口の鎮守杉山神社考（コラム）（片山義雄）「郷土誌葉山」 葉山郷土史研究会 （6）2009.04

杉山神社研究小史（飯田俊郎）「町田地方史研究」 町田地方史研究会 （20）2010.08

菅

菅薬師堂の獅子舞（石川博司）「まつり通信」 まつり同好会 45（5）通号519 2005.9

「菅の獅子舞」における天狗信仰─修験道の天狗と民間伝承の天狗（研究）（川崎瑞穂）「川崎研究」 川崎郷土研究会 （52）2014.05

洲崎

武州金沢洲崎の『地蔵堂再建記録』（資料紹介）（山地純）「金沢文庫研究」 神奈川県立金沢文庫 （325）2010.10

逗子

三十三年大祭にめぐりあって（三浦澄子）「手帳 ： 逗子の郷土誌」 手帳の会 162 1997.2

再び三十三年祭に参加して（黒田康子）「手帳 ： 逗子の郷土誌」 手帳の会 162 1997.2

逗子・神武寺伝阿弥陀如来像考（山本勉）「金沢文庫研究」 神奈川県立金沢文庫 （316）2006.3

鈴鹿明神

説話縁起に見る水利権の確保 式内社・有鹿神社と郷社・鈴鹿明神（田邊英治）「歴研よこはま」 横浜歴史研究会 （61）2008.11

煤ヶ谷

多摩市内にある相州煤ヶ谷石工銘の石塔について（萩原清高）「野仏 ： 多摩石仏の会機関誌」 多摩石仏の会 40 2009.08

清雲寺

研究発表会 三浦清雲寺の文永8年銘板碑の考古学的検討（渡辺美彦）「三浦一族研究」 横須賀市 （6）2002.5

口絵資料紹介・解説 木造観音菩薩像─横須賀市・清雲寺（上杉孝良）「三浦一族研究」 横須賀市 （10）2006.6

聖経女学校

横浜におけるバイブル・ウーマン養成とその活動─聖経女学校を中心として（伊ヶ崎まゆみ）「横浜プロテスタント史研究会報」 横浜プロテスタント史研究会 （34）2004.5

清源院

清源院及び清源院文書について（藤野泰造）「厚木市史たより」 厚木市 （7）2012.12

清源院（毘沙門天）（記念特集・戸塚宿戸塚七福神めぐり─各寺院の取り組みと参詣状況）（伊藤正俊）「とみづか」 戸塚歴史の会 （40）2014.06

西相

新刊紹介 『信仰の跡を訪ねて─西相地方の庚申信仰』（岡部忠夫著）（青木良一）「小田原史談 ： 小田原史談会々報」 小田原史談会 （200）2005.1

瀬谷八福神

瀬谷八福神巡り（上村信義）「郷土いずみ」 5 1999.5

善行寺

「藤沢の地名」を読み訪ねる会・報告 私説「善行寺」はまぼろしの寺 善行寺は本当の実在したのでしょうか？（山下健）「藤沢地名の会会報」 藤沢地名の会 （74）2010.09

浅間大神

長柄の田越坂から下小路の浅間大神への道（鳥居信吉）「郷土誌葉山」 葉山郷土史研究会 （4）2007.4

仙元塚

仙元塚と富士山の宝永噴火、富士浅間信仰（出張千秋）「わが住む里」 藤沢市総合市民図書館 通号57 2008.3

善行

善行地区の食べ物・食事（善行のあゆみを語るつどい）「わが住む里」 藤沢市総合市民図書館 （48）1999.3

仙光院

グラビア 廃寺長徳寺にあった地蔵菩薩立像 仙光院蔵（特集 続・長柄）（編集部）「郷土誌葉山」 葉山郷土史研究会 （10）2013.04

池言坊

県内歴史研究 横浜・川崎方面 県立歴史博物館・川崎大師とその周辺・若宮八幡・池言坊など（視察研究）（中根三郎）「於保為」 大井町郷土史研究会 （26）2008.5

専念寺

専念寺「願満薬師如来略縁起」（中村暢子）「鎌倉」 鎌倉文化研究会 （99）2004.12

線守稲荷

県内歴史研究─御殿場線とその沿線の歴史探訪 山北町鉄道公園・線守稲荷・足柄城跡・竹之下戦場・宝鏡院・裾野市中央公園（視察研究）（籔田米雄，池田孝）「於保為」 大井町郷土史研究会 （25）2008.2

早雲寺

神奈川県 早雲寺「禅宗地方史調査会年報」 [禅宗地方史調査会] （5）1998.5

箱根町早雲寺本尊釈迦如来坐像について（薄井和男）「かながわ文化財」 神奈川県文化財協会 98 2002.5

金湯山早雲寺に遺る朝鮮通信使の足跡（堀池伊沙子）「扣之帳」 扣之帳刊

行会 （18） 2007.12

史談再録（3）外郎の虎と早雲寺の虎 『小田原史談』第6・7号（1960年〈昭和35年〉所載）（中野敬次郎）「小田原史談 ： 小田原史談会々報」 小田原史談会 （213） 2008.3

曹源寺

木造十二神将像の内 因達羅大将立像—横須賀市・曹源寺（上杉孝良）「三浦一族研究」 横須賀市 （3） 1999.5

総持寺

わたしの総持寺物語（1）（斎藤美枝）「郷土つるみ」 鶴見歴史の会 46 1997.9

曹洞宗大本山総持寺参拝の旅（須貝金一）「おくやまのしょう ： 奥山荘郷土研究会誌」 奥山荘郷土研究会 23 1998.3

総持寺・鶴見の遊園地・鶴見ゆかりの人びと（星名道弘，塩田孝子，斎藤美枝）「郷土つるみ」 鶴見歴史の会 47 1998.3

9月鶴見総持寺探訪報告「足立史談会だより」 足立史談会 199 2004.10

50周年記念講演「総持寺の成立と発展」（納富常夫）「かながわ文化財」 神奈川県文化財協会 （101） 2005.3

『この国のかたち』雑感（6）鶴見総持寺・生麦事件の探訪（佐藤喜芳）「いしぶみ」 まちだ史考会 （20） 2005.12

總持寺所蔵の中世絵画—春日社寺曼荼羅と役行者像（梅沢恵）「神奈川県立博物館研究報告.人文科学」 神奈川県立歴史博物館 （32） 2006.3

總持寺の今昔 鶴見御移転前後を中心に 曹洞宗大本山總持寺宝物殿館長納富常天師講演から「郷土つるみ」 鶴見歴史の会 （72） 2007.3

明窓禅師創建の長善寺と曹洞宗大本山總持寺（亀澤蟲幸）「えびの」 えびの市史談会 （44） 2010.05

総持寺の社会事業について（サトウマコト）「郷土つるみ」 鶴見歴史の会 （70） 2012.03

講演会記録「總持寺の歴史—鶴見移転を中心として—」（納富常天）「かながわ文化財」 神奈川県文化財協会 （108） 2012.05

渋川子持支部 曹洞宗最乗寺（神奈川県南足柄市）と曹洞宗大本山總持寺（横浜市） 平成26年5月23日（金）（支部だより）（新井敏夫）「群馬歴史散歩」 群馬歴史散歩の会 （236） 2014.10

相州

武州丸岩講と相州丸岩講（小林謙光）「富士信仰研究」 富士信仰研究会 （1） 2000.5

相州有合質地請戻し慣行の成立とその展開（〈月例会報告要旨〉）（荒木仁朗）「関東近世史研究」 関東近世史研究会 （58） 2005.8

相州小出七福神

相州小出七福神めぐりに参加して「郷土ちがさき」 茅ヶ崎郷土会 85 1999.5

宗泉寺

宗泉寺の五百羅漢と謝恩碑（畫間松之助）「郷土つるみ」 鶴見歴史の会 （70） 2012.03

曽我丘陵

曾我丘陵のふもとにあった田島人形芝居と「遊楽連」一座（野地芳男）「小田原史談 ： 小田原史談会々報」 小田原史談会 （213） 2008.3

染井能楽堂

残そう住吉能楽殿（6）染井能楽堂（現横浜能楽堂）のこと（岡山理香）「西日本文化」 西日本文化協会 335 1997.10

大鋸

大鋸—藤沢宿の大鋸引職人をめぐって（歴史講座）（西ヶ谷恭弘）「藤沢市史研究」 藤沢市文書館 （39） 2006.3

大慶寺

大慶寺旧境内遺跡の調査（齋木秀雄）「かまくら考古」 鎌倉考古学研究所 （22） 2014.09

大師

大師と私の母（桐生哲哉）「シャベル ： 語りつぐ町の歴史」 「町の歴史掘り起こし事業」企画運営委員会 （6） 1997.3

倉形泰造氏に大師界隈の思い出を聞く（シャベル ： 語りつぐ町の歴史」「町の歴史掘り起こし事業」企画運営委員会 （6） 1997.3

大師マーケット（須山邦夫）「シャベル ： 語りつぐ町の歴史」 「町の歴史掘り起こし事業」企画運営委員会 （7） 1998.10

大師日用品小売市場（須山邦夫）「シャベル ： 語りつぐ町の歴史」 「町の歴史掘り起こし事業」企画運営委員会 （7） 1998.10

大師沖

大師沖の海苔養殖（桜井文雄）「史誌かわさき」 川崎区誌研究会 （1） 2001.5

大師河原

市民ミュージアム収蔵資料「大師河原の魚捞具」（高橋典子）「川崎市市民ミュージアム紀要」 川崎市市民ミュージアム 通号10 1998.3

名産長十郎梨を生んだ大師河原の梨栽培（長島保）「史誌かわさき」 川崎区誌研究会 （1） 2001.5

大師河原の製塩（金井晃）「史誌かわさき」 川崎区誌研究会 （1） 2001.5

大慈寺

「大慈寺御朱印焼失記録」（佐藤征子）「鎌倉」 鎌倉文化研究会 96 2003.6

大師新道

〈川崎町並み復元（6）大師新道・平間寺界隈〉「シャベル ： 語りつぐ町の歴史」 「町の歴史掘り起こし事業」企画運営委員会 （6） 1997.3

大師新道を行く「シャベル ： 語りつぐ町の歴史」 「町の歴史掘り起こし事業」企画運営委員会 （6） 1997.3

大師道

三倍の道幅となった大師道（多田文夫）「足立史談」 足立区教育委員会 390 2000.8

大昌寺

八幡山法林院大昌寺（コラム）（坂田慶隆）「郷土誌葉山」 葉山郷土史研究会 （6） 2009.04

大善寺

〔資料紹介〕 慶応元年九月相州上谷部村大善寺住職転入院諸用留（内田四蔵）「とみづか」 戸塚歴史の会 24 1998.6

大長寺

大長寺聖観世音菩薩并来像像縁起（堀江宜子）「鎌倉」 鎌倉文化研究会 83 1997.1

大東

本鵠沼大東の辻の道祖神（染谷七重）「湘南考古学同好会々報」 湘南考古学同好会 100 2005.10

太寧寺

太寧寺所蔵仏涅槃図について（向坂卓也）「金沢文庫研究」 神奈川県立金沢文庫 （311） 2003.10

調査報告 太寧寺所蔵薬師如来像及び両脇侍像（瀬谷貴之）「金沢文庫研究」 神奈川県立金沢文庫 （315） 2005.10

調査報告 太寧寺所蔵・薬師如来像及び両脇侍像—補遺（瀬谷貴之）「金沢文庫研究」 神奈川県立金沢文庫 （319） 2007.10

大仏切通し

大仏切通しを歩いて（山田香代子）「湘南考古学同好会々報」 湘南考古学同好会 100 2005.10

太平寺

太平寺廃絶と里見氏—尼子住職と武将との数奇な出逢い（加藤導男）「歴研よこはま」 横浜歴史研究会 （記念誌） 2002.12

当麻

神奈川県相模原市当麻における初午の稲荷祭祀（入江英弥）「相模原市史ノート」 相模原市総務局 （4） 2007.3

当麻田

相模原市緑区の天王祭二題—大島古清水の神輿と人形及び相模原麻田の山車人形（加藤隆志）「民俗」 相模民俗学会 （229） 2014.11

大明寺

大明寺の寺史と彫刻（上杉孝良）「市史研究横須賀」 横須賀市総務部 （3） 2004.2

大雄山

「大雄山奉納額面縮図」と奉納十九講—道弓講と富士講について（大野一郎）「富士信仰研究」 富士信仰研究会 （4） 2003.6

『大雄山誌論考』出版記念祝賀会報告（重田武男）「史談足柄」 足柄史談会 49 2011.04

大雄山の杉林を巡る十の謎（内田清）「史談足柄」 足柄史談会 49 2011.04

高倉

踏査報告 高倉の諏訪神社探訪記（寺田兼方）「湘南考古学同好会々報」 湘南考古学同好会 92 2003.8

踏査報告 続・高倉の諏訪神社探訪期（寺田兼方）「湘南考古学同好会々報」 湘南考古学同好会 95 2004.4

高島台

資料よもやま話 高島嘉右衛門と大綱山荘—高島台に残る和洋折衷住宅「開港のひろば ： 横浜開港資料館館報」 横浜開港資料館 82 2003.10

関東　　　　　郷土に伝わる民俗と信仰　　　　　神奈川県

鷹取神社
鷹取山と鷹取神社（飯田善雄）「大磯町史研究」 大磯町 12 2005.3

鷹取山
鷹取山と鷹取神社（飯田善雄）「大磯町史研究」 大磯町 12 2005.3

滝の川
「神奈川宿歴史の道」道筋の寺院と「滝の川」の河童（和田寛）「河童通心」 河童文庫 243 2004.1

滝前不動尊
滝前不動尊の春の大祭（山村早作）「郷土いずみ」 8 2002.5

武山不動尊
武山不動尊への道（古谷彦逸）「三浦半島の文化」 三浦半島の文化を考える会 （17） 2007.10

多古
海に月 人の星―小田原囃子多古保存会とともに（会員だより）（徳山泰子）「かながわの民俗芸能」 神奈川県民俗芸能保存協会 （77） 2013.03

田越坂
長柄の田越坂から下小路の浅間大神への道（鳥居信吉）「郷土誌葉山」 葉山郷土史研究会 （4） 2007.4

田島
田島地域における桃栽培の変遷（小泉茂造）「史誌かわさき」 川崎区誌研究会 （1） 2001.5

曾我丘陵のふもとにあった田島人形芝居と「遊楽連」一座（野地芳男）「小田原史談 ： 小田原史談会々報」 小田原史談会 （213） 2008.3

田代
愛川町田代における水車利用―明治・大正期の撚糸（小島茂平）「県央史談」 県央史談会 37 1998.1

橘
史談再録（16）橘地区の民話 『小田原史談』第75号、77号、78号（竹見龍雄）「小田原史談 ： 小田原史談会々報」 小田原史談会 （227） 2011.10

橘樹郡
展示余話 旧家に残された資料から―橘樹郡茶業組合について（西川武臣）「開港のひろば ： 横浜開港資料館館報」 横浜開港資料館 79 2003.2

田名
相模原市中央区田名の天王祭・二題―山車人形とお浜入り（加藤隆志）「民俗」 相模民俗学会 （225） 2013.12

棚沢
棚沢の三代獅子（《田中義廣先生追悼特集》）（石川博司）「まつり通信」 まつり同好会 43（4）通号506 2003.7

田名村
「神社復祀」関係の資料について―相模原市田名村役場資料から（資料紹介）（加藤隆志）「民俗」 相模民俗学会 188 2004.5

多宝寺
多宝寺2号やぐら出土素焼土馬の思想背景について（立花弥生）「民具マンスリー」 神奈川大学 37（3）通号435 2004.6

多摩川
光明寺における善導大師像の縁起―多摩川の漂着伝承を考える（渋谷卓男）「川崎市市民ミュージアム紀要」 川崎市市民ミュージアム 通号10 1998.3

多摩川の筏流し聞書き（角田益信）「阿由多加」 稲田郷土史会 38 2000.10

多摩川の鵜飼（角田益信）「阿由多加」 稲田郷土史会 48 2001.10

中丸子羽黒権現と日光山―江戸南・多摩川渡し口の前立神（岡倉捷郎）「あしなか」 山村民俗の会 299 2013.10

玉縄
インタビュー―玉縄万華鏡 長屋門で知られる小坂家 小坂勝代さん/成果が現れてきた七曲坂の美化奉仕活動「玉縄城まちだより」 玉縄城址まちづくり会議 （3） 2008.11

玉縄思い出写真館 おんまやさんでお正月の餅つき 豊田冨美子さん「玉縄城まちだより」 玉縄城址まちづくり会議 （9） 2011.11

玉縄城
玉縄城と龍寶寺（梅田良光）「玉縄城まちだより」 玉縄城址まちづくり会議 （2） 2008.05

インタビュー―玉縄万華鏡 玉縄城と共に500年 植谷戸の旧家 白柳弘さん/玉縄再発見 龍寶寺山門が葺き替えられ昔日の輝きを取り戻しました「玉縄城まちだより」 玉縄城址まちづくり会議 （4） 2009.05

玉縄城築城500年祭のみどころ その1―玉縄城を偲ぶコース 玉縄城三代の菩提寺「龍寶寺」/七曲坂の野草（3）「曼珠沙華」「玉縄城まちだより」 玉縄城址まちづくり会議 （9） 2011.11

戦国期、玉縄城領の神社造営と宮大工（下山治久）「藤沢市史研究」 藤沢市文書館 （45） 2012.03

田谷の洞窟
田谷の洞窟・瑜伽堂（菊田清一）「日本の石仏」 日本石仏協会，青娥書房（発売） 通号84 1997.12

神秘的な地底伽藍 田谷の洞窟（住田孝行）「武蔵野」 武蔵野文化協会 78（2）通号336 2002.5

段葛
鎌倉のいしぶみ散歩（1）（薬師寺良子）「逗子吾妻鏡研究」 逗子吾妻鏡研究会 （31） 2008.8

鎌倉のいしぶみ散歩（2）段葛（承前）（伊藤一美）「逗子吾妻鏡研究」 逗子吾妻鏡研究会 （32） 2011.9

丹後山
コラム 上矢部の地に伝わる丹後山伝説（小川宏）「とみづか」 戸塚歴史の会 （39） 2013.06

丹沢
地方霊山の入峰空間と寺社縁起―丹沢と大山寺修験（城川隆生）「山岳修験」 日本山岳修験学会，岩田書院（発売） （39） 2007.3

山村民俗と山の神―相州丹沢から《《山の神特集》）（佐藤芝明）「あしなか」 山村民俗の会 284 2009.02

丹沢山
丹沢山麓の中世の修験とその関連資料（城川隆生）「郷土神奈川」 神奈川県立図書館 （47） 2009.02

智音寺
鬼子母神堂と高部源兵衛（岡部貞一）「県央史談」 県央史談会 36 1997.1

茅ヶ崎
茅ヶ崎のお菓子（2）「郷土ちがさき」 茅ヶ崎郷土会 79 1997.5

麦打ち「郷土ちがさき」 茅ヶ崎郷土会 79 1997.5

「祭」について「郷土ちがさき」 茅ヶ崎郷土会 79 1997.5

地蔵尊百万遍念仏の今と昔「郷土ちがさき」 茅ヶ崎郷土会 80 1997.9

浜降祭と南湖の竜飾門（三輪伊勢松）「郷土ちがさき」 茅ヶ崎郷土会 81 1998.1

茅ヶ崎の銘菓（3）「芋の月」「郷土ちがさき」 茅ヶ崎郷土会 81 1998.1

昔からつたわる稲荷講「郷土ちがさき」 茅ヶ崎郷土会 82 1998.5

茅ヶ崎の力石（資料館だより編集委員会）「茅ヶ崎市文化資料館だより ： 茅ヶ崎市文化資料館報」 茅ヶ崎市文化資料館 106 1999.1

お十夜「郷土ちがさき」 茅ヶ崎郷土会 84 1999.1

二十三夜堂（民謡調）「郷土ちがさき」 茅ヶ崎郷土会 85 1999.5

1998年度文化祭「ふるさとの年中行事」展、終わる「郷土ちがさき」 茅ヶ崎郷土会 85 1999.5

南郷力丸 “伝承の民話”/東海道ルネッサンスを茅ヶ崎にも/茅ヶ崎お雛子まつり/大山の紅葉を訪ねて/茅ヶ崎のお菓子（5）御菓子・村田屋/電気記念日に寄せて/再び最乗寺踏切について/別冊について/茅ヶ崎の寺と仏像の一覧表について/新編相模国風土記稿（現代文）「郷土ちがさき」 茅ヶ崎郷土会 87 2000.1

茅ヶ崎にある沖縄の壺屋焼き陶器について（寺岡早苗）「文化資料館調査研究報告」 茅ヶ崎市教育委員会 通号8 2000.3

茅ヶ崎角力物語「郷土ちがさき」 茅ヶ崎郷土会 91 2001.5

大岡越前守祭開催される「郷土ちがさき」 茅ヶ崎郷土会 91 2001.5

狐狼痢（ころり）除けの供養塔「郷土ちがさき」 茅ヶ崎郷土会 92 2001.9

茅ヶ崎地区の石仏（飯岡英仁，江頭智子，岡崎孝夫，加藤幸一，窪谷正子，斉藤恭太郎，塩原富男，白石良子，曽禰正夫，高橋裕子，谷久保清彦，田村允佑，樋田豊宏，徳原凉子，山口俊輔，平野文明）「文化資料館調査研究報告」 茅ヶ崎市教育委員会 通号10 2002.3

寺社に関連する設備の歴史的な事象（曽禰正夫）「郷土ちがさき」 茅ヶ崎郷土会 94 2002.5

寺社に関連する設備の歴史的な事象（2）―狛犬と眷属（曽禰正夫）「郷土ちがさき」 茅ヶ崎郷土会 95 2002.9

伝統ある年中行事の十二箇月（2）（曽禰正夫）「郷土ちがさき」 茅ヶ崎郷土会 98 2003.9

茅ヶ崎漁師の海への道（曽禰正夫）「郷土ちがさき」 茅ヶ崎郷土会 99 2004.1

地場産業と職人わざ展「郷土ちがさき」 茅ヶ崎郷土会 99 2004.1

「茅ヶ崎の暮らしを語る」（『茅ヶ崎市史現代』第4巻）を読んで（季武嘉也，椎原久芳）「茅ヶ崎市史研究」 茅ヶ崎市 28 2004.3

秋の七草「郷土ちがさき」 茅ヶ崎郷土会 （102） 2005.1

仮説 圭頭板碑（樋田豊宏）「郷土ちがさき」 茅ヶ崎郷土会 （104） 2005.9

江戸初期の茅ヶ崎の石仏「郷土ちがさき」 茅ヶ崎郷土会 （105） 2006.1

「じゃん」とノーエ節「郷土ちがさき」 茅ヶ崎郷土会 （105） 2006.1

茅ヶ崎の題目塔三形式（金子栄司）「文化資料館調査研究報告」 茅ヶ崎市教育委員会 通号14 2006.3

三夫婦の吹き竹（樋田豊宏）「郷土ちがさき」 茅ヶ崎郷土会 （106） 2006.5

茅ヶ崎の石仏統計分析報告—市内石仏調査のまとめ作業中間報告として（須藤格）「文化資料館調査研究報告」 茅ヶ崎市教育委員会 通号15 2007.3

一人の神楽師の人生と神楽の歴史（名和稔雄）「郷土ちがさき」 茅ヶ崎郷土会 （110） 2007.9

力石とちから持ちのはなし（岸一江）「郷土ちがさき」 茅ヶ崎郷土会 （114） 2009.01

「エンコロ節」（青木昭三）「郷土ちがさき」 茅ヶ崎郷土会 （114） 2009.01

茅ヶ崎の昔話と心性の表象について（須藤格）「文化資料館調査研究報告」 茅ヶ崎市教育委員会 通号18 2009.3

茅ヶ崎の石仏（1 萩園・平太夫新田・西久保・円蔵（飯岡英仁，池田卓郎，江頭智子，大橋広政，岡崎孝夫，小野靖子，加藤幸一，金子栄司，窪寺正子，熊澤克躬，齋藤溢子，坂井源一，塩原富男，白石良子，高橋裕子，谷久保清彦，樋田豊宏，平野文明，山口俊輔，須藤格，芦葉抄苗）「文化資料館調査研究報告」 茅ヶ崎市教育委員会 通号18 2009.03

天神さま（樋田豊宏）「郷土ちがさき」 茅ヶ崎郷土会 （115） 2009.05

神仏分離と社寺の動き（名和稔雄）「郷土ちがさき」 茅ヶ崎郷土会 （115） 2009.05

圭頭板形碑「郷土ちがさき」 茅ヶ崎郷土会 （119） 2010.09

茅ヶ崎の祭—地域の活性化「郷土ちがさき」 茅ヶ崎郷土会 （119） 2010.09

芸能大会を終えて「郷土芸能とは」（尾坂郭子）「郷土ちがさき」 茅ヶ崎郷土会 （120） 2011.01

宝尽し（名和稔雄）「郷土ちがさき」 茅ヶ崎郷土会 （120） 2011.01

七福神について（河端康征）「郷土ちがさき」 茅ヶ崎郷土会 （120） 2011.01

茅ヶ崎の八大龍王について（綿引進）「郷土ちがさき」 茅ヶ崎郷土会 （120） 2011.1

茅ヶ崎の神仏分離（平野文明）「文化資料館調査研究報告」 茅ヶ崎市教育委員会 （21） 2011.03

浜降りと浜降祭の起源（名和稔雄）「郷土ちがさき」 茅ヶ崎郷土会 （122） 2011.09

えぼし岩と初日（写真は杉山全氏）「郷土ちがさき」 茅ヶ崎郷土会 （123） 2012.01

茅ヶ崎と自転車文化の発祥史（名和稔雄）「郷土ちがさき」 茅ヶ崎郷土会 （123） 2012.1

茅ヶ崎の方言について（須藤格）「文化資料館調査研究報告」 茅ヶ崎市教育委員会 （21） 2012.3

茅ヶ崎にも「魔界」があるか「郷土ちがさき」 茅ヶ崎郷土会 （126） 2013.01

創立十周年記念誌『祭囃子』より「郷土ちがさき」 茅ヶ崎郷土会 （128） 2013.09

郷土芸能の伝承と大切さ（青木昭三）「郷土ちがさき」 茅ヶ崎郷土会 （128） 2013.09

茅ヶ崎の庚申塔（源邦章）「郷土ちがさき」 茅ヶ崎郷土会 （129） 2014.01

デェーダラボッチ（1）（樋田豊宏）「郷土ちがさき」 茅ヶ崎郷土会 （129） 2014.01

デーダラボッチ（2）（樋田豊宏）「郷土ちがさき」 茅ヶ崎郷土会 （131） 2014.09

茅ヶ崎街道

茅ヶ崎街道筋史談あれこれ下寺尾の古代寺院（名和稔雄）「郷土ちがさき」 茅ヶ崎郷土会 95 2002.9

茅ヶ崎市

ちがさきの仏さま（10）〜（13）（佐藤昭夫）「茅ヶ崎市文化資料館だより : 茅ヶ崎市文化資料館」 茅ヶ崎市文化資料館 102/106 1998.1/1999.1

力石とちから持ちのはなし（磯兼良彦，伊藤真理子，片田寿子，平野文明，山崎博隆）「文化資料館調査研究報告」 茅ヶ崎市教育委員会 通号7 1999.3

〔書評〕『茅ヶ崎市史史料集』3「茅ヶ崎地誌集成」（石井修）「茅ヶ崎市史研究」 茅ヶ崎市 25 2001.3

重田家回国六十六箇所奉納文書（斉藤恭太郎）「文化資料館調査研究報告」 茅ヶ崎市教育委員会 通号13 2005.3

茅ヶ崎市における社叢林調査（小室明彦，馬谷原武之，須藤格，自然資料整理グループ）「文化資料館調査研究報告」 茅ヶ崎市教育委員会 （20） 2011.03

茅ヶ崎城址

茅ヶ崎城址付近の石仏探訪（喜井哲夫）「野仏 : 多摩石仏の会機関誌」 多摩石仏の会 32 2001.8

近殿神社

三浦義村を祭神とする大矢部「近殿神社」について（島崎良章）「三浦半島の文化」 三浦半島の文化を考える会 （10） 2000.10

和泉から搬入された近殿神社の瓦（竹沢嘉範）「赤星直忠博士文化財資料館だより」 赤星直忠博士文化財資料館 （10） 2001.5

千木良

旧相模湖町千木良地区の講（山の神講・天神講・地蔵講・付どんど焼き）（加藤隆志）「民俗」 相模民俗学会 （218） 2012.02

千年

川崎市高津区千年—1遺跡採集の瓦塔について（吉野真由美）「川崎市市民ミュージアム紀要」 川崎市市民ミュージアム 16 2004.3

千年伊勢山台遺跡

修論要約 地方郡衙と周辺寺院をめぐる問題—千年伊勢山台遺跡と影向寺の検討を通じて（御代七重）「湘南考古学同好会々報」 湘南考古学同好会 通号104 2006.8

チャッキラコ

チャッキラコ見聞録（会員だより）（永田泰祐）「かながわの民俗芸能」 神奈川県民俗芸能保存協会 （75） 2011.03

茶湯寺

『新編相模国風土記稿』からみた大山の茶湯寺参り（中島考二）「自然と文化 : 平塚市博物館研究報告」 平塚市博物館 （26） 2003.3

長安寺

横須賀市・長安寺不動明王坐像と像内銘（奥健夫）「金沢文庫研究」 神奈川県立金沢文庫 （318） 2007.3

長運寺

グラビア 長運寺所蔵 地獄十王図（特集 続・長柄）（村崎恵伸）「郷土誌葉山」 葉山郷土史研究会 （10） 2013.04

長者園

長者（蛇）ヶ崎と長者（蛇）園（特集 下山口—下山口の歴史と暮らし）（鈴木雅子）「郷土誌葉山」 葉山郷土史研究会 （7） 2010.4

長者ヶ崎

長者（蛇）ヶ崎と長者（蛇）園（特集 下山口—下山口の歴史と暮らし）（鈴木雅子）「郷土誌葉山」 葉山郷土史研究会 （7） 2010.4

長者ヶ崎の竜宮様（コラム）（今井俊夫，鈴木雅子）「郷土誌葉山」 葉山郷土史研究会 （7） 2010.04

長善寺

山北町山市場地蔵堂の行幹による六字名号軸と小田原長善寺と宮窪観音堂の秀學の六字名号軸について（津田守一）「足柄乃文化」 山北町地方史研究会 （37） 2010.03

長徳寺

グラビア 廃寺長徳寺にあった地蔵菩薩立像 仙光院蔵（特集 続・長柄）（編集部）「郷土誌葉山」 葉山郷土史研究会 （10） 2013.04

千代寺院跡

千代寺院跡の研究史的復元（岡本孝之）「神奈川考古」 神奈川考古同人会 通号34 1998.5

千代寺院跡の再検討（岡本孝之）「小田原市郷土文化館研究報告」 小田原市郷土文化館 （35） 1999.3

千代寺院跡の復元と木簡の位置（岡本孝之）「神奈川地域史研究」 神奈川地域史研究会 （18） 2000.3

塚原大神宮

塚原大神宮（古屋達夫）「史談足柄」 足柄史談会 37 1999.4

つきみ野

〈つきみ野フォークロアの会活動報告〉「大和市史研究」 大和市文化スポーツ部 29 2003.3

津久井

《特集 養蚕と織物（1）》「ふるさと津久井」 津久井町 （4） 2003.9

津久井織物小史（沼謙吉）「ふるさと津久井」 津久井町 （4） 2003.9

くらしと養蚕・織物（布施和夫）「ふるさと津久井」 津久井町 （4） 2003.9

ふるさと聞き書き（3）撚糸とともに生きた40年 話者・八木文子「ふる
さと津久井」 津久井町 （4）2003.9

ふるさと聞き書き（4）東屋と歩んだ日々 話者・久米好平「ふるさと津
久井」 津久井町 （4）2003.9

調査の中から 忘れられた炭窯（河野喜映）「ふるさと津久井」 津久井町
（4）2003.9

津久井地域の「道祖神」について（加藤隆志）「相模原市立博物館研究報
告」 相模原市立博物館 18 2009.03

旧寛永寺の兄弟灯籠を津久井の産廃破棄場で発見（サトウマコト）「郷土
つるみ」 鶴見歴史の会 （69）2011.3

津久井郡

神奈川県津久井郡にある二手庚申塔について（萩原清高）「野仏 : 多摩
石仏の会機関誌」 多摩石仏の会 36 2005.7

辻堂諏訪神社

藤沢市の辻堂諏訪神社における祭囃子「祠奈川囃子」の音楽構造（岡田
睦美）「民俗音楽研究」 日本民俗音楽学会 （34）2009.03

綱島往還

鶴見・綱島往還周辺の社寺（四元宏）「郷土つるみ」 鶴見歴史の会 51
2000.4

鶴見から綱島往還の石仏・石碑群・其の他（上原誠司，池田弘哉）「郷土
つるみ」 鶴見歴史の会 51 2000.4

妻田

妻田の方言（北村精一）「阿夫利 : 厚木市文化財協会会報」 厚木市文化
財協会 13 1999.12

鶴ヶ岡八幡宮

特集・鎌倉学 近世鶴ヶ岡八幡宮における竟内諸堂の様相—下宮廻廊と
『快元僧都記』以降の諸相（浪川幹夫）「鎌倉」 鎌倉文化研究会 通号
105 2008.6

相模周辺に廃仏毀釈の痕跡を探る（4）鶴ヶ岡八幡宮、江ノ島弁天（平賀
康雄）「扣之帳」 扣之帳刊行会 （30）2010.12

源氏山から鶴ヶ岡八幡宮（山行報告）（成川茂雄）「奥武蔵」 奥武蔵研究
会 （390）2013.03

鶴岡八幡宮

鶴岡八幡宮神宮寺跡出土の軒瓦（竹沢嘉麁）「赤星直忠博士文化財資料館
だより」 赤星直忠博士文化財資料館 （6）1997.5

鶴岡八幡宮再興と上総・安房（山田邦明）「中世房総」 崙書房出版 10
1998.8

鎌倉期、鶴岡八幡宮における延年（松尾恒一）「季刊悠久.第2次」 鶴岡八
幡宮悠久事務局 76 1999.3

《特集 近世の神社日記》「季刊悠久.第2次」 鶴岡八幡宮悠久事務局 77
1999.4

近世の神社日記（橋本政宣）「季刊悠久.第2次」 鶴岡八幡宮悠久事務局
77 1999.4

奥津家定に関する若干の考察—浄光寺・鶴岡八幡宮に伝わる2通の文書
（谷口栄）「博物館研究紀要」 葛飾区郷土と天文の博物館 （7）2000.3

鶴岡八幡宮と遠山庄（武井正弘）「飯田市美術博物館研究紀要」 飯田市美
術博物館 10 2000.4

「ぼんぼり（雪洞）祭」について（西松凌波）「郷土神奈川」 神奈川県立図
書館 （39）2001.3

御霊・人身御供と総社の祭り（島田潔）「季刊悠久.第2次」 鶴岡八幡宮悠
久事務局 91 2002.10

鶴岡八幡宮大伴氏の神主職と出自（篠原幸久）「鎌倉」 鎌倉文化研究会
95 2002.12

中世における殺生禁断と祭祀—鶴岡八幡宮における初期放生会の考察
（加瀬直弥）「日本学研究」 金沢工業大学日本学研究所 （6）2003.6

神社縁起に見える信仰の諸相（村上學）「季刊悠久.第2次」 鶴岡八幡宮悠
久事務局 94 2003.7

鶴岡八幡宮の多宝大塔（小山正文）「史迹と美術」 史迹美術同攷会 74
（9）通号749 2004.11

武家の古都八百年間に果たした鶴岡八幡宮（寺）の役割（吉居一朗）「季刊
悠久.第2次」 鶴岡八幡宮悠久事務局 （109）2007.7

鶴岡八幡宮上宮発見の墨書等について（1・，2）（浪川幹夫）「季刊悠久.第
2次」 鶴岡八幡宮悠久事務局 （109）／（110）2007.7/2007.10

特集・鎌倉学 鶴岡八幡宮の諸堂について—創建期から寛永造営までの
諸相（浪川幹夫）「鎌倉」 鎌倉文化研究会 通号104 2007.12

特集 鎌倉学 鶴岡八幡宮の梛と大燈籠—由比ヶ浜海難と住吉信仰（三浦
勝男）「鎌倉」 鎌倉文化研究会 通号106 2008.12

記録 鶴岡八幡宮大銀杏倒木の記録（特集 巨樹信仰）（濱野周泰）「季刊悠
久.第2次」 鶴岡八幡宮悠久事務局 （124）2011.03

コラム 八幡さまと巨樹あれこれ（特集 巨樹信仰）（岩崎香子）「季刊悠久.
第2次」 鶴岡八幡宮悠久事務局 （124）2011.03

仲秋の鎌倉を訪れて 鶴岡八幡宮例大祭の神事と祭り（徳丸節子）「会報

くらお」 廿日市町郷土文化研究会 （133）2011.03

口絵 神の鳥（特集 神の鳥）（篠原秀三郎）「季刊悠久.第2次」 鶴岡八幡宮
悠久事務局 （126）2011.12

コラム 鳩と八幡信仰（特集 神の鳥）（筥﨑博生）「季刊悠久.第2次」 鶴岡
八幡宮悠久事務局 （126）2011.12

神社立地と災害について—東日本大震災を経験して（特集 天変地異・神
仏と災害II）（佐藤一伯）「季刊悠久.第2次」 鶴岡八幡宮悠久事務局
（130）2013.02

弁才天坐像 重要文化財 木造 彩色 像高95.8cm 鎌倉時代（文永3年：
1266）神奈川 鶴岡八幡宮／地蔵菩薩坐像 神奈川県指定文化財 木造 彩
色 像高84.1cm 南北朝時代（永徳4年：1384）神奈川 来迎寺（展示品
のみどころ）（岩田茂樹）「奈良国立博物館だより」 （89）2014.04

口絵 金山の稲沢番楽（山形）／鶴岡八幡宮御神楽（神奈川）／駒ヶ嶽神社
太々神楽（長野）／隠岐島前神楽（島根）（第63回全国民俗芸能大会特
集）「民俗芸能」 民俗芸能刊行委員会 （94）2014.11

鶴岡八幡宮御神楽（第63回全国民俗芸能大会特集）（加藤健司）「民俗芸
能」 民俗芸能刊行委員会 （94）2014.11

鶴岡八幡宮若宮

吾妻鏡のまど 鶴岡八幡宮若宮の造営とその奉行人（伊藤一美）「逗子吾妻
鏡研究」 逗子吾妻鏡研究会 （34）2013.03

鶴見

神寿歌と今様（村田寛夫）「郷土つるみ」 鶴見歴史の会 44 1997.2

鶴見の農業と食糧生産の推移（伊藤実）「郷土つるみ」 鶴見歴史の会
47 1998.3

漁業の移り変わり（山崎忠三郎）「郷土つるみ」 鶴見歴史の会 47
1998.3

総持寺・鶴見の遊園地・鶴見ゆかりの人びと（星名道弘，塩田孝子，斎
藤美枝）「郷土つるみ」 鶴見歴史の会 47 1998.3

「ボサ漁」雑話（山崎忠三郎）「郷土つるみ」 鶴見歴史の会 48 1998.7

路傍の石仏を訪ねて（星名道弘）「郷土つるみ」 鶴見歴史の会 50
1999.8

「鶴見の田祭り」の由来ならびに特徴（村田寛夫）「郷土つるみ」 鶴見歴
史の会 51 2000.4

鶴見・綱島往還周辺の社寺（四元宏）「郷土つるみ」 鶴見歴史の会 51
2000.4

鶴見の田祭り再興秘話 語り継がれる伊藤さんの笑顔（金子元重）「郷土つ
るみ」 鶴見歴史の会 53 2001.3

つるみ今は昔 『古老が語る鶴見の百話』取材ノートから「郷土つるみ」
鶴見歴史の会 54 2001.9

七福神まいりの成立時期について（松沢常男）「郷土つるみ」 鶴見歴史の
会 58 2003.10

鶴見の農業と暮らし（昼間松之助）「郷土つるみ」 鶴見歴史の会 （61）
2006.3

總持寺の今昔 鶴見御移転前後を中心に 曹洞宗大本山總持寺宝物殿館長
納富常天師講演から「郷土つるみ」 鶴見歴史の会 （62）2007.3

鶴見の農業と暮らし 鶴見特産の果物／農家の副業／地域の共同作業／農地
改革（昼間松之助）「郷土つるみ」 鶴見歴史の会 （62）2007.3

鶴見の農業と暮らし 麦・栗・陸稲の栽培／蔬菜類の栽培と出荷（昼間松
之助）「郷土つるみ」 鶴見歴史の会 （63）2007.11

鶴見の農業と暮らし（9）〜（15）年中行事と風習（昼間松之助）「郷土つ
るみ」 鶴見歴史の会 （64）2008.3

鶴見の子育観音（大島建彦）「西郊民俗」 ［西郊民俗談話会］ （205）
2008.12

鶴見の農業と暮らし（16）〜（19）鶴見の講・信仰（1回〜4回）（昼間松之
助）「郷土つるみ」 鶴見歴史の会 （66）2009.05

鶴見の農業と暮らし（20）野良着・被り物・履物等（昼間松之助）「郷土
つるみ」 鶴見歴史の会 （67）2009.11

鶴見の農業と暮らし（21）農家での食べ物（昼間松之助）「郷土つるみ」
鶴見歴史の会 （67）2009.11

講演会記録「總持寺の歴史—鶴見移転を中心として—」（納冨常天）「かな
がわ文化財」 神奈川県文化財協会 （63）2012.05

民俗芸能散歩 川崎・鶴見の沖縄芸能（大城康彦）「かながわの民俗芸能」
神奈川県民俗芸能保存協会 （78）2014.03

鶴見の農業と暮らし 鶴見の大根（晝間松之助）「郷土つるみ」 鶴見歴史
の会 （74）2014.11

鶴見川下流域

民具短信 鶴見川下流域の煉瓦（1），（2）（牧野秀樹）「民具マンスリー」
神奈川大学 45（5）通号533/45（6）通号534 2012.08/2012.09

鶴見川南部

芝生浅間と富士講集団—横浜市・鶴見川南部の富士講聞書（《富士・浅間
信仰—山岳信仰特集II》）（大谷忠雄）「あしなか」 山村民俗の会
259・260 2001.11

神奈川県　　　　　　　　　　　　郷土に伝わる民俗と信仰　　　　　　　　　　　　関東

鶴見郷

建長寺正統庵領鶴見寺尾郷図（前田右勝）「郷土つるみ」　鶴見歴史の会
（61）　2006.3

鶴見七福神

ついに実現！「鶴見七福神」（箸秀子）「郷土つるみ」　鶴見歴史の会
（69）　2011.03

鶴見七福神めぐり 横浜熊野神社と八福神について（高橋伸和）「郷土つる
み」　鶴見歴史の会　（74）　2014.11

鶴嶺

鶴嶺地区の石仏（飯岡英仁，江頭智子，岡崎孝夫，加藤幸一，窪寺正子，
斉藤恭太郎，塩原富男，白石良子，曾襧正夫，高橋裕子，谷久保清彦，
田村允佑，樋田豊宏，徳原凉子，山口俊介，平野文明）「文化資料館調
査研究報告」　茅ヶ崎市教育委員会　通号9　2001.3

鶴嶺八幡宮

鶴嶺八幡宮「郷土ちがさき」　茅ヶ崎郷土会　（106）　2006.5

鶴嶺八幡社

八幡宮紹介 鶴嶺八幡社（神奈川県茅ヶ崎市）「季刊悠久.第2次」　鶴岡八
幡宮悠久事務局　96　2004.1

貞宗寺

『貞宗寺書上』（団藤磊三）「鎌倉」　鎌倉文化研究会　89　1999.12

手子神社

釜利谷地区・手子神社にある「やぐら」について—横浜市金沢区（大喜
多紀明）「民俗文化」　滋賀民俗学会　（586）　2012.07

鉄砲道

鉄砲道の由来「郷土ちがさき」　茅ヶ崎郷土会　（107）　2006.9

寺尾稲荷

寺尾城址に関係する寺社（1）馬場稲荷（寺尾稲荷）について（伊藤実）
「郷土つるみ」　鶴見歴史の会　46　1997.9

寺尾郷

建長寺正統庵領鶴見寺尾郷図（前田右勝）「郷土つるみ」　鶴見歴史の会
（61）　2006.3

寺尾城址

寺尾城址に関係する寺社（1）馬場稲荷（寺尾稲荷）について（伊藤実）
「郷土つるみ」　鶴見歴史の会　46　1997.9

天池庵

天池庵龍爪和尚開堂記（佐藤清二）「鎌倉」　鎌倉文化研究会　通号102
2006.12

天徳寺

平塚天徳寺と真田與一公（三浦玄苗）「小田原史談 ： 小田原史談会々報」
小田原史談会　（235）　2013.10

伝芳庵跡

建長寺境内（伝芳庵跡）出土の瓦経について（手塚直樹，田畑佐和子）「鎌
倉考古」　鎌倉考古学研究所　40　1998.11

東海七福神

東海七福神めぐり（柳下光男）「とみづか」 戸塚歴史の会　27　2001.6

等覚寺

古代の水神信仰について—久村等覚寺千手観音像の例から（上杉孝良）
「三浦半島の文化」 三浦半島の文化を考える会　（13）　2003.10

東慶寺

東慶寺を見学して（菊地恒吉）「史談」　安蘇史談会　14　1998.6

東慶寺見学記（菊地寿子）「史談」　安蘇史談会　14　1998.6

鎌倉東慶寺を訪ねて（和田ヤイ）「史談」　安蘇史談会　14　1998.6

喜連川家と縁切寺東慶寺（阿部能久）「栃木県立文書館研究紀要」　栃木県
立文書館　（12）　2008.3

世界に二つの縁切寺 井上ひさし『東慶寺花だより』を読む［1］，（2）（高
木侃）「上州文化」　群馬県教育文化事業団　（126）／（127）　2011.05／
2011.08

"東慶寺残照"—時代に翻弄された歴代住職（加藤導男）「歴研よこはま」
横浜歴史研究会　（66）　2011.05

桃源寺

新城城と亀姫—小田原谷津の永久寺と桃源寺（今川徳子）「扣之帳」 扣之
帳刊行会　20　2008.6

東光寺

「相州三浦郡津久井郷七寶山醫王院東光寺本尊薬師如来幷寺院草創縁起」
について（湯田明）「横須賀文化財協会会報」　横須賀文化協会
（25）　2010.07

東光禅寺

旧白山東光禅寺跡地の現況（前），（後）—横浜市金沢区（大喜多紀明）「民
俗文化」　滋賀民俗学会　（596）／（598）　2013.05／2013.07

東昌寺

東昌寺文書から 付・石黒健種氏の手紙から（黒田康子）「手帳 ： 逗子の
郷土誌」 手帳の会 172　2004.4

遺稿 池子東昌寺の重文五輪塔（自筆原文）《哀悼 三浦澄子さん》（三
浦澄子）「手帳 ： 逗子の郷土誌」 手帳の会　（173）　2006.6

東漸寺

潮田の東漸寺と『大川常吉氏之碑』（林正己）「郷土つるみ」　鶴見歴史の
会　45　1997.5

東福寺

子生山東福寺と稲毛三郎（鶴見邦男）「阿由多加」　稲田郷土史会　37
1999.10

徳雲寺

厚木市玉川七沢観音谷戸徳雲寺の双体像について（角田浩一）「阿夫利 ：
厚木市文化財協会会報」　厚木市文化財協会　14　2000.11

戸塚

〔資料紹介〕 若者仲間唱号差止沙汰につき御請証文（有馬純律）「とみづ
か」 戸塚歴史の会　25　1999.6

戸塚周辺の神社（3）八坂神社とお札まき（横山正輝）「とみづか」 戸塚
歴史の会　25　1999.6

往来手形と巡礼納経帳［上］，（中）（茂木堯秀）「とみづか」 戸塚歴史の会
26／27　2000.6／2001.6

戸塚の寺院（14）廃寺について（五所敵）「とみづか」 戸塚歴史の会　27
2001.6

「北条時宗」ゆかりの寺を訪ねて（有馬純律）「とみづか」 戸塚歴史の会
28　2002.6

輸出百合根の受託栽培（有馬純律）「とみづか」 戸塚歴史の会　29
2003.6

村人のくらしを支えた養蚕《横浜開港150周年記念》（高橋重雄）「とみ
づか」 戸塚歴史の会　（35）　2009.6

御霊神社の祭神・鎌倉権五郎景政（戸塚ゆかりの武将たち—平安末から
鎌倉期にかけての武将たち）（伊藤正俊）「とみづか」 戸塚歴史の会
（39）　2013.06

戸塚七福神

第40号記念特集 『とみづか』総目次と「戸塚宿戸塚七福神めぐり」「と
みづか」 戸塚歴史の会　（40）　2014.06

平成26年度版戸塚宿戸塚七福神めぐり案内パンフレット／平成26年度版
戸塚宿戸塚七福神めぐり色紙と幟旗「とみづか」 戸塚歴史の会
（40）　2014.06

『とみづか』総目次と戸塚宿戸塚七福神めぐり特集（及川治雄）「とみづ
か」 戸塚歴史の会　（40）　2014.06

設立の趣旨と経過（記念特集・戸塚宿戸塚七福神めぐり）（有馬純律）「と
みづか」 戸塚歴史の会　（40）　2014.06

取り組みの経過と総括（記念特集・戸塚宿戸塚七福神めぐり）（杉山一
雄）「とみづか」 戸塚歴史の会　（40）　2014.06

対外広報活動（記念特集・戸塚宿戸塚七福神めぐり）（櫻井英彦）「とみづ
か」 戸塚歴史の会　（40）　2014.06

七福神信仰について（記念特集・戸塚宿戸塚七福神めぐり）（細矢徹）「と
みづか」 戸塚歴史の会　（40）　2014.06

戸塚宿

戸塚宿在の富士信仰の碑（2）～（6）（茂木堯秀）「とみづか」 戸塚歴史の
会　23／24　1997.6／1998.6

戸塚宿在の富士信仰の碑—岡津町丘陵美林中の富士塚（茂木堯秀）「とみ
づか」 戸塚歴史の会　25　1999.6

「戸塚宿紺屋友八西国旅日記」について（井上攻）「横浜市歴史博物館紀
要」 横浜市ふるさと歴史財団　35　2011.3

戸塚宿のくらし（万延元年三左衛門日記に見る世情）（宮島隆生）「とみづ
か」 戸塚歴史の会　（35）　2009.6

戸塚伝導所

横浜海岸教会と戸塚伝導所《横浜開港150周年記念》（櫻井誠子）「とみ
づか」 戸塚歴史の会　（35）　2009.06

富岡八幡宮

新・豊島氏紀行（4）神奈川県横浜市金沢区 富岡八幡宮・慶珊寺「かた
りべ ： 豊島区立郷土資料館ミュージアム開設準備だより」 豊島区立
郷土資料館　64　2001.12

戸室神社

戸室神社と子の神（柳下安行）「県央史談」 県央史談会　（48）　2009.01

関東　　　　　　　　　　　郷土に伝わる民俗と信仰　　　　　　　　　　神奈川県

鳥屋

鳥屋の獅子舞（石川博司）「まつり通信」　まつり同好会　38（8）通号450　1998.8

鳥屋の石工（萩原清高）「野仏 ： 多摩石仏の会機関誌」　多摩石仏の会　30　1999.8

民俗芸能散歩 鳥屋の獅子舞（荒井俊明）「かながわの民俗芸能」　神奈川県民俗芸能保存協会　（75）　2011.03

豊岡

豊岡より三角の間の寺社・遺跡（池田弘哉）「郷土つるみ」　鶴見歴史の会　49　1999.2

泥田新田

君ケ崎稲荷神社の寒念仏と泥田新田─横浜市金沢区（大喜多紀明）「民俗文化」　滋賀民俗学会　（594）2013.03

内海

近世相模国の生業と流通 南武蔵と相模と内海（安池尋幸）「利根川文化研究」　利根川文化研究会　（18）2000.3

長柄

長柄の屋号（今井俊夫）「郷土誌葉山」　葉山郷土史研究会　（4）2007.4

長柄地区の「やぐら」と「石塔」（軽部一一）「郷土誌葉山」　葉山郷土史研究会　（4）2007.4

民間信仰 長柄のお庚申さま（片山義雄）「郷土誌葉山」　葉山郷土史研究会　（4）2007.4

長柄に残る「一家二寺」制（内藤範子）「郷土誌葉山」　葉山郷土史研究会　（4）2007.4

グラビア 諏訪神社絵馬、大山稲荷講掛軸ほか、逗葉新町開通式、三浦半島中央道路完成イベント、長柄里の新春、御霊神社御奉射祭、御霊神社例祭（特集 続・長柄）（編集部）「郷土誌葉山」　葉山郷土史研究会　（10）2013.04

グラビア 長柄のふるさとを尋ねる（古墳・寺社・庚申塔巡り）寺社・庚申塔等紹介と『新編相模國風土記稿』にみる長柄村（特集 続・長柄）（鈴木雅子）「郷土誌葉山」　葉山郷土史研究会　（10）2013.04

葉山россと長柄の家紋─7年間の調査を終えて（特集 続・長柄）（今井俊夫）「郷土誌葉山」　葉山郷土史研究会　（10）2013.4

長柄の神社の御祭神さま（特集 続・長柄）（高城通教）「郷土誌葉山」　葉山郷土史研究会　（10）2013.04

20年ぶりに復活した幻の山車（特集 続・長柄）（和田英男）「郷土誌葉山」　葉山郷土史研究会　（10）2013.04

長柄の祭囃子（特集 続・長柄）（石井正明）「郷土誌葉山」　葉山郷土史研究会　（10）2013.04

長柄桜山古墳

長柄桜山古墳とヤマトタケル伝説（鶴泰）「郷土誌葉山」　葉山郷土史研究会　（4）2007.4

中島不動尊堂

中島不動尊堂の改築について「郷土ちがさき」　茅ヶ崎郷土会　80　1997.9

中沼薬師堂

中沼薬師堂千年祭にお詣りして（田口鏡子）「小田原史談 ： 小田原史談会々報」　小田原史談会　（223）2010.10

中丸子羽黒権現

中丸子羽黒権現と日光山─江戸南・多摩川渡し口の前立神（岡倉捷郎）「あしなか」　山村民俗の会　299　2013.10

名倉村

津久井郡名倉村葛原組余業調べ（平本元一）「阿夫利 ： 厚木市文化財協会会報」　厚木市文化財協会　16　2002.11

名島

真名瀬の竜宮祭と名島（コラム）（鈴木雅子）「郷土誌葉山」　葉山郷土史研究会　（8）2011.04

七桶島

葉山堀内七桶島蛸伝説から一水の生物 蛸と鰻と蛇と河童と（黒田康子）「郷土誌葉山」　葉山郷土史研究会　（8）2011.04

七沢

そしてこの歌が誕生した「七沢小唄」大月みやこの歌声七沢の山里にこだまする（荻山勝重）「県央史談」　県央史談会　（44）2005.1

七沢の"ロクヤサン"（石川鹿奈子）「厚木市史たより」　厚木市　（5）2012.04

七曲坂

玉縄城築城500年祭のみどころ その1─玉縄城を偲ぶコース 玉縄城三代の菩提寺「龍寶寺」/七曲坂の野草（3）「曼珠沙華」「玉縄城まちだより」　玉縄城址まちづくり会議　（9）2011.11

生麦

坂東第十四番弘明寺と生麦事件の文化財めぐり（難波清一郎）「県央史談」　県央史談会　39　2000.1

生麦古話（山崎忠三郎）「郷土つるみ」　鶴見歴史の会　54　2001.9

こどものころにきいた生麦のむかしばなし「宝蔵院のねこ」（山崎忠三郎）「郷土つるみ」　鶴見歴史の会　56　2002.10

生麦の蛇も蚊も（石川博司）「まつり通信」　まつり同好会　43（3）通号505　2003.5

『この国のかたち』雑感（6）鶴見総持寺・生麦事件の探訪（佐藤喜芳）「いしぶみ」　まちだ史考会　（20）2005.12

生麦の蛇も蚊も（会員だより）（祖父川精治）「かながわの民俗芸能」　神奈川県民俗芸能保存協会　（78）2014.03

奈良井

ふるさと聞き書きイントロダクション「撚糸東屋商店─中野奈良井にあった撚糸工場の話」について「ふるさと津久井」　津久井町　（4）2003.9

南湖

民話・ああ、若松先生（小野間正）「郷土ちがさき」　茅ヶ崎郷土会　79　1997.5

浜降祭と南湖の竜飾門（三橋伊勢松）「郷土ちがさき」　茅ヶ崎郷土会　81　1998.1

南湖だけの浜降祭「御幣参り」を観る（加藤幸一，小林晃）「文化資料館調査研究報告」　茅ヶ崎市教育委員会　通号15　2007.3

ニコライ堂

小田原の郷土史再発見 ニコライ堂の植田又兵衛と廣石廣助（石井啓文）「小田原史談 ： 小田原史談会々報」　小田原史談会　（208）2007.1

西浦賀

個人の祝い研究試論─横須賀市西浦賀の通過儀礼（板橋春夫）「市史研究横須賀」　横須賀市総務部　（10）2011.03

西浦賀の旧問屋・加藤家の所蔵史料について（史料紹介）（伊藤久志）「市史研究横須賀」　横須賀市総務部　（13）2014.3

西岡田

西岡田八坂神社の神輿（高木秀彰）「寒川町史研究」　寒川町　11　1998.3

西区

大工さんの昔ばなし（秋山佳史）「横浜西区郷土史研究会会報」　横浜西区郷土史研究会　（16）1997.5

大正市民の「楽しみ」─市民生活小史（秋山佳史）「横浜西区郷土史研究会会報」　横浜西区郷土史研究会　（35）2010.10

西小磯西

二〇一三年の大磯町西小磯西地区七夕行事報告（1），（2）（保坂匠）「民俗」　相模民俗学会　（226）/（227）2014.02/2014.05

西相模

古い絵図を楽しむ 山姥の乳を飲む金太郎「西さがみ庶民史録」　西さがみ庶民史録の会　38　1997.5

四つの鎮魂歌（播摩晃一）「西さがみ庶民史録」　西さがみ庶民史録の会　40　1998.5

生業の場としての導者道─西相模を中心にして（西海賢二）「地方史研究」　地方史研究協議会　48（4）1998.8

西相模の生活文化─衣・食・住をめぐって（西海賢二）「民俗」　相模民俗学会　175　2001.2

農家の副業をめぐって─西相模を中心にして（西海賢二）「民俗」　相模民俗学会　177　2001.8

西相模の生活文化─婚姻をめぐって［1］，（2）（西海賢二）「コロス」　常民文化研究会　88/89　2002.2/2002.5

西相模の生活文化─一年中行事をめぐって（1）～（4）（西海賢二）「コロス」　常民文化研究会　90/100　2002.8/2005.2

富士山東口より登拝した西相模の富士講社と行者たち（小林義光）「秦野市史研究」　秦野市　22　2003.3

西相模の生活文化─民俗知識と伝説をめぐって（西海賢二）「コロス」　常民文化研究会　96　2004.2

西相模の生活文化─伝説・昔話をめぐって（西海賢二）「コロス」　常民文化研究会　97　2004.5

西相模の富士講お身抜（小林謙光）「富士信仰研究」　富士信仰研究会　（5）2004.7

西相模の生活文化─世間話をめぐって（西海賢二）「コロス」　常民文化研究会　98　2004.8

西丹沢

西丹沢拾い話（小木満）「足柄乃文化」　山北町地方史研究会　28　2001.3

西御門

西御門型青面金剛像塔について（森永五郎）「野仏 ： 多摩石仏の会機関

誌」 多摩石仏の会 36 2005.7

二ノ宮
相模二ノ宮と「みやゝま」(中村静夫)「扣之帳」 扣之帳刊行会 (11) 2006.3

二宮
川勾神社と二宮の史跡巡り(荻山勝重，柳下安行)「県央史談」 県央史談会 (49) 2010.01

日本民家園
日本民家園勉強会報告「足立史談会だより」 足立史談会 117 1997.12

語りの場は川崎市立日本民家園(小特集2 新しい「語り」)(日本民話の会・語りの会)「伝え ： 日本口承文芸学会会報」 日本口承文芸学会 (48) 2011.02

日本民家園と鎌倉長谷寺見学(高柳基雄)「駿河」 駿河郷土史研究会 (65) 2011.03

探訪 日本民家園(堀川和夫)「足立史談会だより」 足立史談会 (283) 2011.10

如来寺跡
真鶴町岩・如来寺跡の洞窟および洞窟内の石仏群について(宮島潤子)「日本の石仏」 日本石仏協会，青娥書房(発売) 通号84 1997.12

沼代
沼代の馬頭観音考(石綿勉)「小田原史談 ： 小田原史談会々報」 小田原史談会 178 1999.7

根府川
根府川の福踊り(小野意雄)「小田原史談 ： 小田原史談会々報」 小田原史談会 173 1998.3

根府川の民俗芸能「鹿島踊り」と「福おどり」について(浜田和政)「小田原市郷土文化館研究報告」 小田原市郷土文化館 (35) 1999.3

能安寺
世附の「百万遍念佛」見学会(県指定無形民俗文化財)山北町向原・能安寺にて行なわれた 講師・渡邊文雄氏(視察研究)(山口伸)「於保為」 大井町郷土史研究会 (27) 2008.8

野七里
「野七里・山七里」(木村博)「西郊民俗」 〔西郊民俗談話会〕 通号160 1997.9

野島
野島の百軒島伝承と漁場―横浜市金沢区(大喜多紀明)「民俗文化」 滋賀民俗学会 (610) 2014.07

野嶋
大山参りと海上交通について―野嶋・富津間を中心にして(後藤良治)「かながわ文化財」 神奈川県文化財協会 96 2000.5

延沢
足柄平野における礎石経塚造営について―開成町延沢の石経書写宝塔と西福寺経石を事例に(津田守一)「小田原地方史研究」 小田原地方史研究会 (23) 2005.9

登戸
本町田七面堂と登戸石工伊勢屋(萩原清高)「町田地方史研究」 町田地方史研究会 (18) 2006.12

梅宗寺
神奈川県相模原市上九沢梅宗寺観音堂の石造百観音について(萩原清高)「野仏 ： 多摩石仏の会機関誌」 多摩石仏の会 39 2008.7

梅宗寺百観音石塔調査報告(服部比呂美，山口千恵子)「相模原市史ノート」 相模原市総務局 (6) 2009.03

萩園
萩園日枝神社所蔵の文化財(平野文明)「文化資料館調査研究報告」 茅ヶ崎市教育委員会 通号19 2010.03

白山宮
大磯の「さざれ石」と白山宮の守り石(久保田宏)「明日を拓く」 東日本部落解放研究所，解放出版社(発売) 41(2)通号107 2014.12

羽黒大明神
民具短信 私のおしゃもじ考(3),(4)―「おしゃもじとは？」柳田國男氏による回答、残った謎「羽黒大明神のおしゃもじ」その1,その2(加藤節男)「民具マンスリー」 神奈川大学 46(5)通号545/46(6)通号546 2013.08/2013.09

箱根
結び・開く富士箱根マンダラ 敷島の大和心を読み解く(翠川宣子)「郷土いずみ」 7 2001.5

箱根・伊豆山・三島の縁起とその世界(阿部美香)「季刊悠久.第2次」 鶴

岡八幡宮悠久事務局 94 2003.7

「水の種」伝説―山形へ運ばれた箱根の水(木村庄一)「扣之帳」 扣之帳刊行会 (8) 2005.5

小田原叢談(57),(58) 拾遺 小田原・箱根の歌(上),(下)(石井富之助)「小田原史談 ： 小田原史談会々報」 小田原史談会 (211)／(212) 2007.10/2008.1

松のない正月飾り―二ノ岡神社と箱根(斎藤泰造)「静岡県民俗学会誌」 静岡県民俗学会 (26) 2008.3

小田原・箱根周辺における聖徳太子伝承(木村博)「聖徳」 聖徳宗教学部 (196) 2008.6

第18回特別企画報告 春うららの伊豆・箱根に源頼朝縁の社寺を訪ねる(小瀬川雅彦)「藤沢地名の会会報」 藤沢地名の会 (68) 2008.9

口絵 開かれたタイムカプセル 『箱根権現縁起絵巻』の世界「足柄乃文化」 山北町地方史研究会 (40) 2013.03

箱根権現
山北町文化財調査報告 山北町指定重要文化財 箱根権現縁起絵巻(抄録)(古川元也)「足柄乃文化」 山北町地方史研究会 31 2004.3

室町期の箱根権現別当と武家権力(杉山一弥)「鎌倉」 鎌倉文化研究会 (99) 2004.12

おだわらシルバー大学自主研究 小田原城主大森氏の仏教政策―箱根権現と曹洞宗寺院「小田原史談 ： 小田原史談会々報」 小田原史談会 (213) 2008.3

相模周辺に廃仏毀釈の痕跡を探る(2) 箱根権現、伊豆山権現(平賀康雄)「扣之帳」 扣之帳刊行会 (28) 2010.06

亀右衛門咄(11) 箱根権現の御免勧化(青木良一)「扣之帳」 扣之帳刊行会 (34) 2011.12

『箱根権現縁起絵巻』に見る箱根修験の文化創造(阿部美香)「足柄乃文化」 山北町地方史研究会 (40) 2013.03

箱根石仏群
「箱根石仏群と箱根湿生花園」見学記(佐長たけ子)「かながわ文化財」 神奈川県文化財協会 94 1998.3

芭蕉天神
芭蕉天神について(樋田豊宏)「郷土ちがさき」 茅ヶ崎郷土会 (102) 2005.1

芭蕉天神について「郷土ちがさき」 茅ヶ崎郷土会 (103) 2005.5

走水
「走水」に日本武尊・弟橘媛の足跡を訪ねて(橋本光博)「郷土白鳥」 白鳥町文化財保護協会 (67) 1999.9

走水のことばと私(大内順子)「三浦半島の文化」 三浦半島の文化を考える会 (10) 2000.10

走水地区の方言と民俗を訪ねて(大内順子)「三浦半島の文化」 三浦半島の文化を考える会 (11) 2001.10

走水神社
走水神社を訪ねて(吉井百合子)「歴研みやぎ」 宮城県歴史研究会 (88) 2012.07

八菅山
修験の里・八菅山周辺を歩いて―現地探索行事参加記(佐藤千枝子)「あしなか」 山村民俗の会 274 2006.4

長谷寺
『石山寺縁起』に見る比良明神―長谷寺観音造像伝承とも関連して(遠日出典)「日本宗教文化史研究」 日本宗教文化史学会 8(2)通号16 2004.11

『鎌倉』第百号の刊行によせて―付 海光山慈照院長谷寺第三十一世善譽耕美上人略行(竹花元美)「鎌倉」 鎌倉文化研究会 (100) 2005.10

長谷観音信仰と中世律宗―金沢・海岸尼寺、厚木・飯山寺、鎌倉・長谷寺、尾道・浄土寺、奈良・西大寺をめぐって(瀬谷貴之)「鎌倉」 鎌倉文化研究会 (100) 2005.10

鎌倉・長谷寺所蔵『長谷寺縁起絵巻』弘治三年奥書について(平塚泰三)「鎌倉」 鎌倉文化研究会 (100) 2005.10

鎌倉 長谷寺の身代わり鈴(佐野キミ)「郷土の研究」 国見町郷土史研究会 (38) 2008.3

日本民家園と鎌倉長谷寺見学(高柳基雄)「駿河」 駿河郷土史研究会 (65) 2011.03

鎌倉長谷寺所蔵「長谷寺縁起文」について(内山侑子)「鎌倉」 鎌倉文化研究会 (117) 2014.08

秦野
秦野の富士信仰[正],(続)(小林謙光)「秦野市史研究」 秦野市 17/23 1997.3/2004.3

秦野民俗芸能を見て「郷土ちがさき」 茅ヶ崎郷土会 84 1999.1

秦野と日本武尊(垣下嘉徳)「秦野市史研究」 秦野市 19 2000.3

秦野木綿に関する考察―秦野の綿織物「産地」としての地位(古賀匡)

「秦野市史研究」　秦野市　20　2001.3

秦野の別当寺制度と神仏分離―土地所有関係を中心に（戸石七生）「秦野市史研究」　秦野市　20　2001.3

秦野木綿の経営分析（古賀匡）「秦野市史研究」　秦野市　21　2002.3

秦野たばこ耕作の発展と篤農家技術―秦野における「老農の精神」（近藤尚弘）「秦野市史研究」　秦野市　22　2003.3

転がる鑼子―秦野の「カンスコロバシ」とその周辺（大倉潤）「秦野市史研究」　秦野市　（26）　2007.3

秦野市

秦野市峠・民家の裏で陣地づくり（山口シカ）「戦争と民衆」　戦時下の小田原地方を記録する会　41　1999.5

講演記録 地図にみる秦野市域の農業とその他の産業（古島敏雄）「秦野市史研究」　秦野市　20　2001.3

馬場

愛川町半原字馬場の講について（小島茂平）「県央史談」　県央史談会　（50）　2011.01

馬場稲荷

寺尾城址に関係する寺社（1）馬場稲荷（寺尾稲荷）について（伊藤実）「郷土つるみ」　鶴見歴史の会　46　1997.9

馬場観音

馬場観音（聖観音）と観音堂跡の謎（伊藤実）「郷土つるみ」　鶴見歴史の会　48　1998.7

歯吹阿弥陀

亀右衛門咄（9）歯吹阿弥陀縁起譚（青木艮一）「扣之帳」　扣之帳刊行会　（32）　2011.06

早川

神奈川県の日本武尊伝説―綾瀬市早川の日本武尊腰掛石をめぐって（入江英弥）「綾瀬市史研究」　綾瀬市　5　1998.3

葉山

葉山の歴史と文化・その一面―光徳寺御住職にお話を伺う（竹内幸江）「御浦」　三浦文化研究会　（20）　2004.11

山の信仰―ハヤマとモリを考える（横山幹生）「郷土誌葉山」　葉山郷土史研究会　（3）　2006.4

特別寄稿 柳屋長十郎の古記録から 活鯛御用の一端をみる（川村たづ子）「郷土誌葉山」　葉山郷土史研究会　（3）　2006.4

「平遺跡」と粟・稗・木綿―三十余年前の葉山の考古・民俗調査（特集 下山口―下山口の歴史と暮らし）（軽部一一）「郷土誌葉山」　葉山郷土史研究会　（7）　2010.04

ショミンバタ 葉山のハマことば あれこれ（松元岑生）「郷土誌葉山」　葉山郷土史研究会　（8）　2011.4

高井家「カクシチ」のこと（コラム）（高梨民雄）「郷土誌葉山」　葉山郷土史研究会　（8）　2011.04

葉山の茶（農業特集）（西岡考二郎）「土佐地域文化」　土佐地域文化研究会　（12）　2011.12

地蔵磯のお地蔵様（秋元しづ）「郷土誌葉山」　葉山郷土史研究会　（9）　2012.04

築100年を迎えるわが家（鈴木武）「郷土誌葉山」　葉山郷土史研究会　（9）　2012.04

葉山の家紋と長柄の家紋―7年間の調査を終えて（特集 続・長柄）（今井俊夫）「郷土誌葉山」　葉山郷土史研究会　（10）　2013.4

葉山小僧伽

日本山妙法寺葉山小僧伽（道場）（コラム）（滝本誠一）「郷土誌葉山」　葉山郷土史研究会　（7）　2010.04

葉山町

湘南の海の香りと潮神楽 神奈川県三浦郡葉山町（久保田裕道）「儀礼文化ニュース」　儀礼文化学会　（174）　2010.07

葉山南御用邸

「宗門人別書上帳」にみる下山口の屋号と家紋 附・葉山南御用邸（南邸）と県立葉山公園が出来るまで（特集 下山口―下山口の歴史と暮らし）（今井俊夫）「郷土誌葉山」　葉山郷土史研究会　（7）　2010.4

番匠

国府津番匠補遺（久保健一郎）「おだわら ： 歴史と文化」　小田原市教育委員会　13　2000.3

万松院

〔史料紹介〕大久保家所縁の万松院・阿弥陀如来画像（相沢正彦）「おだわら ： 歴史と文化」　小田原市教育委員会　12　1999.3

半僧坊

甘縄神明社の石碑と半僧坊（佐藤一）「鎌倉」　鎌倉文化研究会　90

2000.6

般若院

般若院「川村氏墓碑銘」考（久保田昌希）「足柄乃文化」　山北町地方史研究会　28　2001.3

「般若院『川村氏墓碑銘』考」補遺（久保田昌希）「足柄乃文化」　山北町地方史研究会　（30）　2003.3

半原

長谷式撚糸機の運用と分布―愛甲郡半原の絹撚糸業（小島茂平）「県央史談」　県央史談会　38　1999.1

誰も書かなかった半原の絹撚糸業の昔し語り（大塚博夫）「県央史談」　県央史談会　41　2002.1

誰も書かなかった半原の絹撚糸の昔語り（2）（大塚博夫）「県央史談」　県央史談会　（42）　2003.1

半原に於ける機械大工の発生とその系譜（大塚博夫）「県央史談」　県央史談会　（43）　2004.1

半原の宮大工が造った八坂神社の神輿とその時代背景（早見恒夫）「桑都民俗 ： 桑都民俗の会会報」　桑都民俗の会　20・21　2004.4

愛甲郡愛川村半原の撚糸業とその町並みについて（小島茂平）「県央史談」　県央史談会　（48）　2009.1

半原神社

半原神社の棟札について（大塚博夫）「県央史談」　県央史談会　（46）　2007.1

日影

日影中之講葬送一五〇年の記録から（古屋達夫）「史談足柄」　足柄史談会　50　2012.04

引地川

引地川の竜（木全茂幸）「わが住む里」　藤沢市総合市民図書館　（48）　1999.3

久木

逗子の伝承（4）―久木の孫三郎ぎつねと新宿のお夏ぎつね（雨宮郁夫）「手帳 ： 逗子の郷土誌」　手帳の会　172　2004.4

菱沼牡丹餅立場

菱沼牡丹餅立場（牡丹餅茶屋）の跡碑・建立について（青木進）「郷土ちがさき」　茅ヶ崎郷土会　（109）　2007.5

聖観音

馬場観音（聖観音）と観音堂跡の謎（伊藤実）「郷土つるみ」　鶴見歴史の会　48　1998.7

人遠

人遠の薬師堂（瀬戸榮二）「足柄乃文化」　山北町地方史研究会　（32）　2005.3

日向薬師

日向薬師の神木登り（会員だより）（祖父川精治）「かながわの民俗芸能」　神奈川県民俗芸能保存協会　（76）　2012.03

旅の草ぐさ（11）相模・日向薬師の修験行事を見る―現地探索（鳳気至一廣）「あしなか」　山村民俗の会　295・296　2012.08

日向薬師堂

県内歴史散歩 大山阿夫利神社・大山寺・日向薬師堂を巡る旅（視察研究）（山口角蔵，田邊永一，池田孝）「於保為」　大井町郷土史研究会　（33）　2014.02

百軒島

野島の百軒島伝承と漁場―横浜市金沢区（大喜多紀明）「民俗文化」　滋賀民俗学会　（610）　2014.07

平塚

平塚の海辺と須賀の祭典―『風俗画報』から（〔資料紹介〕）（内藤佳康）「県央史談」　県央史談会　37　1998.1

前鳥神社と平塚の史跡めぐり（内藤佳康）「県央史談」　県央史談会　（49）　2010.01

平塚市

セエノカミの五輪塔（浜野達也）「自然と文化 ： 平塚市博物館研究報告」　平塚市博物館　20　1997.3

平塚市の文字塔二基と道祖神祭り（梶川賢二）「日本の石仏」　日本石仏協会，青娥書房（発売）　通号86　1998.6

市民が参加する民俗調査―民俗探訪会の歩みを通して（浜野達也）「自然と文化 ： 平塚市博物館研究報告」　平塚市博物館　（26）　2003.3

相模の祭囃子研究（1）平塚市の囃子太鼓（浜野達也）「自然と文化 ： 平塚市博物館研究報告」　平塚市博物館　（30）　2007.3

相模の祭囃子研究（2）平塚市の囃子太鼓の音楽的分析（浜野達也）「自然と文化 ： 平塚市博物館研究報告」　平塚市博物館　（32）　2009.03

相模の祭囃子研究(3)―平塚市における「刻み」「昇殿」「神田丸」等の楽曲分析(浜野達也)「自然と文化 : 平塚市博物館研究報告」 平塚市博物館 (36) 2013.03

平塚八幡宮
平塚八幡宮の御由緒に見る地震の検証[1],(2)(田邊英治)「歴研よこはま」 横浜歴史研究会 (66)/(67) 2011.05/2011.11

平戸
平戸古民謡保存会について(平成24年度新規入会団体紹介)(三枝木信義)「かながわの民俗芸能」 神奈川県民俗芸能保存協会 (77) 2013.03

平松地蔵
「平松地蔵」について(特集 続・一色)(寺山ルリ子)「郷土誌葉山」 葉山郷土史研究会 (9) 2012.04

平山
「昭和53年山市場・湯本平・平山・神縄地区」民俗調査報告について(加藤隆志)「足柄乃文化」 山北町地方史研究会 28 2001.3

平山不動尊常実坊
平山不動尊常実坊「足柄乃文化」 山北町地方史研究会 25 1998.3

深見
葬送儀礼の持続と変化について―大和市深見地域の事例を中心に(鈴木通大)「神奈川県立博物館研究報告.人文科学」 神奈川県立歴史博物館 (26) 2000.3

福巌寺
グラビア 義景明神の福巌寺の昔(福巌寺・黒田康子提供写真)(特集 続・長柄)(編集部)「郷土誌葉山」 葉山郷土史研究会 (10) 2013.04

福沢神社
調査研究報告 福澤神社[1],(3),(4)(調査研究部)「史談足柄」 足柄史談会 47/50 2009.04/2012.04
調査研究報告 福澤神社(2) 福澤神社社殿の移転に伴う石造物群の測量調査及び新社殿の基礎掘削工事に伴う立会い調査結果について(調査研究部)「史談足柄」 足柄史談会 48 2010.04
町外歴史探訪―文命堤と田中丘隅 春日森堤・岩流瀬堤・大口堤・福沢神社・文命用水等見学 講師:内田智雄 幹事:籔田米雄・清水幸子(視察研究)「於保為」 大井町郷土史研究会 (31) 2011.9

福泉寺
三浦市松輪福泉寺の海難者の墓塔について(小暮慶明)「御浦」 三浦文化研究会 (13) 1997.11
福泉寺三界万霊地蔵(金井えりか, 中山愛子)「コロス」 常民文化研究会 79 1999.11
続福泉寺三界万霊地蔵(金井えりか, 中山愛子)「コロス」 常民文化研究会 80 2000.2

藤沢
講演要旨 檀家制度の成立と展開(圭室文雄)「藤沢地名の会会報」 藤沢地名の会 (63) 2007.2
懐かしい農村文化と産業の変遷(長田良彦)「わが住む里」 藤沢市総合市民図書館 通号59 2010.2
講演要旨 こころの中の地名―「ほとけの買い物」の行き先(佐川和裕)「藤沢地名の会会報」 藤沢地名の会 (75) 2011.02
会員研究発表 藤沢の庚申塔―さまざまな造形美を尋ねて(鷹取昭)「藤沢地名の会会報」 藤沢地名の会 (82) 2013.05
平成26年度定例総会 記念講演会 近世有力寺社と門前住民―西宮と藤沢の事例から 志村洋氏「西宮文化協会会報」 西宮文化協会 (553) 2014.04

藤沢市
農家の暮らし―女性の生活を中心に(佐藤照美)「藤沢市史研究」 藤沢市文書館 (33) 2000.3
山の利用(佐藤照美)「藤沢市史研究」 藤沢市文書館 (33) 2000.3
奉公の生活と慣行(粂智子)「藤沢市史研究」 藤沢市文書館 (33) 2000.3
講の移り変わり(亀井好恵)「藤沢市史研究」 藤沢市文書館 (33) 2000.3
マチから来た嫁とムラの生活(粂智子)「藤沢市史研究」 藤沢市文書館 (33) 2000.3
「市内寺院の紋章」について(吉澤忠雄)「藤沢地名の会会報」 藤沢地名の会 (61) 2006.5
神話と伝説のルーツを辿る(長田良彦)「わが住む里」 藤沢市総合市民図書館 通号58 2009.03
はじめに/地勢・地理・景観/沿革/目久尻川/中原街道と大山道/宮原の古跡/宮原の生業/関東大震災/北町分離独立の経緯/戦争碑(戦没者・応召者顕彰碑)/娯楽と文化/現在の年中行事/宮原のこれから/病と医療/口碑/主な古文書/おわりに「藤沢市史研究」 藤沢市文書館

(42) 2009.03
鎌倉権五郎景正の伝説(秋本國夫)「わが住む里」 藤沢市総合市民図書館 (62) 2013.03

藤沢宿
大鋸―藤沢宿の大鋸引職人をめぐって(歴史講座)(西ヶ谷恭弘)「藤沢市史研究」 藤沢市文書館 (39) 2006.3
幕末・維新期における藤沢宿と周辺村の通婚圏について 続編(丸山清)「わが住む里」 藤沢市総合市民図書館 (61) 2012.03

藤沢敵御方供養塔
藤沢敵御方供養塔(山本力)「日本の石仏」 日本石仏協会, 青娥書房(発売) (112) 2004.12

藤沢山
『藤沢山日鑑』記事年表(渋谷真美, 酒井麻子)「藤沢市文書館紀要」 藤沢市文書館 21 1998.3
『藤沢山日鑑』記事年表(酒井麻子)「藤沢市文書館紀要」 藤沢市文書館 22 1999.3
『藤沢山日鑑』記事年表(宝暦10年～明和6年)(酒井麻子)「藤沢市文書館紀要」 藤沢市文書館 23 2000.6
『藤沢山日鑑』記事年表(明和7年～安永5年)(酒井麻子)「藤沢市文書館紀要」 藤沢市文書館 24 2001.11
『藤沢山日鑑』記事年表(安永6年～安永7年)(酒井麻子)「藤沢市文書館紀要」 藤沢市文書館 (25) 2003.3
『藤沢山日鑑』記事年表(安永八年～天明三年)(酒井麻子)「藤沢市文書館紀要」 藤沢市文書館 (26) 2004.3
『藤沢山日鑑』記事年表(天明4・8・寛政1～4年)(酒井麻子)「藤沢市文書館紀要」 藤沢市文書館 (27) 2005.3
『藤沢山日鑑』記事年表(寛政五年～十二年)(酒井麻子)「藤沢市文書館紀要」 藤沢市文書館 通号28 2006.3
『藤沢山日鑑』記事年表(享和元年～文化7年)(酒井麻子)「藤沢市文書館紀要」 藤沢市文書館 通号29 2007.3
『藤沢山日鑑』記事年表(文化8年～12年)(酒井麻子)「藤沢市文書館紀要」 藤沢市文書館 通号30 2008.3
『藤沢山日鑑』記事年表(文化13年～文政3年)(酒井麻子)「藤沢市文書館紀要」 藤沢市文書館 通号31 2009.3
『藤沢山日鑑』と『近侍者日鑑』(酒井麻子)「藤沢市文書館紀要」 藤沢市文書館 (32) 2010.3
『藤沢山日鑑』記事年表(文政4年～文政7年)(酒井麻子)「藤沢市文書館紀要」 藤沢市文書館 (32) 2010.3
『藤沢山日鑑』記事年表(文政8年～文政11年)(酒井麻子)「藤沢市文書館紀要」 藤沢市文書館 (33) 2013.3

藤野町
山里だより(7) 頼りない猪垣―津久井・藤野町(杉崎満寿雄)「あしなか」 山村民俗の会 274 2006.4
神奈川・藤野町の徐福伝承を追う(牧野登)「旅とルーツ」 芳文館出版 (87) 2006.9

藤野村
地芝居探訪(41) 藤野村歌舞伎/小森歌舞伎/牧歌舞伎/小原歌舞伎/小鹿野歌舞伎/東濃歌舞伎保存会大会(松浦鳥夫)「公益社団法人全日本郷土芸能協会会報」 全日本郷土芸能協会 (66) 2012.01

ふじ道
ふじ道をゆく 蓑毛から田原・曲松・神山・吉田島経由関本まで―富士講碑を訪ねて(小林謙光)「秦野市史研究」 秦野市 19 2000.3

不津倉
旧津久井町・不津倉のオンマラサマ(加藤隆志)「民俗」 相模民俗学会 (213) 2010.09

二子
大山街道を歩く(二子・溝口編)(世古晴次)「県央史談」 県央史談会 (42) 2003.1

二子村
二子村の成立と光明寺(研究)(鈴木博)「川崎研究」 川崎郷土研究会 (52) 2014.5

仏導寺
仏導寺阿弥陀三尊考(本間紀男)「大和市史研究」 大和市文化スポーツ部 通号33 2008.1

仏日庵
「仏日庵公物目録成立」に関する一考察(古川元也)「神奈川県立博物館研究報告.人文科学」 神奈川県立歴史博物館 (35) 2009.03

普門寺
下馬落観世音などについて(樋田豊宏)「郷土ちがさき」 茅ヶ崎郷土会

(128) 2013.09

文命宮

大口堤文命宮再建について（市川鈜雄）「史談足柄」　足柄史談会　48　2010.04

文命堤と文命宮（瀬戸良雄）「足柄乃文化」　山北町地方史研究会　（40）　2013.03

文命堤

文命堤と文命宮（瀬戸良雄）「足柄乃文化」　山北町地方史研究会　（40）　2013.03

文命鹵隥碑

「文命鹵隥碑」碑名の謎（石口健次郎）「史談足柄」　足柄史談会　46　2008.4

平間寺

〈川崎町並み復元（6）〉大師新道・平間寺界隈〉「シャベル ： 語りつぐ町の歴史」「町の歴史掘り起こし事業」企画運営委員会　（6）　1997.3

平間寺界隈「シャベル ： 語りつぐ町の歴史」「町の歴史掘り起こし事業」企画運営委員会　（6）　1997.3

川崎大師平間寺の隆盛と厄除信仰（《特集 近世村町社会と〈宗教〉》）（原淳一郎）「民衆史研究」　民衆史研究会　（64）2002.11

徧界一覧亭

徧界一覧亭（橋本虚舟）「鎌倉」　鎌倉文化研究会　通号108　2009.12

弁財寺

弁財寺その周辺と開山・弾誓上人（小沢勇一）「史談足柄」　足柄史談会　38　2000.4

狩野・弁財寺住職の墓塔と金銀帳（小澤勇一）「史談足柄」　足柄史談会　45　2007.4

宝安寺

戦前・前後期の社会事業経営—小田原宝安寺の託児所史料より（中村一成）「かながわ文化財」　神奈川県文化財協会　（103）2007.5

法雲寺

ミニコラム 法雲寺の小絵馬と砂のオハギ（高橋典子）「民俗」　相模民俗学会　167　1999.3

法円寺

法円寺の題目塔「郷土ちがさき」　茅ヶ崎郷土会　99　2004.1

箒沢

箒沢における作物禁忌（美甘由紀子）「足柄乃文化」　山北町地方史研究会　28　2001.3

宝鏡院

県内歴史研究—御殿場線とその沿線の歴史探訪 山北町鉄道公園・線守稲荷・足柄城跡・竹之下古戦場・宝鏡院・裾野市中央公園（視察研究）（籔田米雄，池田孝）「於保為」　大井町郷土史研究会　（25）2008.2

宝金剛寺

〔調査報告〕国府津山宝金剛寺の中世絵画（相沢正彦）「おだわら ： 歴史と文化」　小田原市教育委員会　10　1997.3

小田原市・宝金剛寺銅造大日如来坐像について（塩沢寛樹）「神奈川県立博物館研究報告.人文科学」　神奈川県立歴史博物館　通号23　1997.3

宝金剛寺不動三尊像中尊大会納入品について（吉野勝洋）「県央史談」　県央史談会　（52）2013.01

宝金剛寺不動三尊像中尊胎内納入経巻「定聖」願文について（吉野勝洋）「県央史談」　県央史談会　（53）2014.01

宝生寺

宝生寺の文化財—文化財展開催を機会に「神奈川県立歴史博物館だより」　神奈川県立歴史博物館　2（4）通号144　1997.3

法泉寺跡

調査速報 法泉寺跡の調査（伊丹まどか，古田土俊一）「かまくら考古」　鎌倉考古学研究所　（6）2010.08

宝蔵院

寶蔵院（毘沙門天）（記念特集・戸塚宿戸塚七福神めぐり—各寺院の取り組みと参詣状況）（小林義夫）「とみづか」　戸塚歴史の会　（40）2014.06

宝林寺

口絵 特集 石仏探訪XII 地蔵菩薩 山梨県都留市鹿留 西方寺／誌上写真展'14日本石仏協会写真展よりワンコ三兄弟 長野県上田市真田の天狗岩、五智如来 静岡県浜松市初山 宝林寺、如意輪観音 神奈川県横浜市金沢区金沢文庫 称名寺「日本の石仏」　日本石仏協会，青娥書房（発売）（151）2014.09

星井寺

「相模国鎌倉坂の下村明鏡山星井寺略傳記」（西弘子）「鎌倉」　鎌倉文化研究会　94　2002.6

法華寺

研究余話 港北区師岡町と中世の法華寺（阿諏訪青美）「横浜市歴史博物館news ： Yokohama History Museum news」　横浜市歴史博物館　（19）2004.9

保土ヶ谷

レファレンス・プロムナード保土ヶ谷に外国人墓地あり「神奈川文化」　神奈川県立図書館　44（3）通号383　1998.10

保寧寺

足利直義と鎌倉保寧寺「神奈川県立公文書館だより」　神奈川県立公文書館　（9）2003.3

堀内

地蔵信仰と堀内の寺々（特集 続・堀内）（片山義雄）「郷土誌葉山」　葉山郷土史研究会　（8）2011.04

堀内（濱）の屋号と家紋（特集 続・堀内）（今井俊夫）「郷土誌葉山」　葉山郷土史研究会　（8）2011.4

堀内の神社（特集 続・堀内）（高城通教）「郷土誌葉山」　葉山郷土史研究会　（8）2011.04

堀内のチョロケン（地域史話）（堀内鳶，小峰輝智）「郷土誌葉山」　葉山郷土史研究会　（10）2013.04

本円寺

本圓寺の寺宝「大黒天像」と「古絵図」について（片山義雄）「郷土誌葉山」　葉山郷土史研究会　（5）2008.4

本郷教会

高田畊安と本郷教会（大島英夫）「茅ケ崎市史研究」　茅ケ崎市　27　2003.3

本興寺

私と本興寺 日什上人のこと（武蔵好彦）「郷土いずみ」　（12）2006.5

本興寺（日什上人）のこと（武蔵好彦）「会津会々報」　会津会　（112）2006.6

本在寺

本在寺の常燈明と大山道の鳥居（金子栄司）「文化資料館調査研究報告」　茅ケ崎市教育委員会　通号14　2006.3

本誓寺

ご近所紀行 谷津本誓寺（青木良一）「扣之帳」　扣之帳刊行会　（16）2007.6

亀右衛門咄（15）二つの本誓寺（青木良一）「扣之帳」　扣之帳刊行会　（39）2013.03

本牧

「横浜海苔ごよみ」のはなし一本牧と柴を中心に（浜野郁子）「本牧の丘」　横浜市八聖殿郷土資料館　（27）2000.3

展示余話 石井光太郎氏旧蔵資料から—「新編武蔵風土記 久良岐郡本牧領 清書校合本」（石崎康子）「開港のひろば ： 横浜開港資料館館報」　横浜開港資料館　80　2003.4

保存会だより 本牧の「お馬流し」と木造祭礼船の復活（鶴岡和彦）「かながわの民俗芸能」　神奈川県民俗芸能保存協会　（78）2014.03

本立寺

市川一郎さん編集の写真集と本立寺の板絵「小田原史談 ： 小田原史談会々報」　小田原史談会　187　2001.10

牧野

牧野民俗誌—神奈川県藤野町（小林梅次）「昔風と当世風」　古々路の会　（89）2005.10

間口またやぐら群

やぐらに見られる小型石塔の造立—三浦市間口またやぐら群を中心に（宍戸信悟）「神奈川考古」　神奈川考古同人会　（41）2005.5

幕山

幕山梅林に遊び城顕寺を尋ねて（横山正輝）「とみづか」　戸塚歴史の会　24　1998.6

俣野郷

建久6年11月、吾妻鏡に現れる大庭御厨俣野郷の大日堂と大日如来像のその後について（津田守一）「伊勢郷土史草」　伊勢郷土会　（45）2011.09

松原明神社

小田原の郷土史再発見 小田原の総鎮守・松原明神社と別当・玉瀧坊（石井啓文）「小田原史談 ： 小田原史談会々報」　小田原史談会　（234）

神奈川県　　　　　　　　　　　　　　郷土に伝わる民俗と信仰　　　　　　　　　　　　　　関東

2013.07

真鶴

真鶴の小松石―その採掘の歴史と社会的歴史的役割（遠藤勢津夫）「郷土神奈川」　神奈川県立図書館　（41）　2003.3

第2回見学会 真鶴・貴船まつり参観記（中村裕生）「かながわ文化財」　神奈川県文化財協会　（106）　2010.05

大豆戸

ある「田舎商家」の半世紀 大豆戸の伊東家とその資料（資料よもやま話）（松本洋幸）「開港のひろば : 横浜開港資料館館報」　横浜開港資料館　（91）　2006.2

丸太の森

丸太の森の仏石について（箭子清）「史談足柄」　足柄史談会　37　1999.4

満願寺

研究ノート 満願寺の観音・地蔵菩薩像の願主について（山崎正）「三浦一族研究」　横須賀市　（12）　2008.3

万福寺

万福寺を訪ねて（村上清）「逗子吾妻鏡研究」　逗子吾妻鏡研究会　20　1998.1

万福寺（コラム）（高城通教）「郷土誌葉山」　葉山郷土史研究会　（7）　2010.04

「万福寺便り」のこと（コラム）（松元岑生）「郷土誌葉山」　葉山郷土史研究会　（7）　2010.04

万部寺

万部寺と日桂聖人をめぐって（松岡俊）「寒川町史研究」　寒川町　10　1997.3

三浦

墓地・墓碑銘資料 三浦・房総半島に於ける会津藩墓所について（星正夫）「赤星直忠博士文化財資料館だより」　赤星直忠博士文化財資料館　（6）　1997.5

中世三浦の寺院とその展開（山田邦明）「三浦一族研究」　横須賀市　（2）　1998.5

凝灰岩製の五輪塔について（斉藤彦司）「三浦一族研究」　横須賀市　（5）　2001.5

三浦・房総に於ける会津藩墓所について（星正夫）「赤星直忠博士文化財資料館だより」　赤星直忠博士文化財資料館　（10）　2001.5

源頼朝建立の三浦氏寺院と源氏・三浦氏の関係（鈴木かほる）「三浦一族研究」　横須賀市　（8）　2004.5

近殿祭神・三浦義村私考（三浦澄子）「三浦一族研究」　横須賀市　（8）　2004.5

無量寺聖観音菩薩像とその周辺―三浦地方における金剛幢下の人びと（上杉孝良）「市史研究横須賀」　横須賀市総務部　（5）　2006.3

三浦の御霊（大島建彦）「西郊民俗」　西郊民俗談話会　（207）　2009.06

口絵資料紹介・解説 木造毘沙門天立像（上杉孝良）「三浦一族研究」　横須賀市　（14）　2010.03

学習講座 三浦一族の信仰と造仏（上杉孝良）「三浦一族研究」　横須賀市　（15）　2011.03

平家落人伝説の里を訪ねて（会員コーナー）（岩永律男）「三浦一族研究」　横須賀市　（16）　2012.03

三浦氏古墳

円通寺跡と三浦氏古墳について（三浦澄子）「三浦一族研究」　横須賀市　（1）　1997.5

三浦郡

〔資料紹介〕 神奈川郷土資料集成第13輯「神社明細帳（三浦郡）」（神谷まさ子）「郷土神奈川」　神奈川県立図書館　通号37　1999.3

三浦郡に祀られる石の分布（田辺英治）「歴研よこはま」　横浜歴史研究会　46　1999.12

相州三浦郡の継立人馬役・水主役と日光社参人馬役（馬場弘臣）「市史研究横須賀」　横須賀市総務部　（7）　2008.3

日光例幣使の鎌倉通行と三浦郡の村々―市域に残る二点の継立関係資料から（飯島端治）「手帳 : 逗子の郷土誌」　手帳の会　（174）　2008.12

天社参をめぐる地域の動向―相州三浦郡の事例から（椿田有希子）「市史研究横須賀」　横須賀市総務部　（9）　2010.03

御浦郡

御浦の赤鳥（湯田明）「三浦半島の文化」　三浦半島の文化を考える会　（14）　2004.10

御浦の赤鳥（第2版）（湯田明）「横須賀文化財協会会報」　横須賀文化財協会　23　2005.3

三浦市

郷土の作物（11）―神奈川県三浦市の三浦大根（長沢利明）「昔風と当世風」　古々路の会　79　2000.10

三浦七阿弥陀

「三浦七阿弥陀」について（研究ノート）（上杉孝良）「市史研究横須賀」　横須賀市総務部　（12）　2013.03

三浦半島

三浦半島の神社・稲荷神社について（土方謙次郎）「横須賀文化財協会会報」　横須賀文化財協会　14　1997.3

三浦一族の故郷と仏像を訪ねて（上杉孝良）「三浦半島の文化」　三浦半島の文化を考える会　（8）　1998.10

三浦半島の日蓮伝説についての覚書（小暮慶明）「御浦」　三浦文化研究会　（17）　2001.11

三浦半島の医療伝承（仲田裕香）「西郊民俗」　西郊民俗談話会　（180）　2002.9

「鎌倉の発掘」と三浦半島（3）―中世・古代の寺院（雨宮郁夫）「三浦半島の文化」　三浦半島の文化を考える会　（12）　2002.10

三浦一族の寺々（上杉孝良）「三浦半島の文化」　三浦半島の文化を考える会　（13）　2003.10

古代鎌倉の卜骨と三浦半島―律令期における海浜部集落の一側面（押木弘己）「考古論叢神奈河」　神奈川県考古学会　12　2004.4

三浦半島の青面系文字庚申塔考察（桑永五郎）「野仏 : 多摩石仏の会機関誌」　多摩石仏の会　35　2004.7

住宅の間取りから見た住まい方の文化（富澤喜美枝）「三浦半島の文化」　三浦半島の文化を考える会　（17）　2007.10

県内歴史研究 三浦半島西海岸方面 葉山しおさい公園・湘南国際村・浄楽寺・毘沙門（海岸の岩穴）・三崎漁港（視察研究）（中根三郎、田邊永一）「於保為」　大井町郷土史研究会　（26）　2008.5

連続講座 「海防・寺子屋・ええじゃないか」と三浦半島の人々（中里行雄）「三浦半島の文化」　三浦半島の文化を考える会　（20）　2010.10

連続講座 幕末 庶民と領主の借金事情（飯島セツ子）「三浦半島の文化」　三浦半島の文化を考える会　（20）　2010.10

ヤマトタケルノミコト東征幻想―三浦半島の古東海道を尋ねて（松元岑生）「郷土誌葉山」　葉山郷土史研究会　（10）　2013.4

過去帳から（ふるさと世相史）（古谷彦逸）「三浦半島の文化」　三浦半島の文化を考える会　（23）　2013.10

三浦半島のやぐら（松葉崇）「神奈川考古」　神奈川考古同人会　（50）　2014.05

三浦一族にまつわる伝説・伝承（特集 三浦一族の城館）（中里行雄）「三浦半島の文化」　三浦半島の文化を考える会　（24）　2014.10

三角

豊岡より三角の間の寺社・遺跡（池田弘哉）「郷土つるみ」　鶴見歴史の会　49　1999.2

三崎

三浦三崎の鯨塚（長沢利明）「コロス」　常民文化研究会　78　1999.8

三崎の町並み（富澤喜美枝）「御浦」　三浦文化研究会　（20）　2004.11

チャッキラコ見聞録（会員だより）（永田泰祐）「かながわの民俗芸能」　神奈川県民俗芸能保存協会　（75）　2011.03

三浦市三崎のいなりっこ行事（清水亨桐）「西郊民俗」　西郊民俗談話会　（220）　2012.09

子供達の「いなりっこ」の大切さ（会員だより）（永田泰祐）「かながわの民俗芸能」　神奈川県民俗芸能保存協会　（77）　2013.03

三嶋（島）神社

唐木寺の三嶋（島）神社とうなぎ伝説（《特集 上山口―にほんの里100選》）（片山義雄）「郷土誌葉山」　葉山郷土史研究会　（6）　2009.04

三嶋神社

神奈川県大井郡・三嶋神社の黄塗り行疫鬼王神（会田秀介）「日本の石仏」　日本石仏協会．青娥書房（発売）（96）　2000.12

水越家長屋門

水越家長屋門の建築とその背景（小沢朝江）「文化資料館調査研究報告」　茅ケ崎市教育委員会　（21）　2012.3

水堂

水堂観世音 みくじの栞（池田正一郎）「えびなの歴史 : 海老名市史研究」　海老名市　11　2000.3

溝口

大山街道を歩く（二子・溝口編）（世古晴次）「県央史談」　県央史談会　（42）　2003.1

三戸のオショロ流し

民俗芸能情報「三戸のお精霊流し」国重要無形民俗文化財に指定される（事務局）「かながわの民俗芸能」　神奈川県民俗芸能保存協会　（75）　2011.03

三浦市三戸の精霊流し（会員だより）（永田泰祐）「かながわの民俗芸能」　神奈川県民俗芸能保存協会　（76）　2012.03

子ども組（セイトッコ）の社会的機能―神奈川県三浦市初声町三戸のお精霊流しを事例として（清水亭桐）「西郊民俗」［西郊民俗談話会］（222）2013.03

皆瀬川村
旧皆瀬川村の民俗とお峯入り（久保田裕道）「足柄乃文化」 山北町地方史研究会 （29）2002.3

南足柄
研究記録 南足柄の信仰の道（調査研究部）「史談足柄」 足柄史談会 35 1997.4

南足柄の富士信仰（小林謙光）「史談足柄」 足柄史談会 35 1997.4

南足柄の路傍の神（大庭進）「史談足柄」 足柄史談会 52 2014.04

南下浦町菊名
三浦市南下浦町菊名の飴屋踊り（清水亭桐）「西郊民俗」［西郊民俗談話会］（227）2014.06

南武蔵
近世相模国の生業と流通 南武蔵と相模と内海（安池尋幸）「利根川文化研究」 利根川文化研究会 （18）2000.3

近世南武蔵農村地域の雨ごいと大山阿夫利神社（野尻靖）「さいたま市博物館研究紀要」 さいたま市立博物館 1 2002.3

峰白山神社
特別寄稿 峰の白山神社について（小町洋司）「郷土研だより」 東村山郷土研究会 （366）2010.11

三増
奥多摩の獅子舞い紀行（68）神奈川県・三増の獅子舞い「かわせみ通信」 川崎実 68 2001.9

宮内
宮内の春日神社境内立入り禁止の聖地（加藤善清）「阿由多加」 稲田郷土史会 17 1999.10

宮窪観音堂
山北町山市場地蔵堂の行幸による六字名号軸と小田原長善寺と宮窪観音堂の秀學の六字名号軸について（津田守一）「足柄乃文化」 山北町地方史研究会 （37）2010.03

宮前
宮前・川名の御霊神社の由緒と祭神及び関連神社略記（志村泰一）「わが住む里」 藤沢市総合市民図書館 （48）1999.3

座談会記録 太平洋戦争後期の宮前・弥勒寺の生活（亀井好恵）「藤沢市史研究」 藤沢市文書館 （34）2001.3

妙円寺
平塚妙円寺の岩屋（梶川賢二）「日本の石仏」 日本石仏協会，青娥書房（発売）通号84 1997.12

明王院
弘安4年4月「異国降伏祈禱記」の歴史的意義（伊藤一美）「鎌倉」 鎌倉文化研究会 91 2000.12

五大堂明王院の伽藍と縁起―「（五大堂記録）」を通して（坪内綾子）「鎌倉」 鎌倉文化研究会 （116）2014.01

妙覚寺
風祭妙覚寺の題目塔（青木良一）「扣之帳」 扣之帳刊行会 （43）2014.03

妙秀寺
妙秀寺（弁財天）（記念特集・戸塚宿戸塚七福神めぐり―各寺院の取り組みと参詣状況）（櫻井英彦）「とみづか」 戸塚歴史の会 （40）2014.06

明神ヶ岳
明神ヶ岳（1）勘違い（東好一）「扣之帳」 扣之帳刊行会 （10）2005.10

三吉演芸場
芝居見物と三吉演芸場のこと（本田玉江）「神奈川文化」 神奈川県立図書館 44（1）通号381 1998.4

弥勒寺
座談会記録 太平洋戦争後期の宮前・弥勒寺の生活（亀井好恵）「藤沢市史研究」 藤沢市文書館 （34）2001.3

身禄道
大田南畝の歩いた道より「身禄道と富士講について」（上原誠司）「郷土つるみ」 鶴見歴史の会 53 2001.3

向原
山北町民俗芸能調査報告（4）向原の川村囃子及び山北町の祭り囃子の伝承について（久保田裕道）「足柄乃文化」 山北町地方史研究会 （34）2007.3

「皇国地誌」 川村岸・川村山北・川村向原，「村誌」の意義（茂木哲夫）「足柄乃文化」 山北町地方史研究会 （35）2008.3

武蔵
『新編武蔵風土記稿』寺院名索引（3）～（完）（山本吉春）「鎌倉」 鎌倉文化研究会 83/88 1997.1/1999.6

武蔵川崎山王権現
武蔵川崎山王権現の宮座式（報告）（談話室）（高橋一）「蒲生野」 八日市郷土文化研究会 通号41 2009.12

武蔵国
近世女人文人風土記 相模・武蔵国の巻（神奈川県）（山口哲子）「江戸期おんな考」 桂文庫 （13）2002.10

武蔵・相模国における石橋供養塔の調査報告Ⅱ―石橋供養塔の造立と大山街道の関連性について（研究ノート）（津田守一）「小田原地方史研究」 小田原地方史研究会 （27）2014.05

六浦庄
仁和寺子院勝宝院と武蔵国六浦庄（湯山学）「六浦文化研究」 六浦文化研究所 （7）1997.12

村岡
《特集 村岡の民俗》「藤沢市史研究」 藤沢市文書館 （33）2000.3

村岡の産育儀礼と職業産婆（鈴木明子）「藤沢市史研究」 藤沢市文書館 （33）2000.3

無量光寺
一遍上人ゆかりの当麻山無量光寺（会の事業から）（小林雄三）「郷土いずみ」 （18）2012.05

相模原市南区・当麻山無量光寺調査詳報―時宗当麻派研究の基礎として（小野澤眞）「相模原市史ノート」 相模原市総務局 （11）2014.03

無量寺
無量寺聖観音菩薩像とその周辺―三浦地方における金剛輪下の人びと（上杉孝良）「市史研究横須賀」 横須賀市総務部 （5）2006.3

室生神社
山北町民俗芸能調査報告（2）「山北地区の川村囃子」―室生神社例大祭と花車巡行（久保田裕道）「足柄乃文化」 山北町地方史研究会 （32）2005.3

室生神社の由来の謎（石口健次郎）「史談足柄」 足柄史談会 45 2007.4

室生明神
室生明神と大室権現（茂木哲夫）「足柄乃文化」 山北町地方史研究会 （40）2013.03

室ノ木
再び甦る室ノ木の家々そして金沢の祭礼（山田善一）「六浦文化研究」 六浦文化研究所 （11）2002.5

名勝史蹟四十五佳選
湯上石材店と横浜貿易新報社の名勝史蹟四十五佳選について（萩原清高）「野仏 : 多摩石仏の会機関誌」 多摩石仏の会 38 2007.7

元箱根
元箱根・石仏・石塔群についての回顧（小沢義雄）「古文書を読む会会報」 古文書を読む会 24 2002.3

本村集落
茅ヶ崎・本村集落の漁業（1），（2）「郷土ちがさき」 茅ヶ崎郷土会 84/85 1999.1/1999.5

森戸
『吾妻鏡』に登場する「森戸」―将軍家遊行・祓の地（吉浦徇子）「郷土誌葉山」 葉山郷土史研究会 （3）2006.4

森戸海岸
江戸時代の国絵に見る森戸海岸と寺社（特集 続・堀内）（編集部）「郷土誌葉山」 葉山郷土史研究会 （8）2011.04

森戸神社
森戸神社周辺の想い出（池田博）「郷土誌葉山」 葉山郷土史研究会 （3）2006.4

森戸神社内顕彰碑いろいろ（寺山ルリ子）「郷土誌葉山」 葉山郷土史研究会 （8）2011.04

森戸神社の子宝石（浜野達也）「民俗」 相模民俗学会 （225）2013.12

森山社
森山社「世計神事」と「三十三年祭」（特集 続・一色）（守谷弘）「郷土誌葉山」 葉山郷土史研究会 （9）2012.04

森山神社
葉山町一色の森山神社三十三年大祭行合祭を見て「郷土ちがさき」 茅ヶ崎郷土会 79 1997.5

神奈川県　　　　　　　　　　　　　　郷土に伝わる民俗と信仰　　　　　　　　　　　　　　関東

森山神社追想記（秋元しづ）「郷土誌葉山」 葉山郷土史研究会 （2）
　2005.4
良弁勧請 森山神社の古代神事（特集 続・一色）（黒田康子）「郷土誌葉
　山」 葉山郷土史研究会 （9） 2012.04

諸磯
貝の方言紹介―三浦市三崎町浜諸磯における聞取りを中心として（渡辺
　直哉）「御浦」 三浦文化研究会 （18） 2002.11

師岡熊野神社
会員投稿 師岡熊野神社の筒粥神事をみて（鈴木富雄）「藤沢地名の会会
　報」 藤沢地名の会 （84） 2014.02

師岡町
研究余話 港北区師岡町と中世の法華寺（阿諏訪青美）「横浜市歴史博物館
　news ： Yokohama History Museum news」 横浜市歴史博物館
　（19） 2004.9

門前通り
門前通りの焼印屋（福嶋栄子）「シャベル ： 語りつぐ町の歴史」 「町の
　歴史掘り起こし事業」企画運営委員会 （6） 1997.3

薬王院
大和市上和田薬王院双盤念仏の音楽（小野寺節子）「大和市史研究」 大和
　市文化スポーツ部 28 2002.3

八雲神社
八雲神社の石碑銘（佐藤一）「鎌倉」 鎌倉文化研究会 通号105 2008.6

矢倉沢
矢倉沢の炭焼き（石村豊）「史談足柄」 足柄史談会 38 2000.4

矢沢村
矢沢村の屋根無尽（万延元年三左衛門日記に見る世情）（大場公子）「とみ
　づか」 戸塚歴史の会 （35） 2009.6

八菅神社
冬至に合わせた八菅神社（千葉弘）「県央史談」 県央史談会 （47）
　2008.1

谷津
谷津（ヤツ）の水田漁撈―汽水域の生業複合（上），（下）（安室知）「民具マ
　ンスリー」 神奈川大学 44（3）通号519/44（6）通号522 2011.06/
　2011.09

柳島
柳島エンコロ節30周年式典「郷土ちがさき」 茅ヶ崎郷土会 （105）
　2006.1
柳島・藤間家の石垣調査について（羽切信夫）「郷土ちがさき」 茅ヶ崎郷
　土会 （110） 2007.9

山市場
「昭和53年山市場・湯本平・平山・神縄地区」民俗調査報告について（加
　藤隆志）「足柄乃文化」 山北町地方史研究会 28 2001.3
山市場地蔵堂の行幹銘の六字名号塔と安政5年のコレラ流行の関連につ
　いて（津田守一）「足柄乃文化」 山北町地方史研究会 （35） 2008.3
山北町山市場地蔵堂の行幹による六字名号軸と小田原長善寺と宮窪観音
　堂の秀學の六字名号軸について（津田守一）「足柄乃文化」 山北町地
　方史研究会 （37） 2010.03

山角町
小田原山角町の肝煎屋敷（屋舗）（中村静夫）「小田原史談 ： 小田原史談
　会々報」 小田原史談会 （223） 2010.10

山北
山北の唯念名号塔をめぐって（小沢勇一）「足柄乃文化」 山北町地方史研
　究会 28 2001.3
山北の百万遍造仏（久保田裕道）「まつり通信」 まつり同好会 41（8）通
　号486 2001.7
道祖神祭の山車巡行―神奈川県足柄上郡山北町山北の山車祭り調査報告
　（入江英弥）「足柄乃文化」 山北町地方史研究会 31 2004.3
山北地方の方言（藤井良晃）「足柄乃文化」 山北町地方史研究会 31
　2004.3
山北町民俗芸能調査報告（2） 「山北地区の川村囃子」―室生神社例大祭
　と花車巡行（久保田裕道）「足柄乃文化」 山北町地方史研究会 （32）
　2005.3
山北の酒造業（田中聡）「足柄乃文化」 山北町地方史研究会 （32）
　2005.3
相模山北における鎌倉時代の墳墓群（『足柄乃文化』 第7号から転載）（日
　野一郎）「足柄乃文化」 山北町地方史研究会 （35） 2008.3
『皇国地誌』川村岸・川村山北・川村向原 「村誌」の意義（茂木哲夫）「足
　柄乃文化」 山北町地方史研究会 （35） 2008.3

山北の民俗―その特色をさぐる（小川直之）「足柄乃文化」 山北町地方史
　研究会 （37） 2010.03

山北のお峰入り
民俗芸能散歩 山北のお峯入り（岩本章治）「かながわの民俗芸能」 神奈
　川県民俗芸能保存協会 （76） 2012.03

山北町
足柄の富士講（3）―山北町（小林謙光）「足柄乃文化」 山北町地方史研究
　会 25 1998.3
山北町の道祖神祭り―神奈川県足柄上郡山北町の道祖神祭祀の実態［1］
　～（4）（入江英弥）「足柄乃文化」 山北町地方史研究会 27/（30）
　2000.3/2003.3
植物利用の民俗（浜野達也）「足柄乃文化」 山北町地方史研究会 27
　2000.3
守札にみる家の信仰（大野一郎）「足柄乃文化」 山北町地方史研究会
　（29） 2002.3
山北町の仏像調査報告書（薄井和男）「足柄乃文化」 山北町地方史研究会
　（30） 2003.3
八幡神社と祭礼の今昔（石田公夫）「足柄乃文化」 山北町地方史研究会
　（30） 2003.3
次回 道祖神研究会第8回例会 発表要旨「神奈川県足柄上郡山北町の道祖
　神―報告と若干の考察（2）」（入江英弥）「道祖神通信」 道祖神研究会
　（8） 2004.7
古文書講座（2） 「婚姻にともなう証文」（内田清）「足柄乃文化」 山北町
　地方史研究会 （32） 2005.3
山北町民俗芸能調査報告（3） 「岸地区の川村囃子」―八幡神社例大祭と
　花車巡行（久保田裕道）「足柄乃文化」 山北町地方史研究会 （33）
　2006.3
石仏小考（瀬戸榮二）「足柄乃文化」 山北町地方史研究会 （33） 2006.3
秀學による六字名号碑の造立と安政5年のコレラ調伏について（津田守
　一）「足柄乃文化」 山北町地方史研究会 （34） 2007.3
山北町民俗芸能調査報告（4） 向原の川村囃子及び山北町の祭り囃子の伝
　承について（久保田裕道）「足柄乃文化」 山北町地方史研究会 （34）
　2007.3
念仏の里をあとに（渡辺文雄）「足柄乃文化」 山北町地方史研究会
　（34） 2007.3

山下家別邸
史談雑記帳 秋山眞之、終焉の地 『山下家別邸実測圖』を拝見して（石井
　啓文）「小田原史談 ： 小田原史談会々報」 小田原史談会 （224）
　2011.1

山田町
山田町のブリ絵馬（西田清三）「扣之帳」 扣之帳刊行会 （38） 2012.12

大和市
「大正六年新嘗祭供御献穀耕作日誌」について（鈴木通大）「大和市史研
　究」 大和市文化スポーツ部 28 2002.3
資料編 大正六年新嘗祭供御献穀耕作日誌関係資料「大和市史研究」 大
　和市文化スポーツ部 28 2002.3
大和市域に見られる屋敷神―下鶴間、深見、上草柳、上和田、下和田、
　福田をもとに（大谷長久，岡本道子，駒田久子，坪西由美子，当麻稔,
　野崎恭弘，増田一淑）「大和市史研究」 大和市文化スポーツ部 29
　2003.3
口絵 市指定重要有形文化財 木造阿弥陀如来立像「大和市史研究」 大和
　市文化スポーツ部 （38） 2013.06

山の根
逗子の伝承（2）―山の根の「カッパ松」（雨宮郁夫）「手帳 ： 逗子の郷土
　誌」 手帳の会 170 2002.3

由比ヶ浜
特集 鎌倉学 鶴岡八幡宮の椰と大燈籠―由比ヶ浜海難と住吉信仰（三浦
　勝男）「鎌倉」 鎌倉文化研究会 通号106 2008.12

遊行寺
時宗総本山遊行寺を見学して（鈴木寿次）「かながわ文化財」 神奈川県文
　化財協会 96 2000.5
遊行寺と一遍上人（高野修）「郷土神奈川」 神奈川県立図書館 （40）
　2002.3
遊行寺と一遍上人（三橋伊勢松）「郷土ちがさき」 茅ヶ崎郷土会 96
　2003.1
「遊行寺」拝観記（鈴木康彰）「いしぶみ」 まちだ史考会 （21） 2006.7
賦算に接して―薄念仏会（西海賢二）「コロス」 常民文化研究会 （107）
　2006.11
老朽化した遊行寺宝物館の改修記録―文化財保存の為に行った機械空調
　の設置（遠山元浩）「かながわ文化財」 神奈川県文化財協会 （105）
　2009.05
遊行寺詣「遊行寺様」（コラム）（沼田直彦）「郷土誌葉山」 葉山郷土史研

究会　(7)　2010.04

藤沢遊行寺の薄念仏 (吉川祐子)「月刊通信ふるさとの民俗を語る会」　民俗文化研究所　(64)　2012.09

湯坂公民館

休岩寺と湯坂公民館 (相原伊勢雄)「足柄乃文化」　山北町地方史研究会　(34)　2007.3

湯本平

「昭和53年山市場・湯本平・平山・神縄地区」民俗調査報告について (加藤隆志)「足柄乃文化」　山北町地方史研究会　28　2001.3

影向寺

樹や草のつぶやき (9) 影向寺の銀杏 (川崎) (宮崎敏子)「目黒区郷土研究」　目黒区郷土研究会　565　2002.2

修論要約 地方郡衙と周辺寺院をめぐる問題―千年伊勢山台遺跡と影向寺の検討を通じて (御代七重)「湘南考古学同好会々報」　湘南考古学同好会　通号104　2006.8

養光寺

江戸随筆に見る黄檗僧たち (1) 東海道川崎宿 黄檗派養光寺住持某 (河原英俊)「アセタルヲ」　世田谷歴史文化研究会　(3)　2000.3

養徳寺

養徳寺所蔵の釈迦文殊普賢十八羅漢図について (島崎秀雄)「県央史談」　県央史談会　(44)　2005.1

永福寺

鎌倉の永福寺の発掘調査について (西澤秀次)「ひがしひろしま郷土史研究会ニュース」　東広島郷土史研究会　338　2002.10

NOTE 鎌倉永福寺と六所宮 (深澤靖幸)「あるむぜお : 府中市郷土の森博物館だより」　府中文化振興財団府中市郷土の森博物館　65　2003.9

永福寺経塚出土遺物を探る「幻の扇」(福田誠)「かまくら考古」　鎌倉考古学研究所　(21)　2014.06

永福寺跡

永福寺跡 (ようふくじあと) (新夏教材研究) (山下孝司)「甲斐」　山梨郷土研究会　(108)　2005.8

横須賀

横須賀の漆喰彫刻―浦賀地区の作品を中心として (上杉孝良)「市史研究横須賀」　横須賀市総務部　(8)　2009.3

横須賀で誕生した日本最初の「冠婚葬祭互助会」(研究ノート) (板橋春夫)「市史研究横須賀」　横須賀市総務部　(12)　2013.03

語りのなかの横須賀―森光司氏の語り (1), (2) (瀬川渉)「横須賀市博物館研究報告.人文科学」　横須賀市自然・人文博物館　(58)/(59)　2013.12/2014.12

横須賀市

アゼ豆の村―稲作と畑作の交錯 (安室知)「横須賀市博物館研究報告.人文科学」　横須賀市自然・人文博物館　(42)　1997.12

本市域の南北朝・室町期の武蔵型板碑 (渡辺美彦)「市史研究横須賀」　横須賀市総務部　(5)　2006.3

唐人船 (圷三次)「開国史研究」　横須賀市　(8)　2008.3

芝組/龍保睦木遺保存会 (平成24年度新加入会団体紹介) (佐久間博)「かながわの民俗芸能」　神奈川県民俗芸能保存協会　(77)　2013.03

横須賀製鉄所

幕末維新期横須賀製鉄所における日仏習俗の融合―諸祭礼休日と日曜日の定着 (安池尋幸)「横須賀市博物館研究報告.人文科学」　横須賀市自然・人文博物館　(51)　2007.2

横根

横根伝承と巴御前 (翠川宣子)「郷土いずみ」　4　1998.5

横根稲荷社殿再建の思い出 (安西實)「郷土いずみ」　(12)　2006.5

横根稲荷

泉区の昔を語る 「横根稲荷と旗競馬」(石原正弘)「郷土いずみ」　9　2003.5

横浜

横浜婦人矯風会の50年 (中織治子)「横浜プロテスタント史研究会報」　横浜プロテスタント史研究会　20　1997.4

狛犬の散歩 (1) (田辺愚童)「歴研よこはま」　横浜歴史研究会　41　1997.4

大正期の横浜―民衆の時代 (平野正裕)「開港のひろば : 横浜開港資料館館報」　横浜開港資料館　57　1997.8

「横浜浮世絵と空ぷ絵師五雲亭貞秀」展見学記 (加藤松男)「かながわ文化財」　神奈川県文化財協会　94　1998.3

横浜の「海苔簀」のはなし (浜野郁子)「本牧の丘」　横浜市八聖殿郷土資料館　(25)　1998.3

横浜の海―新編武蔵風土記稿の世界 (岸上興一郎)「横浜市歴史博物館紀要」　横浜市ふるさと歴史財団　通号3　1999.3

横浜の「乾海苔の売り買い」のはなし―昭和初期と戦後、昭和20～30年代 (浜野郁子)「本牧の丘」　横浜市八聖殿郷土資料館　(26)　1999.3

日記が語る19世紀の横浜―移りゆく時代の証言者たち (西川武臣)「開港のひろば : 横浜開港資料館館報」　横浜開港資料館　64　1999.4

日記が語る19世紀の横浜―展示に出品した日記の中から (西川武臣, 佐藤孝, 吉良芳恵)「開港のひろば : 横浜開港資料館館報」　横浜開港資料館　64　1999.4

横浜の狛犬と石工 (小林梅次)「かながわ文化財」　神奈川県文化財協会　95　1999.5

企画展「フランス士官が見た明治のニッポン―L.クレットマン・コレクションから」(中武香奈美)「開港のひろば : 横浜開港資料館館報」　横浜開港資料館　67　2000.2

「横浜海苔ごよみ」のはなし―本牧と柴を中心に (浜野郁子)「本牧の丘」　横浜市八聖殿郷土資料館　(27)　2000.3

企画展「追憶の横浜―絵葉書にみる100年前の人びとと風景」(伊藤泉美)「開港のひろば : 横浜開港資料館館報」　横浜開港資料館　71　2001.1

企画展「100年前の旅行アルバム―外国人が撮ったニッポン」(伊藤久子)「開港のひろば : 横浜開港資料館館報」　横浜開港資料館　76　2002.4

「100年前の旅行アルバム―外国人が撮ったニッポン」展から「開港のひろば : 横浜開港資料館館報」　横浜開港資料館　76　2002.4

「旧家の蔵から―開港場周辺農村の幕末・明治」展から「開港のひろば : 横浜開港資料館館報」　横浜開港資料館　78　2002.10

横浜常磐社と雑誌『常磐』について (斎藤元子)「横浜プロテスタント史研究会報」　横浜プロテスタント史研究会　31　2002.11

企画展「郷土を誌す―近代横浜・神奈川の地誌」(石崎康子)「開港のひろば : 横浜開港資料館館報」　横浜開港資料館　79　2003.2

企画展「遊楽都市 横濱―芝居・映画 エトセトラ」(平野正裕)「開港のひろば : 横浜開港資料館館報」　横浜開港資料館　81　2003.7

横浜を楽しむ―祭り・役者・封切館 (平野正裕)「開港のひろば : 横浜開港資料館館報」　横浜開港資料館　81　2003.7

聖地の泉 (神社の名水廿四景) (田辺英治)「歴研よこはま」　横浜歴史研究会　(53)　2003.11

横浜におけるバイブル・ウーマン養成とその活動―聖経女学校を中心として (伊ヶ崎まゆみ)「横浜プロテスタント史研究会報」　横浜プロテスタント史研究会　(34)　2004.5

『新編武蔵風土記稿』と横浜・川崎の横穴墓 (上田薫)「神奈川考古」　神奈川考古同人会　(40)　2004.5

『横浜指路教会百二十五年史』の出版 (岡部一興)「横浜プロテスタント史研究会報」　横浜プロテスタント史研究会　(35)　2004.10

企画展「100年前の横浜作『横浜案内』の世界―」(石崎康子)「開港のひろば : 横浜開港資料館館報」　横浜開港資料館　87　2005.2

いんたびゅー 竹内誠「幕末の外国人が受けた第一印象は横浜の農漁村の暮らしぶりだった」「横浜市歴史博物館news : Yokohama History Museum news」　横浜市歴史博物館　(20)　2005.3

展示余話「100年前の横浜ウォーキング―『横浜案内』の世界―」展『神奈川県写真帖』の魅力 (石崎康子)「開港のひろば : 横浜開港資料館館報」　横浜開港資料館　(88)　2005.4

教会建築の近代史―横浜・長崎を中心に (青木祐介)「横浜プロテスタント史研究会報」　横浜プロテスタント史研究会　(36)　2005.6

横浜石工の道具印について (高橋勇一)「民具マンスリー」　神奈川大学　38 (8) 通号452　2005.11

企画展「外国人カメラマンが撮った幕末ニッポン―F.ベアト作品展―」(斎藤多喜夫)「開港のひろば : 横浜開港資料館館報」　横浜開港資料館　(92)　2006.4

企画展「外国人カメラマンが撮った幕末ニッポン―F.ベアト作品展―」から 新事実と新収資料 (斎藤多喜夫)「開港のひろば : 横浜開港資料館館報」　横浜開港資料館　(92)　2006.4

岸上興一郎著『海浜場横浜の民俗文化』(書誌紹介) (鈴木正崇)「日本民俗学」　日本民俗学会　通号248　2006.11

昆布―黄金の軌跡 徐福伝説・北前船にも係わった偉大な食品 (加藤導男)「歴研よこはま」　横浜歴史研究会　(59)　2006.11

企画展「横浜浮世絵―よみがえる幕末・明治の町づくり」(西川武臣)「開港のひろば : 横浜開港資料館館報」　横浜開港資料館　(96)　2007.4

横浜浮世絵を代表する絵師とその作品―貞秀・2代広重・3代広重の作品から (西川武臣, 石崎康子)「開港のひろば : 横浜開港資料館館報」　横浜開港資料館　(96)　2007.4

横浜開港と高座豚 (湯浅起夫)「いしぶみ」　まちだ史考会　(23)　2007.7

展示余話 遊女の手紙と遊郭開業資料 (石崎康子)「開港のひろば : 横浜開港資料館館報」　横浜開港資料館　(97)　2007.8

古代葬送習俗随想 (間瀬二三夫)「歴研よこはま」　横浜歴史研究会　(別冊)　2007.12

横浜の秘めたる花火史―西洋花火の開祖・平山甚太を慕って男惚れ (伊

神奈川県　　　　　　　　　　　　　郷土に伝わる民俗と信仰　　　　　　　　　　　　　関東

東洋）「郷土神奈川」　神奈川県立図書館　（46）2008.2
明治中期横浜におけるプロテスタントの社会活動（《特集 『武相自由民権史料集』を繙く》）(江刺昭子）「自由民権 ： 町田市立自由民権資料館紀要」　町田市教育委員会　通号21　2008.3
横浜の神代神楽―神楽師たちの近世・近代 近世・近代の神楽師のネットワーク（小林拡子）「郷土つるみ」　鶴見歴史の会　（64）2008.3
房総キリスト教史―横浜から伝えられたプロテスタント（小倉光夫）「横浜プロテスタント史研究会報」　横浜プロテスタント史研究会　（42）2008.4
資料よもやま話2 横浜の新民謡（平野正裕）「開港のひろば ： 横浜開港資料館館報」　横浜開港資料館　（101）2008.7
狛犬の散歩（2）(田邊英治）「歴研よこはま」　横浜歴史研究会　（61）2008.11
企画展「横浜開港と宣教師―翻訳聖書の誕生」（石崎康子）「開港のひろば ： 横浜開港資料館館報」　横浜開港資料館　（103）2009.01
『横浜開港と宣教師たち―伝道とミッションスクール』横浜プロテスタント史研究会編（原島正）「横浜プロテスタント史研究会報」　横浜プロテスタント史研究会　（44）2009.04
「横浜の随想」から転記 江戸水陰筆 いまや大評判「お穴様の探検」（斎藤美枝）「郷土つるみ」　鶴見歴史の会　（66）2009.05
特産物百合根の輸出（《横浜開港150周年記念》）(三橋景子）「とみづか」　戸塚歴史の会　（35）2009.6
その3 横浜貿易における相州在方茶商の茶流通網―茶加藤と駿遠茶商との関わり合いを中心に（3月例会レジュメ）(菊地悠介）「静岡県近代史研究会会報」　静岡県近代史研究会　（390）2011.3
特別資料コーナー 横浜を彩る花火（上田由美）「開港のひろば ： 横浜開港資料館館報」　横浜開港資料館　（113）2011.7
企画展 下岡蓮杖開業150周年記念 フォトスタジオの聖地・横浜―1860's～1960's（松本洋幸，伊藤泉美）「開港のひろば ： 横浜開港資料館館報」　横浜開港資料館　（115）2012.02
研究余話 鶴岡八幡宮関係資料にみる中世の横浜（阿訪青美）「横浜市歴史博物館news ： Yokohama History Museum news」　横浜市歴史博物館　（33）2012.9
芦崎寺宿坊坊家が東海道筋に形成した檀那場―特に駿河国と横浜の事例をとりあげて（福江充）「研究紀要」　富山県立山博物館　20　2013.3
横浜の知られざる聖地を巡礼（歴史エッセイ）(堀江洋之）「歴研よこはま」　横浜歴史研究会　（68）2013.05
特別資料コーナー 横浜の山車（だし）(平野正裕）「開港のひろば ： 横浜開港資料館館報」　横浜開港資料館　（121）2013.07
横浜市歴史博物館「千歯扱き―倉吉・若狭・横浜―」2013年1月26日～3月24日（展示批評）(榎美香）「民具研究」　日本民具学会　（148）2013.10
横浜浮世絵のなかの風俗（特集 都市の風俗を考える）(富澤達三）「風俗史学 ： 日本風俗史学会誌」　日本風俗史学会，岩田書店（発売）（56）2014.1
金津流横浜獅子踊自己紹介（平成25年度新規入会団体紹介）(吉田泰久）「かながわの民俗芸能」　神奈川県民俗芸能保存協会　（78）2014.03
横浜雅楽会について（平成25年度新規入会団体紹介）(鈴木豪）「かながわの民俗芸能」　神奈川県民俗芸能保存協会　（78）2014.03
特別資料コーナー 管麺？ 加里饌？ 明治大正の洋食料理書（伊藤泉美）「開港のひろば ： 横浜開港資料館館報」　横浜開港資料館　（126）2014.10

横浜植木戸塚試作場

百合根輸出と横浜植木戸塚試作場（菊池實）「郷土いずみ」　（12）2006.5

横浜海岸教会

横浜海岸教会と戸塚伝導所（《横浜開港150周年記念》）(櫻井誠子）「とみづか」　戸塚歴史の会　（35）2009.06

横浜金沢七福神

金沢の七福神巡り（歴史散歩）(村岡和夫）「郷土いずみ」　（12）2006.5

横浜熊野神社

鶴見七福神めぐり 横浜熊野神社と八福神について（高橋伸和）「郷土つるみ」　鶴見歴史の会　（74）2014.11

横浜市

特別展「中世よこはまの学僧 印融」「横浜市歴史博物館news ： Yokohama History Museum news」　横浜市歴史博物館　6　1997.9
資料あれこれ（96）真誠講「郷土よこはま」　横浜市中央図書館　131　1998.3
畳職の鑑札制度―横浜市の畳職の事例（高橋勇一）「民具マンスリー」　神奈川大学　31（8）通号368　1998.11
芝生浅間と富士講集団―横浜市・鶴見川南部の富士講聞書（《富士・浅間信仰―山岳信仰特集II》）(大谷忠雄）「あしなか」　山村民俗の会　259・260　2001.11
収集・収蔵資料の紹介（15）高度経済成長期の生活用具「横浜市歴史博

物館news ： Yokohama History Museum news」　横浜市歴史博物館　14　2002.3
知っていますか？ 野焼き「横浜市歴史博物館news ： Yokohama History Museum news」　横浜市歴史博物館　14　2002.3
研究余話 絵馬と簑目行事「横浜市歴史博物館news ： Yokohama History Museum news」　横浜市歴史博物館　16　2003.3
研究余話 船釘鍛冶 飯島秀雄さんの船釘作り（刈田均）「横浜市歴史博物館news ： Yokohama History Museum news」　横浜市歴史博物館　（18）2004.3
常設展示室探検 中世の将棋駒「横浜市歴史博物館news ： Yokohama History Museum news」　横浜市歴史博物館　（20）2005.3
収集・収蔵資料の紹介（21）唐箕「横浜市歴史博物館news ： Yokohama History Museum news」　横浜市歴史博物館　（21）2005.9
収集・収蔵資料の紹介（23）犂（刈田均）「横浜市歴史博物館news ： Yokohama History Museum news」　横浜市歴史博物館　（22）2006.3
研究余話 企画展「ちょっと昔を探してみよう」と観覧者―「懐かしい道具たち ひとこと思い出コーナー」から「横浜市歴史博物館news ： Yokohama History Museum news」　横浜市歴史博物館　（24）2007.3
収集・収蔵資料の紹介（25）横浜市指定文化財・紺紙金字法華経「横浜市歴史博物館news ： Yokohama History Museum news」　横浜市歴史博物館　（24）2007.3
常設展示室探検 祭りのよろこび「横浜市歴史博物館news ： Yokohama History Museum news」　横浜市歴史博物館　（24）2007.3
企画展「ちょっと昔を探してみよう」と観覧者―ひとこと想い出コーナーの記入用紙から（刈田均）「横浜市歴史博物館紀要」　横浜市ふるさと歴史財団　11　2007.3
観覧者の旅のキオク―企画展「昭和30～40年代の旅」の特設コーナーから（刈田均）「横浜市歴史博物館紀要」　横浜市ふるさと歴史財団　12　2008.3
会員投稿 横浜市における庚申塔の分布（後藤良治）「かながわ文化財」　神奈川県文化財協会　（106）2010.05
報告 企画展「大紙芝居展―よみがえる昭和の街頭文化―」について（刈田均）「横浜市歴史博物館紀要」　横浜市ふるさと歴史財団　15　2011.03
「中鉄地神講掛軸」について（資料紹介）(羽毛田智幸）「横浜市歴史博物館紀要」　横浜市ふるさと歴史財団　16　2012.03
表紙 地神講掛軸「横浜市歴史博物館news ： Yokohama History Museum news」　横浜市歴史博物館　（36）2014.03
企画展「昔の暮らしと年中行事―ちょっとむかしのよこはま―」によせて（羽毛田智幸）「横浜市歴史博物館news ： Yokohama History Museum news」　横浜市歴史博物館　（36）2014.03
近代日本キリスト教の伝道活動と民俗的な注目―明治時代横浜市の考察を中心として（招聘研究員レポート）(沈梅麗）「非文字資料研究」　神奈川大学21世紀COEプログラム拠点推進会議　（32）2014.07

横浜中華街

島々の芸能（15）鳩間～横浜中華街5月の放浪者（大田将之）「あかがーら」　石垣市立図書館八重山地域情報センター　（23）2002.5
中華街・関帝廟について（駒居章）「横浜西区郷土史研究会会報」　横浜西区郷土史研究会　（24）2005.4
横浜中華会館・関帝廟・同善堂について（伊藤泉美）「横浜開港資料館紀要」　横浜開港資料館　（26）2008.3

横浜能楽堂

随想 「思い」を積み重ねた横浜能楽堂の十五年（中村雅之）「郷土神奈川」　神奈川県立図書館　（50）2012.02

横浜山手聖公会

横浜山手聖公会50年史の編纂にたずさわって（染谷彰）「横浜プロテスタント史研究会報」　横浜プロテスタント史研究会　27　2000.10

横道

旧相模湖町与瀬・横道の秋葉神社の火祭り（加藤隆志）「民俗」　相模民俗学会　（215）2011.03

世附

世附の百万遍念仏にみる地域性―甲駿文化との関わり（久保田裕道）「足柄乃文化」　山北町地方研究会　25　1998.3
平成13年度見学会 山北町世附の百万遍念仏（車塚沢）「民俗」　相模民俗学会　179　2002.2
世附百万遍念仏（石川博司）「まつり通信」　まつり同好会　48（1）通号533　2008.1
世附の「百万遍念佛」見学会（県指定無形民存文化財）山北町向原・能安寺にて行なわれた 講師・渡邊文雄氏（視察研究）(山口伸）「於保為」　大井町郷土史研究会　（27）2008.8
世附百万遍念仏の類似行事に関して（小論・少考）(角田武範）「かながわの民俗芸能」　神奈川県民俗芸能保存協会　（78）2014.03

関東　　　　　　　　　　　　　郷土に伝わる民俗と信仰　　　　　　　　　　　　　神奈川県

与瀬

旧相模湖町与瀬・横道の秋葉神社の火祭り（加藤隆志）「民俗」 相模民俗学会 （215） 2011.03

与瀬神社

与瀬神社の祭礼（加藤隆志）「民俗」 相模民俗学会 （211） 2010.04

米山薬師

小田原周辺における「米山薬師」信仰は？（木村博）「扣之帳」 扣之帳刊行会 （9） 2005.8

来迎寺

弁才天坐像 重要文化財 木造 彩色 像高95.3cm 鎌倉時代（文永3年：1266）神奈川 鶴岡八幡宮／地蔵菩薩坐像 神奈川県指定文化財 木造 彩色 像高84.1cm 南北朝時代（永徳4年：1384）神奈川 来迎寺（展示品のみどころ）（岩田茂樹）「奈良国立博物館だより」 （89） 2014.04

来迎寺（寿老人）（記念特集・戸塚宿戸塚七福神めぐり―各寺院の取り組みと参詣状況）（豊田二郎）「とみづか」 戸塚歴史の会 （40） 2014.06

琉球山

南金目琉球山出土の経筒について（原田典子）「自然と文化 ： 平塚市博物館研究報告」 平塚市博物館 （26） 2003.3

竜宮神社

相模の民俗あれこれ（67）―小田原市東町〔山王原〕龍宮神社の絵馬（西海賢二）「コロス」 常民文化研究会 68 1997.2

竜華寺

龍華寺薬師三尊十二神将像について（向坂卓也）「金沢文庫研究」 神奈川県立金沢文庫 （314） 2005.3

調査報告 龍華寺所蔵 大日如来坐像（瀬谷貴之）「金沢文庫研究」 神奈川県立金沢文庫 （324） 2010.03

竜前院

龍前院の五重塔（尾坂郭子）「郷土ちがさき」 茅ヶ崎郷土会 （121） 2011.05

竜宝寺

玉縄城と龍寶寺（梅田良光）「玉縄城まちだより」 玉縄城址まちづくり会議 （2） 2008.05

インタビュー―玉縄万華鏡 玉縄城と共に500年 植谷戸の旧家 白崎弘さん／玉縄再発見 龍寶寺山門が葺き替えられ昔日の輝きを取り戻しました「玉縄城まちだより」 玉縄城址まちづくり会議 （4） 2009.05

インタビュー―玉縄万華鏡 「旧石井家住宅」（龍寶寺境内）にお住まいだった石井廣志さん「玉縄城まちだより」 玉縄城址まちづくり会議 （7） 2010.11

玉縄思い出写真館 龍寶寺本堂上棟式 昭和32年（1958年）12月撮影「玉縄城まちだより」 玉縄城址まちづくり会議 （8） 2011.05

玉縄城築城500年祭のみどころ その1―玉縄城を偲ぶコース 玉縄城三代の菩提寺「龍寶寺／七曲坂の野草（3）「曼珠沙華」「玉縄城まちだより」 玉縄城址まちづくり会議 （9） 2011.11

竜峰寺

海老名史跡巡り 龍峰寺（旧清水寺）（荻山勝重）「県央史談」 県央史談会 （51） 2012.01

了義寺

特別寄稿 了義寺（香川順次）「於保為」 大井町郷土史研究会 （26） 2008.5

「飛瀧山了義寺」見学会 了義寺の歴史的説明・本堂板戸絵境内見学 講師・武山弘斉住職（視察研究）（田邊永一）「於保為」 大井町郷土史研究会 （26） 2008.5

蓮生寺

蓮生寺と歌舞伎役者澤村田之助（平本元一）「阿夫利 ： 厚木市文化財協会会報」 厚木市文化財協会 （18） 2007.2

六所宮

NOTE 鎌倉永福寺と六所宮（深澤靖幸）「あるむぜお ： 府中市郷土の森博物館だより」 府中文化振興財団府中市郷土の森博物館 65 2003.9

六所神社

相州六所神社鑰取役出縄主水・懲胡隊と戈辰戦争―白川家配下神職の草莽隊運動（早田旅人）「自然と文化 ： 平塚市博物館研究報告」 平塚市博物館 （33） 2010.03

明治初期の神職をめぐる裁判とその特質―相州六所神社の神主職をめぐる裁判と神祇官・神奈川県（早田旅人）「自然と文化 ： 平塚市博物館研究報告」 平塚市博物館 （34） 2011.03

六代御前塚墓

六代御前塚墓の伝承聞書（三浦澄子）「手帳 ： 逗子の郷土誌」 手帳の会 170 2002.3

若宮大路

鎌倉若宮大路のまちなみと仏像を訪ねて（内海岩男）「三浦半島の文化」 三浦半島の文化を考える会 （11） 2001.10

若宮八幡

県内歴史研究 横浜・川崎方面 県立歴史博物館・川崎大師とその周辺・若宮八幡・池言坊など（視察研究）（中根三郎）「於保為」 大井町郷土史研究会 （26） 2008.5

若宮八幡社

若宮八幡社寛保2年銘の梵鐘（小池聡，堀田孝博）「大和市史研究」 大和市文化スポーツ部 24 1998.3

鷲ヶ峰

石仏に触れた小説「鷲ヶ峰物語」新田次郎（関口渉）「野仏 ： 多摩石仏の会機関誌」 多摩石仏の会 45 2014.07

北陸甲信越

加越能

加越能の陶磁器埋納（垣内光次郎）「貿易陶磁研究」 日本貿易陶磁研究会 17 1997.9

北国

民俗夜ばなし―北国の農山村から（浅野明）「あしなか」 山村民俗の会 288 2010.04

甲信越

三田村佳子著『里神楽ハンドブック―福島・関東・甲信越』（書誌紹介）（小野寺節子）「日本民俗学」 日本民俗学会 通号247 2006.8

三田村佳子著『里神楽ハンドブック 福島・関東・甲信越』（書籍紹介）（大舘勝治）「民具研究」 日本民具学会 （134） 2006.9

小海線

小海線沿線の梵鐘二口（佐藤郁太）「史迹と美術」 史迹美術同攷会 79（6）通号796 2009.06

越

越における古代の伝承と継体天皇推戴の歴史的環境（4）～（6）（藪下昇一）「江渟の久爾」 江沼地方史研究会 （43）/（46） 1998.4/2001.4

越の八口を平けての謎―出雲国風土記（石村禎久）「季刊文化財」 島根県文化財愛護協会 93 2000.2

八俣のオロチの史実性を探る―越の八俣・八口と四隅突出型墳丘墓（梶谷実）「大社の史話」 大社史話会 （159） 2009.06

越国

越国の「をに」（中野譲）「六甲倶楽部報告」 六甲倶楽部 71 2004.12

越の国

島からのことづて（6）最終回 越の国巡礼―幕末維新長州僧の足跡をたどる旅（安渓遊地，安渓貴子）「東北学．［第2期］」 東北芸術工科大学東北文化研究センター，柏書房（発売）（30） 2012.02

信越

信越の浄土真宗教団の動向（青山始義）「長野」 長野郷土史研究会 227 2003.1

北陸

石仏紹介（7）大随求菩薩（柳沢栄司）「北陸石仏の会々報」 北陸石仏の会 17 1998.3

素人の石仏行脚（中川達）「北陸石仏の会研究紀要」 北陸石仏の会 通号2 1998.5

古代北陸における官寺・山寺・里寺（出越茂和）「石川考古学研究会会誌」 石川考古学研究会 42 1999.3

柿渋の民俗覚え書き（稗田美穂子）「北陸の民俗」 富山民俗の会 17 1999.3

こやし上げ（汲み取り）の民俗（福田弘光）「北陸の民俗」 富山民俗の会 17 1999.3

シンポジウム 北陸の雨乞「北陸の民俗」 富山民俗の会 17 1999.3

石仏はマニアの世界か（石田哲弥）「北陸石仏の会々報」 北陸石仏の会 19 1999.4

石仏紹介（10）雨宝童子石像（柳沢栄司）「北陸石仏の会々報」 北陸石仏の会 20 1999.9

北陸の暮らしと祭り（渡辺良正）「民俗文化」 近畿大学民俗学研究所 通号12 2000.3

《北陸特集》「民俗文化」 近畿大学民俗学研究所 通号12 2000.3

書評と紹介 小口雅史編著『デジタル古文書集 日本古代土地経営関係史料集成―東大寺領・北陸編』（足立尚計）「福井市立郷土歴史博物館研究紀要」 福井市立郷土歴史博物館 （9） 2001.3

石仏紹介（11）題目交通安全地蔵（柳沢栄司）「北陸石仏の会々報」 北陸石仏の会 （23） 2001.4

かたくりの花を見ていた不動明王（西田栄一）「北陸石仏の会研究紀要」 北陸石仏の会 （4） 2001.4

鳥居考（尾田武雄）「北陸石仏の会研究紀要」 北陸石仏の会 （4） 2001.4

狛犬について一考察―逆立ち狛犬が日本海側に何故多いの？（五十嵐一雄）「北陸石仏の会研究紀要」 北陸石仏の会 （4） 2001.4

挿絵（鈴木助晴）「北陸石仏の会研究紀要」 北陸石仏の会 （4） 2001.4

石仏を文化財として光をあてる（北村市朗）「北陸石仏の会研究紀要」 北陸石仏の会 （4） 2001.4

真宗王国に石仏を訪ねて（北野正明）「北陸石仏の会研究紀要」 北陸石仏の会 （4） 2001.4

《第25回北陸三県民俗の会年会記録―2000》「北陸の民俗」 富山民俗の会 18 2001.8

〈自由課題〉トキの話その他（金子玲子）「北陸の民俗」 富山民俗の会 18 2001.8

〈共通課題―名付け〉「北陸の民俗」 富山民俗の会 18 2001.8

「名付け」を考える―主に地名の類型について（北島俊朗）「北陸の民俗」 富山民俗の会 18 2001.8

シンポジウム 「名付け」「北陸の民俗」 富山民俗の会 18 2001.8

石仏紹介（12）増archのかまど童（柳沢栄司）「北陸石仏の会々報」 北陸石仏の会 （24） 2001.9

《第26回北陸三県民俗の会年会記録―2001》「北陸の民俗」 富山民俗の会 19 2002.3

〈共通課題―供え物〉「北陸の民俗」 富山民俗の会 19 2002.3

〈自由課題〉「北陸の民俗」 富山民俗の会 19 2002.3

シンポジウム 「供え物」「北陸の民俗」 富山民俗の会 19 2002.3

北陸の円形字名号塔―無智光導行者の団子念仏碑（平井一雄）「日本の石仏」 日本石仏協会，青娥書房（発売）（102） 2002.6

おしゃべりな石仏（深山節代）「北陸石仏の会研究紀要」 北陸石仏の会 （5） 2002.6

地蔵さんだけが知っている（1）（中川達）「北陸石仏の会研究紀要」 北陸石仏の会 （5） 2002.6

ラジオで「今狛犬が面白い」を聞いて（北村市朗）「北陸石仏の会研究紀要」 北陸石仏の会 （5） 2002.6

一里塚と寺内町（堀宗夫）「北陸の中世城郭」 北陸城郭研究会 12 2002.7

摩利支天を戴く相撲取碑（平井一雄）「北陸石仏の会々報」 北陸石仏の会 （26） 2002.9

石仏紹介（14）輪頭光に火炎宝珠のある地蔵（柳沢栄司）「北陸石仏の会々報」 北陸石仏の会 （27） 2003.4

峠の石碑―通駒轆紀念碑（斉藤善夫）「北陸石仏の会研究紀要」 北陸石仏の会 （6） 2003.6

五輪塔を見て歩いて考えたこと（北村市朗）「北陸石仏の会研究紀要」 北陸石仏の会 （6） 2003.6

人形の種々相（今村充夫）「北陸の民俗」 富山民俗の会 20 2003.8

シンポジウム 人形をめぐる習俗と課題「北陸の民俗」 富山民俗の会 20 2003.8

近畿・東海・北陸ブロック民俗芸能大会について（有井広幸）「文化財レポート」 京都文化財団 13 2004.3

北陸地方における越前式唐破風屋根付墓標の分布に関する考察（三井紀生）「江渟の久爾」 江沼地方史研究会 （49） 2004.4

石仏紹介（15）頭上に文字を刻む観音（柳沢栄司）「北陸石仏の会々報」 北陸石仏の会 （28） 2004.4

漂泊の石仏三体（平井一雄）「北陸石仏の会々報」 北陸石仏の会 （29） 2004.9

石仏を訪ねる旅（北村市朗）「北陸石仏の会研究紀要」 北陸石仏の会 （7） 2004.12

講演 北陸における本願寺一門の動向（草野顕之）「加能史料研究」 石川県地域史研究振興会 17 2005.3

シンポジウム 「稲作手順」《第29回 北陸三県民俗の会年会記録》―〈共通課題―稲作手順（機械化以前）〉「北陸の民俗」 富山民俗の会 22 2005.3

石仏紹介（17）一字金輪仏頂尊（柳沢榮司）「北陸石仏の会々報」 北陸石仏の会 （30） 2005.5

共通論題基調講演 町づくりの祭―伝統と新しい試み（第30回北陸三県民俗の会年会記録 2005）（橋本裕之）「北陸の民俗」 富山民俗の会 23 2005.08

シンポジウム 町づくりの祭―伝統と新しい試み（第30回北陸三県民俗の会年会記録 2005）「北陸の民俗」 富山民俗の会 23 2005.08

石仏と辻堂の習俗（尾田武雄）「北陸石仏の会々報」 北陸石仏の会 （31） 2005.10

石仏紹介（18）弘法大師由来（柳澤榮司）「北陸石仏の会々報」 北陸石仏の会 （31） 2005.10

石仏の周辺の調査雑感（尾田武雄）「北陸石仏の会々報」 北陸石仏の会 （31） 2005.10

真宗と石仏―特に法蔵菩薩五劫思惟像の石仏について（尾田武雄）「北陸石仏の会研究紀要」 北陸石仏の会 （8） 2005.12

北陸甲信越　郷土に伝わる民俗と信仰

祈禱札の「〆」は「封」である（佐伯安一）「北陸石仏の会研究紀要」　北陸石仏の会　（8）　2005.12

旧門前町の結婚と出産（《第31回 北陸三県民俗の会年会記録》）（加賀純子）「北陸の民俗」　富山民俗の会　24　2007.3

真宗村落の墓制と社会構造─無墓制と墓上植樹をめぐって（《第31回 北陸三県民俗の会年会記録》─《共通課題─真宗と地域》）（本林靖久）「北陸の民俗」　富山民俗の会　24　2007.3

シンポジウム「真宗と地域」（《第31回 北陸三県民俗の会年会記録》）「北陸の民俗」　富山民俗の会　24　2007.3

北陸の民謡と秋田民謡との関わり─民謡緊急調査のデータベース化から（小田島清朗）「秋田民俗」　秋田文化出版　（33）　2007.6

『日本近世生活絵引』の作成をめざして─近世の北陸農村と松前地漁村の人びとの暮らしと生業（《特集 公開研究会「人びとの暮らしと生業─『日本近世生活絵引』作成への問題点をさぐる─」を振り返って》）（田島佳也）「非文字資料研究」　神奈川大学21世紀COEプログラム拠点推進会議　（16）　2007.6

花嫁のれんと袱紗の移り変わり（《第32回 北陸三県民俗の会年会記録》─《共通課題─食の伝承（郷土料理、特産、保存食）》）（東條さやか）「北陸の民俗」　富山民俗の会　25　2008.3

シンポジウム「北陸の食」（《第32回 北陸三県民俗の会年会記録》）「北陸の民俗」　富山民俗の会　25　2008.3

流れてきた地蔵さま（池田紀子）「北陸石仏の会研究紀要」　北陸石仏の会　（9）　2008.6

自由課題 狐の民俗あれこれ─特に火との関わりを中心に（第33回北陸三県民俗の会年会記録 2008）（森俊）「北陸の民俗」　富山民俗の会　26　2008.08

共通課題基調講演 民俗的な稲荷信仰の諸相（第33回北陸三県民俗の会年会記録 2008）（大森惠子）「北陸の民俗」　富山民俗の会　26　2008.08

「あえのこと」屋敷神」のお稲荷様（第33回北陸三県民俗の会年会記録 2008─共通課題─北陸の稲荷信仰）（西山郷史）「北陸の民俗」　富山民俗の会　26　2008.08

シンポジウム 北陸の稲荷信仰（第33回北陸三県民俗の会年会記録 2008─共通課題─北陸の稲荷信仰）「北陸の民俗」　富山民俗の会　26　2008.08

学術講演 佐渡と北陸の霊場（田上善夫）「日本佐渡学」　日本佐渡学会　（10）　2008.10

海辺の山岳寺院（2）北陸の山岳寺院を訪ねて（上野川勝）「唐澤考古」　唐沢考古会　（28）　2009.05

一向一揆の勃興（日水護）「北陸の中世城郭」　北陸城郭研究会　（19）　2009.07

付録DVD 一向一揆の勃興「北陸の中世城郭」　北陸城郭研究会　（19）　2009.07

北陸の風の祭礼（研究発表）（田上善夫）「日本佐渡学」　日本佐渡学会　（11）　2009.12

蛍狩りの近代─〈磯場〉から〈公園〉へ（第34回 北陸三県民俗の会年会記録─共通課題─環境と民俗）（大門哲）「北陸の民俗」　富山民俗の会　27　2010.03

狩り小屋の民俗─主としてドヤを中心に（第34回 北陸三県民俗の会年会記録─共通課題─環境と民俗）（森俊）「北陸の民俗」　富山民俗の会　27　2010.03

里の虫との関わり（第34回 北陸三県民俗の会年会記録─共通課題─環境と民俗）（山岸誉）「北陸の民俗」　富山民俗の会　27　2010.03

ブリをきこしめす神々─北陸の魚が彩る神饌（研究発表大会要旨）（松山充宏）「富山史壇」　越中史壇会　（163）　2010.12

北陸における熊野信仰（高岡千栄子）「石川郷土史学会々誌」　石川郷土史学会　（43）　2010.12

『カッパ』伝承医学の主として（第32回例会 会員研究発表）（飛見立郎）「北陸医史」　北陸医史学会　（33）　2011.02

剣城の落城 北陸本願寺教団の崩壊（1）（安達政司）「故郷乃研究」　白山市教育委員会　（6）　2011.03

いま、村は…─典型的な「混住」のりんご村（第35回北陸三県民俗の会年会記録─共通課題─北陸のムラ（宮座、若者組、混住化、限界集落））（奥野達夫）「北陸の民俗」　富山民俗の会　28　2011.03

自由課題 伝承される菖蒲叩き（第35回北陸三県民俗の会年会記録）（白岩初志）「北陸の民俗」　富山民俗の会　28　2011.03

自由課題 犯罪と民俗─脱糞と丑の刻詣り（第35回北陸三県民俗の会年会記録）（真山武志）「北陸の民俗」　富山民俗の会　28　2011.03

シンポジウム「北陸のムラ」（第35回北陸三県民俗の会年会記録）「北陸の民俗」　富山民俗の会　28　2011.03

准胝観音の三界萬霊塔（平井一雄）「北陸石仏の会々報」　北陸石仏の会　（38）　2011.05

会員報告 数を競う念仏塔（滝本やすし）「北陸石仏の会々報」　北陸石仏の会　（38）　2011.05

北辰星（滝本やすし）「北陸石仏の会々報」　北陸石仏の会　（39）　2011.09

北陸本願寺教団の崩壊（2）─親鸞の生い立ち（安達政司）「故郷乃研究」　白山市教育委員会　（7）　2012.03

婆珊婆演底主夜神（滝本やすし）「北陸石仏の会々報」　北陸石仏の会　（40）　2012.04

報告 北陸及び飛騨における寺院城郭（類似）遺構（特集II 根来寺の「要害」）（佐伯哲也）「和歌山城郭研究」　和歌山城郭調査研究会　（11）　2012.4

北陸三県の祐天名号塔（特集 石仏探訪（10））（滝本やすし）「日本の石仏」　日本石仏協会，青娥書房（発売）　（142）　2012.06

河灌様（滝本やすし）「北陸石仏の会々報」　北陸石仏の会　（41）　2012.09

北陸本願寺教団の崩壊（3）（真山武志）「故郷乃研究」　白山市教育委員会　（8）　2013.03

町名は歴史をひもとくパスワード（北陸三県民俗の会第37回年会記録 2012─共通課題 北陸の地域おこし─伝統と創造）（晒谷和子）「北陸の民俗」　富山民俗の会　30　2013.03

二つのかんこ踊（北陸三県民俗の会第37回年会記録 2012─共通課題 北陸の地域おこし─伝統と創造）（坂本育子）「北陸の民俗」　富山民俗の会　30　2013.03

北陸地方の八大龍王（滝本やすし）「北陸石仏の会々報」　北陸石仏の会　（42）　2013.04

北陸地方の八大龍王（特集 石仏探訪XI）（滝本やすし）「日本の石仏」　日本石仏協会，青娥書房（発売）　（146）　2013.06

中世前期における白山信仰日吉信仰全国伝播についての一考察（1）─北陸を中心として（平泉隆房）「日本学研究」　金沢工業大学日本学研究所　（16）　2013.12

法道仙人と陰陽道（尾田武雄）「北陸石仏の会研究紀要」　北陸石仏の会　（11）　2014.03

講演会「曹洞宗・北陸にはじまり全国への伝播、展開」（伊藤良久氏 駒沢大学講師）（世田谷区誌研究会25年度の記録（講演会、見学会））（武居義之）「せたかい : 歴史さろん」　世田谷区誌研究会　（66）　2014.07

北陸方言の諸相（簑島良二）「とやま文化」　富山民俗の会　（82）　2014.03

近畿・東海・北陸（各地の民俗芸能（第55回ブロック別民俗芸能大会の報告））（宮田繁幸）「民俗芸能」　民俗芸能刊行委員会　（94）　2014.11

北陸新幹線

連載コラム 生きた町の歴史を知ろう（3）北陸新幹線延伸と善光寺参り絵解き図（小林竜太郎）「長野」　長野郷土史研究会　（295）　2014.6

新潟県

相川

相川の橘屋と大乗寺観音堂西国巡礼観音―良寛の母おのぶ生家の一面（計良勝範）「越佐研究」 新潟県人文研究会 59 2002.5

相川音頭に見る佐渡の地震（細山謙之輔）「佐渡郷土文化」 佐渡郷土文化の会 100 2002.10

川口町相川のサイノカミ（五十嵐東）「高志路」 新潟県民俗学会 （349） 2003.8

民謡の宝庫・佐渡の相川音頭に思う（篠崎澄子）「史談」 安蘇史談会 （30） 2014.05

近世初期における本願寺教団の佐渡での展開について―とくに鉱山町相川にして（小林祐玄）「佐渡地域誌研究」 佐渡地域誌研究会 （12） 2014.12

相川道

天保年間往還絵図でたどる相川道中―五味川地蔵から東福城址へ（渡辺信吾）「佐渡地域誌研究」 佐渡地域誌研究会 （1） 2002.7

相川町

佐渡の庚申信仰―相川町を事例として（研究発表）（新保哲）「日本佐渡学」 日本佐渡学会 （11） 2009.12

間神社

小口（旧新関村）の間神社とカッパ伝説《新潟県の河童特集》（羽下貴美，伊藤治子，蒲原宏）「高志路」 新潟県民俗学会 （359） 2006.3

青木新田

青木新田（六日町 旧大巻村） 神明社の献額について（細矢菊治）「魚沼文化」 魚沼文化の会 41 1997.11

蒼柴神社

悠久山と蒼柴神社の由来（水澤美穂）「越佐の地名」 越後・佐渡の地名を語る会 （9） 2009.07

震災の被災文化財修復について―長岡市蒼柴神社の備前焼狛犬の例から（研究ノート）（山本哲也）「新潟県立歴史博物館研究紀要」 新潟県立歴史博物館 （15） 2014.03

青海神社

古墳時代の祭器発見（青海神社）（尾崎高宏）「かも市史だより」 ［加茂市教育委員会］市史編さん室 （4） 2001.10

青海神社の神仏分離小論（中澤資裕）「加茂郷土誌」 加茂郷土調査研究会 （28） 2006.1

青柳家

木喰仏油彩画シリーズ（5）―白衣観音・青柳家（石井清嗣）「微笑佛」 全国木喰研究会 （13） 2005.7

阿賀北

阿賀北の中世石仏（永澤幸一）「新潟考古」 新潟県考古学会 （13） 2002.3

東蒲原郡及び阿賀北地域の飯豊山塔と飯豊山信仰について（斎藤義信）「阿賀路 ：東蒲原郡郷土誌」 阿賀路の会 41 2003.5

揚北

揚北の紀年銘板碑（水沢幸一）「新潟史学」 新潟史学会 通号39 1997.10

赤倉

十日町市赤倉の二十三夜講に参加して（五十嵐稔）「新潟の生活文化 ：新潟県生活文化研究会誌」 新潟県生活文化研究会 （9） 2002.10

二十三夜講の食事―十日町赤倉地域の伝統行事から（小野塚美代子）「新潟の生活文化 ：新潟県生活文化研究会誌」 新潟県生活文化研究会 （9） 2002.10

赤坂

燕市下粟生津赤坂諏訪神社の「四季耕作図絵馬」について（講演記録より）（五十嵐稔）「越後吉田町毛野賀多里」 吉田町教育委員会 （16） 2007.3

赤坂諏訪神社

新潟県吉田町 赤坂諏訪神社の「四季耕作図絵馬」（五十嵐稔）「民具マンスリー」 神奈川大学 38（12）通号456 2006.3

赤崎神社

宮小路 赤崎神社の御神体移し（諸橋悦子）「高志路」 新潟県民俗学会

通号333 1999.8

赤沢

上越市吉川区赤沢地区の庚申講（青山増雄）「石仏ふぉーらむ」 新潟県石仏の会 （8） 2008.3

阿賀市

阿賀市から見える雪形と地名―そして五頭山地の神々（廣田康也）「越佐の地名」 越後・佐渡の地名を語る会 （9） 2009.7

明石堂

史談 「伝・縮布の始祖堀将俊と明石堂の由縁」（折田龍太郎）「小千谷文化」 小千谷市総合文化協会『小千谷文化』編集委員会 （214・215） 2014.03

赤田神社

赤田神社と神輿の由来［1］,（2）（広川克郎）「刈羽村文化」 刈羽村郷土研究会 （77）/（78） 2004.2/2004.7

赤塚

赤塚地区の俗称地名（2）（並松景政）「越後赤塚」 赤塚郷土研究会 （15） 1999.3

赤塚の風習・ならわし（飯田素州）「越後赤塚」 赤塚郷土研究会 （15） 1999.3

富士浅間社と鳥居（飯田喜三郎）「越後赤塚」 赤塚郷土研究会 （16） 2001.3

赤塚地区の俗称地名（並松景政）「越後赤塚」 赤塚郷土研究会 （16） 2001.3

赤塚の方言（1）〜（8）（飯田素州）「越後赤塚」 赤塚郷土研究会 （16）/（23） 2001.3/2012.7

赤塚の方言について（朝妻千鶴子）「越後赤塚」 赤塚郷土研究会 （16） 2001.3

赤塚祭り再生ルネッサンス（涌井晴之）「越後赤塚」 赤塚郷土研究会 （17） 2006.6

延命地蔵尊彫縁起「越後赤塚」 赤塚郷土研究会 （18） 2007.6

願正寺資料と赤塚（飯田素州）「越後赤塚」 赤塚郷土研究会 （21） 2010.7

お正月（朝平山雲）「越後赤塚」 赤塚郷土研究会 （22） 2011.07

寺院の紹介（朝平山雲）「越後赤塚」 赤塚郷土研究会 （22） 2011.07

赤塚地域の歌 赤塚小唄 鷭（もや）/赤塚の盆踊り歌/谷内の盆踊り歌/赤塚甚句/赤塚尋常高等小学校の応援歌/赤塚小学校校歌/わらべ唄（お手だま用）/かぞえ唄（てまり用）/西蒲原郡の歌/赤塚中学校校歌/赤塚中学校応援歌その2/赤塚中学校応援歌その1/佐渡音頭/木山小学校校歌「越後赤塚」 赤塚郷土研究会 （25） 2014.07

神明社の鳥居・手水舎再建される（飯田哲男）「越後赤塚」 赤塚郷土研究会 （25） 2014.07

赤塚の伝説・言い伝え 飴屋の幽霊/長島佐太郎/佐渡に沈んだ海賊船/てんほうなし/門兵衛さんの正夢/三倍の由来/赤塚の忌み日/木戸千軒が水没/赤塚城と陰陽道/武士塚/花が坂/中原家の献金/光り塚/諏訪の樹と蛇/九頭竜権現と吉古神社/富山の薬の普及/旧庄屋石黒家/油屋藤七家/石黒茂雄の駕籠訴/良寛さんが赤塚を訪ねる（事務局）「越後赤塚」 赤塚郷土研究会 （25） 2014.07

赤塚神社

赤塚神社太々神楽と楽人のこと（中野敏夫）「越後赤塚」 赤塚郷土研究会 （15） 1999.3

赤塚神社と郷土の歴史（真田雅行）「越後赤塚」 赤塚郷土研究会 （22） 2011.07

赤塚神社・真田家史料「越後赤塚」 赤塚郷土研究会 （22） 2011.07

赤塚神社再建見積書と棟札（飯田喜三郎）「越後赤塚」 赤塚郷土研究会 （23） 2012.07

阿賀野川流域

阿賀野川流域の厄祓人形《道祖神特集》（石本敏也）「西郊民俗」 ［西郊民俗談話会］ （200・201） 2007.9

五泉市幅の百万遍行事―阿賀野川流域の藁製祭具（石本敏也）「高志路」 新潟県民俗学会 （386） 2012.11

阿賀野市

阿賀野市の親鸞伝承と遺蹟（旗野博）「新潟県文人研究」 越佐文人研究会 （15） 2012.11

北陸甲信越　　　　　郷土に伝わる民俗と信仰　　　　　新潟県

阿賀町

記録 第2回阿賀町郷土資料展 阿賀町の年中行事（五十嵐義昭）「阿賀路 : 東蒲原郡郷土誌」 阿賀路の会　45　2007.5

阿賀町五十嵐家の婚姻儀礼にかんする資料について（門口実代）「新潟県立歴史博物館研究紀要」 新潟県立歴史博物館　（9）2008.3

阿賀南

阿賀南の古代・中世鉱工業と石動信仰（金子達）「レポート加茂市史」 加茂市　2　2003.3

阿賀南の虚空蔵信仰（金子達）「加茂郷土誌」 加茂郷土調査研究会（35）2013.05

秋葉三尺坊

越後長岡・栃尾の「蔵王権現」と「秋葉三尺坊」の検証（石田哲彌）「頸城文化」 上越郷土研究会　（58）2010.09

秋山郷

越後秋山郷における庚申講の形成過程—オオド・コド・マゴドから（町田葉子）「日本民俗学」 日本民俗学会　通号212　1997.11

秋山郷の民家（小林幹子）「高志路」 新潟県民俗学会　（345）2002.9

秋山郷の眼病平癒の神々（伊藤治子）「高志路」 新潟県民俗学会　（345）2002.9

民家・町並み探訪（4）日本一の豪雪地帯・秋山郷（会員サロン）（岡村昇二）「大阪都市文化研究会会報」 大阪都市文化研究会　（136）2006.2

旦飯野神社

競馬思い出ばなし 伝統宮下旦飯野神社奉納競馬あれこれ（斎藤清也）「五頭郷土文化」 五頭郷土文化研究会　55　2005.12

浅原神社

片貝祭り（浅原神社秋季大祭）の歴史 平成15年12月ヤヨイ大学講演（原稿）より［1］、（2）（吉井和夫）「小千谷文化」 小千谷市総合文化協会『小千谷文化』編集委員会　（208）／（209）2012.07／2012.12

阿蔵田観音堂

阿蔵田観音堂守護記（政金富司）「微笑佛」 全国木喰研究会　（18・19）2012.03

雨乞山

雨乞山伝承と水源のこと（小林孝）「彌彦郷土誌」 弥彦村教育委員会　14　1999.1

天津神社

コラム 天津神社舞楽（《特集 雅楽と舞楽II》）（加藤健司）「季刊悠久.第2次」 鶴岡八幡宮悠久事務局　（114）2009.01

綾子舞

綾子舞古文書発見（大野弘雄）「新潟の生活文化 : 新潟県生活文化研究会誌」 新潟県生活文化研究会　（9）2002.10

平成15年度民俗芸能学会大会シンポジウム いまなぜ綾子舞か（須藤武子，伊東勉，林和利，和田修，鳥越文蔵，山路興造）「民俗芸能研究」 民俗芸能学会　（37）2004.10

新潟大学人文学部芸能論 平成12・13、15年度調査報告—柏崎市女谷の綾子舞（1）、（2）（新潟大学人文学部芸能論ゼミ）「佐渡・越後文化交流史研究」 新潟大学大学院現代社会文化研究科プロジェクト佐渡・越後の文化交流史研究　（5）／（6）2005.3／2006.3

ユライ覚書—綾子舞の被り物をめぐって（《小特集 綾子舞》）（渡邉三四一）「民俗と風俗 : the journal of the Chubu Branch, the Japanese Society for History of Manners and Customs」 日本風俗史学会中部支部　（15）2005.3

綾子舞 ユライの被り方（資料）（《小特集 蔵子舞》）（佐塔豊淑鳳）「民俗と風俗 : the journal of the Chubu Branch, the Japanese Society for History of Manners and Customs」 日本風俗史学会中部支部　（15）2005.3

綾子舞の特徴—踊の構成と「扇の手」（資料）（《小特集 綾子舞》）（須藤武子）「民俗と風俗 : the journal of the Chubu Branch, the Japanese Society for History of Manners and Customs」 日本風俗史学会中部支部　（15）2005.3

綾子舞の由来（布施文雄）「柏崎・刈羽」 柏崎刈羽郷土史研究会　（37）2010.04

綾子舞と文子舞について 「遊歴雑記」「巨子夜話」と地元古文書から（高橋克英）「柏崎・刈羽」 柏崎刈羽郷土史研究会　（38）2011.04

荒沢不動明王

資料紹介 荒沢不動明王略縁起（高橋亀司郎）「おくやまのしょう : 奥山荘郷土研究会誌」 奥山荘郷土研究会　（26）2001.3

新津

新津の伝説地名「稚児の墓」の研究（星名忠直）「越佐の地名」 越後・佐渡の地名を語る会　（8）2008.3

粟島

粟島の萱舟作り（《盆行事特集》）（岩野笙子）「高志路」 新潟県民俗学会（368）2008.8

七夕船（鈴木八五男コレクション）／海の浄土、岩船と粟島／本間美代子さんと「ふるさと岩船」／「豊かな海つくり」／岩船の過去 村上良助翁記（《特集 海の浄土、岩船と粟島》）「岩船学」 ［岩船学編集委員会］（4）2009.03

安禅寺

平成の修理に見る蔵王安禅寺に伝わる仏像群（鰐渕好輝）「長岡郷土史」 長岡郷土史研究会　通号46　2009.05

蔵王安禅寺領政の実情—宝暦の飢饉を中心として（田所和雄）「長岡郷土史」 長岡郷土史研究会　通号46　2009.05

安楽寺

伝説の観音霊場 補陀山安楽寺（幸田昭）「越後吉田町毛野賀多里」 吉田町教育委員会　8　1998.10

米納津の安楽寺（2）（東幸田家文書）（幸田昭）「越後吉田町毛野賀多里」 吉田町教育委員会　9　1999.10

飯綱神社

新潟県の戸隠・飯綱神社（山崎進）「長野」 長野郷土史研究会　（246）2006.4

飯豊山

飯豊山の山名由来私考（五十嵐力）「おくやまのしょう : 奥山荘郷土研究会誌」 奥山荘郷土研究会　（26）2001.3

東蒲原郡及び阿賀北地域の飯豊山塔と飯豊山信仰について（斎藤義信）「阿賀路 : 東蒲原郡郷土誌」 阿賀路の会　41　2003.5

飯豊山神社

飯豊山神社と飯豊神社（五十嵐力）「おくやまのしょう : 奥山荘郷土研究会誌」 奥山荘郷土研究会　（36）2011.03

飯豊町

飯豊町「山名由来」考察 飯豊天皇（飯豊青ノ尊説）（五十嵐力）「おくやまのしょう : 奥山荘郷土研究会誌」 奥山荘郷土研究会　（35）2010.3

五十島

合併した百万遍行事—新潟県東蒲原郡阿賀町五十島の三地区（石本敏也）「高志路」 新潟県民俗学会　（377）2010.09

雷

雷の民家（小林幹子）「高志路」 新潟県民俗学会　通号334・335　1999.11

山北町雷の喪葬・墓制・供養（鈴木秋彦）「高志路」 新潟県民俗学会　通号334・335　1999.11

雷の大正月と小正月（矢部キヨ）「高志路」 新潟県民俗学会　通号334・335　1999.11

山北町雷の正月行事（金田文男）「高志路」 新潟県民俗学会　（348）2003.5

五十嵐浜

五十嵐浜地名新考（補遺3）海村五十嵐浜村立ちの鰯大漁伝承と干鰯（馬場昂）「越佐の地名」 越後・佐渡の地名を語る会　（8）2008.3

石井神社

柏崎市西山町石地石井神社に伝わる大和舞（神楽）と江戸時代末期から明治初期における祠官山岸氏の兼帯神社一序（荻美津夫）「佐渡・越後文化交流史研究」 新潟大学大学院現代社会文化研究科プロジェクト佐渡・越後の文化交流史研究　（8）2008.3

石井荘

11世紀中葉の東大寺領越後国石井荘について—研究史の再検討（市沢哲）「上越市史研究」 上越市　4　1999.3

石名

カカズユリと嫁の位置—新潟県佐渡郡相川町石名におけるセンダク事例の一考察（呉賢欄）「日本民俗学」 日本民俗学会　通号240　2004.11

出浦

逆巻と出浦の正月行事（金田文男）「高志路」 新潟県民俗学会　（345）2002.9

泉

牧村泉地区の稲作と民具（五十嵐稔）「高志路」 新潟県民俗学会　（341）2001.9

板倉

座談会 板倉白山神社の『白山大権現』文書と南部屋製の太鼓をめぐって（三ツ俣唯一郎，三俣多吉，三俣正，三俣陽，山田伸治，山田定太，山根力男，三俣孝，近藤祐治，斉藤孝，松島一心，藤沢靖介，橋本要，石田貞）「明日を拓く」 東日本部落解放研究所，解放書店（発売）29

板倉町

板倉町の馬頭観世音像・碑の調査―故大場厚順先生を偲んで（佐藤幸雄）「頸城文化」 上越郷土研究会 （61）2013.09

板山

流通からみた盆行事の変容―新発田市板山の事例（《盆行事特集》）（鈴木秋彦）「高志路」 新潟県民俗学会 （368）2008.8

新発田市板山の狩猟伝承（鈴木秋彦）「新発田郷土誌」 新発田郷土研究会 （38）2010.3

板山不動尊洞窟

板山不動尊洞窟を訪ねて（島田常雄）「日本の石仏」 日本石仏協会，青娥書房（発売）通号84 1997.12

一宮神社

広神村地平の十二講と一宮神社の農具市（佐藤和彦）「魚沼文化」 魚沼文化の会 43 2000.9

前嶋橋と一宮神社農具市（佐藤和彦）「魚沼文化」 魚沼文化の会 （56）2008.8

糸魚川

貞伝仏（銅造阿弥陀如来立像）について（榊正喜）「糸魚川郷土研究」 糸魚川郷土研究会 （1）2004.8

糸魚川地域の稚児舞楽の一考察（土田孝雄）「頸城文化」 上越郷土研究会 （57）2009.10

糸魚川市

糸魚川市の小正月行事を訪ねて（佐藤和彦）「魚沼文化」 魚沼文化の会 （52）2006.11

糸魚川市の年中行事（松野功）「糸魚川郷土研究」 糸魚川郷土研究会 （4）2010.02

糸魚川・能生の舞楽

知の楽しみ 能生白山神社春の大祭と舞楽（土田孝雄）「直江の津」 直江津経済文化研究会 2(1)通号5 2002.3

稲川神社

稲川性情を尋ねて―稲川神社あれこれ（河野政雄）「長岡郷土史」 長岡郷土史研究会 （41）2004.5

稲荷町

伊勢参宮道中録(1) 稲荷町 川井靖所蔵（阿部美保子，佐藤キヨ）「小千谷文化」 小千谷市総合文化協会『小千谷文化』編集委員会 （213）2013.11

猪野山

妙高山麓における木曽御嶽講滝行場の一様相―新潟県妙高市猪野山の事例（小島正巳，時枝務）「信濃［第3次］」 信濃史学会 59(7)通号690 2007.7

今保

五輪塔考（今保・極楽寺）（久米満）「頸城文化」 上越郷土研究会 （54）2006.10

今町湊

直江津今町湊の北前船と回米（続2）―川船と船絵馬について（中沢肇）「頸城文化」 上越郷土研究会 （49）1997.12

今山神社

今山神社と物部氏の足跡(1)～(3)（藤田治雄）「高志路」 新潟県民俗学会 （340）/（344）2001.7/2002.7

伊夜彦神社

〔史料紹介〕 伊夜彦神社の碑（松沢佐五重）「彌彦郷土誌」 弥彦村教育委員会 12 1997.2

弥彦神社

弥彦神社の舞楽（近藤忠造）「彌彦郷土誌」 弥彦村教育委員会 12 1997.2

弥彦神社の神仏分離（岡真須徳）「彌彦郷土誌」 弥彦村教育委員会 12 1997.2

弥彦神社の渡来神伝承（藤田治雄）「高志路」 新潟県民俗学会 通号327 1998.3

近代の神社建築 登録文化財弥彦神社について（教育委員会）「彌彦郷土誌」 弥彦村教育委員会 14 1999.1

弥彦神社の六王子（藤田治雄）「高志路」 新潟県民俗学会 通号336 2000.4

中世文書「弥彦縁起断簡」から地名を探る[1],(2)（福田則男）「越佐の地名」 越後・佐渡の地名を語る会 （1）/（2）2001.3/2002.3

弥彦神社研究40年の足跡（藤田治雄）「まきの木」 巻郷土資料館友の会 75 2001.10

弥彦神社の神仏争論（岡真須徳）「彌彦郷土誌」 弥彦村教育委員会 17 2002.3

越後一ノ宮弥彦神社参宮線（小林佐武郎）「燕郷土史考」 燕市教育委員会 36 2003.3

弥彦神社旧昭和丙申元旦事故をふりかえって（五十嵐敬吾）「彌彦郷土誌」 弥彦村教育委員会 18 2003.3

「弥彦神系譜」の再検討（藤田治雄）「高志路」 新潟県民俗学会 （352）2004.6

友の会総会講演 ここまでわかってきた私の彌彦神社研究（藤田治雄）「まきの木」 巻郷土資料館友の会 （81）2004.10

越後一宮弥彦神社の研究（藤田治雄）「越佐の地名」 越後・佐渡の地名を語る会 （6）2006.3

藤田治雄著『越後一宮弥彦神社の研究』について（亀井功）「まきの木」 巻郷土資料館友の会 （90）2009.04

特別講座 僧侶は誰がために、寺院は何がために《疑と信の結節点を求めて》―弥彦神社本地仏阿弥陀如来像焼却阻止行動から、今、何を学ぶべきか（奈倉哲三）「新潟親鸞学会紀要」 新潟親鸞学会，潟日報事業社（［発売］）9 2012.07

越後の舞楽―弥彦神社の舞楽の名称を中心に（論文）（荻美津夫）「新潟史学」 新潟史学会 （71）2014.06

岩沢

岩沢地方の天神ばやしの話（渡辺俊雄）「小千谷文化」 小千谷市総合文化協会「小千谷文化」編集委員会 148・149 1997.9

岩沢地方の「天神ばやし」の話（再掲載）（《天神ばやし 特集》）（渡邉俊雄）「小千谷文化」 小千谷市総合文化協会『小千谷文化』編集委員会 （185）2006.11

岩沢村

岩沢村・真人村の神社と祭神[1],(2)（柳幸宏）「小千谷文化」 小千谷市総合文化協会『小千谷文化』編集委員会 148・149/150 1997.9/1997.12

岩野

鳥追い歌について―真野町豊田岩野地区（日戸靖開）「佐渡郷土文化」 佐渡郷土文化の会 92 2000.2

岩船

新潟県岩船地方における曹洞宗寺院の展開に関する一考察―中世末期～近世初期を中心として（舩杉力修）「日本史学集録」 筑波大学日本史談話会 （22）1999.5

特集 写真で見る我が家の年中行事（鈴木八五男）「岩船学」 〔岩船学編集委員会〕（1）2006.3

岩船大祭ホームページ（岩船小学校6年生の学習発表会）「岩船学」 〔岩船学編集委員会〕（1）2006.3

千二百年祭/小林春次さんと「豊かな海」/岩船千二百年フォーラム/中学生科学研究（《特集 越後岩船1200年祭記録》）「岩船学」 〔岩船学編集委員会〕（3）2008.2

七夕船（鈴木八五男コレクション）/海の浄土、岩船と粟島/本間美代子さんと「ふるさと岩船」/「豊かな海つくり」/岩船の過去 村上良助翁記（《特集 海の浄土、岩船と粟島》）「岩船学」 〔岩船学編集委員会〕（4）2009.03

磐船郡

延喜式内社―沼垂郡五座・磐船郡八座（花ヶ前盛明）「頸城文化」 上越郷土研究会 （55）2007.10

岩室村

社会関係としての講集団の組織化―二つの岩室村の伊勢講（森本一彦）「日本民俗学」 日本民俗学会 通号212 1997.11

岩屋山洞窟

佐渡・岩屋山洞窟の宝篋印塔と中世の北東日本海物流（齋藤瑞穂）「新潟史学」 新潟史学会 （65）2011.05

岩山

谷根岩山 霊場「八十八ヶ所」の由来（藤井義典）「糸魚川郷土研究」 糸魚川郷土研究会 （3）2008.4

上野

上野地区の鎮守様 天満宮について[1],(2)（吉澤和平）「郷土たがみ」 田上町郷土研究会 （22）/（23）2011.06/2012.06

中店稚児神輿行列と上野稚児舞（渡邊宣孝）「郷土たがみ」 田上町郷土研究会 （22）2011.06

魚沼

魚沼紀行―瞽女三味線の伝承者、勝又貞重翁を訪ねて（板垣俊一）「新潟の生活文化 : 新潟県生活文化研究会誌」 新潟県生活文化研究会 （6）1999.9

魚沼の民具（番外）―近世著書に出てくる魚沼の民具（五十嵐稔）「新潟の

生活文化 ： 新潟県生活文化研究会誌」 新潟県生活文化研究会 （7）
2000.10

六本木健志著『江戸時代百姓生業の研究―越後魚沼の村の経済生活』（馬
場弘臣）「史潮」 [歴史学会]，同成社（発売）（54）2003.11

兵太郎狐と原の稲荷さま（池田亨）「魚沼文化」 魚沼文化の会 （48）
2004.5

鳥追いとサイの神（佐藤和彦）「魚沼文化」 魚沼文化の会 （50）2005.6

大山繭蛾と綿の民俗（池田亨）「魚沼文化」 魚沼文化の会 （55）2008.2

野兎のテサキ・アシサキなどをめぐる民俗―化粧刷毛・白粉刷毛を中心
に（天野武）「魚沼文化」 魚沼文化の会 （56）2008.8

野兎のテサキ・アシサキなどをめぐる民俗―子どもたちの遊び用を中心
に（天野武）「魚沼文化」 魚沼文化の会 （58）2009.10

魚沼山村にみる松平光長高田藩の給人知行（1） 大島荘蔵王堂の不動明王
像銘記は何を語るか（本山幸一）「越佐研究」 新潟県人文研究会 69
2012.5

伝承の語り手・ミヨキさんを語り継ぐ―昔話集『ミヨキさんのざっと
昔』編集余話（野上千恵子）「民話」 東北文教大学短期大学部民話研究
センター （34）2013.02

連載 日本・世界の昔話（15）『ミヨキさんのざっと昔』（野上千恵子他編
新潟日報事業社）（川越ゆり）「民話」 東北文教大学短期大学部民話研
究センター （34）2013.02

魚沼郡

延喜式内社―魚沼郡五座（花ヶ前盛明）「頸城文化」 上越郷土研究会
（53）2005.10

魚沼市

魚沼市の道祖神信仰にみられる性表現（大澤和正）「石仏ふぉーらむ」 新
潟県石仏の会 （9）2010.06

魚沼神社

土川・上弥彦神社（魚沼神社）阿弥陀堂（佐々木米）「小千谷文化」 小千
谷市総合文化協会『小千谷文化』編集委員会 161/162・163 2000.
10/2001.3

特集2 魚沼神社の歴史（小野坂頼甚）「小千谷文化」 小千谷市総合文化協
会『小千谷文化』編集委員会 162・163 2001.3

魚沼神社所蔵古典籍目録（鈴木俊幸，高橋章則，高橋明彦，古相正美）
「書籍文化史」 鈴木俊幸 8 2007.1

魚野川流域

魚野川流域の行者山伏と木食戒僧及び現代修験（池田亨）「微宗佛」 全国
木喰研究会 （10）2002.5

信濃川流域及び魚野川流域における差虫除けの祠堂（山崎進）「長岡市立
科学博物館研究報告」 長岡市立科学博物館 （44）2009.03

牛尾神社

文化財散歩道 新穂地区潟上牛尾神社「佐渡学センターだより」 佐渡学
センター （1）2010.02

牛ヶ島

川口町西川口および牛ヶ島の信仰（鶴巻武訓）「高志路」 新潟県民俗学会
（349）2003.8

牛込阿弥陀堂

木食弾誓上人遺跡―牛込阿弥陀堂（旧松林寺）緊急調査の概要について
（北見継仁）「佐渡地域誌研究」 佐渡地域誌研究会 （11）2013.11

牛の角突きの習俗

国指定重要無形民俗文化財 越後の「牛の角突き」と隠岐の「牛突き」の
習俗（広井忠男）「新潟史学」 新潟史学会 通号43 1999.10

民俗エッセイ 牛の角突きと異郷譚（広井忠男）「高志路」 新潟県民俗学
会 通号336 2004.4

国指定重要無形文化財民俗文化財「越後め牛の角突きの習俗」（広井忠
男）「長岡郷土史」 長岡郷土史研究会 （38）2001.5

国指定重要無形民俗文化財「越後二十村郷 牛の角突きの習俗」―周辺の
民俗学的研究（1），（2）（広井忠男）「長岡郷土史」 長岡郷土史研究会
通号43/通号44 2006.5/2007.5

国指定重要無形民俗文化財越後二十村郷の牛の角突きの習俗「引き分け
の理由と取組みのルール」（広井忠男）「高志路」 新潟県民俗学会
（369）2008.10

国重文 越後二十村郷牛の角突きの習俗 その民俗学的、動物学的考察
（広井忠男）「長岡郷土史」 長岡郷土史研究会 （51）2014.05

内ヶ巻

小千谷市内ヶ巻マキ毎の内鎮守（《小千谷市川井地区特集》）（鶴巻武則）
「高志路」 新潟県民俗学会 （371）2009.03

内野

内野の祭囃子―先太鼓を中心に（松浦良治）「内野の今昔」 内野の今昔を
語る会 （20）2002.7

「内野の祭囃子」笛と太鼓の音色の魅力（関根京子）「内野の今昔」 内野
の今昔を語る会 （21）2003.9

浦川原

浦川原地区の地名による民俗学的考察（大山清）「頸城文化」 上越郷土研
究会 （59）2011.09

浦佐毘沙門堂の裸押合

裸押合い祭りの「ねこしき」―新潟県南魚沼郡大和町浦佐（伊藤治子）
「高志路」 新潟県民俗学会 （339）2001.3

浦佐毘沙門堂の裸押合い祭り見学記（池田哲夫）「高志路」 新潟県民俗学
会 （363）2007.2

浦佐毘沙門堂裸押合いの今と昔―祭式儀礼を中心として（特集 裸祭の今
昔）（鈴木昭英）「宗教民俗研究」 日本宗教民俗学会 （20）2010.09

後須田

後須田諏訪神社の神楽舞（五十嵐稔）「かも市史だより」 [加茂市教育委
員会]市史編さん室 （10）2004.10

後須田の「地蔵講」（岩野笙子）「かも市史だより」 [加茂市教育委員会]
市史編さん室 （18）2008.10

盲目の女旅芸人瞽女 後須田の師匠 樋口フミの系譜（長谷川昭一）「加茂
郷土誌」 加茂郷土調査研究会 （32）2010.04

浦本

浦本の「さいの神」と「祇園祭」（新田善次郎）「糸魚川郷土研究」 糸魚
川郷土研究会 （2）2006.5

漆山

石仏探訪（3）―庶民信仰漆山の庚申塔（諸橋悦子）「まきの木」 巻郷土資
料館友の会 77 2002.10

漆山神社

菅江真澄が訪問した越後の漆山神社（清水川修）「菅江真澄研究」 菅江真
澄研究会 （83）2014.12

上野邑

富山県入善町上野邑地区のサイノカミ行事（金田文男）「高志路」 新潟県
民俗学会 （379）2011.02

雲上寺

妙高市教育委員会編『妙高山雲上寺宝蔵院日記の風景』（書評と紹介）
（時枝務）「山岳修験」 日本山岳修験学会，岩田書院（発売）（47）
2011.03

雲洞庵

雲洞庵（特集 直江兼続公）（田村賢一）「みなみうおぬま ： 郷土史編さん
誌」 南魚沼市教育委員会 （6）2009.02

永蓮寺

願生寺と永蓮寺のルーツ探訪（郷土史研究会県外研修）（宇佐美徳三）「越
後吉田町毛野賀多里」 吉田町教育委員会 11 2001.10

越後

越後の旅―史蹟と伝説を求めて―その1（荒嶋嘉子）「みかげ民俗」 御影
高校民俗研究会 （5）1978.09

越後の時宗と称念寺蔵一鎮上人像（川村知行）「上越市史研究」 上越市
2 1997.3

村芝居の隆盛と統制―江戸期越後の場合（滝沢繁）「新潟県立文書館研究
紀要」 新潟県立文書館 通号4 1997.3

『古事記』を舞う里―舞（太々神楽）の由来と越後における系譜（藤崎庄
一）「見附郷土誌」 見附の歴史研究会 （11）1997.7

越後瞽女のはなし（仁科叔子）「須高」 須高郷土史研究会 （45）1997.10

中世越後における時衆教団の形成と展開（松本学）「新潟史学」 新潟史学
会 通号40 1998.6

編衣・『越後アンギン』（滝沢秀一）「魚沼文化」 魚沼文化の会 42
1998.12

民謡覚書「民謡と越後」（横川令子）「立川柳田国男を読む会通信」 立川
柳田国男を読む会 （56）1999.6

国指定重要無形民俗文化財 越後の「牛の角突き」と隠岐の「牛突き」の
習俗（広井忠男）「新潟史学」 新潟史学会 通号43 1999.10

越後・雪形資料（佐久間惇一）「あしなか」 山村民俗の会 253 1999.11

越後のサイノカミ行事とサイノカミ（1），（2）（金田文男）「新潟県立歴
史博物館研究紀要」 新潟県立歴史博物館 （1）/（2）2000.3/2001.3

越後の方言語彙を探る―近郷の民話・昔話集から（1）（剱持右作）「高志
路」 新潟県民俗学会 通号336 2000.4

越後瞽女永遠に（中野松葉）「会報瞽女」 瞽女文化を顕彰する会 3
2001.2

越後・佐渡の民話―岩倉市郎と昔話伝承者牧野悦（金田文男）「新潟県立
歴史博物館研究紀要」 新潟県立歴史博物館 （2）2001.3

国指定重要無形文化財民俗文化財「越後の牛の角突きの習俗」（広井忠

男)「長岡郷土史」 長岡郷土史研究会 （38）2001.5

瞽女 芸道の軌跡（4）世に出た越後瞽女（鈴木昭英）「会報瞽女」 瞽女文化を顕彰する会 （4）2001.9

越後瞽女日記 瞽女とその社会より（斎藤真一）「会報瞽女」 瞽女文化を顕彰する会 （4）2001.9

越後の陵墓踏査に杖を曳く（安倍利男）「歴史春秋」 歴史春秋社 （55）2002.4

越後の戊辰戦争と民衆―「古幕恢復」か弥彦神社への「御祈禱」か、それとも「半税」か（中島明）「越佐研究」 新潟県人文研究会 59 2002.5

国指定重要無形民俗文化財「越後斗牛考・南部牛の旅路」（広井忠男）「長岡郷土史」 長岡郷土史研究会 （39）2002.5

国指定重要無形民俗文化財越後闘牛と伊予闘牛の習俗の比較（広井忠男）「高志路」 新潟県民俗学会 （346）2002.11

歯の神様「あごなし地蔵」―越後から隠岐島「あごなし地蔵」参拝記（岩野笙子）「昔風と当世風」 古々路の会 83 2002.11

松坂節源流考（水落忠夫）「しまうた」 しまうた文化研究会 14 2002.12

松坂節伝播の系図（佐藤清山）「しまうた」 しまうた文化研究会 14 2002.12

好評だった特別展「越後の瞽女を描く」「会報瞽女」 瞽女文化を顕彰する会 （7）2004.4

民具短信 特別展はまだ終わらない「越後の人形道祖神―異形神の系譜―」展を終えて（渡邊三四一）「民具マンスリー」 神奈川大学 38（1）通号445 2005.4

基礎調査としての民具の形態比較―越後の唐箕を事例として（石垣悟）「秋田民俗」 秋田文化出版 31 2005.6

展示批評 柏崎市立博物館「越後の人形道祖神―異形神の系譜」（浜野達也）「民具研究」 日本民具学会 （132）2005.9

インタビュー 地域を開くアートの祭り―越後奏者の大地の芸術祭から《特集 地域のいま》（北川フラム）「東北学」 [第2期]」 東北芸術工科大学東北文化研究センター，柏書房（発売）（6）2006.1

近世越後における真宗僧侶の修学（井上慶隆）「新潟親鸞学会紀要」 新潟親鸞学会，日日報事業社［〔発売〕] 3 2006.5

越後瞽女の伝承―米沢市塩井地区の開取調査から（史料紹介）（本多貴子，松田澄子）「米沢史学」 米沢史学会（山形県立米沢女子短期大学日本史学科内）（22）2006.6

古代の歴史の探訪（2）平城京の仏教・越後史話と大日堂（高橋太一郎）「おくやまのしょう」: 奥山荘郷土研究会誌 奥山荘郷土研究会 （32）2007.3

近世越後・佐渡廻船の経営と船絵馬奉納（菅瀬亮司）「郷土新潟」 新潟郷土史研究会 （48）2008.3

史料紹介 高野山清浄心院「越後過去名簿」（写本）（山本隆志）「新潟県立歴史博物館研究紀要」 新潟県立歴史博物館 （9）2008.3

越後の「太平記広説」（深滝純一）「長岡郷土史」 長岡郷土史研究会 通号45 2008.5

史料紹介 高野山清浄心院「越後過去名簿」（写本）（「新潟県立歴史博物館研究紀要」第9号）（池田亨）「魚沼文化」 魚沼文化の会 （56）2008.8

越後・佐渡の天台宗の盛衰（金子達）「加茂郷土誌」 加茂郷土調査研究会 （31）2009.02

村の職人と「近在稼」の基礎的考察―近世越後の寺院日誌から（竹田和夫）「新潟の生活文化: 新潟県生活文化研究会誌」 新潟県生活文化研究会 （15）2009.03

会津と越後の境界線をめぐる婚姻と婚礼用具―「両属」という視点から（門口実代）「東北民俗」 東北民俗の会 43 2009.06

越後の「灯籠押し」―下総地方における灯籠風流の展開（三田村佳子）「信濃 [第3次]」 信濃史学会 62（1）通号720 2010.01

越後の神事相撲習俗（広井忠男）「高志路」 新潟県民俗学会 （375）2010.02

講演 越後中世真宗史の諸問題（金龍静）「新潟親鸞学会紀要」 新潟親鸞学会，日日報事業社［〔発売〕]7 2010.05

越後最後の瞽女 小林ハルさんの周辺を探って（鈴木仁）「新潟県文人研究」 越佐文人研究会 （13）2010.12

国登録有形民俗文化財「越後の貸鍬用具」の概要 貸鍬の収集経緯と私的資料論（活動報告）（三井田忠明）「柏崎市立博物館館報」 柏崎市立博物館 （25）2011.03

遠州・越後、秋葉信仰の相克の歴史（石田哲彌）「頸城文化」 上越郷土研究会 （19）2011.09

国重要無形文化財越後闘牛開催日の習俗（広井忠男）「高志路」 新潟県民俗学会 （385）2012.09

越後アンギンについて（井上晶子）「民具研究」 日本民具学会 （146）2012.10

越後瞽女北限地帯の様態―桐生リエ瞽女の証言を通して（鈴木昭英）「高志路」 新潟県民俗学会 （386）2012.11

越中・越後の稚児舞楽（特集 記録・伝承と民俗芸能）（水原渭江）「まつり」 まつり同好会 （74）2012.12

「新潟大泉坊」「新方カウヤ」について―高野山清浄心院「越後過去名簿」を見ながら（山上卓夫）「郷土新潟」 新潟郷土史研究会 （53）2013.03

春日神社と中世の越後の関（鰐渕潤輝）「長岡郷土史」 長岡郷土史研究会 （50）2013.05

郷土史料は世界の遺産 小千谷＆越後あーかいぶす（小野坂文庫を中心に！）（10）表紙説明 九番『福印小紋帳』宮様御用達―越後上布＆縮/（11）第50回伊勢神宮「正遷宮」祝賀は小千谷でも/（12）戊辰戦争―未公開史料「小千谷＆越後の戊辰の歴史を見直す」/（13）『ふるさと・山谷のあゆみ 著者・今井一夫』を読んで（小野坂庄一）「小千谷文化」 小千谷市総合文化協会「小千谷文化」編集委員会 （213）2013.11

西窪顕山と越後・佐渡の船絵馬（菅瀬亮司）「鑑賞」 新潟文化観賞会 （35）2014.02

書籍紹介 田子了祐著『越後における真宗の展開と蒲原平野』（菅瀬亮司）「郷土新潟」 新潟郷土史研究会 （54）2014.03

越後木喰遺作 黄金のトライアングル巡り（広井忠男）「微笑佛」 全国木喰研究会 （21）2014.03

越後の舞楽―弥彦神社の舞楽の名称を中心に（論文）（荻美津夫）「新潟史学」 新潟史学会 （71）2014.06

田子了祐著『越後における真宗の展開と蒲原平野』（書評・新刊紹介）（小酒井大悟）「新潟史学」 新潟史学会 （71）2014.06

中世後期越後真言宗寺院と甲斐円性坊教雅（論文）（矢田俊文）「新潟史学」 新潟史学会 （72）2014.10

越後国

越後国の鎌倉幕府・御家人について―建治元年「六条八幡宮造営注文」から（猪爪一郎）「柏崎・刈羽」 柏崎刈羽郷土史研究会 25 1998.3

17世紀越後国における大殿山行者の活動―岩船郡牛屋村法徳寺を中心に（山沢学）「日本史学集録」 筑波大学日本史談話会 （22）1999.5

史料紹介 高野山清浄心院「越後国供養帳」（山本隆志，皆川義孝）「上越市史研究」 上越市 9 2004.1

越後湯沢

越後湯沢における野兎の民俗―威嚇猟を中心にして（天野武）「魚沼文化」 魚沼文化の会 （60）2010.10

越佐

「信仰地名」が語る隠れた歴史の断片（石田哲弥）「越佐の地名」 越後・佐渡の地名を語る会 （2）2002.3

仏の置き忘れた地名（佐藤栄策）「越佐の地名」 越後・佐渡の地名を語る会 （2）2002.3

各地からの報告 越佐のムカシ語り（浜口一夫）「伝え : 日本口承文芸学会会報」 日本口承文芸学会 31 2002.9

ひるこの神（成島継紀）「越佐の地名」 越後・佐渡の地名を語る会 （3）2003.3

『越佐の神社―式内社六十三』（花ヶ前盛明）「式内社のしおり」 式内社顕彰会 69 2004.1

道中記と地名（幸田昭）「越佐の地名」 越後・佐渡の地名を語る会 （7）2007.3

二重呼称の地名―古語と方言のなせる業（石田哲彌）「越佐の地名」 越後・佐渡の地名を語る会 （8）2008.3

マツなど正月行事に利用する植物（石澤進）「越佐研究」 新潟県人文研究会 65 2008.5

柳のつく地名と虚空蔵様（特集 植物と地名）（幸田昭）「越佐の地名」 越後・佐渡の地名を語る会 （12）2012.3

"ふる里ことば"と地名―方言で地名は解けるか（1），（2）（地名研究1）（長谷川勲）「越佐の地名」 越後・佐渡の地名を語る会 （13）2013.3

「寺」のつく地名（地名研究2）（広瀬秀）「越佐の地名」 越後・佐渡の地名を語る会 （13）2013.3

流星伝説の地名を歩く（地名研究2）（土井清史）「越佐の地名」 越後・佐渡の地名を語る会 （13）2013.3

浜地名起源に関与する海村伝承「鰮大漁」とフルボ酸鉄（地名研究1）（馬場昂）「越佐の地名」 越後・佐渡の地名を語る会 （14）2014.03

越佐における木喰仏の信仰民俗（小特集 正月に祀る天神）（広井忠男）「高志路」 新潟県民俗学会 （392）2014.06

円通寺

圓通寺に憶う[1]，(2)（酒井省吾）「小千谷文化」 小千谷市総合文化協会『小千谷文化』編集委員会 169/（188）2002.10/2007.7

円徳寺

私の木喰巡礼（12）―円徳寺の回り地蔵（大久保憲次）「微笑佛」 全国木喰研究会 （12）2004.10

大赤沢

清水川原と大赤沢の盆踊り（五十嵐東）「高志路」 新潟県民俗学会 （345）2002.9

大潟町

才浜通りの寺院と檀家のこと 大潟町史資料編 延宝九年（1681）才浜中宗門人別改帳を読む（小池昴）「頸城文化」 上越郷土研究会 （62） 2014.09

大木六

地芝居見聞（4）卯年大祭 大木六歌舞伎/肥土山歌舞伎 春季例大祭（北河直求）「公益社団法人全日本郷土芸能協会会報」 全日本郷土芸能協会 （64） 2011.07

大崩集落

岩沢地区大崩集落での「十二講」体験 五穀豊穣を願う神事「十二講」（若月安明）「小千谷文化」 小千谷市総合文化協会『小千谷文化』編集委員会 （204） 2011.07

大久保

佐渡大久保の「白山神社の田遊神事」とその周辺（佐藤和彦）「越佐研究」 新潟県人文研究会 57 2000.8

伝統芸能民俗 山古志郷大久保神楽（広井忠男）「高志路」 新潟県民俗学会 （361） 2006.9

山古志に伝わる「大久保かぐら舞」（木野本銈子）「小千谷文化」 小千谷市総合文化協会『小千谷文化』編集委員会 （188） 2007.7

山古志大久保の山の神―新潟県中越地方（中部・北陸・東海特集）（山崎進）「あしなか」 山村民俗の会 291・292 2011.04

大久保集落

山古志大久保集落の信仰民俗（広井忠男）「高志路」 新潟県民俗学会 （377） 2010.09

大椋神社

木地師史料 佐渡守護と大椋神社（杉本寿）「佐渡郷土文化」 佐渡郷土文化の会 84 1997.6

大河津分水

大河津分水小路に関わった野鍛冶の道具―西蒲地域の野鍛冶の事例から（森行人）「民具研究」 日本民具学会 （149） 2014.06

大前神社

特集 大前神社 式三番（田中一利、林一光、南雲弘）「みなみうおぬま ： 郷土史編さん誌」 南魚沼市教育委員会 （7） 2010.02

特集 「大前神社式三番」成立時期の一考（松永靖夫）「みなみうおぬま ： 郷土史編さん誌」 南魚沼市教育委員会 （7） 2010.02

大笹街道

善光寺街道・大笹街道（矢久保徳司）「小千谷文化」 小千谷市総合文化協会『小千谷文化』編集委員会 164 2001.8

大白川

魚沼の民具―大白川の民具（加工用具）（五十嵐稔）「新潟の生活文化 ： 新潟県生活文化研究会誌」 新潟県生活文化研究会 （4） 1997.10

大須戸

新潟県岩船郡朝日村の大須戸能における伝承活動の変容過程（北見真智子）「民俗音楽研究」 日本民俗音楽学会 （28） 2003.3

随想 村上と「大須戸能」（森脇正基）「お城山だより」 村上城跡保存会 （44） 2012.12

多田

紀行 多田の村祭りと諧謔の妙（高野進）「佐渡郷土文化」 佐渡郷土文化の会 （110） 2006.2

太田

分水町太田のカラコ祭り（鶴巻武則）「高志路」 新潟県民俗学会 （348） 2003.5

大平山

大平山三吉大神（佐藤和彦）「高志路」 新潟県民俗学会 （344） 2002.7

大月観音堂

パステル画 新潟県南魚沼市 大月観音堂/静岡市引佐町 寿竜院 葬頭河婆（土井徳郎）「微笑佛」 全国木喰研究会 （20） 2013.03

大寺

佐渡の大寺と中越の吉祥寺（池田光知）「佐渡郷土文化」 佐渡郷土文化の会 92 2000.2

大平森林公園

稲荷神社（嶺崎）・福昌寺（名木野）・大平森林公園（柴嶺公枝）「見附郷土誌」 見附の歴史研究会 （18） 2010.02

大牧

新潟県東蒲原郡津川町大牧の百万遍行事（石本敏也）「高志路」 新潟県民俗学会 （340） 2001.7

大巻村

青木新田（六日町 旧大巻村）神明社の献額について（細矢菊治）「魚沼文化」 魚沼文化の会 41 1997.11

大峰山

「大峰山」のヤマザクラは何処から―「熊野信仰」と「下越」（板倉功）「新発田郷土誌」 新発田郷土研究会 （35） 2007.3

小川庄

中世・下越（小川庄）と「熊野信仰」について（板倉功）「おくやまのしょう ： 奥山荘郷土研究会誌」 奥山荘郷土研究会 （31） 2006.3

小木曽

小木曽の万作（石川博司）「まつり通信」 まつり同好会 40（11）通号477 2000.10

小木のたらい舟製作技術

佐渡の小木町宿根木の船大工―ある船大工のライフヒストリー（福西大輔）「西郊民俗」 「西郊民俗談話会」 （196） 2006.9

小木町

民具と生活文化―新潟県佐渡郡小木町町場における衣装箪笥をめぐって（1）、（2）（中村実央）「民具マンスリー」 神奈川大学 31（7）通号367/31（8）通号368 1998.10/1998.11

小国

越後の国 小国和紙探訪記（津田守一）「神奈川県紙漉研究会会報」 神奈川県紙漉研究会 （60） 2002.1

奥山荘

奥山荘と斑鳩「百万塔の奇遇」（丹後千賀子）「おくやまのしょう ： 奥山荘郷土研究会誌」 奥山荘郷土研究会 24 1999.3

奥山荘における阿弥陀・太子信仰について（1）～（3）―黒川の坪穴と黒俣から探る（斎藤熊蔵）「おくやまのしょう ： 奥山荘郷土研究会誌」 奥山荘郷土研究会 （30）/（32） 2005.3/2006.3

「熊野信仰」と「荘園」―新資料による考察（板倉功）「おくやまのしょう ： 奥山荘郷土研究会誌」 奥山荘郷土研究会 （32） 2007.3

郷土寸描 植物の方言（1） 木本類（片野徳蔵）「おくやまのしょう ： 奥山荘郷土研究会誌」 奥山荘郷土研究会 （36） 2011.03

郷土寸描 植物の方言（2） 草本類（片野徳蔵）「おくやまのしょう ： 奥山荘郷土研究会誌」 奥山荘郷土研究会 （36） 2011.03

小倉

伝統文化を、なぜ学習するのか―「小倉子ども鬼太鼓」継承活動の取組から（〈トキの島から 佐渡の「総合的な学習の時間」〉）（小倉小学校）「佐渡地域誌研究」 佐渡地域誌研究会 （5） 2007.3

小栗山経塚遺跡

写真が語る越佐の歴史 小栗山経塚遺跡が語るもの（安藤正美）「越佐補遺些」 越佐補遺些の会 （12） 2007.5

押上

特別寄稿 糸魚川押上百霊廟の考察―銅板碑文ほか（渡辺秀樹）「糸魚川郷土研究」 糸魚川郷土研究会 （3） 2008.4

小千谷

板碑は墓碑か（井上毅）「小千谷文化」 小千谷市総合文化協会『小千谷文化』編集委員会 150 1997.12

天神ばやし始末記（渡田俊雄）「小千谷文化」 小千谷市総合文化協会『小千谷文化』編集委員会 150 1997.12

地名と苗字・屋号（矢久保徳司）「小千谷文化」 小千谷市総合文化協会『小千谷文化』編集委員会 151 1998.3

念仏地蔵和賛について（井上毅）「小千谷文化」 小千谷市総合文化協会『小千谷文化』編集委員会 151 1998.3

勧進開山と勧請開山（渡辺俊雄）「小千谷文化」 小千谷市総合文化協会『小千谷文化』編集委員会 151 1998.6

郷土芸能 巫女爺［1］～（4）（折田龍太郎）「小千谷文化」 小千谷市総合文化協会『小千谷文化』編集委員会 152/157 1998.6/1999.9

方言と俳諧と（井上毅）「小千谷文化」 小千谷市総合文化協会『小千谷文化』編集委員会 153・154 1998.10

徳川の史跡と古寺・古墳を行く（浅田年男）「小千谷文化」 小千谷市総合文化協会『小千谷文化』編集委員会 155 1999.3

アンギン編み布（井上毅）「小千谷文化」 小千谷市総合文化協会『小千谷文化』編集委員会 156 1999.5

雪降る国・民衆の祈り 石仏（広井忠男）「小千谷文化」 小千谷市総合文化協会『小千谷文化』編集委員会 160 2000.7

寒念仏修行（矢久保徳司）「小千谷文化」 小千谷市総合文化協会『小千谷文化』編集委員会 162・163 2001.3

巫女爺余話・南柯亭芸妓お杉さんの回想（小杉達太郎）「小千谷文化」 小千谷市総合文化協会『小千谷文化』編集委員会 164 2001.8

特集 小千谷がわかる 小千谷の坂・道・神社（木野本銈子，佐藤キヨ［他］）「小千谷文化」 小千谷市総合文化協会『小千谷文化』編集委員会 165 2001.11

遠い風景（7）一村長と芝居（関口作政）「小千谷文化」 小千谷市総合文化協会『小千谷文化』編集委員会 168 2002.6

二十三夜さまと庚申さま（角屋久次）「小千谷文化」 小千谷市総合文化協会『小千谷文化』編集委員会 （174・175） 2004.3

天神祭り（有馬正子）「小千谷文化」 小千谷市総合文化協会『小千谷文化』編集委員会 177 2004.11

在家念仏のこと（服部文枝）「小千谷文化」 小千谷市総合文化協会『小千谷文化』編集委員会 （182・183） 2006.3

伝説の民話で 育つオラが夢来（羽鳥孫市）「小千谷文化」 小千谷市総合文化協会『小千谷文化』編集委員会 （182・183） 2006.3

ヨイヤサ踊りの盆踊り唄（羽鳥孫市）「小千谷文化」 小千谷市総合文化協会『小千谷文化』編集委員会 184 2006.7

「天神ばやし」募集中（《天神ばやし 特集》）「小千谷文化」 小千谷市総合文化協会『小千谷文化』編集委員会 185 2006.11

俚謡小千谷の「天神ばやし」について（再掲載）（《天神ばやし 特集》）（俵山喜秋）「小千谷文化」 小千谷市総合文化協会『小千谷文化』編集委員会 185 2006.11

天神囃しの魅力（再掲載）（《天神ばやし 特集》）（関口輝平）「小千谷文化」 小千谷市総合文化協会『小千谷文化』編集委員会 185 2006.11

義母と成名（服部文枝）「小千谷文化」 小千谷市総合文化協会『小千谷文化』編集委員会 185 2006.11

公共事業の用地問題を解決した古文書解読とお寺と鎮守様の歴史（塚田茂）「小千谷文化」 小千谷市総合文化協会『小千谷文化』編集委員会 （186・187） 2007.3

花街の民俗 小千谷花柳界と芸妓（広井忠男）「小千谷文化」 小千谷市総合文化協会『小千谷文化』編集委員会 （186・187） 2007.3

西脇順三郎の折口受容（2） 西脇順三郎の詩に見られる小千谷の民俗について（太田昌孝）「幻影：「西脇順三郎を偲ぶ会」会報」 西脇順三郎を偲ぶ会 （23・24） 2007.5

郷土に生きて（13） 板前修業と調理場の民俗（広井忠男）「小千谷文化」 小千谷市総合文化協会『小千谷文化』編集委員会 188 2007.7

総本兼歴史探訪会 花の寺と格式の門跡寺院を訪ねて（佐藤キヨ）「小千谷文化」 小千谷市総合文化協会『小千谷文化』編集委員会 188 2007.7

お寺の豆まき（服部文枝）「小千谷文化」 小千谷市総合文化協会『小千谷文化』編集委員会 191 2008.3

わらべ歌の思い出（手塚勝洋）「小千谷文化」 小千谷市総合文化協会『小千谷文化』編集委員会 191 2008.3

お盆の大木（昭和42.8.21発行「第18号」より転載 大塚大和）「小千谷文化」 小千谷市総合文化協会『小千谷文化』編集委員会 193 2008.11

アンギンと山神様（羽鳥孫市）「小千谷文化」 小千谷市総合文化協会『小千谷文化』編集委員会 193 2008.11

お盆供養（手塚勝洋）「小千谷文化」 小千谷市総合文化協会『小千谷文化』編集委員会 193 2008.11

お雛様見て歩きの想い出（佐藤コマキ）「小千谷文化」 小千谷市総合文化協会『小千谷文化』編集委員会 196 2009.07

郷土に伝わるお正月の文化（佐藤コマキ）「小千谷文化」 小千谷市総合文化協会『小千谷文化』編集委員会 （198・199） 2010.03

鎮守の祭神と十王堂（200号記念特別寄稿）（藤巻行雄）「小千谷文化」 小千谷市総合文化協会『小千谷文化』編集委員会 200 2010.07

特別企画 世界につながる懐かしいちぢみ（縮）着物柄「ハギレ（正反含む）200種 絣・絵柄選」の利用に学ぶ（小野坂庄一所蔵より）「小千谷文化」 小千谷市総合文化協会『小千谷文化』編集委員会 201 2010.11

小千谷周辺の絵紙展示習俗（広井忠男）「高志路」 新潟県民俗学会 379 2011.02

ふるさとの歴史、民俗、風光、山歩き「小千谷の二十名山」（広井忠男）「小千谷文化」 小千谷市総合文化協会『小千谷文化』編集委員会 （206・207） 2012.3

残しておきたい言葉（方言）（手塚勝洋）「小千谷文化」 小千谷市総合文化協会『小千谷文化』編集委員会 208 2012.07

平成の今、思い出す山の桜祭り一戦時から終戦頃の時代の変遷の中で（佐藤コマキ）「小千谷文化」 小千谷市総合文化協会『小千谷文化』編集委員会 209 2012.12

石への敬い、畏れ、祈りの民俗（広井忠男）「小千谷文化」 小千谷市総合文化協会『小千谷文化』編集委員会 （210・211） 2013.03

郷土史料は世界の遺産 小千谷＆越後あーかいぶす（小野坂文庫を中心に！）（10）表紙説明 九番「福印小紋帳」宮様御用達一越後上布&縮/（11）第50回伊勢神宮「正遷宮」祝賀は小千谷でも/（12）戊辰戦争一未公開史料『小千谷&越後の戊辰の歴史を見直す』/（13）『ふるさと・山谷のあゆみ 著者・今井一夫』を読んで（小野坂庄一）「小千谷文化」

小千谷市総合文化協会『小千谷文化』編集委員会 213 2013.11

小千谷市

小千谷市の木喰遺作随想（広井忠男）「微笑佛」 全国木喰研究会 15 2007.4

史談 高梨城と稚児の坂伝説/戊辰戦役百四十年 激戦の古戦場 "朝日山追悼"/文化と史蹟の脊髄（私の本町昔語り）（折田龍太郎）「小千谷文化」 小千谷市総合文化協会『小千谷文化』編集委員会 192 2008.7

遅場

湯立て神事「下田村遅場の釜祓い」（五十嵐東）「高志路」 新潟県民俗学会 350 2003.11

乙宝寺

乙宝寺お猿の伝説余聞（小川義昭）「おくやまのしょう：奥山荘郷土研究会誌」 奥山荘郷土研究会 22 1997.3

乙宝寺什物をめぐる小話（小川義昭）「おくやまのしょう：奥山荘郷土研究会誌」 奥山荘郷土研究会 24 1999.3

乙宝寺の椿（藤井嘉孝）「おくやまのしょう：奥山荘郷土研究会誌」 奥山荘郷土研究会 25 2000.3

奥山荘「乙宝寺」に行基菩薩ゆかりの霊場巡礼講を迎えて（丹後千賀子）「おくやまのしょう：奥山荘郷土研究会誌」 奥山荘郷土研究会 30 2005.3

日引石製宝篋印塔と時衆一新潟県胎内市乙宝寺塔の紹介をかねて（資料紹介）（齋藤瑞穂）「佐渡・越後文化交流研究」 新潟大学大学院現代社会文化研究科プロジェクト佐渡・越後の文化交流史研究 12 2012.03

女谷

綾子舞古文書発見（大野弘雄）「新潟の生活文化：新潟県生活文化研究会誌」 新潟県生活文化研究会 9 2002.10

平成15年度民俗芸能学会大会シンポジウム いまなぜ綾子舞か（須藤武子、伊東勉、林和利、和田修、鳥越文蔵、山路興造）「民俗芸能研究」 民俗芸能学会 37 2004.10

新潟大学人文学部芸能論 平成12・13、15年度調査報告―柏崎市女谷の綾子舞（1）、（2）（新潟大学人文学部芸能論ゼミ）「佐渡・越後文化交流史研究」 新潟大学大学院現代社会文化研究科プロジェクト佐渡・越後の文化交流史研究 （5）/（6） 2005.3/2006.3

ユライ覚書―綾子舞の被り物をめぐって（《小特集 綾子舞》）（渡邊三四一）「民俗と風俗：the journal of the Chubu Branch, the Japanese Society for History of Manners and Customs」 日本風俗史学会中部支部 15 2005.3

綾子舞 ユライの被り方（資料）（《小特集 綾子舞》）（佐塔豊淑鳳）「民俗と風俗：the journal of the Chubu Branch, the Japanese Society for History of Manners and Customs」 日本風俗史学会中部支部 15 2005.3

綾子舞の特徴一踊の構成と「扇の手」（資料）（《小特集 綾子舞》）（須藤武子）「民俗と風俗：the journal of the Chubu Branch, the Japanese Society for History of Manners and Customs」 日本風俗史学会中部支部 15 2005.3

綾子舞の由来（布施文雄）「柏崎・刈羽」 柏崎刈羽郷土史研究会 37 2010.04

綾子舞と文子舞について 「遊歴雑記」「甲子夜話」と地元古文書から（高橋克英）「柏崎・刈羽」 柏崎刈羽郷土史研究会 38 2011.04

お松が池

お松が池と松苧神社（《ふるさと通信》）（南雲源二）「むいかまち：町史編さん誌」 南魚沼市教育委員会 3 2005.10

下戸村

江戸時代の芸能と神社祭礼一佐渡国雑太郡下戸村春日大明神を中心に（《月例会報告要旨》）（川上真理）「関東近世史研究」 関東近世史研究会 53 2003.10

川上報告コメント（大会特集 儀礼と社会変容）（牧知宏）「関東近世史研究」 関東近世史研究会 69 2010.10

恩長寺

法宝物紹介 親鸞聖人御木像及び同別幅御裏書（真宗大谷派恩長寺所蔵）（村山教二）「新潟親鸞学会紀要」 新潟親鸞学会，潟日報事業社（［発売］） 9 2012.07

下越

中世・下越（小川庄）と「熊野信仰」について（板倉功）「おくやまのしょう：奥山荘郷土研究会誌」 奥山荘郷土研究会 31 2006.3

「大峰山」のヤマザクラは何処から一「熊野信仰」と「下越」（板倉功）「新発田郡誌」 新発田郷土研究会 35 2007.3

柿崎

近世柿崎地域の神社について（花ヶ前薫）「頸城文化」 上越郷土研究会 53 2005.10

北陸甲信越　　　　　　　　　郷土に伝わる民俗と信仰　　　　　　　　　新潟県

角間

魚沼の民具（7）中魚沼郡中里村角間の民具（抄）一藁製装着具（五十嵐稔）「新潟の生活文化 ： 新潟県生活文化研究会誌」 新潟県生活文化研究会　（10）2004.2

魚沼の民具（8）続中魚沼郡中里村角間の民具（抄）一食生活具・その他（五十嵐稔）「新潟の生活文化 ： 新潟県生活文化研究会誌」 新潟県生活文化研究会　（11）2005.2

角海浜

角海浜と称名寺の発祥の地を訪ねる旅（田中絢）「まきの木」 巻郷土資料館友の会　（81）2004.10

柏崎

柏崎の伝説 「そうめん屋のお化け」のこと（大竹信雄）「高志路」 新潟県民俗学会　（352）2004.6

馬頭観世音菩薩考一儀軌・図像軸掲出図像から見た越後柏崎石彫諸仏（太田将勝）「史迹と美術」 史迹美術同攷会　75（7）通号757　2005.8

展示紹介 柏崎ふるさと人物館「海と暮らす一素潜り漁の人と道具」（池田哲夫）「民具研究」 日本民具学会　（139）2009.03

柏崎地方の涅槃会と団子撒き（小栗俊郎）「柏崎・刈羽」 柏崎刈羽郷土史研究会　（36）2009.04

戦後柏崎の奉納神事相撲（広井忠男）「柏崎・刈羽」 柏崎刈羽郷土史研究会　（37）2010.04

明治大正昭和（戦前）における柏崎の花火の歴史一八坂神社祇園祭り花火大会を中心に（長谷川健一）「柏崎・刈羽」 柏崎刈羽郷土史研究会　（38）2011.04

越後柏崎の鰡と飛鉢の法との関わり（嶺岡美児）「久里」 神戸女子民俗学会　（28）2011.06

柏崎の天神講（三井田忠明）「刈羽村文化」 刈羽村郷土研究会　（98）2012.09

越後柏崎の寺社額、石碑、看板等について（1）,（2）（高橋克英）「新潟県文人研究」 越佐文人研究会　（15）/（16）2012.11/2013.11

柏崎市

女性の思い一淡島神社奉納物の一端（早川美奈子）「柏崎市立博物館館報」 柏崎市立博物館　（23）2009.03

正月飾りとしての天神さん一新潟県柏崎市の正月行事（小特集 正月に祀る天神）（三井田忠明）「高志路」 新潟県民俗学会　（392）2014.06

春日山神社

春日山城跡春日山神社群の復元的考察について（金子拓男）「新潟考古」 新潟県考古学会　（19）2008.3

風島

佐渡の民謡考（38）一風島の弁天羽衣（児玉宗栄）「佐渡郷土文化」 佐渡郷土文化の会　100　2002.10

片貝

片貝の巫女爺（吉井和夫）「小千谷文化」 小千谷市総合文化協会『小千谷文化』編集委員会　157　1999.9

片貝の小正月行事「もっくらもちの歌」（吉井和夫）「小千谷文化」 小千谷市総合文化協会『小千谷文化』編集委員会　168　2002.6

片貝古文書紹介嵯峨御所「心経殿」について（吉井和夫）「小千谷文化」 小千谷市総合文化協会『小千谷文化』編集委員会　180　2005.7

表紙 片貝の祭り半纏「小千谷文化」 小千谷市総合文化協会『小千谷文化』編集委員会　（208）2012.07

片貝祭り（浅原神社秋季大祭）の歴史 平成15年12月ヤヨイ大学講演（原稿）より[1],（2）（吉井和夫）「小千谷文化」 小千谷市総合文化協会『小千谷文化』編集委員会　（208）/（209）2012.07/2012.12

文政三年・若一王寺神前・正観音霊場 奉納五萬句寄 関連記事（片貝の時代背景について）（吉井和夫）「小千谷文化」 小千谷市総合文化協会『小千谷文化』編集委員会　（214・215）2014.03

片貝町

片貝町の伝統芸能について（平成15年記）（吉井和夫）「小千谷文化」 小千谷市総合文化協会『小千谷文化』編集委員会　（205）2011.11

片貝祭り屋台と煙火筒曳きの事件片貝町（吉井和夫）「小千谷文化」 小千谷市総合文化協会『小千谷文化』編集委員会　（217）2014.12

片袖地蔵尊

表紙 愛宕小学校の写真/扉 片袖地蔵尊の由来「郷土村松」 村松郷土史研究会　（69）2012.05

片野尾

片野尾芝居の考察（藪田亨）「佐渡郷土文化」 佐渡郷土文化の会　（107）2005.2

片町

村上片町庚申堂再建をめぐる地域的背景一万延元年開帳時の寄進帳を通して（三木一彦）「日本史学集録」 筑波大学日本史談話会　（22）1999.5

勝木八幡宮

山北町勝木八幡宮の古式奉納相撲（広井忠男）「高志路」 新潟県民俗学会　（344）2002.7

勝屋

《新潟県北蒲原郡笹神村湯沢・勝屋地区特集》「昔風と当世風」 古々路の会　76　1999.2

笹神村勝屋の山仕事と信仰（鈴木秋彦）「昔風と当世風」 古々路の会　76　1999.2

勝屋集落

勝屋集落の民俗（森田国昭）「昔風と当世風」 古々路の会　76　1999.2

金倉山

金倉山のサンジョサマ祭り（山崎進）「長岡市立科学博物館研究報告」 長岡市立科学博物館　（37）2002.3

越後二十村郷石仏巡り（1）名峰金倉山の周囲（広井忠男）「石仏ふぉーらむ」 新潟県石仏の会　（9）2010.06

金塚

思い出の金塚（新堂元亨）「あゆみ」 毛呂山郷土史研究会　（32）2008.11

金屋

郷土寸描 金屋の獅子踊り（1）（2）（佐藤和一郎）「おくやまのしょう ： 奥山荘郷土研究会誌」 奥山荘郷土研究会　（35）2010.03

釜谷

粟島釜谷の葬制（石垣悟）「西郊民俗」 ［西郊民俗談話会］　（172）2000.9

粟島釜谷における年中行事（石垣悟）「西郊民俗」 ［西郊民俗談話会］　（174）2001.3

上泉

麓二区・上泉のモンビと農耕儀礼（駒形匙）「彌彦郷土誌」 弥彦村教育委員会　12　1997.2

上弥彦神社

土川・上弥彦神社（魚沼神社）阿弥陀堂（佐々木米）「小千谷文化」 小千谷市総合文化協会『小千谷文化』編集委員会　161/162・163　2000.10/2001.3

上川村

郡内の史跡めぐり 小川庄三十三番札所巡拝（上川村内）（長谷川昭平）「阿賀路 ： 東蒲原郡郷土誌」 阿賀路の会　35　1997.5

国學院大學民俗文化研究会 説話研究会編 中村豊・飯倉義之責任編集『上川のおんな語り一新潟県東蒲原郡上川村 加藤トヨ・石川光枝・石田トヨ昔話集』（新刊紹介）（関根綾子）「昔話伝説研究」 昔話伝説研究会　（24）2004.5

上桐

小報告 瞽女を迎える郷一旧和島村上桐（柄澤衛）「高志路」 新潟県民俗学会　（375）2010.02

上組

ふるさと「いしぶみ」「いしほとけ」を巡って一上組小学区の頌徳碑、記念碑、地蔵様、供養塔を訪ねて（小野塚敏則）「長岡郷土史」 長岡郷土史研究会　（39）2002.5

上郷屋

五泉市上郷屋長谷川家のお盆《盆行事特集》（羽下貴美）「高志路」 新潟県民俗学会　（368）2008.8

上新田

見附の獅子神楽一山吉神楽と上新田神楽を調査して（藤崎庄一）「見附郷土誌」 見附の歴史研究会　（19）2011.04

上町

戦前の上町地蔵様川戸のことなど（大野鉄男）「三条歴史研究」 三条歴史研究会　（4）2005.3

上猫巣

妖しい地名 上猫巣・下猫巣（地名研究1）（幸田昭）「越佐の地名」 越後・佐渡の地名を語る会　（14）2014.3

神川神社

史料紹介 住吉大明神社記（つけたり）「津川村名考」（宮川倦）「阿賀路 ： 東蒲原郡郷土誌」 阿賀路の会　40　2002.5

亀割坂

亀割坂「弁慶茶屋」考一安産・胞姫信仰を普及した茶屋の盛衰（渡邉三四一）「柏崎市立博物館館報」 柏崎市立博物館　（24）2010.03

加茂

加茂の昔話と俗信など（中山勇）「加茂郷土誌」 加茂郷土調査研究会

（27） 2005.1
加茂附近に満米地蔵の信仰（金子達）「加茂郷土誌」 加茂郷土調査研究会 （28） 2006.1
加茂地方の湯立神事（金子達）「加茂郷土誌」 加茂郷土調査研究会 （29） 2007.2

加茂郡
延喜式内社―羽茂郡二座・雑太郡五座・加茂郡二座（花ヶ前盛明）「頸城文化」 上越郷土研究会 （58） 2010.09

加茂市
加茂市の社寺建築調査（山崎完一）「かも市史だより」 ［加茂市教育委員会］市史編さん室 （3） 2001.3
町家の一例について（民俗調査と経過）（五十嵐立幸）「レポート加茂市史」 加茂市 1 2001.3
日吉神社の社殿建築（山崎完一）「レポート加茂市史」 加茂市 1 2001.3
神像彫刻の発見（川村知行）「かも市史だより」 ［加茂市教育委員会］市史編さん室 （5） 2002.3
民俗調査のノートから―食べものとくらし（丸山久子）「レポート加茂市史」 加茂市 2 2003.3
加茂市の民家（《加茂市松原通り共同採訪特集》）（五十嵐立幸）「高志路」 新潟県民俗学会 （362） 2006.12
加茂市の複檀家（《加茂市松原通り共同採訪特集》）（岩野笙子）「高志路」 新潟県民俗学会 （362） 2006.12
加茂市の盆踊り―穀町・五番町・道半（《加茂市松原通り共同採訪特集》）（五十嵐東）「高志路」 新潟県民俗学会 （362） 2006.12
加茂市内の年中行事（《加茂市松原通り共同採訪特集》）（石本敏也）「高志路」 新潟県民俗学会 （362） 2006.12

刈谷田川
刈谷田川・ヤマタノオロチ・伝承アレコレ（特集 続昭和の時代―昭和の記憶）（佐藤秀治）「見附郷土誌」 見附の歴史研究会 （20） 2012.04
刈谷田川以南地域における神楽の伝播に関する考察（藤崎庄一）「見附郷土誌」 見附の歴史研究会 （21） 2013.05

刈羽
刈羽の祭り行事「めんだし」（特集 私の思い出）（近藤忠造）「郷土新潟」 新潟郷土史研究会 （50） 2010.03

刈羽村
回顧、刈羽村の民俗資料（篠田朝隆）「刈羽村文化」 刈羽村郷土研究会 71 2002.3
モズの「ハヤニエ」と民話（五十嵐定一）「刈羽村文化」 刈羽村郷土研究会 （79） 2004.12
花は仏教愛の表現か（植木昭吾）「刈羽村文化」 刈羽村郷土研究会 （79） 2004.12
「正月飾りとしての天神様」を聴いて（入澤フミ）「刈羽村文化」 刈羽村郷土研究会 （98） 2012.09
回顧 私の郷土芸能調査遍歴（第百号記念号）（近藤忠道）「刈羽村文化」 刈羽村郷土研究会 （100） 2014.03
日本の神と仏―日本文化の御柱（寄稿）（伊佐智海）「刈羽村文化」 刈羽村郷土研究会 （100） 2014.03
日本を支える日の本の神と仏 日本文化の御大柱 刈羽村の神々と「信」（一〇〇号）続きから（伊佐智海）「刈羽村文化」 刈羽村郷土研究会 （101） 2014.09

枯木又
聞き書き「枯木又」の民俗（池田亨）「新潟の生活文化 ： 新潟県生活文化研究会誌」 新潟県生活文化研究会 （13） 2007.6

川井
小千谷市川井の民俗（《小千谷市川井地区特集》）（高橋郁子）「高志路」 新潟県民俗学会 （371） 2009.03
年中行事と農作業（《小千谷市川井地区特集》）（佐藤和彦）「高志路」 新潟県民俗学会 （371） 2009.03
小千谷市川井地区の盆踊り（《小千谷市川井地区特集》）（五十嵐東）「高志路」 新潟県民俗学会 （371） 2009.03

川合神社
熊野信仰の霊山式内社 川合神社栄華のおわり―鳥坂城での城氏滅亡後の衰微（斎藤熊蔵）「おくやまのしょう ： 奥山荘郷土研究会誌」 奥山荘郷土研究会 22 1997.3

川口町
民具調査、形と機能（川口町共同採訪から）（池田亨）「高志路」 新潟県民俗学会 （349） 2003.8
川口町の婚礼・産育習俗と子どものくらし（高橋郁子）「高志路」 新潟県民俗学会 （349） 2003.8

川治
川治地区の善光寺街道（大島伊一）「妻有の里歴史街道」 歴史街道同人会，十日町市博物館友の会研究グループいしぶみの会 （2） 2001.4
神社合祀―十日町市川治地区の場合（金田文男）「高志路」 新潟県民俗学会 （390） 2013.12

川之下
一口メモ ありし日の原ヶ崎堤/字川之下無格社諏訪社の由緒/字中店無格社諏訪社の据置願/源九郎判官の碑「郷土たがみ」 田上町郷土研究会 （23） 2012.06

願正寺
願正寺資料と赤塚（飯田素州）「越後赤塚」 赤塚郷土研究会 （21） 2010.7

願生寺
本鳥山願生寺（法花堂）（幸田貴行）「越後吉田町毛野賀多里」 吉田町教育委員会 9 1999.10
法花堂 願生寺のルーツをたずねる（幸田貴行）「越後吉田町毛野賀多里」 吉田町教育委員会 10 2000.10
願生寺と永蓮寺のルーツ探訪（郷土史研究会県外研修）（宇佐美徳三）「越後吉田町毛野賀多里」 吉田町教育委員会 11 2001.10
大谷大学図書館蔵『越後願生寺事件記録』―附、本覚坊蔵『願生寺僉議座配図』（草野顕之）「上越市史研究」 上越市 7 2001.12

カンチン峠
郡内の峠紀行（9） カンチン峠―圓順法印即身佛（加藤寅男）「阿賀路 ： 東蒲原郡郷土誌」 阿賀路の会 49 2011.5

寛益寺
小報告 寛益寺の仁王様（高橋郁子）「高志路」 新潟県民俗学会 （380） 2011.06

観音寺（塩浜町）
曹洞宗大悲山観音寺（下町）（大江登）「越後吉田町毛野賀多里」 吉田町教育委員会 12 2002.10

観音寺（肴町）
即身仏、仏海上人―観音寺をたずねて（河村和雄）「おくやまのしょう ： 奥山荘郷土研究会誌」 奥山荘郷土研究会 （26） 2001.3
観音寺 鏝絵―あまりにも正統なるが故の異形「直江の津」 直江津経済文化研究会 4 2001.12

観音寺（長江）
第二十三番札所 観音寺（小林孝）「彌彦郷土誌」 弥彦村教育委員会 18 2003.3

蒲原郡
延喜式内社―蒲原郡十三座（花ヶ崎盛明）「頸城文化」 上越郷土研究会 （54） 2006.10
蒲原郡中部の薬師信仰（金子達）「加茂郷土誌」 加茂郷土調査研究会 （34） 2012.04

蒲原三十三観音
第2回 蒲原三十三観音奉拝記（吉川正夫）「五頭郷土文化」 五頭郷土文化研究会 39 1997.12
第3回 蒲原三十三観音奉拝記（吉川正夫）「五頭郷土文化」 五頭郷土文化研究会 41 1998.12

蒲原神社
新潟県蒲原神社所蔵「木造伝畠山重宗夫妻坐像」について（資料紹介）（水野敬三郎，前嶋敏）「新潟県立歴史博物館研究紀要」 新潟県立歴史博物館 （11） 2010.03
我が地の氏神 蒲原神社考（特集 私の思い出）（伊藤善隆）「郷土新潟」 新潟郷土史研究会 （50） 2010.03

蒲原平野
書籍紹介 田子了祐著『越後における真宗の展開と蒲原平野』（菅瀬亮司）「郷土新潟」 新潟郷土史研究会 （54） 2014.03
田子了祐著『越後における真宗の展開と蒲原平野』（書評・新刊紹介）（小酒井大悟）「新潟史学」 新潟史学会 （71） 2014.06

聞召神社
聞召神社（水沼元可）「糸魚川郷土研究」 糸魚川郷土研究会 （2） 2006.5

北鐙坂
村行事としての庚申年行事―十日町市高島・北鐙坂（大竹信雄）「高志路」 新潟県民俗学会 （370） 2009.01

北小浦
『北小浦民俗誌』にみる前提としての「民俗学」―柳田国男の海府研究の変質に関する民俗学史的検討（岩野邦康）「日本民俗学」 日本民俗学

会　通号211　1997.8

書誌紹介 福田アジオ編『柳田国男の世界―北小浦民俗誌を読む』（田村和彦）「日本民俗学」　日本民俗学会　通号229　2002.2

民俗誌と郷土史―北小浦民俗誌と佐渡の郷土史研究（池田哲夫）「越佐研究」　新潟県人文研究会　59　2002.5

勝田至著『死者たちの中世』（福田アジオ編『北小浦の民俗―柳田国男の世界を歩く』『柳田国男の世界―北小浦民俗誌を読む』）（前嶋敏）「新潟史学」　新潟史学会　(50)　2003.10

小林清治著『戦国の南奥州』（福田アジオ編『北小浦の民俗―柳田国男の世界を歩く』『柳田国男の世界―北小浦民俗誌を読む』）（西澤睦郎）「新潟史学」　新潟史学会　(50)　2003.10

北谷

「北谷の年中行事」―「わがふるさと北谷の歴史」編集委員の調査報告書（藤崎庄一）「見附郷土誌」　見附の歴史研究会　(17)　2008.9

「冠婚葬祭」―「わがふるさと北谷の歴史」編集委員の調査報告書（藤崎庄一）「見附郷土誌」　見附の歴史研究会　(17)　2008.9

吉祥寺

中越の大寺であった吉祥寺（池田光知）「長岡郷土史」　長岡郷土史研究会　36　1999.5

佐渡の大寺と中越の吉祥寺（池田光知）「佐渡郷土文化」　佐渡郷土文化の会　92　2000.2

吉田寺

吉田寺の観音さんと村の歴史（玉木玉雄）「分水町郷土史」　分水町教育委員会　11　2001.3

君帰観音

伝説につつまれた君帰観音（中俣満）「むいかまち：町史編さん誌」　南魚沼市教育委員会　(1)　2004.2

旧小沢家住宅

特集1 旧小澤家住宅が開館しました「帆檣成林：新潟市歴史博物館博物館ニュース」　新潟市歴史博物館　(23)　2011.08

旧武石家住宅

建築史から見た旧武石家住宅の位置付け（山崎完一）「彌彦郷土誌」　弥彦村教育委員会　13　1998.3

金峯神社

長岡金峰神社の祭（鈴木昭英）「まつり通信」　まつり同好会　40(3) 通号469　2000.2

金峯神社の流鏑馬と幟負（佐藤和彦）「高志路」　新潟県民俗学会　(393)　2014.09

金北山道

金北山道と信仰(1)～(4)（石瀬佳弘）「佐渡地域誌研究」　佐渡地域誌研究会　(1)/(7)　2002.7/2009.03

金北山道の石仏など―横山口から登（計良勝範）「佐渡地域誌研究」　佐渡地域誌研究会　(2)　2003.7

国上

国上地区の昔話余話（渋谷啓阿）「郷土史燕」　燕市教育委員会　(4)　2011.03

草倉銅山

紙芝居「草倉銅山物語」（こっこ）「阿賀路：東蒲原郡郷土誌」　阿賀路の会　48　2010.05

草薙神社

弥彦神社第三王子草薙神社（藤田治雄）「高志路」　新潟県民俗学会　(348)　2003.5

久知河内

文化財散歩道 両津地区 久知河内と長安寺（野口敏樹）「佐渡学センターだより」　佐渡学センター　(2)　2010.12

久知八幡宮

両津市の久知八幡宮祭礼（佐藤和彦）「高志路」　新潟県民俗学会　(347)　2003.2

弘誓寺

魚沼市弘誓寺所蔵「木造不動明王坐像」と戦国期新潟津不動院（研究ノート）（前嶋敏）「新潟史学」　新潟史学会　(64)　2010.10

頸城

越後国頸城地域の御家人―「六条八幡宮造営注文」を手がかりに（高橋一樹）「上越市史研究」　上越市　2　1997.3

「神葬祭出入始末」覚書（田中圭一）「頸城文化」　上越郷土研究会　(50)　2000.12

平野団三著『頸城古仏の探究』（平成12年6月刊）を編集して（《故中村辛一・平野団三・中澤肇先生追悼号》）「石塚正英」「頸城文化」　上越郷

土研究会　(51)　2003.9

足半の採集と瞽女―「市川信次の瞽女研究」から（市川信夫）「頸城文化」　上越郷土研究会　(51)　2003.9

延喜式内社頸城十三座（花ケ前盛明）「頸城文化」　上越郷土研究会　(51)　2003.9

近世真宗寺院と梵鐘―鋳造の年代に関連して（大場厚順）「頸城文化」　上越郷土研究会　(52)　2004.7

太子信仰と太子講（坂井龍輔）「頸城文化」　上越郷土研究会　(52)　2004.7

神話の中の族外婚―ヤチホコ・ヌナカハヒメを事例に（石塚正英）「頸城文化」　上越郷土研究会　(53)　2005.10

奴奈川姫神像考（土田孝雄）「頸城文化」　上越郷土研究会　(53)　2005.10

上越市立総合博物館企画展「シリーズ・頸城のくらし1」の成果と課題（花岡公貴，一越麻紀）「民具マンスリー」　神奈川大学　40(12) 通号480　2008.3

東本願寺天保の再建と頸城の門徒（太田空賢）「頸城文化」　上越郷土研究会　(57)　2009.10

拓本による転写技術と歴史・文化遺産―寺子屋師匠の筆塚から観えてくるもの（丸山正男）「頸城文化」　上越郷土研究会　(57)　2009.10

頸城越山に光を求めて(1)―富士と瞽女、集落先達、その地政学的視点（丸山正男）「頸城文化」　上越郷土研究会　(61)　2013.9

頸城の家形石祠（墓塔）と米沢藩の万年堂（吉川繁）「石仏ふぉーらむ」　新潟県石仏の会　(11)　2014.07

建永の法難と親鸞（三島義教）「頸城文化」　上越郷土研究会　(62)　2014.09

頸城野

頸城野における五輪塔の年代的位置付け（水澤幸一）「上越市史研究」　上越市　10　2004.12

久保田経塚

新潟県新井市久保田経塚について―地すべり地帯における経塚（小島正巳，早津賢二）「高井」　高井地方史研究会　119　1997.4

熊郷田沼

熊郷田沼とその伝説（杉崎巌）「阿賀路：東蒲原郡郷土誌」　阿賀路の会　35　1997.5

熊森

熊森・下の地蔵様（藤枝一英）「分水町郷土史」　分水町教育委員会　10　1999.7

黒姫山

黒姫山機神信仰（大塚恒吉）「妻有の里歴史街道」　歴史街道同人会，十日町市博物館友の会研究グループいしぶみの会　(2)　2001.4

黒俣

奥山荘における阿弥陀・太子信仰について(1)～(3)―黒川の坪穴と黒俣から探る（斎藤熊蔵）「おくやまのしょう：奥山荘郷土研究会誌」　奥山荘郷土研究会誌　(30)/(32)　2005.3/2006.3

桑取谷

桑取谷の年中行事（市川信夫）「頸城文化」　上越郷土研究会　(49)　1997.12

語り手の変化と民俗学―桑取谷の民俗調査をとおして（真野純子）「上越市史研究」　上越市　5　2000.1

上越市史専門委員会編『桑取谷民俗誌』（書評）（湯川洋司）「日本民俗学」　日本民俗学会　(223)　2000.8

下条

下条・稲荷神社の役行者像（羽二生寛興）「かも市史だより」　[加茂市教育委員会]市史編さん室　(28)　2013.10

華報寺

華報寺に参拝して（羽下貴美）「高志路」　新潟県民俗学会　通号331　1999.2

新潟市内のウバサマ信仰と講―阿賀野市の華報寺と高徳寺を視野に（松崎憲三）「西郊民俗」　[西郊民俗談話会]　(211)　2010.06

小出

越後小出戊辰戦役における戦死者祭祀（今井昭彦）「常民文化」　成城大学常民文化研究会　20　1997.3

神絵馬版木の謎―岩手県遠野から新潟県小出へ（山田哲郎）「あしなか」　山村民俗の会　286　2009.08

有志見学 しねり弁天たたき地蔵（高橋郁子）「高志路」　新潟県民俗学会　(385)　2012.09

『大地の芸術祭』―小出「うつすいえー」から届いた便り（鳥居澄子）「小千谷文化」　小千谷市総合文化協会『小千谷文化』編集委員会　(209)　2012.12

新潟県　　郷土に伝わる民俗と信仰　　北陸甲信越

小出郷

平成9年度特別展 雪山川―豪雪地帯の民俗「足立区立郷土博物館だより」 足立区立郷土博物館　34　1997.10

郷土博物館特別展示 豪雪地帯の民俗―新潟県北魚沼郡小出郷のくらし「足立史談会だより」 足立史談会　116　1997.11

活動報告 小出郷の民俗調査について（萩原ちとせ）「民具マンスリー」 神奈川大学　36(11) 通号431　2004.2

耕雲寺

耕雲寺開創と傑堂能勝禅師の由縁（西巻克夫）「阿賀路 : 東蒲原郡郷土誌」 阿賀路の会　42　2004.5

高徳寺

新潟市内のウバサマ信仰と講―阿賀野市の華報寺と高徳寺を視野に（松崎憲三）「西郊民俗」 ［西郊民俗談話会］ (211) 2010.06

鴻巣

鴻巣の方言集「さとことば」大正14年刊 幸田文時著（北澤昭松）「越後吉田町毛野賀多里」 吉田町教育委員会　13　2004.1

光明院

能生白山社から追放された仏たち 能生光明院拝観記（岡本英克）「糸魚川郷土研究」 糸魚川郷土研究会　(3) 2008.4

小乙

小乙・諏訪神社の装飾彫刻（山﨑完一）「かも市史だより」 ［加茂市教育委員会］市史編さん室　(29) 2014.03

小川庄三十三番札所

郡内の史跡めぐり 小川庄三十三番札所巡拝（上川村内）（長谷川昭平）「阿賀路 : 東蒲原郡郷土誌」 阿賀路の会　35　1997.5

郡内の史跡めぐり 小川庄三十三番札所巡拝（宮川倖）「阿賀路 : 東蒲原郡郷土誌」 阿賀路の会　36　1998.5

国上寺

資料紹介 国上寺本堂再建について二、三の史料（塚本智弘）「町史研究分水」 分水町教育委員会　(2) 2002.3

三つの国上寺絵図（田中聡）「町史研究分水」 分水町教育委員会　(5) 2005.3

極楽寺

温故資料 神社・仏閣について／極楽寺の縁起と伝説「時水城主と勝覚寺縁起」／古刹しらべ（上）慈眼寺（折田龍太郎）「小千谷文化」 小千谷市総合文化協会『小千谷文化』編集委員会　(194・195) 2009.03

五合庵

五合庵の今昔 寺院明細書上の検討（玉木孝二）「良寛」 全国良寛会, 考古堂書店（発売）(50) 2006.12

護国神社

新潟護国神社「西南戦役殉難者祭神名簿」について（大野正男）「郷土新潟」 新潟郷土史研究会　(41) 2001.3

九日市

神林村牧目と九日市の七夕祭（佐藤和彦）「高志路」 新潟県民俗学会　(380) 2011.06

高志王神社

東蒲神社考―高志王神社・白髭神社を中心として（石川實）「阿賀路 : 東蒲原郡郷土誌」 阿賀路の会　50　2012.05

古志郡

延喜式内社―古志郡六座 三嶋郡六座（花ケ前盛明）「頸城文化」 上越郷土研究会　(52) 2004.7

古志郷

越後山古志郷のカッパ伝説と妖怪考（1）（2）《新潟県の河童特集》（広井忠男）「高志路」 新潟県民俗学会　(359) 2006.3

越後山古志郷の特徴的民俗（広井忠男）「新潟県文人研究」 越佐文人研究会　(10) 2007.12

越後山古志郷のお盆行事《盆行事特集》（広井忠男）「高志路」 新潟県民俗学会　(368) 2008.8

小清水

二つの檀家―新潟県柏崎市小清水における事例（矢島衛）「柏崎市立博物館館報」 柏崎市立博物館　(23) 2009.3

五社宮

長ף 五社宮の社殿群（山﨑完一）「かも市史だより」 ［加茂市教育委員会］市史編さん室　(20) 2009.10

小白倉

小白倉のもみじ引き―見学記（山田知子）「まつり通信」 まつり同好会

五頭

民芸あれこれ（関川央）「五頭郷土文化」 五頭郷土文化研究会　38　1997.6

方言はふる里の手形（1）（斎藤清也）「五頭郷土文化」 五頭郷土文化研究会　39　1997.12

能楽のすすめ―時を超えて、受け継がれる伝統（望月正夫）「五頭郷土文化」 五頭郷土文化研究会　50　2003.7

日庚申様伝記（日日是好）（片桐長松）「五頭郷土文化」 五頭郷土文化研究会　55　2005.12

神明宮の一字一石供養塔（日日是好日）（藤田正義）「五頭郷土文化」 五頭郷土文化研究会　(59) 2007.12

五頭山

五頭山に山の神を祀る民俗（池田亭）「昔風と当世風」 古々路の会　76　1999.2

五頭山麓の居住習俗（津山正幹）「昔風と当世風」 古々路の会　76　1999.2

五頭山麓の歴史と民俗（2），（3）―郷土資料館の展示に副って（川上貞雄）「笹神村郷土研究」 笹神村教育委員会　(25)／(27) 1999.3/2001.3

五泉市

五泉市幅の百万遍行事―阿賀野川流域の藁製祭具（石本敏也）「高志路」 新潟県民俗学会　(386) 2012.11

居多神社

居多神社文書（花ケ前盛明）「頸城文化」 上越郷土研究会　(60) 2012.09

松平忠輝と居多神社（続 高田開府四百年 特集号）（花ケ前盛明）「頸城文化」 上越郷土研究会　(62) 2014.09

五智院

郷土の景観と人間のドラマ（2）小千谷五智院広場（広井忠男）「小千谷文化」 小千谷市総合文化協会「小千谷文化」編集委員会　(180) 2005.7

史談 私の五智院研究（折田龍太郎）「小千谷文化」 小千谷市総合文化協会『小千谷文化』編集委員会　(188) 2007.7

五智国分寺

見る目 五智国分寺三重塔「直江の津」 直江津経済文化研究会　3(3) 通号11　2003.9

五智国分寺「為真大師御流謫七百年記念」碑「竹之内十八日御講」（青山増雄）「頸城文化」 上越郷土研究会　(59) 2011.09

五智国分寺境内 石碑三話（青山増雄）「頸城文化」 上越郷土研究会　(60) 2012.09

小局村

勇猛山専念寺の由来と小局村の今昔（堀川喜久司）「頸城文化」 上越郷土研究会　(58) 2010.9

小牧

小牧の伝承と更科源蔵先生（明間為義）「燕郷土史考」 燕市教育委員会　33　2000.3

五味川地蔵

天保年間往還絵図でたどる相川道中―五味川地蔵から東福城址へ（渡辺信吾）「佐渡地域誌研究」 佐渡地域誌研究会　(1) 2002.7

小向

栃堀・小向の年中行事（駒形毆）「高志路」 新潟県民俗学会　通号324　1997.5

金蔵院

根知金蔵院梵鐘の鋳物師士肥藤右衛門藤原朝臣家次（岡本英克）「糸魚川郷土研究」 糸魚川郷土研究会　(5) 2012.09

金比羅山

金比羅山の信仰について（畑山フミ子）「郷土たがみ」 田上町郷土研究会　(23) 2012.06

西光寺

西光寺の阿弥陀如来立像（羽二生寛興）「かも市史だより」 ［加茂市教育委員会］市史編さん室　(7) 2003.3

「越後タイムス」に載った西光寺「木喰仏」（遠藤正光）「微笑佛」 全国木喰研究会　(18・19) 2012.03

最福寺

法宝物紹介 十字名號本尊（越小山最福寺所蔵）（田子了祐）「新潟親鸞学会紀要」 新潟親鸞学会, 潟日報事業社［発売］8　2011.06

西方寺

佐渡の西方寺十一面観音と「略縁起」にみる信仰の思想的背景（田子了祐）「燕郷土史考」 燕市教育委員会　39　2006.3

蔵王権現

越後長岡・栃尾の「蔵王権現」と「秋葉三尺坊」の検証 (石田哲彌)「頸城文化」 上越郷土研究会 (58) 2010.09

秋葉三尺坊を育んだ栃尾・長岡の蔵王権現と民俗信仰 (石田哲彌)「高志路」 新潟県民俗学会 (381) 2011.10

天明の飢きんと長岡の蔵王権現領 (田所和雄)「長岡郷土史」 長岡郷土史研究会 (49) 2012.05

越後の蔵王権現と秋葉信仰、飯綱権現信仰 (石田哲彌)「頸城文化」 上越郷土研究会 (60) 2012.09

蔵王山

信仰の山 蔵王山 (黒川村) (片野徳蔵)「越佐の地名」 越後・佐渡の地名を語る会 (5) 2005.3

蔵王堂

藤原公房書状と南北朝期の蔵王堂─中世の長岡研究ノート (1) (田中洋史)「長岡郷土史」 長岡郷土史研究会 通号43 2006.5

秋葉権現本末争い・寛保三年の事件で蔵王堂の歴史が見える (鰐渕好輝)「長岡郷土史」 長岡郷土史研究会 通号47 2010.05

荘園社会に蔵王堂の創設を探る (鰐渕好輝)「長岡郷土史」 長岡郷土史研究会 (48) 2011.05

出雲の神在祭に共通する蔵王堂の王神祭 (鰐渕好輝)「長岡郷土史」 長岡郷土史研究会 (49) 2012.05

境の明神

「新発田藩主寄進の石燈籠」を訪ねる (2)─境の明神に七代藩主・溝口直温侯が寄進の石燈籠 (鈴木博)「新発田郷土誌」 新発田郷土研究会 (38) 2010.03

逆巻

秋山郷逆巻・前倉の信仰─釜神様・オカネ様・如来様 (鶴巻武則)「高志路」 新潟県民俗学会 (345) 2002.9

逆巻・前倉における年中行事の推移と課題 (篠田朝隆)「高志路」 新潟県民俗学会 (345) 2002.9

逆巻と出浦の正月行事 (金田文男)「高志路」 新潟県民俗学会 (345) 2002.9

桜井神社

麓二区の桜井神社─その伝説、歴史と小桜住民の偉業 (篠田朝隆)「彌彦郷土誌」 弥彦村教育委員会 12 1997.2

笹岡

笹岡の産育と婚姻・山崎の葬送 (岩野笙子)「高志路」 新潟県民俗学会 通号331 1999.2

笹岡の年中行事 (大竹信雄)「高志路」 新潟県民俗学会 通号331 1999.2

笹岡のサイノ神 (五十嵐東)「高志路」 新潟県民俗学会 通号331 1999.2

笹岡神楽 (鈴木秋彦, 高橋郁子)「高志路」 新潟県民俗学会 通号331 1999.2

笹神村

笹神村の盆踊り (五十嵐東)「高志路」 新潟県民俗学会 通号331 1999.2

笹神村調査記─民家型 (早瀬哲恒)「昔風と当世風」 古々路の会 76 1999.2

新潟県笹神村における「炭焼き」とその周辺 (森岡弘典)「昔風と当世風」 古々路の会 76 1999.2

「笹神村史民俗編」にかかわって (小林幹子)「高志路」 新潟県民俗学会 (347) 2003.2

佐渡

佐渡の土人形 (池田哲夫)「民具マンスリー」 神奈川大学 30 (2) 1997.5

佐渡の昔話 (1) 〜 (12) (浜口一夫)「佐渡郷土文化」 佐渡郷土文化の会 84/ (106) 1997.6/2004.10

木地師史料 佐渡守護と大椋神社 (杉本寿)「佐渡郷土文化」 佐渡郷土文化の会 84 1997.6

私の佐渡日記─新潟県史佐渡民俗調査メモ (佐藤和彦)「高志路」 新潟県民俗学会 通号325 1997.9

狂言「佐渡狐」の啼き声 (山本成之助)「佐渡郷土文化」 佐渡郷土文化の会 86 1998.2

歴史と民間伝承 (本間雅彦)「佐渡史学」 佐渡史学会 15 1999.5

海神・リュウゴンさん考 (浜口一夫)「佐渡史学」 佐渡史学会 15 1999.5

昭和初期における佐渡の民俗研究体勢について─「佐渡年中行事」の検討から (池田哲夫)「佐渡史学」 佐渡史学会 15 1999.5

佐渡関係歴史・民俗文献目録 (事務局)「佐渡史学」 佐渡史学会 15 1999.5

柳田国男と佐渡の民俗研究家─昭和初期の佐渡の民俗研究体制 (池田哲夫)「高志路」 新潟県民俗学会 通号333 1999.8

佐渡の白山信仰と原始修験研究序説 (吉田幸平)「日本佐渡学」 日本佐渡学会 (1) 1999.9

佐渡の神仏分離 (松岡俊)「日本佐渡学」 日本佐渡学会 (1) 1999.9

佐渡の方言と文化について (学術講演) (森下喜一)「日本佐渡学」 日本佐渡学会 (3) 2000.10

島と岬の神祭りの構造 (松本司)「日本佐渡学」 日本佐渡学会 (3) 2000.10

"佐渡は四十九里"のうた (木村博)「まつり通信」 まつり同好会 40 (12) 通号478 2000.11

越後・佐渡の民話─岩倉市郎と昔話伝承者牧野悦 (金田文男)「新潟県立歴史博物館研究紀要」 新潟県立歴史博物館 (2) 2001.3

私の佐渡日記 (5)─新潟県史佐渡民俗調査メモ (佐藤和彦)「高志路」 新潟県民俗学会 (340) 2001.7

狂言佐渡亡魂といざなぎ流呪咀祈禱 (高木啓夫)「まつり通信」 まつり同好会 41 (9) 通号487 2001.8

民俗誌と郷土史─北小浦民俗誌と佐渡の郷土史研究 (池田哲夫)「越佐研究」 新潟県人文研究 59 2002.5

相川音頭に見る佐渡の地震 (細山謙之輔)「佐渡郷土文化」 佐渡郷土文化の会 100 2002.10

母のむかしばなし (諸橋和代)「佐渡郷土文化」 佐渡郷土文化の会 100 2002.10

佐渡の民俗事象に学ぶ (佐藤和彦)「佐渡郷土文化」 佐渡郷土文化の会 101 2003.2

佐渡の日蓮宗寺院を巡拝して (庄司哲夫)「郷土文化」 郷土文化の会 (12) 2003.3

佐渡に残る独立能舞台 (竹村晴道)「佐渡地域誌研究」 佐渡地域誌研究会 (2) 2003.7

佐渡の石仏と石塔─中世資料 (計良勝範)「日本佐渡学」 日本佐渡学会 (5) 2003.10

佐渡の石仏─風の神 (浜口一夫)「高志路」 新潟県民俗学会 (350) 2003.11

佐渡における浄巌名号碑─利剣の名号 (5) (浜田謙次)「歴史考古学」 歴史考古学研究会 (52) 2003.11

佐渡の農の民俗への視点─田植習俗を中心に (竹田和夫)「佐渡・越後文化交流史研究」 新潟大学大学院現代社会文化研究科プロジェクト佐渡・越後の文化交流史研究 (4) 2004.3

佐渡年中行事調査標目 (1), (2) (池田哲夫)「佐渡・越後文化交流史研究」 新潟大学大学院現代社会文化研究科プロジェクト佐渡・越後の文化交流史研究 (4)/ (5) 2004.3/2005.3

佐渡の狢伝説 (中村禎里)「佐渡郷土文化」 佐渡郷土文化の会 105 2004.6

佐渡の昔話「トキのたまご」と私 (中川紀元)「佐渡郷土文化」 佐渡郷土文化の会 105 2004.6

「渋手・兵庫」面について─中世佐渡の能楽史考 (本間寅雄)「佐渡地域誌研究」 佐渡地域誌研究会 (3) 2004.7

資料 佐渡の正月 (青野季吉)「佐渡郷土文化」 佐渡郷土文化の会 (106) 2004.10

学術講演 佐渡の能舞台とシェイクスピア─比較演劇学からみた東西舞台考 (平友彦)「日本佐渡学」 日本佐渡学会 (6) 2004.10

池田哲夫著『近代の漁撈技術と民俗』(書評) (佐藤利夫)「高志路」 新潟県民俗学会 (354) 2004.12

佐渡の文化形成と日本海─流人の文芸と芸能 (山本修巳)「佐渡郷土文化」 佐渡郷土文化の会 (107) 2005.2

佐渡の芸能は日本の縮図 (山本修巳)「佐渡郷土文化」 佐渡郷土文化の会 (108) 2005.6

佐渡の石仏こぼれ話 (6) (中塚宗一)「佐渡郷土文化」 佐渡郷土文化の会 (108) 2005.6

鷺流狂言を伝える (本間裕亨)「日本佐渡学」 日本佐渡学会 (7) 2005.9

『佐渡の伝説』(山本修之助編著) にあらわれた佐渡の地震 (細山謙之輔)「佐渡郷土文化」 佐渡郷土文化の会 (109) 2005.10

全国に広がる「おけさ節」(太田明)「佐渡郷土文化」 佐渡郷土文化の会 (110) 2006.2

資料紹介 佐渡冠婚葬祭調査要目 (1) (池田哲夫)「佐渡・越後文化交流史研究」 新潟大学大学院現代社会文化研究科プロジェクト佐渡・越後の文化交流史研究 (6) 2006.3

日蓮教団と佐渡 (《小特集 甲州と佐渡》) (沼田晃佑)「甲斐」 山梨郷土研究会 (111) 2006.8

加賀白山と佐渡白山─虚空蔵菩薩と将軍地蔵 (吉田幸平)「日本佐渡学」 日本佐渡学会 (8) 2006.10

佐渡の春駒 (《特集 祝福芸》) (山本修之助)「まつり」 まつり同好会 通号68 2006.12

佐渡の修験道 (新保哲)「日本佐渡学」 日本佐渡学会 (9) 2007.10

神楽巫女として生きる (佐山加寿子)「佐渡郷土文化」 佐渡郷土文化の会 (116) 2008.2

新潟県　　　郷土に伝わる民俗と信仰　　　北陸甲信越

近世越後・佐渡廻船の経営と船絵馬奉納（菅瀬亮司）「郷土新潟」　新潟郷土史研究会　（48）2008.3

佐渡の高灯籠《盆行事特集》（佐藤和彦）「高志路」　新潟県民俗学会（368）2008.8

佐渡の燈籠―現状と既報告との比較《盆行事特集》（鶴巻武則）「高志路」　新潟県民俗学会　（368）2008.8

全国の「鶴の恩返し」「鶴女房」新潟県佐渡編「夕鶴」　夕鶴の里友の会　（39）2008.9

山本修之助所蔵　佐渡にかかわる民俗資料―新潟県民俗学会講演資料（山本修巳）「佐渡郷土文化」　佐渡郷土文化の会　（118）2008.10

学術講演　佐渡と北陸の霊場（田上善夫）「日本佐渡学」　日本佐渡学会（10）2008.10

佐渡の修験者（研究発表）（新保哲）「日本佐渡学」　日本佐渡学会　（10）2008.10

越後・佐渡の天台宗の盛衰（金子達）「加茂郷土誌」　加茂郷土調査研究会（31）2009.02

山本修之助翁筆者『尊像祭祀録』の感銘（倉田藤五郎）「佐渡郷土文化」佐渡郷土文化の会　（119）2009.02

佐渡の薪能の季語におもう（山本修巳）「佐渡郷土文化」　佐渡郷土文化の会　（120）2009.06

佐渡の石仏と良寛（辻美佐夫）「佐渡郷土文化」　佐渡郷土文化の会（121）2009.10

石動山にある佐渡の石灯籠（春秋逸文）（素老人）「氷見春秋」　氷見春秋会　（60）2009.11

佐渡の芸能（研究発表）（山本修巳）「日本佐渡学」　日本佐渡学会　（11）2009.12

佐渡の庚申信仰―相川町を事例として（研究発表）（新保哲）「日本佐渡学」　日本佐渡学会　（11）2009.12

佐渡木喰比紀行（高橋実）「微笑佛」　全国木喰研究会　（17）2010.03

佐渡の民謡（研究発表）（渡辺和弘）「日本佐渡学」　日本佐渡学会　（12）2010.12

庚申信仰とは何か（研究発表）（新保哲）「日本佐渡学」　日本佐渡学会（12）2010.12

配所寺（山本修巳）「佐渡郷土文化」　佐渡郷土文化の会　（125）2011.02

開催主旨（特集　新潟大学人文学部・佐渡市教育委員会連携協定調印記念シンポジウム「世阿弥と佐渡の能楽」）「佐渡・越後文化交流史研究」新潟大学大学院現代社会文化研究科プロジェクト佐渡・越後の文化交流史研究　（11）2011.03

佐渡中等教育学校生徒 2年生58人による素謡（特集　新潟大学人文学部・佐渡市教育委員会連携協定調印記念 シンポジウム「世阿弥と佐渡の能楽」―午前の部 現代に息づく佐渡の能楽―上映と実演を通して）「佐渡・越後文化交流史研究」　新潟大学大学院現代社会文化研究科プロジェクト佐渡・越後の文化交流史研究　（11）2011.03

真野中学校狂言クラブ生徒による鷺流狂言（特集　新潟大学人文学部・佐渡市教育委員会連携協定調印記念 シンポジウム「世阿弥と佐渡の能楽」―午前の部 現代に息づく佐渡の能楽―上映と実演を通して）「佐渡・越後文化交流史研究」　新潟大学大学院現代社会文化研究科プロジェクト佐渡・越後の文化交流史研究　（11）2011.03

趣旨説明（特集　新潟大学人文学部・佐渡市教育委員会連携協定調印記念シンポジウム「世阿弥と佐渡の能楽」―午後の部 シンポジウム「世阿弥と佐渡の能楽」）（荻美津夫）「佐渡・越後文化交流史研究」　新潟大学大学院現代社会文化研究科プロジェクト佐渡・越後の文化交流史研究　（11）2011.03

佐渡の能楽（特集　新潟大学人文学部・佐渡市教育委員会連携協定調印記念 シンポジウム「世阿弥と佐渡の能楽」―午後の部 シンポジウム「世阿弥と佐渡の能楽」）（小林責）「佐渡・越後文化交流史研究」　新潟大学大学院現代社会文化研究科プロジェクト佐渡・越後の文化交流史研究　（11）2011.03

パネルディスカッション（特集　新潟大学人文学部・佐渡市教育委員会連携協定調印記念 シンポジウム「世阿弥と佐渡の能楽」―午後の部 シンポジウム「世阿弥と佐渡の能楽」）（今谷明，天野文雄，小林責，池田哲夫，鈴木孝庸，荻美津夫，藍原清巳）「佐渡・越後文化交流史研究」　新潟大学大学院現代社会文化研究科プロジェクト佐渡・越後の文化交流史研究　（11）2011.03

世阿弥と佐渡の能楽 資料集（特集　新潟大学人文学部・佐渡市教育委員会連携協定調印記念 シンポジウム「世阿弥と佐渡の能楽」）「佐渡・越後文化交流史研究」　新潟大学大学院現代社会文化研究科プロジェクト佐渡・越後の文化交流史研究　（11）2011.03

佐渡びとの神仏信仰と村落（佐藤利夫）「高志路」　新潟県民俗学会（380）2011.06

佐渡の風の祭礼（田上善夫）「佐渡郷土文化」　佐渡郷土文化の会　（127）2011.10

資料 佐渡のこよみ（山本修之助調査）―事件・人物・民俗行事「佐渡郷土文化」　佐渡郷土文化の会　（127）2011.10

佐渡の雪（3）～（5）（法華経物語108～110）（ひそら）「サットバ： みん

なほさつ」　（433）/（435）2011.11/2012.05

昭和六年佐渡民俗研究会主催 第一回座談会『佐渡の話』（資料紹介）（池田哲夫）「佐渡・越後文化交流史研究」　新潟大学大学院現代社会文化研究科プロジェクト佐渡・越後の文化交流史研究　（12）2012.03

名号塔の知識（9）浄巖と佐渡の念仏塔（誌上講座）（岡村圧造）「日本の石仏」　日本石仏協会．青娥書房（発売）（141）2012.03

松栄家奉納の船絵馬（柳平則子）「佐渡郷土文化」　佐渡郷土文化の会（131）2013.02

研究発表 新潟県民謡「佐渡おけさ」を活かした学校教育の方策（第8回民俗音楽研究会報告―2012 福島県郡山市―第1日（8月26日））（天澤明里）「民俗音楽研究」　日本民俗音楽学会　（38）2013.03

森鷗外『山椒大夫』と佐渡の伝説（斎藤明雄）「佐渡郷土文化」　佐渡郷土文化の会　（132）2013.06

佐渡の貉神（山本修巳）「佐渡郷土文化」　佐渡郷土文化の会　（132）2013.06

西窪顕山と越後・佐渡の船絵馬（菅瀬亮司）「鑑賞」　新潟文化観賞会（35）2014.02

佐渡一国義民殿再建模様（齋藤英夫）「佐渡郷土文化」　佐渡郷土文化の会（135）2014.06

近世初期における本願寺教団の佐渡での展開について―とくに鉱山町相川を例にして（小林祐玄）「佐渡地域誌研究」　佐渡地域誌研究会（12）2014.12

佐渡ヶ島

佐渡ヶ島から来た廻国行者（石田年子）「かつしか台地 ： 野田地方史懇話会会誌」　野田地方史懇話会　23 2002.3

佐渡島

佐渡島配流中の日蓮遺産（庄司哲夫）「郷土文化」　郷土文化の会　（13）2004.3

池田哲夫著『佐渡島の民俗 島の暮らしを再発見』（書評・新刊紹介）（西山朝未）「新潟史学」　新潟史学会　（56）2006.10

池田哲夫著『佐渡島の民俗―島の暮らしを再発見』（書誌紹介）（岩野邦康）「日本民俗学」　日本民俗学会　通号250 2007.5

随筆 紀行エッセイ、民俗エッセイ、佐渡紀行、佐渡島・紀行エッセイ（広井忠男）「小千谷文化」　小千谷市総合文化協会『小千谷文化』編集委員会　（189・190）2007.11

09説経散歩 佐渡島 さんせい太夫の旅たより 散歩を終えて（特集 説経散歩）（野尻尚子）「説経 ： 説経節の会通信」　説経節の会　（94）2009.08

佐渡島を訪ねて（特集 説経散歩）（藤川正弘）「説経 ： 説経節の会通信」説経節の会　（94）2009.08

09説経散歩 佐渡島 さんせい太夫の旅たより（野尻尚子）「説経 ： 説経節の会通信」　説経節の会　（95）2009.09

佐渡島へ渡った石見の漁師たち（1），（2）―それは四百年も昔（村上英明）「郷土石見 ： 石見郷土研究懇話会機関誌」　石見郷土研究懇話会（94）/（95）2014.01/2014.5

佐渡教会

佐渡教会をめぐる人びと―佐渡プロテスタント伝道の百年[1]～（11）（渡辺信吾）「佐渡地域誌研究」　佐渡地域誌研究会　（2）/（12）2003.7/2014.12

佐渡金銀山

佐渡金銀山の奉納芸能やわらぎを見て―鼻切面と福面を考える（特集1 世界遺産登録5周年を迎えた石見銀山）「季刊文化財」　島根県文化財愛護協会　（129）2013.01

佐渡国分寺

佐渡国分寺（山本修巳）「佐渡郷土文化」　佐渡郷土文化の会　（117）2008.6

国分寺薬師佛―六月（山本修巳）「佐渡郷土文化」　佐渡郷土文化の会（118）2008.10

佐渡国

他国へ移住した石見漁民の伝承―因幡国と佐渡国のこと（児島俊平）「郷土石見 ： 石見郷土研究懇話会機関誌」　石見郷土研究懇話会　（82）2009.12

佐渡の人形芝居（文弥人形、説経人形、のろま人形）

佐渡人形芝居の歴史―伝来と隆盛の背景・北村宗演（山本修巳）「佐渡郷土文化」　佐渡郷土文化の会　（117）2008.6

「佐渡人形芝居発表会」の休止に思う（山本修巳）「佐渡郷土文化」　佐渡郷土文化の会　（118）2008.10

佐渡山

佐渡山の薬師堂（幸田昭）「越後吉田町毛野賀多里」　吉田町教育委員会10 2000.10

佐内

本誓寺屋敷等についての考察—小山から佐内へ・佐内から高田へ（渡邉昭二）「頸城文化」　上越郷土研究会　(51)　2003.9

実川集落

東蒲原郡実川集落の婚姻儀礼—五十嵐彦吉家に伝わる婚礼用具を中心として（岩野笙子）「阿賀路 ： 東蒲原郡郷土誌」　阿賀路の会　41　2003.5

東蒲原郡実川集落の婚礼儀式—五十嵐彦吉家に伝わる婚礼用具を中心として（再掲）（岩野笙子）「阿賀路 ： 東蒲原郡郷土誌」　阿賀路の会　42　2004.5

猿毛

猿毛・日吉神社の神楽殿（山﨑完一）「かも市史だより」　加茂市教育委員会」市史編さん室　(30)　2014.10

雑太郡

延喜式内社—羽茂郡二座・雑太郡五座・加茂郡二座（花ヶ前盛明）「頸城文化」　上越郷土研究会　(58)　2010.09

三社

（和納十五夜灯籠押し行事関連 神楽奉納舞い中の口上/灯籠押し行事と御籤争奪/三社灯籠/当時大字区長/豪快無比の三社灯籠行事/翌十六日山車洗い（解体）/時は流れて）「わなふ今昔」　楽斎と和納を知る会　(16)　2012.08

三条

数百年の昔から聞き伝えられた祝囃の話（広野富士夫）「三条歴史研究」　三条歴史研究会　(2)　2003.3

お寺の鐘が帰ってきた 元禄時代の半鐘（長谷川宗資）「三条歴史研究」　三条歴史研究会　(7)　2008.3

新潟市寄合町「金刀比羅神社」と「三条」（鈴木英一）「三条歴史研究」　三条歴史研究会　(8)　2009.03

伝説から見た三条の地名（佐藤茂）「三条歴史研究」　三条歴史研究会　(9)　2010.3

賑やかなりし頃の観音様詣り（広川初枝）「三条歴史研究」　三条歴史研究会　(11)　2012.07

報告1 三条鍛冶職人の今—その継承と受容（特集 第37回日本民具学会新潟大会シンポジウム 鉄と民具—モノをつくる・ひろめる・つかう）（香月節子）「民具研究」　日本民具学会　(148)　2013.10

三条市

三条市の石仏悉皆調査から（大野鉄男）「石仏ふぉーらむ」　新潟県石仏の会　(6)　2003.1

三条西別院

三條西別院建立を巡って（羽賀吉昭）「三条歴史研究」　三条歴史研究会　(6)　2007.3

三条西別院建立を巡って(2) 造立後に起きたさまざまな問題（羽賀吉昭）「三条歴史研究」　三条歴史研究会　(7)　2008.3

三条西別院造立を巡って(3) 窮迫する別院の運営（羽賀吉昭）「三条歴史研究」　三条歴史研究会　(8)　2009.03

三嶋郡

延喜式内社—古志郡六座 三嶋郡六座（花ケ前盛明）「頸城文化」　上越郷土研究会　(52)　2004.7

三仏生

小千谷市三仏生 白山神社境内の「川太郎」（《新潟県の河童特集》）（篠田朝隆）「高志路」　新潟県民俗学会　(359)　2006.3

三和区水吉

三和区水吉 堂百の首切り地蔵（大坪晃）「頸城文化」　上越郷土研究会　(60)　2012.09

塩沢

村芝居の展開と組織構造（上），（下）—越後魚沼郡塩沢地域を中心に（滝沢繁）「新潟史学」　新潟史学会　(60)／(61)　2008.11/2009.08

雪国越後の塩沢歌舞伎（北河直子）「公益社団法人全日本郷土芸能協会会報」　全日本郷土芸能協会　(59)　2013.04

地芝居見聞(10) 内船歌舞伎—地歌舞伎の祭典/塩沢子ども歌舞伎（北河直子）「公益社団法人全日本郷土芸能協会会報」　全日本郷土芸能協会　(71)　2013.04

塩町

村上大祭と塩町しゃぎり屋台（加藤太一郎）「越佐研究」　新潟県人文研究会　60　2003.9

塩谷区

旧山古志郷の山村塩谷区の一族結束の民俗（広井忠男）「高志路」　新潟県民俗学会　(389)　2013.10

慈眼寺

長谷山慈眼寺雑記（古川信三）「加茂郷土誌」　加茂郷土調査研究会　(27)　2005.1

温故資料 神社・仏閣について/極楽寺の縁起と伝説/「時水城主と勝覚寺縁起」/古利しらべ（上）慈眼寺（折田龍太郎）「小千谷文化」　小千谷市総合文化協会「小千谷文化」編集委員会　(194・195)　2009.03

慈光寺

慈光寺をもっと知って（まちの話題）「郷土村松」　村松郷土史研究会　(70)　2013.05

下田

下田の石仏(1)，(2)（大野鉄男）「三条歴史研究」　三条歴史研究会　(12)／(13)　2013.04/2014.05

下田村

《新潟県南蒲原郡下田村調査報告書》「常民」　中央大学民俗研究会　39　2002.3

概況/歴史/村落組織/家族・親族/衣・食・住/生業/産育/婚姻/葬制/信仰/年中行事「常民」　中央大学民俗研究会　39　2002.3

下田村の昔話と語り（勝沼英一）「民話と文学の会かいほう」　民話と文学の会　(104)　2004.7

下田村の昔話 石のづさま（中野ミツ）「民話と文学の会かいほう」　民話と文学の会　(104)　2004.7

信濃川

長岡市域における信濃川に関する民俗—信仰と割地制度（山崎進）「長岡市立科学博物館研究報告」　長岡市立科学博物館　通号34　1999.3

信濃川中流

信濃川中流の川漁民俗（広井忠男）「長岡郷土史」　長岡郷土史研究会　(41)　2004.5

信濃川流域

新潟県津南町の水神—信越県境の信濃川流域を中心として（島田常雄）「日本の石仏」　日本石仏協会，青娥書房（発売）　(108)　2003.12

信濃川流域及び魚野川流域における差虫除けの祠堂（山崎進）「長岡市立科学博物館研究報告」　長岡市立科学博物館　(44)　2009.03

新発田

新発田の「狐尾曳ノ城」伝説について（鈴木秋彦）「新発田郷土誌」　新発田郷土研究会　26　1997.12

新発田祭りの本台輪・金魚台輪（下地好孝）「きりん」　荒木集成館友の会　8　2004.5

新発田の和歌の伝統と原宏平（帆刈喜久男）「新発田郷土誌」　新発田郷土研究会　(33)　2005.3

溝口伊織家文書にみる鮑の信仰（鈴木秋彦）「新発田郷土誌」　新発田郷土研究会　(33)　2005.3

新発田が発祥と思はれるもの—当地域特異な風習について（高橋善夫）「新発田郷土誌」　新発田郷土研究会　(36)　2008.3

高野山に供養された新発田の人びと（阿部洋輔）「新発田郷土誌」　新発田郷土研究会　(37)　2009.03

諏訪神社と町方との関わりに付いて（高橋善夫）「新発田郷土誌」　新発田郷土研究会　(38)　2010.03

「新発田祭りにおける台輪の運行とお囃子練習」の写真「年報新発田学」　敬和学園大学　(2)　2011.02

「新発田祭りの台輪運行」の写真「年報新発田学」　敬和学園大学　(2)　2011.02

神田ゼミ 新発田祭り台輪調査報告（投稿文）（神田ゼミ学生）「年報新発田学」　敬和学園大学　(2)　2011.02

諏訪神社 大西孫右衛門門弟命火術訓練掲額（荻野正博）「新発田郷土誌」　新発田郷土研究会　(40)　2012.03

新発田藩

新発田藩における伊勢参宮—聖籠地域を中心として（椎谷良平）「新発田郷土誌」　新発田郷土研究会　29　2001.3

「新発田藩主寄進の石燈籠」を訪ねる（鈴木博）「新発田郷土誌」　新発田郷土研究会　(37)　2009.03

「新発田藩主寄進の石燈籠」を訪ねる(2)—境の明神に七代藩主・溝口直温侯が寄進の石燈籠（鈴木博）「新発田郷土誌」　新発田郷土研究会　(38)　2010.03

武家年中行事の変容—新発田藩「具足開き」を例として(1)～(3)（鈴木秋彦）「新発田郷土誌」　新発田郷土研究会　(40)／(42)　2012.03/2014.03

豊田神社拝殿の「新発田藩領図額（含・奥州八島田）」の奉納経緯（鈴木博）「新発田郷土誌」　新発田郷土研究会　(41)　2013.03

清水川原

清水川原と大赤沢の盆踊り（五十嵐東）「高志路」　新潟県民俗学会

清水谷

魚沼の民具（9）,（10）南魚沼郡塩沢町清水谷の民具（抄）（五十嵐稔）「新潟の生活文化 ： 新潟県生活文化研究会誌」 新潟県生活文化研究会 （12）/（13）2006.6/2007.6

下黒水

「寒倉講」の信仰と地域社会とのかかわり―加茂市下黒水の事例を中心として（南憲一）「郷土新潟」 新潟郷土史研究会 （47）2007.3

加茂市七谷地区下黒水における寒倉講祭礼―寒念仏信仰についての考察（1）（岩野笙子）「高志路」 新潟県民俗学会 （392）2014.06

下中

葬制の変容―三和村下中地区の場合（清水芳美）「高志路」 新潟県民俗学会 （360）2006.6

下中野

下中野御神楽舞（高橋郁子）「町史研究よしだ」 吉田町教育委員会 3 1999.3

下猫巣

妖しい地名 上猫巣・下猫巣（地名研究1）（幸田昭）「越佐の地名」 越後・佐渡の地名を語る会 （14）2014.3

下牧集落

米山山麓の村（2）―柿崎・下牧集落の米山祭祀（渡邉三四一）「柏崎市立博物館館報」 柏崎市立博物館 （19）2005.3

下横場

下横場神楽のルーツ（武田一夫）「郷土たがみ」 田上町郷土研究会 （13）2002.6

釈迦塚町

釈迦塚町浅野家文書 延喜式天暦間釋奠図について（淡路久雄）「見附郷土誌」 見附の歴史研究会 （18）2010.02

宿根木

佐渡の小木町宿根木の船大工―ある船大工のライフヒストリー（福西大輔）「西郊民俗」 「西郊民俗談話会」 （196）2006.9

須弥山

妙高山の別名 須弥山（2）妙高山と関山神社の歴史（笹川清信）「北國街道研究」 北國街道の手をつなぐ会 （6）2005.9

常安寺

常安寺・秋葉大権現考（佐藤源治郎）「高志路」 新潟県民俗学会 通号327 1998.3

上越

本願寺末寺の東西分派について―近江金森近郊と上越の場合（高橋正隆）「上越市史研究」 上越市 7 2001.12

上越地方の板石地蔵塔婆と仏像を彫った力石（吉川しげる）「石仏ふぉーらむ」 新潟県石仏の会 （6）2003.1

越後・上越の寺宝展（報告）（安達恩）「新潟親鸞学会紀要」 新潟親鸞学会、潟日報事業社（［発売］）5 2008.5

上越に親鸞聖人ゆかりの寺社を訪ねる『念仏発祥の地を訪ねる』（長橋一司）「刈羽村文化」 刈羽村郷土研究会 （98）2012.09

上越地方の曲身踏鋤の伝来と展開（上）―地域の民族構成とルーツ復原の試み（河野通明）「民具マンスリー」 神奈川大学 46（9）通号549 2013.12

上越地方の曲身踏鋤の伝来と展開（下）―民具をなぜ守るのか、どう守るか（河野通明）「民具マンスリー」 神奈川大学 46（10）通号550 2014.01

上越市

十二神社について（中村辛一）「上越市史研究」 上越市 2 1997.3

民俗調査という仕事（真野俊和）「上越市史研究」 上越市 5 2000.1

信仰のむこうに村の歴史がみえる（田中圭一）「上越市史研究」 上越市 5 2000.1

八幡宮所蔵の鰐口（［資料紹介］）（戸根与八郎）「上越市史研究」 上越市 5 2000.1

《特集 近世真宗地帯の動向》「上越市史研究」 上越市 7 2001.12

自然となりわい―民俗地図を読む（安室知）「上越市史研究」 上越市 10 2004.12

上越市史編さん委員会編『上越市史通史編7 民俗』（書誌紹介）（渡邉三四一）「日本民俗学」 日本民俗学会 通号243 2005.8

書評『上越市史 通史編7 民俗』（高橋実）「高志路」 新潟県民俗学会 （357）2005.10

民俗学における地域社会のとらえ方―『上越市史 通史編7 民俗』の執筆をとおして（フォーラム）（真野純子）「日本民俗学」 日本民俗学会 通号246 2006.5

勝覚寺

温故資料 神社・仏閣について/極楽寺の縁起と伝説/「時水城主と勝覚寺縁起」/古刹しらべ（上） 慈眼寺（折田龍太郎）「小千谷文化」 小千谷市総合文化協会『小千谷文化』編集委員会 （194・195）2009.03

成願寺

成願寺神楽の万歳について（山崎進）「長岡郷土史」 長岡郷土史研究会 35 1998.5

照行寺

史料紹介 照行寺文書（大場厚順）「頸城文化」 上越郷土研究会 （53）2005.10

浄興寺

近世真宗教団における本山の条件―越後高田浄興寺を中心として（須田篤）「新潟史学」 新潟史学会 通号41 1998.10

定光寺

定光寺の伽藍、そしてまちづくり（山崎完一）「かも市史だより」 ［加茂市教育委員会］市史編さん室 （11）2005.3

照瑞寺

照瑞寺の歴史（日野宣也）「彌彦郷土誌」 弥彦村教育委員会 15 2000.2

勝泉寺

米納津 太柏山勝泉寺（金子正）「越後吉田町毛野賀多里」 吉田町教育委員会 11 2001.10

照専寺

史談二題 「関山の伝説」「照専寺の稲荷様」（折田龍太郎）「小千谷文化」 小千谷市総合文化協会『小千谷文化』編集委員会 （191）2008.3

城内町

市街地の民俗行事「小千谷市城内町の小正月 塞の神」（広井忠男）「小千谷文化」 小千谷市総合文化協会『小千谷文化』編集委員会 （182・183）2006.3

称念寺

越後の時宗と称念寺蔵一鎮上人像（川村知行）「上越市史研究」 上越市 2 1997.3

（時宗）称念寺文書の紹介（堀川喜久司）「頸城文化」 上越郷土研究会 （56）2008.10

菖蒲塚古墳経塚

収蔵資料紹介 菖蒲塚古墳経塚出土品（重要文化財）「帆檣成林 ： 新潟市歴史博物館博物館ニュース」 新潟市歴史博物館 （14）2008.9

称名寺

角海浜と称名寺の発祥の地を訪ねる旅（田中絢）「まきの木」 巻郷土資料館友の会 （81）2004.10

常楽寺

越後三十三番札所 第六番玉崎観音常楽寺（伊藤幹益）「柏崎・刈羽」 柏崎刈羽郷土史研究会 26 1999.3

越後第六番玉崎山常楽寺復興について（伊藤幹益）「柏崎・刈羽」 柏崎刈羽郷土史研究会 （37）2010.04

松林寺

木食弾誓上人遺跡―牛込阿弥陀堂（旧松林寺）緊急調査の概要について（北見継仁）「佐渡地域誌研究」 佐渡地域誌研究会 （11）2013.11

昭和電工鹿瀬工場

砂時計の中の昭和電工鹿瀬工場 写真でみる昭和稲荷神社大祭（沖田信悦）「阿賀路 ： 東蒲原郡郷土誌」 阿賀路の会 44 2006.5

岨巒堂山

岨巒堂山―難解地名が語る庶民信仰の世界（高橋敏路）「越佐の地名」 越後・佐渡の地名を語る会 （5）2005.3

白岩

伝説と文学の舞台「日本のローレライ越後白岩」（広井忠男）「新潟県文人研究」 越佐文人研究会 （9）2007.1

白河ノ庄

白河ノ庄に見える地名と金属伝承（地名研究2）（広田広也）「越佐の地名」 越後・佐渡の地名を語る会 （14）2014.3

白髭神社

東蒲神社考―高志王神社・白髭神社を中心として（石川實）「阿賀路 ： 東蒲原郡郷土誌」 阿賀路の会 50 2012.05

神宮寺

一の宮神宮寺と廃仏毀釈について（池原静雄）「糸魚川郷土研究」 糸魚川郷土研究会 （3）2008.4

心光寺
心光寺の由来（柏原善了）「彌彦郷土誌」 弥彦村教育委員会 15 2000.2

真光寺
佐渡真光寺破損甲冑の兜鉢と胴の残欠概論—当世具足の初期遺品の一考察（吉田幸平）「佐渡郷土文化」 佐渡郷土文化の会 （118）2008.10

新光寺跡
新光寺跡・探訪記（渡辺俊雄）「小千谷文化」 小千谷市総合文化協会『小千谷文化』編集委員会 153・154 1998.10

真言院
木喰上人と弥彦真言院について（小林孝）「彌彦郷土誌」 弥彦村教育委員会 15 2000.2

新水
十日町市新水「道楽神焼き」「羽根っけえし」見学記（高橋実）「高志路」 新潟県民俗学会 （383）2012.02

真福寺
『真福寺のしおり』発行によせて「小千谷文化」 小千谷市総合文化協会『小千谷文化』編集委員会 157 1999.9

真福寺の観音堂の由来（青山幸子）「高志路」 新潟県民俗学会 （361）2006.9

新町
糸魚川市新町の「翁舞」について（近藤忠宣）「頸城文化」 上越郷土研究会 （52）2004.7

資料 新町（旧真野町）家並順調査（山本修之助）「佐渡郷土文化」 佐渡郷土文化の会 （108）2005.6

新町大神宮
新町大神宮ご鎮座400年記念大祭（佐々木義栄）「佐渡郷土文化」 佐渡郷土文化の会 92 2000.2

水津
盆の提灯が語る風土—水津（高野進）「佐渡郷土文化」 佐渡郷土文化の会 （116）2008.2

瑞仙寺
資料紹介 相川地区 瑞仙寺所蔵の涅槃図「佐渡伝統文化研究所だより」 佐渡伝統文化研究所 （1）2007.12

隧道川
小報告 寺泊磯町隧道川の河童伝説（鳴海忠夫）「高志路」 新潟県民俗学会 （380）2011.06

水原
明治十七年水原組民俗調「水原郷土誌料」 水原町教育委員会 （26）1997.3

おらだいの水原弁（沢野悦夫）「水原郷土誌料」 水原町教育委員会 （29）2001.3

菅谷
聞き書 眼病と菅谷の不動様—そのお水と子供の田螺売り（蒲原宏）「高志路」 新潟県民俗学会 通号332 1999 6

住田村
資料紹介 越後蒲原郡住田村慈眼庵珍山偏𠮷回向（高橋亀司郎）「おくやまのしょう： 奥山荘郷土研究会誌」 奥山荘郷土研究会 （39）2014.3

巣守神社
巣守神社毘沙門天の裸押合い（篠田朝隆）「高志路」 新潟県民俗学会 通号324 1997.5

巣守神社の祭と神楽舞（五十嵐稔）「高志路」 新潟県民俗学会 通号324 1997.5

守門大明神と巣守神社 社名をめぐる謎—時代の転換の中で起こった社名変化について（石田哲彌）「越佐の地名」 越後・佐渡の地名を語る会 （7）2007.3

守門神社
守門神社（守門大明神）の研究（石田哲彌）「頸城文化」 上越郷土研究会 （57）2009.10

須門神社
諸国探訪（10）須門神社（仲丸宣弘）「西宮えびす」 西宮神社 通号28 2007.12

守門大明神
守門大明神と巣守神社 社名をめぐる謎—時代の転換の中で起こった社名変化について（石田哲彌）「越佐の地名」 越後・佐渡の地名を語る会 （7）2007.3

守門村
守門村の昔の正月（権平康子）「新潟の生活文化 ： 新潟県生活文化研究会誌」 新潟県生活文化研究会 （7）2000.10

新潟県北魚沼郡守門村の押合い祭り（山崎進）「長岡市立科学博物館研究報告」 長岡市立科学博物館 （36）2001.3

諏訪ノ木
諏訪ノ木の河童伝説《《新潟県の河童特集》》（蒲原宏）「高志路」 新潟県民俗学会 （359）2006.3

諏訪村
高田瞽女最後の旅 1954年11月上越市諏訪（旧諏訪村）「会報瞽女」 瞽女文化を顕彰する会 2 2000.8

清伝寺
溝古新と清伝寺（小川文夫）「越後吉田町毛野賀多里」 吉田町教育委員会 7 1997.10

延享元年 清伝寺本堂建立とその歴史的意義（亀井功）「郷土史燕」 燕市教育委員会 （5）2012.03

聖籠
新発田藩における伊勢参宮—聖籠地域を中心として（椎谷良平）「新発田郷土誌」 新発田郷土研究会 29 2001.3

関山
史談二題 「関山の伝説」「照専寺の稲荷様」（折田龍太郎）「小千谷文化」 小千谷市総合文化協会『小千谷文化』編集委員会 （191）2008.3

関山権現
関山権現の祭礼と妙高山参り《《妙高山特集》》（鈴木昭英）「山岳修験」 日本山岳修験学会，岩田書院（発売）（44）2009.11

関山三社権現
山岳信仰の妙高山と関山三社権現（池田一男）「頸城文化」 上越郷土研究会 （49）1997.12

関山神社
関山神社の主祭神国常立尊とはいかなる神でいかにして伝えられたのか（池田一男）「頸城文化」 上越郷土研究会 （50）2000.12

妙高山の別名 須弥山（2）妙高山と関山神社の歴史（笹川清信）「北國街道研究」 北國街道の手をつなぐ会 （6）2005.9

帝国海軍のモニュメント—関山神社の「妙高」砲弾（小島正巳）「越佐補遺些」 越佐補遺些の会 （12）2007.5

関山神社の祭り（佐藤和彦）「高志路」 新潟県民俗学会 （366）2008.2

切光
切光神楽と切光の盆踊り（五十嵐東）「高志路」 新潟県民俗学会 （341）2001.9

善願
ツツガムシ病除けの民俗探訪—五泉市善願のもすもす見聞記（蒲原宏）「高志路」 新潟県民俗学会 （367）2008.3

善光寺街道
中条地区の善光寺街道（須藤重夫）「妻有の里歴史街道」 歴史街道同人会，十日町市博物館友の会研究グループいしぶみの会 （2）2001.4

十日町地区の善光寺街道（大島伊一）「妻有の里歴史街道」 歴史街道同人会，十日町市博物館友の会研究グループいしぶみの会 （2）2001.4

川治地区の善光寺街道（大島伊一）「妻有の里歴史街道」 歴史街道同人会，十日町市博物館友の会研究グループいしぶみの会 （2）2001.4

善光寺街道・大笹街道（矢久保徳司）「小千谷文化」 小千谷市総合文化協会『小千谷文化』編集委員会 164 2001.8

津南町の善光寺街道（保坂進）「妻有の里歴史街道」 歴史街道同人会，十日町市博物館友の会研究グループいしぶみの会 （3）2002.4

中里村の善光寺街道（村山節平）「妻有の里歴史街道」 歴史街道同人会，十日町市博物館友の会研究グループいしぶみの会 （3）2002.4

水沢地区の善光寺街道（武田正史）「妻有の里歴史街道」 歴史街道同人会，十日町市博物館友の会研究グループいしぶみの会 （3）2002.4

専称寺
専称寺について（藤沢法龍）「彌彦郷土誌」 弥彦村教育委員会 14 1999.1

専正寺
寺の街中地震余話（続）—専正寺特集（西脇宏司）「小千谷文化」 小千谷市総合文化協会『小千谷文化』編集委員会 （180）2005.7

全昌寺
新発田の全昌寺（遠藤満）「新発田郷土誌」 新発田郷土研究会 28 2000.3

新潟県　　郷土に伝わる民俗と信仰　　北陸甲信越

専念寺
勇猛山専念寺の由来と小局村の今昔（堀川喜久司）「頸城文化」 上越郷土研究会 （58） 2010.9

宗覚寺
漆山敬順山宗覚寺の成立について―『宗覚寺縁起』より（須佐健昭）「まきの木」 巻郷土資料館友の会 76 2002.4

外海府
外海府の古い民謡―山本修之助「録音 外海府民謡集」（上山新二）「佐渡郷土文化」 佐渡郷土文化の会 （129） 2012.06

曽根
史料紹介 曽根・古嶋九郎右衛門の名所旧跡巡拝道中雑記（関正平）「加茂郷土誌」 加茂郷土調査研究会 （30） 2008.1

大雲寺
大雲寺を取り巻く曹洞宗寺院の流れ（平成14年12月研究発表）（吉川正夫）「五頭郷土文化」 五頭郷土文化研究会 50 2003.7

大光寺
大光寺石（大坪晃）「頸城文化」 上越郷土研究会 （62） 2014.09

大乗院
鼓岡の歴史と大乗院の縁起（渡部隆敬）「おくやまのしょう ： 奥山荘郷土研究会誌」 奥山荘郷土研究会 23 1998.3

大乗寺
相川の橘屋と大乗寺観音堂西国巡礼観音―良寛の母おのぶ生家の一面（計良勝範）「越佐研究」 新潟県人文研究会 59 2002.5

大正寺
高梨村五辺の徳善山大正寺（西方鉄二）「小千谷文化」 小千谷市総合文化協会『小千谷文化』編集委員会 166・167 2002.3

太総寺
曹洞宗・長寿山太総寺退董式と晋山式と大般若の記（須貝金一）「おくやまのしょう ： 奥山荘郷土研究会誌」 奥山荘郷土研究会 22 1997.3

大仏
大仏のはなし（小野塚繁）「越佐の地名」 越後・佐渡の地名を語る会 （3） 2003.3
「大仏（だいぶつ）」地名と東大寺庄園（福田則男）「越佐の地名」 越後・佐渡の地名を語る会 （11） 2011.03

大輪寺跡
奥山荘鼓岡に旧大輪寺跡を探る（1）―南北朝時代の頃の鼓岡（斎藤熊蔵）「おくやまのしょう ： 奥山荘郷土研究会誌」 奥山荘郷土研究会 （28） 2003.3
奥山荘鼓岡に旧大輪寺跡を探る（2）南北朝時代足利尊氏の頃の鼓岡（齋藤熊蔵）「おくやまのしょう ： 奥山荘郷土研究会誌」 奥山荘郷土研究会 （29） 2004.5

高石
談話会 高石の民俗（高橋望美）「郷土村松」 村松郷土史研究会 （63） 2006.3

高崎
高崎人形座の説経語り本（園夕紀子）「佐渡郷土文化」 佐渡郷土文化の会 98 2002.2

高島
村行事としての庚申年行事―十日町市高島・北鐙坂（大竹信雄）「高志路」 新潟県民俗学会 （370） 2009.01

高砂
村松藩の祭礼時の大行列と50年ぶりの高砂囃子の生演奏（残してゆきたい風景）「郷土村松」 村松郷土史研究会 （68） 2011.05

高田
聞き書き 高田瞽女（2）〜（4）（鈴木昭英）「長岡市立科学博物館研究報告」 長岡市立科学博物館 通号32/通号34 1997.3/1999.3
高田瞽女最後の旅 1954年11月上越市諏訪（旧諏訪村）「会報瞽女」 瞽女文化を顕彰する会 2 2000.8
本誓寺屋敷等についての考察―小山から佐内へ・佐内から高田へ（渡邉昭二）「頸城文化」 上越郷土研究会 （51） 2003.9
上越高田の土人形と長野（細井雄次郎）「長野県民俗の会通信」 長野県民俗の会 （198） 2007.4
「高田瞽女」さんについて（金井喜平次）「上田盆地」 上田民俗研究会 （40） 2010.03
瞽女文化について―高田瞽女と飯山地方（望月静幸）「文化財信濃」 長野県文化財保護協会 39（1）通号147 2012.07
日吉・山王・日枝神社 小史報告（続 高田開府四百年 特集号）（青山増

雄）「頸城文化」 上越郷土研究会 （62） 2014.09

高田地蔵
郡外の史跡巡り 高田地蔵の史跡、記念館を訪ねて（長谷川国一）「阿賀路 ： 東蒲原郡郷土誌」 阿賀路の会 40 2002.5

高田藩
魚沼山村にみる松平光長高田藩の給人知行（1） 大島荘蔵王堂の不動明王像銘記は何を語るか（本山幸一）「越佐研究」 新潟県人文研究会 69 2012.5

田上
田上の狛犬たち（吉沢和平）「郷土たがみ」 田上町郷土研究会 （14） 2003.6
田上の俗信（吉沢和平）「郷土たがみ」 田上町郷土研究会 （15） 2004.6
田上の年中行事について（五十嵐道穂）「郷土たがみ」 田上町郷土研究会 （22） 2011.06

田上町
神楽あれこれ（吉沢和平）「郷土たがみ」 田上町郷土研究会 （11） 2000.6
鳥居のいろいろ（吉沢和平）「郷土たがみ」 田上町郷土研究会 （13） 2002.6
伝説「黒鳥兵衛物語」(4),(5)（相川善雄）「郷土たがみ」 田上町郷土研究会 （19）/（20） 2008.6/2009.06
年中行事と暦のはなし（駒形邑）「郷土たがみ」 田上町郷土研究会 （24） 2013.06

田上村
一口メモ「田上村報第一号」/お庚申さま/神社の盗難届/羽生田駅の開業「郷土たがみ」 田上町郷土研究会 （20） 2009.06

高柳町
刈羽郡高柳町の庚申信仰（大竹信雄）「魚沼文化」 魚沼文化の会 47 2004.1

多岐神社
別山の多岐神社と曽地の多田神社―見出された「裁許状」から今どうあるべきかを考える（小野庄一）「小千谷文化」 小千谷市総合文化協会『小千谷文化』編集委員会 （197） 2009.11

滝谷
滝谷地区の生業と民具（抄）（新発田市滝谷共同採訪特集）（五十嵐稔）「高志路」 新潟県民俗学会 （388） 2013.06
滝谷阿部家の出羽三山の掛軸など（新発田市滝谷共同採訪特集）（鈴木秋彦）「高志路」 新潟県民俗学会 （388） 2013.06
滝谷の人生儀礼（新発田市滝谷共同採訪特集）（高橋郁子）「高志路」 新潟県民俗学会 （388） 2013.06
新発田市滝谷の暮らしと信仰―文書を中心として（新発田市滝谷共同採訪特集）（鶴巻武則）「高志路」 新潟県民俗学会 （388） 2013.06

滝谷城
滝谷城・宝蔵寺の永遠の語らい(3),(4)（伊佐智海）「刈羽村文化」 刈羽村郷土研究会 71/72 2002.3/2002.8

滝谷新田
野兎のアタマをめぐる民俗―滝谷新田と中ノ沢の場合を中心に（天野武）「魚沼文化」 魚沼文化の会 46 2003.1
新発田市滝谷新田の用水と民俗聞書（新発田市滝谷新田共同採訪特集）（鶴巻武則）「高志路」 新潟県民俗学会 （391） 2014.03
新発田市滝谷新田の民俗（新発田市滝谷新田共同採訪特集）（佐藤和彦）「高志路」 新潟県民俗学会 （391） 2014.03
佐久間新家 正月の松飾り（新発田市滝谷新田共同採訪特集）（金田文男）「高志路」 新潟県民俗学会 （391） 2014.03
新発田市滝谷新田の神楽舞と盆踊り（新発田市滝谷新田共同採訪特集）（五十嵐東）「高志路」 新潟県民俗学会 （391） 2014.03
滝谷新田の民具（新発田市滝谷新田共同採訪特集）（五十嵐稔）「高志路」 新潟県民俗学会 （391） 2014.03
赤谷郷滝谷新田狩猟習俗調査考―調査結果概要の一、二を中心に（新発田市滝谷新田共同採訪特集）（天野武）「高志路」 新潟県民俗学会 （391） 2014.03

竹野町
小報告 巻町竹野町の山の神祭り（鶴巻武則）「高志路」 新潟県民俗学会 （339） 2001.3
越後竹野町から隠岐島「あごなし地蔵」参拝記（岩野笙子）「まきの木」 巻郷土資料館友の会 （86） 2007.4
表紙写真 新潟市西区竹野町 歯地蔵様まつり（平成12年6月）岩野笙子撮影「高志路」 新潟県民俗学会 （393） 2014.09

多田神社

別山の多岐神社と曽地の多田神社—見出された「裁許状」から今どうあるべきかを考える（小野坂庄一）「小千谷文化」 小千谷市総合文化協会「小千谷文化」編集委員会 （197） 2009.11

タタラ峰

ドンデン山とタタラ峰—佐渡の金属地名と伝説（高橋敏路）「全国地名研究交流誌 地名談話室」 日本地名研究所 19 2004.8

橘

石塔化と「無縁」—佐渡橘における恒久的石塔の選択と「意味づけ」（鈴木洋平）「日本民俗学」 日本民俗学会 通号257 2009.02

達者

達者という地名—なぜ山椒大夫の舞台が佐渡になったのか（高橋敏路）「越佐の地名」 越後・佐渡の地名を語る会 （11） 2011.3

種苧原

旧栃尾市半蔵金および旧山古志村種苧原と虫亀の山の神（山崎進）「長岡市立科学博物館研究報告」 長岡市立科学博物館 （42） 2007.3

田屋

米山山麓の村（1）—柏崎市田屋の宗教的機能（渡辺三四一）「柏崎市立博物館館報」 柏崎市立博物館 12 1998.3

千年

茅葺き技術と伝承—松代千年の関谷金平（池田亨）「魚沼文化」 魚沼文化の会 （50） 2005.6

中越

災害と石造物—中越地震を想う（坂口和子）「日本の石仏」 日本石仏協会，青娥書房（発売） （112） 2004.12

新潟県中越地震による石造物の現状について（荒井昭）「日本の石仏」 日本石仏協会，青娥書房（発売） （115） 2005.9

災害とムラの神・仏—中越地震・台風22号宇佐美の事例から（岡倉捷郎）「あしなか」 山村民俗の会 274 2006.4

中越地震十周年「変りゆく中間山地」 マヤ（一族）結束の民俗学的考察（広井思男）「小千谷文化」 小千谷市総合文化協会「小千谷文化」編集委員会 （212） 2013.07

中条町

「石碑」雑感（阿部茂雄）「おくやまのしょう ： 奥山荘郷土研究会誌」 奥山荘郷土研究会 23 1998.3

口碑・伝説・古文と現実との狭間（阿部茂雄）「おくやまのしょう ： 奥山荘郷土研究会誌」 奥山荘郷土研究会 24 1999.3

中条町指定文化財 金刀比羅神社の建築とその環境（宮沢智士，山崎完一）「おくやまのしょう ： 奥山荘郷土研究会誌」 奥山荘郷土研究会 24 1999.3

〔資料紹介〕中条町の神社・寺院・仏堂—明治十六年書上明細帳から（高橋亀司郎）「おくやまのしょう ： 奥山荘郷土研究会誌」 奥山荘郷土研究会 24 1999.3

幽魂仏と一光三尊（高橋太一郎）「おくやまのしょう ： 奥山荘郷土研究会誌」 奥山荘郷土研究会 （25） 2000.3

鎮守の森と巨木が刻んだ年輪（片野徳蔵）「おくやまのしょう ： 奥山荘郷土研究会誌」 奥山荘郷土研究会 （25） 2000.3

変わりゆく伝承行事 たなばたの巻（阿部茂雄）「おくやまのしょう ： 奥山荘郷土研究会誌」 奥山荘郷土研究会 （25） 2000.3

二基の石塔—或る仇討ちの次第（田上信夫）「おくやまのしょう ： 奥山荘郷土研究会誌」 奥山荘郷土研究会 （28） 2003.3

廃寺を探る—昔どうして各地に廃寺があったのか（斎藤熊蔵）「おくやまのしょう ： 奥山荘郷土研究会誌」 奥山荘郷土研究会 （36） 2011.03

中名沢

普化宗越後明暗寺—中名沢虚無僧寺（大塚芳男）「郷土村松」 村松郷土史研究会 （66） 2009.03

長安寺

文化財散歩道 両津地区 久知河内と長安寺（野口敏樹）「佐渡学センターだより」 佐渡学センター （2） 2010.12

長恩寺

近世大名とその菩提寺—津山松平家と越後高田長恩寺の事例から（小島徹）「博物館だより」 津山郷土博物館 23 1999.7

小千谷との縁で 蘇える塩沢—長恩寺歴史物語 雲蝶の彫刻第一作を発見！ 名作「雲蝶」の心情に迫る（小野坂庄一）「小千谷文化」 小千谷市総合文化協会「小千谷文化」編集委員会 （202・203） 2011.03

長谷寺

佐渡市畑野地区長谷寺の棟札等の調査について（北見継仁）「佐渡地域誌研究」 佐渡地域誌研究会 （7） 2009 03

調査レポート 佐渡市畑野地区長谷寺の棟札調査（北見継仁）「佐渡伝統文化研究所だより」 佐渡伝統文化研究所 （4） 2009.03.25

長泉寺

法宝物紹介 長泉寺所蔵の光明本尊（田子了祐）「新潟親鸞学会紀要」 新潟親鸞学会，渇日報事業社（〔発売〕） 5 2008.5

長福寺

長福寺、近世以降の記録類と残影（関正平）「加茂郷土誌」 加茂郷土調査研究会 （30） 2008.1

築地

新潟・築地獅子舞（石川博司）「まつり通信」 まつり同好会 54（4）通号572 2014.07

津川町

津川町の主な馬頭観世音の碑について（杉崎巌）「阿賀路 ： 東蒲原郡郷土誌」 阿賀路の会 36 1998.5

第26回津川町郷土資料展 石碑・石仏・お堂・看板から津川の歴史をさぐる（五十嵐義昭）「阿賀路 ： 東蒲原郡郷土誌」 阿賀路の会 38 2000.5

津川町のお堂（宮川倓）「阿賀路 ： 東蒲原郡郷土誌」 阿賀路の会 39 2001.5

津川町内の百万遍—一区と町の行事（石本敏也）「高志路」 新潟県民俗学会 （374） 2009.11

津川村

史料紹介 住吉大明神社記（つけたり）「津川村名考」（宮川倓）「阿賀路 ： 東蒲原郡郷土誌」 阿賀路の会 40 2002.5

月潟

角兵衛獅子発祥の地「月潟」村の地名伝承（福田則男）「越佐の地名」 越後・佐渡の地名を語る会 （10） 2010.3

鼓岡

鼓岡の歴史と大乗院の縁起（渡部隆敬）「おくやまのしょう ： 奥山荘郷土研究会誌」 奥山荘郷土研究会 23 1998.3

奥山荘鼓岡に旧大輪寺跡を探る（1）—南北朝時代の頃の鼓岡（斎藤熊蔵）「おくやまのしょう ： 奥山荘郷土研究会誌」 奥山荘郷土研究会 （28） 2003.3

奥山荘鼓岡に旧大輪寺跡を探る（2）南北朝時代足利尊氏の頃の鼓岡（齋藤熊蔵）「おくやまのしょう ： 奥山荘郷土研究会誌」 奥山荘郷土研究会 （29） 2004.5

土樽

魚沼の民具（5）—土樽の民具（五十嵐稔）「新潟の生活文化 ： 新潟県生活文化研究会誌」 新潟県生活文化研究会 （6） 1999.9

綱木

綱木いな虫送り（有志見学会報告）（鈴木秋彦）「高志路」 新潟県民俗学会 （381） 2011.10

綱木虫送りの社壇のこと（有志見学会報告）（佐藤和彦）「高志路」 新潟県民俗学会 （381） 2011.10

津南町

津南町の善光寺街道（保坂進）「妻有の里歴史街道」 歴史街道同人会，十日町市博物館友の会研究グループいしぶみの会 （3） 2002.4

新潟県津南町の水神—信越県境の信濃川流域を中心として（島田常雄）「日本の石仏」 日本石仏協会，青娥書房（発売）（108） 2003.12

燕市

「村葬」 百年前の記録（捧一二）「燕郷土史考」 燕市教育委員会 36 2003.3

坪穴

奥山荘における阿弥陀・太子信仰について（1）～（3）—黒川の坪穴と黒俣から探る（斎藤熊蔵）「おくやまのしょう ： 奥山荘郷土研究会誌」 奥山荘郷土研究会 （30）/（32） 2005.3/2006.3

坪野

山谷、坪野ほんやら洞祭り（今井一夫）「小千谷文化」 小千谷市総合文化協会『小千谷文化』編集委員会 （202・203） 2011.03

妻有

妻有地域の双体道祖神（島田常雄）「妻有の里歴史街道」 歴史街道同人会，十日町市博物館友の会研究グループいしぶみの会 （2） 2001.4

鉄砲町

鉄砲町の「不動明王堂」の縁起「阿賀路 ： 東蒲原郡郷土誌」 阿賀路の会 36 1998.5

寺泊

寺泊の河童祭り（《新潟県の河童特集》）（鶴巻武則）「高志路」 新潟県民俗学会 （359） 2006.3

新潟県　　　　　　　　　　　　　　　郷土に伝わる民俗と信仰　　　　　　　　　　　　　　　北陸甲信越

寺町

寺町琴平神社について（杉本宇吉）「糸魚川郷土研究」　糸魚川郷土研究会
（2）2006.5

藤崎観音堂

藤崎観音堂の裸胴上げ─投げる・放つ（金田文男）「高志路」　新潟県民俗学会　（353）2004.9

東寺

総会・歴史探訪会 東寺の弘法市と尾張名古屋の殿様展を訪ねて（佐藤キヨ）「小千谷文化」　小千谷市総合文化協会『小千谷文化』編集委員会（204）2011.07

東忠

郷土に生きて（11）東忠の年中行事・民俗/歴史の舞台東忠/「北越雪譜」に東忠の亭主を描いた牧之（広井信男）「小千谷文化」　小千谷市総合文化協会『小千谷文化』編集委員会（182・183）2006.3

東福城址

天保年間往還絵図でたどる相川道中─五味川地蔵から東福城址へ（渡辺信吾）「佐渡地域誌研究」　佐渡地域誌研究会（1）2002.7

東竜寺

安国山東龍寺の沿革（武田一夫）「郷土たがみ」　田上町郷土研究会（11）2000.6
東龍寺の板碑の謎を探る（武田一夫）「郷土たがみ」　田上町郷土研究会（13）2002.6

十日町

十日町地区の善光寺街道（大島伊一）「妻有の里歴史街道」　歴史街道同人会，十日町市博物館友の会研究グループいしぶみの会（2）2001.4

十日町市

昔話にみる雪の妖怪考（児玉達雄）「妻有の里歴史街道」　歴史街道同人会，十日町市博物館友の会研究グループいしぶみの会（3）2002.4
年中行事と鮮魚（丸山克巳）「妻有の里歴史街道」　歴史街道同人会，十日町市博物館友の会研究グループいしぶみの会（3）2002.4

戸隠神社

新潟県の戸隠・飯綱神社（山崎進）「長野」　長野郷土史研究会（246）2006.4

時水城

温故資料 神社・仏閣について/極楽寺の縁起と伝説/「時水城主と勝覚寺縁起」/古稀しらべ（上）慈眼寺（折田龍太郎）「小千谷文化」　小千谷市総合文化協会『小千谷文化』編集委員会（194・195）2009.03

徳右工門稲荷

あればこそ「徳右エ門稲荷」（浅妻千鶴子）「越後赤塚」　赤塚郷土研究会（15）1999.3

栃尾

長岡市栃尾地域の山岳信仰塔（山崎進）「長岡市立科学博物館研究報告」　長岡市立科学博物館（47）2012.03

栃尾市

栃尾市調査二題 民俗・聞き取りあれこれ/十三塚の調査（池田亨）「魚沼文化」　魚沼文化の会（49）2005.2

栃堀

栃堀の養蚕民家（小林幹子）「高志路」　新潟県民俗学会　通号324 1997.5
栃尾市栃堀の盆踊り（五十嵐東）「高志路」　新潟県民俗学会　通号324 1997.5
絵馬を供える山の神祭り─新潟県栃尾市栃堀（山崎進）「あしなか」　山村民俗の会　268 2004.10
新潟県長岡市栃堀の青色道祖神（特集 彩色と石仏）（星野紀子）「日本の石仏」　日本石仏協会，青娥書房（発売）（143）2012.09

豊田神社

豊田神社拝殿の「新発田藩領図領（含・奥州八島田）」の奉納経緯（鈴木博）「新発田郷土誌」　新発田郷土研究会（41）2013.03

ドンデン山

ドンデン山とタタラ峰─佐渡の金属地名と伝説（高橋敏路）「全国地名研究交流誌 地名談話室」　日本地名研究所　19 2004.8

直江津

ミニ特集 春を呼ぶ祭り三昧「直江の津」　直江津経済文化研究会　1 2001.3
見る目 神饌箱「直江の津」　直江津経済文化研究会　1 2001.3
人々のくらしに息づく「祇園祭」 囃子の伝承を通しての一考察（近藤美保子）「直江の津」　直江津経済文化研究会　2 2001.6

見る目 木造大日如来坐像「直江の津」　直江津経済文化研究会　2（1）通号5 2002.3
特集2 報道のなかの祇園祭「直江の津」　直江津経済文化研究会　2（2）通号6 2002.6
歴史は「今日」への手紙 八坂神社を巡る「直江の津」　直江津経済文化研究会　10（1）通号34 2014.07

直江津砂丘

直江津砂丘にあった古寺について（中沢肇）「頸城文化」　上越郷土研究会（50）2000.12

中魚沼

中魚沼の十二神社と祭神（柳幸宏）「妻有の里歴史街道」　歴史街道同人会，十日町市博物館友の会研究グループいしぶみの会（2）2001.4
小林存の中魚沼探訪旅行と「編み衣」のアンギン発掘の道（陳玲）「高志路」　新潟県民俗学会（390）2013.12

長岡

長岡の山の神と山の神祭り（山崎進）「長岡市立科学博物館研究報告」　長岡市立科学博物館　通号33 1998.3
長岡の山の神（補遺）（山崎進）「長岡市立科学博物館研究報告」　長岡市立科学博物館（37）2002.3
長岡空襲時の神明神社境内の状況─防空壕で二十数名の命を救った学生がいた（峰村剛）「長岡郷土史」　長岡郷土史研究会（41）2004.5
思い出の断片─ヨイトマケの唄が聞こえる（山本光一）「長岡郷土史」　長岡郷土史研究会（41）2004.5
新潟県中越地震後の長岡近郊の木喰仏（水澤宗一）「微笑佛」　全国木喰研究会（13）2005.7
長岡で語りの世界 昔話と瞽女唄の催し「会報瞽女」　瞽女文化を顕彰する会（16）2011.10

長岡市

長岡市域における信濃川に関する民俗─信仰と割地制度（山崎進）「長岡市立科学博物館研究報告」　長岡市立科学博物館　通号34 1999.3
養蚕の石造物─長岡市の調査から（荒井昭）「日本の石仏」　日本石仏協会，青娥書房（発売）（102）2002.6
善光寺信仰の石仏─新潟県長岡市（続・石仏と民俗伝承）（山崎進）「あしなか」　山村民俗の会　300 2014.04
長岡市にもあった妙哲尼名号塔（会員の広場）（近江礼子）「日本の石仏」　日本石仏協会，青娥書房（発売）（150）2014.06

中海府

中海府の中世石仏（小野田十九）「おくやまのしょう ： 奥山荘郷土研究会誌」　奥山荘郷土研究会　23 1998.3

中頸城

中頸城地方山村の民具（抄）（五十嵐東）「高志路」　新潟県民俗学会　通号328・329 1998.5

中里村

中里村の善光寺街道（村山詔平）「妻有の里歴史街道」　歴史街道同人会，十日町市博物館友の会研究グループいしぶみの会（3）2002.4

長沢

長沢の年中行事と民間信仰・芸能（鈴木昭英）「高志路」　新潟県民俗学会　通号328・329 1998.5
新井市長沢の真宗の喪葬（鈴木秋彦）「高志路」　新潟県民俗学会　通号328・329 1998.5
新井市長沢の民家（小林幹子）「高志路」　新潟県民俗学会　通号328・329 1998.5
新井市長沢の春駒と盆踊り余話（五十嵐東）「高志路」　新潟県民俗学会　通号328・329 1998.5

中条

中条地区の善光寺街道（須藤重夫）「妻有の里歴史街道」　歴史街道同人会，十日町市博物館友の会研究グループいしぶみの会（2）2001.4

中ノ沢

野兎のアタマをめぐる民俗─滝谷新田と中ノ沢の場合を中心に（天野武）「魚沼文化」　魚沼文化の会　46 2003.1

長松戸隠神社

長松戸隠神社と祭神九頭龍様（浦野重利）「長野」　長野郷土史研究会（249）2006.10

中店

中店稚児神輿行列と上野稚児舞（渡邊宣孝）「郷土たがみ」　田上町郷土研究会（22）2011.06
一口メモ ありし日の原ヶ崎堤/字川之下無格社諏訪社の由緒/字中店無格社諏訪社の据置願/源九郎判官の碑「郷土たがみ」　田上町郷土研究会（23）2012.06

中村

活用される民俗慣行―鹿瀬町中村の「村送り板」(石本敏也)「高志路」 新潟県民俗学会 (355) 2005.3

名古屋

総会・歴史探訪会 東寺の弘法市と尾張名古屋の殿様展を訪ねて(佐藤キヨ)「小千谷文化」 小千谷市総合文化協会『小千谷文化』編集委員会 (204) 2011.07

梨の木観音

梨の木観音と木喰さん―うちで生まれた観音さん(上坂佐栄子)「微笑佛」 全国木喰研究会 (12) 2004.10

七谷

七谷の小正月について(民俗調査と経過)(斎藤義信)「レポート加茂市史」 加茂市 1 2001.3

七谷村

七谷村の村葬(史料紹介)(大塚哲)「かも市史だより」［加茂市教育委員会］市史編さん室 (17) 2008.3

南葉山

妙高山と南葉山の雪形(山崎進)「あしなか」 山村民俗の会 253 1999.11

なんぼいさん

妙高山信仰と「なんぼいさん」(《山岳信仰特集Ⅰ》)(山崎進)「あしなか」 山村民俗の会 257 2001.6

新潟

三つの墓碑(蒲原宏)「郷土新潟」 新潟郷二史研究会 (39) 1999.3

「瞽女の道」その他―新潟と山形を結ぶもの(木村博)「山形民俗」 山形県民俗研究協議会 (15) 2001.11

新潟から北海道へ伝承した神楽について―近代以降の伝承過程における変遷要因の抽出を中心に(舟山直治, 池田貴夫, 兼平一志)「北海道開拓記念館研究紀要」 北海道開拓記念館 (30) 2002.3

語りの発表会 新潟の語りの楽しさ(武田正)「夕鶴」 夕鶴の里友の会 20 2002.3

映画会「新潟から北海道へ伝えられた神楽」のお知らせ「北海道開拓記念館だより」 北海道開拓記念館 32 (2) 通号174 2002.7

「新潟のヒスイ伝説」について(辰巳俔)「下野史談」 下野史談会 96 2002.12

『新潟の鮭と鉱物資源の民俗』から(伊藤治子)「高志路」 新潟県民俗学会 (354) 2004.12

新潟大学民俗学研究室10周年記念論文集『環境・地域・心性―民俗学の可能性』を読んで(書評)(大竹信雄)「高志路」 新潟県民俗学会 (354) 2004.12

大山繭蛾とマユについての若干の調査 『鵜―大山繭蛾と綿の民俗』(池田亭)「新潟の生活文化 : 新潟県生活文化研究会誌」 新潟県生活文化研究会 (11) 2005.2

下北昔話の結句についての一考察―「一生暮らした」系と新潟地方の関連(佐々木達司)「青森県の民俗」 青森県民俗の会 5 2004.8

新潟の仏像展(水澤宗一)「微笑佛」 全国木喰研究会 (15) 2007.4

法宝物紹介 木造阿弥陀如来立像と天正五年の「木仏裏書」(田子了祐)「新潟親鸞学会紀要」 新潟親鸞学会, 潟日報事業社にて［発売］4 2007.5

笏谷石製狛犬について(水澤幸一)「新潟考古」 新潟県考古学会 (19) 2008.3

新潟の女子短大生の方言 自動車学校・そろそろ・ナマラ(福嶋秋子)「新潟の生活文化 : 新潟県生活文化研究会誌」 新潟県生活文化研究会 (15) 2009.03

戦時中の盆踊り唄(特集 私の思い出)(唐津正夫)「郷土新潟」 新潟郷土史研究会 (50) 2010.03

「鷹」「白鳥」に関わる地名と伝承について(皆川和也)「越佐の地名」 越後・佐渡の地名を語る会 (1) 2011.3

新潟では三十五日法要に朱蠟燭を用いるわけ(研究発表)(廣瀬憲隆)「新潟親鸞学会紀要」 新潟親鸞学会, 潟日報事業社にて［発売］9 2012.07

［北］―熊の民俗(赤羽正春)「鑑賞」 新潟文化観賞会 (34) 2013.02

新潟県

改刻された板碑(小野田十九)「おくやまのしょう : 奥山荘郷土研究会誌」 奥山荘郷土研究会 22 1997.3

郷土の方言を探る(3)～(6)―めぐらに息づく文化遺産(剣持右作)「高志路」 新潟県民俗学会 通号323/通号332 1997.3/1999.6

子供の生活と年中行事(高橋郁子)「高志路」 新潟県民俗学会 通号324 1997.5

稲作・養蚕そして伝説(佐藤和彦)「高志路」 新潟県民俗学会 通号324 1997.5

葬送と信仰(岩野笙子)「高志路」 新潟県民俗学会 通号324 1997.5

〔資料紹介〕 新潟県民謡資料(10)～(24)(新潟県民謡緊急調査会)「越佐研究」 新潟県人文研究会 通号54/70 1997.8/2013.05

園児と昔話(広川信子)「新潟の生活文化 : 新潟県生活文化研究会誌」 新潟県生活文化研究会 (4) 1997.10

新潟県の妙見信仰(《妙見信仰特輯》)(山崎進)「あしなか」 山村民俗の会 249 1997.12

山口賢俊著『新潟県の運搬具』(〔書評〕)(織野英史)「民具研究」 日本民具学会 通号116 1997.12

石塔点描 六字名号の五輪塔(小野田十九)「おくやまのしょう : 奥山荘郷土研究会誌」 奥山荘郷土研究会 23 1998.3

古文書から探る民衆の信仰―足で稼ぐ思想史の方法(奈倉哲三)「新潟県立文書館研究紀要」 新潟県立文書館 通号5 1998.3

新潟県における経塚研究の現状と課題―埋経とされる経塚の遺構と出土状況(伊藤啓雄)「柏崎市立博物館館報」 柏崎市立博物館 12 1998.3

産育と婚姻(佐藤和彦)「高志路」 新潟県民俗学会 通号328・329 1998.5

年中行事(大竹信雄)「高志路」 新潟県民俗学会 通号328・329 1998.5

宗源の宣旨(樋口實)「高志路」 新潟県民俗学会 通号330 1998.8

祈りの場所(呉賀欄)「高志路」 新潟県民俗学会 通号331 1999.2

生き埋めにされた権兵衛伝説から(伊藤治子)「高志路」 新潟県民俗学会 通号331 1999.2

石橋供養塔と瞽女(片桐譲)「田無地方史研究会紀要」 田無地方史研究会 19 1999.3

福餅の民俗(広井忠男)「高志路」 新潟県民俗学会 通号332 1999.6

新潟県に於ける明治の唄本(3)―「甚句踊り」および安政の江戸大地震と幕末の唄本(板垣俊一)「新潟の生活文化 : 新潟県生活文化研究会誌」 新潟県生活文化研究会 (6) 1999.9

家の中の祭り(中島太一)「高志路」 新潟県民俗学会 通号334・335 1999.11

瞽女 芸道の軌跡(1) 渡世の業(鈴木昭英)「会報瞽女」 瞽女文化を顕彰する会 1 2000.2

続・六地蔵三態(小野田十九)「おくやまのしょう : 奥山荘郷土研究会誌」 奥山荘郷土研究会 (25) 2000.3

わが家は瞽女宿だった 瞽女宿は功徳と考えていた(丸山和五郎)「会報瞽女」 瞽女文化を顕彰する会 2 2000.8

瞽女 芸道の軌跡(2) 中世の盲御前(鈴木昭英)「会報瞽女」 瞽女文化を顕彰する会 2 2000.8

ご縁―実現した瞽女唄の収録(中山一郎)「会報瞽女」 瞽女文化を顕彰する会 2 2000.8

歯の神様(岩野笙子)「高志路」 新潟県民俗学会 (337) 2000.8

獅子頭の流着伝承(鈴木秋彦)「新潟の生活文化 : 新潟県生活文化研究会誌」 新潟県生活文化研究会 (7) 2000.10

わが家は瞽女宿だった 瞽女が残してくれたふるさとの文化(成島継紀)「会報瞽女」 瞽女文化を顕彰する会 3 2001.2

瞽女 芸道の軌跡(3) 近世の瞽女仲間(鈴木昭英)「会報瞽女」 瞽女文化を顕彰する会 3 2001.2

瞽女さんたちの生きた社会(桐生清次)「会報瞽女」 瞽女文化を顕彰する会 3 2001.2

石塔点描 妙典供養の石造六角塔(小野田十九)「おくやまのしょう : 奥山荘郷土研究会誌」 奥山荘郷土研究会 (26) 2001.3

瞽女(井口清)「富士見郷土研究」 富士見村郷土研究会 (54) 2001.3

神霊憑依と巫女・修験―新潟県の事例から(鈴木昭英)「巫覡盲僧学会報」 巫覡盲僧学会 13 2001.3

琵琶盲僧と瞽女たち(川野楠己)「会報瞽女」 瞽女文化を顕彰する会 (4) 2001.9

わが家は瞽女宿だった 桃割の鹿の子の手絡も懐かしく(富川蝶子)「会報瞽女」 瞽女文化を顕彰する会 (4) 2001.9

昔話(中村栄美子)「高志路」 新潟県民俗学会 (341) 2001.9

食膳具―樹種の民俗(池田亭)「新潟の生活文化 : 新潟県生活文化研究会誌」 新潟県生活文化研究会 (8) 2001.10

石塔点描 腹をえぐられた天邪鬼(小野田十九)「おくやまのしょう : 奥山荘郷土研究会誌」 奥山荘郷土研究会 (27) 2001.12

新潟県地理唱歌に関する考察(小林佐武郎)「燕郷土史考」 燕市教育委員会 35 2002.3

どぶろく祭り(高橋郁子)「高志路」 新潟県民俗学会 (343) 2002.3

坂西家の石神様と芋煮祭り(青山幸子)「高志路」 新潟県民俗学会 (343) 2002.3

新潟県の裸押合い祭り(佐藤和彦)「新発田郷土誌」 新発田郷土研究会 (30) 2002.3

わが家は瞽女宿だった 村人は瞽女さの調べに陶酔(吉原敦子)「会報瞽女」 瞽女文化を顕彰する会 (4) 2002.6

過疎と古い家柄の中でどう生きるか―二十三夜講を通して(庭野克子)「新潟の生活文化 : 新潟県生活文化研究会誌」 新潟県生活文化研究会 (9) 2002.10

雑考―民芸品としての裂織(呑海信雄)「新潟の生活文化 : 新潟県生活

文化研究会誌」 新潟県生活文化研究会 （9） 2002.10

紹介 英語紙芝居「ある瞽女の生涯」（板垣俊一）「新潟の生活文化 ： 新潟県生活文化研究会誌」 新潟県生活文化研究会 （9） 2002.10

アメノカグヤマノ命伝承のある神社（藤田治雄）「高志路」 新潟県民俗学会 （346） 2002.11

消滅した厄祓祭祀（石本敏也）「高志路」 新潟県民俗学会 （346） 2002.11

新潟県民謡人物伝記（水落忠夫）「しまうた」 しまうた文化研究会 14 2002.12

「南無阿弥陀仏」の縁（山田十一）「新潟県文人研究」 越佐文人研究会 5 2002.12

狛犬についての一考察 威嚇する形の狛犬が日本海側に、なぜ多いのだろう（五十嵐一雄）「石仏ふぉーらむ」 新潟県石仏の会 （6） 2003.1

代受苦の石彫り地蔵（小野田十九）「おくやまのしょう ： 奥山荘郷土研究会誌」 奥山荘郷土研究会 （28） 2003.3

石彫阿弥陀三尊の諸相（小野田十九）「おくやまのしょう： 奥山荘郷土研究会誌」 奥山荘郷土研究会 （28） 2003.3

ハルさんの瞽女唄もCDに（中山一郎）「会報瞽女」 瞽女文化を顕彰する会 （6） 2003.4

わが家は瞽女宿だった 「ごめんなんしょ」といって訪ねてきた（篠田朝隆）「会報瞽女」 瞽女文化を顕彰する会 （6） 2003.4

瞽女 芸道の軌跡（5） 町方瞽女と里方瞽女（鈴木昭英）「会報瞽女」 瞽女文化を顕彰する会 （6） 2003.4

一国民俗学の研究は完結したか—新潟県民俗学会共同調査の役割（櫻井徳太郎）「高志路」 新潟県民俗学会 （350） 2003.11

昔話の今昔（青山幸子）「高志路」 新潟県民俗学会 （350） 2003.11

存先生とアンギンと学会のこと（滝沢秀一）「高志路」 新潟県民俗学会 （350） 2003.11

方言に生きる異体字（柄澤衛）「高志路」 新潟県民俗学会 （350） 2003.11

「民具屋」から「ナンデモ屋」に（五十嵐稔）「高志路」 新潟県民俗学会 （350） 2003.11

絵馬、ことはじめ（篠田朝隆）「高志路」 新潟県民俗学会 （350） 2003.11

郷土誌に記述された方言（外山正恭）「高志路」 新潟県民俗学会 （350） 2003.11

「道祖神の研究」から多くのことを学ぶ（石田哲弥）「高志路」 新潟県民俗学会 （350） 2003.11

いわゆる伝統花火について（長谷川健一）「高志路」 新潟県民俗学会 （350） 2003.11

新潟県民俗学会50年の歩み「高志路」 新潟県民俗学会 （350） 2003.11

産育習俗 「四十二の二つ子」わが父の場合（竹村城之助）「高志路」 新潟県民俗学会 （351） 2004.3

民俗エッセイ 秋葉大権現火祭り（広井忠男）「高志路」 新潟県民俗学会 （351） 2004.3

仕事と遊び 藁細工の伝承（石本敏也）「高志路」 新潟県民俗学会 （351） 2004.3

中世の石造遺物雑記（小野田十九）「おくやまのしょう ： 奥山荘郷土研究会誌」 奥山荘郷土研究会 （29） 2004.5

石塔婆に見る円相と卍字（小野田十九）「おくやまのしょう： 奥山荘郷土研究会誌」 奥山荘郷土研究会 （29） 2004.5

毘沙門様にお湯をつかわせる（伊藤治子）「高志路」 新潟県民俗学会 （352） 2004.6

昔話の中の和歌（高橋実）「高志路」 新潟県民俗学会 （353） 2004.9

石祠から見えてくるもの—新潟県の石祠を中心に（星野紀子）「日本の石仏」 日本石仏協会，青娥書房（発売）（111） 2004.9

若者達の体育民俗（広井忠男）「高志路」 新潟県民俗学会 （354） 2004.12

食用菊の方言—カキノモト・オモイノホカ・モッテノホカの由来を中心に（柄澤衛）「高志路」 新潟県民俗学会 （354） 2004.12

巫覡盲僧学会に参加して瞽女文化の信仰性を学ぶ（駒形聡）「会報瞽女」 瞽女文化を顕彰する会 （8） 2005.1

団子類を包むサルトリイバラの葉—全国的な分布と方言（本間伸夫）「新潟の生活文化 ： 新潟県生活文化研究会誌」 新潟県生活文化研究会 （11） 2005.2

ミアレの神体（鈴木秋彦）「新潟の生活文化 ： 新潟県生活文化研究会誌」 新潟県生活文化研究会 （11） 2005.2

禅刹の山門前に見る石榜（小野田十九）「おくやまのしょう ： 奥山荘郷土研究会誌」 奥山荘郷土研究会 （30） 2005.3

酒造図絵馬の研究（1），（5）—新潟県下の事例について［1］，（2）（野堀正雄）「新潟県立歴史博物館研究紀要」 新潟県立歴史博物館 （6）/（14） 2005.3/2013.03

新潟県北部の蘇民将来について（小林弘）「新潟考古学談話会会報」 新潟考古学談話会 29 2005.5

七夕行事（金田文男）「高志路」 新潟県民俗学会 （356） 2005.7

新潟県民俗学会旧蔵民具コレクションの整理を終えて（石垣悟）「高志路」 新潟県民俗学会 （356） 2005.7

私の木喰巡礼（13）—田村家の愛染明王（大久保憲次）「微笑佛」 全国木喰研究会 （13） 2005.7

年中行事（金田文男）「高志路」 新潟県民俗学会 （357） 2005.10

「骨下げ」の民俗（高橋八十八）「高志路」 新潟県民俗学会 （358） 2005.12

河童伝説・拾い書き《《新潟県の河童特集》》（池田亨）「高志路」 新潟県民俗学会 （359） 2006.3

銀杏（いちょう）出乳祈願の事例—長野・新潟県（《月刊「民俗文化」発行500号記念論文》）（門田徳雄）「民俗文化」 滋賀民俗学会 （510）（号外） 2006.3

子供と年寄りの百万遍—農業の機械化以降の民俗行事の変遷（石本敏也）「高志路」 新潟県民俗学会 （360） 2006.6

つけ木の民俗（高橋八十八）「高志路」 新潟県民俗学会 （360） 2006.6

綿—大山繭蛾と綿の民俗（2）（池田亨）「新潟の生活文化 ： 新潟県生活文化研究会誌」 新潟県生活文化研究会 （12） 2006.6

正月行事二題（金田文男）「高志路」 新潟県民俗学会 （361） 2006.9

新潟県民俗学会旧蔵民具コレクション一覧（2），（3）（石垣悟）「高志路」 新潟県民俗学会 （361）/（366） 2006.9/2008.2

リョウブの木の民俗（高橋八十八）「高志路」 新潟県民俗学会 （363） 2007.2

年末・年始の行事とそのご馳走（1） 年取り—聞き書・日本の食生活全集より（本間伸夫）「新潟の生活文化 ： 新潟県生活文化研究会誌」 新潟県生活文化研究会 （13） 2007.6

薙鎌打ち神事を見て—鎌とススキについて（金田文男）「高志路」 新潟県民俗学会 （367） 2008.3

年末・年始の行事とそのご馳走（2） 正月—聞き書・日本の食生活全集より（本間伸夫）「新潟の生活文化 ： 新潟県生活文化研究会誌」 新潟県生活文化研究会 （14） 2008.3

草餅と菱餅—早春、雛の節句を祝うもの（声）（本間伸夫）「新潟の生活文化 ： 新潟県生活文化研究会誌」 新潟県生活文化研究会 （14） 2008.3

酒造図絵馬の研究（2）～（4） 新潟県外の事例について（1）～（3）（野堀正雄）「新潟県立歴史博物館研究紀要」 新潟県立歴史博物館 （9）/（13） 2008.3/2012.03

石仏にみる庶民のこころ（岩野笙子）「石仏ふぉーらむ」 新潟県石仏の会 （8） 2008.3

災禍の村の石碑を歩く（広井忠男）「石仏ふぉーらむ」 新潟県石仏の会 （8） 2008.3

引越した石仏—移動にともなう役割の変換について（池田孝博）「石仏ふぉーらむ」 新潟県石仏の会 （8） 2008.3

お盆の仏様はどこから来るの《《盆行事特集》》（金田文男）「高志路」 新潟県民俗学会 （368） 2008.8

オショライ様を迎えに行く馬《《盆行事特集》》（佐藤和彦）「高志路」 新潟県民俗学会 （368） 2008.8

心に残る盆踊り《《盆行事特集》》（五十嵐東）「高志路」 新潟県民俗学会 （368） 2008.8

早川孝太郎の高燈籠スケッチ《《盆行事特集》》（池田哲夫）「高志路」 新潟県民俗学会 （368） 2008.8

水澤謙一氏の昔話の世界（金田文男）「高志路」 新潟県民俗学会 （369） 2008.10

私のみた瞽女（フィールドレポート）（盛永未来）「まんだら： 東北文化友の会会報」 東北芸術工科大学東北文化研究センター （37） 2008.11

野兎のミミにまつわる民俗（天野武）「高志路」 新潟県民俗学会 （370） 2009.01

「米壽」の民俗「とかき」について（高橋八十八）「高志路」 新潟県民俗学会 （370） 2009.01

新潟県の以仁王伝説（高橋実）「高志路」 新潟県民俗学会 （372） 2009.07

獅子神楽を訪ねて（1）（五十嵐東）「高志路」 新潟県民俗学会 （373） 2009.09

野兎のメダマにまつわる民俗（1）～（3）（天野武）「高志路」 新潟県民俗学会 （375）/（377） 2010.02/2010.09

新潟県における蘇民将来の習俗（佐藤和彦）「魚沼文化」 魚沼文化の会 （59） 2010.05

方言かるた一方言で詠むかるた・方言を詠むかるた（外山正恭）「高志路」 新潟県民俗学会 （377） 2010.09

質問箱 虫送りと虫供養について（金田文男）「高志路」 新潟県民俗学会 （380） 2011.06

質問箱 作の神 山の神か（金田文男）「高志路」 新潟県民俗学会 （382） 2011.12

新潟県は本当に浄土真宗王国か—新潟における浄土真宗寺院分布について（渡辺博）「鑑賞」 新潟文化観賞会 （33） 2012.02

祭祀に使用した注連縄の処理について（金田文男）「高志路」 新潟県民俗

学会　(383) 2012.02

中世の火葬土坑について―新潟県及び東北地方を中心に (石垣義則)「新潟考古」　新潟県考古学会　(23) 2012.03

道祖神信仰の歴史一考察(1) (石田哲彌)「高志路」　新潟県民俗学会　(384) 2012.05

書評 松崎憲三著『地蔵と閻魔・奪衣婆』―新潟県内事例を主として (鶴巻武則)「高志路」　新潟県民俗学会　(386) 2012.11

新潟県指定有形文化財「大般若経」とその伝来について (北見継仁)「佐渡地域誌研究」　佐渡地域誌研究会　(10) 2012.11

道祖神信仰の歴史一考察(2)―古代から中世にみる道祖神 (石田哲彌)「高志路」　新潟県民俗学会　(387) 2013.03

「大々御神楽式略次第」翻刻 (資料紹介)(荻美津夫)「佐渡・越後文化交流史研究」　新潟大学大学院現代社会文化研究科プロジェクト佐渡・越後の文化交流史研究　(13) 2013.03

酒造図絵馬の研究(6)―酒造図絵馬の描かれ方(野堀正雄)「新潟県立歴史博物館研究紀要」　新潟県立歴史博物館　(14) 2013.03

方言意識から見る今後の方言―方言意識と発話の関係(研究論文・研究ノート)(秋元絵美, 福嶋秩子)「新潟の生活文化 : 新潟県生活文化研究会会誌」　新潟県生活文化研究会　(19) 2013.03

「編み衣」のアンギン発掘者 小林存―「アンギン考」を読み解いて(新潟県民俗学会創立60周年記念特集―新潟県民俗学会初代 小林存)(陳玲)「高志路」　新潟県民俗学会　(389) 2013.10

「さるすべり」の方言―コチョコチョノキ発掘の道(柄澤衞)「高志路」　新潟県民俗学会　(390) 2013.12

妙見信仰資料(佐藤和彦)「高志路」　新潟県民俗学会　(390) 2013.12

芸人の世界の民俗―噺家、講釈師、色物芸の世界(広井忠男)「高志路」　新潟県民俗学会　(390) 2013.12

木喰仏油彩画シリーズ(12)(石井清嗣)「微笑佛」　全国木喰研究会　(21) 2014.03

新潟県における諏訪神社の分布状況について(鷲尾謙治)「長岡郷土史」　長岡郷土史研究会　(51) 2014.05

我が家の天神さん(小特集 正月に祀る天神)(大竹信雄)「高志路」　新潟県民俗学会　(392) 2014.06

新潟県の道祖神信仰(倉石忠彦)「縁 : 集いの広場」　縁フォーラム事務局　(6) 2014.06

歯の神 あごなし地蔵―信仰復活の軌跡(岩野笙子)「高志路」　新潟県民俗学会　(393) 2014.09

チャンスンと道祖神(金田文男)「高志路」　新潟県民俗学会　(393) 2014.09

新潟県の経塚集成(今野沙貴子)「秋田考古学」　秋田考古学協会　(58) 2014.12

新潟市

収蔵資料紹介 盆踊図「帆檣成林 : 新潟市歴史博物館博物館ニュース」　新潟市歴史博物館　3 2005.8

おすすめの一冊 新潟市の伝説(田嶋悠佑)「帆檣成林 : 新潟市歴史博物館博物館ニュース」　新潟市歴史博物館　(27) 2012.11

常設展示室から 白山神社大船絵馬(複製)(藍野かおり)「帆檣成林 : 新潟市歴史博物館博物館ニュース」　新潟市歴史博物館　(29) 2013.07

新潟大神宮

新潟大神宮内殉節之碑祀裔に出席して(遠藤輝男)「会津会々報」　会津会　106 2000.6

新潟町

新潟町の七夕祭り(湊祭)(小熊延幸)「高志路」　新潟県民俗学会　(355) 2005.3

特集1 新潟町の盆踊り(安宅俊介)「帆檣成林 : 新潟市歴史博物館博物館ニュース」　新潟市歴史博物館　(32) 2014.09

新潟湊

「新潟湊祭り」の原点・日和山住吉神社―水戸教と住吉信仰の結合(小川敏偉)「郷土新潟」　新潟郷土史研究会　(49) 2009.03

新穂荘

佐渡の荘園・新穂荘―なぜ佐渡に日吉神社があるのか(高橋敏路)「越佐の地名」　越後・佐渡の地名を語る会　(9) 2009.07

西川口

川口町西川口および牛ヶ島の信仰(鶴巻武則)「高志路」　新潟県民俗学会　(349) 2003.8

西川口観音堂仏二体の流転劇(専遊生)「微笑佛」　全国木喰研究会　(12) 2004.10

西川町

新潟県西川町の屋台囃子の教材化(〈特集「私の日本音楽授業実践報告」〉)(小田節子)「民俗音楽研究」　日本民俗音楽学会　(28) 2003.3

西蒲

大河津分水小路に関わった野鍛冶の道具―西蒲地域の野鍛冶の事例から(森行人)「民具研究」　日本民具学会　(149) 2014.06

西酒屋

方言語彙の意味の記述について(4)―新潟県白根市西酒屋方言の場合(野口幸雄)「高志路」　新潟県民俗学会　通号323 1997.3

西谷

「西谷黄金伝説」の地名(土井清史)「越佐の地名」　越後・佐渡の地名を語る会　(11) 2011.3

西中野俣

栃尾市西中野俣の山の神(山崎進)「長岡郷土史」　長岡郷土史研究会　37 2000.5

西野谷

筆塚が問いかける郷里の文化史観―寺子屋詞章が西野谷史に齎した意義(丸山正男)「頸城文化」　上越郷土研究会　(58) 2010.09

二十村郷

越後二十村郷 くらしの中の色の民俗(広井忠男)「高志路」　新潟県民俗学会　(342) 2001.12

越後二十村郷の石仏と自然石への思い(広井忠男)「石仏ふぉーらむ」　新潟県石仏の会　(6) 2003.1

国指定重要無形民俗文化財『越後二十村郷 牛の角突きの習俗』―周辺の民俗学的研究(1), (2)(広井忠男)「長岡郷土史」　長岡郷土史研究会　通号43/通号44 2006.5/2007.5

国指定重要無形民俗文化財越後二十村郷の牛の角突きの習俗「引き分けの理由と取組みのルール」(広井忠男)「高志路」　新潟県民俗学会　(369) 2008.10

越後二十村郷石仏巡り(1) 名峰金倉山の周囲(広井忠男)「石仏ふぉーらむ」　新潟県石仏の会　(9) 2010.09

越後二十村郷の郷土民謡(広井忠男)「小千谷文化」　小千谷市総合文化協会「小千谷文化」編集委員会　(201) 2010.11

国重文 越後二十村郷牛の角突きの習俗 その民俗学的、動物学的考察(広井忠男)「長岡郷土史」　長岡郷土史研究会　(51) 2014.05

西横山

特集1 人びとの心を継ぐ天と地の恵み桑取谷 西横山小正月行事「直江の津」　直江津経済文化研究会　2(4)通号8 2002.12

日光寺

西山日光寺略史と仁王像の会津分布(簗田直幸)「会津史談」　会津史談会　(83) 2009.04

西山日光寺略史と仁王像の会津分布(簗田直幸)「阿賀路 : 東蒲原郡郷土誌」　阿賀路の会　48 2010.05

名刹 西山日光寺の猫伝説と怪猫仲間のお話(西巻克夫)「阿賀路 : 東蒲原郡郷土誌」　阿賀路の会　51 2013.05

如法寺

昔話から歴史を知る―如法寺の火井・伊久理の藤(鈴木英一)「三条歴史研究」　三条歴史研究会　(6) 2007.3

沼垂郡

延喜式内社―沼垂郡五座・磐船郡八座(花ヶ前盛明)「頸城文化」　上越郷土研究会　(55) 2007.10

沼垂城

沼垂城(淳足柵)に附属寺院はあったか(広瀬秀)「郷土新潟」　新潟郷土史研究会　(47) 2007.3

根知山寺の延年

糸魚川市「根知山寺の延年」見学会(米沢保)「とやま民俗」　富山民俗の会　(52) 1998.4

「根知山寺の延年」の稚児舞い(山崎桂子)「西郊民俗」　西郊民俗談話会　(175) 2001.6

能化庵

再建能化庵の開堂にあたって(滝沢龍三郎)「小千谷文化」　小千谷市総合文化協会『小千谷文化』編集委員会　(174・175) 2004.3

能生白山社

能生白山社から追放された仏たち 能生光明院拝観記(岡本英克)「糸魚川郷土研究」　糸魚川郷土研究会　(3) 2008.4

能生白山神社

知の楽しみ 能生白山神社春の大祭と舞楽(土田孝雄)「直江の津」　直江津経済文化研究会　2(1)通号5 2002.3

能生白山神社の春祭りと陰陽五行(岡本英克)「糸魚川郷土研究」　糸魚川郷土研究会　(1) 2004.8

資料紹介 火打山山頂採集「能生白山御正躰」銘の懸仏鏡面(小池義人)

新潟県　　　　　　　　　　　　郷土に伝わる民俗と信仰　　　　　　　　　　　　　北陸甲信越

「頸城文化」　上越郷土研究会　（57）2009.10
白山信仰と故郷の総社―去りゆく白山神宮寺衆徒と能生白山神社（1）～（完）（北村秀昭）「故郷乃研究」　白山市教育委員会　（7）/（9）2012.03/2014.03
能生白山神社の春祭り（鶴巻武則）「高志路」　新潟県民俗学会　（387）2013.03

白山宮
魚野川流域の白山宮と城内妙音寺の白山信仰（池田享）「魚沼文化」　魚沼文化の会　（62）2011.10

羽黒
羽黒の観音様―月参りつれづれ（丹後千賀子）「おくやまのしょう　：　奥山荘郷土研究会誌」　奥山荘郷土研究会　22　1997.3
参道の花（羽黒の観音さま）（丹後千賀子）「おくやまのしょう　：　奥山荘郷土研究会誌」　奥山荘郷土研究会　（29）2004.5
旧中之口村大字羽黒と横綱羽黒山（特集　消えた集落・移転した集落）（福田則男）「越佐の地名」　越後・佐渡の地名を語る会　（10）2010.3
羽黒の観音様―或る日の月参り（丹後千賀子）「おくやまのしょう　：　奥山荘郷土研究会誌」　奥山荘郷土研究会　（36）2011.03

羽黒神社
羽黒神社の神幸祭考（上），（下）（佐藤利夫）「佐渡郷土文化」　佐渡郷土文化の会　92/97　2000.2/2001.10

鉢伏町
長岡市鉢伏町の夜神楽「八岐大蛇」（伊藤治子）「高志路」　新潟県民俗学会　（363）2007.2

八海神社
杉木立の中に輝く八海神社（《ふるさと通信》）（松永靖夫）「むいかまち　：　町史編さん誌」　南魚沼市教育委員会　（4）2006.11
石川雲蝶の作品紹介と八海神社杉並木（まちの話題）（大塚芳男）「郷土村松」　村松郷土史研究会　（70）2013.05

花本神社
小報告　五泉市の「花本神社」碑は芭蕉を祀る（鶴巻武則）「高志路」　新潟県民俗学会　（377）2010.09

羽生田駅
一口メモ　「田上村報第一号」/お庚申さま/神社の盗難届/羽生田駅の開業「郷土たがみ」　田上町郷土研究会　（20）2009.06

羽生田小学校
羽生田小学校学区内の「主る地名」について（武田一夫）「郷土たがみ」　田上町郷土研究会　（10）1999.6

羽茂郡
延喜式内社―羽茂郡二座・雑太郡五座・加茂郡二座（花ヶ前盛明）「頸城文化」　上越郷土研究会　（58）2010.09

早川
糸魚川早川地区における野兎の民俗（2）（天野武）「高志路」　新潟県民俗学会　（339）2001.3

原ヶ崎堤
一口メモ　ありし日の原ヶ崎堤/字川之下無格社諏訪社の由緒/字中店無格社諏訪社の据置願/源九郎判官の碑「郷土たがみ」　田上町郷土研究会　（23）2012.06

磐舟
伝説と地名　磐舟（村上市）・福来口（糸魚川市）・矢島（佐渡市）（長谷川勲）「越佐の地名」　越後・佐渡の地名を語る会　（10）2010.3

半蔵金
旧栃尾市半蔵金および旧山古志村種苧原と虫亀の山の神（山崎進）「長岡市立科学博物館研究報告」　長岡市立科学博物館　（42）2007.3

火打山
資料紹介　火打山山頂採集「能生白山御正躰」銘の懸仏鏡面（小池義人）「頸城文化」　上越郷土研究会　（57）2009.10
火打山山頂採集の「龍生白山御正躰」銘の懸仏鏡面（追記）（資料紹介）（小池義人）「頸城文化」　上越郷土研究会　（61）2013.09

東蒲
東蒲神社考―高志王神社・白髭神社を中心として（石川實）「阿賀路　：　東蒲原郡郷土誌」　阿賀路の会　50　2012.05

東蒲原
会津と越後東蒲原の「方言の似比べ」（《西会津編　越後街道》）（和久井正巳）「下野街道」　ヤマト企画編集部　（8）2008.4
古写真は語る、東蒲原の民俗―室谷集落を中心にして（岩野笙子）「阿賀路　：　東蒲原郡郷土誌」　阿賀路の会　48　2010.05

東蒲原郡
実在した「伝説の集落」（木村武）「阿賀路　：　東蒲原郡郷土誌」　阿賀路の会　36　1998.5
郡内の修験道関連の社寺と地名について（杉崎巌）「阿賀路　：　東蒲原郡郷土誌」　阿賀路の会　37　1999.5
ふるさとの民謡を訪ねて（徳永次一）「阿賀路　：　東蒲原郡郷土誌」　阿賀路の会　38　2000.5
郷土の墓地と墓碑の変化（杉崎巌）「阿賀路　：　東蒲原郡郷土誌」　阿賀路の会　38　2000.5
昔の婚礼膳と葬式膳―長谷川ツイさんをたずねる（清野良枝）「阿賀路　：　東蒲原郡郷土誌」　阿賀路の会　38　2000.5
郡内の神社と寺社信仰（杉崎巌）「阿賀路　：　東蒲原郡郷土誌」　阿賀路の会　40　2002.5
東蒲原及び阿賀北地域の飯豊山塔と飯豊山信仰について（斎藤義信）「阿賀路　：　東蒲原郡郷土誌」　阿賀路の会　41　2003.5
婚礼や葬儀のこと　披露宴などの献立記録（徳永次一）「阿賀路　：　東蒲原郡郷土誌」　阿賀路の会　42　2004.5
年中行事（昔と今）（佐藤厚雄）「阿賀路　：　東蒲原郡郷土誌」　阿賀路の会　43　2005.5
資料紹介　昔からの伝承「医食同源」食事と健康、民間薬の作り方（徳永次一）「阿賀路　：　東蒲原郡郷土誌」　阿賀路の会　44　2006.5
「村づくし」口説唄のこと（阿部和雄）「阿賀路　：　東蒲原郡郷土誌」　阿賀路の会　46　2008.5
戦後、東蒲原郡を巡った紙芝居（沖田信悦）「阿賀路　：　東蒲原郡郷土誌」　阿賀路の会　52　2014.05

東頸城
東頸城の方言あれこれ（9），（10）（高橋八十八）「高志路」　新潟県民俗学会　通号325/通号336　1997.9/2000.4
東頸城の方言語源探求「ウネル」ということ（高橋八十八）「高志路」　新潟県民俗学会　（344）2002.7
東頸城の方言散策（高橋八十八）「高志路」　新潟県民俗学会　（346）2002.11

東関
新井市東関のカラコ祭り（高橋郁子）「高志路」　新潟県民俗学会　（348）2003.5
旧新井市（妙高市）東関のからこ祭について（土田孝雄）「頸城文化」　上越郷土研究会　（56）2008.10

東四ツ屋
百万遍と念仏講―新潟県五泉市東四ッ屋の共同祈願（石本敏也）「高志路」　新潟県民俗学会　（366）2008.2

斐太神社
江戸末期に「西洋」へも伝えられた斐太神社　矢代大明神の勾玉をめぐって（小島正巳，早津賢二）「新潟考古」　新潟県考古学会　11　2000.3

干三
真人ヘンゾ（干三）のサイの神とドゥラクジン（羽鳥孫市）「小千谷文化」　小千谷市総合文化協会『小千谷文化』編集委員会　151　1998.3

干溝
共有林と集落―新潟県北魚沼郡小出町干溝共有林におけるボイ伐り・茅刈り（荻原ちとせ）「民具マンスリー」　神奈川大学　34（4）通号400　2001.7

平等寺
表紙　平等寺薬師堂「刈羽村文化」　刈羽村郷土研究会　（97）2012.03

日和山
「新潟湊祭り」の原点・日和山住吉神社―水戸教と住吉信仰の結合（小川敏偉）「郷土新潟」　新潟郷土史研究会　（49）2009.03

広神村
広神村地平の十二講と一宮神社の農具市（佐藤和彦）「魚沼文化」　魚沼文化の会　43　2000.9

枇杷島
木喰仏油彩画シリーズ（4）―頬頭廬尊者・枇杷島十王堂（石井清嗣）「微笑佛」　全国木喰研究会　（12）2004.10
木喰仏油彩画シリーズ（6）葬頭河婆・枇杷島十王堂（石井清嗣）「微笑佛」　全国木喰研究会　（14）2006.4

福来口
伝説と地名　磐舟（村上市）・福来口（糸魚川市）・矢島（佐渡市）（長谷川勲）「越佐の地名」　越後・佐渡の地名を語る会　（10）2010.3

福井
巻町福井の方言（外山正恭，柄沢衛）「高志路」　新潟県民俗学会　（337）2000.8

北陸甲信越　　　　郷土に伝わる民俗と信仰　　　　新潟県

福厳寺

鴻巣 吉田山福厳寺（幸田昭）「越後吉田町毛野賀多里」 吉田町教育委員会　11　2001.10

福昌寺

稲荷神社（嶺崎）・福昌寺（名木野）・大平森林公園（柴嶺公枝）「見附郷土誌」 見附の歴史研究会　（18）2010.02

福生寺

小栗山、福生寺にみる山村禅寺の年中行事（広井忠男）「小千谷文化」 小千谷市総合文化協会『小千谷文化』編集委員会　（174・175）2004.3

福昌寺跡

荒町旧福昌寺跡について（佐藤茂）「三条歴史研究」 三条歴史研究会　（9）2010.03

藤井村

寺と檀那（檀家）―藤井村を中心に（大竹信雄）「高志路」 新潟県民俗学会　（365）2008.1

藤塚浜

紫雲寺町藤塚浜の七夕祭り（小熊延幸）「高志路」 新潟県民俗学会　（340）2001.7

藤基神社

藤基神社の「上棟札」考（伊東和信）「お城山だより」 村上城跡保存会　（43）2011.12

二荒神社

二荒神社・遷座式（佐藤キヨ）「小千谷文化」 小千谷市総合文化協会『小千谷文化』編集委員会　（185）2006.11

府中八幡宮

見る目 文安三年銘 府中八幡宮鰐口「直江の津」 直江津経済文化研究会　2（4）通号8　2002.12

不動院

曹洞宗菅谷山不動院（大保町）（菅井シヅ）「越後吉田町毛野賀多里」 吉田町教育委員会　13　2004.1

魚沼寺に弘誓寺所蔵「木造不動明王坐像」と戦国期新潟津不動院（研究ノート）（前嶋敏）「新潟史学」 新潟史学会　（64）2010.10

船岡

表紙 船岡山祭りの演芸会/船岡公会堂竣工式記念「小千谷文化」 小千谷市総合文化協会『小千谷文化』編集委員会　（209）2012.12

船山神社

船山神社 巻町福井（藤田治雄）「高志路」 新潟県民俗学会　（337）2000.8

麓二区

麓二区・上泉のモンビと農耕儀礼（駒形毬）「彌彦郷土誌」 弥彦村教育委員会　12　1997.2

冬井

冬井の年中行事（《小千谷市川井地区特集》）（金田文男）「高志路」 新潟県民俗学会　（371）2009.03

分水

有願天神御詠歌百首法華経二十八品和歌（松澤佐五重）「町史研究分水」 分水町教育委員会　（5）2005.3

分水町

町内にある諸石仏像の由来について（小川文夫）「分水町郷土史」 分水町教育委員会　10　1999.7

神社の掲額（1）（小川文夫）「分水町郷土史」 分水町教育委員会　（12）2007.3

懐かしい盆踊りうた（平野繁太郎）「分水町郷土史」 分水町教育委員会　（12）2007.3

別所

表紙 別所の虚空蔵様/扉 むらまつの伝説説明文「郷土村松」 村松郷土史研究会　（68）2011.05

まちの話題～雪灯ろうフェスタ～別所虚空蔵尊「郷土村松」 村松郷土史研究会　（68）2011.05

蛇山

蛇山の松明祭り（山崎進）「長岡郷土史」 長岡郷土史研究会　（38）2001.5

法円寺

弥彦村指定文化財（建造物）法圓寺鐘楼と山門（弥彦村教育委員会）「彌彦郷土誌」 弥彦村教育委員会　17　2002.3

早川谷法圓寺 向拝四本柱の由来（山本絅夫）「糸魚川郷土研究」 糸魚川

郷土研究会　（2）2006.5

宝光寺

宝光寺の大乗妙典一千部塔について―大而宗龍の事跡に関連して（深井一成）「新発田郷土誌」 新発田郷土研究会　（38）2010.03

宝生寺

木喰仏油彩画シリーズ(2)―馬頭観音・宝生寺（石井清嗣）「微笑佛」 全国木喰研究会　（10）2002.5

木喰仏油彩画シリーズ(7) 如意輪観音・宝生寺（石井清嗣）「微笑佛」 全国木喰研究会　（15）2007.4

私の木喰巡礼(17) 宝生寺の白衣観音（大久保憲次）「微笑佛」 全国木喰研究会　（17）2010.03

木喰仏油彩画シリーズ(10),(11)（石井清嗣）「微笑佛」 全国木喰研究会　（18・19）/（20）2012.03/2013.03

法定寺

松之山街道の法定寺（若井英男）「妻有の里歴史街道」 歴史街道同人会, 十日町市博物館友の会研究グループいしぶみの会　（3）2002.4

宝蔵寺

滝谷城・宝蔵寺の永遠の語らい(3),(4)（伊佐智海）「刈羽村文化」 刈羽村郷土研究会　71/72　2002.3/2002.8

法徳寺

17世紀越後国における湯殿山行者の活動―岩船郡牛屋村法徳寺を中心に（山沢学）「日本史学集録」 筑波大学日本史談話会　（22）1999.5

星峠

過疎化する地域に残るという選択―新潟県十日町市星峠の焼き芋屋出稼ぎを事例に（渡部鮎美）「西郊民俗」 「西郊民俗談話会」　（228）2014.09

菩提寺

随筆 菩提寺周辺ある記（佐藤藤吉）「小千谷文化」 小千谷市総合文化協会『小千谷文化』編集委員会　（184）2006.7

堀之内

堀之内の盆踊り唄（井上緩）「小千谷文化」 小千谷市総合文化協会『小千谷文化』編集委員会　158・159　2000.3

堀之内町

魚沼の民具（6）―堀之内町の民具（抄）（五十嵐稔）「新潟の生活文化 ： 新潟県生活文化研究会誌」 新潟県生活文化研究会　（8）2001.10

本覚坊

大谷大学図書館蔵『越後願生寺事件記録』―附、本覚坊蔵『願生寺僉議座配図』（草野顕之）「上越市史研究」 上越市　7　2001.12

本成寺

鬼踊りにオニが果たした役割（小山喜美子）「御影史学論集」 御影史学研究会　通号24　1999.10

越後・本成寺本堂木柱基部に見る銅製装飾具の銘文考（大竹憲治）「史峰」 新進考古学同人会　（32）2004.5

本誓寺

本誓寺屋敷等についての考察―小山から佐内へ・佐内から高田へ（渡邉昭二）「頸城文化」 上越郷土研究会　（51）2003.9

本田上

本田上の神明宮の石碑（相川善雄）「郷土たがみ」 田上町郷土研究会　（24）2013.06

本土寺

久福山本土寺（佐渡山）（大江登）「越後吉田町毛野賀多里」 吉田町教育委員会　9　1999.10

真浦の津

日蓮聖人船出の地 真浦の津（2）―日蓮堂と信仰の広がり（永井学）「佐渡地域誌研究」 佐渡地域誌研究会　（11）2013.11

前倉

秋山郷逆巻・前倉の信仰―釜神様・オカネ様・如来様（鶴巻武則）「高志路」 新潟県民俗学会　（345）2002.9

逆巻・前倉における年中行事の推移と課題（篠田朝隆）「高志路」 新潟県民俗学会　（345）2002.9

前嶋橋

前嶋橋と一宮神社農具市（佐藤和彦）「魚沼文化」 魚沼文化の会　（56）2008.8

巻

あごなし地蔵尊について（藤田治雄）「まきの木」 巻郷土資料館友の会　67　1997.9

新潟県　　　　　郷土に伝わる民俗と信仰　　　　　北陸甲信越

石仏探訪（1）（諸橋悦子）「まきの木」　巻郷土資料館友の会　74　2001.4

牧目

神林村牧目と九日市の七夕祭（佐藤和彦）「高志路」　新潟県民俗学会　（380）　2011.06

巻町

古民家保存運動の在り方―西蒲原郡巻町旧庄屋佐藤家保存会の取り組み（板垣俊一）「新潟の生活文化 ： 新潟県生活文化研究会誌」　新潟県生活文化研究会　（10）　2004.2

牧村

牧村の民家（五十嵐立幸）「高志路」　新潟県民俗学会　（341）　2001.9

牧村の民家について（小林幹子）「高志路」　新潟県民俗学会　（341）　2001.9

牧村の人生儀礼（高橋郁子）「高志路」　新潟県民俗学会　（341）　2001.9

牧村の葬送習俗と複檀家（岩野笙子）「高志路」　新潟県民俗学会　（341）　2001.9

升潟

新潟県新発田市升潟の鴨猟サカウチ資料（鈴木秋彦）「民具研究」　日本民具学会　通号117　1998.3

松苧神社

お松が池と松苧神社（〈ふるさと通信〉）（南雲源二）「むいかまち ： 町史編さん誌」　南魚沼市教育委員会　（3）　2005.10

松尾神社

松尾神社石祠の祭事（星野紀子）「高志路」　新潟県民俗学会　通号324　1997.5

真人

伝説真人ムジナの本拠（羽鳥孫市）「小千谷文化」　小千谷市総合文化協会『小千谷文化』編集委員会　155　1999.3

真人の民話 閻魔様の失敗（羽鳥孫市）「小千谷文化」　小千谷市総合文化協会『小千谷文化』編集委員会　（182・183）　2006.3

聞き書き 真人に伝わった郷土芸能（阿部美保子）「小千谷文化」　小千谷市総合文化協会『小千谷文化』編集委員会　（201）　2010.11

真人村

岩井村・真人村の神社と祭神［1］，（2）（柳幸宏）「小千谷文化」　小千谷市総合文化協会『小千谷文化』編集委員会　148・149/150　1997.9/1997.12

松浜稲荷神社

松浜稲荷神社祭礼見学（高橋郁子）「高志路」　新潟県民俗学会　（390）　2013.12

松原通り

松原通りの民家と諸職（《加茂市松原通り 共同採訪特集》）（池田亨）「高志路」　新潟県民俗学会　（362）　2006.12

真野

佐渡真野能楽会「紅葉狩」を観て（平山俊夫）「佐渡郷土文化」　佐渡郷土文化の会　100　2002.10

秋の茶会・旧家と骨董めぐり―真野・山本家（山本修巳）「佐渡郷土文化」　佐渡郷土文化の会　（110）　2004.2

秋の茶会・旧家と骨董めぐりと講話（2）真野・山本家 江戸時代の山本家と日の丸船風見（講話資料）（山本修巳）「佐渡郷土文化」　佐渡郷土文化の会　（116）　2008.2

真野の能楽「檀風」とその周辺―日野資朝と生田秀 平成20年 旧家と骨董めぐり 秋の茶会歴史講話会（山本修巳）「佐渡郷土文化」　佐渡郷土文化の会　（122）　2010.02

紀行 お盆に羽衣と真野の茅葺き能舞台を訪れて（高野進）「佐渡郷土文化」　佐渡郷土文化の会　（128）　2012.02

真野中学校

真野中学校の鷺流狂言について（〈トキの島から 佐渡の「総合的な学習の時間」〉）（佐渡市立真野中学校）「佐渡地域誌研究」　佐渡地域誌研究会　（7）　2009.03

真野中学校狂言クラブ生徒による鷺流狂言（特集 新潟大学人文学部・佐渡市教育委員会連携協定調印記念 シンポジウム「世阿弥と佐渡の能楽」一午前の部 現代に息づく佐渡の能楽―上映と実演を通して）「佐渡・越後文化交流史研究」　新潟大学大学院現代社会文化研究科プロジェクト佐渡・越後の文化交流史研究　（11）　2011.03

馬堀

石仏探訪（2）―中世の石仏・巻町馬堀の地蔵半跏像（諸橋悦子）「まきの木」　巻郷土資料館友の会　75　2001.10

万覚院

長岡市牛ヶ島（旧川口町）古義真言宗 万覚院の宗教民俗（広井忠男）「長

岡郷土史」　長岡郷土史研究会　（49）　2012.05

三面

三面における野兎の民俗（天野武）「高志路」　新潟県民俗学会　（343）　2002.3

三面川

三面川の河川の変化と民俗（赤羽正春）「日本民俗学」　日本民俗学会　通号210　1997.5

御神楽岳

御神楽岳地名伝説考（5）（雪下作太郎）「金山史談」　（7）　1997

御神楽岳と四道将軍伝説（栗城正義）「阿賀路 ： 東蒲原郡郷土誌」　阿賀路の会　43　2005.5

三国峠

コラム 三国峠（新潟・群馬）の廻国塔（特集 廻国塔―祈りの足跡）（田中英雄）「日本の石仏」　日本石仏協会，青娥書房（発売）　（147）　2013.09

美久理神社

ヌタリの美久理神社が消えた（木村恬文）「おくやまのしょう ： 奥山荘郷土研究会誌」　奥山荘郷土研究会　（29）　2004.5

水沢

水沢地区の善光寺街道（武田正史）「妻有の里歴史街道」　歴史街道同人会，十日町市博物館友の会研究グループいしぶみの会　（3）　2002.4

水沢村

昔話 新潟県中魚沼郡水沢村宮澤清文の原稿（金田文男）「高志路」　新潟県民俗学会　（392）　2014.06

溝古新

溝古新と清伝寺（小川文夫）「越後吉田町毛野賀多里」　吉田町教育委員会　7　1997.10

見附

道祖神（武田勝衛）「見附郷土誌」　見附の歴史研究会　（12）　1999.2

見附の獅子神楽―山吉神楽と上新田神楽を調査して（藤崎庄一）「見附郷土誌」　見附の歴史研究会　（19）　2011.04

見附市

市内の寺院仏堂の仏様について（続）―寺院について（高橋三郎）「見附郷土誌」　見附の歴史研究会　（11）　1997.7

市内の寺院仏堂の仏様について―市内の寺院紹介 最終回（高橋三郎）「見附郷土誌」　見附の歴史研究会　（12）　1999.2

密蔵院

密蔵院の寺小屋（宮川倖）「阿賀路 ： 東蒲原郡郷土誌」　阿賀路の会　38　2000.5

三俣

新潟県南魚沼郡湯沢町三俣の墓標群（鈴木宏美）「墓標研究会会報」　墓標研究会　3　2001.6

南魚沼

「南魚における木喰行道の研究」『魚沼文化』を今一度（池田亨）「魚沼文化」　魚沼文化の会　（66）　2013.09

南魚沼郡

南魚沼郡の建築儀礼（2）（佐藤和彦）「高志路」　新潟県民俗学会　（348）　2003.5

南魚沼市

地域に残る地芝居に参加して（木村秀彦）「みなみうおぬま ： 郷土史編さん誌」　南魚沼市教育委員会　（6）　2009.02

「盆踊り唄」余話（ふるさと通信）（今成卓而）「みなみうおぬま ： 郷土史編さん誌」　南魚沼市教育委員会　（9）　2012.03

「（新潟県）南魚沼市の木喰展」を取り組んで（滝沢繁）「微笑佛」　全国木喰研究会　（20）　2013.03

南片辺

南片辺「御太鼓」の伝承を通して（樋口剛）「佐渡地域誌研究」　佐渡地域誌研究会　（7）　2009.03

嶺崎

稲荷神社（嶺崎）・福昌寺（名木野）・大平森林公園（柴嶺公枝）「見附郷土誌」　見附の歴史研究会　（18）　2010.02

明暗寺

明暗寺（普化宗・虚無僧寺）が見つかった（川上周司）「三条歴史研究」　三条歴史研究会　（3）　2004.2

講演 ふるさとの歴史を語る講演会 村松と明暗寺について（大塚芳男）「郷土村松」　村松郷土研究会　（65）　2008.3

普化宗越後明暗寺―中名沢虚無僧寺（大塚芳男）「郷土村松」　村松郷土史

研究会 （66） 2009.03

妙音寺

魚野川流域の白山宮と城内妙音寺の白山信仰（池田享）「魚沼文化」 魚沼文化の会 （62） 2011.10

妙高山

山岳信仰の妙高山と関山三社権現（池田一男）「頸城文化」 上越郷土研究会 （49） 1997.12

新潟県妙高山麓の巨大亀石（吉川繁）「日本の石仏」 日本石仏協会，青娥書房（発売） 通号87 1998.9

妙高山と南葉山の雪形（山崎進）「あしなか」 山村民俗の会 253 1999.11

妙高山信仰と「なんぼいさん」《山岳信仰特集I》（山崎進）「あしなか」 山村民俗の会 257 2001.6

妙高火山の天狗たち―大天狗 "妙高山足立坊" とその末裔（小島正巳，早津賢二）「高井」 高井地方研究会 137 2001.11

妙高山の別名 須弥山（2） 妙高山と関山神社の歴史（笹川清信）「北國街道研究」 北國街道の手をつなぐ会 （6） 2005.9

妙高山岳域における妙高山信仰遺跡《妙高山特集》（小島正巳）「山岳修験」 日本山岳修験学会，岩田書院（発売） （44） 2009.11

関山権現の祭礼と妙高山参り《妙高山特集》（鈴木昭英）「山岳修験」 日本山岳修験学会，岩田書院（発売） （44） 2009.11

妙高山信仰の諸段階《妙高山特集》（時支務）「山岳修験」 日本山岳修験学会，岩田書院（発売） （44） 2009.11

妙高市

木曽御嶽信仰の組織―新潟県妙高市の場合（荒川万利恵）「山岳修験」 日本山岳修験学会，岩田書院（発売） （43） 2009.03

妙宣寺

妙宣寺五重塔建立の小説を書く久木綾子さん（山本修巳）「佐渡郷土文化」 佐渡郷土文化の会 （127） 2011.10

六日町

太良兵衛の石仏と六日町の近世（因幡純雄）「むいかまち ： 町史編さん誌」 南魚沼市教育委員会 （2） 2004.9

「えぼ地蔵様」と祭り《ふるさと通信》（遠藤利和）「むいかまち ： 町史編さん誌」 南魚沼市教育委員会 （3） 2005.10

六日町の火防地蔵 ふるさと通信（松田紀孝）「みなみうおぬま ： 郷土史編さん誌」 南魚沼市教育委員会 （11） 2014.03

無為信寺

報告 無為信寺のあゆみ（武田真）「新潟親鸞学会紀要」 新潟親鸞学会，渇日報事業社（［発売］） 7 2010.05

虫亀

旧栃尾市半蔵金および旧山古志村種苧原と虫亀の山の神（山崎進）「長岡市立科学博物館研究報告」 長岡市立科学博物館 （42） 2007.3

宗像社

無格社宗像社について（飯田喜三郎）「越後赤塚」 赤塚郷土研究会 （18） 2007.6

村岡

村岡のカノクラサマ（寒念仏）昭和16年の「寒行」の写真紹介（［資料紹介］）「笹神村郷土研究」 笹神村教育委員会 （24） 1997.3

「笹神」史の話題（1） 笹神層の粘土 村國焼の中高窯を訪ねて「笹神村郷土研究」 笹神村教育委員会 （24） 1997.3

村岡の稲作・カノクラ様（佐藤和彦）「高志路」 新潟県民俗学会 通号 331 1999.2

村上

越後村上のキリスト者群像（本井康博）「新潟キリスト教史研究」 新潟県プロテスタント史研究会 8 1999.6

民俗音楽継承の要因を探る―村上市村上地区における祝祭の音楽の事例から（伊野義博）「民俗音楽研究」 日本民俗音楽学会 （30） 2005.3

随想 村上と「大須戸能」（森脇正基）「お城山だより」 村上城跡保存会 （44） 2012.12

村上祭の屋台行事

村上大祭と塩町しゃぎり屋台（加藤太一郎）「越佐研究」 新潟県人文研究会 60 2003.9

村上市

小売業の外部性としての語りとまちづくり―新潟県村上市「町屋の人形さま巡り」を事例として（シンポジウム 語りの実践と「つながり」の創出―まちづくり・記憶・文化資源）（矢野敬一）「口承文藝研究」 日本口承文藝學會 （35） 2012.03

村松

野の仏が語るもの（石田哲弥）「郷土村松」 村松郷土史研究会 （55） 1998

村松の寒念仏塔の特色について（斎藤義信）「郷土村松」 村松郷土史研究会 （57） 2000.5

講演 ふるさとの歴史を語る講演会 村松と明暗寺について（大塚芳男）「郷土村松」 村松郷土史研究会 （65） 2008.3

講演 仏像文化財の修復―「地域の文化財を伝えるために」（松岡誠一）「郷土村松」 村松郷土史研究会 （66） 2009.03

表紙 別所の虚空蔵様/扉 むらまつの伝説説明文「郷土村松」 村松郷土史研究会 （68） 2011.05

表紙 住吉神社（本殿・拝殿）「郷土村松」 村松郷土史研究会 （70） 2013.05

村松甲

住吉神社合祀神 奥田悪七郎五郎利直公縁起について（野口政昭）「郷土村松」 村松郷土史研究会 （70） 2013.05

村松藩

村松藩の祭礼時の大行列と50年ぶりの高砂囃子の生演奏（残してゆきたい風景）「郷土村松」 村松郷土史研究会 （68） 2011.05

室谷集落

「室谷集落のあゆみ」より「農業と山業・宗教と信仰」について（讃岐正太郎）「阿賀路 ： 東蒲原郡郷土誌」 阿賀路の会 35 1997.5

古写真は語る、東蒲原の民俗―室谷集落を中心にして（岩野笙子）「阿賀路 ： 東蒲原郡郷土誌」 阿賀路の会 48 2010.05

木喰観音堂

随想 中越地震と小栗山木喰観音堂（広井忠男）「微笑佛」 全国木喰研究会 （13） 2005.7

八木ヶ鼻

「五十嵐」地名探訪記―八木ヶ鼻（三条市）とイカナシ神社（今治市）《講演―15周年記念講演集》（村崎恭子）「越佐の地名」 越後・佐渡の地名を語る会 （8） 2008.3

八木神社

八木神社の太々神楽（近藤忠造）「高志路」 新潟県民俗学会 （389） 2013.10

薬王寺

鵜森薬王寺の毘沙門天立像（羽二生寛興）「かも市史だより」 ［加茂市教育委員会］市史編さん室 （14） 2006.10

薬師峠

薬師峠の石仏（山崎進）「長岡市立科学博物館研究報告」 長岡市立科学博物館 （40） 2005.3

矢島

伝説と地名 磐舟（村上市）・福来口（糸魚川市）・矢島（佐渡市）（長谷川勲）「越佐の地名」 越後・佐渡の地名を語る会 （10） 2010.3

安塚

新潟県石仏の会 上越安塚地区見学報告（柳澤榮司）「北陸石仏の会々報」 北陸石仏の会 （30） 2005.5

安田八幡宮

八幡宮紹介 安田八幡宮（新潟県阿賀野市保田）「季刊悠久.第2次」 鶴岡八幡宮悠久事務局 （117） 2009.08

矢津八幡宮

矢津八幡宮について（談話会）（伊藤正）「郷土村松」 村松郷土史研究会 （65） 2008.3

弥彦

弥彦地方に残る伝説と民話「彌彦郷土誌」 弥彦村教育委員会 12 1997.2

巨石に導かれる王祇神の世界―香取・鹿島・弥彦の神々と「城の山古墳」（大江良松）「山形民俗」 山形県民俗研究協議会 （26） 2012.11

弥彦村

《特集 民俗学と民俗芸能》「彌彦郷土誌」 弥彦村教育委員会 12 1997.2

民間信仰の石塔モニュメント（高島邦夫）「彌彦郷土誌」 弥彦村教育委員会 12 1997.2

神主高橋兵部光憲「宝暦日記」拾い読み（2）―宝暦10年3月18日、大々神楽奉納（岡真須徳）「彌彦郷土誌」 弥彦村教育委員会 13 1998.3

神主高橋兵部光憲「宝暦日記」拾い読み（3）―正月の社例神事（岡真須徳）「彌彦郷土誌」 弥彦村教育委員会 14 1999.1

戦国時代の伝承・伝説に関する考察（小林孝）「彌彦郷土誌」 弥彦村教育委員会 16 2001.2

浄土真宗の転派騒動における弥彦村内寺院由緒（梨本哲雄）「彌彦郷土

新潟県　　　　　　　　　　　　郷土に伝わる民俗と信仰　　　　　　　　　　　　北陸甲信越

誌」　弥彦村教育委員会　18　2003.3

山古志

山古志地域の色鯉と角突き（後）山古志地域の歴史的風土を探る（滝沢繁）「長岡郷土史」　長岡郷土史研究会　通号46　2009.5

書評　原直史・池田哲夫・長岡市立中央図書館文書資料室編「山古志の文書と民具」（伊東祐之）「新潟史学」　新潟史学会　（68）2012.10

新潟県長岡市山古志における盆踊り再興―変化のなかの民俗行事と個人（研究論文）（陳玲）「新潟県立歴史博物館研究紀要」　新潟県立歴史博物館　（15）2014.03

山古志郷

越後山古志郷の狩猟習俗（広井忠男）「小千谷文化」　小千谷市総合文化協会『小千谷文化』編集委員会　（192）2008.7

山崎

笹岡の産育と婚姻・山崎の葬送（岩野笙子）「高志路」　新潟県民俗学会　通号331　1999.2

山寺

月刊『伊那路』四百一冊通読に至った経緯、並びに糸魚川市山寺に残る高遠石工清吉の足跡（田中芳一）「伊那路」　上伊那郷土研究会　42（10）通号501　1998.10

糸魚川市山寺、日吉神社の祭礼（佐藤和彦）「高志路」　新潟県民俗学会　（376）2010.07

小千谷市山寺の毘沙門様―新潟県中越地方の民俗行事（山崎進）「あしなか」　山村民俗の会　294　2012.03

山本集落

北条地区　山本集落熱田神社の炭置・粥占（本間法太）「柏崎・刈羽」　柏崎刈羽郷土史研究会　（41）2014.04

山屋

山屋の鎮守様　神明神社の歴史（安達元春）「小千谷文化」　小千谷市総合文化協会『小千谷文化』編集委員会　（192）2008.7

震災がもたらした宝物発見　守様、山屋神明神社の格天上絵（安達元春）「小千谷文化」　小千谷市総合文化協会『小千谷文化』編集委員会　（202・203）2011.03

山谷

山谷、坪野ほんやら洞祭り（今井一夫）「小千谷文化」　小千谷市総合文化協会『小千谷文化』編集委員会　（202・203）2011.03

山吉

見附の獅子神楽―山吉神楽と上新田神楽を調査して（藤崎庄一）「見附郷土誌」　見附の歴史研究会　（19）2011.04

悠久山

悠久山と青柴神社の由来（水澤美穂）「越佐の地名」　越後・佐渡の地名を語る会　（9）2009.07

湯沢

《新潟県北蒲原郡笹神村湯沢・勝屋地区特集》「昔風と当世風」　古々路の会　76　1999.2

笹神村湯沢の山仕事（佐藤和彦）「昔風と当世風」　古々路の会　76　1999.2

笹神村湯沢の生産習俗と民具（五十嵐稔）「昔風と当世風」　古々路の会　76　1999.2

湯沢の正月と盆の行事食（福島閑子）「昔風と当世風」　古々路の会　76　1999.2

笹神村湯沢の生活（高橋郁子）「昔風と当世風」　古々路の会　76　1999.2

湯沢の葬送習俗（岩野笙子）「昔風と当世風」　古々路の会　76　1999.2

笹神村湯沢の伝承と生活（長野晃子）「昔風と当世風」　古々路の会　76　1999.2

湯沢町

大晦日と元旦のごちそう「湯沢町史編さん室だより」　湯沢町教育委員会町史編さん室　（20）2003.2

横越

横越のカッパ伝説（《新潟県の河童特集》）（丸山久子）「高志路」　新潟県民俗学会　（359）2006.3

横滝山廃寺

横滝山廃寺と高志君（鰐渕好輝）「長岡郷土史」　長岡郷土史研究会　（51）2014.05

横滝山廃寺跡

古代方位と横滝山廃寺跡（藤田治雄）「まきの木」　巻郷土資料館友の会　（91）2009.10

横町

小千谷市横町ミッコンヂサ（巫女爺）見聞記（坂井美香）「高志路」　新潟

県民俗学会　（366）2008.2

小千谷市横町、ミッコンヂサ（巫女爺）の伝承方法（坂井美香）「越佐研究」　新潟県人文研究会　65　2008.5

横畑

桑取谷横畑の馬ゴト見学記（小特集　正月に祀る天神）（鶴巻武則）「高志路」　新潟県民俗学会　（392）2014.06

吉ケ平

越後下田吉ケ平における羽根つき考―オイバネハネツキの場合を中心に（天野武）「民俗文化研究」　民俗文化研究所　（3）2002.9

吉川町

寺の字がつく地名の多い吉川町（吉村博）「越佐の地名」　越後・佐渡の地名を語る会　（1）2001.3

吉田

吉田の町から無くなった金刀比羅神社（三五哲夫）「郷土史燕」　燕市教育委員会　（4）2011.03

吉田地区の狛犬を尋ねて（1），（2）（大江登）「郷土史燕」　燕市教育委員会　（6）/（7）2013.03/2014.03

吉田町

町内の石碑について（7），（8）（斎藤忠雄）「越後吉田町毛野賀多里」　吉田町教育委員会　7/8　1997.10/1998.10

吉田町の地蔵様をたずねる（2）〜（7）（菅井シヅ，解良良子）「越後吉田町毛野賀多里」　吉田町教育委員会　7/12　1997.10/2002.10

吉田町の寺院建築　平成8年度吉田町歴史的建造物調査より（山崎完一）「越後吉田町毛野賀多里」　吉田町教育委員会　7　1997.10

吉田町の寺院を訪ねて（松田保次）「越後吉田町毛野賀多里」　吉田町教育委員会　7　1997.10

瞽女口説地震能身能上東幸田家文書より（小林文二郎）「越後吉田町毛野賀多里」　吉田町教育委員会　7　1997.10

吉田町の民俗文化財・民具（1）（金子正）「越後吉田町毛野賀多里」　吉田町教育委員会　7　1997.10

花まつり行事の今昔（青木孝道）「越後吉田町毛野賀多里」　吉田町教育委員会　7　1997.10

地名・人名・家号について（幸田昭）「越後吉田町毛野賀多里」　吉田町教育委員会　7　1997.10

吉田町の民俗文化財・民具（2）農具について（1）（吉田勝）「越後吉田町毛野賀多里」　吉田町教育委員会　8　1998.10

吉田町の民俗文化財・民具（3）農作業着について（1）（吉田勝）「越後吉田町毛野賀多里」　吉田町教育委員会　9　1999.10

吉田町の民俗文化財・民具（4）炊事関係（吉田勝）「越後吉田町毛野賀多里」　吉田町教育委員会　10　2000.10

吉田町の民俗文化財・民具（5）食事関係（吉田勝）「越後吉田町毛野賀多里」　吉田町教育委員会　11　2001.10

吉田町の民俗文化財・民具（6）女性の日常（1）（吉田勝）「越後吉田町毛野賀多里」　吉田町教育委員会　12　2002.10

吉田町の民俗文化財・民具（7）春田の作業（1）（吉田勝）「越後吉田町毛野賀多里」　吉田町教育委員会　12　2003.10

民俗資料民具収集調査員視察研修記（菅井シヅ，解良良子）「越後吉田町毛野賀多里」　吉田町教育委員会　13　2004.1

吉田町の民俗文化財・民具（9）その後収集したものから（吉田勝）「越後吉田町毛野賀多里」　吉田町教育委員会　（15）2006.3

旧吉田町の寺院地名について（特集　消えた集落・移転した集落）（幸田昭）「越佐の地名」　越後・佐渡の地名を語る会　（10）2010.3

旧吉田町の天神様について（菅井シヅ）「郷土史燕」　燕市教育委員会　（3）2010.03

義綱公神社

義綱公九百年祭によせて　小貫・義綱公神社、年祭の記録（関正平）「加茂郷土誌」　加茂郷土調査研究会　（28）2006.1

四ツ子

木喰五行ゆかりの地紀行　小千谷市四ツ子大日如来像（広井忠男）「微笑佛」　全国木喰研究会　（14）2006.4

小千谷市四ツ子大日如来石仏（広井忠男）「微笑佛」　全国木喰研究会　（18・19）2012.03

四ツ屋

消えた神楽舞―四ツ屋の神楽舞を調査して（藤崎庄一）「長岡郷土史」　長岡郷土史研究会　35　1998.5

四谷

表紙写真　大晦日の天神さん（柏崎市四谷　三井田家　昭和62年12月31日）三井田忠明撮影「高志路」　新潟県民俗学会　（392）2014.06

胞姫神社

亀割坂「弁慶茶屋」考—安産・胞姫信仰を普及した茶屋の盛衰（渡邉三四一）「柏崎市立博物館館報」　柏崎市立博物館　（24）　2010.03

米沢街道

越後米沢街道の交通交易伝承（胡桃沢勘司）「民俗文化」　近畿大学民俗学研究所　通号12　2000.3

米山

米山の雪形伝承と地域差—スジマキ男とコイガタ伝承を中心に（渡辺三四一）「柏崎市立博物館館報」　柏崎市立博物館　11　1997.3

米山山麓の村（1）—柏崎市田屋の宗教的機能（渡辺三四一）「柏崎市立博物館館報」　柏崎市立博物館　12　1998.3

米山への道—石仏からの史的位置付け（渡辺三四一）「日本の石仏」　日本石仏協会，青娥書房（発売）　通号87　1998.9

外なる米山—米山信仰の伝播と受容（渡辺三四一）「柏崎市立博物館館報」　柏崎市立博物館　（16）　2002.3

特集1 米山をめぐる民俗文化（渡邉三四一）「直江の津」　直江津経済文化研究会　2（2）通号6　2002.6

米山の海民性—航海神信仰の基層（渡邉三四一）「柏崎市立博物館館報」　柏崎市立博物館　（17）　2003.3

米山塔以前—依代としての石塔（渡邉三四一）「日本の石仏」　日本石仏協会，青娥書房（発売）　（108）　2003.12

米山山麓の村（2）—柿崎・下牧集落の米山祭祀（渡邉三四一）「柏崎市立博物館館報」　柏崎市立博物館　（19）　2005.3

米山薬師

善光寺・米山薬師を詣でた僧（高橋勝）「北國街道研究」　北國街道の手をつなぐ会　（6）　2005.9

米納津

吉田町の伝説 米納津物語より（編集部）「越後吉田町毛野賀多里」　吉田町教育委員会　7　1997.10

米納津地区の神社について（幸田昭）「郷土史燕」　燕市教育委員会　（6）　2013.03

寄合町

新潟市寄合町「金刀比羅神社」と「三条」（鈴木英一）「三条歴史研究」　三条歴史研究会　（8）　2009.03

柳古新田

低湿地水田・「センキタッポ」の民俗（柳古新田を中心に）（池田亨）「魚沼文化」　魚沼文化の会　（51）　2006.2

両津湾

佐藤利夫著『両津湾の海村』（書誌紹介）（池田哲夫）「日本民俗学」　日本民俗学会　通号241　2005.2

林泉寺

春日山城跡と林泉寺（第445回郷土巡礼記 史蹟を尋ねて緑の旗は行く）（堀親郎）「伊那」　伊那史学会　57（12）通号979　2009.12

林通寺

林通寺について（林雅法）「彌彦郷土誌」　弥彦村教育委員会　14　1999.1

六野瀬

六野瀬の伝説と地名の由来（廣田康也）「越佐の地名」　越後・佐渡の地名を語る会　（7）　2007.3

鷲崎

佐渡市鷲崎の信仰行事（岩野笙子）「高志路」　新潟県民俗学会　（357）　2005.10

佐渡市鷲崎の盆踊りと鬼太鼓（五十嵐東）「高志路」　新潟県民俗学会　（357）　2005.10

度津神社

佐渡の度津神社 海を渡った古代人の記憶（地名研究1）（高橋敏路）「越佐の地名」　越後・佐渡の地名を語る会　（12）　2012.03

渡部

渡部の昔話（付地区図・地名）（玉木玉雄）「分水町郷土史」　分水町教育委員会　（12）　2007.3

渡部の昔ばなし（玉木玉雄）「郷土史燕」　燕市教育委員会　（4）　2011.03

和那美神社

「和那美神社」を考える（平原順二）「柏崎・刈羽」　柏崎刈羽郷土史研究会　（32）　2005.4

和那美水門祇園社

八坂神社（和那美水門祇園社）祭祀に伴う年間諸活動推進と一考察（小栗俊郎）「柏崎・刈羽」　柏崎刈羽郷土史研究会　（32）　2005.4

和納

新潟県岩室町和納に伝えられる篠笛の図面について（佐藤峰雄）「民俗音楽研究」　日本民俗音楽学会　（28）　2003.3

和納の方言（6）ハ行「わなふ今昔」　楽斎と和納を知る会　（7）　2008.2

和納の方言（9）ラ、ワ、ン行「わなふ今昔」　楽斎と和納を知る会　（9）　2009.2

今 区役所だより「にしかん」 伝統の十五夜祭囃子の正曲を後世までも…!!「わなふ今昔」　楽斎と和納を知る会　（13）　2011.02

（和納十五夜灯籠押し行事関連 神楽奉納舞い中の口上/灯籠押し行事と御幣争奪/三社灯籠/当時大字区長/豪快無比の三社灯籠行事/翌十六日山車洗い（解体）/時は流れて）「わなふ今昔」　楽斎と和納を知る会　（16）　2012.08

富山県

相倉
One Shot Minka（15）合掌屋根の棟包み 富山県南砺市相倉（杉原バーバラ）「民俗建築」 日本民俗建築学会 （146）2014.11

朝日神社
春秋逸文 歯痛完治のご神体/信仰の山「朝ヶ峰」/朝日夕日両社の神戸神田「氷見春秋」 氷見春秋会 （63）2011.05

朝日山太神宮
嘗ての朝日山太神宮（史談・巷談）（上野務）「氷見春秋」 氷見春秋会 （57）2008.5

芦峅
女人救済の仏―立山芦峅の姥尊（オンバ様）について（滝澤純子）「千曲」 東信史学会 （149）2012.02

芦峅寺
近世幕末期の江戸における立山信仰―越中立山山麓芦峅寺衆徒の江戸の檀那場での廻檀配札活動（福江充）「研究紀要」 富山県立山博物館 4 1997.3

昭和の芦峅寺宿坊においての体験記（佐伯泰正）「山岳修験」 日本山岳修験学会, 岩田書院（発売）通号20 1997.11

江戸時代幕末期芦峅寺宿坊家間の檀那場をめぐる争いについて（福江充）「研究紀要」 富山県立山博物館 5 1998.3

福江充著『立山信仰と立山曼荼羅』―芦峅寺衆徒の勧進活動（木本秀樹）「富山史壇」 越中史壇会 127 1998.11

幕末期江戸の立山信仰―芦峅寺宝泉坊の江戸の檀那場と廻檀配札活動の実態（福江充）「研究紀要」 通号6 1999.3

〔書評〕福江充著『立山信仰と立山曼荼羅―芦峅寺衆徒の勧進活動』（佐伯安一）「宗教民俗研究」 日本宗教民俗学会 （9）1999.6

紹介 福江充著『立山信仰と立山曼荼羅―芦峅寺衆徒の勧進活動』（高達奈緒美）「絵解き研究」 絵解き研究会 （16）2002.3

芦峅寺衆徒の加賀藩主に対する年頭儀礼について（福江充）「研究紀要」 富山県立山博物館 9 2002.3

第26回例会 立山芦峅寺周辺の石仏探訪（尾田武雄）「北陸石仏の会々報」 北陸石仏の会 （26）2002.9

書誌紹介 福江充編『近世立山信仰の展開―加賀藩芦峅寺宗徒の檀那場形成と配札』（西海賢二）「日本民俗学」 日本民俗学会 通号232 2002.11

福江充著『近世立山信仰の展開―加賀藩芦峅寺衆徒の檀那場形成と配札』（書評と紹介）（澤博勝）「山岳修験」 日本山岳修験学会, 岩田書院（発売）（31）2003.3

富士山・立山・白山の三山禅定と芦峅寺宿坊家の檀那場形成過程（福江充）「研究紀要」 富山県立山博物館 10 2003.3

史料紹介 芦峅寺衆徒が常陸国・上総国・下総国で形成した檀那場―文献史料再の檀那場（福江充）「富山史壇」 越中史壇会 140 2003.3

書評 福江充著『近世立山信仰の展開―加賀藩芦峅寺宗徒の檀那場形成と配札』（嶋本隆一）「富山史壇」 越中史壇会 141 2003.10

芦峅寺教算坊が大坂で形成した檀那場と立山曼荼羅（福江充）「研究紀要」 富山県立山博物館 11 2004.3

宗教村落芦峅寺の「村」としての性格―税負担の面から（米原寛）「研究紀要」 富山県立山博物館 11 2004.3

芦峅寺門前百姓にかかる新史料（史料紹介）（野口安嗣）「富山史壇」 越中史壇会 142・143 2004.3

芦峅寺の姥尊（オンバサマ）とお召し替え行事（福江充）「研究紀要」 富山県立山博物館 12 2005.3

芦峅寺日光坊の姥堂別当及び布橋大灌頂法会開催に関わる勧進活動―日光坊所蔵の立山御姥尊別当奉加勧進記（弘化3年）を中心に（福江充）「富山市日本海文化研究所紀要」 富山市日本海文化研究所 （19）2005.10

江戸時代中期の芦峅寺系立山曼荼羅と布橋儀式（のちの布橋大灌頂法会）―「坪井家A本」と「金蔵院本」にみる江戸時代中期の構図と画像（福江充）「研究紀要」 富山県立山博物館 13 2006.3

岩峅寺・芦峅寺の争論とその歴史的要因（米原寛）「研究紀要」 富山県立山博物館 13 2006.3

立山山麓芦峅寺の数珠繰り行事（《富山の民俗学は今―富山民俗の会50周年記念論文集》）「とやま民俗」 富山民俗の会 （66）2006.7

芦峅寺宝泉坊の江戸での檀那場形成と「立山信仰」の展開（1）（福江充）「研究紀要」 富山県立山博物館 15 2008.3

秋季特別企画展「薬草と加賀藩」/史料紹介 芦峅寺庚申塚に建つ尾張晩翠の句碑と布橋大灌頂法会「たてはく ： 人と自然の情報交流誌」 富山県立山博物館 （66）2008.10

芦峅寺宝泉坊の江戸での檀那場形成と「立山信仰」の展開（2）江戸時代後期の江戸城大奥及び諸大名家をめぐる立山信仰（福江充）「研究紀要」 富山県立山博物館 16 2009.03

華麗なる「布橋灌頂会」の世界「たてはく ： 人と自然の情報交流誌」 富山県立山博物館 （71）2010.03

芦峅寺宿坊家の尾張国檀那場と三禅定（富士山・立山・白山）関係史料（福江充）「研究紀要」 富山県立山博物館 17 2010.03

加賀藩の宗教政策と芦峅寺・岩峅寺（米原寛）「研究紀要」 富山県立山博物館 18 2011.03

立山曼荼羅の絵解き再考―芦峅寺宝泉坊衆徒泰音の「知」と御絵伝（立山曼荼羅）招請に着眼して（福江充）「研究紀要」 富山県立山博物館 18 2011.03

最後の飛騨郡代新見内膳正功と立山信仰―特に芦峅寺宝泉坊との関係を中心に（福江充）「富山市日本海文化研究所紀要」 富山市日本海文化研究所 （24）2011.03

越中立山芦峅寺の由緒書・縁起・勧進記と木版立山登山案内図・立山曼荼羅（福江充）「研究紀要」 富山県立山博物館 19 2012.03

近世における芦峅寺の「境界認識」について（米原寛）「研究紀要」 富山県立山博物館 20 2013.03

芦峅寺宿坊家が東海道筋に形成した檀那場―特に駿河国と横浜の事例をとりあげて（福江充）「研究紀要」 富山県立山博物館 20 2013.3

「布橋灌頂会がわかる!!―あの世とこの世を渡す白道―」を終えて「たてはく ： 人と自然の情報交流誌」 富山県立山博物館 （90）2014.10

足峅寺
信濃国の立山信仰 足峅寺宗徒が江戸時代後期以降に信濃国で形成していた檀那場について（福江充）「研究紀要」 富山県立山博物館 8 2001.3

足峅寺うば尊の性格とうば像尊造立の背景―山姥の伝承から（米原寛）「研究紀要」 富山県立山博物館 8 2001.3

江戸時代後期における房総半島の立山信仰―江戸時代後期に足峅寺宗徒が房総半島で形成した檀那場について（福江充）「富山市日本海文化研究所報」 富山市日本海文化研究所 （26）2001.3

資料紹介 足峅寺の姥尊の浄頗梨鏡―立山町五百石天満宮の浄頗梨鏡について（杉本理恵）「富山史壇」 越中史壇会 （165）2011.07

芦生
大沢野町芦生三十番神堂前の虚空蔵菩薩（水天）のいわれ（平井一雄）「とやま民俗」 富山民俗の会 （49）1997.1

足立塚
気になる石碑、足立塚（歴史随想）（中川達）「近代史研究」 富山近代史研究会 （29）2006.3

呉羽の歴史と文化について―足立塚・高王白衣観音菩薩（矢部敏子）「大山の歴史と民俗」 大山町歴史民俗研究会 （15）2011.12

阿弥陀寺
射水郡下村 愛愍山阿弥陀寺の虚空蔵菩薩石仏調査報告書（尾田武雄）「北陸石仏の会研究紀要」 北陸石仏の会 （8）2005.12

愛愍山阿弥陀寺の虚空蔵菩薩石仏（尾田武雄）「日本の石仏」 日本石仏協会, 青娥書房（発売）（131）2009.09

有礒正八幡宮
八幡宮紹介 有礒正八幡宮（富山県高岡市）「季刊悠久.第2次」 鶴岡八幡宮悠久事務局 （120）2010.04

伊折
木地師史料 消えゆくロクロ師村―越中国上市町伊折（杉本寿）「民俗文化」 滋賀民俗学会 435 1999.12

生地町
屋号と苗字―旧生地町（黒部市）における職業姓の考察（5）,（6）（加部聡）「民俗文化」 滋賀民俗学会 429/430 1999.6/1999.7

石淵
大山町石淵の大福大明神（平井一雄）「北陸石仏の会々報」 北陸石仏の会 （23）2001.4

富山市石淵の大福大明神（平井一雄）「大山の歴史と民俗」 大山町歴史民

俗研究会 （17） 2014.03

院瀬見
綽如上人と「院瀬見」の由来（前川正夫）「土蔵」 土蔵の会 11 2000.6

磯部町
富山市磯部町の石仏調査報告（平井一雄，尾田武雄）「北陸石仏の会々報」 北陸石仏の会 （33） 2007.9

富山市磯部町四丁目の「五如来・地蔵菩薩」（松井和子）「北陸石仏の会研究紀要」 北陸石仏の会 （10） 2011.06

稲積
ひみ特産 稲積梅について（長澤誠尚）「氷見春秋」 氷見春秋会 （69） 2014.05

井波
白山麓から檜笠作りの小集団が井波へ（千秋謙治）「とやま民俗」 富山民俗の会 （81） 2014.01

井波御坊
井波御坊さんの逸話 山門の丸柱は巨大欅を四ツ挽き（前川正夫）「土蔵」 土蔵の会 （13） 2006.12

井波城
瑞泉寺と井波城について（山森伸正）「大境」 富山考古学会 （19） 1998.5

井波八幡宮
千秋謙治著『井波八幡宮の由緒と祭り』を読む（書評）（佐伯安一）「富山史壇」 越中史壇会 140 2003.3

八幡宮紹介 井波八幡宮（富山県南砺市）「季刊悠久.第2次」 鶴岡八幡宮悠久事務局 （107） 2007.3

井波町
彫刻師の街 "井波町"（小林一好）「群馬歴史散歩」 群馬歴史散歩の会 157 1999.11

井口
南砺地方の雪囲い、オーダレの生産と集蕎—福光・井口地区を中心に（加藤享子）「とやま民俗」 富山民俗の会 （79） 2013.01

猪谷
猪谷の不動様祭り（西田栄一）「北陸石仏の会々報」 北陸石仏の会 20 1999.9

射水
中世砺波・射水の舞楽曼荼羅供—寺院と芸能（松山充宏）「砺波散村地域研究所研究紀要」 砺波市立砺波散村地域研究所 （26） 2009.03

射水郡
越中国射水郡における東大寺領諸荘について—現地比定をめぐる研究史とその諸問題（根津明義）「富山史壇」 越中史壇会 （147） 2005.9

射水平野
射水平野湿田地帯の稲作手順（《第29回 北陸三県民俗の会年会記録》—〈共通課題—稲作手順（機械化以前）〉）（朝木唯明）「北陸の民俗」 富山民俗の会 22 2005.3

芋平
芸能の旅（22） 飯田市千代芋平の百万遍「伊那民俗 ： 伊那民俗学研究所報」 柳田国男記念伊那民俗学研究所 29 1997.6

岩峅寺
岩峅寺衆徒の出開帳（野口安嗣）「研究紀要」 富山県立山博物館 10 2003.3

岩峅寺・芦峅寺の争論とその歴史的要因（米原寛）「研究紀要」 富山県立山博物館 13 2006.3

岩峅寺衆徒の身分支配（野口安嗣）「研究紀要」 富山県立山博物館 17 2010.03

加賀藩の宗教政策と芦峅寺・岩峅寺（米原寛）「研究紀要」 富山県立山博物館 18 2011.03

成巽閣所蔵の立山岩峅寺史料（野口安嗣）「研究紀要」 富山県立山博物館 18 2011.03

岩峅寺の普賢菩薩（平井一雄）「北陸石仏の会々報」 北陸石仏の会 （41） 2012.09

立山岩峅寺由来書（野口安嗣）「研究紀要」 富山県立山博物館 20 2013.03

岩峅寺石造物と立山信仰（平成25年度研究発表大会発表要旨）（間野達）「富山史壇」 越中史壇会 （172） 2013.12

岩峅寺集落
富山県立山町宮路・岩峅寺集落の路傍の石仏たち（尾田武雄）「北陸石仏の会々報」 北陸石仏の会 （40） 2012.04

魚津
魚津の寺院の創立と時代背景について（西野栄永）「魚津史談」 魚津歴史同好会 （20） 1998.3

百姓の正月（小倉澄子）「魚津史談」 魚津歴史同好会 （20） 1998.3

諏訪神社研修（辻敏明）「魚津史談」 魚津歴史同好会 （20） 1998.3

赤穂義士と「魚津」林家の年中行事など（水野敏夫）「魚津史談」 魚津歴史同好会 （22） 2000.3

大義 終焉、一向一揆（魚岸隆宣）「魚津史談」 魚津歴史同好会 （27） 2005.3

古代修験行者と道教（1）〜（3）（田口正弘）「魚津史談」 魚津歴史同好会 （29）／（32） 2007.3/2010.03

資料「寺町・荒町街並み図」（平沢美代子）「魚津史談」 魚津歴史同好会 （33） 2011.3

異界の譚［1］,（2）（同好会文芸）（中村松太郎）「魚津史談」 魚津歴史同好会 （35）／（36） 2013.03/2014.03

魚津市
魚津市内における珠洲焼について（田代昭夫）「魚津史談」 魚津歴史同好会 （21） 1999.3

市内金刀比羅宮天満天神社の見学記（田口正弘）「魚津史談」 魚津歴史同好会 （22） 2000.3

市内神社の古い棟札について（田代昭夫）「魚津史談」 魚津歴史同好会 （29） 2007.3

魚津神社
魚津神社一千三百年のあらまし［正］,（続）（田口正弘）「魚津史談」 魚津歴史同好会 （26）／（27） 2004.3/2005.3

魚津八幡
魚津八幡騒動の一考察（紙谷信雄）「富山史壇」 越中史壇会 （159） 2009.07

魚津町
「魚津町大町通り街並み図」（昭和16年頃）「大町通り街並み図」について、『魚津大火の記録』作成に協力「魚津史談」 魚津歴史同好会 （29） 2007.3

牛岳権現
牛嶽権現の像容（尾田武雄）「北陸石仏の会研究紀要」 北陸石仏の会 通号2 1998.5

牛滑
婦中町牛滑の雨乞い（伊藤曙覧）「とやま民俗」 富山民俗の会 （56） 2001.1

富山市婦中町牛滑 若松虎次郎宅蔵 陶製牛嶽権現調査報告書（尾田武雄）「北陸石仏の会研究紀要」 北陸石仏の会 （9） 2008.6

臼ヶ峰
春秋逸文 歯痛完治のご神体/信仰の山「臼ヶ峰」/朝日夕日両社の神戸神田「氷見春秋」 氷見春秋会 （63） 2011.05

薄島
富山市薄島の馬頭観音石仏調査報告書（尾田武雄）「北陸石仏の会々報」 北陸石仏の会 （34） 2009.05

臼中
ケヤキの良木育成と用材になるまで—小矢部川上流域刀利谷・臼中を中心に（加藤享子）「とやま民俗」 富山民俗の会 （77） 2012.01

宇波
宇波の観音寺開基物語（巽巳和）「氷見春秋」 氷見春秋会 （49） 2004.5

宇波の祭事と伝説（巽巳和）「氷見春秋」 氷見春秋会 （65） 2012.05

永昌寺
永昌寺 訪問記—寺伝『永昌禅寺古事記』を読んで（五十嵐俊子）「大山の歴史と民俗」 大山町歴史民俗研究会 （17） 2014.03

越中
越中、その山へそして海へ（とやま民俗に寄せて）（野本寛一）「とやま民俗」 富山民俗の会 （50） 1997.6

『越中郷土研究』誌（富山民俗の会と私）（広田寿三郎）「とやま民俗」 富山民俗の会 （50） 1997.6

中世の越中・能登・加賀三州に展開する地蔵半跏像（尾田武雄）「日本の石仏」 日本石仏協会，青蛾書房（発売） 通号83 1997.9

善光寺信仰と中世の越中（牛山佳幸）「地方史研究」 地方史研究協議会 47（5） 1997.10

越中における観応の擾乱始末—臨済宗寺院の成立を素材として（久保尚文）「富山史壇」 越中史壇会 124 1997.11

越中の開発伝承における神と仏（久保尚文）「富山史壇」 越中史壇会 126 1998.7

越中浄瑠璃盛衰記（八尾正治）「近代史研究」 富山近代史研究会 （23）

2000.3

古代史雑考二題—山海経と越中・能登木簡（川崎晃）「高岡市万葉歴史館紀要」 高岡市万葉歴史館　通号10　2000.3

浄土真宗における神祇不拝と宗教統制—越中を例として（仙波芳一）「富山史壇」 越中史壇会　131　2000.3

越中の蚕神と遊ぶ（2）（今井六郎）「土蔵」 土蔵の会　11　2000.6

越中古鐘の音（斉藤善夫）「富山史壇」 越中史壇会　133　2000.12

史料紹介 越中の鰐口（斉藤善夫）「富山史壇」 越中史壇会　134　2001.3

越中蚕神の民俗信仰（今井六郎）「とやま民俗」 富山民俗の会　（61）　2003.4

天神として祀られた藩主—加賀・能登・越中の天神信仰（西山郷史）「宗教民俗研究」 日本宗教民俗学会　（13）　2003.12

能登・越中のお小夜—伝説の背景（前田佐智子）「加能民俗研究」 加能民俗の会　35　2004.3

江戸幕府の採薬使派遣から越中売薬へ（三由利夫）「魚津史談」 魚津歴史同好会　（26）　2004.3

越中門徒の北関東移住者の子孫を尋ねて（大野康太郎）「魚津史談」 魚津歴史同好会　（27）　2005.3

飛越の狩猟伝承特に穴熊狩りを中心として（郷土文化講座講演要旨）（森俊）「郷土の文化」 富山県郷土史会　（30）　2005.3

西本願寺と越中鰤（藪波隆信）「氷見春秋」 氷見春秋会　（52）　2005.11

伊藤曙覧著『越中の民俗宗教』（書誌紹介）（西山郷史）「日本民俗学」 日本民俗学会　通号245　2006.2

安政5年越中・飛騨地震による転石上の供養塔（平井一雄）「日本の石仏」 日本石仏協会，青娥書房（発売）（117）　2006.3

加賀藩領越中三郡における七木縮について（今村郁子）「砺波散村地域研究所研究紀要」 砺波市立砺波散村地域研究所　（23）　2006.3

越中さん—薩摩藩における富山売薬の活動と一向宗（桑畑初也）「ふるさとみやま」 三股郷土史研究会　（24）　2006.11

阿弥陀如来と並んで坐る越中の不動さん（西田栄一）「日本の石仏」 日本石仏協会，青娥書房（発売）（121）　2007.3

親近感を抱かせた「越中の鷹狩り展」（遠藤和子）「富山県公文書館だより」 富山県公文書館　（44）　2009.1

「越中の鷹狩り」展と逆転の発想（小池豊一）「富山県公文書館だより」 富山県公文書館　（44）　2009.1

越中加賀藩領における薬草の採取と流通についての一考察—「売薬々方明細并巧能書」及び産物調査書・産物関係留書の記述から（嘉藤潤一）「研究紀要」 富山県立山博物館　16　2009.3

飛越国境のカモシカ猟（森俊）「富山市日本海文化研究所紀要」 富山市日本海文化研究所　（22）　2009.3

可視化された権力—越中守護と真言系寺院（松山充宏）「富山市日本海文化研究所紀要」 富山市日本海文化研究所　（22）　2009.03

宗教装置が構築する景観—越中に移入された洛北（松山充宏）「富山史壇」 越中史壇会　（160）　2009.12

覚書 富山県外所在の中世彫刻銘文にみえる「越中」二題—七尾市海門寺千手観音像と磐田市西光寺薬師如来像（杉崎貴英）「富山史壇」 越中史壇会　（160）　2009.12

古代越中のナリハヒについて（城岡朋洋）「富山市日本海文化研究所紀要」 富山市日本海文化研究所　（23）　2010.3

講演 越中の一向一揆（金龍教英）「砺波散村地域研究所研究紀要」 砺波市立砺波散村地域研究所　（28）　2011.03

氷見春秋会総会・講演会資料 越中の獅子舞・氷見の獅子舞—獅子舞の謎をさぐる（小境卓治）「氷見春秋」 氷見春秋会　（65）　2012.05

越中・飛騨の役行者石像と蔵王権現（特集 役行者・蔵王権現）（平井一雄）「日本の石仏協会」 日本石仏協会，青娥書房（発売）（144）　2012.12

中世越中の宗教文化に関わる資料拾遺—富山県外所在・転出の在銘作例を中心に（研究ノート）（杉崎貴英）「富山史壇」 越中史壇会　（171）　2013.07

院政期の越中立山修験と霊験—越中地域史研究の原点（9）（論文）（久保尚文）「富山史壇」 越中史壇会　（172）　2013.12

近世越中の神社鍵取扱—中世的宗教者の地位確立（松山充宏）「とやま民俗」 富山民俗の会　（81）　2014.01

越中・飛騨の役行者石仏と蔵王権現（平井一雄）「北陸石仏の会研究紀要」 北陸石仏の会　（11）　2014.03

越中国

古代越中国の律令祭祀について（《特集 考古学におけるイデオロギー視点》）（堀沢祐一）「信濃［第3次］」 信濃史学会　60（4）通号699　2008.4

律令制祭祀遺跡の立地—古代越中国を中心として（研究発表大会）（堀沢祐一）「富山史壇」 越中史壇会　（160）　2009.12

越中の稚児舞

コラム 越中射水、下村加茂社の稚児舞（《特集 雅楽と舞楽II》）（加藤健司）「季刊悠久.第2次」 鶴岡八幡宮悠久事務局　（114）　2009.01

越中・越後の稚児舞楽（特集 記録・伝承と民俗芸能）（水原渭江）「まつ

り」 まつり同好会　（74）　2012.12

越中加茂神社の稚児舞見学記（鷲野正昭）「まつり通信」 まつり同好会　53（4）通号566　2013.07

園城寺

「立山開山」と園城寺—越中地域史研究の原点（5）（久保尚文）「富山史壇」 越中史壇会　（166）　2011.12

円満寺

山城国賀茂荘東明寺・越中国雄神荘円満寺と賢昌房忍禅—京都府木津川市常念寺（東明寺旧蔵）仏涅槃図施入銘を出版点として（杉崎貴英）「富山史壇」 越中史壇会　（164）　2011.03

大岩

熊猟の民俗 富山県中新川郡上市町大岩、小又両河川流域の穴熊猟を中心に（森俊）「東北学.［第1期］」 東北芸術工科大学東北文化研究センター，作品社（発売）5　2001.10

大岩不動

滑川市笠木の大岩不動模刻像（平井一雄）「北陸石仏の会々報」 北陸石仏の会　（44）　2014.04

大境

セピア色の時代 洞窟と白山社拝殿（巽巳和）「氷見春秋」 氷見春秋会　（55）　2007.5

大沢野町

大沢野町民具資料室（富山民俗の会と私）（杉下清一）「とやま民俗」 富山民俗の会　（50）　1997.6

安産の呪具としての熊のヒャクヒロ—富山県上新川郡大沢野町の場合（森俊）「西郊民俗」［西郊民俗談話会］ 通号161　1997.12

第31例会報告 神通川周辺の石仏（富山市南部・大沢野町）報告「北陸石仏の会々報」 北陸石仏の会　（30）　2005.5

絵馬のこと—『大沢野町史資料編』落穂拾い（《富山の民俗学は今—富山民俗の会50周年記念論文集》）（平井一雄）「とやま民俗」 富山民俗の会　（66）　2006.7

大谷

富山大谷の御神楽見学記（鷲野正昭）「まつり通信」 まつり同好会　51（2）通号552　2011.03

大長谷

富山県婦負郡八尾町大長谷における穴熊狩り（森俊）「とやま民俗」 富山民俗の会　（63）　2004.5

大野用水

下庄神明社と大野用水（大口昭夫）「氷見春秋」 氷見春秋会　（52）　2005.11

大山

里山ノスタルジック紀行（金山千津子）「大山の歴史と民俗」 大山町歴史民俗研究会　（15）　2011.12

電力関係の慰霊碑、神社、地蔵について（高桑幸一）「大山の歴史と民俗」 大山町歴史民俗研究会　（15）　2011.12

まぼろしの瀧・続まぼろしの瀧（文山純子）「大山の歴史と民俗」 大山町歴史民俗研究会　（15）　2011.12

大山の食べ物の継承？（本多和子）「大山の歴史と民俗」 大山町歴史民俗研究会　（15）　2011.12

ふるさと（旧大山地域）の旧家列伝（山下登）「大山の歴史と民俗」 大山町歴史民俗研究会　（16）　2013.2

安政五年の鳥居（文山純子）「大山の歴史と民俗」 大山町歴史民俗研究会　（16）　2013.02

表紙解説 道端でほほえみ、見守る石仏さま「大山の歴史と民俗」 大山町歴史民俗研究会　（17）　2014.03

ふるさと（旧大山地域）の旧家列伝（2）—花崎野口家（山下登）「大山の歴史と民俗」 大山町歴史民俗研究会　（17）　2014.03

二つの神社の式年遷宮に想う（五十嵐顕房）「大山の歴史と民俗」 大山町歴史民俗研究会　（17）　2014.03

大山町

大山町内の石工の技—民家の石垣と石仏（前田英雄）「土蔵」 土蔵の会　10　1998.8

狛犬と水車（高桑幸一）「大山の歴史と民俗」 大山町歴史民俗研究会　（15）　2011.12

大山町内の石工の技—民家の石垣と石仏（前田英雄先生 追悼文集—『土蔵』第10号からの再掲）（前田英雄）「大山の歴史と民俗」 大山町歴史民俗研究会　（別冊）　2014.08

奥大勘場

安産の呪具としてのヒャクヒロ—富山県東礪波郡利賀村奥大勘場の場合（森俊）「西郊民俗」［西郊民俗談話会］ 通号162　1998.3

北陸甲信越　　　　　　　　　郷土に伝わる民俗と信仰　　　　　　　　　富山県

富山県東砺波郡利賀村奥大勘場の野兎狩り（森俊）「とやま民俗」　富山民俗の会　（55）2000.8

利賀村奥大勘場民俗点描―交通交易伝承、植物利用伝承を中心に（森俊）「とやま民俗」　富山民俗の会　（67）2007.1

利賀村奥大勘場民俗点描（2）熊のオトシアナ（落とし穴）猟、雪にまつわる伝承、遊びの伝承、年中行事のことなど（森俊）「とやま民俗」　富山民俗の会　（70）2008.9

利賀村奥大勘場民俗点描（3）―主として食生活を中心に（森俊）「とやま民俗」　富山民俗の会　（73）2010.01

利賀村奥大勘場民俗点描（4）―ガヤシバ、ハセンバのこと（森俊）「とやま民俗」　富山民俗の会　（74）2010.09

利賀村奥大勘場民俗点描（5）―時間認識に関する伝承を中心に（森俊）「とやま民俗」　富山民俗の会　（75）2011.01

利賀村奥大勘場民俗点描（6）―バンドリ（ムササビ）猟、ユキゾリ（雪橇）、播種伝承、有毒植物のことなど（森俊）「とやま民俗」　富山民俗の会　（77）2012.01

利賀村奥大勘場民俗点描（7）―産育、婚姻、葬送等の人生儀礼（森俊）「とやま民俗」　富山民俗の会　（79）20■3.01

利賀村奥大勘場民俗点描（8）―藤井吉信家所有民具の復元的調査（森俊）「とやま民俗」　富山民俗の会　（80）2013.09

利賀村奥大勘場民俗点描（9）―虫魚のことども（森俊）「とやま民俗」　富山民俗の会　（81）2014.01

利賀村奥大勘場民俗点描（10）―天象・気象に関する民俗語彙など（森俊）「とやま民俗」　富山民俗の会　（82）2014.09

奥山発電所

"長棟川"の奥山発電所地内の「聖徳太子」文字碑（平井一雄）「大山の歴史と民俗」　大山町歴史民俗研究会　（16）2013.2

小竹峠

春秋逸聞　小竹峠の「トトヤ地蔵」（素老人）「氷見春秋」　氷見春秋会　（64）2011.11

音沢

越中黒部奥山の穴熊狩り伝承―富山県黒部市宇奈月町音沢の場合（森俊）「西郊民俗」　［西郊民俗談話会］　（223）2013.06

鬼江町

「鬼江町街並み図」について（魚岸隆宣）「魚津史談」　魚津歴史同好会　（30）2008.3

折込み「鬼江町街並み図」「魚津史談」　魚津歴史同好会　（30）2008.3

小原

富山県富山市小原（旧上新川郡大山町小原）における穴熊狩り（森俊）「西郊民俗」　［西郊民俗談話会］　（194）2006.3

小又

熊猟の民俗　富山県中新川郡上市町大岩、小又両河川流域の穴熊猟を中心に（森俊）「東北学．［第1期］」　東北芸術工科大学東北文化研究センター，作品社（発売）5　2001.10

小見

富山県上新川郡大山町小見の穴熊狩り（森俊）「西郊民俗」　［西郊民俗談話会］　（175）2001.6

小矢部川上流域

小矢部川上流地域の麻栽培と加工―福光町野脇の場合（加藤享子）「とやま民俗」　富山民俗の会　（64）2005.1

小矢部川上流地域のカヤ・ススキ利用法―南砺市（福光）立野脇を中心として《富山の民俗学は今―富山民俗の会50周年記念論文集》（加藤享子）「とやま民俗」　富山民俗の会　（66）2006.7

小矢部川上流域における樹皮の利用《第31回 北陸三県民俗の会年会記録》（加藤享子）「北陸の民俗」　富山民俗の会　24　2007.3

小矢部川上流域における昆虫食―立野脇・刀利を中心として（加藤享子）「とやま民俗」　富山民俗の会　（71）2009.01

小矢部川上流域で造られていた、ドブザケの製法―刀利谷を中心として（加藤享子）「とやま民俗」　富山民俗の会　（80）2013.09

小矢部川上流域における、ガマ・スゲ・カラムシの利用法―刀利谷・立野脇・小二又を中心として（加藤享子）「とやま民俗」　富山民俗の会　（82）2014.09

雄山

古代中世の立山登拝について―雄山山頂の出土遺物（鈴木景二）「富山史壇」　越中史壇会　127　1998.11

雄山神社

岩峅寺雄山神社史料調査報告／道者衆の掜待―坊家御膳の再現／たてはくスタッフ新任紹介「たてはく ： 人と自然の情報交流誌」　富山県立山博物館　（70）2009.09

下立

黒部市下立の六十六部廻国供養塔（佐伯安一）「とやま民俗」　富山民俗の会　（75）2011.01

開（木）山城

未調査 開（木）山城と加積神社旧蹟について（田代昭夫）「魚津史談」　魚津歴史同好会　（28）2006.3

加賀藩

秋季特別企画展「薬草と加賀藩」／史料紹介 芦峅寺庚申塚に建つ尾張晩翠の句碑と布橋大灌頂法会「たてはく ： 人と自然の情報交流誌」　富山県立山博物館　（66）2008.10

柿谷

イエ空間の民俗的構造―富山県氷見市柿谷を事例に（陳玲）「日本民俗学」　日本民俗学会　通号217　1999.2

覚性寺

新庄 覚性寺の庚申塔（平井一雄）「北陸石仏の会々報」　北陸石仏の会　（43）2013.09

加積神社

未調査 開（木）山城と加積神社旧蹟について（田代昭夫）「魚津史談」　魚津歴史同好会　（28）2006.3

片貝川上流域

富山県魚津市片貝川上流域の穴熊狩り（森俊）「西郊民俗」　［西郊民俗談話会］　通号171　2000.6

金屋

庄川町金屋の石仏と現代（尾田武雄）「北陸石仏の会研究紀要」　北陸石仏の会　（4）2001.4

金屋町

資料 「金屋町街並み図」（石黒五市，田口正弘）「魚津史談」　魚津歴史同好会　（32）2010.3

上市町

報告 上市町の石仏（文山純子）「大山の歴史と民俗」　大山町歴史民俗研究会　（17）2014.03

上市町の石仏（文山純子）「北陸石仏の会研究紀要」　北陸石仏の会　（11）2014.03

上庄谷

上庄谷の不動明王（高西力）「氷見春秋」　氷見春秋会　35　1997.4

上庄谷の天狗伝説（高西力）「氷見春秋」　氷見春秋会　（53）2006.5

上新川

越中木地師覚書（2），（3）上新川地方の木地業（1），（2）（加部聡）「民俗文化」　滋賀民俗学会　439/440　2000.4/2000.5

上村木

上村木神明社の「石山大合戦図」の絵馬について（田代昭夫）「魚津史談」　魚津歴史同好会　（25）2003.3

上百瀬

八尾と利賀村上百瀬との交流―竜口タケノコの移出、猟師の交流を中心として（森俊）「とやま民俗」　富山民俗の会　（76）2011.09

加茂社

コラム 越中射水、下村加茂社の稚児舞《《特集 雅楽と舞楽II》》（加藤健司）「季刊悠久.第2次」　鶴岡八幡宮悠久事務局　（114）2009.01

寛勝寺

福光町岩木荊波神社別当・寛勝寺の変遷―山伏寛勝寺の資料を中心に（尾田武雄）「砺波散村地域研究所研究紀要」　砺波市立砺波散村地域研究所　（18）2001.3

祇園社

寺社造営本願職研究の現状と課題―祇園社本願の事例と立山の本願（研究発表大会）（加藤基樹）「富山史壇」　越中史壇会　（160）2009.12

教算坊

教算坊のつどい 青葉呈茶会・彫刻作品展「たてはく ： 人と自然の情報交流誌」　富山県立山博物館　（69）2009.06

経田山

「経田山」の由来（大野康太郎）「魚津史談」　魚津歴史同好会　（22）2000.3

魚藍観音

石仏紹介（6）魚藍観音（柳沢栄司）「北陸石仏の会々報」　北陸石仏の会　16　1997.8

富山県　　　　郷土に伝わる民俗と信仰　　　　北陸甲信越

窪

窪の村御講（上野務）「氷見春秋」　氷見春秋会　（50）2004.11

楳田荘

東大寺楳田荘の所在にかかる考古学的評価（根津明義）「富山史壇」　越中史壇会　（151）2007.2

窪本町

窪本町の獅子舞（小倉學）「石川郷土史学会々誌」　石川郷土史学会　（35）2002.12

熊無

国重要無形民俗文化財に指定された「論田・熊無の藤箕製作技術」について（小谷超）「氷見春秋」　氷見春秋会　（67）2013.05

久目

久目特産の串柿（大畑助惣）「氷見春秋」　氷見春秋会　（67）2013.05

栗山

滑川市栗山 馬道観音石碑（平井一雄）「北陸石仏の会々報」　北陸石仏の会　（33）2007.9

呉羽

呉羽の歴史と文化について―足立塚・高王白衣観音菩薩（矢部敏子）「大山の歴史と民俗」　大山町歴史民俗研究会　（15）2011.12

黒川

黒川中世宗教遺跡群について（高慶孝）「富山史壇」　越中史壇会　139　2003.2

黒谷

魚津市黒谷の水天真言塔（滝本靖士）「とやま民俗」　富山民俗の会　（49）1997.1

黒谷橋

片貝川黒谷橋詰の七福神石塔（平井一雄）「北陸石仏の会研究紀要」　北陸石仏の会　通号2　1998.5

気多神社

明治初期における神社祭祀の変容と地域社会―気多神社、明治17年の社務日誌を通して（市田雅崇）「加能民俗研究」　加能民俗の会　通号40　2009.03

五位尾

その後の「五位尾」―もう一つのふるさと論（富山民俗の会と私）（高木正一）「とやま民俗」　富山民俗の会　（50）1997.6

山田の稲作―富山県中新川郡上市町五位尾の事例（《第29回 北陸三県民俗の会年会記録》―《共通課題―稲作手順（機械化以前）》）（高木正一）「北陸の民俗」　富山民俗の会　22　2005.3

碁石ヶ峰

碁石ヶ峰のお祭り（奥村秀雄）「氷見春秋」　氷見春秋会　40　1999.10

香城寺

城端蓑の生産と集荷―旧福光町香城寺を中心に（加藤享子）「とやま民俗」　富山民俗の会　（76）2011.09

楮

越中五箇山の凧―飛越国境のムラ富山県南砺市（旧東砺波郡上平村）楮の場合を中心に（森俊）「民具マンスリー」　神奈川大学　45（12）通号540　2013.03

キザミタバコ 点火・喫煙にまつわる民具―富山県南砺市（旧上平村）楮、西赤尾の場合（森俊）「民具マンスリー」　神奈川大学　46（8）通号548　2013.11

楮集落

ここにあるもの―五箇山楮（こうず）集落の獅子舞にみる人間関係（地域レポート）（島添貴美子）「日本民俗音楽学会会報」　日本民俗音楽学会　（33）2010.07

五箇

山田勇正さんの五箇簑つくり（安ヶ川恵子）「とやま民俗」　富山民俗の会　（71）2009.01

五箇簑（1）―松田家の古簑と五箇簑について（殷林雅子）「とやま民俗」　富山民俗の会　（75）2011.01

五箇山

五箇山・白川地方 合掌造り民家の成立私考（《富山の民俗学は今―富山民俗の会50周年記念論文集》）（佐伯安一）「とやま民俗」　富山民俗の会　（66）2006.7

越中五箇山におけるヤマドリの民俗（森俊）「とやま民俗」　富山民俗の会　（78）2012.09

越中五箇山の凧―飛越国境のムラ富山県南砺市（旧東砺波郡上平村）楮の場合を中心に（森俊）「民具マンスリー」　神奈川大学　45（12）通号

540　2013.03

国分寺

国分寺旧跡に所在する薬師堂境内（現国分寺）の石造物（晒谷和子）「二上山研究」　二上山総合調査研究会　（6）2009.02

国分寺地蔵（二上山探究講座資料）（西井龍儀）「二上山研究」　二上山総合調査研究会　（6）2009.02

小来栖

富山県南砺市（旧東砺波郡平村）小来栖におけるバンドリネズミ（ムササビ）猟（森俊）「西郊民俗」　［西郊民俗談話会］　（220）2012.09

故斎藤善蔵宅

故斎藤善蔵宅石造物調査報告書（関東板碑とその周辺）（尾田武雄）「北陸石仏の会研究紀要」　北陸石仏の会　（5）2002.6

小境

氷見、灘浦の村 小境民俗誌―富山県氷見市小境「とやま民俗」　富山民俗の会　（51）1998.1

小白石

射水市小白石の中世寺院跡について（久々忠義）「大境」　富山考古学会　（27）2007.12

小杉

小杉の石造物と宗教空間（尾田武雄）「砺波散村地域研究所研究紀要」　砺波市立砺波散村地域研究所　（16）1999.3

昭和30年代の小杉地区の葬送儀礼について（菊池武）「砺波散村地域研究所研究紀要」　砺波市立砺波散村地域研究所　（16）1999.3

小杉の獅子舞

小杉の獅子舞（石川博司）「まつり通信」　まつり同好会　42（10）通号500　2002.9

呉東

富山県呉東地域の河川流域に点在する天部石仏（特集 天部の石造物）（平井一雄）「日本の石仏」　日本石仏協会、青娥書房（発売）（152）2014.12

五百石

資料紹介 足峅寺の媼尊の浄頗梨розか―立山町五百石天満宮の浄頗梨鏡について（杉本理恵）「富山史壇」　越中史壇会　（165）2011.07

小二又

小矢部川上流域における、ガマ・スゲ・カラムシの利用法―刀利谷・立野脇・小二又を中心として（加藤享子）「とやま民俗」　富山民俗の会　（82）2014.09

御坊屋敷

御坊屋敷についての一考察（中川達）「北陸の中世城郭」　北陸城郭研究会　（19）2009.07

金剛新

富山県立山町金剛新の善光寺如来（平井一雄）「北陸石仏の会々報」　北陸石仏の会　（37）2010.09

権正寺

砺波市権正寺 島和子家住宅調査報告（砺波市教育委員会）「砺波散村地域研究所研究紀要」　砺波市立砺波散村地域研究所　（17）2000.3

西願寺

西願寺を訪ねて（辻敏明）「魚津史談」　魚津歴史同好会　（19）1997.3

西住塚

板碑偈文「阿字十方」と西住塚（尾田武雄）「北陸石仏の会研究紀要」　北陸石仏の会　（9）2008.6

最勝寺

富山市蜷川最勝寺境内の石造物（平井一雄）「北陸石仏の会研究紀要」　北陸石仏の会　（6）2003.6

西念寺

幸徳山西念寺伝文書（史談・巷談）（素老人）「氷見春秋」　氷見春秋会　（62）2010.11

坂本

富山市（大沢野）坂本 観音堂祭礼（平井一雄）「北陸石仏の会々報」　北陸石仏の会　（35）2009.09

笹川

富山県朝日町笹川における稲作と地域住民の関係の変遷（自由課題）（土井冬樹）「北陸の民俗 ： 北陸三県民俗の会年会記録」　富山民俗の会　31　2014.03

笹津

熊皮の伝承―旧上新川郡大沢野町笹津の場合（森俊）「とやま民俗」　富山

民俗の会　(72)　2009.09

地蔵町

富山市荒川「地蔵町の地蔵」覚書（京田良志）「大境」　富山考古学会　(26)　2006.12

下小屋集落

ハクサングマ（白山熊）を狩る人々—富山県南砺波市下小屋集落（旧西砺波郡福光町下小屋）における穴熊狩り（森俊）「西郊民俗」〔西郊民俗談話会〕(202)　2008.3

七福園岩屋

七福園岩屋の聞書など（金子玲子）「とやま民俗」　富山民俗の会　(64)　2005.1

島和子家住宅

砺波市権正寺 島和子家住宅調査報告（砺波市教育委員会）「砺波散村地域研究所研究紀要」　砺波市立砺波散村地域研究所　(17)　2000.3

清水庵

歴史随想 史実と伝承の狭間で—「津波伝説」と「清水庵」の謎解き（永井宗聖）「富山史壇」　越中史壇会　(175)　2014.11

下新川

下新川地方のオスズシ（《第32回 北陸三県民俗の会年会記録》—〈共通課題—食の伝承（郷土料理、特産、保存食）〉）（福田邦子）「北陸の民俗」　富山民俗の会　25　2008.3

下新川民俗の特質（佐伯安一）「とやま民俗」　富山民俗の会　(81)　2014.01

下仁歩

下仁歩道祖神—八尾町仁歩地区の道祖神文字碑訪問記（平井一雄）「北陸石仏の会々報」　北陸石仏の会　(35)　2009.09

下庄

下庄神明社と大野用水（大口昭夫）「氷見春秋」　氷見春秋会　(52)　2005.11

下村

下村加茂神社の鰤分け神事—献饌 "読み上げ" の意味は（米澤保）「北陸の民俗」　富山民俗の会　19　2002.3

"文化財指定の意義" 考—射水市・加茂神社「鰤分け神事」（《富山の民俗学は今—富山民俗の会50周年記念論文集》）（米澤保）「とやま民俗」　富山民俗の会　(66)　2006.7

越中加茂神社の稚児舞見学記（鷲野正昭）「まつり通信」　まつり同好会　53(4)通号566　2013.07

荘園へ移入した賀茂信仰—富山県 下村・加茂神社（特集 賀茂信仰II—小論文）（野上克裕，松山充宏）「季刊悠久.第2次」　鶴岡八幡宮悠久事務局　(132)　2013.08

下余川

下余川「十五日講」について（藪波隆信）「氷見春秋」　氷見春秋会　(54)　2006.11

蛇喰A遺跡

富山県井口村蛇喰A遺跡の呪符（尾田武雄）「北陸石仏の会々報」　北陸石仏の会　(29)　2004.9

十二町潟

十二町潟の開墾田の慣行（史談・巷談）（宮崎善雄）「氷見春秋」　氷見春秋会　(57)　2008.5

氷見市十二町潟の木造船、タズル（廣瀬直樹）「とやま民俗」　富山民俗の会　(73)　2010.01

庄川

越中木地師覚書(1) 越中における木地師の認識—庄川木地業を一例として（加部聡）「民俗文化」　滋賀民俗学会　438　2000.3

第1回石仏フォーラム in 庄川「北陸石仏の会々報」　北陸石仏の会　(33)　2007.9

庄川筋の民家の石積み—主として玉石亀甲積みについて（高島一郎）「砺波散村地域研究所研究紀要」　砺波市立砺波散村地域研究所　(30)　2013.3

庄川流域の方言分布からみた自然との対話（論文）（大西拓一郎）「砺波散村地域研究所研究紀要」　砺波市立砺波散村地域研究所　(31)　2014.3

常願寺川

報告 常願寺川の供養塔（安政五年大地震・大洪水犠牲者供養）（平井一雄）「北陸石仏の会研究紀要」　北陸石仏の会　(8)　2005.12

常願寺川石工製作石仏研究の課題と展望（古川知明）「北陸石仏の会研究紀要」　北陸石仏の会　(10)　2011.06

常願寺川沿いの水神（前田克民）「大山の歴史と民俗」　大山町歴史民俗研究会　(16)　2013.02

上行寺

法華宗上行寺蔵サンキ明王伝来試論—能登守護畠山義綱の楡原城滞在と病状（論文）（久保尚文）「富山史壇」　越中史壇会　(173)　2014.02

正源寺

高岡五十嵐氏と馬瀬口五十嵐氏と正源寺の鳴き龍（山下登）「大山の歴史と民俗」　大山町歴史民俗研究会　(15)　2011.12

勝興寺

勝興寺五百年の沿革とその役割（郷土文学講座講演要旨）（松島吉信）「郷土の文化」　富山県郷土史会　(28)　2003.3

勝興寺本堂再建余聞（藪波隆信）「氷見春秋」　氷見春秋会　(51)　2005.5

浄土山

立山浄土山と信濃善光寺（鈴木景二）「富山史壇」　越中史壇会　145　2004.12

城端

城端むぎや祭を見直す（第30回北陸三県民俗の会年会記録 2005—共通課題—町づくりの祭）（奥野達夫）「北陸の民俗」　富山民俗の会　23　2005.08

城端莚の生産と集荷—旧福光町香城寺を中心に（加藤享子）「とやま民俗」　富山民俗の会　(76)　2011.09

「善徳寺虫干法会の絵解きと越中の小京都城端」参加レポート（矢向忠雄）「長野」　長野郷土史研究会　(279)　2011.09

聖地・西岸—城端周を回避する巡礼者について（由谷裕哉）「加能民俗研究」　加能民俗の会　(45)　2014.03

常楽寺

富山市婦中町常楽寺の西国三十三ヶ所観音由来（平井一雄）「北陸石仏の会々報」　北陸石仏の会　(39)　2011.09

白萩村

三十年前の旧白萩村（とやま民俗に寄せて）（大島建彦）「とやま民俗」　富山民俗の会　(50)　1997.6

神通川

神通川漁における怪異伝承—ミノムシその他（森俊）「とやま民俗」　富山民俗の会　(57)　2001.7

第31回例会報告 神通川周辺の石仏（富山市南部・大沢野町）報告「北陸石仏の会々報」　北陸石仏の会　(30)　2005.5

神通川下流

北陸石仏の会第40回例会 神通川下流左岸（呉羽〜四方）の石仏探訪「北陸石仏の会々報」　北陸石仏の会　(36)　2010.07

神通川上流

富山県神通川上流地域の月待ち行事と二十三夜塔（平井一雄）「日本の石仏」　日本石仏協会，青娥書房（発売）　(110)　2004.6

神通川流域

神通川流域の稲荷信仰—石像・木像・屋敷神と神社の祭神（第33回北陸三県民俗の会年会記録 2008—共通課題—北陸の稲荷信仰）（平井一雄）「北陸の民俗」　富山民俗の会　26　2008.08

神通川流域の稲荷神社の分布と稲荷神像（平井一雄）「大山の歴史と民俗」　大山町歴史民俗研究会　(15)　2011.12

富山県神通川流域の盆行事（平井一雄）「大山の歴史と民俗」　大山町歴史民俗研究会　(16)　2013.02

新住吉町

資料 「新住吉町街並み図」について（寺崎茂）「魚津史談」　魚津歴史同好会　(32)　2010.3

資料 「新住吉町街並み図」（寺崎茂）「魚津史談」　魚津歴史同好会　(32)　2010.3

真如院

出町の大火と真如院の高神様（加藤享子）「土蔵」　土蔵の会　11　2000.6

新湊

新湊（富山県）の境内を訪ねて（五十嵐一雄）「北陸石仏の会研究紀要」　北陸石仏の会　(5)　2002.6

曳山人形とそのこころ—新湊・射水の秋祭り（荒木菊男）「とやま民俗」　富山民俗の会　(65)　2006.1

富山県新湊の曳山囃子の旋律型（第26回大会報告「都市における民俗芸能の新たな展開」(2012 東京)—研究発表要旨）（島添貴美子）「民俗音楽研究」　日本民俗音楽学会　(38)　2013.03

新湊市

屋号と苗字—新湊市における職業姓の考察[1]〜(4)（加部聡）「民俗文化」　滋賀民俗学会　416/427　1998.5/1999.4

407

富山県　　　　　　　　郷土に伝わる民俗と信仰　　　　　　　　北陸甲信越

神明町
資料「神明町街並図」(木下一実)「魚津史談」　魚津歴史同好会　(35)
2013.03

瑞泉寺
瑞泉寺と井波城について(山森伸正)「大境」　富山考古学会　(19)
1998.5

井波瑞泉寺太子信仰の展開―地域における受容の諸相(《第31回 北陸三県民俗の会年会記録》―〈共通課題―真宗と地域〉)(尾田武雄)「北陸の民俗」　富山民俗の会　24　2007.3

井波瑞泉寺聖徳太子南無石仏の展開(大会報告 特別研究発表会(8月))(尾田武雄)「富山史壇」　越中史壇会　(157)　2008.12

井波別院瑞泉寺を紹介する(史談・巷談)(高橋延定)「氷見春秋」　氷見春秋会　(60)　2009.11

井波瑞泉寺の設立環境―南北朝時代の本願寺と律宗(松山充宏)「砺波散村地域研究所研究紀要」　砺波市立砺波散村地域研究所　(30)　2013.03

水舞神社
水舞神社(すいぶじんじゃ…富山市牧田)の石仏・狛犬について(五十嵐一雄)「北陸石仏の会研究紀要」　北陸石仏の会　(6)　2003.6

瑞竜寺
瑞龍寺・大乗寺・妙成寺伽藍からみた建仁寺流の特質(前)～(後)―北陸における禅宗様の浸透(桜井敏雄)「市史かなざわ」　金沢市　8/10
2002.3/2004.3

高岡瑞龍寺と稲荷大明神―前田利長菩提寺に祀られる意義(高尾哲史)「朱」　伏見稲荷大社　(55)　2011.12

須加荘
東大寺領須加荘の所在にかかる考古学的考察(根津明義)「富山史壇」　越中史壇会　(148)　2005.12

薄地蔵
富山市西新庄の薄地蔵―戦国末の板碑形三界万霊塔(古川知明)「大境」富山考古学会　(27)　2007.12

住吉町
「住吉町街並み図」について(飯澤久雄)「魚津史談」　魚津歴史同好会　(31)　2009.3

石動山
故橋本芳雄氏遺稿 石動山の歴史と現状「氷見春秋」　氷見春秋会　43
2001.4

石動山にある佐渡の石灯籠(春秋逸文)(素老人)「氷見春秋」　氷見春秋会　(60)　2009.11

道神社・石動山の現地研修・講演会報告書(関一朗)「氷見春秋」　氷見春秋会　(67)　2013.05

石動山まつり(山口哲夫)「氷見春秋」　氷見春秋会　(70)　2014.11

千光寺
『越之中州般若野芹谷山千光寺縁起』補遺(金子容士)「土蔵」　土蔵の会　11　2000.6

千光寺縁起と法道上人伝説(尾田武雄)「土蔵」　土蔵の会　12　2002.6

千光寺観音堂の建立年代について(佐伯安一)「土蔵」　土蔵の会　12
2002.6

千光寺と竹内長太郎(中川達)「土蔵」　土蔵の会　12　2002.6

芹谷山千光寺の石塔修復報告書(尾田武雄)「土蔵」　土蔵の会　(13)
2006.12

千光寺から千光寺へ―鏝師・俳人の竹内長太郎(中川達)「土蔵」　土蔵の会　(13)　2006.12

千光寺土蔵の文献調査(調査報告)(佐伯安一)「砺波散村地域研究所研究紀要」　砺波市立砺波散村地域研究所　(28)　2011.03

善光寺
魚津十神山善光寺三尊石仏について(北村市朗)「北陸石仏の会々報」　北陸石仏の会　17　1998.3

善徳寺
城端善徳寺(堀宗夫)「北陸の中世城郭」　北陸城郭研究会　8　1998.6

近世が紡ぎ出す中世―城端善徳寺の由緒整備(松山充宏)「砺波散村地域研究所研究紀要」　砺波市立砺波散村地域研究所　(28)　2011.03

大栄寺
小境の大栄寺略伝(史談・巷談)(巽巳和)「氷見春秋」　氷見春秋会
(61)　2010.05

大海寺野
大海寺野の神明社「支那廿四孝」の絵馬(田代昭夫)「魚津史談」　魚津歴史同好会　(20)　1998.3

大川寺駅
地鉄電車上滝線大川寺駅から見える「澤無涯」銘板について(文山純子)「大山の歴史と民俗」　大山町歴史民俗研究会　(17)　2014.3

大徳寺
大徳寺由緒記の謎(会員の研究発表)(関口衛)「魚津史談」　魚津歴史同好会　(36)　2014.03

大宝寺
大宝寺謎の三角形を追って(大宝寺調査グループ)「北陸の中世城郭」　北陸城郭研究会　(16)　2006.7

大宝寺を追って(大宝寺調査グループ)「北陸の中世城郭」　北陸城郭研究会　(19)/(20)　2009.07/2010.07

大門
大門そうめんの源流(佐伯安一)「土蔵」　土蔵の会　(13)　2006.12

平村
馬頭観音とハツカイシ(平村)(中川達)「北陸石仏の会々報」　北陸石仏の会　17　1998.3

帝竜寺
船峅山帝龍寺「年間諸行事表」のこと(平井一雄)「とやま民俗」　富山民俗の会　(64)　2005.1

高岡
学芸員ノート 高岡の「三天神」祭り 利屋町/千石町/鉄砲町・白銀後町「博物館だより」　高岡市立博物館　(8)　2002.8

学芸ノート 寺院と法要―高岡の寺院調査から「博物館だより」　高岡市立博物館　(11)　2005.2

高岡五十嵐氏と馬瀬口五十嵐氏と正源寺の鳴き龍(山下登)「大山の歴史と民俗」　大山町歴史民俗研究会　(15)　2011.12

高岡市
古代の行幸についての断章(前田晴人)「高岡市万葉歴史館紀要」　高岡市万葉歴史館　通号7　1997.3

平成20年度展示紹介 特別展「天神人形の世界」―高島賢一コレクション「博物館だより」　高岡市立博物館　(14)　2008.2

ウタゲとトヨノアカリ(関隆司)「高岡市万葉歴史館紀要」　高岡市万葉歴史館　(19)　2009.03

高木場坊
高木場坊本尊の意義(金龍教英)「富山史壇」　越中史壇会　133　2000.12

高瀬神社
高瀬神社の社叢の被害(基調報告)(大浦進)「砺波散村地域研究所研究紀要」　砺波市立砺波散村地域研究所　(22)　2005.3

高瀬神社の倒木処理について(基調報告)(西野真末)「砺波散村地域研究所研究紀要」　砺波市立砺波散村地域研究所　(22)　2005.3

田方
昭和16年頃の田方町街並図(資料)(三由實)「魚津史談」　魚津歴史同好会　(36)　2014.3

立野脇
立野脇の女石(エレン,ケハダ)「北陸石仏の会研究紀要」　北陸石仏の会　通号2　1998.5

小矢部川上流域のカヤ・ススキ利用法―南砺市(福光)立野脇を中心として(《富山の民俗学は今―富山民俗の会50周年記念論文集》)(加藤享子)「とやま民俗」　富山民俗の会　(66)　2006.7

山境の決め方―小矢部川上流立野脇・刀利の場合(加藤享子)「とやま民俗」　富山民俗の会　(67)　2007.1

小矢部川上流域における昆虫食―立野脇・刀利を中心として(加藤享子)「とやま民俗」　富山民俗の会　(71)　2009.01

小矢部川上流域における、ガマ・スゲ・カラムシの利用法―刀利谷・立野脇・小二又を中心として(加藤享子)「とやま民俗」　富山民俗の会　(82)　2014.09

立山
立山信仰関係用語用事覚書―「嶂」と「峅」(木本秀樹)「研究紀要」　富山県立山博物館　4　1997.3

山里に生きる立山信仰―その由来と背景(高峯正岡)「氷見春秋」　氷見春秋会　35　1997.4

越中における情報と物流―立山信仰史を素材として(米原寛)「地方史研究」　地方史研究協議会　47(5)　1997.10

『法華験記』所収立山地獄説話について(由谷裕哉)「山岳修験」　日本山岳修験学会，岩田書院(発売)　通号20　1997.11

立山衆徒の勧進活動と立山曼荼羅(福江充)「山岳修験」　日本山岳修験学会，岩田書院(発売)　通号20　1997.11

討議「立山曼荼羅と立山信仰」「山岳修験」　日本山岳修験学会，岩田書

院（発売）通号20　1997.11

飛騨歴史民俗学会　立山紀行　その聖なる山を讃えて（今井基彦）「飛騨春秋　：　飛騨郷土学会誌」　高山市民時報社　442　1997.11

立山信仰にみる石仏寄進の一例―江戸の信徒による嬢堂境内六地蔵尊石像の寄進（福江充）「宗教民俗研究」　日本宗教民俗学会　（8）　1998.6

古代中世の立山登拝について―雄山山頂の出土遺物（鈴木景二）「富山史壇」　越中史壇会　127　1998.11

福江充著『立山信仰と立山曼荼羅』―芦峅寺衆徒の勧進活動（木本秀樹）「富山史壇」　越中史壇会　127　1998.11

立山開山縁起に関する覚書―放鷹の性格を中心に（木本秀樹）「研究紀要」　富山県立山博物館　通号6　1999.3

立山大縁起のなりたちと他の立山諸縁起の特色について（安田良栄）「富山史壇」　越中史壇会　128　1999.3

〔書評〕福江充著『立山信仰と立山曼荼羅―芦峅寺衆徒の勧進活動』（佐伯安一）「宗教民俗研究」　日本宗教民俗学会　（9）　1999.6

立山曼荼羅の図像描写に対する基礎的研究―特に諸本の分類について（福江充）「研究紀要」　富山県立山博物館　通号7　2000.3

『立嶽登臨図記』の原本と写本をめぐって（正橋剛二）「富山史壇」　越中史壇会　132　2000.7

紹介　福江充著『立山信仰と立山曼荼羅―芦峅寺衆徒の勧進活動』（高達奈緒美）「絵解き研究」　絵解き研究会　〔16〕　2002.3

阿弥陀・地蔵・観音の三尊像の成立背景について―越中立山信仰の一側面（平野淳）「久里」　神戸女子民俗学会　（12）　2002.4

書誌紹介　福江充編『近世立山信仰の展開―加賀藩芦峅寺宗徒の檀那場形成と配札』（西謙二）「日本民俗学」　日本民俗学会　通号232　2002.11

福江充著『近世立山信仰の展開―加賀藩芦峅寺衆徒の檀那場形成と配札』（書評と紹介）（澤博勝）「山岳修験」　日本山岳修験学会，岩田書院（発売）　（31）　2003.3

富士・立山・白山の三山禅定と芦峅寺宝坊家の檀那場形成過程（福江充）「研究紀要」　富山県立山博物館　10　2003.3

立山信仰を灯す（山元正気）「富山史壇」　越中史壇会　141　2003.10

書評　福江充著『近世立山信仰の展開―加賀藩芦峅寺宗徒の檀那場形成と配札』（嶋本隆一）「富山史壇」　越中史壇会　141　2003.10

立山衆徒の出開帳（野口安嗣）「研究紀要」　富山県立山博物館　11　2004.3

芦峅寺教算坊が大坂で形成した檀那場と立山曼荼羅（福江充）「研究紀要」　富山県立山博物館　11　2004.3

立山信仰の諸問題（鈴木景二）「富山史壇」　越中史壇会　142・143　2004.3

立山ゆかりの寺院の出開帳（野口安嗣）「研究紀要」　富山県立山博物館　12　2005.3

福江充著『近世立山信仰の展開』（書評）（林淳）「宗教民俗研究」　日本宗教民俗学会　（14・15）　2006.3

福江充著『立山曼荼羅―絵解きと信仰の世界』（書評と紹介）（木場明志）「山岳修験」　日本山岳修験学会（発売）　（39）　2007.3

立山曼荼羅の成立過程に関する一考察―本版立山登山案内図から立山曼荼羅への展開（福江充）「研究紀要」　富山県立山博物館　14　2007.3

新発見史料の紹介　「立山御嬢帚布施寄進牒」（岐阜県歴史資料館所蔵）（福江充）「たてはく　：　人と自然の情報交流誌」　富山県立山博物館　（67）　2009.01

由谷裕哉著『白山・立山の宗教文化』（書評と紹介）（時枝務）「山岳修験」　日本山岳修験学会，岩田書院（発売）　（43）　2009.03

文学にみる古代・中世の地獄思想と立山（米原寛）「研究紀要」　富山県立山博物館　16　2009.03

近世中期における立山来迎信仰に関する覚書―新出史料『立山来迎仏』（金沢妙慶寺蔵）をめぐって（加藤基樹）「研究紀要」　富山県立山博物館　16　2009.03

剱岳初登頂―そのとき新聞は何を伝えていたか/道者衆の接待―坊家御膳の再現/まんだらナイトウォーク―炎がいざなう天への道「たてはく　：　人と自然の情報交流誌」　富山県立山博物館　（69）　2009.06

由谷裕哉『白山・立山の宗教文化』（書籍紹介）（嶺岡美見）「御影史学論集」　御影史学研究会　通号34　2009.11

寺社造営本願研究の現状と課題―祇園社本願の事例と立山の本願（研究発表大会）（加藤基樹）「富山史壇」　越中史壇会　（160）　2009.12

特別企画展「立山の地母神　おんばさま」を終了して（福江充）「たてはく　：　人と自然の情報交流誌」　富山県立山博物館　（71）　2010.01

文化講演会「立山の宗教景観」講師・松浦正昭氏（福江充）「たてはく　：　人と自然の情報交流誌」　富山県立山博物館　（71）　2010.01

"立山のほとけたちを訪ねて"（野口安嗣）「たてはく　：　人と自然の情報交流誌」　富山県立山博物館　（71）　2010.01

史料紹介　三山禅定と富士山信仰（特集　冨士山　創立70周年記念論文集）（菊池邦彦）「甲斐」　山梨郷土研究会　（121）　2010.02

検証「立山開山」について（米原寛）「研究紀要」　富山県立山博物館　17　2010.3

芦峅寺宿坊家の尾張国檀那場と三禅定（富士山・立山・白山）関係史料（福江充）「研究紀要」　富山県立山博物館　17　2010.03

「三禅定」考―成立と「三の山巡」にみる実態（加藤基樹）「研究紀要」　富山県立山博物館　17　2010.03

幕末期の江戸城大奥や諸大名家をめぐる立山信仰（福江充）「山岳修験」　日本山岳修験学会，岩田書院（発売）　（45）　2010.03

2009年12月例会　研究発表「立山信仰研究と「三禅定」―三禅定の歴史的意味と近世立山登拝の民衆化に関する検討のために―」加藤基樹氏（鈴木善幸）「日本宗教民俗学会通信」　日本宗教民俗学会　（126）　2010.04

道者衆の接待―坊家御膳の再現（高柳伸広）「たてはく　：　人と自然の情報交流誌」　富山県立山博物館　（73）　2010.07

「三禅定」の史料的研究―白山・立山・富士山の三山巡礼の成立と展開（加藤基樹）「宗教民俗研究」　日本宗教民俗学会　（20）　2010.09

平成22年度秋季特別企画展「立山・富士山・白山　みつの山めぐり―霊山巡礼の旅『三禅定』―」を終えて（加藤基樹）「たてはく　：　人と自然の情報交流誌」　富山県立山博物館　（75）　2011.01

新資料　三禅定の巡礼札（加藤基樹）「たてはく　：　人と自然の情報交流誌」　富山県立山博物館　（75）　2011.01

「坊家御膳の再現」を終えて（伊東修二）「たてはく　：　人と自然の情報交流誌」　富山県立山博物館　（75）　2011.01

立山曼荼羅の絵解き再考―芦峅寺宝泉坊衆徒泰音の「知」と御絵伝（立山曼荼羅）招請に着眼して（福江充）「研究紀要」　富山県立山博物館　18　2011.03

『狂歌百物語』にみる江戸時代後期の立山観（奥澤真一郎）「研究紀要」　富山県立山博物館　18　2011.3

中世「三禅定」覚書―三禅定研究のゆくえ（加藤基樹）「研究紀要」　富山県立山博物館　18　2011.03

書誌紹介　福江充『立山曼荼羅―絵解きと信仰の世界』（西海賢二）「日本民俗学」　日本民俗学会　通号266　2011.05

石像物資料にみる江戸時代の三禅定（富士山・立山・白山）（白山特集）（福江充）「山岳修験」　日本山岳修験学会，岩田書院（発売）　（48）　2011.08

「立山開山」と園城寺―越中地域史研究の原点（5）（久保尚文）「富山史壇」　越中史壇会　（166）　2011.12

立山信仰関係資料など三題（久保尚文）「大山の歴史と民俗」　大山町歴史民俗研究会　（15）　2011.12

立山信仰関係資料44点を栃木県宇都宮で確認「たてはく　：　人と自然の情報交流誌」　富山県立山博物館　（79）　2012.01

研究余滴　「立山曼荼羅」に内在する「立山信仰」の基層を考える（米原寛）「研究紀要」　富山県立山博物館　19　2012.03

越中立山芦峅寺の由緒書・縁起・勧進記と木版立山登山案内図・立山曼荼羅（福江充）「研究紀要」　富山県立山博物館　19　2012.03

江戸時代の立山参詣の費用（野口安嗣）「研究紀要」　富山県立山博物館　19　2012.03

明治維新期における立山登拝と「立山信仰」―登拝者の実態にみる民衆信仰史の一齣（加藤基樹）「研究紀要」　富山県立山博物館　19　2012.03

栃木県立文書館蔵「大島延治郎家文書」のうち立山関係資料の紹介「たてはく　：　人と自然の情報交流誌」　富山県立山博物館　（80）　2012.3

佐伯有若「立山開山」と東大寺―越中地域史研究の原点（6）（研究ノート）（久保尚文）「富山史壇」　越中史壇会　（167）　2012.3

江戸時代1200kmの大旅行―三井家文書の「三禅定道中覚帳」「道中みちやどおしえ」より（永田久則）「郷土研究誌みなみ」　南知多郷土研究会　（93）　2012.05

福江充著『江戸城大奥と立山信仰』（新刊紹介）（高橋平明）「ヒストリア　：　journal of Osaka Historical Association」　大阪歴史学会　（232）　2012.06

研究ノート　立山開山と佐伯氏の祈願―越中地域史研究（7）（久保尚文）「富山史壇」　越中史壇会　（168）　2012.07

歴史随想　立山開山説（山元正気）「富山史壇」　越中史壇会　（168）　2012.7

特別企画展「文学にみる立山」を終えて「たてはく　：　人と自然の情報交流誌」　富山県立山博物館　（82）　2012.10

〈立山曼荼羅　吉祥坊本〉特別展観「たてはく　：　人と自然の情報交流誌」　富山県立山博物館　（82）　2012.10

ちょっとこぼれ話　成田頼俊氏所蔵、謎の「大硨磲貝の水盤」『立山曼荼羅』を新規収蔵しました「たてはく　：　人と自然の情報交流誌」　富山県立山博物館　（84）　2013.03

文学にあらわれた立山―『金草鞋』と『諸国名山往来』（奥澤真一郎）「研究紀要」　富山県立山博物館　20　2013.3

『立山曼荼羅』は何を伝えようとしたか―宗教的機能と思想史的背景（加藤基樹）「研究紀要」　富山県立山博物館　20　2013.03

資料紹介　気になる?!　近代立山登拝者の年齢―『立山禅定人止宿覚帳』より「たてはく　：　人と自然の情報交流誌」　富山県立山博物館　（85）　2013.06

立山の雪に学ぶ 付有峰仙人（佐藤武彦）「青峰 ： 歴史と文化」 土書房　（2）2013.6

平成25年度特別企画展「立山と帝釈天―女性を救うほとけ―」を終えて（加藤基樹）「たてはく ： 人と自然の情報交流誌」 富山県立立山博物館　（87）2014.01

立山山頂を大災と称する謎―中世立山修験史考（久保尚文）「大山の歴史と民俗」 大山町歴史民俗研究会　（17）2014.03

立山信仰遺跡の一断面（佐藤武彦）「大山の歴史と民俗」 大山町歴史民俗研究会　（17）2014.03

『立山曼荼羅』における救済の論理―おのれの善と悪を知ること（第二回）（郷土文化講座講演要旨《ふるさとの歴史と文学入門講座》）（加藤基樹）「郷土の文化」 富山県郷土史会　（39）2014.03

近世後期の立山参詣記録にみる名所意識（高木三郎）「研究紀要」 富山県立立山博物館　21　2014.03

教算坊を利用した楽しみ方の提案/立山に鎮場があった!?「たてはく ： 人と自然の情報交流誌」 富山県立立山博物館　（88）2014.3

平成25年度 立山信仰関係資料調査報告「たてはく ： 人と自然の情報交流誌」 富山県立立山博物館　（88）2014.03

平成26年度特別企画展「「立山禅定名所案内―観光地・立山のルーツをさぐる―」を終えて「たてはく ： 人と自然の情報交流誌」 富山県立立山博物館　（90）2014.10

立山、大岩道しるべ

「立山、大岩道しるべ」を訪ねて（前田克民）「大山の歴史と民俗」 大山町歴史民俗研究会　（15）2011.12

月山

朝日町月山の庚申堵（川端典子）「北陸石仏の会研究紀要」 北陸石仏の会　（11）2014.03

津沢

津沢舟方今昔譚（林宏）「とやま民俗」 富山民俗の会　（56）2001.1

坪池神社

春秋逸聞 坪池神社式年祭挙行（巽巳和）「氷見春秋」 氷見春秋会　（62）2010.11

坪野神社

ヤラナイと花の口上―砺波市坪野神社造営記念祭の場合（加藤享子）「とやま民俗」 富山民俗の会　（61）2003.4

剣岳

研究余滴 「剣岳信仰」をめぐる若干の考察（米原寛）「研究紀要」 富山県立立山博物館　15　2008.3

剱岳初登頂（岡田知己）「たてはく ： 人と自然の情報交流誌」 富山県立立山博物館　（67）2009.1

剱岳初登頂―そのとき新聞は何を伝えていたか/道者衆の接待―坊家御膳の再現/まんだらナイトウォーク―炎がいざなう天への道「たてはく ： 人と自然の情報交流誌」 富山県立立山博物館　（69）2009.06

90年前の剱岳女性初登頂（吉井亮一）「たてはく ： 人と自然の情報交流誌」 富山県立立山博物館　（73）2010.07

出町

出町の大火と真如院の高神様（加藤享子）「土蔵」 土蔵の会　11　2000.6

戦後の出町子供歌舞伎曳山のあゆみ（広瀬慎一）「砺波散村地域研究所研究紀要」 砺波市立砺波散村地域研究所　（21）2004.3

研究ノート 出町子供歌舞伎曳山祭りのあゆみ（戦前まで）（広瀬慎一）「砺波散村地域研究所研究紀要」 砺波市立砺波散村地域研究所　（29）2012.03

寺町

寺町・石仏探訪 復習の旅「北陸石仏の会々報」 北陸石仏の会　（32）2007.5

天神山城跡

天神山城跡山頂の善光寺三尊について（北村市朗）「北陸石仏の会研究紀要」 北陸石仏の会　通号2　1998.5

戸出野

収蔵資料紹介 戸出野開御印状「博物館だより」 高岡市立博物館　（11）2005.2

刀利

山境の決め方―小矢部川上流立野脇・刀利の場合（加藤享子）「とやま民俗」 富山民俗の会　（67）2007.1

小矢部川上流域における昆虫食―立野脇・刀利を中心として（加藤享子）「とやま民俗」 富山民俗の会　（71）2009.01

刀利村

明治15年、小矢部川上流刀利村から御本山再建への献木（加藤享子）「とやま民俗」 富山民俗の会　（63）2004.5

明治15年、小矢部川上流刀利村から東本願寺本山再建への献木（加藤享子）「砺波散村地域研究所研究紀要」 砺波市立砺波散村地域研究所　（23）2006.3

刀利谷

マムシの民俗―小矢部川上流刀利谷を中心として（加藤享子）「とやま民俗」 富山民俗の会　（74）2010.09

ケヤキの良木育成と用材になるまで―小矢部川上流域刀利谷・臼中を中心に（加藤享子）「とやま民俗」 富山民俗の会　（77）2012.01

小矢部川上流域で造られていた、ドブザケの製法―刀利谷を中心として（加藤享子）「とやま民俗」 富山民俗の会　（80）2013.09

小矢部川上流域における、ガマ・スゲ・カラムシの利用法―刀利谷・立野脇・小二又を中心として（加藤享子）「とやま民俗」 富山民俗の会　（82）2014.09

利賀

利賀における野兎除け―「野兎除けの諸相考」補遺（天野武）「とやま民俗」 富山民俗の会　（72）2009.09

利賀村

民話の郷探訪 遠出して民話を聞こう会―雪国利賀村への旅（村松弘）「遠州民話の会通信」 遠州民話の会　（1）1999.4

利賀村「谷」地名の名付け方の傾向（中葉博文）「北陸の民俗」 富山民俗の会　18　2001.8

猟師による動物性民間薬の加工・行商―富山県南砺市（旧東礪波郡）利賀村利賀川流域の場合を中心に（森俊）「西郊民俗」 ［西郊民俗談話会］　（215）2011.06

利賀村大勘場

薬としてのカワガラス（河烏）―富山県東砺波郡利賀村大勘場の「カワビチャの粉」（森俊）「西郊民俗」 ［西郊民俗談話会］　（176）2001.9

礪波

砺波地方に展開する聖徳太子南無石仏（尾田武雄）「砺波散村地域研究所研究紀要」 砺波市立砺波散村地域研究所　（14）1997.3

年中行事（佐伯安一）「砺波散村地域研究所研究紀要」 砺波市立砺波散村地域研究所　（16）1999.3

第19回例会報告 砺波の石仏探訪（尾田武雄）「北陸石仏の会々報」 北陸石仏の会　19　1999.4

砺波地方における近世里修験とその祭祀（千秋謙治）「砺波散村地域研究所研究紀要」 砺波市立砺波散村地域研究所　（17）2000.3

村に馬がいたころ―富山県砺波地方における（佐伯安一）「せこ道」 山地民俗関東フォーラム　3　2000.7

石仏探訪 砺波編（深山節代）「北陸石仏の会々報」 北陸石仏の会　22　2000.9

講演 砺波人の心性（安丸良夫）「砺波散村地域研究所研究紀要」 砺波市立砺波散村地域研究所　（20）2003.3

富山県砺波地方の「力石（盤持石）」（高島慎助，尾田武雄）「北陸石仏の会研究紀要」 北陸石仏の会　（6）2003.6

アズマダチ民家の構築の背景と課題―棟梁に聞く（内藤浩市）「砺波散村地域研究所研究紀要」 砺波市立砺波散村地域研究所　（21）2004.3

砺波地方の三十三体観音（尾田武雄）「北陸石仏の会研究紀要」 北陸石仏の会　（7）2004.12

参考 砺波地方（扇状地乾田地帯）の稲作手順（《第29回 北陸三県民俗の会年会記録》―〈共通課題―稲作手順（機械化以前）〉）（佐伯安一）「北陸の民俗」 富山民俗の会　22　2005.3

書籍紹介 『砺波の民具 砺波郷土資料館収蔵民具写真目録』（安ヵ川恵子）「民具マンスリー」 神奈川大学　39（3）通号459　2006.6

書籍紹介 『砺波郷土資料館収蔵民具写真目録 砺波の民具』（河野通明）「民具研究」 日本民具学会　（135）2007.3

砺波の草相撲の「頭取」について（郷土文化講座講演要旨）（安ヵ川恵子）「郷土の文化」 富山県郷土史会　（32）2007.3

砺波地方の増量食、ヨゴシ礼賛（《第32回 北陸三県民俗の会年会記録》―〈共通課題―食の伝承（郷土料理、特産、保存食）〉）（小西絹江）「北陸の民俗」 富山民俗の会　25　2008.3

となみ散居村の石仏語る シンポジューム報告「北陸石仏の会研究紀要」 北陸石仏の会　（9）2008.6

中世砺波・射水の舞楽曼荼羅供―寺院と芸能（松山充宏）「砺波散村地域研究所研究紀要」 砺波市立砺波散村地域研究所　（26）2009.03

特許資料を通して見た富山県砺波地方の改良双用犂開発（沼田宗敏）「民具マンスリー」 神奈川大学　42（12）通号504　2010.03

都市祭礼の魅力と存続（上）、（下）―砺波夜高祭の事例報告（萱岡雅光）「西郊民俗」 ［西郊民俗談話会］　（218）/（219）2012.03/2012.06

砺波地方の戦没碑について―特に日露戦争について（尾田武雄）「北陸石仏の会々報」 北陸石仏の会　（25）2012.09

祭礼行事 "やらやら" に見た散村集落のまとまりと活性化（高原徹）「砺波散村地域研究所研究紀要」 砺波市立砺波散村地域研究所　（30）

北陸甲信越　　　　　　　　　　　　郷土に伝わる民俗と信仰　　　　　　　　　　　　富山県

2013.03
富山県砺波地方の天部石仏（特集 天部の石造物）（尾田武雄）「日本の石仏」 日本石仏協会，青蛾書房（発売）（152）2014.12

礪波郡

北加賀河北郡と越中砺波郡の一向一揆の城砦群の概要（南龍雄）「北陸の中世城郭」 北陸城郭研究会 13 2003.7
明治18年藤田培著『砺波郡漁具集』（資料紹介）（佐伯安一）「民具マンスリー」 神奈川大学 39（1）通号457 2006.4

礪波市

吉田家の地方社家支配―砺波市内の三社家に残された文書から（安カ川恵子）「富山史壇」 越中史壇会 123 1997.7
民謡の文化的役割り砺波市文化協会の場合（藤井武雄）「土蔵」 土蔵の会 10 1998.8
砺波市内のアズマダチ民家の調査（第1報）（砺波散村地域研究所，砺波郷土資料館）「砺波散村地域研究所研究紀要」 砺波市立砺波散村地域研究所（18）2001.3

礪波詰所

東本願寺砺波詰所の成立と初代主人北村長助について（論文）（加藤享子）「砺波散村地域研究所研究紀要」 砺波市立砺波散村地域研究所（31）2014.3

となみ野

となみ野の元気の根源―石仏からの受信（尾田武雄）「北陸石仏の会々報」 北陸石仏の会（30）2005.5

礪波平野

砺波平野とその周辺のアズマダチ民家の調査（2）（新藤正夫，古川春夫，安カ川恵子，野手雅子）「砺波散村地域研究所研究紀要」 砺波市立砺波散村地域研究所（20）2003.3
講演要旨「砺波平野の散村の『砺波散村地域研究所研究紀要』の視点と方法論に関して（内藤浩市）「砺波散村地域研究所研究紀要」 砺波市立砺波散村地域研究所（21）2004.3

富山

続・振茶の習俗（漆間元三）「とやま民俗」 富山民俗の会（49）1997.1
山姥物語考（7）〜（10）（斉藤泰助）「富山史壇」 越中史壇会 122/125 1997.3/1998.3
『民間伝承』復刊第1号（富山民俗の会と私）（佐伯安一）「とやま民俗」 富山民俗の会（50）1997.6
お祭りについて考える（富山民俗の会と私）（堀宗夫）「とやま民俗」 富山民俗の会（50）1997.6
アマより出現する怪（富山民俗の会と私）（森俊）「とやま民俗」 富山民俗の会（50）1997.6
富山民俗の会の歩み「とやま民俗」 富山民俗の会（50）1997.6
富山売薬をめぐる諸問題（新田二郎）「地方史研究」 地方史研究協議会 47（4）1997.8
富山売薬に関する覚書（根井浄）「地方史研究」 地方史研究協議会 47（5）1997.10
富山売薬商の薩摩との昆布・抜荷品輸送と廻船・飛脚―密田家新出史料による（深井甚三）「地方史研究」 地方史研究協議会 47（5）1997.10
展示批評 富山市郷土博物館特別展「富山の摺りもの」を見て（米原寛）「地方史研究」 地方史研究協議会 47（6）1997.12
自作農「大福覚帳から」（山崎為雄）「近代史研究」 富山近代史研究会（21）1998.3
母たちからの伝承（広瀬誠）「とやま民俗」 富山民俗の会（52）1998.4
里帰り習俗チョーハイについて（北野潔）「富山史壇」 越中史壇会 127 1998.11
富山の置薬屋さん（下島彬）「打越」 打越歴史研究会 49 1999.1
富山の雨乞民俗（伊藤曙覧）「北陸の民俗」 富山民俗の会 17 1999.3
富山の風祭（漆間元三）「季刊悠久.第2次」 鶴岡八幡宮悠久事務局 79 1999.10
「打頭棒」に関する一考察（米沢保）「とやま民俗」 富山民俗の会（54）1999.12
コシノイヌ（越の犬）の民俗を探る（森俊）「とやま民俗」 富山民俗の会（54）1999.12
続々 母たちからの伝承（広瀬誠）「とやま民俗」 富山民俗の会（54）1999.12
幻しの大綱（斉藤道保）「近代史研究」 富山近代史研究会（23）2000.3
母たちからの伝承拾遺（広瀬誠）「とやま民俗」 富山民俗の会（55）2000.8
「富山風俗史」のすすめ（水木省三）「近代史研究」 富山近代史研究会（24）2001.3
「ヨーボー様の足」と「蛇」（米沢保）「とやま民俗」 富山民俗の会（57）2001.7
日本のまんなか富山（蓑島良二）「とやま民俗」 富山民俗の会（57）

2001.7
越中富山のいで薬（後藤匡史）「備陽史探訪」 備陽史探訪の会 105 2002.2
考古学からみた漁撈用「簗」認定のための基礎的作業―民俗編（森隆）「富山考古学研究」 富山県文化振興財団埋蔵文化財調査事務所（5）2002.3
避妊の視点から嫁の里帰り慣行を捉えなおす―富山のチョウハイ慣行を例に（立浪澄子）「北陸の民俗」 富山民俗の会 19 2002.3
富山の石仏見聞記（水野英世）「北陸石仏の会研究紀要」 北陸石仏の会（5）2002.6
書評 斎藤義夫著『福野村鋳物師考』と『富山・石川梵鐘考』（鈴木勉）「北陸石仏の会研究紀要」 北陸石仏の会（5）2002.6
書評 佐伯安一著『富山民俗の位相』を読む（森俊）「富山史壇」 越中史壇会 138 2002.10
隠れキリシタン十字架調査顛末記―捏造？ 偽造？ 模倣？（麻柄一志）「富山史壇」 越中史壇会 140 2003.3
富山の土人形作り（亀澤和子）「北陸の民俗」 富山民俗の会 20 2003.8
元禄・享保期の富山売薬、反魂丹売りと香具師―弘前の活動から（深井甚三）「富山史壇」 越中史壇会 142・143 2004.3
歴史随想 夜鷹行燈と夜高行燈について―いつ、なぜ「鷹」が「高」に変わったか（北野潔）「富山史壇」 越中史壇会 142・143 2004.3
明治期富山売薬の配置活動について―岡山地方懸場帳にみる配薬の実態（兼子心）「富山史壇」 越中史壇会 142・143 2004.3
富山で発見された珍しい魔除け石「石敢當」（廣瀬誠）「とやま民俗」 富山民俗の会（64）2005.1
佐伯安一著『富山民俗の位相』（書評）（飯島康夫）「日本民俗学」 日本民俗学会 通号245 2006.2
明治新政府の欧化政策と売薬認識（米原寛）「近代史研究」 富山近代史研究会（29）2006.3
火葬施設の面から見る“富山の近代化”（布村徹）「近代史研究」 富山近代史研究会（29）2006.3
チンドンコンクールという戦略（歴史随想）（平野和子）「近代史研究」 富山近代史研究会（29）2006.3
越中富山の薬屋さん（松本静江）「大社の史話」 大社史話会（147）2006.6
茶の湯以前―振茶から茶の湯へ（《富山の民俗学は今―富山民俗の会50周年記念論文集》）（漆間元三）「とやま民俗」 富山民俗の会（66）2006.7
北陸富山における威嚇猟―その概要と特色の記録（《富山の民俗学は今―富山民俗の会50周年記念論文集》）（天野武）「とやま民俗」 富山民俗の会（66）2006.7
境界伝承―無言交易（《富山の民俗学は今―富山民俗の会50周年記念論文集》）（伊藤曙覧）「とやま民俗」 富山民俗の会（66）2006.7
チョーハイ考（《富山の民俗学は今―富山民俗の会50周年記念論文集》）（蓑島良二）「とやま民俗」 富山民俗の会（66）2006.7
越中さん―薩摩藩における富山売薬の活動と一向宗（桑畑初也）「ふるさとみまた」 三股郷土研究会（24）2006.11
火葬施設の面から見る“富山の近代化”（2）（《30号刊行記念》―公開シンポジウム）（布村徹）「近代史研究」 富山近代史研究会（30）2007.3
二点の「安正」署名扁額をめぐって（久保尚文）「近代史研究」 富山近代史研究会（30）2007.3
「類聚既験抄」考（山元正気）「富山史壇」 越中史壇会（153）2007.7
しゅんかん料理とシンカン菓子（佐伯安一）「とやま民俗」 富山民俗の会（68）2007.10
飯炊き鍋の実験―「三升鍋」で二升の米が炊けるか？（般林雅子）「とやま民俗」 富山民俗の会（68）2007.10
灰納屋からみえてくるもの（高木好美）「とやま民俗」 富山民俗の会（70）2008.9
富山民俗の会の現状と課題及び対策（森俊）「加能民俗研究」 加能民俗の会 通号40 2009.03
「氷室」造りから見えてくる地域の歴史（野原憲明）「近代史研究」 富山近代史研究会（32）2009.3
書評 佐伯安一著『合掌造り民家成立史考』（黒原弘靖）「富山史壇」 越中史壇会（159）2009.07
コクボのナタヘゴ（鉈鞘）づくり（加藤享子）「とやま民俗」 富山民俗の会（72）2009.09
福井県外の善光寺関係の報告―石川・富山・滋賀（北村市朗）「長野」 長野郷土史研究会（268）2009.12
コレラ流行の歴史（前田英雄）「とやま民俗」 富山民俗の会（73）2010.01
「風の盆」と「おわら節」が映す、明治という時代（平野和子）「近代史研究」 富山近代史研究会（33）2010.03
お寺に伝えられた民間薬（第34回 北陸三県民俗の会年会記録）（稗田美穂子）「北陸の民俗」 富山民俗の会 27 2010.03
大姑とのくらしで思う（金子玲子）「とやま民俗」 富山民俗の会（74）

2010.09

真宗王国富山の釈迦如来（特集 釈迦如来）（尾田武雄）「日本の石仏」 日本石仏協会，青蛾書房（発売）（136）2010.12

安政五年のコレラ蔓延と浄土真宗——僧侶の対応（研究ノート）（古岡英明）「富山史壇」 越中史壇会 （167）2012.03

コラム 富山人——そのアイデンティティーの源泉［第1回］，（第2回）「たてはく : 人と自然の情報交流誌」 富山県立山博物館 （81）/（82）2012.06/2012.10

バイガイの民俗（談話室）（森俊）「とやま民俗」 富山民俗の会 （79）2013.01

葬式の花かごについて（安ヵ川恵子）「とやま民俗」 富山民俗の会 （80）2013.09

神話（高井進先生追悼号）（竹島慎二）「近代史研究」 富山近代史研究会 （37）2014.03

談話室 史料紹介 江戸期の「風盆」の話について（勝山敏一）「とやま民俗」 富山民俗の会 （82）2014.09

サヨ昔語り 昭和40年代 録音再話（平井一雄）「とやま民俗」 富山民俗の会 （82）2014.09

富山県

富山県における水天の石仏（平井一雄，尾田武雄）「とやま民俗」 富山民俗の会 （49）1997.1

富山県内の「石工銘の石造物」一覧補遺（尾田武雄）「北陸石仏の会研究紀要」 北陸石仏の会 通号2 1998.5

富山県内石仏関係目録（尾田武雄）「北陸石仏の会研究紀要」 北陸石仏の会 通号2 1998.5

富山県の野にある狛犬（尾田武雄）「北陸石仏の会研究紀要」 北陸石仏の会 通号3 1999.10

富山県内の「石工銘の石造物」一覧「北陸石仏の会研究紀要」 北陸石仏の会 通号3 1999.10

盤持石と灰納屋——富山県と滋賀県との比較（粕渕宏昭）「民俗文化」 滋賀民俗学会 449 2001.2

富山県東部、新潟県境の文殊菩薩（平井一雄）「北陸石仏の会研究紀要」 北陸石仏の会 （4）2001.4

近世最初期における前田氏の諸大寺対策（米原寛）「研究紀要」 富山県立山博物館 9 2002.3

天神社から郷里（富山県）を思う（大場幸子）「たいわ : 語り伝える白井の歴史 : 白井市郷土史の会機関誌」 白井市郷土史の会 （20）2003.4

富山県東部に点在する行者「寛明」の石碑と名号軸（平井一雄）「北陸石仏の会研究紀要」 北陸石仏の会 （7）2004.12

双用犂の富山県への導入時期について（安ヵ川恵子）「民具マンスリー」 神奈川大学 39（1）通号457 2006.4

黒船をオンジャク（温石）とすること——富山県の事例から（森俊）「西郊民俗」 ［西郊民俗談話会］ （196）2006.9

富山県の寺院と宝物（郷土文化講座講演要旨）（原口志津子）「郷土の文化」 富山県郷土史会 （33）2008.3

富山県における熊の骨利用について（森俊）「とやま民俗」 富山民俗の会 （71）2009.01

富山県域における中世宗教美術の研究展望（研究発表大会）（杉﨑貴英）「富山史壇」 越中史壇会 （160）2009.12

俳諧一枚摺にみる庶民のくらし（ふるさとの歴史と文学入門講座）（大西紀夫）「郷土の文化」 富山県郷土史会 （35）2010.03

富山県にある福井石工の狛犬（酒井靖春）「北陸石仏の会々報」 北陸石仏の会 （41）2012.09

中世越中の宗教文化に関わる資料拾遺——富山県外所在・転出の在銘作例を中心に（研究ノート）（杉﨑貴英）「富山史壇」 越中史壇会 （171）2013.07

富山県における鳥追いの地域性（後藤麻衣子）「とやま民俗」 富山民俗の会 （80）2013.09

富山県の天神講概説（小特集 正月に祀る天神）（森俊）「高志路」 新潟県民俗学会 （392）2014.06

富山県内の筆塚・頌徳碑——近世後期の寺子屋を中心に（研究発表大会発表要旨）（細川精明）「富山史壇」 越中史壇会 （175）2014.11

富山郷

京都東岩蔵寺と富山郷——越中地域史研究の原点（10）（論文）（久保尚文）「富山史壇」 越中史壇会 （174）2014.7

富山市

富山市南部の異形三尊石仏（平井一雄）「北陸石仏の会々報」 北陸石仏の会 19 1999.4

民謡の交流と変遷——まだら節を中心として（中村義朗）「富山市日本海文化研究所紀要」 富山市日本海文化研究所 （17）2003.9

山岳霊場と海の道（時枝務）「富山市日本海文化研究所紀要」 富山市日本海文化研究所 （21）2008.3

聖教が語る経済交流——海と川に広がる賀茂信仰（松山充宏）「富山市日本

海文化研究所紀要」 富山市日本海文化研究所 （24）2011.03

富山城跡

富山城跡の中世石塔をめぐって（久々忠義）「北陸の中世城郭」 北陸城郭研究会 （20）2010.07

富山藩

近世富山藩寺請上について——日蓮宗を中心として（久保尚文）「富山市日本海文化研究所紀要」 富山市日本海文化研究所 （23）2010.03

海を渡った富山藩の能面（2）（郷土文化講座講演要旨——ふるさとの歴史と文学入門講座）（胡桃正則）「郷土の文化」 富山県郷土史会 （36）2011.03

前田英雄先生の史誌を読む 浦上キリシタン四番崩れと富山藩合寺令（前田英雄先生 追悼文集）（岡本武勇）「大山の歴史と民俗」 大山町歴史民俗研究会 （別冊）2014.08

富山別院

富山別院と提起する門信徒（尾田武雄）「北陸石仏の会研究紀要」 北陸石仏の会 （10）2011.06

富山湾

富山湾の大敷網その歴史と漁労の実際（郷土文化講座講演要旨）（小境卓治）「郷土の文化」 富山県郷土史会 （30）2005.3

二枚棚構造とオモキ造り——富山湾周辺地域のテントに見る造船技法（廣瀬直樹）「民具研究」 日本民具学会 （148）2013.10

書籍紹介 『富山湾の漁撈用具と船建造技術を後世に伝える会調査報告書IV』（鈴木通大）「民具マンスリー」 神奈川大学 47（6）通号558 2014.09

長坂

長坂地区の墓標とその変遷——墓地調査から（寺岡清）「氷見春秋」 氷見春秋会 44 2001.11

長坂地区墓地調査報告——集合墓地（寺岡清）「氷見春秋」 氷見春秋会 45 2002.5

長坂地区墓地調査報告——大橋周平家の墓山墓地（寺岡清）「氷見春秋」 氷見春秋会 （46）2002.11

長坂地区の板石塔婆（寺岡清）「氷見春秋」 氷見春秋会 （47）2003.5

資料解説 長坂のごえん様（寺岡清）「氷見春秋」 氷見春秋会 （50）2004.11

中田

高岡市中田にある寛明石碑（尾田武雄）「北陸石仏の会々報」 北陸石仏の会 （44）2014.04

長棟

大山町長棟の石仏調査報告（尾田武雄）「北陸石仏の会研究紀要」 北陸石仏の会 通号2 1998.5

長棟川流域

富山県神通川支流長棟川流域の穴熊狩り（森俊）「西郊民俗」 ［西郊民俗談話会］ 通号168 1999.9

中河内集落

南砺市刀根地区中河内集落の道場跡と神社跡の紹介（報告）（宮本哲郎）「大境」 富山考古学会 （33）2014.03

滑川のネブタ流し

夏の火を焚く民俗行事——富山県滑川地方（白岩初志）「北陸の民俗」 富山民俗の会 20 2003.8

南条郷

南條郷の「相続講」（藪波隆信）「氷見春秋」 氷見春秋会 （55）2007.5

南礪

南砺地方の雪囲い、オーダレの生産と集荷——福光・井口地区を中心に（加藤享子）「とやま民俗」 富山民俗の会 （79）2013.01

おせちの逸品 南砺地方のかぶらずし（北陸三県民俗の会第37回年会記録2012——自由課題）（加藤享子）「北陸の民俗」 富山民俗の会 30 2013.03

新川

新川相撲 神樂山部屋（文葉宗宏）「大山の歴史と民俗」 大山町歴史民俗研究会 （17）2014.03

新川郡

新川郡における「山廻役」と「奥山廻り」についての一考察（米原寛）「研究紀要」 富山県立山博物館 10 2003.3

西赤尾

富山県東砺波郡上平村西赤尾の穴熊狩り（森俊）「西郊民俗」 ［西郊民俗談話会］ （182）2003.3

キザミタバコ 点火・喫煙にまつわる民具——富山県南砺市（旧上平村）楮、西赤尾の場合（森俊）「民具マンスリー」 神奈川大学 46（8）通号548

西部金屋

富山県高岡西部金屋の地蔵半跏像（尾田武雄）「北陸石仏の会研究紀要」 北陸石仏の会 （6）2003.6

楡原城

法華宗上行寺蔵サンキ明王伝来試論—能登守護畠山義綱の楡原城滞在と病状（論文）（久保尚文）「富山史壇」 越中史壇会 （173）2014.02

鶏塚

鶏塚の稜線に見る八乙女颪に舞いおりる白雲（前川正夫）「土蔵」 土蔵の会 10 1998.8

布市藩

談話室 布市藩ゆかりの毘沙門天（松山充宏）「とやま民俗」 富山民俗の会 （82）2014.09

布尻

お鍬祭りの外縁—富山市布尻・町長の場合（特集 平成の御鍬祭—愛知県以外の御鍬祭）（金田久璋）「まつり」 まつり同好会 通号71・72 2009.12

布橋

再生儀礼と布橋大灌頂会—特に布をめぐって（菊池武）「山岳修験」 日本山岳修験学会，岩田書院（発売）通号20 1997.11

婦負郡

富山県婦負郡の「力石（盤持石）」（高島慎助，藤岳博昭，坂下豊一）「とやま民俗」 富山民俗の会 （52）1998.4

苗加村

近世末砺波散村の地主手作農家の食習—苗加村 斉藤家「所帯鏡」について（佐伯安一）「とやま民俗」 富山民俗の会 （78）2012.09

苗加村斉藤家「所帯鏡」のあづき菜は、ナンテンハギ（談話室）（加藤享子）「とやま民俗」 富山民俗の会 （79）2013.01

野飼

八尾町野飼の西国順禮供養塔（平井一雄）「とやま民俗」 富山民俗の会 （78）2012.09

袴腰山

富山県東砺波郡城端町袴腰山北麓の穴熊狩り伝承（森俊）「西郊民俗」 ［西郊民俗談話会］ 通号160 1997.9

富山県東砺波郡城端町袴腰山麓の猟犬の民俗（森俊）「西郊民俗」 ［西郊民俗談話会］ 通号167 1999.6

丈部荘

東大寺領越中国荘園「丈部荘」の現地比定と若干の考察（藤田富士夫）「富山史壇」 越中史壇会 135・136 2001.12

八講田

越中八講田の習俗を知る（今井六郎）「とやま民俗」 富山民俗の会 （75）2011.01

羽入

富山県下新川郡朝日町羽入の穴熊狩り—特にダケ（岳）との関わりを中心に（森俊）「加能民俗研究」 加能民俗の会 33 2002.3

富山県下新川郡朝日町蛭谷，羽入におけるカモシカ猟（シシトリ）伝承（《富山の民俗学は今—富山民俗の会5）周年記念論文集》）（森俊）「とやま民俗」 富山民俗の会 （66）2006.7

続・植物を求める旅—富山県下新川郡朝日町羽入のジュンレイマツ・オウレン採取習俗（森俊）「高志路」 新潟県民俗学会 （389）2013.10

早借

早借の獅子舞（髙瀬泉）「氷見春秋」 氷見春秋会 （69）2014.05

般若野荘

般若野荘における「福」の名の付く寺院および地名（尾田武雄）「土蔵」 土蔵の会 10 1998.8

稗畠

稗畠神明社の絵馬垣内右隣筆「頼朝・義経対面の図」について（田代昭夫）「魚津史談」 魚津歴史同好会 （26）2004.3

日尾

日尾と周辺の集落（前田英雄先生 追悼文集—『とやま民俗』No.60からの再掲）（前田英雄）「大山の歴史と民谷」 大山町歴史民俗研究会（別冊）2014.8

氷見

逆さ狛犬（東海卯一）「氷見春秋」 氷見春秋会 36 1997.10

史料点描 氷見の盆踊り唄（上野務）「氷見春秋」 氷見春秋会 40 1999.10

弘法様と氷見の伝説（川西信一）「氷見春秋」 氷見春秋会 41 2000.4

氷見と能登—民俗の基層（佐伯安一）「富山市日本海文化研究所紀要」 富山市日本海文化研究所 （16）2002.7

氷見の念仏者と「馳走講」（藪波隆信）「氷見春秋」 氷見春秋会 （46）2002.11

氷見の石造狛犬（1）—狛犬のいろいろ（大口昭夫）「氷見春秋」 氷見春秋会 （46）2002.11

史料点描 本朝鋳鏡磨之縁起（水野間哲一，田中清一，漆間元三）「氷見春秋」 氷見春秋会 （46）2002.11

氷見の石造狛犬（2）—石工とその作品（大口昭夫）「氷見春秋」 氷見春秋会 （47）2003.5

氷見の石造狛犬（3）—白山狛犬とその製作年代（大口昭夫）「氷見春秋」 氷見春秋会 （48）2003.11

氷見のわら工品の盛衰（奥村秀雄）「氷見春秋」 氷見春秋会 （49）2004.5

氷見の石造狛犬（4）—戦後の寄進狛犬（大口昭夫）「氷見春秋」 氷見春秋会 （49）2004.5

まぼろしの瓦経（高峯正岡）「氷見春秋」 氷見春秋会 （49）2004.5

氷見の石造狛犬（5）—狛犬の雄・雌（大口昭夫）「氷見春秋」 氷見春秋会 （50）2004.11

氷見の民具（1）ザルとブリかご（寺岡清）「氷見春秋」 氷見春秋会 （52）2005.11

格調高い氷見地域の獅子舞（1），（2）（雨池光雄）「氷見春秋」 氷見春秋会 （52）/（53）2005.11/2006.5

氷見の民具（2）ツブラ（寺岡清）「氷見春秋」 氷見春秋会 （53）2006.5

氷見の石造狛犬 追録（1）絶妙の職人芸・口中玉（大口昭夫）「氷見春秋」 氷見春秋会 （53）2006.5

氷見獅子源流考—起源としての王の舞（《富山の民俗学は今—富山民俗の会50周年記念論文集》）（橋本裕之）「とやま民俗」 富山民俗の会 （66）2006.7

氷見の花産業（奥村秀雄）「氷見春秋」 氷見春秋会 （55）2007.5

氷見の石造狛犬 追録（2）狛犬の角とその謎（大口昭夫）「氷見春秋」 氷見春秋会 （55）2007.5

名苗家における「知」の受容—真宗道場の「俗」をめぐって（松金直美）「氷見春秋」 氷見春秋会 （56）2007.10

氷見の石造狛犬 追録（3）尻尾の美（大口昭夫）「氷見春秋」 氷見春秋会 （56）2007.10

神馬像の建立（史談・巷談）（稲積重雄）「氷見春秋」 氷見春秋会 （58）2008.11

仏様の話（史談・巷談）（寺岡清）「氷見春秋」 氷見春秋会 （58）2008.11

一字一石供養塔（春秋逸文）（上野務）「氷見春秋」 氷見春秋会 （60）2009.11

「椿老樹番付」と郷土氷見のツバキ巡礼（上），（下）（丸山志郎）「氷見春秋」 氷見春秋会 （60）/（61）2009.11/2010.05

能登石動山の「イワシガ池」—氷見灘浦の漁師とのこと（嶺岡美見）「久里」 神戸女子民俗学会 （25）2010.01

文化資源としての柳田へのアプローチ（中尾俊雄）「氷見春秋」 氷見春秋会 （63）2011.05

氷見市立博物館特別展「氷見の手仕事—職人の手業と用の美—」（展示批評・展示紹介）（榎美香）「民具研究」 日本民具学会 （145）2012.03

氷見の「こんご」参り（藪波隆信）「氷見春秋」 氷見春秋会 （65）2012.05

氷見春秋会総会・講演会資料 越中の獅子舞・氷見の獅子舞—獅子舞の謎をさぐる（小境卓治）「氷見春秋」 氷見春秋会 （65）2012.05

記憶を希望につなぐ「津波てんでんこ」の教え（中尾俊雄）「氷見春秋」 氷見春秋会 （65）2012.05

始祖伝承「鏡磨由緒」を考える（田村稔）「氷見春秋」 氷見春秋会 （68）2013.11

ひみ特産 自然薯づくり（井田幸洋）「氷見春秋」 氷見春秋会 （68）2013.11

謡曲〈藤〉小考（上），（下）（胡桃正則）「氷見春秋」 氷見春秋会 （68）/（69）2013.11/2014.05

昔語り 子供の歳時記（大谷内領）「氷見春秋」 氷見春秋会 （69）2014.05

氷見市

『氷見市史』神社・寺院編収集史料の紹介（鈴木瑞麿）「富山史壇」 越中史壇会 130 1999.11

富山県氷見市の「力石（盤持石）」（高島慎助，佐伯安一，高西力）「とやま民俗」 富山民俗の会 （54）1999.12

伝氷見市出土の小金銅仏（鈴木景二）「富山史壇」 越中史壇会 132 2000.7

『氷見市史6 資料編4』民俗編（〔書評〕）（天野武）「富山史壇」 越中史壇会 133 2000.12

富山県　　　　　　　　　　　　郷土に伝わる民俗と信仰　　　　　　　　　　　北陸甲信越

『氷見市史6 資料編4』神社・寺院編（〔書評〕）（木越祐馨）「富山史壇」
　越中史壇会　133　2000.12
第6巻『氷見市史（民俗、神社・寺院）』刊行に寄せて（書評再録）（福田
　アジオ）「氷見市史研究」　氷見市史編さん室　1　2003.3

氷見町

近世後期における民衆と宗教—越中氷見町役人の日記『応饗雑記』を通
　じて（塩川隆文）「富山史壇」　越中史壇会　133　2000.12
中世氷見町の「市・宿」と寺院について（久保尚文）「富山市日本海文化
　研究所紀要」　富山市日本海文化研究所　（20）　2007.3
陰陽道家を主体とした加賀藩町人の分間絵図作成・西洋流測量技術習得
　—越中氷見町上層町人を対象に（深井甚三）「富山史壇」　越中史壇会
　（155）2008.3

蛭谷

植物を求める旅—富山県朝日町蛭谷におけるジュンレイマツ・ダツ採取
　習俗（森俊）「高志路」　新潟県民俗学会　（346）2002.11
富山県下新川郡朝日町蛭谷の人と動植物（森俊）「とやま民俗」　富山民俗
　の会　（61）2003.4
富山県下新川郡朝日町蛭谷の猿猟（森俊）「西郊民俗」　〔西郊民俗談話
　会〕　（192）2005.9
富山県下新川郡朝日町蛭谷、羽入におけるカモシカ猟（シシトリ）伝承
　《『富山の民俗学は今—富山民俗の会50周年記念論文集》（森俊）「と
　やま民俗」　富山民俗の会　（66）2006.7
獣骨製針及び針筒のこと—富山県下新川郡朝日町蛭谷の狩猟関係民具の
　事例を中心に（森俊）「民具マンスリー」　神奈川大学　40（6）通号474
　2007.9

不吹堂

風の祭祀からみた砺波平野周辺の不吹堂の特色について（田上善夫）「砺
　波散村地域研究所研究紀要」　砺波市立砺波散村地域研究所　（24）
　2007.3

福円寺跡

大山町中大浦福円寺跡地蔵堂の女神石像（平井一雄）「北陸石仏の会々
　報」　北陸石仏の会　21　2000.3

福野村

書評 斎藤義夫著『福野村鋳物師考』と『富山・石川梵鐘考』（鈴木勉）
　「北陸石仏の会研究紀要」　北陸石仏の会　（5）2002.6

福平

富山県黒部市福平における猟犬の民俗—越後源一家の場合（森俊）「西郊
　民俗」　〔西郊民俗談話会〕　（207）2009.06

福光

南砺市（福光）天神社のバンボツ石—力士渡辺太兵衛（加藤享子）「北陸石
　仏の会研究紀要」　北陸石仏の会　（8）2005.12
南砺地方の雪囲い、オーダレの生産と集荷—福光・井口地区を中心に
　（加藤享子）「とやま民俗」　富山民俗の会　（79）2013.01
タテ（蓼）を食べる南砺市福光地方の食習（加藤享子）「とやま民俗」　富
　山民俗の会　（81）2014.01

福光町

小矢部川上流地域の麻栽培と加工—福光町野脇の場合（加藤享子）「とや
　ま民俗」　富山民俗の会　（64）2005.1

二上射水神社

「養老清水」と「岡の湯」ほか—二上射水神社文書整理作業から（佐伯安
　一）「二上山研究」　二上山総合調査研究会　（6）2009.02
築山祭祀の壮大な世界観（松山充宏）「とやま民俗」　富山民俗の会
　（82）2014.09

婦中町蔵島

富山市婦中町蔵島地蔵堂石仏とその周辺（報告）（古川知明）「大境」　富
　山考古学会　（31）2012.02

仏生寺

仏生寺地域の春の遊び（雨池光雄）「氷見春秋」　氷見春秋会　36　1997.
　10
仏生寺地域の夏の遊び（雨池光雄）「氷見春秋」　氷見春秋会　38　1998.
　10
仏生寺地域の冬の遊び（雨池光雄）「氷見春秋」　氷見春秋会　40　1999.
　10
仏生寺概史（1）〜（5）（雨池光雄）「氷見春秋」　氷見春秋会　（62）/
　（66）2010.11/2012.10
仏生寺の昭和期（1）〜（3）（雨池光雄）「氷見春秋」　氷見春秋会
　（67）/（70）2013.05/2014.11

舟戸口用水

千保川の源流舟戸口用水と舟戸社—舟戸口用水の神社と関係村（尾田武

雄）「土蔵」　土蔵の会　（14）2009.09

舟戸社

千保川の源流舟戸口用水と舟戸社—舟戸口用水の神社と関係村（尾田武
　雄）「土蔵」　土蔵の会　（14）2009.09

古鹿熊

富山県魚津市古鹿熊の穴熊狩り（森俊）「西郊民俗」　〔西郊民俗談話会〕
　（173）2000.12

宝寿院

ある点描—宝寿院山門の棟札について［正］，続（山元正気）「大山の歴史
　と民俗」　大山町歴史民俗研究会　（16）/（17）2013.02/2014.03

宝樹寺

宝樹寺境内南無阿弥陀仏名号塔二基（平井一雄）「土蔵」　土蔵の会　9
　1997.5

放生津

越中都市祭礼の創始—中世放生津の神輿渡御（松山充宏）「富山史壇」　越
　中史壇会　（168）2012.07

放生津八幡宮

八幡宮紹介 放生津八幡宮（富山県射水市）「季刊悠久.第2次」　鶴岡八幡
　宮悠久事務局　（124）2011.03
中世と近世が混在する放生津築山（松山充宏）「とやま民俗」　富山民俗の
　会　（77）2012.01

細島村

近世末の合掌造りと合掌小屋造りの推移—五箇山細島村の場合（佐伯安
　一）「とやま民俗」　富山民俗の会　（67）2007.1

堀岡

史料紹介 新湊市堀岡神明社蔵 福寿丸ほか三艘の「船絵馬」について（小
　松外二）「富山史壇」　越中史壇会　134　2001.3

堀切遺跡

富山県黒部市堀切遺跡F区出土柿経（八尾隆夫，橋本正春）「富山史壇」
　越中史壇会　（151）2007.2

本川町

本川町の紋の謎を解き明かす 本川町紋章調査（吉野耕三）「氷見春秋」
　氷見春秋会　（66）2012.10
本川町の紋の謎を解き明かす（2）紋章調査から芽生えた我が町への誇り
　と愛着（吉野耕三）「氷見春秋」　氷見春秋会　（67）2013.5

本願寺

金山谷本願寺本尊安置と椎名康胤—越中戦国期日蓮宗寺院の考察（久保
　尚文）「富山史壇」　越中史壇会　（160）2009.12

正間峠

正間峠の道祖神（平井一雄）「北陸石仏の会々報」　北陸石仏の会　（40）
　2012.04

馬瀬口

高岡五十嵐氏と馬瀬口五十嵐氏と正源寺の鳴き龍（山下登）「大山の歴史
　と民俗」　大山町歴史民俗研究会　（15）2011.12
我が家の伝本等から「馬瀬口の五十嵐氏」の実態を探る（五十嵐顕房）
　「大山の歴史と民俗」　大山町歴史民俗研究会　（15）2011.12

町長

お鍬祭りの外縁—富山市布尻・町長の場合（特集 平成の御鍬祭—愛知県
　以外の御鍬祭）（金田久璋）「まつり」　まつり同好会　通号71・72
　2009.12

摩頂山

小竹の摩頂山（大浦禎一）「氷見春秋」　氷見春秋会　35　1997.4

松倉城

松倉城と宮津八幡宮の関係について（広田寿三郎）「魚津史談」　魚津歴史
　同好会　（22）2000.3

水須村

旧水須村山神社の奉納剣について（小林高範）「大山の歴史と民俗」　大山
　町歴史民俗研究会　（15）2011.12

水無

利賀水無における野兎の民俗（天野武）「とやま民俗」　富山民俗の会
　（74）2010.09

道神社

道神社拝殿見学記（寺岡清）「氷見春秋」　氷見春秋会　43　2001.4
道神社・石動山の現地研修・講演会報告書（関一朗）「氷見春秋」　氷見春
　秋会　（67）2013.05

峰本社

藩政期における立山峰本社の再建について（安田良栄）「富山史壇」 越中史壇会 126 1998.7

宮津八幡宮

松倉城と宮津八幡宮の関係について（広田寿三郎）「魚津史談」 魚津歴史同好会 （22） 2000.3

邑町のサイノカミ

富山県入善町上野邑地区のサイノカミ行事（金田文男）「高志路」 新潟県民俗学会 （379） 2011.02

富山の小正月の火祭り─邑町のサイノカミを中心として（石垣悟）「とやま民俗」 富山民俗の会 （78） 2012.09

餅喰地蔵

春秋逸聞 餅喰地蔵（巽巳和）「氷見春秋」 氷見春秋会 （70） 2014.11

聞名寺

風の盆の聞名寺と太子堂常蓮寺（1）～（13）（二反田實）「飛騨春秋 ： 飛騨郷土学会誌」 高山市民時報社 510／2006（7）通号546 2003.7／2006.7

八乙女

鶏塚の稜線に見る八乙女嵐に舞いおりる白雲（前川正夫）「土蔵」 土蔵の会 10 1998.8

各県の強風と風鎮祭 八乙女の風穴（前川正夫）「土蔵」 土蔵の会 （14） 2009.09

八乙女山

八乙女山のツルワタ雲（佐伯安一）「土蔵」 土蔵の会 10 1998.8

矢木村

近世中期における庶民の伊勢・京参り─越中砺波郡矢木村宗四郎を事例として（共同課題「旅・観光・歴史遺産」特集号）（佐伯安一）「歴史地理学」 歴史地理学会 古今書院（発売） 56（1）通号268 2014.01

薬師岳

薬師岳山頂の奉賽品について─3枚の記念写真から（報告）（古川知明）「大境」 富山考古学会 （31） 2012.02

薬師岳山頂における信仰─主に考古資料の検討から（平成24年度研究発表大会要旨）（野垣好史）「富山史壇」 越中史壇会 （169・170） 2013.03

薬勝寺

射水市薬勝寺の清凉寺式釈迦如来像をめぐる予備的考察（杉崎貴英）「富山史壇」 越中史壇会 （157） 2008.12

八尾

おわら風の盆と秋田の竿灯祭（百瀬恵）「オール諏訪 ： 郷土の総合文化誌」 諏訪郷土文化研究会 22（7）通号217 2002.10

越中八尾の町並みを尋ねて（魚岸隆宣）「魚津史談」 魚津歴史同好会 （31） 2009.3

八尾と利賀村上百瀬との交流─竜口タケノコの移出、猟師の交流を中心として（森俊）「とやま民俗」 富山民俗の会 （76） 2011.09

「近代おわら風の盆」形成の前提─越中八尾における大正期の社会変動（研究ノート）（根岸秀行）「北陸都市史学会誌」 北陸都市史学会事務局 （20） 2014.08

千の風とおわら風の盆─「命の讃歌の物語」（木下俊彦）「会誌」 鯖江郷土史懇談会 （22） 2014.12

八尾町谷折

富山県婦負郡八尾町谷折におけるヒャクヒロ利用（森俊）「西郊民俗」 ［西郊民俗談話会］ 通号165 1998.12

富山県富山市八尾町谷折における馬の民俗（森俊）「西郊民俗」 ［西郊民俗談話会］ （205） 2008.12

ハチ、ヤマドリ、カモシカ、サルの民俗─富山県旧婦負郡八尾町谷折の場合（森俊）「西郊民俗」 ［西郊民俗談話会］ （211） 2010.06

山崎

朝日町山崎地区の「米吊り」行事（《富山の民俗学は今─富山民俗の会50周年記念論文集》）（清原為芳）「とやま民俗」 富山民俗の会 （66） 2006.7

山町

学芸ノート 山町の1年と祭礼─高岡の夏祭調査から（野口充子）「博物館だより」 高岡市立博物館 （12） 2006.2

夕日神社

春秋逸文 歯痛完治のご神体/信仰の山「臼ヶ峰」/朝日夕日両社の神戸神田 「氷見春秋」 氷見春秋会 （63） 2011.05

余川

余川の灌漑用水と雨乞いの祭（水野間哲一）「氷見春秋」 氷見春秋会 35 1997.4

横樋

旧大沢野町横樋の六十六部供養塔（平井一雄）「とやま民俗」 富山民俗の会 （76） 2011.09

吉野

旧大野町（富山市）吉野の名号塔（平井一雄）「北陸石仏の会々報」 北陸石仏の会 （39） 2011.09

来迎寺

富山市中野来迎寺の「秘鍵大師」（平井一雄）「北陸石仏の会々報」 北陸石仏の会 （42） 2013.04

竜石祠

蛇石伝説の誕生と竜石祠の由来（田代昭夫）「魚津史談」 魚津歴史同好会 （27） 2005.3

蓮華寺

稚児大師 富山県高岡市蓮花寺町 蓮華寺（あ・ら・か・る・と─私の石仏案内）（滝本やすし）「日本の石仏」 日本石仏協会 青娥書房（発売） （144） 2012.12

蓮照寺

史料紹介 蓮照寺と堀秀政（金龍教英）「富山史壇」 越中史壇会 140 2003.3

論田・熊無の藤箕製作技術

国重要無形民俗文化財に指定された「論田・熊無の藤箕製作技術」について（小谷超）「氷見春秋」 氷見春秋会 （67） 2013.05

脇子八幡宮

朝日町・泊脇子八幡宮 石造奉納額（清原為芳）「北陸石仏の会研究紀要」 北陸石仏の会 （7） 2004.12

石川県

粟生町
粟生の獅子舞 石川県能美市粟生町「公益社団法人全日本郷土芸能協会会報」 全日本郷土芸能協会 （72） 2013.07

赤倉神社
能登・赤倉神社所蔵の「赤蔵権現祭礼図絵馬」について（戸潤幹夫）「石川県立歴史博物館紀要」 石川県立歴史博物館 （16） 2004.3

阿岸本誓寺
阿岸本誓寺の文化財（阿岸宏照）「能登の文化財」 能登文化財保護連絡協議会 38 2004.9

新巻山阿岸本誓寺の文化財について（中川計介）「久之の郷」 門前町郷土史研究会 （8） 2013.03

安居田
中世白山宮（寺）領 仁王講田・安居田の経営（橋本治）「加能地域史」 加能地域史研究会 （40） 2004.12

浅野村
浅野村の弥三右ヱ門稲荷—『三州奇談』を読み解く（岩本卓夫）「石川郷土史学会々誌」 石川郷土史学会 （45） 2012.12

穴水
「真名井」伝承の地をめぐり 能登と北九州を結ぶ交流の足跡を辿る—能登穴水の「真名井」伝承を解くために（高井勝己）「石川郷土史学会々誌」 石川郷土史学会 （47） 2014.12

穴水町
巻頭文 穴水町のボラ待ちやぐら（岡本伊佐夫）「能登の文化財」 能登文化財保護連絡協議会 47 2013.10

天日陰日咩神社
能登国二宮 天日陰日咩神社（船木清史）「能登の文化財」 能登文化財保護連絡協議会 35 2001.9

鮎滝坊
鮎瀧坊と相瀧松岡寺由来 相瀧松岡寺系譜（田中辰吉）「加南地方史研究」 加南地方史研究会 （49） 2002.2

安国寺
加賀の安国寺は何処か（松田義雄）「加南地方史研究」 加南地方史研究会 （50） 2003.2

飯田町
飯田町太子講その他（泉季夫）「すずろものがたり」 珠洲郷土史研究会 64 2003.9

石川
曳山芝居の楽屋裏（白江勉）「石川郷土史学会々誌」 石川郷土史学会 （30） 1997.12

石川の懸仏（[史料紹介]）（井上英次郎）「加南地方史研究」 加南地方史研究会 （47） 2000.2

書評 斎藤義夫著『福野村鋳物師考』と『富山・石川梵鐘考』（鈴木勉）「北陸石仏の会研究紀要」 北陸石仏の会 （5） 2002.6

春季特別展「いしかわの歌仙絵馬」（戸潤幹夫）「れきはく」 石川県立歴史博物館 67 2003.4

石川の龍頭の舞（石川博司）「まつり通信」 まつり同好会 46（5）通号525 2006.9

「続咄随筆」にみられる死・魂の不思議（鈴木雅子）「石川郷土史学会々誌」 石川郷土史学会 （39） 2006.12

福井県外の善光寺関係の報告—石川・富山・滋賀（北村市朗）「長野」 長野郷土史研究会 （268） 2002.8

点描 いしかわの絵馬（戸潤幹夫）「石川県史だより」 石川県立図書館 （50） 2011.03

石川県
新興仏教青年団同盟発足の意義と石川県支部の創立とその顛末（虎井吉雄）「石川郷土史学会々誌」 石川郷土史学会 （30） 1997.12

石川県の庚申塔（滝本靖士）「北陸石仏の会研究紀要」 北陸石仏の会 通号2 1998.5

アザラシの絵馬（大門哲）「れきはく」 石川県立歴史博物館 66 2003.2

講演 中世一揆の諸相—宗教一揆と世俗の一揆（久留島典子）「加能史料研究」 石川県地域史研究振興会 15 2003.3

地方における民俗の発見—石川県の場合（由谷裕哉）「加能民俗研究」 加能民俗の会 34 2003.3

石川県の民俗研究動向「北陸の民俗」 富山民俗の会 20 2003.8

近代能楽史料としての『三百年祭記事』二種（西村聡）「石川県史だより」 石川県立図書館 （43） 2004.2

本願寺『私心記』 天文十七年・天文二十三年（史料紹介）（大原実代子）「加能史料研究」 石川県地域史研究振興会 16 2004.3

明治初年の招魂祭と招魂社—地域的受容をめぐって（本康宏史）「石川県立歴史博物館紀要」 石川県立歴史博物館 （16） 2004.3

本願寺本『私心記』弘治三年・永禄元年（史料紹介）（大原実代子）「加能史料研究」 石川県地域史研究振興会 17 2005.3

石川県の民俗研究動向（前田佐智子）「北陸の民俗」 富山民俗の会 22 2005.3

石川（能登・加賀）における威嚇猟—確認地区・実態内容の概要（天野武）「加能民俗研究」 加能民俗の会 通号39 2008.3

催事目録/れきはくトリヴィア 「一向一揆の盛衰」解説装置「れきはく」 石川県立歴史博物館 （87） 2008.4

山積みされた天神堂—キャラクター消費の文化史（大門哲）「石川県立歴史博物館紀要」 石川県立歴史博物館 （22） 2010.03

能楽に出てくる石川県（1），（3）（本南義光）「のうみ ： 能美郷土史の会会誌」 能美郷土史の会 （6）/（8） 2011.03/2013.03

れきはくトリヴィア ナギカエシの祭壇「れきはく」 石川県立歴史博物館 （102） 2012.02

絵馬研究の歩みと考古学—絵馬の起源論を中心にして（戸潤幹夫）「石川県立歴史博物館紀要」 石川県立歴史博物館 （22） 2012.03

表紙写真解説「銅造 地蔵菩薩半跏像」 石川県指定有形文化財 平成23年12月20日指定（真山武志）「故郷乃研究」 白山市教育委員会 （7） 2012.03

石川県の盆栽史（笠原愼治）「石川郷土史学会々誌」 石川郷土史学会 （47） 2014.12

井上
井上地域における共同風呂（洞庭由美子）「加能民俗研究」 加能民俗の会 34 2003.3

猪平
能登を知る 能登びとと風呂/七つ七尾の天神さん/宇加塚・猪平の順礼供養塔「能登のくに」 能登を知る会 （1） 2009.04

今湊
時宗と今湊について（西川省三）「故郷乃研究」 白山市教育委員会 （1） 2006.3

伊夜比咩神社
能登島町向田鎮守伊夜比咩神社棟札（岡本順文）「能登の文化財」 能登文化財保護連絡協議会 36/37 2002.8/2003.8

七尾地方の中世のお宮やお寺 能登島伊夜比咩神社の棟札より見た宗教の世界（岡本順文）「七つ尾」 七尾城址文化事業団 （27） 2010.03

岩本神社
岩本神社と岩本太郎家清（田中勲）「のうみ ： 能美郷土史の会会誌」 能美郷土史の会 （9） 2014.03

上田寺
上田寺から山道に移された板碑「能登のくに」 能登を知る会 （4） 2010.02

上戸
上戸のほとけ石（一宮敏雄）「すずろものがたり」 珠洲郷土史研究会 59 1998.8

上戸嶺谷
其の四 阿部判官一族の伝説記—主として若山谷・上戸嶺谷・寺山谷について（成徳正）「すずろものがたり」 珠洲郷土史研究会 62 2001.9

鵜川
鵜川のニカワ祭り（小倉学）「石川郷土史学会々誌」 石川郷土史学会 （33） 2000.12

宇出津
探訪記 奥能登宇出津のあばれ祭り（鹿野正男）「郡山地方史研究」 郡山

地方史研究会　29　1999.3

奥能登宇出津のあばれ祭り（鹿野正男）「まつり通信」　まつり同好会
　39（7）通号461　1999.6

温谷寺跡

白山信仰と温谷寺跡―加賀市宇谷町・栄谷町及び小松市滝ヶ原町・那谷
　町丘陵部の考古学的調査報告（宮本哲郎　古川登，小森大，加藤克郎）
　「石川考古学研究会会誌」　石川考古学研究会　（52）2009.03

宇谷町

白山信仰と温谷寺跡―加賀市宇谷町・栄谷町及び小松市滝ヶ原町・那谷
　町丘陵部の考古学的調査報告（宮本哲郎　古川登，小森大，加藤克郎）
　「石川考古学研究会会誌」　石川考古学研究会　（52）2009.03

内浦町

内浦町の九里薬師を考える（和嶋俊二）「すずろものがたり」　珠洲郷土史
　研究会　61　2000.9

内川

コウモリを食べる習俗―金沢・山間部の犀川・内川・富樫地区の場合
　（北島俊朗）「加能民俗」　加能民俗の会　12（3）通号145　2002.3

内尾

現代山村における新たな民俗の生成―石川県河内村内尾の山菜採集を事
　例として（今村篤史）「加能民俗研究」　加能民俗の会　35　2004.3

白山麓河内谷における野兎の民俗―内尾と久保の場合（天野武）「加能民
　俗」　加能民俗の会　12（14）通号156　2013.03

畝田村

大野郷畝田村と横江臣成刀自女―『日本霊異記』説話成立の歴史的条件
　（森田喜久男）「市史かなざわ」　金沢市　9　2003.3

雨宝院

雨宝院所蔵の「金沢城下犀川口図」絵馬について（戸澗幹夫）「石川県立
　歴史博物館紀要」　石川県立歴史博物館　通号13　2000.4

浦上

門前町浦上地区神社の絵馬調べ（高畠志郎）「能登の文化財」　能登文化財
　保護連絡協議会　32　1998.8

浦上地区の五輪塔と板碑（高畠志郎）「久之の郷」　門前町郷土史研究会
　6　2005.12

越登賀

越登賀における光隆寺知空撰銘の梵鐘（斉藤善夫）「石川郷土史学会々
　誌」　石川郷土史学会　（37）2004.12

江沼

歳時の習俗（11）―女性の年中行事と河濯さん（山本弘）「江渟の久爾」
　江沼地方史研究会　（42）1997.4

民俗資料調査雑感（稲藁・植物繊維）（高橋武雄）「江渟の久爾」　江沼地
　方史研究会　（42）1997.4

「帆待ち、切出し」再考（牧野隆信）「江渟の久爾」　江沼地方史研究会
　（43）1998.4

歳時の習俗（12）―季節と暦とくらし（山本弘）「江渟の久爾」　江沼地方
　史研究会　（43）1998.4

歳時の習俗（15）―「コッサ踊り」と「壱尾観音節」（山本弘）「江渟の久
　爾」　江沼地方史研究会　（46）2001.4

歳時の習俗（16）―「蝶の舞」と「シャシャムシャ踊り」（山本弘）「江渟
　の久爾」　江沼地方史研究会　（47）2002.4

地名は語る（17）加賀江沼の神社の変遷を探る（上出敏）「江渟の久爾」
　江沼地方史研究会　（47）2002.4

歳時の習俗（17）―正月行事雑感（山本弘）「江渟の久爾」　江沼地方史研
　究会　（48）2003.4

一向一揆序論（小面裕）「江渟の久爾」　江沼地方史研究会　（48）2003.4

例会報告 古代の江沼を考える―集落遺跡の動向と生産遺跡、白鳳期寺院
　から（望月精司）「石川考古学研究会会誌」　石川考古学研究会　48
　2005.3

江沼における白山信仰―白き聖なる方位についての考察（田嶋正和）「江
　渟の久爾」　江沼地方史研究会　（50）2005.4

大日本紡織株式会社の真宗導入と真宗大谷派（加端忠和）「江渟の久爾」
　江沼地方史研究会　（51）2006.3

江沼郡

雨乞の民俗―旧江沼郡を中心として（前田佐智子）「北陸の民俗」　富山民
　俗の会　17　1999.3

江沼郡一向一揆の解体と旗本、長衆の生き方（西出康信）「江渟の久爾」
　江沼地方史研究会　（50）2005.4

東奔西走する加賀衆・江沼郡一向一揆衆（西出康信）「江渟の久爾」　江沼
　地方史研究会　（58）2013.04

円光寺

研究 円光寺ノート（松田義雄）「加南地方史研究」　加南地方史研究会
　46　1999.2

笈ヶ岳

笈ヶ岳出土経筒にみえる大聖寺について（小西洋子）「石川県立歴史博物
　館紀要」　石川県立歴史博物館　（20）2008.3

近江町

近江町の大行灯と素人浄瑠璃―〈祭礼なき都市〉の祭礼論（大門哲）「石川
　県立歴史博物館紀要」　石川県立歴史博物館　（23）2011.03

大口

民話 大口（おくち）のヤマメ（山女）（田中勲）「のうみ ： 能美郷土史の
　会会誌」　能美郷土史の会　（8）2013.03

大桑

金沢市の民謡―湯涌念仏踊りと大桑あさんがやし（真山武志）「加能民俗
　研究」　加能民俗の会　（44）2013.03

大地主神社

フォークロアとしての供犠譚―七尾市大地主神社の猿神供犠譚の例から
　（〈特集 聖地と霊木〉）（由谷裕哉）「宗教民俗研究」　日本宗教民俗学
　会　（14・15）2006.3

大額町

金沢歳時記 大額町の婆ボンコウ（橘礼吉）「市史編さんかなざわ」　金沢
　市史編さん事務局　5　1998.1

大野湊神社

大野湊神社の始まりと夏祭り（一筆啓上）（河崎正幸）「あらはれ ： 猿田
　彦大神フォーラム年報 ： ひらかれる未来神話」　猿田彦大神フォーラ
　ム　3　2000.9

大野湊神社の夏季祭礼の神輿担ぎ―神社縁起と冬瓜町（かもりまち）（鏑
　木紀彦）「加能民俗研究」　加能民俗の会　通号37　2006.3

大宮坊跡

史跡石動山 大宮坊跡の建物復元（桜井憲弘）「石川考古」　石川考古学研
　究会　275　2003.5

小木

内浦町小木の轤旗祭り（篠塚栄昭）「能登の文化財」　能登文化財保護連絡
　協議会　37　2003.8

内浦町小木のとんばた祭り（中山茂喜）「能登の文化財」　能登文化財保護
　連絡協議会　38　2004.9

奥能登

奥能登の「来訪神」信仰について（中村裕）「能登の文化財」　能登文化財
　保護連絡協議会　36　2002.8

奥能登石仏めぐり（池田紀子）「北陸石仏の会研究紀要」　北陸石仏の会
　（10）2011.06

中世奥能登の宗教情勢―奥能登の真言宗寺院（大会特集号Ⅰ "伝統" の礎
　―加賀・能登・金沢の地域史―問題提起）（宮野純光）「地方史研究」
　地方史研究協議会　63（4）通号364　2013.08

奥能登における真言宗寺院について（研究例会報告要旨）（畠山聡）「地方
　史研究」　地方史研究協議会　63（6）通号366　2013.12

奥能登のあえのこと

若山町のあえのこと（吉木秀光）「すずろものがたり」　珠洲郷土史研究会
　58　1997.8

トコロを神饌とすること―奥能登の事例を中心に（橘礼吉）「北陸の民
　俗」　富山民俗の会　19　2002.3

「あえのこと」「屋敷神」のお稲荷様（第33回北陸三県民俗の会年会記録
　2008―共通課題―北陸の稲荷信仰）（西山郷史）「北陸の民俗」　富山民
　俗の会　26　2008.08

「能登を知る」研究会 「あえのこと」について、海揚がりの珠洲焼きに
　ついて「能登のくに」　能登を知る会　（準備号）2009.2

奥能登のあえのこと（瀬戸久雄）「能登の文化財」　能登文化財保護連絡協
　議会　43　2009.10

聞き書き 奥能登のアエノコト（佐野尚子）「近畿民俗通信」　近畿民俗学
　会　（4）2010.06

東海民俗研究発表大会発表要約 旧柳田村のアエノコト―T氏の伝承事例
　（佐野尚子）「まつり通信」　まつり同好会　53（4）通号566　2013.07

奥野八幡神社

奥野八幡神社の「七重塔」は石川産小松天満宮の十五重の塔は坪野石
　（松田義雄）「加南地方史研究」　加南地方史研究会　（52）2005.3

奥山峠

奥山峠の地蔵菩薩（滝本やすし）「北陸石仏の会々報」　北陸石仏の会
　（35）2009.09

石川県　　　　　　　　　　　　郷土に伝わる民俗と信仰　　　　　　　　　　　　北陸甲信越

尾小屋鉱山

尾小屋鉱山の守護神について（古曽部三郎）「加南地方史研究」　加南地方史研究会　45　1998.2

小原

白山麓西谷小原の藁人形（天野武）「加能民俗研究」　加能民俗の会　33　2002.3

白山麓西谷小原における若者集団（天野武）「加能民俗研究」　加能民俗の会　（42）2011.03

盆・暮における親の膳─白山麓西谷小原の場合（天野武）「加能民俗研究」　加能民俗の会　（45）2014.03

尾山

金沢市祭・尾山まつりと比較しての小松商工祭・としつね祭（第30回北陸三県民俗の会年会記録 2005─共通課題─町づくりの祭）（由谷裕哉）「北陸の民俗」　富山民俗の会　23　2005.08

御山御坊

御山御坊と金沢別院─金沢御堂の成るは天文15年（松田義雄）「加南地方史研究」　加南地方史研究会　（56）2009.03

尾山御坊

尾山御坊と金沢城（山内美義）「江沼の久爾」　江沼地方史研究会　（46）2001.4

尾山神社

金沢・尾山神社を訪ねて（皆森禮子）「目黒区郷土研究」　目黒区郷土研究会　583　2003.8

自由課題 尾山神社所蔵『淡吹の面（悪尉面）』の由来をめぐって─能登の漂着面伝承（第33回北陸三県民俗の会年会記録 2008）（藤島秀隆）「北陸の民俗」　富山民俗の会　26　2008.08

金沢城二ノ丸からの移築遺構について─中村神社拝殿および尾山神社東神門（調査研究）（正見泰）「金沢城研究 ： 研究紀要」　石川県金沢城調査研究所　（12）2014.03

海門寺

口絵解説 海門寺所蔵『木造千手観音坐像』（七尾市指定有形文化財）について（善満直）「加能史料研究」　石川県地域史研究振興会　（18）2006.3

覚書 富山県外所在の中世彫刻銘文にみえる「越中」二題─七尾市海門寺千手観音像と磐田市西光寺薬師如来像（杉崎貴英）「富山史壇」　越中史壇会　（160）2009.12

加賀

加賀一向一揆の城郭について─縄張図を中心に（佐伯哲也）「石川考古学研究会会誌」　石川考古学研究会　40　1997.3

中世の越中・能登・加賀三州に展開する地蔵半跏像（尾田武雄）「日本の石仏」　日本石仏協会，青娥書房（発売）通号83　1997.9

一向一揆以前─加賀・能登の時条（林譲）「加能史料研究」　石川県地域史研究振興会　10　1998.3

加賀鳶梯子登り（小倉学）「まつり通信」　まつり同好会　39（1）通号455　1998.12

講演 加賀一向一揆の特質（神田千里）「加能史料研究」　石川県地域史研究振興会　13　2001.3

真宗大谷派本山両堂再建事業の展開と加賀門末の動向（太多誠）「市史かなざわ」　金沢市　8　2002.3

講演 加賀一向一揆の特質（金龍静）「加能史料研究」　石川県地域史研究振興会　14　2002.6

越前西光寺の加賀門徒が離散（〈創立50周年記念号会員特別原稿〉）（岡田孝）「加南地方史研究」　加南地方史研究会　（50）2003.2

中世加賀における石製宝塔の系譜（三浦純夫）「加能史料研究」　石川県地域史研究振興会　15　2003.3

田中義廣先生と加賀の民俗芸能（《田中義廣先生追悼特集》）（今村充夫）「まつり通信」　まつり同好会　43（4）通号506　2003.7

天神として祀られた藩主─加賀・能登・越中の天神信仰（西山郷史）「宗教民俗研究」　日本宗教民俗学会　（13）2003.12

文明六年・長享二年加賀一向一揆における白山本宮と山内衆（永井隆之）「加能史料研究」　石川県地域史研究振興会　16　2004.3

加賀藩校の鎮守天満宮と加賀騒動（今井喜江）「石川郷土史学会々誌」　石川郷土史学会　（37）2004.12

加賀百万石雛人形見学の旅（小林功）「潮待ちの館資料館だより」　福山市鞆の浦歴史民俗資料館　（35）2005.8

臨済宗五山派と加賀・能登（講演）（原田正俊）「加能史料研究」　石川県地域史研究振興会　（18）2006.3

火伏せと加賀鳶（《特集 火伏せ信仰》）（不破幸夫）「季刊悠久.第2次」　鶴岡八幡宮悠久事務局　（104）2006.8

加賀白山と佐渡白山─虚空蔵菩薩と将軍地蔵（吉田幸平）「日本佐渡学」　日本佐渡学会　（8）2006.10

加賀の怪・奇談─二・三の紹介（真山武志）「加能民俗」　加能民俗の会　12（8）通号150　2007.3

加賀作見窯と備前焼V期との関係（《備前歴史フォーラム 備前と茶陶─16・17世紀の変革》）（伊藤晃）「備前市歴史民俗資料館紀要」　備前市歴史民俗資料館　（9）2007.10

講演 戦国社会における加賀・能登─細川政元政権と本願寺・一向一揆（峰岸純夫）「加能史料研究」　石川県地域史研究振興会　（20）2008.3

中世加賀・能登の五山派寺院（室山孝）「加能史料研究」　石川県地域史研究振興会　（20）2008.3

加賀万歳（《特集 続祝福芸》）（田中久雄）「まつり」　まつり同好会　通号70　2008.12

講演 戦国時代の足利将軍家と本願寺・加賀一向一揆（山田康弘）「加能史料研究」　石川県地域史研究振興会　（21）2009.3

加賀の飛翔狛犬（《特集 狛犬》）（相古誠一）「季刊悠久.第2次」　鶴岡八幡宮悠久事務局　（116）2009.05

百姓の持ちたる国と本願寺・直参制の民主的機能について（小枝俊弘）「加南地方史研究」　加南地方史研究会　（57）2010.03

京都をめぐる加賀前田家の儀礼と交際─そのシステムと担い手を中心に（千葉拓真）「加賀藩研究 ： 加賀藩研究ネットワーク会誌」　加賀藩研究ネットワーク　（1）2011.06

16世紀末における本願寺門徒の動向─慶長2年加賀門徒誓詞の分析を中心に（塩崎久代）「石川県立歴史博物館紀要」　石川県立歴史博物館　（24）2012.03

加賀三ヶ寺と一向一揆─実如宗主期を中心に（研究発表）（大渓太郎）「新潟親鸞学会紀要」　新潟親鸞学会，渇日報事業社（［発売］）9　2012.07

加賀泣き伝説の出どころ─川先生に導かれて（池端大二）「加南地方史研究」　加南地方史研究会　（60）2013.03

学び伝える加賀万歳（北陸三県民俗の会第37回年会記録2012─自由課題）（東條さやか）「北陸の民俗」　富山民俗の会　30　2013.03

東奔西走する加賀衆・江沼郡一向一揆衆（西出康信）「江沼の久爾」　江沼地方史研究会　（58）2013.04

加賀門末の真宗信仰（大会特集II "伝統"の礎─加賀・能登・金沢の地域史─問題提起）（太多誠）「地方史研究」　地方史研究協議会　63（5）通号365　2013.10

加賀市

昭和に開いた年中行事─加賀市に生まれて、現在は白山市に住んでいます（立花玲子）「加能民俗」　加能民俗の会　12（15）通号157　2014.03

加賀禅定道

白山の攻防と加賀禅定道（1），（2）（山内美義）「江沼の久爾」　江沼地方史研究会　（42）／（43）1997.4/1998.4

白山加賀禅定道参詣図の比較─参詣図成立の背景（小阪大）「加能地域史」　加能地域史研究会　（49）2009.12

加賀国

木地師史料 木地木村のあじめ泥鰌と岩魚─美濃・播磨・加賀・越前国（杉本寿）「民俗文化」　滋賀民俗学会　408　1997.9

森田柿園と加賀国の国史見在社（三橋健，守谷幸乃）「式内社のしおり」　式内社顕彰会　68　2003.8

文明六年の加賀国一向一揆（福田義光）「加南地方史研究」　加南地方史研究会　（57）2010.03

加賀藩

延享期の加賀藩領における舞々に関する一史料（［史料紹介］）（鈴木晶子）「加能史料研究」　石川県地域史研究振興会　9　1997.3

芦崎寺─山衆徒の加賀藩主に対する年頭儀礼について（福江充）「研究紀要」　富山県立山博物館　9　2002.3

「民家検労図」の研究と鯨捕り図─加賀藩農政の一側面（濱岡伸也）「石川県立歴史博物館紀要」　石川県立歴史博物館　（16）2004.3

陰陽道家を主体とした加賀藩士の分間絵図作成・西洋流測量技術習得─越中氷見町上層町人を対象に（深井甚三）「富山史壇」　越中史壇会　（155）2008.3

加賀藩における明治から大正にかけて活躍した傑僧（1）（虎井吉雄）「石川郷土史学会々誌」　石川郷土史学会　（42）2009.12

加賀藩の宗教政策と芦崎寺・岩崎寺（米原寛）「研究紀要」　富山県立山博物館　18　2011.03

研究余滴 ばんどり騒動と加賀藩公車場での「拷問」（浦田正吉）「富山史壇」　越中史壇会　（166）2011.12

石川郷土史学会60周年によせて 加賀藩と仏教各宗について（虎井吉雄）「石川郷土史学会々誌」　石川郷土史学会　（45）2012.12

江戸前半期の加賀藩における大工流派の盛衰について─四天王寺流大工の活動の見直しを中心に（第35回北陸都市史学会金沢大会 発表要旨）（正見泰）「北陸都市史学会誌」　北陸都市史学会事務局　（19）2013.8

加賀藩史家の記録と口承文芸（第37回北陸三県民俗の会年会記録 2013─共通課題─古文書と民俗）（藤島秀隆）「北陸の民俗 ： 北陸三県民俗の会年会記録」　富山民俗の会　31　2014.03

北陸甲信越　　　　　　　　　　　　　郷土に伝わる民俗と信仰　　　　　　　　　　　　　石川県

加賀前田藩

加賀前田藩と抜け参り―大石寺古道秘史（澤田政彦）「月の輪」　富士宮市郷土史同好会　（18）　2003.6

笠師

笠師御蔵跡と御蔵高札（滝腰昇）「能登の文化財」　能登文化財保護連絡協議会　36　2002.8

笠師保

笠師保地区の香奠帳にみる葬式の変遷（宮田也寸子）「能登の文化財」　能登文化財保護連絡協議会　41　2007.3

笠舞

笠舞地蔵尊（滝本やすし）「北陸石仏の会々報」　北陸石仏の会　（36）2010.07

峨山道

峨山道と白山信仰（佃和雄）「能登の文化財」　能登文化財保護連絡協議会　31　1997.8

峨山道と白山信仰（佃和雄）「久之の郷」　門前町郷土史研究会　2　1997.9

地域の文化資源と信仰の道―峨山道を事例として（市田雅崇）「山岳修験」　日本山岳修験学会，岩田書院（発売）　（49）2012.03

加志波良比古神社

式内の加志波良比古神社を考える（和島俊二）「すずろものがたり」　珠洲郷土史研究会　58　1997.8

珠洲市加志波良比古神社の板碑（加藤克郎）「石川考古」　石川考古学研究会　265　2001.9

加州

加州比丘尼庵寺について（荒木万紀子）「市史かなざわ」　金沢市　3　1997.3

小松市多太神社所蔵「奉納軍記」について―「加州浅井戦図覚書」の翻刻（室山孝）「加南地方史研究」　加南地方史研究会　（47）2000.2

史料紹介　堺真宗寺所蔵「加州御教誡御書」について（木越祐馨）「加能史料研究」　石川県地域史研究振興会　13　2001.3

金石

金沢市金石の初老会（鏑木紀彦）「加能民俗研究」　加能民俗の会　36　2005.2

金沢市の民謡―「船玉節」と「諸江住吉おどり」（真山武志）「加能民俗研究」　加能民俗の会　（45）2014.03

金石町

金沢市金石町の「かもうり」考（フラーシエム N.良子）「市史かなざわ」　金沢市　4　1998.3

金沢

近世金沢の女性と歌かるた（竹松幸香）「市史かなざわ」　金沢市　3　1997.3

金沢刺繍と女たち（千原好美）「市史かなざわ」　金沢市　3　1997.3

金沢市神道青年会編『杜のささやき』神社ものがたり―金沢・河北（〔書評〕）（今村充夫）「市史かなざわ」　金沢市　3　1997.3

奉納額より見た金沢の獅子舞（小倉学）「石川郷土史学会々誌」　石川郷土史学会　（30）1997.12

金沢の弁天信仰（前田佐智子）「市史かなざわ」　金沢市　4　1998.3

「住まい」と「通り」―金沢の住まいの伝統から何を受け継ぐか（永山孝一）「市史かなざわ」　金沢市　4　1998.3

金沢の陰陽師（宇佐美孝）「市史かなざわ」　金沢市　4　1998.3

金沢百景　のちのさがたにほりいだすとも　あはれもとのことくに をさめたまへよ―骨壺の蓋石の資料紹介と現代に続く近世墓地遺跡の運命（木立雅朗）「石川考古」　石川考古学研究会　248　1998.7

金沢歳時記　お彼岸の七つ橋渡り（橘礼吉）「市史編さんかなざわ」　金沢市史編さん事務局　6　1999.2

金沢の桜獅子（小倉学）「石川郷土史学会々誌」　石川郷土史学会　（32）1999.12

金沢歳時記　正月のお天神様（橘礼吉）「市史編さんかなざわ」　金沢市史編さん事務局　8　2000.12

金沢城下の惣祭り・小考（本西武）「石川郷土史学会々誌」　石川郷土史学会　（33）2000.12

金沢の最上稲荷（小倉学）「加能民俗研究」　加能民俗の会　32　2001.3

「軍都」金沢の民衆史―民衆生活とフォークロア（《特集 軍隊と社会―近代民衆史の視座から》）（本康宏史）「民衆史研究」　民衆史研究会　（62）2001.11

金沢の山間部の獅子舞（小倉学）「石川郷土史学会々誌」　石川郷土史学会　（34）2001.9

金沢における人生儀礼と生死観（今村充夫）「市史かなざわ」　金沢市　8　2002.3

地名発想の仕掛け人たち―金沢の山岳地帯での一考察（中村健二）「北陸の民俗」　富山民俗の会　19　2002.3

金沢の石二題―「ごっぽ石」と「さし石」（粕渕宏昭）「民俗文化」　滋賀民俗学会　466　2002.7

金沢歳時記　山祭り（橘礼吉）「市史編さんかなざわ」　金沢市史編さん事務局　11　2003.12

金沢鋳物師についての二、三の考察（長山直治）「石川郷土史学会々誌」　石川郷土史学会　（36）2003.12

金沢における憲法染と紺屋―御国染と太郎田屋の観点から（松村恵里）「加能民俗研究」　加能民俗の会　35　2004.3

金沢歳時記　お正月のお鏡（橘礼吉）「市史編さんかなざわ」　金沢市史編さん事務局　12　2004.12

ジャーナリズムと民俗（3）―金沢招福縁起物小史（大門哲）「加能民俗」　加能民俗の会　12（6）通号148　2005.3

金沢近郊の稲作手順（《第29回 北陸三県民俗の会年会記録》―《共通課題―稲作手順（機械化以前）》）（福田弘光）「北陸の民俗」　富山民俗の会　22　2005.3

金沢の和菓子と森八（里見彦彦）「民俗と風俗 ： the journal of the Chubu Branch, the Japanese Society for History of Manners and Customs」　日本風俗史学会中部支部　（17）2007.3

初茸香る都市―金沢近郊里山における茸狩り行楽の実態（大門哲）「民具研究」　日本民具学会　（138）2008.9

寄せ物・飾り物・模型―19世紀金沢における造り物装飾の変容（大門哲）「石川県立歴史博物館紀要」　石川県立歴史博物館　（21）2009.03

消えゆく金沢の婚礼の象徴（東條さやか）「加能民俗研究」　加能民俗の会　通号40　2009.03

虫売るむら―金沢の虫聞き文化（大門哲）「民具研究」　日本民具学会　（140）2009.09

近世金沢の祭礼における茶屋（塩川隆文）「加能地域史」　加能地域史研究会　（50）2010.07

金沢城下絵図について “寺社版”と類似の木版品（本西武）「石川郷土史学会々誌」　石川郷土史学会　（43）2010.12

金沢の昔話と古典（鈴木雅子）「石川郷土史学会々誌」　石川郷土史学会　（44）2011.12

生まれ育った金沢くらしの追憶（野村昭子）「金沢都市民俗文化研究所研究報告書」　金沢都市民俗文化研究所　2011年度　2012.03

金沢くらしの文化（小林忠雄）「金沢都市民俗文化研究所研究報告書」　金沢都市民俗文化研究所　2011年度　2012.03

鏡花による方言の問題一、二―「凧あげ」と「こうばく蟹」（小林輝治）「金沢都市民俗文化研究所研究報告書」　金沢都市民俗文化研究所　2011年度　2012.03

町家を活かす四季おりおりの暮らし（岸弘市）「金沢都市民俗文化研究所研究報告書」　金沢都市民俗文化研究所　2011年度　2012.03

町家保存に見る金沢（高木明子）「金沢都市民俗文化研究所研究報告書」　金沢都市民俗文化研究所　2011年度　2012.03

昭和のくらし―金沢（金森千榮子）「金沢都市民俗文化研究所研究報告書」　金沢都市民俗文化研究所　2011年度　2012.03

「えんじょもん」から見た金沢の魅力（吉村佳美）「金沢都市民俗文化研究所研究報告書」　金沢都市民俗文化研究所　2011年度　2012.03

暮らしの中の茶の湯（大島宗察）「金沢都市民俗文化研究所研究報告書」　金沢都市民俗文化研究所　2011年度　2012.03

老舗のなりわい（岡能久）「金沢都市民俗文化研究所研究報告書」　金沢都市民俗文化研究所　2011年度　2012.03

料理屋のなりわい（鍔正美）「金沢都市民俗文化研究所研究報告書」　金沢都市民俗文化研究所　2011年度　2012.03

白山直下より金沢へ搬出した桧乗物棒―奥山人の複合生業の一端（橘禮吉）「加能民俗研究」　加能民俗の会　（43）2012.03

都市民俗学からみた金沢の文化（第34回北陸都市史学会金沢大会 発表要旨）（小林忠雄）「北陸都市史学会誌」　北陸都市史学会事務局　（18）2012.08

金沢の芝居再考（第34回北陸都市史学会金沢大会 発表要旨）（塩川隆文）「北陸都市史学会誌」　北陸都市史学会事務局　（18）2012.08

金沢における 明治の神仏分離状況を探る（安井史郎）「石川郷土史学会々誌」　石川郷土史学会　（45）2012.12

背守りの文様について（東條さやか）「研究紀要」　金沢文化振興財団　（10）2013.03

金沢の奴行列（東條さやか）「加能民俗研究」　加能民俗の会　（44）2013.03

アニメ聖地巡礼と地域おこし―「花咲くいろは」と金沢の例から（北陸三県民俗の会第37回年会記録2012―共通課題 北陸の地域おこし―伝統と創造）（由谷裕哉）「北陸の民俗」　富山民俗の会　30　2013.03

金沢市

城下町から近代都市へ―伝承と変容の歴史（《特集 人々の暮らし》）（今村充夫）「市史かなざわ」　金沢市　6　2000.3

資料編2「中世二」仏師祐俊について―金沢市所在の中世彫刻銘から（室山孝）「市史編さんかなざわ」 金沢市史編さん事務局　8　2000.12

資料編14「民俗」 越境する町会（大門哲）「市史編さんかなざわ」 金沢市史編さん事務局　8　2000.12

一向一揆宿老の法衣許可をめぐって（木越祐馨）「市史編さんかなざわ」 金沢市史編さん事務局　9　2001.12

本康宏史著『軍都の慰霊空間―国民統合と戦死者たち』（書評と紹介）（能川泰治）「市史かなざわ」 金沢市　9　2003.3

婚姻と相続（資料紹介）（高堀伊津子）「市史かなざわ」 金沢市　10　2004.3

天野武著『わが国における威嚇猟とその用具』―野兎狩りの場合を中心に（書評と紹介）（今村充夫）「市史かなざわ」 金沢市　10　2004.3

絵馬屋で一服―金沢市山間地における障子絵馬奉納（大門哲）「民具マンスリー」 神奈川大学　37（4）通号436　2004.7

作文にみる明治30年代の招魂祭―金沢市内の小学生の記述（本康宏史）「石川県立歴史博物館紀要」 石川県立歴史博物館　（17）2005.3

エビス講と造り物―金沢市と七尾市の事例から（大門哲）「加能民俗研究」 加能民俗の会　通号38　2007.3

金沢寺

「小松」という地名の由来と「小松寺」について（4）―付「金沢庄」並に「金沢寺」の事（後藤朗）「加南地方史研究」 加南地方史研究会　（49）2002.2

金沢庄

「小松」という地名の由来と「小松寺」について（4）―付「金沢庄」並に「金沢寺」の事（後藤朗）「加南地方史研究」 加南地方史研究会　（49）2002.2

金沢城

今健在する「旧金沢城内にあった神社仏閣など」（今井喜江）「石川郷土史学会々誌」 石川郷土史学会　（33）2000.12

尾山御坊と金沢城（山内美義）「江涛の久爾」 江沼地方史研究会　（46）2001.4

金沢城二ノ丸からの移築遺構について―中村神社拝殿および尾山神社東神門（調査研究）（正見泰）「金沢城研究 : 研究紀要」 石川県金沢城調査研究所　（12）2014.03

金沢女学校

金沢女学校の方言矯正読本と久松義典・木村尚について（フラーシェムN.良子）「石川郷土史学会々誌」 石川郷土史学会　（38）2005.12

金沢神社

金沢神社創建年の検討（下郷稔）「石川郷土史学会々誌」 石川郷土史学会　（34）2001.12

金沢町

能登総持寺の随喜講運営と金沢町人―領内資本の運用と米仲買（濱岡伸也）「石川県立歴史博物館紀要」 石川県立歴史博物館　（17）2005.3

金沢東照宮

金沢東照宮と寛永寺常照院（曽根原理）「日本学研究」 金沢工業大学日本学研究所　（7）2004.6

金沢別院

御山御坊と金沢別院―金沢御堂の成るは天文15年（松田義雄）「加南地方史研究」 加南地方史研究会　（56）2009.03

金沢御堂

金沢御堂の再考（竹間芳明）「加能史料研究」 石川県地域史研究振興会　11　1999.3

御山御坊と金沢別院―金沢御堂の成るは天文15年（松田義雄）「加南地方史研究」 加南地方史研究会　（56）2009.03

金谷御殿

旧金谷御殿の「八幡大菩薩」と竜国寺（今井喜江）「石川郷土史学会々誌」 石川郷土史学会　（35）2002.12

加南

戦利品奉納について（古曽部三郎）「加南地方史研究」 加南地方史研究会　44　1997.2

新谷家文書―本願寺志納受取証の変遷にみる明治期の近代化の歩み（田中稔）「加南地方史研究」 加南地方史研究会　44　1997.2

釜見谷文化と生業（井上英次郎）「加南地方史研究」 加南地方史研究会　（48）2001.2

「威嚇型」「逆立ち型」の狛犬がなぜ日本海側に多いのだろうか（〈創立50周年記念号会員特別原稿〉）（五十嵐一雄）「加南地方史研究」 加南地方史研究会　（50）2003.2

曳山子供歌舞伎の似合う街並（〈創立50周年記念号会員特別原稿〉）（曽田孝志）「加南地方史研究」 加南地方史研究会　（50）2003.2

神社ウォッチング（〈創立50周年記念号会員特別原稿〉）（多賀守）「加南

地方史研究」 加南地方史研究会　（50）2003.2

鎮守の森（〈創立50周年記念号会員特別原稿〉）（谷口晃博）「加南地方史研究」 加南地方史研究会　（50）2003.2

白川石橋―神旗揮毫（金戸隆幸）「加南地方史研究」 加南地方史研究会　（55）2008.3

神話物語から学ぶ（神話を物語る古事記より）（山本恭子）「加南地方史研究」 加南地方史研究会　（59）2012.03

「神話」を考える―御伽草子から（山本恭子）「加南地方史研究」 加南地方史研究会　（60）2013.03

金蔵

寺社園として立村―輪島市町野町 金蔵における村成立についての一考察（高井勝巳）「石川郷土史学会々誌」 石川郷土史学会　（37）2004.12

輪島金蔵における「京の都」伝説についての一考察（高井勝巳）「石川郷土史学会々誌」 石川郷土史学会　（43）2010.12

加能

寒雄の梵鐘について（和田学）「加能地域史」 加能地域史研究会　31　2000.1

講演 加能の法華文化（中尾堯）「加能史料研究」 石川県地域史研究振興会　12　2000.3

ゴメキ石（小倉学）「加能民俗」 加能民俗の会　12（2）通号144　2001.3

疱瘡流しの唄（小倉学）「加能民俗」 加能民俗の会　12（2）通号144　2001.3

ある墓参（前田佐智子）「加能民俗」 加能民俗の会　12（2）通号144　2001.3

民俗の手帖 「チョキとパー」「どろけん」（塩原咲織）「加能民俗」 加能民俗の会　12（2）通号144　2001.3

縄獅子（小倉学）「加能民俗研究」 加能民俗の会　32　2001.3

煤払い・追儺の一資料（真山武志）「加能民俗」 加能民俗の会　12（3）通号145　2002.3

民俗の手帖「寶玉さん」（村本外志雄）「加能民俗」 加能民俗の会　12（3）通号145　2002.3

雁皮を漉く村（中川幾美）「加能民俗研究」 加能民俗の会　33　2002.3

ジャーナリズムと民俗（1）―迷子石/能登はやさしや/海の奇獣（大門哲）「加能民俗」 加能民俗の会　12（4）通号146　2003.3

雪わりの慣行（小倉學）「加能民俗」 加能民俗の会　12（4）通号146　2003.3

蟹の民俗二題（森俊）「加能民俗」 加能民俗の会　12（4）通号146　2003.3

他界の観念について（今村充夫）「加能民俗研究」 加能民俗の会　34　2003.3

口承と書承―地蔵をめぐる昔話と伝説（藤島秀隆）「加能民俗研究」 加能民俗の会　34　2003.3

伝説の背景―頭白と通幻（前田佐智子）「加能民俗研究」 加能民俗の会　34　2003.3

狐の民俗―特に食用、薬用としての狐を中心に（森俊）「加能民俗研究」 加能民俗の会　34　2003.3

野兎をめぐる民俗―ユキサラシを中心に（天野武）「加能民俗研究」 加能民俗の会　34　2003.3

紡錘車実用事例の考察（松村恵里）「加能民俗研究」 加能民俗の会　34　2003.3

ジャーナリズムと民俗（2）―弾丸避けの美談/山の奇獣（大門哲）「加能民俗」 加能民俗の会　12（5）通号147　2004.3

とぎじる屋（研ぎ汁屋）（橋本良一）「加能民俗」 加能民俗の会　12（5）通号147　2004.3

蛇捕り―山間地と低地の比較（大門哲）「加能民俗研究」 加能民俗の会　35　2004.3

コレラ病とヤンレ節―明治12年の流行（真山武志）「加能民俗研究」 加能民俗の会　35　2004.3

糸儀礼に見る糸の神聖性について―紡錘車考察のための補足（松村恵里）「加能民俗研究」 加能民俗の会　36　2005.3

秋祭りの行灯の揺らいだ村（中川幾美）「加能民俗研究」 加能民俗の会　36　2005.3

ジャーナリズムと民俗（4）八「猫屋敷」報道の系譜（大門哲）「加能民俗」 加能民俗の会　12（7）通号149　2006.3

「ヨウガイ」考（天野武）「加能民俗研究」 加能民俗の会　通号37　2006.3

礫場とオオイネ―負の視覚文化論ノート（大門哲）「加能民俗研究」 加能民俗の会　通号39　2008.3

私の民俗ノートより［1］,（2）（前田佐智子）「加能民俗」 加能民俗の会　12（10）通号152/12（11）通号153　2009.03/2010.03

エブリコ再考とその周辺―酒の燗用具のこと（天野武）「加能民俗」 加能民俗の会　12（10）通号152　2009.03

シンポジウム「地域民俗の再性」―問題提起（小林忠雄）「加能民俗研究」 加能民俗の会　通号40　2009.03

雪国におけるたとえ言葉（天野武）「加能民俗研究」 加能民俗の会　通

号41 2010.03

嫁威し肉附き面の伝承をめぐって―寺院縁起と口承文芸（藤島秀隆）「加能民俗研究」 加能民俗の会 通号41 2010.03

私の民俗ノートより（3）雪女郎（1）（2）/実家とは/嫁盗み/山下久男先生と遠野/印鑰神社（前田佐智子）「加能民俗」 加能民俗の会 12（12）通号154 2011.03

加賀能登の雨乞い―ジャーナリズムと民俗（5）（大門哲）「加能民俗」 加能民俗の会 12（13）通号155 2012.03

私の民俗ノートより（4）菅生石部神社の千歳灯籠/中町さんと辻占/屠蘇風呂/橘への道/二回目の古道/絵の中の真実（前田佐智子）「加能民俗」 加能民俗の会 12（13）通号155 2012.03

書評 牛嶋英俊著『飴と飴売りの文化史』（前田佐智子）「加能民俗研究」 加能民俗の会 （43）2012.03

武家「檀方」の形態―藩士茨木家における半檀家・複檀家事例（宇佐美孝）「加能地域史」 加能地域史研究会 （57）2013.03

失墜するワシタカ―ジャーナリズムと民俗（6）（大門哲）「加能民俗」 加能民俗の会 12（14）通号156 2013.03

ドジョウ蒲焼一五〇年史―「都市伝説」化する零細小売業（大門哲）「加能民俗研究」 加能民俗の会 （44）2013.03

近親婚オジメイゾイ（叔父姪添い）（天野武）「加能民俗研究」 加能民俗の会 （44）2013.03

ビョンコンなど表現を重ねる野兎の異名―曖昧さただよう野兎の異名・特殊名（天野武）「加能民俗」 加能民俗の会 12（15）通号157 2014.03

加賀・能登の建築儀礼と民俗に関する考察（1）（宮本眞晴）「加能民俗研究」 加能民俗の会 （45）2014.03

河北

金沢市神道青年会編『杜のささやき』神社ものがたり―金沢・河北（〔書評〕）（今村充夫）「市史かなざわ」 金沢市 3 1997.3

河北潟沿岸

潟湖と樹木―河北潟沿岸の植樹と燃料調達（大門哲）「加能民俗研究」 加能民俗の会 （45）2014.03

河北郡

北加賀河北郡と越中砺波郡の一向一揆の城砦群の概要（南龍雄）「北陸の中世城郭」 北陸城郭研究会 13 2003.7

上時国家

上時国家の年中行事（橋本秀一郎）「すずろものがたり」 珠洲郷土史研究会 （67）2012.04

上安田町

石を運ぶ―松任市上安田町の婚礼行事（真山武志）「加能民俗研究」 加能民俗の会 34 2003.3

鴨池

鴨池と竹割まつり（敷田千枝子）「江沼の久爾」 江沼地方史研究会 （57）2012.04

加茂神社

加茂神社の由緒（田中外余成）「能登の文化財」 能登文化財保護連絡協議会 41 2007.3

冬瓜町

大野湊神社の夏季祭礼の神輿担ぎ―神社縁起と冬瓜町（かもりまち）（鏑木紀彦）「加能民俗研究」 加能民俗の会 通号37 2006.3

唐戸山

神事相撲に見る「社会的な力」―唐戸山神事相撲における「大関」の条件から（井上宗一郎）「日本民俗学」 日本民俗学会 通号237 2004.2

河内谷

白山麓河内谷における野兎の民俗―内尾と久保の場合（天野武）「加能民俗」 加能民俗の会 12（14）通号156 2013.03

勧帰寺

「大垣山勧帰寺史」編纂を終えて（松田義雄）「加南地方史研究」 加南地方史研究会 （49）2002.2

願行寺

龍池山願行寺由緒と官知論に描かれる菅生の願正（生）（西出康信）「江沼の久爾」 江沼地方史研究会 （55）2010.04

願得寺

清澤願得寺と鳥越弘願寺（辻貢弘）「故郷乃研究」 白山市教育委員会 （1）2006.3

願念寺

地名の「松任」考と木一山願念寺由緒（田中勇）「故郷乃研究」 白山市教育委員会 （6）2011.3

願隆寺

表紙写真解説 遭飃記念之碑 美川町願隆寺内（京念義則）「故郷乃研究」 白山市教育委員会 （9）2014.03

北浅井邑

北浅井邑の菩提所の記録（浅田三郎）「加南地方史研究」 加南地方史研究会 （59）2012.3

北潟

塩屋と北潟に残る女工哀史の「南郷おどり」（加端忠和）「江沼の久爾」 江沼地方史研究会 （47）2002.4

木場

木場音頭制作にあたって（吉田彦右エ門）「加南地方史研究」 加南地方史研究会 （53）2006.4

木原

木原の鯖踊り由来考（岡本伊佐夫）「能登の文化財」 能登文化財保護連絡協議会 35 2001.9

玉泉院

玉泉院永姫につきて―附、時宗玉泉院のこと（加納嘉津政）「石川郷土史学会々誌」 石川郷土史学会 （47）2014.12

金剣宮

我が故郷の鶴来町の金剣宮の起源の検証―古代第一期創建（北村秀昭）「故郷乃研究」 白山市教育委員会 （2）2007.3

我が故郷の鶴来町と金剣宮の起源の検証（第二変革期神仏混淆時代）（北村秀昭）「故郷乃研究」 白山市教育委員会 （3）2008.3

我が故郷の鎮守の杜「鶴来金剣宮」と別当松任金剣宮（北村秀昭）「故郷乃研究」 白山市教育委員会 （4）2009.03

我が故郷の鶴来町と金剣宮の検証―第三変革期神仏分離と廃仏毀釈時代（北村秀昭）「故郷乃研究」 白山市教育委員会 （5）2010.3

金城霊沢

「金城霊澤碑」の石工（鏑刻者）について（渡邊金雄，渡邊小夜子）「石川郷土史学会々誌」 石川郷土史学会 （43）2010.12

弘願寺

清澤願得寺と鳥越弘願寺（辻貢弘）「故郷乃研究」 白山市教育委員会 （1）2006.3

久谷

松本家所蔵絵葉書―明治から大正の久谷焼関連資料として（本谷文雄）「石川県立歴史博物館紀要」 石川県立歴史博物館 （18）2006.3

久谷焼の認識について（田嶋正和）「江沼の久爾」 江沼地方史研究会 （52）2007.3

九谷

古九谷について「読んで…」「聴講して…」（五十嵐一雄）「加南地方史研究」 加南地方史研究会 （52）2005.3

九谷焼の耕作図（中越康介）「民具マンスリー」 神奈川大学 38（8）通号452 2005.11

古九谷＝伊万里論の再検討（〈特集 九州やきもの史〉）（伊藤和雅）「海路」 「海路」編集委員会，海鳥社（発売）通号6 2008.6

九州のやきもの 有田の"古九谷"（村上伸之）「海路」 「海路」編集委員会，海鳥社（発売）通号7 2009.1

口能登

口能登の死後供養と墓制―石川県羽咋郡富来町酒見（松尾あずさ）「昔風と当世風」 古々路の会 75 1998.5

久保

白山麓河内谷における野兎の民俗―内尾と久保の場合（天野武）「加能民俗」 加能民俗の会 12（14）通号156 2013.03

久保市乙剣宮

「久保市乙剣宮舞囃子番組」と「小橋天神御楽永代譜」について（長山直治）「石川郷土史学会々誌」 石川郷土史学会 （40）2007.12

熊甲神社

熊甲由来攷（酢谷琢磨）「石川郷土史学会々誌」 石川郷土史学会 （38）2005.12

熊甲二十日祭の枠旗行事

お熊甲二十日祭考（加賀実）「能登の文化財」 能登文化財保護連絡協議会 31 1997.8

青柏祭曳山行事由来攷/熊甲における枠旗祭り由来攷（酢谷琢磨）「石川郷土史学会々誌」 石川郷土史学会 （33）2000.12

九万坊大権現

金沢に伝わる「九万坊大権現」についての一考察（高井勝己）「石川郷土史学会々誌」 石川郷土史学会 （44）2011.12

石川県　　　　　　　　　　　　　　郷土に伝わる民俗と信仰　　　　　　　　　　　　　　北陸甲信越

倉月荘

室町期・戦国期の加賀国倉月荘の「村」々と在地社会――一向一揆の動向までを踏まえて（若林陵一）「加能地域史」　加能地域史研究会　（58）2013.5

倶利伽羅三十三観音

倶利伽羅三十三観音（久世嘉太郎）「北陸石仏の会研究紀要」　北陸石仏の会　通号2　1998.5

黒部奥山

御内用に付黒部奥山に罷越候日記（武田秀平）/年中行事（武田臺所）（武田久子）「石川郷土史学会々誌」　石川郷土史学会　（34）2001.12

桑島

旧白峰村の桑島の共有山林と入会慣行（第35回北陸三県民俗の会年会記録―共通課題―北陸のムラ（宮座、若者組、混住化、限界集落））（山口一男）「北陸の民俗」　富山民俗の会　28　2011.03

気多社

近世初期における能登一宮気多社の再編―鳥獣保護政策との関わりから（塩崎久代）「石川県立歴史博物館紀要」　石川県立歴史博物館　（23）2011.03

気多大社

気多大社「入らずの森」の採集銭貨（芝田悟）「石川考古学研究会会誌」　石川考古学研究会　48　2005.3

おいで祭り（御出御幸）（木下力夫）「すずろものがたり」　珠洲郷土史研究会　（67）2012.04

三十番神めぐり（15）気比神宮・気多大社（川口日空）「サットバ：みんな」　（442）2014.02

気多の鵜祭の習俗

重要無形民俗文化財（年中行事等に関する風俗習慣）「気多の鵜祭の習俗」について―平成21年度無形民俗文化財等調査記録事業の同行調査記録（北林雅康）「能登の文化財」　能登文化財保護連絡協議会　44　2010.10

近代の神社政策と鵜祭（大会特集号Ⅰ "伝統" の礎―加賀・能登・金沢の地域史―問題提起）（市田雅宗）「地方史研究」　地方史研究協議会　63（4）通号364　2013.08

剣崎道場仏

剣崎道場仏の縁起（愚識庵夏壚）「郷土と文化」　白山市教育委員会　31　2004.3

剣城

剣城の落城 北陸本願寺教団の崩壊（1）（安達政司）「故郷乃研究」　白山市教育委員会　（6）2011.03

建聖寺

小松市建聖寺と同寺所蔵（版本）大般若経について（室山孝）「加南地方史研究」　加南地方史研究会　（57）2010.03

兼六園

兼六園の徽軫灯篭と浦上玉堂（今井喜江）「石川郷土史学会々誌」　石川郷土史学会　（38）2005.03

高巌寺

高巌寺と茶道宗和流について（岩脇他計雄）「石川郷土史学会々誌」　石川郷土史学会　（30）1997.12

河田町

河田町と大相撲（2）（高酉外）「加南地方史研究」　加南地方史研究会　44　1997.2

香林坊

香林坊の縁切り神―実録本小説・九星学・大蛇騒動（大門哲）「加能民俗研究」　加能民俗の会　36　2005.3

香林坊とお地蔵様と目薬の木（今井喜江）「石川郷土史学会々誌」　石川郷土史学会　（46）2013.12

合鹿

合鹿碗の伝承について（瀬戸久雄）「能登の文化財」　能登文化財保護連絡協議会　38　2004.9

基調講演 知られざる日本の漆文化と輪島塗・合鹿椀（四柳嘉章）「能登の文化財」　能登文化財保護連絡協議会　43　2009.10

国府

ふるさと国府―神社の随身を訪ねて（高酉外）「加南地方史研究」　加南地方史研究会　（50）2003.2

腰巻地蔵

北前船風待ち湊 能登の福浦の腰巻地蔵（松山宗恵）「能登の文化財」　能登文化財保護連絡協議会　45　2011.10

事代主神社

事代主神社と鯱場の瀬（吉岡栄太郎）「久之の郷」　門前町郷土史研究会　3　1999.9

小橋天神

「久保市乙剣宮舞囃子番組」と「小橋天神囃楽永代譜」について（長山直治）「石川郷土史学会々誌」　石川郷土史学会　（40）2007.12

小松

小松の町づくりと寺院（北野勝次）「加南地方史研究」　加南地方史研究会　45　1998.2

「小松」という地名の由来と「小松寺」について［1］,（2）（後藤朗）「加南地方史研究」　加南地方史研究会　45/46　1998.2/1999.2

『「小松」の伝承―地名1 小松』正和久佳著を読んで（五十嵐一雄）「加南地方史研究」　加南地方史研究会　46　1999.2

小松の曳山 踊り子変遷事情 竜助町曳山文書考（大西勉）「加南地方史研究」　加南地方史研究会　（48）2001.2

「小松」という地名の由来と「小松寺」について（3）付「小松庄」の事（後藤朗）「加南地方史研究」　加南地方史研究会　（48）2001.2

「小松」という地名の由来と「小松寺」について（4）―付「金沢庄」並に「金沢寺」の事（後藤朗）「加南地方史研究」　加南地方史研究会　（49）2002.2

小松芦城公園は小松寺の跡地―小松という地名の由来と小松寺（5）（後藤朗）「加南地方史研究」　加南地方史研究会　（50）2003.2

小松の屋号（大西勉）「加南地方史研究」　加南地方史研究会　（51）2004.4

「小松」という地名の由来と小松寺（6）―付「土居原は本折城の跡地」（後藤朗）「加南地方史研究」　加南地方史研究会　（51）2004.4

金沢市祭・尾山まつりと比較しての小松商工祭・としつね祭（第30回北陸三県民俗の会年会記録 2005―共通課題―町づくりの祭）（由谷裕哉）「北陸の民俗」　富山民俗の会　23　2005.08

小松の神社奉納物―絵馬・石造物から（山前圭佑）「加南地方史研究」　加南地方史研究会　（56）2009.03

小松の寺社奉納物―棟札（山前圭佑）「加南地方史研究」　加南地方史研究会　（57）2010.03

小松の地蔵尊などを訪ねて（研究の部）（犬丸博雄）「加南地方史研究」　加南地方史研究会　（61）2014.03

小松市

石川県小松市郷谷川・滓上川流域の方言（加藤和夫）「小松市立博物館研究紀要」　小松市立博物館　（34）1998.3

石川県小松市鍋谷川・日用川流域および日本海沿岸部の方言（加藤和夫）「小松市立博物館研究紀要」　小松市立博物館　（35）1999.3

都市祭礼の言説分析に向けて―小松市お旅まつりの例（由谷裕哉）「加能民俗研究」　加能民俗の会　23　2002.3

小松市山間部の石積みと曼荼羅庭園（城至勝義）「加南地方史研究」　加南地方史研究会　（54）2007.3

石川県小松市における獅子舞の系譜と伝播（高久舞）「信濃［第3次］」　信濃史学会　66（1）通号768　2014.01

小松市の参道狛犬―能美郡・市 白山市との比較（松村芳明）「のうみ：能美郷土史の会会誌」　能美郷土史の会　（9）2014.03

小松寺

「小松」という地名の由来と「小松寺」について［1］,（2）（後藤朗）「加南地方史研究」　加南地方史研究会　45/46　1998.2/1999.2

「小松」という地名の由来と「小松寺」について（3）付「小松庄」の事（後藤朗）「加南地方史研究」　加南地方史研究会　（48）2001.2

「小松」という地名の由来と「小松寺」について（4）―付「金沢庄」並に「金沢寺」の事（後藤朗）「加南地方史研究」　加南地方史研究会　（49）2002.2

小松芦城公園は小松寺の跡地―小松という地名の由来と小松寺（5）（後藤朗）「加南地方史研究」　加南地方史研究会　（50）2003.2

「小松」という地名の由来と小松寺（6）―付「土居原は本折城の跡地」（後藤朗）「加南地方史研究」　加南地方史研究会　（51）2004.4

小松庄

「小松」という地名の由来と「小松寺」について（3）付「小松庄」の事（後藤朗）「加南地方史研究」　加南地方史研究会　（48）2001.2

小松天満宮

小松天満宮は守られた（大西勉）「加南地方史研究」　加南地方史研究会　44　1997.2

奥野八幡神社の「七重塔」は石川産小松天満宮の十五重の塔は坪野石（松田義雄）「加南地方史研究」　加南地方史研究会　（52）2005.3

小山

本誓寺屋敷等についての考察―小山から佐内へ・佐内から高田へ（渡邉昭二）「頸城文化」　上越郷土研究会　（51）2003.9

北陸甲信越　　　　　　　　　　郷土に伝わる民俗と信仰　　　　　　　　　　石川県

金剛寺
金剛寺永代法名記（安土つぐお）「のうみ ： 能美郷土の会会誌」 能美郷土史の会　（6）2011.03

犀川
コウモリを食べる習俗—金沢・山間部の犀,川・内川・富樫地区の場合（北島俊朗）「加能民俗」 加能民俗の会　12（3）通号145　2002.3

犀川口
雨宝院所蔵の「金沢城下犀川口図」絵馬について（戸澗幹夫）「石川県立歴史博物館紀要」 石川県立歴史博物館　通号13　2000.4

栄谷町
白山信仰と温谷寺跡—加賀市宇谷町・栄谷町及び小松市滝ヶ原町・那谷町丘陵部の考古学的調査報告（宮本哲郎、古川登、小阪大、加藤克郎）「石川考古学研究会会誌」 石川考古学研究会　（52）2009.03

栄谷町道場
栄谷町道場（浄土真宗）に保管されていた掛軸・巻物・教典等について（東出長良）「江渟の久爾」 江沼地方史研究会　（43）1998.4

酒見
口能登の死後供養と墓制—石川県羽咋郡富来町酒見（松尾あずさ）「昔風と当世風」 古々路の会　75　1998.5
酒見の薬師如来と八津寺廃寺の考察（谷口信男）「能登の文化財」 能登文化財保護連絡協議会　42　2008.10

慈雲寺
慈雲寺蔵八相涅槃図の絵解き（第二報）（安井史郎）「石川郷土史学会々誌」 石川郷土史学会　（47）2014.12

塩屋
塩屋と北潟に残る女工哀史の「南郷おどり」（加端忠和）「江渟の久爾」 江沼地方史研究会　（47）2002.4

慈光院
大聖寺と慈光院（西出康信）「江渟の久爾」 江沼地方史研究会　（51）2006.3

七窪地蔵
明らかになった七窪地蔵の由来（塚本傳榮）「石川郷土史学会々誌」 石川郷土史学会　（39）2006.12

島田
島田の石仏（滝本やすし）「北陸石仏の会々報」 北陸石仏の会　（43）2013.09

清水八幡神社
八幡宮紹介 清水八幡神社（石川県河北郡）˝季刊悠久.第2次」 鶴岡八幡宮悠久事務局　（106）2006.12

持明院
持明院妙蓮池と持明院（4）,（5）（藤村進）「石川郷土史学会々誌」 石川郷土史学会　（39）/（40）2006.12/2007.12

下徳山
下徳山のお墓雑感（山田省祖）「のうみ ： 能美郷土の会会誌」 能美郷土史の会　（6）2011.03

重蔵神社
重蔵神社の夏祭「重蔵さんのゆうごもり」（能門重矩）「能登の文化財」 能登文化財保護連絡協議会　44　2010.10

守禅庵
法恩寺の廃退と守禅庵への吸収合併（成徳正）「すずろものがたり」 珠洲郷土史研究会　65　2004.9

成学寺
成学寺の風神・雷神（今井喜江）「石川郷土史学会々誌」 石川郷土史学会　（43）2010.12

松岡寺
鮎瀧坊と相瀧松岡寺由来 相瀧松岡寺系譜（田中辰吉）「加南地方史研究」 加南地方史研究会　（49）2002.2
資料紹介 松波松岡寺文書について（石田文一）「石川県立歴史博物館紀要」 石川県立歴史博物館　（14）2002.3

聖興寺
宮保聖興寺を考える（田中勇）「郷土と文化」 白山市教育委員会　27　2000.3
聖興寺所蔵のキリシタン文書の解読文（蒔田達雄）「郷土と文化」 白山市教育委員会　30　2003.3
曹洞宗太原山聖興寺之事（岡田孝）「加南地方史研究」 加南地方史研究会　（59）2012.03

聖興寺明治再建とその資料について（山崎幹泰）「北陸都市史学会誌」 北陸都市史学会事務局　（19）2013.08

篠生寺
篠生寺と篠粽伝説—真宗寺院開創の伝承（前田佐智子）「加能民俗研究」 加能民俗の会　32　2001.3

常徳寺
巻頭文 真宗大谷派常徳寺の経蔵とその蔵書（藤懸了世）「能登の文化財」 能登文化財保護連絡協議会　44　2010.10

浄土寺
大窪山浄土寺の由来についての考察（上出輝）「故郷乃研究」 白山市教育委員会　（7）2012.03

白滝谷
庚申信仰について—若山郷白滝谷に行われていた実例（成徳正）「すずろものがたり」 珠洲郷土史研究会　62　2001.9

白峰
白山麓白峰ジゲにおける野兎の民俗—野兎の贈答慣行を中心に（天野武）「加能民俗研究」 加能民俗の会　32　2001.3
白山麓白峰の穴熊狩り（森俊）「加能民俗研究」 加能民俗の会　32　2001.3
白山麓白峰ジゲにおける野兎の民俗—野兎の食習その他（天野武）「加能民俗研究」 加能民俗の会　36　2005.3

白峰村
《石川県石川郡白峰村調査報告書》「常民」 中央大学民俗研究会　42　2004.11
調査地概況/村落構成/生業/信仰/仏教信仰/年中行事/葬制/口承文芸/調査項目外採集事項「常民」 中央大学民俗研究会　42　2004.11
白峰村の食文化を味わう（加藤享子）「加能民俗」 加能民俗の会　12（9）通号151　2008.3
白峰村の食文化を探る—報恩講料理（纓田千恵子）「加能民俗」 加能民俗の会　12（9）通号151　2008.3
白山奥山人の渓流魚保存について—サカナフロ・押しずし中心に（《第32回 北陸三県民俗の会年会記録》—〈共通課題—食の伝承（郷土料理、特産、保存食）〉）（橘禮吉）「北陸の民俗」 富山民俗の会　25　2008.3

神宮寺
白山信仰と故郷の総社—去りゆく白山神宮寺衆徒と能生白山神社（1）〜（完）（北村秀昭）「故郷乃研究」 白山市教育委員会　（7）/（9）2012.03/2014.03

新善光寺
赤坂白山神社板碑の検討—越前国赤坂新善光寺の所在を巡って（清水邦彦、古川登）「日引 ： 石造物研究会誌」 （13）2012.05

心蓮社
浄土宗心蓮社（金沢市）の眼明如来縁起をめぐって—幸若舞曲「満仲」とその周辺（藤島秀隆）「加能民俗研究」 加能民俗の会　（43）2012.03

瑞泉寺
近世寺院の女性生活史断章—加賀金沢瑞泉寺文書調査より（池田仁子）「加能史料研究」 石川県地域史研究振興会　14　2002.6

末松廃寺
末松廃寺（調査速報）（安英樹）「拓影 ： 石川県立埋蔵文化財センター所報」 石川県立埋蔵文化財センター　55　1998.3

末森城跡
山城レポ 続・怨霊の城 能登末森城跡（末森清司）「備陽史探訪」 備陽史探訪の会　（172）2013.6

杉谷
のとの昔ばなし 第2集『杉谷ものがたり』（坪井純子）「七つ尾」 七尾城址文化事業団　（29）2012.03

菅生
龍池山願行寺由緒と官知論に描かれる菅生の願正（生）（西出康信）「江渟の久爾」 江沼地方史研究会　（55）2010.04

菅生石部神社
美濃の天満宮と菅生石部神社—斎藤氏の氏神（西村毬子）「郷土研究・岐阜 ： 岐阜県郷土資料研究協議会会報」 岐阜県郷土資料研究協議会　75　1997.3
「菅生石部神社」—加納天満宮のルーツを尋ねて（西村毬子）「中山道加納宿 ： 中山道加納宿文化保存会会誌」 中山道加納宿文化保存会　（45）2005.4
鴨池と竹割まつり（敷田千枝子）「江渟の久爾」 江沼地方史研究会　（57）2012.04

珠洲

季節の方言(29)～[31](馬場宏)「すずろものがたり」 珠洲郷土史研究会 58/60 1997.8/1999.8

珠洲地方の真宗寺院(和嶋俊二)「すずろものがたり」 珠洲郷土史研究会 59 1998.8

魚津市内における珠洲焼について(田代昭夫)「魚津史談」 魚津歴史同好会 (21) 1999.3

吉野・熊野と珠洲の修験道(木下力夫)「すずろものがたり」 珠洲郷土史研究会 63 2002.10

時宗(遊行宗)の痕跡(3)(和嶋俊二)「すずろものがたり」 珠洲郷土史研究会 64 2003.9

聖徳太子と太子信仰(木下力夫)「すずろものがたり」 珠洲郷土史研究会 64 2003.9

珠洲地方の弥勒信仰(和嶋俊二)「すずろものがたり」 珠洲郷土史研究会 65 2004.9

大伏家の観音堂伝承(成徳正)「すずろものがたり」 珠洲郷土史研究会 65 2004.9

「能登を知る」研究会「あえのこと」について、海揚がりの珠洲焼きについて「能登のくに」 能登を知る会 (準備号) 2009.2

時宗(遊行宗)とその痕跡(木下力夫)「すずろものがたり」 珠洲郷土史研究会 (66) 2009.12

くるくる山と正月様(木下力夫)「すずろものがたり」 珠洲郷土史研究会 (67) 2012.04

珠洲市

珠洲市内の神社で見える湯立神事白餅神饌(桜井重行)「能登の文化財」 能登文化財保護連絡協議会 36 2002.8

須須神社

須須守護神太鼓の復活(泉昇)「すずろものがたり」 珠洲郷土史研究会 58 1997.8

山伏山社叢の現地調査/須須神社社叢林の自然観察(〈自然保護特別委員会現地調査報告〉)「能登の文化財」 能登文化財保護連絡協議会 42 2008.10

洲巻

会員報告 洲巻の庚申信仰(池田紀子)「北陸石仏の会々報」 北陸石仏の会 (37) 2010.09

青柏祭の曳山行事

青柏祭曳山行事由来攷/熊甲における枠旗祭り由来攷(酢谷琢磨)「石川郷土史学会々誌」 石川郷土史学会 (33) 2000.12

青柏祭の起源(田川捷一)「能登の文化財」 能登文化財保護連絡協議会 38 2004.9

七尾市青柏祭「でか山」起源再攷(酢谷琢磨)「石川郷土史学会々誌」 石川郷土史学会 (45) 2012.12

石動山

石動山神事入用竹願書扣帳(西尾家文書より)(中橋達夫)「能登の文化財」 能登文化財保護連絡協議会 38 2004.9

第29回例会 能登半島・石動山の石仏たち報告「北陸石仏の会々報」 北陸石仏の会 (28) 2004.4

石動山再訪(堀宗夫)「北陸の中世城郭」 北陸城郭研究会 15 2005.7

能登石動山の「イワシガ池」─氷見灘浦の漁師とのこと(嶺岡美見)「久里」 神戸女子民俗学会 (25) 2010.01

婆珊演底主夜神 石川県中能登町石動山(滝本やすし)「日本の石仏」 日本石仏協会, 青娥書房(発売) (143) 2012.09

石動山を語り継ぐ(巽巳和)「氷見春秋」 氷見春秋会 (66) 2012.10

石仏山

祭祀遺跡「石仏山」(高山一夫)「能登の文化財」 能登文化財保護連絡協議会 41 2007.3

瀬波

白山麓瀬波における節供行事雑考─ショウブの節供を中心に(天野武)「加能民俗研究」 加能民俗の会 通号38 2007.3

専光寺

重層的寺檀関係・縁借に関する一考察─石川県・真宗専光寺門徒の事例から(吉原睦)「岡山民俗」 岡山民俗学会 213 2000.7

千石在所

伝説から金蔵千石在所を思考(井池光夫)「能登の文化財」 能登文化財保護連絡協議会 31 1997.8

専称寺

安宅山専称寺(真宗大谷派)(泉昇)「すずろものがたり」 珠洲郷土史研究会 59 1998.8

善徳寺

近代における真宗と女性─城端別院善徳寺の女性門信徒の行動と変遷を通して(本林靖久)「加能民俗研究」 加能民俗の会 (42) 2011.03

専念寺

能州三崎専念寺文書からの海域史「船手勧録」と諸国廻船(抜粋)(泉昇)「すずろものがたり」 珠洲郷土史研究会 61 2000.9

惣海寺

医王山惣海寺を追って(堀宗夫)「石川考古学研究会会誌」 石川考古学研究会 40 1997.3

相川新

松任市相川新の若者組(天野武)「加能民俗研究」 加能民俗の会 (43) 2012.03

惣持寺

史料紹介 梵清筆写「惣持寺文書写」について(室山孝)「加能史料研究」 石川県地域史研究振興会 14 2002.6

総持寺

瑩山禅師と総持寺教団(納冨常天)「加能史料研究」 石川県地域史研究振興会 9 1997.3

能州総持寺代官星野源五郎守善覚書抜粋(谷内掃部)「久之の郷」 門前町郷土史研究会 2 1997.9

能登総持寺の随喜講運営と金沢町人─領内資本の運用と米仲買(濱岡伸也)「石川県立歴史博物館紀要」 石川県立歴史博物館 (17) 2005.3

総持寺祖院

總持寺祖院の石造遺物(水尻文造)「久之の郷」 門前町郷土史研究会 6 2005.12

總持寺祖院の被害(《特集 能登半島地震》)(前田無参)「久之の郷」 門前町郷土史研究会 (7) 2009.03

総持禅寺

森田文庫本「総持禅寺古文書」について(史料紹介)(室山孝)「加能史料研究」 石川県地域史研究振興会 15 2003.3

崇禅寺

崇禅寺所蔵 天神縁起絵扁額の「絵解き」(安井史郎)「石川郷土史学会々誌」 石川郷土史学会 (37)/(39) 2004.12/2006.12

即得寺

即得寺 避火之刀(避火宝刀)(山崎勇)「のうみ : 能美郷土史の会会誌」 能美郷土史の会 (8) 2013.03

外山

末貞家は「土地神」持ちの分付百姓か─大谷町外山の古石塔について(成徳正)「すずろものがたり」 珠洲郷土史研究会 64 2003.9

大衆免

金沢・大衆免の獅子頭─獅子頭と住民意識(小倉学)「石川郷土史学会々誌」 石川郷土史学会 (31) 1998.12

大乗寺

瑞龍寺・大乗寺・妙成寺伽藍からみた建仁寺流の特質(前)～(後)─北陸における禅宗様の浸透(桜井敏雄)「市史かなざわ」 金沢市 8/10 2002.3/2004.3

曹洞宗加賀大乗寺と黄檗宗(虎井吉雄)「石川郷土史学会々誌」 石川郷土史学会 (36) 2003.12

大乗寺と永光寺の地位について─大乗寺開山徹通義介禅師七百回御遠忌を迎えるにあたり(虎井吉雄)「石川郷土史学会々誌」 石川郷土史学会 (40) 2007.12

大聖寺

歳時の習俗(18)─城下町大聖寺のくらしの変遷(山本弘)「江渟の久爾」 江沼地方史研究会 (49) 2004.4

「大聖寺」ありがとう(小村一郎)「江渟の久爾」 江沼地方史研究会 (50) 2005.4

大聖寺と慈光院(西出康信)「江渟の久爾」 江沼地方史研究会 (51) 2006.3

笈ヶ岳出土経筒にみえる大聖寺について(小西洋子)「石川県立歴史博物館紀要」 石川県立歴史博物館 (20) 2008.3

大聖寺藩

茶道南坊流が大聖寺藩で伝習された歴史(中越良隆)「江渟の久爾」 江沼地方史研究会 (42) 1997.4

大福寺

洞ヶ岳真蘇坊・高爪社と金龍山大福寺の概要(南龍雄)「北陸の中世城郭」 北陸城郭研究会 14 2004.7

高爪社

洞ヶ岳真蘇坊・高爪社と金龍山大福寺の概要（南龍雄）「北陸の中世城郭」 北陸城郭研究会　14　2004.7

高爪山

高爪山山頂の遺構と方柱形板碑（宮本哲郎）「石川考古学研究会会誌」 石川考古学研究会　(52)　2009.03

滝ヶ原町

白山信仰と温谷寺跡―加賀市宇谷町・栄谷町及び小松市滝ヶ原町・那谷町丘陵部の考古学的調査報告（宮本哲郎, 古川登, 小阪大, 加藤克郎）「石川考古学研究会会誌」 石川考古学研究会　(52)　2009.03

竹又町

金沢歳時記 竹又町 虫送り/土用餅（橘礼吉）「市史編さんかなざわ」 金沢市史編さん事務局　7　1999.12

竹松町

白山市竹松町の民俗行事―田のお歳暮まわりと紙もらい（真山武志）「加能民俗」 加能民俗の会　12(15) 通号157　2014.03

岳薬師

嶽薬師と能登の薬師信仰 レジメと解説「能登のくに」 能登を知る会　(2)　2010.02

蛸島町

生業からいきがいへ―石川県珠洲市蛸島町の商店を事例に（安藤有希）「縁 ： 集いの広場」 縁フォーラム事務局　(1)　2012.10

多太神社

小松市多太神社所蔵「奉納軍記」について―「加州浅井戦図覚書」の翻刻（室山孝）「加南地方史研究」 加南地方史研究会　(47)　2000.2

多太神社・千五百年大祭を迎えて（〈創立50周年記念号会員特別原稿〉）（竹田栄太郎）「加南地方史研究」 加南地方史研究会　(50)　2003.2

辰口町

語り伝えたい「ふるさと」の心―旧辰口町の口頭伝承から（宮本茂）「のうみ ： 能美郷土史の会会誌」 能美郷土史の会　(9)　2014.03

立山参詣道三十三番観音

石仏紹介(9)　立山参詣道三十三番観音（佐藤武彦）「北陸石仏の会々報」 北陸石仏の会　19　1999.4

太郎丸神社

『太郎丸神社』のこと（五十嵐一雄）「加南地方史研究」 加南地方史研究会　(53)　2006.4

茶屋町

茶屋町の加賀獅子（小倉学）「加能民俗研究」 加能民俗の会　33　2002.3

中宮

火の番慣行にみる生活変化過程の一側面―白山麓・石川県吉野谷村中宮の事例から（板橋春夫）「日本民俗学」 日本民俗学会　通号243　2005.8

長楽寺

能登部長楽寺の仏達（家中進）「能登の文化財」 能登文化財保護連絡協議会　41　2007.3

津幡川流域

北加賀河北郡津幡川流域の一向一揆の山域について（南龍雄）「北陸の中世城郭」 北陸城郭研究会　12　2002.7

鶴来日詰町

鶴来日詰町出土の石仏について（小阪大）「石川考古」 石川考古学研究会　(288)　2006.8

鶴来町

近世鶴来町人の生業と文化活動―角屋清兵衛「守株日記」から（池田仁子）「加能地域史」 加能地域史研究会　28　1998.6

鶴来町の風の名などの気象語彙（石野春夫）「加能民俗」 加能民俗の会　12(2) 通号144　2001.3

一里一尺―白山麓鶴来町の積雪語彙（石野春夫）「加能民俗」 加能民俗の会　12(2) 通号144　2001.3

我が故郷の鶴来町の金劔宮の起源の検証―古代第一期創建（北村秀昭）「故郷乃研究」 白山市教育委員会　(2)　2007.3

我が故郷の鶴来町と金劔宮の起源の検証［第二変革期神仏混淆時代］（北村秀昭）「故郷乃研究」 白山市教育委員会　(3)　2008.3

我が故郷の鶴来町と金剣宮の検証―第三変革期神仏分離と廃仏毀釈時代（北村秀昭）「故郷乃研究」 白山市教育委員会　(5)　2010.3

寺町

金沢寺町寺院群の形成過程と現在の景観構造（第33回北陸都市史学会福井大会 発表要旨）（福塚正浩）「北陸都市史学会誌」 北陸都市史学会

事務局　(17)　2011.08

寺山谷

其の四 阿部判官一族の伝説記―主として若山谷・上戸嶺谷・寺山谷について（成徳正）「すずろものがたり」 珠洲郷土史研究会　62　2001.9

伝灯寺

加賀伝灯寺の身代り地蔵と地蔵半跏像（尾田武雄）「土蔵」 土蔵の会　9　1997.5

転徳院

転徳院と平等院の共通点（今井喜江）「石川郷土史学会々誌」 石川郷土史学会　(41)　2008.12

富樫

コウモリを食べる習俗―金沢・山間部の犀川・内川・富樫地区の場合（北島俊朗）「加能民俗」 加能民俗の会　12(3) 通号145　2002.3

富来町

石川県羽咋郡富来町における葬送儀礼（松尾あずさ）「西郊民俗」［西郊民俗談話会］ 通号160　1997.9

富来町の伝承と歴史（横道悌）「能登の文化財」 能登文化財保護連絡協議会　38　2004.9

得橋郷

研究ノート「条里制」「南禅寺領加賀国得橋郷延慶二年内検名寄事」の研究（正和久佳）「加南地方史研究」 加南地方史研究会　(48)　2001.2

飛梅町

金沢市「飛梅町」に寄せて（西高辻信良）「飛梅」 太宰府天満宮社務所　(138)　2006.3

鳥越村

鳥越村一向一揆歴史館の展示について（〈創立50周年記念号会員特別原稿〉）（波佐谷聡）「加南地方史研究」 加南地方史研究会　(50)　2003.2

鳥屋

会員報告 中能登町鳥屋の地蔵半跏像（中世石仏）（尾田武雄）「北陸石仏の会々報」 北陸石仏の会　(37)　2010.09

鳥屋町

鳥屋町の庚申塔（家中進）「能登の文化財」 能登文化財保護連絡協議会　36　2002.8

鳥屋町の不動明王（家中進）「能登の文化財」 能登文化財保護連絡協議会　37　2003.8

鳥屋町の観音像（家中進）「能登の文化財」 能登文化財保護連絡協議会　38　2004.9

中居

中世能登中居鋳物師の梵鐘（斉藤善夫）「石川郷土史学会々誌」 石川郷土史学会　(32)　1999.12

中島

川北町中島のムラ芝居（中川幾美）「加能民俗研究」 加能民俗の会　32　2001.3

長土塀

今枝仁王尊像の石柱（宮本哲郎）「石川考古」 石川考古学研究会　269　2002.5

中能登町

能登守護畠山家と中能登町の寺社（山下正良）「七つ尾」 七尾城址文化事業団　(31)　2014.02

中村神社

金沢城二ノ丸からの移築遺構について―中村神社拝殿および尾山神社東神門（調査研究）（正見泰）「金沢城研究 ： 研究紀要」 石川県金沢城調査研究所　(12)　2014.03

南志見

南志見の水無月祭り（楠知之）「能登の文化財」 能登文化財保護連絡協議会　37　2003.8

那谷観音

那谷観音通夜物語(1)（犬丸博雄）「加南地方史研究」 加南地方史研究会　(57)　2010.03

那谷観音通夜物語(2)（史料紹介）（犬丸博雄）「加南地方史研究」 加南地方史研究会　(57)　2010.03

那谷寺

史料紹介 小松市 那谷寺文書について(2)（室山孝）「加南地方史研究」 加南地方史研究会　(60)　2013.03

那谷町

白山信仰と温谷寺跡―加賀市宇谷町・栄谷町及び小松市滝ヶ原町・那谷

町丘陵部の考古学的調査報告（宮本哲郎，古川登，小阪大，加藤克郎）「石川考古学研究会会誌」 石川考古学研究会 （52） 2009.03

七尾

七尾の豊年太鼓（小倉學）「加能民俗」 加能民俗の会 12（3）通号145 2002.3

七尾の民俗音楽鑑賞・民俗音楽公演、及び解説をしての感想（宮川隆之）「日本民俗音楽学会会報」 日本民俗音楽学会 22 2005.2

基調講演 七尾の歴史的町並みについて（〈自然保護特別委員会現地調査報告〉）（市川秀和）「能登の文化財」 能登文化財保護連絡協議会 41 2007.3

能登を知る 能登びとと風呂／七つ七尾の天神さん／宇加塚・猪平の順礼供養塔「能登のくに」 能登を知る会 （1） 2009.04

七尾地方の中世のお宮やお寺 能登島伊夜比咩神社の棟札より見た宗教の世界（岡本順文）「七つ尾」 七尾城址文化事業団 （27） 2010.03

琵琶堰「七尾城」の再登場（永田房雄）「七つ尾」 七尾城址文化事業団 （28） 2011.03

近世七尾城下の寺院移動について（和田学）「加能地域史」 加能地域史研究会 （53） 2011.11

「第70回 七尾城まつり」を終えて（武井忠仁）「七つ尾」 七尾城址文化事業団 （29） 2012.03

七尾市

エビス講と造り物—金沢市と七尾市の事例から（大門哲）「加能民俗研究」 加能民俗の会 通号38 2007.3

薬師の里夏祭り（南大呑公民館）「七つ尾」 七尾城址文化事業団 （28） 2011.03

七尾市とその周辺域における雨乞い資料について（和田学）「能登の文化財」 能登文化財保護連絡協議会 47 2013.10

西岸

聖地・西岸—城端間を回避する巡礼者について（由谷裕哉）「加能民俗研究」 加能民俗の会 （45） 2014.03

能登に新しく生成した聖地・西岸（自由課題）（由谷裕哉）「北陸の民俗：北陸三県民俗の会年会記録」 富山民俗の会 31 2014.03

西谷

白山麓西谷の結婚習俗—「白山麓西谷の人生儀礼用具及び民家」調査報告に寄せて（天野武）「加能民俗研究」 加能民俗の会 通号40 2009.03

野田山

野田山近世墓地研究序論—墓地の形成と構造（出越茂和）「加能史料研究」 石川県地域史研究振興会 13 2001.3

野田山墓地

野田山墓地における越前笏谷石製の石塔類について（三井紀生）「江渟の久爾」 江沼地方研究会 （48） 2003.4

能登

民具図録の発刊（高木清）「能登の文化財」 能登文化財保護連絡協議会 31 1997.8

中世の越中・能登・加賀三州に展開する地蔵半跏像（尾田武雄）「日本の石仏」 日本石仏協会，青蛾書房（発売） 通号83 1997.9

一向一揆以前—加賀・能登の時家（林譲）「加能史料研究」 石川県地域史研究振興会 10 1998.3

能登西岸の肥前大村遭難者供養塔（柴田恵司，大石一久）「大村史談」 大村史談会 49 1998.3

能登のサンマ漁について（山下橘）「江渟の久爾」 江沼地方研究会 （43） 1998.4

能登から還った梵鐘（斉藤善夫）「北陸石仏の会研究紀要」 北陸石仏の会 通号2 1998.5

能登方言考「稲架の巻」（馬場宏）「すずろものがたり」 珠洲郷土史会 59 1998.8

宗教統制の強化とそれ以後の干渉と監視（中條茂雄）「能登の文化財」 能登文化財保護連絡協議会 32 1998.8

能登における武蔵型阿弥陀三尊種子板碑について（三浦純夫）「加能史料研究」 石川県地域史研究振興会 11 1999.3

能登方言考「田草の巻」（馬場宏）「すずろものがたり」 珠洲郷土史会 60 1999.8

茅屋根葺職人の現状（高井利雄）「能登の文化財」 能登文化財保護連絡協議会 33 1999.9

地蔵物語（瀬戸松之）「能登の文化財」 能登文化財保護連絡協議会 33 1999.9

古代史雑考二題—山海経と越中・能登木簡（川崎晃）「高岡市万葉歴史館紀要」 高岡市万葉歴史館 通号10 2000.3

能登のキリコ祭（宇野通）「まつり通信」 まつり同好会 40（8）通号474 2000.7

花火の起源 煉から芸術へ（松永清）「能登の文化財」 能登文化財保護連絡協議会 34 2000.8

近世における能登の村堂（田川捷一）「能登の文化財」 能登文化財保護連絡協議会 34 2000.8

十三仏曼荼羅考（安田信弘）「能登の文化財」 能登文化財保護連絡協議会 34 2000.8

能登方言考「餅の巻」（馬場宏）「すずろものがたり」 珠洲郷土史研究会 61 2000.9

能登方言考—たにうつぎの巻／ひがんばなの巻（馬場宏）「加能民俗研究」 加能民俗の会 32 2001.3

能登の神社・寺院を訪ねて（古屋達夫）「史談足柄」 足柄史談会 39 2001.4

能登方言考「道草の巻」（馬場宏）「すずろものがたり」 珠洲郷土史研究会 62 2001.9

「信仰の力」—銅像如来及両脇侍像保存収蔵庫完成に至るまで（教育委員会）「能登の文化財」 能登文化財保護連絡協議会 35 2001.9

能登方言考—まないたの巻 便所の巻（馬場宏）「加能民俗研究」 加能民俗の会 33 2002.3

近世における能登の村堂（田川捷一）「加能地域史」 加能地域史研究会 （36） 2002.6

氷見と能登—民俗の基層（佐伯安一）「富山市日本海文化研究所紀要」 富山市日本海文化研究所 （16） 2002.7

太鼓文化に見る能登の風土（村井直）「能登の文化財」 能登文化財保護連絡協議会 36 2002.8

能登方言考「肩車の巻」（馬場宏）「すずろものがたり」 珠洲郷土史研究会 63 2002.10

能登の夏祭り考（小倉學）「まつり」 まつり同好会 通号63 2002.12

濁酒を造る能登の神社（小倉學）「西郊民俗」 ［西郊民俗談話会］ （181） 2002.12

能登・門前町の地蔵様祭り（佃和雄）「加能民俗研究」 加能民俗の会 34 2003.3

能登方言考—かめ虫の巻（馬場宏）「加能民俗研究」 加能民俗の会 34 2003.3

能登の禅宗寺院に伝わる院派の仏像（本谷文雄）「石川県立歴史博物館紀要」 石川県立歴史博物館 （15） 2003.3

民俗行事の復活例・中止例「能登の文化財」 能登文化財保護連絡協議会 37 2003.8

能登方言考 水棲小動物の巻（馬場宏）「すずろものがたり」 珠洲郷土史研究会 64 2003.9

秋季特別展「能登 仏像紀行」「れきはく」 石川県立歴史博物館 69 2003.9

「能登 仏像紀行」開催によせて ちょっと気になる仏たち（本谷文雄）「れきはく」 石川県立歴史博物館 69 2003.9

天神として祀られた藩主—加賀・能登・越中の天神信仰（西山郷史）「宗教民俗研究」 日本宗教民俗学会 （13） 2003.12

能登・越中のお小夜—伝説の背景（前田佐智子）「加能民俗研究」 加能民俗の会 35 2004.3

能登方言考—杖の巻／背負子の巻（馬場宏）「加能民俗研究」 加能民俗の会 35 2004.3

能登に伝わる木彫仏の系譜（本谷文雄）「石川県立歴史博物館紀要」 石川県立歴史博物館 （16） 2004.3

新年例会報告「古代能登の神マツリ」「石川考古」 石川考古学研究会 279 2004.3

能登方言考 作物の巻（馬場宏）「すずろものがたり」 珠洲郷土史研究会 65 2004.9

大塩事件の史実と謎と伝説の能登を訪ねる旅紀行（松浦木遊）「大塩研究」 大塩事件研究会 （51） 2004.9

基調講演「能登をめぐる民俗音楽の動き」の裏話（小島美子）「日本民俗音楽学会会報」 日本民俗音楽学会 22 2005.2

基調講演 能登をめぐる民俗音楽の動き（〈第18回大会報告「民俗音楽の伝播と受容」〉）（小島美子）「民俗音楽研究」 日本民俗音楽学会 （30） 2005.3

臨済宗五山派と加賀・能登（講演）（原田正俊）「加能史料研究」 石川県地域史研究振興会 （18） 2006.3

遺稿論文 能登方言考—とんぼの巻（馬場宏）「加能民俗研究」 加能民俗の会 通号37 2006.3

旅の記憶と絵馬奉納—能登における越前福井・夢楽洞系絵馬について（戸澗幹夫）「石川県立歴史博物館紀要」 石川県立歴史博物館 （18） 2006.3

能登における「舟隠し」伝説（高井勝巳）「石川郷土史学会々誌」 石川郷土史学会 （39） 2006.12

ムラの物語と国の物語—能登比古神と大入杵命（市田雅崇）「加能民俗研究」 加能民俗の会 通号38 2007.3

講演 戦国社会における加賀・能登—細川政元政権と本願寺・一向一揆（峰岸純夫）「加能史料研究」 石川県地域史研究振興会 （20） 2008.3

中世加賀・能登の五山派寺院（室山孝）「加能史料研究」 石川県地域史研究振興会 （20） 2008.3

共通項目調査報告 能登の梵鐘・喚鐘調査について—中・近世の梵鐘を中心に（〈共通項目調査報告〉）（和田学）「能登の文化財」 能登文化財保護連絡協議会 42 2008.10

能登を知る 能登びとと風呂/七つ七尾の天神さん/宇加塚・猪平の順礼供養塔「能登のくに」 能登を知る会 （1） 2009.04

間垣あれこれ（北口公男）「能登の文化財」 能登文化財保護連絡協議会 43 2009.10

能登三杯焼（太佐寿一郎）「能登の文化財」 能登文化財保護連絡協議会 43/44 2009.10/2010.10

能登の梵鐘・喚鐘調査について—近・現代の梵鐘を（〈共通項目調査報告〉）（和田学）「能登の文化財」 能登文化財保護連絡協議会 43 2009.10

嶽薬師と能登の薬師信仰 レジメと解説「能登のくに」 能登を知る会 （2） 2010.02

能登のタブノキ（第34回 北陸三県民俗の会年会記録）（藤平朝雄）「北陸の民俗」 富山民俗の会 27 2010.03

九学会連合能登調査と加能民俗の会（由谷裕哉）「加能民俗研究」 加能民俗の会 （42） 2011.03

能登の「三朱」を訪ねて（渋谷利雄）「能登の文化財」 能登文化財保護連絡協議会 45 2011.10

東西分派以前の能登本願寺門徒の動向（木越祐馨）「石川県史だより」 石川県立図書館 （51・52） 2012.07

「真名井」伝承の地をめぐる 能登と北九州を結ぶ交流の足跡を辿る—能登穴水の「真名井」伝承を解くために（高井勝己）「石川郷土史学会々誌」 石川郷土史学会 （47） 2014.12

能登島

"薬"の文化の方言的考察—能登国能登島に於ける "薬"製品方言の言語理学的考察（卯木文敬）「加能民俗研究」 加能民俗の会 33 2002.3

能登島の秋祭り（千場勉）「能登の文化財」 能登文化財保護連絡協議会 38 2004.9

能登島町

「蔵の装飾」（能登島町）「能登の文化財」 能登文化財保護連絡協議会 37 2003.8

能登半島

第29回例会 能登半島・石動山の石仏たち報告「北陸石仏の会々報」 北陸石仏の会 （28） 2004.4

能美

能美郡・市の狛犬（松村芳明）「のうみ ： 能美郷土史の会会誌」 能美郷土史の会 （4） 2010.03

随想 この辺りの天候方言（安土つぐお）「のうみ ： 能美郷土史の会会誌」 能美郷土史の会 （4） 2010.03

小松の町家の屋号にみる能美の集落名（大島喜昭）「のうみ ： 能美郷土史の会会誌」 能美郷土史の会 （6） 2011.3

能美郡・市 最古の狛犬（松村芳明）「のうみ ： 能美郷土史の会会誌」 能美郷土史の会 （6） 2011.03

俵印と焼印（山下和夫）「のうみ ： 能美郷土史の会会誌」 能美郷土史の会 （7） 2012.03

昭和初期 今に残るくらしの道具（安土つぐお）「のうみ ： 能美郷土史の会会誌」 能美郷土史の会 （7） 2012.03

戦地から持ち帰った六字の名号（永山純夫）「のうみ ： 能美郷土史の会会誌」 能美郷土史の会 （7） 2012.03

ふるさと講座 能美の方言（ふるさとことば）を考える（後泰夫）「のうみ ： 能美郷土史の会会誌」 能美郷土史の会 （7） 2012.3

神社係りから神社への親しみを体感（山田省祖）「のうみ ： 能美郷土史の会会誌」 能美郷土史の会 （7） 2012.03

能美郡・市 最古の狛犬（追跡調査報告）（松村芳明）「のうみ ： 能美郷土史の会会誌」 能美郷土史の会 （8） 2013.03

能美の民話の世界あれこれ（平野俊也）「のうみ ： 能美郷土史の会会誌」 能美郷土史の会 （8） 2013.03

小松市の参道狛犬—能美郡・市 白山市との比較（松村芳明）「のうみ ： 能美郷土史の会会誌」 能美郷土史の会 （9） 2014.03

神社の絵馬が語るもの—地域の文化財を見直そう（任田猛）「のうみ ： 能美郷土史の会会誌」 能美郷土史の会 （9） 2014.03

聞き書き民話「キツネとタヌキ」二題（田中勲）「のうみ ： 能美郷土史の会会誌」 能美郷土史の会 （9） 2014.03

羽咋

能登の祭り 羽咋の獅子舞（渋谷利雄）「能登の文化財」 能登文化財保護連絡協議会 36 2002.8

羽咋の雨乞い儀礼（中越幸子）「能登の文化財」 能登文化財保護連絡協議会 44 2010.10

羽咋市

羽咋市内社寺史料調査事業について（宮下栄仁）「加能史料研究」 石川県地域史研究振興会 （20） 2008.3

白山

白山の攻防と加賀禅定道（1），（2）（山内美義）「江沼の久爾」 江沼地方史研究会 （42）/（43） 1997.4/1998.4

白山・新長谷寺とアサクラ地名（尾関章）「岐阜史学」 岐阜史学会 通号92 1997.7

白山麓の信仰遺跡（小阪大）「石川考古学研究会会誌」 石川考古学研究会 42 1999.3

金沢学院大学公開講座「白山信仰の起源を探る」に出席して（小阪大）「石川考古」 石川考古学研究会 267 2002.2

所謂「三宮古記」の性格・伝来・成立（橋本治）「加能史料研究」 石川県地域史研究振興会 14 2002.6

石川の白山から発祥した一蒙古民族「貊人の犬＝ビャンジンの犬」が源流（相古誠一）「北陸石仏の会研究紀要」 北陸石仏の会 （5） 2002.6

本郷真紹著『白山信仰の源流—泰澄の生涯と古代仏教』（書評と紹介）（由谷裕哉）「山岳修験」 日本山岳修験学会，岩田書院（発売）（31） 2003.3

富士山・立山・白山の三山禅定と芦峅寺宿坊家の檀那場形成過程（福江充）「研究紀要」 富山県立山博物館 10 2003.3

一向一揆の時代における白山加賀側の宗教環境（由谷裕哉）「日本宗教文化史研究」 日本宗教文化史学会 9（1）通号17 2005.5

近世下白山における長史と社家との関係（由谷裕哉）「山岳修験」 日本山岳修験学会（発売）（36） 2006.3

「白山信仰」を考える（京念義則）「故郷乃研究」 白山市教育委員会 （1） 2006.3

白山と方位信仰（中正勲）「故郷乃研究」 白山市教育委員会 （1） 2006.3

閲覧室展示紹介「白山紀行—ふくいからの参詣記録」「文書館だより」 福井県文書館 （7） 2006.3

2006年9月例会 研究発表「地域修験道史研究—15～16世紀における熊野先達と白山先達の展開」石黒智教氏（大谷めぐみ）「日本宗教民俗学会通信」 日本宗教民俗学会 （112） 2006.10

記紀神話と白山信仰の関係（勝又秀夫）「地名」 宮城県地名研究会 通号25 2007.5

白山をめぐる神仏と僧の物語（夏季特別展「白山—聖地へのまなざし—」（小西洋子）「れきはく」 石川県立歴史博物館 （84） 2007.7

中世前期における白山信仰全国伝播の一考察（平泉隆房）「日本学研究」 金沢工業大学日本学研究所 （11） 2008.12

白山の歩荷（橘禮吉，山口一男）「加能民俗研究」 加能民俗の会 通号40 2009.03

白山禅定と男体山禅定—白山山頂遺跡の特質をめぐって（時枝務）「山岳修験」 日本山岳修験学会，岩田書院（発売）（43） 2009.03

由谷裕哉著『白山・立山の宗教文化』（書評と紹介）（時枝務）「山岳修験」 日本山岳修験学会，岩田書院（発売）（43） 2009.03

由谷裕哉著『白山・立山の宗教文化』（書籍紹介）（嶺岡美見）「御影史学論集」 御影史学研究会 通号34 2009.10

中世の白山信仰についての一考察（平泉隆房）「水戸史学」 水戸史学会 （71） 2009.11

史料紹介 三山禅定と富士山信仰（特集 富士山 創立70周年記念論文集）（菊池邦彦）「甲斐」 山梨郷土研究会 （121） 2010.02

研究ノート 近世白山麓における白山信仰と真宗信仰（澤博勝）「Museum style」 福井県立歴史博物館 （5） 2010.02

芦峅寺宿坊家の尾張国檀那場と三禅定（富士山・立山・白山）関係史料（福江充）「研究紀要」 富山県立山博物館 17 2010.03

「三禅定」考—成立と『三の山巡』にみる実態（加藤基樹）「研究紀要」 富山県立山博物館 17 2010.03

霊峰白山の神仏分離（野本章）「故郷乃研究」 白山市教育委員会 （5） 2010.03

2009年12月例会 研究発表「立山信仰研究と『三禅定』—三禅定の歴史的意味と近世立山登拝の民衆化に関する検討のために—」加藤基樹氏（鈴木善幸）「日本宗教民俗学会通信」 日本宗教民俗学会 （126） 2010.04

『三禅定』の史料的研究—白山・立山・富士山の三山巡礼の成立と展開（加藤基樹）「宗教民俗研究」 日本宗教民俗学会 （20） 2010.09

平成22年度秋季特別企画展「立山・富士山・白山 みつの山めぐり—霊山巡礼の旅『三禅定』—」を終えて（加藤基樹）「たてはく ： 人と自然の情報交流誌」 富山県立山博物館 （75） 2011.01

新資料 三禅定の巡礼札（加藤基樹）「たてはく ： 人と自然の情報交流誌」 富山県立山博物館 （75） 2011.01

中世「三禅定」覚書—三禅定研究のゆくえ（加藤基樹）「研究紀要」 富山県立山博物館 18 2011.03

盆踊りの昔の問題—白山周辺の事例をもとに（星野紘）「民俗音楽研究」 日本民俗音楽学会 （36） 2011.03

白山信仰と民俗芸能—かんこ踊の由来と伝承（中部・北陸・東海特集）（石森博）「あしなか」 山村民俗の会 291・292 2011.04

白山曼荼羅図からみた加賀禅定道（白山特集）（小阪大）「山岳修験」 日本山岳修験学会，岩田書院（発売）（48） 2011.08

白山信仰の拠点寺院―越前平泉寺の景観（白山特集）（宝珍伸一郎）「山岳修験」　日本山岳修験学会，岩田書院（発売）（48）2011.08

石像物資料にみる江戸時代の三禅定（富士山・立山・白山）（白山特集）（福江充）「山岳修験」　日本山岳修験学会，岩田書院（発売）（48）2011.08

白山信仰と薬師如来（村西博二）「故郷乃研究」　白山市教育委員会　（7）2012.03

江戸時代1200kmの大旅行―三井家文書の「三禅定道中覚帳」「道中みちやどおしえ」より（永田久則）「郷土研究誌みなみ」　南知多郷土研究会（93）2012.05

白山信仰研究の現状と課題（1）―古代中世を中心として（平泉隆房）「日本学研究」　金沢工業大学日本学研究所　（15）2012.12

白山麓の熊狩猟儀礼（橘禮吉）「加能民俗研究」　加能民俗の会　（44）2013.03

白山信仰と故郷の惣社（北村秀昭）「故郷乃研究」　白山市教育委員会（8）2013.03

白山五院と白山三箇寺の考察（田嶋正和）「江渟の久爾」　江沼地方史研究会　（58）2013.04

白山麓から檜笠作りの小集団が井波へ（千秋謙治）「とやま民俗」　富山民俗の会　（81）2014.01

第48回例会報告 白山麓の石仏めぐり（酒井靖春）「北陸石仏の会々報」北陸石仏の会　（45）2014.09

白山信仰の虚空蔵菩薩について（1）～（3）（藤川克良）「濃飛史艸」　岐阜県歴史資料保存協会　（107）/（109）2014.10/2015.04

白山奥山

商品としての熊（1）熊の皮について―白山奥山人の動物資源商品化事例（橘禮吉）「加能民俗研究」　加能民俗の会　通号38　2007.3

商品としての熊（2）熊の胆について―白山奥山人の動物資源商品化事例（橘禮吉）「加能民俗研究」　加能民俗の会　通号39　2008.3

白山の山案内人―奥山人の複合生業の一端（1），（2）（橘禮吉）「加能民俗研究」　加能民俗の会　通号41/（42）2010.03/2011.03

白山直下より金沢へ搬出した桧乗物棒―奥山人の複合生業の一端（橘禮吉）「加能民俗研究」　加能民俗の会　（43）2012.03

白山奥山人の源流域湧水利用のワサビ栽培―奥山人の複合生業の一端（橘禮吉）「加能民俗研究」　加能民俗の会　（45）2014.03

白山宮

中世白山宮（寺）領 仁王講田・安居田の経営（橋本治）「加能地域史」　加能地域史研究会　（40）2004.12

白山宮との抗争（不識庵夏爐）「郷土と文化」　白山市教育委員会　32　2005.3

白山山系

白山山系の秘史シリーズ（1）～（5）（松田亮治）「石川郷土史学会々誌」石川郷土史学会　（30）/（36）1997.12/2003.12

白山三山

郷土散策 白山信仰（28）～（39）春日井を通った三山道中［1］～（12）（村中治彦）「郷土誌かすがい」　春日井市教育委員会　（60）/（71）2002.3/2012.11

白山三馬場

中世白山三馬場関係史の一考察（平泉隆房）「日本学研究」　金沢工業大学日本学研究所　（12）2009.12

白山市

市域の白山信仰遺風（田中勇）「郷土と文化」　白山市教育委員会　28　2001.3

笠間神社の祭神と地域開拓（中正勲）「故郷乃研究」　白山市教育委員会（3）2008.3

方言（地方共通語）の考察（田中勇）「故郷乃研究」　白山市教育委員会（5）2010.03

現存する近世墓標の特色とその背景―集落の墓地から（1）（清水實）「故郷乃研究」　白山市教育委員会　（5）2010.03

白山市の民謡（真山武志）「故郷乃研究」　白山市教育委員会　（5）2010.03

白山市の神やしろを俯瞰する（石本秀一）「故郷乃研究」　白山市教育委員会　（5）2010.03

陰暦から太陽暦に（野本章）「故郷乃研究」　白山市教育委員会　（6）2011.03

神仏混淆と狛犬の探究（相古誠一）「故郷乃研究」　白山市教育委員会（6）2011.03

お寺巡り（京念義則）「故郷乃研究」　白山市教育委員会　（6）2011.03

故郷乃研究 掲載論文等目録「故郷乃研究」　白山市教育委員会　（6）2011.03

白山市の狛犬（松村芳明）「のうみ：能美郷土史の会会誌」　能美郷土史の会　（7）2012.03

寺院本堂欄間（京念義則）「故郷乃研究」　白山市教育委員会　（7）2012.03

延命地蔵尊について（真山武志）「故郷乃研究」　白山市教育委員会　（8）2013.03

日本の狛犬の信仰的価値観（相古誠一）「故郷乃研究」　白山市教育委員会（8）/（9）2013.03/2014.03

昭和に聞いた年中行事―加賀市に生まれて、現在は白山市に住んでいます（立花玲子）「加能民俗」　加能民俗の会　12（15）通号157　2014.03

小松市の参道狛犬―能美郡・市 白山市との比較（松村芳明）「のうみ：能美郷土史の会会誌」　能美郷土史の会　（9）2014.03

餅と生活（1）（宮元昭）「故郷乃研究」　白山市教育委員会　（9）2014.03

「だら考」―方言は文化（北野敏夫）「故郷乃研究」　白山市教育委員会（9）2014.03

白山水系

第28回例会 白山水系に育まれる信仰の根源（相古誠一）「北陸石仏の会々報」　北陸石仏の会　（28）2004.4

白山禅定道

泰澄大師と白山禅定道（山内美義）「江渟の久爾」　江沼地方史研究会（45）2000.4

白山堂

表紙写真解説「白山堂の神仏習合体」（村西博二）「故郷乃研究」　白山市教育委員会　（8）2013.03

白山比咩神社

白山比咩神社沈金手箱について（木本重吉）「石川郷土史学会々誌」　石川郷土史学会　（39）2006.12

白山本宮

文明六年・長享二年加賀一向一揆における白山本宮と山内衆（永井隆之）「加能史料研究」　石川県地域史研究振興会　16　2004.3

橋立浦

橋立浦酒谷長家平家婚礼の記録から（山内美義）「江渟の久爾」　江沼地方史研究会　（50）2005.4

長谷寺

「長谷寺寛永年間氏子絵図」（宇佐美孝）「市史編さんかなざわ」　金沢市史編さん事務局　12　2004.12

番匠町

番匠町の共同墓（村井詠子）「郷土と文化」　白山市教育委員会　31　2004.3

日置神社

日置神社考（中島一三）「江渟の久爾」　江沼地方史研究会　（42）1997.4

東茶屋街

平井聖資料・東茶屋街調査について（第34回北陸都市史学会金沢大会 発表要旨）（中西崇）「北陸都市史学会誌」　北陸都市史学会事務局（18）2012.8

火釜

火釜の古事記（寄稿）―寺井事件顛末記―帝国議会議事録から（野市源朔）「のうみ：能美郷土史の会会誌」　能美郷土史の会　（7）2012.03

日室

日室の鎌祭り（森山咲智子）「能登の文化財」　能登文化財保護連絡協議会36　2002.8

平等院

転徳院と平等院の共通点（今井喜江）「石川郷土史学会々誌」　石川郷土史学会　（41）2008.12

福浦港

福浦港の祭礼船歌について（松山宗恵）「能登の文化財」　能登文化財保護連絡協議会 37　2003.8

豊財院

はくい古寺探訪 曹洞宗古刹「豊財院」の文化財（板坂葵）「能登の文化財」　能登文化財保護連絡協議会 47　2013.10

二又

金沢市二又の狩猟伝承（森俊）「とやま民俗」　富山民俗の会　（68）2007.10

古屋谷城趾

古屋谷城趾（仮称）の考察（三谷の中世城郭と宗教）（荒木俊信）「石川考古学研究会会誌」　石川考古学研究会　（52）2009.03

舳倉島

舳倉島の漁家小考（御船達雄）「昔風と当世風」　古々路の会　72　1997.5

北陸甲信越　　　　　　　　　　郷土に伝わる民俗と信仰　　　　　　　　　　石川県

能登を知る 舳倉島の精霊舟—国立歴史民俗博物館を飾る「能登のくに」
　能登を知る会　（準備号）2009.02

法恩寺
法恩寺の廃退と守禅庵への吸収合併（成徳三）「すずろものがたり」 珠洲
　郷土史研究会　65　2004.9

法住寺
口絵解説 珠洲市指定文化財・吼木山法住寺所蔵「木造金剛力士像」につ
　いて（平田天秋）「加能史料研究」 石川県地域史研究振興会　11
　1999.3

宝泉寺
宝泉寺の五重塔と板碑等（木原正信）「久之の郷」 門前町郷土史研究会
　6　2005.12

宝池院
能登石動山の宝池院—鰯とのこと（嶺岡美見）「御影史学論集」 御影史学
　研究会　通号35　2010.10

堀松
堀松更生おどり（向永いみ子）「能登の文化財」 能登文化財保護連絡協議
　会　34　2000.8

本行寺
キリシタン貴婦人たちを匿った七尾の法華宗本行寺（青山玄）「名古屋キ
　リシタン文化研究会会報」 〔名古屋キリシタン文化研究会〕　57
　1999.1

本郷
本郷地区の五輪塔等（葭谷内信彦）「久之の郷」 門前町郷土史研究会　6
　2005.12
本郷の火の神様と留守神様（高行雄）「久之の郷」 門前町郷土史研究会
　6　2005.12

本江寺遺跡
巻頭 加賀能登の遺跡 珠洲市野々江本江寺遺跡出土の木製笠塔婆と木製
　板碑（立原秀明）「石川考古学研究会会誌」 石川考古学研究会　（51）
　2008.3

本誓寺
資料紹介 本誓寺所蔵稲垣家文書について（真山武志）「故郷乃研究」 白
　山市教育委員会　（6）2011.03

本蓮寺
豪商・島崎徳兵衛 天保15年全焼の本蓮寺を再建（松田義雄）「加南地方史
　研究」 加南地方史研究会　（48）2001.2

牧姫塚
牧姫塚の石塔（滝本やすし）「北陸石仏の会々報」 北陸石仏の会　（39）
　2011.09

松任
厄年と厄払い（田中勇）「郷土と文化」 白山市教育委員会　24　1997.3
ふるさと巡礼 石碑（10）（水上正三）「郷土と文化」 白山市教育委員会
　24　1997.3
「獅子筋」解説（蒔田達雄）「郷土と文化」 白山市教育委員会　25　1998.3
ジョンガラ考（田中勇）「郷土と文化」 白山市教育委員会　25　1998.3
石碑（11）（水上正三）「郷土と文化」 白山市教育委員会　25　1998.3
方言でわかる昔の世相（北川良喜）「郷土と文化」 白山市教育委員会
　28　2001.3
方言に残る古典ことば（北川良喜）「郷土と文化」 白山市教育委員会
　28　2001.3
俚諺について（紙谷礼子）「郷土と文化」 白山市教育委員会　30　2003.3
春の七種粥（田中揖）「郷土と文化」 白山市教育委員会　31　2004.3
明治の古書画展より「松任の煎茶道具」（鏑木久美）「郷土と文化」 白
　山市教育委員会　32　2005.3
松任獅子舞のまとめ（田中勇）「郷土と文化」 白山市教育委員会　32
　2005.3
七草粥について学ぶ（東保之）「郷土と文化」 白山市教育委員会　32
　2005.3
松任の怪談・奇談等（真山武志）「故郷乃研究」 白山市教育委員会　（2）
　2007.3
地名の「松任」考と木一山願念寺由緒（田中勇）「故郷乃研究」 白山市教
　育委員会　（6）2011.3
松任における芸能興行（塩川隆文）「北陸都市史学会誌」 北陸都市史学会
　事務局　（18）2012.08
史料紹介 松任芸能興行関係史料（塩川隆文）「北陸都市史学会誌」 北陸
　都市史学会事務局　（18）2012.08

松任金剱宮
我が故郷の鎮守の杜「鶴来金劔宮」と県当松任金劔宮（北村秀昭）「故郷

乃研究」 白山市教育委員会　（4）2009.03

松任市
神社祭神と社号について（旧松任市域に関する）（田中勇）「故郷乃研究」
　白山市教育委員会　（4）2009.03

松任集落
松任集落の「結」考（宮元昭）「故郷乃研究」 白山市教育委員会　（6）
　2011.3

美川
表紙写真のことば 美川のおかえり祭り 石川県白山市藤塚神社（渡辺良
　正）「まつり通信」 まつり同好会　53（3）通号565　2013.05

三崎権現
三崎権現と宿崎（和嶋俊二）「能登の文化財」 能登文化財保護連絡協議会
　32　1998.8

三小牛山
「御馬河の里」と三小牛山の寺院遺跡（小嶋芳孝）「市史編さんかなざわ」
　金沢市史編さん事務局　11　2003.12

南加賀
南加賀昔話十話（立花玲子）「加能民俗研究」 加能民俗の会　35　2004.3
南加賀における真宗寺院の由緒書をめぐって（由谷裕哉）「加能民俗研
　究」 加能民俗の会　36　2005.3

御馬河の里
「御馬河の里」と三小牛山の寺院遺跡（小嶋芳孝）「市史編さんかなざわ」
　金沢市史編さん事務局　11　2003.12

宮竹
宮竹日吉神社（安田進）「のうみ ： 能美郷土史の会会誌」 能美郷土史の
　会　（8）2013.03

妙永寺
加州能美郡北浅井邑 妙永寺文書（2）〜（8）（浅田三郎）「加南地方史研
　究」 加南地方史研究会　44/（52）1997.2/2005.3

妙慶寺
近世中期における立山来迎信仰に関する覚書—新出史料『立山来迎仏』
　（金沢妙慶寺蔵）をめぐって（加藤基樹）「研究紀要」 富山県立山博物
　館　16　2009.03

妙珠寺
宗門・寺門を支える護持会（円光山妙珠寺）（吉木秀充）「すずろものがた
　り」 珠洲郷土史研究会　64　2003.9

妙成寺
妙成寺総門（永川強）「能登の文化財」 能登文化財保護連絡協議会　31
　1997.8
瑞龍寺・大乗寺・妙成寺伽藍からみた建仁寺流の特質（前）〜（後）—北
　陸における禅宗様の浸透（桜井敏雄）「市史かなざわ」 金沢市　8/10
　2002.3/2004.3
口絵解説 妙成寺所蔵「日蓮聖人坐像」（祖師堂安置）について（本谷文
　雄）「加能史料研究」 石川県地域史研究振興会　17　2005.3

明泉寺
能登明泉寺の中世石造物について（三浦純夫）「加能地域史」 加能地域史
　研究会　（44）2006.7

妙法山
妙法山山頂で採取した火打鎌について（佐伯哲也）「石川考古」 石川考古
　学研究会　276　2003.7

木郎
木郎方言考（18）（馬場宏）「すずろものがたり」 珠洲郷土史研究会　58
　1997.8

木郎越
木郎越の地蔵尊（馬場宏）「能登の文化財」 能登文化財保護連絡協議会
　36　2002.8

本堀庄
本堀庄の古伝承とその考察（中川榮一）「加南地方史研究」 加南地方史研
　究会　（58）2011.3

森本
金沢市森本山間部の焼畑楮栽培（橘禮吉）「加能民俗研究」 加能民俗の会
　34　2003.3

諸江
金沢市の民謡—「船玉節」と「諸江住吉おどり」（真山武志）「加能民俗研
　究」 加能民俗の会　（45）2014.03

石川県　　　　　　　　　　郷土に伝わる民俗と信仰　　　　　　　　　　北陸甲信越

諸橋三十三観音

諸橋三十三観音順礼札所と御詠歌「能登のくに」　能登を知る会　(3)
2010.02

門前町

石動信仰と門前町地域 (堅田悌二)「久之の郷」　門前町郷土史研究会　2
1997.9

方言雑考 (大倉克男)「久之の郷」　門前町郷土史研究会　2　1997.9

能登門前町黒島の天領祭 (今村充夫)「まつり通信」　まつり同好会　39
(8) 通号462　1999.7

はりがね風土記 (積山浩明)「久之の郷」　門前町郷土史研究会　3
1999.9

船絵馬 (東間昇)「久之の郷」　門前町郷土史研究会　3　1999.9

門前町の船絵馬 (佃和雄)「能登の文化財」　能登文化財保護連絡協議会
33　1999.9

能登 (門前町) のお小夜伝説—鳴き砂浜 (三輪茂雄)「民俗文化」　滋賀民
俗学会　476　2003.5

茸屋根調査・土蔵分布調査 (門前町)「能登の文化財」　能登文化財保護連
絡協議会　37　2003.8

伝承と体験 (佃和雄)「久之の郷」　門前町郷土史研究会　(8)　2013.03

御神酒 (四柳一麿)「久之の郷」　門前町郷土史研究会　(8)　2013.03

禅の里からの発信 (谷内加映)「久之の郷」　門前町郷土史研究会　(8)
2013.3

門前町皆月

フォークロリズムとメディア表象—石川県門前町皆月の山王祭りを事例
として (川村清志)「日本民俗学」　日本民俗学会　通号236　2003.11

薬王院

口絵解説 石川県指定文化財・加賀市薬王院所蔵「木造十一面観音立像」
について (北春千代)「加能史料研究」　石川県地域史研究振興会
(20)　2008.3

薬師寺

石川県指定文化財「紙本墨書大般若波羅蜜多経」(四坪薬師寺大般若波羅
蜜多経) の保存修理について (平田天秋)「加能史料研究」　石川県地域
史研究振興会　13　2001.3

弥三右エ門稲荷

弥三右エ門稲荷 (小倉学)「市史かなざわ」　金沢市　7　2001.3

弥三右エ門稲荷

弥三右エ門稲荷 (小倉学)「西郊民俗」　[西郊民俗談話会]　通号170
2000.3

安吉村

山嶋郷安吉村野年中行事 (上出輝)「故郷乃研究」　白山市教育委員会
(8)　2013.03

八津寺廃寺

酒見の薬師如来と八津寺廃寺の考察 (谷口信男)「能登の文化財」　能登文
化財保護連絡協議会　42　2008.10

柳田村

東海民俗研究発表大会発表要約 旧柳田村のアエノコト—T氏の伝承事例
(佐野尚子)「まつり通信」　まつり同好会　53(4) 通号566　2013.07

八幡寺

歴博本八幡寺旧蔵大般若経について (小西洋子)「石川県立歴史博物館紀
要」　石川県立歴史博物館　(17)　2005.3

山田屋小路

私の山田屋小路と遊び (北島美紀子)「加能民俗」　加能民俗の会　12
(15) 通号157　2014.03

山中

山中木地屋木地屋文書と惟喬親王伝説 (中島一三)「江渟の久爾」　江沼地
方史研究会　(43) 1998.4

木地師史料 堅木地と横木地との鉋の使い方 (杉本寿)「民俗文化」　滋賀
民俗学会　419　1998.8

近代における山中漆器の沿革と惟喬親王像の創出 (木村裕樹)「京都民俗
：京都民俗学会会誌」　京都民俗学会　通号24　2007.3

復活する伝承—現代における山中漆器の沿革をめぐる新しい動き (木村裕
樹)「京都民俗：京都民俗学会会誌」　京都民俗学会　通号25　2008.3

山内

白山山内における一向一揆と吉野組衆 (高井勝己)「石川郷土史学会々
誌」　石川郷土史学会　(42) 2009.12

山伏山

山伏山社叢の現地調査/須須神社社叢林の自然観察 (〈自然保護特別委員
会現地調査報告〉)「能登の文化財」　能登文化財保護連絡協議会　42

2008.10

山森

河北郡津幡町山森区白山神社の位牌型石塔 (芝田悟)「石川考古学研究会
会誌」　石川考古学研究会　41　1998.3

湯涌

湯涌ぼんぼり祭りに関する巡礼者の言説を巡って (由谷裕哉)「宗教民俗
研究」　日本宗教民俗学会　(23) 2014.03

湯涌校下

金沢市の民謡—湯涌念仏踊りと大桑あさんがやし (真山武志)「加能民俗
研究」　加能民俗の会　(44) 2013.03

永光寺

能登永光寺法堂及び僧堂の中世彫刻について (遠藤広昭)「横浜市歴史博
物館紀要」　横浜市ふるさと歴史財団　通号3　1999.3

永光寺伝灯院の霊牌について (小西洋子)「石川県立歴史博物館紀要」　石
川県立歴史博物館　通号12　1999.3

永光寺史料調査を終えて—国庫補助事業 (彫刻) の成果から (谷内碩央)
「加能史料研究」　石川県地域史研究振興会　14　2002.6

口絵解説 羽咋市指定有形文化財・洞谷山永光寺所蔵「木造釈迦如来坐
像」について (谷内碩央)「加能史料研究」　石川県地域史研究振興会
14　2002.6

大乗寺と永光寺の地位について—大乗寺開山徹通義介禅師七百回御遠忌
を迎えるにあたり (虎井作雄)「石川郷土史学会々誌」　石川郷土史学
会　(40) 2007.12

吉崎

歳事の習俗 (14) —蓮如忌・吉崎詣り (山本弘)「江渟の久爾」　江沼地方
史研究会　(45) 2000.4

吉野

白山山内における一向一揆と吉野組衆 (高井勝己)「石川郷土史学会々
誌」　石川郷土史学会　(42) 2009.12

米永町

米永町の神々 (田中勇)「郷土と文化」　白山市教育委員会　27　2000.3

竜国寺

旧金谷御殿の「八幡大菩薩」と竜国寺 (今井喜江)「石川郷土史学会々誌」
石川郷土史学会　(35) 2002.12

芦城公園

小松芦城公園は小松寺の跡地—小松という地名の由来と小松寺 (5) (後
藤朗)「加南地方研究」　加南地方史研究会　(50) 2003.2

若狭

横浜市歴史博物館「千歯扱き—倉吉・若狭・横浜—」2013年1月26日〜
3月24日 (展示批評)(榎美香)「民具研究」　日本民具学会　(148)
2013.10

若宮

若宮「一夜の森伝説」と林郷司職林氏 (田中勇)「郷土と文化」　白山市教
育委員会　29　2002.3

若山谷

阿部判官一族の伝承記 主として「若山谷」に於いて (成徳正)「すずろも
のがたり」　珠洲郷土研究会　60　1998.9

阿部判官一族の伝承記 (3) 主として「若山谷」に於いて (成徳正)「すず
ろものがたり」　珠洲郷土研究会　61　2000.9

其の四 阿部判官一族の伝説記—主として若山谷・上戸嶺谷・寺山谷につ
いて (成徳正)「すずろものがたり」　珠洲郷土研究会　62　2001.9

若山町

若山町のあえのこと (吉木秀充)「すずろものがたり」　珠洲郷土研究会
58　1997.8

輪島

輪島塗「屠蘇器」資料について「阡陵 ： 関西大学博物館彙報」　関西大
学博物館　34　1997.3

輪島塗と福蔵伝承 (木本重吉)「石川郷土史学会々誌」　石川郷土史学会
(31) 1998.12

渋川もじり句と輪島段駄羅 (平沢文夫)「群馬歴史散歩」　群馬歴史散歩の
会　154　1999.5

二戸地方の漆をめぐって—輪島との交易・交流 (工藤紘一)「民具マンス
リー」　神奈川大学　32(11) 通号383　2000.2

漆芸の今—現代輪島漆芸一展「きよらさ ： 浦添市美術館ニュース」　浦
添市美術館　31　2001.7

特集 輪島塗と漆芸作家について—琉球漆器の若い友へ (柳橋真)「きよら
さ ： 浦添市美術館ニュース」　浦添市美術館　32　2001.10

能登輪島のエビスコ祭り (小倉学)「まつり通信」　まつり同好会　42(1)

北陸甲信越　　　　　　　　　　郷土に伝わる民俗と信仰　　　　　　　　　　　　　　石川県

　　　通号491　2001.12
　　今に生きている蟹甲石伝説（仲谷由美）「能登の文化財」　能登文化財保護
　　　連絡協議会　37　2003.8
　　輪島の沈金業（木本重吉）「石川郷土史学会々誌」　石川郷土史学会
　　　（36）　2003.12
　　巻頭文　輪島塗（楠知之）「能登の文化財」　能登文化財保護連絡協議会
　　　42　2008.10
　　基調講演　知られざる日本の漆文化と輪島塗・合鹿椀（四柳嘉章）「能登の
　　　文化財」　能登文化財保護連絡協議会　43　2009.10
　　伝承文学に見る輪島「能登のくに」　能登を知る会　（8）2010.4

輪島湊
　　近世後期～近代初期の輪島湊の海運―住吉神社文書の海運史料を中心に
　　　（左古隆）「能登の文化財」　能登文化財保護連絡協議会　31　1997.8

和田山
　　和田山と越前本覚寺の関係を探る―「本覚寺史」から（松田義雄）「のう
　　　み：能美郷土史の会会誌」　能美郷土史の会　（8）2013.03

和銅寺
　　宝達山和銅寺とその遺構（宝達俊臣）「能登の文化財」　能登文化財保護連
　　　絡協議会　41　2007.3

福井県

青井
木の股地蔵（宮川昌子）「小浜市郷土研究会便り」 小浜市郷土研究会 34 2001.1

赤崎
〈自由課題〉木戸赤崎の「山の神講（ヤマノカンコ）」について（木戸聡）「北陸の民俗」 富山民俗の会 18 2001.8

味真野
御鷹場御条目帳（池田千代治）「あじま乃再発見」 味真野自治振興会文化教養部 （24） 2014.03

味見河内町
「じじぐれ祭り」について じじぐれ祭り保存会（梅田悠一郎）「ふくい無形民俗文化財」 福井県無形民俗文化財保護協議会 （34） 2012.06

足羽神社
越前における明治地方官制下の民社縁起―翻刻『足羽神社記』と『氣比神社記』（角鹿尚計）「福井市立郷土歴史博物館研究紀要」 福井市立郷土歴史博物館 （19） 2013.03

麻生
王の舞の由来 麻生王の舞保存会会長（中谷昭夫）「ふくい無形民俗文化財」 福井県無形民俗文化財保護協議会 （36） 2014.07

莇生田
莇生田「こんか虫送り」行事（斎藤喜美）「会誌」 鯖江郷土史懇談会 （14） 2006.11

愛宕坂
福井市の歴史と文化の拠点づくり 愛宕坂 福井市愛宕坂茶道美術館とその周辺（河合清士）「福井の文化」 福井県文化振興事業団 34 2000.3

穴馬
穴馬の順村（《第31回 北陸三県民俗の会年会記録》―〈共通課題―真宗と地域〉）（阿部法夫）「北陸の民俗」 富山民俗の会 24 2007.3
穴馬直参門徒と白鳥八ヵ組同行（白石博男）「郡上史談」 郡上史談会 （137） 2012.6

安波賀春日神社
史料紹介「安波賀春日神社文書」について（宮永一美）「一乗谷朝倉氏遺跡資料館紀要」 福井県立一乗谷朝倉氏遺跡資料館 2006 2007.3

海士坂
新指定 無形民俗文化財の紹介 海士坂の送り盆（大橋章司）「ふくい無形民俗文化財」 福井県無形民俗文化財保護協議会 （32） 2010.04
海士坂の送り盆（竹内小太衛）「ふくい無形民俗文化財」 福井県無形民俗文化財保護協議会 （33） 2011.06

荒島風穴
養蚕と風穴―荒島風穴の発見を中心に（研究ノート）（平野俊幸）「福井県文書館研究紀要」 福井県文書館 （7） 2010.3

粟田部
粟田部の蓬萊祀 蓬萊祀保存会（寄稿）（宮田尚一）「ふくい無形民俗文化財」 福井県無形民俗文化財保護協議会 （35） 2013.07

あわら市
坂井市、あわら市に残る磐持石について（末政千代子）「研究紀要」 みくに龍翔館 （4） 2009.3
力石に魅せられて―続「坂井市、あわら市に残る磐持石について」（末政千代子）「研究紀要」 みくに龍翔館 （6） 2011.9

池上
池上地区の地名と地形から継体帝伝承を考察（竹島義一）「研究紀要」 みくに龍翔館 （2） 2007.3

池河内
無形民俗文化財の紹介 小浜放生祭/丸岡町表児の米/大野市平家踊り/三方町成願寺闇見神社例祭神事/敦賀市池河内太鼓踊り/又七踊「ふくい無形民俗文化財」 福井県無形民俗文化財保護協議会 （26） 2004.6

池田
池田と伝承芸能（梅田雅文）「ふくい無形民俗文化財」 福井県無形民俗文化財保護協議会 （31） 2009.04

伊勢村
木地師史料 越前国大野郡旧伊勢宮村の伊勢宮由来（前），（後）（杉本寿）「民俗文化」 滋賀民俗学会 428/429 1999.5/1999.6

一乗谷
一乗谷の石仏と石塔等についての一考察（北村市朗）「北陸石仏の会研究紀要」 北陸石仏の会 （8） 2005.12

一条谷
越前、京都地方史跡文化財探訪 一条谷から丸岡城・西福寺へ（堀沢重年）「夜豆志呂」 八代史談会 123 1997.1

糸崎の仏舞
無形民俗文化財の紹介 糸崎の仏舞（伊坂実人）「ふくい無形民俗文化財」 福井県無形民俗文化財保護協議会 （24） 2002.3
糸崎の仏舞 糸崎寺仏舞保存会（寄稿）（南昌宏）「ふくい無形民俗文化財」 福井県無形民俗文化財保護協議会 （35） 2013.07

石徹白
越前五山と石徹白の伝え（斎藤喜美）「会誌」 鯖江郷土史懇談会 （11） 2003.11

伊部郷
敦賀郡伊部郷の式内社考―劔神社と劔御子寺（青木豊昭）「会誌」 鯖江郷土史懇談会 （18） 2010.11

今庄
羽根曽踊りを学んで（加藤裕有司）「ふくい無形民俗文化財」 福井県無形民俗文化財保護協議会 （23） 2001.4
羽根曽踊りの伝統（北川愛）「ふくい無形民俗文化財」 福井県無形民俗文化財保護協議会 （23） 2001.4
羽根曽踊りが踊れるように（西村尚貴）「ふくい無形民俗文化財」 福井県無形民俗文化財保護協議会 （23） 2001.4
今庄の踊り「羽根曽踊り」（江良公太）「ふくい無形民俗文化財」 福井県無形民俗文化財保護協議会 （23） 2001.4
羽根曽踊りの発表会（伊藤隆二）「ふくい無形民俗文化財」 福井県無形民俗文化財保護協議会 （23） 2001.4
羽根曽踊りの練習会（左近賢美）「ふくい無形民俗文化財」 福井県無形民俗文化財保護協議会 （23） 2001.4
今庄の街角（坂野進）「福井の文化」 福井県文化振興事業団 37 2001.9
奥琵琶湖周辺の伝承(8)―今庄、黒滝の碑と母子草（馬場杉右衛門）「民俗文化」 滋賀民俗学会 （557） 2010.02

今立
紙の歴史と文化・名塩和紙の里(6) II.名塩和紙とそのルーツを訪ねて 2.越前和紙の里・今立を訪ねて（続き）（山下忠男）「西宮文化協会会報」 西宮文化協会 （541） 2013.04

魚止
魚止（走り）の漁業と仕組み（小倉長良）「奥越史料」 大野市教育委員会，大野市文化財保護審議会 （32） 2007.3

内外海半島
熊野の山はたかきともをしわけ 若狭・内外海半島の巫女制（金田久璋）「東北学．［第1期］」 東北芸術工科大学東北文化研究センター，作品社（発売） 2 2000.4
若狭内外海半島の巫女祭文資料（金田久璋）「若越郷土研究」 福井県郷土誌懇談会 54(2) 2010.03

瓜生
瓜生六斎念仏保存会代表になって（松宮栄）「ふくい無形民俗文化財」 福井県無形民俗文化財保護協議会 （33） 2011.06

瓜生区
瓜生区六讃念仏縁起より「六讃念仏のいわれ」（念仏講中）「ふくい無形民俗文化財」 福井県無形民俗文化財保護協議会 （24） 2002.3

宇波西神社
無形民俗文化財の紹介 宇波西神社の神事芸能/花笠踊りの継承/本郷踊り/多由比神社の例祭神事/水海の田楽能舞「ふくい無形民俗文化財」 福井県無形民俗文化財保護協議会 （27） 2005.6
宇波西神社例祭の神饌（《第31回 北陸三県民俗の会年会記録》）（今村正憲）「北陸の民俗」 富山民俗の会 24 2007.3

宇波西神社の神事芸能（須磨悌）「ふくい無形民俗文化財」 福井県無形民俗文化財保護協議会 （33） 2011.06

雲浜

後継者育成の紹介 日向神楽保存会/雲浜獅子保存会「ふくい無形民俗文化財」 福井県無形民俗文化財保護協議会 （30） 2008.5

雲浜獅子の名のいわれ「ふくい無形民俗文化財」 福井県無形民俗文化財保護協議会 （31） 2009.04

雲浜獅子保存会の活動（後継者育成の紹介）（木戸孝一郎）「ふくい無形民俗文化財」 福井県無形民俗文化財保護協議会 （32） 2010.04

「雲浜獅子」の由来再発見 雲浜獅子最古の写真見つかる 雲浜獅子保存会（木戸孝一郎）「ふくい無形民俗文化財」 福井県無形民俗文化財保護協議会 （33） 2011.06

国民文化祭に参加して 雲浜獅子保存会（本戸孝一郎）「ふくい無形民俗文化財」 福井県無形民俗文化財保護協議会 （34） 2012.06

永建寺

史料目録 永建寺文書（市史編さん後新発見分）「紀要」 敦賀市立博物館 （16） 2001.3

敦賀市指定文化財・永建寺蔵「十八羅漢坐像」（調査報告）（高早恵美）「紀要」 敦賀市立博物館 （21） 2007.3

永平寺

越前、京都地方史跡文化財探訪 吉崎御坊から東尋坊・永平寺へ（秋山フジ子）「夜豆志呂」 八代史談会 123 1997.1

越前歴史の探訪講座一乗谷・朝倉氏遺跡・永平寺（平沢美代子）「魚津史談」 魚津歴史同好会 （22） 2000.3

永平寺寸描（中村公雄）「韮崎市郷土研究会会誌」 （5） 2003.4

岩手らしさの定着―信仰 永平寺盛岡藩の筆頭寺院（梅原廉）「擬宝珠」 盛岡の歴史を語る会 （154） 2005.6

円通寺所蔵古文書関三寺並大本山古文書之写（芦田史朗）「丹波史」 丹波史懇話会 25 2005.6

永平寺に就いて（大竹英男）「史談しもふさ」 下総町郷土史研究会 （31） 2010.09

永平寺町

ロマンに満ちた永平寺町の街角（天井康旺）「福井の文化」 福井県文化振興事業団 39 2002.9

越前

近世越前真宗研究序説―真宗社会史研究発展のために（沢博勝）「福井県立博物館紀要」 福井県立博物館 通号6 1998.3

越前笏谷石（大久保まさ子）「北陸石仏の会研究紀要」 北陸石仏の会 通号2 1998.5

越前石製多層塔塔身の変遷について（三井紀生）「北陸石仏の会研究紀要」 北陸石仏の会 通号3 1999.10

木地師史料 諾冉二尊の御神裔と御神木/地主軸昇の存在（越前）（杉本壽）「民俗文化」 滋賀民俗学会 437 2000.2

神郷―越前和紙の里（石川満夫）「福井の文化」 福井県文化振興事業団 34 2000.3

越前おろしそば 中山重成さん（浅野満司）「福井の文化」 福井県文化振興事業団 38 2002.3

越前芦寒釜についての調査研究（池田正男）「若越郷土研究」 福井県郷土誌懇談会 47（4・5）通号274 2002.7

越前式月輪の石造物・編年の試み（1）―献呈 故増永常雄氏に（三木治子）「歴史考古学」 歴史考古学研究会 （51） 2002.12

野田山墓地における越前笏谷石製の石塔類について（三井紀生）「江沼の久爾」 江沼地方史研究会 （48） 20C3.4

越前、若狭の善光寺三尊とその信仰（6），（7）（北村市朗）「長野」 長野郷土史研究会 231/232 2003.9/2003.11

越前笏谷石の石造物に見る荘厳形式とその変遷について（三井紀生）「若越郷土研究」 福井県郷土誌懇談会 ⊿8（2）通号277 2004.1

越前における真宗と村落社会―道場の変遷を中心に（藤村健一）「歴史地理学」 歴史地理学会 46（1）通号217 2004.1

室町期越前の五山派寺院について（池田正男）「若越郷土研究」 福井県郷土誌懇談会 49（2）通号279 2005.1

旅の記憶と絵馬奉納―能登における越前福井・夢楽洞系絵馬について（戸澗幹夫）「石川県立歴史博物館紀要」 石川県立歴史博物館 （18） 2006.3

書籍紹介 『南部の漆を支えた人びと―越前衆の軌跡』（工藤紘一）「民具マンスリー」 神奈川大学 39（6）通号462 2006.9

石造物研究の現在―越前地方における中世石造塔研究の現状を中心に（古川豊）「日引 ： 石造物研究会会誌」 （8） 2006.9

サルタヒコの中世その1 若狭・越前から近江へ 王・翁、童子―サルタヒコの"姿"を求めて（西川照子）「あらはれ ： 猿田彦大神フォーラム年報 ： ひらかれる未来神話」 猿田彦大神フォーラム （10） 2007.10

越前の禅宗草創期について（池田正男）「若越郷土研究」 福井県郷土誌懇

談会 53（1）通号286 2008.8

サルタヒコの中世その2 若狭・越前から近江へ 天狗・獅子、赤子―愛し方・サルタヒコを追う（西川照子、永田陽）「あらはれ ： 猿田彦大神フォーラム年報 ： ひらかれる未来神話」 猿田彦大神フォーラム （11） 2008.10

超勝寺・本覚寺の両寺末寺帳から見た越前諸寺院の近世における動向について（松原信之）「若越郷土研究」 福井県郷土誌懇談会 53（2）通号287 2009.03

越前一揆の構造（竹間芳明）「若越郷土研究」 福井県郷土誌懇談会 54（1） 2009.9

越前の禅宗草創期について（追補）（池田正男）「若越郷土研究」 福井県郷土誌懇談会 54（1） 2009.09

松平家史料展示室テーマ展 越前松平家のきもの レポート（高瀬裕美）「福井市立郷土歴史博物館dayori」 福井市立郷土歴史博物館 （23） 2010.01

末法に生きる（越前学悠久塾講義概要）（村上雅紀）「越前町織田文化歴史館館報」 越前町教育委員会 （5） 2010.03

神仏習合に還る（渡邊光一）「和紙の里」 越前和紙を愛する会 （31） 2010.06

千三百年の時空をつなぐ 神と紙の郷 祭りの心（石川満夫）「和紙の里」 越前和紙を愛する会 （31） 2010.06

神と紙の祭りを訪ねて（津村節子）「和紙の里」 越前和紙を愛する会 （31） 2010.06

諸法は因縁より生ず（八耳哲雄）「和紙の里」 越前和紙を愛する会 （31） 2010.06

千年前の越前のカジ（1），（2）（河野徳吉）「和紙の里」 越前和紙を愛する会 （32）/（33） 2011.8/2012.7

越前和紙と日本銀行券（松原淳一）「和紙の里」 越前和紙を愛する会 （32） 2011.8

「お札」に冴える越前和紙の技「和紙の里」 越前和紙を愛する会 （32） 2011.08

海を渡った「torronocq（鳥の子）」を訪ねて（青木里菜）「和紙の里」 越前和紙を愛する会 （32） 2011.08

「越前和紙製作技術」の映像記録 DVDと解説資料集を作成「和紙の里」 越前和紙を愛する会 （32） 2011.08

和紙の里に生きる 日々是勉強（山路勝海）「和紙の里」 越前和紙を愛する会 （32） 2011.08

大いにロマンをかきたててくれる紙漉きの郷（トピックス）（入谷明視）「和紙の里」 越前和紙を愛する会 （32） 2011.08

中世越前における豊原寺の再考察――一次史料からのアプローチを中心に（白山特集）（角明浩）「山岳修験」 日本山岳修験学会，岩田書院（発売） （48） 2011.08

ディスカバー 和紙のある暮らし「和紙の里」 越前和紙を愛する会 （33） 2012.07

傘に穴を開ける人に 陽はさす（右衛門佐美佐子）「和紙の里」 越前和紙を愛する会 （33） 2012.07

讃一愛と光（姫田忠義）「和紙の里」 越前和紙を愛する会 （33） 2012.07

和紙の里に生きる ある一日の仕事（山口勲）「和紙の里」 越前和紙を愛する会 （33） 2012.07

『越前和紙 "美と芸術"の世界展』（トピックス）（杉原吉直）「和紙の里」 越前和紙を愛する会 （33） 2012.07

中・近世における越前狛犬の特徴と地方進出について（三井紀生）「若越郷土研究」 福井県郷土誌懇談会 57（1）通号294 2012.08

越前の珍しい石仏（役行者・蔵王権現）（北村市朗）「北陸石仏の会々報」 北陸石仏の会 （41） 2012.09

越前における明治地方官制下の民社縁起―翻刻『足羽神社記』と『氣比神社記』（角鹿尚計）「福井市立郷土歴史博物館研究紀要」 福井市立郷土歴史博物館 （19） 2013.03

越前の田の神（特集 石仏探訪XI）（殿南直也）「日本の石仏」 日本石仏協会，青蛾書房（発売）（146） 2013.06

千年前の越前のカジ（3）完 正倉院文書に所収のカジ紙（河野徳吉）「和紙の里」 越前和紙を愛する会 （34） 2013.07

カジの紙造り（川崎博）「和紙の里」 越前和紙を愛する会 （34） 2013.07

絵草紙屋 辻文（奈良本真紀）「和紙の里」 越前和紙を愛する会 （34） 2013.07

和紙の里に生きる 越前和紙愛（瀧英晃）「和紙の里」 越前和紙を愛する会 （34） 2013.07

越前和紙は、女紙が守る 越前女紙倶楽部 誕生！（トピックス）「和紙の里」 越前和紙を愛する会 （34） 2013.07

真宗高田派寺院の越前における盛衰（松原信之）「若越郷土研究」 福井県郷土誌懇談会 58（1）通号296 2013.08

史料紹介 近世古文書を活用した越前焼研究について（田中照久）「武生立葵会報」 武生立葵会事務局 （49） 2014.01

越前式唐風屋根付墓標について（三井紀生）「北陸石仏の会研究紀要」 北陸石仏の会 （11） 2014.03

福井県　　　　　　　　　　　郷土に伝わる民俗と信仰　　　　　　　　　　　北陸甲信越

雑感　暮らしの中の文化（岩淵るみ子）「越人」　越前文化士の会　（8）
2014.04
寄稿　寺を知ること、仏教を学ぶこと―仁愛大学の授業（久保智康）「越人」　越前文化士の会　（8）2014.04
抜粋その1　浄土三部経と主な法要（例会発表）（中西聰暢）「越人」　越前文化士の会　（8）2014.04
抜粋その4　箸の文化（例会発表）（根本南）「越人」　越前文化士の会　（8）2014.04
重要有形民俗文化財「越前和紙の製作用具及び製品」の指定と保護（菊池健策）「和紙の里」　越前和紙を愛する会　（35）2014.07
製紙用具図版および製紙工程「和紙の里」　越前和紙を愛する会　（35）2014.07
江戸時代の料紙・「お札」の漉き用具と用紙原本および文書「和紙の里」　越前和紙を愛する会　（35）2014.07
指定の意義とその後は…「和紙の里」　越前和紙を愛する会　（35）2014.07
日本の夏　油団の涼（県文化財に「三田村氏庭園」と「油団」）（神野善治）「和紙の里」　越前和紙を愛する会　（35）2014.07
日本近世の建築図面（後藤久太郎）「和紙の里」　越前和紙を愛する会　（35）2014.07
「カジの木の会」和紙の里交流記（日本の紙の源流を探る）（川﨑博）「和紙の里」　越前和紙を愛する会　（35）2014.07
越前和紙の郷　交流・見聞録（日本の紙の源流を探る）（河野徳吉）「和紙の里」　越前和紙を愛する会　（35）2014.07
「越前和紙」の「和」は、「調」の「和」（日本の紙の源流を探る）（奈良正博）「和紙の里」　越前和紙を愛する会　（35）2014.07
和紙文化の奥深さに感動（日本の紙の源流を探る）（小泉悦夫）「和紙の里」　越前和紙を愛する会　（35）2014.07
和紙の里を訪ねて（日本の紙の源流を探る）（大久保智弘）「和紙の里」　越前和紙を愛する会　（35）2014.07
越前和紙に魂が宿る（日本の紙の源流を探る）（平岩典子）「和紙の里」　越前和紙を愛する会　（35）2014.7
和紙の里に生きる　『今の時代』をつかむ（山下寛也）「和紙の里」　越前和紙を愛する会　（35）2014.07
思えば遠くへ来たもんだ～（トピックス―「うつす和紙　越前和紙の世界」NY展）（杉原吉直）「和紙の里」　越前和紙を愛する会　（35）2014.07
和紙ならではの独特な階調と質感（トピックス―「うつす和紙　越前和紙の世界」NY展）（棚井文雄）「和紙の里」　越前和紙を愛する会　（35）2014.07
大きな説得力で海外発信（トピックス―「うつす和紙　越前和紙の世界」NY展）（奈良本真紀）「和紙の里」　越前和紙を愛する会　（35）2014.07
「越前の真宗高田派」と「遠成寺」（井田光圓）「研究紀要」　みくに龍翔館　（9）2014.11

越前五山
越前五山と石徹白の伝え（斎藤喜美）「会誌」　鯖江郷土史懇談会　（11）2003.11

越前町
展覧会へようこそ　鬼瓦一家を護るもの（越前学悠久塾講義概要）（小辻陽子）「越前町織田文化歴史館館報」　越前町教育委員会　（5）2010.03
海神投供再考―海揚がり土器からその可能性を探る（研究紀要）（堀大介）「越前町織田文化歴史館館報」　越前町教育委員会
越前町八坂神社の水無月大祓―祝詞を連続して言霊の実効を祈る（特集　神事芸能）（清水昭男）「まつり」　まつり同好会　（76）2014.12

越前国
木地師史料　木地村のあじめ泥鰌と岩魚―美濃・播磨・加賀・越前国（杉本寿）「民俗文化」　滋賀民俗学会　408　1997.9
禊祓と流罪の関係―神功皇后・応神天皇の越前国禊伝承の復元（川畑勝久）「すみのえ」　住吉大社社務所　39（2）通号244　2002.4

越前万歳
越前万歳（《特集　祝福芸》）（堀立熙）「まつり」　まつり同好会　通号68　2006.12

越前岬
近世越前における越前岬以北のしいら漁漁場争いについて（岡田健彦）「若越郷土研究」　福井県郷土誌懇談会　54（2）2010.03

円乗寺
圓乗寺（浄土真宗本願寺派）（酒井カズ子）「研究紀要」　みくに龍翔館　（9）2014.11

大飯郡
木地師史料　若狭大飯郡と丹後加佐郡との国境（杉本寿）「民俗文化」　滋賀民俗学会　450　2001.3

大飯町
若狭、大飯町、高浜町の古仏と石造品（澤新太郎）「史迹と美術」　史迹美術同攷会　73（2）通号732　2003.2

大椋神社
調査概報　大椋神社経塚について（川村俊彦）「紀要」　敦賀市立博物館　（26）2012.03

大島
若狭大島ニソの杜とその周辺（菊地広）「法政人類学」　法政大学人類学研究会　通号75　1998.03
森神信仰の周辺―ニソの杜と祝い殿・祝い神・先祖祭り（金田久璋）「長野県民俗の会会報」　長野県民俗の会　（36）2014.03

大島半島
ニソの杜祀りの伝承の現在―大島半島の事例を中心に（李春子）「日本民俗学」　日本民俗学会　通号230　2002.5

大島村
大谷信雄著『島山神社社記・大島村漁業組合沿革誌』（新刊紹介）（酒井董美）「山陰民俗研究」　山陰民俗学会　（19）2014.03

大滝神社
紙祖神を祀る大滝神社（堂野寅男）「福井の文化」　福井県文化振興事業団　38　2002.3
無形民俗文化財の紹介　高浜七年祭/大瀧神社・岡太神社の春祭り「ふくい無形民俗文化財」　福井県無形民俗文化財保護協議会　（25）2003.3
大瀧神社での法華八講法楽（蜂谷真勝）「和紙の里」　越前和紙を愛する会　（31）2010.06
大瀧神社所蔵「社殿絵図」の調査（吉田純一）「和紙の里」　越前和紙を愛する会　（35）2014.07

大谷寺
大谷寺「蓮糸曼陀羅の図」（泰澄大師本尊感得の図）についての研究（佐々木英治）「若越郷土研究」　福井県郷土誌懇談会　45（3）通号262　2000.5
越前町大谷寺所在石塔群の調査（古川登）「越前町織田文化歴史館館報」　越前町教育委員会　（6）2011.03
越前町大谷寺所在の一石彫成宝篋印塔について（研究紀要）（古川登）「越前町織田文化歴史館館報」　越前町教育委員会　（7）2012.03

大野
大野の朝市（坂田玉子）「福井の文化」　福井県文化振興事業団　31　1998.9
大野の「平家踊」（北島三男）「福井の文化」　福井県文化振興事業団　40　2003.3
テーマ展「大野出目家―井伊家伝来能面から」より　天下一（斎藤望）「彦根城博物館だより」　彦根城博物館　64　2004.3
戦後福井県大野織物産地における一系列企業の発展と衰退（木村亮）「福井県文書館研究紀要」　福井県文書館　（6）2009.03
遺稿　大野地域の信仰（山奥巌）「奥越史料」　大野市教育委員会，大野市文化財保護審議会　（33）2010.03

大野郡
忘却された文化遺産　白山麓大野郡の猿楽能（岩井孝樹）「奥越史料」　大野市教育委員会，大野市文化財保護審議会　（34）2012.03

大野市
無形民俗文化財の紹介　小浜放生祭/丸岡町表児の米/大野市平家踊り/三方町成願寺闇見神社例祭神事/敦賀市池河内太鼓踊り/文弋踊「ふくい無形民俗文化財」　福井県無形民俗文化財保護協議会　（26）2004.6

大湊神社
新指定無形民俗文化財の紹介　なんぼや踊り唄/柴の実入れ/水海のばいもしょ「ふくい無形民俗文化財」　福井県無形民俗文化財保護協議会　（29）2007.5

大虫神社
例会発表　抜粋その3　大虫神社について（中西聰暢）「越人」　越前文化士の会　（5）2011.04

岡本
河灌さんと七夕まつりが蘇る（トピックス）（八十島幸雄）「和紙の里」　越前和紙を愛する会　（32）2011.08

岡太神社
無形民俗文化財の紹介　高浜七年祭/大瀧神社・岡太神社の春祭り「ふくい無形民俗文化財」　福井県無形民俗文化財保護協議会　（25）2003.3
新指定無形民俗文化財の紹介　蓬莱祀「ふくい無形民俗文化財」　福井県無形民俗文化財保護協議会　（28）2006.3

奥越前
寄稿 奥越前における真宗道場の社会的構造(黒田宗雲)「奥越史料」 大野市教育委員会，大野市文化財保護審議会 (34) 2012.03

奥野々
木地師史料 越前国奥野々(南条町)と六呂師(勝山市)出身の六呂家(杉本寿)「民俗文化」 滋賀民俗学会 410 1997.11

尾崎
福井県小浜市尾崎の地蔵盆—新たに生まれた地蔵盆行事(宇野田綾子)「西郊民俗」〔西郊民俗談話会〕 (182) 2003.3

雄島五ヶ浦
雄島五ヶ浦の近世から明治にかけての北前船の状況と菩提寺(末政千代子)「研究紀要」 みくに龍翔館 (3) 2008.3

織田
後継者育成の紹介 明神ばやし保存会「ふくい無形民俗文化財」 福井県無形民俗文化財保護協議会 (31) 2009.04
織田上人形をみる(越前学悠久塾講義概要)(小辻陽子)「越前町織田文化歴史館館報」 越前町教育委員会 (5) 2010.03

織田町
織田町 信長・越前焼・太鼓のまち(高木久史)「福井の文化」 福井県文化振興事業団 41 2003.9

越知山
越知山をとりまく神々と泰澄の思想の原点を考える(佐々木英治)「会誌」 鯖江郷土史懇談会 (18) 2010.11

遠敷
懐かしき遠敷の相撲道場(瀧本久雄)「小浜市郷土研究会便り」 小浜市郷土研究会 (50) 2010.02

小浜
小浜祇園祭礼の鉾—鎌倉と傘鉾(柿東敏博)「まつり」 まつり同好会 通号63 2002.12
無形民俗文化財の紹介 小浜放生祭/丸岡町表啉の米/大野市平家踊り/三方町成願寺闇見神社例祭神事/敦賀市池河内太鼓踊り/文七踊「ふくい無形民俗文化財」 福井県無形民俗文化財保護協議会 (26) 2004.6
江戸期の小浜祇園祭礼に関する史料と年表(垣東敏博)「館報」 福井県立若狭歴史民俗資料館 2005年度 2006.3
小浜の古社寺(田中嗣人)「近畿文化」 近畿文化会事務局 (692) 2007.7
若狭おばまの食暦—若狭に伝わる行事食(《第32回 北陸三県民俗の会年会記録》—《共通課題—食の伝承(郷土料理、特産、保存食)》)(竹下悦子)「北陸の民俗」 富山民俗の会 25 2008.3
八幡宮紹介 若狭小浜八幡神宮(福井県小浜市男山)「季刊悠久.第2次」 鶴岡八幡宮悠久事務局 (122) 2010.11
若狭小浜の食文化体験記(特集 田中久夫先生喜寿をお祝いして)(一矢典子)「久里」 神戸女子民俗学会 (29・30) 2012.06
若狭小浜の化粧地蔵—小浜市西津地区と小浜地区を中心に(特集 彩色と石仏)(一矢典子)「日本の石仏」 日本石仏協会，青蛾書房(発売) (143) 2012.09
若狭路おばまを訪ねて(再掲載する会報の記事)(加藤研一)「安城民俗」 安城民俗談話会 (38・39) 2012.11

小浜市
塞の神(捨て子の風習)(平尾卯三郎)「小浜市郷土研究会便り」 小浜市郷土研究会 34 2001.1
作り初めとゆずりは(村上正一)「小浜市郷土研究会便り」 小浜市郷土研究会 41 2005.2
海の神恵比寿様(瀧本久雄)「小浜市郷土研究会便り」 小浜市郷土研究会 42 2005.8
英雄不死伝説地を尋ねてみたい(瀧本久雄)「小浜市郷土研究会便り」 小浜市郷土研究会 (43) 2006.1
伝説「八百比丘尼」物語(澤田辰雄)「小浜市郷土研究会便り」 小浜市郷土研究会 (43) 2006.1
頬かぶり(中島辰男)「小浜市郷土研究会便り」 小浜市郷土研究会 (44) 2006.8
八百比丘尼伝説の成立と変容—福井県小浜市を中心に(藤江久志)「久里」 神戸女子民俗学会 (24) 2009.06
神明神社の碑・玉垣について(澤田辰雄)「小浜市郷土研究会便り」 小浜市郷土研究会 (50) 2010.02
地蔵盆行事にみる地域の特徴と相関—京都市北区と小浜市・舞鶴市の地蔵盆を事例として(2011年度奨励研究成果論文)(近石哲)「年報非文字資料研究」 神奈川大学日本常民文化研究所非文字資料研究センター (9) 2013.03

小浜八幡神社
資料紹介 明治末・大正・昭和戦前期 小浜八幡神社祭礼に関する通知—

酒井区所蔵『小浜町役場通知書類綴』より(垣東敏博)「館報」 福井県立若狭歴史民俗資料館 2003年度 2004.3

織田神社
ソッソ祭りにはじまる(金田久璋)「えちぜんわかさ : 福井の民俗文化」 福井民俗の会 16 2001.1

遠成寺
「越前の真宗高田派」と「遠成寺」(井田光圓)「研究紀要」 みくに龍翔館 (9) 2014.11

片山
福井県清水町片山地区の一石五輪塔について(宮本哲郎)「石川考古」 石川考古学研究会 267 2002.2

勝山
勝山雅楽会の百年(岡田勉)「福井の文化」 福井県文化振興事業団 41 2003.9
自由課題 勝山の左義長(第35回北陸三県民俗の会年会記録)(佐野光臣)「北陸の民俗」 富山民俗の会 28 2011.03

金津町
越前金津町の太子堂(滝本やすし)「北陸石仏の会々報」 北陸石仏の会 (44) 2014.04

金崎宮
越前、京都地方史跡文化財探訪 金崎宮から醍醐寺へ(城一久)「夜豆志呂」 八代史談会 123 1997.1

金ヶ辻子町
金ヶ辻子町の庚申信仰(山本晴幸)「会誌」 日本海地誌調査研究会 (6) 2007年度

上一光
福井市上一光の年中行事(竹腰学)「えちぜんわかさ : 福井の民俗文化」 福井民俗の会 16 2001.1

上打波
越前上打波における野兎の民俗(天野武)「西郊民俗」〔西郊民俗談話会〕 (183) 2003.6

上中町
若狭の上中乾田地帯の稲作手順(《第29回 北陸三県民俗の会年会記録》—《共通課題—稲作手順(機械化以前)》)(永江秀雄)「北陸の民俗」 富山民俗の会 22 2005.3

加茂神社上宮
加茂神社上宮おいけもの神事録 加茂神社上宮伸治保存会(竹中茂一)「ふくい無形民俗文化財」 福井県無形民俗文化財保護協議会 (34) 2012.06

川島庄
朝倉景紀と川島庄の社寺—山王八幡宮・蓮華寺・光巌寺(青木豊昭)「会誌」 鯖江郷土史懇談会 (8) 2000.11

河原神社
河原神社神事 河原神社神事保存会会長(武田小太夫)「ふくい無形民俗文化財」 福井県無形民俗文化財保護協議会 (36) 2014.07

北潟湖
生業空間と民俗の展開—福井県北潟湖の事例から(岸本誠司)「民俗文化」 近畿大学民俗学研究所 通号12 2000.3

北谷町谷
勝山市北谷町谷のシメダルと婚姻習俗(坂本育男)「えちぜんわかさ : 福井の民俗文化」 福井民俗の会 18 2003.8

経ケ岳
〔資料紹介〕 福井県経ケ岳山頂の中世の経筒について(田代孝)「山梨県史研究」 山梨県 6 1998.3

杣見
新加盟保存会の紹介 杣見御田植祭保存会「ふくい無形民俗文化財」 福井県無形民俗文化財保護協議会 (31) 2009.04

国山
国山の神事について 国山の神事保存会(寄稿)(平田康博)「ふくい無形民俗文化財」 福井県無形民俗文化財保護協議会 (35) 2013.07

熊川宿
熊川宿のイモ洗い器(粕渕宏昭)「碧」 碧の会 3 2002.2

闇見神社
無形民俗文化財の紹介 小浜放生祭/丸岡町表啉の米/大野市平家踊り/三方町成願寺闇見神社例祭神事/敦賀市池河内太鼓踊り/文七踊「ふくい

無形民俗文化財」　福井県無形民俗文化財保護協議会　（26）　2004.6

倉見屋荻野家住宅
若狭町熊川宿倉見屋荻野家住宅の調査（研究報告―文化遺産部）「奈良文化財研究所紀要」　奈良文化財研究所　2011　2011.06

栗田
小浜市栗田の年中行事（一矢典子）「御影史学論集」　御影史学研究会　（38）　2013.10

くるみ浦
災害伝承と古文書資料―福井県美浜町くるみ浦の滅亡伝承（第37回北陸三県民俗の会年会記録 2013―共通課題―古文書と民俗）（外岡慎一郎）「北陸の民俗 ： 北陸三県民俗の会年会記録」　富山民俗の会　31　2014.03

恵雲寺
第4章 寝釈迦像（曹洞宗恵雲寺）（三国湊に残る石造物の会員協同調査）（井上律夫，山内正博，荒川敏夫）「研究紀要」　みくに龍翔館　（4）　2009.03

けいちんの池
けいちんの池の伝承を考察（伊東功一）「研究紀要」　みくに龍翔館　（2）　2007.3

気比社
概論 『氣比宮社記』年中祭祀部に見る氣比社と敦賀の祭り（高早恵美）「紀要」　敦賀市立博物館　（23）　2009.03

気比神宮
織田文化歴史館 企画展覧会「神仏習合の源流をさぐる―氣比神宮と劔神社―」（研究紀要）（村上雅紀）「越前町織田文化歴史館館報」　越前町教育委員会　（6）　2011.03
三十番神めぐり（15）気比神宮・気多大社（川口空）「サットバ ： みんなほさつ」　（442）　2014.02

気比神宮寺
子安観音堂と気比神宮寺について（高早恵美）「紀要」　敦賀市立博物館　（16）　2001.3

気比神社
氣比神社と神功皇后（〈総力特集 神功皇后 第2弾〉）（角鹿尚計）「季刊邪馬台国」「季刊邪馬台国」編纂委員会，梓書院（発行）（98）　2008.4
越前における明治地方官制下の民社縁起―翻刻『足羽神社記』と『氣比神社記』（角鹿尚計）「福井市立郷土歴史博物館研究紀要」　福井市立郷土歴史博物館　（19）　2013.03

玄性寺
性玄寺・熊堂正琳寺の廃寺事件と玄性寺の再興（松原信之）「福井県地域史研究」　福井県地域史研究会　（12）　2008.6

小泉教太郎家
特別寄稿 新登録文化財「小泉教太郎家について」（高嶋猛）「武生立葵会報」　武生立葵会事務局　（42）　2010.02

小泉町
小泉町の石殿と若越の石塔（山本昭治）「会誌」　鯖江郷土史懇談会　（9）　2001.11

光厳寺
朝倉景紀と川島庄の社寺―山王八幡宮・蓮華寺・光厳寺（青木豊昭）「会誌」　鯖江郷土史懇談会　（8）　2000.11

河野村
糠浦（河野村）には、「キリシタン」はいなかった（春松進一）「若越郷土研究」　福井県郷土誌懇談会　44（4）通号257　1999.7

五箇
越前五箇の紙漉職方魂（河野徳吉）「和紙の里」　越前和紙を愛する会　（31）　2010.6

五個荘
てんびんの里、五個荘を訪ねて（前島民枝）「小浜市郷土研究会便り」　小浜市郷土研究会　42　2005.8

越廼村
アメヤサン―福井県丹生郡越廼村の来訪神行事（稲雄次）「北方風土 ： 北国の歴史民俗考古研究誌」　イズミヤ出版　通号47　2004.1

五分市本山
本山盆踊について（山本清子）「あじま乃再発見」　味真野自治振興会文化教養部　（24）　2014.03

子安観音堂
子安観音堂と気比神宮寺について（高早恵美）「紀要」　敦賀市立博物館　（16）　2001.3

小和田
高浜町小和田の年中行事―伊弉諾神宮祢宜の一年（田中孝）「北陸の民俗」　富山民俗の会　20　2003.8

金剛院
府中金剛院と五院輪住制度（齊藤忠征）「武生市史編さんだより」　武生市史編さん委員会　37　2005.3

西安寺
福井県大飯郡おおい町岡田西安寺石造五重塔実測調査（古川登）「若越郷土研究」　福井県郷土誌懇談会　56（1）　2011.08
福井県おおい町岡田西安寺石造五重塔の実測調査（古川登）「日引 ： 石造物研究会会誌」　（13）　2012.05

西光寺
越前西光寺の加賀門徒が離散（〈創立50周年記念号会員特別原稿〉）（岡田孝）「加南地方研究」　加南地方研究会　（50）　2003.2
松ヶ下西光寺より移転の十一面観音と勢至菩薩について（末政千代子）「研究紀要」　みくに龍翔館　（5）　2010.09

坂井郡
坂井郡北部の雨乞とその周辺（坂本育男）「北陸の民俗」　富山民俗の会　17　1999.3
越前坂井郡の雨宝童子と六字明王（滝本やすし）「北陸石仏の会々報」　北陸石仏の会　（45）　2014.09
越前坂井郡の雨宝童子と六字明王（特集 石仏探訪XII）（滝本やすし）「日本の石仏」　日本石仏協会，青娥書房（発売）（151）　2014.09

坂井市
越前坂井市の石造多層塔（古川登）「若越郷土研究」　福井県郷土誌懇談会　52（2）通号285　2007.8
坂井市、あわら市に残る磐持石について（末政千代子）「研究紀要」　みくに龍翔館　（4）　2009.3
力石に魅せられて―続「坂井市、あわら市に残る磐持石について」（末政千代子）「研究紀要」　みくに龍翔館　（6）　2011.9

坂井町御油田
坂井町御油田の稲作―福井県北部、坂井平野（《第29回 北陸三県民俗の会年会記録》―〈共通課題―稲作手順（機械化以前）〉）（堀切賀津子）「北陸の民俗」　富山民俗の会　22　2005.3

坂井平野
坂井町御油田の稲作―福井県北部、坂井平野（《第29回 北陸三県民俗の会年会記録》―〈共通課題―稲作手順（機械化以前）〉）（堀切賀津子）「北陸の民俗」　富山民俗の会　22　2005.3

鯖江
旱魃・娘と龍神（真柄甚松）「会誌」　鯖江郷土史懇談会　5　1997.12
「勘当」と親の役割（真柄甚松）「会誌」　鯖江郷土史懇談会　6　1998.12
出火と入寺（山本孝衛）「会誌」　鯖江郷土史懇談会　6　1998.12
鯖江の原風景―日野川東流伝承を尋ねて（斎藤喜美）「会誌」　鯖江郷土史懇談会　7　1999.11
消えた光景―虫送りから短冊苗代まで（山本孝衛）「会誌」　鯖江郷土史懇談会　（9）　2001.11
「酒顚童子」につながる細い糸（山田龍治）「会誌」　鯖江郷土史懇談会　（11）　2003.11
真宗寺院の方便法身尊像とその変遷（大谷貞二）「会誌」　鯖江郷土史懇談会　（12）　2004.11
石製大仏（山本昭治）「会誌」　鯖江郷土史懇談会　（13）　2005.11
めがね産地源流の想い（大橋巧）「会誌」　鯖江郷土史懇談会　（13）　2005.11
如来伝来と阿弥陀如来 絵における肉髻珠の変遷（大谷貞二）「会誌」　鯖江郷土史懇談会　（14）　2006.11
継体大王と鯖江地区及び横越の八幡神社について（〈継体天皇への想い〉）（窪田善昭）「会誌」　鯖江郷土史懇談会　（15）　2007.11
珍しい石仏四ヶ所六躰（山本昭治）「会誌」　鯖江郷土史懇談会　（18）　2010.11
廻国と巡礼の納経資料（山本昭治）「会誌」　鯖江郷土史懇談会　（19）　2011.11
私の寺の歴史（1）～（3）（暁了誠）「会誌」　鯖江郷土史懇談会　（20）／（22）　2012.11/2014.12

鯖江市
鯖江市内狛犬事情（山本昭治）「会誌」　鯖江郷土史懇談会　（11）　2003.11

鯖街道
近江八話（2）鯖街道を行く―周辺の寺を尋ねつつ（鈴木康弘）「静岡歴研会報」　静岡県歴史研究会　107　2004.3

三社ヶ森

三社ヶ森と刀那神社（斎藤喜美）「会誌」 鯖江郷土史懇談会 （13）
2005.11

山王八幡宮

朝倉景紀と川島庄の社寺―山王八幡宮・蓮華寺・光巌寺（青木豊昭）「会
誌」 鯖江郷土史懇談会 （8） 2000.11

三昧崖

第3章 三昧崖下の磨崖仏について（三国湊に残る石造物の会員協同調査）
（井上律夫）「研究紀要」 みくに龍翔館 （4） 2009.03
三昧崖下の磨崖仏について（2）（井上律夫）「研究紀要」 みくに龍翔館
（6） 2011.09

三里山

三里山を取りまく泰澄開創社寺について（上），（下）（池田正男）「若越郷
土研究」 福井県郷土誌懇談会 51（2）通号283/58（2）通号297
2007.2/2014.02
抜粋その3 三里山を取り巻く泰澄開創の社寺（例会発表）（池田正男）「越
人」 越前文化士の会 （8） 2014.04

鹿野

鹿野六斎念仏 鹿野六斎念仏保存会（中川和博）「ふくい無形民俗文化財」
福井県無形民俗文化財保護協議会 （34） 2012.06

篠座町

無形民俗文化財の紹介 平家踊/文七踊/表斗の米「ふくい無形民俗文化
財」 福井県無形民俗文化財保護協議会 （29） 2007.5

持宝院

修験宗研究（1）持宝院＝こんぴらさん（坂田玉子）「若越郷土研究」 福
井県郷土誌懇談会 46（6）通号271 2001.11

島山神社

大谷信雄著『島山神社社記・大島村漁業組合沿革誌』（新刊紹介）（酒井
董美）「山陰民俗研究」 山陰民俗学会 （19） 2014.03

清水町

「薬師道」と「清水町」―信仰の道と湧水の恵み（竹島義一）「研究紀要」
みくに龍翔館 （7） 2012.01

下新庄堂ノ奥稚子権現堂跡

下新庄堂ノ奥稚子権現堂跡について（福岡玄明）「会誌」 鯖江郷土史懇談
会 （16） 2008.11

下村

下村の獅子舞（糀谷秀行）「ふくい無形民俗文化財」 福井県無形民俗文化
財保護協議会 （33） 2011.06

若越

若越二つの「織田」伝承（斎藤喜美）「えちぜんわかさ ： 福井の民俗文
化」 福井民俗の会 16 2001.1
若越をつないだ二つの織田伝承（斎藤喜美）「北陸の民俗」 富山民俗の会
18 2001.8
小泉町の石殿と若越の石塔（山本昭治）「会誌」 鯖江郷土史懇談会 （9）
2001.11
若越の廻国経遺跡（山本昭治）「会誌」 鯖江郷土史懇談会 （16） 2008.11

釈導寺

釈導寺伝説を読み解く（青木豊昭）「会誌」 鯖江郷土史懇談会 （11）
2003.11

春慶寺

春慶寺の由来について（高橋雪枝）「会誌」 鯖江郷土史懇談会 （14）
2006.11

正覚寺

正覚寺所蔵紺紙金字阿弥陀経について（髙瀬裕美）「福井市立郷土歴史博
物館研究紀要」 福井市立郷土歴史博物館 （19） 2013.03

浄願寺

浄願寺（荒川敏夫）「研究紀要」 みくに龍翔館 （9） 2014.11

正願寺

府中正願寺への寺号免許と木仏下付（小泉義博）「越前市史編纂だより」
越前市史編さん委員会 （1） 2006.3

成願寺城跡

山城レポ 古墳と廃寺の史跡 越前成願寺城跡（末森清司）「備陽史探訪」
備陽史探訪の会 （176） 2014.02

乗久寺

史料紹介 福井県における立山信仰の痕跡―洞雲寺（大野市）と乗久寺
（福井市）の姥尊を中心に（福江充）「富山史壇」 越中史壇会 （171）

2013.07

常眼寺

常眼寺と安立家（研究発表）（宝田裕晃）「武生立葵会報」 武生立葵会事
務局 （42） 2010.02

性玄寺

性玄寺・熊堂正琳寺の廃寺事件と玄性寺の再興（松原信之）「福井県地域
史研究」 福井県地域史研究会 （12） 2008.6

城腰寺

丹生郡越前町栃川城腰五輪塔部材群の調査（古川登）「越前町織田文化歴
史館館報」 越前町教育委員会 （3） 2008.3

浄勝寺

下糸生浄勝寺における庭園遺構の調査（堀大介，村上雅紀）「越前町織田
文化歴史館館報」 越前町教育委員会 （3） 2008.3

浄土寺町

コラム 気になる「小型狛犬」について―福井市浄土寺町弁財天堂旧蔵の
狛犬群から（瓜生由起）「日引 ： 石造物研究会会誌」 （13） 2012.05

称念寺

北陸時衆について―長崎称念寺の変遷を通して（田中純子）「日本宗教文
化史研究」 日本宗教文化史学会 4（1）通号7 2000.5

正琳寺

性玄寺・熊堂正琳寺の廃寺事件と玄性寺の再興（松原信之）「福井県地域
史研究」 福井県地域史研究会 （12） 2008.6

白髭神社

無形民俗文化財の紹介 七夜祭（福井市白髭神社の盆踊り）（白崎弘）「ふく
い無形民俗文化財」 福井県無形民俗文化財保護協議会 （24） 2002.3

白鬼女橋

「白鬼女橋」について（岡田孫一郎）「会誌」 鯖江郷土史懇談会 （11）
2003.11

信行寺

「信行寺」（浄土真宗高田派）―住職第20世 波多野俊香上人（井上律夫）
「研究紀要」 みくに龍翔館 （9） 2014.11

神宮寺

神宮寺の秋（大岸二郎）「福井の文化」 福井県文化振興事業団 35
2000.9
神社の基礎知識と神宮寺（瀧本久雄）「小浜市郷土研究会便り」 小浜市郷
土研究会 41 2005.2
若狭の神宮寺の「お水送り」と東大寺二月堂の「お水取り」（《特集 若狭
講座》）（水原康道）「甲斐」 山梨郷土研究会 （114） 2007.8

心月寺

卵塔発見によせて 戦国大名朝倉氏の菩提寺心月寺の位置と墓地につい
て（青木豊昭）「会誌」 鯖江郷土史懇談会 （9） 2001.11
朝倉氏菩提寺 心月寺文書伝来の軌跡について（松原信之）「若越郷土研
究」 福井県郷土誌懇談会 47（2）通号272 2002.3

神明寺

神明寺 十の池について（藤本良致）「会誌」 鯖江郷土史懇談会 5
1997.12

菅浜

日記と民俗 記憶と記録の相関―福井県美浜町菅浜 井上久左衛門の聞き
取りと日記（自由課題）（多仁照廣）「北陸の民俗 ： 北陸三県民俗の会
年会記録」 富山民俗の会 31 2014.03

菅生石部神社

御願神事は奇祭か（保賀金造）「えちぜんわかさ ： 福井の民俗文化」 福
井民俗の会 16 2001.1

青海神社

新指定無形民俗文化財の紹介 なんぼや踊り唄/柴の実入れ/水海のばい
もしょ「ふくい無形民俗文化財」 福井県無形民俗文化財保護協議会
（29） 2007.5

禅源寺

道口禅源寺の石造遺物（調査報告）（坂東佳子）「紀要」 敦賀市立博物館
（21） 2007.3

専光寺

史料紹介 友江、専光寺「用留」（加藤守男）「奥越史料」 大野市教育委員
会，大野市文化財保護審議会 （33） 2010.03

善光寺町

福井県武生市の善光寺町について（北村市朗）「長野」 長野郷土史研究会
236 2004.7

禅定神社
厄払いの「殿上詣り」(齋藤喜美)「えちぜんわかさ ： 福井の民俗文化」 福井民俗の会 (20) 2006.3

大通寺
長浜別院大通寺「真宗大谷派」について 広報部より「小浜市郷土研究会便り」 小浜市郷土研究会 (44) 2006.8

高浜
無形民俗文化財の紹介 高浜七年祭/大瀧神社・岡太神社の春祭り「ふくい無形民俗文化財」 福井県無形民俗文化財保護協議会 (25) 2003.3

高浜町
木地師史料 若狭丹波国境上の木地村落―大飯郡高浜町(杉本寿)「民俗文化」 滋賀民俗学会 448 2001.1
木地師史料 若狭丹波国境山上の木地村落(2)―大飯郡高浜町(杉本寿)「民俗文化」 滋賀民俗学会 449 2001.2
若狭、大飯町、高浜町の古仏と石造品(澤新太郎)「史迹と美術」 史迹美術同攷会 73(2)通号732 2003.2

宝尾邑
木地師史料 旧宝尾邑の鉱山・田畑―若狭国大飯郡(杉本寿)「民俗文化」 滋賀民俗学会 452 2001.5

滝谷寺
瀧谷寺と福井城の越前瓦(中原義史)「ふくいミュージアム」 福井県立博物館 39 2001.3

滝波町
越前の仏像をたずねて(2) 滝波五智如来(福井市滝波町)(藤川明宏)「福井市立郷土歴史博物館dayori」 福井市立郷土歴史博物館 (39) 2014.01

武生
武生の石仏にお逢いして(加藤永子)「北陸石仏の会々報」 北陸石仏の会 21 2000.3
武生地方の天神人形(坂本育男)「北陸の民俗」 富山民俗の会 20 2003.8
特別寄稿 師田組によって描かれた図面―近代の設計図と施工図を見る(高嶋猛)「武生立葵会報」 武生立葵会事務局 (45) 2011.08
武生立葵会第五〇号会報 特別寄稿 墓石は語る(馬田昌保)「武生立葵会報」 武生立葵会事務局 (50) 2014.08

武生市
武生市の無縁墓石について(北村市朗)「北陸石仏の会研究紀要」 北陸石仏の会 通号2 1998.5
資料紹介 あの世の裁きと救い―宮川家蔵「地蔵十王図」について(林亜希子)「武生市史編さんだより」 武生市史編さん委員会 37 2005.3
高度成長期における地方都市型青年団の組織・活動についての考察―武生市域を事例として(高木重治)「日本史攷究」 日本史攷究会 (33) 2009.11

武生盆地
式内社と武生盆地の式内社(真柄甚松)「会誌」 鯖江郷土史懇談会 (16) 2008.11

多由比神社
無形民俗文化財の紹介 宇波西神社の神事芸能/花笠踊りの継承/本郷踊り/多由比神社の例祭神事/水海の田楽能舞「ふくい無形民俗文化財」 福井県無形民俗文化財保護協議会 (27) 2005.6

太良荘
若狭国太良荘で造られた東寺西院御影堂の鐘(小森浩一)「資料館紀要」 京都府立総合資料館 通号27 1999.3

長久寺
長久寺と岡野の由来について(山森博務)「会誌」 鯖江郷土史懇談会 (22) 2014.12

超勝寺
超勝寺・本覚寺の両寺末寺帳から見た越前諸寺院の近世における動向について(松原信之)「若越郷土研究」 福井県郷土誌懇談会 53(2)通号287 2009.03

長泉寺
霊池山長泉寺考(青木豊昭)「会誌」 鯖江郷土史懇談会 (13) 2005.11

九十九橋
絵画・古写真にみる九十九橋北詰の変化について(印牧信明)「福井市立郷土歴史博物館dayori」 福井市立郷土歴史博物館 (26) 2010.11

敦賀
敦賀の墓碑(2)(小林敏)「若越郷土研究」 福井県郷土誌懇談会 45(2)通号261 2000.3
地域研究と本願寺所蔵の近世真宗史料(《大会特集敦賀―日本海～琵琶湖、風の通り道》―〈問題提起〉)(左右田昌幸)「地方史研究」 地方史研究協議会 55(4)通号316 2005.8
京の説教繰り芝居敦賀へくる(山田龍治)「会誌」 鯖江郷土史懇談会 (14) 2006.11
敦賀の墓碑(小林敏)「若越郷土研究」 福井県郷土誌懇談会 52(1)通号284 2007.10
概論 『氣比宮社記』年中祭祀部に見る氣比社と敦賀の祭り(高早恵美)「紀要」 敦賀市立博物館 (23) 2009.03
聞き書き・敦賀の民俗(1)(長谷雅晴)「えちぜんわかさ ： 福井の民俗文化」 福井民俗の会 (22) 2009.08
例会報告 第39回例会 福井県敦賀の石仏探訪「北陸石仏の会々報」 北陸石仏の会 (36) 2010.07
明治・大正・昭和 敦賀浄曲界(小林敏)「若越郷土研究」 福井県郷土誌懇談会 55(2) 2011.02
敦賀の山でガンピを採取(東野早奈絵)「和紙の里」 越前和紙を愛する会 (32) 2011.08

敦賀市
敦賀市における力石の現存状況について(柴田亮俊)「えちぜんわかさ ： 福井の民俗文化」 福井民俗の会 16 2001.1
調査報告 敦賀市内絵馬・奉納額調査報告(森田恵理子)「紀要」 敦賀市立博物館 (22) 2008.3
敦賀市・美浜町を中心とした神社に遺る若連中の遺物(第35回北陸三県民俗の会年会記録―共通課題―北陸のムラ(宮座、若者組、混住化、限界集落))(多仁照廣)「北陸の民俗」 富山民俗の会 28 2011.03

敦賀半島
敦賀半島周辺の石仏(清水俊明)「野ほとけ」 奈良石仏会 (388) 2003.9

剣神社
敦賀郡伊部郷の式内社考―劔神社と劔御子寺(青木豊昭)「会誌」 鯖江郷土史懇談会 (18) 2010.11
織田劔神社と高月町唐川の星宿石(大谷貞二)「会誌」 鯖江郷土史懇談会 (18) 2010.11
織田文化歴史館 企画展覧会「神仏習合の源流をさぐる―氣比神宮と劔神社―」(研究紀要)(村上雅紀)「越前町織田文化歴史館館報」 越前町教育委員会 (6) 2011.03

剣大明神
表紙 「(劒大明神灯明料注文)」 1497年(明応6)(山内秋郎家文書 X0142―00034 当館蔵)「文書館だより」 福井県文書館 (22) 2014.11

剣御子寺
敦賀郡伊部郷の式内社考―劔神社と劔御子寺(青木豊昭)「会誌」 鯖江郷土史懇談会 (18) 2010.11

出村
昭和の三国出村の遊郭(〈三国湊と遊郭〉)(岡安夫)「研究紀要」 みくに龍翔館 (1) 2006.2

寺町
路上博物学満喫講座 写真中心に 武生市寺町かいわい(三田村善衛)「福井の文化」 福井県文化振興事業団 32 1999.3

天王
幸若初見文書と天王宮祭礼の座敷相論(高木久史)「越前町織田文化歴史館館報」 越前町教育委員会 (3) 2008.3
口絵 「翁」大原神職神楽 島根県松江市大川端 撮影：井上隆弘、「茅の輪くぐり」八坂神社 福井県越前町天王 撮影：清水昭男「まつり」 まつり同好会 (76) 2014.12

洞雲寺
史料紹介 福井県における立山信仰の痕跡―洞雲寺(大野市)と乗久寺(福井市)の姥尊を中心に(福江充)「富山史壇」 越中史壇会 (171) 2013.07

東尋坊
越前、京都地方史跡文化財探訪 吉崎御坊から東尋坊・永平寺へ(秋山フジ子)「夜豆志呂」 八代史談会 123 1997.1
東尋坊(本瑞寺)の成立と城下の東派寺院(松原信之)「若越郷土研究」 福井県郷土誌懇談会 55(2) 2011.02

栃泉町
無形民俗文化財の紹介 花山行事/福谷大火勢/睦月神事/文七踊「ふくい無形民俗文化財」 福井県無形民俗文化財保護協議会 (28) 2006.3
花山行事(奥眞早信)「ふくい無形民俗文化財」 福井県無形民俗文化財保護協議会 (33) 2011.06

北陸甲信越 　　　　郷土に伝わる民俗と信仰 　　　　福井県

刀那神社
三社ヶ森と刀那神社（斎藤喜美）「会誌」 鯖江郷土史懇談会 （13）
2005.11

刀根
自由課題 刀根の祭りの構造と変化（第33回北陸三県民俗の会年会記録
2008）（高早恵美）「北陸の民俗」 富山民俗の会 26 2008.08

刀根区
民俗行事報告 刀根区気比神社春祭り（高早恵美）「紀要」 敦賀市立博物
館 （16） 2001.3
刀根区・気比神社秋祭りの一部内容の変化について（高早恵美）「紀要」
敦賀市立博物館 （21） 2007.3
資料紹介 刀根区気比神社釈迦堂の仏像（高早恵美）「紀要」 敦賀市立博
物館 （26） 2012.03

豊原寺
中世越前における豊原寺の再考察——一次史料からのアプローチを中心に
（白山特集）（角明浩）「山岳修験」 日本山岳修験学会，岩田書院（発
売） （48） 2011.08
豊原寺「白山神社跡」の調査について（清水邦彦）「研究紀要」 みくに龍
翔館 （6） 2011.09
中近世移行期の豊原寺をめぐって——復興期における関連史料の紹介とと
もに（第35回北陸都市史学会金沢大会 発表要旨）（角明浩）「北陸都
市史学会誌」 北陸都市史学会事務局 （19） 2013.08
豊原寺の復興と越前松平家——その関連史料の紹介とともに（論文）（角明
浩）「北陸都市史学会誌」 北陸都市史学会事務局 （20） 2014.08

豊原城
山城レポ 越前豊原城跡探訪 ナゼ怪異が生じるのか？（末森清司）「備陽
史探訪」 備陽史探訪の会 （173） 2013.8

中河村
昭和初期 今立郡中河村の「年中行事」（斎藤喜美）「えちぜんわかさ : 福
井の民俗文化」 福井民俗の会 18 2003.8

中野神社
中野神社の「大樋」の由来（斎藤喜美）「会誌」 鯖江郷土史懇談会
（12） 2004.11

中野町
鯖江市中野町における中世五輪塔の実測調査（古川登）「会誌」 鯖江郷土
史懇談会 （19） 2011.11

奈胡
奈胡六斎念仏保存会（吉村好正）「ふくい無形民俗文化財」 福井県無形民
俗文化財保護協議会 （33） 2011.06

名田庄堂本
無形民俗文化財の紹介 小浜放生祭／丸岡町表児の米／大野市平家踊り／三
方町成願寺闇神社例祭神事／敦賀市池河内太鼓踊り／文七踊「ふくい
無形民俗文化財」 福井県無形民俗文化財保護協議会 （26） 2004.6
無形民俗文化財の紹介 花山行事／福谷大火勢／睦月神事／文七踊「ふくい
無形民俗文化財」 福井県無形民俗文化財保護協議会 （28） 2006.3
無形民俗文化財の紹介 平家踊／文七踊／表児の米「ふくい無形民俗文化
財」 福井県無形民俗文化財保護協議会 （29） 2007.5

名田庄村
名田庄村天文と暦のルーツ安倍家（下中ノボル）「福井の文化」 福井県文
化振興事業団 30 1998.2

南越
南越地方の「田の神祭り」と供え物（千万享丈）「北陸の民俗」 富山民俗
の会 19 2002.3

西津
西津の地蔵盆一見学（田中義広）「まつり通信」 まつり同好会 38（10）
通号452 1998.10
若狭小浜の化粧地蔵一小浜市西津地区と小浜地区を中心に（特集 彩色と
石仏）（一矢典子）「日本の石仏」 日本石仏協会，青娥書房（発売）
（143） 2012.09

西谷村
木地師史料 平家踊における轆轤索唄一越前国旧西谷村（杉本寿）「民俗文
化」 滋賀民俗学会 415 1998.4

糠浦
糠浦（河野村）には、「キリシタン」はいなかった（春松進一）「若越郷土
研究」 福井県郷土誌懇談会 44（4）通号257 1999.7

野々宮神社
野々宮神社から湯立釜還る（トピックス）（上島智晃）「和紙の里」 越前

和紙を愛する会 （35） 2014.07

能美川
古事記の世界 「和那美川・能美川」と大彦命（斎藤喜美）「会誌」 鯖江
郷土史懇談会 （9） 2001.11

白山
白山と能面（田中義広）「まつり通信」 まつり同好会 39（1）通号455/
39（2）通号456 1998.12/1999.1

橋立真宗寺
橋立真宗寺とその周辺［1］,（2）（大谷貞二）「会誌」 鯖江郷土史懇談会
7/（9） 1999.11/2001.11

橋立山
橋立山（御峯・帝釋山）の寺院と修験者（大谷貞二）「会誌」 鯖江郷土史
懇談会 （10） 2002.11

早瀬
民俗儀礼に残る早瀬の歴史（《福井県三方郡美浜町早瀬地区合同調査特
集》）（森隆男）「昔風と当世風」 古々路の会 （93） 2009.03
泣き女の痕跡を追って一早瀬のナキバアサンに涙の意味を考える（《福
井県三方郡美浜町早瀬地区合同調査特集》）（今野大輔）「昔風と当世
風」 古々路の会 （93） 2009.03
子どもの頃の思い出一早瀬の正月行事その他（《福井県三方郡美浜町早
瀬地区合同調査特集》）（谷川隼也）「昔風と当世風」 古々路の会
（93） 2009.03
女中奉公一昭和の「行儀見習」（《福井県三方郡美浜町早瀬地区合同調査
特集》）（むらき数子）「昔風と当世風」 古々路の会 （93） 2009.03
海と湖に囲まれた漁村の建築儀礼一福井県三方郡美浜町早瀬（《福井県
三方郡美浜町早瀬地区合同調査特集》）（津山正幹）「昔風と当世風」
古々路の会 （93） 2009.03
早瀬の子供歌舞伎（藤岡真衣）「阡陵 : 関西大学博物館彙報」 関西大学
博物館 （59） 2009.09

飯盛寺
国指定重要文化財建造物 飯盛寺本堂の解体修理保存工事あれこれ（古文
書・棟札・墨書について）（山口暁峯）「小浜市郷土研究会便り」 小浜
市郷土研究会 （44） 2006.8

日野川
鯖江の原風景一日野川東流伝承を尋ねて（斎藤喜美）「会誌」 鯖江郷土史
懇談会 7 1999.11
日野川東流から西流へ一伝承と歴史の狭間を歩く（斉藤喜美）「会誌」 鯖
江郷土史懇談会 （8） 2000.11

日野山
日野山周辺の仏像（杉浦茂）「武生市史編さんだより」 武生市史編さん委
員会 32 2001.3

日引
日引石塔に関する一考察—とくに長崎県下の分布状況から見た大量搬入
の背景について（大石一久）「大村史談」 大村史談会 52 2001.3
日引石塔に関する一考察—とくに長崎県下の分布状況から見た大量搬入
の背景について（大石一久）「日引 : 石造物研究会会誌」 1 2001.3
九州西北部の渡来神仏と日引石塔（大石一久）「松浦党研究」 松浦党研究
連合会，芸文堂（発売）（32） 2009.06
鹿児島県南さつま市坊津町の日引石製宝篋印塔二例（橋口亘，松田朝由）
「南日本文化財研究」 『南日本文化財研究』刊行会 （10） 2011.03
鹿児島県南さつま市坊津町の関西系砂岩製宝篋印塔と日引石製宝篋印塔
（橋口亘，松田朝由）「南日本文化財研究」 『南日本文化財研究』刊行
会 （11） 2011.05
日引石製宝篋印塔と時衆—新潟県胎内市乙宝寺塔の紹介をかねて（資料
紹介）（齋藤瑞穂）「佐渡・越後文化交流史研究」 新潟大学大学院現代
社会文化研究科プロジェクト佐渡・越後の文化交流史研究 （12）
2012.03

日向
後継者育成の紹介 日向神楽保存会/雲浜獅子保存会「ふくい無形民俗文
化財」 福井県無形民俗文化財保護協議会 （30） 2008.5
第4回ふくいふるさと祭り 福井県民俗芸能大会に参加して 長畝日向神楽
保存会（古谷宏明）「ふくい無形民俗文化財」 福井県無形民俗文化財
保護協議会 （33） 2011.06

福井
夏の使者アマサギ（松本寿）「福井の文化」 福井県文化振興事業団 31
1998.9
地唄舞の師匠・山村楽朋さん 郷土福井での公演に熱い反響（西山隆崖）
「福井の文化」 福井県文化振興事業団 32 1999.3
唐門雪化粧（中田繁樹）「福井の文化」 福井県文化振興事業団 32
1999.3

「百姓読」の舎（三田村順次郎）「福井の文化」 福井県文化振興事業団 32 1999.3

福井城下の河童伝承（1）〜（3）（和田寛）「河童通心」 河童文庫 126/128 2000.7

布地に情熱 青木幸子さん（小林巌）「福井の文化」 福井県文化振興事業団 35 2000.9

民俗語彙研究にかけた情熱（〈ありし日をしのぶ〉）（加藤和夫）「えちぜんわかさ : 福井の民俗文化」 福井民俗の会 16 2001.1

「とうの池」の伝承と解釈の試み（坂本育男）「えちぜんわかさ : 福井の民俗文化」 福井民俗の会 16 2001.1

ガワタラと牛―作太夫家の伝承から（宇都宮肇）「えちぜんわかさ : 福井の民俗文化」 福井民俗の会 16 2001.1

創立50年を迎えた福井書人連盟（西山隆崖）「福井の文化」 福井県文化振興事業団 36 2001.3

藍地に点と線 五島万里代さん（小林巌）「福井の文化」 福井県文化振興事業団 36 2001.3

福井の狩野派資料（1）（志賀太郎）「福井市立郷土歴史博物館研究紀要」 福井市立郷土歴史博物館

福井城下の正月行事「馬威し」について（印牧信明）「福井市立郷土歴史博物館研究紀要」 福井市立郷土歴史博物館 （11） 2003.3

養蜂のはなし（木村成生）「えちぜんわかさ : 福井の民俗文化」 福井民俗の会 18 2003.8

庚申信仰と弥勒仏（松金勝）「えちぜんわかさ : 福井の民俗文化」 福井民俗の会 （20） 2006.3

大杉と千石船の伝説（宇都宮肇）「えちぜんわかさ : 福井の民俗文化」 福井民俗の会 （20） 2006.3

わたしの「民俗学事始」（安井杏子）「えちぜんわかさ : 福井の民俗文化」 福井民俗の会 （20） 2006.3

環境民俗学ノート ぐみ原わけて（木村成生）「えちぜんわかさ : 福井の民俗文化」 福井民俗の会 （20） 2006.3

閲覧室展示紹介「白山紀行―ふくいからの参詣記録」「文書館だより」 福井県文書館 （7） 2006.3

グリフィスの福井民話（山下英一）「若越郷土研究」 福井県郷土誌懇談会 51（1） 通号282 2006.8

戦国期の「自焼」「自焼没落」「自火」などの火事の習俗（佐野光臣）「えちぜんわかさ : 福井の民俗文化」 福井民俗の会 （22） 2009.08

「丸に山桜」の定紋について（宇都宮肇）「えちぜんわかさ : 福井の民俗文化」 福井民俗の会 （22） 2009.08

富山県にある福井石工の狛犬（酒井靖春）「北陸石仏の会々報」 北陸石仏の会 （41） 2012.09

福井の方言について（創立20周年の節目を迎えて）（福岡宏明）「会誌」 鯖江郷土史懇談会 （20） 2012.11

舟小屋について―福井・滋賀など（粕渕宏昭）「民俗文化」 滋賀民俗学会 （600） 2013.09

福井県

題目塔と名字塔考（1）,（2）（坂田玉子）「若越郷土研究」 福井県郷土誌懇談会 42（6）通号247/43（2）通号249 1997.11/1998.3

戦国城下町の茶の湯と茶庭について（藤原武二）「福井県立博物館紀要」 福井県立博物館 通号6 1998.3

真宗寺院における「名乗り」と変身（1）〜（4）（塩谷菊美）「若越郷土研究」 福井県郷土誌懇談会 43（5）通号252/45（2）通号261 1998.9/2000.3

なぜ工場説教の記述はないのだろうか［正］,（続）（黒崎征信）「若越郷土研究」 福井県郷土誌懇談会 44（1）通号254/46（5）通号270 1999.1/2001.9

むらはずれの題目供養塔（坂本育男）「ふくいミュージアム」 福井県立博物館 35 1999.3

学校がめざす人間像と真宗のそれ（黒崎征信）「若越郷土研究」 福井県郷土誌懇談会 44（5）通号258 1999.9

福井県の左義長（寺井ちひろ）「久里」 神戸女子民俗学会 7 1999.10

福井県内の無縁仏塔の一類型―千体の仏を模して（北村市朗）「北陸石仏の会研究紀要」 北陸石仏の会 通号3 1999.10

福井県の虫送り―その諸相と展開（山岸嘗）「民俗文化」 近畿大学民俗学研究所 通号12 2000.3

福井県からの善光寺参り（北村市朗）「長野」 長野郷土史研究会 213 2000.9

福井県内の善光寺式阿弥陀如来石仏（北村市朗）「北陸石仏の会研究紀要」 北陸石仏の会 （4） 2001.4

笏谷石製狛犬と石殿の新資料（山本昭治）「福井県立博物館紀要」 福井県立博物館 通号8 2001.6

念仏と六斎念仏（谷口典治）「ふくい無形民俗文化財」 福井県無形民俗文化財保護協議会 （24） 2002.3

六斎念仏の伝統（松宮大輔）「ふくい無形民俗文化財」 福井県無形民俗文化財保護協議会 （24） 2002.3

六斎念仏の練習（村中康二）「ふくい無形民俗文化財」 福井県無形民俗文化財保護協議会 （24） 2002.3

六斎念仏を学んで（松宮大地）「ふくい無形民俗文化財」 福井県無形民俗文化財保護協議会 （24） 2002.3

福井県の食文化 そば（野村一篆）「福井の文化」 福井県文化振興事業団 38 2002.3

日曜学校（黒崎征信）「若越郷土研究」 福井県郷土誌懇談会 47（3）通号273 2002.5

赤壁の分布に関する予備調査報告（平井聖）「福井県立博物館紀要」 福井県立博物館 通号9 2002.12

民俗芸能に対する心（福谷喜義）「ふくい無形民俗文化財」 福井県無形民俗文化財保護協議会 （25） 2003.3

福井県・滋賀県・長野県の善光寺式阿弥陀三尊石仏について（北村市朗）「北陸石仏の会研究紀要」 北陸石仏の会 （6） 2003.6

予言獣アマビコ考―「海彦」をてがかりに（長野栄俊）「若越郷土研究」 福井県郷土誌懇談会 49（2）通号279 2005.1

1000年前の福井県の郷名と式内社（山田時雄）「会誌」 鯖江郷土史懇談会 （13） 2005.11

福井県における宗教関係公文書の史料学的考察（1）神社明細帳（長野栄俊）「若越郷土研究」 福井県郷土誌懇談会 50（2）通号281 2006.2

福井県における宗教関係公文書の史料学的考察（2）境外遙拝所明細帳、官祭招魂社・官修墳墓明細帳、護国神社明細帳、境外祖霊社明細帳、官国幣社明細帳（長野栄俊）「若越郷土研究」 福井県郷土誌懇談会 51（1）通号282 2006.8

巻頭言 伝統芸能の振興をめざして（福谷喜義）「ふくい無形民俗文化財」 福井県無形民俗文化財保護協議会 （29） 2007.5

火進上と印地打ちの民俗（金田久璋）「若越郷土研究」 福井県郷土誌懇談会 52（1）通号284 2007.10

福井県における農家建築のタイプと分布（《第32回 北陸三県民俗の会年会記録》―《共通課題―食の伝承（郷土料理、特産、保存食）》）（竹腰学）「北陸の民俗」 富山民俗の会 25 2008.3

特別寄稿 夏唄との出会いから（坂本育男）「ふくい無形民俗文化財」 福井県無形民俗文化財保護協議会 （30） 2008.5

グリフィスの日本昔話（山下英一）「若越郷土研究」 福井県郷土誌懇談会 53（2）通号287 2009.03

特別寄稿 無形であることの「恍惚と不安」（金田久璋）「ふくい無形民俗文化財」 福井県無形民俗文化財保護協議会 （31） 2009.04

福井県の善光寺式阿弥陀三尊仏とその信仰（8）（北村市朗）「長野」 長野郷土史研究会 （266） 2009.08

特別寄稿 子どもと民俗芸能（入江宣子）「ふくい無形民俗文化財」 福井県無形民俗文化財保護協議会 （32） 2010.04

獅子舞の後継者育成について（後継者育成の紹介）（河合初）「ふくい無形民俗文化財」 福井県無形民俗文化財保護協議会 （32） 2010.04

巻頭言 民俗芸能の伝承に思ふ（室谷昇）「ふくい無形民俗文化財」 福井県無形民俗文化財保護協議会 （33） 2011.06

八坂神社の獅子舞（赤澤孝）「ふくい無形民俗文化財」 福井県無形民俗文化財保護協議会 （33） 2011.06

地域の歴史民俗調査でおもうこと（幡谷賢三）「会誌」 日本海地誌調査研究会 （10） 2012.03

福井県の役行者・蔵王権現（特集 役行者・蔵王権現）（北村市朗）「日本の石仏」 日本石仏協会、青娥書房（発売） （144） 2012.12

福井県の善光寺式阿弥陀三尊とその信仰（9）（北村市朗）「長野」 長野郷土史研究会 （289） 2013.06

史料紹介 福井県における立山信仰の痕跡―洞雲寺（大野市）と乗久寺（福井市）の姥尊を中心に（福江充）「富山史壇」 越中史壇会 （171） 2013.07

福井県の百例目の善光寺仏と近県の善光寺仏の報告（北村市朗）「長野」 長野郷土史研究会 （292） 2013.12

福井市

明治2年序「書画帖」を読む―めくるめく文人の世界（志賀太郎）「福井市立郷土歴史博物館研究紀要」 福井市立郷土歴史博物館 （10） 2002.3

小狐の太刀の話（松村知也）「福井市立郷土歴史博物館dayori」 福井市立郷土歴史博物館 （27） 2011.01

角樽の怪物（藤川明宏）「福井市立郷土歴史博物館dayori」 福井市立郷土歴史博物館 （27） 2011.01

仏像調査レポート 仏像と神社の不思議な関係（藤川明宏）「福井市立郷土歴史博物館dayori」 福井市立郷土歴史博物館 （30） 2011.10

例会報告 福井市（市街地〜西武地区）の石仏めぐり（酒井靖春）「北陸石仏の会々報」 北陸石仏の会 （42） 2012.09

表紙 馬鹿ばやし（福井市）「ふくい無形民俗文化財」 福井県無形民俗文化財保護協議会 （36） 2014.07

福井城

瀧谷寺と福井城の越前瓦（中原義史）「ふくいミュージアム」 福井県立博物館 39 2001.3

福谷

無形民俗文化財の紹介 花山行事/福谷大火勢/睦月神事/文七踊「ふくい無形民俗文化財」 福井県無形民俗文化財保護協議会 （28） 2006.3

府中

越前府中の地 西国三十三ヶ所観音石仏と西国八十八ヶ所霊場石仏について（北村市朗）「北陸石仏の会研究紀要」 北陸石仏の会 （10） 2011.06

富理姫宮

富理姫宮の歴史的背景（岡安夫）「研究紀要」 みくに龍翔館 （2） 2007.3

平泉寺

よみがえる中世の宗教都市・平泉寺（宝珍伸一郎）「福井の文化」 福井県文化振興事業団 28 1997.3

平泉寺墓地の中世の石塔について（三井生）「北陸石仏の会研究紀要」 北陸石仏の会 （7） 2004.12

白山信仰の拠点寺院—越前平泉寺の景観（亼山特集）（宝珍伸一郎）「山岳修験」 日本山岳修験学会，岩田書院（発売）（48） 2011.08

平泉と越前平泉寺（史蹟を尋ねて緑の旗は行く）（宮澤利仁）「伊那」 伊那史学会 60（12）通号1015 2012.12

別所

別所の石塔（山本昭治）「会誌」 鯖江郷土史懇談会 （10） 2002.11

本覚寺

超勝寺・本覚寺の両寺末寺帳から見た越前諸寺院の近世における動向について（松原信之）「若越郷土研究」 福井県郷土誌懇談会 53（2）通号287 2009.03

和田山と越前本覚寺の関係を探る—「本覚寺史」から（松田義雄）「のうみ : 能美郷土史の会会誌」 能美郷土史の会 （8） 2013.03

本郷

無形民俗文化財の紹介 宇波西神社の神事芸能/花笠踊りの継承/本郷踊り/多由比神社の例祭神事/水海の田楽能舞「ふくい無形民俗文化財」 福井県無形民俗文化財保護協議会 （27） 2005.6

本瑞寺

東尋坊（本瑞寺）の成立と城下の東派寺院（松原信之）「若越郷土研究」 福井県郷土誌懇談会 55（2） 2011.02

曲木

鯖江市中野町曲木の暮らしの風景—想い出の画集から（1）（辻本喜平）「えちぜんわかさ : 福井の民俗文化」 福井民俗の会 （22） 2009.08

松平主馬家

松平主馬家の屋敷絵図について（国京克巳）「若越郷土研究」 福井県郷土誌懇談会 58（1）通号296 2013.08

松原神社

水戸天狗党鎮魂の社・松原神社のれきし調査（幡谷賢三）「会誌」 日本海地誌調査研究会 （12） 2014.03

丸岡城

越前、京都地方史跡文化財探訪 一条谷から丸岡城・西福寺へ（堀沢重年）「夜豆志呂」 八代史談会 123 1997.1

「人柱伝説」—長浜城と丸岡城（今川徳子）「扣之帳」 扣之帳刊行会 （46） 2014.12

丸岡町

無形民俗文化財の紹介 小浜放生祭/丸岡町表児の米/大野市平家踊り/三方町成願寺闇見神社例祭神事/敦賀市池河内太鼓踊り/文七踊「ふくい無形民俗文化財」 福井県無形民俗文化財保護協議会 （26） 2004.6

無形民俗文化財の紹介 平家踊/文七踊/表児の米「ふくい無形民俗文化財」 福井県無形民俗文化財保護協議会 （29） 2007.5

坂井市丸岡町の六十六部の石仏（滝本やすし）「北陸石仏の会研究紀要」 北陸石仏の会 （11） 2014.03

満願寺

満願寺過去帳にみる江戸末期の死亡者数（斎藤寛昭）「会誌」 鯖江郷土史懇談会 6 1998.12

三国

三国遊女町の考察（〈三国湊と遊郭〉）（冨永亮一郎）「研究紀要」 みくに龍翔館 （1） 2006.2

三国町

福井県三国町の石仏巡り雑感（吉川繁）「北陸石仏の会々報」 北陸石仏の会 16 1997.8

福井県三国町の石仏巡り雑感（吉川繁）「北陸石仏の会研究紀要」 北陸石仏の会 通号2 1998.5

三国湊

中世期の三国湊の考察—森田家と中世寺院を中心として（〈三国湊と寺院〉）（冨永亮一郎）「研究紀要」 みくに龍翔館 （1） 2006.2

一向一揆と三国湊及び周辺浦々の海商（浅川謙次、冨永亮一郎）「研究紀要」 みくに龍翔館 （3） 2008.3

第1章 現存する八十八ヶ所の祠について（三国湊に残る石造物の会員協同調査）（山口正博）「研究紀要」 みくに龍翔館 （4） 2009.03

第2章 森田家所有の弁財天（殿島3地籍）（三国湊に残る石造物の会員協同調査）（浅川謙次、井上律夫）「研究紀要」 みくに龍翔館 （4） 2009.3

第3章 三昧塚下の磨崖仏について（三国湊に残る石造物の会員協同調査）（井上律夫）「研究紀要」 みくに龍翔館 （4） 2009.03

第4章 寝釈迦像（曹洞宗恵雲寺）（三国湊に残る石造物の会員協同調査）（井上律夫，山内正博，荒川敏夫）「研究紀要」 みくに龍翔館 （4） 2009.03

味坂神社

味坂神社の実地調査について（岡安夫）「研究紀要」 みくに龍翔館 （7） 2012.01

水海

新指定無形民俗文化財の紹介 なんぼや踊り唄/柴の実入れ/水海のばいもしょ「ふくい無形民俗文化財」 福井県無形民俗文化財保護協議会 （29） 2007.5

水海の田楽・能舞

無形民俗文化財の紹介 宇波西神社の神事芸能/花笠踊りの継承/本郷踊り/多由比神社の例祭神事/水海の田楽能舞「ふくい無形民俗文化財」 福井県無形民俗文化財保護協議会 （27） 2005.6

伝統芸能の継承と水海の田楽能舞（飯田拓見）「ふくい無形民俗文化財」 福井県無形民俗文化財保護協議会 （34） 2012.06

水落神明社

水落神明社の廻国納経石龕（山本昭治）「会誌」 鯖江郷土史懇談会 （14） 2006.11

水切2号墳

福井市水切2号墳奥壁阿弥陀如来立像の調査（古川登）「若越郷土研究」 福井県郷土誌懇談会 55（1） 2010.08

福井市水切2号墳奥壁の阿弥陀如来立像について（古川登）「日引 : 石造物研究会会誌」 （13） 2012.05

三田村氏庭園

全国屈指の民家庭園（県文化財に「三田村氏庭園」と「油田」）（藤原武二）「和紙の里」 越前和紙を愛する会 （35） 2014.07

三峯村

福井県三峯村墓地跡（前田清彦）「日引 : 石造物研究会会誌」 1 2001.3

ふれあいROOM 立葵紋と三峯村（池田千代治）「武生立葵会報」 武生立葵会事務局 （45） 2011.8

南六呂師

南六呂師にみられる巨岩のいわれや、名称を記した岩石台帳について（伊藤一康）「奥越史料」 大野市教育委員会，大野市文化財保護審議会 31 2005.3

美浜町

美浜町のノラギ—前掛け・雨具・背中あてを中心として（筒江薫）「えちぜんわかさ : 福井の民俗文化」 福井民俗の会 18 2003.8

若狭美浜町の稲荷信仰（第33回北陸三県民俗の会年会記録 2008—共通課題—北陸の稲荷信仰）（金田久璋）「北陸の民俗」 富山民俗の会 26 2008.08

福井県美浜町の食べものと暮らし（《福井県三方郡美浜町早瀬地区合同調査特集》）（丸山久子）「昔風と当世風」 古々路の会 （93） 2009.3

敦賀市・美浜町を中心とした神社に遺る若連中の遺物（第35回北陸三県民俗の会年会記録—共通課題—北陸のムラ（宮座、若者組、混住化、限界集落）（多仁照廣）「北陸の民俗」 富山民俗の会 28 2011.03

弥美神社

弥美神社の「王の舞」（稗田美穂子）「とやま民俗」 富山民俗の会 （54） 1999.12

御膳石考—弥美神社の祭礼に関する集合的記憶の支点（橋本裕之）「京都民俗 : 京都民俗学会会誌」 京都民俗学会 通号22 2005.3

美山

美山のテンポバナシ—その収集と活用（林幸男）「北陸の民俗」 富山民俗の会 19 2002.3

美山町

山里だより 紫陽花のまじない—丹波美山町（西浦左門）「あしなか」 山村民俗の会 264 2003.4

山里だより（2）紫陽花のまじない・続報—丹波美山町（西浦左門）「あし

福井県 　　　　　　　　　　　　　郷土に伝わる民俗と信仰 　　　　　　　　　　　　北陸甲信越

なか」 山村民俗の会　265　2003.10

「夏は来ぬ」の田園風景―丹波美山町（山里だより（4））（西浦左門）「あしなか」 山村民俗の会　267　2004.7

「大仏さまの鼻くそ」と「お釈迦さんの鼻くそ」―丹波美山町（山里だより（5））（西浦左門）「あしなか」 山村民俗の会　270　2005.4

山村の野菜作り―丹波美山町（山里だより（6））（西浦左門）「あしなか」 山村民俗の会　273　2005.12

アマチュア降雪占い―丹波・美山町（山里だより（8））（西浦左門）「あしなか」 山村民俗の会　275　2006.9

辛夷の花占い―丹波美山町（山里だより（9））（西浦左門）「あしなか」 山村民俗の会　276　2006.12

山里だより（12）まむしアレコレ話―丹波美山町（西浦左門）「あしなか」 山村民俗の会　283　2008.9

山里だより（13）続・まむしアレコレ話―丹波美山町（西浦左門）「あしなか」 山村民俗の会　285　2009.05

山里だより（17）こうりゃん今昔話―丹波美山から（西浦左門）「あしなか」 山村民俗の会　295・296　2012.08

山里だより（20）深見山中「鉤掛けの桜」―丹波美山町（西浦左門）「あしなか」 山村民俗の会　301　2014.09

明通寺

紅葉映える明通寺（石岡亘）「福井の文化」 福井県文化振興事業団　37　2001.9

妙法寺

越前府中龍門寺の草創について 付 妙法寺の草創期の仏源派の展開（池田正男）「若越郷土研究」 福井県郷土誌懇談会　56（1）2011.08

睦月神事

無形民俗文化財の紹介 花山行事／福谷大火勢／睦月神事／文七踊「ふくい無形民俗文化財」 福井県無形民俗文化財保護協議会　（28）2006.3

夢楽洞

夢楽洞絵馬の世界（笠松雅弘）「福井の文化」 福井県文化振興事業団　36　2001.3

夢楽洞絵馬における青色顔料の変遷について（朽津信明，笠松雅弘，下山進）「福井県立博物館紀要」 福井県立博物館　通号9　2002.12

毛利家長屋門

福井市指定文化財 毛利家長屋門について（国京克已）「若越郷土研究」 福井県郷土誌懇談会　57（2）通号295　2013.02

夜叉が池

「夜叉が池」（上）,（中）,（下）地名由来の一考察（藤井茂樹）「美濃民俗」 美濃民俗文化の会　463／（465）2005.12/2006.2

柳元町

無形民俗文化財の紹介 宇ález西神社の神事芸能／花笠踊りの継承／本郷踊り／多由比神社の例祭神事／水海の田楽能舞「ふくい無形民俗文化財」 福井県無形民俗文化財保護協議会　（27）2005.6

山田

福井県大飯郡山田中世墓群（赤澤徳明）「日引 ： 石造物研究会会誌」　1　2001.3

陽願寺

出雲山陽願寺について（研究発表）（大井弘行）「武生立葵会報」 武生立葵会事務局　（42）2010.02

横越

継体大王と鯖江地区及び横越の八幡神社について（〈継体天皇への想い〉）（窪田善昭）「会誌」 鯖江郷土史懇談会　（15）2007.11

吉崎御坊

越前、京都地方史跡文化財探訪 吉崎御坊から東尋坊・永平寺へ（秋山フジ子）「夜豆志呂」 八代史談会　123　1997.1

吉崎坊

吉崎坊焼失之御文について（山田龍治）「会誌」 鯖江郷土史懇談会　（13）2005.11

四日市橋

住吉神社略縁起と四日市橋、四日市町（井上律夫，山内正博）「研究紀要」 みくに龍翔館　（7）2012.01

四日市町

住吉神社略縁起と四日市橋、四日市町（井上律夫，山内正博）「研究紀要」 みくに龍翔館　（7）2012.01

竜門寺

越前府中龍門寺の草創について 付 妙法寺の草創期の仏源派の展開（池田正男）「若越郷土研究」 福井県郷土誌懇談会　56（1）2011.08

研究発表 龍門寺について（池田正男）「武生立葵会報」 武生立葵会事務

局　（46）2012.01

越前府中龍門寺再考（池田正男）「若越郷土研究」 福井県郷土誌懇談会　57（1）通号294　2012.08

嶺南四郡

福井県嶺南四郡の神社に遺る若連中遺物（北陸三県民俗の会第37回年会記録2012―自由課題）（多仁照廣）「北陸の民俗」 富山民俗の会　30　2013.03

蓮華寺

蓮華寺の層塔について（下）（青木豊昭）「会誌」 鯖江郷土史懇談会　5　1997.12

朝倉景紀と川島庄の社寺―山王八幡宮・蓮華寺・光巌寺（青木豊昭）「会誌」 鯖江郷土史懇談会　（8）2000.11

蓮華寺什物鬼面箱墨書銘文考（青木豊昭）「会誌」 鯖江郷土史懇談会　（20）2012.11

六呂師

木地師史料 越前国奥野々（南条町）と六呂師（勝山市）出身の六野家（杉本寿）「民俗文化」 滋賀民俗学会　410　1997.11

若狭

八百比丘尼伝承成立考―若狭の八百比丘尼伝承を中心として（酒向伸行）「みかげ民俗」 御影高校民俗研究会　（5）1978.09

越前若狭のキリシタン史概論（小林巌）「福井の文化」 福井県文化振興事業団　29　1997.9

丹波・若狭の松明行事（八木透）「京都民俗 ： 京都民俗学会会誌」 京都民俗学会　通号15　1997.12

若狭の地蔵盆（永江秀雄）「まつり通信」 まつり同好会　38（8）通号450　1998.8

若狭地方の山車類とお囃子（垣東敏博）「北陸の民俗」 富山民俗の会　17　1999.3

若狭の火祭り（《特集 火》）（永江秀雄）「まつり」 まつり同好会　通号61　1999.12

若狭、大飯町、高浜町の古仏と石造品（澤新太郎）「史迹と美術」 史迹美術同攷会　73（2）通号732　2003.2

越前・若狭の善光寺三尊とその信仰（6）,（7）（北村市朗）「長野」 長野郷土史研究会　231/232　2003.9/2003.11

若狭の石書法華塔について（川嶋和雄）「日本の石仏」 日本石仏協会，青娥書房（発売）（110）2004.6

現代に甦る田楽、そして王の舞―福井県立若狭歴史民俗資料館特別展「王の舞を見に行こう！」を見に行こう（橋本裕之）「まつり通信」 まつり同好会　44（6）通号514　2004.11

若狭の六斎と念仏（《特集 盆の芸能》）（坂本要）「まつり」 まつり同好会　通号66　2004.12

近世における若狭茶の研究（五十嵐雪佳）「帝塚山大学大学院人文科学研究科紀要」 帝塚山大学大学院人文科学研究科　（7）2006.1

若狭から東大寺二月堂へ続く水祭りの道（小川光三）「月刊大和路なら」 地域情報ネットワーク　9（2）通号89　2006.2

登録有形民俗文化財「若狭めのうの玉磨用具」について（垣東敏博）「館報」 福井県立若狭歴史民俗資料館　2005年度　2006.3

若狭武田氏の寺院政策―時宗・日蓮宗を中心として（《特集 若狭講座》）（沼田晃祐）「甲斐」 山梨郷土研究会　（114）2007.8

サルタヒコの中世その1 若狭・越前から近江へ 王・翁、童子―サルタヒコの "姿" を求めて（西川照子）「あらはれ ： 猿田彦大神フォーラム年報 ： ひらかれる未来神話」 猿田彦大神フォーラム　（10）2007.10

サルタヒコの中世その2 若狭・越前から近江へ 天狗・獅子、赤子―愛し方・サルタヒコを追う（西川照子，永田陽）「あらはれ ： 猿田彦大神フォーラム年報 ： ひらかれる未来神話」 猿田彦大神フォーラム　（11）2008.10

伝統芸能・若狭能倉座（松金勝）「えちぜんわかさ ： 福井の民俗文化」 福井民俗の会　（22）2009.08

若狭の千歯扱き製造業者・販売業者について―当館収蔵資料から（垣東敏博）「館報」 福井県立若狭歴史民俗資料館　2009年度　2010.3

若狭地方の拝所の建築の研究（第32回北陸都市史学会金沢大会 発表要旨）（多米淑人）「北陸都市史学会誌」 北陸都市史学会事務局　（16）2010.8

若紫硯に遭遇と余滴―若狭地方特産硯の伝統（田中覚）「文化財協会報」 観音寺市文化財保護協会　（5）2011.3

若狭路

橋本裕之・坂東敏博編『若狭路の祭りと芸能』（書誌紹介）（福原敏男）「日本民俗学」 日本民俗学会　通号246　2006.5

「継子と釜burn で譚」の表現と方法―『若狭路の民話』採訪ノートより（田中雅樹）「えちぜんわかさ ： 福井の民俗文化」 福井民俗の会　（22）2009.08

北陸甲信越　　　　　　　　　　郷土に伝わる民俗と信仰　　　　　　　　　　　　　　　　福井県

若狭高浜

若狭高浜の馬頭観音（沢新太郎）「史迹と美術」 史迹美術同攷会　68（2）
1998.2

海城「若狭高浜」について（櫻井帯刀）「えちぜんわかさ ： 福井の民俗
文化」 福井民俗の会　16　2001.1

若狭高浜七年祭（見学ノート）―お田植と狂言「田植」の比較など（入江
宜子）「まつり」 まつり同好会　通号63　2002.12

若狭高浜の七年祭（入江宜子）「まつり通信」 まつり同好会　47（3）通号
529　2007.5

若狭高浜七年祭りへのご案内（入江宜子）「まつり通信」 まつり同好会
53（3）通号565　2013.05

若狭彦神社

全国一宮祭礼記 若狭国一宮・若狭彦神社/備後国一宮・吉備津神社/隠
岐国一宮・水若酢神社「季刊悠久.第2次」 鶴岡八幡宮悠久事務局
80　2000.1

若狭国一宮若狭彦神社・若狭姫神社 遠敷明神のふるさとを訪ねて「月刊
大和路ならら」 地域情報ネットワーク　13（2）通号137　2010.02

若狭姫神社

若狭国一宮若狭彦神社・若狭姫神社 遠敷明神のふるさとを訪ねて「月刊
大和路ならら」 地域情報ネットワーク　13（2）通号137　2010.02

若狭美浜町

書評 『わかさ美浜町誌』第1巻 暮らす 生きる/佐々木長生著『農具が語
る稲とくらし』（斎藤卓志）「安城市歴史博物館研究紀要」 安城市歴史
博物館　（10・11）2004.2

若狭湾

津波伝承論ノート―若狭湾沿岸の歴史津波について（特集 東北の海―東
日本大震災2）（金田久璋）「東北学.［第2期］」 東北芸術工科大学東北
文化研究センター, 柏書房（発売）（29）2011.11

海と山の祈り―若狭湾沿岸の王の舞（水原渭江）「まつり通信」 まつり同
好会　52（2）通号558　2012.03

若竹町

若竹町神明神社 石造十一面観音菩薩坐像（杉浦茂）「武生市史編さんだよ
り」 武生市史編さん委員会　33　2002.3

和那美川

古事記の世界 「和那美川・能美川」と大苫命（斎藤喜美）「会誌」 鯖江
郷土史懇談会　（9）2001.11

山梨県

明野
明野の石造物—山梨県北杜市（特集 石仏と民俗伝承—心ときめく路傍の石たちとの出会い）（井上明生）「あしなか」 山村民俗の会 295・296 2012.08

明野村
写真に見る "ズングリ型" の石鳥居—甲州明野村周辺（井上明生）「あしなか」 山村民俗の会 273 2005.12

浅利
山梨県東八代郡豊富村浅利諏訪神社保管の考古遺物（坂本美夫，宮澤公雄）「山梨県史研究」 山梨県 13 2005.3

芦川村
笛吹市芦川村のカラサンについて—聞き取り調査報告（博物館Report）（高橋晶子）「Marubi ： 富士吉田市歴史民俗博物館だより ： Fujiyoshida Museum of Local History news」 富士吉田市歴史民俗博物館 （34） 2010.3

芦安村
地蔵岳信仰 韮崎市・芦安村・武川村「山梨県史だより」 山梨県教育委員会県史編さん室 20 2000.9

網倉
七福神 西八代郡六郷町落居網倉地区「山梨県史だより」 山梨県教育委員会県史編さん室 19 2000.3

安国寺
心経寺の安国寺九一色について（中倉茂）「峡南の郷土」 峡南郷土研究会 48 2008.3

安藤家住宅
「町田市史を読む会」歴史探訪 甲州歴史の旅—安藤家住宅と武田氏ゆかりの寺院を訪ねる—に参加して（小田隆士）「いしぶみ」 まちだ史考会 （34） 2012.12

生出神社
郷社生出神社八朔祭典百年（《特集 八朔祭》）（武井一郎）「郡内研究」 都留市郡内研究会郡内研究編集部 （16） 2006.3

石和
石和見聞志（資料紹介）（白井伊佐牟，岡本彰夫）「日本文化史研究」 帝塚山大学奈良学総合文化研究所 （44） 2013.3

石和町
石和町周辺の道祖神（渡辺政之助）「甲斐路」 山梨郷土研究会 98 2001.1

市川
考察 市川の町と紙梳き（河西密雄）「峡南の郷土」 峡南郷土研究会 52 2012.9

市川陣屋
近世後期における甲斐市川陣屋役人の「富士登拝紀行」（特集 武蔵野と富士）（根岸茂夫）「武蔵野」 武蔵野文化協会 89（1）通号353 2014.05

市川大門町
市川大門町の日蓮宗寺院（2），（3）（青嶋長雄）「峡南の郷土」 峡南郷土研究会 37/38 1997.3/1998.3

市川三郷町
御幸祭について（堀内真）「山梨県史研究」 山梨県 5 1997.3
市川三郷町の一の宮・二の宮に松本「長野県」の年貢が入っていた（中倉茂）「峡南の郷土」 峡南郷土研究会 47 2007.3

一之瀬高橋
山梨県甲州市の「一之瀬高橋の春駒」見聞記（高橋健一）「月刊通信ふるさとの民俗を語る会」 民俗文化研究所 （85） 2014.06

一蓮寺
国芳の「一蓮寺」浮世絵と水面の富士（特集 富士山 創立70周年記念論文集）（石川博）「甲斐」 山梨郷土研究会 （121） 2010.2
塔頭数の変遷からみた一蓮寺（秋山敬）「武田氏研究」 武田氏研究会，岩田書院（発売） （42） 2010.06

一蓮寺門前町
一蓮寺門前町の成立（秋山敬）「武田氏研究」 武田氏研究会，岩田書院（発売） 19 1998.6

今諏訪
諏訪の神の地を甲州に再現 諏訪大社と今諏訪の諏訪神社（諏訪市・茅野市・諏訪郡下諏訪町・山梨県南アルプス市）（特集 信州と隣県—信・甲二州）「地域文化」 八十二文化財団 （101） 2012.07

入沢村
ふるさとに寄せて—入沢村・鎌倉新仏教台頭のことなど（小宮山貞子）「郷土長坂」 長坂町郷土研究会 （9） 2008.2

外良寺
奈良田 外良寺薬縁起（三井啓心）「峡南の郷土」 峡南郷土研究会 39 1999.3

上野原町
資料紹介 山梨県上野原町発見の仏像（今井恵昭）「東京都埋蔵文化財センター研究論集」 東京都埋蔵文化財センター 通号19 2002.3

内船
内船歌舞伎（渡辺修孝）「峡南の郷土」 峡南郷土研究会 52 2012.09
地芝居見聞（10）内船歌舞伎—地歌舞伎の祭典/塩沢子ども歌舞伎（北河直子）「公益社団法人全日本郷土芸能協会会報」 全日本郷土芸能協会 （71） 2013.04

馬返し
富士山馬返し—登山道発掘調査近況報告（2）を交えて（高村信，布施光敏）「Marubi ： 富士吉田市歴史民俗博物館だより ： Fujiyoshida Museum of Local History news」 富士吉田市歴史民俗博物館 10 1998.3
富士山馬返しの石鳥居について—文書史料からの考察（星野芳三）「富士吉田市史研究」 富士吉田市教育委員会 15 2000.3

馬返鳥居
〔史料紹介〕富士山馬返鳥居について（高村信）「富士吉田市史研究」 富士吉田市教育委員会 14 1999.3

漆戸
山梨県北巨摩郡漆戸「滝不動尊の石碑」について（飯沼宏仁）「風林火山」 武田家旧温会 （27） 2014.03

表門郷
甲斐国分寺造営期における山梨郡表門郷（平塚洋一）「山梨県考古学協会誌」 山梨県考古学協会 （13） 2002.5

烏帽子岩
史料翻刻 「烏帽子岩大願成就八海修行」もう一つの女人登山（《富士・浅間信仰—山岳信仰特集II》）（中柳信彰）「あしなか」 山村民俗の会 259・260 2001.11

恵林寺
恵林寺・放光寺・向獄寺（杉田純治）「伊那路」 上伊那郷土研究会 46（12）通号551 2002.12
印象に残った乾徳山恵林寺（原田礼子）「栃木県立博物館友の会だより」 栃木県立博物館友の会 32 2003.11

円蔵院
南部山円蔵院の供養塔建立経過の考察（後藤義雄）「峡南の郷土」 峡南郷土研究会 38 1998.3

円通院
円通院文書調査「桃太郎 ： 甲州史料調査会会報」 甲州史料調査会 38 2011.10

延命院
山梨県の中世石仏—塩山市延命院の十三仏（坂本美夫）「山梨県立考古博物館・山梨県埋蔵文化財センター研究紀要」 山梨県立考古博物館 通号19 2003.3

円楽寺
円楽寺の六十六部聖の文書（田代孝）「武田氏研究」 武田氏研究会，岩田書院（発売） （29） 2004.3
円楽寺旧境内（山梨県内中世寺院分布調査）（《遺跡調査発表会要旨》）

（石神孝子）「山梨考古」 山梨県考古学協会 （99）2006.3

大嵐

近世以降の墓制の動態と地域社会―足和田村大嵐の墓制を事例として（前田俊一郎）「民俗学研究所紀要」 成城大学民俗学研究所 26 2002.3

大井俣窪八幡神社

八幡宮紹介 大井俣窪八幡神社（山梨県山梨市）「季刊悠久.第2次」 鶴岡八幡宮悠久事務局 （132）2013.08

大木戸遺跡

土偶が語る縄文人の祈り 大木戸遺跡（塩山市）「埋文やまなし」 山梨県埋蔵文化財センター 6 2000.7

大塚

大塚人参物語（塩島博光）「峡南の郷土」 峡南郷土研究会 44 2004.3

大塚村

旧大塚村―熊野三社合祀縁起（川島文男）「峡南の郷土」 峡南郷土研究会 46 2006.3

大月遺跡

大月遺跡と献上地遺跡―甲斐国都留郡家の水場の祭祀空間（特集 水の考古学）（平野修, 室伏徹）「山梨県考古学協会誌」 山梨県考古学協会 （22）2013.05

岡神社

松代祝神社の絵馬と山梨岡神社の夔の神（細井雄次郎）「長野県民俗の会通信」 長野県民俗の会 （206）2008.7

忍野

忍野の池（天野安夫）「甲斐路」 山梨郷土研究会 88 1997.8

忍野における「大麻」の利用について（天野安夫）「甲斐路」 山梨郷土研究会 94 1999.8

忍野における願掛け・民間療法等（天野安夫）「甲斐路」 山梨郷土研究会 98 2001.1

尾続経塚

上野原市尾続経塚（《2007年度地域大会特集号 武田勝頼墓発見の経石を考える―山梨県の経石出土遺跡》）（小西直樹）「山梨考古」 山梨県考古学協会 （104）2007.6

御陵山

御陵山の信仰遺物（信藤祐仁）「帝京大学山梨文化財研究所報」 帝京大学山梨文化財研究所 （46）2003.10

御陵山信仰遺物の研究（御陵山信仰遺跡研究グループ）「帝京大学山梨文化財研究所研究報告」 帝京大学山梨文化財研究所, 岩田書院（発売） 12 2004.10

小室浅間神社

レポート 平成22年小室浅間神社御更衣祭（博物館Report）（高橋晶子）「Marubi ： 富士吉田市歴史民俗博物館だより ： Fujiyoshida Museum of Local History news」 富士吉田市歴史民俗博物館 （35）2010.10

小屋敷

山梨における月待信仰について―塩山市小屋敷の二十三夜堂を中心に（坂本美夫）「山梨県立考古博物館・山梨県埋蔵文化財センター研究紀要」 山梨県立考古博物館 通号16 2000.3

恩昌寺

勝頼姫の恩昌寺とその周辺の回想（高添藤政）「韮崎市郷土研究会会誌」 （5）2003.4

甲斐

甲斐の梵鐘事情あれこれ（渡辺貫一）「甲斐路」 山梨郷土研究会 87 1997.4

地神への「埋納」目印としての本家屋敷圳（斎藤泰造）「甲斐路」 山梨郷土研究会 90 1998.4

甲斐の国の「国史現在社」（田辺英治）「歴研よこはま」 横浜歴史研究会 42 1998.4

甲斐の梵鐘事情あれこれ（渡辺貫市）「梵鐘 ： 日本古鐘研究会機関誌」 日本古鐘研究会 8 1998.4

湖水伝説は甲斐の国生み物語だった―その歴史的背景を推理する（斉藤芳弘）「甲斐路」 山梨郷土研究会 91 1998.8

坂と峠の民俗（堀内真）「甲斐路」 山梨郷土研究会 91 1998.8

近世六十六部の回国納経（田代孝）「甲斐路」 山梨郷土研究会 95 1999.11

美術工芸（渡辺貫市）「甲斐路」 山梨郷土研究会 95 1999.11

地域史、文化交流史、民衆史―私の歴史研究の足跡から思うこと（色川大吉）「甲斐路」 山梨郷土研究会 99 2001.8

甲斐の「衆善奉行」碑（縣敏夫）「野仏 ： 多摩石仏の会機関誌」 多摩石仏の会 32 2001.8

近世の経石―諸宗派の一石経（田代孝）「甲斐路」 山梨郷土研究会 101 2002.8

建築からみた浅間神社（羽中田壮雄）「甲斐路」 山梨郷土研究会 101 2002.8

近世後期甲斐周辺の伝説資料〔翻刻 『般若心経綸入講釋』「無畏碍故無有恐怖」（八幡不知森説話）〕（伊藤慎吾）「昔話伝説研究」 昔話伝説研究会 （23）2003.4

「民俗と教育実践」のフィールドから―教材としての民俗の可能性（古屋和久）「甲斐路」 山梨郷土研究会 103 2003.6

荘園制下の桑・糸・絹・綿（永原慶二）「甲斐路」 山梨郷土研究会 104 2003.8

甲斐における山岳信仰研究の展望（山本義孝）「帝京大学山梨文化財研究所報」 帝京大学山梨文化財研究所 （46）2003.10

甲斐三枝氏系図に秘められた常楽寺千三百年史を読む（松浦正昭）「信濃［第3次］」 信濃史学会 55（12）通号647 2003.12

甲斐の武田氏ゆかりの太子像（小松光江）「聖徳」 聖徳宗教学部 180 2004.4

近世の捨子・子殺しについての考察―甲斐の郷土資料から（西海秀人）「甲斐」 山梨郷土研究会 （108）2005.8

甲斐の中世六地蔵石幢（持田友宏）「日本の石仏」 日本石仏協会, 青娥書房（発売）（116）2005.12

「甲斐の黒駒」あれこれ（木村博）「聖徳」 聖徳宗教学部 （191）2007.3

山中恭古著『甲斐の落葉』を読む―「土俗学」のゆくえ（飯倉義之）「昔話伝説研究」 昔話伝説研究会 （27）2007.5

甲斐のヤマトタケル伝承（末木健）「山梨県立考古博物館・山梨県埋蔵文化財センター研究紀要」 山梨県立考古博物館 通号24 2008.3

回想「金銅十一面観音菩薩懸仏（御正躰）」（《特集 植松又次先生追悼》―植松先生に捧ぐ）（渡邉貫市）「甲斐」 山梨郷土研究会 （116）2008.6

阿蘇や信濃や甲斐と火の国伝説（特集 地域に伝わる伝説・伝承をめぐって）（安達武敏）「史叢」 熊本歴史学研究会 （14）2009.12

富士山となまよみの甲斐の国（特集 富士山 創立70周年記念論文集）（水原康道）「甲斐」 山梨郷土研究会 （121）2010.2

甲斐古代・中世の人形（特集 人形）（末木健）「甲斐」 山梨郷土研究会 （124）2011.7

母の原形（特集 人形）（小野正文）「甲斐」 山梨郷土研究会 （124）2011.07

甲斐三ヶ寺を巡る（長原信二）「郷土研だより」 東村山郷土研究会 （389）2012.10

近世甲斐の地札と証文―古文書・民具・調査小考（関口博巨）「民具マンスリー」 神奈川大学 47（4）通号556 2014.07

甲斐国府

日本古代の地方行政と寺社―古代寺社からみる甲斐国府（《官衙からみた地域社会》）（坂本大輔）「山梨県考古学協会誌」 山梨県考古学協会 （16）2006.5

甲斐国分寺

甲斐国分寺（猪股喜彦）「甲斐路」 山梨郷土研究会 86 1997.1

甲斐国分寺跡

甲斐国分寺跡（《2009年度上半期遺跡調査会発表会要旨》）（伊藤修二）「山梨考古」 山梨県考古学協会 （114）2009.10

甲斐国分寺跡（笛吹市）《2010年度下半期遺跡調査会発表会要旨》（大木丈夫）「山梨考古」 山梨県考古学協会 （119）2011.03

甲斐駒ヶ岳

コラム 山梨・甲斐駒ヶ岳石仏造立願い（田中英雄）「日本の石仏」 日本石仏協会, 青娥書房（発売）（148）2013.12

甲斐駒ヶ岳の摩利支天（特集 天部の石造物）（田中英雄）「日本の石仏」 日本石仏協会, 青娥書房（発売）（152）2014.12

甲斐駒岳

甲斐駒嶽信仰と下総の文書にみる石仏建立願い（田中英雄）「日本の石仏」 日本石仏協会, 青娥書房（発売）（106）2003.6

甲斐路

甲斐路から（内田弘保）「大美和」 大神神社 100 2001.1

2011年 新春 甲斐路初詣（田中豊）「小田原史談 ： 小田原史談会々報」 小田原史談会 （225）2011.04

甲斐善光寺

《御開帳記念シンポジウム 「甲斐善光寺とその信仰」の記録》「甲斐路」 山梨郷土研究会 89 1998.1

『甲斐善光寺縁起』と『善光寺記録』（吉原浩人）「甲斐路」 山梨郷土研究会 89 1998.1

御開帳とその意味（飯田文弥）「甲斐路」 山梨郷土研究会 89 1998.1

甲斐善光寺境内の建築と町（伊藤裕久）「甲斐路」 山梨郷土研究会 89

1998.1

郷土の本 『浄土宗甲斐善光寺』山梨歴史美術研究会（深沢源一）「甲斐」 山梨郷土研究会 （123）2011.02

甲斐善光寺の造営と「善光寺普請」（秋山敬）「武田氏研究」 武田氏研究会，岩田書院（発売）（44）2011.06

海蔵寺

海蔵寺文書調査報告（田中潤）「桃太郎 ： 甲州史料調査会会報」 甲州史料調査会 22 2000.6

甲斐国

《古代甲斐国の諸相—信仰・集落》「山梨県考古学協会誌」 山梨県考古学協会 （13）2002.5

出土文字資料からみる古代甲斐国の仏教信仰（平野修）「山梨県考古学協会誌」 山梨県考古学協会 （13）2002.5

甲斐国「御射山」勧請伝承考（1）〜（3）（原直正）「オール諏訪 ： 郷土の総合文化誌」 諏訪郷土文化研究会 23（10）通号232/23（12）通号234 2004.1/2004.3

日蓮以後の甲斐国日蓮教団と鎌倉（新夏教材研究）（沼田晃佑）「甲斐」 山梨郷土研究会 （108）2005.8

口絵「甲斐国成人」記載の木簡（平川南）「山梨県史研究」 山梨県 （14）2006.3

甲斐国における中世末期の民間陰陽師の足跡（《特集 陰陽道と宗教民俗》）（山本義孝）「宗教民俗研究」 日本宗教民俗学会 （14・15）2006.3

高野山成慶院『甲斐国供養帳』—「過去帳（甲州月牌帳）」（丸島和洋）「武田氏研究」 武田氏研究会，岩田書院（発売）（34）2006.6

史料紹介 高野山成慶院『甲斐国供養帳』（2）「甲州過去古帳」（丸島和洋）「武田氏研究」 武田氏研究会，岩田書院（発売）（38）2008.5

甲斐国と五輪塔と宝篋印塔を一対とする造塔法（畑大介）「武田氏研究」 武田氏研究会，岩田書院（発売）（41）2010.01

史料紹介 高野山成慶院『甲斐国供養帳』（3），（4）—「甲州月牌帳 二印」（1），（2）（丸島和洋）「武田氏研究」 武田氏研究会，岩田書院（発売）（42）/（43）2010.06/2011.03

史料紹介 高野山成慶院『甲斐国供養帳』（5），（6）—「甲州月牌記 五」（1），（2）（丸島和洋）「武田氏研究」 武田氏研究会，岩田書院（発売）（44）/（47）2011.06/2013.03

甲斐国三十三観音霊場

甲斐国三十三観音霊場の近代の移ろいと遺された御詠歌の流れについて（高添藤政）「韮崎市郷土研究会会誌」 （6）2004.4

甲斐国三十三観音霊場御詠歌について—近代の移ろいを考する（高添藤政）「甲斐路」 山梨郷土研究会 106 2004.8

柏尾山経塚

柏尾山経塚の復元（《祭祀と信仰》）（櫛原功一）「山梨県考古学協会誌」 山梨県考古学協会 （17）2007.5

鰍沢河岸跡

真冬の大火事とトイレの神様 鰍沢河岸跡（鰍沢町）「埋文やまなし」 山梨県埋蔵文化財センター （17）2004.3

鰍沢河岸跡の胞衣壺（野代恵子）「山梨県立考古博物館・山梨県埋蔵文化財センター研究紀要」 山梨県立考古博物館 通号24 2008.3

鰍沢河岸遺跡

小さな祈りの形泥めんこ—鰍沢河岸遺跡出土品の検討（《祭祀と信仰》）（村石眞澄）「山梨県考古学協会誌」 山梨県考古学協会 （17）2007.5

金桜神社

甲斐御嶽山金桜神社の鐘と論所争訟（太川茂）「甲斐路」 山梨郷土研究会 96 2000.4

甲斐御嶽山金桜神社の社家—代参講の展開と成果を巡って（太川茂）「甲斐路」 山梨郷土研究会 101 2002.4

金桜神社奥社地の研究（櫛原功一，大崎文裕）「山梨県考古学協会誌」 山梨県考古学協会 （15）2005.5

甲斐御嶽山金桜神社の社僧—住職人選の展開と神仏争訟を軸にして（《特集 若狭講座》）（太川茂）「甲斐」 山梨郷土研究会 （114）2007.8

続 甲斐御嶽山金桜神社の社家—主に江戸中・後期に於ける年寄りの役と社内秩序について（太川茂）「甲斐」 山梨郷土研究会 （128）2012.11

金鳥居

金鳥居—倒壊と再建の歴史（前），（後）（高橋晶子）「Marubi ： 富士吉田市歴史民俗博物館だより ： Fujiyoshida Museum of Local History news」 富士吉田市歴史民俗博物館 通号29/通号30 2007.10/2008.3

加美

甲斐国山梨郡西郡加美郷異聞（《特集 磯貝正義先生追悼》）（齋藤泰造）「甲斐」 山梨郷土研究会 （119）2009.7

上原

上原の子安地蔵様（田辺好子）「微笑佛」 全国木喰研究会 （14）2006.4

上吉田

博物館Report 上吉田の町並みを歩く「Marubi ： 富士吉田市歴史民俗博物館だより ： Fujiyoshida Museum of Local History news」 富士吉田市歴史民俗博物館 23 2004.10

河口

将軍家御祈願所の御師・三浦家（中村章彦）「甲斐路」 山梨郷土研究会 98 2001.1

博物館Report 御師の町河口を歩く（中村章彦）「Marubi ： 富士吉田市歴史民俗博物館だより ： Fujiyoshida Museum of Local History news」 富士吉田市歴史民俗博物館 通号30 2008.3

河口浅間神社

河口浅間神社文書調査報告「桃太郎 ： 甲州史料調査会会報」 甲州史料調査会 18 1998.7

第2次河口浅間神社文書調査報告「桃太郎 ： 甲州史料調査会会報」 甲州史料調査会 19 1998.9

河口浅間神社の実測調査をおこなって「桃太郎 ： 甲州史料調査会会報」 甲州史料調査会 19 1998.9

三浦吉明家文書調査および河口浅間神社例大祭巡見報告「桃太郎 ： 甲州史料調査会会報」 甲州史料調査会 20 1999.6

富士山信仰の宝物 陶製こま犬 阿形・吽形（河口浅間神社所蔵）/伝経ヶ岳出土経筒・経巻（塩谷家所有）「埋文やまなし」 山梨県埋蔵文化財センター （40）2012.02

河口湖町

富士吉田市歴史民俗博物館・河口湖町史料所在調査報告（石川和外）「桃太郎 ： 甲州史料調査会会報」 甲州史料調査会 22 2000.6

河内

峡南地方（河内地方）の方言資料紹介（笠井充）「峡南の郷土」 峡南郷土研究会 52 2012.9

願成寺

願成寺のこと（歴史資料）（樋口正）「韮崎市郷土研究会会誌」 韮崎市郷土研究会 （16）2014.04

観音平経塚

考古資料をよむ 中世の経塚と五輪塔群—観音平経塚の出土資料から「長野県立歴史館たより」 長野県立歴史館 27 2001.6

北口本宮富士浅間神社

江東外見発見伝—区外資料の紹介 北口本宮富士浅間神社の奉納額「下町文化」 江東区地域振興部 192 1998.3

お山道をたどる（3） 富士吉田浅間神社「扶桑」 扶桑教大教庁 （469）2011.01

北巨摩

農業日誌にみる農村生活誌—北巨摩地域に暮らす一専業農家の戦後史（影山正美）「甲斐」 山梨郷土研究会 （115）2008.1

北巨摩郡

伝説の諸相—『北巨摩郡口碑伝説集』から（小尾達朗）「郷土長坂」 長坂町郷土研究会 （9）2008.2

旧山伏峠道

旧山伏峠道の石仏たち（町田尚夫）「奥武蔵」 奥武蔵研究会 （377）2011.01

教安寺

近世地方都市における芝居公認策の意義—教安寺境内芝居成立前後の甲府興行（金子誠司）「山梨県史研究」 山梨県 12 2004.3

行者堂跡

富士山二合目 御室浅間神社境内地内行者堂跡（《2008年度上半期遺跡調査会発表会要旨》）（石神孝子）「山梨考古」 山梨県考古学協会 （109）2008.10

峡南

今に伝わる風祭り（塩島博光）「峡南の郷土」 峡南郷土研究会 41 2001.3

神仏習合と神仏分離について（小池正）「峡南の郷土」 峡南郷土研究会 44 2004.3

稲荷神社について［正］，（続）（望月金人）「峡南の郷土」 峡南郷土研究会 44/45 2004.3/2005.3

巻頭言 伝承が途絶える時（塩島博光）「峡南の郷土」 峡南郷土研究会 47 2007.3

狐塚と神獣鏡（塩島博光）「峡南の郷土」 峡南郷土研究会 48 2008.3

巻頭言 全身赤く塗られた狛犬（塩島博光）「峡南の郷土」 峡南郷土研究

北陸甲信越　　　　　　　　　　郷土に伝わる民俗と信仰　　　　　　　　　　山梨県

会　49　2009.03
観音像は、女性ではなかった（二宮明雄）「峡南の郷土」　峡南郷土研究会
　50　2010.03
ほうえん様とその集落について（二宮明雄）「峡南の郷土」　峡南郷土研究
　会　51　2011.07
峡南地方（河内地方）の方言資料紹介（笠井充）「峡南の郷土」　峡南郷土
　研究会　52　2012.9

峡北
峡北地区の稲作の道と古代信仰（歌田昌収）「韮崎市郷土研究会会誌」
　(6)　2004.4

教来石
教来石と諏訪信仰について（水原康道）「甲斐路」　山梨郷土研究会　99
　2001.8

金鶏寺
黒川山金鶏寺 (1)―由来について（岩田基嗣）「郷土研究」　奥多摩郷土研
　究会　(24)　2013.03
黒川山金鶏寺 (1)―仏像・位牌・石造物・涅槃図（岩田基嗣）「郷土研究」
　奥多摩郷土研究会　(25)　2014.03

金峰山
特集 山の神々と考古学 五丈岩から見つかったもの「埋文やまなし」　山
　梨県埋蔵文化財センター　(33)　2009.08

久遠寺
信玄、久遠寺を移す計画（依田達）「峡南の郷土」　峡南郷土研究会　43
　2003.3
中世期身延山久遠寺伽藍考（沼田晃佑）「峡南の郷土」　峡南郷土研究会
　48　2008.3

国中
打ちはやしの音楽―山梨県国中地域と岐阜県南西地域を例に（第26回大
　会報告「都市における民俗芸能の新たな展開」（2012 東京）―研究発
　表要旨）（小野寺節子）「民俗音楽研究」　日本民俗音楽学会　(38)
　2013.03

窪八幡神社
窪八幡神社石橋天文四年築造説について（秋山敬）「武田氏研究」　武田氏
　研究会，岩田書院（発売）　(31)　2005.3
大永～天文年間の窪八幡神社再建と上之坊良舜（《特集 植松又次先生追
　悼》―植松先生に捧ぐ）（秋山敬）「甲斐」　山梨郷土研究会　(116)
　2008.6
重要文化財 窪八幡神社本殿修理工事見学会/根津記念館「山梨考古」　山
　梨県考古学協会　(125)　2012.09

桑戸
春日居町・桑戸区木造五大明王像について（鈴木麻里子）「山梨県史研究」
　山梨県　6　1998.3

郡内
郡内地方に分布する伊奈石製宝篋印塔について―中世における武州五日
　市と都留郡北部の交流の一端をみる（持田友宏）「山梨県史研究」　山
　梨県　13　2005.3

郡内三十三所観音霊場
郡内三十三所観音霊場―万年寺過去帳所載「永々覚書」（〈史料紹介〉）（犬
　飼顕澄）「富士吉田市史研究」　富士吉田市教育委員会　15　2000.3

景徳院
武田勝頼菩提寺 天童院景徳院（加藤清幸）「伊那路」　上伊那郷土研究会
　46 (12) 通号551　2002.12

下条
下条の河童と国玉の橋姫（影山正美）「甲斐路」　山梨郷土研究会　100
　2002.2

月江寺
文化財だより/四季の展示―小正月のダンゴバラ/月江寺学術調査報告
　（博物館Report）「Marubi ： 富士吉田市歴史民俗博物館だより ：
　Fujiyoshida Museum of Local History news」　富士吉田市歴史民俗
　博物館　通号32　2009.03
企画展紹介 新宿歴史博物館所蔵資料 富士講の世界/開山580年遠忌 月
　江寺展―富士北麓禅の美術「富士山文化研究会会報」　富士山文化研
　究会　(28)　2009.11

献上地遺跡
大月遺跡と献上地遺跡―甲斐国都留郡家の水場の祭祀空間（特集 水の考
　古学）（平野修，室伏徹）「山梨県考古学協会誌」　山梨県考古学協会
　(22)　2013.05

玄法院
主に近世後期の府中玄法院と甲州国中当山派修験―「同院所蔵文書」の
　一部調査を終えて（太川茂）「甲斐」　山梨郷土研究会　(132)　2014.02

見法寺
見法寺の梵鐘について（平井美隆）「郷土長坂」　長坂町郷土研究会　8
　2004.9

向岳寺
蘭渓道隆と向嶽寺達磨図について（《特集 植松又次先生追悼》―植松先
　生に捧ぐ）（小野正文）「甲斐」　山梨郷土研究会　(116)　2008.6

向獄寺
恵林寺・放光寺・向嶽寺（杉田純治）「伊那路」　上伊那郷土研究会　46
　(12) 通号551　2002.12

高源寺経塚
甲府市高源寺経塚（《2007年度地域大会特集号 武田勝頼墓発見の経石を
　考える―山梨県の経石出土遺跡》）（信藤祐二）「山梨考古」　山梨県考
　古学協会　(104)　2007.6

甲州
甲州の両墓制再論（上），（下）（前田俊一郎）「甲斐路」　山梨郷土研究会
　97/98　2000.8/2001.1
柳田国男の『東国古道記』紀行 (17) 甲州との交通（浜島晃）「伊那民俗 ：
　伊那民俗学研究所報」　柳田国男記念伊那民俗学研究所　50　2002.9
甲州縁故節の由来（有坂忠一）「郷土長坂」　長坂町郷土研究会　8
　2004.9
常州土浦土屋家中の甲州参詣―天保八年甲州旅行について（青木光行）
　「土浦市立博物館紀要」　土浦市立博物館　(15)　2005.3
甲州の経塚を考える（《2007年度地域大会特集号 武田勝頼墓発見の経石
　を考える―山梨県の経石出土遺跡》）（田代孝）「山梨考古」　山梨県考
　古学協会　(104)　2007.6
江戸後期小前百姓の嫁村回りの衣裳をめぐる争論―甲州東部における事
　例（飯田文彌）「甲斐」　山梨郷土研究会　(118)　2009.2
「甲州三尺」（ぶどう）について（粕渕宏昭）「民俗文化」　滋賀民俗学会
　(549)　2009.06
甲州の味噌なめ地蔵（佐藤勝廣）「日本の石仏」　日本石仏協会，青蛾書房
　（発売）　(132)　2009.12
諏訪の神の地を甲州に再現 諏訪大社と今諏訪の諏訪神社（諏訪市・茅野
　市・諏訪郡下諏訪町・山梨県南アルプス市）（特集 信州と隣県―信・
　甲二州）「地域文化」　八十二文化財団　(101)　2012.07
「町田市史を読む会」歴史探訪 甲州歴史の旅―安藤家住宅と武田氏ゆか
　りの寺院を訪ねる―に参加して（小田隆士）「いしぶみ」　まちだ史考
　会　(34)　2012.12

甲州国
主に近世後期の府中玄法院と甲州国中当山派修験―「同院所蔵文書」の
　一部調査を終えて（太川茂）「甲斐」　山梨郷土研究会　(132)　2014.02

甲府
近世甲府における相撲興行（金子誠司）「甲斐路」　山梨郷土研究会　100
　2002.2
近世地方都市における芝居公認策の意義―教安寺境内芝居成立前後の甲
　府興行（金子誠司）「山梨県史研究」　山梨県　12　2004.3
近世後期甲府秤座の秤改めと秤の所持状況（飯田文彌）「甲斐」　山梨郷土
　研究会　(122)　2010.8

甲府城
甲府城の鬼門守護と除災招福の思惟―稲荷曲輪にみる一考察（崎田哲）
　「山梨県立考古博物館・山梨県埋蔵文化財センター研究紀要」　山梨
　立考古博物館　通号15　1999.3
甲府城の普請と祈り（《祭祀と信仰》）（宮里学）「山梨県考古学協会誌」
　山梨県考古学協会　(17)　2007.5

甲府城跡
県指定史跡甲府城跡の地鎮祭痕―数寄屋勝手門周辺の遺物集中地点とそ
　の意味（宮里学）「山梨県立考古博物館・山梨県埋蔵文化財センター研
　究紀要」　山梨県立考古博物館　通号16　2000.3

甲府盆地
巨摩郡における古代寺院造営の可能性―甲府盆地北西部を注視して（大
　嶌正之）「山梨県考古学協会誌」　山梨県考古学協会　(13)　2002.5
甲府盆地の特異な地蔵菩薩を訪ねる（長島誠）「日本の石仏」　日本石仏協
　会，青蛾書房（発売）　(114)　2005.6

光明院
旧修験家の年中行事―山梨県山梨市の光明院の事例（長沢利明）「西郊民
　俗」　［西郊民俗談話会］　(205)　2008.12

小菅村

山梨県小菅村―大地の恵まつり（寄稿）「月刊歴史ジャーナル」 NPO法人尾道文化財道研究所 （109）2013.01

小永田

小菅村小永田の神代神楽（堀内真）「西郊民俗」 「西郊民俗談話会」 通号170 2000.3

小伏

山梨・小伏獅子舞（石川博司）「まつり通信」 まつり同好会 52（5）通号561 2012.09

巨摩

巨摩地域の諏訪神社の分布（内藤和昌）「郷土長坂」 長坂町郷土研究会（9）2008.2

巨摩郡

巨摩郡における古代寺院造営の可能性―甲府盆地北西部を注視して（大嶌正之）「山梨県考古学協会誌」 山梨県考古学協会 （13）2002.5

後屋敷新宿

後屋敷新宿の市と馬町（1）～（4）（矢嶋茂）「甲斐路」 山梨郷土研究会 88/92 1997.8/1998.10

最恩寺

中世禅宗様の遺構最恩寺仏殿（羽中田壮雄）「甲斐路」 山梨郷土研究会 97 2000.8

西方寺

口絵 特集 石仏探訪XII 地蔵菩薩 山梨県都留市鹿留 西方寺/誌上写真展 '14日本石仏協会写真展より ワンコ三兄弟 長野県上田市真田の天狗岩、五智如来 静岡県浜松市初山 宝林寺、如意輪観音 神奈川県横浜市金沢区金沢文庫 称名寺「日本の石仏」 日本石仏協会. 青蛾書房（発売） （151）2014.09

酒折宮

資料が語る県立博物館の世界 連歌発祥を語る「酒折宮連歌図」（土佐光起筆）（伊澤英理子）「山梨県立博物館準備だより」 山梨県立博物館 （8）2004.3

酒折宮問答歌について―太陽信仰と九泊十日呪術（水原康道）「甲斐」 山梨郷土研究会 （120）2009.08

猿橋

猿橋山王祭（堀内真）「西郊民俗」 「西郊民俗談話会」 （187）2004.6

慈照寺

山梨県・慈照寺釈迦三尊像について（遠藤広昭）「横浜市歴史博物館紀要」 横浜市ふるさと歴史財団 2 1997.3

倭文

天羽槌雄命と倭文（しずりしとり）について（草間宗比古）「韮崎市郷土研究会会誌」（7）2005.4

下町

下町屋台の飾幕と会所幕について（《特集 八朔祭》）（富田一明）「郡内研究」 都留市郷土研究会郡内研究編集部 （16）2006.3

七面山

身延七面山「うつし霊場」の成立について（望月真澄）「日本宗教文化史研究」 日本宗教文化史学会 10（1）通号19 2006.5

実相寺

大般若波羅蜜多経―実相寺本と平塩寺本（清雲俊元）「山梨県史研究」 山梨県 7 1999.3

篠井山

篠井山の信仰（長沢利明）「甲斐路」 山梨郷土研究会 94 1999.8

篠井山経塚

篠井山経塚の新発見資料について（新井正樹）「武田氏研究」 武田氏研究会. 岩田書院（発売）22 2000.3

篠井山経塚の新発見資料について（新井正樹）「山梨考古」 山梨県考古学協会 76 2000.6

渋沢

渋沢の「社宮寺」考（松田一也）「郷土長坂」 長坂町郷土研究会 （10）2011.03

忍草

博物館Report 「山中安産祭・忍草本祭」（無形民俗文化財学術調査から）（堀内真）「Marubi ： 富士吉田市歴史民俗博物館だより ： Fujiyoshida Museum of Local History news」 富士吉田市歴史民俗博物館 22 2004.3

忍草浅間神社

忍草浅間神社の三神像「富士山文化研究会会報」 富士山文化研究会 （36）2012.10

下山荒町

底抜け柄杓による安産祈願―身延町下山荒町地区の産宮神の事例を通じて（猿渡土貴）「民具マンスリー」 神奈川大学 33（1）通号385 2000.4

釈迦堂遺跡

釈迦堂遺跡と富士山信仰の軌跡をたどる（高柳基雄）「駿河」 駿河郷土史研究会 （65）2011.03

十五所神社

三沢十五所神社について（若林茂）「峡南の郷土」 峡南郷土研究会 42 2002.3

聖応寺

第一次聖応寺文書調査報告「桃太郎 ： 甲州史料調査会会報」 甲州史料調査会 28 2003.4

第二次聖応寺文書調査報告「桃太郎 ： 甲州史料調査会会報」 甲州史料調査会 29 2003.12

第三次聖応寺文書調査報告「桃太郎 ： 甲州史料調査会会報」 甲州史料調査会 29 2003.12

第4次聖応寺文書調査報告/第4次野澤嘉家文書調査報告/地域報告会報告/新刊紹介「桃太郎 ： 甲州史料調査会会報」 甲州史料調査会 30 2004.10

正行寺

近世の経石について―富沢町正行寺の一石経（田代孝）「甲斐路」 山梨郷土研究会 100 2002.2

松径院

山梨県の中世石仏―甲州市松径院の普賢菩薩像（坂本美夫）「武田氏研究」 武田氏研究会. 岩田書院（発売）（33）2006.1

常在寺

葦の髄から天井のぞく―「常在寺衆年代記」を読む（勝俣鎮夫）「山梨県史研究」 山梨県 6 1998.3

正伝寺

資料紹介 正傳寺所蔵身延山除暦 日唱上人開眼七面大明神像について（沼田晃佑）「峡南の郷土」 峡南郷土研究会 51 2011.07

白髯神社

水神町白髯神社の由来・他（《特集 平成20年の証言》―資料篇）（西川貫一）「韮崎市郷土研究会会誌」 （10）2008.4

新町

新町祭典台帳をひもとく（《特集 八朔祭》）（五位堂貞明）「郡内研究」 都留市郷土研究会郡内研究編集部 （16）2006.3

新羅社

秋田藩主佐竹氏の祖神参拝事例―鎌倉八幡、石清水八幡、新羅社（神宮滋）「北方風土 ： 北国の歴史民俗考古研究誌」 イズミヤ出版 通号61 2011.01

棲雲寺

棲雲寺の常滑甕 東山梨郡大和村木賊「山梨県史だより」 山梨県教育委員会県史編さん室 26 2003.10

栖雲寺

「天目山栖雲寺略記」―読解の試み（上）,（下）（古明地義勇）「甲斐」 山梨郷土研究会 （115）/（122）2008.1/2010.08

栖雲寺地蔵菩薩磨崖仏について（小野正文）「甲斐」 山梨郷土研究会 （122）2010.08

清水寺

清水寺総門の「偈」碑、結界石について（平島順二）「郷土長坂」 長坂町郷土研究会 8 2004.9

瀬戸観音

瀬戸観音縁起（若林茂）「峡南の郷土」 峡南郷土研究会 37 1997.3

善光寺

戦国大名と善光寺（笹本正治）「甲斐路」 山梨郷土研究会 89 1998.1

燈籠仏や浮世絵に見る近世の善光寺（石川博）「甲斐路」 山梨郷土研究会 89 1998.1

善光寺灯籠仏占い禁止前後（有泉貞夫）「甲斐路」 山梨郷土研究会 100 2002.2

杣口金桜神社奥社地遺跡

杣口金桜神社奥社地遺跡（《2006年度上半期遺跡調査会発表会要旨》）（櫛原功一）「山梨考古」 山梨県考古学協会 （102）2006.10

北陸甲信越　　　　郷土に伝わる民俗と信仰　　　　山梨県

泰安寺

秋元家位牌寺泰安寺と恭順和尚(上)，(下)(河野正男)「群馬風土記」 群馬出版センター　19(1)通号80/19(2)通号81　2005.1/2005.4

大蔵経寺前遺跡

笛吹市大蔵経寺前遺跡の模造品祭祀(櫛原力一)「山梨県考古学協会誌」 山梨県考古学協会　(22)　2013.05

大菩薩峠

山梨県の大菩薩峠妙見説―岩科小一郎著『大菩薩連嶺』より《妙見信仰特輯》」「あしなか」 山村民俗の会　249　1997.12

さし絵の中の多摩(21)机龍之助の定紋と中里介山―「大菩薩峠繪本」と御嶽山の開平三知流額(斎藤慎一)「多摩のあゆみ」 たましん地域文化財団　107　2002.8

高根町

村落における同族の維持と変化―山梨県高根町の事例より(五味久実子)「常民文化」 成城大学常民文化研究会　(30)　2007.3

庚申塔の分布に関する一考察(手塚和義)「郷土高根」 高根町郷土研究会　(29)　2012.03

武田為朝宮

エッセイ 武田の里考察(1)～(3) 武田八幡宮摂社 為朝神社(武田為朝宮)について(1)～(3)(功力利夫)「韮崎市郷土研究会会誌」 (8)/(8)　2006.4/2008.4

建岡神社

建岡神社(堀内広誠)「郷土長坂」 長坂町郷土研究会　8　2004.9

谷村

《特集 城下町谷村を探る》「郡内研究」 都留市郷土研究会郡内研究編集部　10　2000.3

城下町谷村の神社(奥隆行，武井一郎)「郡内研究」 都留市郷土研究会郡内研究編集部　10　2000.3

『茶壺道中』と谷村(瀧本光清)「郡内研究」 都留市郷土研究会郡内研究編集部　10　2000.3

「御茶壺道中」が谷村を通った(太田恒雄)「甲斐路」 山梨郷土研究会　98　2001.1

田野

まつり・アラカルト 田野神楽(広野司，E野文雄)「西日本文化」 西日本文化協会　379　2002.3

丹波山

丹波山の獅子舞(石川博司)「まつり通信」 まつり同好会　37(8)通号438　1997.7

丹波山村

丹波山村「お松ひき」にみるソリについて(北垣聰一郎)「山梨県立考古博物館・山梨県埋蔵文化財センター研究紀要」 山梨県立考古博物館　通号19　2003.3

丹波山村の御松引き(堀内真)「西郊民俗」 [西郊民俗談話会]　(184)　2003.9

丹波山村の門ドーシン―木偶(デク)と棒゛(ボウ)の民俗(特集 環境と生物(続))(影山正美)「甲斐」 山梨郷土研究会　(130)　2013.06

為朝神社

エッセイ 武田の里考察(1)～(3) 武田八幡宮摂社 為朝神社(武田為朝宮)について(1)～(3)(功力利夫)「韮崎市郷土研究会会誌」 (8)/(10)　2006.4/2008.4

近久保経塚

大月市近久保経塚(《2007年度地域大会特集号 武田勝頼墓発見の経石を考える―山梨県の経石出土遺跡》)(杉本正文)「山梨考古」 山梨県考古学協会　(104)　2007.6

知足院

山梨県の中世石仏―知足院宝篋印塔の六地蔵(坂本美夫)「山梨県考古学協会誌」 山梨県考古学協会　(14)　2003.5

秩父街道

秩父街道の伝説と昔話(望月整子)「甲斐路」 山梨郷土研究会　91　1998.8

長慶寺

甲州に飯島氏ゆかりの長慶寺を訪ねる(飯島紘)「伊那路」 上伊那郷土研究会　45(11)通号538　2001.11

長谷寺

水と文化財 長谷寺の石造遺構について(矢崎圭男)「甲斐路」 山梨郷土研究会　100　2002.2

都留郡

郡内地方に分布する伊奈石製宝篋印塔について―中世における武州五日市と都留郡北部の交流の一端をみる(持田友宏)「山梨県史研究」 山梨県　13　2005.3

都留市

城下寺院探訪のしおり(内藤恭義)「郡内研究」 都留市郷土研究会郡内研究編集部　10　2000.3

城下町の祭礼 八朔祭(棚本安男)「郡内研究」 都留市郷土研究会郡内研究編集部　10　2000.3

八朔祭写真今昔(《特集 八朔祭》)(奥隆行)「郡内研究」 都留市郷土研究会郡内研究編集部　(16)　2006.3

大名行列今昔(《特集 八朔祭》)(《郡内研究》編集委員会)「郡内研究」 都留市郷土研究会郡内研究編集部　(16)　2006.3

お天王さんと八朔祭との出会いについて(《特集 八朔祭》)(白井武)「郡内研究」 都留市郷土研究会郡内研究編集部　(16)　2006.3

発刊にあたって/凡例/本編/あとがき/参考文献(《都留市の方言》)「郡内研究」 都留市郷土研究会郡内研究編集部　(17・18)　2008.5

天神社

第2・第3次吉田鞆子旧蔵文書調査報告/第1次大工村天神社旧蔵文書/第5次笛吹市鈴木不二弥家文書調査報告/第16次・17次甲州三井家旧蔵文書調査報告「桃太郎 : 甲州史料調査会会報」 甲州史料調査会　39　2012.10

第4次吉田鞆子旧蔵文書・第2次大工村天神社旧蔵文書調査報告「桃太郎 : 甲州史料調査会会報」 甲州史料調査会　40　2013.11

天津司舞

「天津司」小考(特集 人形)(影山正美)「甲斐」 山梨郷土研究会　(124)　2011.07

道志

柳田国男の『東国古道記』紀行(4) 道志の峡谷(宮坂昌利)「伊那民俗 : 伊那民俗学研究所報」 柳田国男記念伊那民俗学研究所　32　1998.3

道志村

獅子神楽調査報告―三島から伝わった道志村の獅子舞と今宮神社獅子神楽について(政木愛子)「三島市郷土資料館研究報告」 三島市郷土資料館　通号1　2008.3

外川家

富士山御師外川家に泊まった人々(前)，(中)，(後―1)～(後―3)―「富士の道の記」の紹介(博物館Report)(菊池邦彦)「Marubi : 富士吉田市歴史民俗博物館だより : Fujiyoshida Museum of Local History news」 富士吉田市歴史民俗博物館　(36)/(40)　2011.03/2013.03

外川家住宅

博物館Report 吉田の富士山御師―平成17年度外川家住宅学術調査経過報告(高橋晶子)「Marubi : 富士吉田市歴史民俗博物館だより : Fujiyoshida Museum of Local History news」 富士吉田市歴史民俗博物館　通号26　2006.3

博物館Report 千葉市市原市の富士講―平成18年度外川家住宅学術調査経過報告(高橋晶子)「Marubi : 富士吉田市歴史民俗博物館だより : Fujiyoshida Museum of Local History news」 富士吉田市歴史民俗博物館　通号27　2006.10

『富士山吉田口御師の住まいと暮らし―外川家住宅学術調査報告書』(新刊紹介)(中村羊一郎)「静岡県民俗学会誌」 静岡県民俗学会　(27)　2009.03

徳和

山梨県における月待信仰について―三富村徳和のおさんや講を中心として(坂本美夫)「山梨県考古学協会誌」 山梨県考古学協会　(11)　2000.5

飛川宮

飛川宮鳥居額文字について(樋口幸之)「峡南の郷土」 峡南郷土研究会　37　1997.3

富岡

富岡開拓神社の神楽(藤森民夫)「郷土長坂」 長坂町郷土研究会　8　2004.9

鳥居区

鳥居区のおねんぶつ(掌論雑記集)(穂阪忠徳)「韮崎市郷土研究会会誌」 (8)　2006.4

内船寺

内船寺の小半鐘と半鐘薬(渡辺淳郎)「甲斐路」 山梨郷土研究会　88　1997.8

内船寺の半鐘薬(長沢利明)「峡南の郷土」 峡南郷土研究会　39　1999.3

苗敷山

苗敷山信仰(信藤祐二)「山梨県史だより」 山梨県教育委員会県史編さん

室 18 1999.11

長坂

「口碑伝説集」とその資料性（小尾達朗）「郷土長坂」 長坂町郷土研究会 8 2004.9

民俗探訪（小尾恒夫）「郷土長坂」 長坂町郷土研究会 8 2004.9

昔の稲作り（小沢駒象）「郷土長坂」 長坂町郷土研究会 8 2004.9

方言について（堀内広哉）「郷土長坂」 長坂町郷土研究会 （9）2008.2

狛犬探訪（内藤和昌）「郷土長坂」 長坂町郷土研究会 （10）2011.03

六地蔵幢見て歩き（小尾達朗）「郷土長坂」 長坂町郷土研究会 （10）2011.03

川柳ときっかけ（田中浩）「郷土長坂」 長坂町郷土研究会 （10）2011.03

コラム・採訪余滴 道祖大神と道祖神―北杜市長坂（特集 石仏と民俗伝承―心ときめく路傍の石たちとの出会い）（平出一治）「あしなか」 山村民俗の会 295・296 2012.08

奈良田

奈良田の物々交換（長沢利明）「峡南の郷土」 峡南郷土研究会 37 1997.3

木地師史料 奈良田のオボコ人形―山梨県早川町（杉本寿）「民俗文化」 滋賀民俗学会 409 1997.10

鳴沢

祖母からきいたはなし鳴沢の小天狗（1）～（3）（福嶋嗣）「三郷文化」 三郷郷土研究会 63/65 1998.1/1998.8

富士の高嶺の鳴沢の歌（特集 富士山 創立70周年記念論文集）（鈴木武晴）「甲斐」 山梨郷土研究会 （121）2010.2

南部町

南部町の火祭りについて（1）（渡辺淳郎）「峡南の郷土」 峡南郷土研究会 37 1997.3

南部の火祭り（2）（渡辺淳郎）「峡南の郷土」 峡南郷土研究会 38 1998.3

南部町の鬼子母神伝説と信仰（長沢利明）「峡南の郷土」 峡南郷土研究会 40 2000.3

穴山氏の石塔と廃寺化―南部町域を中心に（畑大介）「武田氏研究」 武田氏研究会, 岩田書院（発売）22 2000.3

南部町における茶の歴史について（渡辺淳郎）「甲斐路」 山梨郷土研究会 98 2001.1

南部町の諺とまじない歌（長沢利明）「峡南の郷土」 峡南郷土研究会 41 2001.3

西河内観音霊場

西河内観音霊場札所と早川流域の観音講（三井啓心）「峡南の郷土」 峡南郷土研究会 42 2002.3

西嶋

八幡宮紹介 西嶋 若宮八幡神社（山梨県南巨摩郡身延町）「季刊悠久.第2次」 鶴岡八幡宮悠久事務局 （113）2008.11

西野手習所

西野手習所起立の願書と門人帳（平山優）「山梨県史だより」 山梨県教育委員会県史編さん室 （31）2006.1

如来寺

博物館Report レポート 富士山七合目如来寺太子堂の由来―寛政5年の書付から（高橋晶子，篠原武）「Marubi ： 富士吉田市歴史民俗博物館だより ： Fujiyoshida Museum of Local History news」 富士吉田市歴史民俗博物館 （33）2009.11

韮崎市

地蔵岳信仰 韮崎市・芦安村・武川村「山梨県史だより」 山梨県教育委員会県史編さん室 20 2000.9

在りし日の子安神社（山岸虎雄）「韮崎市郷土研究会会誌」 （5）2003.4

「ショウゲン・ダシ」について（草間宗比古）「韮崎市郷土研究会会誌」 （5）2003.4

案山子考（歌田昌収）「韮崎市郷土研究会会誌」 （5）2003.4

鳥居はなぜ倒れないか（小林昭三）「韮崎市郷土研究会会誌」 （5）2003.4

原爆にびくともしない鳥居（小林昭三）「韮崎市郷土研究会会誌」 （6）2004.4

我が家の家神祭を回顧すれば《《特集 平成20年の証言》一人物篇》（高添藤政）「韮崎市郷土研究会会誌」 （10）2008.4

生山正方家旧蔵書―神道篇《《特集 平成20年の証言》一資料篇》（穂阪忠徳）「韮崎市郷土研究会会誌」 （10）2008.4

衣服の伝えるもの（掌論雑記集）（曽雌勝仁）「韮崎市郷土研究会会誌」 （10）2008.4

松姫と御岳衆（歴史資料）（横森源水）「韮崎市郷土研究会会誌」 韮崎市郷土研究会 （16）2014.04

畑熊集落

両墓制の伝わる三珠町畑熊集落を訪ねて（塩島博光）「峡南の郷土」 峡南郷土研究会 40 2000.3

八王沢

八王沢の狐（若林啓三郎）「峡南の郷土」 峡南郷土研究会 44 2004.3

八王沢の狐（台本）（望月喜彦）「峡南の郷土」 峡南郷土研究会 44 2004.3

八幡宮腰掛石

「八幡宮腰掛石」をめぐって（矢嶋茂）「甲斐路」 山梨郷土研究会 96 2000.4

八葉の峰

富士吉田あれこれ 八葉の峰（布施光敏）「Marubi ： 富士吉田市歴史民俗博物館だより ： Fujiyoshida Museum of Local History news」 富士吉田市歴史民俗博物館 通号29 2007.10

早馬町

早馬町八朔祭り追憶《特集 八朔祭》（佐藤滋）「郡内研究」 都留市郷土研究会郡内研究編集部 （16）2006.3

早馬町屋台復元の歩み《特集 八朔祭》（渡辺一郎）「郡内研究」 都留市郷土研究会郡内研究編集部 （16）2006.3

早馬町八朔祭屋台保存会の歩み《特集 八朔祭》（花田敬一）「郡内研究」 都留市郷土研究会郡内研究編集部 （16）2006.3

早川

甲州早川における野兎の民俗（天野武）「西郊民俗」 ［西郊民俗談話会］ 通号161 1997.12

早川流域

西河内観音霊場札所と早川流域の観音講（三井啓心）「峡南の郷土」 峡南郷土研究会 42 2002.3

日野

日野 熊野神社のはなし（田中浩）「郷土長坂」 長坂町郷土研究会 （9）2008.2

日原

山梨・日原の獅子舞（石川博司）「まつり通信」 まつり同好会 51（6）通号556 2011.11

福寿院

市川大門の眞言宗「福壽院」の歴史（河西密雄）「峡南の郷土」 峡南郷土研究会 50 2010.03

富士

《1998年度地域大会特集号 信仰の山、富士》「山梨考古」 山梨県考古学協会 69 1998.6

御垢離・富士垢離―水に係わる富士信仰（堀内真）「甲斐路」 山梨郷土研究会 106 2004.8

同行衆と富士登山―若者組の通過儀礼（西海賢二）「群馬歴史民俗」 群馬歴史民俗研究会 （26）2005.3

博物館Report 平成17年度博物館講座「モノから調べる富士信仰」（高橋晶子）「Marubi ： 富士吉田市歴史民俗博物館だより ： Fujiyoshida Museum of Local History news」 富士吉田市歴史民俗博物館 25 2005.11

富士吉田あれこれ 富士の迷水（布施光敏）「Marubi ： 富士吉田市歴史民俗博物館だより ： Fujiyoshida Museum of Local History news」 富士吉田市歴史民俗博物館 通号26 2006.3

富士に祀られた神仏 企画展「富士の神仏」補足資料の紹介（博物館Report）（高橋晶子）「Marubi ： 富士吉田市歴史民俗博物館だより ： Fujiyoshida Museum of Local History news」 富士吉田市歴史民俗博物館 通号31 2008.11

富士吉田あれこれ 富士登山ブーム（布施光敏）「Marubi ： 富士吉田市歴史民俗博物館だより ： Fujiyoshida Museum of Local History news」 富士吉田市歴史民俗博物館 （33）2009.11

富士川と五湖への虫麿の誤解 杜詞でなかった「なまよみ」―万葉集「富士讃歌」解剖（斎藤芳弘）「甲斐」 山梨郷土研究会 （122）2010.08

藤井

四ツ打考 滅びゆく民俗芸能（仲山茂）「郷土長坂」 長坂町郷土研究会 8 2004.9

藤尾

山梨・藤尾の獅子舞（石川博司）「まつり通信」 まつり同好会 53（5）通号567 2013.09

富士御室浅間神社

二合目御室浅間神社の登山期の奉仕（特集 富士山 創立70周年記念論文集）（高橋晶子）「甲斐」 山梨郷土研究会 （121）2010.02

富士御室浅間神社里宮で見つかった地鎮の品々（富士河口湖町）「埋文や

まなし」 山梨県埋蔵文化財センター （40）2012.02

富士川

〈新夏草道中―富士川講座 特集〉「甲斐路」 山梨郷土研究会 88 1997.8

新夏草道中「富士川講座」報告記（林陽一郎）「甲斐路」 山梨郷土研究会 89 1998.1

富士河口湖町

田の美しさ―富士河口湖町の「空中田植」を事例に（渡部鮎美）「日本民俗学」 日本民俗学会 通号242 2005.5

富士川水系

富士川水系の入会御料林と利用（田嶋悟）「甲斐路」 山梨郷土研究会 100 2002.2

富士山

富士山へ（小口融）「オール諏訪 ： 郷土の総合文化誌」 諏訪郷土文化研究会 16（12）通号159 1997.12

文献に見る富士山内の施設（堀内亨）「山梨考古」 山梨県考古学協会 69 1998.6

富士山の信仰世界と信仰施設（久野俊彦）「山梨考古」 山梨県考古学協会 69 1998.6

富士吉田あれこれ 富士山はランドマーク「Marubi ： 富士吉田市歴史民俗博物館だより ： Fujiyoshida Museum of Local History news」 富士吉田市歴史民俗博物館 13 1999.9

博物館レポート 『富士山道しるべ』を歩く（前）,（後）（堀内真）「Marubi ： 富士吉田市歴史民俗博物館だより ： Fujiyoshida Museum of Local History news」 富士吉田市歴史民俗博物館 13/14 1999.9/2000.3

富士吉田あれこれ 富士山の物忌と暮らし「Marubi ： 富士吉田市歴史民俗博物館だより ： Fujiyoshida Museum of Local History news」 富士吉田市歴史民俗博物館 15 2000.9

史料紹介 津嶋御師と富士山御師（西田かまる）「桃太郎 ： 甲州史料調査会会報」 甲州史料調査会 23 2000.11

吉田の火祭を通して見る富士山の信仰と自然（星野芳三）「甲斐路」 山梨郷土研究会 101 2002.8

富士吉田あれこれ 富士山の表と裏（堀内真）「Marubi ： 富士吉田市歴史民俗博物館だより ： Fujiyoshida Museum of Local History news」 富士吉田市歴史民俗博物館 21 2003.10

博物館Report 吉田の富士山御師―平成17年度外川家住宅学術調査経過報告（高橋晶子）「Marubi ： 富士吉田市歴史民俗博物館だより ： Fujiyoshida Museum of Local History news」 富士吉田市歴史民俗博物館 通号26 2006.3

戦国期の富士参詣をめぐる関所と交通制度（特集 富士山 創立70周年記念論文集）（柴辻俊六）「甲斐」 山梨郷土研究会 （121）2010.02

日本の象徴に関する一考察（特集 富士山 創立70周年記念論文集）（望月詩史）「甲斐」 山梨郷土研究会 （121）2010.2

富士山の世界遺産としての自然を考える（特集 富士山 創立70周年記念論文集）（中込司郎）「甲斐」 山梨郷土研究会 （121）2010.02

富士山山名思考（特集 富士山 創立70周年記念論文集）（功力利夫）「甲斐」 山梨郷土研究会 （121）2010.2

食行身禄が立てた富士山の高札の意味（特集 富士山 創立70周年記念論文集）（菊池邦彦）「甲斐」 山梨郷土研究会 （121）2010.2

富士山となまよみの甲斐の国（特集 富士山 創立70周年記念論文集）（水原康道）「甲斐」 山梨郷土研究会 （121）2010.2

文人画に見る富士山の絵画表現（特集 富士山 創立70周年記念論文集）（須藤茂樹）「甲斐」 山梨郷土研究会 （121）2010.02

甲州史料調査会編『富士山御師の歴史的研究』（書評と紹介）（荻野裕子）「山岳修験」 日本山岳修験学会, 岩田書院（発売）（45）2010.03

富士山と登山が身近になる問題（研究ノート）（天野安夫）「甲斐」 山梨郷土研究会 （122）2010.08

富士山御師外川家に泊まった人々（前）,（中）,（後―1）～（後―3）―『富士の道の記』の紹介（博物館Report）（菊池邦彦）「Marubi ： 富士吉田市歴史民俗博物館だより ： Fujiyoshida Museum of Local History news」 富士吉田市歴史民俗博物館 （36）/（40）2011.03/2013.03

俗説「富士山と八ヶ岳の背くらべ」の地質学的考察（内藤久敬）「郷土高根」 高根町郷土研究会 （28）2011.03

富士山中に残された信仰遺跡について（特集 甲斐の中世考古学研究）（野代恵子）「山梨県考古学協会誌」 山梨県考古学協会 （20）2011.04

富士山あれこれ 山頂の鐘（前）,（後）,（続）（奥脇和男）「Marubi ： 富士吉田市歴史民俗博物館だより ： Fujiyoshida Museum of Local History news」 富士吉田市歴史民俗博物館 （37）/（40）2011.10/2013.03

特集 富士山への信仰「埋文やまなし」 山梨県埋蔵文化財センター （40）2012.02

博物館Report 富士山に祀られた女神 銅像女神立像（近藤暁子, 高橋晶子）「Marubi ： 富士吉田市歴史民俗博物館だより ： Fujiyoshida Museum of Local History news」 富士吉田市歴史民俗博物館

（40）2013.03

富士山あれこれ 富士山が世界遺産に登録されました！（布施光敏）「Marubi ： 富士吉田市歴史民俗博物館だより ： Fujiyoshida Museum of Local History news」 富士吉田市歴史民俗博物館 （41）2013.10

富士山あれこれ 杖室の木造道祖神立像（高橋晶子）「Marubi ： 富士吉田市歴史民俗博物館だより ： Fujiyoshida Museum of Local History news」 富士吉田市歴史民俗博物館 （42）2014.03

新年総会記念講演 富士山の世界文化遺産登録と富士山信仰（清雲俊元）「甲斐」 山梨郷土研究会 （133）2014.06

富士山北口登山道

富士山北口登山道登拝記（幸行坦山）「富士信仰研究」 富士信仰研究会 （5）2004.7

富士八海

博物館Report 富士八海をめぐる（前）,（後）（堀内真）「Marubi ： 富士吉田市歴史民俗博物館だより ： Fujiyoshida Museum of Local History news」 富士吉田市歴史民俗博物館 19/20 2002.9/2003.3

聖地巡拝（3）富士八海（1）「扶桑」 扶桑教大教庁 （469）2011.01

富士吉田

土間の消失を許した富士吉田の民家―民家付設コウバの出現と鍵広間型の間取り（津山正幹）「富士吉田市史研究」 富士吉田市教育委員会 13 1998.3

散田の富士塚考―富士吉田御師衆の八王子移住伝承（竹谷靫負）「あしなか」 山村民俗の会 285 2009.05

富士吉田市

富士吉田あれこれ 自治会の神「Marubi ： 富士吉田市歴史民俗博物館だより ： Fujiyoshida Museum of Local History news」 富士吉田市歴史民俗博物館 12 1999.3

富士吉田あれこれ 年取りと厄払い「Marubi ： 富士吉田市歴史民俗博物館だより ： Fujiyoshida Museum of Local History news」 富士吉田市歴史民俗博物館 16 2001.3

富士吉田あれこれ イチヅレの余興（布施光敏）「Marubi ： 富士吉田市歴史民俗博物館だより ： Fujiyoshida Museum of Local History news」 富士吉田市歴史民俗博物館 18 2002.3

富士吉田あれこれ 富士の恵み（布施光敏）「Marubi ： 富士吉田市歴史民俗博物館だより ： Fujiyoshida Museum of Local History news」 富士吉田市歴史民俗博物館 19 2002.9

富士吉田あれこれ 厄年の旅行（布施光敏）「Marubi ： 富士吉田市歴史民俗博物館だより ： Fujiyoshida Museum of Local History news」 富士吉田市歴史民俗博物館 20 2003.3

地域研究 四百年前のお神幸（菊池邦彦）「Marubi ： 富士吉田市歴史民俗博物館だより ： Fujiyoshida Museum of Local History news」 富士吉田市歴史民俗博物館 21 2003.10

富士吉田あれこれ 別帳場の葬式（布施光敏）「Marubi ： 富士吉田市歴史民俗博物館だより ： Fujiyoshida Museum of Local History news」 富士吉田市歴史民俗博物館 23 2004.10

博物館Report 特集「無尽」「Marubi ： 富士吉田市歴史民俗博物館だより ： Fujiyoshida Museum of Local History news」 富士吉田市歴史民俗博物館 通号29 2007.10

無尽会―呼称と形態の変化（堀内真）「Marubi ： 富士吉田市歴史民俗博物館だより ： Fujiyoshida Museum of Local History news」 富士吉田市歴史民俗博物館 通号29 2007.10

五日無尽会訪問記（芦谷恒憲）「Marubi ： 富士吉田市歴史民俗博物館だより ： Fujiyoshida Museum of Local History news」 富士吉田市歴史民俗博物館 通号29 2007.10

富士吉田あれこれ 女の節供（布施光敏）「Marubi ： 富士吉田市歴史民俗博物館だより ： Fujiyoshida Museum of Local History news」 富士吉田市歴史民俗博物館 通号32 2009.03

富士吉田あれこれ 市制祭「Marubi ： 富士吉田市歴史民俗博物館だより ： Fujiyoshida Museum of Local History news」 富士吉田市歴史民俗博物館 （35）2010.10

博物館Report 御師「梅谷家」について（篠原武, 菊池邦彦）「Marubi ： 富士吉田市歴史民俗博物館だより ： Fujiyoshida Museum of Local History news」 富士吉田市歴史民俗博物館 （42）2014.03

富士吉田市一合目経塚

富士吉田市一合目経塚（《2007年度地域大会特集号 武田勝頼墓発見の経石を考える―山梨県の経石出土遺跡》）（布施光敏）「山梨考古」 山梨県考古学協会 （104）2007.6

平塩寺

大般若波羅蜜多経―実相寺本と平塩寺本（清雲俊元）「山梨県史研究」 山梨県 7 1999.3

鳳凰山
「鳳凰山」名の錯誤と麓の村々の信仰(中山嘉明)「甲斐路」 山梨郷土研究会 100 2002.2

放光寺
恵林寺・放光寺・向獄寺(杉田純治)「伊那路」 上伊那郷土研究会 46(12)通号551 2002.12
放光寺と車評(群馬県)(研究)(栗原和彦)「群馬文化」 群馬県地域文化研究協議会 (318) 2014.04

法輪寺
地蔵を叩く―甲府市丸の内法輪寺のカンカン地蔵ほか(小池淳一)「西郊民俗」[西郊民俗談話会] (227) 2014.06

北杜市
北杜市内の石造物に見られる高遠石工(佐藤勝廣)「野仏 : 多摩石仏の会機関誌」 多摩石仏の会 40 2009.08
北杜市における甲子信仰の様相(佐藤勝廣)「郷土長坂」 長坂町郷土研究会 (10) 2011.03
山梨県北杜市内の役行者石像(特集 役行者・蔵王権現)(佐藤勝廣)「日本の石仏」 日本石仏協会, 青娥書房(発売) (144) 2012.12

穂見諏訪十五所神社
穂見・諏訪・十五所神社昇格運動の歴史(輿石一行)「郷土長坂」 長坂町郷土研究会 (9) 2008.2

本国寺
身延山下山本国寺の法華経一尊四士像―特に釈尊像を中心に(山田泰弘)「鎌倉」 鎌倉文化研究会 93 2001.12

丸畑
北平沢木食会丸畑訪問記(萩原光之)「微笑佛」 全国木喰研究会 (13) 2005.7
私の木喰巡礼(14) 丸畑・小林家の馬頭観音と東京華族會館における木喰展(大久保憲次)「微笑佛」 全国木喰研究会 (14) 2006.4
木喰仏私観 丸畑こぼれ噺(丸山太一)「微笑佛」 全国木喰研究会 (14) 2006.4

万年寺
郡内三十三所観音霊場―万年寺過去帳所載「永々覚書」([史料紹介])(犬飼顕澄)「富士吉田市史研究」 富士吉田市教育委員会 15 2000.3

満福寺
寺請制度の記事・高校教科書に満福寺―長坂九重郎氏の指摘で知る(掌論雑記集)(小林昭三)「韮崎市郷土研究会会誌」 (10) 2008.4

御崎明神
近世における地域大社の実態について―甲斐国八代郡御崎明神を中心に(西田かほる)「山梨県史研究」 山梨県 11 2003.3

三珠町
三珠町の六地蔵幢(塩島博光)「峡南の郷土」 峡南郷土研究会 38 1998.3
三珠町の風俗―地搗唄の一考察(土橋通貴)「峡南の郷土」 峡南郷土研究会 42 2002.3

三石
三石と稲荷さん(掌論雑記集)(横森正次)「韮崎市郷土研究会会誌」 (10) 2008.4

三日市場
山梨県の中世石仏―三日市場陽刻 地蔵板碑をめぐって(坂本美夫)「甲斐路」 山梨郷土研究会 100 2002.2

三ツ峠山
遊行僧と山岳宗教―空胎上人の甲斐国三ツ峠山における活動を中心に(時枝務)「山岳修験」 日本山岳修験学会, 岩田書院(発売) 通号21 1998.3

三峰神社
三峰神社の社殿建築(羽中田壮雄)「甲斐路」 山梨郷土研究会 91 1998.8

南巨摩
南巨摩の信仰―近世の経塚について(田代孝)「山梨考古」 山梨県考古学協会 76 2000.6

身延
薬と信仰―身延日蓮宗寺院の諸薬とその法的規制をめぐって(越川次郎)「日本民俗学」 日本民俗学会 通号222 2000.5

身延山
古道―身延山への道(佐野里見)「月の輪」 富士宮市郷土史同好会 (21) 2006.6
行衣と太鼓袋―身延山輪番団参にあたって(立花弥生)「民具マンスリー」 神奈川大学 42(10)通号502 2010.01
補遺 新蔵寺と身延山「郷土八街」 八街郷土史研究会 (11) 2010.03
「身延山総登詣輪番団参」に参加して―輪番法要を中心に(立花弥生)「民俗」 相模民俗学会 (212) 2010.04
身延山の歴史と伽藍(寺院と金山のまち身延)(望月真澄)「山梨考古」 山梨県考古学協会 (121) 2011.06
資料紹介 正傳寺所蔵身延山除暦 日唱上人開眼七面大明神像について(沼田晃佑)「峡南の郷土」 峡南郷土研究会 51 2011.07
望月真澄著『身延山信仰の形成と伝播』(書評と紹介)(時枝務)「山岳修験」 日本山岳修験学会, 岩田書院(発売) (51) 2013.03

身延山支院
中世身延山支院考(沼田晃佑)「峡南の郷土」 峡南郷土研究会 50 2010.03

身延線
身延線沿いの古寺を訪ねて(南部定子)「史迹と美術」 史迹美術同攷会 71(10)通号720 2001.12

身延道
〔資料紹介〕 中山村法華経寺門前助兵衛の慶応元年身延道中記(池田真由美)「市立市川歴史博物館年報」 市立市川歴史博物館 18 2001.1
享保六辛丑年 信嗣勤書『身延道記』について―金山商人の旅日記紹介(渡邉千明)「郷土研究・岐阜 : 岐阜県郷土資料研究協議会会報」 岐阜県郷土資料研究協議会 (99) 2005.3

御牧子安神社
御牧子安神社所有の常滑広口壺(閏間俊明)「武田氏研究」 武田氏研究会, 岩田書院(発売) (33) 2006.1

妙高寺
妙高寺の灸(長沢利明)「峡南の郷土」 峡南郷土研究会 38 1998.3

妙法寺
「勝山記」・「妙法寺記」の諸本について(渡邉正男)「山梨県史研究」 山梨県 10 2002.3

身禄堂
身禄堂の由来と変遷(前)~(後)―田辺家の御神前から山元講の身禄堂へ(博物館Report)(篠原武)「Marubi : 富士吉田市歴史民俗博物館だより : Fujiyoshida Museum of Local History news」 富士吉田市歴史民俗博物館 (35)/(37) 2010.10/2011.10

武川村
地蔵岳信仰 韮崎市・芦安村・武川村「山梨県史だより」 山梨県教育委員会県史編さん室 20 2000.9

無生野の大念仏
無生野の大念仏(北村和季)「コロス」 常民文化研究会 91 2002.11

女取川
女取川物語(白倉冨弘)「郷土長坂」 長坂町郷土研究会 (10) 2011.3

本栖集落
漸移地帯としての富沢町・上九一色村本栖集落のあらまし(立川実造)「甲斐路」 山梨郷土研究会 97 2000.8

八乙女神社
八乙女神社考(立川善之助)「峡南の郷土」 峡南郷土研究会 52 2012.09

八ヶ岳
俗説「富士山と八ヶ岳の背くらべ」の地質学的考察(内藤久敬)「郷土高根」 高根町郷土研究会 (28) 2011.03

八ヶ岳山麓
八ヶ岳山麓の橋供養塔―甲信国境(特集 石仏と民俗伝承―心ときめく路傍の石たちとの出会い)(平出一治)「あしなか」 山村民俗の会 295・296 2012.08

八代郡
八代郡官社・淺間神の社地小考(特集 富士山 創立70周年記念論文集)(齋藤泰造)「甲斐」 山梨郷土研究会 (121) 2010.02

山高
旧武川村山高「丑の刻参り」のことども(中山嘉明)「甲斐」 山梨郷土研究会 (120) 2009.08

山田町
甲斐山田町と伊勢山田について―町名変更と伊勢御師(窪寺恭秀)「伊勢郷土史草」 伊勢郷土会 (34) 2000.9

山中

「伝統」を育み育てる力—山中諏訪明神安産祭りの事例から（浅野久枝）「山梨県史研究」　山梨県　10　2002.3

博物館Report『山中安産祭・忍草本祭』無形民俗文化財学術調査から）（堀内真）「Marubi ： 富士吉田市歴史民俗博物館だより ： Fujiyoshida Museum of Local History news」　富士吉田市歴史民俗博物館　22　2004.3

山中湖

山中湖周辺のかまど（吉田チエ子）「西郊民俗」　［西郊民俗談話会］　通号163・164　1998.6

山梨県山中湖のタテキリ網漁について（真鍋篤行）「民具マンスリー」　神奈川大学　35（9）通号417　2002.12

山梨

穴碑塔群と富士講（植松章八）「山梨考古」　山梨県考古学協会　69　1998.6

「チャンチャン石」の3万年（保坂康夫）「山梨考古」　山梨県考古学協会　76　2000.6

山梨郷土研究会新年記念講演 新発見の「種子札」と稲作（平川南）「甲斐路」　山梨郷土研究会　97　2000.8

たくさん見つかった牛馬の首（今福利恵）「山梨考古」　山梨県考古学協会　77　2000.9

近代山梨の漆（田嶋悟）「甲斐路」　山梨郷土研究会　99　2001.8

供養塚遺跡（佐野弘）「山梨考古」　山梨県考古学協会　83　2001.10

生活を改善するということ—戦後山梨の農村女性たち（大門正克）「山梨県史研究」　山梨県　11　2003.3

泥メンコに託された願い（村石眞澄）「山梨考古」　山梨県考古学協会　（100）　2006.7

やまなしの中世寺院大特集号「埋文やまなし」　山梨県埋蔵文化財センター　（26）　2007.2

笛吹権三郎の人形像とその背景について（特集 人形）（水原康道）「甲斐」　山梨郷土研究会　（124）　2011.07

山梨の七夕人形（特集 人形）（信清由美子）「甲斐」　山梨郷土研究会　（124）　2011.07

丸尾依子他編著『やまなしの道祖神祭り—どうそじん・ワンダーワールドAGAIN—』（書誌紹介）（佐藤智敏）「神・人・自然」　「神・人・自然」研究会　（3）　2013.10

山梨の日輪形丸石道祖神（続・石仏と民俗伝承）（井上明生）「あしなか」　山村民俗の会　300　2014.04

山梨県

近世の回国塔と回国納経（田代孝）「山梨県立考古博物館・山梨県埋蔵文化財センター研究紀要」　山梨県立考古博物館　通号13　1997.3

〔史料紹介〕　山梨県内に残る「連尺の巻物」（堀内真）「富士吉田市史研究」　富士吉田市教育委員会　12　1997.3

山梨県における月待信仰について—文献を中心として（坂本美夫）「山梨県立考古博物館・山梨県埋蔵文化財センター研究紀要」　山梨県立考古博物館　通号15　1999.3

視点 近世の経塚雑感（田代孝）「埋文やまなし」　山梨県埋蔵文化財センター　2　1999.3

産育と家屋—山梨県下の事例を中心に（堀内真）「帝京大学山梨文化財研究所報」　帝京大学山梨文化財研究所　（37）　1999.10

土器に「ヒト」と「魚」の絵豊漁を祈ったものか？「埋文やまなし」　山梨県埋蔵文化財センター　5　2000.3

墨書土器・刻書土器にみる魔除け符号（山下孝司）「山梨県考古学協会誌」　山梨県考古学協会　（11）　2000.5

山梨県における中近世墓制の変遷（野代幸和）「山梨県考古学協会誌」　山梨県考古学協会　（11）　2000.5

山梨県における月待信仰について—三富村徳和のおさんや講を中心として（坂本美夫）「山梨県考古学協会誌」　山梨県考古学協会　（11）　2000.5

叩く—嫁叩き・消滅する民俗（新谷尚紀）「山梨県史研究」　山梨県　9　2001.3

山梨県の中世石仏—地蔵石仏（光背形）を中心として（坂本美夫）「山梨県立考古博物館・山梨県埋蔵文化財センター研究紀要」　山梨県立考古博物館　通号18　2002.3

『長寛勘文』の成立（川尻秋生）「山梨県史研究」　山梨県　11　2003.3

音の鳴る土偶（2）—“笛”という機能の可能性（野代恵子）「山梨県立考古博物館・山梨県埋蔵文化財センター研究紀要」　山梨県立考古博物館　通号19　2003.3

近世社会の「一石経経塚」（田代孝）「山梨県考古学協会誌」　山梨県考古学協会　（14）　2003.5

『山梨県史』民俗編（新刊紹介）（大嶋善孝）「静岡県民俗学会誌」　静岡県民俗学会　24　2003.12

山梨県の中世石仏—六地蔵石幢（単制）（坂本美夫）「山梨県立考古博物館・山梨県埋蔵文化財センター研究紀要」　山梨県立考古博物館　通号20　2004.3

埋蔵文化財センター新規事業の紹介コーナー 山梨県内中世寺院分布調査「埋文やまなし」　山梨県埋蔵文化財センター　（18）　2004.7

武田信玄所縁社寺に対する保存金と古社寺保存金（秋山敬）「山梨県史研究」　山梨県　13　2005.3

山梨県の中世石仏—地蔵塚地蔵石仏（坂本美夫）「山梨県立考古博物館・山梨県埋蔵文化財センター研究紀要」　山梨県立考古博物館　通号21　2005.3

山梨県の中世石仏—永禄三年銘六地蔵石幢（坂本美夫）「武田氏研究」　武田氏研究会，岩田書院（発売）　（31）　2005.3

東京・芝・増上寺徳川家霊廟由来石灯籠の山梨県内各地への移設について（深澤喜延）「甲斐」　山梨郷土研究会　（109）　2005.11

山梨県下の御柱祭（松崎憲三）「民俗」　相模民俗学会　（194・195）　2006.2

戦国期「半手」村々の実態（黒田基樹）「山梨県史研究」　山梨県　（14）　2006.3

山梨県における月待信仰について—二十三夜夜和讃（1）（坂本美夫）「山梨県立考古博物館・山梨県埋蔵文化財センター研究紀要」　山梨県立考古博物館　通号22　2006.3

武田信虎の神社政策と在地支配（大木丈夫）「武田氏研究」　武田氏研究会，岩田書院（発売）　（36）　2007.4

斎串状木製品の検討—古代・中世における地方祭祀に係わる試論（《祭祀と信仰》）（網덕邦生）「山梨県考古学協会誌」　山梨県考古学協会　（17）　2007.5

政治をめぐる「民俗」の超越は可能か—杉本仁著『選挙の民俗誌—日本的政治風土の基層』に寄せて（《特集 若狭講座》）（室井康成）「甲斐」　山梨郷土研究会　（114）　2007.8

五日無尽会—山梨県東南部における無尽のあり方（堀内真）「Marubi ： 富士吉田市歴史民俗博物館だより ： Fujiyoshida Museum of Local History news」　富士吉田市歴史民俗博物館　通号29　2007.10

山梨県の中世石仏（縣敏夫）「日本の石仏」　日本石仏協会，青娥書房（発売）　（125）　2008.3

山梨県におけるキリスト教と民俗学—山中共古から中沢新一まで（杉本仁）「甲斐」　山梨郷土研究会　（118）　2009.02

堀内眞著『山に暮らす 山梨県の生業と信仰』（書誌紹介）（湯川洋司）「日本民俗学」　日本民俗学会　通号257　2009.02

山梨県におけるキリスト教と民俗学—山中共古から中沢新一まで（『甲斐』）（杉本仁）「柳田学舎」　鎌倉柳田学会　（94）　2009.04

山梨県方言資料に見る西日本要素と東日本要素—「東西城語五十音順対照表 山梨県」紹介（《特集 磯貝正義先生追悼》）（津田信吾）「甲斐」　山梨郷土研究会　（119）　2009.07

古墳時代における土製模造鏡祭祀についての一考察—土製模造鏡出土遺構の分析を通じて（稲垣自由）「山梨県立考古博物館・山梨県埋蔵文化財センター研究紀要」　山梨県立考古博物館　通号26　2010.03

山梨県の中世石仏—二尊石仏（特集 甲斐の中世考古学研究）（坂本美夫）「山梨県考古学協会誌」　山梨県考古学協会　（20）　2011.04

山梨県内の七夜待供養塔（佐藤勝廣）「野仏 ： 多摩石仏の会機関誌」　多摩石仏の会　42　2011.08

山梨県周辺の岩船地蔵覚書（長沢利明）「西郊民俗」　［西郊民俗談話会］　（216）　2011.09

山梨市

辻相撲と辻の伝承—山梨県山梨市の事例（長沢利明）「西郊民俗」　［西郊民俗談話会］　（175）　2001.6

子供集団と石合戦—山梨県山梨市（長沢利明）「西郊民俗」　［西郊民俗談話会］　（195）　2006.6

山梨市の道祖神祠と道祖神小屋（《道祖神特集》）（長沢利明）「西郊民俗」　［西郊民俗談話会］　（200・201）　2007.9

横森赤台（東下）遺跡

横森赤台（東下）遺跡出土五輪塔の形態と製作年代について（野代幸和）「山梨県立考古博物館・山梨県埋蔵文化財センター研究紀要」　山梨県立考古博物館　通号16　2000.3

横森前墓地

〔資料紹介〕　高根町箕輪横森前墓地所在の地蔵陽刻板碑（坂本美夫）「山梨県立考古博物館・山梨県埋蔵文化財センター研究紀要」　山梨県立考古博物館　通号15　1999.3

吉田

富士吉田あれこれ 吉田のうどん「Marubi ： 富士吉田市歴史民俗博物館だより ： Fujiyoshida Museum of Local History news」　富士吉田市歴史民俗博物館　9　1997.9

富士吉田あれこれ 吉田のつきあい「Marubi ： 富士吉田市歴史民俗博物館だより ： Fujiyoshida Museum of Local History news」　富士吉田市歴史民俗博物館　11　1998.9

御師と富士講—吉田御師小瓶子屋を例に（堀内真）「富士吉田市史研究」

富士吉田市教育委員会　14　1999.3

富士吉田あれこれ 吉田の豆炒り祝言「Marubi ： 富士吉田市歴史民俗博物館だより ： Fujiyoshida Museum of Local History news」 富士吉田市歴史民俗博物館　14　2000.3

博物館Report 吉田の富士山御師―平成17年度外川家住宅学術調査経過報告（高橋晶子）「Marubi ： 富士吉田市歴史民俗博物館だより ： Fujiyoshida Museum of Local History news」 富士吉田市歴史民俗博物館　通号26　2006.3

吉田口登山道

富士山馬返し―登山道発掘調査近況報告（2）を交えて（高村信，布施光敏）「Marubi ： 富士吉田市歴史民俗博物館だより ： Fujiyoshida Museum of Local History news」 富士吉田市歴史民俗博物館　10　1998.3

発掘調査の概要（博物館Report よみがえる登山道）（布施光敏）「Marubi ： 富士吉田市歴史民俗博物館だより ： Fujiyoshida Museum of Local History news」 富士吉田市歴史民俗博物館　18　2002.3

保存整備事業の概要（博物館Report よみがえる登山道）（布施光敏）「Marubi ： 富士吉田市歴史民俗博物館だより ： Fujiyoshida Museum of Local History news」 富士吉田市歴史民俗博物館　18　2002.3

博物館Report 登山道あれこれ―整備事業Q&A（布施光敏）「Marubi ： 富士吉田市歴史民俗博物館だより ： Fujiyoshida Museum of Local History news」 富士吉田市歴史民俗博物館　19　2002.9

吉田の火祭

〈第13回夏草道中「吉田の火祭」〉「甲斐路」 山梨郷土研究会　101　2002.8

吉田の火祭を通して見る富士山の信仰と自然（星野芳三）「甲斐路」 山梨郷土研究会　101　2002.8

盆の火焚き行事と吉田の火祭（堀内真）「甲斐路」 山梨郷土研究会　101　2002.8

博物館Report 吉田の火祭（無形民俗文化財学術調査から）（染谷學）「Marubi ： 富士吉田市歴史民俗博物館だより ： Fujiyoshida Museum of Local History news」 富士吉田市歴史民俗博物館　21　2003.10

博物館Report 吉田の火祭に関連する祭り・行事（堀内真）「Marubi ： 富士吉田市歴史民俗博物館だより ： Fujiyoshida Museum of Local History news」 富士吉田市歴史民俗博物館　24　2005.3

富士吉田市教育委員会編『国記録選択無形民俗文化財調査報告書 吉田の火祭』（書誌紹介）（中込睦子）「日本民俗学」 日本民俗学会　通号249　2007.2

与縄

資料紹介 与縄御嶽神社の由緒資料（資料提供者 前田幾造氏）「郡内研究」 都留市郷土研究会郡内研究編集部　14　2004.3

若彦路

甲斐の古道―若彦路（《祭祀と信仰》）（末木健）「山梨県考古学協会誌」 山梨県考古学協会　（17）　2007.5

若宮八幡宮

口絵 神殿改修後（H25）の若宮八幡宮 撮影：清水亘「韮崎市郷土研究会会誌」 韮崎市郷土研究会　（16）　2014.04

長野県

青木

口絵清内路街道山本青木の蚕玉様（山内尚巳）「伊那」 伊那史学会 53（2）通号921 2005.2

青木峠

青木峠（坂）道と常夜燈（外谷俊男）「高井」 高井地方史研究会 （158）2007.2

青木花見

水害除けの祈り―青木花見の戸隠神社（臼井ひろみ）「長野県民俗の会通信」 長野県民俗の会 （202）2007.11

青崩峠

柳田国男の『東国古道記』紀行（5）青崩峠から遠山谷を歩く（松上清志）「伊那民俗 ： 伊那民俗学研究所報」 柳田国男記念伊那民俗学研究所 34 1998.10

青島

松本市島内青島の富士塚（小原稔）「長野県民俗の会通信」 長野県民俗の会 148 1998.11

松本市島内青島の藤（富士）塚について（小原稔）「長野県民俗の会通信」 長野県民俗の会 （216）2010.03

青柳

東筑摩郡坂北村青柳区の「狐の嫁入り」行事（吉江真美）「長野県民俗の会通信」 長野県民俗の会 188 20C5.7

坂北青柳で見た「すてる・もどす」―お姿の供養と担ぎ棒の再利用[1]，（2）（中村慎吾）「長野県民俗の会通信」 長野県民俗の会 （188）/（189）2005.7/2005.9

狐の嫁入り行列（筑北村坂北青柳）/戸沢のねじ行事（上田市真田町）（特集 山と暮らし―里山の祈り）「地域文化」 八十二文化財団 （96）2011.04

赤石山

口絵 赤石山頂の浩宮様（中川豊）「伊那」 伊那史学会 49（9）通号880 2001.9

赤岩村

明治政府の農地政策と赤岩村墓地新設の背景（湯本達保）「高井」 高井地方史研究会 （189）2014.11

赤木

伊那路を撮す（54）赤木の虚空蔵菩薩祭―伊那市西春近（下村幸雄）「伊那路」 上伊那郷土研究会 41（4）通号483 1997.4

明科

連載 風土が育む郷土の食 ニジマスの円揚げ 安曇野市明科「地域文化」 八十二文化財団 （101）2012.07

安曇野市明科廃寺造営の背景（研究ノート）（西山克己）「長野県立歴史館研究紀要」 長野県立歴史館 （20）2014.3

明科廃寺

明科廃寺が提起する問題（桐原健）「信濃［第3次］」 信濃史学会 54（12）通号635 2002.12

明科町

随想 明科町の思い出―接吻道祖神をたずねて（島田常雄）「むしくら ： むしくら交流会ニュースレター」 虫倉交流会 （38）2001.2

赤須村

赤須村にあった光前寺御朱印地（新井勇）「伊那路」 上伊那郷土研究会 43（7）通号510 1999.7

閼伽流山

佐久閼伽流山の石仏（仲森勝之）「日本の石仏」 日本石仏協会，青娥書房（発売）（126）2008.6

秋葉街道

柳田国男の『東国古道記』紀行（6）秋葉街道・奥遠州路を歩く（塩沢一郎）「伊那民俗 ： 伊那民俗学研究所報」 柳田国男記念伊那民俗学研究所 35 1998.12

秋葉街道をゆく―小川路峠を越えて（二六ちせ子）「三郷文化」 三郷郷土研究会 78 2001.11

秋葉街道を訪ねて《広域特集》―〈第33回上伊那歴史研究会県外実地踏

査報告〉）（芦部公一）「伊那路」 上伊那郷土研究会 52（12）通号623 2008.12

秋葉道

秋葉道に寄せる人々の心―宿帳を通してみた "あきはみち"（1），（2）（大原千和喜）「伊那」 伊那史学会 47（9）通号856/47（12）通号859 1999.9/1999.12

研究の窓 秋葉みちを歩く―道沿いに残る歴史と文化（福島正樹）「長野県立歴史館だより」 長野県立歴史館 20 1999.9

秋葉道に寄せる人々の心―宿帳を通して見た "あきはみち"（3）～（5）（大原千和喜）「伊那」 伊那史学会 48（3）通号862/48（7）通号866 2000.3/2000.7

秋葉道に寄せる人々の心 宿帳を通して見る "あきはみち"（6）（大原千和喜）「伊那」 伊那史学会 48（11）通号870 2000.11

柳田国男の『東国古道記』紀行（12）秋葉道は中世諏訪信仰の道（清水三郎）「伊那民俗 ： 伊那民俗学研究所報」 柳田国男記念伊那民俗学研究所 43 2000.12

秋葉みちを歩いてみつけたもの―平成12年度長野県立歴史館秋季企画展を担当して（福島正樹）「長野」 長野郷土史研究会 215 2001.1

秋葉道に寄せる人々の心（7）～（10）―宿帳を通してみる "あきはみち"（大原千和喜）「伊那」 伊那史学会 49（4）通号875/50（7）通号890 2001.4/2002.7

秋葉道に寄せる人々の心（11）～（15）―宿帳をとおしてみる "あきはみち"―「四ツ菱屋」の場合（1）～（5）（大原千和喜）「伊那」 伊那史学会 51（12）通号907/53（2）通号921 2003.12/2005.2

秋葉道に寄せる人々の心（16）―宿帳をとおしてみる "あきはみち"―閑話（1）（大原千和喜）「伊那」 伊那史学会 53（10）通号929 2005.10

あきはみちに寄せる人々の心（17）～（21）鈴木屋の宿帳を通して（1）～（5）（大原千和喜）「伊那」 伊那史学会 54（12）通号943/56（9）通号964 2006.12/2008.9

あきはみちに寄せる人々の心（22）鈴木屋の宿帳から（6）（大原千和喜）「伊那」 伊那史学会 56（12）通号967 2008.12

「あきはみち」に寄せる人々の心（23）～（26）（大原千和喜）「伊那」 伊那史学会 58（2）通号981/58（11）通号990 2010.2/2010.11

"あきはみち" に寄せる人々の心（27）―西渡から秋葉山への道（大原千和喜）「伊那」 伊那史学会 59（3）通号994 2011.3

秋山

『秋山記行』と愚か村話（樫村賢二）「信濃［第3次］」 信濃史学会 51（1）通号588 1999.1

秋山郷

山の暮らしは貧しいか―信州秋山郷の暮らしから（福沢昭司）「土佐地域文化」［土佐地域文化研究会］ 4 2001.12

木地製作におけるトチノキの伐採について―長野県秋山郷における木鉢製作の事例から（井上卓哉）「静岡県民俗学会誌」 静岡県民俗学会（26）2008.3

秋山郷の猟師と洞窟（関孝一）「高井」 高井地方史研究会 （180）2012.8

安坂村

峠を越えた一枚の文書 旧安坂村にみる通婚圏の広がり（尾崎行也）「地域文化」 八十二文化財団 52 2000.4

浅川堤防

水難にあった狐―浅川堤防（金子清）「長野」 長野郷土史研究会 221 2002.1

浅川西条

浅川西条 諏訪神社（長野市の文化財保護）（相原文哉）「文化財信濃」 長野県文化財保護協会 31（3）通号117 2004.12

朝川原神社

北郷の朝川原神社（長野市の文化財保護）（相原文哉）「文化財信濃」 長野県文化財保護協会 31（3）通号117 2004.12

朝倉山

諏訪の昔ばなし（63），（64）朝倉山の古ギツネ［上］，（下）「オール諏訪 ： 郷土の総合文化誌」 諏訪郷土文化研究会 28（1）通号283/28（2）通号284 2008.4/2008.5

朝日山

朝日山観音と朝日山薬師如来について（松岡昭三郎）「長野」 長野郷土史

研究会　(253)　2007.6

浅間山

二つの浅間山(《富士・浅間信仰—山岳信仰特集II》)(小泉共司)「あしなか」　山村民俗の会　259・260　2001.11

浅間山の薬師・十二神将(角田尚士)「日本の石仏」　日本石仏協会，青娥書房(発売)　(110)　2004.6

古代天皇家と浅間山(柳沢賢次)「千曲」　東信史学会　(130)　2006.7

浅間山鎮護と虚空蔵菩薩(特集 道祖神信仰と石造物)(岡村知彦)「日本の石仏」　日本石仏協会，青娥書房(発売)　(137)　2011.03

民話絵物語(58) 浅間の前掛山(特集 故郷の山—浅間山)(大日方寛[文]，原勝実[画])「佐久」　佐久史学会　(66・67)　2013.3

火の山の鎮静と罪科消滅を願って(特集 故郷の山—浅間山—浅間山信仰)(岡村知彦)「佐久」　佐久史学会　(66・67)　2013.03

浅間は日本一の山—伊勢と富士山から考える(特集 故郷の山—浅間山—浅間山信仰)(柳沢賢次)「佐久」　佐久史学会　(66・67)　2013.03

名著といわれた『浅間山』—小諸尋常高等小学校編纂をめぐって(特集 故郷の山—浅間山—浅間山信仰)(臼田明)「佐久」　佐久史学会　(66・67)　2013.03

天明3年「天明信上変異記」を読む—伍助少年の写した「変異記」をめぐって(杉原洋，臼田明)「佐久」　佐久史学会　(68)　2013.09

芦沢村

芦沢村の狂言—役者連名帳等にみる(矢島太郎)「伊那路」　上伊那郷土研究会　46(1)通号540　2002.1

芦ノ尻

大岡芦ノ尻の道祖神再考—セイドーボー行事との関わりの中で(細井雄次郎)「長野県民俗の会会報」　長野県民俗の会　通号29　2006.11

大岡芦ノ尻道祖神の系譜—山間畑作地における道祖神信仰とワラ文化(宮下健司)「長野県立歴史館研究紀要」　長野県立歴史館　(13)　2007.3

ふるさとの文化財を守り伝える心 人々を見守る道祖神 芦ノ尻の道祖神祭り「地域文化」　八十二文化財団　(83)　2008.1

芦ノ尻の道祖神祭り(わが町の文化財保護)(池内朝雄)「文化財信濃」　長野県文化財保護協会　36(4)通号138　2010.03

阿島

信州阿島の傘作りについて(樫村賢二)「民具マンスリー」　神奈川大学　32(3)通号375　1999.6

阿島北明神社

喬木村 阿島北明神社(御柱祭特集—各神社の御柱祭)(仲田芳幸)「伊那」　伊那史学会　58(3)通号982　2010.03

四阿山

四阿山の山岳信仰—山頂採集遺物の検討を中心に(小柳義男)「長野県立歴史館研究紀要」　長野県立歴史館　通号5　1999.3

安曇

七日市場安曇盆唄の復活(丸山政憲)「三郷文化」　三郷郷土研究会　62　1997.10

碑文は語る(25) 正調 安曇節の碑(北安曇郡松川村 有明山社神苑)(花嶋堯春)「地域文化」　八十二文化財団　(96)　2011.04

安曇盆唄継承と普及について(老人クラブとして)(炉辺閑話)(丸山金治)「三郷文化」　三郷郷土研究会　(116)　2011.05

安曇野

安曇野の道祖神達とお船祭り(百瀬恵)「オール諏訪 : 郷土の総合文化誌」　諏訪郷土文化研究会　12(6)通号216　2002.9

安曇野の唱歌・童謡の旅(常盤真重)「長野」　長野郷土史研究会　230　2003.7

西山地方と安曇野に類似・共通の民俗(高原正文)「むしくら : むしくら交流会ニュースレター」　虫倉交流会　55　2003.11

大黒様と道祖神のせめぎあい—安曇野における像碑建立をともなう信仰の事例から(窪田雅之)「信濃 [第3次]」　信濃史学会　57(1)通号660　2005.1

安曇野の道祖神と人びとの暮らし[1]～(3)(窪田雅之)「三郷文化」　三郷郷土研究会　通号96/通号98　2006.5/2006.10

安曇野之聚落合併と村鎮守之奉斎(草間美登)「信濃 [第3次]」　信濃史学会　59(5)通号688　2007.5

安曇野の大黒天(《特集 大黒天》)(石田益雄)「日本の石仏」　日本石仏協会，青娥書房(発売)　(123)　2007.9

豊かな自然のもとで—安曇野の正月今昔(特集 正月今昔)(山本則子)「三郷文化」　三郷郷土研究会　通号103　2008.1

信州安曇野神宮御厨牧—仁科御厨と矢原御厨の設定について 新史料の検証(草間美登)「信濃 [第3次]」　信濃史学会　60(9)通号704　2008.9

信州安曇野式年造替遷宮牧—穂高神社の式年造替遷座祭について 榊之献進及び御船祭の考証(草間美登)「信濃 [第3次]」　信濃史学会　61(3)通号710　2009.03

道祖神の柱立てと火祭りとの関係—安曇野・松本平・上伊那の事例から(浜野安則)「信濃 [第3次]」　信濃史学会　63(1)通号732　2011.01

研究ノート 信州安曇野 夏の道祖神祭りとは何か(巻山圭一)「信濃 [第3次]」　信濃史学会　63(1)通号732　2011.01

安曇野風土記 歳時習俗 暦 牧—信州安曇野の年中行事 四季折々の歳時習俗と民間暦について(草間美登)「信濃 [第3次]」　信濃史学会　63(5)通号736　2011.05

安曇野の道祖神(1)～(6)完(安曇野の自然と歴史)(石田益雄)「安曇野文化」　安曇野文化刊行委員会　(1)/(6)　2011.11/2013.02

信州安曇野 沿革の軌跡 伝承地名牧(上)—安曇野の沿革と穂高之神の奉斎(草間美登)「信濃 [第3次]」　信濃史学会　64(1)通号744　2012.1

民話の舞台をたずねて(2)～(4)(炉辺閑話)(成田淑朗)「安曇野文化」　安曇野文化刊行委員会　(2)/(4)　2012.02/2012.08

信州安曇野 沿革の軌跡 伝承地名牧(中)—安曇野の沿革 神宮御厨の設定 神明社の奉斎(草間美登)「信濃 [第3次]」　信濃史学会　64(2)通号745　2012.02

信州安曇野 沿革の軌跡 伝承地名牧(下)—安曇野の沿革 聚楽の合併 鎮守の奉斎(草間美登)「信濃 [第3次]」　信濃史学会　64(3)通号746　2012.3

安曇野の沿革と穂高之神の奉斎(上)，(下)(安曇野の自然と歴史)(草間美登)「安曇野文化」　安曇野文化刊行委員会　(4)/(5)　2012.08/2012.11

安曇野の道祖神彩色石碑について(特集 彩色と石仏)(石田益雄)「日本の石仏」　日本石仏協会，青娥書房(発売)　(143)　2012.09

民謡の魅力と伝播(炉辺閑話)(細萱博)「安曇野文化」　安曇野文化刊行委員会　(5)　2012.11

変わりゆく安曇野のマチの祭祀伝承—市神と道祖神(高原正文)「長野県民俗の会会報」　長野県民俗の会　(34)　2012.12

木目込人形に出会って(地域に活力を)(長谷川倬子)「安曇野文化」　安曇野文化刊行委員会　(6)　2013.02

賀茂神社「お練り馬神事」復活に携わって(安曇野の自然と歴史)(猿田英里)「安曇野文化」　安曇野文化刊行委員会　(6)　2013.02

戦没者慰霊の意味を考える(安曇野の自然と歴史)(千國温)「安曇野文化」　安曇野文化刊行委員会　(6)　2013.02

信州安曇野 歴史故事探訪 伝承地名牧—史料に見え 地名に残る 安曇野の歴史(草間美都)「信濃 [第3次]」　信濃史学会　65(4)通号759　2013.4

穂高神社の特色ある祭事(安曇野の自然と歴史)(保尊勉)「安曇野文化」　安曇野文化刊行委員会　(9)　2013.11

安曇村

供物の行方—安曇村の調査から(木下守)「長野県民俗の会通信」　長野県民俗の会　180　2004.3

山村ことわざ(上)—北アルプス山麓安曇村(横山篤美)「あしなか」　山村民俗の会　266　2004.5

山村ことわざ抄(下)(遺稿)—長野県安曇村(横山篤美)「あしなか」　山村民俗の会　273　2005.12

愛宕神社本殿

口絵 愛宕神社本殿(石川正臣)「伊那」　伊那史学会　46(9)通号844　1998.9

阿智

獅子狂言・葛の葉子別れの伝播など(塩沢一郎)「郷土史巡礼」　阿智史学会　300　1997.4

「三ちゃん農業」といわれた頃の村の方言(三浦宏)「郷土史巡礼」　阿智史学会　305　1997.11

朝日受永の寺社評価(1)～(3)(原隆夫)「郷土史巡礼」　阿智史学会　306/308　1997.12/1998.3

斗宇庚申を尋ねて(湯沢五郎)「郷土史巡礼」　阿智史学会　307　1998.2

へんびのみやと蛇神信仰(原隆夫)「郷土史巡礼」　阿智史学会　310　1998.7

ほんやり様の歌余話(原隆夫)「郷土史巡礼」　阿智史学会　313　1999.2

[写真] 昭和初期、春日社の風景(三浦宏)「郷土史巡礼」　阿智史学会　316　1999.7

写真 木霊岩(原隆夫)「郷土史巡礼」　阿智史学会　321　2000.6

地名と回国供養塔(原隆夫)「郷土史巡礼」　阿智史学会　321　2000.6

写真 『木賊刈』の序文(原隆夫)「郷土史巡礼」　阿智史学会　323　2000.11

江戸時代の養子縁組と持参金(原隆夫)「郷土史巡礼」　阿智史学会　328　2001.9

阿智神社

黒船来航と阿智神社の祈祷札(原隆夫)「郷土史巡礼」　阿智史学会　309　1998.5

安布知神社と阿智神社(原隆夫)「郷土史巡礼」　阿智史学会　319　2000.2

阿智神社奥宮

阿智神社奥宮の神楽碑（木下秋彦）「郷土史巡礼」　阿智史学会　300　1997.4

阿智村

阿智村の初期庚申像塔（原隆夫）「郷土史巡礼」　阿智史学会　300　1997.4

旧向関村（阿智村）の和紙生産（三浦宏）「郷土史巡礼」　阿智史学会　306　1997.12

阿智村　河内諏訪神社/寺尾秋葉社/神坂神社/春日神社/市の沢諏訪神社（御柱祭特集―各神社の御柱祭）（佐々木賢実）「伊那」　伊那史学会　58（3）通号982　2010.03

阿寺

阿寺の獅子舞（石川博司）「まつり通信」　まつり同好会　41（10）通号488　2001.9

跡部の踊り念仏

時宗の開祖一遍上人と跡部の踊り念仏（茂原仙次）「佐久」　佐久史学会（56）2007.03

跡部の踊り念仏を見て（小林廣見）「長野」　長野郷土史研究会　（289）2013.06

阿南町

柳田国男の『信州随筆』研究（13）犬坊の墓（中村健一）「伊那民俗 : 伊那民俗学研究所報」　柳田国男記念伊那民俗学研究所　（73）2008.6

写真・文　長野県下伊那郡阿南町日吉のお鍬祭り（特集 平成の御鍬祭―愛知県以外の御鍬祭）（山崎一司）「まつり」　まつり同好会　通号71・72　2009.12

文化と人々の心つなぐ街道を目指して（下伊那郡阿南町・祭り街道の会）（特集 信州と隣県―三遠南信）「地域文化」　八十二文化財団　（104）2013.04

安布知神社

安布知神社と阿智神社（原隆夫）「郷土史巡礼」　阿智史学会　319　2000.2

写真 安布知神社の新羅明神像（原隆夫）「郷土史巡礼」　阿智史学会　330　2001.12

安布知神社伝来の花禽双鸞八花鏡をめぐって（久保智康）「伊那」　伊那史学会　54（11）通号942　2006.11

阿弥陀寺

西條山阿弥陀寺の知恵のだんご（関富貴治　関孝一）「高井」　高井地方史研究会　144　2003.8

雨宮の神事芸能

雨宮御神事考（荒井弘文）「ちょうま」　更埴郷土を知る会　（18）1997.12

雨宮の御神事踊・松代巡行について（半田照彦）「ちょうま」　更埴郷土を知る会（1）1998.12

雨宮の御神事踊り（半田好英）「千曲」　東信史学会　103　1999.10

真田藩本『雨宮祭礼』図巻について（原田和彦）「長野県民俗の会会報」　長野県民俗の会　（24）2001.11

雨宮山王宮神事について―高野杏順諸事書留書より（高野弘太郎）「ちょうま」　更埴郷土を知る会　（25）2005.1

雨宮御神事の調査について―報告とお願い（柳沢三雄）「ちょうま」　更埴郷土を知る会　（32）2011.12

飴屋敷

善光寺門前「飴屋敷」考（今井彰）「須高」　須高郷土史研究会　（68）2009.04

安茂里村

安茂里村の迷信（矢野恒雄）「文化財信濃」　長野県文化財保護協会　27（2）通号100　2000.9

新井

中野市新井の箒づくり（武田富夫）「高井」　高井地方史研究会　143　2003.5

口絵 松川町新井の大島家屋敷神（宮澤恒之）「伊那」　伊那史学会　56（2）通号957　2008.2

荒川

竹原荒川・地蔵堂のだんごなげ（阿部昭二）「高井」　高井地方史研究会　140　2002.8

荒沢不動明王

大岩不動明王と荒澤不動明王（1），（2）（ベ下守）「長野県民俗の会通信」　長野県民俗の会　169/170　2002.5/2002.7

荒堀

荒堀の発祥と夜明し念仏（甘利嘉苗）「文化財信濃」　長野県文化財保護協会　28（2）通号104　2001.9

小諸荒堀の夜明し念仏（上野茂，大杉律人）「佐久」　佐久史学会　（56）2007.03

荒町

御代田町荒町の踊り念仏（桜井源太郎）「佐久」　佐久史学会　（57）2008.03

有明山

信濃有明山と天の岩戸神話（坂本博）「三郷文化」　三郷郷土研究会　88　2004.5

蟻ヶ崎

松本市蟻ヶ崎の「泉小太郎の枝垂れ桜」について（小原稔）「長野県民俗の会通信」　長野県民俗の会　（225）2011.09

有賀家住宅

伊那谷の民家（8）有賀家住宅（吉澤政己）「伊那路」　上伊那郷土研究会　47（6）通号557　2003.6

有賀峠

諏訪の昔ばなし（67）大門峠の境と有賀峠の境「オール諏訪 : 郷土の総合文化誌」　諏訪郷土文化研究会　28（5）通号287　2008.8

安源寺

ふるさとの歴史散歩（28）安源寺の釣井戸（高見澤武）「高井」　高井地方史研究会　（180）2012.08

安国寺

信濃安国寺の研究（上），（中），（下）（武居幸重）「茅野」　茅野市郷土研究会　（64）/（66）2006.9/2007.9

本誌第64号所載「信濃安国寺の研究（上）」に反論する（細田貴助）「茅野」　茅野市郷土研究会　（65）2007.3

平成24年度郡内研修「信濃安国寺」「茅野」　茅野市郷土研究会　（78）2013.03

安代温泉

安代温泉薬師堂の団子作り（中島正三）「高井」　高井地方史研究会　144　2003.8

安養寺

佐久・安養寺阿弥陀三尊像について（織田顕行）「飯田市美術博物館研究紀要」　飯田市美術博物館　10　2000.4

文化財講座（37）―佐久市・宝珠山安養寺の文化財について（中沢忠人）「千曲」　東信史学会　105　2000.5

民話絵物語（48）鎌倉石（大日方寛，原勝実）「佐久」　佐久史学会　（56）2007.03

安楽寺

安楽寺・生島足島神社などの建造物（羽中田壮雄）「甲斐路」　山梨郷土研究会　104　2003.8

扉写真と解説 国宝 安楽寺八角三重塔（中沢徳士）「千曲」　東信史学会　（152）2013.02

飯島町

飯島町の猪垣・猪堀（丸山浩隆）「伊那路」　上伊那郷土研究会　42（1）通号492　1998.1

飯縄

菅江真澄と飯縄信仰（論考）（木本桂春）「菅江真澄研究」　菅江真澄研究会　（82）2014.05

飯綱町

翻刻「忠孝二鏡」飯綱町を舞台にした近世創作物語（関保男）「飯綱町の歴史と文化 : いいづな歴史ふれあい館紀要」　飯綱町教育委員会，いいづな歴史ふれあい館　（2）2014.03

飯縄山

越道飯縄山の花火（坂戸宏義）「長野」　長野郷土史研究会　208　1999.11

飯田

口絵 飯田方言番付（今村輝夫）「伊那」　伊那史学会　45（1）通号824　1997.1

三たび飯田和紙を考える（桜井伴）「伊那」　伊那史学会　45（1）通号824　1997.1

飯田の町の正月（依田時子）「伊那」　伊那史学会　46（1）通号836　1998.1

飯田のお練り祭り―糸塚と鹿島踊り（原彰一）「伊那」　伊那史学会　46（3）通号838　1998.3

飯田のお練り祭［1］，（2）（三隅治雄）「伊那」　伊那史学会　46（11）通号846/46（12）通号847　1998.11/1998.12

子供の成長についての祝いごと―飯田の町場（依田時子）「伊那」　伊那史学会　47（1）通号848　1999.1

柳田国男の『東国古道記』紀行（7）飯田下伊那の天王信仰とゆきよし様

（横田正勝）「伊那民俗 ： 伊那民俗学研究所報」 柳田国男記念伊那民俗学研究所　36　1999.3

柳田国男の『東国古道記』紀行（9）柳田家ゆかりの飯田を歩く（高橋寛治）「伊那民俗 ： 伊那民俗学研究所報」 柳田国男記念伊那民俗学研究所　38　1999.9

飯田の円空仏（毛利郁美）「伊那」 伊那史学会　48（7）通号866　2000.7

口絵 大正時代の「飯田繁昌双六」（木下睦美）「伊那」 伊那史学会　48（9）通号868　2000.9

飯田の茶の湯文化—その発達と経過（原彰一）「伊那」 伊那史学会　51（1）通号896　2003.1

飯田のお練り・御柱祭・獅子舞（広瀬忠一）「伊那」 伊那史学会　52（1）通号908　2004.1

飯田のお練り祭り研究事始め（桜井弘人）「伊那民俗 ： 伊那民俗学研究所報」 柳田国男記念伊那民俗学研究所　56　2004.3

飯田お練りまつり—第146例会譚（中村慎吾）「長野県民俗の会通信」 長野県民俗の会　181　2004.5

奥山半僧坊信仰と飯田の人びと（塩澤一郎）「伊那」 伊那史学会　53（1）通号902　2005.1

木曾・東野阿弥陀堂本尊は飯田から？—浄土真宗本願寺血脈連坐像の謎（神村透）「伊那」 伊那史学会　53（2）通号921　2005.2

飯田下伊那の妖怪（今井啓）「伊那民俗 ： 伊那民俗学研究所報」 柳田国男記念伊那民俗学研究所　（62）　2005.9

シリーズ故郷（30）水引の里 飯田を訪ねて（村尾美江）「民俗学研究所ニュース」 成城大学民俗学研究所　70　2005.10

葬送習俗の昔と今—飯田下伊那の事例から（前沢奈緒子）「伊那民俗 ： 伊那民俗学研究所報」 柳田国男記念伊那民俗学研究所　（64）　2006.3

消えた文化財—お練り祭の屋台を中心に《《飯田大火60周年特集》—〈その時私は—飯田大火の思い出〉》（桜井弘人）「伊那」 伊那史学会　55（3）通号946　2007.3

徳本上人の飯田巡錫—古語から学ぶ飯田方言（林登美人）「伊那」 伊那史学会　55（9）通号952　2007.9

消えていくことばの文化（14）古語から学ぶ飯田方言（井上伸児）「伊那」 伊那史学会　55（9）通号952　2007.9

焼失を免れた阿弥陀様（《特集 飯田大火60周年第2特集》）「伊那」 伊那史学会　55（12）通号955　2007.12

養蚕が飯田・下伊那地域の民家建築に与えた影響（調査報告）（金澤雄記）「飯田市歴史研究所年報」 飯田市教育委員会　（6）　2008.9

飯田下伊那地方の中世五輪塔（岡田正彦）「飯田市美術博物館研究紀要」 飯田市美術博物館　（6）　2009.3

飯田・下伊那地方の廃仏毀釈（佐々木洋一）「伊那」 伊那史学会　57（5）通号972　2009.05

飯田下伊那地方の住まい—民俗調査からみえてきたこと（伊那谷研究団体協議会2008シンポジウム講演発表）（松上清志）「伊那」 伊那史学会　57（6）通号973　2009.06

飯田・下伊那の本棟造—本棟造調査中間報告（調査報告）（金澤雄記）「飯田市歴史研究所年報」 飯田市教育委員会　（7）　2009.8

飯田・下伊那の御柱祭 建御柱を斎る神社／御柱祭を実施する神社／御柱祭あれこれ（御柱祭特集）（原田望，山内尚巳）「伊那」 伊那史学会　58（3）通号982　2010.03

映像民俗学の方法—遠山霜月祭と久高島祭祀から（小特集 民俗学と記録映像）（北村皆雄）「日本民俗学」 日本民俗学会　通号264　2010.11

三河民権家国事犯事件と発覚地の飯田地方（3の3）明治期の伊那谷における不二道から実行教への移行（北原明文）「伊那」 伊那史学会　59（3）通号994　2011.3

飯田・上飯田の民俗調査報告（1）地域産業と独自の歩み（高橋寛治）「伊那民俗 ： 伊那民俗学研究所報」 柳田国男記念伊那民俗学研究所　（84）　2011.03

飯田の祇園祭—横田正勝氏の調査報告から（松上清志）「伊那民俗 ： 伊那民俗学研究所報」 柳田国男記念伊那民俗学研究所　（85）　2011.06

飯田の祇園祭（2）—今では「津島様」と呼ばれている（松上清志）「伊那民俗 ： 伊那民俗学研究所報」 柳田国男記念伊那民俗学研究所　（86）　2011.09

柳田国男の『信州随筆』研究（21）飯田の枝垂れ桜（寺田一雄）「伊那民俗 ： 伊那民俗学研究所報」 柳田国男記念伊那民俗学研究所　（86）　2011.09

水引業を支えた内職—飯田・上飯田の民俗調査から（服部比呂美）「伊那民俗学研究所報」 柳田国男記念伊那民俗学研究所　（88）　2012.03

飯田大火を経て受け継ぐ伝統の技—松岡醸造店の醤油づくり（今井啓）「伊那民俗 ： 伊那民俗学研究所報」 柳田国男記念伊那民俗学研究所　（90）　2012.09

飯田の寺町と仏教会（今井啓）「伊那民俗 ： 伊那民俗学研究所報」 柳田国男記念伊那民俗学研究所　（91）　2012.12

探訪会「今に生きる民俗を訪ねて」第3回 飯田の町内会の祭り「津島様」を訪ねる「伊那民俗 ： 伊那民俗学研究所報」 柳田国男記念伊那民俗学研究所　（94）　2013.09

飯田大火復興の籤（伊藤友久）「長野県民俗の会通信」 長野県民俗の会　（237）　2013.09

書評 飯田のマチの暮らしは見えてきたか—『飯田・上飯田の民俗1』に寄せて（板橋春夫）「伊那民俗 ： 伊那民俗学研究所報」 柳田国男記念伊那民俗学研究所　（97）　2014.06

『飯田・上飯田の民俗1』を読んで 伝えていくことの大切さ（上柳喜美子）「伊那民俗 ： 伊那民俗学研究所報」 柳田国男記念伊那民俗学研究所　（97）　2014.06

『飯田・上飯田の民俗1』を読んで「環境と民俗」に学ぶ（前澤奈緒子）「伊那民俗 ： 伊那民俗学研究所報」 柳田国男記念伊那民俗学研究所　（97）　2014.06

飯田柳田研究会報告 『木綿以前の事』を読む（1）女性の日常生活の歴史を知る—「自序」から（松上清志）「伊那民俗 ： 伊那民俗学研究所報」 柳田国男記念伊那民俗学研究所　（97）　2014.06

『飯田・下伊那の民俗1』を読んで 昭和30年代 横丁の暮らし（北川稔夫）「伊那民俗 ： 伊那民俗学研究所報」 柳田国男記念伊那民俗学研究所　（98）　2014.06

飯田・上飯田のドンド焼き—子どもたちの「小屋掛け」と現在の変化（北原いずみ）「伊那民俗 ： 伊那民俗学研究所報」 柳田国男記念伊那民俗学研究所　（99）　2014.12

飯田柳田研究会報告 『木綿以前の事』を読む（2）一章から四章（髙橋寛治）「伊那民俗 ： 伊那民俗学研究所報」 柳田国男記念伊那民俗学研究所　（99）　2014.12

飯田市

お練り祭（石川正臣）「伊那」 伊那史学会　46（3）通号838　1998.3

お練り祭りの華「大名行列」を今に伝える（宮下芳治）「伊那民俗 ： 伊那民俗学研究所報」 柳田国男記念伊那民俗学研究所　32　1998.3

元禄13年辰霜月 熊野三社権現御祭礼 霜月14日御湯立（史料紹介）（山崎一司）「飯田市美術博物館研究紀要」 飯田市美術博物館　10　2000.4

和太鼓の木地師（井上正）「美博だより ： 飯田市美術博物館ニュース」 飯田市美術博物館　51　2000.6

飯田市誌編さん民俗部会講演会 民俗的世界の発見（倉石忠彦）「伊那民俗」 柳田國男記念伊那民俗学研究所　（11）　2002.3

翻刻『白山寺歴代記』『白山宮霊験記』『白山三社大権現縁起』（小池貞彦，織田顕行）「飯田市美術博物館研究紀要」 飯田市美術博物館　（16）　2006.3

水引の製造をめぐって—長野県飯田市の事例から（村尾美江）「民俗学研究所紀要」 成城大学民俗学研究所　31　2007.3

近世農民の財産について—相続や離婚をめぐって（研究報告要旨）（塩澤元広）「飯田市歴史研究所年報」 飯田市教育委員会　（5）　2007.8

歴史的建造物調査 塩澤家住宅・宮澤家住宅・犬塚家住宅・五十君酒店・柏心寺・阿羅多堂・信陽館町蔵庫（調査報告）（金澤雄記）「飯田市歴史研究所年報」 飯田市教育委員会　（5）　2007.8

家相図と建築（調査報告）（金澤雄記）「飯田市歴史研究所年報」 飯田市教育委員会　（7）　2009.08

飯田市 麻績神社／飯沼諏訪神社／代田下ノ宮諏訪神社／山本七久里神社／竹佐伊奈神社／立石日枝神社／知久平諏訪神社／小野子諏訪神社／野池神社／柏原明神社／法全寺関口家諏訪大明神／尾科諏訪神社／程野正八幡宮／和田諏訪神社（御柱祭特集—各神社の御柱祭）（今村善興，代田一行，平澤昭，山内尚巳，市村富男，塩澤正夫，知久一彦，北沢克己，萩元育夫，吉澤建，針間道夫）「伊那」 伊那史学会　58（3）通号982　2010.03

「手長足長」彫刻の発生とその展開—近世山車彫刻の図様に関する研究（水野耕嗣）「飯田市美術博物館研究紀要」 飯田市美術博物館　（20）　2010.03

飯田お練りまつり 長野県飯田市「公益社団法人全日本郷土芸能協会会報」 全日本郷土芸能協会　（59）　2010.04

お練りにまつわることごと（依田時子）「伊那」 伊那史学会　58（7）通号986　2010.07

建造物および山車にみる風神雷神の彫刻について（水野耕嗣）「飯田市美術博物館研究紀要」 飯田市美術博物館　（22）　2012.03

「力神」彫刻の山車への受容とその周辺—とくに新出の立川冨昌作の力神塑像をめぐって（水野耕嗣）「飯田市美術博物館研究紀要」 飯田市美術博物館　（23）　2013.03

手軽でおいしく食べる工夫「ヤキモチ」—飯田市内の事例から（宮下英美）「伊那民俗 ： 伊那民俗学研究所報」 柳田国男記念伊那民俗学研究所　（98）　2014.09

飯田藩

報告 地域史講座「史料からよみとる江戸時代の長久寺—飯田藩との関係をさぐる—」（千葉拓真）「飯田市歴研ニュース」 飯田市歴史研究所　（73）　2014.12

飯田町

口絵「信濃飯田町」の軸装（桃沢匡行）「伊那」 伊那史学会　45（12）通号835　1997.12

近世中期信州飯田町の人口動態—野原文書18世紀の宗門改帳を手がかりに（前沢健）「伊那」 伊那史学会 46（6）通号841 1998.6

「心覚」にみる飯田町の民俗（寺田一雄）「伊那民俗 ： 伊那民俗学研究所報」 柳田国男記念伊那民俗学研究所 58 2004.9

飯田町のどんど焼き（民俗特集）（清野大吉知）「伊那」 伊那史学会 58（1）通号980 2010.01

飯田町、昭和初期のお正月（民俗特集）（依田時子）「伊那」 伊那史学会 58（1）通号980 2010.01

飯田町の御札降り（1），（2）（伊坪達郎）「伊那」 伊那史学会 61（6）通号1021/61（10）通号1025 2013.06/2013.10

飯田町に伝わるすまいの知恵—マチ家の調査からわかってきたこと（松上清志）「伊那民俗 ： 伊那民俗学研究所報」 柳田国男記念伊那民俗学研究所 （96）2014.04

飯田遊郭

飯田の悪所 飯田遊郭一郭の沿革と戦後の遊興（塚平寛志）「伊那民俗 ： 伊那民俗学研究所報」 柳田国男記念伊那民俗学研究所 （92）2013.03

飯沼

飯沼諏訪神社の御柱祭（木下睦美）「伊那」 伊那史学会 46（3）通号838 1998.3

飯沼諏訪神社式年—御柱大祭（みはしらたいさい）（伊藤昭雄）「伊那」 伊那史学会 48（1）通号860 2000.1

飯山

総会における講演要旨 近世初期飯山城下町の空間構造（湯本軍一）「高井」 高井地方史研究会 127 1999.4

飯山の花まつりについて（渡辺博）「高井」 高井地方史研究会 144 2003.8

飯山領の楮と紙漉き（樋口和雄）「高井」 高井地方史研究会 （158）2007.2

瞽女文化について—高田瞽女と飯山地方（曽月静幸）「文化財信濃」 長野県文化財保護協会 39（1）通号147 20.2.07

飯山地方のおもてなし料理（特集 高度経済成長期前のくらし一食）（片桐静雄）「高井」 高井地方史研究会 （181）2012.11

飯山市

飯山市の初ドウロクジン（松岡麻美）「長野県民俗の会通信」 長野県民俗の会 163 2001.5

飯山市の相撲碑から見た力士たち（寺瀬喜一郎）「高井」 高井地方史研究会 137 2001.11

寺の町で育まれた伝統工芸・飯山仏壇（飯山市）（特集 信州の町—飯山）「地域文化」 八十二文化財団 （102）2012.10

飯山城

江戸後期における飯山城本丸の神社について（高橋勧）「高井」 高井地方史研究会 144 2003.8

伊賀良

続伊賀良の寂円道場—真宗教団の進出をめぐって（宮澤恒之）「伊那」 伊那史学会 58（12）通号991 2010.12

井川

柳田国男の『東国古道記』紀行（3）「井川」の里（高橋寛治）「伊那民俗 ： 伊那民俗学研究所報」 柳田国男記念伊那民俗学研究所 31 1997.12

生萱

千曲市生萱に残る本誓寺字名と本誓寺について（相澤忠一）「ちょうま」 更埴郷土を知る会 （35）2014.12

生島足島神社

生島足島神社起請文にみられる我が祖大井右京亮・源八郎父子（市川武治）「長野」 長野県史学会 201 1998.9

生島足島神社の御柱大祭（研究「祭り」）（甲田圭吾）「千曲」 東信史学会 104 2000.2

安楽寺・生島足島神社などの建造物（羽中田壮雄）「甲斐路」 山梨郷土研究会 104 2003.8

生田部奈

松川町生田部奈地区の正月行事—大正から昭和初期にかけての正月行事（木下篤史）「伊那民俗 ： 伊那民俗学研究所報」 柳田国男記念伊那民俗学研究所 55 2003.12

伊久間堤防

伊久間堤防の明治以後の変遷と水神祭り［正］，（続）（松沢武）「伊那」 伊那史学会 49（11）通号882/49（12）通号883 2001.11/2001.12

池田

生まれ故郷池田の野仏を訊ねる（喜井哲元）「野仏 ： 多摩石仏の会機関誌」 多摩石仏の会 38 2007.7

池田町

池田町の寺堂と仏像（牛越嘉人）「信濃［第3次］」 信濃史学会 53（9）通号620 2001.9

あめ市再考—池田町の事例を手掛かりとして（木下守）「長野県民俗の会通信」 長野県民俗の会 （215）2010.01

池田宮

海津の鎮守池田宮と松代祇園祭礼（北村保）「松代」 松代文化施設等管理事務所 （11）1998.3

伊沢修二生家

伊那谷の民家（11）伊沢修二生家（吉澤政己）「伊那路」 上伊那郷土研究会 47（9）通号560 2003.9

伊豆木

神明社舞台（龍江3区）、天満宮舞台（三穂伊豆木）（吉沢政己）「飯田市美術博物館研究紀要」 飯田市美術博物館 7 1997.6

伊豆木小笠原氏と伊豆木人形（久保田安正）「伊那」 伊那史学会 50（1）通号884 2002.1

伊豆木小笠原家の正月三ヶ日（久保田安正）「伊那」 伊那史学会 51（1）通号896 2003.1

滑稽遊戯問答—伊豆木・小笠原文書から（久保田安正）「伊那」 伊那史学会 52（1）通号908 2004.1

伊豆木小笠原家の白輿（久保田安正）「伊那」 伊那史学会 53（1）通号920 2005.1

伊豆木小笠原家の年中行事《民俗特集》（久保田安正）「伊那」 伊那史学会 55（1）通号944 2007.1

操座元市村伝七の伊豆木上演（民俗特集）（久保田安正）「伊那」 伊那史学会 58（1）通号980 2010.01

出早雄小萩神社

おかや歴史散歩（5）出早雄小萩神社「オール諏訪 ： 郷土の総合文化誌」 諏訪郷土文化研究会 28（2）通号284 2008.5

石上神社

伊那路を写す（62）「石上神社」秋の例祭（下村幸雄）「伊那路」 上伊那郷土研究会 41（12）通号491 1997.12

一ノ瀬

伊那路を写す（64）神仏混淆の熊野神社秋祭—辰野町一ノ瀬（下村幸雄）「伊那路」 上伊那郷土研究会 42（3）通号494 1998.3

一本松街道

武水別神社の目岐目講社祭と参詣客の往来した一本松街道（堀内暉巳）「ちょうま」 更埴郷土を知る会 （31）2010.11

井戸尻

井戸尻文化の土器図像（47）神像（1）土器に抱きつく（小林公明）「オール諏訪 ： 郷土の総合文化誌」 諏訪郷土文化研究会 28（1）通号283 2008.4

井戸尻文化の土器図像（48）神像（2）同じ体つき（小林公明）「オール諏訪 ： 郷土の総合文化誌」 諏訪郷土文化研究会 28（2）通号284 2008.5

井戸尻文化の土器図像（49）神像（3）いくつもの眼（小林公明）「オール諏訪 ： 郷土の総合文化誌」 諏訪郷土文化研究会 28（3）通号285 2008.6

井戸尻文化の土器図像（50）神像（4）独立した像（小林公明）「オール諏訪 ： 郷土の総合文化誌」 諏訪郷土文化研究会 28（4）通号286 2008.7

井戸尻文化の土器図像（51）神像（5）長い足、長い手（小林公明）「オール諏訪 ： 郷土の総合文化誌」 諏訪郷土文化研究会 28（5）通号287 2008.8

井戸尻文化の土器図像（52）神像（6）偶然の暗合か（小林公明）「オール諏訪 ： 郷土の総合文化誌」 諏訪郷土文化研究会 28（6）通号288 2008.9

井戸尻文化の土器図像（53）神像（7）三体が連なる（小林公明）「オール諏訪 ： 郷土の総合文化誌」 諏訪郷土文化研究会 28（7）通号289 2008.10

井戸尻文化の土器図像（54）神像（8）半人半蛙との折衷（小林公明）「オール諏訪 ： 郷土の総合文化誌」 諏訪郷土文化研究会 28（8）通号290 2008.11

井戸尻文化の土器図像（55）神像（9）有翼風の（小林公明）「オール諏訪 ： 郷土の総合文化誌」 諏訪郷土文化研究会 28（9）通号291 2008.12

井戸尻文化の土器図像（56）神像（10）腋の下の凹み（小林公明）「オール諏訪 ： 郷土の総合文化誌」 諏訪郷土文化研究会 28（10）通号292 2009.01

井戸尻文化の土器図像（57）神像（11）手からも光明（小林公明）「オール諏訪 ： 郷土の総合文化誌」 諏訪郷土文化研究会 28（11）通号293 2009.02

井戸尻文化の土器図像（58）神像（12）果てまで照す（小林公明）「オー

ル諏訪 ： 郷土の総合文化誌」 諏訪郷土文化研究会 28(12)通号294 2009.03

井戸尻文化の土器図像(59) 神像(13) 束ね分けた髪(小林公明)「オール諏訪 ： 郷土の総合文化誌」 諏訪郷土文化研究会 29(1)通号295 2009.04

井戸尻文化の土器図像(60) 神像(14) 欠き取られた頭(小林公明)「オール諏訪 ： 郷土の総合文化誌」 諏訪郷土文化研究会 29(2)通号296 2009.05

井戸尻文化の土器図像(61) 神像(15) 祖神の再来(小林公明)「オール諏訪 ： 郷土の総合文化誌」 諏訪郷土文化研究会 29(3)通号297 2009.06

伊那

《民俗特集》「伊那」 伊那史学会 45(1)通号824 1997.1

方言歌留多（かるた）(今村輝夫)「伊那」 伊那史学会 45(1)通号824 1997.1

くらしの中の祈りと呪い(渡辺重義)「伊那」 伊那史学会 45(1)通号824 1997.1

民俗芸能における太陽と月「伊那民俗 ： 伊那民俗学研究所報」 柳田国男記念伊那民俗学研究所 27 1997.1

長野県伊那地方の「力石」(高島慎助)「伊那路」 上伊那郷土研究会 41(1)通号480 1997.1

温石石(赤羽篤)「伊那路」 上伊那郷土研究会 41(1)通号480 1997.1

田楽座の活躍(松田満夫)「伊那路」 上伊那郷土研究会 41(1)通号480 1997.1

伊那の三権現(塩沢一郎)「伊那路」 上伊那郷土研究会 41(1)通号480 1997.1

方言で語るやすらぎの場、いろりでいろいろ話さまい 囲炉裏火・鉄瓶のお茶(桜井伴)「伊那」 伊那史学会 45(3)通号826 1997.3

文化の灯(18) 伊那の水墨画(城倉隆)「伊那路」 上伊那郷土研究会 41(3)通号482 1997.3

仏足石歌(春日太郎)「伊那路」 上伊那郷土研究会 41(4)通号483 1997.4

祭、事始に替えて(武井正弘)「伊那民俗 ： 伊那民俗学研究所報」 柳田国男記念伊那民俗学研究所 29 1997.6

大自然の恵みと医療―神農本草経は教える(織井伊那人)「伊那路」 上伊那郷土研究会 41(6)通号485 1997.6

藁さま様(桜井武)「伊那路」 上伊那郷土研究会 41(7)通号486 1997.7

火の見櫓の半鐘の調査(蟹沢広美)「伊那路」 上伊那郷土研究会 41(7)通号486 1997.7

口絵 重文 絹本著色八相涅槃図(西山保)「伊那」 伊那史学会 45(8)通号831 1997.8

きえてゆくことばの文化―方言について思うこと(井上伸児)「伊那」 伊那史学会 45(8)通号831 1997.8

愛馬慰霊二題(小林正)「伊那路」 上伊那郷土研究会 41(10)通号489 1997.10

《特集 正月の民俗》「伊那」 伊那史学会 46(1)通号836 1998.1

口絵 便所の年取り(橋都正)「伊那」 伊那史学会 46(1)通号836 1998.1

七種粥と姑獲鳥(桜井伴)「伊那」 伊那史学会 46(1)通号836 1998.1

《民俗芸能特集》「伊那路」 上伊那郷土研究会 42(1)通号492 1998.1

蛇（じゃ）の寿司でも―子どもの間食物(桜井武)「伊那路」 上伊那郷土研究会 42(1)通号492 1998.1

子供の頃のお盆の行事(片桐知子)「伊那」 伊那史学会 46(8)通号843 1998.8

炭焼長者伝説の解明に向けて(羽場睦美)「伊那民俗 ： 伊那民俗学研究所報」 柳田国男記念伊那民俗学研究所 34 1998.10

暮らしの中にある樹木の方言と利用(片桐亀十)「伊那」 伊那史学会 46(11)通号846 1998.11

摩利支天の石像(林登美人)「伊那」 伊那史学会 46(12)通号847 1998.12

おんび（ほんやり）(竹村庄平)「伊那」 伊那史学会 46(12)通号847 1998.12

《民俗特集》「伊那」 伊那史学会 47(1)通号848 1999.1

江戸時代後期の祝いごと―出産から初節句まで(矢崎晴美)「伊那」 伊那史学会 47(1)通号848 1999.1

《民俗特集》「伊那路」 上伊那郷土研究会 43(1)通号504 1999.1

「数珠廻し」と「コトハジメ」(飯沢誠)「伊那路」 上伊那郷土研究会 43(1)通号504 1999.1

家づくりにみる住まいの変容(1)(三石稔)「伊那路」 上伊那郷土研究会 43(1)通号504 1999.1

「まほらいな」考(星野幸久)「伊那路」 上伊那郷土研究会 43(1)通号504 1999.1

木師廻に想う(中山善郎)「伊那路」 上伊那郷土研究会 43(2)通号505 1999.2

『神氏系図』始末(桐原健)「伊那」 伊那史学会 47(5)通号852 1999.5

七歳の祝い後日ものがたり(湯沢道子)「伊那」 伊那史学会 47(5)通号852 1999.5

縄の話(桜井武)「伊那」 伊那史学会 43(5)通号508 1999.5

消えてゆくことばの文化(2)―オチューハン(井上伸児)「伊那」 伊那史学会 47(6)通号853 1999.6

「郷土の着物の染めの歩み」展を企画して(堀田澄子)「伊那路」 上伊那郷土研究会 43(6)通号509 1999.6

衣擦れを聞いて(下島幸江)「伊那路」 上伊那郷土研究会 43(6)通号509 1999.6

"きもの"誂え染め(小紋・友禅)今昔(井口公雄)「伊那路」 上伊那郷土研究会 43(6)通号509 1999.6

日の目を見た『巻き見本』(矢島知明)「伊那路」 上伊那郷土研究会 43(6)通号509 1999.6

母の口ずさむ昔の歌(有賀功)「伊那路」 上伊那郷土研究会 43(7)通号510 1999.7

文化の灯(40) 「中世の伝説を語る」シンポジウム計画信仰中(飯塚政美)「伊那路」 上伊那郷土研究会 43(8)通号511 1999.8

十王堂と私(浦野和夫)「伊那路」 上伊那郷土研究会 43(10)通号513 1999.10

口絵 和時計「櫓時計」(林登美人)「伊那」 伊那史学会 47(11)通号858 1999.11

石仏は物言わぬ語り部(宮内真人)「伊那民俗 ： 伊那民俗学研究所報」 柳田国男記念伊那民俗学研究所 38 1999.12

《民俗特集》「伊那」 伊那史学会 48(1)通号860 2000.1

贈り物の伝承(木下睦美)「伊那」 伊那史学会 48(1)通号860 2000.1

おかいこさま―消えてゆくことばの文化(4)(井上伸児)「伊那」 伊那史学会 48(1)通号860 2000.1

昭和初期子供会の正月行事(赤羽二三男)「伊那」 伊那史学会 48(1)通号860 2000.1

私の歳時記―女学校の民俗(依田時子)「伊那」 伊那史学会 48(1)通号860 2000.1

節分と初午の行事について(片桐知子)「伊那」 伊那史学会 48(1)通号860 2000.1

《民俗芸能特集》「伊那路」 上伊那郷土研究会 44(1)通号516 2000.1

小正月行事を守れ！―「改正国民祝日法」をめぐって(桜井弘人)「伊那民俗 ： 伊那民俗学研究所報」 柳田国男記念伊那民俗学研究所 40 2000.3

蚕玉様の思い出(小林敏男)「伊那路」 上伊那郷土研究会 44(3)通号518 2000.3

江戸時代における庶民の離婚について(塩沢元広)「伊那」 伊那史学会 48(5)通号864 2000.5

生業の変容とその調査(寺田一雄)「伊那民俗 ： 伊那民俗学研究所報」 柳田国男記念伊那民俗学研究所 41 2000.6

口絵 なつかしい箱膳―民俗資料(石川正臣)「伊那」 伊那史学会 48(7)通号866 2000.7

俳諧の中の囲碁(中田敬三)「伊那」 伊那史学会 48(9)通号868 2000.9

消えてゆくことばの文化(5) 「オキャク」(井上伸児)「伊那」 伊那史学会 48(11)通号870 2000.11

《民俗特集》「伊那」 伊那史学会 49(1)通号872 2001.1

オテンコモリ―消えゆくことばの文化(6)(井上伸児)「伊那」 伊那史学会 49(1)通号872 2001.1

《民俗芸能特集》「伊那路」 上伊那郷土研究会 45(1)通号528 2001.1

石仏の楽しみ方(坂口和子)「伊那路」 上伊那郷土研究会 45(1)通号528 2001.1

太鼓あれこれ(小林千元)「伊那路」 上伊那郷土研究会 45(1)通号528 2001.1

ゴヘイモチの系譜と性信仰(1),(2)(中田敬三)「伊那」 伊那史学会 50(2)通号873/51(3)通号874 2001.2/2001.3

「方言」の灯 いつまでも(井上伸児)「伊那民俗 ： 伊那民俗学研究所報」 柳田国男記念伊那民俗学研究所 44 2001.3

口絵 馬方帳(大原千和喜)「伊那」 伊那史学会 49(4)通号875 2001.4

薪割名人と十月の賽銭泥棒(平岩道男)「伊那路」 上伊那郷土研究会 45(4)通号531 2001.4

炭焼きの思い出(小林敏男)「伊那路」 上伊那郷土研究会 45(5)通号532 2001.5

《民俗特集》「伊那」 伊那史学会 50(1)通号884 2002.1

口絵 山仕事の女性の服装(橋都正)「伊那」 伊那史学会 50(1)通号884 2002.1

養蚕の民俗―蚕玉様は馬に乗ったり舟に乗ったり(木下睦美)「伊那」 伊那史学会 50(1)通号884 2002.1

江戸時代の養子縁組と持参金(原隆夫)「伊那」 伊那史学会 50(1)通号884 2002.1

正月の信仰(原童)「伊那」 伊那史学会 50(1)通号884 2002.1

娘時代の民俗・断片（依田時子）「伊那」 伊那史学会 50（1）通号884 2002.1

《民俗芸能特集》「伊那」 上伊那郷土研究会 46（1）通号540 2002.1

狐に化かされた話（小林敏男）「伊那路」 上伊那郷土研究会 46（1）通号540 2002.1

古典文学的な神社名考（原隆夫）「伊那」 伊那史学会 50（3）通号886 2002.3

明治時代の裁縫の唱歌―子守教育への情熱から生まれた唱歌（堀田澄子）「伊那路」 上伊那郷土研究会 46（5）通号542 2002.3

遺稿 講演「人形芝居のふるさと」《日下部新一先生追悼特集》（日下部新一）「伊那」 伊那史学会 50（4）通号887 2002.4

人形芝居の救世主《日下部新一先生追悼特集》（三隅治雄）「伊那」 伊那史学会 50（4）通号887 2002.4

『白牛酪能書之写』考（矢沢喬治）「伊那路」 上伊那郷土研究会 46（7）通号546 2002.7

狐狸は愛嬌もの（平岩道男）「伊那路」 上伊那郷土研究会 46（8）通号547 2002.8

消えていくことばの文化（7）―「ヤレ…」に関する一考察（井上伸児）「伊那」 伊那史学会 50（9）通号892 2002.9

百姓の昔の思い出（小林敏男）「伊那路」 上伊那郷土研究会 46（10）通号549 2002.10

子育ての今昔（大槻武治）「伊那路」 上伊那郷土研究会 46（10）通号549 2002.10

《民俗特集》「伊那」 伊那史学会 51（1）通号896 2003.1

大数珠を手送りして祈った念仏行事（浅井舎人）「伊那」 伊那史学会 51（1）通号896 2003.1

養蚕の民俗―伝承用語（方言）は風前の灯（木下睦美）「伊那」 伊那史学会 51（1）通号896 2003.1

さまざまな庚申塔（原重）「伊那」 伊那史学会 51（1）通号896 2003.1

火の玉と狐火（宮澤千草）「伊那」 伊那史学会 51（1）通号896 2003.1

伝統行事は文化財（渡辺重義）「伊那」 伊那史学会 51（1）通号896 2003.1

資料紹介 三漢相撲由来記（伊藤昭雄）「伊那」 伊那史学会 51（1）通号896 2003.1

正月（小林勝幸）「伊那路」 上伊那郷土研究会 47（2）通号553 2003.2

旬の食材・行事食（田中久子）「伊那路」 上伊那郷土研究会 47（3）通号554 2003.3

講演記録 墓から見た縄文・弥生（石川日出志）「伊那」 伊那史学会 51（6）通号901 2003.6

子守歌（堀田澄子）「伊那路」 上伊那郷土研究会 47（6）通号557 2003.6

文化短信 ひな人形ワールド（赤羽義洋）「伊那路」 上伊那郷土研究会 47（7）通号558 2003.7

古文書の窓（56）「先觸」の一札（唐木日出男）「伊那路」 上伊那郷土研究会 47（7）通号558 2003.7

祭りと潮水と塩―『日本の祭』注釈研究からの一視点（久保田宏）「伊那民俗 ： 伊那民俗学研究所報」 柳田国男記念伊那民俗学研究所 54 2003.9

無形民俗文化の伝承（問題提起）（橋都正）「伊那」 伊那史学会 51（11）通号906 2003.11

おふじ様（永井辰雄）「伊那」 伊那史学会 51（12）通号907 2003.12

消えてゆくことばの文化（9）―「みやまゝい」（井上伸児）「伊那」 伊那史学会 51（12）通号907 2003.12

《民俗特集》「伊那」 伊那史学会 52（1）通号908 2004.1

昔の婚姻風景（宮澤千草）「伊那」 伊那史学会 52（1）通号908 2004.1

凧上げ（田中幸美）「伊那」 伊那史学会 52（1）通号908 2004.1

初明り（酒井昌好）「伊那路」 上伊那郷土研究会 48（1）通号564 2004.1

伊那節「地域文化」 八十二文化財団 67 2004.1

文化短信 伊那御柱の年（三浦孝美）「伊那路」 上伊那郷土研究会 48（4）通号567 2004.4

消えてゆくことばの文化（10）（井上伸児）「伊那」 伊那史学会 52（5）通号912 2004.5

民俗調査への取組みと期待（高橋寛治）「伊那民俗 ： 伊那民俗学研究所報」 柳田国男記念伊那民俗学研究所 57 2004.6

我が郷土と白山神社の考察（三澤勝人）「伊那路」 上伊那郷土研究会 48（7）通号570 2004.7

方言収集こぼれ話（1）―ナンダデ・エレエコト（湯澤敏）「伊那路」 上伊那郷土研究会 48（7）通号570 2004.7

方言収集こぼれ話（2）―アンベーハドウネ・アンジャアネエゼ（湯澤敏）「伊那路」 上伊那郷土研究会 48（8）通号571 2004.8

方言収集こぼれ話（3）―イイジャンカネ（湯澤敏）「伊那路」 上伊那郷土研究会 48（11）通号574 2004.11

針葉樹の民俗―山地母源論資料（野本寛一）「伊那民俗研究」 柳田國男記念伊那民俗学研究所 （13）2004.12

《民俗特集》「伊那」 伊那史学会 53（1）通号920 2005.1

天神様（講）の歌はどこからやって来たか（木下睦美）「伊那」 伊那史学会 53（1）通号920 2005.1

不思議な火の玉の話（田中幸美）「伊那」 伊那史学会 53（1）通号920 2005.1

消えていくことばの文化（11）―「…マイ（カ）」（井上伸児）「伊那」 伊那史学会 53（3）通号922 2005.3

右繞三匝（右回り三回）（柿木憲二）「伊那路」 上伊那郷土研究会 49（4）通号579 2005.4

わらべ歌の発祥にかかわる話（竹渕修二）「伊那路」 上伊那郷土研究会 49（9）通号584 2005.9

長野県伊那地方の四十九院塔（池入弘元）「日本の石仏」 日本石仏協会，青娥書房（発売）（115）2005.9

口絵 キンマ（木馬）（橋都正）「伊那」 伊那史学会 53（10）通号929 2005.10

梵鐘の風韻（林湜和）「伊那」 伊那史学会 53（10）通号929 2005.10

消えていくことばの文化（12）―「まぶしい」の方言（井上伸児）「伊那」 伊那史学会 53（10）通号929 2005.10

堅穴式住居の修復作業から―かやぶき屋根と二つの職人気質（渡辺弘行）「伊那路」 上伊那郷土研究会 49（10）通号585 2005.10

「伊那節」の音階を分析してみて―あいまいもことした音 陽音階の商音（竹渕修二）「伊那路」 上伊那郷土研究会 49（10）通号585 2005.10

古文書の窓（70）神社再建勧化帳前書（伊藤一夫）「伊那路」 上伊那郷土研究会 49（11）通号586 2005.11

義士踊り（大倉隆夫）「伊那」 伊那史学会 53（12）通号931 2005.12

幼き日の味、あれこれ《民俗特集》（依田時子）「伊那」 伊那史学会 54（1）通号932 2006.1

社宮司問答（飯田辰夫）「伊那」 伊那史学会 54（2）通号933 2006.2

消えていくことばの文化（13）「正座する」の方言（井上伸児）「伊那」 伊那史学会 54（3）通号934 2006.3

古文書の窓（72）鳥居建立の帳冊（矢島太郎）「伊那路」 上伊那郷土研究会 50（4）通号591 2006.4

童歌「お米ついて」に関して（赤羽篤）「伊那」 伊那史学会 54（7）通号938 2006.7

山村での「養女」の体験《民俗特集号》（西村良子）「伊那路」 上伊那郷土研究会 50（10）通号597 2006.10

「法華道」復興顕彰の道しるべの碑―地元出身者・北原厚さんが建立《広域特集》（小林勝幸）「伊那路」 上伊那郷土研究会 50（12）通号599 2006.12

信州駒ヶ根・伊那の旅（松元美紀子）「安城民俗」 安城民俗談話会 （27）2006.12

口絵 松を立てない門松《民俗特集》（橋都正）「伊那」 伊那史学会 55（1）通号944 2007.1

「伏屋」と「布施屋」《民俗特集》（三浦宏）「伊那」 伊那史学会 55（1）通号944 2007.1

こまあそび《民俗特集》（熊谷元一）「伊那」 伊那史学会 55（1）通号944 2007.1

「野菜」と季節の巡り《民俗特集》（大原千和喜）「伊那」 伊那史学会 55（1）通号944 2007.1

落とし紙《民俗特集》（神村透）「伊那」 伊那史学会 55（1）通号944 2007.1

虫が知らせる《民俗特集》（田中幸美）「伊那」 伊那史学会 55（1）通号944 2007.1

小家畜 昭和の記憶《民俗特集》（湯沢道子）「伊那」 伊那史学会 55（1）通号944 2007.1

"もったいない"が身に沁み付いて《民俗特集》（依田時子）「伊那」 伊那史学会 55（1）通号944 2007.1

古文書の窓（76）「万用日記帳」に見る正月の日々（下平すみ子）「伊那路」 上伊那郷土研究会 51（1）通号600 2007.1

『伊那路』に見る石仏研究の足跡《50年・600号記念特集（2）》（田中清文）「伊那路」 上伊那郷土研究会 51（3）通号602 2007.3

消えていく衣の習俗―乳幼児期の着物を中心に（片桐みどり）「伊那民俗 ： 伊那民俗学研究所報」 柳田国男記念伊那民俗学研究所 （69）2007.6

童歌「お米ついて」後日談（承前）（赤羽篤）「伊那」 伊那史学会 55（7）通号950 2007.7

昔の百姓の仕事とくらしの思い出（小林敏男）「伊那路」 上伊那郷土研究会 51（7）通号606 2007.7

口絵 熊谷草と敦盛草《自然特集号》（北城節雄）「伊那」 伊那史学会 55（10）通号953 2007.10

民俗覚書二題《民俗特集号》（伊藤修）「伊那路」 上伊那郷土研究会 51（10）通号609 2007.10

童歌「お米ついて」に関して（3）（赤羽篤）「伊那」 伊那史学会 56（1）通号956 2008.1

どんど焼き（加藤真那生）「伊那」 伊那史学会 56（1）通号956 2008.1

もう一つの郷土民謡「龍峡音頭」―その成立とその後を考える（大原千和喜）「伊那」 伊那史学会　56（3）通号958　2008.3

ハナノキのフォークロア（伊藤正英）「伊那民俗 ： 伊那民俗学研究所報」 柳田国男記念伊那民俗学研究所　（72）2008.3

伊那地方における三峰神社分霊社と三峰信仰の在地展開―長野県下伊那郡豊丘村堀越三峰神社の事例から（西村敏也）「長野県民俗の会会報」 長野県民俗の会　通号30　2008.4

鳥居のバランス（〈掘り起こす〉）（松島信幸）「伊那」 伊那史学会　56（8）通号963　2008.8

消えていくことばの文化（16）「らんごく」（井上伸児）「伊那」 伊那史学会　56（9）通号964　2008.9

いま、祭が滅びる（星野和彦）「伊那民俗 ： 伊那民俗学研究所報」 柳田国男記念伊那民俗学研究所　（74）2008.9

遊びの空間から読み取る（《民俗特集号》）（三石稔）「伊那路」 上伊那郷土研究会　52（10）通号621　2008.10

機械が解明してくれたらわらべ歌のリズム（《民俗特集号》）（竹渕修二）「伊那路」 上伊那郷土研究会　52（10）通号621　2008.10

《民俗特集》「伊那」 伊那史学会　57（1）通号968　2009.01

江戸時代の婚礼記録の一例（今村善興）「伊那」 伊那史学会　57（1）通号968　2009.01

坂ノ神「オノ神」（大原千和喜）「伊那」 伊那史学会　57（1）通号968　2009.01

村祭り（加藤真那生）「伊那」 伊那史学会　57（1）通号968　2009.01

私の見たワラ人形、聞いたワラ人形（桃澤匡行）「伊那」 伊那史学会　57（1）通号968　2009.01

おさんの座禅石と白隠の鉄棒図（桃沢匡行）「伊那」 伊那史学会　57（5）通号972　2009.05

臼・囲炉裏・坂畑―食の民俗調査を終えて（野牧和将）「伊那民俗 ： 伊那民俗学研究所報」 柳田国男記念伊那民俗学研究所　（77）2009.06

師匠の背中（2）より（11）村祭り行き（若林徹男）「伊那路」 上伊那郷土研究会　53（8）通号631　2009.08

峠とは何か―峠の民俗（久保田賀津男）「伊那民俗 ： 伊那民俗学研究所報」 柳田国男記念伊那民俗学研究所　（78）2009.09

「伊那の三女」ところどころ（桃澤匡行）「伊那路」 上伊那郷土研究会　53（9）通号632　2009.09

今に伝わる「道切り」の大草履（民俗特集号）（桃澤匡行）「伊那路」 上伊那郷土研究会　53（10）通号633　2009.10

口絵 明治時代の梯子乗り（原田望）「伊那」 伊那史学会　57（12）通号979　2009.12

消えていくことばの文化（17）食べ物三題（井上伸児）「伊那」 伊那史学会　57（12）通号979　2009.12

古文書の窓 養女に百姓名前を譲るに付一札（下平すみ子）「伊那」 上伊那郷土研究会　53（12）通号635　2009.12

江戸時代子どもの病気と願掛け（民俗特集）（今村善興）「伊那」 伊那史学会　58（1）通号980　2010.01

かんじよりと千枚通し（民俗特集）（赤羽篤）「伊那」 伊那史学会　58（1）通号980　2010.01

養蚕かるた（山本勝）「伊那路」 上伊那郷土研究会　54（1）通号636　2010.01

小字名から探る五輪塔の存在（岡田正彦）「伊那」 伊那史学会　58（2）通号981　2010.02

師匠の背中（2）より（17）小正月（若林徹男）「伊那路」 上伊那郷土研究会　54（2）通号637　2010.02

「伊那」掲載の獅子舞関係論考目録（原田望）「伊那」 伊那史学会　58（9）通号988　2010.09

師匠の背中（2）より（23）おやじの子守歌（若林徹男）「伊那路」 上伊那郷土研究会　54（9）通号644　2010.09

伊那の子安信仰（宮原達明）「伊那路」 上伊那郷土研究会　54（10）通号645　2010.10

蚕玉様信仰についての思い（棚田芳雄）「伊那」 伊那史学会　58（12）通号991　2010.12

むじなの小豆洗い（依田時子）「伊那」 伊那史学会　59（1）通号992　2011.01

味噌薬師と味噌なめ地蔵（中崎隆生）「伊那路」 上伊那郷土研究会　55（1）通号648　2011.01

わらべ歌（1）（永井辰雄）「伊那」 伊那史学会　59（2）通号993　2011.02

緞帳の原画の思い出（熊谷元一先生を偲ぶ）（岡庭一雄）「伊那」 伊那史学会　59（2）通号993　2011.02

昔の大明神（今村隆則）「伊那」 伊那史学会　59（3）通号994　2011.03

新型インフルエンザの伝承と民俗（櫻井弘人）「伊那民俗 ： 伊那民俗学研究所報」 柳田国男記念伊那民俗学研究所　（84）2011.03

報告 峠の民俗（久保田賀津男）「伊那民俗研究」 柳田國男記念伊那民俗学研究所　（18）2011.03

古文書の窓（99）神社本殿再建対談書（伊藤一夫）「伊那路」 上伊那郷土研究会　55（4）通号651　2011.04

近世における婚養子縁組についての一考察（塩澤元広）「伊那」 伊那史学会　59（5）通号996　2011.05

消えていくことばの文化（18）「父祖たちの知恵」（井上伸児）「伊那」 伊那史学会　59（5）通号996　2011.05

農家の一年 寛政12年「歳内日記覚」を読む（2）～（5）（三浦孝美）「伊那路」 上伊那郷土研究会　55（5）通号652/56（4）通号663　2011.05/2012.04

幕末の狂騒「やっちょろ踊り」（宮原達明）「伊那路」 上伊那郷土研究会　55（9）通号656　2011.09

死と葬送の現在と未来―「未完成の霊魂」と大量死（講演 2011年度柳田國男記念伊那民俗学研究所総会記念講演）（岩田重則）「伊那民俗研究」 柳田國男記念伊那民俗学研究所　（19）2011.10

馬屋と猿（田口計介）「伊那路」 上伊那郷土研究会　55（10）通号657　2011.10

小正月の風習「諸神講」（中山源一）「伊那路」 上伊那郷土研究会　55（10）通号657　2011.10

口絵 木マモリ・コモリ柿（橋都正）「伊那」 伊那史学会　60（1）通号1004　2012.01

小正月飾り（高野邑）「伊那」 伊那史学会　60（1）通号1004　2012.01

揺り初めと七草きざみ（依田時子）「伊那」 伊那史学会　60（1）通号1004　2012.01

内職の技術/高級結納品セットの製造（伊那民俗 ： 伊那民俗学研究所報」 柳田国男記念伊那民俗学研究所　（88）2012.03

雛の節句いろいろ（片桐みどり）「伊那民俗 ： 伊那民俗学研究所報」 柳田国男記念伊那民俗学研究所　（88）2012.03

忘れ去られた民具（1）「サネクリ」―綿繰器（松上清志）「伊那民俗 ： 伊那民俗学研究所報」 柳田国男記念伊那民俗学研究所　（88）2012.03

伊那の犬房丸とそれを伝えた人々（1）～（4）（唐木聡）「伊那路」 上伊那郷土研究会　56（3）通号662/56（10）通号669　2012.03/2012.10

徒めぐりの断層（野本寛一）「伊那民俗 ： 伊那民俗学研究所報」 柳田国男記念伊那民俗学研究所　（89）2012.06

師匠の背中（2）より（45）千社参り（若林徹男）「伊那路」 上伊那郷土研究会　56（7）通号666　2012.07

消えていくことばの文化（20）「オカメス」（メダカ）（井上伸児）「伊那」 伊那史学会　60（9）通号1012　2012.09

師匠の背中（2）より（48）祭り（若林徹男）「伊那路」 上伊那郷土研究会　56（10）通号669　2012.10

信州駒ヶ根・伊那の旅（再掲載する会報の記事）（松元美紀子）「安城民俗」 安城民俗談話会　（38・39）2012.11

神棚・お札（神村透）「伊那」 伊那史学会　61（1）通号1016　2013.01

馬と猿との怪しげな関係（田口計介）「伊那路」 上伊那郷土研究会　57（2）通号673　2013.02

古文書の窓（110）富士塚再興賀詞（松澤英太郎）「伊那路」 上伊那郷土研究会　57（3）通号674　2013.03

ユイの相手は誰なのか（小野博史）「伊那民俗 ： 伊那民俗学研究所報」 柳田国男記念伊那民俗学研究所　（92）2013.03

死後の風習（魂呼び・廻り場）（宮原達明）「伊那路」 上伊那郷土研究会　57（5）通号676　2013.05

忘れ去られた民具（2）「朝鮮背板」―高足付きショイコー（松上清志）「伊那民俗 ： 伊那民俗学研究所報」 柳田国男記念伊那民俗学研究所　（93）2013.06

表紙 出壁（だし）/裸祭りの連合大三国（岡庭圭佑）「伊那民俗 ： 伊那民俗学研究所報」 柳田国男記念伊那民俗学研究所　（94）2013.09

わらべ歌などは音階の基準に合わせて記譜したいもの―日本伝統音楽の記譜法の乱れについて（民俗特集号）（竹渕修二）「伊那路」 上伊那郷土研究会　57（10）通号681　2013.10

年中無休で回るお灯籠様（常夜灯）（民俗特集号）（宮原達明）「伊那路」 上伊那郷土研究会　57（10）通号681　2013.10

戦後の結婚式（お客）の思い出（民俗特集号）（北原昌弘）「伊那路」 上伊那郷土研究会　57（10）通号681　2013.10

古文書の窓（114）鍼治秘伝に関する「神文之事」（池上正直）「伊那路」 上伊那郷土研究会　57（12）通号683　2013.12

口絵 市村咸人先生が撮影した中馬の写真と村民たちの記念写真（民俗特集）（櫻井弘人）「伊那」 伊那史学会　62（1）通号1028　2014.01

河原乞食の正体（民俗特集）（久保田安正）「伊那」 伊那史学会　62（1）通号1028　2014.01

"トヨさ"と剥製（民俗特集）（原田望）「伊那」 伊那史学会　62（1）通号1028　2014.01

古文書の窓（115）家付き娘の出した養子証書（伊藤一夫）「伊那路」 上伊那郷土研究会　58（2）通号685　2014.02

伊那地域の石造物の石工たち（伊那の石工と石造物特集号）（竹入弘元）「伊那路」 上伊那郷土研究会　58（4）通号687　2014.4

石仏写真展での感想（伊那の石工と石造物特集号）「伊那路」 上伊那郷土研究会　58（4）通号687　2014.04

消えた仏像（第3回「文化財の保護保全を考える会」（報告））「伊那」 伊

北陸甲信越　　　　　　　　　郷土に伝わる民俗と信仰　　　　　　　　　　長野県

那史学会　62(7)通号1034　2014.07
報告 びはくまつりワークショップ「七夕飾りをつくろう」(中山京子)「伊那民俗 ： 伊那民俗学研究所報」 柳田国男記念伊那民俗学研究所 (98) 2014.09
「体のいい村八分」で由緒ある隣組名が消えた(民俗特集号)(北原昌弘)「伊那路」 上伊那郷土研究会　58(10)通号693　2014.10
表紙 勢いよく燃え上がるドンド焼き/ドンド焼きの準備(北原いずみ)「伊那民俗 ： 伊那民俗学研究所報」 柳田国男記念伊那民俗学研究所 (99) 2014.12

伊那郡
口絵 伊那郡中村々が寄進した秋葉山の唐銅灯籠(山内尚巳)「伊那」 伊那史学会　48(11)通号870　2000.11

伊那小沢
天龍村伊那小沢の神楽(橋都正)「伊那」 伊那史学会　47(1)通号848　1999.1

伊那市
伊那市を撮す(55)春日神社秋の例祭—伊那市西町(下村幸雄)「伊那路」 上伊那郷土研究会　41(5)通号484　1997.5
伊那市における神社誌の増補改訂刊行(伊藤一夫)「文化信濃」 長野県文化財保護協会　28(2)通号104　2001.9
歴史的に見た柄鏡の図柄とそのいわれ—伊那市内神社所蔵品の数面をめぐって(飯塚政美)「伊那路」 上伊那郷土研究会　48(3)通号566　2004.3

伊那路
古代史ロマン 「因幡の白うさぎ」が今でも伊那路に？(安田新)「伊那路」 上伊那郷土研究会　48(12)通号575　2004.12

伊那谷
伊那谷の人形芝居目録作成拾遺(伊藤善夫)「伊那民俗 ： 伊那民俗学研究所報」 柳田国男記念伊那民俗学研究所　27　1997.1
伊那谷のわらべうた(4)～(16)(矢沢昇)「郷土史巡礼」 阿智史学会　300/313　1997.4/1999.2
伊那谷の味覚 ローメン誕生の話(編集部)「伊那路」 上伊那郷土研究会　43(4)通号507　1999.4
古代伊那谷の観音信仰 揺籃期のもう一つの民俗史(片桐譲)「伊那民俗研究」 柳田國男記念伊那民俗学研究所　(10)　2001.3
入会林野の近代とその民俗—伊那谷地方のフィールドとして(岸本誠司)「民俗文化」 近畿大学民俗学研究所　(13)　2001.3
伊那谷の山草(中城積)「碧」 碧の会　2　2001.10
伊那谷における養蜂(岩崎靖)「自然と文化」 日本ナショナルトラスト　通号67　2001.11
獅子舞談義・伊那谷の獅子舞の三つの系統(伊藤昭雄)「伊那」 伊那史学会　50(1)通号884　2002.1
労作「天竜川交通史」と伊那谷人形芝居講演から(《日下部新一先生追悼特集》)(今村真直)「伊那」 伊那史学会　50(4)通号887　2002.4
伊那谷の万歳型(石川博司)「野仏 ： 多摩石仏の会機関誌」 多摩石仏の会　33　2002.7
伊那谷—民俗学研究の課題(野本寛一)「伊那民俗 ： 伊那民俗学研究所報」 柳田国男記念伊那民俗学研究所　50　2002.9
民話の心—伊那谷の伝説・民話について(山本勝)「伊那路」 上伊那郷土研究会　46(10)通号549　2002.10
近世伊那谷の仏像制作事情—仏師井出氏の在銘像にみる(織田顕行)「飯田市美術博物館研究紀要」 飯田市美術博物館　(15)　2005.3
過去を見つめ未来へつなぐ 伊那谷の民俗世界(25) 「もらい風呂」(『信州日報』2005年11月30日)(刊行物から)(松上清志)「柳田学舎」 鎌倉柳田学舎　(77)　2006.2
過去を見つめ未来へつなぐ 伊那谷の民俗世界(26) 残したい「立石柿」(『信州日報』2005年12月14日)(刊行物から)(宮下英美)「柳田学舎」 鎌倉柳田学舎　(77)　2006.2
過去を見つめ未来へつなぐ 伊那谷の民俗世界(27) 民俗という名の宝(『信州日報』2005年12月28日)(刊行物から)(今井啓)「柳田学舎」 鎌倉柳田学舎　(77)　2006.2
過去を見つめ未来へつなぐ 伊那谷の民俗世界(28) オソブツとショウブハダギ(『信州日報』2006年1月12日)(刊行物から)(片桐みどり)「柳田学舎」 鎌倉柳田学舎　(77)　2006.2
過去を見つめ未来へつなぐ 伊那谷の民俗世界(29) 共同祈願としての雨乞い(『信州日報』2006年1月25日)(刊行物から)(折山邦彦)「柳田学舎」 鎌倉柳田学舎　(77)　2006.2
伊那谷の地名考(17) 柳田國男の地名研究の紹介—『定本柳田国男集第二十巻』を中心に(塩澤正人)「伊那民俗 ： 伊那民俗学研究所報」 柳田国男記念伊那民俗学研究所　(64)　2006.3
中世の日中交流と伊那谷の禅僧—異国文化の紹介者たち(〈研究報告要旨〉)(織田顕行)「飯田市歴史研究所年報」 飯田市教育委員会　(4)　2006.8

伊那谷における臨済宗妙心寺派僧の頂相について(織田顕行)「飯田市美術博物館研究紀要」 飯田市美術博物館　(17)　2007.3
口絵 伊那谷の竹の文化と民俗(《伊研協2007シンポジウム報告》)(橋都正)「伊那」 伊那史学会　56(7)通号962　2008.7
伊那谷の鳥(1) 民俗の窓を通して(吉田保晴)「伊那路」 上伊那郷土研究会　53(2)通号625　2009.02
伊那谷のツバメ類—民俗の窓を通して(2)(自然と人間との関わり特集)(吉田保晴)「伊那路」 上伊那郷土研究会　53(6)通号629　2009.06
伊那谷のワシ・タカの仲間—民俗の窓を通して(3)(吉田保晴)「伊那路」 上伊那郷土研究会　53(9)通号632　2009.09
伊那谷のキジ・オナガ・ムクドリ・ヒヨドリ—民俗の窓を通して(4)(吉田保晴)「伊那路」 上伊那郷土研究会　53(10)通号633　2009.10
伊那谷のコジュケイ—民俗の窓を通して(5)(吉田保晴)「伊那路」 上伊那郷土研究会　53(11)通号634　2009.11
伊那谷のモズの仲間とヒバリ—民俗の窓を通して(6)(吉田保晴)「伊那路」 上伊那郷土研究会　54(1)通号636　2010.01
伊那谷の御柱祭とその起源(今井啓)「伊那民俗 ： 伊那民俗学研究所報」 柳田国男記念伊那民俗学研究所　(80)　2010.03
伊那谷のヤマセミ—民俗の窓を通して(7)(吉田保晴)「伊那路」 上伊那郷土研究会　54(3)通号638　2010.03
石造五輪塔に関する地名(伊那谷研究団体協議会第8回シンポジウム 地名からみる伊那谷の自然と歴史—研究発表)(岡田正彦)「伊那」 伊那史学会　58(6)通号985　2010.06
伊那谷から生まれたこけし達 頬笑みのこけし清しき花衣(倉澤敏恵)「伊那」 伊那史学会　58(10)通号709　2010.10
伊那谷のカワラヒワ—民俗の窓を通して(8)(吉田保晴)「伊那路」 上伊那郷土研究会　54(11)通号646　2010.11
伊那谷の冬鳥—民俗の窓を通して(9)(吉田保晴)「伊那路」 上伊那郷土研究会　55(1)通号648　2011.01
伊那谷のカワガラス—民俗の窓を通して(10)(吉田保晴)「伊那路」 上伊那郷土研究会　55(2)通号649　2011.02
三河民権家国事犯事件と発覚地の飯田地方(3の3) 明治期の伊那谷における不二道から実行教への移行(北原明文)「伊那」 伊那史学会　59(3)通号994　2011.3
伊那谷のクマタカ・オオタカ—民俗の窓を通して(11)(吉田保晴)「伊那路」 上伊那郷土研究会　55(5)通号652　2011.05
伊那谷のカッコウ—民俗の窓を通して(12)(自然と人間との関わり特集)(吉田保晴)「伊那路」 上伊那郷土研究会　55(6)通号653　2011.06
伊那谷のシダ類—民俗の窓を通して(13)(吉田保晴)「伊那路」 上伊那郷土研究会　55(10)通号657　2011.10
伊那谷の雁—民俗の窓を通して(13)(吉田保晴)「伊那路」 上伊那郷土研究会　56(1)通号660　2012.01
伊那谷のホオジロ類—民俗の窓を通して(15)(吉田保晴)「伊那路」 上伊那郷土研究会　56(2)通号661　2012.02
伊那谷にのこる釈迦三尊十六善神図—瑠璃寺本・元善光寺本・玉川寺本の紹介(織田顕行)「飯田市美術博物館研究紀要」 飯田市美術博物館　(22)　2012.03
伊那谷のノスリ—民俗の窓を通して(16)(吉田保晴)「伊那路」 上伊那郷土研究会　56(4)通号663　2012.04
伊那谷のカラス—民俗の窓を通して(17)(自然と人間との関わり特集)(吉田保晴)「伊那路」 上伊那郷土研究会　56(6)通号665　2012.06
伊那谷の四季〔秋〕 豊作を願い大風を除ける「風祭」(北原いずみ)「伊那民俗 ： 伊那民俗学研究所報」 柳田国男記念伊那民俗学研究所　(90)　2012.09
伊那谷の馬鳴菩薩信仰とオシラサマ—蚕玉様信仰の一側面(岡田正彦)「伊那」 伊那史学会　60(12)通号1015　2012.12
伊那谷のサギの仲間—民俗の窓を通して(18)(吉田保晴)「伊那路」 上伊那郷土研究会　57(6)通号677　2013.06
伊那谷のハチクマ・ツミ・ハイタカ—民俗の窓を通して(19)(吉田保晴)「伊那路」 上伊那郷土研究会　57(9)通号680　2013.09
伊那谷の四季〔冬〕ドンド焼きと小屋掛け(北原いずみ)「伊那民俗 ： 伊那民俗学研究所報」 柳田国男記念伊那民俗学研究所　(95)　2013.12
書評 『天狗の走り路—伊那谷民俗の旅—』塩澤一郎著 川辺書林(今井啓)「伊那民俗 ： 伊那民俗学研究所報」 柳田国男記念伊那民俗学研究所　(96)　2014.04
『伊那路』に掲載された伊那谷石工関連の論考(伊那の石工と石造物特集号)「伊那路」 上伊那郷土研究会　58(4)通号687　2014.4
伊那谷のオオヨシキリ—民俗の窓を通して(20)(吉田保晴)「伊那路」 上伊那郷土研究会　58(7)通号690　2014.07
伊那谷のイヌワシ—民俗の窓を通して(21)(自然と人間との関わり特集)(吉田保晴)「伊那路」 上伊那郷土研究会　58(9)通号692　2014.09

伊那部宿
文化短信伊那部宿に破風屋現わる(堀田澄子)「伊那路」 上伊那郷土研究

会　49（5）通号580　2005.5

伊那部宿・三澤家の売薬業と関連資料について（越川次郎）「名古屋民俗」　名古屋民俗研究会　（55）2007.1

稲荷山

稲荷山地域の路傍に見える石像文化財（宮澤芳己）「ちょうま」　更埴郷土を知る会　（24）2004.1

千曲市稲荷山地方における一般農家の養蚕（《特集 千曲川水系における養蚕・製糸の歩み》）（宮澤芳己）「千曲」　東信史学会　（131）2006.10

写真構成 蘇った稲荷山祇園祭の四神（青木信知）「ちょうま」　更埴郷土を知る会　（31）2010.11

表紙・口絵 伝統的建造物群保存地区になった稲荷山「長野」　長野郷土史研究会　（297）2014.10

稲荷山宿

稲荷山宿「蔵し館」とその講座から―コトヨウカの道祖神まつりを中心に（西沢一富）「長野県民俗の会通信」　長野県民俗の会　163　2001.5

稲荷山町

塩引きと一緒に電灯やって来た―してやられた稲荷山町民（野口一郎）「長野」　長野郷土史研究会　228　2003.3

犬飼山御岳神社

松本市島内の御嶽信仰系神社―犬飼山御嶽神社と八滝神社（小原稔）「長野県民俗の会会報」　長野県民俗の会　（32）2011.04

稲核

安曇村稲核の七夕（吉江真美）「長野県民俗の会通信」　長野県民俗の会　177　2003.9

安曇地区・稲核の七夕（誌上博物館）「あなたと博物館 ： 松本市立博物館ニュース」　松本市立博物館　（157）2008.7

井上

井上地区の庚申信仰の推移（井上光由）「須高」　須高郷土史研究会　（52）2001.4

井上家住宅

伊那谷の民家（12）井上家住宅（吉澤政己）「伊那路」　上伊那郷土研究会　47（10）通号561　2003.10

今井

今井の伊勢宮（風間辰雄）「高井」　高井地方史研究会　（170）2010.02

ふるさと歴史散歩（30）『今井の明神さん』（神田尚志）「高井」　高井地方史研究会　（183）2013.05

今田

今田人形操始之事覚書（伊藤善夫）「飯田市美術博物館研究紀要」　飯田市美術博物館　8　1998.10

人形浄瑠璃のかしらについて―長野県飯田市 今田人形を例に（林美奈子）「民具研究」　日本民具学会　（124）2001.7

芸能の旅（39）発祥300年を迎える今田人形（桜井弘人）「伊那民俗 ： 伊那民俗学研究所報」　柳田国男記念伊那民俗学研究所　54　2003.9

ふるさとの文化財を守り伝える心人形浄瑠璃を受け継ぐ中学生竜峡中学校今田人形座「地域文化」　八十二文化財団　（72）2005.1

今田人形の伝承と竜峡中学校における実践（研究ノート）（小森明里）「信濃［第3次］」　信濃史学会　66（3）通号770　2014.03

今村

徳本上人像？ 長野県辰野町今村（あ・ら・か・る・と―私の石仏案内）（三代川千恵子）「日本の石仏」　日本石仏協会, 青娥書房（発売）（147）2013.09

今村村

松本における木曽御嶽信仰とお札降りの一側面―今村村音松の行動を通して（丸山康文）「松本市史研究 ： 松本市文書館紀要」　松本市（16）2006.3

芋井

芋井の狢京の話（星野静一郎）「長野」　長野郷土史研究会　221　2002.1

芋井の石尊不動信仰（細井雄次郎）「長野県民俗の会通信」　長野県民俗の会　170　2002.7

入野

マー坊の元旦―下條村入野（宮島正司）「伊那」　伊那史学会　46（1）通号836　1998.1

入山辺

女性の日記からみた暮らしの変容―松本市入山辺を一事例として（小松芳郎）「長野県民俗の会会報」　長野県民俗の会　21　1998.9

松本市入山辺の清龍様（木下守）「長野県民俗の会通信」　長野県民俗の会　（210）2009.03

岩門大日堂

岩門大日堂考（香山裕）「上田盆地」　上田民俗研究会　（37）2002.11

岩下

春日岩下の踊念仏（小林勇）「佐久」　佐久史学会　（57）2008.03

岩殿山

修験道岩殿山・三社権現峰（刈間豊）「筑北郷土史研究会会誌」　筑北郷土史研究会　（11）2012.09

岩野

仏恩講と地蔵堂―明治の廃堂令に対する岩野地区の対応（細井雄次郎）「信濃［第3次］」　信濃史学会　52（1）通号600　2000.1

コラム 岩野の「川流溺死万霊供養塔」（岸田信）「千曲」　東信史学会　107　2000.10

岩間

随想 岩間ソバ（桃沢匡行）「伊那路」　上伊那郷土研究会　49（4）通号579　2005.4

上田

近世上田領の城下祭礼と芸能（尾崎行也）「地方史研究」　地方史研究協議会　50（4）通号286　2000.8

解分―庶民衣服考（序）（尾崎行也）「上田盆地」　上田民俗研究会　（35）2000.10

上田はぜ（佐々木清司）「上田盆地」　上田民俗研究会　（35）2000.10

大嘗祭を考える（益子輝之）「上田盆地」　上田民俗研究会　（35）2000.10

蘇民将来符の図柄について（山極悦男）「上田盆地」　上田民俗研究会　（35）2000.10

地域の総体を結集して―上田夏祭りの視点と課題（田口光一）「上田盆地」　上田民俗研究会　（35）2000.10

上田紬とともに生きた母雅代（桜井宇多子）「千曲」　東信史学会　111　2001.10

ナスの民俗―盆行事を中心に（倉石忠彦）「上田盆地」　上田民俗研究会　（37）2002.11

上田の祇園の宗教的背景（益子輝之）「上田盆地」　上田民俗研究会　（37）2002.11

上田地方における古代仏教関係資料の考察（倉澤正幸）「信濃［第3次］」　信濃史学会　56（9）通号656　2004.9

西行伝承を広めたサイギョウ（宮本達郎）「上田盆地」　上田民俗研究会　（38）2005.6

臨死体験と鬼の存在にかかる一考察（北沢伴康）「上田盆地」　上田民俗研究会　（38）2005.6

吊るし飾りの呼称について（山極悦男）「上田盆地」　上田民俗研究会　（38）2005.6

オニ考―「和を語る」による（益子輝之）「上田盆地」　上田民俗研究会　（38）2005.6

上田寺史散歩に参加して（伊藤文隆）「茅野」　茅野市郷土研究会　（63）2006.3

日本人の精神文化を貫く社宮司信仰（3）上田・小県地方の調査（臼田明）「千曲」　東信史学会　（133）2007.5

上田の雛人形（宮沢裕紀子）「上田盆地」　上田民俗研究会　（39）2008.3

道饗祭と道祖神祭（桜井松夫）「上田盆地」　上田民俗研究会　（39）2008.3

寛保年間の上田城下寺院を廻る動き（尾崎行也）「上田盆地」　上田民俗研究会　（39）2008.3

我が家の年中行事（小宮山宗november）「上田盆地」　上田民俗研究会　（39）2008.3

「蚕都上田」に想うこと（北沢伴康）「上田盆地」　上田民俗研究会　（39）2008.3

殿様の湯治（山極悦男）「上田盆地」　上田民俗研究会　（39）2008.3

女仕事としての洗濯について―地域の実態を求めて（金井栄子）「上田盆地」　上田民俗研究会　（39）2008.3

サシガネ雑考（木下文雄）「上田盆地」　上田民俗研究会　（39）2008.3

芸能に登場する巫女（益子輝之）「上田盆地」　上田民俗研究会　（40）2010.03

上田地方の神子たち（宮沢裕紀子）「上田盆地」　上田民俗研究会　（40）2010.03

私たちの会のあゆみ 「上田城下の恵比寿・大黒・弁天・毘沙門天めぐり」に参加して（山口昇, 萩原祐, 東澤加代子）「長野」　長野郷土史研究会　（275）2011.02

石取当のこと（山浦哲雄）「通信上田盆地」　上田民俗研究会　（36）2011.03

上田民俗研究会の採訪会「通信上田盆地」　上田民俗研究会　（36）2011.03

幕末上田城下町取究にみる冠婚葬祭（尾崎行也）「上田盆地」　上田民俗研究会　（41）2012.03

明治期の不幸法事諸控帳をよむ(佐々木清司)「上田盆地」 上田民俗研究会 (41) 2012.03

葬礼の食(益子輝之)「上田盆地」 上田民俗研究会 (41) 2012.03

位牌分けについて(酒井伭)「上田盆地」 上田民俗研究会 (41) 2012.03

民俗談話会「お葬式を語る」のまとめ(丸田ハツ子, 宮澤かほる)「上田盆地」 上田民俗研究会 (41) 2012.03

糸とり・機織りのこと「通信上田盆地」 上田民俗研究会 (37) 2013.02

結婚式と宗教(益子輝之)「上田盆地」 上田民俗研究会 (42) 2014.03

婚姻の民俗(酒井伭)「上田盆地」 上田民俗研究会 (42) 2014.03

自宅座敷で婚礼(昭和三十年頃までの結婚式)(長岡克衛)「上田盆地」 上田民俗研究会 (42) 2014.03

料理屋の結婚式(宮本達郎)「上田盆地」 上田民俗研究会 (42) 2014.03

結婚式の思い出(宮澤かほる)「上田盆地」 上田民俗研究会 (42) 2014.03

結婚式の披露宴の料理—仕出し店からみた変遷(田原ケイ)「上田盆地」 上田民俗研究会 (42) 2014.03

天気の諺からみた上田の気象(関二三雄)「上田盆地」 上田民俗研究会 (42) 2014.03

上田市

上田市に大姥さまを訪ねる旅(宮尾正徳)「むしくら : むしくら交流会ニュースレター」 虫倉交流会 (31) 1999.12

上田市誌編さん委員会編『上田市誌 民俗編』(新刊紹介)(倉石忠彦)「信濃 [第3次]」 信濃史学会 57(4)通号663 2005.4

上田西宮えびす神社

諸国探訪(21) 上田西宮えびす神社 長野県上田市中央北2—5—5 上田大神宮御内(今井正昭)「西宮えびす」 西宮神社 (41) 2014.06

上田藩

婚礼祝儀帳から見た村の生活—近世後期上田藩の事例(梅原康嗣)「信濃 [第3次]」 信濃史学会 49(2)通号566 1997.2

上田盆地

古塔を巡る八時間—上田盆地の古塔をたずねて(窪田善雄)「信濃 [第3次]」 信濃史学会 61(3)通号710 2009.03

上原

諏訪上社前宮門前と上原における中世町屋の形成と変遷—門前町と市場、城下町の融合に見る中世町屋の空間イメージ(松田拓也)「信濃 [第3次]」 信濃史学会 52(4)通号603 2000.4

宇木

宇木の大幟のこと(山本清治)「高井」 高井地方史研究会 (183) 2013.05

宇佐八幡宮

宇佐八幡宮と宇佐神宮(竹内長生)「とぐら : 戸倉史談会誌」 戸倉史談会 (31) 2006.2

牛牧

牛牧の義士踊り(大倉隆文)「伊那」 伊那史学会 49(7)通号878 2001.7

牛牧義士踊りのお師匠について(大倉隆夫)「伊那」 伊那史学会 52(12)通号919 2004.12

牛牧神社

高森町 萩山神社/牛牧神社(御柱祭特集—各神社の御柱祭)(橋都正)「伊那」 伊那史学会 58(3)通号982 2010.03

牛牧無縁堂

下伊那の弾誓遺跡 高森町・牛牧無縁堂(1)—西教寺文書に見る弾誓勧化の地(酒井幸則)「むしくら : むしくら交流会ニュースレター」 虫倉交流会 (55) 2003.11

碓氷峠

碓氷峠熊野神社蔵古鐘銘「今熊野」の再検討(土屋長久)「信濃 [第3次]」 信濃史学会 57(8)通号667 2005.8

臼田町

長野県臼田町の石仏紹介(岡村知彦)「日本の石仏」 日本石仏協会, 青娥書房(発売) (103) 2002.9

臼田村

研究の窓 芝居装束を江戸で買う—佐久郡臼田村の歌舞伎芝居(市川包雄)「長野県立歴史館たより」 長野県立歴史館 42 2005.3

鷲の口

夏期調査報告 鷲の口の民俗調査(1),(2)(小林寛二)「長野県民俗の会通信」 長野県民俗の会 149/150 1999.1/1999.3

内田

わが町の文化財保護 内田ササラ踊りの今昔(中島利彦)「文化財信濃」 長野県文化財保護協会 26(3)通号97 1999.12

内山

内山地方の盆の送り火(柳沢昭功)「千曲」 東信史学会 98 1998

美ヶ原

美ヶ原の山岳信仰(木下守)「長野県民俗の会通信」 長野県民俗の会 (200) 2007.7

打沢

打沢の「いも祭り」(《特集 千曲川水系における埋もれていた民俗芸能》)(牧忠男)「千曲」 東信史学会 (135) 2007.10

姥捨山

あこがれの姥捨山(特集 曼荼羅の里)(刈間豊)「筑北郷土史研究会会誌」 筑北郷土史研究会 (11) 2012.10

浦里村

生活改善と公民館結婚式 『浦里村報』『川西時報』から(丸田ハツ子)「上田盆地」 上田民俗研究会 (42) 2014.03

売木

売木の方言集—50年前の記録(神村透)「伊那」 伊那史学会 59(1)通号992 2011.1

漆ヶ窪

中川村桑原漆ヶ窪の民俗(伊藤修)「伊那路」 上伊那郷土研究会 56(10)通号669 2012.10

永昌寺

馬籠・永昌寺蔵 聖観音菩薩立像(池田勇次)「むしくら : むしくら交流会ニュースレター」 虫倉交流会 (58) 2004.5

永宝院

木曽山伏と御嶽講—名古屋市博物館所蔵「木曽王瀧村永宝院資料」を中心に(小林奈央子)「山岳修験」 日本山岳修験学会, 岩田書院(発売) (43) 2009.03

榎田遺跡

考古資料をよむ 水辺の祭祀—まつりの道具とまつりの変化 榎田遺跡と屋代遺跡群「長野県立歴史館たより」 長野県立歴史館 36 2003.9

円満坊

仏像を歩く 木造阿弥陀如来坐像(松川町円満坊)(内山節)「地域文化」 八十二文化財団 48 1999.4

延命寺

延命寺のだんごなげ(武田富夫)「高井」 高井地方史研究会 144 2003.8

延命地蔵堂

歴史と民俗 須坂物語 延命地蔵堂新考(6)(岡澤主計)「須高」 須高郷土史研究会 (53) 2001.10

小井川

小井川の一修験講について(2),(3)(宮坂健吾)「オール諏訪 : 郷土の総合文化誌」 諏訪郷土文化研究会 16(8)通号155/16(9)通号156 1997.8/1997.9

お糸淵

諏訪の昔ばなし(76) お糸淵「オール諏訪 : 郷土の総合文化誌」 諏訪郷土文化研究会 29(2)通号296 2009.05

追分

浅間山・追分諏訪神社蔵の大般若経奥書について(金井喜平次)「文化財信濃」 長野県文化財保護協会 37(1)通号139 2010.06

戦前・戦後の日本の作曲界における民族的素材の使用法—柴田南雄「追分節考」を通して(玉城秀晃)「ムーサ : 沖縄県立芸術大学音楽学研究誌」 沖縄県立芸術大学音楽学部音楽学専攻 (12) 2011.03

追分子育地蔵尊

追分子育地蔵尊建立管見(小林太郎)「千曲」 東信史学会 (124) 2005.2

追分宿

信濃国追分宿の勧進帳からみた自性院縁起(《特集 軽井沢町(長野県)》)(原田政信)「群馬歴史散歩」 群馬歴史散歩の会 (192) 2006.1

追分宿と追分節「その発祥と伝播」(高橋勝)「北國街道研究」 北國街道の手をつなぐ会 (11) 2010.12

往生寺

往生寺の狐(増田清)「長野」 長野郷土史研究会 221 2002.1

往生寺と絵解き(《特集 未来に繋がる絵解きの世界(2)》)(小林一郎)

長野県　　　　　　　　　郷土に伝わる民俗と信仰　　　　　　　　　北陸甲信越

「長野」　長野郷土史研究会　（259）　2008.6
口絵　登山鉄道が計画された往生寺「長野」　長野郷土史研究会　（279）　2011.09

小内八幡神社
小内八幡神社と青獅子（中野市安源寺）「文化財信濃」　長野県文化財保護協会　30（4）通号114　2004.3
ふるさと歴史散歩（31）テレビで放映された小内八幡神社（高見澤武）「高井」　高井地方史研究会　（184）　2013.08

大池村
近世から近代にかけての上巳節句贈答の変遷―筑摩郡大池村の場合（小野和英）「長野県民俗の会会報」　長野県民俗の会　（34）　2012.12

大井法華堂
中世後期の在地における修験道の展開と在地の「信仰圏」―信濃国佐久郡大井法華堂の事例から（小山貴子）「仏教史学研究」　仏教史学会　55（1）　2012.11

大岩不動明王
大岩不動明王と荒澤不動明王（1），（2）（木下守）「長野県民俗の会通信」　長野県民俗の会　169/170　2002.5/2002.7

大内道
佐久の地名考（5）佐久とサケマスの信仰/貢馬の道・大内道を行く―天空を越えた望月の駒（臼田明）「佐久」　佐久史学会　（62）　2011.3

大岡
大岡地区周辺の人形送り行事（長野市内の伝統行事）「長野市立博物館博物館だより」　長野市立博物館　（80）　2012.03

大河原
木地師史料　信州伊那郡の大河原・鹿塩木地師と大草郷（杉本寿）「民俗文化」　滋賀民俗学会　407　1997.7

大木
大木の踊り念仏（日向繁子）「女性と経験」　女性民俗学研究会　通号22　1997.10
布施大木の踊り念仏―回向柱を立て（高柳一雄，春原進，鈴木美由貴）「佐久」　佐久史学会　（57）　2008.03

大草
伊那路を写す（58）「銭不動尊」春の例祭―中川村大草（下村幸雄）「伊那路」　上伊那郷土研究会　41（8）通号487　1997.8

大河内
シシと御霊―天龍村大河内を中心に（今井啓）「長野県民俗の会会報」　長野県民俗の会　21　1998.9
大河内のシカオイ行事（山崎一司）「まつり通信」　まつり同好会　40（5）通号471　2000.4
芸能の旅（40）天龍村大河内の「神送り」（橋都正）「伊那民俗 ： 伊那民俗学研究所報」　柳田国男記念伊那民俗学研究所　（64）　2006.3

大沢川
徳本上人の磨崖碑―智里大沢川のほとり（林登美人）「伊那」　伊那史学会　56（1）通号956　2008.1

大鹿
「大鹿歌舞伎」観賞（小林末男）「伊那路」　上伊那郷土研究会　43（5）通号508　1999.5
大鹿歌舞伎の民俗思想史的考察（後藤総一郎）「常民大学通信」　鎌倉柳田学舎　（15）　2002.9
資料紹介　国選択無形民俗文化財　大鹿歌舞伎の里「公益社団法人全日本郷土芸能協会会報」　全日本郷土芸能協会　（60）　2010.07
地芝居探訪（39）東町歌舞伎/垂井曳軕まつり子供歌舞伎/大鹿歌舞伎/お旅祭り子供歌舞伎/小原歌舞伎/鮭川歌舞伎（松浦鳥夫）「公益社団法人全日本郷土芸能協会会報」　全日本郷土芸能協会　（64）　2011.07

大鹿村
大鹿村の湯立神楽について（桜井弘人）「飯田市美術博物館研究紀要」　飯田市美術博物館　7　1997.6
「山国で塩が採れる」―長野県下伊那郡大鹿村の塩泉と食文化（河村和男）「碧」　碧の会　3　2002.2
大鹿村と七不思議（荻原弥生）「ふきはら ： 活字文化の総合誌」　ふきはら文化の会　（3）　2009.10
大鹿村　大磧神社/野々宮神社/市場神社/葦原神社（御柱祭特集―各神社の御柱祭）（北村尚幸）「伊那」　伊那史学会　58（3）通号982　2010.03

大洲七椙神社
口絵　その後の伊那一（1）大洲七椙神社の七杉・石灯籠（宮澤恒之）「伊那」　伊那史学会　54（2）通号933　2006.2

大平
口絵　大平の民家（橋都正）「伊那」　伊那史学会　49（1）通号872　2001.1
口絵　大平の「シュウシュウ芋」（橋都正）「伊那」　伊那史学会　53（1）通号920　2005.1
報告　柳田國男没後50周年特別講演会と大平・清内路フィールドワーク（高橋寛治）「伊那民俗 ： 伊那民俗学研究所報」　柳田国男記念伊那民俗学研究所　（90）　2012.09

大谷不動尊
須坂「大谷不動尊・米子不動尊」一泊参拝懐古（山崎直久）「須高」　須高郷土史研究会　（73）　2011.10

太田荘
金沢称名寺による年貢管理と太田荘支配（福島紀子）「信濃［第3次］」　信濃史学会　50（11）通号586　1998.11

大奈良
南佐久郡臼田町田口大奈良の年中行事（1），（2）（田沢直人）「長野県民俗の会通信」　長野県民俗の会　163/165　2001.5/2001.9

大庭小路
下辰野大庭小路の宝篋印塔と辰野氏（三澤要）「辰野町資料」　辰野町文化財保護審議会　（93）　2004.11

大ノ洞
大ノ洞遭難者供養塔について（小澤和延）「辰野町資料」　辰野町文化財保護審議会　（96）　2006.7

大町
江戸中後期における大町組の酒造（小林茂喜）「信濃［第3次］」　信濃史学会　49（9）通号572　1997.9
静御前伝説（長野大町）「郷土ちがさき」　茅ヶ崎郷土会　（126）　2013.01

大町市
資料紹介大町市・北安曇郡の金工品（篠崎健一郎）「信濃［第3次］」　信濃史学会　57（9）通号668　2005.9

大御食神社
駒ヶ根市大御食神社の獅子練り（臼井ひろみ）「長野県民俗の会通信」　長野県民俗の会　（244）　2014.11

大宮五十鈴神社
大宮五十鈴神社（1），（2）（塩沢明）「伊那路」　上伊那郷土研究会　44（5）通号520/44（7）通号522　2000.5/2000.7

大宮神社
字桜林と大宮神社考（わが町の文化財保護）（矢野恒雄）「文化財信濃」　長野県文化財保護協会　35（1）通号131　2008.6

大宮諏訪神社
大宮諏訪神社の薙鎌神事（増沢五郎）「オール諏訪 ： 郷土の総合文化誌」　諏訪郷土文化研究会　23（8）通号230　2003.11
大宮諏訪神社「狂拍子保存会」（吉田公人）「文化財信濃」　長野県文化財保護協会　30（3）通号113　2003.12
ふるさとの文化財を守り伝える心　人々の支えのなかで　大宮諏訪神社の狂拍子と奴踊り「地域文化」　八十二文化財団　（81）　2007.7
大宮諏訪神社の歴史「飯田市歴研ニュース」　飯田市歴史研究所　（44）　2010.02

大村
交流　石と木の接吻道祖神　松本市大村の木の接吻道祖神（宮島潤子）「むしくら ： むしくら交流会ニュースレター」　虫倉交流会　（38）　2001.2

大山田神社
大山田神社の甲子祭図絵馬（下條村）（原童）「伊那」　伊那史学会　49（1）通号872　2001.1
表紙写真　長野県下伊那郡下條村「大山田神社八郎明神御祭礼之図」絵馬（天保期　部分）「まつり」　まつり同好会　（75）　2013.12

小笠原書院
小笠原書院と玄関の建設年代（久保田安正）「伊那」　伊那史学会　53（11）通号930　2005.11

岡地天満宮
千竹實厳さんと岡地天満宮（森鵞郎）「ちょうま」　更埴郷土を知る会　（32）　2011.12

岡谷
左袵考（篠原昭）「岡谷蚕糸博物館紀要」　岡谷市教育委員会　（7）　2002.10
伝統技術へのこだわり（シルク・サミット2001 in 網野講演会）（秋山眞和）「岡谷蚕糸博物館紀要」　岡谷市教育委員会　（8）　2003.12
特集「岡谷の製糸」の要約　なぜ岡谷に製糸が栄えたか―諏訪式繰糸法を

中心にして（特集 岡谷の製糸）（嶋崎昭典）「岡谷蚕糸博物館紀要」 岡谷市教育委員会 （14） 2010.3

岡谷市

岡谷市の石造物（2） 道祖（横内達夫）「オール諏訪 ： 郷土の総合文化誌」 諏訪郷土文化研究会 16（5）通号152 1997.5

岡谷市の石造物（3） 庚申信仰（横内達夫）「オール諏訪 ： 郷土の総合文化誌」 諏訪郷土文化研究会 16（6）通号153 1997.6

岡谷市の石造物（4） 日待・月待（横内達夫）「オール諏訪 ： 郷土の総合文化誌」 諏訪郷土文化研究会 16（7）通号154 1997.7

岡谷市の石造物（5），（6） 神道・神社関係（横内達夫）「オール諏訪 ： 郷土の総合文化誌」 諏訪郷土文化研究会 16（8）通号155/16（9）通号156 1997.8/1997.9

岡谷市の石造物（7）～（9） 仏教関係（横内達夫）「オール諏訪 ： 郷土の総合文化誌」 諏訪郷土文化研究会 16（10）通号157/16（12）通号159 1997.10/1997.12

賀茂神社創始の一考察［1］，（2）（宮坂健吾）「オール諏訪 ： 郷土の総合文化誌」 諏訪郷土文化研究会 17（6）通号165/17（7）通号166 1998.6/1998.7

旧岡谷市内の御柱曳行担当の経緯（2）（宮坂健吾）「オール諏訪 ： 郷土の総合文化誌」 諏訪郷土文化研究会 19（2）通号185 2000.2

小川路峠

小川路峠粗誌《民俗特集》（野本寛一）「伊那」 伊那史学会 54（1）通号932 2006.1

小川神社

小川神社の御柱祭（西沢智孝）「長野」 長野郷土史研究会 237 2004.9

小川村

小川村の木食仏―山居仏を中心として（鰤沢光恵）「むしくら ： むしくら交流会ニュースレター」 虫倉交流会 （27） 1999.4

小川村の馬頭観音（西沢智孝）「長野」 長野郷土史研究会 221 2002.1

上水内郡西山中地域の道祖神―小川村の事例から（高原正文）「むしくら ： むしくら交流会ニュースレター」 虫倉交流会 （46） 2002.5

荻

別所荻の火災（特集 曼荼羅の里）（鬼熊一恵）「筑北郷土史研究会会誌」 筑北郷土史研究会 （11） 2012.10

小木曽

小木曽石仏散歩（石川博司）「せこ道」 凵地民俗関東フォーラム 6 2005.9

奥高遠

奥高遠の妙見講（矢島太郎）「伊那路」 二伊那郷土研究会 54（10）通号645 2010.10

小口薬師堂

おかや歴史散歩（17） 小口薬師堂「オール諏訪 ： 郷土の総合文化誌」 諏訪郷土文化研究会 29（2）通号296 2009.05

小倉諏訪神社

祭りに彩りを添える舞台 小倉諏訪神社の舞台（安曇野の自然と歴史）（降幡隆亮）「安曇野文化」 安曇野文化刊行委員会 （2） 2012.02

小坂観音院

諏訪の風物誌あれこれ（13） 諏訪八景・小坂観音院「オール諏訪 ： 郷土の総合文化誌」 諏訪郷土文化研究会 21（12）通号210 2002.3

小坂観音院及び下諏訪探訪記（川本斉一）「オール諏訪 ： 郷土の総合文化誌」 諏訪郷土文化研究会 29（2）通号296 2009.05

小坂神社

小坂神社保管の銅製鰐口についての考察（神林信雄）「須高」 須高郷土史研究会 （75） 2012.10

長姫神社

長姫神社の創始―明治13年従3月『長姫神社造営ニ付通達留』（永井辰雄）「伊那」 伊那史学会 47（7）通号854 1999.7

御巣鷹山

放鷹と野沢の御巣鷹山（上野正）「高井」 高井地方史研究会 （149） 2004.11

お洗馬淵

諏訪の昔ばなし（75） お洗馬淵のカッパ「オール諏訪 ： 郷土の総合文化誌」 諏訪郷土文化研究会 29（1）通号295 2009.04

小田井

岡谷市湊小田井の御嶽さま（中崎隆生）「長野県民俗の会通信」 長野県民俗の会 （209） 2009.01

小田井宿

獅子舞の思い出―小田井宿九十九会（小林太郎［他］）「佐久」 佐久史学会 （59） 2010.03

小田切

立川流棟梁山口藤蔵と長野市小田切地区の三寺院（草間律）「長野」 長野郷土史研究会 （298） 2014.12

お種池

信州の名水・秘水「お種池」（口絵解説）（池内朝雄）「市誌研究ながの」 長野市 （18） 2011.02

おたねの水

民話の里をたずねて（1） おたねの水（堀金岩原）（炉辺閑話）（成田淑朗）「安曇野文化」 安曇野文化刊行委員会 （1） 2011.11

追通

キツネに化かされた話―戸隠追通の和田弘雄氏（大日方幸一）「長野」 長野郷土史研究会 226 2002.11

戸隠栃原地区追通の鳥追いとセーノカミのカンジン（細井雄次郎）「長野県民俗の会通信」 長野県民俗の会 （203） 2008.1

追倉

祈りを龍に託して 里山辺追倉のお八日の綱引き行事「地域文化」 八十二文化財団 （75） 2005.10

ふるさとの文化財を守り伝える心 祈りを龍に託して 里山辺追倉のお八日の綱引き行事「地域文化」 八十二文化財団 （75） 2006.1

乙事諏訪社

乙事諏訪社の保存（乙事諏訪神社保存会）「文化財信濃」 長野県文化財保護協会 29（3）通号109 2002.12

乙事諏訪神社下社

乙事諏訪神社下社考（五味千代人）「オール諏訪 ： 郷土の総合文化誌」 諏訪郷土文化研究会 16（7）通号154 1997.7

小戸名

根羽の遷宮、七年祭と小戸名の獅子舞（片桐亀十）「伊那」 伊那史学会 46（3）通号838 1998.3

鬼首大明神

柏尾の鬼首大明神の由来（安曇野の自然と歴史）（唐沢良英）「安曇野文化」 安曇野文化刊行委員会 （13） 2014.11

小沼

小沼のだんご投げ（小林義和）「高井」 高井地方史研究会 144 2003.8

小根山

小川村小根山の太子講（西沢智孝）「長野」 長野郷土史研究会 （245） 2006.2

小根山稲荷神社

神社の復興 小川村小根山稲荷神社（西沢智孝）「長野」 長野郷土史研究会 194 1997.7

小野

小野地区山地 小野地区山地の石造物/小野地区山地の石造物所在地図/小野地区山地石造物一覧「辰野町資料」 辰野町文化財保護審議会 （105） 2011.12

小野宿問屋

伊那谷の民家（1） 小野宿問屋（吉沢政己）「伊那路」 上伊那郷土研究会 46（8）通号547 2002.8

文化短信 県宝指定された小野宿問屋の一般公開（小池悟志）「伊那路」 上伊那郷土研究会 49（4）通号579 2005.4

小野神社

伊那路を写す（63） 小野神社の秋まつり（下村幸雄）「伊那路」 上伊那郷土研究会 42（2）通号493 1998.2

小野村

小野村における廃仏騒動について（小沢辰昭）「辰野町資料」 辰野町文化財保護審議会 （89） 2000.8

小野村における「ええじゃないか」（三輪憲昭）「辰野町資料」 辰野町文化財保護審議会 （110） 2014.3

姨捨面影塚

加舎白雄が建てた姨捨面影塚の最初の位置はどこか（矢羽勝幸）「長野」 長野郷土史研究会 （263） 2009.02

姨捨山

姨捨山と人舛田―その伝説の考証と現代的意味（横山十四男）「信濃［第3次］」 信濃史学会 57（5）通号664 2005.5

長野県　　　　　　　　郷土に伝わる民俗と信仰　　　　　　　　北陸甲信越

尾林

口絵 焼き物の里 尾林にある陶製の墓(吉澤健)「伊那」 伊那史学会 60
(12)通号1015 2012.12

小原家住宅

伊那谷の民家(3) 小原家住宅(吉沢政己)「伊那路」 上伊那郷土研究会
46(11)通号550 2002.11

大日向村

善光寺用材について―佐久郡大日向村用材を中心として(小金澤敏夫)
「市誌研究ながの」 長野市 (12) 2005.2

小布施

小布施の正月15日(山崎ます美)「長野県民俗の会通信」 長野県民俗の
会 153 1999.9

小布施上町

小布施上町・お地蔵さんの知恵のだんご(関谷一郎)「高井」 高井地方史
研究会 140 2002.8

小布施町

建て御柱とお休み御柱・御神紋梶ノ葉―中野市・山ノ内町・小布施町の
例(田川幸生)「高井」 高井地方史研究会 (180) 2012.08

麻績神社

座光寺麻績神社大鳥居の額(松沢芳明)「伊那」 伊那史学会 50(3)通号
886 2002.3
口絵 座光寺麻績神社の獅子舞と三兄弟の大熨斗(宮澤恒之)「伊那」 伊
那史学会 56(3)通号958 2008.3

御水神社

御水神社周辺の損壊と復旧(佐藤敬子)「五郎兵衛記念館報」 五郎兵衛記
念館 18 1997.10

麻績御厨

麻績御厨神明宮御祭神始末記(特集 曼荼羅の里)(山崎洋文)「筑北郷土
史研究会会誌」 筑北郷土史研究会 (11) 2012.10

親沢

寒の坊―民衆の手になる近世寒念仏塔の傑作創造仏(岡村知彦)「千曲」
東信史学会 99 1998
文化財講座(33) 小海町親沢諏訪神社の人形三番叟―長野県無形民俗文
化財(井出正義)「千曲」 東信史学会 99 1998
親沢人形三番叟の活動の様子(井上勝俊)「文化財信濃」 長野県文化財保
護協会 33(3)通号117 2004.12
ふるさとの文化財を守り伝える心 親方から弟子へ 親沢の人形三番叟
「地域文化」 八十二文化財団 (80) 2007.4

及木伍社宮

祭りに彩りを添える舞台 及木伍社宮の舞台(郷土の自然と歴史)(小松
兢)「三郷文化」 三郷郷土研究会 (117) 2011.08

及木寺

ふるさとの社寺(16) 及木寺(神宮寺)と萩の堂(福嶋嗣)「三郷文化」
三郷郷土研究会 83 2003.1

御岳

教団儀礼の創出―御嶽信仰系集団における儀礼の機能(中山郁)「山岳修
験」 日本山岳修験学会, 岩田書院(発売) (36) 2005.11
御嶽信仰を近在町村に播殖させた行者達(高橋長次)「郷土志木」 志木市
郷土史研究会 (39) 2010.10
パーシヴァル・ローエル著 菅原壽清訳・解説『オカルト・ジャパン―外
国人の見た明治の御霊行者と憑霊文化―』(書評と紹介)(小林奈央子)
「山岳修験」 日本山岳修験学会, 岩田書院(発売) (53) 2014.03

御岳山

木曽御嶽講と霊神碑(2)～(5)―平成7～10・11・12年度木曽御嶽山霊
神碑調査報告(民俗部会)「高崎市史研究」 高崎市 8/14 1997.10/
2001.8
御嶽まいり(三隅治雄)「しいのき : 中野区立歴史民俗資料館だより」
中野区立歴史民俗資料館 (49) 2005.4

海岸寺

「弘法様」から探る旧海岸寺の姿(木下守)「長野県民俗の会通信」 長野
県民俗の会 172 2002.11

開善寺

国内に現存する四つの開善寺―創建の時期と創建した人(今村定男)「伊
那」 伊那史学会 47(3)通号850 1999.3
飯田市上川路開善寺蔵本の国の重要文化財「絹本著色八相涅槃図」(今村
定男)「伊那」 伊那史学会 48(11)通号870 2000.11
飯田市・開善寺の清拙正澄坐像について(織田顕行)「飯田市美術博物館

研究紀要」 飯田市美術博物館 (13) 2003.3
調査ノート 飯田市・開善寺の摩利支天坐像「美博だより : 飯田市美術
博物館ニュース」 飯田市美術博物館 72 2006.1
口絵 開善寺から移った高遠桂泉院の梵鐘(山内尚巳)「伊那」 伊那史学
会 55(9)通号952 2007.9
飯田市・開善寺所蔵『開善常住録』―翻刻と解説(織田顕行)「飯田市美
術博物館研究紀要」 飯田市美術博物館 (20) 2010.03
口絵 青い獅子の謎 開善寺・釈迦八相涅槃図(織田顕行)「伊那」 伊那史
学会 58(9)通号988 2010.09

開田村

信州開田村 木曽馬回想記―最後の純血馬「第三春山号」の旅立ち(山田
哲郎)「あしなか」 山村民俗の会 277 2007.3
木曽・開田村の馬頭観世音さま(特集 石仏と民俗伝承―心ときめく路傍
の石たちとの出会い)(脇田雅彦)「あしなか」 山村民俗の会 295・
296 2012.08

我帰山

〔資料報告〕常楽寺我帰山の石造物の調査(栗和田郷史会)「高井」 高井
地方史研究会 127 1999.4

角間

狐に化かされた父の体験―真田町角間の沢(池田たか子)「長野」 長野郷
土史研究会 221 2002.1
角間・お薬師さんのだんごなげ(黒鳥正人)「高井」 高井地方史研究会
140 2002.8

角間町

角間町の十王堂と弾誓上人尊像掛軸(土屋栄三郎)「むしくら : むしく
ら交流会ニュースレター」 虫倉交流会 (40) 2001.6

笠原

笠原の子ども見守り隊(《民俗特集号》)(畑義治)「伊那路」 上伊那郷土
研究会 51(10)通号609 2007.10
美篶笠原の「開田規約」のこと(上柳優二郎)「伊那路」 上伊那郷土研究
会 55(5)通号652 2011.5
土搗石と笠原の土搗唄「どうづきサンヨ」(上柳優二郎)「伊那路」 上伊
那郷土研究会 55(10)通号657 2011.10

鹿塩

木地師史料 信州伊那郡の大河原・鹿塩木地師と大草郷(杉本寿)「民俗文
化」 滋賀民俗学会 407 1997.8

鹿島神社

ドウロクジンと鹿島神社(倉石忠彦)「長野県民俗の会会報」 長野県民俗
の会 通号30 2008.4

柏原

柏原の獅子舞(石川博司)「まつり通信」 まつり同好会 39(11)通号
465 1999.10

柏原村

宗門改帳から見た杉野沢村・柏原村・古海村の比較(青山始義)「長野」
長野郷土史研究会 235 2004.5

春日山

七二会の伝説―春日山の白狐(佐々木幸雄)「長野」 長野郷土史研究会
221 2002.1

風三郎神社

文化短信 黒牛の「風三郎神社奥の院」探訪記(伊藤修)「伊那路」 上伊
那郷土研究会 52(2)通号613 2008.2
考古あれこれ(20) ふたたび風三郎神社奥の院(伊藤修)「伊那路」 上伊
那郷土研究会 57(4)通号675 2013.04

片塩

愛宕信仰と片塩の愛宕さん(涌井二夫)「高井」 高井地方史研究会
(175) 2011.05

葛山落合神社

葛山落合神社本殿(長野市の文化財保護)(相原文哉)「文化財信濃」 長
野県文化財保護協会 31(3)通号117 2004.12

金井

金井の火祭り(瀬田忠雄)「千曲」 東信史学会 103 1999.10
伝承 聞き書き「寛保の大洪水」―小県郡東部町金井の皆さんから(宮本
達郎)「千曲」 東信史学会 107 2000.10
口絵 特別展示された中野市金井区の葬具(中野市立博物館蔵)「長野」
長野郷土史研究会 (280) 2011.11

金倉

金倉の凍豆腐(小布施竹男)「高井」 高井地方史研究会 118 1997.2

金山神社

尊像を歩く 金山様画像（内山節）「地域文化」 八十二文化財団　58
2001.10

長野原地区の金山神社の歴史（研究活動助成成果報告）（長野原歴史研究
会）「飯田市歴史研究所年報」 飯田市教育委員会　（11）2013.08

釜沢

ヤマのムラ―大鹿村釜沢を中心に（三石稔）「信濃［第3次］」 信濃史学
会　53（1）通号612　2001.1

上赤須

駒ヶ根市・上赤須の地蔵様と但唱上人（新井勇）「むしくら ： むしくら
交流会ニュースレター」 虫倉交流会　（33）2000.4

上飯田

三代の米寿―上飯田（湯沢道子）「伊那」 伊那史学会　47（1）通号848
1999.1

学童の神社参拝―上飯田（横田正勝）「伊那」 伊那史学会　47（1）通号
848　1999.1

飯田・上飯田の民俗調査報告（1）地域産業と独自の歩み（高橋寛治）「伊
那民俗 ： 伊那民俗学研究所報」 柳田国男記念伊那民俗学研究所
（84）2011.03

水引業を支えた内職―飯田・上飯田の民俗調査から（服部比呂美）「伊那
民俗 ： 伊那民俗学研究所報」 柳田国男記念伊那民俗学研究所
（88）2012.03

書評 飯田のマチの暮らしは見えてきたか―『飯田・上飯田の民俗1』に
寄せて（板橋春夫）「伊那民俗 ： 伊那民俗学研究所報」 柳田国男記念
伊那民俗学研究所　（97）2014.06

『飯田・上飯田の民俗1』を読んで 伝えていくことの大切さ（上柳喜美
子）「伊那民俗 ： 伊那民俗学研究所報」 柳田国男記念伊那民俗学研究
所　（97）2014.06

『飯田・上飯田の民俗1』を読んで 「環境と民俗」に学ぶ（前澤奈緒子）
「伊那民俗 ： 伊那民俗学研究所報」 柳田国男記念伊那民俗学研究所
（97）2014.06

飯田・上飯田のドンド焼き―子どもたちの「小屋掛け」と現在の変化
（北原いずみ）「伊那民俗 ： 伊那民俗学研究所報」 柳田国男記念伊那
民俗学研究所　（99）2014.12

上伊那

上伊那の奥山半僧坊（3）（塩沢一郎）「伊那路」 上伊那郷土研究会　41
（10）通号489　1997.10

『続山裾筆記』を読んで（浦野和夫）「伊那路」 上伊那郷土研究会　42
（7）通号498　1998.7

上伊那の奥山半僧坊大権現（4）（塩沢一郎）「伊那路」 上伊那郷土研究会
43（1）通号504　1999.1

上伊那地方の庶民の医療と薬―蘭方医須田経哲を中心に（青木歳幸）「伊
那路」 上伊那郷土研究会　43（6）通号509　1999.6

明治前期信州上伊那地方におけるキリスト教会（《特集 長野県近代史》）
（塚田博之）「信濃［第3次］」 信濃史学会　52（9）通号608　2000.9

信州上伊那でえもんじとせえ（歳）の神（塩沢一郎）「あしなか」 山村民
俗の会　256　2000.11

上伊那の修験者の一断面（塩沢一郎）「伊那」 伊那史学会　51（3）通号
874　2001.3

上伊那の奥山半僧坊大権現（5）―中川村（塩沢一郎）「伊那路」 上伊那郷
土研究会　45（12）通号539　2001.12

石・岩・淵・湯に関する史話―上伊那地方の川周辺にまつわる昔話を中
心として（春日重信）「伊那路」 上伊那郷土研究会　46（1）通号540
2002.1

上伊那の奥山半僧坊（6）―駒ヶ根市（塩澤一郎）「伊那路」 上伊那郷土研
究会　47（8）通号559　2003.8

上伊那地方に伝わる織機（高機）と付属具（丸山輝子）「伊那路」 上伊那
郷土研究会　47（10）通号561　2003.10

増補改訂 上伊那地方における金工品年表（赤羽篤）「伊那路」 上伊那郷
土研究会　49（1）通号576　2005.1

仲仙寺の「仁王像」が県宝に絵馬等二件が市文化財に―付・上伊那の文
化財指定状況（山口通之）「伊那路」 上伊那郷土研究会　49（12）通号
587　2005.12

御鍬神信仰と上伊那地域（小池悟志）「伊那路」 上伊那郷土研究会　50
（3）通号590　2006.3

石造物調査からみた上伊那地方の蚕玉様（《民俗特集号》）（赤羽篤）「伊
那路」 上伊那郷土研究会　50（10）通号597　2006.10

祖父の日記に見る明治期の刈敷山作業の実情（《民俗特集号》）（矢島信
之）「伊那路」 上伊那郷土研究会　52（10）通号621　2008.10

秋葉街道に信仰の道と塩の道を訪ね、遠江と上伊那との関連を現地に探
る（《広域特集》―《第33回上伊那歴史研究会県外実地踏査報告》）「伊
那路」 上伊那郷土研究会　52（12）通号623　2008.12

道祖神の柱立てと火祭りとの関係―安曇野・松本平・上伊那の事例から

（浜野安則）「信濃［第3次］」 信濃史学会　63（1）通号732　2011.01

上伊那に伝えられている鳥追いの行事に伴う歌について（前）、（後）（竹
淵修二）「伊那路」 上伊那郷土研究会　55（10）通号657/55（11）通号
658　2011.10/2011.11

上伊那における茅葺き民家―昭和初期の茅葺き民家調査と現状との比較
考察（民俗特集号）（矢澤静二）「伊那路」 上伊那郷土研究会　57（10）
通号681　2013.10

上伊那えびす講―辰野町宮木地区の代参を中心に（北原利雄）「伊那路」
上伊那郷土研究会　58（6）通号689　2014.06

上伊那茅葺き民家の現状と展望―「昭和調査」と「平成調査」との比較
分析を基に（民俗特集号）（矢澤静二）「伊那路」 上伊那郷土研究会
58（10）通号693　2014.10

上井堀

上井堀の神社（飯森利衛）「筑北郷土史研究会会誌」 筑北郷土史研究会
（2）2003.6

上今井

ふるさとの文化財を守り伝える心 地域に伝わる伝統神楽を守る 上今井
諏訪神社太々神楽保存会「伶人会」「地域文化」 八十二文化財団
（76）2006.4

中野市上今井南部における馬頭観音群（中山幸洋）「高井」 高井地方史研
究会　（175）2011.05

上大妻

サンクロウにうたわれるオイベッサマの歌について―松本市梓川上大妻
幅先の事例をめぐって（窪田雅之）「長野県民俗の会会報」 長野県民
俗の会　通号30　2008.4

上金井

松本市里山辺上金井の御嶽神社（臼井ひろみ）「長野県民俗の会通信」 長
野県民俗の会　（213）2009.09

上黒田

口絵 上黒田獅子舞のこと（橋都正）「伊那」 伊那史学会　56（9）通号964
2008.9

上沢

上沢獅子保存会（竹内良一）「文化財信濃」 長野県文化財保護協会　30
（3）通号113　2003.12

上塩尻村

長谷部昌弘・高橋基泰・山内太編『近世日本の地域社会と共同性―近世上
田領上塩尻村の総合研究』（新刊紹介）（山崎久登）「史潮」［歴史学
会］，同成社（発売）（66）2009.11

神科

神科地区の公民館結婚式（川上元）「上田盆地」 上田民俗研究会　（42）
2014.03

上条

ふるさと歴史散歩（3）上条の仁王尊（山本義朗）「高井」 高井地方史研
究会　（154）2006.2

神城

白馬村神城の十三仏堂調査報告（1），（2）（下川稔，下川恒彦，鎌倉正勝）
「むしくら ： むしくら交流会ニュースレター」 虫倉交流会　（57）/
（60）2004.3/2004.9

上直路

アイヌの幣場と記紀神話―佐久市上直路屋内墓を介在させて（柳沢賢
次）「千曲」 東信史学会　118　2003.7

上殿岡

上殿岡獅子舞を継承する インタビュー 伊東幸夫さん（寺田一雄）「伊那
民俗 ： 伊那民俗学研究所報」 柳田国男記念伊那民俗学研究所　46
2001.9

上長尾

ふるさとの社寺（14）上長尾 阿弥陀堂（中村太一）「三郷文化」 三郷郷
土研究会　81　2002.8

上長尾（長尾諏訪神社）の舞台（郷土の自然と歴史）（鳥羽武）「三郷文化」
三郷郷土研究会　108　2008.5

ふるさとの仏像（7）上長尾旧阿弥陀堂 木造阿弥陀如来坐像（グラビア）
（宮島佳敬）「三郷文化」 三郷郷土研究会　（109）2009.08

上長尾の獅子舞（郷土の自然と歴史）（青柳等）「三郷文化」 三郷郷土研
究会　（116）2011.05

上八町

高甫地区上八町道祖神祭りについて（一色修治）「須高」 須高郷土史研究
会　（74）2012.04

上原
真田町上原区三つ頭獅子（研究「祭り」）（酒井伝）「千曲」 東信史学会 104 2000.2

上久堅
上久堅の民俗信仰—夏季調査を終えて（折山邦彦）「伊那民俗 ： 伊那民俗学研究所報」 柳田国男記念伊那民俗学研究所 58 2004.9

芸能の旅（40）上久堅のコト念仏・送り神（桜井弘人）「伊那民俗 ： 伊那民俗学研究所報」 柳田国男記念伊那民俗学研究所 59 2004.12

死者とともに暮らす生活—上久堅の民俗調査から（山田慎也）「伊那民俗 ： 伊那民俗学研究所報」 柳田国男記念伊那民俗学研究所 60 2005.3

知久の庄における盆上久堅の民俗調査から（北原いずみ）「伊那民俗 ： 伊那民俗学研究所報」 柳田国男記念伊那民俗学研究所 （61） 2005.6

上久堅の民俗信仰から 越久保に生まれ、育ち、生きて93年—森本八百重さんのライフヒストリー（片桐みどり）「伊那民俗 ： 伊那民俗学研究所報」 柳田国男記念伊那民俗学研究所 （62） 2005.9

上久堅民俗調査報告書から「伊那民俗学研究所報」 柳田国男記念伊那民俗学研究所 （66） 2006.9

飯田市美術博物館・柳田國男記念伊那民俗学研究所編『上久堅の民俗』（新刊紹介）（前澤奈緒子）「飯田市歴史研究所年報」 飯田市教育委員会 （12） 2007.8

口絵 上久堅最後の養蚕農家（寺田一雄）「伊那」 伊那史学会 59（1）通号992 2011.01

上古田
市川久蔵の譲り状—箕輪町上古田に人形浄瑠璃を伝えた操師たち（牧田豊）「伊那路」 上伊那郷土研究会 48（3）通号566 2004.3

上水内郡
炭を焼く暮らし—上水内郡の事例から（宮澤奈津子）「信濃 [第3次]」 信濃史学会 54（1）通号624 2002.1

上村
長野県下伊那郡喬木村、上村の木地師の歴史遺構—井深勉氏の調査資料を中心として（楢英雄）「長野県民俗の会会報」 長野県民俗の会 通号29 2006.11

第4次民俗調査 遠山北部（飯田市旧上村地区）—実施方法と参加者の募集「伊那民俗 ： 伊那民俗学研究所報」 柳田国男記念伊那民俗学研究所 （69） 2007.6

上村の食—蕎麦（宮下英美）「伊那民俗 ： 伊那民俗学研究所報」 柳田国男記念伊那民俗学研究所 （76） 2009.03

神と仏がつどう谷—飯田市上村地区神祠碑等調査より（伊那谷研究団体連絡協議会 第15回シンポジウム 伊那谷の風土の多様性の中から—自然と人間との関わりを考える）（今井啓）「伊那」 伊那史学会 61（7）通号1022 2013.07

路傍の神仏が担うもの—飯田市上村文化財神祠碑等調査から（今井啓）「伊那民俗 ： 伊那民俗学研究所報」 柳田国男記念伊那民俗学研究所 （95） 2013.12

上村遠山霜月祭保存会『遠山霜月祭〈上村〉』（書誌紹介）（鈴木正崇）「日本民俗学」 日本民俗学会 （279） 2014.08

上村上町
口絵 遠山霜月祭の湯殿（上村上町 正八幡宮）（桜井弘人）「伊那」 伊那史学会 50（12）通号895 2002.12

口絵 上村上町のねぎや（山内尚巳）「伊那」 伊那史学会 51（9）通号904 2003.9

上村中郷
口絵 遠山霜月祭 上村中郷の「神の子上げ」と水牛（桜井弘人）「伊那」 伊那史学会 56（12）通号967 2008.12

上山
寄稿 韓国・江陵端午祭で躍動した上山獅子舞（小林賢二）「公益社団法人全日本郷土芸能協会会報」 全日本郷土芸能協会 （68） 2012.07

上山田
上山田の神社合祀と末社（若林むつ子，安藤修子，中村操子）「ちょうま」 更埴郷土を知る会 （32） 2011.12

亀倉
亀倉雨乞い考（阪牧吉次）「須高」 須高郷土史研究会 （75） 2012.10

加茂神社
加茂神社の森から妻科神社の森裏までの狐火（金子俊司）「長野」 長野郷土史研究会 221 2002.1

善光寺門前の路地/未来への提言 善光寺七社の現在（3）加茂神社（小林一郎）「長野」 長野郷土史研究会 （267） 2009.10

韓郷神社
韓郷神社の由来と善光寺の起源（1），（2）（松島茂光）「伊那」 伊那史学会 51（12）通号907/52（3）通号910 2003.12/2004.3

刈谷沢神明宮
ふるさとの文化財を守り伝える心 笑顔で豊作を祈る 刈谷沢神明宮作始め神事「地域文化」 八十二文化財団 （87） 2009.01

刈谷沢村
信州筑摩郡刈谷沢村と周辺の明礬焼稼ぎについての考察（堤光昭）「信濃 [第3次]」 信濃史学会 52（5）通号604 2000.5

川上
秘境の名犬・川上犬（たかはしるり）「みつ三祢山」 三峯神社社務所 （198） 2007.10

川上正沢
わが町の文化財保護 川上・正沢の念仏講（木曽福島町紀要郁委員会）「文化財信濃」 長野県文化財保護協会 28（3）通号105 2001.12

川上正沢念仏講（小椋成人）「文化財信濃」 長野県文化財保護協会 29（3）通号109 2002.12

川上村
川上村小正月行事参加記（田沢直人）「長野県民俗の会通信」 長野県民俗の会 168 2002.3

道祖神探訪 川上村の「お方ぶち」を訪ねて（川瀬基）「いしぶみ」 まちだ史考会 （15） 2003.7

川中島
善光寺信仰を支えた村々 川中島地方に残る古文書を通して（岡沢由往）「長野」 長野郷土史研究会 194 1997.7

川中島平
川中島平の石神・石仏—「石仏シリーズ」へのエール（石沢一富）「長野県民俗の会通信」 長野県民俗の会 142 1997.11

川西
生活改善と公民館結婚式 『浦里村報』『川西時報』から（丸田ハツ子）「上田盆地」 上田民俗研究会 （42） 2014.03

川端
回想 万古峡の樹氷・川端の天満宮（市瀬長年）「伊那」 伊那史学会 50（5）通号888 2002.5

願王寺
囲碁の献額について—願王寺の詰め碁帳を中心に（中田敬三）「伊那」 伊那史学会 47（11）通号858 1999.11

口絵 願王寺吒枳尼真天厨子の彫刻の部分—立川流門人坂田亀吉作（石川正臣）「伊那」 伊那史学会 48（12）通号871 2000.12

光前寺大般若経と願王寺の弁存の墓（塩澤一郎）「伊那」 伊那史学会 52（1）通号908 2004.1

歓喜寺
グラビア ふるさとの仏像（12）—中萱 歓喜寺 木造十一面観音菩薩立像（宮島佳敬）「三郷文化」 三郷郷土研究会 （114） 2010.11

ふるさとの仏像（12）（解説）中萱 歓喜寺 木造十一面観音菩薩立像（郷土の自然と歴史）（宮島佳敬）「三郷文化」 三郷郷土研究会 （114） 2010.11

岩殿寺
岩殿寺歴代住職とその事蹟（2）（山本長）「筑北郷土史研究会会誌」 筑北郷土史研究会 （2） 2003.6

観ノ山
文化財講座（28）観ノ山の百体観音（更級大岡村中牧）（池内朝雄）「千曲」 東信史学会 94 1997.7

観音原
白馬村・観音原観音像の作者を追って（牛越嘉人）「日本の石仏」 日本石仏協会，青娥書房（発売）（102） 2002.6

汗馬山
下條村・汗馬山の山岳信仰（原董）「伊那」 伊那史学会 51（3）通号874 2001.3

木島平村
絵馬にみる算術（和算）木島平村（片桐静雄）「高井」 高井地方史研究会 （155） 2006.5

吉瀬
伊那路を撮す（57）中沢吉瀬の秋祭り—駒ケ根市中沢（下村幸雄）「伊那路」 上伊那郷土研究会 41（7）通号486 1997.7

木曽
蕎麦をつくる—100年前の木曾にみる蕎麦づくり（小松芳郎）「長野県民俗の会通信」 長野県民俗の会 149 1999.1

北陸甲信越　　　　　　　　　　　郷土に伝わる民俗と信仰　　　　　　　　　　　　長野県

《特集 漆塗る里》「地域文化」 八十二文化財団 63 2003.1

いまも昔も、木曽路の土産は漆の器 木曽漆器の歴史と変遷(澤頭修自)「地域文化」 八十二文化財団 63 20C3.1

漆器の文化史(神崎宣武)「地域文化」 八十二文化財団 63 2003.1

うるわしの漆 漆には無限の未来がある！(大西利生)「地域文化」 八十二文化財団 63 2003.1

木曽馬物語その後―第三春山号の安楽死から現在まで(山田哲郎)「あしなか」 山村民俗の会 280 2008.1

柳田国男の『信州随筆』研究(16) 木曽民謡集(小林多門)「伊那民俗 : 伊那民俗学研究所報」 柳田国男記念伊那民俗学研究所 (76) 2009.03

木曽山伏と御嶽講―名古屋市博物館所蔵『木曽王瀧村永宝院資料』を中心に(小林奈央子)「山岳修験」 日本山岳修験学会，岩田書院(発売) (43) 2009.03

大橋染色店の木曽での和服商い(中崎隆生)「長野県民俗の会通信」 長野県民俗の会 (214) 2009.11

万葉集の「東歌」と木曽の民謡(藤田隆美)「ふきはら : 活字文化の総合誌」 ふきはら文化の会 (4) 2010.01

菅原壽清ほか編『木曽のおんたけさん―その歴史と信仰』(書評と紹介)(牧野真一)「山岳修験」 日本山岳修験学会，岩田書院(発売) (45) 2010.03

論評 万葉の「東歌」と木曽の民謡(藤田隆美)「ふきはら : 活字文化の総合誌」 ふきはら文化の会 (5) 2013.04

第127回研究会報告「木曽周辺の自然と民俗」および「民具の保存について」(小林弘昌)「民具研究」 日本民具学会 (141) 2010.04

柳田国男の『信州随筆』研究(22) 木曽民謡集(小林多門)「伊那民俗 : 伊那民俗学研究所報」 柳田国男記念伊那民俗学研究所 (90) 2012.09

木曽御岳

修業型の巫者と非自発的憑霊―木曽御嶽行者の事例から(中山郁)「山岳修験」 日本山岳修験学会，岩田書院(発売) 通号21 1998.3

木曽御嶽講の先達―行者化とその継承について(牧野真一)「民俗学研究所紀要」 成城大学民俗学研究所 25 2001.3

木曽御嶽信仰史料の調査―平成11・12年度木曽御嶽信仰調査報告(民俗部会)「高崎市史研究」 高崎市史研究会 17 2003.3

山を開くということ―木曽御嶽開山再考(中山郁)「山岳修験」 日本山岳修験学会，岩田書院(発売) (35) 2005.3

木曽御嶽信仰の質的転換―木食普寛の開山活動について《《第19回国際宗教学宗教史会議世界大会IAHR 東京大会 特集》〉〈第2部 木曽御嶽信仰の現在》)(中山郁)「山岳修験」 日本山岳修験学会，岩田書院(発売) (別冊)通号第19回国際宗教学 2007.11

木曽御嶽における登拝・御座・霊神信仰《《第19回国際宗教学宗教史会議世界大会IAHR 東京大会 特集》〉〈第2部 木曽御嶽信仰の現在》)(菅原壽清)「山岳修験」 日本山岳修験学会，岩田書院(発売) (別冊)通号第19回国際宗教学 2007.11

中山郁著『修験と神道のあいだ―木曽御嶽信仰の近世・近代―』(書評と紹介)(関敦啓)「山岳修験」 日本山岳修験学会，岩田書院(発売) (41) 2008.3

木曽御嶽と霊神信仰―神と人を結ぶもの(研究発表)(小林奈央子)「日本精神文化」 日本精神文化学会 (18) 2008.10

中世後期の木曽御嶽《木曽御嶽特集》)(宮家準)「山岳修験」 日本山岳修験学会，岩田書院(発売) (42) 2008.11

御座にみる木曽御嶽信仰の現在《木曽御嶽特集》)(菅原壽清)「山岳修験」 日本山岳修験学会，岩田書院(発売) (42) 2008.11

木曽にみる御嶽信仰《木曽御嶽特集》)(神村透)「山岳修験」 日本山岳修験学会，岩田書院(発売) (42) 2008.11

東海における御嶽講と霊神信仰―濃尾平野とその周辺地域の事例を中心に《《木曽御嶽特集》)(伊藤良吉)「山岳修験」 日本山岳修験学会，岩田書院(発売) (42) 2008.11

木曽御嶽信仰研究の過去・現在・未来《木曽御嶽特集》)(中山郁)「山岳修験」 日本山岳修験学会，岩田書院(発売) (42) 2008.11

近現代における修験と御嶽講―名古屋市域の事例から《木曽御嶽特集》)(石黒智教)「山岳修験」 日本山岳修験学会，岩田書院(発売) (42) 2008.11

木曽駒ヶ岳

木曾駒ヶ岳の山岳信仰《山岳信仰特集I》)(塩沢一郎)「あしなか」 山村民俗の会 257 2001.6

木曽駒ヶ岳の記録「聖職の碑」(今中慶一)「郷土史紀行」 ヒューマン・レクチャー・クラブ 18 2002.8

木曽駒ヶ岳への宗教心(田畑真一)「伊那路」 上伊那郷土研究会 53(5)通号628 2009.05

石造文化財などから見た木曽駒ヶ岳信仰(自然と人間との関わり特集)(高田健三，湯川喜義，田口計介)「伊那路」 上伊那郷土研究会 54(6)通号641 2010.06

木曽駒岳

表紙解説 木曽駒嶽蚕玉大神絵札(中部・北陸・東海特集)(塩澤一郎)「あしなか」 山村民俗の会 291・292 2011.04

木曽駒ヶ岳神社

木曽駒ヶ嶽神社の太々神楽(第63回全国民俗芸能大会特集)(俵木悟)「民俗芸能」 民俗芸能刊行委員会 (94) 2014.11

木曽路

木曽路を訪ねて(渥美精一)「安城民俗」 安城民俗談話会 (25) 2005.11

木曽路を訪ねて(再掲載する会報の記事)(渥美精一)「安城民俗」 安城民俗談話会 (38・39) 2012.11

木曽谷

木曽谷の修験について(種田祐司)「名古屋市博物館研究紀要」 名古屋市博物館 20 1997.3

北相木村

カナンバレ 北相木村(藤森英二)「千曲」 東信史学会 103 1999.10

北安曇

長野県北安曇の経典供養塔(牛越嘉人)「日本の石仏」 日本石仏協会，青娥書房(発売) 通号90 1999.6

北安曇郡

資料紹介大町市・北安曇郡の金工品(篠崎健一郎)「信濃［第3次］」 信濃史学会 57(9)通号668 2005.9

北大熊

北大熊の「おだんごまき」(清水常治，清水康雄)「高井」 高井地方史研究会 140 2002.8

北大塩

交流 石と木の接吻道祖神 茅野市北大塩の石の接吻道祖神(北原昭)「むしくら : むしくら交流会ニュースレター」 虫倉交流会 (38) 2001.2

北小倉

南安曇郡三郷村北小倉地区の生活と行事(食事中心)(三輪京子)「長野県民俗の会通信」 長野県民俗の会 (193) 2006.5

南安曇郡三郷村北小倉地区の生活と行事(2)(三輪京子)「長野県民俗の会通信」 長野県民俗の会 (194) 2006.7

北小倉の祭礼―平成17年度夏季調査から(臼井ひろみ)「長野県民俗の会通信」 長野県民俗の会 (194) 2006.7

御柱(北小倉下区)(特集 正月今昔)(編集室)「三郷文化」 三郷郷土研究会 通号103 2008.1

祭りに彩りを添える舞台(北小倉 八幡社の舞台)(郷土の自然と歴史)(塚田太良)「三郷文化」 三郷郷土研究会 (110) 2009.11

祭りに彩りを添える舞台 北小倉白山社の舞台(郷土の自然と歴史)(古屋定徳)「三郷文化」 三郷郷土研究会 (115) 2011.02

北信濃

北信濃のたばこ史と湯田中の煙草地蔵(小布施竹男)「高井」 高井地方史研究会 120 1997.8

北信濃における観音像(原田和徳)「市誌研究ながの」 長野市 (9) 2002.1

北信濃の味―手打ちそば(関孝一)「高井」 高井地方史研究会 (171) 2010.5

柳田國男の『信州随筆』フィールドワーク 北信濃の枝垂れ桜を訪ねて(宮下英美)「伊那民俗 : 伊那民俗学研究所報」 柳田国男記念伊那民俗学研究所 (89) 2012.06

北峠

長野県飯山市外様北峠の年中行事(田中正明)「コロス」 常民文化研究会 95 2003.11

北長池十二北面山厄除け観音堂

北長池十二北面山厄除け観音堂の墨書(高原英男)「長野」 長野郷土史研究会 (256) 2007.12

北福地

行事あれこれ―富県北福地におけるその昔と今(登内昭和)「伊那路」 上伊那郷土研究会 45(6)通号533 2001.6

村の観音堂と薬師堂を訪ねる―北福地公民館事業(平岩道男)「伊那路」 上伊那郷土研究会 46(1)通号540 2002.1

富県北福地諏訪社の歳事(登内昭和)「伊那路」 上伊那郷土研究会 47(5)通号556 2003.5

北福地の御柱祭―住民総参加へのあゆみ(登内孝)「伊那路」 上伊那郷土研究会 54(10)通号645 2010.10

北村遺跡

方形周溝墓の墳頂部における祭祀形態について―北杜市長坂町北村遺跡の事例から《《祭祀と信仰》)(村松佳幸)「山梨県考古学協会誌」 山梨

県考古学協会　(17)　2007.5

北山
「北山民謡集」にみる諏訪人(1)、(2)(日達良文)「オール諏訪　：　郷土の総合文化誌」　諏訪郷土文化研究会　20(6)通号201/20(7)通号202　2001.6/2001.7

吉祥寺
古文書の窓(33)　吉祥寺屋根ふき替(桜井武)「伊那路」　上伊那郷土研究会　43(7)通号510　1999.7

木留神社
未来への提言　善光寺七社の現在(1)　柳原神社・木留神社《特集　善光寺御開帳(2)》)(清水隆史，小松竜太郎)「長野」　長野郷土史研究会　(264)　2009.04

鬼無里
山居仏の文化財指定について(小出章)「むしくら　：　むしくら交流会ニュースレター」　虫倉交流会　(27)　1999.4
長野市戸隠・鬼無里の麻栽培調査報告(佐藤優紀)「長野県民俗の会通信」　長野県民俗の会　(211)　2009.05

鬼無里村
鬼無里村の松迎え(お松様)(小松堅)「むしくら　：　むしくら交流会ニュースレター」　虫倉交流会　(50)　2003.1

杵原校舎
口絵　杵原校舎における民具展示(寺田一雄)「伊那」　伊那史学会　57(7)通号974　2009.07

旧新井家住宅
伊那谷の民家(6)　宮田本陣旧新井家住宅(吉澤政己)「伊那路」　上伊那郷土研究会　47(3)通号554　2003.3
県宝旧新井家住宅の保存活用(わが町の文化財保護)(宮田村教育委員会)「文化財信濃」　長野県文化財保護協会　38(3)通号145　2011.12

旧伊沢家住宅
伊那谷の民家(7)　伊那部宿旧伊澤家住宅(吉澤政己)「伊那路」　上伊那郷土研究会　47(5)通号556　2003.5

久昌院
久昌院参観記(桑原久冶)「中山道加納宿　：　中山道加納宿文化保存会会誌」　中山道加納宿文化保存会　(49)　2007.4

旧竹村家住宅
伊那谷の民家(9)　旧竹村家住宅(吉澤政己)「伊那路」　上伊那郷土研究会　47(7)通号558　2003.7

旧馬場家住宅
民家・町並み探訪(3)　ゆとりの敷地3700坪―重要文化財・旧馬場家住宅(会員サロン)(岡村昇二)「大阪都市文化研究会会報」　大阪都市文化研究会　134　2005.12

旧林家住宅
重要文化財　旧林家住宅(岡谷市)《特集　世界遺産と信州―歴史的建造物を中心に》)「長野」　長野郷土史研究会　(258)　2008.4

旧三沢家住宅
伊那谷の民家(10)　旧三沢家住宅(吉澤政己)「伊那路」　上伊那郷土研究会　47(8)通号559　2003.8

経ヶ岳
富士山信仰の宝物　陶製こま犬　阿形・吽形(河口浅間神社所蔵)/伝経ヶ岳出土経筒・経巻(塩谷家所有)「埋文やまなし」　山梨県埋蔵文化財センター　(40)　2012.02

経蔵寺
口絵　経蔵寺の蚕玉様(望月龍昇)「伊那」　伊那史学会　51(5)通号900　2003.5

雲母
口絵　龍江四区雲母の役行者(大原千和喜)「伊那」　伊那史学会　50(5)通号888　2002.5
雲母の里の富士信仰と行者様(大原千和喜)「伊那」　伊那史学会　50(5)通号888　2002.5

桐林
資料紹介　桐林人形について―新知見を中心に(桜井弘人)「飯田市美術博物館研究紀要」　飯田市美術博物館　(11)　2001.5
レポート　歴史資料としてのかしらの見方と桐林人形のかしらについて(加納克己)「飯田市美術博物館研究紀要」　飯田市美術博物館　(11)　2001.5

桐原牧神社
ふるさとの文化財を守り伝える心　藁馬に願いを込めて―桐原牧神社の藁馬づくり「地域文化」　八十二文化財団　(92)　2010.04

金石寺
金石寺(紫雲山来迎院・佐久市野沢)――一遍上人初開の道場(臼田都雄)「佐久」　佐久史学会　(56)　2007.03

金峰山
金峰山と修験(跡部眞)「オール諏訪　：　郷土の総合文化誌」　諏訪郷土文化研究会　22(6)通号216　2002.9

草越
草越のカンノウミズ(寒納水)(土屋道子)「長野県民俗の会通信」　長野県民俗の会　139　1997.5
草越のカンノウミズ(寒納水)　コメント(田沢直人)「長野県民俗の会通信」　長野県民俗の会　139　1997.5
草越の寒の水(小林太郎)「千曲」　東信史学会　103　1999.10
寒納水保存会(荻原範仁)「文化財信濃」　長野県文化財保護協会　32(3)通号121　2005.12

草間
草間千石への歩みの中で生れ今も息づく祭り文化を考える(丸谷文男)「高井」　高井地方史研究会　(180)　2012.08

久保
吹雪の事念仏を訪ねて―飯田市上久堅久保(今井啓)「伊那民俗　：　伊那民俗学研究所報」　柳田国男記念伊那民俗学研究所　(96)　2014.04

窪城
ごあいさつ　性崇拝の聖地　窪城のお子安さま(児玉断)「むしくら　：　むしくら交流会ニュースレター」　虫倉交流会　(39)　2001.4

久保村
古文書の窓(119)　久保村(現南箕輪村久保地区)にも「御柱祭」があった？(松澤英太郎)「伊那路」　上伊那郷土研究会　58(11)通号694　2014.11

熊野皇大神宮
軽井沢町熊野皇大神宮の大々神楽(金井喜平次)「千曲」　東信史学会　103　1999.10

弘妙寺
文化の灯(30)　「受容と拒絶」弘妙寺プロジェクト(赤羽義洋)「伊那路」　上伊那郷土研究会　42(4)通号495　1998.4

雲根
腹の神送り(松本智)「長野」　長野郷土史研究会　227　2003.1

倉沢薬師堂
文化財講座(36)―佐久市倉沢薬師堂の文化財(小林徳雄)「千曲」　東信史学会　104　2000.2

倉科村
倉科村の藤原寺と本誓寺跡を訪ねて(矢口嘉幸)「ちょうま」　更埴郷土を知る会　(35)　2014.12

倉並
1999年夏季調査　長野市七二会倉並民俗調査報告書(3)　民俗調査報告「倉並」(1)(倉石あつ子)「長野県民俗の会通信」　長野県民俗の会　155　2000.1
民俗調査報告「倉並」(2)(倉石あつ子)「長野県民俗の会通信」　長野県民俗の会　156　2000.3
倉並の暮らし点描(福沢昭司)「長野県民俗の会通信」　長野県民俗の会　156　2000.3
倉並の生活点描(原良通)「長野県民俗の会通信」　長野県民俗の会　157　2000.5
倉並の民俗(小林寛二)「長野県民俗の会通信」　長野県民俗の会　157　2000.5
夏季民俗調査報告　倉並の暮らし(山崎ます美)「長野県民俗の会通信」　長野県民俗の会　158　2000.7

胡桃下稲荷
ふるさとの歴史散歩(26)　西江部の胡桃下稲荷と江部製糸場(佐藤嘉市)「高井」　高井地方史研究会　(177)　2011.11

黒川
木曽町黒川の白山神社(わが町の文化財保護)(田中博)「文化財信濃」　長野県文化財保護協会　33(1)通号123　2006.6

黒川郷
中世水内郡黒川郷の景観(矢野恒雄)「信濃［第3次］」　信濃史学会　49(3)通号567　1997.3

北陸甲信越　　　　　　　　　郷土に伝わる民俗と信仰　　　　　　　　　長野県

黒沢不動尊

冬の黒沢不動尊「三郷文化」　三郷郷土研究会　63　1998.1

ふるさとの社寺（1）黒沢不動尊（降幡隆夫）「三郷文化」　三郷郷土研究会　68　1999.5

村の庄屋文書から（7）天保四年若殿様姫君様黒澤不動尊参詣の話（降旗隆夫）「三郷文化」　三郷郷土研究会　84　2003.5

黒沢不動滝

郷土の民話　黒沢不動滝の雨乞（平林治康）「三郷文化」　三郷郷土研究会　71　2000.2

黒田

調査ノート　黒田人形の「手」「美博だより ： 飯田市美術博物館ニュース」　飯田市美術博物館　45　1999.4

聞き書き　飯田人形伝承の現在（1），（2）（〒藤昭雄）「伊那」　伊那史学会　49（1）通号872/51（3）通号874　2001.1/2001.3

黒田人形とともに　インタビュー・麦島正吉さん（前沢奈緒子）「伊那民俗 ： 伊那民俗学研究所報」　柳田国男記念伊那民俗学研究所　45　2001.6

「黒田人形」を思う《《日下部新一先生追悼特集》》（熊谷元一）「伊那」　伊那史学会　50（4）通号887　2002.4

黒田人形に対する日下部先生の功績を偲ぶ《《日下部新一先生追悼特集》》（沢柳健治）「伊那」　伊那史学会　50（4）通号887　2002.4

黒姫

訪ねる　夏の旅　黒姫を訪ねて（神田政江）「遠州民話の会通信」　遠州民話の会　（16）　2007.3

桑原

桑原のあたけ人形（堀内暉巳）「長野」　長野郷土史研究会　211　2000.5

八幡桑原の歴史散歩─小社・石神仏・自然の案内（堀内暉巳）「ちょうま」　更埴郷土を知る会　（29）　2009.01

桂泉院

口絵　開善寺から移った高遠桂泉院の梵鐘（山内尚巳）「伊那」　伊那史学会　55（9）通号952　2007.9

毛賀

お日待ち行事の変遷─毛賀（赤羽二三男）「伊那」　伊那史学会　47（1）通号848　1999.1

廃仏毀釈で定住地を追われた毛賀の石仏《民俗特集》（赤羽二三男）「伊那」　伊那史学会　54（1）通号932　2006.1

毛賀諏訪神社

口絵　毛賀諏訪神社本殿飯田市指定有形文化財（石川正臣）「伊那」　伊那史学会　46（11）通号846　1998.11

華厳寺

文人千丈と華厳寺（佐橋法龍）「ちょうま」　更埴郷土を知る会　（22）　2002.1

清凉山華厳寺（原田光則）「ちょうま」　更埴郷土を知る会　（22）　2002.1

常陸の曹洞宗大雄院と信濃華厳寺（榎本實）「茨城の民俗」　茨城民俗学会　（46）　2007.11

玄向寺

玄向寺開基の妄想（葉書でつぶやくコーナー）（木下守）「長野県民俗の会通信」　長野県民俗の会　（226）　2011.11

玄照寺

ふるさと歴史散歩（1）玄照寺本堂建立と名工三田清助（竹内芳郎）「高井」　高井地方史研究会　（152）　2005.8

県南

県南の中山信仰（塩沢一郎）「伊那」　伊那史学会　47（1）通号848　1999.1

建福寺

建福寺とその周辺の石造文化財（竹入弘元）「伊那路」　上伊那郷土研究会　52（2）通号613　2008.2

健命寺

野沢温泉・健命寺の知慧のだんご（上野王）「高井」　高井地方史研究会　140　2002.8

野沢温泉村の健命寺開山についての考察（上野正）「高井」　高井地方史研究会　142　2003.2

小井田村

遺稿　近世村落に於ける祭り（3）佐久郡小井田村の場合（小林太郎）「佐久」　佐久史学会　（56）　2007.03

小市

正月松飾りの変容─長野市小市を中心として（多田井幸視）「長野県民俗の会通信」　長野県民俗の会　146　1998.7

私の見た狐火（小市）（関あき子）「長野」　長野郷土史研究会　221　2002.1

虹（光）雲寺

虹（光）雲寺の今・昔─里人の心の拠りどころ（大原千和喜）「伊那」　伊那史学会　61（2）通号1017　2013.02

光久寺

光久寺の県宝と歴史（安曇野の自然と歴史）（吉井法雲）「安曇野文化」　安曇野文化刊行委員会　（3）　2012.05

皎月原

皎月の輪一考察─『東海木曽両道中懐宝図鑑』における位置について（小林太郎）「千曲」　東信史学会　108　2001.2

高原寺

亀倉村玉井文作の徴兵免除と高原寺再興（阪牧吉次）「須高」　須高郷土史研究会　（73）　2011.10

高山寺

仏像を歩く千体仏（小川村高山寺）（内山節）「地域文化」　八十二文化財団　46　1998.10

秋の高山寺だより（松本栄仙）「むしくら ： むしくら交流会ニュースレター」　虫倉交流会　（49）　2002.11

冬の高山寺だより（松本榮仙）「むしくら ： むしくら交流会ニュースレター」　虫倉交流会　（50）　2003.1

更埴

更埴地方にみる神仏習合（権現信仰）（中村義松）「ちょうま」　更埴郷土を知る会　（19）　1998.12

御柱現人神の起源はネパール（堀内暉巳）「ちょうま」　更埴郷土を知る会　（19）　1998.12

諸聖徒教会礼拝堂（〈調査報告〉）（宮沢芳己）「ちょうま」　更埴郷土を知る会　（19）　1998.12

お稲荷さん（柳町節夫）「ちょうま」　更埴郷土を知る会　（20）　1999.12

生祠信仰─天野助次郎（湯原喜熙）「ちょうま」　更埴郷土を知る会　（22）　2002.1

先祖　宮坂喜平次　西国三十三ヶ所札所順拝について（宮坂昭夫）「ちょうま」　更埴郷土を知る会　（23）　2003.1

神社の玉垣について（柳町節夫）「ちょうま」　更埴郷土を知る会　（23）　2003.1

道祖神まつり「どんど焼き」の調査について（更埴郷土を知る会）「ちょうま」　更埴郷土を知る会　（27）　2007.1

知りたい、どんど焼きの意味（矢口嘉幸）「ちょうま」　更埴郷土を知る会　（27）　2007.1

幼い頃祖母から聞いた話のうち─狐に化かされた人の話（猿渡久人）「ちょうま」　更埴郷土を知る会　（28）　2008.1

たんし（たにし）踊りの由来（コラム）（矢口嘉幸）「ちょうま」　更埴郷土を知る会　（28）　2008.1

延喜式神社の謎に迫る（矢口嘉幸）「ちょうま」　更埴郷土を知る会　（30）　2009.11

荒神さん（荒神信仰）（相澤忠一）「ちょうま」　更埴郷土を知る会　（33）　2013.01

民話を読んで（姥捨伝説）（長尾信）「ちょうま」　更埴郷土を知る会　（35）　2014.12

高井寺

学童疎開・高井寺でのくらし「足立史談会だより」　足立史談会　（304）　2013.07

学寮高井寺模型について（木嶋孝行）「足立史談会だより」　足立史談会　（318）　2014.09

光前寺

陰陽五行思想から見る天台宗寶積山光前寺建立の成り立ち（1），（2）（小原秀攬）「伊那路」　上伊那郷土研究会　47（1）通号552/47（2）通号553　2003.1/2003.2

光前寺大般若経と願王寺の弁存の墓（塩澤一郎）「伊那」　伊那史学会　52（1）通号908　2004.1

寶積山光前寺の神願会（じんがさま）─羽広山仲仙寺との共通性も（小原秀攬）「伊那路」　上伊那郷土研究会　48（8）通号571　2004.8

伊那谷光前寺の早太郎物語（中城稔）「碧」　碧の会　（15）　2006.2

駒ヶ根市光前寺三重塔について─塔の向きについての試論（窪田善雄）「信濃［第3次］」　信濃史学会　61（11）通号718　2009.11

駒ヶ根市・光前寺所蔵の仏教絵画（織田顕行）「飯田市美術博物館研究紀要」　飯田市美術博物館　（24）　2014.03

広沢寺

開館1周年特別展　「龍雲山広沢寺の文書」「松本市文書館だより」　松本市　4　1999.11

龍雲山広沢寺の文書と文書整理（福嶋紀子）「松本市史研究 : 松本市文書館紀要」 松本市 （14）2004.3

広徳寺
保科広徳寺 第16世大拙楚賢和尚と御霊屋事件顛末考（山崎直久）「須高」 須高郷土史研究会 （58）2004.4

高徳寺
長野県上伊那郡辰野町高徳寺境内宝篋印塔内遺物の調査（井上喜久男）「伊那路」 上伊那郷土研究会 41（3）通号482 1997.3

郊戸神社
口絵 今宮郊戸神社を遊覧したコンノート殿下一見つかった殿下着座の座布団と顛末記（今牧久）「伊那」 伊那史学会 59（5）通号996 2011.05

郊戸八幡宮
口絵 鳩ヶ嶺八幡宮・郊戸八幡宮に奉納された堀侯揮毫の扁額（櫻井弘人）「伊那」 伊那史学会 58（7）通号986 2010.07
口絵 郊戸八幡宮 三葉の松（金運松）（牧内誠）「伊那」 伊那史学会 62（9）通号1036 2014.09

光福寺
口絵 飯田市光福寺蔵「孝子善之丞感得絵伝」「長野」 長野郷土史研究会 （285）2012.10
新出の「孝子善之丞感得絵伝」—飯田市光福寺所蔵本の紹介（織田顕行）「長野」 長野郷土史研究会 （285）2012.10

更北
農民の暮らし一考—長野市更北地区の田地質入・譲渡証文を通して（岡沢由往）「市誌研究ながの」 長野市 （7）2000.2

光明寺
口絵 久米光明寺の阿弥陀如来・薬師如来坐像（山内尚巳）「伊那」 伊那史学会 57（9）通号976 2009.09
不動明王四童子像の一事例—飯田市・光明寺所蔵本の紹介（織田顕行）「飯田市美術博物館研究紀要」 飯田市美術博物館 （23）2013.03
信濃国伊賀良荘光明寺と二つの経筒（上）（中世特集「院政期の信濃」）（佐藤全敏）「信濃［第3次］」 信濃史学会 65（12）通号767 2013.12
信濃国伊賀良荘光明寺と二つの経筒（下）（佐藤全敏）「信濃［第3次］」 信濃史学会 66（2）通号769 2014.02

公明院
戸隠・公明院の秋葉大神 長野県戸隠・越水ケ原（あ・ら・か・る・と—私の石仏案内）（中森勝之）「日本の石仏」 日本石仏協会. 青娥書房（発売）（148）2013.12

紅葉寺
祭りの今昔—龍江瑞相山紅葉寺（民俗特集）（大原千和喜）「伊那」 伊那史学会 58（1）通号980 2010.01

光林寺
光林寺の狐塚（矢島誠）「長野」 長野郷土史研究会 221 2002.1

谷厳寺
赤岩の谷厳寺の花まつり（中嶋常雄）「高井」 高井地方史研究会 144 2003.8

極楽寺
極楽寺と五香湯（中村操子, 安藤修子, 若林むつ子）「ちょうま」 更埴郷土を知る会 （30）2009.11

御座石神社
八ケ岳山麓のドブロク祭り（1）,（2）—茅野市御座石神社（河村和男）「碧」 碧の会 9/10 2004.2/2004.6

小坂鎮守
おかや歴史散歩（15）小坂鎮守「オール諏訪 : 郷土の総合文化誌」 諏訪郷土文化研究会 28（12）通号294 2009.03

越久保
飯田市上久堅越久保の民俗調査開始—実施方法と参加者の募集（桜井弘人）「伊那民俗 : 伊那民俗学研究所報」 柳田国男記念伊那民俗学研究所 57 2004.6
上久堅の民俗信仰から 越久保に生まれ、育ち、生きて93年—森本八百重さんのライフヒストリー（片桐みどり）「伊那民俗 : 伊那民俗学研究所報」 柳田国男記念伊那民俗学研究所 （62）2005.9

腰越
文化財講座（32）丸子町腰越の御柱祭（尾鷲修一）「千曲」 東信史学会 98 1998
女形・中村梅児と「（丸子町無形文化財）腰越諏訪神社御柱御練り」」をめぐって（小林大二）「千曲」 東信史学会 113 2002.5
「腰越諏訪神社御柱御練り」をめぐり—その後 女形・中村梅児の影を

追って（小林大二）「千曲」 東信史学会 （142）2009.07

小島
小島恵比寿講（依田敬二）「須高」 須高郷土史研究会 （64）2007.4

伍社
ふるさとの社寺（8）伍社（福嶋嗣）「三郷文化」 三郷郷土研究会 75 2001.2

小菅
祭りを見学して（《長野県飯山市瑞穂地区小菅・福島合同調査特集》）（日比野愛）「昔風と当世風」 古々路の会 （90）2006.5
修験の里小菅の風水地理（《長野県飯山市瑞穂地区小菅・福島合同調査特集》）（佐志原圭子）「昔風と当世風」 古々路の会 （90）2006.5
自然環境の風景と先人の知恵（《長野県飯山市瑞穂地区小菅・福島合同調査特集》）（白井正子）「昔風と当世風」 古々路の会 （90）2006.5

小菅神社
信州小菅神社例大祭（《長野県飯山市瑞穂地区小菅・福島合同調査特集》）（山崎祐子）「昔風と当世風」 古々路の会 （90）2006.5
小菅神社の歴史、建築、景観、未来（特集 信州の町—飯山）（土本俊和）「地域文化」 八十二文化財団 （102）2012.10

小菅の柱松行事
近世における小菅の柱松神事について（笹本正治）「信濃［第3次］」 信濃史学会 57（5）通号664 2005.6
神霊を招く柱と「よりまし」（《長野県飯山市瑞穂地区小菅・福島合同調査特集》）（森隆男）「昔風と当世風」 古々路の会 （90）2006.5
小菅祇園祭柱松柴燈神事見聞録（《長野県飯山市瑞穂地区小菅・福島合同調査特集》）（森岡弘典, 森岡千登栄）「昔風と当世風」 古々路の会 （90）2006.5
柱松神事とその継承（《長野県飯山市瑞穂地区小菅・福島合同調査特集》）（小峰麻登栄）「昔風と当世風」 古々路の会 （90）2006.5
小菅柱松神事準備案内（多田孝幸視）「長野県民俗の会通信」 長野県民俗の会 （200）2007.7

小滝
表紙写真 小正月の道祖神祭での「みかん投げ」の光景（2011年1月、小滝のお宮にて）（松尾眞）「月刊栄村」 NPO法人栄村ネットワーク （6・7）2011.12

小滝古道
表紙写真 昔のお膳・椀に盛られたむらのごっつぉ（むらたび・小滝古道ツアーより）（池田伸哉）「月刊栄村」 NPO法人栄村ネットワーク （5）2011.11

小田中
中野市小田中区の有形文化財—成立理由・伝承など加えながら（豊田善作, 松沢邦男）「高井」 高井地方史研究会 131 2000.4
小田中の観音堂と東山如法寺とのかかわり（松沢邦男）「高井」 高井地方史研究会 （179）2012.05

琴平宮
三郷郷土研究会シリーズ（2）観音信仰を探って 琴平宮百体観音（旧泉光寺仏）（郷土の自然と歴史）（降幡隆夫）「三郷文化」 三郷郷土研究会 （111）2010.02

此田
越下倉臣さん、ミナエさんインタビュー 遠山谷此田に生きる（片桐みどり, 宮下英美, 北原いずみ）「伊那民俗 : 伊那民俗学研究所報」 柳田国男記念伊那民俗学研究所 （77）2009.06

牛伏寺
牛伏寺の仏像造立者についての考察—信濃国府・埴原牧との関係から（浜野安則）「文化財信濃」 長野県文化財保護協会 35（2）通号132 2008.9
牛伏寺への道標と参詣道—その広域な信仰圏を探る（浜野安則）「松本市史研究 : 松本市文書館紀要」 松本市 （21）2011.03
定朝様式の継承関係に関する一考察—長野・牛伏寺薬師如来坐像をめぐって（横山優香）「橘史学」 京都橘大学歴史文化学会 （26）2011.11
牛伏寺の厄除行事と厄年信仰（浜野安則）「信濃［第3次］」 信濃史学会 64（1）通号744 2012.01
牛伏寺縁起についての考察—各地の類例と修験道との関係（市史研究）（浜野安則）「松本市史研究 : 松本市文書館紀要」 松本市 （22）2012.03
研究ノート 近世寺院のアジール性について—信州筑摩郡金峰山牛伏寺への入寺事例（青木教司）「信濃［第3次］」 信濃史学会 64（8）通号751 2012.08
牛伏寺の森の由来を探る（地理学小特集）（小山泰弘）「信濃［第3次］」 信濃史学会 65（10）通号765 2013.10

五兵衛汐

語り継ぐ「西堀夜話」(2) 五兵衛汐(武井津吉)「オール諏訪 : 郷土の総合文化誌」 諏訪郷土文化研究会 29(5)通号299 2009.8

駒ヶ岳

「後駒ヶ嶽一覧之記」に見る作仏聖の遺跡(北原優美)「むしくら : むしくら交流会ニュースレター」 虫倉交流会 (33) 2000.4

駒ヶ岳の神馬物語(小沢さとし)「ふきはら : 活字文化の総合誌」 ふきはら文化の会 (4) 2010.1

駒ヶ岳神社

口絵 金山の稲沢番楽(山形)/鶴岡八幡宮御神楽(神奈川)/駒ヶ嶽神社太々神楽(長野)/隠岐島前神楽(島根)(第63回全国民俗芸能大会特集)「民俗芸能」 民俗芸能刊行委員会 (94) 2014.11

駒ヶ根

駒ヶ根地区の三峯講と秩父三峯神社を訪ねて(池田和守)「伊那路」 上伊那郷土研究会 45(1)通号528 2001.1

信州駒ヶ根・伊那の旅(松元美紀子)「安城民俗」 安城民俗談話会 (27) 2006.12

信州駒ヶ根・伊那の旅(再掲載する会報の記事)(松元美紀子)「安城民俗」 安城民俗談話会 (38・39) 2012 11

駒ヶ根市

上伊那の奥山半僧坊(6)―駒ヶ根市(塩澤一郎)「伊那路」 上伊那郷土研究会 47(8)通号559 2003.8

駒場

江戸時代の年賀状―阿智村駒場(原隆夫)「伊那」 伊那史学会 47(1)通号848 1999.1

駒場村

明治初期駒場村の一・五次産業(三浦宏)「郷土史巡礼」 阿智史学会 314 1999.3

〔図版〕駒場村絵図(原隆夫)「郷土史巡礼」 阿智史学会 315 1999.5

小諸

小諸の念仏講について(《特集 千曲川水系における埋もれていた民俗芸能》)(土屋仕)「千曲」 東信史学会 (135) 2007.10

「小諸砂石録」について―当時の様子を伝える貴重な古文書(牧野和人)「文化財信濃」 長野県文化財保護協会 38(2)通号144 2011.9

小諸市

ささら踊り(小諸市教育委員会)「文化財信濃」 長野県文化財保護協会 29(1)通号107 2002.6

小諸八幡神社

小諸八幡神社の「八朔相撲」(飯塚道重)「千曲」 東信史学会 103 1999.10

「力石」を通して見えたこと―小諸八幡神社「八朔相撲」と「雷電」のかかわり(臼田明)「千曲」 東信史学会 (123) 2004.10

五輪原

口絵 五輪原の石造物群(飯田市山本北平)(山内尚巳)「伊那」 伊那史学会 51(4)通号899 2003.4

五郎兵衛新田村

近世後期の狐憑きと百姓―信州佐久郡五郎兵衛新田村の一事例の紹介から(五島敏芳)「水と村の歴史 : 信州農村開発史研究所紀要」 信州農村開発史研究所 (13) 1998.7

五郎兵衛用水

「関所破りの桜」と五郎兵衛用水に関する伝説(斎藤洋一)「信州農村開発史研究所報」 信州農村開発史研究所 (121) 2012.9

権現づるね

古き登拝の道 権現づるね復活について(唐木勉)「伊那路」 上伊那郷土研究会 51(6)通号605 2007.6

権現堂

権現堂の十二支(《民俗特集》)(永井辰雄)「伊那」 伊那史学会 54(1)通号932 2006.1

権現山

権現山について 西山権現(三沢勝人)「伊那路」 上伊那郷土研究会 41(5)通号484 1997.5

権兵衛街道

権兵衛街道と与地の伊那節(西村幸男)「伊那路」 上伊那郷土研究会 45(3)通号530 2001.3

権兵衛峠

つながりは深く 秋葉街道―諏訪から太平洋まで/権兵衛峠―木曽と伊那

は隣村(《特集 地域間交流―人の心をつむぐ》)「地域文化」 八十二文化財団 (87) 2009.1

犀川

近世犀川の川魚と鮭漁(田中薫)「信濃［第3次］」 信濃史学会 51(2)通号589 1999.2

犀川神社

煙火の歴史と犀川神社の杜煙火(竹内武雄, 竹内幹雄)「長野」 長野郷土史研究会 208 1999.11

森花火と杜煙火(仁科淑子)「長野」 長野郷土史研究会 208 1999.11

西教寺

下伊那の弾誓遺跡 高森町・牛牧無縁堂(1)―西教寺文書に見る弾誓勧化の地(酒井幸則)「むしくら : むしくら交流会ニュースレター」 虫倉交流会 (55) 2003.11

西光寺

地蔵菩薩像考 苅萱山西光寺本尊地蔵菩薩立像について(下平正樹)「長野」 長野郷土史研究会 237 2004.9

かるかや山西光寺の玉垣に刻まれた明治時代の人名(八木輝夫)「長野」 長野郷土史研究会 (247) 2006.6

倒壊の危機「かるかや山西光寺の刈萱塚」(小林玲子)「長野」 長野郷土史研究会 (273) 2010.10

修復保全工事が終わった かるかや山西光寺の刈萱塚(小林玲子)「長野」 長野郷土史研究会 (282) 2012.04

西証寺

ふるさと歴史散歩(14) 門徒と共に歩む浅野山西證寺(外谷俊男)「高井」 高井地方史研究会 (165) 2008.11

妻女山

妻女山の史蹟と招魂碑等について(堀内暉巳)「ちょうま」 更埴郷土を知る会 (27) 2007.1

西善寺

山居上人作の小仏(こぼとけ)と西善寺の神仏御影入大数珠(1)(宮島潤子)「むしくら : むしくら交流会ニュースレター」 虫倉交流会 (28) 1999.7

松本市重要文化財指定となった西善寺および正念寺の弾誓上人立像と松本市重要有形民俗文化財指定となった西善寺の百万遍大数珠について(宮島潤子)「文化財信濃」 長野県文化財保護協会 28(3)通号105 2001.12

西善寺の仏涅槃図(松本市重要文化財第75号) 住友財団の助成金を受け修復作業に入る(西善寺)「むしくら : むしくら交流会ニュースレター」 虫倉交流会 (46) 2002.5

民間信仰史上最大級の「釈迦涅槃図」に秘められた松本の歴史―西善寺寺宝の修復作業を追って(宮島潤子)「文化財信濃」 長野県文化財保護協会 29(3)通号109 2002.12

西善寺釈迦涅槃図にみる日月二座の新しい様式(宮島潤子)「文化財信濃」 長野県文化財保護協会 30(4)通号114 2004.3

照光山西善寺の寺宝(塩原正男)「文化財信濃」 長野県文化財保護協会 31(3)通号117 2004.12

西善寺の本尊(木下守)「長野県民俗の会通信」 長野県民俗の会 (238) 2013.11

西方寺

雲室上人ゆかりの寺西方寺と儒学(上野嵩)「高井」 高井地方史研究会 (152) 2005.8

最明寺

民話絵物語(49) 最明寺と謡曲「鉢木」(大日方寛, 原勝実)「佐久」 佐久史学会 (57) 2008.03

西楽寺

西楽寺と東林庵(松本幸司)「長野」 長野郷土史研究会 223 2002.5

栄村

日本名水紀行(17) 栄村・北野天満の湧水と温泉―洪水から村を救った「迦具土土大神」(井手孫六)「ATT」 ATT流域研究所 (21) 2000.6

栄村のちょうなだんごまき(藤木孝蔵)「高井」 高井地方史研究会 144 2003.8

図解・栄村のお宝紹介 とうふ箱・ちまき(ゆきつぼ)「月刊栄村」 NPO法人栄村ネットワーク (1) 2011.07

図解・栄村のお宝紹介 お盆の飾り・えご(ゆきつぼ)「月刊栄村」 NPO法人栄村ネットワーク (2) 2011.08

図解・栄村のお宝紹介 唐箕・いもなます(ゆきつぼ)「月刊栄村」 NPO法人栄村ネットワーク (3) 2011.09

図解・栄村のお宝紹介 じょうべ石と横づち・つぐら(ゆきつぼ)「月刊栄村」 NPO法人栄村ネットワーク (5) 2011.11

図解・栄村のお宝紹介 カナガチキ・天神講のきんつば・ネマツリ・小豆

長野県 　　　　　　　　　　　郷土に伝わる民俗と信仰 　　　　　　　　　　　北陸甲信越

がゆ・串餅・モグラモチ（ゆきつぼ）「月刊栄村」 NPO法人栄村ネットワーク 　（6・7） 2011.12

マンガ むらたびものがたり「豪雪地帯の小正月！」編（斉田直世）「月刊栄村」 NPO法人栄村ネットワーク 　（8） 2012.02

図解・栄村のお宝紹介 ワラ手袋・みみだんご（ゆきつぼ）「月刊栄村」 NPO法人栄村ネットワーク 　（8） 2012.02

図解・栄村のお宝紹介 あんぽ・雪（ゆきつぼ）「月刊栄村」 NPO法人栄村ネットワーク 　（9） 2012.03

救出した文化財を地元とともに守り伝える（下水内郡栄村・文化財保全活動「地域史料保全有志の会」）（特集 地域の文化伝承）「地域文化」 八十二文化財団 （106） 2013.10

坂木

民謡「坂木甚句」考（剣持康典）「上田盆地」 上田民俗研究会 （38） 2005.6

坂北

坂北の狐の嫁入りと火防せ信仰（1）（中村慎吾）「長野県民俗の会通信」 長野県民俗の会 （187） 2005.5

坂北の狐の嫁入りと火伏せ信仰（2）（中村慎吾）「長野県民俗の会通信」 長野県民俗の会 （188） 2005.7

坂城町

風土が育む郷土の食 おしぼりうどん 埴科郡坂城町「地域文化」 八十二文化財団 （94） 2010.10

坂部

芸能の旅（21） 天龍村坂部のブサマツリ「伊那民俗 ： 伊那民俗学研究所報」 柳田国男記念伊那民俗学研究所 28 1997.3

坂部のブサ祭りと『熊谷家伝記』（桜井弘人）「伊那」 伊那史学会 45（8）通号831 1997.8

芸能の旅（32） 天龍村坂部の「九月の祭」（桜井弘人）「伊那民俗 ： 伊那民俗学研究所報」 柳田国男記念伊那民俗学研究所 30 1997.9

天竜村中井侍および坂部の「清め」の祭り（1）（橋都正）「伊那」 伊那史学会 45（11）通号834 1997.11

中井侍および坂部の「清め」の祭り（1）（橋都正）「伊那」 伊那史学会 45（12）通号835 1997.12

天竜村坂部の冬祭―正月見学より（田中義広）「まつり通信」 まつり同好会 38（2）通号444 1998.2

坂部の「九月の祭」（山崎一司）「まつり通信」 まつり同好会 39（3）通号457 1999.2

さかんべのブサマツリ―天龍村坂部（山崎一司）「まつり通信」 まつり同好会 39（9）通号463 1999.9

芸能の旅（32） 天龍村坂部の門松（桜井弘人）「伊那民俗 ： 伊那民俗学研究所報」 柳田国男記念伊那民俗学研究所 39 1999.12

芸能の旅（34） 天龍村坂部・雛の祭り（桜井弘人）「伊那民俗学研究所報」 柳田国男記念伊那民俗学研究所 44 2001.3

口絵 坂部のカヤダカラと沖縄のサングァー（橋都正）「伊那」 伊那史学会 56（1）通号956 2008.1

坂部の冬祭りのたいきり面/天龍村坂部の集落（櫻井弘人）「伊那民俗 ： 伊那民俗学研究所報」 柳田国男記念伊那民俗学研究所 （90） 2012.09

探訪会「今に生きる民俗を訪ねて」第2回 『熊谷家伝記』の里―坂部「伊那民俗 ： 伊那民俗学研究所報」 柳田国男記念伊那民俗学研究所 （93） 2013.06

調査ノート 天龍村坂部の九月の祭と神子入り―霜月神楽を支える神子の習俗（櫻井弘人）「伊那民俗研究」 柳田國男記念伊那民俗学研究所 （22） 2014.05

佐久

瀬戸佐久の茶甕（がめ）（田原武雄）「三好郡郷土史研究会誌」 三好郡郷土史研究会 　（2） 1993.11

佐久の「子供の節句」（渡辺重義）「伊那」 伊那史学会 45（11）通号834 1997.11

盤古神話と佐久（柳沢賢次）「千曲」 東信史学会 99 1998

みたまのめし―佐久の年越し行事（渡辺重義）「伊那」 伊那史学会 46（1）通号836 1998.1

佐久の「十日夜」（小林徳雄）「千曲」 東信史学会 103 1999.10

上杉妙子著『位牌分け―長野県佐久地方における祖先祭祀の変動』（書評）（田澤直人）「日本民俗学」 日本民俗学会 通号235 2003.8

佐久地方の庚申塔（石川博司）「野仏 ： 多摩石仏の会機関誌」 多摩石仏の会 37 2006.7

日本人の精神文化を貫く社宮司信仰（2） 佐久地方の社宮司・驚異の社宮司神（臼田明）「千曲」 東信史学会 （130） 2006.7

口絵写真 国 重要文化財 紙本著色一遍上人絵伝（柳澤全三）「佐久」 佐久史学会 （55） 2007.03

「伴野氏と時宗」 史料集（木内勝）「佐久」 佐久史学会 （56） 2007.03

佐久を祭る伊勢神宮（上）―遙拝場の変遷過程について（柳沢賢次）「信濃［第3次］」 信濃史学会 59（3）通号686 2007.3

佐久を祭る伊勢神宮（下）―「倭人伝」の文化を今に伝える雲南省景頗族を参考に（柳沢賢次）「信濃［第3次］」 信濃史学会 59（7）通号690 2007.7

口絵写真 聖戒編『一遍聖絵』と佐久（柳澤全三）「佐久」 佐久史学会 （57） 2008.03

佐久の踊り念仏塔再考（《特集 念仏供養塔》）（岡村知彦）「日本の石仏」 日本石仏協会. 青娥書房（発売） （127） 2008.9

民話絵物語（50） 頭が取れた蝛の像（大日方寛，原勝実）「佐久」 佐久史学会 （58） 2009.03

銅釧と太陽信仰―釧の役を引き継いだ鏡（柳沢賢次）「佐久」 佐久史学会 （59） 2010.03

昭和初期のわが家のお正月（信州佐久）（特集 回顧 昔と今の年中行事）（泉貞代）「板橋史談」 板橋史談会 （262） 2011.1

民話絵物語（54） 関所破りの桜（大日方寛，原勝実）「佐久」 佐久史学会 （60） 2011.03

佐久の地名考（5） 佐久とサケマスの信仰/貢馬の道・大内道を行く一天空を越えた望月の駒（臼田明）「佐久」 佐久史学会 （62） 2011.3

解説資料（1） 盲目の旅芸人 瞽女さんと佐久「佐久」 佐久史学会 （62） 2011.03

民話絵物語（55） 重い石（特集 孫たちに伝えたい「私の戦争体験」（前））（大日方寛，原勝実）「佐久」 佐久史学会 （63） 2011.08

民話絵物語（56） 光大蛇（大日方寛，原勝実）「佐久」 佐久史学会 （64） 2012.03

民話絵物語（57） 畠山重忠と竜（大日方寛，原勝実）「佐久」 佐久史学会 （65） 2012.08

民話絵物語（59） 菜っぱに塩（大日方寛［文］，原勝実［画］）「佐久」 佐久史学会 （68） 2013.09

民話絵物語（60） 縁結び相生の樹（大日方覚［文］，柳澤全三［画］）「佐久」 佐久史学会 （69・70） 2014.09

『民話絵物語』(60)を迎えて 文・大日方寛/画・原勝実コンビが引退（編集子）「佐久」 佐久史学会 （69・70） 2014.09

ご存知ですか 大日方寛 民話碑（紹介）「佐久」 佐久史学会 （69・70） 2014.09

佐久郡

文政期佐久郡農家の家具・農具類（尾崎行也）「千曲」 東信史学会 110 2001.7

18世紀信濃国における出羽三山修験の存在形態―佐久郡内の湯殿山行人を中心に（山澤学）「信濃［第3次］」 信濃史学会 61（3）通号710 2009.03

佐久市

佐久市の十日夜行事の調査から（三輪京子）「長野県民俗の会通信」 長野県民俗の会 179 2004.1

八幡宮紹介 八幡神社（長野県佐久市）「季刊悠久.第2次」 鶴岡八幡宮悠久事務局 （127） 2012.07

佐口

佐口調査の意義（田沢直人）「長野県民俗の会通信」 長野県民俗の会 142 1997.11

佐口の民俗調査に参加して（須江あらた）「長野県民俗の会通信」 長野県民俗の会 142 1997.11

佐口調査の経過（田沢直人）「長野県民俗の会通信」 長野県民俗の会 148 1998.11

佐口調査報告（酒井伉）「長野県民俗の会通信」 長野県民俗の会 148 1998.11

八千穂村佐口の民俗調査を終えて（小山真由美）「長野県民俗の会通信」 長野県民俗の会 149 1999.1

佐口での夏期民俗調査に参加して（須江あらた）「長野県民俗の会通信」 長野県民俗の会 149 1999.1

佐口調査報告（1）（田沢直人）「長野県民俗の会通信」 長野県民俗の会 151 1999.5

桜井

稲田漁撈「吾郷桜井之鯉魚養殖場之図」を読む（臼田明）「千曲」 東信史学会 （135） 2007.10

桜沢

桜沢の昔 二題（原善治）「高井」 高井地方史研究会 （180） 2012.8

佐倉神社

佐倉信仰を考える（研究活動助成成果概要）（中平歴史研究会）「飯田市歴史研究所年報」 飯田市教育委員会 （4） 2006.8

座光寺

座光寺まんじゅうと北原得道（今村善興）「伊那」 伊那史学会 53（8）通号927 2005.8

北陸甲信越　　　　　郷土に伝わる民俗と信仰　　　　　長野県

元善光寺菊人形の起こりと座光寺商工会（《民俗特集》）（今村善興）「伊那」　伊那史学会　54（1）通号932　2006.1
座光寺地区の養蚕民家と本棟造—調査中間報告（調査報告）（金澤雄記）「飯田市歴史研究所年報」　飯田市教育委員会　（5）2007.8
座光寺の臼と如来腰掛石（遺稿）（今村善興）「伊那」　伊那史学会　60（6）通号1009　2012.06

座光寺南本城

座光寺南本城の小祠群（今村善興）「伊那」　伊那史学会　55（7）通号950　2007.7

笹原

筆子塚調査報告—長野県茅野市笹原（西沢敏昭）「奈良教育史研究」　奈良教育史研究編集部　（5）1999.10

真田

真田地方の民俗と伝説（影山正美）「甲斐路」　山梨郷土研究会　104　2003.8

真田町

わが町の文化財保護　真田町における民俗文化財の保護（和根崎剛）「文化財信濃」　長野県文化財保護協会　28（3）通号105　2001.12

三水村

牟礼・三水村地区の庚申塔祠研究—祠内像を中心に（矢野恒雄）「長野」　長野郷土史研究会　220　2001.11
牟礼・三水村の石工と石垣（矢野恒雄）「長野」　長野郷土史研究会　238　2004.11
三水・牟礼両村の石臼考（矢野恒雄）「長野」　長野郷土史研究会　（240）2005.3
三水村の合併（《特集 いま甦る北信濃の三大霊場—善光寺・戸隠・飯綱》）（高野清）「長野」　長野郷土史研究会　（245）2006.2

更級郡

稲作をめぐる信仰と祭り—更級・埴科郡域を中心に（宮下健司）「ちょうま」　更埴郷土を知る会　（27）2007.1

佐良志奈神社

延喜式内佐良志奈神社 平成の大改修工事行わる（宮原実雄）「とぐら ： 戸倉史談会誌」　戸倉史談会　（28）2003.2
水上布奈山神社と佐良志奈神社の文化財（高野六雄）「とぐら ： 戸倉史談会誌」　戸倉史談会　（35）2010.02

沢尻お不動尊

沢尻お不動尊の護符（中山源一）「伊那路」　上伊那郷土研究会　46（10）通号549　2002.10

三宮穂高社

穂高神社 式年造替遷宮史考—三宮穂高社御造営宮定日記 榊之献進及御船祭の考証（草間美登）「文化財信濃」　長野県文化財保護協会　36（1）通号135　2009.06

三社権現

修験道岩殿山・三社権現峰（刈間豊）「筑北郷土史研究会会誌」　筑北郷土史研究会　（1）2012.10

三社の森

お三社の森の古狐（鷹見栄雄）「伊那」　伊那史学会　45（2）通号825　1997.2

山千寺

山千寺について（長野市の文化財保護）（金子清）「文化財信濃」　長野県文化財保護協会　31（3）通号117　2004.12

山王廃寺

山王廃寺の石造物と塔跡（栗原和彦）「信濃［第3次］」　信濃史学会　56（9）通号656　2004.9

三福寺

芝原のお堂 雲晴庵阿弥陀堂三福寺（宮原実雄）「とぐら ： 戸倉史談会誌」　戸倉史談会　（35）2010.02

三宝寺

仏像を歩く 木造伝子安荒神坐像（長野市三宝寺）（内山節）「地域文化」　八十二文化財団　51　1999.12

塩竈神社

塩竈神社の宝燈（史蹟を尋ねて緑の旗は行く）（鎌倉貞男）「伊那」　伊那史学会　60（12）通号1015　2012.12

塩尻

大親分玄蕃丞狐と狐の嫁入り（塩尻）（高山三千彦）「長野」　長野郷土史研究会　221　2002.1
松本・塩尻地区の木曽義仲に関連する神社・仏閣を尋ねて（宮澤芳己）

「千曲」　東信史学会　（137）2008.5

塩尻市

文化財候補物件となる御柱祭り—松本市・塩尻市の地域類型・地域差を中心に（《塚田正朋氏追悼論文・追悼文》）（小林経広）「信濃［第3次］」　信濃史学会　52（11）通号610　2000.11
2つの通り土間を持つ家—塩尻市における2件の歴史的建造物調査から「奈良文化財研究所紀要」　奈良文化財研究所　2006　2006.6

塩尻村

塩尻村における慶事控帳にみる明治期の結婚（佐々木清司）「上田盆地」　上田民俗研究会　（42）2014.03

塩田平

塩田平の三重塔（田中穀）「高井」　高井地方史研究会　146　2004.2
信州塩田平の風穴（研究ノート）（橋詰洋司）「信濃［第3次］」　信濃史学会　66（4）通号771　2014.4

塩野神社

三十年ぶり！ 塩野神社の祭り—甲子中間祭（会員の広場）（剣持康典）「日本民俗音楽学会会報」　日本民俗音楽学会　（41）2014.07

塩の道

塩の道の在り方（特集 長野県民俗の会40周年によせて）（胡桃沢勘司）「長野県民俗の会会報」　長野県民俗の会　（34）2012.12

志賀高原

『志賀高原の地名と伝承』（田中穀）「高井」　高井地方史研究会　141　2002.11

四賀村

四賀村における野兎の民俗（天野武）「西郊民俗」　［西郊民俗談話会］（174）2001.3
日本人の精神文化を貫く社宮司信仰（4）東筑摩郡四賀村（現松本市）の調査（臼田明）「千曲」　東信史学会　（137）2008.5

柵

戸隠村柵地区の御柱祭（山口昇）「長野」　長野郷土史研究会　237　2004.9
戸隠柵地区御柱祭斎行神社（山口昇）「長野」　長野郷土史研究会　（248）2006.8

式内阿智神社

古代創建神社とその変遷（式内阿智神社考）（原隆夫）「伊那」　伊那史学会　56（3）通号958　2008.3

慈眼寺

富県北福地慈眼 平成の中興（登内昭和）「伊那路」　上伊那郷土研究会　48（4）通号567　2004.4

自在神社

自在神社の太々神楽（浅野井坦）「千曲」　東信史学会　103　1999.10

自性院

信濃国追分宿の勧進帳からみた自性院縁起（《特集 軽井沢町（長野県）》）（原田政信）「群馬歴史散歩」　群馬歴史散歩の会　（192）2006.1

地蔵峠

地蔵峠（昔、今）（古澤昭二）「千曲」　東信史学会　119　2003.10

七蔵寺

七蔵寺に関する基礎史料と文化財（三浦孝美）「辰野町資料」　辰野町文化財保護審議会　（100）2009.03

十石峠

柳田国男の『東国古道記』紀行（2）「十石峠」の道（中村健一）「伊那民俗 ： 伊那民俗学研究所報」　柳田国男記念伊那民俗学研究所　30　1997.9

科野

武五百建命と科野（柳沢賢次）「千曲」　東信史学会　96　1998

信濃

《民俗学特輯号》「信濃［第3次］」　信濃史学会　49（1）通号565　1997.1
生業のタテ糸—都市近郊地域における家族史の複合生業論的考察（藤森裕治）「信濃［第3次］」　信濃史学会　49（1）通号565　1997.1
縄文の太鼓（桐原健）「信濃考古」　長野県考古学会　148　1997.1
百姓の食事—『旗本近藤氏知行所村々書上』を中心として（伊坪達郎）「信濃［第3次］」　信濃史学会　49（2）通号566　1997.2
律令国家と祈雨祭祀（羽床正明）「信濃［第3次］」　信濃史学会　49（8）通号571　1997.8
作物禁忌伝説と俗信—夕顔の伝承を中心として（堀内真）「信濃［第3次］」　信濃史学会　49（9）通号572　1997.9
屋内祭祀と屋外祭祀—古墳時代の祭祀についての一視点（桜井秀雄）「信

濃考古」 長野県考古学会 150 1997.9

お墓への思い―お墓をめぐる冒険(本田小百合)「信濃［第3次］」 信濃史学会 50(1)通号576 1998.1

『日本書紀』記載の「水内神」考察(宮沢和穂)「信濃［第3次］」 信濃史学会 50(8)通号583 1998.8

縄文における祖霊の憑代(桐原健)「信濃［第3次］」 信濃史学会 50(10)通号585 1998.10

山海経と信濃の人々(田中紀子)「信濃［第3次］」 信濃史学会 50(10)通号585 1998.10

音信受納帳・祝儀受納帳に見られること―時代の移り変わりによる変化(牛越嘉人)「信濃［第3次］」 信濃史学会 50(12)通号587 1998.12

『民俗学特輯号』「信濃［第3次］」 信濃史学会 51(1)通号588 1999.1

「八面大王伝説」の新文献(細川恒)「信濃［第3次］」 信濃史学会 51(1)通号588 1999.1

信濃にみられる弥生の絵画と記号(桐原健)「信濃［第3次］」 信濃史学会 51(7)通号594 1999.7

信濃における地機の特徴と歴史的分析(小野和英)「長野県民俗の会会報」 長野県民俗の会 22 1999.9

「真澄図覧記・信濃の部」の刊行をめぐって(胡桃沢友男)「長野県民俗の会会報」 長野県民俗の会 22 1999.9

能楽と融通念仏(宮島潤子)「文化財信濃」 長野県文化財保護協会 26(3)通号97 1999.12

《民俗学特輯号》「信濃［第3次］」 信濃史学会 52(1)通号600 2000.1

渡御する道祖神(倉石忠彦)「信濃［第3次］」 信濃史学会 52(1)通号600 2000.1

辻の民俗的機能に関する考察(佐藤直幸)「信濃［第3次］」 信濃史学会 52(1)通号600 2000.1

物語りとしての「職工」―製鉄所をめぐる文学作品の検討より(金子毅)「信濃［第3次］」 信濃史学会 52(1)通号600 2000.1

『正倉院文書』に見える「信濃使」・「信濃人」と信濃産の布(田島公)「市誌研究ながの」 長野市 (5) 2000.2

路傍にある石仏・道しるべなどの保護と活用(宮川清治)「文化財信濃」 長野県文化財保護協会 26(4)通号98 2000.3

信濃の木食行者をめぐって(渡辺みゆき)「地方史研究」 地方史研究協議会 50(4)通号286 2000.8

土葬から火葬へ―火葬にする時期をめぐって(〈塚田正朋氏追悼論文・追悼文〉)(福沢昭司)「信濃［第3次］」 信濃史学会 52(11)通号610 2000.11

「バクロウ」にみる伝統的商行為―民俗学における交易研究への一視点(大山孝正)「信濃［第3次］」 信濃史学会 52(12)通号611 2000.12

書き伝えの民俗―陰陽道書の展開と再生(小池淳一)「信濃［第3次］」 信濃史学会 53(1)通号612 2001.1

屋敷神におけるシャグジ信仰(荻原知也)「信濃［第3次］」 信濃史学会 53(1)通号612 2001.1

天白信仰をたどる(征矢野俊子)「信濃［第3次］」 信濃史学会 53(1)通号612 2001.1

信濃と近隣諸国との文化交流の歴史に拾う―主として諏訪信仰の普及と関連して(矢崎孟伯)「信濃［第3次］」 信濃史学会 53(4)通号615 2001.4

わが町の文化財保護 あかり資料について―重要有形民俗文化財設定資料から(山崎ます美)「文化財信濃」 長野県文化財保護協会 28(1)通号103 2001.6

古代農村における小鍛冶集団(桐原健)「信濃［第3次］」 信濃史学会 53(8)通号619 2001.8

信濃における曹洞宗の普及と布教について(1),(2)(中島正利)「信濃［第3次］」 信濃史学会 53(8)通号619/54(2)通号625 2001.8/2002.2

村落社会における民俗の変容と相互作用―「ハンマアサマの噂」をめぐって(飯田瑞穂子)「信濃［第3次］」 信濃史学会 54(1)通号624 2002.1

十一面観音について(百瀬喜源太)「文化財信濃」 長野県文化財保護協会 28(4)通号106 2002.3

城下町の民俗的世界(西海賢二)「信濃［第3次］」 信濃史学会 54(5)通号628 2002.5

柳田国男の『東国古道記』紀行(16) 遠江と信濃との連絡(小林多門)「伊那民俗 : 伊那民俗学研究所報」 柳田国男記念伊那民俗学研究所 49 2002.6

近世信濃における雛と史料(小野和英)「長野県民俗の会会通信」 長野県民俗の会 170 2002.7

峠祭祀と石製模造品―石製模造品は「手向けの幣」なのか《考古学特集》(桜井秀雄)「信濃［第3次］」 信濃史学会 54(8)通号631 2002.8

信濃河童ばなし(和田寛)「河童通心」 河童文庫 215 2002.11

信濃のつけ木作り(山崎ます美)「長野県民俗の会会報」 長野県民俗の会 (25) 2002.11

山の神の祭り―地域と層序の歴史(倉石忠彦)「信濃［第3次］」 信濃史学会 55(1)通号636 2003.1

鬼伝説の生成と成長―八面大王伝説を中心に(細川恒)「信濃［第3次］」 信濃史学会 55(1)通号636 2003.1

大鑑清親と五山文学における喫茶の諸形態―中世信濃からの視角(祢津宗伸)「長野県立歴史館研究紀要」 長野県立歴史館 (9) 2003.3

大工の息づかいが聞こえる 信濃の名工とその系譜(吉澤政己)「地域文化」 八十二文化財団 65 2003.7

民俗学研究における女性研究者の視点・男性研究者の視点―学問領域に男女の視点の区別は存在するか(倉石あつ子)「信濃［第3次］」 信濃史学会 56(1)通号648 2004.1

湖北路を歩いた人々 信濃文人の伊勢参宮(3)「長浜城歴史博物館友の会だより」 長浜城歴史博物館友の会 52 2004.2

中世信濃の喫茶―開善寺文書、守矢文書、定勝寺文書、蓋、湯瓶および瓦質風炉による考察(祢津宗伸)「長野県立歴史館研究紀要」 長野県立歴史館 (10) 2004.3

金魚とすいかの民俗学(巻山圭一)「信濃［第3次］」 信濃史学会 56(4)通号651 2004.4

歴史館さんぽ 信濃の名石「沖の窓石」/これでナットク ヘビとネズミがにらめっこ―まちがいさがしで発見「長野県立歴史館たより」 長野県立歴史館 39 2004.6

子供霊と産神(岩田重則)「信濃［第3次］」 信濃史学会 57(1)通号660 2005.1

産育習俗の中の性差(板橋春夫)「信濃［第3次］」 信濃史学会 57(1)通号660 2005.1

信濃布(小林計一郎)「長野」 長野郷土史研究会 (239) 2005.1

『二十四輩巡拝図会』「信濃之部」の絵(1)(小林一郎)「長野」 長野郷土史研究会 (240) 2005.3

信濃のキリシタン(渡辺重義)「信濃［第3次］」 信濃史学会 57(5)通号664 2005.5

信濃の洪水説話と泉小太郎(倉石忠彦)「信濃［第3次］」 信濃史学会 57(5)通号664 2005.5

先史時代の葬送と供犠―焼骨出土例の検討から(内山大介)「信濃［第3次］」 信濃史学会 57(9)通号668 2005.9

『二十四輩順拝図会』「信濃之部」の絵(2) 善光寺(小林一郎)「長野」 長野郷土史研究会 (243) 2005.9

中世信濃の名僧―知られざる禅僧たちの営みと造形(織田顕行)「伊那」 伊那史学会 53(10)通号929 2005.10

信濃の海神族―海・山相関の郷土論(1)《民俗学特輯号》(桐原健)「信濃［第3次］」 信濃史学会 58(1)通号672 2006.1

再び海の民の陸化をめぐって―海・山相関の郷土論(2)《民俗学特輯号》(巻山圭一)「信濃［第3次］」 信濃史学会 58(1)通号672 2006.1

山名呼称―山名表現の形成《民俗学特輯号》(倉石忠彦)「信濃［第3次］」 信濃史学会 59(1)通号684 2007.1

宗像教授の民俗学《民俗学特輯号》(倉石忠彦)「信濃［第3次］」 信濃史学会 59(1)通号684 2007.1

民俗学覚書《民俗学特輯号》(福澤昭司)「信濃［第3次］」 信濃史学会 59(1)通号684 2007.1

身体に巣くう虫―封じ込めることと追い払うこと《民俗学特輯号》(巻山圭一)「信濃［第3次］」 信濃史学会 59(1)通号684 2007.1

書評 燈火研究に託した思い―山崎ます美著『燈火・民俗見聞』(金子万平)「信濃［第3次］」 信濃史学会 59(1)通号684 2007.1

犬飼部資料 信濃の犬飼たち(北野晃)「民俗文化」 滋賀民俗学会 (521) 2007.4

真田家の祈願寺(原田和彦)「信濃［第3次］」 信濃史学会 59(4)通号687 2007.4

『信濃民俗記』のこと(有賀功)「伊那路」 上伊那郷土研究会 51(7)通号606 2007.7

摘鎌と苧引鉄(桐原健)「信濃［第3次］」 信濃史学会 59(12)通号695 2007.12

町おこしの初市祭り(田中薫)「信濃［第3次］」 信濃史学会 59(12)通号695 2007.12

山名呼称―クラ・ミネ《民俗学特集号》(倉石忠彦)「信濃［第3次］」 信濃史学会 60(1)通号696 2008.1

現代の道祖神碑事情―新たに建立される神々をどうとらえるか(窪田雅之)「信濃［第3次］」 信濃史学会 60(1)通号696 2008.1

大宝律令施行期における地方祭祀の展開(宮島義和)「信濃［第3次］」 信濃史学会 60(3)通号698 2008.3

古墳被葬者とカミ《特集 考古学におけるイデオロギー視点》(穂積裕昌)「信濃［第3次］」 信濃史学会 60(4)通号699 2008.4

社寺建築調査の近況(わが町の文化財保護)(吉澤政己)「文化財信濃」 長野県文化財保護協会 35(1)通号131 2008.6

研究の窓 信濃の合掌形石室―戦前までの学史を中心に(西山克己)「長野県立歴史館たより」 長野県立歴史館 (56) 2008.9

能「蟬丸」と信濃巫女（益子輝之）「通信上田盆地」　上田民俗研究会
　（35）2008.12
《民俗学特集号》「信濃［第3次］」　信濃史学会　61（1）通号708　2009.01
昔話と家族—何が「めでたい」か（倉石忠彦）「信濃［第3次］」　信濃史学会　61（1）通号708　2009.01
現代の劇場における信仰実態（吉田洋子）「信濃［第3次］」　信濃史学会　61（1）通号708　2009.01
信濃柿（シナノカキ）について（粕渕宏昭）「民俗文化」　滋賀民俗学会　（549）2009.06
太陽信仰の文様—渦巻文と鋸歯文について（柳沢賢次）「信濃［第3次］」　信濃史学会　61（7）通号714　2009.07
「道祖神」に見る伝承と創造（倉石忠彦）「信濃［第3次］」　信濃史学会　61（9）通号716　2009.09
青木美智男監修『近世信濃庶民生活誌』（書評と紹介）（青木美智子）「関東近世史研究」　関東近世史研究会　（67）2009.10
阿蘇や信濃や甲斐と火の国伝説（特集 地域に伝わる伝説・伝承をめぐって）（安達武敏）「史叢」　熊本史学研究会　（14）2009.12
画家須山計一が描いた疎開地「信濃の祭」（伊藤友久）「長野県民俗の会会報」　長野県民俗の会　通号31　2010.01
伝説 しなの恋し（荻原弥生）「ふきはら ： 活字文化の総合誌」　ふきはら文化の会　（5）2010.04
『二十四輩順拝図会』「信濃之部」の絵（3）（小林一郎）「長野」　長野郷土史研究会　（272）2010.08
信濃における八稜鏡の所有者（桐原健）「信濃［第3次］」　信濃史学会　62（9）通号728　2010.9
信濃における里山系寺院の成立と展開（上）（中世特集号「新視点 信濃における中世宗教史—祈りと権力—」）（牛山佳幸）「信濃［第3次］」　信濃史学会　62（12）通号731　2010.12
中世神祇秩序の形成と一代一度大神宝（中世特集号「新視点 信濃における中世宗教史—祈りと権力—」）（田村正孝）「信濃［第3次］」　信濃史学会　62（12）通号731　2010.12
戦国期曹洞宗の地域展開と北高全祝（中世特集号「新視点 信濃における中世宗教史—祈りと権力—」）（村石正行）「信濃［第3次］」　信濃史学会　62（12）通号731　2010.12
俗信の発生—タナバタ祭の禁忌を事例にして（中田亮）「信濃［第3次］」　信濃史学会　63（1）通号732　2011.01
アジールの変容と駆込寺（佐藤孝之）「信濃［第3次］」　信濃史学会　63（2）通号733　2011.02
信濃における里山系寺院の成立と展開（下）（牛山佳幸）「信濃［第3次］」　信濃史学会　63（2）通号733　2011.02
信濃の陶硯（原明芳）『長野県立歴史館研究紀要』　長野県立歴史館　（17）2011.3
信濃から見た山岳信仰の受容と特徴—古代・中世を中心に（牛山佳幸）「山岳 修験」　日本山岳修験学会，岩田書院（発売）（47）2011.03
道祖神信仰系統樹の試み（倉石忠彦）「文化財信濃」　長野県文化財保護協会　38（3）通号145　2011.12
『當家記録』—神主の記録（史料紹介）（小畑紘一）「信濃［第3次］」　信濃史学会　64（1）通号744　2012.01
信濃史学会秋季例会—講演「灯火風流」と研究協議「災害から歴史資料や民俗文化財をどう守るか」（山浦寿）「信濃［第3次］」　信濃史学会　64（3）通号746　2012.03
中世墓からみえる石造物の造立意義（山田梨恵）「信濃［第3次］」　信濃史学会　64（4）通号747　2012.04
軒瓦からみた信濃における古代寺院の考察（倉澤正幸）「文化財信濃」　長野県文化財保護協会　39（1）通号147　2012.07
出土軒瓦から考察した信濃の古代寺院—7世紀後半から8世紀代創建の寺々（倉澤正幸）「信濃［第3次］」　信濃史学会　64（10）通号753　2012.10
美しい信濃の仏像と私［1]，（2）（小林正男）「とぐら ： 戸倉史談会誌」　戸倉史談会　（38）／（39）2013.03/2014.03
信濃の寺社の江戸出開帳（小林一郎）「長野」　長野郷土史研究会　（288）2013.04
菅江真澄と信濃—「式内社」顕彰運動に与えた影響（牛山佳幸）「菅江真澄研究」　菅江真澄研究会　（79）2013.05
民俗学特集号「信濃［第3次］」　信濃史学会　66（1）通号768　2014.01
雨乞いとして空儀礼が行われる理由—葬送儀礼の視点からの解釈（林英一）「信濃［第3次］」　信濃史学会　66（1）通号768　2014.01
ある農家の年越し—都市移住に伴う変化の様相（倉石美都）「信濃［第3次］」　信濃史学会　66（1）通号768　2014.1

信濃国分寺

八日堂（信濃国分寺）（倉沢正幸）「千曲」　東信史学会　103　1999.10
一体一体に思いを込めて 信濃国分寺と蘇民講の人々「地域文化」　八十二文化財団　（74）2005.7

書写年の判明している日本最古の牛頭天王の祭文 信濃国分寺所蔵（文明12=1480年書）牛頭天王之祭文「大道芸通信」　日本大道芸・大道芸の会　（212）2010.07
「国分寺建立の詔」と信濃国府の立地についての考察（金澤道弘）「千曲」　東信史学会　（155）2014.2
信濃国分寺 造営初期段階の様相—「補修用瓦」（「初期瓦」）の分析を通して（論文）（鳥羽英継）「長野県考古学会誌」　長野県考古学会　（149）2014.10

信濃三十三か所

信濃三十三か所巡礼（1）（小林一好）「群馬歴史散歩」　群馬歴史散歩の会　156　1999.9

信濃三十三番観音

信濃三十三番観音の供養塔について（関保男）「文化財信濃」　長野県文化財保護協会　35（4）通号134　2009.03

信濃路

信濃路の絵解き—日本の絵解きの現状を視野に入れつつ《特集 未来に繋がる絵解きの世界》（林雅彦）「長野」　長野郷土史研究会　（252）2007.2
日蓮と信濃路（中世特集号「新視点 信濃における中世宗教史—祈りと権力—」）（中尾堯）「信濃［第3次］」　信濃史学会　62（12）通号731　2010.12

信濃町

長野県信濃町仁之倉の小林家墳仏とその存在意義について—茨城県那珂市北郷C遺跡墳仏と同笵の事例（松澤芳宏）「信濃［第3次］」　信濃史学会　59（7）通号690　2007.7

信濃国

万国博覧会の展示品収集と「信濃国産物大略」（橋詰文彦）「長野県立歴史館研究紀要」　長野県立歴史館　通号4　1998.3
信濃国の立山信仰 足峪寺宗徒が江戸時代後期以降に信濃国で形成していた檀那場について（福江充）「研究紀要」　富山県立山博物館　8　2001.3
明治初頭、神道宣教使の設置について—信濃国内の動きからみたその一端（田川幸生）「信濃［第3次］」　信濃史学会　53（10）通号621　2001.10
近世後半以降の信濃国庶民の日常食（有薗正一郎）「愛知大学綜合郷土研究所紀要」　愛知大学綜合郷土研究所　52　2007.3
近世信濃国における庶民教育（倉橋めぐみ）「高円史学」　高円史学会　（23）2007.10
18世紀信濃国における出羽三山修験の存在形態—佐久郡内の湯殿山行人を中心に（山澤学）「信濃［第3次］」　信濃史学会　61（3）通号710　2009.03
高野山成慶院『信濃国供養帳』（二）—「信州月牌帳 三」（史料紹介）（丸島和洋）「信濃［第3次］」　信濃史学会　64（1）通号744　2012.01

信濃国天台談義所

信濃国天台談義所とその徴証をもつ寺々—東信濃への集中と背景（桜井松夫）「信濃［第3次］」　信濃史学会　63（10）通号741　2011.10

篠ノ井

長野市篠ノ井の伝統行事：虫送り（長野市内の伝統行事）（山本隆晃）「長野市立博物館博物館だより」　長野市立博物館　（80）2012.03

篠ノ井遺跡群

長野市篠ノ井遺跡群新幹線地点出土の塼仏について（出河裕典）「長野県考古学会誌」　長野県考古学会　（105）2004.5
考古資料をよむ 地元に根付いた善光寺平のもと一つの古代仏教文化 篠ノ井遺跡群館蔵考古資料紹介（8）「長野県立歴史館たより」　長野県立歴史館　43　2005.6

篠ノ井横田

調査ノート 家を守るお札たち—篠ノ井横田柳澤家のお札資料（細井雄次郎）「長野市立博物館博物館だより」　長野市立博物館　（60）2004.3

芝宮明神

芝宮明神に風格ある鳥居再建（滝沢滝夫）「とぐら ： 戸倉史談会誌」　戸倉史談会　（30）2005.3

渋温泉

渋温泉薬師堂講団子まるめ（小澤由美子）「高井」　高井地方史研究会　144　2003.8

自福寺

口絵写真 町有形文化財 溺死等及び流死萬霊等 佐久穂町上畑自福寺（柳澤全三）「佐久」　佐久史学会　（60）2010.07

島内

松本市島内の御嶽信仰系神社調査の中間報告（小原稔）「長野県民俗の会通信」　長野県民俗の会　（210）2009.03

下市田

下市田はホンヤリ、木曽宮越とサイノカミ―正月の門松おさめ（民俗特集）（神村透）「伊那」 伊那史学会 58（1）通号980 2010.01

下伊那

下伊那の薙鎌（塩沢一郎）「伊那」 伊那史学会 45（1）通号824 1997.1

下伊那西部地域の外竈行事（浅野一男）「伊那」 伊那史学会 46（7）通号842 1998.7

柳田国男の『東国古道記』紀行（7）飯田下伊那の天王信仰とゆきよし様（横田正勝）「伊那民俗 ： 伊那民俗学研究所報」 柳田国男記念伊那民俗学研究所 36 1999.3

下伊那の寺小屋 私塾・寺子屋師匠の筆塚と頌徳碑（林登美人）「伊那」 伊那史学会 48（7）通号866 2000.7

下伊那の寺子屋（20）―私塾・寺子屋 師匠の筆塚と頌徳碑（2）（林登美人）「伊那」 伊那史学会 48（9）通号868 2000.9

口絵 下伊那の土葬の習俗（橋都正）「伊那」 伊那史学会 51（7）通号902 2003.7

郡総合展覧会から教えられるもの―民俗学の視点から（三石稔）「伊那」 伊那史学会 52（1）通号908 2004.1

口絵 下伊那最古の筆子塚（林登美人）「伊那」 伊那史学会 52（8）通号915 2004.8

飯田下伊那の妖怪（今井啓）「伊那民俗 ： 伊那民俗学研究所報」 柳田国男記念伊那民俗学研究所 （62）2005.9

葬送習俗の昔と今―飯田下伊那の事例から（前沢奈緒子）「伊那民俗 ： 伊那民俗学研究所報」 柳田国男記念伊那民俗学研究所 （64）2006.3

下伊那磨崖仏と磨崖碑―山吹・浪合・上飯田・龍江・智里（《民俗特集》）（林登美人）「伊那」 伊那史学会 55（1）通号944 2007.1

養蚕が飯田・下伊那地域の民家建築に与えた影響（調査報告）（金澤雄記）「飯田市歴史研究所年報」 飯田市教育委員会 （6）2008.9

飯田・下伊那の中世五輪塔（岡田正彦）「飯田市美術博物館研究紀要」 飯田市美術博物館 （19）2009.03

飯田・下伊那地方の廃仏毀釈（佐々木洋一）「伊那」 伊那史学会 57（5）通号972 2009.05

口絵 下伊那の本棟造り（松上清志）「伊那」 伊那史学会 57（6）通号973 2009.06

飯田下伊那地方の住まい―民俗調査からみえてきたこと（伊那谷研究団体協議会2008シンポジウム―研究発表）（松上清志）「伊那」 伊那史学会 57（6）通号973 2009.06

飯田・下伊那の本棟造―本棟造調査中間報告（調査報告）（金澤雄記）「飯田市歴史研究所年報」 飯田市教育委員会 （7）2009.8

飯田・下伊那の御柱祭 建御名方命を祀る神社/御柱祭を実施する神社/御柱祭あれこれ（御柱祭特集）（原田望、山内尚巳）「伊那」 伊那史学会 58（3）通号982 2010.03

高森町歴史民俗資料館特別展「下伊那の国学と本学神社」を観て（手塚勝昭）「伊那」 伊那史学会 58（5）通号984 2010.05

展示評 高森町歴史民俗資料館特別展「下伊那の国学と本学神社」（池田勇太）「飯田市歴史研究所年報」 飯田市教育委員会 （8）2010.08

明治30年代前半における農村青年会の歴史的位置―初期下伊那青年会における教育経験・地域性・修養（瀬川大）「信濃［第3次］」 信濃史学会 62（11）通号730 2010.11

レポート 下伊那の民俗研究の歩みと民俗誌―「下伊那民俗研究史譜」、20年後の補遺（寺田一雄）「伊那民俗研究」 柳田國男記念伊那民俗学研究所 （18）2011.03

『飯田・下伊那の民俗1』を読んで 昭和30年代 横丁の暮らし（北川稔夫）「伊那民俗 ： 伊那民俗学研究所報」 柳田国男記念伊那民俗学研究所 （98）2014.09

下伊那郡

全国の「鶴の恩返し」「鶴女房」長野県下伊那郡編「夕鶴」 夕鶴の里友の会 5 2009

消えていくことばの文化（18）「物類称呼」と『下伊那郡方言集』（2）（井上伸児）「伊那」 伊那史学会 60（3）通号1006 2012.3

下栗

霜月祭りの里の食文化―長野県下伊那郡上村下栗（河村和男）「三河民俗」 三河民俗談話会 5 1999.9

芸能の旅（35）上村下栗の掛け踊り（橋都正）「伊那民俗 ： 伊那民俗学研究所報」 柳田国男記念伊那民俗学研究所 45 2001.6

下栗の自然と生業（三石稔）「長野県民俗の会会報」 長野県民俗の会 （26）2003.11

ふるさとの文化財を守り伝える心 踊りに願いを込めて 下栗のかけ踊り「地域文化」 八十二文化財団 （85）2008.7

口絵 40年前の下栗（民俗特集）（橋都正）「伊那」 伊那史学会 58（1）通号980 2010.1

下栗での民俗調査から（上）,（中）,（下）（浮葉正親）「伊那民俗 ： 伊那民俗学研究所報」 柳田国男記念伊那民俗学研究所 （80）/（82）2010.

03/2010.09

表紙 下栗「中の観音」石仏/井戸端の秋葉・金毘羅碑（今井啓）「伊那民俗 ： 伊那民俗学研究所報」 柳田国男記念伊那民俗学研究所 （95）2013.12

下条

伊那谷地名研究会例会から（1）信仰地名―下條山地の山岳信仰を中心に（原董）「伊那」 伊那史学会 52（2）通号897 2003.2

表紙 「そばの城」と「竜太やきもち」/「下條ふるさとうまい会」のオヤキ作り（今井啓）「伊那民俗 ： 伊那民俗学研究所報」 柳田国男記念伊那民俗学研究所 （98）2014.09

下条村

下條村の「祟り」の伝承（原董）「伊那」 伊那史学会 45（1）通号824 1997.1

石への祈り―下條村の例（原薫）「伊那」 伊那史学会 48（1）通号860 2000.1

下條村に残る山岳信仰の遺構を追って（原董）「伊那民俗 ： 伊那民俗学研究所報」 柳田国男記念伊那民俗学研究所 43 2000.12

伊那谷の地名考 下條村の信仰地名―山岳信仰を中心として（原董）「伊那民俗 ： 伊那民俗学研究所報」 柳田国男記念伊那民俗学研究所 48 2002.3

浄瑠璃を語り継いで インタビュー 小池恒久さん（寺田一雄，原董，前澤奈緒子）「伊那民俗 ： 伊那民俗学研究所報」 柳田国男記念伊那民俗学研究所 53 2003.6

表紙写真 長野県下伊那郡下條村「大山田神社八郎明神御祭礼之図」絵馬（天保期 部分）「まつり」 まつり同好会 （75）2013.12

下戸倉宿

飯盛旅籠と村落環境―北国往還信州下戸倉宿の事例（森安彦）「信濃［第3次］」 信濃史学会 53（7）通号618 2001.7

下長尾

祭りに彩りを添える舞台 長尾諏訪神社と下長尾の舞台（安曇野の自然と歴史）（中村太九生）「安曇野文化」 安曇野文化刊行委員会 （3）2012.05

下八町

下八町の山の神信仰（村石春信）「須高」 須高郷土史研究会 （76）2013.04

「下ノ八町太々神楽保存会」の活動について（村石春信）「須高」 須高郷土史研究会 （77）2013.11

下久堅

飯田市下久堅 三石家の年中行事―『三石家の一年』刊行に寄せて（桜井弘人）「伊那民俗 ： 伊那民俗学研究所報」 柳田国男記念伊那民俗学研究所 （61）2005.6

下久堅知久平

下久堅知久平の正月（片桐知子）「伊那」 伊那史学会 46（1）通号836 1998.1

結婚式のことなど―下久堅知久平（片桐知子）「伊那」 伊那史学会 47（1）通号848 1999.1

下久堅虎岩

下久堅虎岩の正月（矢沢妙）「伊那」 伊那史学会 46（1）通号836 1998.1

お祝いごと―下久堅虎岩（矢沢妙）「伊那」 伊那史学会 47（1）通号848 1999.1

下矢崎

表紙写真 松本市上金井下矢崎の道祖神（石田益雄）「日本の石仏」 日本石仏協会、青娥書房（発売）（152）2014.12

社宮司遺跡

扉写真と解説 社宮司遺跡六角木幢について（牧忠男）「千曲」 東信史学会 （154）2013.10

十念寺

十念寺（小諸市平原）と一遍上人―踊念仏と来迎会（1）（林和好）「佐久」 佐久史学会 （57）2008.03

無形文化財 十念寺二十五菩薩来迎会―踊念仏と来迎会（2）（南澤繁人）「佐久」 佐久史学会 （57）2008.03

十念寺の謎とき―再建名号碑と誕生寺二十二世正道をめぐって（袖山榮眞）「市誌研究ながの」 長野市 （17）2010.02

修那羅山

修那羅山の石仏と黒桜と俳句（堀内暉巳）「ちょうま」 更埴郷土を知る会 （23）2003.1

修那羅峠

修那羅峠の石仏について（北村市朗）「北陸石仏の会研究紀要」 北陸石仏

の会 (5) 2002.6

修那羅峠の石像神仏混沌の石仏群(平井一雄)「北陸石仏の会研究紀要」北陸石仏の会 (5) 2002.6

寿量院

諏訪の昔ばなし(80) 寿量院のアミダ様「オール諏訪 : 郷土の総合文化誌」諏訪郷土文化研究会 29(6)通号300 2009.09

樹林寺

夕顔観音像と高遠「樹林寺」(小沢さとし)「ふきはら : 活字文化の総合誌」ふきはら文化の会 (15) 2012.10

正安寺

民話絵物語(53) 正安寺の独芳水(大日方寛, 原勝実)「佐久」佐久史学会 (61) 2010.12

祥雲寺

ふるさと歴史散歩(22) 高井家のお墓のある天徳院祥雲寺を訪ねる(外谷俊男)「高井」高井地方史研究会 (173) 2010.11

浄運寺

講演記録 須坂の太子町『太子堂』と井上『浄運寺』から学ぶ—寺社建築を読み解く(相原文哉)「須高」須高郷二史研究会 (77) 2013.11

松塩

松塩地域における平安時代の仏像(桐原健)「信濃 [第3次]」信濃史学会 53(4)通号615 2001.4

常円坊

高尾山飯綱大権と善光寺常円坊鎮座飯綱大明神「長野」長野郷土史研究会 221 2002.1

正応寺

お八幡さんと土口の正応寺(宮沢芳己)「ちょうま」更埴郷土を知る会 (21) 2000.12

常恩寺

北長池常恩寺観音堂の絵馬調査報告(細井雄次郎)「長野市立博物館紀要」長野市立博物館 (6) 2002.3

資料紹介 常恩寺観音堂の千手観音像(わが町の文化財保護)(高原英男)「文化財信濃」長野県文化財保護協会 34(3)通号129 2007.12

勝願寺

親鸞と勝願寺(西澤新吉)「須高」須高郷土史研究会 (57) 2003.11

貞享義民社

ふるさとの社寺(15) 中ньго 貞享義民社(宮澤正昭)「三郷文化」三郷郷土研究会 82 2002.10

上宮寺

佐久市・上宮寺金剛力士像と新海三社神社神宮寺(中世特集号「新視点 信濃における中世宗教史—祈りと権力—」—研究ノート)(織田顕行)「信濃 [第3次]」信濃史学会 62(12)通号731 2010.12

文化財講座 第52回 上宮寺金剛力士像(丸山正俊)「千曲」東信史学会 (152) 2013.02

定継寺

口絵 龍江定継寺の雲板(林湜和)「伊那」伊那史学会 47(6)通号853 1999.6

松源寺

口絵 松源寺蔵 信玄の守護本尊(原童)「伊那」伊那史学会 56(11)通号966 2008.11

浄玄寺

調査ノート 秋葉権現立像「美博だより : 飯田市美術博物館ニュース」飯田市美術博物館 48 2000.1

浄光寺

ふるさと歴史散歩(20) 浄光寺薬師堂の二つの墨書(竹内芳郎)「高井」高井地方史研究会 (171) 2010.05

正興寺

名だけ残る正興寺(中島六助)「ちょうま」更埴郷土を知る会 (20) 1999.12

浄心寺

ふるさとの社寺(9) 浄心寺(降旗隆夫)「三郷文化」三郷郷土研究会 76 2001.5

村の庄屋文書から(3) 浄心寺玉誉上人 隠居につき寺、無住の始終(降旗隆夫)「三郷文化」三郷郷土研究会 86 2003.11

ふるさとの仏像(3) 北小倉浄心寺 木造阿弥陀如来坐像(グラビア)(宮島佳敬)「三郷文化」三郷郷土研究会 通号105 2008.7

ふるさとの仏像(6) 北小倉浄心寺 木造聖観世音菩薩立像(グラビア)

（宮島佳敬）「三郷文化」三郷郷土研究会 (108) 2009.05

勝善寺

勝善寺よもやま話(西澤新吉)「須高」須高郷土史研究会 (55) 2002.10

聖徳寺

尊像を歩く 太子像(内山節)「地域文化」八十二文化財団 54 2000.10

正念寺

松本市重要文化財指定となった西善寺および正念寺の弾誓上人立像と松本市重要有形民俗文化財指定となった西善寺の百万遍大数珠について(宮島潤子)「文化財信濃」長野県文化財保護協会 28(3)通号105 2001.12

常念岳

民話の舞台をたずねて(3) 常念坊(常念岳)(炉辺閑話)(成田淑朗)「安曇野文化」安曇野文化刊行委員会 (3) 2012.05

正八幡神社

中郷の正八幡神社と遠山霜月祭(桜井弘人)「伊那民俗 : 伊那民俗学研究所報」柳田国男記念伊那民俗学研究所 50 2002.9

正法寺

仏像を歩く 木造地蔵菩薩半跏倚像(佐久市正法寺)(内山節)「地域文化」八十二文化財団 50 1999.10

小御堂

ふるさとの仏像(5) 仁木小御堂 木造勢至菩薩立像(グラビア)(宮島佳敬)「三郷文化」三郷郷土研究会 通号107 2009.02

城山

城山の言い伝え—デーラボッチ(誌上博物館)「あなたと博物館 : 松本市立博物館ニュース」松本市立博物館 (154) 2008.1

長野県松本市城山丘陵の砦伝説について(小原稔)「信濃 [第3次]」信濃史学会 61(1)通号708 2009.01

常楽寺

別所常楽寺と綱敷天神(怒り天神)(黒坂周平)「文化財信濃」長野県文化財保護協会 27(1)通号99 2000.6

甲斐三枝氏系図に秘められた常楽寺千三百年史を読む(松浦正昭)「信濃 [第3次]」信濃史学会 55(12)通号647 2003.12

ふるさと歴史散歩(34) 文化財の多い常楽寺さんを訪ねて(高野澄江)「高井」高井地方史研究会 (187) 2014.05

常輪寺

文化短信 常輪寺に鐘楼完成(清水満)「伊那路」上伊那郷土研究会 57(2)通号673 2013.02

浄林寺

松本市・浄林寺蔵 円空作 観音菩薩立像(池田勇次)「むしくら : むしくら交流会ニュースレター」虫倉交流会 (51) 2003.3

修那羅

祈りの形 修那羅の石仏(笠原明子)「地域文化」八十二文化財団 55 2000.12

坂井村、修那羅の木像群(若林雄一郎)「文化財信濃」長野県文化財保護協会 29(3)通号109 2002.12

白岩

総会会員発表 北相木村白岩のねじとわらうまひき—「戸沢のねじ行事」と比較して(和根崎剛)「千曲」東信史学会 (135) 2007.10

白樺湖

峠の祀場 白樺湖—湖底出土の石製模造品のルーツを求めて(臼田明)「千曲」東信史学会 119 2003.10

白鳥神社

売木村白鳥神社の祭神と神像(松澤英男)「伊那」伊那史学会 52(5)通号912 2004.5

新海三社神社

新海三社神社と薙鎌(丸山正俊)「千曲」東信史学会 105 2000.5

口絵写真 国重要文化財 新海三社神社東本社(柳澤全三)「佐久」佐久史学会 (59) 2010.03

佐久市・上宮寺金剛力士像と新海三社神社神宮寺(中世特集号「新視点 信濃における中世宗教史—祈りと権力—」—研究ノート)(織田顕行)「信濃 [第3次]」信濃史学会 62(12)通号731 2010.12

解説資料(2) 佐久の民俗芸能・祭りと神楽(1) 新海三社神社の『御田植神楽』「佐久」佐久史学会 (62) 2011.03

新海神社

新海神社の謎—その創建・興波岐命・東本殿について(市川武治)「長野」長野郷土史研究会 211 2000.5

真観寺

浅間温泉南の飯治洞の真観寺（曲田昭）「日野の歴史と文化」　日野史談会　48　1998.10

真行寺

宇木・真行寺のちえのだんご（佐々木昭子）「高井」　高井地方史研究会　140　2002.8

神宮御厨

信州安曇野　沿革の軌跡　伝承地名攷（中）—安曇野の沿革　神宮御厨の設定　神明社の奉斎（草間美登）「信濃［第3次］」　信濃史学会　64（2）通号745　2012.02

信綱寺

〔史料紹介〕　真田町信綱寺の一文書（木内勝）「千曲」　東信史学会　102　1999.7

心光寺

新・伊那谷の古仏（2）心光寺阿弥陀如来坐像「美博だより ： 飯田市美術博物館ニュース」　飯田市美術博物館　44　1999.1

真光寺

ふるさとの社寺解説真光寺の開山と開基について（丸山善太郎）「三郷文化」　三郷郷土研究会　94　2005.11

ふるさとの社寺解説　真光寺の離檀騒動（丸山善太郎）「三郷文化」　三郷郷土研究会　通号95　2006.2

ふるさとの仏像（13）——日市場　真光寺　木造韋駄天立像（グラビア）（宮島佳敬）「三郷文化」　三郷郷土研究会　（115）　2011.02

ふるさとの仏像（13）（解説）一日市場　真光寺　木造韋駄天立像（郷土の自然と歴史）（宮島佳敬）「三郷文化」　三郷郷土研究会　（115）　2011.02

神光寺

古文書の窓（101）矢彦神社別当神光寺、御柱祭に先立ち寄付・人足等を催促する（三浦孝美）「伊那路」　上伊那郷土研究会　55（8）通号655　2011.08

信州

信州そば—現代的考察（長瀬康明）「信濃［第3次］」　信濃史学会　49（1）通号565　1997.1

近世から近代における信州の高機（小野和英）「長野県立歴史館研究紀要」　長野県立歴史館　通号4　1998.3

江戸期における融通念仏信仰と作仏聖—信州の石砕石仏を中心として（宮島潤子）「日本宗教民俗学会」　日本宗教民俗学会　5　1998.6

信州の瓦屋と瓦職人（上）,（下）（細井雄次郎）「長野県民俗の会通信」　長野県民俗の会　146/147　1998.7/1998.9

信州各地の奥山半僧坊まつり（塩沢一郎）「まつり通信」　まつり同好会　38（8）通号450　1998.8

信州の論文 宮島潤子著「大日信仰・阿弥陀信仰・薬師信仰」（鈴木昭英）「むしくら ： むしくら交流会ニュースレター」　虫倉交流会　（27）　1999.4

《特集 信州の「紙」を考える》「地域文化」　八十二文化財団　50　1999.10

信州の方言 チョーマ 千曲川 信州大学名誉教授・馬瀬良雄（柳沢君雄）「ちょうま」　更埴郷土を知る会　（20）　1999.12

信州における煙草（翠川渡）「長野」　長野郷土史研究会　214　2000.11

信州の仏像とその魅力（柏原文哉）「文化財信濃」　長野県文化財保護協会　27（3）通号101/27（3）通号102　2000.12/2001.3

柏葉餅・朴葉巻・粽—信州における春の行事食（市川健夫）「長野県立歴史館たより」　長野県立歴史館　26　2001.3

《信州特集》「民俗文化」　近畿大学民俗学研究所　（13）　2001.3

きんたろうは信州出身？（笠間吉高）「地域文化」　八十二文化財団　57　2001.7

近世信州における秋葉信仰のひろがり（市川包雄）「長野県立歴史館研究紀要」　長野県立歴史館　8　2002.3

祭り・信州の古代史（3）,（4）（百瀬恵）「オール諏訪 ： 郷土の総合文化誌」　諏訪郷土文化研究会　22（8）通号218/22（10）通号220　2002.11/2003.1

特別紀行 信州の「米子」—紫雲寺渇干拓竹前兄弟のふる里（青木廣安）「越佐の地名」　越後・佐渡の地名を語る会　（3）　2003.3

信州のズラ・図良言葉のルーツ（百瀬恵）「オール諏訪 ： 郷土の総合文化誌」　諏訪郷土文化研究会　23（2）通号224　2003.5

《特集 伝えたい職人の技と心意気 信州の宮大工》「地域文化」　八十二文化財団　65　2003.7

信州の近世部落の旦那場（斎藤洋一）「明日を拓く」　東日本部落解放研究所,　解放書店（発売）30（4）通号54　2004.3

柳田国男の『信州随筆』研究（1）『信州随筆』と枝垂桜（寺田一雄）「伊那民俗 ： 伊那民俗学研究所報」　柳田国男記念伊那民俗学研究所　57　2004.6

柳田国男の『信州随筆』研究（2）信濃柿のことなど（片桐みどり）「伊那民俗 ： 伊那民俗学研究所報」　柳田国男記念伊那民俗学研究所　58　2004.9

安芸国と信州を結ぶ 弁財天（渡辺健）「郷土史紀行」　ヒューマン・レクチャー・クラブ　29　2004.9

海産物からみた信州の食文化（市川健夫）「地域文化」　八十二文化財団　70　2004.10

インタビュー 小泉武夫、食して語る—信州の食、文化、未来（小泉武夫）「地域文化」　八十二文化財団　70　2004.10

柳田国男の『信州随筆』研究（3）なんぢゃもんぢゃの樹（前沢奈緒子）「伊那民俗 ： 伊那民俗学研究所報」　柳田国男記念伊那民俗学研究所　59　2004.12

和田登著『民話の森・童話の王国』（新刊紹介）（宮本達郎）「信濃［第3次］」　信濃史学会　56（12）通号659　2004.12

胡桃沢友男著『柳田国男と信州』（書誌紹介）（巻山圭一）「日本民俗学」　日本民俗学会　通号241　2005.2

柳田国男の『信州随筆』研究（4）御頭の木（高橋寛治）「伊那民俗 ： 伊那民俗学研究所報」　柳田国男記念伊那民俗学研究所　60　2005.3

馬瀬良雄著『信州のことば—21世紀への文化遺産』（新刊紹介）（巻山圭一）「信濃［第3次］」　信濃史学会　57（3）通号662　2005.3

書誌紹介 伊藤純郎著『柳田国男と信州地方史—「白足袋史学」と「わらじ史学」』（巻山圭一）「長野県民俗の会通信」　長野県民俗の会　186　2005.3

農村芝居から芝居小屋へ—信州における劇場転換期の一様相（伊藤友久）「長野県立歴史館研究紀要」　長野県立歴史館　（11）　2005.3

ジャガイモと信州文化（塚本学）「信濃［第3次］」　信濃史学会　57（5）通号664　2005.5

昭和7年の信州郷土研究—栗岩英治と柳田国男（伊藤純郎）「信濃［第3次］」　信濃史学会　57（5）通号664　2005.5

福島県いわき市における信州（高遠）石工（池上武）「伊那路」　上伊那郷土研究会　49（7）通号582　2005.7

柳田国男の『信州随筆』研究（5）矢立の木（伝説と習俗）（原幸夫）「伊那民俗 ： 伊那民俗学研究所報」　柳田国男記念伊那民俗学研究所　（62）　2005.9

伊藤純郎著『柳田国男と信州地方史—「白足袋史学」と「わらじ史学」』（田澤直人）「信濃［第3次］」　信濃史学会　57（9）通号668　2005.9

書評 伊藤純郎著『柳田国男と信州地方史—「白足袋史学」と「わらじ史学」』（杉本仁）「長野県民俗の会通信」　長野県民俗の会　（190）　2005.11

柳田国男の『信州随筆』研究（6）青へぼの木（折山邦彦）「伊那民俗 ： 伊那民俗学研究所報」　柳田国男記念伊那民俗学研究所　（63）　2005.12

柳田国男の『信州随筆』研究（7）地梨と精霊（中村健一）「伊那民俗 ： 伊那民俗学研究所報」　柳田国男記念伊那民俗学研究所　（64）　2006.3

信州アイヌコタンシリーズ 古代語による古事記の読み方（5）（百瀬信夫）「茅野」　茅野市郷土研究会　（63）　2006.3

柳田国男の『信州随筆』研究（8）眠流し考（松上清志）「伊那民俗 ： 伊那民俗学研究所報」　柳田国男記念伊那民俗学研究所　（65）　2006.6

伊勢御師からみた戦国時代後期の信州情勢—「しなの、国道者之御祓くはり日記」を読んで（逸見大悟）「信濃［第3次］」　信濃史学会　58（10）通号681　2006.10

柳田国男の『信州随筆』研究（9）犬飼七夕譚（宮下英美）「伊那民俗 ： 伊那民俗学研究所報」　柳田国男記念伊那民俗学研究所　（67）　2006.12

柳田国男の『信州随筆』研究（10）,（14）新野の盆踊「その1」, その2（橋都正）「伊那民俗 ： 伊那民俗学研究所報」　柳田国男記念伊那民俗学研究所　（68）/（74）　2007.3/2008.9

柳田国男の『信州随筆』研究（11）信州の出口入口（北原いずみ）「伊那民俗 ： 伊那民俗学研究所報」　柳田国男記念伊那民俗学研究所　（69）　2007.6

柳田国男の『信州随筆』研究（12）探訪穂高神社奥宮 信州の出口入口を訪ねる旅（谷口悦子）「伊那民俗 ： 伊那民俗学研究所報」　柳田国男記念伊那民俗学研究所　（71）　2007.12

信州の冬の仕事唄（《特集 冬を彩る匠たち—職人の五感が冴える》）（杉村弘）「地域文化」　八十二文化財団　（83）　2008.1

上巳節句の贈答—信州の場合（小野和英）「上田盆地」　上田民俗研究会　（39）　2008.3

柳田国男の『信州随筆』研究（13）犬坊の墓（中村健一）「伊那民俗 ： 伊那民俗学研究所報」　柳田国男記念伊那民俗学研究所　（73）　2008.6

柳田国男の『信州随筆』研究（15）矢立の木（伝説と習俗）（湯沢孝一）「伊那民俗 ： 伊那民俗学研究所報」　柳田国男記念伊那民俗学研究所　（75）　2008.12

信州の十二神社巡訪（《山の神特集》）（平沢利夫）「あしなか」　山村民俗の会　284　2009.02

柳田国男の『信州随筆』研究（16）木曽民謡集（小林多門）「伊那民俗 ： 伊那民俗学研究所報」　柳田国男記念伊那民俗学研究所　（76）　2009.03

柳田国男の『信州随筆』研究（17）自序（宮坂昌利）「伊那民俗：伊那民俗学研究所報」柳田国男記念伊那民俗学研究所（77）2009.06

信州の歴史遺産 消えた「信濃日光」―波田町若澤寺跡／おもしろ歴史豆知識「天地人」直江兼続のご先祖様は信州人？「長野県立歴史館たより」長野県立歴史館（60）2009.09

柳田国男の『信州随筆』研究（18）「御顔の木」から名称の歴史的価値に触発されて（桜井浩嗣）「伊那民俗：伊那民俗学研究所報」柳田国男記念伊那民俗学研究所（79）2009.12

信州鎌の彰徳碑を巡り――茶顕彰に及ぶ活動（仁科文男）「文化財信濃」長野県文化財保護協会 36（3）通号137 2009.12

ふるさとの文化財を守り伝える心 精魂込めて鎌を打つ―信州鎌の技法「地域文化」八十二文化財団（91）2010.01

柳田国男の『信州随筆』研究（19）「御頭の木」薙鎌とは何か（中島悦子）「伊那民俗：伊那民俗学研究所報」柳田国男記念伊那民俗学研究所（83）2010.12

柳田国男の『信州随筆』研究（20）「青へぼの木」の習俗（折山邦彦）「伊那民俗：伊那民俗学研究所報」柳田国男記念伊那民俗学研究所（85）2011.06

歴代本因坊と信州（7）信州の門人たち（中田敬三）「長野」長野郷土史研究会（277）2011.06

歴代本因坊と信州（8）信州の囲碁番付（中田敬三）「長野」長野郷土史研究会（278）2011.08

歴代本因坊と信州（9）信州の囲碁番付補遺（中田敬三）「長野」長野郷土史研究会（280）2011.11

書誌紹介 木村博・加藤和徳・市村幸夫『信州石工 出羽路旅稼ぎ記』（西海賢二）「日本民俗学」日本民俗学会（268）2011.11

麻の生産をささえた建築と信州の山村景観（梅干野成央）「長野」長野郷土史研究会（281）2012.2

柳田國男の『信州随筆』フィールドワーク 巫女の墓・甲賀三郎伝説・小泉小太郎伝説の地を訪ねて（北原いずみ）「伊那民俗：伊那民俗学研究所報」柳田国男記念伊那民俗学研究所（88）2012.03

江戸時代の子守と子守歌（佐藤敬子）「信州農村開発史研究所報」信州農村開発史研究所（119）2012.03

地芝居探訪（42）ぐんま郷土芸能の祭典「伝統歌舞伎公演」／信州農村歌舞伎／東濃歌舞伎中津川「公益社団法人全日本郷土芸能協会会報」全日本郷土芸能協会（67）2012.04

信州の薙鎌神事（佐藤和彦）「越佐研究」新潟県人文研究会 69 2012.05

柳田國男の『信州随筆』フィールドワーク 北信濃の枝垂れ桜を訪ねて（宮下英美）「伊那民俗：伊那民俗学研究所報」柳田国男記念伊那民俗学研究所（89）2012.06

柳田国男の『信州随筆』研究（22）木曽民謡集（小林多門）「伊那民俗：伊那民俗学研究所報」柳田国男記念伊那民俗学研究所（90）2012.09

遠州流挿花と信州―「挿花衣之香」から（村上昭彦）「長野」長野郷土史研究会（285）2012.10

報告『信州随筆』パネル展―柳田没後50年記念企画（宮下英美）「伊那民俗：伊那民俗学研究所報」柳田国男記念伊那民俗学研究所（91）2012.12

柳田国男の『信州随筆』研究（23）「青へぼの木」の現在（折山邦彦）「伊那民俗：伊那民俗学研究所報」柳田国男記念伊那民俗学研究所（91）2012.12

近世在方大工と信州の伝説―刻まれた伝説、命を宿した彫刻（伊藤友久）「信濃［第3次］」信濃史学会 65（1）通号756 2013.1

地芝居探訪（45）ぐんま「伝統歌舞伎公演」／信州農村歌舞伎祭／東濃歌舞伎中津川／小鹿野歌舞伎（十六様歌舞伎公演）「公益社団法人全日本郷土芸能協会会報」全日本郷土芸能協会（71）2013.04

新連載 信州の文化の基層 伊勢神宮に奉仕する信州の職人たち「地域文化」八十二文化財団（106）2013.10

信州の石仏、石造品を訪ねて（北村市朗）「北陸石仏の会研究紀要」北陸石仏の会（11）2014.03

洩矢神と守矢氏は関係あるのか（3），（4）（百瀬信夫）「茅野」茅野市郷土研究会（80）／（81）2014.04／2014.10

連載 信州の文化の基層「農村の風景と故郷の風景」――茶の農業句「地域文化」八十二文化財団（110）2014.10

信州新町

信州新町の仏像調査から〈わが町の文化財保護〉（飯嶋明孝）「文化財信濃」長野県文化財保護協会 33（2）通号124 2006.9

新善光寺

鎌倉・南北朝期の新善光寺（上）（牛山佳幸）「寺院史研究」寺院史研究会 6 2002.1

室町・戦国期の新善光寺（1），（2）（牛山佳幸）「市誌研究ながの」長野市（10）／（12）2003.2／2005.2

信濃国大井荘落合新善光寺と一遍（上），（下）（井原今朝男）「時衆文化」

時衆文化研究会，岩田書院（発売）（16）／（17）2007.10／2008.4

新馬喰町

「新馬喰町日記」にみる人びとの暮らし（関保男）「市誌研究ながの」長野市（17）2010.2

真楽寺

真楽寺仁王尊安永の修理塗装について（小林太郎）「千曲」東信史学会 102 1999.7

長野県御代田町の真楽寺三重塔について（試論）（窪田善雄）「信濃［第3次］」信濃史学会 59（12）通号695 2007.12

文化財講座 第53回 県宝 真楽寺の三重塔について（金井喜平次）「千曲」東信史学会（155）2014.02

須賀川

高社山研究の窓 須賀川の昔話（上原左之治）「高井」高井地方史研究会 122 1998.2

須賀川の竹細工（関口佳正）「高井」高井地方史研究会（182）2013.2

菅沼家住宅

歴史的建造物調査 菅沼家住宅（東京大学大学院伊藤毅研究室）「飯田市歴史研究所年報」飯田市教育委員会（3）2005.8

杉野沢村

宗門改帳から見た杉野沢村・柏原村・古海村の比較（青山始義）「長野」長野郷土史研究会 235 2004.5

杉ノ堂

飯田市立石・杉ノ堂伝来の阿弥陀如来像―修理報告と資料紹介（織田顕行）「飯田市美術博物館研究紀要」飯田市美術博物館（18）2008.3

菅

菅のお堂のお花祭り（養田広治）「高井」高井地方史研究会 140 2002.8

須高

五輪塔と「入」地名（馬場廣幸）「須高」須高郷土史研究会（54）2002.4

宝篋印塔と五輪塔の異形を尋ねて（山崎直久）「須高」須高郷土史研究会（55）2002.10

小正月行事（西澤新吉）「須高」須高郷土史研究会（56）2003.4

ある仏像の製作年代をめぐって（土屋寅之助）「須高」須高郷土史研究会（59）2004.10

須高における初期真宗寺院の開基考（神林信雄）「文化財信濃」長野県文化財保護協会 37（3）通号141 2010.12

からす踊り（西澤新吉）「須高」須高郷土史研究会（72）2011.04

講演記録 飯綱信仰とその広がり（小山丈夫）「須高」須高郷土史研究会（73）2011.10

人と馬のかかわり―馬頭観世音をとおして（小林裕）「須高」須高郷土史研究会（78）2014.03

三峰講（駒津武茂）「須高」須高郷土史研究会（78）2014.03

須坂

須坂祇園会の歴史的過程（田幸喜久夫）「須高」須高郷土史研究会（45）1997.10

在郷町の祭礼と芸能―信州須坂の笠鉾・屋台・獅子芝居（山路興造）「民俗芸能研究」民俗芸能学会 通号26 1998.3

諸国探訪（6）須坂西宮神社（中野幸一良）「西宮えびす」西宮神社 24 2005.12

須坂の「てぬぐい」と庶民の生活文化（丸山親男）「須高」須高郷土史研究会（63）2006.10

須坂の土笛物語（山岸鷺雄）「須高」須高郷土史研究会（64）2007.4

地名「仙仁」と須坂の民話「仙仁碁打ち」の由来について（仙仁秀泰）「須高」須高郷土史研究会（66）2008.4

須沢

遠山郷須沢の信仰（1），（2）―集落内の神仏を中心に（今井啓）「長野県民俗の会通信」長野県民俗の会 186／（187）2005.3／2005.5

須々岐水神社

須々岐水神社御柱祭―平成23年、二の御柱を中心に（太田真理）「長野県民俗の会通信」長野県民俗の会（230）2012.07

須々岐水神社の御柱祭（論文）（太田真理）「長野県民俗の会会報」長野県民俗の会（35）2013.11

須々岐水神社御柱祭関係用語集（太田真理）「長野県民俗の会通信」長野県民俗の会（238）2013.11

須須岐水神社

須須岐水神社祭礼式について（柳町節夫）「ちょうま」更埴郷土を知る会（24）2004.1

長野県　　　郷土に伝わる民俗と信仰　　　北陸甲信越

鈴子村

上田領鈴子村寛政年間踊り一件顛末（長谷川昌子）「千曲」　東信史学会
（155）　2014.02

裾花川水系

西山地域のエゴ食―裾花川水系のエゴ食（多田井幸視）「長野県民俗の会
通信」　長野県民俗の会　138　1997.3

住吉

ふるさとの社寺（5）正一位稲荷神社（住吉）（丸山数馬）「三郷文化」　三
郷郷土研究会　72　2000.5

祭りに彩りを添える舞台　住吉神社と住吉の舞台（郷土の自然と歴史）
（保﨑健）「三郷文化」　三郷郷土研究会　（116）　2011.05

諏訪

祭事を読む―諏訪の廿番舞（武井正弘）「飯田市美術博物館研究紀要」　飯
田市美術博物館　7　1997.6

天神講のこと（五味千代人）「オール諏訪 ： 郷土の総合文化誌」　諏訪郷
土文化研究会　16（9）通号156　1997.9

諏訪の風仏尊と檻の観音由来（角田貞雄）「群馬歴史散歩」　群馬歴史散歩
の会　144　1997.9

縄文人の祈り―土偶（13）～（71）（小口達志［ほか］）「オール諏訪 ： 郷
土の総合文化誌」　諏訪郷土文化研究会　17（1）通号160/22（9）通号
219　1998.1/2002.12

《御柱特集》「オール諏訪 ： 郷土の総合文化誌」　諏訪郷土文化研究会
17（1）通号160　1998.1

石棒と御柱を考証する（中村久太郎）「オール諏訪 ： 郷土の総合文化誌」
諏訪郷土文化研究会　17（1）通号160　1998.1

樋口次郎兼光「薪能」てんまつ記―伊那諏訪地方の能楽の動向もふまえ
て（大森尚人）「伊那路」　上伊那郷土研究会　42（2）通号493　1998.2

伝承の題材　諏訪の「手長・足長」（伊藤友久）「長野県民俗の会通信」　長
野県民俗の会　145　1998.5

諏訪の神を考える（門田幸男）「備陽史探訪」　備陽史探訪の会　83
1998.6

諏訪御柱（田中義広）「まつり通信」　まつり同好会　38（7）通号449
1998.7

『諏訪』懐かしの風物（4）七夕まつり（宮坂増雄）「オール諏訪 ： 郷土の
総合文化誌」　諏訪郷土文化研究会　17（7）通号166　1998.7

続御柱交歓絵巻（1），（2）（花岡春義）「オール諏訪 ： 郷土の総合文化誌」
諏訪郷土文化研究会　17（7）通号166/17（8）通号167　1998.7/1998.8

方言（中村久太郎）「オール諏訪 ： 郷土の総合文化誌」　諏訪郷土文化研
究会　17（9）通号168　1998.9

柴宮日記・続御柱交歓絵巻（3）（花岡春義）「オール諏訪 ： 郷土の総合
文化誌」　諏訪郷土文化研究会　17（11）通号170　1998.11

「おかめ様」の分祀をめぐって［1］，（2）（宮坂健吾）「オール諏訪 ： 郷
土の総合文化誌」　諏訪郷土文化研究会　17（11）通号170/17（12）通号
171　1998.11/1998.12

柴宮日記（13）続御柱交歓絵巻（4）（花岡春義）「オール諏訪 ： 郷土の総
合文化誌」　諏訪郷土文化研究会　17（12）通号171　1998.12

『諏訪』懐かしの風物（10）お正月（宮坂増雄）「オール諏訪 ： 郷土の総
合文化誌」　諏訪郷土文化研究会　18（1）通号172　1999.1

「第六天」碑は語る（宮坂健吾）「オール諏訪 ： 郷土の総合文化誌」　諏
訪郷土文化研究会　18（1）通号172　1999.1

お地蔵様（小口融）「オール諏訪 ： 郷土の総合文化誌」　諏訪郷土文化研
究会　18（6）通号177　1999.6

諏訪の道祖神（1）～（12）（北原昭）「オール諏訪 ： 郷土の総合文化誌」
諏訪郷土文化研究会　18（7）通号178/19（6）通号189　1999.7/2000.6

消えてしまった民話（宮坂健吾）「オール諏訪 ： 郷土の総合文化誌」　諏
訪郷土文化研究会　18（7）通号178　1999.7

諏訪御船祭（田中義広）「まつり通信」　まつり同好会　39（10）通号464
1999.10

諏訪の薙鎌（島田潔）「季刊悠久.第2次」　鶴岡八幡宮悠久事務局　79
1999.10

御柱雑記（上），（下）（夏坊寛一郎）「オール諏訪 ： 郷土の総合文化誌」
諏訪郷土文化研究会　18（12）通号183/19（1）通号184　1999.12/
2000.1

神話と遺跡（高沢朝治郎）「オール諏訪 ： 郷土の総合文化誌」　諏訪郷土
文化研究会　19（6）通号189　2000.6

両面宿儺（村上昭彦）「オール諏訪 ： 郷土の総合文化誌」　諏訪郷土文化
研究会　19（6）通号189　2000.6

墓守（茅星金雄）「オール諏訪 ： 郷土の総合文化誌」　諏訪郷土文化研究
会　19（6）通号189　2000.6

三種の神器（藤原春雄）「オール諏訪 ： 郷土の総合文化誌」　諏訪郷土文
化研究会　19（10）通号193　2000.10

諏訪信仰と狩猟（武井正弘）「東北学.［第1期］」　東北芸術工科大学東北
文化研究センター．作品社（発売）3　2000.10

神代紀の史実性を考える（清水良治）「オール諏訪 ： 郷土の総合文化誌」
諏訪郷土文化研究会　19（11）通号194　2000.11

諏訪の風物誌あれこれ（1）どんど焼き「オール諏訪 ： 郷土の総合文化
誌」　諏訪郷土文化研究会　20（1）通号196　2001.1

ふるさと諏訪紀行（6）万治の石仏（林嘉志郎）「オール諏訪 ： 郷土の総
合文化誌」　諏訪郷土文化研究会　20（3）通号198　2001.3

神道講座（14）「お諏訪さま」のお話し（西高辻信貞）「飛梅」　太宰府天
満宮社務所　119　2001.6

「人鷹一体」の心　鷹匠の伝統の技を紹介　鷹狩り　諏訪流放鷹術「瓦版大
木戸 ： 千葉県立房総のむら館報」　千葉県立房総のむら　28　2001.8

諏訪の風物誌あれこれ（9）天神講の相撲大会「オール諏訪 ： 郷土の総
合文化誌」　諏訪郷土文化研究会　20（9）通号204　2001.9

御柱から八龍神への変身［上］，（下）（原直正）「オール諏訪 ： 郷土の総
合文化誌」　諏訪郷土文化研究会　20（9）通号204/20（10）通号205
2001.9/2001.10

諏訪の寺院―仏教について（1）（夏坊寛一郎）「オール諏訪 ： 郷土の総
合文化誌」　諏訪郷土文化研究会　20（9）通号204　2001.9

諏訪の寺院―仏教抄（2），（3）（夏坊寛一郎）「オール諏訪 ： 郷土の総合
文化誌」　諏訪郷土文化研究会　20（10）通号205/20（11）通号206
2001.10/2001.11

諏訪の風物誌あれこれ（10）壮年会の村芝居（松村健一）「オール諏訪 ：
郷土の総合文化誌」　諏訪郷土文化研究会　20（12）通号207　2001.12

諏訪の寺院（5）～（10）（夏坊寛一郎）「オール諏訪 ： 郷土の総合文化誌」
諏訪郷土文化研究会　20（12）通号207/22（2）通号212　2001.12/
2002.2

天白狐媛尊（藤原春雄）「オール諏訪 ： 郷土の総合文化誌」　諏訪郷土文
化研究会　21（11）通号209　2002.2

諏訪の祭り―信州古代史（百瀬恵）「オール諏訪 ： 郷土の総合文化誌」
諏訪郷土文化研究会　22（5）通号215　2002.8

立川流建築ノート（立川義明）「オール諏訪 ： 郷土の総合文化誌」　諏訪
郷土文化研究会　22（7）通号217　2002.10

諏訪・もうひとつの国譲り（村上昭彦）「オール諏訪 ： 郷土の総合文化
誌」　諏訪郷土文化研究会　22（9）通号219　2002.12

宗門改めの一思考（1），（2）（宮坂増吾）「オール諏訪 ： 郷土の総合文化
誌」　諏訪郷土文化研究会　22（11）通号221/22（12）通号222　2003.
2/2003.3

山伏と修行（跡部眞）「オール諏訪 ： 郷土の総合文化誌」　諏訪郷土文化
研究会　22（11）通号221　2003.2

諏訪の仏教伝来の一思考（宮坂健吾）「オール諏訪 ： 郷土の総合文化誌」
諏訪郷土文化研究会　23（1）通号223　2003.4

霊魂観念と神観念（境淳伍）「オール諏訪 ： 郷土の総合文化誌」　諏訪郷
土文化研究会　23（2）通号224　2003.5

諏訪立川流・大隈流　棟梁の想い（立川義明）「地域文化」　八十二文化財
団　65　2003.7

縄文人の祈り（81）―土偶の顔付をした顔面把手（小松学）「オール諏訪 ：
郷土の総合文化誌」　諏訪郷土文化研究会　23（7）通号229　2003.10

海の怪物大ダコ伝説（後閑正尚）「オール諏訪 ： 郷土の総合文化誌」　諏
訪郷土文化研究会　23（10）通号232　2004.1

御柱祭と私（笠原昭彦）「オール諏訪 ： 郷土の総合文化誌」　諏訪郷土文
化研究会　23（11）通号233　2004.2

シンポジューム　御柱の起源を探る（原田哲郎）「オール諏訪 ： 郷土の総
合文化誌」　諏訪郷土文化研究会　23（12）通号234　2004.3

柴宮日記（20）御柱今昔物語（花岡春義）「オール諏訪 ： 郷土の総合文化
誌」　諏訪郷土文化研究会　23（12）通号234　2004.3

諏訪人の祈りと御柱祭（藤森明）「オール諏訪 ： 郷土の総合文化誌」　諏
訪郷土文化研究会　24（1）通号235　2004.4

戯曲「御柱」に憶う（立川義明）「オール諏訪 ： 郷土の総合文化誌」　諏
訪郷土文化研究会　24（1）通号235　2004.4

御柱の起源を探る（原田哲郎）「オール諏訪 ： 郷土の総合文化誌」　諏訪
郷土文化研究会　24（2）通号236　2004.5

諏訪でのこと（斎藤卓志）「安城民俗」　安城民俗談話会　22　2004.5

御柱祭（川合正治）「安城民俗」　安城民俗談話会　22　2004.5

諏訪信仰と御柱（竹村美幸）「文化財信濃」　長野県文化財保護協会　31
（1）通号115　2004.6

御柱祭見学―飯綱郷土史研究会（戸田利専）「長野」　長野郷土史研究会
236　2004.7

口絵　蛇頭をつけた御柱の曳綱（宮澤恒之）「伊那」　伊那史学会　52（9）
通号916　2004.9

講演要旨　諏訪信仰と御柱（小林純子）「須高」　須高郷土史研究会　（59）
2004.10

御柱祭の柱立と祇園祭の鉾立（松本岩雄，目次謙一）「古代文化研究」　島
根県古代文化センター　（13）2005.3

甲賀三郎物語の背景（武居幸重）「茅野」　茅野市郷土研究会　（63）
2006.3

諏訪の道祖神に魅せられて（北原和登）「茅野」　茅野市郷土研究会

(63) 2006.3

おふくろ石―諏訪・島根石見・松江・大和（北野晃）「民俗文化」 滋賀民俗学会 （523） 2007.4

今に伝わる諏訪地方の信玄伝説《民俗学special号》（宮坂徹）「信濃 ［第3次］」 信濃史学会 60(1)通号696 2008.1

松崎憲三編『諏訪系神社の御柱祭―式年祭の歴史民俗学的研究』（書誌紹介）（樫村賢二）「日本民俗学」 日本民俗学会 通号253 2008.2

諏訪の昔ばなし(61) 湖の不思議な船「オール諏訪 : 郷土の総合文化誌」 諏訪郷土文化研究会 27(11)通号281 2008.2

諏訪の美、諏訪の心・道祖神「オール諏訪 : 郷土の総合文化誌」 諏訪郷土文化研究会 27(12)通号282 2008.3

諏訪の昔ばなし(62) 底なしの池「オール諏訪 : 郷土の総合文化誌」 諏訪郷土文化研究会 27(12)通号282 2008.3

古代の諏訪と基層諏訪信仰の論(1)～(4) ミシャグジ神と柴宮銅鐸の一視点（田中清文）「伊那路」 上伊那郷土研究会 52(4)通号615/52(11)通号622 2008.4/2008.11

諏訪の昔ばなし(65) どうしょう橋「オール諏訪 : 郷土の総合文化誌」 諏訪郷土文化研究会 28(3)通号285 2008.6

諏訪の昔ばなし(66) お藤とお花「オール諏訪 : 郷土の総合文化誌」 諏訪郷土文化研究会 28(4)通号286 2008.7

諏訪の昔ばなし(67) 大門峠の境と有賀峠の境「オール諏訪 : 郷土の総合文化誌」 諏訪郷土文化研究会 28(5)通号287 2008.8

諏訪の昔ばなし(68) けちん坊な男「オール諏訪 : 郷土の総合文化誌」 諏訪郷土文化研究会 28(6)通号288 2008.9

諏訪の昔ばなし(69) 首切り地蔵「オール諏訪 : 郷土の総合文化誌」 諏訪郷土文化研究会 28(7)通号289 2008.10

諏訪の昔ばなし(70) 尾掛松「オール諏訪 : 郷土の総合文化誌」 諏訪郷土文化研究会 28(8)通号290 2008.11

諏訪の昔ばなし(71) イボ石「オール諏訪 : 郷土の総合文化誌」 諏訪郷土文化研究会 28(9)通号291 2008.12

諏訪地方における地域文化の考察（下）（伊藤文夫）「オール諏訪 : 郷土の総合文化誌」 諏訪郷土文化研究会 28(11)通号293 2009.2

諏訪の昔ばなし(73) えっへん料理「オール諏訪 : 郷土の総合文化誌」 諏訪郷土文化研究会 28(11)通号293 2009.02

諏訪信仰の中に秘められた天の岩戸（上）（原directive正）「オール諏訪 : 郷土の総合文化誌」 諏訪郷土文化研究会 28(12)通号294 2009.03

立川流の地紋（立川義明）「オール諏訪 : 郷土の総合文化誌」 諏訪郷土文化研究会 28(12)通号294 2009.03

諏訪の昔ばなし(74) 石にされた玄番之丞「オール諏訪 : 郷土の総合文化誌」 諏訪郷土文化研究会 28(12)通号294 2009.03

岳麓湖盆 諏訪に保存された宗門帳とアーカイブズ（五味省七）「茅野」 茅野市郷土研究会 （69） 2009.03

諏訪の昔ばなし(77) 村を救った坊さま「オール諏訪 : 郷土の総合文化誌」 諏訪郷土文化研究会 29(3)通号297 2009.06

諏訪の昔ばなし(78) 金物の音がする石「オール諏訪 : 郷土の総合文化誌」 諏訪郷土文化研究会 29(4)通号298 2009.07

宮大工「立川流の地紋」（立川義明）「オール諏訪 : 郷土の総合文化誌」 諏訪郷土文化研究会 29(5)通号299 2009.08

諏訪の昔ばなし(79) 与兵衛さとサル「オール諏訪 : 郷土の総合文化誌」 諏訪郷土文化研究会 29(5)通号299 2009.08

カメラ探訪(20) 諏訪流鏑馬祭（鮎沢毅）「オール諏訪 : 郷土の総合文化誌」 諏訪郷土文化研究会 29(6)通号300 2009.09

諏訪の昔ばなし(81) のびたキツネの腕「オール諏訪 : 郷土の総合文化誌」 諏訪郷土文化研究会 29(7)通号301 2009.10

カメラ探訪(22)、(23) 諏訪の御柱祭(1)、(2)（鮎沢毅）「オール諏訪 : 郷土の総合文化誌」 諏訪郷土文化研究会 29(8)通号302/29(9)通号303 2009.11/2009.12

諏訪の昔ばなし(82) 寝だるま石と立ちだるま石「オール諏訪 : 郷土の総合文化誌」 諏訪郷土文化研究会 29(8)通号302 2009.11

諏訪の昔ばなし(83) キツネとオオカミと人間さま「オール諏訪 : 郷土の総合文化誌」 諏訪郷土文化研究会 29(9)通号303 2009.12

諏訪の昔ばなし(84) おいべっさ様「オール諏訪 : 郷土の総合文化誌」 諏訪郷土文化研究会 29(10)通号304 2010.01

諏訪の昔ばなし(85) ヨキとりが淵「オール諏訪 : 郷土の総合文化誌」 諏訪郷土文化研究会 29(11)通号305 2010.02

口絵 主な神社の御柱祭（御柱祭特集）「伊那」 伊那史学会 58(3)通号982 2010.03

長野県諏訪の「木遣り唄」―練習と保存会活動について（研究ノート）（石川俊介）「比較人文学研究年報」 名古屋大学大学院文学研究科比較人文学研究室 7 2010.03

諏訪の名主交代制（続 御柱祭特集）（田中秀胤）「茅野」 茅野市郷土研究会 （74） 2011.03

信濃の諏訪大神と名剣を訪ねて（史跡探訪記 平成22年度史跡探訪の記録―諏訪・上野）（土屋清實）「東庄の郷土史」 東庄郷土史研究会

(27) 2011.07

佛法寺文書でみる諏訪の神仏分離（上）、（下）（松下芳紋）「信濃 ［第3次］」 信濃史学会 63(10)通号741/63(11)通号742 2011.10/2011.11

随想 諏訪地方特産―寒天とそのルーツ（伊藤翠）「会報いしばし」 石橋郷土研究会 2013年春季号 2013.4

『甲賀三郎説話』と伝承のあり方（研究ノート）（福島邦男）「信濃 ［第3次］」 信濃史学会 66(11)通号778 2014.11

阪波

『阪波御記文』について―釼阿手沢本の復元（山地純）「金沢文庫研究」 神奈川県立金沢文庫 （309） 2002.10

諏訪形

伊那路を写す(56) 諏訪神社秋祭―西春近諏訪形（下村幸雄）「伊那路」 上伊那郷土研究会 41(6)通号485 1997.6

諏訪形の疫神除け（三石稔）「長野県民俗の会会報」 長野県民俗の会 通号31 2010.01

諏方上社

祭事を読む―諏方上社物忌令之事（武井正弘）「飯田市美術博物館研究紀要」 飯田市美術博物館 9 1999.7

諏訪上社

祭事を読む―中世の諏訪上社職位式を通して（武井正弘）「飯田市美術博物館研究紀要」 飯田市美術博物館 8 1998.10

中衆十五坊―長野村庄屋矢島氏から諏訪上社権祝矢島氏宛書状（鮎沢三千穂）「長野」 長野郷土史研究会 207 1999.9

中世的神話世界の形成―諏訪上社大祝と『諏訪大明神絵詞』（青木隆幸）「長野県立歴史館研究紀要」 長野県立歴史館 （18） 2012.03

諏訪上社前宮

諏訪上社前宮門前と上原における中世町屋の形成と変遷―門前町と市場、城下町の融合に見る中世町屋の空間イメージ（松田拓也）「信濃 ［第3次］」 信濃史学会 52(4)通号603 2000.4

諏訪湖

神と湖―御渡拝観と注進から（宮坂光昭）「地域文化」 八十二文化財団 41 1997.7

諏訪の風物誌あれこれ(2) 諏訪湖の御神渡り「オール諏訪 : 郷土の総合文化誌」 諏訪郷土文化研究会 20(2)通号197 2001.2

明き海の屋塚漁（長嶋元彌）「オール諏訪 : 郷土の総合文化誌」 諏訪郷土文化研究会 22(12)通号222 2003.3

恵比寿石と諏訪湖（長嶋元彌）「オール諏訪 : 郷土の総合文化誌」 諏訪郷土文化研究会 23(1)通号223 2003.4

諏訪湖の御渡り（宮坂清）「季刊悠久.第2次」 鶴岡八幡宮悠久事務局 99 2004.10

諏訪湖の漁業（第158回例会報告）（中崎隆生）「長野県民俗の会通信」 長野県民俗の会 （198） 2007.4

諏訪市

ごあいさつ 諏訪信仰の歴史をテーマに―諏訪市博物館の紹介（藤原康二）「むしくら : むしくら交流会ニュースレター」 虫倉交流会 （47） 2002.7

諏訪四社

諏訪四社、木落し坂を訪ねる（史跡探訪記 平成22年度史跡探訪の記録―諏訪・上野）（鹿子田賢三郎）「東庄の郷土史」 東庄郷土史研究会 （27） 2011.07

諏訪社

口絵 重要文化財 諏訪社二棟（山内尚巳）「伊那」 伊那史学会 46(7)通号842 1998.7

諏訪社の祭祀と仮屋（森隆男）「近畿民俗 : 近畿民俗学会会報 Bulletin of the Folklore Society of Kinki」 近畿民俗学会 154 1999.2

武田氏の諏訪社支配（宇田川徳哉）「信濃 ［第3次］」 信濃史学会 52(7)通号606 2000.7

天皇と卑弥呼と諏訪社（関川喜八郎, 北沢武夫）「長野」 長野郷土史研究会 212 2000.7

中世後期における信濃国一宮諏訪社と地域（田村正孝）「ヒストリア : journal of Osaka Historical Association」 大阪歴史学会 （199） 2006.3

諏訪神社

信濃古代史の仮説 国造科野氏と諏訪神社・善光寺（小林計一郎）「長野」 長野郷土史研究会 194 1997.7

諏訪神社考(1) 御柱祭（浜口万里）「きりん」 荒木集成館友の会 3 1999.5

鎮西大社 諏訪神社の陰陽石（井出勝正）「むしくら : むしくら交流会ニュースレター」 虫倉交流会 （39） 2001.4

諏訪神社の異国船退治の御内願（上）、（下）（蟹江文吉）「オール諏訪 :

郷土の総合文化誌」 諏訪郷土文化研究会　23(3)通号225/23(4)通号226　2003.6/2003.7

私説諏訪古代史(115) 諏訪神社の御柱(北澤謙吾)「オール諏訪 ： 郷土の総合文化誌」 諏訪郷土文化研究会　24(1)通号235　2004.4

諏訪神社と絵詞にかかわる諸論(宮坂寛美)「茅野」 茅野市郷土研究会　(69) 2009.03

真澄の一枚(5)、(6) 諏訪神社、酉の祭り[1]、(2)(菊地利雄)「菅江真澄研究」 菅江真澄研究会　(73)/(74) 2011.05/2011.08

表紙「安國御名方神社及諏訪神社神代木之景」「ちょうま」 更埴郷土を知る会　(33) 2013.01

諏訪神社大祭を訪ねる(山行報告)(成川茂雄)「奥武蔵」 奥武蔵研究会　(400) 2014.11

諏訪神社に関連する歴史的変遷(飯塚政美)「伊那路」 上伊那郷土研究会　58(11)通号694　2014.11

諏訪神社上社

諏訪神社上社「御柱休め」の謎(原直正)「オール諏訪 ： 郷土の総合文化誌」 諏訪郷土文化研究会　17(1)通号160　1998.1

真澄の一枚(8) 諏訪神社上社本宮(菊地利雄)「菅江真澄研究」 菅江真澄研究会　(76) 2012.05

諏訪大社

天下の大祭・諏訪大社の御柱祭(降幡利治)「オール諏訪 ： 郷土の総合文化誌」 諏訪郷土文化研究会　17(1)通号160　1998.1

諏訪大社の御柱(杉峰俊男)「文化財協会報」 善通寺市文化財保護協会　17　1998.3

諏訪大社御柱曳き祭拝観ツアーに参加して(平津昭知)「山田の郷土史」 山田町郷土史研究会　(5) 1998.11

風鎮めと火伏せの祭り─出雲大社・諏訪大社・智頭諏訪神社の事例から(坂田友宏)「山陰民俗研究」 山陰民俗学会　6　2001.3

諏訪大社御柱祭に探る歴史・文化(百瀬恵)「オール諏訪 ： 郷土の総合文化誌」 諏訪郷土文化研究会　22(4)通号214　2002.7

諏訪氏と「上社」「下社」─鎌倉時代の諏訪社領からみた上・下社の関係(郷道哲章)「長野県立歴史館研究紀要」 長野県立歴史館　(9) 2003.3

諏訪大社御柱の謎(1)、(2)(守屋隆)「オール諏訪 ： 郷土の総合文化誌」 諏訪郷土文化研究会　23(8)通号230/23(9)通号231　2003.11/2003.12

《特集 諏訪大社の御柱祭》「オール諏訪 ： 郷土の総合文化誌」 諏訪郷土文化研究会　23(12)通号234　2004.3

特集・諏訪大社の御柱祭─起源と今昔(編集部)「オール諏訪 ： 郷土の総合文化誌」 諏訪郷土文化研究会　23(12)通号234　2004.3

諏訪大社と御柱祭(小林計一郎)「長野」 長野郷土史研究会　234　2004.3

諏訪大社史跡巡拝(小林計一郎)「長野」 長野郷土史研究会　234　2004.3

《特集 諏訪大社の御柱祭2》「オール諏訪 ： 郷土の総合文化誌」 諏訪郷土文化研究会　24(1)通号235　2004.4

諏訪大社と御柱祭の謎(3)(守屋隆)「オール諏訪 ： 郷土の総合文化誌」 諏訪郷土文化研究会　24(1)通号235　2004.4

諏訪大社御柱祭のあれこれ(小林計一郎)「長野」 長野郷土史研究会　236　2004.4

常識、非常識(談話室諏訪大社巡りの旅など)(松本紀郎)「秦史談」 秦史談会　(129) 2005.9

神話と諏訪大社 併records 淡路島の諏訪明神信仰(五島清弘)「あわじ ： 淡路地方史研究会誌」 淡路地方史研究会　(24) 2007.1

なぎ鎌神事と諏訪大社の御柱(土田孝雄)「頸城文化」 上越郷土研究会　(55) 2007.10

諏訪大社の薙鎌神事の謎(上)、(下)(守屋隆)「オール諏訪 ： 郷土の総合文化誌」 諏訪郷土文化研究会　27(12)通号282/28(1)通号283　2008.3/2008.4

諏訪大社の神紋の謎(守屋隆)「オール諏訪 ： 郷土の総合文化誌」 諏訪郷土文化研究会　28(2)通号284　2008.5

カメラ探訪(9) 諏訪大社十五夜夜祭奉納相撲(鮎沢毅)「オール諏訪 ： 郷土の総合文化誌」 諏訪郷土文化研究会　28(6)通号288　2008.9

虫と金属の「サナギ」の神秘(下) 諏訪大社の鉄鐸など(北野晃)「西郊民俗」 [西郊民俗談話会]　(206) 2009.03

カメラ探訪(18) 諏訪大社の御作田祭(鮎沢毅)「オール諏訪 ： 郷土の総合文化誌」 諏訪郷土文化研究会　29(3)通号298　2009.07

諏訪大社と御柱祭(御柱祭特集)(山内尚巳)「伊那」 伊那史学会　58(3)通号982　2010.03

信濃の諏訪大社(田口正弘)「魚津夜談」 魚津歴史同好会　(33) 2011.03

平成22年度諏訪大社御柱祭雑記(続 御柱祭特集)(北原和登)「茅野」 茅野市郷土研究会　(74) 2011.03

信濃一ノ宮、諏訪大社を訪ねる(史跡探訪記 平成22年度史跡探訪の記録─諏訪・上田)(平野剛)「東庄の郷土史」 東庄郷土史研究会　(27) 2011.07

聞きづらい「話」と調査者─諏訪大社御柱祭における死傷者の「話」を事例として(石川俊介)「日本民俗学」 日本民俗学会　(268) 2011.11

諏訪の神の地を甲州に再現 諏訪大社と今諏訪の諏訪神社(諏訪市・茅野市・諏訪郡下諏訪町・山梨県南アルプス市)(特集 信州と隣県─信・甲二州)「地域文化」 八十二文化財団　(101) 2012.07

諏訪神社の官幣大社昇格にかかわる所論(宮坂寛美)「茅野」 茅野市郷土研究会　(80) 2014.04

三十番神めぐり(17) 諏訪大社「サットバ ： みんなほさつ」 (445) 2014.11

諏訪大社秋宮

諏訪大社秋宮の埋蔵金(青木雪雄)「オール諏訪 ： 郷土の総合文化誌」 諏訪郷土文化研究会　29(1)通号295　2009.04

諏訪大社上社

諏訪信仰についての一考察─諏訪大社(上社)の御頭祭にかかわりあいながら(宮坂寛美)「信濃 [第3次]」 信濃史学会　50(4)通号579　1998.4

諏訪大社上社大祝・権祝家文書参観記(藤木正史)「武田氏研究」 武田氏研究会、岩田書院(発売)　24　2001.6

諏訪大社上社御頭祭の秘密(1)～(4)(守屋隆)「オール諏訪 ： 郷土の総合文化誌」 諏訪郷土文化研究会　28(3)通号285/28(6)通号288　2008.6/2008.9

田畑区・御園区等に伝わる諏訪大社上社御頭祭への奉仕(《民俗特集号》)(松澤英太郎)「伊那路」 上伊那郷土研究会　52(10)通号621　2008.10

カメラ探訪(17) 諏訪大社上社お田植え祭(鮎沢毅)「オール諏訪 ： 郷土の総合文化誌」 諏訪郷土文化研究会　29(3)通号297　2009.06

諏訪大社上社前宮

諏訪大社上社・前宮の由緒(1)、(2)(蟹江文吉)「オール諏訪 ： 郷土の総合文化誌」 諏訪郷土文化研究会　24(3)通号237/24(4)通号238　2004.6/2004.7

諏訪大社下社

国指定重要文化財 銅印「賣神祝印」(宮坂清)「長野県考古学会誌」 長野県考古学会　通号123　2008.2

下社の宝物盗難事件(青木雪雄)「オール諏訪 ： 郷土の総合文化誌」 諏訪郷土文化研究会　29(3)通号297　2009.06

カメラ探訪(25) 諏訪大社下社、春の遷座祭(鮎沢毅)「オール諏訪 ： 郷土の総合文化誌」 諏訪郷土文化研究会　29(11)通号305　2010.02

諏方大明神

「諏方大明神縁起画詞」考─坂上田村麻呂と安倍高丸にかかわりあいながら(宮坂寛美)「信濃 [第3次]」 信濃史学会　49(7)通号570　1997.7

諏訪文学散歩(2) 諏方大明神画詞(小口明)「オール諏訪 ： 郷土の総合文化誌」 諏訪郷土文化研究会　17(4)通号163　1998.4

諏方大明神縁起画詞について(武居幸重)「オール諏訪 ： 郷土の総合文化誌」 諏訪郷土文化研究会　17(5)通号164　1998.5

諏訪大明神

『諏訪大明神絵詞』と田村麻呂伝説(木下守)「長野県民俗の会通信」 長野県民俗の会　(224) 2011.07

諏訪明神

諏訪明神の来た道(武居幸重)「文化財信濃」 長野県文化財保護協会　36(2)通号136　2009.09

西永寺

ふるさと歴史散歩(17) 「里寺」悠久の鐘の声 青龍山西永寺(外谷俊男)「高井」 高井地方史研究会　(168) 2009.08

西岸寺

中世後期地方禅院の文書目録作成のあり方─「臨照山記録西岸寺規式」の文書目録を中心に(村石正行)「長野県立歴史館研究紀要」 長野県立歴史館　(8) 2002.3

西岸寺講習と西田幾多郎疎開の顛末(桃澤匡行)「伊那路」 上伊那郷土研究会　49(8)通号583　2005.8

誓願寺

歴史と民俗 須坂物語(4) 誓願寺考(岡沢主計)「須高」 須高郷土史研究会　(50) 2000.4

西巌寺

西巌寺の「蓮如上人御絵伝」の絵解き(《特集 未来に繋がる絵解きの世界(2)》)(小林玲子)「長野」 長野郷土史研究会　(259) 2008.6

西正院大姥堂

尊像を歩く 大姥尊坐像(内山節)「地域文化」 八十二文化財団　56　2001.4

清内路

清内路煙草の隆替—高冷地山村の変容（1）（三浦宏）「信濃［第3次］」
　信濃史学会　50（5）通号580　1998.5

ふるさとの文化財を守り伝える心伝統の花火にかける情熱　上清内路煙
　火同志会・下清内路煙火有志会「地域文化」　八十二文化財団　（73）
　2005.4

報告　柳田國男没後50周年特別講演会と大平・清内路フィールドワーク
　（高橋寛治）「伊那民俗 ： 伊那民俗学研究所報」　柳田国男記念伊那民
　俗学研究所　（90）　2012.09

関沢

関沢・十王堂の「やしょうま」（大平巌）「高井」　高井地方史研究会
　140　2002.8

赤壁の家

柳田国男の『東国古道記』紀行（11）赤壁の家（故神津猛原）での一夜
　（中村健一）「伊那民俗 ： 伊那民俗学研究所報」　柳田国男記念伊那民
　俗学研究所　40　2000.3

関屋家墓地

長野市豊栄欠関屋家墓地出土の六尊種子石輪について（小山丈夫）「長野
　市立博物館博物館だより」　長野市立博物館　（76）　2011.02

切腹石

仁科正統の断絶　切腹石見聞記（日岐三郎）「伊那路」　上伊那郷土研究会
　45（2）通号529　2001.2

銭

昭和30年代の山間集落の暮らし—中川村銭（有賀直雄）「伊那路」　上伊
　那郷土研究会　57（1）通号672　2013.1

瀬脇

わが町の文化財保護　瀬脇観世音保存会の活動（太田包）「文化財信濃」
　長野県文化財保護協会　26（3）通号97　1999.12

瀬脇のお観音様遷座百年祭（太田正彦）「長野」　長野郷土史研究会
　（291）　2013.10

お観音様を中心に　瀬脇の百年（太田正彦）「長野」　長野郷土史研究会
　（298）　2014.12

泉光寺

三郷郷土研究会シリーズ（2）観音信仰を探って　琴平宮百体観音（旧泉光
　寺仏）（郷土の自然と歴史）（降幡隆夫）「三郷文化」　三郷郷土研究会
　（111）　2010.02

善光寺

物語として善光寺をよむ—イメージの中の善光寺覚書（福沢昭司）「市誌
　研究ながの」　長野市　4　1997.1

善光寺阿弥陀三尊像と清涼寺釈迦像の系統について（D.F.マッカラム）
　「長野」　長野郷土史研究会　191　1997.1

古代善光寺をめぐって（原田和彦）「長野」　長野郷土史研究会　191
　1997.1

善光寺の漢詩（翠川渡）「長野」　長野郷土史研究会　191　1997.1

善光寺本堂の柱に残る傷について（大日方幸一）「長野」　長野郷土史研究
　会　191　1997.1

幻の桃源郷に建つ善光寺（山口義孝）「長野」　長野郷土史研究会　191
　1997.1

善光寺木遣り考（3）～（5）（村杉弘）「須高」　須高郷土史研究会　（44）/
　（46）1997.4/1998.4

善光寺開帳一覧「長野」　長野郷土史研究会　193　1997.5

善光寺信仰を支えた村々　川中島地方に残る古文書を通して（岡沢由往）
　「長野」　長野郷土史研究会　194　1997.7

信濃古代史の仮説　国造科野氏と諏訪神社・善光寺（小林計一郎）「長野」
　長野郷土史研究会　194　1997.7

地域探訪「千曲川」（2）—千曲川通船と善光寺御開帳「長野市立博物館博
　物館だより」　長野市立博物館　（39）　1997.7

後世に伝えたい「善光寺縁起」（小林玲子）「長野」　長野郷土史研究会
　196　1997.11

『甲斐善光寺縁起』と『善光寺記録』（吉原浩人）「甲斐路」　山梨郷土研究
　会　89　1998.1

善光寺如来について（鈴木麻里子）「甲斐路」　山梨郷土研究会　89
　1998.1

善光寺本願聖智円（小林計一郎）「長野」　長野郷土史研究会　198
　1998.3

新収蔵資料の紹介　丹緑本『七人比丘尼』「長野県立歴史館だより」　長野
　県立歴史館　17　1999.1

善光寺縁起（持丸政男）「郷土文化」　郷土文化の会　（8）1999.3

善光寺の古瓦（小林計一郎）「長野」　長野郷土史研究会　205　1999.5

信州長野善光寺に参詣して（倉掛正守）「史友会報」　高鍋史友会　34
　1999.6

牛に引かれて善光寺参り（藤島一郎）「水郷の民俗」　水郷民俗研究会　5
　1999.6

『善光寺道名所図会』成立考（青木隆幸）「信濃［第3次］」　信濃史学会
　51（7）通号594　1999.7

善光寺正月行事　如来御越年式「地域文化」　八十二文化財団　49　1999.7

善光寺と若麻績氏（小林敏男）「信濃［第3次］」　信濃史学会　51（8）通
　号595　1999.8

善光寺門前式阿弥陀三尊（小林計一郎）「長野」　長野郷土史研究会　207
　1999.9

善光寺古瓦雑記（新津武）「長野」　長野郷土史研究会　207　1999.9

信州善光寺三国一如来茶湯供養碑（宮島潤子）「日本の石仏」　日本石仏協
　会，青娥書房（発売）　通号91　1999.9

近江湖西を訪ねて—長沼・飯山藩佐久間氏の遺跡と廃仏毀釈にあった善
　光寺関係の仏像（小山丈夫）「長野」　長野郷土史研究会　209　2000.1

高野山大学図書館架蔵『善光寺如来講式』について（牛山佳幸）「市誌研
　究ながの」　長野市　（7）2000.2

西本願寺坊下間少進家伝来の善光寺分身仏（北川央）「長野」　長野郷土史
　研究会　211　2000.5

善光寺式刀印について（福島貴和）「長野」　長野郷土史研究会　211
　2000.5

善光寺式黄金仏（小林計一郎）「長野」　長野郷土史研究会　211　2000.5

善光寺仁王門を寄贈した永田兵太郎遺訓碑（山крия ひさ）「長野」　長野郷土
　史研究会　212　2000.7

善光寺講の地域的展開をめぐって（西海賢二）「地方史研究」　地方史研究
　協議会　50（4）通号286　2000.8

1999年12月例会　研究発表　親鸞上人と善光寺の縁起「日本宗教民俗学研
　究会通信」　日本宗教民俗学研究会　（87）2000.8

《善光寺参詣記》「長野」　長野郷土史研究会　213　2000.9

近代の旅日記にみる善光寺参詣（岩鼻通明）「長野」　長野郷土史研究会
　213　2000.9

福井県からの善光寺参り（北村市朗）「長野」　長野郷土史研究会　213
　2000.9

子供の善光寺参り（大日方幸一）「長野」　長野郷土史研究会　213
　2000.9

善光寺経蔵内の経典の虫干しに参加して（小林澄江）「文化財信濃」　長野
　県文化財保護協会　27（2）通号100　2000.9

講演要旨　善光寺まいり（小林計一郎）「須高」　須高郷土史研究会　（51）
　2000.10

《特集　善光寺—常夜燈・参詣》「長野」　長野郷土史研究会　214　2000.11

明治23年、村長の善光寺参り　永田与三吉「東京・日光・善光寺・伊勢巡
　遊記行」（小林計一郎）「長野」　長野郷土史研究会　214　2000.11

善光寺常夜燈について—従来の調査（小林計一郎）「長野」　長野郷土史研究
　会　214　2000.11

善光寺境内俯瞰図を一年半余、連夜参拝を続けて作製（飯島豊）「長野」
　長野郷土史研究会　214　2000.11

善光寺常夜燈の銘文（中村康夫）「長野」　長野郷土史研究会　214
　2000.11

空居と善光寺信仰（時枝務）「コロス」　常民文化研究会　84　2001.2

女性が見た明治6年の善光寺・伊勢詣り旅行記—神崎郡五箇荘町（竹中初
　子）「民俗文化」　滋賀民俗学会　449　2001.2

〔史料紹介〕「道中日記（伊勢参宮より信州善光寺まで）」（久保貴子）
　「杉並区立郷土博物館研究紀要」　杉並区立郷土博物館　（9）2001.3

善光寺経蔵調査（小出章）「むしくら ： むしくら交流会ニュースレター」
　虫倉交流会　（41）2001.8

善光寺と善光寺の舞台芸能小史（小林一郎）「長野」　長野郷土史研究会
　219　2001.9

善光寺の伝説「つりがねのおはなし」（小林一郎，小林玲子）「長野」　長
　野郷土史研究会　221　2002.1

善光寺絵巻と聖徳太子と法隆寺（百瀬恵）「オール諏訪 ： 郷土の総合文
　化誌」　諏訪郷土文化研究会　22（3）通号213　2002.6

善光寺「一切経」の虫干しと調査（長野県文化財保護協会長野支部）「文
　化財信濃」　長野県文化財保護協会　29（1）通号107　2002.6

善光寺境内「長野」　長野郷土史研究会　224　2002.7

長野市内善光寺信仰関係史跡めぐり「長野」　長野郷土史研究会　224
　2002.7

信濃善光寺と周辺の史跡をめぐる（玉越慶弘）「まちは生きた博物館」　い
　たばしまち博友の会　（25）2002.9

バスに牽かれて善光寺詣り（佐田鴻一）「まちは生きた博物館」　いたばし
　まち博友の会　（25）2002.9

善光寺周辺の伝統行事に参加して「長野」　長野郷土史研究会　225
　2002.9

善光寺参道史跡案内ボランティア養成講座　第5回　善光寺境内の石造文化
　財（講師・小林丈夫さん）/第6回　思想としての町家建築（講師・丸山
　日出夫さん）「長野」　長野郷土史研究会　225　2002.9

古文書紹介　善光寺参り見舞帳（林昌弘）「博物館ニュース」　安城市歴史

博物館　46　2002.10

語り伝えて　牛に引かれて善光寺詣物語（小野清恒）「新居浜史談」　新居浜郷土史談会　328　2002.12

2002年10月例会　研究発表　戸城三千代氏「能『柏崎』の狂女と善光寺縁起」「日本宗教民俗学会通信」　日本宗教民俗学会　（97）2002.12

吉原トップスターの広告塔か　善光寺の高尾太夫常夜灯、二基の謎（野口一郎）「長野」　長野郷土史研究会　227　2003.1

文献史料をよむ　文献史料にみる善光寺「長野県立歴史館たより」　長野県立歴史館　34　2003.3

各地の善光寺研究、長野県・滋賀県について（北村市朗）「長野」　長野郷土史研究会　229　2003.5

史料紹介　善光寺道中日記を読む（西海賢二）「日本民俗学」　日本民俗学会　通号234　2003.5

死ぬ前に一度は詣でよ善光寺（百瀬恵）「オール諏訪 ： 郷土の総合文化誌」　諏訪郷土文化研究会　23（3）通号225　2003.6

《特集 平成15年度善光寺開帳》「長野」　長野郷土史研究会　230　2003.7

平成15年度の善光寺開帳（小林計一郎）「長野」　長野郷土史研究会　230　2003.7

善光寺開帳に伴う人出の状況「長野」　長野郷土史研究会　230　2003.7

善光寺信仰と聖徳太子（1）～（7）（宮島潤子）「むしくら ： むしくら交流会ニュースレター」　虫倉交流会　（54）/（60）2003.9/2004.9

栗田氏と善光寺に関する一考察（鎌田宣之）「信濃［第3次］」　信濃史学会　55（11）通号646　2003.11

お江戸日本橋から善光寺参りの旅（金子清）「長野」　長野郷土史研究会　232　2003.11

歴史の町長野を紡ぐ会の活動報告　善光寺界隈の地蔵盆・地蔵めぐり「長野」　長野郷土史研究会　232　2003.11

韓郷神社の由来と善光寺の起源（1），（2）（松島茂光）「伊那」　伊那史学会　51（12）通号907/52（3）通号910　2003.12/2004.3

お江戸日本橋から善光寺参りの旅（長田元水）「長野」　長野郷土史研究会　235　2004.5

湖北路を歩いた人々　湖東の商人の善光寺参り（1），（2）「長浜城歴史博物館友の会友の会だより」　長浜城歴史博物館友の会　56/57　2004.6/2004.7

善光寺高尾灯籠を推理する（山岸邦彦）「長野」　長野郷土史研究会　236　2004.7

善光寺研究―滋賀県について（2）（北村市朗）「長野」　長野郷土史研究会　236　2004.7

出羽における善光寺信仰の展開―特に山岳信仰との関係について（牛山佳幸）「山岳修験」　日本山岳修験学会，岩田書院（発売）（34）2004.11

立山浄土山と信濃善光寺（鈴木景二）「富山史壇」　越中史壇会　145　2004.12

善光寺用材について―佐久郡大日向村用材を中心として（小金澤敏夫）「市誌研究ながの」　長野市　（12）2005.2

「善光寺時供養板碑」について（伊藤宏之）「寺社と民衆」　民衆宗教史研究会　（1）2005.3

善光寺正月のお供え物「喰積」（小林玲子）「長野」　長野郷土史研究会　（240）2005.3

善光寺木遣りと浄土信仰（村杉弘）「須高」　須高郷土史研究会　（60）2005.4

善光寺の六つの入り口を守る六赤地蔵（小林一郎）「長野」　長野郷土史研究会　（241）2005.5

重要文化財善光寺三門　保存修理工事「文化財信濃」　長野県文化財保護協会　32（1）通号119　2005.6

善光寺の御開帳に参詣して（金本勝三郎）「練馬郷土史研究会会報」　練馬郷土史研究会　298　2005.7

善光寺・米山薬師を詣でた僧（高橋勝）「北國街道研究」　北國街道の手をつなぐ会　（6）2005.9

近世における善光寺史関係の著作について（牛山佳幸）「市誌研究ながの」　長野市　（13）2006.2

十返舎一九の「戸隠善光寺往来」―江戸っ子のための善光寺戸隠案内記《特集 いま甦る北信濃の三大霊場―善光寺・戸隠・飯綱》（小林一郎）「長野」　長野郷土史研究会　（245）2006.2

史料紹介　瀬下敬忠著「善光寺詣」《特集 いま甦る北信濃の三大霊場―善光寺・戸隠・飯綱》（小山丈夫）「長野」　長野郷土史研究会　（245）2006.2

「遊行上人縁起絵」に描かれた善光寺境内社の薙鎌（小柳義男）「長野県立歴史館研究紀要」　長野県立歴史館　（12）2006.3

ふるさと歴史散歩（4）西江部の善光寺常夜燈（事業部）「高井」　高井地方史研究会　（155）2006.5

善光寺道を共有した人々の善光寺参詣（田中薫）「信濃［第3次］」　信濃史学会　59（2）通号685　2007.2

善光寺式三尊板碑小考（前），（後）（村田和義）「史迹と美術」　史迹美術同攷会　77（7）通号777/77（8）通号778　2007.8/2007.9

善光寺信仰の広がり《特集 『上州路』創刊400号記念　群馬の今日、そ

して未来へ》（近藤義雄）「上州路 ： 郷土文化誌」　あさを社　34（9）通号400　2007.9

これからの郷土史―映画・演劇で善光寺門前町再発見《特集 これからの郷土史》（小林竜太郎）「長野」　長野郷土史研究会　（255）2007.10

善光寺参りと日光見物の旅―「道中入用帳」から（はむら民俗の会）「羽村市郷土博物館紀要」　羽村市郷土博物館　（22）2007.12

古文書の窓（83）善光寺参りと一家族の受難―幕末（池上正直）「伊那路」　上伊那郷土研究会　52（5）通号616　2008.5

文学に登場する善光寺（八木輝夫）「長野」　長野郷土史研究会　（261）2008.10

善光寺秘仏を拝見した人（上）―定尊と源延（石川勝義）「歴研よこはま」　横浜歴史研究会　（61）2008.11

善光寺の御三卿宿（高橋宏）「長野」　長野郷土史研究会　（262）2008.12

長野市公文書館開館一周年記念講演　平安時代の善光寺をめぐって―霊場寺院への発展とその背景（牛山佳幸）「市誌研究ながの」　長野市　（16）2009.02

信濃毎日新聞最初の善光寺御開帳記事―明治15年（1882年）《特集 善光寺御開帳》「長野」　長野郷土史研究会　（263）2009.02

善光寺御開帳と出版《特集 善光寺御開帳》（小林一郎）「長野」　長野郷土史研究会　（263）2009.02

江戸時代の善光寺の開帳　御印文頂戴・絵解き《特集 善光寺御開帳》（小林玲子）「長野」　長野郷土史研究会　（263）2009.02

戦後の善光寺御開帳基本データ《特集 善光寺御開帳》（小林竜太郎）「長野」　長野郷土史研究会　（263）2009.02

聖徳太子絵伝に描かれた善光寺如来（天野信治）「安曇野市歴史博物館研究紀要」　安曇野市歴史博物館　（16）2009.03

常夜燈にみる善光寺信仰の広がり（黒岩龍也）「長野県立歴史館研究紀要」　長野県立歴史館　（15）2009.03

「孝子右京伝」―老母を信濃の善光寺にお参りさせた親孝行者の物語（古恵良菊男）「安心院縄文 ： 安心院縄文会機関誌」　安心院縄文会　20　2009.04

伝説の寺、善光寺　正信坊に残る銭屋五兵衛の位牌/光院に伝わる大数珠《特集 善光寺御開帳（2）》「長野」　長野郷土史研究会　（264）2009.04

善光寺御開帳と一茶《特集 善光寺御開帳（2）》（小林一郎）「長野」　長野郷土史研究会　（264）2009.04

善光寺御開帳を大発展させた長野の二人の熱き男―中沢与左衛門・岡本孝平《特集 善光寺御開帳（2）》（八木輝夫）「長野」　長野郷土史研究会　（264）2009.04

善光寺秘仏を拝見した人（中），（下）（石川勝義）「歴研よこはま」　横浜歴史研究会　（62）/（63）2009.05/2009.11

講演「善光寺と松代　御開帳でつながる門前町と城下町」《特集 善光寺と松代》（小林一郎）「長野」　長野郷土史研究会　（265）2009.6

善光寺仁王門建設について（北村市朗）「長野」　長野郷土史研究会　（265）2009.06

謡曲「一遍上人」にみえる善光寺如来出現譚（小山丈夫）「長野」　長野郷土史研究会　（266）2009.08

謡曲「木引善光寺」（小林一郎）「長野」　長野郷土史研究会　（266）2009.08

飯山市常盤柳新田　善光寺講の善光寺縁起絵伝《特集 未来に繋がる絵解きの世界（3）》（小林玲子）「長野」　長野郷土史研究会　（267）2009.10

善光寺如来来伝の絵解き台本「善光寺如来御絵伝略解」（1）《特集 未来に繋がる絵解きの世界（3）》（小林一郎）「長野」　長野郷土史研究会　（267）2009.10

熊野観心十界図の絵解き―善光寺と熊野を結ぶもの《特集 未来に繋がる絵解きの世界（4）》（小林一郎）「長野」　長野郷土史研究会　（268）2009.12

文化財保護研修会講演　石造物にみる善光寺信仰の広がり（黒岩龍也）「文化財信濃」　長野県文化財保護協会　36（3）通号137　2009.12

『善光寺さん』（小林計一郎初代会長追悼特集）（荻原祐）「長野」　長野郷土史研究会　（269）2010.02

善光寺式三尊像における同形像の一系統―善光寺信仰展の調査から（傳田伊史）「長野県立歴史館研究紀要」　長野県立歴史館　（16）2010.03

『見集録 坤』の紹介（7）―『見集録 坤』の紹介を終わって（鬼頭康之）「長野」　長野郷土史研究会　（270）2010.04

善光寺金堂再建に至る裏唄（仁科叔子）「信濃［第3次］」　信濃史学会　62（5）通号724　2010.05

「善光寺縁起」と王祇神―王祇神を構成する「飛鳥」「熊野」「伊勢」（大江広松）「山形民俗」　山形県民俗研究協議会　（24）2010.11

中世善光寺をめぐる一視点（中世特集号「新視点 信濃における中世宗教史―祈りと権力―」研究ノート）（原田和彦）「信濃［第3次］」　信濃史学会　62（12）通号731　2010.12

善光寺信仰の展開（1）～（6）―中世勧進聖と“分身”の研究を中心として（小野澤眞）「史迹と美術」　史迹美術同攷会　81（4）通号814/82（1）

通号821 2011.05/2012.01

善光寺銅仏六地蔵の系譜―修験者 祐昌を追って(特集 石仏探訪IX)(岡村知彦)「日本の石仏」 日本石仏協会，青娥書房(発売) (138) 2011.06

西国三十三所観音巡礼信仰と秩父三十四所観音巡礼信仰と善光寺如来(井阪康二)「御影史学論集」 御影史学研究会 通号36 2011.10

口絵 善光寺信仰の展開(6)「史迹と美術」 史迹美術同攷会 82(1)通号821 2012.01

田中吉政文書に学ぶ織豊期・善光寺如来(吉田義治)「濃飛史呻」 岐阜県歴史資料保存協会 (103) 2013.04

信州善光寺江戸出開帳参拝 吉良邸跡地から江戸博へ「荒川史談」 荒川史談会 (314) 2013.06

信州善光寺の出開帳で「善光寺如来」の絵解きを拝聴(善光寺出開帳レポート)(麻布十兵衛)「長野」 長野郷土史研究会 (290) 2013.08

明暦の大火(振袖火事)と回向院―善光寺は出開帳により再建される(鎌倉治雄)「ちょうま」 更埴郷土を知る会 (34) 2013.12

北近畿での信州善光寺廻国開帳について(嵐光潋)「史談福智山」 福知山史談会 (742) 2014.01

善光寺「ぬれ仏」(銅造地蔵菩薩坐像)の研究(小山丈夫，伊藤愛加)「飯綱町の歴史と文化 ： いいづな歴史ふれあい館紀要」 飯綱町教育委員会，いいづな歴史ふれあい館 (2) 2014.03

善光寺と戸隠寺の関係をめぐって(牛山佳幸)「市誌研究ながの」 長野市 (21) 2014.03

「右大將家善光寺御随兵日記」の成立とその背景(上)，(下)(石川勝義)「信濃[第3次]」 信濃史学会 66(4)通号771/66(5)通号772 2014.4/2014.05

口絵 完成した「善光寺参り絵解き図」原画「長野」 長野郷土史研究会 (295) 2014.06

いよいよ始まる善光寺参りの絵解き(特集 善光寺参り絵解き図)(小林玲子)「長野」 長野郷土史研究会 (295) 2014.06

善光寺参り絵解き図に期待するもの(特集 善光寺参り絵解き図)(小林一郎)「長野」 長野郷土史研究会 (295) 2014.06

絵師として描写に込めた想い(特集 善光寺参り絵解き図)(尾頭，OZ，山口佳祐)「長野」 長野郷土史研究会 (295) 2014.06

善光寺参り絵解き図 制作工程(特集 善光寺参り絵解き図)(尾頭，OZ，山口佳祐)「長野」 長野郷土史研究会 (295) 2014.06

連載コラム 生きた町の歴史を知ろう(3) 北陸新幹線延伸と善光寺参り絵解き図(小林竜太郎)「長野」 長野郷土史研究会 (295) 2014.06

善光寺参り絵解き図の絵解きに向けて 額装、軸装、台本制作(小林玲子)「長野」 長野郷土史研究会 (296) 2014.08

善光寺参りについて―滋賀県米原市(粕淵宏昭)「民俗文化」 滋賀民俗学会 (611) 2014.08

連載コラム 長野と全国各地の繋がり(5) 高田派本山専修寺と善光寺の交流(小林玲子)「長野」 長野郷土史研究会 (297) 2014.10

新聞・テレビ・雑誌などで紹介された「善光寺参り絵解き図」(小林玲子)「長野」 長野郷土史研究会 (297) 2014.10

「善光寺参り絵解き図」三月末完成後の絵解き口演と聴講数(小林玲子)「長野」 長野郷土史研究会 (298) 2014.12

善光寺如来・乙大日如来の並刻塔について(会員の広場)(渡辺政廣)「日本の石仏」 日本石仏協会，青娥書房(発売) (152) 2014.12

善光寺表参道

善光寺表参道の伝説[1]，(2)(小林一郎)「長野」 長野郷土史研究会 228/229 2003.3/2003.5

特集 知られざる善光寺表参道―千年のまちを考える(小林一郎)「長野」 長野郷土史研究会 (246) 2006.4

未来への伝言 歴史の波を受ける表参道の小路(《特集 知られざる善光寺表参道(2) 歴史の町長野を紡ぐ会5周年》)(小林玲子)「長野」 長野郷土史研究会 (251) 2007.2

未来への提言 善光寺御開帳中の表参道(《特集 善光寺と松代》)(清水隆史，小林竜太郎)「長野」 長野郷土史研究会 (265) 2009.6

連載コラム 生きた町の歴史を知ろう(1 善光寺表参道の町間御所に暮らして(小林竜太郎)「長野」 長野郷土史研究会 (293) 2014.2

善光寺表参道七福神

善光寺表参道七福神めぐり・善光寺門前七稲荷めぐり・善光寺門前七天神めぐり(《特集 知られざる善光寺表参道(2) 歴史の町長野を紡ぐ会5周年》)「長野」 長野郷土史研究会 (251) 2007.2

善光寺街道

祈りの道・善光寺街道四百年(小瀬佳彦)「長野」 長野郷土史研究会 (297) 2014.10

善光寺参道

善光寺参道敷石(小林計一郎)「長野」 長野郷土史研究会 192 1997.3

善光寺七社

未来への提言 善光寺七社の現在(1) 柳原神社・木留神社(《特集 善光寺御開帳(2)》)(清水隆史，小林竜太郎)「長野」 長野郷土史研究会 (264) 2009.04

善光寺門前の路地/未来への提言 善光寺七社の現在(2)(《特集 路地》)(清水隆史，小林竜太郎)「長野」 長野郷土史研究会 (266) 2009.08

善光寺門前の路地/未来への提言 善光寺七社の現在(3) 加茂神社(小林一郎)「長野」 長野郷土史研究会 (267) 2009.10

善光寺釈迦堂

県外での涅槃図の絵解き(小林玲子)「長野」 長野郷土史研究会 223 2002.5

善光寺釈迦堂の大涅槃図(《特集 未来に繋がる絵解きの世界》)(小林一郎)「長野」 長野郷土史研究会 (252) 2007.2

釈迦堂涅槃図絵解き台本(《特集 未来に繋がる絵解きの世界》)(小林一郎，小林玲子)「長野」 長野郷土史研究会 (252) 2007.2

善光寺平

考古資料をよむ 地元に根付いた善光寺平のもと 一つの古代仏教文化 篠ノ井遺跡群館蔵考古資料紹介(8)「長野県立歴史館たより」 長野県立歴史館 43 2005.6

信濃善光寺平所在の特異な宝篋印塔調査報告―長野市・千曲市・小県郡青木村・同郡長門町など(《月刊「民俗文化」発行500号記念論文》)(福澤邦夫，田岡香逸)「民俗文化」 滋賀民俗学会 (510) (号外) 2006.3

善光寺平北部の絵解きに参加(4月25日 絵解き文化の旅(善光寺平北部)参加報告)(大日方武)「長野」 長野郷土史研究会 (272) 2010.08

心安らぐ絵解き文化(4月25日 絵解き文化の旅(善光寺平北部)参加報告)(菊原修一)「長野」 長野郷土史研究会 (272) 2010.08

絵解き文化の旅に参加して(4月25日 絵解き文化の旅(善光寺平北部)参加報告)(三浦悟)「長野」 長野郷土史研究会 (272) 2010.08

善光寺平の方言集(1)～(3)(北村俊治，小林一郎[編])「長野」 長野郷土史研究会 (286)/(288) 2012.12/2013.4

善光寺道

麗しき伊那路(4)―善光寺道を歩く(田中清文)「伊那路」 上伊那郷土研究会 41(12)通号491 1997.12

旧北国街道の善光寺道の道標(善光寺道標)(伝田重義)「長野」 長野郷土史研究会 213 2000.9

研究の窓 「善光寺道名所図会」にみる街道の風景(森山俊一)「長野県立歴史館たより」 長野県立歴史館 (54) 2008.3

善光寺仁王門

善光寺仁王門の再建について(風間紀)「市誌研究ながの」 長野市 4 1997.1

善光寺西街道

善光寺西街道巡り(1)～(11)(蟹江文吉)「オール諏訪 ： 郷土の総合文化誌」 諏訪郷土文化研究会 28(11)通号293/29(11)通号305 2009.02/2010.02

善光寺町

江戸時代後期に善光寺町で生きた女性たち(樋口和雄)「市誌研究ながの」 長野市 6 1999.1

山中紙と善光寺町の紙商人(降幡浩樹)「地域文化」 八十二文化財団 50 1999.10

近世後期における善光寺町の信用事情―大本願上人様無尽講をめぐる試論(宮崎正規)「市誌研究ながの」 長野市 (18) 2011.02

善光寺門前七稲荷

善光寺表参道七福神めぐり・善光寺門前七稲荷めぐり・善光寺門前七天神めぐり(《特集 知られざる善光寺表参道(2) 歴史の町長野を紡ぐ会5周年》)「長野」 長野郷土史研究会 (251) 2007.2

善光寺門前七天神

善光寺表参道七福神めぐり・善光寺門前七稲荷めぐり・善光寺門前七天神めぐり(《特集 知られざる善光寺表参道(2) 歴史の町長野を紡ぐ会5周年》)「長野」 長野郷土史研究会 (251) 2007.2

善光寺四十八願所

善光寺四十八願所巡拝記―詠歌額をたずねて(今市邦太郎)「長野」 長野郷土史研究会 191 1997.1

千歳宮

口絵 絵師、尾頭氏が奉納した大絵馬二面(武井神社・南千歳町千歳宮)「長野」 長野郷土史研究会 (292) 2013.12

専修寺

一光三尊仏について(西沢久徳)「長野」 長野郷土史研究会 214 2000.11

一光三尊仏と印相について(西沢久徳)「長野」 長野郷土史研究会 235

仙丈

眼の前の仙丈（有賀功）「伊那路」　上伊那郷土研究会　45（10）通号537
2001.10

専称寺

三明山専称寺の移築について（浅田周一）「松本市史研究 ： 松本市文書
館紀要」　松本市　（12）2002.3

仙仁

地名「仙仁」と須坂の民話「仙仁碁打ち」の由来について（仙仁秀泰）
「須高」　須高郷土史研究会　（66）2008.4

善徳寺

「善徳寺虫干法会の絵解きと越中の小京都城端」参加レポート（矢向忠
雄）「長野」　長野郷土史研究会　（279）2011.09

善福寺

ふるさとの社寺（13）戸隠山善福寺（丸山数馬）「三郷文化」　三郷郷土研
究会　80　2002.5

善福寺にかかわる古文書より（ふるさとの社寺解説）（丸山数馬）「三郷文
化」　三郷郷土研究会　89　2004.8

廃善福寺彩石宝篋印塔・東昌寺浦野氏宝篋印塔群（福澤邦夫）「史迹と美
術」　史迹美術同攷会　77（3）通号773　2007.3

宗円寺

口絵 阿智村宗円寺 代官向関宮崎氏大正時代の法要（松澤保）「伊那」　伊
那史学会　62（11）通号1038　2014.11

宗平寺

宗平寺滅亡説について（1），（2）（宮坂健吾）「オール諏訪 ： 郷土の総合
文化誌」　諏訪郷土文化研究会　22（4）通号214/22（5）通号215
2002.7/2002.8

傍陽

太子講のこと―小県郡傍陽地区に見られる太子講などから（酒井伝）「上
田盆地」　上田民俗研究会　（37）2002.11

園原

園原の「伏屋」「布施屋」考（三浦宏）「郷土史巡礼」　阿智史学会　309
1998.5

大光寺

ふるさとの歴史散歩（24）地区の皆様に支えられている普照山神力院大
光寺（外谷俊男）「高井」　高井地方史研究会　（175）2011.05

太子寺

稲荷山公園の太子寺と治田公園の太子殿（宮澤芳己）「ちょうま」　更埴郷
土を知る会　（27）2007.1

太子殿

稲荷山公園の太子寺と治田公園の太子殿（宮澤芳己）「ちょうま」　更埴郷
土を知る会　（27）2007.1

太子町

講演記録 須坂の太子町『太子堂』と井上『浄運寺』から学ぶ―寺社建築
を読み解く（相原文哉）「須高」　須高郷土史研究会　（77）2013.11

大昌寺

『長野』第81号「特集信濃の伝説」ら抄出 大昌寺の伝説―狐の恩返し
（滝沢寛雄）「長野」　長野郷土史研究会　221　2002.1

戸隠村大昌寺の八相釈迦涅槃図（滝沢寛海）「むしくら ： むしくら交流
会ニュースレター」　虫倉交流会　（52）2003.5

戸隠村大昌寺における紅葉慈母観音講による供養祭と盂蘭盆会の催おし
（滝沢寛海）「むしくら ： むしくら交流会ニュースレター」　虫倉交流
会　（54）2003.9

大同寺跡

廃仏毀釈で壊された寺の行方―安曇野市堀金大同寺跡を例に（研究ノー
ト）（宮下一男，百瀬新治）「信濃［第3次］」　信濃史学会　65（4）通号
759　2013.04

大法寺

仏像を歩く普賢菩薩立像（青木村大法寺）（内山節）「地域文化」　八十二
文化財団　44　1998.4

大北

大北地方の高遠石工の作品（牛越嘉人）「信濃［第3次］」　信濃史学会
54（10）通号633　2002.10

大門町

大門町出土の中世石塔（小林計一郎）「長野」　長野郷土史研究会　203
1999.1

大門峠

諏訪の昔ばなし（67）大門峠の境と有賀峠の境「オール諏訪 ： 郷土の
総合文化誌」　諏訪郷土文化研究会　28（5）通号287　2008.8

高井

江戸中期農家の土座調査（檀原長則）「高井」　高井地方史研究会　118
1997.2

［史料紹介］祭文二通（檀原長則）「高井」　高井地方史研究会　124
1998.8

お大師さん（長針功）「高井」　高井地方史研究会　127　1999.4

［史料紹介］「囲穀覚之事」（阿部昭三）「高井」　高井地方史研究会　127
1999.4

「高井鴻山妖怪図」を解く（川上実，小松和彦）「地域文化」　八十二文化
財団　49　1999.7

昔の明かり―火をおこす道具と焚火の明かり（金箱正美）「高井」　高井地
方史研究会　129　1999.11

名数十二と山の神（中村鉄治）「高井」　高井地方史研究会　130　2000.2

法華塔さん物語り（海野米次）「高井」　高井地方史研究会　139　2002.4

《特集 知恵のだんごとお花祭り・やしょうま》「高井」　高井地方史研究
会　140　2002.8

馬コレクションと私（山岸安信）「高井」　高井地方史研究会　141
2002.11

《特集 知恵のだんご・だんご投・花まつり》「高井」　高井地方史研究会
144　2003.8

知慧（恵）の団子（私見）（島田茂文）「高井」　高井地方史研究会　144
2003.8

二つの観音堂とだんご投げ（檀原長則）「高井」　高井地方史研究会　144
2003.8

なつかしの花まつり（伊東明啓）「高井」　高井地方史研究会　144
2003.8

だんごのいろいろ（野口倪）「高井」　高井地方史研究会　144　2003.8

庚申信仰と二つの庚申塔（寺瀬喜一郎）「高井」　高井地方史研究会　145
2003.11

「引札」雑記―「漉き草（こうぞ）」による和紙漉きも含めて（金箱正美）
「高井」　高井地方史研究会　146　2004.2

高井地方の草相撲―江戸相撲との関わりを中心に（徳永泰男）「高井」　高
井地方史研究会　（152）2005.8

贋札作りと使用の今昔（田尻二郎）「高井」　高井地方史研究会　（152）
2005.8

聞き語り製糸女工の生活（武田富夫）「高井」　高井地方史研究会　（153）
2005.11

江戸期における復古神道と社号問題（高橋勘）「高井」　高井地方史研究会
（154）2006.2

古文書探検（3）離縁状（研修部）「高井」　高井地方史研究会　（154）
2006.2

民俗資料報告 ヤセツボ（関孝一）「高井」　高井地方史研究会　（163）
2008.5

寺と村人たち（河野実）「高井」　高井地方史研究会　（164）2008.8

江戸時代の仏教と寂寥の禅師良寛（原田昭一）「高井」　高井地方史研究会
（168）2009.08

昔の人の野生獣対策と衣・食（檀原長則）「高井」　高井地方史研究会
（172）2010.08

高梨氏の姻戚関係について（志村平治）「高井」　高井地方史研究会
（172）2010.08

香具仲間の掟（仲山雄三）「高井」　高井地方史研究会　（172）2010.08

講演記録 親の心をそむくゆへ―「市河文書」にみる愛憎劇（郷道哲章）
「高井」　高井地方史研究会　（175）2011.05

高梨氏の石畳紋の図柄を追って（志村平治）「高井」　高井地方史研究会
（176）2011.08

木島太右衛門と沖の窓石（山嵜光平）「高井」　高井地方史研究会　（177）
2011.11

蓮の二十三夜塔（石沢昭平）「高井」　高井地方史研究会　（180）2012.08

特集号発行にあたって（特集 高度経済成長期前のくらし）（阿部敏明）
「高井」　高井地方史研究会　（181）2012.11

母に教わったお煮かけうどんと十日夜（特集 高度経済成長期前のくらし
―食）（児玉要）「高井」　高井地方史研究会　（181）2012.11

みそやま（特集 高度経済成長期前のくらし―食）（小林きみ子）「高井」
高井地方史研究会　（181）2012.11

戦時中の食について（特集 高度経済成長期前のくらし―食）（都筑弘文）
「高井」　高井地方史研究会　（181）2012.11

私の子供のころ（特集 高度経済成長期前のくらし―食）（高野勝子）「高
井」　高井地方史研究会　（181）2012.11

学生時代を想う（特集 高度経済成長期前のくらし―食）（土屋誠之）「高
井」　高井地方史研究会　（181）2012.11

高度成長前の農家のつくりとくらし（特集 高度経済成長期前のくらし―

住)(町田親穂)「高井」 高井地方史研究会 （181）2012.11

お勝手(特集 高度経済成長期前のくらし―住)(田中毅)「高井」 高井地方史研究会 （181）2012.11

60年前の我が家のくらし(特集 高度経済成長期前のくらし―住)(小林紀夫)「高井」 高井地方史研究会 （181）2012.11

「水」と「トイレ」の思い出(特集 高度経済成長期前のくらし―住)(柳澤萬壽雄)「高井」 高井地方史研究会 （181）2012.11

暮らしと衣服(特集 高度経済成長期前のくらし―衣)(下田あや子)「高井」 高井地方史研究会 （181）2012.11

昭和初期の衣服の思い出(特集 高度経済成長期前のくらし―衣)(鎮目信子)「高井」 高井地方史研究会 （181）2012.11

戦時中の服装について(特集 高度経済成長期前のくらし―衣)(大竹京子)「高井」 高井地方史研究会 （181）2012.11

衣食足りて(特集 高度経済成長期前のくらし―衣)(竹内昭江)「高井」 高井地方史研究会 （181）2012.11

農家の暮らしを支えた家畜(特集 高度経済成長期前のくらし―総合)(徳永泰男)「高井」 高井地方史研究会 （181）2012.11

わくわくした家畜や小動物とのふれあい(特集 高度経済成長期前のくらし―総合)(岩崎由紀夫)「高井」 高井地方史研究会 （181）2012.11

私が育った頃のふるさと(特集 高度経済成長期前のくらし―総合)(藤沢好文)「高井」 高井地方史研究会 （181）2012.11

町のまん中の川(特集 高度経済成長期前のくらし―総合)(樋口春雄)「高井」 高井地方史研究会 （181）2012.11

自給自足の薪や炭(特集 高度経済成長期前のくらし―総合)(宮崎辰昭)「高井」 高井地方史研究会 （181）2012.11

テレビや自動車のなかった頃を振り返って(特集 高度経済成長期前のくらし―総合)(林菊一郎)「高井」 高井地方史研究会 （181）2012.11

我が幼年・児童前期のくらし回想(特集 高度経済成長期前のくらし―総合)(金井晃)「高井」 高井地方史研究会 （181）2012.11

建築を支えた左官業(岩下勇)「高井」 高井地方史研究会 （182）2013.02

講演記録 庚申信仰の受容とその変容―庚申祠碑と講の姿を通して(涌井二夫)「高井」 高井地方史研究会 （183）2013.05

「お買い」をだいじにした祖母(三澤政博)「高井」 高井地方史研究会 （188）2014.08

高井郡

高井郡の寺院にみられる宗教統制―とくに寺院法度を中心に(松沢邦男)「高井」 高井地方史研究会 124 1998.8

高井郡の延喜式内社と三坂神伝承(田幸喜久夫)「須高」 須高郷土史研究会 （63）2006.10

喬木村

明治期養蚕農民の村落生活―下伊那郡喬木村宇佐美家の事例(田中雅孝)「信濃 [第3次]」 信濃史学会 49(8)通号571 1997.8

長野県下伊那郡喬木村、上村の木地師の歴史遺構―井深勉氏の調査資料を中心として(楢英雄)「長野県民俗の会会報」 長野県民俗の会 通号29 2006.11

高木薬師堂

高木薬師堂由来記(長崎元彌)「オール諏訪 ： 郷土の総合文化誌」 諏訪郷土文化研究会 21(12)通号210 2002.3

高島藩

高島藩領村々宗門改帳(柳平啓明)「オール諏訪 ： 郷土の総合文化誌」 諏訪郷土文化研究会 25(6)通号252 2005.9

高遠町

上伊那郡高遠町の民俗(倉石あつ子)「長野県民俗の会通信」 長野県民俗の会 167 2002.1

高遠

月刊『伊那路』四百一冊通読に至った経緯、並びに糸魚川市山寺に残る高遠石工清吉の足跡(田中芳一)「伊那路」 上伊那郷土研究会 42(10)通号501 1998.10

高遠石工の系譜(竹入弘元)「地域文化」 八十二文化財団 55 2000.12

明治初期信州高遠とキリスト教(塚田博之)「信濃 [第3次]」 信濃史学会 53(2)通号613 2001.2

北安曇の高遠石工作品(牛越嘉人)「伊那路」 上伊那郷土研究会 45(9)通号526 2001.9

高遠ばやし(堀井英雄)「文化財信濃」 長野県文化財保護協会 29(1)通号107 2002.6

大北地方の高遠石工の作品(牛越嘉人)「信濃 [第3次]」 信濃史学会 54(10)通号633 2002.10

高遠石工旅稼ぎ人別帳(1)―奥三河型庚申石工(田中清文)「伊那路」 上伊那郷土研究会 48(2)通号565 2004.2

高遠に関する人と言葉・歌など―日々の彩りを実感させる記録から(春日重信)「伊那路」 上伊那郷土研究会 48(2)通号565 2004.2

高遠石工旅稼ぎ人別帳(2)―清水彦之丞と高嶋団蔵(田中清文)「伊那路」 上伊那郷土研究会 48(3)通号566 2004.3

明治期キリスト教と地域社会―1886(明治19)年5月の信州高遠を中心に(塚田博之)「信濃 [第3次]」 信濃史学会 56(4)通号651 2004.4

江戸時代の高遠石工の石仏を訪ねて(赤羽忠二)「伊那路」 上伊那郷土研究会 48(5)通号568 2004.5

高遠石工と野仏(川村勝保)「上州路 ： 郷土文化誌」 あさを社 31(9)通号364 2004.9

高遠の石工が残した石像物(塩島博光)「峡南の郷土」 峡南郷土研究会 45 2005.3

高遠石工建立の鳥居―福島県北部(高木政光)「日本の石仏」 日本石仏協会，青娥書房(発売)（114）2005.6

三義の谷小景と石仏―山室村、荊口村出身の高遠石工(春日重信)「伊那路」 上伊那郷土研究会 50(3)通号590 2006.3

信州高遠石工の上州赤城村への足跡(角田尚士)「渋川市赤城歴史資料館紀要」 渋川市教育委員会 9 2007.3

信虎高遠物故伝説(矢島太郎)「伊那路」 上伊那郷土研究会 51(5)通号604 2007.5

北杜市内の石造物に見られる高遠石工(佐藤勝廣)「野仏 ： 多摩石仏の会機関誌」 多摩石仏の会 40 2009.08

伊豆における高遠石工の庚申塔(あ・ら・か・る・と―私の石仏案内)(川島整)「日本の石仏」 日本石仏協会，青娥書房(発売)（141）2012.03

高遠石工福島県の作品(北原多喜夫)「伊那路」 上伊那郷土研究会 56(12)通号671 2012.12

高遠石工旅稼ぎ(第37回上伊那歴史研究会県外実地踏査報告「福島県と上伊那とのつながりを探る」(竹前康雄)「伊那路」 上伊那郷土研究会 56(12)通号671 2012.12

古文書の窓(112) 高遠御普請小屋休日覚(三浦孝美)「伊那路」 上伊那郷土研究会 57(7)通号678 2013.07

高遠石工守屋貞治の石仏―伊那市以北(伊那の石工と石造物特集号)(清水満)「伊那路」 上伊那郷土研究会 58(4)通号687 2014.04

高遠石工とその足跡(特集 信州の町 高遠)(笹本正治)「地域文化」 八十二文化財団 （108）2014.4

相模大山山麓の信州高遠石工(続・石仏と民俗伝承)(杉崎満寿雄)「あしなか」 山村民俗の会 300 2014.04

高遠町芝平

高遠町芝平地区の民俗(民俗の変化と変容を中心に)(三石稔)「長野県民俗の会通信」 長野県民俗の会 145 1998.5

高遠町山室

《特集 高遠町山室夏季民俗調査報告》「長野県民俗の会通信」 長野県民俗の会 167 2002.1

高土手

長野市高土手のキツネ物語(鈴木藍)「長野」 長野郷土史研究会 221 2002.1

高土手の「南無阿弥陀仏」碑など(金子俊司)「長野」 長野郷土史研究会 221 2002.1

三輪田町高土手の赤地蔵さんと長野市立城東小学校三年一組のこと(北村俊治)「長野」 長野郷土史研究会 （279）2011.9

高野町村

〔史料紹介〕 高野町村の天明6年の「穢多宗門人別改帳」(斎藤洋一)「水と村の歴史 ： 信州農村開発史研究所紀要」 信州農村開発史研究所（12）1997.7

高畑

小説に登場する郷土「はなれ瞽女おりん」と須坂市高畑地蔵堂(小林謙三)「須高」 須高郷土史研究会 （58）2004.4

高森町

高森町の歴史・民俗を後世に!! インタビュー 林藤人さん「伊那民俗 ： 伊那民俗学研究所報」 柳田国男記念伊那民俗学研究所 51 2002.12

高森町の文化財保護と活用の現状について―歴史民俗資料館の活用を通して(わが町の文化財保護)(高森町歴史民俗資料館「時の駅」)「文化財信濃」 長野県文化財保護協会 35(4)通号134 2009.03

高森町の本棟造と竹ノ内住宅(調査報告)(金澤雄記)「飯田市歴史研究所年報」 飯田市教育委員会 （11）2013.8

高社神社

高社神社とかわらけ(檀原長則)「高井」 高井地方史研究会 124 1998.8

高社神社のだんごなげ(上原左之治)「高井」 高井地方史研究会 144 2003.8

高社神社保存会(白石徳高)「文化財信濃」 長野県文化財保護協会 32(3)通号121 2005.12

長野県　　　郷土に伝わる民俗と信仰　　　北陸甲信越

高社山

高社山研究の窓 たかやしろの祭神と伝説 (外山俊太郎)「高井」 高井地方史研究会　121　1997.11

高社山研究の窓 須賀川の昔話 (上原左之治)「高井」 高井地方史研究会　122　1998.2

高社山頂出土の遺物―高社山の山岳信仰を考える (小柳義男)「高井」 高井地方史研究会　125　1998.11

高社山ヘボヤ採りに (特集 高度経済成長期前のくらし―総合) (三澤政博)「高井」 高井地方史研究会　(181)　2012.11

高山

木曽上松高山の集落の山犬と大蛇の伝承 (上原二郎, 楯英雄)「長野」 長野郷土史研究会　221　2002.1

武井神社

口絵 武井神社の御柱行列大絵馬 (各縦120cm、横350cm)「長野」 長野郷土史研究会　(278)　2011.08

口絵 奉納された武井神社の御柱行列大絵馬「長野」 長野郷土史研究会　(281)　2012.02

口絵 絵師、尾頭氏が奉納した大絵馬二面 (武井神社・南千歳町千歳宮)「長野」 長野郷土史研究会　(292)　2013.12

武石村

婚礼のごちそうを取られた話 (武石村) (宮下妙子)「長野」 長野郷土史研究会　221　2002.1

竹ノ内住宅

高森町の本棟造と竹ノ内住宅 (調査報告) (金澤雄記)「飯田市歴史研究所年報」 飯田市教育委員会　(11)　2013.8

竹原

竹原の花火 竜勢物語 (小野田良秀)「長野」 長野郷土史研究会　208　1999.11

竹原の竜勢と師について (山口立雄)「長野」 長野郷土史研究会　217　2001.5

中野市松川と竹原の墓地と墓石 (酒井健次)「高井」 高井地方史研究会　143　2003.5

高度経済成長へ向かう頃の竹原 (特集 高度経済成長期前のくらし―総合) (小野沢誠)「高井」 高井地方史研究会　(181)　2012.11

竹原村

江戸時代の養子縁組について―高井郡竹原村の事例をみる (徳永泰男)「高井」 高井地方史研究会　(173)　2010.11

組の氏神考―神仏習合だった竹原村下組の氏神 (徳永泰男)「高井」 高井地方史研究会　(184)　2013.08

組の氏神考―山の神を氏神とした竹原村上手組 (徳永泰男)「高井」 高井地方史研究会　(185)　2013.11

竹房

信州新町竹房地区の百八灯行事 (平成23年8月15日) (口絵解説) (細井雄次郎)「市誌研究ながの」 長野市　(19)　2012.03

竹房の百八灯行事 (長野市内の伝統行事) (細井雄次郎)「長野市立博物館博物館だより」 長野市立博物館　(80)　2012.03

武水穂神社

中野市武水穂神社 (池田一男)「高井」 高井地方史研究会　(161)　2007.11

ふるさと歴史散歩 (29) 武水穂神社 (樋口春雄)「高井」 高井地方史研究会　(182)　2013.02

武水別神社

武水別神社の大頭祭 (島田国孝)「千曲」 東信史学会　103　1999.10

武水別神社の目岐日講社祭と参詣客の往来した一本松街道 (堀内暉巳)「ちょうま」 更埴郷土を知る会　21

千曲市教育委員会生涯学習文化課文化財係編「長野県千曲市武水別神社大頭祭民俗文化財調査報告書」千曲市教育委員会 (2010年3月) (書誌紹介) (巻山圭一)「日本民俗学」 日本民俗学会　(278)　2014.05

武水別八幡宮

武水別八幡宮大頭祭御頭帳に関する一考察―書誌の紹介と制作者の歴史的変遷 (〈2007年大会 報告要旨〉) (中島丈晴)「社寺史料研究」 社寺史料研究会, 岩田書院 (発売)　(10)　2008.12

田沢村

村の堂―筑摩郡田沢村の虚空蔵堂を中心として (小穴芳実)「信濃〔第3次〕」 信濃史学会　51 (7) 通号594　1999.7

田島

芸能の旅 (30) 中川村田島の風祭り (塩沢一郎)「伊那民俗 : 伊那民俗学研究所報」 柳田国男記念伊那民俗学研究所　37　1999.6

文化短信 切竹紋次人形再び (氣賀澤厚典)「伊那路」 上伊那郷土研究会

57 (7) 通号678　2013.07

田立

ふるさとの文化財を守り伝える心 花馬の歴史とともに 田立の花馬祭り「地域文化」 八十二文化財団　(82)　2007.10

橘山窯

毛賀の陶器窯「橘山窯」のこと (《考古学特集》) (伊原寿昭)「伊那」 伊那史学会　55 (4) 通号947　2007.4

竜江

神明社舞台 (龍江3区)、天満宮舞台 (三穂伊豆木) (吉沢政己)「飯田市美術博物館研究紀要」 飯田市美術博物館　7　1997.6

大勢の中で人成ったっちゅうこと―飯田市龍江の明治生まれの語りから (民俗特集) (大原千和喜)「伊那」 伊那史学会　62 (1) 通号1028　2014.01

辰野

「たつの拾い話」シリーズより 山犬の話「伊那路」 上伊那郷土研究会　57 (3) 通号674　2013.03

辰野町

はだか武兵衛 (飯澤誠)「辰野町資料」 辰野町文化財保護審議会　(93)　2004.11

はだか武兵衛 (飯澤誠)「伊那路」 上伊那郷土研究会　50 (3) 通号590　2006.3

「はだか武兵衛」―未知なるものとの遭遇 (有賀厚江)「伊那路」 上伊那郷土研究会　50 (3) 通号590　2006.3

石像物調査からみた辰野町の蚕玉様 (赤羽篤)「伊那路」 上伊那郷土研究会　50 (5) 通号592　2006.5

行雲流水 (岩田安夫)「辰野町資料」 辰野町文化財保護審議会　(96)　2006.7

庚申塔建立考―辰野町石造物調査会資料から (《民俗特集号》) (三浦孝美)「伊那路」 上伊那郷土研究会　51 (10) 通号609　2007.10

吉江家の書き初め―正月・小正月行事として (古村美智子)「辰野町資料」 辰野町文化財保護審議会　(100)　2009.03

町指定文化財「神明神社舞台」の修理について (辰野町教育委員会事務局)「辰野町資料」 辰野町文化財保護審議会　(107)　2012.08

御嶽信仰について (根橋平八)「辰野町資料」 辰野町文化財保護審議会　(109)　2014.01

木地師関連の資料の紹介 (赤坂文隆)「辰野町資料」 辰野町文化財保護審議会　(109)　2014.01

「神社佛閣寄附金書覚帳」から判ること (三浦孝美)「辰野町資料」 辰野町文化財保護審議会　(110)　2014.03

立石

江戸の庶民ブランド 立石柿 (前澤健)「地域文化」 八十二文化財団　58　2001.10

過去を見つめ未来へつなぐ 伊那谷の民俗世界 (26) 残したい「立石柿」 (『信州日報』2005年12月14日) (刊行物から) (宮下英美)「柳田学舎」 鎌倉柳田学舎　(77)　2006.2

立石という小宇宙と事念仏 (桜井弘人)「伊那民俗 : 伊那民俗学研究所報」 柳田国男記念伊那民俗学研究所　(71)　2007.12

立ヶ花

立ヶ花の智恵の団子 (古田茂)「高井」 高井地方史研究会　140　2002.8

楯守神社

南木曽町の円空仏 (2) 沼田・楯守神社蔵 十一面観音坐像 (池田勇次)「むしくら : むしくら交流会ニュースレター」 虫倉交流会　(60)　2004.9

田中宿

田中宿勝軍地蔵の系譜 (岡村知彦)「千曲」 東信史学会　(145)　2010.10

田畑

伊那路を撮す (53) 奇習「盆正月」―南箕輪村田畑 (下村幸雄)「伊那路」 上伊那郷土研究会　41 (3) 通号482　1997.3

田畑の「盆正月」―若者の遊び日要求の名残り (松沢英太郎)「伊那路」 上伊那郷土研究会　46 (1) 通号540　2002.1

田畑区・御園区等に伝わる諏訪大社上社御頭祭への奉仕 (《民俗特集号》) (松澤英太郎)「伊那路」 上伊那郷土研究会　52 (10) 通号621　2008.10

玉依比売命神社

玉依比売命神社の御田祭・玉読み・御判の神事 (中島正利)「千曲」 東信史学会　103　1999.10

田村

豊丘村田村の正月 (鷹見栄雄)「伊那」 伊那史学会　46 (1) 通号836　1998.1

田村堂

田村堂（波多腰英文）「文化財信濃」 長野県文化財保護協会 30（4）通号114 2004.3

丹保

上郷丹保周辺の慶弔の習俗（吉川智明）「伊那」 伊那史学会 53（1）通号920 2005.1

小県

日本人の精神文化を貫く社宮司信仰（3）上田・小県地方の調査（臼田明）「東信史学会 （133）2007 5

日本人の基層文化にある「サケ・マス」の信仰（1）―千曲川・上田小県地方の「天白・大天白・大星」神を追って（臼田明）「千曲」 東信史学会 （146）2011.02

小県郡

小県郡西部の推定東山道沿いの古代寺院跡、官衙跡の考察（倉澤正幸）「信濃［第3次］」 信濃史学会 59（2）通号685 2007.2

信濃国小県郡地方における古代白山信仰の伝播（倉澤正幸）「信濃［第3次］」 信濃史学会 62（10）通号729 2010.10

千鹿頭神社

地元に史料をのこしていくために千鹿頭神社関連文書の整理「松本市文書館だより」 松本市 7 2000.9

筑北

民俗再考パート2 人の一生（山崎洋文）「筑北郷土史研究会会誌」 筑北郷土史研究会 （2）2003.6

筑北の神話と伝説・エー楽岩（久保田澤治）「筑北郷土史研究会会誌」 筑北郷土史研究会 （2）2003.6

長野県筑北地方に分布する西条炭の歴史（1）―諏訪岡谷・製糸業の最盛期を支えた燃料炭（斎藤保人）「岡谷蚕糸博物館紀要」 岡谷市教育委員会 （8）2003.12

筑北の曼荼羅の里（特集 曼荼羅の里）（山崎貞子）「筑北郷土史研究会会誌」 筑北郷土史研究会 （11）2012.10

不動堂の変遷（高野春夫）「筑北郷土史研究会会誌」 筑北郷土史研究会 （11）2012.10

仏像は生きている―宮下喜光さんは語る〈編集部〉「筑北郷土史研究会会誌」 筑北郷土史研究会 （11）2012.10

復刻 四阿屋信仰の研究（山崎洋文）「筑北郷土史研究会会誌」 筑北郷土史研究会 （11）2012.10

千曲

蘇民将来符の形態的変遷について―呪符木簡から角柱状護符への展開（倉澤正幸）「千曲」 東信史学会 94 1997.7

1月14日「オカタブチ」（由井幸憲）「千曲」 東信史学会 103 1999.10

文学・芸道・趣味・布教に生きた女性たち（中島正利）「千曲」 東信史学会 111 2001.10

川越えの民俗（長岡克南）「千曲」 東信史学会 114 2002.7

文化財講座（43）蘇民将来符（倉澤正幸）「千曲」 東信史学会 118 2003.7

「力石」を通して見えたこと（続）―各地の力石・相撲のルーツを訪ねて（臼田明）「千曲」 東信史学会 （125）2005.5

信州としての里山と山々（森田稲吉郎）「千曲」 東信史学会 （127）2005.11

日本人の精神文化を貫く社宮司信仰（1）社宮司・宿神・翁（臼田明）「千曲」 東信史学会 （129）2006.5

稲荷社と狐について（山浦哲雄）「千曲」 東信史学会 （135）2007.10

蘇明将来符の呪符木簡と護符の一考察（倉澤正幸）「千曲」 東信史学会 （137）2008.5

蘇民将来符の形体と性質に関する一考察〔宮嵜拍洋）「千曲」 東信史学会 （149）2012.02

蚕神馬鳴菩薩（丸山正俊）「千曲」 東信史学会 （151）2012.10

解説資料（1）『千曲之真砂』（ちくまのまさご）「佐久」 佐久史学会 （68）2013.9

千曲川

地域探訪「千曲川」（2）―千曲川通船と善光寺御開帳「長野市立博物館博物館だより」 長野市立博物館 （39）1997.7

信州の方言 チョーマ 千曲川 信州大学名誉教授・馬瀬良雄（柳沢君雄）「ちょうま」 更埴郷土を知る会 （2）1999.12

千曲川流域の歴史と文化を訪ねる（吉田恒義，和気要作，北吹公子）「栃木県立博物館友の会だより」 栃木県立博物館友の会 30 2003.2

大正11年、製糸工女の一年《特集 千曲.II水系における養蚕・製糸の歩み》（土屋理恵）「千曲」 東信史学会 （131）2006.10

千曲川の語源―最古大王と吉備の温羅伝説について（柳沢賢次）「佐久」 佐久史学会 （61）2010.12

千曲川の伝統漁法・ツケバ漁（西澤一富）「長野県民俗の会会報」 長野県

民俗の会 （34）2012.12

千曲市

千曲市内の神社鳥居を調査して（市河俊和）「ちょうま」 更埴郷土を知る会 （30）/（31）2009.11/2010.11

神社に奉納された電灯―千曲市内の「電灯台」を訪ねて（出河裕典）「ちょうま」 更埴郷土を知る会 （30）2009.11

生命につながる食と農の文化（長野県農村文化協会/千曲市「かけはしの会」）（特集 地域の文化伝承）「地域文化」 八十二文化財団 （106）2013.10

筑摩野

信州筑摩野の彩色道祖神碑について（特集 彩色と石仏）（窪田雅之）「日本の石仏」 日本石仏協会，青娥書房（発売）（143）2012.09

池口寺

「県宝」池口寺薬師堂修理工事始まる（わが町の文化財保護）（和田勝）「文化財信濃」 長野県文化財保護協会 34（3）通号79 2007.12

池口寺薬師堂（小出章）「文化財信濃」 長野県文化財保護協会 34（4）通号130 2008.3

池口寺木造菩薩形立像の非破壊年輪年代調査「奈良文化財研究所紀要」 奈良文化財研究所 2008 2008.6

茅野

灯籠立て（清水徳明）「茅野」 茅野市郷土研究会 （64）2006.9

「星」と黒曜石の関係（百瀬信夫）「茅野」 茅野市郷土研究会 （66）2007.9

縄文人の精神構造（2）融合祭祀の本質（武居重幸）「茅野」 茅野市郷土研究会 （67）2008.3

「くりこしの水」への提言（五味省七）「茅野」 茅野市郷土研究会 （68）2008.9

「ヒムロ」について（丸茂伊作一）「茅野」 茅野市郷土研究会 （68）2008.9

御柱論ノート（伊藤貞彦）「茅野」 茅野市郷土研究会 （72）2010.03

御柱祭の勧進と御騎馬（田中秀胤）「茅野」 茅野市郷土研究会 （72）2010.03

仮託御柱考（続 御柱祭特集）（清水米房）「茅野」 茅野市郷土研究会 （74）2011.03

蘇れ 御柱まつり（続 御柱祭特集）（丸茂伊一）「茅野」 茅野市郷土研究会 （74）2011.03

御柱年に思う（続）（五味省七）「茅野」 茅野市郷土研究会 （74）2011.03

馬捨場（田中秀胤）「茅野」 茅野市郷土研究会 （75）2011.09

江戸時代に末子相続はあったのか（田中秀胤）「茅野」 茅野市郷土研究会 （77）2012.09

呪術という名称―生術へのこだわり（小林崇彦）「茅野」 茅野市郷土研究会 （79）2013.09

血ノ池弁財天

血ノ池弁財天の祭礼について（小林太郎）「千曲」 東信史学会 （128）2006.2

血ノ池弁財天の祭礼について（2）附 濁川用水に於ける慣行の一例（小林太郎）「千曲」 東信史学会 （136）2008.2

茅野市

鳥居を建立する小宮祭り―茅野市の事例から（〈式年祭の歴史民俗学的研究・中間報告〉）（金野啓史）「民俗学研究所紀要」 成城大学民俗学研究所 30 2006.3

岳麓湖盆 神石（清水徳明）「茅野」 茅野市郷土研究会 （69）2009.03

「一番塚」と「綱置き場」周辺の小話（五味省七）「茅野」 茅野市郷土研究会 （72）2010.03

連載 風土が育む郷土の食 天寄せ 茅野市「地域文化」 八十二文化財団 （99）2012.01

亀石秘話（清水米房）「茅野」 茅野市郷土研究会 （77）2012.09

中社

戸隠村中社の山の神講（山崎進）「長野」 長野郷土史研究会 197 1998.1

中信

道祖神盗みの研究―中信地区を中心に（吉江真美）「信濃［第3次］」 信濃史学会 57（1）通号660 2005.1

道祖神とまちおこし―長野県中信地方の事例を中心に（《民俗学特輯号》）（窪田雅之）「信濃［第3次］」 信濃史学会 58（1）通号672 2006.1

三九郎の名の由来について［1］，（2）（浜野安則）「信濃［第3次］」 信濃史学会 59（8）通号691/61（5）通号711 2007.8/2009.05

長野県中信地区の中世石造物―石塔から見えてくる信仰と文化（浜野安則）「信濃［第3次］」 信濃史学会 62（1）通号720 2010.01

仲仙寺

仲仙寺と羽広の獅子舞（西村幸男）「伊那路」 上伊那郷土研究会 45（2）通号529 2001.2

仲仙寺の絵馬「千匹馬」（竹入弘元）「文化財信濃」 長野県文化財保護協会 29（3）通号109 2002.12

寳積山光前寺の神願会（じんが様）―羽広山仲仙寺との共通性も（小原秀擴）「伊那路」 上伊那郷土研究会 48（8）通号571 2004.8

仲仙寺の「仁王像」が県宝に絵馬等二件が市文化財に―付・上伊那の文化財指定状況（山口通之）「伊那路」 上伊那郷土研究会 49（12）通号587 2005.12

仲仙寺仙引大絵馬単独奉納者「千村勘兵衛」考（伊藤一夫）「伊那路」 上伊那郷土研究会 52（5）通号616 2008.5

伊那市西箕輪羽広仲仙寺の神願様（民俗特集号）（中崎隆生）「伊那路」 上伊那郷土研究会 53（10）通号633 2009.10

中南信

道祖神盗みの実相―長野県・中南信地方の事例より（小幡麻美）「長野県民俗の会会報」 長野県民俗の会 （36）2014.03

千代

「千代の方言」から見えてきたもの―今、千代から消えつつある方言のいくつか（萩元育夫）「伊那」 伊那史学会 57（9）通号976 2009.9

千代の御柱察祭（エッセー）（久世郁子）「碧」 碧の会 （28）2010.11

長延寺

信濃における長延寺と真宗寺院―北信濃真宗史の試みとして（原田和彦）「武田氏研究」 武田氏研究会，岩田書院（発売）（34）2006.6

長岳寺

口絵 長岳寺所蔵 武田信玄の冑前立て（原董）「伊那」 伊那史学会 55（11）通号954 2007.11

長久寺

報告 地域史講座「史料からよみとる江戸時代の長久寺―飯田藩との関係をさぐる―」（千葉拓真）「飯田市歴研ニュース」 飯田市歴史研究所（73）2014.12

長国寺

真田町長国寺（小幡伍）「ちょうま」 更埴郷土を知る会 （25）2005.1

長松寺

向方旧記（5）―長松寺のこと（赤羽篤）「伊那」 伊那史学会 46（9）通号844 1998.9

天龍村神原「長松寺過去帳」雑考（前沢奈緒子）「伊那民俗 ： 伊那民俗学研究所報」 柳田国男記念伊那民俗学研究所 48 2002.3

口絵 「かんぴょうえ様」の踊り（橋都正）「伊那」 伊那史学会 53（6）通号925 2005.6

長石寺

口絵 立川流建築による長石寺本堂（石川正臣）「伊那」 伊那史学会 48（6）通号865 2000.6

口絵 長石寺の海老虹梁の彫刻（林湜和）「伊那」 伊那史学会 55（7）通号950 2007.7

長泉寺

扉写真と解説 木造聖観音坐像 曹洞宗長泉寺（千曲市内川）（牧忠男）「千曲」 東信史学会 （148）2011.10

長徳寺

ふるさとの社寺（10）長徳寺（矢野口佳郎）「三郷文化」 三郷郷土研究会 77 2001.8

津金寺

津金寺参り―天台宗信濃五山、境内の植物（堀内暉巳）「長野」 長野郷土史研究会 216 2001.3

信濃の名刹津金寺草創の謎を解く―甲信二国歴史・文化の結晶（黒坂周平）「信濃［第3次］」 信濃史学会 54（12）通号635 2002.12

民話絵物語（51）津金寺の仁王様（大日方寛，原勝実）「佐久」 佐久史学会 （59）2010.03

筑摩郡

筑摩郡の古代寺院推考（桐原健）「松本市史研究 ： 松本市文書館紀要」 松本市 （7）1997.3

津島社

ふるさとの社寺（3）津島社（野沢）（降旗政人）「三郷文化」 三郷郷土研究会 70 1999.11

津島社御遷宮と津島講設立（炉辺閑話）（仁木茂博）「三郷文化」 三郷郷土研究会 通号106 2008.11

津島神社

津島神社（天野早人）「伊那路」 上伊那郷土研究会 42（5）通号496 1998.5

木曽福島町川上正沢の津島神社の祭日に受賞の披露（原一郎）「むしくら ： むしくら交流会ニュースレター」 虫倉交流会 （48）2002.9

綱敷天神

別所常楽寺と綱敷天神（怒り天神）（黒坂周平）「文化財信濃」 長野県文化財保護協会 27（1）通号99 2000.6

壺井八幡宮

神石（3）～（7）（清水徳明）「茅野」 茅野市郷土研究会 （72）/（76）2010.03/2012.03

妻籠

飛騨高山祭、妻籠・馬籠宿の旅（池田一彦）「潮待ちの館資料館だより」 福山市鞆の浦歴史民俗資料館 （45）2010.09

妻科神社

妻科神社の杜花火と花火法帳（飯島豊）「長野」 長野郷土史研究会 208 1999.11

加茂神社の森から妻科神社の森裏までの狐火（金子俊司）「長野」 長野郷土史研究会 221 2002.1

冷沢

口絵 冷沢の蛇岩（松島信幸）「伊那」 伊那史学会 60（8）通号1011 2012.08

貞祥寺

口絵写真 貞祥寺 三重塔について 写真：高柳剛士作品「佐久」 佐久史学会 （69・70）2014.09

手塚原

下條村手塚原の正月行事（中島重威）「伊那」 伊那史学会 46（1）通号836 1998.1

お誕生―下条村手塚原（中島重威）「伊那」 伊那史学会 47（1）通号848 1999.1

手良

お四国さまと百体庚申は同一事業だった―伊那市手良の文化財（1）（石倉俊彦）「伊那路」 上伊那郷土研究会 43（9）通号512 1999.9

手良の池鯉鮒大明神碑（山岸久男）「伊那路」 上伊那郷土研究会 47（10）通号561 2003.10

寺町

続須坂市寺町懐古聞書私攷（2）―仏光寺派転派事件について（内藤善雄）「須高」 須高郷土史研究会 （53）2001.10

手良村

「手良村報」に見る昭和初期のくらし（1）十三年間続いた「手良村報」（宮原達明）「伊那路」 上伊那郷土研究会 53（6）通号629 2009.6

「手良村報」に見る昭和初期のくらし（2）青年団体と戦争への道・軍国主義の進行（終戦特集号）（宮原達明）「伊那路」 上伊那郷土研究会 53（8）通号631 2009.8

「手良村報」に見る昭和初期のくらし 昭和初期の小学校教育（宮原達明）「伊那路」 上伊那郷土研究会 54（1）通号636 2010.1

「手良村報」に見る昭和初期のくらし（4）大不況下のくらしを中心に（宮原達明）「伊那路」 上伊那郷土研究会 54（5）通号640 2010.5

伝教寺

ふるさと歴史散歩（10）福聚山外翁院傳教寺（曹洞宗）建立―第18世禅海元信和尚の仏画絵（外谷俊男）「高井」 高井地方研究会 （161）2007.11

天狗岩

口絵 特集 石仏探訪ⅩⅡ 地蔵菩薩 山梨県都留市鹿留 西方寺/誌上写真展'14日本石仏協会写真展より ワンコ三兄弟 長野県上田市真田の天狗岩、五智如来 静岡県浜松市初山 宝林寺、如意輪観音 神奈川県横浜市金沢区金沢文庫 称名寺「日本の石仏」 日本石仏協会，青娥書房（発売）（151）2014.09

天狗の松

二本あった天狗の松（北原忠夫）「オール諏訪 ： 郷土の総合文化誌」 諏訪郷土文化研究会 20（6）通号201 2001.6

天然寺

天然寺の甘茶注ぎと知恵のだんご（斎藤善教）「高井」 高井地方史研究会 144 2003.8

ふるさと歴史散歩（7）木島平村・天然寺―境内に名所、霊場厄除け観音（眞篠隆夫）「高井」 高井地方史研究会 （158）2007.2

天王原

口絵 上郷別府天王原の夜泣石（原田望）「伊那」 伊那史学会 54（6）通号937 2006.6

天竜川

労作「天竜川交通史」と伊那谷人形芝居講演から（《日下部新一先生追悼特集》）（今村真直）「伊那」 伊那史学会 50（4）通号887 2002.4

口絵 天竜川を流れた秋葉大権現碑（新井兼史）「伊那」 伊那史学会 50（7）通号890 2002.7

天竜川 流域の暮らしと文化に迫る―民俗史への基礎視覚（『信濃毎日新聞』1986年2月8・15日）「柳田学舎」 鎌倉柳田学舎 75 2005.10

天龍川の水あべ（《民俗特集》）（田中幸美）「伊那」 伊那史学会 54（1）通号932 2006.1

天龍川の女児かわらんべ（《民俗特集》）（林昭子）「伊那」 伊那史学会 54（1）通号932 2006.1

口絵 天竜川通船のハマショイ（浜背負）（長倉隆行）「伊那」 伊那史学会 54（9）通号940 2006.9

天竜川舟運のこぼれ話（天竜川の昔）（村澤仁）「伊那」 伊那史学会 55（8）通号951 2007.8

明治中期の天龍川通船広告（民俗特集号）（松澤英太郎）「伊那路」 上伊那郷土研究会 58（10）通号693 2014.10

天竜川流域

「天竜川流域の民俗文化と後藤総一郎」展をみて（宮坂昌利）「伊那民俗 : 伊那民俗学研究所報」 柳田国男記念伊那民俗学研究所 60 2005.3

天竜川流域の天王祭（黒田一充）「阡陌 : 関西大学博物館彙報」 関西大学博物館 （58）2009.03

天竜村の霜月神楽

天竜村坂部の冬祭―正月見学より（田中義広）「まつり通信」 まつり同好会 38（2）通号444 1998.2

天竜村向方の冬至祭とお潔め祭について―霜月神楽の例年祭と臨時祭（桜井弘人）「飯田市美術博物館研究紀要」 飯田市美術博物館 8 1998.10

芸能の旅（28）天龍村・向方のお潔め祭り（桜井弘人）「伊那民俗 : 伊那民俗学研究所報」 柳田国男記念伊那民俗学研究所 35 1998.12

坂部の冬祭りのたいきり面／天龍村坂部の集落（櫻井弘人）「伊那民俗 : 伊那民俗学研究所報」 柳田国男記念伊那民俗学研究所 （90）2012.09

等覚寺

仏像を歩く 木造韋駄天像（南木曽町等覚寺）（内山節）「地域文化」 八十二文化財団 49 1999.7

南木曽町の円空仏（1）三留野・等覚寺蔵 宇賀弁才天と十五童子（池田勇次）「むしくら : むしくら交流会ニュースレター」 虫倉交流会 （55）2003.11

東山道

古代東山道と無量寺（熊谷耕平）「郷土史巡礼」 阿智史学会 300 1997.4

『東山道の峠の祭祀』（新刊紹介）（土生田純之）「飯田市歴史研究所年報」 飯田市教育委員会 （7）2009.08

東昌寺

廃善福寺彩石宝篋印塔・東昌寺浦野氏宝篋印塔群（福澤邦夫）「史迹と美術」 史迹美術同攷会 77（3）通号773 2007.3

東照寺

史料紹介 西耀山東照寺の新知見（竹前一栄）「須高」 須高郷土史研究会 （50）2000.4

東信

文化財講座（38）―無形文化財「真田志んと箏曲八橋流」（荒川修一）「千曲」 東信史学会 106 2000.7

道教の世界―道教の信濃東信地方への影響（山浦哲雄）「千曲」 東信史学会 （124）2005.2

日本人と「サケ・マス」の信仰（1）民証・小泉小太郎の伝説を追って（臼田明）「千曲」 東信史学会 142 2009.07

小泉小太郎と畠山重忠（柳沢賢次）「千曲」 東信史学会 （143）2010.02

小泉小太郎と畠山重忠―背景に真言密教が存在する（柳沢賢次）「千曲」 東信史学会 （150）2012.06

稲泉寺

稲荷 稲泉寺のだんご投げのうつり（小野沢昭雄）「高井」 高井地方史研究会 144 2003.8

東林庵

西来寺と東林庵（松本幸司）「長野」 長野郷土史研究会 223 2002.5

桐林院

写真 桐林院の宝篋印塔（原隆夫）「郷土史巡礼」 阿智史学会 326 2001.4

遠山谷

柳田国男の『東国古道記』紀行（5）青崩峠から遠山谷を歩く（松上清志）「伊那民俗 : 伊那民俗学研究所報」 柳田国男記念伊那民俗学研究所 34 1998.10

日本名水紀行（25）豆腐をかみしめて水への祈り―信州・遠山谷の雨乞い祭（井出孫六）「ATT」 ATT流域研究所 （29）2002.11

遠山谷に生き続けるネギ―信仰世界をになった民間宗教者（桜井弘人）「伊那民俗 : 伊那民俗学研究所報」 柳田国男記念伊那民俗学研究所 （70）2007.9

遠山谷南部の「ぎおん」「津島さまの祭り」（谷口悦子）「伊那」 伊那史学会 56（1）通号956 2008.1

民俗報告書3『遠山谷南部の民俗』に寄せて 書評『遠山谷南部の民俗』を読む（飯田市地域史研究事業）（倉石忠彦）「伊那民俗 : 伊那民俗学研究所報」 柳田国男記念伊那民俗学研究所 （74）2008.9

民俗報告書3『遠山谷南部の民俗』に寄せて 民俗報告書発刊に寄せて（飯田市地域史研究事業）（深尾善一郎）「伊那民俗 : 伊那民俗学研究所報」 柳田国男記念伊那民俗学研究所 （74）2008.9

民俗報告書3『遠山谷南部の民俗』に寄せて 地域に学ぶ（飯田市地域史研究事業）（山崎志朗）「伊那民俗 : 伊那民俗学研究所報」 柳田国男記念伊那民俗学研究所 （74）2008.9

和田のマチ 遠山谷南部の民俗調査から学ぶ―過去から未来へ（和田憲）「伊那民俗 : 伊那民俗学研究所報」 柳田国男記念伊那民俗学研究所 （75）2008.12

遠山谷南部の民俗調査報告会 民俗調査の成果を現代に生かす―野本所長の講演から（寺田一雄）「伊那民俗 : 伊那民俗学研究所報」 柳田国男記念伊那民俗学研究所 （75）2008.12

『遠山谷南部の民俗』（中雅孝）「飯田市歴史研究所年報」 飯田市教育委員会 （7）2009.08

書評 『遠山谷北部の民俗』（新谷尚紀）「伊那民俗 : 伊那民俗学研究所報」 柳田国男記念伊那民俗学研究所 （78）2009.09

『遠山谷北部の民俗』調査報告に寄せて（山崎昭文）「伊那民俗 : 伊那民俗学研究所報」 柳田国男記念伊那民俗学研究所 （78）2009.09

書評 『遠山谷北部の民俗』（『伊那民俗学研究所報』から）（新谷尚紀）「柳田学舎」 鎌倉柳田学舎 （97）2009.11

遠山谷の炭焼（寺田一雄）「伊那民俗 : 伊那民俗学研究所報」 柳田国男記念伊那民俗学研究所 （80）2010.03

新刊紹介 飯田市美術博物館・柳田國男記念伊那民俗学研究所編『遠山谷北部の民俗』（村松桂子）「飯田市歴史研究所年報」 飯田市教育委員会 （8）2010.08

『遠山谷中部の民俗』を読んで（前澤憲道）「伊那民俗 : 伊那民俗学研究所報」 柳田国男記念伊那民俗学研究所 （83）2010.12

『遠山谷中部の民俗』を読んで（北島花江）「伊那民俗 : 伊那民俗学研究所報」 柳田国男記念伊那民俗学研究所 （83）2010.12

遠山の霜月祭

口絵 遠山の霜月祭における五大尊（桜井弘人）「伊那」 伊那史学会 51（3）通号874 2001.3

中郷の正八幡神社と遠山霜月祭（桜井弘人）「伊那民俗 : 伊那民俗学研究所報」 柳田国男記念伊那民俗学研究所 50 2002.9

口絵 遠山霜月祭の湯殿（上村上町 正八幡宮）（桜井弘人）「伊那」 伊那史学会 50（12）通号895 2002.12

遠山の霜月祭の湯立てとその構造（2）―木沢・下栗・和田タイプを中心として（桜井弘人）「飯田市美術博物館研究紀要」 飯田市美術博物館 （13）2003.3

霜月祭と立願（桜井弘人）「むしくら : むしくら交流会ニュースレター」 虫倉交流会 （56）2004.1

はるかなる遠山郷と霜月まつり（阿部健）「安城民俗」 安城民俗談話会 22 2004.5

遠山霜月祭にみる祭の変容（桜井弘人）「飯田市歴史研究所年報」 飯田市教育委員会 （2）2004.8

美博文化講座講演会・映写会 修験と霜月祭―生まれ清まりの思想（北村皆雄）「伊那民俗学研究」 柳田国男記念伊那民俗学研究所 （14）2006.5

神楽紀行 三作神楽・遠山の霜月まつり（三上敏視）「あらはれ : 猿田彦大神フォーラム年報 : ひらかれる未来神話」 猿田彦大神フォーラム （9）2006.10

口絵 遠山の霜月祭 程野のきしめ造り（桜井弘人）「伊那」 伊那史学会 54（12）通号943 2006.12

花祭・遠山霜月祭と天白神―勧進神・天白の動きをさぐる（《特集 三信遠の民俗芸能》）（遠藤鉄柳）「まつり」 まつり同好会 通号69 2007.12

神楽紀行 行波の神舞・遠山霜月まつり（三上敏視）「あらはれ : 猿田彦大神フォーラム年報 : ひらかれる未来神話」 猿田彦大神フォーラム （11）2008.10

カメラ探訪（11）遠山谷の霜月まつり（鮎沢毅）「オール諏訪 : 郷土の総合文化誌」 諏訪郷土文化研究会 28（9）通号291 2008.12

口絵 遠山霜月祭 上村中郷の「神の子上げ」と水牛（桜井弘人）「伊那」

伊那史学会　56（12）通号967　2008.12

口絵 遠山霜月祭（和田）の「踏みならしの舞」（櫻井弘人）「伊那」 伊那史学会　58（12）通号991　2010.12

祭りの記録化とその必要性―遠山霜月祭りのDVDと報告書の完成にあたって（櫻井弘人）「伊那民俗 ： 伊那民俗学研究所報」 柳田国男記念伊那民俗学研究所　（87）2011.12

はるかなる遠山郷と霜月まつり（再掲載する会報の記事）（阿部健）「安城民俗」 安城民俗談話会　（38・39）2012.11

上村遠山霜月祭保存会『遠山霜月祭〈上村〉』（書誌紹介）（鈴木正崇）「日本民俗学」 日本民俗学会　（279）2014.08

遠山庄

鶴岡八幡宮と遠山庄（武井正弘）「飯田市美術博物館研究紀要」 飯田市美術博物館　10　2000.4

戸隠

戸隠神楽見学記（久保田裕道）「まつり通信」 まつり同好会　37（9）通号439　1997.9

《特集 霊山「戸隠」》「地域文化」 八十二文化財団　56　2001.4

対談 戸隠のカミとホトケ（宮本袈裟雄, 小林計一郎）「地域文化」 八十二文化財団　56　2001.4

戸隠講（越志徳門）「地域文化」 八十二文化財団　56　2001.4

Origin of the name 戸隠 戸隠の名のいわれ「地域文化」 八十二文化財団　56　2001.4

聖なる森 戸隠の森はいかに守られてきたか, いかに伐り倒されてきたか（長岡覚）「地域文化」 八十二文化財団　56　2001.4

正月特集 戸隠の新年（宮川俊春）「むしくら ： むしくら交流会ニュースレター」 虫倉交流会　（44）2002.1

即伝と乗因―彦山修験から戸隠修験へ伝えられたもの（曽根原理）「山岳修験」 日本山岳修験学会, 岩田書院（発売）（31）2003.3

十返舎一九の「戸隠善光寺往来」―江戸っ子のための善光寺戸隠案内記（《特集 いま甦る北信濃の三大霊場―善光寺・戸隠・飯綱》）（小林一郎）「長野」 長野郷土史研究会　（245）2006.2

絵解き「鬼女紅葉狩の図」（《特集 いま甦る北信濃の三大霊場―善光寺・戸隠・飯綱》）（小林玲子）「長野」 長野郷土史研究会　（245）2006.2

戸隠民俗調査報告（細井雄次郎）「長野県民俗の会通信」 長野県民俗の会　（201）2007.10

戸隠の年中行事と式年祭（越志徳門）「文化財信濃」 長野県文化財保護協会　35（4）通号134　2009.03

長野市戸隠・鬼無里の麻栽培調査報告（佐藤優紀）「長野県民俗の会通信」 長野県民俗の会　（211）2009.05

戸隠神私考（桐原健）「信濃[第3次]」 信濃史学会　63（2）通号733　2011.02

復活して四回目の戸隠柱松神事―とくに祭場に注目して（由谷裕哉）「長野」 長野郷土史研究会　（287）2013.02

信州戸隠の橋供養塔（旅の草ぐさ（12））（平出一治）「あしなか」 山村民俗の会　298　2013.06

戸隠地域における山里開発の歴史―大頭庵跡の碑文から（田辺智隆, 中村千賀, 宮澤一栄, 小口雄, 所太一）「長野市立博物館紀要.自然系」 長野市立博物館　（15）2014.3

戸隠旧本坊久山家

封印百三十年 戸隠旧本坊久山家に伝わる「九頭竜弁財天」の還座（宮川俊春）「むしくら ： むしくら交流会ニュースレター」 虫倉交流会　（40）2002.1

戸隠高原

長野県戸隠高原の30年―信仰と観光のはざまで（岩鼻通明）「山形民俗」 山形県民俗研究協議会　（20）2006.10

戸隠神社

戸隠神社太々神楽と倭舞（やまとまい）（二沢久昭）「むしくら ： むしくら交流会ニュースレター」 虫倉交流会　2003.3

戸隠神社, 平成の大修営（石黒克裕）「燕郷土史考」 燕市教育委員会　37　2004.3

明治中期・戸隠神社旧社中による教導職―神職への復権をめぐる活動の中で（田川幸生）「信濃[第3次]」 信濃史学会　57（11）通号670　2005.11

秋の史跡・文化財めぐり報告「戸隠神社を訪ねる」（阿部弘）「高井」 高井地方史研究会　（181）2012.11

戸隠寺

善光寺と戸隠寺の関係をめぐって（牛山佳幸）「市誌研究ながの」 長野市　（21）2014.03

戸隠村

戸隠山中西ノ矢の五輪塔―戸隠村石造文化財調査に寄せて（小松光衛）「むしくら ： むしくら交流会ニュースレター」 虫倉交流会　（54）2003.9

徳蔵院

金光山徳蔵院をめぐって（2）～（5）（宮坂健吾）「オール諏訪 ： 郷土の総合文化誌」 諏訪郷土文化研究会　19（9）通号192/20（3）通号198　2000.9/2001.3

戸倉

神楽と多々良（大谷秀志）「とぐら ： 戸倉史談会誌」 戸倉史談会　（26）2001.2

古老から聞かされていた話（滝沢弘）「とぐら ： 戸倉史談会誌」 戸倉史談会　（37）2012.03

戸倉のわら馬曳きと道祖神（坂田貴志男）「とぐら ： 戸倉史談会誌」 戸倉史談会　（39）2014.03

戸沢

ふるさとの文化財を守り伝える心 子どもたちの健やかな成長を願って 戸沢のねじ行事「地域文化」 八十二文化財団　2007.1

総会会員発表 北相木村白岩のねじとわらうまひき―「戸沢のねじ行事」と比較して（和根崎剛）「千曲」 東信史学会　（135）2007.10

狐の嫁入り行列（筑北村坂北青柳）/戸沢のねじ行事（上田市真田町）（特集 山と暮らし―里山の祈り）「地域文化」 八十二文化財団　（96）2011.04

橡原御厨

橡原御厨神明社について（中島正利）「長野」 長野郷土史研究会　223　2002.5

戸那子

戸那子の「おまんだらさん」（小林武見）「高井」 高井地方史研究会　144　2003.8

鳥宮

手良の鳥宮（殿宮）と弓良公伝説（宮原達明）「伊那路」 上伊那郷土研究会　58（3）通号686　2014.03

富田

生業をトータルに捉えるための試み―下伊那郡喬木村富田の事例から（三石稔）「長野県民俗の会会報」 長野県民俗の会　（25）2002.11

口絵 喬木村富田諏訪神社の幣束（今村理則）「伊那」 伊那史学会　58（6）通号985　2010.06

伴野

踊り念仏発祥の地伴野と中丸家（泉区の資料）（緑川宣子）「郷土いずみ」（18）2012.05

外山

山岳信仰の山外山を踏査して（児玉断）「上田盆地」 上田民俗研究会　（37）2002.11

豊丘村

豊丘村 過去の御柱祭・薙鎌（御柱祭特集―各神社の御柱祭）（壬生守, 豊丘村誌）「伊那」 伊那史学会　58（3）通号982　2010.03

豊郷神社

豊郷神社―塩之目の小宮祭（茅星金雄）「オール諏訪 ： 郷土の総合文化誌」 諏訪郷土文化研究会　17（12）通号171　1998.12

豊科

安曇野豊科の初市御神輿（地域に活力を）（山口高史）「安曇野文化」 安曇野文化刊行委員会　（7）2013.05

豊野町

明治38年のある農家の暮し（長野県豊野町）（今井清敏）「長野」 長野郷土史研究会　205　1999.5

鳥居峠

木曽鳥居峠の武州加須町銘不動明王像碑（野本誠一）「埼玉史談」 埼玉県郷土文化会　51（1）通号277　2004.4

鳥居原

飯島町鳥居原のいぼ神様（《民俗特集号》）（中島淑雄）「伊那路」 上伊那郷土研究会　52（10）通号621　2008.10

とりで街道

とりで街道の秩父三十四番観音石像（関口佳正）「高井」 高井地方史研究会　（161）2007.11

とりで街道の石仏（檀原長則）「文化財信濃」 長野県文化財保護協会　37（4）通号142　2011.03

中井侍

急傾斜地の暮らしと民俗―天竜村中井侍（寺田一雄）「伊那」 伊那史学会　45（1）通号824　1997.1

天竜村中井侍および坂部の「清め」の祭り（1）（橋都正）「伊那」 伊那史学会　45（11）通号834　1997.11

中井侍および坂部の「清め」の祭り(1)(橋都正)「伊那」 伊那史学会
45(12)通号835 1997.12

中尾

信州・伊那の長谷村に中尾歌舞伎あり(久保田誼)「伊那路」 上伊那郷土
研究会 49(5)通号580 2005.5

あふれる観客中尾歌舞伎熱演に喝采(久保田誼)「伊那路」 上伊那郷土研
究会 49(6)通号581 2005.6

長尾

復活した長尾の獅子舞(鳥羽武)「三郷文化」 三郷郷土研究会 通号98
2006.10

祭りに彩りを添える舞台 長尾諏訪神社と下長尾の舞台(安曇野の自然と
歴史)(中村太九生)「安曇野文化」 安曇野文化刊行委員会 (3)
2012.05

長尾諏訪神社

ふるさとの社寺(6) 長尾諏訪神社(中村太一)「三郷文化」 三郷郷土研
究会 73 2000.8

中萱

祭りに彩りを添える舞台—中萱(熊野神社)の舞台(郷土の自然と歴史)
(宮澤正昭)「三郷文化」 三郷郷土研究会 通号106 2008.11

グラビア ふるさとの仏像(9)—中萱 熊野神社 千手観音菩薩立像(宮島
佳敬)「三郷文化」 三郷郷土研究会 (111) 2010.02

ふるさとの仏像(9)—中萱 熊野神社 千手観音菩薩立像(郷土の自然と歴
史)(宮島佳敬)「三郷文化」 三郷郷土研究会 (111) 2010.02

中川村

上伊那の奥山半僧坊大権現(5)—中川村(塩沢一郎)「伊那路」 上伊那郷
土研究会 45(12)通号539 2001.12

中組

中組御殿万歳(松村隆)「伊那路」 上伊那郷土研究会 42(1)通号492
1998.1

中島

ふるさと歴史散歩(32) 中島の市神祭(阿部弘)「高井」 高井地方史研究
会 (185) 2013.11

中条

中条のだんごなげ(正称、お彼岸念仏)(竹内芳郎)「高井」 高井地方史
研究会 144 2003.8

中条村

正月特集 中条村の正月料理(岩下ミチ子)「むしくら : むしくら交流会
ニュースレター」 虫倉交流会 (44) 2002.1

狐と狸—中条村から(中沢保雄)「長野」 長野郷土史研究会 221
2002.1

中条村の狐の嫁入り(常盤真重)「長野」 長野郷土史研究会 221
2002.1

きつね火(中条村)(堀内寿郎)「長野」 長野郷土史研究会 221 2002.1

中関

かど松雑考—阿智村中関(原隆夫)「伊那」 伊那史学会 46(1)通号836
1998.1

中曽根

文化短信 箕輪町の無形民俗文化財「中曽根の獅子舞」(山本勝)「伊那路」
上伊那郷土研究会 49(6)通号581 2005.6

中野

誌上博物館 中野土人形展「あなたと博物館 : 松本市立博物館ニュー
ス」 松本市立博物館 137 2005.3

塩田平中野民俗採訪から(田口光一)「通信上田盆地」 上田民俗研究会
(35) 2008.12

経塚三基の共通・相異点—中野地方の発掘成果を史的に見て(田川幸生)
「信濃 [第3次]」 信濃史学会 63(5)通号736 2011.05

公民館報『文化なかの』のいまむかし(特集 高度経済成長期前のくらし
—総合)(高橋登志雄)「高井」 高井地方史研究会 (181) 2012.11

長野

縄文人の葬制—死体遺棄から死者葬送へ(平林彰)「長野」 長野郷土史研
究会 192 1997.3

天狗のわび状(山岸セツ)「長野」 長野郷土史研究会 192 1997.3

祭りとイベント—特に長野の祇園祭とびんずるを中心として(阿久津昌
三)「信濃 [第3次]」 信濃史学会 50(1)通号576 1998.1

どうろく神と団子焼き(矢野恒雄)「長野」 長野郷土史研究会 201
1998.9

我が家の「過去帳」と「位牌」を検討してみてわかったこと(森袈裟次
郎)「長野」 長野郷土史研究会 203 1999.1

弥生時代の習俗と墓制(小山岳夫)「長野」 長野郷土史研究会 204
1999.3

黒坂神の周辺(馬場広幸)「長野」 長野郷土史研究会 207 1999.9

《特集 煙火(花火)》「長野」 長野郷土史研究会 208 1999.11

石村の「花火法」「花術秘伝」と花火の俳句(金井清敏)「長野」 長野郷
土史研究会 208 1999.11

木花之佐久夜毘売の素性(柳沢賢次)「長野」 長野郷土史研究会 209
2000.1

近世二女性の参詣記(小林計一郎)「長野」 長野郷土史研究会 213
2000.9

木地師の参詣と宿泊費(小林計一郎)「長野」 長野郷土史研究会 213
2000.9

積石塚の系譜(西山克己)「長野」 長野郷土史研究会 216 2001.3

善光寺と長野の舞台芸能小史(小林一郎)「長野」 長野郷土史研究会
219 2001.9

江戸時代の無惨な「間引き」について(山岸セツ)「長野」 長野郷土史研
究会 219 2001.9

長野恵比寿講煙火 「大正・昭和版」寸評など(山口立雄)「長野」 長野
郷土史研究会 220 2001.11

《特集 人間と仲間たち 狐に化かされた話など》「長野」 長野郷土史研究
会 221 2002.1

〈狐に化かされた話〉「長野」 長野郷土史研究会 221 2002.1

狐に化かされた体験記—昭和59年(北村俊治)「長野」 長野郷土史研究
会 221 2002.1

戦場と狐—私を救ってくれた神の使(大日方守)「長野」 長野郷土史研究
会 221 2002.1

狐に化かされた話—峠の芸者さん、狐灯を見た話(白鳥牧夫)「長野」 長
野郷土史研究会 221 2002.1

コエ溜のお風呂(木谷源太郎)「長野」 長野郷土史研究会 221 2002.1

狐に化かされた話—使の帰りに意識不明(柴本一久)「長野」 長野郷土史
研究会 221 2002.1

狐に化かされた話—錯覚から(竹原余史丸)「長野」 長野郷土史研究会
221 2002.1

おいなのさんのこと(関保男)「長野」 長野郷土史研究会 221 2002.1

ついてきた獣の鳴き声—謎解けぬまゝの想出(三沢久)「長野」 長野郷土
史研究会 221 2002.1

〈狐火〉「長野」 長野郷土史研究会 221 2002.1

新しい墓で燃える燐火と寺へ急ぐ人霊(大井源寿)「長野」 長野郷土史研
究会 221 2002.1

〈馬頭観音〉「長野」 長野郷土史研究会 221 2002.1

馬頭さんへの念仏(関川喜八郎)「長野」 長野郷土史研究会 221
2002.1

馬肉を食った話(金子万平)「長野」 長野郷土史研究会 221 2002.1

きつねの民俗 百科辞典から「長野」 長野郷土史研究会 221 2002.1

まっくろ・クロ(神津良子)「長野」 長野郷土史研究会 221 2002.1

町内にもいた狐や山犬(金子俊司)「長野」 長野郷土史研究会 221
2002.1

骨をのどにかけて苦しんでいた山犬の報恩(高山三千彦)「長野」 長野郷
土史研究会 221 2002.1

キツネに関することば(各種辞典から)「長野」 長野郷土史研究会 221
2002.1

狐は人を化かすか(塚本学)「長野」 長野郷土史研究会 222 2002.3

七草と七種粥(堀内暉巳)「長野」 長野郷土史研究会 222 2002.3

狐火(小出章)「長野」 長野郷土史研究会 222 2002.3

庵堂などの興廃(池田三夫、桑原国太郎)「長野」 長野郷土史研究会
223 2002.5

再び「狐の嫁入り」について(常盤真重)「長野」 長野郷土史研究会
226 2002.11

狐火・わたしも見た(麻場長男)「長野」 長野郷土史研究会 226
2002.11

狐火? の話(北沢忠雄)「長野」 長野郷土史研究会 226 2002.11

四万八千日縁日と「うりころばし」(白川武)「長野」 長野郷土史研究会
227 2003.1

長野えびす講煙火打上げ場所の変遷と三尺玉打上げ成功(山口立雄)「長
野」 長野郷土史研究会 228 2003.3

身近にあった化かされそうになった話—火の玉の正体見たり(丸山瑞
穂)「長野」 長野郷土史研究会 229 2003.5

調査ノート 持ち込まれた土人形の型 長野と高田の土人形(細井雄次郎)
「長野市立博物館博物館だより」 長野市立博物館 (62) 2004.12

謡曲「柏崎」の史料的価値(滝澤貞夫)「長野」 長野郷土史研究会
(243) 2005.9

各地の研究 地蔵盆さまざま(小林玲子)「長野」 長野郷土史研究会
(244) 2005.11

長野の石工と石工同盟碑(《地域特集 八女》)(山下俊雄)「西日本文化」
西日本文化協会 通号421 2006.6

中世・戦国時代の門前町寺めぐり(《特集 川中島の戦いと「長野」の始

まり》)「長野」 長野郷土史研究会 （250） 2006.12

善光寺表参道七福神めぐり・善光寺門前七稲荷めぐり・善光寺門前七天神めぐり（《特集 知られざる善光寺表参道（2）歴史の町長野を紡ぐ会5周年》)「長野」 長野郷土史研究会 （251） 2007.2

長野郷土史研究会および歴史の町長野を紡ぐ会主催の絵解きの行事《特集 未来に繋がる絵解きの世界》)「長野」 長野郷土史研究会 （252） 2007.2

シンポジウム「絵解きの未来を語る」（《特集 未来に繋がる絵解きの世界》)（竹澤環江, 林麻子, 小林玲子)「長野」 長野郷土史研究会 （252） 2007.2

上越高田の土人形と長野（細井雄次郎)「長野県民俗の会通信」 長野県民俗の会 （198） 2007.4

山形市山寺・千手院の中世石造美術—長野・後藤家の中世石造美術を中心に（加藤和徳)「山形民俗」 山形県民俗研究協議会 （22） 2008.11

日露戦争の奉納額はどこへ（西沢久徳)「長野」 長野郷土史研究会 （268） 2009.12

福禄寿と出世大仏（小林計一郎初代会長追悼特集)（袖山榮眞)「長野」 長野郷土史研究会 （269） 2010.02

欠落者考（吉岡知雄)「長野」 長野郷土史研究会 （271） 2010.06

長野に存在した浄土宗第三教区宗学教校（口絵解説)（袖山榮眞)「市誌研究ながの」 長野市 （19） 2012.03

口絵 今年開催の三つの御開帳（小林一郎)「長野」 長野郷土史研究会 （288） 2013.04

念願のお絵解き「孝子善之丞感得御絵伝」（佐藤政世)「長野」 長野郷土史研究会 （292） 2013.12

連載コラム 長野と全国各地の繋がり（2）名古屋港善光寺の額装の善光寺縁起とお戒壇巡り（小林玲子)「長野」 長野郷土史研究会 （294） 2014.04

連載コラム 郷土史の視界（3）仏都長野の往生伝『妙唱往生記』（小林一郎)「長野」 長野郷土史研究会 （295） 2014.06

連載コラム 長野と全国各地の繋がり（3）親鸞聖人直拝の専修寺の一光三尊仏（小林玲子)「長野」 長野郷土史研究会 （295） 2014.06

連載コラム 長野と全国各地の繋がり（4）秩父三十四番札所, 開創十三権者の善光寺如来（小林玲子)「長野」 長野郷土史研究会 （296） 2014.08

連載コラム 郷土史の視界（5）江戸時代の「おやき」の記録（小林一郎)「長野」 長野郷土史研究会 （297） 2014.10

連載コラム 長野と全国各地の繋がり（5）高田派本山専修寺と善光寺の交流（小林玲子)「長野」 長野郷土史研究会 （297） 2014.10

長野運動公園

古道を訪ねて—キツネに化かされた長野運動公園付近の迷い道（池田忠保)「長野」 長野郷土史研究会 （281） 2012.2

長野駅

長野駅の動向・水内大社秋季例大祭「長野」 長野郷土史研究会 232 2003.11

長野県

おやき・やきもち考（西沢智孝)「長野県民俗の会通信」 長野県民俗の会 138 1997.3

「部落」伝承（三石稔)「長野県民俗の会通信」 長野県民俗の会 138 1997.3

差別と民俗学（〔号外〕)（事務局)「長野県民俗の会通信」 長野県民俗の会 138 1997.3

長野県立歴史館蔵不動明王三童子像（伊藤羊子)「長野県立歴史館研究紀要」 長野県立歴史館 通号3 1997.3

小正月の道祖神信仰（塩沢一郎)「長野県民俗の会通信」 長野県民俗の会 140 1997.7

冠婚葬祭の行方（本田小百合)「長野県民俗の会通信」 長野県民俗の会 140 1997.7

防風林の活用と屋敷の配置（1）（三石稔)「長野県民俗の会通信」 長野県民俗の会 140 1997.7

《平成8年度長野県民俗の会総会シンポジウム 食生活の課題と展望》「長野県民俗の会会報」 長野県民俗の会 20 1997.9

「民俗学」における食研究の課題（日比野光敏)「長野県民俗の会会報」 長野県民俗の会 20 1997.9

長野県の伝統食—おやきの例で（金子万平)「長野県民俗の会会報」 長野県民俗の会 20 1997.9

伝統的食生活とその変容（中村羊一郎)「長野県民俗の会会報」 長野県民俗の会 20 1997.9

「林すなせ畷の昔話」を書いた頃（日向繁子)「長野県民俗の会会報」 長野県民俗の会 20 1997.9

「本棟造り民家」の執筆を通して（多田井幸視)「長野県民俗の会会報」 長野県民俗の会 20 1997.9

葬式の現場から（林英一)「長野県民俗の会会報」 長野県民俗の会 20 1997.9

付木（ツケギ)（酒井玄)「長野県民俗の会通信」 長野県民俗の会 141 1997.9

建築諸事とおはらいの形（伊藤友久)「長野県民俗の会通信」 長野県民俗の会 142 1997.11

えびす講のおやき（松村弘子)「長野県民俗の会通信」 長野県民俗の会 143 1998.1

正月飾り見て歩記（木下守)「長野県民俗の会通信」 長野県民俗の会 144 1998.3

養蚕から製糸の過程がわかる絵馬の複製（太田秀保)「長野県立歴史館たより」 長野県立歴史館 14 1998.3

書誌紹介松村義也著『続山裾筆記』（巻山圭一)「長野県民俗の会通信」 長野県民俗の会 145 1998.5

何のための民俗学か（福沢昭司)「長野県民俗の会通信」 長野県民俗の会 146 1998.7

民俗の変貌と変化について（宮本袈裟雄)「長野県民俗の会会報」 長野県民俗の会 21 1998.9

祭日変更の理由（金子万平)「長野県民俗の会会報」 長野県民俗の会 21 1998.9

神事「流鏑馬」の源流を辿る（臼井潤)「長野県民俗の会会報」 長野県民俗の会 21 1998.9

ある「宮守」の信仰生活（1),（2）—稲荷信仰の一側面（大熊剛彦)「長野県民俗の会通信」 長野県民俗の会 147/148 1998.9/1998.11

仕組まれた伝承（伊藤友久)「長野県民俗の会通信」 長野県民俗の会 147 1998.9

競う 長野県内の馬に関わる行事（1)「地域文化」 八十二文化財団 46 1998.10

《平成10年度長野県民俗の会総会シンポジウム「民俗の変貌」》「長野県民俗の会会報」 長野県民俗の会 22 1999.9

民俗の変容と創造（古家信平)「長野県民俗の会会報」 長野県民俗の会 22 1999.9

「民俗の変化・変容」とその調査について（丸山泰功)「長野県民俗の会会報」 長野県民俗の会 22 1999.9

村祭りへの参加にみる民俗の変容（山崎ます美)「長野県民俗の会会報」 長野県民俗の会 22 1999.9

民具から見た民俗の変容（樫代賢二)「長野県民俗の会会報」 長野県民俗の会 22 1999.9

農村の年中行事に関する一考察—祖母の記録をひもといて（木下守)「長野県民俗の会会報」 長野県民俗の会 22 1999.9

小規模地域の信仰圏を持つ宗教施設とその伝播について—夏季調査に参加して（細井雄次郎)「長野県民俗の会通信」 長野県民俗の会 153 1999.9

障子と暮らす（降幡広信)「地域文化」 八十二文化財団 50 1999.10

尊像を歩く 馬頭観音（内山節)「地域文化」 八十二文化財団 52 2000.4

赤飯と小豆飯—屋敷神祭祀に関連して（安室知)「長野県民俗の会通信」 長野県民俗の会 157 2000.5

伊勢講と庚申講（松本清人)「長野県民俗の会通信」 長野県民俗の会 157 2000.5

木彫りの福神信仰（1),（2）（名取正秋)「長野県民俗の会通信」 長野県民俗の会 157/158 2000.5/2000.7

お船祭り「地域文化」 八十二文化財団 53 2000.7

尊像を歩く 庚申（内山節)「地域文化」 八十二文化財団 53 2000.7

蚕玉様の押絵雛（伊藤友久)「長野県民俗の会通信」 長野県民俗の会 158 2000.7

ヤマとサト（巻山由子)「長野県民俗の会通信」 長野県民俗の会 158 2000.7

長野県内の善光寺参拝の石碑・道標（善光寺道標)（徳永法静)「長野」 長野郷土史研究会 2000.9

雑煮の正体—七草粥・小豆粥との類似性（安室知)「長野県民俗の会会報」 長野県民俗の会 23 2000.9

これでナットク！ 江戸時代の農民の食事「長野県立歴史館たより」 長野県立歴史館 24 2000.9

個別の民俗事象をどう語るか—第52回年会に参加しての雑感（藤森裕治)「長野県民俗の会通信」 長野県民俗の会 160 2000.11

現代の石工「地域文化」 八十二文化財団 55 2000.12

百姓法度書にみる衣食住の制限（松澤弘子)「五郎兵衛記念館報」 五郎兵衛記念館 25 2001.2

道祖神が伝える「鬼」伝説（木下守)「長野県民俗の会通信」 長野県民俗の会 162 2001.3

ワラ馬の火災除け札（山崎ます美)「長野県民俗の会通信」 長野県民俗の会 162 2001.3

神社春秋（藤井茂信)「地域文化」 八十二文化財団 56 2001.4

権現さまに参ろじゃないか（岩鼻通明)「地域文化」 八十二文化財団 56 2001.4

あなたのまわりに相撲取りがいた 相撲を奉納しつづけて（溝口慎一)「地域文化」 八十二文化財団 57 2001.7

十九夜講雑感(中川美穂子)「長野県民俗の会通信」 長野県民俗の会 164 2001.7

柿のフォークロア(飯島吉晴)「地域文化」 八十二文化財団 58 2001.10

早く芽を出せ 柿の種 猿蟹合戦の真実(真野須美子)「地域文化」 八十二文化財団 58 2001.10

民俗学における「畑作文化」とは何か(安室知)「長野県民俗の会会報」 長野県民俗の会 (24) 2001.11

長野県民俗の会総会講演会 やま(森林)と文化と地域づくり(宮林茂幸)「長野県民俗の会会報」 長野県民俗の会 (24) 2001.11

ヤマゴボウという民族植物分類群の利用(井上直人)「長野県民俗の会会報」 長野県民俗の会 (24) 2001.11

神事に見る庶民の願いとその形(臼井潤)「長野県民俗の会会報」 長野県民俗の会 (24) 2001.11

市町村史誌の編さんと民俗学―民俗の調査と記述(福沢昭司)「長野県民俗の会会報」 長野県民俗の会 (24) 2001.11

尊像を歩く 道祖神(内山節)「地域文化」 八十二文化財団 59 2001.12

祭りをする人々とついていく人々(三木博隆)「長野県民俗の会通信」 長野県民俗の会 168 2002.3

爪と爪紅(倉石忠彦)「長野県民俗の会会報」 長野県民俗の会 (25) 2002.11

葬後供養と親族の服喪―親念仏とオカエリジンギをめぐって(中込睦)「長野県民俗の会会報」 長野県民俗の会 (25) 2002.11

もらい風呂から見る人間関係(1),(2)(福嶋康子)「長野県民俗の会通信」 長野県民俗の会 172/173 2002.11/2003.1

長野県における明治前期の祭礼参加闘争(斎藤洋一)「信州農村開発史研究所報」 信州農村開発史研究所 85 2003.7

正月行事研究の視座(1),(2)(巻山圭一)「長野県民俗の会通信」 長野県民俗の会 176/177 2003.7/2003.9

「すてる・もどす」に神不在の現実をみる(三石稔)「長野県民俗の会通信」 長野県民俗の会 176 2003.7

トチムキ石の使用痕 民俗資料の考古学的研究(池谷勝弥)「アルカ通信」 考古学研究所アルカ 1 2003.10

《平成14年度 長野県民俗の会総会シンポジウム「生業複合をめぐって」》「長野県民俗の会会報」 長野県民俗の会 (26) 2003.11

基調講演 複合生業のこれから(安室知)「長野県民俗の会会報」 長野県民俗の会 (26) 2003.11

日誌からみた生業(永島政彦)「長野県民俗の会会報」 長野県民俗の会 (26) 2003.11

稲作をめぐる行政と農業現場(大場茂明)「長野県民俗の会会報」 長野県民俗の会 (26) 2003.11

風呂敷が入った一婚姻儀礼と風呂敷(倉石あつ子)「長野県民俗の会通信」 長野県民俗の会 178 2003.11

聞き書き 水系に暮らす サザムシ捕り/狩猟/農家民泊/年中行事を守る/秋葉神社/悉平太郎伝説/中田島砂丘/進師「地域文化」 八十二文化財団 67 2004.1

建築にみる「すてる・もどす」(1),(2)(三石稔)「長野県民俗の会通信」 長野県民俗の会 179/180 2004.1/2004.3

ふるさとの文化を守り伝える心(5) 柱に込める氏子たちの願い―御柱用材を育てる活動「地域文化」 八十二文化財団 68 2004.4

捨てる・戻す再考(福澤昭司)「長野県民俗の会通信」 長野県民俗の会 181 2004.5

長野県松本市・塩尻市・諏訪市・茅野市・伊那市・駒ヶ根市・飯田市の周辺の町村及び木曽郡の徳本上人碑を訪ねて(早川孝正)「文化財信濃」 長野県文化財保護協会 31(1)通号115 2004.6

民俗調査を行うこと(1)～(3)(田澤直人)「長野県民俗の会通信」 長野県民俗の会 182/184 2004.7/2004.11

「ニョウ」のある風景(伊藤友久)「長野県民俗の会通信」 長野県民俗の会 183 2004.9

平成15年度長野県民俗の会総会記念講演「こやし」に対する文化的態度―農耕民俗における「すてる・もどす」(井上直人)「長野県民俗の会会報」 長野県民俗の会 (27) 2004.10

人形供養という作法(中村慎吾)「長野県民俗の会会報」 長野県民俗の会 (27) 2004.10

屋敷荒神とグリン様の処理法(細井雄次郎)「長野県民俗の会通信」 長野県民俗の会 184 2004.11

シンポジウム「すてる・もどす」の開催にあたって(事務局)「長野県民俗の会通信」 長野県民俗の会 184 2004.11

長野県下の祝神―御柱祭と関わらせて(牧野眞一)「民俗学研究所紀要」 成城大学民俗学研究所 29 2005.3

不食供養金尼文集 和歌山県/大阪府/奈良県/長野県/埼玉県(奥村隆彦)「歴史考古学」 歴史考古学研究会 (56) 2005.6

《特集 お蚕さま》「地域文化」 八十二文化財団 (74) 2005.7

地域のウダツに見る受容のかたち(伊藤友久)「長野県民俗の会通信」 長野県民俗の会 (188) 2005.7

〈平成16年度 長野県民俗の会総会シンポジウム「すてる・もどす」〉「長野県民俗の会会報」 長野県民俗の会 (28) 2005.11

基調講演 動植物の供養―草木鳥魚を中心に(松崎憲三)「長野県民俗の会会報」 長野県民俗の会 (28) 2005.11

人形供養にみる物の捨て方(中村慎吾)「長野県民俗の会会報」 長野県民俗の会 (28) 2005.11

昭和20年代の生業を中心とした暮らしからみる「すてる・もどす」(浦山佳恵)「長野県民俗の会会報」 長野県民俗の会 (28) 2005.11

考古学からみた「すてる・もどす」(竹内靖長)「長野県民俗の会会報」 長野県民俗の会 (28) 2005.11

シンポジウム「すてる・もどす」課題の整理(木下守)「長野県民俗の会会報」 長野県民俗の会 (28) 2005.11

川と生活―流れる・流す(倉石忠彦)「長野県民俗の会通信」 長野県民俗の会 (190) 2005.11

特別公開 六角水幢(複製)―極楽浄土への道しるべ(町田勝則)「長野県立歴史館たより」 長野県立歴史館 45 2005.12

収蔵資料紹介明治時代の「方言調査」「長野県立歴史館たより」 長野県立歴史館 45 2005.12

小説における「民俗学」覚書(倉石忠彦)「長野県民俗の会通信」 長野県民俗の会 (192) 2006.3

書籍紹介 倉石忠彦著『道祖神信仰の形成と展開』(神田修)「長野県民俗の会通信」 長野県民俗の会 (192) 2006.3

銀杏(いちょう)出乳祈願の事例―長野・新潟県(〈月刊「民俗文化」発行500号記念論文〉)(門田徳雄)「民俗文化」 滋賀民俗学会 (510)(号外) 2006.3

秋葉様の石臼(木下守)「長野県民俗の会通信」 長野県民俗の会 (194) 2006.7

125年前の鎮守の森の姿(1),(2)(細井雄次郎)「長野県民俗の会通信」 長野県民俗の会 (194)/(195) 2006.7/2006.9

資料は廻る 豊島区と長野県を結ぶ こたつのやぐら・盆・黒板・飯台「かたりべ： 豊島区立郷土資料館ミュージアム開設準備だより」 豊島区立郷土資料館 通号83 2006.9

死後の儀礼とその展開―日航ジャンボ機墜落事故を事例として(沼崎麻矢)「長野県民俗の会会報」 長野県民俗の会 29 2006.11

二つの「祖霊神社」!?(根井立比古, 楯信一)「史學義仲」 木曽義仲史学会 (8) 2006.12

市川三郷町の一の宮・二の宮に松本「長野県」の年貢が入っていた(中倉茂)「峡南の郷土」 峡南郷土研究会 47 2007.4

巻頭 天狗の提灯(諏訪淳)「地域文化」 八十二文化財団 (80) 2007.4

サイノカミのカンジン(細井雄次郎)「長野県民俗の会通信」 長野県民俗の会 (199) 2007.6

長野県の「をに」(中南譲)「六甲倶楽部報告」 六甲倶楽部 (83) 2007.11

古代山名呼称―『風土記』を資料として[1],(2)(倉石忠彦)「長野県民俗の会通信」 長野県民俗の会 (204)/(205) 2008.3/2008.5

俗信集『重宝記』を読む(竹入弘元)「長野県民俗の会通信」 長野県民俗の会 通号30 2008.4

長野県下の「むじな和尚」の話をめぐって―和尚が残した書画と和尚の死んだ場所について考える(細井雄次郎)「長野県民俗の会会報」 長野県民俗の会 通号30 2008.4

『幽谷余韻』に記された狸の和尚の話(細井雄次郎)「長野県民俗の会通信」 長野県民俗の会 (208) 2008.11

明治前期、真言宗の長野県における教導職活動(上),(下) 僧侶、大沼、寺沢・西川の活動資料を主に(田川幸生)「信濃［第3次］」 信濃史学会 61(9)通号716/61(11)通号718 2009.09/2009.11

縁結びと縁切り―長野県内の「縁切り信仰」の事例を中心に(夏目琢史)「信濃［第3次］」 信濃史学会 62(1)通号720 2010.01

昔話のことば(特集 絆の意味)(乾telefono美子)「地域文化」 八十二文化財団 (91) 2010.01

七夕人形の製造販売(木下守, 中村慎吾)「長野県民俗の会会報」 長野県民俗の会 通号31 2010.01

『長野県史 民俗編』の民俗地図(倉石忠彦)「民俗地図研究」 民俗地図研究会 (2) 2010.03

「道祖神」演歌論覚書(倉石忠彦)「長野県民俗の会通信」 長野県民俗の会 (217) 2010.05

長野県の三重の塔(1)～(6)(大西道夫)「文化財信濃」 長野県文化財保護協会 37(3)通号141/38(4)通号146 2010.12/2012.03

梓弓の考察(児玉多聞)「史學義仲」 木曽義仲史学会 (12) 2011.02

伝説のなかの佐々木高綱(巻山圭一)「長野県民俗の会通信」 長野県民俗の会 (222) 2011.03

シダレザクラのこと(木下守)「長野県民俗の会通信」 長野県民俗の会 (222) 2011.03

個人建立の道祖神について(2)(葉書でつぶやくコーナー)(窪田雅之)「長野県民俗の会通信」 長野県民俗の会 (222) 2011.03

長野県 　　　　　　　　　　　郷土に伝わる民俗と信仰 　　　　　　　　　　　北陸甲信越

対談 世代を重ね洗練された山の暮らし（特集 山と暮らし―里山の祈り）（由井英，白水智）「地域文化」 八十二文化財団 　（96）2011.04

巡りめぐって（特集 山と暮らし―里山の祈り）（浜田久美子）「地域文化」 八十二文化財団 　（96）2011.04

長野県における道祖神信仰（特集 山と暮らし―里山の祈り）（倉石忠彦）「地域文化」 八十二文化財団 　（96）2011.04

巻頭 猫と暮らしてきて（特集 山と暮らし―里山の祈り）（高田宏）「地域文化」 八十二文化財団 　（96）2011.04

ぼんぼんさんのこと―ささら踊りにもふれながら（木下守）「長野県民俗の会会報」 長野県民俗の会 　（33）2011.04

オフネに惹かれて―第178回例会報告（三石稔）「長野県民俗の会通信」 長野県民俗の会 　（226）2011.11

土葬と火葬と（葉書でつぶやくコーナー）（福澤昭司）「長野県民俗の会通信」 長野県民俗の会 　（226）2011.11

寄贈資料 木造大日如来坐像 長野県指定文化財（2011A0007）「長野市立博物館博物館だより」 長野市立博物館 　（81）2012.03

長野県の「風除け」習俗―民俗地図を資料として（倉石忠彦）「長野県民俗の会会報」 長野県民俗の会 　（33）2012.03

生命観の変化に関する覚書―「循環的生命観」から「直進的生命観」へ（松崎憲三）「長野県民俗の会会報」 長野県民俗の会 　（33）2012.03

コラム 干支の話 身を賭して人を救った龍と子の物語「地域文化」 八十二文化財団 　（100）2012.04

「道祖」表記のこと（倉石忠彦）「長野県民俗の会通信」 長野県民俗の会 　（229）2012.05

彼岸の神送り行事考（三石稔）「長野県民俗の会通信」 長野県民俗の会 　（229）2012.05

墓地三題（木下守）「長野県民俗の会通信」 長野県民俗の会 　（230）2012.07

講演記録 庶民信仰の受容と変容―県内の大山石尊信仰の事例として（細井雄次郎）「須高」 須高歴史文化研究会 　（75）2012.06

明治14年の鎮守の森の姿（細井雄次郎，三上光一）「長野県民俗の会通信」 長野県民俗の会 　（232）2012.11

壊す・棄てる（特集 長野県民俗の会40周年によせて）（桐原健）「長野県民俗の会会報」 長野県民俗の会 　（34）2012.12

私的「長野県民俗の会」前史（特集 長野県民俗の会40周年によせて）（倉石忠彦）「長野県民俗の会会報」 長野県民俗の会 　（34）2012.12

連載 風土が育む郷土の食 おやき（長野県）「地域文化」 八十二文化財団 　（103）2013.01

葉書でつぶやくコーナー 「土葬と火葬と」のその後（福澤昭司）「長野県民俗の会通信」 長野県民俗の会 　（233）2013.01

近世における将軍家婚礼道具の意匠について―長野県立歴史館所蔵「丁字唐草葵紋蒔絵調度」の位置付け（研究報告）（山崎会理）「長野県立歴史館研究紀要」 長野県立歴史館 　（19）2013.03

建築史学と考現学の狭間で民俗学（伊藤友久）「長野県民俗の会通信」 長野県民俗の会 　（235）2013.05

雛をめぐるあれこれ（小野和英）「長野県民俗の会通信」 長野県民俗の会 　（235）2013.05

巻頭 コミュニティの核には宗教がある（赤坂憲雄）「地域文化」 八十二文化財団 　（105）2013.07

木に上る―木に上るのには理由がある（1）（倉石忠彦）「長野県民俗の会通信」 長野県民俗の会 　（236）2013.07

県内の唐箕の特徴（細井雄次郎）「長野市立博物館博物館だより」 長野市立博物館 　（86）2013.07

県下の寺名むら・むら（田中毅）「高井」 高井地方史研究会 　（184）2013.08

生きていく愛と勇気としての民俗―ドキュメンタリー映画『先祖になる』を観賞して（中田亮）「長野県民俗の会通信」 長野県民俗の会 　（237）2013.09

講演記録 灯火風流の展開―松明・灯籠・提灯（三田村桂子）「長野県民俗の会会報」 長野県民俗の会 　（35）2013.11

春彼岸の神送り行事（論文）（三石稔）「長野県民俗の会会報」 長野県民俗の会 　（35）2013.11

昆虫の薬用利用とその変遷―売薬「イボタの蟲」を事例に（論文）（山口拡）「長野県民俗の会会報」 長野県民俗の会 　（35）2013.11

絹本着色一光三尊像（資料紹介）（福島正樹）「長野県立歴史館研究紀要」 長野県立歴史館 　（20）2014.03

長野県の唐箕の特徴について（細井雄次郎）「長野市立博物館紀要.人文系」 長野市立博物館 　（15）2014.3

木に上る「はなし」―木に上るのには理由がある（2）（倉石忠彦）「長野県民俗の会会報」 長野県民俗の会 　（36）2014.03

七夕人形と紙衣のルーツ（木下守）「長野県民俗の会会報」 長野県民俗の会 　（36）2014.03

木に上ること―木に上るのには理由がある（4）（倉石忠彦）「長野県民俗の会通信」 長野県民俗の会 　（242）2014.07

中世の納骨霊場と墓地―長野県内のいくつかの発掘事例をもとに（考古学特集）（原明芳）「信濃［第3次］」 信濃史学会 　66（9）通号776 2014.09

連載コラム 生きた町の歴史を知ろう（5）えびす講が盛んな内陸の長野・群馬・栃木県（小林竜太郎）「長野」 長野郷土史研究会 　（297）2014.10

中野市

建て御柱とお休み御柱・御神紋梶ノ葉―中野市・山ノ内町・小布施町の例（田川幸生）「高井」 高井地方史研究会 　（180）2012.08

長野市

オイヌシが葬儀の食を司る―長野市内のある山村の事例から（古家晴美）「市誌研究ながの」 長野市 　6　1999.1

都市祭礼参加者のあらたな参加実態―長野市ニコニコ花火を例にして（亀井好恵）「市誌研究ながの」 長野市 　6　1999.1

長野市祭り煙火（山口立雄）「長野」 長野郷土史研究会 　208　1999.11

江戸時代から明治初期の長野市域における冷泉（焚湯）・湯屋（銭湯）（大橋昌人）「市誌研究ながの」 長野市 　（7）2000.2

長野市の民俗学研究史（倉石忠彦）「市誌研究ながの」 長野市 　（7）2000.2

長野市立博物館第45回特別展「村人の祈りと集いの場」レポート（細井雄次郎）「長野」 長野郷土史研究会 　217　2001.5

現代結婚事情（多田井幸視）「市誌研究ながの」 長野市 　（9）2002.1

村の記憶―堂の縁起と手習師匠（降幡浩樹）「市誌研究ながの」 長野市 　（10）2003.2

翻刻『お塩亀松口説』（小林一郎）「市誌研究ながの」 長野市 　（11）2004.2

火防祈願の形―長野市域の秋葉信仰（山崎ます美）「市誌研究ながの」 長野市 　（11）2004.2

四阿の屋根葺き替え（降旗浩樹）「長野市立博物館博物館だより」 長野市立博物館 　（60）2004.3

博物館ノート 門前商家の土蔵拝見（細井雄次郎）「長野市立博物館博物館だより」 長野市立博物館 　（61）2004.8

天保15年「諸方御持参薬法控」の紹介（1）（鬼頭康之）「市誌研究ながの」 長野市 　（13）2006.2

長野市公文書館開館一周年記念講演 平安時代の善光寺をめぐって―霊場寺院への発展とその背景（牛山佳幸）「市誌研究ながの」 長野市 　（16）2009.02

市内各地の念仏講（お数珠回し）（口絵解説）（細井雄次郎）「市誌研究ながの」 長野市 　（18）2011.02

木曽御嶽講の展開―長野市と関東地方の事例から（牧野眞一）「長野県民俗の会会報」 長野県民俗の会 　（33）2012.03

長野市の絵馬について（細井雄次郎）「長野」 長野郷土史研究会 　（282）2012.04

魂を運ぶ土器、再生を願う土器（千野浩）「長野市立博物館博物館だより」 長野市立博物館 　（83）2012.09

長野市内の絵馬（口絵解説）（細井雄次郎）「市誌研究ながの」 長野市 　（20）2013.03

絹本著色阿弥陀聖衆来迎図（平成25年新指定 国の重要文化財）（口絵写真解説）（高木寛）「市誌研究ながの」 長野市 　（21）2014.03

続・長野市内の絵馬（口絵写真解説）（細井雄次郎）「市誌研究ながの」 長野市 　（21）2014.03

百鬼夜行絵巻（細井雄次郎）「長野市立博物館博物館だより」 長野市立博物館 　（89）2014.03

長野市民会館

みらいへの伝言 長野市民会館（《特集 善光寺御開帳》）（清水隆史，小林竜太郎）「長野」 長野郷土史研究会 　（263）2009.02

長野原

口絵 長野原の前澤家の陶墓（吉澤健）「伊那」 伊那史学会 　61（3）通号1018　2013.03

長野盆地

盆地の民俗空間構造―長野盆地にみるヤマ・テーラ・マチの交錯（安室知）「市誌研究ながの」 長野市 　5　1998.3

長野村

中衆十五坊―長野村庄屋矢島氏から諏訪上社権祝矢島氏宛書状（鮎沢三千穂）「長野」 長野郷土史研究会 　207　1999.9

中原

地蔵盆の日に行われる上田市真田町中原 延命地蔵堂の「りんご祭」（加藤俊臣）「長野」 長野郷土史研究会 　（280）2011.11

中村薬師堂

おかや歴史散歩（13）中村薬師堂「オール諏訪 : 郷土の総合文化誌」 諏訪郷土文化研究会 　28（10）通号292　2009.01

奈川

奈川牛と江戸―史料編纂との関わりの中で（講演）（熊井保）「松本市史研究 ： 松本市文書館紀要」 松本市 （15） 2005.3

連載 風土が育む郷土の食 とうじそば 松本市奈川「地域文化」 八十二文化財団 （102） 2012.10

奈川村

熊の胆・山菜の話―野麦街道・奈川村の食生活（横山篤美）「あしなか」 山村民俗の会 261 2002.5

南木曽町

風土が育む郷土の食 からすみ 木曽郡南木曽町「地域文化」 八十二文化財団 （96） 2011.04

七久里神社

山本奈々久里神社の秋祭（竹村庄平）「伊那」 伊那史学会 45（3）通号826 1997.3

山本七久里神社の御柱祭（寺田一雄）「伊那」 伊那史学会 52（1）通号908 2004.1

口絵 山本七久里神社の第一鳥居（山内尚巳）「伊那」 伊那史学会 54（3）通号934 2006.3

報告 飯田市山本七久里神社の御柱祭（中島悦子）「伊那民俗研究」 柳田國男記念伊那民俗学研究所 （18） 2011.03

桶振りの誇りを受け継いで―後継者からみた七久里神社の裸祭り（岡庭圭佑）「伊那民俗 ： 伊那民俗学研究所報」 柳田国男記念伊那民俗学研究所 （94） 2013.09

七椙神社

七椙神社石灯籠の製作者（桃澤匡行）「伊那」 伊那史学会 54（9）通号940 2006.9

七ツ鉢

珍奇な石穴・神跡七ツ鉢（関孝一）「高井」 高井地方史研究会 （175） 2011.05

七二会

七二会の伝説―春日山の白狐（佐々木幸雄）「長野」 長野郷土史研究会 221 2002.1

長野市七二会の馬頭観音講（細井雄次郎）「長野県民俗の会通信」 長野県民俗の会 （198） 2007.4

七日市場

ふるさとの社寺解説七日市場の諏訪神社（中野光仁）「三郷文化」 三郷郷土研究会 91 2005.2

祭りに彩りを添える舞台 七日市場 諏訪神社の舞台（郷土の自然と歴史）（曽根原孝和）「三郷文化」 三郷郷土研究会 （111） 2010.02

鍋倉山

硯の詩二篇―高遠藩上伊那郡上島村鍋倉山の硯（赤羽篤）「信濃 ［第3次］」 信濃史学会 50（10）通号585 1998.10

浪合神社

口絵 浪合神社勅使参向の碑建碑式参列を伝える富岡鉄斎の書翰（今牧久）「伊那」 伊那史学会 62（6）通号1033 2014.06

浪合村

口絵 浪合村の「こんぶくろ」《民俗特集》（橋都正）「伊那」 伊那史学会 54（1）通号932 2006.1

奈良井

楢川村奈良井重要伝統的建造物群保存地区（わが町の文化財保護）（石井健](）「文化財信濃」 長野県文化財保護協会 27（2）通号100 2000.9

奈良尾

奈良尾の「大姥坐像について」（北沢伴康）「むしくら ： むしくら交流会ニュースレター」 虫倉交流会 （31） 1999.12

奈良尾の大姥様と富士嶽―大姥様は「奪衣婆」ではなく「石長比売命」（宮本達郎）「千曲」 東信史学会 （147） 2011.06

奈良沢

奈良沢の「おしゃごんじさん」雑感（水野久雄）「高井」 高井地方史研究会 123 1998.4

南宮神社

語り継ぐ「西堀夜話」（3） 南宮神社由来（武井清吉）「オール諏訪 ： 郷土の総合文化誌」 諏訪郷土文化研究会 29（6）通号300 2009.09

南条村

口絵 南条村浜島家の行燈（山内尚巳）「伊那」 伊那史学会 48（2）通号861 2000.2

南信

鐘・雲版・鰐口―駿遠から南信へ（足立順司）「静岡県埋蔵文化財センター研究紀要」 静岡県埋蔵文化財センター （1） 2012.03

新野

新野の正月行事（猪切智義）「伊那」 伊那史学会 46（1）通号836 1998.1

新野の伝承を語り継いで（熊谷小三治）「伊那民俗 ： 伊那民俗学研究所報」 柳田国男記念伊那民俗学研究所 37 1999.6

便所神考―長野県下伊那郡阿南町新野の事例を中心として（壺井裕子）「史圃 ： Sonoda's journal of history and folk studies」 園田学園女子大学歴史民俗学会 5 2004.10

新野の盆踊

新野の盆踊りと切子灯籠（池田勇次）「自然と文化」 日本ナショナルトラスト 通号65 2001.1

新野の盆踊り（わが町の文化財保護）（佐川金寿）「文化財信濃」 長野県文化財保護協会 31（2）通号116 2004.9

新野の雪祭りと盆踊り―新野探訪記（壺井裕子）「史圃 ： Sonoda's journal of history and folk studies」 園田学園女子大学歴史民俗学会 6 2005.10

柳田国男の『信州随筆』研究（10）,（14） 新野の盆踊［その1］,その2（橋都正）「伊那民俗 ： 伊那民俗学研究所報」 柳田国男記念伊那民俗学研究所 （68）／（74） 2007.3/2008.9

新野の盆踊りフィールドノート（大谷智里,田村まどか,安谷屋佐和子）「ムーサ ： 沖縄県立芸術大学音楽学研究誌」 沖縄県立芸術大学音楽学部音楽学専攻 （13） 2012.03

「民俗の宝庫〈三遠南信〉の発見と発信」新資料の紹介（2） 南信新聞等にみる柳田国男の新野の盆踊り調査（資料紹介）（櫻井弘人）「伊那民俗研究」 柳田國男記念伊那民俗学研究所 （21） 2013.12

新野の雪祭

芸能の旅（37） 新野の雪祭 1月13日の行事（桜井弘人）「伊那民俗 ： 伊那民俗学研究所報」 柳田国男記念伊那民俗学研究所 47 2001.12

新野の雪祭りと盆踊り―新野探訪記（壺井裕子）「史圃 ： Sonoda's journal of history and folk studies」 園田学園女子大学歴史民俗学会 6 2005.10

各地の大松明を観る―新野の雪祭りに寄せて（塩澤一郎）「伊那」 伊那史学会 56（1）通号956 2008.1

愛知弥富市で新野の雪祭り？（鷲野正昭）「まつり通信」 まつり同好会 54（1）通号569 2014.01

仁木地蔵堂

ふるさとの仏像（8） 仁木地蔵堂 木造延命地蔵菩薩半跏像（グラビア）（宮島佳敬）「三郷文化」 三郷郷土研究会 （110） 2009.11

濁川用水

血ノ池弁財天の祭礼について（2） 附 濁川用水に於ける慣行の一例（小林太郎）「千曲」 東信史学会 （136） 2008.2

濁り沢

濁り沢の水害事故「供養塔」《鎮魂の碑》（原童）「伊那」 伊那史学会 56（8）通号963 2008.8

西江部

西江部の阿弥陀信仰と智恵のだんご（篠田昭二）「高井」 高井地方史研究会 140 2002.8

西後町

長野西後町秋葉神社の建造物について 立川和四郎富昌の彫刻建築（丸山日出夫）「長野」 長野郷土史研究会 （264） 2009.04

西筑摩郡

残し忘れの文化誌（2） 西筑摩郡の覚明伝説（入谷哲夫）「郷土文化」 名古屋郷土文化会 63（1）通号209 2008.8

仁科家住宅

伊那谷の民家（4） 仁科家住宅（吉澤政己）「伊那路」 上伊那郷土研究会 46（12）通号551 2002.12

仁科神明宮

仁科神明宮と八代神明宮の棟札（牛越嘉人）「信濃 ［第3次］」 信濃史学会 52（12）通号611 2000.12

ふるさとの文化財を守り伝える心 世代を超えつながる想い―仁科神明宮の神楽「地域文化」 八十二文化財団 （93） 2010.07

仁科御厨

信州安曇神宮御厨祓―仁科御厨と矢原御厨の設定について 新史料の検証（草間美登）「信濃 ［第3次］」 信濃史学会 60（9）通号704 2008.9

西宮

口絵 始まって50年。定着し発展を続ける長野市岩石町西宮のお種子銭貸し出し「長野」 長野郷土史研究会 （293） 2014.02

西ノ矢

戸隠山中西ノ矢の五輪塔―戸隠村石造文化財調査に寄せて（小松光衛）「むしくら ： むしくら交流会ニュースレター」 虫倉交流会 （54） 2003.9

西春近

山岳信仰の起源と西春近の権現山信仰（民俗特集号）（飯塚政美）「伊那路」 上伊那郷土研究会 53（10）通号633 2009.10

西堀

おかや歴史散歩（14） 西堀八幡社「オール諏訪 ： 郷土の総合文化誌」 諏訪郷土文化研究会 28（11）通号293 2009.02

語り継ぐ「西堀夜話」（4） 西堀八幡社（武井清吉）「オール諏訪 ： 郷土の総合文化誌」 諏訪郷土文化研究会 29（7）通号301 2009.10

西堀八幡社

八幡様と西堀八幡社（上），（下）（武井敏男）「オール諏訪 ： 郷土の総合文化誌」 諏訪郷土文化研究会 20（10）通号205/20（11）通号206 2001.10/2001.11

西間神社

西間神社の御柱祭（阿部敏明）「高井」 高井地方史研究会 （170） 2010.02

西町

西町の庚申祭・大師講・法然様法事（坪井喜造）「須高」 須高郷土史研究会 （53）2001.10

西町村

「木札」の使途について―西町村区有資料の場合（平出利男）「伊那路」 上伊那郷土研究会 51（5）通号604 2007.5

西山

西山地域のエゴ食―裾花川水系のエゴ食（多田井幸視）「長野県民俗の会通信」 長野県民俗の会 138 1997.3

上水内郡西山中地域の道祖神―小川村の事例から（高原正文）「むしくら ： むしくら交流会ニュースレター」 虫倉交流会 （46）2002.5

西山地方と安曇野に類似・共通の民俗（高原正文）「むしくら ： むしくら交流会ニュースレター」 虫倉交流会 （55）2003.11

西山地方の郷土食 おやきとエゴ（高原正文）「地域文化」 八十二文化財団 70 2004.10

西横田

守札にみる一農家の幕末～明治にかけての信仰―篠ノ井西横田柳澤家の守札資料（細井雄次郎）「市誌研究ながの」 長野市 （14） 2007.2

篠ノ井西横田柳澤家の守札資料調査報告（4），（5）（細井雄次郎）「長野市立博物館紀要.人文系」 長野市立博物館 （13）/（14） 2012.03/2013.03

二僧塚

信濃国の佐野二僧塚物語（小布施竹男）「文化財信濃」 長野県文化財保護協会 37（2）通号140 2010.09

ふるさとの歴史散歩（25） 西行法師ゆかりの二僧塚（関口佳正）「高井」 高井地方史研究会 （176） 2011.08

日滝寺

日瀧寺の弁天さんと用水池について（宮前日回）「須高」 須高郷土史研究会 （56）2003.4

若沢寺跡

松本平の古代末期の寺院考―波田町若沢寺跡の調査成果から（原明芳）「信濃［第3次］」 信濃史学会 58（5）通号676 2006.5

信州の歴史遺産 消えた「信濃日光」―波田町若沢寺跡/おもしろ歴史豆知識「天地人」直江兼続のご先祖様は信州人？「長野県立歴史館たより」 長野県立歴史館 （60） 2009.09

若沢寺跡阿弥陀来迎三尊種子板碑（福澤邦夫）「史迹と美術」 史迹美術同攷会 81（3）通号813 2011.03

如法寺

小田中の観音堂と東山如法寺とのかかわり（松沢邦男）「高井」 高井地方史研究会 （179） 2012.05

楡

ふるさとの社寺解説 住吉神社（楡）縁起（丸山善太郎）「三郷文化」 三郷郷土研究会 86 2003.11

ふるさとの社寺解説 住吉神社（楡）文化財古文書（丸山善太郎）「三郷文化」 三郷郷土研究会 87 2004.2

三郷楡 住吉神社のある村の信仰と行事（1），（2）（臼井ひろみ）「長野県民俗の会通信」 長野県民俗の会 （195）/（196） 2006.9/2006.11

楡地区の民俗調査から（跡見学園女子大学文学部人文科生）「三郷文化」 三郷郷土研究会 通号98 2006.10

祭りに彩りを添える舞台（住吉神社と楡の舞台）（郷土の自然と歴史）（千国温）「三郷文化」 三郷郷土研究会 （109）2009.08

楡阿弥陀院

ふるさとの社寺（4） 楡阿弥陀院と名号碑（丸山善太郎）「三郷文化」 三郷郷土研究会 71 2000.2

仁礼宿口

仁礼宿口「馬頭観世音」碑における「馬元長」について（宮本圭子）「須高」 須高郷土史研究会 （73）2011.10

沼目

沼目薬師堂と天井絵修復概要（坪井喜造）「須高」 須高郷土史研究会 （45）1997.10

沼目飯綱神社の祭りと飯綱信仰（坪井喜造）「須高」 須高郷土史研究会 （55）2002.10

金花猫明神

猫又譚の類型と金花猫明神（関孝一）「高井」 高井地方史研究会 119 1997.4

祢津

祢津の歩く巫女―ノノウその実像を追って（石川好一）「上田盆地」 上田民俗研究会 （40）2010.03

祢津東町

「祢津東町歌舞伎」公演にみる継承のかたち（伊藤友久）「長野県民俗の会通信」 長野県民俗の会 155 2000.1

東町歌舞伎保存会の現状と課題―東部町祢津地区での事例（石川好一）「文化財信濃」 長野県文化財保護協会 28（4）通号106 2002.3

祢津東町歌舞伎について《特集 千曲川水系における埋もれていた民俗芸能》（石川好一）「千曲」 東信史学会 （135）2007.10

口絵 東御市の祢津東町歌舞伎公演「長野」 長野郷土史研究会 （283）2012.06

根羽

根羽の遷宮、七年祭と小戸名の獅子舞（片桐亀十）「伊那」 伊那史学会 46（3）通号838 1998.3

根羽村

根羽村内二社の御柱（浅井舎人）「伊那」 伊那史学会 46（3）通号838 1998.3

根羽村 月瀬神社/黒地若宮社（御柱祭特集―各神社の御柱祭）（片桐亀十）「伊那」 伊那史学会 58（3）通号982 2010.03

念仏寺

二つの念仏寺―弾誓派念仏道場の変遷（木下守）「長野県民俗の会通信」 長野県民俗の会 （227）2012.01

念来寺

念来寺の起源―史実と伝承のはざまで（木下守）「長野県民俗の会通信」 長野県民俗の会 （228）2012.03

野池

千代野池の大将荒神と事の神送り（北沢喜八）「伊那」 伊那史学会 50（1）通号884 2002.1

口絵 野池と法全寺の石灰焼き竈跡（山内尚巳）「伊那」 伊那史学会 50（9）通号892 2002.9

野池社

芸能の旅（26） 飯田市千代野池社の御柱祭（井上伸児）「伊那民俗 ： 伊那民俗学研究所報」 柳田国男記念伊那民俗学研究所 33 1998.6

口絵 飯田市千代・野池社の神楽面（桜井弘人）「伊那」 伊那史学会 47（1）通号848 1999.1

野沢

祭りに彩りを添える舞台 野沢の舞台と祭り囃子（安曇野の自然と歴史）（降旗政人）「安曇野文化」 安曇野文化刊行委員会 （1） 2011.11

野沢温泉の道祖神祭り

「道祖神祭り」に参加して（菅原規吉）「せこ道」 山地民俗関東フォーラム 4 2001.7

ふるさとの文化財を守り伝える心 地域の絆 野沢温泉の道祖神祭り「地域文化」 八十二文化財団 （78）2006.10

野沢温泉村

野沢温泉村のおこしんさん（上野正）「高井」 高井地方史研究会 （168）2009.8

野辺

ふるさとの文化財を守り伝える心 祈りの声 野辺の来迎念仏「地域文化」 八十二文化財団 （86）2008.10

長野県無形民俗文化財 野辺の来迎念仏講の大意について（後藤喜久夫）

「須高」 須高郷土史研究会 （69） 2009.10

乗鞍岳
乗鞍岳開山と信仰の系譜—近世後期からの信仰（木下守）「信濃［第3次］」 信濃史学会 60（3）通号698 2008.3

萩の堂
ふるさとの社寺（16）及木寺（神宮寺）と萩の堂（福嶋嗣）「三郷文化」 三郷郷土研究会 83 2003.1

萩山神社
高森町 萩山神社/牛牧神社（御柱祭特集—各神社の御柱祭）（橋都正）「伊那」 伊那史学会 58（3）通号982 2013.03

白山社奥社
白山社奥社 拝殿・随身門について（吉澤政己）「飯田市美術博物館研究紀要」 飯田市美術博物館 （16）2006.3
口絵 京都伊勢屋池村久兵衛の白山社奥社奉納額（山内尚巳）「伊那」 伊那史学会 60（3）通号1006 2012.03
風越山白山社奥社に伊勢屋久兵衛が奉納した額絵の訥齋とは—禁裏御用絵師・野村訥齋（原田望）「伊那」 伊那史学会 61（2）通号1017 2013.02

白山神奥社
調査ノート 白山神奥社の扉絵「美博だより ： 飯田市美術博物館ニュース」 飯田市美術博物館 70 2005.7

橋都家
橋都家の建築（調査報告）（金澤雄記，橋都正）「飯田市歴史研究所年報」 飯田市教育委員会 （11）2013.08

長谷村
柳田國男研究会フィールドワーク 孝行猿・矢立木の地などを訪ねて（折山邦彦）「伊那民俗 ： 伊那民俗学研究所報」 柳田国男記念伊那民俗学研究所 （94）2013.09

ぱてぃお大門
ぱてぃお大門の商家と蔵（「新しい視点から見た善光寺と門前町」（1月16日）報告）（田川賀子）「長野」 長野郷土史研究会 （276）2011.04

鳩ヶ嶺八幡宮
論文 近世鳩ヶ嶺八幡宮の社会構造（竹ノ内雅人）「飯田市歴史研究所年報」 飯田市教育委員会 （7）2009.08
口絵 鳩ヶ嶺八幡宮・郊戸八幡宮に奉納された堀侯揮毫の扁額（櫻井弘人）「伊那」 伊那史学会 58（7）通号986 2010.07

埴科郡
稲作をめぐる信仰と祭り—更級・埴科郡域を中心に（宮下健司）「ちょうま」 更埴郷土を知る会 （27）2007.1

埴生
木曽義仲と埴生の八幡宮（埴生雅章）「史學義仲」 木曽義仲史学会 （13）2012.03

馬場家住宅
伊那谷の民家（5）馬場家住宅（吉澤政己）「伊那路」 上伊那郷土研究会 47（2）通号553 2003.2

羽広
仲仙寺と羽広の獅子舞（西村幸男）「伊那路」 上伊那郷土研究会 45（2）通号529 2001.2
カメラ探訪（24）伊那市羽広の獅子舞（鮎沢穀）「オール諏訪 ： 郷土の総合文化誌」 諏訪郷土文化研究会 29（10）通号304 2010.01

波閇科神社
波閇科（はべしな）神社の秋祭り（佐竹盛夫）「千曲」 東信史学会 103 1999.10

払沢
払沢道祖神物語（岳麓湖盆）（牛山甲子恵）「茅野」 茅野市郷土研究会 （63）2006.3
払沢古屋敷伝承（岳麓湖盆）（牛山甲子恵）「茅野」 茅野市郷土研究会 （64）2006.9

荊口村
三義の谷小景と石仏—山室村、荊口村出身の高遠石工（春日重信）「伊那路」 上伊那郷土研究会 50（3）通号590 2006.3

原村
原村民謡保存会（北原ふく）「文化財信濃」 長野県文化財保護協会 32（3）通号121 2005.12
原村の道祖神（平出一治）「茅野」 茅野市郷土研究会 （77）2012.09

針の木峠
柳田国男の『東国古道記』紀行（10）加賀様の隠し路 北アルプスの針の木峠（片桐みどり）「伊那民俗 ： 伊那民俗学研究所報」 柳田国男記念伊那民俗学研究所 39 1999.12

治田神社
治田神社の奉納花火（宮沢芳己）「長野」 長野郷土史研究会 208 1999.11
治田神社秋祭奉納花火と相撲《特集 千曲川水系における埋もれていた民俗芸能》（宮沢芳己）「千曲」 東信史学会 （135）2007.10
桑原治田神社の主神は彦坐命（塚口一男）「ちょうま」 更埴郷土を知る会 （32）2011.12

春近神社
春近神社の歴史と祭典「巫女」選びの思い出（北原昌弘）「伊那路」 上伊那郷土研究会 57（2）通号673 2013.02

飯伊
長野オリンピック閉会式に出演した飯伊の伝統芸能（木下陽介）「伊那」 伊那史学会 48（5）通号864 2000.5
考古学からみた飯伊地方の古代仏教文化（岡田正彦）「飯田市美術博物館研究紀要」 飯田市美術博物館 （14）2004.3

半過岩鼻
上田市半過岩鼻のモイワナズナ物語（塩野入忠雄）「千曲」 東信史学会 106 2000.7

蕃松院
口絵写真 大梁山蕃松院の由来・依田右衛門佐信番公の由緒（柳澤全三）「佐久」 佐久史学会 （65）2012.08

東・北信濃
《特集 東・北信濃にみられる祭り》「千曲」 東信史学会 103 1999.10
「東・北信濃にみられる祭り」について（酒井伭）「千曲」 東信史学会 103 1999.10

東信濃
東信濃の仁王像（特集 石像「仁王」）（岡村知彦）「日本の石仏」 日本石仏協会，青蛾書房（発売）（139）2011.09
信濃国天台談義所とその徴証をもつ寺々—東信濃への集中と背景（桜井松夫）「信濃［第3次］」 信濃史学会 63（10）通号741 2011.10

東筑摩郡
柳田国男が東筑摩郡教育部会に依頼した「氏神信仰調査」をめぐる二つの資料（宮坂昌利）「伊那民俗研究」 柳田國男記念伊那民俗学研究所 通号9 2000.3
戦時下の民俗調査—柳田国男と『東筑摩郡誌別篇』氏神篇編纂事業（伊藤純郎）「信濃［第3次］」 信濃史学会 56（1）通号648 2004.1

東野
口絵 東野大獅子五輪の舞い（伊藤一成）「伊那」 伊那史学会 46（3）通号838 1998.3
インタビュー 東野大獅子の今昔「伊那民俗 ： 伊那民俗学研究所報」 柳田国男記念伊那民俗学研究所 56 2004.3

東野阿弥陀堂
木曾・東野阿弥陀堂本尊は飯田から？—浄土真宗本願寺血脈連坐像の謎（神村透）「伊那」 伊那史学会 53（2）通号921 2005.2
県宝「聖徳太子和朝先徳影像」の謎—木曽・上松町東野阿弥陀堂本尊の一幅（神村透）「信濃［第3次］」 信濃史学会 59（8）通号691 2007.8

東俣渓谷
日本名水紀行（22）神聖な御柱山出しの地にダム建設計画—砥川・東俣渓谷を遡る（井出孫六）「ATT」 ATT流域研究所 （26）2001.11

東町
地芝居探訪（39）東町歌舞伎/垂井曳軕まつり子供歌舞伎/大鹿歌舞伎/お旅祭り子供歌舞伎/小原歌舞伎/鮭川歌舞伎（松浦鳥夫）「公益社団法人全日本郷土芸能協会会報」 全日本郷土芸能協会 （64）2011.07
地芝居三昧（1）大谷芸能保存会（歌舞伎部会）公演/祢津東町歌舞伎公演（吉澤昭正）「公益社団法人全日本郷土芸能協会会報」 全日本郷土芸能協会 （68）2012.07
地芝居探訪（48）湖西歌舞伎公演/大桃の舞台公演/戸沢花湖蝶歌舞伎/青柳歌舞伎の夕べ/黒沢尻歌舞伎/祢津東町歌舞伎「公益社団法人全日本郷土芸能協会会報」 全日本郷土芸能協会 （73）2013.10

東山
寂蕀東山に座す 金比羅神社物語（中村義松）「ちょうま」 更埴郷土を知る会 （20）1999.12
誌上博物館 東山山麓の御柱「あなたと博物館 ： 松本市立博物館ニュース」 松本市立博物館 136 2005.1

東横田公民館

東横田公民館蔵の熊野観心十界曼荼羅（特集 新発見の熊野観心十界曼荼羅）（小林一郎）「長野」 長野郷土史研究会 （274） 2010.12

彦神別神社

信濃水内彦神別神社創祀鎮座地の考察（佐藤源次郎）「信濃［第3次］」 信濃史学会 60（5）通号700 2008.5

久堅

久堅和紙を漉き続けて―桐生正治さんに聞く（清水迪夫，齊藤俊江）「飯田市歴史研究所年報」 飯田市教育委員会 （3） 2005.8

伝えよう「ひさかた和紙」の伝統を（《研究報告要旨》）（飯田市立下久堅小学校6学年）「飯田市歴史研究所年報」 飯田市教育委員会 （4） 2006.8

聖山

聖山のエルミタ（池田宗弘）「月の館通信」 信濃観月苑 （13） 2004.3

聖山と福満寺をめぐる歴史（特集 福満寺）（宮下健司）「筑北郷土史研究会会誌」 筑北郷土史研究会 （9） 2010.10

一日市場

祭りに彩りを添える舞台――一日市場の舞台（郷土の自然と歴史）（池上康）「三郷文化」 三郷郷土研究会 通号107 2009.02

一日市場観音堂

ふるさとの仏像（2） 一日市場観音堂 木造大日如来坐像（グラビア）（宮島佳敬）「三郷文化」 三郷郷土研究会 通号104 2008.5

グラビア ふるさとの仏像（11）――一日市場 観音堂 木造釈迦如来坐像（宮島佳敬）「三郷文化」 三郷郷土研究会 （113） 2010.08

ふるさとの仏像（11） 一日市場 観音堂 木造釈迦如来坐像（郷土の自然と歴史）（宮島佳敬）「三郷文化」 三郷郷土研究会 （113） 2010.08

日向

沢底日向のお堂と周辺の今昔（有賀史夫）「辰野町資料」 辰野町文化財保護審議会 （100） 2009.03

火の雨塚古墳

古墳にまつわる伝説―火塚・火の雨塚について（大嶋善孝）「信濃［第3次］」 信濃史学会 51（1）通号588 1999.1

日里御宰建神社

なぜ日里御宰建神社というか（田中毅）「高井」 高井地方史研究会 （185） 2013.11

兵越峠

口絵 峠の国盗り綱引き合戦（遠山尚久）「伊那」 伊那史学会 55（2）通号945 2007.2

日吉

口絵 阿南町日吉の「御鍬様祭り」（御鍬様の御練り）（山内尚巳）「伊那」 伊那史学会 45（6）通号829 1997.6

日吉のお鍬祭り（山崎一司）「まつり通信」 まつり同好会 40（6）通号472/40（7）通号473 2000.5/2000.6

日吉のお鍬祭り―長野県民俗の会190回例会報告（三石稔）「長野県民俗の会通信」 長野県民俗の会 （243） 2014.09

平出

中世門徒寺院の立寄した太田荘黒川郷平出考（矢野恒雄）「信濃［第3次］」 信濃史学会 53（4）通号615 2001.4

平出集落

長野県塩尻市平出集落の特質―伝統的建造物群保存対策調査から（研究報告）「奈良文化財研究所紀要」 奈良文化財研究所 2014 2014.06

平岡

芸能の旅（25） 天龍村平岡半僧坊のまつり（塩沢一郎）「伊那民俗 ： 伊那民俗学研究所報」 柳田国男記念伊那民俗学研究所 32 1998.3

平賀八幡宮

平賀八幡宮（わが町の文化財保護）「文化財信濃」 長野県文化財保護協会 33（3）通号125 2006.12

平沢

楢川村・平沢地区の特質―伝統的建造物群保存対策調査から「奈良文化財研究所紀要」 奈良文化財研究所 2005 2005.6

平谷村

平谷村 諏訪神社（御柱祭特集―各神社の御柱祭）（西川人司）「伊那」 伊那史学会 58（3）通号982 2010.03

広瀬荘

信濃国広瀬荘域における仏像調査報告（井原今朝男）「市誌研究ながの」 長野市 6 1999.1

貧乏神神社

災禍転福貧乏神神社の信仰と儀礼（財津直美）「西郊民俗」 ［西郊民俗談話会］ （222） 2013.03

深志神社

城下町の祭の意義―松本町深志神社を中心に（中川治雄）「信濃［第3次］」 信濃史学会 51（9）通号596 1999.9

蕗原

漆戸右門の大蛇退治（小沢さとし）「ふきはら ： 活字文化の総合誌」 ふきはら文化の会 （3） 2009.10

探訪記 古寺探訪（原孝壽）「ふきはら ： 活字文化の総合誌」 ふきはら文化の会 （5） 2010.04

昔話 三日月の餅（小沢さとし）「ふきはら ： 活字文化の総合誌」 ふきはら文化の会 （5） 2010.04

故郷話 安産の神様（西村重治）「ふきはら ： 活字文化の総合誌」 ふきはら文化の会 （5） 2010.04

伝説 早太郎（小沢さとし）「ふきはら ： 活字文化の総合誌」 ふきはら文化の会 （6） 2010.07

昔話 てるてる坊主の唄（西村重治）「ふきはら ： 活字文化の総合誌」 ふきはら文化の会 （15） 2012.10

昔ばなし（2）を読む（小田切藤彦）「ふきはら ： 活字文化の総合誌」 ふきはら文化の会 （15） 2012.10

昔話「粋な大岡裁き」（小沢さとし）「ふきはら ： 活字文化の総合誌」 ふきはら文化の会 （15） 2012.10

法事に思い出すことども（春日正明）「ふきはら ： 活字文化の総合誌」 ふきはら文化の会 （20） 2014.01

福地

福地、むかし話（登内昭和）「伊那路」 上伊那郷土研究会 42（6）通号497 1998.6

福地の民話（2）（登内昭和）「伊那路」 上伊那郷土研究会 44（4）通号519 2000.4

福島

伊那路を写す（61） 「福島合社」の秋祭り―伊那市福島（下村幸雄）「伊那路」 上伊那郷土研究会 41（11）通号490 1997.11

祭りを見学して（《長野県飯山市瑞穂地区小菅・福島合同調査特集》）（日比野愛）「昔風と当世風」 古々路の会 （90） 2006.5

信州瑞穂福島の居住環境―長野県飯山市福島（《長野県飯山市瑞穂地区小菅・福島合同調査特集》）（津山正幹）「昔風と当世風」 古々路の会 （90） 2006.5

自然環境の風景と先人の知恵（《長野県飯山市瑞穂地区小菅・福島合同調査特集》）（白井正子）「昔風と当世風」 古々路の会 （90） 2006.5

飯山市瑞穂地区福島で目にしたもの（《長野県飯山市瑞穂地区小菅・福島合同調査特集》）（五十嵐稔）「昔風と当世風」 古々路の会 （90） 2006.5

やしょうまと数珠繰り―長野県飯山市福島（《長野県飯山市瑞穂地区小菅・福島合同調査特集》）（井内亜弥）「昔風と当世風」 古々路の会 （90） 2006.5

長野県飯山市瑞穂地区福島の婚姻・産育と葬送儀礼（《長野県飯山市瑞穂地区小菅・福島合同調査特集》）（松尾あずさ）「昔風と当世風」 古々路の会 （90） 2006.5

福島地区の住まい（《長野県飯山市瑞穂地区小菅・福島合同調査特集》）（宮崎勝弘）「昔風と当世風」 古々路の会 （90） 2006.5

福島の集落と民家雑感（《長野県飯山市瑞穂地区小菅・福島合同調査特集》）（早瀬鉄也）「昔風と当世風」 古々路の会 （90） 2006.5

福島の伝承と生活（《長野県飯山市瑞穂地区小菅・福島合同調査特集》）（長野晃子）「昔風と当世風」 古々路の会 （90） 2006.5

福徳寺

命拾いした文化財（1）―大鹿村上蔵の重要文化財福徳寺本堂（山内尚巳）「伊那」 伊那史学会 60（9）通号1012 2012.09

福満寺

聖山と福満寺をめぐる歴史（特集 福満寺）（宮下健司）「筑北郷土史研究会会誌」 筑北郷土史研究会 （9） 2010.10

天台宗布光山医王院福満寺（特集 福満寺）（飯森利衛）「筑北郷土史研究会会誌」 筑北郷土史研究会 （9） 2010.10

参道考・寺名の変遷・和讃のこと（特集 福満寺）（飯森忠幸）「筑北郷土史研究会会誌」 筑北郷土史研究会 （9） 2010.10

松尾居士威仏記（特集 福満寺）（高野春夫）「筑北郷土史研究会会誌」 筑北郷土史研究会 （9） 2010.10

福満寺木造金剛力士像の修復（飯森利衛）「文化財信濃」 長野県文化財保護協会 37（3）通号141 2010.12

福満寺の賓頭盧尊（飯森清子）「筑北郷土史研究会会誌」 筑北郷土史研究会 （11） 2012.10

資料紹介 長野県東筑摩郡麻績村福満寺に所在する「賓頭盧尊者」の造像

銘について（中世特集「院政期の信濃」）（福島正樹）「信濃［第3次］」
信濃史学会　65(12)通号767　2013.12

富士嶽

奈良尾の大姥様と富士嶽―大姥様は「奪衣婆」ではなく「石長比売命」
（宮本達郎）「千曲」　東信史学会　（147）2011.06

藤原寺

倉科村の藤原寺と本誓寺跡を訪ねて（矢口嘉幸）「ちょうま」　更埴郷土を
知る会　（35）2014.12

仏法寺

佛法寺文書でみる諏訪の神仏分離（上），（下）（松下芳敘）「信濃［第3次］」
信濃史学会　63(10)通号741/63(11)通号742　2011.10/2011.11

船魂社

おかや歴史散歩（3）船魂社「オール諏訪 : 郷土の総合文化誌」　諏訪郷
土文化研究会　27(12)通号282　2008.3

船山神社

船山神社祭神大山祇命について（寺沢節夫）「ちょうま」　更埴郷土を知る
会　（22）2002.1

ブラン堂

山の薬師と八櫛神―長野市北麓「ブラン堂」の謎（平澤利夫）「あしなか」
山村民俗の会　270　2005.4

ブランド薬師

ブランド薬師の馬頭観音（大日方幸一）「長野」　長野郷土史研究会　221
2002.1

古田

古田人形芝居の現状と課題（柴登巳夫）「伊那路」　上伊那郷土研究会
47(3)通号554　2003.3
古田人形芝居のあゆみ（柴登巳夫）「文化財信濃」長野県文化財保護協会
32(3)通号121　2005.12

古町

古町（ふるまち）のおたや（倉沢猛）「千曲」　東信史学会　103　1999.10

古海

信濃国古海の鍛絵（伊藤友久）「長野県民俗の会通信」　長野県民俗の会
161　2001.1

古海村

宗門改帳から見た杉野沢村・柏原村・古海村の比較（青山始義）「長野」
長野郷土史研究会　235　2004.5

文永寺

口絵 下久堅小学校歴史研究会編纂『文永寺史』（山内尚巳）「伊那」　伊那
史学会　52(5)通号912　2004.5
口絵 文永寺の駒つなぎの松（山内尚巳）「伊那」　伊那史学会　59(3)通
号994　2011.03

平福寺

岡谷・平福寺阿弥陀如来坐像について（織田顕行）「飯田市美術博物館研
究紀要」　飯田市美術博物館　9　1999.7
平福寺の阿弥陀如来像について（宮坂健吾）「オール諏訪 : 郷土の総合
文化誌」　諏訪郷土文化研究会　22(7)通号217　2002.10
ふるさとの社寺解説長尾山平福寺（鳥羽武）「三郷文化」三郷郷土研究会
92　2005.5
ふるさとの社寺解説長尾山平福寺（鳥羽武）「三郷文化」三郷郷土研究会
93　2005.8
ふるさとの仏像（1）平福寺 木造聖観音菩薩立像（グラビア）（宮島佳敬）
「三郷文化」三郷郷土研究会　通号103　2008.1
三郷郷土研究会の活動から（1）観音信仰を探って 平福寺百体観音調査
から（郷土の自然と歴史）（赤羽根嘉矩）「三郷文化」　三郷郷土研究会
（110）2009.11
グラビア ふるさとの仏像（10）―上長尾 平福寺 木造阿弥陀如来立像（宮
島佳敬）「三郷文化」三郷郷土研究会　（112）2010.05
ふるさとの仏像（10）（解説）上長尾 平福寺 木造阿弥陀如来立像（郷土
の自然と歴史）（宮島佳敬）「三郷文化」三郷郷土研究会　（112）
2010.05

別所温泉

岳の幟（田口光一）「千曲」　東信史学会　103　1999.10

宝光院

「弥三郎婆」伝説と奪衣婆―弥彦村・宝光院の妙多羅天を事例として（論
文）（松崎憲三）「長野県民俗の会会報」　長野県民俗の会　（35）
2013.11

法国寺

旧法国寺観音堂（ふるさとの社寺解説）（宮澤正昭）「三郷文化」　三郷郷
土研究会　89　2004.8

法住寺

重要文化財法住寺虚空蔵堂とキツツキ対策について（わが町の文化財保
護）（滝沢敬一）「文化財信濃」　長野県文化財保護協会　31(2)通号
116　2004.9

保寿寺

古寺探訪―飯田市龍江保寿寺（原孝壽）「ふきはら : 活字文化の総合誌」
ふきはら文化の会　（4）2010.01

宝泉寺

口絵 宝泉寺の千体仏（林登美人）「伊那」　伊那史学会　47(2)通号849
1999.2
口絵「出原宝泉寺千体仏」（木村昌之）「伊那」　伊那史学会　53(7)通号
926　2005.7
宝泉寺千体仏の調査から（木村昌之）「伊那」　伊那史学会　53(7)通号
926　2005.7

法全寺

千代法全寺ホンヤリ焼の今昔（市瀬長年）「伊那」　伊那史学会　49(1)通
号872　2001.1
口絵 野池と法全寺の石灰焼き竈跡（山内尚巳）「伊那」　伊那史学会　50
(9)通号892　2002.9

宝蔵院

宝蔵院とその農村支配の構造（青山始義）「長野」　長野郷土史研究会
230　2003.7

宝蔵寺

近世寺院にみる経済活動の一面―売木宝蔵寺文書「當寺田圃證文集」か
ら（松澤英男）「伊那」　伊那史学会　57(3)通号970　2009.03

坊寺

伝説の坊寺をたずねて（中島六助）「ちょうま」　更埴郷土を知る会
（24）2004.1

法然堂

須坂市上中町法然堂「孝子善之丞感得御絵伝」絵解き口演までの経緯
（小林玲子）「長野」　長野郷土史研究会　（283）2012.06
口絵 須坂市上中町法然堂「孝子善之丞感得御絵伝」「長野」　長野郷土史
研究会　（284）2012.08
絵解き台本 須坂市上中町法然堂「孝子善之丞感得御絵伝」（小林一郎，
小林玲子）「長野」　長野郷土史研究会　（284）2012.08
須坂市法然堂「孝子善之丞感得御絵伝」中の五趣生死輪図について（小
林一郎）「長野」　長野郷土史研究会　（284）2012.08
須坂市上中町法然堂の「孝子善之丞感得御絵伝」のその後（小林玲子）
「長野」　長野郷土史研究会　（292）2013.12

祝神社

松代祝神社の絵馬と山梨岡神社の夔の神（細井雄次郎）「長野県民俗の会
通信」　長野県民俗の会　（206）2008.7

宝暦庵

飯田市鼎下山宝暦庵における「厄除け」祈禱行事（矢崎晴美）「伊那」　伊
那史学会　59(3)通号994　2011.03

北信

北信の謡曲今昔と「北信流」（中村直治）「高井」　高井地方史研究会
126　1999.2
天神さん―北信地方の贈答風習（関孝一）「高井」　高井地方史研究会
142　2003.2
福沢武一著『北信方言記』を読む―伊那市出身の方言研究者を偲んで
（馬瀬良雄）「伊那路」　上伊那郷土研究会　49(7)通号582　2005.7
『七番日記』にみる女性の生活と北信の民俗（鈴木明子）「市誌研究なが
の」　長野市　（13）2006.2

穂高

穂高のあめ市―今昔の様相（臼井ひろみ）「長野県民俗の会通信」　長野県
民俗の会　（231）2012.09

穂高神社

ふるさとの文化財を守り伝える心 気持ちを一つに船を曳く 穂高神社の
お船祭り「地域文化」　八十二文化財団　（77）2006.7
信州安曇野式年造替遷宮攷―穂高神社の式年造替遷座祭について 榊之
献進及御船祭の考証（草間美登）「信濃［第3次］」　信濃史学会　61
(3)通号710　2009.03
穂高神社 式年造替遷宮史考―三宮穂高御造営宮定日記 榊之献進及御
船祭の考証（草間美登）「文化財信濃」長野県文化財保護協会　36(1)
通号135　2009.06

長野県　　　　　　　　　　　　郷土に伝わる民俗と信仰　　　　　　　　　　　北陸甲信越

穂高神社の特色ある祭事（安曇野の自然と歴史）（保尊勉）『安曇野文化』　安曇野文化刊行委員会　（9）2013.11

穂高神社奥宮

柳田国男の『信州随筆』研究（12）探訪穂高神社奥宮 信州の出口入口を訪ねる旅（谷口悦子）『伊那民俗 ： 伊那民俗学研究所報』 柳田国男記念伊那民俗学研究所　（71）2007.12

穂高町

前回 道祖神研究会第7回例会発表要旨『信州穂高町の「道祖神」』（倉石忠彦）『道祖神通信』 道祖神研究会　（8）2004.7

資料紹介と解説「渋沢敬三らの穂高町採訪調査」（1）（高田賢）『武蔵保谷村だより ： 高橋文太郎の『武蔵保谷村郷土資料』を手掛かりに』下保谷の自然と文化を記録する会　（10）2013.7

北国街道

旧北国街道の善光寺道の道標（善光寺道標）（伝田重義）『長野』 長野郷土史研究会　213　2000.9

程野

遠山程野の霜月祭見学（内藤裕子）『まつり通信』 まつり同好会　37（2）通号432　1997.2

芸能の旅（36）上村・程野のきしめ造り（桜井弘人）『伊那民俗 ： 伊那民俗学研究所報』 柳田国男記念伊那民俗学研究所　46　2001.9

口絵 遠山の霜月祭 程野のきしめ造り（桜井弘人）『伊那』 伊那史学会　54（12）通号943　2006.12

長野県上村程野の霜月祭り覚書（市東真一）『長野県民俗の会通信』 長野県民俗の会　（240）2014.03

堀内家住宅

塩尻市・堀内家住宅の庭園構成と意匠『奈良文化財研究所紀要』 奈良文化財研究所　2007　2007.6

堀金

ふるさと堀金の民話（1）（炉辺閑話）（立澤久義）『安曇野文化』 安曇野文化刊行委員会　（5）2012.11

ふるさとを学ぶ堀金友の会シリーズ（3）流された神様（炉辺閑話）（山口裕）『安曇野文化』 安曇野文化刊行委員会　（7）2013.05

堀金の祭りばやしを教材に（炉辺閑話）（倉科美子）『安曇野文化』 安曇野文化刊行委員会　（12）2014.08

堀越

伊那地方における三峰神社分霊社と三峰信仰の在地展開―長野県下伊那郡豊丘村堀越三峰神社の事例から（西村敏也）『長野県民俗の会会報』 長野県民俗の会　通号30　2008.4

堀越家住宅

伊那谷の民家（2）堀越家住宅（吉澤政己）『伊那路』 上伊那郷土研究会　46（10）通号549　2002.10

堀村

二斗八の伝兵衛さん神となる（森山富雄）『長野』 長野郷土史研究会　（284）2012.08

本学神（霊）社

高森町歴史民俗資料館特別展「下伊那の国学と本学神社」を観て（手塚勝昭）『伊那』 伊那史学会　58（5）通号984　2010.05

展示評 高森町歴史民俗資料館特別展「下伊那の国学と本学神社」（池田勇太）『飯田市歴史研究所年報』 飯田市教育委員会　（8）2010.08

本学神（霊）社の創建とその意義―平田鎮胤の片桐春一父子宛書簡から（手塚勝昭）『伊那』 伊那史学会　59（3）通号996　2011.05

国学四大人を祀る本学神（霊）社と松尾多勢子―篠山御遷宮御行列之記と熙緝の白縮緬から（手塚勝昭）『伊那』 伊那史学会　59（9）通号1000　2011.09

感動の一日、南信大会―富本銭出土の意義と本学霊社の創建（今牧久）『文化財信濃』 長野県文化財保護協会　39（2）通号148　2012.10

本郷

農家の住生活の変遷―飯島町本郷中島家の事例（中島淑雄）『伊那路』 上伊那郷土研究会　42（1）通号492　1998.1

飯島町本郷地区発見の石造物を伴う礫石経について（倉沢俊一）『伊那路』 上伊那郷土研究会　44（10）通号525　2000.10

本郷神社

伊那路を写す（59）本郷神社の「おはやしの舞」―飯島町本郷（下村幸雄）『伊那路』 上伊那郷土研究会　41（9）通号488　1997.9

本郷村

本郷村のくだ狐騒動（桃澤匡行）『伊那』 伊那史学会　50（9）通号892　2002.9

本郷太子堂

本郷太子堂（三輪宗市）『長野』 長野郷土史研究会　（243）2005.9

本郷山

山の神の信仰とその祭り―松本市三才山字本郷山の場合（倉科明正）『長野県民俗の会会報』 長野県民俗の会　21　1998.9

本城村

村に伝えられた鉄仏（《特集 鉄―暮らしとともに》）『地域文化』 八十二文化財団　（76）2006.4

本誓寺

本誓寺の由来（中島助六）『ちょうま』 更埴郷土を知る会　（22）2002.1

千曲市生萱に残る本誓寺字名と本誓寺について（相澤忠一）『ちょうま』 更埴郷土を知る会　（35）2014.12

本誓寺跡

倉科村の藤原寺と本誓寺跡を訪ねて（矢口嘉幸）『ちょうま』 更埴郷土を知る会　（35）2014.12

本町

松本本町の近代の祭り―その収支と負担をめぐって（小松芳郎）『松本市史研究 ： 松本市文書館紀要』 松本市　（9）1999.3

五人組御改帳からみた城下町の子どもたち―信濃国筑摩郡松本本町五人組御改帳の分析（太田秀保）『信濃［第3次］』 信濃史学会　51（9）通号596　1999.9

「龍」彫刻からみた飯田市旧本町一丁目屋台の彫物師について―尾張名古屋彫物師・瀬川治助重定の可能性（水野耕嗣）『飯田市美術博物館研究紀要』 飯田市美術博物館　（19）2009.03

前掛山

民話絵物語（58）浅間の前掛山（特集 故郷の山―浅間山）（大日方寛［文］，原勝実［画］）『佐久』 佐久史学会　（66・67）2013.3

前山

妙高外輪山の前山における山岳宗教遺跡（小島正巳，時枝務）『長野県考古学会誌』 長野県考古学会　（110）2005.11

前山百体観音

表紙写真 千国街道前山百体観音（西澤寛晃）『日本の石仏』 日本石仏協会，青娥書房（発売）（146）2013.06

牧山

牧山に伝わるだんごなげ（松島吉右ェ門）『高井』 高井地方史研究会　140　2002.8

馬曲古道

ふるさと歴史散歩（13）伝説の郷 馬曲古道を歩く（真篠隆夫）『高井』 高井地方史研究会　（164）2008.8

馬籠

河童が歩いた馬籠 『夜明け前』の舞台美術（妹尾河童）『地域文化』 八十二文化財団　51　1999.12

増野原

新刊案内『神奈川大学大学院歴史民俗資料調査報告 戦後開拓―長野県下伊那郡増野原―』（向山敦子，齊藤俊江）『飯田市歴史研究所年報』 飯田市教育委員会　（11）2013.08

町屋

町屋のお正月―六十余年前のわが家（原彰一）『伊那』 伊那史学会　47（12）通号859　1999.12

松尾町

飯田松尾町一丁目の大獅子（櫻井弘人）『伊那民俗 ： 伊那民俗学研究所報』 柳田国男記念伊那民俗学研究所　（82）2010.09

松川

中野市松川と竹原の墓地と墓石（酒井健次）『高井』 高井地方史研究会　143　2003.5

松川町

松川町 御射山神社/諏訪形神社/鶴部神社/関宮神社/神護原神社（御柱祭特集―各神社の御柱祭）（編集部）『伊那』 伊那史学会　58（3）通号982　2010.03

松崎

郷土の伝統産業―宮本和紙から松崎和紙へを中心に（臼井潤）『信濃［第3次］』 信濃史学会　50（10）通号585　1998.10

松島

松島の秋葉信仰の変遷（矢沢喬治）『伊那路』 上伊那郷土研究会　44（5）通号520　2000.5

松島神社

松島神社の臼と杵（矢澤喬治）「伊那路」　上伊那郷土研究会　55（10）通号657　2011.10

松代

海津の鎮守池田宮と松代祇園祭礼（北村保）「松代」　松代文化施設等管理事務所　（11）1998.3

雨宮の御神事踊・松代巡行について（半田照彦）「ちょうま」　更埴郷土を知る会　（19）1998.12

近世大名真田家における婚姻―江戸後期の一事例を中心に（《特集　城下町松代》）（北村典子）「信濃［第3次］」　信濃史学会　55（4）通号639　2003.4

松代の瞽女（ジェラルド，グローマー）「信濃［第3次］」　信濃史学会　57（2）通号661　2005.2

文化財講座 第45回松代雅楽の歴史（荒川修一）「千曲」　東信史学会　（124）2005.2

資料紹介　『御腰物元帳』と真田家伝来の御腰物（北村典子）「松代」　松代文化施設等管理事務所　（18）2005.3

真田家と菩提寺―江戸を中心に（岩淵令治）「松代」　松代文化施設等管理事務所　（20）2007.3

江戸時代の松代天王祭について（松下愛）「長野県民俗の会会報」　長野県民俗の会　通号30　2008.4

講演『善光寺と松代 御開帳でつながる門前町と城下町』（《特集 善光寺と松代》）（小林一郎）「長野」　長野郷土史研究会　（265）2009.6

表紙解説「松代天王祭絵巻」（米澤愛）「市誌研究ながの」　長野市　（18）2011.02

表紙解説「松代天王祭絵巻」（山中さゆり）「市誌研究ながの」　長野市　（19）2012.03

表紙解説「松代天王祭絵巻」　長野市 真田宝物館（山中さゆり）「市誌研究ながの」　長野市　（20）2013.03

表紙解説「松代天王祭絵巻」　長野市 真田宝物館（山中さゆり）「市誌研究ながの」　長野市　（21）2014.03

松代藩

松代藩士の年中行事（仁科叔子）「信濃［第3次］」　信濃史学会　58（7）通号678　2006.7

松代藩の領内除災祈禱札配布と雨乞（古川貞雄）「市誌研究ながの」　長野市　（11）2008.2

松葉地蔵

豊丘洞入松葉地蔵と但唱（竹前一栄）「須高」　須高郷土史研究会　（52）2001.4

松原諏訪神社

文化財講座 第44回 重文梵鐘「野ざらしの鐘」松原諏訪神社（井出正義）「千曲」　東信史学会　121　2004.5

松原諏訪神社と御柱祭（内山大介）「長野県民俗の会通信」　長野県民俗の会　（218）2010.07

松本

松本における古代のカマド祭祀について（小原稔）「長野県民俗の会通信」　長野県民俗の会　152　1999.7

松本―城下町の稲荷信仰（臼井ひろみ）「長野県民俗の会通信」　長野県民俗の会　152　1999.7

松本の御柱祭り（木下守）「長野県民俗の会通信」　長野県民俗の会　152　1999.7

松本城下町の町割り―六尺を一間とした屋敷割りについて（久根下三枝子）「信濃［第3次］」　信濃史学会　51（9）通号596　1999.9

松本地方における稲荷信仰（臼井ひろみ）「信濃［第3次］」　信濃史学会　53（1）通号612　2001.1

民間信仰史上最大級の「釈迦涅槃図」に秘められた松本の歴史―西善寺寺宝の修復作業を追って（宮島潤子）「文化財信濃」　長野県文化財保護協会　29（3）通号109　2002.12

講演 伝説にみる松本地域のコスモロジー（福澤昭司）「信濃［第3次］」　信濃史学会　55（1）通号636　2003.1

松本の七夕見学記（臼井ひろみ）「長野県民俗の会通信」　長野県民俗の会　177　2003.9

城下町の道祖神信仰―松本城下町における道祖神木像祭りを事例として（窪田雅之）「長野県民俗の会会報」　長野県民俗の会　（26）2003.11

松本の押絵雛―全国の押絵雛との比較から（木下守）「長野県民俗の会会報」　長野県民俗の会　（27）2004.10

松本七夕人形の生成（田中薫）「長野」　長野郷土史研究会　（244）2005.11

松本における木曽御嶽信仰とお札降りの一側面―今村村音松の行動を通して（丸山康文）「松本市史研究 ： 松本市文書館紀要」　松本市　（16）2006.3

松本の七夕人形―その役割と発展過程を考える（木下守）「長野県民俗の会会報」　長野県民俗の会　通号29　2006.11

明治初年の地方神道事務分局の一端―長野縣松本神道事務分局資料から（中澤伸弘）「神道宗教」　神道宗教学会　（204・205）2007.1

松本あめ市の起源について―小山珍事堂の「信濃松本飴市」をめぐって《民俗学特輯号》（木下守）「信濃［第3次］」　信濃史学会　59（1）通号684　2007.1

諸国探訪（9）西宮講社 松本事務所（宮澤左千夫）「西宮えびす」　西宮神社　通号27　2007.6

松本・塩尻地区の木曽義仲に関連する神社・仏閣を尋ねて（宮澤芳己）「千曲」　東信史学会　（137）2008.5

松本城下町出土の七夕人形について（木下守）「長野県民俗の会通信」　長野県民俗の会　（206）2008.7

松本周辺の諏訪神社の研究資料（宮川清治）「文化財信濃」　長野県文化財保護協会　35（3）通号133　2008.02

松本にあった二ヶ所の陸軍墓地（原明芳）「信濃［第3次］」　信濃史学会　61（2）通号709　2009.02

七夕と人形―松本の七夕人形の系譜をたどる（木下守）「信濃［第3次］」　信濃史学会　61（3）通号710　2009.03

松本の巨人伝説の伝承地について［1］～（3）（小原稔）「長野県民俗の会通信」　長野県民俗の会　（212）/（214）2009.07/2009.11

ふるさとの文化財を守り伝える心 竹を編む 絆を編む―松本のミキノクチ製作習俗「地域文化」　八十二文化財団　（90）2009.10

松本近辺の葬儀の行方―東京近郊の葬儀の変化と比較して（福澤昭司）「松本市史研究 ： 松本市文書館紀要」　松本市　（21）2011.03

正月の塩と飴―松本のあめ市の起源伝説を追って（木下守）「松本市史研究 ： 松本市文書館紀要」　松本市　（21）2011.02

「みすず細工」からみる松本の近代（市史研究）（三沢枝美子）「松本市史研究 ： 松本市文書館紀要」　松本市　（24）2014.3

対談 祭りの舞台・屋台は地域の思いをまとめる拠り所 祭礼文化に見る松本と高山（特集 信州と隣県 信州と飛騨）（小林義幸，長瀬公昭）「地域文化」　八十二文化財団　（110）2014.10

松本教会

明治初期の信州松本教会（塚田博之）「松本市史研究 ： 松本市文書館紀要」　松本市　（11）2001.3

松本市

松本市域のコトヨーカ―薬のツクリモノを伴う行事の事例を中心に（窪田雅之，金井ひろみ）「信濃［第3次］」　信濃史学会　49（1）通号565　1997.1

民具調査・収集の方法―わらじの乳の位置の測りかたを話題にして（巻山圭一）「松本市史研究 ： 松本市文書館紀要」　松本市　（7）1997.3

遊びの空間（三石稔）「松本市史研究 ： 松本市文書館紀要」　松本市　（7）1997.3

松本市域の寺子屋師匠・筆塚・規定（宮川清治）「松本市史研究 ： 松本市文書館紀要」　松本市　（8）1998.3

〔書評〕『松本市史』第3巻 民俗編（中込睦子）「長野県民俗の会通信」　長野県民俗の会　146　1998.7

これからの地域文書館の課題―市域における民俗文化のほりおこしから（小林経広）「松本市史研究 ： 松本市文書館紀要」　松本市　（9）1999.3

民俗の伝承と博物館のかかわりを考える―七夕を中心としたささやかな試みから（窪田雅之）「あなたと博物館 ： 松本市立博物館ニュース」　松本市立博物館　110　2000.9

松本市の祭礼舞台（屋台）（宮島佳敬）「文化財信濃」　長野県文化財保護協会　27（2）通号100　2000.11

文化財候補物件となる御柱祭り―松本市・塩尻市の地域類型・地域差を中心に（《塚田正朋氏追悼論文・追悼文》）（小林経広）「信濃［第3次］」　信濃史学会　52（11）通号610　2000.11

初市「青山」について（窪田雅之）「長野県民俗の会通信」　長野県民俗の会　164　2001.7

誌上博物館「山への祈り―山岳地帯に息づく信仰と宗教」展示の見どころ紹介「あなたと博物館 ： 松本市立博物館ニュース」　松本市立博物館　116　2001.9

正月の「青山」と盆前の「青山」様（窪田雅之）「長野県民俗の会通信」　長野県民俗の会　174　2003.3

誌上博物館 現代の道祖神考―ムラの豊穣を確約する神からマチの繁栄をもたらす神へ「あなたと博物館 ： 松本市立博物館ニュース」　松本市立博物館　130　2004.1

揺れる子供の行事―松本市域の青山様とぼんぼんの伝承をめぐって（窪田雅之）「信濃［第3次］」　信濃史学会　56（1）通号648　2004.1

誌上博物館 まちもとの七夕「あなたと博物館 ： 松本市立博物館ニュース」　松本市立博物館　133　2004.7

八幡信仰について（講演）（飯沼賢司）「松本市史研究 ： 松本市文書館紀要」　松本市　（15）2005.3

誌上博物館 七夕人形コレクション 重要有形民俗文化財指定50周年「あ

なたと博物館 : 松本市立博物館ニュース」 松本市立博物館 （139）
2005.7

誌上博物館 博物館開館100周年・考古博物館20周年記念 特別展「祈り
と偶像」「あなたと博物館 : 松本市立博物館ニュース」 松本市立博
物館 （144） 2006.5

小正月の火祭り・三九郎の伝承について—松本市公民館関係者の取り組
みから《《民俗学特輯号》》（窪田雅之）「信濃［第3次］」 信濃史学会
59（1）通号684 2007.1

七夕の雨と人形（誌上博物館）「あなたと博物館 : 松本市立博物館
ニュース」 松本市立博物館 （157） 2008.7

誌上博物館 国選択無形民俗文化財「松本のコトヨウカ」調査から「あな
たと博物館 : 松本市立博物館ニュース」 松本市立博物館 （167）
2010.03

かき船の沿革（松本孝子）「松本市史研究 : 松本市文書館紀要」 松本市
（21） 2011.03

風土が育む郷土の食 七夕ほうとう 松本市「地域文化」 八十二文化財団
（97） 2011.07

誌上博物館 伝統を体験する企画展「博物館でひな祭り」/窪田空穂記念
館特別コーナー展示「関東大震災と空穂」「あなたと博物館 : 松本市
立博物館ニュース」 松本市立博物館 （179） 2012.03

天保新選、賎家道行上手下手（資料紹介）（北部古文書の会）「松本市史研
究 : 松本市文書館紀要」 松本市 （22） 2012.03

表紙 天神様400年「あなたと博物館 : 松本市立博物館ニュース」 松本
市立博物館 （193） 2014.07

誌上博物館 松本城下町の繁栄・祈り・信仰—天神様400年—「あなたと博
物館 : 松本市立博物館ニュース」 松本市立博物館 （193） 2014.07

誌上博物館 10周年を迎えた「まつもとの七夕」「あなたと博物館 : 松
本市立博物館ニュース」 松本市立博物館 （194） 2014.09

名号塔の知識（19）長野県松本市の名号塔（誌上講座）（岡村庄造）「日本
の石仏」 日本石仏協会，青娥書房（発売） （152） 2014.12

松本城

松本城の鬼門除けについて（倉科明正）「長野県民俗の会通信」 長野県民
俗の会 141 1997.9

松本城の嘉助伝説の成立過程—加助の怨念天守を傾むかす（中川治雄）
「松本市史研究 : 松本市文書館紀要」 松本市 （15） 2005.3

松本平

修験者のみた化政期の松本平の庶民生活—『日本九峰修行日記』を素材
として（青木隆幸）「信濃［第3次］」 信濃史学会 50（2）通号577
1998.2

松本平における天白信仰のひろがり（征矢野俊子）「長野県民俗の会会
報」 長野県民俗の会 22 1999.9

松本平の道祖神盗み（吉江真美）「長野県民俗の会会報」 長野県民俗の会
（24） 2001.11

松本平の古代末期の寺院考—波田町若澤寺跡の調査成果から（原明芳）
「信濃［第3次］」 信濃史学会 58（5）通号676 2006.5

松本平の「オフリョウ」神事の覚え（木下守）「長野県民俗の会通信」 長
野県民俗の会 （217） 2010.05

道祖神の柱立てと火祭りとの関係—安曇野・松本平・上伊那の事例から
（浜野安則）「信濃［第3次］」 信濃史学会 63（1）通号732 2011.01

松本藩

「松本藩石地蔵等取棄並道祖神神社地移転回状」の事（特集 石仏の受難）
（石田益雄）「日本の石仏」 日本石仏協会，青娥書房（発売）（140）
2011.12

仏葬から神葬祭へ—松本藩の廃仏毀釈時の改典へ（小松芳郎）「長野県民
俗の会会報」 長野県民俗の会 （34） 2012.12

松本領

松本領の雉子狩について（大沢広）「長野」 長野郷土史研究会 193
1997.5

真々部

明治・大正期の大字集落における産土神社（鎮守）の歩みについて—長
野県安曇野市真々部諏訪神社を中心に（黒崎八洲次良）「信濃［第3
次］」 信濃史学会 66（7）通号774 2014.07

間山

神社の祭神・方位・信仰考—中野市間山関係の神社を例にとって（田川
幸生）「須高」 須高郷土史研究会 （64） 2007.4

間山村

〔史料紹介〕延宝三年卯（1675）三月「信州高井郡間山村寺社開基建明細
改書上帳」（檀原長則）「高井」 高井地方研究会 125 1998.11

丸石道祖神

文化短信 丸石道祖神（伊藤一彦）「伊那路」 上伊那郷土研究会 48（6）
通号569 2004.6

丸子町

ある被差別部落の歴史と伝承—長野県丸子町から（小林大二）「明日を拓
く」 東日本部落解放研究所，解放書店（発売）28（3）通号43 2002.3

丸山町

表紙 丸山町1丁目のキオイ/かつての打上煙火（櫻井弘人）「伊那民俗 :
伊那民俗学研究所報」 柳田国男記念伊那民俗学研究所 （97） 2014.
06

満願寺

尊像を歩く 地獄図（内山節）「地域文化」 八十二文化財団 57 2001.7

万治の石仏

万治の石仏（宮島潤子）「文化財信濃」 長野県文化財保護協会 27（2）通
号100 2000.9

尊像を歩く 万治の石仏（内山節）「地域文化」 八十二文化財団 55
2000.12

ふるさと諏訪紀行（6）万治の石仏（林嘉志郎）「オール諏訪 : 郷土の総
合文化誌」 諏訪郷土文化研究会 20（3）通号198 2001.3

万治の石仏［1］,（2）（中島洋次，三好進）「郷土研究・岐阜 : 岐阜県郷
土資料研究協議会会報」 岐阜県郷土資料研究協議会 （98）/（102）
2004.10/2006.3

諏訪の昔ばなし（72）万治の石仏「オール諏訪 : 郷土の総合文化誌」
諏訪郷土文化研究会 28（10）通号292 2009.01

満照寺

満照寺の炬燵（南沢一雄）「とぐら : 戸倉史談会誌」 戸倉史談会
（29） 2004.2

万仏山

万仏山への仏の道（会員の広場）（島田常雄）「日本の石仏」 日本石仏協
会，青娥書房（発売）（144） 2012.12

万竜寺

但唱の千体仏調査—帰命山万龍寺（宮川孝男）「むしくら : むしくら交
流会ニュースレター」 虫倉交流会 （47） 2002.7

美麻

「コキ柱」を持つ大町市美麻の民家（伊藤友久）「長野県民俗の会通信」
長野県民俗の会 （212） 2009.07

御影

御影道祖神祭（金井勝）「千曲」 東信史学会 103 1999.10

巫女淵

秘境「巫女淵」探訪記（安田新）「伊那路」 上伊那郷土研究会 49（7）通
号582 2005.7

神坂

日本武尊の神坂越え伝承—視点を改めての考察（木下秋彦）「伊那」 伊那
史学会 46（9）通号844 1998.9

神坂で神を祀った時と人（桐原健）「伊那」 伊那史学会 53（4）通号923
2005.4

神坂神社

〔図版〕十返舎一九筆の神坂神社（原隆夫）「郷土史巡礼」 阿智史学会
314 1999.3

神坂峠

神坂峠の『今昔物語』古典の中の平茸のこと（木下秋彦）「郷土史巡礼」
阿智史学会 310 1998.7

神坂峠の日本武命伝承異聞（1）古事記では足柄峠のことに？（木下秋
彦）「郷土史巡礼」 阿智史学会 312 1998.11

神坂峠の日本武命伝承異聞（2）なぜ草薙剣を使わなかったか？（木下秋
彦）「郷土史巡礼」 阿智史学会 313 1999.2

「日本書紀」の童謡にある神坂峠蝿の大群が太い柱になって越えて行っ
た（木下秋彦）「郷土史巡礼」 阿智史学会 314 1999.3

蝿の大群と童謡（原隆夫）「郷土史巡礼」 阿智史学会 314 1999.3

続日本武尊の神坂峠越え伝承—尊の前に立ちはだかった白い鹿とは（木
下秋彦）「伊那」 伊那史学会 47（5）通号852 1999.5

荒ぶる神の領域・神坂峠（林茂伸）「地域文化」 八十二文化財団 52
2000.4

三郷

郷土の民話—貉の横恋慕（平林治康）「三郷文化」 三郷郷土研究会 59
1997.1

祖母からきいたはなし 母牛子牛（1）,（2）（福嶋嗣）「三郷文化」 三郷郷
土研究会 59/60 1997.1/1997.4

三郷文化 民話「矢村の矢助」で思うこと（水谷冨保）「三郷文化」 三郷
郷土研究会 60 1997.4

「やしょうま」作り（降幡や哉）「三郷文化」 三郷郷土研究会 60 1997.4

北陸甲信越　　　　　　　　　　　郷土に伝わる民俗と信仰　　　　　　　　　　　長野県

郷土の民話―おひきむけ（平林治康）「三郷文化」 三郷郷土研究会 60
1997.4
でいらぼっちゃからのたより（中川香）「三郷文化」 三郷郷土研究会
60 1997.4
ふるさと三郷の「楽譜」「三郷文化」 三郷郷土研究会 60 1997.4
郷土の民話―御幣かつぎ（平林治康）「三郷文化」 三郷郷土研究会 61
1997.7
祖母から聞いたはなし 娘狸の夢（福嶋嗣）「三郷文化」 三郷郷土研究会
61 1997.7
郷土の民話―亭主に化けた貉（平林治康）「三郷文化」 三郷郷土研究会
62 1997.10
祖母からきいたはなし 十五夜（福嶋嗣）「三郷文化」 三郷郷土研究会
66 1998.11
郷土の民話 禿げお頭（平林治康）「三郷文化」 三郷郷土研究会 67
1999.1
神に捧げたりんご（塚田通泰，平林徳子，松沢孝子）「三郷文化」 三郷郷
土研究会 68 1999.5
終わりのないお経（小椋正人）「三郷文化」 三郷郷土研究会 68 1999.5
郷土の民話 天彦様（平林治彦）「三郷文化」 三郷郷土研究会 70 1999.
11
祖母からきいたはなし カラクリ人形（福嶋嗣）「三郷文化」 三郷郷土研
究会 70 1999.11
祖母からきいたはなし 甘い香り（福嶋嗣）「三郷文化」 三郷郷土研究会
71 2000.2
郷土の民話 はつどうのたたり（平林治康）「三郷文化」 三郷郷土研究会
72 2000.5
郷土の民話 変な知恵比べ（平林治康）「三郷文化」 三郷郷土研究会 73
2000.8
ふるさとの社寺（7） 熊野神社（宮沢正昭）「三郷文化」 三郷郷土研究会
74 2000.11
郷土の民話 天狗かくし（平林治康）「三郷文化」 三郷郷土研究会 74
2000.11
雪の中のでいらぼっちゃ「三郷文化」 三郷郷土研究会 75 2001.2
郷土の民話 キツネの尻尾（平林治康）「三郷文化」 三郷郷土研究会 75
2001.2
郷土の民話 お稲荷様との話（平林治康）「三郷文化」 三郷郷土研究会
76 2001.5
祭りの子どもみこし「三郷文化」 三郷郷土研究会 77 2001.8
郷土の民話 いたずら仏（平林治康）「三郷文化」 三郷郷土研究会 77
2001.8
郷土の民話 加助閏取（平林治康）「三郷文化」 三郷郷土研究会 78
2001.11
手あそびうた「三郷文化」 三郷郷土研究会 78 2001.11
味わいの一品 母の三平汁（小松智子）「三郷文化」 三郷郷土研究会 78
2001.11
郷土の民話 蛇の宮（平林治康）「三郷文化」 三郷郷土研究会 79 2002.2
手あそびうた「三郷文化」 三郷郷土研究会 79 2002.2
郷土の民話 姥塚とおつくね（平林治康）「三郷文化」 三郷郷土研究会
80 2002.5
三郷文化 加助たちと「二斗五升」―生きる権利の主張（三澤敏雄）「三郷
文化」 三郷郷土研究会 82 2002.10
義民らを歌う「さ・け・び」（竹村茂）「三郷文化」 三郷郷土研究会 82
2002.10
語り伝えよ二斗五升（品川英嗣）「三郷文化」 三郷郷土研究会 82
2002.10
四方山便 貰い風呂（臼山たみよ）「三郷文化」 三郷郷土研究会 82
2002.10
「ませんろく」に寄せて（小椋拓）「三郷文化」 三郷郷土研究会 83
2003.1
蚕しぐれ（帯刀良子）「三郷文化」 三郷郷土研究会 86 2003.11
民俗資料館だより（1） 村民俗資料館改装オープンへ向けて（中田育成）
「三郷文化」 三郷郷土研究会 87 2004.2
民俗資料館だより（2） 土起こしの苦労を物語る鋤・犁の歴史（中田育
成）「三郷文化」 三郷郷土研究会 88 2004.5
民俗資料館だより（3） 隆盛を極めた往時の養蚕器具の数々（中田育成）
「三郷文化」 三郷郷土研究会 89 2004.8
民俗資料館だより（4） ほのぼのとした情感漂う酒器の数々（中田育成）
「三郷文化」 三郷郷土研究会 90 2004.11
ふるさとの社寺解説 地蔵堂兼集会所（丸山喜四郎）「三郷文化」 三郷郷
土研究会 90 2004.11
民俗資料館だより（5） 稲藁を細工した農民芸術作品 農閑期や夜なべに
製作した逸品（中田育成）「三郷文化」 三郷郷土研究会 91 2005.2
堰と井戸（1），（2）（木船清）「三郷文化」 三郷郷土研究会 92/94
2005.5/2005.11
道祖神めぐりに参加して（胡桃澤清子）「三郷文化」 三郷郷土研究会
通号96 2006.5

甦った"どんぶら"（グラビア）（小穴博保）「三郷文化」 三郷郷土研究会
通号103 2008.1
我が家の正月（特集 正月今昔）（布山桃子，岩垂雅也，渡邉虎之助）「三
郷文化」 三郷郷土研究会 通号103 2008.1
我が家の正月（特集 正月今昔）（唐澤遥）「三郷文化」 三郷郷土研究会
通号103 2008.1
正月の遊びや行事の思い出（特集 正月今昔）（小松銑）「三郷文化」 三郷
郷土研究会 通号103 2008.1
ふるさとの仏像（1）～（8）（解説）（郷土の自然と歴史）（宮島佳敬）「三
郷文化」 三郷郷土研究会 通号103/（110） 2008.1/2009.11
三郷音頭―その誕生をめぐって（炉辺閑話）（赤羽根嘉矩）「三郷文化」
三郷郷土研究会 通号104 2008.5
引き継がれる伝統あそび―竹馬作りを通して（伸びゆく子ら）（三郷西部
保育園）「三郷文化」 三郷郷土研究会 通号105 2008.7
三郷音頭 振り向けば四十余年（炉辺閑話）（中野智子）「三郷文化」 三郷
郷土研究会 通号105 2008.7
浦安の舞（グラビア）（小松宏彰）「三郷文化」 三郷郷土研究会 通号
106 2008.11
「貞享義民太鼓」『義民物語』（特集 貞享騒動について（2））（宮澤久典）
「三郷文化」 三郷郷土研究会 （109） 2009.08
地区の成り立ちと道祖神（炉辺閑話）（仁木茂弘）「三郷文化」 三郷郷土
研究会 （109） 2009.08
正月の準備（郷土の自然と歴史）（保崎健）「三郷文化」 三郷郷土研究会
（114） 2010.11

三郷村

大型紙芝居「おしゅん」（三郷村朗読ボランティア「こだまの会」）「三郷
文化」 三郷郷土研究会 81 2002.8
三郷文化 三郷村と御柱（樋口由照）「三郷文化」 三郷郷土研究会 88
2004.5

御射山

甲斐国「御射山」勧請伝承考（3）（原直正）「オール諏訪 ： 郷土の総合文
化誌」 諏訪郷土文化研究会 23（12）通号234 2004.3
御射山祭りの伝播とその性格―「送り」祭祀としての御射山祭り（上），
（下）（内山大介）「信濃 [第3次]」 信濃史学会 59（4）通号687/59
（5）通号688 2007.4/2007.5

御射山社

鳥居のいしずえ ここにあり―御射山社考察（北原正）「伊那路」 上伊那
郷土研究会 57（2）通号673 2013.02

御射山大社

西箕輪における御射山大社について―文献と実地踏査からの考察（小林
一行）「伊那路」 上伊那郷土研究会 48（5）通号568 2004.5

御射山道

もう一つの御射山道（伊東六郎）「オール諏訪 ： 郷土の総合文化誌」 諏
訪郷土文化研究会 16（6）通号153 1997.6

水上布奈山神社

水上布奈山神社祭祀再興録並勧録（古文書解読 近世文書教室）（森裂裟
巳）「とぐら ： 戸倉史談会誌」 戸倉史談会 （30） 2005.3
水上布奈山神社本殿造営と柴宮長左衛門の動向（高野六雄）「とぐら ：
戸倉史談会誌」 戸倉史談会 （33） 2008.2
水上布奈山神社と佐良志奈神社の文化財（高野六雄）「とぐら ： 戸倉史
談会誌」 戸倉史談会 （35） 2010.02
水上布奈山神社の拝観で楽しく知る（久保田武雄）「とぐら ： 戸倉史談
会誌」 戸倉史談会 （35） 2010.02

御園

田畑区・御園区等に伝わる諏訪大社上社御頭祭への奉仕（《民俗特集
号》）（松澤英太郎）「伊那路」 上伊那郷土研究会 52（10）通号621
2008.10

箕作

箕作の道祖神祭（栄村教育委員会）「文化財信濃」 長野県文化財保護協会
30（4）通号114 2004.3

満島神社

芸能の旅（27） 天龍村平岡・満島神社の秋祭（桜井弘人）「伊那民俗 ： 伊
那民俗学研究所報」 柳田国男記念伊那民俗学研究所 34 1998.10
口絵 満島神社の神楽（橋都正）「伊那」 伊那史学会 48（1）通号860
2000.1
天龍村「満島神社の神楽」（橋都正）「伊那」 伊那史学会 48（1）通号
860 2000.1

三峯山

三峯山の犬を借りる（小池悟志）「辰野町資料」 辰野町文化財保護審議会
（100） 2009.03

509

三峰神社

三峰神社考（下）（夏坊寛一郎）「オール諏訪 ： 郷土の総合文化誌」 諏訪郷土文化研究会 18（11）通号182 1999.11

南安曇

道祖神御柱をめぐる一考察―長野県南安曇地方を中心に（高原正文）「長野県民俗の会会報」 長野県民俗の会 （25） 2002.11

南安曇山地

南安曇山地の民俗景観（口絵写真）「民俗文化」 近畿大学民俗学研究所 （13） 2001.3

南安曇山地の民俗―ソバとミズナラの結合を緒として（野本寛一）「民俗文化」 近畿大学民俗学研究所 （13） 2001.3

南石堂町

南石堂町三峯社 御遷座十周年奉祝祭（田所常典）「みつミ祢山」 三峯神社社務所 （203） 2009.01

南小河原町

南小河原町の衢反大神について―その源流をさがして（宮原健二，編集係）「須高」 須高郷土史研究会 （75） 2012.10

南佐久

南佐久の子供組習俗―火祭りと獅子舞を中心に（田沢直人）「信濃［第3次］」 信濃史学会 51（1）通号588 1999.1

南佐久地方における製糸業の盛衰―工女たちの賃金実態にもふれながら（《特集 千曲川水系における養蚕・製糸の歩み》）（小林収）「千曲」 東信史学会 （131） 2006.10

南信濃

風土が育む郷土の食 山肉料理 飯田市南信濃「地域文化」 八十二文化財団 （95） 2011.01

連載 信州の文化の基層 「南信濃の祭りに集う人たち」「地域文化」 八十二文化財団 （107） 2014.01

南信州

はるかなる山の郷南信州を訪ねて（川合正治）「安城民俗」 安城民俗談話会 （24） 2005.5

南信州のやきものの歴史（上），（下）（岡田正彦）「伊那」 伊那史学会 54（7）通号938/54（9）通号940 2006.7/2006.9

地域材の家づくりで考える南信州の景観（《シンポジウム 歴史のなかの町並みと建造物》）（新井優）「飯田市歴史研究所年報」 飯田市教育委員会 （5） 2007.8

風土・文化・まち・ひと・建築―南信州に生きる建築士として（《シンポジウム 歴史のなかの町並みと建造物》）（木下光）「飯田市歴史研究所年報」 飯田市教育委員会 （5） 2007.8

南信州の念仏踊り・掛け踊りその他（《特集 三信遠の民俗芸能》）（坂本要）「まつり」 まつり同好会 通号69 2007.12

ふるさとの文化財を守り伝える心 柚餅子に夢を託して―南信州の柚餅子「地域文化」 八十二文化財団 （88） 2009.4

南信州の石造五輪塔―鎌倉・室町時代（岡田正彦）「伊那」 伊那史学会 57（9）通号976 2009.09

南信州の石造五輪塔―江戸時代（岡田正彦）「伊那」 伊那史学会 57（11）通号978 2009.11

中世館跡出土資料を中心とした茶道具―南信州の茶臼・茶湯釜（馬場保之）「飯田市美術博物館研究紀要」 飯田市美術博物館 （20） 2010.03

南信州の石造五輪塔の変遷（岡田正彦）「飯田市美術博物館研究紀要」 飯田市美術博物館 （20） 2010.03

地名からみた南信州の経塚の実態（岡田正彦）「飯田市美術博物館研究紀要」 飯田市美術博物館 （22） 2012.03

はるかなる山の郷南信州を訪ねて（再掲載する会報の記事）（川合正治）「安城民俗」 安城民俗談話会 （38・39） 2012.11

南信州の十王信仰と十王堂（上）（民俗特集）（岡田正彦）「伊那」 伊那史学会 62（1）通号1028 2014.01

南信州の十王信仰と十王堂（中の1）（岡田正彦）「伊那」 伊那史学会 62（11）通号1038 2014.11

南高田

南高田のとおせんぼ祭り「長野」 長野郷土史研究会 232 2003.11

南長池

「ボーベース」という遊びがあった―長野市南長池地区の事例から（原良通）「長野県民俗の会通信」 長野県民俗の会 170 2002.7

南福地村

古文書の窓（108）旧高遠藩主南福地村神社宛甲冑寄進状（牛山喜文）「伊那路」 上伊那郷土研究会 56（11）通号670 2012.11

南間長瀬

南間長瀬のだんごなげ（山口光雄）「高井」 高井地方史研究会 140 2002.8

南箕輪

絵本づくり雑録（2）―みなみみのわのむかしばなし（原輝夫）「伊那路」 上伊那郷土研究会 42（10）通号501 1998.10

南箕輪村

縄文人の祈り―土偶（40），（41）（南箕輪村教育委員会）「オール諏訪 ： 郷土の総合文化誌」 諏訪郷土文化研究会 19（4）通号187/19（5）通号188 2000.4/2000.5

南山

口絵 南山の樽木踊り（山内尚巳）「伊那」 伊那史学会 46（12）通号847 1998.12

泰阜村南山の樽木踊り（北原清人）「文化財信濃」 長野県文化財保護協会 28（1）通号103 2001.6

水内郡

旧長野県水内郡における廃寺廃堂の実態（橋詰文彦）「信濃［第3次］」 信濃史学会 50（11）通号586 1998.11

村堂の僧尼たち―明治6年水内郡下の諸相（橋詰文彦）「長野」 長野郷土史研究会 209 2000.1

水内大社

長野駅の動向・水内大社秋季例大祭「長野」 長野郷土史研究会 232 2003.11

箕輪中部小学校

石像物が語ること―箕輪中部小学校訪問記（伊藤純郎）「長野県民俗の会通信」 長野県民俗の会 （191） 2006.1

箕輪町

縄文人の祈り―土偶（37）～（39）（箕輪町郷土博物館）「オール諏訪 ： 郷土の総合文化誌」 諏訪郷土文化研究会 19（1）通号184/19（3）通号186 2000.1/2000.3

箕輪南宮神社

文化短信 箕輪南宮神社御鹿奉納神事（山本勝）「伊那路」 上伊那郷土研究会 47（9）通号560 2003.9

箕輪南宮神社の初祭と山車飾り（蟹澤広美）「伊那路」 上伊那郷土研究会 48（1）通号564 2004.1

箕輪南宮神社「鹿踊り」の古文書発見（民俗特集号）（伊藤一夫）「伊那路」 上伊那郷土研究会 53（10）通号633 2009.10

三柱神社

ふるさとの社寺（2）三柱神社境内の碑（矢野口佳郎）「三郷文化」 三郷郷土研究会 69 1999.8

三柱神社例祭 二木区の幟（三沢敏雄）「三郷文化」 三郷郷土研究会 74 2000.11

三柱神社の御神木 天然記念物・樹齢700年ハリギリの今昔（種山正登志）「三郷文化」 三郷郷土研究会 91 2005.2

祭りに彩りを添える舞台 三柱神社 二木の舞台（郷土の自然と歴史）（三澤敏雄）「三郷文化」 三郷郷土研究会 （112） 2010.05

三峰

郷土の民話 三峰のお犬様（平林治康）「三郷文化」 三郷郷土研究会 68 1999.5

三穂

奥深く、広い民俗学（《飯田市地域史研究事業 民俗報告書2『三穂の民俗』に寄せて》）（林雄三）「伊那民俗 ： 伊那民俗学研究所報」 柳田国男記念伊那民俗学研究所 （70） 2007.9

『三穂の民俗』へのお礼と感謝（《飯田市地域史研究事業 民俗報告書2『三穂の民俗』に寄せて》）（宮嶋英紀）「伊那民俗 ： 伊那民俗学研究所報」 柳田国男記念伊那民俗学研究所 （70） 2007.9

連綿する故郷―『三穂の民俗』に寄せて（《飯田市地域史研究事業 民俗報告書2『三穂の民俗』に寄せて》）（赤羽正春）「伊那民俗 ： 伊那民俗学研究所報」 柳田国男記念伊那民俗学研究所 （70） 2007.9

三穂の民間信仰 先祖祀りと氏神様（折山邦彦）「伊那民俗 ： 伊那民俗学研究所報」 柳田国男記念伊那民俗学研究所 （73） 2008.6

『飯田市地域史研究事業民俗報告書2 三穂の民俗』（新刊紹介）（吉田伸之）「飯田市歴史研究所年報」 飯田市教育委員会 （6） 2008.9

宮川

実在せぬ宮川人形（岳麓湖盆）（原田哲郎）「茅野」 茅野市郷土研究会 （75） 2011.09

宮木

上伊那えびす講―辰野町宮木地区の代参を中心に（北原利雄）「伊那路」 上伊那郷土研究会 58（6）通号689 2014.06

宮越

下市田はホンヤリ、木曽宮越とサイノカミ―正月の門松おさめ（民俗特集）（神村透）「伊那」 伊那史学会 58（1）通号980 2010.01

宮越村

江戸末・木曽の宮越村にみる地域相他―嘉永元年（1848）『人別御改帳』より（神村透）「信濃［第3次］」 信濃史学会 61（7）通号714 2009.7

宮田村

宮田村の竜の伝説（小林敏男）「伊那路」 上伊那郷土研究会 48（10）通号573 2004.10

宮越宿

木曽宮越宿の屋号について（民俗特集）（神村透）「伊那」 伊那史学会 62（1）通号1028 2014.1

宮原

拓本 宮原 縁結び道祖神（岡村庄造）「むしくら ： むしくら交流会ニュースレター」 虫倉交流会 （38） 2001.2

宮洞

口絵 宮洞の埼仏（山下誠一）「伊那」 伊那史学会 47（8）通号855 1999.8

宮村

宮村の明神・天神両社祭礼の歴史（田中薫）「松本市史研究 ： 松本市文書館紀要」 松本市 （17） 2007.3

宮本

郷土の伝統産業―宮本和紙から松崎和紙へを中心に（臼井潤）「信濃［第3次］」 信濃史学会 50（10）通号585 1998.10

明音寺

明音寺梵鐘の鐘銘文と鐘楼（矢澤喬治）「伊那路」 上伊那郷土研究会 49（7）通号582 2005.7

明音寺の富小路家より寄進された駕籠について（矢澤喬治）「伊那路」 上伊那郷土研究会 54（5）通号640 2010.05

妙高外輪山

妙高外輪山の前山における山岳宗教遺跡（小島正巳，時枝務）「長野県考古学会誌」 長野県考古学会 （110） 2005.11

三義

三義の谷小景と石仏―山室村、荊口村出身の高遠石工（春日重信）「伊那路」 上伊那郷土研究会 50（3）通号590 2006.3

三輪田町

三輪田町の馬頭観音（北村俊治）「長野」 長野郷土史研究会 221 2002.1

三輪田町の飯縄神社について（北村俊治）「長野」 長野郷土史研究会 238 2004.11

向山

岡田向山御嶽神社とその周辺（木下守）「長野県民俗の会通信」 長野県民俗の会 （231） 2012.09

向方

向方旧記―盆踊り・天照大神宮の例祭（赤羽篤）「伊那」 伊那史学会 46（1）通号836 1998.1

向方旧記（5）―長松寺のこと（赤羽篤）「伊那」 伊那史学会 46（9）通号844 1998.9

天龍村向方の冬至祭とお潔め祭について―霜月神楽の例年祭と臨時祭（桜井弘人）「飯田市美術博物館研究紀要」 飯田市美術博物館 8 1998.10

向方旧記（7）―向方の言葉（赤羽篤）「伊那」 伊那史学会 46（11）通号846 1998.11

芸能の旅（28） 天龍村・向方のお潔め祭り（桜井弘人）「伊那民俗 ： 伊那民俗学研究所報」 柳田国男記念伊那民俗学研究所 35 1998.12

芸能の旅（29） 天龍村・向方の春祭り（桜井弘人）「伊那民俗 ： 伊那民俗学研究所報」 柳田国男記念伊那民俗学研究所 36 1999.3

向方旧記（8）―栃餅・木つつき・豆腐作り・中村―幸氏書簡（赤羽篤）「伊那」 伊那史学会 49（1）通号872 2001.1

天龍村向方の生業と暮らし―地域民俗誌をめざして（寺田一雄）「伊那民俗 ： 伊那民俗学研究所報」 柳田国男記念伊那民俗学研究所 49 2002.6

向関村

旧向関村（阿智村）の和紙生産（三浦宏）「郷土史巡礼」 阿智史学会 306 1997.12

虫生

ふるさとの歴史散歩（27） 野沢温泉村虫生の「一ノ宮」と「地蔵尊」（島田博文）「高井」 高井地方史研究会 （178） 2012.02

虫歌観世音

「虫歌観世音」考（今井彰）「須高」 須高郷土史研究会 （45） 1997.10

虫倉

《特集 薪能「山姥」》「むしくら ： むしくら交流会ニュースレター」 虫倉交流会 （29） 1999.8

〈新春 道祖神三題〉「むしくら ： むしくら交流会ニュースレター」 虫倉交流会 （38） 2001.2

随想 医師と石仏（会田秀介）「むしくら ： むしくら交流会ニュースレター」 虫倉交流会 （39） 2001.4

庚申講（宮尾正徳）「むしくら ： むしくら交流会ニュースレター」 虫倉交流会 （42・43） 2001.11

馬・さ馬ざ馬「むしくら ： むしくら交流会ニュースレター」 虫倉交流会 （44） 2002.1

法要と仏像めぐり（竹内幹雄）「むしくら ： むしくら交流会ニュースレター」 虫倉交流会 （49） 2002.11

歴史の証人としての石仏（宮川俊春）「むしくら ： むしくら交流会ニュースレター」 虫倉交流会 （49） 2002.11

おおば様とやまんばについて学ぶ（岩下ミチ子）「むしくら ： むしくら交流会ニュースレター」 虫倉交流会 （58） 2004.5

釈迦涅槃図と思い出（会員交流コーナー）（岩下ミチ子）「むしくら ： むしくら交流会ニュースレター」 虫倉交流会 （59） 2004.7

無量寺

古代東山道と無量寺（熊谷耕平）「郷土史巡礼」 阿智史学会 300 1997.4

仏像を歩く 阿弥陀如来坐像（箕輪町無量寺）（内山節）「地域文化」 八十二文化財団 45 1998.7

平安仏の再発見 阿智村「無量寺」仏像の14C年代測定結果（羽場睦美，梶原義実，織田顕行，林茂伸）「伊那」 伊那史学会 56（4）通号959 2008.4

無量寺本堂前庭石仏群（1），（2）（竹入弘元）「伊那路」 上伊那郷土研究会 54（2）通号637/54（3）通号638 2010.02/2010.03

牟礼

牟礼・三水村地区の庚申塔祠研究―祠内像を中心に（矢野恒雄）「長野」 長野郷土史研究会 220 2001.11

牟礼村

炭窯を築く―長野県上水内郡牟礼村（宮沢奈津子）「民具マンスリー」 神奈川大学 32（11）通号383 2000.2

現代と炭焼き―牟礼村の炭焼き体験講座から（宮沢奈津子）「長野県民俗の会通信」 長野県民俗の会 162 2001.3

牟礼村の六地蔵菩薩について（矢野恒雄）「長野」 長野郷土史研究会 223 2002.5

明治6年廃却無檀無住寺院の顛末―牟礼村を中心に（矢野恒雄）「長野」 長野郷土史研究会 232 2003.11

牟礼・三水村の石工と石垣（矢野恒雄）「長野」 長野郷土史研究会 238 2004.11

三水・牟礼両村の石臼考（矢野恒雄）「長野」 長野郷土史研究会 （240） 2005.3

明善学校大田原支校

地蔵堂（御子安地蔵）―明善学校大田原支校（〈調査報告〉）（堀内崇）「ちょうま」 更埴郷土を知る会 （19） 1998.12

明徳寺

表紙「亀慶山医王院明徳寺之景」「ちょうま」 更埴郷土を知る会 （34） 2013.12

女鳥羽山

女鳥羽山の石造物調査（木下守）「長野県民俗の会会報」 長野県民俗の会 （33） 2012.03

望月

信州望月の伝統行事―道祖神と十九夜（竹内来望子）「土佐地域文化」［土佐地域文化研究会］ （9） 2005.8

元善光寺

元善光寺菊人形の起こりと座光寺商工会（《民俗特集》）（今村善興）「伊那」 伊那史学会 54（1）通号932 2006.1

元善光寺「葵窯」創設の由来と経過（《考古学特集》）（今村善興）「伊那」 伊那史学会 55（4）通号947 2007.4

元町

元町公民館と薬師尊祭（宮澤芳己）「ちょうま」 更埴郷土を知る会 （23） 2003.1

元町道祖神覚え書（猿渡久人）「ちょうま」 更埴郷土を知る会 （30） 2009.11

森

森の御神事（森を語る会）「ちょうま」　更埴郷土を知る会　（26）2006.1

文殊堂

文殊堂と大工直右衛門（高野高太郎）「ちょうま」　更埴郷土を知る会（22）2002.1

八重河内

遠山民俗調査より 70年前の生業複合 八重河内の遠山常雄さんに聞く（寺田一雄）「伊那民俗 : 伊那民俗学研究所報」　柳田国男記念伊那民俗学研究所　（68）2007.3

八坂村

金太郎伝承地長野県八坂村を訪ねて（渡辺治美）「史談足柄」　足柄史談会　37　1999.4

矢島

矢島の石尊さま（佐藤敬子）「信州農村開発史研究所報」　信州農村開発史研究所　80　2002.4

矢島稲荷社

矢島稲荷社の事（矢島一）「長野」　長野郷土史研究会　221　2002.1

屋代

屋代地域の神社信仰（中島正利）「長野県民俗の会会報」　長野県民俗の会通号31　2010.01

屋代遺跡群

考古資料をよむ 水辺の祭祀—まつりの道具とまつりの変化 榎田遺跡と屋代遺跡群「長野県立歴史館たより」　長野県立歴史館　36　2003.9

安国御名方神社

表紙「安國御名方神社及諏訪神社神代木之景」「ちょうま」　更埴郷土を知る会　（33）2013.01

矢高っ原

七十年ほど前の矢高っ原（民俗特集）（古川清司）「伊那」　伊那史学会　62（1）通号1028　2014.1

八滝神社

松本市島内の御嶽信仰系神社—犬飼山御嶽神社と八滝神社（小原稔）「長野県民俗の会会報」　長野県民俗の会　（32）2011.04

矢立木

柳田國男研究会フィールドワーク 孝行猿・矢立木の地などを訪ねて（折山邦彦）「伊那民俗 : 伊那民俗学研究所報」　柳田国男記念伊那民俗学研究所　（94）2013.09

矢垂

矢垂の共同浴場（特集 高度経済成長期前のくらし—住）（島田博文）「高井」　高井地方史研究会　（181）2012.11

八ヶ岳山麓

八ヶ岳山麓の橋供養塔—甲信国境（特集 石仏と民俗伝承—心ときめく路傍の石たちとの出会い）（平出一治）「あしなか」　山村民俗の会295・296　2012.08

八代神明宮

仁科神明宮と八代神明宮の棟札（牛越嘉人）「信濃［第3次］」　信濃史学会　52（12）通号611　2000.12

八ツ手

伊那路を撮す（60）手良八ツ手地区の秋祭—伊那市手良（下村幸雄）「伊那路」　上伊那郷土研究会　41（10）通号489　1997.10

織の里「原村八ツ手」生き続けるウチ織りのこころ「岡谷蚕糸博物館紀要」　岡谷市教育委員会　（8）2003.12

柳沢遺跡

弥生時代の信仰・祭祀（長野県考古学会設立50周年記念事業 信濃の弥生文化を語る—柳沢遺跡からのおくりもの）「長野県考古学会誌」　長野県考古学会　（138・139）2011.11

柳新田

飯田市常盤柳新田 善光寺講の善光寺縁起絵伝（《特集 未来に繋がる絵解きの世界（3）》）（小林玲子）「長野」　長野郷土史研究会　（267）2009.10

柳原神社

未来への提言 善光寺七社の現在（1）柳原神社・木留神社（《特集 善光寺御開帳（2）》）（清水隆史, 小林竜太郎）「長野」　長野郷土史研究会（264）2009.04

矢原御厨

信州安曇野神宮御厨攷—仁科御厨と矢原御厨の設定について 新史料の検証（草間美登）「信濃［第3次］」　信濃史学会　60（9）通号704　2008.9

矢彦神社

古文書の窓 矢彦神社御柱人足勤仕一札のこと（三浦孝美）「伊那路」　上伊那郷土研究会　53（10）通号633　2009.10

古文書の窓（96）矢彦神社祭礼と若者組のこと（三浦孝美）「伊那路」　上伊那郷土研究会　54（8）通号643　2010.08

長野県宝「矢彦神社」屋根の修理について（辰野町教育委員会事務局）「辰野町資料」　辰野町文化財保護審議会　（107）2012.08

矢彦大明神

古文書の窓（52）矢彦大明神の拝殿・廻廊建立請負証文（三浦孝美）「伊那路」　上伊那郷土研究会　46（11）通号550　2002.11

山寺（伊那市）

わが郷土の無形文化財 山寺やきもち踊り（原長四郎）「文化財信濃」　長野県文化財保護協会　30（3）通号113　2003.12

山寺（辰野町）

町指定文化財「山寺の毘沙門堂」の改修について（辰野町教育委員会事務局）「辰野町資料」　辰野町文化財保護審議会　（107）2012.08

山寺（筑北村）

山寺・横屋氏子中の幟（飯森忠幸）「筑北郷土史研究会会誌」　筑北郷土史研究会　（11）2012.10

山梨

美篶笠原山梨の薬師如来坐像について（1）（上柳優二郎）「伊那路」　上伊那郷土研究会　56（3）通号662　2012.03

山ノ内町

山ノ内町の峠の観音（関康雄）「長野」　長野郷土史研究会　198　1998.3

山ノ内町の文化財調査報告—アルペンローゼと畔上氏宅土蔵（土本俊和）「高井」　高井地方史研究会　136　2001.8

山ノ内町菅十王堂—一茶翁信濃方言入連句（小布施竹男）「高井」　高井地方史研究会　（161）2007.11

"幕末の三舟"—山ノ内町と正受庵（三澤政博）「高井」　高井地方史研究会　（165）2008.11

建て御柱とお休み御柱・御神紋梶ノ葉—中野市・山ノ内町・小布施町の例（田川幸生）「高井」　高井地方史研究会　（180）2012.08

山吹

山吹地区に残る猪垣（《民俗特集》）（林登美人）「伊那」　伊那史学会　54（1）通号932　2006.1

山布施村

文化期信州更級郡における秣場出入りと絵図の作成—山布施村郷内山秣場出入りの場合（舘林弘毅）「高井」　高井地方史研究会　145　2003.11

山室

山室地区夏季民俗調査報告（中村慎吾）「長野県民俗の会通信」　長野県民俗の会　166　2001.11

上伊那郡高遠町山室地区の年中行事その他（三輪京子）「長野県民俗の会通信」　長野県民俗の会　168　2002.3

山室村

三義の谷小景と石仏—山室村、荊口村出身の高遠石工（春日重信）「伊那路」　上伊那郷土研究会　50（3）通号590　2006.3

八幡

八幡 神灯台（〈調査報告〉）（宮沢安夫）「ちょうま」　更埴郷土を知る会（19）1998.12

八幡 献灯台（2基）（〈調査報告〉）（宮沢安夫）「ちょうま」　更埴郷土を知る会　（19）1998.12

八幡大池

八幡大池の百八燈（古澤昭二）「千曲」　東信史学会　（142）2009.07

百八燈の送り火と万年様（八幡大池地区）（和田茂男）「ちょうま」　更埴郷土を知る会　（32）2011.12

雪月園

雪月園について（研究所活動助成成果報告）（北方古老に聞く会）「飯田市歴史研究所年報」　飯田市教育委員会　（10）2012.08

湯田中

北信濃のたばこ史と湯田中の煙草地蔵（小布施竹男）「高井」　高井地方史研究会　120　1997.8

湯田中の「湯宮祭り謡曲」—詩情豊かな曲譜付謡いの詞章を末永く残したい（小野久雄）「高井」　高井地方史研究会　（166）2009.02

湯宮山

湯田中湯宮山の動き岩（外山俊太郎）「高井」　高井地方史研究会　120　1997.8

北陸甲信越　　　　　　　　　郷土に伝わる民俗と信仰　　　　　　　　　長野県

湯原神社

わが町の文化財保護 湯原神社式三番（臼田町教育委員会）「文化財信濃」 長野県文化財保護協会　28（3）通号105　2001.12

湯原神社の式三番について（平林廣彦）「文化財信濃」 長野県文化財保護協会　29（3）通号109　2002.12

湯原神社の三番叟（《特集 千曲川水系における埋もれていた民俗芸能》）（黒沢忠雄）「千曲」 東信史学会　（135）2007.10

湯福神社

長野市の文化財（2）湯福神社のケヤキ（丸山教雄）「むしくら ： むしくら交流会ニュースレター」 虫倉交流会　（47）2002.7

口絵 善光寺の鎮守・湯福神社の茅の輪くぐり「長野」 長野郷土史研究会　（290）2013.08

八日堂

八日堂（信濃国分寺）（倉沢正幸）「千曲」 東信史学会　103　1999.10

横川山

岡谷市横川山「割石・泣き石」伝説の歴史民俗学的考察（武田安弘）「信濃 ［第3次］」 信濃史学会　52（11）通号610　2000.11

横倉

横倉の神社合併と財産の処分などについて（小渕篤信）「高井」 高井地方史研究会　137　2001.11

横道

真田町横道の十九夜和讃考（酒井伭）「上田盆地」 上田民俗研究会　（35）2000.10

与地

権兵衛街道と与地の伊那節（西村幸男）「伊那路」 上伊那郷土研究会　45（3）通号530　2001.3

四ツ屋

四ツ屋に残る馬頭観音（池田三夫）「長野」 長野郷土史研究会　221　2002.1

米子不動

米子不動の参道と童子の石仏（竹前一栄）「須高」 須高郷土史研究会　（46）1998.4

米子不動尊

須坂「大谷不動尊・米子不動尊」一泊参拝懐古（山崎直久）「須高」 須高郷土史研究会　（73）2011.10

夜交郷

夜交郷と諏訪八幡社の本殿（檀原長則）「高井」 高井地方史研究会　（163）2008.5

世茂井神社

世茂井神社及び境内各社の謂れ（日極昭司）「長野」 長野郷土史研究会　238　2004.11

来迎寺

天保の大飢饉と無縁塔─松尾亭庵の撰文・来迎寺の無縁塔（林登美人）「伊那」 伊那史学会　57（5）通号972　2009.05

来迎寺節分会の福まき/白雲山来迎寺の節分会（今井啓）「伊那民俗 ： 伊那民俗学研究所報」 柳田国男記念伊那民俗学研究所　（91）2012.12

立石寺

飯田市・立石寺の伝広目天立像について（織田顕行）「飯田市美術博物館研究紀要」 飯田市美術博物館　（14）2004.3

三穂の民俗調査より 戦前の農繁託児所「立石寺"ヨロコビ保育園"に通った子どもたち（谷口悦子）「伊那民俗 ： 伊那民俗学研究所報」 柳田国男記念伊那民俗学研究所　（67）2006.12

口絵 立石寺・十一面観音立像（前立本尊）（織田顕行）「伊那」 伊那史学会　62（7）通号1034　2014.07

口絵 立石寺・十一面観音立像（織田顕行）「伊那」 伊那史学会　62（12）通号1039　2014.12

井上官庁の行基仏調査 立石寺・十一面観音立像（林英壽）「伊那」 伊那史学会　62（12）通号1039　2014.12

リュウ

猟・洞窟・修験道─信越国境の山岳洞窟「リュウ」をめぐって（須永敬）「長野県民俗の会通信」 長野県民俗の会　175　2003.5

竜淵寺

遠山の龍淵寺を訪ねて（川合正治）「安城民俗」 安城民俗談話会　21　2003.11

竜洞院

龍洞院須弥壇の造立者八郎右衛門判明（堀内暉巳）「長野」 長野郷土史研究会　206　1999.7

龍洞院と松本家（宮澤芳己）「ちょうま」 更埴郷土を知る会　（29）2009.01

竜徳寺

中世の應永山龍徳寺（小林正雄）「高井」 高井地方史研究会　139　2002.4

隆芳寺

写真 隆芳寺の山路塚（原隆夫）「郷土史巡礼」 阿智史学会　325　2001.3

竜峰寺

ふるさとの社寺（12）萬珠山龍峰寺（丸山善太郎）「三郷文化」 三郷郷土研究会　79　2002.2

林正寺

松代林正寺の三十六歌仙絵（7）（小林一郎）「長野」 長野郷土史研究会　（240）2005.3

隣政寺

口絵 隣政寺の亀趺（林登美人）「伊那」 伊那史学会　45（2）通号825　1997.2

瑠璃光寺

ふるさとの社寺（11）旧薬師堂瑠璃光寺（降旗政人）「三郷文化」 三郷郷土研究会　78　2001.11

ふるさとの仏像（4）野沢瑠璃光寺 木造薬師如来坐像（グラビア）（宮島佳敬）「三郷文化」 三郷郷土研究会　通号106　2008.11

瑠璃光寺三十三観音

三郷郷土研究会シリーズ（3）観音信仰を探って 野沢 瑠璃光寺三十三観音（郷土の自然と歴史）（坂本光）「三郷文化」 三郷郷土研究会　（112）2010.05

瑠璃寺

芸能の旅（38）瑠璃寺の獅子舞と後藤伊作（橋都正）「伊那民俗 ： 伊那民俗学研究所報」 柳田国男記念伊那民俗学研究所　48　2002.3

口絵 瑠璃寺獅子舞の宇天王とは（橋都正）「伊那」 伊那史学会　52（1）通号908　2004.1

ふるさとの文化財を守り伝える心 人々の心を繋ぐ獅子舞 大島山瑠璃寺の獅子舞「地域文化」 八十二文化財団　（84）2008.4

嶺雲庵

インタビュー 長野市嶺雲庵の庵主さんに聞く（小林玲子）「長野」 長野郷土史研究会　（246）2006.4

霊諍山

霊諍山の石仏を訪ねて（外山崇行）「下妻の文化」 下妻市文化団体連絡協議会　（28）2003.5

霊泉禅寺

信州丸子町霊泉禅寺阿弥陀如来座像の胎内文書（伊藤一美）「練馬郷土史研究会会報」 練馬郷土史研究会　253　1998.1

蓮生寺

廃仏毀釈に揺らいだ蓮生寺と末寺について（宮前日回）「須高」 須高郷土史研究会　（44）1997.4

六道原

六道地蔵尊祭り（矢島太郎）「伊那路」 上伊那郷土研究会　49（7）通号582　2005.7

六角堂

歴史と民俗 須坂物語（5）六角堂新考（岡沢主計）「須高」 須高郷土史研究会　（51）2000.10

和合

口絵 和合のお精霊様送り（橋都正）「伊那」 伊那史学会　51（1）通号896　2003.1

和合、熊野神社の鶺鴒の彫刻（原田望）「伊那」 伊那史学会　56（5）通号960　2008.5

和佐尾

小川村和佐尾の狼退治など（関保男）「長野」 長野郷土史研究会　（289）2013.6

和田

南信濃和田 諏訪神社の御柱祭─富と栄誉の象徴（谷口悦子）「飯田市美術博物館研究紀要」 飯田市美術博物館　（18）2008.3

和田神社

和田神社本殿と棟梁小松七兵衛（吉沢政己）「松本市史研究 ： 松本市文書館紀要」 松本市　（10）2000.3

東海

木曽川

木曽川・天龍川の水神碑（早川孝正）「日本の石仏」 日本石仏協会，青蛾書房（発売）（107）2003.9

三信遠

三信遠地方のシカウチ神事（茂木栄）「民俗文化」 民俗文化財研究協議会（7）1997.8

三信遠の民俗芸能―その研究視点（《特集 三信遠の民俗芸能》）（山路興造）「まつり」 まつり同好会 通号69 2007.12

三信遠の霜月神楽―「湯立」と「湯ばやしの舞」を中心に（《特集 三信遠の民俗芸能》）（山崎一司）「まつり」 まつり同好会 通号69 2007.12

三信遠大念仏の構成と所作―三河地区を中心に（坂本要）「民俗芸能研究」 民俗芸能学会（50）2011.03

中部

寺号地名考（本全秀規）「地名文化 ： 中部地名文化研究会会誌」 中部地名文化研究会（4）2001.3

霊山と女性信者―中部地域の御嶽講を事例として（小林奈央子）「山岳修験」 日本山岳修験学会，岩田書院（発売）（36）2005.09

中部地域における御嶽講の展開と現状―尾張を中心に（《第19回国際宗教学宗教史会議世界大会IAHR 東京大会 特集号》―〈第2部 木曽御嶽信仰の現在〉）（関敦啓）「山岳修験」 日本山岳修験学会，岩田書院（発売）（別冊）通号第19回国際宗教学 2007.11

御座儀礼と霊神信仰―中部地域の御嶽講の事例をもとに（《第19回国際宗教学宗教史会議世界大会IAHR 東京大会 特集号》―〈第2部 木曽御嶽信仰の現在〉）（小林奈央子）「山岳修験」 日本山岳修験学会，岩田書院（発売）（別冊）通号第19回国際宗教学 2007.11

中部山地

中部山地に点在する一石三十三観音塔巡拝（《特集 石仏探訪Ⅴ》）（井戸寛）「日本の石仏」 日本石仏協会，青蛾書房（発売）（118）2006.6

中部山地に点在する一石三十三観音塔（井戸寛）「日本の石仏」 日本石仏協会，青蛾書房（発売）（130）2009.06

中部山地に点在する一石三十三観音塔探訪（特集 石仏探訪ⅩⅠ）（井戸寛）「日本の石仏」 日本石仏協会，青蛾書房（発売）（146）2013.06

天竜川

木曽川・天龍川の水神碑（早川孝正）「日本の石仏」 日本石仏協会，青蛾書房（発売）（107）2003.9

天竜川水系

書評 三隅治雄著『天竜川水系まつり紀行―日本文化交流の大動脈 華麗に神々舞う里―山里と里が一番輝く時』（久保田裕道）「民俗芸能研究」 民俗芸能学会（47）2009.09

天竜水系

天竜水系の民俗文化史―初めての広域地域史（『中日新聞』1990年3月14日）「柳田学舎」 鎌倉柳田学会 75 2005.10

天竜水系の民俗的世界―共通性と異相（『中日新聞』1990年3月18日）「柳田学舎」 鎌倉柳田学会 75 2005.10

東海

氏子札（成瀬高明）「東海近代史研究」 東海近代史研究会（19）1997.12

「ええじゃないか」東海シンポジウムから10年を経て思うこと（藤井寿一）「東海近代史研究」 東海近代史研究会（19）1997.12

東海地方における大山（山車）の展開―伊勢四日市を中心に（鬼頭秀明）「四日市市史研究」 四日市市 11 1998.3

これからの東海地域の産業と文化―自動車産業と一向宗の切り口から（柴田祐作）「東海地域文化研究」 名古屋学芸大学短期大学部附属東海地域文化研究所 通号10 1999.7

戦争絵馬を探す（羽賀祥二）「東海近代史研究」 東海近代史研究会（21）2000.3

仏像調査報告 東海の仏像展予備調査ノートから（赤川一博）「研究紀要」 四日市市立博物館 8 2001.3

幕末における「異」への恐れとコレラの流行（神田奈緒子）「東海近代史研究」 東海近代史研究会（22）2001.3

公開講演 東海地方の食気質（三浦正彦）「東海地域文化研究」 名古屋学芸大学短期大学部附属東海地域文化研究所（12）2001.7

仏像調査報告 東海の仏像予備調査ノートから（赤川一博）「研究紀要」 四日市市立博物館 9 2002.3

特別展「冥界の裁き 閻魔さまと地獄の世界―東海に残る六道信仰の造形」（田中伸一）「研究紀要」 四日市市立博物館 9 2002.3

「無形文化財」としての列車名（北折幹朗）「東海近代史研究」 東海近代史研究会（23）2002.3

日常の生活・風俗観察考現学断片採集から（岡本信也）「東海地域文化研究」 名古屋学芸大学短期大学部附属東海地域文化研究所（13）2002.7

東海地方の祭り（口絵写真）（渡辺良正）「民俗文化」 近畿大学民俗学研究所（15）2003.3

《東海特集》「民俗文化」 近畿大学民俗学研究所（15）2003.3

近世の家並帳―地域の不動産登記制度（早川秋子）「東海地域文化研究」 名古屋学芸大学短期大学部附属東海地域文化研究所（14）2003.7

近畿・東海・北陸ブロック民俗芸能大会について（有井広幸）「文化財レポート」 京都文化財団 13 2004.3

風俗観察ノート電車の乗り方について（岡本信也）「東海地域文化研究」 名古屋学芸大学短期大学部附属東海地域文化研究所（16）2005.3

東海地方の古代瓦塔に関する覚書―豊田市民芸能所蔵資料の紹介から（永井邦仁）「三河考古」 三河考古刊行会（18）2005.5

記念講演 近世東海地域における入寺と「山林」 佐藤孝之氏「静岡県地域史研究会報」 静岡県地域史研究会（146）2005.11

講演録 近世修験道の地域的展開と神社―東海地方を中心として（宮家準）「日本仏教綜合研究」 日本仏教綜合研究学会（4）2006.5

書籍紹介「近世東海地域の農耕技術」（有薗正一郎）「民具マンスリー」 神奈川大学 39（10）通号466 2007.1

「ええじゃないか」の東西南北の俯瞰図（田村貞雄）「東海近代史研究」 東海近代史研究会（28）2007.3

「神々の道」を歩く（歴史の小径）（北折幹朗）「東海近代史研究」 東海近代史研究会（28）2007.3

霊神碑は語る―東海地方における霊神碑の現況と霊神信仰（《木曽御嶽特集》）（小林奈央子）「山岳修験」 日本山岳修験学会，岩田書院（発売）（42）2008.11

東海地方における秋葉信仰の序幕―貞享秋葉祭の流行について（田村貞雄）「遠江」 浜松史跡調査顕彰会（32）2009.03

私設博物館特別企画展「東海の酒器展」について（土田晃司）「美濃民俗」 美濃民俗文化の会（504）2009.05

東海民俗公開講演要旨 盆唄の伝承―「盆ならさん」の系譜（大島建彦）「まつり通信」 まつり同好会 49（5）通号543 2009.09

第38回東海民俗研究発表大会（平成20年6月20日）公開講演「図像資料と民俗学」（福田アジオ）「伊勢民俗」 伊勢民俗学会（38）2009.10

展覧会準備ノート 伊勢神宮と東海のまつり／新聞の見た名古屋「名古屋市博物館だより」 名古屋市博物館（192）2010.02

民俗学からみた食文化研究の現状と課題（シンポジウム 東海地方の海里山の食文化総合研究会）（神崎宣武）「愛知大学綜合郷土研究所紀要」 愛知大学綜合郷土研究所 58 2013.03

東海中世窯の「間仕切り障壁」について（小栗康寛）「伊勢湾考古」 知多古文化研究会（22）2013.03

東海地域における真宗勢力の展開（特集 40周年記念大会 日本中世史のなかの東海地域―シンポジウム）（安藤弥）「年報中世史研究」 中世史研究会（38）2013.05

上野東歌探訪 関東方言と東海方言／上野国東歌のうち方言を含まない歌、また末勘国歌について／本歌の後に異伝を載せる歌」「伊香保ろの岨の榛原」（北川和秀）「上州文化」 群馬県教育文化事業団（136）2013.11

海里山の神饌（第2回「東海地方の海里山の食文化研究」シンポジウム『海里山の儀礼食をめぐって』）（岩井宏實）「愛知大学綜合郷土研究所紀要」 愛知大学綜合郷土研究所 59 2014.03

山（焼畑）の儀礼食から（第2回「東海地方の海里山の食文化研究」シンポジウム『海里山の儀礼食をめぐって』）（小川直之）「愛知大学綜合郷土研究所紀要」 愛知大学綜合郷土研究所 59 2014.03

里の儀礼食（餅）から―餅・正月・雑煮（第2回「東海地方の海里山の食文化研究」シンポジウム『海里山の儀礼食をめぐって』）（安室知）「愛知大学綜合郷土研究所紀要」 愛知大学綜合郷土研究所 59 2014.03

南方世界の儀礼食（芋）から（第2回「東海地方の海里山の食文化研究」シンポジウム『海里山の儀礼食をめぐって』）（後藤明）「愛知大学綜合郷土研究所紀要」 愛知大学綜合郷土研究所 59 2014.03

東海の地下資源採掘技術―マンボをめぐって（天野卓哉）「伊勢民俗」 伊勢民俗学会（43）2014.09

第44回東海民俗研究発表大会開催報告（畑純子）「伊勢民俗」 伊勢民俗

東海　　　　　　　　　　　　　　　　　　　　　郷土に伝わる民俗と信仰

学会　（43）　2014.09
近畿・東海・北陸（各地の民俗芸能（第55回ブロック別民俗芸能大会の
報告））（宮田繁幸）「民俗芸能」　民俗芸能刊行委員会　（94）　2014.11
「ええじゃないか」の本質をめぐって―舞踏伝染病説（河本重次郎・ノー
マン）と即興的祝祭説（太田明）（田村貞雄）「東海近代史研究」　東海
近代史研究会　（35）　2014.12

東海白寿三十三観音霊場
東海白寿三十三観音霊場巡礼（阿部健）「安城民俗」　安城民俗談話会
（34）　2010.06

富士見十三州
寄贈資料の中から　富士見十三州輿地全圖「沼津市歴史民俗資料館だよ
り」　沼津市歴史民俗資料館　38（3）通号200　2013.12

岐阜県

青野
青野の「山の神」祭り（桐山淳）「美濃の文化 : 美濃文化総合研究会機関誌」 美濃文化総合研究会 （128） 2014.06

青野ヶ原
"熊坂長範・腰掛岩"の行方—伝承・消滅の危機（堤正樹）「美濃民俗」 美濃民俗文化の会 （507） 2009.08

青墓
西美濃・青墓の民俗（17） 今昔あれこれ（西岡半一）「美濃民俗」 美濃民俗文化の会 364 1997.9

西美濃・青墓の民俗（19） 吹き荒れる不景気風（西岡半一）「美濃民俗」 美濃民俗文化の会 366 1997.11

西美濃・青墓の民俗（20） 大正時代のお正月（西岡半一）「美濃民俗」 美濃民俗文化の会 368 1998.1

西美濃・青墓の民俗（21） 住いの移り変わり（西岡半一）「美濃民俗」 美濃民俗文化の会 369 1998.2

西美濃・青墓の民俗（22）一人生多彩・名物男たち（西岡半一）「美濃民俗」 美濃民俗文化の会 370 1998.3

西美濃・青墓の民俗（23）—四月（卯月）（西岡半一）「美濃民俗」 美濃民俗文化の会 371 1998.4

西美濃・青墓の民俗（24）—遠足と修学旅行（西岡半一）「美濃民俗」 美濃民俗文化の会 372 1998.5

西美濃・青墓の民俗（25） 激動の昭和二年（西岡半一）「美濃民俗」 美濃民俗文化の会 375 1998.8

西美濃・青墓の民俗（26） 懐かしい秋の歌（西岡半一）「美濃民俗」 美濃民俗文化の会 378 1998.11

西美濃・青墓の民俗（27） お風呂の思い出（西岡半一）「美濃民俗」 美濃民俗文化の会 379 1998.12

西美濃・青墓の民俗（28） 正月に元服—京呉服の丁稚奉公（西岡半一）「美濃民俗」 美濃民俗文化の会 380 1999.1

西美濃・青墓の民俗（29） 懐かしい思い出（西岡半一）「美濃民俗」 美濃民俗文化の会 386 1999.7

西美濃・青墓の民俗（30） 小作人の子（西岡半一）「美濃民俗」 美濃民俗文化の会 389 1999.10

西美濃・青墓の民俗（31） 職人根性（西岡半一）「美濃民俗」 美濃民俗文化の会 392 2000.1

西美濃・青墓の民俗（32） きんさん・ぎんさん縁り（西岡半一）「美濃民俗」 美濃民俗文化の会 399 2000.8

西美濃・青墓の民俗 西町の吾市っぁん（西岡半一）「美濃民俗」 美濃民俗文化の会 402 2000.11

西美濃・青墓の民俗（23） 愚痴—世相の移り変りに思う（西岡半一）「美濃民俗」 美濃民俗文化の会 406 2001.3

西美濃・青墓の民俗（35） なつかしいなぁ昔の出前職（西岡半一）「美濃民俗」 美濃民俗文化の会 414 2001.11

"青墓"は、「おうはか」は「あおはか」か？（堤正樹）「美濃民俗」 美濃民俗文化の会 （503） 2009.04

青墓町
大垣市青墓町 山の神伝承（佐藤芝明）「美濃民俗」 美濃民俗文化の会 （472） 2006.9

青墓宿
『おぐり判官』と青墓宿—『おぐり判官』作成の意味（花井直子）「岐阜県歴史資料館報」 岐阜県教育文化財団歴史資料館 （23） 2000.3

赤坂
大垣市赤坂地区方言の地域差（1），（2）—方言意識からみた地域区分（杉崎好洋）「美濃民俗」 美濃民俗文化の会 365/366 1997.10/1997.11

大垣市赤坂地区方言の地域差（3）—動詞ウ音便からみた地域差（杉崎好洋）「美濃民俗」 美濃民俗文化の会 368 1998.1

大垣市赤坂地区方言の地域差（4），（5）—動詞の否定表現からみた地域差（杉崎好洋）「美濃民俗」 美濃民俗文化の会 370/371 1998.3/1998.4

民話を訪ねて 赤坂の虚空蔵さん（堤正樹）「美濃民俗」 美濃民俗文化の会 443 2004.4

赤坂の石工が制作した親子虎像（鈴木隆雄）「美濃民俗」 美濃民俗文化の会 （516） 2010.05

赤坂宿
赤坂宿とお嫁入り普請—「お嫁入り普請探訪館」（折戸真一）「美濃民俗」 美濃民俗文化の会 439 2003.12

むかし話 お稲荷さんの祟りで煮物屋六兵衛悶死—中山道赤坂宿（清水春一）「美濃民俗」 美濃民俗文化の会 439 2003.12

阿願寺
島阿願寺と富くじ興行（加納宏幸）「中山道加納宿 : 中山道加納宿文化保存会会誌」 中山道加納宿文化保存会 35 2000.4

芥見村
芥見村虚無僧闘諍（第一冊）の翻刻—佐屋宿吐龍こと定蔵留書（鬼頭勝之）「郷土文化」 名古屋郷土文化会 58（3）通号198 2004.3

芥見村虚無僧闘諍（第二冊）の翻刻—佐屋宿吐龍こと定蔵留書（鬼頭勝之）「郷土文化」 名古屋郷土文化会 60（2）通号202 2005.12

芥見村虚無僧闘諍（第三冊）の翻刻—佐屋宿吐龍こと定蔵留書（鬼頭勝之）「郷土文化」 名古屋郷土文化会 60（3）通号203 2006.3

浅井岳
随想 伊吹山 VS 浅井岳（堤正樹）「美濃民俗」 美濃民俗文化の会 419 2002.4

世俗一話 山の背くらべ 伊吹山 vs 浅井岳（堤正樹）「美濃民俗」 美濃民俗文化の会 （468） 2006.5

アサクラ
白山・新長谷寺とアサクラ地名（尾関章）「岐阜史学」 岐阜史学会 通号92 1997.7

朝鳥明神
朝鳥明神の冬至祭（清水昭男）「まつり通信」 まつり同好会 37（4）通号434 1997.4

「条里制」に見る古代国家成立の軌跡—その遺産としての朝鳥明神（馬場喜裕）「郷土研究・岐阜 : 岐阜県郷土資料研究協議会会報」 岐阜県郷土資料研究協議会 96 2004.3

小豆沢
奥飛騨における穴熊猟—岐阜県吉城郡宮川村小豆沢の場合（森優）「西郊民俗」 [西郊民俗談話会] （177） 2001.11

厚見郡
厚見郡門徒宛て顕如消息雑考—切支丹伝来の時代背景と石山合戦（松田亮）「郷土研究・岐阜 : 岐阜県郷土資料研究協議会会報」 岐阜県郷土資料研究協議会 77 1997.10

天生
奥飛騨における穴熊狩り—岐阜県吉城郡神河合村天生の場合（森俊）「西郊民俗」 [西郊民俗談話会] （179） 2002.6

天生峠
幻想湿原 天生峠（編集部）「美濃民俗」 美濃民俗文化の会 （471） 2006.8

荒崎
ふるさと荒崎の歴史と民俗（1）～（5），（9）（11）（古田和夫）「美濃民俗」 美濃民俗文化の会 442/458 2004.3/2005.7

ふるさと荒崎の歴史と民俗（6） 大谷川の洗い堰（古田和夫）「美濃民俗」 美濃民俗文化の会 448 2004.9

ふるさと荒崎の歴史と民俗（7）浄土宗深蓮山柿松院について（古田和夫）「美濃民俗」 美濃民俗文化の会 451 2004.12

ふるさと荒崎の歴史と民俗（8）島町八幡神社の絵馬（古田和夫）「美濃民俗」 美濃民俗文化の会 454 2005.3

安養寺
寺院明細帳と郡上安養寺（吉田義治）「岐阜県歴史資料館報」 岐阜県教育文化財団歴史資料館 （30） 2007.2

安八町
安八町のみちしるべ地蔵（渡辺千歳）「美濃民俗」 美濃民俗文化の会 （474） 2006.11

安養寺宝物殿
書風の窓 美濃 郡上八幡楽藝館と安養寺宝物殿（白石博男）「郷土研究・岐阜 : 岐阜県郷土資料研究協議会会報」 岐阜県郷土資料研究協議会 87 2001.3

飯島

奥飛騨白川郷における穴熊狩り―岐阜県大野郡白川村飯島の場合（森俊）「西郊民俗」［西郊民俗談話会］（198）2007.3

伊久良河宮跡

川崎村の歌・伊久良河宮跡（高田釼翠）「美濃民俗」美濃民俗文化の会 395 2000.4

池田

池田の神々（上），（下）（堤正樹）「美濃民俗」美濃民俗文化の会 432/434 2003.5/2003.7

池田の神々（3）―後白河院と美濃池田（堤王樹）「美濃民俗」美濃民俗文化の会 437 2003.10

随想 どっこい池田（揖斐郡）も鉄どころ（堤正樹）「美濃民俗」美濃民俗文化の会（476）2007.1

池田山

池田山懐古（藤井茂雄）「美濃民俗」美濃民俗文化の会 403 2000.12

池田町

墓を媒介として夫婦観（1）―岐阜県揖斐郡池田町の事例から（岡田照子）「女性と経験」女性民俗学研究会 通号26 2001.10

池田町の民話『なべざんまい』を読み解く（堤正樹）「美濃民俗」美濃民俗文化の会（475）2006.12

池戸城

美濃 横蔵寺と池戸城を思う（林賢司）「城」東海古城研究会（216）2014.10

伊自良村

七夜の膳に載せた石 伊自良村の産育を中心に（上野日出利）「郷土研究・岐阜：岐阜県郷土資料研究協議会会報」岐阜県郷土資料研究協議会 93 2003.3

伊勢街道

伊勢街道 たるみみちの道祖神（村上圭二）「美濃民俗」美濃民俗文化の会（465）2006.2

市之瀬村

「宗門御改増減帳」にみる複檀家の事例―濃州石津郡市之瀬村（岡田照子）「伊勢民俗」伊勢民俗学会（37）2008.4

一心寺

播隆山一心寺（上）―地獄絵図のお開帳（宮川正俊）「美濃民俗」美濃民俗文化の会 430 2003.3

栄町シリーズ（6）播隆山一心寺（下）鬼瓦・版木・「念仏法語取雑録」（宮川正俊）「美濃民俗」美濃民俗文化の会 431 2003.4

糸貫川

博物館ニュース/館蔵資料紹介 「妙法山正傳寺境内糸貫川眺望之図」「岐阜市歴史博物館博物館だより」岐阜市歴史博物館 58 2004.7

稲越

飛騨河合町（角川・稲越）における野兎の民俗―猟法その他にみる新資料（天野武）「西郊民俗」［西郊民俗談話会］（221）2012.12

伊奈波神社

伊奈波神社とイリ王朝の系譜（田辺英治）「歴研よこはま」横浜歴史研究会（48）2000.9

館蔵資料紹介 木造獅子頭 伊奈波神社所蔵 岐阜県重要文化財 慶長20年（1615）高30cm 幅30cm 奥行き41cm「岐阜市歴史博物館博物館だより」岐阜市歴史博物館（80）2012.04

揖斐

《特集 岐阜・揖斐の伝承》「民話と文学」民話と文学の会（33）2002.5

揖斐の昔話（国学院大学説話研究会）「民話と文学」民話と文学の会（33）2002.5

揖斐川上流域

山ひだで生きた人たちと民話―岐阜県揖斐川上流域の民話事情（大橋和華）「民話と文学」民話と文学の会（33）2002.5

揖斐川町

鎌倉をどりの起こり（大久保甚一）「美濃民俗」美濃民俗文化の会 415 2001.12

揖斐郡

山の神への供え物一つ―揖斐郡下に陽物を見る（松岡浩一）「美濃民俗」美濃民俗文化の会 368 1998.1

民俗芸能の由来語りの近代性―揖斐郡の太鼓踊りの実例から（俵木悟）「芸能の科学」文化財研究所東京文化財研究所 通号32 2005.3

揖斐谷

揖斐谷の先史民俗信仰 ミシャグジと云う神（村上圭二）「美濃民俗」美濃民俗文化の会 440 2004.1

揖斐町

西尾氏と揖斐町秘話（林賢司）「城」東海古城研究会（209）2012.06

伊吹

伊吹の荒神 民俗考（村上圭二）「美濃民俗」美濃民俗文化の会 392 2000.1

伊吹山

伊吹山に登る（橋本光博）「郷土白鳥」白鳥町文化財保護協会（65）1997.12

伊吹山 山名考（村上圭二）「美濃民俗」美濃民俗文化の会 418 2002.3

随想 伊吹山 VS 浅井岳（堤正樹）「美濃民俗」美濃民俗文化の会 419 2002.4

石仏紹介（16）伊吹山の日本武尊（柳沢栄司）「北陸石仏の会々報」北陸石仏の会（29）2004.9

世俗一話 山の背くらべ 伊吹山 vs 浅井岳（堤正樹）「美濃民俗」美濃民俗文化の会（468）2006.5

今八幡神社

可茂 可児郷土歴史調査報告書第一集「今八幡神社祭礼記翻刻集（明治・大正・昭和）」（書窓の風）（中島勝国）「郷土研究・岐阜：岐阜県郷土資料研究協議会会報」岐阜県郷土資料研究協議会（118）2012.09

入方

秣の滝の滝名由来考千仏と入方地名考（村上圭二）「美濃民俗」美濃民俗文化の会 376 1998.9

岩野田

岩野田地区の石仏調査（1），（2）（角竹弘）「中山道加納宿：中山道加納宿文化保存会会誌」中山道加納宿文化保存会（59）/（60）2012.04/2012.10

岩舟不動堂

飛騨と円空覚書（22），（23）岩舟不動堂の円空仏（1），（2）（池田勇次）「飛騨春秋：飛騨郷土学会誌」高山市民時報社 474/475 2000.7/2000.8

淡墨桜

淡墨の桜（久世郁子）「安城民俗」安城民俗談話会 17 2001.10

淡墨桜物語（林佐多哲）「美濃民俗」美濃民俗文化の会（503）2009.04

栄昌院

「お初の方」の菩提寺・榮昌院と「佐野織田氏」の養安寺について（宮部博）「郷土研究・岐阜：岐阜県郷土資料研究協議会会報」岐阜県郷土資料研究協議会（100）2005.6

京極高次公の室「お初の方」の菩提寺榮昌院について（宮部博）「中山道加納宿：中山道加納宿文化保存会会誌」中山道加納宿文化保存会（46）2005.10

恵那

恵那は味のことばの旅（森盤根）「美濃民俗」美濃民俗文化の会 365 1997.10

円興寺

青墓圓興寺地区の念仏講「美濃民俗」美濃民俗文化の会 450 2004.11

随想 洛東・法住寺と西美濃・円興寺（堤正樹）「美濃民俗」美濃民俗文化の会（487）2007.12

円興寺（青墓）、過去帳から読みとれるもの（堤正樹）「美濃民俗」美濃民俗文化の会（502）2009.03

円城寺

笠松町円城寺秋葉様あんどん祭り（宮崎惇）「まつり通信」まつり同好会 38（4）通号446 1998.3

円成寺

円成寺への墓参記（有馬武重）「薩摩義士」鹿児島県薩摩義士顕彰会 11 2004.3

王塚

書窓の風 飛騨 飛騨の古代史両面宿儺と王塚そして直弧文鹿角装鉄剣（桐谷忠夫）「郷土研究・岐阜：岐阜県郷土資料研究協議会会報」岐阜県郷土資料研究協議会 91 2002.6

大井荘

天平勝宝八歳「大井荘施入文」の紹介（大塚章）「濃飛史帥」岐阜県歴史資料保存協会（106）2014.04

大垣

大垣界隈あいうえ方言（14）～（33）（植川千代）「美濃民俗」美濃民俗文

化の会　361/412　1997.6/2001.9

大垣弁講座（1）（杉崎好洋）「美濃民俗」　美濃民俗文化の会　375
　1998.8

大垣弁講座（2）「日本のまん中」大垣弁（杉崎好洋）「美濃民俗」　美濃
　民俗文化の会　376　1998.9

大垣弁講座（3）,（4）旅する"ことば"（杉崎好洋）「美濃民俗」　美濃民俗
　文化の会　377/378　1998.10/1998.11

大垣弁講座（5）,（6）ことばの「省エネ」（上）,（下）（杉崎好洋）「美濃民
　俗」　美濃民俗文化の会　380/381　1999.1/1999.2

大垣弁講座（7）～（11）「行きーる」考（1）～（5）（杉崎好洋）「美濃民
　俗」　美濃民俗文化の会　384/394　1999.5/2000.3

造墓と儀礼の受容―大垣の首長墳から見た葬送儀礼を中心に（中井正
　幸）「岐阜史学」　岐阜史学会　通号96　1999.11

大垣弁講座（12）,（13）「行ってーる」考（1）,（2）（杉崎好洋）「美濃民
　俗」　美濃民俗文化の会　399/402　2000.8/2000.11

朝鮮通信使行列の再現（北山佛索）「美濃民俗」　美濃民俗文化の会　416
　2002.1

日本列島の臍―大垣というところ（清水春一）「美濃民俗」　美濃民俗文化
　の会　420　2002.5

大垣地方の無形民俗文化財（1）（川瀬信二）「美濃民俗」　美濃民俗文化の
　会　440　2004.1

大垣地方の無形文化財（2）郷土民謡を探る（川瀬信二）「美濃民俗」　美濃
　民俗文化の会　442　2004.3

研究ノート　朝鮮通信使と南容大湫（筧真理子）「岐阜市歴史博物館博物館
　だより」　岐阜市歴史博物館　（60）　2005.7

むかし話あれこれ（5）勤王芸者・中西君尾と大垣の治水翁・金森吉次郎
　（清水春一）「美濃民俗」　美濃民俗文化の会　463　2005.12

大垣祭と参勤行列（前）,（後）（藤田黎三）「美濃民俗」　美濃民俗文化の会
　463/（464）　2005.12/2006.1

江戸末期大垣出生の画人　月岡一侃斎画帖と大垣祭再考（上）,（下）（藤田
　黎三）「美濃民俗」　美濃民俗文化の会　（479）/（480）　2007.4/2007.5

大垣と水神（林佐多哲）「美濃民俗」　美濃民俗文化の会　（489）　2008.2

大垣の名物「蛤」（清水進）「郷土研究・岐阜　：　岐阜県郷土資料研究協議
　会会報」　岐阜県郷土資料研究協議会　（109）　2008.6

蘇る朝鮮通信使「大将官」（北山佛索）「美濃民俗」　美濃民俗文化の会
　（499）　2008.12

大垣祭　祭りの担い手と再生について（南本有紀）「岐阜県博物館調査研究
　報告」　岐阜県博物館　（35）　2014.03

大垣祭の軕行事

大垣祭軕を描いた版木（中井正幸）「郷土研究・岐阜　：　岐阜県郷土資料
　研究協議会会報」　岐阜県郷土資料研究協議会　（118）　2012.09

大垣市

大垣市輪中生活館―覚え書き（杉原明雄）「美濃民俗」　美濃民俗文化の会
　363　1997.8

大垣市西部の古代製鉄コンビナート（1）,（2）（早野保）「美濃民俗」　美
　濃民俗文化の会　396/400　2000.5/2000.9

大垣藩

殿様のくらし（3）鹿狩りから鹿追いへ（清水進）「美濃民俗」　美濃民俗
　文化の会　375　1998.8

殿様のくらし（4）10万石大垣藩の鷹狩りのきまり（清水進）「美濃民俗」
　美濃民俗文化の会　377　1998.10

宗名問題と大垣藩（細川道夫）「美濃民俗」　美濃民俗文化の会　401
　2000.10

遺稿　大垣藩家中の言葉（上）,（下）（戸田直温）「美濃民俗」　美濃民俗文
　化の会　411/412　2001.8/2001.9

殿様のくらし（24）～（27）　十万石大垣藩主戸田家の重宝（1）～（4）（清
　水進）「美濃民俗」　美濃民俗文化の会　423/429　2002.8/2003.2

殿様のくらし（37）十万石大垣藩主お囃子と家臣の祝儀（清水進）「美濃
　民俗」　美濃民俗文化の会　448　2004.9

殿様のくらし（41）十万石大垣藩主戸田家上屋敷（清水進）「美濃民俗」
　美濃民俗文化の会　455　2005.4

殿様のくらし（43）十万石大垣藩主江戸中屋敷（清水進）「美濃民俗」　美
　濃民俗文化の会　457　2005.6

殿様のくらし（44）十万石大垣藩主の江戸下屋敷（清水進）「美濃民俗」
　美濃民俗文化の会　460　2005.9

殿様のくらし（45）十万石大垣藩主江戸の大火と大垣藩邸（清水進）「美
　濃民俗」　美濃民俗文化の会　462　2005.11

殿様のくらし（46）十万石大垣藩主殿様のお言葉（清水進）「美濃民俗」
　美濃民俗文化の会　463　2005.12

殿様のくらし（51）十万石大垣藩主　殿様と簗のお弁当所（清水進）「美濃
　民俗」　美濃民俗文化の会　（472）　2006.9

大谷川

ふるさと荒崎の歴史と民俗（6）大谷川の洗い堰（古田和夫）「美濃民俗」
　美濃民俗文化の会　448　2004.9

大野郡

大野郡教育会逓信に関する調査（高嶋晋史）「岐阜県歴史資料館報」　岐阜
　県教育文化財団歴史資料館　（23）　2000.3

大野町

岐阜県揖斐郡大野町付近と『常陸国風土記』と結城紬の関係（石田明乗）
　「城」　東海古城研究会　（186）　2003.6

奥美濃

岐阜県山鉾概要シリーズ（10）～（12）―中濃・奥美濃地方の巻（藤田黎
　三）「美濃民俗」　美濃民俗文化の会　374/377　1998.7/1998.10

表佐

表佐の勝宮祭の相撲と鏡岩大五郎（太田三郎）「濃飛史岬」　岐阜県歴史資
　料保存協会　（106）　2014.04

小津

小津の神楽歌（堤正樹）「美濃民俗」　美濃民俗文化の会　441　2004.2

小津郷

木地師史料　小津郷頭番御祈番願文帳事―美濃国大野郡（杉本寿）「民俗文
　化」　滋賀民俗学会　434　1999.11

御鮨所

御鮨所と鮎鮨献上（1）,（2）（白水正）「岐阜市歴史博物館研究紀要」　岐
　阜市歴史博物館　（11）/（12）　1997.3/1998.3

織田塚

たたり、これ在り―江戸時代に織田塚を供養する（研究ノート）（望月良
　親）「岐阜市歴史博物館博物館だより」　岐阜市歴史博物館　（85）
　2013.11

大矢田

大矢田ひんここ祭り見学記（鷲野正昭）「まつり通信」　まつり同好会
　50（3）通号547　2010.05

下石西山古瀬戸窯

東濃　下石西山古瀬戸窯の発掘調査で美濃窯の窯のうつりかわり解明さ
　れる（書窓の風）（桃井勝）「郷土研究・岐阜　：　岐阜県郷土資料研究協
　議会会報」　岐阜県郷土資料研究協議会　96　2004.3

海鷗居

史跡　海鷗居と薬王寺（1）～（7）（若山光圀）「美濃民俗」　美濃民俗文化
　の会　415/427　2001.12/2002.12

加賀野

加賀野の自噴水（村上圭二）「美濃民俗」　美濃民俗文化の会　425
　2002.10

復活した自噴井（安田守）「郷土研究・岐阜　：　岐阜県郷土資料研究協議
　会会報」　岐阜県郷土資料研究協議会　97　2004.6

各務野

明治10年代の各務野と岐阜町―狂俳を史料とする一試論（伊藤克司）「岐
　阜県歴史資料館報」　岐阜県教育文化財団歴史資料館　通号22　1999.3

笠ヶ岳

南裔禅師と笠ヶ岳（木下喜代男）「斐太紀　：　研究紀要」　飛騨学の会
　2011年度　2011.03

笠松陣屋

美濃郡代笠松陣屋地方役所文書「中村輪中囲堤之儀ニ付戸田采女正領分
　村々より差障一件論所絵図」の紹介（吉田義治）「岐阜県歴史資料館報」
　岐阜県教育文化財団歴史資料館　（31）　2008.3

笠松町

民俗資料紹介　笠松町の八幡神社の時鐘「中山道加納宿　：　中山道加納宿
　文化保存会会誌」　中山道加納宿文化保存会　42　2003.10

柏尾

養老町柏尾（多芸庄椿井郷）千体仏の民俗　調査（村上圭二）「美濃民俗」
　美濃民俗文化の会　（469）　2006.6

春日谷

美濃と飛騨の伝説考（8）小倉皇子の長者さん―春日谷の長者平（服部真
　六）「美濃民俗」　美濃民俗文化の会　427　2002.12

美濃と飛騨の伝説考（9）長左平から長者平―南朝秘話の春日谷（服部真
　六）「美濃民俗」　美濃民俗文化の会　428　2003.1

春日村

伊吹山地村落の太鼓踊―岐阜県揖斐郡春日村（松岡浩一）「まつり通信」

まつり同好会　37（3）通号433　1997.3

粕川扇状地
洪水と戦う粕川扇状地の農民の霞堤（野原七雄）「美濃民俗」　美濃民俗文化の会　363　1997.8

門入
ホハレ峠越え門入キャンプ（2）旧徳山村湜に沈んだ村 戸入の現況（浅原昭生）「民俗文化」　滋賀民俗学会　（546）　2008.9
ホハレ峠越え門入キャンプ（3）旧徳山村変化し続ける現況（浅原昭生）「民俗文化」　滋賀民俗学会　（546）　2009.03

門和佐
門松と正月の行事 下呂町門和佐の記録（安江文一）「飛騨春秋 ： 飛騨郷土学会誌」　高山市民時報社　468　2000.1

金生山
京都北野天満宮と金生山大理石（貝沼喜久男）「美濃民俗」　美濃民俗文化の会　（466）　2006.3
吾之慈しむ金生山（上）,（下）（貝沼喜久男）「美濃民俗」　美濃民俗文化の会　（473）／（474）　2006.10/2006.11
金生山の大理石を用いた牛の像と燈籠（鈴木隆雄）「美濃民俗」　美濃民俗文化の会　（505）　2009.06

金森御坊
金森御坊参拝記（飛騨歴史民俗学会紀行）（桐谷忠夫）「飛騨春秋 ： 飛騨郷土学会誌」　高山市民時報社　453　1998.10

金屋
弘安祈願の鐘に寄せて（1）～（3）金屋鋳物師の源流を探る（村上圭二）「美濃民俗」　美濃民俗文化の会　409/413　2001.6/2001.10
多芸郡金屋鋳物師始祖「大工西善」（村上圭二）「郷土研究・岐阜 ： 岐阜県郷土資料研究協議会会報」　岐阜県郷土資料研究協議会　90　2002.3

可児
中世・可児の鋳物師 長谷川氏とその作品傾向について（横山住雄）「郷土研究・岐阜 ： 岐阜県郷土資料研究協議会会報」　岐阜県郷土資料研究協議会　91　2002.6
中世・可児の鋳物師 長谷川氏とその作品傾向について 続編（横山住雄）「郷土研究・岐阜 ： 岐阜県郷土資料研究協議会会報」　岐阜県郷土資料研究協議会　94　2003.6
可茂 可児郷土歴史館収蔵の「美濃桃山陶」図録（書窓の風）（中島勝国）「郷土研究・岐阜 ： 岐阜県郷土資料研究協議会会報」　岐阜県郷土資料研究協議会　（122）　2014.9

可児郡
書評 名古屋経済大学地域社会研究会編『日可児郡〈口承〉資料集』（高塚さより）「世間話研究」　世間話研究会　（16）　2006.10

可児市
第977回例会 岐阜県・八百津・可児市の仏像（岩崎幸一）「史迹と美術」　史迹美術同攷会　83（2）通号832　2013.02

金屋村
可児金屋村の首なし大日如来像（中島勝国）「郷土研究・岐阜 ： 岐阜県郷土資料研究協議会会報」　岐阜県郷土資料研究協議会　（105）　2007.3

加納
岐阜加納傘の研究（1）,（2）（岡本秀昭）「地域社会」　地域社会研究会　3（2）通号4/4（1）通号5　1979.03/1979.39
加納の和傘「ひだみの産業の系譜」の発刊によせて（西村覚良）「中山道加納宿 ： 中山道加納宿文化保存会会誌」　中山道加納宿文化保存会　34　1999.10
加納礼賛（1）,（2）（田中良泉）「中山道加納宿 ： 中山道加納宿文化保存会会誌」　中山道加納宿文化保存会　35/36　2000.4/2000.10
加納ふるさと太鼓10周年（山田多朗）「中山道加納宿 ： 中山道加納宿文化保存会会誌」　中山道加納宿文化保存会　37　2001.4
近世加納の食あれこれ（丸山幸太郎）「中山道加納宿 ： 中山道加納宿文化保存会会誌」　中山道加納宿文化保存会　38　2001.10
加納今昔物語り［1］,（2）（石川初太郎）「中山道加納宿 ： 中山道加納宿文化保存会会誌」　中山道加納宿文化保存会　39/40　2002.3/2002.10
和傘を支えた職人たち（1）野田四郎（松田千晴）「中山道加納宿 ： 中山道加納宿文化保存会会誌」　中山道加納宿文化保存会　40　2002.10
和傘を支えた職人たち（2）竹を扱って40年・真鍋商店（松田千晴）「中山道加納宿 ： 中山道加納宿文化保存会会誌」　中山道加納宿文化保存会　41　2003.4
和傘を支えた職人たち（3）傘骨作り60年・羽根田平男（松田千晴）「中山道加納宿 ： 中山道加納宿文化保存会会誌」　中山道加納宿文化保存会　42　2003.10
和傘を支えた職人たち（4）仕上げ一筋50年 早川与市（松田千晴）「中山道加納宿 ： 中山道加納宿文化保存会会誌」　中山道加納宿文化保存会

和傘を支えた職人たち（5）（松田千晴）「中山道加納宿 ： 中山道加納宿文化保存会会誌」　中山道加納宿文化保存会　（44）　2004.10
和傘を支えた職人たち（6）―和傘の轆轤の灯を守る長屋松治（松田千晴）「中山道加納宿 ： 中山道加納宿文化保存会会誌」　中山道加納宿文化保存会　（45）　2005.4
加納の和傘（1）（松田千晴）「中山道加納宿 ： 中山道加納宿文化保存会会誌」　中山道加納宿文化保存会　（46）　2005.10
加納魚問屋と長良鵜匠（加納宏幸）「中山道加納宿 ： 中山道加納宿文化保存会会誌」　中山道加納宿文化保存会　（47）　2006.4
加納周辺の農村芸能（丸山幸太郎）「中山道加納宿 ： 中山道加納宿文化保存会会誌」　中山道加納宿文化保存会　（47）　2006.4
「鵜飼加納系図」との出会い（篠田壽夫）「岐阜史学」　岐阜史学会　通号102　2007.11
和傘業者名簿（加納地区）昭和22年「中山道加納宿 ： 中山道加納宿文化保存会会誌」　中山道加納宿文化保存会　（51）　2008.4
傘屋に生まれて77年「和傘雑感」（藤沢健一）「中山道加納宿 ： 中山道加納宿文化保存会会誌」　中山道加納宿文化保存会　（52）　2008.10

加納宿
加納宿思考（村瀬武司）「中山道加納宿 ： 中山道加納宿文化保存会会誌」　中山道加納宿文化保存会　30　1997.10
米俵 その初めと終わり（黒田佐俊）「中山道加納宿 ： 中山道加納宿文化保存会会誌」　中山道加納宿文化保存会　（54）　2009.10
加納宿と岐阜の民俗（1）～（4）（小川直之）「中山道加納宿 ： 中山道加納宿文化保存会会誌」　中山道加納宿文化保存会　（59）／（62）　2012.04/2013.10

加納天満宮
加納天満宮の今昔物語り（石川初太郎）「中山道加納宿 ： 中山道加納宿文化保存会会誌」　中山道加納宿文化保存会　32　1998.10
加納天満宮待望の本殿竣工「中山道加納宿 ： 中山道加納宿文化保存会会誌」　中山道加納宿文化保存会　（43）　2004.4
本殿造営記念「加納天満宮誌」発刊（林明和三）「中山道加納宿 ： 中山道加納宿文化保存会会誌」　中山道加納宿文化保存会　（44）　2004.10
「菅生石部神社」―加納天満宮のルーツを尋ねて（西村毬子）「中山道加納宿 ： 中山道加納宿文化保存会会誌」　中山道加納宿文化保存会　（45）　2005.4
加納天満宮の勧請者斎藤利永と祭礼（丸山幸太郎）「中山道加納宿 ： 中山道加納宿文化保存会会誌」　中山道加納宿文化保存会　（46）　2005.10
神々の誕生と加納天満宮（林佑有三）「中山道加納宿 ： 中山道加納宿文化保存会会誌」　中山道加納宿文化保存会　（49）　2007.4
加納天満宮三十六歌仙追想 加納天満宮（松葉享一）「中山道加納宿 ： 中山道加納宿文化保存会会誌」　中山道加納宿文化保存会　（54）　2009.10
加納小学校児童により奉納御田植おどり（H23―11―23 於天満宮例祭）「中山道加納宿 ： 中山道加納宿文化保存会会誌」　中山道加納宿文化保存会　（59）　2012.04
加納天満宮 お田植踊り（白木幸一）「中山道加納宿 ： 中山道加納宿文化保存会会誌」　中山道加納宿文化保存会　（59）　2012.04

加納西
白龍神社の蛇 加納西校区のできごと（1）（角竹弘）「中山道加納宿 ： 中山道加納宿文化保存会会誌」　中山道加納宿文化保存会　（61）　2013.04

加納八幡神社
加納八幡神社（井上栄介）「中山道加納宿 ： 中山道加納宿文化保存会会誌」　中山道加納宿文化保存会　31　1998.4

霞間ヶ渓
霞間ヶ渓・異聞（堤正樹）「美濃民俗」　美濃民俗文化の会　412　2001.9

鎌倉街道
三河・尾張・美濃の鎌倉街道伝承地（川合正治）「安城民俗」　安城民俗談話会　（38・39）　2012.11

神岡町跡津川
岐阜県神岡町跡津川のトチ食（高橋正剛）「民具研究」　日本民具学会　通号121　2000.2

神岡町森茂
奥飛騨における穴熊狩り―岐阜県吉城郡神岡町森茂の場合（森俊）「西郊民俗」　［西郊民俗談話会］　（178）　2002.3

上宝村
上宝村の絵馬と行事（1）～（完）（川上岩男）「飛騨春秋 ： 飛騨郷土学会誌」　高山市民時報社　512/522　2003.9/2004.7
神絵馬行事と石仏―岐阜県上宝村の事例（川上岩男）「日本の石仏」　日本

石仏協会，青娥書房（発売）（108）2003.12

加茂

美濃加茂地域の古代寺院(1),(2)(深具郁子，窪佳世)「郷土研究・岐阜：岐阜県郷土資料研究協議会会報」岐阜県郷土資料研究協議会（113）/（114）2010.03/2010.09

加茂郡

近世・近代初期における美濃茶の生産と流通について—尾張藩領武儀・加茂郡の事例から(青木秀樹)「岐阜市歴史博物館研究紀要」岐阜市歴史博物館（14）2000.3

河合村

山中紙と善光寺町の紙商人(降幡浩樹)「地域文化」八十二文化財団 50 1999.10

川上

菖蒲の節供に飾る食べもの—坂内村川上地区(松岡浩一)「美濃民俗」美濃民俗文化の会 374 1998.7

坂内村川上のほうろ踊(久野壽彦)「まつり通信」まつり同好会 44(5)通号513 2004.9

川上郷

『楓軒文書纂』に見る 川上郷荒気権別当宗弘 寄進状(中野義夫)「斐太紀：研究紀要」飛騨学の会 通号5 2011.09

川上郷出土五輪塔の造立年代と其の目的(中野義夫)「斐太紀：研究紀要」飛騨学の会 通号8 2013.03

河上庄

『楓軒文書纂』に見る長滝寺荘園焼野と河上庄(1)(中野義夫)「飛騨春秋：飛騨郷土学会誌」高山市民時報社 514 2003.11

川崎村

川崎村の歌・伊久良河宮跡(高田釗翠)「美濃民俗」美濃民俗文化の会 395 2000.4

川島町

資料 岐阜県川島町の撚糸業について(五島伸憲)「地域社会」地域社会研究会 13(2)通号23 1989.03

観音滝

益田郡小坂 観音滝紀行(今井基彦)「飛騨春秋：飛騨郷土学会誌」高山市民時報社 446 1998.3

菊水泉

日本百名水 養老菊水泉の名の謂(村上圭二)「美濃民俗」美濃民俗文化の会 455 2005.4

木曽谷

飛騨鰤再考—木曽谷の伝承をめぐって(胡桃沢勘司)「民俗文化」近畿大学民俗学研究所（13）2001.3

北方神社

北方神社のねそねそ祭り—復活した田遊びを見て(清水昭男)「郷土研究・岐阜：岐阜県郷土資料研究協議会会報」岐阜県郷土資料研究協議会（119）2013.03

北方町

大垣市北方町 春季祭礼奉納相撲聞き書き(長谷川惠三)「美濃民俗」美濃民俗文化の会（504）2009.05

大垣市北方町春季祭礼奉納相撲見学記(長谷川惠三)「美濃民俗」美濃民俗文化の会（505）2009.06

北加納

北加納の楽市場と関、平賀市との比較(横山住雄)「中山道加納宿：中山道加納宿文化保存会会誌」中山道加納宿文化保存会 35 2000.4

喜多座

大衆劇場 喜多座の史料 紹介(三輪義弘)「飛騨春秋：飛騨郷土学会誌」高山市民時報社 2006(2)通号541 2006.2

木中地蔵

大垣市有形文化財 南頬・専修寺単誓坊の木中地蔵(1)～(12)(吉田幸平)「美濃民俗」美濃民俗文化の会 413/426 2001.10/2002.11

岐阜

岐阜提灯の創製と復興に関する検討(大塚清史)「岐阜市歴史博物館研究紀要」岐阜市歴史博物館（11）1997.3

平成10年度 民俗学の動向(脇田雅彦)「岐阜史学」岐阜史学会 通号95 1999.3

岐阜「鵜飼の里」づくり(書窓の風)(市原信治)「郷土研究・岐阜：岐阜県郷土資料研究協議会会報」岐阜県郷土資料研究協議会 85 2000.6

「年につれ物替」としての岐阜提灯(大塚清史)「民具マンスリー」神奈

川大学 34(1)通号397 2001.4

おしゃごじ考(上野日出利)「岐阜史学」岐阜史学会 通号99 2002.3

名産 岐阜団扇—成立と特徴についての一考察(大塚清史)「岐阜市歴史博物館研究紀要」岐阜市歴史博物館（16）2003.3

研究ノート 幕末期岐阜の茶の湯—大野木訥庵の茶会記から(稲川由利子)「岐阜市歴史博物館博物館だより」岐阜市歴史博物館 55 2003.8

ふるさと・ネットワーク 岐阜 木遣り唄の馬二九会(神田卓朗)「美濃民俗」美濃民俗文化の会（466）2006.3

平成23年度総会時講演会 岐阜の祭礼芸能—民俗芸能の地域性の探究(丸山幸太郎)「郷土研究・岐阜：岐阜県郷土資料研究協議会会報」岐阜県郷土資料研究協議会（117）2012.03

加納宿と岐阜の民俗(1)～(4)(小川直之)「中山道加納宿：中山道加納宿文化保存会会誌」中山道加納宿文化保存会（59）/（62）2012.04/2013.10

岐阜県

岐阜県の地域性—その区分について(脇田雅彦)「民具研究」日本民具学会 通号113 1997.3

岐阜県山鉾概要シリーズ(11)(藤田黎三)「美濃民俗」美濃民俗文化の会 361 1997.6

風俗史関連中部地方資料目録(2)—岐阜県(夫馬佳代子，犬飼優希，村瀬めぐみ)「風俗史学：日本風俗史学会誌」日本風俗史学会 通号4 1998.9

ウスタビガのマユの伝承—岐阜県を中心に(脇田雅彦，脇田節子)「民具マンスリー」神奈川大学 31(10)通号370 1999.1

岐阜県における高齢者の生活技術の伝承実態(村瀬めぐみ，夫馬佳代子)「衣の民俗館・日本風俗史学会中部支部研究紀要」衣の民俗館 9 1999.3

農村歌舞伎衣裳の保存と活用(中島勝司)「郷土研究・岐阜：岐阜県郷土資料研究協議会会報」岐阜県郷土資料研究協議会 83 1999.11

総合的にみた明治以降の岐阜県の菓子産業の発達—今後の地元菓子産業がめざすもの(小西裕子)「岐阜県歴史資料館報」岐阜県教育文化財団歴史資料館（23）2000.3

セミたちの伝承—岐阜県を中心に(脇田雅彦，脇田節子)「民具マンスリー」神奈川大学 33(5)通号389 2000.8

11世紀前半期彫刻に関する考察—岐阜県下における新出作例2件について(星野直哉)「飛騨春秋：飛騨郷土学会誌」高山市民時報社 479 2000.12

岐阜県における誕生儀礼—帯祝いと初誕生(渡辺桃子)「岐阜県歴史資料館報」岐阜県教育文化財団歴史資料館（24）2001.3

「おあむ物語」のなぞと価値(丸山幸太郎)「郷土研究・岐阜：岐阜県郷土資料研究協議会会報」岐阜県郷土資料研究協議会 88 2001.6

『岐阜県勧業課年報』と明治10年代の岐阜県の製糸業について(早川克司)「岐阜史学」岐阜史学会 通号99 2002.3

平成14年度講演会 岐阜県における伝統的農法—とくに人力犂を中心に(抄録)(有薗正一郎)「郷土研究・岐阜：岐阜県郷土資料研究協議会会報」岐阜県郷土資料研究協議会 93 2003.3

江戸時代の農民の生活圏—岐阜県史・岐阜県内各市町村史の宗門帳の史料による(野原敏彦)「岐阜県歴史資料館報」岐阜県教育文化財団歴史資料館（27）2004.3

キウリに託す庶民の願い—祇園祭とキウリ封じ(上野日出利)「郷土研究・岐阜：岐阜県郷土資料研究協議会会報」岐阜県郷土資料研究協議会（104）2006.10

岐阜県内の徳本供養塔を訪ねて《特集 念仏供養塔》(早川孝正)「日本の石仏」日本石仏協会，青娥書房（発売）（127）2008.9

岐阜県の星の方言—古老の語るオホシサマたち《脇田雅彦さん 喜寿祝特集号》(脇田雅彦)「名古屋民俗」名古屋民俗研究会（56）2008.11

ツユクサの伝承—岐阜・愛知両県をめぐって(脇田雅彦，脇田節子)「民具マンスリー」神奈川大学 42(3)通号495 2009.06

岐阜県神社別石造物一覧(1),(2)(長浜宏雄)「岡崎地方史研究会研究紀要」岡崎地方史研究会（39）/（40）2011.03/2012.03

村方の祭山(松野光宏)「郷土研究・岐阜：岐阜県郷土資料研究協議会会報」岐阜県郷土資料研究協議会（118）2012.09

打ちはやしの音楽—山梨国中地域と岐阜県南西地域を例に(第26回大会報告「都市における民俗芸能の新たな展開」(2012 東京)—研究発表要旨)(小野寺節子)「民俗音楽研究」日本民俗音楽学会（38）2013.03

コオロギの伝承—愛知県をめぐり岐阜県を尋ねて(脇田雅彦，脇田節子)「民具マンスリー」神奈川大学 46(1)通号521 2013.04

パネラー発表4 観光資源としての郷土料理(日比野光敏)「郷土研究・岐阜：パネラー発表4岐阜県郷土資料研究協議会会報」岐阜県郷土資料研究協議会（120）2013.9

東濃「山なみ遥か石ほとけの道中馬の里」から「岐阜県で活躍した石工たち」を調査を(書窓の風)(桃井勝)「郷土研究・岐阜：岐阜県郷土資料研究協議会会報」岐阜県郷土資料研究協議会（121）2014.3

曲谷石工の活躍 米原市に残る作品/岐阜県に残る作品(特集 東草野の山

村景観—東草野の山村景観)「佐加太 ： 米原市文化財ニュース」 米原市教育委員会 （39） 2014.3

岐阜市

岐阜市郊外にいきづく芸能「でんでらがはち」(久野寿彦)「美濃民俗」 美濃民俗文化の会 373 1998.6

岐阜市内小学校に現存する金次郎像について—再建・再々建をめぐって (小野木義浩, 青木秀樹)「岐阜市歴史博物館博物館だより」 岐阜市歴史博物館 50 2001.12

絵画資料から見た鵜匠の装束(白水正)「岐阜市歴史博物館博物館だより」 岐阜市歴史博物館 53 2002.12

「鵜飼遊楽図」について(白水正)「岐阜市歴史博物館研究紀要」 岐阜市歴史博物館 （17） 2005.3

岐阜市の味起こし事業—「岐阜弁」の誕生と展開(日比野光敏)「郷土研究・岐阜 ： 岐阜県郷土資料研究協議会会報」 岐阜県郷土資料研究協議会 （100） 2005.6

歴博セレクション 和傘の世界「岐阜市歴史博物館博物館だより」 岐阜市歴史博物館 （74） 2010.04

館蔵資料紹介 不動明王童子像「岐阜市歴史博物館博物館だより」 岐阜市歴史博物館 （75） 2010.08

昭和初期、岐阜市周辺の能楽愛好について 熊田徳松旧蔵狂言資料から(南本有紀)「岐阜県博物館調査研究報告」 岐阜県博物館 （34） 2013.03

岐阜市鵜飼観覧船船頭の操船技術(大塚津史)「岐阜市歴史博物館研究紀要」 岐阜市歴史博物館 （21） 2013.3

唱歌〈港〉の成立と受容(研究ノート)(淺野麻衣)「岐阜市歴史博物館博物館だより」 岐阜市歴史博物館 （84） 2013.07

白隠さんの観音さま(研究ノート)(中島雄彦)「岐阜市歴史博物館博物館だより」 岐阜市歴史博物館 （87） 2014.07

岐阜町

明治10年代の各務野と岐阜町—狂俳を史料とする一試論(伊藤克司)「岐阜県歴史資料館報」 岐阜県教育文化財団歴史資料館 通号22 1999.3

歴史が創った町・金華 金華三十三ヶ寺—金華三十三ヶ寺に秘められた岐阜町の歴史と伝統的文化(松田千暗)「郷土研究・岐阜 ： 岐阜県郷土資料研究協議会会報」 岐阜県郷土資料研究協議会 （101） 2005.10

来振寺

研究ノート 大野町来振寺所蔵 閻魔展曼荼羅図の修復を終えて(稲川由利子)「岐阜市歴史博物館博物館だより」 岐阜市歴史博物館 （72） 2009.08

久運寺

お茶壺道中と久運寺(佐藤哲雄)「中山道加納宿 ： 中山道加納宿文化保存会会誌」 中山道加納宿文化保存会 （46） 2005.10

玉性院

東光山玉性院の巻(石川初太郎)「中山道加納宿 ： 中山道加納宿文化保存会会誌」 中山道加納宿文化保存会 33 1999.4

玉性院つり込みまつりの縁起について(石川初太郎)「中山道加納宿 ： 中山道加納宿文化保存会会誌」 中山道加納宿文化保存会 37 2001.4

切石町

洪水氾濫地域を見る—久瀬川町と切石町(村上圭二)「美濃民俗」 美濃民俗文化の会 433 2003.6

金華三十三ヶ寺

歴史が創った町・金華 金華三十三ヶ寺—金華三十三ヶ寺に秘められた岐阜町の歴史と伝統的文化(松田千暗)「郷土研究・岐阜 ： 岐阜県郷土資料研究協議会会報」 岐阜県郷土資料研究協議会 （101） 2005.10

金幣社

金幣社とは何か 戦後の神社制度(藤枝和泉)「飛騨春秋 ： 飛騨郷土学会誌」 高山市民時報社 461 1999.6

金蓮寺

金蓮寺の涅槃図鑑賞のポイント(木村邦夫)「美濃の文化 ： 美濃文化総合研究会機関誌」 美濃文化総合研究会 （121） 2012.02

泳宮

可茂 『泳宮考』の草稿本(書窓の風)(中島勝国)「郷土研究・岐阜 ： 岐阜県郷土資料研究協議会会報」 岐阜県郷土資料研究協議会 （109） 2008.6

郡上

祭りを追って(松田一雄)「遊悠」 郡上・地名を考える会 15 2001.2

美濃地方郡上地区の御鍬祭り—順村の内容に芸能史を添えて(特集 平成の御鍬祭—愛知県以外の御鍬祭)(清水昭男)「まつり」 まつり同好会 通号71・72 2009.12

義民の死—隠し田—御武家講— 仮説だが全く否定もできない話。(杉田理一郎)「郡上史談」 郡上史談会 （136） 2012.02

『山に生きる木地師』余聞(池田勇次)「郡上史談」 郡上史談会 （139）

2013.03

お歯黒壷について(藤村克良)「郡上史談」 郡上史談会 （143） 2014.06

郡上踊

日本名水紀行(14) ゆたかな水に映えた夢幻の世界 郡上盆踊りと "水舟" の知恵(井出孫六)「ATT」 ATT流域研究所 （18） 1999.6

郡上踊り 魂鎮めのことば(矢沢幸男)「自然と文化」 日本ナショナルト 通号65 2001.1

郡上八幡

郡上八幡「子どもみこし祭り」雑記(黒田清子)「日本民俗音楽学会会報」 日本民俗音楽学会 23 2005.6

足立重和著『郡上八幡 伝統を生きる—地域社会の語りとリアリティ—』 新曜社(2010年8月)(書誌紹介)(谷部真吾)「日本民俗学」 日本民俗学会 （277） 2014.02

郡上八幡楽芸館

書風の窓 美濃 郡上八幡楽藝館と安養寺宝物殿(白石博男)「郷土研究・岐阜 ： 岐阜県郷土資料研究協議会会報」 岐阜県郷土資料研究協議会 87 2001.3

崩止経塚

関市小屋名の崩止経塚について—岐阜県博物館自然観察のこみち見晴らし台1で採集された資料(小野木学, 長屋幸二)「岐阜県博物館調査研究報告」 岐阜県博物館 （25） 2004.3

久瀬

久瀬・藤橋物語 ちょっと昔の暮らし(民話と文学の会)「民話と文学」 民話と文学の会 （33） 2002.5

久瀬・藤橋物語 夜の生きものと河童(民話と文学の会)「民話と文学」 民話と文学の会 （33） 2002.5

久瀬・藤橋物語 口伝えの教え(民話と文学の会)「民話と文学」 民話と文学の会 （33） 2002.5

〈久瀬・藤橋に生きる〉(民話と文学) 民話と文学の会 （33） 2002.5

久瀬・藤橋の唄(民話と文学の会)「民話と文学」 民話と文学の会 （33） 2002.5

久瀬・藤橋の昔(民話と文学の会)「民話と文学」 民話と文学の会 （33） 2002.5

久瀬川町

洪水氾濫地域を見る—久瀬川町と切石町(村上圭二)「美濃民俗」 美濃民俗文化の会 433 2003.6

口ケ島

ジャンボ常夜燈 養老町口ケ島の大神宮灯明 高さ5m50cm 土台の広さ2m80cm平方(中島和哉)「美濃の文化 ： 美濃文化総合研究会機関誌」 美濃文化総合研究会 （126） 2013.10

久野川集落

紹介 下呂・久野川集落 夕山の講(長尾伴文)「美濃民俗」 美濃民俗文化の会 381 1999.2

栗原

美濃の国 栗原踊り(野部研二)「まつり通信」 まつり同好会 42(8) 通号498 2002.7

ふるさとの伝承「栗原踊り」について(野部研二)「美濃民俗」 美濃民俗文化の会 424 2002.9

栗原おどりと栗原白河おどりの由来(野部研二)「美濃民俗」 美濃民俗文化の会 （484） 2007.9

黒木神明神社

三宅家と黒木神明神社(近藤弘)「中山道加納宿 ： 中山道加納宿文化保存会会誌」 中山道加納宿文化保存会 （53） 2009.04

華厳寺

西美濃のむかし話(10) 大岡越前守と徳川天一坊—谷汲山華厳寺(清水春一)「美濃民俗」 美濃民俗文化の会 （470） 2006.7

下呂の田の神祭

国指定重要無形民俗文化財 下呂森水無八幡神社田之神祭(小池秀雄)「飛騨春秋 ： 飛騨郷土学会誌」 高山市民時報社 497 2002.6

小泉村

近世における複檀家の展開—美濃国安八郡小泉村の事例(森本一彦)「国際日本研究」 総合研究大学院大学文化科学研究科国際日本研究専攻 （2） 2002.9

江翁寺

江翁寺小史(1)—清十郎稲荷(古橋哲雄)「美濃民俗」 美濃民俗文化の会 447 2004.8

高賀

高賀の鵜のこと(高橋教雄)「郡上史談」 郡上史談会 （136） 2012.02

高賀山
奥飛騨高賀山の仏たちを訪ねて（岩崎幸一）「史迹と美術」 史迹美術同攷会 71（4）通号714 2001.5
高賀山信仰と那比新宮虚空蔵菩薩像について（清水眞澄）「民俗学研究所紀要」 成城大学民俗学研究所 30 2006.3

光照寺
二つの宝来山光照寺物語り（北山俤索）「美濃民俗」 美濃民俗文化の会 462 2005.11

神戸
美濃中山道連合大評定 神戸の山王まつりを検分「中山道加納宿 ： 中山道加納宿文化保存会会誌」 中山道加納宿文化保存会 34 1999.10
随想 神戸（安八郡）は鉄どころ（上），（下）（堤正樹）「美濃民俗」 美濃民俗文化の会 （473）/（474） 2006.10/2006.11

光明寺
新道大道山光明寺（加藤庸介）「美濃の文化 ： 美濃文化総合研究会機関誌」 美濃文化総合研究会 （126） 2013.10

国府町
近世農村の信仰生活（1），（2）―高山市国府町を中心に（林格男）「斐太紀 ： 研究紀要」 飛騨学の会 通号5/（6） 2011.09/2012.03

国分寺
飛騨地区 国分寺の歴史と宝物（地区研修会報告）（北野興策）「濃飛史艸」 岐阜県歴史資料保存協会 （105） 2014.01

小駄良
小駄良・浄願寺・和田家の三題噺（和田昌三）「遊悠」 郡上・地名を考える会 16 2002.6
郡上八幡 小駄良を訪ねて（原義典）「遊悠」 郡上・地名を考える会 16 2002.6

粉糠山古墳
随想 青墓「粉糠山古墳」―名付けの由来を辿る（堤正樹）「美濃民俗」 美濃民俗文化の会 （498） 2008.11

駒野
津屋川畔 駒野の常夜燈 高さ5.4m 銅板葺き 舟戸地区管理（加藤久芳）「美濃の文化 ： 美濃文化総合研究会機関誌」 美濃文化総合研究会 （123） 2012.10

子守神社
随想 子守神社の由来をさぐる（堤正樹）「美濃民俗」 美濃民俗文化の会 （510） 2009.11

小屋名
久々野後小屋名のしょうけ作り（中村茂生）「郷土研究・岐阜 ： 岐阜県郷土資料研究協議会会報」 岐阜県郷土資料研究協議会 88 2001.6

さいかち経塚
さいかち経塚・民俗考（村上圭二）「美濃民俗」 美濃民俗文化の会 383 1999.4

坂内
春萱―「坂内隕鉄」に寄せて（松岡浩一）「美濃民俗」 美濃民俗文化の会 372 1998.5
「家名（いえな）」の風習揖斐川町坂内地区（神田卓朗）「美濃民俗」 美濃民俗文化の会 463 2005.12

栄町
栄町シリーズ（1） 造られた街「赤坂栄町」―立町百周年に憶う（貝沼喜久男）「美濃民俗」 美濃民俗文化の会 421 2002.6
栄町シリーズ（2） 神様受難―立町百周年に憶う（貝沼喜久男）「美濃民俗」 美濃民俗文化の会 423 2002.8
栄町シリーズ（2） 神さまの手―立町百周年に憶う（貝沼喜久男）「美濃民俗」 美濃民俗文化の会 425 2002.10
栄町シリーズ（4） 豊冨稲荷大明神（貝沼喜久男）「美濃民俗」 美濃民俗文化の会 428 2003.1
栄町シリーズ（6） 播隆山一心寺（下） 鬼瓦・版木・『念仏法語取雑録』（宮川正俊）「美濃民俗」 美濃民俗文化の会 431 2003.4
栄町シリーズ（7） 花街を中心に栄えた（貝沼喜久男）「美濃民俗」 美濃民俗文化の会 432 2003.5
栄町シリーズ（8） 新栄座に憶う（貝沼喜久男）「美濃民俗」 美濃民俗文化の会 434 2003.7

坂下神社
木曽義仲ゆかりの花馬祭り―恵那郡坂下町坂下神社（原みつゑ）「美濃民俗」 美濃民俗文化の会 417 2002.2
坂下神社の花馬祭り（1）～（8）―花馬に五穀豊穣を祈る（清水昭男）「美濃民俗」 美濃民俗文化の会 446/453 2004.7/2005.2

桜堂薬師
東濃 桜堂薬師千二百年展 桜堂薬師開基千二百年祭の深化をめざす資料館（書窓の風）（桃井勝）「郷土研究・岐阜 ： 岐阜県郷土資料研究協議会会報」 岐阜県郷土資料研究協議会 （118） 2012.09

桜山八幡宮
飛騨のおおまつり 桜山八幡宮 式年大祭（梶井正美）「斐太紀 ： 研究紀要」 飛騨学の会 （6） 2012.03

三仏寺廃寺
三仏寺廃寺の遺構と遺物（田中彰）「飛騨春秋 ： 飛騨郷土学会誌」 高山市民時報社 457 1999.2

柿松院
ふるさと荒崎の歴史と民俗（7）浄土宗深蓮山柿松院について（古田和夫）「美濃民俗」 美濃民俗文化の会 451 2004.12

寺内村
アジールとしての「寺内」と「市場」の歴史および美濃国大野郡寺内村（石田明乗）「城」 東海古城研究会 （187） 2003.10

四方神社
たかが無格社されど“祭神”多彩 “四方神社”（大垣・矢道）（堤正樹）「美濃民俗」 美濃民俗文化の会 （508） 2009.09

島町八幡神社
ふるさと荒崎の歴史と民俗（8）島町八幡神社の絵馬（古田和夫）「美濃民俗」 美濃民俗文化の会 454 2005.3

下麻生綱場
資料紹介 下麻生綱場の本網張渡工程写真「名古屋市博物館だより」 名古屋市博物館 163 2005.4

下切八幡神社
「下切八幡神社祭礼記」について（大海崇代）「郷土研究・岐阜 ： 岐阜県郷土資料研究協議会会報」 岐阜県郷土資料研究協議会 （111） 2009.03

下原田村
東海民俗研究発表大会要旨 旧下原田村の打ち囃子―伝承と今後（石川稔子）「まつり通信」 まつり同好会 45（5）通号519 2005.9

十六町
大垣市十六町のからくり人形（鈴木隆雄）「美濃民俗」 美濃民俗文化の会 （473） 2006.10
大垣市十六町の習慣・年中行事（前），（後）（北山俤索）「美濃民俗」 美濃民俗文化の会 （478）/（479） 2007.3/2007.4

寿楽寺廃寺跡
須恵器に記された古代寺院名「高家寺」 太江遺跡・寿楽寺廃寺跡（谷口陽一）「郷土研究・岐阜 ： 岐阜県郷土資料研究協議会会報」 岐阜県郷土資料研究協議会 89 2001.10

浄願寺
小駄良・浄願寺・和田家の三題噺（和田昌三）「遊悠」 郡上・地名を考える会 16 2002.6
浄願寺吉原鐘について（牧ヶ野重信）「飛騨春秋 ： 飛騨郷土学会誌」 高山市民時報社 2006（5）通号544 2006.5

勝慶寺
城郭寺院 美濃国勝慶寺（平山四郎吉）「城」 東海古城研究会 （187） 2003.10

浄土三昧墓地
伊勢湾台風と浄土三昧墓地の不思議（片野知二）「薩摩義士」 鹿児島県薩摩義士顕彰会 11 2004.3

正八幡
西美濃における“をぐり”伝承（1） 小栗判官・照千姫 正八幡（堤正樹）「美濃民俗」 美濃民俗文化の会 365 1997.10

勝鬘寺
高山御坊照蓮寺と岡崎市勝鬘寺（坂部和夫）「飛騨春秋 ： 飛騨郷土学会誌」 高山市民時報社 496 2002.5

承隆寺
土岐政房の菩提寺 承隆寺の興亡史（横山住雄）「郷土研究・岐阜 ： 岐阜県郷土資料研究協議会会報」 岐阜県郷土資料研究協議会 （107） 2007.10

小林寺
戦国期美濃国における禅院の建立と小林寺殿の葬祭儀礼（赤田光男）「帝塚山大学人文科学部紀要」 帝塚山大学人文科学部 （25） 2009.03

照蓮寺

高山別院照蓮寺の前身正蓮寺開基は真宗高田派の三河和田門徒か（坂部和夫）「斐太紀 ： 研究紀要」 飛騨学の会 （6） 2012.03

常蓮寺

風の盆の聞名寺と太子堂常蓮寺（1）～（13）（二反田實）「飛騨春秋 ： 飛騨郷土学会誌」 高山市民時報社 510/2006（7）通号546 2003.7/ 2006.7

浄蓮寺

飛騨白川村大牧浄蓮寺の銅鏡―蓬莱鏡（坂部和夫）「飛騨春秋 ： 飛騨郷土学会誌」 高山市民時報社 493 2002.2

正蓮寺

高山別院照蓮寺の前身正蓮寺開基は真宗高田派の三河和田門徒か（坂部和夫）「斐太紀 ： 研究紀要」 飛騨学の会 （6） 2012.03

上呂

下呂市上呂のマリア観音像について（横山住雄）「郷土研究・岐阜 ： 岐阜県郷土資料研究協議会会報」 岐阜県郷土資料研究協議会 （110） 2008.10

白川

五箇山・白川地方 合掌造り民家の成立私考《『富山の民俗学は今―富山民俗の会50周年記念論文集》》（佐伯安一）「とやま民俗」 富山民俗の会 （66） 2006.7

白川郷

世界遺産の白川郷に継承される「どぶろく祭」（河村和男）「碧」 碧の会 （11） 2004.10

世界遺産白川郷地区の概要（白川村教育委員会）「文化財信濃」 長野県文化財保護協会 34（4）通号130 2008.3

カメラ探訪（13） 白川郷の世界文化遺産（鮎沢毅）「オール諏訪 ： 郷土の総合文化誌」 諏訪郷土文化研究会 28（11）通号293 2009.02

カメラ探訪（14） 世界遺産・白川郷の合掌造り（鮎沢毅）「オール諏訪 ： 郷土の総合文化誌」 諏訪郷土文化研究会 28（12）通号294 2009.03

カメラ探訪（15） 世界遺産・白川郷の歳時記（鮎沢毅）「オール諏訪 ： 郷土の総合文化誌」 諏訪郷土文化研究会 29（1）通号295 2009.04

カメラ探訪（16） 世界遺産・白川郷の歳時記（鮎沢毅）「オール諏訪 ： 郷土の総合文化誌」 諏訪郷土文化研究会 29（2）通号296 2009.05

カメラ探訪（21） 白川郷の歳時記・どぶろく祭り（鮎沢毅）「オール諏訪 ： 郷土の総合文化誌」 諏訪郷土文化研究会 29（7）通号301 2009.10

白山東麓白川郷の民謡「こだいじん」に見る嘉念坊（高岡千栄子）「石川郷土史学会々誌」 石川郷土史学会 （44） 2011.12

白川村

素朴なる史論シリーズ 白川村の落人伝説（菅田一衛）「飛騨春秋 ： 飛騨郷土学会誌」 高山市民時報社 488 2001.9

白谷城

美濃白谷城の伝承（石川浩治）「城」 東海古城研究会 172・173 1999.11

白鳥神社

美濃 白鳥拝殿踊（書窓の風）（馬渕旻修）「郷土研究・岐阜 ： 岐阜県郷土資料研究協議会会報」 岐阜県郷土資料研究協議会 （110） 2008.10

白鳥

突撃！ 隣の民俗芸能―白鳥踊り編「みんなの民俗学」 オフィス・フォー・ワン （2） 2007.10

白鳥・夏の想ひ出 拝殿踊りに酔う（岡野王昭）「公益社団法人全日本郷土芸能協会報」 全日本郷土芸能協会 （56） 2009.07

穴馬直参門徒と白鳥八ヵ組同行（白石博男）「郡上史談」 郡上史談会 （137） 2012.6

白鳥町二日町

白鳥町二日町の大神楽（田中義広）「まつり通信」 まつり同好会 38（10）通号452 1998.10

新宮

懐徳碑建立時の新宮区（直井昭夫）「飛騨春秋 ： 飛騨郷土学会誌」 高山市民時報社 461 1999.6

新宮神社

鎮守の森 新宮神社（直井昭夫）「飛騨春秋 ： 飛騨郷土学会誌」 高山市民時報社 473 2000.6

新栄座

栄町シリーズ（8） 新栄座に憶う（貝沼喜久男）「美濃民俗」 美濃民俗文化の会 434 2003.7

真宗寺

岐阜市細畑 渋谷山真宗寺の事（田中豊）「中山道加納宿 ： 中山道加納宿文化保存会会誌」 中山道加納宿文化保存会 （46） 2005.10

新長谷寺

白山・新長谷寺とアサクラ地名（尾関章）「岐阜史学」 岐阜史学会 通号92 1997.7

江戸時代の新長谷寺本堂再建について（菅原洋一）「三重の古文化」 三重郷土会庶務部 （96） 2011.03

新丁八幡神社

新丁八幡神社（野村邦雄）「美濃民俗」 美濃民俗文化の会 437 2003.10

数河

数河獅子―見学より（田中義広）「まつり通信」 まつり同好会 38（11）通号453 1998.11

洲原神社

洲原神社の師檀関係に関する一考察（蓑島一美）「郷土研究・岐阜 ： 岐阜県郷土資料研究協議会会報」 岐阜県郷土資料研究協議会 89 2001.10

住吉灯台

船町湊の常夜燈と住吉燈台（清水進）「美濃民俗」 美濃民俗文化の会 （475） 2006.12

清十郎稲荷

江翁寺小史（1）―清十郎稲荷（古橋哲雄）「美濃民俗」 美濃民俗文化の会 447 2004.8

西濃

岐阜県西濃地方の力石（高島慎助）「岐阜史学」 岐阜史学会 通号98 2001.9

西濃と白河踊り（堤正樹）「美濃民俗」 美濃民俗文化の会 （491） 2008.4

清峰寺

清峰寺十一面千手観音菩薩座像について（池之端甚衛）「飛騨春秋 ： 飛騨郷土学会誌」 高山市民時報社 534 2005.7

清峰寺・円空作 十一面千手観音菩薩立像の訴えるもの（上），（下）（池之端甚衛）「飛騨春秋 ： 飛騨郷土学会誌」 高山市民時報社 2006（3）通号542/2006（5）通号544 2006.3/2006.5

関ヶ原

西美濃における "をぐり" 伝承（7） 照手姫の車引き―関ケ原から寝物語の里（堤正樹）「美濃民俗」 美濃民俗文化の会 375 1998.8

北近江の教如上人遺跡（2）―関ヶ原苦難の脱出行（馬場杉右衛門）「民俗文化」 滋賀民俗学会 483 2003.12

秋葉の神への誓い 関が原の奉納煙火 関が原大火の宿命と防火の努力（服部真六）「美濃民俗」 美濃民俗文化の会 461 2005.10

関市

関市刃物産業見学会（有元清城）「地域社会」 地域社会研究会 3（1）通号3 1979.01

関善光寺

関・善光寺と等順大僧正[1]～[3]（松原久男）「むしくら ： むしくら交流会ニュースレター」 虫倉交流会 （26）/（30） 1999.2/1999.10

千光寺

塔と仏教史と高野山と千光寺（飛騨歴史民俗学会現地紀行より）（菅田一衛）「飛騨春秋 ： 飛騨郷土学会誌」 高山市民時報社 440 1997.9

千光寺の円空仏 総説・円空仏覚書（8）（小島梯次）「行動と文化」 行動と文化研究会 （23） 2000.12

善光寺

濃尾善光寺めぐり「長野」 長野郷土史研究会 194 1997.7

祖師野八幡宮

祖師野八幡宮大般若経奥書調査概報（荒井浩文）「文書館紀要」 埼玉県立文書館 （26） 2013.03

大威徳寺

史跡大威徳寺の最新事情（小池三次）「飛騨春秋 ： 飛騨郷土学会誌」 高山市民時報社 465 1999.10

史跡大威徳寺その後 大威徳寺史跡保存会活動報告（小池三次）「飛騨春秋 ： 飛騨郷土学会誌」 高山市民時報社 500 2002.9

大威徳寺雑考（上），（下）（堀正人）「飛騨春秋 ： 飛騨郷土学会誌」 高山市民時報社 507/508 2003.4/2003.5

下呂市大威徳寺跡の調査（早川万年）「郷土研究・岐阜 ： 岐阜県郷土資料研究協議会会報」 岐阜県郷土資料研究協議会 （102） 2006.3

大威徳寺遺跡

大威徳明王彫像とその周辺―下呂・大威徳寺遺跡への視点（星野直哉）

岐阜県　　　郷土に伝わる民俗と信仰　　　東海

「飛騨春秋 ： 飛騨郷土学会誌」 高山市民時報社　466　1999.11

大運寺
大垣・南頬、単誓坊木中地蔵 (12) 新町大運寺の徳本と弾誓 (上)(吉田幸平)「美濃民俗」 美濃民俗文化の会　434　2003.7

太江遺跡
須恵器に記された古代寺院名「高家寺」 太江遺跡・寿楽寺廃寺跡 (谷口陽一)「郷土研究・岐阜 ： 岐阜県郷土資料研究協議会会報」 岐阜県郷土資料研究協議会　89　2001.10

大仙寺
中世の大仙寺 (特集 美濃名刹・大仙寺)「禅文化」 禅文化研究所 (229) 2013.06

大仙寺の文化財 (特集 美濃名刹・大仙寺)(志水一行)「禅文化」 禅文化研究所 (229) 2013.07

グラビア 大仙寺宝物 (特集 美濃名刹・大仙寺)「禅文化」 禅文化研究所 (229) 2013.07

高鷲村
高鷲村の伝承と地名 (上村彰隆)「遊悠」 郡上・地名を考える会　11　1998.1

高田
桑名市多度町採集の高田徳利 (水谷憲二)「三重の古文化」 三重郷土会庶務部 (90) 2005.3

高原郷
高原郷のわらべ歌 (ふるさと神岡を語る会)「飛騨春秋 ： 飛騨郷土学会誌」 高山市民時報社　448/491　1998.5/2001.12

高山
安政4年 大相撲高山場所 (野邑和子)「飛騨春秋 ： 飛騨郷土学会誌」 高山市民時報社　471　2000.4

岐阜県山鉾概要シリーズ (18)〜(26) 高山の巻 (藤田黎三)「美濃民俗」 美濃民俗文化の会　398/411　2000.7/2001.8

老田剛研究 高山の祭について (長瀬公昭)「飛騨春秋 ： 飛騨郷土学会誌」 高山市民時報社　531　2005.4

消えていく飛騨の民俗行事二題 7月27日 「シュウヤ」の記憶/1月24日 ひだ高山二十四日市 (飛騨歴史民俗学会)「斐太紀 ： 研究紀要」 飛騨学の会　2009年度　2010.03

飛騨高山祭、妻籠・馬籠宿の旅 (池田一彦)「潮待ちの館資料館だより」 福山市鞆の浦歴史民俗資料館 (45) 2010.09

お役御免・飛騨高山で余生を送る獅子頭 (ひろば)(上田正光)「鷹巣地方史研究」 鷹巣地方史研究会 (69) 2013.12

対談 祭りの舞台・屋台は地域の思いをまとめる拠り所 祭礼文化に見る松本と高山 (特集 信州と隣県 信州と飛騨)(小林義幸、長瀬公昭)「地域文化」 八十二文化財団 (110) 2014.10

高山祭の屋台行事
高山祭の祭祀組織「屋台組」について―日枝神社山王祭 (春の高山祭) の事例から (須永敬)「名古屋民俗」 名古屋民俗研究会 (58) 2011.03

高山市
福島県東部地方・岐阜県高山市の伝統的工芸品に関する実態調査報告―大堀相馬焼・三春駒・三春張子/飛騨春慶・渋草焼 (外山徹)「明治大学博物館研究報告」 明治大学博物館事務室　4　1999.3

誕生釈迦仏立像 高山市の文化財に指定 (田中彰)「飛騨春秋 ： 飛騨郷土学会誌」 高山市民時報社　462　1999.7

岐阜県山鉾概要シリーズ (17) 高山市の巻 (藤井黎三)「美濃民俗」 美濃民俗文化の会　396　2000.5

仙人台 屋台囃し 「湯の花」復活の縁起 (住斉)「飛騨春秋 ： 飛騨郷土学会誌」 高山市民時報社　501　2002.10

高山市立郷土館
高山市立郷土館の板碑をめぐって (横山住雄)「郷土研究・岐阜 ： 岐阜県郷土資料研究協議会会報」 岐阜県郷土資料研究協議会　75　1997.3

高山町
東大寺二月堂お水取りの竹送り一生駒市高山町庄田観音講による (高田照世)「まつり通信」 まつり同好会　54 (1) 通号569　2014.01

高家寺
須恵器に記された古代寺院名「高家寺」 太江遺跡・寿楽寺廃寺跡 (谷口陽一)「郷土研究・岐阜 ： 岐阜県郷土資料研究協議会会報」 岐阜県郷土資料研究協議会　89　2001.10

竹鼻
竹鼻の唐人山車 (1),(2)(藤田黎三)「美濃民俗」 美濃民俗文化の会 (501)/(502) 2009.02/2009.03

手力雄神社
岐阜市蔵前 手力雄神社の事 (田中豊)「中山道加納宿 ： 中山道加納宿文化保存会会誌」 中山道加納宿文化保存会 (45) 2005.4

多治見
多治見の「うながっぱ」(和田寛)「河童通心」 河童文庫 (344) 2012.11

谷汲
西美濃からスペインへ！ 勇壮・華麗な "谷汲踊り"―民俗文化の交流深まる「美濃民俗」 美濃民俗文化の会　384　1999.5

谷汲の観音さん (堤正樹)「美濃民俗」 美濃民俗文化の会　422　2002.7

続・谷汲の観音さん (堤正樹)「美濃民俗」 美濃民俗文化の会　430　2003.3

谷汲踊 岐阜県揖斐郡揖斐川町「公益社団法人全日本郷土芸能協会会報」 全日本郷土芸能協会 (71) 2013.04

谷汲巡礼街道
池田町史跡 谷汲巡礼街道道標 (竹中昭文)「美濃の文化 ： 美濃文化総合研究会機関誌」 美濃文化総合研究会 (124) 2013.02

垂井
地芝居見聞 岐阜県 垂井曳軕まつり (北河直子)「公益社団法人全日本郷土芸能協会会報」 全日本郷土芸能協会 (60) 2010.07

地芝居探訪 (39) 東町歌舞伎/垂井曳軕まつり子供歌舞伎/大鹿歌舞伎/お旅祭り子供歌舞伎/小原歌舞伎/鮭川歌舞伎 (松浦鳥夫)「公益社団法人全日本郷土芸能協会会報」 全日本郷土芸能協会 (64) 2011.07

垂井 表佐の常夜灯 (木村邦夫)「美濃の文化 ： 美濃文化総合研究会機関誌」 美濃文化総合研究会 (125) 2013.6

垂井祭の起源 花車を推測 (木村邦夫)「美濃の文化 ： 美濃文化総合研究会機関誌」 美濃文化総合研究会 (125) 2013.06

垂井宿
西美濃における "をぐり" 伝承 (6) 照手姫の車引き〈垂井宿〉(堤正樹)「美濃民俗」 美濃民俗文化の会　373　1998.6

垂井町
垂井町の仮装行列風にわか (神田卓朗)「美濃民俗」 美濃民俗文化の会　461　2005.10

単誓坊
大垣・南頬、単誓坊木中地蔵 (12) 新町大運寺の徳本と弾誓 (上)(吉田幸平)「美濃民俗」 美濃民俗文化の会　434　2003.7

稚児山
江戸時代の三輪祭り―稚児山を中心に (笘真理子)「美濃民俗」 美濃民俗文化の会　383　1999.4

知新館
岐阜県知新館の釈奠 (竹内良雄)「閑谷学校研究」 特別史跡閑谷学校顕彰保存会 (10) 2006.5

中濃
岐阜県山鉾概要シリーズ (10)〜(12)―中濃・奥美濃地方の巻 (藤田黎三)「美濃民俗」 美濃民俗文化の会　374/377　1998.7/1998.10

岐阜・中濃地方の西国三十三観音 (加藤孝雄)「日本の石仏」 日本石仏協会、青娥書房 (発売) 通号88　1998.12

岐阜県山鉾概要シリーズ (13)〜(16)―中濃・東濃地方の巻 (藤田黎三)「美濃民俗」 美濃民俗文化の会　382/388　1999.3/1999.9

東海民俗発表要約 (続) 中濃地方の講七事例―聞き取り調査を中心として (土屋一)「まつり通信」 まつり同好会　49 (5) 通号543　2009.09

中濃地区 春日神社の文化財―指定文化財を中心に (地区研修会報告)(古田憲司)「濃飛史艸」 岐阜県歴史資料保存協会 (105) 2014.01

長昌寺
夜叉龍神への雨乞い (3)―II・長昌寺参籠祈禱の記録 (2)(松岡浩一)「美濃民俗」 美濃民俗文化の会　361　1997.6

長滝寺
『享保年度山林絵図』 から見る天正地震時の記録文書「長滝経文坊文書」「長滝寺文書」「飛騨鑑」の意味 (坂部和夫)「飛騨春秋 ： 飛騨郷土学会誌」 高山市民時報社　494　2002.3

仏教経典の伝来と長瀧寺一切経 (高橋教雄)「郡上史談」 郡上史談会 (141) 2013.10

長滝寺荘園上庄
『楓軒文書纂』 に見る 白山長滝寺荘園上庄 (中野義夫)「斐太紀 ： 研究紀要」 飛騨学の会　2010年度　2010.9

長滝寺荘園焼野
『楓軒文書纂』 に見る 長滝寺荘園焼野と河上庄 (1)(中野義夫)「飛騨春秋 ： 飛騨郷土学会誌」 高山市民時報社　514　2003.11

塚原

関市塚原一統の神明講—盛り飯は迎春祈願ではないか（清水昭男）「まつり通信」　まつり同好会　45（2）通号516　2005.3

角川

飛騨河合町（角川・稲越）における野兎の民俗—猟法その他にみる新資料（天野武）「西郊民俗」〔西郊民俗談話会〕　（221）2012.12

椿井郷

養老町柏尾（多芸庄椿井郷）千体仏の民俗　調査（村上圭二）「美濃民俗」　美濃民俗文化の会　（469）2006.6

貞照寺

川上貞奴と「貞照寺寺宝展」入場者にみるテレビドラマの観光効果（日比野雅彦, 片岡秀元）「地域社会」　地域社会研究会　（28）1993.03

川上貞奴が建立した貞照寺（「たより」124〜159号寄稿文）（西野光彦）「ひがし」　東区郷土史研究会　（12）2012.01

照手の井戸

音楽劇「照手の井戸」に寄せて（堤正樹）「美濃民俗」　美濃民俗文化の会　429　2003.2

天照寺

高山天照寺阿弥陀如来坐像—定朝様式の継承と展開（星野直哉）「飛騨春秋 ： 飛騨郷土学会誌」　高山市民時報社　475　2000.8

薩摩義士の御霊と御霊を祀る岐阜県養老町天照寺（水谷田鶴子）「薩摩義士」　鹿児島県薩摩義士顕彰会　11　2004.3

伝東光寺跡

東アジアの誕生仏像と伝東光寺跡出土誕生仏像（星野直哉）「飛騨春秋 ： 飛騨郷土学会誌」　高山市民時報社　460　1999.5

道後神社

稗官野史 国史現在社道後神社考（藤枝和泉）「斐太紀 ： 研究紀要」　飛騨学の会　通号8　2013.03

東濃

岐阜県山鉾概要シリーズ（13）〜（16）—中濃・東濃地方の巻（藤田黎三）「美濃民俗」　美濃民俗文化の会　382/388　1999.3/1999.9

東濃 生産者別表示記号のある「全国の戦時中のやきもの」展について（書窓の風）（桃井勝）「郷土研究・岐阜 ： 岐阜県郷土資料研究協議会会報」　岐阜県郷土資料研究協議会　100　2008.04

地芝居探訪（41）藤野村歌舞伎/小森歌舞伎/牧野舞伎/小原歌舞伎/小鹿野舞伎/東濃歌舞伎保存大会（松浦鳥夫）「公益社団法人全日本郷土芸能協会会報」　全日本郷土芸能協会　（66）2012.01

道と地芝居の担い手たち—三遠南信と東濃を結ぶ街道筋から（特集 地芝居の今）（蒲池卓巳）「まつり」　まつり同好会　（75）2013.12

地芝居探訪（50）新城歌舞伎/東濃歌舞伎大会/ぐんま「伝統歌舞伎公演」/南山大学歌舞伎公演/小鹿野舞伎（十六様奉納公演）（松浦鳥夫）「公益社団法人全日本郷土芸能協会会報」　全日本郷土芸能協会　（75）2014.04

常盤座

地芝居探訪（43）常盤座歌舞伎/小鹿野舞伎・春祭り公演/小鹿野歌舞伎・お天狗様祭り公演/全国子供舞伎フェスティバル in 小松/秩父歌舞伎正和会/小原歌舞伎「公益社団法人全日本郷土芸能協会会報」　全日本郷土芸能協会　（68）2012.07

地芝居探訪（51）常盤座歌舞伎/津谷木歌舞伎/鳳凰座歌舞伎/全国子供舞伎フェスティバル in 小松/秩父歌舞伎正和会/小原歌舞伎「公益社団法人全日本郷土芸能協会会報」　全日本郷土芸能協会　（76）2014.07

常盤座歌舞伎（中津川市）林武夫氏を偲ぶ「公益社団法人全日本郷土芸能協会会報」　全日本郷土芸能協会　（76）2014.07

徳願寺

徳願寺ご本尊 由緒書と幽霊画像（村上喜代志）「美濃民俗」　美濃民俗文化の会　（466）2006.3

徳勝寺

弘安祈願の鐘 大垣市青柳町徳勝寺（谷昭遵）「美濃民俗」　美濃民俗文化の会　409　2001.6

徳山

美濃・徳山にみる食生活の推移—塚地区を中心に（脇田雅彦）「日本民俗学」　日本民俗学会　通号210　1997.5

徳山の伝承ばなし マイマイ谷の漫才岩（埴具隆）「美濃民俗」　美濃民俗文化の会　394　2000.3

徳山村

美濃徳山村—切り絵紀行（16）（遠藤聖一）「あしなか」　山村民俗の会　252　1992.9

〔書評と紹介〕田中宣一著『徳山村民俗誌—ダム水没地域社会の解体と

再生』（筒江薫）「民俗文化」　近畿大学民俗学研究所　（13）2001.3

ホハレ峠越え門入キャンプ（2）旧徳山村湖に沈んだ村 戸入の現況（浅原昭生）「民俗文化」　滋賀民俗学会　（540）2008.9

ホハレ峠越え門入キャンプ（3）旧徳山村変化し続ける現況（浅原昭生）「民俗文化」　滋賀民俗学会　（546）2009.03

十津川

食文化探訪で会った人たちの思い出（1）ある夜 十津川からの電話が（河村和男）「安城民俗」　安城民俗談話会　（30）2008.5

十津川村

新十津川村（佐竹小夜子）「美濃民俗」　美濃民俗文化の会　（485）2007.10

とっくり村

書窓の風 東濃下石とっくり村と窯元館（桃井勝）「郷土研究・岐阜 ： 岐阜県郷土資料研究協議会会報」　岐阜県郷土資料研究協議会　（99）2005.3

戸入

ホハレ峠越え門入キャンプ（2）旧徳山村湖に沈んだ村 戸入の現況（浅原昭生）「民俗文化」　滋賀民俗学会　（540）2008.9

苗木藩

明治初期苗木藩における廃仏毀釈前夜の士族処分—明治期岐阜県庁事務文書「苗木藩関係文書」より（〔史料紹介〕（吉田義治）「岐阜県歴史資料館報」　岐阜県教育文化財団歴史資料館　通号21　1998.3

長瀬

奥飛騨白川郷における穴熊狩り—岐阜県大野郡白川村長瀬の場合（森俊）「西郊民俗」〔西郊民俗談話会〕　（190）2005.3

中山道

お茶壺道中（佐藤哲雄）「中山道加納宿 ： 中山道加納宿文化保存会会誌」　中山道加納宿文化保存会　35　2000.4

お茶壺道中と久運寺（佐藤哲雄）「中山道加納宿 ： 中山道加納宿文化保存会会誌」　中山道加納宿文化保存会　（46）2005.10

ずいずいずっころばし（宮部晴）「中山道加納宿 ： 中山道加納宿文化保存会会誌」　中山道加納宿文化保存会　（47）2006.4

中山道・疫病除けの伝承「はだか武兵衛」（清水春一）「美濃民俗」　美濃民俗文化の会　（475）2006.12

童唄・ずいずいずっころばし（丸尾新九郎）「中山道加納宿 ： 中山道加納宿文化保存会会誌」　中山道加納宿文化保存会　（51）2008.4

お茶つぼ道中（角竹弘）「中山道加納宿 ： 中山道加納宿文化保存会会誌」　中山道加納宿文化保存会　（57）2011.04

長滝白山神社

長滝白山神社の古楽面と能（白石博男）「郷土研究・岐阜 ： 岐阜県郷土資料研究協議会会報」　岐阜県郷土資料研究協議会　88　2001.6

中津川

諸国探訪（3）中津川西宮神社「西宮えびす」　西宮神社　21　2004.6

岐阜県中津川の石祠（早川孝正）「日本の石仏」　日本石仏協会, 青娥書房（発売）（111）2004.9

地芝居探訪（42）ぐんま郷土芸能の祭典「伝統歌舞伎公演」/信州農村歌舞伎/東濃歌舞伎中津川「公益社団法人全日本郷土芸能協会会報」　全日本郷土芸能協会　（67）2012.04

地芝居見聞（7）黒森歌舞伎—山形県の雪中芝居/東濃歌舞伎中津川保存会 吉例歌舞伎大会（北河直子）「公益社団法人全日本郷土芸能協会会報」　全日本郷土芸能協会　（67）2012.04

地芝居探訪（45）ぐんま「伝統歌舞伎公演」/信州農村歌舞伎祭/東濃歌舞伎中津川/小鹿野歌舞伎（十六様歌舞伎公演）「公益社団法人全日本郷土芸能協会会報」　全日本郷土芸能協会　（71）2013.04

中津川市

岐阜県中津川市に伝わる疫病除けの伝承（《特集 伝承と石仏》）（早川孝正）「日本の石仏」　日本石仏協会, 青娥書房（発売）（119）2006.9

中津城

中津城奥平家の威光輝く「たにし祭り」の盛儀（佐藤哲雄）「中山道加納宿 ： 中山道加納宿文化保存会会誌」　中山道加納宿文化保存会　32　1998.10

中村輪中

美濃郡代笠松陣屋地方役所文書「中村輪中囲堤之儀ニ付戸田采女正領分村々より差障一件論所絵図」の紹介（吉田義治）「岐阜県歴史資料館報」　岐阜県教育文化財団歴史資料館　（31）2008.3

長屋神社

糸貫町長屋神社の馬駆け祭り（1）〜（7）—疫病・災難除けを祈願する天王祭り（清水昭男）「美濃民俗」　美濃民俗文化の会　389/399　1999.10/2000.8

糸貫町長屋神社馬駆け祭(8),(9) 火気を剋する呪術(1),(2)(清水昭男)「美濃民俗」 美濃民俗文化の会 402/403 2000.11/2000.12

長良

加納魚問屋と長良鵜匠(加納宏幸)「中山道加納宿 : 中山道加納宿文化保存会会誌」 中山道加納宿文化保存会 (47) 2006.4

長良川上流域

長良川上流域のノアイについて《別冊総特集 サンカの最新学》(池田勇次)「歴史民俗学」 批評社 (20) 2001.11

長良川の鵜飼漁の技術

岐阜県教育委員会社会教育室編『長良川鵜飼習俗調査報告書』(書誌紹介)(安室知)「日本民俗学会」 日本民俗学会 通号257 2009.02

書籍紹介 『長良川鵜飼習俗調査報告書』(内堀信雄)「民具マンスリー」 神奈川大学 41(11) 通号491 2009.02

長良川の鵜飼について(土屋一)「全国地名研究交流誌 地名談話室」 日本地名研究所 (28) 2013.11

長刀堀

こぶな釣りし長刀堀(林邦隆)「中山道加納宿 : 中山道加納宿文化保存会会誌」 中山道加納宿文化保存会 (51) 2008.4

那比新宮

高賀山信仰と那比新宮虚空蔵菩薩像について(清水眞澄)「民俗学研究所紀要」 成城大学民俗学研究所 30 2006.3

南宮大社

美濃国の南宮大社・日吉神社―神仏習合の神社(桜井敏雄)「近畿文化」 近畿文化会事務局 590 1999.1

南宮の神事芸能

南宮大社の御田植神事―その変遷に関して(清水昭男)「まつり通信」 まつり同好会 41(5) 通号483 2001.4

南宮大社の例祭―神幸の原義に関して(清水昭男)「まつり通信」 まつり同好会 41(7) 通号485 2001.6

西忍

奥飛騨の穴熊狩り―岐阜県吉城郡宮川村西忍の場合(森俊)「西郊民俗」「西郊民俗談話会」 (186) 2004.3

西美濃

西美濃における "をぐり" 伝承(1) 小栗判官・照千姫 正八幡(堤正樹)「美濃民俗」 美濃民俗文化の会 365 1997.10

西美濃における "をぐり" 伝承(2) 小栗判官・照千姫 たるひおなことの神(堤正樹)「美濃民俗」 美濃民俗文化の会 366 1997.11

西美濃における "をぐり" 伝承(3) 照手姫の肖像画(堤正樹)「美濃民俗」 美濃民俗文化の会 367 1997.12

西美濃における "をぐり" 伝承(4) 小栗判官・照手姫 "水汲み井戸"(堤正樹)「美濃民俗」 美濃民俗文化の会 369 1998.2

西美濃における "をぐり" 伝承(5) 小栗判官・照手姫 照手の墓(堤正樹)「美濃民俗」 美濃民俗文化の会 371 1998.4

西美濃における "をぐり" 伝承(6) 照手姫の車引き〈垂井宿〉(堤正樹)「美濃民俗」 美濃民俗文化の会 373 1998.6

西美濃地方の山麓の猿楽について(上),(下)(曽我孝司)「美濃民俗」 美濃民俗文化の会 373/374 1998.6/1998.7

西美濃における "をぐり" 伝承(7) 照手姫の車引き―関ケ原から寝物語の里(堤正樹)「美濃民俗」 美濃民俗文化の会 375 1998.8

西美濃再見―くぐつ・隼人・なきめ(堤正樹) 美濃民俗文化の会 377 1998.10

西美濃における "をぐり" 伝承(8) 照手姫・二度対面(堤正樹)「美濃民俗」 美濃民俗文化の会 378 1998.11

西美濃における "をぐり" 伝承(9) 結大明神 付・観音堂(堤正樹)「美濃民俗」 美濃民俗文化の会 383 1999.4

西美濃における民俗資料展示案内(31) うどん作り機「美濃民俗」 美濃民俗文化の会 385 1999.6

西美濃における "をぐり" 伝承(10) 照手姫・照天姫・照姫(堤正樹)「美濃民俗」 美濃民俗文化の会 385 1999.6

西美濃における民俗資料展示案内(32) うどん揚げ・手かご「美濃民俗」 美濃民俗文化の会 386 1999.7

西美濃における民俗資料展示案内(33) 手斧「美濃民俗」 美濃民俗文化の会 392 2000.1

西美濃の塩地名(早野保)「美濃民俗」 美濃民俗文化の会 398 2000.7

西美濃の山の神祭り―その採録・研究の状況(松岡浩一)「まつり通信」 まつり同好会 41(2) 通号472 2001.1

西美濃の逸話集 藤原夢之助遺稿(上)―廉潔と勤倹(清水春一)「美濃民俗」 美濃民俗文化の会 406 2001.3

西美濃の逸話集 藤原夢之助遺稿(中)―誠忠と至孝(清水春一)「美濃民俗」 美濃民俗文化の会 409 2001.6

西美濃の逸話集 藤原夢之助遺稿(下)―博愛・仁慈・奇人・女傑(清水春一)「美濃民俗」 美濃民俗文化の会 412 2001.9

仏教どころ西美濃地方のお地蔵さま信仰(上),(下)―十把ひとからげの石仏(清水春一)「美濃民俗」 美濃民俗文化の会 441/442 2004.2/2004.3

江戸時代盛行の六十六ケ国巡礼(前),(後) 西美濃の記録(村上圭二)「美濃民俗」 美濃民俗文化の会 460/462 2005.9/2005.11

江戸時代盛行の六十六ケ国巡礼(続) 山県市伊自良ほか(村上圭二)「美濃民俗」 美濃民俗文化の会 (466) 2006.3

世俗一話 甘酒をふるまう 落日の王子ヤマトタケル―西美濃を往く(堤正樹)「美濃民俗」 美濃民俗文化の会 (466) 2006.3

西美濃のむかし話(10) 大岡越前守と徳川天一坊―谷汲山華厳寺(清水春一)「美濃民俗」 美濃民俗文化の会 (470) 2006.7

加茂神社と西美濃(林佐多哲)「美濃民俗」 美濃民俗文化の会 (492) 2008.5

西美濃街道

西美濃街道に祀る馬頭観音(村上圭二)「美濃民俗」 美濃民俗文化の会 (491) 2008.4

丹生川村

飛騨地方丹生川村の郷土食(片山信)「地域社会」 地域社会研究会 10(1) 通号17 1985.10

根尾山

根尾山(深萱直子)「美濃民俗」 美濃民俗文化の会 409 2001.6

能郷

能郷の猿楽を訪ねて(向出武夫)「江渟の久爾」 江沼地方史研究会 (45) 2000.4

能郷の能・狂言

能郷の「能・狂言」について(曽我孝司)「郷土研究・岐阜 : 岐阜県郷土資料研究協議会会報」 岐阜県郷土資料研究協議会 (100) 2005.6

能郷の能・狂言(黒田幹夫)「まつり通信」 まつり同好会 49(6) 通号544 2009.11

濃飛

濃飛における養蚕の展開(9)～(22)(松田千晴)「美濃民俗」 美濃民俗文化の会 364/411 1997.9/2001.8

石山合戦と濃飛の門徒(清水進)「岐阜史学」 岐阜史学会 通号97 2001.3

平成19年度講演会 岐阜県の仏像(抄録)―濃飛地域仏像彫刻史への新視点(星野直哉)「郷土研究・岐阜 : 岐阜県郷土資料研究協議会会報」 岐阜県郷土資料研究協議会 (108) 2008.3

濃尾

さんか―尾張・濃尾地方を廻った移動竹細工師について(飯尾恭之)「人権問題研究所会報」 人権問題研究所 (42) 1997.3

濃尾平野

濃尾平野におけるワラデッポウ《民俗学特輯号》(三輪京子)「信濃[第3次]」 信濃史学会 58(1) 通号672 2006.1

東海における御嶽講と霊神信仰―濃尾平野とその周辺地域の事例を中心に《木曽御嶽特集》(伊藤良吉)「山岳修験」 日本山岳修験学会, 岩田書院(発売) (42) 2008.11

禾森町

小豆粥で作物の吉凶を占う―大垣市禾森町の年行事(臼井敏夫)「美濃民俗」 美濃民俗文化の会 417 2002.2

野村

四百年の歴史が教えて呉れた "野村もみじ"―原産地は養老であった(安福彦七)「美濃民俗」 美濃民俗文化の会 404 2001.1

脛永

松月山法輪寺と提灯千切り 揖斐川町脛永(宮川正俊)「美濃民俗」 美濃民俗文化の会 432 2003.5

白山中居神社

五段神楽について(向出武夫)「江渟の久爾」 江沼地方史研究会 (47) 2002.4

白山中居神社春の例大祭(1)～(13) 白山中居に伝わる巫女舞「五段の神楽」(清水昭男)「美濃民俗」 美濃民俗文化の会 (480)/(492) 2007.5/2008.5

白山中居神社の春季例大祭―巫女舞と神輿渡御の古式を見る(清水昭男)「まつり」 まつり同好会 通号73 2011.12

白山中宮長滝寺

白山信仰(24)密蔵院と白山中宮長滝寺(村中治彦)「郷土誌かすがい」 春日井市教育委員会 56 2000.3

白山長滝

白山長滝神鳩入峰とその遺跡(山本義孝)「山岳修験」 日本山岳修験学
会, 岩田書院(発売)(45) 2010.03

葉津

岐阜県加茂郡七宗町葉津文楽のかしら(大谷津早苗)「民俗芸能研究」 民
俗芸能学会 (30) 2000.3

八草

八草行(喜多功)「美濃民俗」 美濃民俗文化の会 400 2000.9

八草村

八草村追想(松岡浩一)「美濃民俗」 美濃民俗文化の会 407 2001.4

隼人神社

やんぐりどん(弥五郎殿)を考える—岐阜県山県郡高富町隼人神社の祭
(所崎平)「鹿児島民俗」 鹿児島民俗学会 (138) 2010.12

半田亀崎

ひだびとの現代紀行 半田亀崎探訪記 飛騨の与鹿と立川流彫刻(長瀬公
昭)「飛騨春秋 : 飛騨郷土学会誌」 高山市民時報社 530 2005.3

東首塚供養堂

東首塚供養堂は宗春のなにか(鬼頭勝之)「濃飛史艸」 岐阜県歴史資料保
存協会 (105) 2014.01

東別院

岐阜東別院所蔵 聖徳太子勝鬘経講讃坐像(奥出賢治)「名古屋市博物館研
究紀要」 名古屋市博物館 26 2003.3

東茂住

平成10年東茂住の左義長見聞記(京伝さよ子)「飛騨春秋 : 飛騨郷土学
会誌」 高山市民時報社 447 1998.4

東茂住の左義長—その由緒に関して(清水昭男)「まつり通信」 まつり同
好会 42(3)通号493 2002.2

比丘尼谷

随想 青幕 "比丘尼谷"(堤正樹)「美濃民俗」 美濃民俗文化の会 (492)
2008.5

斐陀

斐陀の匠と斐陀の宿儺寸考(桐谷忠夫)「飛騨春秋 : 飛騨郷土学会誌」
高山市民時報社 441 1997.10

飛騨

飛騨の諺・俗言集 飛騨の俗信(13)～(14)(岩島周一)「飛騨春秋 : 飛
騨郷土学会誌」 高山市民時報社 439/440 1997.8/1997.9

飛騨ゆかりの墓碑とのめぐりあい(飛騨歴史民俗学会現地紀行より)(乃
邑和子)「飛騨春秋 : 飛騨郷土学会誌」 高山市民時報社 440
1997.9

鬱金色の儀式(飛騨歴史民俗学会現地紀行より)(伊藤浩子)「飛騨春秋 :
飛騨郷土学会誌」 高山市民時報社 440 1997.9

現代飛騨牛考(中),(下)(中丸輝彦)「飛騨春秋 : 飛騨郷土学会誌」 高
山市民時報社 440/442 1997.9/1997.11

宿儺傍証(2) 「記」「紀」と長命伝承そして宿儺討伐の疑問(後藤勝也)
「飛騨春秋 : 飛騨郷土学会誌」 高山市民時報社 441 1997.10

宿儺傍証(3) 宿儺の涙(後藤勝也)「飛騨春秋 : 飛騨郷土学会誌」 高山
市民時報社 443 1997.12

七種がゆ=七草がゆ(桐谷忠夫)「飛騨春秋 : 飛騨郷土学会誌」 高山市
民時報社 445 1998.2

昭和初期までの飛騨の遊び・遊び唄(岩島周一)「飛騨春秋 : 飛騨郷土
学会誌」 高山市民時報社 448 1998.5

懐かしの歌に大正・昭和を想う(岡部二喜造)「飛騨春秋 : 飛騨郷土学
会誌」 高山市民時報社 450 1998.7

田中大秀家の仏壇(足立和男)「飛騨春秋 : 飛騨郷土学会誌」 高山市民
時報社 452 1998.9

飛騨ブリと鰤ブリ(日比野光敏)「郷土研究・岐阜 : 岐阜県郷土資
料研究協議会会報」 岐阜県郷土資料研究協議会 80 1998.10

飛騨における木喰仏(1),(2)(池田勇次)「飛騨春秋 : 飛騨郷土学会誌」
高山市民時報社 453/457 1998.10/1999.2

飛騨の祭舞楽 闘鶏楽におもう(足立和男)「飛騨春秋 : 飛騨郷土学会
誌」 高山市民時報社 453 1998.10

観音講と白隠禅師(長瀬茂樹)「飛騨春秋 : 飛騨郷土学会誌」 高山市民
時報社 454 1998.11

岐阜県飛騨地方の力石(盤持石)(高島慎勁)「飛騨春秋 : 飛騨郷土学会
誌」 高山市民時報社 455 1998.12

ポンポン船(住吉人)「飛騨春秋 : 飛騨郷土学会誌」 高山市民時報社
455 1998.12

飛騨鰤について(菅田一衛)「飛騨春秋 : 飛騨郷土学会誌」 高山市民時
報社 455 1998.12

飛騨鰤の話 資料紹介(向山雅重,菅田一衛)「飛騨春秋 : 飛騨郷土学会
誌」 高山市民時報社 456 1999.1

飛騨鰤の話(桐谷忠夫)「飛騨春秋 : 飛騨郷土学会誌」 高山市民時報社
458 1999.3

既刊「飛騨の方言」の増補改訂[1]～(3)(岩島周一)「飛騨春秋 : 飛騨
郷土学会誌」 高山市民時報社 462/464 1999.7/1999.9

近世飛騨の食料事情(林格男)「飛騨春秋 : 飛騨郷土学会誌」 高山市民
時報社 465 1999.10

大正8年頃のどんど橋関係者住所略図から(小鳥幸男)「飛騨春秋 : 飛騨
郷土学会誌」 高山市民時報社 465 1999.10

飛騨・美濃材による南禅寺仏殿造営(清水進)「郷土研究・岐阜 : 岐阜県
郷土資料研究協議会会報」 岐阜県郷土資料研究協議会 83 1999.11

しろうと "飛騨弁" 談義(足立和男)「飛騨春秋 : 飛騨郷土学会誌」 高山
市民時報社 467 1999.12

飛騨匠丁と合掌造り一考察(野戸弘)「飛騨春秋 : 飛騨郷土学会誌」 高
山市民時報社 467 1999.12

飛騨の鬼神 両面宿儺の正体(1)～(15) 「書紀」と伝説に秘められた
「応神」と「鹿」(広田照夫)「飛騨春秋 : 飛騨郷土学会誌」 高山市民
時報社 468/483 2000.1/2001.4

70年前のわらべ唄(小鳥政一)「飛騨春秋 : 飛騨郷土学会誌」 高山市民
時報社 471 2000.4

講演 永遠を超える民俗遺産 鎹絵—飛騨と江戸萬を考える—より(河渡
正暁)「飛騨春秋 : 飛騨郷土学会誌」 高山市民時報社 474 2000.7

修復なった阿弥陀三尊来迎図(三輪義弘)「飛騨春秋 : 飛騨郷土学会誌」
高山市民時報社 477 2000.10

美濃と飛騨(1) 地名ことばの基礎知識(村上圭二)「美濃民俗」 美濃民
俗文化の会 401 2000.10

飛騨の建造物(1),(2)(田中彰)「飛騨春秋 : 飛騨郷土学会誌」 高山市
民時報社 479/482 2000.12/2001.3

「飛騨鰤」その運送・道筋 歴史考察と時代ロマンと(桐谷忠夫)「飛騨春
秋 : 飛騨郷土学会誌」 高山市民時報社 479 2000.12

消えゆく飛騨方言談義(1),(2)(足立和男)「飛騨春秋 : 飛騨郷土学会
誌」 高山市民時報社 480/481 2001.1/2001.2

"消えゆく飛騨方言" 談義(3),(4)(足立和男)「飛騨春秋 : 飛騨郷土学
会誌」 高山市民時報社 482/483 2001.3/2001.4

飛騨鰤再考—木曽谷の伝承をめぐって(胡桃沢勘司)「民俗文化」 近畿大
学民俗学研究所 (13) 2001.3

あいまいさが救い?! 秋葉信仰(浅野吉久)「飛騨春秋 : 飛騨郷土学会誌」
高山市民時報社 484 2001.5

飛騨の建造物(3) 森林面積と木造建物の比較(田中彰)「飛騨春秋 : 飛
騨郷土学会誌」 高山市民時報社 485 2001.6

統 "消えゆく飛騨方言" 談義(足立和男)「飛騨春秋 : 飛騨郷土学会誌」
高山市民時報社 485 2001.6

飛騨の鬼神 両面宿儺の正体「書紀」と伝説に秘められた「応神」と
「鹿」(広田照夫)「飛騨春秋 : 飛騨郷土学会誌」 高山市民時報社
485 2001.6

飛騨の鬼神 両面宿儺の正体「書紀」と伝説に秘められた「応神」と
「鹿」(広田照夫)「飛騨春秋 : 飛騨郷土学会誌」 高山市民時報社
486 2001.7

偽史列伝(16) 両面宿儺伝説(原田実)「季刊邪馬台国」 「季刊邪馬台
国」編纂委員会, 梓書院(発売) 73 2001.8

飛騨歴史民俗学会巡見 二題 飛騨に骨を埋めた幕府代官・郡代(桐谷忠
夫)「飛騨春秋 : 飛騨郷土学会誌」 高山市民時報社 491 2001.12

飛騨歴史民俗学会巡見 二題 鰤街道雑感(元田久治)「飛騨春秋 : 飛騨郷
土学会誌」 高山市民時報社 491 2001.12

飛騨の建造物(4) 庇について(田中彰)「飛騨春秋 : 飛騨郷土学会誌」
高山市民時報社 492 2002.1

正史と史実・稗史や野史と伝承 「歴史の街」観光宣伝は史実を確かめて
(桐谷忠夫)「飛騨春秋 : 飛騨郷土学会誌」 高山市民時報社 493
2002.2

『享保年間山林絵図』から見る天正地震時の記録文書『長滝経文坊文書』
『長滝寺文書』『飛騨鑑』の意味(坂部和夫)「飛騨春秋 : 飛騨郷土学会
誌」 高山市民時報社 494 2002.3

如是我読 宿儺に関する私的空想(上),(下)(直井幹夫)「飛騨春秋 : 飛
騨郷土学会誌」 高山市民時報社 494/495 2002.3/2002.4

美濃と飛騨の伝説考(1) つづら姫—証拠を揃えたい伝え話(服部真六)
「美濃民俗」 美濃民俗文化の会 418 2002.3

美濃と飛騨の伝説考(2) ワン貸せ渕—全国に広がっている伝説(服部真
六)「美濃民俗」 美濃民俗文化の会 419 2002.4

円空ものがたり 首をかしげた観音さま(矢島まさえ)「飛騨春秋 : 飛騨
郷土学会誌」 高山市民時報社 496 2002.5

美濃と飛騨の伝説考(3) 姿を見られた水神様—木地師の金もうけ作戦
(服部真六)「美濃民俗」 美濃民俗文化の会 420 2002.5

書窓の風 飛騨 飛騨の古代史両面宿儺と王塚そして直弧文鹿角装鉄剣
(桐谷忠夫)「郷土研究・岐阜 : 岐阜県郷土資料研究協議会会報」 岐

阜県郷土資料研究協議会　91　2002.6

美濃と飛騨の伝説考（4）鎧を借りて―ワン貸しばなしの余話（服部真六）「美濃民俗」美濃民俗文化の会　422　2002.7

伝統的民家の大屋根について（田中彰）「飛騨春秋 ： 飛騨郷土学会誌」高山市民時報社　499　2002.8

美濃と飛騨の伝説考（5）,（6）南朝ゆかりの秘話―木地師は歴史作りの名人（服部真六）「美濃民俗」美濃民俗文化の会　423/424　2002.8/2002.9

美濃と飛騨の伝説考（7）木地山・木地屋―木地師の住む集落跡（服部真六）「美濃民俗」美濃民俗文化の会　426　2002.11

美濃と飛騨の伝説考（8）小倉皇子の長者さん―春日谷の長者平（服部真六）「美濃民俗」美濃民俗文化の会　427　2002.12

飛騨の神社に祀られている主な神々―豊かな飛騨人のこころ（林格男）「飛騨春秋 ： 飛騨郷土学会誌」高山市民時報社　504/507　2003.1/2003.4

美濃と飛騨の伝説考（9）長左平から長者平―南朝秘話の春日谷（服部真六）「美濃民俗」美濃民俗文化の会　428　2003.1

美濃と飛騨の昔ばなし（10）鎌と釜雨を降らせる滝や池のヌシ（服部真六）「美濃民俗」美濃民俗文化の会　431　2003.4

しろうと "桐たんす" 談義（足立和男）「飛騨春秋 ： 飛騨郷土学会誌」高山市民時報社　511　2003.8

続・しろうと "桐たんす" 談義（足立和男）「飛騨春秋 ： 飛騨郷土学会誌」高山市民時報社　512　2003.9

「牛蒡種」のルーツを求めて（上）,（下）悪しき伝承の解明と根絶のために（大松一雄）「飛騨春秋 ： 飛騨郷土学会誌」高山市民時報社　514/516　2003.11/2004.1

美濃と飛騨の伝えばなし（12）大蛇が牛に一軒先で語る村の歴史（服部真六）「美濃民俗」美濃民俗文化の会　438　2003.11

迷信と宗教と差別について（足立和男）「飛騨春秋 ： 飛騨郷土学会誌」高山市民時報社　516　2004.1

江戸萬 鏝絵と屋臺蔵の先駆者（河野康通）「飛騨春秋 ： 飛騨郷土学会誌」高山市民時報社　517　2004.2

飛騨の紙絵馬（南本有紀）「京都民俗 ： 京都民俗学会会誌」京都民俗学会　通号20・21　2004.3

美濃と飛騨の伝えばなし（13）大蛇の嫌いな鉄（服部真六）「美濃民俗」美濃民俗文化の会　443　2004.4

飛騨の本物 歴史民俗の記録（桐谷忠夫）「飛騨春秋 ： 飛騨郷土学会誌」高山市民時報社　520　2004.5

万葉の歌から考えるひだのたくみと木津川流送（桐谷忠夫）「飛騨春秋 ： 飛騨郷土学会誌」高山市民時報社　521　2004.6

美濃と飛騨の伝えばなし（14）弘法大師の井戸（服部真六）「美濃民俗」美濃民俗文化の会　448　2004.9

「くろ」と「ま」から読み解く縄文時代の信仰（左合勉）「飛騨春秋 ： 飛騨郷土学会誌」高山市民時報社　528　2005.1

鳥毛打ち 考（堀尾雄二）「飛騨春秋 ： 飛騨郷土学会誌」高山市民時報社　528　2005.1

「後風土記」以後―明治後期・飛騨地方における椀木地製造に関する一考察（木村裕樹）「民具マンスリー」神奈川大学　37（10）通号442　2005.1

飛越の狩猟伝承特に穴熊狩りを中心として（郷土文化講座講演要旨）（森俊）「郷土の文化」富山県郷土史会　（30）2005.3

厠考II チュウギ文化の意味するもの（1）畿内のチュウギと飛騨（浅野弘光）「郷土研究・岐阜 ： 岐阜県郷土資料研究協議会会報」岐阜県郷土資料研究協議会　（99）2005.3

飛騨古代史雑考 飛騨の古代寺院と「名代」（後藤勝也）「飛騨春秋 ： 飛騨郷土学会誌」高山市民時報社　530　2005.3

飛騨における本願寺の法義争論と大原騒動（1）,（2）（青木忠夫）「日本宗教文化史研究」日本宗教文化史学会　9（1）通号17/9（2）通号18　2005.5/2005.11

厠考II チュウギ文化の意味するもの（2）草木文化の表れとしての飛騨のチュウギ（浅野弘光）「郷土研究・岐阜 ： 岐阜県郷土資料研究協議会会報」岐阜県郷土資料研究協議会　（100）2005.6

飛騨の真宗・御坊の引地と、金森長近・可重親子の時代（桐谷忠夫）「飛騨春秋 ： 飛騨郷土学会誌」高山市民時報社　536　2005.9

情から知へ、そして再び情（祈り）の世界へ（林格男）「飛騨春秋 ： 飛騨郷土学会誌」高山市民時報社　537　2005.10

安政5年越中・飛騨地震による転石上の供養塔（平井一雄）「日本の石仏」日本石仏協会，青娥書房（発売）（117）2006.3

戦時中、終戦直後の地方歌舞伎等興行の収支実態について（三輪義弘）「飛騨春秋 ： 飛騨郷土学会誌」高山市民時報社　2006（6）通号545　2006.6

町火消「と組」保存会氏神様祭例に参加（桐谷忠夫）「飛騨春秋 ： 飛騨郷土学会誌」高山市民時報社　2006（6）通号545　2006.6

飛騨古代史雑布 「令和飛騨献摯石」の解釈を問う（後藤勝也）「飛騨春秋 ： 飛騨郷土学会誌」高山市民時報社　2006（7）通号546　2006.7

資料紹介 岡田家保有真宗資料（松井嶋子）「飛騨春秋 ： 飛騨郷土学会誌」高山市民時報社　2006（7）通号546　2006.7

ひだ、みの再発見まつり（丸尾新九郎）「中山道加納宿 ： 中山道加納宿文化保存会会誌」中山道加納宿文化保存会　（49）2007.4

研究ノート 古代律令制下の「飛騨工」（吉田晋右）「岐阜市歴史博物館博物館だより」岐阜市歴史博物館　（69）2008.8

飛越国境のカモシカ猟（森俊）「富山市日本海文化研究所紀要」富山市日本海文化研究所　（22）2009.3

飛騨の独鈷石について（吉則則富）「斐太紀 ： 研究紀要」飛騨学の会　2008年度　2009.3

飛騨の雅楽の歴史について 江戸時代の一考察（長瀬公昭）「斐太紀 ： 研究紀要」飛騨学の会　2008年度　2009.03

美濃飛騨の地芝居はいつからか（丸山幸太郎）「郷土研究・岐阜 ： 岐阜県郷土資料研究協議会会報」岐阜県郷土資料研究協議会　（112）2009.09

飛騨の雅楽の歴史について（2）江戸期～明治初期を中心に（長瀬公昭）「斐太紀 ： 研究紀要」飛騨学の会　2009年度　2010.03

『飛騨と円空』池之端甚衛著を読む（池田勇次）「斐太紀 ： 研究紀要」飛騨学の会　2009年度　2010.03

飛騨の「人面石」を見直す（岩田修）「斐太紀 ： 研究紀要」飛騨学の会　2010年度　2010.9

最後の飛騨郡代新見内膳正功と立山信仰―特に芦峅寺宝泉坊との関係を中心に（福江充）「富山市日本海文化研究所紀要」富山市日本海文化研究所　（24）2011.03

飛騨の宿儺伝承の要説と再考（尾関章）「古代史の海」「古代史の海」の会　（63）2011.3

飛騨の雪形―農事暦の饗宴（脇田雅彦）「民具マンスリー」神奈川大学　44（4）通号520　2011.07

飛騨で行われた和牛オリンピック 第8回全国和牛能力共進会―高速道の建設を早めた飛騨牛（中丸輝彦）「斐太紀 ： 研究紀要」飛騨学の会　通号5　2011.9

新飛騨牛物語（1）飛騨牛改良のルーツを探る（中丸輝彦）「斐太紀 ： 研究紀要」飛騨学の会　（6）2012.3

歴史の見方・考え方（5）飛騨学 神々の伝承と現代考―地球規模で大変事があい次いだ歳に（桧谷忠夫）「斐太紀 ： 研究紀要」飛騨学の会　（6）2012.3

報告 北陸及び飛騨における寺院城郭（類似）遺構（特集II 根来寺の「要害」）（佐伯哲也）「和歌山城郭研究」和歌山城郭調査研究会　（11）2012.4

二十余念も昔の想い出話 両面宿儺騒動記（菅田一衛）「斐太紀 ： 研究紀要」飛騨学の会　（7）2012.09

新飛騨牛物語（2）「安福」その後（中丸輝彦）「斐太紀 ： 研究紀要」飛騨学の会　（7）2012.9

越中・飛騨の役行者石像と蔵王権現（特集 役行者・蔵王権現）（平井一雄）「日本の石仏」日本石仏協会，青娥書房（発売）（144）2012.12

新飛騨牛物語（3）飛騨牛のブランド化への経緯（中丸輝彦）「斐太紀 ： 研究紀要」飛騨学の会　通号8　2013.3

不老長寿の山野草 あまどころ（1）～IV（向川原盛吉）「斐太紀 ： 研究紀要」飛騨学の会　通号8/（11）2013.03/2014.09

越中・飛騨の役行者石仏と蔵王権現（平井一雄）「北陸石仏の会研究紀要」北陸石仏の会　（11）2014.03

飛騨のまつり 神賑芸能・闘鶏楽について（藤枝和泉）「斐太紀 ： 研究紀要」飛騨学の会　（10）2014.03

飛騨国

近世女人文人風土記 美濃・飛騨国の巻（岐阜県）（石田由美子）「江戸期おんな考」桂文庫　（13）2002.10

「飛騨国中案内」にみる飛騨の民家分布（新谷一男）「飛騨春秋 ： 飛騨郷土学会誌」高山市民時報社　535　2005.8

飛騨国分寺

天台宗系聖観音菩薩像の系譜と飛騨国分寺像（星野直哉）「飛騨春秋 ： 飛騨郷土学会誌」高山市民時報社　462　1999.7

飛騨国分寺伝阿弥陀如来坐像 10世紀彫刻の一様相（星野直哉）「飛騨春秋 ： 飛騨郷土学会誌」高山市民時報社　472　2000.5

飛騨国分寺の建立時期（三輪義弘）「飛騨春秋 ： 飛騨郷土学会誌」高山市民時報社　524　2004.9

飛騨国分寺の建立時期 続（三輪義弘）「飛騨春秋 ： 飛騨郷土学会誌」高山市民時報社　527　2004.12

仏像彫刻における「不整の比例」飛騨国分寺薬師如来坐像への視点（星野直哉）「飛騨春秋 ： 飛騨郷土学会誌」高山市民時報社　533　2005.6

国指天然記念物 飛騨国分寺「大銀杏樹」落雷の被害について（北原康）「斐太紀 ： 研究紀要」飛騨学の会　（10）2014.03

飛騨屋集落

飛騨屋集落のあらまし（飛騨屋集落調査）（佐伯安一）「砺波散村地域研究

所研究紀要」 砺波市立砺波散村地域研究所 （29） 2012.3

飛騨屋集落の本分家関係と散村の展開（飛騨屋集落調査）（佐伯安一，新藤正夫，堀越勝）「砺波散村地域研究所研究紀要」 砺波市立砺波散村地域研究所 （29） 2012.3

一日市場

輪中に生きた先人の知恵（2）—本巣郡合渡村一日市場を中心に（松田千晴）「郷土研究・岐阜 ： 岐阜県郷土資料研究協議会会報」 岐阜県郷土資料研究協議会 78 1998.3

輪中に生きた先人の知恵（5）——日市場の食生活を支えた川魚漁（松田千晴）「郷土研究・岐阜 ： 岐阜県郷土資料研究協議会会報」 岐阜県郷土資料研究協議会 87 2001.3

日吉神社

美濃国の南宮大社・日吉神社—神仏習合の神社（桜井敏雄）「近畿文化」 近畿文化会事務局 590 1999.1

平賀

北加納の楽市場と関、平賀市との比較（横山住雄）「中山道加納宿 ： 中山道加納宿文化保存会会誌」 中山道加納宿文化保存会 35 2000.4

平田町脇野

並んで建つ常夜燈 海津市平田町脇野 白山神社境内（田崎昇二，森川勝之助）「美濃の文化 ： 美濃文化総合研究会機関誌」 美濃文化総合研究会 （129） 2014.10

平湯

奥飛騨における穴熊狩り—岐阜県吉城郡上宝村平湯の場合（森俊）「西郊民俗」 〔西郊民俗談話会〕 （184） 2003.9

広瀬

親鏡餅の贈答—揖斐郡坂内村広瀬（松岡浩一）「美濃民俗」 美濃民俗文化の会 381 1999.2

日和田高原

石仏の宝庫 日和田高原（特集 石仏探訪（10））（新井るい子）「日本の石仏」 日本石仏協会，青娥書房（発売） （142） 2012.06

藤江神社

藤江神社の獅子舞（内藤裕子）「まつり通信」 まつり同好会 38（10）通号452 1998.10

藤橋

久瀬・藤橋物語 ちょっと昔の暮らし（民話と文学の会）「民話と文学」 民話と文学の会 （33） 2002.5

久瀬・藤橋物語 夜の生きものと河童（民話と文学の会）「民話と文学」 民話と文学の会 （33） 2002.5

久瀬・藤橋物語 口伝えの教え（民話と文学の会）「民話と文学」 民話と文学の会 （33） 2002.5

〈久瀬・藤橋に生きる〉「民話と文学」 民話と文学の会 （33） 2002.5

久瀬・藤橋の唄（民話と文学の会）「民話と文学」 民話と文学の会 （33） 2002.5

久瀬・藤橋の昔話（民話と文学の会）「民話と文学」 民話と文学の会 （33） 2002.5

淵之上

淵之上薬師信仰ともらい湯の話（井上清）「群馬歴史散歩」 群馬歴史散歩の会 175 2002.11

仏生寺

仏生寺春日神社の米かし祭り—用水管理者の遺徳をしのぶ儀礼（1）～（4）（清水昭男）「美濃民俗」 美濃民俗文化の会 （505）/（509） 2009.06/2009.10

舟子

池田町舟子の灯渡し神事—各儀礼に迎春の呪術を見る（清水昭男）「郷土研究・岐阜 ： 岐阜県郷土資料研究協議会会報」 岐阜県郷土資料研究協議会 94 2003.6

船渡

「船渡」の渡し（大橋清）「美濃民俗」 美濃民俗文化の会 409 2001.6

船町中組

表紙 大垣市指定重要有形民俗文化財 船町中組常夜燈「美濃の文化 ： 美濃文化総合研究会機関誌」 美濃文化総合研究会 （127） 2014.02

船町湊

船町湊の常夜燈と住吉燈台（清水進）「美濃民俗」 美濃民俗文化の会 （475） 2006.12

古川祭の起し太鼓・屋台行事

"古川やんちゃ"について 起し太鼓と警察署投石事件（足立和男）「飛騨春秋 ： 飛騨郷土学会誌」 高山市民時報社 459 1999.4

古川祭の起こし太鼓（大野政雄）「飛騨春秋 ： 飛騨郷土学会誌」 高山市民時報社 519 2004.4

表紙写真のことば 古川祭り 岐阜県飛騨市古川町（渡辺良正）「まつり通信」 まつり同好会 53（2）通号564 2013.03

平林荘

長松平林荘の思い出（増田郁子）「美濃民俗」 美濃民俗文化の会 407 2001.4

報恩寺

作仏聖「円空」の消息 西美濃（1） 大垣綾野・報恩寺（村上圭二）「美濃民俗」 美濃民俗文化の会 （488） 2008.1

法幢寺

松月山法幢寺と提灯千切り 揖斐川町胚永（宮川正俊）「美濃民俗」 美濃民俗文化の会 432 2003.5

法明寺

宮菊と法明寺（田中博）「史學義仲」 木曽義仲史学会 （10） 2008.11

星之宮

岐阜県の星之宮、妙見信仰（《妙見信仰特輯》）（脇田雅彦）「あしなか」 山村民俗の会 249 1997.12

ホハレ峠

ホハレ峠越え門入キャンプ（2） 旧徳山村湖に沈んだ村 戸入の現況（浅原昭生）「民俗文化」 滋賀民俗学会 （540） 2008.9

ホハレ峠越え門入キャンプ（3） 旧徳山村変化し続ける現況（浅原昭生）「民俗文化」 滋賀民俗学会 （546） 2009.03

洞土

奥飛騨における穴熊狩り—岐阜県飛騨市宮川町洞土の場合（森俊）「西郊民俗」 〔西郊民俗談話会〕 （188） 2004.9

本郷村

美濃国羽栗郡本郷村に見る人と家の動き—宗門帳と寺判帳から（小川敏雄）「岐阜県歴史資料館報」 岐阜県教育文化財団歴史資料館 （30） 2007.2

本郷村善九郎の家族の消息—おふりの宗門送り状から（北野興策）「斐太紀 ： 研究紀要」 飛騨学の会 2008年度 2009.03

本町

高山市本町三丁目四班 伝承史料の紹介（三輪義弘）「斐太紀 ： 研究紀要」 飛騨学の会 2010年度 2010.09

牧の渡し

地名に存続する「牧の渡し」と渡船の原風景（渡辺千歳）「美濃民俗」 美濃民俗文化の会 413 2001.10

秣の滝

秣の滝の滝名由来考千仏と入方地名考（村上圭二）「美濃民俗」 美濃民俗文化の会 376 1998.9

馬籠宿

飛騨高山祭、妻籠・馬籠宿の旅（池田一彦）「潮待ちの館資料館だより」 福山市鞆の浦歴史民俗資料館 （45） 2010.09

馬瀬村

馬瀬村の俗信（1）～（6） 暮らしの知恵（二村利明）「飛騨春秋 ： 飛騨郷土学会誌」 高山市民時報社 441/447 1997.10/1998.4

松之木

地域力を絆で護る 松之木の七夕（平野勇）「斐太紀 ： 研究紀要」 飛騨学の会 （9） 2013.09

丸山

奥飛騨丸山の穴熊狩り（森俊）「西郊民俗」 〔西郊民俗談話会〕 （213） 2010.12

御井神社

御井神社のまいそ祭り〔正〕,（続）（大森恵子）「まつり通信」 まつり同好会 40（1）通号467/40（2）通号468 1999.12/2000.1

美江寺

美濃の仏像—美江寺の十一面観音像とその周辺（紺野敏文）「近畿文化」 近畿文化会事務局 623 2001.10

館蔵資料紹介 美江寺土鈴（蚕鈴）「岐阜市歴史博物館博物館だより」 岐阜市歴史博物館 （77） 2011.04

重要文化財 乾漆十一面観音立像 奈良時代 像高176.6cm 岐阜市・美江寺蔵「岐阜市歴史博物館博物館だより」 岐阜市歴史博物館 （84） 2013.07

御首神社

御首神社（深萱直子）「美濃民俗」 美濃民俗文化の会 358 1997.3

岐阜県　　　　　　　　郷土に伝わる民俗と信仰　　　　　　　　東海

ふるさと宇留生の御首(神社)さん(1)〜(3)(柳瀬博)「美濃民俗」　美濃民俗文化の会　(468)/(471)　2006.5/2006.8

水汲み井戸

西美濃における"をぐり"伝承(4)　小栗判官・照手姫"水汲み井戸"(堤正樹)「美濃民俗」　美濃民俗文化の会　369　1998.2

御手洗

みたらしだんごと御手洗地名(村上圭二)「美濃民俗」　美濃民俗文化の会　404　2001.1

御手洗集落

美濃市無形民俗文化財　御手洗集落の「虫送り」取材記(村上圭二)「美濃民俗」　美濃民俗文化の会　424　2002.9

水無神社

飛騨一之宮水無神社御神像公開にあたって(藤枝和泉)「飛騨春秋　：　飛騨郷土学会誌」　高山市民時報社　506　2003.3
飛騨一之宮所有神像の公開を読んで(熊崎清男)「飛騨春秋　：　飛騨郷土学会誌」　高山市民時報社　507　2003.4
茅の輪をくぐる　夏越(なごし)「美濃民俗」　美濃民俗文化の会　432　2003.5
水無神社蔵第21号神像とその周辺[正]、続(星野直哉)「飛騨春秋　：　飛騨郷土学会誌」　高山市民時報社　535/536　2005.8/2005.9

南飛騨

南飛騨三木氏累代の菩提寺に関する新知見(横山住雄)「郷土研究・岐阜　：　岐阜県郷土資料研究協議会会報」　岐阜県郷土資料研究協議会　(111)　2009.03

美濃

美濃の半檀家について(浅井潤子)「岐阜県歴史資料館報」　岐阜県教育文化財団歴史資料館　通号20　1997.3
美濃の天満宮と菅生石部神社―斎藤氏の氏神(西村毬子)「郷土研究・岐阜　：　岐阜県郷土資料研究協議会会報」　岐阜県郷土資料研究協議会　75　1997.3
春季彼岸雑考(高橋智静)「美濃民俗」　美濃民俗文化の会　358　1997.3
山の神の「ご神体」と祭りの〈お供え〉と―新聞記事に思う(松岡浩一)「美濃民俗」　美濃民俗文化の会　358　1997.3
美濃・徳山にみる食生活の推移―塚地区を中心に(脇田雅彦)「日本民俗学」　日本民俗学会　通号210　1997.5
山の神(深萱直子)「美濃民俗」　美濃民俗文化の会　361　1997.6
美濃における「たたら」製鉄の史的考察(1)〜(22)(吉田幸平)「美濃民俗」　美濃民俗文化の会　363/404　1997.8/2001.1
民俗信仰の変容と混乱(2)―石神信仰と塞の神(村上圭二)「美濃民俗」　美濃民俗文化の会　363　1997.8
土人形のすがた(1)〜(3)(中島実)「美濃民俗」　美濃民俗文化の会　364/367　1997.9/1997.12
民俗信仰の変容と混乱(3)―塞の神から道祖神へ(村上圭二)「美濃民俗」　美濃民俗文化の会　364　1997.9
虫送りに想う(深萱直子)「美濃民俗」　美濃民俗文化の会　364　1997.9
民俗信仰の変容と混乱(4)―道祖神から柴神へ(村上圭二)「美濃民俗」　美濃民俗文化の会　365　1997.10
語り継がれる民衆の心(矢橋龍太郎)「美濃民俗」　美濃民俗文化の会　367　1997.12
「猩々」をめぐる民俗(深萱直子)「美濃民俗」　美濃民俗文化の会　367　1997.12
おせちもの考(上),(下)(倉田正邦)「美濃民俗」　美濃民俗文化の会　370/371　1998.3/1998.4
お蚕民俗あれこれ(上),(下)(佐藤芝明)「美濃民俗」　美濃民俗文化の会　371/373　1998.4/1998.6
"民話"の中に(深萱直子)「美濃民俗」　美濃民俗文化の会　372　1998.5
「虫送り」にそえて(深萱直子)「美濃民俗」　美濃民俗文化の会　376　1998.9
庚申待の日(上),(下)(倉田正邦)「美濃民俗」　美濃民俗文化の会　376/378　1998.9/1998.11
美濃の「説教の者」について(道下淳)「郷土研究・岐阜　：　岐阜県郷土資料研究協議会会報」　岐阜県郷土資料研究協議会　80　1998.10
掛け声・囃し詞管見(1)―地づき歌の場合(松岡浩一)「美濃民俗」　美濃民俗文化の会　378　1998.11
情報の人間学つつみ、たたみ、むすび(森盤根)「美濃民俗」　美濃民俗文化の会　379　1998.12
蜘蛛舞(深萱直子)「美濃民俗」　美濃民俗文化の会　379　1998.12
掛け声・囃し詞管見(2)―えいさらえい(松岡浩一)「美濃民俗」　美濃民俗文化の会　380　1999.1
雪中の山の神まつり「美濃民俗」　美濃民俗文化の会　381　1999.2
美濃桃山陶の成立(楢崎彰一)「瀬戸市埋蔵文化財センター研究紀要」　瀬戸市文化振興財団　7　1999.3

静岡県大井川町と美濃　志太人形と土人形「美濃民俗」　美濃民俗文化の会　382　1999.3
民俗雑学　兎・兔・卯(倉田正邦)「美濃民俗」　美濃民俗文化の会　383　1999.4
"美濃焼"生産地における近代化への基盤整備(1)〜(5)(松田千晴)「美濃民俗」　美濃民俗文化の会　385/395　1999.6/2000.4
掛け声囃し詞管見(3)―合点か。合点合点、合点じゃ(松岡浩一)「美濃民俗」　美濃民俗文化の会　385　1999.6
白と黒の民俗(上)、(下)(倉田正邦)「美濃民俗」　美濃民俗文化の会　385/386　1999.6/1999.7
トピック・ニュース―よき隣人たることを目指し美濃 vs 近江 民俗・風俗の対比(堤正樹)「美濃民俗」　美濃民俗文化の会　387　1999.8
「湯ばやし歌ぐら」(深萱直子)「美濃民俗」　美濃民俗文化の会　387　1999.8
掛け声囃し詞管見(4)―"合点か合点じゃ"つづき(松岡浩一)「美濃民俗」　美濃民俗文化の会　388　1999.9
月の民俗文化(倉田正邦)「美濃民俗」　美濃民俗文化の会　389　1999.10
完・ヒカハラケ(深萱直子)「美濃民俗」　美濃民俗文化の会　389　1999.10
ミノの国造と県主について(尾関章)「岐阜史学」　岐阜史学会　通号96　1999.11
飛騨・美濃材による南禅寺仏殿造営(清水進)「郷土研究・岐阜　：　岐阜県郷土資料研究協議会会報」　岐阜県郷土資料研究協議会　83　1999.11
美濃 vs 近江 生活・文化(民俗)交流会「美濃民俗」　美濃民俗文化の会　390　1999.11
豌豆の花 豇の花―民謡詞章おぼえがき(1)(松岡浩一)「美濃民俗」　美濃民俗文化の会　391　1999.12
木瓜(墨家)(井上ミサ)「美濃民俗」　美濃民俗文化の会　391　1999.12
蓬莱の玉の枝(深萱直子)「美濃民俗」　美濃民俗文化の会　391　1999.12
龍と玉(深萱直子)「美濃民俗」　美濃民俗文化の会　393　2000.2
寝物語の古文書―国境(美濃と近江)の人々(福田栄次郎)「岐阜県歴史資料館報」　岐阜県教育文化財団歴史資料館　(23)　2000.3
近世・近代初期における美濃茶の生産と流通について―尾張藩領武儀・加茂郡の事例から(青木秀敏)「岐阜市歴史博物館研究紀要」　岐阜市歴史博物館　(14)　2000.3
茅花の穂―民謡詞章おぼえがき(2)(松岡浩一)「美濃民俗」　美濃民俗文化の会　394　2000.3
井(ゆ)(堤正樹)「美濃民俗」　美濃民俗文化の会　395　2000.4
「向う三軒両隣り」(西岡半一)「美濃民俗」　美濃民俗文化の会　395　2000.4
「さざれ石」私考(深萱直子)「美濃民俗」　美濃民俗文化の会　395　2000.4
春の相聞「つばな賛歌」(深萱直子)「美濃民俗」　美濃民俗文化の会　397　2000.6
植物のフォークロア「美濃民俗」　美濃民俗文化の会　397　2000.6
民俗学はバックミラーだ(三輪茂雄)「美濃民俗」　美濃民俗文化の会　397　2000.6
香りのフォークロア「美濃民俗」　美濃民俗文化の会　397　2000.6
蓮の花―来迎・誕生の花(冨長覚梁)「美濃民俗」　美濃民俗文化の会　398　2000.7
懸仏(村上圭二)「美濃民俗」　美濃民俗文化の会　399　2000.8
カラス なぜなくの(井上ミサ)「美濃民俗」　美濃民俗文化の会　399　2000.8
民話を訪ねて 桂・花木長者(堤正樹)「美濃民俗」　美濃民俗文化の会　401　2000.10
美濃と飛騨(1) 地名ことばの基礎知識(村上圭二)「美濃民俗」　美濃民俗文化の会　401　2000.10
浄土真宗のお葬式に思う(三輪茂雄)「美濃民俗」　美濃民俗文化の会　402　2000.11
おこげの御飯(清水たず子)「美濃民俗」　美濃民俗文化の会　403　2000.12
日の丸民俗考(馬場杉右衛門)「美濃民俗」　美濃民俗文化の会　404　2001.1
今なぜ「薬草」なの(日比昌子)「美濃民俗」　美濃民俗文化の会　404　2001.1
薪を拾う小学生(清水たずこ)「美濃民俗」　美濃民俗文化の会　405　2001.2
身近かな地名と我が家の名字について(堤なつ子)「美濃民俗」　美濃民俗文化の会　406　2001.3
地名から名(苗)字を探る資料 地名と人名の民俗研究(村上圭二)「美濃民俗」　美濃民俗文化の会　406　2001.3
四百四病の昔と今(清水春一)「美濃民俗」　美濃民俗文化の会　407　2001.4
端午の節句(村上圭二)「美濃民俗」　美濃民俗文化の会　408　2001.5
たかが"口伝"されど"口伝"―義仲・山吹の後裔(堤正樹)「美濃民俗」

東海　　　　郷土に伝わる民俗と信仰　　　　岐阜県

美濃民俗文化の会　408　2001.5

食文化と健康―薬草の有効利用（日比昌子）「美濃民俗」　美濃民俗文化の
会　408　2001.5

忘れられない月（佐竹小夜子）「美濃民俗」　美濃民俗文化の会　410
2001.7

提言！　伝承の掘り起し（堤正樹）「美濃民俗」　美濃民俗文化の会　410
2001.7

「ハレ」と「ケ」（片山忠）「美濃民俗」　美濃民俗文化の会　410　2001.7

民俗随想 旅立ちのスタイル（堤正樹）「美濃民俗」　美濃民俗文化の会
411　2001.8

社会の流れに身を委ねて（1）原始信仰と共に宗教にも順応できる民族性
（菅沼晃次郎）「美濃民俗」　美濃民俗文化の会　412　2001.9

社会の流れに身を委ねて（2）皇国史観からの脱皮（菅沼晃次郎）「美濃民
俗」　美濃民俗文化の会　413　2001.10

健康をつくる食事 何をどれだけ食べたらよいの（日比昌子）「美濃民俗」
美濃民俗文化の会　413　2001.10

「禾々」と「禾」二つの民俗地名（村上圭二）「美濃民俗」　美濃民俗文化
の会　414　2001.11

乳母・三世代（堤正樹）「美濃民俗」　美濃民俗文化の会　414　2001.11

七草がゆ（日比昌子）「美濃民俗」　美濃民俗文化の会　416　2002.1

瀬戸・美濃大窯編年の再検討（藤澤良祐）「瀬戸市埋蔵文化財センター研
究紀要」　瀬戸市文化振興財団　（10）2002.3

民俗探訪 鯰押え（上），（下）（堤正樹）「美濃民俗」　美濃民俗文化の会
418/420　2002.3/2002.5

美濃と飛騨の伝説考（1）つづら姫―証拠を揃えたい伝え話（服部真六）
「美濃民俗」　美濃民俗文化の会　418　2002.3

尾張国葉栗郡の古代寺院と美濃（梶山勝）「名古屋市博物館研究紀要」　名
古屋市博物館　25　2002.3

美濃と飛騨の伝説考（2）ワン貸せ渕―全国に広がっている伝説（服部真
六）「美濃民俗」　美濃民俗文化の会　419　2002.4

民俗コント「繕う」ということ（清水たず子）「美濃民俗」　美濃民俗文
化の会　419　2002.4

箸と人間（1）～（6）その出会い（高橋智静）「美濃民俗」　美濃民俗文化
の会　420/427　2002.5/2002.12

美濃と飛騨の伝説考（3）姿を変えた水神様―木地師の金もうけ作戦
（服部真六）「美濃民俗」　美濃民俗文化の会　420　2002.5

龍頭沈渕の雨乞い（大久保甚一）「美濃民俗」　美濃民俗文化の会　421
2002.6

「あからがしも」（深萱直子）「美濃民俗」　美濃民俗文化の会　422
2002.7

美濃と飛騨の伝説考（4）鎧を借りて―ワン貸しばなしの余話（服部真
六）「美濃民俗」　美濃民俗文化の会　422　2002.7

美濃と飛騨の伝説考（5），（6）南朝ゆかりの秘話―木地師は歴史作りの
名人（服部真六）「美濃民俗」　美濃民俗文化の会　423/424　2002.8/
2002.9

美濃と飛騨の伝説考（7）木地山・木地屋―木地師の住む集落跡（服部真
六）「美濃民俗」　美濃民俗文化の会　426　2002.11

美濃と飛騨の伝説考（8）小倉皇子の長者さん―春日谷の長者平（服部真
六）「美濃民俗」　美濃民俗文化の会　427　2002.12

美濃と飛騨の伝説考（9）長左平から長者平―南朝秘話の春日谷（服部真
六）「美濃民俗」　美濃民俗文化の会　428　2003.1

正月料理 伝統の味・新しい味（日比昌子）「美濃民俗」　美濃民俗文化の
会　428　2003.1

輪中再考―水との共生（1）～（3）（伊藤安男）「美濃民俗」　美濃民俗文化
の会　429/433　2003.2/2003.6

遺稿 美濃民俗への提言（松岡浩一）「美濃民俗」　美濃民俗文化の会
430　2003.3

美濃と飛騨の昔ばなし（10）鎌と釜雨を降らせる滝や池のヌシ（服部真
六）「美濃民俗」　美濃民俗文化の会　431　2003.4

心に沁みる絵手紙（高田陽子）「美濃民俗」　美濃民俗文化の会　432
2003.5

「藪入り」と「奉公人」（倉田正邦）「美濃民俗」　美濃民俗文化の会　433
2003.6

ふきだまり民俗談話室「美濃民俗」　美濃民俗文化の会　437/438
2003.10/2003.11

民俗小話 うどん祭り（堤正樹）「美濃民俗」　美濃民俗文化の会　438
2003.11

美濃と飛騨の伝えばなし（12）大蛇が牛に一軒先で語る村の歴史（服部
真六）「美濃民俗」　美濃民俗文化の会　438　2003.11

邪気を払う（中村知子，山本次能）「美濃民俗」　美濃民俗文化の会　440
2004.1

正月と雑煮に思う（清水春一）「美濃民俗」　美濃民俗文化の会　440
2004.1

特集・家庭料理講座 お正月・雑煮とかゆ（日比昌子）「美濃民俗」　美濃
民俗文化の会　440　2004.1

失われゆく古代瓦―貴重な文化遺産（北野敏夫）「美濃民俗」　美濃民俗文
化の会　441　2004.2

三月節句のひなまつり 雛人形と桃と白酒（村上圭二）「美濃民俗」　美濃
民俗文化の会　442　2004.3

マンサク（満作）という花の名の由来（村上圭二）「美濃民俗」　美濃民俗
文化の会　443　2004.3

美濃と飛騨の伝えばなし（13）大蛇の嫌いな鉄（服部真六）「美濃民俗」
美濃民俗文化の会　443　2004.4

端午の節句 鯉幟と菖蒲（尚武）（清水たず子）「美濃民俗」　美濃民俗文化
の会　444　2004.5

失われゆく古代瓦―瓦の歴史と変遷（北野敏夫）「美濃民俗」　美濃民俗文
化の会　444　2004.5

極楽への案内者「六地蔵さん」（清水春一）「美濃民俗」　美濃民俗文化の
会　444　2004.5

美濃と飛騨の伝えばなし（14）弘法大師の井戸（服部真六）「美濃民俗」
美濃民俗文化の会　448　2004.9

紫草の伝承（上），（下）（倉田正邦）「美濃民俗」　美濃民俗文化の会
450/451　2004.11/2004.12

女の立ち話し―嫁姑・子育て（佐竹小夜子）「美濃民俗」　美濃民俗文化の
会　451　2004.12

平成乙酉歳・双鶏図 え・堀藤吉（清水春一）「美濃民俗」　美濃民俗文化
の会　452　2005.1

『本草図譜』に惹斎が転写した博物図譜『東莠南畝識』（村上圭二）「美濃
民俗」　美濃民俗文化の会　452　2005.1

つれづれ日記抄（5）モデルになった観音像（西岡半一）「美濃民俗」　美
濃民俗文化の会　453　2005.2

“絵解き”再生の試み―浄土まんだら（堤正樹）「美濃民俗」　美濃民俗文
化の会　453　2005.2

祭祀の民俗と地名（村上圭二）「美濃民俗」　美濃民俗文化の会　454
2005.3

方言の行方（堤正樹）「美濃民俗」　美濃民俗文化の会　454　2005.3

失われゆく古代瓦（3）～（5）美濃の名工・鬼瓦細工師 日比源八氏（北野
敏夫）「美濃民俗」　美濃民俗文化の会　454/459　2005.3/2005.8

むかしの話あれこれ（1），（2）伊勢参宮の道中果たし合い（上），（下）（清
水春一）「美濃民俗」　美濃民俗文化の会　455/456　2005.4/2005.5

屋根神信仰―町屋の屋根に祀られた火難除けの神様（鈴木隆雄）「美濃民
俗」　美濃民俗文化の会　457　2005.6

つれづれ日記抄（6）“お斎腹七日”（西岡半一）「美濃民俗」　美濃民俗文
化の会　457　2005.6

ふるさとネットワークむかし話（1）（神田卓朗）「美濃民俗」　美濃民俗文
化の会　457　2005.6

これからの地域学としての民俗学 妊娠と出産（柳瀬博）「美濃民俗」　美
濃民俗文化の会　458　2005.7

高齢化社会を迎えて 釈尊の佛教の教えに学ぶ（高橋智静）「美濃民俗」
美濃民俗文化の会　458　2005.7

随想 写経への誘い（堤正樹）「美濃民俗」　美濃民俗文化の会　458
2005.7

話の玉手箱 うなぎを食べない風習（神田卓朗）「美濃民俗」　美濃民俗文
化の会　459　2005.8

むかし話あれこれ（3），（4）鼠小僧次郎吉異聞（清水春一）「美濃民俗」
美濃民俗文化の会　459/460　2005.8/2005.9

輪中の町に響く水郷太鼓（西山シゲ子）「美濃民俗」　美濃民俗文化の会
459　2005.8

続 祭祀の民俗と地名（村上圭二）「美濃民俗」　美濃民俗文化の会　459
2005.8

美濃の天満宮―斎藤氏の氏神（西村毬子）「中山道加納宿：中山道加納
宿文化保存会会誌」　中山道加納宿文化保存会　（46）2005.10

先祖が残した煙火筒（安田作哉）「美濃民俗」　美濃民俗文化の会　461
2005.10

むかし話あれこれ（5），（6）久世喜弘 刺客に襲われる（清水春一）「美濃民
俗」　美濃民俗文化の会　461/462　2005.10/2005.11

世俗一話 マッチのゆくえ（堤正樹）「美濃民俗」　美濃民俗文化の会
462　2005.11

むかし話あれこれ（7）勤王芸者・中西君尾と大垣の治水翁・金森吉次郎
（清水春一）「美濃民俗」　美濃民俗文化の会　463　2005.12

世俗一話 おけぞくさん（堤正樹）「美濃民俗」　美濃民俗文化の会
（464）2006.1

家庭料理講座 定番正月料理（日比昌子）「美濃民俗」　美濃民俗文化の会
（464）2006.1

世俗一話 “戒名”ってなんだ（堤正樹）「美濃民俗」　美濃民俗文化の会
（465）2006.2

つけづけ抄（9）梅ごころ（西岡半一）「美濃民俗」　美濃民俗文化の会
（465）2006.2

くらしの民俗 円澄歳住記（1）～（3）（福永円澄）「美濃民俗」　美濃民俗
文化の会　（467）/（471）2006.4/2006.8

世俗一話 『倶会一処』(堤正樹)「美濃民俗」 美濃民俗文化の会 (468) 2006.5

若山光弘さんの遺稿 お鍬さん祭りとええじゃないか乱舞(清水春一)「美濃民俗」 美濃民俗文化の会 (469) 2006.6

白は聖なる色(福永円澄)「美濃民俗」 美濃民俗文化の会 (470) 2006.7

コトバの民俗(編集部)「美濃民俗」 美濃民俗文化の会 (470) 2006.7

くらしの民俗 円澄歳住記(4) 花や草の霊力(福永円澄)「美濃民俗」 美濃民俗文化の会 (472) 2006.9

秋の彼岸におもう 三界万霊(堤正樹)「美濃民俗」 美濃民俗文化の会 (472) 2006.9

六十六部回国 へんろみち(高木吉一)「美濃民俗」 美濃民俗文化の会 (473) 2006.10

くらしの民俗 円澄歳住記(5) 年輪は生きた歳月 木々の輪廻(福永円澄)「美濃民俗」 美濃民俗文化の会 (474) 2006.11

地蔵さんと塞神(道祖神)(村上圭二)「美濃民俗」 美濃民俗文化の会 (474) 2006.11

くらしの民俗 円澄歳住記(6) 生命再生更新の正月/見失えない神と仏(福永円澄)「美濃民俗」 美濃民俗文化の会 (476) 2007.1

ふるさとの正月雑煮(村上圭二)「美濃民俗」 美濃民俗文化の会 (476) 2007.1

おせち料理(村上圭二)「美濃民俗」 美濃民俗文化の会 (476) 2007.1

くらしの民俗 円澄歳住記(7) 「暦」の民俗/「時」の民俗(福永円澄)「美濃民俗」 美濃民俗文化の会 (477) 2007.2

世俗一話 「澤の神」水湧きさん/後日譚 なぜ "末期の水" なのか(堤正樹)「美濃民俗」 美濃民俗文化の会 (477) 2007.2

家紋のいわれ(上),(下)(清水進)「美濃民俗」 美濃民俗文化の会 (477)/(478) 2007.2/2007.3

くらしの民俗 円澄歳住記(8) 褌と腰巻き/一人前の娘になる/手ぬぐいの民俗(福永円澄)「美濃民俗」 美濃民俗文化の会 (478) 2007.3

瀬戸・美濃窯業産施釉陶器瓦の基礎的研究(上)一慶安三年銘縁釉瓦とその周辺(金子健一)「瀬戸市埋蔵文化財センター研究紀要」 瀬戸市文化振興財団 (14) 2007.3

ひだ、みの再発見まつり(丸尾新九郎)「中山道加納宿 : 中山道加納宿文化保存会会誌」 中山道加納宿文化保存会 (49) 2007.4

くらしの民俗 円澄歳住記(9) 種々の文化を生む「夜」(福永円澄)「美濃民俗」 美濃民俗文化の会 (479) 2007.4

ひと口メモ 火打石 後日譚(堤正樹)「美濃民俗」 美濃民俗文化の会 (479) 2007.4

新説 小栗・照手の物語 発生の歴史をさぐる(村上圭二)「美濃民俗」 美濃民俗文化の会 (480) 2007.5

くらしの民俗 円澄歳住記(10) 「神」から「紙」の民俗(福永円澄)「美濃民俗」 美濃民俗文化の会 (480) 2007.5

くらしの民俗 円澄歳住記(11) まじない(呪)の民俗(福永円澄)「美濃民俗」 美濃民俗文化の会 (482) 2007.7

世相民俗 「こころ」の中の二つの帳面(高橋智静)「美濃民俗」 美濃民俗文化の会 (483) 2007.8

くらしの民俗 円澄歳住記(11) あかりの民俗(福永円澄)「美濃民俗」 美濃民俗文化の会 (483) 2007.8

「月」人類は降りたった。しかし拝む心は人々から消えぬ(福永円澄)「美濃民俗」 美濃民俗文化の会 (486) 2007.11

暮らしの中の仏教語(編集部)「美濃民俗」 美濃民俗文化の会 (487) 2007.12

自己を見うしわない為に「神と仏」がある(福永円澄)「美濃民俗」 美濃民俗文化の会 (490) 2008.3

くらし民俗 花のいのち(福永円澄)「美濃民俗」 美濃民俗文化の会 (492) 2008.5

宗教集団をめぐる社会一空間的排除のプロセス―1930年代の「美濃ミッション事件」を事例として(麻生ященный)「歴史地理学」 歴史地理学会, 古今書院(発売) 50(3)通号240 2008.6

春のくろもじ(編集部)「美濃民俗」 美濃民俗文化の会 (493) 2008.6

水の精(福永円澄)「美濃民俗」 美濃民俗文化の会 (493) 2008.6

涙の民俗(福永円澄)「美濃民俗」 美濃民俗文化の会 (493) 2008.6

ことばの民俗(編集部)「美濃民俗」 美濃民俗文化の会 (493) 2008.6

くらしの民俗(福永円澄)「美濃民俗」 美濃民俗文化の会 (494) 2008.7

不思議な光の物語(林佐多哲)「美濃民俗」 美濃民俗文化の会 (494) 2008.7

ヒョウタン考古学(村上圭二)「美濃民俗」 美濃民俗文化の会 (495) 2008.8

美しい国(林佐多哲)「美濃民俗」 美濃民俗文化の会 (495) 2008.8

日本武尊の最期(林佐多哲)「美濃民俗」 美濃民俗文化の会 (496) 2008.9

「車山」の文字考(1),(2)(藤田黎三)「美濃民俗」 美濃民俗文化の会 (497)/(498) 2008.10/2008.11

塩の民俗 白は聖なる色(福永円澄)「美濃民俗」 美濃民俗文化の会 (497) 2008.10

随想 火鉢の藁灰(清水たず子)「美濃民俗」 美濃民俗文化の会 (498) 2008.11

晦日神楽(堤正樹)「美濃民俗」 美濃民俗文化の会 (499) 2008.12

肉食禁止令(林佐多哲)「美濃民俗」 美濃民俗文化の会 (499) 2008.12

コトバの民俗「美濃民俗」 美濃民俗文化の会 (499) 2008.12

子供達の友達の輪 秋上げのぼた餅[1],(2)(長谷川恵三)「美濃民俗」 美濃民俗文化の会 (499)/(500) 2008.12/2009.01

随想 梁塵秘抄ゆえのかかわり(堤正樹)「美濃民俗」 美濃民俗文化の会 (501) 2009.02

中山道十七宿と美濃の神々(1)〜(11)(今津隆弘)「中山道加納宿 : 中山道加納宿文化保存会会誌」 中山道加納宿文化保存会 (53)/(63) 2009.04/2014.4

随想 わらしべ長者と花木長者(堤正樹)「美濃民俗」 美濃民俗文化の会 (506) 2009.07

美濃飛騨の地芝居はいつからか(丸山幸太郎)「郷土研究・岐阜 : 岐阜県郷土資料研究協議会会報」 岐阜県郷土資料研究協議会 (112) 2009.09

親鸞聖人が好んだ「いとこ煮」伝統食、私記(高橋智静)「美濃民俗」 美濃民俗文化の会 (509) 2009.10

穀物の神話(林佐多哲)「美濃民俗」 美濃民俗文化の会 (510) 2009.11

餅 雑感(清水たず子)「美濃民俗」 美濃民俗文化の会 (511) 2009.12

美濃加茂地域の古代寺院(1),(2)(深貝郁子、窪佳世)「郷土研究・岐阜 : 岐阜県郷土資料研究協議会会報」 岐阜県郷土資料研究協議会 (113)/(114) 2010.03/2010.09

富有柿によせて くらしとその風景(1)(杉原恭三)「美濃民俗」 美濃民俗文化の会 (518) 2010.07

東濃 第九回国際陶磁器 フェスティバル美濃11に関連して美濃焼産地資料館が美濃焼千三百年の流れから美濃窯の誇りを表示する(書窓の風)(桃井勝)「郷土研究・岐阜 : 岐阜県郷土資料研究協議会会報」 岐阜県郷土資料研究協議会 (116) 2011.9

地芝居探訪(40) 山鹿町あじさい祭り/地芝居への誘い/戸沢花胡蝶歌舞伎/「相生座」美濃歌舞伎納涼公演/黒沢尻歌舞伎/柳橋歌舞伎「公益社団法人全日本郷土芸能協会会報」 全日本郷土芸能協会 (65) 2011.10

美濃大窯における工房について 付篇 美濃の城館跡と窯跡(桑下東窯跡と桑下城跡―戦国期における大窯生産のすがた)(加藤真司)「考古学フォーラム」 愛知考古学談話会 (21) 2012.02

美濃のムゲツ氏とカモ氏と水の祭祀(尾関章)「古代史の海」 「古代史の海」の会 (67) 2012.07

遙拝所としての常夜燈(高橋晃一郎)「美濃の文化 : 美濃文化総合研究会機関誌」 美濃文化総合研究会 (122) 2012.07

美濃における三信遠系の田遊び―「どうじゃこう」を中心に(西岡陽子)「民俗芸能研究」 民俗芸能学会 (53) 2012.09

地芝居探訪(43) 湖東歌舞伎公演/大桃の舞台公演/戸沢花湖蝶歌舞伎/「相生座」美濃歌舞伎納涼公演/黒沢尻歌舞伎「公益社団法人全日本郷土芸能協会会報」 全日本郷土芸能協会 (11) 2012.10

星光堂呉服店の年忌証文を発見(星野邦和)「美文会報」 美濃文化財研究会 13(1)通号504 2013.01

神と仏の神仏習合について(高橋晃一郎)「美濃の文化 : 美濃文化総合研究会機関誌」 美濃文化総合研究会 (127) 2014.02

近代美濃焼の "銅版・本銅版" ―明治・大正・昭和のやきもの相場(山下峰司)「財団法人瀬戸市文化振興財団埋蔵文化財センター研究紀要」 瀬戸市文化振興財団 (18) 2014.03

地芝居探訪(52) 彦五郎祭公演/戸沢花湖蝶歌舞伎/美濃歌舞伎納涼公演/黒沢尻歌舞伎「公益社団法人全日本郷土芸能協会会報」 全日本郷土芸能協会 (77) 2014.10

美濃三十三観音霊場

美濃の三十三観音霊場巡礼(阿部健)「安城民俗」 安城民俗談話会 15 2000.12

美濃の三十三観音霊場巡礼(前号からの続き)(阿部健)「安城民俗」 安城民俗談話会 16 2001.5

美濃の三十三観音霊場巡礼(No.16からの続き)(阿部健)「安城民俗」 安城民俗談話会 18 2002.5

美濃路

美濃路四百年祭を(渡辺千歳)「美濃民俗」 美濃民俗文化の会 428 2003.1

美濃高田

鉄座・楽市から六斎市へ 美濃高田・町屋の消長(前),(後)(村上圭二)「美濃民俗」 美濃民俗文化の会 437/438 2003.10/2003.11

三野国

丁丑年三野国木簡についての覚書(早川万年)「岐阜史学」 岐阜史学会 通号96 1999.11

美濃国

木地師史料 木地村のあじめ泥鰌と岩魚―美濃・播磨・加賀・越前国(杉本寿)「民俗文化」 滋賀民俗学会 408 1997.9

南宮祭―美濃国一の宮(田口宏)「まつり通信」 まつり同好会 39(9)通号463 1999.9

近世女人文人風土記 美濃・飛騨国の巻(岐阜県)(石田由美子)「江戸期おんな考」 桂文庫 (13) 2002.10

戦国期美濃国における禅院の建立と小林寺殿の葬祭儀礼(赤田光男)「帝塚山大学人文科学部紀要」 帝塚山大学人文科学部 (25) 2009.03

研究ノート 美濃国に残る行基ゆかりの寺院(吉田晋右)「岐阜市歴史博物館博物館だより」 岐阜市歴史博物館 (78) 2011.08

美濃馬場

奥美濃白鳥町白山信仰・美濃馬場の仏を訪ねて(岩崎幸一)「史迹と美術」 史迹美術同攷会 72(3)通号723 2002.3

白山美濃馬場の修験遺跡と遺物(白山特集)(上村俊邦)「山岳修験」 日本山岳修験学会, 岩田書院(発売) (48) 2011.08

宮川村

牛のあしなか 飛騨宮川村―実用品から縁起ものへ(青木自由治)「あしなか」 山村民俗の会 264 2003.4

岐阜県宮川村の焼畑(竹中玲磨)「民具マンスリー」 神奈川大学 37(10)通号442 2005.1

宮峠

石仏紹介(13)宮峠の不動明王(柳沢栄司)「北陸石仏の会々報」 北陸石仏の会 (26) 2002.9

宮町

大垣祭りの「猩々軕」再建―宮町の伝統蘇る「美濃民俗」 美濃民俗文化の会 408 2001.5

妙応寺

岐阜県 妙応寺(第4集追加目録)「禅宗地方史調査会年報」 [禅宗地方史調査会] (5) 1998.5

明星輪寺

明星輪寺の十三参り信仰と近藤如行の年齢(古橋哲雄)「美濃民俗」 美濃民俗文化の会 456 2005.5

三輪

江戸時代の三輪祭り―稚児山を中心に(筧真理子)「美濃民俗」 美濃民俗文化の会 383 1999.4

武儀郡

近世・近代初期における美濃茶の生産と流通について―尾張藩領武儀・加茂郡の事例から(青木秀樹)「岐阜市歴史博物館研究紀要」 岐阜市歴史博物館 (14) 2000.3

席田廃寺

席田廃寺の瓦とその提起する問題(小川貫司, 高橋万紀)「岐阜市歴史博物館研究紀要」 岐阜市歴史博物館 (18) 2007.3

館蔵資料紹介 席田廃寺出土瓦(川村功勝氏寄贈)「岐阜市歴史博物館博物館だより」 岐阜市歴史博物館 (65) 2007.4

結大明神

西美濃における"をぐり"伝承(9)結大明神 付・観音堂(堤正樹)「美濃民俗」 美濃民俗文化の会 383 1999.4

茂住

飛騨歴史民俗学会茂住左義長 見学紀行(桐谷忠夫)「飛騨春秋 : 飛騨郷土学会誌」 高山市民時報社 447 1998.4

本巣郡

西堀彌市と杞柳産業―岐阜県本巣郡・宮城県遠田郡における産業創出(荻久保嘉章)「郷土研究・岐阜 : 岐阜県郷土資料研究協議会会報」 岐阜県郷土資料研究協議会 (115) 2011.03

森八幡神社

森八幡神社石捧 由来と発見の経緯(小池秀雄)「飛騨春秋 : 飛騨郷土学会誌」 高山市民時報社 458 1999.3

森水無八幡神社

国指定重要無形民俗文化財 下呂森水無八幡神社田之神祭(小池秀雄)「飛騨春秋 : 飛騨郷土学会誌」 高山市民時報社 497 2002.6

八重垣神社

八重垣神社の歴史とインド仏跡巡拝の旅(木村邦夫)「美濃の文化 : 美濃文化総合研究会機関誌」 美濃文化総合研究会 (128) 2014.06

八百津

八百津だんじり祭り(国枝直子)「日本民俗音楽学会会報」 日本民俗音楽学会 (29) 2008.7

第977回例会 岐阜県・八百津・可児市の仏像(岩崎幸一)「史迹と美術」 史迹美術同攷会 83(2)通号832 2013.02

八百津町

久田見祭を訪ねる(内藤裕子)「まつり通信」 まつり同好会 37(7)通号437 1997.7

薬王寺

史跡 海鷗居と薬王寺(1)～(7)(若山光圓)「美濃民俗」 美濃民俗文化の会 415/427 2001.12/2002.12

夜叉ヶ池

「夜叉ヶ池」の伝説と科学(日比野雅俊)「地域社会」 地域社会研究会 6(2)通号10 1982.03

夜叉ヶ池伝説考(馬場杉右衛門)「民俗文化」 滋賀民俗学会 462 2002.3

夜叉ヶ池伝説(国学院大学説話研究会)「民話と文学」 民話と文学の会 (33) 2002.5

夜叉ヶ池伝説考(馬場杉右衛門)「美濃民俗」 美濃民俗文化の会 422 2002.7

夜叉竜神

夜叉龍神への雨乞い(3)―II・長昌寺参籠祈禱の記録(2)(松岡浩一)「美濃民俗」 美濃民俗文化の会 361 1997.6

夜叉龍神への雨乞い(3)―祈禱願主在所での請雨と返礼(松岡浩一)「美濃民俗」 美濃民俗文化の会 363 1997.8

山後村

明和2・3・4年 美濃国各務郡山後村遠藤文右衛門日本廻国記(野原敏彦)「岐阜県歴史資料館報」 岐阜県教育文化財団歴史資料館 (23) 2000.3

山岡町

岐阜県山岡町における寒天生産とその変容(原賢仁)「地域社会」 地域社会研究会 13(1)通号22 1988.09

山県岩

山県岩・熊野神社の「でんでらがはち」(1)～(6)(清水昭男)「美濃民俗」 美濃民俗文化の会 367/374 1997.12/1998.7

山口

岐阜県中津川市山口地区の浦島伝説(山田栄克)「昔話伝説研究」 昔話伝説研究会 (33) 2014.03

大和町

大和町七日祭20年目の薪能を鑑賞して 探訪概記(岐阜県高山市・郡上市大和町・八幡町史跡探訪記)(土屋清實)「東庄の郷土史」 東庄郷土史研究会 (24) 2008.6

大和町七日祭20年目の薪能を鑑賞して 岐阜県短歌(岐阜県高山市・郡上市大和町・八幡町史跡探訪記)(遠藤米子)「東庄の郷土史」 東庄郷土史研究会 (24) 2008.6

弓削寺

民話を訪ねて 弓削寺・再生の湯(堤正樹)「美濃民俗」 美濃民俗文化の会 (483) 2007.8

湯之島薬師堂

下呂・湯之島薬師堂鐘と遠藤盛牧(横山住雄)「郷土研究・岐阜 : 岐阜県郷土資料研究協議会会報」 岐阜県郷土資料研究協議会 84 2000.3

養安寺

「お初の方」の菩提寺・榮昌院と「佐野織田氏」の養安寺について(宮部博)「郷土研究・岐阜 : 岐阜県郷土資料研究協議会会報」 岐阜県郷土資料研究協議会 (100) 2005.6

養老

四百年の歴史が教えて呉れた"野村もみじ"―原産地は養老であった(安福彦七)「美濃民俗」 美濃民俗文化の会 404 2001.1

養老孝子伝説の背景(研究ノート)(吉田晋右)「岐阜市歴史博物館博物館だより」 岐阜市歴史博物館 (88) 2014.11

横蔵寺

書風の窓 西濃 横蔵寺(折田芳夫)「郷土研究・岐阜 : 岐阜県郷土資料研究協議会会報」 岐阜県郷土資料研究協議会 87 2001.3

書窓の風 西濃 西美濃での仏像の多い横蔵寺(折戸芳夫)「郷土研究・岐阜 : 岐阜県郷土資料研究協議会会報」 岐阜県郷土資料研究協議会 90 2002.3

美濃 横蔵寺と池戸城を思う(林賢司)「城」 東海古城研究会 (216) 2014.10

吉田村

「吉田村埋葬場図面」の復元―金森家臣団下級武士の共同墓地復元への手だてと視点(村中利男)「郷土研究・岐阜 : 岐阜県郷土資料研究協

議会会報」 岐阜県郷土資料研究協議会　96　2004.3

竜光寺

舟田城主石丸利光の菩提寺「龍光寺」について（横山住雄）「中山道加納
　宿 ： 中山道加納宿文化保存会会誌」　中山道加納宿文化保存会　29
　1997.4

領下

領下の閻魔堂について（白木幸一）「中山道加納宿 ： 中山道加納宿文化
　保存会会誌」　中山道加納宿文化保存会　（52）2008.10

両面窟

飛騨と円空覚書（21）両面窟（出羽の窟）（2）（池田勇次）「飛騨春秋 ：
　飛騨郷土学会誌」　高山市民時報社　467　1999.12

霊泉寺

吉祥天彫像の諸相と高山霊泉寺像（星野直哉）「飛騨春秋 ： 飛騨郷土学
　会誌」　高山市民時報社　464　1999.9

和田家

小駄良・浄願寺・和田家の三題噺（和田昌三）「遊悠」　郡上・地名を考え
　る会　16　2002.6
和田家の人々（1）〜（10）（山田賢二）「美濃民俗」　美濃民俗文化の会
　443/458　2004.4/2005.7
和田家の人々（11）佐々家のこと（山田賢二）「美濃民俗」　美濃民俗文化
　の会　461　2005.10
和田家の人々（12）佐々淳行氏のこと（山田賢二）「美濃民俗」　美濃民俗
　文化の会　463　2005.12

輪之内町

輪之内町の民俗伝承 神社例祭と粥つけ神事（編集部）「美濃民俗」　美濃
　民俗文化の会　454　2005.3

静岡県

秋鹿屋敷
秋鹿屋敷の故事（杉浦弘）「磐南文化」　磐南文化協会　（33）2007.3

相川村
私の記憶の中の民俗―昭和25～40年の志太郡相川村（油井正明）「静岡県民俗学会会報」　静岡県民俗学会　（151）2014.04

鮎沢御厨
駿河国大沼鮎沢御厨発祥地考―古代交通の要衝・沼津港と木瀬川宿等か（斎藤泰造）「地方史静岡」　地方史静岡刊行会　26　1998.3

青ヶ島
伊豆青ヶ島巫女の神懸り―神託の身振りをめぐって（村山道宣）「あしなか」　山村民俗の会　280　2008.1

青木神社
民俗部会　敵同士を結ぶ不思議な縁―浜当目の青木神社（中村羊一郎）「焼津市史だより」　焼津市総務部　4　2002.7

青崩峠
峠越えの時空―青崩峠を緒として（野本寛一）「伊那民俗研究」　柳田國男記念伊那民俗学研究所　（19）2011.10

青部
本川根町神楽調査報告書『本川根町田代・坂京・青部の神楽』（新刊紹介）（荻野裕子）「静岡県民俗学会誌」　静岡県民俗学会　21　2000.12

青山八幡宮
青山八幡宮所蔵「慶應四年五月乃控」―吉田家神職支配と青山八幡宮家の動向（長田直子）「藤枝市史研究」　藤枝市市民文化部　5　2004.3

赤石山地
赤石山地の鹿狩り（《静岡市葵区井川地区合同調査特集》）（松田香代子）「昔風と当世風」　古々路の会　（91）2007.3

赤淵川
昔話「赤淵川と須津川」の考察（渡辺繁治）「駿河」　駿河郷土史研究会　52　1998.3

秋葉街道
信仰の道　秋葉街道（清水忠雄）「磐南文化」　磐南文化協会　（28）2002.3

秋葉街道に信仰の道と塩の道を訪ね、遠江と上伊那との関連を現地に探る（《広域特集》―〈第33回上伊那歴史研究会県外実地踏査報告》）「伊那路」　上伊那郷土研究会　52（12）通号623　2008.12

つながりは深く　秋葉街道―諏訪から太平洋まで／権兵衛峠―木曽と伊那は隣村（《特集　地域間交流―人の心をつむぐ》）「地域文化」　八十二文化財団　（87）2009.1

秋葉権現
秋葉権現「春野文化温故知新 : 春野町郷土研究報」　春野町郷土研究会　（60）1997.3

秋葉山
秋葉山信仰に就いて（田中春二）「静岡県歴研会報」　静岡県歴史研究会　80　1997.6

清水の秋葉山（大島建彦）「西郊民俗」　［西郊民俗談話会］　通号165　1998.12

口絵　伊那郡中村々が寄進した秋葉山の唐銅灯籠（山内尚巳）「伊那」　伊那史学会　48（11）通号870　2000.11

秋葉山～可睡齋（《広域特集》―〈第33回上伊那歴史研究会県外実地踏査報告》）（福與雅寿）「伊那路」　上伊那郷土研究会　52（12）通号623　2008.12

秋葉山略縁起と近世国学者の付会（田村貞雄）「東海近代史研究」　東海近代史研究会　（30）2009.06

遠州秋葉山の神仏分離における神階「正一位」問題（田村貞雄）「東海近代史研究」　東海近代史研究会　（32）2011.07

秋葉山道
静岡県秋葉山道の道標と町石（八木富美夫）「日本の石仏」　日本石仏協会，青娥書房（発売）通号87　1998.9

秋葉神社
近世の秋葉信仰について（坪井俊三）「静岡県地域史研究会会報」　静岡県地域史研究会　97　1997.6

秋葉神社と秋葉の火祭（《特集　火伏せ信仰》）（佐藤眞人）「季刊悠久.第2次」　鶴岡八幡宮悠久事務局　（104）2006.8

秋葉信仰の中心　秋葉神社を訪ねて（《広域特集》―〈第33回上伊那歴史研究会県外実地踏査報告》）（内城正登）「伊那路」　上伊那郷土研究会　52（12）通号623　2008.12

秋葉信仰の地域的展開の批評によせて（西ãネ賢二）「ぶい＆ぶい : 日本史史料研究会会報」　日本史史料研究会企画部　（新春特別号）2010.01

研究発表要旨　秋葉灯篭の型式学的分類とその分布（竹内直文）「静岡県民俗学会会報」　静岡県民俗学会　（147）2013.04

秋葉代参円図（宮原達明）「伊那路」　上伊那郷土研究会　57（7）通号678　2013.07

秋葉道
秋葉道（掛川～御油）の点描―道中日記を中心として（坂部哲之）「地方史静岡」　地方史静岡刊行会　26　1998.3

秋葉道と女性の旅（坂部哲之）「地方史静岡」　地方史静岡刊行会　28　2000.3

浅羽
浅羽の里修験（2）（山本義孝）「磐南文化」　磐南文化協会　23　1997.3

地域における俗修験の活動―遠江国浅羽33ヶ村の事例（山本義孝）「山岳修験」　日本山岳修験学会，岩田書院（発売）通号23　1999.3

浅羽町
郷土の歌（17）西浅羽音頭・浅羽町歌（編集部）「磐南文化」　磐南文化協会　（32）2006.3

阿字神社
阿字神社の民話が伝える「自己犠牲」を考える（中嶋俊次）「駿河」　駿河郷土史研究会　（60）2006.3

芦田
芦田の物日の食「スワイ」について（外立ますみ）「沼津市史だより」　［沼津市教育委員会］　（22）2012.3

愛鷹山水神社
愛鷹山水神社（大島建彦）「西郊民俗」　［西郊民俗談話会］　通号168　1999.9

愛鷹神社
愛鷹神社考（木村昭和）「沼津史談」　沼津史談会　55　2004.1

網代
氷河期を乗り越えて　静岡県熱海市網代（吉川祐子）「月刊通信ふるさとの民俗を語る会」　民俗文化研究所　（40）2010.09

熱海
熱海芸妓事情―桐竹京子の乙女文楽を追って（神田朝美）「静岡県民俗学会会報」　静岡県民俗学会　（128）2008.9

天城山
天城山の神代杉（塩谷修一）「伊豆の郷土研究」　田方地域文化財保護審議委員連絡協議会　29　2004.3

天羽衣神社
静岡市・天羽衣神社の懸仏と羽衣説話等について（上），（下）（大塚幹也）「史迹と美術」　史迹美術同攷会　73（6）通号736/73（7）通号737　2003.7/2003.8

阿弥陀順礼四十八ケ所
阿弥陀順礼四十八ケ所（小杉達）「磐南文化」　磐南文化協会　24　1998.3

雨桜神社
雨桜神社の祇園祭り　王の舞の地方定着（吉川祐子）「月刊通信ふるさとの民俗を語る会」　民俗文化研究所　（27）2009.08

天宮
若者から天社贄、そして保存会へ　天宮舞楽伝承組織の変動（吉川祐子）「月刊通信ふるさとの民俗を語る会」　民俗文化研究所　（37）2010.06

天宮神社
天宮十二段舞楽（田中義広）「まつり通信」　まつり同好会　39（6）通号460　1999.5

天宮神社舞楽を支えてきた天社贄「月刊通信ふるさとの民俗を語る会」　民俗文化研究所　（2）2007.7

静岡県　　　　　　　　　郷土に伝わる民俗と信仰　　　　　　　　　東海

新居

新居手筒花火の現在（吉川祐子）「静岡県民俗学会会報」 静岡県民俗学会 （120）2007.5

語りの履歴 小國神社の田遊びの話／森町の子ども念仏の話／岡山の山の神祭りの話／大井神社の鹿島踊の話／新居の手筒花火の話「月刊通信ふるさとの民俗を語る会」（1）2007.6

新居自慢の手筒花火（吉川祐子）「月刊通信ふるさとの民俗を語る会」 民俗文化研究所 （62）2012.07

荒田島

荒田島庚申堂（青面金剛明王）と称念寺（草間勝）「駿河」 駿河郷土史研究会 54 2000.3

飯田

龍 夏空に舞う 飯田天王祭舞楽公開（吉川祐子）「月刊通信ふるさとの民俗を語る会」 民俗文化研究所 （86）2014.07

飯田院内集落

遠江国飯田院内集落の構成と動向（山本義孝）「山岳修験」 日本山岳修験学会，岩田書院（発売） 通号21 1998.3

言いなり地蔵

言いなり地蔵（川勝高士）「静岡県研会報」 静岡県歴史研究会 100 2002.8

医王寺

大河内・松平氏と医王寺の九年母（竹田康治）「磐南文化」 磐南文化協会 27 2001.3

医王寺薬師如来の信仰諸相（神尾富夫）「富士民俗の会会報」 富士民俗の会 （17）2001.7

五百原

倭尊百々衣（襲）姫と駿河五百原（山田益男）「駿河」 駿河郷土史研究会 （63）2009.03

五十海村

藤八柿のいわれと五十海村橋本家の由緒（海野一徳）「藤枝市史だより」 藤枝市 （26）2012.03

井川

静岡市の伝統文化ビデオシリーズ『一井川の雑穀文化―稗・粟を使った伝統食ができるまで』民俗編（新刊紹介）（佐々倉洋一）「静岡県民俗学会誌」 静岡県民俗学会 24 2003.12

井川雑穀文化調査会編『井川雑穀文化調査報告書』（書誌紹介）（岩田重則）「日本民俗学」 日本民俗学会 通号243 2005.8

「家の神」誕生の一形態（《静岡市葵区井川地区合同調査特集》）（森隆男）「昔風と当世風」 古々路の会 （91）2007.3

静岡市葵区井川地区の信仰（《静岡市葵区井川地区合同調査特集》）（岩野笙子）「昔風と当世風」 古々路の会 （91）2007.3

五穀の郷、井川の食のことなど（《静岡市葵区井川地区合同調査特集》）（丸山久子）「昔風と当世風」 古々路の会 （91）2007.3

井川雑感（《静岡市葵区井川地区合同調査特集》）（早瀬哲恒）「昔風と当世風」 古々路の会 （91）2007.3

井川で見たもの聞いたもの（《静岡市葵区井川地区合同調査特集》）（五十嵐稔）「昔風と当世風」 古々路の会 （91）2007.3

ダムに沈んだ集落（《静岡市葵区井川地区合同調査特集》）（今野大輔）「昔風と当世風」 古々路の会 （91）2007.3

井川への往来（《静岡市葵区井川地区合同調査特集》）（日栄幸子）「昔風と当世風」 古々路の会 （91）2007.3

稗を守る人々（《静岡市葵区井川地区合同調査特集》）（山崎祐子）「昔風と当世風」 古々路の会 （91）2007.3

柱誉めの習俗がみられる山村（《静岡市葵区井川地区合同調査特集》）（津山正幹）「昔風と当世風」 古々路の会 （91）2007.3

井川の伝承と生活（《静岡市葵区井川地区合同調査特集》）（長野晃子）「昔風と当世風」 古々路の会 （91）2007.3

雑穀食考―静岡市井川の調査から（繁原幸子）「女性と経験」 女性民俗学研究会 通号32 2007.10

依京寺

依京寺本尊について（伊東誠司）「裾野市史研究」 裾野市教育委員会教育部市史編さん室 9 1997.3

池新田

風と人びとの暮らし―遠州灘沿岸の浜岡町池新田・佐倉地区の事例を中心にして（中山正典）「日本民俗学」 日本民俗学会 通号237 2004.2

池田宿

熊野と朝顔と判官盛久（門奈幹雄）「磐南文化」 磐南文化協会 （30）2004.3

池田村

資料紹介 池田村の水神社の棟札（大橋雄司）「磐南文化」 磐南文化協会 （32）2006.3

池ノ谷

特集 稲子、池ノ谷念仏祭について（芦澤幹雄）「かわのり」 芝川町郷土史研究会 （35）2010.06

医源寺

続・大峯山医源寺の開基について（石井種生）「沼津史談」 沼津史談会 51 2000.3

一色

「六様様」に代わりお礼申し上げます 220年も行き倒れの修業者を供養 三ヶ町大谷・一色（足立史談会だより 第56号 平成4年11月15日）「足立史談会だより」 足立史談会 （297）2012.12

石坂

富士市石坂地区周辺（久保田武人）「富士民俗の会会報」 富士民俗の会 （26）2004.7

石野村

石野村むかしばなし（戸倉悦司）「ふるさと袋井」「袋井市地方史研究会」 21 2006.11

石原町

石原町の明石大明神社（中津川宗全）「磐南文化」 磐南文化協会 （29）2003.3

石部

石部の地曳網におけるシロワケ（川口円子）「静岡県民俗学会会報」 静岡県民俗学会 （128）2008.9

伊豆

旅・ある出あい―道祖神（野村凱一）「伊豆史談」 伊豆史談会 127 1998.3

仏像について（石井岑夫）「伊豆の郷土研究」 田方地域文化財保護審議協議会 23 1998.4

伊豆・駿河における「千箇寺供養塔」（木村博）「日本の石仏」 日本石仏協会，青娥書房（発売） 通号88 1998.12

伊豆石の倉（福長利晴）「磐南文化」 磐南文化協会 25 1999.3

ミシャグチ神について―オシャモジサン（佐藤良平）「伊豆の郷土研究」 田方地域文化財保護審議委員連絡協議会 24 1999.4

尋ね歩きの伊豆だより（1）伝承と歴史の曽我物語（渡部幸子）「わかくす：河内ふるさと文化誌」 わかくす文芸研究会 （35）1999.5

一遍・真教と伊豆地方の時宗寺院との関係について（桑畑和夫）「伊豆史談」 伊豆史談会 129 2000.3

明治初年の宗教政策に関連して（佐藤良平）「伊豆の郷土研究」 田方地域文化財保護審議委員連絡協議会 26 2001.3

石仏入門「庚申塔を読む」（岡田憲明）「伊豆史談」 伊豆史談会 130 2001.3

伊豆の山猿―民族学振興会と「みいさん」の想い出（大上葉子）「土佐地域文化」「土佐地域文化研究会」 4 2001.12

伊豆の山窩調査は早急実施が課題 偏見・差別ではなく生業史や民俗学の立場から 竹細工師と下田の地名「箕作」についての私見（飯尾恭之）「豆州歴史通信」 豆州研究社歴史通信部 258 2001.12

伊豆の石丁場 伊豆石の存在（金子浩之）「豆州歴史通信」 豆州研究社歴史通信部 260 2002.1

伊豆の国の成立時期と市ヶ原廃寺（山内昭二）「伊豆の郷土研究」 田方地域文化財保護審議委員連絡協議会 27 2002.3

「一本歯の下駄」を履いていた「目一つ小僧」の伝承（木村博）「伊豆史談」 伊豆史談会 131 2002.3

異説 農兵節考（土屋壽山）「伊豆史談」 伊豆史談会 131 2002.3

伊豆の「神歌（みうた）」について（木村博）「まつり通信」 まつり同好会 42(7) 通号497 2002.6

第148回例会研究発表資料 地名の方言変化―江戸と伊豆（三橋誠之）「北海道方言研究会会報」 北海道方言研究会 76 2002.9

伊豆にもあった神話の世界 神武天皇の皇后は伊豆の美しき姫 歴史と違っても昔からの民話として知っておこう「豆州歴史通信」 豆州研究社歴史通信部 288 2003.3

狛犬（野村凱一）「伊豆史談」 伊豆史談会 （133）2003.12

道祖神と遊ぶ（岡田憲明）「伊豆史談」 伊豆史談会 （133）2003.12

伊豆石の輸送機についての私見（柳田圭一）「豆州歴史通信」 豆州研究社歴史通信部 305 2003.12

伊豆の道祖神をめぐる二、三の問題（木村博）「日本の石仏」 日本石仏協会，青娥書房（発売）（108）2003.12

伊豆における聖徳太子伝承―『増訂豆州志稿』その他から（木村博）「聖徳」 聖徳宗教学部 179 2004.1

堅魚木簡に見られる堅魚製品の実態について―特に堅魚汁とその運搬用

具をめぐって（瀬川裕市郎）「伊豆の郷土研究」 田方地域文化財保護審議委員連絡協議会 29 2004.3

近世の駿東・伊豆地方における翁舞の様相―二つの史料から（松見正一）「民俗芸能研究」 民俗芸能学会 （37） 2004.10

篆書で刻まれた路傍の石碑（小林弘邦）「伊豆史談」 伊豆史談会 （134） 2004.12

伊豆の鰐口（高野穂多果）「静岡県埋蔵文化財調査研究所研究紀要」 静岡県埋蔵文化財調査研究所 （11） 2005.3

随筆 稲荷の神（野村凱一）「伊豆史談」 伊豆史談会 通号135 2006.1

鬼鹿毛馬頭尊（飯塚雅也）「伊豆の郷土研究」 田方地域文化財保護審議員連絡協議会 31 2006.3

三番叟について（佐藤良平）「伊豆の郷土研究」 田方地域文化財保護審議委員連絡協議会 31 2006.3

伊豆の島の七つ山（北野晃）「西郊民俗」 ［西郊民俗談話会］ （195） 2006.6

伊豆参詣記―宗祖日蓮の聖跡を訪ねて（佐藤博信）「鎌倉」 鎌倉文化研究会 通号102 2006.12

地の神・土の神を祀る―民間信仰とその継承（鈴木勝彦）「伊豆の郷土研究」 田方地域文化財保護審議委員連絡協議会 32 2007.3

カワニナの民俗事例（予察）（原茂光）「伊豆の郷土研究」 田方地域文化財保護審議委員連絡協議会 32 2007.3

続「伊豆石」近現代史（加藤清志）「豆州歴史通信」 豆州研究社歴史通信部 （385） 2007.3

御me鯛あれこれ（野中忠）「伊豆史談」 伊豆史談会 通号137 2008.1

「地獄・極楽絵図」から見る世界（山内雅夫）「伊豆の郷土研究」 田方地域文化財保護審議委員連絡協議会 33 2008.3

伊豆に住む妖怪（橋本敬之）「伊豆の郷土研究」 田方地域文化財保護審議委員連絡協議会 33 2008.3

伊豆の三番叟を考える―田方地方を中心として（大石泰夫）「伊豆の郷土研究」 田方地域文化財保護審議委員連絡協議会 33 2008.3

例会講演 伊豆の三番叟を考える―田方地方を中心として（大石泰夫）「静岡県民俗学会誌」 静岡県民俗学会 （26） 2008.3

第18回特別企画報告 春うららの伊豆・箱根に源頼朝縁の社寺を訪ねる（小瀬川雅彦）「藤沢地名の会会報」 藤沢地名の会 （68） 2008.9

シリーズ食（9） 南伊豆子稲の食（吉川祐子）「静岡県民俗学会会報」 静岡県民俗学会 （131） 2009.03

伊豆の浅間神社信仰と大室山（2），（3）（齋藤秀治）「郷土の栞」 伊東郷土研究会 （155）／（156） 2012.01/2012.03

伊豆における高遠石工の庚申塔（よ・か・る・と―私の石仏案内）（川島整）「日本の石仏」 日本石仏協会，青娥書房（発売） （141） 2012.03

餅売りのおばば 『伊豆のむかし話』（風さ刊）より転載「小田原史談：小田原史談会々報」 小田原史談会 （234） 2013.07

伊豆の水陸連携魚輸送―馬士と押送船（静岡県の民俗）（胡桃沢勘司）「民俗文化」 近畿大学民俗学研究所 （26） 2014.07

伊豆のなまこ壁建造物群と清水瓦（静岡県の民俗）（網伸也）「民俗文化」 近畿大学民俗学研究所 （26） 2014.07

伊豆の石の巨大石棺（会員の広場）（井戸寛）「日本の石仏」 日本石仏協会，青娥書房（発売） （152） 2014.12

伊豆稲取

伊豆稲取につたわる雛のつるし飾り（石塚孝江）「立川民俗」 立川民俗の会 （13） 2002.12

伊豆沿岸

伊豆沿岸のテングサ採集（1）「豆州歴史通信」 豆州研究社歴史通信部 194 1999.4

伊豆沿岸のテングサ採集（2） 静岡県水産誌（明治27年発行）から「豆州歴史通信」 豆州研究社歴史通信部 195 1999.5

伊豆山

箱根・伊豆山・三島の縁起とその世界（阿部美香）「季刊悠久.第2次」 鶴岡八幡宮悠久事務局 94 2003.7

伊豆山権現

相模周辺に廃仏毀釈の痕跡を探る（2） 箱根権現、伊豆山権現（平賀康雄）「扣之帳」 扣の帳刊行会 （28） 2）10.06

伊豆駿河両国横道巡礼

近世後期における東泉院慈松の地方巡礼―駿河国弘法大師霊場・同観音三十三所・伊豆駿河両国横道巡礼（大高康正）「六所家総合調査だより」 富士市立博物館 （11） 2012.09

伊豆西海岸

シリーズ食（15） 伊豆西海岸の物日の食 押し寿司とスワイ（酢和え）（外立ますみ）「静岡県民俗学会会報」 静岡県民俗学会 （139） 2011.04

シリーズ食（16） 伊豆西海岸の普段の食（外立ますみ）「静岡県民俗学会会報」 静岡県民俗学会 （140） 2011.07

伊豆国

伊豆国利生塔（相原隆三）「伊豆の郷土研究」 田方地域文化財保護審議委員連絡協議会 28 2003.3

伊豆国「一ノ宮」隣接諸国の「一ノ宮」「豆州歴史通信」 豆州研究社歴史通信部 （387） 2007.4

神代時代の伊豆国に伝わる神話「古典と上代人の生活」北山和麿著より［1］，続，続々，（3）「豆州歴史通信」 豆州研究社歴史通信部 （439）／（442） 2009.06/2009.08

伊豆の国市

「伊豆の国市」とはどこか―大合併と民俗の本質（《特集 市町村合併と民俗》）（松田香代子）「日本民俗学」 日本民俗学会 通号245 2006.2

第1回例会 伊豆の国市の三番叟見学会報告（松田香代子）「静岡県民俗学会会報」 静岡県民俗学会 （142） 2012.01

伊豆半島

伊豆半島の仏像拝見（南部定子）「史迹と美術」 史迹美術同攻会 69（8） 通号698 1999.9

伊豆半島最南端の富士山―小型富士の信仰形態（荻野裕子）「静岡県民俗学会誌」 静岡県民俗学会 24 2003.12

伊豆半島の河童（《特集 かっぱ・カッパ・河童 愛される川の妖怪》）（桜井祥行）「歴史民俗学」 批評社 （23） 2004.2

伊豆半島漁村における風の伝承（中山正典）「日本民俗学」 日本民俗学会 通号250 2007.5

伊豆半島西海岸

伊豆半島西海岸の天草採集 静岡県水産誌（明治27年発行）から「豆州歴史通信」 豆州研究社歴史通信部 197 1999.6

井田

静岡県沼津市井田のサイノカミ（坂口聡子）「道祖神研究」 道祖神研究会 （3） 2009.04

市ヶ原廃寺

伊豆の国の成立時期と市ヶ原廃寺（山内昭二）「伊豆の郷土研究」 田方地域文化財保護審議委員連絡協議会 27 2002.3

伊東

大根干し・十本松のこと ほか（鈴木茂）「郷土の栞」 伊東郷土研究会 （155） 2012.01

歴史のなかの村と「家」元禄大津波と「家」/村の民俗世界/「飛び上がりの心」/幕末の動向（特集 江戸時代の伊東（2））（関口博巨）「伊東市史だより」 伊東市教育委員会 （12） 2012.3

江戸時代の伊東の文化/「伊東誌」を全文復刻/地元作家たちの歌集「山家麇」/俳句の世界/紀行文で見る江戸時代の伊東/江戸時代伊東の寺社と信仰（特集 江戸時代の伊東（2））（金子浩之）「伊東市史だより」 伊東市教育委員会 （12） 2012.3

関東大震災余話・伊東仏教会のこと（鈴木茂）「郷土の栞」 伊東郷土研究会 （156） 2012.03

伊豆花祭り ほか（鈴木茂）「郷土の栞」 伊東郷土研究会 （157） 2012.05

伊東市

伊東市内の墓地・墓石の考察（森山直介）「豆州歴史通信」 豆州研究社歴史通信部 296 2003.7

伝説の生成と世間話の安定化―伊東市の赤牛譚を例として（吉川祐子）「静岡県民俗学会誌」 静岡県民俗学会 24 2003.12

『伊東市史調査報告第三集 伊東市の民俗 聞取り資料集』（新刊紹介）（松田香代子）「静岡県民俗学会誌」 静岡県民俗学会 （26） 2008.3

静岡県のウミガメの民俗―御前崎市・伊東市における一五、六年前の調査をふまえて（静岡県の民俗）（藤井弘章）「民俗文化」 近畿大学民俗学研究所 （26） 2014.07

稲川

広尾の墓石―稲川余燼（2）（堀池信夫）「清見潟 ： 清水郷土史研究会会誌」 清水郷土史研究会 （23） 2014.05

引佐

私の木喰巡礼（15）引佐・杉山家の如意輪観音（大久保憲次）「微笑佛」 全国木喰研究会 （15） 2007.4

静岡県引佐周辺の民俗芸能ここ30年間の変遷（内藤京子）「日本民俗音楽学会会報」 日本民俗音楽学会 （27） 2007.7

松本検氏「田原坂の古戦場」の概要/田中春二氏「いなさ神話物語」の概要/篠原旭氏「静岡の信仰のふるさと 賤機山麓山」の概要「静岡歴研会報」 静岡県歴史研究会 （120） 2008.1

引佐町

いなさ神話物語―浜松市引佐町（田中春二）「民俗文化」 滋賀民俗学会 （533） 2008.2

引佐町のヒヨンドリ（吉川祐子）「月刊通信ふるさとの民俗を語る会」 民俗文化研究所 （21） 2009.02

静岡県　　　　　　　　　　　　郷土に伝わる民俗と信仰　　　　　　　　　　　　東海

稲取

「稲取」夏祭りの由来について 東伊豆町文化協会編より 伝統の祭礼も世相によっていろいろな変遷があった「豆州歴史通信」 豆州研究社歴史通信部　247　2001.7

吊るし雛と祭礼装飾（長沢利明）「西郊民俗」 ［西郊民俗談話会］（197）2006.12

山崎祐子編『雛の吊るし飾り』（新刊紹介）（富山昭）「静岡県民俗学会誌」 静岡県民俗学会　（25）2007.3

シリーズ食（5）稲取のカジモチとツバクロモチ（松田香代子）「静岡県民俗学会会報」 静岡県民俗学会　（125）2008.3

『国記録選択無形民俗文化財調査報告書 稲取のハンマアサマ』（新刊紹介）（大嶋善孝）「静岡県民俗学会誌」 静岡県民俗学会　（27）2009.03

民俗探訪 「御石曳き」祭りと築城石—東伊豆町稲取（中部・北陸・東海特集）（邑科久乃）「あしなか」 山村民俗の会　291・292　2011.04

犬居

犬居のつなん曳き（吉川祐子）「月刊通信ふるさとの民俗を語る会」 民俗文化研究所　（12）2008.5

伊場

郡司と祭祀—伊場出土百怪呪符木簡を中心にして（羽床正明）「地方史静岡」 地方史静岡刊行会　28　2000.3

伊場遺跡群

伊場遺跡群における古代祭祀の変遷（特輯 古墳時代から律令時代への祭祀の変遷（上））（鈴木一有）「古代文化」 古代学協会　65（3）通号594　2013.12

今泉

善徳寺を明示の今泉軒別坪数書上帳 善得寺外伝（6）（仁藤宏之助）「駿河」 駿河郷土史研究会　（62）2008.3

今宮神社

獅子神楽調査報告—三島から伝わった道志村の獅子舞と今宮神社獅子神楽について（政木愛子）「三島市郷土資料館研究報告」 三島市郷土資料館　通号1　2008.3

今宮浅間神社

今宮の今宮浅間神社（松田香代子）「六所家総合調査だより」 富士市立博物館　（12）2013.08

入野

浜松入野の注連飾り（小杉達）「静岡県民俗学会誌」 静岡県民俗学会　22　2001.12

入古

入古秋葉講に係わるお話（川島昭二）「ふるさと袋井」 ［袋井市地方史研究会］　17　2002.11

不入斗

不入斗の日常食—ココメ活用の東日本比較（吉川祐子）「静岡県民俗学会会報」 静岡県民俗学会　105　2004.11

不入斗の民具から—田んぼの土づくりと鍬（外立ますみ）「静岡県民俗学会会報」 静岡県民俗学会　106　2005.1

不入斗というムラ—村落の概観と社会組織（松田香代子）「静岡県民俗学会会報」 静岡県民俗学会　107　2005.3

不入斗の補充調査（大嶋善孝）「静岡県民俗学会会報」 静岡県民俗学会　（115）2006.7

不入斗の食に関しての基礎報告（馬場景子）「静岡県民俗学会会報」 静岡県民俗学会　（115）2006.7

不入斗の民俗 静岡県袋井市国本不入斗（《特集 不入斗の民俗》）「静岡県民俗学会誌」 静岡県民俗学会　（25）2007.3

不入斗民俗誌調査の報告会（大嶋善孝）「静岡県民俗学会会報」 静岡県民俗学会　（122）2007.9

不入斗の屋台披露（松田香代子）「静岡県民俗学会会報」 静岡県民俗学会　（123）2007.11

不入斗の笛吹きさん（外立ますみ）「静岡県民俗学会会報」 静岡県民俗学会　（123）2007.11

磐田

磐田地域の赤煉瓦（1），（2）（高橋廣治）「磐南文化」 磐南文化協会　（32）/（33）2006.3/2007.3

磐田市

悉平太郎伝説ノート（完），（補），（補の二）（青島常盤）「磐南文化」 磐南文化協会　24/27　1998.3/2001.3

悉平太郎伝説とは何か？（青島常盤）「遠州の常民文化」 遠州常民文化談話会　（117）2001.9

悉平太郎と大般若波羅蜜多経 民話と歴史（鈴木小英）「磐南文化」 磐南文化協会　（30）2004.3

磐田市内の中世石塔について（木村弘之）「磐南文化」 磐南文化協会　（34）2008.3

「悉平太郎」伝説の誕生（青島常盤）「磐南文化」 磐南文化協会　（35）2009.03

磐田市域の秋葉山常夜燈—龍燈精堂（1），（2）（資料紹介）（大橋雄司，大橋義篤）「磐南文化」 磐南文化協会　（35）/（36）2009.03/2010.03

「悉平太郎」伝説の実像（青島常盤）「磐南文化」 磐南文化協会　（36）2010.03

「悉平太郎」伝説の現在（青島常盤）「磐南文化」 磐南文化協会　（37）2011.03

「悉平太郎」伝説とは何か（サロン）（青島常盤）「磐南文化」 磐南文化協会　（38）2012.03

磐田寺

磐田寺伝承（市川恒）「磐南文化」 磐南文化協会　（29）2003.3

巌室寺

遠江最大の山岳寺院 巌室寺と遠江の山岳宗教（山本義孝）「甲斐路」 山梨郷土研究会　106　2004.8

岩本

滝戸（富士市岩本）第六さんについて（落合栄）「富士民俗の会会報」 富士民俗の会　（15）2000.12

岩本の「つくれ場」について（落合栄）「富士民俗の会会報」 富士民俗の会　（16）2001.3

印野

シリーズ食（24）印野の食生活（勝間田仁美）「静岡県民俗学会会報」 静岡県民俗学会　（148）2013.07

上村日月神社

霜月祭における破邪の舞—静岡県水窪町上村日月神社の事例から（井上隆弘）「民俗芸能研究」 民俗芸能学会　（31）2000.9

魚見の松

魚見のある風景（1）～（3）「沼津市歴史民俗資料館だより」 沼津市歴史民俗資料館　37（4）通号197/38（2）通号199　2013.03/2013.09

魚見のある風景（4），（5）「沼津市歴史民俗資料館資料館だより」 沼津市歴史民俗資料館　38（4）通号201/39（1）通号202　2014.03/2014.06

魚見のある風景（6）内浦長浜「沼津市歴史民俗資料館資料館だより」 沼津市歴史民俗資料館　39（2）通号203　2014.09

魚見のある風景（7）西浦古宇「沼津市歴史民俗資料館資料館だより」 沼津市歴史民俗資料館　39（3）通号204　2014.12

宇久須

宇久須の人形三番叟 後継者意識を育てる試み（吉川祐子）「月刊通信ふるさとの民俗を語る会」 民俗文化研究所　（23）2009.03

宇佐美

災害とムラの神・仏—中越地震・台風22号宇佐美の事例から（岡倉捷郎）「あしなか」 山村民俗の会　274　2006.4

山の常夜燈 刻印を綾る謎—伊豆宇佐美・「宮内老人」と大正大地震（中部・北陸・東海特集）（岡倉捷郎）「あしなか」 山村民俗の会　291・292　2011.04

宇佐美郷

伊豆国賀茂郡宇佐美郷 日蓮宗の寺院二堂建立 15世紀後半、混乱する世の中で二人の日朝上人が来郷「豆州歴史通信」 豆州研究社歴史通信部　247　2001.7

宇佐美尋常小学校

大正大地震と村の子ら—伊豆東海岸・宇佐美尋常小学校全生徒の記録から（《特集 災害と民俗伝承》）（岡倉捷郎）「あしなか」 山村民俗の会　287　2009.11

宇佐美村

続英霊無言の凱旋 准村葬にした宇佐美村多忙「豆州歴史通信」 豆州研究社歴史通信部　228　2000.9

内浦

駿河湾の漁 足立実さんの漁話 静浦と内浦の最後の争い（1）「沼津市歴史民俗資料館だより」 沼津市歴史民俗資料館　26（2）通号152　2000.9

駿河湾の漁 足立実さんの漁話 豆州内浦真景縮図 希齋「沼津市歴史民俗資料館だより」 沼津市歴史民俗資料館　34（1）通号182　2008.9

駿河湾の漁 足立実さんの漁話 豆州内浦真景縮図 希齋の絵（2），（3）「沼津市歴史民俗資料館だより」 沼津市歴史民俗資料館　34（3）通号184/34（4）通号185　2009.01/2009.03

「沼津内浦・静浦及び周辺地域の漁撈用具」の国指定について（上野尚美）「沼津市史だより」 ［沼津市教育委員会］　（20）2010.03

豆州内浦の鯨手漁（鳥巣京一）「福岡市博物館研究紀要」 福岡市博物館　（20）2010.3

「沼津内浦・静浦及び周辺地域の漁撈用具」2539点が国の重要有形民俗文化財に指定されました「沼津市歴史民俗資料館だより」 沼津市歴史民俗資料館　35(1)通号186　2010.06

内浦長浜

資料館の調査ノートから(17) 建切網漁の伝統を引き継ぐ内浦湾最後のマグロ漁 内浦長浜 菊地敬二さんの話「沼津市歴史民俗資料館だより」 沼津市歴史民俗資料館　36(4)通号193　2012.3

魚見のある風景(6) 内浦長浜「沼津市歴史民俗資料館資料館だより」 沼津市歴史民俗資料館　39(2)通号203　2014.09

有東木

子ども行事の変貌—有東木のギリッカケを調査して(多々良典秀)「静岡県民俗学会誌」 静岡県民俗学会　21　2000.12

有東木の盆踊

研究発表要旨「有東木の盆踊りの音楽的分析」(平成20年度総会・大会)(上田友梨)「静岡県民俗学会会報」 静岡県民俗学会　(125)　2008.3

鵜無ケ淵

鵜無ケ淵七つの禁忌の一つ(門田徳雄)「冨士民俗の会会報」 富士民俗の会　(9)　1998.11

富士鵜無ヶ淵の七不思議(井上卓哉)「静岡県民俗学会会報」 静岡県民俗学会　(118)　2007.1

『鵜無ケ淵神明宮の御神楽』(新刊紹介)(荻野裕子)「静岡県民俗学会誌」 静岡県民俗学会　(27)　2009.03

初生衣神社

初生衣神社のおんぞ祭り(酢山隆)「遠江」 浜松史跡調査顕彰会　21　1998.3

初生衣神社と機織りクラブ(藤田正夫)「民俗と風俗 : the journal of the Chubu Branch, the Japanese Society for History of Manners and Customs」 日本風俗史学会中部支部　(18)　2008.3

梅ヶ島

梅ヶ島の古文書と古典落語(赤嶋禛)「紙魚 : 駿河古文書会会報」 駿河古文書会　(30)　2004.2

梅ヶ島新田

『梅ヶ島新田の神楽』(新刊紹介)(佐々倉洋一)「静岡県民俗学会誌」 静岡県民俗学会　24　2003.12

雲海寺

雲海寺の謎解き(郷土史サロン)(江草友良)「磐南文化」 磐南文化協会　(40)　2014.03

永源寺

永源寺の子育観世音菩薩像(落合栄)「駿河」 駿河郷土史研究会　(60)　2006.3

江尻

寺尾弘之氏「江尻の山田鋳物店と梵鐘」の概要/岡野勉氏「島田陣屋と江戸幕府代官たち」の概要/篠原明氏「中村正直」の概要「静岡県歴史研究会報」 静岡県歴史研究会　(124)　2009.03

江尻津

史料と寺社から探る中世の江尻津(川村晃宏)「清見潟 : 清水郷土史研究会会誌」 清水郷土史研究会　(16)　2007.5

江の浦

駿河湾の漁 足立実さんの漁話 江の浦と三人の男たち「沼津市歴史民俗資料館だより」 沼津市歴史民俗資料館　23(4)通号136　1997.11

江浦

駿河湾の漁 足立実さんの漁話 江浦七海家の魚の売り方「沼津市歴史民俗資料館だより」 沼津市歴史民俗資料館　28(2)通号160　2002.9

駿河湾の漁 足立実さんの漁話 久住氏と江浦七家業「沼津市歴史民俗資料館だより」 沼津市歴史民俗資料館　28(3)通号161　2002.12

駿河湾の漁 足立実さんの漁話 江浦に伝わる海難文書(1)「沼津市歴史民俗資料館だより」 沼津市歴史民俗資料館　32(4)通号177　2007.3

江の浦湾

駿河湾の漁 足立実さんの漁話 江の浦湾 ま演習場だった「沼津市歴史民俗資料館だより」 沼津市歴史民俗資料館　23(1)通号133　1997.5

江間村

江間村と熊野八坂神社(坂部五郎)「伊豆の郷土研究」 田方地域文化財保護審議委員連絡協議会　27　2002.3

遠州

江戸時代後期における一女性のライフサイクル—遠州高林家の能登を事例として(小和田由布子)「静岡県地域史研究会報」 静岡県地域史研究会　96　1997.4

江戸時代後期における一女性のライフサイクル—遠州高林家の能登を事例として(小和田由布子)「地方史静岡」 地方史静岡刊行会　26　1998.3

遠州の織物の歴史(1)—近代・織機「浜松市博物館だより」 浜松市博物館　17(1)通号62　1998.6

遠州の織物の歴史(2)—発掘品に見る紡織関係資料「浜松市博物館だより」 浜松市博物館　17(2)通号63　1998.9

遠州の七天狗(清水洋子)「ふるさと袋井」 袋井市地方史研究会　13　1998.11

遠州の織物の歴史(3)—浜松織物協同組合文書から「浜松市博物館だより」 浜松市博物館　17(3)通号64　1998.12

柳宗悦と遠州民芸運動の群像(鈴木直之)「遠江」 浜松史跡調査顕彰会　22/23　1999.3/2000.3

遠州の織物の歴史(4)—布地のうら・おもて「浜松市博物館だより」 浜松市博物館　17(4)通号65　1999.3

一人語り 山本倶子さんを迎えて(堀内美都)「遠州民話の会通信」 遠州民話の会　(1)　1999.4

ベニザラ・カケザラ話者・山下登喜夫さん(神田政江)「遠州民話の会通信」 遠州民話の会　(1)　1999.4

現代の民話 高校生の語る「不思議な話」(1)～(15)「遠州民話の会通信」 遠州民話の会　(2)/(16)　1999.8/2007.3

戦後遠州織物関係資料「浜松市博物館報」 浜松市博物館　通号12　1999.10

調査研究 高校生の俗信(上),(中),(下)(神田政江)「遠州民話の会通信」 遠州民話の会　(4)/(6)　2000.4/2000.8

遠州民話の会による「第2回語りの会」に寄せて(堤腰和余)「遠州民話の会通信」 遠州民話の会　(6)　2000.8

創る 忠兵衛さんの宝物(竹山美奈子)「遠州民話の会通信」 遠州民話の会　(7)　2001.3

近世盆踊政策の比較史的考察—浜松藩の遠州大念仏と徳島城下盆踊りをめぐって(三好昭一郎)「徳島近世史研究」 徳島近世史研究会　1　2001.9

〈特集 戦国夢街道・遠州の古刹名所を訪ねる旅〉「歴研よこはま」 横浜歴史研究会　(52)　2003.5

紀行文にみる遠州地方のくらし—農間稼ぎと女性の性を中心に(小和田美智子)「江戸期おんな考」 桂文庫　(14)　2003.10

演ずる 遠州民話の会あたらしい挑戦(杉山健造)「遠州民話の会通信」 遠州民話の会　(13)　2004.3

湖北路を歩いた人々 西国三十三カ所観音霊場と遠州住人の湖国巡礼(1)～(3)(江竜喜之)「長浜城歴史博物館友の会友の会だより」 長浜城歴史博物館友の会　67/69　2005.5/2005.7

遠州の天狗・史料文献集成(上) 秋葉山三尺坊・深萬山半僧坊・光明山笠鋒坊(神谷昌志)「遠江」 浜松史跡調査顕彰会　(29)　2006.3

遠州大念仏の今—供養から舞踊へ(吉川祐子)「静岡県民俗学会会報」 静岡県民俗学会　(116)　2006.9

遠州の天狗・史料文献集成(下) 「遠州古蹟図絵」にみる霊山霊場と修験たち(神谷昌志)「遠江」 浜松史跡調査顕彰会　(30)　2007.3

妖怪目撃談(現代の民話)(安東寛)「遠州民話の会通信」 遠州民話の会　(16)　2007.3

湖北路を歩いた人々 西国三十三ヵ所観音霊場と遠州住人の湖北巡礼(1)～(3)「長浜城歴史博物館友の会友の会だより」 長浜城歴史博物館友の会　(91)/(93)　2007.5/2007.7

近代社会成立期における民衆運動の一断面—遠州地方の丸山教の展開を中心に(鈴木正行)「静岡県近代史研究」 静岡県近代史研究会　(33)　2008.10

津島様立替え行事(北島金三)「遠州の常民文化」 遠州常民文化談話会　(2)　2008.10

屋敷神と先祖とのかかわり(弓場清)「遠州の常民文化」 遠州常民文化談話会　(2)　2008.10

遠州の舞楽《特集 雅楽と舞楽II》(田鍬智志)「季刊悠久.第2次」 鶴岡八幡宮悠久事務局　(114)　2009.01

資料報告 遠州地方の位牌分け(富山昭)「静岡県民俗学会会報」 静岡県民俗学会　(135)　2010.04

遠州・越後、秋葉信仰の相克の歴史(石田哲彌)「頸城文化」 上越郷土研究会　(59)　2011.09

遠州道祖神とその仲間たち 第一部 北遠と中・東遠の道祖神(サロン)(龍一平)「磐南文化」 磐南文化協会　(38)　2012.03

遠州岩水寺

4月例会(30名参加) 遠州岩水寺の史料調査概要報告(例会報告要旨)(西田かほる)「静岡県地域史研究会報」 静岡県地域史研究会　(189)　2013.07

遠州三山

遠州三山・豊川稲荷・伊良湖岬の旅(市川三郎)「府中史談」 府中市史談会　(33)　2007.5

静岡県 　郷土に伝わる民俗と信仰 　東海

遠州灘
伊勢講と遠州灘（中村二三夫）「紙魚 ： 駿河古文書会会報」 駿河古文書会 　23 　1997.4

円成寺
榛原町の古刹「圓成寺」のこと（大塚玉穂）「榛原 ： 郷土の覚書」 榛原町文化財保護審議委員会 　(18) 　2005.3

遠駿豆
遠駿豆の中世墓（森田香司）「静岡県地域史研究会報」 静岡県地域史研究会 　97 　1997.6

円通寺
円通寺の厭祈禱―静岡県駿東郡小山町新柴（大島建彦）「西郊民俗」 ［西郊民俗談話会］ 　通号171 　2000.6

円田
森町円田の盆行事「月刊通信ふるさとの民俗を語る会」 民俗文化研究所 　(3) 　2007.8

王子神社
お姫井戸と王子神社（鈴木博）「新ふるさと袋井」 ［袋井市地方史研究会］ 　(25) 　2010.11

応声教院
応声教院の大蛇の鱗（大嶋善孝）「静岡県民俗学会会報」 静岡県民俗学会 　(110) 　2005.9

大井川
大井川の川越人足と河童たち[1], (2)（和田寛）「河童通心」 河童文庫 　81/82 　1999.8/1999.9

大井川町
静岡県大井川町と美濃 志太人形と土人形「美濃民俗」 美濃民俗文化の会 　382 　1999.3

大井川流域
大井川流域民俗語彙（静岡県の民俗）（野本寛一）「民俗文化」 近畿大学民俗学研究所 　(26) 　2014.07

大井神社
語りの履歴 小國神社の田遊びの話／森町の子ども念仏の話／岡山の山の神祭りの話／大井神社の鹿島踊の話／新居の手筒花火の話「月刊通信ふるさとの民俗を語る会」 民俗文化研究所 　(1) 　2007.6

大内
第1回大内調査報告（外立ますみ）「静岡県民俗学会会報」 静岡県民俗学会 　(122) 　2007.9
大内調査報告―梶原堂の供養祭と霊山寺の星祭（多々良典秀，松田香代子）「静岡県民俗学会会報」 静岡県民俗学会 　(125) 　2008.3
大内調査報告 大内浅間神社 祇園祭（多々良典秀）「静岡県民俗学会会報」 静岡県民俗学会 　(127) 　2008.7
大内調査報告 大内周辺の石造物について（佐藤吉男）「静岡県民俗学会会報」 静岡県民俗学会 　(129) 　2008.11
大内調査報告 天白神社の祭礼（多々良典秀）「静岡県民俗学会会報」 静岡県民俗学会 　(130) 　2009.01

大江八幡神社の御船行事
大江八幡宮御船神事と近藤さん（中村肇）「月刊通信ふるさとの民俗を語る会」 民俗文化研究所 　(11) 　2008.4

大鐘家
国指定重要文化財「大鐘家」に住んで（大鐘俊英）「相良史蹟」 相良史蹟調査会 　通号2 　2008.5

大川
民話「ほなき石」は語る―東伊豆・大川の築城石と民俗伝承（邑科久乃）「あしなか」 山村民俗の会 　294 　2012.03

大久保
特集 大久保区の各神社の由来と祭典（佐野隆夫）「かわのり」 芝川町郷土史研究会 　(35) 　2010.06

大倉戸
新居大倉戸のチャンチャコチャン行事（酢山隆）「遠江」 浜松史跡調査顕彰会 　20 　1997.3

大河内
大河内・松平氏と医王寺の九年母（竹田康治）「磐南文化」 磐南文化協会 　27 　2001.3

大瀬瀬洞
駿河湾の漁 川上貢さんの漁話 大瀬瀬洞の定置網漁「沼津市歴史民俗資料館だより」 沼津市歴史民俗資料館 　37(4) 通号197 　2013.3

太田川流域
太田川流域の飛念仏（永田信典）「磐南文化」 磐南文化協会 　27 　2001.3

大谷
〔新刊紹介〕『本川根町 千頭の民俗』『本川根町 奥泉・大谷の民俗』（八木洋行）「静岡県民俗学会誌」 静岡県民俗学会 　20 　1999.12
平成24年8月16日 六部様供養祭 浜松市北区三ヶ日町大谷 今年の「六部様供養祭」 写真・三ヶ日町 藤田正夫氏提供「足立史談会だより」 足立史談会 　(295) 　2012.10
「六部様」に代わりお礼申し上げます 220年も行き倒れの修業者を供養 三ヶ日町大谷・一色（足立史談会だより 第56号 平成4年11月15日）「足立史談会だより」 足立史談会 　(297) 　2012.12

大知波峠廃寺跡
大知波峠廃寺跡出土の墨書土器二題―「六器五口」と「大波寺」に関する私見（小特集 官衙関連遺跡）（磯部武男）「静岡県考古学研究」 静岡県考古学会 　(45) 　2014.03

大中里
成田山不動明王堂―大中里・中村地区（藤井昭八）「月の輪」 富士宮市郷土史同好会 　(26) 　2011.06

大野命山
磐南叙情「大野命山と中新田命山」（浅羽支部）「磐南文化」 磐南文化協会 　(38) 　2012.3

大原
大原のサーンドサンド（吉川祐子）「月刊通信ふるさとの民俗を語る会」 民俗文化研究所 　(80) 　2014.01

大原墓地
大原墓地―郷墓の実態（小杉達）「磐南文化」 磐南文化協会 　(31) 　2005.3

大淵
桶作りの技を磨いて60余年―富士大淵 渡辺安雄氏（内田昌宏）「沼津市歴史民俗資料館だより」 沼津市歴史民俗資料館 　36(2) 通号191 　2011.09

大見郷
大見郷の猪鹿壕について―古文書を通じて（手老陽一）「伊豆の郷土研究」 田方地域文化財保護審議委員連絡協議会 　22 　1997.4

大室山
伊豆の浅間神社信仰と大室山(2), (3)（齋藤秀治）「郷土の栞」 伊東郷土研究会 　(155)／(156) 　2012.01/2012.03

岡山
語りの履歴 小國神社の田遊びの話／森町の子ども念仏の話／岡山の山の神祭りの話／大井神社の鹿島踊の話／新居の手筒花火の話「月刊通信ふるさとの民俗を語る会」 民俗文化研究所 　(1) 　2007.6

小川地蔵
小川地蔵の川除け信仰―その成立と発展（川口円子）「焼津市史研究」 焼津市 　(5) 　2004.3

興津
清水市石造文化財調査報告書より 清水地方の石仏たち―西河内・小島・興津地区のあれこれ（山田健司）「清見潟 ： 清水郷土史研究会会誌」 清水郷土史研究会 　(19) 　2010.05

興津宿
市川本陣料理の再現―東海道400年祭の参加イベント（渡辺宏暢）「清見潟 ： 清水郷土史研究会会誌」 清水郷土史研究会 　(12) 　2003.6

荻野堂
荻野堂御開帳（川口円子）「静岡県民俗学会誌」 静岡県民俗学会 　20 　1999.12

奥泉
〔新刊紹介〕『本川根町 千頭の民俗』『本川根町 奥泉・大谷の民俗』（八木洋行）「静岡県民俗学会誌」 静岡県民俗学会 　20 　1999.12

奥遠州路
柳田国男の『東国古道記』紀行 (6) 秋葉街道・奥遠州路を歩く（塩沢一郎）「伊那民俗 ： 伊那民俗学研究所報」 柳田国男記念伊那民俗学研究所 　35 　1998.12

小国神社
語りの履歴 小國神社の田遊びの話／森町の子ども念仏の話／岡山の山の神祭りの話／大井神社の鹿島踊の話／新居の手筒花火の話「月刊通信ふるさとの民俗を語る会」 民俗文化研究所 　(1) 　2007.6
日置流大的式作法 小國神社御弓始式のお話（吉川祐子）「月刊通信ふるさとの民俗を語る会」 民俗文化研究所 　(8) 　2008.1

小國神社十二段舞楽
お籠もり稽古の子育て力（吉川祐子）「月刊通信ふるさとの民俗を語る会」　民俗文化研究所　（26）2009.07

小國神社の古式神酒（特集 神酒I—小論文）（打田文博）「季刊悠久.第2次」　鶴岡八幡宮悠久事務局　（122）2010.11

小島
清水市石造文化財調査報告書より 清水地方の石仏たち—西河内・小島・興津地区のあれこれ（山田健司）「清見潟 ： 清水郷土史研究会会誌」　清水郷土史研究会　（19）2010.05

落合
特集 内房落合の秋祭（佐藤文治）「かわのゝ」　芝川町郷土史研究会　（35）2010.06

御中道
「御中道之記」（『御元祖御密伝』大正玉産 安政5年）と御中道大行（検証と考察）（小林謙光）「富士信仰研究」　富士信仰研究会　（3）2002.6

小土肥
小土肥風土記（勝呂和史）「伊豆の郷土研究」　田方地域文化財保護審議委員連絡協議会　26　2001.3

音無神社
音無神社境内の樹樹（佐藤康）「郷土の栞」　伊東郷土研究会　（158）2012.07

御成街道
平島の今昔物語 むかしの面影—御成街道・上当間川/盛んだったイグサ栽培（堀江重一）「藤枝市史だより」　藤枝市　（26）2012.3

尾羽廃寺
白村江の戦いと尾羽廃寺（杉山満）「清見潟 ： 清水郷土史研究会会誌」　清水郷土史研究会　（15）2006.5

大尾山
大井川筋のひよんどり（2）大尾山・地名の縁日（吉川祐子）「月刊通信ふるさとの民俗を語る会」　民俗文化研究所　（33）2010.02

お姫井戸
お姫井戸と王子神社（鈴木博）「新ふるさと袋井」　［袋井市地方史研究会］（25）2010.11

御前崎市
静岡県のウミガメの民俗—御前崎市・伊豆市における一五、六年前の調査をふまえて（静岡県の民俗）（藤井弘章）「民俗文化」　近畿大学民俗学研究所　（26）2014.07

重須
日蓮正宗寺院における二つの係争について—大石寺蓮蔵坊と重須強奪事件（土屋比都司）「伊豆史談」　伊豆史談会　（142）2013.01

オモト淵
伝承地を歩く（13）オモト淵（磐田郡水窪町）「遠州民話の会通信」　遠州民話の会　（13）2004.3

開運毘沙門天
平成24年初詣の報告「開運毘沙門天（妙法寺）への初詣（静岡県富士市）」（足柄史談会事業部）「史談足柄」　足柄史談会　50　2012.04

戒光院
竜洋町「竜登山戒光院」「春野文化温故知新 ： 春野町郷土研究報」　春野町郷土研究会　（65）2001.3

戒光院の沿革/わんぱく日記（22）/酒井造酒造重昌/皆様からのお便り「春野文化温故知新 ： 春野町郷土研究報」　春野町郷土研究会　（66）2002.3

戒光院と稲荷（福長利晴）「磐南文化」　磐南文化協会　（34）2008.3

海蔵寺
海蔵寺開創六百年の歴史のひとこま（加藤実）「ふるさと袋井」　［袋井市地方史研究会］16　2001.11

掛川
遠州掛川・王子神社の大般若経をめぐって—移動したのは大般若経か、写経僧か（久田松和則）「史料 ： 皇學館大學研究開発推進センター史料編纂所紀要」　皇學館大學研究開発推進センター史料編纂所　（222）2009.08

掛川市
掛川の獅子 静岡県掛川市「公益社団法人全日本郷土芸能協会会報」　全日本郷土芸能協会　（57）2009.10

掛塚
静岡県磐田市掛塚の貴船神社祭礼と掛塚囃子（第23回大会報告「民俗音楽にみる川と道の十字路」（2009 浜松）—研究発表要旨）（小野寺節

子）「民俗音楽研究」　日本民俗音楽学会　（35）2010.03

笠原
笠原の伊勢太太講について（樽松多計志）「ふるさと袋井」　［袋井市地方史研究会］13　1998.11

笠原院内
民間陰陽師の村 笠原院内（上）,（中）,（下）（山本義孝）「磐南文化」　磐南文化協会　24/27　1998.3/2001.3

鹿島明神
曽許乃御立神社の鳥居考 鹿島明神の石鳥居の輸送の記録（神谷昌志）「遠江」　浜松史跡調査顕彰会　25　2002.3

加島村
加島村の風俗（高田国義）「富士民俗の会会報」　富士民俗の会　（21）2002.11

加島村の年中行事（高田国義）「富士民俗の会会報」　富士民俗の会　（24）2003.11

梶原堂
大内調査報告—梶原堂の供養祭と霊山寺の星祭（多々良典秀，松田香代子）「静岡県民俗学会会報」　静岡県民俗学会　（125）2008.3

可睡斎
資料紹介 可睡斎の石碑について（戸塚信也）「静岡県近代史研究会会報」　静岡県近代史研究会　320　2005.5

秋葉山〜可睡斎《広域特集》—〈第33回上伊那歴史研究会県外実地踏査報告〉（福與雅孝）「伊那路」　上伊那郷土研究会　52（12）通号623　2008.12

秋葉総本殿可睡斎拾遺抄 大東司の給水裏面史（山崎一二）「新ふるさと袋井」　［袋井市地方史研究会］（25）2010.11

片葉の葦
創る 再話「片葉の芦」（遠州七不思議より）（加茂徳明）「遠州民話の会通信」　遠州民話の会　（8）2001.6

遠州七不思議（4）片葉の葦 片葉の葦伝説をめぐって—刀剣と葦を中心に（加茂徳明）「遠州民話の会通信」　遠州民話の会　（9）2001.10

遠州七不思議（4）片葉の葦 戯曲「片葉の葦伝説」（前）,（後）（加茂徳明）「遠州民話の会通信」　遠州民話の会　（11）/（12）2002.12/2003.8

勝間田院内
勝間田院内（修験者・陰陽師）とその資料（山本義孝）「静岡県博物館協会研究紀要」　静岡県博物館協会　（29）2006.3

門谷
門谷記（大石龍）「遠州の常民文化」　遠州常民文化談話会　（2）2008.10

金山神社
金山神社と城郭（鈴木東洋）「古城」　静岡古城研究会　（50）2004.7

我入道
シリーズ食（12）我入道の食事（神田朝美）「静岡県民俗学会会報」　静岡県民俗学会　（136）2010.07

狩野川
駿河湾の漁 足立実さんの漁話 狩野川台風が放水路設置を決断させた「沼津市歴史民俗資料館だより」　沼津市歴史民俗資料館　25（5）通号149　2000.1

狩野川以北
ムラ連合の成立と八幡信仰—静岡県駿東郡清水町狩野川以北地域を事例として（小沢弘昌）「地方史静岡」　地方史静岡刊行会　28　2000.3

蒲御厨
選択する公文たち—15世紀における遠江蒲御厨の動向（斎藤新）「浜松市博物館報」　浜松市博物館　（14）2001.9

下方五社
六所家旧蔵の御用札から見る下方五社の宗教活動について（井上卓哉）「六所家総合調査だより」　富士市立博物館　（12）2013.08

鎌田神明宮
嶋名神社と鎌田神明宮（鈴木小英）「磐南文化」　磐南文化協会　（35）2009.03

上当間川
平島の今昔物語 むかしの面影—御成街道・上当間川/盛んだったイグサ栽培（堀江重一）「藤枝市史だより」　藤枝市　（26）2012.3

神長
神長に伝わる昔噺（和田とり）「ふるさと袋井」　［袋井市地方史研究会］12　1997.11

静岡県　　郷土に伝わる民俗と信仰　　東海

上長貫集落
上長貫集落と屋号（特集）（佐野文孝）「かわのり」　芝川町郷土史研究会（34）2009.6

上羽鮒
特集 上羽鮒の祭（佐野昭）「かわのり」　芝川町郷土史研究会（35）2010.06

上村
水窪・上村の霜月祭り（伊藤久仁俊）「静岡県民俗学会会報」　静岡県民俗学会（149）2013.10

亀鶴観音
伝説亀鶴観音（益田實）「沼津史談」　沼津史談会　52　2001.1

加茂
磐南の民俗行事（3）加茂の大念仏（小杉達）「磐南文化」　磐南文化協会（38）2012.03

賀茂郡
伊豆国賀茂郡の堅魚貢進荷札について―その集成と若干の史料的検討（佐藤雅明）「信濃［第3次］」　信濃史学会　53（5）通号616　2001.5

萱間
萱間半僧坊の変遷（池野美弘）「ふるさと袋井」　［袋井市地方史研究会］18　2003.11

軽野神社
軽野神社と枯野伝説（原秀三郎）「伊豆の郷土研究」　田方地域文化財保護審議委員連絡協議会　26　2001.3

河津
河津の酒精進と鳥精進 毎年12月17日から7日間村人は酒鳥は飲食しません「豆州歴史通信」　豆州研究社歴史通信部　186　1998.12

川奈
惨敗を喫した川奈の鹿島踊（吉川祐子）「静岡県民俗学会会報」　静岡県民俗学会（131）2009.03

川名
激動の川名ひょんどり（吉川祐子）「月刊通信ふるさとの民俗を語る会」　民俗文化研究所（24）2009.05
川名のひょんどりとおくない 静岡県浜松市「公益社団法人全日本郷土芸能協会会報」　全日本郷土芸能協会（66）2012.01

岩松寺
磐南の民俗行事（5）浅羽岩松寺の御開帳（川上廣司）「磐南文化」　磐南文化協会（40）2014.03

願成就院
願成就院の造仏と運慶（塩澤寛樹）「金沢文庫研究」　神奈川県立金沢文庫（314）2005.3

函南
函南地域の民間信仰とその風土に対する一考察（鈴木勝彦）「伊豆の郷土研究」　田方地域文化財保護審議委員連絡協議会　28　2003.3

観音堂
観音堂から出た墨書銘（勝田貞男）「駿河」　駿河郷土史研究会（60）2006.3

観音淵
きょうじん淵と観音淵（清水洋子）「ふるさと袋井」　［袋井市地方史研究会］16　2001.11

蒲原
シリーズ食（2）由比のスマシ、蒲原のキリボシ/雑煮スープの名称は？（吉川祐子）「静岡県民俗学会会報」　静岡県民俗学会（122）2007.9

鬼岩寺
鬼岩寺の中世石塔群（篠原和大）「藤枝市史だより」　藤枝市　8　2003.3
駿河鬼岩寺中世墓地の調査（篠原和大、千葉佳奈子）「藤枝市史研究」　藤枝市市民文化部　4　2003.3
鬼岩寺中世墓地出土の焼骨（新美倫子）「藤枝市史研究」　藤枝市市民文化部　6　2005.3
鬼岩寺中世墓に葬られた人たち（新美倫子）「藤枝市史だより」　藤枝市　7　2007.3

木瀬川宿
駿河国大沼鮎沢御厨発祥地考―古代交通の要衝・沼津港と木瀬川宿等か（斎藤泰造）「地方史静岡」　地方史静岡刊行会　26　1998.3

北
鷲巣下の道祖神―塞の神 北地区（第二部 子どもに語り継ぐお話）「新ふ

るさと袋井」　［袋井市地方史研究会］（26）2012.01

北伊豆
北伊豆における苺の発祥と韮山苺（萩原貞夫）「韮山町史の栞」　韮山町22　1998.3
北伊豆における苺の発祥（萩原貞夫）「伊豆の郷土研究」　田方地域文化財保護審議委員連絡協議会　28　2003.3

北郷村
須走大日堂継承と旧北郷村十一ヶ村の大日堂への信仰（小林謙光）「富士山文化研究」　富士山文化研究会（9・10）2008.12

北小林
北小林の天王祭りと子の刻神事―静岡県沼津市大岡北小林（大島建彦）「西郊民俗」　［西郊民俗談話会］（185）2003.12

北山本門寺
家綱の生母お楽一族と北山本門寺の関係について（沢田政彦）「月の輪」　富士宮市郷土同好会　13　1998.6

来宮
「酒好き」の神様―伊豆における「来宮」伝承から（木村博）「西郊民俗」　［西郊民俗談話会］（181）2002.12

木原
回向（えこう・無形民俗文化財木原大念仏）（鈴木哲夫）「ふるさと袋井」　［袋井市地方史研究会］16　2001.11

木原畷
式内社木原許襧神社と木原畷（木原理雄）「ふるさと袋井」　［袋井市地方史研究会］18　2003.11

貴船神社
貴船神社（木ノ内君枝）「月の輪」　富士宮市郷土史同好会（24）2009.06

木村
「木村民俗」管見（1）（青木良一）「扣之帳」　扣之帳刊行会（46）2014.12

経ケ岳
「富士山経ケ岳大祭」見学記（牧野光男）「史談八千代 ： 八千代市郷土歴史研究会機関誌」　八千代市郷土歴史研究会（36）2011.11

きょうじん淵
きょうじん淵と観音淵（清水洋子）「ふるさと袋井」　［袋井市地方史研究会］16　2001.11

行田
行田の足袋（遠藤富子）「月の輪」　富士宮市郷土史同好会（27）2012.6

京丸
遠州七不思議（3）「京丸牡丹」（加茂徳明）「遠州民話の会通信」　遠州民話の会（6）2000.8

清沢
清沢地区における神楽指導者と伝承の変遷について（多々良典秀）「静岡県民俗学会会報」　静岡県民俗学会（133）2009.10

九景寺
『駿州志太郡九景山九景寺詩幷序』について（磯部武男）「藤枝市史研究」　藤枝市市民文化部（7）2006.3

草木
草木霜月神楽の祭祀組織と祭祀形態―オヤカタの神役の祭り/その中世的にあり方をめぐって（池原真）「神語り研究」　神語り研究会（5）1999.11

草薙
日本武尊焼津より草薙へ（橋本光博）「郷土白鳥」　白鳥町文化財保護協会（68）2000.9

クサナギ神社
二つのクサナギ神社―ヤマトタケル説話の駿河国への導入（中西道行）「清見潟 ： 清水郷土史研究会会誌」　清水郷土史研究会（11）2001.5

草薙神社
映像記録 草薙神社龍勢花火保存会編「草薙神社龍勢花火」（新刊紹介）（井上卓哉）「静岡県民俗学会誌」　静岡県民俗学会（25）2007.3

葛見神社
伊東市竹の台遺跡出土墨書土器の再評価―式内社葛見神社神戸集落の検討（論文）（勝又直人）「静岡県埋蔵文化財センター研究紀要」　静岡県埋蔵文化財センター（2）2013.03

久津部村
維新時の神葬祭の動き 久津部村の場合（安間勉）「新ふるさと袋井」

［袋井市地方史研究会］ （25） 2010.1

久努西村

久努西村郷土唱歌（加藤実）「ふるさと袋井」 ［袋井市地方史研究会］ 18 2003.11

久能山

久能山神領あれこれ（増田作一郎）「紙魚 ： 駿河古文書会会報」 駿河古文書会 （34） 2008.12

中世の久能山（例会告要旨—7月例会（31名参加））（山田剛徳）「静岡県地域史研究会報」 静岡県地域史研究会 （192） 2014.1

久能山東照宮

晩秋路に小江戸・川越と久能山東照宮を訪ねて（富永万千子）「小浜市郷土研究会便り」 小浜市郷土研究会 3 2001.1

文化講演 神社の信仰と文化財「久能山東照宮文化財保存顕彰会会報」 久能山東照宮文化財保存顕彰会 35 2002.8

「権現造りの起源」について「久能山東照宮文化財保存顕彰会会報」 久能山東照宮文化財保存顕彰会 （42） 2009.08

新指定重要文化財『神饌所』について「久能山東照宮文化財保存顕彰会会報」 久能山東照宮文化財保存顕彰会 （44） 2011.08

久能山東照宮の兎（齋藤曜）「久能山東照宮文化財保存顕彰会会報」 久能山東照宮文化財保存顕彰会 （44） 2011.08

羽衣と久能山東照宮（渡邉喜久雄）「歴研みやぎ」 宮城県歴史研究会 （91） 2013.07

久能山総合調査の実施について（花村友紀）「久能山東照宮文化財保存顕彰会会報」 久能山東照宮文化財保存顕彰会 （46） 2013.08

鎮守の森（増澤武弘）「久能山東照宮文化財保存顕彰会会報」 久能山東照宮文化財保存顕彰会 （47） 2014.08

久能寺

中世の久能寺（研究ノート）（山田剛徳）「静岡県地域史研究」 静岡県地域史研究会 （3） 2013.09

首切田

忌名、忌地考 二つの「首切田」ほか（門田徳雄）「富士民俗の会会報」 富士民俗の会 （22） 2003.3

首塚

沼津千本首塚の論考—鈴木尚東大名誉教授（益田実）「沼津史談」 沼津史談会 51 2000.3

首塚伝承考—戦死者埋葬譚のモティーフ分類（室井康成）「古城」 静岡古城研究会 （52） 2007.5

熊坂

熊坂・寺院仏利考（菅沼正一）「伊豆の郷土研究」 田方地域文化財保護審議会委員連絡協議会 33 2008.3

熊野八坂神社

熊野八坂神社祭典について（大谷豊）「伊豆の郷土研究」 田方地域文化財保護審議会委員連絡協議会 24 1999.4

江間村と熊野八坂神社（坂部五郎）「伊豆の郷土研究」 田方地域文化財保護審議会委員連絡協議会 27 2002.3

熊野山

熊野山の三十三観音（飯塚雅也）「伊豆の郷土研究」 田方地域文化財保護審議会委員連絡協議会 22 1997.4

結城寺

静岡市・結城寺の懸仏について（大塚幹也）「史迹と美術」 史迹美術同攻会 71（9）通号719 2001.11

建徳寺

建徳寺に見る回録文集のこと（1）（石山幸喜）「紙魚 ： 駿河古文書会会報」 駿河古文書会 26 2000.4

建徳寺編年に見る回録文集（2）（石山幸喜）「紙魚 ： 駿河古文書会会報」 駿河古文書会 26 2000.4

東泉院と建徳寺——一通の高札写から（特集 平成21年度六所家総合調査概報）（湯之上隆）「六所家総合調査だより」 富士市立博物館 （7） 2010.08

小稲

若い衆気質が残る小稲の虎舞「月刊通信ふるさとの民俗を語る会」 民俗文化研究所 （4） 2007.9

書評 静岡県教育委員会編『小稲の虎舞』調査報告書（高嶋賢二）「民俗芸能研究」 民俗芸能学会 （50） 2011.03

静岡県教育委員会文化課編「静岡県文化財調査報告書第六一集 国記録選択無形文化財調査報告書 小稲の虎舞」（書誌紹介）（大嶋善孝）「日本民俗学」 日本民俗学会 （269） 2012.02

国記録選択無形民俗文化財調査報告書〝小稲の虎舞〟（新刊紹介）（大嶋善孝）「静岡県民俗学会誌」 静岡県民俗学会 （28・29） 2013.03

興亜観音

松井石根と興亜観音（山田雄司）「三重大史学」 三重大学人文学部考古学・日本史研究室 （9） 2009.03

江月院

堀之内村の新庄寺・江月院と若宮八幡宮（戸塚昌美）「相良史蹟」 相良史蹟調査会 1 2002.6

香集寺

香集寺の繋馬図（日比野秀男）「焼津市史だより」 焼津市総務部 4 2002.7

江浄寺

江浄寺と岡崎三郎信康の宝塔について（川勝高士）「静岡歴研会報」 静岡県歴史研究会 83 1998.3

河内

住まいと民間信仰—西浦地区河内の海瀬家（山崎祐子）「沼津市史研究」 沼津市教育委員会 13 2004.3

光福寺

清水市・光福寺の懸仏群について（大塚幹也）「地方史静岡」 地方史静岡刊行会 29 2001.4

懸仏の制作者について—清水市・光福寺懸仏群と静岡県中部の懸仏を中心に（大塚幹也）「専修史学」 専修大学歴史学会 （34） 2003.3

坑山神社

坑山神社と三枚碑について（川原崎次郎）「相良史蹟」 相良史蹟調査会 1 2002.6

国清寺

シルクロードを旅した金剛力士像—ガンダーラから国清寺まで（日比谷洋子）「伊豆の郷土研究」 田方地域文化財保護審議会委員連絡協議会 23 1998.4

国分寺

国分寺建立の頃（鈴木小英）「磐南文化」 磐南文化協会 （32） 2006.3

小河内

「"ヒヨンドリ"に見る民俗音楽の研究課題」の補足（日本民俗音楽学会第23回浜松大会特集）（星野紘）「日本民俗音楽学会会報」 日本民俗音楽学会 （32） 2010.03

湖西

湖西の的撃ち神事「月刊通信ふるさとの民俗を語る会」 民俗文化研究所 （5） 2007.10

地芝居探訪（43）湖西歌舞伎公演／大桃の舞台公演／戸沢花湖蝶歌舞伎／「相生座」美濃歌舞伎納涼公演／黒沢尻歌舞伎「公益社団法人全日本郷土芸能協会会報」 全日本郷土芸能協会 （69） 2012.10

地芝居探訪（48）湖西歌舞伎公演／大桃の舞台公演／戸沢花湖蝶歌舞伎／青柳歌舞伎の夕べ／黒沢尻歌舞伎／柹津東町歌舞伎「公益社団法人全日本郷土芸能協会会報」 全日本郷土芸能協会 （73） 2013.10

湖西市

村芝居よオー（3）農村歌舞伎には華がある—湖西市「農村歌舞伎まつり」（本多博）「扣之帳」 扣之帳刊行会 （26） 2009.12

八幡宮紹介 八幡神社（静岡県湖西市）「季刊悠久.第2次」 鶴岡八幡宮悠久事務局 （137） 2014.09

御神幸道

御神幸道を偲ぶ（再稿）（塩川甲子郎）「月の輪」 富士宮市郷土史同好会 17 2002.6

古田

古田の観音さん（佐野里見）「かわのり」 芝川町郷土史研究会 24 1997.11

木魂明神社

木魂明神社縁起（深津至輝）「静岡歴研会報」 静岡県歴史研究会 86 1998.11

御殿場

御殿場地方の本家屋敷神の研究（斎藤泰造）「静岡県民俗学会誌」 静岡県民俗学会 19 1998.12

御殿場絵画史の研究—宗教美術画家堀内天嶺を中心に（渡辺好洋）「地方史研究」 駿河郷土史研究会 （7） 1999.3

御殿場の吾妻祭（松田香代子）「静岡県民俗学会会報」 静岡県民俗学会 （145） 2012.10

事任八幡宮

八幡宮紹介 事任八幡宮（静岡県掛川市）「季刊悠久.第2次」 鶴岡八幡宮悠久事務局 95 2003.10

静岡県　　　　　　　　　　　　　郷土に伝わる民俗と信仰　　　　　　　　　　　　　東海

許禰神社

式内社木原許禰神社と木原暖（木原理雄）「ふるさと袋井」〔袋井市地方史研究会〕18　2003.11

古町

古町の庚申待について（川島昭二）「ふるさと袋井」〔袋井市地方史研究会〕18　2003.11

五竜の滝

六兵衛と五竜の滝（堀越六生）「群馬歴史散歩」群馬歴史散歩の会162　2000.9

紫屋寺

吐月峰紫屋寺（清幸浩）「かわのり」芝川町郷土史研究会24　1997.11

西光寺

覚書　富山県外所在の中世彫刻銘文にみえる「越中」二題―七尾市海門寺千手観音像と磐田市西光寺薬師如来像（杉崎貴英）「富山史壇」越中史壇会（160）2009.12

西法寺

遍照山西法寺について（田中万津子）「磐南文化」磐南文化協会（35）2009.03

西楽寺

西楽寺の梵鐘について（鈴木勝）「ふるさと袋井」〔袋井市地方史研究会〕17　2002.11

西楽寺阿弥陀三尊像について（大宮康男）「史迹と美術」史迹美術同攷会77（9）通号779　2007.11

古刹西楽寺の紹介（加藤利秋）「新ふるさと袋井」〔袋井市地方史研究会〕（23）2008.11

酒井

酒井の太鼓の心を探る（熊切正次）「磐南文化」磐南文化協会24　1998.3

境川

「ジオツアー三島宿」の成果（1）―石燈籠・境川が涸れた時期・三島宿の古道（増島淳）「三島市郷土資料館研究報告」三島市郷土資料館（5）2012.3

坂京

本川根町神楽調査報告書『本川根町田代・坂京・青部の神楽』（新刊紹介）（荻野幹彦）「静岡県民俗学会誌」静岡県民俗学会21　2000.12

坂ノ上薬師堂

坂ノ上薬師堂諸像について（横田泰之）「地方史静岡」地方史静岡刊行会25　1997.5

相良

伝説と昔話（高橋馨）「相良史蹟調査会会報」相良史蹟調査会15　1998.5

植田正巳著『ふる里さがら歳時記』（新刊紹介）（中村肇）「静岡県民俗学会誌」静岡県民俗学会21　2000.12

権現様に関する郷土の伝説（河原崎陸雄）「相良史蹟」相良史蹟調査会1　2002.6

相良の方言について（大石正司）「相良史蹟」相良史蹟調査会1　2002.6

相良の御船神事と和船大工近藤友一郎さん（吉川祐子）「月刊通信ふるさとの民俗を語る会」民俗文化研究所（11）2008.4

ふるさとの三天皇伝承（中村肇）「相良史蹟」相良史蹟調査会　通号2　2008.5

「オサンコチ」と「ハトッコ」について（中村肇）「相良史蹟」相良史蹟調査会　通号2　2008.5

書評『ふる里さがら歳時記』について（中村肇）「相良史蹟」相良史蹟調査会　通号2　2008.5

佐倉

〔新刊紹介〕浜岡町佐倉地区民俗調査報告書『「桜ヶ池のお櫃納め」と佐倉の民俗』（小杉淳）「静岡県民俗学会誌」静岡県民俗学会20　1999.12

風と人びとの暮らし―遠州灘沿岸の浜岡町池新田・佐倉地区の事例を中心にして（中山正典）「日本民俗学」日本民俗学会　通号237　2004.2

桜ヶ池

〔新刊紹介〕浜岡町佐倉地区民俗調査報告書『「桜ヶ池のお櫃納め」と佐倉の民俗』（小杉淳）「静岡県民俗学会誌」静岡県民俗学会20　1999.12

伝承地を歩く（17）桜ヶ池（現　静岡県御前崎市佐倉）「遠州民話の会通信」遠州民話の会（17）2012.10

佐沢薬師

大井川筋のひよんどり（1）佐沢薬師のひよんどり（吉川祐子）「月刊通信ふるさとの民俗を語る会」民俗文化研究所（32）2010.01

佐野

伊豆佐野のヤッサモチ（渡辺好洋）「静岡県民俗学会会報」静岡県民俗学会（113）2006.3

伊豆佐野のヤッサモチ―三島市北東部山麓の山の神祭り（《山の神特集》）（渡辺好洋）「あしなか」山村民俗の会284　2009.02

小夜の中山

「夜泣き石」関連説話記載文献（江戸期）について（遠州七不思議（1）「小夜の中山夜泣き石」（上））（山崎裕人）「遠州民話の会通信」遠州民話の会（2）1999.8

「夜泣き石」伝承地をめぐって（上）（遠州七不思議（1）「小夜の中山夜泣き石」（上））（加茂徳明）「遠州民話の会通信」遠州民話の会（2）1999.8

夜泣き石紀行（平出紀美子）「遠州民話の会通信」遠州民話の会（2）1999.8

遠州七不思議（1）「小夜の中山夜泣き石」（中）「夜泣き石」伝承地をめぐって（下）（加茂徳明）「遠州民話の会通信」遠州民話の会（3）1999.11

小夜の中山夜泣き石　パネル制作に取り組んで「遠州民話の会通信」遠州民話の会（3）1999.11

遠州七不思議（1）「小夜の中山夜泣き石」（下）石をめぐって（加茂徳明）「遠州民話の会通信」遠州民話の会（4）2000.4

遠州七不思議（3）「無間の鐘」「無間の鐘」関連説話記載文献（江戸期）について（山崎裕人）「遠州民話の会通信」遠州民話の会（5）2000.5

遠州七不思議「無間の鐘」「夜泣き石」関連論考「化鳥退治説話」記載文献（江戸期）について（山崎裕人）「遠州民話の会通信」遠州民話の会（8）2001.6

山宮浅間神社

赤池隆義氏の「山宮浅間神社と人穴遺跡と赤池御法家」の概要/遠藤徳明氏の「鉄舟寺と薄墨の笛」の概要/佐藤吉男氏の「笑いの仏について―木喰、白道、円空、守屋貞治―」の概要「静岡歴研会報」静岡県歴史研究会（139）2014.02

三明寺経塚

三明寺経塚と豊川市観音山経塚の出土遺品（柴垣勇夫）「沼津市史だより」〔沼津市教育委員会〕（13）2002.3

重寺

コラム　重寺の三番叟師匠の墓を発見（石井種生）「沼津史談」沼津史談会51　2006.3

静浦

駿河湾の漁　足立実さんの漁話　篝火漁と静浦音頭「沼津市歴史民俗資料館だより」沼津市歴史民俗資料館22（6）通号132　1997.3

駿河湾の漁　足立実さんの漁話　静浦游泳協会と安藤正胤「沼津市歴史民俗資料館だより」沼津市歴史民俗資料館23（5）通号137　1998.1

駿河湾の漁　足立実さんの漁話　静浦游泳協会の活動「沼津市歴史民俗資料館だより」沼津市歴史民俗資料館23（6）通号138　1998.3

駿河湾の漁　足立実さんの漁話　静浦と内浦の最後の争い（1）「沼津市歴史民俗資料館だより」沼津市歴史民俗資料館26（2）通号152　2000.9

駿河湾の漁　足立実さんの漁話　静浦愛村会の会議録「沼津市歴史民俗資料館だより」沼津市歴史民俗資料館29（3）通号165　2003.12

駿河湾の漁　足立実さんの漁話　終戦前後の静浦（1），（2）「沼津市歴史民俗資料館だより」沼津市歴史民俗資料館32（1）通号175/32（2・3）通号176　2006.6/2006.12

「沼津内浦・静浦及び周辺地域の漁撈用具」の国指定について（上野尚美）「沼津市史だより」〔沼津市教育委員会〕（20）2010.03

「沼津内浦・静浦及び周辺地域の漁撈用具」2539点が国の重要有形民俗文化財に指定されました「沼津市歴史民俗資料館だより」沼津市歴史民俗資料館35（1）通号186　2010.06

シリーズ食（19）静浦のサバ料理（外立ますみ）「静岡県民俗学会会報」静岡県民俗学会（142）2012.01

静浦村

駿河湾の漁　足立実さんの漁話　沼津市・静浦村の合併と水産教育「沼津市歴史民俗資料館だより」沼津市歴史民俗資料館23（2）通号134　1997.7

駿河湾の漁　足立実さんの漁話　静浦村の水産教育と皇室「沼津市歴史民俗資料館だより」沼津市歴史民俗資料館23（3）通号135　1997.9

静岡

降臨伝承の里（深津至輝）「静岡歴研会報」静岡県歴史研究会85　1998.3

〔新刊紹介〕静岡総合研究機構編『静岡と世界を結ぶ羽衣の説話』（横山聡）「静岡県民俗学会誌」静岡県民俗学会21　2001.12

さなぶり神事（田所春夫）「静岡歴研会報」静岡県歴史研究会99　2002.6

〔新刊紹介〕中村羊一郎著『静岡から考えた日本文化』（川口円子）「静岡

| 東海 | 郷土に伝わる民俗と信仰 | 静岡県 |

県民俗学会誌」 静岡県民俗学会 23 2002.12

祓い潔めの行事(田中春二)「静岡歴研会報」 静岡県歴史研究会 103 2003.3

静岡の民俗語彙・方言短信(外立ますみ[ほか])「静岡県民俗学会会報」 静岡県民俗学会 106/(139) 2005.1/2011.10

7月いちにち例会レジュメII 戦後静岡における「戦没者慰霊」の展開と 「静岡の塔」(千地健太)「静岡県近代史研究会会報」 静岡県近代史研究 会 (334) 2006.7

戦時下の思い出 千人針(川勝高士)「静岡歴研会報」 静岡県歴史研究会 (122) 2008.6

研究発表要旨 静岡民具学事始め―内田武志の再評価(大村和男)「静岡県 民俗学会会報」 静岡県民俗学会 (131) 2009.03

静岡の民俗語彙・方言短信 ママクサカリ(古川幸雄)「静岡県民俗学会会 報」 静岡県民俗学会 (133) 2009.1.3

静岡の民俗語彙・方言短信 ソロバン/ヨジョコジョ(外立ますみ)/博物 館情報「静岡県民俗学会会報」 静岡県民俗学会 (134) 2010.01

静岡へ移住した紅葉山楽人(1),(2)(樋口雄彦)「静岡県近代史研究会会 報」 静岡県近代史研究会 (379)/(380) 2010.04/2010.05

静岡の民俗語彙・方言短信 ハリモグ(富山昭)/博物館情報/まつり・イ ベント情報「静岡県民俗学会会報」 静岡県民俗学会 (135) 2010.04

論文紹介 時田鉦平「静岡茶の現代史おぼえ〈戦後64年間〉」(村瀬隆彦) 「静岡県近代史研究会会報」 静岡県近代史研究会 (381) 2010.6

静岡の民俗語彙・方言短信 イテバ(外立ますみ)/博物館情報/受贈資料・ 刊行物紹介「静岡県民俗学会会報」 静岡県民俗学会 (137) 2010.10

静岡の民俗語彙・方言短信 北遠(旧龍山村)の方言(富山昭)/博物館情 報/受贈資料・刊行物紹介「静岡県民俗学会会報」 静岡県民俗学会 (138) 2011.01

静岡の民俗語彙・方言短信 オオリョウ(大漁)・フナオビャア(外立ます み)/博物館情報/受贈資料・刊行物紹介「静岡県民俗学会会報」 静岡 県民俗学会 (140) 2011.07

静岡の民俗語彙・方言短信 オトコドン・コマエカケ(秋山裕貴)/カイガ リ・ウミボッコ・ハラミアタリ(外立ますみ)「静岡県民俗学会会報」 静岡県民俗学会 (141) 2011.10

農村の余剰労働力による竹細工生産の観点からみた静岡竹行李生産につ いての考察(1)(服部武)「民具研究」 日本民具学会 (144) 2011.10

静岡の民俗語彙・方言短信 オッコウジン(大嶋善孝)/チョウチョウしい (外立ますみ)/ドンジリ(外立ますみ)「静岡県民俗学会会報」 静岡県 民俗学会 (142) 2012.01

静岡の民俗語彙・方言短信 ジーヨロコビノバーナカセ(多々良典秀)/ヌ ストットバン(多々良典秀)「静岡県民俗学会会報」 静岡県民俗学会 (143) 2012.04

静岡の民俗語彙・方言短信 アズキ(外立ますみ)/ヒケル(外立ますみ) 「静岡県民俗学会会報」 静岡県民俗学会 (144) 2012.07

静岡の民俗語彙・方言短信 キショッパリ/ボタ(外立ますみ)「静岡県民 俗学会会報」 静岡県民俗学会 (146) 2013.01

静岡民具学事始め―静岡時代の内田武志の再評価(研究論文)(大村和 男)「静岡県民俗学会誌」 静岡県民俗学会 (28・29) 2013.03

お茶のまち静岡のまちづくり―若者への茶文化発信・振興を目指して (平成21・22年度卒業論文発表会発表要旨)(平田敦史)「静岡県民俗 学会誌」 静岡県民俗学会 (28・29) 2013.03

中村羊一郎著『中村羊一郎の静岡物語(2) イルカの眼』(新刊紹介)(富 山昭)「静岡県民俗学会誌」 静岡県民俗学会 (28・29) 2013.03

静岡の民俗語彙・方言短信 エエミ(家見)/ミヤマシイ/ヨウジャ(勝間 田仁美)「静岡県民俗学会会報」 静岡県民俗学会 (147) 2013.04

〔新刊紹介〕 ビデオ紹介 クララナク/ゴイセー、ゴイセイ(外立ます み)「静岡県民俗学会会報」 静岡県民俗学会 (148) 2013.07

静岡の民俗語彙・方言短信 チンチン/ゴゼン/コテショ/オッケ(今村純 子)「静岡県民俗学会会報」 静岡県民俗学会 (149) 2013.10

1月例会レジュメ 静岡市文化財資料館企画展「駿府で愛されたお菓子― 扇子屋と駿府・静岡―」調査報告会にあたって(岡村龍男,増田亜矢 乃)「静岡県近代史研究会会報」 静岡県近代史研究会 (424) 2014.1

菓子商「扇子屋」と駿府・静岡の町方社会(岡村龍男)「静岡県近代史研 究会会報」 静岡県近代史研究会 (424) 2014.1

静岡の民俗語彙・方言短信 オランド/ベト(多々良典秀)「静岡県民俗学 会会報」 静岡県民俗学会 (150) 2014.01

静岡市文化財資料館企画展「駿府で愛されたお菓子―扇子屋と駿府・静 岡―」調査報告会にあたって(例会告要旨―1月例会(50名参加))(岡 村龍男,増田亜矢乃)「静岡県地域史研究会報」 静岡県地域史研究会 (193) 2014.2

菓子商「扇子屋」と駿府・静岡の町方社会(例会告要旨―1月例会(50名 参加))(岡村龍男)「静岡県地域史研究会報」 静岡県地域史研究会 (193) 2014.2

静岡の民俗語彙・方言短信 ドンボ/サカイボリ(外立ますみ)「静岡県民 俗学会会報」 静岡県民俗学会 (151) 2014.04

篠原旭氏の「羽衣伝説とかぐや姫」の概要/寺尾弘之氏「セメント王 浅

野総一郎」の概要/松葉屋幸則氏の「阿野全成(義経の兄)と駿河の関 わり」の概要「静岡歴研会報」 静岡県歴史研究会 (140) 2014.06

静岡の民俗語彙・方言短信 エビ/ホソー/カッテのシュロボーキ/コゾウ コックリ/ヒソコ(渡辺好洋)「静岡県民俗学会会報」 静岡県民俗学会 (153) 2014.10

静岡県

曼陀羅曼珠の花ぞ降る―六十六部廻国経筒の研究(足立順司)「静岡県埋 蔵文化財調査研究所研究紀要」 静岡県埋蔵文化財調査研究所 5 1997.3

静岡県にかかわる民俗学関係文献目録(1996年)～(2009・2010年度) (多々良典秀[ほか])「静岡県民俗学会誌」 静岡県民俗学会 17/ (28・29) 1997.3/2013.03

五百羅漢と飢饉(市毛弘子)「静岡県地域史研究会報」 静岡県地域史研究 会 96 1997.4

静岡県東部の田植え定規(荻野裕子)「民具マンスリー」 神奈川大学 30(4) 1997.7

南方往生の企て―ふだらく渡海の諸相(根井浄)「静岡県民俗学会誌」 静 岡県民俗学会 18 1997.12

「ホウトウ」についての一考察―伝えられない民俗(竹内栄)「静岡県民 俗学会誌」 静岡県民俗学会 18 1997.12

富山昭著『しずおか方言考 読んでごろじ』(〔書評〕)(山口幸洋)「静岡県 民俗学会誌」 静岡県民俗学会 18 1997.12

静岡県東部の妙正信仰(大島建彦)「西郊民俗」 〔西郊民俗談話会〕 通 号162 1998.3

普化尺八をめぐる一連の取り組みと考察(小木香,嶋和彦,村瀬正巳) 「静岡県博物館協会研究紀要」 静岡県博物館協会 (21) 1998.3

廻国経筒の周辺―岡部美濃守とその一族(足立順司)「静岡県埋蔵文化財 調査研究所研究紀要」 静岡県埋蔵文化財調査研究所 6 1998.3

静岡県下モンペ事情―その意識と変化(繁原幸子)「女性と経験」 女性民 俗学研究会 通号23 1998.10

露盤の用語について―特に露盤の呼称を中心として(大川敬夫)「静岡県 考古学研究」 静岡県考古学会 (30) 1998.12

須恵器花瓶の成立―仏の手から瓷婆の世界へ(佐野五十三)「静岡県考古 学研究」 静岡県考古学会 (30) 1998.12

いにしえの生活の語り部集団(佐野五十三)「静岡県考古学研究」 静岡県 考古学会 (30) 1998.12

俗信の民俗(大島建彦)「静岡県民俗学会誌」 静岡県民俗学会 19 1998.12

学生に聞いた伝承 俗信・都市伝説・わらべうた(美濃部京子)「静岡県民 俗学会誌」 静岡県民俗学会 19 1998.12

〈平成10年共同調査〉「静岡県民俗学会誌」 静岡県民俗学会 19 1998. 12

身体の俗信―特に病の予防と治療に関する俗信―経過報告(富山昭)「静 岡県民俗学会誌」 静岡県民俗学会 19 1998.12

付・若者の俗信(吉川祐子)「静岡県民俗学会誌」 静岡県民俗学会 19 1998.12

水器とイザナミ神話の秘密(1),(2)(大川誠市)「歴史論叢」 静岡県歴 史研究会 5/6 1999.1/2002.4

明治初期の神社をめぐる争論―静岡県の事例(太田暁子)「福岡市博物館 研究紀要」 福岡市博物館 (9) 1999.3

子供の民俗伝承試論―俗信の視点から(吉川祐子)「静岡県民俗学会誌」 静岡県民俗学会 20 1999.12

くらしと疫病(望月照夫)「静岡県民俗学会誌」 静岡県民俗学会 20 1999.12

〔新刊紹介〕 吉川祐子『静岡県子ども民俗誌ハレの日の名優』(大村和男) 「静岡県民俗学会誌」 静岡県民俗学会 20 1999.12

〔新刊紹介〕 ビデオ紹介「静岡県の伝統文化シリーズ」(多々良典秀)「静 岡県民俗学会誌」 静岡県民俗学会 20 1999.12

25周年記念大会講演記録 年中行事覚書(石川純一郎)「静岡県民俗学会 誌」 静岡県民俗学会 20 2000.12

25周年記念大会シンポジウム記録「年中行事の今」(富山昭, 外立ます み, 小杉達)「静岡県民俗学会誌」 静岡県民俗学会 21 2000.12

〈25周年記念事業〉「静岡県民俗学会誌」 静岡県民俗学会 21 2000.12

買って続ける年中行事―経過報告(小杉達)「静岡県民俗学会誌」 静岡県 民俗学会 21 2000.12

年中行事チラシ一覧表「静岡県民俗学会誌」 静岡県民俗学会 21 2000.12

「買って続ける年中行事」とその前段階―伝承の欠落と文字(荻野裕子) 「静岡県民俗学会誌」 静岡県民俗学会 21 2000.12

《25周年記念事業「買って続ける年中行事研究報告書I」》「静岡県民俗学 会誌」 静岡県民俗学会 22 2001.12

年中行事食の社会性(中村羊一郎)「静岡県民俗学会誌」 静岡県民俗学会 22 2001.12

マチの和菓子屋が支える町屋の行事(松田香代子)「静岡県民俗学会誌」

静岡県民俗学会　22　2001.12

年中行事における男女の役割（草間健）「静岡県民俗学会誌」　静岡県民俗学会　22　2001.12

我が家の年中行事の変化変遷（増田作一郎）「静岡県民俗学会誌」　静岡県民俗学会　22　2001.12

給食と年中行事（大嶋善孝）「静岡県民俗学会誌」　静岡県民俗学会　22　2001.12

節分商品（大村和男）「静岡県民俗学会誌」　静岡県民俗学会　22　2001.12

氏子入りと“七五三”（吉川祐子）「静岡県民俗学会誌」　静岡県民俗学会　22　2001.12

実在した牓示石（大隅信好）「静岡県地域史研究会報」　静岡県地域史研究会　125　2002.2

民俗調査報告 静岡県の「ナンバ型」田下駄について（太村和男）「静岡市立登呂博物館研究紀要」　静岡市立登呂博物館　通号2　2002.3

静岡県における古代仏教遺物の様相（勝又直人）「静岡県埋蔵文化財調査研究所研究紀要」　静岡県埋蔵文化財調査研究所　(9)　2002.7

歴史随想 石塔に光を（大隅信好）「静岡県地域史研究会報」　静岡県地域史研究会　128　2002.9

静岡県東部の道祖神について（井戸寛）「日本の石仏」　日本石仏協会, 青娥書房（発売）　(103)　2002.9

平成14年大会記念講演 ムラの中心とムラ境―風祭論（岩田重則）「静岡県民俗学会誌」　静岡県民俗学会　23　2002.12

《25周年記念事業「買って続ける年中行事研究報告書II」》「静岡県民俗学会誌」　静岡県民俗学会　23　2002.12

食い別れの餅（松田香代子）「静岡県民俗学会誌」　静岡県民俗学会　23　2002.12

モノから見た年中行事（2）（外立ますみ）「静岡県民俗学会誌」　静岡県民俗学会　23　2002.12

産毛剃りの宗教民俗―真菜の祝いとトトクイゲ（吉川祐子）「静岡県民俗学会誌」　静岡県民俗学会　23　2002.12

民俗文化の伝承と学校（多々良典秀）「静岡県民俗学会誌」　静岡県民俗学会　23　2002.12

静岡県サンカ関係の文献目録・解題《サンカの最新学2》（堀場博）「歴史民俗学」　批評社　(22)　2003.2

静岡県におけるイルカ漁・イルカ食（板橋悦子）「常民文化」　成城大学常民文化研究会　26　2003.3

静岡県内の飾り弓について（井鍋誉之）「静岡県埋蔵文化財調査研究所研究紀要」　静岡県埋蔵文化財調査研究所　(10)　2003.3

鰐口の移動にみる戦国時代―静岡県内の事例から（増田幸代）「藤枝市史研究」　藤枝市市史文化部　4　2003.3

イモの民俗誌（1）―静岡県中西部山地の事例を緒として（野本寛一）「民俗文化」　近畿大学民俗学研究所　(15)　2003.3

「海豚参詣」とイルカ祭祀（中村羊一郎）「静岡県民俗学会誌」　静岡県民俗学会　24　2003.12

中世後期における山岳寺院と修験道（研究報告要旨 第228回研究会）（大高康正）「静岡県地域史研究会報」　静岡県地域史研究会　137　2004.2

静岡県の雲板（佐藤郁太）「歴史考古学」　歴史考古学研究会　(54)　2004.9

月夜でも焼ける―ジャリマの開墾（松田香代子）「静岡県民俗学会会報」　静岡県民俗学会　105　2004.11

静岡県の民話 伝説の中の女人たち（1）怪物された女（加茂徳明）「遠州民話の会通信」　遠州民話の会　(14)　2004.12

「静岡県の雲板」追記（佐藤郁太）「歴史考古学」　歴史考古学研究会　(55)　2004.12

杜の誘いは突然に（岩崎敦史）「静岡県民俗学会会報」　静岡県民俗学会　107　2005.3

古きを訪ね、新たな旅へ（岩崎敦史）「静岡県民俗学会会報」　静岡県民俗学会　108　2005.5

空の幸福感（岩崎敦史）「静岡県民俗学会会報」　静岡県民俗学会　(109)　2005.7

海に呑まれた（岩崎敦史）「静岡県民俗学会会報」　静岡県民俗学会　(110)　2005.9

静岡県における中世石塔の様相（2005年版）―とくに出現期の石塔を中心に（松井一明）「日引 ： 石造物研究会誌」　(7)　2005.10

光は影も生む（1），(2)（岩崎敦史）「静岡県民俗学会会報」　静岡県民俗学会　(111)／(112)　2005.11/2006.1

「風」の伝承を採集してください（木村博）「静岡県民俗学会会報」　静岡県民俗学会　(111)　2005.11

富士講以外の富士塚―静岡県を事例として（荻野裕子）「民具マンスリー」　神奈川大学　38(10)通号454　2006.1

ハンデ作りの技術（多々良典秀）「静岡県民俗学会会報」　静岡県民俗学会　(113)　2006.3

波と島のあいだに［1］～（3）（岩崎敦史）「静岡県民俗学会会報」　静岡県民俗学会　(113)／(115)　2006.3/2006.7

幸運の車輪［1］, (2)（岩崎敦史）「静岡県民俗学会会報」　静岡県民俗学会　(116)／(117)　2006.9/2006.11

「島寄りがすると雨」（木村博）「静岡県民俗学会会報」　静岡県民俗学会　(116)　2006.9

民俗語彙雑感―「コザル」のこと（富山昭）「静岡県民俗学会会報」　静岡県民俗学会　(117)　2006.11

民俗語彙をめぐる断章―「村代（ムラシロ）」考（大村和男）「静岡県民俗学会会報」　静岡県民俗学会　(117)　2006.11

三千夜一夜物語（岩崎敦史）「静岡県民俗学会会報」　静岡県民俗学会　(118)　2007.1

北斗七星に進路を取れ（岩崎敦史）「静岡県民俗学会会報」　静岡県民俗学会　(119)／(122)　2007.3/2007.9

静岡県民俗学会編『中日本民俗論』（新刊紹介）（石川純一郎）「静岡県民俗学会誌」　静岡県民俗学会　(25)　2007.3

シリーズ食（1）漁師の料理 ガワ―冷たい味噌汁（大嶋善孝）「静岡県民俗学会会報」　静岡県民俗学会　(121)　2007.7

日置流雪荷派と祭りの奉射神事「月刊通信ふるさとの民俗を語る会」　民俗文化研究所　(3)　2007.8

ジュニアのための民俗学講座報告（松田香代子）「静岡県民俗学会会報」　静岡県民俗学会　(122)　2007.9

田村貞雄氏からの『中日本民俗論』掲載の西海論文に対する批判について（静岡県民俗学会理事会）「静岡県民俗学会会報」　静岡県民俗学会　(122)　2007.9

テイデイの実物みつかる（外立ますみ）「静岡県民俗学会会報」　静岡県民俗学会　(123)　2007.11

シリーズ食（3）コウボウキビの掻き粉と焼餅（多々良典秀）「静岡県民俗学会会報」　静岡県民俗学会　(123)　2007.11

日置流鳴弦式法の復活を目指して（河合治郎）「月刊通信ふるさとの民俗を語る会」　民俗文化研究所　(8)　2008.1

シリーズ食（4）暮の餅（吉川祐子）「静岡県民俗学会会報」　静岡県民俗学会　(124)　2008.1

文官石像（渡邉妙子）「静岡県博物館協会研究紀要」　静岡県博物館協会　(31)　2008.3

紺紙金銀字交書阿毘達磨倶舎論巻 第二十六（中尊寺経）（田島整）「静岡県博物館協会研究紀要」　静岡県博物館協会　(31)　2008.3

講演要旨「民俗相撲の諸相」（平成20年度総会・大会）（山田知子）「静岡県民俗学会会報」　静岡県民俗学会　(125)　2008.3

平成19年大会記念講演 歌舞伎伝承のフォークロア―助六実ハ曽我五郎の発想など（堀内正文）「静岡県民俗学会誌」　静岡県民俗学会　(26)　2008.3

平成19年度卒業論文発表会発表要旨 火祭りの民俗学的研究（相場朋子）「静岡県民俗学会誌」　静岡県民俗学会　(26)　2008.3

富山昭著『えーら しぞーか』（新刊紹介）（中村羊一郎）「静岡県民俗学会誌」　静岡県民俗学会　(26)　2008.3

石川純一郎著『静岡県の民俗歌謡―「遊び」と「祈り」の口承文芸』（新刊紹介）（外立ますみ）「静岡県民俗学会誌」　静岡県民俗学会　(26)　2008.3

シリーズ食（6）手の瘤／辻に納める食物／お握りとゆで卵（吉川祐子）「静岡県民俗学会会報」　静岡県民俗学会　(126)　2008.5

倉鋪流茶手揉み技術のお話（吉川祐子）「月刊通信ふるさとの民俗を語る会」　民俗文化研究所　(13)　2008.6

食の民俗―静岡県「オハタキ」考（1）～（4）（富山昭）「静岡県民俗学会会報」　静岡県民俗学会　(127)／(130)　2008.7/2009.01

シリーズ食（7）昆虫食 キムシのこと（大嶋善孝）「静岡県民俗学会会報」　静岡県民俗学会　(127)　2008.8

シリーズ食（8）ソーダガツオ ウズワの煮味噌（外立まゆみ）「静岡県民俗学会会報」　静岡県民俗学会　(128)　2008.9

シリーズ食（8）小麦まんじゅう 夏のハレ食（外立まゆみ）「静岡県民俗学会会報」　静岡県民俗学会　(130)　2009.01

阿弥陀如来立像（鎌倉時代）（田島整）「静岡県博物館協会研究紀要」　静岡県博物館協会　(32)　2009.03

平成20年度大会記念講演 民俗相撲の諸相（山田知子）「静岡県民俗学会誌」　静岡県民俗学会　(27)　2009.03

研究ノート サルトリイバラの民俗と方言―「炊し葉餅」の伝承から（富山昭）「静岡県民俗学会誌」　静岡県民俗学会　(27)　2009.03

平成20年度卒業論文発表会発表要旨 カラスは神使か害鳥か？―各地の弓神事から探る（近藤祉秋）「静岡県民俗学会誌」　静岡県民俗学会　(27)　2009.03

平成21年度例会「夜っぴとい神楽」見学会記（松田香代子）「静岡県民俗学会会報」　静岡県民俗学会　(134)　2010.01

幕末のコレラ対策（1）―お犬さまの勧請（小杉達）「静岡県民俗学会会報」　静岡県民俗学会　(134)　2010.01

シリーズ食（10）冬のイルカ煮（外立ますみ）「静岡県民俗学会会報」　静岡県民俗学会　(134)　2010.01

東海　　　郷土に伝わる民俗と信仰　　　静岡県

養鰻漁業の変遷と鰻供養の展開―静岡・愛知県の事例より（高木大祐）「民俗学研究所紀要」 成城大学民俗学研究所 34 2010.03

講演要旨（金子淳）「静岡県民俗学会会報」 静岡県民俗学会 （135） 2010.04

シリーズ食（11） サトイモ（里芋）（増田作一郎）「静岡県民俗学会会報」 静岡県民俗学会 （135） 2010.04

シリーズ食（13） 「べっこうずし」の広まり（松田香代子）「静岡県民俗学会会報」 静岡県民俗学会 （137） 2010.10

伝承者の苦悩―揺らぐ「伝統」（吉川祐子）「静岡県民俗学会会報」 静岡県民俗学会 （138） 2011.01

やろう祭り！ 落ち込まないで静岡県（吉川祐子）「月刊通信ふるさとの民俗を語る会」 民俗文化研究所 （47） 2011.04

調査報告―供物・食物 粢作り二題（富山昭）「静岡県民俗学会会報」 静岡県民俗学会 （139） 2011.04

シリーズ食（20）～（22） 玄米と精白米（1）～（3）（外立ますみ）「静岡県民俗学会会報」 静岡県民俗学会 （143）/（145） 2012.04/2012.10

祭礼や神事で舞いなどに携わる人に土を踏ませないこと（渡辺好洋）「静岡県民俗学会会報」 静岡県民俗学会 （146） 2013.01

ノスタルジー研究の現在と博物館における昭和ノスタルジーのゆくえ（平成21・22年度大会講演）（金子淳）「静岡県民俗学会誌」 静岡県民俗学会 （28・29） 2013.03

静岡県の方言―地域の特徴から方言を考える（平成21・22年度卒業論文発表会発表要旨）（松橋容子）「静岡県民俗学会誌」 静岡県民俗学会 （28・29） 2013.03

鹿と人のかかわり 保護された鹿/狩猟の対象/神聖な獣へ/そして現代…（特集 いにしえの暮らしと動物）「ふじのくに考古通信」 静岡県埋蔵文化財センター （4） 2013.03

三重県、静岡県神社別石造物一覧（長浜宏雄）「岡崎地方史研究会研究紀要」 岡崎地方史研究会 （41） 2013.03

講演要旨 災害の民俗（小栗達）「静岡県民俗学会会報」 静岡県民俗学会 （147） 2013.04

研究発表要旨 ボサマと笑い（大嶋善孝）「静岡県民俗学会会報」 静岡県民俗学会 （147） 2013.04

奉納絵馬の変化―「えんむすび」とハート型絵馬を通して（渡辺好洋）「静岡県民俗学会会報」 静岡県民俗学会 （147） 2013.04

シリーズ食（23） 大晦日の大蕎麦打ち（外立ますみ）「静岡県民俗学会会報」 静岡県民俗学会 （147） 2013.04

シリーズ食（26） ヤマイモ（自然薯）（今村純子）「静岡県民俗学会会報」 静岡県民俗学会 （149） 2013.10

「文字」で願う 来世への願いを経文に込めて（特集 人と「文字」）「ふじのくに考古通信」 静岡県埋蔵文化財センター （6） 2014.02

節句人形の保管と処分に関する民俗学的考察―静岡県のテンジンサンを事例として（論文）（尾由香織）「史境」 歴史人類学会，日本図書センター（発売）（67） 2014.03

シリーズ食（27） 甘口がんも（外立ますみ）「静岡県民俗学会会報」 静岡県民俗学会 （151） 2014.04

5月例会レジュメ 戦後静岡県における戦没者慰霊―占領期から1960年代まで（千地健太）「静岡県近代史研究会会報」 静岡県近代史研究会 （428） 2014.05

西宮神社、えびす信仰の広がり―静岡県にある西宮神社（1）（2）「西宮えびす」 西宮神社 （41） 2014.06

寺社関連以外の「勧進」文書の検討（例会告要旨―4月例会（18名参加））（土屋比都司）「静岡県地域史研究会会報」 静岡県地域史研究会 （195） 2014.07

シリーズ食（28） 筍のアラメ煮とめ巻（松田香代子）「静岡県民俗学会会報」 静岡県民俗学会 （152） 2014.07

表紙・口絵写真 静岡県の民俗「民俗文化」 近畿大学民俗学研究所 （26） 2014.07

東海地方のなかの静岡県―さかいの民俗学（静岡県の民俗）（戸井田克己）「民俗文化」 近畿大学民俗学研究所 （26） 2014.07

シリーズ食（29） 蝮に因む御供物（外立ますみ）「静岡県民俗学会会報」 静岡県民俗学会 （153） 2014.10

静岡市

静岡市の昔笠について（大村和男）「静岡市立登呂博物館研究紀要」 静岡市立登呂博物館 通号1 2000.10

〔新刊紹介〕 静岡市の伝統文化シリーズ（多々良典秀）「静岡県民俗学会誌」 静岡県民俗学会 23 2002.12

民俗調査報告 明治時代の茶摘歌―ある女性の記憶と記録化の一事例（大村和男）「静岡市立登呂博物館研究紀要」 静岡市立登呂博物館 通号4 2004.3

八幡宮紹介 八幡神社（静岡県静岡市）「季刊悠久.第2次」 鶴岡八幡宮悠久事務局 （104） 2006.8

区内文化財案内（番外編） 追跡！ 静岡市の石灯籠（滝口正哉）「千代田区立四番町歴史民俗資料館資料館だより」 東京都千代田区教育委員会，

千代田区立四番町歴史民俗資料館 （27） 2008.3

静岡市美術館における巡回展「滋賀県立琵琶湖文化館が守り伝える美 近江巡礼 祈りの至宝展」の開催とその成果（井上ひろ美）「滋賀県立琵琶湖文化館研究紀要」 滋賀県立琵琶湖文化館 （29） 2013.03

静岡藩

家計簿からみた静岡藩士の生活―立田彰信の「万遣払簿」（樋口雄彦）「沼津市博物館紀要」 沼津市歴史民俗資料館［ほか］ 通号31 2007.3

旧幕臣・静岡藩士掃苔録（樋口雄彦）「沼津市博物館紀要」 沼津市歴史民俗資料館［ほか］ 通号34 2010.03

賤機山

松本検氏「田原坂の古戦場」/田中春二氏「いなさ神話物語」の概要/篠原旭氏「静岡の信仰のふるさと 賤機山麓山」の概要「静岡歴研会報」 静岡県歴史研究会 （120） 2008.12

篠原旭氏の「賤機山の歴史」の概要/松本検氏の「江戸時代の旅と離婚」の概要/和田嘉夫氏の「富士山表口の謎」の概要「静岡歴研会報」 静岡県歴史研究会 （137） 2013.06

志太

静岡県大井川町と美濃 志太人形と土人形「美濃民俗」 美濃民俗文化の会 382 1999.3

〔新刊紹介〕「志太の民俗」『志太の大絵馬』（八木洋行）「静岡県民俗学会誌」 静岡県民俗学会 20 1999.12

志太地域における初期仏教の様相（磯部武男）「藤枝市郷土博物館年報・紀要」 藤枝市郷土博物館 11 2000.3

百姓一揆からええじゃないか騒動―江戸後期の変動期における志太・益津地域（枝村三郎）「焼津市史研究」 焼津市 （2） 2001.3

天平勝宝九歳の祥瑞からみた藤原仲麻呂と志太地域―「其不奏上国郡司等不在恩限」の勅語と祥瑞裏賞の進位を中心に（岩宮隆司）「藤枝市史研究」 藤枝市市民文化部 （12） 2012.03

志太平野

研究発表要旨「志太平野の鍬―焼津市の事例を中心に」（平成20年度総会・大会）（外立ますみ）「静岡県民俗学会会報」 静岡県民俗学会 （125） 2008.3

実相寺

岩本山実相寺 一切経蔵の彫刻（落合栄）「富士民俗の会会報」 富士民俗の会 （25） 2004.3

実相寺の彫刻について（落合栄）「富士民俗の会会報」 富士民俗の会 （27） 2004.11

実相寺衆徒愁状 立正安国論（渡辺繁治）「駿河」 駿河郷土史研究会 （64） 2010.03

倭文神社

富士宮の古代史探訪―倭文神社考（中島信哉）「月の輪」 富士宮市郷土史同好会 12 1997.6

倭文神社と星座（1）～（3）（齋藤秀治）「郷土の栞」 伊東郷土研究会 （157）/（159） 2012.05/2012.09

志戸呂

志戸呂焼の盛衰（研究報告要旨 第236回研究会）（塚本裕巳）「静岡県地域史研究会報」 静岡県地域史研究会 （142） 2005.1

近世志戸呂窯由右衛門徳利一覧書（鈴木裕子）「東京考古」 東京考古談話会 通号23 2005.5

近世志戸呂窯由右衛門徳利一覧書2（窯址採集資料から）（鈴木裕子）「東京考古」 東京考古談話会 通号24 2006.5

古志戸呂の匣鉢詰め・窯詰め法（河合修）「静岡県埋蔵文化財調査研究所研究紀要」 静岡県埋蔵文化財調査研究所 （15） 2009.03

篠場瓦窯

仏教文化と瓦づくり―浜松市・篠場瓦窯 仏教文化の幕開け（武田寛生）「発掘物語しずおか： 静岡県埋蔵文化財調査研究所報」 静岡県埋蔵文化財調査研究所 （120） 2007.6

柴

伝承地を歩く（10） 鏡石（天竜市柴）「遠州民話の会通信」 遠州民話の会 （10） 2002.5

芝川

富士芝川海苔の生産状況（望月基子）「かわのり」 芝川町郷土史研究会 26 1999.11

芝川町

川天狗 狐火 びんぎ田（望月基子）「かわのり」 芝川町郷土史研究会 25 1998.11

芝川町の祭り行事（芝川町文化財保護審議委員会）「かわのり」 芝川町郷土史研究会 25 1998.11

路傍の石の力貸し（清忍）「かわのり」 芝川町郷土史研究会 29 2002.11

静岡県　　　　郷土に伝わる民俗と信仰　　　　東海

十五夜と祭り相撲（望月基子）「かわのり」　芝川町郷土史研究会　（30）2003.11

芝川町の屋号調査（特集）（望月志津子）「かわのり」　芝川町郷土史研究会　（34）2009.6

屋号（特集）（望月育三）「かわのり」　芝川町郷土史研究会　（34）2009.6

屋号調査をして感じたこと（特集）（民俗部）「かわのり」　芝川町郷土史研究会　（34）2009.6

兜に秘めた仏様（望月志津子）「かわのり」　芝川町郷土史研究会　（34）2009.06

特集「地域の祭り」の調査にあたって（民俗部）「かわのり」　芝川町郷土史研究会　（35）2010.06

特集 峯の姥神さまと橋場の庚申さん（辻村保男）「かわのり」　芝川町郷土史研究会　（35）2010.06

特集 二十六夜月の祭（風岡寿美子）「かわのり」　芝川町郷土史研究会　（35）2010.06

特集 風祭（望月志津子）「かわのり」　芝川町郷土史研究会　（35）2010.06

特集 川供養「お盆の行事」（佐野文孝）「かわのり」　芝川町郷土史研究会　（35）2010.06

三沢一族（2）三沢氏とお寺（深澤勝利）「かわのり」　芝川町郷土史研究会　（35）2010.06

島田

島田鹿島踊覚え書き（吉川祐子）「静岡県民俗学会会報」　静岡県民俗学会　106　2005.1

島田大祭のお話「月刊通信ふるさとの民俗を語る会」　民俗文化研究所　（7）2007.12

脇町あっての島田の大祭り（吉川祐子）「月刊通信ふるさとの民俗を語る会」　民俗文化研究所　（36）2010.05

大奴が語る島田の大祭（吉川祐子）「月刊通信ふるさとの民俗を語る会」　民俗文化研究所　（74）2013.07

第107回島田大祭「月刊通信ふるさとの民俗を語る会」　民俗文化研究所　（74）2013.07

島田大祭の伝統と変化（吉川祐子）「月刊通信ふるさとの民俗を語る会」　民俗文化研究所　（77）2013.10

島田市

変容する祭―静岡県島田市の帯祭り（繁原幸子）「女性と経験」　女性民俗学研究会　通号36　2011.10

嶋名神社

嶋名神社と鎌田神明宮（鈴木小英）「磐南文化」　磐南文化協会　（35）2009.03

清水

清水の寺院探訪（五味金雄）「清見潟 ： 清水郷土史研究会会誌」　清水郷土史研究会　7　1997.5

清水の伝説 牛石（うしっし）（川勝高士）「静岡歴研会報」　静岡県歴史研究会　81　1997.10

江戸時代、清水地域の毒荏栽培（梅田典平）「清見潟 ： 清水郷土史研究会会誌」　清水郷土史研究会　8　1998.5

江戸時代の子どもと若者、そして高齢者（川崎文昭）「清見潟 ： 清水郷土史研究会会誌」　清水郷土史研究会　（11）2001.5

清水の秋葉信仰（田村貞雄）「清見潟 ： 清水郷土史研究会会誌」　清水郷土史研究会　（12）2003.6

もう一つの羽衣伝説（天野香）「清見潟 ： 清水郷土史研究会会誌」　清水郷土史研究会　（13）2004.5

『朝顔日記』とその墓所に寄せて（佐野明生）「清見潟 ： 清水郷土史研究会会誌」　清水郷土史研究会　（15）2006.5

2009年度総会記念講演会 イルカの民族学（中村羊一郎）「清見潟 ： 清水郷土史研究会会誌」　清水郷土史研究会　（19）2010.05

御定書の成立過程から見た庶民の暮らし（遠藤章二）「清見潟 ： 清水郷土史研究会会誌」　清水郷土史研究会　（19）2010.05

明治の生神様―太吾正人と松岡萬と（望月憲一）「清見潟 ： 清水郷土史研究会会誌」　清水郷土史研究会　（20）2011.05

古文書の魅力・よみがえる昔の生活（桜田弘）「清見潟 ： 清水郷土史研究会会誌」　清水郷土史研究会　（21）2012.05

臨済宗の鴬鴬塚（佐野明生）「清見潟 ： 清水郷土史研究会会誌」　清水郷土史研究会　（23）2014.05

伊豆のなまこ壁建造物群と清水瓦（静岡県の民俗）（網伸也）「民俗文化」　近畿大学民俗学研究所　（26）2014.07

清水町

ムラ連合と潅漑施設―静岡県駿東郡清水町東部地域を事例として（小沢弘昌）「京都民俗 ： 京都民俗学会会誌」　京都民俗学会　通号15　1997.12

清水湊

清水湊の火振り漁（遠藤章二）「清見潟 ： 清水郷土史研究会会誌」　清水郷土史研究会　（10）2000.5

下賀茂

下賀茂の龍獅子と神楽 人数不足と戦う消防団（吉川祐子）「月刊通信ふるさとの民俗を語る会」　民俗文化研究所　（31）2009.12

吉川祐子著「下賀茂の龍獅子と神楽―静岡県賀茂郡南伊豆町―」（書籍紹介）（入江宜子）「民俗芸能研究」　民俗芸能学会　（48）2010.03

吉川祐子編「下賀茂の龍獅子と神楽―静岡県賀茂郡南伊豆町」（新刊紹介）（中村羊一郎）「静岡県民俗学会誌」　静岡県民俗学会　（28・29）2013.03

下久能

下久能の弘法様の由来（内山みつゑ）「ふるさと袋井」　袋井市地方史研究会　13　1998.11

下田

下田の河童駒引譚（和田寛）「河童通心」　河童文庫　157　2001.4

「箕作」村の下田箕について（飯尾恭之）「豆州歴史通信」　豆州研究社歴史通信部　262　2002.2

下田市

幕末の大津波と石造物―伊豆・下田市の津波供養塔（特集 石仏探訪IX）（田島整）「日本の石仏」　日本石仏協会，青娥書房（発売）（138）2011.06

下田八幡神社

下田八幡神社の祭り（吉川祐子）「月刊通信ふるさとの民俗を語る会」　民俗文化研究所　（15）2008.8

伝統と変化に揺れ動く下田八幡神社祭礼（吉川祐子）「月刊通信ふるさとの民俗を語る会」　民俗文化研究所　（29）2009.10

十七夜観音

十七夜観音（小杉達）「磐南文化」　磐南文化協会　（32）2006.3

秋葉寺

寛元在銘の静岡・秋葉寺（愛知・巣山区伝来）金剛力士立像（山岸公基，塩澤寛樹）「愛知県史研究」　愛知県　（9）2005.3

修善寺

ふるさと―それは伊豆の修善寺（冨安兆子）「西日本文化」　西日本文化協会　338　1998.1

修善寺雑記（原嶺夫）「伊豆の郷土研究」　田方地域文化財保護審議委員連絡協議会　30　2005.3

記念講演 修善寺本堂大修復（田子空道）「伊豆の郷土研究」　田方地域文化財保護審議委員連絡協議会　31　2006.3

韮山・修善寺の史跡を巡りて（田中豊）「小田原史談 ： 小田原史談会々報」　小田原史談会　（215）2008.10

寿竜院

パステル画 新潟県南魚沼市 大月観音堂/静岡市引佐町 寿竜院 葬頭河婆（土井徳郎）「微笑佛」　全国木喰研究会　（20）2013.03

常光寺

史料紹介「常光寺年代記」（研究報告要旨 第222回研究会）（森田香司）「静岡県地域史研究会報」　静岡県地域史研究会　133　2003.6

定光寺

見付古城と今川範国の定光寺をめぐって（石川紀枝子）「磐南文化」　磐南文化協会　26　2000.3

常昌院

藤枝市岡部東谷山常昌院訪問記（村瀬隆彦）「静岡県近代史研究会会報」　静岡県近代史研究会　（370）2009.07

称念寺

荒川島庚申堂（青面金剛明王）と称念寺（草間勝）「駿河」　駿河郷土史研究会　54　2004.6

白浜村

伊豆白浜村の天草採取 明治時代の重要産業「豆州歴史通信」　豆州研究社歴史通信部　191　1999.3

白髭神社

松本検氏の「五木の子守唄考」の概要/篠原旭氏の「静岡市が設立する歴史博物館に期待するもの」の概要/望月茂氏の「白髭神社の謎を探る―祭神サルタヒコを中心に―」の概要「静岡歴研会報」　静岡県歴史研究会　（134）2012.06

心岳寺

心岳寺所蔵大般若波羅密多経（湯之上隆）「藤枝市史研究」　藤枝市市民文化部　3　2001.12

心岳寺祠堂帳について（資料紹介）（湯之上隆）「藤枝市史研究」　藤枝市市民文化部　（11）2010.03

神護寺

植田三十郎と植田新田・神護寺について（望月宏充）「沼津史談」沼津史談会　54　2003.1

当山派修験　遠州中泉組　月光山神護寺とその資料（山本義孝）「静岡県博物館協会研究紀要」　静岡県博物館協会　（32）2009.03

新庄寺

堀之内村の新庄寺・江月院と若宮八幡宮（戸塚昌美）「相良史蹟」　相良史蹟調査会　1　2002.6

新富士

「新富士」にあった石碑が別所坂児童遊園に設置（平山元也）「目黒区郷土研究」　目黒区郷土研究会　（632）2007.9

瑞林寺

瑞林寺地蔵菩薩像（勝田貞男）「駿河」　駿河郷土史研究会　（57）2003.3

助宗古窯

古代助宗古窯の歴史的位置（柴垣勇夫）「藤枝市史研究」　藤枝市市民文化部　4　2003.3

豆国三十三所観世音菩薩霊場

「豆国三十三所観世音菩薩霊場」について一付・四国八十八ヶ所遍路（佐藤良平）「伊豆の郷土研究」　田方地域文化財保護審議委員連絡協議会　25　2000.3

豆州

石臼と豆腐・蕎麦「豆州歴史通信」　豆州研究社歴史通信部　268　2002.5

坂田金時伝説考（要約）（馬場杉右衛門）「豆州歴史通信」　豆州研究社歴史通信部　275　2002.9

伊豆における聖徳太子伝承―「増訂豆州志稿」その他から（木村博）「聖徳」　聖徳宗教学部　179　2004.1

天保の葬送に関する触書と墓石（森山直介）「豆州歴史通信」　豆州研究社歴史通信部　327　2004.11

日本の回游職能民「サンカ」小考「サンカ学」の誕生（飯尾恭之）「豆州歴史通信」　豆州研究社歴史通信部　349　2005.9

続　神様名称編集あとがき「豆州歴史通信」　豆州研究社歴史通信部　（441）2009.07

裾野

野仏巡礼―裾野の石仏・石神（岡田憲明）"伊豆史談"　伊豆史談会　126　1997.3

講演載録　戦後裾野の暮らしと生活意識（安田常雄）「裾野市史研究」　裾野市教育委員会教育部市史編さん室　10　1998.3

裾野の石造物―庚申塔を中心に（瀬川裕市郎）「裾野市史研究」　裾野市教育委員会教育部市史編さん室　12　2000.3

裾野市

歴史講座の記録　民俗を探る楽しさ「裾野市史研究」　裾野市教育委員会教育部市史編さん室　11　1999.3

裾野市域のモヨリとその生活―ムラとモヨリ（斎藤弘美）「裾野市史研究」　裾野市教育委員会教育部市史編さん室　12　2000.3

須津川

昔話「赤淵川と須津川」の考察（渡辺繁治）「駿河」　駿河郷土史研究会　52　1998.3

須走

須走大日堂継承と旧北郷村十一ヶ村の大日堂への信仰（小林謙光）「富士山文化研究」　富士山文化研究会　（9・10）2008.12

須走村

フィクションの後始末―天保2年駿州駿東郡須走村神主宝経塔建立一件（青柳周一）「富士信仰研究」　富士信仰研究会　（1）2000.5

須山口

富士山信仰における須山口の位置（菊地邦彦）「裾野市史研究」　裾野市教育委員会教育部市史編さん室　13　2001.3

駿河

庶民の墓についての一考察[1]，(2)（渡辺誠）「駿河」　駿河郷土史研究会　51/52　1997.3/1998.3

鈞玄社と手漉和紙（久保田武人）「駿河」　駿河郷土史研究会　51　1997.3

海難と神闘（中村留吉）「紙魚：駿河古文書会会報」　駿河古文書会　24　1998.10

伊豆・駿河における「千箇寺供養塔」（木村博）「日本の石仏」　日本石仏協会，青蛾書房（発売）通号88　1998.12

「棟札」を読む（宮本勉）「紙魚：駿河古文書会会報」　駿河古文書会　25　1999.4

第207回研究報告　鯰絵正休覚書について―駿河大河内氏の存在（小林輝久彦）「静岡県地域史研究会報」　静岡県地域史研究会　124　2002.1

武尊堂あれこれ(2)（石川健三）「駿河」　駿河郷土史研究会　（57）2003.3

庚申塔を探る（三井清治）「駿河」　駿河郷土史研究会　（57）2003.3

駿河の国地蔵尊御詠歌について（木ノ内君枝）「月の輪」　富士宮市郷土史同好会　（19）/（20）2004.6/2005.6

中世遠江・駿河の臨済宗寺院（研究報告要旨　第237回研究会）（大塚勲）「静岡県地域史研究会報」　静岡県地域史研究会　（142）2005.1

中世遠江・駿河の臨済宗寺院(2)（研究報告要旨　第238回研究会）（大塚勲）「静岡県地域史研究会報」　静岡県地域史研究会　（143）2005.4

子供の頃の家の間取りと今の生活の違い（林フジ枝）「駿河」　駿河郷土史研究会　（60）2006.3

我が家の龍神様　木彫浮彫龍蛇相対神像（石川健三）「駿河」　駿河郷土史研究会　（60）2006.3

疱瘡神の保存（吉村貴彦）「駿河」　駿河郷土史研究会　（60）2006.3

道祖神信仰（三井清治）「駿河」　駿河郷土史研究会　（60）2006.3

村の神事と講のこと（石川健三）「駿河」　駿河郷土史研究会　（61）2007.3

駿河中・西部地域の中世石塔の出現と展開―静岡県下における中世石塔の研究(3)（松井一明，木村弘之，溝口彰啓，篠ヶ谷路人，椿原靖弘）「静岡県博物館協会研究紀要」　静岡県博物館協会　（30）2007.3

竹取の翁一族が守護する釈迦仏か　竹彫禅定印釈迦如来座像の発見（石川健三）「駿河」　駿河郷土史研究会　（62）2008.3

駿河中部地域の中世石塔の出現と展開―静岡県下における中世石塔の研究(4)（松井一明，木村弘之，溝口彰啓）「静岡県博物館協会研究紀要」　静岡県博物館協会　（31）2008.3

ピックアップ八犬伝　駿河凧「ミュージアム発見伝：館山市立博物館報」　館山市立博物館　（83）2009.01

遠江・駿河地域の中世石塔の出現と展開―静岡県下における中世石塔の研究(5)（松井一明，木村弘之，溝口彰啓）「静岡県博物館協会研究紀要」　静岡県博物館協会　（32）2009.03

金剛赤精善神雨宝童子坐像（石川健三）「駿河」　駿河郷土史研究会　（64）2010.03

ふるさと道祖神（松野紀一）「駿河」　駿河郷土史研究会　（66）2012.04

道祖神入門編(2)　ふるさとの道祖神(2)（松野紀一）「駿河」　駿河郷土史研究会　（67）2013.03

甲子講顛末記（吉村貴彦）「駿河」　駿河郷土史研究会　（68）2014.04

六地蔵六角灯籠の考証（石川健三）「駿河」　駿河郷土史研究会　（68）2014.04

駿河の六斎念仏と上鳥羽橋上鉦講の六斎（吉川祐子）「月刊通信ふるさとの民俗を語る会」　民俗文化研究所　（87）2014.08

駿河観音三十三所

近世後期における東泉院慈鮒の地方巡礼―駿河国弘法大師霊場・同観音三十三所・伊豆駿河両国横道巡礼（大高康正）「六所家総合調査だより」　富士市立博物館　（11）2012.09

駿河国

〔史料紹介〕　熊沢本『駿河国神名帳』について（磯部武男）「藤枝市博物館年報・紀要」　藤枝市郷土博物館　10　1999.3

二つのクサナギ神社―ヤマトタケル説話の駿河国への導入（中西道行）「清見潟：清水郷土史研究会会誌」　清水郷土史研究会　（11）2001.5

駿河国地蔵尊御詠歌について（木ノ内君枝）「月の輪」　富士宮市郷土史同好会　17　2002.6

続駿河国地蔵尊御詠歌（木ノ内君枝）「月の輪」　富士宮市郷土史同好会　（18）2003.6

研究発表　ヤマトタケル伝説の駿河国への導入（中西道行）「清見潟：清水郷土史研究会会誌」　清水郷土史研究会　（14）2005.5

寛永時代の村高・寺社領（寛水改　駿河国高附帳　下）《〈吉原宿を中心とした宿場資料〉―〈各種資料〉》（中西道行）「駿河」　駿河郷土史研究会　（臨時号）2008.9

近江の国と駿河の国―姥が餅と安倍川餅《〈特集　シニアが見つけた！湖国の文学II〉》（松本孝子）「湖国と文化」　滋賀県文化振興事業団　33（3）通号128　2009.7

駿河国の浅間神社と司宿奉幣（鈴木雅史）「月の輪」　富士宮市郷土史同好会　（26）2011.06

芦峅寺宿坊家が東海道筋に形成した檀那場―特に駿河国と横浜の事例をとりあげて（福江充）「研究紀要」　富山県立山博物館　20　2013.3

戦国期駿河・遠江国の伊勢海上交易について―伊勢御師の経済活動を中心に（例会告要旨―5月例会（14名参加））（原田千尋）「静岡県地域史研究会報」　静岡県地域史研究会　（195）2014.7

駿河国弘法大師霊場

近世後期における東泉院慈鮒の地方巡礼―駿河国弘法大師霊場・同観音三十三所・伊豆駿河両国横道巡礼（大高康正）「六所家総合調査だよ

静岡県　　　　　　　　　　　　　　　　　　　　　郷土に伝わる民俗と信仰　　　　　　　　　　　　　　　　　　　東海

り」　富士市立博物館　（11）2012.09

駿河湾

駿河湾の漁　足立実さんの漁話　小島助次郎の攻防「沼津市歴史民俗資料館だより」　沼津市歴史民俗資料館　22（5）通号131　1997.1

駿河湾の漁　足立実さんの漁話　篝火漁と静浦音頭「沼津市歴史民俗資料館だより」　沼津市歴史民俗資料館　22（6）通号132　1997.3

駿河湾の漁　足立実さんの漁話　江の浦湾は演習場だった「沼津市歴史民俗資料館だより」　沼津市歴史民俗資料館　23（1）通号133　1997.5

駿河湾の漁　足立実さんの漁話　沼津市・静浦村の合併と水産教育「沼津市歴史民俗資料館だより」　沼津市歴史民俗資料館　23（2）通号134　1997.7

駿河湾の漁　足立実さんの漁話　静浦村の水産教育と皇室「沼津市歴史民俗資料館だより」　沼津市歴史民俗資料館　23（3）通号135　1997.9

駿河湾の漁　足立実さんの漁話　江の浦と三人の男たち「沼津市歴史民俗資料館だより」　沼津市歴史民俗資料館　23（4）通号136　1997.11

駿河湾の漁　足立実さんの漁話　静浦游泳協会と安藤正胤「沼津市歴史民俗資料館だより」　沼津市歴史民俗資料館　23（5）通号137　1998.1

駿河湾の漁　足立実さんの漁話　静浦游泳協会の活動「沼津市歴史民俗資料館だより」　沼津市歴史民俗資料館　23（6）通号138　1998.3

駿河湾の漁　足立実さんの漁話　早起き会と自主敢化運動「沼津市歴史民俗資料館だより」　沼津市歴史民俗資料館　24（1）通号139　1998.5

足立実さんの漁話　まかせ網・畜養・養殖「沼津市歴史民俗資料館だより」　沼津市歴史民俗資料館　24（2）通号140　1998.7

足立実さんの漁話　畜養から養殖へ「沼津市歴史民俗資料館だより」　沼津市歴史民俗資料館　24（3）通号141　1998.9

足立実さんの漁話　ハマチの養殖はうまくいった「沼津市歴史民俗資料館だより」　沼津市歴史民俗資料館　24（4）通号142　1998.11

足立実さんの漁話　駿河湾の漁　地震を教えた魚たち［1］、（2）「沼津市歴史民俗資料館だより」　沼津市歴史民俗資料館　24（5）通号143/24（6）通号144　1999.1/1999.3

駿河湾の漁　足立実さんの漁話　狩野川台風が放水路設置を決断させた「沼津市歴史民俗資料館だより」　沼津市歴史民俗資料館　25（5）通号149　2000.1

駿河湾の漁　足立実さんの漁話　石油コンビナート計画にも漁民は立ち向かった「沼津市歴史民俗資料館だより」　沼津市歴史民俗資料館　25（6）通号150　2000.3

駿河湾の漁　足立実さんの漁話　漁民は公害反対運動によりヘドロから海を守った「沼津市歴史民俗資料館だより」　沼津市歴史民俗資料館　26（1）通号151　2000.6

駿河湾の漁　足立実さんの漁話　静浦と内浦の最後の争い（1）「沼津市歴史民俗資料館だより」　沼津市歴史民俗資料館　26（2）通号152　2000.9

駿河湾の漁　足立実さんの漁話　漁村の魚料理は、栄養満点だった「沼津市歴史民俗資料館だより」　沼津市歴史民俗資料館　26（4）通号154　2001.3

駿河湾の漁　足立実さんの漁話　サツマイモとロシア人「沼津市歴史民俗資料館だより」　沼津市歴史民俗資料館　27（1）通号155　2001.6

駿河湾の漁　足立実さんの漁話　出世魚について「沼津市歴史民俗資料館だより」　沼津市歴史民俗資料館　27（2）通号156　2001.9

駿河湾の漁　足立実さんの漁話　イルカ漁の話「沼津市歴史民俗資料館だより」　沼津市歴史民俗資料館　27（3）通号157　2001.12

駿河湾の漁　足立実さんの漁話　漁村の料理―磯物「沼津市歴史民俗資料館だより」　沼津市歴史民俗資料館　27（4）通号158　2002.3

駿河湾の漁　足立実さんの漁話　カンヅメの話「沼津市歴史民俗資料館だより」　沼津市歴史民俗資料館　28（1）通号159　2002.6

駿河湾の漁　足立実さんの漁話　江浦七冢家の魚の売り方「沼津市歴史民俗資料館だより」　沼津市歴史民俗資料館　28（2）通号160　2002.9

駿河湾の漁　足立実さんの漁話　久住氏と江浦七家衆「沼津市歴史民俗資料館だより」　沼津市歴史民俗資料館　28（3）通号161　2002.12

駿河湾の漁　足立実さんの漁話　小島翁日記［1］、（2）「沼津市歴史民俗資料館だより」　沼津市歴史民俗資料館　28（4）通号162/29（1）通号163　2003.3/2003.6

駿河湾の漁　足立実さんの漁話　沼津の別荘群「沼津市歴史民俗資料館だより」　沼津市歴史民俗資料館　29（2）通号164　2003.9

駿河湾の漁　足立実さんの漁話　静浦愛村会の会議録「沼津市歴史民俗資料館だより」　沼津市歴史民俗資料館　29（3）通号165　2003.12

駿河湾の漁　足立実さんの漁話　江戸時代の交通「沼津市歴史民俗資料館だより」　沼津市歴史民俗資料館　30（1）通号167　2004.6

駿河湾の漁　足立実さんの漁話　近代の交通「沼津市歴史民俗資料館だより」　沼津市歴史民俗資料館　30（2）通号168　2004.9

駿河湾の漁　足立実さんの漁話　白鷗丸船長の航海日記「沼津市歴史民俗資料館だより」　沼津市歴史民俗資料館　30（3）通号169　2004.12

駿河湾の漁　足立実さんの漁話　『伊豆日記』「沼津市歴史民俗資料館だより」　沼津市歴史民俗資料館　30（4）通号170　2005.3

駿河湾の漁　足立実さんの漁話　『雁がね日記』「沼津市歴史民俗資料館だ

より」　沼津市歴史民俗資料館　31（1）通号171　2005.6

駿河湾の漁　足立実さんの漁話　多比の民俗（1）、（2）「沼津市歴史民俗資料館だより」　沼津市歴史民俗資料館　31（2）通号172/31（3）通号173　2005.9/2005.12

駿河湾の漁　足立実さんの漁話　魚にまつわる話「沼津市歴史民俗資料館だより」　沼津市歴史民俗資料館　31（4）通号174　2006.3

駿河湾の漁　足立実さんの漁話　江浦に伝わる海難文書（1）「沼津市歴史民俗資料館だより」　沼津市歴史民俗資料館　32（4）通号177　2007.3

駿河湾の漁　足立実さんの漁話　マグロを馬で運んだ話「沼津市歴史民俗資料館だより」　沼津市歴史民俗資料館　33（4）通号181　2008.3

駿河湾の漁　足立実さんの漁話　豆州内浦真景縮図　希斎「沼津市歴史民俗資料館だより」　沼津市歴史民俗資料館　34（1）通号182　2008.9

駿河湾の漁　足立実さんの漁話　海に面していない国でのアワビの話「沼津市歴史民俗資料館だより」　沼津市歴史民俗資料館　34（2）通号183　2008.11

駿河湾の漁　足立実さんの漁話　豆州内浦真景縮図　希斎の絵（2）、（3）「沼津市歴史民俗資料館だより」　沼津市歴史民俗資料館　34（3）通号184/34（4）通号185　2009.01/2009.03

駿河湾の漁　後藤正光さんの漁話　延縄釣漁の話［1］、（2）「沼津市歴史民俗資料館だより」　沼津市歴史民俗資料館　35（2）通号187/35（4）通号189　2010.09/2011.03

駿河湾の漁　後藤正光さんの漁話　船上の生活・サバ一本釣船の話「沼津市歴史民俗資料館だより」　沼津市歴史民俗資料館　36（1）通号190　2011.06

駿河湾の漁　鈴木亮一さんの漁話　船上の仕事「沼津市歴史民俗資料館だより」　沼津市歴史民俗資料館　36（2）通号191　2011.09

駿河湾の漁　鈴木真司さんの漁話　船上の道具とくらし「沼津市歴史民俗資料館だより」　沼津市歴史民俗資料館　36（3）通号192　2011.12

駿河湾の漁　鈴木真司さんの漁話　イカラ（碇）の使い方「沼津市歴史民俗資料館だより」　沼津市歴史民俗資料館　36（4）通号193　2012.03

駿河湾の漁　芹沢松雄さんの漁話　カジキのツキンボ（突きん棒漁）1,2「沼津市歴史民俗資料館だより」　沼津市歴史民俗資料館　37（1）通号194/37（2）通号195　2012.06/2012.09

駿河湾の漁　芹沢松雄さんの漁話　ウズワのヒッパリ（曳き釣り漁）「沼津市歴史民俗資料館だより」　沼津市歴史民俗資料館　37（3）通号196　2012.12

駿河湾の漁　川上貢さんの漁話　大瀬瀬洞の定置網漁「沼津市歴史民俗資料館だより」　沼津市歴史民俗資料館　37（4）通号197　2013.3

駿河湾の漁　川上貢さんの漁話　大謀網の準備「沼津市歴史民俗資料館だより」　沼津市歴史民俗資料館　38（1）通号198　2013.06

駿河湾の漁　川上貢さんの漁話　南部から来た漁師たち「沼津市歴史民俗資料館だより」　沼津市歴史民俗資料館　38（2）通号199　2013.09

駿河湾の漁　川上貢さんの漁話　南部の漁師たちの生活（1）、（2）「沼津市歴史民俗資料館だより」　沼津市歴史民俗資料館　38（3）通号200/38通号201　2013.12/2014.03

駿河湾の漁　川上貢さんの漁話　ハマチの養殖（1）～（3）「沼津市歴史民俗資料館館だより」　沼津市歴史民俗資料館　39（1）通号202/39（2）通号203　2014.06/2014.09

駿河湾の漁　川上貢さんの漁話　峯下漁場での底網「沼津市歴史民俗資料館資料館だより」　沼津市歴史民俗資料館　39（3）通号204　2014.12

駿遠

『東海道中膝栗毛』の方言―駿遠場面の語法・語彙（語法編）（富山昭）「静岡県民俗学会誌」　静岡県民俗学会　20　1999.12

『東海道中膝栗毛』の方言―駿遠場面の語法・語彙（語彙編）（富山昭）「静岡県民俗学会誌」　静岡県民俗学会　21　2000.12

その3　横浜貿易における相州在方茶商の茶流通網―茶加藤と駿遠茶商との関わり合いを中心に（3月例会レジメ）（菊地悠介）「静岡県近代史研究会会報」　静岡県近代史研究会　（390）2011.3

鐘・雲版・鰐口―駿遠から南信へ（足立順司）「静岡県埋蔵文化財センター研究紀要」　静岡県埋蔵文化財センター　（1）2012.03

駿州

『駿州曹洞宗次牒』（元禄二年）―「長源院」文書にみる「寺次」の実例（中村典夫）「清見潟：清水郷土史研究会会誌」　清水郷土史研究会　（20）2011.05

宮田泰好著『駿州延喜式内之神社』翻刻（鈴木雅史）「月の輪」　富士宮市郷土史同好会　（27）2012.06

駿東

駿東地方の龍爪信仰（松田香代子）「裾野市史研究」　裾野市教育委員会教育部市史編さん室　11　1999.3

近世の駿東・伊豆地方における翁舞の様相―二つの史料から（松見正一）「民俗芸能研究」　民俗芸能学会　（37）2004.10

駿府

近世都市における自治と役―城下町駿府の年行事制度を中心に（青木祐

一）「関東近世史研究」 関東近世史研究会 （43) 1998.7

駿府での切支丹殉教者の人々（佐野明生）「清見潟 ： 清水郷土史研究会会誌」 清水郷土史研究会 （18) 2009.05

「駿府寺社奉行(所)」雑考（中村典夫）「紅魚 ： 駿河古文書会会報」 駿河古文書会 （39) 2013.11

1月例会レジュメ 静岡市文化財資料館企画展「駿府で愛されたお菓子―扇子屋と駿府・静岡―」調査報告会にあたって（岡村龍男, 増田亜矢乃）「静岡県近代史研究会会報」 静岡県近代史研究会 （424) 2014.1

菓子商「扇子屋」と駿府・静岡の町方社会（岡村龍男）「静岡県近代史研究会会報」 静岡県近代史研究会 （424) 2014.1

静岡市文化財資料館企画展「駿府で愛されたお菓子―扇子屋と駿府・静岡―」調査報告会にあたって（例会告要旨―1月例会（50名参加)）（岡村龍男, 増田亜矢乃）「静岡県地域史研究会会報」 静岡県地域史研究会 （193) 2014.2

菓子商「扇子屋」と駿府・静岡の町方社会（例会告要旨―1月例会（50名参加)）（岡村龍男）「静岡県地域史研究会会報」 静岡県地域史研究会 （193) 2014.2

駿府浅間神社

駿府浅間神社舞殿の素木造り（立川義明）「オール諏訪 ： 郷土の総合文化誌」 諏訪郷土文化研究会 17(9)通号168 1998.9

清見寺

朝鮮通信使も見た清見寺の庭（岡部芳雄）「歴史論叢」 静岡県歴史研究会 5 1999.1

足利義満と清見寺（市毛弘子）「静岡県地域史研究会報」 静岡県地域史研究会 124 2002.1

フォーラム 清見寺と琉球王子の墓（東喜望）「法政大学沖縄文化研究所所報」 法政大学沖縄文化研究所 52 2002.9

足利義教・義政と清見寺（市毛弘子）「静岡県地域史研究会報」 静岡県地域史研究会 132 2003.4

徳川の女性と清見寺（市毛弘子）「静岡県地域史研究会報」 静岡県地域史研究会 139 2004.6

名勝清見寺庭園と泰�堂玄喜和尚（山田捷司）「清見潟 ： 清水郷土史研究会会誌」 清水郷土史研究会 （15) 2006.5

東海道の名物の「清見寺青薬」（佐野明生）「清見潟 ： 清水郷土史研究会会誌」 清水郷土史研究会 （16) 2007.5

清水寺

藤枝市・清水寺の千手観音像懸仏について（大塚幹也）「藤枝市郷土博物館年報・紀要」 藤枝市郷土博物館 11 2000.3

古代 写経現場の息づかい―清水寺所蔵「縁生論」の魅力（佐藤正知）「藤枝市史だより」 藤枝市 8 2003.3

西伝寺

浜松市西伝寺における中世石塔―浜松市域の中世石塔調査報告1（松井一明, 木村弘之, 溝口彰啓, 太田好治）「浜松市博物館報」 浜松市博物館 （18) 2006.3

積雲院

明治政府の宗教政策と積雲院由来（清水忠雄）「ふるさと袋井」 ［袋井市地方史研究会］ 13 1998.11

瀬古

瀬古地区の雨乞い行事（「市民の歴史」紹介）（南條忠義）「藤枝市史だより」 藤枝市 8 2003.3

瀬戸

名物 瀬戸の染飯（湯之上隆）「藤枝市史だより」 藤枝市 10 2004.2

続・名物 瀬戸の染飯（湯之上隆）「藤枝市史だより」 藤枝市 11 2004.10

名物瀬戸の染飯をめぐる文化史（学習会）（湯之上隆）「藤枝市史研究」 藤枝市市民文化部 （9) 2008.3

浅間大社

浅間大社の献詠歌披講式について（萩一吉）「月の輪」 富士宮市郷土史同好会 （20) 2005.6

浅間大社に見る神仏習合の痕跡（渡辺吉詔）「月の輪」 富士宮市郷土史同好会 （24) 2009.06

千光寺

ご本尊由来に平家落人伝承―精進川・千光寺縁起などあれこれ（中島信哉）「月の輪」 富士宮市郷土史同好会 （25) 2010.06

柚野の里山「双体道祖神」巡りと精進川「千光寺」を訪ねて（芦澤幹雄）「かわのり」 芝川町郷土史研究会 （35) 2010.06

千寿

郷土の歌(23) 千寿手鞠歌（鈴木直之）「磐南文化」 磐南文化協会 （38) 2012.03

先照寺

先照寺―曹洞宗と地蔵菩薩（藤井昭八）「月の輪」 富士宮市郷土史同好会 （25) 2010.06

千頭

〔新刊紹介〕『本川根町 千頭の民俗』『本川根町 奥泉・大谷の民俗』（八木洋行）「静岡県民俗学会誌」 静岡県民俗学会 20 1999.12

千頭山

5月例会レジュメ 千頭山と地域住民―近世「御立山」から御料林の成立まで（肥田正巳）「静岡県近代史研究会会誌」 静岡県近代史研究会 308 2004.5

禅長寺

沼津市・禅長寺の懸仏と左拳印の大日如来像について（大塚幹也）「史迹と美術」 史迹美術同攷会 75(10)通号760 2005.12

善導寺

善導寺と徳大寺大納言公（寺田一郎）「磐南文化」 磐南文化協会 25 1999.3

善得寺

善得寺考（仁藤宏之助）「駿河」 駿河郷土史研究会 （56) 2002.3

善得寺考続（仁藤宏之助）「駿河」 駿河郷土史研究会 （57) 2003.3

善得寺考 外伝（仁藤宏之助）「駿河」 駿河郷土史研究会 （60) 2006.3

善得寺考 外伝 富士の大木／善得寺過去帳／善得寺の水利（仁藤宏之助）「駿河」 駿河郷土史研究会 （61) 2007.3

善得寺(推定)周辺の石造物及び伝承―善得寺考 外伝七（仁藤宏之助）「駿河」 駿河郷土史研究会 （63) 2009.03

善得寺関係残像の数々（仁藤宏之助）「駿河」 駿河郷土史研究会 （64) 2010.03

善徳寺

善徳寺を明示の今泉軒別坪数書上帳 善得寺外伝(6)（仁藤宏之助）「駿河」 駿河郷土史研究会 （62) 2008.3

善徳寺に関する一考察（特集 平成22年度 特別調査概報）（大高康正）「六所家総合調査だより」 富士市立博物館 （9) 2011.03

千本浜

千本浜「首級冢碑」碑文についての一考察（武田藤男）「沼津史談」 沼津史談会 （63) 2012.3

資料館の調査ノートから(23) 千本～原海岸の木造船調査「沼津市歴史民俗資料館だより」 沼津市歴史民俗資料館 38(3)通号200 2013.12

千本緑町

浜の観音―静岡県沼津市千本緑町（大島建彦）「西郊民俗」 ［西郊民俗談話会］ （172) 2000.9

善名寺

医王山善名寺の仏像群について（船川海英）「伊豆の郷土研究」 田方地域文化財保護審議委員連絡協議会 23 1998.4

宗心寺

宗心寺の閻魔さん（木ノ内君枝）「月の輪」 富士宮市郷土史同好会 （28) 2013.06

崇信寺

崇信寺山内氏文書の研究（上),（下）（神谷昌志）「遠江」 浜松史跡調査顕彰会 20/21 1997.3/1998.3

宗徳寺

宗徳寺の紺紙金字法華経と写経の変遷について（久保田海澄）「伊豆の郷土研究」 田方地域文化財保護審議委員連絡協議会 25 2000.3

相沼

特集 相沼地区の子安講（吉田光明）「かわのり」 芝川町郷土史研究会 （35) 2010.06

曽我八幡宮

曽我八幡宮について［1]～(3)（谷本洸, 杉山熙司）「駿河」 駿河郷土史研究会 （60)/(65) 2006.3/2011.03

小松典膳奉納の「大願成就」の謎を探る―富士市厚原・曽我八幡宮の石灯籠秘話（澤田政彦）「月の輪」 富士宮市郷土史同好会 （25) 2010.06

曽許乃御立神社

曽許乃御立神社の鳥居考 鹿島明神の石鳥居の輸送の記録（神谷昌志）「遠江」 浜松史跡調査顕彰会 25 2002.3

袖浦

郷土の歌(16) 袖浦音頭（古田貞一）「磐南文化」 磐南文化協会 （31) 2005.3

磐南の屋台(2) 袖浦地区（資料紹介）（鈴木雄介）「磐南文化」 磐南文化協会 （38) 2012.3

静岡県　　　　　　　　　　　　　郷土に伝わる民俗と信仰　　　　　　　　　　　　　東海

大安寺
大安寺の毘沙門天大祭 静岡市葵区南沼上（吉川祐子）「月刊通信ふるさとの民俗を語る会」 民俗文化研究所 （70） 2013.03

大乗院坂
江戸時代の紀行文の中の大乗院坂（高橋廣治）「磐南文化」 磐南文化協会 （34） 2008.3
大乗院坂界隈（1），（2）（高橋廣治）「磐南文化」 磐南文化協会 （35）/ （36） 2009.3/2010.3

大石寺
加賀前田藩と抜け参り―大石寺古道秘史（澤田政彦）「月の輪」 富士宮市郷土史同好会 （18） 2003.6

大波寺
大知波峠廃寺跡出土の墨書土器二題―「六器五口」と「大波寺」に関する私見（小特集 官衙関連遺跡）（磯部武男）「静岡県考古学研究」 静岡県考古学会 （45） 2014.03

大宝院
富士山の「法印（ほうえん）さん」―富士市立博物館寄託・大宝院 秋山家資料（大高康正）「富士山文化研究」 富士山文化研究会 （9・10） 2008.12
富士山村山大宝院秋山家の生活空間―近代初期における山伏の居屋敷の復元（大高康正）「日本文化史研究」 帝塚山大学奈良学総合文化研究所 （43） 2012.03

大宝院廃寺
遠江の古代寺院 磐田市大宝院廃寺を中心として（佐口節司）「磐南文化」 磐南文化協会 （28） 2002.3

多賀村
1927（昭和2）年伊豆多賀村巡回産婆制度を設ける「豆州歴史通信」 豆州研究社歴史通信部 314 2004.4

田方
伊豆の三番叟を考える―田方地方を中心として（大石泰夫）「伊豆の郷土研究」 田方地域文化財保護審議委員連絡協議会 33 2008.3
例会講演 伊豆の三番叟を考える―田方地方を中心として（大石泰夫）「静岡県民俗学会誌」 静岡県民俗学会 （26） 2008.3

高部
遠江の親王 高部の御所伝説（杉浦康晴）「新ふるさと袋井」 ［袋井市地方史研究会］ （23） 2008.11
高部の御所伝説（2）（杉浦康晴）「新ふるさと袋井」 ［袋井市地方史研究会］ （24） 2009.11

滝川観音
滝川観音さん冬の例祭のこと（長島澄子）「富士民俗の会会報」 富士民俗の会 （8） 1998.7

滝沢
滝沢の田遊びと国際社会（谷部真吾）「藤枝市史だより」 藤枝市 5 2001.8

滝沢町
浜松市北区滝沢町の正月行事（吉川祐子）「月刊通信ふるさとの民俗を語る会」 民俗文化研究所 （20）
先祖の絆で守る正月行事 浜松市北区滝沢町（吉川祐子）「月刊通信ふるさとの民俗を語る会」 民俗文化研究所 （56） 2012.01

滝山不動堂
山本滝山不動堂と滝山明神（大原美芳）「韮山町史の栞」 韮山町 22 1998.3

滝山明神
山本滝山不動堂と滝山明神（大原美芳）「韮山町史の栞」 韮山町 22 1998.3

建穂寺
建穂寺宝冠阿弥陀如来像に就いて（大宮康男）「地方史静岡」 地方史静岡刊行会 26 1998.3
遺された彫刻より観た建穂寺（1），（2）（大宮康男）「地方史静岡」 地方史静岡刊行会 28/29 2000.3/2001.4
静岡・建穂寺の千手観音立像 仏師長動作―近世彫刻の諸相（3）（淺湫毅）「京都国立博物館学叢」 京都国立博物館 （32） 2010.03

竹の台遺跡
伊東市竹の台遺跡出土墨書土器の再評価―式内社葛見神社神戸集落の検討（論文）（勝又直人）「静岡県埋蔵文化財センター研究紀要」 静岡県埋蔵文化財センター （2） 2013.03

田子浦浜通り
家号と家印（イエジルシ）富士市田子浦浜通り地区、甲州屋、甲州屋騒動、その他（門田徳雄）「富士民俗の会会報」 富士民俗の会 （23） 2003.7

田代
本川根町神楽調査報告書『本川根町田代・坂京・青部の神楽』（新刊紹介）（荻野裕子）「静岡県民俗学会誌」 静岡県民俗学会 21 2000.12
田代のカワムカエ行事（多々良典秀）「静岡県民俗学会会報」 静岡県民俗学会 106 2005.1
焼畑のムラづきあい―静岡市葵区田代の出作り生活（松田香代子）「民具マンスリー」 神奈川大学 40（5）通号473 2007.8

多田
伊豆の国市多田の山の神講と二杯盛り（吉川祐子）「月刊通信ふるさとの民俗を語る会」 民俗文化研究所 （16） 2008.9

田能
大般若経を所持する田能（吉川祐子）「月刊通信ふるさとの民俗を語る会」 民俗文化研究所 （14） 2008.8

多比
駿河湾の漁 足立実さんの漁譜多比の民俗（1），（2）「沼津市歴史民俗資料館だより」 沼津市歴史民俗資料館 31（2）通号172/31（3）通号173 2005.9/2005.12

段平尾
段平尾のサンゲサンゲ行事（堀内真）「西郊民俗」 ［西郊民俗談話会］ （180） 2002.9

千倉町川口
千倉町川口のセノコイ（吉川祐子）「月刊通信ふるさとの民俗を語る会」 民俗文化研究所 （83） 2014.04

千葉
《島田市千葉の民俗》「静岡県民俗学会誌」 静岡県民俗学会 17 1997.3
総説（吉川祐子）「静岡県民俗学会誌」 静岡県民俗学会 17 1997.3
生業（ムラのくらし）（大村和男）「静岡県民俗学会誌」 静岡県民俗学会 17 1997.3
年中行事（ムラのくらし）（増田作一郎）「静岡県民俗学会誌」 静岡県民俗学会 17 1997.3
年中行事（ムラのくらし）（渡辺好洋）「静岡県民俗学会誌」 静岡県民俗学会 17 1997.3
人の一生（ムラのくらし）（太田原有美子）「静岡県民俗学会誌」 静岡県民俗学会 17 1997.3
近世の祭り（千葉さんのまつり）（大石泰夫）「静岡県民俗学会誌」 静岡県民俗学会 17 1997.3
鬼払い（千葉さんのまつり）（大石泰夫）「静岡県民俗学会誌」 静岡県民俗学会 17 1997.3
観音さんの祭り（千葉さんのまつり）（太田原有美子）「静岡県民俗学会誌」 静岡県民俗学会 17 1997.3
日吉神社の祭り（千葉さんのまつり）（松田香代子）「静岡県民俗学会誌」 静岡県民俗学会 17 1997.3
浅間神社の祭り（千葉さんのまつり）（松田香代子）「静岡県民俗学会誌」 静岡県民俗学会 17 1997.3

千葉山
民俗資料 一老箱史料、千葉山登山道丁仏一覧「静岡県民俗学会誌」 静岡県民俗学会 17 1997.3

智満寺
智満寺の信仰空間（多々良典秀）「静岡県民俗学会誌」 静岡県民俗学会 17 1997.3
智満寺と村のしくみ（松田香代子）「静岡県民俗学会誌」 静岡県民俗学会 17 1997.3
島田市・智満寺の千手観音像懸仏とその信仰（大塚幹也）「史迹と美術」 史迹美術同攷会 71（1）通号711 2001.1

中遠
日本棋院中遠支部30年の歩みと中遠地域の囲碁事情（金原久雄）「磐南文化」 磐南文化協会 （31） 2005.3

帳ヶ塚
帳ヶ塚の供養塔（宮崎武頼）「駿河」 駿河郷土史研究会 （60） 2006.3

長慶寺
岡村伝兵衛と長慶寺（岡村勇）「藤枝市史だより」 藤枝市 （15） 2006.11

長源院
朱印状の襲蔵と消滅―長源院文書を例として（中村典夫）「紙魚 ： 駿河古文書会会報」 駿河古文書会 （34） 2008.12
延宝八年「長源院由緒書」雑感（中村典夫）「紙魚 ： 駿河古文書会会報」

駿河古文書会　（35）2009.11

『駿州曹洞宗次牒』（元禄二年）―「長源院」文書にみる「寺次」の実例（中村典夫）「清見潟 ： 清水郷土史研究会会誌」清水郷土史研究会（20）2011.05

挑灯野

万能蛍（鈴木正巳）「磐南文化」磐南文化協会　25　1999.3

長楽寺

一通の禁制から見る戦国時代の長楽寺（海野一徳）「藤枝市史だより」藤枝市（15）2006.11

珍野

珍野地区の伝承と暮らし（祭りを中心として）（鈴木宣子）「伊豆の郷土研究」田方地域文化財保護審議委員会連絡恊議会　26　2001.3

角避比古神社

神社の盛衰・遠州の廃絶した式内社 名神大角避比古神社（田辺英治）「歴研よこはま」横浜歴史研究会（52）2003.5

坪井町

坪井町稲荷神社棟札の調査「浜松市博物館情報」［浜松市博物館］111　2001.6

鉄舟寺

薄墨の笛（松本検）「静岡歴研会報」静岡県歴史研究会　100　2002.8

赤池隆義氏の「山宮浅間神社と人穴遺跡と赤池御法家」の概要/遠藤徳明氏の「鉄舟寺と薄墨の笛」の概要/佐藤吉男氏の「笑いの仏について―木喰、白道、円空、守屋良治―」の概要「静岡歴研会報」静岡県歴史研究会（139）2014.02

寺谷用水下組

寺谷用水下組の秋葉講（中山正典）「遠州の常民文化」遠州常民文化談話会（2）2008.10

寺野

ヒヨンドリのムラ・寺野 結束力を誇るムラ運営（吉川祐子）「月刊通信ふるさとの民俗を語る会」民俗文化研究所（19）2008.12

天白神社

天白神社略記（永井重芳）「ふるさと袋井」［袋井市地方史研究会］12　1997.11

天竜院内

天竜院内（修験者・陰陽師）とその資料（山本義孝）「静岡県博物館協会研究紀要」静岡県博物館協会（30）2007.3

天竜川

天竜川舟唄について（高塚忠七）「磐南文化」磐南文化協会　23　1997.3

天竜川の筏乗り（高須智子）「磐南文化」磐南文化協会　25　1999.3

天竜川流域

天竜川流域お産習俗（明治・大正・昭和）（今村順子）「遠州の常民文化」遠州常民文化談話会（2）2008.10

天竜川流域の生業と田遊び（伊藤久仁俊）「遠州の常民文化」遠州常民文化談話会（2）2008.10

天竜水系

天竜水系の民俗文化史（磐田市教育委員会郷土を学ぶ講座「天竜川の暮らしと文化の調査から」）「柳田学舎」鎌倉柳田学舎　75　2005.10

土肥

445号「愛鷹丸遭難」について土肥の昔話「ようかんで命拾いした話」水口為和さん提供「豆州歴史通信」豆州研究社歴史通信部（450）2009.12

445号「愛鷹丸遭難」について土肥の昔話「ようかんで命拾いした話」（水口為和）「豆州歴史通信」豆州研究社歴史通信部（452）2010.01

東海道

東海道をチョンギッタ（門田徳雄）「富士民俗の会会報」富士民俗の会（10）1999.3

東海道400年祭によせて（水野雅子）「磐南文化」磐南文化協会　26　2000.3

「道」とは何か 東海道ソコドケソコドケ車が通る（門田徳雄）「富士民俗の会会報」富士民俗の会（16）2001.3

東海道400年祭に因んで整備された旧東海道跡の碑（渡辺重幸）「富士民俗の会会報」富士民俗の会（18）2001.11

堂ヶ谷経塚

特集 堂ヶ谷廃寺と堂ヶ谷経塚―平安時代の祈りと願い 堂ヶ谷遺跡/末法思想と経塚/堂ヶ谷廃寺と経塚/経塚に込められた人々の祈りと願い（井鍋誉之，長友信）「発掘物語しずおか ： 静岡県埋蔵文化財調査研究所」静岡県埋蔵文化財調査研究所（132）2010.09

経典埋納の呪術的作法―堂ヶ谷経塚の構造と副納品（井鍋誉之）「静岡県埋蔵文化財センター研究紀要」静岡県埋蔵文化財センター（1）2012.03

堂ヶ谷廃寺

特集 堂ヶ谷廃寺と堂ヶ谷経塚―平安時代の祈りと願い 堂ヶ谷遺跡/末法思想と経塚/堂ヶ谷廃寺と経塚/経塚に込められた人々の祈りと願い（井鍋誉之，長友信）「発掘物語しずおか ： 静岡県埋蔵文化財調査研究所」静岡県埋蔵文化財調査研究所（132）2010.09

洞慶院

資料報告 洞慶院のオカンジャケ（富山昭）「静岡県民俗学会会報」静岡県民俗学会（141）2011.10

東泉院

東泉院とかぐや姫（〈特集1 平成19年度博物館講座「六所家総合調査について」〉）（植松章八）「六所家総合調査だより」富士市立博物館（2）2008.3

富士山東泉院の歴史（〈特集2 富士山東泉院の歴史―六所家総合調査速報展〉）（大高康正）「六所家総合調査だより」富士市立博物館（2）2008.3

「釈迦三尊十六善神図」「紅玻璃色阿弥陀如来・不動明王・愛染明王坐像」「大黒天立像」（〈特集1 平成19年度特別調査概報〉）（高橋平明）「六所家総合調査だより」富士市立博物館（3）2008.6

絵図にみる東泉院境内堂舎の変遷（〈特集1 平成19年度特別調査概報〉）（杉山一弥）「六所家総合調査だより」富士市立博物館（3）2008.6

〈特集 平成20年度六所家総合調査概報〉「六所家総合調査だより」富士市立博物館（4）2009.03

東泉院の棟札類と建築生産活動（建部恭宣）「六所家総合調査だより」富士市立博物館（4）2009.03

〈特集 平成20年度特別調査概報〉「六所家総合調査だより」富士市立博物館（5）2009.07

東泉院聖教の復元と『秘密源底口決』の発見―調査中間報告（阿部泰郎）「六所家総合調査だより」富士市立博物館（5）2009.07

『子安延命地蔵尊像縁起』について（阿部美香）「六所家総合調査だより」富士市立博物館（5）2009.07

東泉院と富士山信仰（大高康正）「六所家総合調査だより」富士市立博物館（5）2009.07

将軍徳川家茂の上洛と東泉院（大高康正）「六所家総合調査だより」富士市立博物館（5）2009.07

六所家（東泉院）旧蔵『御口決集』について（特集 平成21年度 特別調査概報）（伊藤聡）「六所家総合調査だより」富士市立博物館（6）2010.03

東泉院と建徳寺――一通の高札写から（特集 平成21年度六所家総合調査概報）（湯之上隆）「六所家総合調査だより」富士市立博物館（7）2010.08

富士山東泉院朱印領の成立事情（特集 平成21年度六所家総合調査概報）（菊池邦彦）「六所家総合調査だより」富士市立博物館（7）2010.08

中世後期から近世初期における東泉院支配の推移（特集 平成21年度六所家総合調査概報）（大高康正）「六所家総合調査だより」富士市立博物館（7）2010.08

「東泉院代々住持帳」にみる東泉院歴代の事跡（特集1 平成22年度六所家総合調査概報）（大高康正）「六所家総合調査だより」富士市立博物館（8）2011.02

特集 平成23年度 六所家総合調査概報「六所家総合調査だより」富士市立博物館（11）2012.09

富士山東泉院を訪れた人々（菊池邦彦）「六所家総合調査だより」富士市立博物館（11）2012.09

活動報告 六所家総合調査シンポジウム 東泉院聖教の世界―富士山麓・吉原宿のアーカイブスを探る（相場朋子）「博物館だより」富士市立博物館（62）2013.07

六所家総合調査シンポジウム 東泉院聖教の世界―富士山麓・吉原宿のアーカイブスを探る―について「六所家総合調査だより」富士市立博物館（12）2013.08

近世陶磁器からみた東泉院の活動（佐藤祐樹）「六所家総合調査だより」富士市立博物館（12）2013.08

東泉院関係新出史料「神道裁許状」の紹介（井坂武男）「六所家総合調査だより」富士市立博物館（12）2013.08

展示会「富士山東泉院と富士山信仰」の概要（特集 平成25年度 六所家総合調査概報）（相場朋子）「六所家総合調査だより」富士市立博物館（13）2014.08

東泉院において発掘された江戸時代の建物跡（特集 平成25年度 六所家総合調査概報）（佐藤祐樹）「六所家総合調査だより」富士市立博物館（13）2014.08

遠江

遠江の民俗についての一試論（金田静雄）「遠江」浜松史跡調査顕彰会

静岡県　　　　郷土に伝わる民俗と信仰　　　　東海

20/22　1997.3/1999.3
遠江の巡礼（小杉達）「磐南文化」　磐南文化協会　23　1997.3
遠江における山岳修験の成立（下）（山本義孝）「静岡県博物館協会研究紀要」　静岡県博物館協会　（21）　1998.3
「遠江の巡礼」を読んで老友の歌（村松撰）「磐南文化」　磐南文化協会　24　1998.3
遠江日置流の嫡伝について（岩崎鉄志）「遠江」　浜松史跡調査顕彰会　22　1999.3
女性の名前の歴史（木下忠）「遠江」　浜松史跡調査顕彰会　22　1999.3
山葉・鳥居の風琴に関する新資料（木下忠）「遠江」　浜松史跡調査顕彰会　24　2001.3
遠江東部における中世石塔の変遷とその意義―中世の成立と解体を石塔からみる（桃崎祐輔）「墓標研究会会報」　墓標研究会　2　2001.5
遠江の古代寺院 磐田市大宝院廃寺を中心として（佐口節司）「磐南文化」　磐南文化協会　（28）　2002.3
柳田国男の『東国古道記』紀行（16）遠江と信濃との連絡（小林多門）「伊那民俗 ： 伊那民俗学研究所報」　柳田国男記念伊那民俗学研究所　49　2002.6
山葉オルガンの創業に関する追加資料と考察（武石みどり）「遠江」　浜松史跡調査顕彰会　（27）　2004.3
遠江最大の山岳寺院 巌室寺と遠江の山岳宗教（山本義孝）「甲斐路」　山梨郷土研究会　106　2004.8
中世遠江・駿河の臨済宗寺院（研究報告要旨 第237回研究会）（大塚勲）「静岡県地域史研究会報」　静岡県地域史研究会　（142）　2005.1
遠江西・中部地域の中世石塔の出現と展開―静岡県下における中世石塔の研究（1）、（2）（松井一明、木村弘之、木村弘之）「静岡県博物館協会研究紀要」　静岡県博物館協会　（28）/（29）　2005.3/2006.3
中世遠江・駿河の臨済宗寺院（2）（研究報告要旨 第238回研究会）（大塚勲）「静岡県地域史研究会報」　静岡県地域史研究会　（143）　2005.4
「子供たちの声」の記録 『遠江童詞謡集』中道覗矍を読んで（伊藤正英）「さんえん」　三遠地方民俗と歴史研究会　（33）　2006.7
仏坂十一面観世音菩薩由来記（池田利喜男）「遠江」　浜松史跡調査顕彰会　（31）　2008.3
秋葉街道に信仰の道と塩の道を訪ね、遠江と上伊那との関連を現地に探る（《広域特集》―〈第33回上伊那歴史研究会県外実地踏査報告〉）「伊那路」　上伊那郷土研究会　52（12）通号623　2008.12
遠江・駿河地域の中世石塔の出現と展開―静岡県下における中世石塔の研究（5）（松井一明、木村弘之、溝口彰努）「静岡県博物館協会研究紀要」　静岡県博物館協会　（32）　2009.3
これからの遠江国国分寺研究へ向けて（木村弘之）「磐南文化」　磐南文化協会　（35）　2009.3
霊山寺梵鐘鋳造鋳物師の刻銘時期と14世紀後半遠江における鋳物師居住地について―霊山寺梵鐘に関する覚書（2）（厚地淳司）「静岡県の歴史と文化」　静岡県の歴史と文化研究会　（13）　2009.11
遠江における朱印寺社について（西田かほる）「遠江」　浜松史跡調査顕彰会　（34）　2011.03

遠江国分寺
遠江国司 桜井王と遠江国分寺（佐藤俊三）「磐南文化」　磐南文化協会　26　1998.3

遠江国
近世遠江国における式内社研究―国学者の著述を中心に（松本久史）「式内社のしおり」　式内社顕彰会　72　2005.8
3月例会（5名参加）遠江国における、真言宗寺院の財政基盤―国衙・郡衙・荘園との関係から（例会報告要旨）（森田香司）「静岡県地域史研究会報」　静岡県地域史研究会　（177）　2011.07
戦国期駿河・遠江国の伊勢海上交易について―伊勢御師の経済活動を中心に（例会告要旨―5月例会（14名参加））（原田千尋）「静岡県地域史研究会報」　静岡県地域史研究会　（195）　2014.7

遠江国十一院内
遠江国十一院内の比定（山本義孝）「静岡県博物館協会研究紀要」　静岡県博物館協会　（22）　1999.3

遠江のひよんどりとおくない
激動の川名ひよんどり（吉川祐子）「月刊通信ふるさとの民俗を語る会」　民俗文化研究所　（24）　2009.05
川名のひよんどりとおくない 静岡県浜松市「公益社団法人全日本郷土芸能協会会報」　全日本郷土芸能協会　（66）　2012.01

遠江山
遠江山鬼退治伝説考（馬場杉右衛門）「民俗文化」　滋賀民俗学会　464　2002.5

徳山の盆踊
駿河徳山盆踊「百姓狂言」（寺田力）「地方史静岡」　地方史静岡刊行会　27　1999.3

十束
磐南の屋台（3）十束・豊岡地区（資料紹介）（鈴木雄介）「磐南文化」　磐南文化協会　（39）　2013.3

殿
「殿の虫送り」探訪報告（多々良典秀）「静岡県民俗学会会報」　静岡県民俗学会　（137）　2010.10
朝比奈 殿の虫送り（八木洋行）「藤枝市史だより」　藤枝市　（27）　2013.02

富岡
郷土の歌（15）富岡音頭（編集部）「磐南文化」　磐南文化協会　（30）　2004.3

巴川
2012年度総会記念講演論旨 災害と民俗―巴川の水害と防災の知恵（松田香代子）「清見潟 ： 清水郷土史研究会会誌」　清水郷土史研究会　（22）　2013.05

豊岡
磐南の屋台（3）十束・豊岡地区（資料紹介）（鈴木雄介）「磐南文化」　磐南文化協会　（39）　2013.3

豊田町
〔新刊紹介〕　『豊田町誌』別編II 民俗文化史（小杉達）「静岡県民俗学会誌」　静岡県民俗学会　22　2001.12

豊浜中野
豊浜中野の年中行事（郷土史研究）（加藤治吉）「磐南文化」　磐南文化協会　（39）　2013.03

中川
初山焼の紹介（《特集 浜松市の窯業遺跡》）（栗原雅也）「浜松市博物館報」　浜松市博物館　（21）　2009.01

中里
中里、若宮八幡宮の棟札と井伊直孝出生の由緒「彦根郷土史研究」　彦根史談会　34　1998.12
中里の若宮八幡宮（松本検）「清見潟 ： 清水郷土史研究会会誌」　清水郷土史研究会　（17）　2008.5

中嶋郷
「豆州中嶋郷・宝泉寺」とは？―永禄6年の「雲板」銘をめぐって（木村博）「伊豆史談」　伊豆史談会　129　2000.3

中嶋村
中嶋村の屋号（高田國義）「駿河」　駿河郷土史研究会　（60）　2006.3

中新田命山
磐南叙情「大野命山と中新田命山」（浅羽支部）「磐南文化」　磐南文化協会　（38）　2012.3

中野
中野の庚申堂（宮崎武頼）「駿河」　駿河郷土史研究会　52　1998.3
十日祭・白酒祭りと名頭制度（1）、（2）―静岡県磐田郡福田町中野（河村和男）「碧」　碧の会　7/8　2003.6/2003.10

長野
長野地区と民俗（熊切正次）「磐南文化」　磐南文化協会　23　1997.3

中野観音堂
静岡市・中野観音堂の仏像と懸仏群について（大塚幹也）「史迹と美術」　史迹美術同攷会　77（6）通号776　2007.7

中野村
砂金採りから焼畑へ―江戸時代の「中野村」（静岡市井川）における生業転換（大村和男）「静岡市立登呂博物館研究紀要」　静岡市立登呂博物館　通号6　2006.3

長浜
資料館の調査ノートから（13）西浦長浜のマグロ建切網漁 解説映像を制作中「沼津市歴史民俗資料館だより」　沼津市歴史民俗資料館　32（4）通号177　2007.3

中村
富士宮小泉字中村のオシャモスさんと眼病祈願補記（門田徳雄）「富士民俗の会会報」　富士民俗の会　（18）　2001.11
成田山不動明王堂―大中里・中村地区（藤井昭八）「月の輪」　富士宮市郷土史同好会　（26）　2011.06

中藪田
中藪田今昔ものがたり あのヨシ原が清里団地に/「ソブッ田」のソブを草炭に/盗まれた六地蔵尊の猿宮像/中藪田にキツネが七匹/薮田富士は中藪田のシンボル「藤枝市史だより」　藤枝市　（21）　2009.11

東海　　　　　　　　　　　　　　郷土に伝わる民俗と信仰　　　　　　　　　　　　　　静岡県

奈古谷

奈古谷渡辺家修験道の歴史（大原美芳）「韮山町史の栞」韮山町　22
1998.3

韮山町奈古谷　渡辺家修験道の歴史（大原美芳）「伊豆の郷土研究」田方
地域文化財保護審議委員会連絡協議会　25　2000.3

鳴沢不動堂

左鎌を供えて子供の健康を祈った―鳴沢不動堂の信仰（中村羊一郎）「焼
津市史だより」焼津市総務部　3　2001.7

鳴海の滝

伝承地を歩く（15）鳴海の滝（現浜松市水窪）「遠州民話の会通信」遠州
民話の会　（15）2006.3

新池教会

新池教会設立の由来（名倉義三）「新ふるさと袋井」袋井市地方史研究
会」（23）2008.11

西浦

西浦の盆の供物（佐藤照美）「沼津市史だより」［沼津市教育委員会］
（12）2001.3

西浦の念仏踊り事情　浜松市天竜区水窪町〔吉川祐子）「月刊通信ふるさと
の民俗を語る会」民俗文化研究所　（39）2010.08

西浦江梨

資料館の調査ノートから（15）西浦江梨の雨乞い　杉山博子さん・大川君
江さん・杉山栄一さんの話「沼津市歴史民俗資料館だより」沼津市
歴史民俗資料館　34（3）通号184　2009.01

資料館の調査ノートから（18），（19）西浦江梨での海苔採取と加工（1），
（2）西浦江梨　杉山栄一さんの話と撮影写真「沼津市歴史民俗資料館
だより」沼津市歴史民俗資料館　37（二）通号194/37（2）通号195
2012.06/2012.09

西浦古宇

魚見のある風景（7）西浦古宇「沼津市歴史民俗資料館資料館だより」
沼津市歴史民俗資料館　39（3）通号204　2014.12

西浦の田楽

祭放谿東西抄（1）一木の根まつり（堀田吉雄）「まつり通信」まつり同好
会　39（5）通号459　1999.4

芸能の旅（33）西浦の田楽（桜井弘人）「伊那民俗 ： 伊那民俗学研究所
報」柳田国男記念伊那民俗学研究所　43　2000.12

伝承芸能誌（5）西浦の田楽の中世（中）（須藤功）「まつり通信」まつり
同好会　42（11）通号501　2002.10

女の西浦田楽　浜松市天竜区水窪町（吉川祐子）「月刊通信ふるさとの民俗
を語る会」民俗文化研究所　（44）2011.01

"西浦田楽"は西浦の祭り　浜松市天竜区水窪町（吉川祐子）「月刊通信ふ
るさとの民俗を語る会」民俗文化研究所　（45）2011.02

西浦田楽英郷別当聞書き（1），（2）浜松市天竜区水窪町（吉川祐子）「月刊
通信ふるさとの民俗を語る会」民俗文化研究所　（49）/（50）2011.
06/2011.07

西浦田楽―記念の平成24年（吉川祐子）「月刊通信ふるさとの民俗を語る
会」民俗文化研究所　（58）2012.03

書評　吉川祐子著『西浦田楽の民俗文化論』（久保田裕道）「民俗芸能研究」
民俗芸能学会　（53）2012.09

吉川祐子著『西浦田楽の民俗文化論』（書誌紹介）（中村羊一郎）「日本民
俗学」日本民俗学会　（273）2013.02

民俗芸能伝承の現代―西浦の田楽を中心に伝承の実態を考察（平成21・
22年度卒業論文発表会発表要旨）（秋山裕貴）「静岡県民俗学会誌」静
岡県民俗学会　（28・29）2013.03

錦田

三島市錦田地区方言集（鈴木辰己）「伊豆史談」伊豆史談会　130
2001.3

西河内

清水市石造文化財調査報告書より　清水地方の石仏たち―西河内・小島・
興津地区のあれこれ（山田健司）「清見潟 ： 清水郷土史研究会会誌」
清水郷土史研究会　（19）2010.05

西駿河

供養塔の形態と変遷―特に西駿河の一石五輪塔について（河合修）「静岡
県考古学研究」静岡県考古学会　（30）1998.12

西奈

〔新刊紹介〕西奈誌編集委員会『西奈わがまち』（中村羊一郎）「静岡県民
俗学会誌」静岡県民俗学会　22　2001.12

西宮恵比寿神社

清水の西宮恵比寿神社（大島建彦）「西郊民俗」［西郊民俗談話会］
（173）2000.12

西平松

地引き網船によるお伊勢参り―西平松の大新丸（伊藤辰夫）「磐南文化」
磐南文化協会　（35）2009.03

西富士

入植者を励ました「西富士開拓の歌」（若林和司）「月の輪」富士宮市郷
土同好会　（27）2012.6

仁田館遺跡

こけら経―函南町・仁田館遺跡（岩本貴）「研究所報」静岡県埋蔵文化財
調査研究所　95　2001.11

1分金で買い物しよう―仁田館遺跡出土の江戸時代のお金と生活道具（木
村忠義）「研究所報」静岡県埋蔵文化財調査研究所　105　2003.8

二ノ岡神社

松のない正月飾り―二ノ岡神社と箱根（斎藤泰造）「静岡県民俗学会誌」
静岡県民俗学会　（26）2008.3

二宮神社

新居町二宮神社の遷宮　世間話が始まる時（吉川祐子）「月刊通信ふるさと
の民俗を語る会」民俗文化研究所　（30）2009.11

韮山

北伊豆における苺の発祥と韮山苺（萩原貞夫）「韮山町史の栞」韮山町
22　1998.3

韮山荒神の信仰（大島建彦）「西郊民俗」［西郊民俗談話会］通号167
1999.6

韮山・修善寺の史跡を巡りて（田中豊）「小田原史談 ： 小田原史談会々
報」小田原史談会　（215）2008.10

韮山辻

韮山辻の馬頭観音―近世、人と馬の関わり（斎藤宏）「韮山町史の栞」韮
山町　22　1998.3

沼津

ぬまづ近代史点描（32）幕末ぬまづの庶民と武道「沼津市明治史料館通
信」沼津市明治史料館　12（4）通号48　1997.1

沼津掃苔録（樋口雄彦）「沼津市博物館紀要」沼津市歴史民俗資料館［ほ
か］21　1997.3

ぬまづ近代史点描（34）沼津垣「沼津市明治史料館通信」沼津市明治史
料館　13（2）通号50　1997.7

沼津の瞽女（大島建彦）「沼津市史研究」沼津市教育委員会　7　1998.3

ぬまづ近代史点描（45）煎茶道と沼津・原の文人たち「沼津市明治史料
館通信」沼津市明治史料館　16（3）通号63　2000.10

文献・資料紹介　道祖神を探る（後）（桜井信一）「沼津史談」沼津史談会
53　2002.2

駿河湾の漁　足立実さんの漁話　沼津の別荘群「沼津市歴史民俗資料館だ
より」沼津市歴史民俗資料館　29（2）通号161　2000.9

沼津復興祭までの住宅復興（田崎宣義）「沼津市史研究」沼津市教育委員
会　通号15　2006.3

沼津沖遠泳/天皇道と国民道―富田朝彦メモ関連（牧民郎）「鹿児島民俗」
鹿児島民俗学会　（130）2006.10

家紋について（八十濱俊一）「沼津史談」沼津史談会　（58）2007.3

ぬまづ近代史点描（67）消防組と纏「沼津市明治史料館通信」沼津市明
治史料館　24（4）通号96　2009.1

昭和初期の「沼津音頭」「沼津節」（第II部）（木口亮）「沼津市博物館紀
要」沼津市歴史民俗資料館［ほか］（36）2012.03

沼津地方で歌われ踊られた祭り歌レコード―私のコレクションの中から
（望月宏充）「沼津史談」沼津史談会　（64）2013.03

沼津港

駿河国大沼鮎沢御厨発祥地考―古代交通の要衝・沼津港と木瀬川宿等か
（斎藤泰造）「地方史静岡」地方史静岡刊行会　26　1998.3

沼津市

食べられてきた植物　大根［1］～（3）（竹内栄）「沼津市歴史民俗資料館だ
より」沼津市歴史民俗資料館　22（5）通号131/23（1）通号133
1997.1/1997.5

堅魚木箭に見られる堅魚などの実態について（瀬川裕市郎）「沼津市博物
館紀要」沼津市歴史民俗資料館［ほか］21　1997.3

駿河湾の漁　足立実さんの漁話　沼津市・静浦村の合併と水産教育「沼津
市歴史民俗資料館だより」沼津市歴史民俗資料館　23（2）通号134
1997.7

食べられてきた植物　胡瓜（竹内栄）「沼津市歴史民俗資料館だより」沼
津市歴史民俗資料館　23（2）通号134　1997.7

食べられてきた植物　里芋（竹内栄）「沼津市歴史民俗資料館だより」沼
津市歴史民俗資料館　23（3）通号135　1997.9

沼津市の大山講（大島建彦）「西郊民俗」［西郊民俗談話会］通号160
1997.9

555

食べられてきた植物 白菜（竹内栄）「沼津市歴史民俗資料館だより」 沼津市歴史民俗資料館 23（4）通号136 1997.11

食べられてきた植物 稲[1]、（2）（竹内栄）「沼津市歴史民俗資料館だより」 沼津市歴史民俗資料館 23（5）通号137/23（6）通号138 1998.1/1998.3

石仏・石神・石塔の形態と変遷—沼津市域における近世～近代の石造物について（石川治夫）「沼津市史研究」 沼津市教育委員会 7 1998.3

春4月「沼津市歴史民俗資料館だより」 沼津市歴史民俗資料館 24（1）通号139 1998.5

食べられてきた植物 蚕豆（竹内栄）「沼津市歴史民俗資料館だより」 沼津市歴史民俗資料館 24（1）通号139 1998.5

7月 梅雨明け 日照り「沼津市歴史民俗資料館だより」 沼津市歴史民俗資料館 24（2）通号140 1998.7

食べられてきた植物 梅（竹内栄）「沼津市歴史民俗資料館だより」 沼津市歴史民俗資料館 24（2）通号140 1998.7

9月 収穫の祭り「沼津市歴史民俗資料館だより」 沼津市歴史民俗資料館 24（3）通号141 1998.9

食べられてきた植物 蕎麦[1]、（2）（竹内栄）「沼津市歴史民俗資料館だより」 沼津市歴史民俗資料館 24（3）通号141/24（4）通号142 1998.9/1998.11

11月 初冬 七五三「沼津市歴史民俗資料館だより」 沼津市歴史民俗資料館 24（4）通号142 1998.11

1月 年の始め どんど焼き「沼津市歴史民俗資料館だより」 沼津市歴史民俗資料館 24（5）通号143 1999.1

食べられてきた植物 荏胡麻（エゴマ）（竹内栄）「沼津市歴史民俗資料館だより」 沼津市歴史民俗資料館 24（5）通号143 1999.1

時の伝承 一日の暮らしと時間認識（神野善治）「沼津市史研究」 沼津市教育委員会 8 1999.3

春 節分 雛飾り「沼津市歴史民俗資料館だより」 沼津市歴史民俗資料館 24（6）通号144 1999.3

食べられてきた植物 「無人販売所」（竹内栄）「沼津市歴史民俗資料館だより」 沼津市歴史民俗資料館 24（6）通号144 1999.3

食べられてきた植物 娯楽（竹内栄）「沼津市歴史民俗資料館だより」 沼津市歴史民俗資料館 25（5）通号149 2000.1

食べられてきた植物 身近な薬用植物（竹内栄）「沼津市歴史民俗資料館だより」 沼津市歴史民俗資料館 25（6）通号150 2000.3

寄贈資料の中より 職人（1）大工道具「沼津市歴史民俗資料館だより」 沼津市歴史民俗資料館 26（1）通号151 2000.6

寄贈資料の中より 職人（2）桶道具「沼津市歴史民俗資料館だより」 沼津市歴史民俗資料館 26（2）通号152 2000.9

寄贈資料の中より 職人（4）筌「沼津市歴史民俗資料館だより」 沼津市歴史民俗資料館 26（4）通号154 2001.3

沼津市の吉田信仰（大島建彦）「西郊民俗」 ［西郊民俗談話会］ （174）2001.3

船霊のなぞ（1）船霊と人形（神野善治）「沼津市歴史民俗資料館だより」 沼津市歴史民俗資料館 27（1）通号155 2001.6

船霊のなぞ（2）船大工と家大工（神野善治）「沼津市歴史民俗資料館だより」 沼津市歴史民俗資料館 27（2）通号156 2001.9

沼津市の淡島信仰（大島建彦）「西郊民俗」 ［西郊民俗談話会］ （177）2001.11

船霊のなぞ（3）船乗と星の信仰（神野善治）「沼津市歴史民俗資料館だより」 沼津市歴史民俗資料館 27（3）通号157 2001.12

船霊のなぞ（4）コケラ落しとコダマ（神野善治）「沼津市歴史民俗資料館だより」 沼津市歴史民俗資料館 27（4）通号158 2002.3

船霊のなぞ（5）アチック・コレクションの「船霊様」（神野善治）「沼津市歴史民俗資料館だより」 沼津市歴史民俗資料館 28（1）通号159 2002.6

絵馬を読み解く（1）人形浄瑠璃の絵馬（神野善治）「沼津市歴史民俗資料館だより」 沼津市歴史民俗資料館 28（2）通号160 2002.9

［新刊紹介］沼津市教育委員会編『沼津市史』資料編民俗（中山正典）「静岡県民俗学会誌」 静岡県民俗学会 23 2002.12

咳の姥神（大島建彦）「沼津市史研究」 沼津市教育委員会 12 2003.3

絵馬を読み解く（3）マグロ網漁図の謎（神野善治）「沼津市歴史民俗資料館だより」 沼津市歴史民俗資料館 28（4）通号162 2003.3

寄贈資料の中から 製材の道具「沼津市歴史民俗資料館だより」 沼津市歴史民俗資料館 29（1）通号163 2003.6

資料館の調査ノートから（1）竹からのメッセージ 竹材センター 浅宮義和さんの話「沼津市歴史民俗資料館だより」 沼津市歴史民俗資料館 29（1）通号163 2003.6

寄贈資料の中から 真珠養殖の道具「沼津市歴史民俗資料館だより」 沼津市歴史民俗資料館 29（2）通号164 2003.9

資料館の調査ノートから（2）大謀網の浮き作り 漁師 木村和雄さんの浮き製作行程「沼津市歴史民俗資料館だより」 沼津市歴史民俗資料館 29（2）通号164 2003.9

寄贈資料の中から 煙管「沼津市歴史民俗資料館だより」 沼津市歴史民俗資料館 29（3）通号165 2003.12

林洞海筆「茶農漫録」の総目次と紹介（樋口雄彦）「沼津市博物館紀要」 沼津市歴史民俗資料館［ほか］ 通号28 2004.3

寄贈資料の中から 昭和30年代の生活用具「沼津市歴史民俗資料館だより」 沼津市歴史民俗資料館 29（4）通号166 2004.3

寄贈資料の中から 板金の道具「沼津市歴史民俗資料館だより」 沼津市歴史民俗資料館 30（1）通号167 2004.6

寄贈資料の中から 衣類のしわを伸ばす道具「沼津市歴史民俗資料館だより」 沼津市歴史民俗資料館 30（2）通号168 2004.9

寄贈資料の中から 米を保存する道具「沼津市歴史民俗資料館だより」 沼津市歴史民俗資料館 30（3）通号169 2004.12

寄贈資料の中から 麦作の道具「沼津市歴史民俗資料館だより」 沼津市歴史民俗資料館 30（4）通号170 2005.3

寄贈資料の中から 馬力「沼津市歴史民俗資料館だより」 沼津市歴史民俗資料館 31（1）通号171 2005.6

寄贈資料の中からチャカ船の模型「沼津市歴史民俗資料館だより」 沼津市歴史民俗資料館 31（2）通号172 2005.9

寄贈資料の中から 釜「沼津市歴史民俗資料館だより」 沼津市歴史民俗資料館 31（3）通号173 2005.12

沼津市域におけるカネオヤの慣行（佐藤照美）「沼津市史研究」 沼津市教育委員会 通号15 2006.3

寄贈資料の中から 醤油づくり「沼津市歴史民俗資料館だより」 沼津市歴史民俗資料館 31（4）通号174 2006.3

寄贈資料の中から 棒はかり「沼津市歴史民俗資料館だより」 沼津市歴史民俗資料館 32（1）通号175 2006.6

調査の中から 桶作り 土屋博氏「沼津市歴史民俗資料館だより」 沼津市歴史民俗資料館 32（3）通号177 2007.3

資料の中から 雛祭り「沼津市歴史民俗資料館だより」 沼津市歴史民俗資料館 33（4）通号181 2008.3

寄贈資料の中から 大漁日誌「沼津市歴史民俗資料館だより」 沼津市歴史民俗資料館 34（1）通号182 2008.9

寄贈資料の中から 菓子木型「沼津市歴史民俗資料館だより」 沼津市歴史民俗資料館 34（2）通号183 2008.11

寄贈資料の中から みかん収穫用具「沼津市歴史民俗資料館だより」 沼津市歴史民俗資料館 34（3）通号184 2009.01

寄贈資料の中から 斧「沼津市歴史民俗資料館だより」 沼津市歴史民俗資料館 34（4）通号185 2009.03

寄贈資料の中から 鍛冶屋の道具「沼津市歴史民俗資料館だより」 沼津市歴史民俗資料館 35（2）通号187 2010.09

寄贈資料の中から あかり「沼津市歴史民俗資料館だより」 沼津市歴史民俗資料館 35（3）通号188 2010.12

書評『沼津市史 通史別編 民俗』を評す（書評特集）（石川純一郎）「沼津市史研究」 沼津市教育委員会 （19）2011.03

書評『沼津市史 通史別編 民俗』（書評特集）（田中宣一）「沼津市史研究」 沼津市教育委員会 （19）2011.03

書評『沼津市史 通史編 民俗』を頌す（書評特集）（石川純一郎）「沼津市史研究」 沼津市教育委員会 （19）2011.03

寄贈資料の中から 座敷職「沼津市歴史民俗資料館だより」 沼津市歴史民俗資料館 35（4）通号189 2011.03

寄贈資料の中から 蝿取りと蝿除け「沼津市歴史民俗資料館だより」 沼津市歴史民俗資料館 36（1）通号190 2011.06

資料館の調査ノートから（16）マグロ建切網漁のジオラマ作り「沼津市歴史民俗資料館だより」 沼津市歴史民俗資料館 36（1）通号190 2011.06

寄贈資料の中から 林業の道具「沼津市歴史民俗資料館だより」 沼津市歴史民俗資料館 36（2）通号191 2011.09

寄贈資料の中から イカ釣り漁の絵「沼津市歴史民俗資料館だより」 沼津市歴史民俗資料館 36（3）通号192 2011.12

寄贈資料の中から 髪を整える道具「沼津市歴史民俗資料館だより」 沼津市歴史民俗資料館 36（4）通号193 2012.03

寄贈資料の中から 茶生産用具「沼津市歴史民俗資料館だより」 沼津市歴史民俗資料館 37（1）通号194 2012.06

寄贈資料の中から 和菓子の型「沼津市歴史民俗資料館だより」 沼津市歴史民俗資料館 37（3）通号196 2012.12

年越しの大蕎麦打ち（外立ますみ）「沼津市史だより」 ［沼津市教育委員会］ （23）2013.03

寄贈資料の中から 足袋「沼津市歴史民俗資料館だより」 沼津市歴史民俗資料館 37（4）通号197 2013.03

資料館の調査ノートから（20）絵葉書に見る「イヌクグリ」の風景「沼津市歴史民俗資料館だより」 沼津市歴史民俗資料館 37（4）通号197 2013.03

寄贈資料の中から 雨具「沼津市歴史民俗資料館だより」 沼津市歴史民俗資料館 38（1）通号198 2013.06

寄贈資料の中から 文房具「沼津市歴史民俗資料館だより」 沼津市歴史

民俗資料館　38（2）通号199　2013.09

寄贈資料の中から 風呂桶「沼津市歴史民俗資料館資料館だより」 沼津市歴史民俗資料館　38（4）通号201　2014.03

寄贈資料の中から 弁当入れ「沼津市歴史民俗資料館資料館だより」 沼津市歴史民俗資料館　39（1）通号202　2014.06

寄贈資料の中から 酒器「沼津市歴史民俗資料館資料館だより」 沼津市歴史民俗資料館　39（2）通号203　2014.09

寄贈資料の中から 石臼「沼津市歴史民俗資料館資料館だより」 沼津市歴史民俗資料館　39（3）通号204　2014.12

祢宜島

祢宜島の延命地蔵菩薩「焼津市史だより」 焼津市総務部　3　2001.7

根原

研究ノート 富士山麓の生業空間―静岡県富士宮市根原地区の野焼きを事例にして（中山正典）「日本民俗学」 日本民俗学会　通号261　2010.02

野部

磐南の民俗行事（4）野部の川施餓鬼（灯籠流し）（髙橋邦宏）「磐南文化」 磐南文化協会　（39）2013.03

榛原

お庚申さん（戸塚紀子）「榛原 ： 郷土の覚書」 榛原町文化財保護審議委員会　（12）1999.3

郷土における熊野信仰を探る（横山眞一）「榛原 ： 郷土の覚書」 榛原町文化財保護審議委員会　（18）2005.3

庚申信仰（増田千力聿）「榛原 ： 郷土の覚書」 榛原町文化財保護審議委員会　（18）2005.3

白山神社

磐田市・白山神社の懸仏にみる熊野及び白山信仰の場合（大塚幹也）「地方史研究」 地方史研究協議会　57（3）通号327　2007.6

箱根

研究発表要旨 道の記憶―旧箱根地区の人々と道との関わり（神田朝美）「静岡県民俗学会会報」 静岡県民俗学会　（131）2009.03

橋上

特集 橋上の三十番神（野村陽子）「かわのり」 芝川町郷土史研究会　（35）2010.06

芭蕉天神宮

町指定文化財認定によせて 大晦日芭蕉天神宮（佐野安朗）「かわのり」 芝川町郷土史研究会　（33）2008.4

私見「芭蕉天神宮」考（渡辺吉詔）「月の輪」 富士宮市郷土史同好会　（23）2008.6

芭蕉天満宮

芭蕉天満宮について（佐野十三良）「かわのり」 芝川町郷土史研究会　24　1997.11

八幡ヶ谷

特集 死者を丁重に葬るということ 八幡ヶ谷の古墳（岡部敬，田村隆太郎）「発掘物語しずおか ： 静岡県埋蔵文化財調査研究所報」 静岡県埋蔵文化財調査研究所　（124）2008.6

八幡町

八幡町の方言（小林一之）「郷土の栞」 伊東郷土研究会　（159）2012.9

初倉

初倉のおせん女踊り（吉川祐子）「月刊通信ふるさとの民俗を語る会」 民俗文化研究所　（90）2014.11

初島

祭りと観光 初島鹿島踊（吉川祐子）「月刊通信ふるさとの民俗を語る会」 民俗文化研究所　（34）2010.03

初島の現在（大島建彦）「西郊民俗」［西郊民俗談話会］（214）2011.03

法多山

法多山を尋ねる見学記（田中元峰，丸尾巌，戸倉昇一）「ふるさと袋井」［袋井市地方史研究会］12　1997.11

〔新刊紹介〕国記録選択民俗文化財調査報告書『法多山の田遊び』（松田香代子）「静岡県民俗学会誌」 静岡県民俗学会 22　2001.12

袋井市法多山の田遊び（吉川祐子）「月刊通信ふるさとの民俗を語る会」 民俗文化研究所　（69）2013.02

花沢

〔新刊紹介〕『焼津市史民俗調査報告書第1集 花沢の民俗』を読んで（大村和男）「静岡県民俗学会誌」 静岡県民俗学会 23　2002.12

花沢村

花沢村イノさんの一生―古文書に見る江戸時代人の生活（講演）（松本稔章）「焼津市史研究」 焼津市　（4）2003.3

浜当目

『焼津市史民俗調査報告書第二集 浜当目の民俗』（新刊紹介）（大村和男）「静岡県民俗学会誌」 静岡県民俗学会 24　2003.12

浜名湖

浜名湖で何が起きたのか―伝承のことから「浜松市博物館だより」 浜松市博物館　16（3）通号60　1997.12

記録映像「浜名湖周辺の馬祭り」の鑑賞と感想語り（吉川祐子）「月刊通信ふるさとの民俗を語る会」 民俗文化研究所　（10）2008.3

映像記録 吉川祐子監修「浜名湖周辺の流鏑馬祭り」（新刊紹介）（多々良典秀）「静岡県民俗学会誌」 静岡県民俗学会　（26）2008.3

浜名湖北岸地域における中世石塔―浜松市域の中世石塔調査報告（2）（松井一明，木村弘之，溝口彰啓）「浜松市博物館報」 浜松市博物館　（23）2011.05

浜名湖七福神

浜名湖七福神（岡田桃喜）「玖珂文化」 玖珂文化の会　178　1997.9

浜松

遠州の織物の歴史（3）―浜松織物協同組合文書から「浜松市博物館だより」 浜松市博物館　17（3）通号64　1998.12

浜松における思想と精神・信仰の交流（蝦名賢造）「遠江」 浜松史跡調査顕彰会　23　2000.3

浜松と十代目市川団十郎―市川少女歌舞伎育ての親（内山つねを）「遠江」 浜松史跡調査顕彰会　25　2002.3

失われた浜松の文化遺産（伊東政好）「遠江」 浜松史跡調査顕彰会　（26）2003.3

浜松まつりと端午の節供（成瀬佳代）「久里」 神戸女子民俗学会　（15）2004.2

7月いちにち例会レジュメⅠ 明治末期浜松の芸界（山道太郎）「静岡県近代史研究会会報」 静岡県近代史研究会　（334）2006.7

荒川章二・笹原恵・山道太郎・山道佳子著『浜松まつり―学際的分析と比較の視点から』（書誌紹介）（鈴木正崇）「日本民俗学」 日本民俗学会 通号249　2007.2

明治末期における浜松の芸能興行年表（明治40年から44年）（山道太郎）「静岡県近代史研究」 静岡県近代史研究会　（32）2007.10

浜松ものづくり展「もっと味わう茶どころ浜松」「浜松市博物館だより」 浜松市博物館　28（2）通号107　2009.10

浜松ものづくり展浜松注染そめの記録（鈴木貴之）「浜松市博物館報」 浜松市博物館　（25）2013.3

民藝運動と浜松（小池善之）「静岡県近代史研究会会報」 静岡県近代史研究会　（423）2013.12

浜松市

中世の浜松にせまる（1）―浜松市内の中世の石塔「浜松市博物館だより」 浜松市博物館　20（1）通号74　2001.6

浜松市内における中世の石塔（鳥居正俊）「浜松市博物館報」 浜松市博物館　（14）2001.9

館蔵の郷土玩具の整理「浜松市博物館情報」［浜松市博物館］117　2001.12

郷土玩具（1）―土人形「浜松市博物館だより」 浜松市博物館　21（1）通号78　2002.6

浜松市博物館所蔵「郷土玩具」目録（宮下知良）「浜松市博物館報」 浜松市博物館　（15）2002.8

村の寺院の諸相（斎藤新）「浜松市博物館報」 浜松市博物館　（15）2002.8

郷土玩具（2）―木で作ったもの「浜松市博物館だより」 浜松市博物館　21（2）通号79　2002.9

郷土玩具（3）―張子「浜松市博物館だより」 浜松市博物館　21（3）通号80　2003.1

郷土玩具（4）―凧「浜松市博物館だより」 浜松市博物館　21（4）通号81　2003.3

しじみの会「カラムシ織り」の経緯（浜松市博物館）「浜松市博物館報」 浜松市博物館　（17）2005.3

御殿屋台の登場―町の威信財（久野正博）「浜松市博物館報」 浜松市博物館　（22）2010.03

館蔵資料紹介―雛人形（名倉千絵）「浜松市博物館報」 浜松市博物館　（25）2013.03

草木の「開けずの壺」―承元二年銘の渥美窯産の壺（鈴木敏則）「浜松市博物館報」 浜松市博物館　（26）2014.03

浜松藩

近世盆踊政策の比較史的考察―浜松藩の遠州大念仏と徳島城下盆踊りをめぐって（三好昭一郎）「徳島近世史研究」 徳島近世史研究会　1　2001.9

原海岸

資料館の調査ノートから（23）千本～原海岸の木造船調査「沼津市歴史民

静岡県　　　　　　　　　　　　　　　　　　郷土に伝わる民俗と信仰　　　　　　　　　　　　　　　　　　東海

俗資料館だより」　沼津市歴史民俗資料館　38（3）通号200　2013.12

春埜山
福田地区の春埜山信仰（郷土史サロン）（大庭幸）「磐南文化」　磐南文化協会　（40）2014.03

春野町
庚申夜話（本多定雄）「春野文化温故知新 ： 春野町郷土研究報」　春野町郷土研究会　（60）1997.3

七夕の始まり（梅谷勝）「春野文化温故知新 ： 春野町郷土研究報」　春野町郷土研究会　（61）1997.10

暦の話「春野文化温故知新 ： 春野町郷土研究報」　春野町郷土研究会　（61）1997.10

節季（鈴木保彦）「春野文化温故知新 ： 春野町郷土研究報」　春野町郷土研究会　（62）1998.8

磐南
妖怪オオガネバアサの消長（吉川祐子）「磐南文化」　磐南文化協会　23　1997.3

郷村相撲変遷史（1）～（10）（杉浦弘）「磐南文化」　磐南文化協会　23/（32）1997.3/2016.3

郷里のことば―雅言俗言、想い出すまま[1]～（8）（鵜飼久市）「磐南文化」　磐南文化協会　24/（31）1998.3/2005.3

ふる里風土記（寺田一郎）「磐南文化」　磐南文化協会　24　1998.3

神様の神婚式（熊切正次）「磐南文化」　磐南文化協会　25　1999.3

神頼みもあった撃ちて止まむ（市川恒）「磐南文化」　磐南文化協会　25　1999.3

満州事変後初めての町葬（寺田一郎）「磐南文化」　磐南文化協会　26　2000.3

幕末明治の当地方の禅会（中津川宗全）「磐南文化」　磐南文化協会　（28）2002.3

資料紹介 神饌田 田植奉唱歌（門柴幹雄）「磐南文化」　磐南文化協会　（28）2002.3

郷土の歌（13）別珍音頭（編集部）「磐南文化」　磐南文化協会　（28）2002.3

沙羅双樹のあるお寺（資料紹介）（古田貞一）「磐南文化」　磐南文化協会　（29）2003.3

明治初期の神社併合（小杉達）「磐南文化」　磐南文化協会　（30）2004.3

住吉神と神童一寸法師の王権神話（吉野武司）「磐南文化」　磐南文化協会　（32）2006.3

磐南叙情「祭典今昔」「磐南文化」　磐南文化協会　（35）2009.03

飛念仏の系譜（小杉達）「磐南文化」　磐南文化協会　（36）2010.03

磐南の民俗行事（1）米とぎ祭り行事（福田支部）「磐南文化」　磐南文化協会　（36）2010.03

施餓鬼旗送り（郷土史研究）（小杉達）「磐南文化」　磐南文化協会　（38）2012.03

掛束の道祖神（資料紹介）（増田聖夫）「磐南文化」　磐南文化協会　（39）2013.03

磐南の民俗行事（4）野部の川施餓鬼（灯籠流し）（高橋邦宏）「磐南文化」　磐南文化協会　（39）2013.03

磐南叙情 禁葷酒山門（竜洋支部）「磐南文化」　磐南文化協会　（40）2014.03

東久佐奈岐神社
東久佐奈岐神社 棟札及由緒書（杉山怜二）「清見潟 ： 清水郷土史研究会会誌」　清水郷土史研究会　（20）2011.05

東口本宮富士浅間神社
交換誌爾知恩礼記（12）　『神社報』東口本宮富士浅間神社発行「まるはとだより ： 小谷三志翁顕彰会月報」　まるはとだより発行所　178　2004.5

東子浦
東子浦の人形三番叟 再開そして継続をめざして（吉川祐子）「月刊通信ふるさとの民俗を語る会」　民俗文化研究所　（22）2009.03

東子浦での感想（吉川祐子）「月刊通信ふるさとの民俗を語る会」　民俗文化研究所　（22）2009.03

日金山
日金山と石仏の道を訪ねて―日金山信仰の原点を探る（事務局）「伊豆史談」　伊豆史談会　（132）2003.3

日金山信仰圏に分布する鹿島踊（《特集 鹿島信仰》）（吉川祐子）「季刊悠久.第2次」　鶴岡八幡宮悠久事務局　（108）2007.4

人穴
富士山信仰その源流をたどる（3）―近世の信仰 人穴のかたるもの（中島信哉）「月の輪」　富士宮市郷土史同好会　（18）2003.6

富士講関係調査（1）静岡県富士宮市人穴富士講遺跡「月三椎名町元講・三平上総介源信忠供養塔」調査報告（福岡）「かたりべ ： 豊島区立郷

土資料館ミュージアム開設準備だより」　豊島区立郷土資料館　（108）2013.01

人穴碑塔群に見る武蔵富士講の願い（特集 武蔵野と富士）（渡井一信）「武蔵野」　武蔵野文化協会　89（1）通号353　2014.05

人穴遺跡
赤池隆義氏の「山宮浅間神社と人穴遺跡と赤池御法家」の概要/遠藤徳明氏の「鉄舟寺と薄墨の笛」の概要/佐藤吉男氏の「笑いの仏について―木喰、白道、円空、守屋貞治―」の概要「静岡歴研会報」　静岡県歴史研究会　（139）2014.02

人穴村
富士御法家伝来文書管見祖述（10）四、村上光清関連文書筆写（1）―「駿州富士郡人穴村書付扣」二（岡田博）「まるはとだより ： 小谷三志翁顕彰会月報」　まるはとだより発行所　192　2005.7

日向
『日向の七草祭』（新刊紹介）（大島善孝）「静岡県民俗学会誌」　静岡県民俗学会　（26）2008.3

日向の七草祭（多々良典秀）「静岡県民俗学会会報」　静岡県民俗学会　（137）2010.10

民俗学講座「コメの民俗―稲作と人々の暮らし―」及び例会「日向の七草祭」見学会の実施報告（多々良典秀）「静岡県民俗学会会報」　静岡県民俗学会　（139）2011.04

日之出町
寿真庵の泣き施餓鬼 静岡県島田市日之出町（吉川祐子）「月刊通信ふるさとの民俗を語る会」　民俗文化研究所　（39）2010.08

日吉浅間神社
日吉浅間神社境内にあった郡立病院（特集1 平成22年度六所家総合調査概報）（松田香代子）「六所家総合調査だより」　富士市立博物館　（8）2011.02

平沢村
江戸庶民の旅 巡礼と旅 平沢村平右衛門の旅日記から「沼津市歴史民俗資料館だより」　沼津市歴史民俗資料館　24（2）通号140　1998.7

江戸庶民の旅 巡礼と旅 平沢村平右衛門の旅日記から「沼津市歴史民俗資料館だより」　沼津市歴史民俗資料館　24（3）通号141　1998.9

平野
水辺の「あや踊り」考―静岡市平野の盆踊りから（大村和男）「静岡市立登呂博物館研究紀要」　静岡市立登呂博物館　通号5　2005.3

敏満寺遺跡
近江八話（4）敏満寺遺跡（鈴木康弘）「静岡歴研会報」　静岡県歴史研究会　（116）2006.12

富岳
富岳信仰と人霊奉祀（境淳伍）「民俗文化」　滋賀民俗学会　461　2002.2

深見
深見高橋講について（KK）「ふるさと袋井」　［袋井市地方史研究会］　21　2006.11

深見薬師
慶応3年の深見薬師本開帳（金原馨）「ふるさと袋井」　［袋井市地方史研究会］　13　1998.11

明治24年の深見薬師開帳（金原馨）「ふるさと袋井」　［袋井市地方史研究会］　13　1998.11

福田
福田地区の春埜山信仰（郷土史サロン）（大庭幸）「磐南文化」　磐南文化協会　（40）2014.03

磐南の屋台（4）福田地区（1）（資料紹介）（杉浦弘）「磐南文化」　磐南文化協会　（40）2014.3

袋井
遷祠碑のこと（太田久夫）「ふるさと袋井」　［袋井市地方史研究会］　12　1997.11

羅講金について（田中元峰）「ふるさと袋井」　［袋井市地方史研究会］　12　1997.11

屋号二題（清水忠雄）「ふるさと袋井」　［袋井市地方史研究会］　12　1997.11

十王堂（清水洋子）「ふるさと袋井」　［袋井市地方史研究会］　12　1997.11

大正時代の葬儀について（和田とり）「ふるさと袋井」　［袋井市地方史研究会］　12　1997.11

名付け親の風習（加藤実）「ふるさと袋井」　［袋井市地方史研究会］　12　1997.11

鰌たたき（山下操）「ふるさと袋井」　［袋井市地方史研究会］　12　1997.11

東海　　　　　　　　　　　　　　郷土に伝わる民俗と信仰　　　　　　　　　　　　静岡県

古里の民俗 まつりごと（永田かの江）「ふるさと袋井」［袋井市地方史研究会］　12　1997.11

鉈餅（兼岡進）「ふるさと袋井」［袋井市地方史研究会］　13　1998.11

故里袋井に伝わる天気占い（永田かの江）「ふるさと袋井」［袋井市地方史研究会］　13　1998.11

郷土の歌（12）袋井音頭（編集部）「磐南文化」　磐南文化協会　27　2001.3

宗門人別改帳について（和田とり）「ふるさと袋井」［袋井市地方史研究会］　16　2001.11

袋井の石仏をたずねる（田中元峰）「ふるさと袋井」［袋井市地方史研究会］　17　2002.11

写真で見る戦前の農具（和田とり）「ふるさと袋井」［袋井市地方史研究会］　17　2002.11

子供念仏の思い出（雪島靖二）「ふるさと袋井」［袋井市地方史研究会］　17　2002.11

地蔵菩薩（清水洋子）「ふるさと袋井」［袋井市地方史研究会］　18　2003.11

ふるさとに伝わる念仏踊り（村松信次）「ふるさと袋井」［袋井市地方史研究会］　18　2003.11

クラウンメロン音頭（雪島靖二）「ふるさと袋井」［袋井市地方史研究会］　18　2003.11

地区に残る庚申と信仰（安間正）「ふるさと袋井」［袋井市地方史研究会］　21　2006.11

恵比須講と節分（山崎一二）「ふるさと袋井」［袋井市地方史研究会］　21　2006.11

葬式規則調印簿（神谷俊一郎）「ふるさと袋井」［袋井市地方史研究会］　21　2006.11

迷える霊魂（鈴木豊平）「ふるさと袋井」［袋井市地方史研究会］　21　2006.11

日本棋院中遠支部発足以前の袋井地方の囲碁事情（金原久雄）「磐南文化」　磐南文化協会　（33）　2007.3

忘れられた「ふる里の湧水とウナギ」捕り（佐藤和彦）「新ふるさと袋井」［袋井市地方史研究会］　（23）　2008.11

古里袋井で使われた「昔言葉」方言（永田かの江）「新ふるさと袋井」［袋井市地方史研究会］　（24）　2009.11

青年団沿革史より村の生活を覗く（兼子春治）「新ふるさと袋井」［袋井市地方史研究会］　（24）　2009.11

郷土の歌（21）袋井小唄（鈴木直之）「磐南文化」　磐南文化協会　（36）　2010.03

ふる里歳時記（村松孝司）「新ふるさと袋井」［袋井市地方史研究会］　（25）　2010.11

古里袋井で使われた「昔言葉」方言追加（永田かの江）「新ふるさと袋井」［袋井市地方史研究会］　（25）　2010.11

子供念仏「笠んぼこ」（第一部 会員の研究発表集）（清水忠雄）「新ふるさと袋井」［袋井市地方史研究会］　（26）　2012.01

袋井市

石造文化財の現状と課題―市道とその路傍の道標・石仏を通して考える（鈴木勝彦）「伊豆の郷土研究」　田方地域文化財保護審議委員連絡協議会　31　2006.3

富士

春を迎える行事（門田徳雄）「富士民俗の会会報」　富士民俗の会　（3）　1997.1

地鎮祭は仏式か神式か（門田徳雄）「富士民俗の会会報」　富士民俗の会　（3）　1997.1

山間の部落（門田徳雄）「富士民俗の会会報」　富士民俗の会　（3）　1997.1

《特集 武蔵野の富士》「武蔵野」　武蔵野文化協会　75（1）通号329　1997.2

富士図について（森内優子）「武蔵野」　武蔵野文化協会　75（1）通号329　1997.2

富士南麓における日蓮宗の展開（鈴木富男）「駿河」　駿河郷土史研究会　51　1997.3

〔資料紹介〕富士講三講社「お伝え」と楽譜作成について（小野寺節子）「東京都江戸東京博物館研究報告」　東京都江戸東京博物館　通号2　1997.3

富士塚築造の背景に関する一考察（宇田哲雄）「風俗 ： 日本風俗史学会会誌」　日本風俗史学会　35（4）　1997.3

地域・生活圏を調べる手懸りについて（門田徳雄）「富士民俗の会会報」　富士民俗の会　（4）　1997.4

富士講文書虫干し記（36）～（40），（42）古い話・新しい話（3）～（8）（岡田博）「まるはとだより ： 小谷三志翁顕彰会月報」　まるはとだより発行所　95/101　1997.6/1997.12

疱瘡神、いぼ神について少しばかり（門田徳雄）「富士民俗の会会報」　富士民俗の会　（6）　1997.9

富士の竹採物語り（かぐや姫）について（岡田政章）「富士民俗の会会報」

富士民俗の会　（6）　1997.9

行衣にみる昭和の富士講先達とその活動（山本志乃）「民具マンスリー」　神奈川大学　30（6）　1997.9

富士講文書虫干し記（41）鳩ケ谷と川口で学んだもの―古文書写しに凝った旋盤工（岡田博）「まるはとだより ： 小谷三志翁顕彰会月報」　まるはとだより発行所　100　1997.11

いぼ神・かさ神の調査の続き（門田徳雄）「富士民俗の会会報」　富士民俗の会　（7）　1998.2

富士南麓における臨済宗の展開（鈴木富男）「駿河」　駿河郷土史研究会　52　1998.3

富士講文書虫干し記（43）～（45）孝行について（1）～（3）（岡田博）「まるはとだより ： 小谷三志翁顕彰会月報」　まるはとだより発行所　105/109　1998.4/1998.8

富士の国、木華開耶姫命、浅間大社（篠原昭二）「月の輪」　富士宮市郷土史同好会　13　1998.6

照手姫と名馬鬼鹿毛伝説「富士民俗の会会報」　富士民俗の会　（8）　1998.7

史実より（門田徳雄）「富士民俗の会会報」　富士民俗の会　（8）　1998.7

説教節「おぐりてるて」（門田徳雄）「富士民俗の会会報」　富士民俗の会　（8）　1998.7

富士講・大山講の巡拝と遊山（平野栄次）「地方史研究」　地方史研究協議会　48（4）1998.8

富士講文書虫干し記（46），（47）『小谷三志翁のことば解』への冴から［1］,（2）（岡田博）「まるはとだより ： 小谷三志翁顕彰会月報」　まるはとだより発行所　110/111　1998.9/1998.10

富士講文書虫干し記（48）「一行一言」について（岡田博）「まるはとだより ： 小谷三志翁顕彰会月報」　まるはとだより発行所　112　1998.11

再び「おぐりてるて考」（門田徳雄）「富士民俗の会会報」　富士民俗の会　（9）　1998.11

女性風俗二題（門田徳雄）「富士民俗の会会報」　富士民俗の会　（9）　1998.11

富士講の登山（岩科小一郎）「あしなか」　山村民俗の会　251　1998.12

富士講文書虫干し記（49）信心之行法起御巻物定書考（岡田博）「まるはとだより ： 小谷三志翁顕彰会月報」　まるはとだより発行所　113　1998.12

富士南麓における天台宗の展開（鈴木富男）「駿河」　駿河郷土史研究会　53　1999.3

二ひめの産湯（門田徳雄）「富士民俗の会会報」　富士民俗の会　（10）　1999.3

さつき姫伝承について（門田徳雄）「富士民俗の会会報」　富士民俗の会　（10）　1999.3

富士講文書虫干し記（50）古い話・新しい話（9）―重農主義からの現代考（岡田博）「まるはとだより ： 小谷三志翁顕彰会月報」　まるはとだより発行所　117　1999.4

富士講文書虫干し記（51）新刊紹介『不二道農産物品種改良運動資料I』（岡田博）「まるはとだより ： 小谷三志翁顕彰会月報」　まるはとだより発行所　118　1999.5

富士講文書虫干し記（52）古い話・新しい話（10）―1893年（明治26年）の大演説（岡田博）「まるはとだより ： 小谷三志翁顕彰会月報」　まるはとだより発行所　119　1999.6

富士講の変遷（久保正敏）「西郊民俗」　［西郊民俗談話会］　通号167　1999.6

富士講文書虫干し記（53）古い話・新しい話（11）―「心広ければ」と「一円融合」（岡田博）「まるはとだより ： 小谷三志翁顕彰会月報」　まるはとだより発行所　120　1999.7

富士地区醤油製造販売（門田徳雄）「富士民俗の会会報」　富士民俗の会　（11）　1999.7

小売り行商、搾り業として活躍した酒井唯姝さん（門田徳雄）「富士民俗の会会報」　富士民俗の会　（11）　1999.7

醤油搾業（門田徳雄）「富士民俗の会会報」　富士民俗の会　（11）　1999.7

醤油搾りからみそ造りへ（深沢久）「富士民俗の会会報」　富士民俗の会　（11）　1999.7

富士講文書虫干し記（54）発行11年目に入るに当たって一参行禄王に徹せん願い（岡田博）「まるはとだより ： 小谷三志翁顕彰会月報」　まるはとだより発行所　121　1999.8

富士の残雪（岩科小一郎）「あしなか」　山村民俗の会　253　1999.11

御先祖は天皇、農兵（門田徳雄）「富士民俗の会会報」　富士民俗の会　（12）　1999.12

餅無し正月（門田徳雄）「富士民俗の会会報」　富士民俗の会　（12）　1999.12

富士の托鉢考（青野溥芳）「富士民俗の会会報」　富士民俗の会　（12）　1999.12

富士講文書虫干し記（57）参行禄王の『四民之巻』―二宮尊徳の論に表れた四民論（岡田博）「まるはとだより ： 小谷三志翁顕彰会月報」　まるはとだより発行所　128　2000.3

真言宗の富士南麓における展開（鈴木富男）「駿河」　駿河郷土史研究会　54　2000.3

富士梨の概要（塩沢あい子）「駿河」　駿河郷土史研究会　54　2000.3

富士講文書虫干し記（58），（59）富士講のお歌（1），（2）―護符から教訓歌へ（岡田博）「まるはとだより ： 小谷三志翁顕彰会月報」　まるはとだより発行所　129/130　2000.4/2000.5

富士周辺のシャグジ、オシャモス（門田徳雄）「富士民俗の会会報」　富士民俗の会　（13）　2000.4

富士信仰におけるシラとトキ（宮田登）「富士信仰研究」　富士信仰研究会　（1）　2000.5

富士講御神言（御大息）ご解釈類従抄（岡田博）「富士信仰研究」　富士信仰研究会　（1）　2000.5

『三十一日の御巻』成立に関する考察（中嶋信彰）「富士信仰研究」　富士信仰研究会　（1）　2000.5

近代山嶽信仰の展開（調査ノート）―導者の奉納物をめぐって（西海賢二）「富士信仰研究」　富士信仰研究会　（1）　2000.5

富士講文書虫干し記（60）富士講のお歌（3）―富士講元祖食行身禄作の七十二首（岡田博）「まるはとだより ： 小谷三志翁顕彰会月報」　まるはとだより発行所　131　2000.6

富士講文書虫干し記（61）富士講のお歌（4）（岡田博）「まるはとだより ： 小谷三志翁顕彰会月報」　まるはとだより発行所　132　2000.7

富士講文書虫干し記（62）富士講のお歌（6）―小宮裕充筥崎山地蔵院住職に先立たれて（岡田博）「まるはとだより ： 小谷三志翁顕彰会月報」　まるはとだより発行所　133　2000.8

餅無し正月補記・再考（門田徳雄）「富士民俗の会会報」　富士民俗の会　（14）　2000.8

オシャゴ・オシャモス補記・再考（門田徳雄）「富士民俗の会会報」　富士民俗の会　（14）　2000.8

「ポンチャン」の行方―猫を探した136日間（戸塚ひろみ）「富士民俗の会会報」　富士民俗の会　（14）　2000.8

富士講文書虫干し記（63）富士講のお歌（7）―森田康之助先生のお手紙（岡田博）「まるはとだより ： 小谷三志翁顕彰会月報」　まるはとだより発行所　134　2000.9

富士講文書虫干し記（64）富士講のお歌（8）―月を拝する心（岡田博）「まるはとだより ： 小谷三志翁顕彰会月報」　まるはとだより発行所　135　2000.10

富士講文書虫干し記（65）富士講のお歌（9）―その日その時と、永遠なるものと（岡田博）「まるはとだより ： 小谷三志翁顕彰会月報」　まるはとだより発行所　136　2000.11

富士講文書虫干し記（66）富士講のお歌（10）―せきも戸のあく（岡田博）「まるはとだより ： 小谷三志翁顕彰会月報」　まるはとだより発行所　137　2000.12

子供の行事（三浦皎）「富士民俗の会会報」　富士民俗の会　（15）　2000.12

餡こもち（アンコモチ）考（門田徳雄）「富士民俗の会会報」　富士民俗の会　（15）　2000.12

小谷三志第13回定例総会記念講演 富士講研究史の概要（小川博）「まるはとだより ： 小谷三志翁顕彰会月報」　まるはとだより発行所　140　2001.3

浄土宗の富士南麓における展開（鈴木富男）「駿河」　駿河郷土史研究会　55　2001.3

農耕儀礼「うない初め」（門田徳雄）「富士民俗の会会報」　富士民俗の会　（16）　2001.3

富士講文書虫干し記（67）富士信仰関係鳩ヶ谷文書機関目録（1）（岡田博）「まるはとだより ： 小谷三志翁顕彰会月報」　まるはとだより発行所　141　2001.4

富士講文書虫干し記（68）富士信仰関係鳩ヶ谷文書既刊目録（2）―ご活用を頂き度くて（岡田博）「まるはとだより ： 小谷三志翁顕彰会月報」　まるはとだより発行所　142　2001.5

結び・開く富士箱根マンダラ 敷島の大和心を読み解く（翠川宣子）「郷土いずみ」　7　2001.5

描かれた富士―イメージ変遷と諸相（山下善也）「富士信仰研究」　富士信仰研究会　（2）　2001.5

心字富士について（小林謙光）「富士信仰研究」　富士信仰研究会　（2）　2001.5

富士講におけるお伝え―享受とその伝承（城崎陽子）「富士信仰研究」　富士信仰研究会　（2）　2001.5

富士講文書虫干し記（69）富士信仰関係鳩ヶ谷文書既刊目録（3）―ご活用のご参考に（岡田博）「まるはとだより ： 小谷三志翁顕彰会月報」　まるはとだより発行所　143　2001.6

富士講文書虫干し記（70）旋盤工五十六の中から（岡田博）「まるはとだより ： 小谷三志翁顕彰会月報」　まるはとだより発行所　144　2001.7

眼病祈願の諸相（門田徳雄）「富士民俗の会会報」　富士民俗の会　（17）　2001.7

お盆様は中国から（門田徳雄）「富士民俗の会会報」　富士民俗の会　（17）　2001.7

金明水と富士講（大谷正幸）「風俗史学 ： 日本風俗史学会誌」　日本風俗史学会　（16）　2001.7

鳩ヶ谷文書再願再校記（3）富士講の平和主義論―角行藤仏から明治の行者たちまで（岡田博）「まるはとだより発行所　147　2001.10

富士信仰の今昔《富士・浅間信仰―山岳信仰特集II》（岩科小一郎）「あしなか」　山村民俗の会　259・260　2001.11

富士を拝む塚《富士・浅間信仰―山岳信仰特集II》（安西勝）「あしなか」　山村民俗の会　259・260　2001.11

木花咲耶姫をめぐって《富士・浅間信仰―山岳信仰特集II》（沖本博）「あしなか」　山村民俗の会　259・260　2001.11

「日神之尊像」考《富士・浅間信仰―山岳信仰特集II》（竹谷靫負）「あしなか」　山村民俗の会　259・260　2001.11

鳩ヶ谷文書再願再校記（5）『御足駄之訳』と小谷三志の『一山二名之訳』（岡田博）「まるはとだより ： 小谷三志翁顕彰会月報」　まるはとだより発行所　149　2001.12

遺稿 富士周辺の古歌（鈴木富男）「駿河」　駿河郷土史研究会　（56）　2002.3

富士信仰との出会い（中嶋信彰）「草加市史協年報」　草加市史編さん協力会　21　2002.3

流転の子育観音菩薩像（落合栄）「富士民俗の会会報」　富士民俗の会　（19）　2002.3

愛馬の碑？ 馬頭観音 かなぐつ（門田徳雄）「富士民俗の会会報」　富士民俗の会　（19）　2002.3

鳩ヶ谷文書再願再校記（6）禄行三志説話筆記 おのおの今日はよき事を（岡田博）「まるはとだより ： 小谷三志翁顕彰会月報」　まるはとだより発行所　154　2002.5

鳩ヶ谷古文書（7）市指定文化財黒田家文書目録第五番 著者不詳『家職大明神』考（岡田博）「まるはとだより ： 小谷三志翁顕彰会月報」　まるはとだより発行所　155　2002.6

お祭りの草競馬（荻野武彦）「富士民俗の会会報」　富士民俗の会　（20）　2002.7

馬と牛と、金ぐつ、つくれ場（門田徳雄）「富士民俗の会会報」　富士民俗の会　（20）　2002.7

鳩ヶ谷文書再願再校記（9）『不二道孝心講の由来』初版草稿について―埼玉県主催第1回農産物共進会異変（岡田博）「まるはとだより ： 小谷三志翁顕彰会月報」　まるはとだより発行所　157　2002.8

鳩ヶ谷文書再願再考記（10）出現した村上光清筆板身抜から（1）―富士講村上派と身禄派を考える（岡田博）「まるはとだより ： 小谷三志翁顕彰会月報」　まるはとだより発行所　158　2002.9

鳩ヶ谷文書再願再考記（11）出現した村上光清筆板身抜から（2）―富士講教里と古典継承（岡田博）「まるはとだより ： 小谷三志翁顕彰会月報」　まるはとだより発行所　159　2002.10

語句の変遷「運動会」（門田徳雄）「富士民俗の会会報」　富士民俗の会　（21）　2002.11

中世後期富士登山信仰の一拠点―表口村山修験を中心に（大高康正）「帝塚山大学大学院人文科学研究科紀要」　帝塚山大学大学院人文科学研究科　（4）　2003.1

富士地区の寺子屋の痕跡を尋ねて―筆子塚を中心に（福澤清）「駿河」　駿河郷土史研究会　57　2003.3

石棒について（高田国義）「富士民俗の会会報」　富士民俗の会　（22）　2003.3

鳩ヶ谷文書再願再考記（15）『御大行之巻』再読（1）―伊藤堅吉氏の功績と限界（岡田博）「まるはとだより ： 小谷三志翁顕彰会月報」　まるはとだより発行所　167　2003.6

峠を越えた富士の導者たち―立花屋宿泊人名簿をめぐって（西海賢二）「富士信仰研究」　富士信仰研究会　（4）　2003.6

鳩ヶ谷文書再願再考記（16）『御大行之巻』再読（2）―角行東覚と書行藤仏（岡田博）「まるはとだより ： 小谷三志翁顕彰会月報」　まるはとだより発行所　168　2003.7

十三仏について（落合栄）「富士民俗の会会報」　富士民俗の会　（23）　2003.7

葬具考（青野溥芳）「富士民俗の会会報」　富士民俗の会　（23）　2003.7

鳩ヶ谷文書再願再考記（17）『御大行之巻』再読（3）―富士講文書初出の御身抜（岡田博）「まるはとだより ： 小谷三志翁顕彰会月報」　まるはとだより発行所　169　2003.8

富士信仰関連文献紹介「富士信仰研究会会報」　富士信仰研究会　（15）　2003.8

鳩ヶ谷文書再願再考記（18），（19）『御大行之巻』再読（4），（5）―富士講行者と山霊感応（岡田博）「まるはとだより ： 小谷三志翁顕彰会月報」　まるはとだより発行所　170/171　2003.9/2003.10

奥州からの霊地参詣―富士・西国は憧れかつ情報収集の地なのか《大会特集II 南部の風土と地域形成》―〈問題提起〉（西海賢二）「地方史研究」　地方史研究協議会　53（5）通号305　2003.10

鳩ヶ谷文書再願再考記（20）『御大行之巻』再読（6）―烏帽子岩御直伝

| 東海 | 郷土に伝わる民俗と信仰 | 静岡県 |

という偽書（岡田博）「まるはとだより ： 小谷三志翁顕彰会月報」 ま
るはとだより発行所　172　2003.11

ふるさとの屋号（長島澄子）「富士民俗の会会報」 富士民俗の会　(24)
2003.11

鳩ヶ谷文書再願再考記(21)　『御大行之巻』再読(7)—御師・先達と土
御門家陰陽道（岡田博）「まるはとだより ： 小谷三志翁顕彰会月報」
まるはとだより発行所　173　2003.12

歴史生活展「富士信仰と近郊農村の祈り」 「下町文化」 江東区地域振興
部　224　2004.1

さっぱりわからない（門田徳雄）「富士民俗の会会報」 富士民俗の会
(25)　2004.3

鳩ヶ谷文書再願再考記(22)　『御大行之巻』再読(8)—富士講の政道論
（岡田博）「まるはとだより ： 小谷三志翁顕彰会月報」 まるはとだよ
り発行所　177　2004.4

鳩ヶ谷文書再願再考記(24)　『御大行之巻』再読(10)—富士講行者の想
定した「地獄・極楽」（岡田博）「まるはとだより ： 小谷三志翁顕彰会
月報」 まるはとだより発行所　179　2004.6

富士地区の「当世風願掛け重宝記」—民間信仰の過程と現在（澤田政彦）
「月の輪」 富士宮市郷土史同好会　(19)　2004.6

縁座について（曽根ひろみ）「富士民俗の会会報」 富士民俗の会　(26)
2004.7

関連記事・書評（門田徳雄）「富士民俗の会会報」 富士民俗の会　(26)
2004.7

富士御法家伝来文書管見祖述(1) 富士御法家文書の歴史と伝来とのご縁
—開祖角行より12世徳永までのご直筆（岡田博）「まるはとだより ：
小谷三志翁顕彰会月報」 まるはとだより発行所　181　2004.8

富士御法家伝来文書管見祖述(2) 富士講道統歴代筆の御身抜(1)—「ふ
せぎ」と「お身抜き」と（岡田博）「まるはとだより ： 小谷三志翁顕
彰会月報」 まるはとだより発行所　182　2004.9

富士御法家伝来文書管見祖述(3) 富士講道統歴代筆の御身抜(2)—万人
の苦に代る難行苦行（岡田博）「まるはとだより ： 小谷三志翁顕彰会
月報」 まるはとだより発行所　183　2004.10

富士御法家伝来文書管見祖述(4)、(5) 富士講道統歴代筆の御身抜(3)、
(4)—御身抜の継承[1]、[2]（岡田博）「まるはとだより ： 小谷三志
翁顕彰会月報」 まるはとだより発行所　184/185　2004.11/2004.12

富士参詣曼荼羅試論—富士山本宮浅間大社所蔵・国指定本を対象に（大
高康正）「山岳修験」 日本山岳修験学会，岩田書院（発売）　(34)
2004.11

わらべ歌 「どれにしようかな～？」（山本真由美）「富士民俗の会会報」
富士民俗の会　(27)　2004.11

「力石」考（門田徳雄）「富士民俗の会会報」 富士民俗の会　(27)　2004.
11

富士御法家伝来文書管見祖述(6) 二、富士講道統歴代筆の御身抜(1)—
秘巻から広布教理へ（岡田博）「まるはとだより ： 小谷三志翁顕彰会
月報」 まるはとだより発行所　188　2005.3

歴代富士講への心（木村智行）「西上総文化会報」 西上総文化会　(65)
2005.3

富士御法家伝来文書管見祖述(7) 二、富士講道統歴代筆の御身抜(2)—
ご法家文書の略目録（岡田博）「まるはとだより ： 小谷三志翁顕彰会
月報」 まるはとだより発行所　189　2005.4

交換誌贐祭恩礼記(24) 大谷正幸氏考証『不二信心独談手習真界集』—
解題と翻刻「まるはとだより ： 小谷三志翁顕彰会月報」 まるはとだ
より発行所　189　2005.4

富士御法家伝来文書管見祖述(8) 三、開祖角行直筆文書筆写(1) その1
『水行の巻』（岡田博）「まるはとだより ： 小谷三志翁顕彰会月報」 ま
るはとだより発行所　190　2005.5

東講「東登山日記簿」（万延元年）に見る富士登拝、中道巡り及び八海巡
り（解説と考察）（小林謙光）「富士山文化研究」 富士山文化研究会
(6)　2005.7

書評 内藤太郎著「わが里のことども」風祭を中心として（門田徳雄）「富
士民俗の会会報」 富士民俗の会　(28)　2005.7

富士御法家伝来文書管見祖述(13) 五、月玥居士『公事之巻』のこと
(1)—書行伝としての『公事之巻』（岡田博）「まるはとだより ： 小谷
三志翁顕彰会月報」 まるはとだより発行所　195　2005.10

△サルタヒコと〇アマテラスにみる古代日本の空間認識と祖霊祭祀—伊
勢参りと富士参りの古層を探る（松本司）「あらはれ ： 猿田彦大神
フォーラム年報 ： ひらかれる未来神話」 猿田彦大神フォーラム　8
2005.10

富士御法家伝来文書管見祖述(14) 五、月玥居士『公事之巻』のこと
(2)—月玥伝記としての『公事之巻』（岡田博）「まるはとだより ： 小
谷三志翁顕彰会月報」 まるはとだより発行所　196　2005.11

歴史の窓 富士参詣記（佐藤博信）「千葉史学」 千葉歴史学会　(47)
2005.11

富士御法家伝来文書管見祖述(17) 五、月玥居士『公事之巻』のこと
(5) 月玥伝記としての『公事之巻』（岡田博）「富士山遺文拾遺」 ま
るはとだより発行所　(2)　2006.5

富士のカタチ（布施光敏）「民具マンスリー」 神奈川大学　39(10) 通号
466　2007.1

善得寺考 外伝 富士の大木／善得寺過去帳／善得寺の水利（仁藤宏之助）
「駿河」 駿河郷土史研究会　(61)　2007.3

「富士の溶岩、神様になる」（若林和司）「月の輪」 富士宮市郷土史同好会
(22)　2007.7

富士塚前史考(1)（竹谷靱負）「富士山文化研究」 富士山文化研究会
(8)　2007.12

富士塚研究史概論および富士塚研究における諸問題についての考察（中
嶋信彰）「富士山文化研究」 富士山文化研究会　(8)　2007.12

茶掛 富士画讃 千宗左（原叟）筆（藤田雅子）「海南千里 ： 土佐山内家宝
物資料館だより」 土佐山内家宝物資料館　(26)　2008.10

富士講の「組合」についての覚え書—「十三講組合印名前控帳」の分析
を通じて（亀川泰照）「社寺史料研究」 社寺史料研究会，岩田書院（発
売）　(10)　2008.12

比奈赫夜姫譚にみる富士信仰（植松章八）「富士山文化研究」 富士山文化
研究会　(9・10)　2008.12

富士塚前史考(2) 高田富士以前の江戸の代表的富士塚—本郷富士・千
駄ヶ谷富士・浅草富士（竹谷靱負）「富士山文化研究」 富士山文化研究
会　(9・10)　2008.12

富士峯修行考（大高康正）「山岳修験」 日本山岳修験学会，岩田書院（発
売）　(43)　2009.03

霊峰富士と富士講と（高崎繁雄）「西上総文化会報」 西上総文化会
(69)　2009.03

富士講の歴史的展開と『御大行の巻』の成立に関する基礎的考察—江戸
時代後期の人びとの共属感覚と結合関係を意識して（中山学）「文化財
研究紀要」 東京都北区教育委員会　22　2009.03

西海賢二著『富士・大山信仰 山岳信仰と地域社会 ： 下』（書誌紹介）（牧
野眞一）「日本民俗学」 日本民俗学会　通号259　2009.08

企画展紹介 新宿歴史博物館所蔵資料展 富士講の世界／開山580年遠忌 月
江寺展—富士北麓禅の美術「富士山文化研究会会報」 富士山文化研
究会　(28)　2009.11

表紙解説 富士塚の移り変わり（渡邊繁治）「駿河」 駿河郷土史研究会
(64)　2010.03

敬神の道標(3)　「富士講」の研究書(2) 富士講研究会の人々「扶桑」
扶桑教大教庁　(469)　2011.01

書籍紹介『富士塚考 統一富士祭の「麦藁蛇」発祥の謎を解く』（竹谷靱
負）「民具マンスリー」 神奈川大学　44(5) 通号521　2011.08

2011年9月例会 研究発表「富士講身禄派の展開—富士信仰の歴史・身禄
の「カリスマ」」 渡邊秀司氏（渡邊秀司）「日本宗教民俗学会通信」
日本宗教民俗学会　(129)　2011.10

現代より後世へ伝え残したい人を訪ねて(5) 小谷三志と不二道三十二問
答（同時代史探訪書留部会）「郷土はとがや ： 鳩ヶ谷郷土史会会報」
鳩ケ谷郷土史会　(68)　2011.11

富士の世界文化遺産登録によせて「椿の宮」 椿大神社　(40)　2014.01

ボーイスカウト富士登拝「てんまてんじん 大阪天満宮社報 ： 大阪天満
宮社報」 大阪天満宮社務所　(65)　2014.01

序 「特集・武蔵野と富士」の発刊にあたって（特集 武蔵野と富士）（樋
渡達也）「武蔵野」 武蔵野文化協会　89(1) 通号353　2014.05

「特集・武蔵野と富士」に寄せて（特集 武蔵野と富士）（坂詰秀一）「武蔵
野」 武蔵野文化協会　89(1) 通号353　2014.05

近世後期における甲斐市川陣屋役人の「富士登拝紀行」（特集 武蔵野と富
士）（根岸茂夫）「武蔵野」 武蔵野文化協会　89(1) 通号353　2014.05

明治維新と富士講（特集 武蔵野と富士）（城﨑陽子）「武蔵野」 武蔵野文
化協会　89(1) 通号353　2014.05

名工宮亀年刻の富士講碑（会員の広場）（嘉津山清）「日本の石仏」 日本
石仏協会，青娥書房（発売）　(151)　2014.09

富知

富知の茂良山社寺の事(1)（渡邊吉詔）「月の輪」 富士宮市郷土史同好会
(29)　2014.06

藤枝

講演 日本民俗の古層をさぐる—藤枝・その年中行事から（野本寛一）「藤
枝市史研究」 藤枝市市民文化部　2　2000.12

藤枝の富士信仰（長田直子）「藤枝市史だより」 藤枝市　(26)　2012.03

藤の花と藤枝（湯之上隆）「藤枝市史だより」 藤枝市　(27)　2013.2

藤枝市

民俗細見試行・タニシと日本人（野本寛一）「藤枝市史研究」 藤枝市市民
文化部　1　2000.3

1200年前の写経—紙本墨書「縁生論」（佐藤正知）「藤枝市史だより」 藤
枝市　4　2001.2

〔新刊紹介〕 藤枝市史編さん委員会編『藤枝市史』別編民俗（多々良典
秀）「静岡県民俗学会誌」 静岡県民俗学会　23　2002.12

手揉み茶の先駆者たち（青木勝雄）「藤枝市史だより」 藤枝市　(14)

静岡県 郷土に伝わる民俗と信仰 東海

2006.3
江戸時代の旅事情（西野寛子）「藤枝市史だより」 藤枝市 （14） 2006.3
雛祭りの民俗・雛人形の供物とお花（八木洋行）「藤枝市史研究」 藤枝市市民文化部 （7） 2006.3
藤枝市の仏像（大宮康男）「藤枝市史だより」 藤枝市 （21） 2009.11

富士大宮浅間神社
戦国期における富士大宮浅間神社の地域的ネットワーク—「富士大宮神事帳」の史料的分析から（合田尚樹）「武田氏研究」 武田氏研究会，岩田書院（発売）（30） 2004.6
「駿河富士大宮浅間神社神馬奉納記」考（平山優）「武田氏研究」 武田氏研究会，岩田書院（発売）（45） 2012.03

富士川
富士川入水と人柱（門田徳雄）「富士民俗の会会報」 富士民俗の会（25） 2004.3
文化的景観「富士川」—世界文化遺産への道（中島信哉）「月の輪」 富士宮市郷土史同好会 （22） 2007.7

富士川下流域
幕末・富士川下流域の農事（荻野裕子）「民具マンスリー」 神奈川大学 33（10）通号394 2001.1

富士五山
富士五山の外護氏族（篠原昭二）「月の輪」 富士宮市郷土史同好会（21） 2006.6

富士山
水紀行（4）—富士山頂の水（日比野雅俊）「地域社会」 地域社会研究会 9（2）通号16 1985.03
富士山御縁年と猿田彦大神（小花波平六）「武蔵野」 武蔵野文化協会 75（1）通号329 1997.2
富士塚から富士山へ（小川年男）「駿河」 駿河郷土史研究会 51 1997.3
参詣の道・生計の道—小田原藩地域政策と富士山参詣者（青柳周一）「地方史研究」 地方史研究協議会 47（4） 1997.8
富士山と信仰（井手栄一）「月の輪」 富士宮市郷土史同好会 14 1999.6
「富士山は…直に聳えて天に属く…」（「富士山記」の私的考察）（若林和司）「月の輪」 富士宮市郷土史同好会 14 1999.6
富士山の魅力（小山内サキ子）「地域社会史研究」 我孫子クリオの会 1 2000.1
太宰府天満宮の物語草子（2）—富士山縁起（石川透）「飛梅」 太宰府天満宮社務所 113 2000.1
富士山と私（春風亭柳昇）「富士信仰研究」 富士信仰研究会 （1） 2000.5
南麓における富士山信仰研究動向—平成以降を中心に（荻野裕子）「富士信仰研究」 富士信仰研究会 （1） 2000.5
富士山信仰—その源流をたどる（中島信哉）「月の輪」 富士宮市郷土史同好会 15 2000.6
「オオゴは嫁に出すな」—富士山麓の長姉相続（姉家督）と婿養子（小林笑子）「女性と経験」 女性民俗学研究会 通号26 2001.10
遠野郷の富士山碑—東北を巡る（1）（《富士・浅間信仰—山岳信仰特集II》）（杉崎満寿雄）「あしなか」 山村民俗の会 259／260 2001.11
「特選」富士山東麓の絵馬—絵に込められた祈願の諸相を探る（渡辺好洋）「地方史研究」 御殿場市教育委員会 8 2002.3
富士山信仰その源流あれこれ（2）—中世の村山修験あれこれ（中島信哉）「月の輪」 富士宮市郷土史同好会 17 2002.6
白川伯家の富士山御師への教導活動（1）—学頭 森顕胤を中心として（竹谷靱負）「富士信仰研究」 富士信仰研究会 （3） 2002.6
富士山麓の酒（吉田チエ子）「西郊民俗」 「西郊民俗談話会」（181） 2002.12
〔新刊紹介〕渡辺好洋著「富士山東麓の絵馬—絵に込められた祈願の諸相を探る」（「地方史研究」8）（富山昭）「静岡県民俗学会誌」 静岡県民俗学会 23 2002.12
富士山・立山・白山の三山禅定と芦峅寺宿坊家の檀那場形成過程（福江充）「研究紀要」 富山県立山博物館 10 2003.3
富士山信仰その源流をたどる（3）—近世の信仰 人穴のかたるもの（中島信哉）「月の輪」 富士宮市郷土史同好会 18 2003.6
富士山と徐福のロマン（土橋寿）「富士学会会員フォーラム」 富士学会 （1） 2004.1
「聖なる風景」の復原方法についての一試論—富士講と富士山を例として（川合泰代）「歴史地理学」 歴史地理学会，古今書院（発売）46（1）通号217 2004.1
神奈川から眺める富士山（田代博）「郷土神奈川」 神奈川県立図書館 （42） 2004.3
鳩ヶ谷文書再願再考記（23）「御大行之巻」再読（9）—富士山北口最古の納額（岡田博）「まるはとだより ： 小谷三志翁顕彰会月報」 まるはとだより発行所 178 2004.5
富士山と相模大山は親子か姉妹か—祭神とその関係からみえてくるもの

（大野一郎）「富士信仰研究」 富士信仰研究会 （5） 2004.7
世界遺産に登録された熊野古道と未登録の富士山を考える（玉津裕一）「奥熊野の民俗」 紀北民俗研究会 9 2005.1
「富士山檀図」—富士講の地域的展開（史料紹介）（西海賢二）「社寺史料研究」 社寺史料研究会，岩田書院（発売）7 2005.4
「富士山檀図」（翻刻）（史料紹介）（伊藤昌光）「社寺史料研究」 社寺史料研究会，岩田書院（発売）7 2005.4
古伝の「富士山縁起」に見る富士山祭祀の諸相—地主神・不動明王と垂迹神・天照大神の幸魂千ople大天女を中心に（竹谷靱負）「富士山文化研究」 富士山文化研究会 （6） 2005.7
富士山御林物語あれこれ（中島信哉）「月の輪」 富士宮市郷土史同好会 （21） 2006.6
富士山信仰に見る東西交流史の課題（《大会特集 東西交流の地域史—列島の境目・静岡》—〈問題提起〉）（水谷類）「地方史研究」 地方史研究協議会 56（4）通号322 2006.8
カルサンかモンペか—富士山北麓の山袴（高橋晶子）「民具マンスリー」 神奈川大学 39（8）通号464 2006.11
富士山南麓こだわりの石仏を訪ねて（《特集 石仏探訪IV》）（井戸寛）「日本の石仏」 日本石仏協会，青娥書房（発売）（122） 2007.6
大脇良夫「富士山宝永噴火と酒匂川」—酒匂川の治水神を考える（平倉正）「小田原史談 ： 小田原史談会々報」 小田原史談会 （210） 2007.7
村に入り来る宗教的職能者（西海賢二）「富士山文化研究」 富士山文化研究会 （8） 2007.12
年頭雑感 富士山のこと（富山昭）「静岡県民俗学会会報」 静岡県民俗学会 （124） 2008.1
天野紀代子・澤登寛聡編「富士山と日本人の心性」（書評と紹介）（堀内眞）「山岳修験」 日本山岳修験学会，岩田書院（発売）（41） 2008.3
仙元塚と富士山の宝永噴火、富士浅間信仰（出醍千秋）「わが住む里」 藤沢市総合市民図書館 通号228 2008.3
富士山守護女神五速開耶姫（木花咲夜姫）と浅間神の研究（1），（2）（吉野武기）「磐南文化」 磐南文化協会 （34／35） 2008.3/2009.03
富士山頂内院（噴火口）の「散銭の行方」（若林和司）「月の輪」 富士宮市郷土史同好会 （23） 2008.6
シリーズ食（7）うどん 富士山麓の粉食（1）（松田香代子）「静岡県民俗学会会報」 静岡県民俗学会 （129） 2008.11
富士山の「法印（ほうえん）さん」—富士市立博物館寄託・大宝院 秋山家資料（大高康正）「富士山文化研究」 富士山文化研究会 （9・10） 2008.12
神々の風景（9）富士山—日本の象徴「飛梅」 太宰府天満宮社務所 （149） 2009.01
東泉院と富士山信仰（大高康正）「六所家総合調査だより」 富士市立博物館 （5） 2009.07
特集 富士山と遺跡—富士山世界文化遺産登録にむけての調査 富士山本宮浅間大社（浅間大社遺跡）/山宮浅間神社（山宮浅間神社遺跡）/村山浅間神社と村山修験集落（村山浅間神社遺跡）/昔の富士山登山道（大宮・村山口登山道）/富士山頂の信仰関連物（富士山頂信仰遺跡）（勝又直人）「発掘物語しずおか ： 静岡県埋蔵文化財調査研究所報」 静岡県埋蔵文化財調査研究所 （129） 2009.09
富士山雪代と山麓農民—江戸後期史料に見る雪崩災害への対応（《特集 災害と民俗伝承》）（竹谷靱負）「あしなか」 山村民俗の会 287 2009.11
史料紹介 三山禅定と富士山信仰（特集 富士山 創立70周年記念論文集）（菊池邦彦）「甲斐」 山梨郷土研究会 （121） 2010.02
芦峅寺宿坊家の尾張国檀那場と三禅定（富士山・立山・白山）関係史料（福江充）「研究紀要」 富山県立山博物館 17 2010.03
「三禅定」考—成立と『三の山巡』にみる実態（加藤基樹）「研究紀要」 富山県立山博物館 17 2010.03
富士山と女人禁制（和田嘉夫）「駿河」 駿河郷土史研究会 （64） 2010.3
2009年12月例会 研究発表「立山信仰研究と『三禅定』—三禅定の歴史的意味と近世立山登拝の民衆化に関する検討のために—」加藤基樹氏（鈴木善幸）「日本宗教民俗学会通信」 日本宗教民俗学会 （126） 2010.04
『三禅定』の史料的研究—白山・立山・富士山の三山巡礼の成立と展開（加藤基樹）「宗教民俗研究」 日本宗教民俗学会 （20） 2010.09
錦絵「不二三十六景」（飯田孝）「厚木市史だより」 厚木市 （1） 2010.9
富士山とクシフル山の謎（日高幸男）「古代朝鮮文化を考える」 古代朝鮮文化を考える会 （25） 2010.12
富士山のこと（森宏太郎）「杉並郷土史会史報」 杉並郷土史会 （225） 2011.1
平成22年度秋季特別企画展「立山・富士山・白山 みつの山めぐり—霊山巡礼の旅『三禅定』—」を終えて（加藤基樹）「たてはく ： 人と自然の情報交流誌」 富山県立山博物館 （75） 2011.01
新資料 三禅定の巡礼札（加藤基樹）「たてはく ： 人と自然の情報交流誌」 富山県立山博物館 （75） 2011.01
富士山出土の懸仏について（沖本博）「千葉文華」 千葉県文化財保護協会

（41）2011.02

七世紀より前の富士山（柳沢賢次）「千曲」東信史学会 （146）2011.2

中世「三禅定」覚書―三禅定研究のゆくえ（加藤基樹）「研究紀要」富山県立山博物館 18 2011.03

釈迦堂遺跡と富士山信仰の軌跡をたどる（高柳基樹）「駿河」駿河郷土史研究会 （65）2011.03

地名講演会（会員発表）講演要旨 富士山と江の島との繋がり（出張千秋）「藤沢地名の会会報」藤沢地名の会 （76）2011.5

石像物資料にみる江戸時代の三禅定（富士山・立山・白山）（白山特集）（福江充）「山岳修験」日本山岳修験学会, 岩田書院（発売）（48）2011.08

シリーズ食（18）富士山南麓の落花生（井上卓哉）「静岡県民俗学会会報」静岡県民俗学会 （141）2011.10

竹谷靱負著『富士山と女人禁制』（書評と紹介）（大高康正）「山岳修験」日本山岳修験学会, 岩田書院（発売）（49）2012.03

江戸時代1200kmの大旅行―三井家文書の「三禅定道中覚帳」「道中みちやどおしえ」より（永田久則）「郷土研究誌みなみ」南知多郷土研究会 （93）2012.05

バイロン・エアハート著『Mount Fuji : Icon of Japan』（書評と紹介）（宮家準）「山岳修験」日本山岳修験学会, 岩田書院（発売）（50）2012.09

富士山信仰最古の木像「富士山文化研究会会報」富士山文化研究会 （36）2012.10

"お富士さん"の山開き（橋口）「かたりべ : 豊島区立郷土資料館ミュージアム開設準備だより」豊島区立郷土資料館 （107）2012.10

浅間は日本一の山―伊勢と富士から考える（特集 故郷の山―浅間山―浅間山信仰）（柳沢賢次）「佐久」佐久史学会 （66・67）2013.03

富士山の祭神 木花開耶姫（植松章八）「月の輪」富士宮市郷土史同好会 （28）2013.06

明治期の富士山頂の奥宮修復誌（竹谷靱負）「富士山文化研究」富士山文化研究会 （11）2013.07

TOPICS 平成26年江戸東京博物館収蔵品カレンダー「富士山」―えどはく富士山めぐり「江戸東京博物館news : Edo-Tokyo Museum news」東京都歴史文化財団東京都江戸東京博物館 （83）2013.08

祝 富士山, 世界遺産へ 入門、富士講、富士信仰（新村康敏）「杉並郷土史会会報」杉並郷土史会 （241）2013.09

富士山と信仰（佐伯安子）「にーだんご」くにたちの暮らしを記録する会 （23）2013.09

表紙 富岳図巻「絶頂略全図」「九合目略全図」、「五合之上六合之下俯瞰暁色図」「横浜市歴史博物館news : Yokohama History Museum news」横浜市歴史博物館 （35）2013.9

富士山が世界文化遺産に登録される もう一つの富士登山（勝部建一）「松戸史談」松戸史談会 （53）2013.11

基調報告1 富士と波の転生―波の伊八と葛飾北斎（東京湾学会シンポジウム「房総から望む富士山の自然と文化」特集）（齊藤泰麻）「東京湾学会誌 : 東京湾の水土」東京湾学会 3（6）通号18 2014.3

基調報告2 房総から見た富士山―文化・文学の視点から（東京湾学会シンポジウム「房総から望む富士山の自然と文化」特集）（佐藤毅）「東京湾学会誌 : 東京湾の水土」東京湾学会 3（6）通号18 2014.3

信仰の対象としての富士山―富士講、富士塚を中心に（東京湾学会シンポジウム「房総から望む富士山の自然と文化」特集）（高橋克）「東京湾学会誌 : 東京湾の水土」東京湾学会 3（6）通号18 2014.03

山岳信仰と奥多摩地方（13）―富士山が世界文化遺産に登録（黒澤昭治）「郷土研究」奥多摩郷土研究会 （25）2014.03

収蔵品紹介 木版手彩色「富士山禅定図」にみる富士山南麓の信仰空間（井上卓哉）「静岡県博物館協会研究紀要」静岡県博物館協会 （37）2014.03

口絵 特集 信仰の対象と芸術の源泉としての富士山／誌上写真展 '14日本石仏協会写真展より「日本の石仏」日本石仏協会, 青蛾書房（発売）（149）2014.03

信仰の対象と芸術の源泉としての富士山（第35回石仏公開講座より）（特集 信仰の対象と芸術の源泉としての富士山）（竹谷靱負）「日本の石仏」日本石仏協会, 青蛾書房（発売）（149）2014.03

富士山麓の富士塚（会員の広場）（井戸寛）「日本の石仏」日本石仏協会, 青蛾書房（発売）（149）2014.03

富士山へ詣でる道（特集 武蔵野と富士）（木暮中和）「武蔵野」武蔵野文化協会 89（1）通号353 2014.05

東京都公立小学校校歌に見る「富士山」（特集 武蔵野と富士）（小川一義）「武蔵野」武蔵野文化協会 89（1）通号353 2014.5

富士山世界文化遺産の構成資産巡り（木ノ内君枝）「月の輪」富士宮市郷土史同好会 （29）2014.06

富士山五合目から本宮浅間神社（山行報告）（吉田修）「奥武蔵」奥武蔵研究会 （398）2014.07

図書紹介 中山正典氏『富士山は里山である 農がつくる山麓の風土と景観』（村瀬隆彦）「静岡県近代史研究会会報」静岡県近代史研究会

（431）2014.08

展示会「富士山東泉院と富士山信仰」の概要（特集 平成25年度 六所家総合調査概報）（相場朋子）「六所家総合調査だより」富士市立博物館 （13）2014.08

富士山表口

篠原旭氏の「賤機山の歴史」の概要／松本検氏の「江戸時代の旅と離婚」の概要／和田嘉夫氏の「富士山表口の謎」の概要「静岡県歴史研究会報」静岡県歴史研究会 （137）2013.06

富士山須山口登山道

富士山須山口登山道の盛衰とその後の御師（勝又一歩）「富士信仰研究」富士信仰研究会 （4）2003.6

『富士山須山口登山道調査報告書』（新刊紹介）（中山正典）「静岡県民俗学会誌」静岡県民俗学会 （28・29）2013.03

富士山登山口集落

富士山登山口集落の民俗と宗教者（特集1 平成19年度博物館講座「六所家総合調査について」）（松田香代子）「六所家総合調査だより」富士市立博物館 （2）2008.3

富士山東口

富士山東口より登拝した西相模の富士講社と行者たち（小林謙光）「秦野市史研究」秦野市 22 2003.3

富士山本宮浅間神社

富士山八合目以上は「神の領域」―国と富士山本宮浅間神社の係争から（澤田政彦）「月の輪」富士宮市郷土史同好会 （27）2012.06

富士山本宮浅間大社

富士の国、木華開耶命、浅間大社（篠原昭二）「月の輪」富士宮市郷土史同好会 13 1998.6

富士山本宮浅間大社と石造物（沢田政彦）「月の輪」富士宮市郷土史同好会 14 1999.6

富士参詣曼荼羅再考―富士山本宮浅間大社所蔵・静岡県指定本を対象に―（大高康正）「絵解き研究」絵解き研究会 （18）2004.3

三島ヶ嶽経塚小考―富士山本宮浅間大社所蔵写真資料から（鈴木直人）「静岡県埋蔵文化財調査研究所紀要」静岡県埋蔵文化財調査研究所 （17）2011.01

富士山本宮浅間大社年表（古代・中世・近世編）（鈴木ська史）「富士学研究」富士学会 10（1）2012.11

富士山本宮浅間大社秋季例大祭―秋祭りと富士宮囃子を中心に（平成21・22年度卒業論文発表会発表要旨）（古川正咩）「静岡県民俗学会誌」静岡県民俗学会 （28・29）2013.03

世界遺産構成資産としての富士山本宮浅間大社（渡井正二）「富士学研究」富士学会 10（2）2013.03

富士山本宮浅間大社年表（近代・現代編）（鈴木雅史）「富士学研究」富士学会 10（2）2013.03

武士団としての浅間大社（植松章八）「月の輪」富士宮市郷土史同好会 （29）2014.6

富士山本宮浅間大社の摂末社と旧兼帯社（前）（鈴木雅史）「月の輪」富士宮市郷土史同好会 （29）2014.6

富士市

静岡県富士市の「力石」（高島慎介）「駿河」駿河郷土史研究会 52 1998.3

富士市の方言会話（山口幸洋）「富士民俗の会会報」富士民俗の会 （24）2003.11

富士市の方言会話（毘沙門さんのお祭り・続）（山口幸洋）「富士民俗の会会報」富士民俗の会 （25）2004.3

富士市の伝説「立願淵のお膳」―その誕生を推進する（中嶋俊次）「駿河」駿河郷土史研究会 （62）2008.3

観心十界図と地域信仰―静岡県富士市域に伝来する宗教画の受容（大高康正）「山岳修験」日本山岳修験学会, 岩田書院（発売）（47）2011.03

富士市の伝説「鎧ガ淵」雑感（大友覚）「駿河」駿河郷土史研究会 （66）2012.4

教育普及事業活動「戦時中の料理」（活動報告）（久保田英聖）「博物館だより」富士市立博物館 （64）2014.07

富士神領

後白河天皇富士神領の立庄に関する一考察（1）吾妻鏡に記す後白河天皇富士神領（渡邊定正）「富士学研究」富士学会 10（1）2012.11

後白河天皇領富士神領に関する地理学的研究（渡邊定元, 渡邊定正）「富士学研究」富士学会 10（2）2013.3

後白河天皇富士神領の立庄に関する一考察（2）富士神領の立庄（渡邊定正）「富士学研究」富士学会 10（2）2013.3

富士浅間

「神慮」にみる中世後期の富士浅間信仰（大高康正）「帝塚山大学大学院人

文科学研究科紀要」 帝塚山大学大学院人文科学研究科 （8） 2006.3

藤野

藤野のいぼ地蔵（金原ひさ）「磐南文化」 磐南文化協会 24 1998.3

富士宮

庶民の仏 富士宮の観音さまざま（中島信哉）「月の輪」 富士宮市郷土史同好会 14 1999.6

富士宮の芸能（1） 歴史と人（前田正太郎）「月の輪」 富士宮市郷土史同好会 （19） 2004.6

富士宮の芸能（2）会場・発表会・組織（前田正太郎）「月の輪」 富士宮市郷土史同好会 （20） 2005.6

富士山から見た街道（1）～（3）ふるさとの古道（富士宮を中心とした街道）（中山勝俊）「月の輪」 富士宮市郷土史同好会 （21）／（23） 2006.6/2008.6

道祖神入門編（3）ふるさとの道祖神・富士宮編（松野紀一）「駿河」 駿河郷土史研究会 （68） 2014.04

富士宮市

宗門をめぐる外護者、権力者（篠原昭二）「月の輪」 富士宮市郷土史同好会 14 1999.6

「チンドン屋さん、大集合」（銭谷均）「月の輪」 富士宮市郷土史同好会 16 2001.6

珍味「茹で落花生」を探る（若林和司）「月の輪」 富士宮市郷土史同好会 16 2001.6

由緒書を読む（前嶋範由）「月の輪」 富士宮市郷土史同好会 17 2002.6

きのう生まれたブタの子が—湖畔の宿の替え歌（芹澤壯）「月の輪」 富士宮市郷土史同好会 17 2002.6

女性に支えられた日蓮宗（篠原昭二）「月の輪」 富士宮市郷土史同好会 17 2002.6

世相で見る替え歌（佐野里見）「月の輪」 富士宮市郷土史同好会 （18） 2003.6

じゅうろくむさし（芹澤壯）「月の輪」 富士宮市郷土史同好会 （19） 2004.6

子どもの頃の遊びのかずかず（瀧敦子）「月の輪」 富士宮市郷土史同好会 （21） 2006.6

路傍の観音さん（藤井昭八）「月の輪」 富士宮市郷土史同好会 （24） 2009.06

浅間雑考—アサマノカミは水神である（渡邉吉詔）「月の輪」 富士宮市郷土史同好会 （25） 2010.06

節分 豆まき（木ノ内君枝）「月の輪」 富士宮市郷土史同好会 （26） 2011.06

要石探訪（芹澤壯）「月の輪」 富士宮市郷土史同好会 （26） 2011.06

徳川家康と鷹の巣献納—放鷹文化講演会と実演に参加して（澤田政彦）「月の輪」 富士宮市郷土史同好会 （27） 2013.06

四十年ぶりの市内「子安さん」巡り（若林和司）「月の輪」 富士宮市郷土史同好会 （28） 2013.06

富士宮浅間神社

田舞を伝えた人々—春日大社から 富士宮浅間神社へ（繁原幸子）「女性と経験」 女性民俗学研究会 通号22 1997.10

富士峯

富士峯修行関係史料の紹介（大高康正）「日本文化史研究」 帝塚山大学奈良学総合文化研究所 （40） 2009.03

富士横道観音

富士横道観音（高田国義）「富士民俗の会会報」 富士民俗の会 （28） 2005.7

藤原山

静岡県下田市相玉藤原山 宝篋印塔型庚申塔探訪記（森永五郎）「野仏 ： 多摩石仏の会機関誌」 多摩石仏の会 39 2008.7

二又

二又の水について（小林茂夫）「月の輪」 富士宮市郷土史同好会 13 1998.6

富戸

祭りを賑わせる富戸の万灯「月刊通信ふるさとの民俗を語る会」 民俗文化研究所 （5） 2007.10

伊東市富戸の鹿島踊り（吉川祐子）「月刊通信ふるさとの民俗を語る会」 民俗文化研究所 （17） 2008.10

懐山

懐山のおくない—見学より（田中義広）「まつり通信」 まつり同好会 41（2）通号480 2001.1

信仰が支えた懐山のオクナイ（吉川祐子）「月刊通信ふるさとの民俗を語る会」 民俗文化研究所 （25） 2009.06

天竜市懐山の年頭行事—静岡県西部（中部・北陸・東海特集）（石川純一

郎）「あしなか」 山村民俗の会 291・292 2011.04

船津

富士講関係調査（2） 「高田十三夜講」の足跡—御師・大国屋と船津胎内をたどる（福岡）「かたりべ ： 豊島区立郷土資料館ミュージアム開設準備だより」 豊島区立郷土資料館 （109） 2013.03

府八幡宮

擬声音「スチャコラドンドン」—『見付次第』の中泉・府八幡宮祭礼の囃子（鵜飼久市）「磐南文化」 磐南文化協会 23 1997.3

府八幡宮例大祭の山車引き回しの事（中津川宗全）「磐南文化」 磐南文化協会 24 1998.3

明治期の府八幡宮祭典余興（高橋一良）「磐南文化」 磐南文化協会 （30） 2004.3

大正期の府八幡宮祭典余興（高橋一良）「磐南文化」 磐南文化協会 （31） 2005.3

昭和期戦前の府八幡宮祭典余興（高橋一良）「磐南文化」 磐南文化協会 （32） 2006.3

府八幡宮の絵馬（小杉達）「磐南文化」 磐南文化協会 （33） 2007.3

昭和期戦後の府八幡宮祭典余興（1）～（8）（高橋一良）「磐南文化」 磐南文化協会 （33）／（40） 2007.3/2014.03

米山寺

伊豆田方郡修善寺町日向の「米山寺」について（木村博）「西郊民俗」 ［西郊民俗談話会］ 通号170 2000.3

戸田

戸田の石切場と寛永寺（堤高史）「伊豆の郷土研究」 田方地域文化財保護審議委員会連絡協議会 26 2001.3

太田家伝来大名びな（戸田造船資料博物館所蔵）「沼津市史だより」 ［沼津市教育委員会］ （23） 2013.03

戸田のおみやげあれこれ（内田昌宏）「沼津市史だより」 ［沼津市教育委員会］ （23） 2013.3

戸田の民家の間取りについて（樋口潤一）「沼津市史だより」 ［沼津市教育委員会］ （23） 2013.3

戸田地区の社寺［1］、（2）（菅沼基臣）「沼津史談」 沼津史談会 （64）／（65） 2013.03/2014.03

部田神社

部田神社奉納絵馬（戸田 部田神社所蔵） タテ920mmヨコ1620mm「沼津市史だより」 ［沼津市教育委員会］ （21） 2011.03

戸田村

歴史講演会 神野善治氏「戸田の暮らしの知恵と技」—戸田村史「戸田の民俗」予告編 平成25年2月24日（日）午後1時30分～3時30分「沼津市史だより」 ［沼津市教育委員会］ （23） 2013.3

戸田村の「活鯛」について—文化一四年尾州様御用鯛元活場一件（岩田みゆき）「沼津市史だより」 ［沼津市教育委員会］ （24） 2014.3

法雲寺

法雲寺と俠客房五郎略伝（山田健司）「清見潟 ： 清水郷土史研究会会誌」 清水郷土史研究会 （17） 2008.5

保寿寺

保寿寺の伝説大蛇の鱗が語るもの（渡邉繁治）「駿河」 駿河郷土史研究会 （59） 2005.3

方丈

方丈地域で行われていた養蚕業（大場喜重）「ふるさと袋井」 ［袋井市地方研究会］ 13 1998.11

方丈の盆行事（昭和初期）（田中初雄）「ふるさと袋井」 ［袋井市地方史研究会］ 13 1998.11

宝泉寺

「豆州中嶋郷・宝泉寺」とは？—永禄6年の「雲板」銘をめぐって（木村博）「伊豆史談」 伊豆史談会 129 2000.3

宝泉寺に繋がるもの（植松和夫）「相良史蹟」 相良史蹟調査会 1 2002.6

北遠

北遠風土記（田中春二）「民俗文化」 滋賀民俗学会 （568） 2011.01

細江神社

船渡御レポート（1） 静岡県引佐郡細江町細江神社の祇園祭（吉井良英）「西宮文化協会会報」 西宮文化協会 387 2000.6

法華寺

法華寺の仏像と絵馬（日比野秀男）「焼津市史研究」 焼津市 （6） 2005.3

法照寺

三日廃寺は定額を預かる法照寺（石川健三）「駿河」 駿河郷土史研究会 55 2001.3

東海　　　　郷土に伝わる民俗と信仰　　　　静岡県

堀切

片浜・堀切の「送り神」（畑忠吉）「相良史蹟調査会会報」 相良史蹟調査会　15　1998.5

堀之内村

堀之内村の新庄寺・江月院と若宮八幡宮（亖塚昌美）「相良史蹟」 相良史蹟調査会　1　2002.6

本川根町

本川根町史編さん委員会編『本川根町史』通史編4民俗（新刊紹介）（多々良典秀）「静岡県民俗学会誌」 静岡県民俗学会　24　2003.12

本宮浅間神社

富士山五合目から本宮浅間神社（山行報告）（吉田修）「奥武蔵」 奥武蔵研究会　（398）　2014.07

本興寺

本興寺の「子育て飴」（吉川祐子）「月刊通信ふるさとの民俗を語る会」 民俗文化研究所　（9）　2008.2

本坂

伝承地を歩く（11）鏡石（引佐郡三ヶ日町本坂）「遠州民話の会通信」 遠州民話の会　（11）　2002.12

本中根

人型に並べる四十九餅―焼津市本中根の例（繁原幸子）「女性と経験」 女性民俗学研究会　通号31　2005.10

『焼津市史民俗調査報告書第四集 本中根の民俗』（新刊紹介）（佐々倉洋一）「静岡県民俗学会誌」 静岡県民俗学会　（25）　2007.3

牧之原

牧之原茶業の変遷（高塚孝）「榛原 : 郷土の覚書」 榛原町文化財保護審議委員会　（18）　2005.3

真草神社

調査報告 遠江国佐野郡の真草神社について（関宣隆）「式内社のしおり」 式内社顕彰会　63　2001.1

益津

百姓一揆からええじゃないか騒動―江戸後期の変動期における志太・益津地域（枝village三郎）「焼津市史研究」 焼津市　（2）　2001.3

松井町

幕末、武家社会の情報と生活 本市松井町吉川正麻家文書を読む（松浦元治）「清見潟 : 清水郷土史研究会会誌　清水郷土史研究会　（11）　2001.5

松岡霊社

松岡霊社の掛軸（資料紹介）（杉浦弘）「磐南文化」 磐南文化協会　（39）　2013.03

松城家住宅

戸田松城家住宅の「引き手」写真集（菅沼基臣）「沼津史談」 沼津史談会　（59）　2008.3

松長

造り酒屋に残る酒容器についての一考察―松長地区渡辺酒造で使用された酒容器を中心に（内田昌宏）「沼津市博物館紀要」 沼津市歴史民俗資料館［ほか］　通号31　2007.3

松本

信州松本城下町、昭和初期の盆行事（草間勝）「駿河」 駿河郷土史研究会　（61）　2007.3

万勝寺

鎌倉時代の磐田の臨済宗寺院―万勝寺について（石川紀枝子）「磐南文化」 磐南文化協会　（28）　2002.3

万太郎塚

女敵討 万太郎塚由来推考（門田徳雄）「富士民俗の会会報」 富士民俗の会　（18）　2001.11

字万太郎塚と地蔵堂（門田徳雄）「富士民俗の会会報」 富士民俗の会　（19）　2002.3

三川

三川の歴史いろは歌（清水忠雄）「磐南文化」 磐南文化協会　26　2000.3

いぼとり地蔵（柿の木様）三川地区（第二部 子どもに語り継ぐお話）「新ふるさと袋井」［袋井市地方史研究会］　（26）　2012.1

御厨

歴史随想 花さんぽ―御厨の観音様（岡田憲明）「裾野市史研究」 裾野市教育委員会教育部市史編さん室　11　1999.3

水窪

水窪民俗調査事業（野の学びの紙碑―常民大学のひろば）（遠州常民文化談話会）「柳田学舎」 鎌倉柳田学会　（101）　2010.07

シリーズ食（14）水窪の食―ソバとジャガイモ（中山正典）「静岡県民俗学会会報」 静岡県民俗学会　（138）　2011.01

篤い信仰が息づく桃源郷、水窪―水窪の民俗調査から（名倉愼一郎）「伊那民俗 : 伊那民俗学研究所報」 柳田国男記念伊那民俗学研究所　（87）　2011.12

水窪町

伝承地を歩く（14）猫檀家（磐田郡水窪町）「遠州民話の会通信」 遠州民話の会　（14）　2004.12

能衆人生六九年 浜松市天竜区水窪町（吉川祐子）「月刊通信ふるさとの民俗を語る会」 民俗文化研究所　（46）　2011.03

三島

"三島のおせん"について（望月宏充）「伊豆史談」 伊豆史談会　126　1997.3

三島傘の思ひ出（前田順一郎）「伊豆史談」 伊豆史談会　127　1998.3

三島地方に伝わる尊観伝説考（水口淳）「地方史静岡」 地方史静岡刊行会　29　2001.4

箱根・伊豆山・三島の縁起とその世界（阿部美香）「季刊悠久.第2次」 鶴岡八幡宮悠久事務局　94　2003.7

三島茶碗についての考察と所感（渡邉美幸）「三島市郷土資料館研究報告」 三島市郷土資料館　通号1　2008.3

獅子神楽調査報告―三島から伝わった道志村の獅子舞と今宮神社獅子神楽について（政木愛子）「三島市郷土資料館研究報告」 三島市郷土資料館　通号1　2008.3

平塚市博物館所蔵の三島暦について（鷹宏道）「自然と文化 : 平塚市博物館研究報告」 平塚市博物館　（32）　2009.03

三島ヶ岳経塚

三島ヶ嶽経塚小考―富士山本宮浅間大社所蔵写真資料から（勝又直人）「静岡県埋蔵文化財調査研究所研究紀要」 静岡県埋蔵文化財調査研究所　（17）　2011.01

三島市

三島市郷土資料館所蔵『享保17年巻子暦』に関する覚書（鈴木隆幸）「三島市郷土資料館研究報告」 三島市郷土資料館　（4）　2011.03

三島宿

「ジオツアー三島宿」の成果（1）―石燈籠・境川が涸れた時期・三島宿の古道（増島淳）「三島市郷土資料館研究報告」 三島市郷土資料館　（5）　2012.3

三嶋神社

記録にみる中世の三嶋神社とその周辺（1），（2）―大社の成立から神主家そして神仏習合（土屋比都司）「伊豆史談」 伊豆史談会　（133）/（134）　2003.12/2004.12

三島大社

旅の中から鳥居をみる―三島大社の鳥居について（小林弘邦）「伊豆史談」 伊豆史談会　131　2002.3

三島大明神

「金太郎（坂田金時）」は「三島大明神の申し子」だった？（木村博）「伊豆史談」 伊豆史談会　通号135　2006.1

三嶋大明神

後北条氏と三嶋大明神（土屋比都司）「伊豆史談」 伊豆史談会　（133）　2003.12

三島町

昭和初期に書かれた精神衛生のための書籍にみられる「神隠し」の事例―中村古峡による文献を中心として（大喜多紀明）「民俗文化」 滋賀民俗学会　（604）　2014.01

水野藩

沼津水野藩の「郷筒」について（辻眞澄）「沼津市史研究」 沼津市教育委員会　13　2004.3

三日市廃寺

三日市廃寺は定額を預かる法照寺（石川健三）「駿河」 駿河郷土史研究会　55　2001.3

三か日町

浜名湖畔の三か日町で祀られている神々について―浜松市北区三か日町（田中春二）「民俗文化」 滋賀民俗学会　（581）　2012.02

箕作

伊豆の山窩調査は早急実施が課題 偏見・差別ではなく生業史や民俗学の立場から 竹細工師と下田の地名「箕作」についての私見（飯尾恭

之)「豆州歴史通信」 豆州研究社歴史通信部 258 2001.12

「箕作」村の下田箕について（飯尾恭之）「豆州歴史通信」 豆州研究社歴史通信部 262 2002.2

見付

擬声音「スチャコラドンドン」―『見付次第』の中泉・府八幡宮祭礼の囃子（鵜飼久市）「磐南文化」 磐南文化協会 23 1997.3

時代再現 見付西坂「山王山の松」（桜井淳一）「磐南文化」 磐南文化協会 27 2001.3

紹介 山中共古著『見付次第 共古日記抄』（伊藤正英）「三河民俗」 三河民俗談話会 6 2002.3

時代再現 どこへ行ったか "見付かぼちゃ"（大橋義篤）「磐南文化」 磐南文化協会 （28） 2002.3

見付三社と見付の町の成り立ち（喜多川貞男）「磐南文化」 磐南文化協会 （36） 2010.03

一遍上人と中世・見付の寺院（郷土史研究）（木村弘之）「磐南文化」 磐南文化協会 （38） 2012.03

「見付誌料」に見る矢奈比売神社考（資料紹介）（市川恒）「磐南文化」 磐南文化協会 （38） 2012.03

見付宿

見付宿夜話 安間平次弥と御清水（市川恒）「磐南文化」 磐南文化協会 （33） 2007.3

見付宿夜話 冷酒清兵衛（市川恒）「磐南文化」 磐南文化協会 （34） 2008.3

見付天神

見付天神人身御供伝説の変遷（青島常盤）「磐南文化」 磐南文化協会 （34） 2008.3

見付天神社

見付天神社・北野天神縁起絵巻詞書の考察（喜多川貞男）「磐南文化」 磐南文化協会 （33） 2007.3

見付天神裸祭

見付裸祭りの研究（柏原博一）「遠州の常民文化」 遠州常民文化談話会 （117） 2001.9

見付の裸祭りと人身御供伝説（影山正美）「甲斐路」 山梨郷土研究会 106 2004.8

見付天神裸祭の起源と変遷を探る（サロン）（喜多川貞男）「磐南文化」 磐南文化協会 （38） 2012.03

旧暦の固守と見付天神裸祭―月の運行と祭礼行事との関係（研究ノート）（中山正典）「日本民俗学」 日本民俗学会 （272） 2012.11

『国指定重要無形民俗文化財 見付天神裸祭の記録―「以前の裸祭」の調査報告―』（新刊紹介）（松田香代子）「静岡県民俗学会誌」 静岡県民俗学会 （28・29） 2013.03

三葉神社

焼津市田尻、三葉神社の宮当番と開発伝承（中村羊一郎）「焼津市史研究」 焼津市 （6） 2005.3

見取

見取の庚申様（清水洋子）「ふるさと袋井」 ［袋井市地方史研究会］ 17 2002.11

港橋

絵馬を読み解く（2）港橋渡初（わたりぞめ）の図（神野善治）「沼津市歴史民俗資料館だより」 沼津市歴史民俗資料館 28（3）通号161 2002.12

南島村

磐南叙情 南島村「若宮様」の話し（福田支部）「磐南文化」 磐南文化協会 （39） 2013.3

南沼上

伝承地を歩く（16）沼のばあさん（現静岡市南沼上）「遠州民話の会通信」 遠州民話の会 （16） 2007.3

嶺村

2月例会レジュメ 明治期の清水における茶園経営と茶輸出―庵原郡嶺村澤野家の動向を中心に（岡村龍男）「静岡県近代史研究会会報」 静岡県近代史研究会 （401） 2012.2

美濃輪稲荷

眼病快癒と招福―美濃輪稲荷神徳霊験碑（望月憲一）「清見潟 ： 清水郷土史研究会会誌」 清水郷土史研究会 （23） 2014.05

三保

エレーヌに捧げる三保羽衣薪能（岡部芳雄）「清見潟 ： 清水郷土史研究会会誌」 清水郷土史研究会 （17） 2008.5

御穂神社

4月例会（9名参加）神社権威の生成過程に関する考察―御穂神社を事例

として（例会報告要旨）（江口敏郎）「静岡県地域史研究会報」 静岡県地域史研究会 （177） 2011.07

三保松原

「富士山・三保松原」の文化遺産登録に思う（舟山廣治）「文化情報」 北海道文化財保護協会 （339） 2013.09

宮沢

宮沢浅間社について（山本礼一）「榛原 ： 郷土の覚書」 榛原町文化財保護審議委員会 （12） 1999.3

妙雲寺

甘露山妙雲寺と文学の森（福田信次）「下妻の文化」 下妻市文化団体連絡協議会 25 2000.5

明照寺

明照寺の立華のルーツ（川村茂輔）「榛原 ： 郷土の覚書」 榛原町文化財保護審議委員会 （12） 1999.3

妙善寺

〈滝川藤澤山妙善寺と小栗・照手考〉「富士民俗の会会報」 富士民俗の会 （8） 1998.7

明徳寺

明徳寺の文化財（飯塚雅也）「伊豆の郷土研究」 田方地域文化財保護審議委員連絡協議会 28 2003.3

村山

富士山信仰その源流をたどる（2）―中世の村山修験あれこれ（中島信哉）「月の輪」 富士宮市郷土史同好会 17 2002.6

中世後期富士登山信仰の一拠点―表口村山修験を中心に（大高康正）「帝塚山大学大学院人文科学研究科紀要」 帝塚山大学大学院人文科学研究科 （4） 2003.1

富士村山修験と聖護院（特集 地方霊山と本山派修験道）（大高康正）「山岳修験」 日本山岳修験学会，岩田書院（発売）（50） 2012.09

村山の浅間神社をめぐって（鈴木茂）「郷土の栞」 伊東郷土研究会 （160） 2012.11

女河八幡宮

民俗文化研究所編『女河八幡宮の流鏑馬まつり』（書誌紹介）（中村羊一郎）「日本民俗学」 日本民俗学会 通号246 2006.5

森

特集 上稲子森、稲荷神社の祭（深澤春樹）「かわのり」 芝川町郷土史研究会 （35） 2010.06

森町

祭りにおける対抗関係の意味―遠州森町「森の祭り」の事例を通して（谷部真吾）「日本民俗学」 日本民俗学会 通号222 2000.5

語りの履歴 小國神社の田遊びの話／森町の子ども念仏の話／岡山の山の神祭りの話／大井神社の鹿島踊の話／新居の手筒花火の話「月刊通信ふるさとの民俗を語る会」 民俗文化研究所 （1） 2007.6

大隅信好さんと石塔研究（《森町の中世石塔―大隅信好さんと石塔調査》）（大橋保夫）「森町考古」 森町考古学研究会 （20） 2008.12

石塔の様相（《森町の中世石塔―大隅信好さんと石塔調査》）（足立順司）「森町考古」 森町考古学研究会 （20） 2008.12

石塔を考える（《森町の中世石塔―大隅信好さんと石塔調査》）（足立順司）「森町考古」 森町考古学研究会 （20） 2008.12

森町の寺院（《森町の中世石塔―大隅信好さんと石塔調査》）（足立順司）「森町考古」 森町考古学研究会 （20） 2008.12

鰐口と神仏習合（《森町の中世石塔―大隅信好さんと石塔調査》）（足立順司）「森町考古」 森町考古学研究会 （20） 2008.12

石塔から中世をみる（《森町の中世石塔―大隅信好さんと石塔調査》）（足立順司）「森町考古」 森町考古学研究会 （20） 2008.12

桃原

桃原の伝説 丑神之宮と鳴澤金次（大石顕）「榛原 ： 郷土の覚書」 榛原町文化財保護審議委員会 （18） 2005.3

焼津

（有）皇道産業焼津船団と沖縄漁民―戦時下「水産業南進」と沖縄漁民（望月雅亭）「沖縄文化研究 ： 法政大学沖縄文化研究所紀要」 法政大学沖縄文化研究所 （24） 1998.3

日本武尊焼津より草薙へ（橋本光博）「郷土白鳥」 白鳥町文化財保護協会 （68） 2000.9

ヤマトタケル東征伝承と焼津（仁藤敦史）「焼津市史研究」 焼津市 （2） 2001.3

資料紹介 焼津カツオ船雇用漁夫について（中村羊一郎）「焼津市史研究」 焼津市 （3） 2002.3

焼津のカツオ産業文化を探る―戦後を中心に（若林良和）「焼津市史研究」 焼津市 （3） 2002.3

「堅魚」製品の貢進と焼津（仁藤敦史）「焼津市史だより」 焼津市総務部 4 2002.7

焼津の水天宮と河童（和田寛）「河童通心」 河童文庫 224 2003.2

遠洋鰹漁業の構成変化と漁業基地「焼津」の変容―1970年～2000年（大海原宏）「焼津市史研究」焼津市 (5) 2004.3

ヤマトタケル伝承と古代の焼津（講演）（仁藤敦史）「焼津市史研究」 焼津市 (5) 2004.3

諸国探訪(4) 焼津西宮神社「西宮えびす」 西宮神社 22 2004.12

焼津カツオ船の代参―共同祈願の変遷とナツオ漁（荻野裕子）「焼津市史研究」 焼津市 (6) 2006.3

日中・太平洋戦争における軍徴用の焼津漁船（枝村三郎）「焼津市史研究」焼津市 (7) 2006.3

焼津カツオ漁業におけるコドモシロ（川口円子）「焼津市史研究」 焼津市 (8) 2007.3

研究ノート 焼津鰹節職人の東北地方における製造技術指導について（中村羊一郎）「焼津市史研究」 焼津市 (9) 2008.3

焼津を中心とした人とモノの交流―民俗から見た焼津人の心情（講演）（平成19年10月27日 第9回焼津市史講演会）（中村羊一郎）「焼津市史研究」 焼津市 (9) 2008.3

焼津カツオ漁師が奉納した網かけ取緒（荻野裕子）「民具研究」 日本民具学会 (144) 2011.10

焼津市

漁業班 カツオ産業と個人生活史調査（若林良和）「焼津市史だより」 焼津市総務部 3 2001.7

焼津市域における富士山信仰（荻野裕子）「焼津市史研究」 焼津市 (4) 2003.3

水神様の祭り（中村羊一郎）「焼津市史だより」 焼津市総務部 5 2003.7

漁業班 船の「お医者さん」衛生管理者とその組織（若林良和）「焼津市史だより」 焼津市総務部 5 2003.7

文化財 絵馬資料の調査（日比野秀男）「焼津市史だより」 焼津市総務部 5 2003.7

民俗部会 焼津市海岸の波除地蔵（荻野裕子）「焼津市史だより」 焼津市総務部 6 2004.7

イワシが支えたカツオ漁―餌買いと餌宿をめぐって（講演）（中村羊一郎）「焼津市史研究」 焼津市 (6) 2005.3

民俗部会 江戸時代のワイドショー（中村羊一郎）「焼津市史だより」 焼津市総務部 (8) 2006.7

近世墓商の展開と変化（河合修）「焼津市史研究」 焼津市 (8) 2007.3

「焼津漁業史」が語りかけてくること（講演 平成19年10月27日 第9回焼津市史講演会）（大海原宏）「焼津市史研究」 焼津市 (9) 2008.3

「焼津市史 民俗編」（新刊紹介）（富山昭）「静岡県民俗学会誌」 静岡県民俗学会 (26) 2008.3

魂の器・祈りの衣―静岡県焼津市の調査より（繁原幸子）「女性と経験」 女性民俗学研究会 通号33 2008.10

焼津神社

中世部会 焼津神社の今川氏真朱印状（本多隆成）「焼津市史だより」 焼津市総務部 3 2001.7

楊原

道の記憶―旧楊原地区における古道の意義（研究論文）（神田朝美）「静岡県民俗学会誌」 静岡県民俗学会 (28・29) 2013.03

楊原神社

郷社楊原神社及び吉田神社の由来（池田幸枝）「沼津史談」 沼津史談会 50 1999.3

矢奈比売神社

矢奈比売神社（氣賀澤厚典）「伊那路」 上伊那郷土研究会 47(12)通号563 2003.12

「見付誌料」に見る矢奈比売神社考（資料紹介）（市川恒）「磐南文化」 磐南文化協会 (38) 2012.03

矢奈比売天神

「矢奈比売天神」考（吉野武司）「磐南文化」 磐南文化協会 23 1997.3

桟雲井之晴業 敵討都之錦 抜書 遠江見付矢奈比売天神人身御供顚末（資料紹介）（青島常盤）「磐南文化」 磐南文化協会 (40) 2014.03

谷の口

谷の口の椀貸地蔵のこと（大塚玉穂）「榛原 : 郷土の覚書」 榛原町文化財保護審議委員会 (12) 1999.3

山名

身代わり地蔵尊 山名地区（第二部 子どもに語り継ぐお話）「新ふるさと袋井」 ［袋井市地方史研究会］ (26) 2012.01

山梨町新四国八十八箇所

山梨町新四国八十八箇所の石仏像について（鈴木勝）「ふるさと袋井」 ［袋井市地方史研究会］ 12 1997.11

山名神社

山名神社の御渡と護番（幡鎌志計雄）「ふるさと袋井」 ［袋井市地方史研究会］ 16 2001.11

舞い物と祇園花の呪力―山名神社祇園祭りから（吉川祐子）「静岡県民俗学会会報」 静岡県民俗学会 (115) 2006.7

山宮

山宮想見(1),(2)（渡邉吉詔）「月の輪」 富士宮市郷土史同好会 (26)/(27) 2011.06/2012.6

山本

山本区誌から読みとる江戸時代の農民生活史（中山勝俊）「月の輪」 富士宮市郷土史同好会 (26)/(27) 2011.06/2012.6

由比

シリーズ食(2) 由比のスマシ、蒲原のキリボシ/雑煮スープの名称は？（吉川祐子）「静岡県民俗学会会報」 静岡県民俗学会 (122) 2007.9

お太鼓祭りの今―20年前の静岡県民俗調査と比較して（多々良典秀）「静岡県民俗学会会報」 静岡県民俗学会 (150) 2014.01

由比北田

由比北田の天王船流し行事（調査報告）（多々良典秀）「静岡県民俗学会会報」 静岡県民俗学会 (153) 2014.10

油山寺

安政の大地震で倒壊した油山寺仁王門について（兼子春治）「ふるさと袋井」 ［袋井市地方史研究会］ 16 2001.11

安政の大地震で倒壊した油山寺仁王門について（兼子春治）「磐南文化」 磐南文化協会 (28) 2002.3

県下一大きな「油山寺栄西禅師像」について（兼子春治）「ふるさと袋井」 ［袋井市地方史研究会］ 17 2002.11

県下一大きな「油山寺栄西禅師像」について（兼子春治）「磐南文化」 磐南文化協会 (29) 2003.3

油山寺薬師如来百年に一度の御開帳について（兼子春治）「ふるさと袋井」 ［袋井市地方史研究会］ 18 2003.11

油山寺薬師如来百年に一度の御開帳について（兼子春治）「磐南文化」 磐南文化協会 (30) 2004.3

油山寺本堂の絵馬にて（兼子春治）「ふるさと袋井」 ［袋井市地方史研究会］ 21 2006.11

油山寺本堂の絵馬について（兼子春治）「磐南文化」 磐南文化協会 (33) 2007.3

日本一大きな「茶祖栄西禅師尊像」平成の大修理について（兼子春治）「新ふるさと袋井」 ［袋井市地方史研究会］ (25) 2010.11

日本一大きな「茶祖・栄西禅師尊像」平成の大修理について（兼子春治）「磐南文化」 磐南文化協会 (37) 2011.03

醫王山油山寺薬王院自往古之記録書留・油山寺世代付（第一部 会員の研究発表集集）（兼子春治）「新ふるさと袋井」 ［袋井市地方史研究会］ (26) 2012.01

醫王山油山寺薬王院自往古之記録書留・油山寺世代付（郷土史研究）（兼子春治）「磐南文化」 磐南文化協会 (38) 2012.03

油山寺礼拝門は（三方原開拓の父）気賀林の長屋門（郷土史研究）（兼子春治）「磐南文化」 磐南文化協会 (40) 2014.3

柚野

柚野の里山「双体道祖神」巡りと精進川「千光寺」を訪ねて（芦澤幹雄）「かわのり」 芝川町郷土史研究会 (35) 2010.06

柚の木

「柚の木」邂逅―ある古文書収集上の偶然について（中嶋信彰）「富士信仰研究」 富士信仰研究会 (3) 2002.6

横尾

地芝居探訪(49) 赤坂の舞台歌舞伎公演/小森歌舞伎/横尾歌舞伎/入谷歌舞伎/小鹿野歌舞伎/さぬき歌舞伎まつり「公益社団法人全日本郷土芸能協会会報」 全日本郷土芸能協会 (74) 2014.01

横沢

横沢神楽について（長倉功）「紙魚 : 駿河古文書会会報」 駿河古文書会 (39) 2013.11

横須賀

遠州横須賀の秋マツリ チーネリあってのオーネリ（吉川祐子）「月刊通信ふるさとの民俗を語る会」 民俗文化研究所 (28) 2009.09

横須賀の身の丈の祭りだ静岡県掛川市横須賀（吉川祐子）「月刊通信ふるさとの民俗を語る会」 民俗文化研究所 (41) 2010.10

静岡県　　　　　　　　　　　　　　郷土に伝わる民俗と信仰　　　　　　　　　　　　　　東海

横須賀高校
祭り囃子の伝承に励む高校生 静岡県立横須賀高校（吉川祐子）「月刊通信 ふるさとの民俗を語る会」 民俗文化研究所 （43） 2010.12

横割八幡宮
横割八幡宮に由緒碑建立（三井清治）「駿河」 駿河郷土史研究会　53 1999.3

吉田神社
郷社楊原神社及び吉田神社の由来（池田幸枝）「沼津史談」 沼津史談会 50　1999.3
幕末のコレラ対策（2）―吉田神社の勧請（外立ますみ）「静岡県民俗学会 会報」 静岡県民俗学会 （134） 2010.01

吉田町
大井川下流の養鰻業吉田町を中心として（中村肇）「相良史蹟」 相良史蹟 調査会　1　2002.6

吉永
NHK録音資料「吉原市吉永」を聴く（山口幸洋）「富士民俗の会会報」 富士民俗の会 （26） 2004.7

吉永北
吉永北地区のどんど焼き（荻野武彦）「富士民俗の会会報」 富士民俗の会 （7） 1998.2

吉浜
湯河原町吉浜の鹿島踊り（吉川祐子）「月刊通信ふるさとの民俗を語る 会」 民俗文化研究所 （75） 2013.08

吉原
吉原祇園祭の天王神輿（松田香代子）「静岡県民俗学会会報」 静岡県民俗 学会 （136） 2010.07

吉原宿
東海道400年祭「吉原宿周辺史跡案内」の作成に当たって（杉沢文雄） 「駿河」 駿河郷土史研究会　55　2001.3
活動報告 六所家総合調査シンポジウム 東泉院聖教の世界―富士山麓・ 吉原宿のアーカイブスを探る（相場朋子）「博物館だより」 富士市立 博物館 （62） 2013.07
六所家総合調査シンポジウム 東泉院聖教の世界―富士山麓・吉原宿の アーカイブスを探る―について「六所家総合調査だより」 富士市立 博物館 （12） 2013.08

竜泉院
龍泉院境内裏山に建つ壮士塔（鈴木博）「新ふるさと袋井」 「袋井市地方 史研究会」 （24） 2009.11

竜泉寺
庄内村・龍泉寺物語（田中春二）「静岡歴会報」 静岡県歴史研究会 82　1998.1

竜禅寺
ふるさと博物館事業「竜禅寺の梵鐘を調べよう」「浜松市博物館情報」 ［浜松市博物館］　92　1999.11

龍巣院
「山門の龍」龍巣院の山門の伝説 笠原地区（第二部 子どもに語り継ぐお 話）「新ふるさと袋井」 「袋井市地方史研究会」 （26） 2012.1

竜洋
磐南の民俗行事（2）竜洋地区の庚申様（福長利晴）「磐南文化」 磐南文 化協会 （37） 2011.03

竜洋町
竜洋町の庚申様（竜洋町郷土史研究会）「磐南文化」 磐南文化協会　23 1997.3

竜津寺
龍津寺所蔵「十界之図」の紹介（資料紹介）（大高康正）「日本文化史研 究」 帝塚山大学奈良学総合文化研究所 （44） 2013.03
龍津寺旧弁財天像について（大宮康男）「史迹と美術」 史迹美術同攷会 83（4）通号834　2013.05

竜潭寺
井伊氏と龍潭寺（大塚實）「群馬歴史散歩」 群馬歴史散歩の会 （230） 2013.07

霊山寺
沼津市霊山寺の中世石塔群の調査（吉沢悟）「沼津市史研究」 沼津市教育 委員会　7　1998.3
文献紹介 『上香貫 霊山寺の近世墓』『佐原市石造物目録』（吉澤悟）「墓 標研究会会報」 墓標研究会　8　2003.11
大内観音「霊山寺」を訪ねて（1），（2）（渡辺好洋）「静岡県民俗学会会報」

静岡県民俗学会　（124）/（125） 2008.1/2008.3
霊山寺梵鐘と河内鋳物師の定住化―霊山寺梵鐘に関する覚書（1）（厚地淳 司）「静岡県の歴史と文化」 静岡県の歴史と文化研究会 （11） 2008.3
大内調査報告―梶原堂の供養祭と霊山寺の星祭（多々良典秀，松田香代 子）「静岡県民俗学会会報」 静岡県民俗学会 （125） 2008.3
霊山寺梵鐘鋳造鋳物師の刻銘時期と14世紀後半遠江における鋳物師居住 地について―霊山寺梵鐘に関する覚書（2）（厚地淳司）「静岡県の歴史 と文化」 静岡県の歴史と文化研究会 （13） 2009.11

蓮永寺
遺稿 陸軍墓地、蓮永寺士族墓地・過去帳 わたしの1980年前後の雑記録 （松浦元治）「清見潟 ： 清水郷土史研究会会誌」 清水郷土史研究会 （17） 2008.5

蓮華寺
前野瑞雲山蓮華寺―木造千手観音菩薩立像―市文化財指定（鈴木小英） 「磐南文化」 磐南文化協会 （31） 2005.3

蓮蔵坊
日蓮正宗寺院における二つの係争について―大石寺蓮蔵坊と重須強奪事 件（土屋比都司）「伊豆史談」 伊豆史談会 （142） 2013.01

六所家
六所家総合調査について（渡井義彦）「六所家総合調査だより」 富士市立 博物館 （2） 2008.3
六所家資料の意義（大高康正）「六所家総合調査だより」 富士市立博物館 （2） 2008.3
六所家本『読経口伝明鏡集』について（特集 平成21年度 特別調査概報） （柴佳世乃）「六所家総合調査だより」 富士市立博物館 （6） 2010.03
六所家主家に残された御霊屋（特集 平成21年度六所家総合調査概報）（松 田香代子）「六所家総合調査だより」 富士市立博物館 （7） 2010.08
六所家旧蔵棟札類の吉凶寸法について（特集1 平成22年度六所家総合調 査概報）（井上卓哉）「六所家総合調査だより」 富士市立博物館 （8） 2011.02
六所家墓所調査の概要（特集2 特別調査概報）「六所家総合調査だより」 富士市立博物館 （8） 2011.02
六所家旧蔵中世文書の紹介（特集 平成22年度 特別調査概報）（湯之上 隆）「六所家総合調査だより」 富士市立博物館 （9） 2011.03
六所家総合調査の経過と今後の予定（特集 平成24年度 六所家総合調査 概報）（相場朋子）「六所家総合調査だより」 富士市立博物館 （12） 2013.08

六所邸
六所邸建物の現状について（〈特集1 平成19年度博物館講座「六所家総合 調査について」〉）（石川薫）「六所家総合調査だより」 富士市立博物館 （2） 2008.3

若宮八幡宮
堀之内村の新庄寺・江月院と若宮八幡宮（戸塚昌美）「相良史蹟」 相良史 蹟調査会　1　2002.6
時代再現 若宮八幡宮の奉納相撲（杉浦弘）「磐南文化」 磐南文化協会 （32） 2006.3
若宮八幡宮の大祭「神ころばしと七十五膳」（中村真由美）「藤枝市史だよ り」 藤枝市 （26） 2012.03

脇町
脇町あっての島田の大祭り（吉川祐子）「月刊通信ふるさとの民俗を語る 会」 民俗文化研究所 （36） 2010.05

和田浜
テグリ網の形態とテグリ網漁―焼津和田浜（田尻北）の沿岸漁業（外立ま すみ）「静岡県民俗学会会報」 静岡県民俗学会 （109） 2005.7

薬科川流域
松田香代子監修『DVD薬科川流域の民俗行事』（新刊紹介）（油井正明） 「静岡県民俗学会誌」 静岡県民俗学会 （27） 2009.03

愛知県

愛行院

資料紹介 当山派修験愛行院文書について〈1〉,〈2〉(石黒智教)「郷土文化」 名古屋郷土文化会 64(1)通号211/64(2)通号212 2009.08/2010.02

愛西市

愛西市小家のボンタタキ(三輪京子)「まつり通信」 まつり同好会 46(6)通号526 2006.11

愛西市の概要(特集 平成の御鍬祭―行われた記録―尾張西部の市町村別概要)(石田泰弘)「まつり」 まつり同好会 通号71・72 2009.12

愛知

愛知の郷土玩具(山田勇)「地域社会」 地域社会研究会 5(1)通号7/5(2)通号8 1980.10/1981.03

口絵写真 愛知の郷土玩具「地域社会」 地域社会研究会 5(1)通号7/5(2)通号8 1980.10/1981.03

縄文文化 呪術世界の系譜〈3〉 意味と数の記録方法について(沢田伊一郎)「考古学フォーラム」 愛知考古学談話会 8 1997.4

座談会 神まつりあれこれ「愛知のやしろ」 愛知の神社をたずねる会 20 1997.5

祭は生きているか(桜井勝之進)「愛知のやしろ」 愛知の神社をたずねる会 20 1997.5

「愛知のやしろ」と賀茂のやしろ(建内光儀)「愛知のやしろ」 愛知の神社をたずねる会 20 1997.5

神社編 皇大明神社・神明社・山崎神社(杜父江町)、神明社・稲荷社・天神社・白山社(稲沢市)「愛知のやしろ」 愛知の神社をたずねる会 21 1999.1

賀茂神社/籠守勝手神社/縣神社/石刀神社/千代神社「愛知のやしろ」 愛知の神社をたずねる会 22 2000.6

鎮座地概念図「愛知のやしろ」 愛知の神社をたずねる会 22 2000.6

あいち女人伝説(尾藤卓男)「郷土文化」 名古屋郷土文化会 56(2)通号191 2001.12

太々神楽と駒牽神事「愛知のやしろ」 愛知の神社をたずねる会 23 2002.1

近世山方社会における生活什器としての漆器資料(北野信彦)「愛知大学綜合郷土研究所紀要」 愛知大学綜合郷土研究所 48 2003.3

神社編 牛毛神社/楮埜神社/曽野稲荷神社/稲前神社「愛知のやしろ」 愛知の神社をたずねる会 24 2004.1

愛知の海苔(永田宏)「産業遺産研究」 中部産業遺産研究会事務局 (11) 2004.5

お木曳き(飯田清春)「愛知のやしろ」 愛知の神社をたずねる会 25 2005.1

神社編 真清田神社/鳴海八幡宮/六所神社/天神社「愛知のやしろ」 愛知の神社をたずねる会 25 2005.1

企画展から 愛知のモノづくり―本草学かう博覧学へ「愛知県公文書館だより」 愛知県公文書館 9 2005.2

温泉のフォークロア〈1〉,〈2〉(印南敏秀)「愛知大学綜合郷土研究所紀要」 愛知大学綜合郷土研究所 50/51 2005.3/2006.3

まつりのふるさと・どうする故郷(講演録)(粂嶋久好)「愛知大学綜合郷土研究所紀要」 愛知大学綜合郷土研究所 50 2005.3

第31回企画展 愛知の農業再発見―食と緑が支える豊かな暮らしへ/企画展から 愛知の大根「愛知県公文書館だより」 愛知県公文書館 (10) 2005.12

神社編 尾張大國霊神社/片山八幡神社/屯倉社/氷上姉子神社「愛知のやしろ」 愛知の神社をたずねる会 (26) 2006.8

愛知のやしろと私(加藤宏)「愛知のやしろ」 愛知の神社をたずねる会 (26) 2006.8

伝統的民家建造物の保存修復材料としての外観塗装に使用するベンガラ顔料の製法と性状(北野信彦)「愛知大学綜合郷土研究所紀要」 愛知大学綜合郷土研究所 53 2008.3

鬼師の世界―黒地：杉浦彦蔵と窓庄(高原隆)「愛知大学綜合郷土研究所紀要」 愛知大学綜合郷土研究所 54 2009.03

鬼師の世界―黒地：(株)柳沢鬼瓦と鈴木製瓦(高原隆)「愛知大学綜合郷土研究所紀要」 愛知大学綜合郷土研究所 55 2010.03

野神杜標石及び奉納額について(研究ノート)(塚本弥寿人)「愛知大学綜合郷土研究所紀要」 愛知大学綜合郷土研究所 55 2010.03

愛知の白山信仰―尾張地域を中心に(村中治彦)「愛知県史研究」 愛知県 (15) 2011.03

鬼師の世界―黒地：山下鬼瓦と白地：山下鬼瓦白地(高原隆)「愛知大学綜合郷土研究所紀要」 愛知大学綜合郷土研究所 56 2011.03

鬼師の世界―白地：カネコ鬼瓦(高原隆)「愛知大学綜合郷土研究所紀要」 愛知大学綜合郷土研究所 57 2012.03

43回例会 秋葉山信仰の古道と地名(中根洋治)「地名あいち」 地名研究会あいち (10) 2012.06

鬼師の世界―白地：シノダ鬼瓦(論説)(高原隆)「愛知大学綜合郷土研究所紀要」 愛知大学綜合郷土研究所 58 2013.03

一名主による宝永地震文書と二つの神社の奉納絵馬(研究ノート)(鈴木源一郎)「愛知大学綜合郷土研究所紀要」 愛知大学綜合郷土研究所 58 2013.03

僧行社の建造物文化財調査(調査報告)(泉田英雄)「愛知大学綜合郷土研究所紀要」 愛知大学綜合郷土研究所 58 2013.03

57回例会 地名とコトバ・方言について(山田敏弘)「地名あいち」 地名研究会あいち (12) 2014.05

愛知県

郷土散歩 踏みつけにされたお地蔵(山田英彦)「地域社会」 地域社会研究会 5(2)通号8 1981.03

幻の佐々絣(小林章男)「地域社会」 地域社会研究会 16(1・2)通号27 1992.03

輪状綜絖を使用する高機―地機から高機へ(小林章男)「地域社会」 地域社会研究会 (31) 1994.10

愛知県における河川漁民の呼称と民俗史的意味(伊東久之)「愛知県史研究」 愛知県 1 1997.3

県史こぼれ話 薬屋さんの神様(服部誠)「愛知県史だより」 愛知県総務部 8 1998.3

風俗史関連中部地方資料目録(1)―愛知県(高橋菊子)「風俗史学 ： 日本風俗史学会誌」 日本風俗史学会 通号3 1998.6

一口香の湊屋さんを訪ねて―在都日記を身近にしてくれたお菓子(古舘典子)「あゆち潟」 「あゆち潟」の自然と歴史に親しむ会 (5) 1999.3

新発意得度について(葛島博子)「あゆち潟」 「あゆち潟」の自然と歴史に親しむ会 (5) 1999.3

〔史料紹介〕 大般若若経の勧進帳(新行紀一)「愛知県史だより」 愛知県総務部 10 1999.3

生活空間から見た愛知県の天王信仰―長期間に亘る天王祭りを中心に(伊藤良吉)「愛知県史研究」 愛知県 3 1999.3

十四松平の城・寺・墓を訪ねて[1]～(5)(永田金一)「郷土舘」 岡崎市郷土館報」 岡崎市美術博物館 165/170 1999.6/2000.9

県内遺構・遺物集成(3)古代の瓦塔(永井邦仁)「まいぶん愛知」 愛知県教育サービスセンター愛知県埋蔵文化財センター 61 2000.6

古文書の紹介(2) 当国本願寺一揆之由来(林昌弘)「博物館ニュース」 安城市歴史博物館 5 2000.9

愛知県におけるヤギ飼養の現状(成田公子, 熊崎稔子)「衣の民俗館・日本風俗史学会中部支部研究紀要」 衣の民俗館 11 2001.3

第18回研究会発表要旨 愛知県下における秋の祭りと鉄砲について(安田修)「郷土文化」 名古屋郷土文化会 56(2)通号191 2001.12

平成13年大会記念講演 愛知県沿岸の民俗研究―愛知県史民俗調査から(野地恒有)「静岡県民俗学会誌」 静岡県民俗学会 22 2001.12

愛知県内の仲人慣行と地域性(服部誠)「信濃[第3次]」 信濃史学会 54(1)通号624 2002.1

愛知県下の太子講と太子信仰(筒井正)「まつり通信」 まつり同好会 42(12)通号502 2002.11

愛知県東部の力石(高島慎助)「郷土文化」 名古屋郷土文化会 57(2)通号194 2002.12

河童伝承の地域性 愛知県の事例を中心に(《特集 かっぱ・カッパ・河童 愛される川の妖怪》)(吉岡郁夫)「歴史民俗学」 批評社 (23) 2004.2

愛知県内の大般若経調査について(大般若経調査中間報告)(矢満田道之)「愛知県史研究」 愛知県 (8) 2004.3

近世に記録された大般若経の奥書について(大般若経調査中間報告)(新行紀一)「愛知県史研究」 愛知県 (8) 2004.3

宗門送り一札についての一考察(小林忠芳)「あゆち潟」 「あゆち潟」の自然と歴史に親しむ会 (9・10) 2004.4

どぶろく醸造文化にみる農民の知恵と抵抗・哀歓・鎮魂の譜(1)～(3)(河村和男)「碧」 碧の会 (12)/(16) 2005.2/2006.6

古代窯道具の基礎的検討―愛知県域を対象として(市川創)「大阪歴史博物館研究紀要」 大阪市文化財協会 (5) 2006.10

カヤの食文化(1)〜(3)(河村和男)「碧」碧の会 (18)/(24) 2007.2/2009.02

櫟の実(中和正)「碧」碧の会 (19) 2007.6

お盆の記憶(久世郁子)「碧」碧の会 (20) 2007.10

忘れ得ぬ「話者」たち―食文化探訪での思い出(1)(河村和男)「碧」碧の会 (22) 2008.6

忘れ難き「話者」の方たちと(2)(河村和男)「碧」碧の会 (23) 2008.10

愛知県史を語る会抄録 日本窯業の礎―瀬戸窯(楢崎彰一, 藤澤良祐, 鈴木正貴)「愛知県史研究」 愛知県 (13) 2009.3

ツユクサの伝承―岐阜・愛知両県をめぐって(脇田雅彦, 脇田節子)「民具マンスリー」 神奈川大学 42(3)通号495 2009.06

立山信仰にかかわる資料群(資(史)料紹介)(伊東史朗)「愛知県史研究」 愛知県 (14) 2010.03

愛知県と三重県の「をに」(中野譲)「六甲倶楽部報告」 六甲倶楽部 (92) 2010.03

養鰻漁業の変遷と鰻供養の展開―静岡・愛知県の事例より(高木大祐)「民俗学研究所紀要」 成城大学民俗学研究所 34 2010.03

味噌濾し器について(民俗・食文化)(粕渕宏昭)「碧」碧の会 (27) 2010.06

書棚 さいたま民俗文化研究所編 東海地方の大凧揚げ習俗〈愛知県〉(岡本一雄)「儀礼文化ニュース」 儀礼文化学会 (174) 2010.07

仏足石巡拝記(3)―京都府・続奈良県・愛知県(関口渉)「野仏 : 多摩石仏の会機関誌」 多摩石仏の会 41 2010.08

徳川将軍家の草創神話(特集 いくつもの日本の神話へ)(曽根原理)「東北学. [第2期]」 東北芸術工科大学東北文化研究センター, 柏書房(発売)(27) 2011.05

地方のミニ文化誌の歩みその1(特集 碧と歩んだ十年)(河村和男)「碧」碧の会 (29) 2012.01

民俗・食文化 蛤料理について(粕渕宏昭)「碧」碧の会 (30) 2012.01

梵鐘代替品を探る(神谷友和)「年魚市風土記」 戦争遺跡研究会 (4) 2012.07

戦禍に巻き込まれた梵鐘(清水啓介)「年魚市風土記」 戦争遺跡研究会 (4) 2012.07

現存の梵鐘代替品・帰還梵鐘・被爆梵鐘(戦争遺跡研究会)「年魚市風土記」 戦争遺跡研究会 (4) 2012.07

近代愛知県の三曲について―担い手の変化と口承から楽譜による伝承へ(研究ノート)(飯塚恵理人)「愛知県史研究」 愛知県 (17) 2013.03

エビス神信仰の多様性―地域と民俗(愛知県史を語る会抄録 地域・伝統・都市―県史でとらえた愛知の民俗)(伊藤良吉)「愛知県史研究」 愛知県 (17) 2013.03

伊勢神宮と権現様を祀る人々―伝統と民俗(愛知県史を語る会抄録 地域・伝統・都市―県史でとらえた愛知の民俗)(伊東久之)「愛知県史研究」 愛知県 (17) 2013.03

大店のくらし―都市と民俗(愛知県史を語る会抄録 地域・伝統・都市―県史でとらえた愛知の民俗)(服部誠)「愛知県史研究」 愛知県 (17) 2013.03

愛知県のウミガメの民俗(論説)(藤井弘章)「名古屋民俗」 名古屋民俗研究会 (59) 2013.04

コオロギの伝承―愛知県をめぐり岐阜県を尋ねて(脇田雅彦, 脇田節子)「民具マンスリー」 神奈川大学 46(1)通号541 2013.04

ミョウガ(茗荷)の民俗学(民俗・食文化・エッセー)(粕渕宏昭)「碧」碧の会 (31) 2013.05

愛知県における尺八西園流の成立と変遷について―明治維新から昭和初年まで(研究ノート)(飯塚恵理人)「愛知県史研究」 愛知県 (18) 2014.03

境内に残る石灯籠について―伊藤萬蔵と共に(野村辰美)「あつた」 熱田神宮宮庁 (243) 2014.07

愛知県護国神社

愛知県護国神社の歴史について(野嵜義雄)「文化史研究」 なごや文化史研究会 (4) 2000.11

愛知国学院

「愛知國學院小史」補遺ならびに中部神祇學校以後(太田正弘)「あつた」 熱田神宮宮庁 (229) 2011.01

赤坂

地芝居探訪(49) 赤坂の舞台歌舞伎公演/小森歌舞伎/横尾歌舞伎/入谷歌舞伎/小鹿野歌舞伎/さぬき歌舞伎まつり「公益社団法人全日本郷土芸能協会会報」 全日本郷土芸能協会 (74) 2014.01

赤津

赤津区の中世窯跡(服部郁)「瀬戸市歴史民俗資料館研究紀要」 瀬戸市歴史民俗資料館 15 1998.3

秋葉社

十念寺・松秀寺・秋葉社を訪問して(正木ヨシエ, 久野あい)「かりや : 郷土研究誌」 刈谷市郷土文化研究会 18 1997.3

秋葉祭礼の万灯奉納(平井芳男)「かりや : 郷土研究誌」 刈谷市郷土文化研究会 (33) 2012.03

安久美神戸神明社

安久美神戸神明社の鬼まつりを訪ねて(宮地冨美子)「六甲倶楽部報告」 六甲倶楽部 (80) 2007.3

足助

足助の町並みの保存と活用―豊田市足助伝統的建造物群保存地区(豊田市郷土資料館だより」 豊田市郷土資料館 (78) 2012.1

民具調査だより(10) 足助の蔵から―家庭用吸入器(岡本大三郎)「豊田市郷土資料館だより」 豊田市郷土資料館 (83) 2013.1

足助の町並みでの発見―小路について「豊田市郷土資料館だより」 豊田市郷土資料館 (83) 2013.1

民具調査だより(11) 足助の蔵から―鉄漿付けの道具(岡本大三郎)「豊田市郷土資料館だより」 豊田市郷土資料館 (84) 2013.06

平成25年度特別展準備レポート(1) 足助の矢師(大平知香)「豊田市郷土資料館だより」 豊田市郷土資料館 (85) 2013.09

足助の町並みでの発見(松川智一)「豊田市郷土資料館だより」 豊田市郷土資料館 (86) 2013.12

豊田市足助伝統的建造物群保存地区 重要伝統的建造物群保存地区選定3周年 町並みという文化財(松川智一)「豊田市郷土資料館だより」 豊田市郷土資料館 (89) 2014.09

伝建制度を生かした町並み保存が進む足助(第39回上伊那歴史研究会県外実地踏査報告「愛知県三河と上伊那とのつながりを探る」)(渡辺弘行)「伊那路」 上伊那郷土研究会 58(12)通号695 2014.12

熱田

熱田の魚市と「中座」「蓬左」 名古屋市蓬左文庫 59 1998.10

中世熱田大宮司職の補任について(藤本元啓)「日本宗教文化史研究」 日本宗教文化史学会 4(1)通号7 2000.5

熱田文庫通信(4)「あつた」 熱田神宮宮庁 194 2002.4

熱田加藤氏と臨済宗妙心寺派の発展(2)(横山住雄)「郷土文化」 名古屋郷土文化会 60(1)通号201 2005.8

熱田乗合船(史料紹介)(瀬戸口龍一)「知多半島の歴史と現在」 日本福祉大学知多半島総合研究所 2005.9

熱田・加藤氏と妙心寺派の発展(3)(横山住雄)「郷土文化」 名古屋郷土文化会 62(2)通号208 2008.2

熱田加藤氏と臨済宗妙心寺派の発展(4) 乾徳寺・堀尾金助(横山住雄)「郷土文化」 名古屋郷土文化会 66(2)通号216 2012.03

鎌倉末期の熱田大宮司職をめぐって(松島周一)「愛知県史研究」 愛知県 (16) 2012.03

熱田大宮司星野氏の研究(星野加奈)「皇学館史学」 皇学館大学史学会 (27) 2012.03

熱田の楊貴妃墓伝説(辻村全弘)「あつた」 熱田神宮宮庁 (241) 2014.01

熱田宮

熱田宮をめぐる神の水世様神事の諸相とその展開(鬼頭秀明)「半田市立博物館研究紀要」 半田市立博物館 (18) 1997.3

第19回研究会発表要旨 熱田宮と徳川義直について(野村辰美)「郷土文化」 名古屋郷土文化会 56(3)通号192 2002.3

紀行文に見る熱田宮―村上忠順所蔵『長崎紀行』より(辻村全弘)「あつた」 熱田神宮宮庁 (237) 2012.12

熱田社

あゆ市と熱田社をめぐって(丸山竜平)「あゆち潟」 「あゆち潟」の自然と歴史に親しむ会 (3) 1997.3

熱田社領成沢郷関係文書二通(藤本元啓)「史料 : 皇學館大學研究開発推進センター史料編纂所報」 皇學館大學研究開発推進センター史料編纂所 (158) 1998.12

中世熱田社一円神領補論(藤本元啓)「日本学研究」 金沢工業大学日本学研究所 (4) 2001.6

古代・中世熱田社編年史料年表(藤本元啓)「日本学研究」 金沢工業大学日本学研究所 (5) 2002.6

書評 藤本元啓『中世熱田社の構造と展開』(日隈正守)「年報中世史研究」 中世史研究会 (28)/(29) 2003.5/2004.5

書評 藤本元啓著『中世熱田社の構造と展開』(鈴木勝也)「皇学館史学」 皇学館大学史学会 通号19 2004.3

熱田社の和歌と文学(3)―『春日権現験記』の場合(八木意知男)「あつた」 熱田神宮宮庁 202 2004.4

熱田社の座主と神宮寺(太田正弘)「郷土文化」 名古屋郷土文化会 60(1)通号201 2005.8

『とはずがたり』の熱田社参拝記事(須田亮子)「日本宗教文化史研究」

日本宗教文化史学会　10(2)通号20　2006.11
寄稿 近世初頭熱田社社人の変遷(太田正弘)「あつた」 熱田神宮宮庁 (226) 2010.04
熱田社の和歌と文学(30)―真宗の二題(八木意知男)「あつた」 熱田神宮宮庁 (229) 2011.01
熱田社の学統(3) 多田南嶺との関係(太田正弘)「あつた」 熱田神宮宮庁 (230) 2011.04
熱田社の学統(4) 松岡市大夫と雄淵(太田正弘)「あつた」 熱田神宮宮庁 (244) 2014.10

熱田社領

中世熱田社領の構造と変遷(後藤武志)「皇学館史学」 皇学館大学史学会 通号15 2000.3

熱田神宮

熱田神宮の舞楽神事―見学(内藤裕子)「まつり通信」 まつり同好会 38(7)通号449 1998.7
熱田神宮の特殊神事について(4)(長谷晴男)「あつた」 熱田神宮宮庁 182 1999.4
刀剣鍛練等奉納行事と連動した「日本刀入門」展について(福井款彦)「あつた」 熱田神宮宮庁 184 1999.10
江戸時代の神宝の風入れ(上),(下)(野村辰美)「あつた」 熱田神宮宮庁 184/186 1999.10/2000.4
海辺の熱田神宮(辻村全弘)「あつた」 熱田神宮宮庁 185 2000.1
熱田神宮宝刀襍話(福井款彦)「あつた」 熱田神宮宮庁 186 2000.4
珍しい「有翼」の熱田神宮の狛犬(上杉千郷)「あつた」 熱田神宮宮庁 187 2000.7
「熱田神宮神職養成所」以前の養成機関覚書(1)〜(4)(太田正弘)「あつた」 熱田神宮宮庁 188/192 2000.12/2001.10
熱田神宮宝刀襍話(2) 奉納切付銘の諸相―奉納銘文の分析と整理(福井款彦)「あつた」 熱田神宮宮庁 190 2001.4
『享保八年奉納御遷宮慶祝百首和歌』―翻刻と研究(上),(中),(下)(辻村全弘)「あつた」 熱田神宮宮庁 191/195 2001.7/2002.7
第17回研究会発表要旨 熱田神宮宝刀切付銘について―付・日本刀の鑑賞と手入れ(福井款彦)「郷土文化」 名古屋郷土文化会 56(2)通号191 2001.12
特集 祈禱殿竣功奉祝行事「あつた」 熱田神宮宮庁 193 2002.1
熱田神宮宝刀襍話(3) 相剣家矢田作十郎劢吉奉納刀(福井款彦)「あつた」 熱田神宮宮庁 193 2002.1
熱田神宮とその周辺の仏像(赤川一博)「近畿文化」 近畿文化会事務局 628 2002.3
特集 境内の小さな住人たち「あつた」 熱田神宮宮庁 195 2002.7
熱田神宮と前田利家―社家松岡家との関係及び慶次郎奉納刀について(福井款彦)「あつた」 熱田神宮宮庁 197 2002.12
熱田神宮宝刀襍話(4) 権宮司祝師田島家預りの宝刀―その四十二腰の内容と「刀剣覚」の復元(福井款彦)「あつた」 熱田神宮宮庁 198 2003.4
熱田神宮編年史料(稿本)古代(1)〜(3)・中世(1)〜(9)(藤本元啓)「日本学研究」 金沢工業大学日本学研究所 (6)/(17) 2003.6/2014.12
草薙神剣祖考(尾崎知光)「あつた」 熱田神宮宮庁 200 2003.11
1899年の熱田神宮―奈良県参事官の視察報告(西秀成)「愛知県史研究」 愛知県 (8) 2004.3
熱田神宮歩射神事の諸相(辻村全弘)「あつた」 熱田神宮宮庁 204 2004.10
昭和10年の熱田神宮造営について―新聞記事を中心として(造営1)〜(造営3)(飛岡秀樹)「あつた」 熱田神宮宮庁 (208)/(210) 2005.10/2006.4
熱田神宮御遷座奉祝の花電車(辻村全弘)「あつた」 熱田神宮宮庁 (211) 2006.7
昭和10年の遷座に係る奉祝行事―新聞記事を中心として(前),(後)(飛岡秀樹)「あつた」 熱田神宮宮庁 (212)/(213) 2006.10/2006.12
寄稿 熱田神宮の鉄製砲(安田修)「あつた」 熱田神宮宮庁 (216) 2007.10
熱田神宮の鉄製砲(安田修)「もりやま」 守山郷土史研究会 (27) 2008.1
熱田神宮の歩射神事(野村辰美)「まつり通信」 まつり同好会 48(3)通号535 2008.5
宮流神楽について(新見優)「日本民俗音楽学会会報」 日本民俗音楽学会 (29) 2008.7
熱田神宮境域拡張整備と伊東忠太工学博士(前),(後)(飛岡秀樹)「あつた」 熱田神宮宮庁 (219)/(220) 2008.7/2008.10
熱田神宮の造営遷宮について―その歴史的展開(野村辰美)「あつた」 熱田神宮宮庁 (221) 2008.12
神楽殿及びその周辺の発掘調査の報告(野村辰美)「あつた」 熱田神宮宮庁 (223) 2009.07
特集 本殿遷座祭「あつた」 熱田神宮宮庁 (225) 2010.01
熱田神宮宝刀襍話(5) 熱田宝刀の村正について(福井款彦)「あつた」 熱田神宮宮庁 (227) 2010.07
熱田神宮遷座祭と河野省三(辻村全弘)「あつた」 熱田神宮宮庁 (228) 2010.11
熱田神宮の祭事 酔笑人神事(野村辰美)「まつり通信」 まつり同好会 51(3)通号553 2011.05
糧谷礒丸雑考―熱田神宮との関わりにも触れて(辻村全弘)「郷土文化」 名古屋郷土文化会 66(1)通号215 2011.08
熱田神宮戦災の記(杉山守)「あつた」 熱田神宮宮庁 (232) 2011.11
芭蕉と熱田神宮(辻村全弘)「あつた」 熱田神宮宮庁 (233) 2012.01
熱田神宮昭和十年献詠祭について(辻村全弘)「あつた」 熱田神宮宮庁 (234) 2012.04
近代における熱田神宮の造営(前),(後)(飛岡秀樹)「あつた」 熱田神宮宮庁 (235)/(236) 2012.07/2012.11
熱田神宮と地震 二題(津田豊彦)「郷土文化」 名古屋郷土文化会 67(1)通号217 2012.08
特集 創祀千九百年大祭並同奉祝行事 ご挨拶/はじめに 創祀千九百年大祭、奉祝行事、記念撤下品、今後の予定/創祀千九百年大祭 初穂料・献供品「あつた」 熱田神宮宮庁 (239) 2013.07
熱田神宮の御分霊を祀る八雲神社(平田末廣)「あつた」 熱田神宮宮庁 (243) 2014.07
三十番神めぐり(17) 熱田神宮(川口日空)「サットバ : みんなぼさつ」 (444) 2014.08
熱田神宮宝刀襍話(6) 「名鑑漏れ」等に資する宝刀(福井款彦)「あつた」 熱田神宮宮庁 (244) 2014.10
創祀千九百年記念造営事業の回顧(小久保雅広)「あつた」 熱田神宮宮庁 (244) 2014.10

熱田太神宮

『尾張国熱田太神宮縁起』について「季刊邪馬台国」 「季刊邪馬台国」編纂委員会, 梓書院(発売) 62 1997.6
「尾張国熱田太神宮縁起」写本に関する基礎的研究(西宮秀紀)「愛知県史研究」 愛知県 4 2000.3
「尾張國熱田太神宮縁起」校訂文及び校異一覧(西宮秀紀)「愛知県史研究」 愛知県 (6) 2002.3

熱田湊

熱田湊常夜灯(研究ノート)(井上清司)「産業遺産研究」 中部産業遺産研究会事務局 (18) 2011.5

渥美

知多木綿と渥美(石川洋一)「田原市渥美郷土資料館研究紀要」 田原市渥美郷土資料館 (3) 1999.3
渥美焼の経筒・瓦経・五輪塔(小野田勝一)「伊勢湾考古」 知多古文化研究会 (17) 2003.5
「送り一札」からみた江戸時代の村人たち(石井一希)「田原市渥美郷土資料館研究紀要」 田原市渥美郷土資料館 (8) 2004.3

渥美町

お産の施設化(愛知県・渥美町)―なぜ姑は「うちで産め」と言わなかったのか(愛知県田原市伊良湖・日出地区合同調査特集)(むらき数子)「昔風と当世風」 古々路の会 (96) 2012.04

渥美半島

渥美半島の八柱神社とその祭神の源流について(鈴木源一郎)「愛知大学綜合郷土研究所紀要」 愛知大学綜合郷土研究所 通号43 1998.3
渥美半島の民俗調査から「愛知県史だより」 愛知県総務部 13 2001.10
渥美半島の魚交易伝承―三河湾岸の押送船を中心に(胡桃沢勘司)「民俗文化」 近畿大学民俗学研究所 (15) 2003.3
渥美半島の御厨、御薗と八柱神社考(研究ノート)(鈴木源一郎)「愛知大学綜合郷土研究所紀要」 愛知大学綜合郷土研究所 58 2013.03

油ヶ淵

油ヶ淵の猟師(河村和男)「安城民俗」 安城民俗談話会 13 1999.11
収蔵品紹介 油ヶ淵最後の川舟(カワムシ)(野上真由美)「博物館ニュース」 安城市歴史博物館 (94) 2014.10

綾渡の夜念仏と盆踊

文化財シリーズ(58) 綾渡の夜念仏と盆踊/資料館NEWS「豊田市郷土資料館だより」 豊田市郷土資料館 (58) 2006.12
綾渡の夜念仏(近藤由美子)「安城民俗」 安城民俗談話会 (29) 2007.11
綾渡の夜念仏(再掲載する会報の記事)(近藤由美子)「安城民俗」 安城民俗談話会 (38・39) 2012.11

荒尾谷

荒尾谷の歴史(4) 叡山焼き打ちに従軍した村人たち―虫供養の縁起から(加古兼敬)「あゆち潟」 「あゆち潟」の自然と歴史に親しむ会 (3) 1997.3

荒尾谷の歴史（5）熊野信仰と加家観音寺—細井平洲没後200年に寄せて（加古兼敬）「あゆち潟」「あゆち潟」の自然と歴史に親しむ会 （4）1998.3

荒熊神社

山海の里の鎮座される荒熊神社（磯部宅成）「郷土研究誌みなみ」南知多郷土研究会 74 2002.11
ぽっくり弘法大師と荒熊神社（磯部宅成）「郷土研究誌みなみ」南知多郷土研究会 77 2004.5

荒子観音

荒子観音の円空仏（小島梯次）「愛知県史研究」愛知県 （13）2009.03

安城

「職人ひとつばなし」反省と勉強（杉浦瞳）「安城民俗」安城民俗談話会 8 1997.5
「職人ひとつばなし」奮戦記（近藤由美子）「安城民俗」安城民俗談話会 8 1997.5
本ができた（久世郁子）「安城民俗」安城民俗談話会 8 1997.5
今、何が見えているのか（斎藤卓志）「安城民俗」安城民俗談話会 8 1997.5
「チャコ」をめぐる考察（石川三千郎）「安城民俗」安城民俗談話会 9 1997.11
お月さんいくつ（夏目悠美子）「安城民俗」安城民俗談話会 9 1997.11
孤独な真剣勝負（斎藤卓志）「安城民俗」安城民俗談話会 9 1997.11
まつられる神々の添加（深津精一）「安城歴史研究」安城市教育委員会 23 1998.3
いつも思っていることは（斎藤卓志）「安城民俗」安城民俗談話会 10 1998.5
人と人とのつながり（川合正治）「安城民俗」安城民俗談話会 10 1998.5
旅の発見（杉浦敦子）「安城民俗」安城民俗談話会 10 1998.5
ホタルの舞（夏目悠美子）「安城民俗」安城民俗談話会 10 1998.5
「民俗」のありか（中垣佳苗）「安城民俗」安城民俗談話会 10 1998.5
おこじんさんの話（近藤由美子）「安城民俗」安城民俗談話会 10 1998.5
パンツ考（石川三千郎）「安城民俗」安城民俗談話会 10 1998.5
夢幻（河村和男）「安城民俗」安城民俗談話会 11 1998.12
一人芝居（鈴木厚子）「安城民俗」安城民俗談話会 11 1998.12
頭ひとつ出るために（斉藤卓志）「安城民俗」安城民俗談話会 11 1998.12
土地の言葉（中垣佳苗）「安城民俗」安城民俗談話会 11 1998.12
一人芝居（公演）のけいか（川合正治）「安城民俗」安城民俗談話会 11 1998.12
幻の「明治ポートワイン」（河村和男）「安城民俗」安城民俗談話会 12 1999.5
木香薔薇の咲く家（夏目悠美子）「安城民俗」安城民俗談話会 12 1999.5
村のつやばなし二つ（石川三千郎）「安城民俗」安城民俗談話会 12 1999.5
麦笛（石川三千郎）「安城民俗」安城民俗談話会 12 1999.5
赤詰めで伝えたいこと（鈴木美津子）「安城民俗」安城民俗談話会 13 1999.11
アンポンタン（石川三千郎）「安城民俗」安城民俗談話会 13 1999.11
安城の水車（石川清之）「安城市史だより」［安城］市教育委員会生涯学習部 2 2000.2
野辺送りと蓮台についての思考（鈴木和雄）「安城歴史研究」安城市教育委員会 （25）2000.3
「安城の絵馬—神社に奉納された人々の想い」「博物館ニュース」安城市歴史博物館 36 2000.4
講演 書いて伝える（杉本誠）「安城民俗」安城民俗談話会 14 2000.8
安城の地蔵盆—上条・篠目・東尾（近藤由美子）「安城民俗」安城民俗談話会 14 2000.8
八幡社の山車（川合正治）「安城民俗」安城民俗談話会 14 2000.8
赤米の稲刈り（鈴木美津枝）「安城民俗」安城民俗談話会 15 2000.12
古里（夏目悠美子）「安城民俗」安城民俗談話会 15 2000.12
調査報告 安城の絵馬（平岩里張）「安城市歴史博物館研究紀要」安城市歴史博物館 （8）2001.3
自然のめぐみ（近藤由美子）「安城民俗」安城民俗談話会 16 2001.5
弁当について（河村和男）「安城民俗」安城民俗談話会 17 2001.10
最後の宿題（夏目悠美子）「安城民俗」安城民俗談話会 17 2001.10
思い出（杉浦瞳）「安城民俗」安城民俗談話会 17 2001.10
戒壇めぐり（杉浦敦子）「安城民俗」安城民俗談話会 17 2001.10
遺品整理（斎藤卓志）「安城民俗」安城民俗談話会 17 2001.10
通用すること（斎藤卓志）「安城民俗」安城民俗談話会 19・20 2003.5
私の世代（近藤由美子）「安城民俗」安城民俗談話会 19・20 2003.5

自営業の苦楽について（柴田信明）「安城民俗」安城民俗談話会 19・20 2003.5
“生きられる”ありがたさ（杉浦敦子）「安城民俗」安城民俗談話会 19・20 2003.5
私の少年時代（榊原信寛）「安城民俗」安城民俗談話会 19・20 2003.5
聞きがきの中で（河村和男）「安城民俗」安城民俗談話会 19・20 2003.5
点と線を支えるもの（久世郁子）「安城民俗」安城民俗談話会 19・20/21 2003.5/2003.11
気づいたら10年（阿部健）「安城民俗」安城民俗談話会 19・20 2003.5
安城御影をめぐる幕末期の争い（遠山佳治）「安城市史だより」［安城］市教育委員会生涯学習部 16 2003.7
なぜドブロクにこだわるのか（河村和男）「安城民俗」安城民俗談話会 21 2003.11
花火師（柴田信明）「安城民俗」安城民俗談話会 21 2003.11
“矢師”三郎君の話（近藤由美子）「安城民俗」安城民俗談話会 22 2004.5
先祖のルーツを探る甲原さん（川合正治）「安城民俗」安城民俗談話会 （23）2004.11
七福神詣で（阿部健）「安城民俗」安城民俗談話会 （24）2005.5
カヤくばり（杉浦瞳）「安城民俗」安城民俗談話会 （25）2005.11
思うこと（川合正治）「安城民俗」安城民俗談話会 （25）2005.11
安城の七夕（阿部和俊）「安城市史だより」［安城］市教育委員会生涯学習部 （22）2006.3
嫁菓子と樒［正］,（続）（榊原信寛）「安城民俗」安城民俗談話会 （26）/（27）2006.6/2006.12
セピア色のアルバム（沓名素子）「安城民俗」安城民俗談話会 （26）2006.6
民俗調査の反省（斎藤卓志）「安城民俗」安城民俗談話会 （26）2006.6
字名・あれこれ（阿部健）「安城民俗」安城民俗談話会 （27）2006.12
織竿の切り出し（川合正治）「安城民俗」安城民俗談話会 （27）2006.12
ホンコサン（報恩講さん）のご奉仕について（加藤研一）「安城民俗」安城民俗談話会 （28）2007.5
旗本の屋敷地などについて（川合正治）「安城民俗」安城民俗談話会 （28）2007.5
カヤ配り（嫁菓子）（榊原信寛）「安城民俗」安城民俗談話会 （29）2007.11
ミュージアム・スポット「農家の女性が織った布—安城のうちおり—」「博物館ニュース」安城市歴史博物館 （67）2008.1
安城民俗No.30発行によせて（川合正治）「安城民俗」安城民俗談話会 （30）2008.5
願うということ（斎藤卓志）「安城民俗」安城民俗談話会 （30）2008.5
消えた小学生の年中行事（榊原信寛）「安城民俗」安城民俗談話会 （30）2008.5
今、考えること（近藤由美子）「安城民俗」安城民俗談話会 （30）2008.5
安城・西尾の方言（川合正治）「安城民俗」安城民俗談話会 （30）2008.5
ニウケ（荷受け）の話（阿部健）「安城民俗」安城民俗談話会 （31）2008.12
回想（1）（川合正治）「安城民俗」安城民俗談話会 （31）2008.12
オコシモノを作る—安城における聞き取り調査より（平岩里張）「安城市歴史博物館研究紀要」安城市歴史博物館 （16）2009.3
追記1 孫のカヤ（『かや、樒、カヤ』）「安城民俗」安城民俗談話会 （32）2009.07
追記2 嫁菓子と節分（『かや、樒、カヤ』）「安城民俗」安城民俗談話会 （32）2009.07
樒の一考（鈴木厚子）「安城民俗」安城民俗談話会 （32）2009.07
『かや、樒、カヤ』—嫁菓子に関わる民俗—から思いつくこと（杉山洋一）「安城民俗」安城民俗談話会 （32）2009.07
お嫁入り豆/寿 お嫁入り豆「安城民俗」安城民俗談話会 （32）2009.07
校名・あれこれ（阿部健）「安城民俗」安城民俗談話会 （33）2009.12
ホンコサン（報恩講）の執行について（加藤研一）「安城民俗」安城民俗談話会 （33）2009.12
懐かしき情景の中で（松元美紀子）「安城民俗」安城民俗談話会 （33）2009.12
安城の「文字書き」からくり人形—新出の市川家旧蔵座敷からくり（鬼頭秀明）「安城市歴史博物館研究紀要」安城市歴史博物館 （17）2010.3
煮味噌（近藤由美子）「安城民俗」安城民俗談話会 （34）2010.06
安城御影（京都・東本願寺所蔵）「博物館ニュース」安城市歴史博物館 （78）2010.09
暖房具としてのアンカとコタツ（斎藤卓志）「安城民俗」安城民俗談話会 （35）2010.12
毎日が学習（松元美紀子）「安城民俗」安城民俗談話会 （35）2010.12

忘れ難き話者の方たちと麦酒祭の宮守 武村勝治氏 (河村和男)「安城民俗」 安城民俗談話会 (35) 2010.12

安城御影―西本願寺と東本願寺本 (天野信治)「安城市歴史博物館研究紀要」 安城市歴史博物館 (18) 2011.03

私に貴重な櫨 (カヤ) の話をしてくれた方々へのお礼 (榊原啓修)「安城民俗」 安城民俗談話会 (36) 2011.06

環濠屋敷の大石家と菅江真澄 (川合正治)「安城民俗」 安城民俗談話会 (37) 2011.12

五右衛門風呂 (榊原啓修)「安城民俗」 安城民俗談話会 (37) 2011.12

昭和30年代の秋祭り (近藤由美子)「安城民俗」 安城民俗談話会 (37) 2011.12

伝染する話 (斎藤卓志)「安城民俗」 安城民俗談話会 (37) 2011.12

大森さんの出会いと当時の世相 (川合正治)「安城民俗」 安城民俗談話会 (38・39) 2012.11

南吉が見た民俗 (近藤由美子)「安城民俗」 安城民俗談話会 (38・39) 2012.11

消えて行く旧道見聞雑記 (1) (加藤研一)「安城民俗」 安城民俗談話会 (38・39) 2012.11

花の塔 (榊原信寛)「安城民俗」 安城民俗談話会 (38・39) 2012.11

民俗二昔 (阿部健)「安城民俗」 安城民俗談話会 (38・39) 2012.11

なぜドブロクにこだわるのか (再掲載する会報の記事) (河村和男)「安城民俗」 安城民俗談話会 (38・39) 2012.11

(遺稿) 就農隊員の奥さん (再掲載する会報の記事) (甲原恵美子)「安城民俗」 安城民俗談話会 (38・39) 2012.11

『字名・あれこれ』(再掲載する会報の記事) (阿部健)「安城民俗」 安城民俗談話会 (38・39) 2012.11

カヤ配り (嫁菓子) (再掲載する会報の記事) (榊原信寛)「安城民俗」 安城民俗談話会 (38・39) 2012.11

「安城民俗」No.30発行に寄せて (再掲載する会報の記事) (川合正治)「安城民俗」 安城民俗談話会 (38・39) 2012.11

消えた小学生の年中行事 (再掲載する会報の記事) (榊原信寛)「安城民俗」 安城民俗談話会 (38・39) 2012.11

安城・西尾の方言 (再掲載する会報の記事) (川合正治)「安城民俗」 安城民俗談話会 (38・39) 2012.11

ニウケ (荷受け) の話 (再掲載する会報の記事) (阿部健)「安城民俗」 安城民俗談話会 (38・39) 2012.11

校名・あれこれ (再掲載する会報の記事) (阿部健)「安城民俗」 安城民俗談話会 (38・39) 2012.11

煮味噌 (再掲載する会報の記事) (近藤由美子)「安城民俗」 安城民俗談話会 (38・39) 2012.11

忘れ難き話者の方たちと麦酒祭の宮守・武村勝治氏 (再掲載する会報の記事) (河村和男)「安城民俗」 安城民俗談話会 (38・39) 2012.11

環濠屋敷の大石家と菅江真澄 (再掲載する会報の記事) (川合正治)「安城民俗」 安城民俗談話会 (38・39) 2012.11

『かや、櫨、カヤ』―嫁菓子に関わる民俗― (本の発行『聞きがき榎前』の発刊について)「安城民俗」 安城民俗談話会 (38・39) 2012.11

聞きがき 五右衛門風呂 (榊原啓修)「安城民俗」 安城民俗談話会 (40) 2013.06

誤算 (斎藤卓)「安城民俗」 安城民俗談話会 (40) 2013.06

安城市

安城市にまつられる神々 (2) (深津精一)「安城歴史研究」 安城市教育委員会 22 1997.3

安城市の民俗の特徴―民俗アンケート調査票の集計結果から (野地恒有)「安城市史だより」 [安城]市教育委員会生涯学習部 4 1999.6

ある嫁入り風景―戦前の婚儀・覚え書き (日比野光敏)「安城市史研究」 安城市 1 2000.3

「木綿と生活」に関する資料報告 (鈴木厚子)「安城市史研究」 安城市 2 2001.3

村芝居 (万人講) と芝居小屋 (中垣佳苗)「安城市史だより」 [安城]市教育委員会生涯学習部 12 2002.2

梵鐘代替品は語る (神谷友和)「安城市史研究」 安城市 3 2002.3

収蔵品紹介 土人形の招き猫 (天野信治)「博物館ニュース」 安城市歴史博物館 45 2002.7

収蔵品紹介 岩間新右衛門家旧蔵 雛人形「博物館ニュース」 安城市歴史博物館 46 2003.1

正月の遊び・双六展 むかしの遊びで楽しもう「博物館ニュース」 安城市歴史博物館 47 2003.1

「宗門送り状」にみる安城市域の人の移動―結婚・養子縁組・転居・奉公人などの動向 (近藤晴一)「安城市史研究」 安城市 4 2003.3

神社奉納物から見た厄年と同年組織 (神谷幸夫)「安城市史だより」 [安城]市教育委員会生涯学習部 17 2003.12

歴博収蔵品展 古瀬戸と汽車土瓶「博物館ニュース」 安城市歴史博物館 53 2004.7

安城市域の氏子札 (小林賢治)「安城市史だより」 [安城]市教育委員会 生涯学習部 19 2004.10

収蔵品紹介 鯰絵「万歳楽鯰の後悔」「博物館ニュース」 安城市歴史博物館 54 2004.10

「戦争のなかに生きる」ということ―戦争体験を民俗学的手法で解釈することの試み (斎藤弘之)「安城市歴史博物館研究紀要」 安城市歴史博物館 (12) 2005.3

新収蔵資料 一光三尊仏絵伝 四幅「博物館ニュース」 安城市歴史博物館 (60) 2006.4

伊六万歳考 (鷲野正昭)「安城市歴史博物館研究紀要」 安城市歴史博物館 (16) 2009.03

聖徳太子絵伝に描かれた善光寺如来 (天野信治)「安城市歴史博物館研究紀要」 安城市歴史博物館 (16) 2009.03

安城市内社寺建築の建築年代について―近世の棟札および瓦銘文を中心に (岡安雅彦)「安城市歴史博物館研究紀要」 安城市歴史博物館 (20) 2014.03

資料紹介 手回し洗濯器 (山本あずさ)「博物館ニュース」 安城市歴史博物館 (92) 2014.04

安城町

安城町鳥瞰図と安城小唄 (天野信治)「安城市歴史博物館研究紀要」 安城市歴史博物館 (13) 2006.3

安城村

安城村秋葉一件にみる江戸時代の秋葉社 (内藤路子)「安城市史研究」 安城市 4 2003.3

安城歴史博物館

本證寺・安城歴史博物館・上宮寺・勝鬘寺を訪ねて (竹中兼利)「かりや : 郷土研究誌」 刈谷市郷土文化研究会 (28) 2007.3

安養寺

志貴庄川嶋郷安養寺で書写された大般若経 (村岡幹生)「安城市史だより」 [安城]市教育委員会生涯学習部 13 2002.6

医王寺

高津波の金勝寺と医王寺を訪ねて (澤清)「かりや : 郷土研究誌」 刈谷市郷土文化研究会 (24) 2003.3

大井医王寺の絵馬 (中村祥)「郷土研究誌みなみ」 南知多郷土研究会 (90) 2010.11

伊賀八幡宮

八幡宮紹介 伊賀八幡宮 (愛知県岡崎市)「季刊悠久.第2次」 鶴岡八幡宮悠久事務局 84 2001.1

重要文化財建造物の屋根葺替等保存修理工事報告―伊賀八幡宮・瀧山寺本堂・三門・天恩寺山門 (調査研究報告) (岡崎市教育委員会, 公益財団法人文化財建造物保存技術協会)「岡崎市史研究」 岡崎市教育委員会 (34) 2014.3

生路井

『日本の伝説』と愛知の伝説―東浦町生路井の杖立清水伝説をめぐって (第36回日本口承文芸学会大会―公開講演報告) (斉藤純)「伝え : 日本口承文芸学会会報」 日本口承文芸学会 (51) 2012.10

伝説の語る「歴史」―愛知県東浦町生路井の「杖立清水」をめぐって (斉藤純)「口承文藝研究」 日本口承文藝學會 (36) 2013.03

石飛

近世初期有力竈屋の存在形態―瀬戸竈屋三右衛門と三河石飛伊藤家 (研究ノート) (大塚英二)「豊田市史研究」 豊田市 (2) 2011.03

石山寺

西天山石山寺の三十三観音 (市江政之)「もりやま」 守山郷土史研究会 (27) 2008.1

西天山石山寺の十二天軸について (資料紹介) (市江政之)「もりやま」 守山郷土史研究会 (31) 2012.01

和泉

「和泉そうめん」の今昔 (遠山佳治, 黒野昌通)「安城市史だより」 [安城]市教育委員会生涯学習部 5 1999.10

泉田

泉田の歴史をたずねて 順慶寺・観音堂・西念寺・浄信寺・八王子神社・宮東第一号塚 (成田康代)「かりや : 郷土研究誌」 刈谷市郷土文化研究会 (28) 2007.3

伊勢参宮道

我家に残る『伊勢参宮道の記』(竹山永市)「ひがし」 東区郷土史研究会 (7) 2000.6

伊勢湾

鯨突き捕り漁、発祥地について (山下勝年)「伊勢湾考古」 知多古文化研究会 (23) 2014.03

愛知県　　　　　　　　　　　　　郷土に伝わる民俗と信仰　　　　　　　　　　　　　東海

一宮市

一宮市の概要（特集 平成の御鍬祭—行われた記録—尾張西部の市町村別概要）（久保禎子）「まつり」 まつり同好会 通号71・72 2009.12

市原稲荷神社

専光寺・海会寺・市原稲荷神社を尋ねる（竹中太郎）「かりや : 郷土研究誌」 刈谷市郷土文化研究会 19 1998.3

市原稲荷神社の四月祭り（河野和夫）「かりや : 郷土研究誌」 刈谷市郷土文化研究会 20 1999.3

市原稲荷神社蔵「第九大区郵々明細表」について（小林賢治）「安城市史研究」 安城市 1 2000.3

市原稲荷神社の由来と例祭（平井芳男）「かりや : 郷土研究誌」 刈谷市郷土文化研究会 （32） 2011.03

稲沢市

神社編 久多神社・川曲神社・三宮社・住吉神社・白山社・八幡社・裳咋神社（稲沢市）「愛知のやしろ」 愛知の神社をたずねる会 20 1997.5

新義真言系造像の二、三の作例—稲沢市域に見る（伊東史朗）「愛知県史研究」 愛知県 （5） 2001.3

稲沢市の概要 平成の御鍬祭—行われた記録—尾張西部の市町村別概要）（塚本ゆかり）「まつり」 まつり同好会 通号71・72 2009.12

稲武町

木地師史料 豪族三枝氏古橋家の系譜—三河国北設楽郡稲武町（杉本寿）「民俗文化」 滋賀民俗学会 426 1999.3

木地師史料 美濃国木地店舗—愛知県稲武町（杉本壽）「民俗文化」 滋賀民俗学会 436 2000.1

自治体史の秋葉信仰叙述について—「稲武町史」民俗資料編（1999年）を批評する（田村貞雄）「郷土文化」 名古屋郷土文化会 64（1）通号211 2009.08

犬山

犬山焼の調査と経過（荒木実）「きりん」 荒木集成館友の会 3 1999.5

犬山焼 徳利・盃館（土田晃司）「美濃民俗」 美濃民俗文化の会 （481） 2007.6

犬山祭の車山行事

犬山の町組織と犬山祭り（服部誠）「まつり通信」 まつり同好会 42（8）通号498 2002.7

犬山市教育委員会編『犬山祭祀総合調査報告書』（書誌紹介）（福原敏男）「日本民俗学」 日本民俗学会 通号245 2006.2

犬山市

犬山市民の食習慣と生活状況（服部イク）「地域社会」 地域社会研究会 11（1）通号19 1987.03

伊良湖

伊良湖・日出地区合同調査を終えて—調査地概要を兼ねて（愛知県田原市伊良湖・日出地区合同調査特集）（今野大輔）「昔風と当世風」 古々路の会 （96） 2012.04

伊良湖の暮らし今昔（愛知県田原市伊良湖・日出地区合同調査特集）（谷川隼也）「昔風と当世風」 古々路の会 （96） 2012.04

のぼり湖で行い、粥で祝う建築儀礼—愛知県田原市伊良湖（愛知県田原市伊良湖・日出地区合同調査特集）（津山正幹）「昔風と当世風」 古々路の会 （96） 2012.04

伊良湖地区の生業と漁具（抄）（愛知県田原市伊良湖・日出地区合同調査特集）（五十嵐稔）「昔風と当世風」 古々路の会 （96） 2012.4

伊良湖岬

遠州三山・豊川稲荷・伊良湖岬の旅（市川三郎）「府中史談」 府中市史談会 （33） 2007.5

伊良湖岬のごせんだら祭り（愛知県田原市伊良湖・日出地区合同調査特集）（北河直子）「昔風と当世風」 古々路の会 （96） 2012.04

伊良湖町

伊良湖町の住まい（愛知県田原市伊良湖・日出地区合同調査特集）（宮崎勝弘）「昔風と当世風」 古々路の会 （96） 2012.4

伊良湖町と日出町の食から（愛知県田原市伊良湖・日出地区合同調査特集）（丸山久子）「昔風と当世風」 古々路の会 （96） 2012.04

『三州奥郡風俗図絵』と伊良湖町の聞き書き（愛知県田原市伊良湖・日出地区合同調査特集）（佐志原圭子）「昔風と当世風」 古々路の会 （96） 2012.4

伊良湖東大寺瓦窯

伊良湖東大寺瓦窯考[1],（2）（清田和夫）「田原市渥美郷土資料館研究紀要」 田原市渥美郷土資料館 （2）/（3） 1998.3/1999.3

伊良胡御厨

在地伊良胡における経塚造営の意義—伊勢小町塚経塚と三河国伊良胡御厨（苅米一志）「金沢文庫研究」 神奈川県立金沢文庫 通号300 1998.3

入見神社

入見神社考（間瀬研司）「郷土研究誌みなみ」 南知多郷土研究会 （82） 2006.11

岩船神社

私の研究 大谷山と岩船神社—春日部、山田両郡域について（高橋敏明）「郷土誌かすがい」 春日井市教育委員会 （64） 2005.10

岩屋寺

岩屋寺安置の観音菩薩二軀について（奥出賢治）「郷土研究誌みなみ」 南知多郷土研究会 64 1997.11

岩屋寺の宋版大蔵経と寄進者（新行紀一）「愛知県史だより」 愛知県総務部 （18） 2006.10

山海岩屋寺の石仏群（中村祥）「郷土研究誌みなみ」 南知多郷土研究会 （92） 2011.11

上畠神社

新収資料から 奥村一夫氏収集資料/上畠神社資料「名古屋市博物館だより」 名古屋市博物館 134 2000.6

魚町

〔資料〕 豊橋市魚町 能装束の意匠—被服構成・文様・織り（高橋春子，鈴木貴詞，小椋逸子）「衣の民俗館・日本風俗史学会中部支部研究紀要」 衣の民俗館 8 1998.3

豊橋魚町の狂言装束の意匠—素襖・直垂・長裃の文様・被服構成・織り（高橋春子，鈴木貴詞，小椋逸子）「衣の民俗館・日本風俗史学会中部支部研究紀要」 衣の民俗館 10 2000.3

資料 豊橋市魚町の狂言装束の意匠—狂言袴の紋散らし文様・被服構成・織り（高橋春子，鈴木貴詞，小椋逸子）「衣の民俗館・日本風俗史学会中部支部研究紀要」 衣の民俗館 11 2001.3

牛山

昔のくらし 昭和初期牛山のくらし（伊藤昌之）「郷土誌かすがい」 春日井市教育委員会 58 2001.3

鵜多須町

平成19年鵜多須町の御鍬祭（特集 平成の御鍬祭—行われた地区の実践記録例）（杉原康弘）「まつり」 まつり同好会 通号71・72 2009.12

菟足神社

菟足神社風祭りの現状（森長千臣）「まつり通信」 まつり同好会 42（8）通号498 2002.7

内田佐七邸

内田佐七邸に千利休茶道の真髄「二畳の茶室」あり（大岩隆）「郷土研究誌みなみ」 南知多郷土研究会 （92） 2011.11

内々神社庭園

内々神社庭園 日本人の自然観（岡田憲久）「郷土誌かすがい」 春日井市教育委員会 （66） 2007.11

内々神社庭園現況調査（事務局）「郷土誌かすがい」 春日井市教育委員会 （68） 2009.11

内海

尾州廻船 よみがえる「内海船」（1），（2）（松石健治）「郷土研究誌みなみ」 南知多郷土研究会 65/66 1998.5/1998.11

内海船および船道具資料（中村洋）「郷土研究誌みなみ」 南知多郷土研究会 （80） 2005.11

内海石造物データ集—入見神社・高宮神社・山神社・熊野社（曲田浩和）「郷土研究誌みなみ」 南知多郷土研究会 （84） 2007.11

尾州廻船内海船船主内田佐七家座敷（中村祥）「郷土研究誌みなみ」 南知多郷土研究会 （87） 2009.05

内海の四天王（内田辰男）「郷土研究誌みなみ」 南知多郷土研究会 （91） 2011.05

住吉大社内海船寄進常夜灯と「天明六年えびす講定書」にみる戎講の成立背景（1），（2）（丸山専治）「郷土研究誌みなみ」 南知多郷土研究会 （95）/（96） 2013.05/2013.11

内海谷

私の尊敬する内海谷の和尚さんたち（1），（2）（内田辰男）「郷土研究誌みなみ」 南知多郷土研究会 67/68 1999.5/1999.11

内海東端

内海東端の巴紋と勾玉、管玉について（内田恒助）「郷土研究誌みなみ」 南知多郷土研究会 （92） 2011.11

馬取り池

夜泣き石・馬取り池・判官石（川合正治）「安城民俗」 安城民俗談話会 （40） 2013.06

宇利郷

三河国宇利郷と寺社奉行（樋田豊宏）「郷土ちがさき」 茅ヶ崎郷土会

（111）2008.1

延命寺

延命寺内所蔵物の公開（中谷芳夫）「郷土研究誌みなみ」 南知多郷土研究会 （82）2006.11

延命寺近代文学散歩（1），（2）（稲葉惣司）「郷土研究誌みなみ」 南知多郷土研究会 （82）/（83）2006.11/2007.5

榎前

『聞き書き榎前』の発刊について（川合正治）「安城民俗」 安城民俗談話会 （26）2006.6

『聞き書き榎前』を読んで（岡田武敏）「安城民俗」 安城民俗談話会 （26）2006.6

『聞き書き榎前』を読んで（近藤正俊）「安城民俗」 安城民俗談話会 （26）2006.6

『聞き書き榎前』を読んで（永井江美子）「安城民俗」 安城民俗談話会 （26）2006.6

『聞き書き榎前』につながること（間瀬トシ子）「安城民俗」 安城民俗談話会 （26）2006.6

『聞きがき榎前』を読んで（本の発行『聞きがき榎前』の発刊について）（岡田武敏）「安城民俗」 安城民俗談話会 （38・39）2012.11

『聞きがき榎前』を読んで（本の発行『聞きがき榎前』の発刊について）（近藤正俊）「安城民俗」 安城民俗談話会 （38・39）2012.11

榎前村

近世後期における榎前村の木綿生産と販売―斎藤五郎兵衛家の分析対象として（曲田浩和）「安城市史研究」 安城市 3 2002.3

円増寺

圓増寺所蔵「紺紙金字法華経」について（鳥居和之，橋村愛子）「名古屋市博物館研究紀要」 名古屋市博物館 34 2011.03

円福寺

篠木合宿絵馬 白山町円福寺「郷土誌かすがい」 春日井市教育委員会 51 1997.9

十一面観世音菩薩立像画像版本 白山町円福寺「郷土誌かすがい」 春日井市教育委員会 55 1999.9

円福寺の善導大師像（調査報告）（伊東史朗）「愛知県史研究」 愛知県 （15）2011.03

円満寺

大曽根円満寺の弘法井戸（園部志津代）「ひがし」 東区郷土史研究会 （4）1997.6

影向寺

表紙 豊浜影向寺の本堂向拝「郷土研究誌みなみ」 南知多郷土研究会 （95）2013.05

影向寺の立川流彫刻（中村祥）「郷土研究誌みなみ」 南知多郷土研究会 （95）2013.05

大県社

承久の乱前後の尾張国大県社（遠城悦子）「ソーシアル・リサーチ」 ソーシアル・リサーチ研究会 （30）2005.2

大懸神社

神社編 大懸神社（加藤宏）「愛知のやしろ」 愛知の神社をたずねる会 23 2002.1

大県神社

尾張国二宮・式内名神大・大縣神社（旧国幣中社）と御祭神大荒田命の系譜（田辺英治）「歴研よこはま」 横浜歴史研究会 （49）2001.2

大府市

大府市の抱き地蔵（大島建彦）「西郊民俗」 ［西郊民俗談話会］ （176）2001.9

大草郷

木地師史料 信州伊那郡の大河原・鹿塩木地師と大草郷（杉本寿）「民俗文化」 滋賀民俗学会 407 1997.8

大須

展示準備ノート 大道芸の街 大須（武藤真）「名古屋市博物館だより」 名古屋市博物館 144 2002.2

大須観音

大須観音宝生院真福寺文庫所蔵『因明三十三過記』紙背文書―栄西自筆書状の出現（稲葉伸道）「愛知県史研究」 愛知県 （7）2003.3

常設展示室だより フリールーム 国宝・重要文化財の宝庫 大須観音「名古屋市博物館だより」 名古屋市博物館 163 2005.4

大須観音宝生院所蔵「庭儀灌頂図について（稲葉伸道）「愛知県史研究」 愛知県 （13）2009.03

大高

山口墨山と大高焼（野場喜子）「名古屋市博物館研究紀要」 名古屋市博物館 25 2002.3

大高斎田

特集 大高斎田設定70周年「あつた」 熱田神宮宮庁 196 2002.10

大谷山

私の研究 大谷山と岩船神社―春日部、山田両郡域について（高橋敏明）「郷土誌かすがい」 春日井市教育委員会 （64）2005.10

大沼

文化財シリーズ（65）大沼雅楽/資料館NEWS「豊田市郷土資料館だより」 豊田市郷土資料館 （65）2008.11

大野谷

知多大野谷の虫供養（津田豊彦）「まつり通信」 まつり同好会 39（11）通号465 1999.10

大浜街道

碧海の民話の舞台（7）大浜―麦えまし・大浜街道「博物館ニュース」 安城市歴史博物館 31 1999.1

大海

「大海の放下」・「信玄原の火桶」見学記（日比野雅俊）「地域社会」 地域社会研究会 6（2）通号10 1982.03

大神神社

大神神社と尾張一宮―橘三喜の真清田神社参詣をめぐって（山口恵三）「郷土文化」 名古屋郷土文化会 56（2）通号191 2001.12

小垣江

小垣江神明神社・誓満寺を訪ねて（稲垣幸子）「かりや ： 郷土研究誌」 刈谷市郷土文化研究会 （21）2000.3

小垣江の虫供養（加藤幸一）「かりや ： 郷土研究誌」 刈谷市郷土文化研究会 （26）2005.3

小垣江の細工人形（加藤幸一）「かりや ： 郷土研究誌」 刈谷市郷土文化研究会 （34）2013.3

小垣江村

三河国碧海郡小垣江村のお札降り（橘敏夫）「愛知大学綜合郷土研究所紀要」 愛知大学綜合郷土研究所 52 2007.3

岡崎

天白神論（資料編）（村瀬正則）「岡崎地方史研究会研究紀要」 岡崎地方史研究会 （26）1998.3

家本流生花秘伝聞書（新家勝吉）「岡崎地方史研究会研究紀要」 岡崎地方史研究会 （27）1998.3

岡崎納礼会建立の納札塚（杉浦正明）「郷土舘 ： 岡崎市郷土館報」 岡崎市美術博物館 164 1999.3

岡崎の梵鐘（別冊『岡崎の梵鐘』より）（大石収宏）「岡崎地方史研究会研究紀要」 岡崎地方史研究会 （31）2003.3

岡崎における蓬莱・竜神・薬師の信仰とタタラ鍛冶伝承―秦氏・伴氏・物部氏伝承（伊東宏）「岡崎地方史研究会研究紀要」 岡崎地方史研究会 （31）2003.3

古城、古道を歩き歴史や文化、民俗を訪ねる（鈴木久仁七）「岡崎地方史研究会研究紀要」 岡崎地方史研究会 （33）2005.3

石都岡崎の石工業発達について―三つの考察（長坂一昭）「岡崎地方史研究会研究紀要」 岡崎地方史研究会 （34）2006.3

岡崎の古代寺院（荒井信貴）「岡崎地方史研究会研究紀要」 岡崎地方史研究会 （35）2007.3

岡山県における岡崎型狛犬の展開（藤原好二）「岡山市埋蔵文化財センター研究紀要」 岡山市教育委員会 （3）2011.03

田中吉政の寺社弾圧について（杉浦正明）「岡崎地方史研究会研究紀要」 岡崎地方史研究会 （40）2012.03

岡崎市

「年中行事恵美須草」紹介（6），（7），（完）（村瀬正則）「郷土舘 ： 岡崎市郷土館報」 岡崎市美術博物館 155/158 1997.1/1997.9

天白神論（1）～（3），（終回）（村瀬正則）「郷土舘 ： 岡崎市郷土館報」 岡崎市美術博物館 159/162 1998.1/1998.9

天白神観のまとめ（上），（下）（村瀬正則）「郷土舘 ： 岡崎市郷土館報」 岡崎市美術博物館 163/165 1999.1/1999.6

絵馬の流れ（上），（下）（村瀬正則）「郷土舘 ： 岡崎市郷土館報」 岡崎市美術博物館 168/169 2000.3/2000.6

西三河・岡崎市の仏像（岩崎幸一）「史迹と美術」 史迹美術同攷会 73（9）通号739 2003.11

岡崎市内神社別石造物一覧（長浜宏雄）「岡崎地方史研究会研究紀要」 岡崎地方史研究会 （32）2004.3

当（頭）屋祭祀雑感―民俗部会調査ノートより（野本欽也，加藤環，天野

愛知県　　　　　　　郷土に伝わる民俗と信仰　　　　　　　東海

幸枝)「岡崎市史研究」　岡崎市教育委員会　　(29)　2009.03
史料紹介 寛保二年御鍬祭の記録(宇佐美正子)「岡崎市史研究」　岡崎市教育委員会　　(29)　2009.03
岡崎市の円空仏(調査研究報告)(小島悌次)「岡崎市史研究」　岡崎市教育委員会　　(32)　2012.03
諏訪信仰と岡崎市の諏訪神社(三井久安)「岡崎地方史研究会研究紀要」　岡崎地方史研究会　　(41)　2013.03

岡崎藩
岡崎藩の村政と農民のくらし―『長嶋家御用日記』から垣間見る(高橋利夫)「岡崎地方史研究会研究紀要」　岡崎地方史研究会　　(39)　2011.3

岡部
内海岡部地区山車、からくり人形(中村祥)「郷土研究誌みなみ」　南知多郷土研究会　　(91)　2011.05

緒川
愛知県知多郡東浦町緒川十王堂ごわさん―「まつおかこうぞうげだいもん」と浪曲「召集令」(《特集 女の会―先人の肖像》)(前埜尚子)「女性と経験」　女性民俗学研究会　　通号30　2005.10
東浦町緒川における御詠歌(前埜尚子)「女性と経験」　女性民俗学研究会　通号31　2005.10

小川町
ナイショ酒(小川町の聞き取りから)(近藤由美子)「安城民俗」　安城民俗談話会　　(30)　2008.5

小木田
愛知県民俗芸能大会で小木田の棒の手を披露(事務局)「郷土誌かすがい」　春日井市教育委員会　　(70)　2011.11

奥郡
『三州奥郡風俗図絵』と伊良湖町の聞き書き(愛知県田原市伊良湖・日出地区合同調査特集)(佐志原圭子)「昔風と当世風」　古々路の会　　(96)　2012.4

奥三河
口絵写真 奥三河の花まつり(野村秀夫, 田中収)「地域社会」　地域社会研究会　3(2)通号4　1979.03
奥三河に於ける製茶法の系譜―金田家資料を中心として(松下智)「愛知大学綜合郷土研究所紀要」　愛知大学綜合郷土研究所　通号42　1997.3
奥三河の念仏踊り(西海賢二)「コロス」　常民文化研究会　71　1997.11
奥三河の郷を訪ねて(汐満房江)「安城民俗」　安城民俗談話会　16　2001.5
民俗の宝庫・奥三河―豊かな自然と精神世界(脇田雅彦, 蒲池勢至)「愛知県史研究」　愛知県　(6)　2002.3
高遠石工旅稼ぎ人別帳(1)―奥三河型庚申石工(田中清文)「伊那路」　上伊那郷土研究会　48(2)通号565　2004.2
奥三河の花祭り(大中良英)「六甲倶楽部報告」　六甲倶楽部　69　2004.6
中村茂子著『奥三河の花祭り―明治以後の変遷と継承』(書誌紹介)(吉川祐子)「日本民俗学」　日本民俗学会　通号240　2004.11
奥三河における花祭りの祭具―山内・花祭りの湯蓋と衣笠をめぐって(山崎一司)「民具マンスリー」　神奈川大学　41(9)通号489　2008.12
東海民俗発表要旨 奥三河における花祭りの現況と課題(山崎一司)「まつり通信」　まつり同好会　49(4)通号542　2009.07
民俗芸能の伝承と保存―奥三河花祭りの現況から(フォーラム〈シンポジウム「花祭の継承と地域連携」2012年 名古屋大学〉)(山崎一司)「日本民俗学」　日本民俗学会　(275)　2013.08

桶狭間神明社
桶狭間神明社及び境内社についての一考察(成田治)「あゆち潟」　「あゆち潟」の自然と歴史に親しむ会　(3)　1997.3

尾崎村
三州碧海郡尾崎村宗門人別改帳について(林昌弘)「安城市歴史博物館研究紀要」　安城市歴史博物館　(8)　2001.3

尾崎町
安城市尾崎町のからくり人形(鬼頭秀明)「安城市史研究」　安城市　4　2003.3

長孫天神社
東三河地域の例祭における特殊神饌に関する調査報告―長孫天神社の例(須川妙子)「愛知大学綜合郷土研究所紀要」　愛知大学綜合郷土研究所　51　2006.3

押井
文化財シリーズ(66) 押井の磨崖仏/資料館NEWS「豊田市郷土資料館だより」　豊田市郷土資料館　(66)　2009.02

押沢台小学校
私の研究 お蚕さまの糸をたどって―押沢台小学校総合学習の実践より

（堀尾久人)「郷土誌かすがい」　春日井市教育委員会　　(61)　2002.10

小鈴谷村
18世紀における知多地域の変容と酒造業の展開―小鈴谷村の場合(歴史・民俗)(曲田浩和)「知多半島の歴史と現在」　日本福祉大学知多半島総合研究所　(17)　2013.10
歴史・民俗 近世の尾張国知多郡における富士信仰―小鈴谷村を中心に(山形隆司)「知多半島の歴史と現在」　日本福祉大学知多半島総合研究所　(18)　2014.10

乙方
豊浜乙方の豊楽座(中村祥)「郷土研究誌みなみ」　南知多郷土研究会　(93)　2012.5

小幡
大正時代の子どもの暮らし 滝本守夫氏(小幡出身)に聞く(上)―農事の手伝い・花売り・子どもの年中行事(守山郷土史研究会)「もりやま」守山郷土史研究会　17　1998.1
大正時代の子どもの暮らし 滝本守夫氏(小幡出身)に聞く(下)―子どもたちの遊び(守山郷土史研究会)「もりやま」　守山郷土史研究会　18　1999.1

小幡廃寺
小幡廃寺(七原恵史, 木村哲雄)「伊勢湾考古」　知多古文化研究会　14　2000.5

小原
小原工芸紙をたずねて(川岸清)「地域社会」　地域社会研究会　2(1)通号2　1978.03
文化財シリーズ(59) 小原歌舞伎/資料館NEWS「豊田市郷土資料館だより」　豊田市郷土資料館　(59)　2007.3
地芝居探訪(39) 東町歌舞伎/垂井曳屲まつり子供歌舞伎/大鹿歌舞伎/お旅祭り子供歌舞伎/小原歌舞伎/鮭川歌舞伎(松浦鳥夫)「公益社団法人全日本郷土芸能協会会報」　全日本郷土芸能協会　(64)　2011.07
地芝居探訪(41) 藤野村歌舞伎/小森歌舞伎/牧歌舞伎/小原歌舞伎/小鹿野歌舞伎/東濃歌舞伎保存会大会(松浦鳥夫)「公益社団法人全日本郷土芸能協会会報」　全日本郷土芸能協会　(66)　2012.01
地芝居探訪(43) 常盤座歌舞伎/小鹿野歌舞伎・春祭り公演/小鹿野歌舞伎・お天狗様祭り公演/全国子供歌舞伎フェスティバル in 小松/秩父歌舞伎正和会/小原歌舞伎「公益社団法人全日本郷土芸能協会会報」　全日本郷土芸能協会　(68)　2012.07
地芝居見聞(8) 小原歌舞伎 五月公演(北河直子)「公益社団法人全日本郷土芸能協会会報」　全日本郷土芸能協会　(68)　2012.07
地芝居探訪(47) 小鹿野春祭り歌舞伎公演/南谷農村歌舞伎(祇園座)/横仙歌舞伎/秩父歌舞伎正和会/小原歌舞伎「公益社団法人全日本郷土芸能協会会報」　全日本郷土芸能協会　(73)　2013.07
地芝居あれこれ(14) 小原歌舞伎のいま(蒲池卓巳)「公益社団法人全日本郷土芸能協会会報」　全日本郷土芸能協会　(75)　2014.04
地芝居探訪(51) 常盤座歌舞伎/津谷木歌舞伎/鳳凰座歌舞伎/全国子供歌舞伎フェスティバル in 小松/秩父歌舞伎正和会/小原歌舞伎「公益社団法人全日本郷土芸能協会会報」　全日本郷土芸能協会　(76)　2014.07

小牧
小牧長久手の戦いと三河七か寺の動向について(水野智之)「安城市史だより」　[安城]市教育委員会生涯学習部　19　2004.10

尾張
尾張綿織地帯における高機使用について(小林章男)「地域社会」　地域社会研究会　8(2)通号14　1984.03
出開帳と巡り来る宗教者たち―近世尾張文化においてみる「道成寺」伝承の考察の一環として(鈴木道子)「衣の民俗館・日本風俗史学会中部支部研究紀要」　衣の民俗館　7　1997.3
さんか―尾張・濃尾地方を廻った移動竹細工師について(飯尾恭之)「人権問題研究所々報」　人権問題研究所　(42)　1997.3
尾張における学神祭としての釈奠(所功)「東海地域文化研究」　名古屋学芸大学短期大学部附属東海地域文化研究所　通号8　1997.7
『旧事本紀』の尾張氏系譜をどうよむか(大原康男)「郷土文化」　名古屋郷土文化会　52(1)通号178　1997.8
伝承による尾張古代考(2) ヤマトタケルとミヤスヒメ(井口泰子)「郷土誌かすがい」　春日井市教育委員会　52　1998.3
尾張で「道成寺」と称せられた子をとろ遊び―遊び・祭祀・芸能の連関をみる(鈴木道子)「風俗史学 : 日本風俗史学会誌」　日本風俗史学会　通号3　1998.6
近世尾張農民における婚姻の成立について―現行婚姻法前史(小川亜里香)「郷土文化」　名古屋郷土文化会　53(2)通号182　1998.12
〔資料〕(尾張)石原家『家例年中行事』解読(食生活史分科会)「衣の民俗館・日本風俗史学会中部支部研究紀要」　衣の民俗館　9　1999.3
伝承による尾張古代考(3) 尾張氏の祖神―天火明命(いのぐち泰子)「郷土誌かすがい」　春日井市教育委員会　54　1999.3

最近の調査から 尾張地方の宝篋印塔（愛甲昇寛）「愛知県史だより」 愛知県総務部 11 1999.10

尾張地方における贋文書を斬る身近な者からの証言（《特集 偽書の日本史》）（椒本新）「歴史民俗学」 批評社 通号15 1999.11

尾張における経塚の問題——石経経塚造営の一様相（後藤真一）「郷土文化」 名古屋郷土文化会 54（2）通号185 1999.12

伝承による尾張古代考（4）尾張の天王信仰（いのぐち泰子）「郷土誌かすがい」 春日井市教育委員会 56 2000.3

伝承による尾張古代考（5）尾張の国造タケイナダネの姫たち（いのぐち泰子）「郷土誌かすがい」 春日井市教育委員会 57 2000.9

尾張の虫送り（小西恒典）「名古屋民俗」 名古屋民俗研究会（53）2000.9

尾張サンカの研究（9）廻遊竹細工師「オタカラシュウ」の面談・聞き書き・検証調査（飯尾恭之）「歴史民俗学」 批評社（18）2000.10

尾張サンカの研究（10）廻遊竹細工師「ヲタカラシュウ」の面談・聞き書き・検証調査（《別冊総特集 サンカの最新学》）（飯尾恭之）「歴史民俗学」 批評社（20）2001.11

伝承による尾張古代考（6）「節分」のルーツ（いのぐち泰子）「郷土誌かすがい」 春日井市教育委員会（60）2002.3

八切止夫サンカ論の検証 尾張サンカの研究資料としての吟味（《特集 検証・八切止夫》）（飯尾恭之）「歴史民俗学」 批評社（21）2002.6

古文書紹介 大新版尾張繁栄飛廻双六（林昌弘）「博物館ニュース」 安城市歴史博物館 47 2003.1

サンカの人々の共有文化の検証 武蔵サンカ・松島兄妹による尾張サンカ資料の解説（《サンカの最新学2》）（飯尾恭之）「歴史民俗学」 批評社（22）2003.2

元禄期・尾張で作られていた「さっさ餅」について（堅山翠）「衣の民俗館・日本風俗史学会中部支部研究紀要」 衣の民俗館 13 2003.3

尾張の職人魂 御用神漉職辰巳市右衛門（可野徳吉）「郷土文化」 名古屋郷土文化会 58（2）通号197 2003.12

展示準備ノート 尾張鋼（1）、（2）「名古屋市博物館だより」 名古屋市博物館 155/156 2003.12/2004.2

尾張拵（奥出賢治）「名古屋市博物館研究紀要」 名古屋市博物館 27 2004.3

『浪合記』覚書——近世尾張における伝承の背景（原昭午）「愛知県史研究」 愛知県（9）2005.3

尾張・三河と菊人形興業（川井ゆう）「郷土文化」 名古屋郷土文化会 59（2・3）通号200 2005.3

天下太平と新宗教の間—右目録の書籍……この旨御公儀の仰せにより御意を得候以上 吉田侍従八月十八日 尾張中納言殿（共同研究報告書7、118～119）（関善道）「東海地域文化研究」 名古屋学芸大学短期大学部附属東海地域文化研究所（16）2005.3

尾張に於る江戸時代神社の「持」について（太田正弘）「郷土文化」 名古屋郷土文化会 60（2）通号202 2005.12

在俗行者の行法—尾張における儀覚系御嶽講を例に（関敦啓）「山岳修験」 日本山岳修験学会，岩田書院（発売）（39）2007.3

尾張・三河と長頸壺をめぐる諸問題（丸山竜平）「きりん」 荒木集成館友の会 通号11 2007.5

中部地域における御嶽講の展開と現状—尾張を中心に（《第19回国際宗教学宗教史会議世界大会IAHR 東京大会 特集号》—〈第2部 木曽御嶽信仰の現在〉）（関敦啓）「山岳修験」 日本山岳修験学会，岩田書院（発売）（別冊）通号第19回国際宗教学 2007.11

尾張地域神社別石造物一覧（1）（長浜宏雄）「岡崎地方史研究会研究紀要」 岡崎地方史研究会（36）2008.3

名古屋の尾張織田家関連古社寺（舟橋忠夫）「城」 東海古城研究会（200）/（206）2008.8/2011.06

在俗行者の系譜と里山霊場の存在形態—尾張の御嶽講を例に（《木曽御嶽特集》）（関敦啓）「山岳修験」 日本山岳修験学会，岩田書院（発売）（42）2008.11

尾張神社別石物一覧（2）、（3）（長浜宏雄）「岡崎地方史研究会研究紀要」 岡崎地方史研究会（37）/（38）2009.03/2010.03

第39回研究会発表要旨 尾張門徒の信仰と民俗—本山再建と講の力（蒲池勢至）「郷土文化」 名古屋郷土文化会 64（1）通号211 2009.08

尾張のお鍬祭りについて（特集 平成の御鍬祭—全体を見渡して）（武藤真）「まつり」 まつり同好会 通号71・72 2009.12

七宝町の概要（特集 平成の御鍬祭—行われた記録—尾張西部の市町村別概要）（内山智美）「まつり」 まつり同好会 通号71・72 2009.12

資料 平成のお鍬祭り 尾張西部市町村別地区一覧（特集 平成の御鍬祭—愛知県以外の御鍬祭）（事務局）「まつり」 まつり同好会 通号71・72 2009.12

尾張の民俗—嫁入りと万歳からの視点（愛知県史を語る会抄録）（岩井宏實，服部誠，林淳）「愛知県史研究」 愛知県（14）2010.03

愛知の白山信仰—尾張地域を中心に（村中治彦）「愛知県史研究」 愛知県（15）2011.03

尾・三地域のお札降りを追う（堀崎嘉明）「東海近代史研究」 東海近代史研究会（32）2011.07

狂言でござる 尾張の狂言がよくわかる展覧会です。「名古屋市博物館だより」 名古屋市博物館（199）2011.10

文化の"中京"—尾張・三河（愛知県史を語る会抄録 地域・伝統・都市—県史でとらえた愛知の民俗）（岩井宏實）「愛知県史研究」 愛知県（17）2013.3

尾張一宮

尾張一宮の住吉踊と万作（後編）—〈道成寺〉芸能の一環として（鈴木道子）「民俗芸能研究」 民俗芸能学会 通号24 1997.3

大神神社と尾張一宮—橋三喜の真清田神社参詣をめぐって（山口恵三）「郷土文化」 名古屋郷土文化会 56（2）通号191 2001.12

尾張大国神社

弓神楽から天岩屋戸神話へ（弓神楽と土公祭文、鬼神とは何か、五郎王子はスサノヲ、なぜスサノヲは暴れ、ウズメは踊るのか、スサノヲの神格、反閇とは何か、鎮魂とは太陽を鎮めること、大嘗祭と鎮魂祭について、尾張大國神社の儺追神事、桑樹と射日神話）（木村成生）「散歩の手帖」 木村成生（25）2012.11

尾張大国魂神社

尾張大國魂神社の儺追神事（藤原喜美子）「まつり通信」 まつり同好会 50（6）通号550 2010.11

尾張大国霊神社

「人身御供」と祭—尾張大国霊神社の儺追祭をモデルケースにして（六車由美）「日本民俗学」 日本民俗学会 通号220 1999.11

尾張高野山

尾張高野山お札焼行事（鈴木立夏）「郷土研究誌みなみ」 南知多郷土研究会 67 1999.5

尾張国分寺

尾張国分寺軒平瓦に関する新知見（梶山勝）「名古屋市博物館だより」 名古屋市博物館 135 2000.8

尾張国分寺跡

表紙図版説明 尾張国分寺跡出土鬼瓦（一宮市妙興寺蔵）（梶原義実）「愛知県史だより」 愛知県総務部（21）2009.10

尾張津島天王祭の車楽舟行事

尾張津島天王祭り（黒田幹夫）「まつり通信」 まつり同好会 37（7）通号437 1997.7

尾張津島の天王祭りと服部（筒井正）「三重民俗研究会会報」 三重民俗研究会事務局 24 1997.11

尾張津島天王祭の伝承と津島秋祭の発生（《特集 祭りと信仰》）（黒田幹夫）「まつり」 まつり同好会 通号64 2003.2

津島祭が伝える海部・津島の歴史（原昭午）「愛知県史研究」 愛知県（7）2003.3

第42回東海民俗研究発表大会 発表要旨 津島天王祭りの巻き藁風流とその展開（黒田幹夫）「まつり通信」 まつり同好会 52（4）通号560 2012.07

津島天王祭りの巻き藁風流とその展開（特集 記録・伝承と民俗芸能）（黒田幹夫）「まつり」 まつり同好会（74）2012.12

尾張津島天皇祭における造花—その機能と動向について（学会記事—2月例会報告 2月例会発表要旨）（江木淳人）「会報」 岡山民俗学会（212）2014.05

尾張国

尾張国の総社と一宮以下の諸大社—『尾張国神名帳』の検討を通して（井後政晏）「皇學館大学神道研究所紀要」 皇學館大学神道研究所 20 2004.3

芦峅寺宿坊家の尾張国檀那場と三禅定（富士山・立山・白山）関係史料（福江充）「研究紀要」 富山県立山博物館 17 2010.03

近代尾張国庶民の日常食（有薗正一郎）「愛知大学綜合郷土研究所紀要」 愛知大学綜合郷土研究所 56 2011.3

尾張藩

尾張藩「御日記」にみる献上上条瓜について（半田実）「郷土文化」 名古屋郷土文化会 52（2）通号179 1997.12

尾張藩法にみる宗門制度（西山朝雄）「ひがし」 東区郷土史研究会（6）1999.5

尾張藩前期における殉死［1］、（2）（千епち淳子）「郷土文化」 名古屋郷土文化会 55（1）通号187/55（3）通号189 2000.8/2001.3

尾張藩に於ける山伏の一存在形態について（鬼頭勝之）「郷土文化」 名古屋郷土文化会 55（1）通号187 2000.8

第10回研究会発表要旨 尾張藩献上上条瓜について（半田実）「郷土文化」 名古屋郷土文化会 55（1）通号187 2000.8

近世前期の尾張藩の芸能興行について—宗春以前の芸能史（鬼頭勝之）「文化史研究」 なごや文化史研究会（4）2000.11

尾張藩における虚無僧の活動について（鬼頭勝之）「郷土文化」　名古屋郷土文化会　55（2）通号188　2000.12

尾張藩寺社領における租税徴収（1），（2）（原口典子）「郷土文化」　名古屋郷土文化会　56（3）通号192/57（1）通号193　2002.3/2002.8

尾張藩正史編纂記録者にみる宮重大根（半田実）「郷土文化」　名古屋郷土文化会　57（2）通号194　2002.12

尾張藩における虚無僧諸派の活動について（鬼頭勝之）「郷土文化」　名古屋郷土文化会　57（2）通号194　2002.12

尾張藩における武士と宗教者達—清寿院・お亀の方・連歌（鬼頭勝之）「郷土文化」　名古屋郷土文化会　58（1）通号196　2003.8

尾張藩献上上条瓜考（半田実）「愛知県史研究」　愛知県　（9）　2005.3

書評 河野徳吉『尾張藩紙漉文化史—御用紙漉職・辰巳家を中心として』（早川秋子）「郷土文化」　名古屋郷土文化会　60（3）通号203　2006.3

尾張藩の甲賀忍者と忍者の拠点清寿院（1）（伊藤喜雄）「ひがし」　東区郷土史研究会　（11）　2006.7

2008年9月例会 研究発表「尾張藩の宗教行政—修験を事例に— 附尾張の修験寺院と修験資料」石黒智教氏（大谷めぐみ）「日本宗教民俗学会通信」　日本宗教民俗学会　（122）　2008.12

尾張藩の宗教行政—修験を事例に（石黒智教）「郷土文化」　名古屋郷土文化会　63（2）通号210　2009.02

尾張藩小鼓方梶方家について（飯塚恵理人）「郷土文化」　名古屋郷土文化会　65（1）通号213　2010.08

尾張藩能役者の勤務の実態—大鼓方大倉家の場合（研究ノート）（清水禎子）「愛知県史研究」　愛知県　（18）　2014.3

尾張平野

尾張平野南部低湿地の川の恵みと食文化（論説）（大野麻子）「名古屋民俗」　名古屋民俗研究会　（59）　2013.04

尾張万歳

三河・尾張万歳の現状について—東海民俗研究会発表（鷲野正昭）「まつり通信」　まつり同好会　37（7）通号437　1997.7

御殿万歳の成立—尾張万歳史上の位置（織田寿文）「民俗芸能研究」　民俗芸能学会　（31）　2000.9

絵馬にみる明治初期の尾張万歳師（鷲野正昭）「名古屋民俗」　名古屋民俗研究会　（53）　2000.9

尾張万歳の出自—山路説を踏まえて（鷲野正昭）「まつり通信」　まつり同好会　43（1）通号503　2003.1

音楽寺

扶桑町・正覚寺及び江南市・音楽寺の円空作十二神将（調査報告）（小島梯次）「愛知県史研究」　愛知県　（15）　2011.03

海会寺

専光寺・海会寺・市原稲荷神社を尋ねる（竹中太郎）「かりや ： 郷土研究誌」　刈谷市郷土文化会　19　1998.3

海上

海上の竜（小木曽真秋）「郷土文化」　名古屋郷土文化会　60（3）通号203　2006.3

柿碕村

江戸時代の柿碕村の花火（中筋孝）「安城歴史研究」　安城市教育委員会　（29）　2004.3

杜若園

三河「無量寿寺、杜若園」を見聞して（中村重之）「夜豆志呂 ： 郷土史」　八代史談会　（176）　2014.10

覚照寺

真宗惣道場から寺院への苦難の道すじ（3）覚照寺を例として[1]，（2）（杉浦正明）「郷土舘 ： 岡崎市郷土館報」　岡崎市美術博物館　162/163　1998.9/1999.1

加家観音寺

荒尾谷の歴史（5）熊野信仰と加家観音寺—細井平洲没後200年に寄せて（加古兼敬）「あゆち潟」　「あゆち潟」の自然と歴史に親しむ会　（4）　1998.3

笠寺

資料紹介 笠寺宝塔出現絵詞伝「名古屋市博物館だより」　名古屋市博物館　166　2005.10

春日井

郷土探訪 春日井をとおる街道（14）—西へ向かう参詣者でにぎわう下街道（桜井芳昭）「郷土誌かすがい」　春日井市教育委員会　53　1998.9

郷土探訪 春日井の「鬼ヶ島」伝説（森まさし）「郷土誌かすがい」　春日井市教育委員会　58　2001.3

郷土散策 白山信仰（28）～（39）春日井を通った三山道中[1]～（12）（村中治彦）「郷土誌かすがい」　春日井市教育委員会　（60）/（71）

2002.3/2012.11

郷土探訪 春日井の火伏せ信仰（櫻井芳昭）「郷土誌かすがい」　春日井市教育委員会　（69）　2010.11

春日井郡

知多の御山廻りと愛知・春日井郡の御案内（木原克之）「郷土研究誌みなみ」　南知多郷土研究会　76　2003.11

春日井市

白山信仰（19）～（23）（村中治彦）「郷土誌かすがい」　春日井市教育委員会　51/55　1997.9/1999.9

「妙見寺」愛知県春日井市《《妙見信仰特輯》》（吉村睦志）「あしなか」　山村民俗の会　249　1997.12

茶入れと蜀江錦の仕服安藤家所蔵（村中治彦）「郷土誌かすがい」　春日井市教育委員会　56　2000.3

オンカ祭り（教育委員会事務局）「郷土誌かすがい」　春日井市教育委員会　57　2000.9

収蔵民具紹介「郷土誌かすがい」　春日井市教育委員会　57　2000.9

白山信仰（25）織田氏と白山信仰（村中治彦）「郷土誌かすがい」　春日井市教育委員会　57　2000.9

ムラの生活 餅の食文化と「尻据えぼた餅」のこと（三上稲子）「郷土誌かすがい」　春日井市教育委員会　58　2001.3

白山信仰（26），（27）（村中治彦）「郷土誌かすがい」　春日井市教育委員会　58/（59）　2001.3/2001.9

ムラの生活 おこもりの記録（鈴木勝正，鈴木市重）「郷土誌かすがい」　春日井市教育委員会　（61）　2002.10

収蔵民具紹介 洗濯の道具「郷土誌かすがい」　春日井市教育委員会　（62）　2003.10

収蔵民具紹介—髪飾りのいろいろ「郷土誌かすがい」　春日井市教育委員会　（63）　2004.10

ハニワまつり（事務局）「郷土誌かすがい」　春日井市教育委員会　（65）　2006.10

春日部郡

私の研究 大谷山と岩船神社—春日部、山田両郡域について（高橋敏明）「郷土誌かすがい」　春日井市教育委員会　（64）　2005.10

花井寺経塚

愛知県豊川市花井寺経塚に関する覚書（野澤則幸）「三河考古」　三河考古刊行会　（15）　2002.5

神田

瀬川清子氏の山村調査—北設楽郡振草村神田（伊藤正英）「三河民俗」　三河民俗談話会　6　2002.3

勝川

勝川地区の馬之塔「郷土誌かすがい」　春日井市教育委員会　（59）　2001.9

勝栗山

在勝栗山神碑碑文撰者源弘について（松井雅文）「郷土文化」　名古屋郷土文化会　67（2）通号218　2013.02

蟹江町

蟹江町の概要（特集 平成の御鍬祭—行われた記録—尾張西部の市町村別概要）（大野麻子）「まつり」　まつり同好会　通号71・72　2009.12

和爾良神社

謎の和爾良神社（徳田百合子）「もりやま」　守山郷土史研究会　（25）　2006.1

「延喜式内社・和爾良神社」と鰐部（加藤新一郎）「いにしえの風」　古代遊学会　（8）　2012.05

鎌倉街道

三河・尾張・美濃の鎌倉街道伝承地（川合正治）「安城民俗」　安城民俗談話会　（38・39）　2012.11

釜地蔵寺

口絵写真 釜地蔵寺の鉄地蔵（山田英彦）「地域社会」　地域社会研究会　3（1）通号3　1979.01

上萱津

愛知のお鍬祭り—愛知県海部郡甚目寺町上萱津および愛知県海部郡美和町蜂須賀を事例として（研究ノート）（大澤未来）「日本民俗学」　日本民俗学会　通号265　2011.03

上郷村

「家」の子どもたちはどう生きたか—戦前期上郷村F家（研究ノート）（吉川卓治）「豊田市史研究」　豊田市　（3）　2012.03

上野間

磯貝幸男先生と晩年にすごし—付文 上野間のはだか参り（奥川弘成）「伊

勢湾考古」知多古文化研究会 15 2001.5

郷土散歩 上野間地区の大晦日神事（日比野光敏）「地域社会」地域社会研究会 (68) 2013.03

亀崎潮干祭の山車行事

亀崎西組花王車に関する文書について（立松宏）「半田市立博物館研究紀要」半田市立博物館 (18) 1997.3

加茂

三河国の伝説の舞台(2) 加茂のむかしばなし「博物館ニュース」安城市歴史博物館 34 1999.9

賀茂

「愛知のやしろ」と賀茂のやしろ（建内光儀）「愛知のやしろ」愛知の神社をたずねる会 20 1997.5

賀茂町

豊橋市賀茂町賀茂神社の葵祭り（繁原幸子）「三河民俗」三河民俗談話会 5 1999.9

庚申講の変容―豊橋市賀茂町を例として（繁原幸子）「女性と経験」女性民俗学研究会 通号24 1999.10

萱津神社

萱津神社（漬物祭り）（「たより」124〜159号寄稿文）（西野鏡子）「ひがし」東区郷土史研究会 (12) 2012.01

刈谷

刈谷の仏像（山崎隆之）「かりや : 郷土研究誌」刈谷市郷土文化研究会 (22) 2001.3

"幻"の刈谷の「角まんど」（加藤幸一）「かりや : 郷土研究誌」刈谷市郷土文化研究会 (25) 2004.3

刈谷大名行列の起源について（河野和夫）「かりや : 郷土研究誌」刈谷市郷土文化研究会 (25) 2004.3

西三河西部地域の高野信仰(2)―刈谷・西尾城下とその周辺（神谷和正）「三河地域史研究」三河地域史研究会 (22) 2004.12

刈谷市

知られざる弘法伝説の遺跡について（永㽵金一）「かりや : 郷土研究誌」刈谷市郷土文化研究会 (25) 2004.3

「がんど」と「とんご餅」―三月三日の雛祭りの習俗（永田友市）「かりや : 郷土研究誌」刈谷市郷土文化研究会 (27) 2006.3

三月三日雛祭りの習俗―がんど貰いととんご餅（永田友市）「かりや : 郷土研究誌」刈谷市郷土文化研究会 (31) 2010.03

真宗大谷派「観音堂」について（矢田富治）「かりや : 郷土研究誌」刈谷市郷土文化研究会 (31) 2010.03

覚え書 刈谷市における弘法伝説について（原田光敏）「かりや : 郷土研究誌」刈谷市郷土文化研究会 (33) 2012.03

刈谷町

「刈谷町の歌」の秘密（「初雁と松本どん」あとがき（鈴木哲）「かりや : 郷土研究誌」刈谷市郷土文化研究会 (27) 2006.3

雨乞い祈願のかたち―刈谷町庄屋留帳により刈谷藩の村々を中心として（河合克己）「知多半島の歴史と現在」日本福祉大学知多半島総合研究所 (15) 2011.03

刈谷藩

刈谷藩における山車祭り（村瀬典章）「愛知大学綜合郷土研究所紀要」愛知大学綜合郷土研究所 48 2003.3

雨乞い祈願のかたち―刈谷町庄屋留帳により刈谷藩の村々を中心として（河合克己）「知多半島の歴史と現在」日本福祉大学知多半島総合研究所 (15) 2011.03

川宇連

川宇連の念仏踊り（山崎一司）「まつり通信」まつり同好会 40(11)通号477 2000.10

川西

オオギサンの巡るムラ―川西の御田扇祭（笹野康則）「安城市史研究」安城市 3 2002.3

願行寺

半場土願行寺周辺を訪ねて（川村芳子）「かりや : 郷土研究誌」刈谷市郷土文化研究会 (25) 2004.3

願成寺

西尾市願成寺可菴円慧（円光禅師）坐像調査報告（米田孝仁）「愛知県史研究」愛知県 (6) 2002.3

観音山経塚

三明寺経塚と伝豊川市観音山経塚の出土遺品（柴垣勇夫）「沼津市史だより」［沼津市教育委員会］(13) 2002.3

観福寺

観福寺本堂中宮殿について（杉野丞）「愛知県史研究」愛知県 1 1997.3

上室

心のふるさと無形民俗文化財 祭り・行事・技 万灯祭り―豊田市芳友町上室、小峯町（安藤勇）「豊田市郷土資料館だより」豊田市郷土資料館 26 1999.1

願力寺

願力寺文書旅日記（都築道子）「三河地域史研究」三河地域史研究会 (20) 2002.11

汽車地蔵

口絵写真 汽車地蔵（岡本大三郎）「地域社会」地域社会研究会 9(1)通号15 1984.10

木附

民俗聞き取り調査より 自然の素材を活かして ハエタタキづくり―木附地区のMさんを訪ねて（事務局）「郷土誌かすがい」春日井市教育委員会 (65) 2006.10

木曽川

木曽川の神社をたずねて（甲原恵美子）「安城民俗」安城民俗談話会 11 1998.12

木曽川町

木曽川町の歴史探訪（汐満房江）「安城民俗」安城民俗談話会 11 1998.12

北設楽

奥三河・北設楽の村々で行われた御神楽―奥三河の「花祭」について（伊藤勝文）「近畿文化」近畿文化会事務局 652 2004.3

北名古屋市

近現代における修験と御嶽講―北名古屋市域の事例から《《木曽御嶽特集》》（石黒智教）「山岳修験」日本山岳修験学会、岩田書院（発売）(42) 2008.11

北野廃寺

西三河の古代寺院―北野廃寺系軒丸瓦を中心として（梶山勝）「愛知県史研究」愛知県 1 1997.3

調査ノート 岡崎市北野廃寺布目瓦「美博だより : 飯田市美術博物館ニュース」飯田市美術博物館 65 2004.4

常設展示から 西三河最古の寺院 北野廃寺「郷土館 : 岡崎市郷土館報」岡崎市美術博物館 (190) 2006.10

北野廃寺の伽藍と造瓦―北野廃寺軒瓦一覧（三河国造から青見評の時代―西三河地域の6〜7世紀）（永井邦仁）「考古学フォーラム」愛知考古学談話会 (20) 2011.01

北野廃寺は三河国造の寺か（三河国造から青見評の時代―西三河地域の6〜7世紀）（永井邦仁）「考古学フォーラム」愛知考古学談話会 (20) 2011.01

北浜

北浜の大カヤノ木（川合正治）「安城民俗」安城民俗談話会 (26) 2006.6

北向

内海 北向秋葉講（内田白花）「郷土研究誌みなみ」南知多郷土研究会 68 1999.11

吉根

吉根ムラ散歩の記(16)（徳田百合子）「もりやま」守山郷土史研究会 (22) 2003.1

吉根見たり聞いたり―吉根の古塚物語（徳田百合子）「もりやま」守山郷土史研究会 (24) 2005.1

吉根の河原弘法の話―柴田まつ子さんに聞く（徳田百合子，藤森宏美）「もりやま」守山郷土史研究会 (26) 2007.1

思い出 吉根に語り継がれた自然石（藤森宏美）「もりやま」守山郷土史研究会 (26) 2007.1

衣浦観音

鬼師の世界―浅井長之助と衣浦観音像（論説）（高原隆）「愛知大学綜合郷土研究所紀要」愛知大学綜合郷土研究所 59 2014.03

旧海老名三平邦飛宅

文化財シリーズ(77) 市指定文化財 旧海老名三平邦飛宅「豊田市郷土資料館だより」豊田市郷土資料館 (77) 2011.10

旧紙屋鈴木家住宅

文化財シリーズ(81) 市指定文化財 旧紙屋鈴木家住宅「豊田市郷土資料館だより」豊田市郷土資料館 (81) 2012.09

久岑寺

長松山久岑寺の梵鐘（資料紹介）（市江政之）「もりやま」　守山郷土史研究会　（30）　2011.01

旧鈴木家住宅

祝 重要文化財指定 旧鈴木家住宅の屋敷構えの変遷（松川智一）「豊田市郷土資料館だより」　豊田市郷土資料館　（85）　2013.09

民具調査だより（12）企画展 重要文化財 旧鈴木家住宅収蔵品展（岡本大三郎）「豊田市郷土資料館だより」　豊田市郷土資料館　（85）　2013.09

旧平岩家住宅

旧山内家住宅と旧平岩家住宅（松川智一）「豊田市郷土資料館だより」　豊田市郷土資料館　（84）　2013.06

旧山内家住宅

文化財シリーズ（64）旧山内家住宅/資料館NEWS「豊田市郷土資料館だより」　豊田市郷土資料館　（64）　2008.7

旧山内家住宅と旧平岩家住宅（松川智一）「豊田市郷土資料館だより」　豊田市郷土資料館　（84）　2013.06

教安寺

三河安祥城主 松平信忠と教安寺（川合正治）「安城歴史研究」　安城市教育委員会　（38）　2013.03

経塚山西窯跡

瀬戸窯調査報告（10）経塚山西窯跡発掘調査報告（村田淳）「瀬戸市埋蔵文化財センター研究紀要」　瀬戸市文化振興財団　（11）　2003.3

清洲

「朝日柿」考―江戸期の清洲名物（平田実）「愛知県史研究」　愛知県　（13）　2009.03

清須

「清須花火関係資料公開展示会」顛末記（半田実）「郷土文化」　名古屋郷土文化会　53（3）通号183　1999.3

まばたきの見世物―清須花火を中心とした「尾張近世花火年表稿」私案（半田実）「郷土文化」　名古屋郷土文化会　59（2・3）通号200　2005.3

清須花火・資料考―盂蘭（半田実）「郷土文化」　名古屋郷土文化会　63（2）通号210　2009.2

萬歳帳等に記された清須の「信長祭」（半田実）「郷土文化」　名古屋郷土文化会　68（1）通号219　2013.08

清須市

清須市の概要（特集 平成の御鍬祭―行われた記録―尾張西部の市町村別概要）（鎌倉崇志）「まつり」　まつり同好会　通号71・72　2009.12

清洲宿

清洲宿「万歳帳」について（半田実）「郷土文化」　名古屋郷土文化会　53（2）通号182　1998.12

水代について―清洲宿『万歳帳』から（半田実）「郷土文化」　名古屋郷土文化会　54（3）通号186　2000.3

旧清洲宿「万歳帳」について（半田実）「郷土文化」　名古屋郷土文化会　55（1）通号187　2000.8

清見潟

資料紹介 市内にのこる相撲資料―清見潟門人の足跡「豊田市郷土資料館だより」　豊田市郷土資料館　49　2004.9

吉良

三河の国の伝説の舞台（4）吉良のむかしばなし「博物館ニュース」　安城市歴史博物館　36　2000.4

吉良の仁右血洗いの井戸（内田白花）「郷土研究誌みなみ」　南知多郷土研究会　（83）　2007.5

金城

『金城温故録』の諸本と奥村得義家旧蔵書について（桐原千文）「名古屋市博物館研究紀要」　名古屋市博物館　20　1997.3

日下部

愛知県稲沢市日下部御鍬祭（石田泰弘）「まつり通信」　まつり同好会　52（1）通号557　2012.01

葛の葉稲荷

信太狐説話と狐の子孫―尾張篠田森葛の葉稲荷（石川稔子）「東海地域文化研究」　名古屋学芸大学短期大学部附属東海地域文化研究所　通号8　1997.7

国附町

国府町八柱神社の奉納剣―製作年号の刻まれた珍しい銘「豊田市郷土資料館だより」　豊田市郷土資料館　（82）　2012.11

熊

市内研修会 熊地区安養寺・熊野神社を中心に（竹中兼利）「かりや ： 郷土研究誌」　刈谷市郷土文化研究会　（35）　2014.03

久村

久村（山海）の人々を救われたおきょうさま（土浪地蔵尊）の発掘について―江戸時代末期から明治中期にかけて（磯部宅成）「郷土研究誌みなみ」　南知多郷土研究会　（78）　2004.11

闇の森八幡社

郷土散歩 闇の森八幡社（伊藤俊雄）「地域社会」　地域社会研究会　13（2）通号23　1989.03

蔵次町

わずか六戸で支えるドブロク祭り岡崎市蔵次町熊野神社（河村和男）「碧」　碧の会　2　2001.10

黒沢

「黒沢田楽見学会」に参加して（下地好孝）「まつり通信」　まつり同好会　45（3）通号517　2005.5

華蔵寺

吉良上野介義央公菩提寺華蔵寺訪問と「理鏡さま」のこと（第39回上伊那歴史研究会県外実地踏査報告「愛知三河と上伊那とのつながりを探る」）（矢島信之）「伊那路」　上伊那郷土研究会　58（12）通号695　2014.12

賢叔庵

鈴木正三没後350年記念事業にむけて 鈴木正三ゆかりの寺 賢叔庵（長泉寺）「豊田市郷土資料館だより」　豊田市郷土資料館　（50）　2005.1

建中寺

建中寺拝観（長谷川武年）「ひがし」　東区郷土史研究会　（9）　2002.12

犬頭

古代参河国（碧海郡）産ブランド犬頭糸（西宮秀紀）「安城市史だより」　[安城]市教育委員会生涯学習部　9　2001.2

身近な歴史を調べよう（9）天神社と犬頭糸（村高町）（加藤善亮）「博物館ニュース」　安城市歴史博物館　（63）　2007.1

乾徳寺

熱田加藤氏と臨済宗妙心寺派の発展（4）乾徳寺・堀尾金助（横山住雄）「郷土文化」　名古屋郷土文化会　66（2）通号216　2012.02

賢林寺

愛知の歴史遺産 十一面観音菩薩坐像（小牧市賢林寺）（山岸公基）「愛知県史だより」　愛知県総務部　10　1999.3

高岳院

高岳院界隈（天野正一）「ひがし」　東区郷土史研究会　（4）　1997.6

香積院

味岡山香積院・般若台考（宮澤和夫）「郷土文化」　名古屋郷土文化会　63（2）通号210　2009.02

味岡山香積院・般若台考（2），（3）―愛知県における菅江真澄研究（1），（2）（宮澤和夫）「郷土文化」　名古屋郷土文化会　64（2）通号212/65（2）通号214　2010.02/2011.3

興正寺

二軀の大日如来像（興正寺ならびに水野平蔵家伝来）について（小嶋泉）「名古屋市博物館研究紀要」　名古屋市博物館　30　2007.3

200年前の開帳を再現 猿猴庵の記録をもとに、八事山興正寺で（山本祐子）「名古屋市博物館だより」　名古屋市博物館　（198）　2011.07

高蔵寺

口絵 薬師如来坐像（春日井市 高蔵寺蔵）「愛知県史研究」　愛知県　（12）　2008.3

春日井市高蔵寺薬師如来坐像（伊東史朗）「愛知県史研究」　愛知県　（12）　2008.3

幸田町

県内研修会 幸田町の歴史と自然を学ぶ―本光寺・正楽寺と深溝断層（長嶌秀雄）「かりや ： 郷土研究誌」　刈谷市郷土文化研究会　（33）　2012.03

国府宮

古代米を栽培して… 稲作儀礼の源郷をさぐる―愛知県国府宮の追儺神事のルーツ（川合生峰）「美濃民俗」　美濃民俗文化の会　379　1998.12

平成10年国府宮裸まつり大鏡餅奉納「愛知のやしろ」　愛知の神社をたずねる会　21　1999.1

国府宮の裸祭り（「たより」124～159号寄稿文）（西野鏡子）「ひがし」　東区郷土史研究会　（12）　2012.01

河端

河端の大杉（大島建彦）「西郊民俗」　[西郊民俗談話会]　（208）　2009.09

東海　　　　　　　　　　　　郷土に伝わる民俗と信仰　　　　　　　　　　　　愛知県

光明寺

町指定文化財 光明寺の絵馬について（中村祥）「郷土研究誌みなみ」 南知多郷土研究会　74　2002.11

常設展示室から テーマ10 光明寺の仏像／フリールーム 小田切春江―縮図の名手「名古屋市博物館だより」 名古屋市博物館　（184）　2008.10

行明寺

東三河の大江氏と星野山行明寺（奥田敏春）「愛城研報告」 愛知中世城郭研究会　（10）　2006.8

河和町

鎧かけの松 河和町史「郷土研究誌みなみ」 南知多郷土研究会　（95）　2013.5

御器所町

木地師史料 名古屋市御器所町の住人 人形師八代玉屋庄兵衛のこと（杉本寿）「民俗文化」 滋賀民俗学会　431　1999.8

極楽寺

極楽寺所蔵「阿弥陀如来立像」（中村祥）「郷土研究誌みなみ」 南知多郷土研究会　77　2004.5

小坂井町

愛知県小坂井町の金太郎伝説（笠間吉高）「史談足柄」 足柄史談会　37　1999.4

五所社

中小田井の特殊祭具―五所社資料調査から（鬼頭秀明）「新修名古屋市史だより」 名古屋市市政資料館　（15）　1999.3

寿町

近代化遺産紹介 寿町の達磨窯「豊田市郷土資料館だより」 豊田市郷土資料館　（56）　2006.6

豊田市有形民俗文化財 寿町の達磨窯―村瀨さんと達磨窯「豊田市郷土資料館だより」 豊田市郷土資料館　（82）　2012.11

小林

花祭りの信仰圏―小林の花祭り文書を史料として（中村茂子）「民俗芸能研究」 民俗芸能学会　通号25　1997.9

テキストに見る神楽屋敷の民俗文化―東栄町小林区田ノ口家文献悉皆調査を通して（研究ノート）（松山由布子）「比較人文学研究年報」 名古屋大学大学院文学研究科比較人文学研究室　7　2010.03

小牧山

『寺社類集』にみる小牧山観音（研究ノート）（河原信之）「丹波」 丹波史談会　（15）　2013.10

小馬寺

資料紹介 千匹大絵馬 旭地区小馬寺蔵／中馬の全盛を伝える「豊田市郷土資料館だより」 豊田市郷土資料館　（55）　2006.3

小峯町

心のふるさと無形民俗文化財 祭り・行事・技 万灯祭り―豊田市芳友町上室、小峯町（安藤勇）「豊田市郷土資料館だより」 豊田市郷土資料館　26　1999.1

挙母

子守明神祭礼図―江戸時代の挙母祭りを今に伝える（資料紹介）（伊藤智子）「豊田市郷土資料館だより」 豊田市郷土資料館　（85）　2013.09

挙母神社

文化財シリーズ（61）挙母神社の山車／資料館NEWS「豊田市郷土資料館だより」 豊田市郷土資料館　（61）　2007.9

挙母藩

平成25年度特別展準備レポート3 挙母藩・東大寺で通し矢開催！ 安藤早太郎の記録8685本（伊藤智子）「豊田市郷土資料館だより」 豊田市郷土資料館　（87）　2014.01

権現山

権現山に姿を現した「ごんぎつね」（福田秀志，山田裕樹）「知多半島の歴史と現在」 日本福祉大学知多半島総合研究所　（16）　2012.10

金勝寺

高津波の金勝寺と医王寺を訪ねて（澤清）「かりや : 郷土研究誌」 刈谷市郷土文化研究会　（24）　2003.3

金蓮寺

吉良町金蓮寺の大般若経について（大般若経調査中間報告）（村岡幹生）「愛知県史研究」 愛知県　（8）　2004.3

金蓮寺阿弥陀三尊像―仏堂と安置仏像のあいだ（伊東史朗）「愛知県史だより」 愛知県総務部　（18）　2006.10

西運寺

真宗惣道場から寺院への苦難の道すじ（1）西運寺を例として（杉浦正明）「郷土舘 : 岡崎市郷土館報」 岡崎市美術博物館　160　1998.3

財賀寺

財賀寺のお田植祭り（梅村則義）「まつり通信」 まつり同好会　38（1）通号443　1998.1

財賀寺旧境内地の調査―三河における山寺の研究（1）（岩原剛，野澤則幸，中島啓太）「三河考古」 三河考古刊行会　（20）　2009.05

西光寺

津島・西光寺地蔵菩薩立像（水落地蔵）（伊東史朗）「愛知県史研究」 愛知県　（10）　2006.3

坂下

収蔵民具紹介 下駄作り道具―坂下のヤマヨさんを尋ねて「郷土誌かすがい」 春日井市教育委員会　（59）　2001.9

桜井

資料紹介 大正末から昭和初頭の西端・桜井系凧―その骨格構造の特徴を観察する（斎藤弘之）「安城市歴史博物館研究紀要」 安城市歴史博物館　（9）　2002.3

桜井神社

19世紀末の桜井神社祭礼あれこれ（鈴木和雄）「安城歴史研究」 安城市教育委員会　（26）　2001.3

明治初期の郷村社制と地方行政区画―桜井神社を事例として（小林賢治）「安城市史研究」 安城市　6　2005.3

桜井村

古文書紹介 桜井村の宗門人別御改判形帳（林昌弘）「博物館ニュース」 安城市歴史博物館　43　2002.1

桜形

口絵写真 額田町桜形の道祖神像（鳥山将平）「地域社会」 地域社会研究会　7（1）通号11　1982.10

猿投神社

猿投神社所蔵の無住撰述『三昧耶戒作法』について（伊藤聡）「愛知県史研究」 愛知県　（5）　2001.3

貞治三年銘の猿投神社釈迦如来坐像（山岸公基）「愛知県史研究」 愛知県　（7）　2003.3

猿投神社・典籍の意義について（阿部泰郎，山崎誠，伊藤聡）「愛知県史研究」 愛知県　（7）　2003.3

村々連合祭礼 猿投神社と龍泉寺の馬の塔（木原克之）「もりやま」 守山郷土史研究会　（30）　2011.01

猿投神社の建築について（調査報告）（澤田多喜二，杉野丞）「豊田市史研究」 豊田市　（2）　2011.03

文化財シリーズ（75）県指定文化財 猿投神社文書（猿投神社所蔵）「豊田市郷土資料館だより」 豊田市郷土資料館　（75）　2011.03

猿面茶席

猿面茶席（深津喜平）「ひがし」 東区郷土史研究会　（5）　1998.4

三遠

田楽の誕生（今泉宗男）「さんえん」 三遠地方民俗と歴史研究会　（33）　2006.7

産業技術記念館

日泰寺・城山八幡宮・産業技術記念館を訪ねて（成田康代）「かりや : 郷土研究誌」 刈谷市郷土文化研究会　（27）　2006.3

三州

口絵写真 三州ダルマ（岡本大三郎）「地域社会」 地域社会研究会　10（1）通号17　1985.10

服部工業の歴史的鋳造工場と三州釜の技術遺産（調査・研究報告）（天野武弘，野口英一朗）「岡崎市史研究」 岡崎市教育委員会　（30）　2010.3

三蔵塚

上佐々木町「三蔵塚」の考察―三河一向一揆で討死した武将（萩原正）「岡崎地方史研究会研究紀要」 岡崎地方史研究会　（42）　2014.03

師勝町

〔史料紹介〕師勝町白山社の牛玉宝印版木（上川通夫）「愛知県史だより」 愛知県総務部　11　1999.10

慈眼寺

木造聖観世音菩薩坐像鳥居松町慈眼寺「郷土誌かすがい」 春日井市教育委員会　53　1998.9

重原

重原ほうろく（杉浦卓次）「かりや : 郷土研究誌」 刈谷市郷土文化研究会　（31）　2010.3

愛知県　　　　　　　　　　　郷土に伝わる民俗と信仰　　　　　　　　　　　東海

慈光寺

慈光寺の阿弥陀如来坐像について（奥出賢治）「郷土研究誌みなみ」　南知多郷土研究会　63　1997.5

其の一　饅頭を食べたお地蔵さん/其の二　内海、慈光寺の杖杉弘法大師（内田白原）「郷土研究誌みなみ」　南知多郷土研究会　（80）　2005.11

志段味

武功夜話とキリシタンと野田墓と（玉岡悟司）「志段味の自然と歴史を訪ねて」　志段味の自然と歴史に親しむ会・世話人会　51　1997.3

志段味の方言（訛言）（大野哲夫）「もりやま」　守山郷土史研究会　17　1998.1

出産民俗と文学（石川弥作）「志段味の自然と歴史を訪ねて」　志段味の自然と歴史に親しむ会・世話人会　55　1998.6

「川絵図面」で解く、神領「銅鐸」の謎（早瀬正男）「志段味の自然と歴史を訪ねて」　志段味の自然と歴史に親しむ会・世話人会　61　2002.2

7月例会報告—書根の古老に聞く昔話（徳田百合子）「志段味の自然と歴史を訪ねて」　志段味の自然と歴史に親しむ会・世話人会　61　2002.2

志段味の昔を語る—一家の行事としきたり・習慣（例会報告より）（西村見地子）「志段味の自然と歴史を訪ねて」　志段味の自然と歴史に親しむ会・世話人会　64　2005.9

志談郷

「ヲハリの聖地」志談郷（早瀬正男）「志段味の自然と歴史を訪ねて」　志段味の自然と歴史に親しむ会・世話人会　51　1997.3

七宝町

資料館案内　七宝町七宝焼アートヴィレッジ「愛知県史だより」　愛知県総務部　（19）　2007.10

七宝町の概要（特集　平成の御鍬祭—行われた記録—尾張西部の市町村別概要）（内山智美）「まつり」　まつり同好会　通号71・72　2009.12

七宝町下之森

愛知県西部のオコワ祭（2）海部郡七宝町下之森のおこわ祭（三輪京子）「まつり通信」　まつり同好会　48（4）通号536　2008.7

篠島

篠島におけるシロメ・コウナゴ曳きの漁業活動と漁場利用（野地恒有）「愛知県史研究」　愛知県　2　1998.3

愛知県篠島にある天正十八年記銘の板碑（田中城久）「きりん」　荒木集成館友の会　通号12　2008.5

若者組と寝宿慣行（1），（2）—篠島を中心として（祖父江みゆき）「郷土研究誌みなみ」　南知多郷土研究会　（92）/（93）　2011.11/2012.5

表紙　篠島の御贄干鯛調製（鯛を開く）、篠島の御贄干鯛調製（鯛を干す）「郷土研究誌みなみ」　南知多郷土研究会　（96）　2013.11

甚目寺

甚目寺の文化財（岡部快晃，山岸公基）「愛知県史研究」　愛知県　2　1998.3

妙興寺・津島神社・甚目寺を訪れて（加藤智子）「かりや：郷土研究誌」　刈谷市郷土文化研究会　19　1998.3

甚目寺蔵涅槃図とその関連作品（渡辺里志）「愛知県史研究」　愛知県　（8）　2004.3

あ、うん！巨像ならびたつ！　仁王像修復記念　甚目寺観音展「名古屋市博物館だより」　名古屋市博物館　（198）　2011.07

甚目寺参詣曼荼羅—三重塔と愛染明王像の謎（山田伸彦）「名古屋市博物館だより」　名古屋市博物館　（201）　2012.04

甚目寺町

甚目寺町の概要（特集　平成の御鍬祭—行われた記録—尾張西部の市町村別概要）（内山伸也）「まつり」　まつり同好会　通号71・72　2009.12

下品野

下品野窯屋　加藤三右衛門窯日記より「陶営記—窯屋の生活」（2）（加藤高二）「瀬戸市歴史民俗資料館研究紀要」　瀬戸市歴史民俗資料館　14　1997.3

下之一色

名古屋市博物館「名古屋の漁師町　下之一色」（展示批評）（池田哲夫）「民具研究」　日本民具学会　（133）　2006.3

千葉・浦安で名古屋・下之一色の漁具を紹介　共催企画展「三角州上にできた2つの漁師町」名古屋市下之一色と浦安（井上善博）「名古屋市博物館だより」　名古屋市博物館　（196）　2011.01

下町

口絵写真　下町の神さん（岡本大三郎）「地域社会」　地域社会研究会　7（2）通号12　1983.03

釈迦院

釈迦院をめぐる絵師たち（神谷浩）「愛知県史研究」　愛知県　3　1999.3

寂静寺

文化財調査レポート　寂静寺本堂（岡崎市上地町）—東町法行寺から移築された本堂「博物館ニュース」　安城市歴史博物館　（83）　2012.01

十念寺

十念寺・松秀寺・秋葉社を訪問して（正木ヨシエ，久野あい）「かりや：郷土研究誌」　刈谷市郷土文化研究会　18　1997.3

松韻寺

松韻寺「太子岩伝説」覚書（天野信治）「安城歴史研究」　安城市教育委員会　（33）　2008.3

性海寺

性海寺の仏像—特に本堂須弥壇安置の四天王像を中心として（西林孝浩，山岸公基）「愛知県史研究」　愛知県　3　1999.3

城ヶ入子安観音

善の綱が導くもの—城ヶ入子安観音「博物館ニュース」　安城市歴史博物館　（82）　2011.09

正覚寺

扶桑町・正覚寺及び江南市・音楽寺の円空作十二神将（調査報告）（小島梯次）「愛知県史研究」　愛知県　（15）　2011.03

常観寺

口絵写真　常観寺の鉄地蔵（山田英彦）「地域社会」　地域社会研究会　4（1）通号5　1979.09

正及神社

徳川家康を祀る正及神社（今枝幸一）「美豆保」　瑞穂地区郷土史跡研究会　（23）　2011.03

上宮寺

本證寺・安城歴史博物館・上宮寺・勝鬘寺を訪ねて（竹中兼利）「かりや：郷土研究誌」　刈谷市郷土文化研究会　（28）　2007.3

浄玄寺

上条浄玄寺（阿部健，渥美精一，深井宗善，斎藤績，黒野俊勝，山中康彦）「安城歴史研究」　安城市教育委員会　（30）　2005.3

定光寺

瀬戸市定光寺所蔵『年代記』について（資料紹介）（斎藤夏来）「瀬戸市歴史民俗資料館研究紀要」　瀬戸市歴史民俗資料館　20　2005.3

浄慈院

近世無檀律寺院の活動について（前）—三河国浄慈院の場合（新美万紀子）「三河地域史研究」　三河地域史研究会　（20）　2002.11

松秀寺

十念寺・松秀寺・秋葉社を訪問して（正木ヨシエ，久野あい）「かりや：郷土研究誌」　刈谷市郷土文化研究会　18　1997.3

上条

尾張藩「御日記」にみる献上上条瓜について（半田実）「郷土文化」　名古屋郷土文化会　52（2）通号178　1997.12

第10回研究会発表要旨　尾張藩献上上条瓜について（半田実）「郷土文化」　名古屋郷土文化会　55（1）通号187　2000.8

上条瓜は何瓜なのか？（半田実）「郷土文化」　名古屋郷土文化会　59（1）通号199　2004.8

尾張藩献上上条瓜考（半田実）「愛知県史研究」　愛知県　（9）　2005.3

濃尾大地震における上条家の被害（渥美精一）「安城民俗」　安城民俗談話会　（37）　2011.12

上条町

上条町の奉納四本柱土俵（斎藤績）「安城歴史研究」　安城市教育委員会　22　1997.3

安城市上条町白山媛神社の神楽について（渥美精一，大野政彦）「碧」　碧の会　3　2002.2

上条弁財天

上条弁財天の大祭（近藤由美子）「安城民俗」　安城民俗談話会　13　1999.11

上条村

上条村文書「頼母子講」について（阿部健，渥美精一，深井宗善，斎藤績，黒野俊勝）「安城歴史研究」　安城市教育委員会　24　1999.3

上条村における地租改正と社寺地処分（上条町史編集委員会）「安城歴史研究」　安城市教育委員会　（28）　2003.3

江戸時代にみられる上条村の人口と家数他（渥美精一）「安城民俗」　安城民俗談話会　（35）　2010.12

白山社・神光寺の変遷と上条村（渥美精一）「安城歴史研究」　安城市教育委員会　（39）　2014.03

東海　　　　　　　　　　　　　　郷土に伝わる民俗と信仰　　　　　　　　　　　　　　愛知県

聖徳寺

信長が岐阜城攻略の拠点としたのは何処か―軍立の場としての聖徳寺（鬼頭勝之）「郷土研究・岐阜 : 岐阜県郷土資料研究協議会会報」 岐阜県郷土資料研究協議会　（121）2014.03

浄土寺

浄土寺十二神将像調査報告（山崎隆之）「愛知県史研究」 愛知県　1　1997.3

浄土寺十二神将像 形状の復元と像内銘について（山崎隆之，原田千夏子）「愛知県史研究」 愛知県　4　2000.3

定納

二子町定納のお鍬祭りの記録（特集 平成の御鍬祭―行われた地区の実践記録例）（櫻井茂麿）「まつり」 まつり同好会　通号71・72　2009.12

常福寺

旭地区槇本・常福寺の十一面観音菩薩立像について（見田隆鑑）「豊田市史研究」 豊田市　（1）2010.03

正法寺

正法寺の大般若経が罹災（森崇史，磯部幸男）「郷土研究誌みなみ」 南知多郷土研究会　65　1998.5

篠島正法寺の雲板（編集部）「郷土研究誌みなみ」 南知多郷土研究会　71　2001.5

吉良町正法寺阿弥陀如来像・薬師如来像（尹東史朗）「愛知県史研究」 愛知県　（11）2007.3

勝鬘寺

本證寺・安城歴史博物館・上宮寺・勝鬘寺を訪ねて（竹中兼利）「かりや : 郷土研究誌」 刈谷市郷土文化研究会　（28）2007.3

浄名寺

円空作浄名寺立木観音像について（榊原宏之）「史迹と美術」 史迹美術同攷会　72（4）通号724　2002.5

照蓮寺

高山御坊照蓮寺と岡崎市勝鬘寺（坂部和夫）「飛驒春秋 : 飛驒郷土学会誌」 高山市民時報社　496　2002.5

浄蓮寺

絹本著色阿弥陀・地蔵・十一面観音来迎図（津島市浄蓮寺）（愛知の歴史遺産）（宮治昭）「愛知県史だより」 愛知県総務部　8　1998.3

勝幡

愛知県西部のオコワ祭（1） 愛西市勝幡のおこわまつり（三輪京子）「まつり通信」 まつり同好会　48（3）通号535　2008.5

白山媛神社

上条町白山媛神社の相撲奉納額（斎藤績）「安城歴史研究」 安城市教育委員会　23　1998.3

寺領廃寺

安城の遺跡と遺物（17），（18） 寺領廃寺（1），（2）（天野暢保）「博物館ニュース」 安城市歴史博物館　35/36　2000.1/2000.4

城山八幡宮

日泰寺・城山八幡宮・産業技術記念館を訪ねて（成田康代）「かりや : 郷土研究誌」 刈谷市郷土文化研究会　（27）2006.3

神宮寺

神護寺誌物語（1） 重信法印と吉田神宮寺（小林豪俊）「郷土研究誌みなみ」 南知多郷土研究会　64　1997.11

信玄塚

「火おんどり」によせて（石垣純二）「風林火山」 武田家旧温会　（27）2014.03

信玄原

「大海の放下」・「信玄原の火桶」 見学記（日比野雅俊）「地域社会」 地域社会研究会　6（2）通号10　1982.03

神光寺

上条町の神光寺に伝わる朱印状写（斎藤績）「安城歴史研究」 安城市教育委員会　（27）2002.3

神光寺薬師如来再興化縁起絵巻について（天野信治）「安城市歴史博物館研究紀要」 安城市歴史博物館　（14）2007.3

安城市上条町の神光寺―朱印高50石の寺（齋藤績）「三河地域史研究」 三河地域史研究会　通号51　2007.11

続安城市上條町の神光寺―朱印高50石の寺（齋藤績）「三河地域史研究」 三河地域史研究会　（26）2008.12

白山社・神光寺の変遷と上条村（渥美精一）「安城歴史研究」 安城市教育委員会　（39）2014.03

神護寺

神護寺誌物語（1） 重信法印と吉田神宮寺（小林豪俊）「郷土研究誌みなみ」 南知多郷土研究会　64　1997.11

神護寺物語（2） 神護寺行事の今昔（小林豪俊）「郷土研究誌みなみ」 南知多郷土研究会　65　1998.5

神護寺誌物語（3） 宮寺としての神護寺（小林豪俊）「郷土研究誌みなみ」 南知多郷土研究会　66　1998.11

神護寺所蔵『古記写』より（1），（2）（中川貝吉，内藤堯誉，中村章八，磯部幸男，西村浄信，磯部昭三，鵜飼舜雅，熊沢忠男，浪崎真守）「郷土研究誌みなみ」 南知多郷土研究会　67/68　1999.5/1999.11

神護寺誌物語（4） 神護寺と札所について（小林豪俊）「郷土研究誌みなみ」 南知多郷土研究会　67　1999.5

新城

地芝居探訪（44） 粟井春日歌舞伎/小森歌舞伎/渋川歌舞伎/小鹿野歌舞伎/新城歌舞伎「公益社団法人全日本郷土芸能協会会報」 全日本郷土芸能協会　（70）2013.01

地芝居探訪（50） 新城歌舞伎/東濃舞伎大会/ぐんま「伝統歌舞伎公演/南山大学歌舞伎公演/小鹿野歌舞伎（十六様奉納公演）（松浦島夫）「公益社団法人全日本郷土芸能協会会報」 全日本郷土芸能協会　（75）2014.04

新城市

三河の木喰仏―愛知県新城市の三仏（伊藤基之）「微笑佛」 全国木喰研究会　（10）2002.5

神明町

〔史料紹介〕 猿猴庵も見た清須花火―美濃路清須宿神明町共有文書等の紹介（半田実）「愛知県史研究」 愛知県　3　1999.3

菅生

菅生祭奉納花火と観光夏まつり花火大会（長坂一昭）「郷土館 : 岡崎市郷土館報」 岡崎市美術博物館　162　1998.9

出沢

愛知県新城市出沢のサエノカミその他（吉江真実）「長野県民俗の会通信」 長野県民俗の会　173　2003.1

須成祭の車楽船行事と神葭流し

須成祭について―稚児衣装を中心に（大野麻子）「まつり通信」 まつり同好会　49（4）通号542　2009.07

映像批評 蟹江町教育委員会製作・著作『須成祭』（松田香代子）「日本民俗学」 日本民俗学会　（269）2012.02

巣山

寛元在銘の静岡・秋葉寺（愛知・巣山区伝来）金剛力士立像（山岸公基，塩澤寛樹）「愛知県史研究」 愛知県　（9）2005.3

清寿院

尾張藩の甲賀忍者と忍者の拠点清寿院（1）（伊藤喜雄）「ひがし」 東区郷土史研究会　（11）2006.7

誓法寺

真宗惣道場から寺院への苦難の道すじ（2） 誓法寺を例として（杉浦正明）「郷土館 : 岡崎市郷土館報」 岡崎市美術博物館　161　1998.6

誓満寺

小垣江神明神社・誓満寺を訪ねて（稲垣幸子）「かりや : 郷土研究誌」 刈谷市郷土文化研究会　（21）2000.3

赤岩

暦応3年銘の赤岩寺位牌堂阿弥陀如来坐像をめぐって（山岸公基）「愛知県史研究」 愛知県　2　1998.3

瀬戸

中世瀬戸窯の動態（藤沢良祐）「瀬戸市埋蔵文化財センター研究紀要」 瀬戸市文化振興財団　5　1997.3

瀬戸窯周辺地域における陶磁器の流通状況（岡本直久）「瀬戸市埋蔵文化財センター研究紀要」 瀬戸市文化振興財団　5　1997.3

中国・四国にみる瀬戸焼の世界（荻野繁春）「瀬戸市埋蔵文化財センター研究紀要」 瀬戸市文化振興財団　5　1997.3

瀬戸の社寺林（瀬戸市の名木調査会）「瀬戸市歴史民俗資料館研究紀要」 瀬戸市歴史民俗資料館　14　1997.3

瀬戸焼 雑題（山田龍治）「会誌」 鯖江郷土史懇談会　5　1997.12

あいち焼物紀行 瀬戸焼「あいさんか」 愛知県総務部　8　1998.1

瀬戸窯資料調査報告（4）～（6） 菱野丘陵窯跡群（上），（中），（下）（佐野元）「瀬戸市埋蔵文化財センター研究紀要」 瀬戸市文化振興財団　6/（8）1998.3/2000.3

近代瀬戸の図案（服部文孝）「瀬戸市歴史民俗資料館研究紀要」 瀬戸市歴史民俗資料館　15　1998.3

愛知県　　　　　　　　　　　　　　郷土に伝わる民俗と信仰　　　　　　　　　　　　　　東海

常滑焼・瀬戸焼の流通（藤沢良祐，中野晴久）「愛知県史研究」　愛知県　3　1999.3

瀬戸区の中世窯・中世瀬戸窯の分布（服部郁）「瀬戸市歴史民俗資料館研究紀要」　瀬戸市歴史民俗資料館　17　2000.3

土器の発生と陶磁器の発達─日本の焼物づくりを二分する伊万里と瀬戸（近藤宗光）「きりん」　荒木集成館友の会　5　2001.5

瀬戸・美濃大窯編年の再検討（藤澤良祐）「瀬戸市埋蔵文化財センター研究紀要」　瀬戸市文化振興財団　（10）　2002.3

鹽田力蔵著「加藤連三郎氏の瀬戸焼」について（資料紹介）（山下峰司）「瀬戸市歴史民俗資料館研究紀要」　瀬戸市歴史民俗資料館　20　2005.3

産業の歴史展示施設「瀬戸蔵ミュージアム」（中部の産業遺産）（山田貢）「産業遺産研究」　中部産業遺産研究会事務局　（13）　2006.5

瀬戸・美濃窯業産施釉陶器瓦の基礎的研究（上）─慶安三年銘緑釉瓦とその周辺（金子健一）「瀬戸市埋蔵文化財センター研究紀要」　瀬戸市文化振興財団　（14）　2007.3

中世瀬戸焼全国地名表（岡本直久，青木修，金子健一，河合君近，松澤和人，阿部郁）「瀬戸市埋蔵文化財センター研究紀要」　瀬戸市文化振興財団　（17）　2011.03

瀬戸焼データベース構築の経緯と方法「瀬戸市埋蔵文化財センター研究紀要」　瀬戸市文化振興財団　（17）　2011.03

瀬戸窯輸出開始譚と歴史認識（山下峰司）「瀬戸市埋蔵文化財センター研究紀要」　瀬戸市文化振興財団　（17）　2011.03

近世初期有力竈屋の存在形態─瀬戸竈屋三右衛門と三河石飛伊藤家（研究ノート）（大塚英二）「豊田市史研究」　豊田市　（2）　2011.03

瀬戸窯における工房跡の事例と検討（桑下東窯跡と桑下城跡─戦国期における大窯生産のすがた）（河合君近）「考古学フォーラム」　愛知考古学談話会　（21）　2012.02

施釉陶器の生産形態─瀬戸焼を中心に（特集 シンポジウム報告）（藤澤良祐）「知多半島の歴史と現在」　日本福祉大学知多半島総合研究所（17）　2013.10

瀬戸窯

中世都市鎌倉と周辺地域出土の瀬戸窯製品（服部実喜）「瀬戸市埋蔵文化財センター研究紀要」　瀬戸市文化振興財団　5　1997.3

瀬戸窯調査報告（10）経塚山西窯跡発掘調査報告（村田淳）「瀬戸市埋蔵文化財センター研究紀要」　瀬戸市文化振興財団　（11）　2003.3

瀬戸市

《設立5周年記念シンポジウム「古瀬戸をめぐる中世陶器の世界─その生産と流通」の記録》「瀬戸市埋蔵文化財センター研究紀要」　瀬戸市文化振興財団　5　1997.3

〈第I部 生産〉「瀬戸市埋蔵文化財センター研究紀要」　瀬戸市文化振興財団　5　1997.3

〈第II部 流通〉「瀬戸市埋蔵文化財センター研究紀要」　瀬戸市文化振興財団　5　1997.3

討論「古瀬戸をめぐる中世陶器の世界─その生産と流通」「瀬戸市埋蔵文化財センター研究紀要」　瀬戸市文化振興財団　5　1997.3

埋納された古瀬戸製品─特に大型壺・瓶類を中心として（藤澤良祐）「瀬戸市歴史民俗資料館研究紀要」　瀬戸市歴史民俗資料館　18　2001.3

「江戸時代のやきもの─生産と流通」討論の記録「瀬戸市埋蔵文化財センター研究紀要」　瀬戸市文化振興財団　（14）　2007.3

瀬戸村

幕末期瀬戸村窯業の基礎的研究（山下峰司）「瀬戸市埋蔵文化財センター研究紀要」　瀬戸市文化振興財団　（14）　2007.3

近世瀬戸村の竈仲間の竈株について（山下峰司）「瀬戸市埋蔵文化財センター研究紀要」　瀬戸市文化振興財団　（15）　2008.3

全久寺

内海全久寺のお釜地蔵（内田白花）「郷土研究誌みなみ」　南知多郷土研究会　71　2001.5

全久寺 弘法大師一寸八分の辨才天（内田白花）「郷土研究誌みなみ」　南知多郷土研究会　（79）　2005.5

全久寺所蔵「木造地蔵菩薩立像」（中村祥）「郷土研究誌みなみ」　南知多郷土研究会　（89）　2010.05

千光寺

千光寺本『覚禅鈔』についての一考察（井上佳美）「愛知県史研究」　愛知県　（13）　2009.03

専光寺

専光寺・海会寺・市原稲荷神社を尋ねる（竹中太郎）「かりや ： 郷土研究誌」　刈谷市郷土文化研究会　19　1998.3

市内研修会 専光寺を訪ねて（小塚修三）「かりや ： 郷土研究誌」　刈谷市郷土文化研究会　（33）　2012.03

善光寺（港区）

連載コラム 長野と全国各地の繋がり（2）名古屋港善光寺の額装の善光寺縁起とお戒壇巡り（小林玲子）「長野」　長野郷土史研究会　（294）　2014.04

善光寺（中区）

古寺紹介─法王山善光寺（津田雄一郎）「奥熊野の民俗」　紀北民俗研究会（10）　2006.1

専長寺

専長寺阿弥陀如来像と「宋風」彫刻 附・遍照心院の遺仏（伊東史朗）「愛知県史研究」　愛知県　（11）　2007.3

口絵写真解説 三河専長寺阿弥陀坐像「史迹と美術」　史迹美術同攷会　81（6）通号816　2011.07

全福寺

丹野城と全福寺（高橋敬二）「城」　東海古城研究会　（211）　2013.3

相応寺

相應寺屏風からの飛躍─歴史的地理的考察（上條祐之介）「民俗と風俗 ： the journal of the Chubu Branch, the Japanese Society for History of Manners and Customs」　日本風俗史学会中部支部（19）　2009.03

増瑞寺

史料紹介 『龍安山増瑞寺文書』（戸村俊人）「研究紀要」　設楽原歴史資料館，長篠城址史跡保存館　（18）　2014.03

崇福寺

二つの十王図について─岡崎市崇福寺本と桑名市大圓寺本（田中伸一）「研究紀要」　四日市市立博物館　9　2002.3

速念寺

前田利家誕生地址と荒子、速念寺（榊原克巳）「きりん」　荒木集成館友の会　通号11　2007.5

大安寺

二つの鬼瓦と尾張の大安寺式軒瓦（梶山勝）「名古屋市博物館研究紀要」　名古屋市博物館　37　2014.03

大幸八幡社

大幸八幡社と震災紀念碑（馬場勇）「もりやま」　守山郷土史研究会　20　2001.1

大樹寺

岡崎市の大樹寺にて（牧野光男）「郷土史研通信」　八千代市郷土歴史研究会　48　2004.11

徳川将軍家位牌安置と大樹寺（堀江登志実）「愛知大学綜合郷土研究所紀要」　愛知大学綜合郷土研究所　54　2009.03

大聖寺

今川義元の子孫が昭和に牛久保の大聖寺を訪ねた話（続き）（浅井敏）「城」　東海古城研究会　（200）　2008.8

大森寺

都築家の系図─大森寺覚書その一（小林元）「郷土文化」　名古屋郷土文化会　68（1）通号219　2013.08

『鸚鵡籠中記』と大森寺─大森寺覚書（2）（小林元）「郷土文化」　名古屋郷土文化会　68（2）通号220　2014.02

太清寺

郷土探訪 太清寺十王堂（阿弥陀堂）の今昔（長谷川良市）「郷土誌かすがい」　春日井市教育委員会　56　2000.3

大仙寺

史料紹介 延徳三年左衛門太夫寄進状・上野間如意領田畠坪付之本帳（大仙寺文書）（上村喜久子）「知多半島の歴史と現在」　日本福祉大学知多半島総合研究所　（16）　2012.10

大宝院

尾張大宝院の修験 横井金谷法印の足跡について（石黒健二）「郷土文化」　名古屋郷土文化会　66（2）通号216　2012.02

大明神社

神社編 大明神社（大原和生）「愛知のやしろ」　愛知の神社をたずねる会　23　2002.1

高棚町

ミュージアム・スポット 農村歌舞伎の舞台を彩る─高棚町所蔵の背景画「博物館ニュース」　安城市歴史博物館　34　1999.9

高宮神社

内海高宮神社の神輿と大釜（内田白花）「郷土研究誌みなみ」　南知多郷土研究会　73　2002.5

滝山寺

滝山寺三門の扁額と明治36年の看板（資料紹介）（篠永昌幸，河合仁志）「岡崎市史研究」 岡崎市教育委員会 （32） 2012.03

瀧山寺文書の調査及び目録（解題：中世 服部光真、近世 堀江登志実、近代 渡邉則雄／監修：新行紀一・小林吉光・服部光真）（調査研究報告）（岡崎市教育委員会）「岡崎市史研究」 岡崎市教育委員会 （34） 2014.03

重要文化財建造物の屋根葺替等保存修理二事報告—伊賀八幡宮・瀧山寺本堂・三門・天恩寺山門（調査研究報告）（岡崎市教育委員会，公益財団法人文化財建造物保存技術協会）「岡崎市史研究」 岡崎市教育委員会 （34） 2014.3

資料紹介 瀧山寺所蔵大般若経について—南宋版経・応永六年写経（服部光真）「岡崎市史研究」 岡崎市教育委員会 （34） 2014.03

滝山寺縁起を読む—古代・中世寺院私見（荒井信貴）「岡崎地方史研究会研究紀要」 岡崎地方史研究会 （42） 2014.03

武豊町

武豊町の庚申信仰（小川和美）「半田市立博物館研究紀要」 半田市立博物館 （19） 1998.3

田戸神社

「かあか祭」についての一考察（森下徹）「田原市渥美郷土資料館研究紀要」 田原市渥美郷土資料館 （6） 2002.3

多奈波太神社

多奈波太神社（「たより」124〜159号寄稿文）（西野鏡子）「ひがし」 東区郷土史研究会 （12） 2012.01

莨屋岡本家住宅

文化財シリーズ（76） 市指定文化財 莨屋岡本家住宅「豊田市郷土資料館だより」 豊田市郷土資料館 （76） 2011.06

田原市

田原市の文化と歴史をたずねて—田原市博物館・池ノ原公園・祭会館・城宝寺・城宝寺古墳・吉胡貝塚資料館（矢田直幸）「かりや ： 郷土研究誌」 刈谷市郷土文化研究会 （30） 2009.3

田峯

田峯田楽における一諸役の考察—「歩行」の芸能性とその役割（山田奈菜恵）「コロス」 常民文化研究会 74 1998.8

田峯田楽の藁苞—田峯田楽・地芝居合同学会会から（沼崎麻矢）「まつり通信」 まつり同好会 46（3）通号523 2006.5

田峰田楽見学記（吉川祐子）「月刊通信ふるさとの民俗を語る会」 民俗文化研究所 （9） 2008.2

地芝居あれこれ（10） アメリカから田峯歌舞伎への贈りもの（蒲池卓巳）「公益社団法人全日本郷土芸能協会報」 全日本郷土芸能協会 （71） 2013.04

丹陽町

一宮市丹陽町の神社について神明社／六所社／神明社「愛知のやしろ」 愛知の神社をたずねる会 22 2000.6

知多

知多の高機［上］,（下）（小林章男）「地域社会」 地域社会研究会 12（1）通号20/12（2）通号21 1987.10/1988.03

知多の半掛機（小林章男）「地域社会」 地域社会研究会 15（1）通号25 1990.09

日本捕鯨発祥の地 知多の鯨漁（早川佳宏）「郷土文化」 名古屋郷土文化会 52（2）通号179 1997.12

知多歴史トピックス（2） 知多は白砂糖の製糖発祥の地か（早川佳宏）「郷土文化」 名古屋郷土文化会 53（2）通号182 1998.12

知多木綿と渥美（石川洋一）「田原市渥美郷土資料館研究紀要」 田原市渥美郷土資料館 （3） 1999.3

知多地方の立山信仰（津田豊彦）「半田市立博物館研究紀要」 半田市立博物館 （20） 1999.3

知多織物産業の構造変化とその背景（森靖雄）「知多半島の歴史と現在」 日本福祉大学知多半島総合研究所 通号10 1999.7

知多木綿（西野鏡子）「ひがし」 東区郷土史研究会 （9） 2002.12

知多の御山廻りと愛知・春日井郡の御案内（木原克之）「郷土研究誌みなみ」 南知多郷土研究会 76 2003.11

知多の海苔生産・今昔（永田宏）「ひがし」 東区郷土史研究会 （11） 2006.7

松山があって鹿がいた—知多の鹿狩（木原克之）「郷土研究誌みなみ」 南知多郷土研究会 （91） 2011.5

近世知多地方の雨乞い（歴史・民俗）（松下класс友）「知多半島の歴史と現在」 日本福祉大学知多半島総合研究所 （17） 2013.10

「三禅定」の思想研究に向けて—尾張知多『四方四十八願所縁起』をめぐって（加藤基樹）「研究紀要」 富山県立山博物館 21 2014.3

知多郡

「知多郡農具図」「愛知県公文書館だより」 愛知県公文書館 4 1999.12

近世尾州知多郡の自然環境と「雨池」民話の生成—新美南吉『ごんぎつね』誕生の背景を探る（青木美智男）「知多半島の歴史と現在」 日本福祉大学知多半島総合研究所 （12） 2003.3

歴史・民俗 近世の尾張国知多郡における富士信仰—小鈴谷村を中心に（山形隆司）「知多半島の歴史と現在」 日本福祉大学知多半島総合研究所 （18） 2014.10

知多郡新四国

資料紹介 愛知県知多郡新四国札所道中案内新地図—特に明治42年の旅館案内（永井文夫）「郷土研究誌みなみ」 南知多郷土研究会 （81） 2006.5

知多四国

知多四国について（松本高志）「東海地域文化研究」 名古屋学芸大学短期大学部附属東海地域文化研究所 （14） 2003.7

知多新四国

近代における知多新四国巡礼の盛況（籾山智美）「知多半島の歴史と現在」 日本福祉大学知多半島総合研究所 通号10 1999.7

知多半島

日本福祉大学知多半島総合研究所第12回歴史・民俗部研究集会 第2部講演録「今に残るくらしの歴史—古い町並み・昔の道具の見せ方・活かし方」「知多半島の歴史と現在」 日本福祉大学知多半島総合研究所 （11） 2001.3

戦国期知多半島の豪族と禅宗菩提寺（斉藤夏来）「知多半島の歴史と現在」 日本福祉大学知多半島総合研究所 （13） 2005.9

知多半島南部の伝統漁法［1］〜（3）—明治12年漁具絵図下調より（編集部）「郷土研究誌みなみ」 南知多郷土研究会 （81）/（86） 2006.5/2008.11

中世知多半島地域における真宗勢力の展開（安藤弥）「愛知県史研究」 愛知県 （12） 2008.3

知多半島ワイン物語（高野豊）「知多半島の歴史と現在」 日本福祉大学知多半島総合研究所 （16） 2012.10

立川流再興と伝統保存のあり方に思う（間瀬恒洋）「知多半島の歴史と現在」 日本福祉大学知多半島総合研究所 （16） 2012.10

茶屋町

伊藤次郎左衛門家所蔵『茶屋町宗門改帳抜書』について（種田祐司）「名古屋市博物館研究紀要」 名古屋市博物館 28 2005.3

長栄寺

四つの長栄寺（閲覧室だより「レファレンスの窓」）（種田祐司）「蓬左」 名古屋市蓬左文庫 （84） 2012.03

長久寺

長久寺界隈と伊奈左門家（小林元）「郷土文化」 名古屋郷土文化会 67（2）通号218 2013.02

長興寺

口絵 「長興寺村長興寺」境内絵図「豊田市史研究」 豊田市 （5） 2014.03

中世禅宗寺院としての長興寺境内に関する覚書（研究ノート）（北村和宏，永井邦仁）「豊田市史研究」 豊田市 （5） 2014.03

長光寺

口絵写真 長光寺の鉄地蔵（山田英彦）「地域社会」 地域社会研究会 1（1）通号1 1977.03

張州府

張州府志（新収資料紹介）（桐原千文）「名古屋市博物館だより」 名古屋市博物館 124 1998.10

長寿寺

山田長寿寺の勝軍地蔵（内田白花）「郷土研究誌みなみ」 南知多郷土研究会 70 2000.11

長松寺

口絵写真 長松寺の鉄地蔵（山田英彦）「地域社会」 地域社会研究会 4（2）通号6 1980.03

長泉寺

鈴木正三没後350年記念事業にむけて 鈴木正三ゆかりの寺 賢叔庵（長泉寺）「豊田市郷土資料館だより」 豊田市郷土資料館 （50） 2005.1

提灯山

提灯山から見えてくるもの—流域の村々のつながり（徳田百合子）「もりやま」 守山郷土史研究会 （23） 2004.1

長福寺

長福寺の阿弥陀如来坐像について（奥出賢治）「郷土研究誌みなみ」 南知多郷土研究会 65 1998.5

長母寺

長母寺記年録五・下書（〔資料紹介〕（道木正信）「もりやま」 守山郷土史研究会 16 1997.1

長母寺所蔵資料（庫裡にあったもの）（資料紹介）（道木正信）「もりやま」 守山郷土史研究会 （22） 2003.1

長母寺開山堂改築関連資料（昭和9年 昭和10年）（資料紹介）（道木正信）「もりやま」 守山郷土史研究会 （23） 2004.1

長母寺の足洗い（道木正信）「もりやま」 守山郷土史研究会 （31） 2012.01

長楽寺

長楽寺（石仏群と文化財）星宮社境内調査（名古屋市南生涯学習センター，「地域の歴史」担当グループ）「あゆち潟」 「あゆち潟」の自然と歴史に親しむ会 （7） 2001.2

月

東三河東栄町月地区 花祭り見聞記（岡田親彦）「六甲倶楽部報告」 六甲倶楽部 （87） 2008.12

津具山

木地師史料 三州津具山事件の君ヶ畑側触書（杉本寿）「民俗文化」 滋賀民俗学会 430 1999.7

津具山郷

木地師史料 参州北設楽郡津具山郷事件における白川神祇伯殿の役割（杉本寿）「民俗文化」 滋賀民俗学会 421 1998.10

津島

尾張津島天王祭り（黒田幹夫）「まつり通信」 まつり同好会 37（7）通号437 1997.7

尾張津島の天王祭りと服部家（筒井正）「三重民俗研究会会報」 三重民俗研究会事務局 24 1997.11

尾張津島天王祭の伝承と津島秋祭の発生（《特集 祭りと信仰》）（黒田幹夫）「まつり」 まつり同好会 通号64 2003.2

津島祭が伝える海部・津島の歴史（原昭午）「愛知県史研究」 愛知県 （7） 2003.3

津島の一向市衆寺院—堀田家との関係を手がかりに（古賀克彦）「時衆文化」 時衆文化研究会，岩田書院（発売） （11） 2005.4

天王信仰と津島御師の活動—御立符と檀那場をめぐって（松下孜）「愛知県史研究」 愛知県 （14） 2010.03

第42回東海民俗研究発表大会 発表要旨 津島天王祭りの巻き藁風流とその展開（黒田幹夫）「まつり通信」 まつり同好会 52（4）通号560 2012.07

津島天王祭りの巻き藁風流とその展開（特集 記録・伝承と民俗芸能）（黒田幹夫）「まつり」 まつり同好会 （74） 2012.12

尾張津島天皇祭における造花—その機能と動向について（学会記事—2月例会報告 2月例会発表要旨）（江木淳人）「会報」 岡山民俗学会 （212） 2014.05

津島市

津島市の概要（特集 平成の御鍬祭—行われた記録—尾張西部の市町村別概要）（横井さつき）「まつり」 まつり同好会 通号71・72 2009.12

愛知県津島市の忘れられた祭り行事とその人形（加納克己）「まつり通信」 まつり同好会 54（2）通号570 2014.03

津島社

津島社の信仰—社僧の関わりを中心として（加藤慈都）「名古屋民俗」 名古屋民俗研究会 （54） 2001.6

津島神社

津島神社境内社・石造物等分布図と一覧表—津島神社・南大鳥居より明治の渡米移民を知る（原藤広，池田陸介）「あゆち潟」 「あゆち潟」の自然と歴史に親しむ会 （4） 1998.3

妙興寺・津島神社・甚目寺を訪れて（加藤智子）「かりや：郷土研究誌」 刈谷市郷土文化研究会 19 1998.3

津島信仰と津島神社（伊藤良吉，杉野丞）「愛知県史研究」 愛知県 （5） 2001.3

津島信仰のお仮屋（黒田一充）「関西大学博物館紀要」 関西大学博物館 15 2009.03

土御前神社

豊浜・土御前ご遷宮—新日本紀行「ムラの女神」（相川成三）「郷土研究誌みなみ」 南知多郷土研究会 （93） 2012.05

堤通手永

御田扇祭（渥美精一）「安城民俗」 安城民俗談話会 （38・39） 2012.11

御田扇祭（渥美精一）「安城歴史研究」 安城市教育委員会 （38） 2013.03

天恩寺

天恩寺本尊「木造地蔵菩薩坐像」胎内納入品の発見（新編岡崎市史額田資料編特集III—新編岡崎市史額田資料編編さん事業年度報告）（中村龍明，浦野加穂子，山崎隆之）「岡崎市史研究」 岡崎市教育委員会 （30） 2010.03

天恩寺と額田（浦野加穂子）「岡崎地方史研究会研究紀要」 岡崎地方史研究会 （40） 2012.03

重要文化財建造物の屋根葺替等保存修理工事報告—伊賀八幡宮・瀧山寺本堂・三門・天恩寺山門（調査報告）（岡崎市教育委員会，公益財団法人文化財建造物保存技術協会）「岡崎市史研究」 岡崎市教育委員会 （34） 2014.3

天神山

大井の天神山（《会長磯部幸男氏追悼号》）（松本英一）「郷土研究誌みなみ」 南知多郷土研究会 69 2000.5

天白

55回例会 天白地名 等 天白関連文化の定着過程（小町嘉孝）「地名あいち」 地名研究会あいち （12） 2014.05

天竜川流域

民俗図譜 天竜川流域シシウチ神事（吉村睦志）「あしなか」 山村民俗の会 252 1999.7

東栄町

東栄町の花祭り見学記（科野孝蔵）「地域社会」 地域社会研究会 3（2）通号4 1979.03

2009年7月例会 研究発表「近世における庶民信仰—愛知県東栄町の原田家の御札から」山崎信祐氏（石黒智教）「日本宗教民俗学会通信」 日本宗教民俗学会 （125） 2009.09

奥三河，東栄町における「富士修験」（金田新也）「三河地域史研究」 三河地域史研究会 （56） 2010.05

東海市

東海市の沖に伝説の島があった！（村田修）「郷土研究誌みなみ」 南知多郷土研究会 （86） 2008.11

東禅寺

むかし あったもな—東禅寺和尚の人柱の話（藤森宏美）「もりやま」 守山郷土史研究会 （27） 2008.1

東竜寺

東龍寺所蔵仏伝涅槃図について（渡辺里志）「愛知県史研究」 愛知県 1 1997.3

砥鹿神社

三河国一宮砥鹿神社境内経塚について（増山禎之，村田陽子，野澤則幸）「三河考古」 三河考古刊行会 （17） 2004.5

利屋

利屋八幡社のこと（大岩義昌）「郷土研究誌みなみ」 南知多郷土研究会 77 2004.5

忘れられた文化財「利屋石」（大岩義昌）「郷土研究誌みなみ」 南知多郷土研究会 （80） 2005.11

徳念寺

資料調査報告 駒場町徳念寺所蔵の経典調査について「豊田市郷土資料館だより」 豊田市郷土資料館 （73） 2010.09

常滑

あいち焼物紀行 暮らしとともに変貌を続け900年 常滑焼「あいさんか」 愛知県総務部 7 1997.7

近代博覧会に見る常滑焼小細工品の流れ（柿田富造）「常滑市民俗資料館研究紀要」 常滑市教育委員会 8 1998.3

常滑の夫婦窯（柿田富造）「産業遺産研究」 中部産業遺産研究会事務局 通号5 1998.5

常滑焼・瀬戸焼の流通（藤沢良祐，中野晴久）「愛知県史研究」 愛知県 3 1999.3

明治初期の北条地区における常滑焼の生産について「常滑市民俗資料館研究紀要」 常滑市教育委員会 9 2000.3

焼酎瓶・硫酸瓶の変遷—常滑焼を中心にして（柿田富造）「産業遺産研究」 中部産業遺産研究会事務局 （7） 2000.5

登窯の変遷—中国から常滑までのながい道程（柿田富造）「産業遺産研究」 中部産業遺産研究会事務局 （8） 2001.5

陶像の変遷—常滑焼を中心にして（柿田富造）「産業遺産研究」 中部産業遺産研究会事務局 通号9 2002.5

楼雲寺の常滑甕 東山梨郡大和村木賊「山梨県史だより」 山梨県教育委員会県史編さん室 2003.10

常滑陶影会「常滑市民俗資料館研究紀要」 常滑市教育委員会 11

2004.3

インタビュー「私の歩んだ道」常滑焼の調査・研究に捧げて―柿田富造氏「産業遺産研究」 中部産業遺産研究会事務局 （12）2005.5

御牧子安神社所有の常滑広口壺（間間俊明）「武田氏研究」 武田氏研究会，岩田書院（発売） （33）2006.1

平塚市博物館所蔵の常滑焼大甕―酢甕として用いられた中世の常滑焼（白石祐司，村山卓）「品川歴史館紀要」 品川区立品川歴史館 （26）2011.03

中世常滑窯における焼成器種とその形態的分類について（研究ノート）（青木修）「愛知県史研究」 愛知県 （16）2012.3

幕末・明治初年における常滑焼の流通（高部淑子）「知多半島の歴史と現在」 日本福祉大学知多半島総合研究所 （16）2012.10

常滑窯の展開（特集 シンポジウム報告）（中野晴久）「知多半島の歴史と現在」 日本福祉大学知多半島総合研究所 （17）2013.10

近世常滑焼の真焼甕類について（特集「近世常滑焼を考える」報告）（小栗康寛）「知多半島の歴史と現在」 日本福祉大学知多半島総合研究所 （18）2014.10

近世・近代初頭における常滑焼の窯と生産者（特集「近世常滑焼を考える」報告）（高部淑子）「知多半島の歴史と現在」 日本福祉大学知多半島総合研究所 （18）2014.10

シンポジウム 近世常滑焼を考える コーディネーター・曲田浩和（特集「近世常滑焼を考える」報告）（岩淵令治[パネリスト]，小栗康寛[パネリスト]，中野晴久[パネリスト]，高部淑子[パネリスト]）「知多半島の歴史と現在」 日本福祉大学知多半島総合研究所 （18）2014.10

常滑市

足利家茶瓶43品図録「常滑市民俗資料館研究紀要」 常滑市教育委員会 9 2000.3

寺内信一集 茶器図絵「常滑市民俗資料館研究紀要」 常滑市教育委員会 11 2004.3

カネ々船具店「常滑市民俗資料館研究紀要」 常滑市教育委員会 11 2004.3

土管の作り方（内藤良弘）「常滑市民俗資料館研究紀要」 常滑市教育委員会 通号12 2006.3

近代土管製造体験記（藤井英男）「常滑市民俗資料館研究紀要」 常滑市教育委員会 通号12 2006.3

茗壺・急須ノート「常滑市民俗資料館研究紀要」 常滑市教育委員会 通号12 2006.3

常滑町

常滑市史編纂資料（常滑船舶考）「常滑市民俗資料館研究紀要」 常滑市教育委員会 11 2004.3

豊島ヶ池

伝説「豊島ヶ池の大蛇」考―話型とモチーフからの考察（岸上茂）「田原市渥美郷土資料館研究紀要」 田原市渥美郷土資料館 （7）2003.3

鳥羽の火祭り

民俗行事の変化とその評価について―愛知県「鳥羽の火まつり」を例に（大島暁雄）「無形文化遺産研究報告」 国立文化財機構東京文化財研究所 （3）2009.03

飛島村

弥富市・飛島村の概要（特集 平成の御鍬祭―行われた記録―尾張西部の市町村別概要）（伊藤隆彦，服部一宏）「まつり」 まつり同好会 通号71・72 2009.12

戸部

幻の戸部蛙（「たより」124～159号寄稿文）（西野鏡子）「ひがし」 東区郷土史研究会 （12）2012.1

幻の戸部蛙 その後（「たより」124～159号寄稿文）「ひがし」 東区郷土史研究会 （12）2012.1

富部神社

富部神社資料 蛇毒神天王由来、祭礼（池田陸介）「あゆち潟」 「あゆち潟」の自然と歴史に親しむ会 （3）1997.3

南区富部神社本殿修理変遷年表と境内配置図「あゆち潟」 「あゆち潟」の自然と歴史に親しむ会 （4）1998.3

富部神社文書解説（1）（原藤廣）「あゆち潟」 「あゆち潟」の自然と歴史に親しむ会 （8）2002.4

富部神社文書（原藤広）「あゆち潟」 「あゆち潟」の自然と歴史に親しむ会 （9・10）2004.4

富山村

富山村の御神楽祭り（山崎一司）「まつり通信」 まつり同好会 42（1）通号491 2001.12

巴川

豊田の川魚漁―足助地区巴川の川漁師と川魚漁について（調査報告）（天野卓哉）「豊田市史研究」 豊田市 （5）2014.3

豊川稲荷

遠州三山・豊川稲荷・伊良湖岬の旅（市川三郎）「府中史談」 府中市史談会 （33）2007.5

豊川稲荷初詣の旅に参加して（内田美枝子）「小田原史談 ： 小田原史談会々報」 小田原史談会 （221）2010.04

豊川下流域

鬼の受容と展開―愛知県豊川下流域の祭りの鬼を中心に（山崎一司）「民俗芸能研究」 民俗芸能学会 （37）2004.10

愛知県豊川下流域の祭りの鬼（山崎一司）「まつり通信」 まつり同好会 47（1）通号527 2007.1

豊川市

付I 三河国神名帳と豊川市内関連神社考 『三河国神名帳』成立の諸説/三河国神名帳と豊川市内関連神社考「豊川史話」 豊川市郷土史研究会 （9）2003.07

豊川市内に猪垣を探して（栗原将人）「三河地域史研究」 三河地域史研究会 （56）2010.5

豊田市

ふるさとをささえた産業の歴史 神輿―地域の祭りの主役を担う（安藤勇）「豊田市郷土資料館だより」 豊田市郷土資料館 23 1998.1

豊田市棒の手会館特別展示「くらしとはかり」「豊田市郷土資料館だより」 豊田市郷土資料館 24 1998.5

ふるさとをささえた産業の歴史 麹―醸造（酒・味噌・醤油）の素（安藤勇）「豊田市郷土資料館だより」 豊田市郷土資料館 24 1998.5

ふるさとをささえた産業の歴史 映画館看板絵―映画館の顔を支えた絵師（安藤勇）「豊田市郷土資料館だより」 豊田市郷土資料館 25 1998.9

ふるさとをささえた産業の歴史 酒造業―醸造の発生と共に 祭りの飲み物としての地域の味づくり（安井孝宗）「豊田市郷土資料館だより」 豊田市郷土資料館 27 1999.3

郷土史調査レポート 中世絵画に見る鹿杖（松井孝宗）「豊田市郷土資料館だより」 豊田市郷土資料館 28 1999.6

ふるさとをささえた産業の歴史 時の記録・写真―なつかしい人の顔・場所（安藤勇）「豊田市郷土資料館だより」 豊田市郷土資料館 29 1999.9

庶民の生活必需品・浮世絵―館蔵資料を通して（細井三保）「豊田市郷土資料館だより」 豊田市郷土資料館 29 1999.9

心のふるさと無形民俗文化財 祭り・行事・技 とよたの戦後いけばな史「豊田市郷土資料館だより」 豊田市郷土資料館 31 2000.3

心のふるさと無形民俗文化財 祭り・行事・技「豊田市郷土資料館だより」 豊田市郷土資料館 32/35 2000.6/2001.3

文化財シリーズ（33）雲板「豊田市郷土資料館だより」 豊田市郷土資料館 33 2000.9

企画展開催レポート 「食の民俗」展「豊田市郷土資料館だより」 豊田市郷土資料館 34 2000.11

文化財シリーズ（34）絹本著色太陽禅師像「豊田市郷土資料館だより」 豊田市郷土資料館 34 2000.11

郷土史調査リポート だるま窯の調査「豊田市郷土資料館だより」 豊田市郷土資料館 36 2001.6

心のふるさと無形民俗文化財「豊田市郷土資料館だより」 豊田市郷土資料館 36 2001.6

献上塩鮎その後 一年たった塩鮎を食べてみる「豊田市郷土資料館だより」 豊田市郷土資料館 45 2003.10

特別展「献馬大将―とよたの御祭りと源氏の伝説」準備レポート「豊田市郷土資料館だより」 豊田市郷土資料館 49 2004.9

愛知万博に豊田の文化財・郷土芸能も参加「豊田市郷土資料館だより」 豊田市郷土資料館 （51）2005.3

文化財シリーズ（54）木造十一面観音立像/資料館NEWS「豊田市郷土資料館だより」 豊田市郷土資料館 （54）2006.2

文化財シリーズ（57）銭太鼓/資料館NEWS「豊田市郷土資料館だより」 豊田市郷土資料館 （57）2006.9

文化財シリーズ（60）棒の手/資料館NEWS「豊田市郷土資料館だより」 豊田市郷土資料館 （60）2007.5

文化財シリーズ（62）足助乾漆技法・矢の製作技法/資料館NEWS「豊田市郷土資料館だより」 豊田市郷土資料館 （62）2008.1

文化財シリーズ（63）八柱神社の樟/資料館NEWS「豊田市郷土資料館だより」 豊田市郷土資料館 （63）2008.5

特別展報告「茶と器―味・技・心の先駆者」を終えて「豊田市郷土資料館だより」 豊田市郷土資料館 （66）2009.02

文化財シリーズ（67）人形浄瑠璃の首と衣裳/資料館NEWS「豊田市郷土資料館だより」 豊田市郷土資料館 （67）2009.03

棒の手会館企画展 豊田市郷土資料館所蔵資料による「花鳥画展」「豊田市郷土資料館だより」 豊田市郷土資料館 （70）2010.01

調査報告「粟津家申物帳」（安藤弥）「豊田市史研究」 豊田市 （1）2010.03

愛知県　　　　　　　　　　　　郷土に伝わる民俗と信仰　　　　　　　　　　　　東海

地域資源としての「献立表」―特別展「祝い―宴・贈り物・芸能―」に向けて(1)「豊田市郷土資料館だより」豊田市郷土資料館　(73) 2010.09

歴史的町並みの保存とまちづくり―伝統的建造物群保存地区制度(2)～(5)「豊田市郷土資料館だより」豊田市郷土資料館　(73)／(76) 2010.09/2011.06

民具調査だより(1) "はねくり備中"を知っていますか「豊田市郷土資料館だより」豊田市郷土資料館　(74) 2010.12

挙母まつりの舞台を訪ねる―特別展「祝い―宴・贈り物・芸能―」に向けて(2)「豊田市郷土資料館だより」豊田市郷土資料館　(74) 2010.12

民具調査だより(2) "アンポンタン"は、お利口さん。「豊田市郷土資料館だより」豊田市郷土資料館　(75) 2011.03

「祝い」の戦後史―特別展「祝い―宴・贈り物・芸能―」に向けて(3)「豊田市郷土資料館だより」豊田市郷土資料館　(75) 2011.03

民具調査だより(3) 足踏み脱穀機―ガーコン「豊田市郷土資料館だより」豊田市郷土資料館　(76) 2011.06

民具調査だより(4) 魚をすくう道具―セセリ「豊田市郷土資料館だより」豊田市郷土資料館　(77) 2011.10

古民家の見方(1) 土蔵にみる耐火の工夫「豊田市郷土資料館だより」豊田市郷土資料館　(77) 2011.10

民具調査だより(5) 温まる道具―湯たんぽ・湯湯婆・湯丹保「豊田市郷土資料館だより」豊田市郷土資料館　(78) 2012.01

特別展を終えて―「地芝居」という文化「豊田市郷土資料館だより」豊田市郷土資料館　(78) 2012.01

ミッドンブリを追いかける―近世・近代の食文化(1)～(3)「豊田市郷土資料館だより」豊田市郷土資料館　(78)／(87) 2012.01/2014.01

古民家の見方(2) エコロジーな工夫「豊田市郷土資料館だより」豊田市郷土資料館　(78) 2012.01

市制60周年記念事業 民俗芸能大会「農村歌舞伎公演」を終えて「豊田市郷土資料館だより」豊田市郷土資料館　(79) 2012.03

民具調査だより(6) トクサの龍・漆喰彫刻4態「豊田市郷土資料館だより」豊田市郷土資料館　(79) 2012.03

民具調査だより(7) 商家の道具―煙草盆・莨盆(たばこぼん)「豊田市郷土資料館だより」豊田市郷土資料館　(80) 2012.06

民具調査だより(8) 商家の道具2―茶壺と茶箱「豊田市郷土資料館だより」豊田市郷土資料館　(81) 2012.09

民具調査だより(9) 商家の道具3―釦の硯蓋(いっかけのすずりぶた)「豊田市郷土資料館だより」豊田市郷土資料館　(82) 2012.11

文化財シリーズ(83) 市指定文化財 華曼「豊田市郷土資料館だより」豊田市郷土資料館　(83) 2013.01

民具調査だより(13) 民具の調査・登録で思うこと(岡本大三郎)「豊田市郷土資料館だより」豊田市郷土資料館　(86) 2013.12

文化財シリーズ(86) 市指定文化財 千手観音立像「豊田市郷土資料館だより」豊田市郷土資料館　(86) 2013.12

民具調査だより(14) 松魚―勝男武士(岡本大三郎)「豊田市郷土資料館だより」豊田市郷土資料館　(87) 2014.01

文化財シリーズ(87) 国指定文化財 絹本著色仏涅槃図「豊田市郷土資料館だより」豊田市郷土資料館　(87) 2014.01

民具調査だより(15) 屋根にあがった鍾馗さん(岡本大三郎)「豊田市郷土資料館だより」豊田市郷土資料館　(89) 2014.09

豊橋

豊橋地方の方言とその変容(吉川利明)「東海地域文化研究」名古屋学芸大学短期大学部附属東海地域文化研究所　(15) 2004.3

日本人のアイデンティティー―招魂祭・豊橋まつり・商工会議所(片見永)「愛知大学綜合郷土研究所紀要」愛知大学綜合郷土研究所　50 2005.3

豊橋博音頭(入谷哲夫)「郷土文化」名古屋郷土文化会　59(2・3)通号200 2005.3

豊橋祇園祭における「饅頭配」についての一考察(須川妙子)「愛知大学綜合郷土研究所紀要」愛知大学綜合郷土研究所　54 2009.03

豊橋市

豊橋市内神社169社の棟札について(鈴木源一郎)「愛知大学綜合郷土研究所紀要」愛知大学綜合郷土研究所　47 2002.3

『豊橋市神社棟札集成』にみる御鍬神の勧請について(鈴木源一郎)「愛知大学綜合郷土研究所紀要」愛知大学綜合郷土研究所　49 2004.3

豊橋神明社の鬼祭

鬼祭りの源流―愛知県平野部の「鬼祭り」の鬼を中心にして(山崎一司)「三河民俗」三河民俗談話会　6 2002.3

修正会の地方化と鬼の変容―愛知県平野部の「鬼祭り」・「はだか祭り」を中心に(山崎一司)「民俗芸能研究」民俗芸能学会　(35) 2002.9

豊浜

豊浜の風俗、習慣、言語について(磯部宅成)「郷土研究誌みなみ」南知多郷土研究会　76 2003.11

泥江県神社

名古屋東照宮祭礼図巻の下絵―泥江縣神社史料調査から(鬼頭秀明)「新修名古屋市史だより」名古屋市市政資料館　(13) 1998.3

中小田井

中小田井の特殊祭具―五所社資料調査から(鬼頭秀明)「新修名古屋市史だより」名古屋市市政資料館　(15) 1999.3

中川区

中川区の神社(加藤普久雄)「ひがし」東区郷土史研究会　(7) 2000.6

中川区の寺院(加藤普久雄)「ひがし」東区郷土史研究会　(8) 2001.9

長草天神社

大府市長草天神社のドブロク祭(河村和男)「衣の民俗館・日本風俗史学会中部支部研究紀要」衣の民俗館　8 1998.3

長久手

小牧長久手の戦いと三河七か寺の動向について(水野智之)「安城市史だより」［安城］市教育委員会生涯学習部　19 2004.10

長坂

滝町長坂古墓について(内藤高玲)「岡崎市史研究」岡崎市教育委員会　(25) 2004.3

長篠荏柄天神

長篠荏柄天神(山田慶)「季刊悠久.第2次」鶴岡八幡宮悠久事務局　98 2004.7

中根

中根医家について(続き)(川合正治)「安城民俗」安城民俗談話会　18 2002.5

中之院

中之院の軍人像(内田白花)「郷土研究誌みなみ」南知多郷土研究会　(84) 2007.11

中之郷村

資料提供知多中之郷村宗門御改帳(榎本美保子)「郷土研究誌みなみ」南知多郷土研究会　(80) 2005.11

知多中之郷村宗門御改帳(訳)―第80号の原文を受けて(編集部)「郷土研究誌みなみ」南知多郷土研究会　(81) 2006.5

中村区

「おたちきさん」について―豊浜・中村区民の守り神様(石黒武司)「郷土研究誌みなみ」南知多郷土研究会　(85) 2008.5

名倉

名倉訪問記(斎藤卓志)「安城民俗」安城民俗談話会　15 2000.12

奥三河名倉の庚申講を訪ねて(嘉津山清)「日本の石仏」日本石仏協会, 青娥書房(発売)　(109) 2004.3

名古屋

名古屋・大店の民俗―吹原屋九郎三郎家の事例(服部誠)「新修名古屋市史だより」名古屋市市政資料館　(11) 1997.3

疳の虫(吉岡郁夫)「名古屋民俗」名古屋民俗研究会　(51) 1997.3

民俗医学ノート(5) 民俗医学小事典(木津仁久)「名古屋民俗」名古屋民俗研究会　(51) 1997.3

フクロウの鳴き声(乱学生)「名古屋民俗」名古屋民俗研究会　(51) 1997.3

イタドリ(森野有礼)「名古屋民俗」名古屋民俗研究会　(51) 1997.3

日参 戦争と民俗(片山美洋)「名古屋民俗」名古屋民俗研究会　(51) 1997.3

『萬物怪異辨斷』天魚ヲフラス(幸野道哉)「名古屋民俗」名古屋民俗研究会　(51) 1997.3

十二支と名古屋(江碕公朗)「ひがし」東区郷土史研究会　(4) 1997.6

埋経の経塚(鈴木正光)「文化史研究」なごや文化史研究会　(3) 1998.3

名古屋南部の大人形(小西恒典)「名古屋市博物館研究紀要」名古屋市博物館　21 1998.3

名古屋の焼物(荒木実)「きりん」荒木集成館友の会　2 1998.5

名古屋地域における「ええじゃないか」―近世後期名古屋地域の祭礼、馬の頭との比較を中心に(武藤真)「関東近世史研究」関東近世史研究会　(43) 1998.7

なごや弁ものがたり(1)～(5)(梶野二郎)「もりやま」守山郷土史研究会　18/(22) 1999.1/2003.1

名古屋の踊り(山路曜生)「東海地域文化研究」名古屋学芸大学短期大学部附属東海地域文化研究所　通号10 1999.7

近世名古屋における家屋敷所持―「家」「屋敷」「家屋敷」(早川秋子)「東海地域文化研究」名古屋学芸大学短期大学部附属東海地域文化研究所　通号10 1999.7

名古屋舞踊史(山路曜生)「東海地域文化研究」名古屋学芸大学短期大学

部附属東海地域文化研究所　通号10　1999.7

名古屋コーチン発祥地碑を（入谷哲夫）「郷土文化」　名古屋郷土文化会　54（1）通号184　1999.8

刈谷市立図書館村上文庫所蔵『愛知県人物誌（正・続）』に見る名古屋能楽界の周辺―「吾妻能」関係者を中心に（飯塚恵理人）「郷土文化」　名古屋郷土文化会　54（1）通号185　1999.12

名古屋町屋敷考（早川秋子）「郷土文化」　名古屋郷土文化会　54（3）通号186　2000.3

女方の生態と歌舞伎への提言（渡辺久男）「郷土文化」　名古屋郷土文化会　54（3）通号186　2000.3

名古屋の焼物IVの印銘（荒木実）「きりん」　荒木集成館友の会　4　2000.5

名古屋の百済観音像拝観記（加藤木邦夫）「文化史研究」　なごや文化史研究会　（4）2000.11

第12回研究会発表要旨　明治維新期の名古屋能楽界―能楽の新しい担い手の登場（飯塚恵理人）「郷土文化」　名古屋郷土文化会　55（2）通号188　2000.12

新竹について―真心・心竹・芯竹・シンタケを交えて（半田実）「郷土文化」　名古屋郷土文化会　55（3）通号189　2001.3

近世冒頭における瓜贈答覚書（半田実）「郷土文化」　名古屋郷土文化会　56（1）通号190　2001.8

豊楽焼平素（鈴木康将）「海南千里：土佐山内家宝物資料館だより」　土佐山内家宝物資料館　8　2002.9

私記・名古屋の口演童話（岡田弘）「ひがし」　東区郷土史研究会　（9）2002.12

「公義御茶壺」と宿駅（中村保夫）「郷土文化」　名古屋郷土文化会　57（2）通号194　2002.12

第25回研究会発表要旨　名古屋コーチン作出物語（入谷哲夫）「郷土文化」　名古屋郷土文化会　57（3）通号195　2003.3

常設展示室だより　ニュースと映画キャメラ、尾張藩主の手紙、名古屋のやきもの／とくべつてん・きかくてん　第29回収蔵品展「くらしのうつりかわり」「名古屋市博物館だより」　名古屋市博物館　155　2003.12

「公義御茶壺」と宿駅について（2）（中村保夫）「郷土文化」　名古屋郷土文化会　58（3）通号198　2003.3

離縁状についての一考察（加藤政雄）「郷土文化」　名古屋郷土文化会　58（3）通号198　2004.3

第29回研究会発表要旨　名古屋の山車祭り（鬼頭秀明）「郷土文化」　名古屋郷土文化会　58（3）通号198　2004.3

名古屋のやきもの―町の人々の作陶（水野知枝）「きりん」　荒木集成館友の会　8　2004.5

万国博覧会初期に人気となった和紙（河野徳吉）「郷土文化」　名古屋郷土文化会　59（2・3）通号200　2005.3

玉糸・絃糸について（服部正彦）「郷土文化」　名古屋郷土文化会　59（2・3）通号200　2005.3

汎太平洋平和博覧会協賛「神祇館」について（太田正弘）「郷土文化」　名古屋郷土文化会　59（2・3）通号200　2005.3

第31回研究会発表要旨如来教と名古屋の伝承（情報）（浅野美和子）「郷土文化」　名古屋郷土文化会　60（1）通号201　2005.8

近世の興行について（服部正彦）「郷土文化」　名古屋郷土文化会　60（2）通号202　2005.12

明治初期の社寺について（中村保夫）「郷土文化」　名古屋郷土文化会　61（1）通号204　2006.8

名古屋の大杉講と大杉大神（大島建彦）「西郊民俗」　西郊民俗談話会　（197）2006.12

明治初期大八車雑考（中村保夫）「郷土文化」　名古屋郷土文化会　61（2）通号205　2006.12

ツバメが低く飛ぶと雨―天気俚諺の信頼性（吉岡郁夫）「名古屋民俗」　名古屋民俗研究会　（55）2007.1

ヒマ（トウゴマ）の増産―植物の供出（1）（吉岡郁夫）「名古屋民俗」　名古屋民俗研究会　（55）2007.1

ラミーとカラムシ―植物の供出（2）（吉岡郁夫）「名古屋民俗」　名古屋民俗研究会　（55）2007.1

宗春研究の現在―山王社・飯縄権現について（鬼頭勝之）「郷土文化」　名古屋郷土文化会　61（3）通号206　2007.3

江戸時代の生活文化（谷田正雄）「文化史研究」　なごや文化史研究会　（5）2007.7

近世名古屋における秋葉権現巡拝（田村貞雄）「郷土文化」　名古屋郷土文化会　62（2）通号208　2008.2

残し忘れの文化誌（1）（入谷哲夫）「郷土文化」　名古屋郷土文化会　62（2）通号208　2008.2

第37回研究会発表要旨　名古屋の嫁入りにどうして派手か（服部誠）「郷土文化」　名古屋郷土文化会　62（2）通号208　2008.2

「ええじゃないか」の祝祭空間―名古屋城下を中心に（武藤真）「名古屋市博物館研究紀要」　名古屋市博物館　31　2008.3

名古屋の尾張織田家関連古社寺（舟橋忠夫）「城」　東海古城研究会

（200）/（206）2008.8/2011.06

「龍」彫刻からみた飯田市旧本町一丁目屋台の彫物師について―尾張名古屋彫物師・瀬川治助尾重定の可能性（水野耕嗣）「飯田市美術博物館研究紀要」　飯田市美術博物館　（19）2009.03

展覧会準備ノート　伊勢神宮と東海のまつり／新聞の見た名古屋「名古屋市博物館だより」　名古屋市博物館　（192）2010.02

由緒の効能―名古屋における木工挽物業と職祖伝承の現在（木村裕樹）「京都民俗：京都民俗学会会誌」　京都民俗学会　通号27　2010.03

名古屋における扇子製造についての覚書（長谷川洋一）「民俗と風俗：the journal of the Chubu Branch, the Japanese Society for History of Manners and Customs」　日本風俗史学会中部支部　（20）2010.03

余禄　恵方巻き考（服部誠）「名古屋民俗」　名古屋民俗研究会　（57）2010.05

名古屋の能楽を支える人々（長谷川洋一）「名古屋市博物館だより」　名古屋市博物館　（196）2011.01

第41回研究会発表要旨　清正公信仰について（田中青樹）「郷土文化」　名古屋郷土文化会　65（2）通号214　2011.03

民俗学における都市研究（倉石忠彦）「名古屋民俗」　名古屋民俗研究会　（58）2011.03

自治体史編さんとマチ・都市の民俗（服部誠）「名古屋民俗」　名古屋民俗研究会　（58）2011.03

名古屋の食文化（「たより」124～159号寄稿文）（浪川久基子）「ひがし」　東区郷土史研究会　（12）2012.1

広小路/市制70周年/アメリカ村/名古屋にいた米軍/名古屋市庁舎/愛知県庁舎/名古屋駅/中村遊郭名楽園/松坂屋/大須/名古屋城/名古屋城の風景/堀川/東山公園/犬山/国府宮はだか祭/蒲郡/風俗・風景/主な参考文献（「郷土文化」別冊　名古屋郷土文化会創立70周年記念写真集一米国人の見た戦後の名古屋）「郷土文化」　名古屋郷土文化会　通号222（別冊）2014.12

名古屋市

いいだこ壺（新収資料紹介）（梶山勝）「名古屋市博物館だより」　名古屋市博物館　124　1998.10

菅公像（新収資料紹介）（野場喜子）「名古屋市博物館だより」　名古屋市博物館　125　1998.12

新収資料紹介　肥桶（竹内弘明）「名古屋市博物館だより」　名古屋市博物館　127　1999.4

資料調査ノート　新発見の寛永期「寺請証文」について（種田祐司）「名古屋市博物館だより」　名古屋市博物館　128　1999.6

新収資料紹介　虫送りの人形（小西恒典）「名古屋市博物館だより」　名古屋市博物館　129　1999.8

民衆の信仰としての清正公信仰（田中青樹）「名古屋市博物館研究紀要」　名古屋市博物館　通号23　2000.3

新収資料から　月に叢雲文七宝硯箱/庚申講用具「名古屋市博物館だより」　名古屋市博物館　135　2000.8

新収資料から　浅野清春収集資料/大新板即席手づま　後篇「名古屋市博物館だより」　名古屋市博物館　136　2000.10

シリーズすこし前のくらし　ちょっとそこまで、20世紀の道具散歩［1］～（6）（最終回）（竹内弘明）「名古屋市博物館だより」　名古屋市博物館　140/146　2001.6/2002.6

新収資料から　絹本着色千手観音二十八部衆像「名古屋市博物館だより」　名古屋市博物館　140　2001.6

新収資料から　笹舟「名古屋市博物館だより」　名古屋市博物館　141　2001.8

名古屋市内に残る屋根神さまの現状（森実）「郷土文化」　名古屋郷土文化会　56（2）通号191　2001.12

資料紹介　オタチクサン（天王様の仮社殿）（松本博行）「名古屋市博物館だより」　名古屋市博物館　149　2002.12

「民俗」について（津田豊彦）「新修名古屋市史だより」　名古屋市市政資料館　（21）2003.3

展示準備ノート　昭和の台所「名古屋市博物館だより」　名古屋市博物館　153　2003.8

雑記　かわり絵せんす製作記「名古屋市博物館だより」　名古屋市博物館　155　2003.12

資料紹介　御鍬祭真景図略「名古屋市博物館だより」　名古屋市博物館　157　2004.4

資料紹介　陶製狛犬「名古屋市博物館だより」　名古屋市博物館　160　2004.10

展示室2　大名家のお正月/王朝の儀式「蓬左」　名古屋市蓬左文庫　（66）2005.1

資料紹介　十一面観音菩薩立像「名古屋市博物館だより」　名古屋市博物館　165　2005.8

展示調査・中間報告　ええじゃないかとは？「名古屋市博物館だより」　名古屋市博物館　（168）2006.2

資料紹介　絵本揚雲雀「名古屋市博物館だより」　名古屋市博物館　（170）2006.6

資料紹介 婚礼衣装「名古屋市博物館だより」 名古屋市博物館 （171）2006.8

特別展示室から 江戸のペーパークラフト ええじゃないかの不思議「名古屋市博物館だより」 名古屋市博物館 （172）2006.10

資料紹介 観音菩薩座像（奥出賢治)「名古屋市博物館だより」 名古屋市博物館 （174）2007.2

名古屋市神社別石造物一覧（長浜宏雄)「岡崎地方史研究会研究紀要」 岡崎地方史研究会 （35）2007.3

太刀拵佩緒結びの雛形（奥出賢治)「名古屋市博物館研究紀要」 名古屋市博物館 30 2007.3

資料紹介 十二カ月行事図押絵貼屏風（山田伸彦)「名古屋市博物館だより」 名古屋市博物館 （176）2007.6

展示準備ノート 茶人の交わり（小川幹生)「名古屋市博物館だより」 名古屋市博物館 （178）2007.10

資料紹介 狂言装束と狂言面（桐原千文)「名古屋市博物館だより」 名古屋市博物館 （178）2007.10

展示準備ノート 因縁の七宝香爐（小川幹生)「名古屋市博物館だより」 名古屋市博物館 （179）2007.12

資料紹介 山車「雷車」（井上善博)「名古屋市博物館だより」 名古屋市博物館 （180）2008.2

天狗と御祓の降下（西垣晴次)「名古屋市博物館研究紀要」 名古屋市博物館 31 2008.3

資料紹介 鍬神（武藤真)「名古屋市博物館だより」 名古屋市博物館 （182）2008.6

資料紹介 扇面の版木・扇面の摺り見本（長谷川洋一)「名古屋市博物館だより」 名古屋市博物館 （184）2008.10

資料紹介 松に鳩図扇（津田卓子)「名古屋市博物館だより」 名古屋市博物館 （187）2009.04

館蔵品にスポット 絞りコレクション「名古屋市博物館だより」 名古屋市博物館 （188）2009.06

展示準備ノート 禅僧の肖像 妙心寺派の頂相「名古屋市博物館だより」 名古屋市博物館 （189）2009.08

資料紹介 月に鷹染分秋草文様着物（田中青樹)「名古屋市博物館だより」 名古屋市博物館 （190）2009.10

名古屋市の概要（特集 平成の御鍬祭—行われた記録—尾張西部の市町村別概要)（武藤真)「まつり」 まつり同好会 通号71・72 2009.12

狂言のキャラクターと物語（長谷川洋一)「名古屋市博物館だより」 名古屋市博物館 （198）2011.07

三人官女四態（竹内弘明)「名古屋市博物館だより」 名古屋市博物館 （200）2012.01

表紙 近世怪談星夜霄「蓬左」 名古屋市蓬左文庫 （84）2012.03

「松坂屋コレクション」の江戸時代の小袖（資料紹介）（五味良子，佐野尚子)「名古屋市博物館研究紀要」 36 2013.03

慶長小袖の裂地について—松坂屋コレクションから（資料紹介）（五味良子)「名古屋市博物館だより」 名古屋市博物館 （205）2013.04

「七歳の七夕」の展示とその調査報告（長谷川洋一)「名古屋市博物館研究紀要」 37 2014.03

資料紹介 味噌溜店「井桁芳」関係資料（長谷川洋一)「名古屋市博物館だより」 名古屋市博物館 （210）2014.07

極楽に往くための絵（山田伸彦)「名古屋市博物館だより」 名古屋市博物館 （211）2014.10

名古屋東照宮

名古屋東照宮祭礼図巻の下絵—泥江縣神社史料調査から（鬼頭秀明)「新修名古屋市史だより」 名古屋市市政資料館 （13）1998.3

明治の東照宮遷座について（中村保夫)「郷土文化」 名古屋郷土文化会 53（2）通号182 1998.12

新収資料紹介 からくり人形（神功皇后）／東照宮祭礼図巻「名古屋市博物館だより」 名古屋市博物館 133 2000.4

名古屋東照宮祭礼の特色（奥出賢治)「季刊悠久.第2次」 鶴岡八幡宮悠久事務局 97 2004.4

展示室1・2 新装開館、文庫公開70周年記念特別企画「知の宝庫—蓬左文庫の名品」／名古屋のまつり 東照宮祭礼「蓬左」 名古屋市蓬左文庫 （67）2005.4

近世名古屋東照宮祭礼の編年史料『御祭礼旧記』（福原敏男)「社寺史料研究」 社寺史料研究会，岩田書院（発売） （8）2006.3

東照宮祭礼の山車「蓬左」 名古屋市蓬左文庫 （80）2010.03

七寺

七寺一切経唐櫃中蓋漆絵に描かれた十六善神像とその周辺（小島登茂子)「愛知県史研究」 愛知県 （8）2004.3

七寺一切経摺記の鎮守十五所権現大明神の検討（井後政ξ)「皇学館大学神道研究所所報」 皇学館大学神道研究所 （68）2005.3

鍋屋町

老舗和菓子店の変遷—鍋屋町河村屋（浪川久基子)「ひがし」 東区郷土史研究会 （8）2001.9

鳴海廃寺

鳴海廃寺の創建年代をめぐって（梶山勝)「名古屋市博物館研究紀要」 名古屋市博物館 28 2005.3

鳴海八幡宮

鳴海祭りの猩々（大島建彦)「まつり通信」 まつり同好会 53（1）通号563 2013.01

二井寺

鈴木正三没後350年記念事業準備レポート 鈴木正三ゆかりの寺 普賢院（二井寺)「豊田市郷土資料館だより」 豊田市郷土資料館 49 2004.9

西尾

西三河西部地域の高野信仰（2）—刈谷・西尾城下とその周辺（神谷和正)「三河地域史研究」 三河地域史研究会 （22）2004.12

安城・西尾の方言（川合正治)「安城民俗」 安城民俗談話会 （30）2008.5

安城・西尾の方言（再掲載する会報の記事）（川合正治)「安城民俗」 安城民俗談話会 （38・39）2012.11

西尾市

愛知県西尾市における茶栽培の一考察（山野明男)「地域社会」 地域社会研究会 4（2）通号6 1980.03

吉良さんと棉祖神の里 愛知県西尾市（吉川祐子)「月刊通信ふるさとの民俗を語る会」 民俗文化研究所 （91）2014.12

西区

昭和期の味噌溜店における生活の変化—名古屋市西区「山英」のこと（長谷川洋一)「名古屋市博物館研究紀要」 名古屋市博物館 34 2011.3

西条町

西條町御鍬祭（平成19年丁亥）（特集 平成の御鍬祭—行われた地区の実践記録例)（後藤甫)「まつり」 まつり同好会 通号71・72 2009.12

西端

資料紹介 大正末から昭和初頭の西端・桜井系凧—その骨格構造の特徴を観察する（斎藤弘之)「安城市歴史博物館研究紀要」 安城市歴史博物館 （9）2002.3

竜灯伝説と灯明台（北野晃)「西郊民俗」 ［西郊民俗談話会] （189）2004.12

竜灯伝説と「セントエルモの火」（1）（北野晃)「西郊民俗」 ［西郊民俗談話会] （191）2005.6

竜灯と不知火—竜灯伝説考（3）（北野晃)「西郊民俗」 ［西郊民俗談話会] （192）2005.9

環東シナ海の航海女神—竜灯伝説考（4）（北野晃)「西郊民俗」 ［西郊民俗談話会] （193）2005.12

北岡晃「環東シナ海の航海女神—竜灯伝説考（四）」（書誌紹介）（石郷岡千鶴子)「秋田民俗」 秋田文化出版 （32）2006.6

西端の山之神様（内田辰男)「郷土研究誌みなみ」 南知多郷土研究会 （84）2007.11

西枇杷島

「惜車」廻る—西枇杷島まつり・山車200年（半田実)「郷土文化」 名古屋郷土文化会 58（2）通号197 2003.12

口絵 西枇杷島祭り（清須市西枇杷町)「愛知県史研究」 愛知県 （14）2010.03

西福田

西福田の御鍬祭り（特集 平成の御鍬祭—行われた地区の実践記録例)（佐藤信男)「まつり」 まつり同好会 通号71・72 2009.12

西三河

西三河の古代寺院—北野廃寺系軒丸瓦を中心として（梶山勝)「愛知県史研究」 愛知県 1 1997.3

西三河地域のむらびとと本證寺（小山正文，遠山佳治，塚本学)「愛知県史研究」 愛知県 1 1997.3

西三河における真宗門徒の村と民俗（蒲池勢至)「愛知県史研究」 愛知県 4 2000.3

西三河の石造宝塔（2）（野澤則幸)「三河考古」 三河考古刊行会 （14）2001.5

七夕「額」飾りの世界—七夕に立版古を飾る西三河南部地方の習俗（斎藤弘之)「安城市歴史博物館研究紀要」 安城市歴史博物館 （10・11）2004.2

西三河西部地域の高野信仰—吉良・横須賀村の一例（神谷和正)「三河地域史研究」 三河地域史研究会 （21）2004.5

西三河西部地域の高野信仰（2）—刈谷・西尾城下とその周辺（神谷和正)「三河地域史研究」 三河地域史研究会 （22）2004.12

西三河神社別石造物一覧（長浜宏雄)「岡崎地方史研究会研究紀要」 岡崎地方史研究会 （33）2005.3

西村

山海・西村の狛犬（森田秀司）「郷土研究誌みなみ」 南知多郷土研究会 （81） 2006.5

山海西村区山車彫刻（中村洋）「郷土研究誌みなみ」 南知多郷土研究会 （86） 2008.11

西屋敷

ムラの生活 弘法様とオカズ—廻間町・西屋敷（事務局）「郷土誌かすがい」 春日井市教育委員会 （61） 2002.10

日泰寺

日泰寺・城山八幡宮・産業技術記念館を訪ねて（成田康代）「かりや ： 郷土研究誌」 刈谷市郷土文化研究会 （27） 2006.3

荷之上村

「ええじゃないか」と奉納芸能—尾張荷之上村服部家の「お札降り」祭から（鬼頭秀明）「半田市立博物館研究紀要」 半田市立博物館 （19） 1998.3

如意院

史料紹介 延徳三年左衛門太夫奇進状・上野間如意院領田畠坪付之本帳（大仙寺文書）（上村喜久子）「知多半島の歴史と現在」 日本福祉大学知多半島総合研究所 （16） 2012.10

如意寺

文化財シリーズ（82） 登録文化財 如意寺本堂・書院・山門・鐘楼・太鼓楼「豊田市郷土資料館だより」 豊田市郷土資料館 （82） 2012.11

如意輪寺

如意輪寺の「円空作 薬師如来像」（中村洋）「郷土研究誌みなみ」 南知多郷土研究会 75 2003.5

額田

三河国の伝説の舞台（1） 額田のむかしばなし「博物館ニュース」 安城市歴史博物館 33 1999.7

民俗部会（岡崎市史額田資料編特集II—新編岡崎市史額田資料編 さん事業年度報告）（野本欽也）「岡崎市史研究」 岡崎市教育委員会 （29） 2009.03

民俗部会（新編岡崎市史額田資料編特集III—新編岡崎市史額田資料編さん事業年度報告）（野本欽也）「岡崎市史研究」 岡崎市教育委員会 （30） 2010.03

民俗部会（新編岡崎市史額田資料編さん事業年度報告（第4年次））（野本欽也）「岡崎市史研究」 岡崎市教育委員会 （31） 2011.03

天恩寺と額田（浦野加穂子）「岡崎地方史研究会研究紀要」 岡崎地方史研究会 （40） 2012.03

額田町

旧額田町に伝わるコト八日行事について（野本欽也）「まつり通信」 まつり同好会 49（4）通号542 2009.07

根崎八幡神社

根崎八幡神社の由緒をよむ（石川市治郎，天野暢保）「安城歴史研究」 安城市教育委員会 （28） 2003.3

能光社

岡崎市渡町能光社調査報告（嶋村博）「岡崎地方史研究会研究紀要」 岡崎地方史研究会 （39） 2011.03

野田八幡宮

野田八幡宮の絵馬群（平井芳男）「かりや ： 郷土研究誌」 刈谷市郷土文化研究会 20 1999.3

野田八幡宮神主 榊原宣安（山田孝）「かりや ： 郷土研究誌」 刈谷市郷土文化研究会 （35） 2014.03

野田村

史料紹介 野田村「八幡宮」について（渡辺哲郎，稲垣恒夫，矢田富治）「かりや ： 郷土研究誌」 刈谷市郷土文化研究会 （29） 2008.3

史料紹介 野田村の「お寺」について（渡邊哲郎，佐藤つるゑ，稲垣恒夫，矢田富治）「かりや ： 郷土研究誌」 刈谷市郷土文化研究会 （30） 2009.03

野間大坊

野間大坊の周辺に点在する源義朝公に関わる七不思議（松井一夫）「郷土研究誌みなみ」 南知多郷土研究会 （95） 2013.05

野間町

辨天池へおひな流し 野間町史「郷土研究誌みなみ」 南知多郷土研究会 （96） 2013.11

野見神社

神宝になった考古遺物—野見神社の巻「豊田市郷土資料館だより」 豊田市郷土資料館 （65） 2008.11

能見神明宮

第44回東海民俗研究発表大会（発表要旨）岡崎城下町における祭りの継承—能見神明宮例大祭にみるマチ・ヒト・コト（天野幸枝）「まつり通信」 まつり同好会 54（4）通号572 2014.07

野依

俚言格言—野依ニ於テ一般ニ用ヒラレ居ルモノ（史料紹介）（佐藤泰子）「愛知大学綜合郷土研究所紀要」 愛知大学綜合郷土研究所 51 2006.3

野依八幡社

愛知県豊橋市野依八幡社の祭礼行事（佐藤泰子）「三河民俗」 三河民俗談話会 5 1999.9

「どぶろく祭」を巡る—豊橋市野依八幡社例祭（河村和男）「碧」 碧の会 （17） 2006.10

白山社

白山社・神光寺の変遷と上条村（渥美精一）「安城歴史研究」 安城市教育委員会 （39） 2014.03

白山神社

神社編 白山神社（坂野忠雄）「愛知のやしろ」 愛知の神社をたずねる会 23 2002.1

葉栗郡

尾張国葉栗郡の古代寺院と美濃（梶山勝）「名古屋市博物館研究紀要」 名古屋市博物館 25 2002.3

白竜神社

白龍神社の蛇 加納西校区のできごと（1）（角竹弘）「中山道加納宿 ： 中山道加納宿文化保存会会誌」 中山道加納宿文化保存会 （61） 2013.04

羽黒

郷土散歩 羽黒の酒蔵めぐり（荻田誠一）「地域社会」 地域社会研究会 11（1）通号19 1987.03

箱柳

三州箱柳六条御殿御用材について（天野暢保）「安城市歴史博物館研究紀要」 安城市歴史博物館 5 1998.3

廻間町

ムラの生活 弘法様とオカズ—廻間町・西屋敷（事務局）「郷土誌かすがい」 春日井市教育委員会 （61） 2002.10

半城土村

史料紹介 半城土村の「お寺」について（渡邊哲郎，稲垣恒夫，矢田富治）「かりや ： 郷土研究誌」 刈谷市郷土文化研究会 （31） 2010.03

羽豆神社

羽豆神社間瀬家所蔵「幡頭大明神年中行事」について（3）（野村辰美）「郷土研究誌みなみ」 南知多郷土研究会 63 1997.5

羽豆神社と能楽（中村正巳）「郷土研究誌みなみ」 南知多郷土研究会 75 2003.5

愛知県南知多町師崎羽豆神社の若い女面と獅子面（後藤淑）「郷土研究誌みなみ」 南知多郷土研究会 （78） 2004.11

訂正 愛知県南知多町師崎羽豆神社の若い女面と獅子舞（後藤淑）「郷土研究誌みなみ」 南知多郷土研究会 （79） 2005.5

幡豆神社

幡豆神社 南知多町誌「郷土研究誌みなみ」 南知多郷土研究会 （97） 2014.05

羽田八幡宮

羽田八幡宮文庫の掟書をめぐる議論とその後の文庫貸出規定の変質（村松裕一）「三河地域史研究」 三河地域史研究会 19 2001.11

『豊橋市中央図書館所蔵 羽田八幡宮文庫旧蔵本目録』始末の記—編纂経過と課題にふれて（鈴木光保）「三河地域史研究」 三河地域史研究会 通号54 2009.05

蜂須賀

愛知のお鍬祭り—愛知県海部郡甚目寺町上萱津および愛知県海部郡美和町蜂須賀を事例として（研究ノート）（大澤未来）「日本民俗学」 日本民俗学会 通号265 2011.03

咄塚

阿弥陀寺「咄塚」のこと（「たより」124〜159号寄稿文）（園部志津代）「ひがし」 東区郷土史研究会 （12） 2012.01

花祭

東栄町の花祭り見学記（科野孝蔵）「地域社会」 地域社会研究会 3（2）通号4 1979.03

表紙解説 花祭りの "ざぜち"（吉村睦志）「あしなか」 山村民俗の会 252 1999.7

花祭り見学会―愛知県東栄町布川（東條さやか）「帝塚山大学大学院人文科学研究科紀要」　帝塚山大学大学院人文科学研究科　（3）2002.1

伝承芸能誌（1）『花祭』覚書（上）（須藤功）「まつり通信」　まつり同好会　42(5)通号495　2002.4

奥三河・北設楽の村々で行われた御神楽―奥三河の「花祭」について（伊藤勝文）「近畿文化」　近畿文化会事務局　652　2004.3

奥三河の花祭り（大中良英）「六甲倶楽部報告」　六甲倶楽部　69　2004.6

中村茂子著『奥三河の花祭り―明治以後の変遷と継承』（書誌紹介）（吉川祐子）「日本民俗学」　日本民俗学会　通号240　2004.11

花祭・遠山霜月祭と天白神―勧進神・天白の動きをさぐる《《特集 三信遠の民俗芸能》》（遠藤鉄樹）「まつり」　まつり同好会　通号69　2007.12

花祭キルメ考《特集 三信遠の民俗芸能》（久保田裕道）「まつり」　まつり同好会　通号69　2007.12

奥三河における花祭りの祭具―山内・花祭りの湯蓋と衣笠をめぐって（山崎一司）「民具マンスリー」　神奈川大学　41(9)通号489　2008.12

東三河東栄町月地区 花祭り見聞記（岡田親彦）「六甲倶楽部報告」　六甲倶楽部　（87）2008.12

東海民俗発表要旨 奥三河における花祭りの現況と課題（山崎一司）「まつり通信」　まつり同好会　49(4)通号542　2009.07

近世の神事芸能・花祭―花祭の近世後期における転形について（特集 記録・伝承と民俗芸能）（井上隆弘）「まつり」　まつり同好会　（74）2012.12

民俗芸能の伝承と保存―奥三河花祭りの現況から（フォーラム〈シンポジウム「花祭の継承と地域連携」2012年 名古屋大学〉）（山崎一司）「日本民俗学」　日本民俗学会　（275）2013.08

原田家
県史こぼれ話 お札は語る―原田家古神札「愛知県史だより」　愛知県総務部　11　1999.10

針子塚
「針子塚」の紹介―その定義と可能性（山下廉太郎）「三河地域史研究」　三河地域史研究会　（46）2005.5

万松寺
〔史料紹介〕「滝山万松寺大切之内日記」（1）（遠山佳治）「岡崎市史研究」　岡崎市教育委員会　（17・18）1997.3

万松寺文書にみられる「食」について（杉浦博子）「岡崎市史研究」　岡崎市教育委員会　（17・18）1997.3

萬松寺本堂の棟札について（資料紹介）（河合仁志，山口遥介）「岡崎市史研究」　岡崎市教育委員会　（32）2012.03

半田
半田の山車彫刻―愛知県半田祭（立松宏）「まつり通信」　まつり同好会　37(4)通号434　1997.4

半田の山車祭り（小栗英夫）「まつり通信」　まつり同好会　39(3)通号457　1999.2

半田山車祭を見学して（神谷美代子，堀尾すみ）「衣の民俗館・日本風俗史学会中部支部研究紀要」　衣の民俗館　13　2003.3

半田市
補助金対象以外の昭和55年度から平成5年度までの山車等に係わる修理調査（山本恭弘）「半田市立博物館研究紀要」　半田市立博物館　（18）1997.3

木偶師・住田仁兵衛を探る―半田市立博物館所蔵引札をめぐって（鬼頭秀明）「半田市立博物館研究紀要」　半田市立博物館　（20）1999.3

「はんだ山車まつり」5年ぶり31台が勢揃い（松久卓）「美濃民俗」　美濃民俗文化の会　（490）2008.3

地域・産業 地域イベントの経済効果の推計―愛知県半田市の「第7回はんだ山車まつり」の調査を例として（鈴木健司）「知多半島の歴史と現在」　日本福祉大学知多半島総合研究所　（18）2014.10

日出
伊良湖・日出地区合同調査を終えて―調査地概要を兼ねて（愛知県田原市伊良湖・日出地区合同調査特集）（今野大輔）「昔風と当世風」　古々路の会　（96）2012.04

間取り図では読み取れない住居空間の感覚（愛知県田原市伊良湖・日出地区合同調査特集）（森隆男）「昔風と当世風」　古々路の会　（96）2012.04

日出町
伊良湖町と日出町の食から（愛知県田原市伊良湖・日出地区合同調査特集）（丸山久子）「昔風と当世風」　古々路の会　（96）2012.04

東尾町
表紙 八幡社絵馬（繋馬図）東尾町内会蔵「博物館ニュース」　安城市歴史博物館　（88）2013.04

東尾八幡社
東尾八幡社のしめ縄作り（近藤由美子）「安城市史だより」　［安城］市教育委員会生涯学習部　6　2000.2

東区
東区の絵馬（加藤実）「ひがし」　東区郷土史研究会　（4）1997.6

宝船絵（中井金一）「ひがし」　東区郷土史研究会　（5）1998.4

東区災害むかしばなし（江崎公朗）「ひがし」　東区郷土史研究会　（5）1998.4

我が家のしきたり覚え書き（天野正一）「ひがし」　東区郷土史研究会　（5）1998.4

《特集 建物あれこれ》「ひがし」　東区郷土史研究会　（5）1998.4

我が家の保存（桜井孝）「ひがし」　東区郷土史研究会　（5）1998.4

下級武士の家その一例（西野光彦）「ひがし」　東区郷土史研究会　（5）1998.4

我が旧邸のこと（前田始克）「ひがし」　東区郷土史研究会　（5）1998.4

屋根神様に会いたくて（園部志津代）「ひがし」　東区郷土史研究会　（6）1999.5

〈特集 職人〉「ひがし」　東区郷土史研究会　（7）2000.6

ぼてふり（高田利夫）「ひがし」　東区郷土史研究会　（7）2000.6

伝統の和蠟燭（西野光彦）「ひがし」　東区郷土史研究会　（7）2000.6

町工場の職人さん達のこと（前田始克）「ひがし」　東区郷土史研究会　（7）2000.6

ある建具屋の昔と今（西野鏡子）「ひがし」　東区郷土史研究会　（7）2000.6

資料紹介 石原家『家制年中行事』（蟹江和子）「ひがし」　東区郷土史研究会　（8）2001.9

クリーンな乗り物人力車（園部志津代）「ひがし」　東区郷土史研究会　（8）2001.9

百人一首・かるた取りの楽しみ（上尾雅子）「ひがし」　東区郷土史研究会　（9）2002.12

児童文化からみた腹話術の一考察（本田知子）「ひがし」　東区郷土史研究会　（9）2002.12

寺社に関わる玩具（西野鏡子）「ひがし」　東区郷土史研究会　（11）2006.7

聞香体験（「たより」124〜159号寄稿文）（西野鏡子）「ひがし」　東区郷土史研究会　（12）2012.01

東新町
立物花火の技術伝承―愛知県新城市東新町「立物保存会」の事例から（服部比呂美）「無形文化遺産研究報告」　国立文化財機構東京文化財研究所　（3）2009.3

東谷山
東谷山二題（七原恵史）「もりやま」　守山郷土史研究会　20　2001.1

東三河
東三河の高機（小林章男）「地域社会」　地域社会研究会　（28）1993.03

東三河山間地の在名仏を訪ねて（水野孝文）「史迹と美術」　史迹美術同攷会　73(1)通号731　2003.1

賀茂社神饌の伝承と地方における変容―東三河の例（須川妙子）「民俗と風俗 : the journal of the Chubu Branch, the Japanese Society for History of Manners and Customs」　日本風俗史学会中部支部　（15）2005.3

東三河地域の例祭における特殊神饌に関する調査報告―長孫天神社の例（須川妙子）「愛知大学綜合郷土研究所紀要」　愛知大学綜合郷土研究所　51　2006.3

東三河神社別石造物一覧（長浜宏雄）「岡崎地方研究会研究紀要」　岡崎地方史研究会　（34）2006.3

東三河の大江氏と星野山行明寺（奥田敏春）「愛城研報告」　愛知中世城郭研究会　（10）2006.8

イメージ調査からみた和菓子職人の「和菓子観」―東三河の例（須川妙子）「愛知大学綜合郷土研究所紀要」　愛知大学綜合郷土研究所　52　2007.3

東三河の熊野信仰とその諸伝承（鈴木源一郎）「愛知大学綜合郷土研究所紀要」　愛知大学綜合郷土研究所　52　2007.3

東三河の『熊野権現縁起』について（鈴木源一郎）「愛知大学綜合郷土研究所紀要」　愛知大学綜合郷土研究所　54　2009.03

東六軒町
崩れた「思い」―早瀬長兵衛と泰亨車（半田実）「郷土文化」　名古屋郷土文化会　65(2)通号214　2011.03

氷上
氷上の里の御鍬祭（大高村古文書より）（原藤広）「あゆち潟」　「あゆち潟」の自然と歴史に親しむ会　（4）1998.3

氷上姉子神社
氷上の里傘車―緑区大高町氷上姉子神社祭礼調査より（原藤広）「あゆち潟」　「あゆち潟」の自然と歴史に親しむ会　（5）1999.3

氷上姉子神社の太々神楽 名古屋市緑区大高町（吉川祐子）「月刊通信ふるさとの民俗を語る会」 民俗文化研究所 　（71） 2013.04

尾西
尾西地域の残存高機の整理についての一試論(1)，(2)（小林章男）「地域社会」 地域社会研究会 　10(1)通号17/10(2)通号18　1985.10/1986.03

久木
文化財シリーズ(70) 市指定文化財 久木の木偶 付馬道具「豊田市郷土資料館だより」 豊田市郷土資料館 　(70) 2010.01

尾参
尾参の芝居興行点描池田文庫所蔵番付から（収蔵資料紹介）（鈴木光保）「館報池田文庫」 阪急学園池田文庫 　（27） 2005.10

菱野丘陵窯跡群
瀬戸窯資料調査報告(4)〜(6) 菱野丘陵窯跡群(上)，(中)，(下)（佐野元）「瀬戸市埋蔵文化財センター研究紀要」 瀬戸市文化振興財団 　6/(8) 1998.3/2000.3

尾州
近世におけるカヤの木の実の食用について―尾州を中心に（中島範）「風俗史学 ： 日本風俗史学会会誌」 日本風俗史学会 　通号9 1999.9
新たな尾州廻船研究に向けて（高部淑子）「知多半島の歴史と現在」 日本福祉大学知多半島総合研究所 　（13） 2005.9
尾州鷹羽講の遷座祭（小林奈央子）「まつり通信」 まつり同好会 　54(5)通号573 2014.09

飛保
郷土散歩 飛保のまんだら寺（千田百合子）「地域社会」 地域社会研究会 　9(1)通号15 1984.10

尾北
尾北の一石経経塚（後藤真一）「伊勢湾考古」 知多古文化研究会 　12 1998.5

日間賀島
葬儀と墓制の変化―愛知県日間賀島における両墓性の崩壊・火葬の受容（畑聡一郎）「日本民俗学」 日本民俗学会 　通号231 2002.8
愛知県日間賀島におけるかしき料理の調理法と特性について（伊藤正江，横山次郎，中山勝比呂，平塚美生，河合清）「民俗と風俗 ： the journal of the Chubu Branch, the Japanese Society for History of Manners and Customs」 日本風俗史学会中部支部 　（16） 2006.3
日間賀島の婚姻、しぼり加工、若衆宿について(1) 昭和41年8月1日〜6日調査（榊原剛）「郷土研究誌みなみ」 南知多郷土研究会 　（82） 2006.11
日間賀島の婚姻、しぼり加工、若衆宿について(2) 日間賀島の通婚圏（榊原剛）「郷土研究誌みなみ」 南知多郷土研究会 　（83） 2007.5
日間賀島の民俗（婚姻、若い衆、絞り加二）(3) 日間賀島の「若い衆」（榊原剛）「郷土研究誌みなみ」 南知多郷土研究会 　（84） 2007.11
日間賀島の民俗（婚姻、若い衆、絞り加工）(4) 日間賀島の「婚姻慣行」（榊原剛）「郷土研究誌みなみ」 南知多郷土研究会 　（85） 2008.5

尾陽
新収資料から 尾陽年中行事略絵抄(3月)「名古屋市博物館だより」 名古屋市博物館 　138 2001.2

枇杷島
天明期梵天祭りの造形活動からみた民衆意識（遠山佳治）「衣の民俗館・日本風俗学会中部支部研究紀要」 衣の民俗館 　13 2003.3
梵天祭と屋根棟神（大島建彦）「まつり通信」 まつり同好会 　49(1)通号539 2009.01

福釜
福釜万歳のこと（斎藤卓志）「安城市歴史博物館研究紀要」 安城市歴史博物館 　（16） 2009.03

福釜村
村の頼母子活用―福釜村村金仕上覚帳を中心に（三島一信）「安城市歴史博物館研究紀要」 安城市歴史博物館 　（8） 2001.3

布川
花祭り見学会―愛知県東栄町布川（東條さやか）「帝塚山大学大学院人文科学研究科紀要」 帝塚山大学大学院人文科学研究科 　（3） 2002.1
布川の花祭り（近藤由美子）「安城民俗」 安城民俗談話会 　（24） 2005.5
布川の花祭り（再掲載する会報の記事）（丘藤由美子）「安城民俗」 安城民俗談話会 　（38・39） 2012.11

普賢院
鈴木正三没後350年記念事業準備レポート 鈴木正三ゆかりの寺 普賢院（二川寺）「豊田市郷土資料館だより」 豊田市郷土資料館 　49 2004.9

二川町
豊橋市二川町の豆味噌・たまり醤油工場と産業遺産―東駒屋と西駒屋の機械化設備（調査報告）（天野武弘，野口英一朗）「産業遺産研究」 中部産業遺産研究会事務局 　（20） 2013.5

普門寺
普門寺（豊橋市）所蔵永暦二年永意起請木札について―付、大治二年『大般若経』零巻、仁治三年四至注文写木札、天文十一年本尊等造立木札（資(史)料紹介）（上川通夫）「愛知県史研究」 愛知県 　（14） 2010.03
普門寺（豊橋市）所蔵年次未詳（中世後期）三界万霊木牌について（研究ノート）（服部光真）「愛知県史研究」 愛知県 　（17） 2013.03

古井
古井の古井戸―碧南地方の古井戸を考える（天野暢保）「安城歴史研究」 安城市教育委員会 　（38） 2013.3

平坂無量寺
三河三かかの寺内町と平坂無量寺の境内―「三十間屋敷」に関して（奥田敏春）「愛城研報告」 愛知中世城郭研究会 　（12） 2008.8

平勝寺
鳳凰山平勝寺（伊藤俊雄）「地域社会」 地域社会研究会 　2(1)通号2 1978.03

平地御坊
天正年間三河本願寺教団の再興過程―平地御坊体制をめぐって（安藤弥）「安城市史研究」 安城市 　6 2005.3

碧海
三河の国の伝説の舞台(3) 碧海のむかしばなし「博物館ニュース」 安城市歴史博物館 　35 2000.1

碧南
古井の古井戸―碧南地方の古井戸を考える（天野暢保）「安城歴史研究」 安城市教育委員会 　（38） 2013.3
碧南鋳物の祖 国松十兵衛家終焉の検証―辻村鋳造師の本家と出職・出店先に関する一考察を含めて（歴史・民俗）（杉浦和文）「知多半島の歴史と現在」 日本福祉大学知多半島総合研究所 　（17） 2013.10

遍照心院
専長寺阿弥陀如来像と「宋風」彫刻 附・遍照心院の遺仏（伊東史朗）「愛知県史研究」 愛知県 　（11） 2007.3

法海寺
愛知の歴史遺産 知多市・法海寺の仏画（渡辺里志）「愛知県史だより」 愛知県総務部 　11 1999.10

判官石
夜泣き石・馬取り池・判官石（川合正治）「安城民俗」 安城民俗談話会 　（40） 2013.06

宝行寺
龍登山宝行寺諸願諸書上達覚帳（田中豊）「郷土文化」 名古屋郷土文化会 　52(2)通号179 1997.12

法行寺
文化財調査レポート 寂静寺本堂（岡崎市上地町）―東町法行寺から移築された本堂「博物館ニュース」 安城市歴史博物館 　（83） 2012.01

暮雨巷
龍門園「暮雨巷」と係わった人々（野嵜義雄）「文化史研究」 なごや文化史研究会 　（3） 1998.3

法寿寺
龍江寺と法寿寺を訪ねて（加藤修）「かりや ： 郷土研究誌」 刈谷市郷土文化研究会 　（27） 2006.3

北条
明治初期の北条地区における常滑焼の生産について「常滑市民俗資料館研究紀要」 常滑市教育委員会 　9 2000.3

宝生院
口絵 庭儀灌頂図（名古屋市 大須観音宝生院蔵）「愛知県史研究」 愛知県 　（13） 2009.03

宝蔵院
名古屋市・宝蔵院の木喰仏（小島梯次）「微笑佛」 全国木喰研究会 　（21） 2014.03

法蔵寺
口絵写真 法蔵寺の鉄地蔵（山田英彦）「地域社会」 地域社会研究会 　2(1)通号2 1978.03
法蔵寺物語（中筋孝）「安城歴史研究」 安城市教育委員会 　（34） 2009.03

愛知県　　　　　　　　　　　　郷土に伝わる民俗と信仰　　　　　　　　　　　　東海

鳳来山

鳳来山と浄瑠璃姫伝説（《シンポジウム 語りと伝説―三河の浄瑠璃姫伝承》）（小林幸夫）「口承文藝研究」 日本口承文藝學會 （32） 2009.03

鳳来山東照宮

鳳来山東照宮のかき取られた狛犬寺（加藤良治）「西郊民俗」 ［西郊民俗談話会］ 通号170 2000.3

鳳来寺

古文書紹介 秋葉山鳳来寺道中記（林昌弘）「博物館ニュース」 安城市歴史博物館 45 2002.7

鳳来町

愛知県における鳳来町地域の郷土食―「ごへいもち」を中心として（片山信）「地域社会」 地域社会研究会 10（2）通号18 1986.03

法輪寺

佐藤兄弟と法輪寺（梶野二郎）「もりやま」 守山郷土史研究会 20 2001.1

法輪寺の歴史と伝説―大般若経との関連で（青木忠夫）「もりやま」 守山郷土史研究会 （27） 2008.1

穂国

穂国と国造時代の神々（鈴木源一郎）「愛知大学綜合郷土研究所紀要」 愛知大学綜合郷土研究所 通号45 2000.3

本宮町

郷土散歩 尾張本宮町の山姥物語（千田百合子）「地域社会」 地域社会研究会 7（1）通号11 1982.10

本宗寺

表紙 蓮如上人絵伝第2幅より（本宗寺蔵）本證寺を攻撃する家康軍（下）と炎上する本宗寺（上）「博物館ニュース」 安城市歴史博物館 （90） 2013.10

本証寺

西三河地域のむらびとと本證寺（小山正文，遠山佳治，塚本学）「愛知県史研究」 愛知県 1 1997.3

碧海の民話の舞台（8） 矢作川の竜宮―本証寺伝説「博物館ニュース」 安城市歴史博物館 32 1999.4

江戸時代後期における東本願寺派中本寺の添書権と末寺関係―本証寺の「添書留記」の分析を中心に（遠山佳治）「安城市史研究」 安城市 1 2000.3

本證寺と清水忠重の交渉を示す二点の文書―本証寺文書の調査から発見（村岡幹生）「安城市史だより」 ［安城］市教育委員会生涯学習部 11 2001.10

野寺本證寺慶円上人の胎内銘文について（天野信治）「安城市歴史博物館研究紀要」 安城市歴史博物館 （9） 2002.3

本證寺文書史料集「諸事記」（都築道子）「三河地域史研究」 三河地域史研究会 （22） 2004.12

ミュージアム・スポット 「第4回安城の文化財―本證寺の絵伝と八劔神社の絵馬―」「博物館ニュース」 安城市歴史博物館 （60） 2006.4

本證寺土塁出土の中世瓦（永井邦仁）「安城市史研究」 安城市 （8） 2007.3

本證寺・安城歴史博物館・上宮寺・勝鬘寺を訪ねて（竹中兼利）「かりや： 郷土研究誌」 刈谷市郷土文化研究会 （28） 2007.3

遺存地割による本證寺「寺内」の復原と二・三の問題（北村和宏）「安城市史研究」 安城市 （10） 2009.3

慶長絵図証文の本證寺「寺内」と「築地之内」（村岡幹生）「安城市歴史博物館研究紀要」 安城市歴史博物館 （17） 2010.03

文化的景観 本證寺内堀のハス再生（石橋あずな）「博物館ニュース」 安城市歴史博物館 （81） 2011.07

一揆赦免帰住後の本證寺「寺内」景観と寺領境の築地（村岡幹生）「安城市歴史博物館研究紀要」 安城市歴史博物館 （19） 2012.03

表紙 蓮如上人絵伝第2幅より（本宗寺蔵）本證寺を攻撃する家康軍（下）と炎上する本宗寺（上）「博物館ニュース」 安城市歴史博物館 （90） 2013.10

正木町

陶製有孔球（焔炭）について―名古屋市中区正木町（近藤真人）「民俗文化」 滋賀民俗学会 （542） 2008.11

真清田神社

大神神社と尾張一宮―橘三喜の真清田神社参詣をめぐって（山口恵三）「郷土文化」 名古屋郷土文化会 56（2）通号191 2001.12

《特集 一宮真清田神社の桃花祭》「愛知のやしろ」 愛知の神社をたずねる会 23 2002.1

桃花祭について「愛知のやしろ」 愛知の神社をたずねる会 23 2002.1

松平東照宮

心のふるさと無形民俗文化財 祭り・行事・技 松平東照宮 春まつり（成

瀬憲作）「豊田市郷土資料館だより」 豊田市郷土資料館 24 1998.5

間々乳観音

小牧山の間々乳観音（《特集 伝承と石仏》）（樋口清明）「日本の石仏」 日本石仏協会，青娥書房（発売）（119） 2006.9

満性寺

満性寺をめぐる絵解きの世界―聖徳太子絵伝をめぐって（阿部泰郎，渡辺里志）「愛知県史研究」 愛知県 4 2000.3

三河

郷土散歩 三河の放下（高村正一）「地域社会」 地域社会研究会 6（2）通号10 1982.03

三河のバッタン装置屋（小林章男）「地域社会」 地域社会研究会 （32） 1995.03

寛保2年の御鍬祭（［史料紹介］）（平松七郎）「三河地域史研究」 三河地域史研究会 15 1997.11

鎌倉・南北朝時代の三河真宗（天野暢保）「安城歴史研究」 安城市教育委員会 23 1998.3

慶応3年最初の御札降りについて（大久保友治）「三河地域史研究」 三河地域史研究会 16 1998.11

ふるさとをささえた産業の歴史 天然醸造の味噌―三河地方の大豆味噌の醸造（安藤勇）「豊田市郷土資料館だより」 豊田市郷土資料館 28 1999.6

しだら神と三河（安原功）「安城市史だより」 ［安城］市教育委員会生涯学習部 5 1999.10

三河地方のキリシタン（五味巌）「名古屋キリシタン文化研究会会報」 ［名古屋キリシタン文化研究会］ 59 2000.1

三河の虫送り（小西恒典）「名古屋市博物館研究紀要」 名古屋市博物館 通号23 2000.3

三河の寺内と寺内町に関する一考察（奥田敏春）「愛城研報告」 愛知中世城郭研究会 5 2000.6

日本の中の三河（中垣佳彦）「安城民俗」 安城民俗談話会 14 2000.8

家結合と同族祭祀―三河のカモンとジルイを中心として（八木透）「愛知県史研究」 愛知県 （5） 2001.3

花祭り再考、そして東アジア（片茂永）「三河民俗」 三河民俗談話会 6 2002.3

ヤマチャ研究余滴（松下智）「三河民俗」 三河民俗談話会 6 2002.3

「ヒガンバナの身上書」拾遺（有薗匡一郎）「三河民俗」 三河民俗談話会 6 2002.3

神事における「お祭り弓」の考察（渡辺二朗）「三河民俗」 三河民俗談話会 6 2002.3

歴史の散歩道 鈴木様―神になった三河武士（望月達史）「愛知県史だより」 愛知県総務部 14 2002.10

聚楽第行幸と武家権力―三河本願寺教団への材木京上賦課の検討から（水野智之）「安城市史研究」 安城市 6 2005.3

天正年間三河本願寺教団の再興過程―平地御坊体制をめぐって（安藤弥）「安城市史研究」 安城市 6 2005.3

尾張・三河と菊人形興業（川井ゆう）「郷土文化」 名古屋郷土文化会 59（2・3）通号200 2005.3

金井年著『寺内町の歴史地理学的研究』第九章「三河の寺内町プラン」に接して（奥田敏春）「愛城研報告」 愛知中世城郭研究会 （9） 2005.8

江戸時代後期の本山再建に関する真宗門徒の考察―寛政期本山再建に関する三河門徒の活動を中心に（遠山佳治）「信濃［第3次］」 信濃史学会 57（10）通号669 2005.10

犬頭糸伝説と犬飼（北野晃）「民俗文化」 滋賀民俗学会 （518） 2006.11

尾張・三河と長頸壺をめぐる諸問題（丸山竜平）「きりん」 荒木集成館友の会 通号11 2007.5

三河三か寺の寺内町と平坂無量寺の境内―「三十間屋敷」に関して（奥田敏春）「愛城研報告」 愛知中世城郭研究会 （12） 2008.8

第55回例会「語りと伝説―三河の浄瑠璃姫伝承―」（菱川晶子）「伝え： 日本口承文芸学会会報」 日本口承文芸学会 （43） 2008.9

浄瑠璃姫をめぐる近世唱導（《シンポジウム 語りと伝説―三河の浄瑠璃姫伝承》）（堤邦彦）「口承文藝研究」 日本口承文藝學會 （32） 2009.03

「浄瑠璃姫物語」―絵巻と伝承をめぐって（《シンポジウム 語りと伝説―三河の浄瑠璃姫伝承》）（深谷大）「口承文藝研究」 日本口承文藝學會 （32） 2009.03

三河白とその辺（1） 三河白採掘地の現況（菊池直哉，野澤則幸）「三河考古」 三河考古刊行会 （20） 2009.05

或る庄屋家の婿取り（中筋孝）「三河地域史研究」 三河地域史研究会 通号55 2009.11

三河民権家国事犯事件と発覚地の飯田地方（3の3） 明治期の伊那谷における不二道から実行教への移行（北原明文）「伊那」 伊那史学会 59（3）通号994 2011.3

三河における菓子文化の近代化（研究ノート）（須川妙子）「愛知大学綜合郷土研究所紀要」 愛知大学綜合郷土研究所 56 2011.3

文化講演会 江戸積み三河酒の衰退をめぐって—神谷和正編『近世三河の酒造業』を中心に（吉永昭）「かりや ： 郷土研究誌」 刈谷市郷土文化研究会 （32） 2011.03

三信遠大念仏の構成と所作—三河地区を中心に（坂本要）「民俗芸能研究」 民俗芸能学会 （50） 2011.03

尾・三地域のお札降りを追う（堀崎嘉明）「東海近代史研究」 東海近代史研究会 （32） 2011.07

基調報告 宮本常一写真の可能性—瀬戸内と三河のフィールドワークを通して（日本民具学会第36回大会 宮本常一没後30周年記念シンポジウム「宮本常一 写真による生活文化研究」）（印南敏秀）「民具研究」 日本民具学会 （146） 2012.10

近世農村社会における「遊日」（細井義雄）「三河地域史研究」 三河地域史研究会 （61） 2012.11

文化の“中京”—尾張・三河（愛知県史を語る会抄録 地域・伝統・都市—県史でとらえた愛知の民俗）（岩井宏實）「愛知県史研究」 愛知県 （17） 2013.3

安城市歴史博物館特別展「三州に一揆おこりもうす—三河一向一揆450年—」（展示批評）（福原圭一）「地方史研究」 地方史研究協議会 64（5）通号371 2014.1

速報 第4回松平シンポジウム 三州に一揆おこりもうす—三河一向一揆の本質を問う 平成26年1月25日（土）（三島一信）「博物館ニュース」 安城市歴史博物館 （92） 2014.04

第4回松平シンポジウム「三州に一揆おこりもうす—三河一向一揆の本質を問う—」参加記（動向）（水野智之）「地方史研究」 地方史研究協議会 64（4）通号370 2014.08

三河の神主の蔵書に関する一考察—羽田野敬雄と竹尾正鞆・正寛・正胤を中心に（上田早苗）「三河地域史研究」 三河地域史研究会 （65） 2014.11

三河三弘法

三河三弘法と巡礼（永田友市）「かりや ： 郷土研究誌」 刈谷市郷土文化研究会 （28） 2007.3

三河田原藩

三河田原藩における入寺の諸相（1），（2）（佐藤孝之）「武尊通信」 群馬歴史民俗研究会 98/100 2004.6/2004.12

三河国

付I 三河国神名帳と豊川市内関連神社考 『三河国神名帳』成立の諸説/三河国神名帳と豊川市内関連神社考「豊川史話」 豊川市郷土史研究会 （9） 2003.07

近代三河国庶民の日常食（有薗正一郎）「愛知大学綜合郷土研究所紀要」 愛知大学綜合郷土研究所 54 2009.3

参河国

古代参河国と犬頭糸・白絹（西宮秀紀）「安城市史研究」 安城市 （7） 2006.3

三河の田楽

田峯田楽における一諸役の考察—「歩行」の芸能性とその役割（山田奈菜恵）「コロス」 常民文化研究会 74 1998.8

「黒沢田楽見学会」に参加して（下地好孝）「まつり通信」 まつり同好会 45（3）通号517 2005.5

田峯田楽の藁苞—田峰田楽・地芝居合同見学会から（沼崎麻矢）「まつり通信」 まつり同好会 46（3）通号523 2006.5

田峰田楽見学記（吉川祐子）「月刊通信ふるさとの民俗を語る会」 民俗文化研究所 （9） 2008.2

三河万歳

三河・尾張万歳の現状について—東海民俗研究会発表（鷲野正昭）「まつり通信」 まつり同好会 37（7）通号437 1997.7

三河万歳史稿（神谷素光）「安城歴史研究」 安城市教育委員会 24 1999.3

今年も流山へ来た正月をことほぐ三河万歳（青木更吉）「東葛流山研究」 流山市立博物館友の会事務局，崙書房出版（発売） （18） 1999.10

三河万歳をさぐる（天野暢保）「安城市歴史博物館研究紀要」 安城市歴史博物館 （7） 2000.3

一枚の古文書との出会いから—「三河万歳」の上州廻勤（岡田昭二）「武尊通信」 群馬歴史民俗研究会 100 2004.12

三河万歳小史—土御門家との関係から見た（《特集 祝福芸》）（林淳）「まつり」 まつり同好会 通号68 2006.12

里神楽と三河万歳（佐宗欣二）「扣之帳」 扣之帳刊行会 （29） 2010.09

三河万歳の「檀家帳」について（岡田昭二）「武尊通信」 群馬歴史民俗研究会 （130） 2012.06

三河万歳の二つの墓について（岡田昭二）「武尊通信」 群馬歴史民俗研究会 （135） 2013.09

三河三谷

三河三谷の祭礼（「たより」124～159号寄稿文）（園部志津代）「ひがし」 東区郷土史研究会 （12） 2012.01

三河湾岸

渥美半島の魚交易伝承—三河湾岸の押送船を中心に（胡桃沢勘司）「民俗文化」 近畿大学民俗学研究所 （15） 2003.3

水野平蔵家

二軀の大日如来像（興正寺ならびに水野平蔵家伝来）について（小嶋泉）「名古屋市博物館研究紀要」 名古屋市博物館 30 2007.3

瑞穂

方言とは（森富士雄）「美豆保」 瑞穂地区郷土史跡研究会 （23） 2011.03

御園座

第11回研究会発表要旨 御園座における歌舞伎公演（渡辺久男）「郷土文化」 名古屋郷土文化会 55（2）通号188 2000.12

御岳

御嶽を眺める（有元清城）「地域社会」 地域社会研究会 3（2）通号4 1979.03

「御嶽を眺める」（第3巻第2号）補遺（有元清城）「地域社会」 地域社会研究会 5（1）通号7 1980.10

道上

道上の鍛冶屋（川合正治）「安城民俗」 安城民俗談話会 10 1998.5

密蔵院

木造薬師如来立造 熊野町密蔵院「郷土誌かすがい」 春日井市教育委員会 50 1997.3

密蔵院多宝塔（春日井市密蔵院）（愛知の歴史遺産）（杉野丞）「愛知県史だより」 愛知県総務部 8 1998.3

郷土探訪 家康公二百回御神忌への密蔵院住職・日光東照宮参向（桜井芳昭）「郷土誌かすがい」 春日井市教育委員会 52 1998.3

密蔵院にみる密教美術と歴史史料（稲葉伸道，宮治昭）「愛知県史研究」 愛知県 3 1999.3

白山信仰（24）密蔵院と白山中宮長滝寺（村中治彦）「郷土誌かすがい」 春日井市教育委員会 56 2000.3

密蔵院所蔵地蔵十王図をめぐって（鷹巣純）「安城市歴史博物館研究紀要」 安城市歴史博物館 （12） 2005.3

御津神社

御津神社所蔵「御津神社献詠帖」 付・作者索引（鈴木光保，渡辺鐘治）「三河地域史研究」 三河地域史研究会 （22） 2004.12

南知多

文化の伝達者遍路さんと南知多（石黒宏）「郷土研究誌みなみ」 南知多郷土研究会 63 1997.5

箕と唐箕（森田秀司）「郷土研究誌みなみ」 南知多郷土研究会 64 1997.11

前野小平治製作 名山車「唐子車」（内田白花）「郷土研究誌みなみ」 南知多郷土研究会 69 2000.5

南知多民謡わらべうた考—唄の水脈を追って（13）（斎田茂夫）「郷土研究誌みなみ」 南知多郷土研究会 74 2002.11

御幣鯛奉納紀行［1］，（3），（4）（松本亀男）「郷土研究誌みなみ」 南知多郷土研究会 75/（79） 2003.5/2005.5

四天王まいりと私（内田辰男）「郷土研究誌みなみ」 南知多郷土研究会 76 2003.11

唱え言葉と囃し言葉（吉村武夫）「郷土研究誌みなみ」 南知多郷土研究会 77 2004.5

太鼓打ちの着物に寄せる思いが（植田重章）「郷土研究誌みなみ」 南知多郷土研究会 （78） 2004.11

其の一 饅頭を食べたお地蔵さん/其の二 内海、慈光寺の杖杉弘法大師（内田白原）「郷土研究誌みなみ」 南知多郷土研究会 （80） 2005.11

コウナゴすくい漁のタモ（中村洋）「郷土研究誌みなみ」 南知多郷土研究会 （81） 2006.5

神代からの贈り物「招霊の木」（大岩義昌）「郷土研究誌みなみ」 南知多郷土研究会 （81） 2006.5

今に伝える民間伝承 海亀信仰（磯部宅成）「郷土研究誌みなみ」 南知多郷土研究会 （81） 2006.5

霊験記三題（内田白花）「郷土研究誌みなみ」 南知多郷土研究会 （82） 2006.11

ご先祖様（本田知子）「郷土研究誌みなみ」 南知多郷土研究会 （82） 2006.11

南知多の捕鯨（山下勝年）「郷土研究誌みなみ」 南知多郷土研究会 （87） 2009.5

穂水紋あれこれ（加藤喜代吉）「郷土研究誌みなみ」 南知多郷土研究会 （88） 2009.11

南知多の墓の移り変わり—両墓制から単墓制へ・火葬化による墓制の変貌（畑聰一郎）「郷土研究誌みなみ」 南知多郷土研究会 （90） 2010.11

樹木と神社の話（加藤喜代吉）「郷土研究誌みなみ」 南知多郷土研究会 （91） 2011.05

前野小平治家の家紋余話（大岩義昌）「郷土研究誌みなみ」 南知多郷土研究会 （96） 2013.11

南知多五色観音霊場

南知多五色観音霊場開創30周年にあたり（片山健城）「郷土研究誌みなみ」 南知多郷土研究会 69 2000.5

南知多三十三観音霊場

南知多三十三観音霊場めぐり俳句回想（鈴木立夏）「郷土研究誌みなみ」 南知多郷土研究会 65 1998.5

南知多町

南知多町民謡わらべうた考—唄の水脈を追って（2）～（16）（斎田茂夫）「郷土研究誌みなみ」 南知多郷土研究会 63/77 1997.5/2004.5

尾州彫物師 瀬川治助の作品と南知多町の山車彫刻（水野耕嗣）「郷土研究誌みなみ」 南知多郷土研究会 （83） 2007.5

南知多町誌 医王寺物語/乃野神社/千賀家の家紋「郷土研究誌みなみ」 南知多郷土研究会 （91） 2011.05

白山/龍江寺の弁財尊天/こんこんぎつねは犬がこわい 南知多町誌「郷土研究誌みなみ」 南知多郷土研究会 （93） 2012.05

片名の神明社/大泊の天神様/銀蔵弘法さん 南知多町誌「郷土研究誌みなみ」 南知多郷土研究会 （98） 2014.11

見晴山経塚

新城市上吉田の見晴山経塚について（野澤則幸）「三河考古」 三河考古刊行会 （20） 2009.05

三谷

三谷浜の埋立と三谷祭（竹内尚武）「日本民俗学」 日本民俗学会 通号210 1997.5

三谷祭にみる伝統の復活—36年ぶりの山車の海中渡御（小田金一）「まつり通信」 まつり同好会 42（8）通号498 2002.7

宮口

心のふるさと無形民俗文化財 宮口の行者まつり「豊田市郷土資料館だより」 豊田市郷土資料館 37 2001.10

宮重

尾張藩正史編纂記録書にみる宮重大根（半田実）「郷土文化」 名古屋郷土文化会 57（2）通号194 2002.12

宮田村

尾張絞油業の展開—近世後期宮田村を中心に（杉本精宏）「愛知県史研究」 愛知県 （7） 2003.3

妙音寺

妙音寺お薬師さん縁日の見世物（内田白花）「郷土研究誌みなみ」 南知多郷土研究会 76 2003.11

妙喜寺

妙喜寺と三河地震の悲劇（「たより」124～159号寄稿文）（本田知子）「ひがし」 東区郷土史研究会 （12） 2012.1

明見

口絵写真 額田町明見の道祖神像（鳥山将平）「地域社会」 地域社会研究会 6（2）通号10 1982.03

妙見宮

私の研究 「妙見宮由緒書」再考（高橋敏明）「郷土誌かすがい」 春日井市教育委員会 （70） 2011.11

妙興寺

妙興寺・津島神社・甚目寺を訪れて（加藤智子）「かりや ： 郷土研究誌」 刈谷市郷土文化研究会 19 1998.3

妙興寺仏殿本尊釈迦如来及び両脇侍像調査中間報告（山岸公基）「愛知県史研究」 愛知県 （8） 2004.3

明大寺

岡崎市明大寺地区の城館と寺社—城館遺構とその周辺の考察（奥田敏春）「愛知研報告」 愛知中世城郭研究会 （16） 2012.8

明楽

みょうらくさん・明楽を尋ねて（清田和夫）「地名文化 ： 中部地名文化研究会誌」 中部地名文化研究会 （4） 2001.3

みよし灯籠

みよし灯籠について［正］,（続）（後藤公子，山田伸子）「岡崎地方史研究会研究紀要」 岡崎地方史研究会 （37）/（38） 2009.03/2010.03

美和町

美和町の概要（特集 平成の御鍬祭—行われた記録—尾張西部の市町村別

概要）（鎌倉崇志）「まつり」 まつり同好会 通号71・72 2009.12

村上家千巻舎

新指定文化財紹介 村上家千巻舎・門（松井孝宗）「豊田市郷土資料館だより」 豊田市郷土資料館 （61） 2007.9

文化財シリーズ（78） 市指定文化財 村上家千巻舎「豊田市郷土資料館だより」 豊田市郷土資料館 （78） 2012.01

無量寿寺

三河「無量寿寺、杜若園」を見聞して（中村重之）「夜豆志呂 ： 郷土史」 八代史談会 （176） 2014.10

牟呂八幡宮

牟呂八幡宮の祭礼（山田知子）「まつり通信」 まつり同好会 37（9）通号439 1997.9

桃太郎神社

名所の成立と桃太郎神社—観光地の伝説を読む（斎藤純）「伝え ： 日本口承文芸学会会報」 日本口承文芸学会 24 1999.3

森孝観音堂

森孝観音堂の石仏（市江政之）「もりやま」 守山郷土史研究会 （28） 2009.01

守山

売り声の話（梶野二郎）「もりやま」 守山郷土史研究会 （23） 2004.1

ひがんばな（梶野二郎）「もりやま」 守山郷土史研究会 （24） 2005.1

伝わりし秘薬考（藤森宏美）「もりやま」 守山郷土史研究会 （31） 2012.01

師崎

師崎の左義長に思う（小林豪俊）「郷土研究誌みなみ」 南知多郷土研究会 （87） 2009.05

師崎の左義長—50年前（1960）左義長（松本亀男）「郷土研究誌みなみ」 南知多郷土研究会 （92） 2011.11

師崎村

寛文師崎村宗門改帳の情報分析（木原克之）「郷土研究誌みなみ」 南知多郷土研究会 （82） 2006.11

門前

養蚕と春駒—群馬県利根郡川場村門前の春駒（《特集 続祝福芸》）（板橋春夫）「まつり」 まつり同好会 通号70 2008.12

八雲

八雲の木彫り熊と農民美術展覧会（山田久）「郷土文化」 名古屋郷土文化会 59（2・3）通号200 2005.3

八事遊園地

短報 名古屋市「八事遊園地」—地名は歴史（吉岡郁夫）「名古屋民俗」 名古屋民俗研究会 （57） 2010.05

石作神社

神社編 石作神社（鳶田善行）「愛知のやしろ」 愛知の神社をたずねる会 23 2001.1

安海熊野神社

豊橋・安海熊野神社蔵能楽資料の調査と分析（林和利）「まつり」 まつり同好会 通号73 2011.12

矢田

矢田白山神社所蔵棟札が語るもの（［資料紹介］（馬場勇）「もりやま」 守山郷土史研究会 17 1998.1

［資料紹介］ 矢田白山神社石造物と十二支奉納欄間（馬場勇）「もりやま」 守山郷土史研究会 18 1999.1

谷田町

谷田町の産業建造物（加藤研一）「安城民俗」 安城民俗談話会 （40） 2013.06

八剣神社

ミュージアム・スポット 「第4回安城の文化財—本證寺の絵伝と八劔神社の絵馬—」「博物館ニュース」 安城市歴史博物館 （60） 2006.4

弥富市

愛知弥富市で新野の雪祭り？（鷲野正昭）「まつり通信」 まつり同好会 54（1）通号569 2014.01

矢作川

碧海の民話の舞台（8） 矢作川の竜宮—本証寺伝説「博物館ニュース」 安城市歴史博物館 32 1999.4

矢作川水系

矢作川水系における簗（ヤナ）掛け漁（鈴木茂夫）「愛知県史研究」 愛知県 2 1998.3

矢作川流域

矢作川流域の郷土食と行事食の伝承（工藤日出男）「碧」 碧の会　2　2001.10

山内

奥三河における花祭りの祭具―山内・花祭りの湯蓋と衣笠をめぐって（山崎一司）「民具マンスリー」 神奈川大学　41（9）通号489　2008.12

記録 山内の花祭り（山崎一司）「民俗芸能研究」 民俗芸能学会　（49）　2010.09

山田郡

私の研究 大谷山と岩船神社―春日部、山田両郡域について（高橋敏明）「郷土誌かすがい」 春日井市教育委員会　（64）2005.10

山中八幡宮

山中八幡宮の御事（鈴木京次）「岡崎地方史研究会研究紀要」 岡崎地方史研究会　（25）1997.3

山中八幡宮神官竹尾家雑考（長坂一昭）「岡崎地方史研究会研究紀要」 岡崎地方史研究会　（26）1998.3

山海

久村（山海）の人々を救われたおきょうさま（土浪地蔵尊）の発掘について―江戸時代末期から明治中期にかけて（磯部宅成）「郷土研究誌みなみ」 南知多郷土研究会　（78）2004.11

有楽苑

郷土散歩 有楽苑の茶室と椿（庄司節子）「地域社会」 地域社会研究会　10（2）通号18　1986.03

弓張山脈

弓張山脈における古代山林修行の様相（石川智江）「三河考古」 三河考古刊行会　（20）2009.05

横須賀村

西三河西部地域の高野信仰―吉良・横須賀村の一例（神谷和正）「三河地域史研究」 三河地域史研究会　（21）2004.5

吉田

江戸相撲の吉田巡業を探る（森国弘）「三河地域史研究」 三河地域史研究会　15　1997.11

吉田天王社

三河吉田天王社家の国学者（山田久次）「三河地域史研究」 三河地域史研究会　17　1999.11

夜泣き石

夜泣き石・馬取り池・判官石（川合正治）「安城民俗」 安城民俗談話会　（40）2013.06

竜宮

碧海の民話の舞台（8）矢作川の竜宮―本証寺伝説「博物館ニュース」 安城市歴史博物館　32　1999.4

竜江寺

龍江寺と法寿寺を訪ねて（加藤修）「かりや ： 郷土研究誌」 刈谷市郷土文化研究会　（27）2006.3

笠寺観音

笠寺観音に関連して（樋口昇三）「あゆち潟」 「あゆち潟」の自然と歴史に親しむ会　（8）2002.4

竜泉寺

龍泉寺のお花弘法八十八ヶ所（市江政之）「もりやま」 守山郷土史研究会　（26）2007.1

村々連合祭礼 猿投神社と龍泉寺の馬の塔（木原克之）「もりやま」 守山郷土史研究会　（30）2011.01

竜蔵院

幡豆町龍蔵院の聖観音・毘沙門天・不動羽王像―毘沙門・不動組合わせの一古例（伊東史朗）「愛知県史研究」 愛知県　（13）2009.03

林昌院

郷土探訪 「紀伊山地の霊場と参詣道」へと続く林昌院（入谷哲夫）「郷土誌かすがい」 春日井市教育委員会　（63）2004.10

修験林昌院と勧進相撲（石黒智教）「郷土文化」 名古屋郷土文化会　65（2）通号214　2011.03

隣松寺

口絵 隣松寺本堂「豊田市史研究」 豊田市　（3）2012.03

文化財シリーズ（79）市指定文化財 隣松寺本堂「豊田市郷土資料館だより」 豊田市郷土資料館　（79）2012.03

蓮華寺

蓮華寺蔵『神道灌頂 私』の解題と翻刻（湯谷祐三）「愛知県史研究」 愛知県　2　1998.3

六合庵

津田正生と六合庵（石田泰弘）「郷土文化」 名古屋郷土文化会　52（1）通号178　1997.8

六角堂

親鸞・夢告の場（六角堂）で想うこと（加藤研一）「安城民俗」 安城民俗談話会　（36）2011.06

六句町

二体の屋根神さまと一年・西区旧六句町（森実）「郷土文化」 名古屋郷土文化会　58（2）通号197　2003.12

若林座

あの頃の娯楽―歌舞伎・芝居・浪曲・映画―劇場 若林座 資料紹介「豊田市郷土資料館だより」 豊田市郷土資料館　46　2004.1

若宮神社

文化財シリーズ（84）市指定文化財 若宮神社のクス「豊田市郷土資料館だより」 豊田市郷土資料館　（84）2013.06

若宮八幡社

八幡宮紹介 若宮八幡社（愛知県名古屋市）「季刊悠久.第2次」 鶴岡八幡宮悠久事務局　101　2005.7

和志取神社

愛知県岡崎市和志取神社蔵女神像について―近代式内論社と文化財（長谷洋一）「関西大学博物館紀要」 関西大学博物館　18　2012.03

鷲取神社

神宝になった考古遺物―鷲取神社の巻「豊田市郷土資料館だより」 豊田市郷土資料館　（71）2010.03

和田

高山別院照蓮寺の前身正蓮寺開基は真宗高田派の三河和田門徒か（坂部和夫）「斐太紀 ： 研究紀要」 飛騨学の会　（6）2012.03

三重県

青峰山
新収資料から 雪中美人図/青峰山念仏講用具「名古屋市博物館だより」名古屋市博物館 137 2000.12

青峯山の御船祭（野村史隆）「まつり通信」 まつり同好会 42(8) 通号498 2002.7

磯部まいりと青峯山（発表要旨）（野村史隆）「伊勢民俗」 伊勢民俗学会 (38) 2009.10

赤羽
赤羽地区の盆行事[1]，(2)（東成志）「奥熊野の民俗」 紀北民俗研究会 2/3 1998.1/1999.1

赤羽の思い出―私のスタンドバイミー（田中稔郎）「奥熊野の民俗」 紀北民俗研究会 9 2005.1

赤羽川
我がスタンド・バイ・ミー 赤羽川の鮎しゃくり（田中稔昭）「奥熊野の民俗」 紀北民俗研究会 5 2001.1

我がスタンド・バイ・ミー(2) 赤羽川の筏流し（田中稔昭）「奥熊野の民俗」 紀北民俗研究会 6 2002.1

赤羽村
旧赤羽村盆踊歌考(1)（田中誠二）「奥熊野の民俗」 紀北民俗研究会 2 1998.1

阿倉川
紙芝居 阿倉川大神楽官五の獅子（平田正男）「La Sauge ： ふるさと四日市を知る本 ： 文化展望・四日市」 四日市市文化まちづくり財団 (18) 2001.3

曙町
回顧(324) 曙町と守り本尊（黒宮幹男）「旧四日市を語る」 旧四日市を語る会 (21) 2011.6

阿漕
阿漕の女（森美子）「津市民文化」 津市教育委員会 27 2000.3

阿古師神社
阿古師神社、室古神社調査紀行（紀北民俗研究会調査部）「奥熊野の民俗」 紀北民俗研究会 4 2000.1

阿児町志島
熊野磯語り―志摩市阿児町志島の海女（上村格也［構成］，岡田照子［採録］）「伊勢民俗」 伊勢民俗学会 (39) 2010.09

阿児町神明
三重県阿児町神明のコノシロ網漁について（真鍋篤行）「民具マンスリー」 神奈川大学 34(12) 通号408 2002.3

阿児町S地域
海女の住むムラにおける夫と妻の年齢差―三重県志摩郡阿児町S地域における1872年と1972年の史料から（岡田照子）「伊勢民俗」 伊勢民俗学会(38) 2009.10

朝熊
鳥羽・朝熊・伊勢の大神宮（岡田登）「近畿文化」 近畿文化会事務局 (734) 2011.01

朝熊町
伊勢神宮と朝熊町を訪ねて（清水俊明）「野ほとけ」 奈良石仏会 (350) 2000.2

朝熊町における河崎音頭の保存と今後の展望（橋本理市）「伊勢郷土史草」 伊勢郷土会 (42) 2008.10

朝熊山経塚群
朝熊山経塚群の瓦経―『伊勢山田の瓦経』補遺として（小玉道明）「ふびと」 三重大学歴史研究会 通号62 2011.01

足洗池
足洗池（脇谷実千子）「La Sauge ： ふるさと四日市を知る本 ： 文化展望・四日市」 四日市市文化まちづくり財団 (18) 2001.3

足見田神社
アセゴの川と足見田神社（豊田くにゑ）「La Sauge ： ふるさと四日市を知る本 ： 文化展望・四日市」 四日市市文化まちづくり財団 (18) 2001.3

よっかいち地域ごよみ(4) 足見田神社 水まつり「La Sauge ： ふるさと四日市を知る本 ： 文化展望・四日市」 四日市市文化まちづくり財団 (27) 2010.03

飛鳥神社
飛鳥神社（原田信男）「流れ谷」 流れ谷同志会 (22) 2001.7

飛鳥町大又
熊野市新鹿町と飛鳥町大又・小又の方言（花尻薫）「奥熊野の民俗」 紀北民俗研究会 (13) 2009.01

飛鳥町小又
熊野市新鹿町と飛鳥町大又・小又の方言（花尻薫）「奥熊野の民俗」 紀北民俗研究会 (13) 2009.01

新鹿町
熊野市新鹿町と飛鳥町大又・小又の方言（花尻薫）「奥熊野の民俗」 紀北民俗研究会 (13) 2009.01

阿田和神社
阿田和神社―大水害から復興への記録（特集 2011年台風12号）（蛇畑恵）「熊野誌」 熊野地方史研究会 (61) 2014.12

阿津里貝塚
伊勢志摩の海人族―大築海（ツクミ）貝塚・阿津里貝塚を中心に（野村史隆）「伊勢民俗」 伊勢民俗学会 (40) 2011.09

穴師谷
霊山・穴師谷への記念碑建立と「国つ神」考（探検レポート）（梅田徹）「伊賀暮らしの文化探検隊レポート ： 伊賀で育まれた暮らしの文化を見つけよう！」 伊賀暮らしの文化探検隊 10 2008.3

安濃
『水の祈り―安濃承応相論異聞―』の上演―地域歴史題材の舞台化（伝説・民話）「津・市民文化」 津市 (8) 2014.03

安濃川
「水は命」安濃川水論の歴史・伝承（伝説・民話）（浅生悦生）「津・市民文化」 津市 (8) 2014.3

安濃町
安濃町の食事生活 三重県安芸郡安濃町（大川吉崇）「三重民俗研究会会報」 三重民俗研究会事務局 22 1997.4

安濃津
歴史文化研究 安濃津物語事業「津市民文化」 津市教育委員会 26 1999.3

三重県発の魚街道二話(2) 中世安濃津発の鰯街道―伊勢湾と都を結ぶ御伽草子恋物語から（大川吉崇）「三重民俗研究会会報」 三重民俗研究会事務局 30 2001.2

「安濃津よさこい」について（小柴眞治）「津市民文化」 津市教育委員会 32 2005.3

安濃津むかしのはなし（あの津っ子の会）「津・市民文化」 津市 (4) 2010.3

阿由多神社
安濃、阿由多神社の神像・棟札・宗源宣旨（浅生悦生）「三重の古文化」 三重郷土会庶務部 通号95 2010.03

有馬
有馬縄文人の食生活（花尻薫）「奥熊野の民俗」 紀北民俗研究会 6 2002.1

安祥寺
四日市市小山田安祥寺十一面観音菩薩立像について（香樹院宣秀，赤川一博）「研究紀要」 四日市市立博物館 (14) 2007.3

安楽寺
円通谷安楽寺の仏像（津田雄一郎）「奥熊野の民俗」 紀北民俗研究会 6 2002.1

安楽寺木造阿弥陀如来立像について―調査報告と今後の課題（藤田直信）「三重の古文化」 三重郷土会庶務部 通号95 2010.03

飯高郡上
重要文化財・貞元2年(977)銘梵鐘の出土地について（岡田登）「史料 ： 皇學館大學研究開発推進センター史料編纂所報」 皇學館大學研究開

発推進センター史料編纂所 （197）2005.6

飯高町

三重県飯南郡飯高町の郷土食 なかんずく茶粥を中心として（上），（中），（下）（片山信）「地域社会」 地域社会研究会 6（2）通号10/7（2）通号12 1982.03/1983.03

飯高町舟戸

松阪市飯高町舟戸の五輪塔（駒田利治）「三重の古文化」 三重郷土会庶務部 通号95 2010.03

伊賀

伊賀地方のみそとみそ汁（前），（後）（片山信）「地域社会」 地域社会研究会 8（1）通号13/8（2）通号14 1983.10/1984.03

三重県伊賀地方の郷土食について（片山信）「地域社会」 地域社会研究会 9（1）通号15 1984.10

伊賀の仏像（2）（赤川一博）「近畿文化」 近畿文化会事務局 580 1998.3

講演要旨 敵討狂言の集大成「伊賀越乗掛合羽」―5月13日 敵討名場面展（河合真澄）「館報池田文庫」 阪急学園池田文庫 19 2001.10

伊賀の祇園祭にみる花傘の形態とその意義―青山町伊勢路を中心に（東條さやか）「帝塚山大学大学院人文科学研究科紀要」 帝塚山大学大学院人文科学研究科 （4）2003.1

仏像東漸―伊勢・伊賀、そして東へ（赤川一博）「近畿文化」 近畿文化会事務局 642 2003.5

近江・伊賀・大和の仏像と石造品を訪ねて（澤新太郎）「史迹と美術」 史迹美術同玫会 73（9）通号739 2003.1

虫送り（光岡賢一）「伊賀暮らしの文化探検隊レポート ： 伊賀で育まれた暮らしの文化を見つけよう！」 伊賀暮らしの文化探検隊 6 2004.3

伊賀の気象伝承（山中千尋）「伊賀暮らしの文化探検隊レポート ： 伊賀で育まれた暮らしの文化を見つけよう！」 伊賀暮らしの文化探検隊 6 2004.3

民話「打ち掛け田」（廣岡とも子）「伊賀暮らしの文化探検隊レポート ： 伊賀で育まれた暮らしの文化を見つけよう！」 伊賀暮らしの文化探検隊 6 2004.3

特別展「仏像東漸―伊勢・伊賀、そして東へ」（展覧会から）（赤川一博）「研究紀要」 四日市市立博物館 11 2004.3

合同調査 伊賀地区庚申信仰調査表「伊賀暮らしの文化探検隊レポート ： 伊賀で育まれた暮らしの文化を見つけよう！」 伊賀暮らしの文化探検隊 7/12 2005.3/2012.03

伊賀の宝・船石と『松石記』（探検レポート）（灰原美智子）「伊賀暮らしの文化探検隊レポート ： 伊賀で育まれた暮らしの文化を見つけよう！」 伊賀暮らしの文化探検隊 7 2005.3

小天狗清蔵の事績（探検レポート）（米田保幸）「伊賀暮らしの文化探検隊レポート ： 伊賀で育まれた暮らしの文化を見つけよう！」 伊賀暮らしの文化探検隊 7 2005.3

どんど焼き（探検レポート）（辻上浩司）「伊賀暮らしの文化探検隊レポート ： 伊賀で育まれた暮らしの文化を見つけよう！」 伊賀暮らしの文化探検隊 7 2005.3

伊賀の民話「伊賀暮らしの文化探検隊レポート ： 伊賀で育まれた暮らしの文化を見つけよう！」 伊賀暮らしの文化探検隊 7 2005.3

「阿弥陀」さまと「ぼたもち」（「このしろ」と言う魚にまつわるお話）（廣岡とも子）「伊賀暮らしの文化探検隊レポート ： 伊賀で育まれた暮らしの文化を見つけよう！」 伊賀暮らしの文化探検隊 7 2005.3

敬愛禅師の最後（「このしろ」と言う魚にまつわるお話）（橋本愛子）「伊賀暮らしの文化探検隊レポート ： 伊賀で育まれた暮らしの文化を見つけよう！」 伊賀暮らしの文化探検隊 7 2005.3

犬戻り岩（「このしろ」と言う魚にまつわるお話）（橋本愛子）「伊賀暮らしの文化探検隊レポート ： 伊賀で育まれた暮らしの文化を見つけよう！」 伊賀暮らしの文化探検隊 7 2005.3

伊賀の古代・中世の井戸についての覚書（笠井）「伊賀市文化財年報」 伊賀市教育委員会 通号2 2006.3

伊賀弁集（1）（2），（3）（探検レポート）（倉元正一）「伊賀暮らしの文化探検隊レポート ： 伊賀で育まれた暮らしの文化を見つけよう！」 伊賀暮らしの文化探検隊 8/9 2006.3/2007.3

庚申塚（伊賀外編）（探検レポート）（上圧操り）「伊賀暮らしの文化探検隊レポート ： 伊賀で育まれた暮らしの文化を見つけよう！」 伊賀暮らしの文化探検隊 8 2006.3

こばなし（伊賀の民話）（橋本愛子）「伊賀暮らしの文化探検隊レポート ： 伊賀で育まれた暮らしの文化を見つけよう！」 伊賀暮らしの文化探検隊 8 2006.3

合同調査 伊賀地区庚申信仰調査表/京田辺探訪 洛南岬舎文庫/島ヶ原正月堂修正会調査報告「伊賀暮らしの文化探検隊レポート ： 伊賀で育まれた暮らしの文化を見つけよう！」 伊賀暮らしの文化探検隊 9 2007.3

人形劇 青山新左衛門（探検レポート）（余野共子）「伊賀暮らしの文化探検隊レポート ： 伊賀で育まれた暮らしの文化を見つけよう！」 伊賀

暮らしの文化探検隊 9 2007.3

間屋おさご（伊賀の民話）（橋本愛子）「伊賀暮らしの文化探検隊レポート ： 伊賀で育まれた暮らしの文化を見つけよう！」 伊賀暮らしの文化探検隊 9 2007.3

宇都可の翁（伊賀の民話）（橋本愛子）「伊賀暮らしの文化探検隊レポート ： 伊賀で育まれた暮らしの文化を見つけよう！」 伊賀暮らしの文化探検隊 9 2007.3

斧とぎ地蔵（伊賀の民話）（橋本愛子）「伊賀暮らしの文化探検隊レポート ： 伊賀で育まれた暮らしの文化を見つけよう！」 伊賀暮らしの文化探検隊 9 2007.3

小天狗清蔵（伊賀の民話）（廣岡とも子）「伊賀暮らしの文化探検隊レポート ： 伊賀で育まれた暮らしの文化を見つけよう！」 伊賀暮らしの文化探検隊 9 2007.3

高野聖（伊賀の民話）（廣岡とも子）「伊賀暮らしの文化探検隊レポート ： 伊賀で育まれた暮らしの文化を見つけよう！」 伊賀暮らしの文化探検隊 9/10 2007.3/2008.3

赤目の赤牛（伊賀の民話）（岩田芳夫）「伊賀暮らしの文化探検隊レポート ： 伊賀で育まれた暮らしの文化を見つけよう！」 伊賀暮らしの文化探検隊 9 2007.3

赤い目の牛に乗った不動明王（伊賀の民話）（岩田芳夫）「伊賀暮らしの文化探検隊レポート ： 伊賀で育まれた暮らしの文化を見つけよう！」 伊賀暮らしの文化探検隊 9 2007.3

伊賀地域の獅子神楽見聞記（1）～（3）（探検レポート）（上田操）「伊賀暮らしの文化探検隊レポート ： 伊賀で育まれた暮らしの文化を見つけよう！」 伊賀暮らしの文化探検隊 10/12 2008.3/2012.03

蛇木の井（伊賀の民話）（橋本愛子）「伊賀暮らしの文化探検隊レポート ： 伊賀で育まれた暮らしの文化を見つけよう！」 伊賀暮らしの文化探検隊 10 2008.3

重蔵の鎮守（伊賀の民話）（橋本愛子）「伊賀暮らしの文化探検隊レポート ： 伊賀で育まれた暮らしの文化を見つけよう！」 伊賀暮らしの文化探検隊 10 2008.3

腰折れ地蔵（伊賀の民話）（橋本愛子）「伊賀暮らしの文化探検隊レポート ： 伊賀で育まれた暮らしの文化を見つけよう！」 伊賀暮らしの文化探検隊 10 2008.3

梅ヶ枝の手水鉢（伊賀の民話）（橋本愛子，廣岡とも子）「伊賀暮らしの文化探検隊レポート ： 伊賀で育まれた暮らしの文化を見つけよう！」 伊賀暮らしの文化探検隊 10 2008.3

白藤滝の魔物（伊賀の民話）（廣岡とも子）「伊賀暮らしの文化探検隊レポート ： 伊賀で育まれた暮らしの文化を見つけよう！」 伊賀暮らしの文化探検隊 10 2008.3

蛇池の伝説（伊賀の民話）（余野共子）「伊賀暮らしの文化探検隊レポート ： 伊賀で育まれた暮らしの文化を見つけよう！」 伊賀暮らしの文化探検隊 10 2008.3

狼の話（伊賀の民話）（橋本愛子，廣岡とも子）「伊賀暮らしの文化探検隊レポート ： 伊賀で育まれた暮らしの文化を見つけよう！」 伊賀暮らしの文化探検隊 10 2008.3

天狗さん（伊賀の民話）（橋本愛子，廣岡とも子）「伊賀暮らしの文化探検隊レポート ： 伊賀で育まれた暮らしの文化を見つけよう！」 伊賀暮らしの文化探検隊 10 2008.3

宗清地蔵（伊賀の民話）（橋本愛子，廣岡とも子）「伊賀暮らしの文化探検隊レポート ： 伊賀で育まれた暮らしの文化を見つけよう！」 伊賀暮らしの文化探検隊 10 2008.3

弁財天縁起（伊賀の民話）（橋本愛子，廣岡とも子）「伊賀暮らしの文化探検隊レポート ： 伊賀で育まれた暮らしの文化を見つけよう！」 伊賀暮らしの文化探検隊 10 2008.3

もっこ山と「だだぼうし」伝説（探検レポート）（余野共子）「伊賀暮らしの文化探検隊レポート ： 伊賀で育まれた暮らしの文化を見つけよう！」 伊賀暮らしの文化探検隊 11 2009.03

祭神・伊勢都（津）彦命についての考察（探検レポート）（梅田徹）「伊賀暮らしの文化探検隊レポート ： 伊賀で育まれた暮らしの文化を見つけよう！」 伊賀暮らしの文化探検隊 11 2009.03

伊賀の修験世界（1）（探検レポート）（前川友秀）「伊賀暮らしの文化探検隊レポート ： 伊賀で育まれた暮らしの文化を見つけよう！」 伊賀暮らしの文化探検隊 11 2009.03

伊賀の民話 湯屋大明神（廣岡とも子）「伊賀暮らしの文化探検隊レポート ： 伊賀で育まれた暮らしの文化を見つけよう！」 伊賀暮らしの文化探検隊 11 2009.03

伊賀の不思議考（4）武将の渡邊勘兵衛了は 伊賀の廣禅寺創建に関わったのか（探検レポート）（灰原美智子）「伊賀暮らしの文化探検隊レポート ： 伊賀で育まれた暮らしの文化を見つけよう！」 伊賀暮らしの文化探検隊 12 2012.03

田植えの行事と「ふき俵」（探検レポート）（辻上浩司）「伊賀暮らしの文化探検隊レポート ： 伊賀で育まれた暮らしの文化を見つけよう！」 伊賀暮らしの文化探検隊 12 2012.03

蕗俵の作り方（探検レポート）（上田操）「伊賀暮らしの文化探検隊レポー

ト ： 伊賀で育まれた暮らしの文化を見つけよう！」 伊賀暮らしの文化探検隊 12 2012.03

伊賀の伝統菓子（探検レポート）（辻上浩司）「伊賀暮らしの文化探検隊レポート ： 伊賀で育まれた暮らしの文化を見つけよう！」 伊賀暮らしの文化探検隊 12 2012.3

三重県伊賀地方における雨乞儀礼（加藤綾香）「帝塚山大学大学院人文科学研究科紀要」 帝塚山大学大学院人文科学研究科 （14） 2012.03

伊賀の祭文—歴代の事跡を訪ねて（小山一成）「あしなか」 山村民俗の会 294 2012.03

庚申信仰調査（探検隊合同聞取調査）（上田操）「伊賀暮らしの文化探検隊レポート ： 伊賀で育まれた暮らしの文化を見つけよう！」 伊賀暮らしの文化探検隊 14 2013.03

古代伊賀の先住民族の研究（1）（伊賀の温故知新）（米沢範序）「伊賀暮らしの文化探検隊レポート ： 伊賀で育まれた暮らしの文化を見つけよう！」 伊賀暮らしの文化探検隊 14 2013.3

書評 市田進一著『伊賀の石仏拓本集』（山本雅靖）「三重の古文化」 三重郷土会庶務部 （98） 2013.03

『伊賀の鬼』藤原千方伝説と私鋳銭（中平勝）「六甲倶楽部報告」 六甲倶楽部 （107） 2013.12

伊賀の不思議考（9）～（10） 土芳伝記の疑問点／伊賀市東谷の七福神と提灯屋彌吉（第3章 伊賀の温故知新）（灰原美智子）「伊賀暮らしの文化探検隊レポート ： 伊賀で育まれた暮らしの文化を見つけよう！」 伊賀暮らしの文化探検隊 15 2014.05

伊賀の不思議考（11）～（12） 家紋が松尾家の墓を語る／雪芝とその一族。野松との関係（第3章 伊賀の温故知新）（灰原美智子）「伊賀暮らしの文化探検隊レポート ： 伊賀で育まれた暮らしの文化を見つけよう！」 伊賀暮らしの文化探検隊 15 2014.05

伊賀の獅子神楽見聞記（4）（第4章 伊賀の民俗）（上田操）「伊賀暮らしの文化探検隊レポート ： 伊賀で育まれた暮らしの文化を見つけよう！」 伊賀暮らしの文化探検隊 15 2014.05

伊賀上野

伊賀上野周辺の古寺（網干善教）「近畿文化」 近畿文化会事務局 644 2003.7

伊賀上野城下町の生業と地域間関係に関する一考察—宝暦元～2年「天満宮八百五十歳祭事記録」の分析を通して（渡辺康代）「三重県史研究」 環境生活部 （23） 2008.3

伊賀街道

伊賀街道・奈良街道—前田宿・長野宿・久居など 奈良街道、その道筋と雲出川の渡し（特集1 お伊勢さんへの道）（吉村利男）「津・市民文化」 津市 （7） 2013.3

伊賀市

法華経塔出土の礫石経（資料紹介）「伊賀市文化財年報」 伊賀市教育委員会 通号1 2005.3

三重県伊賀市の『冥途蘇生記』に関わる伝承—三重県伊賀市長田平尾大師講開取及び「えんまさんの御詠歌」翻刻（久下正史）「久里」 神戸女子民俗学会 （25） 2010.01

伊賀市伝統文化活性化事業実行委員会編『伊賀のかんこ踊り総合調査報告書』（書評）（中村茂子）「民俗芸能研究」 民俗芸能学会 （55） 2013.09

伊賀町

旧伊賀町における盆行事について（探検レポート）（中川理恵子）「伊賀暮らしの文化探検隊レポート ： 伊賀で育まれた暮らしの文化を見つけよう！」 伊賀暮らしの文化探検隊 8 2006.3

合同調査 木代神社の現地調査について／民話で巡る旧伊賀町の里「伊賀暮らしの文化探検隊レポート ： 伊賀で育まれた暮らしの文化を見つけよう！」 伊賀暮らしの文化探検隊 10 2008.3

伊賀国

伊賀国風土記逸文について（鎌田純一）「史料 ： 皇學館大学研究開発推進センター史料編纂所報」 皇學館大学研究開発推進センター史料編纂所 （161） 1999.6

近代初期の伊賀国における庶民の日常食について（有薗正一郎）「愛知大学綜合郷土研究所紀要」 愛知大学綜合郷土研究所 48 2003.3

伊賀国の式内社（櫻井治男，藤本頼生）「式内社のしおり」 式内社顕彰会 （77） 2008.1

『三国地志』（藤堂采女家旧蔵本）附『伊賀国式社考』（資料紹介）（山本厚）「伊賀市文化財年報」 伊賀市教育委員会 通号7 2011.03

伊賀別所

伊賀別所創建と御影堂—重源の釈迦信仰（1）（赤川一博）「研究紀要」 四日市市立博物館 11 2004.3

池山町

亀山市池山町のかんこ踊り（東條寛）「三重県史研究」 環境生活部 （19） 2004.3

五郷

五郷方言の研究（西久保修治）「流れ谷」 流れ谷同志会 （20）／（21） 1997.9／1999.8

伊雑宮

伊雑宮御田植祭を訪ねて（内藤裕子）「まつり通信」 まつり同好会 38（8）通号450 1998.8

伊雑宮の御田植祭（山田知子）「まつり通信」 まつり同好会 40（6）通号472 2000.5

御神田によせて（《猿田彦大神フォーラムと私》）（雲龍）「あらはれ ： 猿田彦大神フォーラム年報 ： ひらかれる未来神話」 猿田彦大神フォーラム （9） 2006.10

先史・古代の志摩と伊雑宮（岡田登）「近畿文化」 近畿文化会事務局 （722） 2010.1

伊雑宮の御田植行事「海とにんげん&SOS」 SOS運動本部海の博物館 （6） 2014.07

石鏡

浦村、石鏡における海女漁業の現状—三重県鳥羽市の事例調査から（中川将道）「土佐地域文化」 ［土佐地域文化研究会］ 3 2001.6

石名原宿

伊勢本街道—多気宿・奥津宿 石名原宿（特集1 お伊勢さんへの道）（小竹英司）「津・市民文化」 津市 （7） 2013.3

一身田寺内町

一身田寺内町のまちづくり（浅野聡）「津市民文化」 津市教育委員会 32 2005.3

近世寺内町の形成過程—伊勢一身田の場合（《特集 三重の中世1》）（藤田達生）「Mie history」 三重歴史文化研究会 17 2006.8

特集にあたって（《特集 共同研究「一身田寺内町形成史の研究—環濠に注目して」》）「ふびと」 三重大学歴史研究会 通号59 2007.1

総論 一身田寺内町の形成過程（《特集 共同研究「一身田寺内町形成史の研究—環濠に注目して」》）（藤田達生）「ふびと」 三重大学歴史研究会 通号59 2007.1

高田派教団の確立について—二つの対立を中心に（《特集 共同研究「一身田寺内町形成史の研究—環濠に注目して」》）（田島朋枝）「ふびと」 三重大学歴史研究会 通号59 2007.1

一身田寺内町の形成と権力（《特集 共同研究「一身田寺内町形成史の研究—環濠に注目して」》）（三浦理沙）「ふびと」 三重大学歴史研究会 通号59 2007.1

一身田寺内町を歩く（《特集 共同研究「一身田寺内町形成史の研究—環濠に注目して」》）（栩厚悠，高橋大輔）「ふびと」 三重大学歴史研究会 通号59 2007.1

一身田寺内町の環濠とその利用（《特集 共同研究「一身田寺内町形成史の研究—環濠に注目して」》）（福井正身）「ふびと」 三重大学歴史研究会 通号59 2007.1

質疑応答・関係年表（《特集 共同研究「一身田寺内町形成史の研究—環濠に注目して」》）（齋藤隼人）「ふびと」 三重大学歴史研究会 通号59 2007.1

排水施設としての環濠機能——一身田寺内町から見えること（山本朋也）「愛城研報告」 愛知中世城郭研究会 （12） 2008.8

寺内町一身田（探訪 三重の古文化）（平松伸三）「三重の古文化」 三重郷土会庶務部 通号95（付録） 2010.3

一身田寺内町ほっとガイド会より（特集 街道—道をゆく 未知をあるく）（岡本靖弘、中川彰）「津・市民文化」 津市 （4） 2010.3

映画ロケのまち 一身田寺内町（特集2 津と映画文化）（長谷川哲也）「津・市民文化」 津市 （8） 2014.3

泉

三重県度会郡南勢町泉の盆行事—火振り—（川口祐二）「伊勢民俗」 伊勢民俗学会 （34） 2004.7

伊勢

お伊勢参り（松塚才治）「ひたち小川の文化」 小美玉市小川郷土文化研究会 17 1997.4

『伊勢参宮西国道中日記』（喜代吉栄徳）「四国辺路研究」 海王舎 11 1997.5

猿田彦大神伝承地めぐり（一二五社研究会）「伊勢郷土史草」 伊勢郷土会 31 1997.10

お伊勢さん（宮崎敏子）「郷土目黒」 目黒区郷土研究会 41 1997.10

近世末における出羽国寒河江の一村人の旅参り（2）—五十嵐門太郎記『伊勢参宮日記』（大宮富寿）「西村山地域史の研究」 西村山地域史研究会 15 1997.10

鈴鹿・伊勢の旅（川合正治）「安城民俗」 安城民俗談話会 9 1997.11

『伊勢詣日記』と阿部峯子の周遊[1]～（3）（松藤まつ子）「郷土直方 ： 直方郷土研究会・会報」 直方郷土研究会 28／（31） 1998.8／2001.11

明治政治事始め内務大臣裁定の町名—神社（沖林一郎）「伊勢郷土史草」

伊勢郷土会 32 1998.10

日向国における「伊勢参宮」の事例（前田博仁）「みやざき民俗」 宮崎県民俗学会 52 1998.12

お伊勢参りに思う（大山昭樹）「結城豊太郎先生遺徳顕彰会会報」 結城豊太郎先生遺徳顕彰会事務局 （70）1999.1

愛媛県下の巡礼参詣絵馬に関する一考察—四国遍路と伊勢参宮の絵馬を事例として（谷脇温子）「研究紀要」 愛媛県歴史文化博物館 （4）1999.3

日向国における庶民信仰—伊勢参宮の事例から（前田博仁）「宮崎県史研究」 宮崎県 13 1999.3

伊勢御師幸福大夫の出自とその活動について—中世末期を中心に（窪寺恭孝）「皇学館史学」 皇学館大学史学会 （14）1999.3

近世庶民の伊勢参宮の諸相—亀田領長坂村重五郎の記録を通して（佐藤貢）「鶴舞」 本荘地域文化財保護協会 77 1999.3

伊勢の御師 白鬚大夫について（1）（間宮忠夫）「伊勢郷土史草」 伊勢郷土会 （33）1999.9

〔資料紹介〕 大坂道頓堀の近江屋市次郎が無料配付した「伊勢参宮道中記」（新修米子市史だより） 米子市史編さん事務局 10 1999.9

伊勢の鼉鼓踊り（田中義広）「まつり通信」 まつり同好会 39（10）通号464 1999.10

伊勢の祭祀と風祭（八幡崇経）「季刊悠久.第2次」 鶴岡八幡宮悠久事務局 79 1999.10

「明治廿年二月一日出立 伊勢参宮日記帳」（清水春一）「美濃民俗」 美濃民俗文化の会 393 2000.2

倭姫命の伝承を考える（岡島善樹）「オール諏訪 ： 郷土の総合文化誌」 諏訪郷土文化研究会 19（5）通号188 2000.5

近江の食文化 伊勢の行商—鮮魚・米川商店（卯田正信）「湖国と文化」 滋賀県文化振興事業団 92 2000.7

出雲国神賀詞奏上儀礼の衰退期について—律令王権儀礼における伊勢と出雲（榎村寛之）「出雲古代史研究」 出雲古代史学会 （10）2000.7

伊勢の御師 白髭大夫文書について（2）（間宮忠夫）「伊勢郷土史草」 伊勢郷土会 （34）2000.9

伊勢の氏神さまと小祠めぐり 進修地区—宇治神社を中心として（一二五社研究会）「伊勢郷土史草」 伊勢郷土会 （34）2000.9

『伊勢参宮仕候覚事』を読む[1],[2]（日下龍生）「之波太」 柴田町郷土研究会会報」 柴田町郷土研究会 27/28 2000.9/2001.6

お伊勢参りと御師の活躍（東幸田家文書）〈遠藤金吾〉「越後吉田町毛野賀多里」 吉田町教育委員会 2000.10

明治23年、村長の善光寺参り 永田与三吉「東京・日光・善光寺・伊勢巡遊記行」（小林計一郎）「長野」 長野郷土史研究会 214 2000.11

三輪と伊勢—倭笠縫邑について（和田嘉寿男）「大美和」 大神神社 100 2001.1

女性が見た明治6年の善光寺・伊勢詣り旅行記—神崎郡五箇荘町（竹中初子）「民俗文化」 滋賀民俗学会 449 2001.2

新発田藩における伊勢参宮—聖籠地域を中心として（椎谷良平）「新発田郷土誌」 新発田郷土研究会 3 2001.3

〔史料紹介〕 「道中日記（伊勢参宮より信州善光寺まで）」（久保貴子）「杉並区立郷土博物館研究紀要」 杉並区立郷土博物館 （9）2001.3

御師にひかれて伊勢参り（織谷達雄）「山崎郷土会報」 山崎郷土研究会 97 2001.4

近世のお伊勢参り道中日記一覧（田村貞雄）「地方史静岡」 地方史静岡刊行会 29 2001.4

伊勢地方の浅間信仰（《富士・浅間信仰—山岳信仰特集II》）（倉田正邦）「あしなか」 山村民俗の会 259・260 2001.11

伊勢の御師 白鬚家の檀所争議（間宮忠夫）「伊勢郷土史草」 伊勢郷土会 （35）2001.11

伊勢信仰と伊勢参り（宮沢孝子）「氷見春秋」 氷見春秋会 44 2001.11

伊勢参拝旅行日誌（檜山寿夫）「ひたち小川 の文化」 小美玉市小川郷土文化研究会 22 2002

伊勢・高野・金毘羅・大和廻道中日記（宮窪弘）「ひたち小川の文化」 小美玉市小川郷土文化研究会 22 2002

伊勢重五郎『参宮旅日記』天明2年（3）（大内町古文書解読グループ）「北方風土 ： 北国の歴史民俗考古研究誌」 イズミヤ出版 通号43 2002.1

伊勢と出雲—「対」の造形観（〈神在月シンポジウム〉）（宇津野金彦）「しまねの古代文化 ： 古代文化記録集成」 島根県古代文化センター （9）2002.3

『伊勢参宮名所図会』を読む（小野寺淳）「郷土研究さしま」 猿島町立資料館 （14）2002.3

伊勢水銀伝承についての覚書（伊藤久嗣）「斎宮歴史博物館研究紀要」 斎宮歴史博物館 （11）2002.3

資料紹介 高村光雲作「魚籃観音菩薩立像」と伊勢銅器（園田純子）「津市民文化」 津市教育委員会 29 2002.3

伊勢参宮を忌む？ 話その他（木村博）「西郊民俗」 [西郊民俗談話会] （179）2002.6

伊勢地方の木地師（倉田正邦）「あしなか」 山村民俗の会 262 2002.9

碑石が解き明かす古代伊勢斎王（池田仁三）「伊勢郷土史草」 伊勢郷土会 （36）2002.11

江戸時代の旅行記「伊勢参宮道中記」を読む（1）～（3）（皆川義孝）「鹿沼史林」 鹿沼史談会 （42）/（44）2002.12/2004.12

中世の伊勢参宮について（重尾亮子）「奈良歴史研究」 奈良歴史研究会 （58）2002.12

聖地伊勢と沖縄のアフ・オー（布寛美）「沖縄学 ： 沖縄学研究所紀要」 沖縄学研究所 6（1）通号6 2003.3

嘉永二年武兵衛、伊勢参宮道中記について（及川昭）「花巻史談」 花巻史談会 （28）2003.3

仏像東漸—伊勢・伊賀、そして東へ（赤川一博）「近畿文化」 近畿文化会事務局 642 2003.5

ピチピチ伊勢女たち（一筆啓上）（島田かよ）「あらはれ ： 猿田彦大神フォーラム年報 ： ひらかれる未来神話」 猿田彦大神フォーラム 6 2003.10

伊勢参宮道中日記（渡辺信三）「郷土山形」 山形郷土史研究協議会 102 2003.10

『伊勢参宮道中日記』の解説（菅谷益太郎）「熊谷市郷土文化会誌」 熊谷市郷土文化会 （58）2003.11

石川純一郎著「口承文芸の展開—"若い衆座敷"と"お太鼓祭り"における伊勢音頭の伝承」（『常葉国文』第27号）（新刊紹介）（小杉達）「静岡県民俗学会誌」 静岡県民俗学会 24 2003.12

里帰り伊勢音頭（畑嘉也）「秋篠文化」 秋篠音楽堂運営協議会 （2）2004.1

近世邦楽の中の伊勢音頭（久保田敏子）「秋篠文化」 秋篠音楽堂運営協議会 （2）2004.1

伊勢と大和（岡本彰夫）「秋篠文化」 秋篠音楽堂運営協議会 （2）2004.1

伊勢音頭と大和（鹿谷勲）「秋篠文化」 秋篠音楽堂運営協議会 （2）2004.1

湖北路を歩いた人々 信濃文人の伊勢参宮（3）「長浜城歴史博物館友の会 友の会だより」 長浜城歴史博物館友の会 52 2004.2

『伊勢道中記』（轡田克史）「福島県史料情報 ： 福島県歴史資料館」 福島県文化振興財団 7 2004.2

伊勢御師の為替と流通—新史料・宮後三頭大夫文書『つくしのかはし日記』を加えて（久田松和則）「皇學館大学神道研究所紀要」 皇學館大学神道研究所 20 2004.3

特別展「仏像東漸—伊勢・伊賀、そして東へ」（展覧会から）（赤川一博）「研究紀要」 四日市市立博物館 11 2004.3

撫養濱人の伊勢参宮（濱千代早由美）「徳島地域文化研究」 徳島地域文化研究会 （2）2004.3

伊勢の占い民俗（《民俗芸能探訪の旅》）（倉田正邦）「あしなか」 山村民俗の会 266 2004.5

伊勢の地霊—宇治土公氏周辺の神々とサルタヒコ（馬場秀幸）「あらはれ ： 猿田彦大神フォーラム年報 ： ひらかれる未来神話」 猿田彦大神フォーラム 7 2004.10

一生に一度は伊勢参りへ（南雲宏実）「湯沢町史編さん室だより」 湯沢町教育委員会町史編さん室 （27）2004.11

伊勢・熊野参宮旅行記（3）（文化六年巳三月十日 奥道中記并松前従箱館下蝦夷へ海上川々道法記）（千田田鶴子）「岩手の古文書 ： the Iwate journal of diplomatics」 岩手古文書学会 （19）2005.3

伊勢参り道中記（中村洋平）「郷土の研究」 国見町郷土史研究会 （35）2005.3

伊勢参宮道中記について（石川守夫）「栗原郷土研究」 栗原郷土史研究会 （36）2005.3

江戸後期伊勢御師の配札請負に関する一試論（上野秀治）「史料 ： 皇學館大学研究開発推進センター史料編纂所報」 皇學館大学研究開発推進センター史料編纂所 （196）2005.4

研究余禄 宗教史料落穂拾い（3）伊勢暴動の一史料（西垣晴次）「社寺史料研究」 社寺史料研究会, 岩田書院（発売）7 2005.4

坂迎え—近世最大の物見遊山「お伊勢まいり」（野崎敏生）「大阪春秋」 新風書房 34（1）通号118 2005.4

むかしの話あれこれ（1）,（2）伊勢参宮の道中果たし合い（上）,（下）（清水春一）「美濃民俗」 美濃民俗文化の会 455/456 2005.4/2005.5

伊勢の仏像（2）（赤川一博）「近畿文化」 近畿文化会事務局 667 2005.6

伊勢みたび（抄）（立松和平）「あらはれ ： 猿田彦大神フォーラム年報 ： ひらかれる未来神話」 猿田彦大神フォーラム 8 2005.10

△サルタヒコと○アマテラスにみる古代日本の空間認識と祖霊祭祀—伊勢参りと富士参りの古層を探る（松本司）「あらはれ ： 猿田彦大神フォーラム年報 ： ひらかれる未来神話」 猿田彦大神フォーラム 8 2005.10

アンヌ・マリブッシィ著『志摩・伊勢の薬師信仰』を追って—女年寄りの行うオコモリ（《特集 女の会—先人の肖像》）（中川美穂子）「女性と経験」 女性民俗学研究会 通号30 2005.10

東北地方からの伊勢参宮と常陸国一道中日記からルートを探る（堀切武）「茨城の民俗」 茨城民俗学会 （44）2005.11

古文書から見た伊勢参宮旅行記（鈴木久弥）「麻生の文化」 行方市教育委員会 （37）2006.3

東海地域の古代寺院造営氏族に関する基礎的研究 伊勢北部を例として（竹内英昭）「斎宮歴史博物館研究紀要」 斎宮歴史博物館 通号15 2006.3

企画展「伊勢の茶陶 萬古焼―古萬古・有節、そして四日市へ」（展覧会から）（岡村奉一郎）「研究紀要」 四日市立博物館 （13）2006.3

松田喜志治参宮道中紀行を読んで（山崎正治）「柏崎・刈羽」 柏崎刈羽郷土史研究会 （33）2006.4

国向上人の見た伊勢（《特集 三重の中世2》）（山田雄司）「Mie history」 三重歴史文化研究会 18 2006.8

上棟祭の弓矢について（荒井留五郎）「伊勢郷土史草」 伊勢郷土会 （40）2006.9

「いえ」の維持と女の采配（田畑佳子）「伊勢民俗」 伊勢民俗学会 （36）2006.9

『河童のたわごと』堀田吉雄の置き土産（1）家蔵稀覯本の話（堀田千足）「伊勢民俗」 伊勢民俗学会 （36）2006.9

伊勢御師からみた戦国時代後期の信州情勢―『しなの、国道者之御祓くはり日記』を読んで（逸見大悟）「信濃［第3次］」 信濃史学会 58 （10）通号681 2006.10

クジラのお伊勢まいり（《猿田彦大神フォーラムと私》）（森下誠）「あらはれ : 猿田彦大神フォーラム年報 : ひらかれる未来神話」 猿田彦大神フォーラム （9）2006.10

伊勢神道の本質と北畠親房の根本思想（小野善一郎）「神道宗教」 神道宗教学会 （204・205）2007.1

常総の伊勢参り（鈴木昭三）「常総の歴史」 崙書房出版茨城営業所 （35）2007.2

行き倒れ考―市内神納字坂戸越の「伊勢参り様」を手がかりとして（市史編さん成果還元事業講演会）（小川信雄）「袖ケ浦市史研究」 袖ケ浦市郷土博物館 （13）2007.3

伊勢万歳と楽器―胡弓・三味線・小鼓（外立ますみ）「静岡県民俗学会会報」 静岡県民俗学会 （22）2007.3

文久二年の伊勢参宮日記（1）、（2）（田中正義）「鳥ん枕」 伊万里市郷土研究会 （78）/（79）2007.3/2007.11

伊勢のお木挽き高らかに（久志本まどか）「日本民俗音楽学会会報」 日本民俗音楽学会 （27）2007.7

伊勢参宮燈籠「太一」をめぐって（殿南直也）「日本の石仏」 日本石仏協会、青娥書房（発売） （124）2007.12

河内歴史探訪（1）お伊勢詣りと深江笠（道中笠）（川村一彦）「民俗文化」 滋賀民俗学会 （531）2007.12

伊勢音頭（磯野道子）「Sala : 歴史民俗誌」 常民学舎 （43）2008.2

御祓大麻をめぐる真宗僧と伊勢神主との宗論―正兌神主作『肥前國御祓問答記』を通じて（久田松和則）「皇學館大学神道研究所紀要」 皇學館大学神道研究所 24 2008.3

ナマズの絵馬のある寺（川口祐二）「伊勢民俗」 伊勢民俗学会 （37）2008.4

伊勢の『古事記』・出雲の『日本書紀』―無文字時代に従った編纂について（柳沢賢次）「信濃［第3次］」 信濃史学会 60（12）通号707 2008.12

資料 安政末年伊勢参宮道中記（鎌田道隆）「奈良史学」 奈良大学史学会 （26）2009.01

一女性の家出と伊勢参り（南澤一雄）「とぐら : 戸倉史談会誌」 戸倉史談会 （34）2009.02

講演 新たなる伊勢中世史像の再構築―謎の楠部大五輪と楠部弘正寺・岩田円明寺（松尾剛次）「皇学館史学」 皇学館大学史学会 通号24 2009.3

伊勢参りと庶民の旅（秦野昌明）「さいたま市博物館研究紀要」 さいたま市立博物館 8 2009.03

青木長右衛門嘉彦の伊勢参宮旅行について（加藤芳典）「藤沢市文書館紀要」 藤沢市文書館 通号31 2009.3

地引き網船によるお伊勢参り―西平松の大新丸（伊藤辰夫）「磐南文化」 磐南文化協会 （35）2009.03

番場宿神戸高橋仁左衛門の「伊勢参宮日記」について（花木知子）「府中市郷土の森博物館紀要」 府中文化振興財団府中市郷土の森博物館 （22）2009.3

近世中期における伊勢参宮の実態―忍藩秩父領を中心に（重田正夫）「埼玉地方史」 埼玉県地方史研究会 （61）2009.05

歴史資料課の窓から 家出と伊勢参り―古久保家文書「町代日記」から（辻真澄）「総合資料館だより」 京都府立総合資料館, 京都府立総合資料館友の会 （160）2009.07

五輪塔の変遷と伊勢様式の板五輪（濱口主一）「伊勢郷土史草」 伊勢郷土会 （43）2009.09

神都計画とその背景［1］～（4）（阿形次基）「伊勢郷土史草」 伊勢郷土会

（43）/（46）2009.09/2012.10

報告（畑純子）「伊勢民俗」 伊勢民俗学会 （38）2009.10

史料紹介「伊勢参宮道中日記」（高岡正之）「鹿沼史林」 鹿沼史談会 （49）2009.12

紀北の民俗シリーズ（9）海野鯨捕り衆の伊勢参宮（中野朝生）「奥熊野の民俗」 紀北民俗研究会 （14）2010.03

近世的旅観の形成―伊勢参りの旅（鎌田道隆）「奈良史学」 奈良大学史学会 （27）2010.01

明治二十年 伊勢参り道中記［1］,（2）（齋藤良治）「宮城史学」 宮城歴史教育研究会 （29）/（30）2010.03/2011.5

「紙本著色千葉妙見大縁起絵巻」と妙見菩薩の本源・本地について―伊勢の妙見信仰と戦国期の千葉妙見「研究紀要」 千葉市立郷土博物館 （16）2010.03

高野山成慶院『伊勢和州位牌帳』の翻刻と解題（大藪海）「三重県史研究」 環境生活部 （25）2010.3

お伊勢参り、拙堂詣で（特集 街道―道をゆく 未知をあるく）（西田久光）「津・市民文化」 津市 （4）2010.03

街道が結ぶ伊勢信仰（特集 街道―道をゆく 未知をあるく）（岡田登）「津・市民文化」 津市 （4）2010.03

伊勢の月読信仰（特集 月読命信仰）（石垣仁久）「季刊悠久.第2次」 鶴岡八幡宮悠久事務局 （120）2010.04

実地踏査の概要（第35回上伊那歴史研究会県外実地踏査報告「伊勢信仰の道を訪ね伊那との関連を現地に探る」）（北原利雄）「伊那路」 上伊那郷土研究会 54（12）通号647 2010.12

明治末の伊勢修学旅行日記に想う（第35回上伊那歴史研究会県外実地踏査報告「伊勢信仰の道を訪ね伊那との関連を現地に探る」）（伊藤一夫）「伊那路」 上伊那郷土研究会 54（12）通号647 2010.12

鳥羽・朝熊・伊勢の大神宮（岡田登）「近畿文化」 近畿文化会事務局 （734）2011.01

研究ノート 『伊勢新聞』に見る近代の志摩海女―明治・大正期の「海女」の諸相（塚本明）「三重大史学」 三重大学人文学部考古学・日本史研究室 （11）2011.3

近世末期における伊勢参宮の旅の実態―宇和島藩御城下組三浦の田中九八郎らの場合（佐々木正興）「伊予史談」 伊予史談会 （362）2011.07

旅日記の解読―刊行によせて（創立20周年記念）『伊勢・西国巡礼旅日記』を読む（木原徹也）「かつしか台地 : 野田地方史懇話会会誌」 野田地方史懇話会 （42）2011.09

お伊勢参り―長岐宗家二人のそれぞれの道中記から（長岐純一）「鷹巣地方史研究」 鷹巣地方史研究会 （67）2011.09

江戸末期と明治中期の伊勢参り道中記（宮崎辰昭）「高井」 高井地方史研究会 （177）2011.11

前期伊勢神道説の思想（平泉隆房）「日本学研究」 金沢工業大学日本学研究所 （14）2011.12

お伊勢参りそして松阪（山口隆夫）「小田原史談 : 小田原史談々々報」 小田原史談会 （228）2012.01

江戸時代の庶民の家出と伊勢参り（鎌田道隆）「奈良史学」 奈良大学史学会 （29）2012.01

話題を呼んだ『伊勢参宮・西国巡礼旅日記』（川崎清光）「かつしか台地 : 野田地方史懇話会会誌」 野田地方史懇話会 （43）（別冊）2012.03

研究発表 『伊勢参宮・西国巡礼旅日記』からみた江戸時代の旅―船形村の農民たちの四ヶ月の大旅行（木原敏也）「かつしか台地 : 野田地方史懇話会会誌」 野田地方史懇話会 （43）（別冊）2012.03

伊勢暴動と小瀬暴動の数え唄（八木淳夫）「三重の古文化」 三重郷土会庶務部 （97）2012.3

市外史跡探訪「三重県への旅・お伊勢参り」（重田武男）「史談足柄」 足柄史談会 50 2012.04

風流踊と盆行事―民俗としての芸能研究（植木行宣）「伊勢民俗」 伊勢民俗学会 （41）2012.09

「チカネバ」について（岡田照子）「伊勢民俗」 伊勢民俗学会 （41）2012.09

「お伊勢まいり」今昔・編集後記「斎宮歴史博物館だより」 斎宮歴史博物館 （69）2012.10

浅間は日本一の山―伊勢と富士山から考える（特集 故郷の山―浅間山山―浅間山信仰）（柳沢賢次）「佐久」 佐久史学会 （66・67）2013.03

伊勢参り道中記（田中秀胤）「茅野」 茅野市郷土研究会 （78）2013.3

伊勢参宮図屏風（資料紹介）（津田卓子）「名古屋市博物館研究紀要」 名古屋市博物館 36 2013.03

学芸トピックス 記録されたお伊勢参り（太田悌子）「もりおか歴文館だより」 もりおか歴史文化館活性化グループ （3）2013.06

伊勢参宮道中録（1）稲荷町 川井靖所蔵（阿部保子, 佐藤キヨ）「小千谷文化」 小千谷市総合文化協会「小千谷文化」編集委員会 （213）2013.11

郷土芸能から見た伊勢と四日市（特集 伊勢と四日市―伊勢神宮遷宮記念）（前田憲司）「La Sauge : ふるさと四日市を知る本 : 文化展望・四日市」 四日市市文化まちづくり財団 （31）2013.11

伊勢は四日市で持つ 四日市は伊勢で持つ？ 伊勢名物を包む四日市の技と信頼 四日市印刷工業/神様へのお酒を造り80年 タカハシ酒造/親子二代で桶職人 桶職人 藤見義勝さん（特集 伊勢と四日市―伊勢神宮遷宮記念）「La Sauge ：ふるさと四日市を知る本 ： 文化展望・四日市」 四日市市文化まちづくり財団 （31）2013.11

伊勢参宮日記（史料紹介）（大津祐司）「史料館研究紀要」 大分県立先哲史料館 （18）2014.01

近世中期における庶民の伊勢・京参り―越中砺波郡矢木村宗四郎を事例として（共同課題「旅・観光・歴史遺産」特集号）（佐伯安一）「歴史地理学」 歴史地理学会 古今書院（発売）56（1）通号268 2014.01

柴田方庵のお伊勢参り―「征西日記」を読む（堀切実）「郷土ひたち」 郷土ひたち文化研究会 （64）2014.03

伊勢参宮直色録（2）～（4）（阿部美保子［まとめ］，佐藤キヨ［まとめ］）「小千谷文化」 小千谷市総合文化協会『小千谷文化』編集委員会 （214・215）/（217）2014.3/2014.12

口絵 伊勢参宮記「三重県史研究」 環境㑹生活部 （29）2014.03

村人達が辿った伊勢参拝の足跡―市村新田村・伊勢講の記録より（岩根昭男）「河内長野市郷土研究会誌」「河内長野市郷土研究会」 （56）2014.04

和水町で73年分の伊勢暦見つかる（資料紹介）（平田稔）「歴史玉名」 玉名歴史研究会 68 2014.4

伊勢参宮諸色覚帳（京谷博次）「史談」 安蘇史談会 （30）2014.5

関東の伊勢参宮―伊勢参詣記を中心に（特集 伊勢参詣記―論文）（杉山正司）「季刊悠久.第2次」 鶴岡八幡宮悠久事務局 （135）2014.05

『伊勢参宮按内記』にみる伊勢参詣構造の近世化―修験的参宮から御師的参宮へ（特集 伊勢参詣記―論文）（千枝大志）「季刊悠久.第2次」 鶴岡八幡宮悠久事務局 （135）2014.05

伊勢参詣曼荼羅について―三井文庫本を中心に（特集 伊勢参詣記―論文）（清水実）「季刊悠久.第2次」 鶴岡八幡宮悠久事務局 （135）2014.05

「犬の伊勢参り」について（随想）（新園吉則）「聴雪」 新庄古文書の会 （18）2014.06

おかげ参り（紀行・随筆）（土屋義明）「氏家の歴史と文化」 氏家歴史文化研究会 （13）2014.06

みんぞく・かわらばん 伊勢染型紙（所崎平）「鹿児島民俗」 鹿児島民俗学会 （145）2014.06

第10回三輪山セミナー イン東京講演録 三輪山祭祀と出雲・伊勢（和田萃）「大美和」 大神神社 （127）2014.07

寄稿 犬の伊勢参り（菊池静枝）「古文書研究会報」 岩手古文書研究会 （421）2014.09

御師の家―伊勢の山田大路家（田中豊）「扣之帳」 扣之帳刊行会 （45）2014.09

HOUSE―SPIRITS OF OLD JAPAN（英訳：高橋貞子『座敷わらしを見た人びと』抄）（松井恵美）「伊勢民俗」 伊勢民俗学会 （43）2014.09

お伊勢参りと御師宅のおもてなし（藤原寛）「伊勢郷土史草」 伊勢郷土会 （48）2014.11

お伊勢参りと修学旅行（野村美奈子）「ふるさと」 八幡市郷土史会 （29）2014.12

伊勢街道

伊勢街道―古代・中世の旅と近世の街道（特集 街道―道をゆく 未知をあるく）（小坂宜広）「津・市民文化」 津市 （4）2010.3

近世街道の一思考―伊勢街道（和歌山市から伊勢神宮）を事例として（長谷川正紀）「和歌山地理」 和歌山地理学会 （29）2010.12

伊勢街道―上野宿・津の城下町 津市における近世・近代の芝居興行（特集1 お伊勢さんへの道）（吉丸雄哉）「津・市民文化」 津市 （7）2013.3

伊勢上座蛭子社

伊勢上座蛭子社小史（岩村一男）「伊勢郷土史草」 伊勢郷土会 （47）2013.10

伊勢国分寺跡

国分跡伊勢国分寺跡の整備に向けて（地域の文化財だより）（中森成行）「三重の古文化」 三重郷土会庶務部 通号92 2007.3

伊勢小町塚

石水博物館所蔵伊勢小町塚瓦経の復原（和田年弥）「皇學館大学神道研究所紀要」 皇學館大学神道研究所 20 2004.3

伊勢西国

伊勢西国への旅［1］～（8）文政8年の道中日記から「郷土博物館だより」 調布市郷土博物館 61/（71）2002.3/2008.3

伊勢参宮本街道

三度目の伊勢参宮本街道歩き（吉井貞俊）「西宮文化協会会報」 西宮文化協会 （455）2006.2

伊勢参宮本街道を歩く（2）～（49）（吉井貞俊）「西宮文化協会会報」 西宮文化協会 （456）/（516）2006.3/2011.3

伊勢参宮本街道を歩く（2）高井田～英田（吉井貞俊）「大阪春秋」 新風書房 38（1）通号138 2010.1

伊勢参宮本街道を歩く（3）松原～西畑（吉井貞俊）「大阪春秋」 新風書房 38（1）通号138 2010.4

伊勢参宮本街道を歩く（4）藤尾～追分（吉井貞俊）「大阪春秋」 新風書房 38（2）通号139 2010.7

伊勢参宮本街道を歩く（5）終 砂茶屋～京終（吉井貞俊）「大阪春秋」 新風書房 38（3）通号140 2010.10

伊勢市

伊勢市立郷土資料館所蔵「瓦経」の復原（和田年弥）「伊勢郷土史草」 伊勢郷土会 （37）2003.8

伊勢市街と周辺地域の銭湯・共同浴場（中森巌）「伊勢民俗」 伊勢民俗学会 （35）2005.9

伊勢市の平家むら（間宮忠夫）「伊勢郷土史草」 伊勢郷土会 （39）2005.10

伊勢市内（県内周辺を含む）における「盃状穴」について（橋本好史）「伊勢民俗」 伊勢民俗学会 （40）2011.09

伊勢路

伊賀の祇園祭にみる花傘の形態とその意義―青山町伊勢路を中心に（東條さやか）「帝塚山大学大学院人文科学研究科紀要」 帝塚山大学大学院人文科学研究科

江戸時代の熊野街道・伊勢路と巡礼たち（塚本明）「山岳修験」 日本山岳修験学会，岩田書院（発売）（36）2005.11

「紀路」の熊野・「伊勢路」の熊野（熊野学講座）（林雅彦）「北区飛鳥山博物館研究報告」 東京都北区教育委員会 （8）2006.3

伊勢志摩

第2回地域伝承フォーラム 伊勢志摩とサルタヒコ大神（谷川健一，石井忠，清田和夫，金城朝夫，岩田貞雄，高橋徹，山中章，中西正幸，櫻井治男，高見乾司，東道人，鎌田東二，川端理恵子）「あらはれ ： 猿田彦大神フォーラム年報 ： ひらかれる未来神話」 猿田彦大神フォーラム 5 2002.9

伊勢・志摩地方の熊野観心十界曼荼羅―貞観寺本・勝久寺本を中心に（小栗栖健治）「三重県史研究」 環境生活部 （20）2005.3

伊勢志摩のアワシマ信仰の変遷について（研究ノート）（有安知明）「日本宗教文化史研究」 日本宗教文化史学会 14（1）通号27 2010.05

伊勢志摩の海人族―大築海（ツクミ）貝塚・阿津里貝塚を中心に（野村史隆）「伊勢民俗」 伊勢民俗学会 （40）2011.09

伊勢志摩大念仏の構成と傘ブク（坂本要）「月曜ゼミナール」 月曜ゼミナール （5）2013.03

伊勢・志摩の富士信仰の分布について（江崎満）「伊勢民俗」 伊勢民俗学会 （43）2014.09

伊勢諸別宮

神奈川県立金沢文庫保管『伊勢諸別宮』翻刻（野木邦夫）「史料 ： 皇學館大学研究開発推進センター史料編纂所報」 皇學館大学研究開発推進センター史料編纂所 （158）1998.12

伊勢神宮

仲野安雄の「おかげ参り」評（菊川兼男）「あわじ ： 淡路地方史研究会会誌」 淡路地方史研究会 （14）1997.1

伊勢神宮（内宮）ご鎮座二千年（柿本光明）「備陽史探訪」 備陽史探訪の会 75 1997.2

漁本雑記 梅原猛著『神々の流竄』天恩兼命は伊勢神宮の祭神だった（木下秋彦）「郷土史巡礼」 阿智史学会 301 1997.5

アワビを考える―大和朝廷・伊勢神宮との関連で（横山奈央子）「御影史学論集」 御影史学研究会 通号22 1997.10

土師器生産集団と伊勢神宮（竹田憲治）「研究紀要」 三重県埋蔵文化財センター （7）1998.3

伊勢長谷隔夜について（仲方人）「史迹と美術」 史迹美術同攷会 68（10）1998.12

式年遷宮における頭工の祭り―上棟祭について（安江和宣）「皇學館大学神道研究所紀要」 皇學館大学神道研究所 通号15 1999.3

遷宮小考二題―廟家の大営、古殿の措置（八幡崇経）「皇學館大学神道研究所紀要」 皇學館大学神道研究所 通号15 1999.3

古代日本人の造形観―伊勢と遷宮（宇津野金彦）「皇學館大学神道研究所紀要」 皇學館大学神道研究所 通号15 1999.3

遷宮祝詞の歴史（本沢雅史）「皇學館大学神道研究所紀要」 皇學館大学神道研究所 通号15 1999.3

杵築祭歌謡の研究（大島信生）「皇學館大学神道研究所紀要」 皇學館大学神道研究所 通号15 1999.3

御巫清直考証・中村左洲画『斎内親王参宮図』について（吉川竜実）「皇學館大学神道研究所紀要」 皇學館大学神道研究所 通号15 1999.3

伊勢神宮御師のお札配り（木村晴彦）「かわら ： 郷土史誌」 香春町教育委員会 50 1999.7

奈良三彩小壺出土の多気町クツヌイ遺跡をめぐって―東大寺大仏造立と伊勢神宮（岡田登）「史料 ： 皇學館大學研究開発推進センター史料編纂所報」 皇學館大學研究開発推進センター史料編纂所 通号165 2000.2

伊勢神宮と朝熊町を訪ねて（清水俊明）「野ほとけ」 奈良石仏会 （350） 2000.2

伊勢国におけるええじゃないか―伊勢神宮との関係において（沢山孝子）「三重の古文化」 三重郷土会庶務部 83 2000.3

天正10年から元和9年かの肥前国多久庄からの伊勢神宮とその背景―「橋村肥前太夫文書」を中心に（細川章）「西南地域史研究」 文献出版 13 2001.2

伊勢神宮の遷宮と神宝装束（采野武朗）「Museum Kyushu ： 文明のクロスロード」 博物館等建設推進九州会議 18(2)通号68 2001.2

伊勢神宮と土佐とのつながり（広谷喜十郎）「大豊史談」 大豊史談会 （31） 2001.07

伊勢神宮式年遷宮における御装束神宝の調製について（下）（八幡崇経）「皇學館大学神道研究所紀要」 皇學館大学神道研究所 62 2002.3

朝幕関係のなかでの伊勢神宮―寛文10年御祓銘争論を事例として（澤山孝子）「三重県史研究」 環境生活部 （17） 2002.3

伊勢神宮参拝旅行に参加して（町田広司）「みつみ祢山」 三峯神社社務所 176 2002.4

中世末・近世初期の伊勢神宮領（稲本紀昭）「ふびと」 三重大学歴史研究会 通号55 2003.1

女性の抜け参りと御関所―「近世庶民の旅」シリーズ2から（金田實）「歴史春秋社」 歴史春秋社 （57） 2003.4

足利持氏の伊勢参宮（山田雄司）「皇學館大学神道研究所紀要」 皇學館大学神道研究所 20 2004.3

伊勢神宮と中世の房総（澤田善明）「千葉県史料研究財団だより」 千葉県史料研究財団 15 2004.3

伊勢神宮参拝と鵜飼いの旅（柳田家光）「富田町史談会会報」 富田町史談会 （12） 2004.4

中世伊勢神宮研究の現状（平泉隆房）「日本学研究」 金沢工業大学日本学研究所 （7） 2004.6

平穏無事を志向する宗教性―宝永期・明和期の伊勢神宮への集団参詣現象をめぐって（品川知彦）「山陰民俗研究」 山陰民俗学会 （10） 2005.2

天照大神と伊勢神宮の性格について―8世紀における皇祖神の問題にかかわって（斉藤和之）「群馬県埋蔵文化財調査事業団研究紀要」 群馬県埋蔵文化財調査事業団 23 2005.3

遷宮祭余話郷土史から見る木本祭（荒井留五郎）「伊勢郷土史草」 伊勢郷土会 （39） 2005.10

菊谷末偶著『寛政遷宮物語』考（吉川竜実）「皇學館大学神道研究所紀要」 皇學館大学神道研究所 22 2006.3

中世遷宮にみる伊勢神宮の構造（山内宏之）「三重大史学」 三重大学人文学部考古学・日本史研究室 （6） 2006.3

鮑・今昔物語―伊勢神宮に参詣して（小川三郎）「鹿児島民俗」 鹿児島民俗学会 （129） 2006.5

夏季特別展「伊勢神宮の神宝」（石川県立歴史博物館開館20周年記念）「れきはく」 石川県立歴史博物館 （80） 2006.7

夏季特別展「伊勢神宮の神宝」に寄せて（石川県立歴史博物館開館20周年記念）（長谷川孝徳）「れきはく」 石川県立歴史博物館 （80） 2006.7

伊勢神宮における正遷宮中絶期以降の御束束神宝の調整について（八幡崇経）「皇學館大学神道研究所所報」 皇學館大学神道研究所 （71） 2006.8

伊勢神宮の謎（間宮忠夫）「伊勢郷土史草」 伊勢郷土会 （40） 2006.9

伊勢神宮式年遷宮お木曳行事ご奉仕（中野重一）「古代朝鮮文化を考える」 古代朝鮮文化を考える会 （21） 2006.12

伊勢の式年遷宮と神宮徴古館農業会（岡田登）「近畿文化」 近畿文化会事務局 （686） 2007.1

佐久を祭る伊勢神宮（上）―遙拝場の変遷過程について（柳沢賢次）「信濃［第3次］」 信濃史学会 59（3）通号686 2007.3

幕末期における伊勢神宮師職の葬儀 一膓得輝神主御逝去ニ付萬控」、「徳輝神主列報」（濱千代早由美）「三重県史研究」 環境生活部 （22） 2007.3

平安時代伊勢国明те大矢智周辺の状況―伊勢神宮との関係から（山田雄司）「三重大史学」 三重大学人文学部考古学・日本史研究室 （7） 2007.3

タカミムスヒ・アマテラス・伊勢神宮―皇祖神の変化の意味するもの（寺川眞知夫）「万葉古代学研究年報」 奈良県立万葉文化館 （5） 2007.3

佐久を祭る伊勢神宮（下）―「倭人伝」の文化を今に伝える雲南省景頗族を参考に（柳沢賢次）「信濃［第3次］」 信濃史学会 59（7）通号690 2007.7

歴史の旅 伊勢神宮神嘗祭に出会って（久保隆司）「郷土史紀行」 ヒューマン・レクチャー・クラブ （47） 2007.11

伊勢神宮第62回式年遷宮 御用材奉曳き行事について（中野重一）「古代朝鮮文化を考える」 古代朝鮮文化を考える会 （22） 2007.12

伊勢神宮風宮家と「風宮橋支配由来覚」（上相英之）「御影史学論集」 御影史学研究会 通号32 2007.12

遷御後の御神楽について（鎌田純一）「皇学館史学」 皇学館大学史学会 通号22 2008.1

伊勢の神宮と河崎の町（岡田登）「近畿文化」 近畿文化会事務局 （698） 2008.1

シンポジウム 伊勢神宮史研究の現状と課題（藤森馨，平泉隆房，久田松和則，牟禮仁，加茂正典）「皇學館大学神道研究所紀要」 皇學館大学神道研究所 24 2008.3

中川経雅著『慈裔真語』小考（吉川竜実）「皇學館大学神道研究所紀要」 皇學館大学神道研究所 24 2008.3

資料紹介 中川経雅著『慈裔真語』（上），（中），（下）（吉川竜実，窪寺恭秀）「皇學館大学神道研究所紀要」 皇學館大学神道研究所 24/26 2008.3/2010.03

伊勢神宮［1］，（2）（北山良）「わかくす ： 河内ふるさと文化誌」 わかくす文芸研究会 （54）/（55） 2008.11/2009.05

伊勢の神宮と小俣・玉城町の史跡（岡田登）「近畿文化」 近畿文化会事務局 （710） 2009.1

11世紀における天皇権威の変化―内侍所神鏡と伊勢神宮託宣（斎木涼子）「古代文化」 古代学協会 60（4）通号575 2009.03

室町時代伊勢神宮における公武の祈禱―義持朝から義政朝を中心として（飯田良一）「三重県史研究」 環境生活部 （25） 2009.03

表紙の説明 『伊勢神宮舞楽 蘭陵王』の説明（編集部）「わかくす ： 河内ふるさと文化誌」 わかくす文芸研究会 （55） 2009.05

伊勢神宮参詣について（大竹英男）「史談しもふさ」 下総町郷土史研究会 （30） 2009.09

伊勢神宮の謎について（河野百雄）「古代朝鮮文化を考える」 古代朝鮮文化を考える会 （24） 2009.12

展覧会準備ノート 伊勢神宮と東海のまつり/新聞の見た名古屋「名古屋市博物館だより」 名古屋市博物館 （192） 2010.04

益谷末寿著『みつかひ御詣記』考（吉川竜実）「皇學館大学神道研究所紀要」 皇學館大学神道研究所 26 2010.03

資料翻刻 益谷末寿著『みつかひ御詣記』、『享和公卿勅使見聞録』（吉川竜実，芝村行亮）「皇學館大学神道研究所紀要」 皇學館大学神道研究所 26 2010.03

考古学からみた古代王権の伊勢神宮奉祭試論（山中章）「三重大史学」 三重大学人文学部考古学・日本史研究室 （10） 2010.03

翻刻資料『滑稽道中 御影まい里 二篇上』（田島長女）「伊勢民俗」 伊勢民俗学会 （39） 2010.09

新刊紹介 駒田利治著『伊勢神宮に仕える皇女 斎宮跡』（江尻明日香）「ふびと」 三重大学歴史研究会 通号62 2011.01

摂関期の公卿勅使と祭主祈禱（飯田良一）「三重県史研究」 環境生活部 （26） 2011.03

第67回特別展「伊勢神宮と北海道」「北海道開拓記念館だより」 北海道開拓記念館 41（1）通号211 2011.06

神宮摂末社めぐり（1） 皇太宮神/荒祭宮/興玉神・宮比神/屋乃波比伎神/御稲御倉神/由貴御倉神（吉井貞俊）「西宮文化協会会報」 西宮文化協会 （526） 2012.01

神宮摂末社めぐり（2） 御酒殿神/四至神/風日祈宮/瀧祭神/大山祇神社/子安神社（吉井貞俊）「西宮文化協会会報」 西宮文化協会 （527） 2012.02

神宮摂末社めぐり（3） 饗土橋姫神社/津長神社/大水神社/月讀宮/月讀荒御魂宮/伊佐奈岐宮（吉井貞俊）「西宮文化協会会報」 西宮文化協会 （528） 2012.03

神宮摂末社めぐり（4） 伊佐奈彌宮/葭原神社/宇治山田神社/大土御祖神社/宇治乃奴鬼神社/國津御祖神社（吉井貞俊）「西宮文化協会会報」 西宮文化協会 （529） 2012.04

神宮摂末社めぐり（5） 葦立弓神社/神宮摂末社 総図試巻（吉井貞俊）「西宮文化協会会報」 西宮文化協会 （530） 2012.05

神宮摂末社めぐり（6） 鏡宮神社/朝熊神社/朝熊御前神社/加努彌神社（吉井貞俊）「西宮文化協会会報」 西宮文化協会 （531） 2012.06

書評 千枝大志著『中近世伊勢神宮地域の貨幣と商業組織』（高木久史）「ヒストリア ： journal of Osaka Historical Association」 大阪歴史学会 （232） 2012.06

書評 勝山清次著『中世伊勢神宮成立史の研究』（山本倫弘）「洛北史学」 洛北史学会 （14） 2012.06

山本倫弘氏「中世伊勢神宮法楽の成立と神領―醍醐寺との関わりを通じて―」（大会例会報告要旨―第13回洛北史学会定例大会（2011年12月3日））「洛北史学」 洛北史学会 （14） 2012.06

神宮摂末社めぐり（7） 倭姫宮/宇雑宮/佐美長神社/赤崎神社（吉井貞俊）「西宮文化協会会報」 西宮文化協会 （533） 2012.08

神宮摂末社めぐり（8） 粟皇子神社/神前神社（御同座 許母利神社・荒前神社）/江神社（吉井貞俊）「西宮文化協会会報」 西宮文化協会 （535） 2012.10

神宮摂末社めぐり（9） 堅田神社/御塩殿神社/豊受大神宮/多賀宮（吉井

貞俊)「西宮文化協会会報」西宮文化協会（536）2012.11

伊勢宇佐両神宮類似考（後藤匡史）「古代朝鮮文化を考える会」古代朝鮮文化を考える会（27）2012.12

『延暦儀式帳』写本調査報告（1）、（2）（佐野真人）「皇学館大学神道研究所所報」皇學館大学神道研究所（84）/（86）2013.02/2014.03

神々と神社（続）伊勢神宮と出雲大社の遷宮（高山博之）「郷土研だより」東村山郷土研究会（396）2013.05

日本人の心のふるさと伊勢神宮と熊野大社参訪（亀澤轟幸）「えびの」えびの市史談会（47）2013.05

お伊勢参り 伊勢神宮・金比羅・出雲大社参拝の旅（丸山久子）「郷土たがみ」田上町郷土研究会（24）2013.06

三輪山セミナー講演録 伊勢神宮と出雲大社―大和王権と大物主大神の祭祀をめぐって（新谷尚紀）「大美和」大神神社（125）2013.07

小澤日記に見える「おかげまいり」―西脇地方における明和八年の参宮運動（地域史研究）（脇坂俊夫）「童子山：西脇市郷土資料館紀要」西脇市教育委員会（20）2013.09

新連載 信州の文化の基層 伊勢神宮に奉仕する信州の職人たち「地域文化」八十二文化財団（106）2013.10

伊勢神宮の神衣祭（特集 延喜式の布）（藤森馨）「季刊悠久.第2次」鶴岡八幡宮悠久事務局（133）2013.10

62回式年遷宮 お白石持ち行事（岡野守）「奥武蔵」奥武蔵研究会（394）2013.11

伊勢の神宮と式年遷宮/おかげまいりの流行「住吉っさん」住吉大社（21）2013.12

伊勢神宮の謎について（河野百雄）「古代朝鮮文化を考える」古代朝鮮文化を考える会（28）2013.12

第62回伊勢神宮式年遷宮白石持行事に参加して（日向繁子）「伊勢民俗」伊勢民俗学会（42）2013.12

伊勢遷宮遙拝式「てんまてんじん 大阪天満宮社報：大阪天満宮社報」大阪天満宮社務所（65）2014.01

近世伊勢神宮神主の人事制度について（塚本明）「三重大史学：The Miedai sigaku」三重大学人文学部考古学・日本史研究室（14）2014.03

「神火」と伊勢神宮の焼亡事件（論文）（田阪仁）「鷹陵史学」鷹陵史学会（40）2014.9

遷宮諸祭余話 穀倉から社へ（荒井留五郎）「伊勢郷土史草」伊勢郷土会（48）2014.10

伊勢神宮と式年遷宮（調所保平）「つつはの」つつはの郷土研究会（39）2014.12

伊勢神宮外宮

伊勢神宮外宮の被害と1361年（康安元年）の地震（特集 天変地異・神仏と災害II）（奥野真行）「季刊悠久.第2次」鶴岡八幡宮悠久事務局（130）2013.02

伊勢神宮寺

伊勢神宮寺をめぐる諸問題（山中由紀子）「斎宮歴史博物館研究紀要」斎宮歴史博物館 通号18 2009.03

伊勢神宮内宮

伊勢神宮内宮（第35回上伊那歴史研究会県外実地踏査報告「伊勢信仰の道を訪ね伊那との関連を現地に探る」）（中島元博）「伊那路」上伊那郷土研究会 54（12）通号647 2010.12

伊勢太神楽

研究発表 日野西真定「高野山で行う加行の壇場と奥院の巡拝」北川央「伊勢大神楽の成立」巡礼研究会通信 巡礼研究会（21）1998.2

東海民俗研究発表会要旨 伊勢の代神楽―太神楽の巡業を追って（鈴木武司）「まつり通信」まつり同好会 48（4）通号536 2008.7

伊勢大神楽にみる「霊性」「聖性」の付与―信仰が地域（ムラ）をこえる理由（北川央）「宗教民俗研究」日本宗教民俗学会（19）2009.01

研究ノート 伊勢大神楽の神楽囃子研究―音曲構成の特徴と他分野諸芸能との関連性（森田玲）「民俗音楽研究」日本民俗音楽学会（36）2011.03

伊勢大神楽の回壇（蒲池卓巳）「まつり通信」まつり同好会 54（6）通号574 2014.11

伊勢太神宮

伊勢太神宮と四日市―浮世絵から探る（特集 伊勢と四日市―伊勢神宮遷宮記念）（秦昌弘）「La Sauge：ふるさと四日市を知る本：文化展望・四日市」四日市市文化まちづくり財団（31）2013.11

伊勢大神宮

津守国札『伊勢大神宮参詣記』について（1〜3）（中沢伸弘）「すみのえ」住吉大社社務所 34（4）通号226/35（2）通号228 1997.10/1998.4

中条唯七郎の伊勢大神宮詣旅行記（柳町節夫）「ちょうま」更埴郷土を知る会（22）2002.1

伊勢太神宮寺

中東顕熙著「伊勢太神宮寺考」について（荊木美行）「史料：皇學館大學研究開発推進センター史料編纂所報」皇學館大学研究開発推進センター史料編纂所（202）2006.4

伊勢国

「伊勢国風土記」をめぐる問題（荊木美行）「三重県史研究」環境生活部（13）1997.3

伊勢国におけるええじゃないか―伊勢神宮との関係において（沢山孝子）「三重の古文化」三重郷土会庶務部 83 2000.3

伊勢国北部における大安寺施入墾田地成立の背景（山中章）「ふびと」三重大学歴史研究会 通号54 2002.1

高野山成慶院『伊勢国日牌月牌帳』の翻刻と解題（大藪海）「三重県史研究」環境生活部（24）2009.03

伊勢国村落の年中行事と豪農の生活―伊勢国三重郡八王子村の事例に（藤谷彰）「三重大史学」三重大学人文学部考古学・日本史研究室（9）2009.03

高田山専修寺真慧の伊勢国教化（探訪 三重の古文化）（平松令三）「三重の古文化」三重郷土会庶務部 通号95（付録）2010.03

『三国地志』（藤堂采女家旧蔵本）附『伊賀国式社考』（資料紹介）（山本厚）「伊賀市文化財年報」伊賀市教育委員会 通号7 2011.03

伊勢国一宮

伊勢国一宮を考へる（上）（太田正弘）「椿の宮」椿大神社（40）2014.01

伊勢別街道

近江湖東の伊勢講が奉納した旧伊勢別街道「津」にある三重県一の「窪田の常夜燈」（瀬川欣一）「滋賀県地方史研究」滋賀県地方史研究家連絡会 11 2001.5

伊勢別街道（特集 街道―道をゆく 未知をあるく）（平松令三）「津・市民文化」津市（4）2010.3

伊勢別街道―楠原宿・椋本宿・窪田宿 伊勢別街道の宿場と旅人（特集1 お伊勢さんへの道）（浅生悦生）「津・市民文化」津市（7）2013.3

伊勢本街道

伊勢本街道を歩く（一筆啓上）（吉井貞俊）「あらはれ：猿田彦大神フォーラム年報：ひらかれる未来神話」猿田彦大神フォーラム（10）2007.10

伊勢本街道―今昔（特集 街道―道をゆく 未知をあるく）（齋藤昭久）「津・市民文化」津市（4）2010.3

伊勢本街道散策（特集 街道―道をゆく 未知をあるく）（石阪督規）「津・市民文化」津市（4）2010.3

伊勢本街道―多気宿・奥津宿 石名原宿（特集1 お伊勢さんへの道）（小竹英司）「津・市民文化」津市（7）2013.3

伊勢道

斎宮寮・伊勢道・条里（伊藤裕偉）「斎宮歴史博物館研究紀要」斎宮歴史博物館（13）2004.3

在五中将がとおった斎宮への道―九世紀の伊勢道（予察）（特集 九世紀の斎宮）（山中由紀子）「斎宮歴史博物館研究紀要」斎宮歴史博物館 通号19 2010.3

伊勢山田

伊勢山田の御師宅に伝わる天狗の爪（萩原正夫）「三重の古文化」三重郷土会庶務部（99）2014.03

伊勢両宮

奈良市正暦寺伝来伊勢両宮曼荼羅絵図考証（石井昭郎）「伊勢郷土史草」伊勢郷土会 32 1998.10

池野友宣の伊勢両宮・金毘羅参詣旅日記について（西野寛子）「藤枝市研究」藤枝市市民文化部（7）2006.3

伊勢湾

三重県発の魚街道二話（2）中世安濃津発の鰯街道―伊勢湾と都を結ぶ御伽草子恋物語から（大川吉崇）「三重民俗研究会会報」三重民俗研究会事務局 30 2001.2

伊勢湾台風と浄土三昧墓地の不思議（片野知二）「薩摩義士」鹿児島県薩摩義士顕彰会 11 2004.3

伊勢湾のうねりに似たユックリズムの元祖 観海流あれこれ（筒井忠勝）「津市民文化」津市教育委員会 31 2004.3

伊勢湾を渡った宝山味噌とマルサ溜醤油（1）―醸造伝承館所蔵 昭和二十六年十一月「味噌溜出荷帳」より―（中川やよい）「伊勢民俗」伊勢民俗学会（34）2004.7

伊勢湾周辺地域における木綿流通と知多木綿―18世紀後半から19世紀前半を中心に（曲田浩和）「知多半島の歴史と現在」日本福祉大学知多半島総合研究所（13）2005.9

伊勢湾・香良洲・桑名（特集1 お伊勢さんへの道）（杉本竜）「津・市民文化」津市（7）2013.3

戦国期駿河・遠江国の伊勢湾海上交易について―伊勢御師の経済活動を中心に（例会告要旨―五月例会（14名参加））（原田千尋）「静岡県地域史研究会報」 静岡県地域史研究会 （195）2014.7

伊勢湾諸島
答志島と伊勢湾諸島のウミウ捕り資料について（伊東久之）「伊勢民俗」 伊勢民俗学会 （43）2014.09

磯部
磯部まいりと青峯山（発表要旨）（野村史隆）「伊勢民俗」 伊勢民俗学会 （38）2009.10

一志郡
旧一志郡のかんこ踊りと「じんやく踊り」の伝播（福田良彦）「伊勢民俗」 伊勢民俗学会 （42）2013.12

一志町
伝説・民話 一志町のむかしの話（前田市子）「津・市民文化」 津市 （7）2013.03

一誉坊墓地
ショート郷土史 一誉坊墓地（郡俊子）「伊勢郷土史草」 伊勢郷土会 （35）2001.11

一色
寺院にかかわる住民の息ぶき―明治期の中別保と一色（《特集 私たちの町》）（杉沢和夫）「津・市民文化」 津市 （1）2007.3
書評 伊勢市教育委員会編『一色の翁舞 調査報告書』（西瀬英紀）「民俗芸能研究」 民俗芸能学会 （47）2009.09

員弁郡
桑名郡・員弁郡の中世寺社―『作善日記』を中心として（《特集 三重の中世1》）（石神教親）「Mie history」 三重歴史文化研究会 17 2006.8

飯福田寺
飯福田寺護摩堂木造不動明王立像について（藤田直信）「三重の古文化」 三重郷土会庶務部 通号93 2008.3

岩倉神社
岩倉神社と花卉双蝶八花鏡（小倉肇）「文化財調査報告書」 紀伊長島町文化財調査委員会 （16）1998.3

鰯街道
三重県発の魚街道二話（2）中世安濃津発の鰯街道―伊勢湾と都を結ぶ御伽草子恋物語から（大川吉崇）「三重民俗研究会会報」 三重民俗研究会事務局 30 2001.2

岩戸山
回顧（332）「岩戸山」のこと（宮崎良治）「旧四日市を語る」 旧四日市を語る会 （21）2011.6

上野遺跡
三重県上野遺跡出土の五輪塔（久富正登）「日引 ： 石造物研究会会誌」 2 2001.10

上野宿
伊勢街道―上野宿・津の城下町 津市における近世・近代の芝居興行（特集1 お伊勢さんへの道）（吉丸雄哉）「津・市民文化」 津市 （7）2013.3

鵜方
富士参りの歌と伊勢参宮街道―志摩市鵜方の富士参りの歌（荻野裕子）「京都民俗 ： 京都民俗学会会誌」 京都民俗学会 通号26 2009.03

宇治郡
宇治郡の墓と石造物―特に楠部村内墓地における五輪塔を中心として（《特集 三重の中世2》）（山下太志）「Mie history」 三重歴史文化研究会 18 2006.8

宇治神社
伊勢の氏神さまと小祠めぐり 進修地区―宇治神社を中心として（一二五社研究会）「伊勢郷土史草」 伊勢郷土会 （34）2000.9

宇治二郷
資料紹介 中川経雅著『宇治二郷年寄元始来歴考』（吉川竜実, 窪寺恭秀）「皇學館大学神道研究所紀要」 皇學館大学神道研究所 23 2007.3

宇治橋
宇治橋修造起工式拝観の記（荒井留五郎）「伊勢郷土史草」 伊勢郷土会 （42）2008.10

宇治山田
速懸―近世宇治・山田における葬送儀礼（塚本明）「三重大史学」 三重大学人文学部考古学・日本史研究室 （4）2004.3
神宮神官の苗字に見る権門都市 宇治・山田（《特集 三重の中世2》）（岡野友彦）「Mie history」 三重歴史文化研究会 18 2006.8

宇治山田における教会講社の展開―日露戦争前後の事例から（谷口裕信）「皇学館史学」 皇学館大学史学会 通号23 2008.3
シンポジウム 宇治・山田と神仏分離（塚本明, 牟禮仁, 河野訓, 櫻井治男, 本澤雅史, 藤本頼生, 石原佳樹）「皇學館大学神道研究所紀要」 皇學館大学神道研究所 26 2010.03

宇治山田市
「神都計画」の構想と実際―戦時期における宇治山田市都市計画をめぐって（山崎智博）「三重県史研究」 環境生活部 （22）2007.3

鵜殿浦
鵜殿浦における船玉（船霊）信仰（大野草介）「奥熊野の民俗」 紀北民俗研究会 5 2001.1

浦村
浦村、石鏡における海女漁業の現状―三重県鳥羽市の事例調査から（中川将道）「土佐地域文化」 土佐地域文化研究会 3 2001.6

浦村町
ジンサイ調査予定（特集 鳥羽市浦村町・答志町「神祭」）（野村史隆）「伊勢民俗」 伊勢民俗学会 （39）2010.09
丸八の神紋について 写真説明（特集 鳥羽市浦村町・答志町「神祭」）（津田豊彦）「伊勢民俗」 伊勢民俗学会 （39）2010.09
「石名子神事のこと」（転載）（特集 鳥羽市浦村町・答志町「神祭」）（堀田吉雄）「伊勢民俗」 伊勢民俗学会 （39）2010.09

雲祥寺
瑞竜山雲祥寺（津田雄一郎）「奥熊野の民俗」 紀北民俗研究会 5 2001.1

永林寺
尾鷲市行野浦「永林寺」の場合（二村隆道）「奥熊野の民俗」 紀北民俗研究会 2 1998.1

円座町
円座町羯鼓踊見学記（阿形次哉）「伊勢郷土史草」 伊勢郷土会 （47）2013.10

円通閣
紀北の民俗シリーズ（7）中世の寺院・赤羽「円通閣」（中野朝生）「奥熊野の民俗」 紀北民俗研究会 （12）2008.1

円徳院庄
伊賀国河合平柿庄・河合円徳院庄と長福寺文書（久保文武）「三重の古文化」 三重郷土会庶務部 77 1997.6

円明寺
講演 新たなる伊勢中世史像の再構築―謎の楠部大五輪と楠部弘正寺・岩田円明寺（松尾剛次）「皇学館史学」 皇学館大学史学会 通号24 2009.3

麻生
麻生の氏子入り行事「左義長」（津田豊彦）「伊勢民俗」 伊勢民俗学会 （36）2006.9

相賀浦
「参加」制度の変更と「かかわり」の連続性―三重県相賀浦地区におけるトウヤ制度を例に（中川千草）「日本民俗学」 日本民俗学会 （267）2011.08

逢鹿瀬寺
伊勢大神宮寺（逢鹿瀬寺）の移転先をめぐって（岡田登）「史料 ： 皇學館大学研究開発推進センター史料編纂所報」 皇學館大学研究開発推進センター史料編纂所 （218）2008.12

相差町
鳥羽市相差町の獅子頭再興と現状（村上喜雄）「三重の古文化」 三重郷土会庶務部 （97）2012.03
現代の盃状穴―鳥羽市相差町の石穴信仰（橋本好史）「伊勢民俗」 伊勢民俗学会 （41）2012.09

大国荘
斎宮・大国荘俯瞰復元イラストの試み「斎宮歴史博物館だより」 斎宮歴史博物館 （57）2006.12

大台町
三重県大台町の石仏と庚申像（清水俊明）「野ほとけ」 奈良石仏会 （331）1998.7

大泊
研究ノート 大泊春祭り行事の「伊勢音頭」（中間報告）（宮川隆之）「日本民俗音楽学会会報」 日本民俗音楽学会 （26）2007.2

大野木

大野木のノウセンギョ（探検レポート）（北出楯夫）「伊賀暮らしの文化探検隊レポート : 伊賀で育まれた暮らしの文化を見つけよう！」 伊賀暮らしの文化探検隊　7　2005.3

太神社

回顧（392）太神社および祭りの思い出（野呂重樹）「旧四日市を語る」旧四日市を語る会　（23）2013.06

大湊

伊勢市の氏神さまと小祠めぐり（神社・大湊地区）―六カ町の氏神ほか（一二五社研究会）「伊勢郷土史草」 伊勢郷土会　（38）2004.10

大宮神明社

よっかいち地域ごよみ（6）大宮神明社や市内神社の輪くぐり神事「La Sauge : ふるさと四日市を知る本 : 文化展望・四日市」 四日市市文化まちづくり財団　（29）2012.03

大森神社

熊野のどぶろく祭―熊野市育生町大森神社（河村和男）「碧」 碧の会（13）2005.6

大矢知

名水と寒風にはぐくまれて 大矢知手延べそうめん（〈特集 よっかいちうまいもの〉）「La Sauge : ふるさと四日市を知る本 : 文化展望・四日市」 四日市市文化まちづくり財団　（26）2009.03

大矢智

平安時代伊勢国朝明郡大矢智周辺の状況―伊勢神宮との関係から（山田雄司）「三重大史学」 三重大学人文学邪考古学・日本史研究室　（7）2007.3

大山祇神社

鳥羽市大山祇神社獅子舞（地域の文化財だより）（村上喜雄）「三重の古文化」 三重郷土会庶務部　通号92　2007.3

大倭神社

『大倭神社註進状幷裏書』偽作の迹―「斎部氏家牒」にみえる外宮相殿神の検討を中心に（白井伊佐牟）「史料 : 皇學館大學研究開発推進センター史料編纂所報」 皇學館大學研究開発推進センター史料編纂所（206）2006.12

大淀

三重明和町の大淀祇園祭（鷲野正昭）「まつり通信」 まつり同好会　42（9）通号499　2002.8

奥津宿

伊勢本街道―多気宿・奥津宿 石名原宿（特集1 お伊勢さんへの道）（小竹英司）「津・市民文化」 津市　（7）2013.3

奥熊野

奥熊野の伝承（小倉肇）「奥熊野の民俗」 紀北民俗研究会　2　1998.1
方言研究の方法（中野朝生）「奥熊野の民俗」 紀北民俗研究会　2　1998.1
《特集 正月行事について》「奥熊野の民俗」 紀北民俗研究会　2　1998.1
奥熊野の正月行事の概要（紀北民俗研究会調査部）「奥熊野の民俗」 紀北民俗研究会　2　1998.1
正月行事雑記（喜多健）「奥熊野の民俗」 紀北民俗研究会　2　1998.1
ふるさと昔物語（喜多健）「奥熊野の民俗」 紀北民俗研究会　2　1998.1
奥熊野の山の神信仰について（小倉肇）「奥熊野の民俗」 紀北民俗研究会　2　1998.1
奥熊野の童歌（小倉肇）「奥熊野の民俗」 紀北民俗研究会　2　1998.1
奥熊野民譚［2］～（7）（小倉肇）「奥熊野の民俗」 紀北民俗研究会　3/8　1999.1/2004.1
ふるさと昔物語（喜多健）「奥熊野の民俗」 紀北民俗研究会　3　1999.1
正月飾り―門松（花尻薫）「奥熊野の民俗」 紀北民俗研究会　3　1999.1
《特集 ふるさとの仏像》「奥熊野の民俗」 紀北民俗研究会　3　1999.1
トロッコの思い出（田中稔昭）「奥熊野の民俗」 紀北民俗研究会　3　1999.1
新録（長井比呂史）「奥熊野の民俗」 紀北民俗研究会　3　1999.1
地名に付いて考える（北村進）「奥熊野の民俗」 紀北民俗研究会　3　1999.1
八十八才（米寿）の手形について（喜多健）「奥熊野の民俗」 紀北民俗研究会　3　1999.1
テーマについて（中津畑尚子）「奥熊野の民俗」 紀北民俗研究会　3　1999.1
「口熊野」・「奥熊野」の成立について（浜野耕一郎）「奥熊野の民俗」 紀北民俗研究会　4　2000.1
節分行事（花尻薫）「奥熊野の民俗」 紀北民俗研究会　4　2000.1
消えて行く昔の言葉（北村進）「奥熊野の民俗」 紀北民俗研究会　4　2000.1

古語論考（北村進）「奥熊野の民俗」 紀北民俗研究会　5　2001.1
孝子堪七物語（喜多健）「奥熊野の民俗」 紀北民俗研究会　5　2001.1
「母子くじら話」の原話（中野朝生）「奥熊野の民俗」 紀北民俗研究会　5　2001.1
山の仕事（村島越郎）「奥熊野の民俗」 紀北民俗研究会　5　2001.1
〈特集 樹木を論ず〉「奥熊野の民俗」 紀北民俗研究会　5　2001.1
雑木の雑学（1），（2）（松永忠輿）「奥熊野の民俗」 紀北民俗研究会　5/6　2001.1/2002.1
樹木の利用（花尻薫）「奥熊野の民俗」 紀北民俗研究会　5　2001.1
「トチの木」と「トチの餅」（大川吉久）「奥熊野の民俗」 紀北民俗研究会　5　2001.1
奥熊野の一村落における宗教の多様性とその要因（藤村健一）「歴史地理学」 歴史地理学会　古今書院（発売）43（5）通号206　2001.12
ふるさと昔物語「送り狼」（喜多健）「奥熊野の民俗」 紀北民俗研究会　6　2002.1
狼に助けられた魚屋（民話）（小倉よね）「奥熊野の民俗」 紀北民俗研究会　6　2003.1
母子くじらの話（民話）（喜多健）「奥熊野の民俗」 紀北民俗研究会　7　2003.1
タチバナに関する考察（花尻薫）「奥熊野の民俗」 紀北民俗研究会　7　2003.1
〈特集 言語の研究〉「奥熊野の民俗」 紀北民俗研究会　7　2003.1
今でも使っている古代語（北村進）「奥熊野の民俗」 紀北民俗研究会　7　2003.1
司会雑抄（奥熊野随想）（中津畑尚子）「奥熊野の民俗」 紀北民俗研究会　7　2003.1
ふるさとの山ふるさとの川（奥熊野随想）（田中稔昭）「奥熊野の民俗」 紀北民俗研究会　7　2003.1
私のスタンド・バイ・ミー（4）盆踊りと精霊送り（ふるさとの民俗）（田中稔昭）「奥熊野の民俗」 紀北民俗研究会　8　2004.1
古代語と歴史（北村進）「奥熊野の民俗」 紀北民俗研究会　8　2004.1
古道二景（写真）「奥熊野の民俗」 紀北民俗研究会　9/（10）2005.1/2006.1
巻頭言「三体月」「奥熊野の民俗」 紀北民俗研究会　（10）2006.1
ふるさとの伝説（喜多健）「奥熊野の民俗」 紀北民俗研究会　（10）2006.1
クラーゼ・バーモス（特集 幼き者たちへ）（小倉肇）「奥熊野の民俗」 紀北民俗研究会　（10）2006.1
カラスのピー子とケーじいちゃん（特集 幼き者たちへ）（奥地啓吾）「奥熊野の民俗」 紀北民俗研究会　（10）2006.1
私のスタンド・バイ・ミー（田中稔昭）「奥熊野の民俗」 紀北民俗研究会　（10）2006.1
地名や祭の名称に残る古代語（北村進）「奥熊野の民俗」 紀北民俗研究会　（10）2006.1
シーカヤックが教えてくれたこと（森田渉）「奥熊野の民俗」 紀北民俗研究会　（10）2006.1
奥熊野民譚（8）人に関する章（小倉肇）「奥熊野の民俗」 紀北民俗研究会　（10）2006.1
煙が香るあぶりの里（川口祐二）「奥熊野の民俗」 紀北民俗研究会　（11）2007.1
私のスタンド・バイ・ミー 山仕事の巻（田中稔昭）「奥熊野の民俗」 紀北民俗研究会　（11）2007.1
古代語における一思考（北村進）「奥熊野の民俗」 紀北民俗研究会　（11）2007.1
私のスタンド・バイ・ミー（8）～（10）（田中稔昭）「奥熊野の民俗」 紀北民俗研究会　（12）/（14）2008.1/2010.01
原べこタヌキとおばあさん（ふるさと昔物語）（喜多健）「奥熊野の民俗」 紀北民俗研究会　（13）2009.01
貧乏神の贈り物（ふるさと昔物語）（小倉肇）「奥熊野の民俗」 紀北民俗研究会　（13）2009.01
父から父へ（森田渉）「奥熊野の民俗」 紀北民俗研究会　（13）2009.01
続・古代語の一思考（北村進）「奥熊野の民俗」 紀北民俗研究会　（13）2009.01
親切な源じいさんに助けられたキツネ（特集 楽しい民話）（喜多健）「奥熊野の民俗」 紀北民俗研究会　（14）2010.01
カッパを退治した村人たち（特集 楽しい民話）（喜多健）「奥熊野の民俗」 紀北民俗研究会　（14）2010.01
話しことばについて（中津畑尚子）「奥熊野の民俗」 紀北民俗研究会　（14）2010.01
古代語で残る言葉と地名（北村進）「奥熊野の民俗」 紀北民俗研究会　（14）2010.01

長田

三重県伊賀市長田における地蔵信仰と境界領域（加藤綾香）「帝塚山大学

大学院人文科学研究科紀要」　帝塚山大学大学院人文科学研究科
（15）　2013.03

音羽

伊賀市音羽「このしろ鮨」（探検レポート）（辻上浩司）「伊賀暮らしの文化探検隊レポート ： 伊賀で育まれた暮らしの文化を見つけよう！」伊賀暮らしの文化探検隊　10　2008.3

小俣町

富士講（『小俣町史通史編』より）（伊藤良吉）「伊勢民俗」　伊勢民俗学会（33）　2003.7

伊勢の神宮と小俣・玉城町の史跡（岡田登）「近畿文化」　近畿文化会事務局（710）　2009.1

小向

よっかいち地域ごよみ（8）三重郡朝日町小向「八王子祭」「La Sauge ： ふるさと四日市を知る本 ： 文化展望・四日市」　四日市市文化まちづくり財団（31）　2013.11

尾鷲

万延元年の尾鷲黒船騒動（中野朝生）「奥熊野の民俗」　紀北民俗研究会　3　1999.1

森敦と尾鷲（1）～（3）（藤田明）「奥熊野の民俗」　紀北民俗研究会　5/7　2001.1/2003.1

紀北の民俗シリーズ（6）「尾鷲小唄」「九鬼小唄」はこうしてできた（中野朝生）「奥熊野の民俗」　紀北民俗研究会（11）2007.1

尾鷲にも戦争があった（安部一美）「奥熊野の民俗」　紀北民俗研究会（12）2008.1

尾鷲市

尾鷲市の石造物（小倉肇）「奥熊野の民俗」　紀北民俗研究会　6　2002.1

垣内宿

初瀬街道―二本木宿・垣内宿など 初瀬街道と真盛上人（特集1 お伊勢さんへの道）（赤松進）「津・市民文化」　津市（7）2013.3

海野

紀北の民俗シリーズ（9）海野鯨捕り衆の伊勢参宮（中野朝生）「奥熊野の民俗」　紀北民俗研究会（14）2010.01

鏡宮

御木・鹿海川を上る―鏡宮の御用材木貯木場とその周辺（荒井留五郎）「伊勢郷土史草」　伊勢郷土会（42）2008.10

柿木鎮守

史料紹介 柿木鎮守縁起（山田雄司）「三重大史学」　三重大学人文学部考古学・日本史研究室（12）2012.03

梶賀町

「アブリ」の民俗尾鷲市梶賀町の事例（川口祐二）「伊勢民俗」　伊勢民俗学会（36）2006.9

鍛冶山西

光仁・桓武朝の斎宮造営と鍛冶山西地区（水橋公恵）「斎宮歴史博物館研究紀要」　斎宮歴史博物館（11）2002.3

風宮橋

伊勢神宮風宮家と「風宮橋支配由来覚」（上梠英之）「御影史学論集」　御影史学研究会　通号32　2007.12

賀田

賀田区の正月行事（大川吉久）「奥熊野の民俗」　紀北民俗研究会　2　1998.1

賀田盆踊り 盆音頭（大川吉久）「奥熊野の民俗」　紀北民俗研究会　3　1999.1

片上池

ふるさとの昔話片上池の白竜ほか「紀伊長島町郷土資料館だより」　紀伊長島町教育委員会（16）1998.3

賀多神社

鳥羽市域の芝居小屋及び賀多神社の能舞台（野村史隆）「伊勢民俗」　伊勢民俗学会（37）2008.4

口絵 鳥羽町の大火（大正6年）・賀多神社お木曳き（昭和5年）「三重県史研究」　環境生活部（28）2013.03

片田

文化財帖（16）片田の薬師三尊と殿村の阿弥陀像（平松令三）「津市民文化」　津市教育委員会　24　1997.3

加太

三重県鈴鹿郡関町加太地方の郷土食（片山信）「地域社会」　地域社会研究会　9（2）通号16　1985.03

上里

上里の行事（小西正弘）「奥熊野の民俗」　紀北民俗研究会　2　1998.1

神島

神島の人と水（日比野雅俊）「地域社会」　地域社会研究会　7（2）通号12　1983.03

祭りの変容と「老い」の象徴性―神島における二つの外部的要因から（板井正斉）「皇學館大学神道研究所紀要」　皇學館大学神道研究所　20　2004.3

交流見学会報告 神島のゲーター祭を見て（清水昭男）「まつり通信」　まつり同好会　47（2）通号528　2007.3

志摩神島の祭祀遺物（小玉道明）「ふびと」　三重大学歴史研究会　通号63　2012.01

私の『神島季行』（ESSAY・十人十色）（加藤由希絵）「La Sauge ： ふるさと四日市を知る本 ： 文化展望・四日市」　四日市市文化まちづくり財団（29）2012.03

賀茂

賀茂斎王の特質について―ト定奉幣を中心として（星野利幸）「斎宮歴史博物館研究紀要」　斎宮歴史博物館（21）2012.03

香良洲

香良洲梨の現状と将来についての取り組み（特集2 地域の味）（今井快示）「津・市民文化」　津市（5）2011.03

伊勢湾・香良洲・桑名（特集1 お伊勢さんへの道）（杉本竜）「津・市民文化」　津市（7）2013.3

香良洲町

香良洲町の伝統文化（《特集 私たちの町》）（玉井勝則）「津・市民文化」　津市（1）2007.3

唐戸石

菰野町田口の唐戸石五輪塔（勝山孝文）「研究紀要」　三重県埋蔵文化財センター（22）2013.03

河芸町

強行された明治末期の神社合祀―河芸町での分析を通して（保井秀孝）「三重の古文化」　三重郷土会庶務部　85　2001.3

河崎

登録有形文化財 伊勢河崎商人館（中谷真弓）「伊勢民俗」　伊勢民俗学会（36）2006.9

伊勢の神宮と河崎の町（岡田登）「近畿文化」　近畿文化会事務局（698）2008.1

河内村

近世山村の生業展開と平家落人伝承―伊勢国安濃郡河内村を事例に（渡辺康代）「帝塚山大学人文学部紀要」　帝塚山大学人文学部（27）2010.3

河原田神社

よっかいち地域ごよみ（3）河原田神社 天王祭「La Sauge ： ふるさと四日市を知る本 ： 文化展望・四日市」　四日市市文化まちづくり財団（26）2009.03

神唐旧跡

ショート郷土史 山田原の神唐旧跡考（郡俊子）「伊勢郷土史草」　伊勢郷土会（33）1999.9

観音寺

もうこうまい観音寺（後藤ちか子）「La Sauge ： ふるさと四日市を知る本 ： 文化展望・四日市」　四日市市文化まちづくり財団（18）2001.3

「栗真庄小川村観音寺」銘の鰐口（和田年弥）「三重の古文化」　三重郷土会庶務部　通号95　2010.03

観菩提寺

伊賀観菩提寺正月堂修正会大餅節句盛（松尾恒一）「國學院大學神道資料館報」　國學院大學研究開発推進機構学術資料館神道資料館部門　2　2002.3

『伊賀の鬼』第二回 観菩提寺の修正会（中平勝）「六甲倶楽部報告」　六甲倶楽部（108）2014.03

近世における寺院一山組織の形成―伊賀国観菩提寺を事例に（松金直美）「寺社と民衆」　民衆宗教史研究会　10　2014.03

紀伊山地

紀伊山地に狼は生存しているか（浜野耕一郎）「奥熊野の民俗」　紀北民俗研究会　3　1999.1

紀伊山地の霊場と参詣道を歩いて（1）（熊野古道）（玉津裕一）「奥熊野の民俗」　紀北民俗研究会　8　2004.1

世界遺産「紀伊山地の霊場と参詣道」（駒田利治）「三重の古文化」　三重郷土会庶務部（90）2005.3

紀伊長島

史料紹介 紀北町紀伊長島区の漁場関係史料─儀定一札之事（湊章治）「三重の古文化」 三重郷土会庶務部 通号93 2008.3

紀伊長島町

今は無くなった幼き時の遊び「紀伊長島町郷土資料館だより」 紀伊長島町教育委員会 （15）1997.3

幕末の祈禱札（湊章治）「文化財調査報告書」 紀伊長島町文化財調査委員会 （16）1998.3

資料紹介 弾丸の入った材/昭和30年初頃のテレビ/ふたつの秤/濱口能嶽師愛用の家紋入煙草盆「紀伊長島町郷土資料館だより」 紀伊長島町教育委員会 2002年度 2002

解説石板設置事業「文化財調査報告書」 紀伊長島町文化財調査委員会 （21）2002

紀伊長島町の漁業地区の諺（ふるさとの民俗）（調査部）「奥熊野の民俗」 紀北民俗研究会 8 2004.1

紀伊長島町の庚申さん「文化財調査報告書」 紀伊長島町文化財調査委員会 2004年度 2004.3

紀伊半島東岸部

紀伊半島東岸部の古代港と海上交通─記紀熊野関連説話成立の前提（穂積裕昌）「Mie history」 三重歴史文化研究会 11 2000.4

紀州

面白紀州弁（中野朝生）「奥熊野の民俗」 紀北民俗研究会 2 1998.1

面白紀州弁（中野朝生）「奥熊野の民俗」 紀北民俗研究会 7 2003.1

紀州藩

紀北の民俗シリーズ（8）紀州藩の庶民教育（中野朝生）「奥熊野の民俗」 紀北民俗研究会 （13）2009.01

木代神社

合同調査 木代神社の現地調査について/民話で巡る旧伊賀町の里「伊賀暮らしの文化探検隊レポート ： 伊賀で育まれた暮らしの文化を見つけよう！」 伊賀暮らしの文化探検隊 10 2008.3

紀勢町

紀勢町における木地師について（湊章治）「三重の古文化」 三重郷土会庶務部 77 1997.6

紀勢町の木地師再論（湊章治）「三重の古文化」 三重郷土会庶務部 86 2001.9

木曽岬町

織田信長の櫃島（木曽岬町）進出と一向宗寺院の動向（横山住雄）「郷土文化」 名古屋郷土文化会 67（2）通号218 2013.02

城田

伊勢市の氏神さまと小祠めぐり（城田地区）─四カ町の氏神ほか（一二五社研究会）「伊勢郷土史草」 伊勢郷土会 （42）2008.10

北浜

伊勢市の氏神さまと小祠めぐり（北浜地区）─五カ町の氏神ほか（一二五社研究会）「伊勢郷土史草」 伊勢郷土会 （41）2007.11

吉祥院

吉祥院地蔵尊由来（奥村おみ子）「奥熊野の民俗」 紀北民俗研究会 2 1998.1

獅子巌山吉祥院（津田雄一郎）「奥熊野の民俗」 紀北民俗研究会 7 2003.1

紀南

紀南の民俗（花尻薫）「奥熊野の民俗」 紀北民俗研究会 （14）2010.01

貴祢谷社

貴祢谷社（特集 熊野信仰）（大野草介）「奥熊野の民俗」 紀北民俗研究会 （11）2007.1

紀宝町

ふる里の神々の話 『文化財を訪ねて』（紀宝町）所収の神々（福田学）「熊野歴史研究 ： 熊野歴史研究会紀要」 熊野歴史研究会 （6）1999.5

南紀紀宝町の植物方言調査（花尻薫）「奥熊野の民俗」 紀北民俗研究会 4 2000.1

紀宝町の弁慶伝説（小倉肇）「奥熊野の民俗」 紀北民俗研究会 5 2001.1

民話「井田観音」（紀宝町）・「やくろうの犬」（御浜町）「奥熊野の民俗」 紀北民俗研究会 9 2005.1

紀北

紀北における寺院の宗派と本尊について（調査部）「奥熊野の民俗」 紀北民俗研究会 3 1999.1

紀北の民俗シリーズ（1）白浦のガタガタと錦浦のギッチョさん（中野朝生）「奥熊野の民俗」 紀北民俗研究会 6 2002.1

新紀北名所紀行（喜多健）「奥熊野の民俗」 紀北民俗研究会 6 2002.1

紀北の民俗シリーズ（3）食文化（ふるさとの民俗）（中野朝生）「奥熊野の民俗」 紀北民俗研究会 8 2004.1

紀北の民俗シリーズ（4）旅日記の中の紀北地方（中野朝生）「奥熊野の民俗」 紀北民俗研究会 9 2005.1

紀北の民俗シリーズ（5）東紀州の民俗（中野朝生）「奥熊野の民俗」 紀北民俗研究会 （10）2006.1

紀北の民俗シリーズ（6）「尾鷲小唄」「九鬼小唄」はこうしてできた（中野朝生）「奥熊野の民俗」 紀北民俗研究会 （11）2007.1

蘇民将来子孫之家（特集 紀北の民話）（小倉肇）「奥熊野の民俗」 紀北民俗研究会 （12）2008.1

たぬきに化かされたおじいさん（特集 紀北の民話）（喜多健）「奥熊野の民俗」 紀北民俗研究会 （12）2008.1

紀北の民俗シリーズ（7）中世の寺院・赤羽「円通閣」（中野朝生）「奥熊野の民俗」 紀北民俗研究会 （12）2008.1

紀北の民俗シリーズ（8）紀州藩の庶民教育（中野朝生）「奥熊野の民俗」 紀北民俗研究会 （13）2009.01

紀北の民俗シリーズ（9）海野鯨捕り衆の伊勢参宮（中野朝生）「奥熊野の民俗」 紀北民俗研究会 （14）2010.01

紀北町

新ふるさと名所散策紀行─紀北町の絶景地を行く（喜多健）「奥熊野の民俗」 紀北民俗研究会 （12）2008.1

久昌寺

知盛山久昌寺と木造阿弥陀如来立像の体内墨書銘について（石井昭郎）「伊勢郷土史草」 伊勢郷土会 （44）2010.09

旧広野藤右衛門家

鳥羽旧広野藤右衛門家「かどや」の資料─明治初期の薬・薬看板を中心に（野村史隆）「伊勢民俗」 伊勢民俗学会 （36）2006.9

経ヶ峰

伊勢市勢田町永代山経ケ峯の瓦経（小玉道明）「三重の古文化」 三重郷土会庶務部 通号94 2009.03

歴史と信仰の山 長谷山・経ケ峰・錫杖岳（特集1 津の山と森）（浅生悦生）「津・市民文化」 津市 （8）2014.03

経ヶ峯経塚

朝熊山経ヶ峯経塚出土の陶経筒銘文について─承安三年 荒木田神主時盛と散位渡會宗常（石井昭郎）「伊勢郷土史草」 伊勢郷土会 （38）2004.10

橋北

回顧（331）橋北八幡神社の獅子舞と石取り・子供獅子舞（山本勝博）「旧四日市を語る」 旧四日市を語る会 （21）2011.06

九鬼

紀北の民俗シリーズ（6）「尾鷲小唄」「九鬼小唄」はこうしてできた（中野朝生）「奥熊野の民俗」 紀北民俗研究会 （11）2007.1

楠町

よっかいち地域ごよみ お月見どろぼう/楠町の鯨船まつり/日永つんつくおどり「La Sauge ： ふるさと四日市を知る本 ： 文化展望・四日市」 四日市市文化まちづくり財団 （24）2007.3

楠町の畜養ハマグリは全国トップクラス 楠町漁業協同組合（〈特集 よっかいちうまいもの〉）「La Sauge ： ふるさと四日市を知る本 ： 文化展望・四日市」 四日市市文化まちづくり財団 （26）2009.03

楠原宿

伊勢別街道─楠原宿・椋本宿・窪田宿 伊勢別街道の宿場と旅人（特集1 お伊勢さんへの道）（浅生悦生）「津・市民文化」 津市 （7）2013.3

楠部村

宇治郡の墓と石造物─特に楠部村内墓地における五輪塔を中心として（《特集 三重の中世2》）（山下太志）「Mie history」 三重歴史文化研究会 18 2006.8

口熊野

「口熊野」・「奥熊野」の成立について（浜野耕一郎）「奥熊野の民俗」 紀北民俗研究会 4 2000.1

クツヌイ遺跡

奈良三彩小壺出土の多気町クツヌイ遺跡をめぐって─東大寺大仏造立と伊勢神宮（岡田登）「史料 ： 皇學館大學研究開発推進センター史料編纂所報」 皇學館大學研究開発推進センター史料編纂所 通号165 2000.2

国崎

志摩半島鳥羽市国崎地方の海女の起源と郷土食（片山信）「地域社会」 地域社会研究会 5（2）通号8 1981.03

窪田

近江湖東の伊勢講が奉納した旧伊勢別街道「津」にある三重県一の「窪田の常夜燈」(瀬川欣一)「滋賀県地方史研究」 滋賀県地方史研究家連絡会 11 2001.5

窪田宿

伊勢別街道—楠原宿・椋本宿・窪田宿 伊勢別街道の宿場と旅人(特集1 お伊勢さんへの道)(浅生悦生)「津・市民文化」 津市 (7) 2013.3

熊野

三重県下で発見された熊野観心十界曼陀羅図(平松令三)「三重の古文化」 三重郷土会庶務部 77 1997.5

窟の熊野(新谷広治)「流れ谷」 流れ谷同志会 (20) 1997.9

文化財帖(18) 津市内で発見された熊野観心十界曼陀羅図(平松令三)「津市民文化」 津市教育委員会 26 1999.3

熊野の大自然「宝物」(前川佳丈)「流れ谷」 流れ谷同志会 (21) 1999.8

「紀州の熊野は美しき」「紀州熊野は聖地なり」(小倉章睦)「流れ谷」 流れ谷同志会 (21) 1999.8

《特集 熊野の年中行事》「奥熊野の民俗」 紀北民俗研究会 4 2000.1

紀伊半島東岸部の古代港と海上交通—記紀熊野関連説話成立の前提(穂積裕昌)「Mie history」 三重歴史文化研究会 11 2000.4

不便さをおぎなって余りある豊かさ—熊野(矢吹紫帆)「流れ谷」 流れ谷同志会 (22) 2001.7

大切な宝物無尽蔵の熊野 21世紀に生きることを許されて(見臺洋一)「流れ谷」 流れ谷同志会 (22) 2001.7

熊野もうでと「伊勢平氏」(横山高治)「歴史懇談」 大阪歴史懇談会 (15) 2001.8

倭国と熊野の根源を考える(北村進)「奥熊野の民俗」 紀北民俗研究会 6 2002.1

熊野山中二景(川端徳夫)「奥熊野の民俗」 紀北民俗研究会 7 2003.1

鍾馗蘭と土木通(熊野植物誌)(松永忠興)「奥熊野の民俗」 紀北民俗研究会 8 2004.1

小原桃頭「熊野採薬巡覧記」から見た文化年間の東紀州(熊野植物誌)(花尻薫)「奥熊野の民俗」 紀北民俗研究会 8 2004.1

熊野の海「奥熊野の民俗」 紀北民俗研究会 9 2005.1

古代・熊野の始まり(北村進)「奥熊野の民俗」 紀北民俗研究会 9 2005.1

熊野の先住民・土蜘蛛について(北村進)「奥熊野の民俗」 紀北民俗研究会 9 2005.1

「熊野観心十界図」における物語表現と画面構成—三重県の作例を中心に(石黒久美子)「三重県史研究」 環境生活部 (20) 2005.3

文学にあらわれた熊野信仰(特集 熊野信仰)(山崎泰)「奥熊野の民俗」 紀北民俗研究会 (11) 2007.1

熊野地方の鬼の地名[1]～(3)(松永洋一)「奥熊野の民俗」 紀北民俗研究会 (11)/(14) 2007.1/2010.01

地方に残る熊野観心十界曼荼羅—三重県下の作例から(《特集 熊野観心十界曼荼羅を読み解く》)(瀧川和也)「絵解き研究」 絵解き研究会 (20・21) 2007.8

江戸幕府と巡検使と熊野(花尻薫)「奥熊野の民俗」 紀北民俗研究会 (12) 2008.1

流れ着く貴人の伝説—熊野の伝説とその意識構造(橋本雅之)「皇學館大学神道研究所紀要」 皇學館大学神道研究所 24 2008.3

巡礼研究会第58回例会 小栗栖惟治氏「三重県の熊野観心十界曼荼羅」/西本幸嗣氏「中山寺の安産信仰とその信仰圏」(澤井浩一)「巡礼研究会通信」 巡礼研究会 (59) 2008.5

熊野の信仰と烏神文(桐本逸鬼)「流れ谷」 流れ谷同志会 (26) 2009.07

熊野の山の番人たち(特集 楽しい民話)(東かつみ)「奥熊野の民俗」 紀北民俗研究会 (14) 2010.01

熊野の中世宝篋印塔集成(伊藤裕偉)「研究紀要」 三重県埋蔵文化財センター (19-1) 2010.03

熊野川

熊野川 汽水域での川漁(大野草介)「奥熊野の民俗」 紀北民俗研究会 (13) 2009.01

熊野川下流部

熊野川下流部の渡し場(大野草介)「奥熊野の民俗」 紀北民俗研究会 9 2005.1

熊野古道

海山町の熊野古道(松永忠興)「奥熊野の民俗」 紀北民俗研究会 3 1999.1

熊野古道の思い出話し(樋口千代)「奥熊野の民俗」 紀北民俗研究会 3 1999.1

世界遺産と町内の熊野古道(小倉肇)「紀伊長島町郷土資料館だより」 紀伊長島町教育委員会 2002年度 2002

「熊野古道雑感」—横垣峠を越えて(庵前吉夫)「流れ谷」 流れ谷同志会

(23) 2003.5

熊野古道 松本峠を越えて(倉谷任泰)「流れ谷」 流れ谷同志会 (23) 2003.5

古道こぼれ話(熊野古道)(喜多健)「奥熊野の民俗」 紀北民俗研究会 8 2004.1

紀伊山地の霊場と参詣道を歩いて(1)(熊野古道)(玉津裕一)「奥熊野の民俗」 紀北民俗研究会 8 2004.1

ツヅラト峠道の考証について(熊野古道)(小倉肇)「奥熊野の民俗」 紀北民俗研究会 8 2004.1

〈特集 世界遺産指定決まる 熊野古道〉「奥熊野の民俗」 紀北民俗研究会 9 2005.1

熊野古道散策紀行(喜多健)「奥熊野の民俗」 紀北民俗研究会 9 2005.1

世界遺産に登録された熊野古道と未登録の富士山を考える(玉津裕一)「奥熊野の民俗」 紀北民俗研究会 9 2005.1

熊野古道の森や林の語るもの(花尻薫)「奥熊野の民俗」 紀北民俗研究会 (10) 2006.1

世界遺産に「東紀州」という地域名 日本人の心「熊野古道」に残すのか?(丸山喜年)「流れ谷」 流れ谷同志会 (26) 2009.7

熊野古道伊勢路

熊野古道伊勢路の歴史と展望(小倉肇)「奥熊野の民俗」 紀北民俗研究会 9 2005.1

熊野古道伊勢路余聞(上)(特集 熊野信仰)(小倉肇)「奥熊野の民俗」 紀北民俗研究会 (11) 2007.1

熊野古道伊勢路余聞(下)(長井博史)「奥熊野の民俗」 紀北民俗研究会 (12) 2008.1

熊野古道伊勢路と伝説の旅人 空海と西行(小倉肇)「奥熊野の民俗」 紀北民俗研究会 (13) 2009.01

熊野古道伊勢路余聞(補完)(小倉肇)「奥熊野の民俗」 紀北民俗研究会 (14) 2010.01

熊野古道・伊勢路を歩く(大木浩一)「下野史談」 下野史談会 (110) 2013.7

熊野古道伊勢路をあるいてきました(特集 道)(齊藤宗久)「歴研よこはま」 横浜歴史研究会 (69) 2013.11

熊野参詣道伊勢路

熊野参詣道伊勢路と中世城館(《特集 三重の中世2》)(伊藤裕偉)「Mie history」 三重歴史文化研究会 18 2006.8

熊野市

熊野市の石造文化財(小倉肇)「奥熊野の民俗」 紀北民俗研究会 3 1999.1

神山ジャジャック盆踊りの由来について(熊野市無形民俗文化財)(福田千米保)「流れ谷」 流れ谷同志会 (27) 2011.07

熊野灘

三重県発の魚街道二話(1) 熊野灘発の鯖街道—宮川村を中心とした山越え路調べ地誌(大川吉崇)「三重民俗研究会会報」 三重民俗研究会事務局 30 2001.2

熊野灘沿岸紀行—三木浦を行く(喜多健)「奥熊野の民俗」 紀北民俗研究会 (13) 2009.01

雲出川の渡し

伊賀街道・奈良街道—前田宿・長野宿・久居など 奈良街道、その道筋と雲出川の渡し(特集1 お伊勢さんへの道)(吉村利男)「津・市民文化」 津市 (7) 2013.3

雲出川流域

雲出川流域の白山信仰(辻本豊)「三重の古文化」 三重郷土会庶務部 84 2000.9

倉部

伊賀で柘植倉部「飯食(めしく)い祭り」の献立復元(探検レポート)(辻上浩司)「伊賀暮らしの文化探検隊レポート : 伊賀で育まれた暮らしの文化を見つけよう!」 伊賀暮らしの文化探検隊 8 2006.3

桑名

桑名における神仏分離の一端—仏眼院性恒から三崎葦牙へ(西羽晃)「三重の古文化」 三重郷土会庶務部 77 1997.6

三重県桑名地方の「力石」(高島愼助)「三重民俗研究会会報」 三重民俗研究会事務局 25/26 1998.1/1998.5

明治初年の桑名城下と地域振興策—三崎家文書「公私用留記」に見る桑名春日神社境内の遊興地化計画(水谷憲二)「三重県史研究」 環境生活部 (27) 2012.03

伊勢湾・香良洲・桑名(特集1 お伊勢さんへの道)(杉本竜)「津・市民文化」 津市 (7) 2013.3

桑名石取祭の祭車行事

桑名市教育委員会編『桑名市石取祭総合調査報告書』(書誌紹介)(福原

敏男）「日本民俗学」 日本民俗学会 通号251 2007.8

桑名石取祭の現状―組織と年齢階梯的役割（浅井亜矢子）「まつり通信」 まつり同好会 49(5)通号543 2009.09

桑名石取祭―年齢階梯的組織の現状（浅井亜矢子）「伊勢民俗」 伊勢民俗学会 （38）2009.10

桑名郡

桑名郡・員弁郡の中世寺社―『作善日記』を中心として（《特集 三重の中世1》）（石神教親）「Mie history」 三重歴史文化研究会 17 2006.8

桑名藩

近世期における多度神社の流鏑馬神事と桑名藩（水谷憲二）「三重の古文化」 三重郷土会庶務部 （88）2003.3

芸濃

伝説・民話 芸濃地域に残る伝説（増地一子，西村悦子）「津・市民文化」 津市 （5）2011.03

萩野

芸濃町萩野の「このしろ」なれずし（特集2 地域の味）（成田美代）「津・市民文化」 津市 （5）2011.3

外宮

外宮三節祭由貴大御饌私注―「粢」考（加茂正典）「皇學館大学神道研究所紀要」 皇學館大学神道研究所 通号16 2000.3

史料紹介 外宮御師三日市大夫次郎家文書「裏道之儀覚書」について―翻刻と若干の考察（細谷公大）「伊勢郷土史草」 伊勢郷土会 （38）2004.10

『大倭神社註進状幷裏書』偽作の迹一「斎部氏家牒」にみえる外宮相殿神の検討を中心に（白井伊佐牟）「史料：皇學館大學研究開発推進センター史料編纂所報」 皇學館大學研究開発推進センター史料編纂所 （206）2006.12

外宮祭神皇御孫尊説とその周辺（平泉隆房）「史料：皇學館大學研究開発推進センター史料編纂所報」 皇學館大學研究開発推進センター史料編纂所 （219）2009.02

村田家文書に見る遷宮関係資料―元禄二年・外宮遷宮の資料（船越重伸）「斎宮歴史博物館研究紀要」 斎宮歴史博物館 （21）2012.03

見徳寺

見徳寺の薬師如来像について（赤川一博）「近畿文化」 近畿文化会事務局 600 1999.11

表紙 薬師如来坐像（三重・見徳寺）「奈良国立博物館だより」 （88）2014.01

表紙写真解説 薬師如来坐像 木造 漆箔 飛鳥時代（7世紀）三重 見徳寺（岩田茂樹）「奈良国立博物館だより」 （88）2014.01

建福寺前

北町建福寺前の思い出（回顧）（岩田のぶ子）「旧四日市を語る」 旧四日市を語る会 （17）2006.5

小泉宮

民話「依那具にある小泉の宮のお話」（橋本愛子，廣岡とも子）「伊賀暮らしの文化探検隊レポート ： 伊賀で育まれた暮らしの文化を見つけよう！」 伊賀暮らしの文化探検隊 6 2004.3

光運寺

上新町光運寺の思い出（回顧）（小黒博次）「旧四日市を語る」 旧四日市を語る会 （17）2006.5

弘正寺

講演 新たなる伊勢中世史像の再構築―謎の楠部大五輪と楠部弘正寺・岩田円明寺（松尾剛次）「皇学館史学」 皇学館大学史学会 通号24 2009.3

広禅寺

伊賀の不思議考（4）武将の渡邉勘兵衛了は伊賀の廣禅寺創建に関わったのか（探検レポート）（灰原美智子）「伊賀暮らしの文化探検隊レポート ： 伊賀で育まれた暮らしの文化を見つけよう！」 伊賀暮らしの文化探検隊 12 2012.03

河田

謹賀新年 土馬は河田の生れ「悠 ： 多気町郷土資料館だより」 多気町郷土資料館 （71）2014.1

広泰寺

曹洞宗神照山廣泰寺文書について―田丸直昌寄進状二通の紹介を中心に（多田實道）「史料：皇學館大學研究開発推進センター史料編纂所報」 皇學館大學研究開発推進センター史料編纂所 （205）2006.10

曹洞宗大僧録 可睡斎寛宅が発給した録付補任状―伊勢廣泰寺文書・万治二年黄梅廿三日僧録状の検討（多田實道）「史料：皇學館大學研究開発推進センター史料編纂所報」 皇學館大學研究開発推進センター史料編纂所 （218）2008.12

神山

神山ジャジャック盆踊りの由来について（熊野市無形民俗文化財）（福田千米保）「流れ谷」 流れ谷同志会 （27）2011.07

光福寺

寶鏡山光福寺の山門の由来に就いて（福田千米保）「流れ谷」 流れ谷同志会 （26）2009.07

悟真寺

焼失した文化財 四日市悟真寺 木造阿弥陀如来立像について（赤川一博）「三重県史研究」 環境生活部 （16）2001.3

木本御厨

木本御厨をめぐる景観について（新名強）「研究紀要」 三重県埋蔵文化財センター （14）2005.3

小町経塚

伊勢小町経塚の瓦経(1)，(2)（小野田勝一）「伊勢湾考古」 知多古文化研究会 （19）/（20）2005.5/2006.5

小町塚

小町塚出土の陶製如来坐像を訪ねて（浜口主一）「伊勢郷土史草」 伊勢郷土会 （37）2003.12

古森梅太郎氏が明治初年に収集した小町塚瓦経の考察（津田守一）「伊勢郷土史草」 伊勢郷土会 （40）2006.9

『伊勢山田小町塚経瓦』拓本集の銘文紹介と小町塚研究における歴史的意義について（津田守一）「伊勢郷土史草」 伊勢郷土会 （41）2007.11

伊勢市小町塚の瓦経が語る来世への願い（探訪 三重の古文化）（平松令三）「三重の古文化」 三重郷土会庶務部 通号95（付録）2010.03

伊勢小町塚瓦経に現れる僧聖賢の出自の考察（津田守一）「伊勢郷土史草」 伊勢郷土会 （47）2013.10

小町塚瓦経塚

後白河院による小町塚瓦経塚の造立についての考察―古川眞澄氏蔵小町塚瓦経を中心として（津田守一）「伊勢郷土史草」 伊勢郷土会 （39）2005.10

小町塚経塚

在地社会における経塚造営の意義―伊勢小町塚経塚と三河国伊良胡御厨（苅米一志）「金沢文庫研究」 神奈川県立金沢文庫 通号300 1998.3

古和浦

三重県度会郡南島町古和浦―柳生家古護符の類例―（岡田照子）「伊勢民俗」 伊勢民俗学会 （34）2004.7

金剛証寺

日本三所虚空蔵菩薩（佐藤輝夫）「館山と文化財」 館山市文化財保護協会 32 1999.4

資料紹介 朝熊山金剛證寺木造興正菩薩坐像について（藤田直信）「伊勢郷土史草」 伊勢郷土会 （43）2009.09

伊勢神宮の鬼門を守る朝熊岳金剛證寺を訪ねる（第35回上伊那歴史研究会県外実地踏査報告「伊勢信仰の道を訪ね伊那との関連を現地に探る」）（芦部公一）「伊那路」 上伊那郷土研究会 54(12)通号647 2010.12

斎宮

特別展「幻の宮 伊勢斎宮―王朝の祈りと皇女たち」「横浜市歴史博物館 news ： Yokohama History Museum news」 横浜市歴史博物館 8 1999.3

斎宮祈年祭についての基礎的考察（榎村寛之）「斎宮歴史博物館研究紀要」 斎宮歴史博物館 8 1999.3

斎宮歴史博物館の復元・模型資料について（榎村寛之）「斎宮歴史博物館研究紀要」 斎宮歴史博物館 8 1999.3

光仁・桓武朝の斎宮造営と鍛冶山西地区（水橋公恵）「斎宮歴史博物館研究紀要」 斎宮歴史博物館 （11）2002.3

斎女王の時代（榎村寛之）「斎宮歴史博物館研究紀要」 斎宮歴史博物館 （11）2002.3

斎宮歴史博物館所蔵「定享四年大嘗会悠紀主基改立殿之惣図出御前催之図」所引「定世卿記」逸文考（加茂正典）「斎宮歴史博物館研究紀要」 斎宮歴史博物館 （12）2003.3

斎宮新嘗祭についての二、三の予察（榎村寛之）「斎宮歴史博物館研究紀要」 斎宮歴史博物館 （12）2003.3

研究余話 北から南から「斎宮百話」「斎宮歴史博物館だより」 斎宮歴史博物館 （51）2004.2

研究余話 北から南から「旅人が見た中世の斎宮」「斎宮歴史博物館だより」 斎宮歴史博物館 （52）2004.3

『斎宮年中行事新式』の著者、斎部富嗣について（榎村寛之）「斎宮歴史博物館研究紀要」 斎宮歴史博物館 （13）2004.3

いつきのみや歴史体験館から 十五夜・観月のおはなし「斎宮歴史博物館だより」 斎宮歴史博物館 （53）2004.8

いつきのみや歴史体験館から斎宮、冬の風物誌「斎宮歴史博物館だよ

り」 斎宮歴史博物館 （54） 2005.1

〈斎宮歴史博物館所蔵有職故実資料の研究〉「斎宮歴史博物館研究紀要」 斎宮歴史博物館 （14） 2005.3

斎宮歴史博物館所蔵の有職故実関係の文献について（榎村寛之）「斎宮歴史博物館研究紀要」 斎宮歴史博物館 （14） 2005.3

斎宮歴史博物館の装束書にみる近世有職学（津田大輔）斎宮歴史博物館研究紀要」 斎宮歴史博物館 （14） 2005.3

〈斎宮研究の成果と課題〉「斎宮歴史博物館研究紀要」 斎宮歴史博物館 （14） 2005.3

平安中後期斎宮研究の現状と課題（増渕徹）「斎宮歴史博物館研究紀要」 斎宮歴史博物館 （14） 2005.3

斎宮関係研究文献目録「斎宮歴史博物館研究紀要」 斎宮歴史博物館 （14） 2005.3

『徽子斎宮女御と歌』を執筆して―今明かされる稀有の斎王その母娘二代の秘話（郡俊子）「伊勢郷土史草」 伊勢郷土会 （39） 2005.10

研究余話 斎宮出土の古瓦が語るもの―斎宮にあって異なるもの「斎宮歴史博物館だより」 斎宮歴史博物館 （55） 2006.1

斎宮研究―本年度の成果より「斎宮歴史博物館だより」 斎宮歴史博物館 （56） 2006.3

斎王のみちを結ぶ 嵐山〜土山〜伊賀の取り組み「斎宮歴史博物館だより」 斎宮歴史博物館 （56） 2006.3

斎宮の「宮」的性格について（榎村寛之）「斎宮歴史博物館研究紀要」 斎宮歴史博物館 通号15 2006.3

斎宮の中世的展開に関する研究（〈研究基盤整備事業による研究の概要〉）（天野秀昭）「斎宮歴史博物館研究紀要」 斎宮歴史博物館 通号15 2006.3

「年中行事掛幅」に関する考察（〈研究基盤整備事業による研究の概要〉）（星野利幸）「斎宮歴史博物館研究紀要」 斎宮歴史博物館 通号15 2006.3

コラム 能「絵馬」と斎宮「斎宮歴史博物館だより」 斎宮歴史博物館 （57） 2006.12

いつきのみや歴史体験館 五節供「今と昔」体験事業から「斎宮歴史博物館だより」 斎宮歴史博物館 （57） 2006.12

（財）三重県文化振興事業団連携事業―「能『絵馬』と斎宮」展をふりかえって「斎宮歴史博物館だより」 斎宮歴史博物館 （58） 2007.3

斎宮研究―本年度の成果より「斎宮歴史博物館だより」 斎宮歴史博物館 （58） 2007.3

館蔵「年中行事掛幅」の制作年代に関する考察（星野利幸）「斎宮歴史博物館研究紀要」 斎宮歴史博物館 通号17 2008.3

斎宮編年史料集（3） 延喜元（901）年〜天暦4（950）年「斎宮歴史博物館研究紀要」 斎宮歴史博物館 通号18 2009.03

斎宮文書行政研究の可能性について（特集 九世紀の斎宮）（榎村寛之）「斎宮歴史博物館研究紀要」 斎宮歴史博物館 通号19 2010.03

在五中将がとおった斎宮への道―九世紀の伊勢道（予察）（特集 九世紀の斎宮）（山中由紀子）「斎宮歴史博物館研究紀要」 斎宮歴史博物館 通号19 2010.3

斎宮の忌詞に関する雑録（筒井正明）「斎宮歴史博物館研究紀要」 斎宮歴史博物館 （20） 2011.03

斎宮諸雑事記 斎王・浄庭女王とは？「斎宮歴史博物館だより」 斎宮歴史博物館 （66） 2011.03

斎王の母の出自に見る斎宮女御徽子の特異性（榎村寛之）「斎宮歴史博物館研究紀要」 斎宮歴史博物館 （21） 2012.03

斎宮殿部司の性格について（榎村寛之）「斎宮歴史博物館研究紀要」 斎宮歴史博物館 （22） 2013.03

斎宮編年史料集四 天暦5（991）年〜長保2（1000）年「斎宮歴史博物館研究紀要」 斎宮歴史博物館 （22） 2013.03

斎王制度の変遷に関する一考察―桓武、嵯峨朝斎王の卜定から（長原舞佳）「三重大史学」 三重大学人文学部考古学・日本史研究室 （13） 2013.03

斎宮のいろは歌（桐原健）「長野県民俗の会通信」 長野県民俗の会 （241） 2014.05

斎宮跡

年中行事基本文献解題の検討にかかる覚書―斎宮跡体験学習内容検討に関連して（新田洋）「斎宮歴史博物館研究紀要」 斎宮歴史博物館 8 1999.3

大西春哉氏所蔵 斎宮跡関係古絵図について（天野秀昭）「斎宮歴史博物館研究紀要」 斎宮歴史博物館 （11） 2002.3

新刊紹介 駒田利治著『伊勢神宮に仕える皇女 斎宮跡』（江尻明日香）「ふびと」 三重大学歴史研究会 通号62 2011.01

斎宮跡で出土する瓦ércula類について―斎宮における仏教的要素への視点の形成（研究ノート）（大川勝宏）「斎宮歴史博物館研究紀要」 斎宮歴史博物館 （21） 2012.03

斎宮寮

斎宮寮・伊勢道・桑里（伊藤裕偉）「斎宮歴史博物館研究紀要」 斎宮歴

博物館 （13） 2004.3

西来寺

文化財帖（17） 西来寺に寄進された仏画類（平松令三）「津市民文化」 津市教育委員会 25 1998.3

桜堤防

桜堤防（村島越郎）「奥熊野の民俗」 紀北民俗研究会 3 1999.1

狭田村

近世夙村の生成に関する一試論―伊賀国名張郡狭田村を素材に（吉田栄治郎）「研究紀要」 奈良県教育委員会 （14） 2008.3

鯖街道

三重県発の魚街道二話（1） 熊野灘発の鯖街道―宮川村を中心とした山越え路調べ地誌（大川吉崇）「三重民俗研究会会報」 三重民俗研究会事務局 30 2001.2

猿田彦神社

サルタヒコ大神（間宮忠夫）「伊勢郷土史草」 伊勢郷土会 31 1997.10

猿田彦神社遷座祭「神道の感覚」が甦り、新たなる祭り文化が創造される（鎌田東二）「あらはれ ： 猿田彦大神フォーラム年報 ： ひらかれる未来神話」 猿田彦大神フォーラム 1 1998.10

「おひらきまつり」の道（和泉豊）「あらはれ ： 猿田彦大神フォーラム年報 ： ひらかれる未来神話」 猿田彦大神フォーラム 1 1998.10

「猿田彦大神巡行祭」を見学して（仲松弥秀）「あらはれ ： 猿田彦大神フォーラム年報 ： ひらかれる未来神話」 猿田彦大神フォーラム 1 1998.10

神様のお遷り 平成9年の「本殿遷座祭」を奉仕して（宇治土公貞明）「あらはれ ： 猿田彦大神フォーラム年報 ： ひらかれる未来神話」 猿田彦大神フォーラム 1 1998.10

2003年活動レポート おひらきまつり2003「猿田彦大神フォーラムnews かぐら座」 猿田彦大神フォーラム （7） 2004.6

「おひらきまつり」に銀鏡神楽を奉納して（一筆啓上）（浜砂武昭）「あらはれ ： 猿田彦大神フォーラム年報 ： ひらかれる未来神話」 猿田彦大神フォーラム 7 2004.10

猿田彦神社の狛犬（上杉千郷）「あらはれ ： 猿田彦大神フォーラム年報 ： ひらかれる未来神話」 猿田彦大神フォーラム 7 2004.10

2004年活動レポートおひらきまつり2004「猿田彦大神フォーラムnews かぐら座」 猿田彦大神フォーラム （8） 2005.6

おひらきまつりに「花祭」を奉納（一筆啓上）（尾林良隆）「あらはれ ： 猿田彦大神フォーラム年報 ： ひらかれる未来神話」 猿田彦大神フォーラム 8 2005.10

「おひらきまつり2005」レポート／猿田彦大神フォーラムよ！「猿田彦大神フォーラムnews かぐら座」 猿田彦大神フォーラム （9） 2006.9

おひらきまつりがまたひらかれるとき（廣野敏生）「あらはれ ： 猿田彦大神フォーラム年報 ： ひらかれる未来神話」 猿田彦大神フォーラム （9） 2006.10

猿田彦神社とトビウオ（一筆啓上）（後藤明）「あらはれ ： 猿田彦大神フォーラム年報 ： ひらかれる未来神話」 猿田彦大神フォーラム （11） 2008.10

猿田彦土中神社

猿田彦土中神社プロジェクト 時間ノ夢―地から天への旅（〈第10回「みちひらき研究／創作助成」助成論文〉）（鈴木寅二啓之）「あらはれ ： 猿田彦大神フォーラム年報 ： ひらかれる未来神話」 猿田彦大神フォーラム （11） 2008.10

三和町

三重県三和町あたりの子供達の遊び（曹奎通）「左海民俗」 堺民俗会 104 2000.9

鹿の湯

鹿の湯（藤木幹也）「La Sauge ： ふるさと四日市を知る本 ： 文化展望・四日市」 四日市市文化まちづくり財団 （18） 2001.3

式部塚

民話「式部塚の話」（橋本愛子）「伊賀暮らしの文化探検隊レポート ： 伊賀で育まれた暮らしの文化を見つけよう！」 伊賀暮らしの文化探検隊 6 2004.3

寺家

第39回沖縄染織研究会発表要旨伊勢型紙の寺家・白子の現地を尋ねて（植木ちか子）「沖縄染織研究会通信」 沖縄染織研究会 38 2005.1

志島

博物館の収蔵資料紹介（6） 志島・又屋の疑似餌製作用具（平賀）「海とにんげん&SOS」 SOS運動本部海の博物館 （6） 2014.7

泗翠庵

市民茶室「泗翠庵」をたずねて「La Sauge ： ふるさと四日市を知る本

： 文化展望・四日市」 四日市市文化まちづくり財団 （21） 2004.3

慈善橋
巻頭特集 四日市の食文化 朝市の笑顔/慈善橋の朝市/富洲原の競り市/四日市の市「La Sauge ： ふるさと四日市を知る本 ： 文化展望・四日市」 四日市市文化まちづくり財団 （26） 2009.3

地福寺
合同調査 伊賀市荒木の地福寺（山中千尋）「伊賀暮らしの文化探検隊レポート ： 伊賀で育まれた暮らしの文化を見つけよう！」 伊賀暮らしの文化探検隊 11 2009.03

志摩
志摩の盆行事（三浦敏夫）「まつり通信」 まつり同好会 39（8）通号462 1999.7

志摩と湧出之宮の調査寸描—お手紙とご報告を拝借して（《子育み・子育て・児やらい—大藤ゆき追悼号》）（岡日照子）「女性と経験」 女性民俗学研究会 （特集号） 2003.9

志摩地方の塩辛を尋ねて（乾尚美）「三重民俗研究会会報」 三重民俗研究会事務局 36 2004.10

鳥羽・志摩、古護符の類例（野村史隆）「伊勢民俗」 伊勢民俗学会 （35） 2005.9

特別助成研究 志摩の海女の村からみたサルタヒコ大神信仰（小島瓔禮）「あらはれ」《猿田彦大神フォーラム年報 ： ひらかれる未来神話》 猿田彦大神フォーラム 8 2005.10

アンヌ・マリブッシィ著「志摩・伊勢の薬師信仰」を追って—女年寄りの行うオコモリ《特集 女の会—先人の肖像》（中川美穂子）「女性と経験」 女性民俗学研究会 通号30 2005.10

民俗学的にみた志摩のハシリガネ（野村史聟）「三重県史研究」 環境生活部 （22） 2007.3

志摩五十鈴丸遭難記「月刊通信ふるさとの民俗を語る会」 民俗文化研究所 （6） 2007.11

志摩の人形芝居（西城利夫）「伊勢民俗」 伊勢民俗学会 （37） 2008.4

先史・古代の志摩と伊雑宮（岡田登）「近畿文化」 近畿文化会事務局 （722） 2010.1

近代の志摩海女の出稼ぎについて（塚本明）「三重大史学」 三重大学人文学部考古学・日本史研究室

テングサ採りの海女の出稼ぎ—三重県志摩地方から北海道利尻・礼文島へ（会田理人）「北海道開拓記念館研究紀要」 北海道開拓記念館 （39） 2011.3

研究ノート 『伊勢新聞』に見る近代の志摩海女—明治・大正期の「海女」の諸相（塚本明）「三重大史学」 三重大学人文学部考古学・日本史研究室 （11） 2011.3

転載『フォークロア』1994・第3号 志摩の海女—歴史・労働と出稼ぎ（村野完二）「伊勢民俗」 伊勢民俗学会 （40） 2011.09

都びとのあこがれ—歴史に見る志摩の「観光海女」（塚本明）「三重大史学」 三重大学人文学部考古学・日本史研究室 （12） 2012.3

ムラの盆行事とイエの盆行事の再構成—三重県志摩地方の事例から（湯紹玲）「京都民俗 ： 京都民俗学会会誌」 京都民俗学会 （30・31） 2013.11

公開講演会 東海地方の海里山の食文化研究 『志摩の海の食文化』（石原義剛）「愛知大学綜合郷土研究所紀要」 愛知大学綜合郷土研究所 59 2014.03

志摩片田
志摩片田の大般若経をめぐって（探訪 三重の古文化）（平松令三）「三重の古文化」 三重郷土会庶務部 通号95（付録） 2010.03

島勝浦
島勝浦、浅間神社行事について（喜多健）「奥熊野の民俗」 紀北民俗研究会 2 1998.1

島勝浦鯛大敷漁の歴史に想う（島本暢夫）「奥熊野の民俗」 紀北民俗研究会 5 2000.1

島ヶ原
多羅尾と島ヶ原の修正会（森本一彦）「宮座研究」 宮座研究会 （5） 1999.7

志摩加茂五郷の盆祭行事
志摩加茂五郷の盆祭行事の "いま"（野村史隆）「伊勢民俗」 伊勢民俗学会 （41） 2012.09

志摩郡
志摩郡の「山茶花塚」について（吉井正治）「臼杵史談」 臼杵史談会 （96） 2006.2

志摩国
資料 志摩国における鰹釣漁業史（2）（3）《中西四朗先生追悼号》）（中西四朗）「海と人間 ： 海の博物館・年報」 海の博物館 通号25 1997.10

『三国地志』（藤堂采女家旧蔵本）附『伊賀国式社考』（資料紹介）（山本厚）「伊賀市文化財年報」 伊賀市教育委員会 通号7 2011.03

下河内観音堂
下河内観音堂改築「文化財調査報告書」 紀伊長島町文化財調査委員会 （16） 1998.3

下地
下地の「お山上がり」（村島越郎）「奥熊野の民俗」 紀北民俗研究会 4 2000.1

下柘植
下柘植の三升出岩（伊賀の民話）（廣岡とも子）「伊賀暮らしの文化探検隊レポート ： 伊賀で育まれた暮らしの文化を見つけよう！」 伊賀暮らしの文化探検隊 10 2008.3

下之川
下之川の牛蒡祭（《特集 私たちの町》）（坂本幸）「津・市民文化」 津市 （1） 2007.3

蛇木神社
明けましておめでとうございます 蛇木神社 今は昔「悠 ： 多気町郷土資料館だより」 多気町郷土資料館 （67） 2013.01

錫杖岳
歴史と信仰の山 長谷山・経ヶ峰・錫杖岳（特集1 津の山と森）（浅生悦生）「津・市民文化」 津市 （8） 2014.03

寂照寺
伊勢郷土会第402回例会 松尾観音から寂照寺までの史跡・文化財めぐり（阿形次基）「伊勢郷土史草」 伊勢郷土会 （42） 2008.10

修道
伊勢市の氏神さまと小祠めぐり（修道地区）—長峯神社を中心として（一二五社研究会）「伊勢郷土史草」 伊勢郷土会 （35） 2001.11

修禅寺
十笏山修禅寺 曹洞宗（津田雄一郎）「奥熊野の民俗」 紀北民俗研究会 9 2005.1

浄円寺
回顧（408） 大鐘山浄円寺とおばあさん思い出（野呂重樹）「旧四日市を語る」 旧四日市を語る会 （24） 2014.06

正覚寺
天空に描く心の絵 成等山正覚寺 内田加代子さん（特集 「造る・集める」ことの楽しみ）「La Sauge ： ふるさと四日市を知る本 ： 文化展望・四日市」 四日市市文化まちづくり財団 （27） 2010.03

正月堂
合同調査 伊賀地区庚申信仰調査表/京田辺探訪 洛南岬舎文庫/島ヶ原正月堂修正会調査報告「伊賀暮らしの文化探検隊レポート ： 伊賀で育まれた暮らしの文化を見つけよう！」 伊賀暮らしの文化探検隊 9 2007.3

成願寺
戦国期小倭成願寺と村の復元（立教大学日本中世史研究会、矢島有希彦，阿諏訪青美，涌井美夏，窪田涼子）「三重県史研究」 環境生活部 （14） 1998.9

浄教寺
三重県桑名市多度町浄教寺鬼瓦類（水谷憲二，久保友香理）「三重の古文化」 三重郷土会庶務部 （96） 2011.03

正福寺
青峯山正福寺信仰をめぐって—大漁祈願・航海安全祈願の展開（高木大祐）「民俗学研究所紀要」 成城大学民俗学研究所 31 2007.3

海とにんげん&SOS発行のごあいさつ/青峰山正福寺の「御船祭り」「海とにんげん&SOS」 SOS運動本部海の博物館 （1） 2013.04

白塚
白塚の通夜講とししこ念仏（探訪 三重の古文化）（平松令三）「三重の古文化」 三重郷土会庶務部 通号95（付録） 2010.03

白塚の小女子とくぎ煮（特集2 地域の味）（岩本岳）「津・市民文化」 津市 （5） 2011.3

白鳥塚
白鳥塚と本居宣長（津坂治男）「三重の古文化」 三重郷土会庶務部 77 1997.6

白藤滝
民話「白藤滝の魔物」（廣岡とも子）「伊賀暮らしの文化探検隊レポート ： 伊賀で育まれた暮らしの文化を見つけよう！」 伊賀暮らしの文化探検隊 6 2004.3

白藤滝の魔物（伊賀の民話）（廣岡とも子）「伊賀暮らしの文化探検隊レ

ポート ： 伊賀で育まれた暮らしの文化を見つけよう！」 伊賀暮らし
の文化探検隊 10 2008.3

白浦

白浦の地名の起源と推移（広瀬輝一）「奥熊野の民俗」 紀北民俗研究会
5 2001.1

紀北の民俗シリーズ（1）白浦のガタガタと錦浦のギッチョさん（中野朝
生）「奥熊野の民俗」 紀北民俗研究会 6 2002.1

白子

第39回沖縄染織研究会発表要旨伊勢型紙の寺家・白子の現地を尋ねて
（植木ちか子）「沖縄染織研究会通信」 沖縄染織研究会 38 2005.1

神宮

神宮大訴小考（平泉隆房）「史料 ： 皇學館大學研究開発推進センター史
料編纂所報」 皇學館大学研究開発推進センター史料編纂所 （158）
1998.12

近世神宮祠官の遷宮観（伴五十嗣郎）「皇學館大学神道研究所紀要」 皇學
館大学神道研究所 通号15 1999.3

黒瀬益弘と神宮祭祀（中西正幸）「皇學館大学神道研究所紀要」 皇學館大
学神道研究所 通号15 1999.3

資料紹介 「神宮編年記」（内宮長官日記）―慶安元年10月15日〜同2年7
月7日（神宮史料輪読会）「皇學館大学神道研究所紀要」 皇學館大学神
道研究所 通号16 2000.3

神宮遷宮「大神嘗祭論」抄（牟禮仁）「皇學館大学神道研究所紀要」 皇學
館大学神道研究所 17 2001.3

資料紹介 「神宮編年記」（内宮長官日記）―慶安2年7月21日〜同年12月
21日（神宮史料輪読会）「皇學館大学神道研究所紀要」 皇學館大学神
道研究所 17 2001.3

豊穣の海から寄り来る興玉神（東道人）「あらはれ ： 猿田彦大神フォーラ
ム年報 ： ひらかれる未来神話」 猿田彦大神フォーラム 4 2001.9

神宝使考―平安時代に於ける朝廷の遷宮観（藤森馨）「皇學館大学神道研
究所紀要」 皇學館大学神道研究所 18 2002.3

資料紹介 「神宮編年記」（内宮長官日記）―万治四（寛文元）年正月〜十
二月（神宮史料輪読会）「皇學館大学神道研究所紀要」 皇學館大学神
道研究所 18 2002.3

文化財帖（21）神宮へ捧げる聖なる灯火（平松令三）「津市民文化」 津市
教育委員会 29 2002.3

皇室と神宮―御定願と御歌（小堀邦夫）「季刊悠久.第2次」 鶴岡八幡宮悠
久事務局 96 2004.1

「神宮編年記」（内宮長官日記）―寛文二年九月（資料翻刻）（神宮史料輪読
会）「皇學館大学神道研究所紀要」 皇學館大学神道研究所 20 2004.3

伊勢の神宮（2）（菱川由貴）「飛梅」 太宰府天満宮社務所 133 2005.1

中世後期に於ける神宮御師の機能と展開について（窪寺恭秀）「皇學館大
学神道研究所紀要」 皇學館大学神道研究所 21 2005.3

「神宮編年記」（内宮長官日記）寛文二年十月〜十二月（資料）（神宮史料
輪読会）「皇學館大学神道研究所紀要」 皇學館大学神道研究所 21
2005.3

第62回神宮式年遷宮諸祭・行事記録・写真（1）「皇學館大学神道研究所
所報」 皇學館大学神道研究所 （69）2005.7

夢二・牛窓祭と神宮お木挽き奉仕（渡部幸子）「わかくす ： 河内ふるさ
と文化誌」 わかくす文芸研究会 （49）2006.5

資料紹介 御巫清直・東吉貞 神宮遷宮御装束御神宝用錦織裁避裂帖・
序・跋（牟禮仁）「皇学館大学神道研究所報」 皇学館大学神道研究所
（72）2007.3

学芸員のおと―神宮のある風景とまちづくり「The amuseum」 埼玉県
立歴史と民俗の博物館 2（2）通号5 2007.10

今川義元の永禄三年西上作戦と神宮式年遷宮（岩田康志）「皇学館史学」
皇學館大学史学会 通号22 2008.1

宮中三殿成立史補考―神宮大麻制度の欽定との関わりで（石野浩司）「皇
学館大学神道研究所報」 皇學館大学神道研究所 （76）2009.03

神宮奏事始の成立（渡辺修）「史料 ： 皇學館大学研究開発推進センター
史料編纂所報」 皇學館大学研究開発推進センター史料編纂所
（228）2010.12

神宮式年遷宮遷御儀について―中川経雅の皇大神宮遷宮儀研究を通して
（吉川竜実）「皇學館大学神道研究所紀要」 皇學館大学神道研究所
28 2012.03

丁塚（経塚）古墳と仙宮神社の経塚遺物の歴史的考察―神宮の創祀をめ
ぐる倭姫命伝説より度会神道までの系譜を読み解く（津田守一）「伊勢
郷土史草」 伊勢郷土会 （46）2012.10

シンポジウム 神宮祠官の学問（吉川竜実，木村徳宏，吉田吉里，芝本行
亮，窪寺恭秀，中西正幸［コメンテーター］，本澤雅史［企画・司会］）
「皇學館大学神道研究所紀要」 皇學館大学神道研究所 29 2013.03

平成25年度定例総会 記念講演会「神宮式年遷宮の意義」神宮禰宜 渡邊
和洋氏「西宮文化協会会報」 西宮文化協会 （541）2013.04

随筆 元監督の語る 神宮の建築（荒井留五郎）「伊勢郷土史草」 伊勢郷土
会 （47）2013.10

千載一遇の神宮 白石持行事に参加して（村岡和繁）「西宮文化協会会報」
西宮文化協会 （547）2013.10

特別寄稿 神宮の歴史と祭祀について（音羽悟）「皇學館大学神道研究所紀
要」 皇學館大学神道研究所 30 2014.03

神宮寺

菩提山神宮寺小考（石井昭郎）「三重の古文化」 三重郷土会庶務部 77
1997.6

伊勢・菩提山神宮寺旧在の仏像（伊東史朗）「愛知県史研究」 愛知県
（9）2005.3

伊勢国丹生神宮寺所蔵の承安二年在銘の陶製経筒と大川親直氏蔵陶製経
筒の銘文についての考察（津田守一）「伊勢郷土史草」 伊勢郷土会
（42）2008.10

多度神宮寺資材帳の周辺（研究ノート）（小玉道明）「三重県史研究」 環
境生活部 （26）2011.03

真興寺

無量寿山真興寺（津田雄一郎）「奥熊野の民俗」 紀北民俗研究会 4
2000.1

進修

伊勢の氏神さまと小祠めぐり 進修地区―宇治神社を中心として（一二五
社研究会）「伊勢郷土史草」 伊勢郷土会 （34）2000.9

水沢野田町

シリーズ・地域の民俗行事 山の神行事（水沢地区水沢野田町）（東条寛）
「研究紀要」 四日市市立博物館 5 1998.3

鈴鹿

鈴鹿・伊勢の旅（川合正治）「安城民俗」 安城民俗談話会 9 1997.11

鈴鹿越

ぶらり石仏紀行―交野山、学能堂山、鈴鹿越（特集 石仏探訪Ⅷ）（た
なかよしゆき）「日本の石仏」 日本石仏協会，青娥書房（発売）
（134）2010.06

鈴鹿山麓

鈴鹿山麓 山村に暮らす―岸本美智子覚書・続編（諸角三男）「あしなか」
山村民俗の会 258 2001.9

諏訪栄町

検証 三重県四日市市「諏訪神社と諏訪太鼓」考（村田三郎）「旧四日市を
語る」 旧四日市を語る会 （18）2007.5

諏訪太鼓振興会創立五十周年を迎えて（ESSAY・十人十色）（久保村秀
高）「La Sauge ： ふるさと四日市を知る本 ： 文化展望・四日市」 四
日市市文化まちづくり財団 （28）2011.03

清雲院

清雲院考―所在地の変遷とお夏の方（小柴富久子）「伊勢郷土史草」 伊勢
郷土会 （44）2010.09

世義寺

資料紹介 書道博物館所蔵の治承二年七月十二日銘の陶製経筒と世義寺
蔵の陶製経筒の関連性について（津田守一）「伊勢郷土史草」 伊勢郷土
会 （38）2004.10

関宿

東海道関宿の町並み保存を通して（嶋村明彦）「知多半島の歴史と現在」
日本福祉大学知多半島総合研究所 （11）2001.3

仙宮神社

丁塚（経塚）古墳と仙宮神社の経塚遺物の歴史的考察―神宮の創祀をめ
ぐる倭姫命伝説より度会神道までの系譜を読み解く（津田守一）「伊勢
郷土史草」 伊勢郷土会 （46）2012.10

善光寺

資料紹介 善光寺（伊勢市）来迎寺（松阪市）兼帯住職妙有上人天保飢饉救
済（施粥）記について（間宮忠夫）「伊勢郷土史草」 伊勢郷土会 （41）
2007.11

専修寺

近世高田専修寺と一身田本山（《小特集 高田専修寺》）（菅根幸裕）「二宮
町史研究」 二宮町 （4）2007.3

高田山専修寺真慧の伊勢国教化（探訪 三重の古文化）（平松令三）「三重
の古文化」 三重郷土会庶務部 通号95（付録）2010.03

連載コラム 長野と全国各地の繋がり（3）親鸞聖人直拝の専修寺の一光
三尊仏（小林玲子）「長野」 長野郷土史研究会 （295）2014.06

連載コラム 長野と全国各地の繋がり（5）高田派本山専修寺と善光寺の
交流（小林玲子）「長野」 長野郷土史研究会 （297）2014.10

崇恩寺

伊勢山田崇恩寺関係文書について（2）（恵良宏）「史料 ： 皇學館大學研
究開発推進センター史料編纂所報」 皇學館大学研究開発推進セン

ター史料編纂所 (158) 1998.12

大安寺
伊勢国北部における大安寺施入墾田地成立の背景 (山中章)「ふびと」 三重大学歴史研究会 通号54 2002.1

大円寺
二つの十王図について―岡崎市崇福寺本と桑名市大圓寺本 (田中伸一)「研究紀要」 四日市市立博物館 9 2002.3

大五輪
講演 新たなる伊勢中世史像の再構築―謎の楠部大五輪と楠部弘正寺・岩田円明寺 (松尾剛次)「皇学館史学」 皇学館大学史学会 通号24 2009.3

大樹寺
大樹寺 (市内市場町) の新規寄託資料 (堀越光信)「研究紀要」 四日市市立博物館 (13) 2006.3

太神宮
正倉院古文書「太神宮鋳金物注文」後欠・世古謙太郎)「伊勢郷土史草」 伊勢郷土会 (37) 2003.12

収蔵資料紹介太神宮御装束並御神宝 (天野秀昭)「斎宮歴史博物館だより」 斎宮歴史博物館 (54) 2005.1

『伊勢二所太神宮神名秘書』再校訂の要 (鎌田純一)「史料 : 皇學館大學研究開発推進センター史料編纂所報」 皇學館大學研究開発推進センター史料編纂所 (218) 2008.12

建久四年七月付官宣旨の文言比較―太神宮と宇佐宮の研究事始 (研究ノート) (伊藤勇лю)「皇學館大學神道研究所紀要」 皇學館大学神道研究所 27 2011.03

大神宮
参宮常夜燈探訪余話 大神宮と近江人について想う (荒井留五郎)「伊勢郷土史草」 伊勢郷土会 (35) 2001.11

伊勢の大神宮と式年遷宮 (岡田登)「近畿文化」 近畿文化会事務局 (770) 2014.01

大神宮寺
伊勢大神宮寺 (逢鹿瀬寺) の移転先をめぐって (岡田登)「史料 : 皇學館大學研究開発推進センター史料編纂所報」 皇學館大學研究開発推進センター史料編纂所 (218) 2008.12

大神宮法楽寺
大神宮法楽寺・法楽舎考 (佐々木裕子)「三重県史研究」 環境生活部 (26) 2011.03

多気
多気山寺紀行報告 (事務局)「奥熊野の民俗」 紀北民俗研究会 (12) 2008.1

多気宿
伊勢本街道―多気宿・奥津宿 石名原宿 (特集1 お伊勢さんへの道) (小竹英司)「津・市民文化」 津市 (7) 2013.3

多気町
経塚はタイムカプセル「悠 : 多気町郷土資料館だより」 多気町郷土資料館 34 2004.10

鶏もいる庚申さんって?「悠 : 多気町郷土資料館だより」 多気町郷土資料館 35 2005.1

第50回企画展「ハレの食器―庶民の塗り物―」「悠 : 多気町郷土資料館だより」 多気町郷土資料館 (43) 2007.1

サロン・茶論 文化財調査実施/くさむら塚へ…?「悠 : 多気町郷土資料館だより」 多気町郷土資料館 (46) 2007.10

サロン・茶論/学習会 繭で作ったお雛様「悠 : 多気町郷土資料館だより」 多気町郷土資料館 (48) 2008.4

サロン・茶論 やっとわかった「?」の民具/見学 小学生 収蔵庫で民具探検/石渡先生ご来館「悠 : 多気町郷土資料館だより」 多気町郷土資料館 (55) 2010.01

ご存じですか? 多気町の山 (39) 山の神いろいろ「悠 : 多気町郷土資料館だより」 多気町郷土資料館 (59) 2011.01

今年は七度申/季節はずれの植物図鑑 (3) ツルノゲイトウ・ミズкノオ「悠 : 多気町郷土資料館だより」 多気町郷土資料館 (60) 2011.04

六字名号碑「悠 : 多気町郷土資料館だより」 多気町郷土資料館 (62) 2011.10

滝原宮
滝原宮の祭祀土器について (小山憲一)「研究紀要」 三重県埋蔵文化財センター (8) 1999.3

立神
見学の記録 立神のヒッポロ神事 (清水昭男)「まつり通信」 まつり同好会 47 (2) 通号528 2007.3

多度観音堂
多度観音堂 木造千手観音菩薩立像 (赤川一博)「三重県史研究」 環境生活部 (18) 2003.3

多度山
多度山の和鏡群と経塚 (小玉道明)「三重の古文化」 三重郷土会庶務部 通号95 2010.03

多度神社
近世期における多度神社の流鏑馬神事と桑名藩 (水谷憲二)「三重の古文化」 三重郷土会庶務部 (88) 2003.3

多度神社と椿大神社―伊勢国一宮をめぐって (石神教親)「三重県史研究」 環境生活部 (25) 2010.03

多度町
桑名市多度町採集の高田徳利 (水谷憲二)「三重の古文化」 三重郷土会庶務部 (90) 2005.3

玉垣
鈴鹿玉垣地区における山の神 (岡野節子, 堀田千津子)「近畿民俗 : 近畿民俗学会会報 : Bulletin of the Folklore Society of Kinki」 近畿民俗学会 154 1999.2

玉城町
伊勢の神宮と小俣・玉城町の史跡 (岡田登)「近畿文化」 近畿文化会事務局 (710) 2009.1

千種村
伊勢国千種村の石工忠右衛門の銘を持つ近江所在の石灯籠二例 (田井中洋介)「滋賀県地方史研究」 滋賀県地方史研究家連絡会 15 2005.5

稚児塚
「稚児塚、平尾井薬師、飛雪の滝」調査紀行 (東勝美)「奥熊野の民俗」 紀北民俗研究会 5 2001.1

茅渟道
山田寺への道―蘇我倉山田石川麻呂と茅渟道・水分の道 (遠藤慶太)「史料 : 皇學館大學研究開発推進センター史料編纂所報」 皇學館大學研究開発推進センター史料編纂所 (241) 2014.03

中勢
中勢地方の仏像 (赤川一博)「近畿文化」 近畿文化会事務局 597 1999.8

丁塚 (経塚) 古墳
丁塚 (経塚) 古墳と仙宮神社の経塚遺物の歴史的考察―神宮の創祀をめぐる倭姫命伝説より度会神道までの系譜を読み解く (津田守一)「伊勢郷土史草」 伊勢郷土会 (46) 2012.10

朝田寺
松阪市朝田寺所蔵『盂蘭盆経説相図』を読む―無祀の横死孤魂救済鎮魂のための儀礼画 (服部良男)「絵解き研究」 絵解き研究会 (17) 2003.3

長福寺
伊賀国河合平柿庄・河合円徳院庄と長福寺文書 (久保文武)「三重の古文化」 三重郷土会庶務部 77 1997.6

長隆寺
伊賀長隆寺層塔の復元 (狭川真一)「元興寺文化財研究」 元興寺文化財研究所 (86) 2005.1

津
伊勢街道―上野宿・津の城下町 津市における近世・近代の芝居興行 (特集1 お伊勢さんへの道) (吉丸雄哉)「津・市民文化」 津市 (7) 2013.3

松阪・津周辺の仏像 (赤川一博)「近畿文化」 近畿文化会事務局 (768) 2013.11

大築海貝塚
伊勢志摩の海人族―大築海 (ツクミ) 貝塚・阿津里貝塚を中心に (野村史隆)「伊勢民俗」 伊勢民俗学会 (40) 2011.09

柘植
人形劇・柘植の斎王さん (探検レポート) (余野共子)「伊賀暮らしの文化探検隊レポート : 伊賀で育まれた暮らしの文化を見つけよう!」 伊賀暮らしの文化探検隊 8 2006.3

津市
やしろの森 (石丸たか)「津市民文化」 津市教育委員会 24 1997.3

新収蔵資料の紹介 雛人形 (園田純子)「津市民文化」 津市教育委員会 25 1998.3

文化財帖 (18) 津市内で発見された熊野観心十界曼陀羅図 (平松令三)「津市民文化」 津市教育委員会 26 1999.3

新収蔵資料の紹介 錦絵「流行なぞなぞ尽し」「津市民文化」 津市教育委員会 26 1999.3

400年前の津秋祭りの絵巻物をたずねて（筒井忠勝）「津市民文化」　津市教育委員会　26　1999.3

文化財帖（19）民俗芸能「かんこ鍋」を絶滅から護ろう（平松令三）「津市民文化」　津市教育委員会　27　2000.3

津における新指定の仏像について（園田純子）「三重の古文化」　三重郷土会庶務部　84　2000.9

自然シリーズ（26）黒潮の幸　ウナギ（足立鉄彦）「津市民文化」　津市教育委員会　28　2001.3

400年前の屋号（筒井忠勝）「津市民文化」　津市教育委員会　28　2001.3

文化財調査報告　小仏塔と瓦職人（中村光司）「津市民文化」　津市教育委員会　28　2001.3

文化財帖（20）村はずれのお地蔵さんへの信仰（平松令三）「津市民文化」　津市教育委員会　28　2001.3

ハレの代名詞・餅　大正期から昭和初期ころの津市の食事生活より（大川吉崇）「津市民文化」　津市教育委員会　29　2002.3

資料紹介　三重県津市廣永陶苑所蔵の小町塚出土の陶製光背・瓦経について（津田守一）「伊勢郷土史草」　伊勢郷土会　（37）　2003.12

市民文化活動　津・高虎太鼓30周年に想う（中田正己）「津市民文化」　津市教育委員会　31　2004.3

歴史シリーズ　文化財帖（23）阿漕塚・士清反古塚・松本崎紀功碑を訪ねる（平松令三）「津市民文化」　津市教育委員会　31　2004.3

《特集　まつり》「津市民文化」　津市教育委員会　32　2005.3

昭和の津祭礼行列と民芸保存会（川北佐平治）「津市民文化」　津市教育委員会　32　2005.3

まつりフォトスケッチ「津市民文化」　津市教育委員会　32　2005.3

まつり・祭・津まつり展事業「津市民文化」　津市教育委員会　32　2005.3

練物から山・鉾・屋台への祭りへ（植木行宣）「津市民文化」　津市教育委員会　32　2005.3

近世社会と城下町祭礼（久留島浩）「津市民文化」　津市教育委員会　32　2005.3

自然シリーズ（30）「医者いらず」と名のついた薬草（足立鉄彦）「津市民文化」　津市教育委員会　32　2005.3

津緑子史料（浅生悦生）「三重の古文化」　三重郷土会庶務部　通号91　2006.3

ふるさとの伝説を楽しむ（《特集　私たちの町》）（酒井巧）「津・市民文化」　津市　（1）　2007.3

同居として「要害」と「聖地」（《特集　城》）（伊藤裕偉）「津・市民文化」　津市　2009.03

からす道（特集　街道一道をゆく　未知をあるく）（浅生悦生）「津・市民文化」　津市　（4）　2010.3

能面打ち（川島篁隆）「津・市民文化」　津市　（4）　2010.03

津の食文化（特集2　地域の味）（成田美代）「津・市民文化」　津市　（5）　2011.3

津の雑煮（特集2　地域の味）（大川吉崇）「津・市民文化」　津市　（5）　2011.3

コンニャクが語る食文化（特集2　地域の味）（山口格）「津・市民文化」　津市　（5）　2011.3

山の神（正月七日）のこと（特集2　地域の味）（田中伊都子）「津・市民文化」　津市　（5）　2011.03

豆ご飯にご近所さんのぬくもり（特集2　地域の味）（渡邊美佐代）「津・市民文化」　津市　（5）　2011.03

伝説・民話　捕らえられた人魚（森下眞治）「津・市民文化」　津市　（6）　2012.03

津市、稲垣文庫にみる切支丹史料（浅生悦生）「三重の古文化」　三重郷土会庶務部　（98）　2013.03

椿大神社

多度神社と椿大神社一伊勢国一宮をめぐって（石神教親）「三重県史研究」　環境生活部　（25）　2010.03

椿神は正一位大明神（太田正弘）「椿の宮」　椿大神社　（40）　2014.01

椿大神社花の下連歌「椿の宮」　椿大神社　（40）　2014.01

津八幡

津の海を練った津八幡祭礼（樋口清砂）「津市民文化」　津市教育委員会　32　2005.3

『勢陽雑記』に見る津八幡祭礼行列の構成（福原敏男）「津市民文化」　津市教育委員会　32　2005.3

津八幡祭礼絵巻からみた津の町と建築（菅原洋一）「津市民文化」　津市教育委員会　32　2005.3

津八幡宮

八幡宮紹介　津八幡宮（三重県津市）「季刊悠久.第2次」　鶴岡八幡宮悠久事務局　（105）　2006.10

「津八幡宮祭礼絵巻」に見る近世初期の津城下と町屋（《特集　共同研究「一身田寺内町形成史の研究一環濠に注目して」》）（菅原洋一）「ふび

と」　三重大学歴史研究会　通号59　2007.1

都美恵神社

都美恵神社の羯鼓踊（辻上浩司）「伊賀暮らしの文化探検隊レポート　：　伊賀で育まれた暮らしの文化を見つけよう！」　伊賀暮らしの文化探検隊　6　2004.3

都美恵神社の棟札にみえる職人（名）について（探検レポート）（谷田ちか）「伊賀暮らしの文化探検隊レポート　：　伊賀で育まれた暮らしの文化を見つけよう！」　伊賀暮らしの文化探検隊　9　2007.3

寺谷

寺谷周行（松永忠興）「奥熊野の民俗」　紀北民俗研究会　3　1999.1

天ヶ須賀村

紙芝居　天ヶ須賀村を救ったしなとこま（平田正男）「La Sauge　：　ふるさと四日市を知る本　：　文化展望・四日市」　四日市市文化まちづくり財団　（18）　2001.3

天華寺

伊勢天華寺の石碑と大般若経（藤井直正）「黄檗文華」　黄檗山萬福寺文華殿　（127）　2008.7

天聖院

天聖院蔵阿弥陀如来坐像胎内文書について（田中伸一）「研究紀要」　四日市市立博物館　8　2001.3

土井家

土井子供くらし館と土井本家並びに建物（永田宏）「ひがし」　東区郷土史研究会　（9）　2002.12

東海道

東海道和菓子めぐり「La Sauge　：　ふるさと四日市を知る本　：　文化展望・四日市」　四日市市文化まちづくり財団　（19）　2002.3

コメント　私の思い出の町/祭りと東海道「旧四日市を語る」　旧四日市を語る会　（13）　2002.4

答志

現代における宿親一宿子関係一鳥羽市答志の寝宿慣行を事例として（宮前耕史）「史境」　歴史人類学会，日本図書センター（発売）　通号38・39　1999.3

鳥羽市答志町答志のシルシ（屋号）と呼び方について（田島長女）「伊勢民俗」　伊勢民俗学会　（40）　2011.09

答志町

ジンサイ調査予定（特集　鳥羽市浦村町・答志町「神祭」）（野村史隆）「伊勢民俗」　伊勢民俗学会　（39）　2010.09

丸八の神紋について　写真説明（特集　鳥羽市浦村町・答志町「神祭」）（津田豊彦）「伊勢民俗」　伊勢民俗学会　（39）　2010.09

「石名子神事のこと」（転載）（特集　鳥羽市浦村町・答志町「神祭」）（堀田吉雄）「伊勢民俗」　伊勢民俗学会　（39）　2010.09

答志の海女の朝鮮行き一鳥羽市答志町（特集　鳥羽市浦村町・答志町「神祭」）（橋本好史）「伊勢民俗」　伊勢民俗学会　（39）　2010.09

島の銭湯が消えた一鳥羽市答志町（特集　鳥羽市浦村町・答志町「神祭」）（川口祐二）「伊勢民俗」　伊勢民俗学会　（39）　2010.09

紹介　三重県民俗文化財シリーズ（3）答志寝屋子制度一鳥羽市答志町（岡田照子）「伊勢民俗」　伊勢民俗学会　（42）　2013.12

道瀬

道瀬の盆行事（東成志）「奥熊野の民俗」　紀北民俗研究会　4　2000.1

土倉道

土倉道にまつわる牛の話（喜多健）「奥熊野の民俗」　紀北民俗研究会　3　1999.1

答志島

鳥羽市離島の富士講一答志島最後の富士参り（記録より）（野村史隆）「伊勢民俗」　伊勢民俗学会　（34）　2004.7

三重県答志島の「寝屋子」にみる持続可能な地域コミュニティ形成に関する研究（横浜勇樹、上野利三）「三重中京大学地域社会研究所報」　三重中京大学地域社会研究所　（21）　2009.3

答志島の寝屋子制度と子育ち子育て支援環境一子育てサロン利用者へのインタビュー調査を通して（新川泰弘、島崎良）「三重中京大学地域社会研究所報」　三重中京大学地域社会研究所　（21）　2009.3

答志島と伊勢湾諸島のウミウ捕り資料について（伊東久之）「伊勢民俗」　伊勢民俗学会　（43）　2014.09

殿村

文化財帖（16）片田の薬師三尊と殿村の阿弥陀像（平松令三）「津市民文化」　津市教育委員会　24　1997.3

鳥羽

鳥羽・志摩、古護符の類例（野村史隆）「伊勢民俗」　伊勢民俗学会

（35）2005.9

鳥羽・朝熊・伊勢の大神宮（岡田登）「近畿文化」　近畿文化会事務局
（734）2011.01

鳥羽市

又屋の擬餌針製作用具（平賀大蔵）「海と人間 ： 海の博物館・年報」　海の博物館　通号27　2001.2

鳥羽市の仏像（赤川一博）「三重の古文化」　三重郷土会庶務部　（88）2003.3

鳥羽市の富士講記録一覧・明治期の冨士講紙札（写真）「伊勢民俗」　伊勢民俗学会　（34）2004.7

鳥羽市域の芝居小屋及び賀多神社の能舞台（野村史隆）「伊勢民俗」　伊勢民俗学会　（37）2008.4

すばらしい道具たち　漁師さんの道具入れ「チゲ」（平賀）「海とにんげん&SOS」　SOS運動本部海の博物館　（4）2014.01

博物館の収蔵資料紹介（7）漁村の生活用具（縣）「海とにんげん&SOS」　SOS運動本部海の博物館　（7）2014.10

鳥羽・志摩の海女漁の技術

志摩半島鳥羽市国崎地方の海女の起源と郷土食（片山信）「地域社会」　地域社会研究会　5（2）通号8　1981.03

浦村、石鏡における海女漁業の現状—三重県鳥羽市の事例調査から（中川将道）「土佐地域文化」　「土佐地域文化研究会」　3　2001.6

特別助成研究 志摩の海女の村からみたサルタヒコ大神信仰（小島瓔禮）「あらはれ ： 猿田彦大神フォーラム年報 ： ひらかれる未来神話」　猿田彦大神フォーラム　8　2005.10

海女の住むムラにおける夫と妻の年齢差—三重県志摩郡阿児町S地域における1872年と1972年の史料から（岡田照子）「伊勢民俗」　伊勢民俗学会　（38）2009.10

近代の志摩海女の出稼ぎについて（塚本明）「三重大史学」　三重大学人文学部考古学・日本史研究室　（10）2010.3

答志の海女の朝鮮行き—鳥羽市答志町（特集 鳥羽市浦村町・答志町「神祭」）（橋本好史）「伊勢民俗」　伊勢民俗学会　（39）2010.09

熊野磯語り—志摩市阿児町志島の海女（上村格也［構成］、岡田照子［採録］）「伊勢民俗」　伊勢民俗学会　（39）2010.09

テングサ採りの海女の出稼ぎ—三重県志摩地方から北海道礼尻・礼文島へ（会田理人）「北海道開拓記念館研究紀要」　北海道開拓記念館　（39）2011.3

研究ノート　『伊勢新聞』に見る近代の志摩海女—明治・大正期の「海女」の諸相（塚本明）「三重大史学」　三重大学人文学部考古学・日本史研究室　（11）2011.3

海女のいる風景—海女小屋を訪う（川口祐二）「伊勢民俗」　伊勢民俗学会　（40）2011.09

海女の集団的出稼ぎ考—出稼ぎから定住へ（西海賢二）「伊勢民俗」　伊勢民俗学会　（40）2011.09

転載『フォークロア』1994・第3号 志摩の海女—歴史・労働と出稼ぎ（村野史隆）「伊勢民俗」　伊勢民俗学会　（40）2011.09

都びとのあこがれ—歴史に見る志摩の「観光海女」（塚本明）「三重大史学」　三重大学人文学部考古学・日本史研究室　（12）2012.3

近世・近代の海女漁における資源管理について—江戸期の管理制度と組合規制への継承（杉山亜有美）「三重大史学」　三重大学人文学部考古学・日本史研究室　（13）2013.3

三重の海女さんが無形文化財になった 海女/ばあちゃんはプロ 中山花瞳さん 鳥羽市弘道小学校5年「海とにんげん&SOS」　SOS運動本部海の博物館　（4）2014.01

ユネスコ無形文化遺産への道 海女「海とにんげん&SOS」　SOS運動本部海の博物館　（6）2014.07

鳥羽町

口絵 鳥羽町の大火（大正6年）・賀多神社お木曳き（昭和5年）「三重県史研究」　環境生活部　（28）2013.03

富洲原

巻頭特集 四日市の食文化 朝市の笑顔/慈善橋の朝市/富洲原の競り市/四日市の市「La Sauge ： ふるさと四日市を知る本 ： 文化展望・四日市」　四日市市文化まちづくり財団　（26）2009.3

富田

天狗と一本松（小川伸子）「La Sauge ： ふるさと四日市を知る本 ： 文化展望・四日市」　四日市市文化まちづくり財団　（18）2001.3

富永

阿波・富永区の的祭り（探検レポート）（上田操）「伊賀暮らしの文化探検隊レポート ： 伊賀で育まれた暮らしの文化を見つけよう！」　伊賀暮らしの文化探検隊　7　2005.3

豊浜

伊勢市の氏神さまと小祠めぐり（豊浜地区）—五カ町の氏神ほか（一二五

社研究会）「伊勢郷土史草」　伊勢郷土会　（40）2006.9

鳥居古墳

遺物紹介（13）鳥居古墳出土 押出仏・塼仏「埋文センターニュース」　津市埋蔵文化財センター　14　2001.10

鳥出神社の鯨船行事

四日市祭と鯨船行事（東條寛）「民具マンスリー」　神奈川大学　31（3）1998.6

内宮

御装束神宝の奉献について—嘉保2年内宮遷宮を中心として（牟礼仁）「皇學館大学神道研究所紀要」　皇學館大学神道研究所　通号15　1999.3

中世後期に於ける内宮祠官の御師的活動と御祈禱について（窪寺恭秀）「伊勢郷土史草」　伊勢郷土会　（38）2004.10

内母神社

内母神社の石取祭—組織と年齢階梯的な役割（浅井亜矢子）「伊勢民俗」　伊勢民俗学会　（39）2010.09

縄生廃寺

朝日町縄生廃寺について（浅川充弘）「三重の古文化」　三重郷土会庶務部　79　1998.3

中桐

中桐不動堂絵天井を寄進した人々（小倉肇）「文化財調査報告書」　紀伊長島町文化財調査委員会　（15）1997.3

中里

中里の正月行事（津田雄一郎）「奥熊野の民俗」　紀北民俗研究会　2　1998.1

中臣氏神社

天平勝宝8年創祀の度会郡中臣氏神社について（岡田登）「史料 ： 皇學館大学研究開発推進センター史料編纂所報」　皇學館大学研究開発推進センター史料編纂所　（185）2003.6

中之郷

祭りの保存と継承 鳥羽市中之郷の盆踊り—河崎音頭の保存の取り組み（村上喜雄）「三重の古文化」　三重郷土会庶務部　通号93　2008.3

長野宿

伊賀街道・奈良街道—前田宿・長野宿・久居など 奈良街道、その道筋と雲出川の渡し（特集1 お伊勢さんへの道）（吉村利男）「津・市民文化」　津市　（7）2013.3

中別保

寺院にかかわる住民の息ぶき—明治期の中別保と一色（《特集 私たちの町》）（杉沢和夫）「津・市民文化」　津市　（1）2007.3

中道遺跡

蘇民将来子孫門 魔除けのお札—中林・中道遺跡（一志郡三雲町中道）「みえ ： 三重県埋蔵文化財センター通信」　三重県埋蔵文化財センター　34　2002.7

長峯神社

伊勢市の氏神さまと小祠めぐり（修道地区）—長峯神社を中心として（一二五社研究会）「伊勢郷土史草」　伊勢郷土会　（35）2001.11

中村町

伊勢市中村町の慶長20年の庚申塔（縣敏夫）「野仏 ： 多摩石仏の会機関誌」　多摩石仏の会　32　2001.8

伊勢市中村町・八木基嘉氏所蔵瓦経の考察（津田守一）「伊勢郷土史草」　伊勢郷土会　（43）2009.09

仲山神社

仲山神社（特集2 癒しのスポット）（篠田和久）「津・市民文化」　津市　（6）2012.03

流田神社

廃絶式内社調査報告 伊勢国多気郡流田神社（木村徳宏）「式内社のしおり」　式内社顕彰会　（74）2006.8

流れ谷

流れ谷民謡（福田千米保）「流れ谷」　流れ谷同志会　（20）1997.9

流れ谷に木地師の幻影を追う（伊藤勲）「流れ谷」　流れ谷同志会　（20）1997.9

ふる里の天狗伝説（新谷広治）「流れ谷」　流れ谷同志会　（21）1999.8

どぶろく祭（植田有冠子）「流れ谷」　流れ谷同志会　（21）1999.8

お産今昔（杉谷キミヨ）「流れ谷」　流れ谷同志会　（21）1999.8

山に生きた才を活かした木地屋（桐本逸鬼）「流れ谷」　流れ谷同志会　（21）1999.8

民俗学あれこれ（蛤口時寛）「流れ谷」　流れ谷同志会　（22）2001.7

神馬（植田有冠子）「流れ谷」　流れ谷同志会　（22）2001.7

身土不二の食生活(田垣内愛治)「流れ谷」 流れ谷同志会 (22) 2001.7

なつかしの筏流し(桐本正男)「流れ谷」 流れ谷同志会 (22) 2001.7

神武天皇遥拝所のある場所(福田正文)「流れ谷」 流れ谷同志会 (22) 2001.7

和太鼓と祭衆(西久保実)「流れ谷」 流れ谷同志会 (22) 2001.7

神霊の祟り(西久保実)「流れ谷」 流れ谷同志会 (23) 2003.5

蛍狩り(野崎真砂子)「流れ谷」 流れ谷同志会 (23) 2003.5

筏師(更谷勝)「流れ谷」 流れ谷同志会 (26) 2009.07

木地師と金借り道(小西清次)「流れ谷」 流れ谷同志会 (26) 2009.07

残したい廃れ行く郷土の文化(杉谷弘之)「流れ谷」 流れ谷同志会 (27) 2011.7

木地師のものがたり(小西清次)「流れ谷」 流れ谷同志会 (27) 2011.07

夏見廃寺

軒平瓦の残存率から見た夏見廃寺の堂塔(山田猛)「研究紀要」 三重県埋蔵文化財センター (14) 2005.3

三重県名張市夏見廃寺考(丸山竜平)「きりん」 荒木集成館友の会 通号13 2009.11

夏見廃寺(会員投稿)(吉川三郎)「会報」 大阪歴史懇談会 29(2)通号330 2012.02

塼仏にみる調整痕の違いについて―夏見廃寺出土塼仏を例に(中東洋行)「関西大学博物館紀要」 関西大学博物館 18 2012.03

名張

東大寺二月堂のお水取りと名張(足立真人)「河内どんこう」 やお文化協会 (92) 2010.10

名張市

神饌・儀式膳にみる食文化―三重県名張市の秋祭りを中心に(吉川雅章)「三重県史研究」 環境生活部 (23) 2008.3

名張本町

幕末期、伊賀国名張郡名張本町の中村権平家寺子屋の検討―寺子屋入門帳を中心として(梅村佳代)「三重県史研究」 環境生活部 (20) 2005.3

奈良街道

伊賀街道・奈良街道―前田宿・長野宿・久居など 奈良街道、その道筋と雲出川の渡し(特集1 お伊勢さんへの道)(吉村利男)「津・市民文化」 津市 (7) 2013.3

南島町

三重県南島町浅間祭唄―『南島町史』より転載―「伊勢民俗」 伊勢民俗学会 (34) 2004.7

南陽寺

鈴鹿市南陽寺木造釈迦如来坐像と仏師堯円について(滝川和也)「三重の古文化」 三重郷土会庶務部 77 1997.6

丹生川上神社

丹生川上神社重文石燈籠刻銘調査報告―失われた銘文を求めて(白井伊佐牟)「史料 : 皇學館大學研究開発推進センター史料編纂所報」 皇學館大學研究開発推進センター史料編纂所 (234) 2012.06

西方廃寺

三重県桑名市西方廃寺出土の飛雲文軒瓦について―桑名市博物館所蔵品より(中西常雄)「紀要」 滋賀県文化財保護協会 (24) 2011.03

西坂部町

庶民の祈りのこころを伝える人びと 御館の獅子舞神事(〈特集 絆・再発見！〉)「La Sauge : ふるさと四日市を知る本 : 文化展望・四日市」 四日市市文化まちづくり財団 (24) 2007.3

新田神社

新田神社と猿田彦大神様(砥錦茂全)「あらはれ : 猿田彦大神フォーラム年報 : ひらかれる未来神話」 猿田彦大神フォーラム 4 2001.9

二本木宿

初瀬街道―二本木宿・垣内宿など 初瀬街道と真盛上人(特集1 お伊勢さんへの道)(赤松進)「津・市民文化」 津市 (7) 2013.3

白山町

早春の伊勢路―白山町の社寺を訪ねて(木下幹夫)「史迹と美術」 史迹美術同攷会 70(9)通号709 2000.11

白山町とその周辺の仏像―新発見の仏像を加えて(赤川一博)「近畿文化」 近畿文化会事務局 (677) 2006.4

津市白山町の円空作木造大日如来坐像について―新知見の円空仏(瀧川和也)「三重の古文化」 三重郷土会庶務部 通号95 2010.03

始神峠

始神峠の名称について(北村進)「奥熊野の民俗」 紀北民俗研究会 7 2003.1

初瀬街道

初瀬街道―二本木宿・垣内宿など 初瀬街道と真盛上人(特集1 お伊勢さんへの道)(赤松進)「津・市民文化」 津市 (7) 2013.3

長谷川家住宅

松阪市・長谷川家住宅の調査(研究報告)「奈良文化財研究所紀要」 奈良文化財研究所 2013 2013.06

長谷寺

仏師定栄と長谷寺本尊御衣木を用いた造像(奥健夫)「三重の古文化」 三重郷土会庶務部 通号93 2008.3

長谷山

歴史と信仰の山 長谷山・経ヶ峰・錫杖岳(特集1 津の山と森)(浅生悦生)「津・市民文化」 津市 (8) 2014.03

八王子村

伊勢国村落の年中行事と豪農の生活―伊勢国三重郡八王子村の事例に(藤谷彰)「三重大史学」 三重大学人文学部考古学・日本史研究室 (9) 2009.03

鉢巻山

弁天さんと鉢巻山(探険レポート)(廣岡とも子)「伊賀暮らしの文化探検隊レポート : 伊賀で育まれた暮らしの文化を見つけよう！」 伊賀暮らしの文化探検隊 12 2012.03

八幡町

回顧(316) 検証 八幡町の八幡神社考(1)(岡野繁松)「旧四日市を語る」 旧四日市を語る会 (20) 2010.03

花の窟

日本書紀と花の窟の信仰 日本書紀の記述/お綱かけ神事/社格昇進運動(花尻薫)「国際熊野学会会報」 国際熊野学会 (14) 2010.08

花窟神社

『日本書紀』にみえる伊弉冉の尊の葬地「季刊邪馬台国」 「季刊邪馬台国」編纂委員会, 梓書院(発売) 62 1997.6

浜一色

回顧(312) 浜一色の八幡神社(加藤穣)「旧四日市を語る」 旧四日市を語る会 (20) 2010.03

浜郷

伊勢市の氏神さまと小祠めぐり(浜郷地区)―浜郷神社を中心として(一二五社研究会)「伊勢郷土史草」 伊勢郷土会 (37) 2003.12

浜郷神社

伊勢市の氏神さまと小祠めぐり(浜郷地区)―浜郷神社を中心として(一二五社研究会)「伊勢郷土史草」 伊勢郷土会 (37) 2003.12

万古神社

回顧(333) 萬古神社と廉売市(山本修)「旧四日市を語る」 旧四日市を語る会 (21) 2011.06

回顧(395) 万古祭り(山本勝博)「旧四日市を語る」 旧四日市を語る会 (23) 2013.06

東紀州

世界遺産候補指定と東紀州の将来(島本暢夫)「奥熊野の民俗」 紀北民俗研究会 6 2002.1

小原桃洞「熊野採薬巡覧記」から見た文化年間の東紀州(熊野植物誌)(花尻薫)「奥熊野の民俗」 紀北民俗研究会 8 2004.1

東紀州のしめ飾り事情(松井勝嘉)「三重民俗研究会会報」 三重民俗研究会事務局 35 2004.4

紀北の民俗シリーズ(5) 東紀州の民俗(中野朝生)「奥熊野の民俗」 紀北民俗研究会 (10) 2006.1

世界遺産に「東紀州」という地域名 日本人の心「熊野古道」に残すのか？(丸山喜年)「流れ谷」 流れ谷同志会 (26) 2009.7

東谷

伊賀の不思議考(9)～(10) 土芳伝記の疑問点/伊賀市東谷の七福神と提灯屋彌吉(第3章 伊賀の温故知新)(灰原美智子)「伊賀暮らしの文化探検隊レポート : 伊賀で育まれた暮らしの文化を見つけよう！」 伊賀暮らしの文化探検隊 15 2014.05

引作神社

三重県阿田和引作神社の楠と南方熊楠(中瀬喜陽)「熊野誌」 熊野地方史研究会 44 1998.12

引本浦

紀北の民謡―引本浦八幡祭御関船御船唄の事(東成志)「三重県史研究」 環境生活部 (21) 2006.3

東海　　　　　　　　　　　郷土に伝わる民俗と信仰　　　　　　　　　　　三重県

久居

伊賀街道・奈良街道—前田宿・長野宿・久居など 奈良街道、その道筋と雲出川の渡し（特集1 お伊勢さんへの道）（吉村利男）「津・市民文化」津市　（7）2013.3

久居市

奈良歴史教室収蔵拓本の紹介（2）久居市所在地蔵石仏の銘文（藤井直正）「近畿文化」近畿文化会事務局 590 1999.1

ヒスイ谷

和泉式部の化粧水とヒスイ谷（垣内和美）「La Sauge ： ふるさと四日市を知る本 ： 文化展望・四日市」四日市市文化まちづくり財団（18）2001.3

飛雪の滝

「稚児塚、平尾井薬師、飛雪の滝」調査紀行（東勝美）「奥熊野の民俗」紀北民俗研究会 5 2001.1

火焼神社

火焼神社考（石井昭郎）「伊勢郷土史草」伊勢郷土会 （35）2001.11

比土

民話「比土の弁天様」（橋本愛子）「伊賀暮らしの文化探検隊レポート ： 伊賀で育まれた暮らしの文化を見つけよう！」伊賀暮らしの文化探検隊 6 2004.3

比土の弁天様（伊賀の民話）（橋本愛子, 廣岡とも子）「伊賀暮らしの文化探検隊レポート ： 伊賀で育まれた暮らしの文化を見つけよう！」伊賀暮らしの文化探検隊 10 2008.3

日永

よっかいち地域ごよみ お月見どろぼう／楠町の鯨船まつり／日永つんつくおどり「La Sauge ： ふるさと四日市を知る本 ： 文化展望・四日市」四日市市文化まちづくり財団 （24）2007.3

平尾

三重県伊賀市の『冥途蘇生記』に関わる云承—三重県伊賀市長田平尾大師講聞取り及び「えんまさんの御詠歌」翻刻（久下正史）「久里」神戸女子民俗学会 （25）2010.01

平尾井薬師

「稚児塚、平尾井薬師、飛雪の滝」調査紀行（東勝美）「奥熊野の民俗」紀北民俗研究会 5 2001.1

平柿庄

伊賀国河合平柿庄・河合円徳院庄と長福寺文書（久保文武）「三重の古文化」三重郷土会庶務部 77 1997.6

藤社

藤社について（奥村操子）「伊勢郷土史草」伊勢郷土会 （40）2006.9

二見町

二見町の文化財 花房志摩守供養碑と箕獅子（濱千代日出雄）「伊勢郷土史草」伊勢郷土会 （43）2009.09

仏光寺

楠南卷淪が『西遊記統編』で激賞した紀北町仏光寺津波供養碑（小倉肇）「熊野誌」熊野地方史研究会 （58）2011.12

古市

古市桜花楼観音頭舞記（奥村覚）「丹波」丹波史談会 （7）2005.10

宝泉寺

中峰山宝泉寺 曹洞宗（津田雄一郎）「奥熊野の民俗」紀北民俗研究会 3 1999.1

宝徳寺

宝徳寺鉄造不動明王立像について（藤田直信）「三重の古文化」三重郷土会庶務部 通号91 2006.3

法楽舎

大神宮法楽舎・法楽舎考（佐々木裕子）「三重県史研究」環境生活部 （26）2011.03

北勢

三重県北勢地域の捕鯨行事（東条寛）「Museum Kyushu ： 文明のクロスロード」博物館等建設推進九州会議 17（2）通号64 1999.7

北勢地方の茶陶文化 信行から弄山へ（赤川一博）「研究紀要」四日市市立博物館 7 2000.3

北勢地方南部の鯨船行事について—「北勢鯨船行事調査」から（東條寛）「研究紀要」四日市市立博物館 8 2001.3

北勢の仏像（3）（赤川一博）「近畿文化」近畿文化会事務局 653 2004.4

鎌倉時代北勢地区土豪の宗教生活（探訪 三重の古文化）（平松令三）「三重の古文化」三重郷土会庶務部 通号95（付録）2010.03

北勢の神仏—神の国の仏教受容（赤川一博）「近畿文化」近畿文化会事務局 （779）2014.10

北勢町

地域社会のイベントと伝統的祭祀—北勢町八幡祭を例として（田中欣治）「三重の古文化」三重郷土会庶務部 77 1997.6

菩提山

菩提山瓦経の復原的考察（芝本行亮）「伊勢郷土史草」伊勢郷土会 （33）1999.9

『神都名勝誌』巻四の「菩提山経瓦摺本」について（小玉道明）「三重の古文化」三重郷土会庶務部 通号92 2007.3

伊勢市中村町菩提瓦経の発掘（小玉道明）「三重の古文化」三重郷土会庶務部 （98）2013.03

前田宿

伊賀街道・奈良街道—前田宿・長野宿・久居など 奈良街道、その道筋と雲出川の渡し（特集1 お伊勢さんへの道）（吉村利男）「津・市民文化」津市 （7）2013.3

馬越

民話「馬越の化け物」（喜多健）「奥熊野の民俗」紀北民俗研究会 4 2000.1

馬越峠

馬越峠石畳道風景（熊野古道）「奥熊野の民俗」紀北民俗研究会 8 2004.1

馬越峠の地蔵さん（特集 紀北の民話）（東勝美）「奥熊野の民俗」紀北民俗研究会 （12）2008.1

松尾観音

伊勢郷土会第402回例会 松尾観音から寂照寺までの史跡・文化財めぐり（阿形次基）「伊勢郷土史草」伊勢郷土会 （42）2008.10

松尾町

紹介 三重県民俗文化財シリーズ（2）松尾町の額取（フタエドリ）について（岡田照子）「伊勢民俗」伊勢民俗学会 （37）2008.4

松坂

松坂地域の庚申塔に関する若干の報告（杉本喜一）「三重の古文化」三重郷土会庶務部 77 1997.6

松阪

松阪地方における浅間信仰の今昔（田畑佳子）「三重の古文化」三重郷土会庶務部 82 1999.9

お伊勢参りそして松阪（山口隆夫）「小田原史談 ： 小田原史談会々報」小田原史談会 （228）2012.01

駅鈴がつなぐ浜田と松阪—わが町の碑（町から村から）（斎藤晴子）「郷土石見 ： 石見郷土研究懇話会機関誌」石見郷土研究懇話会 （92）2013.4

松阪・津周辺の仏像（赤川一博）「近畿文化」近畿文化会事務局 （768）2013.11

伊勢松阪の黄檗廃絶寺院（石渡吉彦）「黄檗文華」黄檗山萬福寺文華殿 （133）2014.07

松阪市

しょんがいな踊り（大久保甚一）「美濃民俗」美濃民俗文化の会 416 2002.1

松阪といえば… 和田金の肉（田中豊）「小田原史談 ： 小田原史談会々報」小田原史談会 （228）2012.1

松本峠

熊野古道 松本峠を越えて（倉谷任泰）「流れ谷」流れ谷同志会 （23）2003.5

万寿寺

〔資料紹介〕伊賀町万寿寺の地蔵菩薩坐像胎内文書（久留島典子）「三重県史研究」環境生活部 （15）1999.10

伊賀町萬寿寺 地蔵菩薩座像物語（梅田徹）「伊賀暮らしの文化探検隊レポート ： 伊賀で育まれた暮らしの文化を見つけよう！」伊賀暮らしの文化探検隊 6 2004.3

三重

永享12年（1440）銘の庚申塔について（間宮忠夫）「三重の古文化」三重郷土会庶務部 77 1997.6

三重を訪ねて慢に惟う（秋元光博）「奥熊野の民俗」紀北民俗研究会 2 1998.1

方言（俚言）は何種類あるのか（江畑哲夫）「三重民俗研究会会報」三重民俗研究会事務局 25 1998.1

山に生き才を活かした木地師（桐本逸鬼）「三重の古文化」三重郷土会庶務部 79 1998.3

三重の鵜飼について（徳井賢）「三重民俗研究会会報」 三重民俗研究会事務局　28　1999.4

〔資料紹介〕近世三重の芝居上演資料（岡本勝，安田文吉，安田德子，早川由美）「三重県史研究」 環境生活部　（15）1999.10

三重の言葉（中野朝生）「奥熊野の民俗」 紀北民俗研究会　4　2000.1

三重の呪縛のことか…私的人文学の世紀で（目崎茂和）「三重民俗研究会会報」 三重民俗研究会事務局　29　2000.3

美し国 技・味・心（佐藤誠也）「三重民俗研究会会報」 三重民俗研究会事務局　32　2002.9

古巨木と古老（大川吉崇）「三重民俗研究会会報」 三重民俗研究会事務局　33　2003.2

根付の歴史と三重の彫師たち（奥野秀和）「三重の古文化」 三重郷土会庶務部　（88）2003.3

サワラ飯のことなど（江畑哲夫）「三重民俗研究会会報」 三重民俗研究会事務局　34　2003.6

中世における武士の愛宕信仰（小林美穂）「三重大史学」 三重大学人文学部考古学・日本史研究室　（4）2004.3

律令期における地方祭祀の諸形態―木製祭祀具を素材として（竹内絵理奈）「三重大史学」 三重大学人文学部考古学・日本史研究室　（5）2005.3

三重の「農村舞台」と地芝居―その演劇史的試み（谷口晃）「三重県史研究」 環境生活部　（23）2008.3

平安時代の天下触穢について（青島史敏）「三重大史学」 三重大学人文学部考古学・日本史研究室　（9）2009.03

神社の棟札が語る村の歴史（探訪 三重の古文化）（平松令三）「三重の古文化」 三重郷土会庶務部　通号95（付録）2010.3

かんこ踊りの響きと歌声（探訪 三重の古文化）（平松令三）「三重の古文化」 三重郷土会庶務部　通号95（付録）2010.03

中世の葬送と供養観の展開（吉田奈稚子）「三重大史学」 三重大学人文学部考古学・日本史研究室　（11）2011.03

三重の捕鯨行事と捕鯨（特集 鯨の文化誌）（野村隆孝）「季刊悠久.第2次」 鶴岡八幡宮悠久事務局　（125）2011.08

三重のもち街道まっぷ（特集 伊勢と四日市―伊勢神宮遷宮記念）「La Sauge ： ふるさと四日市を知る本 ： 文化展望・四日市」 四日市市文化まちづくり財団　（31）2013.11

回顧（433）美味し国、三重の食文化を考える（中村成孝）「旧四日市を語る」 旧四日市を語る会　（24）2014.6

三重の天狗像―昔話・伝説・世間話からの考察（高橋成）「西郊民俗」〔西郊民俗談話会〕　（227）2014.06

御影堂

御影堂平成大修理で分かったこと（大城哲也）「三重の古文化」 三重郷土会庶務部　通号94　2009.03

三重県

三重県のすし百科（大川吉崇）「三重民俗研究会会報」 三重民俗研究会事務局　22　1997.4

三重県下の梵鐘を歩く（稲垣勉）「三重の古文化」 三重郷土会庶務部　77　1997.6

三重県の神社修造と棟札（山野善郎）「宗教文化」 宗教文化懇話会　（71）1998.1

三重県下の庚申信仰調査について―庚申信仰調査報告（1）（編集部）「三重の古文化」 三重郷土会庶務部　79　1998.3

三重県下の庚申信仰調査報告（2）―安芸郡・津市・久居市・一志郡（編集部）「三重の古文化」 三重郷土会庶務部　80　1998.9

『三重県の伝統的工芸品と職人の技』の概要について（佐藤誠也）「三重民俗研究会会報」 三重民俗研究会事務局　27　1999.2

三重県下における地域神社の式年造替遷宮の実態調査（2）（桜井治男，斎藤平）「皇學館大学神道研究所紀要」 皇學館大学神道研究所　通号15　1999.3

三重県下の本願寺蓮如教団（梅林久高）「三重の古文化」 三重郷土会庶務部　81　1999.3

三重県下の庚申信仰調査報告（3）―松阪市・飯南郡・多気郡（編集部）「三重の古文化」 三重郷土会庶務部　81　1999.3

三重県下の庚申信仰調査報告（4）―伊勢市・度会郡（三重郷土会編集部）「三重の古文化」 三重郷土会庶務部　82　1999.9

三重県における文化領域一祭と年中行事「雑煮」（堀田千津子）「近畿民俗 ： 近畿民俗学会会報 ： Bulletin of the Folklore Society of Kinki」 近畿民俗学会　156・157　2000.1

三重県下の庚申信仰調査報告（5）―度会郡補遺、鳥羽市、志摩郡（三重郷土会編集部）「三重の古文化」 三重郷土会庶務部　83　2000.3

三重県下のかんこ踊を考える―河芸町史編さんの過程で（平松令三）「三重の古文化」 三重郷土会庶務部　84　2000.9

三重県下の庚申信仰調査報告（6）―伊賀地方（三重郷土会編集部）「三重の古文化」 三重郷土会庶務部　84　2000.9

三重県下の懸仏覚書（山下立）「三重の古文化」 三重郷土会庶務部　85　2001.3

三重県下の庚申信仰調査報告（7）―紀北・紀南地方（三重郷土会編集部）「三重の古文化」 三重郷土会庶務部　85　2001.3

三重県における天王祭と祇園祭（岡野節子，堀田千津子）「近畿民俗 ： 近畿民俗学会会報 ： Bulletin of the Folklore Society of Kinki」 近畿民俗学会　（168・169）2003.9

青峰信仰（野村史隆）「三重県史研究」 環境生活部　（20）2005.3

カシワの一種に関する考察―三重県下におけるアカメガシワの利用から（三国信一）「民俗文化」 近畿大学民俗学研究所　（17）2005.3

ふるき事のうせゆく―民俗の変遷と本居宣長（吉田悦之）「三重県史研究」 環境生活部　（21）2006.3

古墳時代祭儀空間の成立―古墳時代の庭状遺構の評価を巡って（《特集 古墳時代》）（穂積裕昌）「研究紀要」 三重県埋蔵文化財センター　15（1）2006.3

「萬古」の称と印銘について（岡村奉一郎）「三重県史研究」 環境生活部　（23）2008.3

『三重県史』資料編（古代上）の小町塚瓦経について（小玉道明）「三重県史研究」 環境生活部　（24）2009.03

蜑婦ニ就テ 三重県（復刻）「海と人間 ： 海の博物館・年報」 海の博物館 通号30　2009.10

三重県におけるアワビ類の漁獲動向と潜水漁業による生産状況「海と人間 ： 海の博物館・年報」 海の博物館 通号30　2009.10

愛知県と三重県の「をに」（中野譲）「六甲倶楽部報告」 六甲倶楽部　（92）2010.03

三重の伝統薬「萬金丹」の復刻をめざして（ESSAY・十人十色）（加藤宏明）「La Sauge ： ふるさと四日市を知る本 ： 文化展望・四日市」 四日市市文化まちづくり財団　（28）2011.3

三重県下の善光寺式阿弥陀三尊像について（神谷麻理子）「三重県史研究」 環境生活部　（26）2011.03

三重県、静岡県神社別石造物一覧（長浜宏雄）「岡崎地方史研究会研究紀要」 岡崎地方史研究会　（41）2013.03

三重県編『三重県史 別編 民俗』株式会社ぎょうせい東海支社（2012年3月）（書誌紹介）（福原敏男）「日本民俗学」 日本民俗学会　（276）2013.11

三重県のおせち料理の現状―小学生を対象としたアンケート調査から（門口実代）「伊勢民俗」 伊勢民俗学会　（43）2014.09

三重庄

東大寺領三重庄の所在地に関する一考察（久志本鉄也）「三重の古文化」 三重郷土会庶務部　（98）2013.03

三木浦

熊野灘湾岸紀行―三木浦を行く（喜多健）「奥熊野の民俗」 紀北民俗研究会　（13）2009.01

三木里

三木里盆踊り 盆音頭（世古素一）「奥熊野の民俗」 紀北民俗研究会　3　1999.1

三木里の山んば（特集 楽しい民話）（小倉肇）「奥熊野の民俗」 紀北民俗研究会　（14）2010.01

美里

美里の特産品（《特集 私たちの町》）（山川徳美）「津・市民文化」 津市　（1）2007.3

美里町高座原

美里町高座原 山の神神事（特集1 津の山と森）（横山帛生）「津・市民文化」 津市　（8）2014.03

美杉

美杉の文化と私たちの活動（《特集 私たちの町》）（松井秀成）「津・市民文化」 津市　（1）2007.3

水分の道

山田寺への道―蘇我倉山田石川麻呂と茅渟道・水分の道（遠藤慶太）「史料 ： 皇學館大學研究開発推進センター史料編纂所報」 皇學館大學研究開発推進センター史料編纂所　（241）2014.03

湊屋

相可「鹿水亭」と六軒茶屋「湊屋」の変遷について（米本一美）「悠 ： 多気町郷土資料館だより」 多気町郷土資料館　（43）2007.1

南伊勢

中世末期南伊勢の板碑（論文）（伊藤裕偉）「ふびと」 三重大学歴史研究会　（65）2014.01

美旗

美旗の古墳群に伝わる話（伊賀の民話）（橋本愛子）「伊賀暮らしの文化探検隊レポート ： 伊賀で育まれた暮らしの文化を見つけよう！」 伊賀暮らしの文化探検隊　8　2006.3

御浜街道

御浜街道を走った馬車（山崎泰）「奥熊野の民俗」 紀北民俗研究会 9
2005.1

御浜町

民話 「井田観音」（紀宝町）・「やくろうの犬」（御浜町）「奥熊野の民俗」
紀北民俗研究会 9 2005.1

宮川村

三重県発の魚街道二話（1）熊野灘発の鯖街道—宮川村を中心とした山越
え路調べ地誌（大川吉崇）「三重民俗研究会会報」 三重民俗研究会事
務局 30 2001.2

海山町

海山町の熊野古道（松永忠興）「奥熊野の民俗」 紀北民俗研究会 3
1999.1
新紀北名所紀行—海山町（喜多健）「奥熊野の民俗」 紀北民俗研究会 4
2000.1
海山町の氏神社（小倉肇）「奥熊野の民俗」 紀北民俗研究会 5 2001.1
海山町の関船行事［1］，（2）（東成志）「奥熊野の民俗」 紀北民俗研究会
5/6 2001.1/2002.1

明源寺

自坊・明源寺に見る近世真宗寺院の成立「ふるさとの心をたずねて」
いなべ市教育委員会 （21）2001.3

向地の宮

「向地の宮」の謂れ（清水鎮一）「奥熊野の民俗」 紀北民俗研究会 4
2000.1

椋本宿

伊勢別街道—楠原宿・椋本宿・窪田宿 伊勢別街道の宿場と旅人（特集1
お伊勢さんへの道）（浅生悦生）「津・市民文化」 津市 （7）2013.3

室古神社

阿古師神社、室古神社調査紀行（紀北民俗研究会調査部）「奥熊野の民俗」
紀北民俗研究会 4 2000.1

本浦

口絵 神祭弓祭鳥羽市浦村町本浦/答志町和具（特集 鳥羽市浦村町・答志
町「神祭」）（津田豊彦「撮影」）「伊勢民俗」 伊勢民俗学会 （39）
2010.09
「石女子祭神事次第」鳥羽市浦村町本浦（昭和31年・翻刻）（特集 鳥羽市
浦村町・答志町「神祭」）（畑純子）「伊勢民俗」 伊勢民俗学会 （39）
2010.09

元盛松

元盛松探訪（奥地啓吾）「奥熊野の民俗」 紀北民俗研究会 8 2004.1

森南田遺跡

川辺の祭祀—森南田遺跡の再検討から（萩京義彦）「研究紀要」 三重県埋
蔵文化財センター （22）2013.03

八重垣神社

八重垣神社について（喜多健）「奥熊野の民俗」 紀北民俗研究会 3
1999.1

山神

サロン・茶論 戦争を知らない私たち 兵士の持ち物（1）/山神も神社整
理！「悠 ：多気町郷土資料館だより」 多気町郷土資料館 （62）
2011.10

八鬼山道

熊野街道八鬼山道周辺の中世石造物（伊藤裕偉）「三重県史研究」 環境生
活部 （24）2009.3

矢頭山

霊山 矢頭山（特集2 癒しのスポット）（吉村武司）「津・市民文化」 津市
（6）2012.03

八代神社

鳥羽八代神社の神宝（2）「奈良文化財研究所紀要」 奈良文化財研究所
2005 2005.6

矢浜

奥熊野の「山の神」—尾鷲市矢浜の場合（濱岸宏一）「熊野」 紀南文化財
研究会 （141）2011.12

山田

甲斐山田町と伊勢山田について—町名変更と伊勢御師（窪寺恭秀）「伊勢
郷土史草」 伊勢郷土会 （34）2000.9
朝熊山経塚群の瓦経—「伊勢山田の瓦経」補遺として（小玉道明）「ふび
と」 三重大学歴史研究会 通号62 2011.01
伊勢山田の稀少石造仏（濱口主一）「伊勢郷土史草」 伊勢郷土会 （46）

2012.10

山田原

ショート郷土史 山田原の神庤旧跡考（郡俊子）「伊勢郷土史草」 伊勢郷
土会 （33）1999.9

矢持町

伊勢市矢持町の「地芝居」について（深津睦夫）「伊勢民俗」 伊勢民俗学
会 （37）2008.4

行野浦

尾鷲市行野浦のお盆（長井博史）「奥熊野の民俗」 紀北民俗研究会 7
2003.1

湯の谷村

流れ谷、湯の谷村の木挽師その活躍（尾中鋼治）「流れ谷」 流れ谷同志会
（20）1997.9

養海院

平成8年度町指定文化財「養海院庚申碑」「文化財調査報告書」 紀伊長
島町文化財調査委員会 （15）1997.3
養海院の殿鐘/文化財防火デー「文化財調査報告書」 紀伊長島町文化財
調査委員会 2004年度 2004.3

四郷

伊勢市の氏神さまと小祠めぐり（四郷地区）—四郷神社と五カ町の氏神
（一二五社研究会）「伊勢郷土史草」 伊勢郷土会 （36）2002.11

四郷神社

伊勢市の氏神さまと小祠めぐり（四郷地区）—四郷神社と五カ町の氏神
（一二五社研究会）「伊勢郷土史草」 伊勢郷土会 （36）2002.11

横垣峠

「熊野古道雑感」—横垣峠を越えて（庵前吉夫）「流れ谷」 流れ谷同志会
（23）2003.5

四日市

東海地方における大山（山車）の展開—伊勢四日市を中心に（鬼頭秀明）
「四日市市史研究」 四日市市 11 1998.3
企画展「郷愁の四日市祭り」（展覧会から）（東条寛）「研究紀要」 四日市
市立博物館 5 1998.3
四日市祭と鯨船行事（東條寛）「民具マンスリー」 神奈川大学 31（3）
1998.6
四日市の「筆子塚」について—江戸時代を中心に墓石に残された学びの
史実（梅村佳代）「四日市市史研究」 四日市市 13 2000.3
地方都市における都市祭礼の変遷—四日市祭の場合（東條寛）「研究紀
要」 四日市市立博物館 7 2000.3
《特集 四日市の伝説—後世へのメッセージ》「La Sauge ： ふるさと四日
市を知る本 ： 文化展望・四日市」 四日市市文化まちづくり財団
（18）2001.3
口承文芸の重要性「La Sauge ： ふるさと四日市を知る本 ： 文化展望・
四日市」 四日市市文化まちづくり財団 （18）2001.3
竜灯松（塚田盛久）「La Sauge ： ふるさと四日市を知る本 ： 文化展望・
四日市」 四日市市文化まちづくり財団 （18）2001.3
夜泣石（上井静）「La Sauge ： ふるさと四日市を知る本 ： 文化展望・
四日市」 四日市市文化まちづくり財団 （18）2001.3
水を呼ぶ竜（黒宮朝子）「La Sauge ： ふるさと四日市を知る本 ： 文化
展望・四日市」 四日市市文化まちづくり財団 （18）2001.3
井戸のくぼ（藤木幹也）「La Sauge ： ふるさと四日市を知る本 ： 文化
展望・四日市」 四日市市文化まちづくり財団 （18）2001.3
猿塚（秋野信子）「La Sauge ： ふるさと四日市を知る本 ： 文化展望・
四日市」 四日市市文化まちづくり財団 （18）2001.3
四日市の民話データブック「La Sauge ： ふるさと四日市を知る本 ：
文化展望・四日市」 四日市市文化まちづくり財団 （18）2001.3
大山と練り物—近世四日市祭の民俗的構造（東條寛）「研究紀要」 四日市
市立博物館 9 2002.3
《特集 明日があるさ—大四日市まつりを考える》「La Sauge ： ふるさと
四日市を知る本 ： 文化展望・四日市」 四日市市文化まちづくり財団
（19）2002.3
今、まつりを考える「La Sauge ： ふるさと四日市を知る本 ： 文化展
望・四日市」 四日市市文化まちづくり財団 （19）2002.3
四日市祭の変遷—江戸時代から戦前まで（東條寛）「La Sauge ： ふるさ
と四日市を知る本 ： 文化展望・四日市」 四日市市文化まちづくり財
団 （19）2002.3
明日があるさ—大四日市まつりに寄せて（橋本裕之）「La Sauge ： ふる
さと四日市を知る本 ： 文化展望・四日市」 四日市市文化まちづくり
財団 （19）2002.3
インタビュー 山車と練り物—その発祥から課題まで「La Sauge ： ふる
さと四日市を知る本 ： 文化展望・四日市」 四日市市文化まちづくり
財団 （19）2002.3

結婚についての備忘録(田中清)「旧四日市を語る」 旧四日市を語る会 (13) 2002.4

よめどり(水谷英三)「旧四日市を語る」 旧四日市を語る会 (13) 2002.4

娘を九州の地を嫁がせて―その備忘録(原孝雄)「旧四日市を語る」 旧四日市を語る会 (13) 2002.4

結婚について(熊澤眞清)「旧四日市を語る」 旧四日市を語る会 (13) 2002.4

戦時下の婚礼(加藤穣)「旧四日市を語る」 旧四日市を語る会 (13) 2002.4

私の結婚式と独立開業の歩み(福森芳男)「旧四日市を語る」 旧四日市を語る会 (13) 2002.4

「私の結婚式」とその後(近藤正之)「旧四日市を語る」 旧四日市を語る会 (13) 2002.4

葬儀について(中島広一)「旧四日市を語る」 旧四日市を語る会 (13) 2002.4

昔の田舎の葬儀(太田安一)「旧四日市を語る」 旧四日市を語る会 (13) 2002.4

我が家の柿渋作り(太田安一)「旧四日市を語る」 旧四日市を語る会 (13) 2002.4

「折」について(佐藤健三)「旧四日市を語る」 旧四日市を語る会 (13) 2002.4

結婚ひとくち「旧四日市を語る」 旧四日市を語る会 (13) 2002.4

葬式について―論評(増原一眞)「旧四日市を語る」 旧四日市を語る会 (13) 2002.4

葬式ひとくち「旧四日市を語る」 旧四日市を語る会 (13) 2002.4

冠婚葬祭 特別例会「今昔を語ろう」記録(平成12.9.22)「旧四日市を語る」 旧四日市を語る会 (13) 2002.4

コメント 私の思い出の町/祭りと東海道「旧四日市を語る」 旧四日市を語る会 (13) 2002.4

書簡 会の運営―祭―について(西森卓)「旧四日市を語る」 旧四日市を語る会 (13) 2002.4

私見 邁・練・ねりについて(岡野繁松)「旧四日市を語る」 旧四日市を語る会 (13) 2002.4

子供の遊び(太田安一)「旧四日市を語る」 旧四日市を語る会 (14) 2003.4

小学校の頃の遊び(岩田英郎)「旧四日市を語る」 旧四日市を語る会 (14) 2003.4

子供の頃 勉強 遊び(西森卓)「旧四日市を語る」 旧四日市を語る会 (14) 2003.4

昔の遊びやおもちゃ(伊藤千世子)「旧四日市を語る」 旧四日市を語る会 (14) 2003.4

コメント 私の思い出 風俗・生活・学校生活/遊び/歌・唄・童謡/遊び一覧「旧四日市を語る」 旧四日市を語る会 (14) 2003.4

文集 勉強・学校・用事/遊び/修学旅行「旧四日市を語る」 旧四日市を語る会 (14) 2003.4

《特集 お茶と四日市》「La Sauge : ふるさと四日市を知る本 : 文化展望・四日市」 四日市市文化まちづくり財団 (21) 2004.3

茶の歴史と民俗(谷阪智佳子)「La Sauge : ふるさと四日市を知る本 : 文化展望・四日市」 四日市市文化まちづくり財団 (21) 2004.3

お茶と萬古急須の二人三脚(お茶コラム)(山本将子)「La Sauge : ふるさと四日市を知る本 : 文化展望・四日市」 四日市市文化まちづくり財団 (21) 2004.3

お茶と和菓子(お茶コラム)(中川輝雄)「La Sauge : ふるさと四日市を知る本 : 文化展望・四日市」 四日市市文化まちづくり財団 (21) 2004.3

企画展「伊勢の茶陶 萬古焼―古萬古・有節、そして四日市へ」(展覧会から)(岡村奉一郎)「研究紀要」 四日市市立博物館 (3) 2006.3

海の匂いのする町 富田かいわい/市場と港のある町 近鉄四日市～川原町かいわい/神さまの棲む町 日永～追分かいわい(〈四日市訪ね歩き のんびり気ままに出かけよう〉)「La Sauge : ふるさと四日市を知る本 : 文化展望・四日市」 四日市市文化まちづくり財団 (23) 2006.3

子どもの頃の遊び(〈わが町の「遊びの達人」たち〉―わたしの遊び考)(丹羽則夫)「La Sauge : ふるさと四日市を知る本 : 文化展望・四日市」 四日市市文化まちづくり財団 (23) 2006.3

四日市のおいしい水と酒「La Sauge : ふるさと四日市を知る本 : 文化展望・四日市」 四日市市文化まちづくり財団 (23) 2006.3

無常講がなくなった(回顧)(稲垣純子)「旧四日市を語る」 旧四日市を語る会 (18) 2007.5

回顧(259) お正月の昔の慣習(水谷弘子)「旧四日市を語る」 旧四日市を語る会 (19) 2008.11

回顧(260) しきたりの回想(川村美代子)「旧四日市を語る」 旧四日市を語る会 (19) 2008.11

回顧(261) 正月に関わる我が家のしきたり(原孝雄)「旧四日市を語る」 旧四日市を語る会 (19) 2008.11

回顧(262) しきたり(瀧たづ,柴田いつ)「旧四日市を語る」 旧四日市を語る会 (19) 2008.11

回顧(263) しきたりと回想(金津郁哉)「旧四日市を語る」 旧四日市を語る会 (19) 2008.11

回顧(264) しきたり(白峰圭子)「旧四日市を語る」 旧四日市を語る会 (19) 2008.11

回顧(265) しきたり(原孝雄)「旧四日市を語る」 旧四日市を語る会 (19) 2008.11

回顧(266) 商家のしきたり(鈴木裕)「旧四日市を語る」 旧四日市を語る会 (19) 2008.11

回顧(267) しきたりと回想(内山寛)「旧四日市を語る」 旧四日市を語る会 (19) 2008.11

回顧(268) 宝屋の家訓(服部幸市)「旧四日市を語る」 旧四日市を語る会 (19) 2008.11

回顧(269) 我が家のしきたり(野呂修)「旧四日市を語る」 旧四日市を語る会 (19) 2008.11

回顧(270) 我が家のしきたり(増原一眞)「旧四日市を語る」 旧四日市を語る会 (19) 2008.11

回顧(271) 我が家の訓戒について(西前延彦)「旧四日市を語る」 旧四日市を語る会 (19) 2008.11

回顧(272) しきたりと回想(森逸郎)「旧四日市を語る」 旧四日市を語る会 (19) 2008.11

回顧(273) しきたりと回想(小池英雄)「旧四日市を語る」 旧四日市を語る会 (19) 2008.11

回顧(274) しきたりと現況(稲垣純子)「旧四日市を語る」 旧四日市を語る会 (19) 2008.11

回顧(275) 商家のことば(岩田のぶ子)「旧四日市を語る」 旧四日市を語る会 (19) 2008.11

回顧(276) しきたり(森川つや子)「旧四日市を語る」 旧四日市を語る会 (19) 2008.11

回顧(280) 我家のしきたり(伊藤瑞穂)「旧四日市を語る」 旧四日市を語る会 (19) 2008.11

回顧(281) しきたり(阪崎衛)「旧四日市を語る」 旧四日市を語る会 (19) 2008.11

回顧(284) 学校教育を軸としたしきたりの回想 付規則等(岡野繁松)「旧四日市を語る」 旧四日市を語る会 (19) 2008.11

巻頭特集 四日市の食文化 朝市の笑顔/慈善橋の朝市/富洲原の競り市/四日市の市「La Sauge : ふるさと四日市を知る本 : 文化展望・四日市」 四日市市文化まちづくり財団 (26) 2009.03

うまいもの食べ歩き 汐見/そうめん最中/創作菓子/クリーム大福/太白永餅/羽衣/采女の里/ケーキ/洋菓子(〈特集 よっかいちうまいもの〉)「La Sauge : ふるさと四日市を知る本 : 文化展望・四日市」 四日市市文化まちづくり財団 (26) 2009.03

受け継ぐ 桶職人 藤見義勝さん/表具師 北岡賢さん/仏壇師 矢田敦嗣さん「La Sauge : ふるさと四日市を知る本 : 文化展望・四日市」 四日市市文化まちづくり財団 (26) 2009.03

回顧(287) 海老煎餅と鰹節(野呂修)「旧四日市を語る」 旧四日市を語る会 (20) 2010.03

回顧(291) 「四日市弁」二百選(野呂修)「旧四日市を語る」 旧四日市を語る会 (20) 2010.3

竹に命の息吹を吹き込む 太郎銘尺八工房 三浦太郎さん(特集 「造る・集める」ことの楽しみ)「La Sauge : ふるさと四日市を知る本 : 文化展望・四日市」 四日市市文化まちづくり財団 (27) 2010.03

こけしの温もりは母の温もり 古美術温好庵 伊原麻祐子さん(特集 「造る・集める」ことの楽しみ)「La Sauge : ふるさと四日市を知る本 : 文化展望・四日市」 四日市市文化まちづくり財団 (27) 2010.03

伝統を「守る」宮崎本店の酒造り 心和ませる酒の力「La Sauge : ふるさと四日市を知る本 : 文化展望・四日市」 四日市市文化まちづくり財団 (27) 2010.03

回顧(364) 四日市地区の梨についての私見(金津郁哉)「旧四日市を語る」 旧四日市を語る会 (22) 2012.6

回顧(369) 四日市市市民俗編に関わる思い出(岡本孝行)「旧四日市を語る」 旧四日市を語る会 (22) 2012.06

回顧(371) 憂うべき伝承の風化―序章(石川勝彦)「旧四日市を語る」 旧四日市を語る会 (22) 2012.06

よっかいち地域ごよみ(7) 四日市の代名詞のからくり山車 大入道「La Sauge : ふるさと四日市を知る本 : 文化展望・四日市」 四日市市文化まちづくり財団 (30) 2013.03

伊勢太神宮と四日市―浮世絵から探る(特集 伊勢と四日市―伊勢神宮遷宮記念)(秦昌弘)「La Sauge : ふるさと四日市を知る本 : 文化展望・四日市」 四日市市文化まちづくり財団 (31) 2013.11

郷土芸能から見た伊勢と四日市(特集 伊勢と四日市―伊勢神宮遷宮記念)(前田憲司)「La Sauge : ふるさと四日市を知る本 : 文化展望・四日市」 四日市市文化まちづくり財団 (31) 2013.11

伊勢は四日市で持つ 四日市は伊勢で持つ? 伊勢名物を包む四日市の技

と信頼 四日市印刷工業/神様へのお酒を造り80年 タカハシ酒造/親子二代で桶献納 桶職人 藤見義勝さん(特集 伊勢と四日市—伊勢神宮遷宮記念)「La Sauge ：ふるさと四日市を知る本 ： 文化展望・四日市」 四日市市文化まちづくり財団 （31） 2013.11

回顧（427） 吟詠と録音奉仕（渡部通廣）「旧四日市を語る」 旧四日市を語る会 （24） 2014.06

四日市市

神楽歌と細男舞の世界（上井久義）「研究紀要」 四日市市立博物館 5 1998.3

市内寺院所蔵品銘文集（2）—平成8年度四日市市内寺院調査から（田中伸一）「研究紀要」 四日市市立博物館 ㊄ 1998.3

資料紹介 四日市市域寺院所蔵の中・近世史料（播磨良紀）「四日市市史研究」 四日市市 13 2000.3

ふるさと点描 昭和の御大典（椙山満）「四日市市史研究」 四日市市 13 2000.3

企画展「萬古—流行と不易の焼物」（東條寛）「研究紀要」 四日市市立博物館 7 2000.3

市内寺院宝物調査銘文集（3）—平成9年・10年度調査から（田中伸一）「研究紀要」 四日市市立博物館 8 2001.3

白馬の恩返し（白峰圭子）「La Sauge ： ふるさと四日市を知る本 ： 文化展望・四日市」 四日市市文化まちづくり財団 （18） 2001.3

髪のびの井戸（岡田千香代）「La Sauge ： ふるさと四日市を知る本 ： 文化展望・四日市」 四日市市文化まちづくり財団 （18） 2001.3

弘法井戸（黒宮朝子）「La Sauge ： ふるさと四日市を知る本 ： 文化展望・四日市」 四日市市文化まちづくり財団 （18） 2001.3

かんこ踊りと太鼓踊り（東條寛）「研究紀要」 四日市市立博物館 11 2004.3

仏像調査報告書（赤川一博）「研究紀要」 四日市市立博物館 11/（13） 2004.3/2006.3

市内寺院調査報告（絵画）（田中伸一）「研究紀要」 四日市市立博物館 12 2005.3

明治陶磁器コレクションのなかの萬古焼（岡村奉一郎）「研究紀要」 四日市市立博物館 （13） 2006.3

萬古焼の文様について（岡村奉一郎）「研究紀要」 四日市市立博物館 （13） 2006.3

地酒をつくる人たちと地酒を愛する人たち（黒田加恵）「La Sauge ： ふるさと四日市を知る本 ： 文化展望・四日市」 四日市市文化まちづくり財団 （23） 2006.3

萬古焼窯跡出土窯道具について（竹内弘光）「三重県史研究」 環境生活部 （22） 2007.3

四日市市市内寺院調査報告（書跡）（田中伸一）「研究紀要」 四日市市立博物館 （14） 2007.3

色絵の系譜—萬古の生まれた時代（岡村奉一郎）「研究紀要」 四日市市立博物館 （14） 2007.3

萬古印の基礎的研究 古萬古・有節萬古の印について（衣斐唯子）「研究紀要」 四日市市立博物館 （14） 2007.3

四日市宿

宿場町の祭礼文化—四日市宿の場合（東條寛）「交通史研究」 交通史学会，吉川弘文館（発売） （50） 2002.7

来迎寺

資料紹介 善光寺（伊勢市）来迎寺（松阪市）兼帯住職妙有上人天保飢饉救済（施粥）記について（間宮忠夫）「伊勢郷土史草」 伊勢郷土会 （41） 2007.11

竜谷寺

青雲山龍谷寺（津田雄一郎）「奥熊野の民俗」 紀北民俗研究会 8 2004.1

竜泉寺

資料紹介 龍泉寺木造阿弥陀如来立像について（瀧川和也）「四日市市史研究」 四日市市 15 2002.3

漁師町

よっかいち地域ごよみ（5）漁師町の血が騒ぐ けんか祭り「La Sauge ： ふるさと四日市を知る本 ： 文化展望・四日市」 四日市市文化まちづくり財団 （28） 2011.03

蓮浄寺

蓮浄寺木造釈迦如来坐像について—近世初期在銘彫刻の一例（藤田直信）「三重の古文化」 三重郷土会庶務部 （97） 2012.03

鹿水亭

相可「鹿水亭」と六軒茶屋「湊屋」の変遷について（米本一美）「悠 ： 多気町郷土資料館だより」 多気町郷土資料館 （43） 2007.1

和具

『和具の方言』（西岡博子）「三重の古文化」 三重郷土会庶務部 通号94

2009.03

口絵 神祭弓祭鳥羽市浦村町本浦/答志町和具（特集 鳥羽市浦村町・答志町「神祭」）（津田豊彦［撮影］）「伊勢民俗」 伊勢民俗学会 （39） 2010.09

鳥羽市答志町和具の精霊舟流しについて（橋本好史）「伊勢民俗」 伊勢民俗学会 （42） 2013.12

「追憶（昭和十八年記）」より—和具（岡田重精）「伊勢民俗」 伊勢民俗学会 （42） 2013.12

和具浦

鳥羽市答志町和具浦の神祭報告（岡田照子）「伊勢民俗」 伊勢民俗学会 （40） 2011.09

鳥羽市答志町和具浦の神祭—離島に見る地域共同体の力（久志本まどか）「伊勢民俗」 伊勢民俗学会 （41） 2012.09

西日本

円光大師二十五霊場

円光大師二十五番霊場と尼崎巡拝講（1）（村上昭彦）「みちしるべ ： 尼崎郷土史研究会々誌」 尼崎郷土史研究会 （37） 2009.03

円光大師二十五霊場と房総のミニチュア霊場について（研究論文）（村上昭彦）「房総の郷土史」 千葉県郷土史研究連絡協議会 （39） 2011.05

『圓光大師丹後廿五箇所案内記』について―北近畿の法然上人霊場巡拝の旅（嵐光澈）「史談福智山」 福知山史談会 （715） 2011.10

円光大師二十五霊場の石造物（石仏論考）（村上昭彦）「日本の石仏」 日本石仏協会. 青娥書房（発売） （141） 2012.03

沖の太道

猿田彦紀行「沖の太道」を行く―大宮・鳴戸・神戸から塩竈・隠岐の島へ（鎌田東二）「あらはれ ： 猿田彦大神フォーラム年報 ： ひらかれる未来神話」 猿田彦大神フォーラム 2 1999.10

菅公聖跡巡拝

1月特別例会報告（1月25日）菅公聖跡巡拝 初天神（例会報告と一口メモ）（川村淳二）「左海民俗」 堺民俗会 （139） 2012.05

関西

関西の隔夜信仰［1］～（4）（浜田謙次）「史迹と美術」 史迹美術同攷会 67（5）/70（10）通号710 1997.6/2000.12

関西のエイサー祭りに関する一考察―がじゅまるの会における役割（成定洋子）「沖縄民俗研究」 沖縄民俗学会 通号18 1998.3

近世関西漁民の出稼と移住―久我寿男家史料から（菅根幸裕）「勝浦市史研究」 勝浦市教育委員会 5 1999.3

〔書評と紹介〕 八木透編『フィールドから学ぶ民俗学―関西の地域と伝承』（有安美加）「民俗文化」 近畿大学民俗学研究所 （13） 2001.3

関西の三大奇祭（平岩道男）「伊那路」 上伊那郷土研究会 47（4）通号555 2003.4

昭和30～40年代の関西歌舞伎（河内厚郎）「館報池田文庫」 阪急学園池田文庫 （33） 2008.12

関西文化の日記念講演会要旨 農具に見る古代の息吹（河野通明）「奈良県立民俗博物館だより」 奈良県立民俗博物館 37（1）通号102 2011.03

関西の社寺参拝（話のひろば）（神代祥男）「大内文化探訪 ： 会誌」 大内文化探訪会 （30） 2012.05

芸予

芸予における鎌倉後期の石工念心の石塔を訪ねて（上）（報告）（十亀幸雄）「遺跡」 遺跡発行会 （46） 2012.04

芸予諸島

芸予諸島をたずねて―大三島大山祇神社、能島村上水軍資料館、亀老山展望台公園（助信淳子）「かんべ」 可部郷土史研究会 82 1998.10

芸予諸島と伊予―宮大山祇神社《大会特集 海と風土―瀬戸内海地域の生活と交流》―〈問題提起〉（山内治朗）「地方史研究」 地方史研究協議会 51（4）通号292 2001.8

芸予諸島の神楽―蒲刈町宮盛のダイバと吉丸（三村泰臣）「まつり通信」 まつり同好会 42（2）通号492 2002.1

芸予諸島の神楽（三村泰臣）「広島民俗」 広島民俗学会 61 2004.3

西国

『西国中道筋日記』（喜代吉栄徳）「四国辺路研究」 海王舎 11 1997.5

西国東南部のぶっちょう造り（原田英祐）「土佐民俗 ： 土佐民俗会誌」 土佐民俗学会 70 1998.3

中世の法華宗関係文書を読む―西国編（重永卓爾）「季刊南九州文化」 南九州文化研究会 83 2000.4

巡礼研究会第56回例会 柴谷宗叔氏「現代巡礼者の実態と分析―四国、西国アンケート調査から」/内海寧子氏「大坂と近在における中山寺信仰―「年頭廻山帳」の史料紹介（中山和久）「巡礼研究会通信」 巡礼研究会 （57） 2007.8

2010年12月17日（於・立正大学） 鎌倉極楽寺流律家の西国展開―播磨国報恩寺を中心に（研究例会報告要旨）（大塚紀弘）「地方史研究」 地方史研究協議会 61（3）通号351 2011.06

鎌倉極楽寺流律家の西国展開―播磨国報恩寺を中心に（大塚紀弘）「地方史研究」 地方史研究協議会 61（3）通号357 2012.06

書札礼からみた室町・戦国期西国社会の儀礼秩序（研究報告）（小久保嘉紀）「年報中世史研究」 中世史研究会 （38） 2013.05

瀬戸内

中世瀬戸内の船について（竹林栄一）「岡山県立博物館研究報告」 岡山県立博物館 通号18 1997.3

瀬戸内の鯛網漁の歴史的考察「瀬戸内海歴史民俗資料館紀要」 瀬戸内海歴史民俗資料館 通号10 1997.3

瀬戸内地方の網漁業技術史の諸問題（続）「瀬戸内海歴史民俗資料館紀要」 瀬戸内海歴史民俗資料館 通号10 1997.3

瀬戸内地方東部の網の伝播にともなう漁業技術の変革（真鍋篤行）「民具研究」 日本民具学会 通号116 1997.12

瀬戸内の網縮漁について（山本秀夫）「民具研究」 日本民具学会 通号117 1998.3

瀬戸内地方の網漁業技術史の諸問題（真鍋篤行）「民具研究」 日本民具学会 通号117 1998.3

瀬戸内の鯛網漁について（山本秀夫）「香川史学」 香川歴史学会 （25） 1998.7

瀬戸内の櫓屋調査報告「瀬戸内海歴史民俗資料館紀要」 瀬戸内海歴史民俗資料館 通号12 1999.3

企画展「瀬戸内の木造船」（記録）「潮待ちの館資料館だより」 福山市鞆の浦歴史民俗資料館 23 1999.8

《特集 瀬戸内を生きた人々》「自然と文化」 日本ナショナルトラスト 通号62 2000.1

対談 瀬戸内に生きた漁民たち（沖浦和光、谷川健一）「自然と文化」 日本ナショナルトラスト 通号62 2000.1

瀬戸内の船運と港（山内譲）「自然と文化」 日本ナショナルトラスト 通号62 2000.1

瀬戸内の万葉地名について（小見山輝）「自然と文化」 日本ナショナルトラスト 通号62 2000.1

瀬戸内の西の門（伊藤彰）「自然と文化」 日本ナショナルトラスト 通号62 2000.1

瀬戸内の櫓屋銛「瀬戸内海歴史民俗資料館紀要」 瀬戸内海歴史民俗資料館 （13） 2000.3

平成12（2000）年度 民俗部門展「瀬戸内の塩業」「広島県立歴史博物館ニュース」 広島県立歴史博物館 43 2000.5

瀬戸内における地方大工の出現について（三浦正幸）「内海文化研究紀要」 広島大学大学院文学研究科附属内海文化研究施設 （29） 2001.3

瀬戸内の入浜塩田における塩田技術の伝播に関する考察―浜道具や浜引図（歳森茂）「民具マンスリー」 神奈川大学 34（11）通号407 2002.2

瀬戸内の塩田語地図（1）（歳森茂）「岡山民俗」 岡山民俗学会 217 2002.8

瀬戸内の塩田語地図（3）（歳森茂）「民具集積」 四国民具研究会 （8） 2003.3

瀬戸内入浜塩田の塩田語彙（1）ア行～タ行（歳森茂）「岡山民俗」 岡山民俗学会 （221） 2004.7

「瀬戸内の万葉」記念講演会記録 万葉集の旅の歌（佐佐木幸綱）「潮待ちの館資料館だより」 福山市鞆の浦歴史民俗資料館 33 2004.8

「塵輪」「牛鬼」伝説考―「新羅」来襲伝説と瀬戸内の妖怪伝承（水上勲）「帝塚山大学人文科学部紀要」 帝塚山大学人文科学部 （18） 2005.11

瀬戸内入浜塩田の採かん用具―エブリとスクイコミー（歳森茂）「民具マンスリー」 神奈川大学 38（11）通号455 2006.2

「瀬戸内の塩業」（考古・歴史・民俗部門展）「広島県立歴史博物館ニュース」 広島県立歴史博物館 （66） 2006.2

中部瀬戸内・位牌背負う盆踊りの覚え書き「瀬戸内海歴史民俗資料館紀要」 瀬戸内海歴史民俗資料館 （18） 2006.3

瀬戸内入浜塩田の採かん用具―ニナイオケ（歳森茂）「岡山民俗」 岡山民俗学会 通号227 2006.8

東部瀬戸内におけるマダコ壺漁の検討（田村隆明）「香川考古」 香川考古刊行会 （11） 2009.05

2009年10月例会 研究発表「二十四輩ミニ巡礼について―四国瀬戸内沿岸地域を中心に―」 橋本章彦氏（大谷めぐみ）「日本宗教民俗学会通信」 日本宗教民俗学会 （126） 2010.04

伝承を訪ねる旅（5）―周防・下関 瀬戸内を行き交う人々（堀井建市）「河内どんこう」 やお文化協会 （91） 2010.6

島嶼の開発と鼠―瀬戸内の民俗文化の特質（印南敏秀）「岡山民俗」 岡山民俗学会 （232） 2011.12

海と墓―瀬戸内と南島を例に（万葉古代学研究所第5回委託共同研究報告―魂の行方）（角南聡一郎）「万葉古代学研究年報」 奈良県立万葉文化館 （10） 2012.3

基調報告 宮本常一写真の可能性―瀬戸内と三河のフィールドワークを通して（日本民具学会第36回大会 宮本常一没後30周年記念シンポジウム「宮本常一 写真による生活文化研究」）（印南敏秀）「民具研究」 日本民具学会 （146） 2012.10

調査研究ノート（19） 瀬戸内地方の布をめぐる文化を探る「The Kagawa Museum news」 香川県立ミュージアム 25 2014.6

瀬戸内海

瀬戸内海の祭り（口絵写真）（渡辺良正）「民俗文化」 近畿大学民俗学研究所 （10） 1998.3

播磨と瀬戸内海 海の祭りと伝説の伝播（橘川真一）「自然と文化」 日本ナショナルトラスト 通号62 2000.1

中世瀬戸内海地域の海賊と水運（犬持雅武）「帝塚山大学大学院人文科学研究科紀要」 帝塚山大学大学院人文科学研究科 （2） 2001.1

檜屋銛と船手銛「瀬戸内海歴史民俗資料館紀要」 瀬戸内海歴史民俗資料館 （14） 2001.3

古代の藻塩づくりについて「瀬戸内海歴史民俗資料館紀要」 瀬戸内海歴史民俗資料館 （14） 2001.3

弁才船住吉丸について（木下浩）「岡山県立博物館だより」 岡山県立博物館 57 2002.3

櫓の形態差と職人「瀬戸内海歴史民俗資料館紀要」 瀬戸内海歴史民俗資料館 （15） 2002.12

瀬戸内海島嶼部及び沿岸部の遺跡踏査―古代海上交通と祭祀に関して（古瀬清秀、打田知之、八幡浩二）「内海文化研究紀要」 広島大学大学院文学研究科附属内海文化研究施設 （31） 2003.3

瀬戸内海島嶼部の出稼ぎ―研究史の整理と若干の提言（松田睦彦）「民俗学研究所紀要」 成城大学民俗学研究所 27 2003.3

古代の飯蛸壺縄漁に関する一考察（上），（下）「瀬戸内海歴史民俗資料館紀要」 瀬戸内海歴史民俗資料館 （16）/（17） 2003.12/2005.3

水押の優越―瀬戸内海型海船の広域伝播（織野英史）「利根川文化研究」 利根川文化研究会 通号25 2004.8

講演西中国山地と瀬戸内海の神楽（三村泰臣）「山陰民俗研究」 山陰民俗学会 （10） 2005.2

瀬戸内海紀行 浦島太郎伝説の半島（香川県三豊市詫間町）「郷土史紀行」 ヒューマン・レクチャー・クラブ （47） 2007.11

資料紹介 宗像大社一切経奥書にみえる瀬戸内海の地名（岡野浩二）「芸備地方史研究」 芸備地方史研究会 （263） 2008.10

目で見る古代の伊予 法隆寺勢力の瀬戸内海進出と古代の伊予（1）〜（4）（吉本拡）「新居浜史談」 新居浜郷土史談会 （381）/（384） 2010.10/2011.7

瀬戸内海漁村における女性の働き―畑作の消滅と漁業の専業化から（荒一能）「常民文化」 成城大学常民文化研究会 （34） 2011.03

瀬戸内海の俵物生産について（研究報告要旨）（門田恭一郎）「芸備地方史研究」 芸備地方史研究会 （285） 2013.4

瀬戸内海における御島喰神事（栢木希望）「尾道市立大学日本文学論叢」 尾道市立大学日本文学会 （9） 2013.12

海の儀礼食（鯛）から―瀬戸内海を中心とした鯛文化（第2回「東海地方の海里山の食文化研究」シンポジウム『海里山の儀礼食をめぐって』）（印南敏秀）「愛知大学綜合郷土研究所紀要」 愛知大学綜合郷土研究所 59 2014.3

中部瀬戸内海

中部瀬戸内海地域の王墓と王（〈第7回神在月古代文化シンポジウム 弥生王墓誕生―出雲に王が誕生した時〉―報告）（大久保徹也）「しまねの古代文化 : 古代文化記録集」 島根県古代文化センター （15） 2008.3

南海

真覚寺日記にみる安政大地震津波による宇佐の被害状況（岡林正十郎）「土佐地域文化」 土佐地域文化研究会 （7） 2003.7

稲むらの火―安政南海地震（1）（毛利俊男）「秦史談」 秦史談会 （154） 2009.12

「稲むらの火」のその後（広谷喜十郎）「秦史談」 秦史談会 （155） 2010.1

安政南海地震（2）―稲むらの火 前号のつづき（毛利俊男）「秦史談」 秦史談会 （155） 2010.1

西日本

「船霊」と「船の目」と（楠本正）「西日本文化」 西日本文化協会 331 1997.5

仏作って魂入れず（佐々木哲哉）「西日本文化」 西日本文化協会 336 1997.11

スギの話（宮島寛）「西日本文化」 西日本文化協会 336 1997.11

町田市立博物館特別展「獅子頭―西日本を中心に」（〔展示批評〕）（佐藤広）「民具研究」 日本民具学会 通号116 1997.12

時壇・垣結い（秀村選三）「西日本文化」 西日本文化協会 341 1998.5

庶民の祈り 民家の鏝絵（中島忠雄）「西日本文化」 西日本文化協会 343 1998.7

庶民の信仰と娯楽と―人形操りの変遷（佐々木哲哉）「西日本文化」 西日本文化協会 348 1999.1

生きている煙の芸術―「煤竹」の美に寄せて（木附久登）「西日本文化」 西日本文化協会 350 1999.4

時壇・伝統行事の存続（佐々木哲哉）「西日本文化」 西日本文化協会 351 1999.5

神牛と鯰―その不可思議と神秘と（半田隆夫）「西日本文化」 西日本文化協会 354 1999.8

時壇・「粗食」でも「素食」でもよいけれど（安間隆次）「西日本文化」 西日本文化協会 357 1999.12

河童の棲む風景（鶴島正男）「西日本文化」 西日本文化協会 357 1999.12

《新春特集 お正月10人10話》「西日本文化」 西日本文化協会 358 2000.1

お正月幾星霜（尾形節子）「西日本文化」 西日本文化協会 358 2000.1

元旦の「ちくしょう」―ある家族誌から（重信幸彦）「西日本文化」 西日本文化協会 358 2000.1

初詣でのことなど―お正月変遷小史（田中丸勝彦）「西日本文化」 西日本文化協会 358 2000.1

雑煮談義―違いに見る風土と家の歴史（秀村選三）「西日本文化」 西日本文化協会 358 2000.1

時壇・祭礼の桟敷席（佐々木哲哉）「西日本文化」 西日本文化協会 359 2000.3

鰻の附録（谷川のり子）「西日本文化」 西日本文化協会 366 2000.11

〈第4章 絵馬物語〉「西日本文化」 西日本文化協会 368 2001.1

瓢の辞集め（緒方昭一）「西日本文化」 西日本文化協会 369 2001.3

流人と離島文化（安川浄生）「西日本文化」 西日本文化協会 371 2001.5

西日本の伝統的養蜂の技術（宅野幸徳）「自然と文化」 日本ナショナルトラスト 通号67 2001.11

〈四季を彩る祭りと観光〉「西日本文化」 西日本文化協会 376 2001.11

氏神と神幸祭（木村晴彦）「西日本文化」 西日本文化協会 376 2001.11

まつり・アラカルト（広野司，日野文雄）「西日本文化」 西日本文化協会 376 2001.11

新春大座談会 地域の文化、今とこれから（吉田清司，松本昇三，錦織亮介，西高辻信良，植木とみ子，安間隆次）「西日本文化」 西日本文化協会 378 2002.1

西日本潜水方言考―ツブリ系潜水語とスムの成立（和田須三男）「山陰民俗研究」 山陰民俗学会 （7） 2002.2

時壇 茶臼雑感（橋口達也）「西日本文化」 西日本文化協会 379 2002.3

天神さまと寺子屋（谷伝平）「西日本文化」 西日本文化協会 379 2002.3

エッセイシリーズ・土の記憶 炉端の暮らし（佐々木哲哉）「西日本文化」 西日本文化協会 380 2002.4

エッセイシリーズ・土の記憶 荒神まつり（佐々木哲哉）「西日本文化」 西日本文化協会 382 2002.6

御年寄・米崎の祈り（横田武子）「西日本文化」 西日本文化協会 383 2002.7

赤米の舞（森弘子）「西日本文化」 西日本文化協会 388 2003.1

「聖」と「賤」 海峡の上膈たち（柿田半周）「西日本文化」 西日本文化協会 388 2003.1

奇談怪談（2）〜（6）（中村浩理）「西日本文化」 西日本文化協会 390/406 2003.4/2004.11

絵馬を描いた絵師たち―絵馬師・町絵師・御用絵師（魚里洋一）「西日本文化」 西日本文化協会 392 2003.6

薬蛇への思い（竹内幸夫）「西日本文化」 西日本文化協会 394 2003.8

正月と一家団欒（重信幸彦）「西日本文化」 西日本文化協会 398 2004.1

胡桃沢勘司著『西日本庶民交易史の研究』（書評）（西海賢二）「日本民俗学」 日本民俗学会 通号237 2004.2

仏陀の笑・氷柱の眼（安間隆次）「西日本文化」 西日本文化協会 400 2004.4

西日本 顔ライブ（66） 坑夫人形（前川雅夫）「西日本文化」 西日本文化協会 400 2004.4

旅立ち風習「賦」の事（橋口俊二）「西日本文化」 西日本文化協会 402 2004.6

創られた正月行事―初詣の由来を考える（広渡次郎）「西日本文化」 西日本文化協会 408 2005.1

欠史八代の足跡孝霊天皇の鬼退治の伝承（田邊英治）「歴研よこはま」 横浜歴史研究会 （56） 2004.11

エッセイシリーズ・土の記憶種籾と穀霊と（佐々木哲哉）「西日本文化」 西日本文化協会 412 2005.7

千葉・茨城・栃木・群馬・山梨・神奈川・静岡・宮城・岡山・熊本の鳥八臼一覧表（関口渉）「野仏 : 多摩石仏の会機関誌」 多摩石仏の会 36 2005.7

エッセイシリーズ・土の記憶田の神様（佐々木哲哉）「西日本文化」　西日本文化協会　414　2005.9

大三話　犬と人とのかかわり（佐々木哲哉）「西日本文化」　西日本文化協会　通号417　2006.1

エッセイシリーズ・土の記憶　田植えア・ラ・カルト（佐々木哲哉）「西日本文化」　西日本文化協会　通号420　2006.4

続・絵馬シリーズ（1）くらわんか舟（楠本正）「西日本文化」　西日本文化協会　通号422　2006.8

続・稲魂の送迎と祖先祭祀について（大部志保）「西日本文化」　西日本文化協会　通号422　2006.8

続・絵馬シリーズ（2）、（3）戊辰戦争図（1）、（2）（楠本正）「西日本文化」　西日本文化協会　通号423/通号424　2006.10/2006.12

食の歳時記・特別編《《特集 食と正月》》（戸谷満智子）「西日本文化」　西日本文化協会　通号424　2006.12

おせち料理《《特集 食と正月》》（木下峰子）「西日本文化」　西日本文化協会　通号424　2006.12

節句と行事食にみる生活の知恵《《特集 食と正月》》（山崎美枝子）「西日本文化」　西日本文化協会　通号424　2006.12

海音寺文学における正月料理《《特集 食と正月》》（古閑章）「西日本文化」　西日本文化協会　通号424　2006.12

木簡・墨書土器からみたマツリ《《特集 原始～古代のト占とマツリ》》（酒井芳司）「西日本文化」　西日本文化協会　通号425　2007.2

ホトを射る矢《《特集 原始～古代のト占とマツリ》》（山口譲治）「西日本文化」　西日本文化協会　通号425　2007.2

続・絵馬シリーズ（4）、（5）西南戦争絵馬（1）、（2）（楠本正）「西日本文化」　西日本文化協会　通号425/通号426　2007.2/2007.4

続・絵馬シリーズ（6）、（7）日清戦争（1）、（2）（楠本正）「西日本文化」　西日本文化協会　通号427/通号428　2007.6/2007.8

いも地蔵と下見吉十郎（1）～（8）、（完結編）（坂井吉徳）「わが町三原」　みはら歴史と観光の会　198/214　2007.9/2009.01

正月の鬼（高瀬美代子）「西日本文化」　西日本文化協会　通号430　2007.12

続・絵馬シリーズ（8）、（9）日露戦争（1）、（2）（楠本正）「西日本文化」　西日本文化協会　通号430/通号432　2007.12/2008.4

一在地武士の食生活（2）（安陪光正）「西日本文化」　西日本文化協会　通号430　2007.12

広がる会員の輪 二十四節気 旬と食（牧井忠）「西日本文化」　西日本文化協会　通号431/通号442　2008.2/2009.10

一在郷武士の食生活《《特集 黒田武士の形と暮らし》》（安陪光正）「西日本文化」　西日本文化協会　通号432　2008.4

庶民生活遺産訪問記（1）鰹節削り機（阪東裕一）「西日本文化」　西日本文化協会　通号432　2008.4

耳庵お道具の茶会（広がる会員の輪）（篠田洋子）「西日本文化」　西日本文化協会　通号432　2008.4

天道花考（吉川壽洋）「あかね」　御坊文化財研究会　（32）　2008.5

神楽仮面の源流（高見乾司）「西日本文化」　西日本文化協会　通号433　2008.6

風土に生きる野菜づくり（岩崎政利）「西日本文化」　西日本文化協会　通号433　2008.6

続・絵馬シリーズ（10）日露戦争以後（楠本正）「西日本文化」　西日本文化協会　通号433　2008.6

庶民生活遺産訪問記（2）煎餅焼き機（阪東裕一）「西日本文化」　西日本文化協会　通号433　2008.6

庶民生活遺産訪問記（3）地サイダー製造器（阪東裕一）「西日本文化」　西日本文化協会　通号434　2008.8

八朔のお節供（佐々木哲哉）「西日本文化」　西日本文化協会　通号434　2008.8

キリシタン史と「列福」の意義 殉教した188人の「福者」たち（山本正興）「西日本文化」　西日本文化協会　通号434　2008.8

続・絵馬シリーズ（最終回）絵馬余話（楠本正）「西日本文化」　西日本文化協会　通号434　2008.8

庶民生活遺産訪問記（4）黒棒製造器（阪東裕一）「西日本文化」　西日本文化協会　通号435　2008.10

庶民生活遺産訪問記（5）蒲鉾製造器（阪東裕一）「西日本文化」　西日本文化協会　通号436　2008.12

江戸中期（17世紀後半）一在郷武士の食生活（5）娯楽（安陪光正）「西日本文化」　西日本文化協会　通号437　2009.02

西日本における竹箕の製作技法と分析視点―「竹箕」と「藤箕」をめぐって（森本仙介）「民具研究」　日本民具学会　（139）　2009.03

天神さまと牛（味酒安則）「西日本文化」　西日本文化協会　通号439　2009.06

カッパは心（香月靖晴）「西日本文化」　西日本文化協会　通号441　2009.10

コラム 三味線墓に見る庶民交流の広がり（香月靖晴）「西日本文化」　西日本文化協会　通号441　2009.10

コラム 川辺の祈りと祭り（長谷川富恵）「西日本文化」　西日本文化協会　通号441　2009.10

新春座談会 神社の歴史が語る日本の心（高向正秀，西高辻信良，日名子泰通）「西日本文化」　西日本文化協会　通号448　2010.12

神力坊と三巻上人の経筒―西日本の廻国経筒（2）（足立順司）「静岡県埋蔵文化財調査研究所研究紀要」　静岡県埋蔵文化財調査研究所　（17）　2011.01

晴れても降っても釣り三昧 6―7月 "あやかり"魚の悲哀（富松由紀）「西日本文化」　西日本文化協会　（457）　2012.06

鳥勧進の起源 第2部 鳥勧進にみる西日本と東日本（木村成生）「散歩の手帖」　木村成生　（26）　2013.10

伝説を旅する（2）「苅萱石堂丸物語」（高瀬美代子）「西日本文化」　西日本文化協会　（468）　2014.04

伝説を旅する（3）「苅萱石堂丸物語」つづき（1）（高瀬美代子）「西日本文化」　西日本文化協会　（472）　2014.12

二十五箇所

二十五箇所と二十四輩のこと「四国辺路研究」　海王舎　（25）　2006.6

備讃瀬戸漁場

備讃瀬戸漁場のヤマアテ習俗「瀬戸内海歴史民俗資料館紀要」　瀬戸内海歴史民俗資料館　（20）　2008.3

法然上人二十五霊場

法然上人二十五霊場と御影信仰《《特集 10周年記念》》（山本博子）「日本宗教文化史研究」　日本宗教文化史学会　11（1）通号21　2007.5

近畿

上方

歌舞伎資料としての上方役者絵（北川博子）「館報池田文庫」 阪急学園池田文庫 11 1997.10

上方落語 はめものきっかけ帳(10) 「馬子茶屋」～「禍は下」（小佐田定雄）「芸能懇話」 大阪芸能懇話会 (11) 1997.11

特集 上方落語の噺—極め付け30席「芸能懇話」 大阪芸能懇話会 (12) 1999.3

さえずり会の発足—戦後の上方落語（最終回）（桂米之助）「芸能懇話」 大阪芸能懇話会 (12) 1999.3

上方落語はめものきっかけ帳 最終回・番外編—新作落語篇（小佐田定雄）「芸能懇話」 大阪芸能懇話会 (12) 1999.3

明治6年の上方詣りの話（大嶽藤雄）「諫早史談」 諫早史談会 31 1999.3

甦る上方落語—戦後落語史（相羽秋夫）「大阪春秋」 新風書房 28(2)通号99 2000.6

講演要旨 双六にみる上方歌舞伎—4月23日 歌舞伎絵看板展（荻田清）「館報池田文庫」 阪急学園池田文庫 17 2000.10

上方との文化的・経済的交流の重大性—九十九里漁業の歴史の一端（川村優）「房総の郷土史」 千葉県郷土史研究連絡協議会 (32) 2004.3

芦屋役者と上方役者（野間栄）「崗」 芦屋町郷土史研究会 31 2005.1

昭和3年の上方参り—参宮旅行日記から（進藤孝一）「秋田民俗」 秋田文化出版 31 2005.6

《特集 上方の寄席》「芸能懇話」 大阪芸能懇話会 (16) 2005.8

上方の寄席全索引「芸能懇話」 大阪芸能懇話会 (16) 2005.8

上方落語小史《《特集 上方落語》》（露の五郎兵衛）「大阪春秋」 新風書房 34(2)通号123 2006.7

寄席から演芸場へ—寄席小屋繁ణ記《《特集 上方落語》》（相羽秋夫）「大阪春秋」 新風書房 34(2)通号123 2006.7

新作落語とは…《《特集 上方落語》》（くまざわあかね）「大阪春秋」 新風書房 34(2)通号123 2006.7

手作りの「寄席」をめぐる《《特集 上方落語》》（栗本智代）「大阪春秋」 新風書房 34(2)通号123 2006.7

手話落語一代《《特集 上方落語》》（桂福団治）「大阪春秋」 新風書房 34(2)通号123 2006.7

上方落語家系図《《特集 上方落語》》（編集部）「大阪春秋」 新風書房 34(2)通号123 2006.7

わが青春と上方落語《《特集 戦後の上方落語—四天王寺か島之内まで》》（田中靖治）「芸能懇話」 大阪芸能懇話会 (17) 2006.8

戦後の上方落語年表《《特集 戦後の上方落語—四天王寺か島之内まで》》（樋口保美）「芸能懇話」 大阪芸能懇話会 (17) 2006.8

資料 昭和40年代落語会の記録《《特集 戦後の上方落語—四天王寺か島之内まで》》（田中靖治）「芸能懇話」 大阪芸能懇話会 (17) 2006.8

地方新聞に見る大正の落語(1) 大正1・2年《《特集 戦後の上方落語—四天王寺か島之内まで》》（友成好男）「芸能懇話」 大阪芸能懇話会 (17) 2006.8

八人芸《《特集 戦後の上方落語—四天王寺か島之内まで》》（樋口保美）「芸能懇話」 大阪芸能懇話会 (17) 2006.8

熱田社の和歌と文学(20) 上方刊年中行事書の場合（八木意知男）「あつた」 熱田神宮庁 (219) 2008.7

桂米朝『米朝上方落語選』（中特集 私のこの一冊）（芝光明）「芸能懇話」 大阪芸能懇話会 (19) 2008.8

上方舞（地唄舞）・山村流について（山下忠男）「西宮文化協会会報」 西宮文化協会 (499) 2009.10

上方まんざい八百年史（大和萬歳資料集）（前াম 勇）「秋篠文化」 秋篠音楽堂運営協議会 特別号 2012.02

新刊紹介 小島瓔禮著『歌三弦往来—三弦音楽の伝播と上方芸能の形成—』（波照間永吉）「沖縄文化」 沖縄文化協会 46(2)通号112 2012.11

5代目笑福亭松鶴の「上方はなし」—近代上方落語資料としての可能性（随想春秋）（竹村明日香）「大阪春秋」 新風書房 41(2)通号151 2013.07

「有栖川有栖と読み解く、上方の古典芸能」について（河内厚郎）「西宮文化協会会報」 西宮文化協会 (551) 2014.02

紀伊山地

関西の話題(3) 紀伊山地の霊場と参詣道（横山高治）「大阪春秋」 新風書房 32(3)通号116 2004.10

木津川

木津川沿いの仏像—伊賀から加茂へ（赤川一博）「近畿文化」 近畿文化会事務局 639 2003.2

万葉の歌から考えるひだのたくみと木津川流送（桐谷忠夫）「飛騨春秋：飛騨郷土学会誌」 高山市民時報社 521 2004.6

北近畿

北近畿を訪れた念仏行者 徳本と是得の名号（嵐光澂）「史談福智山」 福知山史談会 (662) 2007.5

北近畿における法然の伝承（嵐光澂）「史談福智山」 福知山史談会 (741) 2013.12

北近畿での信州善光寺廻国開帳について（嵐光澂）「史談福智山」 福知山史談会 (742) 2014.01

畿内

知られざる畿内のキリシタン大名（境淳伍）「民俗文化」 滋賀民俗学会 442 2000.7

近世畿内三昧聖の自己認識と葬送文化—近世畿内三昧聖研究の課題（木下光生）「明日を拓く」 東日本部落解放研究所，解放書店（発売）30(4)通号54 2004.3

厠考II チュウギ文化の意味するもの(1) 畿内のチュウギと飛騨（浅野弘光）「郷土研究・岐阜：岐阜県郷土資料研究協議会会報」 岐阜県郷土資料研究協議会 (99) 2005.3

畿内（河内・大和）の古寺心礎を探る（荻田昭次）「わかくす：河内ふるさと文化誌」 わかくす文芸研究会 (47) 2005.5

近世畿内近国民衆の葬送文化と死生観《特集 近世社会における民衆と「死」—死生観と墓標をめぐって》）（木下光生）「民衆史研究」 民衆史研究会 (73) 2007.6

〈研究報告 畿内における戦国・織豊期の備前焼《《備前歴史フォーラム 備前と茶陶—16・17世紀の変革》》「備前市歴史民俗資料館紀要」 備前市歴史民俗資料館 (9) 2007.10

畿内における前期古墳の粘土槨の葬送儀礼とその出現（宮本繁雄）「古代史の海」 「古代史の海」の会 (52) 2008.6

近畿

田の神祭祀「アエノコト」の象徴性（佐々木康人）「近畿民俗：近畿民俗学会会報：Bulletin of the Folklore Society of Kinki」 近畿民俗学会 150 1998.3

『近畿地方村落の史的研究』（国立歴史民俗博物館研究報告第69集）—構成と内容《《特集 『近畿地方村落の史的研究』（国立歴史民俗博物館研究報告第69集）の発刊によせて》》（高橋修）「和歌山地方史研究」 和歌山地方史研究会 34 1998.3

研究ノート 近畿地方および奄美諸島の石敢当について（久永元利）「南島史学」 南島史学会 通号51 1998.5

伝説と石塔（藤沢典彦）「近畿文化」 近畿文化会事務局 584 1998.7

"六十六部満願成就行列絵巻"についての一考察（奥村隆彦）「近畿民俗：近畿民俗学会会報：Bulletin of the Folklore Society of Kinki」 近畿民俗学会 155 1999.3

文楽への招待—大夫・三味線・人形の表現と鑑賞（高木浩志）「近畿文化」 近畿文化会事務局 608 2000.7

仏像技法シリーズ(3) 巨大金銅仏（赤川一博）「近畿文化」 近畿文化会事務局 609 2000.8

マメと女性—トジマメの意味について（岸本誠司）「近畿民俗：近畿民俗学会会報：Bulletin of the Folklore Society of Kinki」 近畿民俗学会 (160・161) 2000.9

祭祀の場所についての一考察—榊刺しの一事例から（加藤幸治）「近畿民俗：近畿民俗学会会報：Bulletin of the Folklore Society of Kinki」 近畿民俗学会 (160・161) 2000.9

瘧病みの小町伝承（明川忠夫）「近畿民俗：近畿民俗学会会報：Bulletin of the Folklore Society of Kinki」 近畿民俗学会 (160・161) 2000.9

文政13年のおかげ踊りの再検討—飛神明・民俗芸能の視点から（山形隆司）「奈良歴史研究」 奈良歴史研究会 (55) 2001.1

轆轤首考—怪異と女性（前坂英樹）「近畿民俗：近畿民俗学会会報：Bulletin of the Folklore Society of Kinki」 近畿民俗学会 (162・163) 2001.3

都市の生業に見る歳時習俗（田野登）「近畿民俗：近畿民俗学会会報：Bulletin of the Folklore Society of Kinki」 近畿民俗学会 (162・

163) 2001.3

律宗そして融通念仏から六斎念仏へ（奥村隆彦）「近畿民俗 ： 近畿民俗学会会報 ： Bulletin of the Folklore Society of Kinki」 近畿民俗学会 （162・163） 2001.3

民俗における「地域」の形成の様相―地域福祉研究の前提として（林英一）「近畿民俗 ： 近畿民俗学会会報 ： Bulletin of the Folklore Society of Kinki」 近畿民俗学会 （162・163） 2001.3

〔新刊紹介〕白石太一郎（研究代表者）『近畿地方における中・近世墓地の基礎的研究』（村木二郎）「墓標研究会会報」 墓標研究会 3 2001.6

2001年 近畿地方の口承文芸に関する活動紹介（斎藤純）「伝え ： 日本口承文芸学会会報」 日本口承文芸学会 30 2002.4

「宮座」と神道思想とのかかわりについての覚書（1）（浦西勉）「近畿民俗 ： 近畿民俗学会会報 ： Bulletin of the Folklore Society of Kinki」 近畿民俗学会 （166・167） 2002.11

鶏禁忌と土師氏の伝承（澤田文夫）「近畿民俗 ： 近畿民俗学会会報 ： Bulletin of the Folklore Society of Kinki」 近畿民俗学会 （166・167） 2002.11

説経節『愛護の岩』の記号論的解釈の試み（上）〜（3）―細工・田畑の介兄弟を軸として（辻本正教）「部落解放なら」 奈良人権・部落解放研究所 通号18/通号20 2002.11/2003.12

奈良・平安期の国家的年中行事儀礼としての相撲節（〈第2回神在月シンポジウム 陣幕久五郎没後100年記念 相撲の歴史に迫る〉―リレートーク）（大日方克己）「しまねの古代文化 ： 古代文化記録集」 島根県古代文化センター （10） 2003.3

近畿・東海・北陸ブロック民俗芸能大会について（有井広幸）「文化財レポート」 京都文化財団 13 2004.3

「ヒトナリ」の衣―産着の民俗（筒江薫）「民俗文化」 近畿大学民俗学研究所 （16） 2004.3

蛇除けと猪の呪力（澤田文夫）「近畿民俗 ： 近畿民俗学会会報 ： Bulletin of the Folklore Society of Kinki」 近畿民俗学会 （170） 2004.6

蛇除けと猪の呪力〔正〕，補遺（澤田文夫）「近畿民俗 ： 近畿民俗学会会報 ： Bulletin of the Folklore Society of Kinki」 近畿民俗学会 （170）/（171・172） 2004.6/2005.5

ヒレ（比礼）、お祭興、お斎礼、敬礼（津田悟）「わかくす ： 河内ふるさと文化誌」 わかくす文芸文化誌 （46） 2004.11

盆の火をまたぐこと（林英一）「近畿民俗 ： 近畿民俗学会会報 ： Bulletin of the Folklore Society of Kinki」 近畿民俗学会 （171・172） 2005.5

梢付塔婆考（奥村隆彦）「近畿民俗 ： 近畿民俗学会会報 ： Bulletin of the Folklore Society of Kinki」 近畿民俗学会 （171・172） 2005.5

役行者の伝承を巡る（菅谷文則）「近畿文化」 近畿文化会事務局 （672） 2005.11

阿弥陀とポックリ（コロリ）信仰―近畿地方を中心に（松崎憲三）「民俗学研究所紀要」 成城大学民俗学研究所 30 2006.3

修験と密教（菅谷文則）「近畿文化」 近畿文化会事務局 （679） 2006.6

木の枝でシルシをつくる民俗（土井美生子）「近畿民俗 ： 近畿民俗学会会報 ： Bulletin of the Folklore Society of Kinki」 近畿民俗学会 （173・174） 2006.9

那須与一とポックリ（コロリ）信仰―近畿・四国地方を事例として（松崎憲三）「民俗学研究所紀要」 成城大学民俗学研究所 31 2007.3

発掘された古代「禊ぎ」の遺跡（水野正好）「近畿文化」 近畿文化会事務局 （689） 2007.4

主殿寮と年中行事（鷺森浩幸）「帝塚山大学人文科学部紀要」 帝塚山大学人文科学部 （22） 2007.11

厄年習俗の中の自己と他者（佐々木康人）「近畿民俗 ： 近畿民俗学会会報 ： Bulletin of the Folklore Society of Kinki」 近畿民俗学会 （175・176） 2008.1

地蔵と閻魔―参詣・巡拝習俗を中心に（松崎憲三）「近畿民俗 ： 近畿民俗学会会報 ： Bulletin of the Folklore Society of Kinki」 近畿民俗学会 （175・176） 2008.1

狐話の生成と憑霊信仰―近畿地方の事例を中心に（酒向伸行）「御影史学論集」 御影史学研究会 通号33 2008.10

熊野信仰の地方展開―中央日本メジアンラインから近畿・中国地方へ（山口登志夫）「熊野誌」 熊野地方史研究会 （55） 2008.12

不食供養と百万遍念仏―不食の日記からの百万遍功徳目録へ（奥村隆彦）「近畿民俗 ： 近畿民俗学会会報 ： Bulletin of the Folklore Society of Kinki」 近畿民俗学会 （177） 2009.04

延長七年元日朝賀儀の習礼―『醍醐天皇御記』・『吏部王記』に見える朝賀の断片（佐野真人）「史料 ： 皇學館大学研究開発推進センター史料編纂所報」 皇學館大学研究開発推進センター史料編纂所 （221） 2009.06

"都市平野"の信仰世界―16〜17世紀を中心に（大澤研一）「近畿文化」 近畿文化会事務局 （717） 2009.08

例会発表要旨 三村幸一撮影の民俗写真について（澤井浩一）「近畿民俗通信」 近畿民俗学会 （2） 2009.12

大正・昭和の郷土趣味と民俗研究（伊藤廣之）「近畿民俗 ： 近畿民俗学

会会報 ： Bulletin of the Folklore Society of Kinki」 近畿民俗学会 （178・179） 2011.01

近畿の年頭行事―『神社を中心とする村落生活調査報告』をもとにして（森本安紀）「関西大学博物館紀要」 関西大学博物館 17 2011.03

古代の石仏・石塔（狭川真一）「近畿文化」 近畿文化会事務局 （751） 2012.06

巫女と神子―近畿地方を中心に（例会発表要旨）（山路興造）「芸能史研究」 芸能史研究会 （198） 2012.07

十二・三世紀における閻魔王の信仰―尊恵蘇生説話を中心にして（西尾正仁）「御影史学論集」 御影史学研究会 （38） 2013.10

近畿地方の天狗像―その全体像（高橋成）「西郊民俗」 西郊民俗談話会 （226） 2014.03

近畿・東海・北陸（各地の民俗芸能（第55回ブロック別民俗芸能大会の報告））（宮田繁幸）「民俗芸能」 民俗芸能刊行委員会 （94） 2014.11

近畿圏

近畿圏の「平家伝説」かくれ里（横山高治）「大阪春秋」 新風書房 27（4）通号93 1998.12

熊野

近世の「大辺路」と熊野地方（《特集 大辺路》）（笠原正夫）「くちくまの」 紀南文化財研究会 120・121 2001.9

道成寺物語にみる古代の熊野（寺西貞弘）「くちくまの」 紀南文化財研究会 126 2004.5

海の熊野・風土と暮らし（三石学）「熊野誌」 熊野地方史研究会 （50） 2004.12

古代の大和朝廷は熊野に何を求めたか―『記』『紀』『旧事紀』の神話分析（酒井聰郎）「熊野歴史研究 ： 熊野歴史研究会紀要」 熊野歴史研究会 （12） 2005.5

続・熊野の和紙（大西為義）「熊野歴史研究 ： 熊野歴史研究会紀要」 熊野歴史研究会 （12） 2005.5

熊野地方史関係文献目録（2004）（鈴木美穂）「熊野歴史研究 ： 熊野歴史研究会紀要」 熊野歴史研究会 （12） 2005.5

大和探訪（50）吉野・熊野と神武伝承（小川光三）「月刊大和路ならら」 地域情報ネットワーク 9（5）通号92 2006.5

熊野の和紙・完（大西為義）「熊野歴史研究 ： 熊野歴史研究会紀要」 熊野歴史研究会 （13） 2006.5

南方熊楠の見た熊野（濱岸宏一）「国際熊野学会会報」 国際熊野学会 （6） 2007.1

「海上の道」と中世の房総社会―熊野神社・熊野信仰をもたらしたもの（〈報告1 開館25周年記念シンポジウム「房総と熊野をつなぐもの」〉）（湯浅治久）「袖ケ浦市史研究」 袖ケ浦市郷土博物館 （14） 2009.3

熊野の櫂伝馬競漕（吉川壽洋）「紀南・地名と風土研究会会報」 紀南・地名と風土研究会 （45） 2009.7

南方熊楠の見た熊野（小特集 南方熊楠関係資料の広がり）（濱岸宏一）「熊野」 紀南文化財研究会 （138） 2010.5

熊野地域の川にある中島の神様（清水鑛一）「流れ谷」 流れ谷同志会 （27） 2011.7

火と水の神域、熊野（金山明生、楠本弘児）「国際熊野学会会報」 国際熊野学会 （17） 2012.5

対談I 宇江勝敏 熊野の自然、風土、歴史 記録：茨木和生「熊野誌」 熊野地方史研究会 （59） 2012.12

歴史・街道文化探訪 筆文化の里・熊野（間賀田晴行）「季刊南九州文化」 南九州文化研究会 （120） 2014.11

熊野古道

消えた古道と岩神王子が語るもの（浅里耕一郎）「紀南・地名と風土研究会会報」 紀南・地名と風土研究会 （42） 2007.12

熊野参詣道

旧本宮町・旧熊野川町に遺された熊野参詣道について（辻田友紀）「熊野」 紀南文化財研究会 （135） 2008.11

熊野三山

熊野文化の魅力―熊野三山を中心に（山本殖生）「熊野歴史研究 ： 熊野歴史研究会紀要」 熊野歴史研究会 （16） 2009.5

京摂

京播の「奇縁氷人石」について（1）―天保13年以前の史料（関啓司）「民俗文化」 滋賀民俗学会 （615） 2014.12

京坂

民間信仰と「切支丹」の間 京坂切支丹一件に見る文政期民衆の信仰・信心（大橋幸泰）「大塩研究」 大塩事件研究会 （52） 2005.3

京阪三神社

京阪三神社の御文庫と書林（多治比郁夫）「すみのえ」 住吉大社社務所 35（1）通号227 1998.1

近畿　　　　　　　　　　　　　　郷土に伝わる民俗と信仰

京阪神

京阪神に見る迷子石（奥本馨）「みちしるべ : 尼崎郷土史研究会々誌」　尼崎郷土史研究会　26　1998.3

西国

百観音供養塔にみる西国・坂東・秩父巡礼の位置付け（田中智彦）「日本の石仏」　日本石仏協会, 青娥書房（発売）　通号88　1998.12

「戸塚宿紺屋友八西国旅日記」について（井上政）「横浜市歴史博物館紀要」　横浜市ふるさと歴史財団　5　2001.3

武元はな「西国巡礼道の記」（翻刻）（佐々木洋子）「江戸期おんな考」桂文庫　（12）　2001.10

文久二年天台僧徒西国巡り（篠田健三）「手帳 : 逗子の郷土誌」手帳の会　170　2002.3

資料紹介 明治八年一月西国四国道中諸入用帳（高橋一郎）「とみづか」戸塚歴史の会　28　2002.6

長田攻一氏「現代の秩父観音巡礼」/坂田主顕氏「現代坂東三十三所巡礼の概況」/田中智彦氏「近世西国巡礼の実態―接待の存在について」「巡礼研究会通信」　巡礼研究会　（40）　2002.12

「弘化5年西国巡礼道中記泊宿払覚」について（下谷徹）「佐渡地域誌研究」　佐渡地域誌研究会　（2）　2003.7

奥州からの霊地参詣―富士・西国は憧れかつ情報収集の地なのか《《大会特集II 南部の風土と地域形成》―〈問題提起〉》（西海賢二）「地方史研究」　地方史研究協議会　53（5）通号305　2003.10

湖北路を歩いた人々 女性一行の「西国巡拝」の旅（1），（2）（江竜喜之）「長浜城歴史博物館友の会友の会だより」　長浜城歴史博物館友の会　70/（71）　2005.8/2005.9

西国巡礼（1）（黒崎一）「談林」　佐世保史談会　（46）　2005.11

湖北路を歩いた人々 女性一行の「西国巡拝」の旅（1），（2）「長浜城歴史博物館友の会友の会だより」　長浜城歴史博物館友の会　（94）/（95）　2007.8/2007.9

天保12年「西国順礼万日記」―記録資料の観点から（資料紹介）（印藤昭一）「市史研究さんだ」　三田市　（11）　2009.03

旅日記の解読―刊行によせて（創立20周年記念）『伊勢・西国巡礼旅日記』を読む（木原徹也）「かつしか台地 : 野田地方史懇話会会誌」　野田地方史懇話会　（42）　2011.09

話題を呼んだ『伊勢参宮・西国巡礼旅日記』（川﨑清光）「かつしか台地 : 野田地方史懇話会会誌」　野田地方史懇話会　（43）（別冊）　2012.03

研究発表 『伊勢参宮・西国巡礼旅日記』からみた江戸時代の旅―船形村の農民たちの四ヶ月の大旅行（木原敏也）「かつしか台地 : 野田地方史懇話会会誌」　野田地方史懇話会　（43）（別冊）　2012.03

西国巡礼研究の課題―長命寺の新発見史料との関わり（豊島修）「宗教民俗研究」　日本宗教民俗学会　（21・22）　2013.01

西国観音巡礼三十三カ所

西国観音巡礼三十三カ所の古鐘（真鍋孝志）「梵鐘 : 日本古鐘研究会機関誌」　日本古鐘研究会　7　1997.10

西国三十三ヶ所

西国三十三ヶ所本尊影札（喜代吉栄徳）「四国辺路研究」　海王舎　11　1997.5

先祖 宮坂喜平次 西国三十三ヶ所札所順拝について（宮坂昭夫）「ちょうま」　更埴郷土を知る会　（23）　2003.□

近世女性の西国三十三ヵ所巡礼―巌佐由衛の『西国道の記』（柴桂子）「交通史研究」　交通史学会, 吉川弘文館（発売）　（55）　2004.9

西国三十三カ所観音霊場

湖北路を歩いた人々 西国三十三カ所観音霊場と遠州住人の湖国巡礼（1）～（3）（江竜喜之）「長浜城歴史博物館友の会友の会だより」　長浜城歴史博物館友の会　67/69　2005.5/2005.7

湖北路を歩いた人々 西国三十三ヵ所観音霊場と遠州住人の湖北巡礼（1）～（3）「長浜城歴史博物館友の会友の会だより」　長浜城歴史博物館友の会　（91）/（93）　2007.5/2007.7

西国三十三観世音

赤崎三十三観世音石仏写真及び西国三十三観世音（遠藤次男）「温故知新」　熱塩加納郷土史研究会　5　1999.8

西国三十三所

観音（5）西国三十三所巡礼の上～下（津田悟）「わかくす : 河内ふるさと文化誌」　わかくす文芸研究会　（52）/（54）　2007.11/2008.11

第25回地名フォーラム報告（西国三十三所観音巡礼と京の寺院 山嵜泰正/院政期の記録・文学における京都の地名 安藤哲郎/次世代への地名学 山口均）「都藝泥布 : 京都地名研究会会報」［京都地名研究会事務局］　（30）　2009.11

西国33所観音巡礼と京の寺院―2008年・花山法皇没千年忌（山嵜泰正）「地名探究」　京都地名研究会　（8）　2010.03

報告・補足 京都女子大学図書館資料展観「西国三十三所―観音を巡るものがたり―」―報告と刀が折れる話に関する補足メモ（中前正志）「日本宗教文化史研究」　日本宗教文化史学会　14（1）通号27　2010.05

中山寺版「西国三十三所巡礼由来」（久下正史）「久里」　神戸女子民俗学会　（26）　2010.06

道中日記史料と民俗―四国西国順礼道中記をめぐって（史料紹介）（西海賢二）「群馬歴史民俗」　群馬歴史民俗研究会　（32）　2011.03

西国三十三所観音巡礼信仰と秩父三十四所観音巡礼信仰と善光寺如来（井原康二）「御影史学論集」　御影史学研究会　通号36　2011.10

西国三十三所観音

温川百所観音―西国三十三所観音（竹渕清茂）「群馬歴史散歩」　群馬歴史散歩の会　146　1998.1

西国霊場

巡礼研究会第55回例会 白木利幸氏 資料紹介「奉 日本西國霊場」/石川知彦氏『三十三観音像』の系譜―華厳寺刺繡本と新出の石山寺本」（澤井浩一）「巡礼研究会通信」　巡礼研究会　（56）　2007.4

新西国三十三所

新西国三十三所の石仏（特集 石仏探訪VIII）（岡本十三）「日本の石仏」　日本石仏協会, 青娥書房（発売）　（134）　2010.06

丹後・丹波・若狭山彙

木地師史料 丹後・丹波・若狭山彙の古代官道と宝尾村の藤原四家（杉本寿）「民俗文化」　滋賀民俗学会　451　2001.4

丹波

丹波の黒土―その風土と歴史・文化（浅井義久）「丹波」　丹波史談会　（9）　2007.10

丹波窯にみられる備前系技術―16・17世紀を中心に《《備前歴史フォーラム 備前と茶陶―16・17世紀の変革》》（長谷川眞）「備前市歴史民俗資料館紀要」　備前市歴史民俗資料館　（9）　2007.10

滋賀県

愛荘町
地蔵盆調査参加記―真宗寺院と地蔵盆（編さん事業報告）（山本潤）「愛荘町歴史研究」 愛荘町教育委員会 （1） 2008.02

愛染寺
愛染寺破却と安養寺村―神仏分離の一事例（岩永篤彦）「栗東歴史民俗博物館紀要」 栗東歴史民俗博物館 （6） 2000.3

愛染寺の仏像・仏具類移動についての考察（溝口純一）「栗東歴史民俗博物館紀要」 栗東歴史民俗博物館 （13） 2007.3

芦浦観音寺
芦浦観音寺―その景観と歴史の特性（別所健二）「滋賀文化財教室シリーズ」 滋賀県文化財保護協会 （217） 2006.3

続・ふるさと歴史散歩「芦浦観音寺」―草津市芦浦町（早藤貞二）「湖国と文化」 滋賀県文化振興事業団 32（2）通号123 2008.4

浅井
季節の民俗・季節の話題（6） 「伊香しぐれ、浅井まにまに、坂田晴れ」「長浜城歴史博物館友の会友の会だより」 長浜城歴史博物館友の会 62 2004.12

近江浅井一族の歴史の虚実―異説に真実が混在する（馬場杉右衛門）「民俗文化」 滋賀民俗学会 （527） 2007.8

ふるさと浅井のむかしばなし（1）「長浜城歴史博物館友の会友の会だより」 長浜城歴史博物館友の会 （99） 2008.1

浅井町
洗濯板について―東浅井郡浅井町資料館蔵（粕渕宏昭）「民俗文化」 滋賀民俗学会 481 2003.10

近江東浅井・坂田郡の式内社（1）―浅井町・虎姫町（馬場杉右衛門）「民俗文化」 滋賀民俗学会 （602） 2013.11

朝妻
近江伊吹山系の伝承（9） 朝妻舟と誇り高き女（馬場杉右衛門）「民俗文化」 滋賀民俗学会 （546） 2009.03

朝宮
信楽焼に注いでみたい朝宮茶―付岩谷観音資料（北心知）「湖国と文化」 滋賀県文化振興事業団 78 1997.1

梓河内
湖国の伝統行事 例祭・鍋冠祭・梓河内のおこない（高谷礼子）「湖国と文化」 滋賀県文化振興事業団 79 1997.4

シリーズ・湖北のオコナイ「53.米原市梓河内（河内）の大鏡」「長浜城歴史博物館友の会友の会だより」 長浜城歴史博物館友の会 （120） 2009.10

安土城
収蔵資料紹介 木造女神坐像 一軀（山下立）「おおてみち」 滋賀県立安土城考古博物館 （63） 2008.3

安土城に見る統治景観―聖地と城郭（大沼芳幸）「紀要」 滋賀県立安土城考古博物館 （20） 2012.03

安土城―信長神が坐す神殿―権威を視覚化する戦略（大沼芳幸）「紀要」 滋賀県立安土城考古博物館 （21） 2013.03

麻生
湖国の神饌（11） 麻生のシイラ切り（長谷川嘉和）「湖国と文化」 滋賀県文化振興事業団 90 2000.1

阿曽津千軒
伝承に見る淡海（28）水没した阿曽津千軒と阿曽津婆の話（黄地百合子）「湖国と文化」 滋賀県文化振興事業団 34（2）通号131 2010.4

湖水の水難伝承（6）―西野水道と阿曽津千軒（馬場杉右衛門）「民俗文化」 滋賀民俗学会 （579） 2011.12

阿曽津千軒と有漏神社考（前），（後）―旧伊香郡高月町（長谷川博美）「民俗文化」 滋賀民俗学会 （584）/（585） 2012.05/2012.06

アツチ山
アツチ山新考（北野晃）「民俗文化」 滋賀民俗学会 （553） 2009.10

安曇川
伝統的漁法「押し網漁」ビワマスを漁る―湖西・安曇川（〈月刊「民俗文化」発行500号記念論文〉）（白井忠雄）「民俗文化」 滋賀民俗学会 （510）（号外） 2006.3

伝承に見る淡海（27）安曇川の筏の神さま、シコブチ神（黄地百合子）「湖国と文化」 滋賀県文化振興事業団 34（1）通号130 2010.1

姉川
姉川合戦伝説考（馬場杉右衛門）「民俗文化」 滋賀民俗学会 466 2002.7

穴太
対談 穴太衆積―命が宿る石の声（特集 "石"のある風景）（栗田純司，大岩剛一）「近江学 : 文化誌近江学」 成安造形大学附属近江学研究所，サンライズ出版（発売） （4） 2012.1

油目神社
油目神社懸仏群調査報告―懸仏から窺う太子信仰と軍神信仰（山下立）「紀要」 滋賀県立安土城考古博物館 （16） 2008.3

天霧観音
北近江丹生谷の伝承（1）菅並の天霧観音と鏡岩（馬場杉右衛門）「民俗文化」 滋賀民俗学会 （527） 2007.8

天増川
杉山・天増川の伝説―高島郡旧三谷村（菅沼晃次郎）「民俗文化」 滋賀民俗学会 441 2000.6

阿弥陀山
歴史豊かな西方浄土の山 阿弥陀山（シリーズ 一等三角点の山と私（2））（小林守）「湖国と文化」 滋賀県文化振興事業団 36（4）通号141 2012.10

愛発関
愛発関（あらちのせき）はどこ？ 白谷越え―高島市マキノ町（大村進）「民俗文化」 滋賀民俗学会 （533） 2008.2

在原
湖北在原における野兎の民俗（天野武）「西郊民俗」 ［西郊民俗談話会］ 通号171 2000.6

泡子塚
滋賀の伝説と民話 「泡子塚」他（渡辺守順）「湖国と文化」 滋賀県文化振興事業団 97 2001.10

安閑神社
オキツボの地、安閑神社の神代文字碑（竹内保雄）「湖国と文化」 滋賀県文化振興事業団 88 1999.7

安国寺跡
近世経塚の一形態―滋賀県草津市安国寺跡出土経塚について（小宮猛幸）「滋賀考古」 滋賀考古学研究会 17 1997.3

安養寺
真宗大谷派安養寺と蓮如（佐々木進）「栗東歴史民俗博物館紀要」 栗東歴史民俗博物館 （5） 1999.3

栗東・東方山安養寺の近世仏涅槃画（資料紹介）（隅川明宏）「栗東歴史民俗博物館紀要」 栗東歴史民俗博物館 （20） 2014.03

安養寺村
愛染寺破却と安養寺村―神仏分離の一事例（岩永篤彦）「栗東歴史民俗博物館紀要」 栗東歴史民俗博物館 （6） 2000.3

安楽寺
近江古寺巡礼シリーズ（14）安楽寺（日野町下駒月）（上野良信）「浮城 : 滋賀県立琵琶湖文化館情報誌」 滋賀県立琵琶湖文化館 30 2007.3

伊香
季節の民俗・季節の話題（6） 「伊香しぐれ、浅井まにまに、坂田晴れ」「長浜城歴史博物館友の会友の会だより」 長浜城歴史博物館友の会 62 2004.12

印岐志呂神社
滋賀県印岐志呂神社境内出土の銅鉾について（丸山竜平）「きりん」 荒木集成館友の会 通号14 2010.03

生和神社
生和神社の宮座と祭り―神事組関係史料より（古川与志継）「野洲市歴史民俗博物館研究紀要」 野洲市歴史民俗博物館 （13） 2009.03

野洲の剣鉾―生和神社の春祭りを中心に（江藤弥生）「野洲市歴史民俗博

| 近畿 | 郷土に伝わる民俗と信仰 | 滋賀県 |

物館研究紀要」 野洲市歴史民俗博物館 （17）2013.03

表紙 生和神社の剣鉾（昭和50年頃・藤村礼夫氏撮影）「野洲市歴史民俗博物館研究紀要」 野洲市歴史民俗博物館 （17）2013.03

池田村

村誌史料 近江国神崎郡池田村誌（2）―1877年頃「民俗文化」 滋賀民俗学会 451 2001.4

伊崎寺

比叡山延暦寺里坊等所在彫刻調査目録（追加1 伊崎寺）（寺島典人）「大津市歴史博物館研究紀要」 大津市歴史博物館 通号11 2004.10

伊崎寺の「竿飛び」―飛鉢の法との関わりについて（嶺岡美見）「御影史学論集」 御影史学研究会 通号32 2007.12

石田遺跡

民具短信 滋賀県石田遺跡出土の最古の馬鍬（杉浦隆支）「民具マンスリー」 神奈川大学 35(12)通号420 2003.3

石田町

長浜市石田町所在の石棺について（北原治）「紀要」 滋賀県文化財保護協会 （11）1998.3

石塔寺

蒲生野の石塔寺と万葉歌碑（今枝弘隆）「文化史研究」 なごや文化史研究会 （3）1998.3

湖国の伝統行事 芋茎祭・石塔寺 万灯祭・さんやれ祭（高谷礼子）「湖国と文化」 滋賀県文化振興事業団 87 1999.4

近江・石塔寺の石仏石塔（宮崎敏子）「目黒区郷土研究」 目黒区郷土研究会 555 2001.4

蒲生野石塔寺永井源寺・善勝寺（清水俊明）「野ほとけ」 奈良石仏会 （383）2002.11

滋賀のかくれ里（15）石をたずねて（1）石塔寺の石造三重塔（いかいゆり子）「湖国と文化」 滋賀県文化振興事業団 34(2)通号131 2010.4

石部宿

東海道石部宿―おかげまいりとええじゃないか（八杉淳）「滋賀文化財教室シリーズ」 滋賀県文化財保護協会 （222）2007.3

石山寺

特別展「観音のみてら 石山寺」を鑑賞して（土井通弘）「奈良国立博物館だより」 奈良国立博物館 （43）2002.10

富川磨崖仏と石山寺（大鳥居総夫）「史迹と美術」 史迹美術同攷会 73(5)通号735 2003.6

『石山寺縁起』に見る比良明神―長谷寺観音造像伝承とも関連して（遠日出典）「日本宗教文化史研究」 日本宗教文化史学会 8(2)通号16 2004.11

石山寺木造狛犬の制作時期をめぐって（山下立）「紀要」 滋賀県立安土城考古博物館 （14）2006.3

重要文化財 石山寺縁起巻第七（井上ひろ美）「浮城 : 滋賀県立琵琶湖文化館情報誌」 滋賀県立琵琶湖文化館 31 2007.9

誌具・白拍子語り 石山寺「源氏物語」幻想《《特集 源氏物語千年紀》》（井上由理子）「湖国と文化」 滋賀県文化振興事業団 32(1)通号122 2008.1

和泉神社

弘化5年8月の藤岡和泉―東浅井郡湖北町上山田所在和泉神社所蔵資料補遺（1）（北村圭弘）「滋賀文化財だより」 滋賀県文化財保護協会 229 1997.3

石動寺

石動寺/己高閣の仏像（清水俊明）「野ほとけ」 奈良石仏会 （386）2003.4

伊勢湾沿岸

伊勢湾沿岸地域の古墳群の分布と官衙・国分寺の成立（村田匡）「滋賀史学会会誌」 滋賀史学会 13 2001.5

磯野

磯野のオコナイについて―伊香郡高月町 近江祭礼風土記（井上頼寿著）稿「民俗文化」 滋賀民俗学会 496 2005.11

磯野の嫁オコナイ（1）～（7）―伊香郡高月町（塚本茂博）「民俗文化」 滋賀民俗学会 497/（503）2005.2/2005.8

磯山城址

磯山城址の熨斗分銅片陶片について（長谷川博美）「民俗文化」 滋賀民俗学会 （575）2011.08

一円屋敷

シリーズ「琵琶湖世界の地域デザイン」(3) 山の辺の道 活性化を図る拠点に 歴史的な古民家「一圓屋敷」を受け入れる（山崎一眞）「湖国と文化」 滋賀県文化振興事業団 36(3)通号140 2012.7

シリーズ「琵琶湖世界の地域デザイン」(4) 多賀「里の駅（プラット

フォーム）」の活動が定着 古民家「一圓屋敷」を起点とした山の辺の里づくり（山崎一眞）「湖国と文化」 滋賀県文化振興事業団 36(4)通号141 2012.10

市辺

湖国のまつり 市辺薬師堂はだかまつり（高谷礼子）「湖国と文化」 滋賀県文化振興事業団 81 1997.10

犬上川左岸扇状地

犬上川左岸扇状地の古墳にみられる習俗の研究（畑中英二）「紀要」 滋賀県文化財保護協会 （10）1997.3

犬上神社

近江の大滝神社と犬上神社考（1）犬上郡多賀町（北野晃）「民俗文化」 滋賀民俗学会 （509）/（515）2006.2/2006.8

茨川

鈴鹿山中に消えた廃村 茨川の歴史と伝承（筒井正）「まつり通信」 まつり同好会 46(4)通号524 2006.7

僻地五級集落の記憶と現況―滋賀県旧永源寺町茨川（浅原昭生）「民俗文化」 滋賀民俗学会 （583）2012.04

伊吹

北近江の民話（1）―伊吹ガマの油と霊仙枝折り伝承（馬場杉右衛門）「民俗文化」 滋賀民俗学会 449 2001.2

米原市伊吹のオコナイ はじめに/調査地の概要とオコナイの組織/1月12日・マイダマ作り/1月13日・オコナイ本日/オコナイ行事の創始/近代以降のオコナイ/オコナイの今後（特集 伊吹のオコナイ）（市川秀之）「佐加太 : 米原市文化財ニュース」 米原市教育委員会 （40・41）2014.09

伊吹山系

近江伊吹山系の伝承（1）記紀神話の舞台と近江の地名（馬場杉右衛門）「民俗文化」 滋賀民俗学会 （538）2008.7

近江伊吹山系の伝承（2）初神楽と天野安川（馬場杉右衛門）「民俗文化」 滋賀民俗学会 （539）2008.8

近江伊吹山系の伝承（3）猿田彦と木花佐久夜姫（馬場杉右衛門）「民俗文化」 滋賀民俗学会 （540）2008.9

近江伊吹山系の伝承（4）竹生島の語源と小臼の泉（馬場杉右衛門）「民俗文化」 滋賀民俗学会 （541）2008.10

近江伊吹山系の伝承（5）巨人伊吹弥三郎と甲賀三郎（馬場杉右衛門）「民俗文化」 滋賀民俗学会 （542）2008.11

近江伊吹山系の伝承（6）三修上人と黄金伝説（馬場杉右衛門）「民俗文化」 滋賀民俗学会 （543）2008.12

近江伊吹山系の伝承（7）太平寺城と上平寺城（馬場杉右衛門）「民俗文化」 滋賀民俗学会 （544）2009.01

近江伊吹山系の伝承（8）君が代の故郷と木地師（馬場杉右衛門）「民俗文化」 滋賀民俗学会 （545）2009.02

近江伊吹山系の伝承（9）朝妻舟と誇り高き女（馬場杉右衛門）「民俗文化」 滋賀民俗学会 （546）2009.03

近江伊吹山系の伝承（10）寝物語の里と比夜叉姫（馬場杉右衛門）「民俗文化」 滋賀民俗学会 （547）2009.04

近江伊吹山系の伝承（11）顕教踊り・鈴木孫六（馬場杉右衛門）「民俗文化」 滋賀民俗学会 （548）2009.05

近江伊吹山系の伝承（12）農民一揆と小字名の地名（馬場杉右衛門）「民俗文化」 滋賀民俗学会 （549）2009.06

伊吹町

女人禁制を物語る「手掛け岩」（伊吹町）（高橋順之）「佐加太 : 米原市文化財ニュース」 米原市教育委員会 （20）2004.10

重掛けについて―坂田郡伊吹町（粕渕宏昭）「民俗文化」 滋賀民俗学会 495 2004.12

伊吹山

伊吹山と雪の里謡（中島孝治）「長浜城歴史博物館友の会の会だより」 長浜城歴史博物館友の会 63 2005.1

伊吹山と雪の里謡「長浜城歴史博物館友の会の会だより」 長浜城歴史博物館友の会 （87）2007.1

伊吹山の「不思議なる怪光」（前）～（後）―セント・エルモの火（吉岡郁夫）「民俗文化」 滋賀民俗学会 （521）/（529）2007.2/2007.10

近江古寺巡礼シリーズ（15）伊吹山の円空さん（米原市春照大平）（上野良信）「浮城 : 滋賀県立琵琶湖文化館情報誌」 滋賀県立琵琶湖文化館 31 2007.9

米原市のまつり（7）伊吹山奉納太鼓踊（上野）（高橋順之）「佐加太 : 米原市文化財ニュース」 米原市教育委員会 （27）2008.2

特別寄稿 伊吹山に見る中世山岳寺院祖型（用田政晴）「佐加太 : 米原市文化財ニュース」 米原市教育委員会 （29）2009.01.10

赤木本『伊吹山（大江山以前）酒典童子』と『唐人の踊り』（西座理恵）「昔話伝説研究」 昔話伝説研究会 （30）2010.12

滋賀県　　　郷土に伝わる民俗と信仰　　　近畿

総勢179人名で5年ぶり奉納 慈雨返礼の伊吹山奉納太鼓踊り(特集 芸能元年―伝統芸能の現在)(高橋順之)「湖国と文化」 滋賀県文化振興事業団 35(1)通号134 2011.01

雨乞いの山・伊吹山 鐘を担ぎ上げて雨乞い 礼に太鼓踊り奉納(特集 伊吹山の現在(いま))(中島誠一)「湖国と文化」 滋賀県文化振興事業団 35(3)通号136 2011.07

中世の寺院や戦国時代の城跡をたどるピークから見る伊吹が壮観/伊吹の麓で名水巡り(特集 伊吹山の現在(いま))「湖国と文化」 滋賀県文化振興事業団 35(3)通号136 2011.7

「押切り」について―伊吹山文化資料館所蔵(粕渕宏昭)「民俗文化」 滋賀民俗学会 (607) 2014.04

伊吹山文化資料館

伊吹山文化資料館の民具について(1)(粕渕宏昭)「民俗文化」 滋賀民俗学会 (605) 2014.02

伊吹山文化資料館の民具について(2)―がんづめ・めんこ・こんろ(粕渕宏昭)「民俗文化」 滋賀民俗学会 (606) 2014.03

伊吹山文化資料館の民具について(3)―油差し・槌の子(粕渕宏昭)「民俗文化」 滋賀民俗学会 (606) 2014.03

今津町

淡海に生きる人 和蠟燭職人(今津町)(寿福滋)「湖国と文化」 滋賀県文化振興事業団 86 1999.1

集団離村・移転を画期とする村落祭祀の変容―滋賀県今津町の事例(奥村晃代)「帝塚山大学大学院人文科学研究科紀要」 帝塚山大学大学院人文科学研究科 (3) 2002.1

今津町椋川

湖国の山里は今(5) 今津町椋川(熊谷栄三郎)「湖国と文化」 滋賀県文化振興事業団 100 2002.7

今田居村

村誌史料 近江国神崎郡今田居村誌(1)～(3)―1875年「民俗文化」 滋賀民俗学会 452/456 2001.5/2001.9

今堀

湖国の神饌(9) 今堀の野神祭り(長谷川嘉和)「湖国と文化」 滋賀県文化振興事業団 88 1999.7

岩根

淡海に生きる人 近江下田焼き小迫一氏(寿福滋)「湖国と文化」 滋賀県文化振興事業団 90 2000.1

岩谷観音

信楽焼に注いでみたい朝宮茶―付岩谷観音資料(北心知)「湖国と文化」 滋賀県文化振興事業団 78 1997.1

上野

米原市のまつり(7) 伊吹山奉納太鼓踊(上野)(高橋順之)「佐加太 : 米原市文化財ニュース」 米原市教育委員会 (27) 2008.2

上野庵寺

出石町日野辺区伝聖観音坐像について―滋賀県伊吹町上野庵寺大日如来坐像との比較(神戸佳文)「塵界 : 兵庫県立歴史博物館紀要」 兵庫県立歴史博物館 (14) 2003.2

鵜川

鵜川四十八躰仏再考(川嶋重治)「滋賀県地方史研究」 滋賀県地方史研究家連絡会 9 1998.3

白鬚の岩飛び―高島市鵜川(兼康保明)「民俗文化」 滋賀民俗学会 (541) 2008.10

牛飼

麦酒祭り(1),(2)―滋賀県甲賀郡水口町牛飼(河村和男)「碧」 碧の会 4/5 2002.6/2002.10

麦酒祭り(3)―麦作儀礼、酒造りと麦の関わり(河村和男)「碧」 碧の会 6 2003.2

牛塔

滋賀のかくれ里(16) 石をたずねて(2) 牛塔(いかいゆり子)「湖国と文化」 滋賀県文化振興事業団 34(3)通号132 2010.7

馬洗い池

湖水の水難伝承(5)―さいかち浜殉教と馬洗い池(馬場杉右衛門)「民俗文化」 滋賀民俗学会 (578) 2011.11

有漏神社

阿曽津千軒と有漏神社考(前),(後)―旧伊香郡高月町(長谷川博美)「民俗文化」 滋賀民俗学会 (584)/(585) 2012.05/2012.06

永源寺

永源寺(山田文諒)「滋賀文化財教室シリーズ」 滋賀県文化財保護協会 177 1998.8

近江古寺巡礼シリーズ(11) 永源寺(東近江市永源寺高野町)(井上ひろ美)「浮城 : 滋賀県立琵琶湖文化館情報誌」 滋賀県立琵琶湖文化館 27 2005.9

江戸期「高野道」を復元する―彦根藩主の永源寺参詣をめぐって(門脇正人)「紀要」 滋賀県立安土城考古博物館 (16) 2008.3

永源寺町

木地師発祥の地から―神崎郡永源寺町(小椋正清)「民俗文化」 滋賀民俗学会 408 1997.9

金森町・永源寺町・近江湖南探訪(飛騨歴史民俗学会紀行)(菅田一衛)「飛騨春秋 : 飛騨郷土学会誌」 高山市時報社 453 1998.10

木地師史料 安養寺山城小辰越前守の事(1)～(4)―神崎郡永源寺町(杉本寿)「民俗文化」 滋賀民俗学会 422/425 1998.11/1999.2

湖国の伝統行事 まんどう祭(永源寺町)、漏刻祭雅楽(大津市)(高谷礼子)「湖国と文化」 滋賀県文化振興事業団 86 1999.1

木地師史料 本山の文書について―神崎郡永源寺町(杉本寿)「民俗文化」 滋賀民俗学会 433 1999.10

木地師史料 八尾城主小倉右京亮・鍋末亡人・子女達の生涯―神埼郡永源寺町(杉本壽)「民俗文化」 滋賀民俗学会 446 2000.11

木地師史料 上田本・小倉系図―神崎郡永源寺町(杉本壽)「民俗文化」 滋賀民俗学会 447 2000.12

収蔵資料紹介 木地屋関連文書とゆかりの地・永源寺町(福西大輔)「武蔵村山市立歴史民俗資料館報 : 資料館だより」 武蔵村山市立歴史民俗資料館 40 2004.3

叡山

荒尾谷の歴史(4) 叡山焼き打ちに従軍した村人たち―虫供養の縁起から(加古兼敬)「あゆち渇」 「あゆち渇」の自然と歴史に親しむ会 (3) 1997.3

中世の南都と叡山における戒律観について(舩田淳一)「日本宗教文化史研究」 日本宗教文化史学会 10(2)通号20 2006.11

滋賀の伝説と民話「叡山の角大師」(渡邊守順、斉藤裕子)「湖国と文化」 滋賀県文化振興事業団 33(3)通号128 2009.07

愛知川町

愛知川町の雛人形・五月飾り(田中正流)「愛知川町史研究」 愛知川町教育委員会町史編さん室 3 2005.3

民俗文化財の発掘・継承とその課題―愛知川町史の地域調査から(福持昌之)「愛知川町史研究」 愛知川町教育委員会町史編さん室 3 2005.3

湖東地域の石工に関する研究ノート―愛知川町域に所在する二例の石工銘から(田井中洋介)「滋賀県地方史研究」 滋賀県地方史研究家連絡会 (16) 2006.5

愛知郡

報告書 町史編さん事業における民具整理と今後の活用 附「旧愛知郡役所保管民具目録」(上田喜江)「愛荘町歴史研究」 愛荘町教育委員会 (2) 2009.02

愛知高等女学校

滋賀県立愛知高等女学校における「花」「茶」の受容―学科目「農業」との関連を交えて(小林善帆)「愛知川町史研究」 愛知川町教育委員会町史編さん室 3 2005.3

愛知実業学校

実業学校における「花」・「茶」の受容―滋賀県愛知郡愛知実業学校女子部を事例に(小林善帆)「愛知川町史研究」 愛知川町教育委員会町史編さん室 2 2004.3

園教寺

「園教寺の石灯籠について―埋もれた地域の歴史―」報告[1],(2)「長浜城歴史博物館友の会友の会だより」 長浜城歴史博物館友の会 (133)/(134) 2010.11/2010.12

延勝寺

延勝寺のおこない(前),(後)―東浅井郡湖北町(塚本茂博)「民俗文化」 滋賀民俗学会 412/413 1998.1/1998.2

滋賀の文化財 延勝寺の太鼓踊り(編集室)「湖国と文化」 滋賀県文化振興事業団 96 2001.7

遠藤導水城

湖水の水難伝承(4)―遠藤導水城と餅の井落とし(馬場杉右衛門)「民俗文化」 滋賀民俗学会 (577) 2011.10

園養寺

最澄ゆかりの牛の寺 三雲の園養寺(北から南から)(鈴木強)「湖国と文化」 滋賀県文化振興事業団 37(4)通号145 2013.10

延暦寺

加護坊山を模して比叡山に延暦寺建立か?(鈴木秋子)「郷土たじり」 田尻郷土研究会 21 1999.3

『天狗草紙』延暦寺巻の諸問題―延慶本『天狗草紙』延暦寺縁起の考察に

及ぶ（牧野淳司）「金沢文庫研究」　神奈.II県立金沢文庫　通号304　2000.3

研修レポート 比叡山延暦寺（岡本美知）「京北の文化財」　京北町文化財を守る会　（48）2002.3

比叡山延暦寺里坊等所在・未指定彫刻調査目録（下）「大津市歴史博物館研究紀要」　大津市歴史博物館　（10）2003.7

比叡山延暦寺の仏像の謎（寺島典人）「近畿文化」　近畿文化会事務局　647　2003.10

延暦寺西塔の開発とその実態―釈迦堂と宝幢院を中心に（清水擴）「日本宗教文化史研究」　日本宗教文化史学会　7（2）通号14　2003.11

草創期延暦寺関係史料についての若干の検討（清水擴）「日本宗教文化史研究」　日本宗教文化史学会　8（2）通号16　2004.11

延暦寺本『延暦寺三塔諸堂』―『阿婆縛抄』『諸事縁起』の古写本（寺島典人）「大津市歴史博物館研究紀要」　大津市歴史博物館　通号12　2006.2

比叡山延暦寺里坊等所在彫刻調査目録（追加2）（寺島典人）「大津市歴史博物館研究紀要」　大津市歴史博物館　通号12　2006.2

平安時代前期における延暦寺の開発について（畑中英二）「紀要」　滋賀県文化財保護協会　（20）2007.3

比叡山延暦寺里坊等所在彫刻調査目録（追加3）（寺島典人）「大津市歴史博物館研究紀要」　大津市歴史博物館　通号15　2008.7

『山王神道秘要集』の成立に関する一試論―『神道雑々集』研究のための覚書としての（新井大祐）「神道宗教」　神道宗教学会　（212）2008.10

伊勢豊山会第424回例会 園城寺・日吉大社・延暦寺等見学記（阿形智恵子）「伊勢郷土史草」　伊勢郷土会　（44）2010.09

比叡山延暦寺について（大竹英男）「史談しもふさ」　下総町郷土史研究会　（33）2012.05

比叡山延暦寺・湖東三山史跡巡りの旅（隠岐明重）「小田原史談 : 小田原史談会々報」　小田原史談会々報　（232）2013.01

比叡山延暦寺の近世・近代における伽藍の新陳代謝（研究報告）「奈良文化財研究所紀要」　奈良文化財研究所　2013　2013.06

延暦寺里坊

比叡山延暦寺里坊等所在彫刻調査目録（追加1 伊崎寺）（寺島典人）「大津市歴史博物館研究紀要」　大津市歴史博物館　通号11　2004.10

生杉

湖国の山里は今（1），（2）朽木村生杉（上），（下）（熊谷栄三郎）「湖国と文化」　滋賀県文化振興事業団　96/97　2001.7/2001.10

奥石神社

洛南深草と湖東の建築―宝塔寺と御上神社・奥石神社散策（櫻井敏雄）「近畿文化」　近畿文化会事務局　（733）2010.12

追分

湖国の神撰（2）追分の野神祭りの子芋（長谷川嘉和）「湖国と文化」　滋賀県文化振興事業団　81　1997.10

近江

近江の食文化（14）「くるび餅」ほか（卯田正信）「湖国と文化」　滋賀県文化振興事業団　78　1997.1

近江の歴史を探る さまざまなまつりの形（吉田秀則）「湖国と文化」　滋賀県文化振興事業団　78　1997.1

近江の装飾経（土井通弘）「滋賀文化財教室シリーズ」　滋賀県文化財保護協会　168　1997.2

《特集 近江の宗教石造文化》「湖国と文化」　滋賀県文化振興事業団　79　1997.4

近江の宗教石像文化（辻村耕司）「湖国と文化」　滋賀県文化振興事業団　79　1997.4

近江の石造品（宇野健一）「湖国と文化」　滋賀県文化振興事業団　79　1997.4

近江の石仏（大鳥居総夫）「湖国と文化」　滋賀県文化振興事業団　79　1997.4

近江の石造（福沢邦夫）「湖国と文化」　滋賀県文化振興事業団　79　1997.4

近江の地名と文化（足利健亮）「湖国と文化」　滋賀県文化振興事業団　79　1997.4

近江の渡来文化（金達寿）「湖国と文化」　滋賀県文化振興事業団　80　1997.7

近江の食文化 山菜食（卯田正信）「湖国と文化」　滋賀県文化振興事業団　80　1997.7

近江のナレズシ（日比野光敏）「滋賀文化財教室シリーズ」　滋賀県文化財保護協会　169　1997.9

《特集 近江の100観音》「湖国と文化」　滋賀県文化振興事業団　81　1997.10

近江の100観音（寺福滋）「湖国と文化」　滋賀県文化振興事業団　81　1997.10

近江の食文化 長屋王家木簡と近江の野菜文化（久保功）「湖国と文化」

滋賀県文化振興事業団　81　1997.10

近江の伝統織物の伝承と現状―湖東・長浜・高島（菅沼晃次郎）「民俗文化」　滋賀民俗学会　410　1997.11

近江の梵鐘（大鳥居総夫）「湖国と文化」　滋賀県文化振興事業団　82　1998.1

近江の食文化 朝鮮通信使と近江（高正晴子）「湖国と文化」　滋賀県文化振興事業団　82　1998.1

近江式装飾文よりみた小形板碑の年代（兼康保明）「紀要」　滋賀県文化財保護協会　（11）1998.3

近江の石造建造物（兼康保明）「湖国と文化」　滋賀県文化振興事業団　83　1998.4

近江のかぶら（坂本正行）「湖国と文化」　滋賀県文化振興事業団　83　1998.4

近江妙蓮（山崎秀二）「滋賀文化財教室シリーズ」　滋賀県文化財保護協会　179　1998.9

中世近江の寺院建築（桜井敏雄）「近畿文化」　近畿文化会事務局　587　1998.10

近江のケンケト祭り―中世囃子物の伝統（青盛透）「滋賀文化財教室シリーズ」　滋賀県文化財保護協会　181　1998.10

近江のオコナイ研究について（橋本章）「宮座研究」　宮座研究会　（4）1999.1

〈近江のご利益めぐり〉「湖国と文化」　滋賀県文化振興事業団　86　1999.1

近江の食文化 柿（森真由美）「湖国と文化」　滋賀県文化振興事業団　86　1999.1

近江のこと、蹴鞠のこと（桑山浩然）「滋賀史学会誌」　滋賀史学会　11　1999.2

人物/城郭/渡来文化/近江商人/事件/社寺/戦乱/災厄と祈願「湖国と文化」　滋賀県文化振興事業団　87　1999.4

近江の食文化 ヨモギ栽培から学ぶ（山本徳次）「湖国と文化」　滋賀県文化振興事業団　87　1999.4

「近江の仏教美術展」と小企画展示「浮城 : 滋賀県立琵琶湖文化館情報誌」　滋賀県立琵琶湖文化館　15　1999.4

近江に寒川比古命が「郷土ちがさき」　茅ヶ崎郷土会　85　1999.5

《特集 近江墓塔探訪》「湖国と文化」　滋賀県文化振興事業団　88　1999.7

近江墓塔探訪（高谷礼子）「湖国と文化」　滋賀県文化振興事業団　88　1999.7

近江の食文化 美味しい米―掛干し（架干し）乾燥法の起源（粕渕宏昭）「湖国と文化」　滋賀県文化振興事業団　88　1999.7

トピック・ニュース―よき隣人たることを目指し美濃 vs 近江 民俗・風俗の対比（堤正樹）「美濃民俗」　美濃民俗文化の会　387　1999.8

近江のほとけたち 琵琶湖文化館寄託の文化財「湖国と文化」　滋賀県文化振興事業団　89　1999.10

《特集 近江のほとけたち》「湖国と文化」　滋賀県文化振興事業団　89　1999.10

近江のヤマトタケル伝承（馬場杉右衛門）「民俗文化」　滋賀民俗学会　433　1999.10

美濃 vs 近江 生活・文化（民俗）交流会「美濃民俗」　美濃民俗文化の会　390　1999.11

近江の神功皇后伝承（馬場杉右衛門）「民俗文化」　滋賀民俗学会　434　1999.11

近江の物部守屋伝承（馬場杉右衛門）「民俗文化」　滋賀民俗学会　435　1999.12

寝物語の古文書―国境（美濃と近江）の人々（福田栄次郎）「岐阜県歴史資料館報」　岐阜県教育文化団歴史資料館　（23）2000.3

記紀神々の活躍舞台―エジプト・インド・近江の回廊（馬場杉右衛門）「民俗文化」　滋賀民俗学会　438　2000.3

淡海に生きる人 近江だるま保存会（寿福滋）「湖国と文化」　滋賀県文化振興事業団　91　2000.4

近江の食文化 朝鮮通信使と近江（高正晴子）「湖国と文化」　滋賀県文化振興事業団　91　2000.4

近江の食文化 伊勢の行商―鮮魚・米川商店（卯田正信）「湖国と文化」　滋賀県文化振興事業団　92　2000.7

近江の古枡について（補遺）（粕渕宏昭）「民俗文化」　滋賀民俗学会　442　2000.7

近江の食文化 こけらずし（ビワマスのなれずし）（堀越昌子）「湖国と文化」　滋賀県文化振興事業団　94　2001.1

近江の奴振（中島誠一）「滋賀文化財教室シリーズ」　滋賀県文化財保護協会　195　2001.3

近江の食文化 にしんの麹漬け（串岡慶子）「湖国と文化」　滋賀県文化振興事業団　95　2001.4

近江の「すくも」について（粕渕宏昭）「民俗文化」　滋賀民俗学会　453　2001.6

近江わらべ歌「かいつぶり」（右田伊佐雄）「湖国と文化」　滋賀県文化振興事業団　96　2001.7

近江わらべ歌「ひいふの三吉」（右田伊佐雄）「湖国と文化」　滋賀県文化

振興事業団 97 2001.10

おおみ大発見・小発見 鯰・ナマズ・なまず（馬場章夫）「湖国と文化」 滋賀県文化振興事業団 97 2001.10

参宮常夜燈探訪余話 大神宮と近江人について想う（荒井留五郎）「伊勢郷土史草」 伊勢郷土会 （35） 2001.11

近江の食文化 お節料理に願いをこめて（小川久子）「湖国と文化」 滋賀県文化振興事業団 98 2002.2

近江わらべ歌 羽根つき歌（右田伊佐雄）「湖国と文化」 滋賀県文化振興事業団 98 2002.1

近江わらべ歌「ここはどこの細道や」（右田伊佐雄）「湖国と文化」 滋賀県文化振興事業団 99 2002.4

近江わらべ歌「オッチキチョーウワイチョー」（右田伊佐雄）「湖国と文化」 滋賀県文化振興事業団 100 2002.7

近江の河童について（和田寛）「河童通心」 河童文庫 237 2003.7

近江・伊賀・大和の仏像と石造品を訪ねて（澤新太郎）「史迹と美術」 史迹美術同攷会 73（9）通号739 2003.11

近江の郷土菓子（11）,（12） 神と仏に捧げられた餅文化の深遠（上），（下）（井上由理子）「湖国と文化」 滋賀県文化振興事業団 106/107 2004.1/2004.4

近江の懸仏（上），（下）（山下立）「滋賀文化財教室シリーズ」 滋賀県文化財保護協会 212/213 2004.1/2005.3

近江の清和源氏一流―満季流高屋・小椋氏族（境淳伍）「民俗文化」 滋賀民俗学会 485 2004.2

近江八話（2） 鯖街道を行く―周辺の寺を尋ねつつ（鈴木康弘）「静岡県歴研会報」 静岡県歴史研究会 107 2004.3

近江の祭の歴史（木村至宏）「湖国と文化」 滋賀県文化振興事業団 107 2004.4

研究最前線 民具の利用価値を掘り起こす―「しかけ「近江はたおり探検隊」の結成「うみんど」： 琵琶湖博物館だより ： 湖と人とくらしの情報誌」 滋賀県立琵琶湖博物館 9（3）通号32 2004.10

《特集 近江の絵馬》「湖国と文化」 滋賀県文化振興事業団 29（1）通号110 2005.1

近江の絵馬（濱口潤二）「湖国と文化」 滋賀県文化振興事業団 29（1）通号110 2005.1

高野丸山窯跡と近江のハケ目瓦（北村圭弘）「紀要」 滋賀県文化財保護協会 （18） 2005.3

大谷コレクションの瓦（前），（後）―近江の古代寺院研究の基礎資料9（北村圭弘）「滋賀文化財だより」 滋賀県文化財保護協会 296/297 2005.3

近江雁皮紙（松井由美子）「湖国と文化」 滋賀県文化振興事業団 29（2）通号111 2005.4

近江本藍染（松井智映）「湖国と文化」 滋賀県文化振興事業団 29（2）通号111 2005.4

「全国地名研究者大会」開かる/「近江民俗と地名研究会」設立さる/『京都の地名 検証』出版さる「都藝泥布 ： 京都地名研究会会報」 京都地名研究会事務局 13 2005.7

幻のツチノコ蛇伝承―近江のゴハッスンを訪ねて（馬場杉右衛門）「民俗文化」 滋賀民俗学会 （503） 2005.8

近江民俗と地名研究会（今年誕生の研究会）（米田実）「日本地名研究所通信」 日本地名研究所 60 2005.9

近江の法隆寺式軒瓦（北村圭弘）「紀要」 滋賀県文化財保護協会 （19） 2006.3

近江の馬頭観音（齋藤望）「滋賀文化財教室シリーズ」 滋賀県文化財保護協会 （218） 2006.3

近江の伝統染織の概要―昭和54年の報告資料（《月刊「民俗文化」発行500号記念論文》）（菅沼晃次郎）「民俗文化」 滋賀民俗学会 （510）（号外） 2006.3

『近江の民具―滋賀県立琵琶湖博物館の収蔵品から―』（書籍紹介）（長谷川嘉和）「民具マンスリー」 神奈川大学 39（12）通号468 2007.3

近江の石工たち―江戸時代後期を中心に（田井中洋介）「紀要」 滋賀県立安土城考古博物館 （15） 2007.3

近江の石仏を訪ねて（《特集 石仏探訪IV》）（黄瀬三朗）「日本の石仏」 日本石仏協会, 青娥書房（発売） （122） 2007.6

東海民俗研究発表要旨 シャグジの杜の中にて―近江のシャグジ関連地名（金田久璋）「まつり通信」 まつり同好会 47（4）通号530 2007.7

サルタヒコの中世その1 若狭・越前から近江へ 王・翁、童子―サルタヒコの"姿"を考える（西川照子）「あらはれ ： 猿田彦大神フォーラム年報 ： ひらかれる未来神話」 猿田彦大神フォーラム （10） 2007.10

近江の「廻り道場」―近世後期における「惣」道場の一形態（《特集 新しい宗教民俗論の構築―「真宗と民俗」の再検討》）（松金直美）「宗教民俗研究」 日本宗教民俗学会 （17） 2007.12

近江の伝承と歴史を求めて―近江人に教えられて45年（菅沼晃次郎）「民俗文化」 滋賀民俗学会 （531） 2007.12

2007年9月例会 研究発表「「真宗の講」研究への一試論―近江の番方講を素材として―」松金直美氏（鈴木善幸）「日本宗教民俗学会通信」 日

本宗教民俗学会 （118） 2007.12

サルタヒコの中世その2 若狭・越前から近江へ 天狗・獅子、赤子―愛し方・サルタヒコを追う（西川照子，永田陽）「あらはれ ： 猿田彦大神フォーラム年報 ： ひらかれる未来神話」 猿田彦大神フォーラム （11） 2008.10

特集 近江・白拍子漂泊（井上由理子）「湖国と文化」 滋賀県文化振興事業団 32（4）通号125 2008.10

近江の民俗 水と祭―近江における井堰灌漑地域の祭祀構造に関する試論2（和田光生）「近江学 ： 文化誌近江学」 成安造形大学附属近江学研究所, サンライズ出版（発売） （1） 2009.01

中井源左衛門光熙「近江巡拝日簿」（1），（2）（青柳周一）「滋賀大学経済学部附属史料館研究紀要」 滋賀大学経済学部附属史料館 （42）/（44） 2009.03/2011.03

近江の勧請吊と似た下総の年頭行事―平年は十二、閏年は十三の民俗（澤田文夫）「近畿民俗 ： 近畿民俗学会会報 ： Bulletin of the Folklore Society of Kinki」 近畿民俗学会 （177） 2009.04

総会・歴史探訪会 近江商人の町と世界遺産の「東寺」を訪ねて（佐藤キヨ）「小千谷文化」 小千谷市総合文化協会『小千谷文化』編集委員会 （196） 2009.07

明治本「歴史地理近江唱歌」について（粕渕宏昭）「民俗文化」 滋賀民俗学会 （551） 2009.08

近江の丸馬出しと長浜武田氏伝承（長谷川博美）「民俗文化」 滋賀民俗学会 （554） 2009.11

近江と柳田民俗学（馬場杉右衛門）「民俗文化」 滋賀民俗学会 （554） 2009.11

近江と柳田民俗学（2） 近隣府県の白米城伝説（馬場杉右衛門）「民俗文化」 滋賀民俗学会 （555） 2009.12

近江と柳田民俗学（3）―その他伝説と湖北（馬場杉右衛門）「民俗文化」 滋賀民俗学会 （556） 2010.01

近江と柳田民俗学（4）―門下と俊英、三田村耕治（馬場杉右衛門）「民俗文化」 滋賀民俗学会 （556） 2010.01

近江の民俗 民俗伝承の「危機」と民俗学（米田実）「近江学 ： 文化誌近江学」 成安造形大学附属近江学研究所, サンライズ出版（発売） （2） 2010.01

近江と柳田民俗学（5）―小野お通と大井城（馬場杉右衛門）「民俗文化」 滋賀民俗学会 （557） 2010.02

近江と柳田民俗学（6）―ダイダラ坊と秦氏の残影（馬場杉右衛門）「民俗文化」 滋賀民俗学会 （558） 2010.03

興味津津 私の近江（7） 白いオコナイ（MOTOKO）「湖国と文化」 滋賀県文化振興事業団 34（2）通号131 2010.04

近江と柳田民俗学（7）―珍石奇岩説と北近江（馬場杉右衛門）「民俗文化」 滋賀民俗学会 （559） 2010.04

2009年11月例会 研究発表「近江の野辺送り事情」高橋繁行氏（本林靖久）「日本宗教民俗学会通信」 日本宗教民俗学会 （126） 2010.04

湖國藝術紀行（5） 近江の能・狂言をめぐって―彦根藩と茂山家（井上由理子）「湖国と文化」 滋賀県文化振興事業団 34（3）通号132 2010.07

近江上布と山越商人（渡邊守順）「蒲生野」 八日市郷土文化研究会 通号42 2010.12

近江南部の惟喬親王伝説を追う（中島伸男）「蒲生野」 八日市郷土文化研究会 通号42 2010.12

近江の意匠 近江商人の前垂れ考（藤澤武夫）「近江学 ： 文化誌近江学」 成安造形大学附属近江学研究所, サンライズ出版（発売） （3） 2011.1

東山道・東海道に沿う近江の杜たち（水野正好）「近畿文化」 近畿文化会事務局 （736） 2011.03

現代滋賀ブランド（4） 能の舞台・近江 街道を歩き、舞台に思いはせる古の旅人と観る琵琶湖の風景（古田紀子）「湖国と文化」 滋賀県文化振興事業団 35（2）通号135 2011.04

近江の伊勢信仰（松井佑一）「蒲生野」 八日市郷土文化研究会 （43） 2011.12

近江の石積み（特集 "石"のある風景）（中井均）「近江学 ： 文化誌近江学」 成安造形大学附属近江学研究所, サンライズ出版（発売） （4） 2012.1

シリーズ近江の意匠1 奥田博士―信楽と造形（辻喜代治）「近江学 ： 文化誌近江学」 成安造形大学附属近江学研究所, サンライズ出版（発売） （4） 2012.1

近江における緑釉陶器の生産（丸山竜平）「きりん」 荒木集成館友の会 16 2012.3

湖國藝術紀行（10） 伝統芸能の舞台・近江 湖国ゆかりの歌舞伎、文楽…豊かな文化遺産をもっと楽しもう（三好吉彦）「湖国と文化」 滋賀県文化振興事業団 36（2）通号139 2012.04

近江浅井氏「信仰と城郭」「物流と戦争」（長谷川博美）「愛城研報告」 愛知中世城郭研究会 16 2012.8

近江・源平興亡の残照（3）―古老の頼朝伝説（馬場杉右衛門）「民俗文化」 滋賀民俗学会 （590） 2012.11

近江の文化を支える樹木（特集 木と暮らし）（木村至宏）「近江学 ： 文化誌近江学」 成安造形大学附属近江学研究所, サンライズ出版（発売）

（5）2013.1

丸子船と船大工（特集 木と暮らし）（用日政晴）「近江文化誌近江学」 成安造形大学附属近江学研究所，サンライズ出版（発売）（5）2013.01

かつて─森は舟を生んだ。（特集 木と暮らし）（津田直）「近江学 ： 文化誌近江学」 成安造形大学附属近江学研究所，サンライズ出版（発売）（5）2013.01

神を、村を護る木たち─社叢と勧請縄（特集 木と暮らし）（中島誠一）「近江学 ： 文化誌近江学」 成安造形大学附属近江学研究所，サンライズ出版（発売）（5）2013.01

板絵馬─板絵に見る祈りと願い（特集 木と暮らし）（吉村俊昭）「近江学 ： 文化誌近江学」 成安造形大学附属近江学研究所，サンライズ出版（発売）（5）2013.01

シリーズ近江の意匠IV 近江和紙 紙の王漆「雁皮紙」（小嵜善通）「近江学 ： 文化誌近江学」 成安造形大学附属近江学研究所，サンライズ出版（発売）（5）2013.1

口絵 近江南部の石造宝塔（1）（2）「史迹と美術」 史迹美術同攷会 83（2）通号832 2013.02

口絵写真解説 近江南部の石造宝塔（中西亨）「史迹と美術」 史迹美術同攷会 83（2）通号832 2013.02

庭園を掘る─庭園修理の現場から 隠れていた景色、再び─西明寺本坊庭園（甲良町池寺）の場合／石組の裏側に石組が……─多賀神社奥書院庭園（多賀町多賀）の場合／倒壊の真の原因は？─青岸寺庭園（米原市米原）の場合／夕立でわかった装置─慶雲館庭園（長浜市港町）の場合（特集 近江の庭園文化）（重田勉）「湖国と文化」 滋賀県文化振興事業団 37（2）通号143 2013.03

談話室（12）良弁と近江 湖南の金勝や菩提寺に開基の寺が集中 良弁ゆかりの岩や口伝承が今も伝わる（小林純子）「湖国と文化」 滋賀県文化振興事業団 37（2）通号143 2013.03

近江の狛犬 基礎資料集成（稿一）（山下立）「紀要」 滋賀県立安土城考古博物館 （21）2013.03

静岡市美術館における巡回展「滋賀県立琵琶湖文化館が守り伝える美 近江巡礼 祈りの至宝展」の開催とその成果（井上ひろ美）「滋賀県立琵琶湖文化館研究紀要」 滋賀県立琵琶湖文化館 （29）2013.03

特集7 水郷めぐり 話題あれこれ 水門 船の通航が風物詩に渡る樋門と八幡堀水門／地酒 水郷と消費者を結ぶ地酒「權座」／竜神 白蛇の伝説もとに素描 近江の大竜神（特集 近江の水郷めぐり）「湖国と文化」 滋賀県文化振興事業団 37（3）通号144 2013.07

現代滋賀ブランド（12）石造文化財 石塔から石橋まで多彩に花開いた石の文化 近江特有の装飾文や石積みが全国に広がる（大塚活美）「湖国と文化」 滋賀県文化振興事業団 37（4）通号145 2013.10

庶民の生活と民俗（1）（菅沼晃次郎）「民俗文化」 滋賀民俗学会 （603）2013.12

火と営みの文化（特集 火の物語り）（木村至宏）「近江学 ： 文化誌近江学」 成安造形大学附属近江学研究所，サンライズ出版（発売）（6）2014.01

対談 櫨の和ろうそう─命が宿る炎（特集 火の物語り）（大西明弘、大岩剛一）「近江学 ： 文化誌近江学」 成安造形大学附属近江学研究所，サンライズ出版（発売）（6）2014.01

近江の火祭り─「火の風流」を楽しむ（特集 火の物語り）（米田実）「近江学 ： 文化誌近江学」 成安造形大学附属近江学研究所，サンライズ出版（発売）（6）2014.01

村における信仰の灯─神主の献灯、講の常夜灯（特集 火の物語り）（大塚活美）「近江学 ： 文化誌近江学」 成安造形大学附属近江学研究所，サンライズ出版（発売）（6）2014.01

火と食（特集 火の物語り）（岩田庸子）「近江学 ： 文化誌近江学」 成安造形大学附属近江学研究所（発売）（6）2014.01

シリーズ近江の意匠V 麻の物語─すべては近江の蚊帳生地との出会いから（河原林美知子）「近江学 ： 文化誌近江学」 成安造形大学附属近江学研究所，サンライズ出版（発売）（6）2014.1

近江の水をめぐる（5）（特集 水）人物の水、伝説の水（石川亮）「湖国と文化」 びわ湖芸術文化財団 38（1）通号149 2014.01

近江の庶民の生活と民俗（2）（菅沼晃次郎）「民俗文化」 滋賀民俗学会 （605）2014.02

仙台市博物館における巡回展「滋賀県立琵琶湖文化館が守り伝える美 近江巡礼 祈りの至宝展」の開催と展示構成（井上ひろ美）「滋賀県立琵琶湖文化館研究紀要」 滋賀県立琵琶湖文化館 （30）2014.03

庶民（近江）の生活と民俗（3）（菅沼晃次郎）「民俗文化」 滋賀民俗学会 （606）2014.03

わたしと湖国（6）みんな一緒でみんなに違い、みんないい ふなずしとオコナイに近江の底力を見る（三宅貴江）「湖国と文化」 びわ湖芸術文化財団 38（3）通号148 2014.07

淡海

産鉄説話が証す古代淡海の製鉄原料（1）～（10）（山本仁一）「民俗文化」 滋賀民俗学会 413/429 1998.2/1999.6

淡海の七福神（寺田勝一）「湖国と文化」 滋賀県文化振興事業団 86 1999.1

古代淡海とびわ湖誕生伝説（1）─伝承と史実の隔たり（山本仁一）「民俗文化」 滋賀民俗学会 456 2001.9

古代淡海とびわ湖誕生伝説（2）─伝承の内容は史実を語っている（山本仁一）「民俗文化」 滋賀民俗学会 457 2001.10

古代淡海とびわ湖誕生伝説（3），（4）─びわ湖の誕生は古代日本のノアの洪水［正］，続（山本仁一）「民俗文化」 滋賀民俗学会 458/459 2001.11/2001.12

淡海芸能舞台伝［1］～（最終回）（井上由理子）「湖国と文化」 滋賀県文化振興事業団 98/102 2002.1/2003.1

伝承に見る淡海［1］～（24）（黄地百合子）「湖国と文化」 滋賀県文化振興事業団 103/33（1）通号126 2003.4/2009.1

淡海節の継承─海を渡った淡海節（今井信）「民俗文化」 滋賀民俗学会 （513）2006.6

大衆音楽 “淡海節” 誕生の母体─替え歌と風刺の文化（今井信）「民俗文化」 滋賀民俗学会 （526）2007.7

伝承に見る淡海（26）老女が斧を磨いた峠は中山道一の絶景の地（黄地百合子）「湖国と文化」 滋賀県文化振興事業団 33（3）通号128 2009.7

伝承に見る淡海（26）倭姫命の日雲宮は甲賀のどの地であったのだろう…（黄地百合子）「湖国と文化」 滋賀県文化振興事業団 33（4）通号129 2009.10

伝承に見る淡海（27）安曇川の筏の神さま、シコブチ神（黄地百合子）「湖国と文化」 滋賀県文化振興事業団 34（1）通号130 2010.1

伝承に見る淡海（28）水没した阿曽津千軒と阿曽津婆の話（黄地百合子）「湖国と文化」 滋賀県文化振興事業団 34（2）通号131 2010.4

伝承にみる淡海（30）平木の沢の龍女と竜王寺の鐘（黄地百合子）「湖国と文化」 滋賀県文化振興事業団 34（3）通号132 2010.7

伝承にみる淡海（31）連載を振り返って（上）生活や信仰を色濃く反映（黄地百合子）「湖国と文化」 滋賀県文化振興事業団 34（4）通号133 2010.10

伝承にみる淡海（32）連載を振り返って（下）心に残る近江独特の伝承（黄地百合子）「湖国と文化」 滋賀県文化振興事業団 35（1）通号134 2011.1

親しめる半面、唄いこなすのにウデがいる そこが魅力 淡海節（特集 現代・滋賀の歌）（二柳啓蔵）「湖国と文化」 びわ湖芸術文化財団 38（2）通号147 2014.04

近江神宮

滋賀と百人一首競技かるた 全国の愛好者が憧れる近江神宮 早く取るだけが競技の魅力ではない（特集 あきの田の…百人一首と滋賀）（石沢直樹）「湖国と文化」 滋賀県文化振興事業団 36（4）通号141 2012.10

近江神社

近江神社戸籍の研究について（18）～（21），（23）（松本致敬）「民俗文化」 滋賀民俗学会 456/463 2001.9/2002.4

近江町

「かけや」について─坂田郡近江町（粕渕宏昭）「民俗文化」 滋賀民俗学会 408 1997.9

あま台（針箱）について─坂田郡近江町（粕渕宏明）「民俗文化」 滋賀民俗学会 416 1998.5

蚊帳について─坂田郡近江町（粕渕宏昭）「民俗文化」 滋賀民俗学会 428 1999.5

ジグモについて─坂田郡近江町（粕渕宏昭）「民俗文化」 滋賀民俗学会 438 2000.3

踏台と井戸の片手について─坂田郡近江町（粕渕宏昭）「民俗文化」 滋賀民俗学会 444 2000.9

洗濯板について─坂田郡近江町（粕渕宏昭）「民俗文化」 滋賀民俗学会 445 2000.10

「のんこ」と「縄通し」について─坂田郡近江町（粕渕宏昭）「民俗文化」 滋賀民俗学会 446 2000.11

紙の大鳥居について─坂田郡近江町（粕渕宏昭）「民俗文化」 滋賀民俗学会 447 2000.12

前掛けについて─坂田郡近江町（粕渕宏昭）「民俗文化」 滋賀民俗学会 450 2001.3

ニワトリ（鶏）の水飲みについて─坂田郡近江町（粕渕宏昭）「民俗文化」 滋賀民俗学会 461 2002.2

昔みた動植物─坂田郡近江町（粕渕宏昭）「民俗文化」 滋賀民俗学会 462 2002.3

渋柿の「皮むき」（カンナ・鉋）─坂田郡近江町（粕渕宏昭）「民俗文化」 滋賀民俗学会 473 2003.2

飯券（はんけん）について─近江町・びわ町（粕渕宏昭）「民俗文化」 滋賀民俗学会 476 2003.5

ガチャコンポンプについて─坂田郡近江町（粕渕宏昭）「民俗文化」 滋賀民俗学会 482 2003.11

自転車の燈火具について─坂田郡近江町（粕渕宏昭）「民俗文化」 滋賀民

滋賀県　郷土に伝わる民俗と信仰　近畿

俗学会　482　2003.11

漁具「ヤス」について―坂田郡近江町（粕渕宏昭）「民俗文化」　滋賀民俗学会　487　2004.4

死語を求めて―坂田郡近江町（粕渕宏昭）「民俗文化」　滋賀民俗学会　488　2004.5

牛乳箱について―坂田郡近江町（粕渕宏昭）「民俗文化」　滋賀民俗学会　491　2004.8

「釘抜き」について―坂田郡近江町（粕渕宏昭）「民俗文化」　滋賀民俗学会　495　2004.12

コンロについて―坂田郡近江町（粕渕宏昭）「民俗文化」　滋賀民俗学会　495　2004.12

ホテイアオイについて―坂田郡近江町（粕渕宏昭）「民俗文化」　滋賀民俗学会　497　2005.2

田植えの変遷について―坂田郡近江町（粕渕宏昭）「民俗文化」　滋賀民俗学会　（500）　2005.5

「浮き蓋」について―坂田郡近江町（粕渕宏昭）「民俗文化」　滋賀民俗学会　（501）　2005.6

ヤブダマについて―坂田郡近江町（粕渕宏昭）「民俗文化」　滋賀民俗学会　（503）　2005.8

牛肉を食べない村―坂田郡近江町（粕渕宏昭）「民俗文化」　滋賀民俗学会　（503）　2005.8

天秤棒について―坂田郡近江町（粕渕宏昭）「民俗文化」　滋賀民俗学会　（504）　2005.9

「豆し」について―坂田郡近江町（粕渕宏昭）「民俗文化」　滋賀民俗学会　（505）　2005.10

茶切手と鉄鍋（自家所蔵）について―坂田郡近江町（粕渕宏昭）「民俗文化」　滋賀民俗学会　（506）　2005.11

手拭いについて―坂田郡近江町（粕渕宏昭）「民俗文化」　滋賀民俗学会　（509）　2006.2

手洗器・手水鉢・洗面器について―坂田郡近江町（米原市）（粕渕宏昭）「民俗文化」　滋賀民俗学会　（519）　2006.12

「こも櫃」について―坂田郡近江町（粕渕宏昭）「民俗文化」　滋賀民俗学会　（519）　2006.12

詰め物について―坂田郡近江町（粕渕宏昭）「民俗文化」　滋賀民俗学会　（522）　2007.3

菓子型について―坂田郡近江町（粕渕宏昭）「民俗文化」　滋賀民俗学会　（522）　2007.3

張り板について―坂田郡近江町（粕渕宏昭）「民俗文化」　滋賀民俗学会　（526）　2007.7

旧坂田郡近江町の医者について（粕渕宏昭）「民俗文化」　滋賀民俗学会　（535）　2008.4

幼児言葉について―旧坂田郡近江町（粕渕宏昭）「民俗文化」　滋賀民俗学会　（547）　2009.04

真綿製造の道具について―旧坂田郡近江町（粕渕宏昭）「民俗文化」　滋賀民俗学会　（550）　2009.07

ハンモックについて―旧坂田郡近江町（粕渕宏昭）「民俗文化」　滋賀民俗学会　（574）　2011.07

米原の退避列車壕について―米原市近江町（粕渕宏昭）「民俗文化」　滋賀民俗学会　（578）　2011.11

近江中山の芋競べ祭り

湖国の神饌（10）中山の芋競べ祭り（長谷川嘉和）「湖国と文化」　滋賀県文化振興事業団　89　1999.10

湖国の伝統行事　芋くらべ祭り（高谷礼子）「湖国と文化」　滋賀県文化振興事業団　100　2002.7

近江の海

近江の海　おーい老いと呼んでみる（22）死者はどこを見ていたか（熊谷栄三郎）「湖国と文化」　滋賀県文化振興事業団　34（4）通号133　2010.10

近江の海　おーい老いと呼んでみる（24）祈りと呪い（熊谷栄三郎）「湖国と文化」　滋賀県文化振興事業団　35（2）通号135　2011.4

近江の海　おーい老いと呼んでみる（25）最終回　さんば（熊谷栄三郎）「湖国と文化」　滋賀県文化振興事業団　35（3）通号136　2011.7

近江国

近江国のタブノキ（1）―櫟野寺（甲賀）の伝承を中心に（北野晃）「民俗文化」　滋賀民俗学会　（507）　2005.12

近江国のタブノキ（2）長谷寺信仰・甲賀売薬のことなど（北野晃）「民俗文化」　滋賀民俗学会　（508）　2006.1

近江国のタブノキの信仰（〈月刊「民俗文化」発行500号記念論文〉）（北野晃）「民俗文化」　滋賀民俗学会　（510）（号外）　2006.3

近江の国と駿河の国―姓が餅と安倍川餅（《特集　シニアが見つけた！　湖国の文学II》）（松本孝子）「湖国と文化」　滋賀県文化振興事業団　33（3）通号128　2009.7

江戸時代における近江国の「ふなずし」［正］,（補遺）（櫻井信也）「栗東歴

史民俗博物館紀要」　栗東歴史民俗博物館　（18）/（20）　2012.3/2014.3

近江八幡

湖国の伝統行事　近江八幡山麓祭り（高谷礼子）「湖国と文化」　滋賀県文化振興事業団　93　2000.10

滋賀県近江八幡発　世紀のロマン（三輪茂雄）「民俗文化」　滋賀民俗学会　（506）　2005.11

近江八幡の水郷（奈良俊哉）「滋賀文化財教室シリーズ」　滋賀県文化財保護協会　（228）　2008.3

庶民（近江）の生活と民俗（4）,（5）―八幡祭りの松明・太鼓の渡御（菅沼晃次郎）「民俗文化」　滋賀民俗学会　（607）/（608）　2014.04/2014.05

近江八幡市

近江八幡市のスローフード「北之庄菜」について（森井サワ子）「滋賀の食事文化（年報）」　滋賀の食事文化研究会　（12）　2003.12

近江八幡市の石造美術を訪ねて（清水俊明）「野ほとけ」　奈良石仏会　（400）　2005.9

近江八幡市左義長まつり見学記（鷲野正昭）「まつり通信」　まつり同好会　49（3）通号541　2009.05

近江八幡市の中世建立「三界萬霊」碑（池本良一，篠原良吉，松永修輔）「歴史考古学」　歴史考古学研究会　（68）　2014.04

近江八景

滋賀文化事情　文化遺産・近江八景を生かそう　近江は湖の国・山の国・道の国　対談から探る滋賀の文化とこれから（編集室）「湖国と文化」　滋賀県文化振興事業団　35（3）通号136　2011.7

近江歴史街道

近江歴史街道（西山喜代司）「湖国と文化」　滋賀県文化振興事業団　84　1998.7

大井城

近江と柳田民俗学（5）―小野お通と大井城（馬場杉右衛門）「民俗文化」　滋賀民俗学会　（557）　2010.02

大浦観音堂

滋賀県西浅井町の神仏習合遺品―神明神社神牌と大浦観音堂懸仏群（山下立）「史迹と美術」　史迹美術同攷会　71（8）通号718　2001.9

大笹原神社

野洲のやきもの「篠原焼」―大笹原神社所蔵の在銘作品を中心に（行俊勉）「野洲町立歴史民俗資料館研究紀要」　野洲町立歴史民俗資料館　7　2000.3

大沢町

「福地」は稲作の歴史とともに―「ため池百選」に東近江市大沢町の八楽溜（野村寿一）「蒲生野」　八日市郷土文化研究会　（46）　2014.12

大篠原

大篠原の農事実行組合―大篠原共有文書IIより（本多桂）「野洲町立歴史民俗資料館研究紀要」　野洲町立歴史民俗資料館　10　2003.3

大滝神社

近江の大滝神社と犬上神社考（1）犬上郡多賀町（北野晃）「民俗文化」　滋賀民俗学会　（509）/（515）　2006.2/2006.8

大谷町

小野小町百歳像―大津市大谷町（兼康保明）「民俗文化」　滋賀民俗学会　（512）　2006.5

大津

大津の町なみと祭り（増井正哉）「滋賀文化財教室シリーズ」　滋賀県文化財保護協会　167　1997.1

大津絵［前］,（後）（宇野健一）「湖国と文化」　滋賀県文化振興事業団　82/83　1998.1/1998.4

学芸員のノートから（9）仏像の時代判定をめぐる話（自戒をこめて）（岩田茂樹）「大津歴博だより」　大津市歴史博物館　32　1998.1

収蔵品紹介（30）雨乞神事行列図（和田光生）「大津歴博だより」　大津市歴史博物館　32　1998.1

湖西・湖北の旅から「大津の仏像」展に思う（駒瀬銃吾）「文化史研究」　なごや文化史研究会　3　1998.3

収蔵品紹介（36）重要文化財　法華経（色紙金銀箔散）八帖（寺島典人）「大津歴博だより」　大津市歴史博物館　43　2001.7

御縁節や大津絵節と葛の葉伝説（牧民郎）「鹿児島民俗」　鹿児島民俗学会　120　2001.10

生きていた大津絵「雄琴庚申講」（和田光生）「大津歴博だより」　大津市歴史博物館　50　2003.3

大津南部の古寺と仏像（関根俊一）「近畿文化」　近畿文化会事務局　664　2005.3

学芸員のノートから古代の疫病祭祀について（山崎和宏）「大津歴博だよ

り」大津市歴史博物館　59　2005.7

近江の宗教 大津絵の誕生と三井寺別所の宗教文化圏（福家俊彦）「近江学：文化誌近江学」成安造形大学附属近江学研究所，サンライズ出版（発売）（1）2009.01

帝塚山大学大学院人文科学研究所所蔵「大津絵檜持奴」「月刊大和路ならら」地域情報ネットワーク　12（4）通号127　2009.04

2010年4月例会 研究発表「江戸の生活文化からみる大津絵─勧進・玩具・護符─」鈴木堅弘氏（秋月俊也）「日本宗教民俗学会通信」日本宗教民俗学会　（127）2010.08

（2）大津絵節の旋律研究（特集 芸能元年研究発表）（寺田真由美）「日本民俗音楽学会会報」日本民俗音楽学会　（37）2012.06

大津京

陰陽五行から見た大津京（吉野裕子）「湖国と文化」滋賀県文化振興事業団　84　1998.7

大津祭の曳山行事

湖国の伝統行事 大津祭（天孫神社）（高谷礼子）「湖国と文化」滋賀県文化振興事業団　97　2001.10

大津祭の舞台裏（特集 芸能元年─伝統芸能の現在）（小川正）「湖国と文化」滋賀県文化振興事業団　35（1）通号134　2011.01

大津曳山祭 滋賀県大津市「公益社団法人全日本郷土芸能協会会報」全日本郷土芸能協会　（65）2011.01

町屋の二階から大津祭を観る（北から南から）（山田勝彦）「湖国と文化」滋賀県文化振興事業団　37（1）通号142　2013.01

第36回京都地名フォーラム報告 発表1 京・祇園祭、大津祭、長濱曳山祭のタペストリー（つづれ織り）から浮かび上がる古代ギリシアの地名（山嵜泰正）/発表2 宇治と菟道稚郎子（石田天祐）/発表3 京都盆地の災害地名（綱本逸雄）「都藝泥布：京都地名研究会会報」「京都地名研究会事務局」　（45）2013.11

大津市

湖国の伝統行事 まんどう祭（永源寺町）、漏刻祭雅楽（大津市）（高谷礼子）「湖国と文化」滋賀県文化振興事業団　86　1999.1

大津市寺院戸籍の資料について（1）～（16）（松本致敬）「民俗文化」滋賀民俗学会　464/495　2002.5/2004.12

大津市域における近世の石工たち（田井中洋介）「紀要」滋賀県文化財保護協会　（22）2009.3

祭りでみられる桂─大津市の事例を中心に（研究ノート）（森本安紀）「京都民俗：京都民俗学会会誌」京都民俗学会　（32）2014.11

大野木

滋賀県選択無形民俗文化財 大野木豊年太鼓踊りの伝承について（1）、（2）（西秋清志）「美濃民俗」美濃民俗文化の会　（509）/（511）2009.10/2009.12

大野神社

インタビュー 大宮聡禰宜「湖国と文化」滋賀県文化振興事業団　37（4）通号145　2013.10

大原

大原の祇園祭における神饌とふじずし（串岡慶子）「滋賀の食事文化（年報）」滋賀の食事文化研究会　（11）2002.12

米原市のまつり（3）大原学区の太鼓踊り（《特集 終戦60年》）（佐加太：米原市文化財ニュース」米原市教育委員会　（23）2006.3

大溝

湖国の伝統行事 みたらし祭り・建部祭り・大溝祭り（高谷礼子）「湖国と文化」滋賀県文化振興事業団　85　1998.10

岡田村

村誌史料 近江国神崎郡岡田村地誌─明治拾壱年寅八月「民俗文化」滋賀民俗学会　470　2002.11

小川

甲賀郡南端の重要拠点 小川の三城郭（雲林院治夫）「湖国と文化」滋賀県文化振興事業団　78　1997.1

沖島

おおみ大発見・小発見 沖島（馬場章夫）「湖国と文化」滋賀県文化振興事業団　88　1999.7

奥津嶋神社

大嶋奥津嶋神社における在地寄進の実態（深谷幸治）「日本宗教文化史研究」日本宗教文化史学会　10（1）通号19　2006.5

奥川並

北近江丹生谷の伝承（3）奥川並の島左近伝承（馬場杉右衛門）「民俗文化」滋賀民俗学会　（529）2007.10

奥滋賀

奥滋賀に秘佛を尋ねて（大高久夫）「文化財保護協会報まるがめ」丸亀市文化財保護協会　（2）2007.03

奥嶋荘

近江国蒲生下郡奥嶋・津田荘と惣荘・惣村─政治環境と宗教環境の変遷をめぐって（《報告要旨》）（若林陵一）「東北中世史研究会会報」東北中世史研究会　（12）2000.3

奥琵琶湖

奥琵琶湖周辺の伝承（2）片桐且元・片桐蔵と娘令子（馬場杉右衛門）「民俗文化」滋賀民俗学会　（551）2009.08

奥琵琶湖周辺の伝承（6）幗重兵の善行とレイテの墓標（馬場杉右衛門）「民俗文化」滋賀民俗学会　（555）2009.12

奥琵琶湖周辺の伝承（7）─流れ灌頂と発愛の関（馬場杉右衛門）「民俗文化」滋賀民俗学会　（556）2010.01

小椋谷

木地屋の旧地を訪ねる（飛騨歴史民俗学会紀行）（浅野吉久）「飛騨春秋：飛騨郷土学会誌」高山市民時報社　453　1998.10

木地師の定着過程（杉本寿）「民俗文化」滋賀民俗学会　433　1999.10

木地師の根源地がなぜ二か所あるの…（菅沼晃次郎）「民俗文化」滋賀民俗学会　466　2002.7

木地師の里を訪ねて（宮原寛二）「会報さくらお」廿日市町郷土文化研究会　（130）2008.03

興味津津 私の近江（4）木地師の郷と山の神（MOTOKO）「湖国と文化」滋賀県文化振興事業団　33（2）通号127　2009.04

木地師発祥の地を訪ねて（郷土巡礼記 史蹟を尋ねて緑の旗は行く）（寺田一雄）「伊那」伊那史学会　59（12）通号1003　2011.12

小椋荘

木地師史料 近江国小椋荘と小倉三河守（前）～（後）─神崎郡永源寺町（杉本壽）「民俗文化」滋賀民俗学会　442/444　2000.7/2000.9

雄琴

生きていた大津絵「雄琴庚申講」（和田光生）「大津歴博だより」大津市歴史博物館　50　2003.3

大君ケ畑

多賀町大君ケ畑の惟喬親王伝説（中島伸男）「蒲生野」八日市郷土文化研究会　（44）2012.12

押立神社

神社の祭礼と文化伝承─近江国愛知郡押立神社の場合（吉井敏幸）「日本宗教文化史研究」日本宗教文化史学会　2（1）1998.5

小谷城

小谷城の伝説について─東浅井郡湖北町（馬場杉右衛門）「民俗文化」滋賀民俗学会　432　1999.9

小谷城郷土館の雛人形（《特集 節句》）（佐原浩二）「左海民俗」堺民俗会　（124）2007.5

小槻神社

資料紹介 滋賀・小槻神社木造男神坐像について（山下立）「紀要」滋賀県立安土城考古博物館　（20）2012.03

小槻大社

小槻大社の男神坐像（佐々木進）「栗東歴史民俗博物館紀要」栗東歴史民俗博物館　（3）1997.3

音羽

音羽のおこない（前）、（後）─伊香郡木之本町（塚本茂博）「民俗文化」滋賀民俗学会　430/431　1999.7/1999.8

小野

『小野雪見御幸絵巻』の背負子（織野英史）「民具集積」四国民具研究会　（7）2001.11

尾上区

地域に今も残る食材─湖北町尾上区の「尾上菜」を尋ねて（肥田文子）「滋賀の食事文化（年報）」滋賀の食事文化研究会　（13）2004.12

小野町

彦根市小野町の城山─小野大膳と草山内膳（長谷川博美）「民俗文化」滋賀民俗学会　（583）2012.04

小野寺

萬年寺の文化財─小野寺から黄檗寺院萬年寺へ（松岡久美子）「栗東歴史民俗博物館紀要」栗東歴史民俗博物館　（15）2009.03

小幡

かたちとこころ 小幡人形（五個荘町）（寿福滋）「湖国と文化」滋賀県文化振興事業団　86　1999.1

意太神社
意太神社考（長谷川博美）「民俗文化」 滋賀民俗学会 （576） 2011.09

折立山
中世の境界争いを秘める比良山系・折立山（綱本逸雄）「地名探究」 京都地名研究会 （8） 2010.3

園城寺
収蔵品紹介（29）新羅明神像（岩田茂樹）「大津歴博だより」 大津市歴史博物館 31 1997.10

園城寺の歴史と伽藍（1），（2）（桜井敏雄）「近畿文化」 近畿文化会事務局 598/599 1999.9/1999.10

園城寺 勧学院・光浄院と山内（斉藤孝）「史迹と美術」 史迹美術同攷会 71（6）通号716 2001.7

園城寺と柳澤氏との関係（柳澤昭功）「千曲」 東信史学会 120 2004.2

民話絵物語（52）園城寺の「愛犬クロの石」（大日方寛，原勝実）「佐久」 佐久史学会 （60） 2010.07

伊勢郷土会第424回例会 園城寺・日吉大社・延暦寺等見学記（阿形智恵子）「伊勢郷土史草」 伊勢郷土会 （44） 2010.09

建保二年の園城寺回禄及び嗷訴について―柴田芳明氏所蔵本『園城寺牒状及興福寺返牒案等』の分析から（永井晋）「金沢文庫研究」 神奈川県立金沢文庫 （327） 2011.10

「園城寺記録」に見る遊行三十三代満悟記事（古賀克彦）「寺社と民衆」 民衆宗教史研究会 10 2014.03

海津
湖国の伝統行事 海津祭・長刀祭・公家奴振・献饌供御人行列（高谷礼子）「湖国と文化」 滋賀県文化振興事業団 88 1999.7

海津（特集 "石" のある風景）（寿福滋）「近江学 : 文化誌近江学」 成安造形大学附属近江学研究所，サンライズ出版（発売） （4） 2012.1

開出
湖国の神饌（4）開出のウグイ鮓（長谷川嘉和）「湖国と文化」 滋賀県文化振興事業団 83 1998.4

鏡岩
北近江丹生谷の伝承（1）菅並の天霧観音と鏡岩（馬場杉右衛門）「民俗文化」 滋賀民俗学会 （527） 2007.8

鍛冶屋
北近江草野川谷の伝承（2）鍛冶屋の太閤踊りと三成伝説（馬場杉右衛門）「民俗文化」 滋賀民俗学会 （533） 2008.2

鍛冶屋村
「村の鍛冶屋」と鍛冶屋村の話（橋本章）「長浜城歴史博物館友の会友の会だより」 長浜城歴史博物館友の会 69 2005.7

明治の農具資料について（前），（後）―東浅井郡鍛冶屋村（粕渕宏昭）「民俗文化」 滋賀民俗学会 （515）/（517） 2006.8/2006.10

柏原
南部家使用の墨書銘入枡について―米原市の柏原歴史館蔵（粕渕宏昭）「民俗文化」 滋賀民俗学会 （594） 2013.03

堅田
堅田湖族の郷（北沢専次）「湖国と文化」 滋賀県文化振興事業団 82 1998.1

堅田の供御人行列と琵琶湖漁業（堀越昌子）「滋賀の食事文化（年報）」 滋賀の食事文化研究会 （11） 2002.12

琵琶湖の自然環境からみた中世堅田の漁撈活動（論説）（佐野静代）「史林」 史学研究会 96（5）通号501 2013.9

勝部神社
湖国の伝統行事 勝部の火祭り（勝部神社）（高谷礼子）「湖国と文化」 滋賀県文化振興事業団 94 2001.1

勝部神社・住吉神社の火まつり「乙貞」 守山市立埋蔵文化財センター 33（5）通号192 2014.01

金森
本願寺末寺の東西分派について―近江金森近郊と上越の場合（高橋正隆）「上越市史研究」 上越市 7 2001.12

金屋
甲良町金屋所在の石仏について（上垣幸徳）「紀要」 滋賀県文化財保護協会 （17） 2004.3

金居原
金居原のおこない（前），（後）―伊香郡木之本町（塚本茂博）「民俗文化」 滋賀民俗学会 432/433 1999.9/1999.10

金森町
金森町・永源寺町・近江湖南探訪（飛騨歴史民俗学会紀行）（菅田一衛）

「飛騨春秋 : 飛騨郷土学会誌」 高山市民時報社 453 1998.10

上岸本
灌漑水利関係による多集落間祭祀の擬似性―滋賀県愛知郡愛東町上岸本及び同郡湖東町中岸本の事例から（橋本章）「京都民俗 : 京都民俗学会会誌」 京都民俗学会 通号17 1999.12

上田上
昔話・伝説のことなど（1）～（8）―上田上の民話をさぐる（田村博）「民俗文化」 滋賀民俗学会 416/434 1998.5/1999.11

昔話・伝説のことなど（9）―上田上の民謡をさぐる（田村博）「民俗文化」 滋賀民俗学会 436 2000.1

上砥山村
上砥山村の中一家（溝口純一）「栗東歴史民俗博物館紀要」 栗東歴史民俗博物館 （14） 2008.3

上丹生
イボ（疣）とり水について―米原市上丹生（粕渕宏昭）「民俗文化」 滋賀民俗学会 （590） 2012.11

亀山
亀山の伝説 六話 「神仏の山―荒神山への信仰―」「荒神山神社の由来」「天満天神社の由来」「荒神山の大蛇岩」「茂賀山のいわれ」「金鶏山の伝説」（皆川重徳）「彦根郷土史研究」 彦根史談会 46・47 2012.05

蒲生郡
巻頭論文 蒲生郡における神仏習合美術の世界（山下立）「蒲生野」 八日市郷土文化研究会 （45） 2013.12

軽野神社
軽野神社境内採集資料の報告（重岡卓）「滋賀文化財だより」 滋賀県文化財保護協会 270 2001.7

川上
湖国の伝統行事 芋茎祭・石塔寺 万灯祭・さんやれ祭（高谷礼子）「湖国と文化」 滋賀県文化振興事業団 87 1999.4

河上荘
近江国河上荘の宮座と村落神話（薗部寿樹）「米沢史学」 米沢史学会（山形県立米沢女子短期大学日本史学科内）（28） 2012.10

河桁御河辺神社
滋賀の石造文化財（中世）の概観について（33）河桁御河辺神社石燈籠（福澤邦夫）「民俗文化」 滋賀民俗学会 （596） 2013.05

河内神社
湖国の伝統行事 風神祭り・河内神社例祭（高谷礼子）「湖国と文化」 滋賀県文化振興事業団 78 1997.1

歓喜寺遺跡
比良山系の山寺―大津市歓喜寺遺跡について（小林祐季）「紀要」 滋賀県文化財保護協会 （25） 2012.03

菅山寺
オコナイに奉納される懸仏―余呉町菅山寺の事例（山下立）「紀要」 滋賀県安土城考古博物館 （12） 2004.3

観音寺
観音寺詮舜像模写事業報告（高木叙子）「紀要」 滋賀県立安土城考古博物館 通号7 1999.3

観音寺の境内図について―坂田郡山東町（粕渕宏昭）「民俗文化」 滋賀民俗学会 469 2002.10

装飾文をもつ室町時代後期の小形板碑の一例―栗東市観音寺所在（兼康保明）「民俗文化」 滋賀民俗学会 （510） 2006.3

観音寺騒動顛末考（前），（後）（中村武三）「民俗文化」 滋賀民俗学会 （552）/（553） 2009.09/2009.10

観音寺城
観音正寺と観音寺城跡（2）（伊庭功）「紀要」 滋賀県文化財保護協会 （24） 2011.3

観音寺山
新連載 三角点の山と私（1）史跡城跡と札所の山 繖山（観音寺山）/山岳信仰の聖なる山 太神山「湖国と文化」 びわ湖芸術文化財団 38（3）通号148 2014.07

観音正寺
淡海に生きる人観音正寺 十一面千手観音（寿福滋）「湖国と文化」 滋賀県文化振興事業団 84 1998.7

観音正寺と観音寺城跡（2）（伊庭功）「紀要」 滋賀県文化財保護協会 （24） 2011.3

近畿　　　　　　　　　　　　　郷土に伝わる民俗と信仰　　　　　　　　　　　　　滋賀県

環琵琶湖

人と自然の関係史素描―中世後期の環琵琶湖地域を中心に(《特集 環境史の可能性》)(水野章二)「民衆史研究」 民衆史研究会 (61) 2001.5

祇王井川

滋賀の伝説と民話「祇王井川」(渡邊守順 斉藤裕子)「湖国と文化」 滋賀県文化振興事業団 34(4)通号133 2010.10

岸下荘

惟喬親王伝説と岸下(本)荘そして「御縁起」(中島伸男)「蒲生野」 八日市郷土文化研究会 (45) 2013.12

北近江

片桐且元の北近江における寺社復興(森岡栄一)「市立長浜城歴史博物館館報」 長浜城歴史博物館 (7) 1998.4
北近江の民謡(1)―僻地の子守歌(馬場杉右衛門)「民俗文化」 滋賀民俗学会 445 2000.10
北近江の民謡(2)―草取り歌と臼すり歌(馬場杉右衛門)「民俗文化」 滋賀民俗学会 446 2000.11
北近江の民謡(3)―桑摘み歌と糸引歌(馬場杉右衛門)「民俗文化」 滋賀民俗学会 447 2000.12
北近江の民謡(4)―嫁入り歌とまりつき歌(馬場杉右衛門)「民俗文化」 滋賀民俗学会 448 2001.1
北近江の民話(1)―伊吹ガマの油と霊仙杉折り伝承(馬場杉右衛門)「民俗文化」 滋賀民俗学会 449 2001.2
北近江の民話(2)―キツネとタヌキの恩返し(馬場杉右衛門)「民俗文化」 滋賀民俗学会 450 2001.3
北近江の民話(3)―胡瓜姫と河童の恩返し(馬場杉右衛門)「民俗文化」 滋賀民俗学会 451 2001.4
北近江の民話(4)―牡丹餅姫とテレスコ(馬場杉右衛門)「民俗文化」 滋賀民俗学会 452 2001.5
北近江歴史大学 第5回「古墳と寺院と豪族と…」(菱田哲郎)「長浜城歴史博物館友の会友の会おたより」 長浜城歴史博物館友の会 40 2003.1
北近江歴史大学 第1回「天台宗―最澄から良源へ」(木村至宏)「長浜城歴史博物館友の会友の会おたより」 長浜城歴史博物館友の会 46 2003.8
北近江歴史大学 第2回「観音信仰―美しき観音像への祈り」(井上一稔)「長浜城歴史博物館友の会友の会おたより」 長浜城歴史博物館友の会 47 2003.9
北近江歴史大学 第4回「時宗―遊行上人と湖北信仰」(土井通弘)「長浜城歴史博物館友の会友の会おたより」 長浜城歴史博物館友の会 49 2003.11
北近江歴史大学 特別講座「湖北地方の真宗民俗―絵系図まいり・墓・臨終仏―」[前],(後)「長浜城歴史博物館友の会友の会おたより」 長浜城歴史博物館友の会 (102)／(103) 2008.4/2008.5
北近江の地貌季語(馬場杉右衛門)「民俗文化」 滋賀民俗学会 (555) 2009.12
近江と柳田民俗学(7)―珍石奇岩説と北近江(馬場杉右衛門)「民俗文化」 滋賀民俗学会 (559) 2010.04

北牧野

北牧野の雪積み場(氷室)―高島郡マキノ町(大村進)「民俗文化」 滋賀民俗学会 480 2003.9

北脇村

近世郷村結合と郷鎮守―近江国甲賀郡北脇村若宮八幡宮を事例に(《大会特集II教賀―日本海〜琵琶湖、風の通り道》―〈問題提起〉)(藤田和敏)「地方史研究」 地方史研究協議会 55(5)通号317 2005.10

義仲寺無名庵

風羅念仏(沢木美子)「娑羅 : 歴史民俗誌」 常民学舎 (29) 2001.2

繖山

新連載 三角点の山と私(1) 史跡城跡と札所の山 繖山(観音寺山)/山岳信仰の聖なる山 太神山「湖国と文化」 びわ湖芸術文化財団 38(3)通号148 2014.07

木之本町大音

22年ぶりのオコナイ―滋賀県木之本町大音(田中義広)「まつり通信」 まつり同好会 38(5)通号447 1998.5

木之本町杉野

滋賀県木之本町杉野中・向のオコナイ(中島誠一)「市立長浜城歴史博物館館報」 長浜城歴史博物館 (7) 1998.4
湖北オコナイの変遷に関する一考察―滋賀県伊香郡木之本町杉野の事例から(中島誠一)「滋賀県地方史研究」 滋賀県地方史研究家連絡会 15 2005.5

木部

木部の神事(行俊勉)「野洲市歴史民俗博物館研究紀要」 野洲市歴史民俗博物館 (15) 2011.04

君ヶ畑

木地師史料 三州津具山事件の君ヶ畑側触書(杉本寿)「民俗文化」 滋賀民俗学会 430 1999.7
湖国の神饌(15) 君ヶ畑の御供盛り(長谷川嘉和)「湖国と文化」 滋賀県文化振興事業団 94 2001.1

旧秀隣寺庭園

旧秀隣寺庭園―高島郡朽木村岩瀬(毛利道太)「滋賀文化財教室シリーズ」 滋賀県文化財保護協会 178 1998.9

久蔵地蔵

久蔵地蔵の由来―豊田市に残る姉川激戦の伝承(〈月刊「民俗文化」発行500号記念論文〉)(馬場杉右衛門)「民俗文化」 滋賀民俗学会 (510)(号外) 2006.3

京極氏館跡庭園

庭園望み、主従関係確認の儀式行う 京極氏館跡庭園(特集 近江の庭園文化―庭と私)(高橋順之)「湖国と文化」 滋賀県文化振興事業団 37(2)通号143 2013.3

玉泉寺

北近江草野川谷の伝承(6) 天吉寺山と三川の玉泉寺(馬場杉右衛門)「民俗文化」 滋賀民俗学会 (537) 2008.6

玉兎山陣城

犬上郡多賀町(旧脇ヶ畑村)の城(1)―杉坂一夜城伝説と玉兎山陣城の発見(長谷川博美)「民俗文化」 滋賀民俗学会 (566) 2010.11

清滝寺

特別寄稿 清滝寺に見る近世山岳寺院の要素(用田政晴)「佐加太 : 米原市文化財ニュース」 米原市教育委員会 (28) 2008.5

玉桂寺

信楽の玉桂寺阿弥陀仏胎内文書について(成田勝美)「温故知新」 美東町文化研究会 (32) 2005.4

黄和田町

湖国の神饌(3) 敬宮行事のチン作り(長谷川嘉和)「湖国と文化」 滋賀県文化振興事業団 82 1998.1

錦織寺

滋賀・錦織寺天安堂毘沙門天像と天台系所伝『北方毘沙門天王随軍護法真言』の周辺(津田徹英)「日本宗教文化史研究」 日本宗教文化史学会 5(1)通号9 2001.5
いまどきの"元気なお社"見聞(10) 野洲市木部 真宗木辺派本山 錦織寺(辻村琴美、辻村耕司)「湖国と文化」 びわ湖芸術文化財団 38(1)通号146 2014.01
インタビュー 木辺円慈門主「湖国と文化」 びわ湖芸術文化財団 38(1)通号146 2014.01

草津

草津の張子人形「猩々」(駒井敏男)「民俗文化」 滋賀民俗学会 442 2000.7
町内会あげて踊りを伝承 草津のサンヤレ踊り(特集 芸能元年―伝統芸能の現在)(小川豊)「湖国と文化」 滋賀県文化振興事業団 35(1)通号134 2011.01

草津市

道中双六の世界(和田実)「街道文化情報通信」 草津市立街道文化情報センター 14 1998.12
青花の新しい物語―滋賀県草津市(駒井敏男)「民俗文化」 滋賀民俗学会 492 2004.9

草津宿

地域における宿場町―近江草津宿を中心に(桑原弘美)「滋賀史学会誌」 滋賀史学会 11 1999.2

草津宿本陣

秋葉山御撫物からみた近世秋葉信仰―草津宿本陣「大福帳」に記された記録から(一矢典子)「久里」 神戸女子民俗学会 (22) 2008.6

草野川谷

北近江草野川谷の伝承(1) 源頼朝伝説と大吉寺虫供養(馬場杉右衛門)「民俗文化」 滋賀民俗学会 (532) 2008.1
北近江草野川谷の伝承(2) 鍛冶屋の太閤踊りと三成伝説(馬場杉右衛門)「民俗文化」 滋賀民俗学会 (533) 2008.2
北近江草野川谷の伝承(3) 藤五郎の石子詰と伏見の文珠九助(馬場杉右衛門)「民俗文化」 滋賀民俗学会 (534) 2008.3
北近江草野川谷の伝承(4) 天明の大飢饉と小室藩取り潰し(馬場杉右衛門)「民俗文化」 滋賀民俗学会 (535) 2008.4
北近江草野川谷の伝承(5) 七曲り峠の小菊と鳥越峠の新九郎坂(馬場杉右衛門)「民俗文化」 滋賀民俗学会 (536) 2008.5

北近江草野川谷の伝承（6）天吉寺山と三川の玉泉寺（馬場杉右衛門）「民俗文化」 滋賀民俗学会 （537）2008.6

菌神社
湖国の神饌（12）菌神社の雑魚鮓（長谷川嘉和）「湖国と文化」 滋賀県文化振興事業団 91 2000.4

菌神社と雑魚ズシ神饌（堀越昌子）「滋賀の食事文化（年報）」 滋賀の食事文化研究会 （12）2003.12

郡上
郡上の大神楽（会員の広場）（松田一雄）「日本民俗音楽学会会報」 日本民俗音楽学会 （41）2014.07

朽木
シリーズ近江の意匠III 朽木盆—菊紋の由来をたずねて（磯野英生）「近江学 ： 文化誌近江学」 成安造形大学附属近江学研究所，サンライズ出版（発売）（5）2013.1

朽木古屋
朽木古屋の六斎念仏（山本晃子）「滋賀文化財教室シリーズ」 滋賀県文化財保護協会 （223）2007.3

朽木村
橋本先生の『朽木村民俗誌』にひめる民俗学的思索（《橋本鉄男先生追悼号》）（浦西勉）「近畿民俗 ： 近畿民俗学会会報 ： Bulletin of the Folklore Society of Kinki」 近畿民俗学会 146・147 1997.3

シリーズ故郷（54）テンネンヤマの訓—滋賀県旧朽木村再訪（小島孝夫）「民俗学研究所ニュース」 成城大学民俗学研究所 （94）2011.10

国安
シリーズ・湖北のオコナイ「48.国安のゴーのバイ」「長浜城歴史博物館友の会友の会だより」 長浜城歴史博物館友の会 （115）2009.05

栗太郡
栗太郡鋳物師の形成（山本順也）「栗東歴史民俗博物館紀要」 栗東歴史民俗博物館 （10）2004.3

白鳳寺院の成立と展開—栗太郡の事例から（雨森智美）「栗東歴史民俗博物館紀要」 栗東歴史民俗博物館 （19）2013.03

黒滝
奥琵琶湖周辺の伝承（8）—今庄、黒滝の碑と母子草（馬場杉右衛門）「民俗文化」 滋賀民俗学会 （557）2010.02

桑実寺
桑実寺縁起絵巻（國賀由美子）「滋賀文化財教室シリーズ」 滋賀県文化財保護協会 （227）2008.3

鶏足寺
湖北の仏たち 鶏足寺木造薬師如来立像について（秀平文忠）「長浜城歴史博物館友の会友の会だより」 長浜城歴史博物館友の会 42 2003.4

湖北の仏たち 鶏足寺木造菩薩形立像（伝魚籃観音）（秀平文忠）「長浜城歴史博物館友の会友の会だより」 長浜城歴史博物館友の会 49 2003.11

鶏足寺・向源寺そして石道寺の観音像—湖北の古像の現在と歴史（高梨純次）「湖国と文化」 滋賀県文化振興事業団 109 2004.10

甲賀
甲賀・櫟野寺木彫群における工房制作像について（佐々木進）「栗東歴史民俗博物館紀要」 栗東歴史民俗博物館 （6）2000.3

『近江甲賀の前挽鋸』（甲南町教育委員会編）「京タケノコと鍛冶文化」（長岡京市教育委員会編）（書評）（長谷川嘉和）「民具研究」 日本民具学会 （131）2005.3

書籍紹介 『近江甲賀の前挽鋸』（長峰透）「民具マンスリー」 神奈川大学 38（10）通号454 2006.1

近江国のタブノキ（2）長谷寺信仰・甲賀売薬のことなど（北野晃）「民俗文化」 滋賀民俗学会 （508）2006.1

甲賀の祇園祭における会食料理の変遷について（《特集 地元に残したい食材（5）》）（長谷川嘉和）「滋賀の食事文化（年報）」 滋賀の食事文化研究会 （17）2008.12

伝承に見る淡海（26）倭姫命の日雲宮は甲賀のどの地であったのだろう…（黄地百合子）「湖国と文化」 滋賀県文化振興事業団 33（4）通号129 2009.10

甲賀の古社寺（関根俊一）「近畿文化」 近畿文化会事務局 （723）2010.02

甲賀の古社寺（2）—旧水口町域を中心に（関根俊一）「近畿文化」 近畿文化会事務局 （732）2010.11

甲賀郡
甲賀三郎説話と『神道集』（境淳伍）「民俗文化」 滋賀民俗学会 416 1998.5

鹿深臣氏について—甲賀郡の古代（大橋信弥）「紀要」 滋賀県立安土城考古博物館 通号7 1999.3

資料紹介 甲賀郡伝来の木造狛犬（山下立）「紀要」 滋賀県立安土城考古博物館 （16）2008.3

甲賀市
新刊紹介 『甲賀市史』第六巻 民俗・建築・石造文化財（丸山貞）「史迹と美術」 史迹美術同攷会 81（10）通号820 2011.12

甲賀町
滋賀県甲賀町の御仏を訪ねて（木下幹夫）「史迹と美術」 史迹美術同攷会 74（7）通号747 2004.8

989回例会 滋賀・甲賀町の仏像（岩崎幸一）「史迹と美術」 史迹美術同攷会 84（1）通号841 2014.01

甲賀寺
甲賀寺雑考［正］～（続々）（畑中英二）「紀要」 滋賀県文化財保護協会 （14）/（16）2001.3/2003.3

甲賀歴史民俗資料館
資料館めぐり 甲賀歴史民俗資料館（辻村耕司）「湖国と文化」 滋賀県文化振興事業団 81 1997.10

興敬寺
湖東日野興敬寺の寺歴について—「興敬寺文書」調査報告（高井多佳子）「栗東歴史民俗博物館紀要」 栗東歴史民俗博物館 （5）1999.3

興敬寺文書翻刻（高井多佳子）「栗東歴史民俗博物館紀要」 栗東歴史民俗博物館 （6）2000.3

高宮寺
高宮寺（杉原豊治）「彦根郷土史研究」 彦根史談会 44 2009.03

向源寺
向源寺十一面観音像の風景（紺野敏文）「近畿文化」 近畿文化会事務局 611 2000.10

鶏足寺・向源寺そして石道寺の観音像—湖北の古像の現在と歴史（高梨純次）「湖国と文化」 滋賀県文化振興事業団 109 2004.10

光山寺
資料報告 光山寺の宝篋印塔基礎—蒲生郡日野町（福澤邦夫）「民俗文化」 滋賀民俗学会 469 2002.10

滋賀の石造文化財（中世）の概観について（29）真照寺宝篋印塔／光山寺宝篋印塔（福澤邦夫）「民俗文化」 滋賀民俗学会 （592）2013.01

江州
江州音頭の源流—祭文から江州音頭へ（菅沼晃次郎）「民俗文化」 滋賀民俗学会 405 1997.6

《特集 大和の祭文音頭 江州音頭・河内音頭の源を探る》「秋篠文化」 秋篠音楽堂運営協議会 （7）2009.09

席の芸と櫓の芸—江州・河内オンドロジー（村井市郎）「秋篠文化」 秋篠音楽堂運営協議会 （7）2009.09

資料 大和の祭文音楽とその系類—江州音頭の祖先の領域等／大和と江州音頭一節のいろいろ／大和の祭文音頭—江州音頭の源を探る「秋篠文化」 秋篠音楽堂運営協議会 （7）2009.09

付録 講演録音「大和と江州音頭（続）節のいろいろ他」/実況録画「大和の祭文音頭—江州音頭の源を探る」「秋篠文化」 秋篠音楽堂運営協議会 （7）2009.09

江州音頭と河内音頭（第100号記念特集号）（池上和彦）「河内どんこう」 やお文化協会 （100）2013.06

近江商人の気風がにじんだ節と囃し、歌と踊りで一体感味わう 江州音頭（特集 現代・滋賀の歌）（松本敦三）「湖国と文化」 びわ湖芸術文化団 38（2）通号147 2014.04

光浄院庭園
客殿と庭園が完全につながる 三井寺 光浄院庭園（特集 近江の庭園文化—庭と私）（加藤賢治）「湖国と文化」 滋賀県文化振興事業団 37（2）通号143 2013.03

興聖寺
滋賀のかくれ里（17）最終回 石をたずねて（3）朽木谷の興聖寺（旧秀隣寺）庭園（いかいゆり子）「湖国と文化」 滋賀県文化振興事業団 34（4）通号133 2010.10

荒神山
テーマ展「荒神山と周辺地域の暮らし」より 生活の歴史（渡辺恒一）「彦根城博物館だより」 彦根城博物館 61 2003.6

古文書に見る江戸時代の荒神山（奥山二三男）「彦根郷土史研究」 彦根史談会 45 2010.3

上野田
日野町上野田の火振り祭・芝田楽（満田良順）「滋賀文化財教室シリーズ」 滋賀県文化財保護協会 209 2004.1

近畿 郷土に伝わる民俗と信仰 滋賀県

甲津原

甲津原のオコナイ(山田知子)「まつり通信」 まつり同好会 37(2)通号432 1997.2

近江の食文化 山の幸豊かな甲津原の食(中村紀子)「湖国と文化」 滋賀県文化振興事業団 90 2000.1

教如上人と顕教踊り(大久保甚一)「美濃民俗」 美濃民俗文化の会 410 2001.7

湖国の山里は今(4) 伊吹町甲津原(熊谷栄三郎)「湖国と文化」 滋賀県文化振興事業団 99 2002.4

甲津原で聞いたこと一旧坂田郡伊吹町(粕渕宏昭)「民俗文化」 滋賀民俗学会 (551) 2009.08

米原市指定文化財 甲津原の能面と白山信仰(高橋寛之)「佐加太 : 米原市文化財ニュース」 米原市教育委員会 (36) 2012.09

東草野のオコナイ一甲津原・曲谷(特集 伊吹のオコナイ)(市川秀之)「佐加太 : 米原市文化財ニュース」 米原市教育委員会 (40・41) 2014.09

顔戸山

夫馬の鳶さん一顔戸山家に過ぎたるものは、石の鳥居に寺五ヶ寺(高橋順之)「佐加太 : 米原市文化財ニュース」 米原市教育委員会 (31) 2010.03

光念寺

光念寺の歴史一文献史料と発掘による調査をふまえて(江藤弥生)「野洲市歴史民俗博物館研究紀要」 野洲市歴史民俗博物館 (18) 2014.03

高野

伊勢・高野・金毘羅・大和廻道中日記(宮窪弘)「ひたち小川の文化」 小美玉市小川郷土文化研究会 22 2002

三大聖地「高野・熊野・吉野」を巡る(滝沢洋之)「月刊会津人」 月刊会津人社 (20) 2005.5

高野道

江戸期「高野道」を復元する一彦根藩主の永源寺参詣をめぐって(門脇正人)「紀要」 滋賀県立安土城考古博物館 (16) 2008.3

高良神社

新名所 ぼけ封じの大石一長浜八幡宮・高良神社(粕渕宏昭)「民俗文化」 滋賀民俗学会 448 2001.1

五箇

湖西、五箇祭り(樹下神社)のおもてなし(小川久子)「滋賀の食事文化(年報)」 滋賀の食事文化研究会 (11) 2002.12

五箇荘町

女性からみたわが家の年中行事(前)一神崎郡五箇荘町(竹中初子)「民俗文化」 滋賀民俗学会 402 1997.3

女性が見た明治6年の善光寺・伊勢詣り旅行記一神崎郡五箇荘町(竹中初子)「民俗文化」 滋賀民俗学会 449 2001.2

五個荘町

女性からみたわが家の年中行事(後)一神崎郡五個荘町(竹中初子)「民俗文化」 滋賀民俗学会 403 1997.4

外村繁家の洗濯板一神崎郡五個荘町(粕渕宏昭)「民俗文化」 滋賀民俗学会 445 2000.10

国昌寺

国昌寺の創建と修造について一大津市鳥居川霊園採集遺物の整理から(小松葉子)「紀要」 滋賀県文化財保護協会 (27) 2014.03

国分

滋賀県大津市国分所在礎石「へそ石」の周辺(小松葉子)「紀要」 滋賀県文化財保護協会 (25) 2012.03

己高閣

石動寺/己高閣の仏像(清水俊明)「野ほとけ」 奈良石仏会 (386) 2003.4

湖国

湖国の観音札所について(塚田芳雄)「湖国と文化」 滋賀県文化振興事業団 79 1997.4

湖国の民具(1) 筌(長谷川嘉和)「湖国と文化」 滋賀県文化振興事業団 80 1997.7

湖国の観音(渡辺守順)「湖国と文化」 滋賀県文化振興事業団 81 1997.10

湖国の民具(2) アミモンドリ(網筌)(長谷川嘉和)「湖国と文化」 滋賀県文化振興事業団 81 1997.10

湖国の民具(3) コイタツベ(長谷川嘉和)「湖国と文化」 滋賀県文化振興事業団 82 1998.1

湖国の民具(4) エビタツベ(長谷川嘉和)「湖国と文化」 滋賀県文化振興事業団 83 1998.4

湖国の民具(5) ウナギツツ(長谷川嘉和)「湖国と文化」 滋賀県文化振興事業団 84 1998.7

湖国の民具(6) ダルマ(座繰り機)(長谷川嘉和)「湖国と文化」 滋賀県文化振興事業団 88 1999.7

湖国の民具(7) オウギ(伏せ籠)(長谷川嘉和)「湖国と文化」 滋賀県文化振興事業団 89 1999.10

湖国の伝統行事 太鼓おどり・小江戸彦根の城まつり(高谷礼子)「湖国と文化」 滋賀県文化振興事業団 90 2000.1

湖国の民具(8) 生鰌板(長谷川嘉和)「湖国と文化」 滋賀県文化振興事業団 90 2000.1

目で見る湖国 やきもの「湖国と文化」 滋賀県文化振興事業団 90 2000.1

湖国の伝統行事 節分祭・護国祭(高谷礼子)「湖国と文化」 滋賀県文化振興事業団 91 2000.4

湖国の民具(9) フナ小糸網(長谷川嘉和)「湖国と文化」 滋賀県文化振興事業団 91 2000.4

湖国の民具(10) 前挽き鋸(長谷川嘉和)「湖国と文化」 滋賀県文化振興事業団 93 2000.10

湖国の民具(11) 臼(長谷川嘉和)「湖国と文化」 滋賀県文化振興事業団 94 2001.1

創刊100号記念てい談 湖国の歴史と文化、そして未来を語る(木村至宏, 高城修三, 畑裕子)「湖国と文化」 滋賀県文化振興事業団 100 2002.7

湖国彩管(二村春臣)「湖国と文化」 滋賀県文化振興事業団 101 2002.10

《特集 湖国祭歳時記》「湖国と文化」 滋賀県文化振興事業団 107 2004.4

湖国レディス・アイ(24) 十一面観音に会いたい 異色の本に刺激されて仏像巡り(寺内蘭)「湖国と文化」 滋賀県文化振興事業団 35(2)通号135 2011.04

五個荘

てんびんの里・五個荘(「たより」124～159号寄稿文)(高田真由美)「ひがし」 東区郷土史研究会 (12) 2012.1

小佐治

深け田とモチ米一小佐治地域(甲賀市甲賀町)を中心に(長朔男)「滋賀の食事文化(年報)」 滋賀の食事文化研究会 (14) 2005.12

小篠原

野洲のやきもの「小冨士焼」(行俊勉)「野洲町立歴史民俗資料館研究紀要」 野洲町立歴史民俗資料館 8 2001.3

五社神社

湖国の伝統行事 おこない・草履祭・五社神社春祭(高谷礼子)「湖国と文化」 滋賀県文化振興事業団 80 1997.7

小女郎が池

滋賀の伝説と民話「小女郎が池」(渡辺守順, 斉藤裕子)「湖国と文化」 滋賀県文化振興事業団 31(2)通号119 2007.4

湖西

湖西の25観音(宮前正道, 田中始更)「湖国と文化」 滋賀県文化振興事業団 81 1997.10

近江湖西を訪ねて一長沼・飯山藩佐久間氏の遺跡と廃仏毀釈にあった善光寺関係の仏像(小山丈夫)「長野」 長野郷土史研究会 209 2000.1

渡来人文化と湖西(水野正好)「湖国と文化」 滋賀県文化振興事業団 92 2000.7

湖西地域における山寺の城郭化(小林裕季)「紀要」 滋賀県文化財保護協会 (27) 2014.3

御代参街道

江戸期「御代参街道」を復元する一中山道から八日市への3つのルート(門脇正人)「紀要」 滋賀県立安土城考古博物館 (13) 2005.3

江戸期「御代参街道」を復元する(完)(門脇正人)「紀要」 滋賀県立安土城考古博物館 (15) 2007.3

己高山

己高山・歴史探究ハイクレポート 修験の山の異様な霊気にふれて(吉田一郎)「長浜城歴史博物館友の会友の会だより」 長浜城歴史博物館友の会 (特集号) 2002.11

己高山の山岳寺院遺跡について一琵琶湖北の山岳寺院跡(石口和男)「もとやま」 本山町郷土史会 31・32 2004.10

湖東

湖東の25観音(蒲生西国観音札所会)「湖国と文化」 滋賀県文化振興事業団 81 1997.10

近世近江湖東地域における米穀流通(松下浩)「紀要」 滋賀県立安土城考古博物館 通号6 1998.3

近江湖東の伊勢講が奉納した旧伊勢別街道「津」にある三重県一の「窪

田の常夜燈」(瀬川欣一)「滋賀県地方史研究」 滋賀県地方史研究家連絡会 11 2001.5

湖東の古社寺(田中嗣人)「近畿文化」 近畿文化会事務局 620 2001.7

湖東路を歩いた人々 湖東の商人の善光寺参り(1),(2)「長浜歴史博物館友の会友の会だより」 長浜城歴史博物館友の会 56/57 2004.6/2004.7

近代の滋賀県湖東麻布業に関する一考察―1900～30年代を中心に(久岡道武)「愛知川町史研究」 愛知川町教育委員会町史編さん室 3 2005.3

湖東地域の浮彫五輪塔―その変遷と年代(上垣幸徳)「紀要」 滋賀県文化財保護協会 (20) 2007.3

湖東地域の非日常的な茶粥―「五豆茶粥」・「五粥茶」・「豆茶」・「豆じゃ」《特集 地元に残したい食材(4)》(早川史子)「滋賀の食事文化(年報)」 滋賀の食事文化研究会 (16) 2007.12

特別史跡彦根城跡出土の湖東焼について(木下義信)「紀要」 滋賀県文化財保護協会 (21) 2008.3

湖東における家印の機能(1)～(3)(松本晴菜)「民具マンスリー」 神奈川大学 41(4)通号484/41(6)通号486 2008.7/2008.9

湖東焼絵付師自然斎の作品について(小井川理)「彦根城博物館研究紀要」 彦根城博物館 (21) 2010.03

資料翻刻 岩根家資料湖東焼絵付自然斎関係文書(渡辺恒一)「彦根城博物館研究紀要」 彦根城博物館 (21) 2010.03

煎茶文化と湖東焼(木下義信)「紀要」 滋賀県文化財保護協会 (23) 2010.3

綆鈎史跡探訪記(7)～(9) 「湖東・明智光秀伝説の城」探訪[1]～(3)(末森清司)「備陽史探訪」 備陽史探訪の会 (154)/(156) 2010.06/2010.10

江戸時代の湖東の百姓たち(野村寿一)「蒲生野」 八日市郷土文化研究会 (45) 2013.12

資料紹介 湖東焼 染付騎馬図煎茶碗 当館蔵(奥田晶子)「彦根城博物館だより」 彦根城博物館 (106) 2014.09

湖東三山

比叡山延暦寺・湖東三山史跡巡りの旅(隠岐明重)「小田原史談 : 小田原史談会々報」 小田原史談会 (232) 2013.01

湖東町

湖東町の梵鐘づくり(森容子)「滋賀文化財教室シリーズ」 滋賀県文化財保護協会 170 1997.11

「寺伝天徳寺址」石碑建碑と旧湖東町の古代氏族一考(和田徳蔵)「蒲生野」 八日市郷土文化研究会 通号42 2010.12

後鳥羽神社

市史をひもといて(5) 「長浜の紅葉の名所・後鳥羽神社」「長浜城歴史博物館友の会友の会だより」 長浜城歴史博物館友の会 (110) 2008.12

湖南

人の動きからみた湖南地域の変容(矢野桂司)「京都地域研究」 京都地域研究会 12 1997.9

湖南の25観音(藤井博)「湖国と文化」 滋賀県文化振興事業団 81 1997.10

ふるさとの暮らしと食・祭り―湖南の水郷地域を一例として《特集 地元に残したい食材(5)》(長朔男)「滋賀の食事文化(年報)」 滋賀の食事文化研究会 (17) 2008.12

頭役祭祀の集権的構成―近江湖南の集落神社の一例(渡部圭一)「京都民俗 : 京都民俗学会会誌」 京都民俗学会 通号26 2009.03

湖北

湖北の25観音(大浦善七)「湖国と文化」 滋賀県文化振興事業団 81 1997.10

湖北の観音信仰(高橋正泉)「民俗文化」 滋賀民俗学会 427 1999.4

誌上情報館(62) 古代湖北地方の仏教文化(今野加奈子)「兵庫歴博ニュース」 兵庫県立歴史博物館 68 1999.10

湖北紀行 戦国武将と観音の里(小原信子)「みちしるべ : 尼崎郷土史研究会々誌」 尼崎郷土史研究会 28 2000.3

湖北の天気予報の俗信(馬場杉右衛門)「民俗文化」 滋賀民俗学会 439 2000.4

湖北のオコナイと真宗(中沢成晃)「まつり通信」 まつり同好会 42(2)通号492 2002.1

湖北の仏たち(沢新太郎)「史迹と美術」 史迹美術同攷会 72(1)通号721 2002.1

湖北の黄金埋蔵伝説(馬場杉右衛門)「民俗文化」 滋賀民俗学会 463 2002.4

豊年を祈る湖北の祭り(肥田文子)「滋賀の食事文化(年報)」 滋賀の食事文化研究会 (11) 2002.12

湖国ぶらり日帰り旅(3) 冬の湖北に観音信仰を訪ねて(根津眞澄)「湖国と文化」 滋賀県文化振興事業団 102 2003.1

湖北の仏たち 『日本霊異記』と湖北(秀平文忠)「長浜城歴史博物館の

会友の会だより」 長浜城歴史博物館友の会 47 2003.9

北近江歴史大学 第4回「時宗―遊行上人と湖北信仰」(土井通弘)「長浜城歴史博物館友の会友の会だより」 長浜城歴史博物館友の会 49 2003.11

湖北の十一面観音を拝観して(南清彦)「左海民俗」 堺民俗会 115 2004.5

桑もり器と桑の爪―近江湖北地方(粕渕宏昭)「民俗文化」 滋賀民俗学会 490 2004.7

《特集 湖北・観音の里》「湖国と文化」 滋賀県文化振興事業団 109 2004.10

平成16年度冬季特別展「湖北の山岳信仰」記念講演会 湖北の山岳信仰と宗教美術(前),(後)(宇野茂樹)「長浜城歴史博物館友の会の会だより」 長浜城歴史博物館友の会 65/66 2005.3/2005.4

湖北オコナイの変遷に関する一考察―滋賀県伊香郡木之本町杉野の事例から(中島誠一)「滋賀県地方史研究」 滋賀県地方史研究家連絡会 15 2005.5

民俗資料に見る「昭和」のくらし―湖北のお風呂物語(橋本章)「長浜城歴史博物館友の会友の会だより」 長浜城歴史博物館友の会 68 2005.6

新市創設企画展I「湖北の野鍛冶伝説―浅井町「七りん館」所蔵資料展―」「長浜城歴史博物館友の会友の会だより」 長浜城歴史博物館友の会 70 2005.8

平成16年度冬季特別展「湖北の山岳信仰―湖北人の神と仏―」[前],(後)「長浜城歴史博物館友の会友の会だより」 長浜城歴史博物館友の会 (88)/(90) 2007.2/2007.4

平成16年度冬季特別展「湖北の山岳信仰―湖北人の神と仏―」記念講演会報告「長浜城歴史博物館友の会友の会だより」 長浜城歴史博物館友の会 (89) 2007.3

長詩 奇跡のキスカ島撤退―湖北の太平洋戦争秘録(馬場杉右衛門)「民俗文化」 滋賀民俗学会 (523) 2007.6

民俗資料に見る昭和のくらし―湖北のお風呂物語「長浜城歴史博物館友の会友の会だより」 長浜城歴史博物館友の会 (92) 2007.6

湖北の野鍛冶伝説―浅井町「七りん館」の所蔵資料展「長浜城歴史博物館友の会友の会だより」 長浜城歴史博物館友の会 (94) 2007.8

湖北「観音の里」を旅して(田中豊)「扣之帳」 扣之帳刊行会 (17) 2007.9

シリーズ・湖北のオコナイ「30.トウヤって何?」「長浜城歴史博物館友の会友の会だより」 長浜城歴史博物館友の会 (99) 2008.1

シリーズ・湖北のオコナイ「31.トウヤって何?」「長浜城歴史博物館友の会友の会だより」 長浜城歴史博物館友の会 (100) 2008.2

春を呼ぶ湖北の「オコナイ」行事「長浜城歴史博物館友の会友の会だより」 長浜城歴史博物館友の会 (101) 2008.3

シリーズ・湖北のオコナイ「33.トウヤって何?」「長浜城歴史博物館友の会友の会だより」 長浜城歴史博物館友の会 (101) 2008.3

長浜市歴史博物館 開館25周年記念展示企画 シリーズ・湖北のくらしと祈り(1) 「華麗なる曳山祭の世界―湖北に広がる曳山の文化―」「長浜城歴史博物館友の会友の会だより」 長浜城歴史博物館友の会 (102) 2008.4

北近江歴史大学 特別講座「湖北地方の真宗民俗―絵系図まいり・墓・臨終仏―」[前],(後)「長浜城歴史博物館友の会友の会だより」 長浜城歴史博物館友の会 (102)/(103) 2008.4/2008.5

シリーズ・湖北のオコナイ「34.オコナイと女性」「長浜城歴史博物館友の会友の会だより」 長浜城歴史博物館友の会 (102) 2008.4

シリーズ・湖北のオコナイ「35.オコナイと女性」「長浜城歴史博物館友の会友の会だより」 長浜城歴史博物館友の会 (103) 2008.5

シリーズ・湖北のオコナイ「36.オコナイと女性」「長浜城歴史博物館友の会友の会だより」 長浜城歴史博物館友の会 (104) 2008.6

シリーズ・湖北のオコナイ「37.京都には表を真っ赤に塗った家がある?」「長浜城歴史博物館友の会友の会だより」 長浜城歴史博物館友の会 (105) 2008.7

シリーズ・湖北のオコナイ「39.火の障りと凶事」「長浜城歴史博物館友の会友の会だより」 長浜城歴史博物館友の会 (105) 2008.8

シリーズ・湖北のくらしと祈り(3) 「湖北の鋳物の名工"八木庄"―重厚なる角田庄兵衛の世界―」「長浜城歴史博物館友の会だより」 長浜城歴史博物館友の会 (107) 2008.9

シリーズ・湖北のオコナイ「40.火の障りと凶事」「長浜城歴史博物館友の会友の会だより」 長浜城歴史博物館友の会 (107) 2008.9

シリーズ・湖北のオコナイ「41.火の障りと凶事II」「長浜城歴史博物館友の会友の会だより」 長浜城歴史博物館友の会 (108) 2008.10

シリーズ・湖北のオコナイ「42.湖北のオコナイ―号外―」「長浜城歴史博物館友の会友の会だより」 長浜城歴史博物館友の会 (109) 2008.11

シリーズ・湖北のオコナイ「43.湖北のオコナイ―オコナイの変貌―」「長浜城歴史博物館友の会友の会だより」 長浜城歴史博物館友の会 (110) 2008.12

シリーズ・湖北のくらしと祈り(4)「湖北の深き信仰文化―オコナイと真宗の民俗から」「長浜城歴史博物館友の会友の会だより」 長浜歴

史博物館友の会 （111）2009.01

シリーズ・湖北のオコナイ「44.湖北のオコナイ―餅花」「長浜城歴史博物館友の会友の会だより」 長浜城歴史博物館友の会 （111）2009.01

近江の美術 湖北の観音像―平安前期の作例を中心に（高梨純次）「近江学：文化誌近江学」 成安造形大学附属近江学研究所，サンライズ出版（発売）（1）2009.01

シリーズ・湖北のオコナイ「45.湖北のオコナイ―餅花」「長浜城歴史博物館友の会友の会だより」 長浜城歴史博物館友の会 （112）2009.02

シリーズ・湖北のオコナイ「46.牛玉宝印」「長浜城歴史博物館友の会友の会だより」 長浜城歴史博物館友の会 （113）2009.03

シリーズ・湖北のオコナイ「47.玉をくわえた牛がいる!?」「長浜城歴史博物館友の会友の会だより」 長浜城歴史博物館友の会 （114）2009.04

シリーズ・湖北のオコナイ「48.国安のゴーのバイ」「長浜城歴史博物館友の会友の会だより」 長浜城歴史博物館友の会 （115）2009.05

シリーズ・湖北のオコナイ「49.牛玉宝印は、牛玉と宝印と朱?」「長浜城歴史博物館友の会友の会だより」 長浜城歴史博物館友の会 （116）2009.06

シリーズ・湖北のオコナイ「51.オコナイの鏡餅」「長浜城歴史博物館友の会友の会だより」 長浜城歴史博物館友の会 （118）2009.08

奥琵琶湖周辺の伝承（3）菅浦の淳仁天皇御陵と湖北の女（馬場杉右衛門）「民俗文化」 滋賀民俗学会 （552）2009.09

シリーズ・湖北のオコナイ「52.湖北のオコナイのお鏡餅のバリエーションは凄い!!」「長浜城歴史博物館友の会友の会だより」 長浜城歴史博物館友の会 （119）2009.09

シリーズ・湖北のオコナイ「53.米原市梓河内（河内）の大鏡」「長浜城歴史博物館友の会友の会だより」 長浜城歴史博物館友の会 （120）2009.10

シリーズ・湖北のオコナイ「54.長浜市八条町のお鏡」「長浜城歴史博物館友の会友の会だより」 長浜城歴史博物館友の会 （121）2009.11

近江と柳田民俗学（3）―その他伝説と湖北（馬場杉右衛門）「民俗文化」 滋賀民俗学会 （556）2010.01

シリーズ・湖北のオコナイ「56.お鏡を背負う」「長浜城歴史博物館友の会友の会だより」 長浜城歴史博物館友の会 （123）2010.01

シリーズ・湖北のオコナイ「57―1.湖北の立餅（長浜市西浅井町塩津中）」「長浜城歴史博物館友の会友の会だより」 長浜城歴史博物館友の会 （124）2010.02

シリーズ・湖北のオコナイ「57―2.湖北の立餅（長浜市西浅井町塩津中）」「長浜城歴史博物館友の会友の会だより」 長浜城歴史博物館友の会 （125）2010.03

シリーズ・湖北のオコナイ「57―3.湖北の立餅（長浜市西浅井町塩津中）」「長浜城歴史博物館友の会友の会だより」 長浜城歴史博物館友の会 （126）2010.04

湖國藝術紀行（6）井上靖「星と祭」の世界―湖北の観音さんを回る（植田耕司）「湖国と文化」 滋賀県文化振興事業団 34（4）通号133 2010.10

湖北「観音の里」の仏像巡礼（橘田昭雄）「西上総文化会報」 西上総文化会 （71）2011.03

連載企画 湖北の観音（1）～（14）（終）「長浜城歴史博物館友の会友の会だより」 長浜城歴史博物館友の会 （149）/（165）2012.03/2013.07

牛馬繋ぎについて―滋賀県湖北地方（粕渕宏昭）「民俗文化」 滋賀民俗学会 （599）2013.08

わたしと湖国（5）湖北の観音信仰、県域で広がるアール・ブリュット ふるさとの滋賀で静かな二つの美と出会う（生田ちひろ）「湖国と文化」 びわ湖芸術文化財団 38（2）通号147 2014.04

湖北三十三観音

湖北三十三観音巡拝（1）―木之本・田部・保延寺（馬場杉右衛門）「民俗文化」 滋賀民俗学会 （581）2012.02

湖北三十三観音巡拝（2）―重則・西野・礒野（馬場杉右衛門）「民俗文化」 滋賀民俗学会 （582）2012.03

湖北三十三観音巡拝（3）―東物部・東高田・唐川（馬場杉右衛門）「民俗文化」 滋賀民俗学会 （583）2012.04

湖北三十三観音巡拝（4）―雨森・渡岸寺・落川（馬場杉右衛門）「民俗文化」 滋賀民俗学会 （584）2012.05

湖北三十三観音巡拝（5）―高月・宇根・西阿閉（馬場杉右衛門）「民俗文化」 滋賀民俗学会 （585）2012.06

湖北三十三観音巡拝（6）―北布施・大音・西黒田（馬場杉右衛門）「民俗文化」 滋賀民俗学会 （586）2012.07

湖北三十三観音巡拝（7）―保崎谷・黒田大沢・坂口（馬場杉右衛門）「民俗文化」 滋賀民俗学会 （587）2012.08

湖北路

湖北路を歩いた人々 信濃文人の伊勢参宮（3）「長浜城歴史博物館友の会友の会だより」 長浜城歴史博物館友の会 52 2004.2

湖北路を歩いた人々 湖東の商人の善光寺参り（1），（2）「長浜城歴史博物館友の会友の会だより」 長浜城歴史博物館友の会 56/57 2004.6/

2004.7

湖北路を歩いた人々 西国三十三カ所観音霊場と遠州住人の湖国巡礼（1）～（3）（江竜喜之）「長浜城歴史博物館友の会友の会だより」 長浜城歴史博物館友の会 67/69 2005.5/2005.7

湖北路を歩いた人々 女性一行の「西国巡拝」の旅（1），（2）（江竜喜之）「長浜城歴史博物館友の会友の会だより」 長浜城歴史博物館友の会 70/（71）2005.8/2005.9

湖北路を歩いた人々 西国三十三ヵ所観音霊場と遠州住人の湖北巡礼（1）～（3）「長浜城歴史博物館友の会友の会だより」 長浜城歴史博物館友の会 （91）/（93）2007.5/2007.7

湖北路を歩いた人々 女性一行の「西国巡拝」の旅（1）「長浜城歴史博物館友の会友の会だより」 長浜城歴史博物館友の会 （94）/（95）2007.8/2007.9

湖北町伊部

続・ふるさと歴史散歩「愛染明王」―湖北町伊部（早藤貞二）「湖国と文化」 滋賀県文化振興事業団 33（4）通号129 2009.10

小町塚

滋賀の伝説と民話「小町塚」（渡辺守順，斉藤裕子）「湖国と文化」 滋賀県文化振興事業団 30（1）通号114 2006.1

小南

小南の芸能座について（古川与志継）「野洲町立歴史民俗資料館研究紀要」 野洲町立歴史民俗資料館 7 2000.3

小室藩

北近江草野川谷の伝承（4）天明の大飢饉と小室藩取り潰し（馬場杉右衛門）「民俗文化」 滋賀民俗学会 （535）2008.4

蒲生野

石塔から見た蒲生野（兼康保明）「湖国と文化」 滋賀県文化振興事業団 79 1997.4

蒲生野考現倶楽部（井阪尚司）「湖国と文化」 滋賀県文化振興事業団 82 1998.1

表紙写真 蒲生野遊猟の図 陶板壁画 写真説明（小嶋太郎）「蒲生野」 八日市郷土文化研究会 （43）2011.12

表紙写真 蒲生野遊猟の図 陶板壁画 案内文（出目弘）「蒲生野」 八日市郷土文化研究会 （43）2011.12

金剛定寺

近江古寺巡礼シリーズ（6）金剛定寺（上野良信）「浮城 ： 滋賀県立琵琶湖文化館情報誌」 滋賀県立琵琶湖文化館 22 2003.4

金剛輪寺

金剛輪寺・十一面観音立像について―制作年代と表面処理（榊拓敏）「滋賀県立琵琶湖文化館研究紀要」 滋賀県立琵琶湖文化館 （23）2007.3

近松寺

三井寺の弁財天信仰の拡大と盲人芸能者の関わり―特に別所の近松寺と関清水蝉丸大明神を中心に（大森惠子）「山岳修験」 日本山岳修験学会，岩田書院（発売）（45）2010.03

金勝寺

近江古寺巡礼シリーズ（1）金勝寺（上野良信）「浮城 ： 滋賀県立琵琶湖文化館情報誌」 滋賀県立琵琶湖文化館 17 2000.9

かたちとこころ 震岩―金勝寺（寿福滋）「湖国と文化」 滋賀県文化振興事業団 95 2001.4

近江・栗東の仏像―金勝寺を中心に（紺野敏文）「近畿文化」 近畿文化会事務局 （671）2005.10

収蔵資料紹介 木造女神坐像 一躯（山下立）「おおてみち」 滋賀県立安土城考古博物館 （68）2009.07

いまどきの“元気なお寺”見聞（4）栗東市荒張 金勝寺 人馬の安全を願う馬頭観音を新造 人と信仰と自然の架け橋を金勝に（辻村琴美，辻村耕司）「湖国と文化」 滋賀県文化振興事業団 36（3）通号140 2012.07

金勝山

滋賀のかくれ里（11）金勝山をめぐって（1）大野神社（いかいゆり子）「湖国と文化」 滋賀県文化振興事業団 33（2）通号127 2009.4

滋賀のかくれ里（12）金勝山をめぐって（2）善勝寺・阿弥陀寺・金胎寺（いかいゆり子）「湖国と文化」 滋賀県文化振興事業団 33（3）通号128 2009.7

滋賀のかくれ里（13）金勝山をめぐって（3）金勝寺から狛坂磨崖仏へ（いかいゆり子）「湖国と文化」 滋賀県文化振興事業団 33（4）通号129 2009.10

滋賀のかくれ里（14）金勝山をめぐって（4）狛坂磨崖仏（いかいゆり子）「湖国と文化」 滋賀県文化振興事業団 34（1）通号130 2010.1

滋賀の伝説と民話「金勝山の竜王」（渡邊守順，斉藤裕子）「湖国と文化」 滋賀県文化振興事業団 34（1）通号130 2010.01

滋賀県　　　　　　　　　郷土に伝わる民俗と信仰　　　　　　　　　近畿

西栄寺

会員たより 西栄寺の和尚狸（松本致敬）「滋賀県地方史研究」 滋賀県地方史研究家連絡会　14　2004.5

さいかち浜

湖水の水難伝承（5）—さいかち浜殉教と馬洗い池（馬場杉右衛門）「民俗文化」 滋賀民俗学会　（578）2011.11

西教寺

大津市内所在彫刻調査報告1（1）木造阿弥陀如来及び両脇侍像 三軀 西教寺蔵1（寺島典人）「大津市歴史博物館研究紀要」 大津市歴史博物館　（18）2012.03

西徳寺

滋賀の文化財 西徳寺本堂（文化財保護課）「湖国と文化」 滋賀県文化振興事業団 98　2002.1

西明寺

北沢・西明寺の特殊宝篋印塔—東近江市北沢所在（兼康保明）「民俗文化」 滋賀民俗学会　（609）2014.06

西蓮寺

いまどきの "元気なお寺" 見聞（6）東近江市川合寺町 西蓮寺 江戸中期、桜を描き続けた女流画人 織田瑟々 毎春、「桜画」を公開し、地域を結ぶ桜に（辻村琴美, 辻村耕司）「湖国と文化」 滋賀県文化振興事業団 37（1）通号142　2013.01

酒井神社

法住寺・酒井神社楽しんできました（平井幸子）「六甲倶楽部報告」 六甲倶楽部　67　2003.12

資料紹介 「神祇官附属諸記」 地方神社別当が被った神仏分離—大津市下阪本、酒井神社の場合（和田光生）「大津市歴史博物館研究紀要」 大津市歴史博物館　通号17　2010.10

坂田

季節の民俗・季節の話題（6）「伊香しぐれ、浅井まにまに、坂田晴れ」「長浜城歴史博物館友の会友の会だより」 長浜城歴史博物館友の会 62　2004.12

坂田郡

坂田郡のまつり（1）県選択無形民俗文化財 春照太鼓踊り 附奴振り（伊吹町）「佐加太 : 米原市文化財ニュース」 米原市教育委員会　（20）2004.10

坂本

門前町坂本の景観（特集 "石" のある風景）（木村至宏）「近江学 : 文化誌近江学」 成安造形大学附属近江学研究所, サンライズ出版（発売）（4）2012.1

さかもと六地蔵

大津・さかもと六地蔵めぐり（白木利幸）「日本の石仏」 日本石仏協会, 青娥書房（発売）通号92　1999.12

沙沙貴神社

沙沙貴神社の近世石灯籠について（田井中洋介）「紀要」 滋賀県文化財保護協会　（17）2004.3

沙沙貴神社にまつわるエトセトラ（田井中洋介）「紀要」 滋賀県文化財保護協会　（18）2005.3

表紙のことば 沙沙貴神社「乃木さんのお言葉」碑より「歴史懇談」 大阪歴史懇談会　（27）2013.08

佐目

明智光秀伝説の中世城郭発見［1］～（3）—犬上郡多賀町佐目（長谷川博美）「民俗文化」 滋賀民俗学会　（558）/（560）2010.03/2010.05

醒ケ井

「一類孤魂等衆」の石碑について—米原市醒ケ井（粕渕宏昭）「民俗文化」 滋賀民俗学会　（600）2013.09

佐和山城

佐和山城幻想（朱色の世界）—彦根市佐和山町（長谷川博美）「民俗文化」 滋賀民俗学会　（569）2011.02

佐和山城址

佐和山城址出土の志野膳について—滋賀県彦根市（粕渕宏昭）「民俗文化」 滋賀民俗学会　（594）2013.03

三所神社

三所神社のゴンボ祭り（甲賀市信楽町上朝宮）《特集 ハレの食》（長谷川嘉和）「滋賀の食事文化（年報）」 滋賀の食事文化研究会　（18）2009.12

三大寺跡

米原市の古代寺院（1）三大寺跡（枝折）（高橋順之）「佐加太 : 米原市文

化財ニュース」 米原市教育委員会　（31）2010.03

山東町

「弁当入れ」について—坂田郡山東町（粕渕宏昭）「民俗文化」 滋賀民俗学会　440　2000.5

「押絵」について—坂田郡山東町（粕渕宏昭）「民俗文化」 滋賀民俗学会　（602）2013.11

山王

伝説を追って 小字「山王」をめぐる肥田の古代史（高瀬俊英）「彦根郷土史研究」 彦根史談会　44　2009.3

山王七社

山王七社主尊の庚申塔（石川博司）「野仏 : 多摩石仏の会機関誌」 多摩石仏の会　29　1998.7

塩津

塩津起請文札と勧請された神仏（濱修）「紀要」 滋賀県文化財保護協会　（24）2011.03

塩津港遺跡

長浜市合併記念 特別陳列「近江の水の宝・現れた水辺の神社・塩津港遺跡を探る—」 塩津港遺跡 これまでの成果「長浜城歴史博物館友の会友の会だより」 長浜城歴史博物館友の会　（125）2010.03

塩津谷

奥琵琶湖周辺の伝承（4）塩津谷・南朝忠臣の墓と湖底の浜村（馬場杉右衛門）「民俗文化」 滋賀民俗学会　（553）2009.10

枝折

北近江の民話（1）—伊吹ガマの油と霊仙枝折り伝承（馬場杉右衛門）「民俗文化」 滋賀民俗学会　449　2001.2

滋賀

近江の食文化 滋賀の漬物（堀越昌子）「湖国と文化」 滋賀県文化振興事業団　79　1997.4

木地師史料 伝説の奥にひそむ歴史科学（杉本寿）「民俗文化」 滋賀民俗学会　403　1997.4

自然崇拝から祖霊信仰へ—仏教も容認する多神教民族（菅沼晃次郎）「民俗文化」 滋賀民俗学会　404　1997.5

神道以前—縄文・弥生の信仰（境淳伍）「民俗文化」 滋賀民俗学会　406　1997.7

地名研究史ノート（境淳伍）「民俗文化」 滋賀民俗学会　407　1997.8

旦那衆と地域文化—待たれる旦那衆の心（菅沼晃次郎）「民俗文化」 滋賀民俗学会　409　1997.10

忍熊王伝承（境淳伍）「民俗文化」 滋賀民俗学会　411　1997.12

尻取り遊びについて（粕渕宏昭）「民俗文化」 滋賀民俗学会　412　1998.1

木地師史料轆轤挽・木地列・木地削（杉本寿）「民俗文化」 滋賀民俗学会　414　1998.3

《特集 滋賀の建築》「湖国と文化」 滋賀県文化振興事業団　83　1998.4

滋賀の建築（寿福滋）「湖国と文化」 滋賀県文化振興事業団　83　1998.4

滋賀の橋ものがたり（野沢隆美）「湖国と文化」 滋賀県文化振興事業団　83　1998.4

滋賀の食文化 滋賀の茶がゆ（早川史子）「湖国と文化」 滋賀県文化振興事業団　83　1998.4

よだれかけ（涎掛）について（粕渕宏昭）「民俗文化」 滋賀民俗学会　415　1998.4

近江の食文化 滋賀のコメ文化（堀越昌子）「湖国と文化」 滋賀県文化振興事業団　84　1998.7

「ユウテ」について（粕渕宏昭）「民俗文化」 滋賀民俗学会　426　1999.3

銅鐸祭祀の終焉—多数埋納・破砕廃棄（進藤武）「滋賀考古」 滋賀考古学研究会　21　1999.8

四道将軍伝承（境淳伍）「民俗文化」 滋賀民俗学会　431　1999.8

願懸儀礼と習俗—宗教民俗学ノート（境淳伍）「民俗文化」 滋賀民俗学会　433　1999.10

一神教を拒絶した民族性—キリシタン禁制にみる（菅沼晃次郎）「民俗文化」 滋賀民俗学会　443　2000.8

道教・陰陽道と古代日本—宗教史的断章（境淳伍）「民俗文化」 滋賀民俗学会　443　2000.8

伝承者によって異なる民俗報告の比較（菅沼晃次郎）「民俗文化」 滋賀民俗学会　449　2001.2

社僧の職名—神仏習合時代の主役（境淳伍）「民俗文化」 滋賀民俗学会　450　2001.3

とすべり（イボタロウ）の復活（粕渕宏昭）「民俗文化」 滋賀民俗学会　451　2001.4

祝と祝部氏（境淳伍）「民俗文化」 滋賀民俗学会　453　2001.6

滋賀の伝説と民話「源五郎ブナ」他（渡辺守順）「湖国と文化」 滋賀県文化振興事業団　96　2001.7

近畿　　　　　　　　　　　　　　　　郷土に伝わる民俗と信仰　　　　　　　　　　　　　　　　滋賀県

近江の食文化 滋賀の食事〈くいじ〉博（堀越昌子）「湖国と文化」 滋賀県文化振興事業団 96 2001.7

先祖の供養と墓—建て前よりも感謝をこめて（菅沼晃次郎）「民俗文化」 滋賀民俗学会 454 2001.7

職業集落と祭神の祭祀（杉本壽）「民俗文化」 滋賀民俗学会 456 2001.9

近江の食文化 滋賀の食文化を子どもたちへ（久保加織）「湖国と文化」 滋賀県文化振興事業団 97 2001.10

あかたもり・縣守・神戸のことなど（杉本壽）「民俗文化」 滋賀民俗学会 458 2001.11

滋賀の豆文化（畑明美）「滋賀の食事文化（年報）」 滋賀の食事文化研究会 （10） 2001.12

滋賀の漬物（中村紀子）「滋賀の食事文化（年報）」 滋賀の食事文化研究会 （10） 2001.12

ツヌガアラシト伝承（境淳伍）「民俗文化」 滋賀民俗学会 460 2002.1

木地師物語（杉本壽）「民俗文化」 滋賀民俗学会 460 2002.1

稲の掛け干しについて—宮城県との比較（粕渕宏昭）「民俗文化」 滋賀民俗学会 460 2002.1

滋賀の伝説と民話 「人形塚」他（渡辺守順）「湖国と文化」 滋賀県文化振興事業団 99 2002.4

蛙獲り村と蓴菜（ジュンサイ）取りの村（杉本壽）「民俗文化」 滋賀民俗学会 463 2002.4

坂田金時伝説考（馬場杉右衛門）「民俗文化」 滋賀民俗学会 465 2002.6

滋賀の伝説と民話 「さざれ石」他（渡辺守順）「湖国と文化」 滋賀県文化振興事業団 100 2002.7

"お市の方"伝説考—生きていた美女（馬場杉右衛門）「民俗文化」 滋賀民俗学会 467 2002.8

滋賀の陶芸文化（三浦弘子）「湖国と文化」 滋賀県文化振興事業団 101 2002.10

滋賀の伝説と民話 「茶碗祭り」他（渡辺守順，斉藤裕子）「湖国と文化」 滋賀県文化振興事業団 101 2002.10

《特集 滋賀の祭りと食》「滋賀の食事文化（年報）」 滋賀の食事文化研究会 （11） 2002.12

県下における鳥の神饌・鳥の饗応食（小島朝子）「滋賀の食事文化（年報）」 滋賀の食事文化研究会 （11） 2002.12

浄土宗のお寺で行われるお盆の供養—お精霊さんのお供えを中心に（太田尚子）「滋賀の食事文化（年報）」 滋賀の食事文化研究会 （11） 2002.12

近代の神社祭祀における神饌の統一について（長谷川嘉和）「滋賀の食事文化（年報）」 滋賀の食事文化研究会 （11） 2002.12

わが家の神・仏—為政者に強制された宗教（菅沼晃次郎）「民俗文化」 滋賀民俗学会 471 2002.12

絵葉書に学ぶ民俗—駕籠・女乞食・軍事教練（粕渕宏昭）「民俗文化」 滋賀民俗学会 471 2002.12

滋賀の伝説と民話 「サルとカエルの餅つき」他（渡辺守順）「湖国と文化」 滋賀県文化振興事業団 102 2003.1

渡来農耕栽培民が生きるために祖霊神信仰を創始（菅沼晃次郎）「民俗文化」 滋賀民俗学会 472 2003.1

自然信仰を民衆宗教に昇華させた修験者たち—信教の自由は統制できない（菅沼晃次郎）「民俗文化」 滋賀民俗学会 473 2003.2

ヤマガラの芸（粕渕宏昭）「民俗文化」 滋賀民俗学会 474 2003.3

《特集 ふるさと滋賀の言葉》「湖国と文化」 滋賀県文化振興事業団 103 2003.4

日本語と滋賀の言葉（増井金典）「湖国と文化」 滋賀県文化振興事業団 103 2003.4

地域にみる、滋賀の方言の特徴（熊谷直孝）「湖国と文化」 滋賀県文化振興事業団 103 2003.4

滋賀の伝説と民話 「豆の木太鼓」他（渡辺守順）「湖国と文化」 滋賀県文化振興事業団 103 2003.4

滋賀の伝説と民話 「白鷺の恩返し」他（渡辺守順，斉藤裕子）「湖国と文化」 滋賀県文化振興事業団 104 2003.7

滋賀の伝説と民話 「伊吹弥三郎」他（渡辺守順，斉藤裕子）「湖国と文化」 滋賀県文化振興事業団 105 2003.10

○と×の民俗誌（境淳伍）「民俗文化」 滋賀民俗学会 482 2003.11

〈特集1 滋賀の祭りと食（2）〉「滋賀の食事文化（年報）」 滋賀の食事文化研究会 （12） 2003.12

その後の滋賀の文化財—無形民俗文化財に選択して以後（長谷川嘉和）「滋賀の食事文化（年報）」 滋賀の食事文化研究会 （12） 2003.12

打ち豆と打ち豆料理（榎和子）「滋賀の食事文化（年報）」 滋賀の食事文化研究会 （12） 2003.12

鳥の饗応食（小島朝子）「滋賀の食事文化（年報）」 滋賀の食事文化研究会 （12） 2003.12

滋賀の伝説と民話 「手白の猿」（渡辺守順）「湖国と文化」 滋賀県文化振興事業団 106 2004.1

仏壇と葬墓に見る近世商家の精神意識の一側面—宗教観・先祖とその移り変わり（中村武三）「民俗文化」 滋賀民俗学会 484 2004.1

若宮神と王子神（境淳伍）「民俗文化」 滋賀民俗学会 484 2004.1

「千人針」考（馬場杉右衛門）「民俗文化」 滋賀民俗学会 485 2004.2

板碑小考（境淳伍）「民俗文化」 滋賀民俗学会 486 2004.3

滋賀の祭の特徴（和田光生）「湖国と文化」 滋賀県文化振興事業団 107 2004.4

滋賀の伝説と民話 「糸切餅」（渡辺守順，斉藤裕子）「湖国と文化」 滋賀県文化振興事業団 107 2004.4

紀姓武士団と紀清両党（境淳伍）「民俗文化」 滋賀民俗学会 488 2004.5

貧乏神について（粕渕宏昭）「民俗文化」 滋賀民俗学会 489 2004.6

滋賀の伝説と民話 「ほらふき商人」（渡辺守順，斉藤裕子）「湖国と文化」 滋賀県文化振興事業団 108 2004.7

鎌倉時代の律宗と律僧（境淳伍）「民俗文化」 滋賀民俗学会 491 2004.8

伝承資料と時代背景—国政に順応をして（菅沼晃次郎）「民俗文化」 滋賀民俗学会 493 2004.10

キセルガイの民俗—その生態と信仰（北野晃）「民俗文化」 滋賀民俗学会 496 2005.1

日本舞踊の系譜と流派—芸能史ノート（境淳伍）「民俗文化」 滋賀民俗学会 498 2005.3

川蜷と田螺の民俗（北野晃）「民俗文化」 滋賀民俗学会 498 2005.3

滋賀の伝説と民話 「お沢さん」（渡辺守順，斉藤裕子）「湖国と文化」 滋賀県文化振興事業団 29（2）通号111 2005.4

鮑や海蜷に海人の助けられる話（北野晃）「民俗文化」 滋賀民俗学会 （502） 2005.7

海蜷の信仰民俗—阿曇磯良神と樟と蜷（北野晃）「民俗文化」 滋賀民俗学会 （505） 2005.10

〈滋賀の食文化リレー発表会〉「滋賀の食事文化（年報）」 滋賀の食事文化研究会 （14） 2005.12

御家流における呼称と書美の虚実（〈月刊「民俗文化」発行500号記念論文〉）（中村武三）「民俗文化」 滋賀民俗学会 （510）（号外） 2006.3

焼き物・漆器にみる贈答品の歩み—軍隊贈答品（盃）を中心に（〈月刊「民俗文化」発行500号記念論文〉）（中川眞澄）「民俗文化」 滋賀民俗学会 （510）（号外） 2006.3

滋賀の伝説と民話 「密僧坊」（渡辺守順，斉藤裕子）「湖国と文化」 滋賀県文化振興事業団 30（3）通号116 2006.7

お木曳行事余話 偶然と必然（吉井貞俊）「民俗文化」 滋賀民俗学会 （517） 2006.10

滋賀の柿文化（《特集 地元に残したい食材（3）》）（堀越昌子，近藤昌子）「滋賀の食事文化（年報）」 滋賀の食事文化研究会 （15） 2006.12

豆腐と田楽—江戸時代の物価の話（境淳伍）「民俗文化」 滋賀民俗学会 （519） 2006.12

民俗文化を残した旦那衆は農地改革法で消滅—平等文化は歴史観を変えた（菅沼晃次郎）「民俗文化」 滋賀民俗学会 （525） 2007.6

ホンダワラ（海藻）の民俗（北野晃）「民俗文化」 滋賀民俗学会 （525） 2007.6

滋賀の伝説と民話 「雷の落ちない村」（渡辺守順，斉藤裕子）「湖国と文化」 滋賀県文化振興事業団 31（4）通号121 2007.10

お盆と食 滋賀、沖縄、ラオスの盆行事（《特集 地元に残したい食材（4）》）（堀越昌子）「滋賀の食事文化（年報）」 滋賀の食事文化研究会 （16） 2007.12

伝統食に学ぶ（《特集 地元に残したい食材（4）》）（肥田文子）「滋賀の食事文化（年報）」 滋賀の食事文化研究会 （16） 2007.12

月と民俗（1），（2） 生命は存在するか（吉岡郁夫）「民俗文化」 滋賀民俗学会 （531）／（532） 2007.12/2008.1

木遣り唄について（2） 樹精の妻になった女の伝説と女性発唱の木遣り（北野晃）「民俗文化」 滋賀民俗学会 （531） 2007.12

滋賀の伝説と民話 「木地師の里」（渡邊守順，斉藤裕子）「湖国と文化」 滋賀県文化振興事業団 32（1）通号122 2008.1

木遣り唄について（3） 山伏神楽の「橋引き」（北野晃）「民俗文化」 滋賀民俗学会 （532） 2008.1

月と民俗（3） 月に住む人たち（吉岡郁夫）「民俗文化」 滋賀民俗学会 （533） 2008.2

神木と注連の木の民俗（北野晃）「民俗文化」 滋賀民俗学会 （535） 2008.4

節談説法と柄杓について（粕渕宏昭）「民俗文化」 滋賀民俗学会 （536） 2008.5

臼と樟の民俗学（北野晃）「民俗文化」 滋賀民俗学会 （537） 2008.6

月と民俗（7） 月と天気俚諺（吉岡郁夫）「民俗文化」 滋賀民俗学会 （537） 2008.6

月と民俗（8） 月の魔力（吉岡郁夫）「民俗文化」 滋賀民俗学会 （538） 2008.7

櫛の俗信（北野晃）「民俗文化」 滋賀民俗学会 （540） 2008.9

滋賀県　　　　　　　　　　　　　郷土に伝わる民俗と信仰　　　　　　　　　　　　　近畿

滋賀の伝説と民話「甲賀三郎伝説」(渡邊守順, 斉藤裕子)「湖国と文化」滋賀県文化振興事業団　32(4)通号125　2008.10

民具資料 コーヒーミルクとチーズカッター(粕渕宏昭)「民俗文化」滋賀民俗学会　(541)　2008.10

滋賀の寺院に伝わる報恩講料理と食文化の継承(《特集 地元に残したい食材(5)》)(松本立子)「滋賀の食事文化(年報)」滋賀の食事文化研究会　(17)　2008.12

滋賀の伝説と民話「法界坊の鐘」(渡邊守順, 斉藤裕子)「湖国と文化」滋賀県文化振興事業団　33(1)通号126　2009.01

滋賀の伝説と民話「スズメとミミズとキツツキ」(渡邊守順, 斉藤裕子)「湖国と文化」滋賀県文化振興事業団　33(2)通号127　2009.04

オッチニの薬売りの起源(馬場杉右衛門)「民俗文化」滋賀民俗学会　(547)　2009.04

海の猿田彦大神─巨根の海神と金精さまと(北野晃)「民俗文化」滋賀民俗学会　(552)　2009.09

滋賀の伝説と民話「美し松」(渡邊守順, 斉藤裕子)「湖国と文化」滋賀県文化振興事業団　33(4)通号129　2009.09

信仰よりも経済を優先する社会現象について─葬式が葬祭業者任せになった現状(菅沼晃次郎)「民俗文化」滋賀民俗学会　(553)　2009.10

さわし柿(《特集 ハレの食》)(榎和子)「滋賀の食事文化(年報)」滋賀の食事文化研究会　(18)　2009.12

福井県外の善光寺関係の報告─石川・富山・滋賀(北村市朗)「長野」長野郷土史研究会　(268)　2009.12

「民俗文化」のさらなる充実をめざして(菅沼晃次郎)「民俗文化」滋賀民俗学会　(555)　2009.12

昔話「産神問答」と樟(北野晃)「民俗文化」滋賀民俗学会　(557)　2010.02

滋賀の伝説と民話「ネズミの婿探し」(渡邊守順, 斉藤裕子)「湖国と文化」滋賀県文化振興事業団　34(2)通号131　2010.04

滋賀の石造文化財(中世)の概観について(19)〜(28)(福沢邦夫)「民俗文化」滋賀民俗学会　(560)/(591)　2010.05/2012.12

杖のフォークロア(1)〜(4)(北野晃)「民俗文化」滋賀民俗学会　(562)/(565)　2010.07/2010.10

蓄音機の針について(粕渕宏昭)「民俗文化」滋賀民俗学会　(563)　2010.08

デッキブラシについて(粕渕宏昭)「民俗文化」滋賀民俗学会　(565)　2010.10

怪雨(前),(後)(吉岡郁夫)「民俗文化」滋賀民俗学会　(566)/(567)　2010.11/2010.12

グミについて(粕渕宏昭)「民俗文化」滋賀民俗学会　(566)　2010.11

「ソバ・そば・蕎麦」と石臼(特集 ハレの食)(長朗男)「滋賀の食事文化(年報)」滋賀の食事文化研究会　(19)　2010.12

滋賀の伝説と民話「恵心僧都の水想観」(渡邊守順, 斉藤裕子)「湖国と文化」滋賀県文化振興事業団　35(1)通号134　2011.01

繊維力 滋賀の織物─その技と感性(1) 浜ちりめんの雅(森下あおい)「湖国と文化」滋賀県文化振興事業団　35(1)通号134　2011.1

ジュンサイについて(粕渕宏昭)「民俗文化」滋賀民俗学会　(569)　2011.02

母の教えについて(粕渕宏昭)「民俗文化」滋賀民俗学会　(569)　2011.02

ウサギの俗信と諺(馬場杉右衛門)「民俗文化」滋賀民俗学会　(570)　2011.03

滋賀の天狗像(上),(下)─昔話・伝説・世間話からの考察(高橋成)「西郊民俗」[西郊民俗談話会]　(214)/(215)　2011.03/2011.06

古代の奈良、中世の滋賀、近世の京都─滋賀は社寺等歴史的建造物の宝庫(特集 滋賀の国宝建築物)(池野保)「湖国と文化」滋賀県文化振興事業団　35(2)通号135　2011.04

世界の建築を見て修行/夢は三重塔の建立 宮大工 窪田義丘さん(特集 滋賀の国宝建築物─文化財の担い手たち)「湖国と文化」滋賀県文化振興事業団　35(2)通号135　2011.04

現代滋賀ブランド(4) 能の舞台・近江 街道を歩き、舞台に思いはせる古の旅人と観る琵琶湖の風景(古田紀子)「湖国と文化」滋賀県文化振興事業団　35(2)通号135　2011.04

滋賀の伝説と民話「旅学問」(渡邊守順, 斉藤裕子)「湖国と文化」滋賀県文化振興事業団　35(2)通号135　2011.04

カタバミの民俗知識(吉岡郁夫)「民俗文化」滋賀民俗学会　(571)　2011.04

滋賀の伝説と民話「そば食い木像」(渡邊守順, 斉藤裕子)「湖国と文化」滋賀県文化振興事業団　35(3)通号136　2011.07

不思議な独楽について(粕渕宏昭)「民俗文化」滋賀民俗学会　(575)　2011.08

犬追物(いぬおうもの)について(粕渕宏昭)「民俗文化」滋賀民俗学会　(577)　2011.10

苧扱き(おこき)について(粕渕宏昭)「民俗文化」滋賀民俗学会　(577)　2011.10

オブラートについて(粕渕宏昭)「民俗文化」滋賀民俗学会　(577)　2011.10

長城と注連縄(長谷川博美)「民俗文化」滋賀民俗学会　(578)　2011.11

研究会報告 滋賀の食文化リレー発表会「滋賀の食事文化(年報)」滋賀の食事文化研究会　(20)　2011.12

神(仏)様を騙す話(関啓司)「民俗文化」滋賀民俗学会　(582)　2012.03

棺を打つ民俗について(関啓司)「民俗文化」滋賀民俗学会　(586)　2012.07

「わけちゃん」について(粕渕宏昭)「民俗文化」滋賀民俗学会　(586)　2012.07

褌(ふんどし)について(粕渕宏昭)「民俗文化」滋賀民俗学会　(586)　2012.07

奇縁「氷人石」について(関啓司)「民俗文化」滋賀民俗学会　(591)　2012.12

滋賀の石造文化財(中世)の概観について(29) 真照寺宝篋印塔/光山寺宝篋印塔(福澤邦夫)「民俗文化」滋賀民俗学会　(592)　2013.01

滋賀の石造文化財(中世)の概観について(30) 香炉岡弥勒石仏(福澤邦夫)「民俗文化」滋賀民俗学会　(593)　2013.02

滋賀の石造文化財(中世)の概観について(31) 新善光寺宝篋印塔(福澤邦夫)「民俗文化」滋賀民俗学会　(594)　2013.03

村の姿とは「今むかし」(田中春二)「民俗文化」滋賀民俗学会　(594)　2013.03

滋賀の石造文化財(中世)の概観について(32) 黒河家宝篋印塔(福澤邦夫)「民俗文化」滋賀民俗学会　(595)　2013.04

滋賀の石造文化財(中世)の概観について(33) 河桁御河辺神社石燈籠(福澤邦夫)「民俗文化」滋賀民俗学会　(596)　2013.05

「狐憑き」が減ったことと「狐」が減ったことの因果(大喜多紀明)「民俗文化」滋賀民俗学会　(599)　2013.08

三十番神めぐり(13) 滋賀の神々 建部・三上・兵主・苗鹿「サットバ：みんなほさつ」(440)　2013.08

舟小屋について─福井・滋賀など(粕渕宏昭)「民俗文化」滋賀民俗学会　(600)　2013.09

現代滋賀ブランド(12) 石造文化財 石塔から石橋まで多彩に花開いた石の文化 近江特有の装飾文や石積みが全国に広がる(大塚活美)「湖国と文化」滋賀県文化振興事業団　37(4)通号145　2013.10

「きつね憑き」について─現在に残る「迷信打破」運動による影響を再考する必要性(大喜多紀明)「民俗文化」滋賀民俗学会　(601)　2013.10

一晩中家を叩いた狐(大塚久雄)「民俗文化」滋賀民俗学会　(602)　2013.11

お百度石について(粕渕宏昭)「民俗文化」滋賀民俗学会　(602)　2013.11

行事食と儀礼食(特集 行事食)(長谷川嘉和)「滋賀の食事文化(年報)」滋賀の食事文化研究会　(22)　2013.12

節分の行事(特集 行事食)(山中健)「滋賀の食事文化(年報)」滋賀の食事文化研究会　(22)　2013.12

お盆行事と仏前への供え物とそのお献立(特集 行事食)(小川久子)「滋賀の食事文化(年報)」滋賀の食事文化研究会　(22)　2013.12

上巳の節句(特集 行事食)(古沢みどり)「滋賀の食事文化(年報)」滋賀の食事文化研究会　(22)　2013.12

旅で拾った民俗について(粕渕宏昭)「民俗文化」滋賀民俗学会　(604)　2014.01

「懐かしのわがまち ふるさとのうた」(特集 現代・滋賀の歌)「湖国と文化」びわ湖芸術文化財団　38(2)通号147　2014.04

巨石の湖上運搬について(粕渕宏昭)「民俗文化」滋賀民俗学会　(607)　2014.04

縁起棚資料(関啓司)「民俗文化」滋賀民俗学会　(608)　2014.05

説経を聞く白蛇(兼康保明)「民俗文化」滋賀民俗学会　(608)　2014.05

中世の葬送儀礼─旗か襖か(関啓司)「民俗文化」滋賀民俗学会　(609)　2014.06

異郷訪問譚の往路と復路での長さの違いについて(大喜多紀明)「民俗文化」滋賀民俗学会　(609)　2014.06

民具史料 栓抜きについて(粕渕宏昭)「民俗文化」滋賀民俗学会　(610)　2014.07

奇縁二天石について(関啓司)「民俗文化」滋賀民俗学会　(611)　2014.08

民具「蜜蜂すくい」について(粕渕宏昭)「民俗文化」滋賀民俗学会　(613)　2014.10

滋賀県

座談会 地方の美術文化について「湖国と文化」滋賀県文化振興事業団　78　1997.1

墓地と墓碑の民俗(米田実)「湖国と文化」滋賀県文化振興事業団　79　1997.4

湖国の神饌(1) オンダのアゴ(長谷川嘉和)「湖国と文化」滋賀県文化振興事業団　80　1997.7

遊戯ノート(1)─滋賀県出土の遊戯具(三宅弘)「滋賀文化財だより」滋

賀県文化財保護協会　235　1997.8

かたちとこころ　毘羯羅大将像（寿福滋）「湖国と文化」　滋賀県文化振興事業団　82　1998.1

湖国のまつり　八朔祭・沙々貴祭り・長刀振り（高谷礼子）「湖国と文化」　滋賀県文化振興事業団　82　1998.1

かたちとこころ　儀杖（さしば状木製品）（寿福滋）「湖国と文化」　滋賀県文化振興事業団　84　1998.7

伝統行事　日野曳山祭・太鼓踊り・太々講・火まつり（高谷礼子）「湖国と文化」　滋賀県文化振興事業団　84　1998.7

テーマ別マップ（文学・記念碑・墓碑・七福神）「湖国と文化」　滋賀県文化振興事業団　84　1998.7

民家の魅力　大黒柱と概柱（吉見静子）「湖国と文化」　滋賀県文化振興事業団　84　1998.7

民家の魅力　かまどといろり（吉見静子）「湖国と文化」　滋賀県文化振興事業団　85　1998.10

民俗芸能と信仰（山路興造）「湖国と文化」　滋賀県文化振興事業団　86　1999.1

民家の魅力　町家の表構え（吉見静子）「湖国と文化」　滋賀県文化振興事業団　86　1999.1

妙連の花とその歴史（前）,（後）（中川原正美）「湖国と文化」　滋賀県文化振興事業団　87/88　1999.4/1999.7

墓塔の基礎文様について—特に三茎蓮華の葉向を中心（池内順一郎）「滋賀県地方史研究」　滋賀県地方史研究家連絡会　10　1999.6

民家の魅力（4）　絵図（吉見静子）「湖国と文化」　滋賀県文化振興事業団　88　1999.7

民家の魅力（5）　近江商人の本宅（吉見静子）「湖国と文化」　滋賀県文化振興事業団　89　1999.10

湖国地図百科　滋賀県仏足石分布図「湖国と文化」　滋賀県文化振興事業団　89　1999.10

滋賀県内の石仏群の一部について—巨大な石仏坐像と二十五菩薩（北村市朗）「北陸石仏の会研究紀要」　北陸石仏の会　通号3　1999.10

民家の魅力（6）　草葺武家屋敷（吉見静子）「湖国と文化」　滋賀県文化振興事業団　90　2000.1

民家の魅力（7）　街道沿いの民家の平面型（吉見静子）「湖国と文化」　滋賀県文化振興事業団　92　2000.7

かたちとこころ　高虎公の残念石（寿福滋）「湖国と文化」　滋賀県文化振興事業団　93　2000.10

民家の魅力（9）　宿場町の旅籠屋（吉見静子）「湖国と文化」　滋賀県文化振興事業団　93　2000.10

盤持石と灰納屋—富山県と滋賀県との比較（粕渕宏昭）「民俗文化」　滋賀民俗学会　449　2001.2

民家の魅力（11）　井戸屋形とカバタ（吉見静子）「湖国と文化」　滋賀県文化振興事業団　95　2001.4

各地の洗濯板資料—滋賀県・高月町・山東町・伊吹町・敦賀市（粕渕宏昭）「民俗文化」　滋賀民俗学会　452　2001.5

滋賀の食文化財（滋賀県選択無形民俗文化財）（長谷川嘉和）「滋賀の食事文化（年報）」　滋賀の食事文化研究会　（10）　2001.12

福井県・滋賀県・長崎県の善光寺式阿弥陀三尊石仏について（北村市朗）「北陸石仏の会研究紀要」　北陸石仏の会　（6）　2003.6

水を押しとどめる文化、ともに移ろう文化（矢野晋吾）「湖国と文化」　滋賀県文化振興事業団　103　2003.7

ごきげんさん（6）　正派白菊公　山本雅楽邦（うたくに）さん（Kotomi）「湖国と文化」　滋賀県文化振興事業団　105　2003.10

石仏と中世墓（上垣幸徳）「滋賀文化財だより」　滋賀県文化財保護協会　288　2004.1

春夏秋冬ふるさとの祭（高谷禮子）「湖国と文化」　滋賀県文化振興事業団　107　2004.4

善光寺研究—滋賀県について（2）（北村市朗）「長野」　長野郷土史研究会　236　2004.7

滋賀県のいもの利用状況について（坂本宵子）「滋賀の食事文化（年報）」　滋賀の食事文化研究会　（13）　2004.12

滋賀県における神社の社格について（堀竜太郎）「大阪民衆史研究」　大阪民衆史研究会　56　2004.12

臨時全国宝物取調局による滋賀県社寺宝物調査の記録—明治21年（資料紹介）（古川史隆）「滋賀県立琵琶湖文化館研究紀要」　滋賀県立琵琶湖文化館　（21）　2005.3

『新撰姓氏録』における秦氏氏族系譜伝承の成立（森山宣昭）「滋賀県地方史研究」　滋賀県地方史研究家連絡会　15　2005.5

滋賀県の柿文化（堀越昌子，近藤昌子）「滋賀の食事文化（年報）」　滋賀の食事文化研究会　（14）　2005.12

市町村合併と民俗—滋賀県を事例として（《特集 市町村合併と民俗》）（米原実）「日本民俗学」　日本民俗学会　通号245　2006.2

尊号を本尊とする懸仏（山下立）「紀要」　滋賀県立安土城考古博物館　（14）　2006.3

鴨商い（《創刊30周年に寄せて》）（齋藤利彦）「湖国と文化」　滋賀県文化

振興事業団　31（1）通号118　2007.1

新・滋賀県指定文化財の紹介　絹本著色兜率天曼荼羅図/山津照神社古墳出土品「佐加太　：　米原市文化財ニュース」　米原市教育委員会　（25）　2007.1

瓦と塑土の懸仏—懸仏の材質的研究（2）（山下立）「紀要」　滋賀県立安土城考古博物館　（15）　2007.3

特集　ふるさとの民話（渡邊守順，今関信子，廣田収）「湖国と文化」　滋賀県文化振興事業団　31（2）通号119　2007.4

滋賀県県教育委員会編『滋賀県の自然神信仰』（書誌紹介）（前田俊一郎）「日本民俗学」　日本民俗学会　通号255　2008.8

滋賀県の食文化リレー発表会《〈特集 地元に残したい食材（5）〉》「滋賀の食事文化（年報）」　滋賀の食事文化研究会　（17）　2008.12

「かまいたち」について—滋賀県の現象実例報告（長谷川博美）「民俗文化」　滋賀民俗学会　（543）　2008.12

修理報告　絹本著色　地蔵菩薩像/紙本墨書　北村季吟跋草（藤本淳三）「滋賀県立琵琶湖文化館研究紀要」　滋賀県立琵琶湖文化館　（25）　2009.03

平成20年度滋賀県指定文化財「木造薬師如来坐像」（秀平文忠）「滋賀文化財教室シリーズ」　滋賀県文化財保護協会　（230）　2009.03

わがふるさとの悲恋ものがたり「百日間を待てなかった勇」（山岡完右）「湖国と文化」　滋賀県文化振興事業団　33（2）通号127　2009.04

滋賀県下の高校クラブ活動における民俗調査（馬場杉右衛門）「民俗文化」　滋賀民俗学会　（553）　2009.10

綯鈎史跡探記（3）怨霊の古城跡（末森清司）「備陽史探訪」　備陽史探訪の会　（151）　2009.12

（財）滋賀県文化財保護協会調査整理課通信　「金剛般若経」のこけら経—全国初の「見せ消ち」もあり「おおてみち」　滋賀県立安土城考古博物館　（71）　2010.03

談話室（1）　天台声明について（中山玄晋）「湖国と文化」　滋賀県文化振興事業団　34（3）通号132　2010.07

滋賀県の食文化リレー発表会「滋賀の食事文化（年報）」　滋賀の食事文化研究会　（18）　2010.12

滋賀県の食文化研究会20周年記念事業の企画「滋賀の食事文化（年報）」　滋賀の食事文化研究会　（19）　2010.12

歴史性濃厚なパフォーマンス 民俗芸能、伝統芸能の明日を見つめる（特集 芸能元年）（中島誠一）「湖国と文化」　滋賀県文化振興事業団　35（1）通号134　2011.01

談話室（7）　狂言と私　狂言は今を生きている（真鍋晶子）「湖国と文化」　滋賀県文化振興事業団　36（1）通号138　2012.01

滋賀県における民俗映像の記録作成の軌跡（長谷川嘉和）「京都民俗　：　京都民俗学会会誌」　京都民俗学会　通号29　2012.03

墨書銘にみる近世太鼓作りの文化—滋賀県を事例に（中島順子）「京都民俗　：　京都民俗学会会誌」　京都民俗学会　通号29　2012.03

歴史文書は語る　県政史料室から（3）　公文書のなかの仏像（生嶋輝美）「湖国と文化」　滋賀県文化振興事業団　36（2）通号139　2012.4

滋賀県地域における神像彫刻の樹種調査—新旧手法の適用による（田鶴寿弥子，杉山淳司，山下立）「紀要」　滋賀県立安土城考古博物館　（21）　2013.03

神輿が鳥居をくぐるのも見どころ（北から南から）（赤尾和美）「湖国と文化」　滋賀県文化振興事業団　37（3）通号144　2013.07

隠れキリシタンの信仰を示す白磁の香炉（北から南から）（赤尾和美）「湖国と文化」　びわ湖芸術文化財団　38（1）通号146　2014.01

「火起こし」を考える（阿刀弘史）「紀要」　滋賀県立安土城考古博物館　（22）　2014.03

荒々しい曳山巡行の辻まわしの歓声（北から南から）（熊谷もも）「湖国と文化」　びわ湖芸術文化財団　38（3）通号148　2014.07

志賀谷

坂田郡のまつり（2）　山東町民俗文化財　志賀谷「華の頭」（山東町）（桂田峰男）「佐加太　：　米原市文化財ニュース」　米原市教育委員会　（21）　2005.1

信楽

信楽焼変遷覚書（科野孝蔵）「地域社会」　地域社会研究会　7（1）通号11　1982.10

《特集 しがらき学 古都と古陶を求めて》「湖国と文化」　滋賀県文化振興事業団　78　1997.1

信楽の古道（安土優）「湖国と文化」　滋賀県文化振興事業団　78　1997.1

伝統産業「信楽焼」の現状と将来（冨増純一）「湖国と文化」　滋賀県文化振興事業団　78　1997.1

信楽焼に注いでみたい朝宮茶—付岩谷観音資料（北心知）「湖国と文化」　滋賀県文化振興事業団　78　1997.1

「しがらき学」　古都と古陶を求めて（辻村耕司）「湖国と文化」　滋賀県文化振興事業団　78　1997.1

信楽の注連縄文茶碗（稲垣正宏）「滋賀文化財だより」　滋賀県文化財保護協会　229　1997.3

おうみ大発見・小発見　陶器の町・しがらき（馬場章夫）「湖国と文化」

滋賀県文化振興事業団　79　1997.4

信楽焼—その技術と歴史（大槻倫子）「滋賀文化財教室シリーズ」　滋賀県文化財保護協会　171　1997.11

《特集 しがらき物語》「湖国と文化」　滋賀県文化振興事業団　101　2002.10

信楽焼の歴史から（冨増純一）「湖国と文化」　滋賀県文化振興事業団　101　2002.10

だから信楽が好き！ 若手陶芸作家座談会「湖国と文化」　滋賀県文化振興事業団　101　2002.10

しがらき物語（吉村博）「湖国と文化」　滋賀県文化振興事業団　101　2002.10

歴史散策 大和と信楽幻の都と日常遣いの器「月刊大和路ならら」　地域情報ネットワーク　8(1)通号76　2005.1

信楽焼甕の変遷について（松澤修）「紀要」　滋賀県文化財保護協会　(18)　2005.3

信楽鉢の変遷について（松澤修）「紀要」　滋賀県文化財保護協会　(19)　2006.3

近江の美術 信楽焼の概説（大槻倫子）「近江学 ： 文化誌近江学」　成安造形大学附属近江学研究所, サンライズ出版（発売）　(2)　2010.1

「信楽」を世界に発信するやきものの公園 県立陶芸の森（特集 美術館が面白い）（川那辺周一）「湖国と文化」　滋賀県文化振興事業団　34(3)通号132　2010.07

シリーズ近江の意匠I 奥田博士—信楽と造形（辻喜代治）「近江学 ： 文化誌近江学」　成安造形大学附属近江学研究所, サンライズ出版（発売）　(4)　2012.1

信楽町MIHO美術館

信楽町MIHO美術館と多羅尾磨崖仏（清水俊明）「野ほとけ」　奈良石仏会　(369)　2001.9

外国人観光客のほとんどが知る信楽の桃源郷 MIHO MUSEUM（特集 美術館が面白い）（片山寛明）「湖国と文化」　滋賀県文化振興事業団　34(3)通号132　2010.07

紫香楽宮

いま蘇る紫香楽宮（柿本光明）「備陽史探訪」　備陽史探訪の会　85　1998.10

重則

重則のおこない(1),(2)—伊香郡高月町（塚本茂博）「民俗文化」　滋賀民俗学会　485/486　2004.2/2004.3

慈眼寺

守山市慈眼寺薬師如来坐像の修理及び造立意義について（榊拓敏）「滋賀県立琵琶湖文化館研究紀要」　滋賀県立琵琶湖文化館　(24)　2008.3

地主神社

湖国の伝統行事 葛川祭（地主神社）（高谷礼子）「湖国と文化」　滋賀県文化振興事業団　96　2001.7

賤ヶ岳

「菅沢町の歴史民俗より」　武功第一の荒武者賤ヶ岳七本槍絵馬について（多田豊美）「讃岐のやまなみ」　香川県歴史研究会　(7)　2014.4

地蔵川

水のある風景(1) 地蔵川（寿福滋）「湖国と文化」　滋賀県文化振興事業団　96　2001.7

七観音

七観音巡り（畦邑偲）「湖国と文化」　滋賀県文化振興事業団　83　1998.4

悉地院

悉地院考（尾形弘道）「郷土文化」　郷土文化の会　(9)　2000.3

篠原

野洲のやきもの「篠原焼」—大笹原神社所蔵の在銘作品を中心に（行俊勉）「野洲町立歴史民俗資料館研究紀要」　野洲町立歴史民俗資料館　7　2000.3

芝原

湖国の神饌(13) 芝原の野神祭り（長谷川嘉和）「湖国と文化」　滋賀県文化振興事業団　92　2000.7

島町

ムベの献上について—近江八幡市島町（粕渕宏昭）「民俗文化」　滋賀民俗学会　435　1999.12

清水山城

清水山城と城下・寺院（横井川博之）「滋賀文化財教室シリーズ」　滋賀県文化財保護協会　(219)　2006.3

下阪本

学芸員のノート 下阪本の若宮神社で、山王祭に関係する天正15年

(1587)銘の太鼓見つかる（和田光生）「大津歴博だより」　大津市歴史博物館　61　2005.12

下丹生

霊仙祭りとお池—米原市下丹生（江竜喜之）「民俗文化」　滋賀民俗学会　(604)　2014.01

霊仙山の雨乞い信仰とお池（お虎が池）の伝承—米原市下丹生（江竜喜之）「民俗文化」　滋賀民俗学会　(605)　2014.02

寂照寺

寂照寺の三茎蓮文をもつ小形板碑—蒲生郡日野町蔵王（兼康保明）「民俗文化」　滋賀民俗学会　415　1998.4

舎那院

近江古寺巡礼シリーズ(7) 舎那院（古川史隆）「浮城 ： 滋賀県立琵琶湖文化館情報誌」　滋賀県立琵琶湖文化館　23　2003.9

集福寺

集福寺のオコナイ（和田光生）「滋賀文化財教室シリーズ」　滋賀県文化財保護協会　206　2003.1

十蓮寺遺跡

米原市十蓮寺遺跡所在の一石五輪塔（辻川哲郎）「日引 ： 石造物研究会会誌」　(7)　2005.10

樹下神社

〔資料紹介〕 滋賀県樹下神社の石造毘沙門天坐像（山下立）「史迹と美術」　史迹美術同攷会　67(5)　1997.6

湖西、五箇祭り（樹下神社）のおもてなし（小川久子）「滋賀の食事文化（年報）」　滋賀の食事文化研究会　(11)　2002.12

淳仁天皇御陵

奥琵琶湖周辺の伝承(3) 菅浦の淳仁天皇御陵と湖北の女（馬場杉右衛門）「民俗文化」　滋賀民俗学会　(552)　2009.09

浄巌院

収蔵資料紹介 法然上人像 一幅 滋賀県近江八幡市浄巌院所蔵 紙本淡彩23.3cm×44.5cm（山下立）「おおてみち」　滋賀県立安土城考古博物館　(76)　2011.07

浄巌院

近江古寺巡礼シリーズ(2) 浄巌院「浮城 ： 滋賀県立琵琶湖文化館情報誌」　滋賀県立琵琶湖文化館　18　2001.3

常在寺

奈良大学所蔵「常在寺田畠目録」（史料紹介）（尾上勇人）「奈良史学」　奈良大学史学会　(29)　2012.01

聖衆来迎寺

高谷重夫収集民俗資料(3)—滋賀県坂本聖衆来迎寺の絵解き（久下正史）「史園 ： Sonoda's journal of history and folk studies」　園田学園女子大学歴史民俗学会　6　2005.10

聖衆来迎寺本六道絵人道不浄相幅と九州国博物館本九相図絵巻における相の図像の根拠について（山本陽子）「日本宗教文化史研究」　日本宗教文化史学会　17(1)通号33　2013.05

常信寺

学芸員のノートから 常信寺釈迦如来及び両脇侍像雑感（寺島典人）「大津歴博だより」　大津市歴史博物館　51　2003.5

浄信寺

明治期の領収書について—木之本・浄信寺（粕渕宏昭）「民俗文化」　滋賀民俗学会　(515)　2006.8

紹介 木ノ本、浄信寺過去帖（梅谷繁樹）「時衆文化」　時衆文化研究会, 岩田書院（発売）　(18)　2008.10

上平寺

文化財とまちづくり 上平寺の「雪室」復活！（梅本匠）「佐加太 ： 米原市文化財ニュース」　米原市教育委員会　(36)　2012.09

上平寺城

近江伊吹山系の伝承(7) 太平寺城と上平寺城（馬場杉右衛門）「民俗文化」　滋賀民俗学会　(544)　2009.01

成菩提院

成菩提院の絵画（新寄託資料紹介）（上野良信）「滋賀県立琵琶湖文化館研究紀要」　滋賀県立琵琶湖文化館　(22)　2006.3

近江古寺巡礼シリーズ(16) 成菩提院（米原市柏原）（上野良信）「浮城 ： 滋賀県立琵琶湖文化館情報誌」　滋賀県立琵琶湖文化館　32　2008.3

研究ノート 米原市柏原成菩提院所蔵の近世史料調査について（青柳周一）「滋賀大学経済学部附属史料館研究紀要」　滋賀大学経済学部附属史料館　(43)　2010.03

米原市柏原成菩提院所蔵史料の紹介と解説（研究ノート）（青柳周一, 曽

根原理，朴澤直秀）「滋賀大学経済学部附属史料館研究紀要」 滋賀大学経済学部附属史料館 （44）2011.03

研究ノート 米原市柏原成菩提院所蔵史料の紹介と解説（2）（青柳周一，曽根原理，松金直美，藤田和敏，梅田千尋，朴澤直秀）「滋賀大学経済学部附属史料館研究紀要」 滋賀大学経済学部附属史料館 （45）2012.03

少菩提寺

少菩提寺の閻魔と伝説（《特集 伝承と石仏》）（黄瀬三朗）「日本の石仏」 日本石仏協会，青娥書房（発売）（119）2006.9

正明寺

かたちとこころ「魚鼓」―日野町・正明寺（寿福滋）「湖国と文化」 滋賀県文化振興事業団 78 1997.1

かたちとこころ 蝉金具 正明寺（日野町）（寿福滋）「湖国と文化」 滋賀県文化振興事業団 92 2000.7

常楽寺

常樂寺（宇野茂樹）「滋賀文化財教室シリーズ」 滋賀県文化財保護協会 194 2001.2

近江石部町・常楽寺・長寿寺・妙感寺（清水俊明）「野ほとけ」 奈良石仏会 （389）2003.11

滋賀常楽寺「絹本著色釈迦如来及四天王像」の主題について（松岡久美子）「栗東歴史民俗博物館紀要」 栗東歴史民俗博物館 （10）2004.3

近江古寺巡礼シリーズ（12）阿星山常楽寺（土井通弘）「浮城 : 滋賀県立琵琶湖文化館情報誌」 滋賀県立琵琶湖文化館 28 2006.3

白川神社

湖国の神饌（5）白川祭り ちまき（長谷川嘉和）「湖国と文化」 滋賀県文化振興事業団 84 1998.7

白谷越え

愛発関（あらちのせき）はどこ？ 白谷越え―高島市マキノ町（大村進）「民俗文化」 滋賀民俗学会 （533）2008.2

白谷民俗資料館

資料館めぐり 白谷民俗資料館―マキノ町（辻村耕司）「湖国と文化」 滋賀県文化振興事業団 80 1997.7

白髭神社

続・ふるさと歴史散歩「白髭神社から」―高島市勝野近辺（早藤貞二）「湖国と文化」 滋賀県文化振興事業団 34（2）通号131 2010.04

資料紹介 特別展「斎宮誕生」展示資料から 白髭神社縁起 江戸時代 白髭神社蔵「斎宮歴史博物館だより」 斎宮歴史博物館 （71）2013.08

新旭町針江

新旭町針江での食事（北野弥美）「滋賀の食事文化（年報）」 滋賀の食事文化研究会 （11）2002.12

新九郎坂

北近江草野川谷の伝承（5）七曲り峠の小菊と鳥越峠の新九郎坂（馬場杉右衛門）「民俗文化」 滋賀民俗学会 （536）2008.5

真勝寺

いまどきの "元気なお寺" 見聞（2）米原市池下 真勝寺 本堂再建百年目を記念し、湖北の花浄土で内陣を飾る（辻村琴美，辻村耕司）「湖国と文化」 滋賀県文化振興事業団 36（1）通号138 2012.01

真照寺

滋賀の石造文化財（中世）の概観について（29）真照寺宝篋印塔/光山寺宝篋印塔（福澤邦夫）「民俗文化」 滋賀民俗学会 （592）2013.01

神照寺

近江古寺巡礼シリーズ（4）神照寺（上野良信）「浮城 : 滋賀県立琵琶湖文化館情報誌」 滋賀県立琵琶湖文化館 20 2002.4

新善光寺

近江日野新善光寺三重塔発見古図と塔址について（中西亨）「史迹と美術」 史迹美術同攷会 69（10）通号700 1999.12

滋賀の石造文化財（中世）の概観について（31）新善光寺宝篋印塔（福澤邦夫）「民俗文化」 滋賀民俗学会 （594）2013.03

新知恩院

大津社寺調査報告1 新知恩院「大津市歴史博物館研究紀要」 大津市歴史博物館 （19）2014.01

神明神社

滋賀県西浅井町の神仏習合遺品―神明神社神牌と大浦観音堂懸仏群（山下立）「史迹と美術」 史迹美術同攷会 71（8）通号718 2001.9

水谷

多賀町水谷の食習俗について（《特集 地元に残したい食材（3）》）（長谷川嘉和）「滋賀の食事文化（年報）」 滋賀の食事文化研究会 （15）

2006.12

崇福寺

崇福寺塔心礎舎利孔納入鏡について―鏡とその納入背景について（服部敦子）「日本文化史研究」 帝塚山大学奈良学総合文化研究所 （33）2001.3

須越

須越の言葉の歴史（林三郎）「彦根郷土史研究」 彦根史談会 44 2009.3

菅浦

シリーズ・湖北のくらしと祈り（2）「たたかう村のくらし―中村惣村の村・菅浦の歴史と文化―」「長浜城歴史博物館友の会友の会だより」 長浜城歴史博物館友の会 （104）2008.6

杉坂一夜城

犬上郡多賀町（旧脇ヶ畑村）の城（1）―杉坂一夜城伝説と玉兎山陣城の発見（長谷川博美）「民俗文化」 滋賀民俗学会 （566）2010.11

犬上郡多賀町（旧脇ヶ畑村）の城（2）―杉坂一夜城伝説と杉坂山陣城の発見（長谷川博美）「民俗文化」 滋賀民俗学会 （567）2010.12

杉坂山陣城

犬上郡多賀町（旧脇ヶ畑村）の城（2）―杉坂一夜城伝説と杉坂山陣城の発見（長谷川博美）「民俗文化」 滋賀民俗学会 （567）2010.12

杉本

杉本のおこない―伊香郡木之本町（塚本茂博）「民俗文化」 滋賀民俗学会 441 2000.6

杉山

杉山・天増川の伝説―高島郡旧三谷村（菅沼晃次郎）「民俗文化」 滋賀民俗学会 441 2000.6

鈴鹿

小中学生対象に唄の学習塾 民謡の全国大会で歌われる 鈴鹿馬子唄（特集 現代・滋賀の歌）（宇野万里子）「湖国と文化」 びわ湖芸術文化財団 38（2）通号147 2014.04

摺墨

名馬・摺墨と生食（池月）―余呉町摺墨・長浜市本庄（馬場杉右衛門）「民俗文化」 滋賀民俗学会 （530）2007.11

勢江線

奥琵琶湖周辺の伝承（9）―幻の勢江線と琵琶湖哀歌（馬場杉右衛門）「民俗文化」 滋賀民俗学会 （558）2010.03

清涼寺

井伊家歴代の肖像彫刻―藩主直中の造像活動 清涼寺護国殿と天寧寺観徳殿（高木文恵）「彦根城博物館研究紀要」 彦根城博物館 （15）2004.3

清雲

湖国の伝統行事 南山王祭（高谷礼子）「湖国と文化」 滋賀県文化振興事業団 92 2000.7

関清水蝉丸大明神

三井寺の弁財天信仰の拡大と盲人芸能者の関わり―特に別所の近松寺と関清水蝉丸大明神を中心に（大森惠子）「山岳修験」 日本山岳修験学会，岩田書院（発売）（45）2010.03

石道寺

鶏足寺・向源寺そして石道寺の観音像―湖北の古像の現在と歴史（高梨純次）「湖国と文化」 滋賀県文化振興事業団 109 2004.10

膳所藩

東叡山の石灯籠―膳所藩主本多俊次奉献（玉城幸男）「河内長野市郷土研究会誌」 ［河内長野市郷土研究会］ （52）2010.04

瀬田唐橋竜宮社

滋賀の伝説と民話「瀬田唐橋竜宮社」（渡辺守順，斉藤裕子）「湖国と文化」 滋賀県文化振興事業団 29（1）通号110 2005.1

瀬田南大萱町

田上じじい―大津市瀬田南大萱町（兼勝保明）「民俗文化」 滋賀民俗学会 （511）2006.4

千光院

収蔵資料紹介 木造弁才天坐像 一軀（山下立）「おおてみち」 滋賀県立安土城考古博物館 （65）2008.10

善光寺

各地の善光寺研究、長野県・滋賀県について（北村市朗）「長野」 長野郷土史研究会 229 2003.5

善勝寺

蒲生野石塔寺永井源寺・善勝寺（清水俊明）「野ほとけ」 奈良石仏会 （383）2002.11

善勝寺本尊

善勝寺本尊 木造千手観音立像の基礎研究（光谷拓実，大河内隆之，児島大輔，佐々木進，松岡久美子）「栗東歴史民俗博物館紀要」 栗東歴史民俗博物館 （14）2008.3

善水寺

滋賀・善水寺四天王像について―持国天・広目天の二像を中心に（松岡久美子）「栗東歴史民俗博物館紀要」 栗東歴史民俗博物館 （7）2001.3

近江古寺巡礼シリーズ（3）岩根山善水寺（土井通弘）「浮城 ： 滋賀県立琵琶湖文化館情報誌」 滋賀県立琵琶湖文化館 19 2001.9

近江甲西町善水寺秘仏拝観と周辺の石仏（清水俊明）「野ほとけ」 奈良石仏会 （371）2001.11

千町

大津市千町・山のある農村の暮らしと祭りの食（特集 ハレの食）（堀越昌子）「滋賀の食事文化（年報）」 滋賀の食事文化研究会 （19）2010.12

仙琳寺

仙琳寺とその寺宝（高木文恵）「彦根城博物館だより」 彦根城博物館 37 1997.5

宗安寺

彦根・宗安寺の血染めのすすき―木村長門守重成公首塚の由来（河内の郷土史）（樋口須賀子）「あしたづ ： 河内の郷土文化サークルセンター特集誌」 河内の郷土文化サークルセンター （15）2013.02

擽見寺

収蔵資料紹介 擽見寺由緒書 江戸時代 近江八幡市安土町擽見寺蔵 28.1cm×19.8cm（高木叙子）「おおてみち」 滋賀県立安土城考古博物館 （75）2011.03

総社神社

麦酒祭と神酒・甘酒（長谷川嘉和）「滋賀の食事文化（年報）」 滋賀の食事文化研究会 （14）2005.12

総社神社の麦酒祭り 滋賀県甲賀市水口町（吉川祐子）「月刊通信ふるさとの民俗を語る会」 民俗文化研究所 （38）2010.07

曽根

「伏せ替え工事」について―旧びわ町曽根（粕渕宏昭）「民俗文化」 滋賀民俗学会 （559）2010.04

杣谷

杣谷の富士講と「せんげんさん」（黄瀬三朗）「日本の石仏」 日本石仏協会，青娥書房（発売）（107）2003.9

杣中

杣中の浅間石仏（会員の広場）（黄瀬三朗）「日本の石仏」 日本石仏協会，青娥書房（発売）（148）2013.12

大吉寺

浅井町大吉寺伝来の木造狛犬―狛犬造形変容の軌跡（山下立）「紀要」 滋賀県立安土城考古博物館 （12）2004.3

北近江草野川谷の伝承（1）源頼朝伝説と大吉寺虫供養（馬場杉右衛門）「民俗文化」 滋賀民俗学会 （532）2008.1

浅井歴史民俗資料館 パネル展「寂寞山大吉寺」の紹介「長浜城歴史博物館友の会友の会だより」 長浜城歴史博物館友の会 （149）2012.03

大将軍遺跡

県内最古の絵馬が出土 草津市大将軍遺跡「滋賀埋文ニュース」 滋賀県埋蔵文化財センター 226 1999.2

大通寺

大通寺の含山軒は小堀遠州公屋敷の遺構―長浜市元浜町（中島孝治）「民俗文化」 滋賀民俗学会 420 1998.9

夏中法要の出店について―長浜市大通寺（粕渕宏昭）「民俗文化」 滋賀民俗学会 （511）2006.4

長浜御坊大通寺（西川丈雄）「滋賀文化財教室シリーズ」 滋賀県文化財保護協会 （226）2008.3

大比叡

信仰の山 大比叡（シリーズ 一等三角点の山と私（1））（植田耕司）「湖国と文化」 滋賀県文化振興事業団 36（3）通号140 2012.07

太平寺城

近江伊吹山系の伝承（7）太平寺城と上平寺城（馬場杉右衛門）「民俗文化」 滋賀民俗学会 （544）2009.01

大宝神社

大宝神社文書―解題と目録（伊東ひろ美）「栗東歴史民俗博物館紀要」 栗東歴史民俗博物館 （4）1998.3

大宝神社の神像（松岡久美子）「栗東歴史民俗博物館紀要」 栗東歴史民俗博物館 （12）2006.3

大宝神社の神仏分離（研究ノート）（中川敦之）「栗東歴史民俗博物館紀要」 栗東歴史民俗博物館 （18）2012.03

大門

表紙 国重要文化財・世界遺産「大門」「きのくに文化財」 和歌山県文化財研究会 （45）2012.03

大隴神社

神仏分離および廃寺に伴う地域の仏像受容―大隴神社の氏子地域と福泉寺（福持昌之）「愛知川町史研究」 愛知川町教育委員会町史編さん室 2 2004.3

多賀

湖国のまつり 御田植祭・比良八講・多賀まつり（高谷礼子）「湖国と文化」 滋賀県文化振興事業団 83 1998.4

多賀まいりの道（安岡順峯）「湖国と文化」 滋賀県文化振興事業団 84 1998.7

シリーズ「琵琶湖世界の地域デザイン」（4）多賀「里の駅（プラットフォーム）」の活動が定着 古民家「一圓屋敷」を起点とした山の辺の里づくり（山崎一眞）「湖国と文化」 滋賀県文化振興事業団 36（4）通号141 2012.10

高穴穂神社

一寸一服 高穴穂神社の研究（1）（梶原大義，村地彰，高阪行雄，伊東六雄）「湖国と文化」 滋賀県文化振興事業団 33（1）通号126 2009.01

一寸一服 高穴穂神社の研究（2）高穴穂宮は実在したか（梶原大義，村地彰，高阪行雄，伊東六雄）「湖国と文化」 滋賀県文化振興事業団 33（2）通号127 2009.04

高島

高島の継体天皇伝承地をあるく（大原治三，大原亘）「乙訓文化」 乙訓の文化遺産を守る会 （78）2012.5

高島郡

高島郡より寄進された大峯山鷲ノ窟所在の役行者石像とその銘文―奈良県吉野郡上北山村（兼康和明）「民俗文化」 滋賀民俗学会 417 1998.6

多賀社

多賀社参詣曼荼羅考（大高康正）「山岳修験」 日本山岳修験学会，岩田書院（発売）（39）2007.3

中近世における本願の社内定着化―近江国多賀社本願不動院を対象に（大高康正）「山岳修験」 日本山岳修験学会，岩田書院（発売）（41）2008.3

聖・山伏がうみだした戦国期の本願―多賀社本願不動院を事例として（工藤克洋）「年報中世史研究」 中世史研究会 （35）2010.05

多賀神社

莚命酒の今昔―犬上郡多賀神社（中村武三）「民俗文化」 滋賀民俗学会 458 2001.11

湖国の伝統行事 翁始め式（多賀神社）（高谷礼子）「湖国と文化」 滋賀県文化振興事業団 98 2002.1

多賀町

多賀杓子の由来について―滋賀県犬上郡多賀町（粕渕宏昭）「民俗文化」 滋賀民俗学会 （594）2013.03

高月町井口集落

〈滋賀県伊香郡高月町井口集落周辺の水利と環境〉「紀要」 滋賀県文化財保護協会 （10）1997.3

高月町唐川

織田劔神社と高月町唐川の星宿石（大谷貞二）「会誌」 鯖江郷土史懇談会 （18）2010.11

高時川支流

珍魚アカザについて―湖北・高時川支流について（粕渕宏昭）「民俗文化」 滋賀民俗学会 （526）2007.7

高溝

お講箱について―坂田郡近江町高溝（粕渕宏昭）「民俗文化」 滋賀民俗学会 425 1999.2

ナタマメ（刀豆）について―米原市高溝（粕渕宏昭）「民俗文化」 滋賀民俗学会 （507）2005.12

民具資料「剃刀」について―米原市高溝（〈月刊「民俗文化」発行500号記念論文〉）（粕渕宏昭）「民俗文化」 滋賀民俗学会 （510）（号外）2006.3

黛（眉墨）について―米原市高溝（粕渕宏昭）「民俗文化」 滋賀民俗学会 （513）2006.6

まな板について―米原市高溝（粕渕宏昭）「民俗文化」 滋賀民俗学会 （518）2006.11

人買い（人さらい）について―米原市高溝（粕渕宏昭）「民俗文化」 滋賀民俗学会 （521）2007.2

鯉のぼりについて―米原市高溝（粕渕宏昭）「民俗文化」 滋賀民俗学会 （523）2007.4

近畿　　　　　　　　　郷土に伝わる民俗と信仰　　　　　　　　　　滋賀県

ミョウガ・ホオズキについて―米原市高溝（粕渕宏昭）「民俗
文化」　滋賀民俗学会　（525）2007.6

続「炭入れ」について―米原市高溝（粕渕宏昭）「民俗文化」　滋賀民俗学
会　（525）2007.6

リンゴ箱について―米原市高溝（粕渕宏昭）「民俗文化」　滋賀民俗学会
（533）2008.2

田麩（でんぷ）について―米原市高溝（粋渕宏昭）「民俗文化」　滋賀民俗
学会　（533）2008.2

蟬（せみ）採り網について―米原市高溝（粕渕宏昭）「民俗文化」　滋賀民
俗学会　（537）2008.6

落ち葉掻きについて―米原市高溝（粕渕宏昭）「民俗文化」　滋賀民俗学会
（538）2008.7

わが家の魔法瓶―米原市高溝（粕渕宏昭）「民俗文化」　滋賀民俗学会
（563）2010.08

高宮町

「高宮ささら」について―彦根市高宮町（粕渕宏昭）「民俗文化」　滋賀民
俗学会　（554）2009.11

田川カルバート

湖水の水難伝承（3）―せせらぎ長者と田川カルバート（馬場杉右衛門）
「民俗文化」　滋賀民俗学会　（576）2011.09

滝薬師

湖国の神饌 滝薬師のエトエト（長谷川嘉和）「湖国と文化」　滋賀県文化
振興事業団　86　1999.1

建部郷

湖国の伝統行事 みたらし祭り・建部祭り・大溝祭り（高谷礼子）「湖国と
文化」　滋賀県文化振興事業団　85　1998.10

建部大社

船渡御レポート（2）滋賀県大津市 建部大社の船まつり（奥山正仁）「西
宮文化協会会報」　西宮文化協会　388　2000.7

建部大社と宇治上神社（石田天祐）「地名探究」　京都地名研究会　（8）
2010.03

多田幸寺

近江古寺巡礼シリーズ（9）多田幸寺（長浜市田村町）（上野良信）「浮城　：
滋賀県立琵琶湖文化館情報誌」　滋賀県立琵琶湖文化館　25　2004.9

田中

田中のおこない―東浅井郡湖北町（塚本茂博）「民俗文化」　滋賀民俗学会
425/427　1999.2/1999.4

田中のおこない（現状）―東浅井郡湖北町（塚本茂樹）「民俗文化」　滋賀
民俗学会　428　1999.5

田上

昔の風俗を伝える田上手拭（北から南かう）（赤尾和美）「湖国と文化」
滋賀県文化振興事業団　37（2）通号143　2013.3

太神山

新連載 三角点の山と私（1）史跡城跡と札所の山 繖山（観音寺山）/山岳
信仰の聖なる山 太神山「湖国と文化」　びわ湖芸術文化財団　38（3）
通号148　2014.07

種村

近江国神崎郡種村「郷土」大橋家の身分と地域社会（母利美和）「滋賀大
学経済学部附属史料館研究紀要」　滋賀大学経済学部附属史料館
（45）2012.03

多羅尾

多羅尾と島ヶ原の修正会（森本一彦）「宮座研究」　宮座研究会　（5）
1999.7

多羅尾磨崖仏

信楽町MIHO美術館と多羅尾磨崖仏（清水俊明）「野ほとけ」　奈良石仏
会　（369）2001.9

莇萩野

「莇萩野」（タラノ）について（関啓司）「民俗文化」　滋賀民俗学会
（542）2008.11

莇萩峯

「莇萩峯」について―甲賀市信楽町多羅尾（関啓司）「民俗文化」　滋賀民
俗学会　（531）2007.12

太郎坊阿賀神社

太郎坊阿賀神社の由緒及び津島納祭礼の謂れについて（山田冨二男）「蒲
生野」　八日市郷土文化研究会　（44）2012.12

太郎坊宮

表紙写真 太郎坊宮の夫婦岩「蒲生野」　八日市郷土文化研究会　（46）

2014.12

表紙説明 夫婦岩について「蒲生野」　八日市郷土文化研究会　（46）
2014.12

竹生島

近江伊吹山系の伝承（4）竹生島の語源と小臼の泉（馬場杉右衛門）「民俗
文化」　滋賀民俗学会　（541）2008.10

2009年1月例会 研究発表「竹生島弁才天と平方仏師」山下立氏（大谷め
ぐみ）「日本宗教民俗学会通信」　日本宗教民俗学会　（123）2009.03

奥琵琶湖周辺の伝承（1）竹生島・仙童の琵琶と龍神の祟り（馬場杉右衛
門）「民俗文化」　滋賀民俗学会　（550）2009.07

都久夫須麻神社

湖国の伝統行事 三社弁財天祭（都久夫須麻神社）（高谷礼子）「湖国と文
化」　滋賀県文化振興事業団　95　2001.4

竹生島弁才天

羽衣伝説と竹生島弁才天「長浜城歴史博物館友の会友の会だより」　長
浜城歴史博物館友の会　58　2004.8

筑摩神社

湖国の伝統行事 例祭・鍋冠祭・梓河内のおこない（高谷礼子）「湖国と文
化」　滋賀県文化振興事業団　79　1997.4

伝承に見る淡海（25）鍋冠祭の言い伝えに秘められたもの（黄地百合子）
「湖国と文化」　滋賀県文化振興事業団　33（2）通号127　2009.04

長栄座

滋賀文化事業 定式幕、升席、ちょうちん、出店で公演気分と賑わい創出
「明治の芝居小屋『長栄座』の復活（山本麻紀子）「湖国と文化」　滋賀
県文化振興事業団　35（4）通号137　2011.10

長久寺

滋賀の伝説と民話「長久寺のお菊の皿」（渡辺守順，斉藤裕子）「湖国と文
化」　滋賀県文化振興事業団　31（3）通号120　2007.7

長光寺

いまどきの"元気なお寺"見聞（7）高島市マキノ町寺久保 長光寺 夏休み
最後の3日間は子どもたちの寺子屋に ライフワークの「ともしび」や
小説で縁をつなぐ（辻村琴美，辻村耕司）「湖国と文化」　滋賀県文化振
興事業団　37（2）通号143　2013.03

長寿寺

近江石部町・常楽寺・長寿寺・妙感寺（清水俊明）「野ほとけ」　奈良石仏
会　（389）2003.11

近江古寺巡礼シリーズ（10）長寿寺（湖南市東寺）（古川史隆）「浮城　：滋
賀県立琵琶湖文化館情報誌」　滋賀県立琵琶湖文化館　26　2005.3

滋賀・長寿寺伝来の絹本地蔵曼荼羅図における六臂地蔵菩薩と一万一千
八百五十一躰の小地蔵尊をめぐって（山下立）「紀要」　滋賀県立安土
城考古博物館　（18）2010.03

「鬼はしり」が時を越え地域に息づく（北から南から）（野口観道）「湖国
と文化」　びわ湖芸術文化財団　38（2）通号147　2014.04

長法寺遺跡

比良山系の山寺（2）―高島市長法寺遺跡について（小林裕季）「紀要」　滋
賀県文化財保護協会　（26）2013.03

長命寺

長命寺の金銅透彫華鬘について―附指定品の造形的特色と製作時期（古
川史隆）「滋賀県立琵琶湖文化館研究紀要」　滋賀県立琵琶湖文化館
（20）2004.3

観音霊場長命寺と参詣道について（森山宣昭）「滋賀県地方史研究」　滋賀
県地方史研究家連絡会　14　2004.5

収蔵資料紹介 弥勒菩薩像 一幅 近江八幡市長命寺所蔵（山下立）「おおて
みち」　滋賀県立安土城考古博物館　（73）2010.10

西国巡礼研究の課題―長命寺の新発見史料との関わり（豊島修）「宗教民
俗研究」　日本宗教民俗学会　（21・22）2013.01

長命寺穀屋の近世的展開（山本順也）「宗教民俗研究」　日本宗教民俗学会
（21・22）2013.01

勅旨

まぼろしの勅旨焼（大西忠左）「湖国と文化」　滋賀県文化振興事業団
78　1997.1

枕流亭跡

大通寺お裏 枕流亭跡（山本孝行）「長浜文化財ファイル」　長浜市教育委
員会　（40）2008.1

辻

毛呂山町歴史民俗資料館所蔵の「箕」について―滋賀県栗太郡栗東町辻
の篠箕づくり「毛呂山町歴史民俗資料館研究紀要」　毛呂山町歴史民
俗資料館　（6）2000.3

651

滋賀県　　　　　　　　　郷土に伝わる民俗と信仰　　　　　　　　　近畿

辻沢

辻沢のかみそり鍛冶―高島市新旭町（〈月刊「民俗文化」発刊500号記念論文〉）（桑原八郎）「民俗文化」　滋賀民俗学会　（510）（号外）2006.3

津島

太郎坊阿賀神社の由緒及び津島納祭礼の謂れについて（山田冨二男）「蒲生野」　八日市郷土文化研究会　（44）2012.12

辻村

辻村鋳物師関係資料翻刻　太田庄十郎家文書/太田弁蔵関係文書/館蔵里内文庫/辻共有文書/田中啓之家文書/田中堯史家文書/正覚寺文書/武村家文書/参考（山本順也）「栗東歴史民俗博物館紀要」　栗東歴史民俗博物館　（9）2003.3

辻村鋳物師の梵鐘・喚鐘について（1）太田西兵衛・太田甚兵衛・太田庄兵衛（佐々木理）「栗東歴史民俗博物館紀要」　栗東歴史民俗博物館　（13）2007.3

辻村鋳物師の梵鐘・喚鐘について（2）太田西兵衛系以外の梵鐘と喚鐘の作風について（佐々木理）「栗東歴史民俗博物館紀要」　栗東歴史民俗博物館　（14）2008.3

滋賀の伝説と民話「辻村の薬師さん」（渡邊守順，斉藤裕子）「湖国と文化」　滋賀県文化振興事業団　34（3）通号132　2010.07

津田荘

近江国蒲生下郡奥嶋・津田荘と惣荘・惣村―政治環境と宗教環境の変遷をめぐって（〈報告要旨〉）（若林陵一）「東北中世史研究会会報」　東北中世史研究会　（12）2000.3

土山宿

民家の魅力（10）土山宿の旅籠屋と町の構成（吉見静子）「湖国と文化」　滋賀県文化振興事業団　94　2001.1

掘江神社神像群

佐賀・掘江神社神像群の造形的特徴とその意義について（山下立）「紀要」　滋賀県立安土城考古博物館　（22）2014.03

壺笠山古墳

大和の箸墓古墳と淡海の壺笠山古墳（1）―箸墓伝説と行事の伝承を探る（山本仁一）「民俗文化」　滋賀民俗学会　447　2000.12

大和箸墓古墳と淡海の壺笠山古墳（3）―積羽八重事代主神と国内外の交易市（山本仁一）「民俗文化」　滋賀民俗学会　451　2001.4

大和箸墓古墳と淡海の壺笠山古墳（4）―神人通婚の秘事で明白な壺笠山古墳の主（山本仁一）「民俗文化」　滋賀民俗学会　452　2001.5

大和箸墓古墳と淡海の壺笠山古墳（5）―大ヤマト根子王の国と五十足入彦の国（山本仁一）「民俗文化」　滋賀民俗学会　454　2001.7

津原

姉川上流域における野兎の民俗―伊吹町津原の場合（天野武）「西郊民俗」　［西郊民俗談話会］　通号158　1997.3

出庭村

出庭村の歴史と伝説小考―栗太郡栗東町（奥山芳夫）「民俗文化」　滋賀民俗学会　404　1997.5

出庭村の餅なし正月―栗太郡栗東町（奥山芳夫）「民俗文化」　滋賀民俗学会　405　1997.6

出庭村の争論（奥山芳夫）「民俗文化」　滋賀民俗学会　（603）2013.12

旧出庭村の川原松林争論―滋賀県栗東市（奥山芳夫）「民俗文化」　滋賀民俗学会　（612）2014.09

寺村

村誌史料　近江国神崎郡寺村誌―1876年頃「民俗文化」　滋賀民俗学会　463　2002.4

天吉寺山

北近江草野川谷の伝承（6）天吉寺山と三川の玉泉寺（馬場杉右衛門）「民俗文化」　滋賀民俗学会　（537）2008.6

天孫神社

湖国の伝統行事　大津祭（天孫神社）（高谷礼子）「湖国と文化」　滋賀県文化振興事業団　97　2001.10

天徳寺

「寺伝天徳寺址」石碑建碑と旧湖東町の古代氏族一考（和田徳蔵）「蒲生野」　八日市郷土文化研究会　通号42　2010.12

天寧寺

井伊家歴代の肖像彫刻―藩主直中の造像活動　清凉寺護国殿と天寧寺観音殿（高木文恵）「彦根城博物館研究紀要」　彦根城博物館　（15）2004.3

知人の面影求めて、五百羅漢の天寧寺訪問（北から南から）（山田勝彦）「湖国と文化」　びわ湖芸術文化財団　38（1）通号146　2014.01

渡岸寺

渡岸寺のおこない―伊香郡高月町（塚本茂博）「民俗文化」　滋賀民俗学会

411　1997.12

陶芸の森

「信楽」を世界に発信するやきものの公園　県立陶芸の森（特集　美術館が面白い）（川那辺周一）「湖国と文化」　滋賀県文化振興事業団　34（3）通号132　2010.07

東光寺

口絵図版　大津市下仰木東光寺弥勒石仏/中国河南省安陽市霊泉寺道憑法師焼身塔（西塔）、中国山東省済南市神通寺四門塔「歴史考古学」　歴史考古学研究会　（63）2010.12

滋賀県大津市下仰木東光寺建永二年銘弥勒石仏―附、境内と近接地の宝篋印塔残存部材小考（歴史考古学研究会研究部会）「歴史考古学」　歴史考古学研究会　（63）2010.12

新資料紹介　大津市下仰木東光寺の建永二年銘弥勒如来医師佛（松永脩輔）「史迹と美術」　史迹美術同攷会　81（6）通号816　2011.07

融神社

融神社に参拝して（渡辺惟昭）「史談渡辺氏　：　全国渡辺会々報」　全国渡辺会事務所　35　1997.1

徳源院

国史跡　清滝寺徳源院　京極家墓所土塀修理―ええ仕事しまっせ（山東町）（桂田峰男）「佐加太　：　米原市文化財ニュース」　米原市教育委員会　（19）2004.3

徳源院京極家墓所宝篋印塔群の基礎装飾文について―中世の石棺における装飾文の類型化の試み（上垣幸徳）「紀要」　滋賀県文化財保護協会　（21）2008.3

徳谷

湖国の神饌（14）徳谷の芋競べ祭り（長谷川嘉和）「湖国と文化」　滋賀県文化振興事業団　93　2000.10

歳苗神社

滋賀・歳苗神社の神仏習合遺品―神像・本地仏像・懸仏（山下立）「史迹と美術」　史迹美術同攷会　69（9）通号699　1999.11

戸津神社

戸津神社の神事祭見学（山田知子）「まつり通信」　まつり同好会　40（4）通号470　2000.3

冨波

冨波新町村のなりたち―郷土仲間と町立て（古川与志継）「野洲町立歴史民俗資料館研究紀要」　野洲町立歴史民俗資料館　9　2002.3

富川

富川磨崖仏と石山寺（大鳥居総夫）「史迹と美術」　史迹美術同攷会　73（5）通号735　2003.6

豊国神社

豊国神社所蔵『豊国祭礼図屏風』（1），（2）「長浜城歴史博物館友の会友の会だより」　長浜城歴史博物館友の会　52/53　2004.2/2004.3

福笹について―長浜市豊国神社（粕渕宏昭）「民俗文化」　滋賀民俗学会　（542）2008.11

市史をひもといて（8）「豊国神社十日戎とえびす講―長浜町衆の秀吉信仰」「長浜城歴史博物館友の会友の会だより」　長浜城歴史博物館友の会　（112）2009.02

豊満神社

豊満神社文書目録（中近世の部）「愛知川町史研究」　愛知川町教育委員会町史編さん室　1　2003.3

「徴古神記」〔豊満神社文書〕（史料紹介）（北堀光信）「愛荘町歴史研究」　愛荘町教育委員会　（2）2009.02

豊満神社下之郷

豊満神社下之郷の馬頭人―初午のビシャトウ行事を中心に（福持昌之）「愛知川町史研究」　愛知川町教育委員会町史編さん室　1　2003.3

虎御前山

虎御前山の伝説―虎姫町中野（馬場杉右衛門）「民俗文化」　滋賀民俗学会　476　2003.5

歴史と伝説の虎御前山（福井智英）「滋賀文化財教室シリーズ」　滋賀県文化財保護協会　210　2004.1

虎姫町

近江東浅井・坂田郡の式内社（1）―浅井町・虎姫町（馬場杉右衛門）「民俗文化」　滋賀民俗学会　（602）2013.11

鳥居川霊園

国昌寺の創建と修造について―大津市鳥居川霊園採集遺物の整理から（小松葉子）「紀要」　滋賀県文化財保護協会　（27）2014.03

近畿　　　　　　　　　　　　　郷土に伝わる民俗と信仰　　　　　　　　　　　　滋賀県

富田

富田人形って何だ。(特集 芸能元年―伝統芸能の現在)(阿部秀彦)「湖国と文化」 滋賀県文化振興事業団 35(1)通号134 2011.01

冨田

かたちとこころ 冨田人形(寿福滋)「湖国と文化」 滋賀県文化振興事業団 83 1998.4

内湖

講演録 内湖利用の民俗文化とその歴史的意義(佐野静代)「滋賀大学経済学部附属史料館研究紀要」 滋賀大学経済学部附属史料館 (44) 2011.3

永井源寺

蒲生野石塔寺永井源寺・善勝寺(清水俊明)「野ほとけ」 奈良石仏会 (383) 2002.11

中河内

北近江丹生谷の伝承(4) 中河内の太鼓踊りと民謡(馬場杉右衛門)「民俗文化」 滋賀民俗学会 (530) 2007.11

北近江丹生谷の伝承(5) 中河内の民謡(馬場杉右衛門)「民俗文化」 滋賀民俗学会 (531) 2007.12

中岸本

灌漑水利関係による多集落間祭祀の擬似性―滋賀県愛知郡愛東町上岸本及び同郡湖東町中岸本の事例から(橋本章)「京都民俗 : 京都民俗学会会誌」 京都民俗学会 通号17 1999.12

中岸本町

中岸本町の薬師堂 ご本尊はたしかに薬師仏でした(中島伸男)「蒲生野」 八日市郷土文化研究会 (46) 2014.12

長沢

湖国の伝統行事 海津祭・長刀祭・公家奴振・献饌供御人行列(高谷礼子)「湖国と文化」 滋賀県文化振興事業団 88 1999.7

長沢神社

比江における明治末期の神社整理―長澤神社文書を中心に(江藤弥生)「野洲市歴史民俗博物館研究紀要」 野洲市歴史民俗博物館 (15) 2011.04

中宿

企画展「町並みと信仰」を開催して―「口宿の歴史を知る会」活動報告(調査研究報告)(門脇正人)「愛荘町歴史研究」 愛荘町教育委員会 (1) 2008.02

中山道

江戸期「御代参詣道」を復元する―中山道から八日市への3つのルート(門脇正人)「紀要」 滋賀県立安土城考古博物館 (13) 2005.3

長沼

近江湖西を訪ねて―長沼・飯山藩佐久間氏の遺跡と廃仏毀釈にあった善光寺関係の仏像(小山丈夫)「長野」 長野郷土史研究会 209 2000.1

中野神社

滋賀県八日市市中野神社の祭祀(大江篤)「みかげ民俗」 御影高校民俗研究会 (5) 1978.09

長浜

オコナイとは何か[1]～(9)(中島誠一)「長浜城歴史博物館友の会友の会だより」 長浜城歴史博物館友の会 41/50 2003.2/2003.12

季節の民俗・季節の話題(1) 「ガラタテ」考「長浜城歴史博物館友の会友の会だより」 長浜城歴史博物館友の会 56 2004.6

季節の民俗・季節の話題(2)水無月と夏越の祓「長浜城歴史博物館友の会友の会だより」 長浜城歴史博物館友の会 57 2004.7

季節の民俗・季節の話題(3)「地蔵祭り」から「地蔵盆」へ「長浜城歴史博物館友の会友の会だより」 長浜城歴史博物館友の会 58 2004.8

季節の民俗・季節の話題(4)太鼓踊りの季節「長浜城歴史博物館友の会友の会だより」 長浜城歴史博物館友の会 60 2004.10

季節の民俗・季節の話題(5)報恩講(ほんこうさん)とお講汁「長浜城歴史博物館友の会友の会だより」 長浜城歴史博物館友の会 61 2004.11

季節の民俗・季節の話題(6) 「伊香しぐれ、浅井まにまに、坂田晴れ」「長浜城歴史博物館友の会友の会だより」 長浜城歴史博物館友の会 62 2004.12

季節の民俗・季節の話題(7) 「正がっつぁん」とやって来る「お正月」(橋本章)「長浜城歴史博物館友の会友の会だより」 長浜城歴史博物館友の会 63 2005.1

季節の民俗・季節の話題(8)節分と鬼と恵方と巻き寿司(橋本章)「長浜城歴史博物館友の会友の会だより」 長浜城歴史博物館友の会 64 2005.2

季節の民俗・季節の話題(9)ひな祭りという民俗(橋本章)「長浜城歴史

博物館友の会友の会だより」 長浜城歴史博物館友の会 65 2005.3

季節の民俗・季節の話題(10)卯月八日と花まつり(橋本章)「長浜城歴史博物館友の会友の会だより」 長浜城歴史博物館友の会 66 2005.4

民俗から見る山内一豊と妻・千代の伝承(1) 黄金十両で名馬を買う話について「長浜城歴史博物館友の会友の会だより」 長浜城歴史博物館友の会 (77) 2006.3

民俗から見る山内一豊と妻・千代の伝承(2) 黄金十両で名馬を買う話について・その後「長浜城歴史博物館友の会友の会だより」 長浜城歴史博物館友の会 (79) 2006.5

季節の民俗・季節の話題(7) 「正がっつぁん」とやってくる「お正月」「長浜城歴史博物館友の会友の会だより」 長浜城歴史博物館友の会 (87) 2007.1

季節の民俗・季節の話題(8) 節分と鬼と恵方と巻き寿司「長浜城歴史博物館友の会友の会だより」 長浜城歴史博物館友の会 (88) 2007.2

季節の民俗・季節の話題(9) ひな祭りという民俗「長浜城歴史博物館友の会友の会だより」 長浜城歴史博物館友の会 (89) 2007.3

季節の民俗・季節の話題(10) 卯月八日と花まつり「長浜城歴史博物館友の会友の会だより」 長浜城歴史博物館友の会 (90) 2007.4

観音の里を訪ねて(鈴木庸)「歴史懇談」 大阪歴史懇談会 (21) 2007.9

第1回歴史探究ハイク「太鼓踊りと雨乞いの系譜をめぐる」「長浜城歴史博物館友の会友の会だより」 長浜城歴史博物館友の会 (97) 2007.11

彦根・長浜の恵比寿講・又は「えびすこ」について(粕渕宏昭)「民俗文化」 滋賀民俗学会 (541) 2008.10

市史をひもといて(10)「郷里五川と樽番―水の差配をめぐる歴史と民俗」「長浜城歴史博物館友の会友の会だより」 長浜城歴史博物館友の会 (114) 2009.4

市史をひもといて(14)「糸の世紀・織りの文化シリーズ(1) 浜蚊帳」「長浜城歴史博物館友の会友の会だより」 長浜城歴史博物館友の会 (118) 2009.8

市史をひもといて(15),(16)「糸の世紀・織りの文化シリーズ(2),(3) 浜縮緬・その1,その2」「長浜城歴史博物館友の会友の会だより」 長浜歴史博物館友の会 (119)/(120) 2009.9/2009.10

近江の丸馬出しと長浜武田氏伝承(長谷川博美)「民俗文化」 滋賀民俗学会 (554) 2009.11

シリーズ お大師さん通信―元三大師とその文化[1]～(33)(終)「長浜城歴史博物館友の会友の会だより」 長浜城歴史博物館友の会 (128)/(161) 2010.06/2013.03

長浜市長浜城歴史博物館特別展「糸の世紀・織りの時代―湖北・長浜をめぐる糸の文化史―」(展示批評・展示紹介)(中藤容子)「民具研究」 日本民具学会 (142) 2010.10

長浜ウサギのフォークロア(馬場杉右衛門)「民俗文化」 滋賀民俗学会 (568) 2011.01

祖母から聞いた湖北長浜の伝承/会員の皆さんにお知らせ「長浜城歴史博物館友の会友の会だより」 長浜城歴史博物館友の会 (138) 2011.04

化ける狐の話「長浜城歴史博物館友の会友の会だより」 長浜城歴史博物館友の会 (138) 2011.04

第36回京都地名フォーラム報告 発表1 京・祇園祭、大津祭、長浜曳山祭のタペストリー(つづれ織り)から浮かび上がる古代ギリシアの地名(山嵜泰正)/発表2 宇治と菟道稚郎子(石田天祐)/発表3 京都盆地の災害地名(綱本逸雄)「都藝泥布 : 京都地名研究会会報」 「京都地名研究会事務局」 (45) 2013.11

長浜市

長浜市のホタル調査と民間伝承(馬場杉右衛門)「民俗文化」 滋賀民俗学会 (575) 2011.08

長浜城

オコナイとは何(10)～(12)「長浜城歴史博物館友の会友の会だより」 長浜城歴史博物館友の会 52/54 2004.2/2004.4

「人柱伝説」―長浜城と丸岡城(今川徳子)「扣之帳」 扣之帳刊行会 (46) 2014.12

長浜八幡宮

長浜八幡宮の蛇の舞について―長浜市宮前町(粕渕宏昭)「民俗文化」 滋賀民俗学会 434 1999.11

新名所 ぼけ封じの大石―長浜八幡宮・高良神社(粕渕宏昭)「民俗文化」 滋賀民俗学会 448 2001.1

長浜八幡宮「縁松(えにしまつ)」について(粕渕宏昭)「民俗文化」 滋賀民俗学会 (582) 2012.03

長浜八幡宮境内の「包丁塚」について―長浜市宮前町(粕渕宏昭)「民俗文化」 滋賀民俗学会 (593) 2013.02

長浜曳山祭の曳山行事

湖国の伝統行事 長浜曳山祭り(高谷礼子)「湖国と文化」 滋賀県文化振興事業団 99 2002.4

「長浜曳山まつり」伝統の意義(晴山秀吉)「いわて文化財」 岩手県文化財愛護協会 190 2002.7

滋賀県　　　　郷土に伝わる民俗と信仰　　　　近畿

長浜曳山祭りの扇について―長浜市宮前町・八幡宮（粕渕宏昭）「民俗文化」　滋賀民俗学会　483　2003.12

三役養成や子ども歌舞伎教室に着手 長浜曳山祭の華・子ども歌舞伎の伝承（特集 芸能元年―伝統芸能の現在）（小池充）「湖国と文化」　滋賀県文化振興事業団　35（1）通号134　2011.01

表紙写真のことば 長浜曳山祭り 滋賀県長浜市 4月13～16日（渡辺良正）「まつり通信」　まつり同好会　54（2）通号570　2014.03

中山

湖国の神饌（10）中山の芋競べ祭り（長谷川嘉和）「湖国と文化」　滋賀県文化振興事業団　89　1999.10

湖国の伝統行事 芋くらべ祭り（高谷礼子）「湖国と文化」　滋賀県文化振興事業団　100　2002.7

七頭ヶ岳観音

北近江丹生谷の伝承（2）七頭ヶ岳観音と鷲見の虫送り（馬場杉右衛門）「民俗文化」　滋賀民俗学会　（528）2007.9

七曲り峠

北近江草野川谷の伝承（5）七曲り峠の小菊と鳥越峠の新九郎坂（馬場杉右衛門）「民俗文化」　滋賀民俗学会　（536）2008.5

匂住庵

近江八話（8）匂住庵の記（鈴木康弘）「静岡歴研会報」　静岡県歴史研究会　（133）2012.3

西浅井町塩津中

シリーズ・湖北のオコナイ「57―1.湖北の立餅（長浜市西浅井町塩津中）」「長浜城歴史博物館友の会友の会だより」　長浜城歴史博物館友の会　（124）2010.02

シリーズ・湖北のオコナイ「57―2.湖北の立餅（長浜市西浅井町塩津中）」「長浜城歴史博物館友の会友の会だより」　長浜城歴史博物館友の会　（125）2010.03

シリーズ・湖北のオコナイ「57―3.湖北の立餅（長浜市西浅井町塩津中）」「長浜城歴史博物館友の会友の会だより」　長浜城歴史博物館友の会　（126）2010.04

西浅井町集福寺

イケゴヤについて―西浅井町集福寺ほか（粕渕宏昭）「民俗文化」　滋賀民俗学会　448　2001.1

錦町

研究余録 金亀玉鶴 観音寺・阿弥陀如来坐像について―京都仏師系による玉眼使用の一例（真野順之）「彦根城博物館だより」　彦根城博物館　（94）2011.09

西宿町

近江八幡市西宿町で出合った「鎮火霊璽」（千葉富雄）「新居浜史談」　新居浜郷土史談会　285　1999.5

西野

西野のオコナイ（1）～（5）―伊香郡高月町（塚本茂博）「民俗文化」　滋賀民俗学会　（506）/（510）2005.11/2006.3

西野水道

湖水の水難伝承（6）―西野水道と阿曽津千軒（馬場杉右衛門）「民俗文化」　滋賀民俗学会　（579）2011.12

西浜村

湖水の水難伝承（1）―湖底の西浜村とめのと浜観音（馬場杉右衛門）「民俗文化」　滋賀民俗学会　（574）2011.07

日光寺

湖北の仏たち 日光寺木造聖観音菩薩立像（秀平文忠）「長浜城歴史博物館友の会友の会だより」　長浜城歴史博物館友の会　48　2003.10

丹生

第1回歴史探求ハイク「丹生の里に茶碗祭を見る」「長浜城歴史博物館友の会友の会だより」　長浜城歴史博物館友の会　（116）2009.06

丹生谷

北近江丹生谷の伝承（1）菅並の天霧観音と鏡岩（馬場杉右衛門）「民俗文化」　滋賀民俗学会　（527）2007.8

北近江丹生谷の伝承（2）七頭ヶ岳観音と鷲見の虫送り（馬場杉右衛門）「民俗文化」　滋賀民俗学会　（528）2007.9

北近江丹生谷の伝承（3）奥川並の島左近伝承（馬場杉右衛門）「民俗文化」　滋賀民俗学会　（529）2007.10

北近江丹生谷の伝承（4）中河内の太鼓踊りと民謡（馬場杉右衛門）「民俗文化」　滋賀民俗学会　（530）2007.11

北近江丹生谷の伝承（5）中河内の民謡（馬場杉右衛門）「民俗文化」　滋賀民俗学会　（531）2007.12

人魚塚

日野町小野の「人魚塚」の成立―鬼室集斯碑銘の真偽をめぐって（満田良順）「滋賀県地方史研究」　滋賀県地方史研究家連絡会　13　2003.5

寝物語の里

西美濃における“をぐり”伝承（7）照手姫の車引き―関ケ原から寝物語の里（堤正樹）「美濃民俗」　美濃民俗文化の会　375　1998.8

野口

野口の関所―高島市マキノ町（大村進）「民俗文化」　滋賀民俗学会　（500）2005.5

野路の玉川

滋賀の伝説と民話「野路の玉川」（渡邊守順，斉藤裕子）「湖国と文化」　滋賀県文化振興事業団　32（3）通号124　2008.7

野田

野田の神事（行俊勉）「野洲市歴史民俗博物館研究紀要」　野洲市歴史民俗博物館　（18）2014.03

能登川町

能登川地方の方言（1）～（7）―神崎郡能登川町（小林秀夫）「民俗文化」　滋賀民俗学会　487/494　2004.4/2004.11

野の花観音径

吐匠壽庵 野の花観音径 獣害とナラ枯れなど自然環境に悩むお菓子と緑、生き物を育くむ里山（特集 自然随順）（丹澤愛継）「湖国と文化」　滋賀県文化振興事業団　37（1）通号142　2013.01

白米塚

滋賀の伝説と民話「義経の白米塚」（渡辺守順，斉藤裕子）「湖国と文化」　滋賀県文化振興事業団　29（4）通号113　2005.10

八条町

シリーズ・湖北のオコナイ「54.長浜市八条町のお鏡」「長浜城歴史博物館友の会友の会だより」　長浜城歴史博物館友の会　（121）2009.11

八幡堀

八幡堀を守る会（西村恵美子）「湖国と文化」　滋賀県文化振興事業団　82　1998.1

八楽溜

「福地」は稲作の歴史とともに―「ため池百選」に東近江市大沢町の八楽溜（野村宗一）「蒲生野」　八日市郷土文化研究会　（46）2014.12

浜村

奥琵琶湖周辺の伝承（4）塩津谷・南朝忠臣の墓と湖底の浜村（馬場杉右衛門）「民俗文化」　滋賀民俗学会　（553）2009.10

林

近江の食文化 竜王町林の団子文化・餅文化（村田道代）「湖国と文化」　滋賀県文化振興事業団　93　2000.10

林田村

村誌史料 近江国神崎郡林田村地誌（前），（後）―明治11年頃「民俗文化」　滋賀民俗学会　473/476　2003.2/2003.5

針江集落

重要文化的景観選定を受け入れた地域社会の論理―滋賀県高島市針江集落を事例として（特集 流域の文化的景観）（野田岳仁）「利根川文化研究」　利根川文化研究会　（37）2013.12

幡岳寺

柴田・佐久間・吉原氏の系譜近江高島・幡岳寺資料を中心にして（吉原実）「石川郷土史学会々誌」　石川郷土史学会　（34）2001.12

飯道山

飯道山山麓役行者石像と行者講・大峰講について（特集 役行者・蔵王権現）（黄瀬三朗，関谷和久）「日本の石仏」　日本石仏協会，青娥書房（発売）（144）2012.12

飯道寺

飯道寺両界曼荼羅図（資料紹介）（上野良信）「滋賀県立琵琶湖文化館研究紀要」　滋賀県立琵琶湖文化館　（21）2005.3

阪敦琵琶湖運河

奥琵琶湖周辺の伝承（10）―阪敦琵琶湖運河の夢（馬場杉右衛門）「民俗文化」　滋賀民俗学会　（559）2010.04

番場

民具資料 牛乳瓶・ひょうそく―米原市番場（粕渕宏昭）「民俗文化」　滋賀民俗学会　（524）2007.5

比江

比江における明治末期の神社整理―長澤神社文書を中心に（江藤弥生）

「野洲市歴史民俗博物館研究紀要」 野洲市歴史民俗博物館 (15) 2011.04

比叡
幻の比叡系石仏への邂逅（篠原良吉）「史迹と美術」 史迹美術同攷会 70(5) 通号705 2000.6

比叡山
比叡山「長日法華不断経」と宇佐宮「長日法花不断経」（緒方英夫）「大分県地方史」 大分県地方史研究会 (167・168) 1998.1
比叡山三塔巡拝―回峯行の道（田中嗣人）「近畿文化」 近畿文化会事務局 633 2002.8
比叡山を参拝して（手塚登代子）「小千谷文化」 小千谷市総合文化協会『小千谷文化』編集委員会 (177) 2004.11
比叡山北麓に伝わる懸仏二例―近世懸仏の造形的特質（山下立）「紀要」 滋賀県立安土城考古博物館 (18) 2010.03
比叡山を巡る（吉井貞俊）「西宮文化協会会報」 西宮文化協会 (510) 2010.09
比叡山 回峯手文図巻（吉井貞俊）「西宮文化協会会報」 西宮文化協会 (510) 2010.09
比叡山の山修山学―その現実と展開（特集 山岳信仰の原像と展開）（武覚超）「山岳修験」 日本山岳修験学会, 岩田書院（発売）(46) 2010.10
比叡山と日光山の山岳修行―大行満願海を介して（特集 山岳信仰の原像と展開）（柴田立史）「山岳修験」 日本山岳修験学会, 岩田書院（発売）(46) 2010.10
大比叡神と小比叡神（池田陽平）「日本宗教文化史研究」 日本宗教文化史学会 14(2) 通号28 2010.11
比叡山の「不滅の法灯」（特集 火の物語り）（武覚超）「近江学 : 文化誌近江学」 成安造形大学附属近江学研究所, サンライズ出版（発売）(6) 2014.01
祖師先徳鑽仰大法会 慈覚大師一一五〇年御遠忌比叡山参詣旅行（千葉和夫）「関山 : 寺報」 中尊寺 (19) 2014.03

比叡山三塔回峰行者道
おうみ（近江）おうみ（多見）歩く(1) 比叡山三塔回峰行者道（加藤賢治）「湖国と文化」 滋賀県文化振興事業団 35(2) 通号135 2011.04

比叡山三塔諸堂
近江の宗教 比叡山三塔諸堂の成立と発展（武覚超）「近江学 : 文化誌近江学」 成安造形大学附属近江学研究所. サンライズ出版（発売）(2) 2010.01

日枝神社
山王権現と祝詞（平野一郎）「郷土たじり」 田尻郷土研究会 (27) 2005.3

日置前廃寺
日置前廃寺の調査（弘部亮二）「滋賀文化財だより」 滋賀県文化財保護協会 279 2002.3

東近江
「民俗の宝庫」である東近江（野村宗一）「蒲生野」 八日市郷土文化研究会 (43) 2011.12
東近江に伝わる「今様」から（外村芳夫）「蒲生野」 八日市郷土文化研究会 (44) 2012.12
装いも新たに東近江「二五八祭」（北から南から）（門野輝二）「湖国と文化」 びわ湖芸術文化財団 38(1) 通号146 2014.01
三百年の伝統を守る大凧に感動（北から南から）（門野輝二）「湖国と文化」 びわ湖芸術文化財団 38(3) 通号148 2014.07

東近江市
資料紹介 東近江市八幡神社の懸仏（山下立）「紀要」 滋賀県立安土城考古博物館 (19) 2011.03

東草野
カイダレと持送り―独特の民家（特集 東草野の山村景観）（佐加太 : 米原市文化財ニュース」 米原市教育委員会 (39) 2014.03

東寺
境で祀るモノと中央で祀るモノ―滋賀県甲賀郡石部町東寺における勧請縄吊りとオコナイ（高田照世）「民俗」 相模民俗学会 189 2004.8

日雲宮
伝承に見る淡海(26) 倭姫命の日雲宮は甲賀のどの地であったのだろう…（黄地百合子）「湖国と文化」 滋賀県文化振興事業団 33(4) 通号129 2009.10

彦根
毘沙門亀甲（斎藤望）「彦根城博物館だより」 彦根城博物館 37 1997.5
井伊家伝来の仏教美術（高木文恵）「彦根城博物館だより」 彦根城博物館 39 1997.11

能面の種類（斎藤望）「彦根城博物館だより」 彦根城博物館 39 1997.11
能面「熊坂」―毛頭相違なく出来のこと（斎藤望）「彦根城博物館だより」 彦根城博物館 42 1998.8
テーマ展9「雛と雛道具」より 弥千代の雛道具（谷口徹）「彦根城博物館だより」 彦根城博物館 44 1999.2
テーマ展6「翁と尉の面」より 洞水作の笑尉―銘記からわかること（斎藤望）「彦根城博物館だより」 彦根城博物館 46 1999.8
テーマ展7「長絹と舞衣―井伊家伝来能装束から」より 垂れる美（斎藤望）「彦根城博物館だより」 彦根城博物館 47 1999.11
湖国の伝統行事 太鼓おどり・小江戸彦根の城まつり（高谷礼子）「湖国と文化」 滋賀県文化振興事業団 90 2000.1
夕顔 雅楽器・狛笛（斎藤望）「彦根城博物館だより」 彦根城博物館 48 2000.2
武家の儀礼と式書・式図―若君様御成并還御之節外向之図（渡辺恒一）「彦根城博物館だより」 彦根城博物館 50 2000.9
彦根のある旧酒造商家建屋の空間構成について―主屋の接客間を中心として（中村武三）「彦根郷土史研究」 彦根史談会 36 2001.3
井伊直弼ゆかりの茶道具(1),(2)（谷口徹）「彦根城博物館研究紀要」 彦根城博物館 (12)/(15) 2001.3/2004.3
テーマ展6「霊の面―井伊家伝来能面から5」より 竜蛇の面（斎藤望）「彦根城博物館だより」 彦根城博物館 54 2001.9
テーマ展「仙人と仙境」より仙人、神通力を失う（高木文恵）「彦根城博物館だより」 彦根城博物館 63 2003.12
テーマ展「井伊家伝来の茶道具―花生と水指・建水」より 花は野に在るが如く（谷口勝）「彦根城博物館だより」 彦根城博物館 64 2004.3
テーマ展「譜代大名井伊家の儀礼」より 幕府儀礼にみる井伊家の立場（野田浩子）「彦根城博物館だより」 彦根城博物館 65 2004.6
彦根むかし話 番町皿屋敷「お菊の皿」（長浜城歴史博物館友の会友の会だより） 長浜城歴史博物館友の会 59 2004.9
桐―雅楽器・笙（斎藤望）「彦根城博物館だより」 彦根城博物館 66 2004.9
テーマ展「彦根の黄檗寺院」より 彦根と黄檗宗との深い縁（高木文恵）「彦根城博物館だより」 彦根城博物館 67 2004.12
金亀玉鶴 大名の子どもの務め―家族で交わす儀礼（野田浩子）「彦根城博物館だより」 彦根城博物館 67 2004.12
テーマ展「唐物―書院の茶の伝統」より 鶴首茶入れと遠州の箱書（小井川理）「彦根城博物館だより」 彦根城博物館 68 2005.3
能面・蔵王（斎藤望）「彦根城博物館だより」 彦根城博物館 69 2005.6
テーマ展「彦根の食文化」より江戸時代の普段の食事（野田浩子）「彦根城博物館だより」 彦根城博物館 70 2005.9
邪気をはらう神 鍾馗像（高木文恵）「彦根城博物館だより」 彦根城博物館 71 2005.12
徳川将軍家元服儀礼と加冠役井伊家（野田浩子）「彦根城博物館研究紀要」 彦根城博物館 (17) 2006.3
金亀玉鶴 面打「愛智」のこと（齋藤望）「彦根城博物館だより」 彦根城博物館 通号76 2007.3
白髪綿と近世の髪置儀礼について（小井川理）「彦根城博物館研究紀要」 彦根城博物館 (19) 2008.3
彦根・長浜の恵比寿講・又は「えびすこ」について（粕渕宏昭）「民俗文化」 滋賀民俗学会 (541) 2008.10
金亀玉鶴 能面の切型（齋藤望）「彦根城博物館だより」 彦根城博物館 通号83 2008.12
井伊家伝来の能面切型について（齋藤望）「彦根城博物館研究紀要」 彦根城博物館 (20) 2009.03
資料紹介 井伊家伝来楽器の在銘資料（下）（齋藤望）「彦根城博物館研究紀要」 彦根城博物館 (20) 2009.03
金亀玉鶴 井伊直忠と中村直彦―井伊家伝来の能面を見る一視点（降矢淳子）「彦根城博物館だより」 彦根城博物館 通号79 2010.06
研究余録 金亀玉鶴 まからずや焼―大正・昭和時代の彦根における製陶活動（奥田晶子）「彦根城博物館だより」 彦根城博物館 (105) 2014.06

彦根城
彦根城の時報鐘について[正],(続報)（粕渕宏昭）「民俗文化」 滋賀民俗学会 (595)/(597) 2013.04/2013.06
馬の轡（くつわ）について―滋賀県彦根城（粕渕宏昭）「民俗文化」 滋賀民俗学会 (598) 2013.07
彦根城イロハ松の菰巻きについて（粕渕宏昭）「民俗文化」 滋賀民俗学会 (608) 2014.05

彦根城跡
特別史跡彦根城跡出土の湖東焼について（木下義信）「紀要」 滋賀県文化財保護協会 (21) 2008.3

彦根城表御殿
彦根城表御殿の「天光室」のトユについて（粕渕宏昭）「民俗文化」 滋賀

民俗学会 （608） 2014.05

小連載 表御殿のみどころ（2） 江戸時代の能舞台（茨木恵美）「彦根城博物館だより」 彦根城博物館 （107） 2014.12

彦根藩

テーマ展10「彦根藩の茶湯」より井伊直孝と茶湯（頼あき）「彦根城博物館だより」 彦根城博物館 48 2000.2

彦根藩資料調査研究委員会「武家の儀礼」研究班講演会 江戸幕府の儀礼と井伊家から 大奥女中の井伊家来訪―若君様の御成とともに（野田浩子）「彦根城博物館だより」 彦根城博物館 56 2002.3

「藩窯」の経営と特色（谷口徹）「彦根城博物館研究紀要」 彦根城博物館 （13） 2002.3

《特集 彦根藩主井伊氏・豪徳寺》「せたかい ： 歴史さろん」 世田谷区誌研究会 （55） 2003.11

溜詰大名の将軍家霊廟参詣―彦根藩主井伊家の場合（野田浩子）「彦根城博物館研究紀要」 彦根城博物館 （16） 2005.3

江戸期「高野道」を復元する―彦根藩主の永源寺参詣をめぐって（門脇正人）「紀要」 滋賀県立安土城考古博物館 （16） 2008.3

湖國藝術紀行（5）近江の能・狂言をめぐって―彦根藩と茂山家（井上由理子）「湖国と文化」 滋賀県文化振興事業団 34（3）通号132 2010.07

彦根藩足軽屋敷

民家の魅力（7）彦根藩足軽屋敷（吉見静子）「湖国と文化」 滋賀県文化振興事業団 91 2000.4

肥田

伝説を追って 小字「山王」をめぐる肥田の古代史（高瀬俊英）「彦根郷土史研究」 彦根史談会 44 2009.3

日野

日野曳山の装飾（田母神克幸）「滋賀文化財教室シリーズ」 滋賀県文化財保護協会 166 1997.1

〔資料紹介〕近江商人の茶会記―日野山中家蔵「茶湯道具組会席写」（2）（稲垣正宏）「紀要」 滋賀県立安土城考古博物館 通号6 1998.3

江戸の旅 江州日野の辻武左衛門の旅日記（中野朝生）「奥熊野の民俗」 紀北民俗研究会 6 2002.1

町中が熱く燃える「日野祭り」（北から南から）（門野昇二）「湖国と文化」 滋賀県文化振興事業団 37（3）通号144 2013.07

日野町

日野町史編さん委員会編『近江日野の歴史 第6巻 民俗編』（書誌紹介）（松崎かおり）「日本民俗学」 日本民俗学会 通号258 2009.05

白蓮寺

白蓮寺奥の院と里の院の由緒―高島市マキノ町（大村進）「民俗文化」 滋賀民俗学会 （507） 2005.12

兵主郷

兵主郷の弓神事―比留田・安治・六条の神事（行俊勉）「野洲市歴史民俗博物館研究紀要」 野洲市歴史民俗博物館 （14） 2010.03

兵主神社

平安時代の州浜や導水溝が蘇る 兵主神社（特集 近江の庭園文化―庭と私）（河合隆之）「湖国と文化」 滋賀県文化振興事業団 37（2）通号143 2013.03

近世の兵主神社文書―朝廷・公家関係史料の紹介（齊藤慶一）「野洲市歴史民俗博物館研究紀要」 野洲市歴史民俗博物館 （18） 2014.03

兵主大社

かたちとこころ 兵主大社 楼門（寿福滋）「湖国と文化」 滋賀県文化振興事業団 89 1999.10

日吉神社

日吉神社の御由緒とお猿信仰（一筆啓上）（三輪隆裕）「あらはれ ： 猿田彦大神フォーラム年報 ： ひらかれる未来神話」 猿田彦大神フォーラム 7 2004.10

日吉大社

湖国の伝統行事 みたらし祭り・建部祭り・大溝祭り（高谷礼子）「湖国と文化」 滋賀県文化振興事業団 85 1998.10

湖国の神饌 日吉山王祭の御供献納（長谷川嘉和）「湖国と文化」 滋賀県文化振興事業団 87 1999.4

学芸員のノートから 日吉山王地仏曼荼羅図の図像の謎解き（寺島典人）「大津歴史と文化」 大津市歴史博物館 266 2006.9

日吉山王曼荼羅図の図像と採用された仏と神について（1）（寺島典人）「大津市歴史博物館研究紀要」 大津市歴史博物館 通号15 2008.7

伊勢御上会第424回例会 園城寺・日吉大社・延暦寺等見学記（阿形智恵子）「伊勢郷土史草」 伊勢郷土会 （44） 2010.09

江戸時代の山王祭について（上）―『日吉山王祭礼貼交屏風』の図解を中心として（和田光生）「大津市歴史博物館研究紀要」 大津市歴史博物館 （18） 2012.03

三十番神めぐり（8），（9）日吉大社の神々［正］，（続）（川口日空）「サットバ ： みんなほとつ」 （435）／（436） 2012.05／2012.08

日吉大社の大宮橋、二宮橋について（多田準二）「歴史考古学」 歴史考古学研究会 （67） 2012.11

研究ノート 日吉山王祭「大榊」と「粟津御供」の成立をめぐって（八塚春児）「桃山歴史・地理」 京都教育大学史学会 （47） 2012.12

天台教団の分裂と山王三聖（池田陽平）「日本宗教文化史研究」 日本宗教文化史学会 18（2）通号36 2014.11

比良

湖国のまつり 御田植祭・比良八講・多賀まつり（高谷礼子）「湖国と文化」 滋賀県文化振興事業団 83 1998.4

滋賀の伝説と民話 「比良の八荒」他（渡辺守順）「湖国と文化」 滋賀県文化振興事業団 98 2002.1

平方

2009年1月例会 研究発表「竹生島弁才天と平方仏師」山下立氏（大谷めぐみ）「日本宗教民俗学会通信」 日本宗教民俗学会 （123） 2009.03

平木の沢

伝承にみる淡海（30）平木の沢の龍女と竜王寺の鐘（黄地百合子）「湖国と文化」 滋賀県文化振興事業団 34（3）通号132 2010.7

比良山系

比良山系の山寺―大津市歓喜寺遺跡について（小林祐季）「紀要」 滋賀県文化財保護協会 （25） 2012.03

比良山系の山寺（2）―高島市長法寺遺跡について（小林裕季）「紀要」 滋賀県文化財保護協会 （26） 2013.03

比良山地

比良山地東麓におけるクルマによる運搬方法と山林利用（堀内美緒，奥敬一）「民具研究」 日本民具学会 （136） 2007.9

平柳

平柳天神山鎮守の森と古墳群（廣瀬久兵衛）「蒲生野」 八日市郷土文化研究会 通号41 2009.12

蛭谷

湖国の神饌（6）蛭谷の五節供（長谷川嘉和）「湖国と文化」 滋賀県文化振興事業団 85 1998.10

琵琶湖

懸仏紀年銘集成（中）（山下立）「滋賀県立琵琶湖文化館研究紀要」 滋賀県立琵琶湖文化館 （14） 1997.3

滋賀県立琵琶湖文化館 懸仏の世界（山下立）「湖国と文化」 滋賀県文化振興事業団 80 1997.7

宝暦の琵琶湖哀歌―備後三次順礼遭難事件（伊藤正壮）「みよし地方史」 三次地方史研究会 46 1997.10

琵琶湖周航の歌（門野晃子）「滋賀文化財教室シリーズ」 滋賀県文化財保護協会 180 1998.10

琵琶湖周辺の知られざる御仏像を訪ねて（沢新太郎）「史迹と美術」 史迹美術同攷会 69（1）通号691 1999.1

企画展示と博物館の活動―琵琶湖博物館企画展「湖の船」の場合（用田政晴）「民具研究」 日本民具学会 （122） 2000.8

フィールドへ出よう！ 湖人たちの祭りを楽しもう！―祭礼から地域の個性を読み解く（橋本道範）「うみんど ： 琵琶湖博物館だより ： 湖と人とくらしの情報誌」 滋賀県立琵琶湖博物館 16 2000.10

古代淡海とびわ湖誕生伝説（1）―伝承と史実の隔たり（山本仁一）「民俗文化」 滋賀民俗学会 456 2001.9

古代淡海とびわ湖誕生伝説（2）―伝承の内容は史実を語っている（山本仁一）「民俗文化」 滋賀民俗学会 457 2001.10

古代淡海とびわ湖誕生伝説（3），（4）―びわ湖の誕生は古代日本のノアの洪水［正］，続（山本仁一）「民俗文化」 滋賀民俗学会 458／459 2001.11／2001.12

琵琶湖の魚と漁業（桑村邦彦）「滋賀の食事文化（年報）」 滋賀の食事文化研究会 （10） 2001.12

琵琶湖の魚料理（小島朝子）「滋賀の食事文化（年報）」 滋賀の食事文化研究会 （10） 2001.12

堅田の供御人行列と琵琶湖漁業（堀越昌子）「滋賀の食事文化（年報）」 滋賀の食事文化研究会 （11） 2002.12

懸仏に現れた動物表現（山下立）「滋賀県立琵琶湖文化館研究紀要」 滋賀県立琵琶湖文化館 （19） 2003.3

第63回例会 道行文と地名―影媛の歌から琵琶湖周航歌まで（下島邦夫）「練馬区地名研究会会報」 練馬区地名研究会 64 2003.5

琵琶湖の湖底遺跡と水没村伝承（用田政晴）「湖国と文化」 滋賀県文化振興事業団 104 2003.7

滋賀の伝説と民話 「光春の湖水渡り」（渡辺守順，斉藤裕子）「湖国と文化」 滋賀県文化振興事業団 30（4）通号117 2006.10

藻の刈り方について―琵琶湖の水草（粕渕宏昭）「民俗文化」 滋賀民俗学会 （520）2007.1

明智左馬介の「湖水渡り」伝説（境淳伍）「民俗文化」 滋賀民俗学会 （524）2007.5

研究最前線 魚と人との奇妙な関係のはじまり―琵琶湖の殺生禁断「うみんど ： 琵琶湖博物館だより ： 湖と人とくらしの情報誌」 滋賀県立琵琶湖博物館 12（3）通号44 2007.10

『琵琶湖博物館資料目録』17号 民俗資料3 衣食住、『琵琶湖博物館資料目録』18号 民俗資料4 生産生業（書籍紹介）（用田政晴）「民具マンスリー」 神奈川大学 41（7）通号487 2008.10

近江八話（5）琵琶湖の丸子船（鈴木康弘）「静岡歴研会報」 静岡県歴史研究会 （126）2009.10

フナズシに対する琵琶湖文化史的考察―「湖中他界」序説として（大沼芳幸）「紀要」 滋賀県文化財保護協会 （23）2010.3

奥琵琶湖周辺の伝承（9）―幻の勢江線と琵琶湖哀歌（馬場杉右衛門）「民俗文化」 滋賀民俗学会 （558）2010.3

近江の生活 琵琶湖の食（堀越昌子）「近江学 ： 文化誌近江学」 成安造形大学附属近江学研究所，サンライズ出版（発売）（3）2011.1

明智左馬之助光春 湖水渡り（松本紀郎）「秦史談」 秦史談会 （162）2011.03

現代滋賀ブランド（4）能の舞台・近江 街道を歩き、舞台に思いはせる 古の旅人と観る琵琶湖の風景（古田紀子）「湖国と文化」 滋賀県文化振興事業団 35（2）通号135 2011.04

湖水の水難伝承（1）―湖底の西浜村とめのと浜観音（馬場杉右衛門）「民俗文化」 滋賀民俗学会 （574）2011.07

湖水の水難伝承（2）―「大難」と山椒魚と豊菊姫の墓（馬場杉右衛門）「民俗文化」 滋賀民俗学会 （575）2011.08

湖水の水難伝承（3）―せせらぎ長者と圧川カルバート（馬場杉右衛門）「民俗文化」 滋賀民俗学会 （576）2011.09

湖水の水難伝承（4）―遠藤導水城と餅の井落とし（馬場杉右衛門）「民俗文化」 滋賀民俗学会 （577）2011.10

湖水の水難伝承（5）―さいかち浜観教と馬洗い池（馬場杉右衛門）「民俗文化」 滋賀民俗学会 （578）2011.11

湖水の水難伝承（6）―西野水道と阿曽津千軒（馬場杉右衛門）「民俗文化」 滋賀民俗学会 （579）2011.12

文化財公開による海外交流―文化庁海外古美術展「日本 仏教美術―琵琶湖周辺の仏教信仰―」（井上ひろ美）「滋賀県立琵琶湖文化館研究紀要」 滋賀県立琵琶湖文化館 （28）2012.03

よし笛 よし笛が奏でる「琵琶湖の音色」 年齢を問わず楽しめる地域性豊かなツール（特集 ヨシものがたり）（菊井了）「湖国と文化」 滋賀県文化振興事業団 36（3）通号140 2012.07

対談 木造船と舟屋―琵琶湖と森をつなぐ手づくりの技（特集 木と暮らし）（松井三男，松井光照，大岩剛一）「近江学 ： 文化誌近江学」 成安造形大学附属近江学研究所，サンライズ出版（発売）（5）2013.01

湖の恵み―琵琶湖の漁業史 琵琶湖のエリ漁／フナズシと筑摩御厨／アジアのエリ（特別寄稿）（植田雄以）「佐加太 ： 米原市文化財ニュース」 米原市教育委員会 （37）2013.3

山本早苗著「棚田の水環境史―琵琶湖湖辺にみる開発・災害・保全の1200年―」昭和堂（2013年2月）（書籍紹介）（樽井由紀）「日本民俗学」 日本民俗学会 （277）2014.02

庶民（近江）の生活と民俗（6），（7）―びわ湖の鮒となれずしの伝承（1），（2）（菅沼晃次郎）「民俗文化」 滋賀民俗学会 （609）／（610）2014.06／2014.07

庶民（近江）の生活と民俗（8）〜（10）―びわ湖の魞漁（1）〜（3）（菅沼晃次郎）「民俗文化」 滋賀民俗学会 （611）／（613）2014.08／2014.10

滋賀県立琵琶湖博物館企画展示「魚米之郷―太湖・洞庭湖と琵琶湖の水辺の暮らし―」 2014年7月19日〜11月24日（展示批評・展示紹介）（用田政晴）「民具研究」 日本民具学会 （150）2014.11

琵琶湖岸

湖岸の橋探訪 橋の形や欄干のデザインに風土や歴史らしさ（特集 瀬田唐橋と滋賀の橋）（植田耕司）「湖国と文化」 びわ湖芸術文化財団 38（1）通号146 2014.01

びわ町

飯券（はんけん）について―近江町・びわっ町（粕渕宏昭）「民俗文化」 滋賀民俗学会 476 2003.5

一合枡について―東浅井郡びわ町（粕渕宏昭）「民俗文化」 滋賀民俗学会 （518）2006.11

敏満寺

近江古寺巡礼シリーズ（8）青龍山敏満寺（土井通弘）「浮城 ： 滋賀県立琵琶湖文化館情報誌」 滋賀県立琵琶胡文化館 24 2004.3

敏満寺石仏谷墓跡の一石五輪塔（〈一石五輪塔の諸問題〉）（本田洋）「日引 ： 石造物研究会会誌」 （9）2007.05

続・ふるさと歴史散歩「天台大寺址」―多賀町敏満寺（早藤貞二）「湖国と文化」 滋賀県文化振興事業団 34（3）通号132 2010.07

福円寺

近江八幡市鷹飼町福圓寺所蔵の大般若経について（河内美代子，高木叙子）「紀要」 滋賀県立安土城考古博物館 通号8 2000.3

福泉寺

神仏分離および廃寺に伴う地域の仏像受容―大隕神社の氏子地域と福泉寺（福持昌之）「愛知川町史研究」 愛知川町教育委員会町史編さん室 2 2004.3

藤尾

郷里藤尾の再発見と再構築（《特集 シニアが見つけた！ 湖国の文学II》）（真田孝男）「湖国と文化」 滋賀県文化振興事業団 33（3）通号128 2009.7

札の辻

絵図でみる近江のまちかど 夏見の里・札の辻「湖国と文化」 滋賀県文化振興事業団 82 1998.1

仏眼寺

資料紹介 佛眼寺本尊阿弥陀三尊像と『佛眼寺縁起』（松岡久美子）「栗東歴史民俗博物館紀要」 栗東歴史民俗博物館 （8）2002.3

不動寺

太神山不動寺の地蔵磨崖仏（予報）―大津市田上森町（兼康保明）「民俗文化」 滋賀民俗学会 468 2002.9

夫馬

夫馬の鳶さん―顔戸山家に過ぎたるものは、石の鳥居に寺五ヶ寺（高橋順之）「佐加太 ： 米原市文化財ニュース」 米原市教育委員会 （31）2010.03

保延寺

保延寺のオコナイと山講（1）〜（3）―伊香郡高月町（塚本茂博）「民俗文化」 滋賀民俗学会 464／466 2002.5／2002.7

宝厳寺

いまどきの "元気なお寺" 見聞（1）竹生島宝厳寺（辻村琴美，辻村耕司）「湖国と文化」 滋賀県文化振興事業団 35（4）通号137 2011.10

宝幢院

滋賀・宝幢院の地蔵十王図（21幅）調査報告（山下立）「紀要」 滋賀県立安土城考古博物館 （19）2011.03

豊満大明神

近世神主の存立とその展開―近江国愛知郡豊満大明神を事例に（豆田誠路）「愛知川町史研究」 愛知川町教育委員会町史編さん室 1 2003.3

北国街道

探訪・近江北国街道（1）彦根市鳥居本・下矢倉（馬場杉右衛門）「民俗文化」 滋賀民俗学会 （509）2006.2

探訪・近江北国街道（2）彦根市梅ヶ原・米原（馬場杉右衛門）「民俗文化」 滋賀民俗学会 （510）2006.3

探訪・近江北国街道（3）米原市下多良・上多良・岩脇（馬場杉右衛門）「民俗文化」 滋賀民俗学会 （511）2006.4

探訪・近江北国街道（4）長浜市田村・寺田（馬場杉右衛門）「民俗文化」 滋賀民俗学会 （512）2006.5

探訪・近江北国街道（5）長浜市平方（馬場杉右衛門）「民俗文化」 滋賀民俗学会 （513）2006.6

探訪・近江北国街道（7）長浜市郡上・三津屋（馬場杉右衛門）「民俗文化」 滋賀民俗学会 （515）2006.8

探訪・近江北国街道（8）長浜市祇園・相撲（馬場杉右衛門）「民俗文化」 滋賀民俗学会 （516）2006.9

探訪・近江北国街道（9）長浜市森・曽根（馬場杉右衛門）「民俗文化」 滋賀民俗学会 （517）2006.10

探訪・近江北国街道（10）姉川地震・田川カルバート（馬場杉右衛門）「民俗文化」 滋賀民俗学会 （518）2006.11

探訪・近江北国街道（11）湖北町馬渡・小倉（馬場杉右衛門）「民俗文化」 滋賀民俗学会 （519）2006.12

探訪・近江北国街道（12）湖北町速水・高月町雨森（馬場杉右衛門）「民俗文化」 滋賀民俗学会 （520）2007.1

探訪・近江北国街道（13）高月町西野・木之本町千田（馬場杉右衛門）「民俗文化」 滋賀民俗学会 （521）2007.2

探訪・近江北国街道（14）木之本地蔵・牛馬市（馬場杉右衛門）「民俗文化」 滋賀民俗学会 （522）2007.3

探訪・近江北国街道（15）余呉湖・余呉町中之郷（馬場杉右衛門）「民俗文化」 滋賀民俗学会 （523）2007.4

探訪・近江北国街道（16）余呉町今市・柳ヶ瀬（馬場杉右衛門）「民俗文化」 滋賀民俗学会 （524）2007.5

探訪・近江北国街道（17）余呉町椿坂・中河内（馬場杉右衛門）「民俗文

滋賀県　　　　　　　　郷土に伝わる民俗と信仰　　　　　　　　近畿

化」　滋賀民俗学会　（525）　2007.6

探訪・近江北国街道（18）（最終回）―刀根越えと板取越え（馬場杉右衛門）「民俗文化」　滋賀民俗学会　（526）　2007.7

法勝寺跡

米原市の古代寺院（2）法勝寺跡（高溝）（高橋順之）「佐加太 ： 米原市文化財ニュース」　米原市教育委員会　（31）　2010.03

保内

続・ふるさと歴史散歩「保内商人」―東近江市八日市（早藤貞二）「湖国と文化」　滋賀県文化振興事業団　31（1）通号118　2007.1

頬焼地蔵

滋賀の伝説と民話「頬焼地蔵」（渡邊守順，斉藤裕子）「湖国と文化」　滋賀県文化振興事業団　32（2）通号123　2008.4

堀止地蔵

滋賀の伝説と民話「堀止地蔵」（渡辺守順，斉藤裕子）「湖国と文化」　滋賀県文化振興事業団　109　2004.10

本堅田

湖国の伝統行事 海津祭・長刀祭・公家奴振・献饌供御人行列（高谷礼子）「湖国と文化」　滋賀県文化振興事業団　88　1999.7

本坂

比叡山本坂の五輪卒塔婆形板碑―大津市坂本本町（兼康保明）「民俗文化」　滋賀民俗学会　465　2002.6

本庄

名馬・摺墨と生食（池月）―余呉町摺墨・長浜市本庄（馬場杉右衛門）「民俗文化」　滋賀民俗学会　（530）　2007.11

米原

米原曳山まつり「長浜城歴史博物館友の会友の会だより」　長浜城歴史博物館友の会　60　2004.10

米原市

米原市の太鼓踊り（高橋順之）「滋賀文化財教室シリーズ」　滋賀県文化財保護協会　（220）　2006.3

米原市のまつり（4）米原市の奴振り（桂田峰男）「佐加太 ： 米原市文化財ニュース」　米原市教育委員会　（24）　2006.10

「峠」のシシ垣―農民の文化財（高橋順之）「佐加太 ： 米原市文化財ニュース」　米原市教育委員会　（25）　2007.1

米原市のまつり（5）滋賀県選択無形民俗文化財 米原曳山祭 附曳山三基（桂田峰男）「佐加太 ： 米原市文化財ニュース」　米原市教育委員会　（25）　2007.1

米原市のまつり（6）オコナイ（桂田峰男）「佐加太 ： 米原市文化財ニュース」　米原市教育委員会　（26）　2007.12

袋真綿の製造用具について―滋賀県米原市（粕渕宏昭）「民俗文化」　滋賀民俗学会　（598）　2013.07

曲谷石工の活躍 米原市に残る作品/岐阜県に残る作品（特集 東草野の山村景観―東草野の山村景観）「佐加太 ： 米原市文化財ニュース」　米原市教育委員会　（39）　2014.3

善光寺参りについて―滋賀県米原市（粕渕宏昭）「民俗文化」　滋賀民俗学会　（611）　2014.08

米原町

おうみ大発見・小発見 東西文化の交差点・米原町（馬場章夫）「湖国と文化」　滋賀県文化振興事業団　80　1997.7

曲谷

曲谷石工の活躍 米原市に残る作品/岐阜県に残る作品（特集 東草野の山村景観―東草野の山村景観）「佐加太 ： 米原市文化財ニュース」　米原市教育委員会　（39）　2014.3

東草野のオコナイ―甲津原・曲谷（特集 伊吹のオコナイ）（市川秀之）「佐加太 ： 米原市文化財ニュース」　米原市教育委員会　（40・41）　2014.09

マキノ町

供え物の「ほかけぶね」について―高島郡マキノ町（粕渕宏昭）「民俗文化」　滋賀民俗学会　436　2000.1

近江・若越国境いの村々伝承と歴史―高島郡マキノ町（大村進）「民俗文化」　滋賀民俗学会　474　2003.3

蛭口カブラについて―高島郡マキノ町（大村進）「民俗文化」　滋賀民俗学会　481　2003.10

天保の飢饉における農民一揆と幕藩体制―高島市マキノ町（大村進）「民俗文化」　滋賀民俗学会　（524）　2007.5

松尾

松尾のオコナイ（前）―伊香郡高月町（塚本茂博）「民俗文化」　滋賀民俗学会　473　2003.2

松尾寺

松尾寺の丁石―新指定文化財（高橋順之）「佐加太 ： 米原市文化財ニュース」　米原市教育委員会　（37）　2013.03

松尾寺跡

山岳寺院・松尾寺跡が県史跡に指定（梅木匠）「佐加太 ： 米原市文化財ニュース」　米原市教育委員会　（34）　2011.10

松平大弐灰塚

奥琵琶湖周辺の伝承（5）海津・松平大弐灰塚と大力お釜（馬場杉右衛門）「民俗文化」　滋賀民俗学会　（554）　2009.11

松原

かたちとこころ 赤カブラの天日干し―彦根市松原（寿福滋）「湖国と文化」　滋賀県文化振興事業団　94　2001.1

丸山窯跡

高野丸山窯跡と近江のハケ目瓦（北村圭弘）「紀要」　滋賀県文化財保護協会　（18）　2005.3

万年寺

萬年寺の文化財―小野寺から黄檗寺院萬年寺へ（松岡久美子）「栗東歴史民俗博物館紀要」　栗東歴史民俗博物館　（15）　2009.03

三井寺

近世後期大坂の宮地芝居と三井寺（《個人報告》）（斉藤利彦）「ヒストリア ： journal of Osaka Historical Association」　大阪歴史学会　（178）　2002.1

滋賀の伝説と民話「弁慶の引きずり鐘」（渡辺守順，斉藤裕子）「湖国と文化」　滋賀県文化振興事業団　29（3）通号112　2005.7

明治初期隠岐のゆかり、小樽・住吉神社と近江・三井寺（日野雅之）「隠岐の文化財」　隠岐の島町教育委員会　（24）　2007.3

三井寺の弁財天信仰の拡大と盲人芸能者の関わり―特に別所の近松寺と関清水蟬丸大明神を中心に（大森惠子）「山岳修験」　日本山岳修験学会，岩田書院（発売）　（45）　2010.03

学芸員のノートから ただ今、三井寺の仏像、仏画の調査と撮影を実施中（寺島典人）「大津歴博だより」　大津市歴史博物館　（95）　2014.07

I智証大師円珍/II三井寺前史/III三井寺の仏像（1古代の仏像、2中世～近世の仏像）/IV三井寺関連の仏像/V三井寺の仏画/VI秘宝、五部心観（智証大師円珍生誕1200年記念企画展「三井寺 仏像の美」）「大津歴博だより」　大津市歴史博物館　（96）　2014.09

三井寺別所

近江の宗教 大津絵の誕生と三井寺別所の宗教文化圏（福家俊彦）「近江学 ： 文化誌近江学」　成安造形大学附属近江学研究所，サンライズ出版（発売）　（1）　2009.01

御上神社

洛南深草と湖東の建築―宝塔寺と御上神社・奥石神社散策（櫻井敏雄）「近畿文化」　近畿文化会事務局　（733）　2010.12

三上山

湖国の伝統行事 芋茎祭・石塔寺 万灯祭・さんやれ祭（高谷礼子）「湖国と文化」　滋賀県文化振興事業団　87　1999.4

いつから三上山に大ムカデが棲むようになったか―俵藤太のムカデ退治研究ノート（《月刊「民俗文化」発行500号記念論文》）（兼康保明）「民俗文化」　滋賀民俗学会　（510）（号外）　2006.3

「近江富士」三上山―様々な歴史の姿（行俊勉）「野洲市歴史民俗博物館研究紀要」　野洲市歴史民俗博物館　（13）　2009.3

御園

道楽地蔵―栗東市御園（兼康保明）「民俗文化」　滋賀民俗学会　（513）　2006.6

御園村

御園村誌史料 近江国神崎郡上村（前）～（後）―明治8年現在「民俗文化」　滋賀民俗学会　490/495　2004.7/2004.12

水口

水口のマツリ（《特集 原始～古代の卜占とマツリ》）（橋口達也）「西日本文化」　西日本文化協会　通号425　2007.2

水口神社

水口祭と牛王宝印札―近世における農耕儀礼としての水口祭と牛王宝印札にみるまじない習俗（奥野義雄）「奈良県立民俗博物館研究紀要」　奈良県立民俗博物館　（19）　2002.2

水口町

甲賀の古社寺（2）―旧水口町域を中心に（関根俊一）「近畿文化」　近畿文化会事務局　（732）　2010.11

南志賀

淡海焼の誕生―大津市南志賀（中村幸三）「民俗文化」 滋賀民俗学会　489　2004.6

妙安寺

長野妙安寺の仏花制作（東條さやか）「愛知川町史研究」 愛知川町教育委員会町史編さん室　1　2003.3

明王院

学芸員のノートから 葛川明王院の版木（和田光生）「大津歴博だより」 大津市歴史博物館　55　2004.7

北嶺回峰行―相応和尚と無動寺・明王院（寺島典人）「近畿文化」 近畿文化会事務局　659　2004.10

50人の行者が「夏安居」 修験の場・葛川明王院を訪ねて 「かくれ里」シリーズ番外編（いかいゆり子）「湖国と文化」 滋賀県文化振興事業団　35（3）通号136　2011.07

妙感寺

妙感寺のオコナイについて（奥村晃代）「宮座研究」 宮座研究会　（5）1999.7

近江石部町・常楽寺・長寿寺・妙感寺（清水俊明）「野ほとけ」 奈良石仏会　（389）2003.11

愚堂中興以後の妙感寺寸考（能仁晃道）「禅文化」 禅文化研究所　通号220　2011.04

明性寺

明性寺襖裏貼文書発見の経緯とその意義（青柳義孝）「彦根郷土史研究」 彦根史談会　38　2003.1

明性寺文書[1],（2）「彦根郷土史研究」 彦根史談会　38/39　2003.1/2004.3

武佐

武佐枡について―伊香郡高月町（粕渕宏昭）「民俗文化」 滋賀民俗学会　467　2002.8

無動寺

北嶺回峰行―相応和尚と無動寺・明王院（寺島典人）「近畿文化」 近畿文化会事務局　659　2004.10

目加田

滋賀県愛荘町の目加田唐箕について（田中由美子）「民具マンスリー」 神奈川大学　40（7）通号475　2007.10

守山

能「望月」なぜ守山なの！《特集 シニアが見つけた！ 湖国の文学II》（西村美代子）「湖国と文化」 滋賀県文化振興事業団　33（3）通号128　2009.07

守山市

勝部神社・住吉神社の火まつり「乙貞」 守山市立埋蔵文化財センター　33（5）通号192　2014.01

矢島

湖国の伝統行事 海津祭・長刀祭・公家奴振・献饌供御人行列（高谷礼子）「湖国と文化」 滋賀県文化振興事業団　88　1999.7

野洲

野洲の剣舞―生和神社の春祭りを中心に（江藤弥生）「野洲市歴史民俗博物館研究紀要」 野洲市歴史民俗博物館　（17）2013.03

野洲川

野洲川の変遷について―滋賀県野洲市（菅沼晃次郎）「民俗文化」 滋賀民俗学会　（597）2013.06

野洲川流域

伝承でみる古代名族の足跡―弥生黎明期淡海国野洲川流域（山本仁一）「民俗文化」 滋賀民俗学会　445　2003.10

野洲市

野洲市出土の茶道具（徳網克己）「野洲市歴史民俗博物館研究紀要」 野洲市歴史民俗博物館　（15）2011.04

野洲町

滋賀県野洲町への民俗散歩印象記（南清彦）「左海民俗」 堺民俗会　97　1998.5

野洲町の「地域信仰」調査概要報告（行俊勉）「野洲町立歴史民俗資料館研究紀要」 野洲町立歴史民俗資料館　6　1999.3

滋賀県野洲町域における唐箕の変遷（井出努）「野洲町立歴史民俗資料館研究紀要」 野洲町立歴史民俗資料館　10　2003.3

弥高寺跡

日本最古級の山岳寺院 米原市弥高 弥高寺跡「滋賀埋文ニュース」 滋賀県埋蔵文化財センター　（322）2007.2

矢放神社

吉川・矢放神社の十日舞（行俊勉）「野洲市歴史民俗博物館研究紀要」 野洲市歴史民俗博物館　（11）2005.3

八夫

八夫の神事祭・五百母祭（行俊勉）「野洲市歴史民俗博物館研究紀要」 野洲市歴史民俗博物館　（17）2013.03

山階座

近江猿楽・山階座「長浜城歴史博物館友の会友の会だより」 長浜城歴史博物館友の会　47　2003.9

山津照神社

山津照神社宝物の鉞について―坂田郡近江町（粕渕宏昭）「民俗文化」 滋賀民俗学会　405　1997.6

山中越

かたちとこころ 山中越（寿福滋）「湖国と文化」 滋賀県文化振興事業団　79　1997.4

山中町

近江の食文化 御膳持ちの行事と神饌（大津市山中町）（坂本裕子）「湖国と文化」 滋賀県文化振興事業団　89　1999.10

山之上

竜王町山之上春祭りの食《特集 ハレの食》（堀越昌子）「滋賀の食事文化（年報）」 滋賀の食事文化研究会　（18）2009.12

雪野山

雪野山越えと龍王寺（内堀甚一郎）「蒲生野」 八日市郷土文化研究会　（46）2014.12

雪野寺跡

雪野寺跡（菱田哲郎）「滋賀文化財教室シリーズ」 滋賀県文化財保護協会　196　2001.3

行畑

行畑地蔵祭の参観について（部会報告―フィールド部会より）（岡冬樹）「あたごさん： 京都愛宕研究会会報」 京都愛宕研究会　（3）2007.5

八日市

近江の食文化 豆腐づくり八日市「湯葉屋」に聞く（卯田正信）「湖国と文化」 滋賀県文化振興事業団　85　1998.10

江戸期「御代参詣道」を復元する―中山道から八日市への3つのルート（門脇正人）「紀要」 滋賀県立安土城考古博物館　（13）2005.3

特別寄稿 真冬の仏像めぐり（武村正義）「蒲生野」 八日市郷土文化研究会　通号40　2008.12

伝説で追う惟喬親王の足跡（1）（中島伸男）「蒲生野」 八日市郷土文化研究会　通号40　2008.12

八日市の地蔵堂に祀られた地蔵様（森野吉雄）「蒲生野」 八日市郷土文化研究会　通号42　2010.12

糸切餅物語（渡邊守順）「蒲生野」 八日市郷土文化研究会　（43）2011.12

古代の天女説話（廣岡義隆）「蒲生野」 八日市郷土文化研究会　（44）2012.12

余呉

滋賀の伝説と民話「余呉の羽衣伝説」（渡辺守順，斉藤裕子）「湖国と文化」 滋賀県文化振興事業団　通号115　2006.4

おうみ（近江）おうみ（多見）歩く（7）木之本・余呉の古寺（加藤賢治）「湖国と文化」 滋賀県文化振興事業団　36（4）通号141　2012.10

余呉川五湖沼

幻の余呉川五湖沼―滋賀県湖北地方（長谷川博美）「民俗文化」 滋賀民俗学会　（579）2011.12

余呉町

妖怪釜鳴り（釜鳴り現象報告）―滋賀県旧余呉町（長谷川博美）「民俗文化」 滋賀民俗学会　（589）2012.10

余呉町中河内

湖国の山里は今（3）余呉町中河内（熊谷栄三郎）「湖国と文化」 滋賀県文化振興事業団　98　2002.1

横山

横山の御迎講とオコナイ（前）,（後）―伊香郡高月町（塚本茂博）「民俗文化」 滋賀民俗学会　461/462　2002.2/2002.3

来迎寺

来迎寺の地蔵菩薩―影像と縁起（行俊勉）「野洲町立歴史民俗資料館研究紀要」 野洲町立歴史民俗資料館　6　1999.3

櫟野寺

甲賀・櫟野寺木彫群における工房制作像について（佐々木進）「栗東歴史

民俗博物館紀要」 栗東歴史民俗博物館 （6） 2000.3

近江古寺巡礼シリーズ（5） 福生山櫟野寺（土井通弘）「浮城 ： 滋賀県立琵琶湖文化館情報誌」 滋賀県立琵琶湖文化館 21 2002.11

近江国のタブノキ（1）—櫟野寺（甲賀）の伝承を中心に（北野晃）「民俗文化」 滋賀民俗学会 （507） 2005.12

栗東

「保存する民具」と「活用する民具」—小学校三年生社会科学習と民具の活用について（中川路里香）「栗東歴史民俗博物館紀要」 栗東歴史民俗博物館 （4） 1998.3

祭礼行事における神饌について 栗東の祭礼行事を中心として（田母神克幸）「栗東歴史民俗博物館紀要」 栗東歴史民俗博物館 （8） 2002.3

栗東歴史民俗博物館受贈民俗資料分類目録（2）（中川路里香）「栗東歴史民俗博物館紀要」 栗東歴史民俗博物館 （8） 2002.3

ヌカトーツワについて（藤森寛志）「栗東歴史民俗博物館紀要」 栗東歴史民俗博物館 （10） 2004.3

中世末期の掟書と地域社会（山本順也）「栗東歴史民俗博物館紀要」 栗東歴史民俗博物館 （11） 2005.3

カマドの近代化—「ドヘッツイ」から「三和かまど」へ（菅原千華）「栗東歴史民俗博物館紀要」 栗東歴史民俗博物館 （11） 2005.3

近江・栗東の仏像—金勝寺を中心に（紺野敏文）「近畿文化」 近畿文化会事務局 （671） 2005.10

栗東の方便法身尊像について（佐々木進）「栗東歴史民俗博物館紀要」 栗東歴史民俗博物館 （12） 2006.3

諏訪神社の神像について（松岡久美子）「栗東歴史民俗博物館紀要」 栗東歴史民俗博物館 （13） 2007.3

報告 現代にのこる技術者の足跡・製鉄の神（調査研究報告会発表要旨）（佐伯英樹）「栗東歴史民俗博物館紀要」 栗東歴史民俗博物館 （20） 2014.03

栗東町

栗東町の古社寺を巡る（大鳥居総夫）「史迹と美術」 史迹美術同攷会 70（9）通号709 2000.11

栗東歴史民俗博物館

資料館めぐり シンボルは磨崖仏—栗東歴史民俗博物館（辻村耕司）「湖国と文化」 滋賀県文化振興事業団 82 1998.1

竜王寺

伝承にみる淡海（30） 平木の沢の龍女と竜王寺の鐘（黄地百合子）「湖国と文化」 滋賀県文化振興事業団 34（3）通号132 2010.7

雪野山越えと龍王寺（内堀甚一郎）「蒲生野」 八日市郷土文化研究会 （46） 2014.12

霊仙山

霊仙山の雨乞い信仰とお池（お虎が池）の伝承—米原市下丹生（江竜喜之）「民俗文化」 滋賀民俗学会 （605） 2014.02

霊仙山とお池をめぐる「山の考古学」からの視点（1）～（3）（兼康保明）「民俗文化」 滋賀民俗学会 （609）/（611） 2014.06/2014.08

了徳寺

了徳寺の「お葉付き銀杏」について—米原市醒井（粕渕宏昭）「民俗文化」 滋賀民俗学会 （523） 2007.4

蓮華寺

番場蓮華寺梵鐘・附解説（小野澤眞）「寺社と民衆」 民衆宗教史研究会 （2） 2006.3

蓮生寺

調査報告 守山市蓮生寺薬師堂安置 木造仏像断片「滋賀県立琵琶湖文化館研究紀要」 滋賀県立琵琶湖文化館 （25） 2009.03

脇ヶ畑村

犬上郡多賀町（旧脇ヶ畑村）の城（1）—杉坂一夜城伝説と玉兎山陣城の発見（長谷川博美）「民俗文化」 滋賀民俗学会 （566） 2010.11

犬上郡多賀町（旧脇ヶ畑村）の城（2）—杉坂一夜城伝説と杉坂山陣城の発見（長谷川博美）「民俗文化」 滋賀民俗学会 （567） 2010.12

鷲見

北近江丹生谷の伝承（2） 七頭ヶ岳観音と鷲見の虫送り（馬場杉右衛門）「民俗文化」 滋賀民俗学会 （528） 2007.9

和田神社

いまどきの"元気なお社"見聞（8） 大津市木下町 和田神社 若いメンバーの雅楽会で千年の音を継承 越殿楽から現代曲まで幅広く取り組む（辻村琴美，辻村耕司）「湖国と文化」 滋賀県文化振興事業団 37（3）通号144 2013.07

インタビュー 嶽山修平宮司「湖国と文化」 滋賀県文化振興事業団 37（3）通号144 2013.07

藁園神社

藁園神社のなまずまつり—高島郡新旭町（八田知昭）「民俗文化」 滋賀民俗学会 421 1998.10

京都府

青谷
子どもたちの地域史（3）ふるさと青谷カルタ（古瀬真由美，岩佐宜始）
「やましろ」 城南郷土史研究会 （20） 2005.10

銅門番所
瓦は語る―銅門番所の鬼瓦（大槻伸）「史談福智山」 福知山史談会
（703） 2010.10

東山
「大文字送火」（花洛名勝図会 東山之部から）「総合資料館だより」 京都
府立総合資料館，京都府立総合資料館友の会 140 2004.7
随感 国宝への旅―比叡山と京都東山の国宝（谷原博信）「讃岐のやまな
み」 香川県歴史研究会 （6） 2013.4

秋元神社
京都市八瀬の秋元神社及び館林市の秋元宮―人を神に祀る風習（共同研
究「人神信仰の基礎的研究」中間報告）（松崎憲三）「民俗学研究所紀
要」 成城大学民俗学研究所 36 2012.03

悪逆塚
瑞泉寺と悪逆塚（加藤昌幸）「史友」 東京史蹟史談会 7 2000.8

東村
東村の陶土と粟田寶山焼（村上泰昭）「筒城」 京田辺市郷土史会 （56）
2011.3

愛宕社
愛宕社の縁起と信仰（宇野日出生）「季刊悠久.第2次」 鶴岡八幡宮悠久事
務局 94 2003.7

愛宕神社
あたごさんのお陰（会員だより）（赤井又三郎）「あたごさん ： 京都愛宕
研究会会報」 京都愛宕研究会 （2） 2006.5
愛宕神社の歴史と信仰―火伏を中心として（《特集 火伏せ信仰》）（原島
知子）「季刊悠久.第2次」 鶴岡八幡宮悠久事務局 （104） 2006.8
活動報告・2006 愛宕千日詣り―千人力と千の風 「お助け杖」販売奮戦
記（西野伸）「あたごさん ： 京都愛宕研究会会報」 京都愛宕研究会
（3） 2007.5
愛宕さんと愛宕研と私（〈会員だより大特集〉）（西野伸）「あたごさん ：
京都愛宕研究会会報」 京都愛宕研究会 （4） 2008.6
街中で描かれている愛宕さん（〈会員だより大特集〉）（中川未子）「あた
ごさん ： 京都愛宕研究会会報」 京都愛宕研究会 （4） 2008.6

愛宕山
近畿地方の霊地と霊木―特に吉野山と愛宕山を中心にして（〈特集 聖地
と霊木〉）（大森恵子）「宗教民俗研究」 日本宗教民俗学会 （14・15）
2006.3
調査ノート 民間信仰と愛宕の神―山上他界観から（岡冬樹）「あたごさん
： 京都愛宕研究会会報」 京都愛宕研究会 （2） 2006.5
部会報告 フィールド部会より 舞鶴愛宕山を訪ねて（杉山明正）「あたご
さん ： 京都愛宕研究会会報」 京都愛宕研究会 （2） 2006.5
愛宕山の町石とお地蔵さんの話（調査報告）（嶋林宏二）「あたごさん ：
京都愛宕研究会会報」 京都愛宕研究会 （3） 2007.5
貴重な文化遺産を守れるのも愛宕山さんあたごさん（〈会員だより大特
集〉）（赤井又三郎）「あたごさん ： 京都愛宕研究会会報」 京都愛宕研究
会 （4） 2008.6
愛宕山の思い出（〈会員だより大特集〉）（片岡博）「あたごさん ： 京都愛
宕研究会会報」 京都愛宕研究会 （4） 2008.6
愛宕山の修験道―火・水と山の念仏を中心にして（特集 地方霊山と本山
派修験道）（大森恵子）「山岳修験」 日本山岳修験学会，岩田書院（発
売） （50） 2012.09
愛宕山勝軍地蔵信仰の形成―中世神仏習合像の一形態（近藤謙）「日本宗
教文化史研究」 日本宗教文化史学会 17（1）通号33 2013.05

天座
京都府福知山市天座の口頭伝承（鶴谷佳栄，山口美和）「史園 ：
Sonoda's journal of history and folk studies」 園田学園女子大学歴
史民俗学会 （1） 2000.3

天田郡
記念講演 天田郡における平安寺院と密教の展開について 吹田直子先生
「史談福智山」 福知山史談会 （647） 2006.2

網野町
丹後竹野郡の石造美術（下） 網野町（篠原良吉）「史迹と美術」 史迹美術
同攷会 71（6）通号716 2001.7

綾部
夜久野と綾部の古仏像を訪ねて（沢新太郎）「史迹と美術」 史迹美術同攷
会 71（1）通号711 2001.1

新井集落
定置網漁村における複合生業形態の計量分析―昭和初期の丹後半島新井
集落を事例として（今里悟之）「日本民俗学」 日本民俗学会 通号240
2004.11

嵐山
松尾大社と嵐山の古寺（矢ヶ崎善太郎）「史迹と美術」 史迹美術同攷会
70（8）通号708 2000.9

粟田
東村の陶土と粟田寶山焼（村上泰昭）「筒城」 京田辺市郷土史会 （56）
2011.3

粟田神社
粟田祭における剣鉾と鉾町（研究ノート）（宮野ともみ）「京都民俗 ： 京
都民俗学会会誌」 京都民俗学会 （30・31） 2013.11

安寿姫塚
安寿姫塚宝篋印塔（古川久雄）「日引 ： 石造物研究会会誌」 4 2003.10

安養寺
史料紹介 京都円山安養寺旧蔵『寺中行事』及び『年中行事用向控』（梅谷
繁樹）「時衆文化」 時衆文化研究会，岩田書院（発売） （13） 2006.4
琵琶法師と時衆―安養寺旧蔵『寺中行事』をめぐって（砂川博）「時衆文
化」 時衆文化研究会，岩田書院（発売） （13） 2006.4
妙法院翻刻史料に見る近世時宗教団―円山安養寺を中心に（古賀克彦）
「時衆文化」 時衆文化研究会，岩田書院（発売） （14） 2006.10

安楽寺天満宮
太宰府天満宮の物語草子（15）―安楽寺天満神御縁起（石川透）「飛梅」
太宰府天満宮社務所 128 2003.9

安楽寿院
仁寿三年大坂氏願経―安楽寿院所蔵大般若経巻の資料調査を中心に（伝
田伊）「長野県立歴史館研究紀要」 長野県立歴史館 通号6 2000.3
史料紹介 皇學館大学所蔵「安楽寿院壁書」（岡野友彦）「皇學館史学」 皇
學館大学史学会 （27） 2012.03

飯岡
飯岡の七井戸について（森村正信，小泉芳孝）「筒城」 京田辺市郷土史会
（49） 2004.3

石原
石原妙見宮由来書（藤村隆夫）「史談福智山」 福知山史談会 589
2001.4

石臼大明神
石臼大明神に取り憑かれた秘話（1）～（6）（三輪茂雄）「民俗文化」 滋賀
民俗学会 493/498 2004.10/2005.3
京都先斗町の石臼大明神（三輪茂雄）「民俗文化」 滋賀民俗学会 （508）
2006.1

井尻
井尻誌―船井郡瑞穂町井尻（吉見耕一）「丹波」 丹波史談会 2 2000.8

医聖堂
京都東山の医聖堂（本田正太郎）「ひたち小川の文化」 小美玉市小川郷土
文化研究会 20 2000.4

磯
磯の静御前伝承（明川忠夫）「近畿民俗通信」 近畿民俗学会 （5） 2010.
09

市坂
木津川市市坂墓地の石造美術（篠原良吉）「やましろ」 城南郷土史研究会
（23） 2009.10

市寺

福知山地方の民間信仰―市寺毘沙門天由緒（嵐光激）「史談福智山」　福知山史談会　（652）2006.7

一休寺

臨済宗大徳寺派の寺「酬恩庵一休寺」（小泉芳孝）「筒城」　京田辺市郷土史会　（53）2008.3

民俗・食文化　一休寺納豆について（粕渕宏昭）「碧」　碧の会　（29）2011.06

何鹿神社

何鹿神社考証　延喜式内出石鹿峅部神社（浅井義久）「丹波史談」　口丹波史談会　1996・1997年度　1997.8

何鹿神社略史―延喜式内出石鹿峅部神社（浅井義久）「丹波」　丹波史談会　2　2000.8

井出

井出と円提寺（田中淳一郎）「やましろ」　城南郷土史研究会　（21）2006.12

因幡堂

三十三間堂創建説話と因幡堂（中前正志）「日本宗教文化史研究」　日本宗教文化史学会　3（1）通号5　1999.5

因幡堂薬師千年祭り（山嵜泰正）「都藝泥布 : 京都地名研究会会報」［京都地名研究会事務局］　5　2003.7

稲荷町

もう一つの平家物語―稲荷町・末廣稲荷神社と先帝祭を中心に（森誠子）「朱」　伏見稲荷大社　（56）2013.02

稲荷山

稲荷山の信仰と伝承―和泉式部・吨枳尼天（濱中修）「朱」　伏見稲荷大社　（56）2013.02

伊根町

丹後伊根町の石造美術（篠原良吉）「史迹と美術」　史迹美術同攷会　71（3）通号713　2001.3

今熊野観音寺

京都府今熊野観音寺に所在する山川石製石造物群について（松田朝由）「鹿児島考古」　鹿児島県考古学会　（44）2014.07

新熊野神社

西城町神楽愛好会が京都市新熊野神社に比婆荒神神楽奉納（滝本明人）「郷土」　西城町郷土研究会　76　1999.12

洛東新熊野神社と泉涌寺（中西亨）「史迹と美術」　史迹美術同攷会　73（6）通号736　2003.7

今宮

中世後期の京都今宮祭と上京氏子区域の変遷―そこに顕現する空間構造に着目して（本多健一）「歴史地理学」　歴史地理学会，古今書院（発売）51（4）通号246　2009.09

今宮神社

今宮祭（山田知子）「まつり通信」　まつり同好会　39（5）通号459　1999.4

2001年11月例会「今宮神社とやすらい祭・今宮祭」吉井敏幸氏（加藤基樹）「日本宗教民俗学研究会通信」　日本宗教民俗学研究会　（93）2001.11

近世の今宮祭と巡幸路（村山弘太郎）「京都民俗 : 京都民俗学会会誌」　京都民俗学会　通号23　2006.3

見学会報告「夜須来祭 何故に奇祭とよばれるのか」―源氏物語 きっかけの今宮神社から紫式部のお墓まで（稲垣隆造）「会報」　大阪歴史懇談会　27（5）通号309　2010.05

京都今宮祭における鉾町の形成過程（内田みや子）「関西大学博物館紀要」　関西大学博物館　19　2013.03

岩倉

田の神、山の神の神事、おくどさんの飾り、もんもち（中村治）「洛北岩倉研究」　岩倉の歴史と文化を学ぶ会　1　1997.3

「山の神」の前で般若心経を唱えるわけ（上田さち子）「洛北岩倉研究」　岩倉の歴史と文化を学ぶ会　1　1997.3

岩倉の屋号（中村治）「洛北岩倉研究」　岩倉の歴史と文化を学ぶ会　2　1998.3

手ぬぐいを頭にいただく風習について（森田和代）「洛北岩倉研究」　岩倉の歴史と文化を学ぶ会　3　1999.3

「岩倉型民家」について（丸山俊明）「洛北岩倉研究」　岩倉の歴史と文化を学ぶ会　3　1999.3

岩倉の暮らしと岩倉川（中村治）「洛北岩倉研究」　岩倉の歴史と文化を学ぶ会　（8）2007.3

盆の行事（中村治）「洛北岩倉研究」　岩倉の歴史と文化を学ぶ会　（8）2007.3

岩倉川

岩倉の暮らしと岩倉川（中村治）「洛北岩倉研究」　岩倉の歴史と文化を学ぶ会　（8）2007.3

葬式と岩倉川（中村治）「洛北岩倉研究」　岩倉の歴史と文化を学ぶ会　（8）2007.3

石清水社

石清水社日使頭祭記録の紹介（鍛代敏雄）「栃木史学」　国学院大学栃木短期大学史学会　（20）2006.3

石清水八幡

秋田藩主佐竹氏の祖神参拝事例―鎌倉八幡、石清水八幡、新羅社（神宮滋）「北方風土 : 北国の歴史民俗考古研究誌」　イズミヤ出版　通号61　2011.01

石清水八幡宮

石清水八幡宮と大山崎神人―離宮八幡宮の成立と機能をめぐって（小山田陽子）「地方史研究」　地方史研究協議会　48（1）1998.2

郷土を歩く（38）石清水八幡宮と京街道を歩く（編集部）「まんだ : 北河内とその周辺の地域文化誌」　まんだ編集部　67　1999.7

八幡市の文化財を訪ねて―石清水八幡宮とその周辺（中尾純子）「史迹と美術」　史迹美術同攷会　71（7）通号717　2001.8

放生会（石清水祭）と神人（脇田健）「筒城」　京田辺市郷土史会　（49）2004.3

八幡宮紹介 石清水八幡宮（京都府八幡市）「季刊悠久.第2次」　鶴岡八幡宮悠久事務局　100　2005.3

史料紹介 天理大学附属天理図書館所蔵「石清水八幡宮文書」の紹介（石清水八幡宮関係文書を読む会）「栃木史学」　国学院大学栃木短期大学史学会　（22）2008.3

石清水八幡宮伝来の阿弥陀如来像・愛染明王像・不動明王像（伊東史朗）「愛知県史研究」　愛知県　（12）2008.3

近世石清水八幡宮の石高―石清水「八幡宮筆記」を中心に（竹中友里代）「資料館紀要」　京都府立総合資料館　（36）2008.3

新たに重文指定を受けた石清水八幡宮境内建造物 『石清水八幡宮諸建造物群調査報告書』（南山城の本―紹介・批評・鑑賞）（江本東一）「やましろ」　城南郷土史研究会　（23）2009.10

丹後国石清水八幡宮寺領における在地領主の動向（研究報告）（功刀俊宏）「栃木史学」　国学院大学栃木短期大学史学会　（24）2010.03

石清水八幡宮の牛王宝印について（研究報告）（鍛代敏雄）「栃木史学」　国学院大学栃木短期大学史学会　（25）2011.03

石清水八幡宮神人松井文書について（脇田健）「筒城」　京田辺市郷土史会　（56）2011.03

石清水八幡宮祭に奉仕する神人（藤本富雄）「筒城」　京田辺市郷土史会　（56）2011.03

三十番神めぐり（6），（7）八幡大菩薩（上），（下）「サットバ : みんなぼさつ」　（433）/（434）2011.11/2012.02

石清水八幡宮門前町における摂社高良社と太鼓祭り（竹中友里代）「洛北史学」　洛北史学会　（14）2012.06

戦国期における石清水八幡宮社僧の活動―「曇花院殿古文書」所載の橘坊をめぐって（研究ノート）（鍛代敏雄）「栃木史学」　国学院大学栃木短期大学史学会　（28）2014.03

木造阿弥陀如来坐像 石清水八幡宮行願院（阿弥陀堂）元安置 京都市誓願寺蔵（金森徳雄）「ふるさと」　八幡市郷土史会　（29）2014.12

引接寺

小野篁伝承の展開―京都市上京区引接寺の事例を中心に（松山由布子）「日本宗教文化史研究」　日本宗教文化史学会　16（2）通号32　2012.11

浮島

浮島十三重石塔と石川五右衛門（加藤繁生）「史迹と美術」　史迹美術同攷会　79（7）通号797　2009.08

宇治

宇治の茶師 上林家について（辻本不二男）「綾部史談」　綾部史談会　（141）1997.1

宇治の仏たち（伊藤利夫）「史迹と美術」　史迹美術同攷会　68（6）1998.7

宇治と春日宮おん祭への旅（牧平悦美）「備陽史探訪」　備陽史探訪の会　93　2000.2

宇治・醍醐の仏像（関根俊一）「近畿文化」　近畿文化会事務局　643　2003.6

鳥取藩と宇治茶師（大嶋陽一）「鳥取県立博物館研究報告」　鳥取県立博物館　（45）2008.3

気ままにみて歩記 宇治の古社寺・古跡（山河昌敬）「郷土史紀行」　ヒューマン・レクチャー・クラブ　（52）2008.5

伝統的家屋からみた宇治の文化的景観「奈良文化財研究所紀要」　奈良文化財研究所　2010　2010.06

奈文研ギャラリー（30）宇治の文化的景観（惠谷浩子）「奈文研ニュース」

奈良文化財研究所 (38) 2010.09

宇治大幣神事と縣祭の祭祀組織 (研究ノート)(内田みや子)「京都民俗：京都民俗学会会誌」 京都民俗学会 通号28 2011.03

宇治上神社

建部大社と宇治上神社 (石田天祐)「地名探究」 京都地名研究会 (8) 2010.03

宇治の建築―宇治上神社、宇治神社、興聖寺、平等院 (矢ヶ崎善太郎)「近畿文化」 近畿文化会事務局 (725) 2010.04

宇治川流域

巨椋池と宇治川流域の社寺と遺跡を訪ねて (泉森皎)「近畿文化」 近畿文化会事務局 (781) 2014.12

宇治市

大塚隆氏蔵社寺境内図等目録 (小嶋正亮)「宇治市歴史資料館年報」 宇治市歴史資料館 2000年度 2002.3

宇治神社

宇治の建築―宇治上神社、宇治神社、興聖寺、平等院 (矢ヶ崎善太郎)「近畿文化」 近畿文化会事務局 (725) 2010.04

宇治田原

宇治田原の「ええじゃないか」―新出の今西家資料の紹介 (中川博勝, 伊麻太)「やましろ」 城南郷土史研究会 (21) 2006.12

宇治陵

萬福寺から宇治陵へ (来村多加史)「近畿文化」 近畿文化会事務局 (707) 2008.10

宇治平等院

摂関家と宇治平等院 (大島幸雄)「史聚」 史聚会, 岩田書院 (発売) (42) 2009.05

太秦

花園・太秦の社寺と遺跡 (田中嗣人)「近畿文化」 近畿文化会事務局 (700) 2008.3

打田

普賢寺郷打田字帳控 (須賀神社文書)「筒城」 京田辺市郷土史会 (55) 2010.03

打田村

打田村寺社明細帳控「筒城」 京田辺市郷土史会 (56) 2011.03

雲居寺

建長寺末雲居寺史料 (向井江見子)「鎌倉」 鎌倉文化研究会 95 2002.12

温明殿

温明殿の成立―内侍所奉斎鏡と「璽箱」の関係 (石野浩司)「皇學館大学神道研究所紀要」 皇學館大学神道研究所 24 2008.3

「温明殿の成立」補考一「温明」殿号の思想的背景 (石野浩司)「皇學館大学神道研究所紀要」 皇學館大学神道研究所 25 2009.03

雲竜院

走り大黒天の信仰 (長沢利明)「西郊民俗」 [西郊民俗談話会] (204) 2008.9

永運院

書評 『大中院文書・永運院文書』(叢書 京都の史料9)(伊藤真昭)「京都市歴史資料館紀要」 京都市歴史資料館 通号21 2007.3

慧日山

九条道家と真言密教―慧日山における摂関家の宗教思想 (松本郁代)「年報中世史研究」 中世史研究会 (27) 2002.5

江文神社

江文神社の行事と大原八ヶ村 (宮原彩)「久里」 神戸女子民俗学会 (10) 2001.4

縁城寺

『縁城寺縁起』の成立年代に関する一試論 (小山元孝)「太邇波考古」 両丹考古学研究会 (18) 2002.12

15世紀縁城寺の勧進活動 (《特集 中世から近世への展開》)(小山元孝)「太邇波考古」 両丹考古学研究会 (25・26) 2008.6

円提寺

井出と円提寺 (田中淳一郎)「やましろ」 城南郷土史研究会 (21) 2006.12

老ノ坂

老ノ坂の子安地蔵 (大島建彦)「西郊民俗」 [西郊民俗談話会] (203) 2008.6

黄梅院

黄梅院華厳塔の造営とその用脚について―京都との関わりを中心として (小森正明)「史境」 歴史人類学会, 日本図書センター (発売) 通号47 2003.9

大堰川

舟筏の起源説話と大堰川桴流し―附 出雲風土記の舟桴流し (特集 大堰川を中心として水運)(秋里悠兒)「丹波」 丹波史談会 (12) 2010.10

大江町

京都府大江町とその周辺の金太郎伝説 (笠間吉高)「史談足柄」 足柄史談会 39 2001.4

大江町の庚申塔について (大槻伸)「史談福智山」 福知山史談会 (749) 2014.08

大江山

先崎鷲神社と大江山伝説 (中田悌之輔)「佐倉市史研究」 佐倉市総務部 (16) 2003.3

民衆史の足跡をたどる(13) 「鬼伝説」と「強制連行」の大江山を歩く (福林徹)「大阪民衆史研究」 大阪民衆史研究会 54 2003.12

語り伝えて 大江山に巣くう盗賊、酒呑童子 (小野清恒)「新居浜史談」 新居浜郷土史談会 343 2004.3

正月の思い出 大江山… (木本和男)「奥武蔵」 奥武蔵研究会 通号365 2009.01

香取本「大江山絵詞」の伝承と北総地域 (大会特集I 北総地域の水辺と台地―生活空間の歴史的変容―問題提起)(鈴木哲雄)「地方史研究」 地方史研究協議会 60(4)通号346 2010.8

大酒神社

大酒神社の謎 (加藤定)「郷土史紀行」 ヒューマン・レクチャー・クラブ 10 2001.4

大住

大住の隼人舞と能楽発祥について (『ふるさと史跡探訪マップ』)(小泉芳孝)「筒城」 京田辺市郷土史会 (52) 2007.4

大谷本願寺

研究ノート 大谷本願寺両堂の建立地に関する一試論 (山田雅教)「日本宗教文化史研究」 日本宗教文化史学会 14(2)通号28 2010.11

大野

美山町大野のことばと方言(上),(下)(野々村美好)「丹波」 丹波史談会 (9)/(10) 2007.10/2008.10

大原大明神

表紙解説 「天一位大原大明神神影図」(京都府福知山市)(岡部一稔)「あしなか」 山村民俗の会 297 2013.02

大原野

乙訓の大原野に古寺を訪ねて (松井敏雄)「史迹と美術」 史迹美術同攷会 73(9)通号739 2003.11

大原野神社

京都大原野神社と皇后と藤原北家 (田中久夫)「久里」 神戸女子民俗学会 (34) 2014.06

寄稿 文化財修理の現場から 京都の文化遺産を守り継ぐために 大原野神社の文化財保存の取り組み (齋藤昌通)「会報」 京都市文化観光資源保護財団 (111) 2014.11

大原八ヶ村

江文神社の行事と大原八ヶ村 (宮原彩)「久里」 神戸女子民俗学会 (10) 2001.4

大櫃川

大櫃川のアユ漁「総合資料館だより」 京都府立総合資料館, 京都府立総合資料館友の会 119 1999.4

大宅廃寺跡

大宅廃寺跡 京都の遺跡を読む(19)「京都市文化財だより」 京都市文化観光局文化部 33 2000.6

大山崎

石清水八幡宮と大山崎神人―離宮八幡宮の成立と機能をめぐって (小山田陽子)「地方史研究」 地方史研究協議会 48(1) 1998.2

大山崎・長岡京の古寺と仏像 (関根俊一)「近畿文化」 近畿文化会事務局 (747) 2012.02

大山崎町

大山崎町の古寺 (清水俊明)「野ほとけ」 奈良石仏会 (356) 2000.8

岡倉

化粧田―岡倉 (木下礼次)「綾部史談」 綾部史談会 (144) 1998.2

京都府　　　　　　　　　　　　郷土に伝わる民俗と信仰　　　　　　　　　　　　　近畿

小倉

新指定文化財の紹介 小倉のお松行事「文化財報」 京都府文化財保護基金　99　1997.11

巨椋池

巨椋池と宇治川流域の社寺と遺跡を訪ねて（泉森皎）「近畿文化」 近畿文化会事務局　（781）　2014.12

小倉神社

平氏の祖 葛原親王について―小倉神社の伝承（渕上登美）「房総の郷土史」 千葉県郷土史研究連絡協議会　28　2000.3

乙訓

乙訓地方の筍掘り具（第81回研究報告）（吉田晶子）「民具研究」 日本民具学会　（122）　2000.8
資料紹介「寺院明細帳」（事務局）「乙訓文化」 乙訓の文化遺産を守る会　61　2003.5
乙訓西部の祭礼―弓講・初午祭（米田幸寿）「まつり通信」 まつり同好会　47（6）通号532　2007.11

乙訓郡

新出の「山城國乙訓郡農具器械書」について（伊藤慶之）「民具マンスリー」 神奈川大学　42（12）通号504　2010.03
修正会と宮座に関する一考察―乙訓郡小倉神社と行事から（橋本章）「朱雀」 京都府京都文化博物館研究紀要　24　2012.03
「山城國乙訓郡農具器械書」について（桂眞幸）「民具マンスリー」 神奈川大学　44（12）通号528　2012.03

男山

男山周辺の古寺と仏像―八幡宮との関連において（関根俊一）「近畿文化」 近畿文化会事務局　625　2001.12

男山丘陵

中世前期以前の八幡の墓について―男山丘陵周辺について（八十島豊成）「同志社大学歴史資料館館報」 同志社大学歴史資料館　（5）　2002.9

小野毛人墓

「小野毛人墓誌」掌攷―近世の「祟り」の一事例（大江篤）「久里」 神戸女子民俗学会　（22）　2008.6

織部灯籠

織部灯篭（丹羽隆）「西日本文化」 西日本文化協会　409　2005.3

蚕の社

松尾大社、月読神社から蛇塚、蚕の社へ（小川滋）「つどい」 豊中歴史同好会　（266）　2010.03

海住山寺

海住山寺と恭仁京跡を訪ねて（松井敏雄）「史迹と美術」 史迹美術同攷会　69（7）通号697　1999.8

香河

加悦町香河の伝承と生活（長野晃子）「昔風と当世風」 古々路の会　78　2000.2
加悦町香河の民具拾い歩き（五十嵐稔）「昔風と当世風」 古々路の会　78　2000.2
京都府与謝郡加悦町香河・滝地区における竹材の利用（車葉子）「昔風と当世風」 古々路の会　78　2000.2
香河の民家雑感（早瀬哲恒）「昔風と当世風」 古々路の会　78　2000.2

笠置寺

京都府相楽郡 笠置寺（あかい奈良が行く古社寺巡礼）「あかい奈良」 青垣出版, 星雲社（発売）46　2009.12

加佐郡

木地師史料 若狭大飯郡と丹後加佐郡との国境（杉本寿）「民俗文化」 滋賀民俗学会　450　2001.3
丹後国加佐郡巡礼歌について（磯谷正弘）「両丹地方史」 両丹地方史研究者協議会　（83）　2014.04

笠取山

京都・笠取山の冬―上醍醐寺での一語一会（丹後千賀子）「おくやまのしょう ： 奥山荘郷土研究会誌」 奥山荘郷土研究会　23　1998.3

樫本神社

地名随想1 京都市西京区大原野の樫本神社のこと（梅谷繁樹）「都藝泥布 ： 京都地名研究会会報」 京都地名研究会事務局　（40）　2012.03

勧修寺

勧修寺聖教文書調査団『勧修寺論輯』創刊号（研究会・新刊紹介）（村上弘子）「社寺史料研究」 社寺史料研究会, 岩田書院（発売）7　2005.4
『勧修寺理明房私抄目録又覚禅百巻抄目録』覚書（翻刻影印と資料紹介）（武内孝善）「尭栄文庫研究紀要」 親王院尭栄文庫　6　2005.10

鹿背山

鹿背山の石仏（たなかよしゆき）「日本の石仏」 日本石仏協会, 青娥書房（発売）　（102）　2002.6

鹿背山不動

鹿背山通信（4）鹿背山不動さん管理の変遷（田辺英夫）「やましろ」 城南郷土史研究会　（23）　2009.10
鹿背山通信（7）―鹿背山不動の刻銘について（田辺英夫）「やましろ」 城南郷土史研究会　（26）　2012.12

樫原廃寺

樫原廃寺の再検討（上）（久世康博）「研究紀要」 京都市埋蔵文化財研究所　9　2004.3

樫原廃寺跡

樫原廃寺跡史跡公園について（豊田英嗣）「会報」 京都市文化観光資源保護財団　74　1997.11
史跡 樫原廃寺跡京都の遺跡を読む（16）「京都市文化財だより」 京都市文化観光局文化部　30　1998.10

桂川

「文楽」の題名の読み方―「桂川連理柵」は読めますか？（田結荘哲治）「近畿文化」 近畿文化会事務局　668　2005.7

桂地蔵

続・異界随想（9）桂地蔵のこと（酒向伸行）「六甲倶楽部報告」 六甲倶楽部　（100）　2012.03

桂離宮

仙洞御所・桂離宮・修学院離宮（「たより」124〜159号寄稿文）（西野鏡子）「ひがし」 東区郷土史研究会　（12）　2012.1

首途八幡宮

首途八幡宮にみる神仏分離と再興（研究ノート）（村山弘太郎）「京都民俗 ： 京都民俗学会会誌」 京都民俗学会　通号28　2011.03

かにまん寺

かにまん寺 失われた時をもとめて（3）（円満寺洋介）「都市文化研究」 大阪都市文化研究会　（26）　2001.12

蟹満寺

蟹満寺縁起と昔話―蟹満寺縁起の形成をめぐって（関根綾子）「昔話伝説研究」 昔話伝説研究会　通号18　1997.5
蟹満寺観音菩薩坐像について―調査結果の紹介とあわせて（八田達男）「史迹と美術」 史迹美術同攷会　69（5）通号695　1999.6

樺井月神社

木津川の渡しと樺井月神社（藤本富雄）「筒城」 京田辺市郷土史会　（51）　2006.3

神尾寺

「神尾寺」と木津天神山をめぐるトポス（伊藤太）「やましろ」 城南郷土史研究会　（23）　2009.10
第I部 報告 木津川市馬場南遺跡 神尾寺をめぐって 古代神山信仰と寺院（伊藤太）（第29回京都地名フォーラム報告）「都藝泥布 ： 京都地名研究会会報」 京都地名研究会事務局　（35）　2010.12

上賀茂

大山喬平監修、石川登志雄・宇野日出生・地主智彦編『上賀茂のもり・やしろ・まつり』（書評・紹介）（鈴木聡子）「神道宗教」 神道宗教学会　（204・205）　2007.1

上賀茂神社

上賀茂神社と西賀茂の文化財（矢ヶ崎善太郎）「史迹と美術」 史迹美術同攷会　74（8）通号748　2004.9
神々の風景（7）禊ぎぞ夏の…「飛梅」 太宰府天満宮社務所　（147）　2008.6
上賀茂神社の烏相撲見学記（鷲野正昭）「まつり通信」 まつり同好会　48（6）通号538　2008.11
特別講演 上賀茂神社の特殊神事について（建内光儀）「宗教民俗研究」 日本宗教民俗学会　（20）　2010.09
謹賀新年 上賀茂神社の細殿前の立砂と午の絵馬「つどい」 豊中歴史同好会　（312）　2014.01

上京

戦国末期の上京と樂焼（貫名義隆）「茶の湯研究和比」 表千家不審菴　（6）　2009.5
上京の昔ばなし 第九話 半井の井戸物語「上京・史蹟と文化」 上京区民ふれあい事業実行委員会　47　2014.08

上京区

上京区民薪能「上京・史蹟と文化」 上京区民ふれあい事業実行委員会

近畿　　　　　　　　　　　　　　郷土に伝わる民俗と信仰　　　　　　　　　　　　　京都府

16　1999.2

上京区の伝統文化の継承とさらなる文化の普及、向上を願って（上京区130周年記念—上京区130周年記念特集）（小谷一之）「上京・史蹟と文化」　上京区民ふれあい事業実行委員会　38　2010.2

上狛

「上狛惣墓」墓標考（小林凱之）「やましろ」　城南郷土史研究会　（22）　2008.5

上・下賀茂社

賀茂信仰と上・下賀茂社（特集 賀茂信仰I）（宇野日出生）「季刊悠久.第2次」　鶴岡八幡宮悠久事務局　（131）　2）13.07

上醍醐寺

京都・笠取山の冬—上醍醐寺での一語一会（丹後千賀子）「おくやまのしょう：奥山荘郷土研究会会誌」　奥山荘郷土研究会　23　1998.3

上鳥羽

駿河の六斎念仏と上鳥羽橋上鉦講の六斎（吉川祐子）「月刊通信ふるさとの民俗を語る会」　民俗文化研究所　（87）　2014.08

上野条

研究発表 観音寺六十六部、小牧・上野条廻国塔について（塩見昭吾）「史談福智山」　福知山史談会　（644）　2005.11

亀石弁財天

亀石弁財天（上田寛治）「丹波史談」　口丹波史談会　1996・1997年度　1997.8

亀岡

亀岡盆地の式内社と地名（発表論文）（安藤信策）「地名探究」　京都地名研究会　（4）　2006.3

亀岡市

亀岡市・西光寺の五輪塔地輪（濱田謙次）「丹波」　丹波史談会　3　2001.10

寺院・神社の文書調査について（前田一郎）「新修亀岡市史編さんだより」　亀岡市　11　2003.5

亀山

亀山城下町社寺一覧（天保期）「丹波史談」　口丹波史談会　（17）　2000.3

加茂

近代初期における式内社の選定について—南山城相楽郡加茂地域の神社をめぐる明治維新（芝野康之）「賀茂文化研究」　賀茂文化研究所　通号6　1998.2

港町・加茂の聖徳太子像（小松光江）「聖徳」　聖徳宗教学部　（205）　2010.07

賀茂

摂関賀茂詣の成立と展開（末松剛）「九州史学」　九州史学研究会　通号118・119　1997.11

大三輪の神と賀茂の神（井上至）「大美和」　大神神社　103　2002.6

『年中行事絵巻』にみえる関白賀茂詣について（末松剛）「京都産業大学日本文化研究所」　京都産業大学日本文化研究所　（15）　2010.03

「玉依姫の微笑」を旅する（9）賀茂と三輪を結ぶ丹塗矢伝承（吉田伊佐夫）「月刊大和路ならら」　地域情報ネットワーク　14（12）通号159　2011.12

玉依姫命—賀茂と松尾の関係（レポート 第22回関西支部秋季学術大会）（中将）「儀礼文化ニュース」　儀礼文化学会　（188）　2013.01

「カモ」信仰の分類（特集 賀茂信仰I）（新木直安）「季刊悠久.第2次」　鶴岡八幡宮悠久事務局　（131）　2013.07

勅祭・賀茂祭（特集 賀茂信仰II）（宇野日出生）「季刊悠久.第2次」　鶴岡八幡宮悠久事務局　（132）　2013.08

資料 「カモ」社一覧—神話と荘園に関わる「カモ」社を中心として（特集 賀茂信仰II）（新木直安）「季刊悠久.第2次」　鶴岡八幡宮悠久事務局　（132）　2013.08

賀茂皇太神宮

『賀茂皇太神宮記』伝本考（伊藤慎吾）「賀茂文化研究」　賀茂文化研究所　通号6　1998.2

賀茂下上社

賀茂下上社と御酒（特集 神酒I—小論文）（新木直安）「季刊悠久.第2次」　鶴岡八幡宮悠久事務局　（122）　2010.11

賀茂社

近世における当道祖神伝承の変容—賀茂社と光孝天皇をめぐって（中川みゆき）「奈良県立同和問題関係史料センター研究紀要」　奈良県立同和問題関係史料センター　4　1997.3

翻刻「賀茂社年中行事神事略次第」（土橋誠, 山本宗尚）「資料館紀要」　京都府立総合資料館　（41）　2013.03

賀茂神社

祭新考 葵祭と関連して（南清彦）「左海民俗」　堺民俗会　98　1998.9

明治・大正初期における村の動向と宮座—賀茂神社の神和（宮座）を事例として（山口信枝）「福岡県地域史研究」　西日本文化協会福岡県地域史研究所　17　1999.3

資料紹介 葵祭図屏風（島田潔）「國學院大學神道資料館館報」　國學院大學研究開発推進機構学術資料館神道資料館部門　1　2001.3

葵祭り 献花のまつり「まつり通信」　まつり同好会　42（5）通号495　2002.4

「京の葵祭展—王朝絵巻の歴史をひもとく」の概要（土橋誠）「文化財レポート」　京都文化財団　21　2003.3

賀茂祭りの様相と変遷（谷口明子）「滋賀史学会誌」　滋賀史学会　14　2004.3

誌上インタビュー 都市の祭礼・祇園祭（米山俊直）「会報むろのつ」「嶋屋」友の会　（13）　2006.6

賀茂神社の夏祭りについて（《特集 祇園祭》）（地主喬）「会報むろのつ」「嶋屋」友の会　（13）　2006.6

葵祭 雅な伝統行事を次の世に…（小西伸夫）「会報」　京都市文化観光資源保護財団　（93）　2007.5

賀茂競馬会神事—上賀茂神社「総合資料館だより」　京都府立総合資料館, 京都府立総合資料館友の会　（159）　2009.04

『賀茂祭絵詞』とその周辺（佐多芳彦）「京都産業大学日本文化研究所紀要」　京都産業大学日本文化研究所　（14）　2009.12

資料紹介 葵祭図屏風「伝統文化のモノと心：國學院大學研究開発推進機構伝統文化リサーチセンター・ニュースレター」　國學院大學研究開発推進機構伝統文化リサーチセンター　（3）　2010.02

資料解説 元禄七年書写『賀茂祭草子』（本学図書館所蔵本）の解説（記念講演とシンポジウムの集い 賀茂斎王—千二百年の歴史と文学）（所功）「京都産業大学日本文化研究所紀要」　京都産業大学日本文化研究所　（16）　2011.03

賀茂祭の成立と律令国家（横田美緒）「史学研究」　広島史学研究会　（278）　2013.01

最古の祭「葵祭」の背景（猪熊兼勝）「近畿文化」　近畿文化会事務局　（761）　2013.04

京都の賀茂神社と王城鎮護のこと（田中久夫）「御影史学論集」　御影史学研究会　（39）　2014.1

加茂町

京都府相楽郡加茂町の在銘圭頭板碑（篠原良吉）「歴史考古学」　歴史考古学研究会　（54）　2004.9

加茂町観音寺

京都府木津川市加茂町観音寺の盆行事と先祖供養（赤田光男教授退職記念号）（高田照世）「帝塚山大学大学院人文科学研究科紀要」　帝塚山大学大学院人文科学研究科　（16）　2014.03

賀茂御祖皇太神宮

『賀茂御祖皇太神宮諸国神戸記』所収の尼子氏関係史料（渡邊大門）「ぶい＆ぶい：日本史史料研究会会報」　日本史史料研究会企画部　22　2011.12

賀茂御祖神社

『賀茂御祖神社日記』について（嵯峨井建）「季刊悠久.第2次」　鶴岡八幡宮悠久事務局　77　1999.4

賀茂御祖神社の母神（吉川三郎）「会報」　大阪歴史懇談会　24（8）通号276　2007.8

賀茂御祖神社の年中祭祀（特集 賀茂信仰II）（嵯峨井建）「季刊悠久.第2次」　鶴岡八幡宮悠久事務局　（132）　2013.08

賀茂別雷神社

賀茂別雷神社「葵使」関係文書の翻刻と解説（上）（史料紹介）（宇野日出生）「京都産業大学日本文化研究所紀要」　京都産業大学日本文化研究所　（12・13）　2008.3

史料紹介 賀茂別雷神社「葵使」関係文書の翻刻と解説（下）「京都産業大学日本文化研究所紀要」　京都産業大学日本文化研究所　（14）　2009.12

賀茂別雷神社蔵『賀茂祭絵図』「勅使諸司行列巻」に関する小考（猪熊兼樹）「京都産業大学日本文化研究所紀要」　京都産業大学日本文化研究所　（15）　2010.03

賀茂別雷神社の年中祭祀（特集 賀茂信仰II）（藤本保誠）「季刊悠久.第2次」　鶴岡八幡宮悠久事務局　（132）　2013.08

加悦町

《京都府与謝郡加悦町合同調査特集》「昔風と当世風」　古々路の会　78　2000.2

嫁の居場所・加悦町の場合（宮崎玲子）「昔風と当世風」　古々路の会　78　2000.2

加悦町民家に見る笹葺屋根（1）（宮崎勝弘）「昔風と当世風」　古々路の会　78　2000.2

京都府加悦町の民家（高原一朗）「昔風と当世風」 古々路の会 78 2000.2
丹後加悦町の建築儀礼（津山正幹）「昔風と当世風」 古々路の会 78 2000.2
加悦町の大型墳墓について（松本正彦）「会報」 大阪歴史懇談会 18（6） 通号202 2001.6
わが町における修験道の足跡について（杉本利一）「両丹地方史」 両丹地方史研究者協議会 （75） 2005.3

烏丸
枇杷葉湯について（粕渕宏昭）「碧」 碧の会 10 2004.6

河崎天神
京都「河崎天神」小考（研究ノート）（竹居明男）「文化史学」 文化史学会 （67） 2011.11

河原町
内省する都市人と民俗学―あるいは、『河原町の歴史と都市民俗学』を巡って（書評）（川村清志）「京都民俗 ： 京都民俗学会会誌」 京都民俗学会 通号20・21 2004.3

岩船寺
加茂浄瑠璃寺と岩船寺の古記録―二河白道図の原流を求めて（成田勝美）「温故知新」 美東町文化研究会 29 2002.4
加茂町岩船寺の三重塔と石仏群（成田勝美）「温故知新」 美東町文化研究会 （31） 2004.4

観音寺
観音寺のオコナイ―京都府南山城村（奥野義雄）「まつり通信」 まつり同好会 42（1）通号491 2001.12

祇園
祇園祭と土用の丑の日（門田幸男）「備陽史探訪」 備陽史探訪の会 78 1997.8
祇園祭のちまき作り（中村治）「洛北岩倉研究」 岩倉の歴史と文化を学ぶ会 3 1999.3
祇園会と天王祭（田中義弘）「まつり通信」 まつり同好会 39（7）通号461 1999.6
京都祇園祭の見学会（大鳥居総夫）「史迹と美術」 史迹美術同攷会 71（2）通号712 2001.2
祇園祭宵山の屏風飾り（小嵜善通）「会報」 京都市文化観光資源保護財団 81 2001.6
毀棄される祇園祭のハナガサとハナ―奪い取られるハナの行事（長谷川嘉和）「民具研究」 日本民具学会 （124） 2001.7
「祇園囃子」をめぐって（田井竜一）「会報」 京都市文化観光資源保護財団 （84） 2002.11
御柱祭の柱立と祇園祭の鉾立（松本岩雄，目次謙一）「古代文化研究」 島根県古代文化センター （13） 2005.3
祇園祭と修験（大森恵子）「民俗と風俗 ： the journal of the Chubu Branch, the Japanese Society for History of Manners and Customs」 日本風俗史学会中部支部 （15） 2005.3
「祇園祭」私の考え方（門田幸男）「備陽史探訪」 備陽史探訪の会 （125） 2005.8
祇園祭、七月十日の行事―神輿洗と松明巡行を中心に（米田幸寿）「まつり通信」 まつり同好会 48（4）通号536 2008.7
講演会 説話・伝承から見る京都祇園祭「西宮文化協会会報」 西宮文化協会 （495） 2009.06
書棚 植木行宣・田井竜一編 祇園囃子の源流―風流拍子物・羯鼓稚児舞・シャギリ（関孝夫）「儀礼文化ニュース」 儀礼文化学会 （174） 2010.07
植木行宣・田井竜一著『祇園囃子の源流―風流拍子物・羯鼓稚児舞・シャギリ―』（書評）（山路興造）「民俗芸能研究」 民俗芸能学会 （49） 2010.09
特集 知られざる京都の文化財（3） 「祇園祭保昌山前懸胴懸下絵」（安井雅恵）「会報」 京都市文化観光資源保護財団 （101） 2011.07
歴史資料課の窓から 行政文書にみる京都 明治年間初期の祇園祭（大塚活美）「総合資料館だより」 京都府立総合資料館，京都府立総合資料館友の会 （172） 2012.07
近世期における祇園会神輿駕輿丁の変化―洛中洛外図屏風諸本を手がかりに（西山剛）「朱雀 ： 京都文化博物館研究紀要」 京都府京都文化博物館 25 2013.03
第36回京都地名フォーラム報告 発表1 京・祇園祭、大津祭、長濱曳山祭のタペストリー（つづれ織り）から浮かび上がる古代ギリシアの地名（山嵜泰正）/発表2 宇治と菟道稚郎子（石田天祐）/発表3 京都盆地の災害地名（綱本逸雄）「都藝泥布 ： 京都地名研究会会報」 ［京都地名研究会事務局］ （45） 2013.11
祇園祭の太子像（小松光江）「聖徳」 聖徳宗教学部 （219） 2014.03
少学生の読後感想文 行者餅（一日限定の菓子）（岡田親彦）「六甲倶楽部報告」 六甲倶楽部 （111） 2014.12

祇園甲部
花街のおもてなし文化の変遷と課題について―祇園甲部の地方、幸長さんの談話をもとに（西沢暢晃）「京都産業大学日本文化研究所紀要」 京都産業大学日本文化研究所 （12・13） 2008.3
雑魚寝と義太夫―聞き書き幸長さん 祇園甲部現役最高齢の老妓がふりかえる京都花街（研究ノート）（西沢暢晃）「京都産業大学日本文化研究所紀要」 京都産業大学日本文化研究所 （14） 2009.12

祇園社
祇園社と陰陽道（米井輝圭）「季刊悠久.第2次」 鶴岡八幡宮悠久事務局 95 2003.10
史料紹介 早稲田大学図書館蔵「祇園社関係文書」（1），（2）（福眞睦城）「寺院史研究」 寺院史研究会 （8）/（9） 2004.8/2005.5
史料紹介 新出「祇園社関係史料」の紹介と翻刻（野地秀俊）「京都市歴史資料館紀要」 京都市歴史資料館 通号20 2005.3
「祇園執行日記」にみる中世祇園社の綿商売の神人（田中香織）「日本文化史研究」 帝塚山大学奈良学総合文化研究所 （42） 2011.03
南北朝内乱と祇園社（宗教・文化研究所公開講座講演録）（市沢哲）「研究紀要」 京都女子大学宗教・文化研究所 （24） 2011.03
近世中期における祇園社本領と「同宿」（研究論文）（村上紀夫）「京都民俗 ： 京都民俗学会会誌」 京都民俗学会 （32） 2014.11

木津
木津の里に古社寺を訪ねて（松井敏雄）「史迹と美術」 史迹美術同攷会 68（3） 1998.3

木津川
木上山海印寺の妙見信仰―木津川の河川交通をめぐって（植野加代子）「山岳修験」 日本山岳修験学会，岩田書院（発売） （29） 2002.3
木津川を泳いだ大仏さん（東義久，中つ川みつこ）「やましろ」 城南郷土史研究会 （20） 2005.10
木津川の渡しと樺井月神社（藤本富雄）「筒城」 京田辺市郷土史会 （51） 2006.3
木津川のうた（小西亘）「やましろ」 城南郷土史研究会 （22） 2008.5
木津川の帆かけ舟 渡し舟（梅原恭仁子）「やましろ」 城南郷土史研究会 （26） 2012.12

木津川流域
石仏紀行―木津川流域をたずねて（たなかよしゆき）「日本の石仏」 日本石仏協会，青娥書房（発売） （106） 2003.6

木曽道
二ノ御印「木曾道おぼえ書」（翻刻）（鳥取近世女性史研究会）「江戸期おんな考」 桂文庫 （12） 2001.10

北区
地蔵盆行事にみる地域の特徴と相関―京都市北区と小浜市・舞鶴市の地蔵盆を事例として（2011年度奨励研究成果論文）（近石哲）「年報非文字資料研究」 神奈川大学日本常民文化研究所非文字資料研究センター （9） 2013.03

北白川
北白川の村落構成と祭祀組織（宇野日出生）「京都市歴史資料館紀要」 京都市歴史資料館 通号22 2009.3

北当尾
北当尾の石仏（清水俊明）「野ほとけ」 奈良石仏会 （368） 2001.8

北野
例会発表要旨 北野巫女「あやこ」と多治比奇子（五島邦治）「芸能史研究」 芸能史研究会 （195） 2011.10

北野社
北野社の勧進と造営（米村直之）「史学研究集録」 國學院大學大学院史学専攻大学院会 通号25 2000.3
『北野社家日記』地名索引（三重大学人文学部日本中世史研究室）「三重大史学」 三重大学人文学部考古学・日本史研究室 （3） 2003.3
『北野社家日記』事項索引（三重大学人文学部日本中世史研究室）「三重大史学」 三重大学人文学部考古学・日本史研究室 （5） 2005.3

北野神社
太宰府天満宮の物語草子（16）―北野神社由来記（石川透）「飛梅」 太宰府天満宮社務所 129 2004.1

北野天神
北野天神・湯島天神（田中義広）「まつり通信」 まつり同好会 38（3）通号445 1998.3
初期狩野派の北野天神縁起絵巻（上），（下）（相沢正彦）「神奈川県立博物館研究報告.人文科学」 神奈川県立歴史博物館 通号24/（27） 1998.

近畿　　　　　　　　　　　　　　郷土に伝わる民俗と信仰　　　　　　　　　　　　　　京都府

3/2001.3

見付天神社・北野天神縁起絵巻詞書の考察（喜多川貞男）「磐南文化」　磐南文化協会　（33）2007.3

「北野天神」神号考一「天満天神」から「天満大自在天神」へ（竹居明男）「文化史学」　文化史学会　（65）2009.11

北野天満宮

天神縁起と菅原伝授手習鑑（鈴木幸人）「近畿文化」　近畿文化会事務局　629　2002.4

京都北野天満宮と金生山大理石（貝沼喜久男）「美濃民俗」　美濃民俗文化の会　（466）2006.3

京都北野天満宮の能貨（大坪明二郎）「小城の歴史」　小城郷土史研究会　（57）2008.4

コラム　神仏習合と御霊信仰/北野天満宮と祇園祭/自らを神格化する権力者/蠢霊大明神について「国見物語」　国見町郷土史研究会　28　2009.04

泉武夫「北野天満宮蔵「舞楽図」衝立について一古代末期～中世初期の楽舞の状況から」（「美術史学」29号、東北大学大学院文学研究科美術史学講座、2009年3月）（文献案内）（藤原重雄）「東京大学史料編纂所附属画像史料解析センター通信」　東京大学史料編纂所　（46）2009.07

北野巫女「あやこ」と多治比奇子一天満宮創建功労者の系譜（五島邦治）「芸能史研究」　芸能史研究会　（196）2012.01

北野天満宮の梅園を散策して 遠く道具とふるさとの道君に思いをめぐらす（井上博）「のうみ : 能美郷土史の会会誌」 能美郷土史の会　（7）2012.03

北野廃寺跡

広隆寺旧境内と北野廃寺跡 京都の遺跡を読む（13）「京都市文化財だより」　京都市文化観光局文化部　27　1997.5

北山

京都北山の古寺と美山の茅葺民家（矢ヶ崎善太郎）「近畿文化」　近畿文化会事務局　（719）2009.10

吉祥院

京都 吉祥院六斎念仏 菅原組（吉川祐子）「月刊通信ふるさとの民俗を語る会」　民俗文化研究所　（35）2010.04

木野

木野かわらけづくり（中村治）「洛北岩倉研究」 岩倉の歴史と文化を学ぶ会　2　1998.3

木野愛宕神社

木野愛宕神社（森田和代）「洛北岩倉研究」 岩倉の歴史と文化を学ぶ会　2　1998.3

木屋薬師堂

京都「木屋薬師堂」考一土壌から薬師堂へ（川嶋美貴子）「日本宗教文化史研究」　日本宗教文化史学会　17（1）通号33　2013.05

宮中

芸能舞台としての「庭」一宮中の御神楽を中心に（《特集 日本の庭I 神と斎庭》）（山路興造）「季刊悠久.第2次」　鶴岡八幡宮悠久事務局　（117）2009.08

宮中三殿

宮中三殿成立史補考一神宮大麻制度の欽定との関わりで（石野浩司）「皇学館大学神道研究所所報」　皇学館大学神道研究所　（76）2009.03

京

戦国期、東国における京仏師の活動について（鳥居和郎）「神奈川県立博物館研究報告.人文科学」　神奈川県立歴史博物館　通号23　1997.3

京の御局と比江廃寺の尼（間宮尚子）「大豊史談」　大豊史談会　（27）1997.07

塞ぎの仏・京の北向地蔵（殿南直也）「日本の石仏」　日本石仏協会，青娥書房（発売）　通号86　1998.6

京町衆の家業・家訓（北川政次）「杉並郷土史会史報」　杉並郷土史会　177　2003.1

天平勝宝元年八幡大神上京時の輿に就いて（遠日出典）「日本宗教文化史研究」　日本宗教文化史学会　7（2）通号14　2003.11

酒席閑話（京のお茶漬（豊泉清）「上州路 : 郷土文化誌」　あさを社　31（5）通号360　2004.5

京の備前焼（中井淳史）「備前市歴史民俗資料館紀要」　備前市歴史民俗資料館　（7）2005.9

京の説教繰り芝居敦賀へくる（山田龍治）「会誌」　鯖江郷土史懇談会　（14）2006.11

京のかぼちゃ供養 土用の丑の日・冬至の行事を中心にして（米田幸寿）「まつり通信」　まつり同好会　48（6）通号538　2008.11

京の都の「太子像」二題（小松光江）「聖徳」　聖徳宗教学部　（203）2010.02

近・現代の京焼における伝統的意匠の継承一伝統の継承に関する一考察（森下愛子）「無形文化遺産研究報告」　国立文化財機構東京文化財研究所　（5）2011.03

京の迎え盆・商家の盆（吉川祐子）「月刊通信ふるさとの民俗を語る会」　民俗文化研究所　（63）2012.08

書棚 島田崇志編著「細密画で楽しむ 京のまつり・年中行事」京のまつり研究会 平成24年6月刊 2000円（税込）（後藤正明）「儀礼文化ニュース」　儀礼文化学会　（188）2013.01

京のお田植え二種（吉川祐子）「月刊通信ふるさとの民俗を語る会」　民俗文化研究所　（73）2013.06

近世中期における庶民の伊勢・京参り一越中砺波郡矢木村宗四郎を事例として（共同課題「旅・観光・歴史遺産」特集号）（佐伯安一）「歴史地理学」　歴史地理学会，古今書院（発売）56（1）通号268　2014.01

京の地蔵盆も少子高齢化（吉川祐子）「月刊通信ふるさとの民俗を語る会」　民俗文化研究所　（88）2014.09

京田辺

京田辺の蓮華石（第39回京田辺市民文化祭展示発表）（林正）「筒城」　京田辺市郷土史会　（50）2005.3

合同調査 伊賀地区庚申信仰調査表/京田辺探訪 洛南岬舎文庫/島ヶ原正月堂修正会調査報告「伊賀暮らしの文化探検隊レポート ： 伊賀で育まれた暮らしの文化を見つけよう！」 伊賀暮らしの文化探検隊　9　2007.3

京都府「四百年前社寺建物取調書」と京田辺の古社寺（太田文代）「筒城」　京田辺市郷土史会　（54）2009.03

京田辺周辺の仏像（赤川一博）「近畿文化」　近畿文化会事務局　（739）2011.06

京田辺市

うしの時まいり・扇の松（西村豊三郎）「筒城」　京田辺市郷土史会　45　2000.3

鎮守の森の植生について（中川義和）「筒城」　京田辺市郷土史会　（47）2002.3

農具の変遷と今昔/旧民家の神棚と家庭祭祀について（保田定男）「筒城」　京田辺市郷土史会　（49）2004.3

山崎神社所蔵遺物（石棒）について（中川勤）「筒城」　京田辺市郷土史会　（49）2004.3

かぐや姫伝承と磐の姫について（有地淑羽）「筒城」　京田辺市郷土史会　（51）2006.3

観音寺十一面観音立像と息長氏（井上一稔）「筒城」　京田辺市郷土史会　（51）2006.3

京田辺市金石銘文調査 大住月読神社（調査研究部会）「筒城」　京田辺市郷土史会　（52）2007.4

月読神社の四座（宮座）について（藤本富雄）「筒城」　京田辺市郷土史会　（54）2009.03

西山神社移転新築遷宮によせて（調査部）「筒城」　京田辺市郷土史会　（54）2009.03

京田辺市近世近代資料拾遺（2）牛頭天王社（朱智神社）修理願書/御祈禱諸願帳控/祓文手控「筒城」　京田辺市郷土史会　（55）2010.03

観音寺 十一面観音菩薩立像（国宝）（赤川一博）「筒城」　京田辺市郷土史会　（56）2011.03

京田辺市内に残る力士の石碑（墓石）（林正）「筒城」　京田辺市郷土史会　（56）2011.03

京田辺市近世近代資料拾遺（3）大徳寺神人関係「筒城」　京田辺市郷土史会　（56）2011.03

京田辺市内に残る愛宕石燈籠と愛宕信仰（林正）「筒城」　京田辺市郷土史会　（57）2012.03

愛宕さん参拝登山報告「筒城」　京田辺市郷土史会　（57）2012.03

京田辺市近世・近代顕彰碑・墓石銘文「筒城」　京田辺市郷土史会　（59）2014.03

京丹後

資料紹介 久美浜を中心とする京丹後の仏教彫像一おもに新出遺品についての調査概報（関根俊一）「日本文化史研究」　帝塚山大学奈良学総合文化研究所　（39）2008.3

京都

近代京都における神社境内の環境整備一「神苑」の創出（中嶋節子）「賀茂文化研究」　賀茂文化研究所　通号5　1997.2

七夕行事と七夕人形（石沢誠司）「朱雀 ： 京都文化博物館研究紀要」　京都府京都文化博物館　9　1997.3

「郷土玩具」の基本的性格一百貨店三越を通して（小川都）「京都民俗 ： 京都民俗学会会誌」　京都民俗学会　通号15　1997.12

光明寺蔵「洛中洛外図屏風」について（所広秋）「岐阜市歴史博物館研究紀要」　岐阜市歴史博物館　（12）1998.3

環状列木と自然暦等について（佐田巌弥）「京都民俗 ： 京都民俗学会会誌」　京都民俗学会　通号16　1998.12

京都古刹を訪ねて（土屋清実）「東庄の郷土史」 東庄郷土史研究会 （15） 1999.6

明治の京都（23） 明治期布令書にみる民俗問題について―迷妄と逸脱を嫌う維新政府「総合資料館だより」 京都府立総合資料館，京都府立総合資料館友の会 121 1999.10

史料紹介 近世京都の年中行事「都年中参詣記」（小嶋正亮）「宇治市歴史資料館年報」 宇治市歴史資料館 1998年度 2000.3

中世の巡礼札（大塚活美）「朱雀 ： 京都文化博物館研究紀要」 京都府京都文化博物館 12 2000.3

府指定文化財の紹介 紙本著色浦嶋明神縁起（掛幅本）「文化財レポート」 京都文化財団 2 2000.4

近世京都の葬儀風俗―「岡田家不祝儀文書」にみる生活文化（森田登代子）「宗教民俗研究」 日本宗教民俗学会 （10） 2000.9

「モノと語りの民俗誌」に向けて（小川憩）「京都民俗 ： 京都民俗学会会誌」 京都民俗学会 通号18 2000.12

府指定文化財の紹介 片山家伝来能面「文化財レポート」 京都文化財団 5 2001.4

古典芸能の保存団団の将来（片山九郎右衛門）「文化財レポート」 京都文化財団 5 2001.4

京都帝国大学民俗学会について―関西民俗学の黎明（蘇理剛志）「京都民俗 ： 京都民俗学会会誌」 京都民俗学会 通号19 2001.12

中世京都のクラについて（山本雅和）「研究紀要」 京都市埋蔵文化財研究所 8 2002.3

幕末・明治初期の京焼（洲鎌佐智子）「朱雀 ： 京都文化博物館研究紀要」 京都府京都文化博物館 14 2002.3

府指定文化財の紹介 木造阿弥陀如来立像「文化財レポート」 京都文化財団 8 2002.4

京都に河童伝説が少ない理由（1）～（6）（和田寛）「河童通心」 河童文庫 225/230 2003.3/2003.4

修験道史研究の視角（徳永誓子）「新しい歴史学のために」 京都民科歴史部会 （252） 2003.12

街頭看板からみた平成の墓地事情（岸田由生）「京都民俗 ： 京都民俗学会会誌」 京都民俗学会 通号20・21 2004.3

京都を舞台とする妖怪・怪異研究―東アジア恠異学会編『怪異学の技法』を読む（書評）（土居浩）「京都民俗 ： 京都民俗学会会誌」 京都民俗学会 通号20・21 2004.3

祭礼における「つくりもの」飾り―京都と近府県の祭り紹介（大塚活美）「朱雀 ： 京都文化博物館研究紀要」 京都府京都文化博物館 16 2004.3

人康親王伝説と地名（明川忠夫）「地名探究」 京都地名研究会 （2） 2004.3

京都の仏石足（殿南直也）「日本の石仏」 日本石仏協会，青蛾書房（発売） （110） 2004.6

民俗文化の活用と地域おこし「の」民俗学・民俗学「の」民俗文化の活用と地域おこし（岡田浩樹）「京都民俗 ： 京都民俗学会会誌」 京都民俗学会 通号22 2005.3

京都師団野砲連隊の俗謡―哀歌・ガチャコン・四季・文明開化（馬場杉右衛門）「民俗文化」 滋賀民俗学会 （500） 2005.5

「全国地名研究者大会」開かる/「近江民俗と地名研究会」設立さる/「京都の地名 検証」出版さる「都藝泥布 ： 京都地名研究会会報」 「京都地名研究会事務局」 13 2005.7

京都の寄席（橋本礼一）「芸能懇話」 大阪芸能懇話会 （16） 2005.8

府指定文化財の紹介 木心乾漆菩薩坐像「文化財レポート」 京都文化財団 （16） 2006.2

村堂論ノート―ケガレと救済の民俗をめぐって（山路興造）「京都民俗 ： 京都民俗学会会誌」 京都民俗学会 通号23 2006.3

村落社会における歴史伝承の形成と知識人（市川秀之）「京都民俗 ： 京都民俗学会会誌」 京都民俗学会 通号23 2006.3

義経伝承と京の地名（発表論文）（山嵜泰正）「地名探究」 京都地名研究会 （4） 2006.3

市外史跡探訪 京都寺院巡り（上原元紀）「史談足柄」 足柄史談会 44 2006.4

京都の杜―神仏道三教の習合（菅原信海）「会報」 京都市文化観光資源保護財団 （91） 2006.5

京都「御千度」考―寺社参詣とコミュニティー（野地秀俊）「京都市政史編さん通信」 京都市市政史編さん委員会 （26） 2006.7

京都の味（斎藤卓志）「安城民俗」 安城民俗談話会 （27） 2006.12

京都・世界遺産の物語 十七ヶ所の寺社，城［3］～（9）（山崎保雄）「会報」 大阪歴史懇談会 24（2）通号270/24（8）通号276 2007.2/2007.8

「京都忠霊塔」の計画と展開（橘尚彦）「京都民俗 ： 京都民俗学会会誌」 京都民俗学会 通号24 2007.3

神功皇后と神社伝承（石田天祐）「地名探究」 京都地名研究会 （5） 2007.3

京の井戸と小町伝承（明川忠夫）「地名探究」 京都地名研究会 （5） 2007.3

京都の伝統民家と町家（1） 京都の洋風町家（大場修）「会報」 京都市文化観光資源保護財団 （93） 2007.5

天保10年京都豊年踊りと大坂（長谷川伸三）「大塩研究」 大塩事件研究会 （57） 2007.10

京都の伝統民家と町家（2） 描かれた京町家（大場修）「会報」 京都市文化観光資源保護財団 （94） 2007.11

信仰的集団の運営方式―伊勢講の事例を中心として（森本一彦）「京都民俗 ： 京都民俗学会会誌」 京都民俗学会 通号25 2008.3

京のキリシタン史跡・地名（山嵜泰正）「地名探究」 京都地名研究会 （6） 2008.3

「かまど」前の祈符「火廼要鎮」（〈会員だより大特集〉）（上原敏夫）「あたごさん ： 京都愛宕研究会会報」 京都愛宕研究会 （4） 2008.6

灯籠いろいろ（〈会員だより大特集〉）（吉田昭三）「あたごさん ： 京都愛宕研究会会報」 京都愛宕研究会 （4） 2008.6

民間信仰と愛宕の神 信仰様態の一考察（〈会員だより大特集〉）（岡冬樹）「あたごさん ： 京都愛宕研究会会報」 京都愛宕研究会 （4） 2008.6

京都諏訪神社と蛙狩り神事（原直正）「オール諏訪 ： 郷土の総合文化誌」 諏訪郷土文化研究会 28（4）通号286 2008.7

シリーズ・湖北のオコナイ「37.京都には表を真っ赤に塗った家がある？」長浜城歴史博物館友の会友の会だより」 長浜城歴史博物館友の会 （105） 2008.7

京都の伝統民家と町家（3） 京町家の完成（大場修）「会報」 京都市文化観光資源保護財団 （95） 2008.7

近世京都における寺檀関係の一考察―居住地の移動と寺替えを中心に（林宏俊）「奈良史学」 奈良大学史学会 （26） 2009.01

錦秋の京都 塩谷朝業・木幡神社ゆかりの地を往く（木村軍一）「ふるさと矢板」 矢板市教育委員会生涯学習課 （37） 2009.03

近世京都における朝廷よりの祭具拝領（村山弘太郎）「京都民俗 ： 京都民俗学会会誌」 京都民俗学会 通号26 2009.03

近代京都の陶芸技術にみる古典へのまなざし―革新と復古の間で京焼陶工が目指したもの（森下愛子）「無形文化遺産研究報告」 国立文化財機構東京文化財研究所 （3） 2009.3

俗謡「これでは勲章九連隊」―悲運の京都師団（馬場杉右衛門）「民俗文化」 滋賀民俗学会 （549） 2009.06

第25回地名フォーラム報告（西国三十三所観音巡礼と京の寺院 山嵜泰正/院政期の記録・文学における京都の地名 安藤哲郎/次世代への地名学 山口均）「都藝泥布 ： 京都地名研究会会報」 「京都地名研究会事務局」 （30） 2009.11

京都近郊豪農と門跡寺院（総合資料館・府立学共同研究事業―総合資料館・府立学共同研究（近世部門）論文集―徳川日本と京都町奉行支配国の諸相―）（平塚理子）「資料館紀要」 京都府立総合資料館 （38） 2010.03

西国33所観音巡礼と京の寺院―2008年・花山法皇没千年忌（山嵜泰正）「地名探究」 京都地名研究会 （8） 2010.03

研究ノート 『菊号調書』にみる京都社寺の「菊御紋」使用状況（村山弥生）「京都産業大学日本文化研究所紀要」 京都産業大学日本文化研究所 （15） 2010.03

京都の大名墓について（1）～（3）（田村紘一）「会報」 大阪歴史懇談会 27（3）通号307/27（6）通号310 2010.03/2010.06

山路興造著「京都 芸能と民俗の文化史」（書籍紹介）（福持昌之）「民俗芸能研究」 民俗芸能学会 （48） 2010.03

近代の京焼から「伝統」を考える―近代京都の陶芸家における古典学習について（森下愛子）「無形文化遺産研究報告」 国立文化財機構東京文化財研究所 （4） 2010.3

平成22年度京都地名研究会総会報告/第9回京都地名シンポジウム報告（語形の遡行―風土記の地名語源譚 内田賢徳/古の太秦―応仁天皇の歌謡から 吉田金彦）（笹川博司）「都藝泥布 ： 京都地名研究会会報」 「京都地名研究会事務局」 （33） 2010.06

京都の大名墓について（4），（5） 松平周防守家［1］，（2）（田村紘一）「会報」 大阪歴史懇談会 27（9）通号313/27（10）通号314 2010.09/2010.10

京都の天狗像―昔話・伝説・世間話からの考察（高橋成）「西郊民俗」 ［西郊民俗談話会］ （213） 2010.12

ウブメシに添える小石―新生児を守る避邪の方法（武笠俊一）「京都民俗 ： 京都民俗学会会誌」 京都民俗学会 通号28 2011.03

京鹿の子絞り振興と伝統技術の継承―京都絞り工芸館の取り組みを通して（吉岡健治，清水久美子）「民俗と風俗 ： the journal of the Chubu Branch, the Japanese Society for History of Manners and Customs」 日本風俗史学会中部支部 （21） 2011.03

古代の奈良，中世の滋賀，近世の京都―滋賀は社寺等歴史的建造物の宝庫（特集 滋賀の国宝建築物）（池野保）「湖国と文化」 滋賀県文化振興事業団 35（2）通号135 2011.4

京都の竹製千歯扱き（青山淳二）「民具マンスリー」 神奈川大学 44（2）通号518 2011.05

京都をめぐる加賀前田家の儀礼と交際―そのシステムと担い手を中心に

近畿　　　　　　　　　郷土に伝わる民俗と信仰　　　　　　　　　京都府

（千葉拓真）「加賀藩研究 ： 加賀藩研究ネットワーク会誌」 加賀藩研究ネットワーク　（1）2011.06

研究余録 金亀玉鶴 観音寺・阿弥陀如来坐像について―京都仏師系による玉眼使用の一例（真野順之）「彦根城博物館だより」 彦根城博物館　（94）2011.09

口絵 京都伊勢屋池村久兵衛の白山社奥社奉納額（山内尚巳）「伊那」 伊那史学会　60（3）通号1006　2012.03

近代における屋号の生成（柿本雅美）「京都民俗 ： 京都民俗学会会誌」 京都民俗学会　通号29　2012.03

シンポジウム「野」の学問百年 京都編 田中緑紅・井上頼寿・江馬務、そして…―京都における民俗学の萌芽期に問う（村上忠喜、伊藤廣之、大東敬明、芳井敬郎、菊地暁、土居浩）「京都民俗 ： 京都民俗学会会誌」 京都民俗学会　通号29　2012.03

京都・観音寺薬師三尊像について（大澤慶子）「京都産業大学日本文化研究所紀要」 京都産業大学日本文化研究所　（18）2012.03

村上紀夫著『近世勧進の研究―京都の民間宗教者』（書評）（荒武賢一朗）「ヒストリア ： journal of Osaka Historical Association」 大阪歴史学会　（234）2012.10

三十番神めぐり（10）～（12）京都の神々（上），（中），（下）（川口日空）「サットバ ： みんなほさつ」（437）/（439）2012.11/2013.05

京都の浄土宗寺院に伝わる和田義盛に関する伝承（会員コーナー）（安田直彦）「三浦一族研究」 横須賀市　（17）2013.03

近世の旅日記に見る京都―史跡・伝承と信仰：丸山角之丞「神社仏閣礼拝記」（資料紹介）（福嶋紀子）「松本市史研究 ： 松本市文書館紀要」 松本市　（23）2013.03

くろ谷 金戒光明寺について―会津と京都のかかわり（橋本周現）「文化財レポート」 京都文化財団　（26）2013.3

うごく京人形―娯楽と芸術のはざまで（森道彦）「文化財レポート」 京都文化財団　（26）2013.03

災害地形に関わる神仏地名と社寺（綱本逸雄）「地名探究」 京都地名研究会　（11）2013.04

文献課の窓から 8月16日は火事にご用心？―京都の火災と大文字送り火（松田万智子）「総合資料館だより」 京都府立総合資料館，京都府立総合資料館友の会　（176）2013.7

アイヌの子守歌（イヨンルイカ）についての一考察―心性が継承される直接的なプロセス（研究ノート）（大喜多紀明）「京都民俗 ： 京都民俗学会会誌」 京都民俗学会　（30・31）2013.11

研究 享保五年京都二の替り狂言本―自笑と其磧（阪口弘之）「藝能史研究」 藝能史研究會　（204）2014.01

奈良県民俗緊急調査の成果と課題（1）桃香野の能楽と京都観世流の能役者との交流（例会発表要旨）（中尾薫）「藝能史研究」 藝能史研究會　（204）2014.01

京都の古寺紀行（駒津武茂）「須高」 須高郷土史研究会　（79）2014.10

表紙写真解説 守り伝えよう京都の文化財 助成文化財紹介―西明寺 客殿「会報」 京都市文化観光資源保護財団　（111）2014.11

第38回地名フォーラム報告 発表1 八幡信仰と地名伝承（石田天祐）/発表2 丹波式内社による猿楽の考察（櫻井雅子）/発表3 京都手誌行政史料の活用について（大野政男）「都藝泥布 ： 京都地名研究会会報」［京都地名研究会事務局］（48）2014.11

武蔵野の弁財天と京都の地蔵信仰（特集 天部の石造物）（殿南直也）「日本の石仏」 日本石仏協会，青娥書房（発売）（152）2014.12

京都祇園祭の山鉾行事

祇園祭の鉾（田中義広）「まつり通信」 まつり同好会　37（7）通号437　1997.7

1枚の写真―祇園祭山鉾巡行 文化財ア・ラ・カルト「京都市文化財だより」 京都市文化観光局文化部　30　1998.10

祇園祭山鉾連合会を支える心（深見茂）「会報」 京都市文化観光資源保護財団　（83）2002.7

「祇園祭の山鉾」（京都祇園会 十七日山鉾ノ図 上より）「総合資料館だより」 京都府立総合資料館，京都府立総合資料館友の会　（144）2005.7

祇園祭・山鉾巡行と曳き手ボランティア―特に保昌山を中心にして（米田幸寿）「まつり通信」 まつり同好会　49（3）通号541　2009.05

京都市文化財ブックス第25集『写真でたどる祇園祭山鉾行事の近代』が発刊されました「会報」 京都市文化観光資源保護財団　（101）2011.07

口絵写真解説 祇園祭後祭復活と大船鉾復興（中西亨）「史迹と美術」 史迹美術同攷会　84（7）通号847　2014.38

祇園祭山鉾町における町会所の形態の変化―高度経済成長期以降を中心に（研究ノート）（佐藤弘隆）「京都民俗 ： 京都民俗学会会誌」 京都民俗学会　（32）2014.11

京都御苑

京都御苑から公家屋敷の能舞台発見（出雲路敬直）「上京・史蹟と文化」 上京区民ふれあい事業実行委員会　17　1999.10

京都五山

「大文字の送り火」考（小松勝記）「秦史談」 秦史談会　（141）2007.9

表紙写真解説 守り伝えよう京都の文化財 助成文化財紹介―京都五山送り火 船形万燈籠送り火「会報」 京都市文化観光資源保護財団　（110）2014.07

京都御所

京都御所ゆかりの至宝（「たより」124～159号寄稿文）（永田宏）「ひがし」 東区郷土史研究会　（12）2012.06

市外探訪 京都御所・仁和寺など（平成二十五年度文化財現地探訪報告）（塩見興一郎）「ふるさと山口」 山口の文化財を守る会　（35）2014.06

京都市

都市民俗学の現場から（山路興造）「会報」 京都市文化観光資源保護財団　75　1998.7

宮座における組織と儀礼との相互連関―京都市北部の事例より（政岡伸洋）「宮座研究」 宮座研究会　（3）1998.11

番匠儀式の伝承保存会30年を迎えて（橋本貞澄）「会報」 京都市文化観光資源保護財団　76　1998.11

京都市城における埋納（祭祀）遺構の集成（久世康博）「研究紀要」 京都市埋蔵文化財研究所　5　1999.3

文化財ア・ラ・カルト（32）延喜式内社（北田栄造）「京都市文化財だより」 京都市文化観光局文化部　32　1999.10

行く夏を惜しむ民俗行事（山路興造）「京都市文化財だより」 京都市文化観光局文化部　33　2000.6

市内の松上げ行事「京都市文化財だより」 京都市文化観光局文化部　33　2000.6

京の火祭（宇野日出生）「会報」 京都市文化観光資源保護財団　80　2000.11

世紀を結んだ送り火（斎藤進）「会報」 京都市文化観光資源保護財団　81　2001.6

調査報告 京都市内の愛宕燈籠について（吉field昭三）「あたごさん ： 京都愛宕研究会会報」 京都愛宕研究会　（2）2006.5

京の里の古仏―行基の心が流れる（井上正）「会報」 京都市文化観光資源保護財団　（92）2006.11

御霊神社境内の採集遺物（資料紹介）（前田義明）「研究紀要」 京都市埋蔵文化財研究所　（10）2007.3

京都市内の愛宕燈籠について（2）（調査報告）（吉田昭三）「あたごさん ： 京都愛宕研究会会報」 京都愛宕研究会　（3）2007.5

京都市出土の備前焼―16・17世紀を中心に（《備前歴史フォーラム 備前と茶陶―16・17世紀の変革》）（熊芝勉）「備前市歴史民俗資料館紀要」 備前市歴史民俗資料館　（9）2007.10

京のまつりと水の信仰（八木透）「会報」 京都市文化観光資源保護財団　（97）2009.06

伝統行事・芸能功労者に聞く 後継者に伝えたいこと。望むこと。「会報」 京都市文化観光資源保護財団　（101）2011.07

特集 京の近堂仏堂（4）近代社寺建築を支えた大工道具（清水一徳）「会報」 京都市文化観光資源保護財団　（106）2013.03

京都市中心部における伝統行事の運営システム（研究ノート）（野口奈那）「京都民俗 ： 京都民俗学会会誌」 京都民俗学会　（30・31）2013.11

木造阿弥陀如来坐像 石清水八幡宮行願院［阿弥陀堂］元安置 京都市誓願寺蔵（金森徳雄）「ふるさと」 八幡市郷土史会　（29）2014.12

京都七福神

京都七福神巡り（第2回）を終えて（岸本正理）「山崎郷土会報」 山崎郷土研究会　98　2001.9

京都忠霊塔

京都忠霊塔と霊山観音―東山・霊山山麓における戦死者祭祀をめぐって（研究ノート）（橘尚彦）「京都民俗 ： 京都民俗学会会誌」 京都民俗学会　通号28　2011.03

京都の六斎念仏

小学校における京都中堂寺六斎念仏教材化の試み（《特集 私の日本音楽授業実践報告》）（藤田加代）「民俗音楽研究」 日本民俗音楽学会　（28）2003.3

京都の六斎念仏（橋本治夫）「会報」 京都市文化観光資源保護財団　（87）2004.5

執行規制からみた近世京都の六斎念仏（本多健一）「京都民俗 ： 京都民俗学会会誌」 京都民俗学会　通号26　2009.03

京都 吉祥院六斎念仏 菅原組（吉川祐子）「月刊通信ふるさとの民俗を語る会」 民俗文化研究所　（35）2010.04

駿河の六斎念仏と上鳥羽橋上鉦講の六斎（吉川祐子）「月刊通信ふるさとの民俗を語る会」 民俗文化研究所　（87）2014.08

京都府

新指定文化財の紹介 木造阿弥陀如来及両脇侍坐像「文化財報」 京都府文化財保護基金　97　1997.5

御斎会と男踏歌との関係について（菅原嘉孝）「史聚」 史聚会，岩田書院
（発売）（31）1997.6

冷泉家の乞巧奠―七夕祭の史料を中心に（藤本孝一）「文化財報」 京都府
文化財保護基金 98 1997.8

京都府における野鍛冶の地域的構成（1874～1940年）―『農具便利論』
の『其処の鍛冶』をめぐって（河島一仁）「京都地域研究」 京都地域研
究会 12 1997.9

京都府南部の「力石」（高島慎助）「京都民俗 ： 京都民俗学会会誌」 京
都民俗学会 通号15 1997.12

文書閲覧室から（39）明治初期に廃寺となった寺の調査について「総合
資料館だより」 京都府立総合資料館，京都府立総合資料館友の会
114 1998.1

端午の飾り「総合資料館だより」 京都府立総合資料館，京都府立総合資
料館友の会 115 1998.4

京都府の鬼（中野譲）「六甲倶楽部報告」 六甲倶楽部 47 1998.12

宮中のお正月神事（沼辺春友）「みつミ祢山」 三峯神社社務所 163
1999.1

レファレンス・コーナー 七福神「総合資料館だより」 京都府立総合資
料館，京都府立総合資料館友の会 118 1999.1

皇極年2年10月の童謡への接近付 京のわらべうた・民謡文献目録（中川
正己）「資料館紀要」 京都府立総合資料館 通号27 1999.3

レファレンスコーナー 節分と鬼「総合資料館だより」 京都府立総合資
料館，京都府立総合資料館友の会 119 1999.4

山口幸洋著「椿の局の記」（新刊紹介）（富山昭）「静岡県民俗学会誌」 静
岡県民俗学会 21 2000.12

源三位頼政「鵺退治」と郎従・猪早太考（中野貢）「伊豆の郷土研究」 田
方地域文化財保護審議委員会連絡協議会 26 2001.3

室町時代の公家の生活文化―「言継卿記」に見る音楽活動（村田靖哲）
「鎌倉」 鎌倉文化研究会 92 2001.6

憑依する狐―平安朝の事例を中心として（酒向伸行）「御影史学論集」 御
影史学研究会 通号26 2001.10

平安時代初期における年中行事・儀式整備の政治的意義（森川修一）「高
円史学」 高円史学会 （17）2001.10

渡辺党古系図と『平家物語』「鵺」説話の源流（上）（佐々木紀一）「米沢
史学」 米沢史学会（山形県立米沢女子短期大学日本史学科内）（18）
2002.12

豊饒の井戸―糞尿と稲の儀礼（岩松保）「京都府埋蔵文化財情報」 京都府
埋蔵文化財調査研究センター 93 2004.9

文献課の窓から 糞虫の工芸品について「総合資料館だより」 京都府立
総合資料館，京都府立総合資料館友の会 141 2004.10

ヨーロッパ歳時記と平安朝の年中行事（山中裕）「弘前大学国史研究」 弘
前大学国史研究会 （118）2005.3

七月相撲節会の儀式と作法について―小野宮・九条両流の比較検討（菅
原嘉孝）「風俗史学 ： 日本風俗史学会誌」 日本風俗史学会 （30）
2005.3

渡辺綱の牛鬼退治説話の周辺（澤田文夫）「近畿民俗 ： 近畿民俗学会会
報 ： Bulletin of the Folklore Society of Kinki」 近畿民俗学会
（171・172）2005.5

駒牽の貢上数と焼印に関する一考察―『新撰年中行事』の記載を中心に
（佐藤健太郎）「史泉 ： historical & geographical studies in Kansai
University」 関西大学史学・地理学会 （102）2005.7

古墳時代後期における葬送儀礼の実際（岩松保）「京都府埋蔵文化財情
報」 京都府埋蔵文化財調査研究センター （99）2006.3

天皇践祚と即位について（高橋義昭）「柏崎・刈羽」 柏崎刈羽郷土史研究
会 （34）2007.4

歴史資料課の窓から 行政文書に見る京都 陵墓管理と京都府（福島幸宏）
「総合資料館だより」 京都府立総合資料館，京都府立総合資料館友の
会 （154）2008.1

お火焚き祭り（西村彦次）「会報」 大阪歴史懇談会 25（3）通号283
2008.3

京都府近代和風建築総合調査（清水重敦）「奈文研ニュース」 奈良文化
財研究所 （28）2008.3

「源氏物語」の年中行事通過儀礼について（山中裕）「史聚」 史聚会，岩
田書院（発売）（41）2008.3

正月の行事食―歯固の儀「総合資料館だより」 京都府立総合資料館，京
都府立総合資料館友の会 （158）2009.01

京都府「四百年前社寺建物取調書」と京田辺の古社寺（太田文代）「筒城」
京田辺市郷土史会 （54）2009.03

十月残菊の宴の儀式について（菅原嘉孝）「史聚」 史聚会，岩田書院（発
売）（42）2009.05

近代京都における建築の継承と復古―京都府近代和風建築総合調査から
「奈良文化財研究所紀要」 奈良文化財研究所 2009 2009.06

歴史資料課の窓から 家出と伊勢参り―古久保家文書「町代日記」から
（辻真澄）「総合資料館だより」 京都府立総合資料館，京都府立総合資
料館友の会 （160）2009.07

仏足石巡拝記（2）続奈良県・京都府・続京都府（関口渉）「野仏 ： 多摩
石仏の会機関誌」 多摩石仏の会 40 2009.08

仏足石巡拝記（3）―続京都府・続奈良県・愛知県（関口渉）「野仏 ： 多摩
石仏の会機関誌」 多摩石仏の会 41 2010.08

摂関期の書院祿祭料と王朝国家の財政構造―「小右記」を中心に（下向
井龍彦）「九州史学」 九州史学研究会 （156）2010.09

大臣大饗と太政官（渡邊誠）「九州史学」 九州史学研究会 （156）2010.
09

歴史のしおり「宮中の官女から農家の女性に―左義長羽子板の変容―」
（三田村佳子）「The amuseum」 埼玉県立歴史と民俗の博物館 6
（3）通号18 2012.03

京のまつりと行事（1）―京の茅の輪くぐりについて（橋本章）「朱雀 ：
京都文化博物館研究紀要」 京都府京都文化博物館 24 2012.03

踏歌後宴の儀式とその本質について（菅原嘉孝）「史聚」 史聚会，岩田書
院（発売）（45）2012.03

骨を晒し，集め置くこと（上），（下）―棺と玄室の理解に向けて（岩松保）
「京都府埋蔵文化財情報」 京都府埋蔵文化財調査研究センター
（119）/（120）2012.12/2013.03

表紙 宗廟朝廷之礼「御座之間御殿暇之図」32.0×43.5cm「蓬左」 名古
屋市蓬左文庫 （86）2013.03

鉄磐考―祈りのひびき（関広尚世）「京都府埋蔵文化財情報」 京都府埋蔵
文化財調査研究センター （120）2013.03

京のまつりと行事（2）―京のお火焚きについて（橋本章）「朱雀 ： 京都
文化博物館研究紀要」 京都府京都文化博物館 25 2013.03

尊星王法における信仰―「殿暦」にみられる祈願を中心に（植野加代子）
「御影史学論集」 御影史学研究会 （38）2013.10

表紙「歳旦祝寿」「菓子考」（歳旦祝寿）「総合資料館だより」 京都府立
総合資料館，京都府立総合資料館友の会 （178）2014.01

ひさご形土製品考―塔のいのり（関広尚世）「京都府埋蔵文化財情報」 京
都府埋蔵文化財調査研究センター （123）2014.03

摂関家九条流における「氏寺」の継承と相論（樋口健太郎）「神戸大学史
学年報」 神戸大学史学研究会 （29）2014.06

京の六地蔵

新発見！ 京の六地蔵巡り（吉川祐子）「月刊通信ふるさとの民俗を語る
会」 民俗文化研究所 （89）2014.10

京町

京町の影物師相野について（補遺）（塩見昭吾）「史談福智山」 福知山史
談会 （569）1999.8

塩見昭吾氏発表 京町の影物師 相野についての補遺（嵐光澂）「史談福智
山」 福知山史談会 （667）2007.10

玉泉寺

「玉泉寺縁起」について（吉田清）「丹波」 丹波史談会 2 2000.8

清水寺

清水寺を訪ねて（山本美千子）「大内文化探訪 ： 会誌」 大内文化探訪会
20 2002.2

「清水寺参詣曼荼羅」の空間構成―〈塔〉が果たす役割（上野友愛）「絵解
き研究」 絵解き研究会 （22）2009.03

清水寺及び広隆寺を訪ねて（松浦孝昇）「文化財協会報」 善通寺市文化財
保護協会 （31）2012.03

高田松原の流木が清水寺の大日如来像に―縁は異なもの味なもの（松坂
定മ）「歴史懇談」 大阪歴史懇談会 （26）2012.08

泰産寺と清水寺―子安観音の由来を中心に（鬼頭尚義）「宗教民俗研究」
日本宗教民俗学会 （21・22）2013.01

美術館企画展示室 寛永再建三百八十年記念京都清水寺展（仲里なぎさ）
「はくび通信 ： 沖縄県立博物館・美術館広報誌」 沖縄県立博物館
（7）2013.10

泰産寺

泰産寺と清水寺―子安観音の由来を中心に（鬼頭尚義）「宗教民俗研究」
日本宗教民俗学会 （21・22）2013.01

金閣寺

西園寺四十五尺曝布瀧と北山七重塔（上）―金閣寺境内における所在に
ついて（東洋一）「研究紀要」 京都市埋蔵文化財研究所 7 2001.3

銀閣寺

中世河原者の庭づくりについて―銀閣寺（慈照寺）庭園を中心に（上），
（下）（上杉聡）「リベラシオン ： 人権研究ふくおか」 福岡県人権研究
所 （151）/（152）2013.09/2013.12

咋岡神社

飯岡咋岡神社社家文書「筒城」 京田辺市郷土史会 （56）2011.03

口丹波

《特集 社寺の由緒・縁起沿革》「丹波史談」 口丹波史談会 1996・1997

近畿　　　　郷土に伝わる民俗と信仰　　　　京都府

年度　1997.8
日吉神社略史（遠山泰之）「丹波史談」 口丹波史談会　1996・1997年度
1997.8
『文覚禅寺之縁起』について（川端秀昭）「丹波史談」 口丹波史談会
1996・1997年度　1997.8
蓮如上人と光瑞寺（小畑弘）「丹波史談」 口丹波史談会　1996・1997年
度　1997.8
同族集団の構造と社会的機能―口丹波の株を事例に（大野啓）「日本民俗
学」 日本民俗学会　通号221　2000.2
口丹波地方に残る文覚伝承（浪谷英一）「丹波史談」 口丹波史談会
（17）2000.3
氏神（鎮守社）と出村者（遠山泰之）「丹波史談」 口丹波史談会　（142）
2005.1
丹波（口丹波）の農耕文化の考察（中西俊一）「丹波」 丹波史談会　（11）
2009.10

国見観音
京都府山城町の国見観音石仏について（六鳥居総夫）「史迹と美術」 史迹
美術同攷会　69（5）通号695　1999.6

熊野街道
「熊野街道」ぶらり散策住吉東から遠里小野まで（三村正臣）「大阪春秋」
新風書房　31（1）通号110　2003.3

久美浜
資料紹介 久美浜を中心とする京丹後の仏教彫像―おもに新出遺品につ
いての調査概報（関根俊一）「日本文化史研究」 帝塚山大学奈良学総
合文化研究所　（39）2008.3

久美浜町
丹後久美浜町の石造美術（篠原良吉）「史迹と美術」 史迹美術同攷会
71（7）通号717　2001.8

鞍馬
中世の鞍馬参詣にみる宿坊の一形態―寺院と人々をつなぐもの（野地秀
俊）「鷹陵史学」 鷹陵史学会　（35）2010.03

鞍馬蓋寺
狩野元信の鞍馬蓋寺縁起絵巻について―新出の毛利家模本に関連して
（相沢正彦）「神奈川県立博物館研究報告.人文科学」 神奈川県立歴史
博物館　（26）2000.3

鞍馬寺
鎌倉彫刻考（2）大報恩寺・鞍馬寺の鎌倉彫刻―肥後定慶（山本謙治）「近
畿文化」 近畿文化会事務局　595　1999.6
鞍馬寺凝灰岩宝塔の系譜 四国讃岐の宝塔との関連性（森章）「史迹と美
術」 史迹美術同攷会　69（7）通号697　1999.8
中世後期における鞍馬寺参詣の諸相―都市における寺社参詣の一形態（野
地秀俊）「京都市歴史資料館紀要」 京都市歴史資料館　（18）2001.3
鞍馬寺と信仰―室町期の公家の日記を中心に（片山由美子）「史園　：
Sonoda's journal of history and folk studies」 園田学園女子大学歴
史民俗学会　6　2005.10

鞍馬山
鞍馬山の天狗とウチハ（伊ραμ好文）「あわじ　：　淡路地方史研究会会誌」
淡路地方史研究会　（29）2012.01

栗田口
栗田焼の宝山銘（上）,（下）（村上泰昭）「史迹と美術」 史迹美術同攷会
74（3）通号743/74（4）通号744　2004 3/2004.5

慶照寺
多々羅極楽寺・上村慶照寺の圓光大師（法然上人）二十五霊場の扁額を
めぐって（村上泰昭）「筒城」 京田辺市郷土史会　（57）2012.03

京北
花背・京北の古寺（田中嗣人）「近畿文化」 近畿文化会事務局　645
2003.8
京北の歴史伝説に由来する地名（山村安郭）「丹波」 丹波史談会　（9）
2007.10

京北町
口絵 旧京北町の石造美術（比賀江旧墓地無縫塔、八坂神社前板碑、八坂
神社石垣阿弥陀仏と石文）/平成23年9月例会 奥琵琶湖の湊と周辺の文
化財を訪ねる「史迹と美術」 史迹美術同攷会　82（6）通号826
2012.06

京洛
京洛で購われた大般若経―楽音寺大般若経のうち応永25年銘経について
（加増啓二）「広島県立歴史博物館研究紀要」 広島県立歴史博物館
（5）2000.7

建仁寺
瑞龍寺・大乗寺・妙成寺伽藍からみた建仁寺流の特質（前）～（後）―北
陸における禅宗様の浸透（桜井敏雄）「市史かなざわ」 金沢市　8/10
2002.3/2004.3
平成14（2002）年度 建仁寺久昌院の建築及び障壁画の調査研究報告（永
井規男、山岡泰造、中谷伸生、建仁寺久昌院調査研究班）「関西大学博
物館紀要」 関西大学博物館　9　2003.3
平成15（2003）年度 建仁寺護国院の建築及び障壁画の調査研究報告（永
井規男、山岡泰造、中谷伸生、建仁寺護国院調査研究班）「関西大学博
物館紀要」 関西大学博物館　10　2004.3
平成16（2004）年度 建仁寺護国院の建築及び障壁画の調査研究報告（永
井規男、山岡泰造、中谷伸生、長谷洋一）「関西大学博物館紀要」 関
西大学博物館　11　2005.3
平成17（2005）年度 妙心寺及び建仁寺の調査報告書まとめ（永井規男,
山岡泰造、中谷伸生、長谷洋一、妙心寺・建仁寺調査研究班）「関西大
学博物館紀要」 関西大学博物館　12　2006.3
府指定文化財の紹介（表紙解説）建仁寺法堂「文化財レポート」 京都文
化財団　（24）2011.03

皇后宮
「皇后宮」木簡と起請文祭祀（濱修）「紀要」 滋賀県文化財保護協会
（27）2014.03

高山寺
高山寺石水院（五所堂）再考（杉山信三）「史迹と美術」 史迹美術同攷会
67（1）1997.1
高山寺遺香庵の建築と露地（下）―近代の茶室評価についての試論（矢ヶ
崎善太郎）「史迹と美術」 史迹美術同攷会　70（4）通号704　2000.5
高山寺蔵『宿曜占文抄』の伝記史料（遠藤慶太）「史料 ： 皇學館大学研
究開発推進センター史料編纂所報」 皇學館大學研究開発推進セン
ター史料編纂所　（218）2008.12

興正寺
史料紹介 興正寺本「私心記」について（大原実代子）「加能史料研究」
石川県地域史研究振興会　（20）2008.3
図書紹介 平田厚志編『彦根藩井伊家文書 浄土真宗異義相論―「承応の
○○」を発端とする本願寺・興正寺一件史料』（ジュローム, デュコー
ル, 平田思「訳」）「日本宗教文化史研究」 日本宗教文化史学会　13
（1）通号25　2009.05
興正寺と近世の教団秩序―本願寺教団における本末関係をめぐって（大
原誠）「日本宗教文化史研究」 日本宗教文化史学会　13（2）通号26
2009.11

興聖寺
宇治興聖寺禅僧奥龍玄楼について（大熊隆治）「三田史談」 三田市郷土文
化研究会　（23）2003.5
宇治の建築―宇治上神社、宇治神社、興聖寺、平等院（矢ヶ崎善太郎）
「近畿文化」 近畿文化会事務局　（725）2010.04

光徳寺
杉村光徳寺文書を読む（研究ノート）（浅井義久）「丹波」 丹波史談会
（15）2013.10

光福寺
『蔵王堂光福寺縁起』（1）（2）（古文書部会）「乙訓文化」 乙訓の文化遺産
を守る会　53　2000.3
空飛ぶ鉢―浄蔵の飛鉢説話成立背景をめぐって（嶺岡美見）「御影史学論
集」 御影史学研究会　通号31　2006.10

光明寺
丹波光明寺・照福寺・大福光寺（丸山貞）「史迹と美術」 史迹美術同攷会
76（4）通号764　2006.5

高良社
石清水八幡宮門前町における摂社高良社と太鼓祭り（竹中友里代）「洛北
史学」 洛北史学会　（14）2012.06

興隆寺
雞冠井興隆寺石碑のこと（吉武一貞）「乙訓文化」 乙訓の文化遺産を守る
会　（81）2013.09

広隆寺
広隆寺旧境内と北野廃寺跡 京都の遺跡を読む（13）「京都市文化財だよ
り」 京都市文化観光局文化部　27　1997.5
山背嵯峨野の基層信仰と広隆寺仏教の発生―古代的心性における治水と
樹木伐採（北條勝貴）「日本宗教文化史研究」 日本宗教文化史学会　3
（1）通号5　1999.5
京都・太秦の広隆寺参拝（広谷喜十郎）「秦史談」 秦史談会　122
2004.7
山背の古道を地名から探る―広隆寺を通過する「斜めの道」の存在（片

平博文)「地名探究」 京都地名研究会 （8） 2010.3

清水寺及び広隆寺を訪ねて(松浦孝昇)「文化財協会報」 善通寺市文化財保護協会 （31） 2012.03

極楽寺

多々羅極楽寺・上村慶照寺の圓光大師(法然上人)二十五霊場の扁額をめぐって(村上泰昭)「筒城」 京田辺市郷土史会 （57） 2012.03

国立民族学博物館

国立民族学博物館の太鼓台(1),(2)―その武者絵幕(加地和夫)「新居浜史談」 新居浜郷土史談会 284/285 1999.4/1999.5

五山

室町期詩画軸制作における五山僧の役割について(竹田和夫)「新潟史学」 新潟史学会 （54） 2005.10

御所

千年の古都御所参観のおもいで(中本周子)「油谷のささやき」 油谷町郷土文化会 18 2000.3

木島神社

第997回例会 木島神社と嵐電沿線の文化財(矢ヶ崎善太郎)「史迹と美術」 史迹美術同攷会 84(8)通号848 2014.09

籠神社

籠神社古鳥居跡調査について(中嶌隆太郎)「太邇波考古」 両丹考古学研究会 （27） 2009.06

籠神社の籠について(黄當時)「地名探究」 京都地名研究会 （9） 2011.

「西の出雲、東の若狭」の意味―元伊勢籠神社をめぐる王祇神構造の展開(大江良松)「山形民俗」 山形県民俗研究協議会 （25） 2011.11

五番町

俗曲考―花街五番町の元芸伎よりの聞き取り(森雅樹)「朱雀 : 京都文化博物館研究紀要」 京都府京都文化博物館 19 2007.3

小牧

研究発表 観音寺六十六部、小牧・上野条廻国塔について(塩見昭吾)「史談福智山」 福知山史談会 （644） 2005.11

高麗寺

高麗寺の発見と調査(上),(中)(中津川敬朗)「やましろ」 城南郷土史研究会 （22）/（24） 2008.5/2010.10

山城国高麗寺と栄常法師のこと(特別寄稿)(碇靖彦)「Sala : 歴史民俗誌」 常民学舎 （47） 2010.02

駒止地蔵

京都の駒止地蔵(殿南直也)「日本の石仏」 日本石仏協会, 青蛾書房(発売) 通号92 1999.12

御霊神社

16世紀京都における御霊社・御霊祭の考察―都市空間との関係に着目して(本多健一)「歴史地理学」 歴史地理学会, 古今書院(発売) 55(2)通号264 2013.03

金戒光明寺

くろ谷 金戒光明寺について―会津と京都のかかわり(橋本周現)「文化財レポート」 京都文化財団 （26） 2013.3

金剛王院

鳥取市歴史博物館所蔵「理性院・金剛王院等相承血脈次第」(資料紹介)(石井伸宏)「鳥取地域史研究」 鳥取地域史研究会 （14） 2012.02

金光寺

時宗七条道場金光寺旧蔵「御綸旨参内控集」(承前)(古賀克彦)「社寺史料研究」 社寺史料研究会, 岩田書院(発売) 6 2004.3

「近侍者記録」に見る天保年間の番場・天童関係記事 付・天明元年の市屋金光寺関係記事と新女院侯来山記事(史料紹介)(古賀克彦)「寺と民衆」 民衆宗教史研究会 3 2014.03

史料紹介 七條道場金光寺近世文書(七條道場記録・学寮條目)について(秋山富男, 高野修)「藤沢市史研究」 藤沢市文書館 （47） 2014.03

口絵説明 京都七条道場金光寺の記録「藤沢市史研究」 藤沢市文書館 （47） 2014.03

金剛童子神社

社寺探訪(13) 上弓削 金剛童子神社(米津忠男)「京北の文化財」 京北町文化財を守る会 （48） 2002.3

金剛流能楽堂

金剛流能楽堂の落成(磯野浩光)「文化財レポート」 京都文化財団 12 2004.1

金胎寺

銭弘俶八万四千塔の伝世についての新知見―京都・金胎寺塔と大阪・来

迎寺塔(論考)(服部敦子)「日本文化史研究」 帝塚山大学奈良学総合文化研究所 （45） 2014.03

金福寺

金福寺と村山たか(加藤昌幸)「史友」 東京史蹟史談会 8 2001.2

金宝寺

古文書調査記録集「金宝寺の謎に迫る」発刊にあたり(株本章)「潮待ちの館資料館だより」 福山市鞆の浦歴史民俗資料館 28 2002.1

金連寺

新出史料紹介 時宗四条派本山金連寺歴代記(古賀克彦)「時衆文化」 時衆文化研究会, 岩田書院(発売) （1） 2000.4

西院河原

『西院河原地蔵和讃』の唱導―勧化本『西院河原口号伝』を中心として(渡浩一)「日本宗教文化史研究」 日本宗教文化史学会 9(1)通号17 2005.5

西福寺

越前、京都地方史跡文化財探訪 一条谷から丸岡城・西福寺へ(堀沢重年)「夜豆志呂」 八代史談会 123 1997.1

西法寺

聖覚忌の源氏供養講式 京都市 安居院西法寺(吉川祐子)「月刊通信ふるさとの民俗を語る会」 民俗文化研究所 （72） 2013.05

西明寺

京都・西明寺所蔵阿弥陀三尊像について―新出の朝鮮・明宗期の金泥仏画(永井洋之)「元興寺文化財研究」 元興寺文化財研究所 （86） 2005.1

嵯峨

帝塚山大学図書館蔵『江戸道中記』『嵯峨名所』『奈良大乗院家南院資料』について(3)(史料紹介)(中根麻貴)「奈良学研究」 帝塚山大学奈良学総合文化研究所 （15） 2013.02

嵯峨御所

片貝古文書紹介嵯峨御所「心経殿」について(吉井和夫)「小千谷文化」 小千谷市総合文化協会『小千谷文化』編集委員会 （180） 2005.7

嵯峨大念仏狂言

表紙写真解説 守り伝えよう京都の文化財 助成文化財の紹介―嵯峨大念仏狂言 伝承される演技「会報」 京都市文化観光資源保護財団 （108） 2013.11

相楽

相楽木綿とその絣文様―色糸縞絣木綿の研究(山本菜穂)「やましろ」 城南郷土史研究会 （24） 2010.10

嵯峨念仏

嵯峨念仏狂言(田中義広)「まつり通信」 まつり同好会 40(6)通号472 2000.5

嵯峨野

山背嵯峨野の基層信仰と広隆寺仏教の発生―古代的心性における治水と樹木伐採(北條勝貴)「日本宗教文化史研究」 日本宗教文化史学会 3(1)通号5 1999.5

左京

左京音頭に思う(沢田和也)「左京文化」 左京区ふれあい事業実行委員会・文化部会 22 2000.6

「左京音頭」にこめる思い(佐々木龍夫)「左京文化」 左京区ふれあい事業実行委員会・文化部会 22 2000.6

三十三間堂

三十三間堂創建説話と因幡堂(中前正志)「日本宗教文化史研究」 日本宗教文化史学会 3(1)通号5 1999.5

六波羅と三十三間堂(赤川一博)「近畿文化」 近畿文化会事務局 （762） 2013.05

讃州寺

鷹峰・讃州寺と讃州寺町(上京区)(網本逸雄)「宗教民俗研究別報」 日本宗教民俗学会 （25） 2008.3

産寧坂

第34回京都地名フォーラム案内 上ルドルのまち京都が危機！―通り名表記は時代に不適合なのか(黒田正子)/井出寺と橘諸兄(茨木敏仁)/「三年坂(産寧坂)」考―伝承と地名(糸井通浩)「都藝泥布 : 京都地名研究会会報」[京都地名研究会事務局] （41） 2012.07

第34回京都地名フォーラム報告 発表1 上ルドルのまち京都が危機！―通り名表記は時代に不適合なのか(黒田正子)/発表2 井出寺と橘諸兄(茨木敏仁)/発表3 「三年坂(産寧坂)」考―伝承と地名(糸井通浩)「都藝泥布 : 京都地名研究会会報」[京都地名研究会事務局] （42） 2012.12

近畿　　　　　　　　　　　郷土に伝わる民俗と信仰　　　　　　　　　　　京都府

三年坂（産寧坂）考—伝承と地名（糸井通浩）「地名探究」 京都地名研究会 （11） 2013.4

三会院

口絵 「三会院重書案」のうち、春屋妙葩・清谿通徹等連署状（真鍋淳哉）「市史研究横須賀」 横須賀市総務部 （13） 2014.03

三宝院

海野文書「三宝院御門跡御通行ニ付控 文化元年子八月五日」について（海野猪一郎）「熊野誌」 熊野地方史研究会 44 1998.12

旧武蔵国足立郡玉蔵院と醍醐寺三宝院との接点をめぐって—「関東真言宗」と呼ばれた寺院を考えるために（高橋千恵）「文化財研究紀要」 東京都北区教育委員会 12 1999.3

修験道と大辺路街道—三宝院の峰入り行列が残した足跡（中橋譲）「有田：歴史と民俗」 有田の歴史と民俗を調べる会 （10） 2000.10

三宝院の庭園（史蹟を尋ねて緑の旗は行く）（丸山俊一）「伊那」 伊那史学会 58（12）通号991 2010.12

中世後期の真言宗僧団における三宝院門跡—東寺長者の検討を通じて（西尾知己）「仏教史学研究」 仏教史学会 55（2） 2013.03

当山派と吉野一棟梁三宝院門跡の行場管理から（大峯山特集）（関口真規子）「山岳修験」 日本山岳修験学会，岩田書院（発売）（52） 2013.10

三宝院門跡

覚え書き（2） 近世の王子社と九十九王子社参詣—聖護院門跡と三宝院門跡の軌跡（桑原康宏）「紀南・地名と風土研究会会報」 紀南・地名と風土研究会 （52） 2013.11

三明院

社寺探訪（4） 塔三明院（大西政雄）「京北の文化財」 京北町文化財を守る会 （38） 1997.3

鹿ケ谷

私達の左京の歴史を尋ねる（17）—鹿ケ谷の新興宗教弾圧（2）（井上幸俊）「左京文化」 左京区ふれあい事業実行委員会・文化部会 18 1997.3

四条

四条道場芝居考（川端咲子）「芸能史研究」 芸能史研究会 （159） 2002.10

慈照寺

国宝慈照寺銀閣（平成21年度発掘調査略報）（引原茂治）「京都府埋蔵文化財情報」 京都府埋蔵文化財調査研究センター （111） 2010.03

中世河原者の庭づくりについて—銀閣寺（慈照寺）庭園を中心に（上），（下）（上杉聰）「リベラシオン ： 人権研究ふくおか」 福岡県人権研究所 （151）/（152） 2013.09/2013.12

実相院

都七福神巡りと岩倉実相院詣り（研修部）「山崎郷土会報」 山崎郷土研究会 97 2001.4

篠村八幡宮

口丹波・篠村八幡宮と左義長祭（米田幸寿）「まつり通信」 まつり同好会 48（2）通号534 2008.3

島原

財団設立20周年記念祝福舞「三番叟」上演のご報告/島原「蕪村忌」大会句 開催のご報告/消防訓練実施/「角屋の文化講座」開催のお知らせ「角屋だより」 （財）角屋保存会 （74） 2010.02

島原 太夫の衣裳 私考（切畑健）「角屋研究 ： 調査研究報告書」 角屋保存会角屋饗宴・もてなしの文化研究所 （20） 2011.3

昭和の島原、太夫道中のひととき—高浜虚子「島原の太夫の道中」記事紹介（青木亮人）「角屋研究 ： 調査研究報告書」 角屋保存会角屋饗宴・もてなしの文化研究所 （21） 2012.5

下鴨神社

下鴨神社・同志社大学の建築群と京都御苑の史跡（矢ヶ崎善太郎）「史迹と美術」 史迹美術同攷会 71（8）通号718 2001.9

下鴨神社の御蔭祭り（大島建彦）「西郊民俗」 西郊民俗談話会 （183） 2003.6

神饌としての唐菓子—下鴨神社を中心に（嵯峨井建）「和菓子」 虎屋虎屋文庫 （12） 2005.3

御蔭祭—神のお迎えの神事「総合資料館だより」 京都府立総合資料館，京都府立総合資料館友の会 （163） 2010.04

下京

渉成園と下京の古寺（矢ヶ崎善太郎）「史迹と美術」 史迹美術同攷会 75（10）通号760 2005.12

下佐々木

三岳下佐々木の宝篋印塔と中世墓（崎山正人）「史談福智山」 福知山史談会 （739） 2013.10

下野寺

講演抄録 下野薬師寺と平城京下野寺（森郁夫）「栃木県考古学会誌」 栃木県考古学会 27 2006.6

下古川

下古川のボンタタキ（三輪京子）「まつり通信」 まつり同好会 45（6）通号520 2005.11

修学院離宮

仙洞御所・桂離宮・修学院離宮（「たより」124～159号寄稿文）（西野鏡子）「ひがし」 東区郷土史研究会 （12） 2012.1

周山廃寺

周山廃寺考（1），（2）（津原勇）「京北の文化財」 京北町文化財を守る会 （38）/（39） 1997.3/1997.8

修徳学区

第19回地名フォーラム報告（京のキリシタン史跡・地名 山嵜泰正氏/考古学と地名 永田信一氏/修徳学区の歴史地名 小西宏之氏）「都藝泥布 ： 京都地名研究会会報」 「京都地名研究会事務局」 （22） 2007.11

朱智社

竹取物語ゆかりの筒木について 朱智社の飛天と筒木の絹織物—多々羅は、日本初の養蚕飼育所（小泉芳孝）「筒城」 京田辺市郷土史会 （53） 2008.3

朱智神社

京田辺市近世近代資料拾遺（2） 牛頭天王社（朱智神社）修理願書/御祈禱諸願帳控/祓文手控「筒城」 京田辺市郷土史会 （55） 2010.03

寿宝寺

山本寿宝寺の改築の歩み（郷土史会出版部会）「筒城」 京田辺市郷土史会 43 1998.3

聚楽第

天正十九年の聚楽第御前演奏（山本敬久）「房総史学」 国書刊行会 （44） 2004.3

聚楽第行幸と武家権力—三河本願寺教団への材木京上賦課の検討から（水野智之）「安城市史研究」 安城市 6 2005.3

聖護院

聖護院献上鱧の道中（南波睦人）「伯耆文化研究」 伯耆文化研究会 （2） 2000.11

近代における大峰の入峰ルート—戦前期の聖護院の入峰を中心に（小田匡保）「山岳修験」 日本山岳修験学会，岩田書院（発売）（36） 2005.11

明治初年における修験道本山の動向—聖護院の事例（青谷美羽）「山岳修験」 日本山岳修験学会，岩田書院（発売）（37） 2006.3

聖護院と南光坊《三徳山特集》—〈シンポジウム 蔵王権現ゆかりの三霊山の縁起・伝承—三光仏の浄土〉）（鳴戸昌弘）「山岳修験」 日本山岳修験学会，岩田書院（発売）（40） 2007.11

明治期の聖護院大峰修行—近代の皇族と門跡との関係構築に関する一考察（青谷美羽）「日本宗教文化史研究」 日本宗教文化史学会 12（1）通号23 2008.5

富士村山修験と聖護院（特集 地方霊山と本山派修験道）（大高康正）「山岳修験」 日本山岳修験学会，岩田書院（発売）（50） 2012.09

宝満山と聖護院そして彦山—本末論争の前提と結末（特集 地方霊山と本山派修験道）（森弘子）「山岳修験」 日本山岳修験学会，岩田書院（発売）（50） 2012.09

三峰観音院と聖護院（特集 地方霊山と本山派修験道）（西村敏也）「山岳修験」 日本山岳修験学会，岩田書院（発売）（50） 2012.09

戦後における聖護院の大峰入峰（小田匡保）「山岳修験」 日本山岳修験学会，岩田書院（発売）（51） 2013.03

首藤善樹著『聖護院史研究』第1・2・3巻（書評と紹介）（宮城泰年）「山岳修験」 日本山岳修験学会，岩田書院（発売）（54） 2014.09

聖護院門跡

聖護院門跡入峰の中辺路通行（杉中浩一郎）「山岳修験」 日本山岳修験学会，岩田書院（発売）（36） 2005.11

近世における聖護院門跡と本山修験—聖護院文書を読む（特集 地方霊山と本山派修験道）（首藤善樹）「山岳修験」 日本山岳修験学会，岩田書院（発売）（50） 2012.09

覚え書き（2） 近世の王子社と九十九王子社参詣—聖護院門跡と三宝院門跡の軌跡（桑原康宏）「紀南・地名と風土研究会会報」 紀南・地名と風土研究会 （52） 2013.11

照光寺

照光寺不動明王迦楼羅焔のこと（嵐光澂）「史談福智山」 福知山史談会 （657） 2006.12

勝光明院

院政期における御願寺造営事業—鳥羽院御願寺勝光明院を中心に（丸山

仁)「年報中世史研究」 中世史研究会 （26） 2001.5

相国寺
相国寺七重塔—安置仏と供養会の空間からみた建立の意義（冨島義幸）「日本宗教文化史研究」 日本宗教文化史学会 5（1）通号9 2001.5

足利一門と氏家氏—相国寺供養記にみる（小竹弘則）「氏家の歴史と文化」 氏家歴史文化研究会 （5） 2006.3

府指定文化財の紹介 相国寺「文化財レポート」 京都文化財団 （21） 2008.3

城州
城州一心講二月堂観音菩薩霊験譚「山城郷土資料館報」 京都府立山城郷土資料館 17 2000.3

浄住寺
葉室浄住寺考（松尾剛次）「山形大学歴史・地理・人類学論集」 山形大学歴史・地理・人類学研究会 （8） 2007.3

常照皇寺
修復された阿弥陀三尊像 常照皇寺（山村安郎）「京北の文化財」 京北町文化財を守る会 （38） 1997.3

渉成園
渉成園と下京の古寺（矢ヶ崎善太郎）「史迹と美術」 史迹美術同攷会 75（10）通号760 2005.12

城南
雨乞い地蔵さん（梅原恭仁子）「やましろ」 城南郷土史研究会 （21） 2006.12

田虫送り（子どもたちの地域史（5））（小西貴文）「やましろ」 城南郷土史研究会 （22） 2008.5

城南寺
城南寺祭の基礎的考察（齋藤拓海）「九州史学」 九州史学研究会 （155） 2010.05

常念寺
山城国賀茂荘東明寺・越中国雄神荘円満寺と賢昌房忍禅—京都府木津川市常念寺（東明寺旧蔵）仏涅槃図施入銘を出版点として（杉崎貴英）「富山史壇」 越中史壇会 （164） 2011.03

照福寺
丹波光明寺・照福寺・大福光寺（丸山貞）「史迹と美術」 史迹美術同攷会 76（4）通号764 2006.5

聖福寺
社寺探訪（7） 芹生聖福寺（津原勇）「京北の文化財」 京北町文化財を守る会 （42） 1999.3

正法寺
石清水八幡宮祐清造立の阿弥陀像と解脱房貞慶—八幡市正法寺（八角院）阿弥陀如来坐像に関する一史料をめぐって（杉崎貴英）「文化史学」 文化史学会 （65） 2009.11

「近侍者記録」に見る霊山正法寺遊行支配関係記事（古賀克彦）「寺社と民衆」 民衆宗教史研究会 10 2014.03

城陽
第2回「城陽の仏像・神楽」中野玄三氏「城陽市歴史民俗資料館館報」 城陽市歴史民俗資料館 3 1998.3

城陽の古墳と廃寺（来村多加史）「近畿文化」 近畿文化会事務局 624 2001.11

城陽の古社寺と仏像（関根俊一）「近畿文化」 近畿文化会事務局 （759） 2013.02

城陽市
第17回「和鏡及び日本の魔鏡について」山本鳳龍氏「城陽市歴史民俗資料館館報」 城陽市歴史民俗資料館 4 1999.3

城陽市域におけるおかげ踊りと「ええじゃないか」—寺田村の事例を中心に（中川博勝）「城陽市歴史民俗資料館館報」 城陽市歴史民俗資料館 6 2001.3

浄瑠璃寺
浄瑠璃寺の九体阿弥陀如来像について（関根俊一）「近畿文化」 近畿文化会事務局 583 1998.6

南都の浄土信仰と造像活動の一形態—迎接坊経源と浄瑠璃寺九体阿弥陀像をめぐって（砺波恵昭）「奈良学研究」 帝塚山大学奈良学総合文化研究所 通号2 1999.3

加茂浄瑠璃寺と岩船寺の古記録—二河白道図の原流を求めて（成田勝美）「温故知新」 美東町文化研究会 29 2002.4

浄瑠璃寺九体阿弥陀像の制作年代について（井上英明）「帝塚山大学大学院人文科学研究科紀要」 帝塚山大学大学院人文科学研究科 （4） 2003.1

浄瑠璃寺吉祥天像について（海老原真紀）「奈良学研究」 帝塚山大学奈良学総合文化研究所 （11） 2009.01

浄瑠璃寺を訪ねて（渡邉路子）「讃岐のやまなみ」 香川県歴史研究会 （7） 2014.04

青蓮院
平安末期における天台僧の修行巡礼—青蓮院門跡吉水蔵聖教にみえる備前・因幡・伯耆（岡野浩二）「倉敷の歴史」 倉敷市総務局総務部 （19） 2009.03

青蓮院門跡
中世前期の青蓮院門跡における護法童子信仰の受容（小山聡子）「日本宗教文化史研究」 日本宗教文化史学会 4（1）通号7 2000.5

白川
宇治の文化的景観における白川の茶業と家屋（研究報告—文化遺産部）「奈良文化財研究所紀要」 奈良文化財研究所 2011 2011.06

神護寺
神護寺と文化財（谷内乾岳）「文化財レポート」 京都文化財団 2 2000.4

神護寺を訪ねて（高嶋清）「郷土東かがわ」 東かがわ市文化財保護協会 （77） 2010.04

真珠庵
大徳寺真珠庵の庭園—室町時代の枯山水と江戸時代の茶庭（町田香）「禅文化」 禅文化研究所 （227） 2013.01

真盛上人廿五霊場
真盛上人廿五霊場と地蔵信仰（殿南直也）「日本の石仏」 日本石仏協会，青娥書房（発売） 通号88 1998.12

神泉苑
高谷重夫収集民俗資料（2）—請雨経法差図（五島邦治）「史園 ： Sonoda's journal of history and folk studies」 園田学園女子大学歴史民俗学会 5 2004.10

真如堂
真如堂の引声阿弥陀経会（吉川祐子）「月刊通信ふるさとの民俗を語る会」 民俗文化研究所 （65） 2012.10

真如堂のお十夜念仏（吉川祐子）「月刊通信ふるさとの民俗を語る会」 民俗文化研究所 （66） 2012.11

随願寺
東小田原・随願寺の歴史（磯西龍夫）「歴史懇談」 大阪歴史懇談会 （17） 2003.8

随心院
はねず踊りと小野小町伝承（大森惠子）「まつり通信」 まつり同好会 54（1）通号569 2014.01

瑞泉寺
瑞泉寺と悪逆塚（加藤昌幸）「史友」 東京史蹟史談会 7 2000.8

府指定文化財の紹介 瑞泉寺伝来表具裂（瑞泉寺裂）「文化財レポート」 京都文化財団 9 2003.1

豊臣秀次の菩提寺 瑞泉寺を訪ねて（米川幸夫）「ふるさと」 八幡市郷土史会 （29） 2014.12

末広稲荷神社
もう一つの平家物語—稲荷町・末廣稲荷神社と先帝祭を中心に（森誠子）「朱」 伏見稲荷大社 （56） 2013.02

角屋
角屋「臥龍松」考（中川清生）「角屋研究 ： 調査研究報告書」 角屋保存会角屋饗宴・もてなしの文化研究所 10 2000.12

資料紹介 『角屋式目帳』—角屋中川家年中行事備忘録（中川清生）「角屋研究 ： 調査研究報告書」 角屋保存会角屋饗宴・もてなしの文化研究所 （14） 2005.3

財団設立20周年記念「重文角屋の附指定品と非公開資料展」「角屋だより」 （財）角屋保存会 （73） 2009.09

財団設立20周年記念「重文角屋の附指定品と非公開資料展」出品目録「角屋だより」 （財）角屋保存会 （73） 2009.09

財団設立20周年記念祝福舞「三番叟」上演のご報告/島原「蕪村忌」大会句 開催のご報告/消防訓練実施/「角屋の文化講座」開催のお知らせ「角屋だより」 （財）角屋保存会 （74） 2010.02

重要文化財角屋附茶室「清隠斎茶席」修理速報（羽生由喜子）「角屋研究 ： 調査研究報告書」 角屋保存会角屋饗宴・もてなしの文化研究所 （21） 2012.05

角屋十三世中川徳右衛門氏から遺贈の陶磁器について（角屋所蔵品図版目録（第二次陶磁器編））（河原正彦）「角屋研究 ： 調査研究報告書」 角屋保存会角屋饗宴・もてなしの文化研究所 （22） 2013.06

角屋所蔵品第二次陶磁器図版目録（角屋所蔵品図版目録（第二次陶磁器

編))（羽生由喜子）「角屋研究 : 調査研究報告書」 角屋保存会角屋饗宴・もてなしの文化研究所 （22） 20_3.06

精華町

総会記念講演「江戸時代の精華町」（水本邦彦）「波布理曽能」 精華町の自然と歴史を学ぶ会 （14） 1997.4

伝承を語る会「茶再考」（若原義道）「波布理曽能」 精華町の自然と歴史を学ぶ会 （14） 1997.4

平成9年度伝承を語る会講演「精華町史編さんの結果」（島津良子）「波布理曽能」 精華町の自然と歴史を学ぶ会 （15） 1998.4

平成10年度伝承を語る会講演「町史編纂事業の成果より―山田荘と山田寺について」（島津良子）「波布理曽能」 精華町の自然と歴史を学ぶ会 （16） 1999.4

精華町の渡来文化（奥田裕之）「波布理曽能」 精華町の自然と歴史を学ぶ会 （16） 1999.4

鎮守の森あれこれ（吉川章一）「波布理曽能」 精華町の自然と歴史を学ぶ会 （16） 1999.4

居籠祭あれこれ（加藤燿子）「波布理曽能」 精華町の自然と歴史を学ぶ会 （16） 1999.4

誓願寺門前

標石について―京都新京極の誓願寺門前（舩渕宏昭）「民俗文化」 滋賀民俗学会 （589） 2012.10

清源寺

私の木喰巡礼（10）―清源寺の羅怙羅尊（大久保憲次）「微笑佛」 全国木喰研究会 （10） 2002.5

清源寺の「如来画像」の謎（丸山太一）「微笑佛」 全国木喰研究会 （12） 2004.10

清涼寺

善光寺阿弥陀三尊像と清涼寺釈迦像の系統について（D.F.マッカラム）「長野」 長野郷土史研究会 191 1997.1

嵯峨の大覚寺と清涼寺（大鳥居総夫）「史迹と美術」 史迹美術同攷会 71（9）通号719 2001.11

地名随想 清涼寺のお松明式（山嵜泰正）「都藝泥布 : 京都地名研究会会報」 [京都地名研究会事務局] （20） 2007.4

奝然・清涼寺・清涼寺式釈迦像関係文献目録（川添昭二，森哲也）「年報太宰府学」 太宰府市 （3） 2009.03

第436回例会記 三国伝来生身釈迦如来像 貝瀬弘子先生「杉並郷土史会史報」 杉並郷土史会 （217） 2009.09

絵解き 融通念仏縁起 下巻（24） 清涼寺の融通大念仏（阿波谷俊宏）「月刊大和路ならら」 地域情報ネットワーク 13（8）通号143 2010.08

絵解き 融通念仏縁起 下巻（25） 清涼寺の融通大念仏（阿波谷俊宏）「月刊大和路ならら」 地域情報ネットワーク 13（9）通号144 2010.09

清涼寺の大松明と念仏狂言（吉川祐子）「月刊通信ふるさとの民俗を語る会」 民俗文化研究所 （59） 2012.04

清和天皇社

水尾清和天皇社に市域編入記念献燈並に嵐峡新驛設置の記（〈会員だより大特集〉）（青山哲夫）「あたごさん : 京都愛宕研究会会報」 京都愛宕研究会 （4） 2008.6

石峰寺

石峰寺石仏群（清水俊明）「野ほとけ」 奈良石仏会 （378） 2002.6

善行寺

善行寺本堂の陶製露盤について（大槻伸）「史談福智山」 福知山史談会 （539） 1997.2

おみくじ箱について―善行寺と道官稲荷（大槻伸）「史談福智山」 福知山史談会 （702） 2010.09

仙洞稲荷社

資料紹介 霊元院仙洞稲荷社月次御法楽和歌（八木意知男）「朱」 伏見稲荷大社 （55） 2011.12

仙洞御所

仙洞御所・桂離宮・修学院離宮（「たより」124～159号寄稿文）（西野鏡子）「ひがし」 東区郷土史研究会 （12） 2012.1

泉涌寺

府指定文化財の紹介 泉涌寺舎利殿「文化財レポート」 京都文化財団 7 2002.1

泉涌寺の韋駄天信仰（神谷麻理子）「衣の民俗館・日本風俗史学会中部支部研究紀要」 衣の民俗館 12 2002.3

洛東新熊野神社と泉涌寺（中西亨）「史迹と美術」 史迹美術同攷会 73（6）通号736 2003.7

中世泉涌寺教団関係文献目録稿[正]，補遺（1）（大塚紀弘）「寺社と民衆」 民衆宗教史研究会 （[1]）/（4） 2005.3/2008.3

天皇家の広大な菩提寺 泉涌寺（松尾則男）「古代朝鮮文化を考える」 古代朝鮮文化を考える会 （23） 2008.12

天皇家の菩提寺は泉涌寺（歴史トピックス）「月刊歴史ジャーナル」 NPO法人尾道文化財研究所 （101） 2012.05

表紙写真解説 守り伝えよう京都の文化財 助成文化の紹介―泉涌寺 釈迦・阿弥陀・弥勒三世仏「会報」 京都市文化観光資源保護財団 （106） 2013.03

文化財修理の現場から 仏像彫刻の保存修理について―泉涌寺本尊「三世仏」修理を通して（寄稿）（藤本青一）「会報」 京都市文化観光資源保護財団 （108） 2013.11

善法律寺

府指定文化財の紹介 善法律寺本堂（江戸時代前期）「文化財レポート」 京都文化財団 （15） 2004.10

千本えんま堂

京都の盆行事（1） 千本えんま堂を中心に（米田幸寿）「まつり通信」 まつり同好会 49（2）通号540 2009.03

表紙写真解説 守り伝えよう京都の文化財―助成文化の紹介 千本えんま堂大念仏狂言―郷土芸能の後継者「会報」 京都市文化観光資源保護財団 （101） 2011.07

閻魔さまのもと笑い声が響く 京都府京都市上京区千本通蘆山寺上ル閻魔前町 千本えんま堂狂言（久保田裕道）「儀礼文化ニュース」 儀礼文化学会 （190） 2013.05

千本釈迦堂

大報恩寺の千本釈迦念仏とおかめ御幣（吉川祐子）「月刊通信ふるさとの民俗を語る会」 民俗文化研究所 （82） 2014.03

混乱の千本釈迦念仏（吉川祐子）「月刊通信ふるさとの民俗を語る会」 民俗文化研究所 （84） 2014.05

善妙寺

善妙寺の尼僧―明行・諷誦文をめぐって（奥田勲）「明恵讃仰」 明恵上人讃仰会 28 2002.9

禅林寺

府指定文化財の紹介禅林寺阿弥陀堂「文化財レポート」 京都文化財団 （17） 2005.10

相楽郡

日露戦争と「忠霊殿」―京都府相楽郡出身戦没者の祭祀をめぐって（橘尚彦）「やましろ」 城南郷土史研究会 （20） 2005.10

園部町船岡

園部町船岡の隠夜地蔵（濱田謙次）「丹波」 丹波史談会 5 2003.11

園部藩

元文五年・園部藩「寺社類集」について（河原信之）「丹波」 丹波史談会 （10） 2008.10

大覚寺

嵯峨の大覚寺と清涼寺（大鳥居総夫）「史迹と美術」 史迹美術同攷会 71（9）通号719 2001.11

京都の大覚寺文書と末寺明王院（小林定市）「備陽史探訪」 備陽史探訪の会 （150） 2009.10

醍醐

宇治・醍醐の仏像（関根俊一）「近畿文化」 近畿文化会事務局 643 2003.6

醍醐寺

越前、京都地方史跡文化財探訪 金崎宮から醍醐寺へ（城一久）「夜豆志呂」 八代史談会 123 1997.1

醍醐寺子院妙法院 その性格について―史跡醍醐寺境内の調査から（津々池惣一）「研究紀要」 京都市埋蔵文化財研究所 5 1999.3

請雨経法と醍醐寺（籔元晶）「御影史学論集」 御影史学研究会 通号24 1999.10

醍醐寺と「当山」派（関口真規子）「山岳修験」 日本山岳修験学会，岩田書院（発売）通号25 2000.3

世界遺産醍醐寺展「祈りと美の伝承」（橘田昭雄）「西上総文化会報」 西上総文化会 （66） 2006.3

醍醐寺史料と修験道（関口真規子）「山岳修験」 日本山岳修験学会，岩田書院（発売）（41） 2008.3

醍醐寺を訪ねて（松浦孝昇）「文化財協会報」 善通寺市文化財保護協会 （29） 2010.03

山本倫弘氏「中世伊勢神宮法楽の成立と神領―醍醐寺との関わりを通じて―」（大会例会報告要旨―第13回洛北史学会定例大会（2011年12月3日））「洛北史学」 洛北史学会 （14） 2012.06

東寺（教王護国寺）と醍醐寺（福知山市猪崎）の木造薬師如来像について（塩見昭吾）「史談福智山」 福知山史談会 （729） 2012.12

明治～大正期における醍醐寺の大峰入峰―特に花供入峰の再興について

（大峯山特集）（小田匡保）「山岳修験」 日本山岳修験学会，岩田書院（発売）（52） 2013.10

寛永二年醍醐寺僧侶の東国下向記（1）（高橋充，阿部綾子）「福島県立博物館紀要」 福島県立博物館 （28） 2014.03

醍醐寺僧房玄は銭の夢を見る（研究ノート）（高木久史）「史学研究」 広島史学研究会 （283） 2014.03

表紙 国宝 薬師如来坐像（部分）（薬師如来及び両脇侍像のうち）（京都・醍醐寺）「奈良国立博物館だより」 （90） 2014.07

表紙写真解説 薬師如来及び両脇侍像 三軀 国宝 木造・漆箔 像高（薬師如来）177.0cm，（日光菩薩）120.0cm，（月光菩薩）121.0cm 平安時代（10世紀）京都・醍醐寺（岩田茂樹）「奈良国立博物館だより」 （90） 2014.07

大威徳明王騎牛像（五大明王像［五大堂安置］のうち） 重要文化財 木造彩色 像高181.9cm 平安時代（10世紀）京都・醍醐寺蔵（展示品のみどころ）（岩井共二）「奈良国立博物館だより」 （90） 2014.07

緑陰講座 醍醐寺と弘巌和尚の禅画について 講師：山口正世司会長「醍醐寺の梵鐘について」（赤井信房）「史談福智山」 福知山史談会 （750） 2014.09

醍醐寺地蔵院

醍醐寺地蔵院親玄の関東下向―鎌倉幕府勤仕僧をめぐる一考察（石田浩子）「ヒストリア ： journal of Osaka Historical Association」 大阪歴史学会 （190） 2004.6

大乗院

叡尊と八幡大乗院 附・翻刻『八幡大乗院旧記』（西大寺所蔵）（吉井敏幸）「戒律文化」 戒律文化研究会，法蔵館（発売）（2） 2003.3

大乗寺

西運の遺産・丹後大乗寺（橋口明子）「目黒区郷土研究」 目黒区郷土研究会 605 2005.6

大仙院

鎌倉瑞泉寺と大徳寺大仙院の庭園 池庭と枯山水（町田香）「禅文化」 禅文化研究所 通号223 2012.01

大中院

書評 『大中院文書・永運院文書』（叢書 京都の史料9）（伊藤真昭）「京都市歴史資料館紀要」 京都市歴史資料館 通号21 2007.3

大徳寺

京田辺市近世近代資料拾遺（3） 大徳寺神人関係「筒城」 京田辺市郷土史会 （56） 2011.03

大福光寺

丹波光明寺・照福寺・大福光寺（丸山貞）「史迹と美術」 史迹美術同攷会 76（4）通号764 2006.5

泰平寺

久美浜泰平寺の地蔵菩薩立像について（駒井優子）「帝塚山大学大学院人文科学研究科紀要」 帝塚山大学大学院人文科学研究科 （11） 2009.02

大報恩寺

鎌倉彫刻考（2） 大報恩寺・鞍馬寺の鎌倉彫刻―肥後定慶（山本謙治）「近畿文化」 近畿文化会事務局 595 1999.6

大報恩寺の千本釈迦立仏とおかめ御幣（吉川祐子）「月刊通信ふるさとの民俗を語る会」 民俗文化研究所 （82） 2014.03

松明殿稲荷

稲荷祭り（4）―稲荷祭りの山鉾・大松明・松明殿稲荷（大森恵子）「まつり通信」 まつり同好会 42（6）通号496 2002.5

大文字屋

茶の湯玉手箱（35） 大文字屋騒動（谷晃）「和風」 上田流和風堂 （113） 2011.06

大雄院

蚕繭紙の寺（大雄院）をたずねて（春名俊夫）「山崎郷土会報」 山崎郷土研究会 （104） 2004.9

高津八幡宮

第49回 両丹地方史研究発表大会（報告）（編集者より） 福知山地方のカラトについて（大槻伸）、丹後地域の地震津波（加藤晃）、何鹿郡高津八幡宮の神仏分離―清水佐男里の生涯（塩見有紀）「史談福智山」 福知山史談会 （716） 2011.11

高船

高船石舟神社の由来（中川克巳）「筒城」 京田辺市郷土史会 （49） 2004.3

高屋

高屋禅福寺阿弥陀如来坐像の修復（河原信之）「丹波」 丹波史談会 5 2003.11

宝尾村

木地師史料 丹後・丹波・若狭山彙の古代官道と宝尾村の藤原四家（杉本寿）「民俗文化」 滋賀民俗学会 451 2001.4

滝

京都府与謝郡加悦町香河・滝地区における竹材の利用（車葉子）「昔風と当世風」 古々路の会 78 2000.2

竹野神社

（京都府竹野郡丹後町宮）竹野神社の信仰圏についてのレポート（西尾正仁）「みかげ民俗」 御影高校民俗研究会 （5） 1978.09

多々羅

多々羅不動尊について（小野寺久幸）「筒城」 京田辺市郷土史会 （53） 2008.3

竹取物語ゆかりの筒木について 朱智社の飛天と筒木の絹織物―多々羅は、日本初の養蚕飼育所（小泉芳孝）「筒城」 京田辺市郷土史会 （53） 2008.3

田辺藩

虚無僧と地域社会―京都明暗寺と丹後田辺藩領の場合（長谷川佳澄）「千葉史学」 千葉歴史学会 （60） 2012.05

多祢寺

多祢寺所蔵「大般若経」に見る「遊楽庄」「常楽廃寺」について（中野卓郎）「丹波史」 丹波史懇話会 （32） 2012.06

玉石地蔵堂

『玉石地蔵堂』の伝説（谷口哲）「丹波史談」 口丹波史談会 1996・1997年度 1997.8

玉章地蔵

小町の玉章地蔵（宮原彩）「久里」 神戸女子民俗学会 5 1998.10

田山

田山花おどり（子どもたちの地域史（5））（西城慧一）「やましろ」 城南郷土史研究会 （22） 2008.5

田原

子どもたちの地域史（7） 地域と共に育む―お茶の町・田原の歴史と伝統を学ぶ取組を通して 田原小学校（芦田浩章，後藤裕樹）「やましろ」 城南郷土史研究会 （24） 2010.10

丹後

丹後の手仕事を伝承する（井之本泰）「文化財報」 京都府文化財保護基金 99 1997.11

丹波・丹後の大般若経について（伊藤太）「史談福智山」 福知山史談会 （553） 1998.4

丹後の経塚と古墓（橋本勝行）「太邇波考古」 両丹考古学研究会 （18） 2002.12

天女伝説と丹後（安藤信策）「地名探究」 京都地名研究会 （2） 2004.3

丹後地方の洞窟信仰と動物崇拝（赤田光男）「帝塚山大学人文科学部紀要」 帝塚山大学人文科学部 （22） 2007.11

丹後地方の竜蛇信仰と動物供養（赤田光男）「日本文化史研究」 帝塚山大学奈良学総合文化研究所 （39） 2008.3

京都府立丹後郷土資料館編『丹後丹波の薬師信仰―麻呂子皇子鬼退治伝説の源流を求めて』（2008年10月）/鳥取県立博物館編『はじまりの物語―縁起絵巻に描かれた古のとっとり』（2008年10月）（文献案内）（藤原重雄）「東京大学史料編纂所附属画像史料解析センター通信」 東京大学史料編纂所 （46） 2009.07

丹後の古寺と仏像（1）（関根俊一）「近畿文化」 近畿文化会事務局 （719） 2009.10

京都府立丹後郷土資料館「丹後の民具・総まくり」（展示批評・展示紹介）（横出洋二）「民具研究」 日本民具学会 （141） 2010.04

第49回 両丹地方史研究発表大会（報告）（編集者より） 福知山地方のカラトについて（大槻伸）、丹後地域の地震津波（加藤晃）、何鹿郡高津八幡宮の神仏分離―清水佐男里の生涯（塩見有紀）「史談福智山」 福知山史談会 （716） 2011.11

丹波・丹後地方の麻呂子親王にまつわる七仏薬師像―法界定印に薬壺をもつ薬師如来像の事例紹介を兼ねて（刀禰都末）「帝塚山大学大学院人文科学研究科紀要」 帝塚山大学大学院人文科学研究科 （14） 2012.03

丹後町

丹後竹野郡の石造美術（中） 丹後町（篠原良吉）「史迹と美術」 史迹美術同攷会 71（5）通号715 2001.6

丹後国

『丹後国御檀家帳』から見る丹後の戦国時代（伊藤俊一）「市史編さんだより」 宮津市教育委員会 14 1998.3

「丹後国風土記残欠」についての基礎的検討（論文）（福岡猛志）「愛知県史研究」 愛知県 （17） 2013.3

近畿　　　　　　　　　　　　　　郷土に伝わる民俗と信仰　　　　　　　　　　　　　　京都府

丹後半島

走る狐火（丹後半島）と送り狐（牛尾光国）「長野」　長野郷土史研究会　221　2002.1

丹後半島の古寺からの便り（井上正）「美博だより ： 飯田市美術博物館ニュース」　飯田市美術博物館　57　2002.4

丹後由良

説経散歩情報（4）丹後由良の一人旅（加賀谷郁子）「説経 ： 説経節の会通信」　説経節の会　32　2004.6

説経散歩情報（5）丹後由良ゆき「説経 ： 説経節の会通信」　説経節の会　33　2004.7

〈第4回説経散歩特集 山椒太夫・丹後由良〉「説経 ： 説経節の会通信」　説経節の会　35　2004.9

檀王法林寺

檀王法林寺調査（野村直美）「沖縄県史だより」　沖縄県教育庁　（16）　2007.3

丹波

丹波・丹後の大般若経について（伊藤太）「史談福智山」　福知山史談会（553）　1998.4

丹波の石塔（濱田謙次）「丹波」　丹波史談会　（8）　2006.10

伝承の歴史、間違い三題（中野卓郎）「丹波」　丹波史談会　（8）　2006.10

女人ばかりで建てたお地蔵さん―わが子の冥福か、旅人の安全祈念か（青柳和愛）「丹波」　丹波史談会　（8）　2006.10

京都府立丹波郷土資料館編『丹後丹波の薬師信仰―麻呂子皇子鬼退治伝説の源流を求めて』（2008年10月）/ 鳥取県立博物館編『はじまりの物語―縁起絵巻に描かれた古のとっとり』（2008年10月）（文献案内）（藤原重雄）「東京大学史料編纂所附属画像史料解析センター通信」　東京大学史料編纂所　（46）　2009.07

「神仏習合」の実態と「廃仏毀釈」のそのご（青柳和愛）「丹波」　丹波史談会　（11）　2009.10

丹波・丹後地方の麻呂子親王にまつわる七仏薬師像―法界定印に薬壺をもつ薬師如来像の事例紹介を兼ねて（刀禰someの末）「帝塚山大学大学院人文科学研究科紀要」　帝塚山大学大学院人文科学研究科　（14）　2012.03

ミニ霊場をぐるぐる 山里の四季を満喫/消えた渡り石工、丹波の佐吉の素顔（特集 やまとをぐるぐる 花と仏の霊場めぐり）「月刊大和路ならら」　地域情報ネットワーク　17（5）通号188　2014.05

丹波郡

丹波郡第九座一神説（『丹後旧事記』等）は間違いである（藤村裕孝）「両丹地方史」　両丹地方史研究者協議会　（81）　2012.08

丹波山地

丹波山地は怖いことばかり―美山町（山里だより（18））（西浦左門）「あしなか」　山村民俗の会　298　2013.06

丹波路

丹波路の仏像（紺野敏文）「近畿文化」　近畿文化会事務局　636　2002.11

丹波国

丹波国・出雲大神宮への参詣（滝川泰治）「大社の史話」　大社史話会　117　1998.11

真言宗泉涌寺派の丹波国三ヵ寺院（浅井義久）「丹波」　丹波史談会　6　2004.12

ムジナの腹中にあった勾玉と丹波国の犬飼猟師（北野晃）「民俗文化」　滋賀民俗学会　（520）　2007.1

檀林寺

「檀林寺について」（岩谷芳子）「史友」　東京史蹟史談会　3　1998.8

知恩院

知恩院御門跡様御馳走入用借上金請取（角沢大場家文書解読文）（高山五郎、高山マサ子）「聴雪」　新庄古文書の会　（10）　2006.7

文化財建造物保存修理の現場から 知恩院本堂（御影堂）及び集會堂ほか二棟「文化財レポート」　京都文化財団　（23）　2010.03

知恩院所蔵阿弥陀二十五菩薩来迎図（通称「早来迎図」）について（高間由香里）「史学研究」　広島史学研究会　（271）　2011.06

中丹波

中丹波の経塚と古墓（松本達也）「太邇波考古」　両丹考古学研究会（18）　2002.12

中堂寺

小学校における京都中堂寺六斎念仏教材化の試み（〈特集「私の日本音楽授業実践報告」〉）（藤田加代）「民俗音楽研究」　日本民俗音楽学会（28）　2003.3

長安寺

平成25年度 春の例会 医王山長安寺（臨済宗南禅寺派）（概要報告 編集者より）「史談福智山」　福知山史談会　（733）　2013.04

長寿院左阿弥

資料紹介 京都東山・長寿庵左阿彌所在五輪塔について（佐藤亜聖）「寺社と民衆」　民衆宗教史研究会　6　2010.06

長福寺

京都府相楽郡木津町東山墓地長福寺の石塔について（篠原良吉）「史迹と美術」　史迹美術同攷会　75（9）通号759　2005.11

勅使

「消えぬ灯籠」伝説と地名「勅使」をめぐって（上），（下）（赤井信吾）「史談福智山」　福知山史談会　（668）/（669）　2007.11/2007.12

福知山鋳物師と地名「勅使」の由来について（赤井信吾）「両丹地方史」　両丹地方史研究者協議会　（81）　2012.8

月輪寺

活動報告・2005 月輪寺を訪ねて（上原敏男）「あたごさん ： 京都愛宕研究会会報」　京都愛宕研究会　（2）　2006.5

地方の仏像 月輪寺薬師堂 四天王立像と聖観音像（山河昌敬）「郷土史紀行」　ヒューマン・レクチャー・クラブ　（42）　2007.1

資料紹介 月輪寺不動明王坐像および四天王像（近藤謙）「日本宗教文化史研究」　日本宗教文化史学会　11（1）通号21　2007.5

月読神社

松尾大社、月読神社から蛇塚、蚕の社へ（小川滋）「つどい」　豊中歴史同好会　（266）　2010.03

筒木

竹取物語ゆかりの筒木について 朱智社の飛天と筒木の絹織物―多々羅は、日本初の養蚕飼育所（小泉芳孝）「筒城」　京田辺市郷土史会（53）　2008.3

椿井大塚山古墳

椿井大塚山古墳被葬者像の再検討（村田昌也）「朱雀 ： 京都文化博物館研究紀要」　京都府京都文化博物館　15　2003.3

寺田村

城州久世郡寺田村における村と村組の構成員―中世末ならびに近世中期における祭祀構造の比較を通じて（井手努）「京都民俗 ： 京都民俗学会会誌」　京都民俗学会　通号17　1999.12

城陽市域におけるおかげ踊り「ええじゃないか」―寺田村の事例を中心に（中川博勝）「城陽市歴史民俗資料館館報」　城陽市歴史民俗資料館　6　2001.3

天神山

「神尾寺」と木津天神山をめぐるトポス（伊藤太）「やましろ」　城南郷土史研究会　（23）　2009.10

天寧寺

天寧寺の四神（四獣）について（塩見昭吾）「史談福智山」　福知山史談会　580　2000.7

天寧寺の梵鐘等について（大槻伸）「史談福智山」　福知山史談会　（751）　2014.10

天満神社

府文化財環境保全地区の紹介 天満神社文化財環境保全地区「文化財レポート」　京都文化財団　（19）　2006.11

天竜寺

南禅寺南禅院と天龍寺の庭園（町田香）「禅文化」　禅文化研究所　（224）　2012.04

道官稲荷

おみくじ額について―善行寺と道官稲荷（大槻伸）「史談福智山」　福知山史談会　（702）　2010.09

東寓寺

鞍馬口花御所 東寓寺が京丹波町和知に移転の由緒（研究ノート）（上野栄二）「丹波」　丹波史談会　（15）　2013.10

東光寺

熊田東光寺 鰐口の里がえり（樅木貞夫）「京北の文化財」　京北町文化財を守る会　（39）　1997.8

東山道

小県郡西部の推定東山道沿いの古代寺院跡、官衙跡の考察（倉澤正幸）「信濃［第3次］」　信濃史学会　59（2）通号685　2007.2

中世前期における白山信仰日吉信仰全国伝播についての一考察（2）―東山道を中心として（論説）（平泉隆房）「日本学研究」　金沢工業大学日本学研究所　（17）　2014.12

東寺

東寺鎮守八幡宮供僧の成立「総合資料館だより」　京都府立総合資料館，京都府立総合資料館友の会　116　1998.7

モノは語る 東寺宝物館所蔵「鉦鼓」の寄進者（伊藤一美）「逗子吾妻鏡研究」 逗子吾妻鏡研究会 21 1998.9

若狭国太良荘で造られた東寺西院御影堂の鐘（小森浩一）「資料館紀要」 京都府立総合資料館 通号27 1999.3

《特集 東寺百合文書と東寺》「洛北史学」 洛北史学会 通号1 1999.6

東寺の創建と山背の古代寺院（菱田哲郎）「洛北史学」 洛北史学会 通号1 1999.6

東寺廿一口方評定引付と訴訟（近藤俊彦）「富山史壇」 越中史壇会 133 2000.12

鎌倉中・後期の東寺供僧と仁和寺御室（横山和弘）「年報中世史研究」 中世史研究会 （26） 2001.5

東寺領荘園の宗教構造─播磨国矢野荘を事例として（《特集 中世社会における寺社と地域秩序》）（坂本亮太）「民衆史研究」 民衆史研究会 （68） 2004.11

東寺と弘法大師の密教美術（松浦正昭）「近畿文化」 近畿文化会事務局 663 2005.2

史料紹介 京都女子大学図書館所蔵 東寺宝菩提院三密蔵聖教略目録稿─第九回大会時図書展観の報告を兼ねて（中前正志）「日本宗教文化史研究」 日本宗教文化史学会 10（2）通号20 2006.11

足利尊氏、天下静謐の祈祷を東寺に命じる「総合資料館だより」 京都府立総合資料館，京都府立総合資料館友の会 （157） 2008.10

東寺と国防と早良親王と（田中久夫）「久里」 神戸女子民俗学会 （23） 2009.01

総会・歴史探訪会 近江商人の町と世界遺産の「東寺」を訪ねて（佐藤キヨ）「小千谷文化」 小千谷市総合文化協会「小千谷文化」編集委員会 （196） 2009.07

東寺観智院金剛蔵『東寺塔婆修造記』（史料紹介）（貫井裕恵）「日本史攷究」 日本史攷究会 （34） 2010.11

鎌倉期の法親王と寺院社会に関するノート─仁和寺御室と東寺長者・金剛峯寺の諸関係から（横山和弘）「朱雀 ： 京都文化博物館研究紀要」 京都府京都文化博物館 23 2011.03

研究ノート 称名寺本にみる『覚禅抄』展開の可能性について─称名寺本『覚禅抄』と『東寺講堂御仏御舎利員数』（向坂卓也）「金沢文庫研究」 神奈川県立金沢文庫 （327） 2011.10

東寺（教王護国寺）と醍醐寺（福知山市猪崎）の木造薬師如来像について（塩見昭昌）「史談福智山」 福知山史談会 （729） 2012.12

真宗・東寺と山伏─中世修験道史研究の課題をめぐる研究ノート（長谷川賢二）「寺社と民衆」 民衆宗教史研究会 9 2013.03

中世後期の真言宗僧団における三宝院門跡─東寺長者の検討を通じて（西尾知己）「仏教史学研究」 仏教史学会 55（2） 2013.03

南北朝後期から室町期における東寺衆中の変容（研究）（西尾知己）「ヒストリア ： journal of Osaka Historical Association」 大阪歴史学会 （243） 2014.04

童仙房

童仙房焼（村上泰昭）「史迹と美術」 史迹美術同攷会 69（4）通号694 1999.5

当尾石仏

みほとけは語る（16）京都府木津川市「当尾石仏」「月刊大和路ならら」 地域情報ネットワーク 12（7）通号130 2009.07

東福寺

東福寺・法性寺（丸山貞）「史迹と美術」 史迹美術同攷会 69（2）通号692 1999.2

東福寺とそうめん─京都市東山区（三輪茂雄）「民俗文化」 滋賀民俗学会 482 1994.9

古都の旅─二条城から東福寺まで（照内捷二）「鷹巣地方史研究」 鷹巣地方史研究会 （54） 2004.4

東福寺僧の下向と地方武士との交流（特集 戦国時代の地方文化を考える─研究報告要旨）（中司健一）「芸備地方史研究」 芸備地方史研究会 （270・271） 2010.04

明兆生誕六六〇年に向けて 東福寺参拝・明兆墓参ツアー（東雅道）「あわじ ： 淡路地方史研究会会誌」 淡路地方史研究会 （29） 2012.01

東明寺

山城国賀茂荘東明寺・越中国雄神荘円満寺と賢昌房忍編─京都府木津川市常念寺（東明寺旧蔵）仏涅槃図施入銘を出版点として（杉崎貴英）「富山史壇」 越中史壇会 （164） 2011.09

多保市

夏の例会「緑陰講座」 多保市界隈の歴史と民俗（塩見昭吾）「史談福智山」 福知山史談会 629 2004.8

福知山市字多保市の徳本名号石について（嵐光澂）「史談福智山」 福知山史談会 （724） 2012.07

頭巾山

雨乞いの頭巾山伝説（小畑弘）「丹波」 丹波史談会 （14） 2012.10

鳥羽離宮跡

楽器が記憶していた諸々（2）─鳥羽離宮跡出土のコト（木戸敏郎）「比較文化論叢 ： 札幌大学文化学部紀要」 札幌大学文化学部 通号8 2001.9

豊国社

豊国社の成立過程について─秀吉神格化をめぐって（河内将芳）「ヒストリア ： journal of Osaka Historical Association」 大阪歴史学会 通号164 1999.4

豊国社の祭礼について─国社の神事並びに運営を中心に（芦原義行）「日本宗教文化史研究」 日本宗教文化史学会 17（1）通号33 2013.05

豊国神社

豊国神社と方広寺（丸山貞）「史迹と美術」 史迹美術同攷会 75（9）通号759 2005.11

豊国大明神の盛衰（論文）（芦原義行）「龍谷日本史研究」 龍谷大学日本史学研究会 （36） 2013.03

鳥辺野

風葬の地 京都・東山 六道の辻・鳥辺野を訪ねて（田村正）「あわじ ： 淡路地方史研究会会誌」 淡路地方史研究会 （15） 1998.1

長岡京

『近江甲賀の前挽鋸』（甲南町教育委員会編）『京タケノコと鍛冶文化』（長岡京市教育委員会編）（書評）（長谷川嘉和）「民具研究」 日本民具学会 （131） 2005.3

長岡京における疫神を祓う祭祀（坂東典子）「帝塚山大学大学院人文科学研究科紀要」 帝塚山大学大学院人文科学研究科 （7） 2006.1

長岡京への物資輸送と運搬経路─妙見信仰との関わりの中で（植野加代子）「久里」 神戸女子民俗学会 （22） 2008.6

大山崎・長岡京の古寺と仏像（関根俊一）「近畿文化」 近畿文化会事務局 （747） 2012.02

長岡京跡

蘇民将来札について─長岡京跡出土の「蘇民将来」札を中心に（栗田一生）「民具マンスリー」 神奈川大学 35（5）通号413 2002.8

地中から発見された蘇民将来符─長岡京跡と騎西城跡の出土事例からの考察（倉澤正幸）「上田盆地」 上田民俗研究会 （37） 2002.11

中川

資料紹介 『角屋式目帳』─角屋中川家年中行事備忘録（中川清生）「角屋研究 ： 調査研究報告書」 角屋保存会角屋饗宴・もてなしの文化研究所 （14） 2005.3

中京区

京都市における神社伝承の変遷─中京区、御金神社を中心に（村田典生）「京都民俗 ： 京都民俗学会会誌」 京都民俗学会 通号24 2007.3

長谷

長谷のしめ縄としめ縄飾り作り（今井武雄）「洛北岩倉研究」 岩倉の歴史と文化を学ぶ会 1 1997.3

長谷のしめ縄としめ飾りづくり（今井武雄）「洛北岩倉研究」 岩倉の歴史と文化を学ぶ会 2 1998.3

中山

トピックス 寛治5年銘の木簡・舞鶴市中山近世墓の錫杖「京都府埋蔵文化財情報」 京都府埋蔵文化財調査研究センター （104） 2007.11

奈具神社

幻の奈具村と奈具神社をめぐって（坪倉慧二郎）「郷土久美浜」 久美浜町郷土研究会 9 1997.11

七谷神社

加悦町七谷神社について（細井昭男）「両丹地方史」 両丹地方史研究者協議会 （75） 2005.3

南海道

ご挨拶 南海道と総本山善通寺の瓦窯（大河内義雅）「文化財協会報」 善通寺市文化財保護協会 （31） 2012.03

南禅院

南禅寺南禅院と天龍寺の庭園（町田香）「禅文化」 禅文化研究所 （224） 2012.04

南禅寺

飛騨・美濃材による南禅寺仏殿造営（清水進）「郷土研究・岐阜 ： 岐阜県郷土資料研究協議会会報」 岐阜県郷土資料研究協議会 83 1999.11

京都南禅寺もみじがりへ（清水絹代）「流れ谷」 流れ谷同志会 （23） 2003.5

京都の名刹・南禅寺と大理石の巨大な「硯」（貝沼喜久男）「美濃民俗」 美濃民俗文化の会 460 2005.9

南禅寺の五右衛門─山門の場についてのひとつの仮説（研究ノート）（野

口典子）「京都産業大学日本文化研究所紀要」 京都産業大学日本文化研究所 （14）2009.12

南禅寺を訪ねる（宮井知子）「讃岐のやまなみ」 香川県歴史研究会 （3）2010.04

南禅寺と朝陽（南院国師七百年大遠忌に寄せて）（高原英男）「長野」 長野郷土史研究会 （282）2012.04

南禅寺参拝と大豆の思い出（南院国師七百年大遠忌に寄せて）（宮沢一恵）「長野」 長野郷土史研究会 （282）2012.04

南丹市

貴美栄婆さんの世間話（2）―京都府南丹市（西浦左門）「民俗文化」 滋賀民俗学会 （611）2014.08

西小

当尾・西小墓地の旧景観（狭川真一）「歴史考古学」 歴史考古学研究会 （50）2002.7

西賀茂

上賀茂神社と西賀茂の文化財（矢ヶ崎善太郎）「史迹と美術」 史迹美術同攷会 74（8）通号748 2004.9

西賀茂妙見堂

北区西賀茂妙見堂の遺跡（屋木英雄）「京都考古 ： 埋蔵文化財速報と資料紹介」 京都考古刊行会 94 2005.4

西京

中世末期村落の変質と祭礼―西京を中心に（貝英幸）「京都民俗 ： 京都民俗学会会誌」 京都民俗学会 通号20・21 2004.3

西陣

京都・西陣の庶民信仰の地を訪ねて（中尾紀子）「史迹と美術」 史迹美術同攷会 72（6）通号726 2002.7

京都・西陣の古寺と仏像（関根俊一）「近畿文化」 近畿文化会事務局 （704）2008.7

西本願寺

東西本願寺の由来について（岩井和夫）「魚津史談」 魚津歴史同好会 （20）1998.3

西本願寺辻下間少進家伝来の善光寺分身仏（北川央）「長野」 長野郷土史研究会 211 2000.5

西本願寺と越中鰤（藪波隆信）「氷見春秋」 氷見春秋会 （52）2005.11

西本願寺御名代下向について（上田實蔵）「郷土誌しいだ」 椎田町文化財研究協議会 （14）2006.5

安城御影―西本願寺と東本願寺本（天野信治）「安城市歴史博物館研究紀要」 安城市歴史博物館 （18）2011.03

西本願寺船入の建物と船材（南秀雄）「葦火 ： 大阪市文化財情報」 大阪市博物館協会大阪文化財研究所 26（1）通号151 2011.04

近世の東桑津村遍照寺の寺格形成と西本願寺坊官家司（史料調査報告）（大国正美）「地域研究いたみ」 伊丹市 （43）2014.03

西本願寺飛雲閣

西本願寺飛雲閣見学（原藤広）「あゆち潟」 「あゆち潟」の自然と歴史に親しむ会 （5）1999.3

二条城

古都の旅―二条城から東福寺まで（照内捷二）「鷹巣地方史研究」 鷹巣地方史研究会 （54）2004.4

二尊院

室町・戦国期二尊院の再興と「勧進」―法然廟・檀那・菩提所（高橋大樹）「仏教史学研究」 仏教史学会 55（2）2013.03

仁和寺

仁和寺の建立をめぐって―光孝天皇陵と大道（俵谷和子）「久里」 神戸女子民俗学会 5 1998.10

鎌倉中・後期の東寺供僧と仁和寺御室（横山和弘）「年報中世史研究」 中世史研究会 （26）2001.5

中世前期における高野山と仁和寺御室（海老名尚）「寺院史研究」 寺院史研究会 6 2002.1

仁和寺西端城の子院等小考（津々池惣一）「研究紀要」 京都市埋蔵文化財研究所 8 2002.3

古寺散策 京都 仁和寺の文化財／蓮華寺の五智如来「郷土史紀行」 ヒューマン・レクチャー・クラブ 17 2002.6

仁和寺の天野社支配―仁和寺領六箇庄と覚法法親王をめぐって（俵谷和子）「久里」 神戸女子民俗学会 （18）2006.1

「龍馬の翔けた時代」展と仁和寺拝観（多田敏雄）「さぬき市の文化財」 さぬき市文化財保護協会 （3）2006.3

輪王寺蔵「伊頭那（飯縄）曼荼羅図」と仁和寺蔵『多聞吒根尼経』について（入江多美）「歴史と文化」 栃木県歴史文化研究会，随想舎（発売）（17）2008.8

鎌倉期の法親王と寺院社会に関するノート―仁和寺御室と東寺長者・金剛峯寺の諸関係から（横山和弘）「朱雀 ： 京都文化博物館研究紀要」 京都府京都文化博物館 23 2011.03

市外探訪 京都御所・仁和寺など（平成二十五年度文化財現地探訪報告）（塩見興一郎）「ふるさと山口」 山口の文化財を守る会 （35）2014.06

御室仁和寺配下の六十六部組織について―三原市の新出史料から（学会記事―合同発表会発表要旨）（小嶋博巳）「会報」 岡山民俗学会 （213）2014.11

野際

福知山市野際墓地の宝篋印塔（篠原良吉）「史迹と美術」 史迹美術同攷会 77（10）通号780 2007.12

土師村

土師天満宮一千百年万灯会大祭を前にして 土師村庄屋記録・土師天満宮一件資料紹介（芦田智恵子）「史談福智山」 福知山史談会 577 2000.4

八瀬

八瀬の年中行事（宇野日出生）「京都市歴史資料館紀要」 京都市歴史資料館 （17）2000.3

〔書評〕『八瀬童子会文書（叢書京都の史料4）』（川嶋将生）「京都市歴史資料館紀要」 京都市歴史資料館 （18）2001.3

『八瀬童子会文書（叢書京都の史料4）補遺・総目録「京都市歴史資料館紀要」 京都市歴史資料館 （19）2003.3

京都・八瀬赦免地踊り（館林藩秋元会）「群馬風土記」 群馬出版センター 20（4）通号87 2006.10

歴史資料館だより 重要文化財指定記念「八瀬童子―天皇と里人―」展の開催について／編さんより／京わらべ「京都市政史編さん通信」 京都市市政史編さん委員会 （44）2012.12

八木

見学部会より「八木愛宕祭」見学部会に参加して（部会報告）（赤井又三郎）「あたごさん ： 京都愛宕研究会会報」 京都愛宕研究会 （3）2007.5

八角院

石清水八幡宮祐清造立の阿弥陀像と解脱房貞慶―八幡市正法寺（八角院）阿弥陀如来坐像に関する一史料をめぐって（杉崎貴英）「文化史学」 文化史学会 （65）2009.11

花背

花背・京北の古寺（田中嗣人）「近畿文化」 近畿文化会事務局 645 2003.8

花園

花園・太秦の社寺と遺跡（田中嗣人）「近畿文化」 近畿文化会事務局 （700）2008.3

隼上り窯跡

隼上り窯跡と豊浦寺（畑中英二）「京都考古 ： 埋蔵文化財速報と資料紹介」 京都考古刊行会 85 1997.10

春影稲荷神社

春影稲荷神社について（塩見昭吾）「史談福智山」 福知山史談会 （568）1999.7

比叡山

随感 国宝への旅―比叡山と京都東山の国宝（谷原博信）「讃岐のやまなみ」 香川県歴史研究会 （6）2013.4

東一口

新指定文化財の紹介 東一口のトンド「文化財報」 京都府文化財保護基金 96 1997.2

東岩蔵寺

京都東岩蔵寺と富山郷―越中地域史研究の原点（10）（論文）（久保尚文）「富山史壇」 越中史壇会 （174）2014.7

東高野街道

東高野街道 杖について（佐野一雄）「あしたづ ： 河内の郷土文化サークルセンター特集誌」 河内の郷土文化サークルセンター （12）2010.2

東本願寺

東西本願寺の由来について（岩井和夫）「魚津史談」 魚津歴史同好会 （20）1998.3

伝統美・旅シリーズ 全国寺院めぐり 東本願寺（武蔵正仲）「旅とルーツ」 芳文館出版 77 1999.4

隠された版木―江戸末期東本願寺頓成事件（藤懸了世）「能登の文化財」 能登文化財保護連絡協議会 35 2001.9

東本願寺寛政の再建（資料提供）（太田空賢）「頸城文化」 上越郷土研究会 （51）2003.9

東本願寺の蝦夷地開教（橋本とおる）「北海道れきけん」 北海道歴史研究会 56 2004.9

東本願寺寛政の再建と御影巡回法座（太田空賢）「頸城文化」 上越郷土研究会 （53） 2005.10

明治15年、小矢部川上流刀利村から東本願寺本山再建への献木（加藤享子）「砺波散村地域研究所研究紀要」 砺波市立砺波散村地域研究所 （23） 2006.3

本山東本願寺の再建と門徒の活動—「資料編 近世」の紹介をかねて（遠山佳治）「安城市史だより」 ［安城］市教育委員会生涯学習部 （22） 2006.3

東本願寺天保の再建と頸城の門徒（太田空賢）「頸城文化」 上越郷土研究会 （57） 2009.10

補筆 東本願寺天保の再建と頸城の門徒（太田空賢）「頸城文化」 上越郷土研究会 （58） 2010.09

安城御影（京都・東本願寺所蔵）「博物館ニュース」 安城市歴史博物館 （78） 2010.09

安城御影—西本願寺と東本願寺本（天野信治）「安城市歴史博物館研究紀要」 安城市歴史博物館 （18） 2011.03

大谷派（東本願寺）における触頭問題の顛末（三原法雲）「美濃の文化 ： 美濃文化総合研究会機関誌」 美濃文化総合研究会 （126） 2013.10

會田家の「紅花取引」「京都東本願寺への献木」「諸芸能への奉加」—會田庄一家所蔵「萬覚書」を読む（野口一雄）「村山民俗」 村山民俗の会 （28） 2014.06

東本願寺御影堂の再建屏風図から（研究・史料紹介）（宇井哲）「西村山地域史の研究」 西村山地域史研究会 （32） 2014.09

毘沙門堂

毘沙門堂の「河伯面」（和田寛）「河童通心」 河童文庫 259 2005.5

氷室

鵜原氷室と鵜原氷室—京都西賀茂氷室地区の氷室跡と寺院跡（屋木英雄）「京都考古 ： 埋蔵文化財速報と資料紹介」 京都考古刊行会 91 2003.3

平等院

宇治平等院から日野法界寺へ（中尾純子）「史迹と美術」 史迹美術同攷会 73（8）通号738 2003.9

平等院一切経会について（大島幸雄）「史聚」 史聚会，岩田書院（発売） （43） 2010.03

宇治の建築—宇治上神社、宇治神社、興聖寺、平等院（矢ヶ崎善太郎）「近畿文化」 近畿文化会事務局 （725） 2010.04

平等心王院

後字多王権による空海「聖跡」興隆—横尾平等心王院我宝と土佐国室戸金剛頂寺・最御崎寺をめぐって（横山和弘）「朱雀 ： 京都文化博物館研究紀要」 京都府京都文化博物館 19 2007.3

深草

伏見と深草の古社寺（矢ヶ崎善太郎）「史迹と美術」 史迹美術同攷会 72（8）通号728 2002.9

深草大門町

ぬりこべ地蔵—京都市伏見区深草大門町（大島建彦）「西郊民俗」 ［西郊民俗談話会］ （184） 2003.9

福寿院

福寿院は河守であった（大槻伸）「史談福智山」 福知山史談会 （693） 2009.12

福知山

福知山銅門番所と寺院山門の瓦文様について（高橋忠久）「史談福智山」 福知山史談会 （541） 1997.4

一宮神社境内社天満社石灯篭について（塩見昭吾）「史談福智山」 福知山史談会 （558） 1998.9

一宮神社元禄銘石灯篭（塩見昭吾）「史談福智山」 福知山史談会 （559） 1998.10

愛宕神社とその周辺（1）～（10）（増田信武）「史談福智山」 福知山史談会 （567）/576 1999.6/2000.3

福知山地方の民間信仰—治病信仰（1）,（2）（嵐光激）「史談福智山」 福知山史談会 631/632 2004.10/2004.11

福知山地方の民間信仰—茅の輪・地蔵（嵐光激）「史談福智山」 福知山史談会 633 2004.12

福知山地方の民間信仰—名号石（嵐光激）「史談福智山」 福知山史談会 634 2005.1

福知山地方の民間信仰—妙見信仰（嵐光激）「史談福智山」 福知山史談会 （640） 2005.7

福知山地方の民間信仰—水天宮（嵐光激）「史談福智山」 福知山史談会 （642） 2005.9

福知山地方の民間信仰—鬼門（嵐光激）「史談福智山」 福知山史談会 （643） 2005.10

照光寺本堂の装飾について（1）,（2）拝殿装飾木彫について［正］,（続）（嵐光激）「史談福智山」 福知山史談会 （654）/（655） 2006.9/2006.10

福知山史談会夏の例会報告 緑陰講座「河守城と浄仙寺」（概要報告）（嵐光激）「史談福智山」 福知山史談会 （665） 2007.8

福知山地方の民間信仰—事八日（嵐光激）「史談福智山」 福知山史談会 （670） 2008.1

福知山史談会夏の例会報告 緑陰講座 天寧寺（概要）—編集者より「史談福智山」 福知山史談会 （677） 2008.8

記念論文 御霊さんの榎（岡部一稔）「史談福智山」 福知山史談会 （700） 2010.07

第49回 両丹地方史研究発表大会（報告）（編集者より）福知山地方のカラトについて（大槻伸）、丹後地域の地震津波（加藤晃）、何鹿郡高津八幡宮の神仏分離—清水佐男里の生涯（塩見有紀）「史談福智山」 福知山史談会 （716） 2011.11

福知山鋳物師と地名「勅使」の由来について（赤井信吾）「両丹地方史」 両丹地方史研究者協議会 （81） 2012.8

福知山史談会夏の例会報告 緑陰講座（平成25年度）「狛犬寸話」講師：塩見昭吾顧問（概要報告 編集者）「史談福智山」 福知山史談会 （737） 2013.08

平成25年度福知山史談会 秋の例会（研究発表）報告 近代産業と神社—大原神社を中心に 青木友里氏、旧平野家について 岡垣清己氏（大槻伸）「史談福智山」 福知山史談会 （740） 2013.11

福智山

光秀供養の高灯篭のこと（大槻伸）「史談福智山」 福知山史談会 （560） 1998.7

八大龍王に祈る（芦田金次郎）「史談福智山」 福知山史談会 （573） 1999.12

平和墓地再建由来（塩見昭吾）「史談福智山」 福知山史談会 583 2000.10

牛慣行をめぐる民俗（1）—出石六方との牛貸借（増田信武）「史談福智山」 福知山史談会 591 2001.6

牛慣行をめぐる民俗（2）畜牛保険と犢酒（増田信武）「史談福智山」 福知山史談会 593 2001.8

資料紹介 石造馬鳴菩薩像（塩見昭吾）「史談福智山」 福知山史談会 594 2001.9

民具紹介 木臼（増田信武）「史談福智山」 福知山史談会 596 2001.11

講演要旨 民俗芸能の特質とその意義（植木行宣）「史談福智山」 福知山史談会 599 2002.2

民具紹介 ワタクリ（実繰）（増田信武）「史談福智山」 福知山史談会 600 2002.3

民具紹介 薬製品と加工用具（増田信武）「史談福智山」 福知山史談会 606 2002.9

参考掲載 「神と鬼の山」（村上政市）「史談福智山」 福知山史談会 611 2003.2

平和墓地に祀られるロシア人の墓前慰霊祭（嵐光激）「史談福智山」 福知山史談会 （656） 2006.11

カマンド窯について（大槻伸）「史談福智山」 福知山史談会 （712） 2011.07

福知山市

京都府福知山市の金太郎伝説（笠間吉高）「史談足柄」 足柄史談会 38 2000.4

福知山市内の狛犬について（塩見昭吾）「史談福智山」 福知山史談会 610 2003.1

福知山市で新出の徳本名号石とその周辺について（嵐光激）「史談福智山」 福知山史談会 （723） 2012.06

福知山城

福知山城石垣 石塔・石仏転用について（遠藤塩子）「野仏 ： 多摩石仏の会機関誌」 多摩石仏の会 34 2003.7

福知山藩

福知山藩日記の茶壺について（大槻伸）「史談福智山」 福知山史談会 （566） 1999.5

福天

福天地方の民間信仰—絵馬（嵐光激）「史談福智山」 福知山史談会 626 2004.5

福満寺

木喰仏油彩画シリーズ（9）自刻像（京都・福満寺）（石井清嗣）「微笑佛」 全国木喰研究会 （17） 2010.03

普賢寺

古代寺院普賢寺の建物・基壇跡について（若林邦彦）「同志社大学歴史資料館報」 同志社大学歴史資料館 （10） 2007.10

近畿　　　　　　　　　　　　　郷土に伝わる民俗と信仰　　　　　　　　　　　　　京都府

普賢寺郷

普賢寺郷金石銘文調査（2）山崎神社・山崎三宝寺「筒城」京田辺市郷土史会（55）2010.03

普賢寺谷

普賢寺谷の古い歴史 一休禅師と酬恩庵 地蔵院の桜と小野小町（角田新三郎）「筒城」京田辺市郷土史会 45 2000.3

藤井有鄰館

藤井有鄰館・貞観十三年銘石造仏坐像に関する考察―初唐期における如来坐像の様式をめぐって（研究）（中谷円加）「橘史学」京都橘大学歴史文化学会（28）2013.12

伏見

伏見人形 竹に虎「総合資料館だより」京都府立総合資料館，京都府立総合資料館友の会 114 1998.1

伏見人形 餅つき兎「総合資料館だより」京都府立総合資料館，京都府立総合資料館友の会 118 1999.1

兵隊の俗謡（1）―伏見「満期操典」（馬場杉右衛門）「民俗文化」滋賀民俗学会 436 2000.1

伏見人形 玉抱き巴「総合資料館だより」京都府立総合資料館，京都府立総合資料館友の会 126 2001.1

伏見と深草の古社寺（矢ヶ崎善太郎）「史迹と美術」史迹美術同攷会 72（8）通号728 2002.9

伏見人形の「猿」「総合資料館だより」京都府立総合資料館，京都府立総合資料館友の会 138 2004.1

「焼塩屋権兵衛」に関するノート―『伏見人形の原型』を読んで（山中敏彦）「東京考古」東京考古談話会 通号22 2004.5

伏見人形の「鶏」「総合資料館だより」京都府立総合資料館，京都府立総合資料館友の会 142 2005.1

北近江草野川谷の伝承（3）藤五郎の石子詰と伏見の文殊九助（馬場杉右衛門）「民俗文化」滋賀民俗学会（534）2008.3

吉田家と伏見の「稲荷勧請」談義（榎本直樹）「西郊民俗」「西郊民俗談話会」（205）2008.12

伏見稲荷

配所の昔公を飢えから救った伏見稲荷―石穴稲荷の伝説から（山中耕作）「西日本文化」西日本文化協会 369 2001.3

「宝田稲荷」伏見稲荷本社へお返しされる（泉貞代）「板橋史談」板橋史談会 220 2004.1

伏見稲荷社

伏見稲荷社と本願所（境淳伍）「民俗文化」滋賀民俗学会 410 1997.11

宇喜多秀家夫人の「御病」と伏見稲荷社―「狐狩」と「陰陽師狩」をめぐって（河内将芳）「朱」伏見稲荷大社（55）2011.12

伏見稲荷神社

資料紹介 海老沼節氏寄贈図書仮目録―伏見稲荷神社宮司大貫真浦旧蔵書（西村隆）「資料館紀要」京都府立総合資料館（31）2003.3

伏見稲荷大社

伏見稲荷大社刊行物（既刊）「宗教民俗研究」日本宗教民俗学会（7）1997.6

伏見稲荷大社と丹波の稲荷信仰（山下源九郎）「丹波史」丹波史懇話会 20 2000.6

伏見稲荷大社「稲荷山復舊の碑」について―国重正文宮司（初代富山県知事）顕彰碑（廣瀬久雄）「近代史研究」富山近代史研究会（33）2010.03

北海道への稲荷勧請―伏見稲荷大社からの分霊を中心として（特集 北海道の拓殖と社）（青木伸剛）「季刊悠久 第2次」鶴岡八幡宮悠久事務局（119）2010.03

稲荷大社由緒記集成所収文献（編集部）「朱」伏見稲荷大社（55）2011.12

稲荷旅所の巫女「惣の一」（五島邦治）「朱」伏見稲荷大社（56）2013.02

刀八毘沙門天像の成立と発展―伏見稲荷大社の刀八毘沙門天曼陀羅図を中心に（山下立）「朱」伏見稲荷大社（56）2013.02

稲荷大社由緒記集成所収文献（編集係）「朱」伏見稲荷大社（56）2013.02

伏見城

伏見城・城下町の研究史と陵墓問題（特集 伏見城研究の成果と課題）（山田邦和）「ヒストリア ： journal of Osaka Historical Association」大阪歴史学会（222）2010.10

藤森社

京都藤森社の深草祭覚書（田中久夫）「御影史学論集」御影史学研究会 通号33 2008.10

藤森社とキツネと稲荷社（田中久夫）「久里」神戸女子民俗学会（24）

2009.06

峰定寺

峰定寺阿弥陀三尊像の伝来をめぐって―水無瀬御影堂旧在の後鳥羽院関係仏か（杉崎貴英）「日本宗教文化史研究」日本宗教文化史学会 17（1）通号33 2013.05

仏光寺

仏光寺御書（三浦泰之）「北海道開拓記念館だより」北海道開拓記念館 28（2）通号150 1998.7

佛光寺の板木（永井一彰）「総合研究所所報」奈良大学総合研究所（14）2006.3

書評 『佛光寺の歴史と文化』編集委員会編『佛光寺の歴史と文化』（木越祐馨）「仏教史学研究」仏教史学会 55（1）2012.11

平安神宮

平安神宮が重要文化財に（平井東幸）「東京産業考古学会ニュースレター」東京産業考古学会事務局（86）2011.01

蛇塚

松尾大社、月読神社から蛇塚、蚕の社へ（小川滋）「つどい」豊中歴史同好会（266）2010.03

鳳凰堂

「平等院鳳凰堂石燈籠」補遺（尼崎博正）「史迹と美術」史迹美術同攷会 80（1）通号801 2010.01

法界寺

宇治平等院から日野法界寺へ（中尾純子）「史迹と美術」史迹美術同攷会 73（8）通号738 2003.9

法観寺

法観寺旧境内 京都の遺跡を読む（20）「京都市文化財だより」京都市文化観光局文化部 34 2000.10

宝鏡寺

『宝鏡寺蔵『妙法天神経解釈』全注釈と研究』の紹介―黄檗宗と天神信仰（安原眞琴）「黄檗文華」黄檗山萬福寺文華殿（121）2002.6

方広寺

豊国神社と方広寺（丸山貞）「史迹と美術」史迹美術同攷会 75（9）通号759 2005.11

京都方広寺鐘鋳に上京した天命鋳物師氏名文書の考察（小島唯一）「史談」安蘇史談会（22）2006.6

方広寺大仏殿

京都の方広寺大仏殿と大保木の巨木について（白石宗朗）「西條史談」西條史談会 61 2004.5

『祐茂夫婦并祐正物語之記』に見る京都大仏殿建造の材木（橋口満）「大隅」大隅史談会（51）2008.3

法住寺

法住寺・酒井神社楽しんできました（平井幸子）「六甲倶楽部報告」六甲倶楽部 67 2003.12

法住寺殿の成立と展開（上村和直）「研究紀要」京都市埋蔵文化財研究所 9 2004.3

随想 洛東・法住寺と西美濃・円興寺（堤正樹）「美濃民俗」美濃民俗文化の会（487）2007.12

方丈庵

方丈庵"方丈庵"の模型 賀茂御祖神社（下鴨神社）河合神社奉納記（井上勇）「神戸史談」神戸史談会 通号305 2010.01

保昌山

動く美術館 保昌山の胴掛けの復原（《特集 祇園祭》）（守谷忠彦）「会報むろのつ」「嶋屋」友の会（13）2006.6

宝泉寺

宝泉寺の阿弥陀如来像について（津原勇）「京北の文化財」京北町文化財を守る会（38）1997.3

祝園神社

いごもり祭に参加して（子どもたちの地域史（2））（伊井野佳樹）「やましろ」城南郷土史研究会（19）2004.8

宝塔寺

谷口法悦寄進、京都深草宝塔寺多宝塔内板曼荼羅について（木下幹夫）「史迹と美術」史迹美術同攷会 76（2）通号762 2006.2

洛南深草と湖東の建築―宝塔寺と御上神社・奥石神社散策（櫻井敏雄）「近畿文化」近畿文化会事務局（733）2010.12

宝菩提院

東寺宝菩提院旧蔵北斗曼荼羅について（松浦清）「大阪市立博物館研究紀要」大阪市立博物館 29 1997.3

宝菩提院廃寺

宝菩提院廃寺遺跡を守る会（崗崎秀雄）「乙訓文化」 乙訓の文化遺産を守る会 61 2003.5

宝菩提院廃寺の研究（大原治三）「乙訓文化」 乙訓の文化遺産を守る会 61 2003.5

「宝菩提院廃寺と古代の湯屋」を考えるつどい「乙訓文化」 乙訓の文化遺産を守る会 （62）2003.8

菩提池東寺院址

菩提池東寺院址出土の骨蔵器（資料紹介）（鋤柄俊夫）「同志社大学歴史資料館館報」 同志社大学歴史資料館 （3）1999.6

布袋野

府登録文化財の紹介 布袋野の三番叟「文化財レポート」 京都文化財団 3 2000.8

北国街道

江戸末期の近江・北国街道を復元する―明治26年測図と明治初期絵図との比較を通して（門脇正人）「紀要」 滋賀県立安土城考古博物館 （12）2004.3

法勝寺

旧等妙寺研究二題 本寺法勝寺と伊予等妙寺（西村問紹）「西南四国歴史文化論叢よど」 西南四国歴史文化研究会 （2）2001.3

法性寺

東福寺・法性寺（丸山貞）「史迹と美術」 史迹美術同攷会 69（2）通号692 1999.2

仏谷

当尾仏谷磨崖仏と周辺の石仏（清水俊明）「野ほとけ」 奈良石仏会 （351）2000.3

仏谷と磨子親王伝説（塩見昭吾）「史談福智山」 福知山史談会 （694）2010.01

本願寺

新谷家文書―本願寺志納受取証の変遷にみる明治期の近代化の歩み（田中稔）「加南地方史研究」 加南地方史研究会 44 1997.2

『本願寺下付裏書』・『検地帳』による調査の重要性（石田明乗）「城」 東海古城研究会 183 2002.6

本願寺の創建をめぐって―龍泉寺所蔵「当麻曼荼羅図」が鎌倉時代を伝える（池田一彦）「潮待ちの館資料館だより」 福山市鞆の浦歴史民俗資料館 29 2002.8

重要文化財本願寺大師堂「御影堂」の歴史と修理工事について（菅澤茂）「文化財レポート」 京都文化財団 11 2003.4

近世幕藩権力に依存した本願寺の門徒再編―慶長14年9月に前田利長が准如に宛てた復信（松山充宏）「富山史壇」 越中史壇会 （147）2005.9

図書紹介 平田厚志編『彦根藩井伊家文書 浄土真宗異義相論―「承応の○○」を発端とする本願寺・興正寺一件史料』（ジュローム，デュコール，平田思［訳］）「日本宗教文化史研究」 日本宗教文化史学会 13（1）通号25 2009.05

親鸞聖人750回大遠忌記念「本願寺展―世界遺産の歴史と至宝」「れきはく」 石川県立歴史博物館 （93）2009.09

同朋大学仏教文化研究所編『教如と東本願寺』（新刊紹介）（大澤研一）「ヒストリア ： journal of Osaka Historical Association」 大阪歴史学会 （246）2014.10

本法寺

京都本法寺墓地の無縁石造物について（古川元也）「神奈川県立博物館研究報告.人文科学」 神奈川県立歴史博物館 （33）2007.3

本満寺蓮乗院

府指定文化財の紹介（表紙解説）「本満寺蓮乗院霊屋」について「文化財レポート」 京都文化財団 （27）2014.03

舞鶴市

地蔵盆行事にみる地域の特徴と相関―京都市北区と小浜市・舞鶴市の地蔵盆を事例として（2011年度奨励研究成果論文）（近石哲）「年報非文字資料研究」 神奈川大学日本常民文化研究所非文字資料研究センター （9）2013.03

前田

福知山市字前田明天神社のこと（1）～（4）（畑源二）「史談福智山」 福知山史談会 （552）/（556）1998.3/1998.7

松井

松井の梵鐘（藤本富雄）「筒城」 京田辺市郷土史会 （52）2007.4

石清水八幡宮神人松井文書について（脇田健）「筒城」 京田辺市郷土史会 （56）2011.03

松尾

松尾の葵祭（レポート 第22回関西支部秋季学術大会）（尾崎俊廣）「儀礼文化ニュース」 儀礼文化学会 （188）2013.01

玉依姫命―賀茂と松尾の関係（レポート 第22回関西支部秋季学術大会）（中將）「儀礼文化ニュース」 儀礼文化学会 （188）2013.01

松尾社

「松尾社境内図」について（松井吉昭）「日本史攷究」 日本史攷究会 （36）2012.11

松尾大社

松尾祭の祭祀組織（黒田一充）「関西大学博物館紀要」 関西大学博物館 3 1997.3

松尾大社と嵐山の古寺（矢ヶ崎善太郎）「史迹と美術」 史迹美術同攷会 70（8）通号708 2000.9

松尾大社、月読神社から蛇塚、蚕の社へ（小川滋）「つどい」 豊中歴史同好会 （266）2010.03

調査報告 京都 社寺のまつり 松尾大社の松尾祭―特に、神幸祭「おいで」を中心に（米田幸寿）「まつり通信」 まつり同好会 51（3）通号553 2011.05

万福寺

黄檗山萬福寺における仏舎利供養について―「法皇忌」との関係から（高井恭子）「黄檗文華」 黄檗山萬福寺文華殿 （121）2002.6

萬福寺伽藍堂の華光菩薩像について（二階堂善弘）「黄檗文華」 黄檗山萬福寺文華殿 （122）2003.7

萬福寺の歴史と文化財について（赤松達明）「文化財レポート」 京都文化財団 （14）2004.4

萬福寺から宇治陵へ（来村多加史）「近畿文化」 近畿文化会事務局 （707）2008.10

萬福寺に建立された大名家の墓碑考察（秋元茂陽）「黄檗文華」 黄檗山萬福寺文華殿 （130）2011.07

御金神社

京都市における神社伝承の変遷―中京区、御金神社を中心に（村田典生）「京都民俗 ： 京都民俗学会会誌」 京都民俗学会 通号24 2007.3

水尾

『古習志』その後（6）―京都市右京区水尾の場合（大野啓）「京都民俗 ： 京都民俗学会会誌」 京都民俗学会 通号19 2001.12

水薬師寺

『水上殿 水薬師寺』（井上栄介）「中山道加納宿 ： 中山道加納宿文化保存会会誌」 中山道加納宿文化保存会 30 1997.10

三岳山

記念講演要旨 三岳山をめぐる歴史と民俗―年中行事を中心に（大江篤）「史談福智山」 福知山史談会 587 2001.2

三ツ塚廃寺跡

白鳳の風―国史跡・三ツ塚廃寺跡を考える（大槻勝己）「丹波史」 丹波史懇話会 （34）2014.6

湊宮村

江戸時代後期における湊宮村の舩に関する古文書について（中川正哲）「郷土久美浜」 久美浜町郷土研究会 9 1997.11

南稲八妻村

一枚の村絵図から―江戸時代後期の南稲八妻村（奥田裕之）「波布理曽能」 精華町の自然と歴史を学ぶ会 （14）1997.4

南邸

民衆史の足跡をたどる（9）―歴史の息づかいを感じる場所・南邸（林耕二）「大阪民衆史研究」 大阪民衆史研究会 45 1999.9

南山

大江町南山観音寺の五輪板碑について（大槻伸）「史談福智山」 福知山史談会 （687）2009.06

平成22年度春の例会 室尾谷山観音寺の歴史を中心―南山を探訪の概略（編集者）「史談福智山」 福知山史談会 （697）2010.04

南山城

江戸時代南山城地域の三十三所巡礼について（堀雅男）「波布理曽能」 精華町の自然と歴史を学ぶ会 （14）1997.4

1999年度仏教美術班調査抄録（南山城総合学術調査）（井上一稔）「同志社大学歴史資料館館報」 同志社大学歴史資料館 （3）1999.6

近世墓標からみた京都府南山城の社会的繋がり（朽木量）「墓標研究会会報」 墓標研究会 1 2000.8

南山城総合学術調査 2000年度仏教美術班調査抄録（仏教美術班）「同志社大学歴史資料館館報」 同志社大学歴史資料館 （4）2001.7

南山城地域の仏像 参考文献集成―7・8世紀篇（八田達男）「やましろ」 城南郷土史研究会 （20）2005.10

南山城地域の仏像 参考文献集成―8世紀～9世紀篇（八田達男）「やまし

ろ」 城南郷土史研究会 （21） 2006.□2

南山城地域の仏像 参考文献集成—十世紀篇（八田達男）「やましろ」 城南郷土史研究会 （22） 2008.5

南山城地域の仏像 参考文献集成—11世紀篇（八田達男）「やましろ」 城南郷土史研究会 （23） 2009.10

南山城の古佛を訪ねて（安藤佳香）「文化財レポート」 京都文化財団 （23） 2010.03

南山城地域の仏像 参考文献集成—12世紀篇（1）阿弥陀如来像（八田達男）「やましろ」 城南郷土史研究会 （24） 2010.10

南山城地域の仏像 参考文献集成—12世紀篇（2）如来像II、菩薩像（八田達男）「やましろ」 城南郷土史研究会 （25） 2011.12

山城河内燈明講について—南山城・北河内の秋葉信仰（中川博勝）「やましろ」 城南郷土史研究会 （26） 2012.12

南山城地域の仏像 参考文献集成（3）明王像、天部像（2）如来像II、菩薩像（八田達男）「やましろ」 城南郷土史研究会 （26） 2012.12

南山城の古社寺と遺跡を訪ねて—木津川右岸を中心に（泉森皎）「近畿文化」 近畿文化会事務局 （769） 2013.12

南山城の法然上人霊場めぐり史料紹介（編集部）「筒城」 京田辺市郷土史会 （59） 2014.03

冶金関連遺構・遺物からみた南山城地域の古代寺院（関廣尚世）「たたら研究会」 たたら研究会 （53） 2014.08

南山城の不動石仏とその信仰（狹川真一）「近畿文化」 近畿文化会事務局 （779） 2014.10

壬生狂言

小浜における壬生狂言の上演記事（垣東敏博）「えちぜんわかさ ： 福井の民俗の会」 福井民俗の会 16 2001.1

祈りの寄せ裂衣裳—壬生狂言創始700年記念によせて（山藤宏子，野上俊子，河野美代賀，喜多村悦子）「衣の民俗館・日本風俗史学会中部支部研究紀要」 衣の民俗館 12 2002.3

三宅八幡神社

三宅八幡神社奉納 子育て祈願絵馬について—平成20年度国指定重要有形民俗文化財（村上忠喜）「民具マンスリー」 神奈川大学 42（9）通号501 2009.12

都

三重県発の魚街道二話（2）中世安濃津発の鰯街道—伊勢湾と都を結ぶ御伽草子恋物語から（大川吉崇）「三重民俗研究会会報」 三重民俗研究会事務局 30 2001.2

都七福神

都七福神巡りと岩倉実相院詣り（研修部）「山崎郷土会報」 山崎郷土研究会 97 2001.4

宮津

宮津の年中行事アンケート（長谷川嘉和）「市史編さんだより」 宮津市教育委員会 13 1998.2

宮津市

史料としての地名の意義と限界—大字小字図作成の中間報告として（足利健亮）「市史編さんだより」 宮津市教育委員会 14 1998.3

寺檀制度成立期の村と寺院（幡鎌一弘）「市史編さんだより」 宮津市教育委員会 15 1999.3

盆の墓参りにおける名刺を用いた間接的な挨拶の実践—京都府宮津市の事例をもとに（卒業論文・修士論文要旨）（糸井愛）「御影史学論集」 御影史学研究会 通号35 2010.10

宮津藩

幕末期における宮津藩の宗教政策（幡鎌一弘）「日本宗教文化史研究」 日本宗教文化史学会 8（1）通号15 2004.5

美山

丹波美山の民謡調査覚書［正］，補遺（西浦左門）「近畿民俗 ： Bulletin of the Folklore Society of Kinki」 近畿民俗学会 146・147/150 1997.3/1998.3

丹波美山の言業と民俗（5）（西浦左門）「近畿民俗 ： 近畿民俗学会会報 ： Bulletin of the Folklore Society of Kinki」 近畿民俗学会 154 1999.2

京都北山の古寺と美山の茅葺民家（矢ヶ崎善太郎）「近畿文化」 近畿文化会事務局 （719） 2009.10

丹波美山の昔ばなし（1）—弘法さんの蕎麦は「宿根蕎麦」（西浦左門）「民俗文化」 滋賀民俗学会 （596） 2013.05

丹波美山の昔ばなし（2）—弘法伝説（木）（西浦左門）「民俗文化」 滋賀民俗学会 （597） 2013.06

丹波美山の昔ばなし（3）—弘法伝説（水・駛）他（西浦左門）「民俗文化」 滋賀民俗学会 （598） 2013.07

美山町

オソイモン考—美山町における野兎の民俗（天野武）「西郊民俗」 ［西郊民俗談話会］ 通号160 1997.9

終戦直後のどさくさ物語—京都府南丹市美山町（西浦左門）「民俗文化」 滋賀民俗学会 （595） 2013.04

丹波山地は怖いことばかり—美山町（山里だより（18））（西浦左門）「あしなか」 山村民俗の会 298 2013.06

大根を守る施餓鬼旗—南丹市美山町（西浦左門）「民俗文化」 滋賀民俗学会 （613） 2014.10

明暗寺

虚無僧と地域社会—京都明暗寺と丹後田辺藩領の場合（長谷川佳澄）「千葉史学」 千葉歴史学会 （60） 2012.05

妙覚寺

京都妙覚寺墓地の無縁石造物考—中近世以降期の葬送と石塔造立（古川元也）「神奈川県立博物館研究報告.人文科学」 神奈川県立歴史博物館 （28） 2002.3

妙顕寺

南北朝内乱期の祈祷寺—妙顕寺の事例から（池浦泰憲）「ヒストリア ： journal of Osaka Historical Association」 大阪歴史学会 （192） 2004.11

妙光寺

興国寺住職への登竜門—妙光寺・誓度寺歴世について（大野治）「由良町の文化財」 由良町教育委員会 （40） 2013.03

妙心寺

平成11（1999）年度 妙心寺大心院・大法院の建築及び障壁画の調査研究報告（永井規男，山岡泰造，中谷伸生，張洋一，妙心寺大心院・大法院調査研究班）「関西大学博物館紀要」 関西大学博物館 6 2000.3

平成12（2000）年度 妙心寺大雄院の建築及び障壁画の調査研究報告（永井規男，山岡泰造，中谷伸生，妙心寺大雄院調査研究班）「関西大学博物館紀要」 関西大学博物館 7 2001.3

平成13（2001）年度 妙心寺養源院の建築及び障壁画の調査研究報告（永井規男，山岡泰造，中谷伸生，妙心寺養源院調査研究班）「関西大学博物館紀要」 関西大学博物館 8 2002.3

平成17（2005）年度 妙心寺及び建仁寺の調査報告書まとめ（永井規男，山岡泰造，中谷伸生，長谷洋一，妙心寺・建仁寺調査研究班）「関西大学博物館紀要」 関西大学博物館 12 2006.3

京都の龍安寺・妙心寺を訪ねて（広谷喜十郎）「秦史談」 秦史談会 （146） 2008.7

加藤政俊著「関山慧玄と初期妙心寺」の紹介と感想（1），（2）（檀原長則）「高井」 高井地方史研究会 （164）/（165） 2008.8/2008.11

てんらんかい 特別展「開山無相大師650年遠諱記念 妙心寺—禅の心と美」「名古屋市博物館だより」 名古屋市博物館 （190） 2009.10

戦国期、禅寺の入寺制度に関する一考察—特に妙心寺を中心に（竹貫友佳子）「洛北史学」 洛北史学会 （12） 2010.06

史料紹介 池田光政の「妙心寺ノ事因州へ申遣書付」について（倉地克直）「岡山地方史研究」 岡山地方史研究会 通号122 2010.12

妙智院

史料紹介 妙智院所蔵「天文十二年後 渡唐方進貢物諸色注文」（伊藤孝司）「市史研究ふくおか」 福岡市博物館市史編さん室 （1） 2006.3

妙法院

妙法院翻刻史料に見る近世時宗教団—円山安養寺を中心に（古賀克彦）「時衆文化」 時衆文化研究会，岩田書院（発売） （14） 2006.10

妙満寺

「道成寺の鐘」と妙満寺（中西豊）「夜豆志呂」 八代史談会 134 2000.10

元怒和

新盆供養踊りの文化的・社会的意味—愛媛県怒和島元怒和地区を事例に（荒井真帆）「京都民俗 ： 京都民俗学会会誌」 京都民俗学会 通号24 2007.3

薬師寺

社寺探訪（5）細野薬師寺（石井敏雄）「京北の文化財」 京北町文化財を守る会 （39） 1997.8

薬師寺廃寺跡

薬師山と薬師寺廃寺跡（吉川章一）「波布理曽能」 精華町の自然と歴史を学ぶ会 （15） 1998.4

夜久野

夜久野と綾部の古仏像を訪ねて（沢新太郎）「史迹と美術」 史迹美術同攷会 71（1）通号711 2001.1

夜久野町

福知山市夜久野町の宝篋印塔（松永修輔）「歴史考古学」 歴史考古学研究会 (58) 2007.1

夜久野町直見

コラム 夜久野町直見 重文木造釈迦如来像 指定に至る経過の一端（塩見昭吾）「史談福智山」 福知山史談会 (685) 2009.04

八坂神社

京都八坂神社の祭神とは（中），（下）（古倉弥太郎）「宿場町ひらかた」 宿場町枚方を考える会 (39) / (40) 1997.6/1997.9

神道講座 (10)「祇園さま」のお話し（西高辻信良）「飛梅」 太宰府天満宮社務所 114 2000.4

八坂神社の文化財（真弓常忠）「文化財レポート」 京都文化財団 3 2000.8

八坂神社楼門の保存修理工事について（鶴岡典慶）「文化財レポート」 京都文化財団 (21) 2008.3

寄稿 八坂神社（京都市東山区祇園町北側）「ひたち小川の文化」 小美玉市小川郷土文化研究会 (30) 2010.06

弥栄町

丹後竹野郡の石造美術（上） 弥栄町（篠原良吉）「史迹と美術」 史迹美術同攷会 71(4) 通号714 2001.5

やすらい花

2001年11月例会「今宮神社とやすらい祭・今宮祭」吉井敏幸氏（加藤義樹）「日本宗教民俗学研究会通信」 日本宗教民俗学研究会 (93) 2001.11

京都のやすらい踊 意欲満々の少年たち（吉川祐子）「月刊通信ふるさとの民俗を語る会」 民俗文化研究所 (60) 2012.05

柳明神

柳明神（北村精一）「県央史談」 県央史談会 (45) 2006.1

山国

近世宮座と家格伝承―京都府北桑田郡京北町山国の場合（西尾正仁）「御影史学論集」 御影史学研究会 通号29 2004.10

山崎

山崎の子安地蔵尊のこと（中川勇）「筒城」 京田辺市郷土史会 (49) 2004.3

山科本願寺

山科本願寺の遺蹟を巡る（大鳥居総夫）「史迹と美術」 史迹美術同攷会 68(7) 1998.8

山城国

『国造次第』所引『山城国風土記』逸文について（荊木美行）「史料 : 皇學館大學研究開発推進センター史料編纂所報」 皇學館大學研究開発推進センター史料編纂所 (171) 2001.2

山背

東寺の創建と山背の古代寺院（菱田哲郎）「洛北史学」 洛北史学会 通号1 1999.6

山本村

山本村の寺院・民俗（小泉芳孝）「筒城」 京田辺市郷土史会 43 1998.3

山本村の「鶴沢ノ池」（小泉芳孝）「筒城」 京田辺市郷土史会 45 2000.3

山本村の民俗（山本支部）「筒城」 京田辺市郷土史会 (49) 2004.3

八幡

歴史の窓 境内町名「八幡」と歌舞伎「引窓」（鍛代敏雄）「栃木史学」 国学院大学栃木短期大学史学会 (23) 2009.3

八幡市

八幡市の文化財を訪ねて―石清水八幡宮とその周辺（中尾純子）「史迹と美術」 史迹美術同攷会 71(7) 通号717 2001.8

八幡における民間伝説考（小山嘉巳）「ふるさと」 八幡市郷土史会 (29) 2014.12

八幡南山

八幡南山焼（村上泰昭）「史迹と美術」 史迹美術同攷会 71(10) 通号720 2001.12

由良川源流

マムシ見聞記―京都・由良川源流/高知・佐川町（岩田英彬）「あしなか」 山村民俗の会 266 2004.5

楊谷寺

楊谷寺にみる水への信仰―眼病平癒の霊水に関する考察（結城葵）「桃山歴史・地理」 京都教育大学史学会 (45) 2010.11

要法寺町

寺の名の付いた町名 (5) 要法寺町（清水弘）「都藝泥布 : 京都地名研究会会報」［京都地名研究会事務局］ (44) 2013.7

吉田山

吉田山周辺の古社寺（田中嗣人）「近畿文化」 近畿文化会事務局 651 2004.2

良峰寺

4月例会報告要旨 『西山良峰寺縁起』と源筆上人（石田敏紀）「鳥取地域史通信」 鳥取地域史研究会 2007(5) 2007.5

洛北

洛北の愛宕講（会員だより）（上原敏男）「あたごさん : 京都愛宕研究会会報」 京都愛宕研究会 (2) 2006.5

京都の伝統民家と町家 (4) 京都洛北の民家と集落（大場修）「会報」 京都市文化観光資源保護財団 (96) 2008.11

宗教装置が構築する景観―越中に移入された洛北（松山充宏）「富山史壇」 越中史壇会 (160) 2009.12

洛陽三十三所観音

洛陽三十三所観音に関する調査報告 (2)（細川武稔）「寺社と民衆」 民衆宗教史研究会 7 2011.03

洛陽天神二十五社巡拝

近世京都における天神信仰（上），（下），補遺―「洛陽天神二十五社巡拝」私注（竹居明男）「日本宗教文化史研究」 日本宗教文化史学会 15(1) 通号29/18(1) 通号35 2011.07/2014.06

離宮八幡宮

「疋田家本離宮八幡宮文書」目録（福島克彦）「大山崎町歴史資料館館報」 大山崎町歴史資料館 4 1998.3

近世離宮八幡宮の境内とその変遷（福島克彦，古関正浩）「大山崎町歴史資料館館報」 大山崎町歴史資料館 5 1999.3

史料紹介 『壬辰日記』（中）（天保三年大山崎離宮八幡宮社役人日記）（古文書部会）「乙訓文化遺産」 乙訓の文化遺産を守る会 (14) 2008.6

中世の安松の油商人―大山崎離宮八幡宮文書からの紹介（廣田浩治）「泉佐野の歴史と今を知る会会報」 泉佐野の歴史と今を知る会 (288) 2011.12

理性院

醍醐寺理性院を訪ねて（史蹟を尋ねて緑の旗は行く）（山内尚巳）「伊那」 伊那史学会 58(12) 通号991 2010.12

鳥取市歴史博物館所蔵「理性院・金剛王院等相承血脈次第」（資料紹介）（石井伸宏）「鳥取地域史研究」 鳥取地域史研究会 (14) 2012.02

竜安寺

京都の龍安寺・妙心寺を訪ねて（広谷喜十郎）「秦史談」 秦史談会 (146) 2008.7

再度 龍安寺を訪ねて（広谷喜十郎）「秦史談」 秦史談会 (154) 2009.12

龍安寺と土佐の縁 影山保雄（高知新聞より）「秦史談」 秦史談会 (155) 2010.01

霊山観音

京都忠霊塔と霊山観音―東山・霊山山麓における戦死者祭祀をめぐって（研究ノート）（橘尚彦）「京都民俗 : 京都民俗学会会誌」 京都民俗学会 通号28 2011.03

両丹

牛の守護神と二王子伝説（糸井昭）「両丹地方史」 両丹地方史研究者協議会 (73) 2003.10

了徳寺

鳴滝了徳寺の親鸞聖人ゆかりの大根焚（吉川祐子）「月刊通信ふるさとの民俗を語る会」 民俗文化研究所 (67) 2012.12

霊明神社

神葬祭から「招魂」へ―京都東山霊明社における招魂の変遷（今村あゆみ）「史泉 : historical & geographical studies in Kansai University」 関西大学史学・地理学会 (103) 2006.1

蓮華寺

古寺散策 京都 仁和寺の文化財/蓮華寺の五智如来「郷土史紀行」 ヒューマン・レクチャー・クラブ 17 2002.6

鹿王院

中世鹿王院と赤塚郷（畠山聡）「板橋区立郷土資料館紀要」 板橋区教育委員会 (13) 2001.3

六条御殿

三州箱柳六条御殿御用材について（天野暢保）「安城市歴史博物館研究紀要」 安城市歴史博物館 5 1998.3

近畿 郷土に伝わる民俗と信仰 京都府

六勝寺
平安時代後期の瓦―六勝寺を中心とする仏教瓦等の性格について（津々
池惣一）「研究紀要」 京都市埋蔵文化財研究所 4 1998.3

六道の辻
風葬の地 京都・東山 六道の辻・鳥辺野を訪ねて（田村正）「あわじ ： 淡
路地方史研究会会誌」 淡路地方史研究会 （15） 1998.1

六波羅
六波羅と三十三間堂（赤川一博）「近畿文化」 近畿文化会事務局 （762）
2013.05

六波羅蜜寺
六角堂から六波羅蜜寺へ（田中嗣人）「近畿文化」 近畿文化会事務局
（687） 2007.2

私の古寺巡礼 六波羅蜜寺（京都）（特集 上州路賛歌）（三津間弘）「群馬風
土記」 群馬出版センター 27（1）通号112 2013.01

廬山天台講寺
廬山天台講寺伝来の金剛杵（小林泰司）「日本文化史研究」 帝塚山大学奈
良学総合文化研究所 （41） 2010.03

六角
「六角」の地に残る六角地蔵（小野田十九）「おくやまのしょう ： 奥山荘
郷土研究会誌」 奥山荘郷土研究会 （35） 2010.03

六角堂
親鸞の六角堂参籠と太子伝承（渡辺信和）「絵解き研究」 絵解き研究会
（16） 2002.3

血の池如意輪観音 再考―六角堂・花山院・西国三十三所の伝承から
（《特集 地獄・極楽図と宗教民俗》）（高達奈緒美）「宗教民俗研究」 日
本宗教民俗学会 （16） 2006.12

六角堂から六波羅蜜寺へ（田中嗣人）「近畿文化」 近畿文化会事務局
（687） 2007.2

湧出之宮
志摩と湧出之宮の調査寸描―お手紙とご報告を拝借して（《子育み・子育
て・児やらい―大藤ゆき追悼号》）（岡田照子）「女性と経験」 女性民
俗学研究会 （特集号） 2003.9

涌出宮の宮座行事
涌出宮の神楽座（三原奈美）「阡陵 ： 関西大学博物館彙報」 関西大学博
物館 （67） 2013.09

和束町
和束町 仏滅紀念銘のある石造品について（石田正道）「やましろ」 城南
郷土史研究会 （26） 2012.12

和知
鞍馬口花御所 東寓寺が京丹波町和知に移転の由緒（研究ノート）（上野
栄二）「丹波」 丹波史談会 （15） 2013.10

大阪府

安威
茨木の文化財めぐり (8) 安威の墳丘墓 (免山篤)「茨木市文化財愛護会会報」 茨木市文化財愛護会 (5) 2004.11

阿保町
松原の史蹟と伝説 (2) 阿保親王と阿保町 (出水睦己)「河内どんこう」 やお文化協会 63 2001.2

芥川山城跡
三好山 (芥川山城跡) まいり—神になった三好長慶 (特集 飯森山城と戦国おおさか—エッセイ) (西本幸嗣)「大阪春秋」 新風書房 40 (4) 通号149 2013.01

足洗い井戸
新町曲輪「足洗い井戸」言説の検証—民俗語彙から解く (特集 新町) (田野登)「大阪春秋」 新風書房 38 (1) 通号138 2010.04

穴太神社
聖徳太子の生母、生誕の地 穴太神社 (《特集 見てほしい 知ってほしい 残したい わが町の風景3》) (立花洋子)「河内どんこう」 やお文化協会 (82) 2007.6

我孫子観音
浪速今昔百景 (18) 吾彦山観音寺「我孫子観音」(川村一彦)「会報」 大阪歴史懇談会 29 (8) 通号336 2012.08

阿倍王子神社
阿倍王子神社・安倍晴明神社 (上町台地・阿倍野訪問記) (山岸麻耶)「大阪春秋」 新風書房 32 (3) 通号116 2004.10

安倍王子神社
安倍王子神社の絵巻物について (随筆春秋) (長谷川靖高)「大阪春秋」 新風書房 39 (2) 通号143 2011.07

安倍晴明神社
阿倍王子神社・安倍晴明神社 (上町台地・阿倍野訪問記) (山岸麻耶)「大阪春秋」 新風書房 32 (3) 通号116 2004.10

阿倍寺
阿倍寺が幻でなくなる日 (谷崎仁美)「葦火 ： 大阪市文化財情報」 大阪市博物館協会大阪文化財研究所 27 (2) 通号158 2012.06
瓦で読み解く阿倍寺の再建 (谷崎仁美)「葦火 ： 大阪市文化財情報」 大阪市博物館協会大阪文化財研究所 27 (4) 通号160 2012.10

阿部野神社
阿部野神社 (上町台地・阿倍野訪問記) (山岸麻耶)「大阪春秋」 新風書房 32 (3) 通号116 2004.10

阿倍野筋北遺跡
阿倍野筋北遺跡で見つかった中世の卒塔婆 (藤田幸夫，池滝千寿子，北岡カウ，福田朗文)「葦火 ： 大阪市文化財情報」 大阪市博物館協会大阪文化財研究所 22 (6) 通号132 2008.2

阿倍野墓地
市設南霊園 (阿倍野墓地) その歴史と墓碑紹介 (特集 ディープサウス—天王寺・新世界・新今宮・阿倍野界隈) (堀田暁生)「大阪春秋」 新風書房 40 (1) 通号146 2012.04

天神社
表紙の説明 『天神社のクスノキ』の説明 (編集部)「わかくす ： 河内ふるさと文化誌」 わかくす文芸研究会 (60) 2011.11

天の川
天の川が生んだ羽衣・七夕伝説 (佐々木久裕)「まんだ ： 北河内とその周辺の地域文化誌」 まんだ編集部 64 1998.7

阿弥陀池
資料紹介 『阿弥陀池略縁起』について (鈴木慎一)「大阪の歴史と文化財」 大阪市教育委員会事務局生涯学習部 (11) 2003.3
阿弥陀池略縁起について (安居隆行)「歴史懇談」 大阪歴史懇談会 (18) 2004.9

阿弥陀寺
大野山子安阿弥陀寺 (大阪府和泉市) の縁起と安産信仰の成立 (細木ひとみ)「御影史学論集」 御影史学研究会 (38) 2013.10

阿弥陀浄土院
阿弥陀浄土院造営機構の再検討 (風間亜紀子)「ヒストリア ： journal of Osaka Historical Association」 大阪歴史学会 (207) 2007.11

天石門別神社
表紙「天石門別神社」の由緒「茨木市文化財愛護会会報」 茨木市文化財愛護会 (15) 2011.05

蟻通神社
62年前の野添・蟻通神社を復元 (事務局)「泉佐野の歴史と今を知る会会報」 泉佐野の歴史と今を知る会 199 2004.7
蟻通神社の金精神 (1) ～ (4) (日根野谷長治)「泉佐野の歴史と今を知る会会報」 泉佐野の歴史と今を知る会 (242) / (245) 2008.2/2008.5
伝承百人の佐野物語 (3) 清少納言の枕草子と蟻通神社 (北山理)「泉佐野の歴史と今を知る会会報」 泉佐野の歴史と今を知る会 (277) 2011.01
蟻通雑記 (5) 蟻通の雨乞い (樋野修司)「泉佐野の歴史と今を知る会会報」 泉佐野の歴史と今を知る会 (299) 2012.11
蟻通雑記 (6) 冠の淵と相論 (樋野修司)「泉佐野の歴史と今を知る会会報」 泉佐野の歴史と今を知る会 (300) 2012.12
蟻通神社観月コンサート (北山理)「泉佐野の歴史と今を知る会会報」 泉佐野の歴史と今を知る会 (314) 2014.02

蟻通明神
蟻通明神について—『神道集』を中心として (橋本観吉)「紀南・地名と風土研究会会報」 紀南・地名と風土研究会 (52) 2013.11
蟻通明神について—『枕草子』を通路として (橋本観吉)「紀南・地名と風土研究会会報」 紀南・地名と風土研究会 (53) 2014.04

安福寺
もう一つの宝物 玉手山安福寺にある夾紵棺 (中西隆子)「河内どんこう」 やお文化協会 (94) 2011.06

安養寺
安養寺の鉦講 (双盤念仏) と貝塚市の鉦講「テンプス ： かいづか文化財だより」 貝塚市教育委員会 (31) 2007.12

飯ノ山
和泉五社祭礼と「飯ノ山」渡し (松本芳郎)「泉佐野市史研究」 泉佐野市教育委員会 7 2001.3

飯盛山城
飯盛山城と河内キリシタン (特集 飯森山城と戦国おおさか—飯盛山城) (村上始)「大阪春秋」 新風書房 40 (4) 通号149 2013.01

家原邑
天平勝宝六年家原邑知識経の識語について (遠藤慶太)「史料 ： 皇學館大學研究開発推進センター史料編纂所報」 皇學館大學研究開発推進センター史料編纂所 (228) 2010.12

猪飼野
「猪飼野探訪」案内記 付・釈浄円庵碑破却の顛末 (足代健二郎)「大塩研究」 大塩事件研究会 (44) 2001.9

坐摩神社
探検隊れぽーと 名所探訪 大阪と古代朝鮮 PartI 坐摩神社「道修町 ： 道修町インフォメーション ： くすりの道修町資料館だより」 道修町資料保存会 (53) 2010.04
浪速今昔百景 (3) 「坐摩神社」いかすり (川村一彦)「会報」 大阪歴史懇談会 28 (4) 通号320 2011.04

生国魂神社
生国魂神社と文人の足跡 (藤井直正)「近畿文化」 近畿文化会事務局 (674) 2006.1
生国魂神社子ども獅子舞の囃子の復活—篠笛の復曲について (《第22回大会報告「日本民謡研究の現状と課題」》 (2008 東京)—研究発表要旨) (岡村ひかる)「民俗音楽研究」 日本民俗音楽学会 (34) 2009.03
生国魂神社夏祭り獅子舞、囃子の復興の過程と現状について—実践者の立場から (原田壽幸，岡村ひかる)「民俗音楽研究」 日本民俗音楽学会 (35) 2010.03
浪速今昔百景 (10) 生國魂神社 (川村一彦)「会報」 大阪歴史懇談会 28 (11) 通号327 2011.11

いくたまさんと生玉人形（特集 おおさかの郷土玩具）（中村文隆）「大阪春秋」 新風書房 40(2)通号147 2012.07

織田作之助と生國魂神社（特集 大阪に生きるオダサク 織田作之助生誕100年）（中村文隆）「大阪春秋」 新風書房 41(3)通号152 2013.10

生根神社
生根神社「だいがく」とこつま南瓜祭（山崎久子）「左海民俗」 堺民俗会 99 1999.1

生野
在阪済州島出身者の生活誌─大阪市生野の事例から（二宮一郎）「大阪民衆史研究」 大阪民衆史研究会 通号59 2006.10

生野区
済州スニム（僧侶）のトランスナショナリティ─大阪市生野区の事例を中心に（《特集 日韓境域のトランスナショナリティ─済州人を中心に》）（宮下良子）「白山人類学」 白山人類学研究会，岩田書院（発売）（12）2009.03

池内村
松原の史蹟と伝説(9) 池内村と河内天美駅（出水睦己）「河内どんこう」 やお文化協会 71 2003.10

池上
和泉市池上地区の盆（《特集 夏・お盆》）（南清彦）「左海民俗」 堺民俗会（122）2006.9

池島
上方芸能 "ふたりの巨人" と池島（杉山三記雄）「河内どんこう」 やお文化協会（83）2007.10

池田
摂津池田の愛宕火─文献史料の面から（吉岡敦子）「京都民俗 : 京都民俗学会会誌」 京都民俗学会 通号16 1998.12

池田在郷町における特質について─「旱寺」の対応を中心に（田中万里子）「池田郷土研究」 池田郷土史学会（12）2010.3

"池田" の古代を見直す─アヤハ・クレハ伝承の虚実(1)(2)（松下煌）「池田郷土研究」 池田郷土史学会（12）2010.03

アヤハトリ・クレハトリ伝承について（室田卓雄）「池田郷土研究」 池田郷土史学会（14）2012.04

胆駒神南備山
第9回住吉セミナー 摂南地方と膽駒神南備山の神領（田中卓）「すみのえ」 住吉大社社務所 34(4)通号226 1997.10

石切神社
石切神社と三角縁神獣鏡（荻田昭次）「わかくす : 河内ふるさと文化誌」 わかくす文芸研究会（37）2000.4

石切剣箭神社
石切剣箭神社のお化け灯籠をめぐって（大西英利）「わかくす : 河内ふるさと文化誌」 わかくす文芸研究会（31）1997.5

枚岡神社・石切劔箭神社参拝（阪口孝男）「つどい」 豊中歴史同好会（242）2008.4

石見川村
石見川村オヤハタキ一件について（前）伝承と史実（玉城幸男）「河内長野市郷土研究会誌」 ［河内長野市郷土研究会］（51）2009.4

石山
厚見郡門徒宛て顕如消息雑考─切支丹伝来の時代背景と石山合戦（松田亮）「郷土研究・岐阜 : 岐阜県郷土資料研究協議会会報」 岐阜県郷土資料研究協議会 77 1997.10

石山戦争の広がりと奥州真宗寺院の動向─仙台称念寺所蔵文書を中心として（佐々木徹）「六軒丁中世史研究」 東北学院大学中世史研究会（5）1997.11

石山合戦と濃飛の門徒（清水進）「岐阜史学」 岐阜史学会 通号97 2001.3

石山寺内町
石山寺内町の空間復元のために─研究批判の方法と実践（仁木宏）「寺内町研究」 貝塚寺内町歴史研究会，和泉書院（発売）6 2002.6

石山本願寺
おじいちゃんの話(11)─蓮如さんと石山本願寺（桜井敬夫）「まんだ : 北河内とその周辺の地域文化誌」 まんだ編集部 63 1998.3

上村木神明社の「石山大合戦図」の絵馬について（田代昭夫）「魚津史談」 魚津歴史同好会（25）2003.3

和泉
港湾都市に集う勧進僧─中世和泉・摂津における四条時衆を中心に（《大会特集 巨大都市大阪と摂河泉─新しい地域史研究の方法を求めて》）（小野沢真）「地方史研究」 地方史研究協議会 49(4)通号280 1999.8

和泉の山々の小事典(84山)（編集部）「堺泉州」 堺泉州出版会（7）1999.11

和泉の社寺と史跡[1],(2)（藤井直正）「近畿文化」 近畿文化会事務局 602/624 2000.1/2001.1

三輪と和泉（森浩一）「大美和」 大神神社 100 2001.1

和泉から搬入された近殿神社の瓦（竹沢嘉範）「赤星直忠博士文化財資料館だより」 赤星直忠博士文化財資料館（10）2001.5

和泉三十六郷士（地侍）と切支丹（辻川季三郎）「堺泉州」 堺泉州出版会（12）2002.4

和泉の三昧聖文書と釈迦信仰について（奥村隆彦）「宗教民俗研究」 日本宗教民俗学会（12）2002.7

泉穴師神社
泉穴師神社と飯之山神事の謎（林耕二）「大阪民衆史研究」 大阪民衆史研究会 58 2005.12

泉大津
泉大津の「最初のだんじり」考（松本仁龍斉）「堺泉州」 堺泉州出版会（10）2001.4

和泉五社
和泉五社祭礼と「飯ノ山」渡し（松本芳郎）「泉佐野市史研究」 泉佐野市教育委員会 7 2001.3

泉佐野
家の伝承 日根氏の末裔（佐藤尚美）「泉佐野の歴史と今を知る会会報」 泉佐野の歴史と今を知る会 113 1997.7

大和屋さん さようなら「泉佐野の歴史と今を知る会会報」 泉佐野の歴史と今を知る会 127 1998.9

奥左近家の伝承（奥正雄）（北山理）「泉佐野の歴史と今を知る会会報」 泉佐野の歴史と今を知る会 133 1999.3

泉佐野の民家建築と町並み景観（桜井敏雄，松岡利郎）「泉佐野市史研究」 泉佐野市教育委員会 5 1999.3

聞書 在りし日の盆踊り（北山理）「泉佐野の歴史と今を知る会会報」 泉佐野の歴史と今を知る会 150 2000.8

聞書 泉佐野のだんじり（北山理）「泉佐野の歴史と今を知る会会報」 泉佐野の歴史と今を知る会 151 2000.9

中世模型に復元された集落/日根荘散歩/衣通郎姫伝承と茅渟宮跡/江戸時代の農家と町屋「歴史通信いずみさの」 歴史館いずみさの 9 2000.9

「貝塚・泉佐野の村の城・村の寺内を訪ねて」見学記（上野裕子）「寺内町研究」 貝塚寺内町歴史研究会，和泉書院（発売）5 2000.12

電気館活動写真弁士・紙芝居（北山理）「泉佐野の歴史と今を知る会会報」 泉佐野の歴史と今を知る会 154 2000.12

戦前の芸者（北山理）「泉佐野の歴史と今を知る会会報」 泉佐野の歴史と今を知る会 156 2001.2

戦後の芸者（北山理）「泉佐野の歴史と今を知る会会報」 泉佐野の歴史と今を知る会 157 2001.3

移行期の群像(11) 神領をめぐる問題（井田寿邦）「泉佐野の歴史と今を知る会会報」 泉佐野の歴史と今を知る会 181 2003.2

第5回 年中行事を語り合う（事務局）「泉佐野の歴史と今を知る会会報」 泉佐野の歴史と今を知る会 210 2005.6

幕末維新期の寺社を語り合う（事務局）「泉佐野の歴史と今を知る会会報」 泉佐野の歴史と今を知る会 211 2005.7

「谷渡り」道善供養大相撲（御園義一，北山理）「泉佐野の歴史と今を知る会会報」 泉佐野の歴史と今を知る会（216）2005.12

移行期の群像(40)～(70) 寺僧の人々(1)～(31)（井田寿邦）「泉佐野の歴史と今を知る会会報」 泉佐野の歴史と今を知る会（216）/（235）2005.12/2010.12

聞書 延命地蔵菩薩・牛神さん・白髭大明神について（阪上信夫，北山理）「泉佐野の歴史と今を知る会会報」 泉佐野の歴史と今を知る会（235）2007.3

天保飢饉の「三界萬霊塔」の修復（北山理）「泉佐野の歴史と今を知る会会報」 泉佐野の歴史と今を知る会（254）2009.02

神社の整理統合(上),(下)（上田繁之）「泉佐野の歴史と今を知る会会報」 泉佐野の歴史と今を知る会（256）/（257）2009.04/2009.05

合祀神社(1)～(7)（上田繁之）「泉佐野の歴史と今を知る会会報」 泉佐野の歴史と今を知る会（258）/（265）2009.06/2010.01

泉佐野市
根使主の反乱伝承と紀臣氏（森昌俊）「泉佐野市史研究」 泉佐野市教育委員会 5 1999.3

市史編さん覚書（新修泉佐野市史）「新修泉佐野市史」 第6巻 史料編 近世編/民俗調査について「歴史通信いずみさの」 歴史館いずみさの 18 2006.3

和泉山脈

和泉山脈を通る西国巡礼道（小林譲）「堺泉州」　堺泉州出版会　（6）
1999.4

和泉市

グラビア　隠れキリシタンの遺物か？―和泉市前田家の「弥勒菩薩像」
（林耕二）「大阪民衆史研究」　大阪民衆史研究会　通号63　2009.04

一運寺

一運寺義士の墓由来と寺歴（山田彰彦）「大阪春秋」　新風書房　39（4）通
号145　2012.01

一乗寺

大阪高槻・一乗寺の石造宝塔など―日蓮宗の石塔（高村勝子，三木治子）
「歴史考古学」　歴史考古学研究会　（58）　2007.1

市村新田村

村人達が辿った伊勢参拝の足跡―市村新田村・伊勢講の記録より（岩根
昭男）「河内長野市郷土研究会誌」　河内長野市郷土研究会　（56）
2014.04

一心寺

大阪一心寺の会津藩士墓地（田崎公司）「会津史談」　会津史談会　74
2000.4

浪速今昔百景（14）一心寺（お骨佛様）（川村一彦）「会報」　大阪歴史懇
談会　29（4）通号332　2012.04

猪名川

能勢妙見と秦氏―猪名川の水上交通とのかかわりの中で（植野加代子）
「久里」　神戸女子民俗学会　（10）　2001.4

粟野教授以降の猪名川木喰仏研究（牧野正恭）「池田郷土研究」　池田郷土
史学会　（12）　2010.03

稲田八幡宮

表紙の説明の説明　『稲田八幡宮の大いちょう木』の説明（編集部）「わか
くす : 河内ふるさと文化誌」　わかくす文芸研究会　（62）　2012.11

衣縫廃寺

舎利容器二題―法輪寺の舎利容器と衣縫廃寺の舎利容器（岡本敏行）「大
阪府立近つ飛鳥博物館館報」　大阪府立近つ飛鳥博物館　6　2001.3

犬鳴山

犬鳴山の伝承（1）犬鳴山の由来（上），（下）（樋野修司）「泉佐野の歴史と
今を知る会会報」　泉佐野の歴史と今を知る会　（254）／（255）2009.
2/2009.3

犬鳴山の伝承（2）志津物語（樋野修司）「泉佐野の歴史と今を知る会会
報」　泉佐野の歴史と今を知る会　（258）2009.06

犬鳴山の伝承（3）葛葉清水（墓井）伝承（樋野修司）「泉佐野の歴史と今
を知る会会報」　泉佐野の歴史と今を知る会　（260）2009.08

飯之山

泉穴師神社と飯之山神事の謎（林耕二）「大阪民衆史研究」　大阪民衆史研
究会　58　2005.12

茨木

茨木童子（金谷信之）「まんだ : 北河内とその周辺の地域文化誌」　まん
だ編集部　63　1998.3

会員サロン　茨木隠れキリシタンの里訪問記（柏原誠）「大阪都市文化研究
会会報」　大阪都市文化研究会　87　2001.11

茨木の恵美須神（大島建彦）「西郊民俗」　西郊民俗談話会　（209）
2009.12

郷土民俗資料展「茨木に伝わる民話・伝説・歴史 ものがたり」「茨木市
文化財愛護会会報」　茨木市文化財愛護会　（15）2011.05

茨木市

民間芸能の伝承を「茨木市文化財愛護会会報」　茨木市文化財愛護会
（12）2008.5

市内の残る民謡の継承を！「茨木市文化財愛護会会報」　茨木市文化財
愛護会　（13）2009.05

第45回茨木市教育月間　第29回「郷土民俗資料展」―わがまち茨木（石橋
忠男）「茨木市文化財愛護会会報」　茨木市文化財愛護会　（14）2010.
05

今池遺跡

松原の史蹟と伝説（11）大和川今池遺跡と芝・油上（出水睦己）「河内どん
こう」　やお文化協会　73　2004.6

今里

今里周辺の地蔵石仏（三村正臣）「大阪春秋」　新風書房　26（4）通号89
1997.12

今宮

室町・戦国期における供御人・神人の動向―今宮神人を中心に（下坂守

先生退職記念号）（尾上勇人）「奈良史学」　奈良大学史学会　（31）
2014.01

今宮戎神社

浪速今昔百景（17）今宮戎神社（川村一彦）「会報」　大阪歴史懇談会　29
（7）通号335　2012.07

入山田村

中世の村と葛城修験―犬鳴山七宝滝寺と入山田村（《犬鳴山・葛城特
集》）（井田寿邦）「山岳修験」　日本山岳修験学会，岩田書院（発売）
（38）2006.11

磐船神社

郷土を歩く（37）磐船神社から星のぶらんこへ（編集部）「まんだ : 北河
内とその周辺の地域文化誌」　まんだ編集部　64　1998.7

岩湧寺

岩湧寺とその周辺の石造物―銘文を中心に　第9回知ったはりまっか？
河内講座資料より（椋本進）「河内長野市郷土研究会誌」　河内長野市
郷土研究会　（51）2009.04

岩涌寺

岩涌寺（竹鼻康次）「河内長野市郷土研究会誌」　河内長野市郷土研究
会　（55）2013.04

陰涼寺

堺泉州の新名所（4）陰涼寺木犀「堺泉州」　堺泉州出版会　（9）2000.11

上町

直木三十五『大阪物語』「上町の墓」抜粋（《特集 寺町》）（川口玄）「大阪
春秋」　新風書房　34（3）通号124　2006.10

上町台地

上町台地の文化遺産をとりまく景観とその変遷―関西大学大阪都市遺産
研究センター所蔵「牧村史陽旧蔵写真」に見る史跡・名所・寺社（内
田吉哉）「大阪の歴史」　大阪市史料調査会　（76）2011.1

内本町

中世びとの祈りの残照―内本町二丁目発見の宝篋印塔（市川創）「葦火 :
大阪市文化財情報」　大阪市博物館協会大阪文化財研究所　23（5）通
号137　2008.12

梅田

「梅田牛駆け粽」考―都市生活者から見た農村行事（田野登）「日本民俗
学」　日本民俗学会　通号211　1997.8

梅田厚生館

梅田厚生館「日曜落語会」と「近大の会」のこと（《特集 戦後の上方落
語―四天王寺か鳥之内まで》）（東使英夫）「芸能懇話」　大阪芸能懇話
会　（17）2006.8

雲山峰

雲山峰から墓の谷（奥貞雄）「堺泉州」　堺泉州出版会　（6）1999.4

叡福寺

聖徳太子墓を巡る動きと三骨一廟の成立（上野勝己）「太子町立竹内街道
歴史資料館館報」　太子町立竹内街道歴史資料館　3　1997.3

聖徳太子御廟「叡福寺」（山本律郎）「河内どんこう」　やお文化協会　54
1998.2

断章・太子信仰標榜寺院間の様態―叡福寺と法隆寺との関係を「太子町
に生きづく聖徳太子」展から（河野昭昌）「太子町立竹内街道歴史資料
館館報」　太子町立竹内街道歴史資料館　9　2003.3

聖徳太子廟前寺院の"月行事日記"―叡福寺中世文書『応永年中日記』と
その翻刻（上野勝己）「太子町立竹内街道歴史資料館館報」　太子町立
竹内街道歴史資料館　9　2003.3

資料紹介　叡福寺関連資料（鹿野塁）「大阪府立近つ飛鳥博物館館報」　大
阪府立近つ飛鳥博物館　通号12　2009.04

永福寺

伝承百人の佐野物語（1）禅興寺阿弥陀如来と永福寺（北山理）「泉佐野の
歴史と今を知る会会報」　泉佐野の歴史と今を知る会　（275）2010.11

恵光寺

萱振と萱振御坊・恵光寺（本多至成）「河内どんこう」　やお文化協会
59　1999.10

萱振御坊恵光寺の歴史と萱振寺内町（本多真）「河内どんこう」　やお文化
協会　69　2003.2

江坂

江坂須義鳴尊神社太鼓御輿神事 市地域無形民俗文化財（桑田佳純）「吹田
市立博物館博物館だより」　吹田市立博物館　（40）2009.12

江坂素鳴尊神社本殿 市指定有形文化財（中岡宏美）「吹田市立博物館博
物館だより」　吹田市立博物館　（47）2011.07

近畿　　　　　　　　　　　郷土に伝わる民俗と信仰　　　　　　　　　　　大阪府

榎津廃寺

遠里小野遺跡から見つかった複弁七弁蓮華文軒丸瓦と榎津廃寺（田中清美）「葦火 ： 大阪市文化財情報」 大阪市博物館協会大阪文化財研究所 23（4）通号136 2008.10

榎並城跡伝承地

榎並城跡伝承地が伝承地でなくなる!?（李陽浩）「葦火 ： 大阪市文化財情報」 大阪市博物館協会大阪文化財研究所 17（3）通号99 2002.8

海老江

大阪都市文化研究会98年度定期総会&海老江八坂神社だんじり見物「大阪都市文化研究会会報」 大阪都市文化研究会 54 1998.7

戎池

古絵図をひも解く 神前（こうざき）神社と戎（えびす）池/古文書講座 江戸時代の新田開発「テンプス ： かいづか文化財だより」 貝塚市教育委員会 （38） 2009.07

円照寺

「寺内」寺院の近世的変容―大伴道場円照寺の事例から（沢博勝）「寺内町研究」 貝塚寺内町歴史研究会, 和泉書院（発売） 2 1997.5

市内文化財紹介 円照寺の妙音天像「吹田市立博物館博物館だより」 吹田市立博物館 9 1997.10

延命寺

〔資料紹介〕 山之上延命寺銘の鰐口（吉田晶子）「財団法人枚方市文化財研究調査会研究紀要」 枚方市文化財研究調査会 1 1997.3

真の仏法を求めた生涯 浄観和尚と延命寺（特集 奥河内の今昔物語―奥河内の歴史）（上田霊宣）「大阪春秋」 新風書房 41（2）通号151 2013.07

王陵の谷

大阪近郊・町散歩 王陵の谷・白鳥伝説・源氏三代の羽曳野（横山高治）「会報」 大阪歴史懇談会 15（8）通号168 1998.8

大木

大木の民俗（1）～（23）（三田弘）「泉佐野の歴史と今を知る会会報」 泉佐野の歴史と今を知る会 196/（222） 2004.4/2006.6

大木城

大木城と吉祥村御所の伝承（北山理）「泉佐野の歴史と今を知る会会報」 泉佐野の歴史と今を知る会 136 1999.6

大窪

やお検定認定者のつどいに参加して 大窪の茅葺き民家（加道優）「河内どんこう」 やお文化協会 （102） 2014.C2

大坂

人形浄瑠璃と大坂（阪口弘之）「すみのえ」 住吉大社社務所 37（1）通号235 2000.1

大阪六ヶ所墓所聖の存立構造（《部会報告》）（木下光生）「ヒストリア ： journal of Osaka Historical Association」 大阪歴史学会 通号168 2000.1

巡礼研究会第33回例会 船越幹央「大坂における皇陵巡拝」/森田登代子「タボ寺の壁画『善哉童子求道の旅』とカイラス巡礼について」「巡礼研究会通信」 巡礼研究会 （33） 2001.3

近世後期大坂の宮地芝居と三井寺（《個人報告》）（斉藤利彦）「ヒストリア ： journal of Osaka Historical Association」 大阪歴史学会 （178） 2002.1

名所図にみる江戸時代大坂の日常（6） 法善寺の千日念仏（『難波鑑』より）（藤田実）「編纂所だより」 大阪市史編纂所 14 2002.5

江戸時代の大坂を食べる―復元・町会所の接待料理（田中久寿, 明珍健二）「大阪の歴史と文化財」 大阪市教育委員会事務局生涯学習部 （13） 2004.3

芦峅寺教難坊が大坂で形成した檀那場と立山曼荼羅（福江充）「研究紀要」 富山県立立山博物館 11 2004.3

明和～享和期の大坂における墓碑探訪と「帯苔文化」（内海寧子）「史泉 ： historical & geographical studies in Kansai University」 関西大学史学・地理学会 （101） 2005.1

大坂の遊女と三川内焼（郷土史はオモシロゾ）（山口日都志）「談林」 佐世保史談会 （46） 2005.11

錦絵に描かれたアットゥシ―大坂へもたらされたアイヌ風俗（中野朋子）「大阪歴史博物館研究紀要」 大阪市文化財協会 （5） 2006.10

万石通しの発明と伝播（2） 江戸での発明、大坂への伝播の詳細（河野通明）「民具マンスリー」 神奈川大学 39（8）通号464 2006.11

天保10年京都豊年踊りと大坂（長谷川伸三）「大塩研究」 大塩事件研究会 （57） 2007.10

近世前期大坂における宗旨改めに関する史料（八木滋）「大阪歴史博物館研究紀要」 大阪市文化財協会 （6） 20C7.10

資料紹介 大坂の猿回しによる祈禱札「Liberty」 大阪人権博物館

（42） 2008.10

「大坂方の薩摩落ち伝説」について（島津修久）「鹿児島史談」 鹿児島史談会編集委員会 （6） 2008.12

大坂退去から見た織豊期本願寺教団の構造（部会報告）（太田光俊）「ヒストリア ： journal of Osaka Historical Association」 大阪歴史学会 （218） 2009.12

大坂城下町とその周辺から出土したバイゴマ（独楽）について（池田研）「大阪歴史博物館研究紀要」 大阪市文化財協会 （9） 2011.03

文海堂敦賀屋書店先祖傳来申置主人以下掟―大坂書肆敦賀屋九兵衛家の店方掟書と店方年中行事（資料紹介・史料紹介）（井上智勝）「大阪歴史博物館研究紀要」 大阪市文化財協会 （9） 2011.03

中世大坂に迫る―新発見の寺院跡と大坂本願寺（大庭重信）「葦火 ： 大阪市文化財情報」 大阪市博物館協会大阪文化財研究所 26（3）通号153 2011.08

乙田の人形浄瑠璃と発祥の地・大坂の盛衰（特集 奈良生駒 乙田村一座がゆく!!）「月刊大和路ならら」 地域情報ネットワーク 14（8）通号155 2011.08

近世大坂の疱瘡対策―『神仏霊験記図絵』を中心に（研究ノート）（伊藤純）「大阪歴史博物館研究紀要」 大阪市文化財協会 （10） 2012.3

大阪と郷土玩具―張子・土人形・練物人形・木製玩具を中心に（特集 おおさかの郷土玩具）（伊藤廣之）「大阪春秋」 新風書房 40（2）通号147 2012.7

昭和初期の縁起物の語り―『上方』にみる郷土玩具趣味（特集 おおさかの郷土玩具）（田野登）「大阪春秋」 新風書房 40（2）通号147 2012.7

大阪のおもちゃあれこれ 大阪府立中之島図書館「人魚洞文庫データベース」より&郷土玩具を収集・展示している関西の博物館・資料館（特集 おおさかの郷土玩具）（編集部）「大阪春秋」 新風書房 40（2）通号147 2012.7

組み上げおもちゃ絵 立版古の世界 「人形劇の図書館」コレクションから（特集 おおさかの郷土玩具）（渇見英明）「大阪春秋」 新風書房 40（2）通号147 2012.7

近世大坂の弘法大師二十一ヶ所（山本博子）「日本宗教文化史研究」 日本宗教文化史学会 17（1）通号33 2013.05

近世大坂の造り物と風の神送り―化物の高入道を起点として（笹方政紀）「御影史学論集」 御影史学研究会 （38） 2013.10

大阪

〔紹介〕 部落解放研究所編『被差別部落の民俗伝承「大阪」―古老からの聞き取り』（入江宣子）「民俗芸能研究」 民俗芸能学会 通号24 1997.3

紹介 小谷方明著『大阪の民具・民俗志』（生駒道弘）「左海民俗」 堺民俗会 94 1997.5

ジョンジョロリンのうた（樋口保美）「芸能懇話」 大阪芸能懇話会 （11） 1997.11

近代大阪における善光寺信仰と垣内善光寺（立石則也）「京都民俗 ： 京都民俗学会会誌」 京都民俗学会 通号15 1997.12

生業の都市民俗（田野登）「都市文化研究」 大阪都市文化研究会 （20） 1998.3

大阪唐木指物―伝統の技法を守る（伊藤忠雄）「大阪春秋」 新風書房 27（2）通号91 1998.6

伝統工芸品 大阪金剛簾（杉多利夫）「大阪春秋」 新風書房 27（2）通号91 1998.6

大阪三味線―産地として生き残るために（神野茂樹）「大阪春秋」 新風書房 27（2）通号91 1998.6

羽田錫器工房―大阪浪華錫器（神野茂樹）「大阪春秋」 新風書房 27（2）通号91 1998.6

手打の復活（神楽岡幼子）「芸能懇話」 大阪芸能懇話会 （12） 1999.3

大正の大阪落語（8）―大正13年（樋口保美）「芸能懇話」 大阪芸能懇話会 （12） 1999.3

銅銭の伝説（山田政弥）「大阪春秋」 新風書房 27（1）通号94 1999.3

《特集 大阪の伝説》「大阪春秋」 新風書房 27（1）通号94 1999.3

また負けたか八聯隊―近代大阪の軍隊伝説（井上俊夫）「大阪春秋」 新風書房 27（1）通号94 1999.3

視点 大阪六ヶ所墓所聖の再生産と浄土宗寺院（木下光生）「大阪の部落史通信」 大阪の部落史委員会 18 1999.6

日本近代都市社会政策と大阪の「水上生活者」（《大会特集 巨大都市大阪と摂河泉―新らしい地域史研究の方法を求めて》）（杉本弘幸）「地方史研究」 地方史研究協議会 49（4）通号280 1999.8

近代部落の宗教と生活（藤本信隆）「大阪の部落史通信」 大阪の部落史委員会 19 1999.10

融通念仏宗と念仏系他宗との交流史を巡って（《大会特集II 巨大都市大阪と摂河泉―新しい地域史研究の方法を求めて》）（古賀克彦）「地方史研究」 地方史研究協議会 49（5）通号281 1999.10

文楽へようこそ「大阪の歴史と文化財」 大阪市教育委員会事務局生涯学習部 通号4 1999.11

近世後期大阪の宮地芝居における演奏者―御霊・稲荷・座摩を中心に

（武内恵美子）「国際日本研究」 総合研究大学院大学文化科学研究科国際日本研究専攻 （1） 2000.3

真宗の木仏に残された銘について（資料紹介）（鈴木慎一）「大阪の歴史と文化財」 大阪市教育委員会事務局生涯学習部 通号5 2000.3

大阪天神祭（1） 神童宅の神事（大森恵子）「まつり通信」 まつり同好会 40（7）通号473 2000.6

人形浄瑠璃（山田政弥）「大阪春秋」 新風書房 28（2）通号99 2000.6

《特集 大阪の大衆芸能》「大阪春秋」 新風書房 28（2）通号99 2000.6

落語の創成～隆盛（露の五郎）「大阪春秋」 新風書房 28（2）通号99 2000.6

手話落語ことはじめ（桂福団治）「大阪春秋」 新風書房 28（2）通号99 2000.6

大阪天神祭（2）―猿田彦役・座敷飾り・祭り食を中心に（大森恵子）「まつり通信」 まつり同好会 40（8）通号474 2000.7

大阪天神祭（3）―神鉾講（大森恵子）「まつり通信」 まつり同好会 40（9）通号475 2000.8

大阪と太鼓づくり（三宅都子）「大阪の歴史と文化財」 大阪市教育委員会事務局生涯学習部 （6） 2000.8

講演録 大阪と浄瑠璃（阪口弘之）「大阪の歴史と文化財」 大阪市教育委員会事務局生涯学習部 （6） 2000.8

大阪天神祭（4）―宵宮祭（大森恵子）「まつり通信」 まつり同好会 40（10）通号476 2000.9

大阪キリシタン物語 戦国を信仰と純愛に生きた男女（横山高治）「大阪春秋」 新風書房 28（3）通号100 2000.9

大阪天神祭（5）―鉾流し神事（大森恵子）「まつり通信」 まつり同好会 40（11）通号477 2000.10

非領国地域における鳴物停止令―触伝達の側面から（村田路人）「大阪の歴史」 大阪市史料調査会 （56）2000.10

大阪天神祭（6）―川祭り・自転車渡行・地車囃子（大森恵子）「まつり通信」 まつり同好会 40（12）通号478 2000.11

小説と大阪弁（田辺聖子）「大阪春秋」 新風書房 28（4）通号101 2000.12

大阪のわらべ歌（島田陽子）「大阪春秋」 新風書房 28（4）通号101 2000.12

童話の中の大阪弁（藤田富美恵）「大阪春秋」 新風書房 28（4）通号101 2000.12

大阪天神祭（7）―催太鼓の氏地巡行（大森恵子）「まつり通信」 まつり同好会 41（3）通号481 2001.2

大阪天神祭（8）―御霊移しの儀と陸渡御（大森恵子）「まつり通信」 まつり同好会 41（4）通号482 2001.3

日本の笑いと大阪の笑い（織田正吉）「帝塚山芸術文化」 帝塚山大学芸術文化研究所 8 2001.3

大阪の生活文化と笑い（井上宏）「帝塚山芸術文化」 帝塚山大学芸術文化研究所 8 2001.3

大阪のことば・文化・笑い（上）（中島一裕）「帝塚山芸術文化」 帝塚山大学芸術文化研究所 8 2001.3

大阪天神祭（9）―船渡御と奉安船上の神事（大森恵子）「まつり通信」 まつり同好会 41（5）通号483 2001.4

近世葬具業者の基礎的研究（木下光生）「大阪の歴史」 大阪市史料調査会 （57） 2001.4

大阪天神祭（10）―お迎え人形と造り物（大森恵子）「まつり通信」 まつり同好会 41（6）通号484 2001.5

近世産育儀礼と取上婆の位相―「川屋婆」のこと（山中浩之）「大阪の部落史通信」 大阪の部落史委員会 26 2001.6

郊外住宅の都市民俗（前）、（後）（田野登）「都市文化研究」 大阪都市文化研究会 （25）/（26） 2001.6/2001.12

古典芸能による日本文化史―大阪は古典芸能の宝庫（鶴崎裕雄）「すみのえ」 住吉大社社務所 39（1）通号243 2001.12

秘境伝説「平家の隠れ里」（1）～（9）（横山高治）「大阪春秋」 新風書房 29（4）通号105/31（4）通号113 2001.12/2003.12

食物文化史（42）～（43）塩魚干魚鰹節商の歴史（1）～（2）（酒井亮介）「大阪春秋」 新風書房 29（4）通号105/30（1）通号106 2001.12/2002.3

骨粉の話（中尾健次）「大阪の歴史と文化財」 大阪市教育委員会事務局生涯学習部 （10） 2002.10

食物文化史（44）塩魚干魚鰹節商の歴史（3）近世前期の干鰯商（酒井亮介）「大阪春秋」 新風書房 30（4）通号109 2002.12

大阪長屋の祝祭空間―大阪の長屋建て町家の祭礼時の室礼について（島崎武）「都市文化研究」 大阪都市文化研究会 （27） 2002.12

墓地とかわた村に関する覚書（村上紀夫）「大阪人権博物館紀要」 大阪人権博物館 2003.3

みおつくし 座と芝居（藤田実）「大阪の歴史」 大阪市史料調査会 （62） 2003.7

2002年度陵墓公開報告（大阪歴史学会企画委員会）「ヒストリア ： journal of Osaka Historical Association」 大阪歴史学会 （186）

2003.9

大阪における都市民俗の展開―郷土研究誌『上方』を軸に（田野登）「近畿民俗 ： 近畿民俗学会会報 ： Bulletin of the Folklore Society of Kinki」 近畿民俗学会 （168・169） 2003.9

大阪落語と法善寺裏（豊田善敬）「大阪春秋」 新風書房 31（3）通号112 2003.9

石仏散策の手引き（三村正臣）「大阪春秋」 新風書房 31（3）通号112 2003.9

住吉大社にみる大阪と堺の関係（太田美都子）「堺人」 堺泉州出版会 （2） 2004.5

芝居噺と声色（中川桂）「芸能懇話」 大阪芸能懇話会 （15） 2004.8

資料紹介 明治初期の大阪落語の想出（『藝能懇話』編集部）「芸能懇話」 大阪芸能懇話会 （15）2004.8

滑稽浄瑠璃（小佐田定雄）「芸能懇話」 大阪芸能懇話会 （15）2004.8

釈迦如来図四題（資料紹介）（鈴木慎一）「大阪の歴史と文化財」 大阪市教育委員会事務局生涯学習部 （14） 2004.10

落語家の羽織（露の五郎）「大阪春秋」 新風書房 34（1）通号118 2005.4

民俗学の視点でみた麓のマチの祈禱師たち（田野登）「大阪春秋」 新風書房 34（1）通号118 2005.4

《大阪の大衆文化特集》「大阪の歴史」 大阪市史料調査会 （66） 2005.7

明治末～大正期大阪講談本の世界―立川文庫を中心に（旭堂小南陵）「大阪の歴史」 大阪市史料調査会 （66） 2005.7

大阪の寄席（樋口保美）「芸能懇話」 大阪芸能懇話会 （16）2005.8

近世寄席雑感（中川桂）「芸能懇話」 大阪芸能懇話会 （16）2005.8

民家・町並み探訪（1）世界で一番有名な茅葺民家（岡村昇二）「大阪都市文化研究会会報」 大阪都市文化研究会 130 2005.8

義経伝説と大阪「編纂所だより」 大阪市史編纂所 （23） 2005.8

大阪酒造業の盛衰《特集 大阪の酒造り》（北崎豊二）「大阪春秋」 新風書房 33（4）通号121 2006.1

コラム 御神酒の効能《特集 大阪の酒造り》（田野登）「大阪春秋」 新風書房 33（4）通号121 2006.1

「八十嶋祭り」と、水の都大阪―瀧川政次郎先生の講演会から（金谷健一）「つどい」 豊中歴史同好会 （220） 2006.7

大阪落語史料―昭和初期の史料三点《特集 上方落語》（肥田晧三）「大阪春秋」 新風書房 34（2）通号123 2006.7

付録解説 大正八年版「大阪落語演題見立番付」 大阪落語の財産目録 《特集 上方落語》（肥田晧三）「大阪春秋」 新風書房 34（2）通号123 2006.7

近代日本の大都市近郊鉄道と恵方―東京と大阪を中心に（〈例会報告要旨〉）（平山昇）「交通史研究」 交通史学会，吉川弘文館（発売）（60） 2006.8

近世の寺町寺院（現況）一覧《特集 寺町》（長山公一）「大阪春秋」 新風書房 34（3）通号124 2006.10

明治・大正期東京・大阪の社寺参詣における恵方の変容《第32回大会共通論題「都市と交通II―観光・行楽・参詣」特集号》（平山昇）「交通史研究」 交通史学会，吉川弘文館（発売）（61） 2006.12

大阪のお菓子《特集 お菓子》（吉村昌一）「左海民俗」 堺民俗会 （123） 2007.1

戦没軍馬への民衆のまなざし―軍馬碑にみる慰霊と顕彰（森田敏彦）「大阪民衆史研究」 大阪民衆史研究会 通号60 2007.2

大阪の神社と神功皇后伝説（長谷川靖高）「摂播歴史研究」 摂播歴史研究会 （特集号）2007.3

近代の大阪における祭礼と花街―住吉大社の祭礼を事例として（勝部月子）「日本文化史研究」 帝塚山大学奈良学総合文化研究所 （38）2007.3

大阪の一石五輪塔（〈一石五輪塔の諸問題〉）（西山昌孝）「日引 ： 石造物研究会会誌」 （9） 2007.05

地方新聞に見る大正の落語（2）大正3年（友成好男）「芸能懇話」 大阪芸能懇話会 （18）2007.8

八人芸（補筆）（樋口保美）「芸能懇話」 大阪芸能懇話会 （18）2007.8

村の乞食（こじき）さん（西村彦次）「会報」 大阪歴史懇談会 25（1）通号281 2008.1

書評 田野登著『水都大阪の民俗誌』（和泉書院）（市川秀之）「京都民俗 ： 京都民俗学会会誌」 京都民俗学会 通号25 2008.3

鼠の狛犬さん（吉川三郎）「会報」 大阪歴史懇談会 25（5）通号285 2008.5

村のお狐さん（西村彦次）「会報」 大阪歴史懇談会 25（5）通号285 2008.5

延広真治『落語はいかにして形成されたか』（中特集 私のこの一冊）（川添裕）「芸能懇話」 大阪芸能懇話会 （19）2008.8

明治・大正期の大阪落語戦争―新聞記事から見た大阪落語会（堀田藍）「大阪の歴史」 大阪市史料調査会 （71）2008.8

『技芸新報』と『近代歌舞伎年表 大阪篇』（収蔵資料紹介）（法月敏彦）「館報池田文庫」 阪急学園池田文庫 （33）2008.12

近畿　　　　　　　　　　　郷土に伝わる民俗と信仰　　　　　　　　　　　大阪府

関連報告 火葬導入事情をめぐる覚書（部会報告）（小林義孝）「ヒストリア ： journal of Osaka Historical Association」 大阪歴史学会 （213） 2009.01

大阪の錫器製造（吉田晶子）「民具マンスリー」 神奈川大学 42（2）通号494 2009.05

書評 田野登著『水都大阪の都市民俗誌』（八木橋伸浩）「日本民俗学」 日本民俗学会 通号259 2009.08

大阪の風流太鼓踊について（森成元）「近畿民俗通信」 近畿民俗学会 （1） 2009.09

昭和63年 大阪落語の資料あれこれ（第1回～第9回）《特集 肥田晧三坐談》「芸能懇話」 大阪芸能懇話会 （20） 2009.11

平成元年 大阪落語の資料あれこれ（第10回～第15回）《特集 肥田晧三坐談》「芸能懇話」 大阪芸能懇話会 （20） 2009.11

巻末別表 中井浩水著作目録／大阪落語資料収集三十年「芸能懇話」 大阪芸能懇話会 （20） 2009.11

大阪春秋〈「おおさかの神社」特集号〉に難点あり（足代健二郎）「大阪春秋」 新風書房 37（4）通号137 2010.01

医者のみた大阪 湯川玄洋「大阪の飲食物 祭礼の食物」より（和住香織）「阡陵 ： 関西大学博物館彙報」 関西大学博物館 （60） 2010.03

大阪で生きるウチナーンチュと沖縄の学生とのエイサーを通しての交流―外側と内側からのまなざしから生まれるもの（2007年度卒業論文発表要旨）（謝花美由子）「沖縄民俗研究」 沖縄民俗学会 （28） 2010.03

河川漁撈における川漁師の漁場をめぐる慣習と資源利用―漁場の個人占有と秘匿をめぐって（伊藤廣之）「大阪歴史博物館研究紀要」 大阪市文化財協会 （9） 2011.03

なにわの食文化 おすしの今昔（随筆春秋）（梶康子）「大阪春秋」 新風書房 39（1）通号142 2011.4

繪心が踊る（2）電氣紙芝居の世界へ（岩田重義）「大阪春秋」 新風書房 39（3）通号144 2011.10

伝承を訪ねる旅（8）旧地に残る唯一の王子社 大阪の熊野古道（3）（堀井建市）「河内どんこう」 やお文化協会 （95） 2011.10

大阪の狸（たのき）ばなし―芸能と里の関わりを中心に（2011年9月18日例会報告より）（澤井浩一）「近畿民俗通信」 近畿民俗学会 （10） 2011.12

大阪に帰った忠臣蔵本『播磨椙原』―大阪市立図書館への寄贈と都の錦鉄舟の大坂、寺坂吉右衛門伝説（特集 300年ぶりに自筆本発見！ その名は『都の錦』―大阪生まれの元禄浮世絵草子作者の謎を探る）（高橋俊郎）「大阪春秋」 新風書房 39（4）通号145 2012.1

昭和のはじめ 大阪・阪神間の暮らし―ある主婦の日記から（11）端午の節句・豆玉居の頃（石原佳子）「大阪春秋」 新風書房 40（1）通号146 2012.4

伝承を訪ねる旅（10）～（13）大阪の熊野古道（5）～（8）（堀井建市）「河内どんこう」 やお文化協会 （97）/（100） 2012.6/2013.6

大阪の天狗像（上），（下）―昔話・伝説・世間話からの考察（高橋成）「西郊民俗」 西郊民俗談話会 （219）/（220） 2012.06/2012.09

横穴式石室の導入にみる埋葬儀礼の変革と伝統（2012年度大会報告要旨―考古・部会報告）（北山峰生）「ヒストリア ： journal of Osaka Historical Association」 大阪歴史学会 （232） 2012.06

鳥取の趣味家・板祐生と郷土玩具、そして大阪（特集 おおさかの郷土玩具）（市道和豊）「大阪春秋」 新風書房 40（2）通号147 2012.07

江戸時代の出土品にみる 大阪の土人形（特集 おおさかの郷土玩具）（川村紀子）「大阪春秋」 新風書房 40（2）通号147 2012.7

なつかしの古人形と商都大阪のくらし 「博物館 さがの人形の家」コレクションから（特集 おおさかの郷土玩具）（原朋彦）「大阪春秋」 新風書房 40（2）通号147 2012.7

おおさかの郷土玩具とグリコのおまけ 宮本順三記念館「豆玩舎ZUNZO」の収蔵品から（特集 おおさかの郷土玩具）（樋口須賀子）「大阪春秋」 新風書房 40（2）通号147 2012.7

段返り人形の軌跡―からくり芝居の舞台からヨーロッパのサロンへ（特集 おおさかの郷土玩具）（村上和夫）「大阪春秋」 新風書房 40（2）通号147 2012.07

長尾武著『水都大阪を襲った津波―石碑は次の南海地震津波を警告している―』（2012年改訂版）（新刊図書紹介）（堀田暁生）「大阪の歴史」 大阪市史料調査会 （78） 2012.07

五山禅林生活の変容と文雅への志向（コメント）（2012年度大会特集号―中世部会報告）（原田正俊）「ヒストリア ： journal of Osaka Historical Association」 大阪歴史学会 （235） 2012.12

近代の工芸をめぐる「中央」と「地方」に関する一考察―近代大阪の金属工芸の動向を素材として（研究ノート）（内藤直子）「大阪歴史博物館研究紀要」 （11） 2（13.2

大正七年の大阪陽明学会（小西利子）「大塩研究」 大塩事件研究会 （68） 2013.03

文楽への想い（随想春秋）（以倉理恵）「大阪春秋」 新風書房 41（1）通号150 2013.3

織田作之助と小島勝治の大阪 都市民俗の視点から（特集 大阪に生きる

オダサク 織田作之助生誕100年）（小林義孝）「大阪春秋」 新風書房 41（3）通号152 2013.10

史料紹介 大阪地方世俗部『陸軍墓地ニ関スル書類綴』について（上），（下）（横山篤夫）「大阪の歴史」 大阪市史料調査会 （81）/（82） 2013.11/2014.10

墓のうらに廻る（随筆春秋）（井田太郎）「大阪春秋」 新風書房 41（4）通号153 2014.01

伝承を訪ねる旅（15）余録『大阪の古道を歩いて』（堀井建市）「河内どんこう」 やお文化協会 （102） 2014.02

紙芝居「学童疎開の八か月」集団疎開の紙芝居が出来て（特集 国民学校と学童疎開70年）（橋尾信子）「大阪春秋」 新風書房 42（1）通号154 2014.04

3月例会報告（第331回）平成26年3月16日（日）演題「伝統こけしと木地師―木地師は漂泊民か」中澤祐一氏「会報」 大阪歴史懇談会 31（4）通号356 2014.04

奥村隆彦著『十三仏信仰と大阪の庚申信仰』岩田書院（2010年10月）（書誌紹介）（佐野賢治）「日本民俗学」 日本民俗学会 （278） 2014.05

日曜歴史散歩―大阪の歴史と伝説をたずねて（室田卓雄）「歴史懇談」 大阪歴史懇談会 （28） 2014.8

古代史話 日羅の暗殺者 大阪・日羅公崇敬祭に参加して考えたこと（田辺達也）「夜豆志呂 ： 郷土史」 八代史談会 （176） 2014.10

続大阪の一石五輪塔考（創刊70号記念特別号）（奥村隆彦）「歴史考古学」 歴史考古学研究会 （70） 2014.12

大阪割烹学校

近代の旅行における体験と楽しみ―大阪割烹学校校友会を例に（松本佳子）「衣の民俗館・日本風俗史学会中部支部研究紀要」 衣の民俗館 12 2002.3

大坂三郷

資料紹介 大坂三郷芝居櫓開発（『大坂三郷芝居矢倉株一件』より）（中川桂）「芸能史研究」 芸能史研究会 （158） 2002.7

大阪市

伐採具の今昔（田中清美）「葦火 ： 大阪市文化財情報」 大阪市博物館協会大阪文化財研究所 13（3）通号75 1998.8

お墓の下から井戸（杉本厚典）「葦火 ： 大阪市文化財情報」 大阪市博物館協会大阪文化財研究所 14（3）通号81 1999.8

大阪の追悼空間（2）現在の大阪市域の火葬場（浅香勝輔）「大阪春秋」 新風書房 27（4）通号97 1999.12

大阪市中の民俗記事の紹介（前），（後）―郷土誌『上方』『大阪春秋』に関して（田野登）「都市文化研究」 大阪都市文化研究会 （23）/（24） 2000.4/2000.11

文化財総合調査 諏訪神社の獅子舞（伊藤純）「大阪の歴史と文化財」 大阪市教育委員会事務局生涯学習部 （10） 2002.10

大阪市内に残る阿弥陀如来の異形像（資料紹介）（鈴木慎一）「大阪の歴史と文化財」 大阪市教育委員会事務局生涯学習部 （13） 2004.3

古代寺院の立地（李陽浩）「葦火 ： 大阪市文化財情報」 大阪市博物館協会大阪文化財研究所 19（1）通号109 2004.4

尿瓶の花生（小田木冨慈美）「葦火 ： 大阪市文化財情報」 大阪市博物館協会大阪文化財研究所 26（5）通号155 2011.12

わたしたちの文化財 地村邦夫『渡邊邸―失われた大阪市内最古の民家―』（地村邦夫）「ヒストリア ： journal of Osaka Historical Association」 大阪歴史学会 （238） 2013.6

大阪城

大阪城の怪―むかしいま（高島伸）「大阪春秋」 新風書房 27（1）通号94 1999.3

大阪城内の奇怪な石仏・石碑群（高島伸）「大阪春秋」 新風書房 28（1）通号98 2000.3

表紙解説 南恩加島小学校「十六地蔵モニュメント」（福岡琢磨）/裏表紙 私の好きな風景 大阪城の桜（岩田重義）「大阪春秋」 新風書房 42（1）通号154 2014.04

大阪天満宮

郷土の歴史アラカルト（8）大阪天満宮境内の霊符社と肥後八代妙見宮（鎮宅霊符）との関係について（松山丈三）「夜豆志呂」 八代史談会 126 1998.1

大阪天満宮の講について―享保9年～慶応2年（近江晴子）「大阪の歴史」 大阪市史料調査会 通号54 1999.12

正月準備風景「懸蓬莱」「てんまてんじん 大阪天満宮社報 ： 大阪天満宮社報」 大阪天満宮社務所 37 2000.1

社殿探訪（1）大将軍社「てんまてんじん 大阪天満宮社報 ： 大阪天満宮社報」 大阪天満宮社務所 37 2000.1

境内散歩（14）星合池の石鳥居「てんまてんじん 大阪天満宮社報 ： 大阪天満宮社報」 大阪天満宮社務所 38 2000.8

神楽殿・参集殿・梅花殿「てんまてんじん 大阪天満宮社報 ： 大阪天満宮社報」 大阪天満宮社務所 38 2000.8

表紙解説「束帯天神像」「てんまてんじん 大阪天満宮社報 ： 大阪天満宮社報」 大阪天満宮社務所　39　2001.1

社殿探訪（2）本社「てんまてんじん 大阪天満宮社報 ： 大阪天満宮社報」 大阪天満宮社務所　39　2001.1

宮司インタビュー「大切な忘れ物」「てんまてんじん 大阪天満宮社報 ： 大阪天満宮社報」 大阪天満宮社務所　39　2001.1

境内散歩（15）力石「てんまてんじん 大阪天満宮社報 ： 大阪天満宮社報」 大阪天満宮社務所　39　2001.1

社殿の不思議「てんまてんじん 大阪天満宮社報 ： 大阪天満宮社報」 大阪天満宮社務所　（40）2001.7

住まいのミュージアム 天神丸・御迎人形を出品「てんまてんじん 大阪天満宮社報 ： 大阪天満宮社報」 大阪天満宮社務所　（40）2001.7

境内散歩（16）伊万里焼燈籠「てんまてんじん 大阪天満宮社報 ： 大阪天満宮社報」 大阪天満宮社務所　（40）2001.7

御霊会と大阪天満宮に所在する石碑（辻尾栄市）「大阪の歴史」 大阪市史料調査会　（58）2001.12

表紙解説「渡唐天神像」/境内散歩（17）境内にあった能舞台/国学者敷田年治と寺井種清/特別展「天神さまの美術」/天神祭法楽百韻「てんまてんじん 大阪天満宮社報 ： 大阪天満宮社報」 大阪天満宮社務所　（41）2002.1

表紙解説 復曲能「菅丞相」/大阪天満宮と絵はがき/菅原道真公千百年奉祝大祭/御迎人形「えびす」130年振りの里帰り/造り物「しじみ藤棚」/船地車「天神丸」曳航「てんまてんじん 大阪天満宮社報 ： 大阪天満宮社報」 大阪天満宮社務所　（42）2002.7

雷神と鶏のいない天神縁起絵—大阪天満宮掛幅本天神縁起絵の一個面（鈴木幸人）「大阪の歴史と文化財」 大阪市教育委員会事務局生涯学習部　（10）2002.10

天満祭（尾亀清四郎）「大阪春秋」 新風書房　31（3）通号112　2003.9

伝海北友末筆「渡海天神像」「てんまてんじん 大阪天満宮社報 ： 大阪天満宮社報」 大阪天満宮社務所　（45）2004.1

境内散歩（20）自然石の歌碑「てんまてんじん 大阪天満宮社報 ： 大阪天満宮社報」 大阪天満宮社務所　（45）2004.1

天神祭船渡御における納涼祭的性格について（島崎武）「京都民俗 ： 京都民俗学会会誌」 京都民俗学会　通号20・21　2004.3

大阪天満宮と新選組—天神祭警護と天満宮在陣（高島幸次）「大阪春秋」 新風書房　32（1）通号114　2004.5

生田花朝「なにわ天神祭」「てんまてんじん 大阪天満宮社報 ： 大阪天満宮社報」 大阪天満宮社務所　（46）2004.7

小特集「天神祭」「てんまてんじん 大阪天満宮社報 ： 大阪天満宮社報」 大阪天満宮社務所　（46）2004.7

境内散歩（21）岸天岳 松月画碑「てんまてんじん 大阪天満宮社報 ： 大阪天満宮社報」 大阪天満宮社務所　（46）2004.7

大阪歴史散歩（15）天満と天満天神社（大阪天満宮）（脇田修）「大阪の歴史と文化財」 大阪市教育委員会事務局生涯学習部　（15）2005.3

松浦武四郎の天神信仰「てんまてんじん 大阪天満宮社報 ： 大阪天満宮社報」 大阪天満宮社務所　（50）2006.7

神鉾講の歴史「てんまてんじん 大阪天満宮社報 ： 大阪天満宮社報」 大阪天満宮社務所　（54）2008.7

境内散歩 麦大門前の燈籠「てんまてんじん 大阪天満宮社報 ： 大阪天満宮社報」 大阪天満宮社務所　（54）2008.7

タイ王国ロイクラトン/懐かしの街談紙芝居が境内にやってきた「てんまてんじん 大阪天満宮社報 ： 大阪天満宮社報」 大阪天満宮社務所　（55）2009.01

淀屋と天満宮 神社記録から豪商の謎に迫る（蒲田建三）「大阪春秋」 新風書房　37（4）通号137　2010.01

旧儀復興「梅の瑞枝」/神鉾講 結成八十年/夏祭りのごちそう「てんまてんじん 大阪天満宮社報 ： 大阪天満宮社報」 大阪天満宮社務所　（58）2010.07

表紙解説 束帯天神像「てんまてんじん 大阪天満宮社報 ： 大阪天満宮社報」 大阪天満宮社務所　（59）2011.01

近畿南州の「夏祭行」「てんまてんじん 大阪天満宮社報 ： 大阪天満宮社報」 大阪天満宮社務所　（60）2011.07

浪速今昔百景（8）天神さん（大阪天満宮）（川村一彦）「会報」 大阪歴史懇談会　28（9）通号325　2011.09

所蔵古文書から（2）安政元年の大地震と天神祭「てんまてんじん 大阪天満宮社報 ： 大阪天満宮社報」 大阪天満宮社務所　（61）2012.01

えびす祭・初天神・梅まつり「てんまてんじん 大阪天満宮社報 ： 大阪天満宮社報」 大阪天満宮社務所　（61）2012.01

大阪天満宮の古今縁起物（特集 おおさかの郷土玩具）（大阪天満宮社務所）「大阪春秋」 新風書房　40（2）通号147　2012.7

「ふるさとの祭」切手に天神祭「てんまてんじん 大阪天満宮社報 ： 大阪天満宮社報」 大阪天満宮社務所　（62）2012.07

表門通りにあった鳥居「てんまてんじん 大阪天満宮社報 ： 大阪天満宮社報」 大阪天満宮社務所　（62）2012.07

表紙解説 束帯天神像「てんまてんじん 大阪天満宮社報 ： 大阪天満宮社報」 大阪天満宮社務所　（63）2013.01

神社スカウト全国大会「てんまてんじん 大阪天満宮社報 ： 大阪天満宮社報」 大阪天満宮社務所　（63）2013.01

表紙解説 森琴石「天神渡御之図」「てんまてんじん 大阪天満宮社報 ： 大阪天満宮社報」 大阪天満宮社務所　（64）2013.07

昭和12年の陸渡御・船渡御「てんまてんじん 大阪天満宮社報 ： 大阪天満宮社報」 大阪天満宮社務所　（64）2013.07

「錦の桙」と「鉾流神事」の再興「てんまてんじん 大阪天満宮社報 ： 大阪天満宮社報」 大阪天満宮社務所　（64）2013.07

渡辺吉賢と神酒笑姿「てんまてんじん 大阪天満宮社報 ： 大阪天満宮社報」 大阪天満宮社務所　（65）2014.01

えびす祭「てんまてんじん 大阪天満宮社報 ： 大阪天満宮社報」 大阪天満宮社務所　（65）2014.01

梅まつり・梅酒市「てんまてんじん 大阪天満宮社報 ： 大阪天満宮社報」 大阪天満宮社務所　（65）2014.01

大阪天満宮所蔵古文書から（4）正遷宮寄進史料「てんまてんじん 大阪天満宮社報 ： 大阪天満宮社報」 大阪天満宮社務所　（66）2014.07

大阪府

祭りにおける大型のお仮屋（黒田一充）「大阪府立近つ飛鳥博物館館報」 大阪府立近つ飛鳥博物館　4　1999.3

大阪府の名号塔婆（松永修輔）「歴史考古学」 歴史考古学研究会　通号45　2000.1

大阪府の近世梵鐘—冶工の出身地（1），（2）（三木治子）「歴史考古学」 歴史考古学研究会　通号45/（46）2000.1/2000.8

大阪府中部の石仏概況（三村正臣）「大阪春秋」 新風書房　29（2）通号103　2001.6

大阪府中部の石仏ベスト百選（三村正臣）「日本の石仏」 日本石仏協会，青娥書房（発売）（99）2001.9

大阪府の発掘調査から（12）神の器・王の器・庶民の器（西川寿勝）「大阪春秋」 新風書房　29（4）通号105　2001.12

関西大学博物館所蔵の礫石経（網本裕子）「関西大学博物館紀要」 関西大学博物館　9　2003.3

大阪府の発掘調査から（16）古代寺院の隆盛（西川寿勝）「大阪春秋」 新風書房　31（1）通号110　2003.3

寺町文化とまちおこし（秋田光彦）「大阪春秋」 新風書房　32（1）通号114　2004.5

大阪府下に於ける初誕生儀礼（近藤直也）「近畿民俗 ： 近畿民俗学会会報 ： Bulletin of the Folklore Society of Kinki」 近畿民俗学会（170）2004.6

深瀬文書の評価と大阪府第六区・第七区初期選挙関係史料の紹介八尾市立久宝寺墓地の無縁墓碑についての調査報告（吉田野々）「研究紀要」 八尾市文化財調査研究会　16　2005.3

不食供養金石銘文集 和歌山県/大阪府/奈良県/長野県/埼玉県（奥村隆彦）「歴史考古学」 歴史考古学研究会　（56）2005.6

石地蔵伝承あれこれ—大阪府中部編（《特集 伝承と石仏》）（三村正臣）「日本の石仏」 日本石仏協会，青娥書房（発売）（119）2006.9

寺町寺院 掃苔・碑めぐり案内（《特集 寺町》）（編集部）「大阪春秋」 新風書房　34（3）通号124　2006.10

寺町における浄土宗寺院の境内とその建築（《特集 寺町》）（東野良平）「大阪春秋」 新風書房　34（3）通号124　2006.10

大阪府中部の実態調査（《特集 石仏の座所》）（三村正臣）「日本の石仏」 日本石仏協会，青娥書房（発売）（124）2007.12

民俗資料の地域性—大阪府の万石とおしの調査事例から（平成20年度文化庁芸術拠点形成事業—パネルディスカッション）（藤井裕之）「研究紀要」 八尾市文化財調査研究会　（20）2009.03

大阪府における同和地区の共同浴場について（平成23年度5月例会発表要旨）（白石太良）「近畿民俗通信」 近畿民俗学会　（8）2011.06

大坂本願寺

大坂本願寺はいつから（藤田実）「大阪の歴史」 大阪市史料調査会（65）2005.1

八尾・柏原からみた大坂本願寺（棚橋利光）「河内どんこう」 やお文化協会（80）2006.10

中世大坂に迫る—新発見の寺院跡と大坂本願寺（大庭重信）「葦火 ： 大阪市文化財情報」 大阪市博物館協会大阪文化財研究所　26（3）通号153　2011.08

大阪靖国霊場

旧真田山陸軍墓地の祭祀担当団体の成立に就いて—「財団法人大阪靖国霊場維持会」成立試論（横山篤夫）「大阪民衆史研究」 大阪民衆史研究会　50　2001.12

大阪湾

広田社と大阪湾の潮の流れ—神功皇后伝説と寿永三年の源平の争乱を中心に（井阪康二）「御影史学論集」 御影史学研究会　通号28　2003.10

大阪湾のばっち網漁業にみる漁撈集団の構成とネットワーク―大阪府泉佐野市北中通の事例より（増崎勝敏）「日本民俗学」　日本民俗学会　通号241　2005.2

古代の海洋信仰と大阪湾・播磨灘のウミガメ（坂江渉）「兵庫のしおり」　兵庫県　(9)　2007.3

大阪湾のイワシきんちゃく網漁業―その産業構造とネットワーク（論文）（増崎勝敏）「日本民俗学」　日本民俗学会　(276)　2013.11

大塚山古墳

松原の史蹟と伝説（22）西大塚村と大塚''山古墳（出水睦己）「河内どんこう」　やお文化協会　(84)　2008.2

大寺

大寺の餓鬼―笠女郎をめぐって（1），（2）〔橋本立子〕「会報」　大阪歴史懇談会　17(4)通号188/17(8)通号192　2000.4/2000.8

大寺餅（川村淳二）「左海民俗」　堺民俗会　105　2001.1

鳳

鳳地区の信仰（浜田美代子）「左海民俗」　堺民俗会　101　1999.9

地蔵盆の古き思い出（堺市鳳地区）《特集 夏・お盆》（濱田美代子）「左海民俗」　堺民俗会　(122)　2006.9

大鳥神社

全国一宮祭礼記 和泉国一宮・大鳥神社/壱岐国一宮・天手長男神社「季刊悠久.第2次」　鶴岡八幡宮悠久事務局　83　2000.10

大鳥村（中村）美波比神社

『和泉国大鳥村（中村）美波比神社宮座（古座）人数帳』について（中野隆）「近畿民俗 : 近畿民俗学会会報 : Bulletin of the Folklore Society of Kinki」　近畿民俗学会　(160・161)　2000.9

大野寺

大野寺「土塔」発掘に期待（編集部）「堺泉州」　堺泉州出版会　(9)　2000.11

大野寺土塔

平成24年1月23日（日）講演会の記録 「行基の社会福祉事業」吉田靖雄会長/大野寺土塔の文字瓦の考察」岩宮未地子氏（仙波恒民）「堺行基の会会報」　堺行基の会　(35)　2012.04

大野寺土塔の知識と古代地域社会（研究）（溝口優樹）「ヒストリア : journal of Osaka Historical Association」　大阪歴史学会　(236)　2013.02

大堀城

松原の史蹟と伝説（8）大堀村と大堀城跡（出水睦己）「河内どんこう」　やお文化協会　70　2003.6

大堀村

松原の史蹟と伝説（8）大堀村と大堀城跡（出水睦己）「河内どんこう」　やお文化協会　70　2003.6

大宮神社

大宮神社創祀の背景（1），（2）（上田繁之）「泉佐野の歴史と今を知る会会報」　泉佐野の歴史と今を知る会　(265)/(267)　2010.01/2010.03

大宮神社の顕在（1）～（3）（上田繁之）「泉佐野の歴史と今を知る会会報」　泉佐野の歴史と今を知る会　(268)/(272)　2010.04/2010.08

大宮神社の災厄（上田繁之）「泉佐野の歴史と今を知る会会報」　泉佐野の歴史と今を知る会　(273)　2010.09

大宮神社の再興（1）～（4）（上田繁之）「泉佐野の歴史と今を知る会会報」　泉佐野の歴史と今を知る会　(274)/(277)　2010.10/2011.01

大宮神社の宮座（1），（2）（上田繁之）「泉佐野の歴史と今を知る会会報」　泉佐野の歴史と今を知る会　(278)/(279)　2011.02/2011.03

大和田

阿波留姫と天之日矛（追加）（西幹貞之）「大和田郷土史会会報」　大和田郷土史会　(24)　2012.05

表紙写真の説明 大和田住吉神社の神殿と、狛犬二頭・常夜灯「大和田郷土史会会報」　大和田郷土史会　(26)　2014.05

大和田住吉神社

大和田住吉神社のしおり（大和田吾郎）「大和田郷土史会会報」　大和田郷土史会　(26)　2014.05

大和田村

西淀川区の「佃村大和田村漁師御由緒手続」（1）（金田啓吾）「まんだ : 北河内とその周辺の地域文化誌」　まんだ編集部　(87)　2006.8

大和田霊園

大和田霊園江戸期墓標一覧表とお墓の歴已（大和田霊園管理委員会[他]）「大和田郷土史会会報」　大和田郷土史会　(23)　2011.05

御勝山古墳

住吉大社参詣と新年会、四天王寺、御勝山古墳見学（1），（2）（宮田佐智子）「つどい」　豊中歴史同好会　(302)/(303)　2013.03/2013.04

意賀美神社

枚方市 明治の神社奉納額―旧意賀美神社とその周辺を華麗に描写（堀家啓男）「まんだ : 北河内とその周辺の地域文化誌」　まんだ編集部　(86)　2006.5

岡村

松原の史蹟と伝説（19）岡村と河内鋳物師工房跡（出水睦己）「河内どんこう」　やお文化協会　(81)　2007.2

小川村

松原の史蹟と伝説（6）小川村と深居神社（出水睦己）「河内どんこう」　やお文化協会　68　2002.10

奥河内

葛城修験の道 奥河内をとりまく山々の信仰（特集 奥河内の今昔物語―奥河内の歴史）（松野准子）「大阪春秋」　新風書房　41(2)通号151　2013.07

山里の仏たち 奥河内の名品と隠れた古仏を訪ねて（特集 奥河内の今昔物語―奥河内の文化遺産）（長田寛康）「大阪春秋」　新風書房　41(2)通号151　2013.07

茅葺屋根と大和棟 古民家をめぐる旅へ（特集 奥河内の今昔物語―奥河内の文化遺産）（山田智子）「大阪春秋」　新風書房　41(2)通号151　2013.7

鬼住天満天神社

鬼住天満天神社のこと―鬼住村絵図を読み解く（1）（中筋喜春）「河内長野市郷土研究会誌」［河内長野市郷土研究会］　(50)　2008.4

鬼住村

鬼住天満天神社のこと―鬼住村絵図を読み解く（1）（中筋喜春）「河内長野市郷土研究会誌」［河内長野市郷土研究会］　(50)　2008.4

鬼住村研究―鬼を名乗った男（中筋喜昭）「河内長野市郷土研究会誌」［河内長野市郷土研究会］　(51)　2009.4

鬼住村研究・鬼住村住民の暮らし（1）犬養広麻呂のこと（中筋喜春）「河内長野市郷土研究会誌」［河内長野市郷土研究会］　(55)　2013.4

母木座

郷土の芸能史 恩智「母木座」（坂上ひろこ）「河内どんこう」　やお文化協会　58　1999.6

遠里小野遺跡

遠里小野遺跡から見つかった複弁七弁蓮華文軒丸瓦と榎津廃寺（田中清美）「葦火 : 大阪市文化財情報」　大阪市博物館協会大阪文化財研究所　23(4)通号136　2008.10

恩智

恩智と古代信仰（山本凱子）「河内どんこう」　やお文化協会　51　1997.2

恩智の神様と亥の子餅（佐藤一志，堀井建市）「河内どんこう」　やお文化協会　67　2002.6

河内の伝承考（10）恩智の神々さんと人々（堀井建市，佐藤一志）「河内どんこう」　やお文化協会　69　2003.2

恩智の御輿、住吉へ渡御伝承（《特集 見てほしい 知ってほしい 残したい わが町の風景2》）（松村一）「河内どんこう」　やお文化協会　(81)　2007.2

貝塚

貝塚三夜音頭・三日三晩の盆踊り（見学稔）「堺泉州」　堺泉州出版会　(8)　2000.4

「貝塚・泉佐野の村の城・村の寺内を訪ねて」見学記（上野裕子）「寺内町研究」　貝塚寺内町歴史研究会，和泉書院（発売）5　2000.12

卜半境内の形成過程―貝塚にみる真宗寺内の近世化（藤田実）「寺内町研究」　貝塚寺内町歴史研究会，和泉書院（発売）7　2004.5

貝塚市

「和泉音羽焼」―刻印を持つ陶器片が伝えるもの「テンプス : かいづか文化財だより」　貝塚市教育委員会　2　1997.3

地元に伝わる盆踊り「貝塚三夜音頭」の継承をめざして―貝塚三夜音頭継承連絡回の活動始まる「テンプス : かいづか文化財だより」　貝塚市教育委員会　2　1997.3

伝統文化の保存にむけて 貝塚の盆踊り「テンプス : かいづか文化財だより」　貝塚市教育委員会　11　2001.10

貝塚市内の夏祭り「テンプス : かいづか文化財だより」　貝塚市教育委員会　(30)　2007.9

安養寺の鉦講（双盤念仏）と貝塚市の鉦講「テンプス : かいづか文化財だより」　貝塚市教育委員会　(31)　2007.12

貝塚市内に残る雨乞い農耕儀礼―貝塚市内民俗調査から「テンプス :

大阪府　　　　　　　　　　　郷土に伝わる民俗と信仰　　　　　　　　　　　近畿

かいづか文化財だより」　貝塚市教育委員会　（35）　2008.10

貝塚寺内

真宗史研究からみた貝塚寺内・願泉寺（吉井克信）「寺内町研究」　貝塚寺内町歴史研究会，和泉書院（発売）7　2004.5

貝塚寺内の基礎的検討（2）―願泉寺境内における発掘調査成果（前川浩一）「寺内町研究」　貝塚寺内町歴史研究会，和泉書院（発売）8　2004.9

貝塚寺内町

「寺内」寺院の近世的変容―大伴道場円照寺の事例から（沢博勝）「寺内町研究」　貝塚寺内町歴史研究会，和泉書院（発売）2　1997.5

古文書講座「願泉寺と貝塚寺内（2）―大名との交流と贈答」/古文書をひも解く　貝塚寺内領主卜半家と大名・寺院との手紙「テンプス　：　かいづか文化財だより」　貝塚市教育委員会　（23）　2005.10

古文書講座「願泉寺と貝塚寺内（3）―宗教と政治のはざま，本願寺と寛永寺」/古文書をひも解く　願泉寺と寛永寺の結びつき「テンプス　：　かいづか文化財だより」　貝塚市教育委員会　（24）　2006.2

垣内

近代大阪における善光寺信仰と垣内善光寺（立石則也）「京都民俗　：　京都民俗学会会誌」　京都民俗学会　通号15　1997.12

垣内村

河内・垣内村の民間信仰について（第100号記念特集号）（服部雅祥）「河内どんこう」　やお文化協会　（100）　2013.06

加賀田

江戸時代における加賀田地区の社寺（竹鼻康次）「河内長野市郷土研究会誌」［河内長野市郷土研究会］　（49）　2007.4

加賀田神社

加賀田神社の宮座・見聞録（井上元良）「河内長野市郷土研究会誌」［河内長野市郷土研究会］　（46）　2004.4

鶴満寺

浪速今昔百景（12）鶴満寺（川村一彦）「会報」　大阪歴史懇談会　29（2）通号330　2012.02

風間堂

風間堂縁起（川村淳二）「左海民俗」　堺民俗会　103　2000.5

笠森稲荷

摂津の笠森稲荷（大島建彦）「西郊民俗」［西郊民俗談話会］　通号166　1999.3

柏田

東大阪市柏田（旧中河内郡長瀬村柏田）の人生儀礼（田中久夫）「久里」　神戸女子民俗学会　（11）　2001.10

柏原

八尾・柏原からみた大坂本願寺（棚橋利光）「河内どんこう」　やお文化協会　（80）　2006.10

柏原市

大阪府柏原市本堂の人の一生―出産産育・婚姻・葬送（田中久夫）「久里」　神戸女子民俗学会　（10）　2001.4

八尾・柏原市内石仏所在目録（三村正臣）「河内どんこう」　やお文化協会　64　2001.6

春日神社

佐野，春日神社が改変（事務局）「泉佐野の歴史と今を知る会会報」　泉佐野の歴史と今を知る会　127　1998.9

最近，春日神社で撤去された石造物（事務局）「泉佐野の歴史と今を知る会会報」　泉佐野の歴史と今を知る会　128　1998.10

交野

交野のことば（14）（15）～（24）（25）（井戸桂二）「宿場町ひらかた」　宿場町枚方を考える会　（41）/（46）　1997.12/1999.3

交野の物語『鉢かづき』（《特集 見てほしい 知ってほしい 残したい わが町の風景2》）（細川知佐子）「河内どんこう」　やお文化協会　（81）　2007.2

交野地域における「河内木綿」復元に関する取り組みについて（小川暢子）「民具マンスリー」　神奈川大学　40（9）通号477　2007.12

片埜神社

片埜神社と牧野・樟葉の文化財（矢ヶ崎善太郎）「史迹と美術」　史迹美術同攷会　76（9）通号769　2006.11

勝尾寺

箕面市勝尾寺への西国巡礼道の町石（辻尾榮市）「史迹と美術」　史迹美術同攷会　76（4）通号764　2006.5

中世後期における如法経信仰と地域的生業―摂津国勝尾寺を事例として

（小山貴子）「地方史研究」　地方史研究協議会　59（5）通号341　2009.10

かった村

現れた「かった村」の鋳物師（村元健一）「葦火　：　大阪市文化財情報」　大阪市博物館協会大阪文化財研究所　17（5）通号101　2002.12

葛城

中世の村と葛城修験―犬鳴山七宝滝寺と入山田村（《犬鳴山・葛城特集》）（井田寿邦）「山岳修験」　日本山岳修験学会，岩田書院（発売）（38）　2006.11

桂塚

「桂塚」原撰碑文の解読（芳村弘道）「芸能懇話」　大阪芸能懇話会　（11）　1997.11

文我と勝間と地蔵さんと―桂塚（東使英夫）「芸能懇話」　大阪芸能懇話会　（11）　1997.11

我堂

松原の史蹟と伝説（12）我堂の条里と古道（出水睦己）「河内どんこう」　やお文化協会　74　2004.10

門真市

門真市立歴史資料館で門真市の平橋家に伝わる江戸時代の「河州古橋大工組の資料や門真の民家」を紹介する催し（1）「まんだ　：　北河内とその周辺の地域文化誌」　まんだ編集部　85　2005.12

加納

加納のトンド（左義長）（天竹薫信）「わかくす　：　河内ふるさと文化誌」　わかくす文芸研究会　（31）　1997.5

神石

我が家のお盆（堺市神石地区）（《特集 夏・お盆》）（中江清剛）「左海民俗」　堺民俗会　（122）　2006.9

加美正覚寺遺跡

ベールを脱ぐ加美正覚寺遺跡（岡村勝行）「葦火　：　大阪市文化財情報」　大阪市博物館協会大阪文化財研究所　27（1）通号157　2012.04

上田原

四条畷市上田原・住吉神社の石槽（太田理）「わかくす　：　河内ふるさと文化誌」　わかくす文芸研究会　（63）　2013.06

萱振寺内町

萱振御坊恵光寺の歴史と萱振寺内町（本多真）「河内どんこう」　やお文化協会　69　2003.2

萱振御坊 恵光寺の歴史と萱振寺内町（2）―近世以降の恵光寺（本多真）「河内どんこう」　やお文化協会　70　2003.6

萱振御坊 恵光寺の歴史と萱振寺内町（3）萱振寺内町（本多真）「河内どんこう」　やお文化協会　72　2004.2

唐崎

高槻市唐崎の化粧地蔵尊（三村正臣）「日本の石仏」　日本石仏協会，青蛾書房（発売）通号92　1999.12

河合寺

河合寺略誌（竹鼻康次）「河内長野市郷土研究会誌」［河内長野市郷土研究会］　（54）　2012.04

河合寺文書（河内長野市郷土研究会［編］）「河内長野市郷土研究会誌」［河内長野市郷土研究会］　（54）　2012.04

河合村

松原の史蹟と伝説（16）河合村と水田開発（出水睦己）「河内どんこう」　やお文化協会　（78）　2006.2

河内町

歴史講演会講演要旨 寺社・民家の建物の見方―河内町内の調査をふまえて（濱島正士）「郷土研究誌かわち」　河内町史編さん委員会　（8）　2003.11

川上神社

川上神社合祀百年目を迎えて（宮下芳子）「河内長野市郷土研究会誌」［河内長野市郷土研究会］　（50）　2008.4

川崎東照宮

みおつくし 東照宮（木原弘美）「大阪の歴史」　大阪市史料調査会　（66）　2005.7

ある神社の消長―大坂の東照宮（上田長生）「編纂所だより」　大阪市史編纂所　（27）　2006.11

川崎東照宮にあった燈籠たち「てんまてんじん 大阪天満宮社報　：　大阪天満宮社報」　大阪天満宮社務所　（63）　2013.01

河内

落語 河内風土記（25）「デシャヤキ」（2）（筒井義信）「河内どんこう」

やお文化協会　51　1997.2

河内地方の婚礼儀式―安政6年・中島家の婚礼記録（中島三佳）「宿場町ひらかた」　宿場町枚方を考える会　（40）1997.9

流し節正調河内音頭保存会「河内どんこう」　やお文化協会　56　1998.10

住吉大神と河内の神々（福島庸人）「すみのえ」　住吉大社社務所　36（2）通号232　1999.4

河内の伝承考（1）謡曲のなかの俊徳丸伝記（堀井建市）「河内どんこう」　やお文化協会　60　2000.2

哀傷の千姫説話（大和充）「河内どんこう」　やお文化協会　61　2000.6

河内の伝承考（2）伊勢物語と業平の高安通い考（堀井建市）「河内どんこう」　やお文化協会　61　2000.6

河内の伝承考（3）お初・徳兵衛と浄瑠璃『曾根崎心中』（堀井建市）「河内どんこう」　やお文化協会　62　2000.10

綿の文化と河内木綿（1），（2）（橋本千栄子）「河内どんこう」　やお文化協会　62/63　2000.10/2001.2

河内の伝承考（4）河内の「草子洗い小町」（堀井建市）「河内どんこう」　やお文化協会　63　2001.2

河内の伝承考（5）河内の「善光寺縁起」（堀井建市）「河内どんこう」　やお文化協会　64　2001.6

河内の伝承考（6）閻魔と仲良し八尾地蔵（堀井建市）「河内どんこう」　やお文化協会　65　2001.10

河内の伝承考（7）十三峠の十三塚ってなに（堀井建市，佐藤一志）「河内どんこう」　やお文化協会　66　2002.2

井戸を守ったお地蔵さま（佐藤一志，堀井建市）「河内どんこう」　やお文化協会　66　2002.2

河内の鉾立像（佐藤一志）「河内どんこう」　やお文化協会　66　2002.2

民具代用品―主に戦時下の陶製鏧について（川口哲秀）「わかくす：河内ふるさと文化誌」　わかくす文芸研究会　（41）2002.5

河内の伝承考（8）八尾の塚の話（堀井建市，佐藤一志）「河内どんこう」　やお文化協会　67　2002.6

『河内の手織機』（李熙連伊）「民具マンスリー」　神奈川大学　35（6）通号414　2002.9

河内の伝承考（9）狐の話（堀井建市，佐藤一志）「河内どんこう」　やお文化協会　68　2002.10

民具 看板（1），（2）（川口哲秀）「わかくす：河内ふるさと文化誌」　わかくす文芸研究会　（42）/（46）2002.11/2004.11

河内の伝承考（10）恩智の神々さんと人々（堀井建市，佐藤一志）「河内どんこう」　やお文化協会　69　2003.2

河内の伝承考（11）聖徳太子と物部伝承（堀井建市，佐藤一志）「河内どんこう」　やお文化協会　70　2003.6

心に残したい「河内の遺産」（9）お祭男の祭り発見伝（高野剛）「河内どんこう」　やお文化協会　70　2003.6

竜神にもらった清水（佐藤一志，堀井建市）「河内どんこう」　やお文化協会　70　2003.6

河内の伝承考（12）古代を伝える町（堀井建市）「河内どんこう」　やお文化協会　71　2003.10

心に残したい「河内の遺産」（10）お祭男の祭り発見伝（高野剛）「河内どんこう」　やお文化協会　71　2003.10

天之日矛伝説の謎を探る（上），（下）―天之日矛と"河内大王家"の成立（塚口義信）「つどい」　豊中歴史同好会　191/192　2004.2/2004.3

河内の後期古墳を考える―太子信仰と芝塚古墳について（西森忠幸）「河内どんこう」　やお文化協会　72　2004.2

河内の餅なし正月（市川秀之）「京都民俗：京都民俗学会会誌」　京都民俗学会　通号20・21　2004.3

民具 樽（1）―さまざまな使用例と桶作り道具の一部（川口哲秀）「わかくす：河内ふるさと文化誌」　わかくす文芸研究会　（45）2004.5

河内の伝承考（13）河内人は家康びいきだったのか（堀井建市）「河内どんこう」　やお文化協会　73　2004.6

伝統と石について（植田啓司）「わかくす：河内ふるさと文化誌」　わかくす文芸研究会　（47）2005.5

民具 バーチカルポンプ（縦形ポンプ）（川口哲秀）「わかくす：河内ふるさと文化誌」　わかくす文芸研究会　（47）2005.5

河内の風物誌・王権と儀礼埴輪群像の世界（編集部）「わかくす：河内ふるさと文化誌」　わかくす文芸研究会　（48）2005.11

民具 石の民具（1）―石臼づくり（川口哲秀）「わかくす：河内ふるさと文化誌」　わかくす文芸研究会　（48）2005.11

大和・河内の結界石（藤澤典彦）「近畿文化」　近畿文化会事務局　（673）2005.12

平成の河内風土記「狛犬三題」（宮下栄麟）「まんだ：北河内とその周辺の地域文化誌」　まんだ編集部　（86）2006.5

民具 鋸（1）（川口哲秀）「わかくす：河内ふるさと文化誌」　わかくす文芸研究会　（49）2006.5

民具 桶・樽（4）桶・樽作り（川口哲秀）「わかくす：河内ふるさと文化誌」　わかくす文芸研究会　（50）2006.11

河内木綿商人の在方組織―八尾組・久宝寺組を事例に（角垣内佑梨）「研究紀要」　八尾市文化財調査研究会　（18）2007.3

民具 藁（2）俵作り（川口哲秀）「わかくす：河内ふるさと文化誌」　わかくす文芸研究会　（51）2007.5

在原業平と河内娘との悲恋物語と窓を東につくらない伝承（川村一彦）「民俗文化」　滋賀民俗学会　（529）2007.10

民具 包丁（1）～（3）（川口哲秀）「わかくす：河内ふるさと文化誌」　わかくす文芸研究会　（52）/（54）2007.11/2008.11

盆踊り（村上廣造）「わかくす：河内ふるさと文化誌」　わかくす文芸研究会　（52）2007.11

交野地域における「河内木綿」復元に関する取り組みについて（小川暢子）「民具マンスリー」　神奈川大学　40（9）通号477　2007.12

霊山寺梵鐘と河内鋳物師の定住化―霊山寺梵鐘に関する覚書（1）（厚地淳司）「静岡県の歴史と文化」　静岡県の歴史と文化研究会　（11）2008.3

八尾と河内音頭―八尾河内音頭まつりの発展を願って（棚橋利光）「河内どんこう」　やお文化協会　（85）2008.6

巡礼研究会第59回例会 石川知彦氏「河内三太子と太子信仰の美術」/平田浄氏「役行者石像調査報告」（中山和久）「巡礼研究会通信」　巡礼研究会　（60）2008.12

関連報告 古代火葬墓の変遷―河内の事例を中心に（部会報告）（安村俊史）「ヒストリア：journal of Osaka Historical Association」　大阪歴史学会　（213）2009.01

伝承を訪ねる旅 葬制と浄土信仰（堀井建市）「河内どんこう」　やお文化協会　（87）2009.02

民謡から見た平家落人伝説秘境をさぐる（天竹薫信）「わかくす：河内ふるさと文化誌」　わかくす文芸研究会　（87）2009.02

《特集 大和の祭文音頭 江州音頭・河内音頭の源を探る》「秋篠文化」　秋篠音楽堂運営協議会　（7）2009.09

席の芸と櫓の芸―江州・河内オンドロジー（村井博郎）「秋篠文化」　秋篠音楽堂運営協議会　（7）2009.09

忘れられていく神域（楠晃）「河内どんこう」　やお文化協会　（90）2010.02

『河内文化のおもちゃ箱』と記憶遺産（『河内文化のおもちゃ箱』関係）（浅野詠子）「あしたづ：河内の郷土文化サークルセンター特集誌」　河内の郷土文化サークルセンター　（12）2010.2

高僧「行基菩薩」について（『河内文化のおもちゃ箱』関係）（山野隆雄）「あしたづ：河内の郷土文化サークルセンター特集誌」　河内の郷土文化サークルセンター　（12）2010.02

古代における聖と賤―貴賤から浄穢へ（南光弘）「あしたづ：河内の郷土文化サークルセンター特集誌」　河内の郷土文化サークルセンター　（12）2010.02

心棒探し（2）―地蔵巡り（高井雅弘）「河内どんこう」　やお文化協会　（91）2010.06

注連縄（川口哲秀）「わかくす：河内ふるさと文化誌」　わかくす文芸研究会　（58）2010.11

浄瑠璃の俊徳丸物語の一つ「莠伶人吾妻雛形」を翻刻して（特集 八尾再発見）（棚橋利光）「河内どんこう」　やお文化協会　（93）2011.02

頑固親爺のなにわぶし―現代に活かす浪曲の世界（1）河内十人斬り（特集 河内関連の映画・演劇・芸能）（芦川淳平）「河内どんこう」　やお文化協会　（95）2011.02

浄瑠璃「莠伶人吾妻雛形」を読んで（特集 河内関連の映画・演劇・芸能）（今中宏永）「河内どんこう」　やお文化協会　（95）2011.10

ニギハヤヒ序―郷土のニギハヤヒ伝承・神話から考える（南光弘）「あしたづ：河内の郷土文化サークルセンター特集誌」　河内の郷土文化サークルセンター　（14）2012.02

河内の伝説ものがたり（大東道雄）「あしたづ：河内の郷土文化サークルセンター特集誌」　河内の郷土文化サークルセンター　（14）2012.02

能楽「富士太鼓」を見て―富士太鼓と俊徳丸物語との関連（棚橋利光）「河内どんこう」　やお文化協会　（96）2012.02

河内の古代寺院物語（山西敏一）「道鏡を守る会通信」　道鏡を守る会　（96）2012.03

河内地域における「カラサオ」（岡田清一）「民具マンスリー」　神奈川大学　45（6）通号534　2012.09

飯盛山城と河内キリシタン（特集 飯森山城と戦国おおさか―飯盛山城）（村上始）「大阪春秋」　新風書房　40（4）通号149　2013.01

祇園牛頭天王ノート（文化をつづる）（足代健二郎）「あしたづ：河内の郷土文化サークルセンター特集誌」　河内の郷土文化サークルセンター　（15）2013.02

河内の機織り機に関する研究―刀杆について（研究ノート）（李熙連伊）「館報」　八尾市立歴史民俗資料館　2012年度　2013.03

江州音頭と河内音頭（第100号記念特集号）（池上和彦）「河内どんこう」　やお文化協会　（100）2013.06

玉手御前の衣裳（今中宏永）「河内どんこう」　やお文化協会　（102）2014.02

河内の紡績具の研究―綿繰り機について（研究ノート）（李熙連伊，岡田清一，樋口めぐみ）「館報」　八尾市立歴史民俗資料館　2013年度　2014.3

「黄泉・殯」所在論―地域からの着想と展開（若松博恵）「わかくす：河内ふるさと文化誌」　わかくす文芸研究会　（65）2014.06

河内天美駅

松原の史蹟と伝説（9）池ノ内村と河内天美駅（出水睦己）「河内どんこう」　やお文化協会　71　2003.10

河内鋳物師工房跡

松原の史蹟と伝説（19）岡村と河内鋳物師工房跡（出水睦己）「河内どんこう」　やお文化協会　（81）2007.2

河内大塚山古墳

「記・紀」からみた大王陵とその改葬―河内大塚山古墳と安閑天皇をめぐって（特集 河内大塚山古墳と「辛亥の変」）（水谷千秋）「ヒストリア：journal of Osaka Historical Association」　大阪歴史学会　（228）2011.10

河内国分

河内国分の古墳と廃寺（来村多加史）「近畿文化」　近畿文化会事務局　604　2000.3

河内西国観音霊場

河内西国観音霊場ご案内（1），（2）（田村直行）「河内どんこう」　やお文化協会　（88）/（89）2009.06/2009.10

柏原の河内西国観音霊場（特集「かしわらの郷土史かるた」に関連して）（田村直行）「河内どんこう」　やお文化協会　（91）2010.06

河内寺廃寺跡

表紙の説明　「国史跡 河内寺廃寺跡の塔」の説明（編集部）「わかくす：河内ふるさと文化誌」　わかくす文芸研究会　（58）2010.11

河内寺廃寺跡発見記（木下密運）「わかくす：河内ふるさと文化誌」　わかくす文芸研究会　（58）2010.11

シンポジウム「河内寺廃寺跡」を取り組んで（村上廣造）「わかくす：河内ふるさと文化誌」　わかくす文芸研究会　（64）2013.12

河内長野

河内長野の社寺（藤井直正）「近畿文化」　近畿文化会事務局　626　2002.1

河内長野と文楽（2）（椋本進）「河内長野市郷土研究会誌」［河内長野市郷土研究会］　（49）2007.4

文楽紀行―河内長野を中心にして（2）（椋本進）「河内長野市郷土研究会誌」［河内長野市郷土研究会］　（53）2011.04

河内長野市

「不食供養碑」探訪覚書きより（椋本進）「河内長野市郷土研究会誌」［河内長野市郷土研究会］　41　1999.4

「不食供養碑」探訪余話（椋本進）「河内長野市郷土研究会誌」［河内長野市郷土研究会］　41　1999.4

郷土に在る経塚跡（浅井五郎）「河内長野市郷土研究会誌」［河内長野市郷土研究会］　42　2000.4

「不食供養碑」探訪覚書（2）（椋本進）「河内長野市郷土研究会誌」［河内長野市郷土研究会］　43　2001.4

似たり石・根のはなし（浅井五郎）「河内長野市郷土研究会誌」［河内長野市郷土研究会］　43　2001.4

続・似たり石・根のはなし（浅井五郎）「河内長野市郷土研究会誌」［河内長野市郷土研究会］　（44）2002.4

珍しい“迦楼羅”の絵像と当地方最古の「恵比須」の版木が発見される（竹鼻康次）「河内長野市郷土研究会誌」［河内長野市郷土研究会］　（44）2002.4

西国巡礼三十三度満願供養札（金銅製）四人行者（葉室組）順正と教音の納札（椋本進）「河内長野市郷土研究会誌」［河内長野市郷土研究会］　（44）2002.4

続・続 似たり石・根のはなし（浅井五郎）「河内長野市郷土研究会誌」［河内長野市郷土研究会］　（48）2006.4

中世初期の石造物にみる阿弥陀仏号（奥村隆彦）「河内長野市郷土研究会誌」［河内長野市郷土研究会］　（49）2007.4

西国巡礼三十三度行者の民話―河内長野市を中心に（玉城幸男）「河内長野市郷土研究会誌」［河内長野市郷土研究会］　（49）2007.4

河内長野市内の共同墓地所在一覧（浅井五郎）「河内長野市郷土研究会誌」［河内長野市郷土研究会］　（51）2009.04

石造物に窪みあり―その習俗のひろがり（松尾巴留美）「河内長野市郷土研究会誌」［河内長野市郷土研究会］　（52）2010.04

日本一美しい墓地都市（墓地との共生）（浅井五郎）「河内長野市郷土研究会誌」［河内長野市郷土研究会］　（52）2010.04

地蔵の辻にある瓦の仏像（井上元良）「河内長野市郷土研究会誌」［河内長野市郷土研究会］　（53）2011.04

続 日本一美しい墓地都市（墓地との共生）［2］～（4）終（浅井五郎）「河内長野市郷土研究会誌」［河内長野市郷土研究会］　（53）/（55）2011.04/2013.04

河内七墓

河内の七墓参り「河内どんこう」　やお文化協会　56　1998.10

踏査報告 行基ゆかりの河内七墓と現代の火葬場―大阪府東大阪市（宮井善俊）「寺社と民衆」　民衆宗教史研究会　8　2012.03

河内国

戦国期における石清水八幡宮勢力の展開と寺内町―肥後藩士小篠家と河内国招提寺内の関係を手がかりに（馬部隆弘）「熊本史学」　熊本史学会　（89・90・91）2008.10

室町期大和・河内国境地帯における諸勢力の動向をめぐって（田中慶治）「高円史学」　高円史学会　（24）2008.11

河内六大寺

東高野街道沿いの史跡（2）―高井田横穴墓と河内六大寺の付近（泉森皎）「近畿文化」　近畿文化会事務局　646　2003.9

寛永寺

古文書講座「願泉寺と貝塚寺内（3）―宗教と政治のはざま、本願寺と寛永寺」/古文書をひも解く 願泉寺と寛永寺の結びつき「テンプス：かいづか文化財だより」　貝塚市教育委員会　（24）2006.2

感応院

神宮寺感應院の什宝（1）銅製屋根飾りの資料―伏鉢・請花・宝珠（〈特集 見てほしい 知ってほしい 残してほしい わが町の風景5〉）（藤井直正）「河内どんこう」　やお文化協会　（88）2009.06

神宮寺感應院の什宝（2）慈雲尊者と高弟の墨跡（グラビア）（藤井直正）「河内どんこう」　やお文化協会　（89）2009.10

神宮寺感應院の什宝（3）神宮寺感應院の大般若経（藤生直正）「河内どんこう」　やお文化協会　（90）2010.02

よみがえる恩智の古刹 神宮寺感應院本堂・観音堂の落慶（藤井直正）「河内どんこう」　やお文化協会　（95）2011.10

恩智神宮寺感応院 大般若経寄進奉納者の広がり（坂上ひろこ）「河内どんこう」　やお文化協会　（96）2012.02

河内国高安郡恩智村神宮寺感応院文書の紹介（研究ノート）（平成24年度近世古文書講座中級編講座生）「館報」　八尾市立歴史民俗資料館　2012年度　2013.03

寛弘寺

口絵 島根県大田市の八幡宮経筒・納札 鳥谷芳雄報文/大阪府指定重要文化財 寛弘寺神山墓地石造五輪塔（大阪府河南町寛弘寺）奥村隆彦報文「歴史考古学」　歴史考古学研究会　（68）2014.04

寛弘寺神山墓地五輪塔（奥村隆彦）「歴史考古学」　歴史考古学研究会　（68）2014.04

元成寺

聞書 上瓦屋・元成寺の「寺譜」（北山理）「泉佐野の歴史と今を知る会会報」　泉佐野の歴史と今を知る会　160　2001.6

観心寺

観心寺（山本律郎）「河内どんこう」　やお文化協会　65　2001.10

河内長野市金剛寺・観心寺を訪ねる（清水俊明）「野ほとけ」　奈良石仏会　（403）2006.3

密教の里と神々の住む村―観心寺・金剛寺と神仏習合の神社（櫻井敏雄）「近畿文化」　近畿文化会事務局　（744）2011.11

如意輪観音（観心寺）（勝間康雄）「つどい」　豊中歴史同好会　（290）2012.03

願泉寺

真宗史研究からみた貝塚寺内・願泉寺（吉井克信）「寺内町研究」　貝塚寺内町歴史研究会，和泉書院（発売）7　2004.5

貝塚寺内の基礎的検討（2）―願泉寺境内における発掘調査成果（前川浩一）「寺内町研究」　貝塚寺内町歴史研究会，和泉書院（発売）8　2004.9

願泉寺本堂の建築年代について「テンプス：かいづか文化財だより」　貝塚市教育委員会　（23）2005.10

古文書講座「願泉寺と貝塚寺内（2）―大名との交流と贈答」/古文書をひも解く 貝塚寺内領主卜半家と大名・寺院との手紙「テンプス：かいづか文化財だより」　貝塚市教育委員会　（23）2005.10

願泉寺本堂蟇股の「二十四孝」「テンプス：かいづか文化財だより」　貝塚市教育委員会　（32）2008.1

願泉寺表門の彫刻「テンプス：かいづか文化財だより」　貝塚市教育委員会　（39）2009.10

願泉寺表門の石材「テンプス：かいづか文化財だより」　貝塚市教育委員会　（39）2009.10

貝塚御坊願泉寺本堂の二十四孝彫刻「テンプス：かいづか文化財だより」　貝塚市教育委員会　（別冊4）2013.11

近畿　　　　　　　　　　　　郷土に伝わる民俗と信仰　　　　　　　　　　　　大阪府

表紙 慶安元年 (1648年) の絵図 (感田神社・願泉寺部分拡大図)／戦前の感田神社南側の濠 (写真提供：NPO法人摂河泉地域資源研究所)「テンプス ： かいづか文化財だより」 貝塚市教育委員会 (52) 2014.02

感田神社

第94回かいづか歴史文化セミナー 感田神社「貝塚宮」湯神楽神事 現地見学会「テンプス ： かいづか文化財だより」 貝塚市教育委員会 (46) 2011.08

表紙 慶安元年 (1648年) の絵図 (感田神社・願泉寺部分拡大図)／戦前の感田神社南側の濠 (写真提供：NPO法人摂河泉地域資源研究所)「テンプス ： かいづか文化財だより」 貝塚市教育委員会 (52) 2014.02

貝塚市の風景—感田神社の環濠「テンプス ： かいづか文化財だより」 貝塚市教育委員会 (53) 2014.05

関帝廟

グラビア 大阪関帝廟・観音会で精進料理に舌つづみ—中国江蘇出身華僑の親睦会に参加して (二宮一郎)「大阪民衆史研究」 大阪民衆史研究会 通号65 2011.03

願得寺

門真市・「光明山願得寺の本堂・山門・鐘楼」が府の文化財に指定 (文化財ニュース)「まんだ ： 北河内とその周辺の地域文化誌」 まんだ編集部 (86) 2006.5

観音寺

渚院観音寺の梵鐘／親子の歴史座談 (52) 仏教伝来と古墳の消滅「ひらかた文化財だより」 枚方市文化財研究調査会 52 2002.7

紀氏神社

平群谷の後期古墳・長屋王墓と紀氏神社 (山口久幸)「つどい」 豊中歴史同好会 (212) 2005.11

吉志部瓦窯跡

史跡吉志部瓦窯跡の整備 (増田真木)「吹田市立博物館博物館だより」 吹田市立博物館 (47) 2011.07

瓦窯跡に行ってみよう！—七尾瓦窯跡と吉志部瓦窯跡「吹田市立博物館博物館だより」 吹田市立博物館 (59) 2014.09

吉志部神社

吉志部神社の火災と復興 (小山修三)「吹田市立博物館博物館だより」 吹田市立博物館 (35) 2008.10

吉志部神社本殿跡の調査を実施！ (西本安秀)「吹田市立博物館博物館だより」 吹田市立博物館 (36) 2009.G1

吹田市制施行70周年記念事業 平成22年度 (2010年度) 秋季特別展 災害から地域遺産をみなおす—吉志部神社の復興「吹田市立博物館博物館だより」 吹田市立博物館 (44) 2010.10

災害から地域遺産をみなおす—吉志部神社の復興「吹田市立博物館博物館だより」 吹田市立博物館 (44) 2010.10

吉志部神社本殿跡発掘調査の成果 (西本安秀)「吹田市立博物館博物館だより」 吹田市立博物館 (44) 2010.10

吉志部神社周辺の石造物「吹田市立博物館博物館だより」 吹田市立博物館 (44) 2010.10

鎮守の森は残った—吉志部神社の火災による社寺林への影響 (高畠耕一郎)「吹田市立博物館博物館だより」 吹田市立博物館 (44) 2010.10

吉志部神社拝殿の再建 聞き手 ： 小山修三「吹田市立博物館博物館だより」 吹田市立博物館 (44) 2010.10

新指定文化財の概要 市指定有形文化財 蔵人稲荷神社本殿 (1棟)／市指定有形文化財 江坂素盞嗚尊神社本殿 (1棟)／市指定無形民俗文化財 吉志部神社のどんじ／市指定天然記念物 ヒメボタル生息地とそのヒメボタル (賀納章雄)「吹田市立博物館博物館だより」 吹田市立博物館 (47) 2011.07

岸和田

岸和田だんじり祭—祭囃子はリハビリ中 (森田玲)「日本民俗音楽学会会報」 日本民俗音楽学会 (29) 2008.7

大阪の老舗と文化 (6) 殿さま文化とだんじり魂の融合した里山、田畑、街道、海浜のマルチ都市 岸和田の文化と老舗 (前川洋一郎)「大阪春秋」 新風書房 42 (2) 通号155 2014.7

北加納

日蓮宗村落における民俗の特質—大阪府河南町北加納を中心に (吉川邦子)「京都民俗 ： 京都民俗学会会誌」 京都民俗学会 通号18 2000.4

北河内

昔ばなし キツネ火の話 (こまだとしお)「まんだ ： 北河内とその周辺の地域文化誌」 まんだ編集部 60 1997.3

なぞなぞ殿様 (昔ばなし) (こまだとしお)「まんだ ： 北河内とその周辺の地域文化誌」 まんだ編集部 61 1997.7

赤いチャンチャンコ (昔ばなし) (石川ひろ子)「まんだ ： 北河内とその

周辺の地域文化誌」 まんだ編集部 61 1997.7

グラフ 十三仏石碑 (河合経男)「まんだ ： 北河内とその周辺の地域文化誌」 まんだ編集部 63 1998.3

昔ばなし 半左衛門村日記—馬の仇討ち (こまだとしお)「まんだ ： 北河内とその周辺の地域文化誌」 まんだ編集部 63 1998.3

村を守る石の棒 (佐野喜美)「まんだ ： 北河内とその周辺の地域文化誌」 まんだ編集部 64 1998.7

産婆のシカばあさん (昔ばなし) (かもてるこ)「まんだ ： 北河内とその周辺の地域文化誌」 まんだ編集部 64 1998.7

ちょんまげ爺さんの話 (昔ばなし) (こまだとしお)「まんだ ： 北河内とその周辺の地域文化誌」 まんだ編集部 64 1998.7

十三仏石碑探訪 (河合経男)「まんだ ： 北河内とその周辺の地域文化誌」 まんだ編集部 64 1998.7

弥生の墓 (瀬川芳則)「まんだ ： 北河内とその周辺の地域文化誌」 まんだ編集部 65 1998.11

神々の国 (佐野喜美)「まんだ ： 北河内とその周辺の地域文化誌」 まんだ編集部 65 1998.11

昔ばなし 観音様のお告げ (こまだとしお)「まんだ ： 北河内とその周辺の地域文化誌」 まんだ編集部 65 1998.11

昔ばなし とよの願い (こまだとしお)「まんだ ： 北河内とその周辺の地域文化誌」 まんだ編集部 66 1999.3

続・弥生の墓 (瀬川芳則)「まんだ ： 北河内とその周辺の地域文化誌」 まんだ編集部 66 1999.3

北河内の伝説 (瀬川芳則)「大阪春秋」 新風書房 27 (1) 通号94 1999.3

昔ばなし よもぎ様となす丸 (こまだとしお)「まんだ ： 北河内とその周辺の地域文化誌」 まんだ編集部 67 1999.7

昔ばなし 化け猫の話 (こまだとしお)「まんだ ： 北河内とその周辺の地域文化誌」 まんだ編集部 68 1999.11

おはなし「神社の森」(石川ひろ子)「まんだ ： 北河内とその周辺の地域文化誌」 まんだ編集部 69 2000.7

吉向焼・開窯200年の記念展を開く (毛利信二)「まんだ ： 北河内とその周辺の地域文化誌」 まんだ編集部 80 2004.5

北河内地方の神社境内の石造品について (勝部明生)「まんだ ： 北河内とその周辺の地域文化誌」 まんだ編集部 (86) 2006.5

北河内地方の神社境内の石造品について (狛犬) (勝部明生)「まんだ ： 北河内とその周辺の地域文化誌」 まんだ編集部 (87) 2006.8

北河内地方の神社境内の石造品について (灯籠) (勝部明生)「まんだ ： 北河内とその周辺の地域文化誌」 まんだ編集部 (88) 2006.12

北河内周辺の石佛龕群 (松永修輔)「歴史考古学」 歴史考古学研究会 (64) 2011.10

山城河内燈明講について—南山城・北河内の秋葉信仰 (中川博勝)「やましろ」 城南郷土史研究会 (26) 2012.12

北河内十三仏

浜の宮渡海浄土と北河内十三仏 (山野貞夫)「まんだ ： 北河内とその周辺の地域文化誌」 まんだ編集部 66 1999.3

北十万

北十萬の「熊野権現降臨地」碑考 (月山渉)「堺人」 堺泉州出版会 (3) 2006.4

北中通

大阪湾のばっち網漁業にみる漁撈集団の構成とネットワーク—大阪府泉佐野市北中通の事例より (増崎勝敏)「日本民俗学」 日本民俗学会 通号241 2005.2

大阪府下における香川県漁業者の出稼ぎの実態とその経緯—大阪府泉佐野市北中通のイワシきんちゃく網漁業の事例を中心に (増崎勝敏)「日本民俗学」 日本民俗学会 通号257 2009.02

吉祥村御所

大木城と吉祥村御所の伝承 (北山理)「泉佐野の歴史と今を知る会会報」 泉佐野の歴史と今を知る会 136 1999.6

狐塚

八尾市服部川所在 狐塚の私的覚書 (前) (〈特集 明日香を思い、古墳を考える〉) (松江信一)「河内どんこう」 やお文化協会 (89) 2009.10

客坊墓地

『無縁さん』と『客坊墓地の火祭り』(村上廣造)「わかくす ： 河内ふるさと文化誌」 わかくす文芸研究会 (58) 2010.11

旧植田家住宅

わたしたちの文化財 安中新田会所跡旧植田家住宅 (吉田珠己)「ヒストリア ： journal of Osaka Historical Association」 大阪歴史学会 (216) 2009.08

安中新田会所跡旧植田家住宅について (宮元正博)「河内どんこう」 やお文化協会 (89) 2009.10

旧川澄家住宅

表紙の説明 『東大阪市指定文化財 旧川澄家住宅主屋』の説明（編集部）「わかくす ： 河内ふるさと文化誌」 わかくす文芸研究会 （59） 2011.05

旧小西儀助商店

旧小西儀助商店—登録文化財・道修町の商家（三島佑一）「大阪春秋」 新風書房 27（1）通号94 1999.3

旧小西家住宅

重要文化財「旧小西家住宅」とコニシ株式会社（特集 船場—商人道と伝統文化）（原田彰子）「大阪春秋」 新風書房 41（1）通号150 2013.4

表紙解説 旧小西家住宅（福山琢磨）／裏表紙（岩田重義）「大阪春秋」 新風書房 41（1）通号150 2013.04

旧真田山陸軍墓地

旧真田山墓地の祭祀担当団体の成立に就いて—「財団法人大阪靖国霊場維持会」成立試論（横山篤夫）「大阪民衆史研究」 大阪民衆史研究会 50 2001.12

旧真田山陸軍墓地—その歴史と保存の意義（小田康徳）「大阪春秋」 新風書房 32（3）通号116 2004.10

急がれる納骨堂の補修（横山篤夫）「真田山」 旧真田山陸軍墓地とその保存を考える会 （2） 2005.3

墓地探訪（2）埋もれた年代記・今井少将墓（西島昇）「真田山」 旧真田山陸軍墓地とその保存を考える会 （2） 2005.3

陸軍墓地に関係する文献（1）（小松忠）「旧真田山陸軍墓地研究年報」 旧真田山陸軍墓地とその保存を考える会 （1） 2013.03

納骨堂被葬者データベースの完成と今後（小田康徳）「旧真田山陸軍墓地研究年報」 旧真田山陸軍墓地とその保存を考える会 （2） 2014.08

旧新川家住宅

泉佐野市指定文化財旧新川家住宅—復元された江戸時代の民家「茅渟の道」 泉佐野市教育委員会 （6） 1998.3

旧中西家住宅

旧中西家住宅見学のみどころ（西本安秀）「吹田市立博物館博物館だより」 吹田市立博物館 （32） 2008.2

旧中西家住宅のさまざまな花（露口弘，西本安秀，桑田佳純）「吹田市立博物館博物館だより」 吹田市立博物館 （32） 2008.2

旧中西家住宅の不思議探索（1）「大小板」（露口弘）「吹田市立博物館博物館だより」 吹田市立博物館 （32） 2008.2

旧西尾家住宅・旧中西家住宅での催し（中岡宏美）「吹田市立博物館博物館だより」 吹田市立博物館 （50） 2012.04

旧西尾家住宅

旧西尾家住宅（江戸時代の住宅建築）（賀納章雄）「吹田市立博物館博物館だより」 吹田市立博物館 （27） 2006.8

旧西尾家住宅の石燈籠について（西本安秀）「吹田市立博物館博物館だより」 吹田市立博物館 （36） 2009.01

重要文化財 旧西尾家住宅（楽田由佳）「吹田市立博物館博物館だより」 吹田市立博物館 （41） 2010.03

旧西尾家住宅・旧中西家住宅での催し（中岡宏美）「吹田市立博物館博物館だより」 吹田市立博物館 （50） 2012.04

すいたの石造物（3）旧西尾家住宅の蹲踞「吹田市立博物館博物館だより」 吹田市立博物館 （54） 2013.7

わたしたちの文化財 重要文化財 旧西尾家住宅（吹田文化創造交流館）（橘悠太）「ヒストリア ： journal of Osaka Historical Association」 大阪歴史学会 （244） 2014.6

久宝寺

久宝寺・八尾地域における都市形成（《特集 中世・近世の寺内町を考える—久宝寺・八尾寺内町を中心として》）（小谷利明）「ヒストリア ： journal of Osaka Historical Association」 大阪歴史学会 （186） 2003.9

河内木綿商人の在方組織—八尾組・久宝寺組を事例に（角垣内佑梨）「研究紀要」 八尾市文化財調査研究会 （18） 2007.3

久宝寺御坊

河内歴史探訪（2） 八尾寺内町の八尾御坊と久宝寺御坊（川村一彦）「民俗文化」 滋賀民俗学会 （534） 2008.3

久宝寺寺内町

久宝寺寺内町の再開発と融通念仏宗（小谷利明）「研究紀要」 八尾市文化財調査研究会 11 2000.3

久宝寺墓地

深瀬文書の評価と大阪府第六区・第七区初期選挙関係史料の紹介八尾市立久宝寺墓地の無縁墓碑についての調査報告（吉田野々）「研究紀要」 八尾市文化財調査研究会 16 2005.3

久宝寺内町

「中世・近世の寺内町を考える—久宝寺・八尾寺内町を中心として」報告（《特集 中世・近世の寺内町を考える—久宝寺・八尾寺内町を中心として》）（鎌谷かおる）「ヒストリア ： journal of Osaka Historical Association」 大阪歴史学会 （186） 2003.9

旧向井家

旧向井家の公開行事について「茅渟の道」 泉佐野市教育委員会 （6） 1998.3

教興寺

文楽・お初徳兵衛・教興寺（坂上ひろこ）「河内どんこう」 やお文化協会 （81） 2007.2

浄厳和尚創案の梵鐘—河内・教興寺鐘と讃岐・道隆寺鐘（藤井直正）「河内どんこう」 やお文化協会 （83） 2007.10

「教興寺の祭り」（松村一）「河内どんこう」 やお文化協会 （97） 2012.06

教興寺鎮守弁才天社の歴史を考える（1） かつての五社弁才天社を巡拝する（棚橋利光）「河内どんこう」 やお文化協会 （97） 2012.06

教興寺鎮守弁才天社の歴史を考える（2），（3） 江戸時代の教興寺鎮守弁才天社（棚橋利光）「河内どんこう」 やお文化協会 （98）／（99） 2012.10/2013.02

教興寺村

往古曽根崎村噂 教興寺村の段（上），（下）（今中宏永）「河内どんこう」 やお文化協会 （78）／（79） 2006.2/2006.6

早稲田大学演劇博物館での「教興寺村の段」の復曲奏演を聴いて（棚橋利光）「河内どんこう」 やお文化協会 （81） 2007.2

清水寺（新清水）

研究ノート 清水寺（新清水）の今昔（上），（下）（岡倉光男）「大阪春秋」 新風書房 34（2）通号123/34（3）通号124 2006.7/2006.10

九頭神廃寺

胎土からみる九頭神廃寺出土瓦—関西大学博物館所蔵資料の紹介（中東洋行）「関西大学博物館紀要」 関西大学博物館 19 2013.03

樟葉

片埜神社と牧野・樟葉の文化財（矢ヶ崎善太郎）「史迹と美術」 史迹美術同攷会 76（9）通号769 2006.11

楠葉

河内国楠葉の石清水八幡宮神人と室町将軍家祈願寺伝宗寺—寺内町成立前史（馬部隆弘）「枚方市史年報」 枚方市教育委員会 （9） 2006.4

百済尼寺跡

難波鋳銭司及百済尼寺跡考—細工谷遺跡の観察から（藤沢一夫）「大阪の歴史と文化財」 大阪市教育委員会事務局生涯学習部 通号2 1999.2

百済王神社

百済王神社本殿前から出土した瑞仏「ひらかた文化財だより」 枚方市文化財研究調査会 49 2001.10

百済寺

河内百済寺の造瓦組織と王権（古閑正浩）「ヒストリア ： journal of Osaka Historical Association」 大阪歴史学会 （221） 2010.08

百済寺跡

枚方市・大阪府の登録有形文化財に百済寺跡のせん仏（文化財ニュース）「まんだ ： 北河内とその周辺の地域文化誌」 まんだ編集部 （86） 2006.5

特別史跡百済寺跡出土大型多尊塼仏（大竹弘之）「ひらかた文化財だより」 枚方市文化財研究調査会 （101） 2014.10

柴島

柴島と狛犬（和田純治）「大和田郷土史会会報」 大和田郷土史会 （24） 2012.05

杭全神社

文化財総合調査杭全神社連歌所調査報告（林野全孝）「大阪の歴史と文化財」 大阪市教育委員会事務局生涯学習部 通号1 1998.10

明治21年杭全神社村相撲番付をめぐって 八尾山畑の山響福松・小阪荒馬・番付尻の縁起名など（大西英利）「わかくす ： 河内ふるさと文化誌」 わかくす文芸研究会 （49） 2006.5

熊野古道

10月特別例会報告（10月2日） 熊野古道I（八軒家～住吉大社）（例会報告と一口メモ）（下谷佐吉）「左海民俗」 堺民俗会 （135） 2011.01

伝承を訪ねる旅（6） 八軒家～坂口王子 大阪の熊野古道（堀井建市）「河内どんこう」 やお文化協会 （93） 2011.2

11月特別例会報告（11月2日） 熊野古道II（例会報告と一口メモ）（佐原浩二）「左海民俗」 堺民俗会 （136） 2011.05

伝承を訪ねる旅（7） 郡戸王子跡を求めて 大阪の熊野古道（2）（堀井建

近畿　　　　　　　　　　郷土に伝わる民俗と信仰　　　　　　　　　　大阪府

市）「河内どんこう」　やお文化協会　（94）2011.6

5月特別例会報告（5月2日）熊野古道IV（東岸和田から長滝まで）（例会報告と一口メモ）（佐原浩二）「左海民伝」　堺民俗会　（137）2011.09

伝承を訪ねる旅（8）旧地に残る唯一の王子社 大阪の熊野古道（3）（堀井建市）「河内どんこう」　やお文化協会　（95）2011.10

伝承を訪ねる旅（9）住吉大社と津堂王子 大阪の熊野古道（4）（堀井建市）「河内どんこう」　やお文化協会　（96）2012.2

伝承を訪ねる旅（10）～（13）大阪の熊野古道（5）～（8）（堀井建市）「河内どんこう」　やお文化協会　（97）/（100）2012.6/2013.6

倉垣

大阪府豊能郡能勢町倉垣の葬送儀礼（山内弥幸）「史園　：　Sonoda's journal of history and folk studies」　園田学園女子大学歴史民俗学会　6　2005.10

能勢の石造品（3）能勢町倉垣薬師堂の薬師如来坐像石仏について（田村信成）「歴史考古学」　歴史考古学研究会　（60）2009.03

蔵人稲荷神社

新指定文化財の概要 市指定有形文化財 蔵人稲荷神社本殿（1棟）/市指定有形文化財 江坂素盞嗚尊神社本殿（1棟）/市指定無形民俗文化財 吉志部神社のどんじ/市指定天然記念物 ヒメボタル生息地とそのヒメボタル（賀納章雄）「吹田市立博物館博物館だより」　吹田市立博物館　（47）2011.07

蔵人稲荷神社本殿 市指定有形文化財（中岡宏美）「吹田市立博物館博物館だより」　吹田市立博物館　（47）2011.07

向栄庵

向栄庵記（梅翁宗因）「夜豆志呂」　八代史談会　133　2000.6

孝恩寺

孝恩寺の建物と収蔵庫の仏たち（南清彦）「左海民俗」　堺民俗会　（121）2006.5

国宝孝恩寺観音堂と重要文化財の仏像「テンプス　：　かいづか文化財だより」　貝塚市教育委員会　（41）2010.05

孝恩寺境内の石造物/孝恩寺の仏像―南陀・跋難院龍王像「テンプス　：　かいづか文化財だより」　貝塚市教育委員会　（41）2010.05

孝恩寺の仏像―聖観音立像「テンプス　：　かいづか文化財だより」　貝塚市教育委員会　（42）2010.08

孝恩寺の仏像―如来像（1）釈迦如来坐像「テンプス　：　かいづか文化財だより」　貝塚市教育委員会　（43）2010.11

孝恩寺の仏像―如来像（2）薬師如来「テンプス　：　かいづか文化財だより」　貝塚市教育委員会　（45）2011.05

孝恩寺の仏像―如来（3）阿弥陀如来 重要文化財 木造阿弥陀如来立像1軀「テンプス　：　かいづか文化財だより」　貝塚市教育委員会　（46）2011.08

孝恩寺の仏像―如来（4）阿弥陀如来2 重要文化財 木造阿弥陀如来坐像1軀「テンプス　：　かいづか文化財だより」　貝塚市教育委員会　（50）2013.08

孝恩寺の仏像―菩薩（1）弥勒菩薩 重要文化財 木造弥勒菩薩坐像1軀「テンプス　：　かいづか文化財だより」　貝塚市教育委員会　（51）2013.11

孝恩寺の仏像―菩薩（2）虚空蔵菩薩 重要文化財 木造虚空蔵菩薩立像1軀「テンプス　：　かいづか文化財だより」　貝塚市教育委員会　（53）2014.05

孝恩寺の仏像―菩薩（3）重要文化財 木造地蔵菩薩立像1軀「テンプス　：　かいづか文化財だより」　貝塚市教育委員会　（54）2014.09

広教寺

薩摩堀広教寺と伴林光平父子（鈴木純孝）「大阪春秋」　新風書房　28（3）通号100　2000.9

神前神社

古絵図をひも解く 神前（こうざき）神社と戎（えびす）池/古文書講座 江戸時代の新田開発「テンプス　：　かいづか文化財だより」　貝塚市教育委員会　（38）2009.07

高津宮

文化財総合調査高津宮の神輿蔵について（酒井一光）「大阪の歴史と文化財」　大阪市教育委員会事務局生涯学習部　（15）2005.3

甲田

甲田地車と錦織神社 秋季大祭地車陳列順の関係（伏井邦彦）「河内長野市郷土研究会誌」　［河内長野市郷土研究会］　（53）2011.04

神田

大正時代における神田の子供の暮らし（八木伊平）「池田郷土研究」　池田郷土史学会　（12）2010.3

郡戸王子

伝承を訪ねる旅（7）郡戸王子跡を求めて 大阪の熊野古道（2）（堀井建市）「河内どんこう」　やお文化協会　（94）2011.6

鴻池

民衆のコウノイケ像―鴻池の昔話（大嶋善孝）「静岡県民俗学会誌」　静岡県民俗学会　23　2002.12

交野山

ぶらり石仏紀行―交野山、学能堂山、鈴鹿越（特集 石仏探訪VIII）（たなかよしゆき）「日本の石仏」　日本石仏協会, 青娥書房（発売）　（134）2010.06

興法寺

生駒西麓「辻子谷道」石仏と水車と興法寺（浜田昭子）「河内どんこう」　やお文化協会　67　2002.6

鷲仙寺と興法寺について（木下密運）「わかくす　：　河内ふるさと文化誌」　わかくす文芸研究会　（64）2013.12

光明院

養寿寺旧蔵および光明院寄託の石棺について（樋口吉文, 奥田尚）「堺市博物館報」　堺市博物館　（30）2011.03

極楽寺

ある西国三十三度行者にみる称名寺、極楽寺、浄谷寺の関連性（玉城幸男）「河内長野市郷土研究会誌」　［河内長野市郷土研究会］　（48）2006.4

小阪

東大阪市若江・小阪方面の石仏（清水俊明）「野ほとけ」　奈良石仏会　（372）2001.12

小島

堺泉州の新名所（5）小島住吉神社「堺泉州」　堺泉州出版会　（10）2001.4

五社弁才天社

教興寺鎮守弁才天社の歴史を考える（1）かつての五社弁才天社を巡拝する（棚橋利光）「河内どんこう」　やお文化協会　（97）2012.06

許麻神社

久宝寺村許麻神社の祭礼と町（李煕連伊）「研究紀要」　八尾市文化財調査研究会　（18）2007.3

御霊宮

御霊宮と大坂天満宮に所在する石碑（辻尾栄市）「大阪の歴史」　大阪市史料調査会　（58）2001.12

御霊神社

探検隊れぽーと 名所探訪 大阪と古代朝鮮 PartII 御霊神社「道修町　：　道修町インフォメーション　：　くすりの道修町資料館だより」　道修町資料保存会　（54）2010.07

ごろう経塚

大発見！「ごろう経塚・その幻影」（浅井五郎）「河内長野市郷土研究会誌」　［河内長野市郷土研究会］　（49）2007.4

金剛山

河内史探訪（8）女人高野 金剛山（川村一彦）「会報」　大阪歴史懇談会　17（9）通号193　2000.9

金剛山の町石と十三仏（西山昌孝）「摂河泉文化資料」　摂河泉地域史研究会　31　2001.3

金剛寺

金剛寺結縁過去帳と三善一族関係史集（1）（竹鼻康次）「河内長野市郷土研究会誌」　［河内長野市郷土研究会］　43　2001.4

天野山金剛山（山本律郎）「河内どんこう」　やお文化協会　66　2002.2

河内長野市金剛寺・観心寺を訪ねる（清水俊明）「野ほとけ」　奈良石仏会　（403）2006.3

密教の里と神々の住む村―観心寺・金剛寺と神仏習合の神社（櫻井敏雄）「近畿文化」　近畿文化会事務局　（744）2011.11

南北朝内乱を彩る天野山金剛寺 南朝行宮・両統御所と天野合戦をめぐって（特集 奥河内の今昔物語―奥河内の歴史）（堀内和明）「大阪春秋」　新風書房　41（2）通号151　2013.07

細工谷遺跡

難波鋳銭司及百済尼寺跡考―細工谷遺跡の観察から（藤沢一夫）「大阪の歴史と文化財」　大阪市教育委員会事務局生涯学習部　通号2　1999.2

西光寺

綿作農民の集会所 西光寺（八尾市）（山本律郎）「河内どんこう」　やお文化協会　57　1999.2

資料紹介 西光寺の輪蔵（鈴木慎一）「大阪の歴史と文化財」　大阪市教育委員会事務局生涯学習部　（10）2002.10

佐井寺伊射奈岐神社

山田伊射奈岐神社社号標石 佐井寺伊射奈岐神社社号標石 市指定有形文

化財（西本安秀）「吹田市立博物館博物館だより」 吹田市立博物館 （40） 2009.12

西法寺
泉南地域の真宗寺院本堂とその彩色について―西法寺・明厳寺本堂（桜井敏雄，山内章）「泉佐野市史研究」 泉佐野市教育委員会 3 1997.3

西琳寺
新着資料紹介 西琳寺旧蔵写真関係資料（中村ひさ子）「文化財ニュース豊中」 豊中市教育委員会 （34） 2006.11

堺
堺の言い伝えと和歌山のいなか（和田多喜子）「左海民俗」 堺民俗会 94 1997.5
堺の言い伝え（2），（4）「左海民俗」 堺民俗会 94/97 1997.5/1998.5
缶けり遊び（吉田征一）「左海民俗」 堺民俗会 95 1997.9
石けり遊び（大石美津子）「左海民俗」 堺民俗会 95 1997.9
缶けりかくれんぼ（浜田美代子）「左海民俗」 堺民俗会 95 1997.9
利休忌（山口博）「左海民俗」 堺民俗会 96 1998.1
「神饌」について（伊勢初枝）「左海民俗」 堺民俗会 96 1998.1
堺渡網と大魚夜市（川喜一郎）「左海民俗」 堺民俗会 98 1998.9
馬頭観音（藤井美智恵）「左海民俗」 堺民俗会 99 1999.1
有名神社 開口，石津太，百舌鳥，陶荒田，多治速比売，桜井，等乃伎，泉井上「堺泉州」 堺泉州出版会 （6） 1999.4
堺の年中行事（小谷方明）「左海民俗」 堺民俗会 100 1999.5
今に伝える堺の年中行事「左海民俗」 堺民俗会 100 1999.5
堺の民話「左海民俗」 堺民俗会 100 1999.5
堺あんなことこんなこと（山口博）「左海民俗」 堺民俗会 100 1999.5
寺岡翁百姓談義「左海民俗」 堺民俗会 100 1999.5
お盆の仏送り（山口博）「左海民俗」 堺民俗会 101 1999.9
お盆の行事について―会員皆さんのアンケート集計（編集部）「左海民俗」 堺民俗会 101 1999.9
堺の土鈴（山口博）「左海民俗」 堺民俗会 102 2000.1
各地の金鶏伝説について（秋原俊彦）「左海民俗」 堺民俗会 102 2000.1
秋祭と祭ずし（江畑智枝）「左海民俗」 堺民俗会 102 2000.1
牛鬼と祭（飯島芳子）「左海民俗」 堺民俗会 102 2000.1
祭り行事を考える 建て物と本音（南清彦）「左海民俗」 堺民俗会 102 2000.1
〈特集1 祭り〉「堺泉州」 堺泉州出版会 （8） 2000.4
明治から平成への「社寺の盛衰史」（南清彦）「堺泉州」 堺泉州出版会 （8） 2000.4
伝説「天狗三題」（小林利郷）「堺泉州」 堺泉州出版会 （9） 2000.11
地蔵盆の思いで 造り人形（山口博）「左海民俗」 堺民俗会 107 2001.9
神社の御神体―神像，神殿について（南清彦）「左海民俗」 堺民俗会 108 2002.1
堺の市歌（山口博）「左海民俗」 堺民俗会 108 2002.1
幕末の大地震と泉州堺―堺真宗寺蔵「地震記」を中心に（矢内一磨）「堺市博物館報」 堺市博物館 （21） 2002.3
民俗談話要旨 南蛮船は入港しなかった（中井正弘）「左海民俗」 堺民俗会 109 2002.5
堺出土の備前焼―やきものは歴史を物語る（森村健一）「岡山学こと始め：岡山市デジタルミュージアム開設準備室研究レポート」 岡山市デジタルミュージアム開設準備室 2 2003.3
堺のえべっさん（1）戎神漂着の伝承（上口三千代）「左海民俗」 堺民俗会 112 2003.5
堺のえべっさん（2）維新期，寺社の奉仕者（上口三千代）「左海民俗」 堺民俗会 113 2003.9
近世堺の四ヶ所墓所と三昧聖（木下光生）「ヒストリア ： journal of Osaka Historical Association」 大阪歴史学会 （187） 2003.11
堺の仏像（赤川一博）「近畿文化」 近畿文化会事務局 649 2003.12
堺のえべっさん（3）明治以後の恵比須社（上口三千代）「左海民俗」 堺民俗会 114 2004.1
「だんじり事典」まもなく（編集部）「堺泉州」 堺泉州出版会 （15） 2004.1
堺の民俗 豆本シリーズ（川村淳二）「左海民俗」 堺民俗会 115 2004.5
住吉大社にみる大阪と堺の関係（太田美都子）「堺人」 堺泉州出版会 （2） 2004.5
だんじり曳行の掛け声（辻治子）「堺泉州」 堺泉州出版会 （16） 2004.7
堺の寄席（西本茂紀，樋口保美）「芸能懇話」 大阪芸能懇話会 （16） 2005.8
恵比寿信仰について民俗会総会（05.2.27.）談話（生駒道弘）「左海民俗」 堺民俗会 119 2005.9
備前焼は，いつ堺にきたのか・そして茶の湯の大成へ（森村健一）「備前市歴史民俗資料館紀要」 備前市歴史民俗資料館 （7） 2005.9

堺の華 「鯨まつり」と「三韓まつり」（《特集 堺》）（鎌苅一身）「大阪春秋」 新風書房 34（1）通号122 2006.4
「茶人の都」堺の茶の湯文化とやきもの―茶の湯を大成させた堺茶人群像（森村健一）「左海民俗」 堺民俗会 （121） 2006.5
中近世都市・堺と陰陽道（《特集 陰陽師の末裔たち》）（森村健一）「歴史民俗学」 批評社 （25） 2006.8
恵比寿信仰と縄文の人々（生駒道弘）「左海民俗」 堺民俗会 （122） 2006.9
言葉遊び（《特集 夏・お盆》）（秋原俊彦）「左海民俗」 堺民俗会 （122） 2006.9
総合仏教都市 堺の寺町（《特集 寺町》）（中井正弘）「大阪春秋」 新風書房 34（3）通号124 2006.10
民俗談話要旨 堺旧市の街路と街並（川村淳二）「左海民俗」 堺民俗会 （123） 2007.1
「池田文庫所蔵堺の芝居番付」について（収蔵資料紹介）（斉藤利彦）「館報池田文庫」 阪急学園池田文庫 （30） 2007.4
五月節句の七賢人の幟（南清彦）「左海民俗」 堺民俗会 （124） 2007.5
端午の節句とK君（《特集 節句》）（岸繁司）「左海民俗」 堺民俗会 （124） 2007.5
国際貿易都市堺出土の陶磁器と堺商人（《備前歴史フォーラム 備前と茶陶―16・17世紀の変革》―《誌上報告2 消費地「堺」と生産地「備前」》）（森村健一）「備前市歴史民俗資料館紀要」 備前市歴史民俗資料館 （9） 2007.10
堺の茶の湯に関する若干の検討―特別展「茶道具拝見」を通して（白神典之）「堺市博物館報」 堺市博物館 （27） 2007.11
堺民俗会総会 角山栄先生講演要旨 西洋経済史家から見た「黄金の日々」の堺「左海民俗」 堺民俗会 （126） 2008.1
祭り行事を考える（《特集 祭り》）（南清彦）「左海民俗」 堺民俗会 （128） 2008.9
堺鯨まつり伝承唄（《特集 祭り》）（川村淳二）「左海民俗」 堺民俗会 （128） 2008.9
民俗談話講演要旨 コレクターは一代限り（大澤徳平）「左海民俗」 堺民俗会 （128） 2008.9
堺と住吉―古代・中世の祭祀と社領（吉田豊）「堺市博物館報」 堺市博物館 （28） 2009.03
宗久茶屋と鉄砲伝来―堺史研究における伝説と通説（吉田豊）「堺市博物館報」 堺市博物館 （29） 2010.3
堺の名利の謎（岸繁司）「左海民俗」 堺民俗会 （135） 2011.01
むかしのお葬式（特集 葬式・法事）（川村淳二）「左海民俗」 堺民俗会 （138） 2012.01
記憶に残る葬儀のいくつか（特集 葬式・法事）（阪口興）「左海民俗」 堺民俗会 （138） 2012.01
学童疎開先で見た葬列と火葬場（特集 葬式・法事）（岸繁司）「左海民俗」 堺民俗会 （138） 2012.01
田舎の法事（特集 葬式・法事）（山崎琢磨）「左海民俗」 堺民俗会 （138） 2012.01
死を知らせるカラスの伝承（特集 葬式・法事）（加藤孜子）「左海民俗」 堺民俗会 （138） 2012.01
先祖代々の墓（特集 先祖供養・墓）（佐原浩二）「左海民俗」 堺民俗会 （139） 2012.05
昔の墓と今の墓（特集 先祖供養・墓）（生駒道弘）「左海民俗」 堺民俗会 （139） 2012.05
一等三角点の怪（特集 先祖供養・墓）（岸繁司）「左海民俗」 堺民俗会 （139） 2012.05
祇園祭（川村淳二）「左海民俗」 堺民俗会 （140） 2012.10
感応寺の妙見信仰と堺の商人（植野加代子）「久里」 神戸女子民俗学会 （31） 2013.01
民俗談話 地域農業への地誌的分析（井上寛和）「左海民俗」 堺民俗会 （144） 2014.01

堺港
『モンタヌス日本誌』の「堺港図」にみる "補陀落渡海"（中井正弘）「大阪春秋」 新風書房 27（4）通号93 1998.12
旧堺港の開発で生まれた神明神社（中井正弘）「堺泉州」 堺泉州出版会 （6） 1999.4

堺市
女の名替え―堺市周辺の婚姻習俗を手がかりとして（大上直美）「久里」 神戸女子民俗学会 （12） 2012.04
堺市立中央図書館所蔵芝居番付考（斉藤利彦）「堺研究」 堺市立中央図書館 （31） 2003.3
我が家のお盆（堺市旧市内）（《特集 夏・お盆》）（川村淳二）「左海民俗」 堺民俗会 （122） 2006.9
『陵墓古写真集II』掲載の制札について―制札からみた陵墓管理の変遷（樋口吉文）「堺市博物館研究報告」 堺市博物館 （31） 2012.03

近畿　　　　　郷土に伝わる民俗と信仰　　　　　大阪府

行基菩薩像（堺市博物館蔵）「吹田市立博物館博物館だより」　吹田市立博物館　（53）2013.03

堺泉州

〈堺泉州の神社〉「堺泉州」　堺泉州出版会　（6）1999.4

堺泉州の神社一覧（編集部）「堺泉州」　堺泉州出版会　（6）1999.4

〈特集2 堺泉州の寺院〉「堺泉州」　堺泉州出版会　（7）1999.11

堺泉州の「祭り」論（松本多加三）「堺泉州」　堺泉州出版会　（8）2000.4

堺泉州の落語家名鑑（〈特集2 堺泉州の芸能人〉）（笑福亭松枝）「堺泉州」　堺泉州出版会　（9）2000.11

和泉式部と堺泉州の伝説（松本多加三）「堺泉州」　堺泉州出版会　（11）2001.10

鯨まつりと幕末の堺泉州の庶民像（松本多加三）「堺泉州」　堺泉州出版会　（18）2006.12

坂口王子

伝承を訪ねる旅（6）八軒家→坂口王子 大阪の熊野古道（堀井建市）「河内どんこう」　やお文化協会　（93）2011.2

桜井神社

上神谷・桜井神社のこおどり（井守節）「堺泉州」　堺泉州出版会　（8）2000.4

佐太天神宮

大阪府有形文化財（建造物）に指定守口の佐太天神宮（毛利信二）「まんだ ： 北河内とその周辺の地域文化誌」　まんだ編集部　78　2003.8

真田山

墓地探訪（1）真田山に眠る2人のドイツ兵（小田康徳）「真田山」　旧真田山陸軍墓地とその保存を考える会　（1）2004.12

真田山陸軍墓地

真田山陸軍墓地から見えてくる日本の戦争（小松忠）「大阪民衆史研究」　大阪民衆史研究会　53　2003.6

真田山陸軍墓地墓碑改葬関係書類について（堀田暁生）「旧真田山陸軍墓地研究年報」　旧真田山陸軍墓地とその保存を考える会　（1）2013.03

アジア太平洋戦争下の真田山陸軍墓地の運営と戦後の引き継ぎ史料について（横山篤夫）「旧真田山陸軍墓地研究年報」　旧真田山陸軍墓地とその保存を考える会　（1）2013.03

上田靖治資料が語る真田山陸軍墓地と日中戦争（西川寿勝）「旧真田山陸軍墓地研究年報」　旧真田山陸軍墓地とその保存を考える会　（2）2014.08

真田山陸軍墓地の戦後処理と仏教会（森下徹）「旧真田山陸軍墓地研究年報」　旧真田山陸軍墓地とその保存を考える会　（2）2014.08

真田山陸軍墓地納骨堂

真田山陸軍墓地納骨堂建設をめぐって（《特集 中世・近世の寺内町を考える―久宝寺・八尾寺内町を中心として》）（横山篤夫）「ヒストリア ： journal of Osaka Historical Association」　大阪歴史学会　（186）2003.9

佐野

神社・寺院の立地からみた16世紀の佐野（樋野修司）「泉佐野の歴史と今を知る会会報」　泉佐野の歴史と今を知る会　139　1999.9

対馬東岸の鏡川における佐野漁民の供養碑をめぐる覚え書き（河原典史）「泉佐野市史研究」　泉佐野市教育委員会　6　2000.3

聞書 昭和26年頃の佐野の娯楽、他（北山理）「泉佐野の歴史と今を知る会会報」　泉佐野の歴史と今を知る会　148　2000.6

明治の佐野商家の年中行事（北山理）「泉佐野の歴史と今を知る会会報」　泉佐野の歴史と今を知る会　162　2001.8

佐野散策資料（18）明治初期の神輿渡御と太鼓台・檀尻（樋野修司）「泉佐野の歴史と今を知る会会報」　泉佐野の歴史と今を知る会　176　2002.10

佐野散策資料（23）明治29年の祭礼・盆踊り（樋野修司）「泉佐野の歴史と今を知る会会報」　泉佐野の歴史と今を知る会　192　2003.12

聞書 佐野の伝承 籠池・浦太夫（吉本旭，北山理）「泉佐野の歴史と今を知る会会報」　泉佐野の歴史と今を知る会　（281）2011.05

佐野町

戦時体制下の佐野町―町葬（1）～（3）（樋野修司）「泉佐野の歴史と今を知る会会報」　泉佐野の歴史と今を知る会　（249）/（251）2008.9/2008.11

サムハラ神社

弾よけのお守り サムハラ「いどばたマンスリー」　いどばたマンスリー　（73）1999.11

狭山

狭山北条氏の菩提寺（今川徳子）「扣之帳」　扣之帳刊行会　（35）2012.03

狭山北条氏と菩提寺（今川徳子）「小田原史談 ： 小田原史談会々報」　小田原史談会　（237）2014.04

狭山池

重源―狭山池改修と阿弥陀信仰（特集 河内人の足おと―河内人と神仏）（平野淳）「大阪春秋」　新風書房　42（3）通号156　2014.10

讃良郡条里遺跡

寝屋川市「讃良郡条里遺跡出土の絵馬」（文化財ニュース）（長戸満男）「まんだ ： 北河内とその周辺の地域文化誌」　まんだ編集部　78　2003.8

三箇

グラフ 三箇キリシタン（河合経男）「まんだ ： 北河内とその周辺の地域文化誌」　まんだ編集部　65　1998.11

三之宮神社

三之宮神社の湯釜「ひらかた文化財だより」　枚方市文化財研究調査会　35　1998.4

大阪府枚方市所在三之宮神社文書の分析―由緒と山論の関係から（馬部隆弘）「ヒストリア ： journal of Osaka Historical Association」　大阪歴史学会　（194）2005.3

三宝寺

幻の中世寺院三宝寺に迫る（大庭重信）「葦火 ： 大阪市文化財情報」　大阪市博物館協会大阪文化財研究所　26（6）通号156　2012.02

心合寺山古墳

天孫降臨神話成立の背景 瓢箪山古墳から心合寺山古墳へ（山口久幸）「つどい」　豊中歴史同好会　（288）2012.01

慈願寺

慈願寺年表（今井正勝，西本幸嗣）「研究紀要」　八尾市文化財調査研究会　10　1999.3

慈願寺年表について（小谷利明）「研究紀要」　八尾市文化財調査研究会　10　1999.3

国の登録文化財に選ばれた真宗寺院福井山慈願寺のこと（《特集 見てほしい 知ってほしい 残したい わが町の風景》）（西野民夫）「河内どんこう」　やお文化協会　（80）2006.10

信貴山

「信貴山縁起絵巻」 能「弱法師」昔こそあらめ今も亦（今中宏永）「河内どんこう」　やお文化協会　（89）2009.10

慈光寺

慈光寺鑁曚律師と正法律（木下密運）「わかくす ： 河内ふるさと文化誌」　わかくす文芸研究会　（61）2012.05

獅子窟寺

郷土を歩く（36）獅子窟寺からかいがけの道を行く（編集部）「まんだ ： 北河内とその周辺の地域文化誌」　まんだ編集部　61　1997.7

富雄川上流の古寺と獅子窟寺（関根俊一）「近畿文化」　近畿文化会事務局　637　2002.12

歯神堂

史料紹介 土生氏関連文書 歯神堂再建（北山理）「泉佐野の歴史と今を知る会会報」　泉佐野の歴史と今を知る会　191　2003.11

似禅寺

千里丘の里山 キツネの反撃―無残！ 名刹似禅寺（安居隆行）「歴史懇談」　大阪歴史懇談会　（25）2011.08

地蔵寺

西国巡礼三十三度行者資料（4）河内長野市清水地区地蔵寺で新たに確認した満願供養塔也（椋本進）「河内長野市郷土研究会誌」〔河内長野市郷土研究会〕　（49）2007.4

実相寺

上鳥羽実相寺の梵鐘「ひらかた文化財だより」　枚方市文化財研究調査会　（88）2011.07

七宝滝寺

泉佐野の寺社（34）～（37）七宝滝寺縁起（写本）（4）～（7）「泉佐野の歴史と今を知る会会報」　泉佐野の歴史と今を知る会　115/124　1997.9/1998.6

中世の村と葛城修験―犬鳴山七宝滝寺と入山田村（《犬鳴山・葛城特集》）（井田寿邦）「山岳修験」　日本山岳修験学会，岩田書院（発売）　（38）2006.11

四天王寺

四天王寺の土塔について（前田豊邦）「大阪の歴史」　大阪市史料調査会　（増刊号）1998.9

〔資料紹介〕四天王寺西門石鳥居の納入品（鈴木慎一）「大阪の歴史と文化財」　大阪市教育委員会事務局生涯学習部　通号2　1999.2

日輪は四天王寺の天空に輝く―なにわ夕陽丘の史跡を歩く（土屋大作）「備陽史探訪」　備陽史探訪の会　93　2000.2

名所旧跡案内（2）四天王寺今昔（南谷恵敬）「大阪の歴史と文化財」　大

阪市教育委員会事務局生涯学習部　通号5　2000.3

大阪歴史散歩 (7)　四天王寺 (脇田修)「大阪の歴史と文化財」　大阪市教育委員会事務局生涯学習部　(7)　2001.3

「二歳まいり」―四天王寺の南無仏像 (小松光江)「聖徳」　聖徳宗教学部　181　2004.7

上町台地の二大聖地　四天王寺と住吉大社 (大澤研一)「大阪春秋」　新風書房　32 (3) 通号116　2004.10

四天王寺の創建と移建 (下) (田寺英治)「史迹と美術」　史迹美術同攷会　77 (9) 通号779　2007.11

四天王寺の伝説 (吉川三郎)「歴史懇談」　大阪歴史懇談会　(22)　2008.8

四天王寺と物部合戦 (田邊英治)「歴研よこはま」　横浜歴史研究会　(63)　2009.11

四天王寺の聖霊会 (久保田敏子)「秋篠文化」　秋篠音楽堂運営協議会　(8)　2010.03

四天王寺境内の造形動物 (大平亜希子, 田野登)「大阪春秋」　新風書房　38 (4) 通号141　2011.01

四天王寺縁起 (後醍醐天皇宸翰本)　国宝　大阪市四天王寺蔵「斎宮歴史博物館だより」　斎宮歴史博物館　(67)　2011.08

歴史資料課の窓から　「四天王寺印」―矢野家写真資料から―「総合資料館だより」　京都府立総合資料館, 京都府立総合資料館友の会　(171)　2012.04

四天王寺ゆかりの玩具と庶民信仰 (特集 おおさかの郷土玩具) (兼子鐵秀)「大阪春秋」　新風書房　40 (2) 通号147　2012.07

住吉大社参詣と新年会, 四天王寺, 御勝山古墳見学 (1), (2) (宮田佐智子)「つどい」　豊中歴史同好会　(302) / (303)　2013.03/2013.04

4月例会報告 (4月22日) 新世界から四天王寺の舞楽を見る (例会報告) (山崎琢磨)「左海民俗」　堺民俗会　(142)　2013.06

なにわの考古学最前線 (3)　古代の難波と四天王寺―飛鳥時代の寺院関連遺跡を中心に (網伸也)「大阪春秋」　新風書房　41 (4) 通号153　2014.01

科長神社

式内社・科長神社と山田の船形地車―山田の船だんじり出現とその背景 (上野勝己)「太子町立竹内街道歴史資料館館報」　太子町立竹内街道歴史資料館　10　2004.3

信太

御縁節や大津絵節と葛の葉伝説 (牧民郎)「鹿児島民俗」　鹿児島民俗学会　120　2001.10

伝承「信太妻」の誕生 (松本芳郎)「堺泉州」　堺泉州出版会　(16)　2004.7

安倍晴明誕生伝承の背景　「しのだづま」と泉州信太陰陽師 (《特集 陰陽師の末裔たち》) (信太伝承研究会, 歴史民俗学研究会)「歴史民俗学」　批評社　(25)　2006.8

暦と陰陽師　舞ум踏と信太陰陽師藤村家 (《特集 陰陽師の末裔たち》) (藤村義彰)「歴史民俗学」　批評社　(25)　2006.8

民俗学者のみた信太陰陽師　小谷方明の世界 (1) (《特集 陰陽師の末裔たち》) (小谷方明, 小谷方明研究会)「歴史民俗学」　批評社　(25)　2006.8

「舞大夫」としての信太陰陽師 (《特集 陰陽師の末裔たち》) (林耕二)「歴史民俗学」　批評社　(25)　2006.8

コラム　「信太妻」と舞大夫の接点 曲舞から説経節・浄瑠璃への可能性 (《特集 陰陽師の末裔たち》) (林耕二)「歴史民俗学」　批評社　(25)　2006.8

高校生が描いた「信太妻」と伝説のルーツについて (林耕二)「大阪民衆史研究」　大阪民衆史研究会　通号63　2009.04

歴史の窓 (5)　信太森の狐―西川古柳座の「世間話」(松尾あずさ)「稲荷山通信　：　八王子市市史編さん室だより」　八王子市市史編さん室　(5)　2010.07

芝

松原の史蹟と伝説 (11) 大和川今池遺跡と芝・油上 (出水睦己)「河内どんこう」　やお文化協会　73　2004.6

芝田町

すいたの石造物 (2)　六観音六地蔵 (芝田町1) (寺澤慎吾)「吹田市立博物館博物館だより」　吹田市立博物館　(52)　2012.10

芝塚古墳

河内の後期古墳を考える―太子信仰と芝塚古墳について (西森忠幸)「河内どんこう」　やお文化協会　72　2004.2

渋川廃寺

渋川廃寺とその背景 (坪田真一, 金親満夫, 湞斎)「河内どんこう」　やお文化協会　69　2003.2

高句麗系軒丸瓦採用寺院の造営氏族とその性格―豊浦寺・渋川廃寺 (林芳幸)「滋賀史学会誌」　滋賀史学会　14　2004.3

島上郡

摂津国島上郡の黄檗廃寺について (石渡吉彦)「黄檗文華」　黄檗山萬福寺文華殿　(127)　2008.7

島之内

「島之内寄席」開壊のころ (《特集 戦後の上方落語―四天王寺か島之内まで》) (芝光男)「芸能懇話」　大阪芸能懇話会　(17)　2006.8

島本町

村落空間の領域構成と地域性―大阪府三島郡島本町を事例に (加藤幸治)「近畿民俗　：　近畿民俗学会会報　：　Bulletin of the Folklore Society of Kinki」　近畿民俗学会　151・152　1998.7

下天見一里山墓地

資料報告 下天見一里山墓地の六十六部碑 (椋本進)「河内長野市郷土研究会誌」［河内長野市郷土研究会］　43　2001.4

下瓦屋

「オダイッサン」―大阪府泉佐野市下瓦屋 (植野加代子)「久里」　神戸女子民俗学会　(9)　2000.10

巡礼研究会第54回例会 植野加代子氏「伊勢講の組織と実体―大阪府泉佐野市下瓦屋の一事例を中心に」/澤井浩一氏「生人形師松本喜三郎と西国巡礼」(中山和久)「巡礼研究会通信」　巡礼研究会　(55)　2007.2

下田原

農事暦・年中行事―大阪府四条畷市下田原・大東市と奈良県生駒市北・南田原について (上), (下) (太田理)「わかくす　：　河内ふるさと文化誌」　わかくす文芸研究会　(48) / (49)　2005.11/2006.5

十三峠

河内の伝承考 (7)　十三峠の十三塚ってなに (堀井建市, 佐藤一志)「河内どんこう」　やお文化協会　66　2002.2

鷲仙寺

鷲仙寺と興法寺について (木下密運)「わかくす　：　河内ふるさと文化誌」　わかくす文芸研究会　(64)　2013.12

十輪院

十輪院のかわいい地蔵群 室戸台風の高潮で118人の学童と教員も犠牲に (中井正弘)「左海民俗」　堺民俗会　119　2005.9

宿院頓宮

宿院頓宮の資料 (1)―明治から平成までの年表 (大崎敬大)「すみのえ」　住吉大社社務所　39 (4) 通号246　2002.10

常光寺

お知らせ/報告 八尾常光寺河内音頭盆踊り「大阪都市文化研究会会報」　大阪都市文化研究会　(143)　2006.9

常光寺と地蔵信仰―「常光寺縁起」の分析を中心に (研究ノート) (橘悠太)「史泉　：　historical & geographical studies in Kansai University」　関西大学史学・地理学会　(120)　2014.07

浄谷寺

ある四国三十三度行者にみる称名寺, 極楽寺, 浄谷寺の関連性 (玉城幸男)「河内長野市郷土研究会誌」［河内長野市郷土研究会］　(48)　2006.4

城東

城東・鶴見の主な神社・仏閣・碑など (編集部)「大阪春秋」　新風書房　26 (4) 通号89　1997.12

聖徳太子廟

『一遍聖絵』の風景を歩く―聖徳太子廟 (加地和夫)「新居浜史談」　新居浜郷土史談会　(382)　2010.11

常福寺

茨木の文化財めぐり (12)　常福寺の石風呂 (免山篤)「茨木市文化財愛護会会報」　茨木市文化財愛護会　(9)　2006.11

称名寺

ある四国三十三度行者にみる称名寺, 極楽寺, 浄谷寺の関連性 (玉城幸男)「河内長野市郷土研究会誌」［河内長野市郷土研究会］　(48)　2006.4

正祐寺

悲運の名鐘もと国宝「正祐寺の梵鐘」(高島伸)「大阪春秋」　新風書房　27 (3) 通号92　1998.9

聖霊会の舞楽

四天王寺の聖霊会 (久保田敏子)「秋篠文化」　秋篠音楽堂運営協議会　(8)　2010.03

照林寺

時宗寺院参詣記・河内照林寺 (金井清光)「時衆文化」　時衆文化研究会,

近畿　　　　　　　　　　　　　　郷土に伝わる民俗と信仰　　　　　　　　　　　　　大阪府

岩田書院（発売）（2）2000.10

『照林寺逆修一結衆過現名帳』について（金井清光，砂川博，中島暢子）「時衆文化」時衆文化研究会，岩田書院（発売）（3）2001.4

城連寺村

松原の史蹟と伝説（10）城連寺村と大和川（出水睦己）「河内どんこう」やお文化協会　72　2004.2

諸仏護念院

融通念仏宗の草創に関する新資料—新出「諸仏護念院言上状」について（資料紹介）（西岡芳文）「金沢文庫研究」神奈川県立金沢文庫（324）2010.03

白山神社

白山神社今昔（川井光二）「大阪春秋」新風書房　26（4）通号89　1997.12

神感寺

神感寺（勝田邦夫）「わかくす：河内ふるさと文化誌」わかくす文芸研究会　（36）1999.11

神願寺

和気清麻呂の河内神願寺について（滝住光二）「わかくす：河内ふるさと文化誌」わかくす文芸研究会　（35）1999.5

神宮寺

服部川神宮寺所蔵の位牌厨子背面の銘文について（中井裕子）「研究紀要」八尾市文化財調査研究会　（20）2009.03

新家

泉南新家の大将軍祭り・ダイジョコ（三宅英宗）「堺泉州」堺泉州出版会（8）2000.4

心光堂本堂

歴史建築みてある記（8）心光堂本堂（植木久）「大阪の歴史と文化財」大阪市教育委員会事務局生涯学習部　〈11〉2003.3

神道鉄火山道場

神道鉄火山道場（上），（下）（膽谷健一，北山理）「泉佐野の歴史と今を知る会会報」泉佐野の歴史と今を知る会　（240）/（241）2007.12/2008.1

新堂村

松原の史蹟と伝説（18）新堂村の住吉街道（斜向道路跡）（出水睦己）「河内どんこう」やお文化協会　（80）2006.10

新町

新町の御田植神事（特集　新町）（小出英詞）「大阪春秋」新風書房　38（1）通号138　2010.04

大阪四花街　春の踊と新町浪花踊（特集　新町）（水知悠之介）「大阪春秋」新風書房　38（1）通号138　2010.04

新町と文字—"ニシ"の文字（特集　新町）（高橋俊郎）「大阪春秋」新風書房　38（1）通号138　2010.4

新町演舞場と大阪屋—今も残る新町の面影（特集　新町）（福山琢磨）「大阪春秋」新風書房　38（1）通号138　2010.04

神明神社

旧堺港の開発で生まれた神明神社（中井正弘）「堺泉州」堺泉州出版会（6）1999.4

吹田

吹田の愛宕信仰「吹田市立博物館博物館だより」吹田市立博物館　10　1998.3

吹田市

キリシタン墓碑にのこる二支十字「吹田市立博物館博物館だより」吹田市立博物館　11　1998.10

地域信仰史の視座（滝沢幸恵）「吹田市立博物館博物館だより」吹田市立博物館　（41）2010.03

権六おどり—時空を超えて「吹田市立博物館博物館だより」吹田市立博物館　（45）2011.03

どんじ祭り（藤井裕之）「吹田市立博物館博物館だより」吹田市立博物館　（48）2011.10

どんじ祭り関係地図「吹田市立博物館博物館だより」吹田市立博物館　（48）2011.10

宮座の祭り—供物を捧げる女性たち（黒田一充）「吹田市立博物館博物館だより」吹田市立博物館　（48）2011.10

「どんじ祭り—古式を伝える祭祀—」関連イベント「吹田市立博物館博物館だより」吹田市立博物館　（48）2011.10

ギシギシのひな人形とツバキのぞうり（撮影　松井鴻氏）「吹田市立博物館博物館だより」吹田市立博物館　（54）2013.07

未来につたえる文化財　表紙写真　吹田市の無形文化財（泉殿宮神楽獅子，

山田伊射奈岐神社太鼓神楽、権六おどり、江坂素盞嗚尊神社太鼓御輿神事、吉志部神社のどんじ）「吹田市立博物館博物館だより」吹田市立博物館　（60）2014.12

吹田博物館

民衆史の足跡をたどる（9）難波宮の瓦をたづねて—吹田博物館と七尾瓦窯跡（沖田恵子）「大阪民衆史研究」大阪民衆史研究会　46　2000.3

陶荒田神社

陶荒田神社と陶器川（生駒道弘）「左海民俗」堺民俗会　114　2004.1

陶邑

土師氏の故地と行基さんの里　行基と陶邑（1），（2）（山田末利）「郷土史誌　末盧國」松浦史談会，芸文堂（発売）147/148　2001.9/2001.12

菅原神社

わたしのふるさと　氏神　菅原神社（寺島正計）「宿場町ひらかた」宿場町枚方を考える会　（52）2000.9

菅原神社のカクレミノが大阪府天然記念物に指定されました「テンプス：かいづか文化財だより」貝塚市教育委員会　（21）2005.4

菅原天満宮

やまと歳時記（59）菅原天満宮「筆まつり」（植田英介）「月刊大和路ならら」地域情報ネットワーク　12（3）通号126　2009.03

少彦名神社

少彦名神社　神農祭・満願成就祭「道修町：道修町インフォメーション：くすりの道修町資料館だより」道修町資料保存会　（52）2010.01

少彦名神社　神社（神職）の装束について「道修町：道修町インフォメーション：くすりの道修町資料館だより」道修町資料保存会　（53）2010.04

少彦名神社　神饌について「道修町：道修町インフォメーション：くすりの道修町資料館だより」道修町資料保存会　（54）2010.07

少彦名神社　今年は御鎮座二百三十年「道修町：道修町インフォメーション：くすりの道修町資料館だより」道修町資料保存会　（55）2010.10

少彦名神社　道修町が神農祭で賑わいました「道修町：道修町インフォメーション：くすりの道修町資料館だより」道修町資料保存会　（56）2011.01

少彦名神社　大祓について「道修町：道修町インフォメーション：くすりの道修町資料館だより」道修町資料保存会　（57）2011.04

少彦名神社　神社建築様式について「道修町：道修町インフォメーション：くすりの道修町資料館だより」道修町資料保存会　（58）2011.07

少彦名神社　神農祭・満願成就祭「道修町：道修町インフォメーション：くすりの道修町資料館だより」道修町資料保存会　（59）2011.10

少彦名神社　神農祭・満願成就祭・年越大祓式「道修町：道修町インフォメーション：くすりの道修町資料館だより」道修町資料保存会　（60）2012.01

少彦名神社　注連柱の書について「道修町：道修町インフォメーション：くすりの道修町資料館だより」道修町資料保存会　（61）2012.04

少彦名神社　注連柱の書について「道修町：道修町インフォメーション：くすりの道修町資料館だより」道修町資料保存会　（62）2012.07

少彦名神社　神農祭「道修町：道修町インフォメーション：くすりの道修町資料館だより」道修町資料保存会　（63）2012.10

少彦名神社　暦について「道修町：道修町インフォメーション：くすりの道修町資料館だより」道修町資料保存会　（69）2014.04

少彦名神社　神道の原初「道修町：道修町インフォメーション：くすりの道修町資料館だより」道修町資料保存会　（70）2014.07

助松村

泉州助松村紀家本陣田中家の家伝薬売り弘め（上），（下）—紀州藩領内における売薬行商の一形態（鈴木実）「和歌山地方史研究」和歌山地方史研究会　（49）/（50）2005.7/2005.9

辻子谷

辻子谷（音川流域）の水車について（北口隆，東中淑）「民具マンスリー」神奈川大学　38（10）通号454　2006.1

辻子谷道

生駒西麓「辻子谷道」石仏と水車と興法寺（浜田昭子）「河内どんこう」やお文化協会　67　2002.6

住吉

住吉大神と河内の神々（福島庸人）「すみのえ」住吉大社社務所　36（2）通号232　1999.4

『住吉大神御鎮座地・平成版』掲載にあたって「すみのえ」住吉大社社務所　39（4）通号246　2002.10

恩智の御輿、住吉へ渡御伝承（《特集　見てほしい　知ってほしい　残したい　わが町の風景2》）（松村一）「河内どんこう」やお文化協会　（81）2007.2

703

堺と住吉—古代・中世の祭祀と社領（吉田豊）「堺市博物館報」 堺市博物館 （28）2009.03

歴史的建造物の調査報告/大海神社仮遷宮/住吉の絵所預（えどころあずかり）/おとぎばなしと住吉 一休和尚と住吉明神/弓取りの伝統 御結鎮神事（正月十三日）/万葉の風土—住吉からみえる海の道「住吉っさん」 住吉大社 （14）2010.01

住吉歴史ものがたり 第一章 神功皇后の謚について（川畑［記］）「住吉っさん」 住吉大社 （14）2010.01

俊乗坊重源と大部庄と住吉の神（田中久夫）「御影史学論集」 御影史学研究会 （37）2012.10

住吉の大太鼓について（庄司誠）「住吉っさん」 住吉大社 （19）2012.11

慶滋保胤と佐保の神と住吉の神—杣山の建築用材輸送をめぐる問題（田中久夫）「御影史学論集」 御影史学研究会 （38）2013.10

『住吉物語』は住吉神の霊験譚であった（熊谷保孝）「摂播歴史研究」 摂播歴史研究会 （65）2014.11

住吉御旅所

堺の歴史は住吉御旅所から（吉田豊）「堺市博物館報」 堺市博物館 （30）2011.3

住吉社

銀一匁住吉社勘定手形（中沢伸弘）「すみのえ」 住吉大社社務所 36（1）通号231 1999.1

摂津住吉社の神領興行訴訟と「神代記」—院政期〜鎌倉後期の相論事例を通して（白井克浩）「ヒストリア ： journal of Osaka Historical Association」 大阪歴史学会 （172）2000.11

住吉社と能—神事と作品をめぐって（天野文雄）「すみのえ」 住吉大社社務所 39（3）通号245 2002.7

住吉社法楽・奉納和歌稿（1）和歌神信仰史資料を得る為に（住吉大社教学課）「住吉っさん」 住吉大社 （1）2003.7

住吉社法楽・奉納和歌稿（2）和歌神信仰史資料を得る為に 奉納和歌の精華『俊成奉納百首』（住吉大社教学課）「住吉っさん」 住吉大社 （2）2004.1

平安・鎌倉期の住吉社境内寺院と津守氏—境内寺院別当職の変遷から（特集 住吉方面）（生駒孝臣）「大阪の歴史」 大阪市史料調査会 （75）2010.08

住吉神社

平安時代の住吉神社と津守氏（加地宏江）「すみのえ」 住吉大社社務所 35（2）通号228 1998.4

『摂津国住吉神社御縁起』について（中沢伸弘）「すみのえ」 住吉大社社務所 36（2）通号232 1999.4

住吉新地

住吉大社に花を添えた住吉新地 消えた花街の記憶をたどって（特集 すみよし—住吉大社1800年）（水知悠之介）「大阪春秋」 新風書房 39（1）通号142 2011.04

住吉大社

第6回住吉セミナー 住吉大社の創祀（田中卓）「すみのえ」 住吉大社社務所 34（1）通号223 1997.1

独自の伝統を持つ住吉神楽（徳山雅宥）「すみのえ」 住吉大社社務所 34（1）通号223 1997.1

ポンソンビー・フェイン博士の『住江大神』[1]，(3)，(4)（大垣豊隆）「すみのえ」 住吉大社社務所 34（1）通号223/34（3）通号225 1997.1/1997.7

住吉大社の年中行事（14）〜（25）（川嵜一郎）「すみのえ」 住吉大社社務所 34（1）通号223/37（4）通号238 1997.1/2000.10

第7回住吉セミナー 住吉大社神代記（田中卓）「すみのえ」 住吉大社社務所 34（2）通号224 1997.4

第8回住吉セミナー 神宝の神世草薙釼（田中卓）「すみのえ」 住吉大社社務所 34（3）通号225 1997.7

船神輿、太平洋を渡る（片岡友次）「すみのえ」 住吉大社社務所 34（3）通号225 1997.7

第9回住吉セミナー 摂南地方と膽駒神南備山の神領（田中卓）「すみのえ」 住吉大社社務所 34（4）通号226 1997.10

第10回住吉セミナー播磨国九万八千余町の神領（田中卓）「すみのえ」 住吉大社社務所 35（1）通号227 1998.1

住吉大社と宗祇の古今伝授（金子金治郎）「すみのえ」 住吉大社社務所 35（1）通号227 1998.1

独自の伝統を持つ住吉舞楽（徳山雅宥）「すみのえ」 住吉大社社務所 35（1）通号227 1998.1

住吉大社と八十島祭（川嵜一郎）「大阪春秋」 新風書房 27（1）通号90 1998.3

神道の心を（敷田年博）「すみのえ」 住吉大社社務所 35（2）通号228 1998.4

卯の葉神事奉納舞楽拝観の一視座（徳山雅宥）「すみのえ」 住吉大社社務所 35（2）通号228 1998.4

住吉大社の年中行事（敷田年博）「すみのえ」 住吉大社社務所 35（4）通号230 1998.10

初辰さん・鵜塚の二話（竹島昌威知）「大阪春秋」 新風書房 27（1）通号94 1999.3

住吉大社種貸社の木彫狛犬（上杉千郷）「すみのえ」 住吉大社社務所 36（3）通号233 1999.7

名所旧跡案内（1）住吉大社境内そぞろ歩き（川嵜一郎）「大阪の歴史と文化財」 大阪市教育委員会事務局生涯学習部 通号4 1999.11

祈年祭新嘗祭と埴使（1）〜（3）（川嵜一郎）「すみのえ」 住吉大社社務所 37（1）通号235/38（1）通号239 2000.1/2000.12

庶民の年頭吉書二例—鎌倉時代と江戸時代（片山清）「すみのえ」 住吉大社社務所 37（2）通号236 2000.4

『霊祭問答』について（中沢伸弘）「すみのえ」 住吉大社社務所 37（2）通号236 2000.4

神道講座（11）「住吉大社」のお話し（西高辻信良）「飛梅」 太宰府天満宮社務所 115 2000.6

住吉大社の年中行事（26）—夏越女・アハラヤ（川嵜一郎）「すみのえ」 住吉大社社務所 38（1）通号239 2000.12

住吉大社の年中行事（27）（川嵜一郎）「すみのえ」 住吉大社社務所 38（2）通号240 2001.4

住吉大社境内漫ろ歩き（川嵜一郎）「すみのえ」 住吉大社社務所 38（3）通号241 2001.7

狂言について—大蔵流を中心に（関屋俊彦）「すみのえ」 住吉大社社務所 39（1）通号243 2001.12

舞楽について（高橋美都）「すみのえ」 住吉大社社務所 39（1）通号243 2001.12

大阪歴史散歩（8）住吉大社と大和川の付替（石田稔，石田和美）「大阪の歴史」 大阪市史料調査会 （58）2001.12

神功皇后伝説と海の信仰—神功皇后伝説研究の現状と問題点（塚口義信）「すみのえ」 住吉大社社務所 39（2）通号244 2002.4

神功皇后伝説と海の信仰—神功皇后と住吉大神（塚口義信）「すみのえ」 住吉大社社務所 39（2）通号244 2002.4

舞楽の演技と見所（小野功龍）「すみのえ」 住吉大社社務所 39（2）通号244 2002.4

住吉大社楠公祭参拝記（白山芳太郎）「すみのえ」 住吉大社社務所 39（3）通号245 2002.7

『住吉大社神代記』にみえる「大神」について（川畑勝久）「すみのえ」 住吉大社社務所 39（3）通号246 2002.10

住吉大社のお月見—観月祭（逸見忠志）「すみのえ」 住吉大社社務所 39（4）通号246 2002.10

宝之市神事について（古布智寛）「すみのえ」 住吉大社社務所 39（4）通号246 2002.10

神池とイケチョウガイ「住吉っさん」 住吉大社 （1）2003.7

卯之葉神事/初辰祭「住吉っさん」 住吉大社 （1）2003.7

住吉大社資料館 住吉大社御文庫蔵『漂観紀略』「住吉っさん」 住吉大社 （2）2004.1

観月祭「住吉っさん」 住吉大社 （2）2004.1

住吉大社にみる大阪と堺の関係（太田美都子）「堺」 堺泉州出版会 （2）2004.5

上町台地の二大聖地 四天王寺と住吉大社（大澤研一）「大阪春秋」 新風書房 32（3）通号116 2004.10

近代の大阪における祭礼と花街—住吉大社の祭礼を事例として（勝部月子）「日本文化史研究」 帝塚山大学奈良学総合文化研究所 （38）2007.3

「住吉大社神代記」の播磨国賀茂郡関連記事について（《特集 古代・中世の播磨史》）（垣内章）「歴史と神戸」 神戸史学会 47（3）通号268 2008.6

住吉大社の遷宮（真弓常忠）「住吉っさん」 住吉大社 （11）2008.7

住吉大社の誕生石と安産守（内藤美奈）「女性と経験」 女性民俗学研究会 通号33 2008.10

遷宮とは何か 住吉大社本殿遷宮の体験（真弓常忠）「住吉っさん」 住吉大社 （12）2009.01

真弓常忠氏「住吉大社本殿創建」論への管見（所功）「史料 ： 皇學館大學研究開発推進センター史料編纂所報」 皇學館大學研究開発推進センター史料編纂所 （221）2009.06

第三本宮・第四本宮正遷宮並 第一本宮・第二本宮仮遷宮（高井道弘）「住吉っさん」 住吉大社 （13）2009.07

現代奉納小絵馬にみる祈願の変容—住吉大社奉納小絵馬悉皆調査を通して（野堀正雄）「民具研究」 日本民具学会 （140）2009.09

第一本宮第二本宮正遷宮（高井道弘）「住吉っさん」 住吉大社 （14）2010.01

住吉大社の石燈籠（9）—卯之日灯籠「住吉っさん」 住吉大社 （14）2010.01

史料紹介 天文二十二年八月十一日住吉大社所蔵『伊豫國宇和郡一圓漁初

近畿 郷土に伝わる民俗と信仰 大阪府

穂致受納之由緒」(特集 住吉方面)(小出英詞)「大阪の歴史」 大阪市史料調査会 (75) 2010.08

住吉大社の腹帯に関して(内藤美奈)「女性と経験」 女性民俗学研究会通号35 2010.10

住吉大社御鎮座千八百年記念大祭/平成23年 住吉大社セミナー/平成23年 住吉の祭事暦「住吉っさん」 住吉大社 (16) 2011.06

特別紀行 住吉大社御鎮座千八百年の歴史(特集 すみよし―住吉大社1800年)(真弓常忠)「大阪春秋」 新風書房 39(1)通号142 2011.04

住吉大社の石燈籠(特集 すみよし―住吉大社1800年)(神武磐彦)「大阪春秋」 新風書房 39(1)通号142 2011.04

住吉社と住吉社神主津守氏の軌跡(特集 すみよし―住吉大社1800年)(生駒孝臣)「大阪春秋」 新風書房 39(1)通号142 2011.04

夏のおはらい住吉祭(特集 すみよし―住吉大社1800年)(小出英詞)「大阪春秋」 新風書房 39(1)通号142 2011.04

住吉大社をめぐる画人たち(特集 すみよし―住吉大社1800年)(井溪明)「大阪春秋」 新風書房 39(1)通号142 2011.04

住吉大社界隈の文学 住吉っさんと小説家・詩人たち(特集 すみよし―住吉大社1800年)(高橋俊郎)「大阪春秋」 新風書房 39(1)通号142 2011.04

船の守護神・住吉っさん―廻船人の世界を探る(特集 すみよし―住吉大社1800年)(田野登)「大阪春秋」 新風書房 39(1)通号142 2011.04

住吉大社に花を添えた住吉新地 消えた花街の記憶をたどって(特集 すみよし―住吉大社1800年)(水知悠之介)「大阪春秋」 新風書房 39(1)通号142 2011.04

「住吉大社御鎮座千八百年記念大祭」のご案内(特集 すみよし―住吉大社1800年)「大阪春秋」 新風書房 39(1)通号142 2011.04

住吉大社御鎮座千八百年記念大祭 斎行 平成23年5月12日(木)「住吉っさん」 住吉大社 (17) 2011.09

住吉大社の巫女をめぐる一考察―『住吉松葉大記』の記述を中心に(堀岡喜美子)「鷹陵史学」 鷹陵史学会 (37) 2011.09

伝承を訪ねる旅(9) 住吉大社と津守王子 大阪の熊野古道(4)(堀井建市)「河内どんこう」 やお文化協会 (96) 2012.2

住吉大社ゆかりの玩具(特集 おおさかの郷土玩具)(小出英詞)「大阪春秋」 新風書房 40(2)通号147 2012.07

住吉大社参詣と新年会、四天王寺、御勝山古墳見学(1),(2)(宮田佐智子)「つどい」 豊中歴史同好会 (302)/(303) 2013.03/2013.04

住吉大社内海船寄進常夜灯と「天明六年えびす講定書」にみる戎講の成立背景(1),(2)(丸山専治)「郷土研究誌みなみ」 南知多郷土研究会 (95)/(96) 2013.05/2013.11

住吉大社の石燈籠(11)―城主奉納石燈籠(神武磐彦)「住吉っさん」 住吉大社 (20) 2013.06

三十番神巡り(16) 春日大社・住吉大社・廣田神社(川口日空)「サットバ： みんなぽさつ」 (443) 2014.35

先代神馬をしのんで「住吉っさん」 住吉大社 (22) 2014.06

よみがえる大神輿―神輿修復の足跡「住吉っさん」 住吉大社 (22) 2014.06

住吉大社の花とハナバチたち―神事と関係のあるハナバチも(長谷川匡弘)「住吉っさん」 住吉大社 (22) 2014.06

住吉大社石燈籠(12) 再建の侍者社燈籠(神武磐彦)「住吉っさん」 住吉大社 (22) 2014.06

《住吉大社神館での落語会》第12回升の市住吉寄席(桂米團治)「住吉っさん」 住吉大社 (23) 2014.06

住吉大社石燈籠(13) 大坂川筋組上荷船垂船中 石燈籠(神武磐彦)「住吉っさん」 住吉大社 (23) 2014.12

住吉太神宮

住吉さまのふしぎな話 住吉太神宮霊験記(6)(小出英詞)「住吉っさん」 住吉大社 (14) 2010.01

住吉の御田植

御田植祭随想(敷田年博)「すみのえ」 住吉大社社務所 34(3)通号225 1997.7

一日目 参拝と講義(住吉大社の御田植神事参観 第33回地方大会は大阪府へ)(佐々木寛)「儀礼文化ニュース」 儀礼文化学会 (191) 2013.07

二日目 御田植神事参観(住吉大社の御田植神事参観 第33回地方大会は大阪府へ)(石井一躬)「儀礼文化ニュース」 儀礼文化学会 (191) 2013.07

住吉八景

住吉の神域と時代のロマン 門前町散策シリーズ(5)「住吉八景をたどる二」第三景・第四景(酒蔵円)「住吉っさん」 住吉大社 (14) 2010.01

須牟地寺

幻の「須牟地寺」に迫る(高橋工)「葦火： 大阪市文化財情報」 大阪市博物館協会大阪文化財研究所 23(2)通号134 2008.6

西摂

西摂の古墳と寺院跡(網干善教)「近畿文化」 近畿文化会事務局 589 1998.12

西摂・播磨の中世石造品拾遺―新出千手観音石仏を中心として(鈴木武)「歴史考古学」 歴史考古学研究会 (57) 2005.6

史料紹介 西摂のお陰踊り(石川道子)「歴史懇談」 大阪歴史懇談会 (20) 2006.8

西摂湾岸

西摂湾岸の古墳と神社(藤井直正)「近畿文化」 近畿文化会事務局 (730) 2010.09

清福寺

伝承百人の佐野物語(2) 千手千眼観世音菩薩と清福寺(北山理)「泉佐野の歴史と今を知る会会報」 泉佐野の歴史と今を知る会 (276) 2010.12

青蓮寺

浪速今昔百景(11) 青蓮寺(川村一彦)「会報」 大阪歴史懇談会 28(12)通号328 2011.12

摂河泉

第41回摂河泉古代寺院研究会報告(近藤康司)「摂河泉文化資料」 摂河泉地域史研究会 28 1999.10

屋寿名の屋号を見て(南川孝司)「摂河泉文化資料」 摂河泉地域史研究会 28 1999.10

第45回摂河泉古代寺院研究会報告(岸本広樹)「摂河泉文化資料」 摂河泉地域史研究会 28 2000.2

第55回摂河泉古代寺院研究会報告(西田倫子)「摂河泉文化資料」 摂河泉地域史研究会 31 2001.3

特別寄稿 摂河泉の社寺建築文化 桃山様式成立試論(櫻井敏雄)「大阪春秋」 新風書房 41(2)通号151 2013.07

摂州

浄るり「播州合邦辻」(今中宏永)「河内どんこう」 やお文化協会 (81) 2007.2

摂津

摂津のかくれ伝説(三善貞司)「大阪春秋」 新風書房 27(1)通号94 1999.3

港湾都市に集う勧進僧―中世和泉・摂津における四条時衆を中心に《大会特集 巨大都市大阪と摂河泉―新らしい地域史研究の方法を求めて》(小野沢真)「地方史研究」 地方史研究協議会 49(4)通号280 1999.8

〔展示批評〕 吹田市立博物館「農耕の風景―摂津の四季耕作図」(加藤隆志)「民具研究」 日本民具学会 (123) 2001.1

摂南

第9回住吉セミナー 摂南地方と膽駒神南備山の神領(田中卓)「すみのえ」 住吉大社社務所 34(4)通号226 1997.10

施福寺

槇尾山施福寺と石造美術(清水俊明)「野ほとけ」 奈良石仏会 (332) 1998.8

善光寺

河内の伝承考(5) 河内の「善光寺縁起」(堀井建市)「河内どんこう」 やお文化協会 64 2001.6

文明十八年霜月日付 河内国茨田郡葛原庄善光寺勧進帳(金子千秋)「茨城大学中世史研究」 茨城大学中世史研究会 4 2007.3

全興寺

浪速今昔百景(16) 全興寺(川村一彦)「会報」 大阪歴史懇談会 29(6)通号334 2012.06

禅興寺

伝承百人の佐野物語(1) 禅興寺阿弥陀如来と永福寺(北山理)「泉佐野の歴史と今を知る会会報」 泉佐野の歴史と今を知る会 (275) 2010.11

泉州

泉州地方の小絵馬をたずねて(1)～(5)(三田弘)「泉佐野の歴史と今を知る会会報」 泉佐野の歴史と今を知る会 127/131 1998.9/1999.1

泉州南部の史蹟と美術を訪ねて(坂本晴信)「史迹と美術」 史迹美術同攷会 70(2)通号702 2000.2

泉州の奇祭やっさいほっさい祭り(広畑利幸)「堺泉州」 堺泉州出版会 (8) 2000.4

和菓子を通じて泉州の語り部に(向井新)「泉佐野の歴史と今を知る会会報」 泉佐野の歴史と今を知る会 (287) 2011.11

泉南

泉南地域(大阪府南部)の民俗音楽―わらべうたを中心に(泉健)「紀州経済史文化史研究所紀要」 和歌山大学紀州経済史文化史研究所 通号

19 1999.3

泉南の庶民娯楽と近代―盆踊りと逸脱行動(牧田勲)「泉佐野市史研究」泉佐野市教育委員会　6　2000.3

泉南農民運動(2)　義民小平次の伝承と事実(松本芳郎)「堺泉州」　堺泉州出版会　(12)　2002.4

泉南地域の神仏分離運動(松本芳郎)「堺泉州」　堺泉州出版会　(15)　2004.1

宮座と女性―泉南の事例をもとに研究ノートとして(3),(4)(松本紀郎)「泉佐野の歴史と今を知る会会報」　泉佐野の歴史と今を知る会　(269)/(270)　2010.5/2010.6

泉南の郷土料理　押し寿司(川村淳二)「左海民俗」　堺民俗会　(146)　2014.09

千日前

「千日念仏の寺の前」が「千日前」(東使英夫)「芸能懇話」　大阪芸能懇話会　(16)　2005.8

船場

聖地としての新田会所―船場商人と新田経営(特集　船場―商人道と伝統文化)(小林義孝)「大阪春秋」　新風書房　41(1)通号150　2013.4

千里丘

漆器業の虚空蔵信仰―伝統産業における信仰と技術伝承に関する民俗地理的一考察(中村雅俊)「ジオグラフィカ・センリガオカ」　大明堂　3　1997.8

総持寺

鉢かづき姫を推理する　総持寺縁起と鉢かづき物語の史的背景(金谷信之)「まんだ：北河内とその周辺の地域文化誌」　まんだ編集部　63　1998.3

総持寺に残る瓦銘と北摂地域の瓦師(芦田淳一)「帝塚山大学大学院人文科学研究科紀要」　帝塚山大学大学院人文科学研究科　(1)　2000.3

宗福院

蟻通雑記　神宮寺宗福院の建立[1]～(3)(樋野修司)「泉佐野の歴史と今を知る会会報」　泉佐野の歴史と今を知る会　(292)/(294)　2012.04/2012.06

蟻通雑記(4)　宗福院の相論(樋野修司)「泉佐野の歴史と今を知る会会報」　泉佐野の歴史と今を知る会　(297)　2012.09

素盞嗚尊神社

新指定文化財の概要　市指定有形文化財　蔵人稲荷神社本殿(1棟)/市指定有形文化財　江坂素盞嗚尊神社本殿(1棟)/市指定無形民俗文化財　吉志部神社のどんじ/市指定天然記念物　ヒメボタル生息地とそのヒメボタル(賀納章雄)「吹田市立博物館博物館だより」　吹田市立博物館　(47)　2011.07

曽根崎

河内の伝承考(3)　お初・徳兵衛と浄瑠璃『曾根崎心中』(堀井建市)「河内どんこう」　やお文化協会　62　2000.10

曽根崎村

往古曽根崎村噺　教興寺村の段(上),(下)(今中宏永)「河内どんこう」　やお文化協会　(78)/(79)　2006.2/2006.6

蕎原

山間盆地村落の空間構成―貝塚市蕎原の空間論的分析(市川秀之)「日本民俗学」　日本民俗学会　通号212　1997.11

伝統的村落における統合と分業システム―大阪府貝塚市蕎原の村落組織を通して(森本一彦)「京都民俗：京都民俗学会会誌」　京都民俗学会　通号15　1997.12

尊延寺

尊延寺の仏像など四件　市指定文化財に追加(文化財ニュース)(枚方市教育委員会)「まんだ：北河内とその周辺の地域文化誌」　まんだ編集部　81　2004.7

大阿弥陀経寺

史料紹介　大阿弥陀経寺蔵「石田正継塩風呂掟書」(渋谷一成)「堺市博物館研究報告」　堺市博物館　(32)　2013.03

大安寺

禅宗寺院の法会と普請―江戸時代の堺大安寺について(矢内一磨)「堺市博物館報」　堺市博物館　(24)　2005.3

大雄寺

金松山大雄寺「＝浜寺」(秋原俊彦)「左海民俗」　堺民俗会　108　2002.1

大海神社

歴史的建造物の調査報告/大海神社仮遷宮/住吉の絵所預(えどころあずかり)/おとぎばなしと住吉　一休和尚と住吉明神/弓取りの伝統　御結鎮神事(正月十三日)/万葉の風土―住吉からみえる海の道「住吉っさん」　住吉大社　(14)　2010.01

大海神社西門　修理工事の完成(管理課)「住吉っさん」　住吉大社　(23)　2014.12

太子町

古代火葬墓の典型的形態(小林義孝，海辺博史)「太子町立竹内街道歴史資料館館報」　太子町立竹内街道歴史資料館　6　2000.3

断章・太子信仰標榜寺院間の様態―叡福寺と法隆寺との関係を「太子町に生きづく聖徳太子」展から(河野昭昌)「太子町立竹内街道歴史資料館館報」　太子町立竹内街道歴史資料館　9　2003.3

大正区

大阪市大正区のウチナーンチュにおける長寿祝い―その儀礼形態と意味づけに関する一考察(研究ノート)(猪園叶英)「京都民俗：京都民俗学会会誌」　京都民俗学会　(32)　2014.11

大正飛行場

河内の伝承考(14)　戦時中の八尾(1)―狙われた大正飛行場(堀井建市)「河内どんこう」　やお文化協会　74　2004.10

田井城村

松原の史蹟と伝説(14)　田井城村と田坐神社(出水睦己)「河内どんこう」　やお文化協会　76　2005.6

大聖勝軍寺

物部守屋平定の地・大聖勝軍寺―植髪太子像のはじまり(小松光江)「聖徳」　聖徳宗教学部　(193)　2007.7

聖徳太子伝と在地伝承の相関―八尾・大聖勝軍寺の神妙椋木説話をめぐって(内田吉哉)「近畿民俗：近畿民俗学会会報：Bulletin of the Folklore Society of Kinki」　近畿民俗学会　(175・176)　2008.1

大山陵

「古川躬行作『壬申十月　大山陵より顕れし石棺の考へ同図添』」(写本)について(史料・資料紹介)(加藤俊吾)「大阪歴史博物館研究紀要」　大阪市文化財協会　(11)　2013.02

大通庵

大通庵異聞(《特集　節句》)(岸繁司)「左海民俗」　堺民俗会　(124)　2007.5

大東市

農事暦・年中行事―大阪府四条畷市下田原・大東市と奈良県生駒市北・南田原について(上),(下)(太田理)「わかくす：河内ふるさと文化誌」　わかくす文芸研究会　(48)/(49)　2005.11/2006.5

大東市域の戦死者墓石と慰霊の変化(河内の郷土史)(水本八十生)「あしたづ：河内の郷土文化サークルセンター特集誌」　河内の郷土文化サークルセンター　(15)　2013.02

大日寺

アジトにされた「大日寺」(山本律郎)「河内どんこう」　やお文化協会　58　1999.6

大念仏寺

月はどっちに出ている　描かれた時刻と方位―大念仏寺所蔵「片袖縁起」を例に(松浦清)「大阪市立博物館研究紀要」　大阪市立博物館　33　2001.3

大念佛寺の迎講阿弥陀如来立像(資料紹介)(鈴木慎一)「大阪の歴史と文化財」　大阪市教育委員会事務局生涯学習部　(12)　2003.10

平成の河内風土記「大念仏寺の万部お練り」(宮下栄麟)「まんだ：北河内とその周辺の地域文化誌」　まんだ編集部　85　2005.12

大平寺

浪速今昔百景(9)　大平寺「十三まいり」(川村一彦)「会報」　大阪歴史懇談会　28(10)通号326　2011.10

太融寺

大阪歴史散歩(10)　太融寺(脇田修)「大阪の歴史と文化財」　大阪市教育委員会事務局生涯学習部　(10)　2002.10

高石町

七草摘みと昔の高石町(《特集　節句》)(吉村昌一)「左海民俗」　堺民俗会　(124)　2007.5

高井田横穴墓

東高野街道沿いの史跡(2)―高井田横穴墓と河内六大寺の付近(泉森皎)「近畿文化」　近畿文化会事務局　646　2003.9

高津神社

お祓い筋を経て高津神社へ(藤田富美恵)「大阪春秋」　新風書房　31(1)通号110　2003.3

高殿

市有地の地蔵像―大阪市旭区高殿三丁目(大島建彦)「西郊民俗」　[西郊民俗談話会]　(195)　2006.6

近畿　　　　　　　　　　　　　郷土に伝わる民俗と信仰　　　　　　　　　　　　　大阪府

高見

松原の史蹟と伝説(15)高見の伝説と駅(出水睦己)「河内どんこう」 やお文化協会 77 2005.10

高安

河内高安の年中行事覚書(尾崎良史)「研究紀要」 八尾市文化財調査研究会 8 1997.3

河内の伝承考(2) 伊勢物語と業平の高安通い考(堀井建市)「河内どんこう」 やお文化協会 61 2000.6

河内高安の年中行事覚書(1)、(2)(尾崎良史)「河内どんこう」 やお文化協会 61/62 2000.6/2000.10

すきやねん 高安夏祭り(北地区)(堀井建司)「河内どんこう」 やお文化協会 73 2004.6

能楽「弱法師」「井筒」ゆかりの地 高安を歩き、そして触れて(山中雅志)「河内どんこう」 やお文化協会 (84) 2008.2

伊勢物語23段第3節について(2) 注釈書の読み方と地元の伝承と(棚橋利光)「河内どんこう」 やお文化協会 (87) 2009.02

高安ルーツの能に携わって良き縁(山中雅志)「河内どんこう」 やお文化協会 (92) 2010.10

平成二十五年十月十九日の高安薪能 高安能の今後の展望についてのパネルディスカッションに参加して(棚橋利光)「河内どんこう」 やお文化協会 (102) 2014.02

在原業平高安通い伝承の道(坂上ひろこ)「河内どんこう」 やお文化協会 (104) 2014.10

高安郡

資料紹介 高安郡の宗教施設と「高安郡図」―「館蔵 大東家文書所収の絵図」(小谷利明)「館報」 八尾市立歴史民俗資料館 2012年度 2013.03

高安山

高安山麓の「山行き仕事」(岡田清一)「研究紀要」 八尾市文化財調査研究会 (18) 2007.3

高安山山麓の式内社を巡る(〈特集 見てほしい 知ってほしい 残してほしい わが町の風景5〉)(平嶋述司)「河内どんこう」 やお文化協会 (88) 2009.06

高安大教会

高安大教会 創立百二十周年に思う(松村健治)「河内どんこう」 やお文化協会 (91) 2010.06

滝畑

女性たちの祈り 滝畑の不食供養碑(特集 奥河内の今昔物語―奥河内の歴史)(椋本進)「大阪春秋」 新風書房 41(2)通号151 2013.07

竹内街道

竹内街道を詠んだわらべ歌(藤井一二三)「大阪春秋」 新風書房 29(2)通号103 2001.6

阿闍梨覚峰と竹内街道―杜本神社近辺の石造物(上野勝己)「太子町立竹内街道歴史資料館館報」 太子町立竹内街道歴史資料館 9 2003.3

建水分神社

楠公ゆかりの建水分神社(山本律郎)「河内どんこう」 やお文化協会 67 2002.6

建水分神社本殿の細部様式とその年代(創刊70号記念特別号)(東野良平)「歴史考古学」 歴史考古学研究会 (70) 2014.12

嶽山

嶽山 楠公史跡と中腹の龍泉寺(深江茂樹)「大阪春秋」 新風書房 34(3)通号120 2005.10

嶽山城址

竜泉寺と嶽山城址(大和充)「河内どんこう」 やお文化協会 51 1997.2

高向上村

熊野観心十界絵図―河内長野市高向上村集会所蔵の新資料の紹介をかねて(奥村隆彦)「近畿民俗」 近畿民俗学会会報 : Bulletin of the Folklore Society of Kinki 近畿民俗学会 151・152 1998.7

多治速比売神社

多治速比売神社 本殿の屋根修理の現場を見る(川村淳二)「左海民俗」 堺民俗会 109 2002.5

丹比柴籬宮

松原の史蹟と伝説(1) 瑞歯別命と丹比柴籬宮(出水睦己)「河内どんこう」 やお文化協会 62 2000.10

丹比野遺跡

松原の史蹟と伝説(17)上田村の丹比野遺跡(出水睦己)「河内どんこう」 やお文化協会 (79) 2006.6

忠岡

忠岡の今井伝説(角山武司)「史學義仲」 木曽義仲史学会 (13) 2012.03

立江地蔵

立江地蔵の信仰(大西英利)「わかくす : 河内ふるさと文化誌」 わかくす文芸研究会 (55) 2009.05

立部村

松原の史蹟と伝説(21) 立部村と土師伝説(出水睦己)「河内どんこう」 やお文化協会 (83) 2007.10

楯原神社

私見「式内社楯原神社」(足代健二郎)「大阪春秋」 新風書房 38(3)通号140 2010.10

多奈川

多奈川・正教寺の朝鮮人遺骨の調査から(林耕二，平島将史)「大阪民衆史研究」 大阪民衆史研究会 (66) 2011.12

田辺

田辺大根 由来と料理(吉村直樹)「大阪春秋」 新風書房 31(2)通号111 2003.6

「田辺寄席」の32年をふりかえって…(《特集 上方落語》)(大久保敏)「大阪春秋」 新風書房 34(2)通号123 2006.7

種貸社

住吉種貸社における子授け祈願―祭神と儀礼の変化(内藤美奈)「女性と経験」 女性民俗学研究会 通号34 2009.10

玉串墓地

玉串墓地の法華千カ寺供養塔(大西英利)「河内どんこう」 やお文化協会 54 1998.2

玉造稲荷神社

だんご茶会―玉造稲荷神社(鈴木一男)「大阪春秋」 新風書房 30(1)通号106 2002.3

玉祖神社

河内国高安郡玉祖神社文書について(小谷利明)「研究紀要」 八尾市文化財調査研究会 15 2004.3

玉祖神社文書について(2)(小谷利明)「研究紀要」 八尾市文化財調査研究会 16 2005.3

玉祖神社の松の馬場(《特集 見てほしい 知ってほしい 残したい わが町の風景3》)(棚橋利光)「河内どんこう」 やお文化協会 (82) 2007.6

玉祖神社の神前で、能楽の奉納を見たいものです(棚橋利光)「河内どんこう」 やお文化協会 (90) 2010.02

玉祖神社御遷座千三百年記念 奉賛薪能(特集 八尾再発見)(坂上ひろこ)「河内どんこう」 やお文化協会 (93) 2011.02

表紙イラスト 玉祖神社の御神木 河村立河氏/イラスト 河合克子氏「河内どんこう」 やお文化協会 (102) 2014.02

田蓑神社

田蓑神社所蔵史料の調査・目録化を終えて―田蓑神社千百年祭協賛記念講演会の記録(渡辺忠司)「大阪の歴史」 大阪市史料調査会 (57) 2001.4

垂水神社

垂水神社「狛犬」(寺澤慎吾)「吹田市立博物館博物館だより」 吹田市立博物館 (51) 2012.07

田原

四条畷市田原の農事暦・年中行事(太田理)「わかくす : 河内ふるさと文化誌」 わかくす文芸研究会 (47) 2005.5

大和と河内の田原の民俗―年中行事を中心に(太田理)「わかくす : 河内ふるさと文化誌」 わかくす文芸研究会 (58) 2010.11

点描・田原の民俗―傍示さし・砂絵(河内の郷土史)(太田理)「あしたづ : 河内の郷土文化サークルセンター特集誌」 河内の郷土文化サークルセンター (16) 2014.02

丹南藩

松原の史蹟と伝説(20) 丹南村と丹南藩(出水睦己)「河内どんこう」 やお文化協会 (82) 2007.6

丹南村

松原の史蹟と伝説(20) 丹南村と丹南藩(出水睦己)「河内どんこう」 やお文化協会 (82) 2007.6

丹波

北摂津・丹波の花振り(久下隆史)「まつり通信」 まつり同好会 39(1)通号455 1998.12

丹波神社

かわちほろば 日下の丹波神社(浜田昭子)「河内どんこう」 やお文化協会 62 2000.10

檀波羅蜜寺

江戸時代観音堂に再興された檀波羅蜜寺（上），（下）（樋野修司）「泉佐野の歴史と今を知る会会報」 泉佐野の歴史と今を知る会 179/180 2002.12/2003.1

檀波羅山

檀波羅山の檀吉狐（1）～（3）（日根野谷長治）「泉佐野の歴史と今を知る会会報」 泉佐野の歴史と今を知る会 （238）/（240） 2007.10/2007.12

丹比神社

大阪の丹比神社への二度の参詣で得たもの（大沼美雄）「那須野ケ原開拓史研究」 那須野ケ原開拓史研究会 （70） 2011.06

竹林寺

大坂千日前「竹林寺」の創建について（例会発表要旨）（村上紀夫）「藝能史研究」 藝能史研究會 （204） 2014.01

智識寺

智識寺の盧舎那佛は金剛佛であった（高井晧）「あしたづ ： 河内の郷土文化サークルセンター特集誌」 河内の郷土文化サークルセンター （12） 2010.02

聖武天皇，智識寺の盧舎那仏を礼す（1） 聖武天皇と盧舎那仏（特集 「かしわらの郷土史かるた」に関連して）（棚橋利光）「河内どんこう」 やお文化協会 （91） 2010.06

聖武天皇，智識寺の盧舎那仏を礼す（2） 智識寺の盧舎那仏（棚橋利光）「河内どんこう」 やお文化協会 （93） 2011.02

東大寺の盧舎那仏と河内国大県郡の智識寺（上），（下）（塚口義信）「つどい」 豊中歴史同好会 （306）/（307） 2013.07/2013.08

父鬼街道

6月例会報告（6月8日） 伝説の父鬼街道を歩くIII（例会報告と一口メモ）（山崎琢磨）「左海民俗」 堺民俗会 （128） 2008.9

長栄寺

河内史探訪（13）一慈雲尊者と長栄寺（川村一彦）「会報」 大阪歴史懇談会 19（1）通号209 2002.1

長福寺

寺院縁起書に見る和泉国の一地方寺院における寺院内勢力の変質について一「鉢峯山長福寺縁起」と「鉢峯山仏舎利記」（倉橋昌之）「御影史学論集」 御影史学研究会 通号23 1998.10

発掘の成果と長福寺（事務局）「泉佐野の歴史と今を知る会 194 2004.2

九条政基と長福寺（廣田浩治）「泉佐野の歴史と今を知る会」 泉佐野の歴史と今を知る会 （219） 2006.3

長福寺跡

長福寺跡の発掘調査について（《特集 見学検討会 中世荘園の景観一日根荘大木》）（大関逸子）「ヒストリア ： journal of Osaka Historical Association」 大阪歴史学会 （202） 2006.11

長宝寺

長宝寺「よみがえりの草子」に不動明王が出てくる理由（井阪康二）「民具マンスリー」 神奈川大学 33（3）通号387 2000.6

長宝寺「よみがえりの草子」に熊野信仰が出てくる理由（井阪康二）「久里」 神戸女子民俗学会 （9） 2000.10

千代崎行宮

千代崎行宮「てんまてんじん 大阪天満宮社報 ： 大阪天満宮社報」 大阪天満宮社務所 （55） 2009.01

佃村

西淀川区の「佃村大和田村漁師御由緒手続」（1）（金田啓吾）「まんだ ： 北河内とその周辺の地域文化誌」 まんだ編集部 （87） 2006.8

津堂城山

河内の王陵地帯の歴史探訪覚え書（2）津堂城山の大石棺（瀬川芳則）「まんだ ： 北河内とその周辺の地域文化誌」 まんだ編集部 68 1999.11

壺井八幡宮

八幡宮紹介 壺井八幡宮（大阪府羽曳野市）「季刊悠久.第2次」 鶴岡八幡宮悠久事務局 （103） 2006.4

津守王子

伝承を訪ねる旅（9） 住吉大社と津守王子 大阪の熊野古道（4）（堀井建市）「河内どんこう」 やお文化協会 （96） 2012.2

鶴見

城東・鶴見の主な神社・仏閣・碑など（編集部）「大阪春秋」 新風書房 26（4）通号89 1997.12

出島

出島ふとん太鼓（編集部）「堺泉州」 堺泉州出版会 （15） 2004.1

豊嶋郡

豊嶋郡の「織姫伝承」について一クレハトリ・アヤハトリ（漢氏の伝承）（金谷健一）「つどい」 豊中歴史同好会 （262） 2009.11

寺町

大坂寺町の霊場巡り（《特集 寺町》）（渡邊忠司）「大阪春秋」 新風書房 34（3）通号124 2006.10

天性寺

彫師・高松の「巨龍・蛸地蔵天性寺」（見學稔）「堺泉州」 堺泉州出版会 （18） 2006.12

天王寺

天王寺詣り 上方落語（和田純治）「大和田郷土史会会報」 大和田郷土史会 （26） 2014.05

天満青物市場

天満青物市場から大阪の食文化を考える（森下正博，酒井亮介，近江晴子，長本和子）「大阪春秋」 新風書房 31（2）通号111 2003.6

天満天神裏

明治中期の天満天神裏にみる大道芸と寄席の風土（特集 住吉方面）（高島幸次）「大阪の歴史」 大阪市史料調査会 （75） 2010.8

天満本願寺跡

天満本願寺跡の石垣（松尾信裕）「葦火 ： 大阪市文化財情報」 大阪市博物館協会大阪文化財研究所 22（1）通号127 2007.4

天満天神

天満天神御伽塾の開塾「てんまてんじん 大阪天満宮社報 ： 大阪天満宮社報」 大阪天満宮社務所 38 2000.8

天満天神界隈の芸能一かつての賑わい（《特集 上方落語》）（中川桂）「大阪春秋」 新風書房 34（2）通号123 2006.7

天満天神の水「てんまてんじん 大阪天満宮社報 ： 大阪天満宮社報」 大阪天満宮社務所 （66） 2014.07

陶器川

陶荒田神社と陶器川（生駒道弘）「左海民俗」 堺民俗会 114 2004.1

堂島

堂島で焼物の窯見つかる（佐藤隆）「葦火 ： 大阪市文化財情報」 大阪市博物館協会大阪文化財研究所 13（5）通号77 1998.12

堂島で焼かれた京焼系陶器（佐藤隆）「葦火 ： 大阪市文化財情報」 大阪市博物館協会大阪文化財研究所 14（1）通号79 1999.4

道頓堀

〔資料紹介〕 大坂道頓堀の近江屋市次郎が無料配付した「伊勢参宮道中記」「新修米子市史だより」 米子市史編さん事務局 10 1999.9

道頓堀 一寸法師レース「住吉っさん」 住吉大社 （1） 2003.7

翻刻 近世写本「淡路名高古狸物語」一道頓堀に芝居見物に来た淡路の狸の物語（1）～（最終回）（田野登，宮本裕次）「大阪春秋」 新風書房 38（3）通号140/39（1）通号142 2010.10/2011.04

道頓堀墓所聖からみえる世界一開かれた人間関係と身分社会（シンポジウム 江戸時代の道頓堀と千日前一長吏・三昧聖・刑場）（木下光生）「大阪人権博物館紀要」 大阪人権博物館 （13） 2011.03

東福院

聖徳太子墓前東福院墓地石塔群一近世寺院歴代墓地の一様相（鍋島隆宏）「日引 ： 石造物研究会会誌」 1 2001.3

道明寺

言葉の史話 道明寺（斎藤至）「大社の史話」 大社史話会 114 1998.2

道明寺天満宮

聖廟探訪 大阪道明寺天満宮の釈奠（竹内良雄）「閣谷学校研究」 特別史跡閣谷学校顕彰保存会 （8） 2004.5

国府遺跡発掘と道明寺天満宮「阡陵 ： 関西大学博物館彙報」 関西大学博物館 （50） 2005.3

道明寺天満宮うそかえ神事（南坊城光興）「河内どんこう」 やお文化協会 （84） 2008.2

土佐稲荷神社

朝倉神社と斉明天皇の亀石 大阪の土佐稲荷神社（広谷喜十郎）「いの史談」 いの史談会 （52） 2001.5

道修町

赤玉海王丸に陀羅尼助 昔なつかしい薬の町を訪ねて「月刊大和路ならら」 地域情報ネットワーク 13（9）通号144 2010.9

昔の「薬の道修町」（特集 船場一商人道と伝統文化）（三島佑一）「大阪春秋」 新風書房 41（1）通号150 2013.4

近畿　　　　　　　　　　　　郷土に伝わる民俗と信仰　　　　　　　　　　　　大阪府

土塔

史跡・土塔の発掘調査成果（近藤康司）「摂河泉文化資料」　摂河泉地域史研究会　29　2000.2

資料紹介 国史跡 土塔出土の文字瓦「堺市蔵文化財だより ： 堺市立埋蔵文化財センター報」　堺市立埋蔵文化財センター　15　2002.3

写真で見る南方仏教の仏塔と日本の土塔・頭塔・岡山熊山塔（上）,（中）,（下）（野村隆）「史迹と美術」　史迹美術同攷会　74（5）通号745/74（7）通号747　2004.6/2004.8

土塔と行基（近藤康司）「吹田市立博物館博物館だより」　吹田市立博物館　（53）　2013.03

登美丘

我が家のお盆（堺市登美丘地区）《特集 夏・お盆》（岸田明代）「左海民俗」　堺民俗会　（122）2006.9

豊中

伝説の地訪ね歩き―豊中北部（谷口佳以子）「大阪春秋」　新風書房　27（1）通号94　1999.3

古墳の思想（辰巳和弘）「つどい」　豊中歴史同好会　（235）2007.9

古墳時代の他界観とその系譜（辰巳和弘）「つどい」　豊中歴史同好会　（274）2010.11

豊中えびす神社

諸国探訪（14）豊中えびす神社（加藤芳哉）「西宮えびす」　西宮神社　通号32　2009.12

豊中市

豊中市史編さん委員会編『新修豊中市史第7巻 民俗』（書誌紹介）（伊藤廣之）「日本民俗学」　日本民俗学会　通号242　2005.5

都呂須

文化財通信―都呂須地車太鼓について（中岡宏美）「吹田市立博物館博物館だより」　吹田市立博物館　（53）2013.03

中河内

中河内の伝説（棚橋利光）「大阪春秋」　新風書房　27（1）通号94　1999.3

長沢辻

若江長沢辻蛍の石地蔵―融通念仏信仰講衆の遺品か（大西英利）「河内どんこう」　やお文化協会　60　2000.2

長滝

熊野街道沿いの民家と景観―泉佐野市長滝における遺構と家相図（桜井敏雄, 松岡利郎）「泉佐野市史研究」　泉佐野市教育委員会　4　1998.3

長谷

〈高谷重夫の歩いたフィールド大阪府豊能郡能勢町長谷の民俗〉「史園 ： Sonoda's journal of history and folk studies」　園田学園女子大学歴史民俗学会　6　2005.10

長屋王墓

平群谷の後期古墳・長屋王墓と紀氏神社（山口久幸）「つどい」　豊中歴史同好会　（212）2005.11

中山観音寺跡

中山観音寺跡出土の懸仏（右の像 高さ5.1cm）/懸仏復元模式図（下村節子）「ひらかた文化財だより」　枚方市文化財研究調査会　（94）2013.01

長柄

浪速今昔風景（13）ながらの国分寺（川村一彦）「会報」　大阪歴史懇談会　29（3）通号331　2012.03

流谷

十六泉谷の三ヵ所の石不動について（流谷地区）（椋本進）「河内長野市郷土研究会誌」［河内長野市郷土研究会］　（50）2008.4

波切神社

聞書・波切神社と岸和田南町・浜七町（上）,（下）（中崎才吉, 北山理）「泉佐野の歴史と今を知る会会報」　泉佐野の歴史と今を知る会　（248）/（249）　2008.8/2008.9

成本廃寺

古代寺院「成本廃寺」の寺域を確認（西村公助）「葦火 ： 大阪市文化財情報」　大阪市博物館協会大阪文化財研究所　25（2）通号146　2010.06

茄子作

茄子作の村落秩序と偽文書（上）―近世宮座の勢力抗争（馬部隆弘）「枚方市史年報」　枚方市教育委員会　（14）2011.04

茄子作の村落秩序と偽文書（下）―近現代の修史事業と伝承（馬部隆弘）「枚方市史年報」　枚方市教育委員会　（15）2013.03

七尾瓦窯跡

民衆史の足跡をたどる（9）難波宮の瓦をたづねて―吹田博物館と七尾瓦窯跡（沖田恵子）「大阪民衆史研究」　大阪民衆史研究会　46　2000.3

瓦窯跡に行ってみよう！―七尾瓦窯跡と吉志部瓦窯跡「吹田市立博物館博物館だより」　吹田市立博物館　（59）2014.09

七墓

大阪の追悼空間（1）近世の大坂七墓（浅香勝輔）「大阪春秋」　新風書房　27（3）通号96　1999.9

関西を中心とした七墓参りの事例（大西英利）「四国民俗」　四国民俗学会　（33）2000.3

「七墓廻り」―六斎念仏講による七墓巡行（椋本進）「河内長野市郷土研究会誌」［河内長野市郷土研究会］　42　2000.4

七墓廻り（浜田謙次）「歴史考古学」　歴史考古学研究会　（48）2001.6

伝道者行基と行基七墓（特集 先祖供養・墓）（加藤孜子）「左海民俗」　堺民俗会　（139）2012.05

七墓遠望（前）,（後）（東広弘静）「大阪春秋」　新風書房　40（3）通号148/40（4）通号149　2012.10/2013.01

難波

なにわの考古学最前線（3）古代の難波と四天王寺―飛鳥時代の寺院関連遺跡を中心に（網伸也）「大阪春秋」　新風書房　41（4）通号153　2014.01

浪花

袖珍版本「浪花講定印」（5）（森吉兵衛）「すみのえ」　住吉大社社務所　34（1）通号223　1997.1

上州祭文より浪花節へ（星野富夫）「東国史論」　群馬考古学研究会　17　2002.5

頑固親爺のなにわぶし―現代に活かす浪曲の世界（1）河内十人斬り（特集 河内関連の映画・演劇・芸能）（芦川淳平）「河内どんこう」　やお文化協会　（95）2011.10

頑固親爺のなにわぶし―現代に活かす浪曲の世界（2）赤穂義士伝・神崎東下り（芦川淳平）「河内どんこう」　やお文化協会　（96）2012.02

浪花講定宿控（山上晋）「宇摩史談」　宇摩史談会　（100）2012.03

頑固親爺のなにわぶし―現代に活かす浪曲の世界（3）紺屋高尾（芦川淳平）「河内どんこう」　やお文化協会　（97）2012.06

頑固親爺のなにわぶし―現代に活かす浪曲の世界（4）「召集令」経済的貧困と精神的貧困（芦川淳平）「河内どんこう」　やお文化協会　（98）2012.10

古文書こぼればなし（50）「浪花節」（駒見敬祐）「炉辺閑話 ： 杉並区立郷土博物館だより」　東京都杉並区立郷土博物館　（51）2014.10

浪速

西鶴なにわことば逍遥（桝井寿郎）「大阪春秋」　新風書房　28（4）通号101　2000.12

「浪速部落の歴史」編纂委員会編『史料集 浪速部落の歴史』（新刊紹介）（木下光生）「ヒストリア ： journal of Osaka Historical Association」　大阪歴史学会　（201）2006.9

難波浦

難波浦の神仏諸霊―水都の習俗と伝説（田野登）「大阪春秋」　新風書房　27（1）通号94　1999.3

難波津

住吉大社と八十島祭（川嵜一郎）「大阪春秋」　新風書房　27（1）通号90　1998.3

難波津の歌（山崎馨）「史聚」　史聚会, 岩田書院（発売）（33）2000.9

オモロにおける「島が命」と八十島祭（福寛美）「南島史学」　南島史学会　（57・58）2001.11

摂津国難波津の祭祀・八十島祭の草創について（特集 ひょうご古代史新研究）（羽床正明）「歴史と神戸 ： 神戸を中心とした兵庫県郷土研究誌」　神戸史学会　53（3）通号304　2014.06

難波鋳銭司

難波鋳銭司及百済尼寺跡考―細工谷遺跡の観察から（藤沢一夫）「大阪の歴史と文化財」　大阪市教育委員会事務局生涯学習部　通号2　1999.2

難波の宮

10月例会報告（第254回）桃ヶ池から難波の宮をたどって―聖徳太子の大蛇伝説を語る/古代史講座（第150回）大和時代（記紀はウソの時代）「会報」　大阪歴史懇談会　24（11）通号279　2007.11

難波宮

民衆史の足跡をたどる（9）難波宮の瓦をたづねて―吹田博物館と七尾瓦窯跡（沖田恵子）「大阪民衆史研究」　大阪民衆史研究会　46　2000.3

南光寺

南光寺跡の墓碑（松尾巴留美）「河内長野市郷土研究会誌」［河内長野市郷土研究会］　（47）2005.4

南光寺に残る墓誌―河内の在村知識人の交流 (松尾巴留美)「河内長野市郷土研究会誌」「河内長野市郷土研究会」 (55) 2013.04

南宗寺

南宗寺にある奉行寄進の石燈籠 (岸繁司)「左海民俗」 堺民俗会 (134) 2010.09

難波八阪神社

文化財総合調査 難波八阪神社綱引神事 (1)―関連史料と先行研究 (伊藤純)「大阪の歴史と文化財」 大阪市教育委員会事務局生涯学習部 (7) 2001.3

難波祇園祭研究ノート―戦前戦後の神輿の変遷を中心に (島崎武)「都市文化研究」 大阪都市文化研究会 (26) 2001.12

新川家

白河法皇・顕如上人ゆかりの新川家 (見学稔)「堺泉州」 堺泉州出版会 (9) 2000.11

西大阪

西大阪の史跡と住吉信仰 (藤井直正)「近畿文化」 近畿文化会事務局 657 2004.8

西大塚村

松原の史蹟と伝説 (22) 西大塚村と大塚山古墳 (出水睦己)「河内どんこう」 やお文化協会 (84) 2008.2

錦織神社

甲田地車と錦織神社 秋季大祭地車陳列順の関係 (伏井邦彦)「河内長野市郷土研究会誌」「河内長野市郷土研究会」 (53) 2011.04

西堤神社

表紙 西堤神社の大楠「わかくす ： 河内ふるさと文化誌」 わかくす文芸研究会 (64) 2013.12

表紙「西堤神社の大楠」の説明 (北山良)「わかくす ： 河内ふるさと文化誌」 わかくす文芸研究会 (64) 2013.12

西宮神社

西摂津社会の中の西宮・広田神社 (特集 近世の西宮神社と戎信仰) (岩城卓二)「ヒストリア ： journal of Osaka Historical Association」 大阪歴史学会 (236) 2013.02

西横堀

西横堀における陶器祭と造り物―同業街の祭りと社会 (伊藤廣之)「大阪歴史博物館研究紀要」 大阪市文化財協会 (10) 2012.03

同業街の祭りと社会―大阪・西横堀の陶器祭をめぐって (伊藤廣之)「近畿民俗通信」 近畿民俗学会 (11) 2012.03

西横堀新築地

西横堀新築地の諸芸能―惣年寄・永瀬の『御用留』を中心に (中川桂)「懐徳」 懐徳堂記念会 通号65 1997.1

西淀川区

西淀川区内狛犬一覧 (和田純治)「大和田郷土史会会報」 大和田郷土史会 (25) 2013.05

西代

受け継がれる「西代神楽」(藤井一二三)「大阪春秋」 新風書房 28 (2) 通号99 2000.6

西代―周辺伝承考 (山田豊直)「大阪春秋」 新風書房 28 (4) 通号101 2000.12

西代 (にしんだい) 神楽 (椋本進)「河内長野市郷土研究会誌」「河内長野市郷土研究会」 (44) 2002.4

河内長野市紀要土研究会主催「知ったはりまっか？ 河内講座」―西代神楽伝承の軌跡と未来 (松本忠雄)「河内長野市郷土研究会誌」「河内長野市郷土研究会」 (44) 2002.4

日羅寺

日羅寺・薬師さんの花まつり (《特集 見てほしい 知ってほしい 残したい わが町の風景3》) (西野則夫)「河内どんこう」 やお文化協会 (82) 2007.6

日本民家集落博物館

服部緑地・日本民家集落博物館 (小島宇人)「大阪春秋」 新風書房 31 (1) 通号110 2003.3

上神谷

上神谷の妙見山 (南清彦)「左海民俗」 堺民俗会 99 1999.1

堺上神谷の妙見山 (巽正憲)「堺泉州出版会」 (15) 2004.1

堺市上神谷 (ニワダニ) 地区の盆 (《特集 夏・お盆》) (南清彦)「左海民俗」 堺民俗会 (122) 2006.9

鶒塚

初辰さん・鶒塚の二話 (竹島昌威知)「大阪春秋」 新風書房 27 (1) 通号94 1999.3

鐸比古鐸比売神社

柏原・大県の鐸比古鐸比売神社 (《特集 見てほしい 知ってほしい 残したい わが町の風景2》) (真次孝)「河内どんこう」 やお文化協会 (81) 2007.2

布忍神社

松原の史蹟と伝説 (23) 向井村と布忍神社 (出水睦己)「河内どんこう」 やお文化協会 (85) 2008.6

沼町

岸和田だんじり祭 沼町 (深津至輝)「静岡歴研会報」 静岡県歴史研究会 98 2002.2

猫地蔵

猫地蔵のはなし (随筆春秋) (木村貴由子)「大阪春秋」 新風書房 40 (4) 通号149 2013.01

寝屋

神社合祀と地域社会―旧水本村大字寝屋の動向を中心に (福島幸宏)「市史紀要」 寝屋川市教育委員会 12 2005.3

寝屋川市

鉢かづき姫を推理する 総持寺縁起と鉢かづき物語の史的背景 (金谷信之)「まんだ ： 北河内とその周辺の地域文化誌」 まんだ編集部 63 1998.3

真宗寺院の本堂について―寝屋川市史建造物 (寺社) 調査 (矢ケ崎善太郎)「市史紀要」 寝屋川市教育委員会 6 1998.3

鉢かづき姫を推理する (続) (金谷信之)「まんだ ： 北河内とその周辺の地域文化誌」 まんだ編集部 64 1998.7

寝屋川市域における「家」の成立と展開 (乾宏巳)「市史紀要」 寝屋川市教育委員会 8 2001.3

市史第10巻〈鉢かづき編〉の編集経緯 (福田晃)「市史紀要」 寝屋川市教育委員会 9 2002.3

寝屋川市の阿弥陀名号塔婆―中世建立の名号板碑と五輪塔の梵字名号 (松永修輔)「市史紀要」 寝屋川市教育委員会 10 2003.3

市内の仏像二体 市指定文化財に追加 (文化財ニュース) (寝屋川市教育委員会)「まんだ ： 北河内とその周辺の地域文化誌」 まんだ編集部 80 2004.5

寝屋川市域における江戸時代後期の寺院普請動向について (小出祐子)「市史紀要」 寝屋川市教育委員会 12 2005.3

寝屋川市の南都仏画 (荒木泰恵)「市史紀要」 寝屋川市教育委員会 13 2005.12

寝屋川市域所在の寺社彫刻銘にみる近世仏師 (土生和彦)「市史紀要」 寝屋川市教育委員会 13 2005.12

野崎観音

河内歴史探訪 (3) 野崎参り (川村一彦)「民俗文化」 滋賀民俗学会 (535) 2008.4

野崎観音の梵鐘銘文拓本 (河内の郷土史) (津田悟)「あしたづ ： 河内の郷土文化サークルセンター特集誌」 河内の郷土文化サークルセンター (15) 2013.02

野里住吉神社

一夜官女祭とその周辺 (沢井浩一)「大阪春秋」 新風書房 27 (1) 通号90 1998.3

一夜官女祭―作法復活活動に寄せて (池永悦治)「大阪春秋」 新風書房 27 (1) 通号90 1998.3

民俗芸能探訪の旅 一夜官女祭と願掛「土一升」(和田恵三)「あしなか」 山村民俗の会 264 2003.4

都心周辺部にみえる岩見重太郎伝説―野里住吉神社一夜官女祭に関する言説の変容 (田野登)「日本民俗学」 日本民俗学会 通号249 2007.2

野里住吉神社―官女女祭見学記のことなど (藤井裕之)「近畿民俗通信」 近畿民俗学会 (7) 2011.03

能勢

能勢妙見と秦氏―猪名川の水上交通とのかかわりの中で (植野加代子)「久里」 神戸女子民俗学会 (10) 2001.4

能勢郷

伝聞『能勢郷風土記』(山端研三)「つどい」 豊中歴史同好会 (306) 2013.7

能勢路

能勢路の石仏 (清水俊明)「野ほとけ」 奈良石仏会 (407) 2006.11

能勢町

能勢の石造品 (2) 能勢町の宝篋印塔拾遺 (宮下五夫)「歴史考古学」 歴史考古学研究会 (60) 2009.03

野添

62年前の野添・蟻通神社を復元（事務局）『泉佐野の歴史と今を知る会会報』 泉佐野の歴史と今を知る会 199 2004.7

野田

伝承と歴史のはざまの野田春（随筆春秋）（藤三郎）『大阪春秋』 新風書房 34（2）通号123 2006.7

野出墓地

藤田氏による野出墓地の三界萬霊塔（天保飢饉の碑）の修理（事務局）『泉佐野の歴史と今を知る会会報』 泉佐野の歴史と今を知る会 （254） 2009.02

野々井

堺市野々井の千度講（中野隆）『近畿民俗 ： 近畿民俗学会会報 ： Bulletin of the Folklore Society of Kinki』 近畿民俗学会 150 1998.3

羽衣

天の川が生んだ羽衣・七夕伝説（佐々木久裕）『まんだ ： 北河内とその周辺の地域文化誌』 まんだ編集部 64 1998.7

秦河勝五輪塔

『風姿花伝』と「秦河勝五輪塔」の刻銘（創刊70号記念特別号）（松永修輔）『歴史考古学』 歴史考古学研究会 （70） 2014.12

八軒家

伝承を訪ねる旅（6）八軒家→坂口王子 大阪の熊野古道（堀井建市）『河内どんこう』 やお文化協会 （93） 2011.2

服部川村

新刊紹介 坂上弘子さんの『河内国高安郡服部川村地蔵講の経費』（棚橋利光）『河内どんこう』 やお文化協会 75 2005.2

服部天神社

服部天神社 絵馬「つどい」 豊中歴史同好会 （276） 2011.01

羽田

羽田錫器工房―大阪浪華錫器（神野茂樹）『大阪春秋』 新風書房 27（2）通号91 1998.6

羽曳野

大阪近郊・町散歩 王陵の谷・白鳥伝説・源氏三代の羽曳野（横山高治）『会報』 大阪歴史懇談会 15（8）通号68 1998.8

浜七町

聞書・波切神社と岸和田南町・浜七町（二），（下）（中崎才吉，北山理）『泉佐野の歴史と今を知る会会報』 泉佐野の歴史と今を知る会 （248）／（249） 2008.8／2008.9

浜寺

金松山大雄寺「＝浜寺」（秋原俊彦）『左海民俗』 堺民俗会 108 2002.1
堺 地名の由来 浜寺（2）『左海民俗』 堺民俗会 108 2002.1

浜寺俘虜収容所

浜寺俘虜収容所と泉大津のロシア兵墓地について（林耕二）『大阪民衆史研究』 大阪民衆史研究会 55 2004.6

葉室

葉室組の成立と初期葉室組三十三度行者（上野勝己）『太子町立竹内街道歴史資料館報』 太子町立竹内街道歴史資料館 5 1999.3

繁昌亭

天満天神繁昌亭 上棟祭『てんまてんじん 大阪天満宮社報 ： 大阪天満宮社報』 大阪天満宮社務所 （50） 2006.7
「天満天神繁昌亭」に託されたもの（《特集 上方落語》）（やまだりよこ）『大阪春秋』 新風書房 34（2）通号123 2006.7

半田墓地

資料紹介 貝塚市半田墓地の応永6年一石五輪塔（西山昌孝）『摂河泉文化資料』 摂河泉地域史研究会 30 2000.5

日置天神社

日置天神社（随想）（熊谷操子）『備陽史探訪』 備陽史探訪の会 （170） 2013.02

東大阪市

東大阪市内のお蔭灯籠（下）（勝田邦夫）『わかくす ： 河内ふるさと文化誌』 わかくす文芸研究会 （31） 1997.5
西国三十三度行者の供養塔―東大阪市域の西国巡礼供養塔探訪（大西英利）『わかくす ： 河内ふるさと文化誌』 わかくす文芸研究会 （36） 1999.11
東大阪市周辺の石祠（三村正臣）『日本の石仏』 日本石仏協会，青娥書房（発売）（111） 2004.9

東クルス山

東クルス山中世墓（市本芳三，瀬戸哲也）『日引 ： 石造物研究会会誌』 1 2001.3

聖神社

和泉市の聖神社は「火知り」？（藤原重夫）『堺泉州』 堺泉州出版会 （11） 2001.10

一津屋村

松原の史蹟と伝説（5）一津屋村と北山橘庵（出水睦己）『河内どんこう』 やお文化協会 67 2002.6

日根神社

日根神社とまくら祭（加茂甚作）『堺泉州』 堺泉州出版会 （6） 1999.4

日根野村

日根野村絵図と荒野の開発（服部英雄）『九州史学』 九州史学研究会 （131） 2002.5

桧尾

堺市桧尾「どんど」の坂（山本雅彦）『堺泉州』 堺泉州出版会 （8） 2000.4

比売嶋

『摂津国風土記』「比売嶋」小考（荊木美行）『史料 ： 皇學館大學研究開発推進センター史料編纂所報』 皇學館大学研究開発推進センター史料編纂所 （226） 2010.6

日咩語曽神社

近世中期大坂周縁村落における宮座の変容―『味原郷日咩語曽神社本縁起』成立の背景（井上智勝）『大阪市立博物館研究紀要』 大阪市立博物館 30 1998.3

瓢箪山古墳

天孫降臨神話成立の背景 瓢箪山古墳から心合寺山古墳へ（山口久幸）『つどい』 豊中歴史同好会 （288） 2012.01

平尾遺跡

平尾遺跡出土の滑石製宝塔（資料紹介）（北野隆亮）『紀伊考古学研究』 紀伊考古学研究会 （7） 2004.08

枚岡

枚岡の伝説「神武東征と直越」考（若狭博恵）『わかくす ： 河内ふるさと文化誌』 わかくす文芸研究会 （37） 2000.4
枚岡音頭・ノンフィクション・フィクション（村上廣造）『わかくす ： 河内ふるさと文化誌』 わかくす文芸研究会 （59） 2011.05

枚岡神社

奈良歴史教室収蔵拓本の紹介（1）枚岡神社の擬宝珠と釣灯籠（藤井直正）『近畿文化』 近畿文化会事務局 581 1998.4
河内国、一ノ宮・枚岡神社（山本律郎）『河内どんこう』 やお文化協会 68 2002.10
枚岡神社・石切劔箭神社参拝（阪口孝男）『つどい』 豊中歴史同好会 （242） 2008.4
表紙『枚岡神社のイブキ』『わかくす ： 河内ふるさと文化誌』 わかくす文芸研究会 （65） 2014.06
表紙『枚岡神社のイブキ』の説明（北山良）『わかくす ： 河内ふるさと文化誌』 わかくす文芸研究会 （65） 2014.06

枚方

井上正紀先生講演「鉢かづき姫」（小田村勉）『宿場町ひらかた』 宿場町枚方を考える会 （41） 1997.12
近世鋳物師の地域性―大阪府域における枚方村田中家の位置をめぐって（吉田晶子）『枚方市史年報』 枚方市教育委員会 （8） 2005.3
ひらかた大菊人形―さよならという前に（川井ゆう）『まんだ ： 北河内とその周辺の地域文化誌』 まんだ編集部 （86） 2006.5
枚方のミズグルマ（踏車）（橋本貴明）『枚方市史年報』 枚方市教育委員会 （16） 2013.10

枚方市

梵鐘鋳型の二つの造型方法について―「挽型法挽中子式」と「挽型法込削り中子式」の比較と検討（吉田晶子）『財団法人枚方市文化財研究調査会研究紀要』 枚方市文化財研究調査会 4 1997.3
寺内と惣寺内―枚方にみる「寺内町」共同体（藤田実）『枚方市史年報』 枚方市教育委員会 （5） 2002.3
江戸時代の鋳物業―大阪府枚方市 田中家の梵鐘鋳造記録から（吉田晶子）『民具マンスリー』 神奈川大学 35（2）通号410 2002.5
流通民具の形態美と規格化―大阪府枚方市の踏車を素材に（橋本貴明）『民具研究』 日本民具学会 （148） 2013.10

枚方寺内

枚方寺内の甕倉―その焼失をめぐって（西田敏秀）『枚方市史年報』 枚方

市教育委員会　(6)　2003.6

平野

平野の古社寺を訪ねて(清水俊明)「野ほとけ」　奈良石仏会　(360)　2000.12

平野・八尾の社寺―大和川の流域をたどる(藤井直正)「近畿文化」　近畿文化会事務局　662　2005.1

浪速今昔百景(4)　平野の大念仏(川村一彦)「会報」　大阪歴史懇談会　28(5)通号321　2011.05

平野郷

平野郷夏まつりの現状と課題(濱田時実)「京都民俗 : 京都民俗学会会誌」　京都民俗学会　(30・31)　2013.11

平野郷町

近世地域社会における宗教関係の形成―摂津国住吉郡平野郷町奥野家を中心として(松金直美)「大谷大学史学論究」　大谷大学文学部歴史学科　(16)　2011.03

弘川寺

歌僧西行と弘川寺(熊谷操子)「備陽史研究山城志 : 備陽史探訪の会機関誌」　備陽史探訪の会　16　2002.1

広田神社

廣田神社の大絵馬「つどい」　豊中歴史同好会　(300)　2013.01

西摂津社会の中の西宮・広田神社(特集 近世の西宮神社と戎信仰)(岩城卓二)「ヒストリア : journal of Osaka Historical Association」　大阪歴史学会　(236)　2013.02

深居神社

松原の史蹟と伝説(6)　小川村と深居神社(出水睦己)「河内どんこう」　やお文化協会　68　2002.10

深江

深江の菅細工―伝統技術保持者・幸田ナミ子さん(原泰根)「大阪春秋」　新風書房　27(2)通号91　1998.6

河内歴史探訪(1)　お伊勢詣りと深江笠(道中笠)(川村一彦)「民俗文化」　滋賀民俗学会　(531)　2007.12

福島聖天

福島聖天における高田屋嘉兵衛霊験譚(田野登)「近畿民俗 : 近畿民俗学会報 : Bulletin of the Folklore Society of Kinki」　近畿民俗学会　(171・172)　2005.5

福徳寺

福徳寺の火渡りの感想(下谷悦子)「左海民俗」　堺民俗会　(141)　2013.02

葛井寺

国宝の偉大さに感激―葛井寺を訪ねる(吉岡晶)「郷土誌志度」　大川郡志度町文化財保護協会　(14)　1998.3

藤井寺市

平安仏教の変化と藤井寺市域の古寺について(1)，(2)(岸口好広)「河内どんこう」　やお文化協会　56/57　1998.10/1999.2

藤田美術館多宝塔

藤田美術館多宝塔(歴史建築みてある記(3))(酒井一光)「大阪の歴史と文化財」　大阪市教育委員会事務局生涯学習部　(6)　2000.8

布施

布施なりたちの民俗学―小島勝治と「職人の町」(特集 東大阪とは何か)(小林義孝)「大阪春秋」　新風書房　41(4)通号153　2014.01

布施戎神社

布施戎神社(岡田好正)「宿場町ひらかた」　宿場町枚方を考える会　(46)　1999.3

筆塚

「筆塚」建立20周年で供養(三藤隼男)「河内どんこう」　やお文化協会　60　2000.2

船橋廃寺

河内船橋廃寺の性格と造営氏族(小笠原好彦)「考古学研究」　考古学研究会　45(3)通号179　1998.12

古市古墳群

東高野街道沿いの史跡(3)―古市古墳群と寺院跡(泉森皎)「近畿文化」　近畿文化会事務局　653　2004.4

古宮神社

平成の河内風土記 古宮神社 夏越ノ祓の風景(宮下栄麟)「まんだ : 北河内とその周辺の地域文化誌」　まんだ編集部　61　1997.7

文楽劇場

伝統芸能を次代へ―文楽劇場の果す役割(山口昌紀)「やそしま」　関西・大阪21世紀協会上方文化芸能運営委員会　(5)　2011.10

別所町

松原の史蹟と伝説(4)　環濠村であった別所町(出水睦己)「河内どんこう」　やお文化協会　66　2002.2

法安寺

本願寺による法安寺々地取得再考―「寺内とは何か」をめぐって(藤田実)「寺内町研究」　貝塚寺内町歴史研究会，和泉書院(発売)　(11)　2009.06

奉献塔山古墳

石室を持つ宝篋印塔2例(今岡利江，今岡稔，舟木聡)「日引 : 石造物研究会会誌」　(7)　2005.10

法善寺

名所図にみる江戸時代大坂の日常(6)　法善寺の千日念仏(『難波鑑』より)(藤田実)「編纂所だより」　大阪市史編纂所　14　2002.5

郷愁の法善寺 付・法善寺境内二図(昭和10年・同41年)(竹島昌威知)「大阪春秋」　新風書房　31(3)通号112　2003.9

大阪落語と法善寺裏(豊田善敬)「大阪春秋」　新風書房　31(3)通号112　2003.9

法善寺の花月の出番表/法善寺の花月の寄席ビラ「芸能懇話」　大阪芸能懇話会　(18)/(19)　2007.8/2008.8

表紙解説 法善寺と織田作之助(高橋俊郎)/裏表紙(岩田重義)「大阪春秋」　新風書房　41(3)通号152　2013.10

法善寺横丁

法善寺横丁の唄(もず唱平)「大阪春秋」　新風書房　31(3)通号112　2003.9

母の胎内の法善寺横丁(成瀬國晴)「大阪春秋」　新風書房　31(3)通号112　2003.9

法善寺横丁の復興にあたって(國松弘一)「大阪春秋」　新風書房　31(3)通号112　2003.9

法善寺横丁復興日記(編集部)「大阪春秋」　新風書房　31(3)通号112　2003.9

浪速今昔百景(20)　法善寺横丁と水掛不動(川村一彦)「会報」　大阪歴史懇談会　29(10)通号338　2012.10

方違神社

方違神社と粽祭 宮司神山幸雄様のお話「左海民俗」　堺民俗会　101　1999.9

方違神社本殿に描かれた画(川村淳二)「左海民俗」　堺民俗会　103　2000.5

方災、方違、除災(方違神社)(佐野恒男)「福山市立福山城博物館友の会だより」　福山市立福山城博物館友の会　30　2000.6

法福寺

法福寺お菊の像と欄間彫刻(見学稔)「堺泉州」　堺泉州出版会　(7)　1999.11

法明寺

法明上人史伝の研究―法明寺の石塔ならびに遺蹟(山野良子)「大阪春秋」　新風書房　27(1)通号94　1999.3

法楽寺

浪速今昔百景(6)　法楽寺(田辺のお不動さん)(川村一彦)「会報」　大阪歴史懇談会　28(7)通号323　2011.07

法輪寺

舎利容器二題―法輪寺の舎利容器と衣縫廃寺の舎利容器(岡本敏行)「大阪府立近つ飛鳥博物館館報」　大阪府立近つ飛鳥博物館　6　2001.3

北摂

総持寺に残る瓦銘と北摂地域の瓦師(芦田淳一)「帝塚山大学大学院人文科学研究科紀要」　帝塚山大学大学院人文科学研究科　(1)　2000.3

北摂の古社寺―水無瀬から高槻へ(藤井直正)「近畿文化」　近畿文化会事務局　651　2004.2

卜半境内

卜半境内の形成過程―貝塚にみる真宗寺内の近世化(藤田実)「寺内町研究」　貝塚寺内町歴史研究会，和泉書院(発売)　7　2004.5

星のぶらんこ

郷土を歩く(37)　磐船神社から星のぶらんこへ(編集部)「まんだ : 北河内とその周辺の地域文化誌」　まんだ編集部　64　1998.7

星の森宮

交野・星の森祭礼と降星伝説(秋山浩三)「まんだ : 北河内とその周辺の地域文化誌」　まんだ編集部　85　2005.12

近畿　　　　　　　　　　　　郷土に伝わる民俗と信仰　　　　　　　　　　　　　　大阪府

細屋神社
式内社 細屋神社考(山野貞夫)「まんだ ： 北河内とその周辺の地域文化誌」 まんだ編集部 61 1997.7

堀川戎神社
堀川戎神社の十日戎(大島建彦)「西郊民俗」 [西郊民俗談話会] 通号159 1997.6

堀村
松原の史蹟と伝説(13)堀村の河川と水路(出水睦己)「河内どんこう」 やお文化協会 75 2005.2

本願寺
戦国大名北条氏と本願寺―「禁教」関係史料の再検討とその背景(鳥居和郎)「神奈川県立博物館研究報告.人文科学」 神奈川県立歴史博物館 (27) 2001.3

古文書講座「願泉寺と貝塚寺内(3)―宗教と政治のはざま、本願寺と寛永寺」/古文書をひも解く 願泉寺と寛永寺の結びつき「テンプス ： かいづか文化財だより」 貝塚市教育委員会 (24) 2006.2

本源寺
茨木市本源寺境内の二、三の石造品(辻尾栄市)「史迹と美術」 史迹美術同攷会 67(10) 1997.12

本伝寺
安房妙本寺と和泉堺本伝寺―新出史料の検討(佐藤博信)「日蓮仏教研究」 常円寺日蓮仏教研究所 (4) 2010.03

牧野
片埜神社と牧野・樟葉の文化財(矢ヶ崎善太郎)「史迹と美術」 史迹美術同攷会 76(9)通号769 2006.11

真澄庵
真澄庵について(福岡佐一)「会誌」 鯖江郷土史懇談会 (9) 2001.11

万願寺
万願寺の牛(佐藤一志、堀井建市)「河内どんこう」 やお文化協会 68 2002.10

美具久留御魂神社
茅の輪くぐりと美具久留御魂神社(松尾巴留美)「河内長野市郷土研究会誌」 [河内長野市郷土研究会] (51) 2009.04

岬町
資料報告 大阪府岬町の文正元年銘一石五輪塔(三木治子)「歴史考古学」 歴史考古学研究会 (46) 2000.8

水掛不動
浪速今昔百景(20) 法善寺横丁と水掛不動(川村一彦)「会報」 大阪歴史懇談会 29(10)通号338 2012.10

水呑地蔵院
表紙写真 水呑地蔵院の雪景色(平嶋述司)「河内どんこう」 やお文化協会 (96) 2012.02

水呑地蔵尊
今も多くの自然が残る 水呑地蔵尊への信仰の道(《特集 見てほしい 知ってほしい 残したい わが町の風景2》)(平嶋述司)「河内どんこう」 やお文化協会 (81) 2007.2

水間寺
水間千本搗餅つき 大阪府貝塚市「公益社団法人全日本郷土芸能協会会報」 全日本郷土芸能協会 (62) 2011.01

貝塚市指定文化財無形民俗 水間寺千本搗餅つき「テンプス ： かいづか文化財だより」 貝塚市教育委員会 (47) 2011.11

古文書をひも解く 水間寺境内絵図(水間寺所蔵)「テンプス ： かいづか文化財だより」 貝塚市教育委員会 (48) 2012.02

溝の口墓地
溝の口墓地―経堂始末記 お堂が大石仏に生まれかわる(加茂甚作)「泉佐野の歴史と今を知る会会報」 泉佐野の歴史と今を知る会 (227) 2006.11

三日市
三日市のある旧家に伝わる屋敷神と歳末・年始の祭事について(川村淳二)「左海民俗」 堺民俗会 96 1998.1

御堂
御堂の甍に飛天舞う―大阪最古の土人形(市川創、川村紀子)「葦火 ： 大阪市文化財情報」 大阪市博物館協会大阪文化財研究所 24(1)通号139 2009.04

水無瀬御影堂
峰定寺阿弥陀三尊像の伝来をめぐって―水無瀬御影堂旧在の後鳥羽院関係仏か(杉崎貴英)「日本宗教文化史研究」 日本宗教文化史学会 17(1)通号33 2013.05

水無瀬神宮
水無瀬御影堂と臨済宗法燈派(徳永誓子)「日本宗教文化史研究」 日本宗教文化史学会 8(1)通号15 2004.5

湊
湊の冠婚葬祭・生活様式(風呂要蔵)「泉佐野の歴史と今を知る会会報」 泉佐野の歴史と今を知る会 112 1997.6

湊町
聞書・湊町の昭和初期の遊び 湊の盆踊について(岩田利雄、川端久治、古井和夫、阪上信夫、井上登、北山理)「泉佐野の歴史と今を知る会会報」 泉佐野の歴史と今を知る会 (234) 2007.6

聞書 湊町の秋祭りについて(岩田利雄、川端久治、風呂要蔵、阪上信夫、古井和夫、井上登、北山理)「泉佐野の歴史と今を知る会会報」 泉佐野の歴史と今を知る会 (235) 2007.7

南浦江
南浦江の寺院の石造物(前)、(後)(田野登)「大阪春秋」 新風書房 31(1)通号110/31(3)通号112 2003.3/2003.9

南恩加島小学校
表紙解説 南恩加島小学校「十六地蔵モニュメント」(福岡琢磨)/裏表紙 私の好きな風景 大阪城の桜(岩田重義)「大阪春秋」 新風書房 42(1)通号154 2014.04

南河内
南河内の伝説(出水睦己)「大阪春秋」 新風書房 27(1)通号94 1999.3

南河内における神社祭祀と住民組織―大阪府南河内郡太子町山田の例を中心に(濱田時実)「鷹陵史学」 鷹陵史学会 (38) 2012.09

南河内の新旧村落における墓制の成立過程―墓標調査と墓制研究の接点(市川秀之)「京都民俗 ： 京都民俗学会会誌」 京都民俗学会 (30・31) 2013.11

南町
聞書・波切神社と岸和田南町・浜七町(上)、(下)(中崎才吉、北山理)「泉佐野の歴史と今を知る会会報」 泉佐野の歴史と今を知る会 (248)/(249) 2008.8/2008.9

箕面
箕面の役行者伝承と竜樹菩薩・弁才天(籔元晶)「久里」 神戸女子民俗学会 (34) 2014.06

箕面の役行者伝承と竜樹菩薩・弁才天(学会記事―合同発表会発表要旨)(籔元晶)「会報」 岡山民俗学会 (213) 2014.11

三宅町
松原の史蹟と伝説(3) 依網屯倉と三宅町(出水睦己)「河内どんこう」 やお文化協会 64 2001.6

明厳寺
泉南地域の真宗寺院本堂とその彩色について―西法寺・明厳寺本堂(桜井敏雄、山内章)「泉佐野市史研究」 泉佐野市教育委員会 3 1997.3

妙見寺
河内妙見寺と敏達大王家(上田睦)「太子町立竹内街道歴史資料館館報」 太子町立竹内街道歴史資料館 3 1997.3

妙光寺
日蓮宗における近世仏像彫刻―泉佐野・妙光寺の仏像を中心に(長谷洋一)「泉佐野市史研究」 泉佐野市教育委員会 6 2000.3

妙順寺
市内文化財紹介 妙順寺の六字名号「テンプス ： かいづか文化財だより」 貝塚市教育委員会 2 1997.3

妙泉寺
文化財専門調査成果報告 妙泉寺の日蓮上人像は天文年間の作？―三十番神堂の牛玉宝印版木から「テンプス ： かいづか文化財だより」 貝塚市教育委員会 8 2000.3

文化財専門調査成果 日蓮宗寺院妙泉寺の歴史―妙泉寺蔵「法涌山略縁起」から「テンプス ： かいづか文化財だより」 貝塚市教育委員会 10 2001.3

三好山
三好山(芥川山城跡)まいり―神になった三好長慶(特集 飯森山城と戦国おおさか―エッセイ)(西本幸嗣)「大阪春秋」 新風書房 40(4)通号149 2013.01

向井村
松原の史蹟と伝説(23) 向井村と布忍神社(出水睦己)「河内どんこう」 やお文化協会 (85) 2008.6

713

室池

室池 鴨猟（樋口清春）「まんだ : 北河内とその周辺の地域文化誌」 まんだ編集部 61 1997.7

百舌鳥八幡宮

百舌鳥八幡宮の月見祭（高野剛）「堺人」 堺泉州出版会 （2） 2004.5

桃ヶ池

10月例会報告（第254回）桃ヶ池から難波の宮をたどって―聖徳太子の大蛇伝説を語る/古代史講座（第150回）大和時代（記紀はウソの時代）「会報」 大阪歴史懇談会 24（11）通号279 2007.11

杜本神社

阿蘇梨覚峰と竹内街道―杜本神社近辺の石造物（上野勝己）「太子町立竹内街道歴史資料館館報」 太子町立竹内街道歴史資料館 9 2003.3

八尾

八尾の歴史案内（3）古代の氏族と神社（棚橋利光）「河内どんこう」 やお文化協会 58 1999.6

中世八尾における律宗の広がり（棚橋利光）「研究紀要」 八尾市文化財調査研究会 11 2000.3

八尾の地蔵さん（坂上ひろこ）「河内どんこう」 やお文化協会 65 2001.10

八尾の伝統民家（平谷宗隆）「河内どんこう」 やお文化協会 66 2002.2

河内の伝承考（8）八尾の塚の話（堀井建市，佐藤一志）「河内どんこう」 やお文化協会 67 2002.6

八尾河内音頭ただいま全国発信中（松井幸一）「河内どんこう」 やお文化協会 73 2004.6

平野・八尾の社寺―大和川の流域をたどる（藤井直正）「近畿文化」 近畿文化会事務局 662 2005.1

河内の伝承考（15）戦時中の八尾（2）―子供の戦争（堀井建市）「河内どんこう」 やお文化協会 75 2005.2

昔の話から八尾を知る（3）～（10）（堀井建市）「河内どんこう」 やお文化協会 （78）/（85） 2006.2/2008.6

八尾・柏原からみた大坂本願寺（棚橋利光）「河内どんこう」 やお文化協会 （80） 2006.10

石棺の蓋で作ったお地蔵さん 六ヶ地蔵尊（《特集 見てほしい 知ってほしい 残したい わが町の風景2》）（中西隆子）「河内どんこう」 やお文化協会 （81） 2007.2

八尾近世墓の調査に参加して（徳谷尚子）「河内どんこう」 やお文化協会 （81） 2007.2

河内木綿商人の在方組織―八尾組・久宝寺組を事例に（角垣内佑梨）「研究紀要」 八尾市文化財調査研究会 （18） 2007.3

中世の八尾と常光寺（小谷利明）「研究紀要」 八尾市文化財調査研究会 （19） 2008.3

八尾と河内音頭―八尾河内音頭まつりの発展を願って（棚橋利光）「河内どんこう」 やお文化協会 （85） 2008.6

伝えたい風景「八尾の景観」 伝統民家が残る風景（平谷宗隆）「河内どんこう」 やお文化協会 （85） 2008.6

八尾の銅鐸（向井一雄）「河内どんこう」 やお文化協会 （87） 2009.02

八尾の古代寺院について（資料紹介）（樋口めぐみ）「館報」 八尾市立歴史民俗資料館 2009年度 2010.03

表紙写真 八尾環境フェスティバルでの讃念仏踊り（棚橋利光）「河内どんこう」 やお文化協会 （97） 2012.06

八尾の桶作りと道具について―底抜け担桶の復原製作から（研究ノート）（岡田清一）「館報」 八尾市立歴史民俗資料館 2012年度 2013.03

大阪の老舗と文化（5）河内音頭とものづくりの町 八尾の文化と老舗（前川洋一郎）「大阪春秋」 新風書房 42（1）通号154 2014.4

八尾御坊

河内歴史探訪（2）八尾寺内町の八尾御坊と久宝寺御坊（川村一彦）「民俗文化」 滋賀民俗学会 （534） 2008.3

八尾市

八尾市内民俗聞書メモ（1）～（4）（尾崎良史）「研究紀要」 八尾市文化財調査研究会 11/14 2000.3/2003.3

八尾・柏原市内石仏所在目録（三村正臣）「河内どんこう」 やお文化協会 64 2001.6

八尾市内神社の狛犬展 八尾の狛犬さん大集合（阪本昌三）「河内どんこう」 やお文化協会 （82） 2007.6

八尾市立歴史民俗資料館の展示でも旧植田家の狂言衣裳を見て（坂上ひろこ）「河内どんこう」 やお文化協会 （89） 2009.10

八尾市民河内音頭 ほんに八尾はええところ（初音家康博）「河内どんこう」 やお文化協会 （89） 2009.10

植田家に伝わった狂言衣装（資料紹介）（李煕連伊）「館報」 八尾市立歴史民俗資料館 2009年度 2010.03

心棒探し（5）～（8）八尾市古文化財 地蔵・石仏・石塔の部（1）～（4）

（高井雅弘）「河内どんこう」 やお文化協会 （94）/（97） 2011.06/2012.06

八尾地蔵

八尾地蔵胎内銘の調査について（米田敏幸）「研究紀要」 八尾市文化財調査研究会 12 2001.3

河内の伝承考（6）閻魔と仲良し八尾地蔵（堀井建市）「河内どんこう」 やお文化協会 65 2001.10

八尾地蔵のこと（棚橋利光）「河内どんこう」 やお文化協会 70 2003.6

八尾地蔵通夜物語（今中宏永）「河内どんこう」 やお文化協会 （84） 2008.2

私のいとしい "八尾地蔵"―市制施行60周年記念公演を前にして（志賀山勢州）「河内どんこう」 やお文化協会 （85） 2008.6

心棒探し（3）―八尾地蔵物語（現代版）（高井雅弘）「河内どんこう」 やお文化協会 （92） 2010.10

八尾地蔵に寄せる思い（第100号記念特集号）（志賀山勢州）「河内どんこう」 やお文化協会 （100） 2013.06

八尾寺内町

「中世・近世の寺内町を考える―久宝寺・八尾寺内町を中心として」報告（《特集 中世・近世の寺内町を考える―久宝寺・八尾寺内町を中心として》）（鎌谷かおる）「ヒストリア ： journal of Osaka Historical Association」 大阪歴史学会 （186） 2003.9

久宝寺・八尾地域における都市形成（《特集 中世・近世の寺内町を考える―久宝寺・八尾寺内町を中心として》）（小谷利明）「ヒストリア ： journal of Osaka Historical Association」 大阪歴史学会 （186） 2003.9

八尾城

木地師史料 八尾城主小倉右京亮・鍋末亡人・子女達の生涯―神埼郡永源寺町（杉本壽）「民俗文化」 滋賀民俗学会 446 2000.11

八品神社

貝塚市 八品神社（北山理）「泉佐野の歴史と今を知る会会報」 泉佐野の歴史と今を知る会 （270） 2010.06

貝塚市 八品神社 金石文資料（2）（北山理）「泉佐野の歴史と今を知る会会報」 泉佐野の歴史と今を知る会 （271） 2010.07

安居神社

安居神社（安井天神）と武将真田幸村（信繁）（中島一煕）「歴史懇談」 大阪歴史懇談会 13 1999.8

安井天神

安居神社（安井天神）と武将真田幸村（信繁）（中島一煕）「歴史懇談」 大阪歴史懇談会 13 1999.8

安松

中世の安松の油商人―大山崎離宮八幡宮文書からの紹介（廣田浩治）「泉佐野の歴史と今を知る会会報」 泉佐野の歴史と今を知る会 （288） 2011.12

野中寺

中の太子「野中寺」（山本律郎）「河内どんこう」 やお文化協会 69 2003.2

山田

式内社・科長神社と山田の船形地車―山田の船だんじり出現とその背景（上野勝己）「太子町立竹内街道歴史資料館館報」 太子町立竹内街道歴史資料館 10 2004.3

山直

岸和田（山直地区）地方のお雑煮（桜井勲）「左海民俗」 堺民俗会 （121） 2006.5

山田伊射奈岐神社

山田伊射奈岐神社社号標石 佐井寺伊射奈岐神社社号標石 市指定有形文化財（西本安秀）「吹田市立博物館博物館だより」 吹田市立博物館 （40） 2009.12

山田伊射奈岐神社本殿が大阪府指定有形文化財に指定されました（池田直子）「吹田市立博物館博物館だより」 吹田市立博物館 （45） 2011.03

大和川

大和川付替四方山話（7）小学生のための大和川のつけかえ（中九兵衛）「まんだ : 北河内とその周辺の地域文化誌」 まんだ編集部 61 1997.7

大阪歴史散歩（8）住吉大社と大和川の付替（石田稔，石田和美）「大阪の歴史」 大阪市史料調査会 （58） 2001.12

平野・八尾の社寺―大和川の流域をたどる（藤井直正）「近畿文化」 近畿文化会事務局 662 2005.1

山辺神社

能勢の石造品（1）能勢町山辺神社の角宝塔について（田村信成）「歴史考

近畿　　　　　　　　　　　　郷土に伝わる民俗と信仰　　　　　　　　　　　　大阪府

古学」 歴史考古学研究会 （60） 2009.03

山ねき
山ねきのご詠歌講（坂上清美）「河内どんこう」 やお文化協会 （103） 2014.06

瑜珈祠
幕末期大阪の瑜珈祠（由加神社）（鷲原知良）「都市文化研究」 大阪都市文化研究会 （29） 2010.03

由加神社
幕末期大阪の瑜珈祠（由加神社）（鷲原知良）「都市文化研究」 大阪都市文化研究会 （29） 2010.03

油上
松原の史蹟と伝説（11）大和川今池遺跡と芝・油上（出水睦己）「河内どんこう」 やお文化協会 73 2004.6

養寿寺
養寿寺旧蔵および光明院寄託の石棺について（樋口吉文，奥田尚）「堺市博物館報」 堺市博物館 （30） 2011.03

依網屯倉
松原の史蹟と伝説（3）依網屯倉と三宅町（出水睦己）「河内どんこう」 やお文化協会 64 2001.6

吉田家大坂用所
吉田家大坂用所の設置と神祇道取締役・神道方頭役（井上智勝）「大阪の歴史」 大阪市史料調査会 通号55 2000.4

吉野
吉野と大峯奥駈道―山下から奥千本・青根ヶ峯・鳳閣寺（菅谷文則）「近畿文化」 近畿文化会事務局 660 2004.11

四つ橋文楽座
四つ橋文楽座開場前後―文楽復興へのうごき（森西真弓）「芸能懇話」 大阪芸能懇話会 （11） 1997.11

淀川
変貌著しい磐船伝承地と淀川（池田靖男）「まんだ ： 北河内とその周辺の地域文化誌」 まんだ編集部 63 1998.3

50年前の淀川の歌「淀の流れは十三里」と「淀川節」（古見山芳男）「淀の流れ」 淀川資料館 （67） 2003.9

淀川の夢（2） くらわんか船の悪口雑言をどう見るか（永野仁）「まんだ ： 北河内とその周辺の地域文化誌」 まんだ編集部 （87） 2006.8

中世前期の淀川流域にみる水上交通 貴族の寺社参詣と淀川の交通―四天王寺・高野山・熊野参詣/戦乱の敗者と淀川（曽我部愛）「摂津市市史編纂だより」 摂津市市史編さん室 （2） 2014.4

淀川河口部
一夜官女とその周辺―淀川河口部地域の民俗文化（澤井浩一）「吹田市立博物館博物館だより」 吹田市立博物館 （48） 2011.10

淀川区
大阪歴史散歩（11） 淀川区の史跡と伝承（三善貞司）「大阪の歴史」 大阪市史料調査会 （61） 2003.3

来迎寺
大阪府守口市来迎寺銭弘俶塔について（奥村隆彦）「歴史考古学」 歴史考古学研究会 （58） 2007.1

銭弘俶八万四千塔の伝世についての新知見―京都・金胎寺塔と大阪・来迎寺塔（論考）（服部敦子）「日本文化史研究」 帝塚山大学奈良学総合文化研究所 （45） 2014.03

陸軍第四師団兵器部大手前倉庫跡
陸軍第四師団兵器部大手前倉庫跡出土の認識票―死者の認識票と英連邦戦没者墓地（〈部会報告〉）（江浦洋）「ヒストリア ： journal of Osaka Historical Association」 大阪歴史学会 （183） 2003.1

竜泉寺
竜泉寺と嶽山城址（大和充）「河内どんこう」 やお文化協会 51 1997.2

嶽山 楠公史跡と中腹の龍泉寺（深江茂樹）「大阪春秋」 新風書房 34（3）通号120 2005.10

竜泉寺弁財天社参道橋
大阪府下最古の石造桁橋―龍泉寺弁財天社参道橋（創刊70号記念特別号）（多田準二）「歴史考古学」 歴史考古学研究会 （70） 2014.12

蓮華寺
近世前期の真言律宗土丸村蓮華寺（廣田浩治）「泉佐野の歴史と今を知る会会報」 泉佐野の歴史と今を知る会 （294） 2012.06

六十六部廻国供養塔
六十六部日本廻国所願成就供養塔（山口義晴）「日本の石仏」 日本石仏協

会，青娥書房（発売） 通号88 1998.12

若江
東大阪市若江・小阪方面の石仏（清水俊明）「野ほとけ」 奈良石仏会 （372） 2001.12

若林村
松原の史蹟と伝説（7） 若林村と法華経塔（出水睦己）「河内どんこう」 やお文化協会 69 2003.2

和光寺
絵はがきでみる昔の大阪（16） 和光寺（堀田暁生）「編纂所だより」 大阪市史編纂所 （38） 2012.3

和田
和田の地名、遺跡、史跡、伝承（土師楠嘉）「堺泉州」 堺泉州出版会 （11） 2001.10

渡辺村
資料紹介 渡辺村の墓所と火屋に関わる史料（村上紀夫）「大阪人権博物館紀要」 大阪人権博物館 （4） 2000.3

「太鼓の胴銘」に摂州大坂渡辺村 河内屋・太鼓屋の名が「研究所情報」 長崎人権研究所 通号44 2008.2

太鼓の胴から見える近世のかわた村―渡辺村を中心として（村上紀夫）「大阪人権博物館紀要」 大阪人権博物館 （12） 2010.1

ワッハ上方
大阪府立演芸資料館（ワッハ上方）再訪（《特集 上方落語》）（神野茂樹）「大阪春秋」 新風書房 34（2）通号123 2006.7

兵庫県

相坂西ノ奥

牛の神さん―聞き書き 相坂西ノ奥の「大日さん」(難波正司)「Sala ： 歴史民俗誌」 常民学舎 (53) 2013.02

阿閇神社

阿閇村と阿閇神社(井上季史，吉田忠幸，清水嗣子，北川章子)「東播磨地域史論集」 東播磨地域史懇話会 (13) 2007.3

青垣

ふるさと探訪 市内社寺・史跡めぐり(青垣地区)(吉住成徳)「いちじま史研」 丹波市市島町史実研究会 (53) 2009.4

明石

「明石陶器」雑考(山下俊郎)「歴史と神戸」 神戸史学会 37(5)通号210 1998.10

明石焼と私(青木重雄)「歴史と神戸」 神戸史学会 37(5)通号210 1998.10

館蔵品紹介 明石焼―人丸焼とほのぼの焼「明石市立文化博物館ニュース」 明石市立文化博物館 23 1999.11

館蔵品紹介(3) 明石焼(3)―明石焼の発展「明石市立文化博物館ニュース」 明石市立文化博物館 24 2000.4

明石のむかしを解き明かす 道具今・昔 雛人形 御殿飾り(永田浩史)「明石市立文化博物館ニュース」 明石市立文化博物館 (42) 2006.3

企画展「発掘された明石の歴史展―法道仙人と行基菩薩の時代―」「明石市立文化博物館ニュース」 明石市立文化博物館 (51) 2008.10

「祓」と滅罪―『源氏物語』の「須磨」「明石」の巻を通路として(熊谷保孝)「摂播歴史研究」 摂播歴史研究会 (63) 2014.03

明石海峡

伊予河野氏と平氏と明石海峡―大蔵谷の稲爪神社と舞子の山田浦を中心に(田中久夫)「御影史学論集」 御影史学研究会 通号29 2004.10

発会記念講演 明石海峡と倭大國魂神(瀧川政次郎)「摂播歴史研究」 摂播歴史研究会 (特集号) 2007.3

明石市

懐かしの民具(1) 機「明石市立文化博物館ニュース」 明石市立文化博物館 25 2000.8

懐かしの民具(2) 蠟管蓄音器「明石市立文化博物館ニュース」 明石市立文化博物館 26 2000.12

道具いまむかし(4) 電話「明石市立文化博物館ニュース」 明石市立文化博物館 33 2003.4

道具今・昔―あかりの道具「明石市立文化博物館ニュース」 明石市立文化博物館 35 2003.12

道具今・昔―冷蔵庫(加藤尚子)「明石市立文化博物館ニュース」 明石市立文化博物館 36 2004.4

道具今・昔―唐箕(加藤尚子)「明石市立文化博物館ニュース」 明石市立文化博物館 37 2004.8

道具今・昔―糸を紡ぐ(加藤尚子)「明石市立文化博物館ニュース」 明石市立文化博物館 38 2004.12

道具今・昔大八車を追いかけて(1)(永田浩史)「明石市立文化博物館ニュース」 明石市立文化博物館 (39) 2005.3

紙芝居のおっちゃん(阿部元則さん)に聞きました！ インタビュー「明石市立文化博物館ニュース」 明石市立文化博物館 (56) 2010.01

展覧会レポート 企画展「くらしのうつりかわり展―昭和の食と台所―」2014年2月16日(日)～3月21日(金・祝)「明石市立文化博物館ニュース」 明石市立文化博物館 (74) 2014.07

明石七仏薬師

明石七仏薬師成立に関する一考察(河合佳世)「久里」 神戸女子民俗学会 4 1997.10

英賀西村

英賀西村の書写の餅(小山喜美子)「久里」 神戸女子民俗学会 (16・17) 2005.3

赤穂

赤穂義士と「魚津」林家の年中行事など(水野敏夫)「魚津史談」 魚津歴史同好会 (22) 2000.3

誌上博物館(65)「忠臣蔵」と疱瘡神祭り(香川雅信)「兵庫歴博ニュース」 兵庫県立歴史博物館 71 2000.9

赤穂事件(忠臣蔵)と備後三次―伝承と史実と(米丸嘉一)「広島県文化財ニュース」 広島県文化財協会 173 2002.6

誌上博物館(72) 忠臣蔵怪異伝承(香川雅信)「兵庫県立歴史博物館ニュース」 兵庫県立歴史博物館 (78) 2004.3

赤穂から来た延岡の塩(片伯部旭)「亀井 ： 内藤家顕彰会会誌」 内藤家顕彰会 2009年度 2010.5

頑固親爺のなにわぶし―現代に活かす浪曲の世界(2) 赤穂義士伝・神崎東下り(芦川淳平)「河内どんこう」 やお文化協会 (96) 2012.02

赤穂市

神仏分離令と日吉神社(岡田順一)「赤穂の文化研究紀要」 赤穂市文化とみどり財団 (5) 2004.3

赤穂藩

藩祖の遺品と祖霊社―赤穂藩森家を例に(佐藤誠)「隣人 ： 草志会年報」 草志会 (22) 2009.03

網引村

網引村の伝承と伝説(古川益男)「播磨郷土研究」 加西郡郷土研究会 (21) 2005.11

網干

鯉のぼりのこと―兵庫県姫路市網干(松本ひろみ)「久里」 神戸女子民俗学会 8 2000.4

網干区

盆の送り火(精霊送り) 姫路市網干区(増田政利)「Sala ： 歴史民俗誌」 常民学舎 (56) 2014.08

阿万

阿万の講集団と信仰(堀部るみ子)「あわじ ： 淡路地方史研究会会誌」 淡路地方史研究会 (25) 2008.2

尼ケ崎

鬼の踊り 祈りの踊り―ギリヤーク尼ケ崎の大道芸(渡辺澄子)「六甲倶楽部報告」 六甲倶楽部 (94) 2010.09

尼崎

「寺院明細帳」を読む(田中敦)「みちしるべ ： 尼崎郷土史研究会々誌」 尼崎郷土史研究会 25 1997.3

旱魃・雨乞山や竜王山のはなし(西本珠夫)「みちしるべ ： 尼崎郷土史研究会々誌」 尼崎郷土史研究会 26 1998.3

氏神熊野神社と近世熊野信仰―摂津国尼崎の熊野神社を事例として(豊島修)「地域史研究 ： 尼崎市立地域研究史料館紀要 ： Bulletin of the history of Amagasaki」 尼崎市立地域研究史料館 28(1)通号82 1998.12

尼崎における神仏習合の諸相(田中敦)「みちしるべ ： 尼崎郷土史研究会々誌」 尼崎郷土史研究会 27 1999.3

聞き描き ありし日のまちと暮らし(8) 尼崎版「土地の神話」―土地開発に暗躍した男たちの話(1)(井上眞理子)「歴史と神戸」 神戸史学会 42(4)通号239 2003.8

『尼崎の社寺建造物』『尼崎の神社・寺院建築』(文献紹介)(羽間美智子)「地域史研究 ： 尼崎市立地域研究史料館紀要 ： Bulletin of the history of Amagasaki」 尼崎市立地域研究史料館 33(1)通号96 2003.9

聞き描き ありし日のまちと暮らし(9) 尼崎版「土地の神話」―土地開発に暗躍した男たちの話(2) 呉錦堂と尼いも畑(井上眞理子)「歴史と神戸」 神戸史学会 42(5)通号240 2003.10

《尼崎の伝説特集号1》「みちしるべ ： 尼崎郷土史研究会々誌」 尼崎郷土史研究会 (33) 2005.3

尼崎の伝説特集にあたって(西本珠夫)「みちしるべ ： 尼崎郷土史研究会々誌」 尼崎郷土史研究会 (33) 2005.3

尼崎の伝説 凡例/書名略記表「みちしるべ ： 尼崎郷土史研究会々誌」 尼崎郷土史研究会 (33) 2005.3

中央地区(尼崎の伝説)(羽間美智子)「みちしるべ ： 尼崎郷土史研究会々誌」 尼崎郷土史研究会 (33) 2005.3

行基さんと魚―尼崎の伝説から(田中敦)「みちしるべ ： 尼崎郷土史研究会々誌」 尼崎郷土史研究会 (33) 2005.3

尼崎の伝説特集2の発刊にあたって(《尼崎の伝説特集号2》)(西本珠夫)「みちしるべ ： 尼崎郷土史研究会々誌」 尼崎郷土史研究会 (34) 2006.3

凡例/書名略記表(《尼崎の伝説特集号2》―尼崎の伝説)「みちしるべ ：

近畿　　　　　　　　　　郷土に伝わる民俗と信仰　　　　　　　　　　兵庫県

尼崎郷土史研究会々誌」尼崎郷土史研究会　(34) 2006.3
園田・立花・武庫・大庄地区目次《尼崎の伝説特集号2》―尼崎の伝説」「みちしるべ：尼崎郷土史研究会々誌」尼崎郷土史研究会　(34) 2006.3
伝説 園田・立花・武庫・大庄地区《尼崎の伝説特集号2》(羽間美智子)「みちしるべ：尼崎郷土史研究会々誌」尼崎郷土史研究会　(34) 2006.3
尼崎の伝説1・2索引《尼崎の伝説特集号2》(羽間美智子)「みちしるべ：尼崎郷土史研究会々誌」尼崎郷土史研究会　(34) 2006.3
大将軍再考《尼崎の伝説特集号2》(田口敦)「みちしるべ：尼崎郷土史研究会々誌」尼崎郷土史研究会　(34) 2006.3
尼崎の伝説地図(ただし、関連事物存在分)(羽間美智子)「みちしるべ：尼崎郷土史研究会々誌」尼崎郷土史研究会　(34) 2006.3
尼崎の春日社(田中敦)「みちしるべ：尼崎郷土史研究会々誌」尼崎郷土史研究会　(35) 2007.3
尼崎の神社概観再説(田中敦)「みちしるべ：尼崎郷土史研究会々誌」尼崎郷土史研究会　(36) 2008.3
歴史講座 尼崎の神社について(参加記録)(松田佑)「みちしるべ：尼崎郷土史研究会々誌」尼崎郷土史研究会　(36) 2008.3
円光大師二十五番霊場と尼崎巡拝講(1)(村上昭彦)「みちしるべ：尼崎郷土史研究会々誌」尼崎郷土史研究会　(37) 2009.03
歴史講演会及び歴史講座「歴」いて/「戦国期寺内町の形成と尼崎」寺内町の歴史的特質、本興寺と三好長慶、塚口寺内町(平成21年度尼崎郷土史研究会実施行事)「みちしるべ：尼崎郷土史研究会々誌」尼崎郷土史研究会　(38) 2010.03
歴史資料としての伝説―渡辺綱伝説を例に(記念論文)(森隆男)「みちしるべ：尼崎郷土史研究会々誌」尼崎郷土史研究会　(40) 2012.03
戦国期に奈良から尼崎を旅した僧侶たちの記録(小特集 宝珠院文書から見る中世後期の尼崎)(大村拓生)「地域史研究：尼崎市立地域研究史料館紀要：Bulletin of the history of Amagasaki」尼崎市立地域研究史料館　(113) 2013.11
尼崎今昔物語について(田中敦)「みちしるべ：尼崎郷土史研究会々誌」尼崎郷土史研究会　(42) 2014.3
摂津一国八十八ヶ所と尼崎の札所(村上昭彦)「みちしるべ：尼崎郷土史研究会々誌」尼崎郷土史研究会　(42) 2014.03

尼崎市

研究ノート(4) 奉納された謎の櫂(森隆男)「しながどり：(仮称)尼崎市立歴史博物館準備室だより」尼崎市教育委員会歴史博物館準備室 10 1999.10
本門法華宗綱要事件について(田中敦)「地域史研究：尼崎市立地域研究史料館紀要：Bulletin of the history of Amagasaki」尼崎市立地域研究史料館　29(3)通号87 2000.3
源融伝承考(宮崎亮太)「地域史研究：尼崎市立地域研究史料館紀要：Bulletin of the history of Amagasaki」尼崎市立地域研究史料館 32(2)通号95 2011.3

尼崎神社

文献紹介 『[改訂版]尼崎神社あんない―市内六十六社のしおり』『尼崎の歴史ものがたり』(羽間美智子)「地域史研究：尼崎市立地域研究史料館紀要：Bulletin of the history of Amagasaki」尼崎市立地域研究史料館　31(3)通号93 2002.3

尼崎町

元禄5年尼崎町寺社改め帳写し(地域研究史料館)「地域史研究：尼崎市立地域研究史料館紀要：Bulletin of the history of Amagasaki」尼崎市立地域研究史料館　27(1)通号79 1997.12

尼崎藩

尼崎藩大庄屋高井宗官家の役割―摩耶山元上寺周辺の宗教的環境のなかで(早栗佐知子)「研究報告」西宮市立郷土資料館　(10) 2013.11

甘地

播州甘地歌舞伎の役者群像(今井登子)「日本精神文化」日本精神文化学会 11 2003.6

阿万の風流大踊小踊

「阿万風流大踊小踊」について(堀部るみ子)「あわじ：淡路地方史研究会会誌」淡路地方史研究会　(21) 2004.1

阿弥陀寺

武庫郡・菟原郡の郡境について―阿弥陀寺の鐘と双盤(俵谷和子)「西宮市立郷土資料館ニュース」西宮市立郷土資料館　(36) 2011.06

阿弥陀町魚橋東

地蔵盆について 高砂市阿弥陀町魚橋東(藤井正上)「Sala：歴史民俗誌」常民学舎　(55) 2014.02

荒田郡

兵庫県古代史二題―淡路国大和大国魂神社と摂津国荒田郡(〔講演筆

記〕)(直木孝次郎)「兵庫のしおり」兵庫県 2 2000.3

有野中町

有野中町に今に残る「左義長」(小西義夫)「神戸史談」神戸史談会 288 2001.7

有間神社

有間神社、江戸時代の神事(岡田一幸)「神戸史談」神戸史談会 279 1997.1

粟鹿

オホタタネコの伝承をめぐって 附『粟鹿大神元記』の再評価(瀬間正之)「大美和」大神神社　(106) 2004.1

粟鹿神社

但馬国の粟鹿神社について―朝来郡山東町(杉本壽)「民俗文化」滋賀民俗学会 464 2002.5

淡路

初盆供養にみる民俗行事(堀部るみ子)「あわじ：淡路地方史研究会会誌」淡路地方史研究会　(14) 1997.1
淡路巡礼のご詠歌と尚齢会(生田静子)「あわじ：淡路地方史研究会会誌」淡路地方史研究会　(14) 1997.1
淡路巡礼とお接待(堀部るみ子)「あわじ：淡路地方史研究会会誌」淡路地方史研究会　(16) 1999.1
基調講演 淡路の武士と八幡信仰について(古森博澄)「日本精神文化」日本精神文化学会 8 2001.12
江戸末から明治初期の淡路巡礼(武田信一)「あわじ：淡路地方史研究会会誌」淡路地方史研究会　(20) 2003.1
淡路の仏像(紺野敏文)「近畿文化」近畿文化会事務局 648 2003.11
カメノウキキ―ウミガメと海上信仰について(永田誠吾)「あわじ：淡路地方史研究会会誌」淡路地方史研究会　(21) 2004.1
淡路の人形師(居内春一)「西宮文化協会会報」西宮文化協会 430 2004.1
池田文庫所蔵 淡路・阿波人形かしらについて(収蔵資料紹介)(山田和人)「館報池田文庫」阪急学園池田文庫　(24) 2004.4
素浄瑠璃と義義審査会(堀部るみ子)「あわじ：淡路地方史研究会会誌」淡路地方史研究会　(22) 2005.1
耽奇漫録と戯記漫録(武田清市)「あわじ：淡路地方史研究会会誌」淡路地方史研究会　(22) 2005.1
きゅうり加持(封じ)について(堀部るみ子)「あわじ：淡路地方史研究会会誌」淡路地方史研究会　(23) 2006.1
『一遍聖絵』と淡路(武田信一)「あわじ：淡路地方史研究会会誌」淡路地方史研究会　(24) 2007.1
天神祭の講社とその役割―吉備講・采女講について(堀部るみ子)「あわじ：淡路地方史研究会会誌」淡路地方史研究会　(24) 2007.1
淡路と種子島に今も生きる日良辰印(濱岡きみ子)「あわじ：淡路地方史研究会会誌」淡路地方史研究会　(24) 2007.1
古道を歩く―誕生愛荼羅余光の道(濱岡きみ子)「あわじ：淡路地方史研究会会誌」淡路地方史研究会　(26) 2009.01
渡来の神 天日桙命の謎―神話と遺跡を通して(五島清弘)「あわじ：淡路地方史研究会会誌」淡路地方史研究会　(26) 2009.01
淡路の梵鐘ものがたり(濱岡きみ子)「あわじ：淡路地方史研究会会誌」淡路地方史研究会　(27) 2010.01
翻刻 近世写本「淡路名高古狸物語」―道頓堀に芝居見物に来た淡路の狸の物語(1)～(最終回)(田野登、宮本裕次)「大阪春秋」新風書房 38(3)通号140/39(1)通号142 2010.10/2011.04
手作りの「祭」を創り出す―「淡路瓦四百年祭」を通した地域社会見直しの試み(研究ノート)(倉田誠)「京都民俗：京都民俗学会会誌」京都民俗学会　通号28 2011.03

淡路護国寺

淡路島における神仏習合と檀家制度―淡路護国寺の場合(吉井敏幸)「日本宗教文化史研究」日本宗教文化史学会 7(2)通号14 2003.11

淡路座

〔史料紹介〕翻刻『今代源氏東軍談 四段目の切水責の段』―淡路座初演作品である可能性についての報告(神津武男)「歴史の里：松茂町歴史民俗資料館・人形浄瑠璃芝居資料館館報」松茂町歴史民俗資料館・人形浄瑠璃芝居資料館 8 2002.8

淡路市

表紙 「地志んどう化大津ゑぶし」(淡路市教育委員会提供)「ひょうごの遺跡：兵庫県埋蔵文化財情報」兵庫県まちづくり技術センター埋蔵文化財調査部　(83) 2012.07

淡路島

淡路島の仏像・石造品を訪ねて(坂田二三夫)「史迹と美術」史迹美術同攷会 69(6)通号696 1999.7

淡路島における巨石信仰と性神信仰（桂修）「日本精神文化」　日本精神文化学会　7　2001.6

淡路島のヒアワセ習俗（堀部るみ子）「御影史学論集」　御影史学研究会　通号26　2001.10

淡路島の虫送り―銅鐸の絵と害虫防除法についての一考察（永田誠吾）「あわじ : 淡路地方史研究会会誌」　淡路地方史研究会　（20）2003.1

「淡路島の昔話」採集メモから（1）～（4）（高田成樹）「あわじ : 淡路地方史研究会会誌」　淡路地方史研究会　（22）/（25）2005.1/2008.2

淡路島の巡礼の様相（堀部るみ子）「徳島地域文化研究」　徳島地域文化研究会　（3）2005.3

淡路島の伊勢講（武田信一）「あわじ : 淡路地方史研究会会誌」　淡路地方史研究会　（23）2006.1

アイヌの人たちと淡路島―北海道静内の風土を通して（五島清弘）「あわじ : 淡路地方史研究会会誌」　淡路地方史研究会　（23）2006.1

「淡路島の絵馬」その後（永田誠吾）「あわじ : 淡路地方史研究会会誌」　淡路地方史研究会　（24）2007.1

神話と諏訪大社 併記 淡路島の諏訪明神信仰（五島清弘）「あわじ : 淡路地方史研究会会誌」　淡路地方史研究会　（24）2007.1

言霊の幸はふ国、淡路島のことば（1）～（4）（伊郷好文）「あわじ : 淡路地方史研究会会誌」　淡路地方史研究会　（25）/（28）2008.2/2011.1

淡路島の「大人」の由来と巨人伝承の系譜（永田誠吾）「あわじ : 淡路地方史研究会会誌」　淡路地方史研究会　（27）2010.1

永田誠吾著「稲作のマツリと祈り―淡路島の年中行事」（書評・新刊紹介）（森本嘉訓）「徳島地域文化研究」　徳島地域文化研究会　（8）2010.03

淡路島のミニ霊場（堀部るみ子）「あわじ : 淡路地方史研究会会誌」　淡路地方史研究会　（30）2013.01

「一遍聖絵」にみる淡路島の光景（加地和夫）「新居浜史談」　新居浜郷土史談会　（392）2014.10

淡路人形浄瑠璃

淡路人形浄瑠璃 兵庫県南あわじ市「公益社団法人全日本郷土芸能協会会報」　全日本郷土芸能協会　（69）2012.10

淡路霊場

淡路霊場記（1）～（5）（武田信一）「あわじ : 淡路地方史研究会会誌」　淡路地方史研究会　（27）/（31）2010.01/2014.01

闇斎神社

山崎闇齋先生と闇齋神社（鎌田裕明）「山崎郷土会報」　山崎郷土研究会　（122）2014.03

家島神社

天神社と家島神社（前）,（後）―兵庫県飾磨郡（奥山芳夫）「民俗文化」　滋賀民俗学会　459/460　2001.12/2002.1

家島町

島の生活（2）～（28）―飾磨郡家島町（奥山芳夫）「民俗文化」　滋賀民俗学会　483/（509）2003.12/2006.2

家島の神社（29）飾磨郡家島町（奥山芳夫）「民俗文化」　滋賀民俗学会　（510）2006.3

島の生活（30）～（64）姫路市家島町（奥山芳夫）「民俗文化」　滋賀民俗学会　（511）/（545）2006.4/2009.02

家島町坊勢

島の生活（1）―兵庫県家島町坊勢（田中實）「民俗文化」　滋賀民俗学会　470　2002.11

家島町宮

兵庫県飾磨郡家島町宮地区の葬送（大沢華保理）「史園 : Sonoda's journal of history and folk studies」　園田学園女子大学歴史民俗学会　（1）2000.3

斑鳩寺

斑鳩寺と太子町の文化財（田村三千夫）「ひょうご歴史文化フォーラム会報」　ひょうご歴史文化フォーラム　（15）2011.12

鵤荘

鵤荘の聖徳太子像（小松光江）「聖徳」　聖徳宗教学部　（190）2006.12

播磨国鵤荘と法隆寺そして興福寺との構図―兵庫県立歴史博物館「聖徳太子と国宝法隆寺展」を拝見して（展覧会逍遙）（河野昭昌）「堯栄文庫研究紀要」　親王院堯栄文庫　（7）2007.12

生島

秦河勝と生島伝説（千田草介）「Sala : 歴史民俗誌」　常民学舎　（54）2013.08

生田遺跡

生田神社の鎮座地と生田遺跡をめぐって（加藤隆久）「神戸史談」　神戸史談会　295　2005.1

生田社

神功皇后奉祀 摂津国広田・生田・長田三社の創祀と発展（1）～（3）（加藤隆久）「摂播歴史研究」　摂播歴史研究会　21/23　1998.6/1999.2

海人・ヒコホホデミについての考察―生田・長田・廣田・片岡社の稲束（どいかずこ）「神戸史談」　神戸史談会　通号305　2010.01

生田神社

生田神社の今昔―平成9年正月例会講演から（加藤隆久）「神戸史談」　神戸史談会　280　1997.7

生田神社の裔神八社とへそだんご（加藤隆久）「神戸史談」　神戸史談会　284　1999.7

生田神社と酒―平成13年正月例会講演から（大意）（加藤隆久）「神戸史談」　神戸史談会　288　2001.7

生田神社の鎮座地と生田遺跡をめぐって（加藤隆久）「神戸史談」　神戸史談会　295　2005.1

生田神社と砂山の関係に就いて（〈前編 神戸史談会諸先賢の遺稿〉―1 歴代会長の部）（川邊賢武）「神戸史談」　神戸史談会　296　2005.6

生田神社と神社史について（〈前編 神戸史談会諸先賢の遺稿〉―5 諸先賢の部）（加藤鋑次郎）「神戸史談」　神戸史談会　296　2005.6

年頭のご挨拶―建築家ライトと生田神社（加藤隆久）「神戸史談」　神戸史談会　通号297　2006.1

年頭所感―生田神社の創祀（加藤隆久）「神戸史談」　神戸史談会　通号301　2008.1

『生田神社史』を読んで（廣瀬明正）「摂播歴史研究」　摂播歴史研究会　（45）2008.3

生田神社学術フォーラムに参加して（廣瀬明正）「摂播歴史研究」　摂播歴史研究会　（49・50）2009.11

年頭所感 神戸と生田神社と酒造について（加藤隆久）「神戸史談」　神戸史談会　通号305　2010.1

河口と湊と航海の神（生田神社）―大輪田泊・神戸の浦・居留地（田中久夫）「御影史学論集」　御影史学研究会　通号35　2010.10

「海上五十狭茅」について（服部晃）「神戸史談」　神戸史談会　（307）2011.01

生田神社社家から見た生田神社と神戸（高橋暢雄氏）―新年例会から（事務局）「神戸史談」　神戸史談会　（308）2011.07

年頭のあいさつ 鈴木重胤と生田神社（加藤隆久）「神戸史談」　神戸史談会　（311）2014.01

生野

「荒ぶる神」についての考察（杉浦健夫）「一里塚」　生野銀山史談会　（8）2001.3

町内の庚申信仰と庚申塔（山木武男）「一里塚」　生野銀山史談会　（11）2006.3

生野の神輿考（西森秀喜）「一里塚」　生野銀山史談会　（12）2007.3

倭文神社のこと（夜久俊助）「一里塚」　生野銀山史談会　（13）2008.3

大蔵神社と改修の歴史（椿野兵馬）「一里塚」　生野銀山史談会　（13）2008.3

炉辺 昔ばなし（椿野兵馬）「一里塚」　生野銀山史談会　（14）2009.03

研究ノート 「生野踊り」今昔（大渡敏仁）「日本民俗音楽学会会報」　日本民俗音楽学会　（32）2010.03

伊弉諾神宮

高浜町小和田の年中行事―伊弉諾神宮祢宜の一年（田中孝）「北陸の民俗」　富山民俗の会　20　2003.8

石原経塚

口絵 石原経塚埋納経 解説（岸本一郎）「童子山 : 西脇市郷土資料館紀要」　西脇市教育委員会　（16）2009.07

石守廃寺

柱穴から見える古代 石守廃寺「ひょうごの遺跡 : 兵庫県埋蔵文化財情報」　兵庫県まちづくり技術センター埋蔵文化財調査部　46　2003.1

移情閣

神戸市太山寺・如意寺・移情閣を訪ねる（清水俊明）「野ほとけ」　奈良石仏会　（401）2005.11

伊豆志坐神社

国幣中社伊豆志坐神社について―但馬出石郡出石町（杉本壽）「民俗文化」　滋賀民俗学会　467　2002.8

出石神社

天日槍命とその系譜の神々―生石の出石神社のことなど（五島清好）「あわじ : 淡路地方史研究会会誌」　淡路地方史研究会　（25）2008.2

出石町日野辺

出石町日野辺区伝聖観音坐像について―滋賀県伊吹町上野庵寺大日如来坐像との比較（神戸佳文）「塵界 : 兵庫県立歴史博物館紀要」　兵庫県立歴史博物館　（14）2003.2

近畿 郷土に伝わる民俗と信仰 兵庫県

射楯兵主神社

昭和28年（1953）の三ツ山大祭—瀬川卯之一氏が撮影した造り物（小栗栖健治）「塵界 ： 兵庫県立歴史博物館紀要」 兵庫県立歴史博物館 （21） 2010.03

いろいろコーナ 三ツ山大祭「六甲倶楽部報告」 六甲倶楽部 （104） 2013.03

伊丹

伊丹小唄と音頭（高岡裕之）「地域研究いたみ」 伊丹市 27 1998.3

伊丹の行基の『祇園精舎』—そこは数万坪の一大聖地だった（田原孝平）「大阪春秋」 新風書房 31（4）通号113 2003.12

伊丹の寺子屋・私塾と臂岡天満宮（大国正美）「地域研究いたみ」 伊丹市 （33） 2004.3

伊丹廃寺跡

臂岡天満宮境内所在の礎石（伝伊丹廃寺跡出土）（藤本史子）「地域研究いたみ」 伊丹市 （33） 2004.3

史料紹介 伊丹廃寺跡出土資料の再検討（1），（2）（藤本史子）「地域研究いたみ」 伊丹市 （38）/（39） 2009.03/2010.03

市川

兵庫県市川流域の盆踊り音頭と音頭取り（今井登子）「女性と経験」 女性民俗学研究会 通号29 2004.9

市川町

播磨・市川町の修験道と行者足跡（《特集 女の会—先人の肖像》）（今井登子）「女性と経験」 女性民俗学研究会 通号30 2005.10

牛頭天王—中播磨、市川町での展開（研究発表）（今井登子）「日本精神文化」 日本精神文化学会 （19） 2009.12

市島

自然石の灯籠への心 市島・氷上の石灯籠から（芦田迪子）「いちじま史研」 丹波市市島町史実研究会 （48） 2004.4

大神社のお酒の神様と市島の酒造場（芦田迪子）「いちじま史研」 丹波市市島町史実研究会 （54） 2010.04

大神社のお酒の神様と市島の四酒造場（場）（芦田迪子）「いちじま史研」 丹波市市島町史実研究会 （55） 2011.04

市島町

地主神知乃と勧請神加茂の世界—中世市島町域の場合（荻野正太郎）「丹波史」 丹波史懇話会 18 1998.6

薬師堂の桜（高橋三郎）「いちじま史研」 丹波市市島町史実研究会 （50） 2006.4

古寺巡礼の旅（木下軌一）「いちじま史研」 丹波市市島町史実研究会 （50） 2006.4

兵主神を尋ねて その分布と由来（荒木大三）「いちじま史研」 丹波市市島町史実研究会 （50） 2006.4

天満宮 石造物の謎 神仏混淆の歴史の中から（高見勉）「いちじま史研」 丹波市市島町史実研究会 （50） 2006.4

一乗寺

第931回例会 播磨の古刹・一乗寺から浄土寺へ（松永修輔）「史迹と美術」 史迹美術同攷会 79（3）通号793 2009.03

市之郷廃寺

市之郷遺跡（姫路市市之郷）市之郷廃寺/梵鐘鋳造遺構/市之郷遺跡「ひょうごの遺跡 ： 兵庫県埋蔵文化財情報」 兵庫県まちづくり技術センター埋蔵文化財調査部 （69） 2008.11

猪名寺廃寺

わがまち再発見 よみがえる！ 白鳳の大伽藍・猪名寺廃寺市民フォーラム「史料ネットnews letter」 歴史資料ネットワーク 34 2003.9

猪名寺廃寺フォーラム参加記（高橋明裕）「史料ネットnews letter」 歴史資料ネットワーク 36 2004.2

猪名庄

東大寺領猪名庄の位置とミヤケ開発（浅岡俊夫）「地域史研究 ： 尼崎市立地域研究史料館紀要 ： Bulletin of the history of Amagasaki」 尼崎市立地域研究史料館 31（1）通号91 2001.8

猪名荘

永観の東大寺経営と猪名・長洲荘（田中文英）「地域史研究 ： 尼崎市立地域研究史料館紀要 ： Bulletin of the history of Amagasaki」 尼崎市立地域研究史料館 26（3）通号78 1997.3

東大寺領猪名荘とその絵図（市大樹）「つどい」 豊中歴史同好会 （304） 2013.5

猪名野神社

「猪名野神社神幸絵巻」をめぐって（植木行宣）「地域研究いたみ」 伊丹市 （31） 2002.3

稲美町

我が家の年中行事—兵庫県加古郡稲美町（前川恵子）「久里」 神戸女子民俗学会 （12） 2002.4

印南野

印南野・賀毛郡の石棺仏を訪ねて（水島邦子）「播磨郷土研究」 加西郡郷土研究会 （18） 2002.11

伊根

丹後伊根石の宝篋印塔（1）（古川久雄）「日引 ： 石造物研究会会誌」 2 2001.10

井ノ草

近世三田の六十六部史料—井ノ草中村家蔵『日本回国納経帳』及び六十六部納札（久下正史）「市史研究さんだ」 三田市 5 2002.3

揖保

おらが故郷の名物 兵庫県の巻 揖保そうめん（笹木波奈子）「なえい」 奈井江町教育委員会［ほか］ 20 2001.3

伊保庄

誌上博物館（76）祭りから地域の歴史を読む—伊保庄と曾根天満宮（小栗栖健治）「兵庫県立歴史博物館ニュース」 兵庫県立歴史博物館 （82） 2006.3

岩壺神社

岩壺神社のオトウ儀礼（吉野なつこ）「阡陵 ： 関西大学博物館彙報」 関西大学博物館 （61） 2010.09

岩戸寺

吉野安禅寺のこと 岩戸寺中興の祖の足取りをたずねる（高見勉）「いちじま史研」 丹波市市島町史実研究会 （49） 2005.4

岩窯神社

大部庄は丹波の櫛岩窯神社の氏子の記録—岩窯神社と大部荘の古代（1）～（3）（神生昭夫）「小野史談」 小野の歴史を知る会 （46）/（48） 2006.1/2007.1

大部明神と広渡廃寺—岩窯神社と大部荘の古代（4）～（13）（神生昭夫）「小野史談」 小野の歴史を知る会 （49）/（58） 2007.7/2012.01

印南

印南に残された伝承—桃太郎物語（山本善輔）「つどい」 豊中歴史同好会 196 2004.7

打出

打出焼の歴史（藤川祐作）「生活文化史」 神戸・深江生活文化史料館 （37） 2009.3

八景が描かれた打出焼（夙川八景—打出焼）（藤川祐作）「生活文化史」 神戸・深江生活文化史料館 （38） 2010.3

打出焼と精道村尚歯会（藤川祐作）「生活文化史」 神戸・深江生活文化史料館 （39） 2011.3

有年

有年の水神（竜神）伝説（室井正彰）「赤穂の文化研究紀要」 赤穂市文化とみどり財団 （4） 2002.3

有年原

古墳時代の水辺の祭祀場 有年原・クルミ遺跡 赤穂市有年原（平成21年度上半期 発掘調査の成果）「ひょうごの遺跡 ： 兵庫県埋蔵文化財情報」 兵庫県まちづくり技術センター埋蔵文化財調査部 （74） 2010.02

菟原郡

武庫郡・菟原郡の郡境について—阿弥陀寺の鐘と双盤（俵谷和子）「西宮市立郷土資料館ニュース」 西宮市立郷土資料館 （36） 2011.06

遊楽庄

多祢寺所蔵「大般若経」に見る「遊楽庄」「常楽廃寺」について（中野卓郎）「丹波史」 丹波史懇話会 （32） 2012.06

延応寺

龍上山延応寺（松尾久雄）「一里塚」 生野銀山史談会 （13） 2008.3

円教寺

円教寺の修正会（鬼追い会）（大中良英）「六甲倶楽部報告」 六甲倶楽部 44 1998.5

書写山円教寺石造物調査から（1）—円教寺の石造物研究史と今回の調査の経緯（歴史考古学研究会研究部会）「歴史考古学」 歴史考古学研究会 （57） 2005.6

古寺散歩 山上に8棟の国重文 書写円教寺（姫路市）「郷土史紀行」 ヒューマン・レクチャー・クラブ （56） 2009.01

圓教寺とゆかりの女性達（《特集 仏教のはなし》）（中島千進）「会報むろのつ」 「嶋屋」友の会 （16） 2009.06

書写山円教寺石造物調査から（2）町石板碑と法華経品題板碑（歴史考古

兵庫県　　　　　　　　　郷土に伝わる民俗と信仰　　　　　　　　　近畿

学研究会研究部会）「歴史考古学」歴史考古学研究会　（61）2009.10

円照寺
加古川市志方町広尾の円照寺梵鐘について（上月昭信）「東播磨 地域史論集」東播磨地域史懇話会　（8）2001.9

円通寺
永谷山円通寺（芦田史朗）「丹波史」丹波史懇話会　24　2004.6

円通寺所蔵古文書関三寺並大本山古文書之写（芦田史朗）「丹波史」丹波史懇話会　25　2005.6

円融寺
ある真言宗寺院の住持継承次第―播磨国網干円融寺慈芳の場合（奥山芳夫）「近畿民俗通信」近畿民俗学会　（5）/（6）2010.09/2010.12

新四国八十八ヶ所の建立の申請手続き―播州円融寺の場合（奥山芳夫）「近畿民俗 ： 近畿民俗学会会報　Bulletin of the Folklore Society of Kinki」近畿民俗学会　（180）2013.03

円竜寺
円龍寺白鳳金銅菩薩立像とその周辺（田村信隆）「但馬史研究」但馬史研究会　21　1998.3

応挙寺
遠い越前から応挙寺へようこそ（吉田勝雄）「和紙の里」越前和紙を愛する会　（31）2010.06

王地山
歴史通信（51）姫路・東山焼と篠山・王地山焼の青磁（村上泰樹）「兵庫歴博ニュース」兵庫県立歴史博物館　67　1999.7

大川瀬
大川瀬住吉神社を取り巻く古代運河（西田克子）「三田史談」三田市郷土文化研究会　（28）2008.4

青木
神戸市東灘区青木所在の火の見櫓について（望月浩）「生活文化史」神戸・深江生活文化史料館　（31）2003.3

大蔵谷
歴史紀行 明石市大蔵谷の越智益躬伝承（山内譲）「ソーシアル・リサーチ」ソーシアル・リサーチ研究会　24　1999.2

大避神社
大避神社祭神秦河勝に関する伝承と仏教の接触（溝田太郎）「赤穂の文化研究紀要」赤穂市文化とみどり財団　（3）1999.11

船渡御レポート（3）兵庫県赤穂市坂越 大避神社の船渡御祭「坂越の船まつり」参拝記（吉井良昭）「西宮文化協会会報」西宮文化協会　389　2000.8

坂越の町と大避神社船渡御祭（野山美代子）「久里」神戸女子民俗学会　（9）2000.10

大鹿村
武田丈蔵氏所蔵大鹿村の下札について（中川すがね）「地域研究いたみ」伊丹市　（31）2002.3

近世大鹿村の成年式と若者仲間（大国正美）「地域研究いたみ」伊丹市　（31）2002.3

生石神社
生石神社をめぐる二、三の問題―「峰相記講読会」の質疑から（廣瀬明正）「摂播歴史研究」摂播歴史研究会　38　2004.3

大日霊女神社
大日霊女神社の社殿が復興（道谷卓）「生活文化史」神戸・深江生活文化史料館　28　2001.3

大部庄
大部庄は丹波の櫛岩窓神社の氏子の記録―岩窓神社と大部荘の古代（1）～（3）（神生昭夫）「小野史談」小野の歴史を知る会　（46）/（48）2006.1/2007.1

俊乗坊重源と大部庄と住吉の神（田中久夫）「御影史学論集」御影史学研究会　（37）2012.10

大部荘
大部庄は丹波の櫛岩窓神社の氏子の記録―岩窓神社と大部荘の古代（1）～（3）（神生昭夫）「小野史談」小野の歴史を知る会　（46）/（48）2006.1/2007.1

大部明神と広渡廃寺―岩窓神社と大部荘の古代（4）～（13）（神生昭夫）「小野史談」小野の歴史を知る会　（49）/（58）2007.7/2012.01

播磨国における南北朝内乱の影響―東大寺領・大部荘を題材に（八代醍ひとみ）「小野史談」小野の歴史を知る会　（50）2008.1

大山先生講演録 浄土寺・重源・大部荘（大山喬平）「小野史談」小野の歴史を知る会　（63）2014.7

大峰山
大峰山（大中良英）「六甲倶楽部報告」六甲倶楽部　53　2000.8

大峰山奥駈け修行（1）,（2）（大中良英）「六甲倶楽部報告」六甲倶楽部　54/55　2000.9/2000.12

大峰山奥駈け修行（3）,（4）（大中良英）「六甲倶楽部報告」六甲倶楽部　56/57　2001.3/2001.6

大村町
大村町の氏神 若一王子神社（衣笠節夫）「播磨郷土研究」加西郡郷土研究会　（23）2007.11

大屋町
但馬の六十六部回国―大屋町・大谷家「日本回国宿帳」を中心に（山口久喜，田村泰春）「但馬史研究」但馬史研究会　20　1997.3

大屋町史編集委員会編『大屋町史 民俗編』（書誌紹介）（橋本章）「日本民俗学」日本民俗学会　通号241　2005.2

大輪田泊
河口と湊と航海の神（生田神社）―大輪田泊・神戸の浦・居留地（田中久夫）「御影史学論集」御影史学研究会　通号35　2010.10

大輪田橋
人権歴史マップセミナー報告 第2回「大輪田橋と神戸空襲戦没者慰霊碑―犠牲者を記録すること―」「ひょうご部落解放」ひょうご部落解放・人権研究所　150　2013.9

興浜
あの播州歌舞伎が網干の興浜にやって来た（田中早春）「歴史と神戸」神戸史学会　49（6）通号283　2010.12

小田
小田地区（尼崎の伝説）（羽間美智子）「みちしるべ ： 尼崎郷土史研究会々誌」尼崎郷土史研究会　（33）2005.3

越知谷
忘れられつつある生活文化 越知谷地域2「お盆～仏さまをお迎えして、お送りする～」（創刊50号記念 特集～時は流れて～ノスタルジー播磨）（井上知美）「Sala ： 歴史民俗誌」常民学舎　（50）2011.10

忘れ去られつつある生活文化 私と越知谷地域（3）木馬引き―一枚の写真から（井上知美）「Sala ： 歴史民俗誌」常民学舎　（51）2012.2

忘れ去られつつある生活文化 私と越知谷地域（4）昔の峠道を歩いて、青倉さん参り（井上知美）「Sala ： 歴史民俗誌」常民学舎　（52）2012.8

忘れ去られつつある生活文化 私と越知谷地域（5）旧白口峠を歩いてみた（井上知美）「Sala ： 歴史民俗誌」常民学舎　（53）2013.2

忘れ去られつつある生活文化 私と越知谷地域（6）千ヶ峰の草刈り場への道を歩いてみた（井上知美）「Sala ： 歴史民俗誌」常民学舎　（54）2013.8

忘れ去られつつある生活文化 私と越知谷地域（7）幻の作畑銀山を追い求めて（井上知美）「Sala ： 歴史民俗誌」常民学舎　（55）2014.2

忘れ去られつつある生活文化 私と越知谷地域（8）作畑観音堂からみる上生野とのつながり（井上知美）「Sala ： 歴史民俗誌」常民学舎　（56）2014.8

雄岡山
雄岡山・雌岡山の伝説（荒木政男）「神戸史談」神戸史談会　295　2005.1

男山窯址
銘のない姫路・東山焼―興禅寺山窯址・男山窯址の表採資料の紹介と検討（村上泰樹）「塵界 ： 兵庫県立歴史博物館紀要」兵庫県立歴史博物館　（11）1999.3

小野
伝承の民話（1）～（4）（小林茂美）「小野史談」小野の歴史を知る会　38/（42）2002.1/2004.1

南帝怨霊考（坂田大爾）「小野史談」小野の歴史を知る会　（45）2005.7

南帝怨霊考・追録（坂田大爾）「小野史談」小野の歴史を知る会　（45）2005.7

小野の秋葉講の思い出（赤松末吉）「山崎郷土会報」山崎郷土研究会　（109）2007.4

陣屋まつり（遠山猛）「小野史談」小野の歴史を知る会　（50）2008.1

尾上神社
尾上神社金形茶釜（佐藤郁太）「史迹と美術」史迹美術同攷会　74（2）通号742　2004.2

小野市
むかしの年中行事（小野市老人会）「小野史談」小野の歴史を知る会　37　2001.7

近畿　　　　　　　　　　　　郷土に伝わる民俗と信仰　　　　　　　　　　　　　兵庫県

小野八幡神社

八幡宮紹介　小野八幡神社（兵庫県神戸市中央区）「季刊悠久.第2次」　鶴岡八幡宮悠久事務局　　（119）2010.03

小野藩

近世後期小野藩における捨子と地域社会〔三木えり子〕「小野史談」　小野の歴史を知る会　40　2003.1

温泉寺

温泉寺縁起の形成と『冥途蘇生記』（久下正史）「御影史学論集」　御影史学研究会　通号26　2001.10

学芸員のノートから（80）有馬の『温泉寺縁起絵』を読み解くと…（間屋真一）「博物館だより」　神戸市立博物館　84　2004.4

神戸市有馬 温泉寺の五輪塔（西山昌孝）「歴史考古学」　歴史考古学研究会　（64）2011.10

垣内

火揚げ（姫路市網干区垣内）（増田政利）「Sala ： 歴史民俗誌」　常民学舎（51）2012.2

元服（姫路市網干区垣内）（増田政利）「Sala ： 歴史民俗誌」　常民学舎（52）2012.8

柏原

ふるさと探訪 市内社寺・史跡めぐり（柏原地区）（史実研究会）「いちじま史研」　丹波市市島町史実研究会　（54）2010.4

柿本神社

皇室と柿本神社とのかかわり（中島匡博）「季刊悠久.第2次」　鶴岡八幡宮悠久事務局　96　2004.1

学王寺

史料紹介 学王寺について（茨木一成）「論叢ゆほびか」　古記録を読む会2　2001.12

鶴林寺

鶴林寺参拝記（蔣進）「Sala ： 歴史民俗誌」　常民学舎　（48）2010.08

「鶴林寺参拝記」に寄せて（西尾眞里）「Sala ： 歴史民俗誌」　常民学舎（48）2010.08

播磨の鶴林寺の修正会と鬼追い―謡曲『吉道』との関わり（藤原喜美子）「御影史学論集」　御影史学研究会　（38）2013.10

加古川

巡礼研究会第31回例会 根井浄「隔夜と巡礼―肥後国人吉・球磨郡の事例」/宮本佳典「加古川の参詣記念絵馬と参詣曼荼羅図」「巡礼研究会通信」　巡礼研究会　（31）2000.9

播磨加古川の川船（川名登）「利根川文化研究」　利根川文化研究会　通号27　2005.11

加古川流域の舟運と住吉神社紀行（福田益男，花垣信夫，松本和子）「東播磨 地域史論集」　東播磨地域史懇話会　（16）2010.10

加古川市

加古川市東部の石仏（清水俊明）「野ほとに」　奈良石仏会　（333）1998.9

加古川流域

加古川流域に『播磨国風土記』と国宝を探る（小島袈裟春）「備陽史探訪」　備陽史探訪の会　93　2000.2

賀古駅家

具平親王神社と賀古駅家（打田三郎）「摂播歴史研究」　摂播歴史研究会（54）2011.03

加西

松岡家と加西、北条―柳田国男を中心として（藤原昭三）「播磨郷土研究」　加西郡郷土研究会　（19）2003.11

庶民信仰 加西の「お大師さん」（四国八一八ヵ所石祠）（藤田孝）「播磨郷土研究」　加西郡郷土研究会　（22）2006.11

加西の信仰と生活（地主喬）「播磨郷土研究」　加西郡郷土研究会　（23）2007.11

加西の「おかげまいり」灯篭（藤田孝）「播磨郷土研究」　加西郡郷土研究会　（29）2014.03

加西郡

ルポ「異形石仏」研究発表（藤田孝）「播磨郷土研究」　加西郡郷土研究会　（21）2005.11

古老に聞く年中行事（1），（2）（衣笠節夫）「播磨郷土研究」　加西郡郷土研究会　（22）/（23）2006.11/2007.11

野辺送り―消え行く葬儀の原風景（奥野博實）「播磨郷土研究」　加西郡郷土研究会　（27）2011.11

ここにこんなものが（1）―餓死者供養石仏（藤原昭三）「播磨郷土研究」　加西郡郷土研究会　（28）2013.03

加西市

加西市―乗寺について（立花聡）「ひょうご歴史文化フォーラム会報」　ひょうご歴史文化フォーラム　（15）2011.12

加西市の「十字架地蔵」について（熊谷保孝）「摂播歴史研究」　摂播歴史研究会　（60）2013.03

兵庫県加西市吉吉神社に伝わる鶏合せの神事（藤原喜美子）「久里」　神戸女子民俗学会　（32）2013.06

賀集

秋の社日祭と社日信仰―南あわじ市賀集の事例を中心に（堀部るみ子）「あわじ ： 淡路地方史研究会会誌」　淡路地方史研究会　（28）2011.01

柏原藩陣屋

丹波市の歴史と文化財―遠身寺と柏原藩陣屋を中心として（芦田岩男）「ひょうご歴史文化フォーラム会報」　ひょうご歴史文化フォーラム（17）2012.8

柏原八幡

石龕寺・柏原八幡・五社稲荷・達身寺（坂田二三夫）「史迹と美術」　史迹美術同攷会　73（5）通号735　2003.6

春日

ふるさと探訪 市内社寺・史跡めぐり（春日地区）（藤田富子）「いちじま史研」　丹波市市島町史実研究会　（55）2011.4

葛畑

葛畑農村歌舞伎舞台と葛畑座（西村修）「但馬史研究」　但馬史研究会20　1997.3

葛畑村

但馬地方の歌舞伎と衣裳―葛畑村を事例として（藤岡真衣）「史泉 ： historical & geographical studies in Kansai University」　関西大学史学・地理学会　（116）2012.07

片岡社

海人・ヒコホホデミについての考察―生田・長田・廣田・片岡社の稲束（どいかずこ）「神戸史談」　神戸史談会　通号305　2010.01

カトリック宝塚教会

連載企画 兵庫の戦後モダニズム建築 第14回 カトリック宝塚教会（笠原一人）「歴史と神戸」　神戸史学会　52（5）通号300　2013.10

金峯神社

誌上博物館（66）相生市金峯神社の「おかげ参り柄杓奉納額」について（松井良祐）「兵庫歴博ニュース」　兵庫県立歴史博物館　72　2001.4

金屋村

江戸時代の宍粟郡金屋村鋳物師 長谷川氏の梵鐘について（片山昭悟）「山崎郷土会報」　山崎郷土研究会　（123）2014.08

和坂

わがふるさとの民俗―兵庫県明石市和坂（林裕子）「久里」　神戸女子民俗学会　7　1999.10

鹿庭山

佐用・宍栗タタラの神々の再考と鹿庭山麓の地名（鳥羽弘毅）「Sala ： 歴史民俗誌」　常民学舎　（40）2006.8

株式地蔵尊

株式地蔵尊のこと（太田信義）「神戸史談」　神戸史談会　294　2004.7

甲山

信仰の甲山（岡本伊佐夫）「能登の文化財」　能登文化財保護連絡協議会41　2007.3

西宮の社寺―甲山とその周辺（藤井直正）「近畿文化」　近畿文化会事務局（705）2008.8

上竹田

ともに幟立つ日を―上竹田加茂神社所蔵文書より（荻野正太郎）「丹波史」　丹波史懇話会　（26）2006.6

上の島

上の島に伝わる文化 一夜こら踊り（《特集 受けつがれる部落の文化》）（川面茂樹）「ひょうご部落解放」　ひょうご部落解放・人権研究所134　2009.09

上の島に伝わる文化「金三郎」と「チータイコータイ」―上の島に伝わる守子唄（《特集 受けつがれる部落の文化》）（太田恭治）「ひょうご部落解放」　ひょうご部落解放・人権研究所　134　2009.09

亀山本徳寺

〔史料紹介〕旧西本願寺北集会所・亀山本徳寺本堂「幕末史研究」　三十一人会，小島資料館（発売）（34）1998.1

賀茂郡

「住吉大社神代記」の播磨国賀茂郡関連記事について（《特集 古代・中世の播磨史》）（垣内章）「歴史と神戸」 神戸史学会 47（3）通号268 2008.6

賀毛郡

印南郡・賀毛郡の石棺仏を訪ねて（水島邦子）「播磨郷土研究」 加西郡郷土研究会 （18）2002.11

鴨庄

ふるさと市島の民間信仰行事（調査）前山・鴨庄・美和地区（史実研究会役員会）「いちじま史研」 丹波市市島町史実研究会 （48）2004.4

ふるさと探訪 町内社寺・史跡めぐり（第4回 鴨庄地区）（稲畑介廣）「いちじま史研」 丹波市市島町史実研究会 （49）2005.4

ふるさと探訪 市内社寺・史跡めぐり（鴨庄地区）（吉住成徳）「いちじま史研」 丹波市市島町史実研究会 （56）2012.04

河原町

講演会 町・浜・交流—河原町の歴史と都市民俗学から「西宮文化協会会報」 西宮文化協会 （452）2005.11

川辺西国観音霊場三十三ヶ所

川辺西国観音霊場三十三ヶ所について（村上昭彦）「みちしるべ ： 尼崎郷土史研究会々誌」 尼崎郷土史研究会 （39）2011.03

感応寺

感応寺の妙見信仰と堺の商人（植野加代子）「久里」 神戸女子民俗学会 （31）2013.01

神崎川

神崎川の河童（和田寛）「河童通心」 河童文庫 91 1999.10

感神社

下青野感神社蔵毘沙門天立像の胎内文書について（熱田公）「市史研究さんだ」 三田市 5 2002.3

千丈寺山と感神社（西田克子）「三田史談」 三田市郷土文化研究会 （23）2003.5

神呪寺

資料紹介 『神呪寺縁起絵巻』（俵谷和子）「研究報告」 西宮市立郷土資料館 6 2003.3

観音寺跡

中世多田荘の墓地—観音寺跡（猪名川町広根）（特集 平成25年度下半期発掘調査の成果）「ひょうごの遺跡 ： 兵庫県埋蔵文化財情報」 兵庫県まちづくり技術センター埋蔵文化財調査部 （88）2014.03

観福寺

三田市高平地区の巡礼信仰と観福寺（大江篤）「市史研究さんだ」 三田市 5 2002.3

桓武伊和神社

中野の桓武伊和神社と平安時代の鏡について（片山昭悟）「山崎郷土会報」 山崎郷土研究会 102 2003.9

岩滝寺

岩瀧寺と賢清上人 岩瀧寺と流人/医業に励んだ北条道益/北条道益赦免後のくらし（八木甫瑳子）「丹波史」 丹波史懇話会 （30）2010.06

貴志

貴志地域の「お日待講」について（中後茂）「三田史談」 三田市郷土文化研究会 19 1999.4

喜多

喜多中世墓出土鏡（渡辺昇）「ひょうご考古」 兵庫考古研究会 （10）2003.5

北野町異人館

北野町異人館と諸宗教施設（平成20年度5月18日例会探訪）—国際都市神戸の一つの側面（武田則明）「神戸史談」 神戸史談会 通号302 2008.7

北播磨

「播州寄講」の成立と展開—北播磨地方本願寺派を中心として（和田幸司）「ひょうご部落解放」 ひょうご部落解放・人権研究所 98 2001.3

北播磨のええじゃないか踊り（吉田省三）「播磨郷土研究」 加西郡郷土研究会 （19）2003.11

北播磨社寺御触書（幕末・明治編）「北播磨探史研究」 北播磨探史研究会 （2）2005.9

民話における近世北播磨の百姓たち 創立50周年記念講演（全文）（吉田省三）「播磨郷土研究」 加西郡郷土研究会 （22）2006.11

北山遺跡

美作道に面した謎の寺院—重近・北山遺跡（佐用町）（特集 平成25年度

下半期発掘調査の成果）「ひょうごの遺跡 ： 兵庫県埋蔵文化財情報」 兵庫県まちづくり技術センター埋蔵文化財調査部 （88）2014.03

城崎

瓢遊但馬入湯諸事覚（1）帯屋源兵衛城崎紀行（石川道子）「歴史懇談」 大阪歴史懇談会 11 1997.8

城崎の雛流し（所崎平）「鹿児島民俗」 鹿児島民俗学会 （129）2006.5

城崎秋祭礼考 湯の街祭事の完成（研究ノート）（柴田久徳）「京都民俗 ： 京都民俗学会会誌」 京都民俗学会 通号28 2011.03

城崎温泉

初期城崎温泉と温泉寺（柴田久徳）「京都民俗 ： 京都民俗学会会誌」 京都民俗学会 通号27 2010.03

貴船神社

貴船神社製塩遺跡の調査と保存整備（渡辺昇）「兵庫県埋蔵文化財研究紀要」 兵庫県教育委員会埋蔵文化財調査事務所 （3）2003.9

旧入江家住宅

書籍紹介 『兵庫県指定文化財 旧入江家住宅—総合調査報告書—』（齊藤純）「民具マンスリー」 神奈川大学 41（2）通号482 2008.5

清水寺

播州に於ける女性の西国三十三度行者（尼サンド）について—播州清水寺の西国三十三度供養塔（玉城幸男）「河内長野市郷土研究会誌」 [河内長野市郷土研究会] （54）2012.04

近江寺

資料見聞 安居神楽の山主と神戸市近江寺の鬼面（梅野光興）「岡豊風日 ： 高知県立歴史民俗資料館だより」 高知県立歴史民俗資料館 54 2005.7

久々知須佐男神社

広済寺近松ゆかりの人と墓碑と 久々知須佐男神社の絵馬と石造物（西本珠夫）「みちしるべ ： 尼崎郷土史研究会々誌」 尼崎郷土史研究会 （37）2009.03

櫛岩窓神社

大部庄は丹波の櫛岩窓神社の氏子の記録—岩窓神社と大部荘の古代（1）〜（3）（神生昭夫）「小野史談」 小野の歴史を知る会 （46）/（48）2006.1/2007.1

口吉川町

一月九日の山の神祭り—兵庫県三木市口吉川町の事例（調査報告）（藤原喜美子）「久里」 神戸女子民俗学会 （22）2008.6

首洗い井戸

「首洗い井戸」伝承—南帝、それとも足利義政か（小林千万億）「小野史談」 小野の歴史を知る会 （45）2005.7

栗栖野

篠山市栗栖野の祭祀組織と祭礼（久下隆史）「丹波史」 丹波史懇話会 （32）2012.06

黒岡

篠山市黒岡春日神社の祭礼—氏子домのアンケート調査による現状と課題（卒業論文・修士論文要旨）（高見知世, 田中里奈）「御影史学論集」 御影史学研究会 通号35 2010.10

黒田庄町大門

黒田庄町大門所在 西脇市指定文化財 石造十三重塔移転に伴う調査（調査報告）（岸本一郎）「童子山 ： 西脇市郷土資料館紀要」 西脇市教育委員会 （20）2013.9

訓谷

表紙解説 訓谷五輪塔（渡辺昇）「日引 ： 石造物研究会会誌」 （13）2012.05

気多郡

旧気多郡の地名と民俗を訪ねて（巽新）「山陰・鳥取の地名を愛する会会報」 山陰・鳥取の地名を愛する会 （11）2002.3

月照寺

企画展「月照寺の至宝—江戸時代の柿本人麿信仰—」 会期 ： 2010年6月19日〜7月7日（展覧会レポート）「明石市立文化博物館ニュース」 明石市立文化博物館 （58）2010.08

煙島

煙島と浄瑠璃・熊谷陣屋の段（山本正二）「あわじ ： 淡路地方史研究会会誌」 淡路地方史研究会 （15）1998.1

小犬丸遺跡

今年度調査の遺跡 明らかになった7〜8世紀の寺院跡 小犬丸遺跡（龍野市）「ひょうごの遺跡 ： 兵庫県埋蔵文化財情報」 兵庫県まちづくり技

近畿　　　　　　　　　　　　　郷土に伝わる民俗と信仰　　　　　　　　　　　　兵庫県

術センター埋蔵文化財調査部　31　1999.1

新発見の古代寺院 小犬丸遺跡（龍野市揖西町）「ひょうごの遺跡 ： 兵庫県埋蔵文化財情報」 兵庫県まちづくり技術センター埋蔵文化財調査部　32　1999.3

光円寺
西野上光圓寺の由来について（杉本照典）「三田史談」 三田市郷土文化研究会　20　2000.4

高源寺
丹波国氷上郡佐治庄、瑞巌山高源寺住持籍について（谷田勝）「丹波史」 丹波史懇話会　21　2001.6

興国寺
興国寺の山門と梵鐘（会報部）「山崎郷土会報」 山崎郷土研究会　（123）2014.08

広済寺
広済寺近松ゆかりの人と墓碑と久々知須左男神社の絵馬と石造物（西本珠夫）「みちしるべ ： 尼崎郷土史研究会々誌」 尼崎郷土史研究会（37）2009.03

興禅寺山窯址
銘のない姫路・東山焼―興禅寺山窯址・男山窯址の表採資料の紹介と検討（村上泰樹）「塵界 ： 兵庫県立歴史博物館紀要」 兵庫県立歴史博物館　11　1999.3

皇大神社
皇大神社とエビス様（西田克子）「三田史談」 三田市郷土文化研究会（26）2006.4

光徳寺
御幸通六丁目の「光徳寺」について―戦前神戸にあったもう一つのモダン寺（田中正文）「神戸史談」 神戸史談会　通号306　2010.07

広渡町
小野市広渡町及国史跡広渡廃寺の呼称改原について（前田義夫）「小野史談」 小野の歴史を知る会　35　2000.7

広渡廃寺
小野市広渡町及国史跡広渡廃寺の呼称改原について（前田義夫）「小野史談」 小野の歴史を知る会　35　2000.7

大部明神と広渡寺―岩窓神社と大部荘の古代（4）～（13）（神生昭夫）「小野史談」 小野の歴史を知る会（49）/（58）2007.7/2012.01

神本神社
神本神社の由緒碑について―平成9年9月7日除幕式に招かれて（小阪美道）「神戸史談」 神戸史談会　281　1998.1

神戸
漁民と流れ仏（田中久夫）「久里」 神戸女子民俗学会　4　1997.10

伝説と潮の流れと西航路（妙見迫淳子）「久里」 神戸女子民俗学会　4　1997.10

晴乞い習俗について―雨乞い習俗を通して（橋本知美）「久里」 神戸女子民俗学会　4　1997.10

墓所系地名の考察（試論）（地名研究（61））（建部恵潤）「歴史と神戸」 神戸史学会　37（3）通号208　1998.6

タタラと死の穢れ（田中久夫）「久里」 神戸女子民俗学会　5　1998.10

赤不浄を考える（細木ひとみ）「久里」 神戸女子民俗学会　5　1998.10

餅と我が家の年中行事―トンドの日のヘソ団子（小山喜美子）「久里」 神戸女子民俗学会　5　1998.10

豪農古民家探訪（1）～（3）（荒木政男）「神戸史談」 神戸史談会　283/285　1999.1/2000.1

嘉永7年11月5日地震の慰霊碑（真野修）「歴史と神戸」 神戸史学会　38（1）通号212　1999.2

牛王杖と正月行事（中谷一正）「神戸史談」 神戸史談会　284　1999.7

稲と我が家の年中行事―田植えに豊作を祈るミヤシバ（小山喜美子）「久里」 神戸女子民俗学会　7　1999.10

細男舞と神相撲（瀬口聡子）「久里」 神戸女子民俗学会　8　2000.4

年中行事と食物（俵谷和子）「久里」 神戸女子民俗学会　8　2000.4

盆と我が家の年中行事（小山喜美子）「久里」 神戸女子民俗学会（9）2000.10

母たちの民俗誌（大藤ゆき編）（［書籍紹介］）（細木ひとみ）「久里」 神戸女子民俗学会（9）2000.10

神戸の寄席（友成好男）「芸能懇話」 大阪芸能懇話会（13）2001.1

辻の常夜灯と杯状穴（併和倭文子）「神戸史談」 神戸史談会　287　2001.1

平安貴族と「祟」―その定着をめぐって（大江篤）「久里」 神戸女子民俗学会（10）2001.4

銅鐸について 陰陽道から考える―3月例会講演から（大意）（碓井洸）「神

戸史談」 神戸史談会　288　2001.7

七福神信仰の一面―福とは何か（河田（鈴鹿）千代乃）「久里」 神戸女子民俗学会（11）2001.10

卯月八日と蝮除け―なぜ卯月八日に蝮塚を祀るのか（川上容理子）「久里」 神戸女子民俗学会（11）2001.10

経俊五輪塔と嘉兵衛献上燈籠（太田義和）「歴史と神戸」 神戸史学会　40（6）通号229　2001.12

随想 石燈籠紀行（前田章賀）「神戸史談」 神戸史談会　289　2002.1

神戸祭りを生んだ神戸カーニバル―市民の手による市民の祭り（小野富次）「神戸史談」 神戸史談会　291　2003.1

平家公達亀草紙の伝承者について（中谷一正）「神戸史談」 神戸史談会　291　2003.1

神戸護国神社奉納額についての聞き書き（立田英雄）「兵庫歴研」 兵庫歴史研究会（19）2003.4

閻羅王信仰の伝播者の問題（田中久夫）「久里」 神戸女子民俗学会（13・14）2003.6

万葉びとの「祟」観―山上憶良の「沈痾自哀文」を中心に（大江篤）「久里」 神戸女子民俗学会（13・14）2003.6

妻のお産と夫の力（細木ひとみ）「久里」 神戸女子民俗学会（13・14）2003.6

正月と納豆ねせ（樋口綾子）「久里」 神戸女子民俗学会（13・14）2003.6

「天ノ日矛」の基礎研究について（寺本躬久）「歴史と神戸」 神戸史学会　42（4）通号239　2003.8

斎藤実盛の怨霊と虫送り（田中久夫）「久里」 神戸女子民俗学会（15）2004.2

チャタキ―お嫁さんの披露の場（小山喜美子）「久里」 神戸女子民俗学会（15）2004.2

我が故郷の民俗（西村真澄）「久里」 神戸女子民俗学会（15）2004.2

神戸の力石（併和倭文子）「神戸史談」 神戸史談会　294　2004.7

灘の一つ火（宗原久雄）「神戸史談」 神戸史談会　295　2005.1

夫の褌を腹帯にすること（細木ひとみ）「久里」 神戸女子民俗学会（16・17）2005.3

針供養と十二月八日（渡部典子）「久里」 神戸女子民俗学会（16・17）2005.3

神戸「女学校」の設立と教育実践―キリスト教週刊紙「七一雑報」の記事を通して（小原正男）「居留地の窓から ： NPO法人神戸外国人居留地研究会年報」 神戸外国人居留地研究会（2）2005.6

鷹匠資料と鷹狩（〈前編 神戸史談会諸先賢の遺稿〉―3 顧問の部）（原泰良）「神戸史談」 神戸史談会　296　2005.6

お地蔵さま（〈前編 神戸史談会諸先賢の遺稿〉―5 諸先賢の部）（森貞雄）「神戸史談」 神戸史談会　296　2005.6

神戸の寄席（友成好男）「芸能懇話」 大阪芸能懇話会（16）2005.8

戦前の神戸落語定席について（友成好男）「芸能懇話」 大阪芸能懇話会（16）2005.8

神戸の地蔵信仰と復興まちづくり―伝承再構築支援の民俗学（森栗茂一）「日本民俗学」 日本民俗学会　通号243　2005.8

聞き書き ありし日のまちと暮らし（18）平和館にまつわる人々（1）不思議な石碑（井上眞理子）「歴史と神戸」 神戸史学会　44（6）通号253　2005.12

稲の実りと生業（小山喜美子）「久里」 神戸女子民俗学会（18）2006.1

神戸に石造美術を訪ねて（清水俊明）「野ほとけ」 奈良石仏会（402）2006.1

「神戸源平シンポジウム―伝承された戦い」に参加して（〈シンポジウムの記録 源平合戦―伝承された戦いの虚実〉）（山本陽一郎）「史料ネットnews letter」 歴史資料ネットワーク（44）2006.4

地名研究（84）牛頭天王にまつわる地名三題（《特集 地名と地図から考える歴史》）（田中早春）「歴史と神戸」 神戸史学会　45（3）通号256　2006.6

資料紹介 「神戸寄席」―桂文紅スクラップ帖より《特集 戦後の上方落語―四天王寺か島之内まで》）（「芸能懇話」編集部）「芸能懇話」 大阪芸能懇話会（17）2006.8

ハオコ―背負った赤ちゃんを温める衣服（藤原喜美子）「久里」 神戸女子民俗学会（19）2006.10

伊勢講―民間信仰の存続と衰退の狭間において（植野加代子）「久里」 神戸女子民俗学会（19）2006.10

口頭伝承の歴史と民俗（川森博司）「神女大史学」 神戸女子大学史学会（23）2006.11

へその緒の保存と役割―産婆との関わりから（細木ひとみ）「久里」 神戸女子民俗学会（20）2007.4

ネズミの浄土と根の国とニライカナイ（田中久夫）「久里」 神戸女子民俗学会（21）2008.1

カドボシ―住まいとその利用（藤原喜美子）「久里」 神戸女子民俗学会（21）2008.1

昔談抜書（筒井俊雄）「神戸史談」 神戸史談会　通号301　2008.1

天鈿女（アメノウズメ）と猿田彦（サルタヒコ）統—サルタヒコ・海と大地をゆく（どいかずこ）「神戸史談」神戸史談会 通号301 2008.1

史人の道草つづり書き 小墓の地蔵さん（今村欣史）「歴史と神戸」神戸史学会 47（1）通号266 2008.2

『お伽草子』の舞台・「かくれ里」への道（田中久夫）「久里」神戸女子民俗学会 （22）2008.6

夜泣きの呪い習俗—横槌の呪力を中心に（酒向伸行）「久里」神戸女子民俗学会 （22）2008.6

郷友会における結集の民俗的仕掛け—神戸沖州会における沖永良部島出身者の民俗芸能の実践を中心に（前川智子）「日本民俗学」日本民俗学会 通号255 2008.8

聞き書き ありし日のまちと暮らし（28）二つの石伝説（2）天狗石（井上眞理子）「歴史と神戸」神戸史学会 47（4）通号269 2008.8

特別展「記憶のなかの神戸空襲—豊田和子原画展 下町の暮らしと戦争」東京・神戸を結び、大都市空襲を考える「東京大空襲・戦災資料センターニュース ： 平和研究交流誌」東京大空襲・戦災資料センター （14）2009.02

史料探訪 神戸のコマイヌ（山道圀夫）「論叢ゆほびか」古記録を読む会 （5）2009.03

七色のおかず—年中行事とハレの日の食事（藤原喜美子）「久里」神戸女子民俗学会 （24）2009.06

年頭所感 神戸と生田神社と酒造について（加藤隆久）「神戸史談」神戸史談会 通号305 2010.1

「みなとの祭り」雑駁（杉島威一郎）「神戸史談」神戸史談会 通号305 2010.01

御輿（みこし）のはなし（山田皓一）「神戸史談」神戸史談会 通号305 2010.01

「こんな晩」と生まれ変わり譚—六部の転生信仰を中心として（酒向伸行）「久里」神戸女子民俗学会 （26）2010.06

河口と湊と航海の神（生田神社）—大輪田泊・神戸の浦・居留地（田中久夫）「御影史学論集」御影史学研究会 通号35 2010.10

天狗と狐—「天狐」の問題を中心として（酒向伸行）「久里」神戸女子民俗学会 （27）2011.01

四十九日とカサノモチ（藤原喜美子）「久里」神戸女子民俗学会 （27）2011.01

鳥居雑感（加藤隆久）「神戸史談」神戸史談会 （307）2011.01

古代の神戸と敏売崎の外交儀礼—8月例会講演から（概要）（坂江渉）「神戸史談」神戸史談会 （307）2011.1

新仏と花まつり（藤原喜美子）「久里」神戸女子民俗学会 （28）2011.06

生田神社社家から見た生田神社と神戸（高橋暢雄氏）—新年例会から（事務局）「神戸史談」神戸史談会 （308）2011.07

伝承を訪ねるバス探訪記—4月例会から（佐藤憲太郎）「神戸史談」神戸史談会 （308）2011.07

柿の俗信覚書—幸不幸の両面を持つ柿（田中久夫）「久里」神戸女子民俗学会 （31）2013.01

牛に乗る神（片山智恵美）「久里」神戸女子民俗学会 （31）2013.01

「もの」の憑着—平安朝における病因論（酒向伸行）「久里」神戸女子民俗学会 （32）2013.06

人権歴史マップセミナー報告 第2回「大輪田橋と神戸空襲戦没者慰霊碑—犠牲者を記録すること—」「ひょうご部落解放」ひょうご部落解放・人権研究所 150 2013.9

徳本名号石の建立をめぐって—水死者供養と女性（俵谷和子）「久里」神戸女子民俗学会 （33）2014.01

説話に見る飛び鉢の法（嶺岡美恩）「久里」神戸女子民俗学会 （33）2014.01

住吉神社の「旧御神体の背銘と其の時代背景」について（服部晃）「神戸史談」神戸史談会 （311）2014.01

地芝居—会員紹介 神戸すずらん歌舞伎（竹内隆）「公益社団法人全日本郷土芸能協会会報」全日本郷土芸能協会 （76）2014.07

神戸居留地

神戸居留地と外国人墓地（論文）（戸田清子）「居留地の窓から ： NPO法人神戸外国人居留地研究会年報」神戸外国人居留地研究会 （8）2013.4

神戸市

神戸市域の中世墓（口野博史）「歴史と神戸」神戸史学会 36（3）通号202 1997.6

神戸市を中心とした盃状穴の在る道標について（併和倭文子）「神戸史談」神戸史談会 286 2000.7

神戸の盃状穴について（併和倭文子）「神戸史談」神戸史談会 291 2003.1

旧建長寺末詳考（5）兵庫県神戸市編（鈴木佐）「鎌倉」鎌倉文化研究会 通号106 2008.12

神戸八社

神戸八社めぐり（足立捷一郎）「備陽史探訪」備陽史探訪の会 （143）

2008.8

神戸市立外国人墓地

神戸歴史見聞録（12）神戸市立外国人墓地（田井玲子）「博物館だより」神戸市立博物館 （92）2007.9

弘法大師灘二十一カ所霊場

弘法大師灘二十一カ所霊場巡り（堀部るみ子）「あわじ ： 淡路地方史研究会会誌」淡路地方史研究会 （27）2010.01

光明山城

和泉式部伝統と合体した金の馬の物語 播磨国揖西郡 光明山城伝説（八瀬久）「兵庫歴研」兵庫歴史研究会 （20）2004.4

極楽寺

八多町極楽寺の五重塔（西口真嗣）「歴史と神戸」神戸史学会 36（4）通号203 1997.8

五社稲荷

石龕寺・柏原八幡・五社稲荷・達身寺（坂田二三夫）「史迹と美術」史迹美術同攷会 73（5）通号735 2003.6

琴浦神社

歴史講座 （1）塚のいろいろ、（2）明治維新と尼崎藩、（3）琴浦神社の祭神「源融」（平成25年度尼崎郷土史研究会実施行事）「みちしるべ ： 尼崎郷土史研究会々誌」尼崎郷土史研究会 （42）2014.03

固寧倉

平成18年度巡回展示資料解説 西光寺村とその文書—西光寺野開発と固寧倉（兵庫県公館県政資料館）「兵庫のしおり」兵庫県 （9）2007.3

神種

神のいます村—神種（地名研究（64））（建部恵潤）「歴史と神戸」神戸史学会 38（1）通号212 1999.2

木ノ元地蔵

木ノ元地蔵（西宮市）とその信仰者たち（細木ひとみ）「久里」神戸女子民俗学会 （22）2008.6

木ノ元地蔵（西宮市）と大阪の行者講（細木ひとみ）「久里」神戸女子民俗学会 （25）2010.01

小墓円満地蔵尊

小墓円満地蔵尊（今村欣史）「西宮文化協会会報」西宮文化協会 （544）2013.07

駒宇佐八幡神社

聖と豊穣の祈り—特に、三田市の駒宇佐八幡神社百石踊りを中心にして（大森恵子）「近畿民俗 ： 近畿民俗学会会報 ： Bulletin of the Folklore Society of Kinki」近畿民俗学会 158・159 2000.3

駒ケ林

駒ケ林の地名と伝承（尻池誠一）「歴史と神戸」神戸史学会 42（2）通号237 2003.4

小松

地名研究（92）西宮の地名探索 小松 ヒヒ退治と隼人伝承（渋谷武弘）「歴史と神戸」神戸史学会 47（3）通号268 2008.6

昆陽

行基の昆陽二溝についての再論（坂井秀弥）「ひょうご考古」兵庫考古研究会 （6）2000.11

昆陽寺

行基と昆陽寺の信仰—朝山真也氏所蔵行基関係文書から（藤本史子）「地域研究いたみ」伊丹市 29 2000.3

近世・昆陽寺の伽藍と縁起の整備（史料調査報告）（大国正美）「地域研究いたみ」伊丹市 （39）2010.03

昆陽寺と村—鎮守堂文書・正覚院文書紹介（史料調査報告）（中川すがね）「地域研究いたみ」伊丹市 （39）2010.03

昆陽村

旧昆陽村梶本家の史料について（中川すがね）「地域研究いたみ」伊丹市 28 1999.3

御霊神社

明智光秀の祠—丹波・稲畑村御霊神社の歴史と伝説（岡部一稔）「あしなか」山村民俗の会 297 2013.02

時の風（切抜帖から）「稲畑の御霊神社」研究論文寄稿（丹波新聞）「あしなか」山村民俗の会 298 2013.06

金蔵寺

金蔵山金蔵寺と多可・西脇地域の修験道（今井登子）「女性と経験」女性民俗学研究会 通号22 1997.10

西教寺

江戸後期の村落寺院の収入に関する一考察(前),(後),(付)―播磨国門野村西教寺の場合(奥山芳夫)「民俗文化」 滋賀民俗学会 467/469 2002.8/2002.10

西光寺

宍粟市御形神社と西光寺の中世絵画(橋杙愛子)「塵界 : 兵庫県立歴史博物館紀要」 兵庫県立歴史博物館 (24) 2013.03

西光寺村

平成18年度巡回展示資料解説 西光寺村とその文書―西光寺野開発と固寧倉(兵庫県公館県政資料館)「兵庫のしおり」 兵庫県 (9) 2007.3

オノ木

地名の話(10)庚申塚りの足跡地名―オノ木(田中早春)「会報むろのつ」「嶋屋」友の会 (10) 2004.1

西明寺

圓光大師二十五霊場 番外札所西明寺(村上昭彦)「みちしるべ : 尼崎郷土史研究会々誌」 尼崎郷土史研究会 (38) 2010.03

酒見大明神

『酒見大明神縁起』と住吉翁(熊谷保孝)「摂播歴史研究」 摂播歴史研究会 39 2004.7

酒見大明神の神事(1)―飾磨津の御祓(喜谷進一朗)「播磨郷土研究」 加西郡郷土研究会 (28) 2013.03

坂元町

三新法体制期の姫路における芝居小屋―坂元町定小屋を事例として(特集 新しい播磨の地域史)(森本泰弘)「歴史と神戸」 神戸史学会 51(4)通号293 2012.08

前山

ふるさと市島の民間信仰行事(調査)前山・鴨庄・美和地区(史実研究会役員会)「いちじま史研」 丹波市市島町史実研究会 (48) 2004.4

坂越浦

森家断絶事件と坂越浦の伝承(伊藤正幸)「赤穂の文化研究紀要」 赤穂市文化とみどり財団 (3) 1999.11

坂越の船祭

船渡御レポート(3) 兵庫県赤穂市坂越 大避神社の船渡御祭「坂越の船まつり」参拝記(吉井良昭)「西宮文化協会会報」 西宮文化協会 389 2000.8

坂越の町と大避神社船渡御祭(野山美代子)「久里」 神戸女子民俗学会 (9) 2000.10

篠山

歴史通信(51) 姫路・東山焼と篠山・王地山焼の青磁(村上泰樹)「兵庫歴博ニュース」 兵庫県立歴史博物館 67 1999.7

篠山の「六十六部」(中野卓郎)「丹波」 丹波史談会 6 2004.12

神々の在すクニ―丹波篠山考(どいかずこ)「神戸史談」 神戸史談会 通号298 2006.7

彌生(イヤヨヒ)のマツリ一続・丹波篠山考(どいかずこ)「神戸史談」 神戸史談会 通号299 2007.1

篠山の「六十六部」(中野卓郎)「丹波史」 丹波史懇話会 (33) 2013.06

鬼退治の音頭について―篠山音頭ほか(大槻伸)「史談福智山」 福知山史談会 (753) 2014.12

佐保神社

史料研究 佐保神社文書の紹介 「伊勢信仰の盛行」の一例証(末中哲夫)「北播磨探史研究」 北播磨探史研究会 (3) 2009.02

トピックス〔加東大橋竣工に寄せて〕福田橋の碑文について―佐保神社所蔵文書より(神崎壽福)「北播磨探史研究」 北播磨探史研究会 (11) 2013.04

史料編―新出史料紹介 社村明治四十二年年中事務報告書(佐保神社文書)「北播磨探史研究」 北播磨探史研究会 (12) 2013.06

佐用

佐用・宍粟タタラの神々の再考と鹿産山麓の地名(鳥羽弘毅)「Sala : 歴史民俗誌」 常民学舎 (40) 2006.8

三田

三田の道標追跡調査(2) 巡礼道と道しるべ(田口貢)「三田史談」 三田市郷土文化研究会 18 1998.4

考証「三田の民話」(渡辺邦彦)「三田史談」 三田市郷土文化研究会 19 1999.4

「三田青磁のルーツ」を訪ねて(前田昭二)「三田史談」 三田市郷土文化研究会 19 1999.4

わたしの古三田焼の研究(大熊隆治)「三田史談」 三田市郷土文化研究会 20 2000.4

年中行事とその考察(中後茂)「三田史談」 三田市郷土文化研究会 20 2000.4

〈公開シンポジウム「三田の民俗」〉「宗教民俗研究」 日本宗教民俗学会 (10) 2000.9

21世紀に架けるロマン 四神獣に護られた三田(東前正未)「三田史談」 三田市郷土文化研究会 21 2001.4

お稲荷さん(石井保)「三田史談」 三田市郷土文化研究会 21 2001.4

世情を見守る五智如来坐像(渡辺邦彦)「三田史談」 三田市郷土文化研究会 22 2002.4

美女丸伝説をたずねて(1)~(3)(杉本昭典)「三田史談」 三田市郷土文化研究会 22/(24) 2002.4/2004.4

三田の手水鉢・水盤見て歩る記(前中久雄)「三田史談」 三田市郷土文化研究会 22 2002.4

戎さんと秋まつり(三田の年中行事)(朝野久恵)「三田史談」 三田市郷土文化研究会 22 2002.4

聞き取り 三田牛と杳(永瀬康博)「市史研究さんだ」 三田市 (6) 2003.3

三田焼と兵庫のやきもの(長谷川眞)「市史研究さんだ」 三田市 (7) 2004.3

神話伝説(石井保)「三田史談」 三田市郷土文化研究会 (24) 2004.4

三田の姥捨山(西田克子)「三田史談」 三田市郷土文化研究会 (25) 2005.4

札所めぐり(前田重夫)「三田史談」 三田市郷土文化研究会 (25) 2005.4

三田青磁誕生三人衆―中国青磁を凌駕した陶工(大熊隆治)「歴史と神戸」 神戸史学会 44(5)通号252 2005.10

出土資料からみる三田焼の様相について(考古論考特集)(石神由貴)「市史研究さんだ」 三田市 (12) 2010.03

三田市

《兵庫県三田市「三田の民俗」特集》「宗教民俗研究」 日本宗教民俗学会 (10) 2000.9

三田市域の民俗芸能(山路興造)「宗教民俗研究」 日本宗教民俗学会 (10) 2000.9

三田の田楽躍―特に、芸態と宗教性を中心にして(大森恵子)「宗教民俗研究」 日本宗教民俗学会 (10) 2000.9

大歳神社について(吉崎友紀)「三田史談」 三田市郷土文化研究会 22 2002.4

三田の民俗―祭りと年中行事(久下隆史)「市史研究さんだ」 三田市 (6) 2003.3

三田市域における横穴式石室の編年(川口修実)「市史研究さんだ」 三田市 (7) 2004.3

三田市総務部市史編さん課編『三田市史第九巻民俗編』(書誌紹介)(大森恵子)「日本民俗学」 日本民俗学会 通号244 2005.11

近代三田における生活様式の変化(李東彦)「市史研究さんだ」 三田市 (10) 2008.3

兵庫県下の曳山・屋台・ダンジリ―三田市を中心に(西尾嘉美)「歴史と神戸」 神戸史学会 47(5)通号270 2008.10

三田市域の山岳寺院遺跡について(考古論考特集)(山崎敏昭)「市史研究さんだ」 三田市 (12) 2010.03

三田市域の中・近世の丹波焼について―中・近世の採集資料からみた丹波焼生産についての予察(考古論考特集)(村上泰樹)「市史研究さんだ」 三田市 (12) 2010.03

文献史料からみた三田市域の近世丹波焼諸窯の展開―擂鉢生産の盛衰を基軸に(考古論考特集)(印藤昭一)「市史研究さんだ」 三田市 (12) 2010.03

まちの記憶・生活の思い出 追憶の老女たち(松本ゆかり)「市史研究さんだ」 三田市 (13) 2011.03

三田藩

三田藩士族とキリスト教(小林和雄)「歴史と神戸」 神戸史学会 40(5)通号228 2001.10

三田藩領内の曹洞宗寺院(高田義久)「三田史談」 三田市郷土文化研究会 (29) 2009.04

山南

ふるさと探訪 市内社寺・史跡めぐり(山南地区)(渕上義雄)「いちじま史研」 丹波市市島町史実研究会 (52) 2008.4

塩津峠

塩津峠「南無阿弥陀仏」碑はなにを語るか(土田孝)「いちじま史研」 丹波市市島町史実研究会 (48) 2004.4

飾磨郡

家戸間の餅なし正月―兵庫県飾磨郡(奥山芳夫)「民俗文化」 滋賀民俗学会 417 1998.6

飾磨津

酒見大明神の神事（1）―飾磨津の御祓（喜谷進一朗）「播磨郷土研究」 加西郡郷土史研究会 （28）2013.03

志筑廃寺

志筑廃寺（伊藤宏幸）「竹ベラ」 淡路考古学研究会 14 2003.3

宍粟

中世後期の宍粟と仏画（相田愛子，宍粟市歴史資料館）「塵界 ： 兵庫県立歴史博物館紀要」 兵庫県立歴史博物館 （25）2014.3

宍粟郡

但馬西部・播磨宍粟郡の細部手法を共有する宝篋印塔（宮下五夫）「歴史考古学」 歴史考古学研究会 （51）2002.12

宍粟タタラ

佐用・宍粟タタラの神々の再考と鹿庭山麓の地名（鳥羽弘毅）「Sala ： 歴史民俗誌」 常民学舎 （40）2006.8

実相寺

6月例会 実相寺（頼富本宏）「神戸史談」 神戸史談会 （309）2012.01

篠木

篠木合宿絵馬 白山町円福寺「郷土誌かすがい」 春日井市教育委員会 51 1997.9

清水神社

兵庫県明石市魚住町清水清水神社の祭礼（大江篤）「みかげ民俗」 御影高校民俗研究会 （6）1982.09

下竹田

ふるさと探訪 市島町内社寺・史跡めぐり「下竹田編」（青木正文）「いちじま史研」 丹波市市島町史実研究会 （58）2014.04

石峯寺

石峯寺の文化財調査を通じて（高久智広）「博物館だより」 神戸市立博物館 74 2001.9

神戸歴史見聞録（2）石峯寺（中村善則）「博物館だより」 神戸市立博物館 80 2003.4

十輪寺

「十輪寺奉加帳」について（史料研究）（清山ひとみ）「論叢ゆほびか」 古記録を読む会 4 2005.7

鷲林寺

六甲修験とその行場―四鬼家と鷲林寺と地中の道（早栗佐知子）「久里」 神戸女子民俗学会 （24）2009.06

六甲修験の展開―兵庫県西宮市の鷲林寺と修験（早栗佐知子）「久里」 神戸女子民俗学会 （25）2010.01

寿福寺

学芸員のノートから（89） 「怖い顔」をした仏の不思議―寿福寺聖観音菩薩立像の魅力（川野憲一）「博物館だより」 神戸市立博物館 （93）2008.3

松雲寺

誌上博物館（59） 松雲寺文書二題（熱田公）「兵庫歴博ニュース」 兵庫県立歴史博物館 65 1999.1

祥雲寺

中世山林寺院の空間構造―福成寺・祥雲寺・深谷寺の場合（西尾孝昌）「但馬史研究」 但馬史研究会 （33）2010.03

性海寺

高和山性海寺の縁起と宝物（大意）（編集委員会）「神戸史談」 神戸史談会 285 2000.1

正覚院

昆陽寺と村―鎮守堂文書・正覚院文書紹介（史料調査報告）（中川すがね）「地域研究いたみ」 伊丹市 （39）2010.03

浄橋寺

浄橋寺、中山寺、満願寺を訪ねて（坂田二三夫）「史迹と美術」 史迹美術同攷会 68（3）1998.3

城山稲荷神社

明治「徴兵」事始め―城山稲荷神社繁栄の背景（大木辰史）「丹波史」 丹波史懇話会 18 1998.6

浄土寺

浄土寺と東播磨の仏像（紺野敏文）「近畿文化」 近畿文化会事務局 589 1998.12

播磨極楽山浄土寺考（〈前編 神戸史談会諸先賢の遺稿〉―4 編集委員の部）（松本楠夫）「神戸史談」 神戸史談会 296 2005.6

浄土寺、もう一つの浄土堂（坂田大爾）「小野史談」 小野の歴史を知る会 （49）2007.7

浄土寺伽藍配置考私考（前）、（後）（山田貴生）「小野史談」 小野の歴史を知る会 （51）/（52）2008.7/2009.01

第931回例会 播磨の古刹・一乗寺から浄土寺へ（松永修輔）「史迹と美術」 史迹美術同攷会 79（3）通号793 2009.03

近世後期における「寺院社会」と領主権力―播磨国加東郡浄土寺来迎会を事例として（松本和明）「ヒストリア ： journal of Osaka Historical Association」 大阪歴史学会 （215）2009.06

東大寺播磨別所・浄土寺伽藍配置考考―重源の迎講との関連（山田貴生）「京都民俗 ： 京都民俗学会会誌」 京都民俗学会 通号27 2010.03

兵庫県立歴史博物館所蔵の国宝浄土寺浄土堂古材保存の年輪年代調査（光谷拓実，菅澤茂）「塵界 ： 兵庫県立歴史博物館紀要」 兵庫県立歴史博物館 （21）2010.03

表紙 浄土寺大般若経（新指定小野市文化財）「小野史談」 小野の歴史を知る会 （55）2010.07

東大寺播磨別所・浄土寺伽藍配置考―重源の迎講との関連（山田貴生）「小野史談」 小野の歴史を知る会 （56）2011.01

重源上人と浄土寺（西田猛）「ひょうご歴史文化フォーラム会報」 ひょうご歴史文化フォーラム （13）2011.03

浄土寺の周辺をめぐって（坂田大爾）「小野史談」 小野の歴史を知る会 （59）2012.07

大山先生講演録 浄土寺・重源・大部荘（大山喬平）「小野史談」 小野の歴史を知る会 （63）2014.7

浄土寺における俊乗房重源の阿弥陀信仰（坂田大爾）「小野史談」 小野の歴史を知る会 （63）2014.07

正法寺

正法寺本堂跡の周辺（田中幸夫）「三木史談」 三木郷土史の会 38 1997.7

旗振り山と瓦屋山正法寺―インターネット検索の活用（柴田昭彦）「歴史と神戸」 神戸史学会 43（2）通号243 2004.4

旗振り山と正法寺（亀山俊彦）「摂播歴史研究」 摂播歴史研究会 41・42 2005.7

称名寺

真宗と禅―森本称名寺文書の紹介（史料調査報告）（中川すがね）「地域研究いたみ」 伊丹市 （35）2006.3

森本称名寺梵鐘（史料調査報告）（藤本史子）「地域研究いたみ」 伊丹市 （35）2006.3

常楽廃寺

多祢寺所蔵「大般若経」に見る「遊楽庄」「常楽廃寺」について（中野卓郎）「丹波史」 丹波史懇話会 （32）2012.06

少林寺

砂岩製一石五輪塔に関する一考察―少林寺一石五輪塔群の調査から（〈一石五輪塔の諸問題〉）（和泉大樹）「日引 ： 石造物研究会会誌」 （9）2007.05

信行寺

西之宮の信行寺の寺送状（藤田卯三郎）「西宮文化協会会報」 西宮文化協会 （561）2014.12

新宮神社

吉川町・新宮神社蔵の石槌（檀上重光）「三木史談」 三木郷土史の会 43 2000.1

新宮町

兵庫県揖保郡新宮町所在の阿弥陀三尊石仏（福澤邦夫，鈴木武，藤原良夫，大木神美通）「歴史考古学」 歴史考古学研究会 （55）2004.12

新宮町新宮

兵庫西播磨の近世窯址資料について―揖保郡新宮町新宮焼の資料紹介（村上泰樹）「塵界 ： 兵庫県立歴史博物館紀要」 兵庫県立歴史博物館 （12）2000.7

真光寺

神戸歴史見聞録（4） 真光寺一遍廟所（問屋真一）「博物館だより」 神戸市立博物館 82 2003.10

深谷寺

中世山林寺院の空間構造―福成寺・祥雲寺・深谷寺の場合（西尾孝昌）「但馬史研究」 但馬史研究会 （33）2010.03

神積寺

神積寺の鬼迫式に現れる山の神と田原の文殊（小山喜美子）「久里」 神戸女子民俗学会 （10）2001.4

神池寺

町内散策―中世の跡を求めて 白毫寺・清園寺・神池寺（荒木大三）「いち

じま史研」 丹波市市島町史実研究会 （54）2010.04

元禄前後の神池寺と文化（井上正直）「いちじま史研」 丹波市市島町史実研究会 （57）／（58）2013.04／2014.04

新町

新町毘沙門天祠堂の中の歴史（山田治信）「一里塚」 生野銀山史談会 （13）2008.3

続 新町毘沙門天（山田治信）「一里塚」 生野銀山史談会 （14）2009.03

進美寺

鎌倉初期の東国武士と関東祈禱所の認定―横山時広と「進美寺文書」の検討（山野龍太郎）「八王子市史研究」 八王子市 （4）2014.03

砂山

生田神社と砂山の関係に就いて（〈前編 神戸史談会諸先賢の遺稿〉―1 歴代会長の部）（川邊賢武）「神戸史談」 神戸史談会 296 2005.6

須磨

「祓」と滅罪―『源氏物語』の「須磨」「明石」の巻を通路として（熊谷保孝）「摂播歴史研究」 摂播歴史研究会 （63）2014.03

須磨区

神戸市須磨区の石造物（井上勇）「日本の石仏」 日本石仏協会，青娥書房（発売）（103）2002.9

洲本

民俗随筆 洲本の狸（武田清市）「あわじ ： 淡路地方史研究会会誌」 淡路地方史研究会 （17）2000.1

洲本市

柴右衛門狸伝承の一展開―洲本市の観光マチおこしにおける道頓堀中座楽屋話との関連（研究ノート）（田野登）「日本民俗学」 日本民俗学会 通号265 2011.03

清園寺

町内散策―中世の跡を求めて 白毫寺・清園寺・神池寺（荒木大三）「いちじま史研」 丹波市市島町史実研究会 （54）2010.04

静思舘

猪名川町立静思舘（旧冨田家住宅）と冨田家の人々（《特集 近代神戸・阪神間の埋もれた人と建物》）（藤岡真澄）「歴史と神戸」 神戸史学会 47（5）通号270 2008.10

勢住寺

三輪流神道と勢住寺（高田義久）「三田史談」 三田市郷土文化研究会 （32）2012.04

清澄寺

清荒神清澄寺と鉄斎美術館（村越英明）「たからづか ： 市史研究紀要たからづか」 宝塚市教育委員会 16 1999.11

精道村

打出焼と精道村尚歯会（藤川祐作）「生活文化史」 神戸・深江生活文化史料館 （39）2011.3

石龕寺

石龕寺・柏原八幡・五社稲荷・達身寺（坂田二三夫）「史迹と美術」 史迹美術同攷会 73（5）通号735 2003.6

石像寺

町内散策あちこち 石像寺山門の碑ほか（荒木大三）「いちじま史研」 丹波市市島町史実研究会 （48）2004.4

摂津一国八十八ヶ所

摂津一国八十八ヶ所と尼崎の札所（村上昭彦）「みちしるべ ： 尼崎郷土史研究会々誌」 尼崎郷土史研究会 （42）2014.03

摂播

民間信仰の実態の一齣（熊谷保孝）「摂播歴史研究」 摂播歴史研究会（特集号）2007.3

イタテ神について（打田三郎）「摂播歴史研究」 摂播歴史研究会 （特集号）2007.3

「ぬけまいり」の一史料報告（青野克彦）「摂播歴史研究」 摂播歴史研究会 （49・50）2009.11

故郷の社寺の変遷（青野克彦）「摂播歴史研究」 摂播歴史研究会 （58）2012.07

千光寺

大鹿伊佐々王と大猪為篠王―峯相記と千光寺縁起の関連（建部恵潤）「歴史と神戸」 神戸史学会 36（2）通号201 1997.4

千丈寺山

千丈寺山と感神社（西田克子）「三田史談」 三田市郷土文化研究会 （23）2003.5

善福寺

あごなし地蔵尊（善福寺）（楫美江，木村一次，花垣信夫，前坂秀雄）「東播磨 地域史論集」 東播磨地域史懇話会 （13）2007.3

善竜寺

殿様を追慕して随行した寺院（前），（後）―兵庫県たつの市・善龍寺（奥山芳夫）「民俗文化」 滋賀民俗学会 （590）／（591）2012.11／2012.12

曽根天満宮

曽根天満宮への寄進状のこと（曽根文省）「摂播歴史研究」 摂播歴史研究会 34・35 2003.4

誌上博物館（76）祭りから地域の歴史を読む―伊保庄と曾根天満宮（小栗栖健治）「兵庫県立歴史博物館ニュース」 兵庫県立歴史博物館 （82）2006.3

ハナサシ―ヒトツモノ頭人となるまで（高砂市曽根天満宮）（横山奈央子）「久里」 神戸女子民俗学会 （20）2007.4

大雲寺

大雲寺元禄における念仏講についての一考察（下村哲三）「山崎郷土会報」 山崎郷土研究会 （104）2004.9

大覚寺

「大覚寺縁起絵巻」と「槻峯寺建立修行縁起絵巻」（高岸輝）「地域史研究 ： 尼崎市立地域研究史料館紀要 ： Bulletin of the history of Amagasaki」 尼崎市立地域研究史料館 33（1）通号96 2003.9

中世における日中貿易守護と琵琶法師守護に関する弁財天信仰―特に，大覚寺弁財天堂に寄せられた信仰と西園寺家の川の神信仰を中心に（大森恵子）「宗教民俗研究」 日本宗教民俗学会 （19）2009.11

少学生の読後感想文 続・雄勝法印神楽・大覚寺身振狂言（岡田親learn）「六甲倶楽部報告」 六甲倶楽部 （108）2014.03

太山寺

学芸員のノートから（72）受け継がれるイメージ―太山寺蔵不動明王画像にこめられた願い（川野憲一）「博物館だより」 神戸市立博物館 74 2001.9

神戸市太山寺・如意寺・移情閣を訪ねる（清水俊明）「野ほとけ」 奈良石仏会 （401）2005.11

播磨太山寺、太山寺川（伊川）不動磨崖仏（清水俊明）「史迹と美術」 史迹美術同攷会 75（10）通号760 2005.12

太子町

斑鳩寺と太子町の文化財（田村三千夫）「ひょうご歴史文化フォーラム会報」 ひょうご歴史文化フォーラム （15）2011.12

大竜神社

相模野・長尾川と大龍神社と三輪の神（西田克子）「三田史談」 三田市郷土文化研究会 （34）2014.04

多可

金蔵山金蔵寺と多可・西脇地域の修験道（今井登子）「女性と経験」 女性民俗学研究会 通号22 1997.10

あまんじゃこ伝説と多可の由来（竹内宏企）「Sala ： 歴史民俗誌」 常民学舎 （37）2005.2

高砂

〈高砂染の研究〉「姫路美術工芸館紀要」 姫路市書写の里・美術工芸館 通号3 2002.3

高砂染の歴史と形態（山本和人）「姫路美術工芸館紀要」 姫路市書写の里・美術工芸館 通号3 2002.3

高砂染の復元（射矢真紀）「姫路美術工芸館紀要」 姫路市書写の里・美術工芸館 通号3 2002.3

播州高砂の秋祭り（《特集 祭り》）（堀田俶子）「左海民俗」 堺民俗会 （128）2008.9

高砂沖

貞享3（1686）年閏3月「浦手形の事」―播磨高砂沖難船の備前焼積荷（《備前歴史フォーラム 江戸時代の暮らしと備前焼》―誌上報告）（伊藤晃）「備前市歴史民俗資料館紀要」 備前市歴史民俗資料館 （10）2008.9

高砂市

高砂市の安永八年銘万石通し（民具短信）（齊藤純）「民具マンスリー」 神奈川大学 39（4）通号460 2006.7

高砂神社

高砂神社にて（朝田成雄）「みちしるべ ： 尼崎郷土史研究会々誌」 尼崎郷土史研究会 （36）2008.3

高平

三田市高平地区の巡礼信仰と観福寺（大江篤）「市史研究さんだ」 三田市 5 2002.3

高売布神社

高売布神社の社号標石（渡辺邦彦）「三田史談」 三田市郷土文化研究会 (30) / (34) 2010.04/2014.04

宝塚

歌舞伎とタカラヅカ—11月21日（講演要旨）「館報池田文庫」 阪急学園池田文庫 16 2000.4

展示報告 第67回展示 歌舞伎絵看板展—明治の新聞小説と歌舞伎/第68回展示 宝塚歌劇90年の発展—草創期の歌劇と新しい挑戦「館報池田文庫」 阪急学園池田文庫 (25) 2004.10

宝塚の伊勢講—村々の伊勢講と参詣行程（石川道子）「たからづか : 市史研究紀要たからづか」 宝塚市教育委員会 (21) 2004.11

宝塚若手落語会とその周辺《特集 戦後の上方落語—四天王寺か島之内まで》（中川桂）「芸能懇話」 大阪芸能懇話会 (17) 2006.8

民俗芸能にまつわる演劇の創造性のゆくえ—宝塚歌劇団郷土芸能研究会の収集資料の公開によせて（収蔵資料紹介）（俵木悟）「館報池田文庫」 阪急学園池田文庫 (30) 2007.4

講演会報告 宝塚の民俗芸能研究の歴史的意義—「国民文化」と「地域文化」のはざまで（渡辺裕）「館報池田文庫」 阪急学園池田文庫 (30) 2007.4

展示報告 第72回展示 宝塚歌劇と民俗芸能「館報池田文庫」 阪急学園池田文庫 (30) 2007.4

落語と宝塚（谷正純）「館報池田文庫」 阪急学園池田文庫 (32) 2008.4

宝塚地車文化の発祥と歴史—歌劇の街「たからづか」のだんじり祭り（川面地車保存会）「たからづか : 市史研究紀要たからづか」 宝塚市教育委員会 (25) 2011.03

講演会報告 宝塚歌劇と日本舞踊（山村若，草野旦）「館報池田文庫」 阪急学園池田文庫 (38) 2011.06

宝塚市

樹木崇拝についての試論—クロガネモチ（モチノキ科）（地主喬）「たからづか : 市史研究紀要たからづか」 宝塚市教育委員会 16 1999.11

三十三所巡礼開設の動機とその展開（池田重義）「たからづか : 市史研究紀要たからづか」 宝塚市教育委員会 (21) 2004.11

多紀郡神社

多紀郡神社の一考察（中谷一正）「丹波史」 丹波史懇話会 19 1999.6

竹田

竹田祭りと三の宮神社（土田孝）「いちじま史研」 丹波市市島町史実研究会 (55) 2011.04

竹田祭神輿の源流をさぐる（土田孝）「いちじま史研」 丹波市市島町史実研究会 (58) 2014.04

但馬

但馬の六十六部回国—大屋町・大谷家「日本回国宿帳」を中心に（山口久喜，田村泰春）「但馬史研究」 但馬史研究会 20 1997.3

但馬でみる明治維新期の国家神道（小谷茂夫）「但馬史研究」 但馬史研究会 22 1999.3

ざんざか踊り考（田村信隆）「但馬史研究」 但馬史研究会 22 1999.3

〔書評〕 大森恵子著『年中行事と民俗芸能 但馬民俗誌』（鈴木昭英）「宗教民俗研究」 日本宗教民俗学会 (9) 1999.6

安石代米必携—但馬近世史の「謎」（田村泰春，山口久喜）「但馬史研究」 但馬史研究会 24 2001.3

木地師史料 但馬風土記として国撰但馬世継記（杉本寿）「民俗文化」 滋賀民俗学会 453 2001.6

但馬の宝篋印塔にみられる二、三の手法について（宮下五夫）「歴史考古学」 歴史考古学研究会 (48) 2001.6

木地師史料 但馬世継記の偽書説（杉本壽）「民俗文化」 滋賀民俗学会 470 2002.11

但馬西部・播磨宍粟郡の細部手法を共有する宝篋印塔（宮下五夫）「歴史考古学」 歴史考古学研究会 (51) 2002.12

伊勢信仰と但馬—その師旦関係を追って（下田英郎）「但馬史研究」 但馬史研究会 26 2003.3

捨往来用語資料 四国遍路病死ニ付郡方御役所へ達し書付并往来手形扣ヘ/〔但馬者病死・揚手形〕「四国辺路研究」 海王舎 22 2004.3

民俗行事にみる方位信仰の名残（宿南保）「但馬史研究」 但馬史研究会 (29) 2006.3

「盆」我が家と村と〔兵庫県但馬地方〕《特集 夏・お盆》（山崎琢磨）「左海民俗」 堺民俗会 (122) 2006.9

字名・古神社名に冠せられた「大」の意味（宿南保）「但馬史研究」 但馬史研究会 (30) 2007.3

牛頭天王信仰の一考察（下田英郎）「但馬史研究」 但馬史研究会 (32) 2009.03

『日本霊異記』の地域像—7世紀の播磨と但馬（秋吉正博）「新兵庫県の歴史」 兵庫県 (3) 2011.3

因幡と但馬の人・もの・文化の交流（特集）（浅井慶紀）「鳥取民俗懇話会会報」 〔鳥取民俗懇話会〕 (9) 2011.08

因幡・但馬に共通する民俗文化財（特集）（福代宏）「鳥取民俗懇話会会報」 〔鳥取民俗懇話会〕 (9) 2011.08

但馬の風習についての体験談—西川さんの話を聞いて（特集）（福代宏）「鳥取民俗懇話会会報」 〔鳥取民俗懇話会〕 (9) 2011.08

但馬地方の歌舞伎と衣裳—葛畑村を事例として（藤岡真衣）「史泉 : historical & geographical studies in Kansai University」 関西大学史学・地理学会 (116) 2012.07

史料紹介 地方神社と本所吉田家との関係（岡部良一）「但馬史研究」 但馬史研究会 (37) 2014.03

但馬国分寺跡

但馬国分寺跡の調査成果（加賀美省一）「ひょうご歴史文化フォーラム会報」 ひょうご歴史文化フォーラム (13) 2011.03

但馬三十三所観音

資料紹介 但馬三十三所観音順礼記（梅井逸郎，谷本進）「但馬史研究」 但馬史研究会 (33) 2010.03

但馬国

中世後期における但馬国寺社の存在形態（濱田浩一郎）「但馬史研究」 但馬史研究会 (30) 2007.3

但馬八十八所

但馬八十八所巡礼記（史料紹介）（谷本進）「但馬史研究」 但馬史研究会 (34) 2011.03

多田院

多田院から多田神社へ（熊谷保孝）「摂播歴史研究」 摂播歴史研究会 (51) 2010.03

多田神社

多田院から多田神社へ（熊谷保孝）「摂播歴史研究」 摂播歴史研究会 (51) 2010.03

歴史民俗探訪 兵庫県多田神社、満願寺を訪ねて（山下淳子）「讃岐のやまなみ」 香川県歴史研究会 (6) 2013.04

多田荘

中世多田荘の墓地—観音寺跡（猪名川町広根）（特集 平成25年度下半期発掘調査の成果）「ひょうごの遺跡 : 兵庫県埋蔵文化財情報」 兵庫県まちづくり技術センター埋蔵文化財調査部 (88) 2014.03

達身寺

丹波路紀行 天目楓と達身寺仏（伊藤保）「みちしるべ : 尼崎郷土研究会々誌」 尼崎郷土研究会 30 2002.3

石龕寺・柏原八幡・五社稲荷・達身寺（坂田二三夫）「史迹と美術」 史迹美術同攷会 73 (5) 通号735 2003.6

竜野藩

近世後期龍野醤油の流通構造（西向宏介）「瀬戸内海地域史研究」 文献出版 6 1997.3

竜山

五輪塔研究の基礎的研究—加古川下流域の竜山石製中世五輪塔を対象に（和泉大樹）「日引 : 石造物研究会会誌」 4 2003.10

田能

聞き書き ありし日のまちと暮らし(27) 二つの石伝説 (1) 田能の力石（井上眞理子）「歴史と神戸」 神戸史学会 47 (1) 通号266 2008.2

多聞廃寺跡

「多聞廃寺跡」概要 (1)，(2)（岡田一幸）「神戸史談」 神戸史談会 287/288 2001.1/2001.7

垂井

垂井神明神社舊記 (1)—歴史満遊10号より転載（足立俊三）「小野史談」 小野の歴史を知る会 38 2002.1

田原

神積寺の鬼迫式に現れる山の神と田原の文殊（小山喜美子）「久里」 神戸女子民俗学会 (10) 2001.4

但東町

但東町の庚申塔について（中島政次，武知憲男）「但馬史研究」 但馬史研究会 20 1997.3

丹波

丹波・若狭の松明行事（八木透）「京都民俗 : 京都民俗学会会誌」 京都民俗学会 通号15 1997.12

「五獣七鈴鏡」の発見と経緯（中野卓郎）「丹波史」 丹波史懇話会 18 1998.6

阪神間の仏像と丹波の仏像（中谷一正）「丹波史」 丹波史懇話会 18 1998.6

伝承と地名学—付会と検証（後藤靖生）「丹波史」 丹波史懇話会 18
1998.6

伊勢信仰について（芦田史朗）「丹波史」 丹波史懇話会 19 1999.6

伏見稲荷大社と丹波の稲荷信仰（山下源九郎）「丹波史」 丹波史懇話会
20 2000.6

地名考「饗の事」と「間」についてコトのコトとは何の事—節句の一
日・コト半日（後藤靖生）「丹波史」 丹波史懇話会 22 2002.6

近世丹波焼の成立と展開—丹波焼における技術移入・導入と技術拡散を
中心に（長谷川眞）「慶界 ：兵庫県立歴史博物館紀要」 兵庫県立歴史
博物館 （15） 2004.3

ツキ山の宝篋印塔について（谷田勝）「丹波史」 丹波史懇話会 25
2005.6

歴史伝承の間違い二題（中野卓郎）「丹波史」 丹波史懇話会 （26）
2006.6

丹波のキツネガリ（久下隆史）「ひょうご歴史文化フォーラム会報」 ひょ
うご歴史文化フォーラム （3） 2007.1

丹波布と丹波木綿（吉田ふみゑ）「Sala ：歴史民俗誌」 常民学舎
（52） 2012.08

丹波市

丹波市の歴史と文化財—遠身寺と柏原藩陣屋を中心として（芦田岩男）
「ひょうご歴史文化フォーラム会報」 ひょうご歴史文化フォーラム
（17） 2012.8

長円寺

加西歴史探訪 久斗山長圓寺を訪ねて（藤日孝）「播磨郷土研究」 加西郡
郷土研究会 （25） 2009.11

潮音寺

神戸市潮音寺不動明王像と、大和多武峰、経ヶ谷不動明王像の共通点
（清水俊明）「史迹と美術」 史迹美術同攷会 76（2）通号762 2006.2

6月例会 須磨 真言宗潮音寺（牛尾真堂，キ上勇）「神戸史談」 神戸史談
会 （310） 2013.01

朝光寺

鹿野山朝光寺（大中良英）「六甲倶楽部報告」 六甲倶楽部 61/62
2002.7/2002.10

長水城

長水城五十波講（溝の城）（春名俊夫）「山崎郷土会報」 山崎郷土研究会
（104） 2004.9

長水城の伝説七不思議（中川真里）「山崎郷土会報」 山崎郷土研究会
（104） 2004.9

長楽寺

貴志の長楽寺と五山文学僧（岡田晃）「三田史談」 三田市郷土文化研究会
21 2001.4

塚口寺内町

中世真宗寺内町割の一類型—摂津国塚口寺内を中心に（藤田実）「大阪の
歴史」 大阪市史料調査会 通号55 2000.4

歴史講演会及び歴史講座 「暦について」「戦国期寺内町の形成と尼崎」
寺内町の歴史的特質、本興寺と三好長慶、塚口寺内町（平成21年度尼
崎郷土史研究会実施行事）「みちしるべ ：尼崎郷土史研究会々誌」 尼
崎郷土史研究会 （38） 2010.03

塚之元

兵庫県宍粟郡山崎町野字塚之元の経塚から出土した「上方作」獣帯鏡
（東京国立博物館所蔵）について（片山昭悟）「山崎郷土会報」 山崎郷
土研究会 103 2004.4

槻峯寺

「大覚寺縁起絵巻」と「槻峯寺建立修行縁起絵巻」（高岸輝）「地域史研究
：尼崎市立地域研究史料館紀要 ：Bulletin of the history of
Amagasaki」 尼崎市立地域研究史料館 33（1）通号96 2003.9

筒江

布施弁天と但馬筒江の交流物語（田口藤造）「東葛流山研究」 流山市立博
物館友の会事務局，崙書房出版（発売）（23） 2005.3

綱敷天満宮

綱敷天満宮と地名分布（小寺慶昭）「地名探究」 京都地名研究会 （1）
2003.3

鶴居

子どもの遊びと習俗—兵庫県神崎郡市川町鶴居の事例《《子育み・子育
て・児やらい—大藤ゆき追悼号》》（今井登子）「女性と経験」 女性民
俗学研究会 （特集号） 2003.9

手柄山

地名研究（89） 『播磨風土記』にある地名「手柄丘」の語源と伝承考（中
本四郎）「歴史と神戸」 神戸史学会 46（5）通号264 2007.9

天上寺

尼崎藩大庄屋高井宗官家の役割—摩耶山天上寺周辺の宗教的環境のなか
で（早栗佐知子）「研究報告」 西宮市立郷土資料館 （10） 2013.11

東光寺の鬼会

東光寺の鬼会 兵庫県加西市上万願寺町（吉川祐子）「月刊通信ふるさとの
民俗を語る会」 民俗文化研究所 （44） 2011.01

東条川

東条川と武庫川をつなぐ運河と住吉神社と秦氏（西田克子）「三田史談」
三田市郷土文化研究会 （27） 2007.4

富島

淡路市富島の常設芝居小屋について—概報《《特集 近代化遺産の保存と
活用》》（永田實，島原典子，沢田伸）「歴史と神戸」 神戸史学会 46
（6）通号265 2007.12

殿原廃寺

古瓦からみた殿原廃寺（今里幾次）「東播磨 地域史論集」 東播磨地域史
懇話会 5 1998.6

富松神社

相撲文化と相撲番付の諸相 兵庫県尼崎市富松神社相撲番付額と相撲関
連資料について（五代雄資）「元興寺文化財研究」 元興寺文化財研究
所 （84） 2004.1

富吉上町

我が村の年中行事—兵庫県西脇市富吉上町（村上友子）「久里」 神戸女子
民俗学会 （12） 2002.4

具平親王神社

具平親王神社と賀古駅家（打田三郎）「摂播歴史研究」 摂播歴史研究会
（54） 2011.03

豊岡市

考察 豊岡市「六地蔵」の「石津」について（生田隆）「但馬史研究」 但
馬史研究会 （36） 2013.10

豊富町

姫路市豊富町の食生活（近藤真弓）「西郊民俗」 ［西郊民俗談話会］
（203） 2008.6

中井廃寺

龍野市中井廃寺の蓮華文帯鴟尾（今里幾次）「歴史と神戸」 神戸史学会
40（1）通号224 2001.2

長尾川

相模野・長尾川と大龍神社と三輪の神（西田克子）「三田史談」 三田市郷
土文化研究会 （34） 2014.04

中川原

中川原むかし話かるた（東雅惟）「あわじ ：淡路地方史研究会会誌」 淡
路地方史研究会 （18） 2001.1

長洲天満神社

長洲天満神社本殿屋根から発見された絵馬「しながどり ：（仮称）尼崎
市立歴史博物館準備室だより」 尼崎市教育委員会歴史博物館準備室
10 1999.10

長洲荘

永観の東大寺経営と猪名・長洲荘（田中文英）「地域史研究 ：尼崎市立
地域研究史料館紀要 ：Bulletin of the history of Amagasaki」 尼
崎市立地域研究史料館 26（3）通号78 1997.3

舟屋法眼元恵と法華堂・長洲荘（小特集 宝珠院文書から見る中世後期の
尼崎）（伊藤啓介）「地域史研究 ：尼崎市立地域研究史料館紀要 ：
Bulletin of the history of Amagasaki」 尼崎市立地域研究史料館
（113） 2013.11

貞治四年「野地前田田数目録」に見える人名と寺院について（小特集 宝
珠院文書から見る中世後期の尼崎）（小橋勇介）「地域史研究 ：尼崎市
立地域研究史料館紀要 ：Bulletin of the history of Amagasaki」
尼崎市立地域研究史料館 （113） 2013.11

長田社

神功皇后奉祀 摂津国広田・生田・長田三社の創祀と発展（1）～（3）（加
藤隆久）「摂播歴史研究」 摂播歴史研究会 21/23 1998.6/1999.2

海人・ヒコホホデミについての考察—生田・長田・廣田・片岡社の稲束
（どいかずこ）「神戸史談」 神戸史談会 通号305 2010.01

長田神社

鬼の咆哮 長田神社の追儺式（大中良英）「六甲倶楽部報告」 六甲倶楽部
45 1998.7

長田神社（神戸市）古式追儺式（高瀬美代子）「西日本文化」 西日本文化
協会 通号437 2009.02

神戸・長田神社追儺見学記（鷲野正昭）「まつり通信」 まつり同好会 52（3）通号559 2012.05

中山寺

近世前期の中山寺と中山寺村―文禄・延宝検地帳、宝暦の延宝検地帳写の比較による（石川道子）「たからづか : 市史研究紀要たからづか」宝塚市教育委員会 13 1997.3

中山寺の参詣者と寄進銀の推移―元禄～享保期の「中山寺寄進帳」より（石川道子）「たからづか : 市史研究紀要たからづか」宝塚市教育委員会 14 1997.10

浄橋寺、中山寺、満願寺を訪ねて（坂田二三夫）「史迹と美術」 史迹美術同攷会 68（3）1998.3

中山寺の聖徳太子と極楽中心の信仰について（井阪康二）「御影史学論集」 御影史学研究会 通号32 2007.12

巡礼研究会第58回例会 小栗栖健治氏「三重県の熊野観心十界曼荼羅」/西本幸嗣氏「中山寺の安産信仰とその信仰圏」（澤井浩一）「巡礼研究会通信」 巡礼研究会 （59）2008.5

西国三十三所観音巡礼信仰と中山寺の地獄極楽信仰との関わり（井阪康二）「久里」 神戸女子民俗学会 （23）2009.01

中山寺ココノカビ（九日）の信仰について―性空と閻魔王とホトケさんを迎え（井阪康二）「御影史学論集」 御影史学研究会 通号34 2009.10

大和国中山寺支配をめぐる門跡と国人（田中慶治）「奈良歴史研究」 奈良歴史研究会 （73）2010.01

中山寺版「西国三十三所巡礼由来」（久下正史）「久里」 神戸女子民俗学会 （26）2010.06

中山寺の日露戦病死者追弔絵馬をめぐる一考察（特集 戦争の記憶と記録3）（今西聡子）「歴史と神戸」 神戸史学会 50（3）通号286 2011.06

名草神社

妙見の名草神社―養父郡八鹿町（杉本壽）「民俗文化」 滋賀民俗学会 466 2002.7

八百丹杵築の宮ばしら―名草神社、三重塔によせて（村上清子）「大社の史話」 大社史話会 （150）2007.3

報告 国指定重要文化財名草神社の指定について（谷本進）「但馬史研究」但馬史研究会 （34）2011.03

名塩

蓮如上人と名塩紙（亥野彊）「歴史と神戸」 神戸史学会 44（5）通号252 2005.10

西宮市名塩のトンド（細木ひとみ）「西宮市立郷土資料館ニュース」 西宮市立郷土資料館 （33）2009.03

紙の歴史と文化・名塩和紙の里（4）II.名塩和紙とそのルーツを訪ねて1.名塩紙漉千軒（続き）（山下忠男）「西宮文化協会会報」 西宮文化協会 （537）2012.12

紙の歴史と文化・名塩和紙の里（6）II.名塩和紙とそのルーツを訪ねて2.越前和紙の里・今立を訪ねて（続き）（山下忠男）「西宮文化協会会報」 西宮文化協会 （541）2013.04

名塩八幡神社

名塩八幡神社の神事―宮守の仕事を中心に（亥野彊）「御影史学論集」 御影史学研究会 通号32 2007.12

名塩八幡神社（兵庫県西宮市名塩）の宮守と名塩厄神（細木ひとみ）「久里」 神戸女子民俗学会 （27）2011.01

成松

諸国探訪（8）成松蛭子神社「西宮えびす」 西宮神社 通号26 2006.12

鳴尾

鳴尾（兵庫県西宮市鳴尾）の海とえびす神と亀（井阪康二）「久里」 神戸女子民俗学会 （19）2006.10

小豆島・内海八幡神社の石燈籠と鳴尾の辰馬家（細木ひとみ）「御影史学論集」 御影史学研究会 通号34 2009.10

鳴門武庫崎神社

神武東遷、紀氏東征と福良鳴門武庫崎神社（前田勝一）「あわじ : 淡路地方史研究会会誌」 淡路地方史研究会 （18）2001.1

南野村

近世南野村の成年式と宮座の再検討（史料調査報告）（大国正美）「地域研究いたみ」 伊丹市 （36）2007.3

丹生

尼崎にもあった地名 丹生（にう・にぶ）ものがたり（西本珠夫）「みちしるべ : 尼崎郷土史研究会々誌」 尼崎郷土史研究会 （35）2007.3

丹生ものがたり補遺 「金山所」雑考（西本珠夫）「みちしるべ : 尼崎郷土史研究会々誌」 尼崎郷土史研究会 （36）2008.3

西尾村

西尾村「姥が懐」の秘話―遺稿（岡田一幸）「神戸史談」 神戸史談会 295 2005.1

西島

家島諸島の流人考（1）～（4）―坊勢島、西島の流人について（奥山芳夫）「民俗文化」 滋賀民俗学会 477/481 2003.6/2003.10

西谷

学部学生調査報告 兵庫県宝塚市西谷地域の民俗（武田悠暉，平永龍之介）「御影史学論集」 御影史学研究会 （38）2013.10

西富松須佐男神社

西富松須佐男神社の狛犬［正］，補遺（岸添和義）「地域史研究 : 尼崎市立地域研究史料館紀要 : Bulletin of the history of Amagasaki」 尼崎市立地域研究史料館 32（1）通号94/33（1）通号96 2002.10/2003.9

西宮

七福神集成（吉井貞俊）「西宮文化協会会報」 西宮文化協会 349 1997.4

七福神集成「西宮文化協会会報」 西宮文化協会 351 1997.6

四神相応（吉井貞俊）「西宮文化協会会報」 西宮文化協会 363 1998.6

極く最近の昔話（吉井貞俊）「西宮文化協会会報」 西宮文化協会 378 1999.8

西宮の昔話（吉井貞俊）「西宮文化協会会報」 西宮文化協会 380 1999.11

西宮の昔語り（吉井貞俊）「西宮文化協会会報」 西宮文化協会 381 1999.12

西宮狂言 夷大黒「西宮文化協会会報」 西宮文化協会 405 2001.12

歳事回顧（阪口昌弘）「西宮文化協会会報」 西宮文化協会 431 2004.2

人形芝居のふるさと西宮（吉井良隆）「西宮文化協会会報」 西宮文化協会 （452）2005.11

第24回特別展示「西宮の寺院縁起」（俵谷和子）「西宮市立郷土資料館ニュース」（32）2008.6

西宮の社寺―甲山とその周辺（藤井直正）「近畿文化」 近畿文化会事務局 （705）2008.8

ちょっと昔の話（9）戦後の復興と変貌（楠井都志）「西宮文化協会会報」 西宮文化協会 （486）2008.9

地名研究（94）西宮の地名探索 綾羽、呉羽、染殿 織女渡来伝説と地名（渋谷武弘）「歴史と神戸」 神戸史学会 48（1）通号272 2009.02

第26回特別展示「西宮の山岳信仰」（早栗佳知子）「西宮市立郷土資料館ニュース」 西宮市立郷土資料館 （35）2011.02

広田の神と西宮の沖と西宮の神と―恵比須信仰と海難救助に関わる人々（田中久夫）「久里」 神戸女子民俗学会 （28）2011.06

第27回特別展示「西宮の講―つどいの民俗―」（細木ひとみ）「西宮市立郷土資料館ニュース」 西宮市立郷土資料館 （36）2011.06

第28回特別展示「西宮の祭礼―だんじり巡行を支える人びと―」の開催と門京天神社の「太鼓」について（細木ひとみ）「西宮市立郷土資料館ニュース」 西宮市立郷土資料館 （37）2012.06

西宮の忠霊塔の行方（藤田卯三郎）「西宮文化協会会報」 西宮文化協会 （550）2014.01

生駒幸子・森田雅也編『西宮のむかし話―児童文学から文学へ―』（森田雅也）「西宮文化協会会報」 西宮文化協会 （551）2014.02

笹部さくらコレクションより―浅田柳一氏と西宮雅楽多宗（柴橋明子）「西宮文化協会会報」 西宮文化協会 （552）2014.03

平成26年度定例総会 記念講演会 近世有力寺社と門前住民―西宮と藤沢の事例から 志村洋氏「西宮文化協会会報」 西宮文化協会 （553）2014.04

西宮浦

西宮浦の史実と伝承（俵谷和子）「久里」 神戸女子民俗学会 （23）2009.09

西宮市

特別展「道具の記録/道具の記憶」（大上直美）「西宮市立郷土資料館ニュース」 西宮市立郷土資料館 28 2001.8

レポート 阪神・淡路大震災と西宮市内における神社・狛犬について（増田行雄）「歴史と神戸」 神戸史学会 45（3）通号256 2006.6

西宮市立郷土資料館編『西宮の地蔵』（書籍紹介）（藪元晶）「御影史学論集」 御影史学研究会 （38）2013.10

岡本家文書の歴史学・民俗学的研究について（西宮市立郷土資料館）「研究報告」 西宮市立郷土資料館 （10）2013.11

徳本名号石の建立―西宮市周辺の事例を中心に（俵谷和子）「研究報告」西宮市立郷土資料館 （10）2013.11

西宮七福神

私観 西宮七福神の発想（吉井貞俊）「西宮文化協会会報」 西宮文化協会 370 1999.1

西宮神社

ご遷座祭と十日戎（阪口昌弘）「西宮文化協会会報」 西宮文化協会 350 1997.5

近畿　　　　　　　　　　　郷土に伝わる民俗と信仰　　　　　　　　　　　兵庫県

絵解きえびす舞（吉井貞俊）「西宮文化協会会報」 西宮文化協会 352 1997.7

100年前の十日えびす「西宮文化協会会報」 西宮文化協会 356 1997.11

20年前の十日えびす「西宮文化協会会報」 西宮文化協会 356 1997.11

平安時代のえびすさん「西宮文化協会会報」 西宮文化協会 358 1998.1

日本人の性格とえびすさん（吉井貞俊）「西宮文化協会会報」 西宮文化協会 366 1998.9

各地のえびす信仰（吉井貞俊）「西宮文化協会会報」 西宮文化協会 369 1998.12

『西宮神社社用日記』について（佐藤晶子）「季刊悠久.第2次」 鶴岡八幡宮悠久事務局 77 1999.4

えびす信仰（10） 宝船「西宮えびす」 西宮神社 11 1999.6

今昔、昭和と平成の福男「西宮えびす」 西宮神社 12 1999.12

えびす信仰（11） えびす様と文芸「西宮えびす」 西宮神社 12 1999.12

境内探訪（1） 神馬と賛歌碑「西宮えびす」 西宮神社 12 1999.12

えびす舞（吉井貞俊）「西宮文化協会会報」 西宮文化協会 382 2000.1

えびす信仰—東と西のまつり方比べ（吉井貞俊）「西宮文化協会会報」 西宮文化協会 383 2000.2

えびす信仰の分水界（吉井貞俊）「西宮文化協会会報」 西宮文化協会 385 2000.4

えびす信仰（12） 写真で見る西宮神社・今昔「西宮えびす」 西宮神社 13 2000.6

戦前の十日えびす（吉井貞俊）「西宮文化協会会報」 西宮文化協会 392 2000.11

十日えびすの歴史「西宮えびす」 西宮神社 14 2000.12

えびす信仰（13） 船渡御復興への歩み「西宮えびす」 西宮神社 14 2000.12

《えびすの森特集》「西宮えびす」 西宮神社 15 2001.6

境内の美空間 随所に鏤められた「日本の美空間」「西宮えびす」 西宮神社 15 2001.6

えびすさん（吉井貞俊）「西宮文化協会会報」 西宮文化協会 404 2001.11

interview 十日えびす 開門神事、大いなる神の御心「西宮えびす」 西宮神社 16 2001.12

祭祀大図解 祈願祭（ご祈祷）「西宮えびす」 西宮神社 16 2001.12

絵馬の話 右と左と（吉井貞俊）「西宮文化協会会報」 西宮文化協会 407 2002.2

えびす家の調査の展開（吉井貞俊）「西宮文化協会会報」 西宮文化協会 409 2002.4

西宮まつり 古文書にみる記録「西宮えびす」 西宮神社 17 2002.6

西宮まつりとは「西宮えびす」 西宮神社 17 2002.6

えびす姓の全国調査（吉井貞俊）「西宮文化協会会報」 西宮文化協会 412 2002.7

えびす宮全国総本社 西宮神社 十日えびす「西宮えびす」 西宮神社 18 2002.12

西宮神社と江戸の町「西宮えびす」 西宮神社 18 2002.12

夏季展覧会 渡御祭図巻展「西宮文化協会会報」 西宮文化協会 425 2003.8

西宮神社 観月祭「西宮文化協会会報」 西宮文化協会 426 2003.9

えびす信仰 開門の神事（阪口昌弘）「西宮文化協会会報」 西宮文化協会 430 2004.1

境内社・住吉社のご案内「西宮えびす」 西宮神社 21 2004.6

住吉神社 創建概略／震災復興十年をむかえて「西宮えびす」 西宮神社 22 2004.12

えびすさまのお正月（吉井良昭）「西宮えびす」 西宮神社 24 2005.12

住吉神社境内整備事業報告「西宮えびす」 西宮神社 24 2005.12

えびすの社（1）、（2） 幼き日、神社境内のこと（平井良朋）「西宮文化協会会報」 西宮文化協会 （454）／（455） 2006.1／2006.2

えびすの社（3） 境内諸社のこと（平井良朋）「西宮文化協会会報」 西宮文化協会 （456） 2006.3

えびすの社（4） 森の中（平井良朋）「西宮文化協会会報」 西宮文化協会 （461） 2006.8

えびすの社（5） 鳥虫は友だち（平井良朋）「西宮文化協会会報」 西宮文化協会 （463） 2006.10

西宮神社奉職時を回想して［1］～（4）（対岡和繁）「西宮文化協会会報」 西宮文化協会 （466）／（471） 2007.2／2007.6

西宮神社の思い出 絵馬堂は怖かった（渡辺芳一）「西宮文化協会会報」 西宮文化協会 （468） 2007.3

えびすの社（6）、（7） 祭りの日（平井良朋）「西宮文化協会会報」 西宮文化協会 （473）／（491） 2007.8／2009.02

えびすさまと正直のみどころ（吉井良昭）「西宮えびす」 西宮神社 通号28 2007.12

西宮神社渡御祭（俳句）（荒木博子）「西宮文化協会会報」 西宮文化協会 （488） 2008.11

西の宮 その地名と町名のルーツ 西宮神社と関わる四町について（村岡和繁）「西宮文化協会会報」 西宮文化協会 （489） 2008.12

えびすの社（8）、（9） 境外ひと廻り（平井良朋）「西宮文化協会会報」 西宮文化協会 （492）／（493） 2009.03／2009.04

えびすの社（10） 汽車の堤と本町通りの間（平井良朋）「西宮文化協会会報」 西宮文化協会 （495） 2009.06

海上渡御沿岸図巻（吉井貞俊）「西宮文化協会会報」 西宮文化協会 （501） 2009.12

四百年振りの海上渡御祭といふこと 西宮まつり・海上渡御祭再興十周年に廻り会ひて（田邊竹雄）「西宮文化協会会報」 西宮文化協会 （501） 2009.12

古式再興渡御祭（俳句）（荒木博子）「西宮文化協会会報」 西宮文化協会 （501） 2009.12

えびすの社（11） 本町通り南東から西部のこと（平井良朋）「西宮文化協会会報」 西宮文化協会 （504） 2010.03

えびすさんの話（吉井貞俊）「西宮文化協会会報」 西宮文化協会 （505） 2010.04

えびすの社（12） 西宮の北郊（平井良朋）「西宮文化協会会報」 西宮文化協会 （505） 2010.04

えびす瓦版 公儀年頭御礼への旅（江戸往還日誌 その一）正月六日 独礼により御目見え「西宮えびす」 西宮神社 通号33 2010.06

えびす瓦版 殿様 二度の御社参 青山播磨守様 四月に続き六月にも「西宮えびす」 西宮神社 （34） 2010.12

祈禱殿の新築と神池の修景整備（海野克則）「西宮えびす」 西宮神社 （35） 2011.06

西宮神社えびす信仰資料展示室「えびす様のお面土鈴展」「西宮えびす」 西宮神社 （35） 2011.06

西宮神社十日参りと創作和菓子「とおかし」 おかめ茶屋「西宮えびす」 西宮神社 （35） 2011.06

ちょっと昔の話（15） おこしや祭（楠井都志）「西宮文化協会会報」 西宮文化協会 （519） 2011.06

おこしや祭について（松田弘子）「西宮文化協会会報」 西宮文化協会 （519） 2011.06

文化研究所だより（1） 江戸時代の神職組織について（松本和明）「西宮えびす」 西宮神社 （36） 2012.06

9月例会 西宮まつりを支える人たち（1） 蒲団太鼓台／氏子奉幣使／若戎会だんじり／童男・童女・八乙女／浜脇中学校生徒「西宮えびす」 西宮神社 （36） 2012.06

文化研究所だより（2） 西宮神社の願人頭「西宮えびす」 西宮神社 （37） 2012.12

御神影頒布始祭 創始される「西宮えびす」 西宮神社 （37） 2012.12

夏えびす「西宮えびす」 西宮神社 （37） 2012.12

村上春樹と西宮神社（前）、（後）（小西巧治）「西宮文化協会会報」 西宮文化協会 （538）／（539） 2013.01／2013.02

特集にあたって（特集 近世の西宮神社と戎信仰）（大阪歴史学会委員会）「ヒストリア ： journal of Osaka Historical Association」 大阪歴史学会 （236） 2013.02

近世西宮神社の社中構造—貞享～正徳期を事例として（特集 近世の西宮神社と戎信仰）（松本和明）「ヒストリア ： journal of Osaka Historical Association」 大阪歴史学会 （236） 2013.02

近世前期の西宮神社—他社との比較を通じて（特集 近世の西宮神社と戎信仰）（西田かほる）「ヒストリア ： journal of Osaka Historical Association」 大阪歴史学会 （236） 2013.02

えびす願人・えびす社人とその支配（特集 近世の西宮神社と戎信仰）（中野洋平）「ヒストリア ： journal of Osaka Historical Association」 大阪歴史学会 （236） 2013.02

2月例会報告（第318回） 「江戸時代の西宮神社」—御神影札の頒布をめぐって— 松本和明氏「会報」 大阪歴史懇談会 30（3）通号343 2013.03

文化研究所だより（3） 江戸時代における西宮神社の社領（松本和明）「西宮えびす」 西宮神社 （39） 2013.06

境内に咲く花花「西宮えびす」 西宮神社 （39） 2013.06

西宮まつり「西宮えびす」 西宮神社 （39） 2013.06

今月の観月祭「西宮文化協会会報」 西宮文化協会 （548） 2013.11

表紙 御神影札「西宮えびす」 西宮神社 （40） 2013.12

文化研究所だより（4） 西宮神社の神子「西宮えびす」 西宮神社 （40） 2013.12

西宮神社境内の石造物「用水」／西宮神社の絵馬書／予告 1月行事「西宮文化協会会報」 西宮文化協会 （549） 2013.12

人格形成に寄与する「鑑賞」教育—西宮神社の子ども教室（森村暁子）「西宮文化協会会報」 西宮文化協会 （550） 2014.01

『西宮神社御社用日記』について（松本和明）「西宮文化協会会報」 西宮文化協会 （553） 2014.04

表紙 おこしや祭 夏えびす 西宮まつり「西宮えびす」 西宮神社 （41） 2014.06

文化研究所だより（5）謎の神事「夷御世渡始」（松本和明）「西宮えびす」 西宮神社 （41） 2014.06

西宮神社境内末社 神明神社「西宮文化協会会報」 西宮文化協会 （558） 2014.09

表紙 三代目天狗久作 えびす廻し木偶「西宮えびす」 西宮神社 （42） 2014.12

文化研究所だより（6）江戸時代の神職の髪型（松本和明）「西宮えびす」 西宮神社 （42） 2014.12

西宮神社、えびす信仰の広がり―えびす廻しの木偶、土人形など（1）えびす廻しの木偶「西宮えびす」 西宮神社 （42） 2014.12

西宮神社、えびす信仰の広がり―えびす廻しの木偶、土人形など（2）土人形など「西宮えびす」 西宮神社 （42） 2014.12

翁のえびす／幼なえびす／翁百太夫／福の神 えびす だいこく「西宮えびす」 西宮神社 （42） 2014.12

西播磨

獅子のコスモロジー―西播磨の獅子舞の伝承に見る“変容”の位相（大渡敏仁）「播磨学研究所紀要」 播磨学研究所 （8） 2002.10

獅子が梯子を上るということ―兵庫県西播磨地方の事例から（〈第21回大会報告「民俗音楽の危機を乗り越えるために」〉（2007 徳島）―研究発表要旨）（大渡敏仁）「民俗音楽研究」 日本民俗音楽学会 （33） 2008.3

兵庫県西播磨地方に伝わる梯子獅子の研究―その演目構造と囃子についての一考察（大渡敏仁）「民俗音楽研究」 日本民俗音楽学会 （35） 2010.03

西脇

金蔵山金蔵寺と多可・西脇地域の修験道（今井登子）「女性と経験」 女性民俗学研究会 通号22 1997.10

西脇地域史話 慶応元年の稲荷踊り（脇坂俊夫）「童子山 : 西脇市郷土資料館紀要」 西脇市教育委員会 5 1998.10

西脇地域史話「ええじゃないか」踊り（脇坂俊夫）「童子山 : 西脇市郷土資料館紀要」 西脇市教育委員会 5 1998.10

西脇地域史話 千社参り／山野草の採集と彼岸花球根採取（脇坂俊夫）「童子山 : 西脇市郷土資料館紀要」 西脇市教育委員会 9 2002.9

小澤日記に見る「おかげまいり」―西脇地方における明和八年の参宮運動（地域史研究）（脇坂俊夫）「童子山 : 西脇市郷土資料館紀要」 西脇市教育委員会 （20） 2013.09

西脇山岳修験道

西脇山岳修験道と地域社会（今井登子）「童子山 : 西脇市郷土資料館紀要」 西脇市教育委員会 5 1998.10

西脇市

西脇という所―兵庫県西脇市（〈月刊「民俗文化」発行500号記念論文〉）（吉井貞俊）「民俗文化」 滋賀民俗学会 （510）（号外） 2006.3

口絵 西脇市指定文化財「石造十三重塔」解説（岸本一郎）「童子山 : 西脇市郷土資料館紀要」 西脇市教育委員会 （20） 2013.9

如意寺

神戸市太山寺・如意寺・移情閣を訪ねる（清水俊明）「野ほとけ」 奈良石仏会 （401） 2005.11

如来院

尼崎・如来院の笠塔婆と『師守記』―西大寺律宗と時宗の関係（上），（中），（下）（八田洋子）「史迹と美術」 史迹美術同攷会 76（1）通号761/76（3）通号763 2006.1/2006.3

如来寺

歴史通信（50）如来寺文書について（松井良祐）「兵庫歴博ニュース」 兵庫県立歴史博物館 66 1999.4

沼島

福神としての狸々―沼島の「酒手畑」伝承考（山田厳子）「西郊民俗」 ［西郊民俗談話会］ （181） 2002.12

布曳滝

布曳滝と三つの物語など―平成12年新年例会特別講演から（伊勢田史郎）「神戸史談」 神戸史談会 286 2000.7

野間村

近世後期の野間村神事改革訴願と村役人人格（史料調査報告）（大国正美）「地域研究いたみ」 伊丹市 （34） 2005.3

椅鹿山神領地

椅鹿山神領地をめぐる疑問調査（西田克子）「三田史談」 三田市郷土文化研究会 （29） 2009.4

住吉松葉大記にみる椅鹿山神領地（西田克子）「三田史談」 三田市郷土文化研究会 （30） 2010.4

住吉・椅鹿山神領地の研究（西田克子）「三田史談」 三田市郷土文化研究会 （31） 2011.4

長谷川邸

長谷川邸三重塔 変転の記録（吉田実）「史迹と美術」 史迹美術同攷会 70（3）通号703 2000.3

安口東

兵庫県篠山市安口東地区の水及び水産資源の利用（久下正史）「久里」 神戸女子民俗学会 （27） 2011.01

八多町

産育に関するわが家の行事―神戸市北区八多町（早栗佐知子）「久里」 神戸女子民俗学会 （12） 2002.4

神戸市北区八多町のオダイッサンマイリ（早栗佐知子）「久里」 神戸女子民俗学会 （34） 2014.06

八多町附物

神戸市北区八多町附物の盆行事（柿田倫子）「史園 : Sonoda's journal of history and folk studies」 園田学園女子大学歴史民俗学会 5 2004.10

旗振り山

《特集 旗振り山と地名散策》「歴史と神戸」 神戸史学会 42（5）通号240 2003.10

旗振り山と瓦屋山正法寺―インターネット検索の活用（柴田昭彦）「歴史と神戸」 神戸史学会 43（2）通号243 2004.4

旗振り山と正法寺（亀山俊彦）「摂播歴史研究」 摂播歴史研究会 41・42 2005.7

兵庫県内の旗振り山の解明―新たに見つかった旗振り山《特集 前近代の播磨》（柴田昭彦）「歴史と神戸」 神戸史学会 46（4）通号263 2007.8

畑村

幕末の墓地をめぐる相論―播磨国印南郡畑村・行常村間における（兼本雄三）「御影史学論集」 御影史学研究会 通号25 2000.10

八宮

1月特別例会報告（1月28日）神戸初詣・八宮巡り（例会報告と一口メモ）（川村淳二）「左海民俗」 堺民俗会 （136） 2011.05

八正寺

八正寺と鬼会式―「鬼のお面箱取り」をめぐって（藤原喜美子）「久里」 神戸女子民俗学会 （20） 2007.4

浜坂町

但馬浜坂町川下祭りについて（小松善則［他］）「山陰民俗研究」 山陰民俗学会 3 1997.3

「川下祭」（浜坂町）（浅井慶紀）「鳥取民俗懇話会会報」 ［鳥取民俗懇話会］ （5） 2002.4

播磨

踊る子鬼とその意味―播磨地方における鬼追い行事（小山喜美子）「久里」 神戸女子民俗学会 4 1997.10

播磨における西大寺流律宗の展開（上），（下）（坂田大爾）「歴史と神戸」 神戸史学会 38（1）通号212/38（2）通号213 1999.2/1999.4

播磨の古寺（来村多加史）「近畿文化」 近畿文化会事務局 592 1999.3

播磨の石棺仏（重村英雄）「古代史の海」 「古代史の海」の会 通号15 1999.3

播磨方言語彙の意味・用法（3）（橘幸男）「播磨学紀要」 播磨学研究所 通号5 1999.12

播磨と瀬戸内海 海の祭りと伝説の伝播（橘川真一）「自然と文化」 日本ナショナルトラスト 通号62 2000.1

播磨の鬼追いにみるオニの姿―オニと山との関わり（小山喜美子）「久里」 神戸女子民俗学会 8 2000.4

新刊紹介 小栗栖健治・増岡真弓共著『播磨の妖怪たち―「西播怪談実記」の世界』「宗教民俗研究」 日本宗教民俗学会 （11） 2001.9

播磨、女修験者の宗教生活（今井登子）「日本精神文化」 日本精神文化学会 9 2002.7

背面十字架地蔵の謎に迫る（吉田完次）「播磨郷土研究」 加西郡郷土研究会 （18） 2002.11

播磨出土の備前焼（松岡千寿）「兵庫県埋蔵文化財研究紀要」 兵庫県教育委員会埋蔵文化財調査事務所 （3） 2003.9

サイノカミと歳神―播磨地方の事例を中心に（小尾もと子）「史園 : Sonoda's journal of history and folk studies」 園田学園女子大学歴史民俗学会 5 2004.10

播磨の巨鹿「伊佐々王」の原像を追って―中国山地の「悪鹿」伝承考（水上勲）「帝塚山大学人文科学部紀要」 帝塚山大学人文科学部 （16） 2004.11

播磨における渡来人秦氏は古代ユダヤで古代キリスト教徒達であった（真

田千穂)「東播磨 地域史論集」 東播磨地域史懇話会 （11）2005.3

播磨木工芸の系譜(山本和人)「姫路美術工芸館紀要」 姫路市書写の里・美術工芸館 （6）2005.3

播磨風土記 再考(3)―品太王王伝説と播磨国風土記(寺本躬久)「歴史と神戸」 神戸史学会 44(3)通号250 2005.6

西摂・播磨の中世石造品拾遺―新出千手観音石仏を中心として(鈴木武)「歴史考古学」 歴史考古学研究会 （57）2005.6

播磨国風土記 再考(4)伊和大神の世界(寺本躬久)「歴史と神戸」 神戸史学会 44(6)通号253 2005.12

中世後期における播磨国清水寺の存在形態(《特集 ひょうごの中世地域史》)(濱田浩一郎)「歴史と神戸」 神戸史学会 45(1)通号254 2006.2

兵庫県播磨地方に伝わる《王の舞》の研究―その比較と音楽分析の一考察(大渡敏仁)「民俗音楽研究」 日本民俗音楽学会 （31）2006.3

播磨地方の鬼と播州弁(大中良英)「六甲俱楽部報告」 六甲俱楽部 （76）2006.3

瀬戸内海・播磨の祇園神ー牛頭天王とスサノオ(《特集 祇園祭》)(合田博子)「会報むろのつ」 「嶋屋」友の会 （13）2006.6

史人の道草つづり書き 許嫁の蚕(《播磨特集》)(芹生豊)「歴史と神戸」 神戸史学会 46(1)通号260 2007.2

播磨学研究所編『はりま陰陽師紀行』(書籍紹介)(岩坂純一郎)「御影史学論集」 御影史学研究会 通号32 2007.12

研究ノート 兵庫県播磨地方に見る「鬼退﹅い﹅」(大渡敏仁)「日本民俗音楽学会会報」 日本民俗音楽学会 （28）2008.2

特別寄稿 播磨に生き続ける慧便法師の伝承にみちびかれて(吉田実盛)「Sala」 常民学舎 （45）2009.02

坂江渉編著『風土記からみる古代の播磨』(時評・書評)(森岡秀人)「Link：地域・大学・文化」 神戸大学大学院人文学研究科地域連携センター 1 2009.08

播磨と出雲―『播磨国風土記』にみえる凸雲国人の往来をめぐって(荊木美行)「史料：皇學館大學研究開発推進センター史料編纂所報」 皇學館大學研究開発推進センター史料編纂所 （229）2011.3

『日本霊異記』の地域像―7世紀の播磨と但馬(秋吉正博)「新兵庫県の歴史」 兵庫県 3 2011.3

内海敏夫『兵庫の民家と町並み画集』より(創刊50号記念 特集〜時は流れて〜ノスタルジー播磨)「Sala：歴史民俗誌」 常民学舎 （50）2011.10

播磨と讃岐―『播磨国風土記』からみた両国の交流(荊木美行)「史料：皇學館大學研究開発推進センター史料編纂所報」 皇學館大學研究開発推進センター史料編纂所 （232）2011.12

播磨木工芸の系譜 補遺(岡崎美穂)「姫路美術工芸館紀要」 姫路市書写の里・美術工芸館 （8）2012.3

播磨における西大寺流律宗の展開(上), (﹅)(坂田大爾)「小野史談」 小野の歴史を知る会 （60）/(61) 2013.01/2013.07

岡平保『播磨風土記考』について(近藤左知子)「史料：皇學館大學研究開発推進センター史料編纂所報」 皇學館大學研究開発推進センター史料編纂所 （238）2013.6

播磨国分寺跡

遺跡を訪ねて 播磨国分寺跡「Tsubohori：姫路市埋蔵文化財調査略報」 姫路市教育委員会文化部文化課 1994年度 1999.3

播磨西国

口絵写真 「播磨西国順礼記」の文化2年のまえがき「歴史と神戸：神戸を中心とした兵庫県郷土研究誌」 神戸史学会 53(6)通号307 2014.12

播磨西国三十三所

播磨西国三十三所の札所の案内記について(特集 ひょうご近世史新研究)(桂義一)「歴史と神戸：神戸を中心とした兵庫県郷土研究誌」 神戸史学会 53(6)通号307 2014.12

播磨灘

古代の海洋信仰と大阪湾・播磨灘のウミガメ(坂江渉)「兵庫のしおり」 兵庫県 （9）2007.3

播磨国

木地師史料 木地村のあじめ泥鰌と岩魚―美濃・播磨・加賀・越前国(杉本寿)「民俗文化」 滋賀民俗学会 408 1997.9

第10回住吉セミナー播磨国九万八千余町の神領(田中卓)「すみのえ」 住吉大社社務所 35(1)通号227 1998.3

峰相記の寺跡比定地を検証する(田中幸夫)「東播磨 地域史論集」 東播磨地域史懇話会 7 2000.8

《播磨国風土記と鉄》「ひょうごの遺跡：兵庫県埋蔵文化財情報」 兵庫県まちづくり技術センター埋蔵文化財調査部 39 2001.3

播磨国風土記と鉄「ひょうごの遺跡：兵庫県埋蔵文化財情報」 兵庫県まちづくり技術センター埋蔵文化財調査部 39 2001.3

播磨国風土記にみえる石神・仏像考(神栄越郷)「摂播歴史研究」 摂播歴史研究会 33 2002.6

『播磨国風土記』にみる大汝命と伊和大神と葦原志許乎命について(熊谷保孝)「摂播歴史研究」 摂播歴史研究会 43 2005.11

『播磨国風土記』の天日槍命と葦原志許乎命(谷口雅博)「大美和」 大神神社 （110）2006.1

中世播磨国の寺院法に関する一考察(濱田浩一郎)「播磨学紀要」 播磨学研究所 （12）2006.12

播磨国風土記再考(5) 十四丘説話を構成する物品名について(《播磨特集》)(寺本躬久)「歴史と神戸」 神戸史学会 46(1)通号260 2007.2

『播磨国の古社寺と荘園』(《特集 私のこの1冊》)(大槻守)「歴史と神戸」 神戸史学会 47(2)通号267 2008.4

いまに生きる『播磨国風土記』(《特集 風土記の世界》)(橘川真一)「会報むろのつ」 「嶋屋」友の会 （15）2008.6

『播磨国風土記』と古代遺跡―出雲と筑紫(石野博信)「ひょうご歴史文化フォーラム会報」 ひょうご歴史文化フォーラム 5 2008.7

『播磨国風土記』の現実的解釈(田中伸幸)「紀南・地名と風土研究会会報」 紀南・地名と風土研究会 （43）2008.7

戦国期播磨国における「地域権力」の形成過程―播磨国清水寺を通じてみた依藤氏を中心に(畑康明)「年報赤松氏研究」 赤松氏研究会 （4）2011.3

中世初期における備前国衙と天台寺院―播磨国との比較において(苅米一志)「吉備地方文化研究」 就実大学吉備地方文化研究所 （21）2011.3

古代史の視点 播磨国風土記と古事記神話をみる(特集 播磨の大地に刻む歴史)(寺本躬久)「歴史と神戸」 神戸史学会 50(5)通号288 2011.10

特別展 風土記1300年記念「播磨国風土記―神・人・山・海―」 平成25年4月20日(土)〜6月23日(日)(藤田淳)「兵庫県立考古博物館news」 兵庫県立考古博物館 11 2013.09

特別展「播磨国風土記―神・人・山・海―」に関連した二つの試み(藤田淳)「兵庫県立考古博物館news」 兵庫県立考古博物館 12 2013.09

イワ大神―播磨国風土記の神と社(特集 風土記の神と社―論文)(飯泉健司)「季刊悠久.第2次」 鶴岡八幡宮悠久事務局 （134）2014.01

「播磨国風土記紙芝居キャラバン」(藤間温子)「兵庫県立考古博物館news」 兵庫県立考古博物館 （13）2014.03

播州

「播州寄講」の成立と展開―北播地方本願寺派を中心として(和田幸司)「ひょうご部落解放」 ひょうご部落解放・人権研究所 98 2001.3

播州音ண今昔(高田喜明)「播磨郷土研究」 加西郡郷土研究会 （18）2002.11

播州歌舞伎神崎氏の出自と終焉(今井登子)「女性と経験」 女性民俗学研究会 通号28 2003.9

あの播州歌舞伎が網干の興浜にやって来た(田中早春)「歴史と神戸」 神戸史学会 49(6)通号283 2010.12

播州に於ける女性の西国三十三度行者(尼サンド)について―播州清水寺の西国三十三度供養塔(玉城幸男)「河内長野市郷土研究会誌」 「河内長野市郷土研究会」 （54）2012.04

民譚伝奇劇『袖簿播州廻』―オサカベをめぐって(安富順)「朱」 伏見稲荷大社 （56）2013.02

阪神間

阪神間の仏像と丹波の仏像(中谷一正)「丹波史」 丹波史懇話会 18 1998.6

昭和のはじめ 大阪・阪神間の暮らし―ある主婦の日記から(11) 端午の節句・豆芝居の頃(石原佳子)「大阪春秋」 新風書房 40(1)通号146 2012.4

日岡神社

全国神社めぐり 日岡神社(河原忠明)「旅とルーツ」 芳文館出版 73 1997.4

東播磨

近世『浄土宗縁起』の成立と流布―雲石堂寂本と東播磨の近世史家たち(坂田大爾)「歴史と神戸」 神戸史学会 36(3)通号202 1997.6

盃状穴穿穴年代に付いて(三浦孝一)「東播磨 地域史論集」 東播磨地域史懇話会 5 1998.6

東播磨、高御位神宮と熊野修験道(今井登子)「岡山民俗」 岡山民俗学会 210 1998.12

浄土寺と東播磨の仏像(紺野敏文)「近畿文化」 近畿文化会事務局 589 1998.12

盃状穴入門(1)―如何にして盃状穴は穿たれたか(三浦孝一)「東播磨 地域史論集」 東播磨地域史懇話会 6 1999.6

新資料・正和3年(1314)弥陀三尊種子石棺仏について(藤原良夫)「東播磨 地域史論集」 東播磨地域史懇話会 6 1999.6

兵庫県　　　　　　　　郷土に伝わる民俗と信仰　　　　　　　　近畿

東播磨の古墳と古寺（来村多加史）「近畿文化」　近畿文化会事務局　658
　2004.9
神出仏師「厚木民部・保省」―江戸時代前期の東播磨の親子仏師（神戸
　佳文）「塵界 ： 兵庫県立歴史博物館紀要」　兵庫県立歴史博物館
　（21）　2010.03
住吉神社について・祭神について・三柱の鳥居について（藤田俊美）「東
　播磨 地域史論集」　東播磨地域史懇話会　（16）　2010.10
東播磨のトウヤにおける氏神奉斎について（關口洋介）「摂播歴史研究」
　摂播歴史研究会　（63）　2014.03

東二見
東二見の葬制（藤江久志）「みかげ民俗」　御影高校民俗研究会　（6）
　1982.09
東二見の厄（細木ひとみ）「久里」　神戸女子民俗学会　（10）　2001.4
伊勢参宮における講組織の変容―明石市東二見を事例に（小野清淳）「歴
　史地理学」　歴史地理学会，古今書院（発売）47（1）通号222　2005.1

東山
銘のない姫路・東山焼―興禅寺山窯址・男山窯址の表採資料の紹介と検
　討（村上泰樹）「塵界 ： 兵庫県立歴史博物館紀要」　兵庫県立歴史博物
　館　（11）　1999.3
歴史通信（51）姫路・東山焼と篠山・王地山焼の青磁（村上泰樹）「兵庫
　歴博ニュース」　兵庫県立歴史博物館　67　1999.7

氷上
自然石の灯籠への心 市島・氷上の石灯籠から（芦田迪子）「いちじま史
　研」　丹波市市島町史実研究会　（48）　2004.4
ふるさと探訪 市内社寺・史跡めぐり（氷上地区）（淵上義雄）「いちじま
　史研」　丹波市市島町史実研究会　（51）　2007.4

氷上郡
氷上郡の梵鐘（山下源九郎）「丹波史」　丹波史懇話会　23　2003.6

臂岡天満宮
臂岡天満宮境内所在の礎石（伝伊丹廃寺跡出土）（藤本史子）「地域研究い
　たみ」　伊丹市　（33）　2004.3
「臂岡天満宮九百拾年御神事」について（中川すがね）「地域研究いたみ」
　伊丹市　（33）　2004.3

人丸
館蔵品紹介 明石焼―人丸焼とほのぼの焼「明石市立文化博物館ニュー
　ス」　明石市立文化博物館　23　1999.11

日名倉山茅場
大字後山と日名倉山茅場（岡山県美作市後山地区合同調査特集）（坪郷英
　彦）「昔風と当世風」　古々路の会　（97）　2013.04

姫路
かちん染の研究（山本和人）「姫路美術工芸館紀要」　姫路市書写の里・美
　術工芸館　通号1　2000.2
姫路城下町出土の東山焼「Tsubohori ： 姫路市埋蔵文化財調査略報」
　姫路市教育委員会文化部文化課　1998年度　2000.3
朴泳孝と姫路の山王神社（中本四郎）「歴史と神戸」　神戸史学会　42（5）
　通号240　2003.10
姫路のやきもの 東山焼試論（山本和人）「姫路美術工芸館紀要」　姫路市
　書写の里・美術工芸館　（5）　2004.3
大峰参りの変遷―姫路第二龍王講を中心に（大峯山特集）（鳴戸昌弘）「山
　岳修験」　日本山岳修験学会，岩田書院（発売）　（43）　2009.5
摂丹境永沢寺の僧録支配とその変遷に―特に姫路領の曹洞宗支配
　を中心に（永井俊道）「駒沢史学」　駒沢史学会　（81）　2013.12
翻刻 「姫路御古墓記」（姫路御古墓記を読む会［翻刻］，藤原龍雄［要約
　と解説］）「播磨学紀要」　播磨学研究所　（18）　2014.3

姫路市
大正時代に於ける姫路市北郊一集落住民の生活について（18），（20）（神崎
　正一）「娑羅 ： 歴史民俗誌」　常民学舎　（21）／（22）　1997.2/1997.8
こんなものでました東山焼に描かれた鳥と魚「Tsubohori ： 姫路市埋蔵
　文化財調査略報」　姫路市教育委員会文化部文化課　1998年度　2000.3

姫路城
姫路城刑部姫伝説の成立と展開（埴岡真弓）「播磨学紀要」　播磨学研究所
　通号5　1999.12
姫路城の「石棺」転用石（会員の広場）（黄瀬三朗）「日本の石仏」　日本
　石仏協会，青娥書房（発売）（152）　2014.12

姫路藩
神戸女子大学図書館所蔵「阿佐美家文書」―「文政八乙酉年五月 丁卯祭
　礼諸事控」と「天保四癸巳年 惣社臨時大祭礼書留」について（渡部典
　子）「神女大史学」　神戸女子大学史学会　（23）　2006.11
姫路藩下級武士阿佐美家伝来の「折形」の礼法書について（渡部典子）

「神女大史学」　神戸女子大学史学会　（24）　2007.11

姫山
風土記を歩く・姫山の女神（《特集 風土記の世界》）（埴岡真弓）「会報む
　ろのつ」　「嶋屋」友の会　（15）　2008.6

白毫寺
白毫寺の孔雀と孔雀明王経法（芦田迪子）「いちじま史研」　丹波市市島町
　史実研究会　（50）　2006.4
町内散策―中世の跡を求めて 白毫寺・清園寺・神池寺（荒木大三）「いち
　じま史研」　丹波市市島町史実研究会　（54）　2010.04

百太夫神社
えびす信仰（14）百太夫神社祭「西宮えびす」　西宮神社　16　2001.12
百太夫神社のゑびす回し（吉川祐子）「月刊通信ふるさとの民俗を語る
　会」　民俗文化研究所　（68）　2013.01

兵庫
近世「穢僧」についての一考察（藤原豊）「ひょうご部落解放」　ひょうご
　部落解放・人権研究所　74　1997.3
館蔵資料紹介 狛犬 一対（神戸佳文）「兵庫歴博ニュース」　兵庫県立歴史
　博物館　66　1999.4
兵庫の民家について（内海敏夫）「娑羅 ： 歴史民俗誌」　常民学舎
　（26）　1999.8
再び「酒」と「皮晒し」について―「ケガレ」は歴史と共に変化し、展
　開していった（安達五男）「ひょうご部落解放」　ひょうご部落解放・人
　権研究所　98　2001.3
御弓師からの聞き書き（山田皓一）「兵庫歴研」　兵庫歴史研究会　17
　2001.4
語部の時代（小池昌弘）「兵庫歴研」　兵庫歴史研究会　17　2001.4
語部はどのような人か（小池昌弘）「兵庫歴研」　兵庫歴史研究会　18
　2002.4
特別展「古代兵庫への旅―奈良・平安時代の寺院と役所」「兵庫歴博
　ニュース」　兵庫県立歴史博物館　75　2002.10
「兵庫木遣音頭」余話（太田義和）「歴史と神戸」　神戸史学会　42（4）通
　号239　2003.8
平家物語における仏教と儒教（溝渕隆生）「兵庫歴研」　兵庫歴史研究会
　（20）　2004.4
報告1 中世兵庫の寺院と宗教（《兵庫区歴史講演会「ひょうごの寺町」》）
　（森田竜雄）「史料ネットnews letter」　歴史資料ネットワーク　（46）
　2006.8
報告2 近世兵庫の寺院とまちの人々（《兵庫区歴史講演会「ひょうごの寺
　町」》）（河野未央）「史料ネットnews letter」　歴史資料ネットワーク
　（46）　2006.8
兵庫の一石五輪塔（《一石五輪塔の諸問題》）（鈴木武）「日引 ： 石造物研
　究会会誌」　（9）　2007.05
再び兵庫の部落史に学ぶ（5）近世中、後期における部落差別の歴史―氏
　子と祭り差別問題を中心に（安達五男）「ひょうご部落解放」　ひょう
　ご部落解放・人権研究所　125　2007.6
伝統行事はどうして続いてきたか（古山桂子）「ひょうご歴史文化フォー
　ラム会報」　ひょうご歴史文化フォーラム　（2）　2007.8
解放の視点 どうして私のムラにお祭りがないのか教えてほしい（安達五
　男）「ひょうご部落解放」　ひょうご部落解放・人権研究所　128
　2008.3
近世部落寺院本末関係の研究状況と課題提起（《特集 第13回全国部落史
　研究交流会報告》―前近代史「近世被差別民と宗教」）（和田幸司）
　「ひょうご部落解放」　ひょうご部落解放・人権研究所　128　2008.3
近世後期の本願寺派部落寺院の動向について（《特集 第13回全国部落史
　研究交流会報告》―前近代史「近世被差別民と宗教」）（藤原豊）「ひょ
　うご部落解放」　ひょうご部落解放・人権研究所　128　2008.3
霊能者との対話二題（八瀬久）「兵庫歴研」　兵庫歴史研究会　（24）
　2008.4
近世初期の地方寺院中興開山について（桂義一）「ひょうご歴史文化
　フォーラム会報」　ひょうご歴史文化フォーラム　（7）　2009.03
古代日本に渡来したキリスト教とユダヤ人（八瀬久）「兵庫歴研」　兵庫歴
　史研究会　（26）　2010.04
兵庫の鬼を訪ねて（大中良英）「六甲倶楽部報告」　六甲倶楽部　（95）
　2010.12
ルポ・祭礼差別（上），（中），（下）（平野次郎）「ひょうご部落解放」　ひょ
　うご部落解放・人権研究所　（140）／（142）　2011.03/2011.09
兵庫のまつりと民俗芸能（久下隆史）「ひょうご歴史文化フォーラム会
　報」　ひょうご歴史文化フォーラム　（14）　2011.07
神さまの食べもの（宇野日出生）「ひょうご歴史文化フォーラム会報」
　ひょうご歴史文化フォーラム　（16）　2012.03
兵庫の天狗像―昔話・伝説・世間話からの考察（高橋成）「西郊民俗」
　［西郊民俗談話会］　（225）　2013.12

兵庫県

盃状穴あれこれ(10)〜(14)(三浦孝一)「婆羅 : 歴史民俗誌」 常民学舎 (21)/(25) 1997.2/1999.2

兵庫県スズメ・メジロ…の尻取り歌(兼康保明)「民俗文化」 滋賀民俗学会 413 1998.2

兵庫県の鬼(中野譲)「六甲倶楽部報告」 六甲倶楽部 45 1998.7

兵庫県の塩田文献考一大臣部・民具の視点より(歳森茂)「民具集積」 四国民具研究会 (4) 1998.9

1999年兵庫県の鬼追い(大中良英)「六甲倶楽部報告」 六甲倶楽部 48 1999.3

誌上博物館(61) 江戸時代の六十六部について(小栗栖健治)「兵庫歴博ニュース」 兵庫県立歴史博物館 67 1999.7

盃状穴あれこれ(15),(16)一二義的盃状穴について(三浦孝一)「婆羅 : 歴史民俗誌」 常民学舎 (26)/(27) 1999.8/2000.2

雅楽頭酒井家の「六臣譚筆」について(堀田浩之)「塵界 : 兵庫県立歴史博物館紀要」 兵庫県立歴史博物館 (12) 2000.7

《小特集 兵庫県北部における集落の様相》「みずほ」 大和弥生文化の会 37 2002.5

兵庫県の大黒天(〈前編 神戸史談会諸先賢の遺稿〉一5 諸先賢の部)(宮川晴好)「神戸史談」 神戸史談会 296 2005.6

ハリセンボンと十二月八日と魔除け一兵庫県の日本海側地域について(渡邉典子)「久里」 神戸女子民俗学会 (18) 2006.1

ひょうごのあゆみ一百科事典的「兵庫県の歴史」/ひょうごライブラリー/こどもはくぶつかん一時代を表象する「こども文化」/ひょうごの祭り 情熱と創造「地域社会のエッセンス」/ひょうご文化ルネサンス わくワークフェスティバル「兵庫県立歴史博物館ニュース」 兵庫県立歴史博物館 (83) 2007.3

地域文化がかもし出す日本人の心(兵庫県立歴史博物館リニューアル開館記念講演抄録)(山折哲雄)「ひょうご歴史文化フォーラム会報」 ひょうご歴史文化フォーラム (2) 2007.8

考古学トピックス イベント 再現!! 古代のまじない「ひとがた流し」「兵庫県立考古博物館news」 兵庫県立考古博物館 2 2008.8

兵庫県所蔵の天部形立像とその像底墨画について(鈴木喜博)「鹿園雑集 : 奈良国立博物館研究紀要」 奈良国立博物館 (11) 2009.03

特集 シンポジウム「災害の記憶と伝承」(中野賢治)「史料ネットnews letter」 歴史資料ネットワーク (58) 2009.06

学習会II 部落伝承文化に学ぶ《部落解放研究第30回兵庫県集会報告書》一学習会報告「ひょうご部落解放」 ひょうご部落解放・人権研究所 135 2009.12

兵庫県出土の備前焼(備前歴史フォーラム 鎌倉・室町 BIZEN一中世備前焼のスガター誌上報告)(松岡千寿)「備前市歴史民俗資料館紀要」 備前市歴史民俗資料館 (11) 2010.01

法道仙人伝説めぐり(1) ため池回廊ミュージアム(小栗秀夫)「Sala : 歴史民俗誌」 常民学舎 (47) 2010.02

法道仙人伝説めぐり ため池回廊ミュージアム(2) 法道仙人の「駒の爪・投げ松・手形岩」(小栗秀夫)「Sala : 歴史民俗誌」 常民学舎 (48) 2010.08

第2分科会 宗教界における差別事件(部落解放研究第31回兵庫県集会報告書一分科会報告)「ひょうご部落解放」 ひょうご部落解放・人権研究所 (39) 2010.12

ため池回廊ミュージアム 法道仙人伝説めぐり(3) 最終回(小栗秀夫)「Sala : 歴史民俗誌」 常民学舎 (49) 2011.02

兵庫県の祭礼遺跡(大平茂)「ひょうご歴史文化フォーラム会報」 ひょうご歴史文化フォーラム (16) 2012.03

近代兵庫の公共建築にみる和風意匠と伝統理解一兵庫県近代和風建築総合調査2(研究報告)「奈良文化財研究所紀要」 奈良文化財研究所 2013 2013.06

積丹町余別における川下祭の伝承と兵庫県の祭祀状況(調査報告)(舟山直治)「北海道地域文化研究」 北海道地域文化研究会 (6) 2014.03

大兵庫における伝統の展開一兵庫県近代和風建築総合調査4(研究報告)「奈良文化財研究所紀要」 奈良文化財研究所 2014 2014.06

明治の農具絵図(8)一『兵庫県農具図解』のなりたち(桂眞幸)「民具マンスリー」 神奈川大学 47(3)通号555 2014.06

兵庫津

中世の能福寺と兵庫津の伝承一「能福寺記録抄」について(藤田明良)「歴史と神戸」 神戸史学会 41(2)通号231 2002.4

まつりの賑わい/諸国講社の今昔/諸国探訪(1) 関東一社 桐生西宮神社/福娘その後/兵庫津 太々御神楽講への勧進「西宮えびす」 西宮神社 19 2003.6

兵庫津出土の備前焼(岡田章一)「備前市歴史民俗資料館紀要」 備前市歴史民俗資料館 (7) 2005.9

兵主神社

「兵主神社」の木簡出土の意義(広瀬明正)「摂播歴史研究」 摂播歴史研究会 23 1999.2

日和山

日和山・播磨室津の気象予報台(田中早春)「自然と文化」 日本ナショナルトラスト 通号62 2000.1

平野

平野の七不思議の謎を究明一「殿藪」と「宝篋印塔」について(前田章賀)「神戸史談」 神戸史談会 285 2000.1

語り伝えたい昔話 三ツ矢平野水ものがたり「住吉っさん」 住吉大社 (2) 2004.1

広田

広田の神と西宮の沖と西宮の神と一恵比須信仰と海難救助に関わる人々(田中久夫)「久里」 神戸女子民俗学会 (28) 2011.06

天照大神と瀬織津姫一ホツマに登場する廣田・六甲山周辺と社寺・伝承との関連(大江幸久)「つどい」 豊中歴史同好会 (303) 2013.04

広田社

神功皇后奉祀 摂津国広田・生田・長田三社の創祀と発展(1)〜(3)(加藤隆久)「摂播歴史研究」 摂播歴史研究会 21/23 1998.6/1999.2

海人・ヒコホホデミについての考察一生田・長田・廣田・片岡社の稲束(どいかずこ)「神戸史談」 神戸史談会 通号305 2010.01

広田神社

廣田神社道標に就いて(藤田卯三郎)「西宮文化協会会報」 西宮文化協会 (545) 2013.08

三十番神めぐり(16) 春日大社・住吉大社・廣田神社(川口日空)「サットバ : みんなぼさつ」 (443) 2014.05

広嶺山牛頭天王社

播州広嶺山牛頭天王社の社家中について一山王一実神道の事例(論考)(三浦俊明)「城郭研究室年報」 姫路市立城郭研究室 (22) 2013.03

広峰社

広峰社の創祀と広峰信仰(熊谷保孝)「摂播歴史研究」 摂播歴史研究会 19・20 1998.2

深江

盃状穴散策(1) ひょうたん石(1),(2)(三浦孝一)「歴史研究手帖」 神戸深江生活文化史料館 10(1)通号30/10(2)通号31 1998.9/1998.12

展示品との対話(9) 史料館所蔵の「ミニだんじり」について(木村清弘)「生活文化史」 神戸・深江生活文化史料館 24 1998.10

神戸市東灘区旧本庄村深江地域の山の神について(望月浩)「生活文化史」 神戸・深江生活文化史料館 26 1999.10

史料に読む深江の歴史(8) 江戸前期の森稲荷神社と村(大国正美)「生活文化史」 神戸・深江生活文化史料館 26 1999.10

展示品との対話(17) 大小暦の札(水口千里)「生活文化史」 神戸・深江生活文化史料館 (36) 2008.3

深江物語(2)一昭和20年代の稲荷筋を歩く(森口健一)「生活文化史」 神戸・深江生活文化史料館 (40) 2012.3

「踊り松」あれこれ(杉浦昭典)「生活文化史」 神戸・深江生活文化史料館 (40) 2012.03

福応神社

福応神社と覚行法親王(俵谷和子)「久里」 神戸女子民俗学会 (19) 2006.10

福成寺

中世山林寺院の空間構造一福成寺・祥雲寺・深谷寺の場合(西尾孝昌)「但馬史研究」 但馬史研究会 (33) 2010.03

福田橋

トピックス〔加東大橋竣工に寄せて〕 福田橋の碑文について一佐保神社所蔵文書より(神崎壽福)「北播磨探史研究」 北播磨探史研究会 (11) 2013.04

福良

兵庫県南あわじ市福良の盆行事(俵谷和子)「久里」 神戸女子民俗学会 (26) 2010.06

福原

神戸福原における安徳天皇新内裏の位置についての考察一陰陽五行思想からの分析(田中宏和)「岡山大学大学院社会文化科学研究科紀要」 岡山大学大学院社会文化科学研究科 (29) 2010.3

二塚

兵庫県たつの市二塚地区で生産された唐箕一いわゆる「二塚系」唐箕の実態把握に向けて(岩井顕彦)「民具マンスリー」 神奈川大学 41(8)通号488 2008.11

古法華石仏

「古法華石仏」余話(藤原昭三)「播磨郷土研究」 加西郡郷土研究会 (17) 2001.11

遍照寺

近世の東桑津村遍照寺の寺格形成と西本願寺坊官家司（史料調査報告）（大国正美）「地域研究いたみ」 伊丹市 （43） 2014.03

遍照寺の喚鐘について（史料調査報告）（藤本史子）「地域研究いたみ」 伊丹市 （43） 2014.03

法雲寺

表紙 法雲寺（赤松円心菩提寺）の瓦 当館蔵「兵庫県立考古博物館news」 兵庫県立考古博物館 12 2013.09

報恩寺

加古川市平荘町報恩寺所在五輪塔の調査（海邉博史，和泉大樹）「日引 : 石造物研究会会誌」 1 2001.3

2010年12月17日（於・立正大学）鎌倉極楽寺流律家の西国展開―播磨国報恩寺を中心に（研究例会報告要旨）（大塚紀弘）「地方史研究」 地方史研究協議会 61（3）通号351 2011.06

鎌倉極楽寺流律家の西国展開―播磨国報恩寺を中心に（大塚紀弘）「地方史研究」 地方史研究協議会 62（3）通号357 2012.06

宝覚寺

播磨最初の禅院「宝覚寺」のことども―『兵庫県史』仏教史関係補遺（2）（薗田香融）「兵庫県の歴史」 兵庫県 34 1998.3

宝教寺

往来する神々、越境する人々―宝塚市の朝鮮寺・宝教寺をめぐって（山口覚）「たからづか : 市史研究紀要たからづか」 宝塚市教育委員会 （25） 2011.03

北条

北条石仏（五百羅漢）を訪ねて（水島邦子）「播磨郷土研究」 加西郡郷土研究会 （20） 2004.11

北条節供奉納屋台の変遷（1）明治45年の節供祭（喜谷進一朗）「播磨郷土研究」 加西郡郷土研究会 （25） 2009.11

北条節供奉納屋台の変遷（2）大正・昭和の節供祭（喜谷進一朗）「播磨郷土研究」 加西郡郷土研究会 （26） 2010.11

坊勢島

家島諸島の流人考（1）～（4）―坊勢島、西島の流人について（奥山芳夫）「民俗文化」 滋賀民俗学会 477/481 2003.6/2003.10

宝満寺

寶満寺の木造大日如来坐像―国指定重要文化財（亀山泰嶺）「神戸史談」 神戸史談会 295 2005.1

法楽寺

第34回例会 白木利幸氏「法楽寺・白木蔵観音巡礼資料の紹介」「巡礼研究会通信」 巡礼研究会 （34） 2001.6

北播

北播地方におけるおかげまいり―文政13年を中心に（脇坂俊夫）「童子山 : 西脇市郷土資料館紀要」 西脇市教育委員会 （17） 2010.07

保久良神社

保久良神社と椎根津彦命のこと（中西輝夫）「兵庫歴研」 兵庫歴史研究会 （25） 2009.04

菩提寺

西国三十三所番外霊場としての花山院菩提寺の成立について―道標・詠歌・縁起（印藤昭一）「市史研究さんだ」 三田市 5 2002.3

法興寺

古寺院跡法興寺出土塼仏について（田村信隆）「但馬史研究」 但馬史研究会 （30） 2007.3

堀池

堀池音頭（《特集 受けつがれる部落の文化》）（池田千津美）「ひょうご部落解放」 ひょうご部落解放・人権研究所 134 2009.09

本経寺

力士狐 兵庫県篠山市河原町 本経寺（あ・ら・か・る・と―私の石仏案内）（水野英世）「日本の石仏」 日本石仏協会，青娥書房（発売）（145） 2013.03

真浦

兵庫県飾磨郡家島町真浦の獅子舞資料作成にあたって（奥山芳夫）「近畿民俗 : 近畿民俗学会会報 ： Bulletin of the Folklore Society of Kinki」 近畿民俗学会 151・152 1998.7

新しく兵庫県指定になった真浦獅子舞と天神祭りについて［1］～（3）―飾磨郡家島町（奥山芳夫）「民俗文化」 滋賀民俗学会 453/455 2001.6/2001.8

松原町

アヤハ・クレハ伝承と水上交通―兵庫県西宮市松原町の伝承を中心に

（植野加代子）「久里」 神戸女子民俗学会 （13・14） 2003.6

松原八幡神社

松原八幡神社の研究（濱田浩一郎）「皇学館史学」 皇学館大学史学会 通号22 2008.1

摩耶

俳談 信仰の摩耶懐古（〈前編 神戸史談会諸先賢の遺稿〉―5 諸先賢の部）（西川直佑）「神戸史談」 神戸史談会 296 2005.6

マリア観音

学芸員のノートから（70）マリア観音新考（岡泰正）「博物館だより」 神戸市立博物館 73 2001.7

円山

円山六十六地蔵尊石仏（藤本博）「一里塚」 生野銀山史談会 （10） 2003.10

万願寺

明治28年万願寺の鬼追い田遊び復興（喜谷進一朗）「播磨郷土研究」 加西郡郷土研究会 （27） 2011.11

満願寺

浄橋寺、中山寺、満願寺を訪ねて（坂田二三夫）「史迹と美術」 史迹美術同攷会 68（3） 1998.3

歴史民俗探訪 兵庫県多田神社、満願寺を訪ねて（山下淳子）「讃岐のやまなみ」 香川県歴史研究会 （6） 2013.04

御井神社

兵庫県大屋町御井神社の鬼面行事 まいっそ祭り（岡田親彦）「六甲倶楽部報告」 六甲倶楽部 52 2000.3

御影

伝承と資料（田中久夫）「みかげ民俗」 御影高校民俗研究会 （5） 1978.09

お田植祭り（柴本嘉美）「みかげ民俗」 御影高校民俗研究会 （5） 1978.09

葬制における猫についての私見（西岡幸治）「みかげ民俗」 御影高校民俗研究会 （5） 1978.09

白馬の民俗（千布雅子）「みかげ民俗」 御影高校民俗研究会 （5） 1978.09

オサカベに関する覚書（成清弘和）「みかげ民俗」 御影高校民俗研究会 （6） 1982.09

土葬と火葬（中村雅俊）「みかげ民俗」 御影高校民俗研究会 （6） 1982.09

十羅刹女信仰の変容―説話中における童子との関係を中心に（小田悦代）「御影史学論集」 御影史学研究会 通号22 1997.10

山岳修験宗への道―平安末期の禅定と山林抖擻とのかかわりのなかで（田中久夫）「御影史学論集」 御影史学研究会 通号24 1999.10

月小屋の習俗―女性たちがいかに利用してきたのか（細木ひとみ）「御影史学論集」 御影史学研究会 通号25 2000.10

漁師の妻とお産（細木ひとみ）「御影史学論集」 御影史学研究会 通号26 2001.10

「産小屋」の母と子（細木ひとみ）「御影史学論集」 御影史学研究会 通号27 2002.10

女性の針の力（渡部典子）「御影史学論集」 御影史学研究会 通号27 2002.10

御影石の五輪塔―中間報告（西山昌孝）「日引 : 石造物研究会会誌」 4 2003.10

死神の話（前），（後）（酒井卯作）「御影史学論集」 御影史学研究会 通号33/通号34 2008.10/2009.10

「まわる」民俗について（卒業論文要旨）（桑田愛）「御影史学論集」 御影史学研究会 通号34 2009.10

産室の「火」と産神（細木ひとみ）「御影史学論集」 御影史学研究会 （39） 2014.1

美方郡

兵庫県美方郡の「力石」（高島慎助）「民具マンスリー」 神奈川大学 30（9） 1997.12

御形神社

御形神社の祭神（伊藤弘之）「山崎郷土会報」 山崎郷土研究会 （106） 2005.9

宍粟市御形神社と西光寺の中世絵画（橋村愛子）「塵界 : 兵庫県立歴史博物館紀要」 兵庫県立歴史博物館 （24） 2013.03

三木

通過儀礼の変化（田中幹雄）「三木史談」 三木郷土史の会 40 1998.7

狛犬のこと（田中幹雄）「三木史談」 三木郷土史の会 42 1999.7

歴史書に見る三木地方の祭礼の変遷（石田安夫）「三木史談」 三木郷土史の会 47 2002.1

近畿　　　　　　　　郷土に伝わる民俗と信仰　　　　　　　　兵庫県

三木の絵馬にみる民衆の祈り（石田安夫）「三木史談」 三木郷土史の会
51 2004.1

三木市
三木市内の盃状穴（1）～（6）（三浦孝一）「三木史談」 三木郷土史の会
44/50 2000.7/2003.7

水堂須佐男神社
わが神職累代の記（1）曽祖父までのこと ひげの神主さんは、馬に乗っ
て―（上村武男）「歴史と神戸： 神戸を中心とした兵庫県郷土研究誌」
神戸史学会 53（2）通号303 2014.04
わが神職累代の記（2）祖父のこと（1）十で神童、十五で才子、二十過
ぎれば（上村武男）「歴史と神戸： 神戸を中心とした兵庫県郷土研究
誌」 神戸史学会 53（3）通号304 2014.06
わが神職累代の記（3）祖父のこと（2）小学教員、苦学生、そして歌。
（上村武男）「歴史と神戸： 神戸を中心とした兵庫県郷土研究誌」 神
戸史学会 53（4）通号305 2014.08
わが神職累代の記（4）祖父のこと（3）恋愛結婚、事業挫折、浪人暮ら
し。（上村武男）「歴史と神戸： 神戸を中心とした兵庫県郷土研究誌」
神戸史学会 53（5）通号306 2014.10
わが神職累代の記（5）祖父のこと（4）転居、神職、そして終焉。（上村
武男）「歴史と神戸： 神戸を中心とした兵庫県郷土研究誌」 神戸史学
会 53（6）通号307 2014.12

三ッ塚廃寺
「三ッ塚廃寺幻想」（荒木大三）「いちじま史研」 丹波市市島町史実研究会
（52）2008.04
三ッ塚廃寺と伽藍配置（余田侃三郎）「いちじま史研」 丹波市市島町史実
研究会 （55）2011.04

湊川神社
湊川神社と水戸との所縁（岡村光浩）「水戸史学」 水戸史学会 （77）
2012.11
湊川神社神戸創建の系譜―楠木正成を祀る神社はなぜ神戸に創建された
のか―（論文）（楠本利夫）「居留地の窓から： NPO法人神戸外国人居留
地研究会年報」 神戸外国人居留地研究会 （8）2013.04
湊川神社境内の店舗営業―1901年境内建物立ち退き問題を手がかりに
（特集 50周年記念号4 開港地・神戸の点描2）（吉原大志）「歴史と神
戸」 神戸史学会 52（2）通号297 2）13.04

湊八幡神社
身近な史跡（10）湊八幡神社国勢調査記念の石燈篭（真野修）「歴史と神
戸」 神戸史学会 37（1）通号206 1998.2
迷い子のしるべ石―神戸市湊八幡神社（兼康保明）「民俗文化」 滋賀民俗
学会 （578）2011.11

湊山町
隠れた史跡―湊山町の「薬師堂」について（服部晃）「神戸史談」 神戸史
談会 294 2004.7

南野
平成21年度春季テーマ展「旧村シリーズ 南野―領主・村医者・むぎわら
音頭―」（大黒恵理）「地域研究いたみ」 伊丹市 （39）2010.3

敏売崎
古代の神戸と敏売崎の外交儀礼―8月例会講演から（概要）（坂江渉）「神
戸史談」 神戸史談会 （307）2011.1

明王院
岡本明王院の確立と発展―三代住職観祥と高井宗官家（早栗佐知子）「久
里」 神戸女子民俗学会 （33）2014.01

妙見社
妙見社御牛玉の御札（谷元進）「但馬史研究」 但馬史研究会 24 2001.3
山名宗全の十二天貫、妙見社へ奉納か（片岡秀樹）「但馬史研究」 但馬史
研究会 （31）2008.3

明神窯跡群
三田焼・明神窯跡群（酒井洋子）「三田史談」 三田市郷土文化研究会
25 2005.4

妙宣寺
史料紹介 大鹿妙宣寺転住事（加藤宏文）「地域研究いたみ」 伊丹市
（36）2007.3

妙法寺
妙法寺の宝篋印塔 丘の上から見た景色と小国民の思い出（加門得勇）「神
戸史談」 神戸史談会 （309）2012.01

明楽寺
播磨明楽寺の塔心礎と八角形石燈籠一付・弘安八年銘宝篋印塔（藤原良
夫，鈴木武，福澤邦夫）「歴史考古学」 歴史考古学研究会 （51）

2002.12

明楽寺村
地域史研究ノート 明楽寺村微考―民俗篇（脇坂俊夫）「童子山： 西脇市
郷土資料館紀要」 西脇市教育委員会 （19）2012.9

三輪
三輪という地名は（杉下如）「三田史談」 三田市郷土文化研究会 19
1999.4
三輪流神道と勢住寺（高田義久）「三田史談」 三田市郷土文化研究会
（32）2012.04

美和
ふるさと市島の民間信仰行事（調査）前山・鴨庄・美和地区（史実研究会
役員会）「いちじま史研」 丹波市市島町史実研究会 （48）2004.4
ふるさと探訪 町内社寺・史跡めぐり（第5回 美和地区）（渕上義雄）「い
ちじま史研」 丹波市市島町史実研究会 （50）2006.4
ふるさと探訪 市内社寺・史跡めぐり（美和地区）（吉住成徳）「いちじま
史研」 丹波市市島町史実研究会 （57）2013.04

三輪神社
市島与戸にある三輪神社と本社の大神神社（前）（芦田迪子）「いちじま史
研」 丹波市市島町史実研究会 （53）2009.04

武庫
「務古（武庫）の海」と「神の島」（どいかずこ）「神戸史談」 神戸史談会
通号306 2010.7

武庫川
東条川と武庫川をつなぐ運河と住吉神社と秦氏（西田克子）「三田史談」
三田市郷土文化研究会 （27）2007.4

武庫郡
武庫郡・菟原郡の郡境について―阿弥陀寺の鐘と双盤（俵谷和子）「西宮
市立郷土資料館ニュース」 西宮市立郷土資料館 （36）2011.06

務古の海
7月例会 務古の海と求の塚の考察（どいかずこ）「神戸史談」 神戸史談会
（309）2012.01

村岡
村岡山名家の菩提寺と殿様の葬儀（史料紹介）（古川哲男）「但馬史研究」
但馬史研究会 （35）2012.03

室津
漁家の住いと女性たち 室津の場合（1）（衣畑怜子）「女性と経験」 女性
民俗学研究会 通号22 1997.10
新室津道考記（2），（3）明楽山 賀茂神社［1］，（2）（望月尚）「会報むろの
つ」 「嶋屋」友の会 2/3 1998.2/1998.10
新室津道考記（4）～（8）室津の寺院（1）～（2）（望月尚）「会報むろのつ」
「嶋屋」友の会 4/8 1999.6/2001.7
地名の話（8）縁起のよい動物地名（田中早春）「会報むろのつ」 「嶋屋」
友の会 8 2001.7
山吹姫伝承の風土を訪ねて（堀場俊和）「会報むろのつ」 「嶋屋」友の会
（10）2004.1
正しく受け継ぎ次の世代に（《特集 祇園祭》）（出島昭男）「会報むろの
つ」 「嶋屋」友の会 （13）2006.6
"聖なる遊女"の伝説（《特集 仏教のはなし》）（阿部泰郎）「会報むろの
つ」 「嶋屋」友の会 （16）2009.06
日本の寺院建築（《特集 仏教のはなし》）（黒田龍二）「会報むろのつ」
「嶋屋」友の会 （16）2009.06
室津をささえた寺社（《特集 仏教のはなし》）（西脇修）「会報むろのつ」
「嶋屋」友の会 （16）2009.06
水で繋がれた歴史の中で（6）賀茂神社と海の荘園（岩井忠彦）「会報むろ
のつ」 「嶋屋」友の会 （20）2013.09
地名学のすすめ―「草木虫魚悉皆成仏」（特集 地名学）（中路正恒）「会報
むろのつ」 「嶋屋」友の会 （21）2014.11

室津賀茂神社
播磨の神社建築―室津賀茂神社と若宮八幡神社（桜井敏雄）「近畿文化」
近畿文化会事務局 578 1998.1

室の津
室の津から風土記をみる（《特集 風土記の世界》）（寺本躬久）「会報むろ
のつ」 「嶋屋」友の会 （15）2008.6

雌岡山
雄岡山・雌岡山の伝説（荒木政男）「神戸史談」 神戸史談会 295
2005.1

母子
《母子の民俗調査報告書》「市史研究さんだ」 三田市 3 2001.1

737

母子の概要（久下隆史）「市史研究さんだ」 三田市 3 2001.1

社会組織（藤江久志）「市史研究さんだ」 三田市 3 2001.1

民家（辰巳衛治）「市史研究さんだ」 三田市 3 2001.1

運輸・交易（中村雅俊）「市史研究さんだ」 三田市 3 2001.1

年中行事（藤原修）「市史研究さんだ」 三田市 3 2001.1

人の一生（籔元晶，西尾正仁）「市史研究さんだ」 三田市 3 2001.1

神社と祭礼（久下隆史）「市史研究さんだ」 三田市 3 2001.1

民間信仰（永瀬康博）「市史研究さんだ」 三田市 3 2001.1

民俗芸能（西尾嘉美）「市史研究さんだ」 三田市 3 2001.1

伝承者一覧「市史研究さんだ」 三田市 3 2001.1

求の塚

7月例会 務古の海と求の塚の考察（どいかずこ）「神戸史談」 神戸史談会 （309） 2012.01

森垣村

森垣村の昔ばなし（椿野兵馬）「一里塚」 生野銀山史談会 （11） 2006.3

森北町

神戸市東灘区森北町所在の稲荷神社境内石造遺物調査報告（望月浩）「生活文化史」 神戸・深江生活文化史料館 27 2000.3

守部

守部観音踊り（《特集 受けつがれる部落の文化》）（三澤雅俊）「ひょうご部落解放」 ひょうご部落解放・人権研究所 134 2009.09

諸寄

諸寄の麒麟獅子舞（大森恵子）「まつり通信」 まつり同好会 38（7）通号449 1998.7

八木

諸国探訪（15） 八木西宮神社（西木春義）「西宮えびす」 西宮神社 通号33 2010.06

八坂廃寺

八坂廃寺を復元する（岸本一郎）「童子山 ： 西脇市郷土資料館紀要」 西脇市教育委員会 （14） 2007.8

安田園

柏原八幡神社の安田園を探究する（岡本丈夫）「丹波史」 丹波史懇話会 19 1999.6

矢野荘

東寺領荘園の宗教構造—播磨国矢野荘を事例として（《特集 中世社会における寺社と地域秩序》）（坂本亮太）「民衆史研究」 民衆史研究会 （68） 2004.11

養父郡三拾三所

養父郡三拾三所御詠歌（梅井逸郎，谷本進）「但馬史研究」 但馬史研究会 （31） 2008.3

夜夫坐神社

但馬国の夜夫坐神社について—養父郡養父町（杉本壽）「民俗文化」 滋賀民俗学会 465 2002.6

養父神社

養父神社棟札の施主石橋満博と垣屋宗椿について（片岡秀樹）「但馬史研究」 但馬史研究会 （34） 2011.03

山口町下山口

西宮市山口町下山口の百味講（細木ひとみ）「西宮市立郷土資料館ニュース」 西宮市立郷土資料館 （35） 2011.02

山崎

赤坂太郎と宝篋印塔（谷井伴夫）「山崎郷土会報」 山崎郷土研究会 （104） 2004.9

愛宕神社勧請奉祀の始まりと鉄山（下村哲三）「山崎郷土会報」 山崎郷土研究会 （108） 2006.9

エッセイ 物の怪（浅田耕三）「山崎郷土会報」 山崎郷土研究会 （110） 2007.9

鬼ども多くたむろして（浅田耕三）「山崎郷土会報」 山崎郷土研究会 （120） 2013.03

山崎町鶴木

宍粟市山崎町鶴木の神社について（片山昭悟）「山崎郷土会報」 山崎郷土研究会 （117） 2011.08

山田

《山田の民俗調査報告書》「市史研究さんだ」 三田市 1 1999.3

村の概要（久下隆史）「市史研究さんだ」 三田市 1 1999.3

社会組織（藤江久志）「市史研究さんだ」 三田市 1 1999.3

生業 農業（辰巳衛治）「市史研究さんだ」 三田市 1 1999.3

生業 役牛・その他（永瀬康博）「市史研究さんだ」 三田市 1 1999.3

運輸・交易（中村雅俊）「市史研究さんだ」 三田市 1 1999.3

年中行事（藤原修）「市史研究さんだ」 三田市 1 1999.3

人の一生 人生儀礼（籔元晶）「市史研究さんだ」 三田市 1 1999.3

人の一生 墓制（西尾正仁）「市史研究さんだ」 三田市 1 1999.3

神社と祭礼（西尾嘉美）「市史研究さんだ」 三田市 1 1999.3

寺院と行事（大江篤）「市史研究さんだ」 三田市 1 1999.3

民間信仰（永瀬康博）「市史研究さんだ」 三田市 1 1999.3

山田郷

山田郷丹生神社の祭神と平清盛の日吉権現信仰について（上），（下）（重成裕）「神戸史談」 神戸史談会 通号297/通号298 2006.1/2006.7

山田町

丹生山田町の古寺と石造美術（清水俊明）「野ほとけ」 奈良石仏会 （358） 2000.10

大和大国魂神社

兵庫県古代史二題—淡路国大和大国魂神社と摂津国荒田郡（〔講演筆記〕）（直木孝次郎）「兵庫のしおり」 兵庫県 2 2000.3

山伏山神社

山伏山神社の由来（梅村伸雄）「兵庫歴研」 兵庫歴史研究会 13 1997.1

山本村

史料紹介 山本村の宮座と村方騒動—近世寺社成立の整理を兼ねて（大国正美）「たからづか ： 市史研究紀要たからづか」 宝塚市教育委員会 （26） 2013.03

行常村

幕末の墓地をめぐる相論—播磨国印南郡畑村・行常村間における（兼本雄三）「御影史学論集」 御影史学研究会 通号25 2000.10

弓弦神社

5月例会概要「第6回 在神神社・仏閣探訪」 弓弦神社（東灘区郡家）（澤田政泰）「神戸史談」 神戸史談会 （311） 2014.01

容住寺

近世前期の容住寺中興と縁起書の成立（史料調査報告）（大国正美）「地域研究いたみ」 伊丹市 （41） 2012.03

永沢寺

摂丹境永沢寺の僧録支配とその変遷について—特に姫路領の曹洞宗支配を中心に（永井俊道）「駒沢史学」 駒沢史学会 （81） 2013.12

良野

加古川市野口町良野に残る地名「天王寺村」成立過程の考察 鶴林寺創建の謎にも挑む（小林誠司）「東播磨 地域史論集」 東播磨地域史懇話会 （16） 2010.10

吉見

ふるさと探訪 町内社寺・史跡めぐり（第3回 吉見地区）（高見勉）「いちじま史研」 丹波市市島町史実研究会 （48） 2004.4

羅漢寺

羅漢寺境内の来迎二十五菩薩（藤田孝）「播磨郷土研究」 加西郡郷土研究会 （20） 2004.11

竜泉寺

敏馬山龍泉寺（〈前編 神戸史談会諸先賢の遺稿〉—4 編集委員の部）（中天涯）「神戸史談」 神戸史談会 296 2005.6

了福寺

南野了福寺縁起について（史料調査報告）（中川すがね）「地域研究いたみ」 伊丹市 （36） 2007.3

蓮花寺

蓮花寺の蓮生・華童とその意味（小山喜美子）「御影史学論集」 御影史学研究会 通号23 1998.10

鬼踊りと修験—播磨の蓮花寺を中心に（小山喜美子）「山岳修験」 日本山岳修験学会，岩田書院（発売）（31） 2003.3

蓮花寺の「山の神の鬼面」のもつ意味（藤原喜美子）「山岳修験」 日本山岳修験学会，岩田書院（発売）（43） 2009.03

六条八幡

足立風土記だより（54） 「六条八幡造営注文」に見える足立氏（塚田博）「足立史談」 足立区教育委員会 359 1998.1

六条八幡宮

越後国頸城地域の御家人—「六条八幡宮造営注文」を手がかりに（高橋一樹）「上越市史研究」 上越市 2 1997.3

越後国の鎌倉幕府・御家人について—建治元年「六条八幡宮造営注文」から（猪爪一郎）「柏崎・刈羽」 柏崎刈羽郷土史研究会 25 1998.3

「六条八幡宮造営注文」にみる武蔵国御家人（鈴木宏美）「埼玉地方史」

埼玉県地方史研究会　40　1998.6

豊嶋関係史料を読む（7の1）〜（7の3）造六条八幡宮用途支配注文と豊嶋氏（伊藤一美）「練馬郷土史研究会会報」　練馬郷土史研究会　265/267　2000.1/2000.6

「六条八幡宮造営注文」と海道御家人（上）,（下）（渡邉一雄）「いわき地方史研究」　いわき地方史研究会　（41）/（42）2004.9/2005.9

寄稿　「六条八幡宮造営用途注文」にみる松山党について（吉田裕志）「郷土研だより」　東村山郷土研究会　（374）2011.07

六甲

六甲修験とその行場―四鬼家と鷲林寺と地中の道（早栗佐知子）「久里」　神戸女子民俗学会　（24）2009.06

六甲修験の展開―兵庫県西宮市の鷲林寺と修験（早栗佐知子）「久里」　神戸女子民俗学会　（25）2010.01

六甲修験奮闘記（特集　田中久夫先生喜寿をお祝いして）（早栗佐知子）「久里」　神戸女子民俗学会　（29・30）2012.06

六甲山

六甲山開祖ノ碑（岡田一幸）「神戸史談」　神戸史談会　280　1997.7

殉職スチュワーデスを讃えて―六甲山に「大空のまもり・みよし観音像」建立（芝良空）「神戸史談」　神戸史談会　283　1999.1

天照大神と瀬織津姫―ホツマに登場する廣田・六甲山周辺と社寺・伝承との関連（大江幸久）「つどい」　豊中歴史同好会　（303）2013.04

若宮八幡神社

播磨の神社建築―室津賀茂神社と若宮八幡神社（桜井敏雄）「近畿文化」　近畿文化会事務局　578　1998.1

和田神社

和田神社あれこれ（〈前編 神戸史談会諸先賢の遺稿〉―1 歴代会長の部）（神田三郎）「神戸史談」　神戸史談会　296　2005.6

海神社

船渡御レポート（4）兵庫県神戸市垂水区「海神社の海上渡御」（安部初男）「西宮文化協会会報」　西宮文化協会　390　2000.9

和田岬

海上渡御 日本第一の大神事 兵庫和田岬への神幸「西宮えびす」　西宮神社　11　1999.6

和田山町中

兵庫県朝来市和田山町中における狐狩りについて（須磨瞳）「えちぜんわかさ : 福井の民俗文化」　福井民俗の会　（20）2006.3

和田寺

てりぶら てりとりーぶらぶら和田寺（岡田親彦）「六甲倶楽部報告」　六甲倶楽部　44　1998.5

和奈美神社

式内社 和奈美神社の社名考察（生田隆）「但馬史研究」　但馬史研究会　24　2001.3

奈良県

赤膚山

復興赤膚焼と木兎・木臼について（村上泰昭）「史迹と美術」 史迹美術同攷会 70（4）通号704 2000.5

秋篠

神楽 神楽から下座音楽まで（久保田敏子）「秋篠文化」 秋篠音楽堂運営協議会 （1） 2003.2

仏教における念仏―年から声へ（林田康順）「秋篠文化」 秋篠音楽堂運営協議会 （5） 2007.3

芸能の中の念仏（久保田敏子）「秋篠文化」 秋篠音楽堂運営協議会 （5） 2007.3

仏像紀行 秋篠の里で美女に会う（ぶらり紀行）（山河昌敬）「郷土史紀行」 ヒューマン・レクチャー・クラブ （55） 2007.3

祭文から音頭へ―その源流と変遷（久保田敏子）「秋篠文化」 秋篠音楽堂運営協議会 （7） 2009.09

秋篠寺

鑑真和上像と秋篠寺・常光寺の秘仏（神田雅章）「近畿文化」 近畿文化会事務局 （691） 2007.6

みほとけは語る（5） 秋篠寺「伎芸天立像」（小西正文）「月刊大和路ならら」 地域情報ネットワーク 11（8）通号119 2008.8

みほとけは語る（6） 秋篠寺「薬師如来坐像」「月刊大和路ならら」 地域情報ネットワーク 11（9）通号120 2008.9

みほとけは語る（31）秋篠寺「大元帥明王立像」（小西正文，小川光三）「月刊大和路ならら」 地域情報ネットワーク 13（11）通号146 2010.11

仏像の真贋と目利きについて（秋篠寺の伎芸天像と対面する）（古川卓也）「厚東」 厚東史研究会 （53） 2011.11

安居院

みほとけは語る（14） 飛鳥寺（安居院）「釈迦如来坐像」（小川光三）「月刊大和路ならら」 地域情報ネットワーク 12（5）通号128 2009.05

飛鳥

「百済大寺」の発見と飛鳥の都市景観（木下正史）「季刊明日香風」 古都飛鳥保存財団 16（4）通号64 1997.10

古代飛鳥・吉野と渡来中国信仰―道教は伝来したか（山岸共）「石川郷土史学会々誌」 石川郷土史学会 （30） 1997.12

古代飛鳥の七夕信仰（上田正昭）「季刊明日香風」 古都飛鳥保存財団 18（1）通号69 1999.1

飛鳥西南に陵墓はめぐる（亀田博）「季刊明日香風」 古都飛鳥保存財団 18（2）通号70 1999.4

白い喪服の古代学（2），（3）（上野誠）「季刊明日香風」 古都飛鳥保存財団 20（1）通号77/20（2）通号78 2001.1/2001.4

「聖なる水」と湧水施設（西光慎治）「季刊明日香風」 古都飛鳥保存財団 20（1）通号77 2001.1

デジタルカメラが捉えた飛鳥の神獣（相原豊之）「季刊明日香風」 古都飛鳥保存財団 20（3）通号79 2001.7

飛鳥石造物再論―新亀石と石槽の周辺（猪熊兼勝）「近畿文化」 近畿文化会事務局 630 2002.5

飛鳥の漆工房（松村恵司）「季刊明日香風」 古都飛鳥保存財団 22（1）通号85 2003.1

飛鳥寺院の奈良時代（花谷浩）「季刊明日香風」 古都飛鳥保存財団 22（2）通号86 2003.4

谷を兆域とする飛鳥の陵墓に関する考察（来村多加史）「関西大学博物館紀要」 関西大学博物館 10 2004.3

中国石窟寺院にみる飛鳥文化への影響（根岸秀子）「季刊明日香風」 古都飛鳥保存財団 24（2）通号92 2005.4

対談 朝、陵墓の前で礼拝し、周囲に異常が無いかを確認。帰りは再び礼拝して、一日を終える。自分の与えられた陵墓を守ることが第一の使命です。（西田博，猪熊兼勝）「季刊明日香風」 古都飛鳥保存財団 25（2）通号98 2006.4

飛鳥の亀型石見聞記（《特集 石仏探訪Ⅴ》）（伊藤啓子）「日本の石仏」 日本石仏協会，青蛾書房（発売） （118） 2006.6

天平仏教の美術―平城と飛鳥（松浦正昭）「近畿文化」 近畿文化会事務局 （685） 2006.12

瓦からみた蘇我氏の寺院について（《特集 今、蘇我氏を考える》）（花谷浩）「季刊明日香風」 古都飛鳥保存財団 26（3）通号103 2007.7

飛鳥の道標「陵墓への案内」（《特集 今、蘇我氏を考える》）（猪熊兼勝）「季刊明日香風」 古都飛鳥保存財団 26（3）通号103 2007.7

出土文字資料からみた飛鳥の寺（《特集 7世紀の木簡から飛鳥をみる》）（大脇潔）「季刊明日香風」 古都飛鳥保存財団 26（4）通号104 2007.10

ミコとヒメミコの古代史（《特集 7世紀の木簡から飛鳥をみる》）（荒木敏夫）「季刊明日香風」 古都飛鳥保存財団 26（4）通号104 2007.10

"飛鳥の石""亀石"と《亀形石造物》（《特集 飛鳥の石》）（清水俊明）「季刊明日香風」 古都飛鳥保存財団 27（2）通号106 2008.4

飛鳥「モウコンの森」を訪ねて 伝承に彩られた延喜式内社 キツワケの神の謎―飛鳥の地にいます水分 水守の神「月刊大和路ならら」 地域情報ネットワーク 11（6）通号117 2008.6

飛鳥の道標「鬼の世界への道しるべ」（《特集 紀路をめぐる諸問題》）（猪熊兼勝）「季刊明日香風」 古都飛鳥保存財団 27（3）通号107 2008.7

飛鳥百景「聖・性の谷間」（《特集 本居宣長のみた飛鳥》）（渡辺誠弥）「季刊明日香風」 古都飛鳥保存財団 28（2）通号110 2009.4

飛鳥・藤原地域の古代寺院（特集 飛鳥・藤原の宮都とその関連資産群紹介）（大西貴夫）「季刊明日香風」 古都飛鳥保存財団 30（1）通号117 2011.01

含まれる陵墓について（特集 飛鳥・藤原の宮都とその関連資産群紹介）（西光慎治）「季刊明日香風」 古都飛鳥保存財団 30（1）通号117 2011.01

旅する菩薩と動かぬ仏 飛鳥仏巡礼（千田草介）「Sala : 歴史民俗誌」 常民学舎 （49） 2011.02

再考・飛鳥仏教（特集 再考・飛鳥仏教）（田村圓澄）「季刊明日香風」 古都飛鳥保存財団 30（3）通号119 2011.07

飛鳥からの造像―「倭様」の成立（特集 再考・飛鳥仏教）（紺野敏文）「季刊明日香風」 古都飛鳥保存財団 30（3）通号119 2011.07

記紀万葉ツアリズム―歴史の重心・飛鳥へ 甘樫丘/甘樫坐神社/飛鳥坐神社/飛鳥京跡/飛鳥寺/天武・持統天皇陵/山帰来/奈良県立万葉歴史文化館「まほろびすと : 奈良に焦がれ、歴史に耳澄ます情報誌」 実業印刷まほろば会 1（1）通号1 2012.1

聖徳太子と飛鳥仏教の美術（松浦正昭）「近畿文化」 近畿文化会事務局 （749） 2012.04

明日香村教育委員会文化財課主任技師 高橋幸治さんに聞く 飛鳥の石造物は本当に謎だらけなのか？（特集 聖なる岩へ 石をめぐる歴史と信仰）「月刊大和路ならら」 地域情報ネットワーク 17（9）通号192 2014.9

明日香

桜井・吉野・明日香 神社仏閣探訪「春野文化温故知新 : 春野町郷土研究報」 春野町郷土研究会 （64） 2000.2

飛鳥・奈良時代の梵鐘（杉山洋）「季刊明日香風」 古都飛鳥保存財団 23（4）通号92 2004.10

明日香の亀形石造物と水占―姿見伝説と古代（1）（軽澤照文）「昔話伝説研究」 昔話伝説研究会 （25） 2005.5

明日香の里に墓桜を訪ねて 石舞台から稲渕へ（特集 春爛漫―奈良大和路花霞―町桜、里桜をあるく）「月刊大和路ならら」 地域情報ネットワーク 14（3）通号150 2011.03

明日香石造物めぐり/奈良県の主な磐座・巨石一覧（特集 聖なる岩へ 石をめぐる歴史と信仰）「月刊大和路ならら」 地域情報ネットワーク 17（9）通号192 2014.9

飛鳥京

特別展「飛鳥・藤原京展」―宝幢の構建について（展覧会から）（堀越光信）「研究紀要」 四日市市立博物館 11 2004.3

飛鳥寺

飛鳥寺創建と渡来人（伊藤正志）「日本宗教文化史研究」 日本宗教文化史学会 5（2）通号10 2001.11

飛鳥寺建立をめぐる神との葛藤（寺川眞知夫）「季刊明日香風」 古都飛鳥保存財団 24（3）通号95 2005.7

みほとけは語る（14） 飛鳥寺（安居院）「釈迦如来坐像」（小川光三）「月刊大和路ならら」 地域情報ネットワーク 12（5）通号128 2009.05

「飛鳥寺の西の槻の下」にみる仏教における呪術性（甲斐弓子）「奈良学研究」 帝塚山大学奈良学総合文化研究所 （13） 2011.03

木簡からみた飛鳥寺（特集 再考・飛鳥仏教）（市大樹）「季刊明日香風」 古都飛鳥保存財団 30（3）通号119 2011.07

コラム 飛鳥寺（当初法興寺、その後元興寺等に変更）と百済王興寺の伽藍配置について（塩見昭吾）「史談福智山」 福知山史談会 （717） 2011.12

百済王家祈願寺と飛鳥寺の造寺思想（門田誠一）「鷹陵史学」 鷹陵史学会

（39）2013.09

飛鳥坐神社

奈良の伝統行事（5）おんだ祭（飛鳥弘文）「あかい奈良」青垣出版，星雲社（発売）6　1999.12

飛鳥の道標「飛鳥坐神社のいしぶみ」（上野誠）「季刊明日香風」古都飛鳥保存財団　27（1）通号105　2008.1

やまと歳時記（70）飛鳥坐神社「おんだ祭り」（古市播磨）「月刊大和路ならら」地域情報ネットワーク　13（2）通号137　2010.02

奈良の伝統行事 レンズがとらえてた大和の祭り 春空に乙女が舞う「おんだ祭り」「あかい奈良」青垣出版，星雲社（発売）47　2010.03

明日香村

ダケノボリとコンピラ―奈良県高市郡明日香村を事例に（前野雅彦）「近畿民俗 : 近畿民俗学会会報 ： Bulletin of the Folklore Society of Kinki」近畿民俗学会　（175・176）2008.1

阿字万字町

近世奈良阿字万字町の「記録」（資料紹介）（安彦勘吾）「日本文化史研究」帝塚山大学奈良学総合文化研究所　通号32　2000.3

近世奈良 阿字万字町「記録」（二）について（安彦勘吾）「奈良学研究」帝塚山大学奈良学総合文化研究所　（11）2009.1

奈良阿字万字町「記録」三について（安彦勘吾）「日本文化史研究」帝塚山大学奈良学総合文化研究所　（40）2009.3

阿田

阿田地区の生産・生業、拾い書き（五十嵐稔）「昔風と当世風」古々路の会　（86）2004.4

五條市阿田地区（西阿田・東阿田）の住居探索（早瀬哲恒）「昔風と当世風」古々路の会　（86）2004.4

五條阿田地区の信仰（岩野笙子）「昔風と当世風」古々路の会　（86）2004.4

奈良県五條市阿田地区の婚姻に関する聞き書き（佐志原圭子）「昔風と当世風」古々路の会　（86）2004.4

出雲郷

倭国国制と大和出雲郷と（水野正好）「大美和」大神神社　（109）2005.7

穴師

桜井市穴師の年中行事―『和州祭礼記』から半世紀（12）〜（20）（吉川雅章）「近畿民俗 : 近畿民俗学会会報 ： Bulletin of the Folklore Society of Kinki」近畿民俗学会　153　1998.12

穴師坐兵主神社

「穴師坐兵主神社」と「相撲神社」（1）〜（4）（和田寛）「河童通心」河童文庫　232/235　2003.5/2003.6

阿日寺

大和の民話 阿日寺で恵心僧都の母が往生した話（中上武二，杉本哲也）「月刊大和路ならら」地域情報ネットワーク　11（7）通号118　2008.7

賀名生旧皇居

フレンドツアー 賀名生旧皇居（堀家邸）見学記（関谷廣，関光雄，西尾茂治，天竹薫信）「わかくす ： 河内ふるさと文化誌」わかくす文芸研究会　（55）2009.05

阿倍寺跡

見えてきた幻の古代寺院―阿倍寺跡の発掘調査（大庭重信）「葦火 ： 大阪市文化財情報」大阪市博物館協会大阪文化財研究所　14（2）通号80　1999.6

甘樫坐神社

春 甘樫坐神社 くがたち（明日香だより）「あかい奈良」青垣出版，星雲社（発売）43　2009.03

尼ヶ辻

尼ヶ辻阿弥陀石仏調査報告（清水俊明）「史迹と美術」史迹美術同攷会　69（8）通号698　1999.9

天水分神社

吉野路の植物（16）巨木・古木たち（2）天川村川合・天水分神社境内の杉「吉野路」樋口昌徳　（109）2006.5

阿弥陀浄土院

阿弥陀浄土院と光明子追善事業（渡辺晃宏）「奈良史学」奈良大学史学会　（18）2000.12

あやめ池

奈良の異空間―郷愁のあやめ池昭和史（特集 愛すべきエロじじい 九十九黄人 おまえはアホか、オレはピンクだ 東洋民俗博物館コレクション）「月刊大和路ならら」地域情報ネットワーク　15（7）通号166　2012.7

安位寺

地名発掘（127）幻の葛城山中「安位寺」跡とは（池田末則）「月刊大和路ならら」地域情報ネットワーク　12（5）通号128　2009.5

安禅寺

吉野安禅寺のこと 岩戸寺中興の祖の足取りをたずねる（高見勉）「いちじま史研」丹波市市島町史実研究会　（49）2005.4

安堵町

安堵町六斎念仏見学記（竹鼻廣三）「まつり通信」まつり同好会　38（3）通号445　1998.3

伊賀見

伊賀見の年中行事―奈良県宇陀郡曽爾村伊賀見（西尾正仁）「みかげ民俗」御影高校民俗研究会　（6）1982.09

斑鳩

奈良県立橿原考古学研究所附属博物館春季特別展「聖徳太子と斑鳩―藤の木古墳法隆寺をめぐる人々」開催にあたって（泉森皎）「近畿文化」近畿文化会事務局　581　1998.4

奥山荘と斑鳩「百万塔の奇遇」（丹後千賀子）「おくやまのしょう ： 奥山荘郷土研究会誌」奥山荘郷土研究会　24　1999.3

斑鳩の古墳と寺（前園実知雄）「近畿文化」近畿文化会事務局　600　1999.11

「いかるが（斑鳩）」考（木村博）「聖徳」聖徳宗教学部　（186）2005.11

法隆寺の造営と斑鳩文化圏の成立（森郁夫）「奈良学研究」帝塚山大学奈良学総合文化研究所　（8）2006.1

「斑鳩」の残照（木村博）「聖徳」聖徳宗教学部　（188）2006.6

あかい奈良が行く古社寺巡礼 斑鳩―法隆寺・法輪寺・法起寺（内藤定昭）「あかい奈良」青垣出版，星雲社（発売）39　2008.3

法隆寺開帳に関する一史料―中西文庫「斑鳩みやげ」について（史料・資料紹介）（伊藤純）「大阪歴史博物館研究紀要」大阪市文化財協会　（11）2013.02

古文書解説『斑鳩古文書三十選』25「広隆寺・聖徳太子像胎内物の包紙」聖徳太子像胎内物包み紙の発見と詳細（小山博之，足立恵子，中西博子，横山誠）「鳩遊」斑鳩を古文書で歩く会　（9）2014.10

池津川

奈良県吉野郡野迫川村の池津川地区を中心とした盆行事―特に先祖迎えの儀礼について（日野西真定）「熊野歴史研究 ： 熊野歴史研究会紀要」熊野歴史研究会　（6）1999.5

生駒

「生駒曼荼羅」について（今木義法）「ふるさと生駒」生駒民俗会　（37）1997.7

在日朝鮮人の信仰―生駒の朝鮮寺はなぜ巫俗寺に変わったのか（金泰順）「民俗文化」滋賀民俗学会　482　2003.11

生駒の神と仏（菅谷文則）「近畿文化」近畿文化会事務局　（715）2009.06

地名発掘（144），（145）生駒名産「鳴石」のこと（池田末則）「月刊大和路ならら」地域情報ネットワーク　13（10）通号145/13（11）通号146　2010.10/2010.11

生駒市

モリ神信仰とヤマガエリ行事（高田照世）「帝塚山大学大学院人文科学研究科紀要」帝塚山大学大学院人文科学研究科　（10）2008.2

生駒市北部地域の葬送儀礼と盆行事（高田照世）「奈良学研究」帝塚山大学奈良学総合文化研究所　（12）2010.03

往馬大社

奈良の伝統行事（28）往馬大社の火祭り（鹿内勲）「あかい奈良」青垣出版，星雲社（発売）29　2005.9

やまと祭事記（19）往馬大社火祭り（植田英介）「月刊大和路ならら」地域情報ネットワーク　8（10）通号85　2005.10

生駒谷

生駒谷の七森信仰（9），（10）（今木義法）「ふるさと生駒」生駒民俗会　（37）/（38）1997.7/1997.12

大和の墓制II 生駒谷の葬地と石造物（狭川真一）「近畿文化」近畿文化会事務局　（713）2009.04

生駒山

生駒山 人々の暮らしと生駒山の移り変わり（勝田邦夫）「大阪春秋」新風書房　34（3）通号120　2005.10

万葉と生駒山―万葉びとの「愛」と「生活」と歴史的背景をめぐって（脇谷英勝）「日本文化史研究」帝塚山大学奈良学総合文化研究所　（39）2008.3

率川神社

率川神社と三枝祭（三橋健）「大美和」大神神社　（113）2007.7

奈良県　　　　　　　　　　　　　郷土に伝わる民俗と信仰　　　　　　　　　　　　　近畿

率川神社三枝祭とご神花ささゆり（《特集 生花 花道の成立以前の花》）（南博）「季刊悠久.第2次」 鶴岡八幡宮悠久事務局 （110） 2007.10

ささゆりの花は揺れて 涼を呼ぶ率川・ゆりまつり（特集 ささゆりの花 揺れて 日本最古の神社 大神神社を歩く）「月刊大和路なら」 地域情報ネットワーク 17(6)通号189 2014.06

率川坐大神御子神社

奈良県指定文化財 大神神社摂社 率川坐大神御子神社本殿保存修理工事（今西良男）「大美和」 大神神社 （112） 2007.1

石神遺跡

石神遺跡と法隆寺の鋸「奈良文化財研究所紀要」 奈良文化財研究所 2007 2007.6

伊豆七条町

表紙写真の解説 大和郡山市伊豆七条町のフクマル迎え「奈良県立民俗博物館だより」 奈良県立民俗博物館 40(1)通号105 2014.03

出雲

大和の出雲と出雲の出雲（水野良好）「大美和」 大神神社 100 2001.1

菅公ゆかりの地 桜井出雲を訪ねて（特集 隠国の初瀬 よき地よき歌 与喜天神！）「月刊大和路なら」 地域情報ネットワーク 15(5)通号164 2012.5

伊勢街道

紹介 木村茂光・吉井敏幸編『奈良と伊勢街道』（水島暁）「奈良歴史研究」 奈良歴史研究会 （65） 2006.3

石上神宮

石上神宮から山ノ辺道沿いに柳本までの石仏（清水俊明）「野ほとけ」 奈良石仏会 （340） 1999.4

七支刀について（吉田晶）「つどい」 豊中歴史同好会 193 2004.4

やまと祭時記（3）神剣渡御祭（植田英介）「月刊大和路なら」 地域情報ネットワーク 7(6)通号69 2004.6

あかい奈良が行く古社寺巡礼（17）天理市石上神宮「あかい奈良」 青垣出版，星雲社（発売） 32 2006.6

鍵手文の盾一文様から見た石上神宮鉄盾の出現背景（櫻井久之）「大阪歴史博物館研究紀要」 大阪市文化財協会 （5） 2006.10

石上神宮の社頭に立って（下津谷達男）「栃木史学」 国学院大学栃木短期大学史学会 （21） 2007.3

石上神宮・天理参考館見学（今中典男）「つどい」 豊中歴史同好会 （228） 2007.3

文献資料から見る石上神宮の鎮魂と鎮魂祭―古代から近現代の資料を中心とした考察（田村明子）「常民文化」 成城大学常民文化研究会 （34） 2011.03

4月例会報告（4月10日）オオヤマト神社からイソノカミ神宮（例会報告と一口メモ）（生駒遠以）「左海民俗」 堺民俗会 （137） 2011.09

コラム 石上神宮の鎮魂祭について（森正光）「季刊悠久.第2次」 鶴岡八幡宮悠久事務局 （128） 2012.08

奈良スケッチ「石上神宮楼門」（杉本哲也，上丈竜矢）「月刊大和路なら」 地域情報ネットワーク 15(11)通号170 2012.11

石上神宮の神剣渡御祭（武藤康弘）「近畿文化」 近畿文化会事務局 （763） 2013.06

一条大路

大和の民話 聖宝僧正、一条大路を牛で渡る（中上武二，杉本哲也）「月刊大和路なら」 地域情報ネットワーク 11(1)通号112 2008.1

稲淵

明日香の里に墓桜を訪ねて 石舞台から稲淵へ（特集 春爛漫―奈良大和路花霞―町桜、里桜をあるく）「月刊大和路なら」 地域情報ネットワーク 14(3)通号150 2011.03

やまと歳時記（93）明日香村稲淵「稲淵の綱掛神事（雄綱）」（古市播磨）「月刊大和路なら」 地域情報ネットワーク 15(1)通号160 2012.01

今城谷

今城谷の合葬墓（西光慎治）「季刊明日香風」 古都飛鳥保存財団 21(3)通号83 2002.7

今国府

奈良の伝統行事（32）今国府の祭りと翁面（鹿谷勲）「あかい奈良」 青垣出版，星雲社（発売） 38 2007.12

芋ヶ峠道

飛鳥の道標「芋ヶ峠道の役行者像」（《特集 飛鳥学最前線》）（和田萃）「季刊明日香風」 古都飛鳥保存財団 28(4)通号112 2009.10

妹背山

大和歌舞伎遊話（5）妹背山婦女庭訓（青木繁）「あかい奈良」 青垣出版，星雲社（発売） 9 2000.9

『妹背山婦女庭訓』の伝説の地を巡る（池田淳）「近畿文化」 近畿文化会事務局 （764） 2013.7

妹山

吉野路の点景（39）吉野川北岸に聳える妹山（吉野町河原屋）「吉野路」 樋口昌徳 （110） 2006.8

岩神神社

吉野路の点景（11）巨岩そそり立つ吉野路では珍しい「岩神神社」「吉野路」 樋口昌徳 82 1999.8

岩淵寺

大安寺河野良文貫主に聞く 岩淵僧正―高円山岩淵寺と大安寺の勤操の話「月刊大和路なら」 地域情報ネットワーク 14(1)通号148 2011.01

岩屋峠

地名発掘（93）岩屋峠は弥勒信仰の路か！（池田末則）「月刊大和路なら」 地域情報ネットワーク 9(7)通号94 2006.7

磐余道

磐余道の石仏と御厨観音（清水俊明）「野ほとけ」 奈良石仏会 （382） 2002.10

植槻八幡神社

やまと祭時記（21）植槻おん田祭（植田英介）「月刊大和路なら」 地域情報ネットワーク 8(12)通号87 2005.12

八幡宮紹介 植槻八幡神社（奈良県大和郡山市）「季刊悠久.第2次」 鶴岡八幡宮悠久事務局 （108） 2007.4

宇陀

奈良風影 第二部（3）宇陀の石茶臼（吉田伊佐夫）「月刊大和路なら」 地域情報ネットワーク 9(6)通号93 2006.6

桜井・宇陀の仏像（関根俊一）「近畿文化」 近畿文化会事務局 （699） 2008.2

大和の十三重石塔―盆地南部と宇陀地方（狭川真一）「近畿文化」 近畿文化会事務局 （737） 2011.04

宇陀西国三十三所

研究あれこれ 三十三所信仰と部落―宇陀西国三十三所の場合（磯部信孝）「史料センター事業ニュース」 奈良県立同和問題関係史料センター （12） 2006.3

菟田野

神武伝承残す菟田野を歩く 青蓮寺から桜実神社へ（特集 春爛漫―奈良大和路花霞―町桜、里桜をあるく）「月刊大和路なら」 地域情報ネットワーク 14(3)通号150 2011.03

中将姫伝説の地をゆく 當麻、菟田野、奈良町（特集 中将姫伝説を訪ねて 奈良町、菟田野、そして當麻）「月刊大和路なら」 地域情報ネットワーク 16(4)通号175 2013.4

宇太水分神社

古社寺巡礼（11）菟田野 宇太水分神社・惣社水分神社「あかい奈良」 青垣出版，星雲社（発売） 25 2004.9

宇智

奈良県立橿原考古学研究所付属博物館 春季特別展「吉野川紀行―吉野・宇智をめぐる交流と信仰」「近畿文化」 近畿文化会事務局 （713） 2009.04

内山永久寺

内山永久寺の扁額（研究報告）「奈良文化財研究所紀要」 奈良文化財研究所 2013 2013.06

采女神社

やまと祭時記（6）采女祭（植田英介）「月刊大和路なら」 地域情報ネットワーク 7(9)通号72 2004.9

馬見

馬見の古墳と廃寺（来村多加史）「近畿文化」 近畿文化会事務局 610 2000.9

永久寺

中世修験道における永久寺先達（関口真規子）「山岳修験」 日本山岳修験学会，岩田書院（発売） （33） 2004.3

内山永久寺の扁額（吉川聡）「奈文研ニュース」 奈良文化財研究所 （50） 2013.09

永慶寺

柳沢吉保と永慶寺（夏草講座―大和郡山）（沼田晃佑）「甲斐」 山梨郷土研究会 （120） 2009.08

榎本神社

榎本神社と猿田彦大神（一筆啓上）（岡本彰夫）「あらはれ ： 猿田彦大神

フォーラム年報 ： ひらかれる未来神話」猿田彦大神フォーラム
（11）2008.10

円生院
奈良円生院所蔵 絹本著色楊柳観音像の保存修理（中島博）「鹿園雑集 ：
奈良国立博物館研究紀要」奈良国立博物館 （8）2006.3

円照寺
いまふたたびの奈良へ―紅葉の名所正暦寺と静寂の尼僧寺院円照寺への
旅（エッセイ）（藤盛詔子）「歴研よこはま」横浜歴史研究会 （70）
2014.05

円成寺
あかい奈良が行く古社寺巡礼 円成寺「あかい奈良」青垣出版，星雲社
（発売）15 2002.3
みほとけは語る（13）忍辱山円成寺「大日如来坐像」（小西正文）「月刊大
和路ならら」地域情報ネットワーク 12（4）通号127 2009.04
街道に憩う 知られざる石仏の寺，円成寺「月刊大和路ならら」地域情
報ネットワーク 14（1）通号148 2011.01

円満井
地名発掘（72）能楽金春座「円満井」とは？（池田末則）「月刊大和路な
らら」地域情報ネットワーク 7（10）通号73 2004.10

王寺
一針薬師笠石仏と王寺周辺の石造文化（狭川真一）「近畿文化」近畿文化
会事務局 （761）2013.04

往生院
生駒市石仏寺・往生院方面（清水俊明）「野ほとけ」奈良石仏会 （384）
2002.12

王竜寺
古社寺巡礼 富雄 王龍寺「あかい奈良」青垣出版，星雲社（発売）24
2004.6

大神
楽家大神氏の系譜について（荻美津夫）「大美和」大神神社 （126）
2014.01

大直禰子神社
大直禰子神社と前身遺構（前園実知雄）「大美和」大神神社 （112）
2007.1

大野寺
大和の線刻磨崖仏―大野寺石仏を中心に（藤沢典彦）「近畿文化」近畿文
化会事務局 607 2000.6

大野寺石仏
史跡大野寺石仏の保存整備（峠美穂）「日引 ： 石造物研究会会誌」3
2002.10

大峯
役行者と大峯修験（菅谷文則）「近畿文化」近畿文化会事務局 606
2000.5
近代における大峰の入峰ルート―戦前期の聖護院の入峰を中心に（小田匡
保）「山岳修験」日本山岳修験学会，岩田書院（発売）（36）2005.11
藤田庄市著『熊野，修験の道を往く―大峯奥駈』完全踏破』（書評と紹
介）（宮城泰年）「山岳修験」日本山岳修験学会，岩田書院（発売）
（39）2007.3
奈良風景 第二部（16）大峯の磐笛（吉田伊佐夫）「月刊大和路ならら」
地域情報ネットワーク 10（7）通号106 2007.7
大峰八大金剛童子考（小田匡保）「山岳修験」日本山岳修験学会，岩田書
院（発売）（45）2010.03
大峯修験の原像と展開（特集 山岳信仰の原像と展開）（福井良明）「山岳
修験」日本山岳修験学会，岩田書院（発売）（46）2010.10
役行者―葛城・大峰に鬼と生きる（特集 鬼が来た！ 春が来た！）「月刊
大和路ならら」地域情報ネットワーク 15（3）通号162 2012.3
大峯，気高き修験の道（特集 春，大峯奥駈道をめぐる）「月刊大和路なら
ら」地域情報ネットワーク 15（4）通号163 2012.4
戦後における聖護院の大峯入峰（小田匡保）「山岳修験」日本山岳修験学
会，岩田書院（発売）（51）2013.03
中世における「修験道」の相対化―禅僧神子栄尊の大峰入り（徳永誓子）
「山岳修験」日本山岳修験学会，岩田書院（発売）（53）2014.03

大峯奥駈道
新指定 国史跡の紹介 史跡丹生都比売神社境内/史跡大峯奥駈道「きのく
に文化財」和歌山県文化財研究会 （36）2003.3
吉野と大峯奥駈道―山下から奥千本・青根ヶ峰・鳳閣寺（菅谷文則）「近
畿文化」近畿文化会事務局 660 2004.11
吉野楽講座 第4章「祈りの道～大峯奥駈道」/他「吉野春秋」樋口昌徳
224 2005.1

下北山村釈迦ヶ岳 大峯奥駈道 釈迦ヶ岳山頂の釈迦如来立像 82年ぶりに
解体修理へ…/他「吉野春秋」樋口昌徳 （247）2006.12
森沢義信著『大峯奥駈道七十五靡』（書評と紹介）（小田匡保）「山岳修験」
日本山岳修験学会，岩田書院（発売）（39）2007.3
熊野、大峯奥駈道と丹生川上神社の縁起（玉本太平）「国際熊野学会会報」
国際熊野学会 （16）2011.11
いざ、修験の道へ！（特集 春、大峯奥駈道をめぐる）「月刊大和路なら
ら」地域情報ネットワーク 15（4）通号163 2012.4
順峰でめぐる春の大峯奥駈道 十津川/下北山、上北山/天川/川上、黒滝
/吉野、大淀（特集 春、大峯奥駈道をめぐる）「月刊大和路ならら」地
域情報ネットワーク 15（4）通号163 2012.4

大峯山
山岳霊場のハナ―大峰山のシャクナゲを中心に（藤井弘章）「宗教民俗研
究」日本宗教民俗学会 （11）2001.9
創立30周年記念講演 吉野大峰山と山岳信仰（前園実知雄）「怒麻」大西
町史談会事務局 （31）2009.07
山上さん参り（楠晃）「河内どんこう」やお文化協会 （95）2011.10
大峯修験道と天川郷（大峯山特集）（鈴木昭英）「山岳修験」日本山岳修
験学会，岩田書院（発売）（52）2013.10
大峯山で祀られた尊像―如意輪観音三尊像をめぐって―（大峯山特集）
（石川知彦）「山岳修験」日本山岳修験学会，岩田書院（発売）（52）
2013.10
大峯における「宿」の遺（大峯山特集）（森下惠介）「山岳修験」日本山
岳修験学会，岩田書院（発売）（52）2013.10
明治～大正期における醍醐寺の大峰入峰―特に花供入峰の再興について
（大峯山特集）（小田匡保）「山岳修験」日本山岳修験学会，岩田書院
（発売）（52）2013.10
大峰参りの変遷―姫路第二龍王講を中心に（大峯山特集）（鳴戸昌弘）「山
岳修験」日本山岳修験学会，岩田書院（発売）（52）2013.10

大峯山寺
1300年の道（8）1001～1050年 大峯山寺「月刊大和路ならら」地域情
報ネットワーク 11（5）通号116 2008.5

大宮
大宮御神宝『金地螺鈿毛抜形太刀』復元製作始まる「春日」春日大社社
務所 （91）2014.02

大三輪
大三輪の神なびと出雲の神々（門脇禎二）「大美和」大神神社 100
2001.1
大三輪の神と大王家（黛弘道）「大美和」大神神社 100 2001.1
人の生命の守り神としての大三輪の大神（松前健）「大美和」大神神社
100 2001.1
大三輪と出雲（岡田荘司）「大美和」大神神社 100 2001.1
大三輪の神と賀茂の神（井出至）「大美和」大神神社 103 2002.6
卑弥呼の「鬼道」と大三輪の祭祀（前田晴人）「大美和」大神神社
（106）2004.1

大神神社
桜井駅から三輪大神神社（清水俊明）「野ほとけ」奈良石仏会 （339）
1999.3
大物主神と古事記（阿部真司）「大美和」大神神社 99 2000.7
大物主の神（中西進）「大美和」大神神社 100 2001.1
感謝の心（樋口広太郎）「大美和」大神神社 100 2001.1
若宮祭祀について（桜井治男）「大美和」大神神社 100 2001.1
御縫絵（千宗左）「大美和」大神神社 100 2001.1
「神体山」考（宮家準）「大美和」大神神社 100 2001.1
龍蛇と天皇（安田喜憲）「大美和」大神神社 100 2001.1
「奇魂・幸魂」試論（吉野裕子）「大美和」大神神社 100 2001.1
「神殿」をめぐって（和田萃）「大美和」大神神社 100 2001.1
大物主と踏み跡（志田諄一）「大美和」大神神社 100 2001.1
美しい日本列島と大神神社（竹内敏信）「大美和」大神神社 100
2001.1
オホナモチノカミの鏡 神話と儀礼と（上野誠）「大美和」大神神社
100 2001.1
初参詣の頃の思い出（窪徳忠）「大美和」大神神社 100 2001.1
名を明かさない神（三浦佑之）「大美和」大神神社 100 2001.1
大神神社と周辺村落の祭祀組織・堂・集会所（黒田龍二）「大美和」大神
神社 100 2001.1
昔も今も変わらぬ灼な大神さん（竹本住大夫）「大美和」大神神社 100
2001.1
海を光して―大物主神の登場（多田智満子）「大美和」大神神社 100
2001.1
百合祭りと百合病の治療法（槇佐知子）「大美和」大神神社 100
2001.1

奈良県　　　　　　　　　　　　　　郷土に伝わる民俗と信仰　　　　　　　　　　　　　　近畿

苧環の糸（小島瑛礼）「大美和」　大神神社　100　2001.1

大物主葦原の志許（飯泉健司）「大美和」　大神神社　100　2001.1

雄略即位前紀古訓考証二題（坂元義種）「大美和」　大神神社　100　2001.1

大神神社と古事記学会と私（菅野雅雄）「大美和」　大神神社　100　2001.1

神王とその周辺（林陸朗）「大美和」　大神神社　100　2001.1

「意富多々泥古」出自系譜の謎（青木周平）「大美和」　大神神社　100　2001.1

「潔身」小考（網干善教）「大美和」　大神神社　100　2001.1

聖婚と大物主神（大久間喜一郎）「大美和」　大神神社　101　2001.7

大物主神と事代主神と海（平林章仁）「大美和」　大神神社　101　2001.7

廻廊造営に伴う史跡・大神神社境内の発掘調査（岡林孝作）「大美和」　大神神社　101　2001.7

水系の神々（中西正幸）「大美和」　大神神社　102　2002.1

カガミのフネ　古事記と日本書紀に描かれたスクナヒコナの神（松本正美）「大美和」　大神神社　102　2002.1

神々の構図―大物主神と事代主神（榎本福寿）「大美和」　大神神社　104　2003.1

二人の大神―モノヌシとクニヌシ（鈴鹿千代乃）「大美和」　大神神社　104　2003.1

大和国一の宮　大神神社（西宮一民）「大美和」　大神神社　104　2003.1

大神神社蔵の四葉座内行花文鏡（柳田康雄）「大美和」　大神神社　105　2003.7

崇神紀・大物主神祭祀伝承の意義（谷口雅博）「大美和」　大神神社　（106）2004.1

少彦名神の紫草（稲木訓子）「大美和」　大神神社　（106）2004.1

紫草のゆかり（大槻順三）「大美和」　大神神社　（106）2004.1

医療の神としての大物主神（古橋信孝）「大美和」　大神神社　（106）2004.1

オホモノヌシの物語（阪下圭八）「大美和」　大神神社　（107）2004.7

大物主神から天照大御神へ（矢嶋泉）「大美和」　大神神社　（108）2005.1

夢に顕れる神（橋本雅之）「大美和」　大神神社　（108）2005.1

古事記の大物主神と「神子・神御子」（毛利正守）「大美和」　大神神社　（109）2005.7

越家所蔵聖教について（武内孝善）「大美和」　大神神社　（109）2005.7

「後宴能」再興五十周年によせて（櫻間右陣）「大美和」　大神神社　（109）2005.7

大神朝臣本系略系と高宮信房（鈴木正信）「大美和」　大神神社　（110）2006.1

倭成す大物主―記紀の比較を通して（青木周平）「大美和」　大神神社　（111）2006.7

大神朝臣と氏神（中村英重）「大美和」　大神神社　（111）2006.7

大神神社と三輪山登拝（西沢久徳）「長野」　長野郷土史研究会　（253）2007.6

声が生みだす言葉―「佐韋」再考（三浦佑之）「大美和」　大神神社　（113）2007.7

里山の笹百合―復活への試み（荒井志滋）「大美和」　大神神社　（113）2007.7

やまと歳時記（43）三輪明神（大神神社）酒まつり（植田英介）「月刊大和路ならら」　地域情報ネットワーク　10（11）通号110　2007.11

大神神社神話と弥生絵画（菅谷文則）「大美和」　大神神社　（114）2008.1

医薬と祭り（永井良樹）「大美和」　大神神社　（114）2008.1

大神の酒宴歌（坂本信幸）「大美和」　大神神社　（115）2008.7

律令祭祀と大神神社（藤森馨）「大美和」　大神神社　（115）2008.7

三輪檜山神社考始末一―大神神社からの手紙（飯田俊郎）「県央史談」　県央史談会　（48）2009.01

市島与戸にある三輪神社と本社の大神神社（前）（芦田迪子）「いちじま史研」　丹波市市島町史実研究会　（53）2009.04

藤原仲麻呂と大神（本好信）「大美和」　大神神社　（117）2009.07

大神神社のお酒の神様と市島の酒造場（芦田迪子）「いちじま史研」　丹波市市島町史実研究会　（54）2010.04

やまと歳時記（74）大神神社御田植祭（古市播磨）「月刊大和路ならら」　地域情報ネットワーク　13（6）通号141　2010.06

酒の神としての大神神社（特集　神酒I―小論文）（後藤照史）「季刊悠久.第2次」　鶴岡八幡宮悠久事務局　（122）2010.11

講本講社90周年講社崇敬会大祭の報告「大美和」　大神神社　（120）2011.01

大神神社のお酒の神様と市島の四酒造場（場）（芦田迪子）「いちじま史研」　丹波市市島町史実研究会　（55）2011.04

やまと歳時記（86）大神神社「夏越の祓え」（古市播磨）「月刊大和路ならら」　地域情報ネットワーク　14（6）通号153　2011.06

大神神社の美術工芸―漆工品（高橋隆博）「大美和」　大神神社　（122）2012.01

神道を「医心方」からみる―鏡・茅の輪・ひとがたについて（横佐知子）「大美和」　大神神社　（122）2012.01

うま酒のみわの舞　酒造のはじまりと大神神社（特集　大和酒物語）「月刊大和路ならら」　地域情報ネットワーク　15（11）通号170　2012.11

やまと歳時記（103）大神神社「醸造安全祈願祭（酒まつり）」（植田英介）「月刊大和路ならら」　地域情報ネットワーク　15（11）通号170　2012.11

大物主神の出現―御諸山の神大物主神はなぜ海から出現するのか（寺川眞知夫）「大美和」　大神神社　（125）2013.07

大物主神の神名と性格（寺川眞知夫）「大美和」　大神神社　（126）2014.01

大神神社権祢宜、広報課長　平岡昌彦さんインタビュー　大神神社、その信仰と歴史（特集　ささゆりの花揺れて　日本最古の神社　大神神社を歩く）「月刊大和路ならら」　地域情報ネットワーク　17（6）通号189　2014.06

大神神社と摂社・末社　参拝・探索のすすめ（特集　ささゆりの花揺れて　日本最古の神社　大神神社を歩く）「月刊大和路ならら」　地域情報ネットワーク　17（6）通号189　2014.06

酒と素麺　いまに生きる神々の伝承（特集　ささゆりの花揺れて　日本最古の神社　大神神社を歩く）「月刊大和路ならら」　地域情報ネットワーク　17（6）通号189　2014.06

大神神社の鳥居と赤玉（土生田純之）「大美和」　大神神社　（127）2014.07

大神神社勅使殿

奈良県指定有形文化財　大神神社勅使殿の変遷について（保存修理工事の調査中間報告）（幹田秀雄）「大美和」　大神神社　104　2003.1

勅使殿保存修理工事中間報告（竹口泰生）「大美和」　大神神社　105　2003.7

大神神社勅使殿竣工報告（竹口泰生）「大美和」　大神神社　（107）2004.7

大柳生

やまと祭時記（5）大柳生の太鼓踊り（植田英介）「月刊大和路ならら」　地域情報ネットワーク　7（8）通号71　2004.8

奈良の伝統行事（27）大柳生の太鼓踊り（坊垣内昭典）「あかい奈良」　青垣出版, 星雲社（発売）28　2005.6

大和神社

奈良の伝統行事（4）大和神社のチャンチャン祭り（鹿谷勲）「あかい奈良」　青垣出版, 星雲社（発売）15　2002.3

やまと歳時記（65）大和神社「紅幣おどり」（植田英介）「月刊大和路ならら」　地域情報ネットワーク　12（9）通号132　2009.09

あかい奈良が行く古社寺巡礼　天理市　大和神社「あかい奈良」　青垣出版, 星雲社（発売）47　2010.03

4月例会報告（4月10日）オオヤマト神社からイソノカミ神宮（例会報告と一口メモ）（生駒道弘）「左海民俗」　堺民俗会　（137）2011.09

やまと歳時記（99）大和神社「戦艦大和みたま祭」（植田英介）「月刊大和路ならら」　地域情報ネットワーク　15（7）通号166　2012.07

大和神社のちゃんちゃん祭（武藤康弘）「近畿文化」　近畿文化会事務局　（773）2014.04

岡寺

岡寺伝説「道鏡を守る会　：　道鏡禅師を知ろう」　道鏡を守る会　21　1999.11

あかい奈良が行く古社寺巡礼（4）岡寺「あかい奈良」　青垣出版, 星雲社（発売）18　2002.12

岡寺―義淵から飛天まで（山崎馨）「季刊明日香風」　古都飛鳥保存財団　25（4）通号100　2006.10

岡寺仁王像の修理後の新知見―銘文と構造（資料紹介）（鈴木喜博）「鹿園雑集：奈良国立博物館研究紀要」　奈良国立博物館　（10）2008.3

御前山/岡寺縁起「道鏡を守る会通信」　道鏡を守る会　（80）2009.02

飛鳥の道標「をか寺まいりに」（《特集　飛鳥から藤原へ》）（上野誠）「季刊明日香風」　古都飛鳥保存財団　28（3）通号111　2009.07

大和と浮世絵（15）「観音霊験記　西国巡礼第七番大和岡寺」（浅野秀剛）「月刊大和路ならら」　地域情報ネットワーク　12（10）通号133　2009.10

飛鳥百景「岡寺四季マンダラ」（特集　再考・飛鳥仏教）（川俣海淳）「季刊明日香風」　古都飛鳥保存財団　30（3）通号119　2011.07

小倉

民俗資料の聞き書き短信（30）山辺郡都祁村小倉・上深川・下深川の「オコナイ」「奈良県立民俗博物館だより」　奈良県立民俗博物館　26（2）通号80　2000.1

乙田村

大和國生駒乙田村一座復活狂言　番付（特集　奈良生駒　乙田村一座がゆく!!）「月刊大和路ならら」　地域情報ネットワーク　14（8）通号155　2011.08

近畿　郷土に伝わる民俗と信仰　奈良県

バーチャル 人形芝居（特集 奈良生駒 乙田村一座がゆく!!）「月刊大和路ならら」 地域情報ネットワーク 14（8）通号155 2011.08

バーチャル 歌舞伎芝居（特集 奈良生駒 乙田村一座がゆく!!）「月刊大和路ならら」 地域情報ネットワーク 14（8）通号155 2011.08

生駒乙田村 粋な村一座 乙田村一座芝居史（特集 奈良生駒 乙田村一座がゆく!!）「月刊大和路ならら」 地域情報ネットワーク 14（8）通号155 2011.08

乙田の人形浄瑠璃と発祥の地・大坂の盛衰（特集 奈良生駒 乙田村一座がゆく!!）「月刊大和路ならら」 地域情報ネットワーク 14（8）通号155 2011.08

大汝宮

オバケ・若水・お汝参り（和田萃）「季刊明日香風」 古都飛鳥保存財団 19（1）通号73 2000.1

オナンジマイリ（大汝詣り）（浦西勉）「季刊明日香風」 古都飛鳥保存財団 32（2）通号126 2013.04

帯解寺

やまと歳時記（39）帯解寺 子安地蔵会（植田英介）「月刊大和路ならら」 地域情報ネットワーク 10（7）通号106 2007.7

あかい奈良が行く古社寺巡礼 奈良市・帯解寺（くわえちょうびん）「あかい奈良」 青垣出版，星雲社（発売）37 2007.9

戒場

民俗資料の聞き書き短信（32）宇陀郡榛原町山辺三・戒場の伝承「奈良県立民俗博物館だより」 奈良県立民俗博物館 26（3）通号81 2000.3

海竜王寺

やまと歳時記（54）海龍王寺 布薩の行法（植田英介）「月刊大和路ならら」 地域情報ネットワーク 11（10）通号121 2008.10

みほとけは語る 海龍王寺「十一面観音菩薩立像」（小西正文［文］，小川光三［写真］）「月刊大和路ならら」 地域情報ネットワーク 17（6）通号189 2014.06

鏡作神社

やまと歳時記（34）鏡作神社 お田植え祭り「月刊大和路ならら」 地域情報ネットワーク 10（2）通号101 2007.2

鏡作坐天照御魂神社

田原本町鏡作坐天照御魂神社（あかい奈良が行く古社寺巡礼）「あかい奈良」 青垣出版，星雲社（発売）43 2009.03

鍵

データベース事始め（7）田原本町鍵の避難用川舟「奈良県立民俗博物館だより」 奈良県立民俗博物館 27（3）通号84 2001.3

額安寺

みほとけは語る（47）額安寺「虚空蔵菩薩半跏像」（小西正文，若松保広）「月刊大和路ならら」 地域情報ネットワーク 15（3）通号162 2012.03

学能堂山

ぶらり石仏紀行—交野山、学能堂山、鈴鹿越（特集 石仏探訪Ⅷ）（たなかよしゆき）「日本の石仏」 日本石仏協会，青娥書房（発売）（134）2010.06

笠縫邑

三輪と伊勢—倭笠縫邑について（和田嘉寿男）「大美和」 大神神社 100 2001.1

笠目

安堵町笠目の宮座（赤田光男）「奈良学研究」 帝塚山大学奈良学総合文化研究所 通号3 2000.3

橿原

近鉄沿線の建築（4）神宮・外苑・道場 橿原聖地計画の遺構をめぐって（川島智生）「近畿文化」 近畿文化会事務局 （689）2007.4

橿原の仏像（赤川一博）「近畿文化」 近畿文化会事務局 （721）2009.12

日本出土の三尊塼仏—その製作のはじまり（白井陽子）「考古學論攷 ： 橿原考古学研究所紀要」 奈良県立橿原考古学研究所 34 2011.03

橿原市

奈良県民俗緊急調査の成果と課題（4）橿原市のだんじり祭りとその伝播（例会発表要旨）（吉村旭輝）「藝能史研究」 藝能史研究會 （204）2014.01

橿原神宮

建国の聖地に鎮まる素木の社殿 橿原神宮禰宜・総務部長 山田敬介（特集 世界遺産を先どりする飛鳥・藤原宮都 歴史と謎めぐり—インタビュー 人物クローズアップ）「月刊大和路ならら」 地域情報ネットワーク 10（5）通号104 2007.5

鹿島

地名としての鹿島—大和国大坂山御坂の「鹿島」地名考（《特集 鹿島信仰》）（池田末則）「季刊悠久.第2次」 鶴岡八幡宮悠久事務局 （108）2007.4

春日

餺飩が岡—春日祭とうどん（永島福太郎）「青陵 ： 橿原考古学研究所彙報」 奈良県立橿原考古学研究所 （101）1999.1

今日見心親 やまとの種々一春日盆（岡本彰夫）「あかい奈良」 青垣出版，星雲社（発売）3 1999.3

春日をめぐる因縁と言説—貞慶と『春日権現験記絵』に関する新資料（近本謙介）「金沢文庫研究」 神奈川県立金沢文庫 通号302 1999.3

春日歳事録（23）～（33）「春日」 春日大社社務所 64/67 2000.3/2001.8

春日四方山話（22）～（25）「春日」 春日大社社務所 64/（92）2000.3/2014.08

資料紹介 春日藤「奈良県立民俗博物館だより」 奈良県立民俗博物館 26（3）通号81 2000.3

春日様と私（片山紘子）「春日」 春日大社社務所 66 2001.2

春日様と私（小池正男）「春日」 春日大社社務所 67 2001.8

春日地蔵来迎小考（山地純）「金沢文庫研究」 神奈川県立金沢文庫 （308）2002.3

春日権現験記絵の研究（1）～（5）—その成立・信仰と「聖なるもの」の表現（多川文彦）「史迹と美術」 史迹美術同攷会 72（8）通号728/74（1）通号741 2002.9/2004.1

春日神人の基本的把握（松村和歌子）「奈良学研究」 帝塚山大学奈良学総合文化研究所 （6）2003.3

熱田社の和歌と文学（3）——『春日権現験記』の場合（八木意知男）「あつた」 熱田神宮宮庁 202 2004.4

特集 神降りる春日「月刊大和路ならら」 地域情報ネットワーク 9（5）通号92 2006.5

大和の民話 春日の一の鳥居前で生まれた晴雅律師の話（中上武二，杉本哲也）「月刊大和路ならら」 地域情報ネットワーク 11（6）通号117 2008.6

特集 燈籠を"学問"する 面白くてためになる春日燈籠のはなし「月刊大和路ならら」 地域情報ネットワーク 11（8）通号119 2008.8

燈籠百話（2）～（13）「春日」 春日大社社務所 （80）/（92）2008.8/2014.08

耳を澄ます祭りの音 御湯立・春日田楽・大名行列「月刊大和路ならら」 地域情報ネットワーク 11（12）通号123 2008.12

石川県立歴史博物館蔵春日懐紙・春日本万葉集解説（田中大士）「石川県立歴史博物館紀要」 石川県立歴史博物館 （21）2009.03

重要文化財指定記念 夏季特別展「春日懐紙・春日本万葉集とふるさとの文芸」「れきはく」 石川県立歴史博物館 （92）2009.07

特集 「春日権現験記」奉納700年 敬神の証としての春日権現験記「春日」 春日大社社務所 （82）2009.08

特集 春日有職の歴史と現在「あかい奈良」 青垣出版，星雲社（発売）47 2010.03

春日祭の酒（特集 神酒I—小論文）（岡本彰夫）「季刊悠久.第2次」 鶴岡八幡宮悠久事務局 （122）2010.11

春日曼荼羅の一事例—飯田市個人蔵春日社寺曼荼羅について（織田顕行）「飯田市美術博物館研究紀要」 飯田市美術博物館 （21）2011.03

春日舞楽「聖徳」 聖徳宗教学部 （208）2011.04

特集 春日の神話「春日」 春日大社社務所 （87）2012.02

いわゆる春日地蔵について（下）（論文）（鈴木喜博）「鹿園雑集 ： 奈良国立博物館研究紀要」 奈良国立博物館 （14）2012.03

特集 国宝赤糸威大鎧（梅鶯飾）修復なる「春日」 春日大社社務所 （88）2012.08

春日の神話 大和編（1）「春日」 春日大社社務所 （88）2012.08

春日の神話（5），（6）「春日」 春日大社社務所 （91）/（92）2014.02/2014.08

春日の美 宝物殿だより 芝家より舞楽面抜頭奉納（松村和歌子）「春日」 春日大社社務所 （91）2014.02

特集 式年造替記念 奉祝行事実行委員会設立「春日」 春日大社社務所 （92）2014.08

春日大宮若宮

藤村惇叙著「春日大宮若宮御祭礼図」の書誌とその辺（幡鎌一弘）「奈良歴史研究」 奈良歴史研究会 （70）2008.9

春日社

春日社社伝神楽の実像—近世から近代の伝承を中心として（松村和歌子）「奈良学研究」 帝塚山大学奈良学総合文化研究所 通号3 2000.3

春日社神鹿考（赤田光男）「日本文化史研究」 帝塚山大学奈良学総合文化研究所 （35）2003.3

總持寺所蔵の中世絵画—春日社寺曼荼羅と役行者像（梅沢恵）「神奈川県

立博物館研究報告.人文科学」 神奈川県立歴史博物館 （32） 2006.3

辰市郷祭礼と春日社司―元禄五年辰市郷祭禮正預頭役之記を中心に（松村和歌子）「奈良学研究」 帝塚山大学奈良学総合文化研究所 （11） 2009.01

中世春日社の仏教的空間（大塚紀弘）「日本宗教文化史研究」 日本宗教文化史学会 13（1）通号25 2009.05

平城京における日神信仰―都祁水室神社と春日社の創建をめぐって（研究ノート）（岡村孝子）「日本宗教文化史研究」 日本宗教文化史学会 14（1）通号27 2009.05

春日社千壽萬歳執行録（大和萬歳資料集）（岡本彰夫）「秋篠文化」 秋篠音楽堂運営協議会 特別号 2012.02

文久二年春日社神鏡落御始末（史料紹介）（岡本彰夫）「奈良学研究」 帝塚山大学奈良学総合文化研究所 （15） 2013.02

春日神社

春日神社と中世の越後の関（鰐渕好輝）「長岡郷土史」 長岡郷土史研究会 （50） 2013.05

春日大社

春日大社石灯籠の話（松村和歌子）「奈良民俗通信」 奈良民俗談話会 （40） 1997.6

奈良市南部から奉納された春日大社石灯籠（木村房之）「奈良民俗通信」 奈良民俗談話会 （40） 1997.6

田舞を伝えた人々―春日大社から 富士宮浅間神社へ（繁原幸子）「女性と経験」 女性民俗学研究会 通号22 1997.10

春日大社に奉納された「備中倉舗」の銘のある石燈篭（森章）「倉敷の歴史」 倉敷市総務局総務部 8 1998.3

〔史料紹介〕春日祭礼邉物番付之次第（真貝宜光）「ふるさと阿波 ： 阿波郷土会報」 阿波郷土会 180 1999.9

〈春日神〉造仏伝承の成立―（稽文会・稽主勲）造仏伝承の再生をめぐって（大江篤）「御影史学論集」 御影史学研究会 通号24 1999.10

春日大社蔵大型海獣葡萄鏡の鋳型製作技法について（杉山洋）「奈良学研究」 帝塚山大学奈良学総合文化研究所 通号3 2000.3

神道講座（13）「香取、鹿島、春日の神さま」のお話（西高辻信良）「飛梅」 太宰府天満宮社務所 14（2） 2000.3

奈良の伝統行事（11）春日大社中元万灯籠（松村和歌子）「あかい奈良」 青垣出版. 星雲社（発売）12 2001.6

式年造替といのちのよみがえり（葉室頼昭）「春日」 春日大社社務所 68 2002.2

南都春日大社石燈籠と石工考（大西嘉彰）「日本の石仏」 日本石仏協会. 青娥書房（発売）（104） 2002.12

春日大社の陪従神楽について（岡本彰夫）「秋篠文化」 秋篠音楽堂運営協議会 （1） 2003.2

春日大社石燈籠平成調査の概要（石燈籠平成調査会）「奈良学研究」 帝塚山大学奈良学総合文化研究所 （6） 2003.3

春日大社と河童（和田寛）「河童通心」 河童文庫 （267） 2006.1

インタビュー 春日大社・岡本彰夫権宮司が語る 神山・春日をめぐる話「月刊大和路ならら」 地域情報ネットワーク 9（5）通号92 2006.5

阿国から仁左衛門へ―春日大社と歌舞伎の深いかかわり（特集 大和路歌舞伎紀行―その舞台と人）（秋田真吾）「月刊大和路ならら」 地域情報ネットワーク 10（6）通号105 2007.6

レンコン奉納行列由来記 燈籠が結んだ篤い信仰の縁「月刊大和路ならら」 地域情報ネットワーク 11（8）通号119 2008.8

やまと歳時記（57）春日大社の舞楽始式（植田英介）「月刊大和路ならら」 地域情報ネットワーク 12（1）通号124 2009.01

昭和時代 春日大社 三方正面七五三磐境の庭・稲妻形清水の庭 よみがえった春日の庭 重森三玲、永遠のモダンの原点（奈良庭園紀行へ 時を超えた庭）「月刊大和路ならら」 地域情報ネットワーク 12（11）通号134 2009.11

あをによし奈良の建造物 美の理由（2）春日造りは、奈良時代の美意識から生まれた 春日大社本殿（国宝）（鈴木嘉吉）「あかい奈良」 青垣出版. 星雲社（発売）46 2009.12

特集 平成遷都1300年 宝物殿平成遷都1300年記念展示「春日大社の千三百年―歴史を語る宝物―」・春日大社主な行事「春日」 春日大社社務所 （84） 2010.08

グラビア写真（春日大社中門）/燈籠百話（6）「春日」 春日大社社務所 （84） 2010.08

平安時代の春日祭近衛府使について（齋藤拓海）「九州史学」 九州史学研究会 （156） 2010.09

春日祭と摂関家（渡部史之）「九州史学」 九州史学研究会 （156） 2010.09

グラビア みかんこの舞―幽玄の社伝神楽「月刊大和路ならら」 地域情報ネットワーク 13（12）通号147 2010.12

春日大社巫女 川西裕貴子さん その手なり、無心に宿る 神楽舞う春日の巫女に憧れて「月刊大和路ならら」 地域情報ネットワーク 13（12）通号147 2010.12

岡本彰夫権宮司に聞く 巫女と御神子―お祭りのいまに見る拝殿八乙女の歴史「月刊大和路ならら」 地域情報ネットワーク 13（12）通号147 2010.12

やまと歳時記（80）春日大社「日供始式並興福寺貫首社参式」（古市播磨）「月刊大和路ならら」 地域情報ネットワーク 13（12）通号147 2010.12

春日の美 宝物殿だより「春日」 春日大社社務所 （88） 2012.08

特集 春日大社の祖先祭/春日社社家の祖先祭祀「春日」 春日大社社務所 （91） 2014.02

文久二年春日大社神鏡落御始末（2）（論考）（岡本彰夫）「奈良学研究」 帝塚山大学奈良学総合文化研究所 （16） 2014.02

三十番神めぐり（16）春日大社・住吉大社・廣田神社（川口日空）「サットバ ： みんなほさつ」 （443） 2014.05

国宝古神宝類の復元事業について「春日」 春日大社社務所 （92） 2014.08

春日大社酒殿

一宿酒と社醸酒の謎 春日大社酒殿で醸す南都の酒（特集 大和酒物語）「月刊大和路ならら」 地域情報ネットワーク 15（11）通号170 2012.11

春日野

グラビア 神仏の聖地、春日野（小川光三）「月刊大和路ならら」 地域情報ネットワーク 9（5）通号92 2006.5

春日番匠座

春日番匠座の古儀により興福寺中金堂上棟式奉仕「春日」 春日大社社務所 （92） 2014.08

春日山

神山春日山（岡本彰夫）「近畿文化」 近畿文化会事務局 654 2004.5

奈良風影 第二部（9）春日山の河童（吉田伊佐夫）「月刊大和路ならら」 地域情報ネットワーク 9（12）通号99 2006.12

特集 春日山に広がる仏教世界 峠のほとけの物語「月刊大和路ならら」 地域情報ネットワーク 14（1）通号148 2011.01

グラビア 春日山に広がる仏教世界 峠のほとけの物語（小川光三、若松保広）「月刊大和路ならら」 地域情報ネットワーク 14（1）通号148 2011.01

春日山原始林

世界文化遺産「古都奈良の文化財」文化的景観 春日山原始林についての試論（上）,（下）（青山茂）「奈良学研究」 帝塚山大学奈良学総合文化研究所 通号2/通号3 1999.3/2000.3

大和の聖地、春日山原始林へ「まほろびすと ： 奈良に焦がれ、歴史に耳澄ます情報誌」 実業印刷まほろば会 1（4）通号4 2012.10

春日山石仏群

春日山石仏群をめぐる 滝坂の道から柳生街道へ「月刊大和路ならら」 地域情報ネットワーク 14（1）通号148 2011.01

春日若宮おん祭の神事芸能

奈良春日大社おんまつりの「ご遷幸の儀」について―某旧制中学48期の皆様へ贈る（中野幡能）「豊日史学 ： 復刊宇佐文化」 豊日史学会 62（1・2・3）通号218・219・220 1998.3

明治期の春日若宮祭―春日講社関係版木の紹介（岩坂七雄）「元興寺文化財研究」 元興寺文化財研究所 68 1999.3

中近世移行期の春日若宮祭礼と供物負担―「庁中漫録」に残された送状の分析を通して（幡鎌一弘）「神戸大学史学年報」 神戸大学史学研究会 （14） 1999.5

春日若宮おん祭り（鹿谷勲）「近畿文化」 近畿文化会事務局 601 1999.12

宇治と春日若宮おん祭への旅（牧平悦美）「備陽史探訪」 備陽史探訪の会 93 2000.2

若宮御神宝毛抜形太刀に思うこと「春日」 春日大社社務所 65 2000.8

資料紹介 春日若宮御祭田楽座御幣（松尾恒一）「國學院大學神道資料館報」 國學院大學研究開発推進機構学術資料館神道資料館部門 1 2001.3

春日若宮御神宝と若宮神社創建の謎―新発見の毛抜形太刀紹介をかねて（松村和歌子）「奈良学研究」 帝塚山大学奈良学総合文化研究所 （4） 2001.3

特集 若宮神社木作始式執行「春日」 春日大社社務所 68 2002.2

若宮遷座祭の厳しさ（葉室頼昭）「春日」 春日大社社務所 69 2002.8

特集 若宮神社正遷宮執行「春日」 春日大社社務所 69 2002.8

若宮御出現一千年大祭「春日」 春日大社社務所 70 2003.2

"いのり"の凝縮―おん祭（1）オー、オー、神さんが通る「あかい奈良」 青垣出版. 星雲社（発売）20 2003.6

"いのり"の凝縮―おん祭（2）美は破にあり 土壁の謎「あかい奈良」 青垣出版. 星雲社（発売）20 2003.6

若宮一千年大祭に見られる日本人の敬神のこころ（葉室頼昭）「春日」 春日大社社務所 71 2003.8

特集 若宮御出現一千年大祭「春日」 春日大社社務所 71 2003.8

"いのり"の凝縮—おん祭(3) 春日だけに残った幻の芸能 "細男"「あかい奈良」 青垣出版, 星雲社(発売) 21 2003.9

「おん祭」の芸能(岡本彰夫)「近畿文化」 近畿文化会事務局 646 2003.9

"いのり"の凝縮—おん祭(4) おん祭のお金といのり「あかい奈良」 青垣出版, 星雲社(発売) 22 2003.12

特集 おん祭の色と装束を極める「月刊大和路ならら」 地域情報ネットワーク 7(12)通号75 2004.12

特集 おん祭 花と食「月刊大和路ならら」 地域情報ネットワーク 8(12)通号87 2005.12

大和彩食館 おいしくて小さな旅 奈良市おん祭の「のっぺ」「あかい奈良」 青垣出版, 星雲社(発売) 34 2006.12

特集 おん祭と奈良人形「月刊大和路ならら」 地域情報ネットワーク 9(12)通号99 2006.12

グラビア おん祭の人形たち 神事に舞う奈良人形「月刊大和路ならら」 地域情報ネットワーク 9(12)通号99 2006.12

今日見心親 おんまつりの田楽座「あかい奈良」 青垣出版, 星雲社(発売) 38 2007.12

グラビア おん祭幻夜行 神います夜(特集 常世の舞 春日若宮おん祭)(植田英介)「月刊大和路ならら」 地域情報ネットワーク 10(12)通号111 2007.12

白の舞—立つ現れた神神 細男舞の源流を探る(特集 常世の舞 春日若宮おん祭)「月刊大和路ならら」 地域情報ネットワーク 10(12)通号111 2007.12

常世からの使者たち—おん祭以前の日本芸能の形(特集 常世の舞 春日若宮おん祭)「月刊大和路ならら」 地域情報ネットワーク 10(12)通号111 2007.12

南都雅楽と春日若宮おん祭/雅楽の伝来と発展/近代奈良の雅楽/戦後の奈良の雅楽/平成19年の春日若宮おん祭/管絃と舞楽/江戸末期の南都楽所の日々/楽家系譜(特集 南都の雅楽)(笠置侃一)「秋篠文化」 秋篠音楽堂運営協議会 (6) 2008.3

近代春日社における歴史のナラティブ—春日若宮祭礼創始説の再検討(幡鎌一弘)「Regional」 奈良県立同和問題関係史料センター (10) 2008.9

年に一度ののんびり連載 春日若宮おん祭 装束賜わり式の饗応料理「あかい奈良」 青垣出版, 星雲社 42 2008.12

特集 春日若宮おん祭—神にささぐ音と声「月刊大和路ならら」 地域情報ネットワーク 11(12)通号123 2008.12

グラビア 春日若宮おん祭 祭りの息吹「月刊大和路ならら」 地域情報ネットワーク 11(12)通号123 2008.12

インタビュー 春日大社権宮司・岡本彰夫 静かなる大祭 おん祭 神のお出ましは荘厳なる闇のしじまに「月刊大和路ならら」 地域情報ネットワーク 11(12)通号123 2008.12

初公開! 春日若宮おん祭 お旅所に「御假殿」ができるまで(特集 春日若宮おん祭—御假殿の歴史と謎 神わたる家)「月刊大和路ならら」 地域情報ネットワーク 12(12)通号135 2009.12

プロジェクト御假殿! 2008 神の宿が建つまでの2ヵ月半(特集 春日若宮おん祭—御假殿の歴史と謎 神わたる家)「月刊大和路ならら」 地域情報ネットワーク 12(12)通号135 2009.12

御假殿造営にかかわる人たち お祭り全体を支える縁の下の力持ち 尾田組祭事担当 知浦文男さん/御假殿造営の無事を祈る縄棟祭 奈良市大柳生在住 片岡正彦さん(特集 春日若宮おん祭—御假殿の歴史と謎 神わたる家)「月刊大和路ならら」 地域情報ネットワーク 12(12)通号135 2009.12

お旅所のいまとむかし 神様の旅の宿「御假殿」の謎に迫る 春日大社 岡本彰夫権宮司(特集 春日若宮おん祭—御假殿の歴史と謎 神わたる家)「月刊大和路ならら」 地域情報ネットワーク 12(12)通号135 2009.12

地名発掘(135) 春日若宮(佐良気社)—平城飛鳥(池田末則)「月刊大和路ならら」 地域情報ネットワーク 13(1)通号136 2010.1

特集 春日若宮おん祭 みかんこの舞—幽玄の社伝神楽「月刊大和路ならら」 地域情報ネットワーク 13(12)通号147 2010.12

グラビア かぶりものの大百科(特集 おん祭 ザ・かぶりもの)「月刊大和路ならら」 地域情報ネットワーク 14(12)通号159 2011.12

聖なる御蓋のもとに—お渡りは神依る かさの花盛り 岡本彰夫春日大社権宮司インタビュー(特集 おん祭 ザ・かぶりもの)「月刊大和路ならら」 地域情報ネットワーク 14(12)通号159 2011.12

聖なるへ—「かぶる」とは何か 笠・傘・仮面(特集 おん祭 ザ・かぶりもの)「月刊大和路ならら」 地域情報ネットワーク 14(12)通号159 2011.12

春日若宮おん祭 大和士の今と昔。(特集 春日若宮おん祭 われら、大和士でござる)「月刊大和路ならら」 地域情報ネットワーク 15(12)通号171 2012.12

天理大学 幡鎌一弘さんと訪ねる 今に残る大和士の末裔 二階堂 小阪家/大西 小阪家/勢野 菅田家/広瀬 坂堂家(特集 春日若宮おん祭 われら、

大和士でござる)「月刊大和路ならら」 地域情報ネットワーク 15(12)通号171 2012.12

春日大社岡本権宮司に聞く 明治維新後の大和士(特集 春日若宮おん祭 われら、大和士でござる)「月刊大和路ならら」 地域情報ネットワーク 15(12)通号171 2012.12

復興! 意伝坊(特集 春日若宮おん祭 われら、大和士でござる)「月刊大和路ならら」 地域情報ネットワーク 15(12)通号171 2012.12

師走を渡る 薙刀と七五三/おん祭大名行列大編成/復興された2つの清めの所作(特集 春日若宮おん祭と大名行列)「月刊大和路ならら」 地域情報ネットワーク 16(12)通号183 2013.12

大名行列の昔といま 虎杖徳明さん/川村徳次さん/大名行列の舞台裏/樽井禧酔さん/坂本曲斎さん/松山紀巳男さん/岡本彰夫さん(特集 春日若宮おん祭と大名行列)「月刊大和路ならら」 地域情報ネットワーク 16(12)通号183 2013.12

天理大学おやさと研究所 研究員 幡鎌一弘 おん祭の大名行列(特集 春日若宮おん祭と大名行列)「月刊大和路ならら」 地域情報ネットワーク 16(12)通号183 2013.12

おん祭の背景を知る(特集 春日若宮おん祭と大名行列)「月刊大和路ならら」 地域情報ネットワーク 16(12)通号183 2013.12

大和奴振り紀行(特集 春日若宮おん祭と大名行列)「月刊大和路ならら」 地域情報ネットワーク 16(12)通号183 2013.12

徳治二年興福寺金堂の納骨と春日若宮の早歌(横田光雄)「日本宗教文化史研究」 日本宗教文化史学会 18(1)通号35 2014.06

和舞 御蓋山繁る高嶺の(特集 春日若宮おん祭 和舞を究める)「月刊大和路ならら」 地域情報ネットワーク 17(12)通号195 2014.12

春日の和舞と富田光美 春日大社権宮司 岡本彰夫さんに聞く(特集 春日若宮おん祭 和舞を究める)「月刊大和路ならら」 地域情報ネットワーク 17(12)通号195 2014.12

早わかり和舞(特集 春日若宮おん祭 和舞を究める)「月刊大和路ならら」 地域情報ネットワーク 17(12)通号195 2014.12

和舞の舞ぶりを伝えて 小船武司さんに聞く(特集 春日若宮おん祭 和舞を究める)「月刊大和路ならら」 地域情報ネットワーク 17(12)通号195 2014.12

神降りる春日野への讃歌 和舞歌を聴く(特集 春日若宮おん祭 和舞を究める)「月刊大和路ならら」 地域情報ネットワーク 17(12)通号195 2014.12

葛城嶺

首藤善樹編『大峯葛城嶺入峯日記集』(書評と紹介)(小田匡保)「山岳修験」 日本山岳修験学会, 岩田書院(発売) (52) 2013.10

片岡王寺

片岡王寺の発掘調査(廣岡孝信, 南部裕樹)「季刊明日香風」 古都飛鳥保存財団 24(3)通号95 2005.7

片岡王寺と尼寺廃寺《白石太一郎先生送別記念論集》(東野治之)「文化財学報」 奈良大学文学部文化財学科 27 2009.03

片岡山

片岡山伝説から 推古二一年設置の「大道」を考える(中西隆子)「河内どんこう」 やお文化協会 (102) 2014.2

葛城

葛城修験の一考察—序品の地をめぐって(植野加代子)「久里」 神戸女子民俗学会 6 1999.4

あかい奈良が行く古社寺巡礼(2) 葛城のみち「あかい奈良」 青垣出版, 星雲社(発売) 16 2002.6

平成15年度記念講演葛城の峰と修験の道(中野榮治)「きのくに文化財」 和歌山県文化財研究会 (37) 2004.3

大和探訪(42) 神話と葛城の神々(小川光三)「月刊大和路ならら」 地域情報ネットワーク 8(9)通号84 2005.9

日本民間信仰史研究序説(3) 葛城の山人文化と役行者(谷川健一)「東北学。[第2期]」 東北芸術工科大学東北文化研究センター, 柏書房(発売) (6) 2006.1

葛城の峰と修験の道《犬鳴山・葛城特集》(中野栄治)「山岳修験」 日本山岳修験学会, 岩田書院(発売) (38) 2006.11

「三ケ寺」行人と修験道(犬鳴山・葛城特集)(関口真規子)「山岳修験」 日本山岳修験学会, 岩田書院(発売) (38) 2006.11

仏像の起源と古代葛城(上)、(下)(松浦正昭)「近畿文化」 近畿文化会事務局 (703)/(704) 2008.6/2008.7

塼仏にみる葛城地域の様相—忍海を中心として(甲斐弓子)「日本文化史研究」 帝塚山大学奈良学総合文化研究所 (40) 2009.03

役行者—葛城・大峰に鬼と生きる(特集 鬼が来た! 春が来た!)「月刊大和路ならら」 地域情報ネットワーク 15(3)通号162 2012.3

葛城 掃守寺跡/桜井 吉備池廃寺/葛城 二光廃寺/香芝 尼寺廃寺/山添 毛原廃寺/桜井 山田寺跡/奈良 大安寺杉山瓦窯/大淀 比曽寺跡(特集 Let's、廃寺ピクニック! 古代寺院と瓦を追って)「月刊大和路ならら」 地域情報ネットワーク 16(5)通号176 2013.05

奈良県　　　　　　　　　　郷土に伝わる民俗と信仰　　　　　　　　　　近畿

葛城修験の道 奥河内をとりまく山々の信仰（特集 奥河内の今昔物語―
奥河内の歴史）(松野准子)「大阪春秋」 新風書房 41(2)通号151
2013.07

葛城の古社と葛城王権(菅谷文則)「近畿文化」 近畿文化会事務局
(765) 2013.08

葛城一言神社
やまと祭時記(9) 一陽来福祭(植田英介)「月刊大和路なら」 地域情
報ネットワーク 7(12)通号75 2004.12

葛城古道
神々と人々の原像を訪ねて 葛城古道と司馬遼太郎の世界(特集 竹内街
道と葛城古道)「月刊大和路なら」 地域情報ネットワーク 10(4)
通号103 2007.4

記紀万葉ツアリズム 神さびし葛城古道へ 風の森神社/高鴨神社/高天原
神社/高天原伝承地/葛城一言主神社/葛城高丘宮跡/鴨都波神社「まほ
ろびすと ： 奈良に焦がれ、歴史に耳澄ます情報誌」 実業印刷まほろ
ば会 1(3)通号3 2012.07

葛城市
葛城市の仏像(赤川一博)「近畿文化」 近畿文化会事務局 (752) 2012.
07

葛木御歳神社
あかい奈良が行く古社寺巡礼 葛木御歳神社「あかい奈良」 青垣出版,
星雲社(発売) 41 2008.9

葛城峯
葛城峯の経塚遍路に同行して(安原幹也)「河内長野市郷土研究会誌」
「河内長野市郷土研究会」 42 2000.4

葛城山
葛城山ヒトコトヌシの伝承と文学(水上勲)「帝塚山芸術文化」 帝塚山大
学芸術文化研究所 12 2005.3

門僕神社
屹立する岩肌を染めるヤマザクラ 門僕神社から屏風岩へ(特集 春爛漫
―奈良大和路花霞―町桜、里桜をあるく)「月刊大和路なら」 地域
情報ネットワーク 14(3)通号150 2011.03

金山明神
金山明神についての一考察(熊崎清男)「飛騨春秋 ： 飛騨郷土学会誌」
高山市民時報社 502 2002.11

上北山村
高島郡より寄進された大峯山鷲ノ窟所在の役行者石像とその銘文―奈良県
吉野郡上北山村(兼康和同)「滋賀民俗学会」 417 1998.6

吉野郡上北山村のトウキビボウキ(高嶋侑子、白川朋子)「奈良県立民俗
博物館だより」 奈良県立民俗博物館 34(1)通号98 2007.5

神なび山
飛鳥万葉集の「神岳」と「神なび山」(西宮一民)「季刊明日香風」 古都
飛鳥保存財団 25(4)通号100 2006.10

上深川
民俗資料の聞き書き短信(30) 山辺郡都祁村小倉・上深川・下深川の
「オコナイ」「奈良県立民俗博物館だより」 奈良県立民俗博物館 26
(2)通号80 2000.1

神岳
飛鳥万葉集の「神岳」と「神なび山」(西宮一民)「季刊明日香風」 古都
飛鳥保存財団 25(4)通号100 2006.10

亀石
朝倉神社と斉明天皇の亀石 大阪の土佐稲荷神社(広谷喜十郎)「いの史
談」 いの史談会 (52) 2001.5

亀形石
亀形石を考える(藤沢典彦)「近畿文化」 近畿文化会事務局 620
2001.7

鴨神
葛城地方の出雲系鴨神と南九州(松下高明)「大隅」 大隅史談会 (51)
2008.3

鴨神に関する一考察 記紀神話ならびに『風土記』等に出る鴨神とは何か
(辻本正教)「水平社博物館研究紀要」 水平社博物館 (15) 2013.03

鴨神に関する一考察―鴨以外のカモ神について(論考)(辻本正教)「奈良
人権・部落解放研究所紀要」 奈良人権・部落解放研究所 (31)
2013.03

鴨の宮
奈良の伝統行事(24) 鴨の宮のススキ提灯「あかい奈良」 青垣出版, 星
雲社(発売) 25 2004.9

加守
加守の陰陽師(吉田栄治郎)「Regional」 奈良県立同和問題関係史料セ
ンター (8) 2007.10

栢森
やまと歳時記(94) 明日香村栢森「栢森の網掛神事(雌綱)」(植田英介)
「月刊大和路なら」 地域情報ネットワーク 15(2)通号161 2012.
02

萱森
桜井市萱森のおんだ祭(吉川雅章)「奈良民俗通信」 奈良民俗談話会
(42) 1999.9

軽寺
軽寺の創建年代と造営氏族(筧和也)「帝塚山大学大学院人文科学研究科
紀要」 帝塚山大学大学院人文科学研究科 (10) 2008.2

河合
奈良の伝統行事(34) ネギサン、ポッシリ―河合の弓引き行事(鹿谷勲)
「あかい奈良」 青垣出版, 星雲社(発売) 42 2008.12

河合経塚
河合経塚(奈良県吉野郡天川村) 出土遺物について(寺岡希華)「元興寺文
化財研究」 元興寺文化財研究所 (86) 2005.1

川上
川上の「田の神」(県有形民俗文化財)(松岡肇三)「吉野史談」 吉野史談
会 (33) 2009.03

川原寺
川原寺寺域北端の遺構(松村恵司)「季刊明日香風」 古都飛鳥保存財団
24(2)通号94 2005.4

川原寺の瓦当笵の移動と造営寺院(小笠原好彦)「国史談話会雑誌」 東北
大学国史談話会 (50) 2010.03

元興寺
奈良の伝統行事(7) 地蔵信仰と元興寺の「地蔵盆」(辻村泰善)「あかい
奈良」 青垣出版, 星雲社(発売) 8 2000.6

『元興寺の歴史』補遺[1], (2)(岩城隆利)「元興寺文化財研究」 元興寺
文化財研究所 75/77 2000.11/2001.6

平成14年度第一回研究所理事会・評議会並びに民俗文化財保存会開催報
告「元興寺文化財研究」 元興寺文化財研究所 (81) 2002.6

石塔の実測図(狭川真一)「元興寺文化財研究」 元興寺文化財研究所
(84) 2004.1

縁起物の行方―民俗と環境問題(角南聡一郎)「元興寺文化財研究」 元興
寺文化財研究所 (85) 2004.7

石造文化財調査研究研修について―五輪塔の実測方法(井上雅孝)「元興
寺文化財研究」 元興寺文化財研究所 (88) 2006.3

過去を未来につなぐ(1) 元興寺文化財研究所の仕事(狭川真一)「あかい
奈良」 青垣出版, 星雲社(発売) 32 2006.6

過去を未来につなぐ(2) 元興寺の歴史(狭川真一)「あかい奈良」 青垣出
版, 星雲社(発売) 33 2006.9

過去を未来につなぐ元興寺文化財研究所 次世代につなぐ文化財(狭川真
一)「あかい奈良」 青垣出版, 星雲社(発売) 36 2007.6

奈良・元興寺の十一面観音立像について(岩田茂樹)「鹿園雑集 ： 奈良
国立博物館研究紀要」 奈良国立博物館 (10) 2008.3

大和の民話 元興寺彌勒仏が天竺・新羅から伝わった話(中上武二、杉本
哲也)「月刊大和路なら」 地域情報ネットワーク 13(1)通号136/
13(2)通号137 2010.01/2010.02

元興寺旧境内を歩く(狭川真一)「近畿文化」 近畿文化会事務局 (732)
2010.11

みほとけは語る(43) 元興寺「薬師如来立像」(小西正文, 小川光三)「月
刊大和路なら」 地域情報ネットワーク 14(11)通号158 2011.11

元興寺の元興寺(ガゴゼ)―血みどろの鬼伝説(特集 鬼が来た！ 春が来
た！)「月刊大和路なら」 地域情報ネットワーク 15(3)通号162
2012.03

やまと歳時記(100) 奈良市中院町「元興寺地蔵会」(植田英介)「月刊大
和路なら」 地域情報ネットワーク 15(8)通号167 2012.08

元興寺極楽坊
元興寺極楽坊中世軒平瓦にみる瓦当接合技法の展開(芦田淳一)「元興寺
文化財研究」 元興寺文化財研究所 67 1998.12

元興寺極楽坊中世軒平瓦の再検討(芦田淳一)「元興寺文化財研究」 元興
寺文化財研究所 70 1999.8

観音の水
吉野路の名水(15) 天川村洞川、観音峯山登山道の「南朝ロマンの小径」
にある「観音の水」「吉野路」 樋口昌徳 107 2005.11

近畿　　　　　　　　　　　　　郷土に伝わる民俗と信仰　　　　　　　　　　　　　奈良県

観音平

聞き書き 岩本泉治のより道小道(6) 吉野郡天川村「観音平」「あかい奈良」 青垣出版, 星雲社(発売) 16　2002.6

元林院

奈良に因んだ歌舞—元林院における歌舞を事例として(勝部月子)「奈良学研究」 帝塚山大学奈良学総合文化研究所　通号3　2000.3

特集 花街・元林院—その歴史と人「月刊大和路ならら」 地域情報ネットワーク　9(6)通号93　2006.6

インタビュー 元林院芸妓・菊乃 元林院の芸妓としての誇りを持って「月刊大和路ならら」 地域情報ネットワーク　9(6)通号93　2006.6

花街・元林院 観光と祭礼と—時代を生き抜いた関西屈指の花柳界(勝部月子)「月刊大和路ならら」 地域情報ネットワーク　9(6)通号93　2006.6

絵屋町としての工房連ねた元林院「月刊大和路ならら」 地域情報ネットワーク　9(6)通号93　2006.6

奈良の花街年表—花街 元林院を中心に(勝部月子)「奈良学研究」 帝塚山大学奈良学総合文化研究所　(11)　2009.1

紀路

「紀路」の熊野・「伊勢路」の熊野(熊野学講座)(林雅浩)「北区飛鳥山博物館研究報告」 東京都北区教育委員会　(8)　2006.3

紀路の再検討《特集 紀路をめぐる諸問題》(和田萃)「季刊明日香風」 古都飛鳥保存財団　27(3)通号107　2008.7

紀路を描いた中世の鳥瞰図—フリア美術館蔵「熊野宮曼荼羅」(橋本観吉)「紀南・地名と風土研究会会報」 紀南・地名と風土研究会　(51)　2013.4

北市

奈良北市の十日戎(大島建彦)「西郊民俗」 「西郊民俗談話会」　通号161　1997.12

北庄

斑鳩町内村落の祭礼—服部と北庄の場合「奈良県立民俗博物館だより」 奈良県立民俗博物館　29(3)通号89　2003.3

北田原

農事暦・年中行事—大阪府四条畷市下田原・大東市と奈良県生駒市北・南田原について(上)/(下)(太田理)「わかくす：河内ふるさと文化誌」 わかくす文芸研究会　(48)/(49)　2005.11/2006.5

北野

柿の葉の器に盛る盆供習俗—奈良県山添村北野と峯寺(奥野義雄)「まつり通信」 まつり同好会　42(9)通号439　2002.8

木辻遊郭

奈良町木辻遊郭史試論(井岡康時)「奈良県立同和問題関係史料センター研究紀要」 奈良県立同和問題関係史料センター　(16)　2011.3

紀ノ川中流域

紀ノ川中流域の古墳と寺院跡(網干善教)「近畿文化」 近畿文化会事務局　601　1999.12

吉備池

吉備池が百済大寺になった頃(猪熊兼勝)「季刊明日香風」 古都飛鳥保存財団　31(3)通号123　2012.7

吉備池廃寺

吉備池廃寺を掘る(毛利光俊彦)「季刊明日香風」 古都飛鳥保存財団　16(4)通号64　1997.10

吉備池廃寺(百済大寺)像への視角(門脇禎二)「季刊明日香風」 古都飛鳥保存財団　18(3)通号71　1999.7

吉備池廃寺跡

吉備池廃寺跡出土の金堂の建立年代「季刊邪馬台国」 「季刊邪馬台国」編纂委員会, 梓書院(発売) 68　1999.7

旧岩本家住宅

奈良スケッチ(42)　「旧岩本家住宅」(杉本哲也, 上丈竜矢)「月刊大和路ならら」 地域情報ネットワーク　14(9)通号156　2011.9

経ヶ谷

神戸市潮音寺不動明王像と、大和多武峰、経ヶ谷不動明王像の共通点(清水俊明)「史迹と美術」 史迹美術同攷会　76(2)通号762　2006.2

玉竜寺

神像彫刻史における奈良・玉龍寺木造女神坐像の位相—美術史学・年輪年代学からの報告(大河内隆之, 山下丈)「紀要」 滋賀県立安土城考古博物館　(20)　2012.03

浄見原神社

奈良の伝統行事(13) 国栖奏(松井良満)「あかい奈良」 青垣出版, 星雲社(発売) 14　2001.12

金勝寺

金勝寺制札の年輪年代調査(大河内隆之)「奈文研ニュース」 奈良文化財研究所　(33)　2009.06

金峯

大和金峯の縁起《三徳山特集》—〈シンポジウム 蔵王権現ゆかりの三霊山の縁起・伝承—三光仏の浄土〉〉(首藤善樹)「山岳修験」 日本山岳修験学会, 岩田書院(発売)　(40)　2007.11

金峯神社

奈良県吉野山金峯神社常夜灯と拓本の由緒(平川真吾)「季刊文化財」 島根県文化財愛護協会　93　2000.2

金峰山

執金剛神と東大寺と金峰山(田中久夫)「久里」 神戸女子民俗学会　(32)　2013.06

金峯山

山岳宗教からみた藤原道長の金峯山埋経—問題の所在を中心に(立花弥生)「民俗」 相模民俗学会　181　2002.8

吉野金峯山と山岳修験の仏像(松浦正昭)「近畿文化」 近畿文化会事務局　656　2004.7

再録 戸川安章「羽黒山の松例祭と金峯山の庭燎祭」(『荘内文化』復刊第1号 荘内文化財保護協会 昭和36年より)《特集 戸川安章先生著作目録》「庄内民俗」 庄内民俗学会　(復刊5)通号33　2006.10

そもそも修験道って何だろう 金峯山修験本宗宗務総長 田中利典さんに聞く(特集 春、大峯奥駈道をめぐる)「月刊大和路ならら」 地域情報ネットワーク　15(4)通号163　2012.04

東大寺華厳宗の修行の場の問題—金峯山・熊野そして黄金と(田中久夫)「久里」 神戸女子民俗学会　(33)　2014.01

霊山金峯山と霊場熊野—その成立と展開(時枝務)「国際熊野学会会報」 国際熊野学会　(22)　2014.11

金峯山寺

蔵王権現は日本で生まれた仏さまか?(多田和士)「郷土誌志度」 大川郡志度町文化財保護協会　(14)　1998.3

蓮華入峯修行参加体験記(福代宏)「鳥取民俗懇話会会報」 鳥取民俗懇話会　(3)　1999.3

やまと祭時記(4) 金峯山寺蓮華会(蛙飛び)(植田英介)「月刊大和路ならら」 地域情報ネットワーク　7(7)通号70　2004.7

あかい奈良が行く古社寺巡礼(13) 吉野町 金峯山寺・蔵王堂「あかい奈良」 青垣出版, 星雲社(発売) 27　2005.3

金峯山寺蓮華会の法会と法螺音用《特集 大和の法会と声明》(田中利典)「秋篠文化」 秋篠音楽堂運営協議会　(4)　2006.2

金峯山寺釈迦如来立像について—修理報告をかねて(神田雅章)「鹿園雑集：奈良国立博物館研究紀要」 奈良国立博物館　(10)　2008.3

吉野金峯山寺 蔵王権現拝観と宮滝遺跡見学(石尾賢一)「つどい」 豊中歴史同好会　(277)　2011.02

厳しいお顔、蔵王権現さま「つほう郷土史研究会だより」 つほう郷土史研究会　(27)　2011.06

祝福される鬼 金峯山寺(特集 鬼が来た! 春が来た!)「月刊大和路ならら」 地域情報ネットワーク　15(3)通号162　2012.03

金峰山寺蔵王堂

吉野 金峰山寺蔵王堂 秘仏本尊「金剛蔵王権現像」特別公開/他「吉野春秋」 樋口昌徳　208　2003.9

吉野 金峰山寺蔵王堂 4月10日「千本づき」、4月11・12日「花供懺法会」(花供式)/他「吉野春秋」 樋口昌徳　228　2005.5

金峯山寺蔵王堂

訪碑録(30) 吉野山・金峯山寺蔵王堂境内「蔵王堂鼻供養懺法会之碑」「吉野路」 樋口昌徳　(108)　2006.2

吉野山 金峰山寺蔵王堂 創建当時(平安後期)の瓦 大量に出土「吉野路アラカルト」 樋口昌徳　(1)　2009.05

金竜寺

みほとけは語る(38) 金龍寺「菩薩立像」(小西正文, 小川光三)「月刊大和路ならら」 地域情報ネットワーク　14(6)通号153　2011.06

金竜神社

史料紹介 春日大社蔵金龍神社関係文書について(服部敦子)「日本文化史研究」 帝塚山大学奈良学総合文化研究所　(41)　2010.03

櫛玉比女命神社

奈良の伝統行事 レンズがとらえてた大和の祭り 櫛玉比女命神社 戸立祭「あかい奈良」 青垣出版, 星雲社(発売) 45　2009.09

やまと歳時記(91) 櫛玉比女命神社「戸立祭」(古市播磨)「月刊大和路ならら」 地域情報ネットワーク　14(11)通号158　2011.11

九条町道
滝寺跡磨崖仏から九条町道（清水俊明）「野ほとけ」 奈良石仏会 （349） 2000.1

国栖
民謡「吉野紙すき歌」（吉野町国栖）「吉野路アラカルト」 樋口昌徳 （1） 2009.05

薬水
民俗資料の聞き書き短信（31） 吉野郡大淀町薬水の宮座「奈良県立民俗博物館だより」 奈良県立民俗博物館 26（2）通号80 2000.1

百済大寺
「百済大寺」の発見と飛鳥の都市景観（木下正史）「季刊明日香風」 古都飛鳥保存財団 16（4）通号64 1997.10

吉備池廃寺（百済大寺）像への視角（門脇禎二）「季刊明日香風」 古都飛鳥保存財団 18（3）通号71 1999.7

九品寺
みほとけは語る（10） 九品寺「千体石仏」「月刊大和路ならら」 地域情報ネットワーク 12（1）通号124 2009.01

久米多寺
和泉国・中世の久米多寺教学について（中川登史宏）「日本文化史研究」 帝塚山大学奈良学総合文化研究所 通号32 2000.3

久米寺
奈良風影 第二部（24） 久米寺伝綺（吉田伊佐夫）「月刊大和路ならら」 地域情報ネットワーク 11（3）通号114 2008.3

當麻寺の堂塔と久米寺多宝塔（矢ヶ崎善太郎）「近畿文化」 近畿文化会事務局 （709） 2008.12

やまと歳時記（85） 久米寺「久米のれんぞう（練り供養）」（古市播磨）「月刊大和路ならら」 地域情報ネットワーク 14（5）通号152 2011.05

大和と浮世絵 奥村政信「やねふき久米仙人」「月刊大和路ならら」 地域情報ネットワーク 16（8）通号179 2013.08

奈良県民俗緊急調査の成果と課題 （5）久米寺の練供養と矢田寺の練供養（例会発表要旨）（福持昌之）「藝能史研究」 藝能史研究會 （204） 2014.01

久留野町
奈良県五條市近内町・久留野町の産育（植野加代子）「久里」 神戸女子民俗学会 （18） 2006.1

黒滝村
収蔵品展「祭りと供え物―祭礼行事の祭具と神仏への供え物の諸相」/新作映像資料の紹介 杉皮と檜皮の利用/民俗資料の聞き書き短信（37） 黒滝村の民俗「奈良県立民俗博物館だより」 奈良県立民俗博物館 29（2）通号88 2002.9

黒田庄
奈良東山中の石仏と古道―続・黒田庄から東大寺への道（鈴木景二）「史迹と美術」 史迹美術同攷会 72（3）通号723 2002.3

気都倭既神社
夏 気都倭既神社と茂古森（明日香だより）「あかい奈良」 青垣出版，星雲社（発売） 44 2009.06

源九郎稲荷神社
やまと歳時記（60） 源九郎稲荷神社「白狐のお渡り」（植田英介）「月刊大和路ならら」 地域情報ネットワーク 12（4）通号127 2009.04

小泉
奈良の伝統行事 小泉の御田植祭（鹿谷勲）「あかい奈良」 青垣出版，星雲社（発売） 43 2009.03

小泉神社
表紙 小泉神社秋祭りの提灯太鼓と太鼓台（2010.10.10）「奈良県立民俗博物館だより」 奈良県立民俗博物館 38（1）通号103 2012.03

光慶寺
光慶寺・光瀬寺の教線展開と「穢多」村寺院（奥本武裕）「奈良県立同和問題関係史料センター研究紀要」 奈良県立同和問題関係史料センター 11 2005.3

大和郡山今井町光慶寺の成立と地域住民（奥本武裕）「Regional」 奈良県立同和問題関係史料センター （4） 2006.11

向原寺
三十六年ぶりに戻った向原寺（旧豊浦寺）の金銅観音菩薩像について（特集 再考・飛鳥仏教）（鈴木喜博）「季刊明日香風」 古都飛鳥保存財団 30（3）通号119 2011.07

興善寺
みほとけは語る（36） 興善寺「阿弥陀如来立像」（小西正文，古市播磨）「月刊大和路ならら」 地域情報ネットワーク 14（4）通号151 2011.04

神田神社
やまと歳時記（98） 石上神宮神田神社「御田植祭」（植田英介）「月刊大和路ならら」 地域情報ネットワーク 15（6）通号165 2012.06

弘仁寺
神宮寺八幡宮別当の神祇灌頂史料を読む―大和国弘仁寺で尊常へ授与された印信（神宮滋）「北方風土 ： 北国の歴史民俗考古研究誌」 イズミヤ出版 通号44 2002.6

神野山
巨石の不思議 星座を投影した山添の神野山「月刊大和路ならら」 地域情報ネットワーク 9（8）通号95 2006.8

興福寺
大和国司興福寺考（3）――国平均役の賦課（朝倉弘）「奈良歴史研究」 奈良歴史研究会 （49・50） 1998.9

興福寺別当に関する一考察 『興福寺別当次第』の検討を中心に（伊藤智子）「国史談話会雑誌」 東北大学国史談話会 （41） 2000.12

多聞院日記―興福寺を歩く（上）（水野正好）「近畿文化」 近畿文化会事務局 619 2001.6

室町時代における興福寺の良家（森由紀恵）「奈良歴史研究」 奈良歴史研究会 （56） 2001.9

16世紀における「興福寺衆中引付」の整理と検討（幡鎌一弘）「奈良歴史研究」 奈良歴史研究会 （56） 2001.9

創建期の興福寺（馬場基）「奈良歴史研究」 奈良歴史研究会 （60） 2003.7

やまと祭特記（8） 慈恩会（植田英介）「月刊大和路ならら」 地域情報ネットワーク 7（11）通号74 2004.11

近世奈良町と興福寺―死鹿処理からみた（水谷友紀）「洛北史学」 洛北史学会 （7） 2005.6

後鳥羽皇子・尊縁について―「閑道の昇進」を転落した興福寺僧（翻刻と研究）（中野祥利）「尭栄文庫研究紀要」 親王院尭栄文庫 6 2005.10

興福寺造営の研究（木本挙周）「帝塚山大学大学院人文科学研究科紀要」 帝塚山大学大学院人文科学研究科 （7） 2006.1

中世大和興福寺の祈雨儀礼（赤田光男）「日本文化史研究」 帝塚山大学奈良学総合文化研究所 （37） 2006.3

信円の花押―興福寺所蔵「有法差別本作法義」をめぐって「奈良文化財研究所紀要」 奈良文化財研究所 2006 2006.6

鎌倉期の興福寺再興―仏師の起用をめぐって（紺野敏文）「近畿文化」 近畿文化会事務局 （684） 2006.11

やまと歳時記（36） 興福寺 文殊会（植田英介）「月刊大和路ならら」 地域情報ネットワーク 10（4）通号103 2007.4

年輪年代法による興福寺国宝板彫十二神将像の年代調査「奈良文化財研究所紀要」 奈良文化財研究所 2007 2007.6

鎌倉前半期法隆寺と興福寺との構図の一断面―法隆寺金堂阿弥陀像銘文と両寺別当範円を手掛りに（河野昭昌）「尭栄文庫研究紀要」 親王院尭栄文庫 （7） 2007.12

播磨国鵤荘と法隆寺そして興福寺との構図―兵庫県立歴史博物館「聖徳太子と国宝法隆寺展」を拝見して（展覧会逍遙）（河野昭昌）「尭栄文庫研究紀要」 親王院尭栄文庫 （7） 2007.12

興福寺の宗教制裁―名字籠と呪詛（赤田光男）「帝塚山大学人文科学部紀要」 帝塚山大学人文科学部 （23） 2008.3

特集 興福寺の謎「月刊大和路ならら」 地域情報ネットワーク 11（4）通号115 2008.4

グラビア 謎の魅力 興福寺の仏たち「月刊大和路ならら」 地域情報ネットワーク 11（4）通号115 2008.4

興福寺の歴史「月刊大和路ならら」 地域情報ネットワーク 11（4）通号115 2008.4

壱 興福寺以前 山階寺はここにあった（興福寺の謎）「月刊大和路ならら」 地域情報ネットワーク 11（4）通号115 2008.4

弐 超高速で伽藍造営 五重塔は1年で建った!?（興福寺の謎）「月刊大和路ならら」 地域情報ネットワーク 11（4）通号115 2008.4

参 明治の法蝶話？ 五重塔はだれが買ったか（興福寺の謎）「月刊大和路ならら」 地域情報ネットワーク 11（4）通号115 2008.4

やまと歳時記（51） 興福寺 弁才天供（植田英介）「月刊大和路ならら」 地域情報ネットワーク 11（7）通号118 2008.7

みほとけは語る（7） 興福寺「北円堂四天王像」（小西正文）「月刊大和路ならら」 地域情報ネットワーク 11（10）通号121 2008.10

中世興福寺「盲目」の考察―正月参賀を題材として（山村雅史）「奈良県立同和問題関係史料センター研究紀要」 奈良県立同和問題関係史料センター （15） 2009.03

興福寺の縁起と聖徳太子信仰（谷本啓）「古代文化」 古代学協会 61（1）通号576 2009.06

興福寺の論議草奥書にみえる歴史―戦国時代南都の飢饉・一揆・武将「奈良文化財研究所紀要」 奈良文化財研究所 2009 2009.06

近畿　　　　　　　　　　　　郷土に伝わる民俗と信仰　　　　　　　　　　　　奈良県

中世興福寺の大衆制裁（檜垣和志）「歴史と神戸」　神戸史学会　48（5）通号276　2009.10

みほとけは語る（20）興福寺「板彫十二神将像」（中上武二，小川光三）「月刊大和路ならら」　地域情報ネットワーク　12（11）通号134　2009.11

みほとけは語る（23）興福寺旧西金堂「阿修羅像」（小西正文，小川光三）「月刊大和路ならら」　地域情報ネットワーク　13（3）通号138　2010.03

奈文研ギャラリー（28）興福寺南大門の鎮壇具（森жид実）「奈文研ニュース」　奈良文化財研究所　（36）2010.03

近世寺院史料論の課題—興福寺関連史料を中心に（梅田千尋）「国文学研究資料館紀要.アーカイブズ研究篇」　人間文化研究機構国文学研究資料館　（6）2010.03

興福寺北円堂と中金堂の弥勒像（小林裕子）「日本宗教文化史研究」　日本宗教文化史学会　14（1）通号27　2010.05

みほとけは語る（28）興福寺「地蔵菩薩立像」（小西正文，小川光三）「月刊大和路ならら」　地域情報ネットワーク　13（8）通号143　2010.08

第450回例会記　奈良興福寺・阿修羅像の謎　貝瀬弘子先生「杉並郷土史会史報」　杉並郷土史会　（223）2010.09

みほとけは語る（30）興福寺「正了知大将立像」（小西正文，若松保広）「月刊大和路ならら」　地域情報ネットワーク　13（10）通号145　2010.10

中世奈良の声聞師と興福寺（吉川夏那）「橘史学」　京都橘大学歴史文化学会　（24）2010.11

あかい奈良が行く古社寺巡礼　天平伽藍への憧憬　奈良市興福寺「あかい奈良」　青垣出版，星雲社（発売）50　2010.12

やまと歳時記（80）春日大社「日供始式並興福寺貫首社参式」（古市播磨）「月刊大和路ならら」　地域情報ネットワーク　13（12）通号147　2010.12

みほとけは語る（33）興福寺「吉祥天倚像」（小西正文，小川光三）「月刊大和路ならら」　地域情報ネットワーク　14（1）通号148　2011.01

みほとけは語る（37）興福寺「薬師如来坐像」（小西正文，小川光三）「月刊大和路ならら」　地域情報ネットワーク　14（5）通号152　2011.05

みほとけは語る（40）興福寺旧西金堂「金剛力士立像」（小西正文，小川光三）「月刊大和路ならら」　地域情報ネットワーク　14（8）通号155　2011.08

建保二年の園城寺回禄及び嗷訴について—柴田芳明氏所蔵本『園城寺牒状及興福寺返牒案等』の分析から（永井晋）「金沢文庫研究」　神奈川県立金沢文庫　（327）2011.10

みほとけは語る（44）興福寺東金堂「十二神将立像」（小西正文，小川光三）「月刊大和路ならら」　地域情報ネットワーク　14（12）通号159　2011.12

みほとけは語る（48）興福寺東金堂「文殊菩薩坐像」（小西正文，小川光三）「月刊大和路ならら」　地域情報ネットワーク　15（4）通号163　2012.04

みほとけは語る（51）興福寺東金堂「銅造仏頭」（小西正文，小川光三）「月刊大和路ならら」　地域情報ネットワーク　15（7）通号166　2012.07

みほとけは語る（54）興福寺南円堂「不空羂索観音坐像」（小西正文，小川光三）「月刊大和路ならら」　地域情報ネットワーク　15（10）通号169　2012.10

みほとけは語る（56）興福寺「大黒天立像」（小西正文，小川光三）「月刊大和路ならら」　地域情報ネットワーク　15（12）通号171　2012.12

みほとけは語る　興福寺北円堂「弥勒仏坐像」「月刊大和路ならら」　地域情報ネットワーク　16（2）通号173　2013.02

日本古代の興福寺施薬院と福田思想（研究）（岩本健寿）「ヒストリア　：journal of Osaka Historical Association」　大阪歴史学会　（237）2013.04

みほとけは語る　興福寺旧西金堂「釈迦如来像（木造仏頭）」「月刊大和路ならら」　地域情報ネットワーク　16（7）通号178　2013.07

みほとけは語る　興福寺旧西金堂「薬王・薬上菩薩立像」「月刊大和路ならら」　地域情報ネットワーク　16（10）通号181　2013.10

興福寺西室の調査（平城第516次）（番光）「奈文研ニュース」　奈良文化財研究所　（51）2013.12

みほとけは語る　興福寺旧食堂本尊「観音菩薩立像」「月刊大和路ならら」　地域情報ネットワーク　17（2）通号185　2014.02

帝塚山大学大学院人文科学研究所所蔵『興福寺再興大伽藍勧化疏』「月刊大和路ならら」　地域情報ネットワーク　17（3）通号186　2014.03

『梵網経』と施薬院—天平宝字初年の興福寺施薬院を例として（藤原仲麻呂 特集（3））（岩本健寿）「史聚」　史聚会，岩田書院（発売）（47）2014.03

みほとけは語る　興福寺旧北大乗院「厨子入弥勒菩薩半跏像」（小西正文［文］，小川光三［写真］）「月刊大和路ならら」　地域情報ネットワーク　17（5）通号188　2014.05

徳治二年興福寺金堂の納骨と春日若宮の早敬（横田光雄）「日本宗教文化史研究」　日本宗教文化史学会　18（1）通号35　2014.06

春日番匠座の古儀により興福寺中金堂上棟式奉仕「春日」　春日大社社務所　（92）2014.08

みほとけは語る　興福寺「広目天立像」（小西正文［文］，小川光三［写真］）「月刊大和路ならら」　地域情報ネットワーク　17（8）通号191　2014.08

みほとけは語る　興福寺持仏堂「伝・聖観音菩薩立像」（小西正文［文］，小川光三［写真］）「月刊大和路ならら」　地域情報ネットワーク　17（10）通号193　2014.10

興福寺旧境内の調査（平城第539次）（石田由紀子）「奈文研ニュース」　奈良文化財研究所　（55）2014.12

興福寺禅南院

研究ノート　平安末期の興福寺禅南院—大乗院宗覚を中心に（翻刻と研究『寛元五年尋性記』—京都大学附属図書館・金光図書館等蔵　大乗院文書を読む会—論考）（中野祥利）「堯栄文庫研究紀要」　親王院堯栄文庫　（7）2007.12

光明寺

民俗資料の聞き書き短信（29）下市町阿知賀瀬之上・光明寺蔵の当麻曼荼羅について（浦西勉）「奈良県立民俗博物館だより」　奈良県立民俗博物館　26（1）通号79　1999.8

光瀬寺

光慶寺・光瀬寺の教線展開と「穢多」村寺院（奥本武裕）「奈良県立同和問題関係史料センター研究紀要」　奈良県立同和問題関係史料センター　11　2005.3

郡山

郡山・矢田民俗誌のために（1）（鹿谷勲）「奈良県立民俗博物館研究紀要」　奈良県立民俗博物館　（23）2008.3

郡山市

城下町郡山市の古寺と城跡と石仏（清水俊明）「野ほとけ」　奈良石仏会　（373）2002.1

郡山城跡

やまと歳時記（84）郡山城跡周辺「大和郡山お城まつり」（古市播磨）「月刊大和路ならら」　地域情報ネットワーク　14（4）通号151　2011.04

極楽院

奈良県山辺郡山添村北野・極楽院の石造層塔等について（上），（中），（下）（辻俊和）「史迹と美術」　史迹美術同攷会　79（3）通号793/79（5）通号795　2009.03/2009.05

極楽寺

極楽寺（社寺訪問）（大田和子）「佐波の里　：　防府史談会会誌」　防府史談会　（31）2003.3

みほとけは語る（41）極楽寺「阿弥陀如来坐像」（古市播磨，鈴木元子）「月刊大和路ならら」　地域情報ネットワーク　14（9）通号156　2011.09

五劫院

奈良・五劫院の五劫思惟阿弥陀如来坐像（岩田茂樹）「鹿園雑集　：　奈良国立博物館研究紀要」　奈良国立博物館　（9）2007.3

五条

新町村屋敷並「五條社会歴史研究」　藤井正英　（3）1998.1

五條・奈良　みたま鎮まる地を歩く「月刊大和路ならら」　地域情報ネットワーク　13（8）通号143　2010.08

五条市

川辺の聖地（森隆男）「昔風と当世風」　古々路の会　（86）2004.4

五條市の仏像（赤川一博）「近畿文化」　近畿文化会事務局　（727）2010.06

御所

かよちゃんの Wonder&Wander ウォーキング in 巨勢路、御所神社めぐり「月刊大和路ならら」　地域情報ネットワーク　15（10）通号169　2012.10

巨勢路

かよちゃんの Wonder&Wander ウォーキング in 巨勢路、御所神社めぐり「月刊大和路ならら」　地域情報ネットワーク　15（10）通号169　2012.10

木津川

やまと歳時記（76）薬師堂念仏踊り（古市播磨）「月刊大和路ならら」　地域情報ネットワーク　13（8）通号143　2010.08

護念院

護念院・葛本雅崇さんに聞く　美しき世界への旅立ち　中将姫伝説に流れる浄土思想（特集 中将姫伝説を訪ねて 奈良町、菟田野、そして當麻）「月刊大和路ならら」　地域情報ネットワーク　16（4）通号175　2013.04

御霊神社

大和国宇智郡霊安寺と御霊神社（吉井敏幸）「日本宗教文化史研究」　日本宗教文化史学会　5（1）通号9　2001.5

奈良県　　　　　　　　　　　　　郷土に伝わる民俗と信仰　　　　　　　　　　　　　近畿

金剛山

金剛山・修験の道(吉野薫)「今市史談」　今市史談会　12　2003.4

『金剛山縁起』の基礎的研究(川崎剛志)「金沢文庫研究」　神奈川県立金沢文庫　(317)　2006.10

大佛開眼以前(上)―那富山墓、金剛山房、福寿寺(田寺英治)「史迹と美術」　史迹美術同攷会　78(6)通号786　2008.7

金剛山寺

みほとけは語る(42)　矢田山金剛山寺(矢田寺)「地蔵菩薩立像」(小西正文,若松保広)「月刊大和路ならら」　地域情報ネットワーク　14(10)通号157　2011.10

守る鬼　金剛山寺(特集　鬼が来た!　春が来た!)「月刊大和路ならら」　地域情報ネットワーク　15(3)通号162　2012.03

金剛寺

道標(70)　東熊野街道の道標(13)　川上村神之谷、「金剛寺」への旧参道登り口の道標「吉野路」　樋口昌徳　89　2001.5

みほとけは語る(12)　金剛寺「薬師如来坐像」「月刊大和路ならら」　地域情報ネットワーク　12(3)通号126　2009.03

金光明寺

大和探訪(72)～(80)　金光明寺の謎(1)～(9)(小川光三)「月刊大和路ならら」　地域情報ネットワーク　11(3)通号114/11(11)通号122　2008.3/2008.11

興福院

興福院創建期の本尊と薬師寺講堂薬師三尊像(八田達男)「日本宗教文化史研究」　日本宗教文化史学会　3(2)通号6　1999.11

みほとけは語る　興福院「阿弥陀三尊像」「月刊大和路ならら」　地域情報ネットワーク　16(11)通号182　2013.11

西円堂

西円堂　奉納鏡「聖徳」　聖徳宗教学部　(211)　2012.02

狭井神社

狭井神社ご本殿修理工事完了・本殿遷座祭斎行「大美和」　大神神社　(127)　2014.07

西大寺

熊野三山大仏師良円と西大寺教団(阪本敏行)「和歌山県立博物館研究紀要」　和歌山県立博物館　通号3　1998.3

西大寺周辺の仏像彫刻(山本謙治)「近畿文化」　近畿文化会事務局　584　1998.7

西大寺講演会を終えて(小林昌三九)「道鏡を守る会通信」　道鏡を守る会　56　2002.1

中世律宗における聖教の伝授―西大寺所蔵聖教類の奥書から(稲城信子)「戒律文化」　戒律文化研究会,法蔵館(発売)　(1)　2002.3

中世西大寺源流研究の回顧と課題(追塩千尋)「戒律文化」　戒律文化研究会,法蔵館(発売)　(1)　2002.3

南都西大寺史関係文献目録稿(佐伯俊源)「戒律文化」　戒律文化研究会,法蔵館(発売)　(1)　2002.3

石塔三題―いわゆる西大寺様式五輪塔をめぐって(山川均)「日引 : 石造物研究会会誌」　3　2002.10

叡尊と八幡大乗院 附・翻刻『八幡大乗院日記』(西大寺所蔵)(吉井敏幸)「戒律文化」　戒律文化研究会,法蔵館(発売)　(2)　2003.3

律宗奈良西大寺の末寺草出常福寺(小林定市)「備陽史研究山城志 : 備陽史探訪の会機関誌」　備陽史探訪の会　18　2004.8

奈良西大寺所蔵 阿弥陀如来座像の保存修理(岩田茂樹)「鹿園雑集 : 奈良国立博物館研究紀要」　奈良国立博物館　(7)　2005.3

長谷観音信仰と中世律宗―金沢・海岸尼寺、厚木・飯山寺、鎌倉・長谷寺、尾道・浄土寺、奈良・西大寺をめぐって(瀬谷貴之)「鎌倉」　鎌倉文化研究会　(100)　2005.10

西大寺光明真言土砂加持大法会(《特集 大和の法会と声明》)(佐伯俊源)「秋篠文化」　秋篠音楽堂運営協議会　(4)　2006.2

西大寺様式五輪塔の成立(《特集 中世の造形と律宗》)(佐藤亜聖)「戒律文化」　戒律文化研究会,法蔵館(発売)　(4)　2006.2

西大寺の光明真言会(佐伯俊源)「近畿文化」　近畿文化会事務局　(683)　2006.10

西大寺蔵十二天画像の図像的考察(今津玲子)「日本宗教文化史研究」　日本宗教文化史学会　10(2)通号20　2006.11

薬師寺と西大寺の仏像(神田雅章)「近畿文化」　近畿文化会事務局　(686)　2007.1

「西大寺縁起」にみる宇喜多直家の堂宇再建―宇喜多氏関連説話考(11)(森俊弘)「宇喜多家史談会会報」　宇喜多家史談会　(28)　2008.10

特集 知られざる西大寺「月刊大和路ならら」　地域情報ネットワーク　11(11)通号122　2008.11

グラビア 生きている戒律道場、西大寺「月刊大和路ならら」　地域情報ネットワーク　11(11)通号122　2008.11

西大寺中興の祖・興正菩薩叡尊とその時代「月刊大和路ならら」　地域情報ネットワーク　11(11)通号122　2008.11

称徳女帝と道鏡 西大寺創建をめぐる人間ドラマ「月刊大和路ならら」　地域情報ネットワーク　11(11)通号122　2008.11

知られざる西大寺(佐伯俊源)「月刊大和路ならら」　地域情報ネットワーク　11(11)通号122　2008.11

永遠の時の流れにたゆとう生命への慈しみ 西大寺光明真言土砂加持大法会「月刊大和路ならら」　地域情報ネットワーク　11(11)通号122　2008.11

みほとけは語る(8)　西大寺「愛染明王坐像」「月刊大和路ならら」　地域情報ネットワーク　11(11)通号122　2008.11

奈良市西大寺(あかい奈良が行く古社寺巡礼)「あかい奈良」　青垣出版,星雲社(発売)　44　2009.06

西大寺会陽にみる寺方戦略の変遷(特集 裸祭の今昔)(根木修)「宗教民俗研究」　日本宗教民俗学会　(20)　2010.09

『西大寺末寺帳』寺院比定試案(小野澤眞)「寺社と民衆」　民衆宗教史研究会　7　2011.03

みほとけは語る 西大寺「釈迦如来立像」「月刊大和路ならら」　地域情報ネットワーク　16(5)通号176/16(6)通号177　2013.05/2013.06

才谷

吉野路の植物(15)　巨木・古木たち(1)　蓮如上人御手植えの杉(下市町才谷・杉峠)「吉野路」　樋口昌徳　(108)　2006.2

西蓮寺

西蓮寺の来迎信仰について(赤田光男教授退職記念号)(加藤綾香)「帝塚山大学大学院人文科学研究科紀要」　帝塚山大学大学院人文科学研究科　(16)　2014.03

蔵王堂

吉野山 7月7日　金剛峯山・蔵王堂 伝統行事の「蛙飛び行事」/他「吉野春秋」　樋口昌徳　231　2005.8

坂田寺

奈良時代の坂田寺(西口壽生)「季刊明日香風」　古都飛鳥保存財団　21(4)通号84　2002.10

坂田寺出土銅鉇具(木村理恵)「奈文研ニュース」　奈良文化財研究所　(48)　2013.03

酒船石遺跡

酒船石遺跡「ナゾの亀形石造物に想う」(安居隆行)「歴史懇談」　大阪歴史懇談会　14　2000.8

阪本

奈良の伝統行事(31)　阪本おどり 五條市大塔町阪本(鹿谷勲)「あかい奈良」　青垣出版,星雲社(発売)　36　2007.6

坂元墓地

坂元墓地(池田芳宏)「吉野史談」　吉野史談会　(32)　2008.3

相楽神社

やまと歳時記(83)　相楽神社「相楽神社の水試」(古市播磨)「月刊大和路ならら」　地域情報ネットワーク　14(3)通号150　2011.03

狭川

大和高原の秋祭り―柳生と狭川の神事芸能(鹿谷勲)「近畿文化」　近畿文化会事務局　611　2000.10

奈良県東部山間地域の祭礼とその組織―奈良市狭川地域を中心として(上田喜江)「奈良学研究」　帝塚山大学奈良学総合文化研究所　(10)　2008.1

桜井

桜井・吉野・明日香 神社仏閣探訪「春野文化温故知新 : 春野町郷土研究報」　春野町郷土研究会　(64)　2000.2

桜井・宇陀の仏像(関根俊一)「近畿文化」　近畿文化会事務局　(699)　2008.2

桜井駅

桜井駅から三輪大神神社(清水俊明)「野ほとけ」　奈良石仏会　(339)　1999.3

桜井市

桜井市南部―古墳と寺に結ぶ夢(水野正好)「近畿文化」　近畿文化会事務局　665　2005.4

桜木神社

やまと祭事記(13)桜木神社 春の大祭(植田英介)「月刊大和路ならら」　地域情報ネットワーク　8(4)通号79　2005.4

佐倉峠

吉野路あちこち 東吉野村佐倉峠にある「ひだる地蔵さん」「吉野路」　樋口昌徳　107　2005.11

近畿　　　　　　　　郷土に伝わる民俗と信仰　　　　　　　　奈良県

桜実神社

神武伝承残す菟田野を歩く 青蓮寺から桜実神社へ（特集 春爛漫―奈良大和路花霞―町桜、里桜をあるく）「月刊大和路ならら」 地域情報ネットワーク　14（3）通号150　2011.03

佐保

研究ノート 「佐保」と「佐保姫」（大橋跬子）「岐阜市歴史博物館博物館だより」 岐阜市歴史博物館　（70）2008.12

姿を顕した女神―佐保姫の誕生（赤川一博）「近畿文化」 近畿文化会事務局　（720）2009.11

慶滋保胤と佐保の神と住吉の神―杣山の建築用材輸送をめぐる問題（田中久夫）「御影史学論集」 御影史学研究会　（38）2013.10

佐保路三観音

あかい奈良が行く古社寺巡礼（8）佐保路三観音「あかい奈良」 青垣出版，星雲社（発売）22　2003.12

佐脇家

佐脇家図面の調査―明治期奈良県建造物保存修理工事の大工について（研究報告）「奈良文化財研究所紀要」 奈良文化財研究所　2013　2013.06

三綱田町

史料紹介 奈良三綱田町の「町掟」などについて（安彦勘吾）「日本文化史研究」 帝塚山大学奈良学総合文化研究所　（39）2008.3

磯城

磯城の仏像（赤川一博）「近畿文化」 近畿文化会事務局　615　2001.2

磯城郡

収蔵品展 磯城郡の民具「はかる・たがやす・まつる用具」展「奈良県立民俗博物館だより」 奈良県立民俗博物館　25（1）通号77　1999.1

信貴山

信貴山・銭亀善神「静岡歴研会報」 静岡県歴史研究会　83　1998.3

特集 2010年は寅で開く信貴山 祈りと娯楽の不思議ワールドへ！「月刊大和路ならら」 地域情報ネットワーク　13（1）通号136　2010.01

一大スペクタル「信貴山縁起絵巻」を観る「月刊大和路ならら」 地域情報ネットワーク　13（1）通号136　2010.01

師木の宮

師木の宮の大王―『古事記』の系譜から（志水義夫）「大美和」 大神神社　（106）2004.1

四社神社

やまと祭事記（20）四社神社秋祭り（植田英介）「月刊大和路ならら」 地域情報ネットワーク　8（11）通号86　2005.11

倭文神社

やまと歳時記（90）倭文神社「蛇まつり」（古市播磨）「月刊大和路ならら」 地域情報ネットワーク　14（10）通号157　2011.10

地蔵の水

吉野路の名水（9）地蔵の水 黒滝村鳥住、地蔵峠頂上「吉野路」 樋口昌徳　99　2003.11

七社

表紙解説 七社の田の神さぁ（市来征二）「吉野史談」 吉野史談会　（38）2014.03

篠原

奥吉野舟ノ川流域の芸能―篠原踊りと惣谷狂言（鹿谷勲）「近畿文化」 近畿文化会事務局　578　1998.1

奈良の伝統行事（25）篠原踊「あかい奈良」 青垣出版，星雲社（発売）26　2004.12

篠原踊 奈良県五條市大塔町 国選択無形民俗文化財（阪谷民男）「公益社団法人全日本郷土芸能協会会報」 全日本郷土芸能協会　（74）2014.01

下市蛭子神社

諸国探訪（11）ご神火の祭典 下市蛭子神社（樋谷忠博）「西宮えびす」 西宮神社　通号29　2008.6

下笠間

やまと歳時記（50）宇陀市室生区下笠間 虫送り（植田英介）「月刊大和路ならら」 地域情報ネットワーク　11（6）通号117　2008.6

下狭川

奈良下狭川の秋祭り（山田知子）「まつり通信」 まつり同好会　39（12）通号466　1999.11

下田村

中世村落祭祀の様相―大和国下田村における村落祭祀（坂本亮太）「帝塚山大学大学院人文科学研究科紀要」 帝塚山大学大学院人文科学研究科　（3）2002.1

下深川

民俗資料の聞き書き短信（30）山辺郡都祁村小倉・上深川・下深川の「オコナイ」「奈良県立民俗博物館だより」 奈良県立民俗博物館　26（2）通号80　2000.1

下御門

熊野那智大社十二所権現神像と下御門仏師（大河内智之）「和歌山県立博物館研究紀要」 和歌山県立博物館　（13）2007.3

釈迦ヶ岳

下北山村釈迦ヶ岳 大峯奥駈道 釈迦ヶ岳山頂の釈迦如来立像 82年ぶりに解体修理へ…/他「吉野春秋」 樋口昌徳　（247）2006.12

十五所神社

奈良の伝統行事（30）提灯と宮座―西大寺十五所神社の秋祭り（鹿谷勲）「あかい奈良」 青垣出版，星雲社（発売）33　2006.9

十三峠

研究あれこれ 「御根太縁記」をめぐって―十三峠の伝承に思う（山村雅史）「史料センター事業ニュース」 奈良県立同和問題関係史料センター　10　2004.3

十輪院

みほとけは語る 十輪院「石龕地蔵菩薩立像」（小西正文［文］、小川光三［写真］）「月刊大和路ならら」 地域情報ネットワーク　17（9）通号192　2014.09

十輪寺

奈良十輪寺所蔵 絹本著色青面金剛像の保存修理（石田淳）「鹿園雑集 ： 奈良国立博物館研究紀要」 奈良国立博物館　（7）2005.3

寿楽院

吉野路あちこち 野迫川村北今西村指定寿楽院の阿弥陀如来像「吉野路」 樋口昌徳　（116）2008.3

上居

上居の暮らしと伝承聞き取り調査から（佐々木孝子）「季刊明日香風」 古都飛鳥保存財団　29（1）通号113　2010.1

常光寺

鑑真和上像と秋篠寺・常光寺の秘仏（神田雅章）「近畿文化」 近畿文化会事務局　（691）2007.6

浄照寺

覚書・近世和州田原本の宗教的様態―浄照寺蔵「本覚院殿百五十回忌諸事控」より（河野昭昌）「奈良歴史研究」 奈良歴史研究会　（72）2009.09

紹介 河野昭昌・佐々木重麿・佐々木泰麿編「浄照寺文書 翻刻版」全三巻（奥本武裕）「奈良歴史研究」 奈良歴史研究会　（72）2009.09

正倉院

仏教と蓮華―正倉院の蓮華残欠（関根俊一）「奈良学研究」 帝塚山大学奈良学総合文化研究所　通号1　1997.3

『正倉院文書』に見える「信濃使」・「信濃人」と信濃産の布（田島公）「市誌研究ながの」 長野市　（7）2000.2

第53回正倉院展から（武内誠）「郷土史紀行」 ヒューマン・レクチャー・クラブ　14　2001.12

第54回正倉院展を鑑賞して（内田彰）「油谷のささやき」 油谷町郷土文化会　（21）2003.3

正倉院古文書「太神宮鋳金物注文」後欠（世古謙太郎）「伊勢郷土史草」 伊勢郷土会　（37）2003.3

正倉院文書研究の来し方（〈正倉院学術シンポジウム〉）（北啓太）「鹿園雑集 ： 奈良国立博物館研究紀要」 奈良国立博物館　（8）2006.3

北倉の楽器（〈正倉院学術シンポジウム〉）（内藤栄）「鹿園雑集 ： 奈良国立博物館研究紀要」 奈良国立博物館　（8）2006.3

黄銅合子の模造で得た新知見―正倉院宝物模造の意義（〈正倉院学術シンポジウム〉）（西川明彦）「鹿園雑集 ： 奈良国立博物館研究紀要」 奈良国立博物館　（8）2006.3

弘化4年 東大寺宝物録に見る正倉院宝物について（〈正倉院学術シンポジウム〉）（森本公誠）「鹿園雑集 ： 奈良国立博物館研究紀要」 奈良国立博物館　（8）2006.3

彩絵仏像幡修理にいたる経過―特集によせて（《彩絵仏像幡修理特集》）（杉本一樹）「正倉院紀要」 宮内庁正倉院事務所　（29）2007.3

彩絵仏像幡修理報告（《彩絵仏像幡修理特集》）（君嶋隆幸）「正倉院紀要」 宮内庁正倉院事務所　（29）2007.3

正倉院伝来 彩絵仏像幡について（《彩絵仏像幡修理特集》）（梶谷亮治）「正倉院紀要」 宮内庁正倉院事務所　（29）2007.3

構造（《彩絵仏像幡修理特集》）―彩絵仏像幡調査報告（田中陽子）「正倉院紀要」 宮内庁正倉院事務所　（29）2007.3

平絹（《彩絵仏像幡修理特集》）―彩絵仏像幡調査報告（尾形充彦）「正倉

奈良県　　　　　　　　　　　　郷土に伝わる民俗と信仰　　　　　　　　　　　　近畿

院紀要」 宮内庁正倉院事務所 （29） 2007.3

彩色《《彩絵仏像幡修理特集》―彩絵仏像幡調査報告》（西川明彦，山片唯華子）「正倉院紀要」 宮内庁正倉院事務所 （29） 2007.3

顔料《《彩絵仏像幡修理特集》―彩絵仏像幡調査報告》（成瀬正和）「正倉院紀要」 宮内庁正倉院事務所 （29） 2007.3

染料《《彩絵仏像幡修理特集》―彩絵仏像幡調査報告》（中村力也，成瀬正和）「正倉院紀要」 宮内庁正倉院事務所 （29） 2007.3

墨書《《彩絵仏像幡修理特集》―彩絵仏像幡調査報告》（飯田剛彦，杉本一樹）「正倉院紀要」 宮内庁正倉院事務所 （29） 2007.3

続修正倉院古文書第五巻の習書―写経所文書の表裏関係（野尻忠）「鹿園雑集 : 奈良国立博物館研究紀要」 奈良国立博物館 （11） 2009.03

光明皇后の正倉院 いまも受け継がれている天平の思い（杉本一樹）「月刊大和路ならら」 地域情報ネットワーク 13（3）通号138 2010.03

正倉院宝物 漆金薄絵盤を復原する（高田明）「月刊大和路ならら」 地域情報ネットワーク 13（3）通号138 2010.03

帝塚山大学大学院人文科学研究所所蔵『正倉院宝物図絵』「月刊大和路ならら」 地域情報ネットワーク 14（2）通号149 2011.02

帝塚山大学大学院人文科学研究所所蔵 『正倉院宝物絵図』「月刊大和路ならら」 地域情報ネットワーク 14（9）通号156 2011.09

昭和の紙幣と法隆寺・正倉院の文化財（東野治之）「文化財学報」 奈良大学文学部文化財学科 30 2012.03

正倉院宝物と光明皇后（西山厚）「北海道の文化」 北海道文化財保護協会 （85） 2013.02

鳥兜様の楽劇に関する復元的考察（山片唯華子）「正倉院紀要」 宮内庁正倉院事務所 （35） 2013.03

正倉院宝物の「除物」出蔵文書をめぐる諸問題（酒井龍一先生退職記念論集）（三宅久雄）「文化財学報」 奈良大学文学部文化財学科 31 2013.03

千年前の越前のカジ（完）正倉院文書に所収のカジ紙（河野徳吉）「和紙の里」 越前和紙を愛する会 （34） 2013.07

正倉院とは何か（特集 文様を楽しむ いのりの美 くらしの美）「月刊大和路ならら」 地域情報ネットワーク 16（10）通号181 2013.10

正倉院宝物盗難事件に関する一史料―大阪府立中之島図書館蔵『南都東大寺宝物』について（資料・史料紹介）（伊藤純）「大阪歴史博物館研究紀要」 大阪市文化財協会 （12） 2014.03

正倉院北倉の出納体制について（論考）（鷺森浩幸）「奈良学研究」 帝塚山大学奈良学総合文化研究所 （16） 2014.02

正倉院所在の法隆寺献納宝物染織品―錦と綾を中心に（沢田むつ代）「正倉院紀要」 宮内庁正倉院事務所 （36） 2014.03

大陸からやってきた日本最古の仮面劇 伎楽面が紡ぐ物語（特集 天皇皇后両陛下傘寿記念 第66回正倉院展 シルクロードの風）「月刊大和路ならら」 地域情報ネットワーク 17（10）通号193 2014.10

正倉院中倉

魚骨笏（正倉院中倉87）の来歴（野尻忠）「鹿園雑集 : 奈良国立博物館研究紀要」 奈良国立博物館 （9） 2007.3

松南院座

興福寺松南院座と絵仏師 溝杭次郎左衛門（島野穣）「歴史懇談」 大阪歴史懇談会 （15） 2001.8

笙の窟

神々の風景（8）笙の窟「飛梅」 太宰府天満宮社務所 （148） 2008.9

城ノ上

地名発掘（105）古代の「殯の森」―城ノ上の地名（池田末則）「月刊大和路ならら」 地域情報ネットワーク 10（7）通号106 2007.7

勝福寺

地名発掘（123）西寺田の勝福寺考（池田末則）「月刊大和路ならら」 地域情報ネットワーク 12（1）通号124 2009.01

上品寺町

やまと歳時記（49）橿原市上品寺町 シャカシャカ祭（植田英介）「月刊大和路ならら」 地域情報ネットワーク 11（5）通号116 2008.5

常楽寺市

法隆寺郷常楽寺市はどこか？（奥本武裕）「Regional」 奈良県立同和問題関係史料センター （1） 2006.5

正暦寺

奈良市正暦寺伝来伊勢両宮曼荼羅絵図考証（石井昭郎）「伊勢郷土史草」 伊勢郷土会 32 1998.10

あかい奈良が行く古社寺巡礼（16）奈良市正暦寺「あかい奈良」 青垣出版，星雲社（発売）31 2006.3

11月例会報告（11月15日）奈良市菩提仙川と正暦寺（例会報告と一口メモ）（生駒直弘）「左海民俗」 堺民俗会 （132） 2010.01

やまと歳時記（71）正暦寺「人形供養」（古市播磨）「月刊大和路ならら」 地域情報ネットワーク 13（3）通号138 2010.03

日本の清酒発祥の地 正暦寺と僧坊酒のはなし（特集 大和酒物語）「月刊大和路ならら」 地域情報ネットワーク 15（11）通号170 2012.11

いまふたたびの奈良へ―紅葉の名所正暦寺と静寂の尼僧寺院円照寺への旅（エッセイ）（藤盛詔子）「歴研よこはま」 横浜歴史研究会 （70） 2014.05

松林院

室町期興福寺松林院の院主と経営（大会発表要旨）（柳澤誠）「中央史学」 中央史学会 （37） 2014.03

聖林寺

旧大御輪寺本尊 聖林寺十一面観音像の造像時期について（倉本弘玄）「大美和」 大神神社 101 2001.7

あかい奈良が行く古社寺巡礼（5）聖林寺（森信弘）「あかい奈良」 青垣出版，星雲社（発売）19 2003.3

講演録 聖林寺十一面観音とその周辺（井上一稔）「奈良学研究」 帝塚山大学奈良学総合文化研究所 （12） 2010.03

みほとけは語る（52）霊園山・聖林寺「十一面観音菩薩立像」（小西正文，小川光三）「月刊大和路ならら」 地域情報ネットワーク 15（8）通号167 2012.08

白石畑

中世の白石畑と法隆寺―『昭和資材帳 法隆寺の至宝』第八巻を読む（嵜本和臣）「Regional」 奈良県立同和問題関係史料センター （9） 2008.1

白髭神社

吉野路の植物（26）巨木・古木たち（12）下市町阿智賀 白髭神社境内の「ムクの巨木」「吉野路」 樋口昌徳 （119） 2008.11

白屋八幡神社

橿原市 白屋八幡神社（あかい奈良が行く古社寺巡礼）「あかい奈良」 青垣出版，星雲社（発売）45 2009.09

神功皇后陵

奈良・神功皇后陵 陵墓公開へ一歩前進 宮内庁、学会立ち入り容認（《総力特集 天皇陵の盗掘》）「季刊邪馬台国」 「季刊邪馬台国」編纂委員会，梓書院（発売）（96） 2007.10

新薬師寺

一体の仏像が二体に増えた！ 景清地蔵の秘密を早春の新薬師寺に訪ねて「月刊大和路ならら」 地域情報ネットワーク 10（3）通号102 2007.3

心の風景 あかり―新薬師寺の（井上博造，西村博美）「あかい奈良」 青垣出版，星雲社（発売）42 2008.12

誌上再現 新薬師寺幻の巨大金堂 東大寺と同時進行で建立（特集 高畑を歩く）「月刊大和路ならら」 地域情報ネットワーク 12（1）通号124 2009.01

グラビア 蘇る巨大伽藍 新薬師寺 七仏薬師堂跡発見!!「月刊大和路ならら」 地域情報ネットワーク 12（1）通号124 2009.01

新薬師寺保管の瓦について（米井友美）「青陵 : 橿原考古学研究所彙報」 奈良県立橿原考古学研究所 （137） 2013.03

みほとけは語る 新薬師寺「十二神将立像」（小西正文［文］，小川光三［写真］）「月刊大和路ならら」 地域情報ネットワーク 17（12）通号195 2014.12

姿見の井戸

「聖徳太子」伝承か「弘法大師」伝承か―在原業平の「姿見の井戸」（木村博）「聖徳」 聖徳宗教学部 183 2005.2

菅原神社

やまと歳時記（78）菅原神社火まつり（古市播磨）「月刊大和路ならら」 地域情報ネットワーク 13（10）通号145 2010.10

菅生

奈良県民俗緊急調査の成果と課題（2）明治期の「菅生専楽社」結成をめぐって―新資料の紹介を中心に（例会発表要旨）（戸田健太郎）「藝能史研究」 藝能史研究會 （204） 2014.01

簾の名水

吉野路の名水（7）大塔村簾・光圓寺境内 乗鞍山の麓「簾の名水」「吉野路」 樋口昌徳 97 2003.5

頭塔

頭塔の石仏（中野幡能）「豊日史学 : 復刊宇佐文化」 豊日史学会 61（1・2・3）通号215・216・217 1997.3

整備・復元された奈良の頭塔（東暘）「史迹と美術」 史迹美術同攷会 69（8）通号698 1999.9

緋色ぎゃらりい（11）頭塔 石と土の塔の謎（小池重二）「あかい奈良」 青垣出版，星雲社（発売）18 2002.12

写真で見る南方仏教の仏塔と日本の土塔・頭塔・岡山熊山塔（上），（中），（下）（野村隆）「史迹と美術」 史迹美術同攷会 74（5）通号745/74（7）通号747 2004.6/2004.8

朗らかな笑みにつつまれた天平の仏の塔 頭塔、若草山南麓「月刊大和路ならら」 地域情報ネットワーク 14(1)通号148 2011.01

青蓮寺

東吉野の史跡と青蓮寺(来村多加史)「近畿文化」 近畿文化会事務局 (703) 2008.6

神武伝承残す菟田野を歩く 青蓮寺から桜実神社へ(特集 春爛漫―奈良大和路花霞―町桜、里桜をあるく)「月刊大和路ならら」 地域情報ネットワーク 14(3)通号150 2011.03

菟田野青蓮寺 謡曲「雲雀山」の舞台(特集 中将姫伝説を訪ねて 奈良町、菟田野、そして當麻)「月刊大和路ならら」 地域情報ネットワーク 16(4)通号175 2013.04

石仏寺

生駒市石仏寺・往生院方面(清水俊明)「野ほとけ」 奈良石仏会 (384) 2002.12

関屋谷

関屋谷の石塔に関する資料(創立20周年記念 学習発表会)(中野町正利)「吉野史談」 吉野史談会 (37) 2013.03

千光寺

あかい奈良が行く古社寺巡礼(14)平群千光寺「あかい奈良」 青垣出版, 星雲社(発売) 29 2005.9

千体寺

千體寺紫檀塗螺鈿厨子について(上)(内藤榮)「鹿園雑集 : 奈良国立博物館研究紀要」 奈良国立博物館 (6) 2004.3

惣社水分神社

古社寺巡礼(11) 菟田野 宇太水分神社・惣社水分神社「あかい奈良」 青垣出版, 星雲社(発売) 25 2004.9

奈良惣社水分神社所蔵 黒漆瓶子の保存修理(北村繁)「鹿園雑集 : 奈良国立博物館研究紀要」 奈良国立博物館 (7) 2005.3

惣谷

奥吉野舟ノ川流域の芸能―篠原踊りと惣谷狂言(鹿谷勲)「近畿文化」 近畿文化会事務局 578 1998.1

曽爾

曽爾の獅子舞―見学メモ「まつり通信」 まつり同好会 40(12)通号478 2000.11

奈良の伝統行事(12) 曽爾の獅子舞(向井司)「あかい奈良」 青垣出版, 星雲社(発売) 13 2001.9

曽爾の獅子舞 付(資料)奈良県内の獅子舞の現状(鹿谷勲)「秋篠文化」 秋篠音楽堂運営協議会 (1) 2003.2

やまと祭時記(7) 曽爾の獅子舞(植田英介)「月刊大和路ならら」 地域情報ネットワーク 7(10)通号73 2004.10

曽爾村

曽爾の獅子舞 奈良県宇陀郡曽爾村「公益社団法人全日本郷土芸能協会会報」 全日本郷土芸能協会 (61) 2010.10

大安寺

大安寺楊柳観音・十一面観音小考(今野加奈子)「わたりやぐら : 兵庫県立歴史博物館研究ノート」 兵庫県立歴史博物館 通号39 1998.3

あかい奈良が行く古社寺巡礼(18) 奈良市大安寺「あかい奈良」 青垣出版, 星雲社(発売) 33 2006.9

奈良時代の大安寺―仏教受容におけるその役割(中川由莉)「寧楽史苑」 奈良女子大学史学会 (52) 2007.2

大安寺四天王像序論―広目天像の形姿復元と大刀を突く神将像(友鳴利英)「文化財学報」 奈良大学文学部文化財学科 25 2007.3

やまと歳時記(38) 大安寺 竹供養(植田英介)「月刊大和路ならら」 地域情報ネットワーク 10(6)通号105 2007.6

大安寺河野良文貫主に聞く 岩淵僧正―竜円山岩淵寺と大安寺の勤操の話「月刊大和路ならら」 地域情報ネットワーク 14(1)通号148 2011.01

やまと歳時記(102) 大安寺「観月会」(植田英介)「月刊大和路ならら」 地域情報ネットワーク 15(10)通号169 2012.10

大安寺嘶堂

みほとけは語る(46) 大安寺嘶堂「伝・馬頭観音(千手観音立像)」(小西正文, 小川光三)「月刊大和路ならら」 地域情報ネットワーク 15(2)通号161 2012.02

大極殿

御斎会とその舗設―大極殿院仏事考「奈良文化財研究所紀要」 奈良文化財研究所 2004 2004.6

大御輪寺

旧大御輪寺本尊 聖林寺十一面観音像の造像時期について(倉本弘玄)「大美和」 大神神社 101 2001.7

三輪山セミナー講演録 大御輪寺の仏像と神像(鈴木喜博)「大美和」 大神神社 (123) 2012.07

大乗院

「承元四年信円記」(京都大学附属図書館蔵)(翻刻と研究)(大乗院文書を読む会)「尭栄文庫研究紀要」 親王院尭栄文庫 6 2005.10

解説(翻刻と研究「寛元五年尋性記」―京都大学附属図書館・金光図書館等蔵 大乗院文書を読む会)(河野昭昌)「尭栄文庫研究紀要」 親王院尭栄文庫 (7) 2007.12

翻刻(翻刻と研究「寛元五年尋性記」―京都大学附属図書館・金光図書館等蔵 大乗院文書を読む会)(河野昭昌, 石附敏幸, 太田佳恵, 神津夫, 千鳥祐兼, 中野祥利, 丹生谷哲一)「尭栄文庫研究紀要」 親王院尭栄文庫 (7) 2007.12

註解(翻刻と研究「寛元五年尋性記」―京都大学附属図書館・金光図書館等蔵 大乗院文書を読む会)(神津朝夫)「尭栄文庫研究紀要」 親王院尭栄文庫 (7) 2007.12

参考図版(翻刻と研究「寛元五年尋性記」―京都大学附属図書館・金光図書館等蔵 大乗院文書を読む会)「尭栄文庫研究紀要」 親王院尭栄文庫 (7) 2007.12

「寛元五年尋性記」の基礎的研究(翻刻と研究「寛元五年尋性記」―京都大学附属図書館・金光図書館等蔵 大乗院文書を読む会―論考)(中野祥利)「尭栄文庫研究紀要」 親王院尭栄文庫 (7) 2007.12

後嵯峨院千日御講の歴史的意義(翻刻と研究「寛元五年尋性記」―京都大学附属図書館・金光図書館等蔵 大乗院文書を読む会―論考)(丹生谷哲一)「尭栄文庫研究紀要」 親王院尭栄文庫 (7) 2007.12

「大乗院旧蔵具注暦記」の目録と伝来の軌跡(河野昭昌)「尭栄文庫研究紀要」 親王院尭栄文庫 (7) 2007.12

中世後期における大乗院奉公人の葬祭儀礼(赤田光男)「日本文化史研究」 帝塚山大学奈良学総合文化研究所 (40) 2009.03

史料紹介 帝塚山大学図書館蔵『奈良大乗院院家南院家資料』について(田中香織)「奈良学研究」 帝塚山大学奈良学総合文化研究所 (13)/(14) 2011.03/2012.03

帝塚山大学図書館蔵『江戸道中記』『嵯峨名所』『奈良大乗院院家南院資料』について(3)(史料紹介)(中根麻貴)「奈良学研究」 帝塚山大学奈良学総合文化研究所 (15) 2013.02

帝塚山大学図書館蔵『坊官諸大夫上北面侍家伝』『奈良大乗院院家南院資料』について(4)(史料紹介)(中根麻貴)「奈良学研究」 帝塚山大学奈良学総合文化研究所 (16) 2014.02

大蔵寺

あかい奈良が行く古社寺巡礼(7) 大蔵寺「あかい奈良」 青垣出版, 星雲社(発売) 21 2003.9

大藤原京

大藤原京と神社・山陵(和田萃)「部落解放なら」 奈良人権・部落解放研究所 通号11 1999.3

大仏殿

奈良スケッチ「春の大仏殿」「月刊大和路ならら」 地域情報ネットワーク 16(4)通号175 2013.04

当麻

中将姫伝説の地をゆく 當麻、菟田野、奈良町(特集 中将姫伝説を訪ねて 奈良町、菟田野、そして當麻)「月刊大和路ならら」 地域情報ネットワーク 16(4)通号175 2013.4

石光寺住職・染井義孝さんに聞く 中将姫伝説の地、當麻を歩く(特集 中将姫伝説を訪ねて 奈良町、菟田野、そして當麻)「月刊大和路ならら」 地域情報ネットワーク 16(4)通号175 2013.4

桑門通信念珠 當麻曼荼羅「月刊大和路ならら」 地域情報ネットワーク 16(4)通号175 2013.04

当麻寺

当麻寺と中将姫(新川一男)「西條史談」 西條史談会 45 1998.9

極楽寺願海筆『当麻曼荼羅縁起』について(高橋秀栄)「金沢文庫研究」 神奈川県立金沢文庫 (306) 2001.3

当麻寺講堂の瓦(平松良雄)「青陵 : 橿原考古学研究所彙報」 奈良県立橿原考古学研究所 (107) 2001.3

当麻寺と練供養と傘堂(鹿沼勲)「近畿文化」 近畿文化会事務局 618 2001.5

当麻寺創建小考(上)(田寺英治)「史迹と美術」 史迹美術同攷会 76(2)通号762 2006.2

やまと歳時記(37) 當麻寺 當麻寺練供養(植田英介)「月刊大和路ならら」 地域情報ネットワーク 10(5)通号104 2007.5

當麻寺の堂塔と久米寺多宝塔(矢ヶ崎善太郎)「近畿文化」 近畿文化会事務局 (709) 2008.12

中将姫と當麻寺の歴史を知る 特別展「當麻寺―極楽浄土へのあこがれ―」(特集 中将姫伝説を訪ねて 奈良町、菟田野、そして當麻)「月刊大和路ならら」 地域情報ネットワーク 16(4)通号175 2013.04

當麻寺中之坊の太子像（小松光江）「聖徳」 聖徳宗教学部 （222） 2014.12

題目立

舞台の裏から見えるもの 奈良の伝統行事（4）題目立（鶴井忠義）「あかい奈良」 青垣出版．星雲社（発売）5 1999.9

やまと歳時記（42）八柱神社 題目立（植田英介）「月刊大和路ならら」 地域情報ネットワーク 10（10）通号109 2007.10

高鴨神社

あかい奈良が行く古社寺巡礼 御所市 高鴨神社「あかい奈良」 青垣出版．星雲社（発売）35 2007.3

高田

やまと歳時記（104）桜井市高田「亥の子暴れまつり」（植田英介）「月刊大和路ならら」 地域情報ネットワーク 15（12）通号171 2012.12

高取町

3月例会報告（3月9日）高取町のお雛祭り（例会報告）（下谷悦子）「左海民俗」 堺民俗会 （145） 2014.05

高畑町

高畑町御鍬祭り（特集 平成の御鍬祭—行われた地区の実践記録例）（中野良一郎，水谷武人）「まつり」 まつり同好会 通号71・72 2009.12

高円山

高円山に大文字の火は燃えて（特集 奈良大文字送り火の50年 祈りの灯火）「月刊大和路ならら」 地域情報ネットワーク 12（8）通号131 2009.08

高円の野辺に秋萩いたづらに 万葉集にさぐる遊宴と葬送の地（特集 奈良大文字送り火の50年 祈りの灯火）「月刊大和路ならら」 地域情報ネットワーク 12（8）通号131 2009.08

高見山

吉野路の点景（38）雪をかぶった「霊峰・高見山」（東吉野村）「吉野路」 樋口昌徳 （109） 2006.5

高山

大和高山のモリ神信仰（上），（下）（高田照世）「まつり通信」 まつり同好会 45（4）通号518/45（5）通号519 2005.7/2005.9

大和高山における雨乞いの仏教儀礼（高田照世）「奈良学研究」 帝塚山大学奈良学総合文化研究所 （8） 2006.1

近世大和高山の雨乞儀礼（高田照世）「奈良学研究」 帝塚山大学奈良学総合文化研究所 （9） 2007.1

高山郷

近世高山郷における勧化と接待（高田照世）「奈良学研究」 帝塚山大学奈良学総合文化研究所 （11） 2009.1

高山新八十八ヶ所

地域的霊場の成立と展開—高山新八十八ヶ所をめぐって（津浦和久）「奈良県立同和問題関係史料センター研究紀要」 奈良県立同和問題関係史料センター （17） 2012.03

高山茶筌の里

道具を超えた芸術品 高山茶筌の里と職人の技（特集 新春を寿ぐ奈良大茶会）「月刊大和路ならら」 地域情報ネットワーク 17（1）通号184 2014.1

高山八幡宮

高山八幡宮の宮座について（矢田直樹）「宮座研究」 宮座研究会 （3） 1998.11

大和高山八幡宮の近世宮座行事（高田照世）「帝塚山大学大学院人文科学研究科紀要」 帝塚山大学大学院人文科学研究科 （9） 2007.1

滝寺跡

滝寺跡磨崖仏から九条町道（清水俊明）「野ほとけ」 奈良石仏会 （349） 2000.1

大和滝寺跡磨崖仏について（清水俊明）「史迹と美術」 史迹美術同攷会 70（3）通号703 2000.3

多久豆玉神社

地名発掘（109）多久豆玉神社の神（池田末則，松並節夫）「月刊大和路ならら」 地域情報ネットワーク 10（11）通号110 2007.11

陀々堂の鬼はしり

奈良の伝統行事（9）念仏寺陀々堂の「鬼はしり」（荻原栄文）「あかい奈良」 青垣出版，星雲社（発売）10 2000.12

橘寺

あかい奈良が行く古社寺巡礼 明日香村 橘寺「あかい奈良」 青垣出版，星雲社（発売）51 2011.03

みほとけは語る 橘寺「伝・日羅立像」（小西正文［文］，小川光三［写

真］）「月刊大和路ならら」 地域情報ネットワーク 17（11）通号194 2014.11

橘寺西

飛鳥の道標「橘寺西の石碑」（《特集 本居宣長のみた飛鳥》）（猪熊兼勝）「季刊明日香風」 古都飛鳥保存財団 28（2）通号110 2009.4

辰市郷

辰市郷祭礼と春日社司—元禄五年辰市郷祭禮正預頭役之記を中心に（松村和歌子）「奈良学研究」 帝塚山大学奈良学総合文化研究所 （11） 2009.01

竜田

龍田風神祭祝詞についての一考察（粕谷興紀）「季刊悠久.第2次」 鶴岡八幡宮悠久事務局 79 1999.10

竜田明神

表紙の説明 『龍田明神古瓦』の説明（編集部）「わかくす ： 河内ふるさと文化誌」 わかくす文芸研究会 （56） 2009.11

玉置神社

あかい奈良が行く古社寺巡礼（3）玉置神社「あかい奈良」 青垣出版，星雲社（発売）17 2002.9

吉野路の植物（21）巨木・古木たち（7）十津川村玉置神社の「杉の一群」「吉野路」 樋口昌徳 （114） 2007.8

新十津川町開拓記念館所蔵「玉置神社奉祀之景」絵馬の意義—その描かれ方と神社の立地をめぐって（池田貴夫）「北海道開拓記念館研究紀要」 北海道開拓記念館 （37） 2009.03

やまと歳時記（101）玉置神社「例大祭」（植田英介）「月刊大和路ならら」 地域情報ネットワーク 15（9）通号168 2012.09

玉置山

旧郷社「玉置山」懐旧談（2）（島田俊雄）「熊野史研究」 熊野歴史博物館設立準備室 （40） 1997.3

山岳信仰遺跡を読み解く（1）玉置山・備崎（山本義孝）「熊野」 紀南文化財研究会 通号132・133 2007.12

手向山八幡宮

手向山八幡宮の御田祭（竹鼻広三）「まつり通信」 まつり同好会 40（5）通号471 2000.4

手向山八幡宮の祭礼「転害会」関連史料目録（畠山聡）「寺院史研究」 寺院史研究会 （10） 2006.5

東大寺旧境内の社—手向山八幡宮と東大寺の社（菅谷文則）「近畿文化」 近畿文化会事務局 （702） 2008.5

転害会関連史料紹介（2）（畠山聡）「寺院史研究」 寺院史研究会 （12） 2008.8

あかい奈良が行く古社寺巡礼 奈良市 手向山八幡宮「あかい奈良」 青垣出版，星雲社（発売）49 2010.09

史料紹介 転害会関連史料（3）（畠山聡）「寺院史研究」 寺院史研究会 （13） 2011.05

多聞院

多聞院日記—興福寺を歩く（上）（水野正好）「近畿文化」 近畿文化会事務局 619 2001.6

田原

大和のおかげ踊り 奈良市田原地区を中心に（岩坂七雄）「秋篠文化」 秋篠音楽堂運営協議会 （2） 2004.1

田原本

覚書・近世和州田原本の宗教的様態—浄照寺蔵「本覚院殿百五十回忌諸事控」より（河野昭昌）「奈良歴史研究」 奈良歴史研究会 （72） 2009.09

談山神社

〔史料紹介〕談山神社所蔵『談山権現講私記』（黒田智）「寺院史研究」 寺院史研究会 6 2002.1

心の風景 お祭り—談山神社（井上博道，西村博美）「あかい奈良」 青垣出版，星雲社（発売）41 2008.9

やまと歳時記（67）談山神社「けまり祭」（植田英介）「月刊大和路ならら」 地域情報ネットワーク 12（11）通号134 2009.11

談山神社権殿塗装の材料分析（研究報告—埋蔵文化財センター）「奈良文化財研究所紀要」 奈良文化財研究所 2011 2011.06

グラビア 鎌足公が"大食漢"になる日/そのひと睨みが国を変えた/世界で唯一の木造十三重塔（特集 談山神社を談ろう）「月刊大和路ならら」 地域情報ネットワーク 14（11）通号158 2011.11

談山神社の自然と歴史（特集 談山神社を談ろう）「月刊大和路ならら」 地域情報ネットワーク 14（11）通号158 2011.11

神も仏も守って1300年 神道、「神の社の神聖」 談山神社長岡千尋宮司インタビュー（特集 談山神社を談ろう）「月刊大和路ならら」 地域情報ネットワーク 14（11）通号158 2011.11

近畿 郷土に伝わる民俗と信仰 奈良県

いも、くり、かっちん、里の実りがてんこ盛り！ 村人の心づくしの秋祭り 談山神社・嘉吉祭（特集 談山神社を談ろう）「月刊大和路ならら」 地域情報ネットワーク 14(11)通号158 2011.11

近内町
奈良県五條市近内町・久留野町の産育（植野加代子）「久里」 神戸女子民俗学会 (18) 2006.1

奈良県五條市向山遺跡の近世墓と近内町の民俗調査—高野参りと六斎念仏に関する考察（波多野篤、田中久夫、藤原喜美子、植野加代子）「考古學論攷：橿原考古学研究所紀要」 奈良県立橿原考古学研究所 30 2007.3

知足院
知足院の百地蔵（石川博司）「野仏 : 多摩石仏の会機関誌」 多摩石仏の会 34 2003.7

やまと歳時記(75) 東大寺知足院地蔵会（古市播磨）「月刊大和路ならら」 地域情報ネットワーク 13(7)通号142 2010.07

中宮寺
斑鳩の中宮寺、鶴羽の浄土寺、若者達に人気の半跏思惟像の魅力（賀嶋辰義）「さぬき市の文化財」 さぬき市文化財保護協会 (2) 2005.3

出土瓦からみる平安時代以降における中宮寺の造営（木本挙周）「奈良学研究」 帝塚山大学奈良学総合文化研究所 (10) 2008.1

七世紀彫刻における中宮寺菩薩半跏像（駒井優子）「帝塚山大学大学院人文科学研究科紀要」 帝塚山大学大学院人文科学研究科 (10) 2008.2

みほとけは語る(50) 中宮寺「菩薩半跏像（伝・如意輪観音）」（小西正文, 小川光三）「月刊大和路ならら」 地域情報ネットワーク 15(6)通号165 2012.06

天寿国繍帳制作の一背景（酒井龍一先生退職記念論集）（吉川敏子）「文化財学報」 奈良大学文学部文化財学科 31 2013.03

長岳寺
長岳寺阿弥陀三尊像について（大河内智之）「帝塚山大学大学院人文科学研究科紀要」 帝塚山大学大学院人文科学研究科 (1) 2000.3

石仏の埋没と今後の課題(1) 長岳寺奥の院不動石仏埋没の一件（縄田雄一）「史迹と美術」 史迹美術同攷会 70(6)通号706 2000.7

長岳寺とその付近（東暉）「史迹と美術」 史迹美術同攷会 77(7)通号777 2007.8

長岳寺「極楽地獄絵図」（特集 鬼が来た！ 春が来た！）「月刊大和路ならら」 地域情報ネットワーク 15(3)通号162 2012.03

みほとけは語る(49) 釜ノ口山長岳寺「阿弥陀如来坐像」（小西正文, 小川光三）「月刊大和路ならら」 地域情報ネットワーク 15(5)通号164 2012.05

朝護孫子寺
総本山・信貴山（真言宗朝護孫子寺）（栗山三郎）「左海民俗」 堺民俗会 99 1999.1

庶民の熱き祈りのるつぼ いざ行かん！ 信貴山朝護孫子寺探検「月刊大和路ならら」 地域情報ネットワーク 13(1)通号136 2010.01

都賀
「求」の塚の考察(2)—都賀と都祁（どいかずこ）「神戸史談」 神戸史談会 (308) 2011.07

月ヶ瀬石打
奈良県民俗緊急調査の成果と課題 (3)月ヶ瀬石打の太鼓踊り（例会発表要旨）（長田あかね）「藝能史研究」 藝能史研究會 (204) 2014.01

月輪殿
『法然上人行状絵図』に描かれた月輪殿の庭園（研究報告）「奈良文化財研究所紀要」 奈良文化財研究所 2014 2014.06

都祁
神が訪れる道—奈良市都祁のヤスンバー（森隆男）「阡陵 : 関西大学博物館彙報」 関西大学博物館 (53) 2006.9

「求」の塚の考察(2)—都賀と都祁（どいかずこ）「神戸史談」 神戸史談会 (308) 2011.07

都祁白石
心の風景 大和高原—都祁白石 神の休場（井上博道, 西村博美）「あかい奈良」 青垣出版, 星雲社（発売）49 2010.9

都祁水分神社
奈良の伝統行事 都祁水分神社の秋季例祭「あかい奈良」 青垣出版, 星雲社（発売）49 2010.09

角振新屋町
〔史料紹介〕 近世・奈良角振新屋町役人の御用留（安彦勘吾）「奈良学研究」 帝塚山大学奈良学総合文化研究所 通号2 1999.3

海石榴市
「海石榴市」考（上原和）「大美和」 大神神社 100 2001.1

壺坂
壺坂霊験記—お里沢市（松下紀久雄）「八王子車人形後援会報」 八王子車人形後援会 3 1999.3

大和歌舞伎遊話 壺坂霊験記—夫婦の情景（青木繁）「あかい奈良」 青垣出版, 星雲社（発売）10 2000.12

壺坂寺
壺坂寺（田所晴夫）「静岡歴研会報」 静岡県歴史研究会 100 2002.8

壺坂寺における目の信仰（一矢典子）「久里」 神戸女子民俗学会 (18) 2006.1

大和と浮世絵 梅堂豊斎「歌舞伎座新狂言 壺坂霊験記」「月刊大和路ならら」 地域情報ネットワーク 16(12)通号183 2013.12

大和と浮世絵 三代歌川豊国・二代歌川広重「観音霊験記 西国順礼第六番大和壺坂寺」（浅野秀剛）「月刊大和路ならら」 地域情報ネットワーク 17(1)通号184 2014.01

壺阪寺
壺阪寺史補考—『南法花寺古老伝』の再検討（岩本次郎）「帝塚山芸術文化」 帝塚山大学芸術文化研究所 11 2004.3

やまと歳時記(61) 壺阪寺「眼病封じの祈禱」（植田英介）「月刊大和路ならら」 地域情報ネットワーク 12(5)通号128 2009.05

奈良スケッチ「壺阪寺三重塔」（杉本哲也［画］, 上丈竜矢［文］）「月刊大和路ならら」 地域情報ネットワーク 17(8)通号191 2014.08

壺坂峠道
道標(94) 吉野への道(4) 壺坂峠道の道標（高取町清水谷〜大淀町比曽）—吉野山への巡礼の道「吉野路」 樋口昌徳 (117) 2008.5

剣主神社
宇陀市剣主神社のご神体の白石について（奥田尚）「青陵 : 橿原考古学研究所彙報」 奈良県立橿原考古学研究所 (132) 2011.04

寺田
寺田の古寺の古文化財（清水俊明）「野ほとけ」 奈良石仏会 (354) 2000.6

天一神社
やまと祭事記(11) 綱掛祭（植田英介）「月刊大和路ならら」 地域情報ネットワーク 8(2)通号77 2005.2

天川郷
大峯修験道と天川郷（大峯山特集）（鈴木昭英）「山岳修験」 日本山岳修験学会, 岩田書院（発売）(52) 2013.10

天河大弁財天社
吉野路にみる南朝の遺跡(28) 「天川村」に南朝の跡をさぐる(5) 天河大弁財天社とその周辺(イ)「吉野路」 樋口昌徳 80 1999.2

吉野路にみる南朝の遺跡(29) 「天川村」に南朝の跡をさぐる(5) 天河大弁財天社とその周辺(ロ)「吉野路」 樋口昌徳 81 1999.5

あかい奈良が行く古社寺巡礼 天川村 天河大辨財天社（松本恭輔）「あかい奈良」 青垣出版, 星雲社（発売）40 2006.8

天河大辨財天社「鬼の宿」（特集 鬼が来た！ 春が来た！）「月刊大和路ならら」 地域情報ネットワーク 15(3)通号162 2012.03

天川村
吉野路に見る南朝の遺跡(31) 「天川村」に南朝の跡をさぐる(7) 長慶天皇の伝承地 観音峰山にのぼる「吉野路」 樋口昌徳 83 1999.11

吉野路あちこち「草木塔」について（天川村）「吉野路」 樋口昌徳 91 2001.11

伝香寺
三名椿の御寺を巡る（赤川一博）「近畿文化」 近畿文化会事務局 (701) 2008.4

あかい奈良が行く古社寺巡礼 奈良市 伝香寺「あかい奈良」 青垣出版, 星雲社（発売）42 2008.12

みほとけは語る(9) 伝香寺「地蔵菩薩立像」（小西正文）「月刊大和路ならら」 地域情報ネットワーク 11(12)通号123 2008.12

天理
天理の仏像（赤川一博）「近畿文化」 近畿文化会事務局 604 2000.3

天理参考館
天理参考館と大和盆地中央の寺々（澤新太郎）「史迹と美術」 史迹美術同攷会 76(3)通号763 2006.3

石上神宮・天理参考館見学（今中典男）「つどい」 豊中歴史同好会 (228) 2007.3

唐招提寺
瓦洗ボロボロ 鬼瓦曼荼羅 唐招提寺の鴟尾瓦（小林章男）「六甲倶楽部報告」 六甲倶楽部 63 2002.12

唐招提寺長老 松浦俊海鑑真和上の精神をいまに「月刊大和路ならら」

地域情報ネットワーク　8(12)通号87　2005.12

唐招提寺　修正会と声明《〈特集 大和の法会と声明〉》(関口静雄)「秋篠文化」　秋篠音楽堂運営協議会　(4)　2006.2

戒律文化のひろば 唐招提寺金堂の構造の問題点と補強案について(山下秀樹)「戒律文化」　戒律文化研究会．法藏館 (発売)　(4)　2006.3

国宝唐招提寺金堂顔料分析調査「奈良文化財研究所紀要」　奈良文化財研究所　2007　2007.6

やまと歳時記(44)　唐招提寺 おみぬぐい(植田英介)「月刊大和路なら ら」　地域情報ネットワーク　10(12)通号111　2007.12

みほとけは語る(11)　唐招提寺「千手千眼観音菩薩立像」(小西正文)「月刊大和路なら ら」　地域情報ネットワーク　12(2)通号125　2009.02

やまと歳時記(69)　唐招提寺「修正会・餅談義」(古市播磨)「月刊大和路なら ら」　地域情報ネットワーク　13(1)通号136　2010.01

やまと歳時記(77)　唐招提寺観月讃仏会(古市播磨)「月刊大和路なら ら」　地域情報ネットワーク　13(9)通号144　2010.09

やまと歳時記(89)　唐招提寺「観月讃仏会」(古市播磨)「月刊大和路なら ら」　地域情報ネットワーク　14(9)通号156　2011.09

やまと歳時記(92)　東大寺、唐招提寺「除夜の鐘」(古市播磨)「月刊大和路なら ら」　地域情報ネットワーク　14(12)通号159　2011.12

平成の大修理を終えた唐招提寺金堂(橘田昭雄)「西上総文化会報」　西上総文化会　(72)　2012.03

やまと歳時記(97)　唐招提寺「開山忌舎利会」(植田英介)「月刊大和路なら ら」　地域情報ネットワーク　15(5)通号164　2012.05

唐招提寺の塼仏(松浦正昭)「近畿文化」　近畿文化会事務局　(766)　2013.09

東大寺

東大寺サミット小野市で開催さる(内藤正克)「小野史談」　小野の歴史を知る会　(28)　1997.1

永観の東大寺経営と猪名・長洲荘(田中文英)「地域史研究 ： 尼崎市立地域研究史料館紀要 ： Bulletin of the history of Amagasaki」　尼崎市立地域研究史料館　26(3)通号78　1997.3

修二会の拝観の記(吉田伊佐夫)「ふるさと生駒」　生駒民俗会　(37)　1997.7

鋳物師の里 美原町での東大寺サミット(国井正胤)「小野史談」　小野の歴史を知る会　(32)　1999.1

新伎楽の復元(野村万之丞)「Museum Kyushu ： 文明のクロスロード」　博物館等建設推進九州会議　16(4)通号62　1999.1

シンポジウム「復興にかけた夢―重源 東大寺復興の歴史・美術・建築」(上横手雅敬、水野敬三郎、桜井敏雄、赤川一博、堀越光信)「研究紀要」　四日市市立博物館　6　1999.3

奈良三彩小壺出土の多気町クツヌイ遺跡をめぐって―東大寺大仏造立と伊勢神宮(岡田登)「史料 ： 皇學館大學研究開発推進センター史料編纂所報」　皇學館大學研究開発推進センター史料編纂所　通号165　2000.2

近世奈良町の都市経済と東大寺復興(古川聡子)「ヒストリア ： journal of Osaka Historical Association」　大阪歴史学会　通号169　2000.4

中世東大寺の借銭活動―惣寺の場合(朱雀信城)「九州史学」　九州史学研究会　通号125　2000.5

鳥羽院政期における寺領荘園の立荘と知行国支配―東大寺荘園を中心に(高橋一樹)「ヒストリア ： journal of Osaka Historical Association」　大阪歴史学会　(171)　2000.9

「東大寺サミット 2000 in 太宰府」に参加して(岩城喜三)「小野史談」　小野の歴史を知る会　36　2001.1

大内氏の国衙領法度について―大内氏と東大寺の争い(岩崎俊彦)「大内文化探訪 ： 会誌」　大内文化探訪会　19　2001.2

石造物散策覚書(2)　奈良東大寺周辺(三浦孝一)「娑羅 ： 歴史民俗誌」　常民学舎　(29)　2001.2

東大寺修二会の歴史と美術(松浦正昭)「近畿文化」　近畿文化会事務局　616　2001.3

史料紹介 仁平三年東大寺諸荘園文書目録について(森哲也)「山口県史研究」　山口県　9　2001.3

仏鉢考―法隆寺・東大寺の遺品と飯食器への形式展開(関根俊一)「奈良学研究」　帝塚山大学奈良学総合文化研究所　(4)　2001.3

書評と紹介 小口雅史編著『デジタル古文書集 日本古代土地経営関係史料集成―東大寺領・北陸編』(足立尚計)「福井市立郷土歴史博物館研究紀要」　福井市立郷土歴史博物館　(9)　2001.3

古都東大寺の旅(伊藤芳枝)「温故知新」　美東町文化研究会　28　2001.4

東大寺再建と重源(川村一彦)「歴史懇談」　大阪歴史懇談会　(15)　2001.8

奈良東山中の石仏と古道―続・黒田庄から東大寺への道(鈴木景二)「史迹と美術」　史迹美術同攷会　72(3)通号723　2002.3

〔資料紹介〕建治二年東大寺宗性発願妙法蓮華経(前田徹)「塵界 ： 兵庫県立歴史博物館紀要」　兵庫県立歴史博物館　(13)　2002.3

会長あいさつ 善通寺大会場と東大寺修二会(川合信雄)「文化財協会報」

善通寺市文化財保護協会　21　2002.3

東大寺草創期の天平彫刻(松浦正昭)「近畿文化」　近畿文化会事務局　632　2002.7

「東大寺のすべて」展(佐藤紀久子)「みよし地方史」　三次市地方史研究会　59　2002.8

史料紹介 阪本龍門文庫所蔵『東大寺御受戒記』附・宮内庁書陵部所蔵『東大寺御受戒次第』(石田実洋)「戒律文化」　戒律文化研究会，法藏館 (発売)　(2)　2003.3

創建時の東大寺を探る―修二会との関係から(菅谷文則)「近畿文化」　近畿文化会事務局　640　2003.3

東大寺再建にかけた元禄の快挙白鳥の杜から搬出した赤松の巨木二本(前田利武)「つつはの」　つつはの郷土研究会　(31)　2003.4

平安時代の領収書―保安4年(1123)10月9日付東大寺返抄案(岩宮隆司)「藤枝市史だより」　藤枝市　9　2003.10

大道滑稽仮面劇「伎楽」再興の夢(芝祐靖)「Museum Kyushu ： 文明のクロスロード」　博物館等建設推進九州会議　20(2)通号76　2003.12

東大寺の新出文書「奈良文化財研究所紀要」　奈良文化財研究所　2004　2004.6

東大寺サミット2004 in 宇佐―心の時代の市民交流「宇佐の文化」　宇佐の文化財を守る会　71　2004.9

宇佐八幡神 東大寺へ参拝(大野保治)「別府史談」　別府史談会　(18)　2004.12

東大寺復興造営における仏師の動向(赤川一博)「研究紀要」　四日市市立博物館　12　2005.3

第385回例会記「大佛開眼とその時代背景」木村輝夫先生「杉並郷土史会史報」　杉並郷土史会　190　2005.3

東大寺修二会とオーストリアの冬払い―乱声の習俗を通して(窪明子)「民俗文化研究」　民俗文化研究所　(6)　2005.8

越中国射水郡における東大寺領諸荘について―現地比定をめぐる研究史とその諸問題(根津明義)「富山史壇」　越中史壇会　(147)　2005.9

東大寺の古文書・典籍調査(吉川聡)「奈文研ニュース」　奈良文化財研究所　19　2005.12

東大寺盧舎那仏と仏教的世界観《〈特集 古代認識の大転換―COEの一年を振り返って〉―〈特集1 王の創出〉》(西谷地晴美)「日本史の方法」　奈良女子大学「日本史の方法」研究会　(3)　2006.1

東大寺の歴史と修二会《〈特集 大和の法会と声明〉》(森本公誠)「秋篠文化」　秋篠音楽堂運営協議会　(4)　2006.2

東大寺俊乗上人像についての覚書(赤川一博)「研究紀要」　四日市市立博物館　(13)　2006.3

年に一度ののんびり連載 東大寺修二会 お松明をめぐる話「あかい奈良」　青垣出版，星雲社 (発売)　31　2006.3

弘化4年 東大寺宝物録に見る正倉院宝物について(〈正倉院学術シンポジウム〉)(森本公誠)「鹿園雑集 ： 奈良国立博物館研究紀要」　奈良国立博物館　(8)　2006.3

奈良東大寺所蔵 木造不動明王坐像の保存修理(神田雅章)「鹿園雑集 ： 奈良国立博物館研究紀要」　奈良国立博物館　(8)　2006.3

東大寺修二会と万聖節・万霊節―死の思想を巡って(窪明子)「民俗文化研究」　民俗文化研究所　(7)　2006.8

今日見心親 ホントかな？ 東大寺修二会にまつわるご利益いろいろ…「あかい奈良」　青垣出版，星雲社 (発売)　35　2007.3

新東大寺発進！ 上野道善第219世新別当に聞く(特集 いま話題の奈良人を追え)「月刊大和路なら ら」　地域情報ネットワーク　10(7)通号106　2007.7

大和の民話 東大寺実忠が弥勒菩薩の修法を伝えた話(中上武二、杉本哲也)「月刊大和路なら ら」　地域情報ネットワーク　11(3)通号114　2008.3

東大寺写経所請経文 重要文化財(静岡県立美術館蔵)(長谷川賢二)「徳島県立博物館博物館ニュース」　徳島県立博物館　70　2008.3

東大寺旧境内の社―手向山八幡宮と東大寺の社(菅谷文則)「近畿文化」　近畿文化会事務局　(702)　2008.5

大佛開眼以前(上)―那富山墓、金剛山房、福寿寺(田寺英治)「史迹と美術」　史迹美術同攷会　78(6)通号786　2008.7

中世寺院における堂衆の活動と経済基盤―東大寺堂衆を中心に(菊地大樹)「寺院史研究」　寺院史研究会　(12)　2008.8

大佛開眼以前(中)―法華堂、大倭国分寺(田寺英治)「史迹と美術」　史迹美術同攷会　78(7)通号787　2008.8

大佛開眼以前(下)―聖武・道慈・行基(田寺英治)「史迹と美術」　史迹美術同攷会　78(8)通号788　2008.9

誌上再現 新薬師寺幻の巨大金堂 東大寺と同時進行で建立(特集 高畑を歩く)「月刊大和路なら ら」　地域情報ネットワーク　12(1)通号124　2009.01

みほとけは語る(18)　東大寺「五劫思惟阿弥陀坐像」(小西正文，植田英介)「月刊大和路なら ら」　地域情報ネットワーク　12(9)通号132　2009.09

奈良スケッチ(21)　東大寺裏(杉本哲也，上丈竜矢)「月刊大和路なら ら」

地域情報ネットワーク　12（12）通号135　2009.12

鎌倉再興期における東大寺大仏殿四天王像―天平期当初像との関係性を中心に（吉田文）「博物館学年報」　同志社大学博物館学芸員課程（41）2010.03

やまと歳時記（72）東大寺「聖武天皇祭（山陵祭）」（古市播磨）「月刊大和路ならら」　地域情報ネットワーク　13（4）通号139　2010.04

「大仏（だいぶつ）」地名と東大寺庄園（福田則男）「越佐の地名」越後・佐渡の地名を語る会（11）2011.03

「末武保と東大寺再建料園」末武の地名について（三井寛静）「下松地方史研究」　下松地方史研究会（47）2011.03

黄金は「東」から―盧舎那仏造営の周辺（羇川信行）「史聚」史聚会，岩田書院（発売）（44）2011.03

みほとけは語る（39）東大寺三昧堂（四月堂）「千手観音菩薩立像」（小西正文，古市播磨）「月刊大和路ならら」　地域情報ネットワーク　14（7）通号154　2011.07

やまと歳時記（92）東大寺、唐招提寺「除夜の鐘」（古市播磨）「月刊大和路ならら」　地域情報ネットワーク　14（12）通号159　2011.12

みほとけは語る（45）東大寺「伝・弥勒仏生像」（小西正文、小川光三）「月刊大和路ならら」　地域情報ネットワーク　15（1）通号160　2012.01

佐伯有若「立山開山」と東大寺―越中地域史研究の原点（6）（研究ノート）（久保尚文）「富山史壇」越中史壇会（167）2012.3

公開歴史講座 東大寺大仏を作った長登銅山（公開歴史講座ほか）（池田善文）「大内文化探訪：会誌」大内文化探訪会（30）2012.05

「玉依姫の微笑」を旅する（17）鎌倉武士に護られた東大寺供養（吉田伊佐夫）「月刊大和路ならら」　地域情報ネットワーク　15（8）通号167　2012.08

みほとけは語る 東大寺「誕生釈迦仏立像」「月刊大和路ならら」　地域情報ネットワーク　16（4）通号175　2013.04

執金剛神と東大寺と金峰山（田中久夫）「久里」神戸女子民俗学会（32）2013.06

平成24年度文化財現地探訪報告 市外探訪 奈良東大寺・法隆寺（塩見興一郎）「ふるさと山口」山口の文化財を守る会（34）2013.06

東大寺の盧舎那仏と河内国大県郡の智識寺（上）、（下）（塚口義信）「つどい」豊中歴史同好会（306）／（307）2013.07／2013.08

平成25年度特別展準備レポート3 挙母藩・東大寺で通し矢開催！　安藤早太郎の記録8685本（伊藤智子）「豊田市郷土資料館だより」　豊田市郷土資料館（87）2014.01

東大寺華厳宗の修行の場の問題―金峯山・熊野そして黄金と（田中久夫）「久里」神戸女子民俗学会（33）2014.01

奈良スケッチ「東大寺境内」（杉本哲也［画］、上丈竜矢［文］）「月刊大和路ならら」　地域情報ネットワーク　17（1）通号184　2014.01

正倉院宝物盗難事件に関する一史料―大阪府立中之島図書館蔵「南都東大寺宝物」について（資料・史料紹介）（伊藤純）「大阪歴史博物館研究紀要」　大阪市文化財協会（12）2014.02

奈良スケッチ「秋の東大寺裏池周辺」（杉本哲也［画］、上丈竜矢［文］）「月刊大和路ならら」　地域情報ネットワーク　17（10）通号193　2014.10

大和と浮世絵 一筆斎文調「南都八景 東大寺の鐘」（浅野秀剛）「月刊大和路ならら」　地域情報ネットワーク　17（11）通号194　2014.11

東大寺開山堂

三名椿の御寺を巡る（赤川一博）「近畿文化」近畿文化会事務局（701）2008.4

東大寺戒壇院

東大寺戒壇院の鑑真和上像―近世模刻像の一作例（長谷洋一）「阡陵：関西大学博物館彙報」　関西大学博物館（52）2006.3

東大寺大仏殿

東大寺大仏殿内建地割板図について（石田理恵、黒田龍二）「鹿園雑集：奈良国立博物館研究紀要」　奈良国立博物館（6）2004.3

講演抄録 公慶上人―江戸時代の大仏復興（西山厚）「日本文化史研究」帝塚山大学奈良学総合文化研究所（36）2004.3

東大寺大仏殿虹梁搬送物語（新原不可止）「えびの」えびの市史談会（38）2004.5

創建期東大寺大仏殿内の大「織成」像について（山那公基）「高円史学」高円史学会（22）2006.10

小特集 大僧正隆光 元禄の大仏殿再建を支えた名僧「あかい奈良」青垣出版、星雲社（発売）41　2008.9

帝塚山大学大学院人文科学研究所所蔵『東大寺大仏殿銘文軒平瓦』「月刊大和路ならら」　地域情報ネットワーク　15（4）通号163　2012.04

東大寺南大門

あをによし奈良の建造物 美の理由（3）日本にも中国にもなかった、大仏様と呼ばれる独特の建築様式 東大寺南大門（国宝）（鈴木嘉吉）「あかい奈良」青垣出版，星雲社（発売）47　2010.03

東大寺二月堂

舞台の裏から見えるもの奈良の伝統行事（1）お水取り（成田紘一）「あかい奈良」青垣出版、星雲社（発売）2　1998.12

特集 東大寺二月堂お水取り 3月12日 光と闇の1440分「月刊大和路ならら」　地域情報ネットワーク　7（2）通号65　2004.2

東大寺二月堂本尊光背図像考―大仏蓮弁線刻図を参照して（稲本泰生）「鹿園雑集：奈良国立博物館研究紀要」　奈良国立博物館（6）2004.3

特集 東大寺二月堂修二会お水取りの道具たち「月刊大和路ならら」　地域情報ネットワーク　8（2）通号77　2005.2

お水取り お松明を見送りながら「あかい奈良」青垣出版、星雲社（発売）27　2005.3

奈良のお水取りを見学（談話室）（広谷喜十郎）「秦史談」秦史談会　127　2005.5

特集 東大寺二月堂修二会にまつわる神事「月刊大和路ならら」　地域情報ネットワーク　9（2）通号89　2006.2

練行衆・二月堂を祓い清める神事（植田英介）「月刊大和路ならら」　地域情報ネットワーク　9（2）通号89　2006.2

インタビュー 岡本彰夫・春日大社権宮司 修二会には "清めの精神" が受け継がれている「月刊大和路ならら」　地域情報ネットワーク　9（2）通号89　2006.2

若狭から東大寺二月堂へ続く火祭りの道（小川光三）「月刊大和路ならら」　地域情報ネットワーク　9（2）通号89　2006.2

直前インタビュー 修二会参籠僧に聞く 大導師 筒井寛昭／咒師 平岡昇修「月刊大和路ならら」　地域情報ネットワーク　9（2）通号89　2006.2

グラビア 東大寺二月堂修二会 静と動の炎（特集 東大寺二月堂修二会をめぐる炎）「月刊大和路ならら」　地域情報ネットワーク　10（2）通号101　2007.2

行法を彩る火 松明・燈明総覧（特集 東大寺二月堂修二会をめぐる炎）「月刊大和路ならら」　地域情報ネットワーク　10（2）通号101　2007.2

修二会をささえる人たち―練行衆・童子・大炊・院士・庄駕士が見た火（特集 東大寺二月堂修二会をめぐる炎）「月刊大和路ならら」　地域情報ネットワーク　10（2）通号101　2007.2

インタビュー 大導師 北河原公敬 世界とつながる平和の祈り（特集 東大寺二月堂をめぐる炎）「月刊大和路ならら」　地域情報ネットワーク　10（2）通号101　2007.2

修二会主要行事時刻表（特集 東大寺二月堂修二会をめぐる炎）「月刊大和路ならら」　地域情報ネットワーク　10（2）通号101　2007.2

若狭の神宮寺の「お水送り」と東大寺二月堂の「お水取り」（《特集 若狭講座》）（水原康道）「甲斐」山梨郷土研究会（114）2007.8

特集 東大寺二月堂修二会 厳寒を切る音の響き「月刊大和路ならら」　地域情報ネットワーク　11（2）通号113　2008.2

グラビア 心で聴く修二会の音 東大寺二月堂お水取り―躍動する音とリズム（植田英介）「月刊大和路ならら」　地域情報ネットワーク　11（2）通号113　2008.2

法螺、差懸、鈴、五体投地…、修二会にはこんなにたくさんの音がある！ 修二会の「音」総覧「月刊大和路ならら」　地域情報ネットワーク　11（2）通号113　2008.2

東大寺長老・狭川宗玄師が語る お水取り「音」のはなし―練行衆から見た修二会を彩る音の世界「月刊大和路ならら」　地域情報ネットワーク　11（2）通号113　2008.2

西山厚・奈良国立博物館教育室長 お水取り 音がつくる世界その聖なる意味「月刊大和路ならら」　地域情報ネットワーク　11（2）通号113　2008.2

グラビア お水取り 不退の行法を支える講社の力（特集 修二会と講）「月刊大和路ならら」　地域情報ネットワーク　12（2）通号125　2009.02

修二会を支える講社 山城松明講／江州一心講／伊賀一ノ井松明講／河内仲組／河内永久社／朝参講（特集 修二会と講）「月刊大和路ならら」　地域情報ネットワーク　12（2）通号125　2009.02

東大寺長老・守屋弘齊師が語る 二月堂をめぐる講の話（特集 修二会と講）「月刊大和路ならら」　地域情報ネットワーク　12（2）通号125　2009.02

東大寺二月堂と観音講―その起こりと変遷（特集 修二会と講）（稲城信子）「月刊大和路ならら」　地域情報ネットワーク　12（2）通号125　2009.02

お水取りを飾る名品、あります（特集 修二会と講）「月刊大和路ならら」　地域情報ネットワーク　12（2）通号125　2009.02

特集 東大寺二月堂修二会 お水取り 春呼ぶ水「月刊大和路ならら」　地域情報ネットワーク　13（2）通号137　2010.02

東大寺二月堂修二会 聖なる水「月刊大和路ならら」　地域情報ネットワーク　13（2）通号137　2010.02

水をめぐる―二月堂修二会聴聞の手びき「月刊大和路ならら」　地域情報ネットワーク　13（2）通号137　2010.02

黒白の鵜飛び出て、甘水湧き出ずる！ 二月堂縁起絵巻 若狭井の伝説「月刊大和路ならら」　地域情報ネットワーク　13（2）通号137　2010.02

東大寺二月堂のお水取りと名張（足立真人）「河内どんこう」やお文化協

奈良県　　　郷土に伝わる民俗と信仰　　　近畿

会　（92）2010.10

特集 没我の祈り 東大寺二月堂修二会、「祈」の本質「月刊大和路なら
ら」地域情報ネットワーク　14（2）通号149　2011.02

グラビア 没我の祈り 東大寺二月堂修二会、「祈」の本質（古市播磨）「月
刊大和路ならら」地域情報ネットワーク　14（2）通号149　2011.02

東大寺長老 守屋弘斎師 二月堂修二会に込められた祈り「月刊大和路な
らら」地域情報ネットワーク　14（2）通号149　2011.02

奈良スケッチ（36）「東大寺二月堂から遠望」（杉本哲也，上丈竜矢）「月
刊大和路ならら」地域情報ネットワーク　14（3）通号150　2011.03

グラビア 東大寺二月堂修二会 過去帳（特集 東大寺二月堂修二会 過去な
る人に会う）（植田英介）「月刊大和路ならら」地域情報ネットワーク
15（2）通号161　2012.02

十九回参籠の古練 上司永照さん 修二会を大いに語る（特集 東大寺二月
堂修二会 過去なる人に会う）「月刊大和路ならら」地域情報ネット
ワーク　15（2）通号161　2012.02

真摯に過去帳に取り組む 南座衆之二 池田圭誠さん（特集 東大寺二月堂
修二会 過去なる人に会う）「月刊大和路ならら」地域情報ネットワー
ク　15（2）通号161　2012.02

過去帳 その歴史と人物 協力・東大寺史研究所 坂東俊彦さん（特集 東大
寺二月堂修二会 過去なる人に会う）「月刊大和路ならら」地域情報
ネットワーク　15（2）通号161　2012.02

二月堂修二会主要行事 時刻表（特集 東大寺二月堂修二会 過去なる人に
会う）「月刊大和路ならら」地域情報ネットワーク　15（2）通号161
2012.02

「玉依姫の微笑」を旅する（11）大仏炎上、二月堂修二会は断絶せず（吉
田伊佐夫）「月刊大和路ならら」地域情報ネットワーク　15（2）通号
161　2012.02

東大寺二月堂神名帳に載る諸寺神名と現在の寺社対応表（特集 神々の
夜）「月刊大和路ならら」地域情報ネットワーク　16（2）通号173
2013.02

親子で参籠 大導師・平岡昇修さん 処世界で新入の慎紹さん（特集 神々
の夜）「月刊大和路ならら」地域情報ネットワーク　16（2）通号173
2013.02

東大寺二月堂お水取りの竹送りー生駒市高山町庄田観音講による（高田
照世）「まつり通信」まつり同好会　54（1）通号569　2014.01

闇と炎の舞台 練行衆上堂 悔過と聴聞／演劇的なるもの 練行衆下堂（特
集 二月堂修二会の荘厳なる舞台）「月刊大和路ならら」地域情報ネッ
トワーク　17（2）通号185　2014.02

舞台として見た修二会 修二会の幕開け／変幻する舞台／五感で体感する
修二会／舞台を支える裏方たち（特集 二月堂修二会の荘厳なる舞台）
「月刊大和路ならら」地域情報ネットワーク　17（2）通号185　2014.
02

国立劇場制作部長田村博巳さん 東大寺修二会を再現する／国立劇場公演
の舞台裏（特集 二月堂修二会の荘厳なる舞台）「月刊大和路ならら」
地域情報ネットワーク　17（2）通号185　2014.02

京都大学大学院工学研究科教授山岸常人さん 連綿と継承される祈りの
舞台／二月堂は生きている（特集 二月堂修二会の荘厳なる舞台）「月刊
大和路ならら」地域情報ネットワーク　17（2）通号185　2014.02

東大寺法華堂

あかい奈良が行く古社寺巡礼 奈良市東大寺法華堂（三月堂）「あかい奈
良」青垣出版，星雲社（発売）34　2006.12

みほとけは語る（24）東大寺「法華堂内陣諸像」（小西正文，古市播磨）「月
刊大和路ならら」地域情報ネットワーク　13（4）通号139　2010.04

奈良スケッチ「東大寺法華堂経庫 校倉造」（杉本哲也［画］，上丈竜矢
［文］）「月刊大和路ならら」地域情報ネットワーク　17（7）通号190
2014.07

奈良まるごとキャンパス 帝塚山大学文学部文化創造学科「東大寺法華堂
の平成大修理」「月刊大和路ならら」地域情報ネットワーク　17（7）
通号190　2014.07

東南院

中世後期における東南院主と院家領（畠山聡）「寺院史研究」寺院史研究
会　（14）2013.11

多武峰

多武峯の町石 現況報告（野尻忠）「鹿園雑集　：　奈良国立博物館研究紀
要」奈良国立博物館　（7）2005.3

神戸市潮音寺不動明王像と、大和多武峰、経ヶ谷不動明王像の共通点
（清水俊明）「史迹と美術」史迹美術同攷会　76（2）通号762　2006.2

「多武峯縁起絵巻」考ー画面構成の特質について（塩出貴美子）「文化財学
報」奈良大学文学部文化財学科　23・24　2006.3

多武峰の「百味の御食の事」（久世郁子）「碧」碧の会　（26）2009.2

多武峰に宿る神と仏 国家の大事を予兆し鳴動、遣明船で大陸文化も摂取
（特集 談山神社を談ろう）「月刊大和路ならら」地域情報ネットワー
ク　14（11）通号158　2011.11

多武峯妙楽寺

多武峯妙楽寺の草創（遠日出典）「日本宗教文化史研究」日本宗教文化史
学会　9（2）通号18　2005.11

東明寺

みほとけは語る（26）鍋蔵山東明寺「薬師如来坐像」（小西正文，古市播
磨）「月刊大和路ならら」地域情報ネットワーク　13（6）通号141
2010.06

徳融寺

〔史料紹介〕南都 徳融寺文書などについて（安彦勘吾）「奈良学研究」
帝塚山大学奈良学総合文化研究所　（6）2003.3

徳融寺のサンハライ念仏（阿波谷俊宏）「秋篠文化」秋篠音楽堂運営協議
会　（5）2007.3

栃尾観音堂

吉野路あちこち 天川村栃尾円空仏四体をまつる「栃尾観音堂」「吉野路」
樋口昌徳　78　1998.8

十津川

十津川の盆踊り（鹿谷勲）「近畿文化」近畿文化会事務局　633　2002.8

帰ってきたモンも見にきたモンもみんな踊れ！ うちらの盆踊り 小原／
武蔵／西川（特集 夏、十津川に帰る）「月刊大和路ならら」地域情報
ネットワーク　10（8）通号107　2007.8

十津川の大踊

十津川の「大踊り」（鹿谷勲）「近畿文化」近畿文化会事務局　587
1998.10

奈良の伝統行事（15）十津川の大踊り（谷向康幸）「あかい奈良」青垣出
版，星雲社（発売）16　2002.6

十津川の大踊り 風流念仏踊りの姿を伝える扇の舞（特集 夏、十津川に
帰る）「月刊大和路ならら」地域情報ネットワーク　10（8）通号107
2007.8

「奈良県十津川村の大踊り」からみた盆風流（坂本要）「まつり」まつり
同好会　通号73　2011.12

十津川村

地域社会における神葬祭の受容ー奈良県吉野郡十津川村の事例（森本一
彦）「近畿民俗　：　近畿民俗学会会報　：　Bulletin of the Folklore
Society of Kinki」近畿民俗学会　156・157　2000.1

十津川村の庚申塔（堀敏実）「紀南・地名と風土研究会会報」紀南・地名
と風土研究会　（44）2008.12

飛火野

やまと歳時記（52）奈良市 奈良大文字送り火（植田英介）「月刊大和路な
らら」地域情報ネットワーク　11（8）通号119　2008.8

2009なら燈花会／なら燈花会そぞろ歩き（特集 奈良大文字送り火の50年
祈りの灯火）「月刊大和路ならら」地域情報ネットワーク　12（8）通
号131　2009.08

グラビア 祈りの灯火 奈良大文字送り火の50年（特集 奈良大文字送り火
の50年 祈りの灯火）「月刊大和路ならら」地域情報ネットワーク　12
（8）通号131　2009.08

奈良大文字の精神を未来の子どもたちに伝えたい 奈良大文字保存会会
長 鍵田忠兵衛さん（特集 奈良大文字送り火の50年 祈りの灯火）「月刊
大和路ならら」地域情報ネットワーク　12（8）通号131　2009.08

奈良大文字を支えて 白い紐と手旗で文字位置を選定 谷井孝次さん／美し
い大の字を灯し続けて40年 鳥井文夫さん（特集 奈良大文字送り火の
50年 祈りの灯火）「月刊大和路ならら」地域情報ネットワーク　12
（8）通号131　2009.08

行ってみよう 飛火野で体験する奈良大文字送り火（特集 奈良大文字送
り火の50年 祈りの灯火）「月刊大和路ならら」地域情報ネットワーク
12（8）通号131　2009.08

グラビア写真（飛火野全景）／燈籠百話（5）「春日」春日大社社務所
（83）2010.02

富雄川上流

富雄川上流の古寺と獅子窟寺（関根俊一）「近畿文化」近畿文化会事務局
637　2002.12

等弥神社

等彌神社と鳥見霊畤（茂木貞純）「式内社のしおり」式内社顕彰会
（76）2007.8

友田

民俗資料の聞き書き短信（38）都祁村友田の製茶に関する聞き書き（浦
西勉）「奈良県立民俗博物館だより」奈良県立民俗博物館　29（3）通
号89　2003.3

豊浦寺

隼上り窯跡と豊浦寺（畑中英二）「京都考古　：　埋蔵文化財速報と資料紹
介」京都考古刊行会　85　1997.10

高句麗系軒丸瓦採用寺院の造営氏族とその性格―豊浦寺・渋川廃寺（林芳幸）「滋賀史学会誌」 滋賀史学会 14 2004.3

三十六年ぶりに戻った向原寺（旧豊浦寺）の金銅観音菩薩像について（特集 再考・飛鳥仏教）（鈴木喜博）「季刊明日香風」 古都飛鳥保存財団 30（3）通号119 2011.07

洞川
「陀羅尼助」考伝承薬を訪ねて（田村能章）「かわのり」 芝川町郷土史研究会 （33） 2008.4

洞川温泉郷
吉野路の点景（40） 「修験の宿」・洞川温泉郷（天川村洞川）「吉野路」 樋口昌徳 （111） 2006.11

長尾神社
やまと歳時記（66） 長尾神社「秋祭り」（植田英介）「月刊大和路なら」 地域情報ネットワーク 12（10）通号133 2009.10

中之庄
奈良県山添村中之庄所在五輪塔と地下遺構（狭川真一，和泉大樹）「歴史考古学」 歴史考古学研究会 （63） 2010.12

長引
〈高谷重夫の歩いたフィールド奈良県添上郡月ヶ瀬村長引の民俗〉「史園： Sonoda's journal of history and folk studies」 園田学園女子大学歴史民俗学会 5 2004.10

中村
みほとけは語る 室生三本松中村区所蔵「地蔵菩薩立像」（小西正文［文］，小川光三［写真］）「月刊大和路なら」 地域情報ネットワーク 17（1）通号184 2014.01

夏身寺
夏身寺の創建と「薬師寺縁起」（東野治之）「文化財学報」 奈良大学文学部文化財学科 32 2014.03

那富山墓
大佛開眼以前（上）―那富山墓、金剛山房、福寿寺（田寺英治）「史迹と美術」 史迹美術同攷会 78（6）通号786 2008.7

奈良
宇宙から見た日本の文化「扇」異色の民俗学者 吉野裕子の語り「あかい奈良」 青垣出版，星雲社（発売）1 1998.9

宇宙から見た日本の文化 異色の民俗学者 吉野裕子の語り 鏡餅「あかい奈良」 青垣出版，星雲社（発売）2 1998.12

舞台の裏から見えるもの 奈良の伝統行事（2） 薪能（小池重二）「あかい奈良」 青垣出版，星雲社（発売）3 1999.3

研究ノート 中世奈良における「鐘楼堂」（藤田和義）「奈良県立同和問題関係史料センター研究紀要」 奈良県立同和問題関係史料センター 6 1999.3

民俗資料の聞き書き短信（28） 苧績みの里再訪―特別展「奈良晒」の開催にむけて（浦西勉）「奈良県立民俗博物館だより」 奈良県立民俗博物館 25（2）通号78 1999.3

宇宙から見た日本の文化 異色の民俗学者吉野裕子の語り 土用丑日の鰻「あかい奈良」 青垣出版，星雲社（発売）4 1999.6

舞台の裏から見えるもの 奈良の伝統行事（3） 蓮華会と蛙飛び（樋口昌徳）「あかい奈良」 青垣出版，星雲社（発売）4 1999.6

奈良の一石六地蔵石仏（藤沢典彦）「近畿文化」 近畿文化会事務局 596 1999.7

舞台の裏から見えるもの 奈良の伝統行事（4） 題目立（鶴井忠義）「あかい奈良」 青垣出版，星雲社（発売）5 1999.9

奈良の丹生信仰と土佐との結びつき（広谷喜十郎）「佐川史談霧生関」 佐川史談会 36 2000

石楠花の信仰と修験道（大東由美）「奈良学研究」 帝塚山大学奈良学総合文化研究所 通号3 2000.3

平安・鎌倉時代の金剛杵―密教法具の細部形式・意匠に関する基礎的研究（1）（関根俊一）「日本文化史研究」 帝塚山大学奈良学総合文化研究所 通号32 2000.3

宮座における座衆振舞の意義（赤田光男）「日本文化史研究」 帝塚山大学奈良学総合文化研究所 通号32 2000.3

ガイドの会 高野山・奈良歴史探訪記（高嶺健一郎）「まいづる」 佐土原地区郷土史同好会 17 2000.4

講演 奈良仏教管見（薗田香融）「史泉 ： historical & geographical studies in Kansai University」 関西大学史学・地理学会 （92） 2000.7

平成12年度特別展紹介 「奈良晒―近世南都を支えた布」「奈良県立民俗博物館だより」 奈良県立民俗博物館 27（1）通号82 2000.7

奈良大仏建立発願に思う（今枝弘隆）「文化史研究」 なごや文化史研究会 （4） 2000.11

古代建築部材の墨書と近世の俗信（鈴木景二）「奈良史学」 奈良大学史学

会 （18） 2000.12

神馳奈良辺（阿部正路）「大美和」 大神神社 100 2001.1

奈良の伝統行事（10） 練供養（葛本俊彦）「あかい奈良」 青垣出版，星雲社（発売）11 2001.3

花緒文様について―奈良時代の唐草文様についての一考察（服部敦子）「奈良学研究」 帝塚山大学奈良学総合文化研究所 （4） 2001.3

民俗宗教の古層―聖森で祀られる動物霊と人間霊（赤田光男）「日本文化史研究」 帝塚山大学奈良学総合文化研究所 （33） 2001.3

東アジアの中の富本銭（東野治之）「文化財学報」 奈良大学文学部文化財学科 19 2001.3

奈良晒再考―麻織物という視点からみた奈良晒（横山浩子）「奈良県立民俗博物館研究紀要」 奈良県立民俗博物館 （19） 2002.2

〔史料紹介〕 奈良の酒造家菊屋と米浪家史料（安彦勘吾）「奈良学研究」 帝塚山大学奈良学総合文化研究所 （5） 2002.3

特集 和菓子歴史探訪 神への供え物から庶民の楽しみまで「あかい奈良」 青垣出版，星雲社（発売）17 2002.9

奈良の大仏（大室晃）「上総市原」 市原市文化財研究会 13 2002.10

奈良の伝統行事（18） ススツケで始まる野神祭り（鹿谷勲）「あかい奈良」 青垣出版，星雲社（発売）19 2003.3

今日見心観 奈良の漆工「あかい奈良」 青垣出版，星雲社（発売）19 2003.3

門田幸男二題 奈良の大仏 ビルシャナ仏って何？／ザル破り神事を考える（門田幸男）「備陽史探訪」 備陽史探訪の会 115 2003.12

奈良国扇―美と伝統の変遷について（大谷政義）「奈良学研究」 帝塚山大学奈良学総合文化研究所 （7） 2004.3

奈良の地蔵菩薩像（1）～（3）（関根俊一）「近畿文化」 近畿文化会事務局 655/（692） 2004.6/2007.7

徳一と会津仏教の旅（3）奈良の仏像を訪ねて（笠井尚）「月刊会津人」 月刊会津人社 （14） 2004.11

「奈良の寺」後日譚（上田重次）「歴研よこはま」 横浜歴史研究会 （55） 2004.11

特別講演会の記録 民俗博物館収集民具から奈良の古代を探る「奈良県立民俗博物館だより」 奈良県立民俗博物館 31（2）通号95 2005.2

特集 麗しの美食 神饌の形を伝える「あかい奈良」 青垣出版，星雲社（発売）27 2005.3

「五絃」琵琶の流行について（外村中）「鹿園雑集 ： 奈良国立博物館研究紀要」 奈良国立博物館 （7） 2005.3

特集 「能舞台」の奈良「月刊大和路なら」 地域情報ネットワーク 8（6）通号81 2005.6

玄奘法師と奈良仏教（間淵二三夫）「歴研よこはま」 横浜歴史研究会 （56） 2005.6

根本誠二/サムエルC・モース編「奈良仏教と在地社会」（新刊紹介）（吉野秋二）「ヒストリア ： journal of Osaka Historical Association」 大阪歴史学会 （197） 2005.11

特集 なら石仏探訪「月刊大和路なら」 地域情報ネットワーク 8（11）通号86 2005.11

特集 奈良観光の原点 元禄の大仏開眼/奈良のおみやげ30選「あかい奈良」 青垣出版，星雲社（発売）30 2005.12

日本古代の喪葬儀礼に関する一考察―奈良時代における天皇の殯期間の短期化について（三上真由子）「奈良史学」 奈良大学史学会 （23） 2005.12

童子と堂童子―修二会を支える人々と奈良の文化（松尾恒一）「月刊大和路なら」 地域情報ネットワーク 9（2）通号89 2006.2

悔過と仏像（長岡龍作）「鹿園雑集 ： 奈良国立博物館研究紀要」 奈良国立博物館 （8） 2006.3

奈良国立博物館蔵 大威徳明王画像について―五輪塔が描かれる大威徳明王画像（谷口耕生）「鹿園雑集 ： 奈良国立博物館研究紀要」 奈良国立博物館 （8） 2006.3

記憶のなかの由緒（1） 残された伝承から（吉田栄治郎）「奈良人権・部落解放研究所紀要」 奈良人権・部落解放研究所 （24） 2006.3

紹介 木村茂光・吉井敏幸編『奈良と伊勢街道』（水島暁）「奈良歴史研究」 奈良歴史研究会 （65） 2006.3

古代寺院における軍事施設の要素（甲斐弓子）「日本文化史研究」 帝塚山大学奈良学総合文化研究所 （37） 2006.3

特集 奈良怪異譚「月刊大和路なら」 地域情報ネットワーク 9（8）通号95 2006.8

山駆ける物の怪たち 奈良妖怪譚「月刊大和路なら」 地域情報ネットワーク 9（8）通号95 2006.8

インタビュー 奈良教育大学教授・竹原威滋 畏怖の念が生む妖怪 人間の心に静かに魂を宿す「月刊大和路なら」 地域情報ネットワーク 9（8）通号95 2006.8

古代奈良の怨霊と鎮魂「月刊大和路なら」 地域情報ネットワーク 9（8）通号95 2006.8

奈良風影 第二部（5） 耀う塔の来歴（吉田伊佐夫）「月刊大和路なら」

奈良県　　　　　　　　　　郷土に伝わる民俗と信仰　　　　　　　　　　近畿

地域情報ネットワーク　9（8）通号95　2006.8

奈良風影 第二部（6）饅頭と歓喜天（吉田伊佐夫）「月刊大和路ならら」地域情報ネットワーク　9（9）通号96　2006.9

奈良風影 第二部（7）蓮糸を制す（吉田伊佐夫）「月刊大和路ならら」地域情報ネットワーク　9（10）通号97　2006.10

奈良風影 第二部（8）「甘し土」の伝説（吉田伊佐夫）「月刊大和路ならら」地域情報ネットワーク　9（11）通号98　2006.11

今日見心親 こどもたちの能「善財童子」「あかい奈良」青垣出版，星雲社（発売）　34　2006.12

特集 おん祭と奈良人形「月刊大和路ならら」地域情報ネットワーク　9（12）通号99　2006.12

グラビア おん祭の人形たち 神事に舞う奈良人形「月刊大和路ならら」地域情報ネットワーク　9（12）通号99　2006.12

インタビュー 春日大社権宮司・岡本彰夫 奈良人形を語る「月刊大和路ならら」地域情報ネットワーク　9（12）通号99　2006.12

奈良風影 第二部（9）春日山の河童（吉田伊佐夫）「月刊大和路ならら」地域情報ネットワーク　9（12）通号99　2006.12

奈良風影 第二部（10）飛天残照（吉田伊佐夫）「月刊大和路ならら」地域情報ネットワーク　10（1）通号100　2007.1

奈良風影 第二部（11）無憂樹の花（吉田伊佐夫）「月刊大和路ならら」地域情報ネットワーク　10（2）通号101　2007.2

過去を未来につなぐ元興寺文化財研究所 中世都市奈良をめぐる墓と葬送―考古学的調査の成果から（佐藤阿聖）「あかい奈良」青垣出版，星雲社（発売）　35　2007.3

芭蕉が見た奈良の町 大仏復興事業の槌音高く（特集 芭蕉と奈良大和路）「月刊大和路ならら」地域情報ネットワーク　10（3）通号102　2007.3

奈良風影 第二部（12）欠史の御陵（吉田伊佐夫）「月刊大和路ならら」地域情報ネットワーク　10（3）通号102　2007.3

奈良国立博物館所蔵 阿弥陀浄土図の図様と表現（北澤菜月）「鹿園雑集 : 奈良国立博物館研究紀要」奈良国立博物館　（9）　2007.3

奈良風影 第二部（13）哭く女神（吉田伊佐夫）「月刊大和路ならら」地域情報ネットワーク　10（4）通号103　2007.4

奈良風影 第二部（14）灯芯有情（吉田伊佐夫）「月刊大和路ならら」地域情報ネットワーク　10（5）通号104　2007.5

特集 奈良の修験道「あかい奈良」青垣出版，星雲社（発売）　36　2007.6

インタビュー 京都造形芸術大学講師 青木繁 歌舞伎と奈良（特集 大和路歌舞伎紀行―その舞台と人）「月刊大和路ならら」地域情報ネットワーク　10（6）通号105　2007.6

奈良大和オンパレード物語/妹背山婦女庭訓（特集 大和路歌舞伎紀行―その舞台と人―奈良ゆかりの歌舞伎をさぐる）「月刊大和路ならら」地域情報ネットワーク　10（6）通号105　2007.6

奈良風影 第二部（17）噂の手児奈（吉田伊佐夫）「月刊大和路ならら」地域情報ネットワーク　10（8）通号107　2007.8

奈良風影 第二部（18）流離の碑（吉田伊佐夫）「月刊大和路ならら」地域情報ネットワーク　10（9）通号108　2007.9

奈良風影 第二部（19）睨む鬼師（吉田伊佐夫）「月刊大和路ならら」地域情報ネットワーク　10（10）通号109　2007.10

奈良風影 第二部（20）浄瑠璃の村（吉田伊佐夫）「月刊大和路ならら」地域情報ネットワーク　10（11）通号110　2007.11

奈良風影 第二部（21）「天平」鑽仰（吉田伊佐夫）「月刊大和路ならら」地域情報ネットワーク　10（12）通号111　2007.12

饅頭は奈良で生まれた 和菓子の起源（特集 大和のお菓子、なつかしのおやつ）「月刊大和路ならら」地域情報ネットワーク　11（1）通号112　2008.1

田の神と人とを結ぶ伝統の味 奈良の郷土食 半夏生餅を味わう（特集 大和のお菓子、なつかしのおやつ）「月刊大和路ならら」地域情報ネットワーク　11（1）通号112　2008.1

奈良風影 第二部（22）秘境の舞（吉田伊佐夫）「月刊大和路ならら」地域情報ネットワーク　11（1）通号112　2008.1

奈良風影 第二部（23）民俗の狩人（吉田伊佐夫）「月刊大和路ならら」地域情報ネットワーク　11（2）通号113　2008.2

奈良のノガミ行事と麦作（樽井由紀）「風俗史学 : 日本風俗史学会誌」日本風俗史学会　（37）　2008.3

特集 明治の「奈良」を撮った写真師・工藤利三郎「あかい奈良」青垣出版，星雲社（発売）　39　2008.3

シルクロードと奈良（3）シルクロードの音楽と雅楽「あかい奈良」青垣出版，星雲社（発売）　39　2008.3

南都雅楽と春日若宮おん祭/雅楽の伝来と発展/近代奈良の雅楽/戦後の奈良の雅楽/平成19年の春日若宮おん祭/管絃と舞楽/江戸末期の南都楽所の日々/楽家系譜（特集 南都の雅楽）（笠置倪一）「秋篠文化」秋篠音楽堂運営協議会　（6）　2008.3

古代寺院建築における特異な基壇・平面とその構造「奈良文化財研究所紀要」奈良文化財研究所　2008　2008.6

奈良の秋祭り―神事と供え物（福井英行）「阡陵 : 関西大学博物館彙報」関西大学博物館　（57）　2008.9

大和モノまんだら（21）奈良茶碗 肥前生まれの飯茶碗（鹿谷勲）「あかい奈良」青垣出版，星雲社（発売）　41　2008.9

小さな奈良の物語（2）銅鳥居「あかい奈良」青垣出版，星雲社（発売）　42　2008.12

平常展のみどころ 六角宝輪形経筒（吉澤悟）「奈良国立博物館だより」奈良国立博物館　（68）　2009.01

説話のシルクロード―世界の口承文芸と奈良 竹原威滋（第33回大会公開講演）（川森博司）「伝え : 日本口承文芸学会会報」日本口承文芸学会　（45）　2009.09

第33回大会 奈良伝説散歩（竹原威滋）「伝え : 日本口承文芸学会会報」日本口承文芸学会　（45）　2009.9

大仏受難史（奈良の大仏三百年）（塚本茂男）「史談しもふさ」下総町郷土史研究会　（30）　2009.09

奈良北東部の十九夜念仏について―石讃と石造遺品からみた伝播を中心にして（奥村隆彦）「歴史考古学」歴史考古学研究会　（61）　2009.10

奈良大和路 庭園めぐり―飛鳥から昭和まで、時を超えた庭の旅へ 飛鳥 飛鳥京跡苑池遺構/奈良 平城京左京三条二坊跡庭園・平城京跡東院庭園/平安 円成寺・浄瑠璃寺/室町 旧大乗院庭園/安土桃山 竹林院・當麻寺中之坊香藕園/江戸 慈光院・法華寺・興福院/明治 依水園/大正 吉城園（奈良庭園紀行へ 時を超えた庭）「月刊大和路ならら」地域情報ネットワーク　12（11）通号134　2009.11

インタビュー 呪師・平岡昇修師 内陣に満ち満ちる水の力「月刊大和路ならら」地域情報ネットワーク　13（2）通号137　2010.02

奈良の天狗像（上），（下）―昔話・伝説・世間話からの考察（高橋成）「西郊民俗」〔西郊民俗談話会〕　（211）/（212）　2010.06/2010.09

特集 鎮魂の歴史 奈良の御霊信仰を探る「月刊大和路ならら」地域情報ネットワーク　13（8）通号143　2010.08

五條・奈良 みたま鎮まる地を歩く「月刊大和路ならら」地域情報ネットワーク　13（8）通号143　2010.08

奈良御霊スポットめぐり「月刊大和路ならら」地域情報ネットワーク　13（8）通号143　2010.08

怨霊から神へ 怨霊の誕生・変容と奈良の御霊信仰 インタビュー・山田雄司「月刊大和路ならら」地域情報ネットワーク　13（8）通号143　2010.08

奈良の主な御霊神社一覧「月刊大和路ならら」地域情報ネットワーク　13（8）通号143　2010.08

近代奈良の地域社会形成と名望家今村勤三―とくに「地方行政・政治家」としての活動を中心に（山上豊）「奈良歴史研究」奈良歴史研究会　（74）　2010.9

民俗公園だより 野鳥―石尾さんの記録から（川瀬浩）「奈文研ニュース」奈良文化財研究所　（38）　2010.09

中世奈良の声聞師と興福寺（吉川夏那）「橘史学」京都橘大学歴史文化学会　（24）　2010.11

平将門ゆかりの「奈良の大仏」（特集 釈迦如来）（町田茂）「日本の石仏」日本石仏協会，青娥書房（発売）（136）　2010.12

近代の奈良における祝賀行事―祝賀行事を支えた芸妓（勝部月子）「奈良学研究」帝塚山大学奈良学総合文化研究所　（13）　2011.3

摩多羅祭における田楽の役割―中世天台系寺院の修正会を中心として（吉村旭輝）「日本文化史研究」帝塚山大学奈良学総合文化研究所　（42）　2011.03

古代の奈良、中世の滋賀、近世の京都―滋賀は社寺等歴史的建造物の宝庫（特集 滋賀の国宝建築物）（池野保）「湖国と文化」滋賀県文化振興事業団　35（2）通号135　2011.4

心の風景 茅の輪くぐり（井上博道，西村博美）「あかい奈良」青垣出版，星雲社（発売）　52　2011.06

不思議な奈良三彩の謎を解く（特集 再考・飛鳥仏教）（弓場紀知）「季刊明日香風」古都飛鳥保存財団　30（3）通号119　2011.7

人は誰でも無意識のうちに、心のどこかで何かに頼る「仏教のおしえ」を感じる現代美術の結晶 岡澤禎華写経美術館（特集 とっておき奈良のミュージアムII）「月刊大和路ならら」地域情報ネットワーク　14（7）通号154　2011.07

神の杜の、奥深く オオモノヌシ、祟る（宮家美樹）「まほろびすと : 奈良に焦がれ、歴史に耳澄ます情報誌」実業印刷まほろば会　1（1）通号1　2012.01

奈良鬼むかし（特集 鬼が来た！ 春が来た！）「月刊大和路ならら」地域情報ネットワーク　15（3）通号162　2012.3

続「三棟」考―中世奈良の声聞師を考える（山村雅史）「奈良県立同和問題関係史料センター研究紀要」奈良県立同和問題関係史料センター　（17）　2012.03

特別寄稿 鹿の角切りと奈良の町（幡鎌一弘）「奈良県立同和問題関係史料センター研究紀要」奈良県立同和問題関係史料センター　（17）　2012.3

遠出もいとわぬご朱印の旅 天河大辨財天社/宝山寺/壺坂寺/龍泉寺/室生寺/石光寺/宇太水分神社/相撲神社/岡寺「まほろびすと : 奈良に焦がれ、歴史に耳澄ます情報誌」実業印刷まほろば会　1（2）通号2

2012.04

夫婦で、奈良に住んでみました 社寺のご朱印見て比べ「まほろびすと : 奈良に焦がれ、歴史に耳澄ます情報誌」 実業印刷まほろば会 1(2)通号2 2012.04

記紀万葉ツアリズム 八咫烏の影を追え 八咫烏神社/宮滝/井光鹿の井戸/吉野歴史資料館/宇賀神社/浄見原神社/菟田の高城/鳥見山中霊畤跡「まほろびすと : 奈良に焦がれ、歴史に耳澄ます情報誌」 実業印刷まほろば会 1(2)通号2 2012.04

地元バス会社、こだわりの旅行企画(奈良交通) 境界を守る御霊、祟りのラインを訪ねる 記紀万葉の悲劇の物語をたどる旅「まほろびすと : 奈良に焦がれ、歴史に耳澄ます情報誌」 実業印刷まほろば会 1(2)通号2 2012.04

神社の杜の、奥深く 古き神の杜は、生き残った(宮家美樹)「まほろびすと : 奈良に焦がれ、歴史に耳澄ます情報誌」 実業印刷まほろば会 1(2)通号2 2012.04

奈良・古事記ゆかり地マップ(特集 神と人が紡ぐ壮大なる物語 古事記ザ・スペクタル)「月刊大和路ならら」 地域情報ネットワーク 15(6)通号165 2012.6

神の杜の、奥深く 埋もれた神、ニギハヤヒ[前]、(後)(宮家美樹)「まほろびすと : 奈良に焦がれ、歴史に耳澄ます情報誌」 実業印刷まほろば会 1(3)通号3/1(4)通号4 2012.07/2012.10

職人の道具箱 仏教彫刻(吉永快聞)「まほろびすと : 奈良に焦がれ、歴史に耳澄ます情報誌」 実業印刷まほろば会 1(4)通号4 2012.10

『弘化四年本正月改 年中行事幷家事取極記』(有山肇家文書)(史料紹介)(高田照世)「奈良学研究」 帝塚山大学奈良学総合文化研究所 (15) 2013.2

奈良周辺の社寺(話のひろば)(神代祥男)「大内文化探訪 : 会誌」 大内文化探訪会 (31) 2013.05

禅宗寺院と庭園(研究報告)「奈良文化財研究所紀要」 奈良文化財研究所 2013 2013.06

奈良の塔・塔跡マップ 今ある塔、昔あった塔 同じ地図に建てました(特集 塔 千年の未来へ 薬師寺東塔解体大修理)「月刊大和路ならら」 地域情報ネットワーク 16(9)通号180 2013.09

奈良の塔と塔跡一覧(特集 塔 千年の未来へ 薬師寺東塔解体大修理)「月刊大和路ならら」 地域情報ネットワーク 16(9)通号180 2013.09

戦国時代に奈良から尼崎を旅した僧侶たちの記録(小特集 宝珠院文書から見る中世後期の尼崎)(大村拓生)「地域史研究 : 尼崎市立地域研究史料館紀要 : Bulletin of the history of Amagasaki」 尼崎市立地域研究史料館 (113) 2013.11

村田珠光 佗数寄の哲学/奈良にはじまる茶の湯の胎動(特集 新春を寿ぐ奈良大茶会)「月刊大和路ならら」 地域情報ネットワーク 17(1)通号184 2014.1

はじめてのお茶会 珠光茶会、出掛ける前に知っておきたい(特集 新春を寿ぐ奈良大茶会)「月刊大和路ならら」 地域情報ネットワーク 17(1)通号184 2014.01

珠光茶会に出掛けてみよう(特集 新春を寿ぐ奈良大茶会)「月刊大和路ならら」 地域情報ネットワーク 17(1)通号184 2014.01

菩薩坐像 木造 彩色・截金 像高69.1cm 平安〜鎌倉時代(12世紀) 文化庁(展示品のみどころ)(山口隆介)「奈良国立博物館だより」 (88) 2014.01

奈良筆伝統工芸士・松谷文夫さんが語る 文字の美に捧げる手わざ/1本ずつ用途に合わせ(特集 書は人なり 大和・墨と筆の文化史)「月刊大和路ならら」 地域情報ネットワーク 17(3)通号186 2014.03

古梅園・岸田雅継さんが語る 漆黒の伝統二芸品/奈良墨の歴史とわざ(特集 書は人なり 大和・墨と筆の文化史)「月刊大和路ならら」 地域情報ネットワーク 17(3)通号186 2014.03

大和の寺 自分で設定して回っちゃおう 勝手に奈良巡礼のススメ(特集 やまとをぐるぐる 花と仏の霊場めぐり)「月刊大和路ならら」 地域情報ネットワーク 17(5)通号188 2014.05

奈良のお地蔵さん 夏だから会いたい奈良のお寺のお地蔵さま/町の地蔵の生活事情/尼僧の予言的中 大森池子安地蔵尊(特集 奈良のお地蔵さん)「月刊大和路ならら」 地域情報ネットワーク 17(7)通号190 2014.07

お顔もエピソードも12人12色 夏だから会いたい 奈良のお寺のお地蔵さま 帯解子安地蔵/印相地蔵/春日地蔵/石竈地蔵/地蔵大佛/地蔵菩薩/延命地蔵/地蔵菩薩立像/子安延命地蔵/身代り焼け地蔵/地蔵菩薩・子安地蔵(特集 奈良のお地蔵さん)「月刊大和路ならら」 地域情報ネットワーク 17(7)通号190 2014.07

お地蔵さん その起源と信仰の歴史(特集 奈良のお地蔵さん)「月刊大和路ならら」 地域情報ネットワーク 17(7)通号190 2014.07

庶民信仰のなかのお地蔵さん(特集 奈良のお地蔵さん)「月刊大和路ならら」 地域情報ネットワーク 17(7)通号190 2014.07

奈良県

収蔵品展「くらし描かれた生活用具―運ぶ・食べる・住む」「奈良県立民俗博物館だより」 奈良県立民俗博物館 18(2)通号72 1997.1

民俗資料聞き書き短信(22) 鬼の伝承と修験道について「奈良県立民俗博物館だより」 奈良県立民俗博物館 18(2)通号72 1997.1

『大正四年 奈良県風俗誌』にみる分家慣行(井戸田博史)「奈良学研究」 帝塚山大学奈良学総合文化研究所 通号1 1997.3

村家論序説―村はなぜ「かわた」村との相互了解を一方的に破棄したのか(吉田栄治郎)「奈良県立同和問題関係史料センター研究紀要」 奈良県立同和問題関係史料センター 4 1997.3

無形民俗資料映像収録事業「玉味噌作り」調査余録「奈良県立民俗博物館だより」 奈良県立民俗博物館 18(3)通号73 1997.3

節分におけるオニノメツキの習俗について「奈良県立民俗博物館だより」 奈良県立民俗博物館 18(3)通号73 1997.3

盂蘭盆習俗の迎え火と送り火について「奈良県立民俗博物館だより」 奈良県立民俗博物館 19(1)通号74 1997.8

明治後期奈良県の膠生産について(井岡康時)「奈良県立同和問題関係史料センター研究紀要」 奈良県立同和問題関係史料センター 5 1998.3

近世における当道祖神伝承の変容(2)―光孝天皇から雨夜御子へ(中川みゆき)「奈良県立同和問題関係史料センター研究紀要」 奈良県立同和問題関係史料センター 5 1998.3

「部落寺院」の本末・寺檀争論をめぐって(奥本武裕)「奈良県立同和問題関係史料センター研究紀要」 奈良県立同和問題関係史料センター 5 1998.3

御歳餅について[1]、(2)「奈良県立民俗博物館だより」 奈良県立民俗博物館 25(1)通号77/26(1)通号79 1999.1/1999.8

民俗資料の聞き書き短信(27) オカリヤについて(浦西勉)「奈良県立民俗博物館だより」 奈良県立民俗博物館 25(1)通号77 1999.1

座頭祝銭に関する研究ノート―座頭と寺院の争論(中川みゆき)「奈良県立同和問題関係史料センター研究紀要」 奈良県立同和問題関係史料センター 6 1999.3

奈良県のイノコ行事考「奈良県立民俗博物館だより」 奈良県立民俗博物館 25(2)通号78 1999.3

中世説話集に現れた鬼の群像―鬼の究明のための基礎作業によせて(2)(奥野義雄)「奈良県立民俗博物館研究紀要」 奈良県立民俗博物館 通号16 1999.3

奈良県の鬼(中野譲)「六甲倶楽部報告」 六甲倶楽部 48 1999.3

平成11年特別展 鬼・まじないの世界―鬼が鬼を制する諸相「奈良県立民俗博物館だより」 奈良県立民俗博物館 26(1)通号79 1999.8

収蔵品展にともなう調査 ただ一人の"紙芝居屋さん"の話「奈良県立民俗博物館だより」 奈良県立民俗博物館 26(2)通号80 2000.1

普及講座「茶の民俗」実施して「奈良県立民俗博物館だより」 奈良県立民俗博物館 26(3)通号81 2000.3

村落社会に残るオコナイ(修正会)行事の研究(1)―江戸時代のオコナイ記録から試みた郷村的オコナイ行事の復元(浦西勉)「奈良県立民俗博物館研究紀要」 奈良県立民俗博物館 通号17 2000.3

禁制・禁令史料が語る徘徊する民間宗教者の社会的影響―古代から近代までの民間宗教者の存在形態の素描によせて(奥野義雄)「奈良県立民俗博物館研究紀要」 奈良県立民俗博物館 通号17 2000.3

再び、盂蘭盆における客棚習俗について(1)「奈良県立民俗博物館だより」 奈良県立民俗博物館 27(1)通号82 2000.7

奈良県の名号塔婆(3) 葛城地区、磯城・高市地区、東山地区、吉野地区編「歴史考古学」 歴史考古学研究会 (47) 2000.12

くらしの風景―写真資料による郷土の民俗25年「奈良県立民俗博物館だより」 奈良県立民俗博物館 27(2)通号83 2001.1

盂蘭盆における精霊を迎え・送る伝承習俗について「奈良県立民俗博物館だより」 奈良県立民俗博物館 27(2)通号83 2001.1

収蔵品展紹介 くらしの中の繊維工芸「奈良県立民俗博物館だより」 奈良県立民俗博物館 27(3)通号84 2001.3

卯杖・卯槌と削り懸けについて「奈良県立民俗博物館だより」 奈良県立民俗博物館 27(3)通号84 2001.3

端午の節供にともなうまじない習俗―『諸国風俗問状答』にみる近世民衆のまじないに託した祈願を中心に(奥野義雄)「奈良県立民俗博物館研究紀要」 奈良県立民俗博物館 (18) 2001.3

節分の豆をめぐる習俗―『諸国風俗問状答』にみる節分の豆による疫鬼よけと厄払いを中心に(奥野義雄)「奈良県立民俗博物館研究紀要」 奈良県立民俗博物館 (18) 2001.3

〔展示批評〕奈良県立民俗博物館特別展示「奈良晒」(酒卸晶子)「民具研究」 日本民具学会 (124) 2001.7

平成13年度特別展「なら暮と筆の伝承文化」展によせて「奈良県立民俗博物館だより」 奈良県立民俗博物館 28(1)通号85 2001.9

民俗資料の聞き書き短信(34) マキハダ―県内における桧皮繊維利用の一例(浦西勉)「奈良県立民俗博物館だより」 奈良県立民俗博物館 28(1)通号85 2001.9

民俗資料の聞き書き短信(35) 小麦餅(浦西勉)「奈良県立民俗博物館だより」 奈良県立民俗博物館 28(1)通号85 2001.9

2001年7月例会 浦西勉氏「奈良県における宮座の研究」「日本宗教民俗学研究会通信」 日本宗教民俗学研究会 (92) 2001.10

特別展「お金 近代のお金と暮らし—商う・祈る・貯める」について/民俗資料の聞き書き短信(36) 垣結と垣結の餅づくり「奈良県立民俗博物館だより」 奈良県立民俗博物館 29(1)通号87 2002.9

盆供の柿の葉の器—奈良県東部山間とその周辺(奥野義雄)「まつり」 まつり同好会 通号63 2002.12

再び盂蘭盆における客棚習俗について「奈良県立民俗博物館だより」 奈良県立民俗博物館 29(3)通号89 2003.3

新作映像資料の紹介 イッカケつくり「奈良県立民俗博物館だより」 奈良県立民俗博物館 29(3)通号89 2003.3

大晦日とフクマル迎え(中田太造)「御影史学論集」 御影史学研究会 通号28 2003.10

特別展講演会 近世農民の知恵—綿作と「まわし・ならし」「奈良県立民俗博物館だより」 奈良県立民俗博物館 30(1・2)通号90・91 2003.12

奈良における初期茶業の展開について(寺田孝重)「奈良学研究」 帝塚山大学奈良学総合文化研究所 (7) 2004.3

「穢多」村における真宗教線の展開についての覚書(奥本武裕)「奈良県立同和問題関係史料センター研究紀要」 奈良県立同和問題関係史料センター 10 2004.3

奈良県内における馬鍬の形態的な特徴(岩宮隆司)「奈良県立民俗博物館研究紀要」 奈良県立民俗博物館 (21) 2005.3

不食供養金石銘文集 和歌山県/大阪府/奈良県/長野県/埼玉県(奥村隆彦)「歴史考古学研究」 歴史考古学研究 (56) 2005.9

古墳時代の井戸祭祀に関する一考察—奈良県の井戸を題材として(山崎孝盛)「岡山大学大学院文化科学研究科紀要」 岡山大学大学院文化科学研究科 (20) 2005.11

わが家の「茶がゆ」「奈良県立民俗博物館だより」 奈良県立民俗博物館 32(1)通号96 2006.3

生活用具の中の茶臼—当館の収蔵資料から「奈良県立民俗博物館だより」 奈良県立民俗博物館 32(1)通号96 2006.3

霊場の整備と被差別部落(井岡康晴)「Regional」 奈良県立同和問題関係史料センター (3) 2006.10

特別展紹介 くらしを支えた手わざ—鍛冶屋・樫木屋(特別展特集)(大宮守人)「奈良県立民俗博物館だより」 奈良県立民俗博物館 33(1)通号97 2006.11

奈良県内の蓄力用除草機(岩宮隆司)「奈良県立民俗博物館だより」 奈良県立民俗博物館 33(1)通号97 2006.11

季節とたべもの ドヨモチ・コゴメモチ(横山浩子)「奈良県立民俗博物館だより」 奈良県立民俗博物館 33(1)通号97 2006.11

民俗公園だより 民俗公園のあらまし(川瀬浩)「奈良県立民俗博物館だより」 奈良県立民俗博物館 33(1)通号97 2006.11

近世穢多村の村と寺—複数の真宗寺院が所在する村(奥本武裕)「Regional」 奈良県立同和問題関係史料センター 通号7 2007.1

奈良県の六斎念仏—その事例と特色(鹿谷勲)「秋篠文化」 秋篠音楽堂運営協議会 (5) 2007.3

企画展紹介 たがやす—牛とくらした日々(岩宮隆司)「奈良県立民俗博物館だより」 奈良県立民俗博物館 34(2)通号98 2007.5

民俗公園だより 植樹された樹木(川瀬浩)「奈良県立民俗博物館だより」 奈良県立民俗博物館 34(1)通号98 2007.5

県指定有形民俗文化財「奈良県の牛耕用具」の概略(岩宮隆司)「奈良県立民俗博物館だより」 奈良県立民俗博物館 34(2)通号99 2007.9

民俗公園だより 自生する樹木(川瀬浩)「奈良県立民俗博物館だより」 奈良県立民俗博物館 34(2)通号99 2007.9

マキハダづくりを追って(上)、(下)(福島俊弘)「奈良県立民俗博物館だより」 奈良県立民俗博物館 34(2)通号99/35(1)通号100 2007.9/2008.12

1300年の道(2) 701～750年(2) 大仏建立「月刊大和路ならら」 地域情報ネットワーク 10(11)通号110 2007.11

奈良県東部山間地域の祭礼とその組織—奈良市狭川地域を中心として(上園喜江)「奈良学研究」 帝塚山大学奈良学総合文化研究所 (10) 2008.1

奈良県内における中床犂の形態的な特徴(岩宮隆司)「奈良県立民俗博物館研究紀要」 奈良県立民俗博物館 (23) 2008.3

仏足石巡拝記—奈良県(関口渉)「野仏 : 多摩石仏の会機関誌」 多摩石仏の会 39 2008.7

オンダ行事と伝承地の稲作農事暦—奈良県内オンダ行事の地域的特色(藤本愛)「日本民俗学」 日本民俗学会 通号255 2008.8

部落寺院のネットワークはいかなる広がりを持ちえたか(奥本武裕)「Regional」 奈良県立同和問題関係史料センター (10) 2008.9

1300年の道(17) 1201～1250年(2) 寺社領拡大「月刊大和路ならら」 地域情報ネットワーク 12(2)通号125 2009.2

1300年の道(18) 1251～1300年(1) 叡専の活躍「月刊大和路ならら」 地域情報ネットワーク 12(3)通号126 2009.3

「奈良県風俗誌」からみたムラの制裁(津浦和久)「Regional」 奈良県立同和問題関係史料センター (11) 2009.6

仏足石巡拝記(2) 続奈良県・京都府・続京都府(関口渉)「野仏 : 多摩

石仏の会機関誌」 多摩石仏の会 40 2009.08

民謡 鎌倉節「吉野路アラカルト」 樋口昌徳 (2) 2009.09

神武天皇祭の民俗行事化—奈良県下のレンゾを中心に(市川秀之)「日本民俗学」 日本民俗学会 通号261 2010.02

奈良県立民俗博物館「奈良県の牛耕用具特別公開 農具にみる古代の息吹」(展示批評・展示紹介)(河野通明)「民具研究」 日本民具学会 (141) 2010.04

1300年の道(33) 1701～1750年 公慶の大仏殿復興「月刊大和路ならら」 地域情報ネットワーク 13(6)通号141 2010.6

奈良県の近代和風建築「奈良文化財研究所紀要」 奈良文化財研究所 2010 2010.06

仏足石巡拝記(3)—続京都府・続奈良県・愛知県(関口渉)「野仏 : 多摩石仏の会機関誌」 多摩石仏の会 41 2010.08

1300年の道(35) 1751～1800年 浄瑠璃の盛行「月刊大和路ならら」 地域情報ネットワーク 13(8)通号143 2010.8

奈良県の薬資料館・植物園・薬草園・秋の花社寺ほか一覧「月刊大和路ならら」 地域情報ネットワーク 13(9)通号144 2010.09

裸祭り考—なぜ奈良県に裸祭りはないのか(特集 裸祭の今昔)(吉川雅章)「宗教民俗研究」 日本宗教民俗学会 (20) 2010.09

1300年の道(40) 1851～1900年(3) 五重塔身売り「月刊大和路ならら」 地域情報ネットワーク 14(1)通号148 2011.1

奈良県におけるノガミ行事とダケノボリの研究—稲作環境および農事暦との関連性からみた稲作儀礼(藤本愛)「京都民俗 : 京都民俗学会会誌」 京都民俗学会 通号28 2011.03

1300年の道(42) 1901～1950年(2) 紀元二千六百年祭「月刊大和路ならら」 地域情報ネットワーク 14(3)通号150 2011.3

民俗社会の地域的差異について—庚申塔婆の形状とその分布(津浦和久)「奈良県立同和問題関係史料センター研究紀要」 奈良県立同和問題関係史料センター (16) 2011.03

奈良県北東部の古寺と文化財—般若寺から大柳生・狭川へ(関根俊一)「近畿文化」 近畿文化会事務局 (738) 2011.5

奈良県中南部の仏像(神田雅章)「近畿文化」 近畿文化会事務局 (741) 2011.08

調伏される鬼 薬師寺・興福寺・法隆寺・大安寺・長谷寺・信貴山朝護孫子寺・三十八神社(特集 鬼が来た! 春が来た!)「月刊大和路ならら」 地域情報ネットワーク 15(3)通号162 2012.03

国際博物館の日記念講演会 民俗・民具からまなぶ—こどもと博物館をつなぐ試み(恒岡宗司)「奈良県立民俗博物館だより」 奈良県立民俗博物館 38(1)通号103 2012.03

企画展紹介 日々のくらし—子育ての民俗(横山浩子)「奈良県立民俗博物館だより」 奈良県立民俗博物館 38(1)通号103 2012.03

モノまんだら クジ・袋(鹿谷勲)「奈良県立民俗博物館だより」 奈良県立民俗博物館 38(1)通号103 2012.03

モノまんだらII 太鼓とカネ(鹿谷勲)「奈良県立民俗博物館だより」 奈良県立民俗博物館 38(1)通号103 2012.03

安井真奈美編『出産・育児の近代—「奈良県風俗誌」を読む—』(書誌紹介)(板橋春夫)「日本民俗学」 日本民俗学会 (271) 2012.08

奈良県の「をに」第2回(中野譲)「六甲倶楽部報告」 六甲倶楽部 (103) 2012.12

奈良県の雨乞い習俗と地域社会—被差別民衆史の視点から(特別寄稿)(池田士郎)「研究紀要」 奈良県教育委員会 (18) 2013.03

モノまんだらIII 結びの民俗—ひも・なわ・つな(吉本由梨香)「奈良県立民俗博物館だより」 奈良県立民俗博物館 39(1)通号104 2013.03

奈良県民俗緊急調査の成果と課題—趣旨(例会発表要旨)(西瀬英紀)「藝能史研究」 藝能史研究會 (204) 2014.01

山地民俗再考—社会変容を見すえて(国際博物館の日記念講演会要旨)(野本寛一)「奈良県立民俗博物館だより」 奈良県立民俗博物館 40(1)通号105 2014.03

企画展紹介 お米作りと神々への祈り 平成25年4月27日～6月30日(吉本由梨香)「奈良県立民俗博物館だより」 奈良県立民俗博物館 40(1)通号105 2014.03

書評 奈良県教育委員会編『奈良県民俗芸能緊急調査報告書 奈良県の民俗芸能1・2』(長谷川嘉和)「民俗芸能研究」 民俗芸能学会 (57) 2014.09

『菅笠日記』の挑戦—神仏混淆真っ只中で見出される「古へ」(山下久夫)「鈴屋学会報」 鈴屋学会 (31) 2014.12

奈良古道

古代伊勢道(奈良古道)の復元に関する覚書(倉田直純)「斎宮歴史博物館研究紀要」 斎宮歴史博物館 通号19 2010.3

奈良坂

芸能としての救済—続・奈良坂小考(橋本裕之)「京都民俗 : 京都民俗学会会誌」 京都民俗学会 通号19 2001.12

近畿　　　　　　　　　　　　　　　郷土に伝わる民俗と信仰　　　　　　　　　　　　　　　奈良県

奈良阪

宮座における年齢序列と老いの意味の変化―奈良阪の老中の分析から（関沢まゆみ）「日本民俗学」　日本民俗学会　通号212　1997.11

奈良市

奈良市南部から奉納された春日大社石灯籠（木村房之）「奈良民俗通信」奈良民俗談話会　（40）1997.6

署名のある仏像―奈良市内を中心に（赤川一博）「近畿文化」　近畿文化会事務局　621　2001.8

あかい奈良が行く古社寺巡礼 奈良市 駅からすぐの、古社寺再発見「あかい奈良」　青垣出版，星雲社（発売）36　2007.6

奉納木桶からみた奈良市腰痛地蔵の信仰（鬼澤暁子）「民具マンスリー」神奈川大学　44（2）通号518　2011.05

やまと歳時記（88）奈良市「なら燈花会」（古市播磨）「月刊大和路ならら」　地域情報ネットワーク　14（8）通号155　2011.08

奈良県奈良市中心市街地の地蔵盆（清水邦彦）「西郊民俗」　［西郊民俗談話会］（224）2013.09

奈良市における庭園の悉皆的調査―宗教法人の庭園（研究報告）「奈良文化財研究所紀要」　奈良文化財研究所　2014　2014.06

奈良豆比古神社の翁舞

奈良の伝統行事（8）奈良豆比古神社の「翁舞」（村田昌三）「あかい奈良」　青垣出版，星雲社（発売）9　2000.9

奈良盆地

奈良盆地の残存川舟について（大宮守人）「奈良県立民俗博物館研究紀要」　奈良県立民俗博物館　通号16　1999.3

奈良盆地における郷墓の調査について（吉沢悟）「墓標研究会会報」　墓標研究会　3　2001.6

奈良盆地と周辺部の祭りのお仮屋（黒田一充）「関西大学博物館紀要」　関西大学博物館　9　2003.3

「奈良盆地の農業生産・生活用具」―コレクション化に向けて「奈良県立民俗博物館だより」　奈良県立民俗博物館　31（1）通号94　2004.9

奈良盆地における一石五輪塔と背光五輪塔（〈一石五輪塔の諸問題〉）（村木二郎）「日引 : 石造物研究会会誌」（9）2007.05

奈良町

奈良町の中将姫伝説と折口信夫「死者の書」（浅田隆）「近畿文化」　近畿文化会事務局　582　1998.5

近世奈良町の都市経済と東大寺復興（古川聡子）「ヒストリア : journal of Osaka Historical Association」　大阪歴史学会　通号169　2000.4

頭塔と奈良町（東暉）「史迹と美術」　史迹美術同攷会　72（7）通号727　2002.8

近世奈良町と興福寺―死鹿処理からみた（水谷友紀）「洛北史学」　洛北史学会　（7）2005.6

過去を未来につなぐ元興寺文化財研究所 庶民信仰のカタチ―奈良町と周辺地域から（角南聡一郎）「あかい奈良」　青垣出版，星雲社（発売）34　2006.12

風流にあそぶ ならまち 御霊さん「月刊大和路ならら」　地域情報ネットワーク　13（8）通号143　2010.08

奈良スケッチ（29）　「奈良町（御霊神社付近）」（杉本哲也，上丈竜矢）「月刊大和路ならら」　地域情報ネットワーク　13（8）通号143　2010.08

中将姫伝説の地をゆく 當麻、菟田野、奈良町（特集 中将姫伝説を訪ねて 奈良町、菟田野、そして當麻）「月刊大和路ならら」　地域情報ネットワーク　16（4）通号175　2013.4

徳融寺老院・阿波谷俊宏さんに聞く 奈良町に中将姫の面影を訪ねて（特集 中将姫伝説を訪ねて 奈良町、菟田野、そして當麻）「月刊大和路ならら」　地域情報ネットワーク　16（4）通号175　2013.04

南郷

南郷石仏の表現とその信仰（清水俊明）「野ほとけ」　奈良石仏会　（376）2002.4

南帝陵

吉野路に見る南朝の遺跡（23）南朝3代長慶天皇・御陵伝承地十津川村上野地「南帝陵」（国王神社）「吉野路」　樋口昌徳　75　1997.11

南都

南都の浄土信仰と造像活動の一形態―迎接坊経源と浄瑠璃寺九体阿弥陀像をめぐって（栃波恵昭）「奈良学研究」　帝塚山大学奈良学総合文化研究所　通号2　1999.3

南都六宗について―古代仏教史（境淳伍）「灵俗文化」　滋賀民俗学会　463　2002.4

中世の南都と叡山における戒律観について（舩田淳一）「日本宗教文化史研究」　日本宗教文化史学会　10（2）通号20　2006.11

中世後期南都の盆行事について（赤田光男）「帝塚山大学人文学部紀要」　帝塚山大学人文学部　（26）2009.11

法隆寺と南都寺院との関係を寺牒より探る―鵤庄を視座に 「平成二十一

年度春季法隆寺秘宝展」を拝見して（河野昭昌）「聖徳」　聖徳宗教学部（202）2009.12

中世後期南都の舎利信仰（赤田光男）「帝塚山大学人文学部紀要」　帝塚山大学人文学部　（27）2010.03

南都の正月行事（論考）（赤田光男）「日本文化史研究」　帝塚山大学奈良学総合文化研究所　（45）2014.03

南都楽所

近世の南都楽所と「素人附楽」（道端麻依子）「奈良歴史研究」　奈良歴史研究会　（51・52）1999.5

南都寺院

南都寺院のしくみ（組織と構成）（川村一彦）「会報」　大阪歴史懇談会21（5）通号237　2004.5

南都寺院の仏舎利相伝（赤田光男）「日本文化史研究」　帝塚山大学奈良学総合文化研究所　（41）2010.03

南明寺

奈良南明寺所蔵 木造僧形坐像の保存修理（岩田茂樹）「鹿園雑集 : 奈良国立博物館研究紀要」　奈良国立博物館　（8）2006.3

やまと歳時記（41）南明寺 重陽薬師会（植田英介）「月刊大和路ならら」　地域情報ネットワーク　10（9）通号108　2007.9

街道の隠れ寺 阪原南明寺、鄙の仏に出会う「月刊大和路ならら」　地域情報ネットワーク　14（1）通号148　2011.01

丹生川上神社

丹生川上神社新社地へ新築・移転「吉野路」　樋口昌徳　77　1998.5

大和・丹生川上神社のダンジリ祭り（奥野義雄）「まつり通信」　まつり同好会　38（10）通号452　1998.10

丹生川上神社の祈雨―大和国吉野郡小倉荘（杉本壽）「民俗文化」　滋賀民俗学会　462　2002.3

熊野、大峯奥駈道と丹生川上神社の縁起（玉本太平）「国際熊野学会会報」　国際熊野学会　（16）2011.11

式内社丹生川上神社鎮座地考（上）、（下）（白井伊佐牟）「史料 : 皇學館大学研究開発推進センター史料編纂所報」　皇學館大學研究開発推進センター史料編纂所　（239）/（240）2013.09/2013.12

丹生川上神社中社

あかい奈良が行く古社寺巡礼 東吉野村 丹生川上神社中社「あかい奈良」　青垣出版，星雲社（発売）52　2011.06

二月堂

あかい奈良が行く古社寺巡礼 奈良市・二月堂（ヨシミチガ）「あかい奈良」　青垣出版，星雲社（発売）38　2007.12

西阿田

郷関問答（4）西阿田の年中行事―暮らしに息づく自然と神仏（田中斉）「昔風と当世風」　古々路の会　（86）2004.4

西阿田地区の行事と食べ物（福島閑子）「昔風と当世風」　古々路の会（86）2004.4

西里

西里の回り地蔵習俗について（津浦和久）「Regional」　奈良県立同和問題関係史料センター　（13）2010.01

西の京

蒲生野歌壇 西の京巡拝歌（出目弘）「蒲生野」　八日市郷土文化研究会通号42　2010.12

西山光明院

薬師寺西郊の夙村と救癩施設・西山光明院（吉田栄治郎）「Regional」　奈良県立同和問題関係史料センター　（4）2006.11

二上山

三輪山と二上山（小川光三）「大美和」　大神神社　100　2001.1

二上山の「くつわ虫伝説」（大野豊）「二上山研究」　二上山総合調査研究会　（5）2008.2

食のくらしからみた二上山（4）小矢部川の恵み（羽岡ゆみ子，米田玲子，川端房子）「二上山研究」　二上山総合調査研究会　（5）2008.2

共同研究「万葉集の成立基盤としてのヤマトの信仰的世界観―二上山地域を視座として」について（〈万葉古代学研究所第3回委託共同研究報告〉）（大石泰夫）「万葉古代学研究年報」　奈良県立万葉文化館　（7）2009.03

水分神社の祭祀と信仰―万葉集の成立基盤としてのヤマトの信仰的世界観（〈万葉古代学研究所第3回委託共同研究報告〉）―第一部 ヤマトと二上山地域（大石泰夫）「万葉古代学研究年報」　奈良県立万葉文化館（7）2009.03

フタカミの伝承（〈万葉古代学研究所第3回委託共同研究報告〉）―第二部 二上山地域の信仰と伝承）（伊藤高雄）「万葉古代学研究年報」　奈良県立万葉文化館　（7）2009.03

ダケノボリ・オンダの信仰と伝承（〈万葉古代学研究所第3回委託共同研究報告〉一第二部 二上山地域の信仰と伝承）（城崎陽子）「万葉古代学研究年報」 奈良県立万葉文化館 （7）2009.03

二上山山麓の仏教民俗（〈万葉古代学研究所第3回委託共同研究報告〉一第二部 二上山地域の信仰と伝承）（吉川祐司）「万葉古代学研究年報」奈良県立万葉文化館 （7）2009.03

二上山博物館
奈良県香芝市尼寺廃寺・平野古墳群・二上山博物館を訪ねて（今中典男）「つどい」 豊中歴史同好会 198 2004.9

新口村
哀感ただよう雪景色の新口村／恋飛脚大和往来（特集 大和路歌舞伎紀行一その舞台と人一奈良ゆかりの歌舞伎をさぐる）「月刊大和路ならら」地域情報ネットワーク 10（6）通号105 2007.6

尼寺廃寺
奈良県香芝市尼寺廃寺・平野古墳群・二上山博物館を訪ねて（今中典男）「つどい」 豊中歴史同好会 198 2004.9

片岡王寺と尼寺廃寺（《白石太一郎先生送別記念論集》）（東野治之）「文化財学報」 奈良大学文学部文化財学科 27 2009.03

忍辱山墓地石仏群
みほとけは語る（19）柳生街道「忍辱山墓地石仏群」「月刊大和路ならら」 地域情報ネットワーク 12（10）通号133 2009.10

布引谷
布引谷の御不動尊と私（松本仁龍斎）「堺泉州」 堺泉州出版会 （18）2006.12

漆部の里
峨峨たる神仙世界 知られざる漆部の里の物語「月刊大和路ならら」 地域情報ネットワーク 11（7）通号118 2008.7

念仏寺陀々堂
奈良の伝統行事（9）念仏寺陀々堂の「鬼はしり」（荻原栄文）「あかい奈良」 青垣出版，星雲社（発売）10 2000.12

帰る鬼 念仏寺陀々堂（特集 鬼が来た！ 春が来た！）「月刊大和路ならら」 地域情報ネットワーク 15（3）通号162 2012.03

野神さん
やまと歳時記（73）天理市岩室町の野神さん（古市播磨）「月刊大和路ならら」 地域情報ネットワーク 13（5）通号140 2010.05

野迫河村
奈良県吉野郡野迫河村のお盆の先祖祀りについての聞き書き（日野西真定）「西郊民俗」［西郊民俗談話会］ 通号165 1998.12

野迫川村
奈良の伝統行事（21）弓手原のオコナイ一野迫川村の正月行事「あかい奈良」 青垣出版，星雲社（発売）22 2003.12

野依
奈良の伝統行事（22）野依のオンダ「あかい奈良」 青垣出版，星雲社（発売）23 2004.3

箸尾
奈良の伝統行事（20）箸尾の戸立祭り「あかい奈良」 青垣出版，星雲社（発売）21 2003.9

箸墓古墳
大和の箸墓古墳と淡海の壺笠山古墳（1）一箸墓伝説と行事の伝承を探る（山本仁一）「民俗文化」 滋賀民俗学会 447 2000.12

大和箸墓古墳と淡海の壺笠山古墳（3）一積羽八重事代主神と国内外の交易市（山本仁一）「民俗文化」 滋賀民俗学会 451 2001.4

大和箸墓と淡海の壺笠山古墳（4）一神人通婚の秘事で明白な壺笠山古墳の主（山本仁一）「民俗文化」 滋賀民俗学会 452 2001.5

大和箸墓古墳と淡海の壺笠山古墳（5）一大ヤマト根子王の国と五十足入彦の国（山本仁一）「民俗文化」 滋賀民俗学会 454 2001.7

長谷寺
伊勢長谷隔夜について（仲芳人）「史迹と美術」 史迹美術同攷会 68（10）1998.12

長谷寺本堂の調査「奈良文化財研究所紀要」 奈良文化財研究所 2004 2004.6

あかい奈良が行く古社寺巡礼（15）長谷寺「あかい奈良」 青垣出版，星雲社（発売）30 2005.12

近江国のタブノキ（2）長谷寺信仰・甲賀売薬のことなど（北野晃）「民俗文化」 滋賀民俗学会 （508）2006.1

長谷寺の声明と大般若転読会（《特集 大和の法会と声明》）（新井弘順）「秋篠文化」 秋篠音楽堂運営協議会 （4）2006.2

長谷寺法華説明銅板と白鳳の塼仏（松浦正昭）「近畿文化」 近畿文化会事務局 （678）2006.5

長谷寺式十一面観世音像の像容とその信仰（吉井淳）「山岳修験」 日本山岳修験学会，岩田書院（発売）（41）2008.3

みほとけは語る（17）長谷寺「十一面観音立像」（小西正文，小川光三）「月刊大和路ならら」 地域情報ネットワーク 12（8）通号131 2009.08

長谷寺創建問題とその後（遠田出典）「日本宗教文化史研究」 日本宗教文化史学会 13（2）通号26 2009.11

奈良の伝統行事 レンズがとらえてた大和の祭り 長谷寺 だだおしの鬼たち「あかい奈良」 青垣出版，星雲社（発売）46 2009.12

政治・宗教 長谷寺に落雷、堂宇焼亡 天慶7年1月9日（特集 大和1700年の自然災害史）「月刊大和路ならら」 地域情報ネットワーク 14（9）通号156 2011.09

長谷寺法華説相図銅板銘と則天皇帝の尊号（酒井龍一先生退職記念論集）（東野治之）「文化財学報」 奈良大学文学部文化財学科 31 2013.03

初瀬川
三輪・初瀬川 海拓榴市・阿斗考（池田末則）「大美和」 大神神社 100 2001.1

服部
斑鳩町内村落の祭礼一服部と北庄の場合「奈良県立民俗博物館だより」 奈良県立民俗博物館 29（3）通号89 2003.3

原町
五條市原町の墓地と東阿田のナナツゴゼン（山崎祐子）「昔風と当世風」 古々路の会 （86）2004.4

五條市原町、東阿田町の産育習俗（折橋豊子）「昔風と当世風」 古々路の会 （86）2004.4

番条町
奈良の伝統行事（33）一日だけのオダイシサン一大和郡山市番条町のミニ四国霊場（鹿谷勲）「あかい奈良」 青垣出版，星雲社（発売）40 2008.6

般若寺
あかい奈良が行く古社寺巡礼（12）奈良市般若寺「あかい奈良」 青垣出版，星雲社（発売）26 2004.12

般若寺層塔について（山川均）「Regional」 奈良県立同和問題関係史料センター （13）2010.01

みほとけは語る（53）般若寺「文殊菩薩騎獅像」（小西正文，永野鹿鳴荘）「月刊大和路ならら」 地域情報ネットワーク 15（9）通号168 2012.09

みほとけは語る 般若寺「如来形立像（伝阿弥陀如来像）」（小西正文［文］，小川光三［写真］）「月刊大和路ならら」 地域情報ネットワーク 17（7）通号190 2014.07

東阿田
五條市原町の墓地と東阿田のナナツゴゼン（山崎祐子）「昔風と当世風」 古々路の会 （86）2004.4

東阿田町
五條市原町、東阿田町の産育習俗（折橋豊子）「昔風と当世風」 古々路の会 （86）2004.4

東殿塚古墳
東殿塚古墳の船の絵画と黄泉の国（小笠原好彦）「大美和」 大神神社 100 2001.1

東坊城町
奈良の伝統行事（23）東坊城町のほうらんや（渡場ゆかり）「あかい奈良」 青垣出版，星雲社（発売）24 2004.6

東山村
明治初期の被差別部落における神社整備一大和国葛下郡東山村の事例から（井岡康時）「Regional」 奈良県立同和問題関係史料センター （5）2007.1

東吉野
東吉野の史跡と青蓮寺（来村多加史）「近畿文化」 近畿文化会事務局 （703）2008.6

疋田町
奈良市疋田町から収集した民具について一牛耕を中心に「奈良県立民俗博物館だより」 奈良県立民俗博物館 30（3・4）通号92・93 2004.2

比曽寺
吉野路の植物（17）巨木・古木たち（3）大淀町比曽・比曽寺境内「聖徳太子お手植の桜」「吉野路」 樋口昌徳 （110）2006.8

一針薬師笠石仏
一針薬師笠石仏と王寺周辺の石造文化（狭川真一）「近畿文化」 近畿文化会事務局 （761）2013.04

人麿明神

太宰府天満宮の物語草子（12）―人麿明神縁起（石川透）「飛梅」 太宰府天満宮社務所 125 2003.1

檜隈寺

檜隈寺周辺の調査と冶金関連遺物（長谷川透）「たたら研究」 たたら研究会 （53） 2014.08

氷室神社

氷室神社をたずねて（声）（権平康子）「新潟の生活文化 : 新潟県生活文化研究会誌」 新潟県生活文化研究会 （12） 2006.6

平城京における日神信仰―都祁氷室神社と春日社の創建をめぐって（研究ノート）（岡村孝子）「日本宗教文化史研究」 日本宗教文化史学会 14（1）通号27 2010.05

やまと歳時記（96） 氷室神社「献氷祭」（植田英介）「月刊大和路ならら」 地域情報ネットワーク 15（4）通号163 2012.04

白毫寺

三名椿の御寺を巡る（赤川一博）「近畿文化」 近畿文化会事務局 （701） 2008.4

百済観音

百済観音と平城宮跡を訪ねて（川崎正雄）「三木史談」 三木郷土史の会 11 1999.1

平等寺

三輪山平等寺概史（平井良明）「大美和」 大神神社 99 2000.7

三輪山平等寺と薩摩国島津氏（平井良明）「大美和」 大神神社 （119） 2010.07

中世の三輪山平等寺と大和の霊山・修験（宮家準）「大美和」 大神神社 （121） 2011.07

屏風岩

屹立する岩肌を染めるヤマザクラ 門僕神社から屏風岩へ（特集 春爛漫―奈良大和路花霞―町桜、里桜をあるく）「月刊大和路ならら」 地域情報ネットワーク 14（3）通号150 2011.03

平井

民俗資料聞き書き短信（23） 宇陀郡菟田野町下平井・上平井の宵宮まつり「奈良県立民俗博物館だより」 奈良県立民俗博物館 18（2）通号72 1997.1

平尾

民俗資料の聞き書き短信（33） 大宇陀町平尾の年中行事（浦西勉）「奈良県立民俗博物館だより」 奈良県立民俗博物館 27（3）通号84 2001.3

道標（84） 伊勢街道（伊勢南街道・高見越伊勢街道）の道標（11）吉野町竜門・平尾の道端の道標「吉野路」 樋口昌徳 105 2005.5

平尾水分神社

やまと歳時記（81） 平尾水分神社「平尾のおんだ祭り」（古市播磨）「月刊大和路ならら」 地域情報ネットワーク 14（1）通号148 2011.01

広瀬神社

川合大塚山古墳と広瀬神社周辺を歩く（佐藤洋栄）「つどい」 豊中歴史同好会 （224） 2006.11

やまと歳時記（58） 廣瀬神社 砂かけ祭（植田英介）「月刊大和路ならら」 地域情報ネットワーク 12（2）通号125 2009.02

福源寺

吉野路の植物（18） 巨木・古木たち（4） 川上村高原・福源寺境内入口の桜の古木「吉野路」 樋口昌徳 （111） 2006.11

福寿寺

大佛開眼以前（上）―那富山墓、金剛山房、福寿寺（田寺英治）「史迹と美術」 史迹美術同攷会 78（6）通号786 2008.7

藤岡家住宅

鮓を堕す大分銅は家のもの 店の間／蔵の前涼しきことを猫知れり 内蔵／しぐるるも京めき茶事の客まうけ 貴賓の間・茶室／今日よりは縞こそよけれ初絖 書斎／假住といへども傳家の屏風なる 大広間・茶房（特集 五條 藤岡家住宅）「月刊大和路ならら」 地域情報ネットワーク 12（3）通号126 2009.03

登録有形文化財「藤岡家住宅」訪問記 五條市近内町「吉野路アラカルト」 樋口昌徳 （1） 2009.05

藤ノ木古墳

奈良県立橿原考古学研究所附属博物館春季特別展「聖徳太子と斑鳩―藤の木古墳法隆寺をめぐる人々」開催にあたって（泉森皎）「近畿文化」 近畿文化会事務局 581 1998.4

法隆寺と藤ノ木古墳を訪ねて（土井邦子）「繍陽史探訪」 備陽史探訪の会 101 2001.6

藤ノ木古墳の副葬品にみる金剛菩薩信仰と西域文化について（服部晃）

「神戸史談」 神戸史談会 290 2002.7

「西方浄土信仰」と藤ノ木古墳について思うこと（鳩遊雑記帳）（横山誠）「鳩遊」 斑鳩を古文書で歩く会 （9） 2014.10

藤原

飛鳥・藤原地域の古代寺院（特集 飛鳥・藤原の宮都とその関連資産群紹介）（大西貴夫）「季刊明日香風」 古都飛鳥保存財団 30（1）通号117 2011.01

藤原京

特別展「飛鳥・藤原京展」―宝幢の構建について（展覧会から）（堀越光信）「研究紀要」 四日市立博物館 11 2004.3

神武神話と藤原京（金子裕之先生遺稿）（金子裕之）「日本史の方法」 奈良女子大学「日本史の方法」研究会 （7） 2008.5

京職と祈雨祭祀―藤原京右京七条一坊西北坪出土の木簡「奈良文化財研究所紀要」 奈良文化財研究所 2008.6

不退寺

みほとけは語る（29） 不退寺「聖観音菩薩立像」（小西正文、永野鹿鳴荘）「月刊大和路ならら」 地域情報ネットワーク 13（9）通号144 2010.09

仏隆寺

仏隆寺と新装の室生寺五重塔を尋ねて（東暉）「史迹と美術」 史迹美術同攷会 71（10）通号720 2001.12

古宮会所

トンドさんの蛸と年中行事（奈良市六条町古宮会所）「奈良県立民俗博物館だより」 奈良県立民俗博物館 32（1）通号96 2006.3

平城

天平仏教の美術―平城と飛鳥（松浦正昭）「近畿文化」 近畿文化会事務局 （685） 2006.12

文化講演会 平城遷都と周防国分寺（吉村誠）「佐波の里 : 防府史談会会誌」 防府史談会 （39） 2011.3

平城宮

平城宮の復元と年中行事の復興について―古代の思想と整備活用のあり方（〈宮中儀礼の再現・復興による文化遺産の活用〉）（内田和伸）「埋蔵文化財ニュース」 国立文化財機構奈良文化財研究所埋蔵文化財センター 通号130 2008.3

平城宮跡

百済観音と平城宮跡を訪ねて（川崎正雄）「三木史談」 三木郷土史の会 41 1999.1

平城京

歴史の回想・平城京の夢と祈り（12） 国分寺と大仏発願（川村一彦）「会報」 大阪歴史懇談会 19（12）通号220 2002.12

歴史の回想・平城京の夢と祈り（14） 大仏造営の謎（川村一彦）「会報」 大阪歴史懇談会 20（3）通号223 2003.3

歴史の回想・平城京の夢と祈り（17） 大仏開眼と聖武の晩年（川村一彦）「会報」 大阪歴史懇談会 20（6）通号226 2003.6

古代の歴史の探訪（2） 平城京の仏教・越後史話と大日堂（高橋太一郎）「おくやまのしょう : 奥山荘郷土研究会誌」 奥山荘郷土研究会 （32） 2007.3

平城京の仏教―唐からもたらされた文学の「場」と「体系」（〈万葉古代学研究所第2回委託共同研究報告〉）（蔵中しのぶ）「万葉古代学研究年報」 奈良県立万葉文化館 5 2007.3

紹介 平城を守る会・奈良自治体問題研究所編「古都異変」（櫻井恵）「奈良歴史研究」 奈良歴史研究会 （70） 2008.9

平城京における日神信仰―都祁氷室神社と春日社の創建をめぐって（研究ノート）（岡村孝子）「日本宗教文化史研究」 日本宗教文化史学会 14（1）通号27 2010.05

平城神宮

地名発掘（91） 明治期の平城神宮創建計画（池田末則）「月刊大和路ならら」 地域情報ネットワーク 9（5）通号92 2006.5

宝山寺

宝山寺の雨乞関係史料について（山形隆司）「元興寺文化財研究」 元興寺文化財研究所 79 2001.12

近代以降における生駒宝山寺の信仰圏―石像物からのアプローチ（河原典史、渡抜貴史、赤石直美）「京都民俗 : 京都民俗学会会誌」 京都民俗学会 通号20・21 2004.3

宝山寺の南にある道標「ふるさと生駒」 生駒民俗会 （48） 2005.3

生駒宝山寺潭海の仏舎利信仰（赤田光男）「日本文化史研究」 帝塚山大学奈良学総合文化研究所 （43） 2012.03

みほとけは語る 宝山寺「厨子入五大明王像」「月刊大和路ならら」 地域情報ネットワーク 16（9）通号180 2013.09

奈良県　　　　　　　　　　　郷土に伝わる民俗と信仰　　　　　　　　　　近畿

宝蔵院

関白三社権現別当寺宝蔵院と地域社会―宝蔵院日記から(松永靖夫)「山岳修験」日本山岳修験学会，岩田書院(発売)　(44)　2009.11

18世紀における宝蔵院祭礼に関わった宗教者について(由谷裕哉)「山岳修験」日本山岳修験学会，岩田書院(発売)　(44)　2009.11

宝蔵寺

吉野路の植物(25)巨木・古木たち(11)東吉野村木津・宝蔵寺境内「シダレザクラ」の巨木「吉野路」樋口昌徳　(118)　2008.10

法隆寺

法隆寺会式と太子信仰(田中義広)「まつり通信」まつり同好会　37(5)通号435　1997.5

奈良県立橿原考古学研究所附属博物館春季特別展「聖徳太子と斑鳩―藤の木古墳法隆寺をめぐる人々」開催にあたって(泉森皎)「近畿文化」近畿文化会事務局　581　1998.4

法隆寺の白鳳美術―橘大人念持仏厨子について(松浦正昭)「近畿文化」近畿文化会事務局　585　1998.8

法隆寺金堂壁画原寸大写真図幅の展示について(天野暢保)「安城市歴史博物館研究紀要」安城市歴史博物館　6　1999.3

斑鳩神社の秋祭り―法隆寺境内御旅所への渡御と太鼓台の練り(奥野義雄)「まつり通信」まつり同好会　39(11)通号465　1999.10

法隆寺を訪ねて(畠山美恵子)「鷹巣地方研究」鷹巣地方研究会　45　1999.10

法隆寺の近世密教関係遺品(1)～(6)(関根俊一)「奈良学研究」帝塚山大学奈良学総合文化研究所　通号3/(11)　2000.3/2009.01

地域の声聞師研究―試論―中世法隆寺辺の声聞師から(山村雅宏)「奈良県立同和問題関係史料センター研究紀要」奈良県立同和問題関係史料センター　7　2000.3

世界遺産法隆寺へのお誘い(平田恵彦)「備陽史探訪」備陽史探訪の会　99　2001.1

仏鉢考―法隆寺・東大寺の遺品と飯食器への形式展開(関根俊一)「奈良学研究」帝塚山大学奈良学総合文化研究所　(4)　2001.3

法隆寺と藤ノ木古墳を訪ねて(土井邦子)「備陽史探訪」備陽史探訪の会　101　2001.6

法隆寺に残された装飾文様(山本謙治)「近畿文化」近畿文化会事務局　622　2001.9

天智紀における二つの法隆寺火災記事について(赤川一博)「研究紀要」四日市市立博物館　9　2002.3

善光寺絵巻と聖徳太子と法隆寺(百瀬恵)「オール諏訪：郷土の総合文化誌」諏訪郷土文化研究会　22(3)通号213　2002.6

法隆寺再考(上)，(中)，(下)(田寺英治)「史迹と美術」史迹美術同攷会　72(6)通号726/72(8)通号728　2002.7/2002.9

法隆寺と聖徳太子(四戸耕太郎)「遠野文化誌」遠野物語研究所　16　2002.11

古都紀行―法隆寺の伝教文化に触れて(中島安右衛門)「鹿行の文化財」鹿行文化財保護連絡協議会　(33)　2003.3

断章・太子信仰標梓寺院間の様態―叡福寺と法隆寺との関係を「太子町に生きづく聖徳太子」展から(河野昭昌)「太子町立竹内街道歴史資料館館報」太子町立竹内街道歴史資料館　9　2003.3

法隆寺学入門(16)～(52)(高田良信)「聖徳」聖徳宗教学部　179/(219)　2004.1/2014.03

中世大和における地域の声聞師―法隆寺辺を題材として(山村雅宏)「奈良県立同和問題関係史料センター研究紀要」奈良県立同和問題関係史料センター　10　2004.3

法隆寺にみる釈迦に関する法会―「平成16年度春季法隆寺秘宝展」を拝見して(河野昭昌)「聖徳」聖徳宗教学部　182　2004.10

失われた法隆寺壁画の再現研究(1)～(20)，(続編1)～(続編12)，(補遺1)～(補遺3)(松田真平)「聖徳」聖徳宗教学部　(184)/(222)　2005.5/2014.12

法隆寺はどこから見えるか(山田周二)「聖徳」聖徳宗教学部　(184)　2005.5

「日本仏教美術の黎明」より法隆寺の諸相を視る―奈良博「法隆寺―日本仏教美術の黎明」展を拝見して(河野昭昌)「堯栄文庫研究紀要」親王院堯栄文庫　6　2005.10

西琳寺の聖徳太子像―法隆寺・江戸出開帳の宿所(小松光江)「聖徳」聖徳宗教学部　(186)　2005.11

法隆寺修二会・追儺会の伝来にみる諸相と今日―「平成17年度春季法隆寺秘宝展」を拝見して(河野昭昌)「聖徳」聖徳宗教学部　(186)　2005.11

法隆寺金堂修正会について《《特集 大和の法会と声明》》(高田良信)「秋篠文化」秋篠音楽堂運営協議会　(4)　2006.2

鎌倉末・南北朝期法隆寺の構造(坂本亮太)「帝塚山大学大学院人文科学研究科紀要」帝塚山大学大学院人文科学研究科　(8)　2006.3

法隆寺の創建―膳妃や迹見赤檮との関わりは?(木村博)「聖徳」聖徳宗教学部　(189)　2006.7

法隆寺の地蔵信仰と金堂地蔵菩薩像観の系譜―「法隆寺秘宝展 平成18年度春季」を拝見して(河野昭昌)「聖徳」聖徳宗教学部　(190)　2006.12

帝塚山大学所蔵『法隆寺宝物図』について(資料紹介)(駒井優子，西内久仁)「帝塚山大学大学院人文科学研究科紀要」帝塚山大学大学院人文科学研究科　(9)　2007.1

倒叙太子信仰史 近・現代編(10)聖徳太子の実像を求めて「近代法隆寺の中興」佐伯定胤師の太子信仰と時勢(河野昭昌)「聖徳」聖徳宗教学部　(191)　2007.3

法隆寺一切経と古写経(宮崎健司)「史聚」史聚会，岩田書院(発売)通号39・40　2007.3

法隆寺と武田家―和敬翁の太子信仰を中心に(第18回研究会講演録)(河野昭昌)「杏雨」武田科学振興財団　(10)　2007.4

金堂安置国宝毘沙門天・吉祥天の復元模造を終えて(藤本青一)「聖徳」聖徳宗教学部　(192)　2007.6

倒叙太子信仰史 近・現代編(11)聖徳太子の実像を求めて 近代洗礼と太子信仰―「近代法隆寺の祖」千早定朝師を通して(河野昭昌)「聖徳」聖徳宗教学部　(192)　2007.6

石神遺跡と法隆寺の鋸「奈良文化財研究所紀要」奈良文化財研究所2007　2007.6

倒叙太子信仰史 近・現代編(12)聖徳太子の実像を求めて 近・現代編の「法隆寺編」を終えるにあたって(河野昭昌)「聖徳」聖徳宗教学部　(193)　2007.7

法隆寺旧蔵大般若経と「栗義綱集」―三浦蘭阪蒐集古代・中世文書補遺(馬部隆弘)「枚方市史年報」枚方市教育委員会　(10)　2007.8

神仏分離令以前の法隆寺は?(木村博)「聖徳」聖徳宗教学部　(194)　2007.12

法隆寺「吉祥御願」二天像の創顕とその承暦二年の意義―毘沙門天像・吉祥天像復元模造を拝見して(河野昭昌)「聖徳」聖徳宗教学部　(194)　2007.12

鎌倉前半期法隆寺と興福寺との構図の一断面―法隆寺金堂阿弥陀像銘文と両寺別当範円を手掛りに(河野昭昌)「堯栄文庫研究紀要」親王院堯栄文庫　(7)　2007.12

播磨国鵤荘と法隆寺そして興福寺との構図―兵庫県立歴史博物館「聖徳太子と国宝法隆寺展」を拝見して(展覧会逍遙)(河野昭昌)「堯栄文庫研究紀要」親王院堯栄文庫　(7)　2007.12

法隆寺の枡の諸相とその意義―「平成二十年度春季法隆寺秘宝展」を拝見して(河野昭昌)「聖徳」聖徳宗教学部　(198)　2008.12

資料紹介 法隆寺金堂天蓋の文字に関する新知見(東野治之)「鹿園雑集：奈良国立博物館研究紀要」奈良国立博物館　(11)　2009.03

法隆寺建築の現代性―建築プロセスから疑問にとりくむ(遠藤勇一)「隣人：草志会年報」草志会　22　2009.03

法隆寺と南都寺院との関係を寺牒より探る―鵤庄を視座に「平成二十一年度春季法隆寺秘宝展」を拝見して(河野昭昌)「聖徳」聖徳宗教学部　(202)　2009.03

みほとけは語る(22)法隆寺五重塔「阿修羅坐像」(小西正文，小川光三)「月刊大和路ならら」地域情報ネットワーク　13(2)通号137　2010.02

法隆寺百済観音像私考(高柴季史子)「帝塚山大学大学院人文科学研究科紀要」帝塚山大学大学院人文科学研究科　(12)　2010.03

法隆寺の聖徳太子信仰と聖霊会の歩み(大野玄妙)「秋篠文化」秋篠音楽堂運営協議会　(8)　2010.03

法隆寺の声明―聖霊会を中心として(澤田篤子)「秋篠文化」秋篠音楽堂運営協議会　(8)　2010.03

法隆寺の仏前供養具人中―中・近世の遺品を中心に[1]～(3)(関根俊一)「奈良学研究」帝塚山大学奈良学総合文化研究所　(12)/(14)　2010.03/2012.03

法隆寺の新出中世文書について―阿弥陀如来の宣旨と地蔵菩薩の諸文(久野修義)「聖徳」聖徳宗教学部　(204)　2010.05

目で見る古代の伊予 法隆寺勢力の瀬戸内海進出と古代の伊予(1)～(4)(吉本拡)「新居浜史談」新居浜郷土史談会　(381)/(384)　2010.10/2011.7

三浦家所蔵法隆寺文書から見た寺辺所領の経営―作手と領主(梅村喬)「枚方市史年報」枚方市教育委員会　(14)　2011.04

有形文化財 旧工藤家住宅/銅像地蔵菩薩立像/戸平川遺跡出土土面/地方遺跡出土土面/藤倉神社石製狛犬/八幡神社石製狛犬/金刀比羅神社石製狛犬/鈴木空如筆法隆寺金堂壁画模写及び下絵(文化財紹介─新指定の県文化財)「出羽路」秋田県文化財保護協会　通号150　2012.02

昭和の紙幣と正倉院・正倉院の文化財(東野治之)「文化財学報」奈良大学文学部文化財学科　30　2012.03

中世法隆寺の雨乞について―民間雨乞習俗のルーツ(籔元晶)「御影史学論集」御影史学研究会　(37)　2012.10

みほとけは語る(55)法隆寺大宝蔵院「伝・橘夫人念持仏 阿弥陀如来坐像」(小西正文，小川光三)「月刊大和路ならら」地域情報ネットワーク　15(11)通号170　2012.11

近畿　　　　　　　　　　郷土に伝わる民俗と信仰　　　　　　　　　　奈良県

法隆寺開板に関する一史料——中西文庫「斑鳩みやげ」について（史料・資料紹介）（伊藤純）「大阪歴史博物館研究紀要」　大阪市文化財協会　（11）　2013.02

みほとけは語る 法隆寺大宝蔵院「伝・六観音像」「月刊大和路ならら」　地域情報ネットワーク　16（3）通号174　2013.03

平成24年度文化財現地探訪報告 市外探訪 奈良東大寺・法隆寺（塩見興一郎）「ふるさと山口」　山口の文化財を守る会　（34）　2013.06

横浜市歴史博物館所蔵 法隆寺百万塔・陀羅尼・譲与関係資料（資料紹介）（柳沼千枝）「横浜市歴史博物館紀要」　横浜市ふるさと歴史財団　18　2014.03

みほとけは語る 法隆寺中門「金剛力士像」（小西正文［文］、小川光三［写真］）「月刊大和路ならら」　地域情報ネットワーク　17（3）通号186　2014.03

正倉院所在の法隆寺献納宝物染織品——錦と綾を中心に（沢田むつ代）「正倉院紀要」　宮内庁正倉院事務所　（36）　2014.03

埋蔵文化財保護 法隆寺の金堂火災と文化財保護法の制定（1）文化財保護法の成立（名本二六雄）「遺跡 ： joujrnal of the Archaeological Society on Ehime,Japan」　遺跡発行会　（48）　2014.03

『南北朝期 法隆寺記録』追考（鳩遊雑記帳）（河野昭昌）「鳩遊」　斑鳩を古文書で歩く会　（9）　2014.10

『南北朝 法隆寺記録』に現れた法隆寺僧（1）（田中順一）「聖徳」　聖徳宗教学部　（222）　2014.12

法隆寺東院

法隆寺東院の創建について（岡田玲子）「古代史の研究」　関西大学古代史研究会　（16）　2010.10

法隆寺東西両郷

法隆寺東西両郷とはどこか？（奥本武裕）「Regional」　奈良県立同和問題関係史料センター　（2）　2006.9

法隆寺道

葬送の道 法隆寺道（松本光卿）「宿場町ひらかた」　宿場町枚方を考える会　（41）　1997.12

法隆寺夢殿

夢殿の碑（成田翠峰）「都府楼」　古都大宰府保存協会　23　1997.3

奈良スケッチ（31）「法隆寺夢殿」（杉本哲也、上文竜矢）「月刊大和路ならら」　地域情報ネットワーク　13（13）通号145　2010.10

口絵 救世観音菩薩立像 夢殿安置「聖徳」　聖徳宗教学部　（211）　2012.02

口絵 観音菩薩立像 夢殿安置「聖徳」　聖徳宗教学部　（212）　2012.06

みほとけは語る 法隆寺夢殿「観音菩薩立像」「月刊大和路ならら」　地域情報ネットワーク　16（1）通号172　2013.01

法輪寺

あかい奈良が行く古社寺巡礼（9）斑鳩 法輪寺「あかい奈良」　青垣出版，星雲社（発売）　23　2004.3

法輪寺の南無仏太子像と順心日課心経（小山正文）「聖徳」　聖徳宗教学部　（186）　2005.11

7世紀後半期における法輪寺建立に関する予察（平田政彦）「歴史研究」　大阪教育大学歴史学研究室　（43）　2006.3

大和古代寺院出土遺物の研究——法輪寺出土資料（奈良国立博物館，帝塚山大学考古学研究所）「鹿園雑集 ： 奈良国立博物館研究紀要」　奈良国立博物館　（8）　2006.3

斑鳩法輪寺三重塔の露盤（小山正文）「史迹と美術」　史迹美術同攷会　78（9）通号789　2008.11

みほとけは語る 法輪寺講堂「薬師如来坐像」（小西正文［文］、小川光三［写真］）「月刊大和路ならら」　地域情報ネットワーク　17（4）通号187　2014.04

斑鳩法輪寺三重塔の相輪史料（創刊70号記念特別号）（小山正文）「歴史考古学」　歴史考古学研究会　（70）　2014.12

菩提院大御堂

大和の民話 菩提院大御堂の児観音（中上武二，杉本哲也）「月刊大和路ならら」　地域情報ネットワーク　10（10）通号109　2007.10

菩提仙川

11月例会報告（11月15日）奈良市菩提仙川と正暦寺（例会報告と一口メモ）（生駒道弘）「左海民俗」　堺民俗会　（132）　2010.01

法花寺

法花寺万蔵《特集 続祝福芸》（久下隆史）「まつり」　まつり同好会　通号70　2008.12

法華寺

法華寺蔵阿弥陀三尊及び童子像について（上），（中），（下）——三幅構成をめぐって（和佐本静代）「史迹と美術」　史迹美術同攷会　67（6）/67（8）　1997.7/1997.9

奈良の伝統行事（6）法華寺に伝わる「ひな会式」（那須麻千子）「あかい

奈良」　青垣出版，星雲社（発売）7　2000.3

法華寺本尊像と紫微中台十一面観音悔過（松浦正昭）「近畿文化」　近畿文化会事務局　652　2004.3

やまと祭時記（1）法華寺「ひな会式」（植田英介）「月刊大和路ならら」　地域情報ネットワーク　7（4）通号67　2004.4

みほとけは語る（1）法華寺「十一面観音立像」「月刊大和路ならら」　地域情報ネットワーク　11（4）通号115　2008.4

みほとけは語る（2）法華寺「横笛像」「月刊大和路ならら」　地域情報ネットワーク　11（5）通号116　2008.5

やまと歳時記（63）法華寺「華会式 ちのわくぐり」（植田英介）「月刊大和路ならら」　地域情報ネットワーク　12（7）通号130　2009.07

特集 法華寺 光明皇后1250年大遠忌記念 蓮華の微笑「月刊大和路ならら」　地域情報ネットワーク　13（3）通号138　2010.03

法華寺春景（古市播磨）「月刊大和路ならら」　地域情報ネットワーク　13（3）通号138　2010.03

光明皇后1250年大遠忌記念対談 法華寺のこころを語る（久我高照，青山茂）「月刊大和路ならら」　地域情報ネットワーク　13（3）通号138　2010.03

法華寺を知る（1）光明皇后とは/伽藍をめぐる「月刊大和路ならら」　地域情報ネットワーク　13（3）通号138　2010.03

法華寺を知る（2）諸仏に会う/行事をたずねる「月刊大和路ならら」　地域情報ネットワーク　13（3）通号138　2010.03

みほとけは語る 法華寺「維摩居士坐像」「月刊大和路ならら」　地域情報ネットワーク　16（8）通号179　2013.08

法華堂

大佛開眼以前（中）——法華堂、大倭国分寺（田野英治）「史迹と美術」　史迹美術同攷会　78（7）通号787　2008.8

大和探訪 法華堂の原像（上），（中）「月刊大和路ならら」　地域情報ネットワーク　16（1）通号172/16（2）通号173　2013.01/2013.02

大和探訪 続々法華堂の原像「月刊大和路ならら」　地域情報ネットワーク　16（10）通号181　2013.10

纏向遺跡

大和・纏向遺跡と三輪山信仰（石野博信）「大美和」　大神神社　100　2001.1

巻向山

三輪山セミナーイン東京講演録 三輪山と巻向山——邪馬台国をめぐって（千田稔）「大美和」　大神神社　（114）　2008.1

益田岩船

大和探訪（26）益田岩船の謎（小川光三）「月刊大和路ならら」　地域情報ネットワーク　7（5）通号68　2004.5

大和探訪（32）〜（34）益田岩船の原像（上），（中），（下）（小川光三）「月刊大和路ならら」　地域情報ネットワーク　7（11）通号74/8（1）通号76　2004.11/2005.1

松尾神社

松尾神社蔵酒造図絵馬の修復処置報告 板絵に生じた汚れ滲みのクリーニング（山内章）「元興寺文化財研究」　元興寺文化財研究所　（85）　2004.7

松尾寺

みほとけは語る（32）松尾寺「大黒天立像」（小西正文，植田英介）「月刊大和路ならら」　地域情報ネットワーク　13（12）通号147　2010.12

あかい奈良が行く古社寺巡礼 大和郡山市 松尾寺「あかい奈良」　青垣出版，星雲社（発売）53　2011.09

松尾寺から霊山寺へ 穏やかなプロムナードでつながる2つの薔薇の御寺（特集 大和路 秋を歩く一秋の花々を探して）「月刊大和路ならら」　地域情報ネットワーク　15（9）通号168　2012.09

奈良スケッチ「松尾寺 山門」「月刊大和路ならら」　地域情報ネットワーク　16（12）通号183　2013.12

的野

表紙の写真 的野の不動磨崖仏（黄瀬三朗）「日本の石仏」　日本石仏協会，青蛾書房（発売）（151）　2014.09

御影堂

伊賀別所創建と御影堂——重源の釈迦信仰（1）（赤川一博）「研究紀要」　四日市市立博物館　11　2004.3

御蓋山

遣唐使も無事祈った神山——最初に御蓋山信仰があった「月刊大和路ならら」　地域情報ネットワーク　9（5）通号92　2006.5

和舞 御蓋山繁る高嶺の（特集 春日若宮おん祭 和舞を究める）「月刊大和路ならら」　地域情報ネットワーク　17（12）通号195　2014.12

三笠山

大和探訪（81）〜（89）三笠山の信仰（1）〜（9）（小川光三）「月刊大和路

ならら」 地域情報ネットワーク　11（12）通号123/12（8）通号131
2008.12/2009.08

水分
研究あれこれ　水分の神の祭りと被差別部落（吉田栄治郎）「史料センター事業ニュース」　奈良県立同和問題関係史料センター　8　2002.3

御厨観音
磐余道の石仏と御厨観音（清水俊明）「野ほとけ」　奈良石仏会　（382）2002.10

御杖神社
やまと歳時記（79）御杖神社「秋祭り」（古市播磨）「月刊大和路ならら」地域情報ネットワーク　13（11）通号146　2010.11
やまと歳時記（87）御杖神社「祇園祭り」（古市播磨）「月刊大和路ならら」　地域情報ネットワーク　14（7）通号154　2011.07

南阿田
奈良の伝統行事（26）五條市南阿田の雛流し「あかい奈良」　青垣出版, 星雲社（発売）27　2005.3

南葛城郡
近代南葛城郡の神社と合祀（関口靖之）「奈良学研究」　帝塚山大学奈良学総合文化研究所　通号3　2000.3

南里村
宝暦元年南里村氏神神体勧請一件覚書—夙村と土御門家（吉田栄治郎）「奈良県立同和問題関係史料センター研究紀要」　奈良県立同和問題関係史料センター　（15）2009.03

南田原
農事暦・年中行事—大阪府四条畷市下田原・大東市と奈良県生駒市北・南田原について（上）,（下）（太田理）「わくす：河内ふるさと文化誌」　わくす文芸研究会　（48）/（49）2005.11/2006.5

南法花寺
壺阪寺史補考一『南法花寺古老伝』の再検討（岩本次郎）「帝塚山芸術文化」　帝塚山大学芸術文化研究所　11　2004.3

御窟
日本民間信仰史研究序説（10）御窟考（谷川健一）「東北学.［第2期］」　東北芸術工科大学東北文化研究センター, 柏書房（発売）（13）2007.11

宮滝遺跡
吉野金峯山寺　蔵王権現拝観と宮滝遺跡見学（石尾賢一）「つどい」　豊中歴史同好会　（277）2011.02

妙覚寺
妙覚寺本堂再興が語る世界　「当時来由再興因縁記」から（寺澤亮一）「奈良人権・部落解放研究所紀要」　奈良人権・部落解放研究所　（24）2006.3

明西寺
書評　地域史叙述としての〈寺史〉—廣岡祐渉著『大鳥山　明西寺史』を読む（奥本武裕）「奈良人権・部落解放研究所紀要」　奈良人権・部落解放研究所　（26）2008.3

妙法寺
道標（81）伊勢街道（伊勢南街道・高見越え伊勢街道）の道標（8）吉野町上市「妙法寺」への登り口の道標「吉野路」　樋口昌徳　102　2004.8

美吉野
大和探訪（48）美吉野の神と仏（小川光三）「月刊大和路ならら」　地域情報ネットワーク　9（3）通号90　2006.3
大和探訪（49）続美吉野の神と仏（小川光三）「月刊大和路ならら」　地域情報ネットワーク　9（4）通号91　2006.4

三輪
伊奈波神社とイリ王朝の系譜（田辺英治）「歴研よこはま」　横浜歴史研究会　（48）2000.9
三輪のオオガミサン（西宮一民）「大美和」　大神神社　100　2001.1
三輪と伊予—倭笠縫邑について（和田嘉寿男）「大美和」　大神神社　100　2001.1
三輪索麺掛け歌のこと（真鍋昌弘）「大美和」　大神神社　100　2001.1
三輪と女性祭祀伝承（川上順子）「大美和」　大神神社　100　2001.1
三輪さんの神楽と共に（多静子）「大美和」　大神神社　100　2001.1
原古の三輪の神（尾崎暢殃）「大美和」　大神神社　100　2001.1
三輪の磐井（辰巳和弘）「大美和」　大神神社　100　2001.1
三輪と和泉（森浩一）「大美和」　大神神社　100　2001.1
三輪逍遥（前川佐重郎）「大美和」　大神神社　100　2001.1
三輪を想ふ（本田義憲）「大美和」　大神神社　100　2001.1
三輪王朝の文化とコトシロヌシ（溝口睦子）「大美和」　大神神社　101

三輪神を見る女性（荻原千鶴）「大美和」　大神神社　102　2002.1
古神道と三輪高市麻呂（菅野雅雄）「大美和」　大神神社　105　2003.7
うまさけ　三輪（廣岡義隆）「大美和」　大神神社　105　2003.7
神話と伝承　イリ王朝の皇子たち（田辺英治）「歴研よこはま」　横浜歴史研究会　（54）2004.5
三輪さんの能五十年（石原昌和）「大美和」　大神神社　（109）2005.7
三輪に思う（金剛永謹）「大美和」　大神神社　（109）2005.7
三輪さんの福の神（茂山七五三）「大美和」　大神神社　（109）2005.7
ヤマト王朝と三輪の大神（西宮一民）「大美和」　大神神社　（110）2006.1
大和探訪（64）三輪の神と十一面観音像（小川光三）「月刊大和路ならら」　地域情報ネットワーク　10（7）通号106　2007.7
三輪山セミナー講演録　三輪の神杉　万葉の杉（影山尚之）「大美和」　大神神社　（114）2008.1
うま酒三輪—初期万葉の表現（梶川信行）「大美和」　大神神社　（118）2010.01
三輪の神の統合像（森朝男）「大美和」　大神神社　（119）2010.07
三輪の神と須恵器生産（菱田哲郎）「大美和」　大神神社　（120）2011.01
「玉依姫の微笑」を旅する（9）賀茂と三輪をつなぐ丹塗矢伝承（吉田伊佐夫）「月刊大和路ならら」　地域情報ネットワーク　14（12）通号159　2011.12
神話に彩られた三輪「素麺誕生のルーツを探る」巽製粉「まほろびすと：奈良に焦がれ、歴史に耳澄ます情報誌」　実業印刷まほろば会　1（1）通号1　2012.1
崇神天皇の国政改革。その善政の背景には三輪の大物主の神がいた！（特集　神と人が紡ぐ壮大なる物語　古事記ザ・スペクタル）「月刊大和路ならら」　地域情報ネットワーク　15（6）通号165　2012.06
神と紡ぐ三輪の四季　繞道祭/鎮花祭/御田植祭/三枝祭/大祓/おんぱら祭/秋の大神祭/酒まつり（特集　ささゆりの花揺れて　日本最古の神社　大神神社を歩く）「月刊大和路ならら」　地域情報ネットワーク　17（6）通号189　2014.06

美和
美和の神に思う（山崎正之）「大美和」　大神神社　100　2001.1

三輪川
三輪・初瀬川　海拓榴市・阿斗考（池田末則）「大美和」　大神神社　100　2001.1

三輪神社
近世紀行文にみる三輪神社（大矢良哲）「大美和」　大神神社　（125）2013.07

三輪大明神
太子伝中の三輪大明神（川岸宏教）「大美和」　大神神社　102　2002.1

三輪明神
ザクセンの椿と三輪明神の御神縁（根本幸夫）「大美和」　大神神社　（107）2004.7
やまと歳時記（43）三輪明神（大神神社）酒まつり（植田英介）「月刊大和路ならら」　地域情報ネットワーク　10（11）通号110　2007.11

三輪山
敏達天皇と三輪山信仰（塚口義信）「大美和」　大神神社　99　2000.7
三輪山—神の坐します山（菅谷文則）「近畿文化」　近畿文化会事務局　610　2000.9
三輪山は大和政権のヘソ（樋口隆康）「大美和」　大神神社　100　2001.1
三輪山の頂きに思う（岡野弘彦）「大美和」　大神神社　100　2001.1
三輪山鑽仰（小堀桂一郎）「大美和」　大神神社　100　2001.1
三輪山女人抄（山崎しげ子）「大美和」　大神神社　100　2001.1
山の辺の道と三輪山（清水真一）「大美和」　大神神社　100　2001.1
三輪山の磐座と山岳信仰遺跡（大和久震平）「大美和」　大神神社　100　2001.1
大和・纒向遺跡と三輪山信仰（石野博信）「大美和」　大神神社　100　2001.1
信仰景観論ことはじめ—三輪山の力（野本寛一）「大美和」　大神神社　100　2001.1
三輪山をしかも隠すか（田中卓）「大美和」　大神神社　100　2001.1
三輪山と太白山（今泉隆雄）「大美和」　大神神社　100　2001.1
古代三輪の軌跡（寺村光晴）「大美和」　大神神社　100　2001.1
柳田国男と三輪山信仰（伊藤幹治）「大美和」　大神神社　100　2001.1
額田王の三輪山の歌小考（稲岡耕二）「大美和」　大神神社　100　2001.1
三輪山と二上山（小川光三）「大美和」　大神神社　100　2001.1
三輪山祭祀と「神の地」（義江明子）「大美和」　大神神社　100　2001.1
ケルトの三輪と三輪山の神（三輪公忠）「大美和」　大神神社　100　2001.1
邪馬台国と三輪山（高城修三）「大美和」　大神神社　100　2001.1
三輪山をしかも隠すか（河野頼人）「大美和」　大神神社　100　2001.1

三輪山信仰の根源(菅谷文則)「大美和」　大神神社　100　2001.1

邪馬台国と三輪山の神(前田晴人)「大美和」　大神神社　102　2002.1

地霊としての三輪山(大森亮尚)「高岡市万葉歴史館紀要」　高岡市万葉歴史館　(12)　2002.3

三輪山信仰講演録 三輪君逆の物語—敏達・用明紀から(菅野雅雄)「大美和」　大神神社　103　2002.6

三輪山信仰の起源(金関恕)「大美和」　大神神社　104　2003.1

倭なす大物主神(三輪山セミナー講演録)(和田萃)「大美和」　大神神社　105　2003.7

大祓詞と海の大掃除(三輪山セミナー講演録)(名取二三江)「大美和」　大神神社　105　2003.7

〈三輪山セミナー講演録〉「大美和」　大神神社　(106)　2004.1

三輪山セミナー講演録 日本文化の基層(上田正昭)「大美和」　大神神社　(107)　2004.7

三輪山セミナー講演録 「もの」と「こと」の神(中西進)「大美和」　大神神社　(108)　2005.1

なぜ三輪山で鉄作りは行われなかったのか(清水眞一)「大美和」　大神神社　(108)　2005.1

三輪山惜別歌(菊地義裕)「大美和」　大神神社　(109)　2005.7

三輪山セミナー講演録 聖樹と王宮(辰巳和弘)「大美和」　大神神社　(111)　2006.7

三輪山セミナーイン東京講演録 三輪山と祭祀(和田萃)「大美和」　大神神社　(112)　2007.1

三輪山の歌と額田王(阿蘇瑞枝)「大美和」　大神神社　(112)　2007.1

三輪山セミナー講演録 古代三輪家の人々(寺川眞知夫)「大美和」　大神神社　(112)　2007.1

大神神社と三輪山登拝(西沢久德)「長野」　長野郷土史研究会　(253)　2007.6

三輪山セミナー講演録 卑弥呼の鬼道と壺形の宇宙(辰巳和弘)「大美和」　大神神社　(113)　2007.7

三輪山セミナーイン東京講演録 詩的原郷としての三輪山(前登志夫)「大美和」　大神神社　(113)　2007.7

三輪山セミナーイン東京講演録 三輪山と巻向山—邪馬台国をめぐって(千田稔)「大美和」　大神神社　(114)　2008.1

三輪山麓出土の子持勾玉祭祀(大平茂)「大美和」　大神神社　(115)　2008.7

三輪山セミナー講演録 女王制と三輪山祭祀(前田晴人)「大美和」　大神神社　(115)　2008.7

三輪山セミナーイン東京講演録 わが心の原郷—うまさけ三輪の山(岡野弘彦)「大美和」　大神神社　(115)　2008.7

三輪山にかかわる歌あれこれ—見え隠れする対応関係(青木生子)「大美和」　大神神社　(115)　2008.7

三輪山伝承の再検討(佐佐木隆)「大美和」　大神神社　(116)　2009.01

三輪山セミナー講演録 三輪山神婚伝承の意義(上田正昭)「大美和」　大神神社　(116)　2009.01

須恵器生産と三輪山式伝説(渥美賢吾)「史聚」　史聚会, 岩田書院(発売)　(42)　2009.5

三輪山セミナーイン東京講演録 来訪する神—三輪山神話をめぐって(三浦佑之)「大美和」　大神神社　(117)　2009.07

三輪山の雲にみる和魂(関和彦)「大美和」　大神神社　(118)　2010.01

三輪山セミナーイン東京講演録 三輪山の信仰—カミと神(山折哲雄)「大美和」　大神神社　(118)　2010.01

三輪山セミナー講演録 国作りと大物主神—『古事記』における大物主神(神野志隆光)「大美和」　大神神社　(118)　2010.01

三輪山麓の古代祭祀再考—山ノ神遺跡の出土資料を中心に(笹生衛)「大美和」　大神神社　(119)　2010.07

三輪山セミナーイン東京講演録 三輪山と神の社—「高い」ということ(菅野雅雄)「大美和」　大神神社　(119)　2010.07

記紀の迷い道 蛇であって農耕の神であるヲオモノヌシ 三輪山信仰は国づくりの原点だ「あかい奈良」　青垣出版(発売)　53　2010.7

「玉依姫の微笑」を旅する(6) 三輪山の神に見初められた陶邑の娘(吉田伊佐夫)「月刊大和路ならら」　地域情報ネットワーク　14(9)　通号156　2010.09

「玉依姫の微笑」を旅する(7),(8) 三輪山麓に近く 森本ミツギ「最後の日記」(上),(下)(吉田伊佐夫)「月刊大和路ならら」　地域情報ネットワーク　14(10)　通号157/14(11)　通号58　2011.10/2011.11

三輪山セミナー講演録 百合と風—イスケヨリヒメ攷(内田賢徳)「大美和」　大神神社　(122)　2012.01

1月定例会レジュメ 宮古の説話—三輪山伝承のこと(上原孝三)「宮古郷土史研究会会報」　宮古郷土史研究会　(188)　2012.01

上原孝三「宮古の説話—三輪山伝承のこと—」(2011年度事業報告—第33回南島文化市民講座 テーマ「東アジアの説話と東アジア人の感性」)「南島文化研究所報」　沖縄国際大学南島文化研究所　(57)　2012.03

1月例会報告 宮古の説話—三輪山伝承のこと(上原孝三)「宮古郷土史研究会会報」　宮古郷土史研究会　(189)　2012.03

山と人と 三輪山の原始性と神話と歌と(藤原茂樹)「大美和」　大神神社　(123)　2012.07

第8回三輪山セミナーイン東京講演録 神酒と祭り(岡田荘司)「大美和」　大神神社　(123)　2012.07

三輪山セミナー開催200回記念講演録 鼎談「記紀にみえる三輪山伝承」(菅谷文則, 千田稔, 和田萃)「大美和」　大神神社　(124)　2013.01

第9回三輪山セミナーイン東京講演録 醫薬としての三輪の神—「大同類聚方」における三輪と出雲のくすり(根本幸夫)「大美和」　大神神社　(125)　2013.07

三輪山祭祀の考古学的解釈(穂積裕昌)「大美和」　大神神社　(125)　2013.07

三輪山祭祀と巨大古墳築造(一瀬和夫)「大美和」　大神神社　(126)　2014.01

第10回三輪山セミナーイン東京講演録 三輪山祭祀と出雲・伊勢(和田萃)「大美和」　大神神社　(127)　2014.07

向山遺跡

奈良県五條市向山遺跡の近世墓と近内町の民俗調査—高野参りと六斎念仏に関する考察(波多野篤, 田中久夫, 藤原喜美子, 植野加代子)「考古學論攷：橿原考古学研究所紀要」　奈良県立橿原考古学研究所　30　2007.3

六県神社

やまと歳時記(46) 六縣神社 御田植祭り(子出来おんだ)(植田英介)「月刊大和路ならら」　地域情報ネットワーク　11(2)通号113　2008.2

村尾神社

やまと歳時記(82) 村尾神社「村尾神社の御田植祭り」(古市播磨)「月刊大和路ならら」　地域情報ネットワーク　14(2)通号149　2011.02

室生

心の風景 室生 龍穴祭(井上博道, 西村博美)「あかい奈良」　青垣出版, 星雲社(発売)　45　2009.09

室生寺

室生寺伝帝釈天曼荼羅について(上),(中),(下) 帝釈天信仰の系譜(寺本健三)「史迹と美術」　史迹美術同攷会　67(5)/67(7)　1997.6/1997.8

よみがえれ室生寺五重塔(1) 解体と調査(阿南誠子)「あかい奈良」　青垣出版, 星雲社(発売)　5　1999.9

よみがえれ室生寺五重塔(2) 檜皮葺きの屋根(阿南誠子)「あかい奈良」　青垣出版, 星雲社(発売)　6　1999.12

よみがえれ室生寺五重塔(3) 組み立て(阿南誠子)「あかい奈良」　青垣出版, 星雲社(発売)　7　2000.3

シリーズ よみがえれ室生寺五重塔(4) 古のあかい色「あかい奈良」　青垣出版, 星雲社(発売)　8　2000.6

シリーズ よみがえれ室生寺五重塔 最終回 よみがえった室生寺五重塔「あかい奈良」　青垣出版, 星雲社(発売)　9　2000.9

室生寺五重塔「西宮文化協会会報」　西宮文化協会　396　2001.3

よみがえった室生寺の五重塔(松田敏行)「奈良学研究」　帝塚山大学奈良学総合文化研究所　(4)　2001.3

仏隆寺と新装の室生寺五重塔を尋ねて(東暉)「史迹と美術」　史迹美術同攷会　71(10)　通号720　2001.12

靖国神社と室生寺(隈部健二郎)「嶽南風土記・有家史談」　有家町史談会　(10)　2003.3

「女人高野」室生寺を訪ねて(保坂峯子)「西上総文化会報」　西上総文化会　(64)　2004.3

平安新仏教と室生寺の美術(松浦正昭)「近畿文化」　近畿文化会事務局　668　2005.7

やまと歳時記(48) 室生寺 春の会式(植田英介)「月刊大和路ならら」　地域情報ネットワーク　11(4)通号115　2008.4

みほとけは語る(3) 室生寺「十一面観音立像」「月刊大和路ならら」　地域情報ネットワーク　11(6)通号117　2008.6

みほとけは語る(4) 室生寺「弥勒菩薩立像」「月刊大和路ならら」　地域情報ネットワーク　11(7)通号118　2008.7

室生寺における石造物の基礎調査(柳澤一宏)「研究紀要」　由良大和古代文化研究協会　14　2009.07

やまと歳時記(64) 室生寺「曝涼展」(植田英介)「月刊大和路ならら」　地域情報ネットワーク　12(8)通号131　2009.08

社会 国宝の室生寺五重塔が損壊 平成10年9月22日(特集 大和1700年の自然災害史)「月刊大和路ならら」　地域情報ネットワーク　14(9)通号156　2011.09

室生寺所蔵の二種の羅漢図について(資料紹介)(梅沢恵)「神奈川県立博物館研究報告.人文科学」　神奈川県立歴史博物館　(38)　2012.03

売太神社

やまと歳時記(40) 売太神社 阿礼祭(植田英介)「月刊大和路ならら」　地域情報ネットワーク　10(8)通号107　2007.8

茂古森

夏 気都倭既神社と茂古森(明日香だより)「あかい奈良」 青垣出版, 星雲社(発売) 44 2009.06

本薬師寺

本薬師寺と新羅感恩寺(甲斐弓子)「日本宗教文化史研究」 日本宗教文化史学会 10(1)通号19 2006.5

桃香野

奈良県民俗緊急調査の成果と課題 (1)桃香野の能楽と京都観世流の能役者との交流(例会発表要旨)(中尾薫)「藝能史研究」 藝能史研究會 (204) 2014.01

矢落神社

矢落神と天樟魔命(北野晃)「西郊民俗」 〔西郊民俗談話会〕 (210) 2010.03

柳生

大和高原の秋祭り―柳生と狭川の神事芸能(鹿谷勲)「近畿文化」 近畿文化会事務局 611 2000.10

昼なお暗き神域, 巨石に宿る神の気配 柳生「月刊大和路ならら」 地域情報ネットワーク 14(1)通号148 2011.1

柳生街道

神依る磐座に地蔵を刻む神仏習合の道 柳生街道「月刊大和路ならら」 地域情報ネットワーク 14(1)通号148 2011.1

薬師寺

薬師寺仏足石記と竜福寺石塔銘(東野治之)「青陵 : 橿原考古学研究所彙報」 奈良県立橿原考古学研究所 (101) 1999.1

興福院創建期の本尊と薬師寺講堂薬師三尊像(八田達男)「日本宗教文化史研究」 日本宗教文化史学会 3(2)通号6 1999.11

薬師寺僧のライフコース―南都寺院社会研究の一試論(福持昌之)「帝塚山大学大学院人文科学研究科紀要」 帝塚山大学大学院人文科学研究科 (1) 2000.3

史料「薬師寺修二会練行衆交名」釈文「帝塚山大学大学院人文科学研究科紀要」 帝塚山大学大学院人文科学研究科 (1) 2000.3

平安朝の薬師寺について(追塩千尋)「日本宗教文化史研究」 日本宗教文化史学会 4(2)通号8 2000.11

薬師寺金堂薬師三尊像の制作年代について(戸花亜利州)「帝塚山大学大学院人文科学研究科紀要」 帝塚山大学大学院人文科学研究科 (3) 2002.1

中本山薬師寺実相院の寺城を復元する(石田明秦)「城」 東海古城研究会 182 2002.2

法相宗大本山薬師寺大講堂落慶法要に参列して(丹後千賀子)「おくやまのしょう : 奥山荘郷土研究会誌」 奥山荘郷土研究会 (29) 2004.5

薬師寺再考[上],(中),(下)(田寺英治)「史迹と美術」 史迹美術同攷会 74(8)通号748/75(5)通号755 2004.9/2005.6

平城京における薬師寺東塔の建立について(山中桐子)「歴史民俗」 早稲田大学第二文学部歴史・民俗系専修 2 2004.12

続「薬師寺再考」―聖観音像をめぐって(田寺英治)「史迹と美術」 史迹美術同攷会 75(7)通号757 2005.8

薬師寺修二会「花えしき」《特集 大和の法会と声明》(松久保秀胤)「秋篠文化」 秋篠音楽堂運営協議会 (4) 2006.2

特集 十色の春 薬師寺花会式「月刊大和路ならら」 地域情報ネットワーク 9(3)通号90 2006.3

インタビュー 薬師寺管主・安田暎胤 薬師寺花会式の魅力「月刊大和路ならら」 地域情報ネットワーク 9(3)通号90 2006.3

薬師三尊に祈りを捧げる七日間/花会式を知る―花、声、鬼「月刊大和路ならら」 地域情報ネットワーク 9(3)通号90 2006.3

薬師寺西郊の夙村と救癩施設・西山光明院(吉田栄治郎)「Regional」 奈良県立同和問題関係史料センター 4 2006.11

薬師寺と西大寺の仏像(神田雅章)「近畿文化」 近畿文化会事務局 (686) 2007.1

薬師寺「花会式」について(山田法胤)「近畿文化」 近畿文化会事務局 (688) 2007.3

人物クローズアップ 薬師寺花会式を見つめて65年 薬師寺堂童子頭領が語る花会式のむかしと今「月刊大和路ならら」 地域情報ネットワーク 10(3)通号102 2007.3

慈恩会(森谷英俊)「近畿文化」 近畿文化会事務局 (696) 2007.11

やまと歳時記(55) 薬師寺 慈恩会(植田英介)「月刊大和路ならら」 地域情報ネットワーク 11(11)通号122 2008.11

薬師寺金堂薬師如来像台座異形像と『金光明経』(戸花亜利州)「奈良学研究」 帝塚山大学奈良学総合文化研究所 (11) 2009.01

薬師寺の呪師走り(MW)「まつり通信」 まつり同好会 49(3)通号541 2009.05

あをによし奈良の建造物 美の理由(1) 世界でもっとも美しい薬師寺三重塔(鈴木嘉吉)「あかい奈良」 青垣出版, 星雲社(発売) 45 2009.09

大和探訪(90)〜(95) 天武天皇と薬師寺(1)〜(6)(小川光三)「月刊大和路ならら」 地域情報ネットワーク 12(9)通号132/13(2)通号137 2009.09/2010.02

奈良スケッチ(34)「薬師寺東塔(白鳳時代)」(杉本哲也, 上丈竜矢)「月刊大和路ならら」 地域情報ネットワーク 14(1)通号148 2011.01

吉祥天女像 国宝 薬師寺所蔵「岐阜市歴史博物館博物館だより」 岐阜市歴史博物館 (77) 2011.04

奈良スケッチ(38)「薬師寺遠望」(杉本哲也, 上丈竜矢)「月刊大和路ならら」 地域情報ネットワーク 14(5)通号152 2011.05

聖観音菩薩立像 国宝 薬師寺蔵「岐阜市歴史博物館博物館だより」 岐阜市歴史博物館 (78) 2011.08

薬師寺東塔大修理法要に参加して(下垣内信夫)「堺行基の会会報」 堺行基の会 (34) 2011.08

やまと歳時記(95) 薬師寺「修二会(花会式)・鬼追式」(植田英介)「月刊大和路ならら」 地域情報ネットワーク 15(3)通号162 2012.03

元奈良国立文化財研究所所長 鈴木嘉吉さんが語る薬師寺東塔の魅力 やっぱりね、塔はカッコイイんだよな(特集 塔 千年の未来へ 薬師寺東塔解体大修理)「月刊大和路ならら」 地域情報ネットワーク 16(9)通号180 2013.09

1年ぶりに、白鳳の飛天が舞い降りる 「東塔水煙 降臨展」開催(特集 塔 千年の未来へ 薬師寺東塔解体大修理)「月刊大和路ならら」 地域情報ネットワーク 16(9)通号180 2013.09

法相宗大本山薬師寺執事 松久保伽秀さん 祈りよ届け 天へのきざはし 薬師寺の塔(特集 塔 千年の未来へ 薬師寺東塔解体大修理)「月刊大和路ならら」 地域情報ネットワーク 16(9)通号180 2013.09

日本建築を知らなくてもよくわかる塔の見方、味わい方 姿/初重/組物/軒/相輪(特集 塔 千年の未来へ 薬師寺東塔解体大修理)「月刊大和路ならら」 地域情報ネットワーク 16(9)通号180 2013.09

みほとけは語る 薬師寺東院堂「聖観音菩薩立像」「月刊大和路ならら」 地域情報ネットワーク 16(12)通号183 2013.12

夏身寺の創建と『薬師寺縁起』(東野治之)「文化財学報」 奈良大学文学部文化財学科 32 2014.03

表紙解説 薬師寺(奈良)・東院堂 聖観世音菩薩立像―慈悲と広大な智慧で苦難を除く(西島護)「いしぶみ」 まちだ史考会 (37) 2014.07

文化短信 奈良県薬師寺東塔の瓦(氣賀澤厚典)「伊那路」 上伊那郷土研究会 58(9)通号692 2014.09

わたしたちの文化財 薬師寺最勝会(内田敦士)「ヒストリア : journal of Osaka Historical Association」 大阪歴史学会 (246) 2014.10

矢田

郡山・矢田民俗誌のために(1)(鹿谷勲)「奈良県立民俗博物館研究紀要」 奈良県立民俗博物館 (23) 2008.3

矢田寺

新発見矢田寺十三仏の所見(清水俊明)「史迹と美術」 史迹美術同攷会 68(3) 1998.3

小野篁と地蔵さん(守山嘉門)「河内どんこう」 やお文化協会 (92) 2010.10

みほとけは語る(42) 矢田山金剛山寺(矢田寺)「地蔵菩薩立像」(小西正文, 若松保広)「月刊大和路ならら」 地域情報ネットワーク 14(10)通号157 2011.10

奈良県民俗緊急調査の成果と課題 (5)久米寺の練供養と矢田寺の練供養(例会発表要旨)(福持昌之)「藝能史研究」 藝能史研究會 (204) 2014.01

矢田坐久玉比古神社

奈良の矢田坐久玉比古神社と土佐物部氏の石船伝承との結びつき(広谷喜十郎)「南国史談」 南国史談会 (23) 2000.4

八釣

明日香村八釣の明神講関係資料調査(研究報告―文化遺産部)「奈良文化財研究所紀要」 奈良文化財研究所 2011 2011.06

柳本

石上神宮から山ノ辺道沿いに柳本までの石仏(清水俊明)「野ほとけ」 奈良石仏会 (340) 1999.4

奈良県天理市柳本の石仏を訪ねて(ふるさと講座「石と語る」第30回記念講座)(角南絃子)「Sala : 歴史民俗誌」 常民学舎 (44) 2008.8

八柱神社

やまと歳時記(42) 八柱神社 題目立(植田英介)「月刊大和路ならら」 地域情報ネットワーク 10(10)通号109 2007.10

山口神社

やまと歳時記(68) 亥の子暴れ祭り(植田英介)「月刊大和路ならら」 地域情報ネットワーク 12(12)通号135 2009.12

山階寺

壱 興福寺以前 山階寺はここにあった(興福寺の謎)「月刊大和路ならら」

地域情報ネットワーク　11（4）通号115　2008.4

大和の民話　淡海公が創建した山階寺にまつわる話（中上武二，杉本哲也）「月刊大和路ならら」　地域情報ネットワーク　12（11）通号134　2009.11

山添村

山添村峯寺の盂蘭盆習俗―迎え火・送り火（奥野義雄）「まつり通信」　まつり同好会　39（8）通号462　1999.7

あかい奈良が行く古社寺巡礼（6）快慶と山添村「あかい奈良」　青垣出版，星雲社（発売）20　2003.6

山添村の仏像（神田雅章）「近畿文化」　近畿文化会事務局　（775）2014.06

山田町

やまと祭事記（15）山田町の虫送り（植田英介）「月刊大和路ならら」　地域情報ネットワーク　8（6）通号81　2005.6

山田寺

山田寺講堂薬師三尊像移座について（戸花亜利州）「奈良学研究」　帝塚山大学奈良学総合文化研究所　（8）2006.1

飛鳥資料館秋期特別展のご紹介「重要文化財指定記念 奇偉荘厳 山田寺」（西田紀子）「文文研ニュース」　奈良文化財研究所　（26）2007.9

山田寺への道―蘇我倉山田石川麻呂と茅渟道・水分の道（遠藤慶太）「史料：皇學館大學研究開発推進センター史料編纂所報」　皇學館大學研究開発推進センター史料編纂所　（241）2014.03

大和

大和機―構造と機能（植村和代）「奈良学研究」　帝塚山大学奈良学総合文化研究所　通号1　1997.3

大和の「部落寺院」と触頭（奥本武裕）「奈良県立同和問題関係史料センター研究紀要」　奈良県立同和問題関係史料センター　4　1997.3

アワビを考える―大和朝廷・伊勢神宮との関連で（横山奈央子）「御影学論集」　御影史学研究会　通号22　1997.10

「御一新」と大和の民衆・聴講記（堀内光）「ふるさと生駒」　生駒民俗会（38）1997.12

○境銀大和西瓜備忘録（小菅清）「大和市史研究」　大和市文化スポーツ部25　1999.3

大和古婚譚（赤田光男）「奈良学研究」　帝家山大学奈良学総合文化研究所　通号2　1999.3

盆地部大和における真宗教線の展開過程・序説―「かわた」村への教線展開解明のための前提的作業（奥本武裕）「奈良県立同和問題関係史料センター研究紀要」　奈良県立同和問題関係史料センター　6　1999.3

大和モノまんだら（3）苧桶―人の魂の宿る桶（鹿谷勲）「あかい奈良」　青垣出版，星雲社（発売）4　1999.6

大和歌舞伎遊話 劇場が輝いた日々（青木繁）「あかい奈良」　青垣出版，星雲社（発売）5　1999.9

浄瑠璃における大和万歳（西瀬英紀）「奈良民俗通信」　奈良民俗談話会（42）1999.9

大和の地往来「芳野往来」と「大和往来」の検討―「稀覯往来物集成」所収写本をもとにして（梅村佳代）「奈良教育史研究」　奈良教育史研究編集部　（5）1999.10

大和の風土と風「季刊悠久.第2次」　鶴岡八幡宮悠久事務局　79　1999.10

大和歌舞伎遊話 劇場が輝いた日々（2）～（4）尾花座（1）～（3）（青木繁）「あかい奈良」　青垣出版，星雲社（発売）6/8　1999.12/2000.6

今日見心親 やまとの種々 陀羅尼助（加藤美和子）「あかい奈良」　青垣出版，星雲社（発売）6　1999.12

大和モノまんだら（4）小旗―旗を立てて祈願をすること（鹿谷勲）「あかい奈良」　青垣出版，星雲社（発売）6　1999.12

大和モノまんだら（5）箸―カミの箸・ヒトの箸（鹿谷勲）「あかい奈良」　青垣出版，星雲社（発売）7　2000.3

近世西本願寺教団における「部落寺院」観の変容―三業惑乱期の大和の「部落寺院」の動向をめぐって（奥本武裕）「奈良県立同和問題関係史料センター研究紀要」　奈良県立同和問題関係史料センター　7　2000.3

大和モノまんだら（6）傘―異界への入りコ（鹿谷勲）「あかい奈良」　青垣出版，星雲社（発売）8　2000.6

大和の線刻磨崖仏―大野寺石仏を中心に（藤沢典彦）「近畿文化」　近畿文化会事務局　607　2000.6

大和を舞台にした文楽作品（田結荘哲治）「近畿文化」　近畿文化会事務局　617　2001.4

近世大和の巫女村と口寄せの作法（吉田栄治郎）「東北学.［第1期］」　東北芸術工科大学東北文化研究センター，作品社（発売）4　2001.4

大和歌舞伎遊話 ならまち芝居ばなし（青木繁）「あかい奈良」　青垣出版，星雲社（発売）12　2001.6

大和モノまんだら（11）オモカル石―人はなぜ石に願いを託すのか（鹿谷勲）「あかい奈良」　青垣出版，星雲社（発売）13　2001.9

〔書評〕木村博一著『近世大和地方史研究』（塩谷行庸）「奈良歴史研究」

奈良歴史研究会　（56）2001.9

シリーズ大和の芸能 能 金春流「あかい奈良」　青垣出版，星雲社（発売）14　2001.12

伊勢・高野・金毘羅・大和廻道中日記（宮窪弘）「ひたち小川の文化」　小美玉市小川郷土文化研究会　22　2002

"ヤマト"の本源をさぐる（熊倉公男）「大美和」　大神神社　102　2002.1

シリーズ大和の芸能 伎楽「あかい奈良」　青垣出版，星雲社（発売）15　2002.3

大和万歳祖神考（吉田栄治郎）「奈良県立同和問題関係史料センター研究紀要」　奈良県立同和問題関係史料センター　8　2002.3

やまとの社寺と古跡（浅田外史）「小千谷文化」　小千谷市総合文化協会『小千谷文化』編集委員会　168　2002.6

大和の鮎鮨随想（村上泰昭）「史迹と美術」　史迹美術同攷会　72（6）通号726　2002.7

大和の湯立 ソネッタンと大和のマツリ（岩波七雄）「秋篠文化」　秋篠音楽堂運営協議会　（1）2003.2

史料紹介 三業惑乱と大和の「穢多」村寺院（奥本武裕）「奈良県立同和問題関係史料センター研究紀要」　奈良県立同和問題関係史料センター　9　2003.3

近江・伊賀・大和の仏像と石造品を訪ねて（澤新太郎）「史迹と美術」　史迹美術同攷会　73（9）通号739　2003.11

特別展の紹介「大和もめん」（奈良県立民俗博物館だより」　奈良県立民俗博物館　30（1・2）通号90・91　2003.12

大和の民話（中上武二，杉本哲也）「月刊大和路ならら」　地域情報ネットワーク　7（1）通号64/10（5）通号104　2004.1/2007.5

伊勢と大和（岡本彰夫）「秋篠文化」　秋篠音楽堂運営協議会　（2）2004.1

伊勢音頭と大和（鹿谷勲）「秋篠文化」　秋篠音楽堂運営協議会　（2）2004.1

大和のおかげ踊り 奈良市田原地区を中心に（岩坂七雄）「秋篠文化」　秋篠音楽堂運営協議会　（2）2004.1

中世大和における地域の声聞師―法隆寺辺を題材として（山村雅史）「奈良県立同和問題関係史料センター研究紀要」　奈良県立同和問題関係史料センター　10　2004.3

中世大和の変異現象と予兆（赤田光男）「日本文化史研究」　帝塚山大学奈良学総合文化研究所　（36）2004.3

やまと祭時記（2）（植田英介）「月刊大和路ならら」　地域情報ネットワーク　7（5）通号68　2004.5

大和探訪（27）大和の祭祀構造（小川光三）「月刊大和路ならら」　地域情報ネットワーク　7（6）通号69　2004.6

大和探訪（28）天地陰陽の配置（小川光三）「月刊大和路ならら」　地域情報ネットワーク　7（7）通号70　2004.7

特集 次の世界遺産は雅楽だ！「月刊大和路ならら」　地域情報ネットワーク　7（8）通号71　2004.8

大和探訪（29）続・天地陰陽の配置配置（小川光三）「月刊大和路ならら」　地域情報ネットワーク　7（8）通号71　2004.8

大和探訪（31）観音・地蔵と祭祀構造（小川光三）「月刊大和路ならら」　地域情報ネットワーク　7（10）通号73　2004.10

大和の石造宝塔・多宝塔（藤澤典彦）「近畿文化」　近畿文化会事務局660　2004.10

中世大和の予兆と禁忌（赤田光男）「帝塚山大学人文科学部紀要」　帝塚山大学人文科学部　（16）2004.11

初期徳川政権と大和の寺社（大宮守友）「南紀徳川史研究」　南紀徳川史研究会　8　2004.12

歴史散策 大和と信楽幻の都と日常遣いの器「月刊大和路ならら」　地域情報ネットワーク　8（1）通号76　2005.1

やまと祭事記（10）弓祝式（植田英介）「月刊大和路ならら」　地域情報ネットワーク　8（1）通号76　2005.1

やまと祭事記（12）御田植神事（植田英介）「月刊大和路ならら」　地域情報ネットワーク　8（3）通号78　2005.3

古代の大和朝廷は熊野に何を求めたか―「記」「紀」「旧事紀」の神語分析（酒井聰郎）「熊野歴史研究：熊野歴史研究会紀要」　熊野歴史研究会　（12）2005.5

やまと祭事記（14）梵網会うちわまき（植田英介）「月刊大和路ならら」　地域情報ネットワーク　8（5）通号80　2005.5

大和（奈良県）における聖徳太子伝承（木村博）「聖徳」　聖徳宗教学部（184）2005.5

大和ものまんだら（14）木槌の不思議（鹿内勲）「あかい奈良」　青垣出版，星雲社（発売）28　2005.6

大和の古塔と塔跡（1）―斑鳩から葛城へ（網干善教）「近畿文化」　近畿文化会事務局　667　2005.6

白石太一郎・村木二郎編『大和における中・近世墓地の調査』（紹介）（佐藤亜聖）「奈良歴史研究」　奈良歴史研究会　（63・64）2005.6

特集 雅楽を次の世代に「月刊大和路ならら」　地域情報ネットワーク　8（7）通号82　2005.7

やまと祭事記（16）蓮華会式（植田英介）「月刊大和路ならら」　地域情報

ネットワーク　8(7)通号82　2005.7

雅楽を次の世代に2「月刊大和路ならら」　地域情報ネットワーク　8(8)通号83　2005.8

やまと祭事記(17)放生会(鳩逃がし)(植田英介)「月刊大和路ならら」　地域情報ネットワーク　8(8)通号83　2005.8

やまと祭事記(18)転害門・転害門大注連縄の掛け替え(植田英介)「月刊大和路ならら」　地域情報ネットワーク　8(9)通号84　2005.9

大和・河内の結界石(藤澤典彦)「近畿文化」　近畿文化会事務局　(673)　2005.12

近世の旅観と街道の変容―参宮と大和めぐり(安田真紀子)「奈良史学」　奈良大学史学会　(23)　2005.12

大和の法会と声明(《特集 大和の法会と声明》)(佐藤道子)「秋篠文化」　秋篠音楽堂運営協議会　(4)　2006.2

慈恩会の歴史と声明(《特集 大和の法会と声明》)(多川俊映)「秋篠文化」　秋篠音楽堂運営協議会　(4)　2006.2

融通念仏宗本山末寺の法会(《特集 大和の法会と声明》)(阿波谷俊宏)「秋篠文化」　秋篠音楽堂運営協議会　(4)　2006.2

神武東遷とその環境橋―日向・筑紫から大和へ(山内美義)「江渟の久爾」　江沼地方史研究会　(51)　2006.3

中世大和の千秋万歳考(山村雅史)「研究紀要」　奈良県教育委員会　(12)　2006.3

19世紀大和における真宗フォークロアの生成・序説(奥本武裕)「研究紀要」　奈良県教育委員会　(12)　2006.3

大和の茶粥(1)〜(3)(鹿谷勲)「奈良県立民俗博物館だより」　奈良県立民俗博物館　32(1)通号96/40(1)通号105　2006.3/2014.03

大和における御田植祭の系譜(《万葉古代学研究所第1回委託共同研究報告》)(武藤康弘)「万葉古代学研究年報」　奈良県立万葉文化館　(4)　2006.3

倭姫命伝説 御杖代となった皇女「月刊大和路ならら」　地域情報ネットワーク　9(4)通号91　2006.4

大和探訪(52)熊野信仰の謎(小川光三)「月刊大和路ならら」　地域情報ネットワーク　9(7)通号94　2006.7

異界からの使者―大和魑魅魍魎めぐり「月刊大和路ならら」　地域情報ネットワーク　9(8)通号95　2006.8

大和探訪(53)展開する熊野の神々(小川光三)「月刊大和路ならら」　地域情報ネットワーク　9(8)通号95　2006.8

大和探訪(54)茅の輪の信仰(小川光三)「月刊大和路ならら」　地域情報ネットワーク　9(9)通号96　2006.9

大和の売薬「豊心丹」(常谷伸之)「河内どんこう」　やお文化協会　(80)　2006.10

大和探訪(55)「まほろば」と「まほらま」(小川光三)「月刊大和路ならら」　地域情報ネットワーク　9(10)通号97　2006.10

大和探訪(56)ホトケ考(1)蛇の穴(小川光三)「月刊大和路ならら」　地域情報ネットワーク　9(11)通号98　2006.11

盃台の上に広がる精緻な手業の世界「月刊大和路ならら」　地域情報ネットワーク　9(12)通号99　2006.12

歩く ぶらり大和路 初詣古社名刹めぐり「月刊大和路ならら」　地域情報ネットワーク　9(12)通号99　2006.12

大和探訪(57)ホトケ考(2)土器の信仰(小川光三)「月刊大和路ならら」　地域情報ネットワーク　9(12)通号99　2006.12

和辻哲郎『古寺巡礼』にみる風景 90年前の大和はこうだった(特集 奈良を撮る、奈良を遣す)「月刊大和路ならら」　地域情報ネットワーク　10(1)通号100　2007.1

大和探訪(58)ホトケ考(3)花祭り(小川光三)「月刊大和路ならら」　地域情報ネットワーク　10(1)通号100　2007.1

大和万歳について(1)(福原敏男)「コロス」　常民文化研究会　(108)　2007.2

大和探訪(59)ホトケ考(4)サクラと花見(小川光三)「月刊大和路ならら」　地域情報ネットワーク　10(2)通号101　2007.2

大和探訪(60)ホトケ考(5)穴の信仰(小川光三)「月刊大和路ならら」　地域情報ネットワーク　10(3)通号102　2007.3

大和の十九夜講(岩坂七雄)「秋篠文化」　秋篠音楽堂運営協議会　(5)　2007.3

「東大寺文書」に記された「坂ノ穢多」―中世大和の河原者に関する考察(山村雅史)「研究紀要」　奈良県教育委員会　(13)　2007.3

特別寄稿 中世大和の女性と仏教(西口順子)「研究紀要」　奈良県教育委員会　(13)　2007.3

おふくろ石―諏訪・島根石見・松江・大和(北野晃)「民俗文化」　滋賀民俗学会　(523)　2007.4

大和探訪(61)ホトケ考(6)蛇と土器(小川光三)「月刊大和路ならら」　地域情報ネットワーク　10(4)通号103　2007.4

大和の石燈籠(藤澤典彦)「近畿文化」　近畿文化会事務局　(690)　2007.5

大和探訪(62)ホトケ考(7)陰笥と仏(小川光三)「月刊大和路ならら」　地域情報ネットワーク　10(5)通号104　2007.5

大和の神仏習合(菅谷文則)「近畿文化」　近畿文化会事務局　(691)

2007.6

哀感ただよう雪景色の新口村/恋飛脚大和往来(特集 大和路歌舞伎紀行―その舞台と人―奈良ゆかりの歌舞伎をさぐる)「月刊大和路ならら」　地域情報ネットワーク　10(6)通号105　2007.6

大和探訪(63)楠の霊像(小川光三)「月刊大和路ならら」　地域情報ネットワーク　10(6)通号105　2007.6

大和の民話 聖徳太子建立の古寺に伝わる霊験あらたかな弁財天(中上武二，杉本哲也)「月刊大和路ならら」　地域情報ネットワーク　10(6)通号105　2007.6

大和の民話 実話親孝行・説話親不孝の物語(中上武二，杉本哲也)「月刊大和路ならら」　地域情報ネットワーク　10(7)通号106　2007.7

大和探訪(65)天と地の神と仏(小川光三)「月刊大和路ならら」　地域情報ネットワーク　10(8)通号107　2007.8

大和の民話 説教僧の祥蓮地獄をまぬがれる(中上武二，杉本哲也)「月刊大和路ならら」　地域情報ネットワーク　10(8)通号107　2007.8

水分神社と山口神社をめぐる/大和の福神をめぐる/水の神、雨の神をめぐる/巨木、銘木をめぐる/火の神をめぐる/文化財をめぐる/相撲神社を訪ねる/矢田坐久志玉比古神社を訪ねる(特集2 秋の古社めぐり)「月刊大和路ならら」　地域情報ネットワーク　10(9)通号108　2007.9

大和の民話 忠臣高市中納言に竜神のご利益(中上武二，杉本哲也)「月刊大和路ならら」　地域情報ネットワーク　10(9)通号108　2007.9

大和探訪(66)木の仏、石の仏(小川光三)「月刊大和路ならら」　地域情報ネットワーク　10(9)通号108　2007.9

大和探訪(67)，(68)刊柱と水槽(上)，(下)(小川光三)「月刊大和路ならら」　地域情報ネットワーク　10(10)通号109/10(11)通号110　2007.10/2007.11

大和の獅子・狛犬(長田光男)「高円史学」　高円史学会　(23)　2007.10

大和の民話 仙草をたべて仙人になった女性(中上武二，杉本哲也)「月刊大和路ならら」　地域情報ネットワーク　10(11)通号110　2007.11

ぶらり大和路 大和の古社寺 新春めぐり「月刊大和路ならら」　地域情報ネットワーク　10(12)通号111　2007.12

大和探訪(69)〜(71)寺と古墳(上)，(中)，(下)(小川光三)「月刊大和路ならら」　地域情報ネットワーク　10(12)通号111/11(2)通号113　2007.12/2008.2

大和の民話(中上武二，杉本哲也)「月刊大和路ならら」　地域情報ネットワーク　10(12)通号111　2007.12

初期寺院造営の背景―大和を中心として(甲斐弓子)「奈良学研究」　帝塚山大学奈良学総合文化研究所　(10)　2008.3

大和の民話 良弁僧正が観音の導きで母と再会した話(中上武二，杉本哲也)「月刊大和路ならら」　地域情報ネットワーク　11(2)通号113　2008.2

帝塚山大学大学院人文科学研究所所蔵「誕生釈迦仏立像」「月刊大和路ならら」　地域情報ネットワーク　11(2)通号113　2008.2

大和モノまんだら(20)鬼 追い払われる鬼 招かれる鬼(鹿谷勲)「あかい奈良」　青垣出版、星雲社(発売)39　2008.3

中世大和の煮沸具について(奥井智子)「考古學論攷 : 橿原考古学研究所紀要」　奈良県立橿原考古学研究所　31　2008.3

大和の民話 尼・顧西の法華経が焼けなかった話(中上武二，杉本哲也)「月刊大和路ならら」　地域情報ネットワーク　11(4)通号115　2008.4

大和の民話 吉備真備が唐で苦難にあった話(中上武二，杉本哲也)「月刊大和路ならら」　地域情報ネットワーク　11(5)通号116　2008.5

グラビア 大和水分神社紀行 蒼き森の水の神々、延喜式にみえる水分神社四社を歩く 宇太水分神社/吉野水分神社/葛木水分神社/都祁水分神社「月刊大和路ならら」　地域情報ネットワーク　11(6)通号117　2008.6

遺構と文学に探る 水と神と祭りの話「月刊大和路ならら」　地域情報ネットワーク　11(6)通号117　2008.6

帝塚山大学大学院人文科学研究所所蔵「狂言面『乙』」「月刊大和路ならら」　地域情報ネットワーク　11(7)通号118　2008.7

大和の民話 済源僧都が極楽往生した話(中上武二，杉本哲也)「月刊大和路ならら」　地域情報ネットワーク　11(8)通号119　2008.8

大和の民話 染殿の后が天狗に犯された話(中上武二，杉本哲也)「月刊大和路ならら」　地域情報ネットワーク　11(9)通号120　2008.9

やまと歳時記(53)芝能(植田英介)「月刊大和路ならら」　地域情報ネットワーク　11(9)通号120　2008.9

帝塚山大学大学院人文科学研究所所蔵「嫁入り駕籠」「月刊大和路ならら」　地域情報ネットワーク　11(9)通号120　2008.9

大和の墓制をたずねて(狭川真一)「近畿文化」　近畿文化会事務局　(707)　2008.10

大和の民話 法蔵の母が炎熱地獄に堕ちた話(中上武二，杉本哲也)「月刊大和路ならら」　地域情報ネットワーク　11(10)通号121　2008.10

大和の民話 前ぶれの後に吉凶が現れた話(中上武二，杉本哲也)「月刊大和路ならら」　地域情報ネットワーク　11(11)通号122　2008.11

石工 丹波佐吉と大和(長田光男)「高円史学」　高円史学会　(24)　2008.11

大和万歳について(《特集 続祝福芸》)(鹿谷勲)「まつり」　まつり同好

会 通号70 2008.12

日本の祭礼にみる音の世界観「月刊大和路ならら」 地域情報ネットワーク 11(12)通号123 2008.12

大和の民話 竹取の翁が光る竹に女の児を見つけて養った話(中上武二, 杉本哲也)「月刊大和路ならら」 地域情報ネットワーク 11(12)通号123 2008.12

やまと歳時記(56)田楽座の初宮詣で(植田英介)「月刊大和路ならら」 地域情報ネットワーク 11(12)通号123 2008.12

帝塚山大学大学院人文科学研究所所蔵「お食い初めの朱塗膳」「月刊大和路ならら」 地域情報ネットワーク 11(12)通号123 2008.12

大和の吉祥天(関根俊一)「近畿文化」 近畿文化会事務局 (710) 2009.01

大和の民話 大和上鑑真の話[1]~(3)(中上武二, 杉本哲也)「月刊大和路ならら」 地域情報ネットワーク 12(1)通号124/12(3)通号126 2009.01/2009.03

帝塚山大学大学院人文科学研究所所蔵「襦褓袢」「月刊大和路ならら」 地域情報ネットワーク 12(1)通号124 2009.01

問題提起 出雲国造神賀詞と大和の神々(《第8回神在月古代文化シンポジウム 天皇の前で語られた「出雲神話」—出雲国造神賀詞奏上儀礼の謎に迫る》)(和田萃)「しまねの古代文化 : 古代文化記録集」 島根県古代文化センター (16) 2009.03

帝塚山大学大学院人文科学研究所所蔵「絵馬」「月刊大和路ならら」 地域情報ネットワーク 12(3)通号126 2009.03

特別寄稿 民俗学から見た大和のムラ(市川秀之)「奈良県立同和問題関係史料センター研究紀要」 奈良県立同和問題関係史料センター (15) 2009.03

大和の民話 円能法師が生き返った話(中上武二, 杉本哲也)「月刊大和路ならら」 地域情報ネットワーク 12(4)通号127 2009.04

大和と浮世絵(9)「阿国歌舞伎草紙」(浅野秀剛)「月刊大和路ならら」 地域情報ネットワーク 12(4)通号127 2009.04

大和の民話 安養尼が生き返った話(中上武二, 杉本哲也)「月刊大和路ならら」 地域情報ネットワーク 12(5)通号128 2009.05

大和の民話 晴海上人と真如親王の話(中上武二, 杉本哲也)「月刊大和路ならら」 地域情報ネットワーク 12(7)通号130 2009.07

帝塚山大学大学院人文科学研究所所蔵「木村職人の着用した印半纏」「月刊大和路ならら」 地域情報ネットワーク 12(7)通号130 2009.07

大和の民話 大仏勧進と行基大僧正の話(中上武二, 杉本哲也)「月刊大和路ならら」 地域情報ネットワーク 12(8)通号131 2009.08

大和ものまんだら 杖—神の杖・人の杖(鹿谷勲)「あかい奈良」 青垣出版, 星雲社(発売) 45 2009.09

大和の民話 弘法大師が真言の教えを伝えた話(中上武二, 杉本哲也)「月刊大和路ならら」 地域情報ネットワーク 12(9)通号132 2009.09

帝塚山大学大学院人文科学研究所所蔵「昭和初期の子ども着」「月刊大和路ならら」 地域情報ネットワーク 12(9)通号132 2009.09

《特集 大和の祭文音頭 江州音頭・河内音頭の源を探る》「秋篠文化」 秋篠音楽堂運営協議会 (7) 2009.09

講演記録 大和の祭文音楽とその系類(村井市郎)「秋篠文化」 秋篠音楽堂運営協議会 (7) 2009.09

資料 大和の祭文音楽とその系類—江州音頭の祖先の領域等/大和と江州音頭—節のいろいろ/大和の祭文音頭—江州音頭の源を探る「秋篠文化」 秋篠音楽堂運営協議会 (7) 2009.09

付録 講演録音「大和と江州音頭(続) 節のいろいろ他」/実況録画「大和の祭文音頭—江州音頭の源を探る」「秋篠文化」 秋篠音楽堂運営協議会 (7) 2009.09

大和の民話 極楽に行ってきた大部屋栖野古の話(中上武二, 杉本哲也)「月刊大和路ならら」 地域情報ネットワーク 12(10)通号133 2009.10

帝塚山大学大学院人文科学研究所所蔵「大正時代の御器籠」「月刊大和路ならら」 地域情報ネットワーク 12(11)通号134 2009.11

大和ものまんだら 狛犬—足止めの顔掛け(鹿谷勲)「あかい奈良」 青垣出版, 星雲社(発売) 46 2009.12

大和の民話 左大将が勧文にもつつしまなかった話(中上武二, 杉本哲也)「月刊大和路ならら」 地域情報ネットワーク 12(12)通号135 2009.12

帝塚山大学大学院人文科学研究所所蔵「大般若経」「月刊大和路ならら」 地域情報ネットワーク 12(12)通号135 2009.12

商売繁盛と金鉱の守り神 毘沙門天信仰とムカデの話「月刊大和路ならら」 地域情報ネットワーク 13(1)通号136 2010.01

帝塚山大学大学院人文科学研究所所蔵「箱膳」「月刊大和路ならら」 地域情報ネットワーク 13(1)通号136 2010.01

大和探訪(96)~(99) 大和朝廷と伊勢の神々(1)~(4)(小川光三)「月刊大和路ならら」 地域情報ネットワーク 13(3)通号138/13(6)通号141 2010.3/2010.6

大和の神饌(岡本彰夫)「奈良学研究」 帝塚山大学奈良学総合文化研究所 (12) 2010.03

大和の大黒天(神田雅章)「近畿文化」 近畿文化会事務局 (726) 2010.05

奈良の伝統行事 レンズがとらえてた大和の祭り 夏の片隅にたたずむ地蔵尊「あかい奈良」 青垣出版, 星雲社(発売) 48 2010.06

大和探訪(100)~(111) 大和朝廷と伊勢の神々(5)~(16)(小川光三)「月刊大和路ならら」 地域情報ネットワーク 13(7)通号142/14(6)通号153 2010.7/2011.6

みほとけは語る(27) 閻魔王坐像(小西正文)「月刊大和路ならら」 地域情報ネットワーク 13(7)通号142 2010.07

薬草採取に薬づくり 大和国1500年の薬草のはなし「月刊大和路ならら」 地域情報ネットワーク 13(9)通号144 2010.9

見て触って知る大和の薬文化「月刊大和路ならら」 地域情報ネットワーク 13(9)通号144 2010.9

帝塚山大学大学院人文科学研究所所蔵「薬師如来坐像」「月刊大和路ならら」 地域情報ネットワーク 13(9)通号144 2010.09

帝塚山大学大学院人文科学研究所所蔵「絵馬」「月刊大和路ならら」 地域情報ネットワーク 13(11)通号146 2010.11

巫女の系譜—神話と古代史の世界から「月刊大和路ならら」 地域情報ネットワーク 13(12)通号147 2010.12

古のヤマトを守りたかった「求」の塚の考察(どいかずこ)「神戸史談」 神戸史談会 (307) 2011.01

寝仏、磨崖仏、石窟仏…、滝坂のほとけの道 滝坂の道「月刊大和路ならら」 地域情報ネットワーク 14(1)通号148 2011.01

大和モノまんだら 笠—田植えの呪物(鹿谷勲)「あかい奈良」 青垣出版, 星雲社(発売) 51 2011.03

融通念仏縁起の世界「月刊大和路ならら」 地域情報ネットワーク 14(3)通号150 2011.03

帝塚山大学大学院人文科学研究所所蔵「亀甲双鶴文鏡」「月刊大和路ならら」 地域情報ネットワーク 14(3)通号150 2011.03

国際博物館の日・遠野物語100年記念講演会 “大和し麗し”の民俗(岩井宏實)「奈良県立民俗博物館だより」 奈良県立民俗博物館 37(1)通号102 2011.03

中世大和「盲目」に関する研究—「西金堂大行事方引付」を主材料として(山村雅史)「奈良県立同和問題関係史料センター研究紀要」 奈良県立同和問題関係史料センター (16) 2011.3

特別寄稿 中世大和の葬送と墓制(狭川真一)「奈良県立同和問題関係史料センター研究紀要」 奈良県立同和問題関係史料センター (16) 2011.03

嘉元四年銘薬師三尊石仏と大和石工の動向(高橋伸二)「岡山市埋蔵文化財センター研究紀要」 岡山市教育委員会 (2) 2011.03

大和の十三重石塔—盆地南部と宇陀地方(狭川真一)「近畿文化」 近畿文化会事務局 (737) 2011.04

「玉依姫の微笑」を旅する(2) 高貴と美競う玉依姫とモナ・リザ(吉田伊佐夫)「月刊大和路ならら」 地域情報ネットワーク 14(5)通号152 2011.05

帝塚山大学大学院人文科学研究所所蔵「木造弘法大師坐像」「月刊大和路ならら」 地域情報ネットワーク 14(5)通号152 2011.05

「玉依姫の微笑」を旅する(3) 墨書に隠された女人の面影(吉田伊佐夫)「月刊大和路ならら」 地域情報ネットワーク 14(6)通号153 2011.06

帝塚山大学大学院人文科学研究所所蔵「陵王面日之丸形飾盆」「月刊大和路ならら」 地域情報ネットワーク 14(6)通号153 2011.06

中世の三輪山平等寺と大和の霊山・修験(宮家準)「大美和」 大神神社 (121) 2011.07

「玉依姫の微笑」を旅する(4) はるかな海郷の風孕む始祖伝説(吉田伊佐夫)「月刊大和路ならら」 地域情報ネットワーク 14(7)通号154 2011.07

大和探訪(112)~(128) 仏像を撮る(1)~(17)(小川光三)「月刊大和路ならら」 地域情報ネットワーク 14(7)通号154/15(12)通号171 2011.07/2012.12

「玉依姫の微笑」を旅する(5)「生うる石」に顕現する永遠の生命力(吉田伊佐夫)「月刊大和路ならら」 地域情報ネットワーク 14(8)通号155 2011.08

「玉依姫の微笑」を旅する(6) 三輪山の神に見初められた陶邑の娘(吉田伊佐夫)「月刊大和路ならら」 地域情報ネットワーク 14(9)通号156 2011.09

「玉依姫の微笑」を旅する(7),(8) 三輪山麓に逝く 森本ミツギ「最後の日記」(上),(下)(吉田伊佐夫)「月刊大和路ならら」 地域情報ネットワーク 14(10)通号157/14(11)通号158 2011.10/2011.11

帝塚山大学大学院人文科学研究所所蔵「熊胆木香丸」「月刊大和路ならら」 地域情報ネットワーク 14(10)通号157 2011.10

帝塚山大学大学院人文科学研究所所蔵「百萬塔」「月刊大和路ならら」 地域情報ネットワーク 14(11)通号158 2011.11

伝統行事を支える職人の意地 馬長児 昭和のひで笠を作る! 斎藤専商店 丸橋春樹さんのインタビュー(特集 おん祭 ザ・かぶりもの)「月刊

大和路ならら」 地域情報ネットワーク 14(12)通号159 2011.12

「玉依姫の微笑」を旅する(9)賀茂と三輪をつなぐ丹塗矢伝承(吉田伊佐夫)「月刊大和路ならら」 地域情報ネットワーク 14(12)通号159 2011.12

大物主神と大国主神―大和国家の祭祀と〈神話〉(特集 古事記撰上1300年)(松本直樹)「季刊明日香風」 古都飛鳥保存財団 31(1)通号121 2012.01

「玉依姫の微笑」を旅する(10)武者の世に生まれた「微笑」の皇女(吉田伊佐夫)「月刊大和路ならら」 地域情報ネットワーク 15(1)通号160 2012.01

桑門通信 念珠(阿波谷俊宏)「月刊大和路ならら」 地域情報ネットワーク 15(1)通号160 2012.01

帝塚山大学大学院人文科学研究所所蔵 『切支丹邪宗門禁制の高札』「月刊大和路ならら」 地域情報ネットワーク 15(1)通号160 2012.01

巻頭写真 大和萬歳資料(大和萬歳資料集)「秋篠文化」 秋篠音楽堂運営協議会 特別号 2012.02

大和萬歳録音の思い出(大和萬歳資料集)(三隅治雄)「秋篠文化」 秋篠音楽堂運営協議会 特別号 2012.02

大和千秋萬歳の思い出(大和萬歳資料集)(猪熊兼勝)「秋篠文化」 秋篠音楽堂運営協議会 特別号 2012.02

大和万歳の遺品について(大和萬歳資料集)(鹿谷勲)「秋篠文化」 秋篠音楽堂運営協議会 特別号 2012.02

萬歳をたずねて(大和萬歳資料集)(岡田弘)「秋篠文化」 秋篠音楽堂運営協議会 特別号 2012.02

付録音源資料『大和萬歳』について(大和萬歳資料集)「秋篠文化」 秋篠音楽堂運営協議会 特別号 2012.02

大和萬歳資料集の編纂にあたって(大和萬歳資料集)(秋篠音楽堂運営委員会,伝統芸能部会)「秋篠文化」 秋篠音楽堂運営協議会 特別号 2012.02

桑門通信 献灯(阿波谷俊宏)「月刊大和路ならら」 地域情報ネットワーク 15(2)通号161 2012.02

帝塚山大学大学院人文科学研究所所蔵 『両界曼荼羅図のうち胎蔵界曼荼羅図』「月刊大和路ならら」 地域情報ネットワーク 15(2)通号161 2012.02

研究 大和における一向一揆と共同体(森本修平)「奈良歴史研究」 奈良歴史研究会 (77)2012.2

グラビア 鬼が来た! 鬼が生まれた! 福が来た! 春が来た!(特集 鬼が来た! 春が来た!)「月刊大和路ならら」 地域情報ネットワーク 15(3)通号162 2012.03

そもそも鬼とは何か(特集 鬼が来た! 春が来た!)「月刊大和路ならら」 地域情報ネットワーク 15(3)通号162 2012.03

「玉依姫の微笑」を旅する(12)西行女人抄(上)高貴なる女院追慕の花の歌(吉田伊佐夫)「月刊大和路ならら」 地域情報ネットワーク 15(3)通号162 2012.03

桑門通信 念珠と太陽信仰(阿波谷俊宏)「月刊大和路ならら」 地域情報ネットワーク 15(3)通号162 2012.03

19世紀大和における真宗フォークロアの生成―吉光尼伝承のゆくえ(奥本武裕)「奈良県立同和問題関係史料センター研究紀要」 奈良県立同和問題関係史料センター (17)2012.03

「玉依姫の微笑」を旅する(13)西行女人抄(下)女神の山里に世をしのぶ妻と娘(吉田伊佐夫)「月刊大和路ならら」 地域情報ネットワーク 15(4)通号163 2012.04

桑門通信 伝法会(阿波谷俊宏)「月刊大和路ならら」 地域情報ネットワーク 15(4)通号163 2012.04

「玉依姫の微笑」を旅する(14)闇に消えた敗将の女たちの戦(吉田伊佐夫)「月刊大和路ならら」 地域情報ネットワーク 15(5)通号164 2012.05

桑門通信 来迎仏(阿波谷俊宏)「月刊大和路ならら」 地域情報ネットワーク 15(5)通号164 2012.05

夫をとるか、兄をとるか―。沙本毘売の悲しき選択、猛る炎に儚く散った命。(特集 神と人が紡ぐ壮大なる物語 古事記ザ・スペクタル)「月刊大和路ならら」 地域情報ネットワーク 15(6)通号165 2012.06

古事記の真実(特集 神と人が紡ぐ壮大なる物語 古事記ザ・スペクタル)「月刊大和路ならら」 地域情報ネットワーク 15(6)通号165 2012.06

豊饒なる古代精神の所産 古事記の今(特集 神と人が紡ぐ壮大なる物語 古事記ザ・スペクタル)「月刊大和路ならら」 地域情報ネットワーク 15(6)通号165 2012.06

国家創造の意志 『古事記』はこうして作られた(特集 神と人が紡ぐ壮大なる物語 古事記ザ・スペクタル)「月刊大和路ならら」 地域情報ネットワーク 15(6)通号165 2012.06

「玉依姫の微笑」を旅する(15)声明のふる里に響きあう琵琶の音(吉田伊佐夫)「月刊大和路ならら」 地域情報ネットワーク 15(6)通号165 2012.06

桑門通信 亡女の片袖(阿波谷俊宏)「月刊大和路ならら」 地域情報ネットワーク 15(6)通号165 2012.06

帝塚山大学大学院人文科学研究所所蔵 『竹製華籠』「月刊大和路ならら」 地域情報ネットワーク 15(6)通号165 2012.06

桑門通信 薬師如来と民俗(阿波谷俊宏)「月刊大和路ならら」 地域情報ネットワーク 15(7)通号166 2012.07

「玉依姫の微笑」を旅する(16)大仏再興を貫く“一枝の草、一把の土”(吉田伊佐夫)「月刊大和路ならら」 地域情報ネットワーク 15(7)通号166 2012.07

桑門通信 お盆(阿波谷俊宏)「月刊大和路ならら」 地域情報ネットワーク 15(8)通号167 2012.08

桑門通信 子安観音(阿波谷俊宏)「月刊大和路ならら」 地域情報ネットワーク 15(9)通号168 2012.09

「玉依姫の微笑」を旅する(18)藤原氏の聖地に香煙絶えぬ庶民信仰(吉田伊佐夫)「月刊大和路ならら」 地域情報ネットワーク 15(9)通号168 2012.09

帝塚山大学大学院人文科学研究所所蔵 『祝椿』「月刊大和路ならら」 地域情報ネットワーク 15(9)通号168 2012.09

「玉依姫の微笑」を旅する(19)肝っ玉将軍奔る(上)“中将姫の寺”に伝えられた念持仏(吉田伊佐夫)「月刊大和路ならら」 地域情報ネットワーク 15(10)通号169 2012.10

桑門通信 年忌(阿波谷俊宏)「月刊大和路ならら」 地域情報ネットワーク 15(10)通号169 2012.10

桑門通信 十夜会(阿波谷俊宏)「月刊大和路ならら」 地域情報ネットワーク 15(11)通号170 2012.11

「玉依姫の微笑」を旅する(20)肝っ玉将軍奔る(下)女人入眼ノ国イヨイヨマコトナリ(吉田伊佐夫)「月刊大和路ならら」 地域情報ネットワーク 15(11)通号170 2012.11

帝塚山大学大学院人文科学研究所所蔵 『大般若波羅蜜多経』「月刊大和路ならら」 地域情報ネットワーク 15(11)通号170 2012.11

「玉依姫の微笑」を旅する(21)流竄の王の最期を看取った白拍子(吉田伊佐夫)「月刊大和路ならら」 地域情報ネットワーク 15(12)通号171 2012.12

桑門通信 お経(阿波谷俊宏)「月刊大和路ならら」 地域情報ネットワーク 15(12)通号171 2012.12

大和の蛇/三輪山の蛇・喜光寺の蛇 宇賀神/大神神社の蛇 巳の神杉/田原本の蛇 鍵の蛇巻き/野口神社の蛇 蛇綱引き(特集 蛇、ヘビ、へび 大和の蛇を巡る)「月刊大和路ならら」 地域情報ネットワーク 16(1)通号172 2013.01

小川光三さんに聞く 蛇信仰の深流(特集 蛇、ヘビ、へび 大和の蛇を巡る)「月刊大和路ならら」 地域情報ネットワーク 16(1)通号172 2013.01

社寺と蛇 喜光寺/天河大辨財天社/大神神社/長尾神社(特集 蛇、ヘビ、へび 大和の蛇を巡る)「月刊大和路ならら」 地域情報ネットワーク 16(1)通号172 2013.01

武藤康弘さんに聞く 蛇と民俗 鍵・今里の蛇巻き/上品寺のシャカシャカ祭/蛇穴の蛇綱引き/西九条の蛇まつり(特集 蛇、ヘビ、へび 大和の蛇を巡る)「月刊大和路ならら」 地域情報ネットワーク 16(1)通号172 2013.01

十二支と巳(蛇)の神話・伝承(特集 蛇、ヘビ、へび 大和の蛇を巡る)「月刊大和路ならら」 地域情報ネットワーク 16(1)通号172 2013.01

「玉依姫の微笑」を旅する 遊びをせんとや生まれけん「月刊大和路ならら」 地域情報ネットワーク 16(1)通号172 2013.01

狭川宗玄師が語る 神名帳はモーツァルトの調べ(特集 神々の夜)「月刊大和路ならら」 地域情報ネットワーク 16(2)通号173 2013.02

「玉依姫の微笑」を旅する この世のことはとてもかくても「月刊大和路ならら」 地域情報ネットワーク 16(2)通号173 2013.02

桑門通信念珠 陀羅尼と種子「月刊大和路ならら」 地域情報ネットワーク 16(2)通号173 2013.02

「玉依姫の微笑」を旅する 大和は母性の国 微笑の山河「月刊大和路ならら」 地域情報ネットワーク 16(3)通号174 2013.3

桑門通信念珠 長慶仏「月刊大和路ならら」 地域情報ネットワーク 16(3)通号174 2013.03

中世大和「盲目衆補任次第」を考える(山村雅史)「研究紀要」 奈良県教育委員会 (18)2013.3

企画展紹介 大和のはたおり用具(横山浩子)「奈良県立民俗博物館だより」 奈良県立民俗博物館 39(1)通号104 2013.03

大和の祭りと芸能―神を祭り、歌い踊った大和人のハレの世界(鹿谷勲)「奈良県立民俗博物館だより」 奈良県立民俗博物館 39(1)通号104 2013.03

中世大和の念仏信仰(論文)(赤田光男)「帝塚山大学人文学部紀要」 帝塚山大学人文学部 (33)2013.03

中世大和の講集による地蔵信仰(赤田光男)「日本文化史研究」 帝塚山大学奈良学総合文化研究所 (44)2013.03

近世大和の年中行事―『弘化四年未正月改 年中行事并家事取極記 宇山萬助』を中心に(高田照世)「日本文化史研究」 帝塚山大学奈良学総合文化研究所 (44)2013.3

日本人に愛された天平の姫君 愛と哀しみの中将姫伝説（特集 中将姫伝説を訪ねて 奈良町、菟田野、そして當麻）「月刊大和路ならら」 地域情報ネットワーク 16（4）通号175 2013.04

わたしと中将姫 講談で語り継ぐ大和の歴史（特集 中将姫伝説を訪ねて 奈良町、菟田野、そして當麻）「月刊大和路ならら」 地域情報ネットワーク 16（4）通号175 2013.4

廃寺・伽藍などの遺構 山城国分寺跡/吉備池廃寺/内山永久寺跡/毛原廃寺/駒帰廃寺/本薬師寺跡/安倍寺跡/定林寺跡（特集 Let's、廃寺ピクニック！ 古代寺院と瓦を追って）「月刊大和路ならら」 地域情報ネットワーク 16（5）通号176 2013.05

桑門通信念珠 十一尊仏「月刊大和路ならら」 地域情報ネットワーク 16（5）通号176 2013.05

桑門通信念珠 木魚「月刊大和路ならら」 地域情報ネットワーク 16（6）通号177 2013.06

大和の虚空蔵菩薩（神田雅章）「近畿文化」 近畿文化会事務局 （764） 2013.07

桑門通信念珠 地蔵菩薩「月刊大和路ならら」 地域情報ネットワーク 16（7）通号178 2013.07

桑門通信念珠 諸宗概観「月刊大和路ならら」 地域情報ネットワーク 16（8）通号179 2013.08

大和塔物語 法輪寺三重塔/室生寺五重塔/頭塔/幻の東大寺七重塔と西大寺東西塔/興福寺五重塔/末に焼失した元興寺五重塔/法隆寺五重塔/海龍王寺五重小塔/談山神社十三重塔（特集 塔 千年の未来へ 薬師寺東塔解体大修理）「月刊大和路ならら」 地域情報ネットワーク 16（9）通号180 2013.09

大和と浮世絵 鳥居清長「睦月恋手取」「月刊大和路ならら」 地域情報ネットワーク 16（9）通号180 2013.09

桑門通信念珠 彼岸と中将姫「月刊大和路ならら」 地域情報ネットワーク 16（9）通号180 2013.09

唐櫃 格納にも古代人の英知（特集 文様を楽しむ いのりの美 くらしの美）「月刊大和路ならら」 地域情報ネットワーク 16（10）通号181 2013.10

桑門通信念珠 千の風とお墓「月刊大和路ならら」 地域情報ネットワーク 16（10）通号181 2013.10

桑門通信念珠 礼拝「月刊大和路ならら」 地域情報ネットワーク 16（11）通号182 2013.11

桑門通信念珠 剃髪「月刊大和路ならら」 地域情報ネットワーク 16（12）通号183 2013.12

大和お茶めぐり 歴史ある、ゆかりの場所を訪ねて（特集 新春を寿ぐ奈良大茶会）「月刊大和路ならら」 地域情報ネットワーク 17（1）通号184 2014.1

高原が育んだ奈良の緑茶 大和茶をご存知ですか（特集 新春を寿ぐ奈良大茶会）「月刊大和路ならら」 地域情報ネットワーク 17（1）通号184 2014.1

桑門通信 毘沙門天（阿波谷俊宏）「月刊大和路ならら」 地域情報ネットワーク 17（1）通号184 2014.01

桑門通信念珠 天蓋「月刊大和路ならら」 地域情報ネットワーク 17（2）通号185 2014.02

桑門通信念珠 お守りとお札（阿波谷俊宏）「月刊大和路ならら」 地域情報ネットワーク 17（3）通号186 2014.03

常設展増設「大和の昔のくらし」について（吉本由梨香）「奈良県立民俗博物館だより」 奈良県立民俗博物館 40（1）通号105 2014.03

沖縄の伝統芸能「組踊」における大和・中国芸能の受容について（私の研究）（小仲井恵理）「法政大学沖縄文化研究所報」 法政大学沖縄文化研究所 （74）2014.03

大和の梵天・帝釈天（関根俊一）「近畿文化」 近畿文化会事務局 （773）2014.04

金剛山寺（矢田寺）/おふさ観音/貴船山玉蔵院/宝山寺/徳融寺/大念寺/平井大師山石仏群（特集 やまとをぐるぐる 花と仏の霊場めぐり）「月刊大和路ならら」 地域情報ネットワーク 17（5）通号188 2014.05

大和の寺 大きくぐるぐる霊場巡り 大和十三佛霊場巡り/大和地蔵十霊場/大和七福八宝めぐり/役行者霊蹟札所/大和北部八十八ヶ所霊場/宇陀西国三十三所観音霊場/まだまだあるこんな霊場（特集 やまとをぐるぐる 花と仏の霊場めぐり）「月刊大和路ならら」 地域情報ネットワーク 17（5）通号188 2014.05

大和の寺 すこ～しぐるぐるミニ霊場巡り 四国八十八ヶ所霊場/西国三十三所観音霊場（特集 やまとをぐるぐる 花と仏の霊場めぐり）「月刊大和路ならら」 地域情報ネットワーク 17（5）通号188 2014.05

大和の寺 自分で設定して巡っちゃおう 勝手に奈良巡礼のススメ（特集 やまとをぐるぐる 花と仏の霊場めぐり）「月刊大和路ならら」 地域情報ネットワーク 17（5）通号188 2014.05

桑門通信 裂裟（阿波谷俊宏）「月刊大和路ならら」 地域情報ネットワーク 17（7）通号190 2014.07

続・続・大学的ならガイド「大仏とムスリム」「月刊大和路ならら」 地域情報ネットワーク 17（7）通号190 2014.07

桑門通信 仏教と食べもの（阿波谷俊宏）「月刊大和路ならら」 地域情報ネットワーク 17（7）通号190 2014.07

桑門通信 仏壇（阿波谷俊宏）「月刊大和路ならら」 地域情報ネットワーク 17（8）通号191 2014.08

聖なる石へ 鍋倉渓 岩神神社/稲倉神社 烏帽子岩/龍穴神社 妙吉祥龍穴/笠置寺 本尊弥勒磨崖仏/蛙？ 亀？ 一刀石（特集 聖なる岩へ 石をめぐる歴史と信仰）「月刊大和路ならら」 地域情報ネットワーク 17（9）通号192 2014.09

地球の奇蹟！ 目を奪われる美しい岩石たち（特集 聖なる岩へ 石をめぐる歴史と信仰）「月刊大和路ならら」 地域情報ネットワーク 17（9）通号192 2014.09

桑門通信 諸宗と仏（阿波谷俊宏）「月刊大和路ならら」 地域情報ネットワーク 17（9）通号192 2014.09

桑門通信 お参りの楽しみ（阿波谷俊宏）「月刊大和路ならら」 地域情報ネットワーク 17（10）通号193 2014.10

大和のけしき 「境内への道」（植田英介［写真・文］）「月刊大和路ならら」 地域情報ネットワーク 17（11）通号194 2014.11

大和川

平成9年度特別テーマ展「大和川水辺の民俗―川・舟・くらし」について「奈良県立民俗博物館だより」 奈良県立民俗博物館 19（1）通号74 1997.8

近世大和川における川船研究の現状と課題―大和魚梁船を中心に（岡島永昌）「奈良歴史研究」 奈良歴史研究会 （53）2000.2

大和川水辺の民俗―川・舟・くらし 奈良県立民俗博物館の特別展を通じて（大宮守人）「奈良学研究」 帝塚山大学奈良学総合文化研究所 通号3 2000.3

松原の史蹟と伝説（10）城連寺村と大和川（出水睦己）「河内どんこう」 やお文化協会 72 2004.2

大和高原

奈良の伝統行事（16）大和高原の秋祭り（鹿谷勲）「あかい奈良」 青垣出版、星雲社（発売）17 2002.9

大和高原南部の石造美術（清水俊明）「野ほとけ」 奈良石仏会 （381）2002.9

大和高原文化の会・元会長 植村勝爾さんに聞く 岩を仰ぐ天に祈る/巨石と水の祀り（特集 聖なる岩へ 石をめぐる歴史と信仰）「月刊大和路ならら」 地域情報ネットワーク 17（9）通号192 2014.09

大和郡山

大和郡山の祭と行事（鹿谷勲）「奈良県立民俗博物館だより」 奈良県立民俗博物館 38（1）通号103 2012.03

大倭国分寺

大佛開眼以前（中）―法華堂、大倭国分寺（田寺英治）「史迹と美術」 史迹美術同攷会 78（7）通号787 2008.8

大和三山

大和三山は男か女か（平嶋述司）「河内どんこう」 やお文化協会 74 2004.10

飛鳥百景「折口信夫『口ぶえ』の大和三山」（《特集 清らかなる飛鳥の川》）（上野誠）「季刊明日香風」 古都飛鳥保存財団 27（1）通号105 2008.1

大和三山の古社を歩く（《特集 飛鳥から藤原へ》）（関口靖之）「季刊明日香風」 古都飛鳥保存財団 28（3）通号111 2009.07

藤原京と大和三山 宮都を鎮護する三山思想（特集 大和三山―香久山・畝傍山・耳成山を歩く）「月刊大和路ならら」 地域情報ネットワーク 12（9）通号132 2009.9

山の神と遺跡を訪ねて 大和三山を歩こう（特集 大和三山―香久山・畝傍山・耳成山を歩く）「月刊大和路ならら」 地域情報ネットワーク 12（9）通号132 2009.9

大和路

夢のような大和路の旅（石川文洋）「大美和」 大神神社 100 2001.1

大和路の正月［1］～（3）（根岸壽子）「横須賀文化財協会会報」 横須賀文化財協会 19/21 2001.3/2003.3

大和路の初詣と古社寺の「お守り」「月刊大和路ならら」 地域情報ネットワーク 8（12）通号87 2005.12

グラビア 奈良大和路 名作歌舞伎の舞台（特集 大和路歌舞伎紀行―その舞台と人）「月刊大和路ならら」 地域情報ネットワーク 10（6）通号105 2007.6

だから歌舞伎はやめられない 大向う問わずがたり 歌舞伎大向う初音会（特集 大和路歌舞伎紀行―その舞台と人）「月刊大和路ならら」 地域情報ネットワーク 10（6）通号105 2007.6

王朝仏教と大和路の仏たち（松浦正昭）「近畿文化」 近畿文化会事務局 （695）2007.10

グラビア 春風に誘われて いにしえの大和路を歩こう！（特集 奈良の春を歩く）「月刊大和路ならら」 地域情報ネットワーク 12（4）通号127

奈良県　　　　　　　　　　　　　郷土に伝わる民俗と信仰　　　　　　　　　　　　　　　近畿

2009.4
伊能忠敬の大和路測量と寺社参詣 (土平博)「奈良大学紀要」 奈良大学
(38) 2010.03
お神楽競演―奈良大和路の神楽舞「月刊大和路ならら」 地域情報ネット
ワーク 13(12)通号147 2010.12

大和高田
大和高田の本願寺における位牌祭祀 (高田照世)「日本文化史研究」 帝塚
山大学奈良学総合文化研究所 (43) 2012.03

大和高田八幡宮
大和高田八幡宮の楽頭職の変遷と神事能の展開 (高田照世)「日本文化史
研究」 帝塚山大学奈良学総合文化研究所 (40) 2009.03

大和国
大和歌舞伎遊話 義経千本桜―大和国源九郎狐 (青木繁)「あかい奈良」
青垣出版, 星雲社 (発売) 11 2001.3
室町期大和・河内国境地帯における諸勢力の動向をめぐって (田中慶治)
「高円史学」 高円史学会 (24) 2008.11
石造五輪塔の変遷からみた大和国所在塔の特色 (佐々木好直)「考古學論攷
：橿原考古学研究所紀要」 奈良県立橿原考古学研究所 32 2009.03
大和中山寺支配をめぐる門跡と国人 (田中慶治)「奈良歴史研究」 奈良
歴史研究会 (73) 2010.01
三業惑乱における大和国穢多村の動向(1)―洞村教示宗寺の去就 (奥本武
裕)「Regional」 奈良県立同和問題関係資料センター (13) 2010.1

大和盆地
天理参考館と大和盆地中央の寺々 (澤新太郎)「史迹と美術」 史迹美術同
攷会 76(3)通号763 2006.3

大和民俗公園
国際博物館の日記念講演会要旨「時空を超えて、歴史的民家保存の意義
と方法―大和民俗公園の未来を考える」(窪寺茂)「奈良県立民俗博物
館だより」 奈良県立民俗博物館 35(1)通号100 2008.12

山ノ神遺跡
三輪山麓の古代祭祀再考―山ノ神遺跡の出土資料を中心に (笹生衛)「大
美和」 大神神社 (119) 2010.07

山の辺の道
山の辺の道と三輪山 (清水真一)「大美和」 大神神社 100 2001.1
いまも神と人との行き交う「山の辺の道」幻想 (青山茂)「大美和」 大
神神社 100 2001.1
記紀万葉ツアリズム 古今が行き交う、山の辺の道へ 海柘榴市/磯城瑞籬
宮跡/大神神社/狭井神社/狭井川/檜原神社/箸墓古墳「まほろびすと
： 奈良に焦がれ、歴史に耳澄ます情報誌」 実業印刷まほろば会 1
(4)通号4 2012.10

山辺の道
三輪山セミナーイン東京講演録 山辺の道・上つ道と古代の都・墳墓の世
界 (水野正好)「大美和」 大神神社 (116) 2009.01

山辺郡
近代山辺郡の神社と合祀 (関口靖之)「奈良学研究」 帝塚山大学奈良学総
合文化研究所 通号1 1997.3

山辺三
民俗資料の聞き書き短信(32) 宇陀郡榛原町山辺三・戎場の伝承「奈良県
立民俗博物館だより」 奈良県立民俗博物館 26(3)通号81 2000.3

山村廃寺
山村廃寺式軒丸瓦の分布とその意味―7世紀末における造瓦体制の一側
面 (近江俊秀)「研究紀要」 由良大和古代文化研究協会 8 2004.10

結崎
観世座―もう一つのふるさと (池田淳)「近畿文化」 近畿文化会事務局
(739) 2011.06

融念寺
みほとけは語る(34) 神南融念寺「聖観音菩薩立像」(小西正文, 古市播
磨)「月刊大和路ならら」 地域情報ネットワーク 14(2)通号149
2011.02
みほとけは語る(35) 神南融念寺「地蔵菩薩立像」(小西正文, 古市播
磨)「月刊大和路ならら」 地域情報ネットワーク 14(3)通号150
2011.03

湯川
吉野路あちこち 西吉野村湯川の「重文・阿弥陀如来座像」「吉野路」 樋
口昌徳 103 2004.11

弓手原
奈良の伝統行事(21) 弓手原のオコナイ―野迫川村の正月行事「あかい
奈良」 青垣出版, 星雲社 (発売) 22 2003.12

与喜天神
輿喜天神！(特集 隠国の初瀬 よき地よき歌 輿喜天神！)「月刊大和路な
らら」 地域情報ネットワーク 15(5)通号164 2012.05
あふれいずる生命 緑深き輿喜の山裾に(特集 隠国の初瀬 よき地よき歌
輿喜天神！)「月刊大和路ならら」 地域情報ネットワーク 15(5)通
号164 2012.05
学問の神 菅公も喜ぶ法楽連歌(特集 隠国の初瀬 よき地よき歌 輿喜天
神！)「月刊大和路ならら」 地域情報ネットワーク 15(5)通号164
2012.05
世の中に、喝！ 大迫力の天神様(特集 隠国の初瀬 よき地よき歌 輿喜
天神！)「月刊大和路ならら」 地域情報ネットワーク 15(5)通号164
2012.05
人間・菅原道真(特集 隠国の初瀬 よき地よき歌 輿喜天神！)「月刊大和
路ならら」 地域情報ネットワーク 15(5)通号164 2012.05
御霊・菅原道真(特集 隠国の初瀬 よき地よき歌 輿喜天神！)「月刊大和
路ならら」 地域情報ネットワーク 15(5)通号164 2012.05
神・菅原道真(特集 隠国の初瀬 よき地よき歌 輿喜天神！)「月刊大和路
ならら」 地域情報ネットワーク 15(5)通号164 2012.05
瀧蔵権現が道真に社を譲った話(特集 隠国の初瀬 よき地よき天
神！)「月刊大和路ならら」 地域情報ネットワーク 15(5)通号164
2012.05
連歌の舞台(特集 隠国の初瀬 よき地よき歌 輿喜天神！)「月刊大和路な
らら」 地域情報ネットワーク 15(5)通号164 2012.05
源氏物語 玉鬘の舞台(特集 隠国の初瀬 よき地よき歌 輿喜天神！)「月刊
大和路ならら」 地域情報ネットワーク 15(5)通号164 2012.05

横大路
横大路の地鎮め遺構から考える(特集 竹内街道 敷設1400年)(今尾文
昭)「季刊明日香風」 古都飛鳥保存財団 33(1)通号129 2014.1

吉田
吉田吉田の昔話 (川崎正孝)「吉野史談」 吉野史談会 (33) 2009.03

吉野
吉野の弓打ち行事と狩猟民俗 (赤田光男)「奈良学研究」 帝塚山大学奈良
学総合文化研究所 通号1 1997.3
古代飛鳥・吉野と渡来中国信仰―道教は伝来したか (山岸共)「石川郷土
史学会々誌」 石川郷土史学会 (30) 1997.12
国宝への旅―吉野を訪ねる (砂山悦子)「郷土誌志度」 大川郡志度町文化
財保護協会 (14) 1998.3
吉野を楽しむ (森トキモト)「郷土誌志度」 大川郡志度町文化財保護協会
(14) 1998.3
出雲方言「まくれる(ころぶ)」が同義語で奈良県吉野にも生きていた！
(滝川泰治)「大社の史話」 大社史話会 118 1999.3
吉野猿楽についての覚え書き―巳野大夫家の活動基盤「奈良県立民俗博
物館だより」 奈良県立民俗博物館 25(2)通号78 1999.3
一汁一菜の旅 やまと彩食館 吉野 夏祭りのごちそう (高木順子)「あかい
奈良」 青垣出版, 星雲社 (発売) 4 1999.6
桜井・吉野・明日香 神仏閣探訪「春野文化温故知新 ： 春野町郷土研
究報」 春野町郷土研究会 (4) 2000.2
民俗と浄土真宗の習合に関する覚書―吉野の山村と蓮如との交流にみる
(浦西勉)「奈良県立民俗博物館研究紀要」 奈良県立民俗博物館
(18) 2001.3
第32回東海民俗研究発表大会記念講演(要旨) 大和吉野地方の精霊信仰
(赤田光男)「まつり通信」 まつり同好会 42(9)通号499 2002.8
吉野・熊野と珠洲の修験道 (木下力夫)「すずろものがたり」 珠洲郷土史
研究会 63 2002.10
吉野における木地屋の終焉をめぐって「奈良県立民俗博物館だより」
奈良県立民俗博物館 30(3・4)通号92・93 2004.3
県指定有形民俗文化財「吉野の山村生産用具」―さらなる充実をめざし
て「奈良県立民俗博物館だより」 奈良県立民俗博物館 31(1)通号
94 2004.9
新作映像資料の紹介 吉野における木地製作―紀州黒江系轆轤師の伝承
技術「奈良県立民俗博物館だより」 奈良県立民俗博物館 31(2)通
号95 2005.2
木地屋の系譜と漂泊―近世・近代における吉野の轆轤師と杓子屋 (森本
仙介)「奈良県立民俗博物館研究紀要」 奈良県立民俗博物館 (21)
2005.3
三大聖地「高野・熊野・吉野」を巡る (滝沢洋之)「月刊会津人」 月刊会
津人社 (20) 2005.5
大和探訪(50) 吉野・熊野と神武伝承 (小川光三)「月刊大和路ならら」
地域情報ネットワーク 9(5)通号92 2006.5
国指定重要有形民俗文化財「吉野林業用具と林産加工用具」の概略 (森
本仙介)「奈良県立民俗博物館だより」 奈良県立民俗博物館 34(2)
通号99 2007.9
重要有形民俗文化財「吉野林業用具と林産加工用具」の概要 (森本仙介)

「奈良県立民俗博物館研究紀要」 奈良県立民俗博物館 （23）2008.3

しんがぶっさぁ（心岳仏？）（野田敬子）「吉野史談」 吉野史談会 （32）2008.3

棒踊り（川崎正孝）「吉野史談」 吉野史談会 （32）2008.3

日本の国名と御天道様他（松岡肇三）「吉野史談」 吉野史談会 （32）2008.3

「吉野林業用具と林産加工用具」の重要有形民俗文化財指定について（森本仙介）「民具マンスリー」 神奈川大学 41（2）通号482 2008.5

禅宗の馬頭観音（川崎正孝）「吉野史談」 吉野史談会 （33）2009.03

奈良県立橿原考古学研究所付属博物館 春季特別展「吉野川紀行―吉野・宇智をめぐる交流と信仰」「近畿文化」 近畿文化会事務局 （713）2009.04

「玉依姫の微笑」を旅する（1）花の吉野に秘す国宝「玉依姫命坐像」（吉田伊佐夫）「月刊大和路ならら」 地域情報ネットワーク 14（4）通号151 2011.04

巨大秘仏と修験道の本拠地 吉野へ（宮川羨胤）「つぼう郷土史研究会だより」 つぼう郷土史研究会 （27）2011.06

吉野地域の寺院跡（寄稿）（創立20周年記念 学習発表会）（池田純）「吉野史談」 吉野史談会 （37）2013.03

吉野の馬追い（創立20周年記念 学習発表会）（中野町正利）「吉野史談」 吉野史談会 （37）2013.03

金峯山修験本宗宗務総長 田中利典さんに聞く 南北朝時代の吉野 吉野はなぜ朝廷たり得たのか（特集 青葉繁れる吉野山 南朝の舞台をゆく）「月刊大和路ならら」 地域情報ネットワーク 16（6）通号177 2013.06

当山派と吉野―棟梁三宝院門跡の行場管理から（大峯山特集）「山岳修験」 日本山岳修験学会，岩田書院（発売）（52）2013.10

大健魂足實命の墓と二つの献燈（山口光憲）「吉野史談」 吉野史談会 （38）2014.03

芳野

大和の地往来「芳野往来」と「大和往来」の検討―『稀覯往来物集成』所収写本をもとにして（梅村佳代）「奈良教育史研究」 奈良教育史研究編集部 （5）1999.10

吉野川

吉野川の流しびな（山口博）「左海民俗」 堺民俗会 103 2000.5

奈良県立橿原考古学研究所付属博物館 春季特別展「吉野川紀行―吉野・宇智をめぐる交流と信仰」「近畿文化」 近畿文化会事務局 （713）2009.04

帝塚山大学大学院人文科学研究所所蔵「芝居絵「妹背山婦女庭訓・吉野川の段」」「月刊大和路ならら」 地域情報ネットワーク 13（7）通号142 2010.07

吉野川流域

吉野川流域の社寺を訪ねる（泉森皎）「近畿文化」 近畿文化会事務局 （717）2009.08

吉野路

高野山参拝と吉野路の旅（大西嘉吉）「宇寞史談」 宇摩史談会 72 1998.6

吉野路あちこち 吉野路唯一「塞の神」の碑「吉野路」 樋口昌徳 81 1999.5

吉野町

吉野町 消えゆく方言を記録に/他「吉野春秋」 樋口昌徳 192 2002.5

道標（86）伊勢街道（伊勢南街道・高見越伊勢街道）の道標（13）吉野町龍門、香吏と三茶屋の道標「吉野路」 樋口昌徳 107 2005.11

寄稿 鍛冶屋の火が消えた―奈良県吉野郡吉野町阪本鉄工所の調査記録（特別展特集）（角南聡一郎）「奈良県立民俗博物館だより」 奈良県立民俗博物館 33（1）通号97 2006.11

吉野の樽丸製作技術

樽丸製作技術 国の重要無形民俗文化財に指定―林業従事者に朗報 後継者不足「伝承に弾み」/他「吉野春秋」 樋口昌徳 （261）2008.2

吉野水分神社

やまと歳時記（47）吉野水分神社 お田植祭（おんだ）（植田英介）「月刊大和路ならら」 地域情報ネットワーク 11（3）通号114 2008.3

神々の風景（24）水分・御子守・縁結び「飛梅」 太宰府天満宮社務所 （166）2013.03

吉野山

近畿地方の霊地と霊木―特に吉野山と愛宕山を中心にして（〈特集 聖地と霊木〉）（大森惠子）「宗教民俗研究」 日本宗教民俗学会 （14・15）2006.3

印象的な吉野山の桜と親子の情愛/義経千本桜（特集 大和路歌舞伎紀行―その舞台と人―奈良ゆかりの歌舞伎をさぐる）「月刊大和路ならら」 地域情報ネットワーク 10（6）通号105 2007.6

吉野山の仏像を訪ねて（神田雅章）「近畿文化」 近畿文化会事務局

（757）2012.12

青葉繁れる南朝の舞台をゆく 金峯山寺蔵王堂/大塔宮御陣地跡/醍醐桜/稲村ヶ崎/千早城/般若寺/京都府相楽郡和束町/笠置山/賀名生皇居/吉水神社/後醍醐天皇塔尾陵（特集 青葉繁れる吉野山 南朝の舞台をゆく）「月刊大和路ならら」 地域情報ネットワーク 16（6）通号177 2013.06

竜泉寺

あかい奈良が行く古社寺巡礼 天川村 龍泉寺「あかい奈良」 青垣出版，星雲社（発売）48 2010.06

竜福寺

薬師寺仏足石記と竜福寺石塔銘（東野治之）「青陵 ： 橿原考古学研究所彙報」 奈良県立橿原考古学研究所 （101）1999.1

霊山寺

松尾寺から霊山寺へ 穏やかなプロムナードでつながる2つの薔薇の御寺（特集 大和路 秋を歩く―秋の花々を探して）「月刊大和路ならら」 地域情報ネットワーク 15（9）通号168 2012.09

林泉寺

吉野路あちこち 上北山村白川・林泉寺境内に「護鬼佛理天」像が完成「吉野路」 樋口昌徳 93 2002.5

璉珹寺

みほとけは語る（21）璉珹寺「阿弥陀如来立像」（小西正文，植田英介）「月刊大和路ならら」 地域情報ネットワーク 12（12）通号135 2009.12

みほとけは語る（25）璉珹寺「観音菩薩立像」（小西正文，古市播磨）「月刊大和路ならら」 地域情報ネットワーク 13（5）通号140 2010.05

若草伽藍

法隆寺若草伽藍出土の鬼瓦と百済「奈良文化財研究所紀要」 奈良文化財研究所 2005 2005.6

表紙絵 若草伽藍 軒瓦 飛鳥時代中期/口絵 金堂再現壁画 第一号壁 釈迦浄土図「聖徳」 聖徳宗教学部 （219）2014.03

表紙絵 若草伽藍 軒瓦 飛鳥時代中期/口絵 金堂再現壁画 第六号壁 阿弥陀浄土図「聖徳」 聖徳宗教学部 （220）2014.06

表紙絵 若草伽藍 軒瓦 飛鳥時代中期/口絵 金堂再現壁画 第九号壁 弥勒浄土図「聖徳」 聖徳宗教学部 （221）2014.07

表紙絵 若草伽藍 軒瓦 飛鳥時代中期/口絵 金堂再現壁画 第十号壁 薬師浄土図「聖徳」 聖徳宗教学部 （222）2014.12

若草山

奈良の伝統行事（17）若草山 山焼きの舞台裏「あかい奈良」 青垣出版，星雲社（発売）18 2002.12

やまと歳時記（45）若草山（三笠山）の山焼き（植田英介）「月刊大和路ならら」 地域情報ネットワーク 11（1）通号112 2008.1

若草山こぼれ話（1）（2）「月刊大和路ならら」 地域情報ネットワーク 11（9）通号120 2008.9

境界争い、牛魂鎮め、大蛇との誓い？ 南都若草山、山焼き起源を探る「月刊大和路ならら」 地域情報ネットワーク 11（9）通号120 2008.9

若狭井

黒白の鵜飛び出て、甘水湧き出ずる！ 二月堂縁起絵巻 若狭井の伝説「月刊大和路ならら」 地域情報ネットワーク 13（2）通号137 2010.02

若宮

楽器が記憶していた諸々（1）―春日大社若宮御神宝の笙と和琴（木戸敏郎）「比較文化論叢 ： 札幌大学文化学部紀要」 札幌大学文化学部 通号7 2001.3

鷲家

道標（88）伊勢街道（伊勢南街道・高見越伊勢街道）の道標（15）東吉野村鷲家 街中に建つ道標（イ）「吉野路」 樋口昌徳 （109）2006.5

道標（89）伊勢街道（伊勢南街道・高見越伊勢街道）の道標（16）東吉野村鷲家 街中に建つ道標（ロ）「吉野路」 樋口昌徳 （110）2006.8

道標（90）伊勢街道（伊勢南街道・高見越伊勢街道）の道標（16）東吉野村鷲家 松本奎堂戦死の地へ登り口「吉野路」 樋口昌徳 （111）2006.11

鷲家峠

道標（87）伊勢街道（伊勢南街道・高見越伊勢街道）の道標（14）吉野町小名から鷲家峠への途中の道標「吉野路」 樋口昌徳 （108）2006.2

鷲ノ窟

高島郡より寄進された大峯山鷲ノ窟所在の役行者石像とその銘文―奈良県吉野郡上北山村（兼康和明）「民俗文化」 滋賀民俗学会 417 1998.6

和州

和州妖怪繪図「月刊大和路ならら」 地域情報ネットワーク 9（8）通号95 2006.8

高野山成慶院『伊勢和州位牌帳』の翻刻と解題（大藪海）「三重県史研究」

環境生活部 （25） 2010.3

和歌山県

相賀八幡神社

相賀八幡神社所蔵の大般若経について（《特集 紀伊狩野の絵画》）（竹中康彦）「和歌山県立博物館研究紀要」 和歌山県立博物館 （9）2003.3

阿尾

阿尾のクエ祭り（上）,（下）—和歌山県日高郡日高町阿尾 白鬚神社（裏直記）「まつり通信」 まつり同好会 46・2）通号522/46（3）通号523 2006.3/2006.5

朝日

和歌山市朝日出土滑石製宝塔の成立年代（研究ノート）（北野隆亮）「和歌山地方史研究」 和歌山地方史研究会 （60）2011.03

阿須賀神社

熊野詣でと懸け仏 阿須賀神社物語（生駒道弘）「左海民俗」 堺民俗会 （131）2009.09

安宅荘

文和三年院弁作宝勝寺十一面観音坐像と南北朝時代の安宅荘（大河内智之）「和歌山県立博物館研究紀要」 和歌山県立博物館 （12）2006.8

朝来峠

大辺路街道と朝来峠（谷本圭司）「紀南・地名と風土研究会会報」 紀南・地名と風土研究会 31 2002.7

阿戸

阿戸の獅子舞（吉川壽洋）「紀南・地名と風土研究会会報」 紀南・地名と風土研究会 （50）2012.09

天野

丹生都比売神社の建築と天野番匠（《特集 天野の歴史と芸能》）（吉井敏幸）「和歌山県立博物館研究紀要」 和歌山県立博物館 （10）2003.10

江戸時代の天野御田祭—新資料「天保六年御田印帳」について（伊藤信明）「史泉 ： historical & geographical studies in Kansai University」 関西大学史学・地理学会 （101）2005.1

高野山麓天野大念仏講旧蔵「六道絵」の制作背景—南都所蔵の十一面観音菩薩図像を中心として（山本聡美）「和歌山県立博物館研究紀要」 和歌山県立博物館 （11）2005.3

天野郷

天野郷における垣内の講と黒箱文書（《特集 天野の歴史と芸能》）（伊藤信明）「和歌山県立博物館研究紀要」 和歌山県立博物館 （10）2003.10

天野社

中世成立期天野社をめぐる二、三の問題（《特集 天野の歴史と芸能》）（木村茂光）「和歌山県立博物館研究紀要」 和歌山県立博物館 （10）2003.10

仁和寺の天野社支配—仁和寺領六箇庄と覚法法親王をめぐって（俵谷和子）「久里」 神戸女子民俗学会 （18）2006.1

天野社の神家と年中行事—享保四年社家諸事日記を中心に（伊藤信明）「和歌山県立文書館紀要」 和歌山県 （11）2006.3

天野社と高野四社明神（俵谷和子）「久里」 神戸女子民俗学会 （22）2008.6

天野社長床衆の存在形態（特集 山岳信仰の原像と展開）（山陰加春夫）「山岳修験」 日本山岳修験学会，岩田書院（発売）（46）2010.10

天野社を中心とした葛城入峰遺跡の検討（特集 山岳信仰の原像と展開）（山本義孝）「山岳修験」 日本山岳修験学会，岩田書院（発売）（46）2010.10

阿弥陀寺

和歌山市田屋・阿弥陀寺の凝灰岩製宝塔（北野隆亮）「日引 ： 石造物研究会会誌」 （8）2006.09

阿弥陀寺所蔵大名花嫁駕籠（寺西貞弘）「和歌山市立博物館研究紀要」 和歌山市教育委員会 通号21 2007.3

鮎川

鮎川住吉神社の歌舞伎（三谷弘）「上富田文化財」 上富田文化の会 23 2002.12

荒見村

妻の後ろ毛—高野寺領荒見村の宮座と頭屋（伊藤信明）「和歌山県立文書館紀要」 和歌山県 （9）2004.3

有田

有田の唄（岩田孝）「有田 ： 歴史と民俗」 有田の歴史と民俗を調べる会 （11）2001.9

有田の石仏（岡嵜圭史）「有田 ： 歴史と民俗」 有田の歴史と民俗を調べる会 （11）2001.9

盆の思い出（和歌山県有田地方）（《特集 夏・お盆》）（生駒弘）「左海民俗」 堺民俗会 （122）2006.9

有田地方と日高郡由良町の宝篋印塔—伝統的細部手法とその変化の画期（宮下五夫）「歴史考古学」 歴史考古学研究会 （58）2007.1

有田川

有田川の今昔雑記（城谷勇）「有田 ： 歴史と民俗」 有田の歴史と民俗を調べる会 （11）2001.9

有田郡

吉備・観音寺の甍雑考—有田郡内古代末から中世瓦の系譜と編年（河内一浩）「紀伊考古学研究」 紀伊考古学研究会 （1）1998.08

有田神社

有田神社の祭礼「有田 ： 歴史と民俗」 有田の歴史と民俗を調べる会 （8）1997.4

有田村

時は流れる・旧有田村の軌跡片々（城谷勇）「有田 ： 歴史と民俗」 有田の歴史と民俗を調べる会 （8）1997.4

淡嶋社

近世寺社の開帳について—紀州加太淡嶋社の場合（三尾功）「和歌山市立博物館研究紀要」 和歌山市教育委員会 （17）2003.3

淡島神社

淡島大神の祭神（三田武）「胆沢史談」 胆沢史談会 （70）2004.12

淡島信仰の原像と歴史的展開（有安美加）「日本民俗学」 日本民俗学会 通号260 2009.11

加太淡嶋神社の歴史伝承—歴史的正当性の所在と「淡島信仰」（菅原千華）「京都民俗 ： 京都民俗学会会誌」 京都民俗学会 通号28 2011.03

淡嶋神社

淡嶋神社「社伝縁起」の構造（菅原千華）「帝塚山大学大学院人文科学研究科紀要」 帝塚山大学大学院人文科学研究科 （6）2005.1

「淡島願人」と修験—紀州加太淡嶋神社への信仰を巡って（有安美加）「山岳修験」 日本山岳修験学会，岩田書院（発売）（38）2006.11

近世における淡嶋神社の宗教活動（佐藤顕）「和歌山市立博物館研究紀要」 和歌山市教育委員会 （28）2013.11

安養寺

南部町の王子社と安養寺の板碑群（《特集 南部荘をめぐって》）（阪本敏行）「くちくまの」 紀南文化財研究会 115 1999.8

伊勢路

伊勢路の熊野比丘尼（林雅彦）「国際熊野学会会報」 国際熊野学会 （3）2006.1

伊勢から熊野へ 巡礼の道、伊勢路（小倉肇）「国際熊野学会会報」 国際熊野学会 （19）2013.05

伊太祁曽神社

大宝神祇令施行と伊太祁曾三神分遷（寺西貞弘）「和歌山地方史研究」 和歌山地方史研究会 （53）2007.6

伊太祁曽神社 名神大社（旧官幣中社）「式内社通信」 式内社顕彰会 （2）2011.06

市ノ瀬

上富田町の民俗—百年前の市ノ瀬の農家の生活と風習（吹揚克之）「上富田文化財」 上富田文化の会 25 2007.3

印南

印南音頭（小谷緑草）「熊野史研究」 熊野歴史博物館設立準備室 （42）1997.9

紀州印南祭りの祭礼行事と神事（裏直記）「まつり通信」 まつり同好会 46（6）通号526 2006.11

印南町

漁撈習俗と漁民信仰—和歌山県日高郡印南町、御坊市名田町の事例を中

和歌山県　　　　　　　　　　　　　　郷土に伝わる民俗と信仰　　　　　　　　　　　　　　　近畿

心として《《特集 有形民俗資料の最新事情》》(裏直記)「和歌山地方史研究」　和歌山地方史研究会　(56)　2009.2

妹背山
和歌浦の妹背山多宝塔(菅原正明)「和歌山県立博物館研究紀要」　和歌山県立博物館　(6)　2001.3

色川
色川私考(花折り地蔵)(松葉萩生)「郷土」　郷土の文化を考える会　6　2004.12

「ひとつたたら」伝承と色川の地名(田中弘倫)「紀南・地名と風土研究会会報」　紀南・地名と風土研究会　(49)　2012.1

岩神王子
消えた古道と岩神王子が語るもの(浅里耕一郎)「紀南・地名と風土研究会会報」　紀南・地名と風土研究会　(42)　2007.12

世界遺産を掘り起こした人びと　西律と岩神王子(浅里耕一郎)「熊野」　紀南文化財研究会　(139)　2010.11

岩代
日高郡南部町岩代の屋敷神(吉川寿洋)「くちくまの」　紀南文化財研究会　114　1999.2

岩橋山塊
岩橋山塊の祭祀関連遺跡と本土決戦準備遺構―岩橋千塚と重複する遺跡の抽出と分析(丹野拓)「和歌山地方史研究」　和歌山地方史研究会　(57)　2009.08

岩橋千塚
岩橋山塊の祭祀関連遺跡と本土決戦準備遺構―岩橋千塚と重複する遺跡の抽出と分析(丹野拓)「和歌山地方史研究」　和歌山地方史研究会　(57)　2009.08

黎明期の岩橋千塚調査とその背景―大野雲外・徳川頼倫・南方熊楠・ガウランド(特集 岩橋千塚再考)(武内善信)「和歌山地方史研究」　和歌山地方史研究会　(65)　2014.03

宇久井神社
宇久井神社と祭礼(桝田洪太郎)「郷土」　郷土の文化を考える会　4　1998.12

打田町
打田町歴史民俗資料館所蔵の滑石製宝塔(資料紹介)(北野隆亮)「紀伊考古学研究」　紀伊考古学研究会　(8)　2005.08

浦上国津姫神社
楯ケ崎牟妻子明神と浦上国津姫神社(松本貞次)「郷土」　郷土の文化を考える会　4　1998.12

円珠院
地方史のひろば 円珠院における石造物の経緯と概要(福塚隆介, 江本英明)「和歌山地方史研究」　和歌山地方史研究会　(60)　2011.03

延命寺
天野・延命寺の仏像群―高野山膝下における平安時代の造像事例(《特集 天野の歴史と芸能》)(大河内智之)「和歌山県立博物館研究紀要」　和歌山県立博物館　(10)　2003.10

大阪本王子
熊野古道の笠塔婆―大阪本王子の場合(木下幸文)「熊野史研究」　熊野歴史博物館設立準備室　(42)　1997.9

太田
出土資料にみる「太田焼」(角谷江津子)「和歌山市立博物館研究紀要」　和歌山市教育委員会　(15)　2001.3

太田城
惣光寺所蔵「総光寺由来幷太田城水責図」について(資料紹介)(額田雅裕)「和歌山市立博物館研究紀要」　和歌山市教育委員会　(27)　2013.1

大野荘
大野荘春日神社の寛永十三年定書について(伊藤信明)「和歌山県立文書館紀要」　和歌山県　(15)　2012.03

大辺路
近世の「大辺路」と熊野地方(《特集 大辺路》)(笠原正夫)「くちくまの」　紀南文化財研究会　120・121　2001.9

大辺路熊野古道一見老津長井坂口～里野・和深境界調査報告(小倉重起)「熊野」　紀南文化財研究会　通号132・133　2007.12

熊野・大辺路の暮らし―死者は補陀落へと旅立つ(上野一夫)「熊野歴史研究 ： 熊野歴史研究会紀要」　熊野歴史研究会　(15)　2008.5

大辺路の暮らし、大辺路を辿った巡礼行者(上野一夫)「熊野歴史研究 ： 熊野歴史研究会紀要」　熊野歴史研究会　(18)　2011.05

熊野古道の旅(18) 大辺路(上)(北山理)「泉佐野の歴史と今を知る会

報」　泉佐野の歴史と今を知る会　(296)　2012.8

熊野古道の旅(第19回) 大辺路(1)～(3)(北山理)「泉佐野の歴史と今を知る会会報」　泉佐野の歴史と今を知る会　(305)/(308)　2013.5/2013.8

大辺路街道
修験道と大辺路街道―三宝院の峰入り行列が残した足跡(中橋譲)「有田 ： 歴史と民俗」　有田の歴史と民俗を調べる会　(10)　2000.10

大辺路街道と朝来峠(谷本圭司)「紀南・地名と風土研究会会報」　紀南・地名と風土研究会　31　2002.7

大峰南奥駈
古希、ひとりの大峰南奥駈(1),(2)前鬼口から熊野本宮大社へ(佐藤俊道)「熊野誌」　熊野地方史研究会　(51)/(52)　2005.12/2006.12

岡田
資料紹介 地域に残る習慣・行事について―岩出市岡田の場合(長谷正紀)「紀州経済史文化史研究所紀要」　和歌山大学紀州経済史文化史研究所　(30)　2009.12

奥熊野
奥熊野の民謡の断片(森本果無山)「熊野史研究」　熊野歴史博物館設立準備室　(42)　1997.9

奥熊野の「山の神」―尾鷲市矢浜の場合(濱岸宏一)「熊野」　紀南文化財研究会　(141)　2011.12

奥日高
紀州奥日高における屋敷付属の祭祀特権と氏神祭祀―特に本屋敷・役屋敷・弓屋敷をめぐる祭祀特権(裏直記)「日本文化史研究」　帝塚山大学奈良学総合文化研究所　(40)　2009.03

おげみ山
おげみ山考(津軽誠道)「紀南・地名と風土研究会会報」　紀南・地名と風土研究会　21　1997.6

小山権現参詣道
小山権現参詣道の石造物(御坊文化財研究会)「あかね」　御坊文化財研究会　(33)　2009.12

海草郡
覚書 和歌山県海草郡における青年会の成立(安藤精一)「紀州経済史文化史研究所紀要」　和歌山大学紀州経済史文化史研究所　(33)　2012.12

海蔵寺
海蔵寺弁慶観音の由来(中瀬喜陽)「紀南・地名と風土研究会会報」　紀南・地名と風土研究会　26　1999.11

偕楽園
偕楽園焼にみえる「八詠」銘について(中村貞史)「和歌山地方史研究」　和歌山地方史研究会　(55)　2008.7

重畳山
重畳山の石仏(宮本学)「郷土」　郷土の文化を考える会　5　2001.12

樫野埼灯台旧官舎
新登録文化財の紹介 樫野埼灯台旧官舎/みそや別館主家、上蔵及び離れ座敷、下蔵/小林家住宅主屋、土蔵「きのくに文化財」　和歌山県文化財研究会　(37)　2004.3

春日神社
春日神社の神社合祀について―田野井区会議録より(廣本満)「熊野」　紀南文化財研究会　(142)　2012.05

桛田荘
神護寺領桛田荘の成立(《特集 桛田荘をめぐる諸問題》)(高橋修)「和歌山地方史研究」　和歌山地方史研究会　33　1997.11

風吹山
風吹山の石仏(岩田孝)「有田 ： 歴史と民俗」　有田の歴史と民俗を調べる会　(8)　1997.4

加太
加太・向井家文書所収の葛城修験史料(1)(小橋勇介)「和歌山市史研究」　和歌山市教育委員会　(42)　2014.03

勝浦
勝浦の魚(新谷杲)「郷土」　郷土の文化を考える会　6　2004.12

葛城
天狗社を中心とした葛城入峰遺跡の検討(特集 山岳信仰の原像と展開)(山本義孝)「山岳修験」　日本山岳修験学会, 岩田書院(発売)　(46)　2010.10

かつらぎ町
たいまつ押し 和歌山県伊佐郡かつらぎ町「公益社団法人全日本郷土芸能

近畿　　　　　　　　　　郷土に伝わる民俗と信仰　　　　　　　　　　和歌山県

協会会報」 全日本郷土芸能協会 （70） 2013.01

蕪坂

蕪坂の女性の西国三十三度行者供養塔について―和歌山県海南市下津町小畑所在（玉城幸男）「河内長野市郷土研究会誌」 「河内長野市郷土研究会」 （56） 2014.04

鎌八幡宮

和歌山県かつらぎ町三谷の「鎌八幡宮」（高橋寛治）「伊那民俗 ： 伊那民俗学研究所報」 柳田国男記念伊那民俗学研究所 （73） 2008.6

上天野

かつらぎ町上天野の建治二年銘板碑について《《特集 天野の歴史と芸能》》（木下浩良）「和歌山県立博物館研究紀要」 和歌山県立博物館 （10） 2003.10

上岩出神社

上岩出神社について（松本啓吾）「木の国」 木国文化財協会 28 2002.3

神倉神社

「新宮神蔵礫打」「熊歴情報」 熊野歴史研究会 65 1998.1

神倉神社石段の和歌（前千雄）「熊野歴史研究 ： 熊野歴史研究会紀要」 熊野歴史研究会 （7） 2000.5

「お燈祭り」見聞記（堀純一郎）「和歌山地方史研究」 和歌山地方史研究会 39 2000.7

上富田

唱歌で綴る農村の風物詩―昔の農作物を歌う（楠本長太郎）「上富田文化財」 上富田文化の会 22 2000.3

熊野参詣記等にみられる上富田（杉中浩一郎）「上富田文化財」 上富田文化の会 24 2005.3

上富田町

上富田町の庚申さん（堀敏実）「上富田文化財」 上富田文化の会 25 2007.3

上富田町の民俗調査の紹介（谷本圭司）「上富田文化財」 上富田文化の会 25 2007.3

学文路大師

学文路大師参りと胃癌（川埜喜美江）「左海民俗」 堺民俗会 （143） 2013.09

狩場神社

かつらぎ町宮本丹生・狩場神社の縁起について（日野西真定）「宗教民俗研究」 日本宗教民俗学会 （11） 2001.9

苅萱堂

再現・高野山苅萱堂石童丸物語絵解き／薪作・学文路苅萱堂石童丸物語絵解き「紀州経済史文化史研究所紀要」 和歌山大学紀州経済史文化史研究所 （32） 2011.12

歓喜寺

紀州歓喜寺阿弥陀石仏について（清水俊明）「史迹と美術」 史迹美術同攷会 71（9）通号719 2001.11

歓喜寺地蔵菩薩坐像（胎内仏）について（河内寛之）「和歌山県立博物館研究紀要」 和歌山県立博物館 （17） 2011.03

観音院

「高野山観音院過去帳」について（保角里志）「北村山の歴史」 北村山地域史研究会 （9） 2007.06

紀伊

紀伊における滑石製石塔文化について（北野隆亮）「和歌山県立博物館研究紀要」 和歌山県立博物館 通号2 1997.3

ヤマト王権の宗教的世界観と出雲―紀伊と出雲の共通性をてがかりに《《特集 古代出雲の権力と聖性》》（菊地照夫）「出雲古代史研究」 出雲古代史研究会 （7・8） 1998.7

埴輪祭祀の前夜―紀伊における鳥形土製品の系譜と位置付け（河内一浩）「紀伊考古学研究」 紀伊考古学研究会 （5） 2002.08

相賀八幡神社所蔵の大般若経について《《特集 紀伊狩野の絵画》》（竹中康彦）「和歌山県立博物館研究紀要」 和歌山県立博物館 （9） 2003.3

紀伊における法道仙人と法然上人伝説（井阪康二）「久里」 神戸女子民俗学会 （15） 2004.2

資料紹介 紀伊の塼仏（丹野拓）「紀伊考古学研究」 紀伊考古学研究会 （9） 2006.08

紀伊の一石五輪塔―紀ノ川流域を中心に《《一石五輪塔の諸問題》》（北野隆亮）「日引 ： 石造物研究会会誌」 （9） 2007.05

紀伊に運ばれた中世讃岐の石造物―海南市浄土寺・藤白神社所在 火山石製塔を中心に（海邉伸史）「紀伊考古学研究」 紀伊考古学研究会 （12） 2009.08

古文書は語る（39） 高尾山薬王院と紀伊徳川家との関わり―高尾山薬王院文書「母子肥立ち祈願ならびにお守り札送付依頼状」（馬場憲一）「多

摩のあゆみ」 たましん地域文化財団 （155） 2014.08

紀伊大島

紀伊大島に伝わる民間療法（井上直人）「民俗文化」 近畿大学民俗学研究所 （14） 2002.3

紀伊山地

「紀伊山地の霊場と参詣道」の考古学的検討―瓦器と山茶碗の分析を通して（研究ノート）（丹野拓）「紀伊考古学研究」 紀伊考古学研究会 （7） 2004.08

郷土探訪 「紀伊山地の霊場と参詣道」へと続く林昌院（入谷哲夫）「郷土誌かすがい」 春日井市教育委員会 （63） 2004.10

世界遺産 「紀伊山地の霊場と参詣道」（北から南から）（池田潤治）「和歌山地理」 和歌山地理学会 （24） 2004.12

「紀伊山地の霊場と参詣道」の世界遺産登録について（平成16年度文化財講座）（小田誠太郎）「きのくに文化財」 和歌山県文化財研究会 （38） 2005.3

世界遺産 「紀伊山地の霊場と参詣道」の登録と和歌山県の観光・リゾート政策（神田孝治，小野田真弓）「和歌山地理」 和歌山地理学会 （25） 2005.12

紀伊国

全国一宮祭礼記 紀伊国・讃岐国・土佐国・肥前国・薩摩国「季刊悠久.第2次」 鶴岡八幡宮悠久事務局 76 1999.3

紀伊国の「山畑（焼畑）」に関する歴史地理学的研究―古代から近世前期を中心として（伊藤寿和）「史境」 歴史人類学会，日本図書センター（発売）通号41 2000.9

草創期の出雲大社と紀伊国（石村禎久）「大社の史話」 大社史話会 124 2000.9

中世根来寺の成立―蒙古襲来と紀伊国《《特集 根来寺研究の成果と課題》》（海津一朗）「和歌山地方史研究」 和歌山地方史研究会 （50） 2005.9

本居内遠遺書写「紀伊国神名帳」及び附考について（寺西貞弘）「和歌山市史研究」 和歌山市教育委員会 （38） 2010.03

紀伊国造と日前宮縁起―多和文庫所蔵「日前宮神主紀伊国造系譜」について（鈴木正信）「香川県立文書館紀要」 香川県立文書館 （14） 2010.3

紀伊藩

紀伊藩と支藩・伊予西条藩―都市祭礼をめぐって《《大会特集II 四国―その内と外と》―〈問題提起〉》（前田正明）「地方史研究」 地方史研究協議会 57（5）通号329 2007.10

紀伊半島

紀伊半島南部におけるウミガメ漁とその食習俗（藤井弘章）「日本民俗学」 日本民俗学会 通号215 1998.8

紀伊半島民俗芸能2000―子どもたちへの伝承（中村茂子）「民俗芸能研究」 民俗芸能学会 （31） 2000.9

紀伊半島南部における沿岸集客群の分類について（山本新平）「和歌山地理」 和歌山地理学会 （26） 2006.12

紀伊半島南部の漁民信仰―海神と漁撈神の諸相（赤田光男教授退職記念号）（裏直記）「帝塚山大学大学院人文科学研究科紀要」 帝塚山大学大学院人文科学研究科 （16） 2014.03

紀伊風土記の丘

移築民家の見学―紀伊風土記の丘（平成25年度文化財講座）（寺本就一）「きのくに文化財」 和歌山県文化財研究会 （47） 2014.3

紀州

近世瓦が語る紀州瓦職人（菅原正明）「紀北考古学談話会会報」 [紀北考古学談話会] （22） 1996.06

紀州の平家落人伝説考（吉川寿洋）「きのくに民話研究」 和歌山県民話の会 7 1998.10

沈黙する山の神々―紀州・山の神考（鈴木裕範）「きのくに民話研究」 和歌山県民話の会 7 1998.10

紀州の祝い唄《小山豊先生追悼特集》（小山豊）「きのくに民話研究」 和歌山県民話の会 8 1999.12

慈尊院村中橋家の経済活動と紀州国産木綿売捌所計画―天保10年「己亥日記」を中心に《《特集 内外からみた近世の紀州》》（馬場博）「和歌山地方史研究」 和歌山地方史研究会 38 2000.1

紀州備長炭の伝統を継いで―高知県安芸市の場合（宮川敏彦）「土佐地域文化」 [土佐地域文化研究会] 1 2000.6

紀州における大般若経の展開に関する予備的考察（竹中康彦）「木の国」 木国文化財協会 28 2002.3

紀州関連の古説経にみる文体特徴（柏原卓）「紀州経済史文化史研究所紀要」 和歌山大学紀州経済史文化史研究所 （24） 2004.3

紀州の御庭焼（1）～（3）（中村貞史）「和歌山地方史研究」 和歌山地方史研究会 （47）／（49） 2004.5／2005.7

紀州の煎茶道について（西端里月）「木の国」 木国文化財協会 31 2005.3

紀州のおばけ[1],(2)(和田寛)「河童通心」河童文庫 (号外)2006.6

紀州における弁慶伝説—熊野別当との関わりを中心に(北川千晶)「御影史学論集」御影史学研究会 通号31 2006.10

紀州印南祭りの祭礼行事と神事(裏直記)「まつり通信」まつり同好会 46(6)通号526 2006.11

近世後期、紀州における鷹場の分布について(山下奈津子)「和歌山地方史研究」和歌山地方史研究会 (55)2008.7

紀州の御庭焼—治宝と斉順(平成20年度文化財研究発表)(中村貞史)「きのくに文化財」和歌山県文化財研究会 (43)2010.03

特集にあたって(特集 『中世都市根来寺と紀州惣国』をめぐって)(大阪歴史学会委員会)「ヒストリア ： journal of Osaka Historical Association」大阪歴史学会 (245)2014.08

海津一朗編『中世都市根来寺と紀州惣国』(特集 『中世都市根来寺と紀州惣国』をめぐって)(廣田浩治)「ヒストリア ： journal of Osaka Historical Association」大阪歴史学会 (245)2014.08

紀州「惣国」研究と根来寺(特集 『中世都市根来寺と紀州惣国』をめぐって)(新谷和之)「ヒストリア ： journal of Osaka Historical Association」大阪歴史学会 (245)2014.08

海津一朗編『中世都市根来寺と紀州惣国』(同成社中世選書13)(新刊紹介)(弓倉弘年)「和歌山地方史研究」和歌山地方史研究会 (66)2014.11

紀州東照宮

絵画資料にみる和歌祭(1),(2)—「和歌御祭礼渡り物之内餅搗踊之図」の周辺(三尾功)「和歌山地方史研究」和歌山地方史研究会 45/46 2003.6/2003.10

紀州東照宮祭礼の特徴(西川秀紀)「季刊悠久.第2次」鶴岡八幡宮悠久事務局 97 2004.4

「絵画資料にみる和歌祭」その後—自戒をこめて(三尾功)「和歌山地方史研究」和歌山地方史研究会 (51)2006.7

和歌祭田楽人藤田左内の移住と扶持—伊藤家所蔵の田楽座関係史料をとおして(吉村旭輝)「紀州経済史文化史研究所紀要」和歌山大学紀州経済史文化史研究所 (30)2009.12

ミュージアムボランティア報告 和歌祭唐船参加・御船契復興プロジェクト/新編・道成寺縁起絵解き「紀州経済史文化史研究所紀要」和歌山大学紀州経済史文化史研究所 (31)2010.12

東照宮祭の成立—和歌山東照宮祭を中心に(論考)(山路興造)「民俗芸能研究」民俗芸能学会 (54)2013.03

紀州東照宮所蔵「紺地宝尽小紋小袖」について—染織技法の検討と徳川家康所用小紋服飾類との比較を中心に(研究)(福島雅子)「和歌山県立博物館研究紀要」和歌山県立博物館 (19)2013.03

和歌祭餅搗踊囃子方の復興について(研究)(蘇理剛志)「和歌山地方史研究」和歌山地方史研究会 (66)2014.11

紀州藩

マンボウの民俗—紀州藩における捕獲奨励と捕獲・解体にまつわる伝承(藤井弘章)「和歌山地方史研究」和歌山地方史研究会 36 1999.3

紀州藩御目付の記録『類集略記』(三尾八朔)「和歌山市史研究」和歌山市教育委員会 (31)2003.3

史料翻刻 紀州藩御目付の記録 『類集略記』(1)～(8)(三尾八朔)「和歌山市史研究」和歌山市教育委員会 (31)/(36)2003.3/2008.3

紀州藩における神主の存在形態(伊藤信明)「和歌山県立文書館紀要」和歌山県 (10)2005.3

泉村助松村紀伊家本陣植田中家の家伝薬売り弘め(上),(下)—紀州藩領内における売薬行商の一形態(鈴木実)「和歌山地方史研究」和歌山地方史研究会 (49)/(50)2005.7/2005.9

『類集略記』にみる下級武士の動向(山下奈津子)「和歌山市史研究」和歌山市教育委員会 (34)2006.3

近世における高野山と紀州藩—地士の分析を中心に(白井頌子)「高円史学」高円史学会 (22)2006.10

近世後期、紀州藩主の鷹狩について(山下奈津子)「和歌山市史研究」和歌山市教育委員会 (36)2008.3

19世紀、紀州藩のかわた村々締方臈皮締方体制(藤本清二郎)「紀州経済史文化史研究所紀要」和歌山大学紀州経済史文化史研究所 (30)2009.12

史料翻刻 『類集略記』補—出御・御供筋編(3)～(9)(山下奈津子)「和歌山市史研究」和歌山市教育委員会 (38)/(40)2010.03/2012.03

『類集』にみる武家女性とその実家—外出と交際について(山下奈津子)「和歌山市史研究」和歌山市教育委員会 (39)2011.03

史料翻刻 『類集略記』補—上使・御名代・御忌筋・御法事・服御改・殿中編(1)～(5)(山下奈津子)「和歌山市史研究」和歌山市教育委員会 (40)/(42)2012.03/2014.03

近世中期における紀州藩地士の信仰—湯橋長泰を事例に(研究)(佐藤顕)「和歌山地方史研究」和歌山地方史研究会 (64)2013.05

紀中

酒切手考—紀北・紀中を中心として(松田光広)「木の国」木国文化財協会 30 2004.3

紀南

那須与一伝説を探る(田中伸幸)「紀南・地名と風土研究会会報」紀南・地名と風土研究会 21 1997.6

平家伝説と木地屋地名(吉川寿洋)「紀南・地名と風土研究会会報」紀南・地名と風土研究会 23 1998.6

地名伝説を考える(田中伸幸)「紀南・地名と風土研究会会報」紀南・地名と風土研究会 23 1998.6

紀南地方の「ことば」と「伝説」(1)(宮本恵司)「くちくまの」紀南文化財研究会 114 1999.2

紀南地方の「ことば」と「伝説・民話」(2)～(4)(宮本恵司)「くちくまの」紀南文化財研究会 115/117・118 1999.8/2000.8

第一風師の縄巻鮓を讃える詞(中瀬喜陽)「紀南・地名と風土研究会会報」紀南・地名と風土研究会 27 2000.7

大正2年の雨乞い(池田孝雄)「紀南・地名と風土研究会会報」紀南・地名と風土研究会 29 2001.7

「蘇生山」考(桑原康宏)「紀南・地名と風土研究会会報」紀南・地名と風土研究会 30 2001.11

四神相地からの発信(津軽誠道)「紀南・地名と風土研究会会報」紀南・地名と風土研究会 31 2002.7

宗祇伝説(田中伸幸)「紀南・地名と風土研究会会報」紀南・地名と風土研究会 31 2002.7

猿まわし芸人と近世身分制(芝英一)「くちくまの」紀南文化財研究会 123 2002.10

那須与一伝承を探る(田中伸幸)「紀南・地名と風土研究会会報」紀南・地名と風土研究会 (32)2002.12

『宇治拾遺物語』に見える紀南地方のことば[1],(2)(宮本恵司)「くちくまの」紀南文化財研究会 124/125 2003.5/2003.12

今に伝わらぬ古話・里伝(中瀬喜陽)「紀南・地名と風土研究会会報」紀南・地名と風土研究会 (38)2005.12

「だんとこ」よいとこ—仰臥する山姫の御陰(津軽誠道)「紀南・地名と風土研究会会報」紀南・地名と風土研究会 (38)2005.12

紀南の庚申塔[正],(続)(堀敏美)「紀南・地名と風土研究会会報」紀南・地名と風土研究会 (40)/(47)2006.12/2010.09

『南方熊楠日記』にみえる庚申塔(吉川壽洋)「紀南・地名と風土研究会会報」紀南・地名と風土研究会 (41)2007.7

紀南地方のゼフィルス(宮本岳)「郷土」郷土の文化を考える会 (7)2007.12

資料と解説 土に埋もれた喜代姫由来絵巻(吹揚克之)「紀南・地名と風土研究会会報」紀南・地名と風土研究会 (49)2012.01

紀ノ川下流域

女性の西国三十三度行者(尼サンド)について 紀ノ川下流域を中心として(玉城幸男)「河内長野市郷土研究会誌」河内長野市郷土研究会 (46)2004.4

瓦からみた寺社・官衙の動向—平安時代の紀ノ川下流域を中心に(丹野拓)「紀伊考古学研究」紀伊考古学研究会 (8)2005.08

紀ノ川流域

紀ノ川流域の石塔(浜田謙次)「歴史考古学」歴史考古学研究会 (46)2000.8

西国巡礼三十三度行者資料(2)紀ノ川流域の満願供養塔と和歌山城下での満願供養について(椋本進)「河内長野市郷土研究会誌」河内長野市郷土研究会 (46)2004.4

紀伊の一石五輪塔—紀ノ川流域を中心に(〈一石五輪塔の諸問題〉)(北野隆亮)「日引 ： 石造物研究会誌」(9)2007.05

紀ノ川流域の造仏伝承と大伴氏(西尾正仁)「御影史学論集」御影史学研究会 通号32 2007.12

紀北

陶棺四方山話(とうかんよもやまばなし)(河内一浩)「紀北考古学談話会会報」紀北考古学談話会 (15)1995.11

酒切手考—紀北・紀中を中心として(松田光広)「木の国」木国文化財協会 30 2004.3

紀北農村の「ええじゃないか」(安藤精一)「紀州経済史文化史研究所紀要」和歌山大学紀州経済史文化史研究所 (31)2010.12

紀北地域の八幡信仰と修験道—古代中世の山林修行と「山守」職を軸に(有安美加)「山岳修験」日本山岳修験学会, 岩田書院(発売)(47)2011.03

紀三井寺

紀三井寺参詣曼荼羅考(大高康正)「日本文化史研究」帝塚山大学奈良学総合文化研究所 (39)2008.3

教専寺

阿戸教専寺の古本と船氏王後墓誌について（小出潔）「由良町の文化財」 由良町教育委員会 （32） 2005.3

金光院

生まれ変わる子どもたち―『譚海』巻十一「高野山金光院住持某の事」（高塚明恵）「昔話伝説研究」 昔話伝説研究会 （25） 2005.5

串本

パチパチ祭とクロモジ祭（池本多万留）「あかね」 御坊文化財研究会 （28） 2002.7

九度山町

資料紹介 九度山町域に残る能・田楽の資料（北山直大）「和歌山地方史研究」 和歌山地方史研究会 46 2003.10

和歌山県伊都郡九度山町の念仏芸能―各地の風流踊りとの比較考察（西田啓一）「尭栄文庫研究紀要」 親王院尭栄文庫 （7） 2007.12

国懸宮

日前・国懸宮の応永六年神事記について（伊藤信明）「和歌山県立文書館紀要」 和歌山県 （7） 2002.3

国懸神宮

史料紹介 日前・国懸神宮所蔵「諸郷奉分畠所当注文」（野田阿紀子）「紀州経済史文化史研究所紀要」 和歌山大学紀州経済史文化史研究所 （27） 2006.12

邦安社

邦安社の祭礼―「邦安社御祭礼車楽之図」を読む（三尾功）「和歌山市立博物館研究紀要」 和歌山市教育委員会 通号19 2005.3

熊野

盆踊り歌（岡本実）「熊野史研究」 熊野歴史博物館設立準備室 （40） 1997.3

「西国巡礼三十三度行者と熊野」の講演「熊歴情報」 熊野歴史研究会 55 1997.3

平維盛伝承を訪ねて「熊歴情報」 熊野歴史研究会 57 1997.5

管野の狼―南方熊楠の聞書きから（中瀬喜陽）「熊野史研究」 熊野歴史博物館設立準備室 （41） 1997.6

熊野の森に生きる［1］,（2）（宇江敏勝）「山村文化」 山村研究会 （8）/（9） 1997.7/1997.10

古代の熊野に関する二、三の推察（杉本隆成）「熊野誌」 熊野地方史研究会 43 1997.12

存在しない干支を記載した棟札（山路哲良）「熊野誌」 熊野地方史研究会 43 1997.12

「山の熊野」と「海の熊野」（遠山忠史）「熊野誌」 熊野地方史研究会 43 1997.12

『南狩遺文』について（堀純一郎）「熊野史研究」 熊野歴史博物館設立準備室 （44） 1998.3

熊野の伝説・天狗の話―南方熊楠のいう高様とは（吹揚克之）「熊野史研究」 熊野歴史博物館設立準備室 （44） 1998.3

熊野信仰の背景（吉田啓堂）「上富田文化財」 上富田文化の会 21 1998.3

〔資料紹介〕 一休さんの熊野参詣「熊野史研究」 熊野歴史博物館設立準備室 （45） 1998.6

熊野別当系図の分析（前千雄）「熊野歴史研究 : 熊野歴史研究会紀要」 熊野歴史研究会 （5） 1998.6

熊野の八咫烏を世界に「熊歴情報」 熊野歴史研究会 70 1998.6

熊野観心十界絵図―河内長野市高向上村集会所蔵の新資料の紹介をかねて（奥村隆彦）「近畿民俗 : 近畿民俗学会会報 : Bulletin of the Folklore Society of Kinki」 近畿民俗学会 151・152 1998.7

神事祭礼と被差別民（藤井寿一）「熊野史研究」 熊野歴史博物館設立準備室 （46） 1998.9

熊野猪垣再考（小野瀬玲一）「郷土」 郷土の文化を考える会 4 1998.12

熊野と稲穂の家門（沢村経夫）「郷土」 郷土の文化を考える会 4 1998.12

神事祭礼と被差別民 補遺（1）,（2）（藤井寿一）「熊野史研究」 熊野歴史博物館設立準備室 （47）/（48） 1998.12/1999.3

「熊野学」ということについて（佐藤良雄）「熊野誌」 熊野地方史研究会 44 1998.12

熊野地方のすし（1）,（2）―聞き取り調査から（西嶋久美子）「熊野誌」 熊野地方史研究会 44/45 1998.12/1999.12

熊野信仰に関する「地方記録」存在について―地方熊野信仰もしくは、熊野信仰の地方展開に関しての研究に資するため（山口登志夫）「熊野誌」 熊野地方史研究会 44 1998.12

神秘の国・熊野写真展「熊歴情報」 熊野歴史研究会 76 1998.12

熊野の世間ばなし―捻木峠の狐の話など（吹揚克之）「熊野史研究」 熊野歴史博物館設立準備室 （48） 1999.3

熊野国造の源流（寺西貞弘）「和歌山地方史研究」 和歌山地方史研究会 36 1999.3

熊野詣と芸能（中瀬喜陽）「熊野史研究」 熊野歴史博物館設立準備室 （49） 1999.6

熊野の女性（愛洲重照）「熊野史研究」 熊野歴史博物館設立準備室 （49） 1999.6

熊野の山村の生活―鰻・猪の捕り方色々（吹揚克之）「熊野史研究」 熊野歴史博物館設立準備室 （49） 1999.6

南方熊楠と妖怪（中瀬喜陽）「熊野史研究」 熊野歴史博物館設立準備室 （50） 1999.9

“熊野比丘尼曼荼羅”を解く（《特集 いま熊野を考える》）（山本殖生）「和歌山地方史研究」 和歌山地方史研究会 37 1999.9

現代熊野詣で考（《特集 いま熊野を考える》）（近藤隆二郎）「和歌山地方史研究」 和歌山地方史研究会 37 1999.9

熊野参詣の実像（《特集 いま熊野を考える》）（寺西貞弘）「和歌山地方史研究」 和歌山地方史研究会 37 1999.9

黄道をもつ熊野の太陽―理論と実際（津軽誠道）「紀南・地名と風土研究会会報」 紀南・地名と風土研究会 26 1999.11

熊野私考（佐藤良雄）「熊野誌」 熊野地方史研究会 45 1999.12

南無熊野大権現―垂迹・化身・渡海上人・権現・神像（若林芳樹）「熊野誌」 熊野地方史研究会 45 1999.12

〔書評〕 杉中浩一郎『熊野の民俗と歴史』（吉川寿洋）「和歌山地方史研究」 和歌山地方史研究会 38 2000.1

古典文学「梁塵秘抄」にみる熊野信仰（歴史教室報告）（藤原興道）「鷹巣地方史研究」 鷹巣地方史研究会 46 2000.3

律令国家祭祀と熊野参詣（寺西貞弘）「田辺市史研究」 田辺市史編さん室 12 2000.3

紹介 翻刻される各地の熊野参詣記（堀純一郎）「田辺市史研究」 田辺市史編さん室 12 2000.3

熊野の船と櫂伝馬（田中久夫）「久里」 神戸女子民俗学会 8 2000.4

熊野地方のクラ（倉）（杉中浩一郎）「紀南・地名と風土研究会会報」 紀南・地名と風土研究会 27 2000.7

近世「熊野紀行」の若干の分析（桑原康宏）「紀南・地名と風土研究会会報」 紀南・地名と風土研究会 27 2000.7

熊野詣（坂田伯子）「千曲」 東信史学会 106 2000.7

熊野詣の実践と熊野の表象との関わり―中辺路を中心に（ブロントス,アルノー）「宗教民俗研究」 日本宗教民俗学会 （10） 2000.9

熊野におけるワバチの飼養（井上直人）「自然と文化」 日本ナショナルトラスト 通号67 2001.11

太陽信仰を求めて（3）―熊野の花の窟神事と秩父の初午・卯月八日（内田賢作）「西郊民俗」 ［西郊民俗談話会］ （177） 2001.11

熊野美術協会沿革史をひもといて―併せて井島勉教授との出逢い回顧（大代富子）「郷土」 郷土の文化を考える会 5 2001.12

名句に見る紀州熊野（泉和也）「郷土」 郷土の文化を考える会 5 2001.12

熊野信仰（嶋津正三）「郷土」 郷土の文化を考える会 5 2001.12

紀州熊野方言「ウイ」について（原田英祐）「土佐地域文化」 ［土佐地域文化研究会］ 4 2001.12

〔書評と紹介〕 新城美恵子著『本山派修験と熊野先達』（澤登寛聡）「法政史学」 法政大学史学会 （57） 2002.3

熊野の和紙（1）（大西為義）「熊野歴史研究 : 熊野歴史研究会紀要」 熊野歴史研究会 （9） 2002.5

八咫烏の飛躍（山本殖生）「熊野歴史研究 : 熊野歴史研究会紀要」 熊野歴史研究会 （9） 2002.5

法燈国師と熊野の末寺（大野治）「あかね」 御坊文化財研究会 （28） 2002.7

吉野・熊野と珠洲の修験道（木下力夫）「すずろものがたり」 珠洲郷土史研究会 63 2002.10

蓬莱文様（紀伊国治光）「熊野誌」 熊野地方史研究会 （48） 2002.12

八撥の舞（前千雄）「熊野誌」 熊野地方史研究会 （48） 2002.12

日本人の原郷・熊野を歩く（1）～（9）（伊勢田史郎）「神戸史談」 神戸史談会 291/通号300 2003.1/2007.7

平成14年度記念講演 ほんまもんの世界・熊野―その伝承と祭り（吉川壽洋）「きのくに文化財」 和歌山県文化財研究会 （36） 2003.3

総会「民俗談話」 熊野の神々（序説）（生駒道弘）「左海民俗」 堺民俗会 112 2003.5

熊野観心十界曼荼羅の成立と展開（小栗栖健治）「塵界 : 兵庫県立歴史博物館紀要」 兵庫県立歴史博物館 （15） 2004.3

国譲り神話と熊野諸手船（寺西貞弘）「和歌山地方史研究」 和歌山地方史研究会 （47） 2004.5

平安の熊野詣でと平成の熊野回帰（中瀬喜陽）「紀南・地名と風土研究会会報」 紀南・地名と風土研究会 （36） 2004.12

熊野の謎（福田功）「郷土」 郷土の文化を考える会 6 2004.12

熊野逆流について（海野猪一郎）「郷土」 郷土の文化を考える会 6

2004.12

ふるさとの民話 「源ケ返し」と「げねもり」(海野猪一郎)「熊野誌」 熊野地方史研究会 (50) 2004.12

熊野・持渡津先達と板碑石巻地方の板碑(8)(勝倉元吉郎)「歴史考古学」 歴史考古学研究会 (55) 2004.12

熊野権現信仰とは何か(原源司)「温故知新」 熱塩加納郷土史研究会 (11) 2005.3

伊勢・熊野参宮旅行記(3)(文化六年巳三月十日 奥道中記幷松前従箱館下蝦夷へ海上川々道法記)(千田田鶴子)「岩手の古文書 : the Iwate journal of diplomatics」 岩手古文書学会 (19) 2005.3

三大聖地「高野・熊野・吉野」を巡る(滝沢洋之)「月刊会津人」 月刊会津人社 (20) 2005.5

パロディー熊野比丘尼(根井浄)「国際熊野学会会報」 国際熊野学会 (1) 2005.6

物語の復権—なぜ今熊野なのか(金山明生)「国際熊野学会会報」 国際熊野学会 (1) 2005.6

書評 寺西貞弘著『古代熊野の史的研究』(竹中康彦)「和歌山地方史研究」 和歌山地方史研究会 (1) 2005.7

《熊野特集》「山岳修験」 日本山岳修験学会, 岩田書院(発売)(36) 2005.11

役小角伝承の展開と院政期の熊野(徳永誓子)「山岳修験」 日本山岳修験学会, 岩田書院(発売)(36) 2005.11

"桜の下の僧"とその背景—「熊野観心十界曼荼羅」にみる説話的イメージ(埴岡真弓)「絵解き研究」 絵解き研究会 (19) 2005.12

龍に乗った童子(徳田和夫)「国際熊野学会会報」 国際熊野学会 (3) 2006.1

熊野のエロスと一遍の往生観(熊野学講座)(金山明生)「北区飛鳥山博物館研究報告」 東京都北区教育委員会 (8) 2006.3

時の碑文(いしぶみ)—石に刻みて、後世に伝えむ(2),(3)(宮本恵司)「熊野」 紀南文化財研究会 通号130/通号131 2006.5/2006.12

補陀落渡海―『熊野年代記』柳田文庫読書ノート(1)(小島瓔禮)「民俗学研究所ニュース」 成城大学民俗学研究所 (73) 2006.7

高野山と熊野三所権現(山岡俊邦)「大佐井」 大分市大在地区文化財同好会 (23) 2006.8

秋の企画展「遠くと近くの熊野 中世熊野と北区展」(ぼいす : 北区飛鳥山博物館だより」 北区飛鳥山博物館 17 2006.9

熊野の里芋、特にボウリについて(杉中浩一郎)「近畿民俗 : 近畿民俗学会会報 : Bulletin of the Folklore Society of Kinki」 近畿民俗学会 (173・174) 2006.9

2006年9月例会 研究発表「地域修験道史研究―15～16世紀における熊野先達と白山先達の展開」石黒智教氏(大谷めぐみ)「日本宗教民俗学会通信」 日本宗教民俗学会 (112) 2006.10

2006年10月例会 研究発表「境界から読む熊野観心十界図—創出される世界像とその唱導」橋本章彦氏(鈴木善幸)「日本宗教民俗学会通信」 日本宗教民俗学会 (113) 2006.10

特別講演「熊野観心十界図」への道(《特集 地獄・極楽図と宗教民俗》)(林雅彦)「宗教民俗研究」 日本宗教民俗学会 (16) 2006.12

「熊野観心十界図」と〈心〉字—「観心十界図」、「二河白道図」との関わりから(《特集 地獄・極楽図と宗教民俗》)(石黒久美子)「宗教民俗研究」 日本宗教民俗学会 (16) 2006.12

「社寺参詣曼陀羅」論の一視点—「熊野観心十界曼荼羅」の周縁(《特集 地獄・極楽図と宗教民俗》)(小栗栖健治)「宗教民俗研究」 日本宗教民俗学会 (16) 2006.12

地獄・極楽の絵解き図—熊野比丘尼および熊野観心十界図の周縁(《特集 地獄・極楽図と宗教民俗》)(根井浄)「宗教民俗研究」 日本宗教民俗学会 (16) 2006.12

弁慶伝説(みずもとゆうぞう)「熊野」 紀南文化財研究会 通号131 2006.12

熊野の七仏薬師と温泉薬師(大西為義)「熊野誌」 熊野地方史研究会 (52) 2006.12

熊野地域における養蜂技術とその歴史的展開(1),(2)(加藤幸治)「民具マンスリー」 神奈川大学 39(10)通号466/39(11)通号467 2007.1/2007.2

藤田庄市著『熊野、修験の道を往く—「大峯奥駈」完全踏破』(書評と紹介)(宮城泰年)「山岳修験」 日本山岳修験学会, 岩田書院(発売)(39) 2007.3

「遠くと近くの熊野—中世熊野と北区展—」に学ぶ(〈エキシビジョン・レビュー 北区飛鳥山博物館企画展「遠くと近くの熊野 中世熊野と北区展」について〉)(野尻かおる)「北区飛鳥山博物館研究報告」 東京都北区教育委員会 (9) 2007.3

学び甲斐ある企画展を—「遠くと近くの熊野 中世熊野と北区展」にみる公立博物館の役割(〈エキシビジョン・レビュー 北区飛鳥山博物館企画展「遠くと近くの熊野 中世熊野と北区展」によせて〉)(湯川恵子)「北区飛鳥山博物館研究報告」 東京都北区教育委員会 (9) 2007.3

和歌山県立紀伊風土記の丘特別展「熊野・山に生きる知恵」(展示批評)(森本仙介)「民具研究」 日本民具学会 (135) 2007.3

2006年12月例会 研究発表「熊野系「浄土双六」と熊野比丘尼」小栗栖健治氏(鈴木善幸)「日本宗教民俗学会通信」 日本宗教民俗学会 (114) 2007.3

錦絵に描かれた巡礼(林雅彦)「国際熊野学会会報」 国際熊野学会 (7) 2007.7

熊野系「浄土双六」論序説(《特集 熊野観心十界曼荼羅を読み解く》)(小栗栖健治)「絵解き研究」 絵解き研究会 (20・21) 2007.8

尾瀬と熊野信仰(柳澤践夫)「郷土」 郷土の文化を考える会 (7) 2007.12

林信章『熊野詣紀行』(抄)(藤井寿一)「熊野」 紀南文化財研究会 通号132・133 2007.12

日本人の原郷、熊野を歩いて―平成20年度新年例会講演(伊勢田史郎)「神戸史談」 神戸史談会 通号302 2008.7

熊野信仰と湯立神楽(《特集 仏教と民俗》)(鈴木正崇)「宗教民俗研究」 日本宗教民俗学会 (18) 2008.11

根井浄・山本殖生編著『熊野比丘尼を絵解く』(新刊紹介)「宗教民俗研究」 日本宗教民俗学会 (18) 2008.11

続・熊野の七仏薬師(大西為義)「熊野誌」 熊野地方史研究会 (55) 2008.12

記念口演 熊野観心十界曼荼羅の絵解き(〈報告1 開館25周年記念シンポジウム「房総と熊野をつなぐもの」〉)(村主克春)「袖ケ浦市史研究」 袖ケ浦市郷土博物館 (14) 2009.03

「熊野」の山・川・滝・海—信仰を醸し出した自然(〈報告1 開館25周年記念シンポジウム「房総と熊野をつなぐもの」〉)(林雅彦)「袖ケ浦市史研究」 袖ケ浦市郷土博物館 (14) 2009.03

伝承を訪ねる旅(2) 熊野 生と死ーと再生の願い(堀井建市)「河内どんこう」 やお文化協会 (88) 2009.6

寿永二年・三年・元暦二年における熊野別当家関係者と周辺の人々―「僧綱補任」岩瀬文庫蔵本考察を一連の考察の終焉として(阪本敏行)「和歌山地方史研究」 和歌山地方史研究会 (57) 2009.08

熊野詣でと懸け仏 阿須賀神社物語(生駒道弘)「左海民俗」 堺民俗会 (131) 2009.09

「語りの熊野詣口演サミット」で熊野観心十界図の絵解き(《特集 未来に繋がる絵解きの世界(4)》)(小林玲子)「長野」 長野郷土史研究会 (268) 2009.12

絵解き台本 熊野観心十界図(《特集 未来に繋がる絵解きの世界(4)》)(小林一郎, 小林玲子)「長野」 長野郷土史研究会 (268) 2009.12

熊野観心十界図の絵解き—善光寺と熊野を結ぶもの(《特集 未来に繋がる絵解きの世界(4)》)(小林一郎)「長野」 長野郷土史研究会 (268) 2009.12

桑原康宏著『世界遺産の地 熊野 その表層と深層』(書評と紹介)(藤井弘章)「民俗文化」 近畿大学民俗学研究所 (22) 2010.03

治承・寿永の内乱と紀伊熊野―『平家物語』などの関係諸本における熊野関係逸話の物語性と事実性(阪本敏行)「御影史学論集」 御影史学研究会 通号35 2010.10

熊野比丘尼が絵解きした「熊野観心十界曼荼羅」(特集 新発見の熊野観心十界曼荼羅)(林雅彦)「長野」 長野郷土史研究会 (274) 2010.12

東横田公民館蔵の熊野観心十界曼荼羅(特集 新発見の熊野観心十界曼荼羅)(小林一郎)「長野」 長野郷土史研究会 (274) 2010.12

「熊野観心十界曼荼羅」の発見(特集 新発見の熊野観心十界曼荼羅)(小林玲子)「長野」 長野郷土史研究会 (274) 2010.12

八丈島島民、近畿富裕の熊野参詣(吹揚克之)「紀南・地名と風土研究会会報」 紀南・地名と風土研究会 (48) 2011.04

戻ってきた行者像、戻らぬ愛洲久の武者像(吹揚克之)「熊野」 紀南文化財研究会 (140) 2011.05

明治期における西国三十三度行者満願供養史料の発見(伏中邦彦)「熊野歴史研究 : 熊野歴史研究会紀要」 熊野歴史研究会 (18) 2011.05

中世における熊野信仰と宗派の境界(長谷川賢二)「四国中世史研究」 四国中世史研究会 (11) 2011.08

熊野、大峰奥駈道と丹生川上神社の縁起(玉本太平)「国際熊野学会会報」 国際熊野学会 (16) 2011.11

コラム 八咫烏と熊野信仰(特集 神の鳥)(九鬼家隆)「季刊悠久.第2次」 鶴岡八幡宮悠久事務局 (126) 2011.12

寄託資料 熊野観心十界曼荼羅(2011D0004)「長野市立博物館博物館だより」 長野市立博物館 (81) 2012.03

伊藤裕偉著『聖地熊野の舞台裏』(書評と紹介)(大河内智之)「山岳修験」 日本山岳修験学会, 岩田書院(発売)(49) 2012.03

谷川健一・三石学編『海の熊野』(書評と紹介)(時枝務)「山岳修験」 日本山岳修験学会, 岩田書院(発売)(49) 2012.03

和田多喜子さんと熊野参詣(特集 先祖供養・墓)(生駒道弘)「左海民俗」 堺民俗会 (139) 2012.05

熊野の一光三尊石仏と忍定行者(内山裕紀子)「長野」 長野郷土史研究会 (285) 2012.10

書評 杉中浩一郎著『南紀熊野の諸相』（笠原正夫）「熊野」 紀南文化財研究会 （143）2012.11

熊野の祭りと精進潔斎―聖なる世界の「斎戒」性（櫻井治男）「熊野学研究」 国際熊野学会 （2）2013.03

『聖地熊野の祭りと磐座信仰』に参加して（エッセイ）（南ちよみ）「熊野学研究」 国際熊野学会 （2）2013.03

杉中浩一郎著『南紀熊野の諸相―古道・民俗・文化―』（書評と紹介）（阪本敏行）「山岳修験」 日本山岳修験学会，岩田書院（発売）（51）2013.03

熊野に棲息する妖怪たち（1）～（3）（論考）（宮本惠司）「熊野」 紀南文化財研究会 （145）/（147）2013.12/2014.11

巻頭言 わが生地、わが聖地・熊野（辻原登）「熊野誌」 熊野地方史研究会 （60）2013.12

東大寺華厳宗の修行の場の問題―金峯山・熊野そして黄金と（田中久夫）「久里」 神戸女子民俗学会 （33）2014.01

豊島修著『熊野信仰の世界―その歴史と文化―』（書評と紹介）（加藤基樹）「山岳修験」 日本山岳修験学会，岩田書院（発売）（53）2014.03

山本殖生著『熊野八咫烏』（書評と紹介）（時枝務）「山岳修験」 日本山岳修験学会，岩田書院（発売）（53）2014.03

山本殖生著『熊野 八咫烏』（新刊紹介）（森弘子）「宗教民俗研究」 日本宗教民俗学会 （23）2014.03

神々の風景（30）隠国の熊野（森弘子）「飛梅」 太宰府天満宮社務所 （172）2014.09

霊山金峯山と霊場熊野―その成立と展開〔時枝務〕「国際熊野学会会報」 国際熊野学会 （22）2014.11

言い伝え（特集 2011年台風12号）（松村哲）「熊野誌」 熊野地方史研究会 （61）2014.12

熊野一の鳥居

和歌山県海南市熊野一の鳥居（深津至輝）「静岡歴研会報」 静岡県歴史研究会 89 1999.9

熊野街道

熊野街道の「辺路」私考（桑原康宏）「和歌山地理」 和歌山地理学会 （22）2002.12

江戸時代の熊野街道・伊勢路と巡礼たち（塚本明）「山岳修験」 日本山岳修験学会，岩田書院（発売）（36）2005.11

熊野川

熊野参詣の熊野川交通―古代・中世の舟航事情（山本殖生）「熊野歴史研究 : 熊野歴史研究会紀要」 熊野歴史研究会 （8）2001.5

熊野川の舟行名所を訪ねて―熊野詣の峡谷景観を下る（山本殖生）「熊野誌」 熊野地方史研究会 （47）2002.1

覚書 熊野川の舟次（川伝馬）について（廣本満）「熊野誌」 熊野地方史研究会 （53）2007.12

世界遺産「川の参詣道」熊野川―その魅力と活用（山本殖生）「きのくに文化財」 和歌山県文化財研究会 （42）2009.3

熊野川町

明治10年代における熊野川町域の神社合祀についての覚書―村社列格と国家統制（廣本満）「熊野誌」 熊野地方史研究会 （52）2006.12

旧本宮町・旧熊野川町に遺された熊野参詣道について（辻田友紀）「熊野」 紀南文化財研究会 （135）2008.11

熊野古道

熊野古道の笠塔婆一大阪本王子の場合（木下幸文）「熊野史研究」 熊野歴史博物館設立準備室 （42）1997.9

熊野詣と熊野古道（《特集 いま熊野を考える》）（鈴木景二）「和歌山地方史研究」 和歌山地方史研究会 37 1999.9

飛騨歴史民俗学会探訪紀行 熊野三山参詣と熊野古道（安江文一）「飛騨春秋 : 飛騨郷土学会誌」 高山市民時報社 465 1999.10

田辺市内熊野古道調査報告書（紀南文化財研究会）「田辺文化財」 田辺市教育委員会 42 2002.3

熊野詣（熊野古道紀行）（1）～（3）（坂井邛典）「備陽史探訪」 備陽史探訪の会 113/115 2003.8/2003.12

熊野古道「曼陀羅の道コース」の考察（大西為義）「熊野誌」 熊野地方史研究会 （50）2004.12

世界遺産「熊野古道」における「文化」概念の再検討―文化的景観「信仰の山」をめぐる理念と実践（特集 東南アジア海域世界の社会史再考―サマ・バジャウ人の視点から―）（山本恭正）「白山人類学」 白山人類学研究会，岩田書院（発売）（13）2010.03

世界遺産「熊野古道」における「文化」の概念の再検討―文化的景観「信仰の山」をめぐる理念と実践（山本恭正）「熊野誌」 熊野地方史研究会 （57）2010.10

熊野権現

〔史料紹介〕 梅本文書「熊野権現縁起」と「権現和讃」（木村靖）「熊野誌」 熊野地方史研究会 43 1997.12

和歌山県立博物館所蔵「熊野権現縁起絵巻」について（高橋修）「和歌山地方史研究」 和歌山地方史研究会 37 1999.9

講演会記録 寺社縁起を持つということ―県博本『熊野権現縁起絵巻』をめぐって（川崎剛志）「和歌山県立博物館研究紀要」 和歌山県立博物館 通号5 2000.3

サルタヒコ大神の動態原理をさぐる舞踊空間論―琉球弧の鳥天狗芸能から熊野権現へと結ぶ視点（《第4回「猿田彦大神と未来の精神文化」研究・表現助成論文》）（須藤義人）「あらはれ : 猿田彦大神フォーラム年報 : ひらかれる未来神話」 猿田彦大神フォーラム 5 2002.9

実は熊野権現の天狗だった？（寺崎重紘）「泉佐野の歴史と今を知る会会報」 泉佐野の歴史と今を知る会 212 2005.8

時宗美術の中にある熊野 伝えられた熊野権現への信仰（遠山元浩）「国際熊野学会会報」 国際熊野学会 （12）2009.11

熊野参詣道

分離・名称変更・追加指定 国史跡の紹介 史跡熊野参詣道/史跡熊野三山「きのくに文化財」 和歌山県文化財研究会 （36）2003.3

熊野参詣道の呼称（杉中浩一郎）「紀南・地名と風土研究会会報」 紀南・地名と風土研究会 （34）2003.12

中世の熊野参詣道に見える王子名と地名について（堀純一郎）「田辺市史研究」 田辺市史編さん室 16 2004.3

熊野参詣道についての呼称と概説（杉中浩一郎）「熊野誌」 熊野地方史研究会 （50）2004.12

熊野参詣道報告―近世を中心として（岩橋幸大）「上富田文化財」 上富田文化の会 25 2007.3

熊野三山

熊野三山大仏師良円と西大寺教団（阪本敏行）「和歌山県立博物館研究紀要」 和歌山県立博物館 通号3 1998.3

熊野三山歴史講座「熊野情報」 熊野歴史研究会 74 1998.10

熊野のご祭神と泉津事解之男神（嶋津正三）「郷土」 郷土の文化を考える会 4 1998.12

飛騨歴史民俗学会探訪紀行 熊野三山参詣と熊野古道（安江文一）「飛騨春秋 : 飛騨郷土学会誌」 高山市民時報社 465 1999.10

講演 熊野と黄金と造船と―熊野三山前史（田中久夫）「皇學館大学神道研究所紀要」 皇學館大学神道研究所 17 2001.3

熊野三山と神符（岡村庄造）「秦史談」 秦史談会 105 2001.9

熊野三山検校と修験道（徳永誓子）「年報中世史研究」 中世史研究会 （27）2002.5

分離・名称変更・追加指定 国史跡の紹介 史跡熊野参詣道/史跡熊野三山「きのくに文化財」 和歌山県文化財研究会 （36）2003.3

拓本・日本の石仏 熊野三山牛王宝印（神符）/釈迦庵仏足石（岡村庄造）「むしくら : むしくら交流会ニュースレター」 虫倉交流会 （60）2004.9

熊野三山参詣（斎藤雅男）「尾上文化誌」 尾上町郷土史研究会 平成16年版 2005.4

『熊野三山参詣曼荼羅』の絵解き（山本殖生，根井浄）「熊野歴史研究 : 熊野歴史研究会紀要」 熊野歴史研究会 （13）2006.5

帝塚山大学大学院人文科学研究所所蔵「熊野三山社堂修復勧進写」「月刊大和路ならら」 地域情報ネットワーク 11（3）通号114 2008.3

熊野三山の原像を聖地景観から探る（特集 山岳信仰の原像と展開）（山本殖生）「山岳修験」 日本山岳修験学会，岩田書院（発売）（46）2010.10

熊野三山の祭礼・行事について（平成23年度文化財講座）（蘇理剛志）「きのくに文化財」 和歌山県文化財研究会 （45）2012.03

熊野三山奉行考―14～15世紀の様相をめぐって（長谷川賢二）「山岳修験」 日本山岳修験学会，岩田書院（発売）（51）2013.03

書評 和歌山県教育委員会編『熊野三山民俗文化財調査報告書』（鈴木正崇）「民俗芸能研究」 民俗芸能学会 （57）2014.09

熊野路

熊野路における巡礼悲話（芝崎格尚）「熊野歴史研究 : 熊野歴史研究会紀要」 熊野歴史研究会 （8）2001.5

熊野路の正月（根岸秀子）「横須賀文化協会会報」 横須賀文化協会 22 2004.3

熊野七薬師

熊野七薬師（北浜愛海）「郷土」 郷土の文化を考える会 4 1998.12

熊野地村

熊野地村と王子（田中弘倫）「郷土」 郷土の文化を考える会 （7）2007.12

熊野新宮

熊野新宮見聞―郷土との繋がり（青木義脩）「うらわ文化」 浦和郷土文化会 （121）2014.09

熊野神社

熊野神社の懸仏「熊歴情報」 熊野歴史研究会　57　1997.5

熊野大社

歴史と祈りの道 熊野大社をたずねて（柿本光明）「備陽史探訪」 備陽史探訪の会　79　1997.10

木地師史料 熊野大社と古代木地師の祖神熊野橡樟日命（杉本寿）「民俗文化」 滋賀民俗学会　413　1998.2

日本人の心のふるさと伊勢神宮と熊野大社探訪（亀澤蟲寿）「えびの」 えびの市史談会　（47）　2013.05

熊野九十九王子社

熊野九十九王子社について（橋本観吉）「紀南・地名と風土研究会会報」 紀南・地名と風土研究会　（49）　2012.01

熊野那智

平成16年度公開講座 名作・名品誕生III 熊野那智参詣曼荼羅と本願寺院（大高康正）「帝塚山芸術文化」 帝塚山大学芸術文化研究所　（13）　2006.3

熊野那智大社

熊野那智大社社僧の系譜について―『熊野那智大社文書』などを典拠として（山本殖生）「山岳修験」 日本山岳修験学会，岩田書院（発売） 通号23　1999.3

熊野那智大社十二所権現神像と下御門仏師（大河内智之）「和歌山県立博物館研究紀要」 和歌山県立博物館　（13）　2007.3

部落史素描（4）熊野那智大社の小法師原について（藤井寿一）「熊野」 紀南文化財研究会　（141）　2011.12

熊野坐神社

牟婁の本宮大社（熊野坐神社）と出雲の熊野大社との関係についての一考察（酒井聰郎）「熊野歴史研究 ： 熊野歴史研究会紀要」 熊野歴史研究会　（11）　2004.5

熊野本宮

学芸員調査ノート 刀専版画 道後温泉神の湯/雛形鶴の声/木のよろいの一部（木製短甲片）/熊野本宮牛玉宝印「歴博だより」 愛媛県歴史文化博物館　通号46　2006.6

寛正四年集永作東光寺不動明王二童子像と熊野本宮（大河内智之）「和歌山県立博物館研究紀要」 和歌山県立博物館　（15）　2009.03

熊野本宮大社

熊野本宮大社例大祭（吉川祐子）「月刊通信ふるさとの民俗を語る会」 民俗文化研究所　（23）　2009.03

雲取越

一期一会の雲取越へ（松永桂子）「奥熊野の民俗」 紀北民俗研究会　（12）　2008.1

黒江

古椀エッセー（1）黒江椀と樗原武市家の椀―北川村安倉伝承（森三千加）「土佐民俗 ： 土佐民俗会誌」 土佐民俗学会　69　1998.1

新作映像資料の紹介 吉野における木地製作―紀州黒江系轆轤師の伝承技術「奈良県立民俗博物館だより」 奈良県立民俗博物館　31（2）通号95　2005.2

紀州漆器黒江塗の魅力に触れる（移動歴史教室紀州漆器蒔絵体験教室）（西野民夫）「河内どんこう」 やお文化協会　（78）　2006.2

花野

花野の仏たち（松田伊都子）「伊那路」 上伊那郷土研究会　45（12）通号539　2001.12

懸泉堂

懸泉堂の建物にみる地域文化《特集 佐藤春夫と熊野》（千森督子）「熊野誌」 熊野地方研究会　（55）　2008.12

興国寺

紀伊専念寺・道成寺・興国寺・広八幡神社をたずねて（松本啓吾）「史迹と美術」 史迹美術同攻会　67（7）　1997.8

興国寺の天狗薬考（続々）―明治年代の興国寺と中川山神堂の天狗薬（中西捷美）「由良町の文化財」 由良町教育委員会　（29）　2002.3

興国寺の四大末寺（大野治）「由良町の文化財」 由良町教育委員会　（29）　2002.3

興国寺・法燈国師の遺跡を巡る旅拝観見聞記[1]，(2)（大野治）「由良町の文化財」 由良町教育委員会　（32）/（35）　2005.3/2008.03

源実朝と興国寺（大野治）「由良町の文化財」 由良町教育委員会　（33）　2006.3

江戸時代の旅―興国寺壌厳和尚の旅（小出潔）「由良町の文化財」 由良町教育委員会　（34）　2007.3

史料紹介 興国寺文書・文政三年四月 壌厳和尚病状略記附遷化之節控（小出潔）「由良町の文化財」 由良町教育委員会　（34）　2007.3

西蓮と紀州由良興国寺（小出潔）「由良町の文化財」 由良町教育委員会　（35）　2008.03

興国寺百科（大野治）「由良町の文化財」 由良町教育委員会　（38）　2011.03

興国寺住職への登竜門―妙光寺・誓度寺歴世について（大野治）「由良町の文化財」 由良町教育委員会　（40）　2013.03

光台院

高野山光台院所蔵毘沙門天像について（吉武貢）「尭栄文庫研究紀要」 親王院尭栄文庫　2　2000.9

光台院阿弥陀三尊像の造像背景について（海老原真紀）「帝塚山大学大学院人文科学研究科紀要」 帝塚山大学大学院人文科学研究科　（9）　2007.1

高野街道

高野街道の村々―高野参詣道（平成22年度文化財研究発表）（東毅）「きのくに文化財」 和歌山県文化財研究会　（45）　2012.3

高野山

高野山の蓮花会（下）（日野西真定）「宗教民俗研究」 日本宗教民俗学会　（7）　1997.6

塔と仏教史と高野山と千光寺（飛騨歴史民俗学会現地紀行より）（菅田一衛）「飛騨春秋 ： 飛騨郷土学会誌」 高山市民時報社　440　1997.9

研究発表 日野西真定「高野山で行う加行の壇場と奥院の巡拝」北川央「伊勢大神楽の成立」「巡礼研究会通信」 巡礼研究会　（21）　1998.2

高野山参拝と吉野路の旅（大西嘉吉）「宇摩史談」 宇摩史談会　72　1998.6

堂座にみる社会関係―近世高野山領村落の支配・結合・分裂（森本一彦）「宮座研究」 宮座研究会　（3）　1998.11

〔史料紹介〕 高野山の縁起（日野西真定）「宗教民俗研究」 日本宗教民俗学会　（9）　1999.6

俳諧紀行『高野詣日記』について（柏原卓）「紀州経済史文化史研究所紀要」 和歌山大学紀州経済史文化史研究所　通号20　2000.3

遺告としての高野山御手印縁起（松永勝巳）「史学研究集録」 國學院大學大学院史学専攻大学院会　通号25　2000.3

ガイドの会 高野山・奈良歴史探訪記（高橋健一郎）「まいづる」 佐土原地区郷土史同好会　17　2000.4

高野山納骨信仰成立前史（俵谷和子）「久里」 神戸女子民俗学会　（9）　2000.10

巡礼研究会第32回例会 浅川泰宏「客死遍路―阿波南方における近世過去帳調査」/日野西真定「高野山における六十六部資料」「巡礼研究会通信」 巡礼研究会　（32）　2000.11

霊場詣りと名改め―高野山の祖霊信仰《山岳信仰特集I》（日野西真定）「あしなか」 山村民俗の会　257　2001.6

弘法伝説と高野山（木下力夫）「すずろものがたり」 珠洲郷土史研究会　62　2001.9

中世前期における高野山と仁和寺御室（海老名尚）「寺院史研究」 寺院史研究会　6　2002.1

伊予河野氏とその被官の高野山参詣について―高野山上蔵院との檀縁関係を中心に（石野弥栄）「研究紀要」 愛媛県歴史文化博物館　（7）　2002.3

高野山の旧領回復運動と神領興行法―院政期～鎌倉中期を中心に（白井克浩）「年報中世史研究」 中世史研究会　（27）　2002.5

高野山における初源期の花崗岩製五輪塔について（資料紹介）（西山祐司）「紀伊考古学研究」 紀伊考古学研究会　（5）　2002.08

「高野山」参詣の記（小野意雄）「小田原史談 ： 小田原史談会々報」 小田原史談会　192　2003.1

高野四社明神の成立と平清盛（俵谷和子）「久里」 神戸女子民俗学会　（13・14）　2003.6

高野山の石造品（藤澤典彦）「近畿文化」 近畿文化会事務局　645　2003.8

口絵 高野山燈籠堂脇にある阿島知久氏供養塔（山内尚巳）「伊那」 伊那史学会　51（12）通号907　2003.12

高野山五輪塔の起源（清水俊明）「日本の石仏」 日本石仏協会，青娥書房（発売）　（110）　2004.6

高野山における聖方の成立（村上弘子）「寺院史研究」 寺院史研究会　（8）　2004.8

研究メモ 高野山真然墓発見鉄板雑考（窪田照久）「紀伊考古学研究」 紀伊考古学研究会　（7）　2004.08

霊峰高野山詣で―空海の軌跡を求めて（渡部幸子）「わかくす ： 河内ふるさと文化誌」 わかくす文芸研究会　（46）　2004.11

樹・木・草のつぶやき（36）三鈷の松（高野山）（宮崎敏子）「目黒区郷土研究」 目黒区郷土研究会　598　2004.11

丹生大明神告門と辰砂の産地高野山周辺の古代史と鉱物（松本晴仁）「ふるさとの自然と歴史」 歴史と自然をまもる会　302　2005.1

高野山巡拝の思い出（沢両温）「伊予市の歴史文化」 伊予市歴史文化の会　（52）　2005.3

高野山開山伝承と定賢（俵谷和子）「久里」 神戸女子民俗学会 （16・17） 2005.3

高野山霊宝館所蔵の銅燈篭について―高野山金石史料（中山泰弘）「土佐山田史談」 土佐山田史談会 29 2005.3

栃木県指定文化財絹本著色「高野四社明神図」（君嶋通夫）「ふるさと矢板」 矢板市教育委員会生涯学習課 （30） 2005.11

高野山関係文献目録（前）～（後）（宮原純允）「寺社と民衆」 民衆宗教史研究会 （2）/（4） 2006.3/2008.3

中世高野山の公人（水島暁）「帝塚山大学大学院人文科学研究科紀要」 帝塚山大学大学院人文科学研究科 （8） 2006.3

高野山と熊野三所権現（山岡俊邦）「大佐井」 大分市大在地区文化財同好会 （23） 2006.8

資料紹介 高野山発見の笏谷石製五輪塔について（西山祐司）「紀伊考古学研究」 紀伊考古学研究会 （9） 2006.08

近世における高野山と紀州藩―地士の分析を中心に（白井頌子）「高円史学」 高円史学会 （22） 2006.10

「紀州高野山見聞録」補遺（知久一）「伊那」 伊那史学会 55（2）通号945 2007.2

奈良県五條市向山遺跡の近世墓と近内町の民俗調査―高野参りと六斎念仏に関する考察（波多野篤，田中久夫，藤原喜美子，植野加代子）「考古學論叢 ： 橿原考古学研究所紀要」 奈良県立橿原考古学研究所 30 2007.3

高野山発見の凝灰岩製層塔残欠（資料紹介）（西山祐司）「紀伊考古学研究」 紀伊考古学研究会 （10） 2007.08

高野山最古の在銘一石五輪塔―永享十年銘の遺品（木下浩良）「堯栄文庫研究紀要」 親王院堯栄文庫 （7） 2007.12

保元元年の高野山大塔再建とその運搬道（俵谷和子）「久里」 神戸女子民俗学会 （21） 2008.1

天野社と高野四社明神（俵谷和子）「久里」 神戸女子民俗学会 （22） 2008.6

高野山参拝（高橋光雄）「備陽史探訪」 備陽史探訪の会 （143） 2008.8

旅行記 高野山・女人道（福嶋親）「季刊南九州文化」 南九州文化研究会 （108） 2008.10

高野山に供養された新発田の人びと（阿部洋輔）「新発田郷土誌」 新発田郷土研究会 （37） 2009.03

近世の高野山参拝記録（資料紹介）（磯部武男）「藤枝市史研究」 藤枝市市民文化会 （10） 2009.3

近世後期における高野山参詣の様相と変容―相模国からの高室院参詣を中心に（佐藤顕）「地方史研究」 地方史研究協議会 59（3）通号339 2009.06

所謂「棨町騒動」について（波多野智人）「和歌山地方史研究」 和歌山地方史研究会 （57） 2009.08

高野山参拝小史「百日紅 長谷寺かわら版」 長谷寺 （75） 2009.11

高野山の文化 高野山の明神信仰（1） 高野山の丹生・高野両明神の発生（日野西眞定）「霊宝館だより」 高野山霊宝館 （93） 2009.11

よもやま話（21）高野山の天狗伝説「霊宝館だより」 高野山霊宝館 （93） 2009.11

企画展「山岳信仰と高野山」 出品中の鉄矢（弓箭）「霊宝館だより」 高野山霊宝館 （93） 2009.11

高野山麓の六斎念仏―その分布と特色を中心に（蘇理剛志）「和歌山地方史研究」 和歌山地方史研究会 （58） 2010.02

村上弘子『高野山信仰の成立と展開』（書評と紹介）（俵谷和子）「山岳修験」 日本山岳修験学会，岩田書院（発売）（45） 2010.03

高野山参拝（高橋光雄）「備陽史探訪」 備陽史探訪の会 （155） 2010.08

中世寄進状の世界観―高野山御影堂寄進状を中心に（稲城正己）「日本宗教文化史研究」 日本宗教文化史学会 14（2）通号28 2010.11

かるかや親子へ思いを寄せた旅・高野山（絵解き文化の旅（高野山）参加報告）（竹澤環江）「長野」 長野郷土史研究会 （274） 2010.12

高野山の旅と絵解き文化の旅（高野山）参加報告）（小出章）「長野」 長野郷土史研究会 （274） 2010.12

高野山の旅に参加して（絵解き文化の旅（高野山）参加報告）（村松恵美子）「長野」 長野郷土史研究会 （274） 2010.12

世界遺産と絵解き、そして母国向の旅・惑想（絵解き文化の旅（高野山）参加報告）（村松忠夫）「長野」 長野郷土史研究会 （274） 2010.12

世界遺産への旅（絵解き文化の旅（高野山）参加報告）（天沼和子）「長野」 長野郷土史研究会 （274） 2010.12

高野山を旅して（絵解き文化の旅（高野山）参加報告）（馬場佐智子）「長野」 長野郷土史研究会 （274） 2010.12

おもてなしと熱意に深謝の念（絵解き文化の旅（高野山）参加報告）（大日方文武）「長野」 長野郷土史研究会 （274） 2010.12

大切にしたい高野山とのご縁（絵解き文化の旅（高野山）参加報告）（小林竜太郎）「長野」 長野郷土史研究会 （274） 2010.12

高野山の旅に参加して（絵解き文化の旅（高野山）参加報告）（矢向忠雄）「長野」 長野郷土史研究会 （274） 2010.12

土佐一条氏の高野山過去帳における按察使について（朝倉慶景）「土佐史談」 土佐史談会 （247） 2011.07

俵谷和子『高野山信仰と権門貴紳―弘法大師入定伝説を中心に―』（書籍紹介）（藤原修）「御影史学論集」 御影史学研究会 通号36 2011.10

高野山の土佐関係金石史料調査録（岡村庄造）「土佐史談」 土佐史談会 （249） 2012.03

高野山へお礼参り（宮井知子）「讃岐のやまなみ」 香川県歴史研究会 （4） 2012.05

高野山の土佐関係金石史料調査録（岡村庄造）「秦史談」 秦史談会 （169） 2012.08

高野山の“ねりま”（本橋竹介）「練馬古文書研究会会報」 練馬古文書研究会 （49） 2012.12

日野西眞定著『お大師さんと高野山〔奥の院〕』（書評と紹介）（中川委紀子）「山岳修験」 日本山岳修験学会，岩田書院（発売）（52） 2013.10

平成25年度通常総会記念講演 高野参詣の作法と利益（山陰加春夫）「きのくに文化財」 和歌山県文化財研究会 （47） 2014.03

高野山麓を歩く―弘法大師信仰と庶民信仰の諸相（池田淳）「近畿文化」 近畿文化会事務局 （776） 2014.07

近世前中期の米沢藩主の葬送儀礼と高野山納骨（論文）（原淳一郎）「米沢史学」 米沢史学会 （30） 2014.10

西室院

高野山西室院 源氏三代の五輪塔（資料紹介）（西山祐司）「紀伊考古学研究」 紀伊考古学研究会 （13） 2010.08

高野山奥の院

高野山奥の院の成立について（俵谷和子）「久里」 神戸女子民俗学会 （10） 2001.4

高野山奥の院の燈明信仰（1）（日野西眞定）「まつり」 まつり同好会 通号64 2003.2

高野山奥の院御所芝所在五輪塔について（資料紹介）（西山祐司）「紀伊考古学研究」 紀伊考古学研究会 （14） 2011.08

高野山奥之院発見の「フンコ」（豊後）銘の五輪塔（資料紹介）（木下浩良）「九州考古学」 九州考古学会 （89） 2014.11

高野山奥ノ院

高野山奥ノ院の滑石製石塔について（資料紹介）（西山祐司）「紀伊考古学研究」 紀伊考古学研究会 （7） 2004.08

高野寺領

高野寺領の神主と神道裁許状（伊藤信明）「和歌山県立文書館紀要」 和歌山県 （6） 2001.3

研究 18世紀後半の高野寺領への越米について（上）（廣本満）「和歌山地方史研究」 和歌山地方史研究会 （62） 2012.03

粉河

粉河鋳物と鋳物師の系譜（平成18年度文化財研究発表）「きのくに文化財」 和歌山県文化財研究会 （41） 2008.3

粉河寺

鞆淵八幡神社・粉河寺・三船神社を訪ねて（松本啓吾）「史迹と美術」 史迹美術同攷会 72（10）通号730 2002.12

粉河寺参詣曼荼羅考（大高康正）「絵解き研究」 絵解き研究会 （19） 2005.12

近世の粉河寺について（平成17年度文化財講座）（増田博）「きのくに文化財」 和歌山県文化財研究会 （39） 2006.3

粉河寺創建に関する史的背景（寺西貞弘）「和歌山地方史研究」 和歌山地方史研究会 （55） 2008.7

極楽寺

紀の川市上田井の極楽寺文書について（高木徳郎）「和歌山県立博物館研究紀要」 和歌山県立博物館 （14） 2008.3

古座

「古座鯨方」創始年代の鑑定 附り古式捕鯨の問題点二、三（山出泰助）「熊野歴史研究 ： 熊野歴史研究会紀要」 熊野歴史研究会 （5） 1998.6

古座の葬送儀礼と海外の埋葬制度（宮腰榮一）「国際熊野学会会報」 国際熊野学会 （21） 2014.04

古座川

古座川のいくさ地蔵（浅里耕一郎）「熊野史研究」 熊野歴史博物館設立準備室 （50） 1999.9

古座川一枚岩

古座川一枚岩のヘリトリゴケ（梅本信也）「熊野誌」 熊野地方史研究会 （53） 2007.12

古座川町

古座川町の庶民信仰と旧跡（根木直温）「熊野歴史研究 ： 熊野歴史研究会紀要」 熊野歴史研究会 （4） 1997.6

琴ノ浦温山荘園

琴ノ浦温山荘園の調査から（粟野隆）「奈文研ニュース」 奈良文化財研究所 （33）2009.06

木葉神社

太陽信仰を求めて（1）―金鑽神社の火鑽り祭と木葉神社のねんねこ祭り（内田賢作）「西郊民俗」［西郊民俗談話会］（172）2000.9

民俗芸能採訪の旅 木葉神社ねんねこ祭り―南紀古座（和田恵三）「あしなか」 山村民俗の会 268 2004.10

小林家住宅

新登録文化財の紹介 樫野埼灯台旧官舎/みそや別館主家、上蔵及び離れ座敷、下蔵/小林家住宅主屋、土蔵「きのくに文化財」 和歌山県文化財研究会 （37）2004.3

御坊

町内寺院二話（平尾茂雄）「あかね」 御坊文化財研究会 （31）2007.3

金剛寺

紀州池田荘金剛寺旧蔵大般若経の流転（研究ノート）（竹中康彦）「和歌山県立博物館研究紀要」 和歌山県立博物館 （19）2013.03

金剛峯寺

金剛峯寺孔雀明王坐像とその安置空間―快慶研究（5）（赤川一博）「研究紀要」 四日市市立博物館 9 2002.3

追加指定 国史跡の紹介 史跡金剛峯寺境内「きのくに文化財」 和歌山県文化財研究会 （36）2003.3

鎌倉期の法親王と寺院社会に関するノート―仁和寺御室と東寺長者・金剛峯寺の諸関係から（横山和弘）「朱雀 ： 京都文化博物館研究紀要」 京都府京都文化博物館 23 2011.03

高野山金剛峯寺『金堂修正法則』（史料紹介）（山本潤）「寺社と民衆」 民衆宗教史研究会 9 2013.03

雑賀

雑賀踊の成立（野田阿紀子）「和歌山県立博物館研究紀要」 和歌山県立博物館 （12）2006.8

雑賀崎

雑賀崎の民俗調査を試みて（松本芳郎）「大阪民衆史研究」 大阪民衆史研究会 44 1999.2

最勝寺

神谷山最勝寺什物の行方（高橋修）「和歌山地方史研究」 和歌山地方史研究会 （51）2006.7

西方寺

西方寺（和歌山市）の女性西国巡礼三十三度について（1）―智玄尼を中心として（玉城幸男）「河内長野市郷土研究会誌」［河内長野市郷土研究会］（47）2005.4

西門院

高野山「西門院文書」の再検討―釈迦院快弁書状をめぐって（佐藤博信）「千葉史学」 千葉歴史学会 （45）2004.11

栄町

平成8年 田辺祭「祭礼日誌」―田辺市栄町一・二班合同当番（福本敬治）「熊野史研究」 熊野歴史博物館設立準備室 （40）1997.3

平成22年度 田辺祭り栄町町内会長日記（抄）（橋本観吉）「熊野」 紀南文化財研究会 （145）2013.12

佐本

佐本地区の伝統行事（和田耕）「いなづみ ： すさみ町文化財冊子」 すさみ町教育委員会 4 1997.1

佐本に伝わる伝説（和田耕）「いなづみ ： すさみ町文化財冊子」 すさみ町教育委員会 9 2002.3

大正・昭和初期の佐本の稲作（1）～（3）（和田耕）「いなづみ ： すさみ町文化財冊子」 すさみ町教育委員会 11/（13）2004.3/2006.3

山東荘

不食供養碑探訪覚書（3）西限の供養塔か？ 和歌山市（旧名草郡山東荘）にて（椋本進）「河内長野市郷土研究会誌」［河内長野市郷土研究会］（46）2004.4

塩野薬師堂

白浜町・塩野薬師堂の平安時代彫刻―二天立像修理報告とともに（大河内智之）「和歌山県立博物館研究紀要」 和歌山県立博物館 （14）2008.3

志賀王子神社

紀州日高の神事芸能と祭り―志賀祭りの氏子組織と諸芸能（裏直記）「帝塚山大学大学院人文科学研究科紀要」 帝塚山大学大学院人文科学研究科 （9）2007.1

地蔵寺

かつらぎ町花園中南・地蔵寺所蔵の大般若経について（竹中康彦）「和歌山県立博物館研究紀要」 和歌山県立博物館 （14）2008.3

慈尊院村

慈尊院村中橋家の経済活動と紀州国産木綿売捌所計画―天保10年「己亥日記」を中心に《（特集 内外からみた近世の紀州）》（馬場博）「和歌山地方史研究」 和歌山地方史研究会 38 2000.1

小竹八幡神社

八幡宮紹介 小竹八幡神社（和歌山県御坊市）「季刊悠久.第2次」 鶴岡八幡宮悠久事務局 94 2003.7

釈迦文院

高野山釈迦文院の釈迦如来及び文殊菩薩坐像について（遠藤廣昭）「横浜市歴史博物館紀要」 横浜市ふるさと歴史財団 5 2001.3

清浄心院

史料紹介 高野山清浄心院所蔵武蔵国供養帳について（上），（中），（下）（有元修一）「埼玉地方史」 埼玉県地方史研究会 46/48 2002.1/2002.11

近世石堂と清浄心院上野国供養帳について―玉田寺に残る墓石をもとに（金子智一）「群馬文化」 群馬県地域文化研究協議会 通号290 2007.4

史料紹介 高野山清浄心院「越後過去名簿」（写本）（山本隆志）「新潟県立歴史博物館研究紀要」 新潟県立歴史博物館 （9）2008.3

史料紹介 高野山清浄心院「越後過去名簿」（写本）（『新潟県立歴史博物館研究紀要』第9号）（池田亨）「魚沼文化」 魚沼文化の会 （56）2008.8

高野山の名鐘（15）清浄心院の鐘「霊宝館だより」 高野山霊宝館 （93）2009.11

高野山清浄心院「下野国供養帳」から広がる皆川氏の世界（小池淳元）「鹿沼史林」 鹿沼史談会 （52）2012.12

「新潟大泉坊」「新方カウヤ」について―高野山清浄心院「越後過去名簿」を見ながら（山上卓夫）「郷土新潟」 新潟郷土史研究会 （53）2013.03

上蔵院

伊予河野氏とその被官の高野山参詣について―高野山上蔵院との檀縁関係を中心に（石野弥栄）「研究紀要」 愛媛県歴史文化博物館 （7）2002.3

資料 紀州高野山上蔵院津野氏其他過去帳［1］～（5）完「須崎史談」 須崎史談会 142/（146）2005.2/2006.5

高野山上蔵院文書について（上），（下）（資料紹介）（土居聡朋，山内治朗）「研究紀要」 愛媛県歴史文化博物館 （11）/（13）2006.3/2008.3

資料紹介 高野山上蔵院文書について（中）（山内治朗，土居聡朋）「研究紀要」 愛媛県歴史文化博物館 （12）2007.3

浄土寺

紀伊に運ばれた中世讃岐の石造物―海南市浄土寺・藤白神社所在 火山石製層塔を中心に（海邉博史）「紀伊考古学研究」 紀伊考古学研究会 （12）2009.08

成福院

高野山成福院にみる土州長宗我部殿過去帳からの考察（朝倉慶景）「土佐史談」 土佐史談会 （249）2012.03

正福寺

桃山町・正福寺の永禄八年銘弘法大師坐像（大河内智之）「和歌山地方史研究」 和歌山地方史研究会 （48）2004.11

浄妙寺

有田浄妙寺の破損仏群について（小田誠太郎）「和歌山県立博物館研究紀要」 和歌山県立博物館 通号5 2000.3

浄妙寺多宝塔安置の五智如来坐像（大河内智之）「和歌山県立博物館研究紀要」 和歌山県立博物館 （6）2001.3

勝楽寺

湯浅荘別所勝楽寺考―地方寺院と在地領主（高橋修）「和歌山地方史研究」 和歌山地方史研究会 45 2003.6

白原王子社

幻の白原王子社（桑原康宏）「紀南・地名と風土研究会会報」 紀南・地名と風土研究会 （49）2012.01

新宮

静処福田伊佐次郎一続・熊野新宮の古道人（松本皎）「熊野誌」 熊野地方史研究会 （51）2005.12

新作『新宮参詣曼荼羅』の絵解き（山本殖生）「熊野歴史研究 ： 熊野歴史研究会紀要」 熊野歴史研究会 （14）2007.5

新宮の遊郭の話（山崎泰）「奥熊野の民俗」 紀北民俗研究会 （13）2009.01

伝承を訪ねる旅(3)、(4) 新宮 渡来してきた人々と東征神話(堀井建市)「河内どんこう」 やお文化協会　(89)／(90) 2009.10/2010.2

新宮の民話と伝説(上)、(下)(山﨑泰)「熊野誌」 熊野地方史研究会　(60)／(61) 2013.12/2014.12

新宮市

徐福の渡来伝説がある新宮市(「たより」124～159号寄稿文)(西野光彦)「ひがし」 東区郷土史研究会　(12) 2012.1

新宮城

丹鶴姫異聞(特集 水野家と新宮城(丹鶴城))(紀和鏡)「熊野誌」 熊野地方史研究会　(57) 2010.10

新宮の速玉祭・御燈祭り

お灯まつりの原理を考える(門田幸男)「備陽史探訪」 備陽史探訪の会　89 1999.6

新庄村

田辺万代記に見る新庄村―塩浜(1)、(2)(榎本修造)「くちくまの」 紀南文化財研究会　124/125 2003.5/20)3.12

『万代記』『御用留』に見る江戸時代の新庄村(1)―戸数・人口および庄屋(榎本修造)「くちくまの」 紀南文化財研究会　126 2004.5

『万代記』『御用留』に見る江戸時代の新庄村(2)、(2の2)―商人(榎本修造)「くちくまの」 紀南文化財研究会　127/128 2004.12/2005.5

『万代記』『御用留』に見る江戸時代の新庄村(3)―農業(榎本修造)「くちくまの」 紀南文化財研究会　129 2005.11

資料紹介 原稿「新庄村合併の就て」南方熊楠筆(和歌山県立博物館蔵)(竹中康彦)「和歌山県立博物館研究紀要」 和歌山県立博物館　(15) 2009.3

親王院

親王院本『理趣経曼荼羅』の意義(頼富本宏)「尭栄文庫研究紀要」 親王院尭栄文庫　2 2000.9

親王院本『秘蔵記蔵談鈔』(安田弘仁)「尭栄文庫研究紀要」 親王院尭栄文庫　3 2002.9

聖徳太子と聖徳太子信仰との狭間「尭栄文庫研究紀要」 親王院尭栄文庫　4 2003.11

高野山親王院所蔵「勝軍地蔵」画像に関する考察(カラー口絵)(大原嘉豊)「尭栄文庫研究紀要」 親王院尭栄文庫　6 2005.10

水軒堤防

水軒堤防(石積み堤防)出現(額田雅裕)「和歌山地方史研究」 和歌山地方史研究会　(49) 2005.7

すさみ

すさみの墓のこと 「カマトコ」「床浜」のことなど(木村甫)「いなづみ ：すさみ町文化財冊子」 すさみ町教育委員会　8 2001.3

ウツボ食文化とすさみ(森拓也)「いなづみ ：すさみ町文化財冊子」 すさみ町教育委員会　9 2002.3

田辺万代記に見るすさみのこと(1)、(2)(木村甫)「いなづみ ：すさみ町文化財冊子」 すさみ町教育委員会　9/10 2002.3/2003.3

周参見

王子神社の絵馬(木村甫)「いなづみ ：すさみ町文化財冊子」 すさみ町教育委員会　6 1999.3

周参見王子神社祭典考(木村甫)「いなづみ ：すさみ町文化財冊子」 すさみ町教育委員会　(15) 2008.3

すさみ町

すさみ町域内の庚申塔について(下)(伊勢田進)「いなづみ ：すさみ町文化財冊子」 すさみ町教育委員会　4 1997.1

修験道(山伏)(木村甫)「いなづみ ：すさみ町文化財冊子」 すさみ町教育委員会　7 2000.3

すさみ町内庚申さん探訪記(堀敏美)「いなづみ ：すさみ町文化財冊子」 すさみ町教育委員会　8 2001.3

すさみ町の唐人墓碑「尤廷玉之墓」をめぐって(杉中浩一郎)「くちくまの」 紀南文化財研究会　120・121 2001.9

すさみ町の唐人墓碑「尤廷玉之墓」をめぐって 紀南文化財研究会誌『くちくまの』120号より転載(杉中浩一郎)「いなづみ ：すさみ町文化財冊子」 すさみ町教育委員会　9 2002.3

最近学んだこと 「浦」「桂松」「文殊坊」「奉納和歌」「盆踊り禁止令」(木村甫)「いなづみ ：すさみ町文化財冊子」 すさみ町教育委員会　9 2002.3

すさみ町内各神社の縁起の考察(1)～(3)(木村甫)「いなづみ ：すさみ町文化財冊子」 すさみ町教育委員会　11/(13) 2004.3/2006.3

すさみ町内庚申塔の現況(掘敏実)「いなづみ ：すさみ町文化財冊子」 すさみ町教育委員会　(15) 2008.3

隅田八幡宮神社

隅田八幡宮神社鏡銘文にみられる「開中」字の再検討(石和田秀幸)「千

葉史学」 千葉歴史学会　(36) 2000.6

隅田八幡神社

新説！ 隅田八幡神社人物画像鏡と継体天皇(永井津記夫)「季刊邪馬台国」 「季刊邪馬台国」編纂委員会, 梓書院(発売) 69 1999.12

討論・永井津紀夫氏のご論文「隅田八幡神社人物画像鏡と継体天皇」を読んで(安本美典)「季刊邪馬台国」 「季刊邪馬台国」編纂委員会, 梓書院(発売) 69 1999.12

隅田八幡神社の画像鏡について(久保田穣)「古代史の海」 「古代史の海」の会　通号20 2000.6

隅田八幡神社の人物画像鏡―とくに銘字を中心として(《総力特集 隅田八幡神社の人物画像鏡銘文の徹底的探究》)(坂元義種)「季刊邪馬台国」 「季刊邪馬台国」編纂委員会, 梓書院(発売) (92) 2006.7

隅田八幡神社人物画像鏡の銘字について(《総力特集 隅田八幡神社の人物画像鏡銘文の徹底的探究》)(坂元義種)「季刊邪馬台国」 「季刊邪馬台国」編纂委員会, 梓書院(発売) (92) 2006.7

隅田八幡神社の癸未年鏡(《総力特集 隅田八幡神社の人物画像鏡銘文の徹底的探究》)(川西宏幸)「季刊邪馬台国」 「季刊邪馬台国」編纂委員会, 梓書院(発売) (92) 2006.7

隅田八幡神社・人物画像鏡銘文を解読する(《総力特集 隅田八幡神社の人物画像鏡銘文の徹底的探究》)(安本美典)「季刊邪馬台国」 「季刊邪馬台国」編纂委員会, 梓書院(発売) (92) 2006.7

隅田八幡神社人物画像鏡銘釈読考―末尾十文字の新解釈(《白石太一郎先生送別記念論集》)(石和田秀幸)「文化財学報」 奈良大学文学部文化財学科　27 2009.03

隅田八幡神社銅鏡銘文の読解―字型律の発見(冨田治朗)「きりん」 荒木集成館友の会　通号14 2010.03

青岸渡寺

那智山と遠洋漁業―青岸渡寺の魚霊供養碑をめぐって(高木大祐)「西郊民俗」 「西郊民俗談話会」 (203) 2008.6

成慶院

高野山成慶院『甲斐国供養帳』―『過去帳(甲州月牌帳)』(丸島和洋)「武田氏研究」 武田氏研究会, 岩田書院(発売) (34) 2006.6

史料紹介 高野山成慶院『甲斐国供養帳』(2) 『甲州過去古帳』(丸島和洋)「武田氏研究」 武田氏研究会, 岩田書院(発売) (38) 2008.5

高野山成慶院『伊勢国日牌月牌帳』の翻刻と解題(大藪海)「三重県史研究」 環境生活部　(24) 2009.03

史料紹介 高野山成慶院『甲斐国供養帳』(3)、(4)―『甲州月牌帳 二印』(1)、(2)(丸島和洋)「武田氏研究」 武田氏研究会, 岩田書院(発売) (42)／(43) 2010.06/2011.03

史料紹介 高野山成慶院『甲斐国供養帳』(5)、(6)―『甲州月牌記 五』(1)、(2)(丸島和洋)「武田氏研究」 武田氏研究会, 岩田書院(発売) (44)／(47) 2011.06/2013.03

高野山成慶院『信濃国供養帳』(二)―『信州月牌帳 三』(史料紹介)(丸島和洋)「信濃[第3次]」 信濃史学会　64(1)通号744 2012.01

誓度寺

興国寺住職への登竜門―妙光寺・誓度寺歴世について(大野治)「由良町の文化財」 由良町教育委員会　(40) 2013.03

清寧軒

清寧軒御庭焼と徳川斉順(寺西貞弘)「和歌山市立博物館研究紀要」 和歌山市教育委員会　(15) 2001.3

晴明淵

晴明淵―表紙写真に寄せて(中瀬喜陽)「紀南・地名と風土研究会会報」 紀南・地名と風土研究会　28 2000.12

施無畏寺

新指定 和歌山県文化財の紹介 総持寺総門・本堂・鐘楼/崎山家文書/紙本淡彩施無畏寺境内絵図「きのくに文化財」 和歌山県文化財研究会　(36) 2003.3

千蔵院

高野山千蔵院供養帳(1)～(4)(小渕甚蔵)「郷土はとがや ：鳩ケ谷郷土史会会報」 鳩ケ谷郷土史会　(55)／(58) 2005.5/2006.11

高野山千蔵院過去帳(5) 平柳領小渕村(小渕甚蔵)「郷土はとがや ：鳩ケ谷郷土史会会報」 鳩ケ谷郷土史会　(59) 2007.5

高野山千蔵院過去帳(6) 武町足立郡平柳領辻(小渕甚蔵)「郷土はとがや ：鳩ケ谷郷土史会会報」 鳩ケ谷郷土史会　(60) 2007.11

高野山千蔵院過去帳(7) 武州足立郡平柳領前田村(小渕甚蔵)「郷土はとがや ：鳩ケ谷郷土史会会報」 鳩ケ谷郷土史会　(61) 2008.5

高野山千蔵院過去帳(8) 武州足立郡赤山領浦寺村(小渕甚蔵)「郷土はとがや ：鳩ケ谷郷土史会会報」 鳩ケ谷郷土史会　(62) 2008.11

高野山千蔵院供養帳(9) 六町村の供養帳書写を終えて(小渕甚蔵)「郷土はとがや ：鳩ケ谷郷土史会会報」 鳩ケ谷郷土史会　(63) 2009.05

和歌山県　　　　　　　　　　　　　　　郷土に伝わる民俗と信仰　　　　　　　　　　　　　　　近畿

泉養寺

泉養寺阿弥陀三尊像と石清水八幡宮領芳養荘（大河内智之）「和歌山地方史研究」　和歌山地方史研究会　（47）2004.5

専念寺

紀伊専念寺・道成寺・興国寺・広八幡神社をたずねて（松本啓吾）「史迹と美術」　史迹美術同攷会　67（7）1997.8

総光寺

惣光寺所蔵「総光寺由来幷太田城水責図」について（資料紹介）（額田雅裕）「和歌山市立博物館研究紀要」　和歌山市教育委員会　（27）2013.1

総持寺

新指定 和歌山県文化財の紹介 総持寺総門・本堂・鐘楼/崎山家文書/紙本淡彩施無畏寺境内絵図「きのくに文化財」　和歌山県文化財研究会　（36）2003.3

備崎

山岳信仰遺跡を読み解く（1）玉置山・備崎（山本義孝）「熊野」　紀南文化財研究会　通号132・133　2007.12

太地町

太地における捕鯨銃砲類の導入―太地町立くじらの博物館所蔵捕鯨銃砲コレクション解説（《特集 有形民俗資料の最新事情》）（櫻井敬人）「和歌山地方史研究」　和歌山地方史研究会　（56）2009.2

太地の鯨踊り 和歌山県東牟婁郡太地町 県指定無形民俗文化財「公益社団法人全日本郷土芸能協会会報」　全日本郷土芸能協会　（73）2013.10

大善寺

紀の川市下鞆渕・大善寺所蔵の大般若経について（竹中康彦）「和歌山県立博物館研究紀要」　和歌山県立博物館　（12）2006.8

大伝法院

根来寺境内の成り立ち―本尊堂塔と院家～高野山大伝法院から継承と展開（平成24年度文化財講座）（中川委紀子）「きのくに文化財」　和歌山県文化財研究会　（46）2013.03

大同寺

和歌山市大同寺蔵にみる「蓬莱鏡」成立についての予察（研究ノート）（清水梨代）「和歌山地方史研究」　和歌山地方史研究会　（64）2013.05

高雄山

高雄山伝説―和気清麻呂が鷹を弔う話を追う（吹場克之）「紀南・地名と風土研究会会報」　紀南・地名と風土研究会　（38）2005.12

高松

南紀高松焼再考（中村貞史）「和歌山地方史研究」　和歌山地方史研究会　45　2003.6

高松焼窯跡

南紀高松焼窯跡について（中村貞史）「紀北考古学談話会会報」「紀北考古学談話会」　（17）1996.01

高室院

資料紹介 高野山高室院文書「寒川文書館だより」　寒川文書館　2　2007.9

高野山高室院における供養の展開―近世の寺位牌に関する基礎的考察（《月例会報告要旨》）（佐藤顕）「関東近世史研究」　関東近世史研究会　（63）2007.10

資料紹介 高室院の廻壇日並（《特集 高野聖と相模国II》）（椿田有希子）「寒川町史研究」　寒川町　（22）2009.03

近世後期における高野山参詣の様相と変容―相模国からの高室院参詣を中心に（佐藤顕）「地方史研究」　地方史研究協議会　59（3）通号339　2009.06

滝尻王子

山岳信仰遺跡を読み解く（2）滝尻王子（山本義孝）「熊野」　紀南文化財研究会　（135）2008.11

田中神社

田中神社の由来と伝承（谷本圭司）「紀南・地名と風土研究会会報」　紀南・地名と風土研究会　（33）2003.7

田辺

平成8年 田辺祭「祭礼日誌」―田辺市栄町一・二班合同当番（福本敬治）「熊野史研究」　熊野歴史博物館設立準備室　（40）1997.3

田辺・伏菟野の民俗（1）―青田祈禱・穂がき他（吹揚克之）「熊野史研究」　熊野歴史博物館設立準備室　（42）1997.9

田辺・伏菟野の民俗（2）―お日待ち・廿三夜・庚申講（吹揚克之）「熊野史研究」　熊野歴史博物館設立準備室　（43）1997.12

明治の小学生の田辺スケッチ（中瀬喜陽）「紀南・地名と風土研究会会報」　紀南・地名と風土研究会　23　1998.6

南方熊楠と大蔵経（1），（2）―「田辺抜書」以前（飯倉照平）「熊楠研究」　南方熊楠顕彰会　（1）/（4）1999.2/2002.3

南方熊楠が観察した虫の生態―「田辺抜書」の「虫クヒ」（青木睦）「熊楠研究」　南方熊楠顕彰会　（3）2001.3

田辺地方の伝承芸能について（濱岸宏一）「くちくまの」　紀南文化財研究会　125　2003.12

田辺祭の意義についての考察（上原俊宏）「くちくまの」　紀南文化財研究会　127　2004.12

近世田辺領内の雨乞い（吉川壽洋）「あかね」　御坊文化財研究会　（31）2007.3

平成22年度 田辺祭り栄町町内会長日記（抄）（橋本観吉）「熊野」　紀南文化財研究会　（145）2013.12

田辺市

田辺市内熊野古道調査報告書（紀南文化財研究会）「田辺文化財」　田辺市教育委員会　42　2002.3

明治前期の神社合祀―和歌山県田辺市・西牟婁郡を中心にして（桑原康宏）「和歌山地理」　和歌山地理学会　（25）2005.12

田並上

南紀の丸石神 和歌山県串本町田並上（あ・ら・か・る・と―私の石仏案内）（宇野瑛司）「日本の石仏」　日本石仏協会，青娥書房（発売）（144）2012.12

田野井

春日神社の神社合祀について―田野井区会議録より（廣本満）「熊野」　紀南文化財研究会　（142）2012.05

近露王子

「近露王子之跡」碑補遺（池田孝雄）「くちくまの」　紀南文化財研究会　126　2004.5

近露春日神社

旧近露春日神社部材の可能性（研究ノート）（山本新平）「和歌山地方史研究」　和歌山地方史研究会　（64）2013.05

長谷寺

珠石山長谷寺の滴水瓦について（濱﨑範子）「由良町の文化財」　由良町教育委員会　（39）2012.03

隕石が堕ちた寺―由良町畑の珠石長谷寺（山口斌）「由良町の文化財」　由良町教育委員会　（41）2014.03

長保寺

〔資料紹介〕長保寺木造金剛力士立像像内納入文書断簡（竹中康彦）「和歌山県立博物館研究紀要」　和歌山県立博物館　通号2　1997.3

長保寺の伽藍に関する二、三の考察（竹中康彦）「和歌山県立博物館研究紀要」　和歌山県立博物館　通号3　1998.3

〔資料紹介〕長保寺堅海一筆大般若経の奥書について（竹中康彦）「和歌山県立博物館研究紀要」　和歌山県立博物館　通号4　1999.3

九十九王子社

覚え書き 近世の王子社と九十九王子社（桑原康宏）「紀南・地名と風土研究会会報」　紀南・地名と風土研究会　（51）2013.04

覚え書き（2）近世の王子社と九十九王子社参詣―聖護院門跡と三宝院門跡の軌跡（桑原康宏）「紀南・地名と風土研究会会報」　紀南・地名と風土研究会　（52）2013.11

剣ノ山

滝尻の山の聖地・剣ノ山（杉中浩一郎）「熊野」　紀南文化財研究会　（136）2009.05

手取城跡

手取城跡出土の備前焼大甕（《特集 手取城と玉置氏》）（北野隆亮）「和歌山城郭研究」　和歌山城郭調査研究会　（3）2004.2

天徳院

高野山学侶龍淵筆「高野山天徳院由来等縷記 文化七年」（史料紹介）（福江充）「富山史壇」　越中史壇会　142・143　2004.3

伝法院

伝法院の大日如来坐像について―鎌倉時代後期・根来寺周辺の造営活動（《特集 紀伊狩野の絵画》）（大河内智之）「和歌山県立博物館研究紀要」　和歌山県立博物館　9　2003.3

所謂「裟切騒動」について（波多野智人）「和歌山地方史研究」　和歌山地方史研究会　（57）2009.08

天満

天満方言の概略（小坂博康）「郷土」　郷土の文化を考える会　5　2001.12

東光寺

寛正四年康永作東光寺不動明王二童子像と熊野本宮（大河内智之）「和歌山県立博物館研究紀要」　和歌山県立博物館　（15）2009.03

東根院
高野山・東根院の開山をめぐる一考察（野口孝雄）「北村山の歴史」 北村山地域史研究会 （7） 2005.06

道成寺
紀伊専念寺・道成寺・興国寺・広八幡神社をたずねて（松本啓吾）「史迹と美術」 史迹美術同攷会 67（7） 1997.8
道成寺・安珍と清姫―日高川入相桜 八王子車人形（松下紀久雄）「八王子車人形後援会報」 八王子車人形後援会 2 1998.9
「道成寺の鐘」と妙満寺（中西豊）「夜豆志呂」 八代史談会 134 2000.10
「道成寺古文書目録」雑考（《道成寺古文書目録》）（中西捷美）「あかね」 御坊文化財研究会 27 2001.9
道成寺古文書（第1回調査）/道成寺古文書（第2回調査）（《道成寺古文書目録》）「あかね」 御坊文化財研究会 27 2001.9
安珍清姫物語―安珍の出身地と実在性（吹揚克之）「くちくまの」 紀南文化財研究会 129 2005.11
続安珍清姫物語―安珍清姫ゆかりの二つの鐘（吹揚克之）「熊野」 紀南文化財研究会 通号130 2006.5
道成寺説話と文化財（平成18年度文化財講座）（吉川壽洋，山本新平，小野俊成）「きのくに文化財」 和歌山県文化財研究会 （40） 2007.3
ミュージアムボランティア報告 和歌祭唐船参加・御船歌復興プロジェクト/新編・道成寺縁起絵解き「紀州経済史文化史研究所紀要」 和歌山大学紀州経済史文化史研究所 （31） 2010.12

東仙寺
和歌山県所在の熊野三社権現本地仏像―東仙寺・藤白神社・個人所蔵資料の紹介（大河内智之）「和歌山県立博物館研究紀要」 和歌山県立博物館 （16） 2010.03

東大人遺跡
東大人遺跡の廻り舞台遺構について（研究ノート）（川崎雅史）「紀伊考古学研究」 紀伊考古学研究会 （3） 2000.08

富田川
富田川中流域における農具の地域的特色（加藤幸治）「上富田文化財」 上富田文化の会 24 2005.3

鞆淵
鞆淵の年中行事（《特集 鞆淵八幡神社と鞆淵荘》）（藤井弘章）「和歌山県立博物館研究紀要」 和歌山県立博物館 （7） 2001.10

鞆淵荘
紀伊鞆淵荘の耕地・信仰・文化財―荘園調査の中間報告として（紀ノ川流域研究会）「あるく中世」 「あるく中世」編集部 （11） 1997.5
鞆淵荘の交通について（《特集 鞆淵八幡神社と鞆淵荘》）（増田博）「和歌山県立博物館研究紀要」 和歌山県立博物館 （7） 2001.10
14世紀紀伊国鞆淵荘における惣講師職・引導職―惣荘による文書買得をめぐって（徳永健太郎）「民衆史研究」 民衆史研究会 （62） 2001.11

鞆淵八幡神社
鞆淵八幡神社の中世文書―「歩付帳」の歴史的位置（《特集 鞆淵八幡神社と鞆淵荘》）（山陰加春夫）「和歌山県立博物館研究紀要」 和歌山県立博物館 （7） 2001.10
鞆淵八幡神社伝来の沃懸地螺鈿金銅装神輿―制作の時期と工人組織をめぐって（《特集 鞆淵八幡神社と鞆淵荘》）（久保智康）「和歌山県立博物館研究紀要」 和歌山県立博物館 （7） 2001.10
鞆淵八幡神社の建造物について（《特集 鞆淵八幡神社と鞆淵荘》）（白石博則）「和歌山県立博物館研究紀要」 和歌山県立博物館 （7） 2001.10
鞆淵八幡神社・粉河寺・三船神社を訪ねて（松本啓吾）「史迹と美術」 史迹美術同攷会 72（10）通号730 2002.12
仏像から地域史を見る―鞆淵八幡神社の八幡三神像（平成17年度文化財講座）（大河内智之）「きのくに文化財」 和歌山県文化財研究会 （39） 2006.3
鞆淵八幡神社の随身像（伊東史朗）「和歌山県立博物館研究紀要」 和歌山県立博物館 （16） 2010.03

那賀郡
伝和歌山県那賀郡の石棺仏について（資料紹介）（河内一浩）「紀伊考古学研究」 紀伊考古学研究会 （11） 2008.08

中津川行者堂
中津川行者堂（極楽寺）の修験道関連資料（大河内智之）「和歌山県立博物館研究紀要」 和歌山県立博物館 （18） 2012.03

長野村
旧長野村の旧正月（吹揚克之）「熊野史研究」 熊野歴史博物館設立準備室 （50） 1999.9

中辺路
熊野詣の実践と熊野の表象との関わり―中辺路を中心に（ブロントス，アルノー）「宗教民俗研究」 日本宗教民俗学会 （10） 2000.9
聖護院門跡入峰の中辺路通行（杉中浩一郎）「山岳修験」 日本山岳修験学会，岩田書院（発売） （36） 2005.11

名田町
漁撈習俗と漁民信仰―和歌山県日高郡印南町、御坊市名田町の事例を中心として（《特集 有形民俗資料の最新事情》）（裏直記）「和歌山地方史研究」 和歌山地方史研究会 （56） 2009.2

那智
那智参詣曼荼羅の物語図像（山本殖生）「熊野歴史研究 ： 熊野歴史研究会紀要」 熊野歴史研究会 （4） 1997.6
河童と那智ノ滝の石（1），（2）（和田寛）「河童通心」 河童文庫 178/179 2001.11
貞観寺本・那智参詣曼荼羅の宗教的世界観（1）～（承前）（石倉孝祐）「北区飛鳥山博物館研究報告」 東京都北区教育委員会 （9）/（10） 2007.3/2008.3
那智参詣曼荼羅の絵解きを追補する（山本殖生）「熊野歴史研究 ： 熊野歴史研究会紀要」 熊野歴史研究会 （15） 2008.5
『とはずがたり』の著者二条と那智御師（阪本敏行）「和歌山地方史研究」 和歌山地方史研究会 （55） 2008.7

那智勝浦
補陀落渡海の島めぐり「熊歴情報」 熊野歴史研究会 55 1997.3
「渡海伝説」の地で思うこと（平久江剛志）「国際熊野学会会報」 国際熊野学会 （13） 2010.04

那智勝浦町
昔の子供の遊び（2）（植地利喜）「郷土」 郷土の文化を考える会 4 1998.12
曼荼羅の道（新谷杲）「郷土」 郷土の文化を考える会 4 1998.12
日本人が描く鯨の絵（柳沢践夫）「郷土」 郷土の文化を考える会 4 1998.12
白菊の浜物語（泉和也）「郷土」 郷土の文化を考える会 4 1998.12
ふるさとの文化を考える（朝日芳英）「郷土」 郷土の文化を考える会 5 2001.12
昔話と地名（山本孝一）「郷土」 郷土の文化を考える会 5 2001.12
那智勝浦町の庚申塔の現況（堀敏美）「紀南・地名と風土研究会会報」 紀南・地名と風土研究会 （41） 2007.7
那智勝浦町の御船歌（小西沙和）「木の国」 木国文化財協会 （33） 2010.03

那智経塚
那智経塚考（時枝務）「山岳修験」 日本山岳修験学会，岩田書院（発売） （37） 2006.3

那智山
調査報告 旧那智山実報院家・宝蔵院家の文書・位牌調査に関連して（阪本敏行）「和歌山地方史研究」 和歌山地方史研究会 （61） 2011.09

那智の田楽
表紙 那智の田楽「きのくに文化財」 和歌山県文化財研究会 （47） 2014.03

南紀
南紀地方における農耕儀礼と田の神祭祀（裏直記）「日本文化史研究」 帝塚山大学奈良学総合文化研究所 （41） 2010.03
書評 薗田香融編著『南紀寺社史料』（佐藤健太郎）「熊野歴史研究 ： 熊野歴史研究会紀要」 熊野歴史研究会 （17） 2010.05
新刊紹介 薗田香融編著『南紀寺社史料』（竹中康彦）「和歌山地方史研究」 和歌山地方史研究会 （60） 2011.03
女性祭祀と巫女の諸相―南紀地方の巫女信仰（論考）（裏直記）「日本文化史研究」 帝塚山大学奈良学総合文化研究所 （45） 2014.03

丹生神社
民俗芸能探訪の旅 笑い祭り―紀州日高川町・丹生神社（和田恵三）「あしなか」 山村民俗の会 279 2007.10

丹生大明神
丹生大明神告門と辰砂の研究高野山周辺の古代史と鉱物（松本晴仁）「ふるさとの自然と歴史」 歴史と自然をまもる会 302 2005.1

丹生都比売神社
町石道を通って丹生都比売詣で（杉山悠布子）「せこ道」 山地民俗関東フォーラム 3 2000.7
新指定 国史跡の紹介 史跡丹生都比売神社境内/史跡大峯奥駈道「きのくに文化財」 和歌山県文化財研究会 （36） 2003.3
丹生都比売神社の建築と天野番匠（《特集 天野の歴史と芸能》）（吉井敏

和歌山県

郷土に伝わる民俗と信仰　　近畿

幸)「和歌山県立博物館研究紀要」　和歌山県立博物館　(10)　2003.10

天野丹生都比売神社のキマツリ(伊藤信明)「和歌山県立文書館紀要」　和歌山県　(13)　2008.3

西浜殿

西浜殿御舞楽之記(太田宏一)「和歌山市立博物館研究紀要」　和歌山市教育委員会　通号20　2006.3

西牟婁郡

明治前期の神社合祀―和歌山県田辺市・西牟婁郡を中心にして(桑原康宏)「和歌山地理」　和歌山地理学会　(25)　2005.12

若一王子

近世神社縁起考一若一王子縁起を中心に(石倉孝祐)「北区飛鳥山博物館研究報告」　東京都北区教育委員会　(2)　2000.3

根来

根来大工と桃山建築(《特集 根来寺研究の成果と課題》)(鳴海祥博)「和歌山地方史研究」　和歌山地方史研究会　(50)　2005.9

資料紹介 根来塗六角鉢「名古屋市博物館だより」　名古屋市博物館　(172)　2006.10

根来寺

根来寺における一石五輪塔の検討(北野隆亮)「紀北考古学談話会会報」[紀北考古学談話会]　(14)　1995.10

根来寺における礫列のみられる建物について(本多元成)「紀北考古学談話会会報」「紀北考古学談話会」　(23)　1996.07

根来寺における板碑について(北野隆亮)「紀北考古学談話会会報」「紀北考古学談話会」　(30)　1997.02

一石五輪塔からみた中世根来寺の山内と山外(北野隆亮)「日引 ： 石造物研究会会誌」2　2001.10

根来寺とその付近(松本啓吾)「史迹と美術」　史迹美術同攷会　72(1)通号721　2002.1

根来寺の出成群(《特集 根来寺の歴史と文化》)(水島大二)「和歌山県立博物館研究紀要」　和歌山県立博物館　(8)　2002.10

近年の発掘調査から見た中世根来寺の景観(《特集 根来寺の歴史と文化》)(本多元成)「和歌山県立博物館研究紀要」　和歌山県立博物館　(8)　2002.10

史料紹介 近世根来寺と岩出惣社に関する史料(《特集 根来寺の歴史と文化》)(木村英一)「和歌山県立博物館研究紀要」　和歌山県立博物館　(8)　2002.10

根来寺の能面と徳川重倫(大河内智之)「木の国」　木国文化財協会　29　2003.3

伝法院の大日如来坐像について―鎌倉時代後期・根来寺周辺の造営活動(《特集 紀伊狩野の絵画》)(大河内智之)「和歌山県立博物館研究紀要」　和歌山県立博物館　(9)　2003.3

根来寺における中世石造物の成立と展開(《特集 紀伊狩野の絵画》)(北野隆亮)「和歌山県立博物館研究紀要」　和歌山県立博物館　(9)　2003.3

中世根来寺の風景―近年の発掘調査から(平成14年度文化財研究発表)(本多元成)「きのくに文化財」　和歌山県文化財研究会　(37)　2004.3

新指定 和歌山県文化財の紹介 根来寺能面/木造大日如来坐像/木造天部立像「きのくに文化財」　和歌山県文化財研究会　(37)　2004.3

根来寺で湯屋遺構発掘「泉佐野の歴史と今を知る会会報」　泉佐野の歴史と今を知る会　195　2004.3

根来寺と坊津一乗院について(《小特集 根来寺をめぐる諸問題》)(栗林文夫)「和歌山地方史研究」　和歌山地方史研究会　(49)　2005.7

紀州根来寺と備前焼(本多元成)「備前市歴史民俗資料館紀要」　備前市歴史民俗資料館　(7)　2005.9

特集にあたって(《特集 根来寺研究の成果と課題》)「和歌山地方史研究」　和歌山地方史研究会　(50)　2005.9

根来寺旧境内の保存と現状と展望(《特集 根来寺研究の成果と課題》)(武内雅人)「和歌山地方史研究」　和歌山地方史研究会　(50)　2005.9

中世根来寺と蒙古襲来と紀伊国(《特集 根来寺研究の成果と課題》)(海津一朗)「和歌山地方史研究」　和歌山地方史研究会　(50)　2005.9

『根来寺伽藍古絵図』と根来大門池(《特集 根来寺研究の成果と課題》)(山川均)「和歌山地方史研究」　和歌山地方史研究会　(50)　2005.9

大会報告 「観光・歴史資源としての根来寺の可能性」を終えて(根来寺部会ワーキンググループ)「和歌山地方史研究」　和歌山地方史研究会　(51)　2006.7

根来寺境内、国史跡となる(竹田博昭)「泉佐野の歴史と今を知る会会報」　泉佐野の歴史と今を知る会　(234)　2007.6

史跡「根来寺境内」の特徴―覚鑁密教のかたち(中川委紀子)「和歌山地方史研究」　和歌山地方史研究会　(53)　2007.6

根来寺を訪ねて四国を知る(石井利明)「郷土の文化」　観音寺市郷土文化大学　2　2008.3

鳥取荘山中谷と根来寺―戦国期の新出古文書紹介(廣田浩治)「泉佐野の

歴史と今を知る会会報」　泉佐野の歴史と今を知る会　(271)　2010.7

報告 北陸及び飛騨における寺院城郭(類似)遺構(特集II 根来寺の「要害」)(佐伯哲也)「和歌山城郭研究」　和歌山城郭調査研究会　(11)　2012.4

城郭跡か、普通の坊院跡か、根来寺の遺跡(白石博則)「泉佐野の歴史と今を知る会会報」　泉佐野の歴史と今を知る会　(298)　2012.10

根来寺境内の成り立ち―本尊堂塔と院家～高野山大伝法院から継承と展開(平成24年度文化財講座)(中川委紀子)「きのくに文化財」　和歌山県文化財研究会　(46)　2013.03

中世紀州根来寺の興隆(東浦直也)「鳴門史学」　鳴門史学会　27　2013.10

中川委紀子著『根来寺を解く―密教文化伝承の実像―』(書籍紹介)(籔元晶)「御影史学論集」　御影史学研究会　(39)　2014.1

中世・根来寺が夢みた世界(水野正好)「近畿文化」　近畿文化会事務局　(772)　2014.03

特集にあたって(特集『中世都市根来寺と紀州惣国』をめぐって)(大阪歴史学会委員会)「ヒストリア ： journal of Osaka Historical Association」　大阪歴史学会　(245)　2014.08

海津一朗編『中世都市根来寺と紀州惣国』(特集『中世都市根来寺と紀州惣国』をめぐって)(廣田浩治)「ヒストリア ： journal of Osaka Historical Association」　大阪歴史学会　(245)　2014.08

中世寺院研究と根来寺(特集『中世都市根来寺と紀州惣国』をめぐって)(上川通夫)「ヒストリア ： journal of Osaka Historical Association」　大阪歴史学会　(245)　2014.08

考古学からみた中世都市根来寺(特集『中世都市根来寺と紀州惣国』をめぐって)(阿部来)「ヒストリア ： journal of Osaka Historical Association」　大阪歴史学会　(245)　2014.08

紀州「惣国」研究と根来寺(特集『中世都市根来寺と紀州惣国』をめぐって)(新谷和之)「ヒストリア ： journal of Osaka Historical Association」　大阪歴史学会　(245)　2014.08

根来寺の都市論と首都論をめぐって(特集『中世都市根来寺と紀州惣国』をめぐって)(仁木宏)「ヒストリア ： journal of Osaka Historical Association」　大阪歴史学会　(245)　2014.08

海津一朗編『中世都市根来寺と紀州惣国』(同成社中世選書13)(新刊紹介)(弓倉弘年)「和歌山地方史研究」　和歌山地方史研究会　(66)　2014.11

根来寺遺跡

根来寺遺跡をめぐる現状について(根来寺部会)「和歌山地方史研究」　和歌山地方史研究会　(48)　2004.11

根来寺西方丘陵遺跡

報告 城館遺構からみた根来寺西方丘陵遺跡―要害の可能性をさぐる(特集II 根来寺の「要害」)(白石博則)「和歌山城郭研究」　和歌山城郭調査研究会　(11)　2012.04

根来寺西山城

根来寺西山城の築城について(《特集 根来寺の歴史と文化》)(菅原正明)「和歌山県立博物館研究紀要」　和歌山県立博物館　(8)　2002.10

根来寺坊院跡

根来寺坊院跡出土漆器の製法について(《特集 根来寺の歴史と文化》)(北野信彦)「和歌山県立博物館研究紀要」　和歌山県立博物館　(8)　2002.10

捻木峠

熊野の世間ばなし―捻木峠の狐の話など(吹揚克之)「熊野史研究」　熊野歴史博物館設立準備室　(48)　1999.3

野上八幡

神宮寺長井斎藤氏に関する所説を再考する―神宮寺八幡神主は紀州野上八幡からの移転か(神宮滋)「北方風土 ： 北国の歴史民俗考古研究誌」　イズミヤ出版　通号55　2008.1

野上八幡宮

鎌倉後期の禅僧無本覚心と地域社会―「野上八幡宮託宣記」を読む(研究)(坂本亮太)「和歌山県立博物館研究紀要」　和歌山県立博物館　(19)　2013.03

野中の清水

熊野古道「野中の清水」の双体水神 和歌山県中辺路町野中(あ・ら・か・る・と―私の石仏案内)(水野英世)「日本の石仏」　日本石仏協会、青娥書房(発売)　(147)　2013.09

墓の谷

雲山峰から墓の谷(奥貞雄)「堺泉州」　堺泉州出版会　(6)　1999.4

花園村

花園村・御田の舞―紀州高野山麓(《民俗芸能探訪の旅》)(和田恵三)「あしなか」　山村民俗の会　266　2004.5

浜の宮
浜ノ宮あれこれ(2)(藤社宇三郎)「郷土」 郷土の文化を考える会 4 1998.12
浜の宮渡海浄土と北河内十三仏(山野貞夫)「まんだ : 北河内とその周辺の地域文化誌」 まんだ編集部 66 1999.3
浜之宮のまつり(藤社宇三郎)「郷土」 郷土の文化を考える会 5 2001.12
浜の宮ふりわけ石(新谷杲)「郷土」 郷土の文化を考える会 6 2004.12
那智勝浦町浜の宮の「振分石」とその解説板(桑原康宏)「紀南・地名と風土研究会会報」 紀南・地名と風土研究会 (45) 2009.07

芳養
芳養に残る「袖すり岩」「腰かけ岩」について(岡本厳)「くちくまの」 紀南文化財研究会 116 2000.2

芳養浦
芳養浦の祝い歌 伊勢節(松原青年団)「くちくまの」 紀南文化財研究会 124 2003.5

芳養荘
泉養寺阿弥陀三尊像と石清水八幡宮領芳養荘(大河内智之)「和歌山地方史研究」 和歌山地方史研究会 (47) 2004.5

比井崎
紀州比井崎の漁撈習俗と信仰(裏直記)「帝塚山大学大学院人文科学研究科紀要」 帝塚山大学大学院人文科学研究科 (10) 2008.2

日置川
日置川の丸太流し—狩り川の話(吹揚克之)「紀南・地名と風土研究会会報」 紀南・地名と風土研究会 (42) 2007.12
日置川の筏と筏師の道(小板橋淳)「熊野」 紀南文化財研究会 (137) 2009.11

日高
日高の神功皇后伝説(吉川壽洋)「紀南・地名と風土研究会会報」 紀南・地名と風土研究会 31 2002.7
日高地方近代の土地所有関係の特質(谷口恒一)「あかね」 御坊文化財研究会 (29) 2003.7
日高の神社合祀と南方熊楠(吉川壽洋)「あかね」 御坊文化財研究会 (30) 2004.9
紀州・日高地方の神社祭礼に見る「オニ・ワニ・獅子」考—和歌山県の紀北・紀中の芸能分布からの報告(大渡敏仁)「民俗音楽研究」 日本民俗音楽学会 (33) 2008.3
神々の足跡と神事—紀州日高の氏神成立伝承の考証(裏直記)「日本文化史研究」 帝塚山大学奈良学総合文化研究所 (39) 2008.3
日高の狛犬(吉田元重)「由良町の文化財」 由良町教育委員会 (35) 2008.03
近世のはじまり—日高地方の寺社と城(小出潔)「あかね」 御坊文化財研究会 (32) 2008.5
紀州日高・竜神のよく話される語と語尾(小路順)「あかね」 御坊文化財研究会 (33) 2009.12
紀州・日高地方の神社祭礼に見る「オニ・ワニ・獅子」の伝播と固有の変容(第23回大会報告「民俗音楽にみる川と道の十字路」(2009 浜松)—研究発表要旨)(大渡敏仁)「民俗音楽研究」 日本民俗音楽学会 (35) 2010.03

日高川
道成寺・安珍と清姫—日高川入相桜 八王子車人形(松下紀久雄)「八王子車人形後援会報」 八王子車人形後援会 2 1998.9

日前宮
日前・国懸宮の応永六年神事記について(伊藤信明)「和歌山県立文書館紀要」 和歌山県 (7) 2002.3

広八幡神社
紀伊専念寺・道成寺・興国寺・広八幡神社をたずねて(松本啓吾)「史迹と美術」 史迹美術同攷会 67(7) 1997.8
八幡宮紹介 廣八幡神社(和歌山県有田郡広川町)「季刊悠久.第2次」 鶴岡八幡宮悠久事務局 (129) 2013.01

吹上
吹上の地名と姓の探訪(吹揚克之)「紀南・地名と風土研究会会報」 紀南・地名と風土研究会 (34) 2003.12
視点 紀州吹上非人村初代長吏・転びキリシタン久三郎「大阪の部落史通信」 大阪の部落史委員会 34 2004.1

福勝寺
知られざる福勝寺あれやこれや(平成18年度文化財研究発表)(中谷澄雄)「きのくに文化財」 和歌山県文化財研究会 (41) 2008.3

福智院
高野山宿坊福智院の作庭に魅せられて(村上弘子)「かわのり」 芝川町郷土史研究会 (33) 2008.4

藤白神社
有馬皇子の祈りと藤白神社(渡辺邦彦)「三田史談」 三田市郷土文化研究会 20 2000.4
紀伊に運ばれた中世讃岐の石造物—海南市浄土寺・藤白神社所在 火山石製層塔を中心に(海邉博史)「紀伊考古学研究」 紀伊考古学研究会 (12) 2009.08
和歌山県所在の熊野三社権現本地仏像—東仙寺・藤白神社・個人所蔵資料の紹介(大河内智之)「和歌山県立博物館研究紀要」 和歌山県立博物館 (16) 2010.03

不動寺
「那須与一と如々山不動寺」の伝承についての若干の考察(西田孝道)「熊野」 紀南文化財研究会 (134) 2008.5

伏菟野
田辺・伏菟野の民俗(1) 一青田祈禱・穂がき他(吹揚克之)「熊野史研究」 熊野歴史博物館設立準備室 (42) 1997.9
田辺・伏菟野の民俗(2)—お日待ち・廿三夜・庚申講(吹揚克之)「熊野史研究」 熊野歴史博物館設立準備室 (43) 1997.12

宝勝寺
文和三年院弁作宝勝寺十一面観音坐像と南北朝時代の安宅荘(大河内智之)「和歌山県立博物館研究紀要」 和歌山県立博物館 (12) 2006.8

蓬萊池
田辺・蓬萊池から出た名号碑(吹揚克之)「熊野」 紀南文化財研究会 (134) 2008.5

宝来山神社
中村直勝・田井啓吾述「郷社 宝来山神社の御由緒に就いて」(宝来山神社所蔵)(資料紹介)(前田正明)「和歌山県立博物館研究紀要」 和歌山県立博物館 (19) 2013.03
資料目録 宝来山神社所蔵資料目録(前田正明)「和歌山県立博物館研究紀要」 和歌山県立博物館 (20) 2014.03

星尾寺
中世の星尾寺—現地踏査から(高橋修)「和歌山県立博物館研究紀要」 和歌山県立博物館 通号3 1998.3

星神社
三ツ又星神社の合祀と樹木保存(中瀬喜陽)「紀南・地名と風土研究会会報」 紀南・地名と風土研究会 (33) 2003.7

堀切
堀切区大師堂由来記(田上久敏)「いなづみ : すさみ町文化財冊子」 すさみ町教育委員会 5 1998.3

本覚院
覚書・近世和州田原本の宗教的様態—浄照寺蔵「本覚院殿百五十回忌諸事控」より(河野昭昌)「奈良歴史研究」 奈良歴史研究会 (72) 2009.09

本宮
『雑嚢風土記』を追う—本宮地区の石像物再調査(堀敏実)「紀南・地名と風土研究会会報」 紀南・地名と風土研究会 (52) 2013.11

本宮権現社
本宮権現社の再建と社中(笠原正夫)「熊野誌」 熊野地方史研究会 (47) 2002.1

本宮大社
牟婁の本宮大社(熊野坐神社)と出雲の熊野大社との関係についての一考察(酒井聰郎)「熊野歴史研究 : 熊野歴史研究会紀要」 熊野歴史研究会 (11) 2004.5
『熊代繁里日記』を読む—本宮大社と南部の祭礼・年中行事(濵岸宏一)「熊野」 紀南文化財研究会 (142) 2012.05

本宮町
旧本宮町・旧熊野川町に遺された熊野参詣道について(辻田友紀)「熊野」 紀南文化財研究会 (135) 2008.11

本光寺
本光寺阿弥陀三尊像について—仏足文を有する来迎形三尊像の初期作例として(大河内智之)「和歌山県立博物館研究紀要」 和歌山県立博物館 (11) 2005.3

真国丹生神社
地方史のひろば 地域と歩む祭り—真国御田から見る地域芸能(海津由布子)「和歌山地方史研究」 和歌山地方史研究会 (60) 2011.03

和歌山県　　　　　　　　　　郷土に伝わる民俗と信仰　　　　　　　　　　近畿

万福寺

用珠山万福寺・小考（藤井寿一）「くちくまの」 紀南文化財研究会　127　2004.12

満福寺

紀美野町神野市場・満福寺所蔵の大般若経について（竹中康彦）「和歌山県立博物館研究紀要」 和歌山県立博物館　（18）2012.03

御気院

御毛寺知識経についての基礎的考察―「御毛寺」「御気院」を中心として（藤本誠）「寺院史研究」 寺院史研究会　（14）2013.11

御毛寺

御毛寺知識経についての基礎的考察―「御毛寺」「御気院」を中心として（藤本誠）「寺院史研究」 寺院史研究会　（14）2013.11

弥気寺

弥気寺（みけてら）の瓦（河内一浩）「紀北考古学談話会会報」 「紀北考古学談話会」　（35）1997.07

三里郷

奥熊野三里郷の昔語り（森本果無山）「熊野史研究」 熊野歴史博物館設立準備室　（40）1997.3

みそや別館

新登録文化財の紹介 樫野埼灯台旧官舎/みそや別館主家、上蔵及び離れ座敷、下蔵/小林家住宅主屋、土蔵「きのくに文化財」 和歌山県文化財研究会　（37）2004.3

湊村

神社合祀と史跡の滅却―湊村の神社合祀に対する南方熊楠の行動とその理由（橋爪博幸）「熊楠研究」 南方熊楠顕彰会　（2）2000.2

みなべ町

みなべ町の平家伝説（山本賢）「熊野」 紀南文化財研究会　（143）2012.11

南部町

南部町の王子社と安養寺の板碑群（《特集 南部荘をめぐって》）（阪本敏行）「くちくまの」 紀南文化財研究会　115　1999.8

南部荘

高野山正智院文書のなかの南部荘関係文書について（海津一朗）「紀州経済史文化史研究所紀要」 和歌山大学紀州経済史文化史研究所　（25）2005.3

三船神社

鞆淵八幡神社・粉河寺・三船神社を訪ねて（松本啓吾）「史迹と美術」 史迹美術同攷会　72（10）通号730　2002.12

宮原氏館

忘れられた霊跡―「明恵八所遺跡」に選定されなかった宮原氏館（高橋修）「和歌山県立博物館研究紀要」 和歌山県立博物館　（6）2001.3

牟婁子明神

楯ケ崎牟婁子明神と浦上国津姫神社（松本貞次）「郷土」 郷土の文化を考える会　4　1998.12

門前

門前の六斎念仏（川端邦男）「由良町の文化財」 由良町教育委員会　（29）2002.3

薬徳寺

津秦薬徳寺所蔵薑原薬師如来縁起について（寺西貞弘）「和歌山市立博物館研究紀要」 和歌山市教育委員会　通号22　2008.3

保田

つくるものから語るものへ―新指定文化財「保田紙の製作用具」をめぐって（《特集 有形民俗資料の最新事情》）（蘇理剛志）「和歌山地方史研究」 和歌山地方史研究会　（56）2009.2

八尺鏡野

迹氏の旧跡・八尺鏡野と神武天皇（松本貞次）「郷土」 郷土の文化を考える会　5　2001.12

山崎郷

紀伊国那賀郡山崎郷と根来寺領山崎庄―律令制公郷と荘園領域に関する一事例（《小特集 根来寺をめぐる諸問題》）（寺西貞弘）「和歌山地方史研究」 和歌山地方史研究会　（49）2005.7

山崎庄

紀伊国那賀郡山崎郷と根来寺領山崎庄―律令制公郷と荘園領域に関する一事例（《小特集 根来寺をめぐる諸問題》）（寺西貞弘）「和歌山地方史研究」 和歌山地方史研究会　（49）2005.7

湯浅

紀州湯浅と醬油（特集 味噌・醬油）（熊ノ郷安生）「左海民俗」 堺民俗会　（133）2010.05

湯浅城跡

湯浅城跡出土の備前焼（特集II 有田郡湯浅城跡の再検討）（北野隆亮）「和歌山城郭研究」 和歌山城郭調査研究会　（12）2013.04

ゆかし潟

ゆかし潟今昔（宮本周三）「郷土」 郷土の文化を考える会　5　2001.12

由良

続続由良方言―由良地方の生活方言（岩崎芳幸）「由良町の文化財」 由良町教育委員会　（30）2003.3
写真で見る近代由良の生活文化―新ふるさと今昔物語（岩崎芳幸）「由良町の文化財」 由良町教育委員会　（32）2005.3

由良町

なれずし愚考（吉田元重）「由良町の文化財」 由良町教育委員会　（30）2003.3
昔の事ども雑記（吉田元重）「由良町の文化財」 由良町教育委員会　（31）2004.3
有田地方と日高郡由良町の宝篋印塔―伝統的細部手法とその変化の画期（宮下五夫）「歴史考古学」 歴史考古学研究会　（58）2007.1
表紙写真 夏越祭の十二支灯ろうと神輿（岩崎芳幸 昭和34年7月31日撮）「由良町の文化財」 由良町教育委員会　（40）2013.03

桜池院

史料紹介 高野山櫻池院『下総・武蔵・諸国供養帳』（1）（佐々木倫朗）「栃木県立文書館研究紀要」 栃木県立文書館　（17）2013.03

竜王神社

日ノ御崎の龍王神社（橋本観吉）「紀南・地名と風土研究会会報」 紀南・地名と風土研究会　（48）2011.04

竜光院

竜光院の瑜祇塔（野村隆）「史迹と美術」 史迹美術同攷会　73（4）通号734　2003.5

竜谷寺

かつらぎ町三谷・龍谷寺所蔵の大般若経について（竹中康彦）「和歌山県立博物館研究紀要」 和歌山県立博物館　（11）2005.3

臨川寺

左木臨川寺の観音山の記（和田耕）「いなづみ ： すさみ町文化財冊子」 すさみ町教育委員会　7　2000.3

蓮華院

史料紹介 高野山蓮華院『真田御一家過去帳』（下）（丸島和洋）「信濃［第3次］」 信濃史学会　64（12）通号755　2012.12

蓮華定院

丸山清俊と蓮華定院古文書写（児玉卓文）「千曲」 東信史学会　（151）2012.10

六箇庄

仁和寺の天野社支配―仁和寺領六箇庄と覚法法親王をめぐって（俵谷和子）「久里」 神戸女子民俗学会　（18）2006.1

和歌浦天満宮

和歌浦 和歌浦天満宮（《小特集 和歌浦天満宮展》）（米田頼司）「紀州経済史文化史研究所紀要」 和歌山大学紀州経済史文化史研究所　（28）2007.12
和歌浦天満宮の文芸（《小特集 和歌浦天満宮展》）（柏原卓）「紀州経済史文化史研究所紀要」 和歌山大学紀州経済史文化史研究所　（28）2007.12
藤原惺窩の菅神廟碑文小考―「関南天満宮伝記」（補）（《小特集 和歌浦天満宮展》）（藤本清二郎）「紀州経済史文化史研究所紀要」 和歌山大学紀州経済史文化史研究所　（28）2007.12

和歌浦天満宮神社

和歌浦天満宮神社の建築史的特質（《小特集 和歌浦天満宮展》）（鳴海祥博）「紀州経済史文化史研究所紀要」 和歌山大学紀州経済史文化史研究所　（28）2007.12

和歌浦

和歌浦の妹背山多宝塔（菅原正明）「和歌山県立博物館研究紀要」 和歌山県立博物館　（6）2001.3
和歌浦の干物―和歌浦の水産加工（2）（小林護）「和歌山地理」 和歌山地理学会　（26）2006.12

和歌浦東照宮

和歌浦東照宮奉納の繰り芝居絵馬をめぐって―和歌山における芝居興行

近畿　　　　　　　　　　　　郷土に伝わる民俗と信仰　　　　　　　　　　　　和歌山県

の一側面（《特集 紀伊狩野の絵画》）（宮本圭造）「和歌山県立博物館研究紀要」 和歌山県立博物館 （9） 2003.3

和歌山

堺の言い伝えと和歌山のいなか（和田多喜子）「左海民俗」 堺民俗会 94 1997.5

城下町和歌山の幕末風景―『庄梅日記』を素材として（須山高明）「きのくに民話研究」 和歌山県民話の会 7 1998.10

西の丸焼と清寧軒焼―寺西貞弘氏の論文を読んで（中村貞史）「和歌山地方史研究」 和歌山地方史研究会 43 2002.8

近世末期和歌山の版木彫刻師及び筆耕について（江本英雄）「和歌山地方史研究」 和歌山地方史研究会 43 2002.8

和歌浦ника照宮奉納の繰り芝居絵馬をめぐって―和歌山における芝居興行の一側面（《特集 紀伊狩野の絵画》）（宮本圭造）「和歌山県立博物館研究紀要」 和歌山県立博物館 （9） 2003.3

郷土の星の伝承者（富田晃彦）「紀州経済史文化史研究所紀要」 和歌山大学紀州経済史文化史研究所 （24） 2004.3

西国巡礼三十三度行者資料（2） 紀ノ川流域の満願供養塔と和歌山城下での満願供養について（椋本進）「河内長野市郷土研究会誌」 河内長野市郷土研究会 （46） 2004.4

西国巡礼三十三度行者資料（3）「城下町警察日記」に記された三十三度行者と六十六部（椋本進）「河内長野市郷土研究会誌」 河内長野市郷土研究会 （47） 2005.4

近世初期和歌天神社考―「関南天満宮伝記」を中心に（藤本清二郎）「紀州経済史文化史研究所紀要」 和歌山大学紀州経済史文化史研究所 （27） 2006.12

民俗（《特集 和歌山関係の地方史研究文献目録（1991年1月～2004年12月）》）「和歌山地方史研究」 和歌山地方史研究会 （52） 2007.2

徳川斉順の御庭焼（中村貞史）「和歌山地方史研究」 和歌山地方史研究会 （53） 2007.6

明治維新期における和歌山の洋学と慶應義塾―福沢諭吉と南方熊楠の関係によせて（武内善信）「和歌山市立博物館研究紀要」 和歌山市教育委員会 通号22 2008.3

「孫市まつり」記念シンポジウム参加記（川口敦志）「和歌山地方史研究」 和歌山地方史研究会 （55） 2008.7

問題提起（《特集 有形民俗資料の最新事情》）「和歌山地方史研究」 和歌山地方史研究会 （56） 2009.02

民具と有形民俗文化財―文化財指定にむけた基礎作業から（《特集 有形民俗資料の最新事情》）（加藤幸治）「和歌山地方史研究」 和歌山地方史研究会 （56） 2009.02

和歌山大学紀州経済史文化史研究所（大学博物館）について（《特集 有形民俗資料の最新事情》）（梅田志保）「和歌山地方史研究」 和歌山地方史研究会 （56） 2009.02

寺院による築城行為について（藤岡英礼）「和歌山城郭研究」 和歌山城郭調査研究会 （8） 2009.03

熊手八幡宮が和歌山に飛ぶ?!（中西史和）「多度津文化財 : 多度津町文化財保護協会会報」 多度津町文化財保護協会 （38） 2010.03

「瑞芝焼」名義考（研究ノート）（中村貞史）「和歌山地方史研究」 和歌山地方史研究会 （60） 2011.03

天保期における城下町「溜」の性格と機能―和歌山の場合（藤本清二郎）「紀州経済史文化史研究所紀要」 和歌山大学紀州経済史文化史研究所 （32） 2011.12

城下町和歌山における社寺参詣「小梅日記」と「日知録」を素材として（須山高明）「和歌山県立文書館紀要」 和歌山県 （15） 2012.03

地方史のひろば「なんぼう恐ろしき物語」―その鐘の刻銘、三月十一日（山村規子）「和歌山地方史研究」 和歌山地方史研究会 （62） 2012.03

文献批判・史料批判についての一考察―三尾功「城下町和歌山夜ばなし」及び「海防図」によせて（武内善信）「和歌山市立博物館研究紀要」 和歌山市教育委員会 （27） 2013.1

2012年展示報告 企画展 和歌祭―渡り物と練り物の芸能「紀州経済史文化史研究所紀要」 和歌山大学紀州経済史文化史研究所 （34） 2013.12

和歌山の天狗像（高橋成）「西郊民俗」 西郊民俗談話会 （228） 2014.09

和歌山県

和歌山県下の焼塩壺について（栗本美香）「紀北考古学談話会会報」 紀北考古学談話会 （ ） 1996.01

和歌山県における瓦器研究の現状と課題（北野隆宏）「紀北考古学談話会会報」 紀北考古学談話会 （34） 1997.06

「御田の舞」見学記（広田浩治）「泉佐野の歴史と今を知る会会報」 泉佐野の歴史と今を知る会 133 1999.3

紅型のこと（《小山豊先生追悼特集》）（吉川寿洋）「きのくに民話研究」 和歌山県民話の会 8 1999.12

弁慶の説話的構造（中瀬喜陽）「和歌山県立文書館紀要」 和歌山県 通号5 2000.3

続・南方熊楠が記した河童譚とその背景（1）～（5）（和田寛）「河童通心」

河童文庫 132/136 2000.8/2000.9

和歌山県下の葬式・年回法要について（7月例会報告）（日野西真定）「日本宗教民俗学研究会通信」 日本宗教民俗学研究会 （84） 2000.8

巨木伝説考証近世篇―熊楠稿「巨樹の翁の話」追跡（白石良夫）「熊楠研究」 南方熊楠顕彰会 （4） 2002.3

和歌山県における中世備前焼の流通（研究ノート）（北野隆宏）「紀伊考古学研究」 紀伊考古学研究会 （5） 2002.08

社寺編（平成16年度文化財講座―文化財建造物の楽しみ方）（鈴木徳子）「きのくに文化財」 和歌山県文化財研究会 （38） 2005.3

新登録文化財の紹介 火伏医院主屋、病院棟／前田家住宅主屋、中書院、新書院、土蔵（4棟）／双青閣／河野家住宅主屋・離れ座敷・表門／栖原角兵衛屋敷主屋・土蔵・土塀／日本聖公会橋本基督教会旧礼拝堂／旧和歌山県議会議事堂／泉家住宅座敷「きのくに文化財」 和歌山県文化財研究会 （38） 2005.3

不食供養金石銘文集 和歌山県／大阪府／奈良県／長野県／埼玉県（奥村隆彦）「歴史考古学」 歴史考古学研究会 （56） 2005.6

若者組から青年会の成立―和歌山県域の場合（安藤精一）「紀州経済史文化史研究所紀要」 和歌山大学紀州経済史文化史研究所 （26） 2005.12

世界遺産「紀伊山地の霊場と参詣道」の登録と和歌山県の観光・リゾート政策（神田孝治，小野田真弓）「和歌山地理」 和歌山地理学会 （25） 2005.12

明治期における青年会―和歌山県域の場合（安藤精一）「紀州経済史文化史研究所紀要」 和歌山大学紀州経済史文化史研究所 （27） 2006.12

南方熊楠の守った鎮守の森（平成17年度文化財研究発表）（吉川壽洋）「きのくに文化財」 和歌山県文化財研究会 （40） 2007.3

文化財の中に息づく口承文芸―「妖怪文化」を中心に（平成18年度文化財講座）（和田寛）「きのくに文化財」 和歌山県文化財研究会 （40） 2007.3

「熊中奇観」（和歌山県立博物館蔵）（資料紹介）（竹中康彦）「和歌山県立博物館研究紀要」 和歌山県立博物館 （13） 2007.3

和歌山県内の経塚についての一考察（河野恭子）「郵政考古紀要」 大阪郵政考古学会 通号41 2007.06

和歌山県出土の備前焼（《備前歴史フォーラム 備前と茶陶―16・17世紀の変革》）（北野隆亮）「備前市歴史民俗資料館紀要」 備前市歴史民俗資料館 （9） 2007.10

大正期における青年会―和歌山県域の場合（安藤精一）「紀州経済史文化史研究所紀要」 和歌山大学紀州経済史文化史研究所 （28） 2007.12

描かれた僧侶の姿―僧侶の肖像は何のために描かれたのか（平成19年度文化財講座）（大河内智之）「きのくに文化財」 和歌山県文化財研究会 （41） 2008.3

「諸寺諸社造営目録」（「続宝簡集」巻五四所収）について（前田正明）「和歌山県立博物館研究紀要」 和歌山県立博物館 （12） 2008.3

和歌山県のひだる神について（小路順）「あかね」 御坊文化財研究会 （32） 2008.5

和歌山県における有形民俗資料の文化財指定と保存について（《特集 有形民俗資料の最新事情》）（蘇理剛志）「和歌山地方史研究」 和歌山地方史研究会 （56） 2009.2

和歌山県における有形民俗資料の課題（《特集 有形民俗資料の最新事情》）（藤井弘章）「和歌山地方史研究」 和歌山地方史研究会 （56） 2009.2

和歌山県の船屋台「唐船」の伝承―変化に注目して（小西沙和）「由良町の文化財」 由良町教育委員会 （36） 2009.03

和歌山県の「をに」（中野譲）「六甲倶楽部報告」 六甲倶楽部 （96） 2011.3

平成22年度通常総会記念講演 石の民俗風習―奇縁氷銘石碑の成立とその背景（辻尾榮市）「きのくに文化財」 和歌山県文化財研究会 （44） 2011.03

荘官の家と説話―「国蠹系図」の世界（坂本亮太）「和歌山県立博物館研究紀要」 和歌山県立博物館 （18） 2012.03

和歌山県の祭りと信仰―傘鉾の祭りを中心に（平成23年度文化財講座）（蘇理剛志）「きのくに文化財」 和歌山県文化財研究会 （46） 2013.03

仏像の移動とその実態―彫刻資料から地域史を読み解くために（研究）（大河内智之）「和歌山県立博物館研究紀要」 和歌山県立博物館 （19） 2013.03

和歌山県下の獅子の芸能（平成25年度文化財講座）（蘇理剛志）「きのくに文化財」 和歌山県文化財研究会 （47） 2014.03

覚え書き（3） 紀伊熊野以外の王子社と参詣道（桑原康宏）「紀南・地名と風土研究会会報」 紀南・地名と風土研究会 （53） 2014.04

和歌山市

不食供養碑探訪覚書（3） 西限の供養塔か? 和歌山市（旧名草郡山東荘）にて（椋本進）「河内長野市郷土研究会誌」 河内長野市郷土研究会 （46） 2004.4

和歌山市の神社全六十三社―和歌山神社庁 その古代から現代までの歴史、名称、鎮座地、地区、祭神、由緒など（平成25年度文化財研究発表）（上野裕史）「きのくに文化財」 和歌山県文化財研究会 （47）

和歌山県　　　　　　　　　　　郷土に伝わる民俗と信仰　　　　　　　　　　　　近畿

2014.03

和歌山城

和歌山城付かわた村の社会構造―屋敷地・家持・屋敷年貢を中心に（藤本清二郎）「紀州経済史文化史研究所紀要」　和歌山大学紀州経済史文化史研究所　（24）2004.3

和歌山城出土の地鎮・鎮壇具とみられる瓶子について（資料紹介）（奥村薫）「紀伊考古学研究」　紀伊考古学研究会　（16）2013.08

和歌山藩

和歌山藩の服忌書について（林由紀子）「東海地域文化研究」　名古屋学芸大学短期大学部附属東海地域文化研究所　（15）2004.3

中国

芸備

瀬戸内魚商考―芸備沿岸地帯の伝承をめぐって（胡桃沢勘司）「民俗文化」 近畿大学民俗学研究所 （10）1998.3

民俗「芸備地方史研究」 芸備地方史研究会 226・227 2001.6

芸備地域の宗教的風土（《大会特集 海と風土―瀬戸内海地域の生活と交流》―〈問題提起〉）（引野亨輔）「地方史研究」 地方史研究協議会 51（4）通号292 2001.8

古瓦から見た古代寺院（《特集 古代遺跡研究の現状と課題》）（妹尾周三）「芸備」 芸備友の会 30 2002.12

『芸備孝義伝』挿絵に見る江戸時代の庶民生活（山中浩）「ひろしま郷土資料館だより」 広島市郷土資料館 69 2005.3

企画展 庶民の暮らしっぷり展―『芸備孝義伝』に登場する生活道具（山中浩）「ひろしま郷土資料館だより」 広島市郷土資料館 69 2005.3

芸備掲示板 部門展 暮らしのぬくもり―賣水堂コレクションの布と道具（広島県立歴史博物館）「芸備地方史研究」 芸備地方史研究会 （268・269）2010.02

基調講演 芸備の田植え行事（藤野昭）「広島民俗」 広島民俗学会 （75）2011.03

史跡をあるく 定證上人五輪塔「芸備地方史研究」 芸備地方史研究会 （277）2011.06

「壬生の花田植」と芸備の田植行事（壬生の花田植 世界無形文化遺産登録記念）（藤井昭）「広島県文化財ニュース」 広島県文化財協会 （212）2012.03

江の川

展示紹介 広島県立歴史民俗資料館「最上川・荒川・江の川の漁撈用具―日本の河川三大漁撈文化―」（山本智宏）「民具マンスリー」 神奈川大学 38（7）通号451 2005.10

江の川水系

江の川水系の漁撈民俗―サケ・マスを中心として（野本寛一）「民俗文化」 近畿大学民俗学研究所 通号12 2000.3

江の川流域

江の川流域の漁撈用具（第83回研究会報告）（葉杖哲也）「民具研究」 日本民具学会 （123）2001.1

山陰

天仁の出雲国杵築大社造営と白河院政の台頭―院政権力・源義親の乱と山陰諸国（佐伯徳哉）「古代文化研究」 島根県古代文化センター 通号5 1997.3

地方にいて思う民俗学の過去将来（石塚尊俊）「山陰民俗研究」 山陰民俗学会 3 1997.3

千歯（千把・後家倒し）について（岡佳英）「山陰民俗研究」 山陰民俗学会 3 1997.3

山陰の妖怪伝説「七尋女房」の正体（酒井董美）「山陰民俗研究」 山陰民俗学会 3 1997.3

山陰の石塔二、三について（6）～（13）（今岡稔，今岡利江）「島根考古学会誌」 島根考古学会 14/24 1997.3/2007.5

近世石見の廻船研究（6）―山陰からみた「北前船」考（児島俊平）「郷土石見：石見郷土研究懇話会機関誌」 石見郷土研究懇話会 46 1997.12

山陰の追込漁の系譜（西村正志）「山陰民俗研究」 山陰民俗学会 4 1998.3

カンジキの地域差（勝部正郊）「山陰民俗研究」 山陰民俗学会 4 1998.3

民俗資料から見る韓国・山陰―ワラ工品とスキ・機具を通じて（勝部正郊）「山陰民俗研究」 山陰民俗学会 4 1998.3

稲籾から米・餅へ―稲魂信仰の系譜（白石昭臣）「山陰民俗研究」 山陰民俗学会 4 1998.3

山陰「さいの神」幻論（直江清久）「日本の石仏」 日本石仏協会，青娥書房（発売）通号86 1998.6

山口県山陰地方の神楽（財前司一）「温故知新」 美東町文化研究会 26 1999.4

伝承の力―これからの民俗学について考える（田中宣一）「山陰民俗研究」 山陰民俗学会 5 2000.3

毒流し漁法の民俗的根源―神楽発生論の確率に向けて（和多須三男）「山陰民俗研究」 山陰民俗学会 5 2000.3

盲僧と民間信仰（伊藤芳枝）「山陰民俗研究」 山陰民俗学会 5 2000.3

四段吹き（藤脇久稔）「山陰民俗研究」 山陰民俗学会 5 2000.3

現代人と世間話―トイレの怪談を中心にして（降井直人）「山陰民俗研究」 山陰民俗学会 6 2001.3

日本の風俗における水世界の階層構成と空間的な特性（エリッツァ，マリノヴァ）「山陰民俗研究」 山陰民俗学会 6 2001.3

金輪柱なす学を仰ぐ（野本寛一）「山陰民俗研究」 山陰民俗学会 6 2001.3

〔書評〕石塚尊俊著『山陰民俗一口事典』（酒井董美）「山陰民俗研究」 山陰民俗学会 6 2001.3

鬼子の文化史（前）（近藤直也）「山陰民俗研究」 山陰民俗学会 （7）2002.2

鞍下牛慣行と博労に関する一考察―鞍下牛貸出経営農家の史料紹介（板垣貴志）「山陰民俗研究」 山陰民俗学会 （7）2002.2

アユノカゼの文化誌―漁民の風に対する世界観（室山敏昭）「山陰民俗研究」 山陰民俗学会 （8）2003.2

蜂狩り民俗の本質―クロスズメバチの方言とコキ祝いの蜂の子飯（和多須三男）「山陰民俗研究」 山陰民俗学会 （8）2003.2

古事記・神話の世界 文化財散歩―歴史浪漫の山陰地方（馬場昭）「文化情報」 北海道文化財保護協会 261 2004.1

講演 民具採訪をふりかえり（勝部正郊）「山陰民俗研究」 山陰民俗学会 （9）2004.3

付喪神の誕生―その背景と特異性（松村文）「山陰民俗研究」 山陰民俗学会 （9）2004.3

五輪塔はどこに立てられたのか―山陰地方における発掘調査からみたその様相（中森祥）「伯耆文化研究会」 伯耆文化研究会 （6）2004.11

山陰の雑煮（丸山恵子）「香川の民俗」 香川民俗学会 （68）2005.2

樹体告知の民俗誌（1）トートとコトの日 種籾にこめられた柳の呪力の源泉（和多須三男）「山陰民俗研究」 山陰民俗学会 （10）2005.2

山陰地域の土馬集成（内田律雄，岩﨑康子，藤原哲）「島根考古学会誌」 島根考古学会 22 2005.5

慶尚大学大学院『山陰の民話』（酒井董美）「北東アジア文化通信」 鳥取短期大学北東アジア文化総合研究所 （27）2006.2

講演 山陰民俗の思い出（石塚尊俊）「山陰民俗研究」 山陰民俗学会 （11）2006.2

樹体告知の民俗誌（2）山椒の木の下で歌うなかれ―セツの日と田植儀礼前後の山椒を中心に（和多須三男）「山陰民俗研究」 山陰民俗学会 （11）2006.2

山陰地方のわらべ歌から（酒井董美）「北東アジア文化通信」 鳥取短期大学 （23）2006.3

付喪神と日本の宗教信仰（松村文）「山陰民俗研究」 山陰民俗学会 （12）2007.2

樹体告知の民俗誌（3）大歳の火と楢そして木地師―木と火と灰のフォークロア（和多須三男）「山陰民俗研究」 山陰民俗学会 （12）2007.2

山陰地域の王墓と王たち（《第7回神在月古代文化シンポジウム 弥生王墓誕生―出雲に王が誕生した時》―報告）（岩橋孝典）「しまねの古代文化：古代文化記録集」 島根県古代文化センター （15）2008.3

樹体告知の民俗誌（4）シンデレラの涙と栃と女の力―栃の実ひろい・灰作り・栃合わせ（和多須三男）「山陰民俗研究」 山陰民俗学会 （13）2008.3

因伯に残る呪い歌（川上廸彦）「山陰民俗研究」 山陰民俗学会 （13）2008.3

暮らしの証言 昭和十年代の稲作り（浅沼博）「山陰民俗研究」 山陰民俗学会 （13）2008.3

伝承としてのハマバタケ―山陰地方海岸砂地調査ノート（土田拓）「山陰民俗研究」 山陰民俗学会 （15）2010.03

民話のあるべき語り方を考える―昔話の本質を理解した語り手の出現を期待して（酒井董美）「山陰民俗研究」 山陰民俗学会 （16）2011.03

「荒神」から「国讓」へ―神楽能の変遷（中上明）「山陰民俗研究」 山陰民俗学会 （16）2011.03

講演 山陰地方の民俗芸能―その特色と研究史（山路興造）「山陰民俗研究」 山陰民俗学会 （17）2012.03

暮らしの証言 ムラの生活を変えたO・Kおばあさん―農家の嫁姑関係の変容（霜理恵子）「山陰民俗研究」 山陰民俗学会 （17）2012.03

酒井董美著『民話に魅せられて』（新刊紹介）（小泉凡）「山陰民俗研究」 山陰民俗学会 （17）2012.03

酒井董美著『ふるさとの民話』（新刊紹介）（石井正己）「山陰民俗研究」 山陰民俗学会 （17）2012.03

講演 山陰の餅なし正月—餅の的・団子祭りの地平（金田久璋）「山陰民俗研究」 山陰民俗学会 （18） 2013.03

古事記につながる民話のこと（論文）（酒井董美）「山陰民俗研究」 山陰民俗学会 （18） 2013.03

山陰民俗学会編『民俗の行方』（新刊紹介）（本間恵美子）「山陰民俗研究」 山陰民俗学会 （18） 2013.10

MUSEUM EYES 収蔵室から 山陰の民窯と民藝運動（海塚有里）「Museum eyes」 明治大学博物館 （61） 2013.10

秋の史跡探訪 六〇年に一度の大遷宮出雲大社と山陰の名勝・史跡を訪ねる旅（松本知典）「郷土史誌末廬園」 松浦史談会，芸文堂（発売）（196） 2013.12

酒井董美著『山陰のわらべ歌・民話文化論』三弥井書店（2013年6月）（書誌紹介）（米屋陽一）「日本民俗学」 日本民俗学会 （277） 2014.02

山陰石工物語II 他国の石工達・伯耆編—民俗の行方・山陰のフィールドから—をふまえて（論文）（永井泰）「山陰民俗研究」 山陰民俗学会 （19） 2014.03

酒井董美著『山陰のわらべ歌・民話文化論』（新刊紹介）（石井正己）「山陰民俗研究」 山陰民俗学会 （19） 2014.03

板垣貴志著『牛と之依存の近代史』家畜預託慣行の研究（新刊紹介）（酒井董美）「山陰民俗研究」 山陰民俗学会 （19） 2014.03

山陽

たたら製鉄（山川芳一）「山陽和算研究会会誌」 山陽和算研究会 （33） 1997.9

山陽地域における「崇道（そうどう）社」の信仰をめぐって（松田朋子）「吉備地方文化研究」 就実大学吉備地方文化研究所 （15） 2005.3

瀬戸

山の上から瀬戸の海を見つめて（中原耕男）「香川の民俗」 香川民俗学会 通号73 2011.01

瀬戸内

瀬戸内魚商考—芸備沿岸地帯の伝承をめぐって（胡桃沢勘司）「民俗文化」 近畿大学民俗学研究所 （10） 1998.3

中国

中国・四国にみる瀬戸焼の世界（荻野繁春）「瀬戸市埋蔵文化財センター研究紀要」 瀬戸市文化振興財団 5 1997.3

中国地方椎茸栽培の始祖と伝えられる『三平物語』の調査（樋口義久）「津久見史談」 津久見史談会 1 1997.3

『三平物語』についての補足（酒井容子）「津久見史談」 津久見史談会 1 1997.3

抄訳「神代史と中国鉄山」（山田新一郎）「季刊邪馬台国」 「季刊邪馬台国」編纂委員会，梓書院（発売） 68 1999.7

河童伝承と地名について（森納）「山陰・鳥取の地名を愛する会会報」 山陰・鳥取の地名を愛する会 （9） 2000.3

中国の洗濯板（粕渕宏昭）「民俗文化」 滋賀民俗学会 448 2001.1

中国山間地域農村における伝統的集団と地域営農・生活組織（山下裕作）「山陰民俗学会 6 2001.3

ヤブヤキの民俗 中国・四国地方の焼畑（白石昭臣）「東北学．[第1期]」 東北芸術工科大学東北文化研究センター，作品社（発売） 4 2001.4

口承文芸にかかわる中・四国地域のおもな動向 2001年前期（白石昭臣）「伝え」 日本口承文芸学会会報」 日本口承文芸学会 29 2001.9

山田耕筰と「中国地方の子守唄」（高橋義雄）「高梁川」 高梁川流域連盟 （61） 2003.12

中国地方の川船（幸田光温）「広島民俗」 広島民俗学会 61 2004.3

中国地方の川舟（2） 阿武川（幸田光温）「広島民俗」 広島民俗学会 62 2004.8

中国地方の川船（幸田光温）「利根川文化研究」 利根川文化研究会 通号25 2004.8

今を生きる絣織り布—中国地方の場合（堀田延子）「民俗と風俗 : the journal of the Chubu Branch, the Japanese Society for History of Manners and Customs」 日本風俗史学会中部支部 （15） 2005.3

鉄の道文化圏推進協議会編『金屋子神信仰の基礎的研究』（書誌紹介）（飯島吉晴）「日本民俗学」 日本民俗学会 通号242 2005.5

新刊紹介 鉄の道文化圏推進協議会編『金屋子神信仰の基礎的研究』（多久田友秀）「ヒストリア : journal of Osaka Historical Association」 大阪歴史学会 （195） 2005.6

中国地方の川舟（3） 太田川（幸田光温）「広島民俗」 広島民俗学会 （64） 2005.8

中国の浄土神楽（7） 道場から荒神神楽を考える（三村泰臣）「まつり通信」 まつり同好会 46（1）通号521 2006.1

中国地方の川舟（4）（幸田光温）「広島民俗」 広島民俗学会 （68） 2007.8

民俗 中国地方の神楽調査（学芸員の机から）（梅野）「岡豊風日 : 高知県立歴史民俗資料館だより」 高知県立歴史民俗資料館 （64） 2008.7

中国地方の鋳物師と豊後府内（後藤匡史）「備陽史探訪」 備陽史探訪の会

（143） 2008.8

熊野信仰の地方展開—中央日本メジアンラインから近畿・中国地方へ（山口登志夫）「熊野誌」 熊野地方史研究会 （55） 2008.12

囃し田の「芸能化」—「民俗」から演じられる「芸能」へ（卒業論文・修士論文要旨）（松井今日子）「御影史学論集」 御影史学研究会 通号35 2010.10

三村泰臣著『中国地方民間神楽祭祀の研究』（書評と紹介）（神田より子）「山岳修験」 日本山岳修験学会，岩田書院（発売） （47） 2011.03

書評 三村泰臣著『中国地方民間神楽祭祀の研究』（藤原宏夫）「民俗芸能研究」 民俗芸能学会 （52） 2012.03

三村泰臣『中国地方民間神楽祭祀の研究』（書評）（鈴木正崇）「宗教民俗研究」 日本宗教民俗学会 （21・22） 2013.01

『中国・四国地方の神楽探訪』（三村泰臣）（新刊紹介）（岡崎行）「広島民俗」 広島民俗学会 （81） 2014.03

中国・四国（各地の民俗芸能（第55回ブロック別民俗芸能大会の報告））（宮田繁幸）「民俗芸能」 民俗芸能刊行委員会 （94） 2014.11

中国三十三観音霊場

洞春寺と中国三十三観音霊場（中村茂子）「ふるさと山口」 山口の文化財を守る会 （30） 2009.06

中国山地

居住習俗からみた中国山地の村（津山正幹）「昔風と当世風」 古々路の会 73・74 1997.12

開設20周年特別企画展「くらしと道の歴史—中国山地の鉄・塩・銀の道」「歴風」 広島県立歴史民俗資料館 24 1999.9

中国山地のたたら製鉄とその展開（《鉄の文化圏・鉄の歴史村 文化講演会「中国山地の金屋子神信仰—祀られるものと祀るものの歩み」》）（河瀬正利）「しまねの古代文化 : 古代文化記録集」 島根県古代文化センター 通号7 2000.3

金屋子神の信仰について（《鉄の文化圏・鉄の歴史村 文化講演会「中国山地の金屋子神信仰—祀られるものと祀るものの歩み」》）（石塚尊俊）「しまねの古代文化 : 古代文化記録集」 島根県古代文化センター 通号7 2000.3

基調講演 幻の技術を自分たちの手で（《鉄の文化圏・鉄の歴史村 文化講演会「中国山地の金屋子神信仰—祀られるものと祀るものの歩み」》）（大蔵明光）「しまねの古代文化 : 古代文化記録集」 島根県古代文化センター 通号7 2000.3

パネルディスカッション「たたら製鉄、過去から未来へつなぐもの」（《鉄の文化圏・鉄の歴史村 文化講演会「中国山地の金屋子神信仰—祀られるものと祀るものの歩み」》）（山内登貴夫，大蔵明光，山崎光夫，景山明，嘉田功）「しまねの古代文化 : 古代文化記録集」 島根県古代文化センター 通号7 2000.3

中国山地棚田の民俗史（神田三亀男）「広島民俗」 広島民俗学会 57 2002.3

年中行事と気象環境—中国山地の「膝塗り」を事例として（野本寛一）「民俗文化」 近畿大学民俗学研究所 （14） 2002.3

続・中国山地山間棚田の民俗誌（神田三亀男）「広島民俗」 広島民俗学会 58 2002.8

中国山地山間棚田の俚謡（1）（神田三亀男）「広島民俗」 広島民俗学会 59 2003.3

中国山地山間棚田の俚謡（2）（神田三亀男）「広島民俗」 広島民俗学会 60 2003.8

中国山地の祭り（口絵写真）（渡辺良正）「民俗文化」 近畿大学民俗学研究所 （16） 2004.3

《中国山地特集》「民俗文化」 近畿大学民俗学研究所 （16） 2004.3

中国山地の民俗—牛を中心として（野本寛一）「民俗文化」 近畿大学民俗学研究所 （16） 2004.3

マメの民俗誌—中国山地における焼畑と年神祭祀をめぐって（岸本誠司）「民俗文化」 近畿大学民俗学研究所 （16） 2004.3

水田稲作と多様な生業—中国山地西部を例に（赤石直美）「京都民俗 : 京都民俗学会会誌」 京都民俗学会 通号22 2005.3

郷土大学本年度第2回（再開第21回）講義「中国山地と宮本常一」神田三亀男さん「周防大島郷土大学ニュヅ」 周防大島文化交流センター 19 2005.7

古代文化センターの調査研究 中国山地の神楽調査から（《特集 古代出雲歴史博物館企画展・スタッフの活動紹介/古代文化センターの調査研究》）「季刊文化財」 島根県文化財愛護協会 （117） 2008.8

岡本太郎と宮本常一が歩いた中国山地（正本眞理子）「広島民俗」 広島民俗学会 （72） 2009.08

暮らしの証言 中国山地の暮らし（洲濱寿晴）「山陰民俗研究」 山陰民俗学会 （16） 2011.03

書評『里山 いのちの譜 中国山地の暮らしを訪ねて』 文 正本眞理子・写真 金山一宏 A5判・236頁・みずのわ出版発行（佐田尾信作［作］）「広島民俗」 広島民俗学会 （80） 2013.08

中国　　　　　　　　　　　　　　　　　　　郷土に伝わる民俗と信仰

西瀬戸島嶼

西瀬戸島嶼巡航記―生業民俗資料（野本寛一）「民俗文化」　近畿大学民俗
学研究所　（10）　1998.3

西中国山地

西中国山地の棚田の民俗（神田三亀男）「広島民俗」　広島民俗学会　52
1999.8

西中国山地棚田の民俗誌（神田三亀男）「広島民俗」　広島民俗学会　61
2004.3

講演西中国山地と瀬戸内海の神楽（三村泰臣）「山陰民俗研究」　山陰民俗
学会　（10）　2005.2

日本海

書誌紹介　『日本海沿岸地域における民俗文化』（稲雄次）「秋田民俗」　秋
田文化出版　27　2001.6

日本海の小型和船（赤羽正春）「利根川文化研究」　利根川文化研究会
通号25　2004.8

日本海食材の恩恵（神田三亀男）「広島民謡」　広島民俗学会　（63）
2005.3

出雲神話と日本海（開館10周年記念特別展「日本海の至宝」記念講演
録）（小川直之）「新潟県立歴史博物館研究紀要」　新潟県立歴史博物館
（12）　2011.03

佐渡・岩屋山洞窟の宝篋印塔と中世の北東日本海物流（齋藤瑞穂）「新潟
史学」　新潟史学会　（65）　2011.05

備中西国

歴史散歩　備中西国巡礼行脚（斎藤彰男）「高梁川」　高梁川流域連盟
（59）　2001.12

予讃瀬戸

予讃瀬戸・島々の虫送り（山岸誉）「民俗文化」　近畿大学民俗学研究所
（10）　1998.3

鳥取県

赤碕町

赤碕町の氏神社（中村芳雄）「鳥取民俗懇話会会報」［鳥取民俗懇話会］（4）2000.4

赤碕町における地名と民俗（中村芳雄）「鳥取民俗懇話会会報」［鳥取民俗懇話会］（5）2002.4

汗入

幻の汗入荒神神楽（坂田友宏）「伯耆文化研究」 伯耆文化研究会 （11）2009.11

阿太郷

阿太郷の伝承と生活（長野晃子）「昔風と当世風」 古々路の会 （87）2004.10

雨滝

七段の滝と雨蛇 雨滝の正体（山本寛孝）「郷土文化ながと」 長門市郷土文化研究会 14 2002.5

安国寺領

西禅寺と伯耆安国寺領（日置粂左ヱ門）「新修米子市史だより」 米子市史編さん事務局 9 1999.3

安養寺

郷土の中世史資料「安養寺縁起」（畠中弘）「新修米子市史だより」 米子市史編さん事務局 7 1998.3

安養寺縁起絵巻（杉本良巳）「新修米子市史だより」 米子市史編さん事務局 12 2001.3

因幡

鳥取市内に残る日蓮像と池田藩樗谿神社の背景―因幡紀行から（鯨岡勝成）「史峰」 新進考古学同人会 27 2000.2

古代史ロマン 「因幡の白いうさぎ」が今でも伊那路に？（安田新）「伊那路」 上伊那郷土研究会 48（12）通号575 2004.12

舞の動作構成から見た因幡麒麟獅子の"類縁"関係の推定の試み（天野裕章，小林朋道）「鳥取県立博物館研究報告」 鳥取県立博物館 （43）2006.3

因幡二十士関係文書（8）山口正次談話記／京都本國寺事件ニ関スル座談記事（岡田年正）「伯耆文化研究」 伯耆文化研究会 （9）2007.11

因幡・伯耆の威嚇猟―資料集成の概要（天野武）「西郊民俗」［西郊民俗談話会］（206）2009.03

平安末期における天台僧の修行巡礼―青蓮院門跡吉水蔵聖教にみえる備前・因幡・伯耆（岡野浩二）「倉敷の歴史」 倉敷市総務局総務部（19）2009.03

環境民俗学ノート（3）因幡の白兎小考（1）因幡の白兎は白いのか／（2）因幡のワニはサメなのか（木村成生）「えちぜんわかさ ： 福井の民俗文化」 福井民俗の会 （22）2009.08

因幡と但馬の人・もの・文化の交流（特集）（浅井慶紀）「鳥取民俗懇話会会報」［鳥取民俗懇話会］（9）2011.08

因幡・但馬に共通する民俗文化財（特集）（福代宏）「鳥取民俗懇話会会報」［鳥取民俗懇話会］（9）2011.08

因幡のワニはサメなのか 稲作の伝播からワニを考える（特集 日本民族の起源 第2弾 邪馬台国前史）（木村成生）「季刊邪馬台国」「季刊邪馬台国」編纂委員会，梓書院（発売）（113）2012.04

9月報告要旨 『因幡誌』の語る神話―近世神話の誕生（石田敏紀）「鳥取地域史通信」 鳥取地域史研究会 （189）2012.10

『因幡志』の「神話」叙述―創造される「大国主命」、「ウサギ」、「八上比売」の「神話」（研究ノート）（石田敏紀）「鳥取地域史研究」 鳥取地域史研究会 （15）2013.3

利尻島に渡った因幡の麒麟を受け継ぐ 利尻麒麟獅子舞うる（第49回北海道文化財保護功労者表彰を受賞して）（西谷榮治）「文化情報」 北海道文化財保護協会 （341）2014.01

因幡堂

9月例会 『因幡堂縁起』諸本での薬師如来像の語られ方―像容の変化と縁起（石田敏紀）「鳥取地域史通信」 鳥取地域史研究会 （165）2010.10

因幡東照宮

因幡東照宮と権現祭り（例会から）（中村忠文）「鳥取民俗懇話会会報」［鳥取民俗懇話会］（8）2009.04

因幡国

因幡国の神葬祭運動―文化年中を中心にして（田村達也）「鳥取地域史研究」 鳥取地域史研究会 通号1 1999.2

他国へ移住した石見漁民の伝承―因幡国と佐渡国のこと（児島俊平）「郷土石見 ： 石見郷土研究懇話会機関誌」 石見郷土研究懇話会 （82）2009.12

12月例会報告 「理性院・金剛王院等相承血脈次第」について―国衙領にみる後南朝と因幡国（石井伸宏）「鳥取地域史通信」 鳥取地域史研究会 （180）2012.1

因幡薬師霊場

因幡薬師霊場めぐり（例会から）（浅井慶紀）「鳥取民俗懇話会会報」［鳥取民俗懇話会］（8）2009.04

犬山神社

犬飼部資料―鳥取県八頭郡の犬山神社（北野晃）「民俗文化」 滋賀民俗学会 （519）2006.12

岩井郡

旧岩井郡の村々民俗覚書き―信仰について（吉田政博）「鳥取民俗懇話会会報」［鳥取民俗懇話会］（4）2000.4

岩倉村

岩倉村の伝承（田中勢一郎）「鳥取民俗懇話会会報」［鳥取民俗懇話会］（3）1999.3

因州

史料紹介 池田光政の「妙心寺ノ事因州へ申遣書付」について（倉地克直）「岡山地方史研究」 岡山地方史研究会 通号122 2010.12

因州東照宮

資料紹介 「因州東照宮祭礼御予参行列図巻」（来見田博基）「鳥取県立博物館研究報告」 鳥取県立博物館 （45）2008.3

因伯

近世因伯の視覚障害者の暮らしとその芸能（川上廸彦）「伯耆文化研究」 伯耆文化研究会 （6）2004.11

「因伯の天狗話」（《特集 民話》）（田中勢一郎）「鳥取民俗懇話会会報」［鳥取民俗懇話会］（7）2007.4

宇気河口神社

星のメルヘン 米子の七夕祭と宇気河口（うけ・かわぐち）神社（大原俊二）「伯耆文化研究」 伯耆文化研究会 （7）2005.11

浦富

岩美町蒲生川流域と浦富地区の地名と民俗を訪ねて（巽新）「山陰・鳥取の地名を愛する会会報」 山陰・鳥取の地名を愛する会 （9）2000.3

江波

江波三番叟のロマン（例会内容）（徳永耕一，西尾栄治）「鳥取民俗懇話会会報」［鳥取民俗懇話会］（6）2005.4

縁浄寺

縁浄寺と光澤寺（〈2003年度第1回定例会〉―研究発表）（山根秀明）「鳥取県部落史研究会のあゆみ」 鳥取県部落史研究会 （4）2004.3

円通寺

「円通寺人形芝居」に見たもの―民衆の祈りと誇りと（松田章義）「解放研究とっとり ： 研究紀要」 鳥取県人権文化センター （2）2000.3

『山名家譜』所収の但馬国「円通寺文書」について（渡邊大門）「鳥取地域史研究」 鳥取地域史研究会 （5）2003.2

差別と闘っている人たちの生き方に学ぼう―「円通寺人形芝居」保存会のみなさんとの出会いを通して（実践報告）（能藤伸子，俵輝夫）「解放研究とっとり ： 研究紀要」 鳥取県人権文化センター （9）2007.2

樗谿神社

鳥取市内に残る日蓮像と池田藩樗谿神社の背景―因幡紀行から（鯨岡勝成）「史峰」 新進考古学同人会 27 2000.2

大堤

溜池での漁に見る水田稲作の論理―鳥取市気高町大堤「うぐい突き」の事例から（松田睦彦）「民具マンスリー」 神奈川大学 45（7）通号535 2012.10

岡益の石堂

「岡益の石堂」の調査について（中原斉）「鳥取地域史通信」 鳥取地域史研究会 3（7）1999.7

例会報告要旨岡益の石堂と伊福吉郎氏（中山和之）「鳥取地域史通信」 鳥取地域史研究会　2005（8）　2005.8

岡益廃寺

岡益廃寺層塔に関する一考察（森章）「史迹と美術」 史迹美術同攷会　69（10）通号700　1999.12

奥谷

郡家町奥谷の年中行事（例会内容）（福代宏）「鳥取民俗懇話会会報」［鳥取民俗懇話会］ （6）　2005.4

小田谷

生きている荒神信仰の実態―岩美町小田谷を歩いて（吉田政博）「鳥取民俗懇話会会報」［鳥取民俗懇話会］ （5）　2002.4

会見郡

伯耆国会見郡の古代中世社会を考える―説話物語・かたりものなどをもとに考察（國田俊雄）「伯耆文化研究」 伯耆文化研究会　（15）　2014.5

霞

日南町霞のトンド（森納）「鳥取民俗懇話会会報」［鳥取民俗懇話会］ （4）　2000.4

霞寺ヶ宇根遺跡

鳥取県日南町における宝篋印塔とその石村―霞寺ヶ宇根遺跡の調査を中心に（中森祥）「日引 ： 石造物研究会会誌」 2　2001.10

金屋

当館のこの一点 用瀬町郷土歴史館 金屋の鋳物―御綸旨・掟書・梵鐘基型等「歴民協会報」 鳥取県歴史民俗資料館等連絡協議会　（28）　2000.6

上味野

鳥取の初午行事―鳥取市上味野地区を中心に（隠岐・山陰沿岸の民俗）（原島知子）「民俗文化」 近畿大学民俗学研究所　（23）　2011.06

上淀

上淀の八朔行事（例会から）（福代宏）「鳥取民俗懇話会会報」［鳥取民俗懇話会］ （8）　2009.04

上淀廃寺

上淀廃寺出土彩色復元レプリカ―変身した壁画（［資料紹介］）（岸本浩忠）「郷土と博物館」 鳥取県立博物館　43（2）　1998.3

上淀廃寺出土壁画の彩色復元（岸本浩忠）「鳥取県立博物館研究報告」 鳥取県立博物館　通号35　1998.3

上淀廃寺跡

淀江・古代の丘 上淀廃寺跡と妻木晩田遺跡「郷土史紀行」 ヒューマン・レクチャー・クラブ　11　2001.6

蒲生川流域

岩美町蒲生川流域と浦富地区の地名と民谷を訪ねて（巽新）「山陰・鳥取の地名を愛する会会報」 山陰・鳥取の地名を愛する会　（9）　2000.3

賀露神社

海峡を隔てて響き合うホーエン祭り歌（濱辺誠二）「伯耆文化研究」 伯耆文化研究会　（8）　2006.11

河原町

河原町の民俗行事を語る会が行なっている民俗行事（例会内容）（蓮佛金吾）「鳥取民俗懇話会会報」［鳥取民俗懇話会］ （6）　2005.4

感応寺

感応寺の鐘/城跡の民有地、市が買収し「史跡公園」に「中村家の会会報」 中村家の会　（30）　2008.6

行者山

岩美町荒金の行者山と「行者さんのまつり」（福代宏）「郷土と博物館」 鳥取県立博物館　50通号94　2005.3

倉田八幡宮

八幡宮紹介 倉田八幡宮（鳥取県鳥取市）「季刊悠久.第2次」 鶴岡八幡宮悠久事務局　（102）　2006.1

倉吉

文献からみた倉吉稲扱千歯について―近世倉吉稲扱の生産（山脇幸人）「鳥取地域史通信」 鳥取地域史研究会　2003（6）　2003.6

倉吉絣と大和絣―倉吉絣新研究のヒント（山脇幸人）「鳥取地域史通信」 鳥取地域史研究会　2007（6）　2007.6

横浜市歴史博物館「千歯扱き―倉吉・若狭・横浜―」2013年1月26日～3月24日（展示批評）（榎美香）「民具研究」 日本民具学会　（148）　2013.10

倉吉市

鳥取県倉吉市の木喰仏をたずねて（川島綾子）「微笑佛」 全国木喰研究会　（10）　2002.5

景福寺

因幡・景福寺掃苔録（大竹憲治）「史峰」 新進考古学同人会　27　2000.2

興禅寺

興禅寺（鳥取市）の天井画について（山下真由美）「鳥取県立博物館研究報告」 鳥取県立博物館　（46）　2009.03

興禅寺（鳥取市）の天井画の作者について（山下真由美）「鳥取県立博物館研究報告」 鳥取県立博物館　（47）　2010.03

光沢寺

縁浄寺と光澤寺（《2003年度第1回定例会》―研究発表）（山根秀明）「鳥取県部落史研究会のあゆみ」 鳥取県部落史研究会　（4）　2004.3

河野神社

鳥取県河野神社宮司 河野通仁氏来訪―東氏の出自 調査に（土屋清實）「東庄の郷土史」 東庄郷土史研究会　（29）　2013.07

弘福寺

リレーエッセイ 弘福寺とその周辺をたずねて（岸本覺）「鳥取地域史通信」 鳥取地域史研究会　2006（6）　2006.6

駒帰

百年前の山村農家はどれだけの民具を持っていたか―鳥取県智頭町駒帰の場合（川上迪彦）「民具マンスリー」 神奈川大学　34（5）通号401　2001.8

湖山池

巻頭言 湖山池周辺の神社等について（田村達也）「鳥取地域史研究」 鳥取地域史研究会　（15）　2013.03

西禅寺

西禅寺と伯耆安国寺領（日置粂左ヱ門）「新修米子市史だより」 米子市史編さん事務局　9　1999.3

坂本社

『時範記』にみる「坂本社」とは（巽新）「山陰・鳥取の地名を愛する会会報」 山陰・鳥取の地名を愛する会　（12・13）　2004.3

酒津のトンドウ

「酒津のトンドウ」の変容と伝承（例会から）（原島知子）「鳥取民俗懇話会会報」［鳥取民俗懇話会］ （8）　2009.04

佐治

鳥取市佐治歴史民俗資料館所蔵民具の調査（樫村賢二）「民具研究」 日本民具学会　（139）　2009.03

佐治の板笠と民俗資料の収集の経緯（中島嘉吉）「民具マンスリー」 神奈川大学　43（11）通号515　2011.02

国登録有形民俗文化財 鳥取県「佐治の板笠製作用具と製品」について（樫村賢二）「民具マンスリー」 神奈川大学　43（11）通号515　2011.02

佐治谷

「佐治谷話」は先人の遺産―新しい時代へ語り継ぎを（小林龍雄）「鳥取民俗懇話会会報」［鳥取民俗懇話会］ （5）　2002.4

晩秋の佐治谷を訪ねて（《特集 民話》）（高田智恵子）「鳥取民俗懇話会会報」［鳥取民俗懇話会］ （7）　2007.4

三仏寺

三徳山三佛寺投入堂・霊峰大山、大山寺・足立美術館の旅（平野茂）「下野史談」 下野史談会　（104）　2007.6

市外探訪 鳥取県大山寺・三仏寺（平成18年度文化財現地探訪報告）（山本満寿美）「ふるさと山口」 山口の文化財を守る会　（28）　2007.6

三徳山・三佛寺関係資料《三徳山特集》―〈シンポジウム 蔵王権現ゆかりの三霊山の縁起・伝承―三光仏の浄土〉）（三朝町教育委員会）「山岳修験」 日本山岳修験学会，岩田書院（発売）（40）　2007.11

三徳山三佛寺所蔵木造勝手権現像について（研究報告）「奈良文化財研究所紀要」 奈良文化財研究所　2014　2014.06

三仏寺投入堂

塗装と飾金具、国宝・三仏寺投入堂の荘厳「奈良文化財研究所紀要」 奈良文化財研究所　2007　2007.6

三明寺

三明寺の歴史を探ねて（鳥取県部落解放研究所）「解放研究とっとり ： 研究紀要」 鳥取県人権文化センター　（10）　2008.2

下福万

資料紹介 下福万阿弥陀堂地蔵尊/下福万の墓石/八幡のソデイ（中尾慶治郎）「鳥取の部落史研究」 鳥取の部落史研究会　（1）　2000.1

下船岡神社

下船岡神社神幸式について（例会から）（福代宏）「鳥取民俗懇話会会報」［鳥取民俗懇話会］ （9）　2011.08

正善院

三徳山の御幸神事について―正善院所蔵「年中行事」を中心に（坂田友宏）「伯耆文化研究」 伯耆文化研究会 （7） 2005.11

船上山

後醍醐天皇行宮跡 船上山を訪ねる（藤井敬一）「史談いばら」 井原史談会 27 2000.3

千代川

千代川の筏流しと智頭の元木（本木）調度（大北英太郎）「鳥取地域史研究」 鳥取地域史研究会 （8） 2006.2

千代川流域

千代川流域の「川」文化（例会内容）（広富博）「鳥取民俗懇話会会報」 ［鳥取民俗懇話会］ （6） 2005.4

総泉寺

子狐を抱く不動明王像 鳥取県米子市愛宕町38 総泉寺（あ・ら・か・る・と―私の石仏案内）（中森勝之）「日本の石仏」 日本石仏協会，青蛾書房（発売）（149） 2014.03

大山

「弥山禅定」と「もひとり神事」（福代宏）「鳥取県立博物館研究報告」 鳥取県立博物館 通号36 1999.3

大山・神の国の山へ（奥野博実）「Sala : 歴史民俗誌」 常民学舎 33 2003.2

大山信仰と遭難史（涌嶋黎二）「新修米子市史だより」 米子市史編さん事務局 19 2004.9

大山周辺の道標《〈特集 民話〉―〈例会から〉》（加藤要治）「鳥取民俗懇話会会報」 ［鳥取民俗懇話会］ （7） 2007.4

三徳山三佛寺投入堂・霊峰大山、大山寺・足立美術館の旅（平野茂）「下野史談」 下野史談会 （104） 2007.6

伯耆大山の弥山禅定（もひとり神事）（福代宏）「山岳修験」 日本山岳修験学会，岩田書院（発売）（41） 2008.3

講演 島根半島・大山・三徳山の山岳信仰を観る新たな視点（山本義孝）「山陰民俗研究」 山陰民俗学会 （19） 2014.03

大山寺

大山寺の一通の文書をめぐって（太田順三）「新修米子市史だより」 米子市史編さん事務局 11 2000.3

米子と「弓ヶ浜」が初めて描かれた絵 「大山寺縁起絵巻」再発見（畠中弘）「新修米子市史だより」 米子市史編さん事務局 15 2002.9

大山寺、妻木・晩田遺跡の探訪について（編集部）「郷土」 西城町郷土研究会 82 2003.2

現地探訪資料 大山寺、妻木・晩田遺跡の概要（新田成美）「郷土」 西城町郷土研究会 82 2003.2

例会報告要旨 大山寺史考（杉本良巳）「鳥取地域史通信」 鳥取地域史研究会 2005（5） 2005.5

伯耆大山と大山寺の文化財（清水俊明）「野ほとけ」 奈良石仏会 （399） 2005.7

大山寺史覚書き（杉本良巳）「伯耆文化研究」 伯耆文化研究会 （7） 2005.11

地方霊山の入峰空間と寺社縁起―丹沢と大山寺修験（城川隆生）「山岳修験」 日本山岳修験学会，岩田書院（発売）（39） 2007.3

三徳山三佛寺投入堂・霊峰大山、大山寺・足立美術館の旅（平野茂）「下野史談」 下野史談会 （104） 2007.6

市外探訪 鳥取県大山寺・三仏寺（平成18年度文化財現地探訪報告）（山本満寿美）「ふるさと山口」 山口の文化財を守る会 （28） 2007.6

幕末の大山寺（杉本良巳）「伯耆文化研究」 伯耆文化研究会 （9） 2007.11

大山寺領に大鍛冶打込（影山猛）「伯耆文化研究」 伯耆文化研究会 （13） 2012.03

表紙写真 大山寺（鳥取県）「月刊歴史ジャーナル」 NPO法人尾道文化財研究所 （107） 2012.11

大楽院

「河村郡泊村山伏大楽院文書」の翻刻と紹介（資料紹介）（大嶋陽一）「鳥取地域史研究」 鳥取地域史研究会 （14） 2012.2

3月報告要旨 「河村郡泊村大楽院文書」の紹介（大嶋陽一）「鳥取地域史通信」 鳥取地域史研究会 （183） 2012.4

智頭

風鎮めと火伏せの祭り―出雲大社・諏訪大社・智頭諏訪神社の事例から（坂田友宏）「山陰民俗研究」 山陰民俗学会 6 2001.3

千代川の筏流しと智頭の元木（本木）調度（大北英太郎）「鳥取地域史研究」 鳥取地域史研究会 （8） 2006.2

長谷寺

長谷寺の絵馬（浅井慶紀）「鳥取民俗懇話会会報」 ［鳥取民俗懇話会］

（3） 1999.3

春米

若桜町春米の葬送習俗（会員投稿）（坂田友宏）「鳥取民俗懇話会会報」 ［鳥取民俗懇話会］ （8） 2009.04

辻堂

在方資料に見える近世の辻堂（近藤滋）「新修米子市史だより」 米子市史編さん事務局 （23） 2006.9

所子

所子の喧嘩凧（坂田友宏）「伯耆文化研究」 伯耆文化研究会 （12） 2010.11

鳥取

鳥取こぼれ話（1） 石がま（伊藤康晴）「（仮称）鳥取市博物館だより」 鳥取市教育委員会博物館建設課 （1） 1997.10

鳥取の天狗ばなし（福代宏）「郷土と博物館」 鳥取県立博物館 43（2） 1998.3

私と民俗学について（吉田政博）「鳥取民俗懇話会会報」 ［鳥取民俗懇話会］ （3） 1999.3

屋号「大寿屋」のこと（谷上嘉典）「鳥取民俗懇話会会報」 ［鳥取民俗懇話会］ （3） 1999.3

再び「女人禁制」を考察する（3）（安富伸子）「鳥取民俗懇話会会報」 ［鳥取民俗懇話会］ （3） 1999.3

サイノカミの藁馬作り（石田幸安）「鳥取民俗懇話会会報」 ［鳥取民俗懇話会］ （3） 1999.3

横津長者の地蔵（山崎由基夫）「鳥取民俗懇話会会報」 ［鳥取民俗懇話会］ （3） 1999.3

ふるさとづくりと民の文化について（山本大順）「鳥取民俗懇話会会報」 ［鳥取民俗懇話会］ （3） 1999.3

悪鬼を追い払う（塩谷宗之助）「鳥取民俗懇話会会報」 ［鳥取民俗懇話会］ （3） 1999.3

片足神と片足わらじ（立石憲利）「鳥取民俗懇話会会報」 ［鳥取民俗懇話会］ （4） 2000.4

ある結婚誓約起請文のこと（川上廸彦）「鳥取民俗懇話会会報」 ［鳥取民俗懇話会］ （4） 2000.4

弘法大師さまと川の話（塩谷宗之助）「鳥取民俗懇話会会報」 ［鳥取民俗懇話会］ （4） 2000.4

ほんやりと「民俗」の橋をわたる（須崎俊雄）「鳥取民俗懇話会会報」 ［鳥取民俗懇話会］ （4） 2000.4

蜘蛛の古俗（蓮仏金吾）「鳥取民俗懇話会会報」 ［鳥取民俗懇話会］ （4） 2000.4

民間療法としての滝治療（森納）「鳥取民俗懇話会会報」 ［鳥取民俗懇話会］ （4） 2000.4

「民話」語り活動雑感（小林龍雄）「鳥取民俗懇話会会報」 ［鳥取民俗懇話会］ （4） 2000.4

民芸と民俗（川上純子）「鳥取民俗懇話会会報」 ［鳥取民俗懇話会］ （4） 2000.4

地域博物館の常設展示と村落史（伊藤康晴）「鳥取地域史通信」 鳥取地域史研究会 4（10） 2000.10

鳥取の人形芝居について二十年ぶりに考えてみた（岡崎茂）「鳥取の部落史研究」 鳥取の部落史研究会 （2） 2001.1

書評 酒井董美著『鳥取ふるさとの民話』（鵜野祐介）「北東アジア文化研究」 鳥取短期大学 （13） 2001.3

戊辰戦争と招魂祭―鳥取招魂社起源（岸本覚）「鳥取地域史研究」 鳥取地域史研究会 （4） 2002.2

狂犬病と野犬狩り（森納）「鳥取民俗懇話会会報」 ［鳥取民俗懇話会］ （5） 2002.4

イヌ雑考（加藤一郎）「鳥取民俗懇話会会報」 ［鳥取民俗懇話会］ （5） 2002.4

朱印船で伝わった作物のその後（渡辺順一）「鳥取民俗懇話会会報」 ［鳥取民俗懇話会］ （5） 2002.4

「語り」の一日―民話を語る事の幸せ（岡田敬子）「鳥取民俗懇話会会報」 ［鳥取民俗懇話会］ （5） 2002.4

「きよ」のわらべ唄（谷上嘉典）「鳥取民俗懇話会会報」 ［鳥取民俗懇話会］ （5） 2002.4

カヤ（茅）の民俗の由来を探究して（蓮仏金吾）「鳥取民俗懇話会会報」 ［鳥取民俗懇話会］ （5） 2002.4

南方熊楠と変形菌（山崎良作）「鳥取民俗懇話会会報」 ［鳥取民俗懇話会］ （5） 2002.4

ふるさとづくりと民の文化（3）（山本大順）「鳥取民俗懇話会会報」 ［鳥取民俗懇話会］ （5） 2002.4

私の家族生活（安富伸子）「鳥取民俗懇話会会報」 ［鳥取民俗懇話会］ （5） 2002.4

「小字」の運命（丸山永）「鳥取民俗懇話会会報」 ［鳥取民俗懇話会］ （5） 2002.4

鳥取の食文化(8) 城下町鳥取の豆腐屋さん(坂本敬司)「郷土と博物館」 鳥取県立博物館 48通号92 2003.3

「扱く」という脱穀方式、そして千歯扱の成立(堀尾尚志)「鳥取地域史通信」 鳥取地域史研究会 2003(6) 2003.6

摩利支天信仰(資料紹介)(柴田年美, 中尾慶治郎)「鳥取の部落史研究」 鳥取の部落史研究会 (4) 2004.1

鳥取の食文化(9)5代藩主池田重寛の食生活(坂本敬司)「郷土と博物館」 鳥取県立博物館 49通号93 2004.3

鳥取の食文化(10) 平安貴族のテーブルマナー(石田敏紀)「郷土と博物館」 鳥取県立博物館 50通号94 2005.3

村と生活(例会内容)(吉田政博)「鳥取民俗懇話会会報」 [鳥取民俗懇話会] (6) 2005.4

民話と民俗(例会内容)(小林龍雄)「鳥取民俗懇話会会報」 [鳥取民俗懇話会] (6) 2005.4

失われていく正月行事(例会内容)(浅井慶紀)「鳥取民俗懇話会会報」 [鳥取民俗懇話会] (6) 2005.4

諏訪神社の柱祭り(浅井慶紀)「鳥取民俗懇話会会報」 [鳥取民俗懇話会] (6) 2005.4

茅葺き屋根・その材料について(川上竗彦)「鳥取民俗懇話会会報」 [鳥取民俗懇話会] (6) 2005.4

若者の行事(田中新次郎)「鳥取民俗懇話会会報」 [鳥取民俗懇話会] (6) 2005.4

民間で活動した修験者たち(吉田政博)「鳥取民俗懇話会会報」 [鳥取民俗懇話会] (6) 2005.4

山の中にある舟付場(山崎由基夫)「鳥取氏俗懇話会会報」 [鳥取民俗懇話会] (6) 2005.4

民話の語り継ぎ 民俗の実践(小林龍雄)「鳥取民俗懇話会会報」 [鳥取民俗懇話会] (6) 2005.4

とっとり民俗ごよみ「鳥取民俗懇話会会報」 [鳥取民俗懇話会] (6) 2005.4

鳥取の旧家 河本家の由緒と保存文書から―水戸との所縁を探る(小谷恵造)「水戸史学」 水戸史学会 (63) 2005.11

鳥取の山岳信仰―二つの国峰から(福代宏)「山陰民俗研究」 山陰民俗学会 (11) 2006.2

近世後期幕府の歴史・地誌編纂と池田冠山(岸本覚)「鳥取地域史研究」 鳥取地域史研究会 (9) 2007.2

語り部の独り言(《特集 民話》)(岡田敬子)「鳥取民俗懇話会会報」 [鳥取民俗懇話会] (7) 2007.4

わたしと民話(《特集 民話》)(石山易枝)「鳥取民俗懇話会会報」 [鳥取民俗懇話会] (7) 2007.4

小学校で民話を語って(《特集 民話》)(吉岡郁恵)「鳥取民俗懇話会会報」 [鳥取民俗懇話会] (7) 2007.4

語り継がれた背景にあるもの(《特集 民話》)(福代宏)「鳥取民俗懇話会会報」 [鳥取民俗懇話会] (7) 2007.4

移住と文化の伝播(《特集 民話》―〈例会から〉)(小山富見男)「鳥取民俗懇話会会報」 [鳥取民俗懇話会] (7) 2007.4

明治・大正・昭和 鳥取の暮らし(《特集 民話》―〈例会から〉)(佐々木孝文)「鳥取民俗懇話会会報」 [鳥取民俗懇話会] (7) 2007.4

八手(やつで)の葉にまつわる婆さん(祖母)の思い出(《特集 民話》―〈例会から〉)(中村芳雄)「鳥取民俗懇話会会報」 [鳥取民俗懇話会] (7) 2007.4

相撲の民俗(《特集 民話》―〈例会から〉)(浅井慶紀)「鳥取民俗懇話会会報」 [鳥取民俗懇話会] (7) 2007.4

旅と温泉の民俗について(《特集 民話》)(山本大順)「鳥取民俗懇話会会報」 [鳥取民俗懇話会] (7) 2007.4

各地の取組み 鳥取における民具調査の取組み(樫村賢二)「民具マンスリー」 神奈川大学 40(5)通号473 2007.8

8月例会報告要旨 鳥取の愛宕信仰(原島知子)「鳥取地域史通信」 鳥取地域史研究会 2007(9) 2007.9

12月例会報告要旨 建造物からみる鳥取の地域性について―近代和風建築総合調査をとおして(松本絵理)「鳥取地域史通信」 鳥取地域史研究会 2008(1) 2008.1

リレーエッセイ 年末の恒例行事(大嶋陽一)「鳥取地域史通信」 鳥取地域史研究会 2008(1) 2008.1

鳥取のわらべ歌に見る『古今童謡』の名残(トピック)(酒井董美)「音夢 : わらべ館童謡・唱歌研究情報誌」 鳥取童謡・おもちゃ館 (2) 2008.3

鳥取の愛宕信仰(原島知子)「山陰民俗研究」 山陰民俗学会 (13) 2008.3

鳥取民俗懇話会の歩み(1) 鳥取の民俗学(森納)「鳥取民俗懇話会会報」 [鳥取民俗懇話会] (8) 2009.04

鳥取民俗懇話会の歩み(2) 鳥取民俗学会から鳥取民俗懇話会へ(吉田政博)「鳥取民俗懇話会会報」 [鳥取民俗懇話会] (8) 2009.04

今の民俗を語る(浅井慶紀)「鳥取民俗懇話会会報」 [鳥取民俗懇話会] (8) 2009.04

建築からみる生活のうつりかわり(例会から)(松本絵理)「鳥取民俗懇話会会報」 [鳥取民俗懇話会] (8) 2009.04

民俗学からみた「めだか」、あれこれ(例会から)(竹内哲郎)「鳥取民俗懇話会会報」 [鳥取民俗懇話会] (8) 2009.04

明治初期の庶民の生活と取り締まり(例会から)(浅井慶紀)「鳥取民俗懇話会会報」 [鳥取民俗懇話会] (8) 2009.04

鳥取西部の綿栽培用具(例会から)(樫村賢二)「鳥取民俗懇話会会報」 [鳥取民俗懇話会] (8) 2009.04

石像家「川六」表現された独創性(例会から)(青木清輝)「鳥取民俗懇話会会報」 [鳥取民俗懇話会] (8) 2009.04

「ごろべえさん」の墓に小便をかける話(会員投稿)(吉田政博)「鳥取民俗懇話会会報」 [鳥取民俗懇話会] (8) 2009.04

消えゆく手仕事 海松細工(会員投稿)(岡田敬子)「鳥取民俗懇話会会報」 [鳥取民俗懇話会] (8) 2009.04

我が家の雑煮(会員投稿)(加藤佐永子)「鳥取民俗懇話会会報」 [鳥取民俗懇話会] (8) 2009.04

大晦日の行事「貧乏神・福の神」(M家に伝わる民俗行事)(会員投稿)(山崎由基夫)「鳥取民俗懇話会会報」 [鳥取民俗懇話会] (8) 2009.04

京都府立丹後郷土資料館編『丹後丹波の薬師信仰―麻呂子皇子鬼退治伝説の源流を求めて』(2008年10月)/鳥取県立博物館編『はじまりの物語―縁起絵巻に描かれた古のとっとり』(2008年10月)(文献案内)(藤原重雄)「東京大学史料編纂所附属画像史料解析センター通信」 東京大学史料編纂所 (46) 2009.07

リレーエッセイ 城下町鳥取のお茶事情(大嶋陽一)「鳥取地域史通信」 鳥取地域史研究会 2009(12) 通号155 2009.12

巻頭言 庶民が歴史にうかびあがる手記と口承(田村達也)「鳥取地域史研究」 鳥取地域史研究会 (12) 2010.02

リレーエッセイ 松葉ガニの販売地がわかる最古の文献?(来見田博基)「鳥取地域史通信」 鳥取地域史研究会 (159) 2010.03

『古今童謡』と鳥取のわらべ歌(研究ノート)(酒井董美)「音夢 : わらべ館童謡・唱歌研究情報誌」 鳥取童謡・おもちゃ館 (4) 2010.03

鳥取の初午行事―鳥取市上味野地区を中心に(隠岐・山陰沿岸の民俗)(原島知子)「民俗文化」 近畿大学民俗学研究所 (23) 2011.06

7月例会報告要旨 明治初期の初婚年齢についての覚書(大川篤志)「鳥取地域史通信」 鳥取地域史研究会 (175) 2011.08

木地師の交流と正月飾り(特集)(吉田政博)「鳥取民俗懇話会会報」 [鳥取民俗懇話会] (9) 2011.08

鳥取城下寺町の寺院について(例会から)(巽新)「鳥取民俗懇話会会報」 [鳥取民俗懇話会] (9) 2011.08

「詩と民俗」考(例会から)(北尾勲)「鳥取民俗懇話会会報」 [鳥取民俗懇話会] (9) 2011.08

鳥取の天狗像(高橋成)「山陰民俗研究」 山陰民俗学会 (17) 2012.03

鳥取の趣味家・板祐生と郷土玩具、そして大阪(特集 おおさかの郷土玩具)(市道和豊)「大阪春秋」 新風書房 40(2)通号147 2012.07

4月例会報告要旨 近世後期における神職の活動―飯田家文書・元書類を中心に(岸本覚)「鳥取地域史通信」 鳥取地域史研究会 (196) 2013.05

鳥取県

鳥取県西部の盆踊り(永井猛)「山陰民俗研究」 山陰民俗学会 3 1997.3

鳥取県の食文化(1)―雑煮の話(複代宏)「郷土と博物館」 鳥取県立博物館 43(1) 1997.9

「民俗」の知恵を地域の活性化に(米沢秀介)「歴民協会報」 鳥取県歴史民俗資料館等連絡協議会 (23) 1997.11

鳥取県東部の廻国供養塔リスト(坂本敬司)「鳥取県立博物館研究報告」 鳥取県立博物館 通号35 1998.3

鳥取県の鬼(補筆)(中野譲)「六甲倶楽部報告」 六甲倶楽部 44 1998.5

「ハレの食事」調査中間報告(事務局)「歴民協会報」 鳥取県歴史民俗資料館等連絡協議会 (24) 1998.6

平成10年度方言調査(虫の呼び名)に向けて(岸本浩忠)「歴民協会報」 鳥取県歴史民俗資料館等連絡協議会 (25) 1998.11

古老が語る部落のあゆみ(1)―部落の生業を中心に(鳥取県部落解放研究所)「解放研究とっとり : 研究紀要」 鳥取県人権文化センター (1) 1999.3

藩政資料「在方諸事捌帳」にみる部落と農業(史料紹介)(宇田川宏)「解放研究とっとり : 研究紀要」 鳥取県人権文化センター (1) 1999.3

鳥取県の食文化(4) 松葉ガニ(坂本敬司)「郷土と博物館」 鳥取県立博物館 44(2)通号88 1999.3

鳥取県内の歯痛信仰について(森納)「鳥取民俗懇話会会報」 [鳥取民俗懇話会] (3) 1999.3

歴民協の15年(田中弘道)「歴民協会報」 鳥取県歴史民俗資料館等連絡協議会 (26) 1999.6

12月8日の食事―「ハレの食事」調査報告(2)(石田敏紀)「歴民協会報」 鳥取県歴史民俗資料館等連絡協議会 (26) 1999.6

鳥取県の方言（虫の呼び名）調査の報告（事務局）「歴民協会報」　鳥取県歴史民俗資料館等連絡協議会　（27）1999.11

押絵雛のこと―鳥取県及び福岡周辺の調査から（木下守）「信濃［第3次］」信濃史学会　52（1）通号600　2000.1

史料紹介　藩政資料「在方諸事取捌帳」にみる部落とその周辺（宇田川宏）「解放研究とっとり：研究紀要」　鳥取県人権文化センター　（2）2000.3

古老が語る部落のあゆみ（2）―解放運動と農地解放・山林解放（鳥取県部落解放研究所）「解放研究とっとり：研究紀要」　鳥取県人権文化センター　（2）2000.3

鳥取県の食文化　盆の刺鯖小考（代代宏）「郷土と博物館」　鳥取県立博物館　45通号89　2000.3

調査報告　古老が語る部落のあゆみ（3）―部落と宗教（鳥取県部落解放研究所）「解放研究とっとり：研究紀要」　鳥取県人権文化センター　（3）2001.3

上田三蔵と公会堂兼説教所の設立（〈2001年度第1回定例会〉―研究発表）（山田剛）「鳥取県部落史研究会のあゆみ」　鳥取県部落史研究会　（2）2002.5

鳥取県における12月13日の習俗（上），（下）（岩崎竹彦）「岡山民俗」　岡山民俗学会　217/218　2002.8/2003.5

鳥取県のサイノカミについて（高島信平）「日本の石仏」　日本石仏協会，青娥書房（発売）（103）2002.9

古老が語る部落のあゆみ（5）―ムラの伝承，歴史資料（鳥取県部落解放研究所）「解放研究とっとり：研究紀要」　鳥取県人権文化センター　（5）2003.3

野間宗義の「怪談記」について（福代宏）「鳥取県立博物館研究報告」　鳥取県立博物館　（40）2003.3

鳥取県内の鴟尾―山陰系鴟尾を中心に（岸本浩志）「郷土と博物館」　鳥取県立博物館　49通号93　2004.3

鳥取県の民俗行事（福代宏）「鳥取民俗懇話会会報」　［鳥取民俗懇話会］（6）2005.4

鳥取県の道標（例会内容）（加藤要治）「鳥取民俗懇話会会報」　［鳥取民俗懇話会］（6）2005.4

鳥取県西部地方における新方言「へん」についての研究―発生と使用拡大の要因を探る（田文優華）「山陰民俗研究」　山陰民俗学会　（12）2007.2

野間義学（宗蔵）著『古今童謡』について（大嶋陽一）「鳥取県立博物館研究報告」　鳥取県立博物館　（44）2007.3

鳥取県の民話とわらべ歌から（《特集 民話》（酒井董美）「鳥取民俗懇話会会報」　［鳥取民俗懇話会］（7）2007.4

鳥取県の「民話語り」活動の現況について（《特集 民話》）（小林龍雄）「鳥取民俗懇話会会報」　［鳥取民俗懇話会］（7）2007.4

鳥取県中部の金毘羅灯籠（《特集 民話》―〈例会から〉）（米原喜雄）「鳥取民俗懇話会会報」　［鳥取民俗懇話会］（7）2007.4

鳥取県の祭り・行事《特集 民話》―〈例会から〉）（福代宏）「鳥取民俗懇話会会報」　［鳥取民俗懇話会］（7）2007.4

近世民家から近代民家へ―鳥取県近代和風建築調査から「奈良文化財研究所紀要」　奈良文化財研究所　2007　2007.6

鳥取県において民具調査を始めて（コラム）（樫村賢二）「非文字資料研究」　神奈川大学21世紀COEプログラム拠点推進会議　（17）2007.9

1月例会報告要旨 鳥取県内の寺社縁起―企画展「はじまりの物語」の展示資料より（石田敏紀）「鳥取地域史通信」　鳥取地域史研究会　2009（2）通号147　2009.02

12月例会報告要旨 鳥取県における伊勢御師の檀家と参宮（伊藤康晴）「鳥取地域史通信」　鳥取地域史研究会　2009（12）通号155　2009.12

鳥取県の中世備前焼の流通（備前歴史フォーラム 鎌倉・室町 BIZEN―中世備前焼のスガタ―研究報告）（佐伯純也）「備前市歴史民俗資料館紀要」　備前市歴史民俗資料館　（11）2010.1

木喰三題 木喰の新発見初期不動明王/鳥取県の木喰仏/丸心軸（小島悌次）「微笑佛」　全国木喰研究会　（17）2010.03

石碑は受け継ぐ―徳は孤ならず，必ず隣あり（安藤文雄）「鳥取県立公文書館研究紀要」　鳥取県立公文書館　（6）2010.03

書籍紹介 『鳥取県史ブックレット6 子どもと地域社会―鳥取の民俗再発見―』（樫村賢二）「民具マンスリー」　神奈川大学　43（7）通号511　2010.10

6月中例会 鳥取県立博物館「鳥取県内の狛犬調査」概報（石田敏紀）「鳥取地域史通信」　鳥取地域史研究会　（174）2011.07

「鳥取県の民俗学会」の歩み（平成21年8月1日座談会）（例会から）（吉田政博）「鳥取民俗懇話会会報」　［鳥取民俗懇話会］（9）2011.08

鳥取縣漁具圖解について（資料紹介）（例会から）（福代宏）「鳥取民俗懇話会会報」　［鳥取民俗懇話会］（9）2011.08

鳥取県のムラにおける社会組織の現状―平成20年度鳥取県歴史民俗事象調査結果から（代代宏）「鳥取県立博物館研究報告」　鳥取県立博物館　（49）2012.3

11月例会報告要旨 新出資料 鳥取県の「神社絵図」（山内美緒）「鳥取地域史通信」　鳥取地域史研究会　（191）2012.12

鳥取県における法道仙人開基寺院について（嶺岡美見）「久里」　神戸女子民俗学会　（31）2013.01

鳥取市

［資料紹介］ 池田治道写『金泥法華経』（前欠）「（仮称）鳥取市博物館カウントダウン」　鳥取市教育委員会博物館建築課　（2）1998.3

鳥取市内に残る日蓮像と池田藩樗谿神社の背景―因幡紀行から（鯨岡勝成）「史峰」　新進考古学同人会　27　2000.2

鳥取東照宮

鳥取東照宮と麒麟獅子舞（野津龍）「季刊悠久.第2次」　鶴岡八幡宮悠久事務局　97　2004.4

鳥取藩

祭礼と庶民信仰―江戸時代中後期の鳥取藩を事例として（北尾泰志）「鳥取地域史研究」　鳥取地域史研究会　（2）2000.2

例会報告要旨 控帳から見る鳥取藩と寺院―寺院の越訴について（西元宗）「鳥取地域史通信」　鳥取地域史研究会　4（2）2000.2

芸能に興じる若者と藩による農村の風儀改め―鳥取藩における領主と農民（北尾泰志）「鳥取地域史研究」　鳥取地域史研究会　（3）2001.2

木地師源左衛門とその家族をたどって―鳥取藩内での木地師の生活（川上姉彦）「伯耆文化研究」　伯耆文化研究会　（8）2006.11

鳥取藩士が集めたわらべうた―日本最古の童謡集『筆のかす』と『古今童謡』（トピック）（大嶋陽一，川崎香苗）「音夢：わらべ館童謡・唱歌研究情報誌」　鳥取童謡・おもちゃ館　（1）2007.3

10月例会報告要旨 鳥取藩と宇治茶師（大嶋陽一）「鳥取地域史通信」　鳥取地域史研究会　2007（11）2007.11

鳥取藩と宇治茶師（大嶋陽一）「鳥取県立博物館研究報告」　鳥取県立博物館　（45）2008.3

トピック 日本最古の童謡集『筆のかす』を合唱曲に（新倉健）「音夢：わらべ館童謡・唱歌研究情報誌」　鳥取童謡・おもちゃ館　（3）2009.03

野間義学の『古今童謡』について（例会から）（大嶋陽一）「鳥取民俗懇話会会報」　［鳥取民俗懇話会］（8）2009.04

1月報告要旨 鳥取藩の贈答品「竹鳥飴」（大嶋陽一）「鳥取地域史通信」　鳥取地域史研究会　（193）2013.2

江戸時代のわらべ歌を考える―野間義学の収録歌を参考に（論文）（酒井董美）「山陰民俗研究」　山陰民俗学会　（19）2014.03

中海

書籍紹介 『鳥取県史ブックレット9 里海と弓浜半島の暮らし―中海における肥料藻と採集用具―』（樫村賢二）「民具マンスリー」　神奈川大学　44（10）通号526　2012.01

長砂経塚

米子市長砂経塚について（《島根考古学会創立20周年記念論文集―山本清先生に捧ぐ》―〈中・近世〉）（下高瑞哉）「島根考古学会誌」　島根考古学会　20・21　2004.8

中高

大山町中高地区の「墓石」と「薬師さん」（資料紹介）（中尾慶治郎）「鳥取の部落史研究」　鳥取の部落史研究会　（4）2004.1

中伯耆

将棋墓考―中・西伯耆における墓碑の最初と板碑の形式の変遷について（川上姉彦）「山陰民俗研究」　山陰民俗学会　3　1997.3

灘手

灘手地区を訪ねて（山崎由基夫）「鳥取民俗懇話会会報」　［鳥取民俗懇話会］（6）2005.4

南部町

オイコ（負い籠）について―南部町のオイコ屋さんからの聞き書（福代宏）「山陰民俗研究」　山陰民俗学会　（16）2011.03

庭先の小さな煙草プラント―南部町の葉煙草乾燥小屋を伝える（濱野浩美）「伯耆文化研究」　伯耆文化研究会　（14）2013.3

西伯耆

将棋墓考―中・西伯耆における墓碑の最初と板碑の形式の変遷について（川上姉彦）「山陰民俗研究」　山陰民俗学会　3　1997.3

西伯耆の牛馬信仰について（高島信平）「伯耆文化研究」　伯耆文化研究会　（3）2001.11

西伯耆の後醍醐天皇伝説―産鉄民・漁民とのかかわり（坂田友宏）「伯耆文化研究」　伯耆文化研究会　（4）2002.11

西伯耆における墓碑の変遷―中世から近世へ（中田文人）「伯耆文化研究」　伯耆文化研究会　（11）2009.11

西伯耆における力士塚（墓）と碑（中田文人）「伯耆文化研究」　伯耆文化研究会　（12）2010.11

日南町

鳥取県日南町における宝篋印塔とその石材―霞寺ヶ宇根遺跡の調査を中心に（中森祥）「日引 : 石造物研究会会誌」 2 2001.10

根雨宿

伯耆国根雨宿大鉄山師手島家についての一考察（中田文人）「伯耆文化研究」 伯耆文化研究会 （6） 2004.11

八東谷

聞き書き・八頭郡のムラを訪ねて（1）―八東谷（坂田収）「解放研究とっとり : 研究紀要」 鳥取県人権文化センター （1） 1999.3

浜坂

鳥取・浜坂焼についての報告と若干の考察（研究ノート）（八峠興）「鳥取県立博物館研究報告」 鳥取県立博物館 （50） 2013.3

日吉津村

3月例会報告要旨 鳥取西部の綿栽培用具―日吉津村民俗資料館の所蔵資料から（樫村賢二）「鳥取地域史通信」 鳥取地域史研究会 2009（4） 通号148 2009.4

東伯耆

東伯耆の鞍下牛 聞き書き（安部龍彦）「伯耆文化研究」 伯耆文化研究会 （5） 2003.11

東伯耆の金属地名と金属神（牧田朋子）「伯耆文化研究」 伯耆文化研究会 （9） 2007.11

聖神社

聖神社春大祭に参加して（山本大順）「鳥取民俗懇話会会報」 ［鳥取民俗懇話会］ （6） 2005.4

聖大明神

聖大明神と龍王大明神（例会から）（巽新）「鳥取民俗懇話会会報」 ［鳥取民俗懇話会］ （8） 2009.04

日野郡

伯耆国日野郡大鉄山師と大鉄商の系譜（中田文人）「伯耆文化研究」 伯耆文化研究会 （8） 2006.11

日野郡の金屋子神信仰についての一考察（高杉初子）「伯耆文化研究」 伯耆文化研究会 （11） 2009.11

日御崎神社

日御崎神社と猪眼洞窟（根岸尚克）「備陽史探訪」 備陽史探訪の会 121 2004.12

日和村

邑智郡桜井庄日和村妙見社建替・元亀三㚖棟札の解読（久守藤男）「郷土石見 : 石見郷土研究懇話会機関誌」 石見郷土研究懇話会 （82） 2009.12

邑智郡桜井庄日和村妙見社の慶長十二年棟札（1）―上葺神事棟札・三つの歴史的異変（久守藤男）「郷土石見 : 石見郷土研究懇話会機関誌」 石見郷土研究懇話会 （84） 2010.08

邑智郡桜井庄日和村妙見社の慶長十二年棟札（2）―社殿修復工事棟上げ棟札・大施主寺本広蔵（久守藤男）「郷土石見 : 石見郷土研究懇話会機関誌」 石見郷土研究懇話会 （85） 2010.12

福岡上代神社

福岡上代神社（通称蛸さん）の蛸舞式神事について（南波睦人）「伯耆文化研究」 伯耆文化研究会 （8） 2006.11

福部村

細川（福部村）の地蔵盆（浅井慶紀）「鳥取民俗懇話会会報」 ［鳥取民俗懇話会］ （4） 2000.4

冨士見町

資料紹介 冨士見町の六地蔵石幢残欠／冨士見町の衣那荒神（中尾慶治郎）「鳥取の部落史研究」 鳥取の部落史研究会 （2） 2001.1

船岡

八頭町船岡地域にまつわる武内宿禰の物語（山根幹世）「山陰・鳥取の地名を愛する会会報」 山陰・鳥取の地名を愛する会 （14・15） 2006.3

不入岡

石造物ウォッチング 不入岡の石仏（鎌倉健一）「郷土史紀行」 ヒューマン・レクチャー・クラブ （53） 2008.7

伯耆

うわなり打ち神事起源考（川上廸彦）「伯耆文化研究」 伯耆文化研究会 （2） 2000.11

小町伝説と安養比丘尼伝説（坂田友宏）「伯耆文化研究」 伯耆文化研究会 （3） 2001.11

伯耆における鷺大明神信仰について（川上廸彦）「伯耆文化研究」 伯耆文化研究会 （3） 2001.11

伯耆の昔話―その特色（川上廸彦）「鳥取民俗懇話会会報」 ［鳥取民俗懇話会］ （5） 2002.4

民俗信仰の伝承圏とその背景（石塚尊俊）「伯耆文化研究」 伯耆文化研究会 （4） 2002.11

社会伝承から見た出雲と伯耆（喜多村正）「伯耆文化研究」 伯耆文化研究会 （4） 2002.11

民俗伝承の変容（川上廸彦）「伯耆文化研究」 伯耆文化研究会 （4） 2002.11

守札に見る伯耆幕末の民間信仰（川上廸彦）「伯耆文化研究」 伯耆文化研究会 （5） 2003.11

出雲・伯耆地方の龍宮信仰（石橋圭子）「山陰民俗研究」 山陰民俗学会 （9） 2004.3

伯耆のサイノカミ信仰―名称と機能を中心として（中村慶太）「御影史学論集」 御影史学研究会 通号29 2004.10

伯耆のサイノカミの像容と神道（中村慶太）「御影史学論集」 御影史学研究会 通号30 2005.10

古の同族組織集団、モットについて（浜田誠二）「伯耆文化研究」 伯耆文化研究会 （7） 2005.11

伯耆の自然暦と稲作の諺・地域単位について（《特集 民話》―会員投稿）（川上廸彦）「鳥取民俗懇話会会報」 ［鳥取民俗懇話会］ （7） 2007.4

史実と伝承―亀井氏系譜についての一考察（国田俊雄）「伯耆文化研究」 伯耆文化研究会 （10） 2008.11

因幡・伯耆の威嚇猟―資料集成の概要（天野武）「西郊民俗」 ［西郊民俗談話会］ （206） 2009.03

平安末期における天台僧の修行巡礼―青蓮院門跡吉水蔵聖教にみえる備前・因幡・伯耆（岡野浩二）「倉敷の歴史」 倉敷市総務局総務部 （19） 2009.03

諸産物入札講の開催（影山猛）「伯耆文化研究」 伯耆文化研究会 （12） 2010.11

「かまぎよめ」について（内藤佐弥子）「伯耆文化研究」 伯耆文化研究会 （12） 2010.11

八幡神社（米子市東八幡）蔵『伯耆会見風土記』について（資料紹介）（原豊二）「山陰研究」 島根大学法文学部山陰研究センター （4） 2011.12

古事記を読み取る―神々にみる人間性（国田俊雄）「伯耆文化研究」 伯耆文化研究会 （14） 2013.03

山陰石工物語II 他国の石工達・伯耆編―民俗の行方・山陰のフィールドから―をふまえて（論文）（永井泰）「山陰民俗研究」 山陰民俗学会 （19） 2014.03

伯耆国分寺

伯耆国分寺出土風鐸・風招（岸本浩忠）「郷土と博物館」 鳥取県立博物館 48通号92 2003.3

伯耆国分寺跡

HISTORY IN 倉吉 伯耆国分寺跡と謎の五体石仏「郷土史紀行」 ヒューマン・レクチャー・クラブ 3 2000.2

伯耆路

仏像紀行 伯耆路にみた古仏たち（山河昌敬）「郷土史紀行」 ヒューマン・レクチャー・クラブ （53） 2008.7

伯耆大山

ふるさとの民俗を探る 浜の共同墓地（1） 伯耆大山 智明地蔵権現・六地蔵（高橋彰）「福田史談会会報」 倉敷・福田史談会 （179） 2004.6

伯耆大山と大山寺の文化財（清水俊明）「野ほとけ」 奈良石仏会 （399） 2005.7

伯耆大山の弥山禅定（例会から）（福代宏）「鳥取民俗懇話会会報」 ［鳥取民俗懇話会］ （8） 2009.04

伯耆南条領

北条八幡宮蔵の戦国期の史料―伯耆南条領に関連して（日置粂左エ門）「鳥取地域史研究」 鳥取地域史研究会 （11） 2009.02

伯耆国

伯耆国神社改帳の分析（1）（近藤滋）「伯耆文化研究」 伯耆文化研究会 通号1 1999.11

例会報告要旨 玄賓僧都と伯耆国（石田敏紀）「鳥取地域史通信」 鳥取地域史研究会 2005（10） 2005.10

伯耆国および他の令制国の式内社に関する推計統計学的考察（八尾正己）「伯耆文化研究」 伯耆文化研究会 （13） 2012.03

伯耆国および令制諸国の神階奉授に関する文献的考察（八尾正己）「伯耆文化研究」 伯耆文化研究会 （14） 2013.03

北条八幡宮

北条八幡宮蔵の戦国期の史料―伯耆南条領に関連して（日置粂左エ門）「鳥取地域史研究」 鳥取地域史研究会 （11） 2009.02

細川

細川（福部村）の地蔵盆（浅井慶紀）「鳥取民俗懇話会会報」 ［鳥取民俗

懇話会〕　(4)　2000.4

法勝寺

伝統行事と女性の声―法勝寺一式飾りを事例として(渡部典子)「神女大史学」　神戸女子大学史学会　(27)　2010.11

造り物の伝承基盤の変容―法勝寺一式飾りを事例として(渡部典子)「日本民俗学」　日本民俗学会　通号264　2010.11

本町

本町4丁目稲荷大明神資料について(佐々木孝文)「鳥取地域史研究」　鳥取地域史研究会　(4)　2002.2

的場

的場弁財尊像縁儀(起)(霜田克夫)「鳥取民俗懇話会会報」〔鳥取民俗懇話会〕　(4)　2000.4

摩尼寺

摩尼寺をもっと知ろう―なんとかせにゃあ(特集)(浅井慶紀)「鳥取民俗懇話会会報」〔鳥取民俗懇話会〕　(9)　2011.08

摩尼寺の歴史と現状(特集)(柴田昭正)「鳥取民俗懇話会会報」〔鳥取民俗懇話会〕　(9)　2011.08

摩尼寺の文化財(特集)(福代宏)「鳥取民俗懇話会会報」〔鳥取民俗懇話会〕　(9)　2011.08

摩尼寺―秀衡杉の謎(特集)(浅井慶紀)「鳥取民俗懇話会会報」〔鳥取民俗懇話会〕　(9)　2011.08

弥山

伯耆大山の弥山禅定(もひとり神事)(福代宏)「山岳修験」　日本山岳修験学会，岩田書院(発売)　(41)　2008.3

三徳山

三徳山の御幸神事について―正善院所蔵「年中行事」を中心に(坂田友宏)「伯耆文化研究」　伯耆文化研究会　(7)　2005.11

講演 三徳山の遺宝が語るもの《三徳山特集》(松浦正昭)「山岳修験」　日本山岳修験学会，岩田書院(発売)　(40)　2007.11

伯耆三徳の縁起《三徳山特集》―〈シンポジウム 蔵王権現ゆかりの三霊山の縁起・伝承―三光仏の浄土〉(福代宏)「山岳修験」　日本山岳修験学会，岩田書院(発売)　(40)　2007.11

三徳山の山岳修行とその遺跡《三徳山特集》―〈シンポジウム 蔵王権現ゆかりの三霊山の縁起・伝承―三光仏の浄土〉(山本義孝)「山岳修験」　日本山岳修験学会，岩田書院(発売)　(40)　2007.11

日本における山岳信仰と修験道《三徳山特集》「山岳修験」　日本山岳修験学会，岩田書院(発売)　(40)　2007.11

三徳山の世界遺産登録と文化・歴史・民俗(山本大順)「鳥取民俗懇話会会報」〔鳥取民俗懇話会〕　(8)　2009.04

講演 島根半島・大山・三徳山の山岳信仰を観る新たな視点(山本義孝)「山陰民俗研究」　山陰民俗学会　(19)　2014.03

宮前

テーマ「宮前地区の墓石と天保絵図」 説明・意見交換/フィールドワーク(〈2005年度第2回定例会〉)「鳥取県部落史研究会のあゆみ」　鳥取県部落史研究会　(6)　2007.3

妙興寺

「普平山妙興寺」について「中村家の会会報」　中村家の会　(31)　2009.08

宗形神社

宗形神社奉納の冑(杉本良巳)「新修米子市史だより」　米子市史編さん事務局　7　1998.3

用瀬

用瀬の「流しびな」の話(中西敏男)「史叢」　熊本歴史学研究会　3　1999.7

文殊堂

文殊堂の懸仏(杉本良巳)「新修米子市史だより」　米子市史編さん事務局　8　1998.9

門前

大山町門前の近世墓地(坂田友宏)「伯耆文化研究」　伯耆文化研究会　(7)　2007.11

八幡

資料紹介 下福万阿弥陀堂地蔵尊/下福万の墓石/八幡のソデイ(中尾慶治郎)「鳥取の部落史研究」　鳥取の部落史研究会　(1)　2000.1

弓ヶ浜

米子と「弓ヶ浜」が初めて描かれた絵 「大山寺縁起絵巻」再発見(畠中弘)「新修米子市史だより」　米子市史編さん事務局　15　2002.9

弓浜半島

書籍紹介 『鳥取県史ブックレット9 里海と弓浜半島の暮らし―中海にお

ける肥料藻と採集用具―』(樫村賢二)「民具マンスリー」　神奈川大学　44(10)　通号526　2012.01

鳥取県選択無形民俗文化財「弓浜半島のトンド」について(研究ノート)(原島知子)「山陰民俗研究」　山陰民俗学会　(17)　2012.03

鳥取県教育委員会事務局文化課編『県選択記録作成等の措置を講ずべき無形の民俗文化財「弓浜半島のトンド」調査報告書』鳥取県教育委員会(2012年11月)(書誌紹介)(阿南透)「日本民俗学」　日本民俗学会　(277)　2014.02

弓浜

多彩な模様を織り出す弓浜絣(梅林智美)「新修米子市史だより」　米子市史編さん事務局　(28)　2009.3

湯梨浜町

湯梨浜町泊歴史民俗資料館所蔵の漁撈用具について(例会から)(樫村賢二)「鳥取民俗懇話会会報」〔鳥取民俗懇話会〕　(9)　2011.08

善峰寺

リレーエッセイ源算上人と善峰寺(石田敏昭)「鳥取地域史通信」　鳥取地域史研究会　2005(7)　2005.7

余戸

余戸の雨乞踊《〈特集 民話〉―〈例会から〉》(谷上嘉典)「鳥取民俗懇話会会報」〔鳥取民俗懇話会〕　(7)　2007.4

米子

米子地方のモット(喜多村正)「新修米子市史だより」　米子市史編さん事務局　7　1998.3

米子と「弓ヶ浜」が初めて描かれた絵 「大山寺縁起絵巻」再発見(畠中弘)「新修米子市史だより」　米子市史編さん事務局　15　2002.9

米子の荒神考(川上廸彦)「伯耆文化研究」　伯耆文化研究会　(4)　2002.11

市史編さんで発見 楽しい米子の七不思議(畠中弘)「新修米子市史だより」　米子市史編さん事務局　17　2003.9

よなごの歴史ふれあい講座(2) 米子に祭られた神々(川上廸彦)「新修米子市史だより」　米子市史編さん事務局　17　2003.9

米子 中村家関係のお寺(解説)「中村家の会会報」　中村家の会　27　2005.9

星のメルヘン 米子の七夕祭と宇気河口(うけ・かわぐち)神社(大原俊二)「伯耆文化研究」　伯耆文化研究会　(7)　2005.11

米子の引札(松尾陽吉)「新修米子市史だより」　米子市史編さん事務局　(23)　2006.9

近世米子の墓碑 武士団編(中田文人)「伯耆文化研究」　伯耆文化研究会　(9)　2007.11

七夕飾りを神社に納める米子の七夕祭(大原俊二)「新修米子市史だより」　米子市史編さん事務局　(26)　2008.3

「鳥取県民俗文化論」(坂田友宏)に見られる米子の伝説など(中村忠文)「中村家の会会報」　中村家の会　(30)　2008.6

米子の近代建築(和田嘉宥)「新修米子市史だより」　米子市史編さん事務局　(29)　2009.10

米子市

例会発表要旨 米子市の民俗空間(福代宏)「鳥取地域史通信」　鳥取地域史研究会　2(2)　1998.2

米子市域の巨木めぐり(鷲見寛幸)「新修米子市史だより」　米子市史編さん事務局　7　1998.3

山内東凱と「米府鬼談」(国田俊雄)「新修米子市史だより」　米子市史編さん事務局　8　1998.9

盆踊りの伝承(永井猛)「新修米子市史だより」　米子市史編さん事務局　8　1998.9

境界に立つ木製品(中森祥)「新修米子市史だより」　米子市史編さん事務局　9　1998.9

富くじ興行(杉本良巳)「新修米子市史だより」　米子市史編さん事務局　10　1999.9

史料探索あれこれ(6)，(7)近世社寺資料の調査[正]，(続)(松尾陽吉)「新修米子市史だより」　米子市史編さん事務局　11/12　2000.3/2001.3

米子市の各被差別部落における石造遺品と口碑伝承から(〈2000年度第2回定例会〉―研究発表)(中尾慶治郎)「鳥取県部落史研究会のあゆみ」　鳥取県部落史研究会　(1)　2000.8

米子市の「弁慶伝説」紹介 近世紀行文の秀作「山陰紀行」(畠中弘)「新修米子市史だより」　米子市史編さん事務局　12　2001.3

米子市南部地域の水田灌漑について(船越元四郎)「新修米子市史だより」　米子市史編さん事務局　12　2001.3

膨大な近世在方資料について(2)(船越元四郎)「新修米子市史だより」　米子市史編さん事務局　15　2002.9

童話集『瞳』の表紙意匠等(田村達也)「新修米子市史だより」　米子市史編さん事務局　21　2005.9

氏子札について（大原俊二）「新修米子市史だより」 米子市史編さん事務
　　局　21　2005.9
地蔵盆（杉本良巳）「新修米子市史だより」 米子市史編さん事務局
　　（25）　2007.9

竜王大明神
聖大明神と龍王大明神（例会から）（巽新）「鳥取民俗懇話会会報」 ［鳥取
　　民俗懇話会］　（8）　2009.04

柳原寺跡
リレーエッセイ 柳原寺跡をたずねて（来見田博基）「鳥取地域史通信」
　　鳥取地域史研究会　2008（4）　2008.4

島根県

赤塚

大社の文化を学ぶ・受け継ぐ・創る（8）ふるさとの愛を育む「佐儀利」と「神楽」（赤塚神楽佐儀利保存会）「大社の史話」 大社史話会 （174）2013.03

書籍紹介2 赤塚神楽佐儀利保存会創立50周年 文化財指定10周年記念『子や孫に今こそ残そう赤塚の文化』（編集部）「大社の史話」 大社史話会 （179）2014.06

あごなし地蔵

表紙解説「おきノくに・あごなし地蔵」石像（徳島県東祖谷）（編集室）「あしなか」 山村民俗の会 295・296 2012.08

朝酌促戸

朝酌促戸の筌漁について（森田喜久男）「古代文化研究」 島根県古代文化センター （14）2006.3

朝酌促戸渡

いわゆる「朝酌促戸渡」と熊野大神（《特集 古代出雲の道》）（内田律雄）「出雲古代史研究」 出雲古代史研究会 （3）1993.7

旭

旭のどすこい（田舎相撲の人々）―わが町の碑（町から村から）（白川英隆）「郷土石見：石見郷土研究懇話会機関誌」 石見郷土研究懇話会 （86）2011.4

阿須那

石見神楽の中国山脈越え（2）阿須那越え（竹内幸夫）「郷土石見：石見郷土研究懇話会機関誌」 石見郷土研究懇話会 （75）2007.8

中山間地域における暮らしと記録―邑南町阿須那地区におけるカルタづくりの報告（研究ノート）（塚本孝之）「山陰民俗研究」 山陰民俗学会 （17）2012.03

安芸高田地方における石見阿須那系神楽（高田舞）の成立と展開（築地昭二）「広島民俗」 広島民俗学会 （78）2012.08

阿須那公民館阿須那分館

国登録 登録有形文化財（建造物）阿須那公民館阿須那分館/登録有形民俗文化財 雲州そろばんの製作用具/指定文化財一覧（特集 新（追加）指定・登録文化財の紹介）（文化財課）「季刊文化財」 島根県文化財愛護協会 （111）2006.3

価谷たたら

第22回古代文化講座 近世のたたら製鉄―江津価谷たたらと俵國一博士（河瀬正利）「しまねの古代文化：古代文化記録集」 島根県古代文化センター （14）2007.3

跡市町

跡市地区の祭＝神社（跡市町）（《特集 江津市の祭》）（小川寿一）「石見潟」 江津市文化財研究会 （24）2006.11

跡市地区の祭＝仏教（跡市町）（《特集 江津市の祭》）（小川寿一）「石見潟」 江津市文化財研究会 （24）2006.11

跡市地区の祭＝無宗教（跡市町）（《特集 江津市の祭》）（小川寿一）「石見潟」 江津市文化財研究会 （24）2006.11

天前社

天前社縁起 神話が物語る医療・看護の発祥（恒松徳五郎）「大社の史話」 大社史話会 （141）2004.12

天前社神話の伝承地について（上野良亮）「大社の史話」 大社史話会 （141）2004.12

風土記が語る天前社の御祭神（藤原慧）「大社の史話」 大社史話会 （142）2005.3

有福

受賞に寄せて 島根県指定無形民俗文化財 有福神楽保持者会（佐々木昌延）「公益社団法人全日本郷土芸能協会会報」 全日本郷土芸能協会 （61）2010.10

有福温泉町

八幡宮式年大元祭（有福温泉町）（《特集 江津市の祭》）（扇元勝美）「石見潟」 江津市文化財研究会 （24）2006.11

閻浮檀金の観音（聖観世音菩薩）祭（有福温泉町）（《特集 江津市の祭》）（扇元勝美）「石見潟」 江津市文化財研究会 （24）2006.11

有福温泉町本明

金刀比羅神社例祭（有福温泉町本明）（《特集 江津市の祭》）（扇元勝美）「石見潟」 江津市文化財研究会 （24）2006.11

安国寺

石見安国寺『国苑掌鑑』にみる五山制度の構築過程（論文）（斎藤夏来）「岡山地方史研究」 岡山地方史研究会 （133）2014.09

安濃郡

翻刻 藤井宗雄著『石見国神社記』巻一安濃郡（資料紹介）（山﨑亮）「山陰研究」 島根大学法文学部山陰研究センター （2）2009.12

安養寺

安養寺と西山砂保のゆかり（永見高明）「大社の史話」 大社史話会 （150）2007.3

飯岡郡

『出雲国風土記』註論（5）飯岡郡条（関和彦）「古代文化研究」 島根県古代文化センター 通号8 2000.3

飯石郡

『出雲国風土記』飯石郡条に見える三つの「径」について（《特集 古代出雲の氏族と神戸》）（山﨑修）「出雲古代史研究」 出雲古代史研究会 （6）1996.7

伊甘

「伊甘」神風への展開と検証（大石誠）「亀山」 浜田市文化財愛護会 24 1997.11

伊後村

一宮大明神祭礼費用伊後村へ割賦の件―隠岐郷土館文書の紹介（藤田茂正）「隠岐の文化財」 隠岐の島町教育委員会 14 1997.3

出羽

出羽地方の方言について（川本晃）「郷土石見：石見郷土研究懇話会機関誌」 石見郷土研究懇話会 54 2000.8

泉町

泉町の七夕祭（江津町）（《特集 江津市の祭》）（松田忠幸）「石見潟」 江津市文化財研究会 （24）2006.11

出雲

出雲古代史研究と国引き神話（《特集 国引神話の再検討》）（野々村安浩）「出雲古代史研究」 出雲古代史研究会 （1）1991.5

「国引神話」研究史（《特集 国引神話の再検討》）（武廣亮平）「出雲古代史研究」 出雲古代史研究会 （1）1991.5

八束水臣津野命の神名について（《特集 国引神話の再検討》）（瀧音能之）「出雲古代史研究」 出雲古代史研究会 （1）1991.5

国引神話と杖（《特集 国引神話の再検討》）（菊地照夫）「出雲古代史研究」 出雲古代史研究会 （1）1991.5

古代漁村とその祭祀（《特集 国引神話の再検討》）（内田律雄）「出雲古代史研究」 出雲古代史研究会 （1）1991.5

古代出雲の仏教研究（瀧音能之）「出雲古代史研究」 出雲古代史研究会 （3）1993.7

古代出雲の衢と国造の境界祭祀（《特集 古代出雲の道》）（前田晴人）「出雲古代史研究」 出雲古代史研究会 （3）1993.7

『出雲風土記』の道路―おもに駅路以外の道路の概観（《特集 古代出雲の道》）（谷重豊季）「出雲古代史研究」 出雲古代史研究会 （3）1993.7

「寺院併合令」からみた「新造院」（《特集 古代出雲の寺院》）（櫻井信也）「出雲古代史研究」 出雲古代史研究会 （4）1994.7

古代の池と堤（《特集 古代出雲の神社と信仰》）（関和彦）「出雲古代史研究」 出雲古代史研究会 （5）1995.7

出雲の神奈備祭祀について（《特集 古代出雲の神社と信仰》）（西尾克己）「出雲古代史研究」 出雲古代史研究会 （5）1995.7

出雲神話の再検討（滝音能之）「しまねの古代文化：古代文化記録集」 島根県古代文化センター 通号4 1997.3

《衝撃の古代出雲》「季刊邪馬台国」「季刊邪馬台国」編纂委員会，梓書院（発売）62 1997.6

大蛇を斬った十拳の剣の流転「季刊邪馬台国」「季刊邪馬台国」編纂委員会，梓書院（発売）62 1997.6

〈大国主の命神話〉「季刊邪馬台国」「季刊邪馬台国」編纂委員会，梓書院（発売）62 1997.6

中国　　　　　　　　　　　　　　　　　　　郷土に伝わる民俗と信仰　　　　　　　　　　　　　　　　　　　島根県

出雲弁よもやま話―指示語の世界 (村上清子)「大社の史話」 大社史話会
　111 1997.6
続・出雲弁に就いて (飯塚時峯)「大社の史話」 大社史話会 112
　1997.8
出雲弁・よもやま話―感動詞の世界 (村上清子)「大社の史話」 大社史話
　会 112 1997.8
八岐大蛇退治の地は出雲ではなかったのでは (石村禎久)「大社の史話」
　大社史話会 113 1997.11
出雲弁よもやま話―同じ意味でも言い方ろうつき (村上清子)「大社の史
　話」 大社史話会 113 1997.11
出雲と銅鐸 (免田造地)「ふるさと生駒」 生駒民俗会 (38) 1997.12
出雲弁よもやま話 (村上清子)「大社の史話」 大社史話会 114 1998.2
神々が集う一出雲神在祭 (品川知彦)「しまねの古代文化 : 古代文化記
　録集」 島根県古代文化センター 通号5 1998.3
古代の出雲と宗像 (瀧音能之)「古代文化研究」 島根県古代文化センター
　通号6 1998.3
出雲への神参集伝承の再検討に向けて (品川知彦)「山陰民俗研究」 山陰
　民俗学会 4 1998.3
神話の国 出雲地方を訪ねて (作間重彦)「温故知新」 美東町文化研究会
　25 1998.4
出雲弁よもやま話―おとでげんくわ (兄弟喧嘩) (村上清子)「大社の史
　話」 大社史話会 115 1998.6
ヤマト王権の宗教的世界観と出雲―紀伊と出雲の共通性をてがかりに
　(《特集 古代出雲の権力と聖性》) (菊地照夫)「出雲古代史研究」 出
　雲古代史研究会 (7・8) 1998.7
黄金の箱の中の龍蛇―マスラ神をめぐって (《特集 古代出雲の権力と聖
　性》) (小林覚)「出雲古代史研究」 出雲古代史研究会 (7・8) 1998.7
聖性とは何か―聖性の基礎理論試考 (《特集 古代出雲の権力と聖性》)
　(若槻真治)「出雲古代史研究」 出雲古代史研究会 (7・8) 1998.7
出雲の祭祀遺跡 (《特集 古代出雲の権力と聖性》) (椙山林繼)「出雲古代
　史研究」 出雲古代史研究会 (7・8) 1998.7
出雲の古社を訪ねて (平川寿水)「備陽史探訪」 備陽史探訪の会 85
　1998.10
出雲弁かるた (村上清子)「大社の史話」 大社史話会 117 1998.11
中国・朝鮮・南方から出雲 (日本) を考えてみる (6) 99％を占める渡来
　僧「奥出雲」 奥出雲編集集団横田史談会 288 1999.3
出雲方言「まくれる (ころぶ)」が同義語で奈良県吉野にも生きていた！
　(滝川泰治)「大社の史話」 大社史話会 118 1999.3
出雲弁よもやま話―形容詞のこと (村上清子)「大社の史話」 大社史話会
　119 1999.6
八岐の大蛇退治と製鉄 (安本美典)「季刊邪馬台国」 「季刊邪馬台国」編
　纂委員会, 梓書院 (発売) 70 1999.6
蘇る出雲―蘇るスサノオとオオグニヌシ (石村禎久)「大社の史話」 大社
　史話会 120 1999.8
出雲弁よもやま話 (村上清子)「大社の史話」 大社史話会 120 1999.8
古代出雲史のなぞを解く (池橋宏)「風土記論叢」 出雲国風土記研究会
　(4) 1999.8
出雲弁よもやま話「おいみさん」(村上清子)「大社の史話」 大社史話会
　121 1999.12
名物出雲そばの発祥の地 (佐藤喜義)「大社の史話」 大社史話会 122
　2000.2
出雲旅行唱歌 (河井咀華)「大社の史話」 大社史話会 122 2000.2
「大社造と出雲の文化」講演会 (編集部)「大社の史話」 大社史話会
　122 2000.2
第12回古代文化講座 陰陽五行からみた出雲 (吉野裕子)「しまねの古代
　文化 : 古代文化記録集」 島根県古代文化センター 通号7 2000.3
出雲「藍板締」考 (大島正芳)「季刊文化財」 島根県文化財愛護協会 94
　2000.3
出雲における木製耕起具の変遷について (中川寧)「島根考古学会誌」 島
　根考古学会 17 2000.3
中世の横田庄と出雲を岩屋寺『快円日記』に見る (1)～(3)―全文解読
　により (高橋一郎)「奥出雲」 奥出雲編集集団横田史談会 300/303・
　304 2000.6/2000.12
出雲弁よもやま話―出さっしゃった大柱 (村上清子)「大社の史話」 大社
　史話会 123 2000.6
「出雲神話」における古代と中世―スサノヲ論を中心に (井上寛司)「出雲
　古代史研究」 出雲古代史研究会 (10) 2000.7
灯明皿型土器から見た仏教関係遺跡 (林健亮)「出雲古代史研究」 出雲古
　代史研究会 (10) 2000.7
出雲『三十社順路』(鈴木茂子)「出雲古代史研究」 出雲古代史研究会
　(10) 2000.7
『三十社順路』解説 (関和彦)「出雲古代史研究」 出雲古代史研究会
　(10) 2000.7
訂正 出雲風土記 (上)，(下)「出雲古代史研究」 出雲古代史研究会

(10)／(12) 2000.7/2002.7
出雲弁よもやま話―広島ねまげな 爆弾がおつぃたげな (村上清子)「大社
　の史話」 大社史話会 124 2000.9
出雲弁よもやま話―しったずの暮れ (村上清子)「大社の史話」 大社史話
　会 125 2000.12
大和の出雲と出雲 (水野正好)「大美和」 大神神社 100 2001.1
大三輪の神なびと出雲の神々 (門脇禎二)「大美和」 大神神社 100
　2001.1
大三輪と出雲 (岡田荘司)「大美和」 大神神社 100 2001.1
出雲弁よもやま話―節分さん (村上清子)「大社の史話」 大社史話会
　126 2001.2
神話のふるさと―出雲と隠岐を訪ねて (飯田昭二)「西上総文化会報」 西
　上総文化会 (61) 2001.3
「出雲神楽」―奥飯石神職神楽を通して (勝部月子)「日本文化史研究」
　帝塚山大学奈良学総合文化研究所 (33) 2001.3
特別歴史講座 古代の出雲神話 (小谷博徳)「怒麻」 大西町史談会事務局
　23 2001.4
出雲神族の素顔 (藤原春雄)「オール諏訪 : 郷土の総合文化誌」 諏訪郷
　土文化研究会 20(5)通号200 2001.5
出雲弁よもやま話 梅雨時分になあと―挨拶と会話 (村上清子)「大社の史
　話」 大社史話会 127 2001.6
古代寺院の立地から見た建立の背景 (林健亮)「出雲古代史研究」 出雲古
　代史研究会 (11) 2001.7
奈良・平安時代の出雲の玉作 (田中史生)「出雲古代史研究」 出雲古代史
　研究会 (11) 2001.7
出雲弁よもやま話 銃後の暮らしは助けやこ (村上清子)「大社の史話」
　大社史話会 128 2001.8
武元はな「出雲道の記 ひとり笑ひ」(翻刻) (柴田ミツル)「江戸期おんな
　考」 桂文庫 (12) 2001.10
出雲神楽―七座神事の成立過程 (1) (勝部月子)「帝塚山大学大学院人文
　科学研究科紀要」 帝塚山大学大学院人文科学研究科 (3) 2002.1
出雲の鋳物師 (金子義明)「季刊文化財」 島根県文化財愛護協会 99
　2002.2
伊勢と出雲―「対」の造形観 (《神在月シンポジウム》) (宇津野金彦)
　「しまねの古代文化 : 古代文化記録集」 島根県古代文化センター
　(9) 2002.3
出雲地方中世～近世壁画の使用顔料に関する研究 (朽津信明, 松本岩雄,
　下山進)「古代文化研究」 島根県古代文化センター (10) 2002.3
出雲地方における造り物 平田一式飾りを中心として (西岡陽子)「古代文
　化研究」 島根県古代文化センター (10) 2002.3
神話の国出雲 弥生遺跡の旅 (中村喜美子)「光地方史研究」 光地方史研
　究会 28 2002.3
出雲弁よもやま話 和布刈神事 (村上清子)「大社の史話」 大社史話会
　130 2002.3
出雲神楽における「七座神事」について―『宗源神道根源式』と「七座
　神事」(勝部月子)「日本文化史研究」 帝塚山大学奈良学総合文化研究
　所 (34) 2002.3
出雲弁よもやま話 大祭礼 (戦前) を思い出して (村上清子)「大社の史話」
　大社史話会 131 2002.6
樹木の出雲方言 (福島勉)「大社の史話」 大社史話会 133 2002.11
出雲弁よもやま話 おばばの立ち話二題 (手銭歳子, 村上清子)「大社の史
　話」 大社史話会 133 2002.11
社会伝承から見た出雲と伯耆 (喜多村正)「伯耆文化研究」 伯耆文化研究
　会 (4) 2002.11
神話の国「出雲」を訪ねて (《創立50周年記念号会員特別原稿》) (枝中
　幸子)「加南地方史研究」 加南地方史研究会 (50) 2003.2
「神話のふるさと」出雲 (《創立50周年記念号会員特別原稿》) (山本恭
　子)「加南地方史研究」 加南地方史研究会 (50) 2003.2
生業から見る出雲的世界 (白石昭臣)「山陰民俗研究」 山陰民俗学会
　(8) 2003.2
中世の相撲と出雲 (《第2回神在月シンポジウム 陣幕久五郎没後100年記
　念 相撲の歴史に迫る》―リレートーク) (新田一郎)「しまねの古代文
　化 : 古代文化記録集」 島根県古代文化センター (10) 2003.3
江戸の相撲と出雲の相撲 (《第2回神在月シンポジウム 陣幕久五郎没後
　100年記念 相撲の歴史に迫る》―リレートーク) (高埜利彦)「しまねの
　古代文化 : 古代文化記録集」 島根県古代文化センター (10)
　2003.3
続・樹木の出雲方言 (福島勉)「大社の史話」 大社史話会 134 2003.3
続・樹木の出雲方言 (4) (福島勉)「大社の史話」 大社史話会 136
　2003.9
出雲弁よもやま話 盆さんがえなっしゃって (村上清子)「大社の史話」
　大社史話会 136 2003.9
邪馬台国の会 古代出雲を旅する「季刊邪馬台国」 「季刊邪馬台国」編
　纂委員会, 梓書院 (発売) 82 2004.1
出雲神楽における七座神事成立過程の研究 (要旨) (博士論文要旨・審査

結果報告）（勝部月子）「帝塚山大学大学院人文科学研究科紀要」帝塚山大学大学院人文科学研究科　（5）2004.1

基調講演『出雲神話』研究の現状と課題（《第3回神在月古代文化シンポジウム　出雲神話の謎—国譲りの舞台としての出雲》）（瀧音能之）「しまねの古代文化 ： 古代文化記録集」島根県古代文化センター　（11）2004.3

出雲風土記と古代朝鮮（《第3回神在月古代文化シンポジウム　出雲神話の謎—国譲りの舞台としての出雲》）（豊田有恒）「しまねの古代文化 ： 古代文化記録集」島根県古代文化センター　（11）2004.3

記・紀の出雲神話（《第3回神在月古代文化シンポジウム　出雲神話の謎—国譲りの舞台としての出雲》）（水林彪）「しまねの古代文化 ： 古代文化記録集」島根県古代文化センター　（11）2004.3

討論/基調講演・問題提起の発表要旨と資料集（《第3回神在月古代文化シンポジウム　出雲神話の謎—国譲りの舞台としての出雲》）「しまねの古代文化 ： 古代文化記録集」島根県古代文化センター　（11）2004.3

歴史を学ぶことと歴史に学ぶこと（《第3回神在月古代文化シンポジウム　出雲神話の謎—国譲りの舞台としての出雲》）（槻谷敦文）「しまねの古代文化 ： 古代文化記録集」島根県古代文化センター　（11）2004.3

出雲の狛犬について[1]～（4）（廣江正幸）「古代文化研究」島根県古代文化センター　（12）/（16）2004.3/2008.3

出雲・伯耆地方の龍宮信仰（石橋圭子）「山陰民俗研究」山陰民俗学会　（9）2004.3

出雲弁よもやま話　女子のふとおごろ・婆さんの本音（松村美恵子）「大社の史話」大社史話会　138　2004.3

出雲弁よもやま話　初もん（村上清子）「大社の史話」大社史話会　139　2004.6

出雲の国の「神宝」と「景初三年銘三角縁神獣鏡」（編集部）「季刊邪馬台国」「季刊邪馬台国」編集委員会，梓書院（発売）84　2004.7

神話と伝説　出雲の碧玉・櫛銘玉神の系譜と祭祀（田邊英治）「季刊邪馬台国」「季刊邪馬台国」編集委員会，梓書院（発売）84　2004.7

出雲弁よもやま話　夏休みの思い出（村上清子）「大社の史話」大社史話会　140　2004.9

出雲弁よもやま話　出雲弁の中の動詞たち（村上清子）「大社の史話」大社史話会　（141）2004.3

出雲弁よもやま話　子どもの頃（戦前）の大祭礼（村上清子）「大社の史話」大社史話会　（143）2005.6

出雲弁よもやま話　難儀だったあの頃、だども（村上清子）「大社の史話」大社史話会　（143）2005.9

出雲地方における「盆踊り」考（松浦亮）「山陰民俗研究」山陰民俗学会　（11）2006.2

出雲弁よもやま話　出征届けと出珍談（村上清子）「大社の史話」大社史話会　（146）2006.3

出雲のまほろば　いずこ—ロマンの花咲く和歌発祥の地（原青波）「大社の史話」大社史話会　（147）2006.6

出雲弁よもやま話　誕生祝い（村上清子）「大社の史話」大社史話会　（147）2006.6

第2回三輪山セミナーイン東京講演録　大物主神と出雲（菅野雅雄）「大美和」大神神社　（111）2006.7

出雲弁よもやま話　ええかんごおねなあましょた（村上清子）「大社の史話」大社史話会　（148）2006.9

出雲弁かるた（松本静江）「大社の史話」大社史話会　（148）2006.9

基調講演　参道の狛犬を楽しむ（特集　出雲の狛犬—その魅力にせまる）（小寺慶昭）「季刊文化財」島根県文化財愛護協会　（112）2006.10

報告1　出雲の狛犬—その魅力にせまる（特集　出雲の狛犬—その魅力にせまる）（永井泰）「季刊文化財」島根県文化財愛護協会　（112）2006.10

報告2　狛犬（唐獅子）と出雲文化（特集　出雲の狛犬—その魅力にせまる）（廣江正幸）「季刊文化財」島根県文化財愛護協会　（112）2006.10

出雲弁よもやま話　大詔奉戴日の思い出（村上清子）「大社の史話」大社史話会　（149）2006.12

神話展示「神話回廊」ズバリ見どころ（《特集　古代出雲歴史博物館開館記念》）「季刊文化財」島根県文化財愛護協会　（113）2007.2

開館記念特別展「神々の至宝」（《特集　古代出雲歴史博物館開館記念》）「季刊文化財」島根県文化財愛護協会　（113）2007.2

調査報告　出雲神在月の現在（《第6回神在月古代文化シンポジウム　出雲、神在月の謎に迫る—なぜ、神々は出雲に集うのか》）（品川知彦）「しまねの古代文化 ： 古代文化記録集」島根県古代文化センター　（14）2007.3

基調講演　去来する日本の神々（《第6回神在月古代文化シンポジウム　出雲、神在月の謎に迫る—なぜ、神々は出雲に集うのか》）（新谷尚紀）「しまねの古代文化 ： 古代文化記録集」島根県古代文化センター　（14）2007.3

パネルディスカッション（《第6回神在月古代文化シンポジウム　出雲、神在月の謎に迫る—なぜ、神々は出雲に集うのか》）（藤岡大拙、新谷尚紀、品川知彦、岡宏三）「しまねの古代文化 ： 古代文化記録集」島根

県古代文化センター　（14）2007.3

出雲の鉄生産史にみる神木カツラ—構内の個性豊かな樹木景観（中尾英一）「大社の史話」大社史話会　（150）2007.3

出雲弁よもやま話　おいでませ出雲博へ（村上清子）「大社の史話」大社史話会　（150）2007.3

神話の国　出雲をたずねて（光家紀雄）「文化財協会報」善通寺市文化財保護協会　（26）2007.3

出雲弁よもやま話　女子の初めての選挙（村上清子）「大社の史話」大社史話会　（151）2007.6

戦前の出雲地方における一般家庭の婚礼（手銭歳子）「大社の史話」大社史話会　（152）2007.9

懐かしの出雲方言（馬庭将光）「大社の史話」大社史話会　（152）2007.9

出雲弁とアクセント（滝川泰治）「大社の史話」大社史話会　（152）2007.9

出雲弁よもやま話（村上清子）「大社の史話」大社史話会　（152）/（167）2007.9/2011.6

出雲地方の正月行事—特集展について（島根県立古代出雲歴史博物館）「大社の史話」大社史話会　（153）2007.12

講演　イギリスに渡った出雲の護符（小泉凡）「山陰民俗研究」山陰民俗学会　（13）2008.3

手銭記念館の四季—春季展示「出雲の茶器」（佐々木杏里）「大社の史話」大社史話会　（153）2008.3

神話の国　出雲歴史探訪（松田武司）「光地方史研究」光地方史研究会　（34）2008.3

葛城地方の出雲系鴨神と南九州（松下高明）「大隅」大隅史談会　（51）2008.3

『播磨国風土記』と古代遺跡—出雲と筑紫（石野博信）「ひょうご歴史文化フォーラム会報」ひょうご歴史文化フォーラム　（5）2008.7

伊勢の『古事記』・出雲の『日本書紀』—無文字時代に従った編纂について（柳沢賢次）「信濃［第3次］」信濃史学会　60（12）通号707　2008.12

各地からの報告　出雲かんべの里民話館のこと（酒井董美）「伝え ： 日本口承文芸学会会報」日本口承文芸学会　（44）2009.02

問題提起　宮廷儀礼のなかの神賀詞奏上儀礼（《第8回神在月古代文化シンポジウム　天皇の前で語られた「出雲神話」—出雲国造神賀詞奏上儀礼の謎に迫る》）（岡田荘司）「しまねの古代文化 ： 古代文化記録集」島根県古代文化センター　（16）2009.3

講演　郷土研究と出雲—清水兵三と高木敏雄・柳田国男（石井正己）「山陰民俗研究」山陰民俗学会　（14）2009.03

出雲地方における参道石造狛犬についての調査報告（廣江正幸）「山陰民俗研究」山陰民俗学会　（14）2009.03

出雲地方の荒神分祠（酒井董美）「山陰民俗研究」山陰民俗学会　（14）2009.03

松江開府400年　どすこい！—出雲と相撲（古代出雲歴史博物館）「大社の史話」大社史話会　（159）2009.6

書評　勝部月子著『出雲神楽の世界　神事舞の形式』（山路興造）「民俗芸能研究」民俗芸能学会　（47）2009.09

大国主神と八十神—出雲の東と西の四隅突出型墳丘墓（梶谷実）「大社の史話」大社史話会　（161）2009.12

古代出雲歴史博物館特集展　歳德神を招く（古代出雲歴史博物館）「大社の史話」大社史話会　（161）2009.12

出雲神楽における七座の〈勧進（神降ろし）〉について—近世役指帳に見える〈注連行事〉の分析から（錦織稔之）「山陰民俗研究」山陰民俗学会　（15）2010.03

宗像と出雲の神（恵711慧瑞子）「九州古代史の会NEWS」九州古代史の会　（150）2010.03

古代出雲歴史博物館特別展—茶の湯のものづくりと世界のわざ（古代出雲歴史博物館）「大社の史話」大社史話会　（163）2010.06

古代出雲歴史博物館特別展—神々のすがた　古代から水木しげるまで（古代出雲歴史博物館）「大社の史話」大社史話会　（164）2010.09

舟筏の起源説話と大堰川梓流し—附　出雲風土記の舟梓流し（特集　大堰川を中心として水運）（秋里悠弘）「丹波」丹波史談会　（12）2010.10

出雲阿国研究への誘い（1）—「阿国」を「おくに」と読むのはどうしてか（山崎裕二）「大社の史話」大社史話会　（165）2010.12

出雲の神話から（私考）（田中春二）「民俗文化」滋賀民俗学会　（569）2011.02

出雲神話と日本海（開館10周年記念特別展「日本海の至宝」記念講演録）（小川直之）「新潟県立歴史博物館研究紀要」新潟県立歴史博物館　（12）2011.03

播磨と出雲—『播磨国風土記』にみえる出雲国人の往来をめぐって（荊木美行）「史料」皇學館大学研究開発推進センター史料編纂所報」皇學館大學研究開発推進センター史料編纂所　（229）2011.3

民俗資料紹介　出雲の藍板締め染め用具及び製品（浅沼政誌）「山陰民俗研究」山陰民俗学会　（16）2011.03

出雲弁よもやま話—速玉さんね参って（村上清子）「大社の史話」大社史

話会 （166）2011.3

出雲阿国研究への誘い（2）—阿国かぶきはどうして大人気を博したか？（山﨑裕二）「大社の史話」 大社史話会 （166）2011.03

宗教施設と宗教者身分からみた近世出雲の特徴—松江市域を中心に（小林准士）「松江市史研究」 松江市教育委員会 （2）2011.03

交流展を終えて 「古代出雲展—神々の世界—」（河合忍）「岡山県立博物館だより」 岡山県立博物館 （75）2011.3

出雲阿国研究への誘い（3）—阿国塔に様々な芸能関係者が名を刻いているのはどうしてか？（山﨑裕二）「大社の史話」 大社史話会 （167）2011.06

隠岐・出雲薨紀行—杉皮葺きと左桟瓦・石州瓦（隠岐・山陰沿岸の民俗）（大脇潔）「民俗文化」 近畿大学民俗学研究所 （23）2011.06

出雲弁よもやま話—終戦の日の思い出（村上清子）「大社の史話」 大社史話会 （168）2011.9

「西の出雲、東の若松」の意味—元伊勢籠神社をめぐる王祇神構造の展開（大江良松）「山形民俗」 山形民俗研究協議会 （25）2011.11

出雲弁よもやま話—擬態語・擬声語の世界[1]，(2)（村上清子）「大社の史話」 大社史話会 （169）/（170）2011.12/2012.3

基調講演 出雲神話研究の新地平（第11回神在月古代文化シンポジウム 出雲神話の成立と背景—国譲り神話の謎）（関和彦）「しまねの古代文化 ： 古代文化記録集」 島根県古代文化センター （19）2012.03

問題提起 古代王権からみた出雲の神話的特質（第11回神在月古代文化シンポジウム 出雲神話の成立と背景—国譲り神話の謎）（新谷尚紀）「しまねの古代文化 ： 古代文化記録集」 島根県古代文化センター （19）2012.03

パネルディスカッション（第11回神在月古代文化シンポジウム 出雲神話の成立と背景—国譲り神話の謎）「しまねの古代文化 ： 古代文化記録集」 島根県古代文化センター （19）2012.03

出雲の子持壺集成（池淵俊一）「松江市史研究」 松江市教育委員会 （3）2012.03

出雲の神在祭に共通する蔵王堂の王神祭（鰐渕好輝）「長岡郷土史」 長岡郷土史研究会 （49）2012.05

出雲阿国の銅像里帰りについて（石川百合子）「大社の史話」 大社史話会 （171）2012.06

出雲弁よもやま話—弥山さんよも高け塔 スカイツリーができた（村上清子）「大社の史話」 大社史話会 （171）2012.6

神話博しまね特別展 写真展「八雲立つ出雲」—植田正治・上田正昭が歩いた神々のふるさと（古代出雲歴史博物館）「大社の史話」 大社史話会 （171）2012.6

出雲地域の歴史と文化（3）—発信！ 出雲歌舞伎（渡部良治）「大社の史話」 大社史話会 （172）2012.09

出雲阿国研究への誘い（4）阿国がかぶき踊りを始めた年齢は何歳か？（山﨑裕二）「大社の史話」 大社史話会 （172）2012.09

出雲弁よもやま話—ようなった直線（村上清子）「大社の史話」 大社史話会 （172）2012.9

大社の文化を学ぶ・受け継ぐ・創る（7）出雲にかぶく舞踊集団「出雲阿國」（杉谷桂子）「大社の史話」 大社史話会 （173）2012.12

出雲弁よもやま話—えすいこ・さすいこ（村上清子）「大社の史話」 大社史話会 （173）2012.12

出雲神話の女神たち（特集2 古事記編纂1300年記念）（森田喜久男）「季刊文化財」 島根県文化財愛護協会 （129）2013.02

前方後円墳と東西出雲の成立に関する研究（特集1 古代出雲歴史博物館特別展・企画展 古代文化センターの調査研究）「季刊文化財」 島根県文化財愛護協会 （130）2013.2

古代出雲西部の神社と交通（吉松大志）「古代文化研究」 島根県古代文化センター （21）2013.03

出雲の狛犬について（藤原慧）「大社の史話」 大社史話会 （174）2013.03

出雲弁よもやま話—あいさつ（村上清子）「大社の史話」 大社史話会 （174）2013.3

お墓のカタチ 穴・箱・部屋—出雲の埋葬の歴史（出雲弥生の森博物館）「大社の史話」 大社史話会 （174）2013.03

岡山県における出雲型狛犬の展開（藤原好二）「岡山市埋蔵文化財センター研究紀要」 岡山市教育委員会 （5）2013.03

紀行 出雲の神様（重中昭徳）「和海藻」 下関市豊北町郷土文化研究会 （28）2013.3

出雲弁よもやま話—風呂の入あやこ（貰い風呂）（村上清子）「大社の史話」 大社史話会 （175）2013.6

手錢記念館の四季 出雲焼と漆壺斎—不昧公ゆかりの工芸（佐々木杏里）「大社の史話」 大社史話会 （175）2013.6

出雲弁よもやま話—みやしゅんなあなはった（出産された）キャサリン妃（村上清子）「大社の史話」 大社史話会 （176）2013.9

出雲弁よもやま話—意地出しゅう庵（村上清子）「大社史話会」 大社史話会 （177）2013.12

神祇制度からみた出雲の特殊性（特集 風土記の神と社—論文）（瀧音能

之）「季刊悠久.第2次」 鶴岡八幡宮悠久事務局 （134）2014.01

第2部 対談「佐野史郎が語る古代出雲の魅力」 語り手：佐野史郎/聞き手：石原美和（平成の大遷宮 出雲大社展シンポジウム（平成25年6月2日）「出雲大社と神々のものがたり」）「しまねの古代文化記録集」 島根県古代文化センター （21）2014.03

出雲弁よもやま話—節分さん（村上清子）「大社の史話」 大社史話会 （178）2014.3

コラム 出雲御師の布教資金（山﨑裕二）「大社の史話」 大社史話会 （178）2014.03

出雲弁よもやま話—じょうじゅうもんとまんなしゃ（村上清子）「大社の史話」 大社史話会 （179）2014.6

出雲弥生の森博物館 夏季企画展「古代の出雲びと、文字を書く—示す・伝える・祈る—」（出雲弥生の森博物館）「大社の史話」 大社史話会 （179）2014.6

第10回三輪山セミナーイン東京講演録 三輪山祭祀と出雲・伊勢（和田萃）「大美和」 大神神社 （127）2014.07

VIEW 民家（44）北前船の歴史が残る出雲の漁村—鷺浦（河村明植）「民俗建築」 日本民俗建築学会 （146）2014.11

出雲地方における荒神と神楽—大原神職神楽天保十二年本を中心として（特集 神事芸能）（井上隆弘）「まつり」 まつり同好会 （76）2014.12

出雲大川

『出雲国風土記』記載についての一考察—出雲郡「出雲大川」条を中心に（野々村安浩）「古代文化研究」 島根県古代文化センター （17）2009.3

出雲郡

『出雲国風土記』註論（3）出雲郡条（関和彦）「古代文化研究」 島根県古代文化センター 通号6 1998.3

出雲市

出雲市の長門吉右衛門地蔵（中野良彦）「郷土文化ながと」 長門市郷土文化研究会 13 2001.3

出雲市内の大社造系神社予備調査結果（大社造系神社調査会）「大社の史話」 大社史話会 133 2002.11

出雲地域の歴史と文化（2）—出雲市西部の荒神社（1）～（3）（藤原慧）「大社の史話」 大社史話会 （167）/（169）2011.06/2011.12

出雲路

神話の国 出雲路史跡探訪の旅（徳富幸子）「光地方史研究」 光地方史研究会 24 1998.3

山陰道道草道中記—出雲路古代寺 訪ねある記（加藤宏，加藤信宏）「愛知のやしろ」 愛知の神社をたずねる会 24 2004.1

鬼住村研究 古代出雲文化との関わり イズモジとカンナビ 鬼住村大字出雲路に初めて住んだ人々（中筋喜春）「河内長野市郷土研究会誌」［河内長野市郷土研究会］ （48）2006.4

出雲神社

研究ノート 出雲国における近世六十六部の三所納経—『出雲神社巡拝記』と廻国供養塔から（鳥谷芳雄）「季刊文化財」 島根県文化財愛護協会 （126）2012.01

出雲大社

出雲大社と太陽方位信仰（《特集 古代出雲の神社と信仰》）（木本雅康）「出雲古代史研究」 出雲古代史研究会 （5）1995.7

出雲大社本殿の客神は御子神である（石村勝郎）「大社の史話」 大社史話会 111 1997.6

出雲大社と金毘羅さん（多根令己）「大社の史話」 大社史話会 112 1997.8

大社の宝物（6）県指定文化財 寛文6年寄進の青銅の華表—毛利綱広卿と出雲大社（斎藤至）「大社の史話」 大社史話会 113 1997.11

出雲大社と出雲（佐伯徳哉）「しまねの古代文化 ： 古代文化記録集」 島根県古代文化センター 通号5 1998.3

出雲大社の宝治・慶長・寛文度造営頃の境内建築の復元について（藤沢彰）「古代文化研究」 島根県古代文化センター 通号6 1998.3

戦前、戦後、激動の出雲大社（石村禎久）「大社の史話」 大社史話会 116 1998.8

戦時中の出雲大社巫女の思い出（立花美智子）「大社の史話」 大社史話会 116 1998.8

出雲大社にあった妙厳寺の観音菩薩像のこと（藤原慧）「大社の史話」 大社史話会 118 1999.3

《特集 出雲大社古代本殿御柱出現》「大社の史話」 大社史話会 123 2000.6

天下無双の大厦出雲大社（藤原慧）「大社の史話」 大社史話会 123 2000.6

高層神殿を幻想する—出雲大社（石村禎久）「大社の史話」 大社史話会 123 2000.6

草創期の出雲大社と紀伊国（石村禎久）「大社の史話」 大社史話会 124

島根県　　　　　　　　　　　　郷土に伝わる民俗と信仰　　　　　　　　　　　　中国

2000.9

水戸黄門と出雲大社―馬見烽について附言(多根令己)「大社の史話」 大社史話会　125　2000.12

徳川光圀が出雲大社に奉納した書籍や書状について(藤原慧)「大社の史話」 大社史話会　125　2000.12

全国一宮祭礼記 出雲国一宮・出雲大社「季刊悠久.第2次」 鶴岡八幡宮悠久事務局　84　2001.1

大社の宝物(13) 奉再建出雲大社拝殿(馬庭孝司)「大社の史話」 大社史話会　126　2001.2

風鎮めと火伏せの祭り―出雲大社・諏訪大社・智頭諏訪神社の事例から(坂田友宏)「山陰民俗研究」 山陰民俗学会　6　2001.3

大国主命と出雲大社(林武之)「東庄の郷土史」 東庄郷土史研究会(17)　2001.6

巨大神殿と中世出雲大社(《古代文化講座》)(井上寛司)「しまねの古代文化 : 古代文化記録集」 島根県古代文化センター　(9)　2002.3

出雲大社造営をめぐる古文書・記録記事について(《神在月シンポジウム》)(佐伯徳哉)「しまねの古代文化 : 古代文化記録集」 島根県古代文化センター　(9)　2002.3

寛文度(延享度)造営出雲大社本殿の心御柱の建築上の役割《神在月シンポジウム》(松岡高弘)「しまねの古代文化 : 古代文化記録集」 島根県古代文化センター　(9)　2002.3

「岩根御柱」は世界を更新する(《神在月シンポジウム》)(萩原秀三郎)「しまねの古代文化 : 古代文化記録集」 島根県古代文化センター　(9)　2002.3

講演 出雲大社本殿遺構の復元(宮本長二郎)「皇學館大学神道研究所紀要」 皇學館大学神道研究所　19　2002.3

平安후末期・鎌倉時代の出雲大社造営と造営文書の伝来(佐伯徳哉)「山陰史談」 山陰歴史研究会　30　2002.5

出雲大社造営沿革図弁(馬庭孝司)「大社の史話」 大社史話会　131　2002.6

出雲大社拝殿火災の記憶(滝川恭治)「大社の史話」 大社史話会　131　2002.6

The Grand Shrine Of Izumo & The Izumo Myths―「出雲大社と出雲神話」ご出版によせて(編集部)「大社の史話」 大社史話会　131　2002.6

出雲大社の心柱遺跡を見て(小池泰子)「目黒区郷土研究」 目黒区郷土研究会　575　2002.12

出雲大社神在祭考(品川知彦)「日本宗教文化史研究」 日本宗教文化史学会　7(1) 通号13　2003.5

出雲大社造営をめぐる国造と国衙―関係文書を読み直す(原慶三)「山陰史談」 山陰歴史研究会　31　2003.12

近世出雲大社の出雲神話(テキスト)受容の変遷と発信(《第3回神在月古代文化シンポジウム 出雲神話の謎―国譲りの舞台としての出雲》)(西岡和彦)「しまねの古代文化 : 古代文化記録集」 島根県古代文化センター　(11)　2004.3

出雲大社・出雲阿国・那須余一(那須文雄)「小千谷文化」 小千谷市総合文化協会『小千谷文化』編集委員会　(177)　2004.11

出雲大社、石見銀山の旅(紀行文)(井上新一)「文化財ふくやま」 福山市文化財協会　40　2005.5

出雲大社本殿の千木について(藤原慧)「大社の史話」 大社史話会　(146)　2006.3

出雲大社寛文の造替と大八車(馬庭孝司)「大社の史話」 大社史話会　(147)　2006.6

テーマ別展示(1)「出雲大社と神々の国のまつり」ズバリ見どころ(《特集 古代出雲歴史博物館開館記念》)「季刊文化財」 島根県文化財愛護協会　(113)　2007.2

『出雲大社幷神郷図』に用いられた顔料について(朽津信明)「古代文化研究」 島根県古代文化センター　(15)　2007.3

出雲大社大鳥居に向かう古参道(馬庭孝司)「大社の史話」 大社史話会　(150)　2007.3

出雲大社と歴史博物館の見学「かんべ」 可部郷土史研究会　(112)　2007.5

出雲大社境内外の調査「奈良文化財研究所紀要」 奈良文化財研究所2007　2007.6

出雲大社の古文書(5の1)～(5の5)(村田正志)「大社の史話」 大社史話会　(152)/(156)　2007.9/2008.9

出雲大社案内(北山良)「わかくす : 河内ふるさと文化誌」 わかくす文芸研究会　(52)　2007.11

出雲大社本殿主軸が西に振れている理由(馬庭孝司)「大社の史話」 大社史話会　(153)　2007.12

"平成の大遷宮"ご案内(《出雲大社仮殿遷座祭特集》)(馬庭孝司)「大社の史話」 大社史話会　(154)　2008.3

出雲大社造営用材木の調達について―古代・中世・江戸時代初期の造営からの抜粋(《出雲大社仮殿遷座祭特集》)(佐伯徳哉)「大社の史話」 大社史話会　(154)　2008.3

神話を学ぶことの意義(《出雲大社仮殿遷座祭特集》)(森田喜久男)「大社の史話」 大社史話会　(154)　2008.3

出雲大社としめなわ(村上清子)「大社の史話」 大社史話会　(154)　2008.3

"大社の史話"の出雲大社遷宮関係記事(編集部)「大社の史話」 大社史話会　(154)　2008.3

出雲大社本殿は、十六丈(48m)あった。(北山良)「わかくす : 河内ふるさと文化誌」 わかくす文芸研究会　(53)　2008.05

境外社の造営と建築形式―出雲大社境外社の調査より「奈良文化財研究所紀要」 奈良文化財研究所2008　2008.6

出雲大社御本殿天井の八雲(1)～(3)(馬庭孝司)「大社の史話」 大社史話会　(155)/(157)　2008.6/2008.12

出雲大社大祭礼奉納俳句(大社町俳句協会)「大社の史話」 大社史話会　(155)　2008.6

出雲大社本殿拝観とラフカディオ・ハーン(小泉八雲)の昇殿について(村上清子)「大社の史話」 大社史話会　(156)　2008.9

クロマツにみる出雲大社樹相の奥深さ(中尾英一)「大社の史話」 大社史話会　(157)　2008.12

出雲大社の狛犬さん(村上清子)「大社の史話」 大社史話会　(158)　2009.03

出雲大社領の刀狩(山崎裕二)「大社の史話」 大社史話会　(159)　2009.06

出雲大社鏡の池のカメたち(寺岡誠二)「大社の史話」 大社史話会　(161)　2009.12

出雲大社「青銅の華表」を読む(馬庭孝司)「大社の史話」 大社史話会　(162)　2010.03

オホクニヌシと出雲大社(辰巳和弘)「つどい」 豊中歴史同好会　(268)　2010.05

出雲大社の神事の酒造り(特集 神酒I―小論文)(千家尊祐)「季刊悠久.第2次」 鶴岡八幡宮悠久事務局　(122)　2010.11

御本殿を支える先人たちの祈り(出雲大社)「大社の史話」 大社史話会　(165)　2010.12

日韓併合と出雲大社(藤澤秀晴)「大社の史話」 大社史話会　(165)　2010.12

太陽方位信仰 出雲大社と日御碕神社の関係(加地修一)「大社の史話」 大社史話会　(167)　2011.06

出雲大社に御札参りのこと(百家爭発)(佐藤貢)「北方風土 : 北国の歴史民俗考古研究誌」 イズミヤ出版　通号62　2011.07

吉村作治の遺跡直行便(11) 日本 島根 出雲大社「月刊大和路ならら」地域情報ネットワーク　14(8) 通号155　2011.08

「平成の大遷宮」―縁る結ぶ御修造の軌跡(出雲大社)「大社の史話」 大社史話会　(169)　2011.12

「匠の技―弥生木製品から出雲大社まで―」(特集1 古代文化センターの調査研究・古代出雲歴史博物館企画展)「季刊文化財」 島根県文化財愛護協会　(127)　2012.02

資料「出雲大社案内」 大正期中頃の杵築市街地店舗図(馬庭孝司)「大社の史話」 大社史話会　(170)　2012.03

匠の技―弥生木製品から出雲大社まで(特集1 古代出雲歴史博物館特別展・企画展 古代文化センターの調査研究)「季刊文化財」 島根県文化財愛護協会　(130)　2013.02

平成の大遷宮 出雲大社展(特集1 古代出雲歴史博物館特別展・企画展 古代文化センターの調査研究)「季刊文化財」 島根県文化財愛護協会　(130)　2013.02

古事記の神話と出雲大社・八世紀の出雲(特集2 古事記編纂1300年記念)(平石充)「季刊文化財」 島根県文化財愛護協会　(130)　2013.02

出雲大社と中世神話(特集2 古事記編纂1300年記念)「季刊文化財」 島根県文化財愛護協会　(131)　2013.03

本殿遷座祭を迎えるにあたり(出雲大社「平成の大遷宮」特集号)(千家尊祐)「大社の史話」 大社史話会　(174)　2013.03

「平成の大遷宮」―昭和から平成へ いよいよ結ばれる蘇りの年(出雲大社「平成の大遷宮」特集号)(出雲大社)「大社の史話」 大社史話会　(174)　2013.03

御神木流し覚書(出雲大社「平成の大遷宮」特集号)(渡部正毅)「大社の史話」 大社史話会　(174)　2013.03

天下無双の大廈、国中第一の霊神―出雲大社遷宮史(出雲大社「平成の大遷宮」特集号)(西岡和彦)「大社の史話」 大社史話会　(174)　2013.03

出雲のダイコクさんと大社御師(出雲大社「平成の大遷宮」特集号)(岡宏三)「大社の史話」 大社史話会　(174)　2013.03

神々と神社(続) 伊勢神宮と出雲大社の遷宮(高山博之)「郷土研だより」 東村山郷土研究会　(396)　2013.03

お伊勢参り 伊勢神宮・金比羅・出雲大社参拝の旅(丸山久子)「郷土たがみ」 田上町郷土研究会　(24)　2013.06

三輪山セミナー講演録 伊勢神宮と出雲大社―大和王権と大物主大神の祭祀をめぐって(新谷尚紀)「大美和」 大神神社　(125)　2013.07

大社観光史研究（4）出雲大社の昭和遷宮と神国博覧会（村上清子）「大社の史話」大社史話会 （177）2013.12

第1部 基調講演「風土記説話の謎をとく」（平成の大遷宮 出雲大社展シンポジウム（平成25年6月2日）「出雲大社と神々のものがたり」）（荻原千鶴）「しまねの古代文化 ： 古代文化記録集」島根県古代文化センター （21）2014.03

第3部 パネルディスカッション「出雲大社と神々のものがたり」 コーディネーター：関和彦（平成の大遷宮 出雲大社展シンポジウム（平成25年6月2日）「出雲大社と神々のものがたり」）（荻原千鶴、川島芙美子、兼岡理恵［パネリスト］）「しまねの古代文化 ： 古代文化記録集」島根県古代文化センター （21）2014.03

資料編（平成の大遷宮 出雲大社展シンポジウム（平成25年6月2日）「出雲大社と神々のものがたり」）「しまねの古代文化 ： 古代文化記録集」島根県古代文化センター （21）2014.03

儀礼文化講座（第7回）平成25年12月8日（日）「出雲大社『平成の大遷宮』について」 講師：草川和泉（レポート）（佐々木寛）「儀礼文化ニュース」儀礼文化学会 （193）2014.03

書籍紹介1 いづも財団叢書創刊号『出雲大社の造営遷宮と地域社会（上）』が発刊される！（編集部）「大社の史話」大社史話会 （179）2014.06

表紙 平成の大遷宮 出雲大社拝殿前で「かんべ」可部郷土史研究会 （124）2014.06

『出雲大社観光史』の発刊に寄せて（馬庭孝司）「大社の史話」大社史話会 （181）2014.12

出雲大社境内遺跡

出雲大社境内遺跡 幻の神話から現実へ（上野良亮）「大社の史話」大社史話会 123 2000.6

出雲大社境内遺跡—巨大柱の発見（特別企画 風土記の丘40周年、古代文化センター・埋蔵文化財調査センター20周年、古代出雲歴史博物館・石見銀山世界遺産登録5周年を語る）「季刊文化財」島根県文化財愛護協会 （128）2012.03

出雲大社参道

大社の宝物（10）大社町指定文化財出雲大社参道の松並木（馬庭孝司）「大社の史話」大社史話会 118 1999.3

出雲大社道

今でも活躍!!「出雲大社道」（榊原恒司）「三訪会会報」三成学区の歴史と自然を訪ねる会 （65）2013.11

出雲大神宮

丹波国・出雲大神宮への参詣（滝川泰治）「大社の史話」大社史話会 117 1998.11

神郡神戸と出雲大神宮・於友評（平石充）「古代文化研究」島根県古代文化センター （21）2013.03

出雲国

出雲古代史と神賀詞—復奏儀礼としての神賀詞奏上（《特集 出雲国造と神賀詞》）（関和彦）「出雲古代史研究」出雲古代史研究会 （2）1992.6

出雲国造と系図（《特集 出雲国造と神賀詞》）（高嶋弘志）「出雲古代史研究」出雲古代史研究会 （2）1992.6

「出雲国造神賀詞」小考（《特集 出雲国造と神賀詞》）（野々村安浩）「出雲古代史研究」出雲古代史研究会 （2）1992.6

出雲国造神賀詞奏上儀礼をめぐる国司と国造（《特集 出雲国造と神賀詞》）（大浦元彦）「出雲古代史研究」出雲古代史研究会 （2）1992.6

「出雲国造神賀詞」研究小史—その成立と出雲国造の性格について（《特集 出雲国造と神賀詞》）（武廣亮平）「出雲古代史研究」出雲古代史研究会 （2）1992.6

『出雲国風土記』に関する一考察—その基本的性格の検討（《特集 出雲国造と神賀詞》）（有富雪子）「出雲古代史研究」出雲古代史研究会 （2）1992.6

『出雲国風土記』における「新造院」の成立（《特集 古代出雲の寺院》）（三舟隆之）「出雲古代史研究」出雲古代史研究会 （4）1994.7

『出雲国風土記』戸江剗の推定地（《特集 古代出雲の寺院》）（永田公夫、内田律雄）「出雲古代史研究」出雲古代史研究会 （4）1994.7

出雲国の神社資料に関する一考察（《特集 古代出雲の神社と信仰》）（武廣亮平）「出雲古代史研究」出雲古代史研究会 （5）1995.7

神郡と出雲国造（《特集 古代出雲の氏族と神戸》）（大関邦男）「出雲古代史研究」出雲古代史研究会 （6）1996.7

古代の出雲と神—『出雲国風土記』の分析を中心として（滝音能之）「古代文化研究」島根県古代文化センター 通号5 1997.3

『出雲国風土記』註論（2）楯縫郡条（関和彦）「古代文化研究」島根県古代文化センター 通号5 1997.3

『出雲国風土記』は語る（森田喜久男）「しまねの古代文化 ： 古代文化記録集」島根県古代文化センター 通号5 1998.3

出雲国の移配エミシとその反乱（《特集 古代出雲の権力と聖性》）（武廣亮平）「出雲古代史研究」出雲古代史研究会 （7・8）1998.7

『出雲国風土記』の郷について（《特集 古代出雲の郡と郷》）（内田律雄）「出雲古代史研究」出雲古代史研究会 （9）1999.7

『出雲国風土記』所載楯井社考（《特集 古代出雲の郡と郷》）（熊野高裕）「出雲古代史研究」出雲古代史研究会 （9）1999.7

『出雲国風土記』の在地史料—在地社会論のテキストとしての『出雲国風土記』の可能性（《特集 古代出雲の郡と郷》）（武廣亮平）「出雲古代史研究」出雲古代史研究会 （9）1999.7

出雲国造の神賀詞奏上（《美多実先生追悼号》）—（美多実先生の論文・随筆）「風土記論叢」出雲国風土記研究会 （4）1999.8

国引き神話の四つの疑問（《美多実先生追悼号》）—（美多先生の思い出）（梶谷実）「風土記論叢」出雲国風土記研究会 （4）1999.8

出雲国風土記研究会の歩み（《美多実先生追悼号》）—（美多先生の思い出）「風土記論叢」出雲国風土記研究会 （4）1999.8

越の八口を平けての謎—出雲国風土記（石村禎久）「季刊文化財」島根県文化財愛護協会 93 2000.2

出雲国神賀詞奏上儀礼の衰退期について—律令王権儀礼における伊勢と出雲（榎村寛之）「出雲古代史研究」出雲古代史研究会 （10）2000.7

書評 内田律雄氏著『出雲国造の祭祀と出雲古代史研究（瀧音能之）「出雲古代史研究」出雲古代史研究会 （10）2000.7

第14回古代文化講座 古伝新嘗祭と出雲国造（岡田荘司）「しまねの古代文化 ： 古代文化記録集」島根県古代文化センター （8）2001.3

覚書 『出雲国風土記』にみる神祇祭祀の空間（錦田剛志）「古代文化研究」島根県古代文化センター （12）2004.3

資料調査 出雲国風土記写本の調査（1）〜（10）（野々村安浩、森田喜久男）「古代文化研究」島根県古代文化センター （12）/（22）2004.3/2014.3

『出雲国風土記』写本研究の意義（森田喜久男）「古代文化研究」島根県古代文化センター （12）2004.3

『出雲国風土記』が残したもの—大原・仁多郡の条から（坂本論司）「季刊文化財」島根県文化財愛護協会 108 2004.10

古代出雲国「朝酌市」の景観について（野々村安浩）「古代文化研究」島根県古代文化センター （13）2005.3

テーマ別展示（2）「出雲国風土記の世界」ズバリ見どころ（《特集 古代出雲歴史博物館開館記念》）「季刊文化財」島根県文化財愛護協会 （113）2007.2

天平年間成立当初の『出雲国風土記』について（森田喜久男）「古代文化研究」島根県古代文化センター （15）2007.3

出雲国の地形と国引き神話一帯の長浜にふれて（《出雲大社仮殿遷座祭特集》）（馬庭將光）「大社の史話」大社史話会 （154）2008.3

出雲国造の系譜史料とその諸本—系譜史料の「アーカイブ機能」論に向けて（《特集 出雲国造をめぐる諸問題》）（鈴木正信）「出雲古代史研究」出雲古代史研究会 （18）2008.7

『出雲国風土記』に所縁の神社 神紋雑感（岩谷肇）「大社の史話」大社史話会 （157）2008.12

解説 出雲国造神賀詞奏上儀礼の概要とCG制作の舞台裏（《第8回神在月古代文化シンポジウム 天皇の前で語られた「出雲神話」—出雲国造神賀詞奏上儀礼の謎に迫る》）（森田喜久男）「しまねの古代文化 ： 古代文化記録集」島根県古代文化センター （16）2009.03

問題提起 出雲国造の祖先神が国譲り神話の中で果たした役割（《第8回神在月古代文化シンポジウム 天皇の前で語られた「出雲神話」—出雲国造神賀詞奏上儀礼の謎に迫る》）（水林彪）「しまねの古代文化 ： 古代文化記録集」島根県古代文化センター （16）2009.03

問題提起 出雲国造神賀詞と大和の神々（《第8回神在月古代文化シンポジウム 天皇の前で語られた「出雲神話」—出雲国造神賀詞奏上儀礼の謎に迫る》）（和田萃）「しまねの古代文化 ： 古代文化記録集」島根県古代文化センター （16）2009.03

パネルディスカッション（《第8回神在月古代文化シンポジウム 天皇の前で語られた「出雲神話」—出雲国造神賀詞奏上儀礼の謎に迫る》）（森田喜久男、岡田荘司、水林彪、和田萃）「しまねの古代文化 ： 古代文化記録集」島根県古代文化センター （16）2009.03

律令制国家の成立と政治的景観の出現—役所と寺院（第9回神在月古代文化シンポジウム 律令国家と出雲国の成立—問題提起）（大橋泰夫）「しまねの古代文化 ： 古代文化記録集」島根県古代文化センター （17）2010.3

スサノオの神話—八岐大蛇と草薙剣（荊木美行）「つどい」豊中歴史同好会 （267）2010.04

表紙 出雲国風土記「蓬左」名古屋市蓬左文庫 （82）2011.4

出雲国造の神賀詞（野田昌夫）「つどい」豊中歴史同好会 （282）2011.07

研究ノート 出雲国における近世六十六部の三所納経—『出雲神社巡拝記』と廻国供養塔から（鳥谷芳雄）「季刊文化財」島根県文化財愛護協会 （126）2012.01

問題提起 『古事記』の大国主神と『出雲国風土記』の所造天下大神（第11回神在月古代文化シンポジウム 出雲神話の成立と背景—国譲り神話の謎）（森田喜久男）「しまねの古代文化 ： 古代文化記録集」島根

県古代文化センター （19） 2012.03

出雲國の伝承をたどる―平成25年度研究活動より（調査報告）（尾道市葦伝承文化研究会）「尾道文学談話会会報」 尾道大学芸術文化学部日本文学科 （4） 2013.12

出雲国風土記写本二題―郷原家本と「自清本」をめぐって（髙橋周）「古代文化研究」 島根県古代文化センター （22） 2014.3

出雲国風土記「越の八口」攷（酢谷琢磨）「石川郷土史学会々誌」 石川郷土史学会 （47） 2014.12

出雲国一宮

鎌倉期出雲国一宮の造営・祭祀からみた地域支配と国家（部会報告）（佐伯徳哉）「ヒストリア ： journal of Osaka Historical Association」 大阪歴史学会 （218） 2009.12

出雲平野

出雲平野における土葬墓の一様相―中世末～近世前半を中心として（岩橋康子）「古代文化研究」 島根県古代文化センター （18） 2010.03

五十猛のグロ

解説 重要無形民俗文化財に「五十猛のグロ」「大土地神楽」が指定/市町村文化財の新指定/台風被害状況/平成16年度文化財関係補助事業/第51回文化財防火デー実施「季刊文化財」 島根県文化財愛護協会 110 2005.3

板倉家紺屋座

紹介 板倉家紺屋座関係資料（古代文化センター）「季刊文化財」 島根県文化財愛護協会 94 2000.3

一宮

古文書解説 一宮拝殿材木割（藤田茂正）「隠岐の文化財」 隠岐の島町教育委員会 21 2004.3

一宮大明神

一宮大明神祭礼費用伊後村へ割賦の件―隠岐郷土館文書の紹介（藤田茂正）「隠岐の文化財」 隠岐の島町教育委員会 14 1997.3

一畑寺

2002年9月例会 研究発表 大谷めぐみ氏「出雲国一畑寺史と薬師信仰―海洋信仰との関わりを中心に」「日本宗教民俗学会通信」 日本宗教民俗学会 （97） 2002.12

一畑薬師

島根半島四十二浦巡礼の展開と性格―一畑薬師信仰と習合した浦巡礼（大谷めぐみ）「山陰民俗研究」 山陰民俗学会 （13） 2008.3

一畑薬師灯籠

写真集 一畑薬師灯籠を訪ねて（1）～（2）（川島武良，佐々木敬志）「古代文化研究」 島根県古代文化センター （11）/（12） 2003.3/2004.3

出雲地域の歴史と文化（1）―出雲市内の一畑薬師灯篭について（野坂俊之）「大社の史話」 大社史話会 （166） 2011.03

糸原記念館

墨跡展にみる時代絲原記念館夏季特別展から「奥出雲」 奥出雲編集委員横田史談会 281 1998.8

奥出雲「たたら製鉄」絲原記念館を訪れて（仁内弘）「わが町三原」 みはら歴史と観光の会 105 1999.12

命主社

大社の宝物（8） 命主社のムクノキの大樹（中尾英一）「大社の史話」 大社史話会 115 1998.6

銅戈・勾玉は命主社の神器（馬庭孝司）「大社の史話」 大社史話会 （151） 2007.6

猪目峠

猪目峠の馬頭観音石像は何処（杉谷明信）「大社の史話」 大社史話会 （157） 2008.12

揖夜神社

揖夜神社と黄泉比良坂―斉明天皇紀五年条をめぐって（津田勉）「山口県神道史研究」 山口県神道史研究会 （19） 2007.7

入野

文政期の祭事の状況―本入野神祭定書にみる（水崎斉）「郷土石見 ： 石見郷土研究懇話会機関誌」 石見郷土研究懇話会 55 2000.12

岩根寺

『出雲札所観音霊場記』第五番 岩根寺（岩谷肇）「大社の史話」 大社史話会 （163） 2010.06

岩根神社

岩根神社御例祭（嘉久志町）《特集 江津市の祭》（森脇洋二）「石見潟」 江津市文化財研究会 （24） 2006.11

石見

鐡熱燈の旅（2）（林量三）「郷土石見 ： 石見郷土研究懇話会機関誌」 石見郷土研究懇話会 44 1997.4

近世・石見の廻船研究―地船の航海技術と通航圏（児島俊平）「郷土石見 ： 石見郷土研究懇話会機関誌」 石見郷土研究懇話会 45 1997.8

パンバロとトンケツ（永井睦）「郷土石見 ： 石見郷土研究懇話会機関誌」 石見郷土研究懇話会 46 1997.12

神楽笛と私（船津重信）「郷土石見 ： 石見郷土研究懇話会機関誌」 石見郷土研究懇話会 46 1997.12

昔の子供の遊び（渡辺孝司）「郷土石見 ： 石見郷土研究懇話会機関誌」 石見郷土研究懇話会 47 1998.4

文化顕揚之碑―わが町の碑（児高房夫）「郷土石見 ： 石見郷土研究懇話会機関誌」 石見郷土研究懇話会 49 1998.12

明治初年の鉄穴流しと法的手続き（服部正三）「郷土石見 ： 石見郷土研究懇話会機関誌」 石見郷土研究懇話会 50 1999.4

鑢絵幻視考（佐々木邦昭）「郷土石見 ： 石見郷土研究懇話会機関誌」 石見郷土研究懇話会 50 1999.4

昭和18年の石見大水害と宮司さま（馬庭孝司）「大社の史話」 大社史話会 119 1999.6

石見の古い壺、江戸初期のものか（安達啓二）「季刊文化財」 島根県文化財愛護協会 93 2000.2

五色浜石見神楽の夕べ（坪内喜万子）「伊予市の歴史文化」 伊予市歴史文化の会 42 2000.3

「草天秤輻記」―わが町の碑（森脇登）「郷土石見 ： 石見郷土研究懇話会機関誌」 石見郷土研究懇話会 53 2000.4

高瀬舟と鉐（大庭良美）「郷土石見 ： 石見郷土研究懇話会機関誌」 石見郷土研究懇話会 54 2000.8

荷馬車輓の娘の手記（前），（後）（杉内いち）「郷土石見 ： 石見郷土研究懇話会機関誌」 石見郷土研究懇話会 54/55 2000.8/2000.12

石見における近世戒名・位戒の推移―那賀郡禅宗寺院の過去帳より（牛尾光国）「郷土石見 ： 石見郷土研究懇話会機関誌」 石見郷土研究懇話会 55 2000.12

第13回古代文化講座 石見の風流芸能（三隅治雄）「しまねの古代文化 ： 古代文化記録集」 島根県古代文化センター （8） 2001.3

石見の古い壺 江戸初期のものか（安達啓二）「季刊文化財」 島根県文化財愛護協会 97 2001.3

田植囃子よ残れ（竹内幸夫）「郷土石見 ： 石見郷土研究懇話会機関誌」 石見郷土研究懇話会 56 2001.4

火防祭（永井睦）「郷土石見 ： 石見郷土研究懇話会機関誌」 石見郷土研究懇話会 56 2001.4

石見神楽木彫面（江戸時代）（牛尾光国）「郷土石見 ： 石見郷土研究懇話会機関誌」 石見郷土研究懇話会 57 2001.8

石見神楽（竹内幸夫）「西日本文化」 西日本文化協会 377 2001.12

石見の宮大工と彫刻師たち（岡堂義武）「郷土石見 ： 石見郷土研究懇話会機関誌」 石見郷土研究懇話会 60 2002.8

国境の峠道―わが村境の碑（日高伊三）「郷土石見 ： 石見郷土研究懇話会機関誌」 石見郷土研究懇話会 60 2002.8

石見の釜（江戸初期のもの）（安達啓二）「季刊文化財」 島根県文化財愛護協会 102 2002.11

水まさ雲の唄（大庭良美）「郷土石見 ： 石見郷土研究懇話会機関誌」 石見郷土研究懇話会 61 2002.12

徳川末期の国学者と石見の神道学者たち（藤井直）「歴史懇談」 大阪歴史懇談会 （17） 2003.8

昔話の虫干し（三沢シゲノ）「郷土石見 ： 石見郷土研究懇話会機関誌」 石見郷土研究懇話会 64 2003.12

石見地方における諸神楽の比較音楽研究―大太鼓のリズム分析による神楽の系統分類序説（藤原宏夫）「山陰民俗研究」 山陰民俗学会 （9） 2004.3

萬国戦歿者供養塔―わが町の碑（川本晃）「郷土石見 ： 石見郷土研究懇話会機関誌」 石見郷土研究懇話会 65 2004.4

『天保雑記』に記載された石・雲関係の記事数例の紹介（下）（牛尾光国）「郷土石見 ： 石見郷土研究懇話会機関誌」 石見郷土研究懇話会 65 2004.4

石見半紙の生産と流通（桑原韶一）「亀山」 浜田市文化財愛護会 30 2004.11

「ゴンドラの唄」に想う（岩町功）「郷土石見 ： 石見郷土研究懇話会機関誌」 石見郷土研究懇話会 （69） 2005.8

近世・石見の鉐製鉄を探る（1）―石見鉐の源流（児島俊平）「郷土石見 ： 石見郷土研究懇話会機関誌」 石見郷土研究懇話会 （70） 2005.12

「民謡」を訪ねて（稗田秀男）「郷土石見 ： 石見郷土研究懇話会機関誌」 石見郷土研究懇話会 （71） 2006.4

近世・石見の鉐製鉄を探る（2） 前期の産鉄と鉄穴（児島俊平）「郷土石見 ： 石見郷土研究懇話会機関誌」 石見郷土研究懇話会 （72） 2006.8

青春残照―私物化された県連合青年団（下垣秀典）「郷土石見 ： 石見郷

中国　　　　　　　　　　　　郷土に伝わる民俗と信仰　　　　　　　　　　　　島根県

土研究懇話会機関誌」 石見郷土研究懇話会 （72）2006.8
巣立つまで（佐々木徳次）「郷土石見 ： 石見郷土研究懇話会機関誌」 石見郷土研究懇話会 （72）2006.8
近世・石見の鈩製鉄を探る（3）出羽流・備後流と天秤鞴（児島俊平）「郷土石見 ： 石見郷土研究懇話会機関誌」 石見郷土研究懇話会 （73）2006.12
石見の湯宿（宮本巌）「郷土石見 ： 石見郷土研究懇話会機関誌」 石見郷土研究懇話会 （73）2006.12
青春残照（中）―挑戦、県連合青年団の改革（下垣秀典）「郷土石見 ： 石見郷土研究懇話会機関誌」 石見郷土研究懇話会 （73）2006.12
狩猟と熊まつりの聞き書きメモ（渡辺友千代）「郷土石見 ： 石見郷土研究懇話会機関誌」 石見郷土研究懇話会 （73）2006.12
森脇太一と石見の民話（田中瑩一）「遠野物語研究」 遠野物語研究所 （10）2007.3
森脇太一と石見の昔話 生誕100年記念文庫展と講演会開催（田中瑩一）「伝え ： 日本口承文芸学会会報」 日本口承文芸学会 （40）2007.3
おふくろ石―諏訪・島根石見・松江・大和（北野晃）「民俗文化」 滋賀民俗学会 （523）2007.4
石見神楽の中国山脈越え（1）山峡に咲いた交流の華（竹内幸夫）「郷土石見 ： 石見郷土研究懇話会機関誌」 石見郷土研究懇話会 （74）2007.5
鈩跡を見学してきました（吉田豊明）「郷土石見 ： 石見郷土研究懇話会機関誌」 石見郷土研究懇話会 （74）2007.5
石見神楽の中国山脈越え（2）阿須那越え（竹内幸夫）「郷土石見 ： 石見郷土研究懇話会機関誌」 石見郷土研究懇話会 （75）2007.8
石見神楽の中国山脈越え（3）三坂越え（竹内幸夫）「郷土石見 ： 石見郷土研究懇話会機関誌」 石見郷土研究懇話会 （76）2007.12
近世・石見の鈩製鉄を探る（4）元禄の黄金時代（児島俊平）「郷土石見 ： 石見郷土研究懇話会機関誌」 石見郷土研究懇話会 （76）2007.12
石見の民話（1）～（完）フィールド・ノートから（田中瑩一）「郷土石見 ： 石見郷土研究懇話会機関誌」 石見郷土研究懇話会 （76）/（83）2007.12/2010.04
石見産紙と佐々田懋（藤田亨）「郷土石見 ： 石見郷土研究懇話会機関誌」 石見郷土研究懇話会 （76）2007.12
久田屋のカカさん狐に化かされた話（長嘖定夫）「郷土石見 ： 石見郷土研究懇話会機関誌」 石見郷土研究懇話会 （76）2007.12
石見地方のコウジュウ（講中）―島根県瑞穂町の事例（喜多村正）「山陰民俗学会」 山陰民俗学会 （13）2008.3
石見神楽の中国山脈越え（4）波佐越え（竹内幸夫）「郷土石見 ： 石見郷土研究懇話会機関誌」 石見郷土研究懇話会 （78）2008.8
力石―わが町の碑（大畑義松）「郷土石見 ： 石見郷土研究懇話会機関誌」 石見郷土研究懇話会 （78）2008.8
とっても不思議な噺（川本晃）「郷土石見 ： 石見郷土研究懇話会機関誌」 石見郷土研究懇話会 （78）2008.8
近世・石見の鈩製鉄を探る（5）銀山領の産鉄・天秤鞴の碑（児島俊平）「郷土石見 ： 石見郷土研究懇話会機関誌」 石見郷土研究懇話会 （79）2008.12
石見神楽の中国山脈越え（5）石見そして安芸（竹内幸夫）「郷土石見 ： 石見郷土研究懇話会機関誌」 石見郷土研究懇話会 （81）2009.08
他国へ移住した石見漁民の伝承―因幡国と佐渡国のこと（児島俊平）「郷土石見 ： 石見郷土研究懇話会機関誌」 石見郷土研究懇話会 （82）2009.12
手拭・禅談義（川本晃）「郷土石見 ： 石見郷土研究懇話会機関誌」 石見郷土研究懇話会 （82）2009.12
第25回古代文化講座 芸北地域に「石見神楽」はいつ伝播したか？―「伝統」と「創作」の視点から（六媚寛）「しまねの古代文化 ： 古代文化記録集」 島根県古代文化センター （17）2010.03
石見地方の「森神」をめぐって―明治初年「神社書上帳」を手がかりに（山﨑亮）「山陰民俗研究」 山陰民俗学会 （15）2010.03
黄櫨（はぜ）しぼりのこと（児高房夫）「郷土石見 ： 石見郷土研究懇話会機関誌」 石見郷土研究懇話会 （83）2010.04
地租改正前夜の一事件―ある住職の記録から（森脇登）「郷土石見 ： 石見郷土研究懇話会機関誌」 石見郷土研究懇話会 （84）2010.08
石見神楽、東京で初の自主公演（岩町功）「郷土石見 ： 石見郷土研究懇話会機関誌」 石見郷土研究懇話会 （84）2010.08
嗚呼 黒塚―石見神楽修験道の世界（竹内幸夫）「郷土石見 ： 石見郷土研究懇話会機関誌」 石見郷土研究懇話会 （86）2011.04
北海道にある石見焼について（阿部志郎）「郷土石見 ： 石見郷土研究懇話会機関誌」 石見郷土研究懇話会 （87）2011.8
書櫃の虫干し（町から村から）（大矢幸子）「郷土石見 ： 石見郷土研究懇話会機関誌」 石見郷土研究懇話会 （88）2011.12
テーマ研究「石見神楽と地域創造」（特集1 古代文化センターの調査研究・古代出雲歴史博物館企画展）「季刊文化財」 島根県文化財愛護協会 （127）2012.02
山口県阿武郡北東部の石見神楽台本について（石山祥子）「山陰民俗研

究」 山陰民俗学会 （17）2012.03
語り部の窓から「磐戸」は尊し（竹内幸夫）「郷土石見 ： 石見郷土研究懇話会機関誌」 石見郷土研究懇話会 （89）2012.04
随想「石見の方言に魅せられて…」（町から村から）（神本晃）「郷土石見 ： 石見郷土研究懇話会機関誌」 石見郷土研究懇話会 （89）2012.4
書櫃の虫干―余録（町から村から）（大矢幸子）「郷土石見 ： 石見郷土研究懇話会機関誌」 石見郷土研究懇話会 （89）2012.04
異神が舞う（竹内幸夫）「郷土石見 ： 石見郷土研究懇話会機関誌」 石見郷土研究懇話会 （90）2012.08
石見神楽―舞を伝える、舞を生きる（特集1 古代出雲歴史博物館特別展・企画展 古代文化センターの調査研究）「季刊文化財」 島根県文化財愛護協会 （130）2013.02
石見東部の盆踊りについて―その伝播の性格に関する一考察（論文）（中安恵一）「山陰民俗研究」 山陰民俗学会 （18）2013.03
中世石見の浄土仏教について（小林俊二）「郷土石見 ： 石見郷土研究懇話会機関誌」 石見郷土研究懇話会 （92）2013.04
石見の方言（町から村から）（神本晃）「郷土石見 ： 石見郷土研究懇話会機関誌」 石見郷土研究懇話会 （92）2013.04
6月例会報告（第322回）「古代、海を渡った日本の女性」―『日本書紀』に見える従軍女性の悲話― 片倉穣氏/会員講座（第11回）「石見神楽（ビデオ鑑賞）」 白須一信氏（白須一信）「会報」 大阪歴史懇談会 30（7）通号347 2013.07
日本海沿岸地域にある近代の石見焼（阿部志郎）「民具研究」 日本民具学会 （148）2013.10
佐渡島へ渡った石見の漁師たち（1）,（2）―それは四百年も昔（村上英明）「郷土石見 ： 石見郷土研究懇話会機関誌」 石見郷土研究懇話会 （94）/（95）2014.01/2014.5
石見民衆の道中記―近世後期の本山参詣と厳島社参詣（中安恵一）「古代文化研究」 島根県古代文化センター （22）2014.03
石見神楽の誕生（論考）（山路興造）「民俗芸能研究」 民俗芸能学会 （56）2014.03

石見海岸
海産物行商活動と農村文化の交流―石見海岸地域の事例を中心に（多田房明）「山陰民俗研究」 山陰民俗学会 5 2000.3

石見銀山
石見銀山の千人壺（稗田秀男）「郷土石見 ： 石見郷土研究懇話会機関誌」 石見郷土研究懇話会 46 1997.12
石見銀山・延慶の発見伝説とは（石村禎久）「季刊文化財」 島根県文化財愛護協会 91 1999.2
出雲大社、石見銀山の旅（紀行文）（井上新一）「文化財ふくやま」 福山市文化財協会 40 2005.5
国指定 名勝旧堀氏庭園/史跡田儀櫻井家たたら製鉄遺跡/史跡松江藩主松平家墓所/史跡石見銀山遺跡（特集 新（追加）指定・登録文化財の紹介）（文化財課）「季刊文化財」 島根県文化財愛護協会 （111）2006.3
民話が語る石見銀山への道（高橋悟）「郷土石見 ： 石見郷土研究懇話会機関誌」 石見郷土研究懇話会 （92）2013.4

石見銀山遺跡
石見銀山遺跡の世界遺産登録調査から―一港町・鞆ヶ浦と沖泊の民俗（多田房明）「山陰民俗研究」 山陰民俗学会 （14）2009.03

石見国
鴨山参詣記と石見国（富吉脩）「郷土石見 ： 石見郷土研究懇話会機関誌」 石見郷土研究懇話会 （73）2006.12
石見国鋳物師頭領山根氏の足跡（石津確）「郷土石見 ： 石見郷土研究懇話会機関誌」 石見郷土研究懇話会 （78）2008.8
石見国鋳物師頭領山根家の足跡（補遺）（石津確）「郷土石見 ： 石見郷土研究懇話会機関誌」 石見郷土研究懇話会 （79）2008.12

岩屋寺
中世の横田庄と出雲を岩屋寺『快円日記』に見る（1）～（3）―全文解読により（高橋一郎）「奥出雲」 奥出雲編集団横田史談会 300/303・304 2000.6/2000.12
岩屋寺旧本尊十一面観音坐像（伊東史朗）「古代文化研究」 島根県古代文化センター （14）2006.3

岩屋地蔵尊
府中岩屋地蔵尊（鎌田広喜）「亀山」 浜田市文化財愛護会 25 1998.11

宇賀郷
『出雲国風土記』出雲郡条宇賀郷―黄泉の穴の比定を中心として（《特集 古代出雲の郡と郷》）（梶谷実）「出雲古代史研究」 出雲古代史研究会 （9）1999.7

敬川町
妙見神社大祭（敬川町）（《特集 江津市の祭》）（二宮典子）「石見潟」 江津市文化財研究会 （24）2006.11

浦郷

浦郷のシャーラ（精霊）船（口村光房）「隠岐の文化財」　隠岐の島町教育委員会　（23）2006.3

宇竜

宇龍大船頭―海の生活伝承（岩成俊策）「大社の史話」　大社史話会　（170）2012.3

宇竜浦

宇龍浦聞き書き―出雲の持つ「海洋性」（岩成俊策）「大社の史話」　大社史話会　（163）2010.6

雲州

寺ん堂十一面観音像と「日向記」―雲州往侶六十六部聖相瑜と之幸（長曽我部光義）「みやざき民俗」　宮崎県民俗学会　54　2001.1

奥出雲のタタラ製鉄をめぐる民俗連鎖―雲州そろばんへの波及とその消長を中心に（戸井田克己）「民俗文化」　近畿大学民俗学研究所　（16）2004.3

雲樹寺

文化財　雲樹寺四脚門（島根県安来市）「郷土史紀行」　ヒューマン・レクチャー・クラブ　（45）2007.9

円流寺

松江東照宮と圓流寺伝来の石造物について―松江神社、圓流寺、鰐淵寺等に所在する石造物（松江市歴史叢書2）（岡崎雄二郎、西尾克己，稲田信，椿真治，木下誠，松尾克晶，高屋茂男）「松江市史研究」　松江市教育委員会　（1）2010.03

将軍家を祀った東照宮と圓流寺（松江市歴史叢書2）（山根克彦）「松江市史研究」　松江市教育委員会　（1）2010.03

意宇郡

「出雲国風土記」の方位・里程記載と古代道路―意宇郡を中心として《特集 出雲国造と神賀詞》）（中村太一）「出雲古代史研究」　出雲古代史研究会　（2）1992.6

於友評

神郡神戸と出雲大神宮・於友評（平石充）「古代文化研究」　島根県古代文化センター　（21）2013.03

大島神社

大島神社の例大祭（黒松町）（《特集 江津市の祭》）（灘勝晴）「石見潟」　江津市文化財研究会　（24）2006.11

大田市

大田市の神楽（竹内幸夫）「郷土石見 ： 石見郷土研究懇話会機関誌」　石見郷土研究懇話会　47　1998.4

大田市（南）八幡宮鉄塔基壇の調査（文化財ニュース）「季刊文化財」　島根県文化財愛護協会　（128）2012.03

韓神を祭る神社の祭礼―大田市の事例から（多田泰明）「郷土石見 ： 石見郷土研究懇話会機関誌」　石見郷土研究懇話会　（94）2014.01

口絵　島根県大田市の八幡宮経筒・納札 鳥谷芳雄報文／大阪府指定重要文化財 寛弘寺神山墓地石造五輪塔（大阪府河南町寛弘寺）奥村隆彦報文「歴史考古学」　歴史考古学研究会　（68）2014.04

島根県大田市の八幡宮経筒・納札りの銘文（鳥谷芳雄）「歴史考古学」　歴史考古学研究会　（68）2014.04

邑智

「邑智六調子舞」論（竹内幸夫）「郷土石見 ： 石見郷土研究懇話会機関誌」　石見郷土研究懇話会　（92）2013.04

邑智郡

邑智郡の式内社（久守藤男）「郷土石見 ： 石見郷土研究懇話会機関誌」　石見郷土研究懇話会　（71）2006.4

邑智郡南部地域のタタラ製鉄（森岡弘典）「郷土石見 ： 石見郷土研究懇話会機関誌」　石見郷土研究懇話会　（85）2010.12

大寺薬師

仏像へのいざない 12世紀の周作遍用院「五智如来」（岡山県牛窓町千手）／行基作の重文大寺薬師「薬師如来」他（島根県出雲市）「郷土史紀行」　ヒューマン・レクチャー・クラブ　（39）2006.5

大土地神楽

大土地神楽の想い出（岩谷久生）「大社の史話」　大社史話会　121　1999.12

解説 重要無形民俗文化財に「五十猛のグロ」「大土地神楽」が指定／市町村文化財の新指定／台風被害状況／平成16年度文化財関係補助事業／第51回文化財防火デー実施「季刊文化財」　島根県文化財愛護協会　110　2005.3

大土地神楽、国指定重要無形民俗文化財に指定を喜ぶ（中筋知巳）「大社の史話」　大社史話会　（142）2005.3

大社の文化を学ぶ・受け継ぐ・創る（3）素人神楽の継承―大土地神楽（大

土地神楽保存会神楽方）「大社の史話」　大社史話会　（169）2011.12

大根島

島根県・中海の大根島における生業の変遷―戦後の牡丹苗行商を生み出した背景（第二期共同研究活動報告―第4班 水辺の生活環境史）（山本志乃）「年報非文字資料研究」　神奈川大学日本常民文化研究所非文字資料研究センター　（10）2014.3

大庭

正西道の検討―松江市大庭地内の古道をめぐって（《特集 古代出雲の道》）（勝部昭）「出雲古代史研究」　出雲古代史研究会　（3）1993.7

大原

大原神職神楽の背景と普本（片山寛志）「山陰民俗研究」　山陰民俗学会　6　2001.3

口絵　「翁」大原神職神楽 島根県松江市大川端 撮影：井上隆弘、「茅の輪くぐり」八坂神社 福井県越前町天王 撮影：清水昭男「まつり」　まつり同好会　（76）2014.12

大原郡

「出雲国風土記」大原郡の再検討（1）（内田律雄）「出雲古代史研究」　出雲古代史研究会　（5）1995.7

「出雲国風土記」註論（7）大原郡条（関和彦）「古代文化研究」　島根県古代文化センター　（10）2002.3

大原神社

八蓮壱本大宅朝臣―悲運の武将鎮魂の大神楽（日高伊三）「郷土石見 ： 石見郷土研究懇話会機関誌」　石見郷土研究懇話会　45　1997.8

大元神楽

邑智郡大元神楽伝承活動に寄せて（竹内幸夫）「季刊文化財」　島根県文化財愛護協会　86　1997.3

復活した大元神楽（山路興造）「古代文化研究」　島根県古代文化センター　通巻6　1998.3

いい舞を残そう―邑智郡大元神楽伝承保存会伝承者育成事業より（竹内幸夫）「季刊文化財」　島根県文化財愛護協会　96　2001.2

国指定重要無形民俗文化財「大元神楽」伝承の現状と課題（桜江町教育委員会）「季刊文化財」　島根県文化財愛護協会　103　2003.2

市山大元神楽―島根県桜江町（高瀬美代子）「西日本文化」　西日本文化協会　396　2003.11

神楽舞を逆上る「安政大元神楽」を縁に（竹内幸夫）「郷土石見 ： 石見郷土研究懇話会機関誌」　石見郷土研究懇話会　（69）2005.8

大元神楽（桜江町市山）（《特集 江津市の祭》）（竹内幸夫）「石見潟」　江津市文化財研究会　（24）2006.11

小河内

小河内神楽考（石山祥子）「古代文化研究」　島根県古代文化センター　（20）2012.03

隠岐

隠岐雑俎[1]～（5）―機関誌「隠岐郷土選書」の中から（岡部武夫）「隠岐の文化財」　隠岐の島町教育委員会　14/18　1997.3/2001.3

納戸の祭りと田の神の去来（若林久）「隠岐の文化財」　隠岐の島町教育委員会　14　1997.3

大社から隠岐に渡った寺（藤原慧）「大社の史話」　大社史話会　113　1997.11

土饅頭と獅子カバチ（淀重美）「隠岐の文化財」　隠岐の島町教育委員会　15　1998.1

日本一の隠岐いぐり凧（青砥宏雄）「隠岐の文化財」　隠岐の島町教育委員会　15　1998.1

「木の葉人」伝説―隠岐に初めて住んだ人々（若林久）「隠岐の文化財」　隠岐の島町教育委員会　16　1999.3

流人の娘の画像をめぐって（松尾寿）「隠岐の文化財」　隠岐の島町教育委員会　16　1999.3

隠岐の神楽紀行（三上敏視）「あらはれ ： 猿田彦大神フォーラム年報：ひらかれる未来神話」　猿田彦大神フォーラム　2　1999.4

国指定重要無形民俗文化財 越後の「牛の角突き」と隠岐の「牛突き」の習俗（広井思男）「新潟史学」　新潟史学会　通巻43　1999.10

東鰒と隠岐鰒（宮原武夫）「千葉県史研究」　千葉県史料研究財団　8　2000.3

祭礼行事調査中間報告 隠岐古典相撲（品川知彦）「しまねの古代文化 ： 古代文化記録集」　島根県古代文化センター　（8）2001.3

「日本回国供養塔」見聞記（真野享男）「隠岐の文化財」　隠岐の島町教育委員会　18　2001.3

神話のふるさと―出雲と隠岐を訪ねて（飯田昭二）「西上総文化会報」　西上総文化会　（61）2001.3

隠岐の古典相撲[1]～（2）（山田知子）「まつり通信」　まつり同好会　42（3）通巻493/42（4）通巻494　2002.2/2003.3

隠岐古典相撲の原点―日本相撲史上の位置づけ（《古代文化講座》）（櫻

井徳太郎）「しまねの古代文化 : 古代文化記録集」 島根県古代文化センター （9） 2002.3

隠岐闘牛の儀礼的世界（上）（山田直巳）「民俗学研究所紀要」 成城大学民俗学研究所 26 2002.3

島根県隠岐の裂織りについて―聞き取り調査（牧嶋知子）「鹿児島民俗」 鹿児島民俗学会 121 2002.5

隠岐の島にて（丹治則三）「すぎのめ」 福島市杉妻地区史跡保存会 25 2002.11

神社形式「隠岐造り」とは（後藤玉樹）「季刊文化財」 島根県文化財愛護協会 103 2003.2

隠岐闘牛の儀礼的世界（下）―都万村「八朔牛突き」を軸に（山田直巳）「民俗学研究所紀要」 成城大学民俗学研究所 27 2003.3

「隠岐造り民家」とは（上），（中），（下）（後藤玉樹）「季刊文化財」 島根県文化財愛護協会 105/109 2003.10/2005.2

しげさ節源流考（上），（下）―北前船と隠岐の民謡（大西俊輝）「郷土石見 : 石見郷土研究懇話会機関誌」 石見郷土研究懇話会 64/65 2003.12/2004.4

流浪の鐘発見 家督さん（田中公）「隠岐の文化財」 隠岐の島町教育委員会 21 2004.3

語り伝えて―天皇を背負い隠岐脱出の伝承（小野清恒）「新居浜史談」 新居浜郷土史談会 345 2004.5

第20回古代文化講座海の道・唄の道 隠岐（竹内勉）「しまねの古代文化 : 古代文化記録集」 島根県古代文化センター （12） 2005.3

隠岐造りの民家―その特徴を佐々木家に見る（後藤玉樹）「隠岐の文化財」 隠岐の島町教育委員会 22 2005.3

白拍子 亀菊の物語り―その真実の探訪と伝説の墓（杵築青坂）「隠岐の文化財」 隠岐の島町教育委員会 22 2005.3

墓上施設の現在―隠岐、対馬、壱岐のスヤをめぐって（山崎亮）「古代文化研究」 島根県古代文化センター （13） 2005.3

明治初期隠岐のゆかり、小樽・住吉神社と近江・三井寺（日野雅之）「隠岐の文化財」 隠岐の島町教育委員会 （24） 2007.3

表紙・口絵写真 隠岐・山陰沿岸の民俗（大脇潔，胡桃沢勘司，戸井田克己，藤井弘章，渡辺良正）「民俗文化」 近畿大学民俗学研究所 （23） 2011.06

隠岐・出雲甍紀行―杉皮葺きと左桟瓦・石州瓦（隠岐・山陰沿岸の民俗）（大脇潔）「民俗文化」 近畿大学民俗学研究所 （23） 2011.06

隠岐の自然と生業―牧畑のその後を中心に（隠岐・山陰沿岸の民俗）（戸井田克己）「民俗文化」 近畿大学民俗学研究所 （23） 2011.06

隠岐・山陰沿岸のウミガメの民俗（隠岐・山陰沿岸の民俗）（藤井弘章）「民俗文化」 近畿大学民俗学研究所 （23） 2011.06

流人安兵衛名の墓碑について（村尾秀信）「隠岐の文化財」 隠岐の島町教育委員会 （29） 2012.03

豊作・豊漁をお祈りして（村尾茂樹）「隠岐の文化財」 隠岐の島町教育委員会 （29） 2012.03

今は昔あれこれ―古来からの道具、様式、風習は次の世代に生き残れるだろうか（山穂）「隠岐の文化財」 隠岐の島町教育委員会 （30） 2013.03

豆手帖 隠岐の牧畑（山田直巳）「民俗学研究所ニュース」 成城大学民俗学研究所 （101） 2013.07

隠岐におけるキリスト教（西口忠）「隠岐の文化財」 隠岐の島町教育委員会，海士町教育委員会，西ノ島町教育委員会，知夫村教育委員会 （31） 2014.03

隠岐国分寺

隠岐国分寺発掘調査について（隠岐の島町教育委員会）「隠岐の文化財」 隠岐の島町教育委員会 （30） 2013.03

隠岐国分寺発掘調査について（隠岐の島町教育委員会）「隠岐の文化財」 隠岐の島町教育委員会，海士町教育委員会，西ノ島町教育委員会，知夫村教育委員会 （31） 2014.03

隠岐国分寺蓮華会舞

国分寺の舞楽―隠岐国分寺蓮華会舞（《特集 雅楽と舞楽II》）（茂木栄）「季刊悠久」第2次」 鶴岡八幡宮悠久事務局 （114） 2009.03

第24回古代文化講座 隠岐国分寺蓮華会舞―その歴史と文化財としての価値（山路興造）「しまねの古代文化 : 古代文化記録集」 島根県古代文化センター （16） 2009.03

沖泊

石見銀山遺跡の世界遺産登録調査から―港町・鞆ヶ浦と沖泊の民俗（多田房明）「山陰民俗研究」 山陰民俗学会 （14） 2009.03

隠岐島

隠岐の神々―菊理媛をめぐって（石村勝郎）「隠岐の文化財」 隠岐の島町教育委員会 14 1997.3

一筆啓上 隠岐島の神楽（松浦道仁）「あらはれ : 猿田彦大神フォーラム年報 : ひらかれる未来神話」 猿田彦大神フォーラム 2 1999.10

歯の神様「あごなし地蔵」―越後から隠岐島「あごなし地蔵」参拝記

（岩野笙子）「昔風と当世風」 古々路の会 83 2002.11

越後竹野町から隠岐島「あごなし地蔵」参拝記（岩野笙子）「まきの木」 巻郷土資料館友の会 （86） 2007.4

近世の隠岐島海運（隠岐・山陰沿岸の民俗）（胡桃沢勘司）「民俗文化」 近畿大学民俗学研究所 （23） 2011.06

隠岐島前

口絵 金山の稲沢番楽（山形）/鶴岡八幡宮御神楽（神奈川）/駒ヶ嶽神社太々神楽（長野）/隠岐島前神楽（島根）（第63回全国民俗芸能大会特集）「民俗芸能」 民俗芸能刊行委員会 （94） 2014.11

奥飯石

「出雲神楽」―奥飯石神職神楽を通して（勝部月子）「日本文化史研究」 帝塚山大学奈良学総合文化研究所 （33） 2001.3

奥出雲

明治維新以降の奥出雲における銃生産の系譜（16），（17）（高橋一郎）「奥出雲」 奥出雲編集集団横田史談会 265/266 1997.4/1997.5

奥出雲のたたら製鉄史（26）～（29）（高橋一郎）「奥出雲」 奥出雲編集集団横田史談会 267/270 1997.6/1997.9

出雲国風土記のなかの奥出雲（《シンポジウム「出雲国風土記と奥出雲」》）（滝音能之）「しまねの古代文化 : 古代文化記録集」 島根県古代文化センター 通号6 1999.3

新編奥出雲の砂鉄製鉄業小史 近世企業たたらの成立から近代角炉完成まで「奥出雲」 奥出雲編集集団横田史談会 289・290 1999.7

奥出雲のタタラ製鉄をめぐる民俗連鎖―雲州そろばんへの波及とその消長を中心に（戸井田克己）「民俗文化」 近畿大学民俗学研究所 （16） 2004.3

島根奥出雲の貝祭文―祭文語り・浪曲師の系譜（小山一成）「あしなか」 山村民俗の会 290 2010.11

論文 奥出雲の鉄師卜蔵家の鉄山について（佐竹昭）「日本研究」 日本研究研究会 （27） 2014.3

奥出雲たたらの里を訪ねて（平成25年度現地研究会 参加記）（岡崎環）「広島民俗」 広島民俗学会 （82） 2014.08

奥出雲たたらの里探訪記（平成25年度現地研究会 参加記）（片桐功）「広島民俗」 広島民俗学会 （82） 2014.08

奥出雲たたらの里をたずねて（平成25年度現地研究会 参加記）（藤川昌寛）「広島民俗」 広島民俗学会 （82） 2014.08

御客神社

御客神社祭礼風流（吉田侑）「隠岐の文化財」 隠岐の島町教育委員会 （29） 2012.03

加賀郷

『出雲国風土記』島根郡加賀郷条について―『出雲国風土記』の写本に関する覚書（2）（平野卓治）「古代文化研究」 島根県古代文化センター 通号5 1997.3

柿木村

石見柿木村の萬歳楽（石塚尊俊）「山陰民俗研究」 山陰民俗学会 3 1997.3

柿本大明神

正一位柿本大明神祠之碑―わが町の碑（中島耕二）「郷土石見 : 石見郷土研究懇話会機関誌」 石見郷土研究懇話会 56 2001.4

鰐淵寺

鰐淵寺境内銅造阿弥陀如来像について（鳥谷芳雄）「古代文化研究」 島根県古代文化センター 通号6 1998.3

書評『出雲国浮浪山鰐淵寺』（大日方克己）「島根史学会会報」 島根史学会 32 1998.5

『出雲札所観音霊場記』第三番 鰐渕寺（岩谷肇）「大社の史話」 大社史話会 （161） 2009.12

研究ノート 鰐淵寺大般若経の遺例について（鳥谷芳雄）「季刊文化財」 島根県文化財愛護協会 （122） 2010.03

鰐淵寺の密教法具について（研究ノート）（関指俊一）「山陰研究」 島根大学法文学部山陰研究センター （3） 2010.12

戦国期の中央─地方の法秩序─鰐淵寺・清水寺座次相論を中心に（研究報告）（上嶋康裕）「年報中世史研究」 中世史研究会 （38） 2013.05

掛合町

限界集落に生きる人々の「語り」の共有化の試み―島根県雲南市掛合町の一集落を事例として（江口貴康，片岡佳美，吹野卓）「山陰研究」 島根大学法文学部山陰研究センター （1） 2008.12

価谷鑪

價谷鑪跡（江津の鑪跡）（渡利喜代子）「石見潟」 江津市文化財研究会 （22） 2003.12

島根県　　　　　　　　　　　　郷土に伝わる民俗と信仰　　　　　　　　　　　　中国

金城町歴史民俗資料館

金城町歴史民俗資料館（浜田市）棲真寺定ヶ原の石塔（ふる里の史跡）（古川了永）「郷土史紀行」　ヒューマン・レクチャー・クラブ　（44）2007.8

金屋子神社

金屋子神社所蔵『鉱山係清浄簿』（角田徳幸）「古代文化研究」　島根県古代文化センター　（20）2012.03

亀谷

亀谷の噺あれこれ（川本晃）「郷土石見 ： 石見郷土研究懇話会機関誌」　石見郷土研究懇話会　67　2004.12

加茂岩倉遺跡

蘇るか出雲の神々 加茂岩倉遺跡は語る（石村勝郎）「大社の史話」　大社史話会　112　1997.8

神魂神社

ふる里の文化財 最古大社造 神魂神社本殿/出雲国一の宮 熊野神社「郷土史紀行」　ヒューマン・レクチャー・クラブ　34　2005.7

賀茂那備神社

古伝祭 百手祭（弓祭）―賀茂那備神社百手祭之状況（野津徳重）「隠岐の文化財」　隠岐の島町教育委員会　15　1998.1

賀茂那備神社とその祭祀（特集 賀茂信仰II―小論文）（茂木栄）「季刊悠久.第2次」　鶴岡八幡宮悠久事務局　（132）2013.08

仮の宮

仮の宮に関わる諸々の話（藤原慧）「大社の史話」　大社史話会　126　2001.2

狩山八幡宮

狩山八幡宮の頭神事（山田知子）「まつり通信」　まつり同好会　41（6）通号484　2001.5

河内郷

『出雲国風土記』河内郷について（渡部純子）「出雲古代史研究」　出雲古代史研究会　（13）2003.7

川平町

松平まつり（松川町・川平町）（《特集 江津市の祭》）（土井正人）「石見潟」　江津市文化財研究会　（24）2006.11

川本村

天明・天保の大飢饉と酒造り―川本村 三上家文書を中心として（森脇登）「郷土石見 ： 石見郷土研究懇話会機関誌」　石見郷土研究懇話会　（93）2013.8

川本町

集落で運営した渡し舟―邑智郡川本町（森脇登）「郷土石見 ： 石見郷土研究懇話会機関誌」　石見郷土研究懇話会　66　2004.8

神門郡

『出雲国風土記』註論（4）神門郡条（関和彦）「古代文化研究」　島根県古代文化センター　通号7　1999.3

甘南備寺

甘南備寺大法会（桜江町大貫）（《特集 江津市の祭》）（山田栄康）「石見潟」　江津市文化財研究会　（24）2006.11

観音寺

『出雲札所観音霊場記』第四番 観音寺（岩谷肇）「大社の史話」　大社史話会　（162）2010.03

願立寺

大社町内の寺々（6）願立寺（藤原慧）「大社の史話」　大社史話会　（143）2005.6

城上神社

ふる里の史跡 城上神社の狛犬（永井泰）「郷土史紀行」　ヒューマン・レクチャー・クラブ　（53）2008.7

杵築

中世・出雲国杵築の宗教者による政治経済活動―寿讃と坪内氏（丸茂朋）「古代文化研究」　島根県古代文化センター　（14）2006.3

八百万杵築の宮ばしら―名草神社、三重塔によせて（村上清子）「大社の史話」　大社史話会　（150）2007.3

資料「出雲大社案内」大正期中頃の杵築市街地店舗図（馬庭孝司）「大社の史話」　大社史話会　（170）2012.03

大社観光史研究（14）杵築富くじ興行とその経済効果（山﨑裕二）「大社の史話」　大社史話会　（179）2014.6

大社観光史研究（15）杵築富くじ興行を実施した人びと（山﨑裕二）「大社の史話」　大社史話会　（180）2014.9

杵築社

出雲守橘孝俊の杵築社無風転倒報告事件（〈第6回神在月古代文化シンポジウム 出雲、神在月の謎に迫る―なぜ、神々は出雲に集うのか〉）（藤岡大拙）「しまねの古代文化 ： 古代文化記録集」島根県古代文化センター　（14）2007.3

杵築大社

天仁の出雲国杵築大社造営と白河院政の台頭―院政権力・源義親の乱と山陰諸国（佐伯徳哉）「古代文化研究」　島根県古代文化センター　通号5　1997.3

国見の高殿としての杵築大社（馬庭孝司）「大社の史話」　大社史話会　133　2002.11

2006年7月例会 研究発表「『本願』研究の意義と課題―杵築大社本願を事例に」大谷めぐみ氏（鈴木善幸）「日本宗教民俗学会通信」　日本宗教民俗学会　（112）2006.10

菱根村・修理免村の山境をめぐる争論と杵築大社の関わり（斎藤一）「大社の史話」　大社史話会　（177）2013.12

史料紹介「杵築大社御本社御造営算用帳」（岡宏三）「古代文化研究」　島根県古代文化センター　（22）2014.03

大社観光史研究（11）平安末期、杵築大社造営物語―「久安」の造営をめぐって（佐伯徳哉）「大社の史話」　大社史話会　（178）2014.03

北島国造館

大社の宝物（15）北島国造館・庭園（前島弘尚）「大社の史話」　大社史話会　130　2002.3

北島国造家四脚門

大社の宝物（4）県指定文化財北島国造家四脚門（藤原慧）「大社の史話」　大社史話会　112　1997.8

木谷

島根県指定有形文化財 木谷石塔（川本町教育委員会）「季刊文化財」　島根県文化財愛護協会　103　2003.2

木谷石塔―わが町の碑（町から村から）（左田野裕）「郷土石見 ： 石見郷土研究懇話会機関誌」　石見郷土研究懇話会　（94）2014.01

旧阿部家住宅

旧阿部家住宅発見の「福面之図」―作者と『済生卑言』との関係をめぐって（鳥谷芳雄）「古代文化研究」　島根県古代文化センター　（19）2011.03

旧道面家住宅

重要文化財「旧道面家住宅」について（橋本雅夫）「郷土石見 ： 石見郷土研究懇話会機関誌」　石見郷土研究懇話会　（74）2007.5

旧堀氏庭園

国指定 名勝旧堀氏庭園/史跡日儀櫻井家たたら製鉄遺跡/史跡松江藩主松平家墓所/史跡石見銀山遺跡（特集 新（追加）指定・登録文化財の紹介）（文化財課）「季刊文化財」　島根県文化財愛護協会　（111）2006.3

旧山崎家住宅

町指定文化財「旧山﨑家住宅」について（石見町教育委員会）「季刊文化財」　島根県文化財愛護協会　103　2003.2

教昊寺

『出雲国風土記』の教昊寺と新造院（《特集 古代出雲の氏族と神戸》）（内田律雄）「出雲古代史研究」　出雲古代史研究会　（6）1996.7

清水寺

古寺散策 山陰第一の霊山 清水寺「郷土史紀行」　ヒューマン・レクチャー・クラブ　（37）2006.1

戦国期の中央―地方の法秩序―鰐淵寺・清水寺座次相論を中心に（研究報告）（上嶋康裕）「年報中世史研究」　中世史研究会　（38）2013.05

切目

切目の神楽考（石塚尊俊）「山陰民俗研究」　山陰民俗学会　5　2000.3

久白廃寺

いわゆる「久白廃寺」について（内田律雄）「出雲古代史研究」　出雲古代史研究会　（12）2002.7

熊野神社

ふる里の文化財 最古大社造 神魂神社本殿/出雲国一の宮 熊野神社「郷土史紀行」　ヒューマン・レクチャー・クラブ　34　2005.7

熊野大社

熊野大社（松江市）行状記（加藤定）「郷土史紀行」　ヒューマン・レクチャー・クラブ　9　2001.4

熊野大社史の基礎的研究（熊野高裕）「古代文化研究」　島根県古代文化センター　（9）2001.3

牟婁の本宮大社（熊野坐神社）と出雲の熊野大社との関係についての一考察（酒井聰郎）「熊野歴史研究 ： 熊野歴史研究会紀要」　熊野歴史研

中国 郷土に伝わる民俗と信仰 島根県

究会 （11） 2004.5

熊野大社（出雲）を訪ねる（根岸尚克）「備陽史探訪」 備陽史探訪の会 123 2005.4

戦国期畠山・三好関係文書と出雲熊野大社―島根県松江市熊野大社文書の検討（小谷利明）「研究紀要」 八尾市文化財調査研究会 （18） 2007.3

久見

県指定無形民俗文化財 島後久見神楽「季刊文化財」 島根県文化財愛護協会 （129） 2013.01

来美廃寺

来美廃寺（山代郷北新造院跡）（柳浦俊一）「季刊文化財」 島根県文化財愛護協会 101 2002.3

黒木神社

黒木神社とふいていへい祭（敬川町）（《特集 江津市の祭》）（二宮典子）「石見潟」 江津市文化財研究会 （24） 2006.11

月照寺

松江月照寺の高真院廟門と町大工（研究ノート）（西島太郎）「季刊文化財」 島根県文化財愛護協会 （119） 2009.03

荒神谷

荒神谷出土銅剣と出雲神賀詞の考察（佐圧巌彌）「京都民俗 ： 京都民俗学会会誌」 京都民俗学会 通号19 2001.12

江津市

石見国神社記（7）～（9）―江津市関係（山藤忠）「郷土石見 ： 石見郷土研究懇話会機関誌」 石見郷土研究懇話会 52/56 1999.12/2001.4

「江津市の祭」発刊に当たって（《特集 江津市の祭》）（松田忠幸）「石見潟」 江津市文化財研究会 （24） 2006.11

江津町

稲荷祭（江津町）（《特集 江津市の祭》）（松田忠幸）「石見潟」 江津市文化財研究会 （24） 2006.11

盆祭（江津町）（《特集 江津市の祭》）（松曰忠幸）「石見潟」 江津市文化財研究会 （24） 2006.11

お花まつり（江津町）（《特集 江津市の祭》）（梅田賀子）「石見潟」 江津市文化財研究会 （24） 2006.11

中日つぁん（江津町）（《特集 江津市の祭》）（梅田賀子）「石見潟」 江津市文化財研究会 （24） 2006.11

さつき祭（江津町）（《特集 江津市の祭》）（梅田賀子）「石見潟」 江津市文化財研究会 （24） 2006.11

江の川

江の川風土記―最初の記憶（森脇勝弘）「郷土石見 ： 石見郷土研究懇話会機関誌」 石見郷土研究懇話会 67 2004.12

江の川風土記（2）―「女工哀史」の時代（森脇勝弘）「郷土石見 ： 石見郷土研究懇話会機関誌」 石見郷土研究懇話会 68 2005.4

江の川風土記（3）―女工哀史の時代・補遺（森脇勝弘）「郷土石見 ： 石見郷土研究懇話会機関誌」 石見郷土研究懇話会 （69） 2005.8

江の川風土記（4）～（8）―日中戦争の時だ[1]～（5）（森脇勝弘）「郷土石見 ： 石見郷土研究懇話会機関誌」 石見郷土研究懇話会 （70）/（74） 2005.12/2007.5

江の川まつり（江津町）（《特集 江津市の祭》）（森脇傳）「石見潟」 江津市文化財研究会 （24） 2006.11

江の川風土記（10）～（12） 太平洋戦争時代（2）～（4）（森脇勝弘）「郷土石見 ： 石見郷土研究懇話会機関誌」 石見郷土研究懇話会 （76）/（80） 2007.12/2009.4

江の川の渡し船（近世編）（森脇登）「郷土石見 ： 石見郷土研究懇話会機関誌」 石見郷土研究懇話会 （94） 2014.1

江の川の渡し舟（近・現代編）（森脇登）「郷土石見 ： 石見郷土研究懇話会機関誌」 石見郷土研究懇話会 （96） 2014.8

古浦

出雲古浦製塩業史料古浦塩（朝山皓, 中澤紀久枝）「古代文化研究」 島根県古代文化センター （10） 2002.3

国分寺霹靂神社

古代邇摩の世界と国分寺霹靂神社（《特集 出雲国造をめぐる諸問題》）（関和彦）「出雲古代史研究」 出雲古代史研究会 （18） 2008.7

古代邇摩の世界と国分寺霹靂神社（関和彦）「郷土石見 ： 石見郷土研究懇話会機関誌」 石見郷土研究懇話会 （79） 2008.12

紺屋

板倉紺屋の藍板締（大橋正芳）「古代文化研究」 島根県古代文化センター （12） 2004.3

崎

海士町崎 名馬寿号の墓（瀧中茂）「隠岐の文化財」 隠岐の島町教育委員会 21 2004.3

鷺浦

鷺浦散歩から 一畑灯篭（杉谷明信）「大社の史話」 大社史話会 （155） 2008.6

江戸中期、鷺浦における神職神楽について―明和七年役指帳の翻刻と分析（錦織稔之）「大社の史話」 大社史話会 （168） 2011.09

佐伎国

国引き神話の史実を追う―島根半島にあった佐伎国・農波国（梶谷実）「古代文化研究」 島根県古代文化センター 通号6 1998.3

崎屋地蔵

崎屋地蔵遷座祭によせて（春木芳子）「大社の史話」 大社史話会 （149） 2006.12

桜江

桜江の碑と野の仏（山田榮康）「郷土石見 ： 石見郷土研究懇話会機関誌」 石見郷土研究懇話会 （69） 2005.8

桜江町川戸

水神祭（桜江町川戸）（《特集 江津市の祭》）（三浦正典）「石見潟」 江津市文化財研究会 （24） 2006.11

桜谷鑪

桜谷鑪跡（江津の鑪跡）（松田忠幸）「石見潟」 江津市文化財研究会 （22） 2003.12

佐志武神社

出雲地域の歴史と文化（8）（湖陵町） 佐志武神社奉納神事華（野坂俊之）「大社の史話」 大社史話会 （176） 2013.09

日置風水の紀行文 『佐志武神社』を読む（2）（山崎隆司）「大社の史話」 大社史話会 （176） 2013.09

佐太神社

3殿並立の本殿 佐太神社「郷土史紀行」 ヒューマン・レクチャー・クラブ 28 2004.7

佐陀神能

重要無形民俗文化財「佐陀神能」がユネスコ無形文化遺産代表一覧表に記載決定（文化財ニュース）「季刊文化財」 島根県文化財愛護協会 （126） 2012.01

佐毘売山神社

石見銀山佐毘売山神社の社領（山根勝）「郷土石見 ： 石見郷土研究懇話会機関誌」 石見郷土研究懇話会 （85） 2010.12

三瓶山

「石見八重葎」に見える三瓶山の薬草（和田孝）「郷土石見 ： 石見郷土研究懇話会機関誌」 石見郷土研究懇話会 （73） 2006.12

慈雲寺

慈雲寺と松井弾正考（1）,（2）（山崎光保）「大社の史話」 大社史話会 111/113 1997.6/1997.11

塩谷

窯資料からみた塩谷焼の検討（阿部賢治）「季刊文化財」 島根県文化財愛護協会 （112） 2006.10

志都乃石室

「志都乃石室」考一今1つの神話空間（関和彦）「郷土石見 ： 石見郷土研究懇話会機関誌」 石見郷土研究懇話会 （75） 2007.8

志都岩屋神社

志都岩屋神社の鏡岩―わが町の碑（町から村から）（大矢幸子）「郷土石見 ： 石見郷土研究懇話会機関誌」 石見郷土研究懇話会 （91） 2012.12

志都岩屋神社の薬清水（町から村から）（大矢幸子）「郷土石見 ： 石見郷土研究懇話会機関誌」 石見郷土研究懇話会 （92） 2013.04

紙祖

《島根県美濃郡匹見町紙祖地区合同調査特集》「昔風と当世風」 古々路の会 82 2002.5

匹見町紙祖の集落と民家（早瀬哲恒）「昔風と当世風」 古々路の会 82 2002.5

島根

北前船が運んだ島根の富と文化（《第19回古代文化講座近世海運が結ぶ島根の文化》）（加藤貞仁）「しまねの古代文化 ： 古代文化記録集」 島根県古代文化センター （11） 2004.3

島根の「神楽舞」の特徴について（《第5回神在月古代文化シンポジウム 神楽―神々の舞・誕生の謎に迫る》―パネルディスカッション）（中上明）「しまねの古代文化 ： 古代文化記録集」 島根県古代文化センター （13） 2006.3

島根にもあった幻の大鋸（森岡弘典）「季刊文化財」 島根県文化財愛護協会 （112） 2006.10

島根県

総合展示「島根の人々の生活と交流」ズバリ見どころ（《特集 古代出雲 歴史博物館開館記念》）「季刊文化財」 島根県文化財愛護協会 （113） 2007.2

島根ワイン醸造五十年の歩み―ワイン＝ぶどうを潰すとワインになる、神が人に与えし最高のもの（狩野和志）「大社の史話」 大社史話会 （158） 2009.3

島根の天狗像―昔話・伝説・世間話からの研究（論文）（高橋成）「山陰民俗研究」 山陰民俗学会 （19） 2014.03

島根郡

『出雲国風土記』島根郡条の「社部石臣」について（内田律雄）「古代文化研究」 島根県古代文化センター 通号5 1997.3

島根県

イネとムギの民俗―韓国を比較に入れて（白石昭臣）「しまねの古代文化 ： 古代文化記録集」 島根県古代文化センター 通号4 1997.3

〈須佐の男の命神話〉「季刊邪馬台国」 「季刊邪馬台国」編纂委員会，梓書院（発売） 62 1997.6

青銅の神との出会い（古代文化センター）「しまねの古代文化 ： 古代文化記録集」 島根県古代文化センター 通号5 1998.3

神々の国の仏たち（的野克之）「しまねの古代文化 ： 古代文化記録集」 島根県古代文化センター 通号5 1998.3

石狐と丁字模様について（多根令己）「季刊文化財」 島根県文化財愛護協会 89 1998.3

『風土社参詣記』（仮題）（1），（2）（岡宏三，新庄正典）「古代文化研究」 島根県古代文化センター 通号6/通号7 1998.3/1999.3

国引き神話の再検討―「大魚の支太」からのアプローチ（宍道正年）「古代文化研究」 島根県古代文化センター 通号6 1998.3

島根県水産練習船 神海丸に乗って 講演「海から見た風土記のロマン―川島芙美子氏」を聴く（村上清子）「大社の史話」 大社史話会 117 1998.11

天下一の銘について（多根令己）「季刊文化財」 島根県文化財愛護協会 91 1999.2

新資料紹介 藍板締版本（浅沼政誌）「しまねの古代文化 ： 古代文化記録集」 島根県古代文化センター （8） 2001.3

遺稿 神社の名称が示す古代の乳と衣の文化（石村禎久）「季刊文化財」 島根県文化財愛護協会 97 2001.3

文化財講座 民家から社寺建築まで―島根県の建造物の見どころ（和田嘉宥）「季刊文化財」 島根県文化財愛護協会 98 2001.3

島根県下に於ける初誕生儀礼（近藤直也）「山陰民俗研究」 山陰民俗学会 6 2001.3

心御柱と矛（《神在月シンポジウム》）（関和彦）「しまねの古代文化 ： 古代文化記録集」 島根県古代文化センター （9） 2002.3

紀年銘入り「兵隊盃」について（阿部賢治）「季刊文化財」 島根県文化財愛護協会 102 2002.11

大国主の国譲りと影の主役・味粗高彦根神（西尾早苗）「郷土史紀行」 ヒューマン・レクチャー・クラブ 20 2002.12

事例報告 祭礼の中の相撲（《第2回神在月シンポジウム 陣幕久五郎没後100年記念 相撲の歴史に迫る》）（品川知彦）「しまねの古代文化 ： 古代文化記録集」 島根県古代文化センター （10） 2003.3

『保存版 島根県の神楽』刊行に寄せて（中上明）「季刊文化財」 島根県文化財愛護協会 105 2003.10

資料紹介「御祭礼年中行事」（近世古文書を読む会）「古代文化研究」 島根県古代文化センター （12） 2004.3

祭礼行事調査「蛇を祀る民俗」 中間報告 荒神信仰研究序（品川知彦）「古代文化研究」 島根県古代文化センター （12） 2004.3

書誌紹介 石塚尊俊監修『保存版 島根県の神楽』（渡辺伸夫）「民俗芸能研究」 民俗芸能学会 （36） 2004.3

基調講演 民俗芸能史研究の視座からみた「神話劇」成立と展開（《第5回神在月古代文化シンポジウム 神楽―神々の舞・誕生の謎に迫る》）（山路興造）「しまねの古代文化 ： 古代文化記録集」 島根県古代文化センター （13） 2006.3

能と神楽の接点を探る（《第5回神在月古代文化シンポジウム 神楽―神々の舞・誕生の謎に迫る》―パネルディスカッション）（小田幸子）「しまねの古代文化 ： 古代文化記録集」 島根県古代文化センター （13） 2006.3

「神話劇」神楽の誕生のなぞを探る（《第5回神在月古代文化シンポジウム 神楽―神々の舞・誕生の謎に迫る》―パネルディスカッション）（神崎宣武）「しまねの古代文化 ： 古代文化記録集」 島根県古代文化センター （13） 2006.3

島根県東部における中世墓の様相―火葬墓を中心として（岩橋康子）「古代文化研究」 島根県古代文化センター （14） 2006.3

狩猟採集民の精神と権力―「喧騒論」として（若槻真治）「古代文化研究」 島根県古代文化センター （14） 2006.3

古代祭祀空間関係史料集成（1），（2）（森田喜久男）「古代文化研究」 島根県古代文化センター （14）/（15） 2006.3/2007.3

8世紀前期の郡司任用と「新造院」（石飛美穂）「古代文化研究」 島根県古代文化センター （14） 2006.3

ふる里の史跡 寺に伝わる歴史 古墳文化、白鳳の甍そして江戸の石垣 康徳寺（広島県世羅町甲山）／蘇る弥生の国邑 日本海側特有の四隅突出型丘墓 妻木晩田遺跡（島根県大山町）「郷土史紀行」 ヒューマン・レクチャー・クラブ （41） 2006.11

島根県下のロシア軍人墓―近代の戦死者追悼と伝統的宗教民俗慣行の間（大谷正）「島根史学会会報」 島根史学会 （45） 2007.3

神楽台本『神能記』より「八澤」の翻刻と考察（藤原宏夫）「古代文化研究」 島根県古代文化センター （16） 2008.3

平安時代前期服飾復元の可能性―考証の方法と男子装束の復元（津田大輔）「古代文化研究」 島根県古代文化センター （16） 2008.3

島根県の中世史と備前焼（《備前歴史フォーラム 江戸時代の暮らしと備前焼》―誌上報告）（阿部賢治，重根弘和）「備前市歴史民俗資料館紀要」 備前市歴史民俗資料館 （10） 2008.9

古代在地社会における信仰と律令祭祀（佐藤雄一）「古代文化研究」 島根県古代文化センター （17） 2009.03

八注連神事について（藤原宏夫）「古代文化研究」 島根県古代文化センター （17） 2009.03

島根県における備前焼流入の検討（備前歴史フォーラム 鎌倉・室町BIZEN―中世備前焼のスガタ―研究報告）（阿部賢治）「備前市歴史民俗資料館紀要」 備前市歴史民俗資料館 （11） 2010.1

たたら吹製鉄の施設・生産内容と地域性（角田徳幸）「古代文化研究」 島根県古代文化センター （18） 2010.03

古代文献にみる砥石（高岡真美）「古代文化研究」 島根県古代文化センター （18） 2010.03

基調講演 神仏習合と神像（第10回神在月古代文化シンポジウム 神々の姿の変遷）（長坂一郎）「しまねの古代文化 ： 古代文化記録集」 島根県古代文化センター （18） 2011.03

問題提起 絵画に描かれた神々と霊地（第10回神在月古代文化シンポジウム 神々の姿の変遷）（藤原重雄）「しまねの古代文化 ： 古代文化記録集」 島根県古代文化センター （18） 2011.03

問題提起 神像の出現―神像とは何か（第10回神在月古代文化シンポジウム 神々の姿の変遷）（淺湫毅）「しまねの古代文化 ： 古代文化記録集」 島根県古代文化センター （18） 2011.03

パネルディスカッション 神々の姿の変遷を考える（第10回神在月古代文化シンポジウム 神々の姿の変遷）（岡宏三，長坂一郎，藤原重雄，淺湫毅）「しまねの古代文化 ： 古代文化記録集」 島根県古代文化センター （18） 2011.03

第26回古代文化講座 神話と歴史学―国譲り神話とくにくにびき神話を中心に（瀧音能之）「しまねの古代文化 ： 古代文化記録集」 島根県古代文化センター （18） 2011.03

島根県民俗学関連雑誌等目次総覧（山崎亮）「松江市史研究」 松江市教育委員会 （2） 2011.03

島根の神楽衣裳―資料的に整理するための取り組み（隠岐・山陰沿岸の民俗）（浅沼政誌）「民俗文化」 近畿大学民俗学研究所 （23） 2011.06

新指定文化財紹介 重要文化財「八幡宮」/県指定天然記念物「大空の山桜」（文化財ニュース）「季刊文化財」 島根県文化財愛護協会 （126） 2012.01

県指定文化財 （南）八幡宮楼塔保存修理について（文化財ニュース）「季刊文化財」 島根県文化財愛護協会 （128） 2012.03

文化財ニュース 新指定文化財紹介 重要文化財 庭訓往来 2巻/県指定有形文化財 木造摩多羅神坐像/登録有形文化財（建造物）/平成24年度文化財関係記事「季刊文化財」 島根県文化財愛護協会 （129） 2013.01

中世の神話を読む―謡曲「源太夫」から（特集2 古事記編纂1300年記念）（中野賢治）「季刊文化財」 島根県文化財愛護協会 （130） 2013.02

第1部 基調講演「風土記研究の最前線」（風土記1300年記念 風土記フェスタ公開シンポジウム（平成25年10月27日））（佐藤信）「しまねの古代文化 ： 古代文化記録集」 島根県古代文化センター （21） 2014.03

第2部 シンポジウム「風土記研究の最前線」 コーディネーター：佐藤信（風土記1300年記念 風土記フェスタ公開シンポジウム（平成25年10月27日）「風土記研究の最前線」（兼岡理恵、坂江渉、平石充、飯沼賢治、田平德栄［パネリスト］）「しまねの古代文化 ： 古代文化記録集」 島根県古代文化センター （21） 2014.03

資料編（風土記1300年記念 風土記フェスタ公開シンポジウム（平成25年10月27日）「風土記研究の最前線」）「しまねの古代文化 ： 古代文化記録集」 島根県古代文化センター （21） 2014.03

鈩・鍛冶屋山内における空間の特徴とその利用についての試論―絲原家・卜蔵家の事例から（鳥谷智文）「たたら研究」 たたら研究会 （53） 2014.08

島根半島

講演 島根半島・大山・三徳山の山岳信仰を観る新たな視点（山本義孝）「山陰民俗研究」 山陰民俗学会 （19） 2014.03

中国　　　　　　　　　　　　　　　　　郷土に伝わる民俗と信仰　　　　　　　　　　　　　　島根県

島根半島四十二浦巡礼

島根半島四十二浦巡礼の展開と性格——一畑薬師信仰と習合した浦巡礼（大谷めぐみ）「山陰民俗研究」　山陰民俗学会　(13)　2008.3

2010年5月例会　研究発表「島根半島四十二浦巡礼の展開と性格」大谷めぐみ氏（大谷めぐみ）「日本宗教民俗学会通信」　日本宗教民俗学会　(127)　2010.08

島の星町

椿祭（島の星町）《特集 江津市の祭》（鳥井守）「石見潟」　江津市文化財研究会　(24)　2006.11

下河戸鑪

下河戸（土居）鑪跡（江津の鑪跡）（渡利喜代子）「石見潟」　江津市文化財研究会　(22)　2003.12

修理免村

菱根村・修理免村の山境をめぐる争論と杵築大社の関わり（斎藤一）「大社の史話」　大社史話会　(177)　2013.._2

荘厳寺

荘厳寺のシダレザクラ名木（中尾英一）「大社の史話」　大社史話会　(147)　2006.6

浄蓮寺

表紙写真　明治30年代「天頂山浄蓮寺」の全景「石峰 ： 能海寛研究会機関誌」　能海寛研究会　(19)　2014.03

神光寺

大社の宝物 (9)　大社町神光寺蔵の「元禄国絵図」について（池橋達雄）「大社の史話」　大社史話会　117　1998.11

宍道湖

宍道湖をめぐる二つの水難供養塔—近世庶民信仰の動向と水運との関連で（鳥谷芳雄）「季刊文化財」　島根県文化財愛護協会　92　1999.3

（続）宍道湖をめぐる二つの水難供養塔—ふたたび文化11年の遭難事故から（鳥谷芳雄）「季刊文化財」　島根県文化財愛護協会　97　2001.3

宍道町

島根県八東郡宍道町、大坪三家の系譜と人物略歴 (1)～(3)—宍道町神社研究のための基礎的資料として（服部旦）「山陰史談」　山陰歴史研究会　28/通号6　1998.1/1998.3

新造院

出雲の定額寺と「新造院」に関する覚え書き《特集 古代出雲の寺院》（荒井秀規）「出雲古代史研究」　出雲古代史研究会　(4)　1994.7

『出雲国風土記』の教昊寺と新造院《特集 古代出雲の氏族と神戸》（内田律雄）「出雲古代史研究」　出雲古代史研究会　(6)　1996.7

神門通り

神門通りの思い出（椿良子）「大社の史話」　大社史話会　(162)　2010.3

出雲大社の門前町にふさわしい神門通りの甦りをめざして（神門通り甦りの会）「大社の史話」　大社史話会　(175)　2013.6

須賀神社

須賀神社・八重垣神社・須佐神社「季刊邪馬台国」　「季刊邪馬台国」編纂委員会，梓書院（発売）62　1997.6

菅原天満宮

奉納俳諧十百韻—天満宮九百年御忌（大庭良美）「郷土石見 ： 石見郷土研究懇話会機関誌」　石見郷土研究懇話会　50　1999.4

須佐神社

須賀神社・八重垣神社・須佐神社「季刊邪馬台国」　「季刊邪馬台国」編纂委員会，梓書院（発売）62　1997.6

角家住宅

角家住宅・絲原家住宅が国登録文化財に「季刊文化財」　島根県文化財愛護協会　106　2004.1

石州

山口県長門地方に於ける石州神楽の系譜（大田剛志，蔵上幸子，財前司一）「温故知新」　美東町文化研究会　25　1998.4

石州刀工銘一覧表について（中野宅吉）「季刊文化財」　島根県文化財愛護協会　106　2004.1

島根県所蔵の無刻字石州銀について（研究ノート）（鳥谷芳雄）「季刊文化財」　島根県文化財愛護協会　(119)　2009.03

石州半紙（石州半紙技術者会 浜田市）〈重要無形文化財〉「季刊文化財」　島根県文化財愛護協会　(120)　2009.12

「石州半紙」がユネスコ無形文化遺産の代表一覧表に記載決定〈重要無形文化財〉「季刊文化財」　島根県文化財愛護協会　(120)　2009.12

隠岐・出雲薨紀行—杉皮葺きと左桟瓦・石州瓦〈隠岐・山陰沿岸の民俗〉（大脇潔）「民俗文化」　近畿大学民俗学研究所　(23)　2011.06

近世・石州瓦史考（上）,（中）（児島俊平）「郷土石見 ： 石見郷土研究懇話会機関誌」　石見郷土研究懇話会　(90)／(91)　2012.8/2012.12

和紙と石州半紙について（中政信）「郷土石見 ： 石見郷土研究懇話会機関誌」　石見郷土研究懇話会　(92)　2013.4

近世・石州瓦史考（下）—浜田藩領の瓦と石見焼物（児島俊平）「郷土石見 ： 石見郷土研究懇話会機関誌」　石見郷土研究懇話会　(94)　2014.1

石西

石西地域の二つの中世大般若経について（鳥谷芳雄）「古代文化研究」　島根県古代文化センター　(15)　2007.3

石東

石東地区における海・山の交流—行商活動の展開とその影響（多田房明）「山陰民俗研究」　山陰民俗学会　3　1997.3

仙崎

仙崎と魚（肥後敏雄）「郷土石見 ： 石見郷土研究懇話会機関誌」　石見郷土研究懇話会　64　2003.12

大社

言葉の史話 ごりおし（斎藤至）「大社の史話」　大社史話会　111　1997.6

子どもの頃の思い出—昔の子どもの遊び（上田静）「大社の史話」　大社史話会　112　1997.8

藤間家所蔵 大社御賑富上り札文句全 紹介（山崎光保）「大社の史話」　大社史話会　112　1997.8

父母の神前結婚（山根龍二）「大社の史話」　大社史話会　112　1997.8

大社から隠岐に渡った寺（藤原慧）「大社の史話」　大社史話会　113　1997.11

思い出すままに—子どもの頃の遊び（中筋知巳）「大社の史話」　大社史話会　113　1997.11

霊験あらたかな石の大黒様（重田保之）「大社の史話」　大社史話会　114　1998.2

産鉄を示す神名か—大穴持命（石村勝郎）「大社の史話」　大社史話会　114　1998.2

安政のころの国造家の芝居見物（北島福子）「大社の史話」　大社史話会　114　1998.2

命つぁんの椋の木の想い出（富永幸子）「大社の史話」　大社史話会　115　1998.6

釜飯方余話（多根令己）「大社の史話」　大社史話会　115　1998.6

大社延享造営の心柱について（藤原慧）「大社の史話」　大社史話会　115　1998.6

スサノオと大国主神 神系は語る（石村禎久）「大社の史話」　大社史話会　117　1998.11

市場お六が奇談（多根令己）「大社の史話」　大社史話会　118　1999.3

物部氏の遠祖・ニギハヤヒ (1)（スサノオのお子様だった）（石村禎久）「大社の史話」　大社史話会　118　1999.3

大祭礼の思い出（影山恵子）「大社の史話」　大社史話会　119　1999.6

物部氏の遠祖・ニギハヤヒ (1)（スサノオのお子さまだった）（石村禎久）「大社の史話」　大社史話会　119　1999.6

人形と共に（祝部静子）「大社の史話」　大社史話会　120　1999.8

大社造考（馬庭稔）「大社の史話」　大社史話会　121　1999.12

秋祭りから年末の追憶—大正末期より昭和初期まで（手錢歳子）「大社の史話」　大社史話会　121　1999.12

六十六部（回国聖）（藤原慧）「大社の史話」　大社史話会　121　1999.12

大社の宝物 (11)　日本一の国旗掲揚塔（馬庭孝司）「大社の史話」　大社史話会　122　2000.2

国譲り神話を問う—日本書紀が伝えること（石村勝郎）「大社の史話」　大社史話会　122　2000.2

古代の御本殿の御柱出現から（千家尊祀）「大社の史話」　大社史話会　123　2000.6

幻の神殿と福山敏男先生（馬庭稔）「大社の史話」　大社史話会　123　2000.6

21世紀に語り継ぎたいもの—千人針に想う（藤江潔）「大社の史話」　大社史話会　124　2000.9

大社と私（荒木八洲雄）「大社の史話」　大社史話会　124　2000.9

故郷の神の社（藤原慧）「大社の史話」　大社史話会　124　2000.9

スサノオの分身・ハヤサスラヒメ（石村禎久）「大社の史話」　大社史話会　125　2000.12

もうすぐ正月つぁん（手錢歳子）「大社の史話」　大社史話会　125　2000.12

「正月つぁん」のわらべ歌（酒井董美）「大社の史話」　大社史話会　126　2001.2

スサノオとオオグニヌシにあこがれる（石村禎久）「大社の史話」　大社史話会　126　2001.2

補陀落渡海について（多根令己）「大社の史話」　大社史話会　126　2001.2

消えゆくもの 蚊屋（蚊帳）（春木芳子）「大社の史話」　大社史話会　127

2001.6

"桜と錨の男たち"の碑（陰山慶一）「大社の史話」 大社史話会 128 2001.8

蚊帳の季節になると（金築春子）「大社の史話」 大社史話会 128 2001.8

鰻の道（一乗いく子）「大社の史話」 大社史話会 128 2001.8

素菱鳴尊の八岐大蛇退治（藤原慧）「大社の史話」 大社史話会 128 2001.8

消えゆくもの 涼み台（縁台）（春木芳子）「大社の史話」 大社史話会 128 2001.8

火の神と伊邪那美命（藤原慧）「大社の史話」 大社史話会 130 2002.3

いかのにた（中筋絹栄）「大社の史話」 大社史話会 130 2002.3

盗人石について（多根令己）「大社の史話」 大社史話会 130 2002.3

消えゆくもの（4）焙烙（春木芳子）「大社の史話」 大社史話会 130 2002.3

戦後の激動の中で歩まれた祭祀の道 第83代国造様を偲ぶ（上野良亮）「大社の史話」 大社史話会 131 2002.6

消えゆくもの（5）こで掻き（春木芳子）「大社の史話」 大社史話会 131 2002.6

続・盗人石について（多根令己）「大社の史話」 大社史話会 131 2002.6

神在祭（お忌まつり）（藤原慧）「大社の史話」 大社史話会 133 2002.11

「お月さんなんぼ」のわらべ歌（酒井董美）「大社の史話」 大社史話会 133 2002.11

消えゆくもの（7）貰い風呂（春木芳子）「大社の史話」 大社史話会 133 2002.11

山崎平太郎の砂糖づくり（山崎一誠）「大社の史話」 大社史話会 134 2003.3

大社の味 ごっつぉさん（4）（小川恭子）「大社の史話」 大社史話会 134 2003.3

消えゆくもの（8）雨戸・戸袋（春木芳子）「大社の史話」 大社史話会 134 2003.3

祭りの思い出―献穀祭、お忌さん（手錢歳子）「大社の史話」 大社史話会 134 2003.3

消えゆくもの（8）防火用水タンク・もんぺ（春木芳子）「大社の史話」 大社史話会 136 2003.9

大社つれづれ（荒木八洲雄）「大社の史話」 大社史話会 136 2003.9

続・日本一の国旗掲揚塔（馬庭孝司）「大社の史話」 大社史話会 138 2004.3

消えゆくもの（12）講ごと（しぎ）（春木芳子）「大社の史話」 大社史話会 138 2004.3

ごっつぉさん（5）寒のまいもん（金築慧子）「大社の史話」 大社史話会 138 2004.3

大社の童唄と遊び（手錢歳子）「大社の史話」 大社史話会 138 2004.3

手錢記念館の四季 夏期展示「古地図・絵図・楽山焼」（佐々木杏里）「大社の史話」 大社史話会 139 2004.6

ごっつぉさん（6）伝承したい季の旬（金築慧子）「大社の史話」 大社史話会 139 2004.6

大社の童唄と遊び（1）（手錢歳子）「大社の史話」 大社史話会 139 2004.6

消えゆくもの（13）祭りに寄せて（春木芳子）「大社の史話」 大社史話会 139 2004.6

ごっつぉさん（7）猛暑をスタミナ料理で（金築慧子）「大社の史話」 大社史話会 140 2004.9

ごっつぉさん（8），（9）（金築慧子）「大社の史話」 大社史話会 （141）/（142）2004.12/2005.3

消えゆくもの（15）俚言・俚諺（春木芳子）「大社の史話」 大社史話会 （142）2005.3

大社の土産物屋変遷記（手錢歳子）「大社の史話」 大社史話会 （142）2005.3

消えゆくもの（16）（春木芳子）「大社の史話」 大社史話会 （143）2005.6

とんとん話のおばばの世間話（手錢歳子）「大社の史話」 大社史話会 （143）2005.6

千人針・恩賜の煙草等について（《終戦60周年記念特集》）（藤江潔）「大社の史話」 大社史話会 （144）2005.9

ごっつぉさん（10）神在御膳（名村三枝）「大社の史話」 大社史話会 （145）2005.12

消えゆくもの（17）お忌さんの賑わいと生りそ（春木芳子）「大社の史話」 大社史話会 （145）2005.12

西橋家秘蔵の鬼面と幟（西橋建忠）「大社の史話」 大社史話会 （146）2006.3

消えゆくもの（18）アツシ（厚子、厚司）とどんざ（つづり）（春木芳子）「大社の史話」 大社史話会 （146）2006.3

消えゆくもの（19）付け米（春木芳子）「大社の史話」 大社史話会

（147）2006.6

消えゆくもの（20）ことわざ・名言（春木芳子）「大社の史話」 大社史話会 （148）2006.9

原中吉兆幡建て櫓の飾り方と各種紙垂の作り方（江角馨）「大社の史話」 大社史話会 （149）2006.12

民話「紅葉婆」から［1］，（2）（金築一郎）「大社の史話」 大社史話会 （149）/（151）2006.12/2007.6

奉賛会の発足と経緯（石飛積）「大社の史話」 大社史話会 （149）2006.12

消えゆくもの（21）からだことば（春木芳子）「大社の史話」 大社史話会 （149）2006.12

『大社幽冥誌』に見る神在祭（品川知彦）「大社の史話」 大社史話会 （150）2007.3

古代出雲の大社（梶谷実）「大社の史話」 大社史話会 （150）2007.3

手錢記念館の四季―春季展示 刀剣と刀装具（佐々木杏里）「大社の史話」 大社史話会 （150）2007.3

すせり姫の銅像建立へ（本田重嘉）「大社の史話」 大社史話会 （151）2007.6

消えゆくもの（22）とんじんばなしとおがみさん（祈禱師）（春木芳子）「大社の史話」 大社史話会 （151）2007.6

手錢記念館 婚礼道具（佐々木杏里）「大社の史話」 大社史話会 （152）2007.9

消えゆくもの（23）水の流れと人の世は（春木芳子）「大社の史話」 大社史話会 （152）2007.9

地元に残るお伽噺（1）～（6）（阿部洋子）「大社の史話」 大社史話会 （152）/（157）2007.9/2008.12

スサノオ伝説―佐世の木について（丸山永）「大社の史話」 大社史話会 （153）2007.12

消えゆくもの（24）ことわざ・名言（春木芳子）「大社の史話」 大社史話会 （153）2007.12

「大社の祝い凧」「郷土史紀行」 ヒューマン・レクチャー・クラブ （49）2008.1

消えゆくもの（25）火の玉（春木芳子）「大社の史話」 大社史話会 （154）2008.3

消えゆくもの（26）～（31）（春木芳子）「大社の史話」 大社史話会 （156）/（161）2008.9/2009.12

弁天さんとリュウグウノツカイ（中筋知巳）「大社の史話」 大社史話会 （158）2009.03

海神の八大荒神さんと弁天さん（西山光顕）「大社の史話」 大社史話会 （158）2009.03

少名毘古名神のお社（2の1），（2の2）（馬庭孝司）「大社の史話」 大社史話会 （158）/（159）2009.03/2009.06

大正・昭和の大社観光年表（編集部）「大社の史話」 大社史話会 （160）2009.09

須佐之男命と稲田姫の詩（本田重嘉）「大社の史話」 大社史話会 （162）2010.03

消えゆくもの（春木芳子）「大社の史話」 大社史話会 （162）2010.03

消えゆくもの（春木芳子）「大社の史話」 大社史話会 （163）2010.06

消えゆくもの（34）―節分と豆撒きによせて（春木芳子）「大社の史話」 大社史話会 （166）2011.03

大社の文化を学ぶ・受け継ぐ・創る（1）阿国さんとともに（出雲阿国顕彰会）「大社の史話」 大社史話会 （167）2011.6

大社奉納山の経筒について（高橋周）「大社の史話」 大社史話会 （167）2011.06

消えゆくもの（35）―ことわざ・名言（春木芳子）「大社の史話」 大社史話会 （167）2011.06

手錢記念館の四季―秋の展示「聖か俗か―描かれた者たち―」（佐々木杏里）「大社の史話」 大社史話会 （168）2011.09

消えゆくもの（36）―誕生―一年を祝う（春木芳子）「大社の史話」 大社史話会 （168）2011.09

幻の卒業式―蘇る66年前の悲しい想い出（奥村誠一）「大社の史話」 大社史話会 （169）2011.12

大社の音楽ことはじめ（1）奥田智重子と松山芳野里（馬庭孝司）「大社の史話」 大社史話会 （171）2012.06

消えゆくもの（38）―ガキ大将と昔の遊び（春木芳子）「大社の史話」 大社史話会 （171）2012.06

コラム 補陀落渡海と仮宮（編集部）「大社の史話」 大社史話会 （171）2012.06

もう一つの船唄について（春木加三）「大社の史話」 大社史話会 （173）2012.12

消えゆくもの（39）―「お百度参り」と「千度参り」（春木芳子）「大社の史話」 大社史話会 （174）2013.03

消えゆくもの（40）―躾（仕付け）（春木芳子）「大社の史話」 大社史話会 （175）2013.06

「稲羽之素菟」ゆかりの神社はなぜそこに？（岩谷肇）「大社の史話」 大

社史話会　（175）2013.06

大社の文化を学ぶ・受け継ぐ・創る（9）祖迎の道の会のおもてなし（青木敦生）「大社の史話」　大社史話会　（176）2013.09

大社の狛犬（藤原慧）「大社の史話」　大社史話会　（176）2013.09

大社観光史研究（3）明治・大正期の大社参詣のための交通機関の変遷と繁華街の形成（廣澤將城）「大社の史話」　大社史話会　（177）2013.12

消えゆくもの（42）―初午（春木芳子）「大社の史話」　大社史話会　（177）2013.12

大社観光史研究（8）まぼろしの日交「出雲神話之里」計画（馬庭孝司）「大社の史話」　大社史話会　（178）20_4.03

大社の四ツ角「大社講」のこと（藤井壽男）「大社の史話」　大社史話会　（178）2014.03

消えゆくもの（43）―祭りともてなし（春木芳子）「大社の史話」　大社史話会　（178）2014.03

大社観光史研究（12）門前町の盛衰―二つの大遷宮の間から（岩成俊策）「大社の史話」　大社史話会　（179）2014.6

消えゆくもの（44）―節句・向う三軒両隣り（春木芳子）「大社の史話」　大社史話会　（179）2014.06

「きんぐ」の大社焼そばとラーメン（馬庭孝司）「大社の史話」　大社史話会　（180）2014.09

消えゆくもの（45）―まくり（海人草）（春木芳子）「大社の史話」　大社史話会　（181）2014.12

大社町

大社の宝物（7）大社町の吉兆神事/大社町の吉兆幡（中筋知巳）「大社の史話」　大社史話会　114　1998.2

戦後の大社町剣道（松井清）「大社の史話」　大社史話会　134　2003.3

大社町内の寺々（2）～（18）最終回（藤原慧）「大社の史話」　大社史話会　138/152　2004.3/2009.03

嫁入り（大社町史下巻民俗編 人の一生より）（編集部）「大社の史話」　大社史話会　（152）2007.9

資料紹介 大社町の吉兆（幡）について「季刊文化財」　島根県文化財愛護協会　（123）2010.12

大社町の吉兆神事（品川知彦）「山陰民俗研究」　山陰民俗学会　（16）2011.07

高津川

断章 高津川の漁（大庭良美）「郷土石見 ： 石見郷土研究懇話会機関誌」　石見郷土研究懇話会　58　2001.12

高津湊

近世・石見の廻船研究（10）―高津湊を探る（児島俊平）「郷土石見 ： 石見郷土研究懇話会機関誌」　石見郷土研究懇話会　50　1999.4

高殿

問題提起 記紀から浮かび上がる高殿のイメージ（第11回神在月古代文化シンポジウム 出雲神話の成立と背景―国譲り神話の謎）（辰巳和弘）「しまねの古代文化 ： 古代文化記録集」　島根県古代文化センター（19）2012.03

田儀桜井家たたら製鉄遺跡

国指定 名勝旧堀氏庭園/史跡田儀櫻井家たたら製鉄遺跡/史跡松江藩主松平家墓所/史跡石見銀山遺跡（特集 新（追加）指定・登録文化財の紹介）（文化財課）「季刊文化財」　島根県文化財愛護協会　（111）2006.3

多岐志の小浜

国譲り神話の舞台、「多岐志の小浜」の再検討（〈第3回神在月古代文化シンポジウム 出雲神話の謎―国譲りの舞台としての出雲〉）（森田喜久男）「しまねの古代文化 ： 古代文化記録集」　島根県古代文化センター（11）2004.3

焼火神社

隠岐西ノ島・焼火神社所有の考古資料（柚原恒平）「島根考古学会誌」　島根考古学会　14　1997.3

焼火神社の船霊信仰について（松浦康麿）`̄隠岐の文化財」　隠岐の島町教育委員会　15　1998.1

竹島

聞き書き 隠岐・竹島のアシカ猟（隠岐・山陰沿岸の民俗）（藤井弘章）「民俗文化」　近畿大学民俗学研究所　（23）2011.06

多太神社

松江の多太神社（吉本達人）「加南地方史研究」　加南地方史研究会（52）2005.3

立久恵峡

三原仏通寺奥出雲立久恵峡（網谷常幸）「郷土史紀行」　ヒューマン・レクチャー・クラブ　17　2002.6

ふるさとの歴史散歩 立久恵峡の石仏たち「郷土史紀行」　ヒューマン・レクチャー・クラブ　21　2003.2

多鳩神社

多鳩神社の祭祀について（二宮町神主）《特集 江津市の祭》（山藤朝之）「石見潟」　江津市文化財研究会　（24）2006.11

玉若酢命神社

玉若酢命神社修理報告（後藤玉樹）「季刊文化財」　島根県文化財愛護協会　99　2002.6

玉若酢命神社の八百スギ樹勢回復事業について（隠岐の島町教育委員会 生涯学習課）「隠岐の文化財」　隠岐の島町教育委員会　（29）2012.03

壇鏡神社

県指定 黒韋威鎧残欠/壇鏡神社八朔祭の牛突き習俗/広瀬絣（特集 新（追加）指定・登録文化財の紹介）（文化財課）「季刊文化財」　島根県文化財愛護協会　（111）2006.3

知夫村

新刊紹介 「大般若波羅多経全600巻修復」 知夫村文化財保護審議会委員長（山穂）「隠岐の文化財」　隠岐の島町教育委員会　（27）2010.03

長安院

長安院境内に残る墓碑銘を読んで（桑原韶一）「亀山」　浜田市文化財愛護会　27　2000.11

長安寺

毛利元就坐像と石見銀山長安寺（特集1 世界遺産登録5周年を迎えた石見銀山）「季刊文化財」　島根県文化財愛護協会　（129）2013.01

潮音寺

研究ノート 出雲市潮音寺の近世六十六部施宿供養塔―同塔建立の全国的な様相も絡めて（特集2 古事記編纂1300年記念）（鳥谷芳雄）「季刊文化財」　島根県文化財愛護協会　（129）2013.01

長谷寺

『出雲札所観音霊場記』第一番 長谷寺（岩谷肇）「大社の史話」　大社史話会　（159）2009.06

槻の屋

県指定有形民俗文化財 槻の屋神楽（昭和37年6月12日指定）「季刊文化財」　島根県文化財愛護協会　（126）2012.01

津戸

島の墓制の行方―島根県隠岐郡都万村津戸の調査から（前田俊一郎）「民俗学研究所紀要」　成城大学民俗学研究所　28　2004.3

都野津町

大年神社例祭（都野津町）《特集 江津市の祭》（上田勤）「石見潟」　江津市文化財研究会　（24）2006.11

新四国八十八ヶ所（都野津町）《特集 江津市の祭》（三浦敏功）「石見潟」　江津市文化財研究会　（24）2006.11

都野津村

「明治10年の都野津村諸職業の様態」について（牛尾光国）「郷土石見 ： 石見郷土研究懇話会機関誌」　石見郷土研究懇話会　56　2001.4

都万村

離島振興法と離島生活の変化―島根県隠岐郡都万村を事例として（小島孝夫）「民俗学研究所紀要」　成城大学民俗学研究所　通号23　1999.3

隠岐闘牛の儀礼的世界（下）―都万村「八朔牛突き」を軸に（山田直巳）「民俗学研究所紀要」　成城大学民俗学研究所　27　2003.3

津和野往還

日原の石仏―津和野往還に沿って（内谷知）「郷土石見 ： 石見郷土研究懇話会機関誌」　石見郷土研究懇話会　（94）2014.01

津和野町

津和野町社寺建築調査「奈良文化財研究所紀要」　奈良文化財研究所　2010　2010.06

津和野藩

幕末・維新期津和野藩の宗教政策（小林俊二）「郷土石見 ： 石見郷土研究懇話会機関誌」　石見郷土研究懇話会　57　2001.8

幕末津和野藩の宗教政策（水崎昇）「郷土石見 ： 石見郷土研究懇話会機関誌」　石見郷土研究懇話会　（73）2006.12

津和野弥栄神社の鷺舞

催事スケッチ 津和野の鷺舞 夏の邪を祓い、健康を願う（渡辺良正）「儀礼文化ニュース」　儀礼文化学会　（194）2014.06

手斧神社

出雲手斧神社について（藤原慧）「大社の史話」　大社史話会　（173）2012.12

伝利休茶室

「伝利休茶室」序論―関係資料の確認と由緒に関する検討（和田嘉宥）「松

江歴史館研究紀要」 松江歴史館 （1） 2011.03
伝利休茶室の復原内容決定の過程について（高見保志）「松江歴史館研究紀要」 松江歴史館 （1） 2011.03

天倫寺

天倫寺所蔵書画典籍類調査報告（岡宏三，椋木賢治）「古代文化研究」 島根県古代文化センター （13） 2005.3

島後

隠岐島後の指定文化財 紙本墨書高田明神百首和歌（半田弥一郎）「隠岐の文化財」 隠岐の島町教育委員会 14 1997.3
隠岐・島後における葬祭、霊祭神楽の痕跡（吉田均）「隠岐の文化財」 隠岐の島町教育委員会 （26） 2009.03
島後の荒神信仰について（1）（村尾秀信）「隠岐の文化財」 隠岐の島町教育委員会，海士町教育委員会，西ノ島町教育委員会，知夫村教育委員会 （31） 2014.03

洞光寺

島根県下洞光寺の梵鐘について―元山口龍文寺の梵鐘（鳥谷芳雄）「山口県文化財」 山口県文化財愛護協会 38 2007.8

唐人屋

春夏秋冬 朝鮮人陶工・李郎子の第二の故郷「唐人屋」（田村和光）「郷土史紀行」 ヒューマン・レクチャー・クラブ 5 2000.6

島前

隠岐島前の墓上施設―「スヤ」の現象学に向けて（山崎亮）「山陰民俗研究」 山陰民俗学会 6 2001.3
隠岐島前神楽（第63回全国民俗芸能大会特集）（山路興造）「民俗芸能」 民俗芸能刊行委員会 （94） 2014.11

藤長寺

藤長寺「子安観音」まつり（桜江町市山）（《特集 江津市の祭》）（石津確）「石見潟」 江津市文化財研究会 （24） 2006.11

富屋町

長谷家鎮守社「秋葉神社」を探る―富屋町の秋葉さん（前島弘尚）「大社の史話」 大社史話会 127 2001.6

鞆ヶ浦

石見銀山遺跡の世界遺産登録調査から―港町・鞆ヶ浦と沖泊の民俗（多田房明）「山陰民俗研究」 山陰民俗学会 （14） 2009.03

鳥髪

須佐の男の神の天下った鳥髪の地「季刊邪馬台国」 「季刊邪馬台国」編纂委員会，梓書院（発売） 62 1997.6

那賀郡

石見における近世戒名・位戒の推移―那賀郡禅宗寺院の過去帳より（牛尾光園）「郷土石見 ： 石見郷土研究懇話会機関誌」 石見郷土研究懇話会 55 2000.12

中条

葉書の起源と発祥―中条の地名（平田晴歩）「隠岐の文化財」 隠岐の島町教育委員会 14 1997.3

長浜

長浜刀工と日脚砂鉄とのかかわりを考える（志波清次郎）「郷土石見 ： 石見郷土研究懇話会機関誌」 石見郷土研究懇話会 59 2002.4
長浜人形考（1）（森須和男）「亀山」 浜田市文化財愛護会 30 2004.11

長浜湊

近世・石見の廻船研究（8）―長浜湊を探る（児島俊平）「郷土石見 ： 石見郷土研究懇話会機関誌」 石見郷土研究懇話会 48 1998.8

中山

大社の宝物（14） 町指定天然記念物 中山のトウツバキ（稲根克也）「大社の史話」 大社史話会 127 2001.6

爾佐神社

爾佐神社の例大祭［1］，（2）（山田知子）「まつり通信」 まつり同好会 42（6）通号496/42（7）通号497 2002.5/2002.6

西ノ島

隠岐西ノ島の廻田行者史料（小嶋博巳）「隠岐の文化財」 隠岐の島町教育委員会 20 2003.3
「隠岐西ノ島シャーラブネ」が記録作成等の措置を講ずべき無形の民俗文化財に選択「季刊文化財」 島根県文化財愛護協会 107 2004.3

西ノ島町

表紙 トモド（国指定重要民俗資料）西ノ島町「隠岐の文化財」 隠岐の島町教育委員会，海士町教育委員会，西ノ島町教育委員会，知夫村教育委員会 （31） 2014.3

西浜

従是西浜領―わがまちの碑（吉川正）「郷土石見 ： 石見郷土研究懇話会機関誌」 石見郷土研究懇話会 （75） 2007.8

西比田

鐵屋子神由来記（影山猛）「伯耆文化研究」 伯耆文化研究会 （3） 2001.11

仁多郡

仁多郡の昔話「金の犬こ」に見る伝承要素（酒井董美）「山陰民俗研究」 山陰民俗学会 3 1997.3
明治初期における仁多郡の経済事情と製鉄業（上），（中）（高橋一郎）「奥出雲」 奥出雲編集集団横田史談会 282/283 1998.9/1998.10
『出雲国風土記』註論（6） 仁多郡条（関和彦）「古代文化研究」 島根県古代文化センター （9） 2001.3

日原

日原の石仏―津和野往還に沿って（内谷知）「郷土石見 ： 石見郷土研究懇話会機関誌」 石見郷土研究懇話会 （94） 2014.01

二宮町神主

二宮町神主（山藤朝之）「石見潟」 江津市文化財研究会 （20） 1998.6

邇摩

古代邇摩の世界と国分寺霹靂神社（《特集 出雲国造をめぐる諸問題》）（関和彦）「出雲古代史研究」 出雲古代史研究会 （18） 2008.7
古代邇摩の世界と国分寺霹靂神社（関和彦）「郷土石見 ： 石見郷土研究懇話会機関誌」 石見郷土研究懇話会 （79） 2008.12

仁万浦

近世・石見の廻船研究（4）―銀山領仁万浦の客船帳（児島俊平）「郷土石見 ： 石見郷土研究懇話会機関誌」 石見郷土研究懇話会 44 1997.4

邇摩郡

藤井宗雄著『石見国神社記』巻二邇摩郡（付 藤井宗雄の著作について）（資料紹介）（山崎亮）「山陰研究」 島根大学法文学部山陰研究センター （3） 2010.12

仁摩町宅野

表紙写真 宅野子ども神楽（大田市仁摩町宅野）（藤間元康，永見研一）「郷土石見 ： 石見郷土研究懇話会機関誌」 石見郷土研究懇話会 （94） 2014.01

仁万製鉄所

近世・石見の鈩製鉄を探る（6）―幻の仁万製鉄所（児島俊平）「郷土石見 ： 石見郷土研究懇話会機関誌」 石見郷土研究懇話会 （95） 2014.5

入南説教場

入南説教場の変遷―創建120周年を迎えて（永岡常宏）「大社の史話」 大社史話会 133 2002.11

農波国

国引き神話の史実を追う―島根半島にあった佐伎国・農波国（梶谷実）「古代文化研究」 島根県古代文化センター 通号6 1998.3

野見宿禰神社

野見宿禰神社創建（出雲大社）「大社の史話」 大社史話会 （177） 2013.12

波佐

石見神楽の中国山脈越え（4） 波佐越え（竹内幸夫）「郷土石見 ： 石見郷土研究懇話会機関誌」 石見郷土研究懇話会 （78） 2008.8

羽須美

羽須美の神楽―島根県邑智郡邑南町羽須美における神楽の歴史（藤原宏夫）「山陰民俗研究」 山陰民俗学会 （14） 2009.03
羽須美の神社棟札（日高伊三）「郷土石見 ： 石見郷土研究懇話会機関誌」 石見郷土研究懇話会 （82） 2009.12

波積町

田植囃子（波積町）（《特集 江津市の祭》）（片岡尊宏）「石見潟」 江津市文化財研究会 （24） 2006.11

八軒屋町

金田・八軒屋町内の百万遍行事（安倉清博）「岡山市埋蔵文化財センター研究紀要」 岡山市教育委員会 （3） 2011.03

波根

古代波根の幻像（3） 物部降臨伝承から読み解く（長澤哲夫）「郷土石見 ： 石見郷土研究懇話会機関誌」 石見郷土研究懇話会 （80） 2009.4

浜田

浜田領内の鋳物師について（桑原韶一）「亀山」 浜田市文化財愛護会 24 1997.11

浜田の民間信仰と神社（的場幸雄）「亀山」 浜田市文化財愛護会 24 1997.11

浜田の石仏（鎌田広喜）「亀山」 浜田市文化財愛護会 25 1998.11

浜田の石仏（地蔵菩薩）（鎌田広喜）「亀山」 浜田市文化財愛護会 26 1999.11

浜田の石仏（3）（鎌田広喜）「亀山」 浜田市文化財愛護会 27 2000.11

駅鈴がつなぐ浜田と松阪―わが町の碑（町から村から）（斎藤晴子）「郷土石見 ： 石見郷土研究懇話会機関誌」 石見郷土研究懇話会 （92） 2013.4

浜田川

浜田川のカッパ（岩本修）「郷土石見 ： 石見郷土研究懇話会機関誌」 石見郷土研究懇話会 57 2001.8

浜田市

石見国神社記（5），（6）―浜田市関係（山藤忠）「郷土石見 ： 石見郷土研究懇話会機関誌」 石見郷土研究懇話会 48/50 1998.8/1999.4

年中行事について（的場幸雄）「亀山」 浜田市文化財愛護会 26 1999.11

浜田藩

浜田藩の船（森須和男）「亀山」 浜田市文化財愛護会 28・29 2002.11

浜田湊

近世・石見の廻船研究（7）―浜田湊を探る（児島俊平）「郷土石見 ： 石見郷土研究懇話会機関誌」 石見郷土研究懇話会 47 1998.4

浜守地蔵尊

浜守地蔵尊に寄せて（影山恵子）「大社の史話」 大社史話会 （141） 2004.12

原山

出雲原山隔靴掻痒談―都都逸風「出雲遠～いか、原～山～近かった！」（鈴木正博）「利根川」 利根川同人 22 2001.5

番の木鑪

番の木（長良）鑪跡（江津の鑪跡）（渡利喜代子）「石見潟」 江津市文化財研究会 （22） 2003.12

斐伊川下流域

斐伊川下流域における古代遺跡の様相―とくに奈良～平安期の官衙・寺院関連遺跡を中心として（宍道年弘）「出雲古代史研究」 出雲古代史研究会 （13） 2003.7

東山神社

東山神社と古文書（吉田侑）「隠岐の文化財」 隠岐の島町教育委員会 19 2002.3

簸川郡

簸川郡内の大社造系神社予備調査結果（大社造系神社調査会）「大社の史話」 大社史話会 125 2000.12

匹見町

三葛の山葵と匹見町の民具（抄）（五十嵐稔）「昔風と当世風」 古々路の会 82 2002.5

匹見町に残る山村文化（岩成俊策）「昔風と当世風」 古々路の会 82 2002.5

匹見町の伝承と生活（長野晃子）「昔風と当世風」 古々路の会 82 2002.5

匹見町を訪ねて（遠藤鉄平）「昔風と当世風」 古々路の会 82 2002.5

昭和初期の匹見町の食べものと暮らし（丈山久子）「昔風と当世風」 古々路の会 82 2002.5

匹見町の伝統工芸と民俗芸能（白井正子）「昔風と当世風」 古々路の会 82 2002.5

匹見町における民俗調査雑感（森岡弘典）「昔風と当世風」 古々路の会 82 2002.5

久永庄

賀茂別雷神社領久永庄について（1）（富永美恵子）「郷土石見 ： 石見郷土研究懇話会機関誌」 石見郷土研究懇話会 （79） 2008.12

賀茂別雷神社領石見国久永庄についての一考察（1），（2）（富永美恵子）「古代文化研究」 島根県古代文化センター （19）/（22） 2011.03/2014.03

菱根

菱根縄文人はフグを食べていた―「食の体験文化史」（森浩一著）から（福島勉）「大社の史話」 大社史話会 127 2001.6

菱根村

菱根村・修理免村の山境をめぐる争論と杵築大社の関わり（斎藤一）「大社の史話」 大社史話会 （177） 2013.12

日脚

長浜刀工と日脚砂鉄とのかかわりを考える（志波清次郎）「郷土石見 ： 石見郷土研究懇話会機関誌」 石見郷土研究懇話会 59 2002.4

日野町

暮らしの証言 伯耆日野町の年中行事（川上迪彦）「山陰民俗研究」 山陰民俗学会 （12） 2007.2

日御碕

神楽能「十羅」・「日御碕」について（中上明）「山陰民俗研究」 山陰民俗学会 （9） 2004.3

第7回大社を語ろう会 神々の海 日御碕（岡本哲夫）「大社の史話」 大社史話会 （167） 2011.06

日御崎御宮

資料 出雲国出雲郡大社日御崎御宮太々御神楽於催ス之詞（蒲生倫子）「大社の史話」 大社史話会 131 2002.6

日御碕神社

「御碕さんの祭り」とその背景（中田眞治）「山陰民俗研究」 山陰民俗学会 （8） 2003.2

夕日のまつりを考える（門田幸男）「備陽史探訪」 備陽史探訪の会 113 2003.8

「寄鯨」が語る中世末期の海村と神社―「日御碕神社文書」を素材として（岩成俊策）「大社の史話」 大社史話会 （160） 2009.09

太陽方位信仰 出雲大社と日御碕神社の関係（加地修一）「大社の史話」 大社史話会 （167） 2011.06

大社観光史研究（6） コラム 日御碕神社の諸国勧化（山﨑裕二）「大社の史話」 大社史話会 （177） 2013.12

比婆の山

比婆の山はどこか（安本美典）「季刊邪馬台国」 「季刊邪馬台国」編纂委員会，梓書院（発売） 62 1997.6

比婆山

資料 比婆山についての関係資料「季刊邪馬台国」 「季刊邪馬台国」編纂委員会，梓書院（発売） 62 1997.6

伯太町比婆山は伊那那美の命の墓所か？（上野良亮）「大社の史話」 大社史話会 134 2003.3

毘売崎

『出雲国風土記』意宇郡条安来郷のいわゆる「毘賣崎」伝承について（内田律雄）「出雲古代史研究」 出雲古代史研究会 （11） 2001.7

平田

五ケ寺参詣記（多根令己）「郷土史ひらた」 平田郷土史研究会 10 1998.8

出雲地方における造り物 平田一式飾りを中心として（西岡陽子）「古代文化研究」 島根県古代文化センター （10） 2002.3

お礼にかえて「各寺寮」を訪ね歩く「郷土史ひらた」 平田郷土史研究会 14 2003.3

伊怒姫私考（川瀬一正）「郷土史ひらた」 平田郷土史研究会 14 2003.3

平田一式飾（小村卓雄）「大社の史話」 大社史話会 （151） 2007.6

平浜八幡宮

県指定有形文化財（彫刻） 木造神馬（平浜八幡宮 松江市竹矢町）「季刊文化財」 島根県文化財愛護協会 （124） 2011.01

広瀬

県指定 黒韋威鎧残欠/壇鏡神社八朔祭の牛突き習俗/広瀬絣（特集 新（追加）指定・登録文化財の紹介）（文化財課）「季刊文化財」 島根県文化財愛護協会 （111） 2006.3

福泉寺

県指定文化財 金銅観音菩薩坐像 福泉寺所蔵「季刊文化財」 島根県文化財愛護協会 （117） 2008.8

布施

《島根県邑智郡瑞穂町布施・八色石地区特集》「昔風と当世風」 古々路の会 73・74 1997.12

布施・八色石の集落と民家（早瀬哲恒）「昔風と当世風」 古々路の会 73・74 1997.12

布施地区でみた民具（五十嵐稔）「昔風と当世風」 古々路の会 73・74 1997.12

郷関問答（3）―島根県邑智郡瑞穂町布施・八色石の伝説（田中斉）「昔風と当世風」 古々路の会 75 1998.5

文化財ニュース 新指定文化財紹介 布施の山祭り「季刊文化財」 島根県文化財愛護協会 （120） 2013.02

島根県指定無形民俗文化財「布施の山祭り」について「隠岐の文化財」 隠岐の島町教育委員会 （30） 2013.03

島根県　　郷土に伝わる民俗と信仰　　中国

二川鈩
二川鑪跡（江津の鑪跡）（郷原巌）「石見潟」　江津市文化財研究会　　（22）
2003.12

仏谷寺
龍海山三明院佛谷寺に所在する石造物群について（岡崎雄二郎，西尾克己，稲田信，佐伯純也，木下誠）「伯耆文化研究」　伯耆文化研究会
（15）　2014.05

法海寺
大社町内の寺々（7）法海寺（藤原慧）「大社の史話」　大社史話会
（144）2005.9

前原埼
出雲風土記と水鳥—前原埼における前原坂と水鳥について（谷口榮）「古代文化研究」　島根県古代文化センター　　（13）2005.3

馬木不動尊
出雲の馬木不動尊（小池泰子）「目黒区郷土研究」　目黒区郷土研究会
573　2002.10

真砂
「真砂」の田植え囃子（片山寛志）「山陰民俗研究」　山陰民俗学会　　（8）
2003.2

益田
調査記録 地方競馬の変遷—益田競馬馬主・大石正の聞き書き（関耕平，平田直樹）「山陰研究」　島根大学法文学部山陰研究センター　　（1）
2008.12
中世・益田の風景、山寺図（宮本巌）「郷土石見 ： 石見郷土研究懇話会機関誌」　石見郷土研究懇話会　　（80）2009.4

益田湊
近世・石見の廻船研究（11）—益田湊を探る（児島俊平）「郷土石見 ： 石見郷土研究懇話会機関誌」　石見郷土研究懇話会　51　1999.8

松江
おふくろ石—諏訪・島根石見・松江・大和（北野晃）「民俗文化」　滋賀民俗学会　　（523）2007.4
松江城下の町人の食事—新屋太助の日記から（松原祥子）「松江歴史館研究紀要」　松江歴史館　（1）2011.3
蛍火および車窓 松江近郊における蛍狩り行楽の諸相と変容（論文）（長尾隼）「山陰民俗研究」　山陰民俗学会　　（19）2014.03

松江市
近世六十六部廻国行者の造像例—松江市所在の二例を中心に（鳥谷芳雄）「歴史考古学」　歴史考古学研究会　（50）2002.7
宗教施設と宗教者身分からみた近世出雲の特徴—松江市域を中心に（小林准士）「松江市史研究」　松江市教育委員会　（2）2011.03
デジタル技術を活用した伝統芸能の記録と資料集化—ホーランエンヤを例として（研究ノート）（神門誠司）「山陰民俗研究」　山陰民俗学会　（18）2013.03
松江市域の横穴墓—臺字型横穴墓を中心として（西尾克己，稲田信）「松江市史研究」　松江市教育委員会　（4）2013.03
明治期における伝染病の大流行と民間信仰（喜多村理子）「松江市史研究」　松江市教育委員会　（5）2014.03
松江市所在の五輪塔・宝篋印塔一覧表（稿）（松江石造物研究会）「松江市史研究」　松江市教育委員会　（5）2014.03

松江城
「平成の大遷宮・出雲大社と水郷の城下町・松江城」の歴史探訪「かんべ」　可部郷土史研究会　　（124）2014.6

松江東照宮
松江東照宮と圓流寺伝来の石造物について—松江神社、圓流寺、鰐淵寺等に所在する石造物（松江市歴史叢書2）（岡崎雄二郎，西尾克己，稲田信，椿真治，木下誠，松尾充晶，高屋茂男）「松江市史研究」　松江市教育委員会　（1）2010.03
将軍を祀った東照宮と圓流寺（松江市歴史叢書2）（山根克彦）「松江市史研究」　松江市教育委員会　（1）2010.03

松江藩
松江藩（松平）寺社町奉行一覧（松本美和子）「山陰史談」　山陰歴史研究会　29　2000.8
松江藩相撲関係資料（1）（内田文恵，岡宏三）「古代文化研究」　島根県古代文化センター　（11）2003.3
キリシタン流配者と松江藩の対応（景山良平）「島根史学会会報」　島根史学会　41　2003.7
史料紹介 松江藩相撲関係資料（2）（内田文恵，岡宏三）「古代文化研究」　島根県古代文化センター　（12）2004.3

松川町
松平まつり（松川町・川平町）（《特集 江津市の祭》）（土井正人）「石見潟」　江津市文化財研究会　　（24）2006.11

真名井荒神
真名井荒神縁起（馬庭孝司）「大社の史話」　大社史話会　　（146）2006.3

正西道
正西道の検討—松江市大庭地内の古道をめぐって（《特集 古代出雲の道》）（勝部昭）「出雲古代史研究」　出雲古代史研究会　　（3）1993.7

馬見烽
水戸黄門と出雲大社—馬見烽について附言（多根令己）「大社の史話」　大社史話会　125　2000.12

御井神社
八上姫と御井神社（本田重嘉）「大社の史話」　大社史話会　　（155）2008.6

三葛
三葛の山葵と匹見町の民具（抄）（五十嵐稔）「昔風と当世風」　古々路の会　82　2002.5
三葛地区における葬送儀礼と盆踊り（岩野笙子）「昔風と当世風」　古々路の会　82　2002.5
島根県指定無形民俗文化財 三葛神楽（三葛神楽保持者会 益田市）「季刊文化財」　島根県文化財愛護協会　　（118）2009.02

三坂
石見神楽の中国山脈越え（3）三坂越え（竹内幸夫）「郷土石見 ： 石見郷土研究懇話会機関誌」　石見郷土研究懇話会　　（76）2007.12

瑞穂
瑞穂の伝承と生活（長野晃子）「昔風と当世風」　古々路の会　73・74　1997.12
瑞穂に暮らして 山郷の生業（小笠原博）「昔風と当世風」　古々路の会　73・74　1997.12

瑞穂町
瑞穂町における「たたら製鉄」周辺の信仰と伝承（森岡弘典）「昔風と当世風」　古々路の会　73・74　1997.12
瑞穂町の住居（高原一朗）「昔風と当世風」　古々路の会　73・74　1997.12
石見地方のコウジュウ（講中）—島根県瑞穂町の事例（喜多村正）「山陰民俗研究」　山陰民俗学会　（13）2008.3

三隅
近世の三隅ものがたり（2）—石州和紙について（平川真悟）「郷土石見 ： 石見郷土研究懇話会機関誌」　石見郷土研究懇話会　58　2001.12

三隅湊
近世・石見の廻船研究（9）—三隅湊を探る（児島俊平）「郷土石見 ： 石見郷土研究懇話会機関誌」　石見郷土研究懇話会　49　1998.12

水若酢神社
郡区変更に伴う水若酢神社氏子離れ注意の件—隠岐郷土館文書の紹介（藤田茂正）「隠岐の文化財」　隠岐の島町教育委員会　15　1998.1
全国一宮祭礼記 若狭国一宮・若狭彦神社／備後国一宮・吉備津神社／隠岐国一宮・水若酢神社「季刊悠久.第2次」　鶴岡八幡宮悠久事務局　80　2000.1

弥山山地
弥山山地の日本鹿の話（北川恒夫）「大社の史話」　大社史話会　127　2001.6

美田邑八幡宮
隠州嶋前美田邑八幡宮祭禮式書（西ノ島町古文書クラブ）「隠岐の文化財」　隠岐の島町教育委員会　　（29）2012.03

三石
『出雲国風土記』の里程と宍道郷三石記事に現れた「古韓尺」（新井宏）「古代文化研究」　島根県古代文化センター　　（19）2011.3

湊
温泉津町福光 湊・観音堂由来（富吉脩）「郷土石見 ： 石見郷土研究懇話会機関誌」　石見郷土研究懇話会　　（75）2007.8

南八幡宮
「多西郡」在銘の島根県大田南八幡宮奉納経筒（深澤靖幸）「府中市郷土の森博物館紀要」　府中文化振興財団府中市郷土の森博物館　　（17）2004.3
島根県大田南八幡宮の六十六部資料の再検討（1）（創刊70号記念特別号）（鳥谷芳雄）「歴史考古学」　歴史考古学研究会　　（70）2014.12

峯寺
山添村峯寺の盂蘭盆習俗—迎え火・送り火（奥野義雄）「まつり通信」　ま

つり同好会　39（8）通号462　1999.7

柿の葉の器に盛る盆供習俗—奈良県山添村北野と峯寺（奥野義雄）「まつり通信」　まつり同好会　42（9）通号499　2002.8

美濃郡

美濃郡の式内社覚書（大庭良美）「郷土石見 ： 石見郷土研究懇話会機関誌」　石見郷土研究懇話会　45　1997.8

美保神社

島根県八束郡美保関町 美保神社 神饌覚書（岩瀬平）「山口県神道史研究」　山口県神道史研究会　（16）　2004.7

青柴垣神事—出雲・美保神社（《民俗芸能採訪の旅》）（和田恵三）「あしなか」　山村民俗の会　281　2008.6

美保関町

島根県 関乃五本松節保存会（民謡・民舞特集）（鵙鶲修一）「公益社団法人全日本郷土芸能協会会報」　全日本郷土芸能協会　（56）2009.07

見々久町

江戸期における農家の嫁入り支度—出雲市見々久町に遺された記録から（馬庭将光）「大社の史話」　大社史話会　（152）2007.9

明眼寺

島根県飯南町八神・明眼寺蔵「講寄小寄寸別記」の紹介（資料紹介）（小林准士，小杉紗友美）「山陰研究」　島根大学法文学部山陰研究センター　（6）2013.12

妙厳寺

出雲大社にあった妙厳寺の観音菩薩像のこと（藤原慧）「大社の史話」　大社史話会　118　1999.3

妙正寺跡

新刊紹介 石見銀山 妙正寺跡石造物調査報告書1（島根県教育委員会・大田市教育委員会編）（矢ヶ崎善太郎）「史迹と美術」　史迹美術同攷会　72（3）通号723　2002.3

八色石

《島根県邑智郡瑞穂町布施・八色石地区特集》「昔風と当世風」　古々路の会　73・74　1997.12

布施・八色石の集落と民家（早瀬哲恒）「昔風と当世風」　古々路の会　73・74　1997.12

八重垣神社

須賀神社・八重垣神社・須佐神社「季刊邪馬台国」　「季刊邪馬台国」編纂委員会，梓書院（発売）62　1997.6

矢上

資料 島根県邑智郡邑南町矢上・清水屋本田植歌集（1）〜（3）（田中瑩一）「郷土石見 ： 石見郷土研究懇話会機関誌」　石見郷土研究懇話会　（91）／（93）2012.12/2013.08

安来

「正調安来節」が全国に広まったのは（岡崎茂）「鳥取の部落史研究」　鳥取の部落史研究会　（4）2004.1

安来郷

『出雲国風土記』意宇郡条安来郷のいわゆる「毘賣埼」伝承について（内田律雄）「出雲古代史研究」　出雲古代史研究会　（11）2001.7

山神宮

資料 銀山山神宮の炎上と神職天野検校の殉難（山根勝）「郷土石見 ： 石見郷土研究懇話会機関誌」　石見郷土研究懇話会　（87）2011.08

山神社

今田「山神社」のサイカチの木（石津確）「郷土石見 ： 石見郷土研究懇話会機関誌」　石見郷土研究懇話会　（31）2009.08

山中八幡神社

石見山中八幡神社の「お改め神事」（桜江町山中）（《特集 江津市の祭》）（弥重正昭）「石見潟」　江津市文化財研究会　（24）2006.11

山辺神宮

山辺神宮の例祭（江津町）（《特集 江津市の祭》）（松田忠幸）「石見潟」　江津市文化財研究会　（24）2006.11

山辺神社

小土地・山辺神社 赤人さん（山根繁夫）「大社の史話」　大社史話会　114　1998.2

山邊神社と祝耳順詠歌［1］〜（5）（山崎隆司，和田秀穂）「大社の史話」　大社史話会　（161）／（165）2009.12/2010.12

『出雲国風土記』記載の山辺神社と方位（岩谷肇）「大社の史話」　大社史話会　（177）2013.12

由来八幡宮

八幡宮紹介 由来八幡宮（島根県飯石郡頓原）「季刊悠久.第2次」　鶴岡八幡宮悠久事務局　89　2002.4

温泉津

研究ノート 温泉津薬師堂の近世六十六部廻国史料「季刊文化財」　島根県文化財愛護協会　（120）2009.12

由良比女神社

全国一宮祭礼記 対馬国一宮・海神神社/隠岐国一宮・由良比女神社「季刊悠久.第2次」　鶴岡八幡宮悠久事務局　82　2000.7

養命寺

『出雲札所観音霊場記』第二番 養命寺（岩谷肇）「大社の史話」　大社史話会　（160）2009.09

横田庄

中世の横田庄と出雲を岩屋寺「快円日記」に見る（1）〜（3）—全文解読により（高橋一郎）「奥出雲」　奥出雲編集団横田史談会　300/303・304　2000.6/2000.12

吉田

糸繰り人形を育てた吉田の土壌（宮本巌）「郷土石見 ： 石見郷土研究懇話会機関誌」　石見郷土研究懇話会　（90）2012.8

吉田村

昭和44年、幻の技術の再現—吉田村で行われた、たたらの復元操業（《鉄の文化圏・鉄の歴史村 文化講演会「中国山地の金屋子神信仰—祀られるものと祀るものの歩み」》）「しまねの古代文化 ： 古代文化記録集」　島根県古代文化センター　通号7　2000.3

寄江神社

寄江神社の祭（浅利町）《特集 江津市の祭》（浅野芳友）「石見潟」　江津市文化財研究会　（24）2006.11

羅漢寺

大田市羅漢寺の中央脇窟の石造物（鳥谷芳雄）「季刊文化財」　島根県文化財愛護協会　104　2003.3

竜雲寺

浜田市龍雲寺所蔵の中世大般若経について（鳥谷芳雄）「古代文化研究」　島根県古代文化センター　（18）2010.03

和木

特報 和木のロシア祭（和田力）「郷土石見 ： 石見郷土研究懇話会機関誌」　石見郷土研究懇話会　（96）2014.08

和木町

大年神社の大祭（和木町）（《特集 江津市の祭》）（盆子原憲治）「石見潟」　江津市文化財研究会　（24）2006.11

ロシア祭（和木町）（《特集 江津市の祭》）（森崎玉子）「石見潟」　江津市文化財研究会　（24）2006.11

和田

中世の福屋氏と和田の社寺（畠山卯三郎）「郷土石見 ： 石見郷土研究懇話会機関誌」　石見郷土研究懇話会　（88）2011.12

渡津町

秋祭（渡津町）（《特集 江津市の祭》）（高野聖邦）「石見潟」　江津市文化財研究会　（24）2006.11

地蔵祭の地蔵流し（渡津町）（《特集 江津市の祭》）（梅田賀千）「石見潟」　江津市文化財研究会　（24）2006.11

岡山県

青江
ニッカリ青江と京極家 (川辺勝一)「文化財協会会報.特別号」 香川県文化財保護協会 2008年度 2009.03

朝原寺跡
発掘調査速報 朝原寺跡「倉敷市文化財だより」 倉敷市教育委員会 (22) 2005.11

旭川
聞き書「高瀬船船頭さんの話」(3) 旭川の高瀬船 (湯浅照弘)「西郊民俗」 [西郊民俗談話会] (198) 2007.3

足高神社
足高神社宮司 井上亮二氏に聞く 海軍陸上輸送部隊 (高橋彪)「福田史談会会報」 倉敷・福田史談会 (159) 1999.7

葦守八幡宮
葦守八幡宮 (岡山市足守) (小林千津子)「岡山地名研通信」 岡山地名研究会 5 2003.12

麻生
出部郷と麻生焼についての覚書 (長井数秋)「砥部の歴史文化」 砥部歴史文化の会 2 2000.6

阿智神社
[写真] 岡山県倉敷の阿智神社の磐境 (原隆夫)「郷土史巡礼」 阿智史学会 305 1997.11

倉敷市阿智神社の磐境を見て (原隆夫)「郷土史巡礼」 阿智史学会 305 1997.11

穴門山神社
穴門山神社を訪ねる (根岸尚克)「備陽史探訪」 備陽史探訪の会 120 2004.10

阿波八幡神社
わが町・わが村の自慢 阿波八幡神社の花祭り (津山市)「きび野」 岡山県郷土文化財団 (115) 2009.09

表紙写真のことば 阿波 (あば) 八幡神社花祭り (渡辺良正)「まつり通信」 まつり同好会 53(6) 通号568 2013.11

天剣神社
天剣神社の由来 (土居徹)「神楽尾」 神楽尾城跡保存協力会 (32) 2003.11

天石門別神社
岡山の文化財 天石門別神社本殿 (渋谷泰彦)「きび野」 岡山県郷土文化財団 71 1998.9

粟井
地域文化創造に向けて 粟井春日歌舞伎保存会 (作東町)「きび野」 岡山県郷土文化財団 90 2003.6

裾野がひろがる春日歌舞伎 (有友一正)「作東の文化」 作東町文化協会 (31) 2005.10

地芝居探訪 (44) 粟井春日歌舞伎/小森歌舞伎/渋川歌舞伎/小鹿野歌舞伎/新城歌舞伎「公益社団法人全日本郷土芸能協会会報」 全日本郷土芸能協会 (70) 2013.01

医王院
薬師如来像 (賀山医王院)「西江原史跡顕彰会報」 西江原史跡顕彰会 (22) 1999.3

井笠鉄道
「井笠鉄道唱歌」考 (井上奈緒)「史談いばら」 井原史談会 28 2002.8

石関町
後楽館高校生が「お綱祭り」に参加して (竹入隆弘)「岡山学こと始め ： 岡山市デジタルミュージアム開設準備室研究レポート」 岡山市デジタルミュージアム開設準備室 2 2003.3

石田山
倉敷周辺の毘沙門天磨崖仏―石田山毘沙門天磨崖仏を中心に (森章)「倉敷の歴史」 倉敷市総務局総務部 (17) 2007.3

石堂薬師堂
嘉元四年銘薬師三尊石仏と大和石工の動向 (高橋伸二)「岡山市埋蔵文化財センター研究紀要」 岡山市教育委員会 (3) 2011.03

出部郷
出部郷と麻生焼についての覚書 (長井数秋)「砥部の歴史文化」 砥部歴史文化の会 2 2000.6

磯崎城
磯崎城で採集の備前焼大甕について (中世) (清水真一)「西四国」 西四国郷土研究会 (7) 2007.11

磯崎製莚所
ある花莚業者の盛衰について―磯崎製莚所の場合 (学会記事―平成25年度研究発表大会発表要旨) (吉原睦)「会報」 岡山民俗学会 (210) 2013.05

稲荷山支線
吉備線稲荷山支線と最上稲荷 (特集 高梁川流域の鉄道 今昔) (城本五郎)「高梁川」 高梁川流域連盟 通号68 2010.12

犬島
玉井宮東照宮の犬島石 (在本桂子)「岡山学こと始め ： 岡山市デジタルミュージアム開設準備室研究レポート」 岡山市デジタルミュージアム開設準備室 1 2002.12

備前一宮吉備津彦神社の犬島石 (在本桂子)「岡山学こと始め ： 岡山市デジタルミュージアム開設準備室研究レポート」 岡山市デジタルミュージアム開設準備室 1 2002.12

津田永忠と犬島の石 (在本桂子)「東備」 東備歴史研究協議会 (11) 2003.7

井上家住宅
岡山の文化財 井上家住宅 (吉田晴幸)「きび野」 岡山県郷土文化財団 (95) 2004.9

井原
猿田彦神話の歴史的考察―天孫降臨の史実性 (大塚宰平)「史談いばら」 井原史談会 26 1999.3

藩境の標柱 (武村充大)「史談いばら」 井原史談会 28 2002.8

当地方のいわゆる「辻堂」について (森近丘也)「史談いばら」 井原史談会 28 2002.8

食の記憶 (森近丘也)「史談いばら」 井原史談会 28 2002.8

道しるべ (藤井敬一)「史談いばら」 井原史談会 29 2005.4

廻国供養塔 (武村充大)「史談いばら」 井原史談会 29 2005.4

仏教史ノート (森近丘也)「史談いばら」 井原史談会 29 2005.4

山のくらし (森近丘也)「史談いばら」 井原史談会 29 2005.4

史料紹介 井原の興行―明治・大正時代 (井上奈緒)「岡山地方史研究」 岡山地方史研究会 通号115 2008.9

平成22年度記念講演要旨 那須与一と井原―中世伝承と史実の狭間 (大島千鶴)「会報」 岡山民俗学会 (204) 2010.05

井原市
井原市の農業語彙考 (谷野研治, 歳森茂, 湯浅照弘)「岡山民俗」 岡山民俗学会 208 1998.2

井原市の人柱伝説 (立石憲利)「岡山民俗」 岡山民俗学会 210 1998.12

井原市民俗調査ノートから (井上奈緒)「史談いばら」 井原史談会 27 2000.3

縣主 (井原市) の後鳥羽上皇伝説 (中山薫)「岡山民俗」 岡山民俗学会 213 2000.7

平井家の先祖伝承 (渡部祐子)「井原の歴史 ： 井原市史紀要」 井原市教育委員会市史編さん室 3 2003.3

井原町
研究余禄 井原市井原町の券番・置き屋などについて (井上奈緒)「岡山地方史研究」 岡山地方史研究会 通号121 2010.10

岩倉村
近世後期における岩倉村・稗原村・高屋村の通婚圏について (大島千鶴)「井原の歴史 ： 井原市史紀要」 井原市教育委員会市史編さん室 3 2003.3

石門別神社
2月例会報告 2月例会発表要旨 備前国御野郡式内社石門別神社と矢坂山伝承について (学会記事) (間野行治)「会報」 岡山民俗学会 (206) 2011.05

中国　　　　　　　　　　　　　　　　　　郷土に伝わる民俗と信仰　　　　　　　　　　　　　　　　　　岡山県

院庄

ミニ企画展「院庄と児島高徳伝承」/「江戸一目図屛風」「津博 ： 津山郷土博物館だより「つはく」」津山郷土博物館　(71) 2012.01

伊部南大窯

岡山の文化財 伊部南大窯跡(石井啓)「きび野」 岡山県郷土文化財団　(98) 2005.6

生産地―伊部南大窯跡の調査を中心に(石井啓)「備前市歴史民俗資料館紀要」 備前市歴史民俗資料館　(7) 2005.9

牛窓

金剛頂真光院(牛窓)と渡辺桃源「牛窓十二景」(岡村信男)「郷土誌志度」大川郡志度町文化財保護協会　(14) 1998.3

岡山の西大寺から牛窓へ(小島袈裟春)「備陽史探訪」 備陽史探訪の会　84 1998.8

牛窓及牛窓神社の謎を解く(5)牛窓人物往来(2)(金谷芳寛)「備前岡山 ： 牛窓神社だより」 牛窓神社社務所　(6) 2005.1

牛窓及牛窓神社の謎を解く(6)牛窓の社寺大工(2)(金谷芳寛)「備前岡山 ： 牛窓神社だより」 牛窓神社社務所　(7) 2005.7

牛窓及牛窓神社の謎を解く(7)牛窓人物往来(3)牛窓神社中興の神主井上左衛門好嗣(金谷芳寛)「備前岡山 ： 牛窓神社だより」 牛窓神社社務所　(8) 2006.1

夢二・牛窓祭と神宮お木挽き奉仕(渡部壬子)「わかくす ： 河内ふるさと文化誌」 わかくす文芸研究会　(49) 2006.5

牛窓及牛窓神社の謎を解く(8)牛窓の社寺大工(3)棟札から見る牛窓大工(2)(金谷芳寛)「備前岡山 ： 牛窓神社だより」 牛窓神社社務所　(9) 2006.8

牛窓及牛窓神社の謎を解く(10)牛窓神社祭礼の由緒と歴史(金谷芳寛)「備前岡山 ： 牛窓神社だより」 牛窓神社社務所　(11) 2007.7

後山

大字後山と日名倉山茅場(岡山県美作市後山地区合同調査特集)(坪郷英彦)「昔風と当世風」 古々路の会　(97) 2013.04

岡山県美作市後山地区合同調査を終えて(岡山県美作市後山地区合同調査特集)(金谷玲子)「昔風と当世風」 古々路の会　(97) 2013.04

美作市後山(旧東粟倉村)での聞き書き(岡山県美作市後山地区合同調査特集)(粟岡弘典)「昔風と当世風」 古々路の会　(97) 2013.04

納戸神を祀る村(岡山県美作市後山地区合同調査特集)(森隆男，山下隼人)「昔風と当世風」 古々路の会　(97) 2013.04

岡山県美作市後山地域の倉から(岡山県美作市後山地区合同調査特集)(丸山久子)「昔風と当世風」 古々路の会　(97) 2013.04

山の暮らし、民具オイコ(背いこ)と牛の民俗(岡山県美作市後山地区合同調査特集)(佐志原圭子)「昔風と当世風」 古々路の会　(97) 2013.04

東粟倉村後山地区の祭り(岡山県美作市後山地区合同調査特集)(北河直子)「昔風と当世風」 古々路の会　(97) 2013.04

東粟倉村後山地区の暮らしと信仰(岡山県美作市後山地区合同調査特集)(白井正子)「昔風と当世風」 古々路の会　(97) 2013.04

岡山県・後山紀行―昭和十～三十年代の性と産育(岡山県美作市後山地区合同調査特集)(むらせ数子)「昔風と当世風」 古々路の会　(97) 2013.04

聞き書きノートから 人の一生にまつわる儀礼(岡山県美作市後山地区合同調査特集)(西尾美嘉)「昔風と当世風」 古々路の会　(97) 2013.04

美作市後山地区の婚姻(岡山県美作市後山地区合同調査特集)(丸山志保)「昔風と当世風」 古々路の会　(97) 2013.04

食卓からみる後山のくらし(岡山県美作市後山地区合同調査特集)(茶谷まりえ)「昔風と当世風」 古々路の会　(97) 2013.04

貫く、文化としての女人禁制(岡山県美作市後山地区合同調査特集)(上西美三加)「昔風と当世風」 古々路の会　(97) 2013.04

後山弁(岡山県美作市後山地区合同調査特集)(マーク・アナドレ，セベルジ)「昔風と当世風」 古々路の会　(97) 2013.04

美作市後山の産業と茅場の利用(岡山県美作市後山地区合同調査特集)(島田宝明)「昔風と当世風」 古々路の会　(97) 2013.04

後山のくらし(岡山県美作市後山地区合同調査特集)(片江香保)「昔風と当世風」 古々路の会　(97) 2013.04

旧東粟倉村後山地域における通過儀礼から見る人々のつながり(岡山県美作市後山地区合同調査特集)(倉岡麻里子)「昔風と当世風」 古々路の会　(97) 2013.04

後山地区の民俗調査を終えて(岡山県美作市後山地区合同調査特集)(村山翠)「昔風と当世風」 古々路の会　(97) 2013.04

中国山地の緩斜面に開けた集落と建築儀礼(岡山県美作市後山地区合同調査特集)(津山正幹)「昔風と当世風」 古々路の会　(97) 2013.4

美作市後山地区見聞抄(岡山県美作市後山地区合同調査特集)(五十嵐稔)「昔風と当世風」 古々路の会　(97) 2013.04

宇野津

講演要旨 海獣葡萄鏡と宇野津焼(田中太)「福田史談会会報」 倉敷・福田史談会　(160) 1999.10

浦田

ふるさとを歩く浦田の歴史・伝承散歩(高橋彪)「福田史談会会報」 倉敷・福田史談会　(153) 1998.3

浦田の「若一王子大権現」の神額(池内節光)「福田史談会会報」 倉敷・福田史談会　(172) 2002.7

占見廃寺址

占見廃寺址の古瓦拓本(間壁忠彦)「金光町史だより」 金光町史編纂室，金光町役場　(9) 2004.3

円光寺跡

岡山市瀬戸町郷土館の収蔵品の紹介(2)(資料紹介)―円光寺跡の瓦ほか(森畑コレクションの瓦)(岡本芳明)「岡山市埋蔵文化財センター研究紀要」 岡山市教育委員会　(5) 2013.03

円通寺

修復なった円通寺本堂(仁保哲明)「良寛」 全国良寛会，考古堂書店(発売)　34 1998.11

円通寺開山300年に当たって(仁科恒夫)「良寛」 全国良寛会，考古堂書店(発売)　34 1998.11

円通寺を歩いて(小林新一)「良寛」 全国良寛会，考古堂書店(発売)　34 1998.11

円通寺の大修復を終えて長崎芳行さんに聞く「高梁川」 高梁川流域連盟　56 1998.12

〈特集 玉島・円通寺〉「良寛」 全国良寛会，考古堂書店(発売)　45 2004.5

グラビア 備中・玉島・円通寺「良寛」 全国良寛会，考古堂書店(発売)　45 2004.5

良寛と円通寺「春秋くらしき」 倉敷市文化連盟　(4) 2006.11

『良寛修行と円通寺』を出版して(三宅正廣)「良寛だより ： 全国良寛会会報」 全国良寛会　(122) 2008.10

王島山

「備中神楽」にまねて 創作モダンかぐら「王島山」(矢沢昭郎)「高梁川」 高梁川流域連盟　(60) 2002.12

「備中神楽」にまねて創作モダンかぐら「王島山」(第三・第四)(矢沢昭郎)「高梁川」 高梁川流域連盟　(64) 2006.12

「備中神楽」にまねて 創作モダンかぐら「王島山」(第五・第六)(矢沢昭郎)「高梁川」 高梁川流域連盟　(65) 2007.12

大池

大池築造記念碑「西江原史跡顕彰会報」 西江原史跡顕彰会　(18) 1997.2

大国家住宅

岡山の文化財 大国家住宅(渋谷泰彦)「きび野」 岡山県郷土文化財団　75 1999.9

大島

岡山の文化財 大島の傘踊り(安東康也)「きび野」 岡山県郷土文化財団　82 2001.6

大高大仏

「大高大仏」を建立して(大高小学校)「高梁川」 高梁川流域連盟　55 1997.12

大谷村

幕末期大谷村の年貢徴収について―金光教祖赤沢文治を史料から見た場合(金光和道)「金光町史だより」 金光町史編纂室，金光町役場　(2) 1997.3

化政期以降の大谷村の通婚圏(小野敏也)「金光町史だより」 金光町史編纂室，金光町役場　(3) 1998.3

大原

歴史散歩 大原焼の狛犬(間壁忠彦)「春秋くらしき」 倉敷市文化連盟　(4) 2006.11

大原町

頼朝坊の位牌―旧大原町の六十六部資料(小嶋博巳)「岡山民俗」 岡山民俗学会　通号225 2007.10

大飛島

笠岡市大飛島(尻替地区)の産屋・ヒマエの習俗の変化を追う(折橋豊子)「昔風と当世風」 古々路の会　(84) 2003.4

大飛島・六島の本瓦葺き(早瀬哲田)「昔風と当世風」 古々路の会　(84) 2003.4

大飛島・六島の生業と民具(五十嵐稔)「昔風と当世風」 古々路の会　(84) 2003.4

岡山県　　郷土に伝わる民俗と信仰　　中国

大宮踊

岡山の文化財　大宮踊（蒜山教育事務組合教育委員会）「きび野」　岡山県郷土文化財団　69　1998.3

岡山

「らんとう」の編年を試みる（池内節光）「岡山民俗」　岡山民俗学会　206　1997.3

軋核と綿繰り―中日の綿作と手紡ぎを考える（福尾美夜）「岡山民俗」　岡山民俗学会　208　1998.2

神奈川権次郎の「力石」（高島慎助）「岡山民俗」　岡山民俗学会　208　1998.2

写真でみる岡山の民俗シシ垣と防塁陣地「岡山民俗」　岡山民俗学会　208　1998.2

岡山のかまど（1）（湯浅照弘）「西郊民俗」　［西郊民俗談話会］　通号163・164　1998.6

岡山の古代祭祀遺跡（八木敏乗）「福田史談会会報」　倉敷・福田史談会　（154）　1998.6

神仏否定の民俗（中山薫）「岡山民俗」　岡山民俗学会　209　1998.7

岡山大学附属図書館所蔵池田家文庫「社寺旧記」の原本をめぐって（横山定）「岡山地方史研究」　岡山地方史研究会　86　1998.10

道路開築と神様の木（上）（下）―神木伐採事件をめぐる民衆意識（山下洋）「岡山地方史研究」　岡山地方史研究会　87/88　1998.12/1999.3

ガラスを吹く（小谷真三）「岡山の自然と文化 ： 郷土文化講座から」　岡山県郷土文化財団　18　1999.3

岡山民俗学会創立のころ（土井卓治）「岡山民俗」　岡山民俗学会　211　1999.6

岡山民俗学会略史（片田知宏，立石憲利）「岡山民俗」　岡山民俗学会　211　1999.6

岡山民俗館の記（景山志都）「岡山民俗」　岡山民俗学会　211　1999.6

岡山のお盆（赤松さやか）「久里」　神戸女子民俗学会　7　1999.10

熊楠蔵『岡山魂怪記』写本について（千本英史）「熊楠研究」　南方熊楠顕彰会　（2）　2000.2

日本の意匠（灰野昭郎）「岡山の自然と文化 ： 郷土文化講座から」　岡山県郷土文化財団　19　2000.3

民俗拾遺（1）～（7），（8）～（11），（12）～（14）（次田圭介）「岡山民俗」　岡山民俗学会　213/215　2000.7/2001.6

写真でみる岡山の民俗（福尾美夜）「岡山民俗」　岡山民俗学会　214　2000.12

方言から視た岡山人の性格（十河直樹）「倉子城」　倉敷史談会，歯族社（発売）24　2000.12

古民家再生術（大角雄三）「岡山の自然と文化 ： 郷土文化講座から」　岡山県郷土文化財団　20　2001.3

近世民衆の性と生殖をめぐる民俗―「懐胎懸様」と「女人はらみ月を知る事」（沢山美果子）「岡山地方史研究」　岡山地方史研究会　95　2001.3

ハリストス正教会の設立と展開―倉敷・岡山とその周辺にみる（野田繭子）「倉敷の歴史」　倉敷市総務局総務部　11　2001.3

写真でみる岡山の民俗 廻国行者の墓／麦わらへび（中山薫）「岡山民俗」　岡山民俗学会　215　2001.6

伝統の由来―岡山名物「きびだんご」の事例について（加原奈穂子）「岡山民俗」　岡山民俗学会　216　2001.12

金工・直邊静良（中山薫）「岡山民俗」　岡山民俗学会　216　2001.12

木工芸刳物のはなし（森田翠玉）「岡山の自然と文化 ： 郷土文化講座から」　岡山県郷土文化財団　21　2002.3

部落史拾遺 楽戸をめぐって（上）（好並隆司）「岡山部落解放研究所報」　岡山部落解放研究所　230　2002.4

岡山の文化財 バンバ踊り（森崎和彦）「きび野」　岡山県郷土文化財団　86　2002.6

農村環境整備政策における農村伝承文化の位置づけと研究の現状（山下裕作）「岡山民俗」　岡山民俗学会　217　2002.8

「無紋藍染・渋染」再考（好並隆司）「岡山部落解放研究所報」　岡山部落解放研究所　235　2002.9

岡山の民話（立石憲利）「岡山の自然と文化 ： 郷土文化講座から」　岡山県郷土文化財団　22　2003.3

古代ガラスから見た文化（松島巌）「岡山の自然と文化 ： 郷土文化講座から」　岡山県郷土文化財団　22　2003.3

部落史拾遺 楽戸以前（好並隆司）「岡山部落解放研究所報」　岡山部落解放研究所　243　2003.5

ノミ（蚤）取り器 民俗拾遺（15）（次田圭介）「岡山民俗」　岡山民俗学会　219　2003.7

注連縄について（次田圭介）「岡山民俗」　岡山民俗学会　219　2003.7

ケガレ意識が差別を生むか県教組リーフレット批判（大森久雄）「人権21 ： 調査と研究」　おかやま人権研究センター　（165）　2003.8

地域アイデンティティ創出の核としての桃太郎―岡山における桃太郎伝説の事例から（加原奈穂子）「日本民俗学」　日本民俗学会　通号236　2003.11

蛇の俗信（1），（2）（立石憲利）「岡山民俗」　岡山民俗学会　220/（221）　2004.1/2004.7

魔筋を通るモノについての一考察（木下浩）「岡山民俗」　岡山民俗学会　220　2004.1

民俗拾遺（16）せんち育ち（17）家の向き（18）たまよび（魂呼び）（次田圭介）「岡山民俗」　岡山民俗学会　220　2004.1

大黒柱の下の鉄球 補遺「岡山民俗」　岡山民俗学会　220　2004.1

私の和紙造り人生（丹下哲夫）「岡山の自然と文化 ： 郷土文化講座から」　岡山県郷土文化財団　23　2004.3

明治富山売薬の配置活動について―岡山地方懸場帳にみる配薬の実態（兼子心）「富山史壇」　越中史壇会　142・143　2004.3

ホウドリ（次田圭介）「岡山民俗」　岡山民俗学会　（221）　2004.7

民俗拾遺（19）引き荷（次田圭介）「岡山民俗」　岡山民俗学会　（221）　2004.7

写真でみる岡山の民俗 ガマセゴと編機「岡山民俗」　岡山民俗学会　（221）　2004.7

史料紹介 続・近世民衆の性と生殖をめぐる民俗―「大極萬賽両面鑑」と「昼夜宝鏡」（沢山美果子）「岡山地方史研究」　岡山地方史研究会　103　2004.9

能を楽しむ（山崎福之）「岡山の自然と文化 ： 郷土文化講座から」　岡山県郷土文化財団　24　2005.3

岡山の年中行事（例会内容）（竹内平吉郎）「鳥取民俗懇話会会報」　［鳥取民俗懇話会］　（6）　2005.4

写真でみる岡山の民俗 石仏二体（中山薫）「岡山民俗」　岡山民俗学会　（223）　2005.7

岡山城下の備前焼（乗岡実）「備前市歴史民俗資料館紀要」　備前市歴史民俗資料館　（7）　2005.9

坪田譲治作品にみる明治期岡山の行事（山本美香）「岡山民俗」　岡山民俗学会　通号224　2006.2

近代化遺産と民俗―物質文化研究の視点から（角南聡一郎）「岡山民俗」　岡山民俗学会　通号224　2006.2

魚名「ままかり」の由来について―語源に関する一私論（〈岡山を深く知る〉）（岡嶋隆司）「岡山びと ： 岡山シティミュージアム紀要」　岡山シティミュージアム　（1）　2006.3

人づくり、町づくりの拠点としての博物館―岡山で「桃太郎展」開催の意義（〈開館記念企画「おかやまと桃太郎展」開催〉）（加原奈穂子）「岡山びと ： 岡山シティミュージアム紀要」　岡山シティミュージアム　（1）　2006.3

「おかやまと桃太郎展」での郷土玩具の役割（〈開館記念企画「おかやまと桃太郎展」開催〉）（東隆志）「岡山びと ： 岡山シティミュージアム紀要」　岡山シティミュージアム　（1）　2006.3

父に見せたい今の桃太郎の姿（〈開館記念企画「おかやまと桃太郎展」開催〉）（毛利鏡子）「岡山びと ： 岡山シティミュージアム紀要」　岡山シティミュージアム　（1）　2006.3

「おかやまと桃太郎展」開催レポート（〈開館記念企画「おかやまと桃太郎展」開催〉）（小津研二）「岡山びと ： 岡山シティミュージアム紀要」　岡山シティミュージアム　（1）　2006.3

史料紹介 絵図にみる砂防（倉地克直）「岡山地方史研究」　岡山地方史研究会　通号108　2006.4

岡山の文化財 毘沙門天立像・不動明王像（山本勝也）「きび野」　岡山県郷土文化財団　（102）　2006.6

第6章「不殺生戒とケガレ観念」定例読書会「『部落史』論争を読み解く」）（佐橋謙）「岡山部落解放研究所報」　岡山部落解放研究所　（280・281）　2006.7

映像記録 岡山の山の神祭り 保存会編「岡山の山の神祭り」（新刊紹介）（中村肇）「静岡県民俗学会誌」　静岡県民俗学会　（25）　2007.3

岡山方言の特徴と全国的位置（吉田則夫）「岡山の自然と文化 ： 郷土文化講座から」　岡山県郷土文化財団　（26）　2007.3

「市民学芸員による企画展示 伝承をつむぐ烏城紬のこころ」について（〈開館1周年にあたって〉）（猪原千恵）「岡山びと ： 岡山シティミュージアム紀要」　岡山シティミュージアム　（2）　2007.3

明日に願うこと・彫刻で伝えたいこと（〈岡山を深く知る〉）（森下勲）「岡山びと ： 岡山シティミュージアム紀要」　岡山シティミュージアム　（2）　2007.3

古典料理書にみる鰆―鰆料理今昔（〈岡山を深く知る〉）（岡嶋隆司）「岡山びと ： 岡山シティミュージアム紀要」　岡山シティミュージアム　（2）　2007.3

前挽大鋸による板抜き手順（〈岡山を深く知る〉）（根木修）「岡山びと ： 岡山シティミュージアム紀要」　岡山シティミュージアム　（2）　2007.3

「ゆだね」の語源と儀礼化（根木修）「岡山びと ： 岡山シティミュージアム紀要」　岡山シティミュージアム　（2）　2007.3

桃太郎の旅立ち、その動機について（小津研二）「岡山びと ： 岡山シティミュージアム紀要」　岡山シティミュージアム　（2）　2007.3

岡山の文化財 綾杉地獅子牡丹蒔絵婚礼調度（宮尾素子）「きび野」　岡山県郷土文化財団　（106）　2007.6

中国　　　　　　　　　郷土に伝わる民俗と信仰　　　　　　　　　岡山県

上斎原の墓制―土井卓治先生を偲んで（片田知宏）「岡山民俗」　岡山民俗学会　通号225　2007.10

花筵「錦莞莚」の意匠に関する一考察（吉原睦）「岡山民俗」　岡山民俗学会　通号226　2007.11

地名の由来・神仏名の由来（小見山輝）「岡山地名研通信」　岡山地名研究会　（9）　2008.1

「漆芸」海外からの眼差し（〈特集 うるしの技 木の技〉）（三田村有純）「岡山びと ： 岡山シティミュージアム紀要」　岡山シティミュージアム　（3）　2008.3

伝統技術における独創性の確立（〈特集 うるしの技 木の技〉）（山口松太）「岡山びと ： 岡山シティミュージアム紀要」　岡山シティミュージアム　（3）　2008.3

古記録にみる「ままかり」料理（〈岡山の歴史と今〉）（岡嶋隆司）「岡山びと ： 岡山シティミュージアム紀要」　岡山シティミュージアム　（3）　2008.3

岡山における近・現代の里山環境の変化―古写真、文学、統計にみるかつての里山（〈岡山の歴史と今〉）（大塚利昭）「岡山びと ： 岡山シティミュージアム紀要」　岡山シティミュージアム　（3）　2008.3

菓子木型彫刻について（猪倉千恵）「岡山びと ： 岡山シティミュージアム紀要」　岡山シティミュージアム　（3）　2008.3

温羅伝承に関する若干の考察（古市秀治）「岡山びと ： 岡山シティミュージアム紀要」　岡山シティミュージアム　（3）　2008.3

窪田善之介の新暦御用について―岡山暦の編暦（藤田則之）「岡山地方史研究」　岡山地方史研究会　通号114　2008.4

伝説化される昔話―岡山の桃太郎伝説と難波金之助（加原奈穂子）「岡山民俗」　岡山民俗学会　通号227　2008.9

口承と書承―江戸期の桃太郎絵本を中心に（加原奈穂子）「岡山民俗学会」　通号228・229　2009.03

江戸期の桃太郎噺（平成21年度総会・研究発表大会―平成21年度研究発表大会要旨）（加原奈穂子）「会報」　岡山民俗学会　（202）　2009.09

岡山民俗館資料整理について（平成22年度研究発表大会発表要旨）（木下浩）「会報」　岡山民俗学会　（204）　2010.05

鬼イメージの変容―江戸期桃太郎絵本・絵巻における鬼の宝物を中心に（平成22年度研究発表大会発表要旨）（加原奈穂子）「会報」　岡山民俗学会　（204）　2010.05

高瀬舟船頭の服装（湯浅照弘）「岡山民俗」　岡山民俗学会　通号231　2010.11

投稿 祭りの山車―壇尻・千歳楽など（吉原睦）「会報」　岡山民俗学会　（205）　2010.11

私と歴史と民俗学―現在の石の信仰（7月例会発表要旨）（遠山義雄）「会報」　岡山民俗学会　（205）　2010.11

岡山の忌み地について（11月例会発表要旨）（木下浩）「会報」　岡山民俗学会　（205）　2010.11

岡山民俗館の資料整理について（特集 匠山民俗館）（木下浩）「会報」　岡山民俗学会　（206）　2011.05

民具の半世紀―岡山民俗館の資料たち（特集 岡山民俗館）（安倉清博）「会報」　岡山民俗学会　（206）　2011 05

岡山民俗館の民具整理を終えて（特集 岡山民俗館）（小林由佳）「会報」　岡山民俗学会　（206）　2011.05

2月例会報告 2月例会発表要旨 非日常食として鯖の伝統的食習慣とその背景（学会記事）（今田節子）「会報」　岡山民俗学会　（206）　2011.05

岡山民俗館の民具資料について（平成23年度研究発表大会発表要旨）（木下浩）「会報」　岡山民俗学会　（206）　2011.05

我が国における海藻の食文化と農耕のかかわり（平成23年度研究発表大会発表要旨）（今田節子）「会報」　岡山民俗学会　（206）　2011.05

ノートルダム清心女子大学蔵「廻国供養絵巻」について（平成23年度研究発表大会発表要旨）（小嶋博巳）「会報」　岡山民俗学会　（206）　2011.05

投稿 不授不施派「内信者」地域における石塔の戒名について（平松典晃）「会報」　岡山民俗学会　（207）　2011.11

7月例会報告 7月例会発表要旨 グループ観光における民俗学的考察（学会記事）（楫野史朗）「会報」　岡山民俗学会　（207）　2011.11

11月例会報告 11月例会発表要旨 石刻の農耕神（学会記事）（正富博行）「会報」　岡山民俗学会　（207）　2011.11

ヘイシ考―ヘイシの語源と修験道集団との関わり（小林由佳）「岡山民俗」　岡山民俗学会　（232）　2011.12

負子の嫁入りと取引―個人・骨董業者による民具移動事例（織野英史）「岡山民俗」　岡山民俗学会　（232）　2011.12

岡山の天狗像―昔話・伝説・世間話からの考察（高橋成）「岡山民俗学会」　（232）　2011.12

大正期・岡山の音楽環境―童謡・唱歌を中心にして（特集 市民がつくる企画展「大正時代のおかやま」）（山下敬彦）「岡山びと ： 岡山シティミュージアム紀要」　岡山シティミュージアム　（6）　2012.03

大正 人々のくらし（特集 市民がつくる企画展「大正時代のおかやま」）（岡田文雄，山本鐘生）「岡山びと ： 岡山シティミュージアム紀要」　岡山シティミュージアム　（6）　2012.3

人を畑に葬る習俗をめぐって―両墓制研究史再考3（平成24年度記念講演要旨）（加藤正春）「会報」　岡山民俗学会　（208）　2012.05

岡山の薄荷（平成24年度研究発表大会発表要旨）（土岐隆信）「会報」　岡山民俗学会　（208）　2012.05

神社祭祀に見る花奪いの諸相（平成24年度研究発表大会発表要旨）（江木淳人）「会報」　岡山民俗学会　（208）　2012.05

岡山の桃太郎伝説について（広谷喜十郎）「秦史談」　秦史談会　（170）　2012.8

おたずね 水田割りと小字名について（安倉清博）「会報」　岡山民俗学会　（209）　2012.11

神楽「将軍」の中国道教の気功―NHK「神楽の謎 幻の舞 "将軍" を追って」より（学会記事―7月例会報告 7月例会発表要旨）（田辺桜）「会報」　岡山民俗学会　（209）　2012.11

農業神として溜池に建つ金毘羅燈籠（学会記事―9月例会報告 9月例会発表要旨）（野田和心）「会報」　岡山民俗学会　（209）　2012.11

畑の一隅に死者を葬る習俗をめぐって―葬送・墓制史の理解のために（加藤正春）「岡山民俗」　岡山民俗学会　（233）　2012.12

「民藝を語る」外村家で暮らして（上田睦子）「岡山の自然と文化 ： 郷土文化講座から」　岡山県郷土文化財団　（32）　2013.03

「民藝を語る」くらしに民藝を（金光章）「岡山の自然と文化 ： 郷土文化講座から」　岡山県郷土文化財団　（32）　2013.03

造形史から見る仏像の意義（土井通弘）「岡山の自然と文化 ： 郷土文化講座から」　岡山県郷土文化財団　（32）　2013.03

博物館・展示会めぐり 岡山県立記録資料館 平成24年度企画展「おかやまの名物・名産」（東野將伸）「岡山地方史研究」　岡山地方史研究会　（129）　2013.5

関係者のみが知る文字改竄と伝承―地名に付いた創作文字考（学会記事―11月例会報告 11月例会発表要旨）（福原維敏）「会報」　岡山民俗学会　（210）　2013.05

近世岡山の薬種商について（学会記事―11月例会報告 11月例会発表要旨）（河田章）「会報」　岡山民俗学会　（210）　2013.05

奈良時代の絵馬、現る！　表紙：国内最古の牛の絵馬（赤外線写真：実物大）（南健太郎）「岡山大学埋蔵文化財調査研究センター報」　岡山大学埋蔵文化財調査研究センター　（50）　2013.10

7月例会発表要旨 千歳楽唄の保存・伝承の現状について（学会記事―7月例会報告）（住宅正人）「会報」　岡山民俗学会　（211）　2013.11

『記紀神話』と『風土記』の黄泉の国―現世と来世・古代日本人の死生観（学会記事―9月例会報告 9月例会発表要旨）（今木義法）「会報」　岡山民俗学会　（211）　2013.11

温羅伝承に関する若干の考察（学会記事―9月例会報告 9月例会発表要旨）（古市秀治）「会報」　岡山民俗学会　（211）　2013.11

農耕技術民俗調査アンケート（昭和46年）の内容について（吉原睦）「岡山民俗」　岡山民俗学会　（234）　2013.12

岡山の木工芸―知られざる名工と現代の匠たち（福冨幸）「岡山の自然と文化 ： 郷土文化講座から」　岡山県郷土文化財団　（33）　2014.3

祭祀空間からみる従属神信仰（平成26年度研究発表大会発表要旨）（井上嘉子）「会報」　岡山民俗学会　（212）　2014.05

鶏合せの神事の持つ意味（学会記事―合同発表会発表要旨）（藤原喜美子）「会報」　岡山民俗学会　（213）　2014.11

岡山の忌み筋（学会記事―合同発表会発表要旨）（木下浩）「会報」　岡山民俗学会　（213）　2014.11

憑霊信仰と憑祈禱―修験と巫女をめぐって（学会記事―合同発表会発表要旨）（酒向伸行）「会報」　岡山民俗学会　（213）　2014.11

忌み筋伝承の考察―ナメラスジとナワメスジを中心に（木下浩）「岡山民俗学会」　（235）　2014.12

岡山県

織る 岡山県と広島県東部などから（福尾美夜）「女性と経験」　女性民俗学研究会　通号22　1997.10

岡山県の鬼（中野譲）「六甲倶楽部報告」　六甲倶楽部　46　1998.9

講演要旨 岡山県東部のキリシタン遺跡・遺物（岡本明郎）「福田史談会会報」　倉敷・福田史談会　（158）　1999.4

岡山県における塩飽大工について（北脇義友）「岡山地方史研究」　岡山地方史研究会　89　1999.7

日本五ヶ名刀展―平成11年度特別展の開催にあたって（加原耕作）「岡山県立博物館だより」　岡山県立博物館　52　1999.10

岡山県における神社整理の基準と反響―明治末期から大正初期の『山陽新報』の記事に見る（藤本頼生）「岡山地方史研究」　岡山地方史研究会　90　1999.12

〔資料紹介〕岡山県立博物館所蔵の古鏡について（1），（2）（小原藤弘）「岡山県立博物館研究報告」　岡山県立博物館　通号20/通号22　2000.3/2002.3

枕を用いる葬送儀礼の展開―岡山県北部を中心に（豊島直博）「古代吉備」　古代吉備研究会　22　2000.4

紅提灯の思い出（川口澄子）「きび野」 岡山県郷土文化財団 79 2000.9

岡山県下に於ける初誕生儀礼（1）、（2）（近藤直也）「岡山民俗」 岡山民俗学会 214/215 2000.12/2001.6

岡山県立博物館開館30周年記念講演会（要旨） 都市の民俗（神崎宣武）「岡山県立博物館研究報告」 岡山県立博物館 通号21 2001.3

家型のラントウ墓（土井卓治）「きび野」 岡山県郷土文化財団 82 2001.6

岡山県北部の「力石」（高島慎助）「岡山民俗」 岡山民俗学会 215 2001.6

岡山県の産育民具（1）～（3）（湯浅照弘）「西郊民俗」 ［西郊民俗談話会］ （176）/（178） 2001.9/2002.3

岡山県北の仕事着から―上斎原村、奥津町を中心に（福尾美夜）「女性と経験」 女性民俗学研究会 通号26 2001.10

岡山県東部の「力石」（高島慎助）「岡山民俗」 岡山民俗学会 216 2001.12

〔史料紹介〕 岡山県立博物館所蔵「祇園社記」及び紙背文書―明徳2年8月日の某荘年用状の紹介（三宅克広）「岡山県立博物館研究報告」 岡山県立博物館 通号22 2002.3

岡山県における明治初期の神社整理―明治初期の神社関係行政文書をめぐって（藤本頼生）「岡山地方史研究」 岡山地方史研究会 100 2003.6

岡山県における朝鮮漁業について（北脇義友）「岡山地方史研究」 岡山地方史研究会 100 2003.6

岡山県の産育民具と産育習俗について（湯浅照弘）「岡山地方史研究」 岡山地方史研究会 100 2003.6

岡山県の筌（うけ）（1）～（3）（湯浅照弘）「西郊民俗」 ［西郊民俗談話会］ （183）/（188） 2003.6/2004.9

文政二年配剤記の研究（木下浩）「岡山県立博物館研究報告」 岡山県立博物館 通号23・24 2004.3

宇喜多キリシタン（高山友禅）「宇喜多家史談会会報」 宇喜多家史談会 11 2004.7

岡山県のウナギ筌の習俗―ウナギ筌漁の事例（1）（湯浅照弘）「岡山民俗」 岡山民俗学会 （221） 2004.7

岡山県のウナギ籠の習俗（湯浅照弘）「西郊民俗」 ［西郊民俗談話会］ （189） 2004.12

研究ノート 失われる年中行事―正月のキリゾメ（木下浩）「岡山県立博物館だより」 岡山県立博物館 （63） 2005.3

江戸時代の町屋における年中行事（貝原靖浩）「岡山県立博物館研究報告」 岡山県立博物館 通号25 2005.3

文化財随想（8） 大年の藁苞（佐藤米司）「文化財だより」 岡山県文化財保護協会 （76） 2005.3

岡山県の筌習俗聞き書（1）―筌と材料について（湯浅照弘）「西郊民俗」 ［西郊民俗談話会］ （191） 2005.6

岡山県の筌習俗聞き書（2）―筌と餌について（湯浅照弘）「西郊民俗」 ［西郊民俗談話会］ （192） 2005.9

岡山県の筌習俗聞き書（3）―筌の形態・大きさについて（湯浅照弘）「西郊民俗」 ［西郊民俗談話会］ （193） 2005.12

岡山県の筌習俗聞き書（4） 筌の製作について（湯浅照弘）「西郊民俗」 ［西郊民俗談話会］ （194） 2006.3

寛政六年香料・見舞一覧（資料紹介）（貝原靖浩）「岡山県立博物館研究報告」 岡山県立博物館 通号26 2006.3

岡山県の筌習俗聞き書（5） 筌の設定について（1）、（2）（湯浅照弘）「西郊民俗」 ［西郊民俗談話会］ （195）/（196） 2006.6/2006.9

岡山県の中世窯業《備前歴史フォーラム 備前焼・海の道・夢フォーラム2006―備前焼の歴史と未来像をもとめて》（伊藤晃）「備前市歴史民俗資料館紀要」 備前市歴史民俗資料館 （8） 2006.9

資料紹介 背紋・紐留繍形の雛形（信江啓子）「岡山県立博物館だより」 岡山県立博物館 （61） 2006.12

岡山県と道祖神《「道祖神特集」》（湯浅照弘）「西郊民俗」 ［西郊民俗談話会］ （200・201） 2007.9

岡山県内のゲゲ草履（立石憲利）「岡山民俗」 岡山民俗学会 通号225 2007.10

岡山県における宗教者の社会事業について―大正9年・10年の美作社会協会に関する資料から（藤本頼生）「岡山地方史研究」 岡山地方史研究会 通号113 2007.12

岡山県の筌習俗聞き書（7） 筌と捕採魚種（湯浅照弘）「西郊民俗」 ［西郊民俗談話会］ （204） 2008.9

随想 鶴の婚探し（山本利幸）「きび野」 岡山県郷土文化財団 （112） 2009.01

平成20年度（第33回）学術研究振興資金の授与について 研究テーマ「岡山県下における中世村落の研究―生産・流通・宗教・生活文化を中心に」「美作地域史研究」 美作大学地域生活科学研究所美作地域史研究会 （2） 2009.1

岡山県の筌習俗聞き書（8） 筌と漁獲方法（湯浅照弘）「西郊民俗」 ［西郊民俗談話会］ （206） 2009.03

豊臣期宇喜多氏における文禄四年寺社領寄進の基礎的考察（森脇崇文）「年報赤松氏研究」 赤松氏研究会 （2） 2009.03

岡山県の筌習俗聞き書（9）・筌の設置について―筌の設置場所と筌の設置方法（湯浅照弘）「西郊民俗」 ［西郊民俗談話会］ （209） 2009.12

岡山県・広島県（備前歴史フォーラム 鎌倉・室町 BIZEN―中世備前焼のスガタ―研究報告）（重根弘和）「備前市歴史民俗資料館紀要」 備前市歴史民俗資料館 （11） 2010.1

旧建⻑寺末寺考（6）―岡山県（備前国・備中国・美作国）及び広島県（備後国）編（鈴木佐）「鎌倉」 鎌倉文化研究会 通号109 2010.07

「稲作技術アンケート調査」（「岡山県の稲作行事」）の出版を断念する（次田圭介）「会報」 岡山民俗学会 （205） 2010.11

書誌紹介 岡山県教育委員会編「岡山県の会陽の習俗」 総合調査報告書（福原敏男）「日本民俗学」 日本民俗学会 通号264 2010.11

岡山県における岡崎型狛犬の展開（藤原好二）「岡山市埋蔵文化財センター研究紀要」 岡山市教育委員会 （3） 2011.03

博物館・展示会めぐり 岡山県立記録資料館 第44回所蔵史料展「家族模様の今昔」 雑感（沢山美果子）「岡山地方史研究」 岡山地方史研究会 （123） 2011.05

映像批評 岡山県教育委員会編『「岡山県の会陽の習俗」映像記録』（吉原睦）「日本民俗学」 日本民俗学会 （267） 2011.08

11月例会報告 11月例会発表要旨 岡山県のクズじ料理について（学会記事）（湯浅照弘）「会報」 岡山民俗学会 （207） 2011.11

岡山県立博物館所蔵・寄託の銅鐸について（資料紹介）（正木茂樹）「岡山県立博物館研究報告」 岡山県立博物館 （32） 2012.03

伊勢大神楽について―岡山県下の回檀状況と今後の研究課題（学会記事―2月例会発表要旨）（森川奈津美）「会報」 岡山民俗学会 （208） 2012.05

岡山県における出雲型狛犬の展開（藤原好二）「岡山市埋蔵文化財センター研究紀要」 岡山市教育委員会 （5） 2013.03

参加者の感想 岡山県下のミサキ信仰を訪ねて（谷口貢）「日本宗教民俗学会通信」 日本宗教民俗学会 （133） 2013.05

岡山県下における伊勢大神楽の回檀と地域社会（森川奈津美）「岡山民俗」 岡山民俗学会 （235） 2014.12

岡山孤児院

近代沖縄の民間社会事業―浄土真宗の仏教慈善事業と岡山孤児院の沖縄公演（末吉重人）「沖縄文化」 沖縄文化協会 37（2）通号94 2002.11

岡山市

再現！ 鯰の竹輪（岡嶋隆司）「岡山学こと始め ： 岡山市デジタルミュージアム開設準備室研究レポート」 岡山市デジタルミュージアム開設準備室 1 2002.12

祭りずし（福冨幸）「岡山学こと始め ： 岡山市デジタルミュージアム開設準備室研究レポート」 岡山市デジタルミュージアム開設準備室 2 2003.3

普段着の文化を（風早正毅）「岡山学こと始め ： 岡山市デジタルミュージアム開設準備室研究レポート」 岡山市デジタルミュージアム開設準備室 3 2004.3

岡山市の筌（うけ）習俗聞き書（湯浅照弘）「西郊民俗」 ［西郊民俗談話会］ （190） 2005.3

岡山市内出土の織細焼に関する一考察（河田健司）「岡山市埋蔵文化財センター研究紀要」 岡山市教育委員会 （3） 2011.03

岡山市内における志野・織部焼に関する一考察（河田健司）「岡山市埋蔵文化財センター研究紀要」 岡山市教育委員会 （4） 2012.03

所蔵資料展図録 第53回所蔵資料展「地震と水害の記録」、第54回所蔵資料展「先祖祭祀の記録」、第55回所蔵資料展「災害・疾病の記録」、第56回所蔵資料展「新公開資料」、第57回所蔵資料展「明治の岡山市街」「岡山県立記録資料館だより ： Okayama Prefectural Archives」 岡山県立記録資料館 （9） 2013.9

岡山城

岡山城内の食―江戸時代初期を中心に（岡嶋隆司）「歴研おかやま」 岡山歴史研究会 （10） 2014.7

岡山藩

宗門改帳の作成―岡山藩の宗門改帳の変遷（東昇）「岡山地方史研究」 岡山地方史研究会 82 1997.1

相山聖子「『両山之者』の（不受不施）信仰」に愚考する（五島敏芳）「岡山藩研究会」 岡山藩研究会 24 1997.4

大橋幸泰「キリシタンの訴追と宗門改制度」へのコメント（深谷克己）「岡山藩研究」 岡山藩研究会 24 1997.4

岡山藩と御用焼物師（高平嵐）「岡山地方史研究」 岡山地方史研究会 83 1997.7

村井早苗「キリシタン禁制をめぐる幕藩関係」を聞いて（紙屋敦之）「岡山藩研究」 岡山藩研究会 25 1997.7

〔資料紹介〕 岡山藩池田家の藩薬の研究（木下浩）「岡山県立博物館研究報告」 岡山県立博物館 通号21 2001.3

中国　　　　　　　　　　　　　郷土に伝わる民俗と信仰　　　　　　　　　　　　　　岡山県

岡山藩士馬場家の宇喜多氏関連伝承について―「備前軍記」出典の再検討（森俊弘）「岡山地方史研究」岡山地方史研究会　95　2001.3

伝説のなかの津田永忠（日笠民子）「閑谷学校研究」特別史跡閑谷学校顕彰保存会　（5）2001.5

祭礼風流の視点からみた近世都市祭礼（福原敏男）「岡山藩研究」岡山藩研究会　44　2003.11

岡山藩文書に見える養子山薬師堂（史料紹介）（別府信吾）「金光町史だより」金光町史編纂室，金光町役場　（9）2004.3

近世人の信仰・信心と権威の多様性―縢矢さんの報告を聞いて（参加記）（大橋幸泰）「岡山藩研究」岡山藩研究会　47　2004.10

岡山藩の神社政策と吉田家（別府信吾）「筴山地方史研究」岡山地方史研究会　通号121　2010.10

岡山藩前期における儒葬墓―藩主及び家臣・陪臣を中心にして（論文）（北脇義友）「岡山地方史研究」岡山地方史研究会　（129）2013.05

「法事の赦」の構造分析―岡山藩池田家を事例に（論文）（谷口眞子）「岡山地方史研究」岡山地方史研究会　（30）2013.9

岡山藩の神職組織と祭祀について（論文）（次田元文）「岡山地方史研究」岡山地方史研究会　（131）2013.12

報告要旨　岡山藩寛政改革における祭祀秩序の再編（第37回全体会の記録2013.11.30）（椿田有希子）「岡山藩研究」岡山藩研究会　（72）2014.02

参加記　祭祀秩序の再編は「目的」なのか「結果」なのか（第37回全体会の記録2013.11.30）（竹村到）「岡山藩研究」岡山藩研究会　（72）2014.02

江戸期岡山藩主の先祖祭祀とその思想背景（論文）（近藤萌美）「岡山県立記録資料館紀要」岡山県立記録資料館　（9）2014.03

報告要旨　岡山藩と領内日蓮宗寺院の諸事件（第38回全体会の記録2014.3.29）（坂輪宣政）「岡山藩研究」岡山藩研究会　（73）2014.07

参加記　藩権力と宗派の関係性と影響力―坂輪報告を聞いて（第38回全体会の記録2014.3.29）（竹村到）「岡山藩研究」岡山藩研究会　（73）2014.7

参加記　坂輪宣政氏の御報告を聞いて（第38回全体会の記録2014.3.29）（縢矢豪史）「岡山藩研究」岡山藩研究会　（73）2014.07

博物館・展示会めぐり　岡山県立博物館特別展「護国山曹源寺」展と池田家文庫絵図展「岡山藩と明治維新」を見て（山下香織）「岡山地方史研究」岡山地方史研究会　（134）2014.12

岡山民俗館

あこがれの「民俗館」（特集　岡山民俗館）（山本美香）「会報」岡山民俗学会　（206）2011.05

起木薬師

起木薬師の由来について（田中高之）「井原史談会会報」井原史談会　84　2001.8

沖新田

沖新田の風土病「肝臓ジストマ」について（11月例会発表要旨）（木下浩）「会報」岡山民俗学会　（203）2009.12

特別寄稿　備前国上道郡沖新田と人柱伝説（柴田一）「吉備地方文化研究」就実大学吉備地方文化研究所　（21）2011.3

「沖新田・政田地区民俗調査」調査終了「会報」岡山民俗学会　（206）2011.05

沖田神社

岡山の文化財　沖田神社「きび野」岡山県郷土文化財団　（116）2010.01

2月例会発表要旨　沖新田政田地区民俗調査中間報告（7）―沖田神社について（次田圭介）「会報」岡山民俗学会　（204）2010.05

沖田神社社殿の調査（1）（安倉清博）「岡山市埋蔵文化財センター研究紀要」岡山市教育委員会　（3）2011.03

沖田神社の調査（2），（3）（安倉清博）「岡山市埋蔵文化財センター研究紀要」岡山市教育委員会　（5）/（6）2013.03/2014.03

邑久

棟札から見た邑久大工の盛衰（北脇義友）「岡山地方史研究」岡山地方史研究会　84　1997.11

邑久郡（旧）南巡り八十八ヶ所霊場

岡山県邑久郡（旧）南巡り八十八ヶ所霊場の扇形木札（辻野喬雄）「岡山民俗」岡山民俗学会　通号230　2010.02

邑久郡南巡り霊場

邑久郡南巡り霊場について―小豆島の影響（三浦麻緒）「岡山民俗」岡山民俗学会　通号228・229　2009.03

邑久町

地域文化創造に向けて　人形劇の祭典　喜之助フェスティバル邑久（邑久町）「きび野」岡山県郷土文化財団　71　1998.9

奥津町

奥津町の農業語彙考（1）（歳森茂）「岡山民俗」岡山民俗学会　212　1999.12

中山間地域における生業調査―岡山県奥津町を中心に（1）（歳森茂）「岡山民俗」岡山民俗学会　213　2000.7

岡山県北の仕事着から―上斎原村、奥津町を中心に（福尾美夜）「女性と経験」女性民俗学研究会　通号26　2001.10

生業の創出とムラ―岡山県奥津町の農家女性の事例（齲理恵子）「女性と経験」女性民俗学研究会　通号27　2002.12

旧奥津町の調査ノートから―淵・子どもの遊び（立石憲利）「岡山民俗」岡山民俗学会　通号227　2008.9

長船

館長随想　備前長船刀剣博物館（片山工）「岡山の博物館　：　岡山県博物館協議会会報」岡山県博物館協議会　（39）2011.01

落合町

岡山県高梁市落合町の玄賓僧都伝説（学会記事―2月例会報告　2月例会発表要旨）（原田信之）「会報」岡山民俗学会　（210）2013.05

乙子

乙子「聚鱧社」常夜灯（辻野喬雄）「岡山民俗」岡山民俗学会　通号231　2010.11

小平井

春日宮と常福寺（小林定市）「備陽史探訪」備陽史探訪の会　105　2002.2

御前神社

妹尾御前神社の絵馬から考えること（安原英）「岡山学こと始め　：　岡山市デジタルミュージアム開設準備室研究レポート」岡山市デジタルミュージアム開設準備室　1　2002.12

鏡石神社

鏡石神社境内の真主堂について「郷土誌三石城」郷土誌三石城編集局　109　2000.4

八木山鏡石神社に藤樹・蕃山師弟夫妻の神主（顕彰保存会）「閑谷学校研究」特別史跡閑谷学校顕彰保存会　（9）2005.5

神楽尾城

神楽尾山妖怪降伏の事神楽尾城にまつわる話（2）（土居徹）「神楽尾」神楽尾城跡保存協力会　（34）2005.4

笠岡市

地域文化創造に向けて　元禄錦（笠岡市）「きび野」岡山県郷土文化財団　（97）2005.3

笠岡諸島

笠岡諸島民俗調査の思い出（湯浅照弘）「岡山民俗」岡山民俗学会　208　1998.2

笠岡諸島の調査から―岡山県笠岡市（福尾美夜）「女性と経験」女性民俗学研究会　通号27　2002.12

笠岡諸島の歴史と民俗を訪ねて―高島・白石島（西原千万子）「備陽史探訪」備陽史探訪の会　116　2004.2

加治

加治の町と加治八幡宮の歴史（渋谷清志）「福田史談会会報」倉敷・福田史談会　（145）1997

梶並八幡神社

岡山の文化財　梶並八幡神社の当人祭（安東正人）「きび野」岡山県郷土文化財団　（103）2006.9

春日神社

「春日神社」の変遷「郷土誌三石城」郷土誌三石城編集局　（149）2010.04

神田

神田の米作り（井口祥子）「作東の文化」作東町文化協会　（31）2005.10

鹿田

鹿田のムラ―建物の様子（野崎貴博）「岡山大学埋蔵文化財調査研究センター報」岡山大学埋蔵文化財調査研究センター　（34）2005.10

勝山町

地域文化創造に向けて　勝山のお雛まつり（勝山町）「きび野」岡山県郷土文化財団　84　2002.1

金浦

ひったかとおしぐらんご―岡山県笠岡市金浦の民俗行事（福尾美夜）「女性と経験」女性民俗学研究会　通号28　2003.9

金山寺

金山寺（岡山市金山）（勝瑞夫己子）「岡山地名研通信」岡山地名研究会　（8）2006.12

鐘撞堂

坪田讓治と鐘撞堂（万代仁美）「岡山学こと始め : 岡山市デジタルミュージアム開設準備室研究レポート」 岡山市デジタルミュージアム開設準備室 2 2003.3

鐘撞堂雛形復元事業に参加して（〈特集 鐘撞堂〉）（山口松太）「岡山びと : 岡山シティミュージアム紀要」 岡山シティミュージアム （1） 2006.3

鐘撞堂雛形制作に参加して（〈特集 鐘撞堂〉）（小川一洋）「岡山びと : 岡山シティミュージアム紀要」 岡山シティミュージアム （1） 2006.3

鐘撞堂の柿板葺き屋根の復元に想う（〈特集 鐘撞堂〉）（児島研輔）「岡山びと : 岡山シティミュージアム紀要」 岡山シティミュージアム （1） 2006.3

鐘撞堂の復元作業 その喜びと苦しみ（〈特集 鐘撞堂〉）（久保弘道）「岡山びと : 岡山シティミュージアム紀要」 岡山シティミュージアム （1） 2006.3

「鐘撞堂」復元にあたっての思い（〈特集 鐘撞堂〉）（芥川英祐）「岡山びと : 岡山シティミュージアム紀要」 岡山シティミュージアム （1） 2006.3

成人まで育った、大好きな岡山の復元制作（〈特集 鐘撞堂〉）（安川敏男）「岡山びと : 岡山シティミュージアム紀要」 岡山シティミュージアム （1） 2006.3

試金石としての鐘撞堂（〈特集 鐘撞堂〉）（能勢伊勢雄）「岡山びと : 岡山シティミュージアム紀要」 岡山シティミュージアム （1） 2006.3

甦った鐘撞堂（〈特集 鐘撞堂〉）（乗岡実）「岡山びと : 岡山シティミュージアム紀要」 岡山シティミュージアム （1） 2006.3

甲山八幡神社

甲山八幡神社の石造物（落合保之）「史談いばら」 井原史談会 24 1997.4

上斎原

邑の信仰的空間構造—中国山地最奥部 岡山県苫田郡上斎原村上斎原地区の場合（片田知宏）「岡山民俗」 岡山民俗学会 通号231 2010.11

上斎原村

岡山県北の仕事着から—上斎原村、奥津町を中心に（福尾美夜）「女性と経験」 女性民俗学研究会 通号26 2001.10

亀山城

備前亀山城の辨財天（内藤勝輔）「宇喜多家史談会会報」 宇喜多家史談会 11 2004.7

鴨方往来

倉敷の六部供養塔（1） 鴨方往来に沿って（池内節光）「倉子城」 倉敷史談会、歯族社（発売） 23 1999.12

鴨方町

〔資料報告〕 岡山県鴨方町の腰折地蔵（中藤雪枝）「史迹と美術」 史迹美術同攷会 68（5） 1998.6

加茂川町

写真でみる岡山の民俗 女性の仕事着（加茂川町、1980年）「岡山民俗」 岡山民俗学会 211 1999.6

鴨山

鴨山参詣記と石見国（富吉脩）「郷土石見 : 石見郷土研究懇話会機関誌」 石見郷土研究懇話会 （73） 2006.12

茅部神社

茅部神社（真庭郡川上村西茅部）（新路福子）「岡山地名研究通信」 岡山地名研究会 5 2003.12

唐松

皆籠祭り（佐藤米司）「まつり通信」 まつり同好会 41（2）通号480 2001.1

川上村

地域文化創造に向けて 備中漆の復活について（新見市・川上村）「きび野」 岡山県郷土文化財団 72 1999.1

川崎村

川崎村（現江見）の社寺と民話（野村勝志）「作東の文化」 作東町文化協会 （32） 2006.10

元恩寺

和気町元恩寺蔵 千手観音立像について（土井通弘）「吉備地方文化研究」 就実大学吉備地方文化研究所 （19） 2009.03

甘棠碑

随想 甘棠碑を思う（廣常人世）「きび野」 岡山県郷土文化財団 （122） 2011.6

観音寺

吉備・観音寺の甍雑考—有田郡内古代末から中世瓦の系譜と編年（河内一浩）「紀伊考古学研究」 紀伊考古学研究会 （1） 1998.08

観音寺略縁起と本堂建設について（加賀尾臨斉）「やなはらの文化」 梯原町文化協会 （27） 2006.3

北畝神社

北畝神社（高橋彪）「福田史談会会報」 倉敷・福田史談会 （156） 1998.12

木鍋八幡宮

木鍋八幡宮の巨大絵馬（竹内良雄）「閑谷学校研究」 特別史跡閑谷学校顕彰保存会 （9） 2005.5

木野山神社

地区の守り神様 木野山神社「郷土誌三石城」 郷土誌三石城編集局 119 2002.10

岡山周辺の木野山神社考（学会記事—11月例会報告 11月例会発表要旨）（太田健一）「会報」 岡山民俗学会 （212） 2014.05

吉備

日本昔噺桃太郎伝 吉備津彦命（柿本光明）「備陽史探訪」 備陽史探訪の会 86 1998.12

神社・遺跡・文献にみる笠臣氏族及び古代吉備の諸氏族の活躍（中尾英鼉）「史談いばら」 井原史談会 27 2000.3

吉備ゆかりの万葉歌（高見茂）「高梁川」 高梁川流域連盟 （58） 2000.12

吉備を彩る陰陽師たち（杉慎吾）「高梁川」 高梁川流域連盟 （59） 2001.12

伝承などに新史料—新出の地誌『吉備前鑑』類書（片山新助、次田元文）「倉敷の歴史」 倉敷市総務局総務部 12 2002.3

北条早雲伝承をめぐって（報告要旨）（渡部祐子）「吉備地方文化研究」 就実大学吉備地方文化研究所 （13） 2003.1

陰陽師と鬼—吉備の陰陽師を中心に（酒向伸行）「御影史学論集」 御影史学研究会 通号32 2007.12

吉備の国「新雨月物語」（1）、（2）（矢沢昭郎）「高梁川」 高梁川流域連盟 通号66/通号67 2008.12/2009.12

吉備津彦伝承考（2） その系譜の史料的検証（出宮徳尚）「吉備地方文化研究」 就実大学吉備地方文化研究所 （19） 2009.3

千曲川の語源—盤古大王と吉備の温羅伝説について（柳沢賢次）「佐久」 佐久史学会 （61） 2010.12

桃太郎の鬼退治伝説と吉備津彦命の温羅退治伝説を紐解く（八瀬久）「兵庫歴研」 兵庫歴史研究会 （27） 2011.04

吉備のマツリ（連続講座「ここまで分かった古代吉備—倭人伝の時代—」）（柴田英樹）「所報吉備」 岡山県古代吉備文化財センター （57） 2014.09

吉備の王墓（連続講座「ここまで分かった古代吉備—倭人伝の時代—」）（小林利晴）「所報吉備」 岡山県古代吉備文化財センター （57） 2014.09

吉備津

吉備国シリーズ 吉備津の鳴釜神事（柿本光明）「備陽史探訪」 備陽史探訪の会 87 1999.2

吉備津の神々巡拝（斉藤孝）「史迹と美術」 史迹美術同攷会 70（4）通号704 2000.5

「郷土性」の再考—郷土玩具「吉備津のこまいぬ」の事例から（〈特集 動物の民俗〉）（加原奈穂子）「岡山民俗」 岡山民俗学会 219 2003.7

口絵 平成25年6月例会 鬼の伝説の岡山県吉備津を訪れて「史迹と美術」 史迹美術同攷会 84（1）通号841 2014.1

990回例会 鬼の伝説の岡山県吉備津を訪ねて（藪田夏雄）「史迹と美術」 史迹美術同攷会 84（1）通号841 2014.1

吉備津神社

全国一宮祭礼記 若狭国一宮・若狭彦神社/備後国一宮・吉備津神社/隠岐国一宮・水若酢神社「季刊悠久.第2次」 鶴岡八幡宮悠久事務局 80 2000.1

吉備津神社奉祝まつりについて（随想）（犬飼博祉）「きび野」 岡山県郷土文化財団 （111） 2008.9

三十番神めぐり（14） 吉備津神社（川口日空）「サットバ : みんなぼさつ」 （441） 2013.11

吉備津彦神社

〔史料紹介〕 備前一宮吉備津彦神社所蔵「一宮造立記」（三宅克広）「岡山県立博物館研究報告」 岡山県立博物館 通号20 2000.3

備前一宮吉備津彦神社の犬島石（在本桂子）「岡山学こと始め : 岡山市デジタルミュージアム開設準備室研究レポート」 岡山市デジタルミュージアム開設準備室 1 2002.12

資料紹介 吉備津彦神社所蔵 門神像頭部内側墨書銘について（中田利枝子）「岡山県立博物館だより」 岡山県立博物館 （63） 2005.3

木山神社

木山神社本殿「博物館だより」 津山郷二博物館 30 2001.4

旧岡山藩学校講堂

旧岡山藩学校講堂における釈菜の復興 岡山釈菜と岡野義三郎（金谷達夫）「閑谷学校研究」 特別史跡閑谷学校顕彰保存会 （16） 2012.05

旧片山家住宅

吹屋・旧片山家住宅の調査「奈良文化財研究所紀要」 奈良文化財研究所 2004 2004.6

吹屋弁柄の竈元「旧片山家住宅」（流域ニュース2007）（細川寿備雄）「高梁川」 高梁川流域連盟 （65） 2007.2

旧高戸家住宅

岡山の文化財 旧高戸家住宅（渋谷泰彦）「きび野」 岡山県郷土文化財団 70 1998.6

旧野崎家住宅

文化施設めぐり 旧野崎家住宅（国指定重文）「春秋くらしき」 倉敷市文化連盟 （8） 2008.11

旧松井家

旧松井家の茅葺屋根の葺き替え工事が終わりました「吉備路郷土館だより」 岡山県立吉備路郷土館 21 1998.3

清田八幡神社

屋根葺替完成 清田八幡神社本殿「倉敷市文化財だより」 倉敷市教育委員会 （23） 2006.11

金山観音寺

備前金山観音寺縁起の形成（苅米一志）「年報赤松氏研究」 赤松氏研究会 （5） 2012.03

草田

金毘羅灯籠と祭り―総社市下倉字草田の松玉等船頭集落の祭りについて（野田和心）「岡山民俗」 岡山民俗学会 214 2000.12

講演要旨 総社市下倉字草田の金毘羅灯籠の祭りについて（野田和心）「福田史談会会報」 倉敷・福田史談会 （166） 2001.2

履掛天神宮

履掛天神宮の備前焼瓦について（小西通雄）「閑谷学校研究」 特別史跡閑谷学校顕彰保存会 （13） 2009.05

国司神社

総社市国司神社に於ける赤コメの神事（3）（今井六郎）「土蔵」 土蔵の会 9 1997.5

郷土の作物（10）―岡山県総社市国司神社の赤米（長沢利明）「昔風と当世風」 古々路の会 77 1999.8

赤米の祭り―岡山県総社市新本の国司神社（佐藤米司）「まつり通信」 まつり同好会 42（2）通号492 2002.1

平成24年岡山県総社国司神社の赤米栽培記（上）（菅野郁雄）「赤米ニュース」 東京赤米研究会 （193） 2013.04

熊野神社

岡山の文化財 熊野神社本殿（加原耕作）「きび野」 岡山県郷土文化財団 67 1997.9

熊山

備前・熊山と、周辺の石造層塔（斎藤孝）「史迹と美術」 史迹美術同攷会 73（10）通号740 2003.12

霊山熊山（仙田実）「東備」 東備歴史研究協議会 （12） 2003.12

写真で見る南方仏教の仏塔と日本の土塔・頭塔・岡山熊山塔（上），（中），（下）（野村隆）「史迹と美術」 史迹美術同攷会 74（5）通号745/74（7）通号747 2004.6/2004.8

久御山町

久御山町の古社寺を訪れて（松井敏雄）「史迹と美術」 史迹美術同攷会 70（5）通号705 2000.6

倉敷

倉敷に残る屋号名（井上賢一）「高梁川」 高梁川流域連盟 55 1997.12

生界から死界を探る 冥国の分析（十河直嗣）「倉子城」 倉敷史談会，歯族社（発売） 21 1997.12

倉敷とハリストス正教（太田健一）「倉敷の歴史」 倉敷市総務局総務部 8 1998.3

倉敷の六部供養塔（1） 鴨方往来に沿って（池内節光）「倉子城」 倉敷史談会，歯族社（発売） 23 1999.12

梵鐘供出令にみられる幕末期の危機管理について（井上真美）「倉敷の歴史」 倉敷市総務局総務部 10 2000.3

在方町倉敷の空間構造―江戸時代の7枚の絵図から（内池英樹）「倉敷の歴史」 倉敷市総務局総務部 10 2000.3

倉敷の六部供養塔（2） 金毘羅往来に沿って（池内節光）「倉子城」 倉敷史談会，歯族社（発売） 24 2000.12

倉敷の屋根瓦とその産地（間壁忠彦）「倉敷の歴史」 倉敷市総務局総務部 11 2001.3

ハリストス正教会の設立と展開―倉敷・岡山とその周辺にみる（野田繭子）「倉敷の歴史」 倉敷市総務局総務部 11 2001.3

廻国供養塔の重出人名―倉敷百太郎らのこと（小嶋博巳）「岡山民俗」 岡山民俗学会 216 2001.12

「有孚隊」と神職の意識（別府信吾）「倉敷の歴史」 倉敷市総務局総務部 12 2002.3

屏風と倉敷（原圭一郎）「倉敷の歴史」 倉敷市総務局総務部 （14） 2004.3

倉敷節考（原圭一郎）「高梁川」 高梁川流域連盟 （63） 2005.12

倉敷周辺の毘沙門天磨崖仏―石田山毘沙門天磨崖仏を中心に（森章）「倉敷の歴史」 倉敷市総務局総務部 （17） 2007.3

狛犬石工銘に関する考察（藤原好二）「倉敷の歴史」 倉敷市総務局総務部 （18） 2008.3

狛犬石工銘に関する考察（2）―徳松と吉松（藤原好二）「倉敷の歴史」 倉敷市総務局総務部 （20） 2010.3

倉敷屏風祭「春秋くらしき」 倉敷市文化連盟 （12） 2010.12

倉敷川

倉敷川畔伝統的建造物群内の漆喰塗り「奉行窓」（間壁忠彦）「倉敷の歴史」 倉敷市総務局総務部 （20） 2010.3

倉敷市

市史よもやま話倉敷市域の山上講（小野敏也）「倉敷市史だより」 倉敷市総務局総務部市史編さん室 9 1998.7

地域文化創造に向けて 倉敷天領太鼓（倉敷市）「きび野」 岡山県郷土文化財団 80 2001.1

江戸後期と明治の民家屋根瓦―倉敷市域を中心として（間壁忠彦）「倉敷の歴史」 倉敷市総務局総務部 12 2002.3

教祖と塩田王（太田健一）「倉敷の歴史」 倉敷市総務局総務部 12 2002.3

幕末の常夜灯（小野一臣）「倉敷の歴史」 倉敷市総務局総務部 （14） 2004.3

地域文化創造に向けて 倉敷屏風祭（倉敷市）「きび野」 岡山県郷土文化財団 94 2004.6

倉敷市内の備前焼窯獅子（藤原好二）「倉敷の歴史」 倉敷市総務局総務部 （16） 2006.3

平成20年度 倉敷市新指定の文化財 経櫃及び大般若波羅蜜多経/特殊器台「倉敷市文化財だより」 倉敷市教育委員会 （26） 2010.03

倉安川

動力灌漑導入の歴史および信仰・行事―倉安川の民俗（（3）結）（湯浅照弘）「岡山民俗」 岡山民俗学会 206 1997.3

栗坂

ウォーク&トーク ふるさと紀行（7） 栗坂の巻 「陶酔窯」を訪ねて（難波史郎）「中庄の歴史」 中庄の歴史を語り継ぐ会 （9） 2014.9

慶岸寺

1998年度（平成10年）会のあゆみ 講演「仏像の美 慶岸寺大日如来を軸として」柳生尚志先生「灘崎を知る会会報」 灘崎を知る会 （14） 2001.4

高山寺

井原市・高山寺所蔵の仏像について（和田剛）「岡山県立博物館研究報告」 岡山県立博物館 （34） 2014.03

荒神山城

荒神山城跡山麓の新遺構について―新たに確認された「伊の谷」の遺構と謎の雲清寺について（草苅啓介）「戦乱の空間」 戦乱の空間編集会 （3） 2004.7

国府台寺

国府台寺に関する私の記憶と伝聞（河井兵太）「神楽尾」 神楽尾城跡保存協力会 （47） 2013.04

光珍寺

宇喜多家と光珍寺（石渡隆純）「宇喜多家史談会会報」 宇喜多家史談会 （32） 2009.10

鴻八幡宮

鴻八幡宮の祭「しゃぎり」「春秋くらしき」 倉敷市文化連盟 （8） 2008.11

郷原

岡山の文化財 郷原漆器（高山雅之）「きび野」 岡山県郷土文化財団 （101） 2006.3

岡山の文化財 昔の郷原漆器製作用具（高山雅之）「きび野」 岡山県郷土文化財団 （105） 2007.3

国登録有形民俗文化財「郷原漆器の製作用具」について―岡山県北地域の漆器産業史とその製法（森俊弘）「民具マンスリー」 神奈川大学 40(8) 通号476 2007.11

弘法寺
弘法寺の迎講（鍵岡正謹）「きび野」 岡山県郷土文化財団 （102） 2006.6

岡山の文化財 弘法寺跏供養（馬場昌一）「きび野」 岡山県郷土文化財団 （109） 2008.3

光明寺
光明寺の「明治天皇行在所」碑「郷土誌三石城」 郷土誌三石城編集局 122 2003.7

明石市光明寺蔵『盂蘭盆経曼荼羅図』を読む―朝鮮李朝仏画「初期甘露幀」の世界（服部良男）「絵解き研究」 絵解き研究会 （19） 2005.12

国分寺
美作国建国1300年 美作学講座―吉備の国分寺を探る「神楽尾」 神楽尾城跡保存協力会 （46） 2012.05

児島
児島の三十三所（大谷壽文）「高梁川」 高梁川流域連盟 （61） 2003.12

児島の民話から（大谷壽文）「高梁川」 高梁川流域連盟 通号68 2010.12

児島修験の再検討（岡野浩二）「吉備地方文化研究」 就実大学吉備地方文化研究所 （22） 2012.03

瀬戸内児島の鯛網漁考（太田健一）「倉敷の歴史」 倉敷市総務局総務部 （23） 2013.3

児島四国霊場
児島四国霊場（2）（高橋彰）「福田史談会会報」 倉敷・福田史談会 （145） 1997

幸島新田
幸島新田の社日祭（平成26年度研究発表大会発表要旨）（河合久和）「会報」 岡山民俗学会 （212） 2014.05

児島湾
児島湾干拓地の民俗資料調査報告（2）―唐箕の調査（2）（安倉清博）「岡山市埋蔵文化財センター研究紀要」 岡山市教育委員会 （3） 2011.03

新田場と発動機―特に岡山県児島湾干拓地の大正期について（安倉清博）「民具マンスリー」 神奈川大学 44(8) 通号524 2011.11

古新田
人柱、実は工事犠牲者だった 福田古新田開発における伝説の真実（國守卓史）「高梁川」 高梁川流域連盟 （65） 2007.12

木華佐久耶比咩神社
木華佐久耶比咩神社（倉敷市福江）（太宰直美）「岡山地名研通信」 岡山地名研究会 （8） 2006.12

五流尊滝院
五流尊瀧院のお日待大祭を見て―採燈護摩供を厳粛にして見事に完結（清水昭男）「まつり通信」 まつり同好会 52(4) 通号560 2012.07

金光
金光大神言行資料に覗う金神信仰諸相（9月例会発表要旨）（加藤実）「会報」 岡山民俗学会 （203） 2009.12

金光大神言行資料に覗う金神信仰諸相（2）（11月例会発表要旨）（加藤実）「会報」 岡山民俗学会 （203） 2009.12

金光町
金光町の農業語彙考（歳森茂，湯浅照弘，谷野研治）「岡山民俗」 岡山民俗学会 206 1997.3

金光町の民俗のあれこれ―交通・交易（片山薫）「金光町史だより」 金光町史編纂室，金光町役場 （2） 1997.3

金光町の民具―旧竹幼稚園に保管されている民具について（湯浅照弘，景山志保）「金光町史だより」 金光町史編纂室，金光町役場 （2） 1997.3

作品をとおしてみる結婚習俗の一例（片山薫）「金光町史だより」 金光町史編纂室，金光町役場 （3） 1998.3

金光町の民具（2）―旧竹幼稚園の民具目録（湯浅照弘，景山志保）「金光町史だより」 金光町史編纂室，金光町役場 （3） 1998.3

写真でみる岡山の民俗常夜燈の燈明箱（金光町）「岡山民俗」 岡山民俗学会 210 1998.12

大師講接待（河合久和）「金光町史だより」 金光町史編纂室，金光町役場 （4） 1999.3

金光町の民間療法―薬草に関する資料報告（景山志穂）「金光町史だより」 金光町史編纂室，金光町役場 （4）/（5） 1999.3/2000.3

金光町の民具（3），（4）（湯浅照弘，景山志穂）「金光町史だより」 金光町史編纂室，金光町役場 （4） 1999.3

金光町の食生活―伝統食にみる先人の知恵（今田節子）「金光町史だよ

り」 金光町史編纂室，金光町役場 （4） 1999.3

「ハッカ」物語（谷野研治）「金光町史だより」 金光町史編纂室，金光町役場 （5） 2000.3

金光町のお菓子―金光様お菓子由来（片山薫）「金光町史だより」 金光町史編纂室，金光町役場 （5） 2000.3

スズメ堂・子安講など（佐藤米司）「金光町史だより」 金光町史編纂室，金光町役場 （6） 2001.3

金光町とその周辺の産育民具[2]，（3）（湯浅照弘）「金光町史だより」 金光町史編纂室，金光町役場 （6）/（7） 2001.3/2002.3

金光教祖と小野光右衛門（金光和道）「金光町史だより」 金光町史編纂室，金光町役場 （6） 2001.3

ランマ・棚経・子供相撲（佐藤米司）「金光町史だより」 金光町史編纂室，金光町役場 （7） 2002.3

金光町の狐話（立石憲利）「金光町史だより」 金光町史編纂室，金光町役場 （7） 2002.3

衣食住からみた明治から大正期の金光町（上田賢一）「金光町史だより」 金光町史編纂室，金光町役場 （9） 2004.3

金光町地頭下
岡山県金光町地頭下の大師講（加藤正春）「岡山民俗」 岡山民俗学会 217 2002.8

最上稲荷
吉備線稲荷山支線と最上稲荷（特集 高梁川流域の鉄道 今昔）（城本五郎）「高梁川」 高梁川流域連盟 通号68 2010.12

西大寺
備前西大寺地名考―備前西隆寺と備前西大寺 その地名の意味するもの（丸山憲二）「岡山民俗」 岡山民俗学会 209 1998.7

岡山の西大寺から牛窓へ（小島袈裟春）「備陽史探訪」 備陽史探訪の会 84 1998.8

岡山の西大寺観音院と餘慶寺（斎藤孝）「史迹と美術」 史迹美術同攷会 72(9) 通号729 2002.11

明応五年備前国金岡県西大寺化続珠拼子の成立―龍澤天隠をめぐる人々と観音信仰（苅米一志）「年報赤松研究」 赤松氏研究会 （3） 2010.03

備前西大寺の祭 オマット供養の考察（平成23年度研究発表大会発表要旨）（丸山憲二）「会報」 岡山民俗学会 （206） 2011.05

西大寺の会陽
「狩野永朝絵馬」西大寺会陽図（西大寺観音院所蔵）の調査概要（上林栄一）「岡山学こと始め： 岡山市デジタルミュージアム開設準備室研究レポート」 岡山市デジタルミュージアム開設準備室 3 2004.3

備前西大寺会陽 元和2（1616）年枝牛玉の考察（平成22年度研究発表大会発表要旨）（丸谷憲二）「会報」 岡山民俗学会 （204） 2010.05

西念寺
岡山の文化財 西念寺表門（渋谷泰彦）「きび野」 岡山県郷土文化財団 73 1999.3

西隆寺
備前西大寺地名考―備前西隆寺と備前西大寺 その地名の意味するもの（丸山憲二）「岡山民俗」 岡山民俗学会 209 1998.7

作州
作州農村の株内について（安東靖雄）「岡山地方史研究」 岡山地方史研究会 94 2000.11

作州絣工芸館
ふるさとの想い出 出雲街道沿いに「作州絣工芸館」（津山市西今町）「きび野」 岡山県郷土文化財団 （135） 2014.09

作東町
千人針と私（岡田千茶）「作東の文化」 作東町文化協会 （31） 2005.10

続 千人針と私（岡田千茶）「作東の文化」 作東町文化協会 （32） 2006.10

真経
「ものもらい（ホイト）」に関する治療の方法と土地神―岡山県苫田郡鏡野町真経・吉藤を中心に（三村宜教）「法政人類学」 法政大学人類学研究会 通号75 1998.06

岡山県のオドクウ様に関する調査・研究―岡山市東区上道北方・鏡野町真経の事例を中心に（2008年度奨励研究成果論文）（三村宜敬）「年報非文字資料研究」 神奈川大学日本常民文化研究所非文字資料研究センター （6） 2010.03

三宝荒神社
笠岡諸島飛島嶋神社・三宝荒神社祭礼見学記（神かほり）「昔風と当世風」 古々路の会 （84） 2003.4

閑谷
閑谷釈菜の儀と六雅会（大藤真）「閑谷学校研究」 特別史跡閑谷学校顕彰

保存会 2 1998.5

閑谷三宝の継承（森本俊明）「閑谷学校研究」 特別史跡閑谷学校顕彰保存会 2 1998.5

閑谷焼瓦・備前焼瓦とその背景（岡本明郎）「閑谷学校研究」 特別史跡閑谷学校顕彰保存会 2 1998.5

新発見の閑谷焼タイル片と備前焼 大形桟瓦（岡本明郎）「閑谷学校研究」 特別史跡閑谷学校顕彰保存会 （4）2000.5

閑谷学校

閑谷学校文化講演会儒教の伝承と民間文化（鄭正浩）「閑谷学校研究」 特別史跡閑谷学校顕彰保存会 1 1997.5

釈菜講堂の儀 講経（福田襄之介）「閑谷学校研究」 特別史跡閑谷学校顕彰保存会 1 1997.5

釈菜講堂の儀 講経（広常人世）「閑谷学校研究」 特別史跡閑谷学校顕彰保存会 2 1998.5

閑谷学校の釈菜（中村義雄）「閑谷学校研究」 特別史跡閑谷学校顕彰保存会 2 1998.5

岡山東備の旅 万富東大寺瓦窯跡/閑谷学校「郷土史紀行」 ヒューマン・レクチャー・クラブ 14 2001.12

釈菜 尺菜献詩選/故白木豊の縁で/講堂の儀・講経「閑谷学校研究」 特別史跡閑谷学校顕彰保存会 （7）2003.5

釈菜講経（深井紀夫）「閑谷学校研究」 特別史跡閑谷学校顕彰保存会 （8）2004.5

講堂屋根裏に元禄の瓦棒を保管（顕彰保存会）「閑谷学校研究」 特別史跡閑谷学校顕彰保存会 （9）2005.5

講堂修理と聖廟改修を記録する赤銅盤（顕彰保存会）「閑谷学校研究」 特別史跡閑谷学校顕彰保存会 （9）2005.5

講堂の儀・講経（森熊男）「閑谷学校研究」 特別史跡閑谷学校顕彰保存会 （10）2006.5

講堂の儀 講経（深井紀夫）「閑谷学校研究」 特別史跡閑谷学校顕彰保存会 （11）2007.5

明治の礼儀作法の教育―進藤貞範と作法教育（金谷達夫）「閑谷学校研究」 特別史跡閑谷学校顕彰保存会 （11）2007.5

明治前期の儀式的学校行事の考察（金谷達夫）「閑谷学校研究」 特別史跡閑谷学校顕彰保存会 （12）2008.5

講堂の儀 講経（森熊男）「閑谷学校研究」 特別史跡閑谷学校顕彰保存会 （12）/（13）2008.5/2009.05

孔子像と鼎炉の建つ孔子廟（佐藤英夫）「閑谷学校研究」 特別史跡閑谷学校顕彰保存会 （12）2008.5

新春「読初の儀」と抱負披露（藤川洋二）「閑谷学校研究」 特別史跡閑谷学校顕彰保存会 （12）2008.5

閑谷学校の釈菜（1）釈菜復活の記録（竹内良雄）「閑谷学校研究」 特別史跡閑谷学校顕彰保存会 （12）2008.5

閑谷学校の釈菜（2）新たに設備された昭和釈菜（竹内良雄）「閑谷学校研究」 特別史跡閑谷学校顕彰保存会 （13）2009.05

新石造物ウォッチング「閑谷学校の繋牲石」（持永芳孝）「郷土史紀行」 ヒューマン・レクチャー・クラブ （58）2009.07

釈菜 講堂講経（森熊男）「閑谷学校研究」 特別史跡閑谷学校顕彰保存会 （14）2010.05

釈菜整理 閑谷学校の孔子像（竹内良雄）「閑谷学校研究」 特別史跡閑谷学校顕彰保存会 （14）2010.05

釈菜 講堂の儀 講経（森熊男）「閑谷学校研究」 特別史跡閑谷学校顕彰保存会 （15）/（17）2011.05/2013.05

閑谷神社

閑谷学校の史跡・文化財閑谷神社（中村義雄）「閑谷学校研究」 特別史跡閑谷学校顕彰保存会 （4）2000.5

岡山の文化財 閑谷神社（旧閑谷学校芳烈祠）（横山定）「きび野」 岡山県郷土文化財団 （113）2009.03

後月郡

近世後期の寺院頼母子と檀家―備中国後月郡の寺院を題材に（論文）（東野将伸）「岡山地方史研究」 岡山地方史研究会 （131）2013.12

嶋神社

笠岡諸島飛島嶋神社・三宝荒神社祭礼見学記（神かほり）「昔風と当世風」 古々路の会 （84）2003.4

下笠加

文書にみる備前国下笠加の熊野比丘尼（《特集 熊野観心十界曼荼羅を読み解く》）（村上岳）「絵解き研究」 絵解き研究会 （20・21）2007.8

下田邑

土居家に伝わる話（3）（土居徹）「神楽尾」 神楽尾城跡保存協力会 （31）2003.4

下津井

地域文化創造に向けて下津井節振興会（倉敷市）「きび野」 岡山県郷土文

化財団 70 1998.6

岡山県倉敷市下津井周辺のタコ壺ジルシ（湯浅照弘）「民具集積」 四国民具研究会 （4）1998.9

下津井祇園神社石造物調査（3）（〔史料紹介〕）（山本慶一）「倉敷の歴史」 倉敷市総務局総務部 10 2000.3

下津井からの瑜伽みち（大谷壽文）「高梁川」 高梁川流域連盟 （64）2006.12

下津井町

町屋衆の祭りと信仰―下津井町家相図から見た比較研究（阿部紀子）「倉敷の歴史」 倉敷市総務局総務部 （15）2005.3

下出部村

史料紹介 備中国後月郡下出部村の捨て子（沢山美果子）「岡山地方史研究」 岡山地方史研究会 通号117 2009.4

下庄

消えゆく「ひらだ」―下庄地区に見る農用河舟の現況（池内節光）「岡山民俗」 岡山民俗学会 210 1998.12

下之町

資料紹介 久米郡柵原町吉ヶ原下之町荒神講組合の規約及び運営に関する資料について（片山薫）「岡山民俗」 岡山民俗学会 通号231 2010.11

下村湊

下村湊の両神燈籠（大谷寿文）「倉敷の歴史」 倉敷市総務局総務部 7 1997.3

守福寺

岡山の文化財 守福寺宝殿（的場勇）「きび野」 岡山県郷土文化財団 85 2002.3

正雲寺

正雲寺所蔵「大涅槃図」（宮本英俊）「西江原史跡顕彰会報」 西江原史跡顕彰会 （24）2000.3

正雲寺宝篋印塔（森章）「井原の歴史 ： 井原市史紀要」 井原市教育委員会市史編さん室 5 2005.3

勝央町

岡山県勝央町の金太郎伝説（笠間吉高）「史談足柄」 足柄史談会 40 2002.4

消渇神社

看板「消渇神社参拝道順並びに付近の周遊地」についての研究課題（森近丘也）「井原史談会会報」 井原史談会 82 2000.8

浄心寺

浄心寺を訪ねて（明誠学院高校社会部）「高梁川」 高梁川流域連盟 55 1997.12

賞田廃寺跡

白豊島石の風化特性―賞田廃寺跡復元に用いた基壇石材（鈴木茂之, 草原孝典）「岡山市埋蔵文化財センター研究紀要」 岡山市教育委員会 （4）2012.03

上道北方

岡山県のオドクウ様に関する調査・研究―岡山市東区上道北方・鏡野町真経の事例を中心に（2008年度奨励研究成果論文）（三村宜敬）「年報非文字資料研究」 神奈川大学日本常民文化研究所非文字資料研究センター （6）2010.03

伝承者の綴った民俗誌―岡山市東区上道北方の取り組み（平成24年度研究発表大会発表要旨）（安倉清博）「会報」 岡山民俗学会 （208）2012.05

常福寺

春日宮と常福寺（小林定市）「備陽史探訪」 備陽史探訪の会 105 2002.2

正楽寺

展示記録 蕃山と正楽寺展（備前市歴史民俗資料館）「閑谷学校研究」 特別史跡閑谷学校顕彰保存会 （4）2000.5

岡山の文化財 日光山正楽寺山門（渋谷泰彦）「きび野」 岡山県郷土文化財団 81 2001.3

白石踊

「白石踊」の伝承と「ふるさと教育」（白石中学校）「高梁川」 高梁川流域連盟 55 1997.12

白石島

笠岡諸島白石島における民俗の変容と継承（八木橋伸浩, 遠藤文香, 松田睦彦）「岡山民俗」 岡山民俗学会 215 2001.6

随想 白石島の集落構造（中嶋節子）「きび野」 岡山県郷土文化財団 （114）2009.6

白石島の鰯乗り―瀬戸内海域の島嶼社会における阪神方面の出稼ぎと

「家」(藤原洋)「岡山民俗」 岡山民俗学会 通号230 2010.02

擬制的親子の変容にみる現代の「家」の特性―岡山県笠岡市白石島のフデノオヤとフデノコに注目して(藤原洋)「日本民俗学」 日本民俗学会 (272) 2012.11

神宮寺
両八幡神社と神宮寺(鴫谷省三)「西江原史跡顕彰会報」 西江原史跡顕彰会 (20) 1998.2

新渓園
新渓園の狛犬(アラカルト)(藤原好二)「倉敷の歴史」 倉敷市総務局総務部 (21) 2011.03

真光院
金剛頂真光院(牛窓)と渡辺桃源「牛窓十二景」(岡村信男)「郷土誌志度」 大川郡志度町文化財保護協会 (14) 1998.3

新庄村
地域文化創造に向けて がいせん桜祭り(新庄村)「きび野」 岡山県郷土文化財団 (101) 2006.3

新善光寺
新発見 津山市新善光寺蔵 弘法大師・高野四社明神像(資料紹介)(河合忍)「岡山県立博物館研究報告」 岡山県立博物館 通号30 2010.03

新本
記憶を育むもの―岡山県総社市新本義民騒動を事例として(共同研究「人神信仰の基礎的研究」中間報告)(佐山淳史)「民俗学研究所紀要」 成城大学民俗学研究所 36 2012.03

鋤崎八幡神社
表紙写真のことば 鋤崎八幡神社秋祭り 岡山県高梁市備中町平川 11月3日(渡辺良正)「まつり通信」 まつり同好会 54(6)通号574 2014.11

杉本家庵室
近世後期杉本家庵室における不受不施派の信仰(11月例会発表要旨)(平松典晃)「会報」 岡山民俗学会 (205) 2010.11

井田
参観記 井田の石碑祭(竹内良雄)「閑谷学校研究」 特別史跡閑谷学校顕彰保存会 (8) 2004.5

星友寺
花房助兵衛職之と星友寺(矢吹壽年)「宇喜多家史談会会報」 宇喜多家史談会 8 2003.10

青竜神社
青龍神社(横溝嘉一)「史談いばら」 井原史談会 29 2005.4

清和寺
「備中清和寺文書」下野守寄進状(田口義之)「備陽史探訪」 備陽史探訪の会 (173) 2013.08

妹尾
読み替えられる伝承―岡山市妹尾の吉備津彦命の伝説をめぐって(加原奈穂子)「岡山民俗」 岡山民俗学会 (223) 2005.7

禅興寺
絵文字『般若心経』 禅興寺「福田史談会会報」 倉敷・福田史談会 (177) 2004.2

千手観音院
井原の千手観音院(9月井原バス例会に寄せて)(佐藤光範)「備陽史探訪」 備陽史探訪の会 (173) 2013.08

総願寺
総願寺石造宝塔と広江釈塔様についての新知見(森章)「倉敷の歴史」 倉敷市総務局総務部 10 2000.3

曹源寺
岡山の文化財 曹源寺(加原耕作)「きび野」 岡山県郷土文化財団 76 2000.1

総社
総社のお地蔵さん(フランソワーズ, ベロー)「きび野」 岡山県郷土文化財団 76 2000.1

鬼ノ城と溫羅伝説のまち 総社(林直方)「高梁川」 高梁川流域連盟 (60) 2002.12

大通寺
大通寺の伝承と庭園(学会記事―7月例会報告 7月例会発表要旨)(柴口成浩)「会報」 岡山民俗学会 (209) 2012.11

書誌紹介(会員以外によるもの)斎藤忠一(編著)『大通寺庭園』(2012年・大通寺発行)(次田圭介)「会報」 岡山民俗学会 (209) 2012.11

田井八幡宮
八幡宮紹介 田井八幡宮(岡山県玉野市田井)「季刊悠久.第2次」 鶴岡八幡宮悠久事務局 (128) 2012.08

大楽院
「大楽院」について(市川俊介)「宇喜多家史談会会報」 宇喜多家史談会 3 2002.7

大楽院『留帳』(江戸時代の山伏関係資料)(資料紹介)(浅野慎太郎)「岡山県立博物館研究報告」 岡山県立博物館 通号26 2006.3

大林寺
湯原町黒杭大林寺所在の山中一揆犠牲者供養塔「法華経一字一石塔」について(横山定)「岡山地方史研究」 岡山地方史研究会 82 1997.1

高島
笠岡市高島の流し雛(今川花織)「日本はきもの博物館・日本郷土玩具博物館年報」 遺芳文化財団 1999年度 2000.3

地域から始まるまちづくり「高島の風土記」(小野田美津)「岡山学こと始め：岡山市デジタルミュージアム開設準備室研究レポート」 岡山市デジタルミュージアム開設準備室 3 2004.3

高田
高田城下町絵図「博物館だより」 津山郷土博物館 23 1999.7

高場観音堂
高場観音堂(法福寺)木造聖観音菩薩坐像について(中田利枝子)「岡山県立博物館研究報告」 岡山県立博物館 通号25 2005.3

高梁川
高梁川で遭難した金比羅詣りの人々(多根令己)「大社の史話」 大社史話会 113 1997.11

高梁川舟運の舟手形 高瀬舟舟運の物品販売業の許可証(野田和心)「高梁川」 高梁川流域連盟 (65) 2007.12

高梁川流域
童謡・唱歌は心のふるさと(高月啓充)「高梁川」 高梁川流域連盟 55 1997.12

古代の織物(中野倫太郎)「高梁川」 高梁川流域連盟 55 1997.12

金毘羅常夜灯の所在―高梁川流域の金毘羅常夜灯ほか(湯浅照弘)「岡山民俗」 岡山民俗学会 212 1999.12

金毘羅灯籠の一考察 灯籠の建立時期より金毘羅信仰を見る(野田和心)「高梁川」 高梁川流域連盟 (60) 2002.12

金毘羅灯籠の一考察(2)(野田和心)「高梁川」 高梁川流域連盟 (63) 2005.12

狛犬探検を楽しむ(西廣行)「高梁川」 高梁川流域連盟 (65) 2007.12

「太鼓田植」―県重要無形民俗文化財に指定(流域ニュース2008)(石橋博)「高梁川」 高梁川流域連盟 通号66 2008.12

幕末帆船考(三つの藩の物語)(高見彰)「高梁川」 高梁川流域連盟 通号66 2008.12

随筆 千歳楽(三宅将晴)「高梁川」 高梁川流域連盟 通号67 2009.12

特別寄稿 先祖の話(鶴見俊輔)「高梁川」 高梁川流域連盟 通号68 2010.12

金毘羅燈籠 その風景(1) 火袋中の御札と灯点し燈籠(野田和心)「高梁川」 高梁川流域連盟 (69) 2011.12

金毘羅燈籠 その風景2 農業用水の溜池に建つ燈籠(野田和心)「高梁川」 高梁川流域連盟 (70) 2012.12

金毘羅燈籠 その風景三 農業用水の溜池に建つ燈籠(野田和心)「高梁川」 高梁川流域連盟 (72) 2014.12

随筆 方言で甦る少年時代(三宅将晴)「高梁川」 高梁川流域連盟 (72) 2014.12

高梁基督教会堂
岡山の文化財 高梁基督教会堂(加古一朗)「きび野」 岡山県郷土文化財団 (129) 2013.03

高梁市
写真でみる岡山民俗 高梁市郊外の風景(明治初年の銅版画)「岡山民俗」 岡山民俗学会 206 1997.3

高星神社
ふるさとの想い出 竹久夢二が遊んだ高星神社(瀬戸内市)「きび野」 岡山県郷土文化財団 (121) 2011.03

高松城跡
吉備路高松城跡周辺の文英石仏(清水俊明)「野ほとけ」 奈良石仏会 (374) 2002.2

高屋
高屋の八幡様のお旅所について(森近丘也)「井原史談会会報」 井原史談会 91 2005.3

中国　　　　　　　　　　　郷土に伝わる民俗と信仰　　　　　　　　　　　岡山県

高屋村
近世後期における岩倉村・稗原村・高屋村の通婚圏について（大島千鶴）「井原の歴史 ： 井原市史紀要」　井原市教育委員会市史編さん室　3　2003.3

滝本
奈義町滝本の面芝居（今木義法）「岡山民俗」　岡山民俗学会　214　2000.12
9月例会報告 9月例会発表要旨 奈義町滝本の「山分け」（学会記事）（今木義法）「会報」　岡山民俗学会　（207）2011.11

田口
民俗収集―高屋町田口の民俗（森近丘也）「史談いばら」　井原史談会　26　1999.3

竹原
岡山県金光町竹原の社日講（加藤正春）「岡山民俗」　岡山民俗学会　214　2000.12

建部
地域文化創造に向けて 岡山弁はええもんじゃ―ことばの祭り・建部（岡山市）「きび野」　岡山県郷土文化財団　（107）2007.9

建部町
誕生寺と建部町の古文化財（清水俊明）「野ほとけ」　奈良石仏会　（377）2002.5

田ノ浦
タコ壺漁村を訪ねて―岡山県倉敷市下津井田ノ浦（1）（湯浅照弘）「民具集積」　四国民具研究会　（6）2000.9

田の口
田の口からの瑜迦みち（大谷寿文）「高梁川」　高梁川流域連盟　55　1997.12

田熊
岡山の文化財 田熊の舞台（草苅啓介）「きび野」　岡山県郷土文化財団　（97）2005.3

たばこ神社
たばこ神社考（加原奈穂子）「岡山民俗」　岡山民俗学会　（234）2013.12
日本の葉たばこ産地とたばこ神社（平成26年度研究発表大会発表要旨）（加原奈穂子）「会報」　岡山民俗学会　（212）2014.05

玉井宮
玉井宮本殿の漆芸（山口松太）「岡山学こと始め ： 岡山市デジタルミュージアム開設準備室研究レポート」　岡山市デジタルミュージアム開設準備室　1　2002.12

玉井宮東照宮
東照宮本殿復元のゆめ（佐々木謙治）「岡山学こと始め ： 岡山市デジタルミュージアム開設準備室研究レポー、」　岡山市デジタルミュージアム開設準備室　1　2002.12
玉井宮東照宮の建築彩色について（久安敬三）「岡山学こと始め ： 岡山市デジタルミュージアム開設準備室研究レポート」　岡山市デジタルミュージアム開設準備室　1　2002.12
玉井宮東照宮の犬島石（在本桂子）「岡山学こと始め ： 岡山市デジタルミュージアム開設準備室研究レポート」　岡山市デジタルミュージアム開設準備室　1　2002.12
東照宮と城下町の祭り（倉地克直）「岡山学こと始め ： 岡山市デジタルミュージアム開設準備室研究レポート」　岡山市デジタルミュージアム開設準備室　1　2002.12
玉井宮東照宮に集う（乗岡実）「岡山学こと始め ： 岡山市デジタルミュージアム開設準備室研究レポート」　岡山市デジタルミュージアム開設準備室　1　2002.12

玉島
歴史散歩 玉島陶の陶棺（間壁忠彦）「春秋くらしき」　倉敷市文化連盟　（3）2006.5
玉島石工 安田屋新蔵とその狛犬（藤原好二）「倉敷の歴史」　倉敷市総務局総務部　（23）2013.03

玉島乙島
玉島乙島出土の亀山焼（福本明）「倉敷の歴史」　倉敷市総務局総務部　9　1999.3

湛井堰十二ケ郷用水
《備中伝説》瀬尾兼康と湛井堰十二ケ郷用水（阪本信子）「兵庫歴研」　兵庫歴史研究会　（28）2012.4

誕生寺
岡山の文化財 誕生寺御影堂（中島義雄）「きび野」　岡山県郷土文化財団　80　2001.1

誕生寺と建部町の古文化財（清水俊明）「野ほとけ」　奈良石仏会　（377）2002.5
法然上人誕生の地、美作・誕生寺（斉藤孝）「史迹と美術」　史迹美術同攷会　74（5）通号745　2004.6
古寺散歩 寺の性格 本山寺&誕生寺（岡山県久米南町）（請川洋一）「郷土史紀行」　ヒューマン・レクチャー・クラブ　（53）2008.7
十念寺の謎とき―再建名号碑と誕生寺二十二世正道をめぐって（袖山榮眞）「市誌研究ながの」　長野市　（17）2010.02

朝日寺
〔資料紹介〕庄田山朝日寺の什物（中田利枝子）「岡山県立博物館研究報告」　岡山県立博物館　通号21　2001.3

長福寺
岡山の文化財 長福寺三重塔（粟井成行）「きび野」　岡山県郷土文化財団　89　2003.3

津山
絵師と山論（尾島治）「博物館だより」　津山郷土博物館　21　1999.1
近世大名とその菩提寺―津山松平家と越後高田長恩寺の事例から（小島徹）「博物館だより」　津山郷土博物館　23　1999.7
直垂・直垂袴「博物館だより」　津山郷土博物館　32　2001.10
津山地方における牛可食副生物の名称（《特集 動物の民俗》）（加藤雅彦）「岡山民俗」　岡山民俗学会　219　2003.7
津山地域高齢者の食の変遷と現在の生活習慣（森恵子）「岡山民俗」　岡山民俗学会　（222）2004.12
研究ノート 天保期の国絵図の作製過程について―諸日記の記述から（梶村明慶）「津博 ： 津山郷土博物館だより「つはく」」　津山郷土博物館　（74）2012.09

津山城
津山城内の正月儀式―津山藩国元日記をひもといて（研究ノート）（梶村明慶）「津博 ： 津山郷土博物館だより「つはく」」　津山郷土博物館　（79）2014.1

哲西
哲西の民謡―魅了してやまない心の故郷（小野正夫）「高梁川」　高梁川流域連盟　（65）2007.12

寺戸廃寺
寺戸廃寺出土の古代瓦について（高田知樹）「井原市史だより」　井原市教育委員会市史編さん室　（18）2004.3

堂応寺
文化財総合調査 近世寺社建築調査を開始/市内文化財めぐり（23）堂応寺宝篋印塔「倉敷市文化財だより」　倉敷市教育委員会　（23）2006.11

藤樹書院
藤樹書院の儒式祭典（竹内良雄）「閑谷学校研究」　特別史跡閑谷学校顕彰保存会　（9）2005.5

戸神社
戸神社のことなど（佐藤米司）「金光町史だより」　金光町史編纂室, 金光町役場　（8）2003.3

苫田郡
農耕技術民俗調査アンケート（昭和46年）結果・苫田郡（森川奈津美）「岡山民俗」　岡山民俗学会　（235）2014.12

苫田ダム
ダムの村―灰塚ダムと苫田ダム周辺（福尾美夜）「女性と経験」　女性民俗学研究会　通号24　1999.10
投稿 水没の町にて―苫田ダム水没予定地の民俗調査に参加して（景山志穂）「会報」　岡山民俗学会　（207）2011.11
会報207「水没の町にて―苫田ダム水没予定地の民俗調査に参加して―」を読んで（投稿）（辻野喬雄）「会報」　岡山民俗学会　（208）2012.05

中井町
岡山県高梁市中井町の玄賓僧都伝説（原田信之）「岡山民俗」　岡山民俗学会　通号228・229　2009.03

中庄
傍系説話の面白さに目覚める―平家物語と太平記の間（松尾葦江）「中庄の歴史」　中庄の歴史を語り継ぐ会　（7）2012.09
明治中期における花筵業界の様相について（特別寄稿）（吉原睦）「中庄の歴史」　中庄の歴史を語り継ぐ会　（8）2013.09

中畝神社
雀部氏に聞く 中畝神社と西原村の宝珠（寿・修）院（高橋彪）「福田史談会会報」　倉敷・福田史談会　（159）1999.7

841

岡山県　　　　　　　　　　　　　郷土に伝わる民俗と信仰　　　　　　　　　　　　　中国

中庄八幡宮

備後国因島中庄八幡宮奉入大般若経―備・芸・予結縁衆の延文書写経（片山清）「伊予史談」　伊予史談会　（315）　1999.10

奈義町

ふるさとの想い出 東作州地歌舞伎保存協議会（勝田郡奈義町）「きび野」　岡山県郷土文化財団　（131）　2013.09

成羽町

旧成羽町に残る明治期の薬関係資料について（木下浩）「岡山民俗」　岡山民俗学会　通号226　2007.11

新見

資料から見た新見地方の農村生活（4）～（5）山番［1］,（2）（竹本豊重）「人権21：調査と研究」　おかやま人権研究センター　（162）／（163）　2003.2／2003.4

資料から見た新見地方の農村生活（6）牢屋敷（竹本豊重）「人権21：調査と研究」　おかやま人権研究センター　（164）　2003.6

資料から見た新見地方の農村生活（7）穢多（竹本豊重）「人権21：調査と研究」　おかやま人権研究センター　（166）　2003.10

資料から見た新見地方の農村生活（9）近世宮座をとおして（竹本豊重）「人権21：調査と研究」　おかやま人権研究センター　（172）　2004.10

資料から見た新見地方の農村生活（10）～（17）山地と村について（3）～（8）（竹本豊重）「人権21：調査と研究」　おかやま人権研究センター　（177）／（191）　2005.8／2007.12

新見市

「土下座祭り」の起源について（田仲満雄）「高梁川」　高梁川流域連盟　（70）　2012.12

西市

昔のクリーク地帯の暮らしぶり―岡山市西市地区の魚取りを中心に（吉沢利忠）「岡山民俗」　岡山民俗学会　207　1997.8

西江原

お稲荷様について（3）（落合保之）「西江原史跡顕彰会報」　西江原史跡顕彰会　（24）　2000.3

野崎家旧宅

倉敷市・野崎家旧宅の調査「奈良文化財研究所紀要」　奈良文化財研究所　2006　2006.6

羽黒神社

〔史料紹介〕玉島羽黒神社玉垣銘調査報告（倉敷商業高校郷土研究部）「倉敷の歴史」　倉敷市総務局総務部　9　1999.3

羽黒神社玉垣銘報告によせる（間壁忠彦）「倉敷の歴史」　倉敷市総務局総務部　10　2000.3

林家住宅

岡山の文化財 林家住宅（渋谷俊彦）「きび野」　岡山県郷土文化財団　64　1997.1

稗原町

山村の生活と「十苗」という宮座―井原市稗原町（河合久和）「岡山民俗」　岡山民俗学会　通号224　2006.2

稗原村

近世後期における岩倉村・稗原村・高屋村の通婚圏について（大島千鶴）「井原の歴史：井原市史紀要」　井原市教育委員会市史編さん室　3　2003.3

東粟倉村

東粟倉村における風呂を中心とした水回りの文化（岡山県美作市後山地区合同調査特集）（細田寛人）「昔風と当世風」　古々路の会　（97）　2013.04

東塚

東塚・由加神社本殿新改築資料「福田史談会会報」　倉敷・福田史談会　（166）　2001.2

東塚・由加神社―境内末社・石灯籠「福田史談会会報」　倉敷・福田史談会　（166）　2001.2

東塚・由加神社―境内末社の旧社殿「福田史談会会報」　倉敷・福田史談会　（166）　2001.2

彦崎

彦崎石工 山本兼松とその狛犬（藤原好二）「岡山市埋蔵文化財センター研究紀要」　岡山市教育委員会　（4）　2012.03

飛島

飛島の夏祭り見学記（森隆男）「昔風と当世風」　古々路の会　（84）　2003.4

飛島の地形と神社の例祭（白井正子）「昔風と当世風」　古々路の会　（84）　2003.4

瀬戸内飛島の祭礼と作物（斎部功）「昔風と当世風」　古々路の会　（84）　2003.4

聞き書き 昭和初期の笠岡市飛島、六島の食べものとくらし（丸山久子）「昔風と当世風」　古々路の会　（84）　2003.4

飛島・六島の伝承と生活（長野晃子）「昔風と当世風」　古々路の会　（84）　2003.4

海辺の民俗―笠岡市飛島・六島の聞き取り調査から（佐志原圭子）「昔風と当世風」　古々路の会　（85）　2003.11

資料 飛島の世間話と俗信（清野知子，清野尚志，花部英雄）「昔話伝説研究」　昔話伝説研究会　（33）　2014.3

備前

閑谷焼瓦・備前焼瓦とその背景（岡本明郎）「閑谷学校研究」　特別史跡閑谷学校顕彰保存会　2　1998.5

備前の石清水八幡宮領荘園について（内海清慈）「ソーシアル・リサーチ」　ソーシアル・リサーチ研究会　24　1999.2

新発見の閑谷焼タイル片と備前焼 大形桟瓦（岡本明郎）「閑谷学校研究」　特別史跡閑谷学校顕彰保存会　（4）　2000.5

岡山藩お馬場家の宇喜多氏関連伝承について―「備前軍記」出典の再検討（森俊弘）「岡山地方史研究」　岡山地方史研究会　95　2001.3

『備中誌』の「寛文五年備前領神道執行」をめぐって（別府信吾）「金光学史だより」　金光町史編纂室，金光町役場　（7）　2002.3

和歌山県における中世備前焼の流通（研究ノート）（北野隆亮）「紀伊考古学研究」　紀伊考古学研究会　（5）　2002.08

堺出土の備前焼―やきものは歴史を物語る（森村健一）「岡山学こと始め：岡山市デジタルミュージアム開設準備室研究レポート」　岡山市デジタルミュージアム開設準備室　2　2003.3

平成14年度特別展「備前四十八ケ寺―近世備前の霊場と報恩大師信仰」を終えて（中田利枝子）「岡山県立博物館だより」　岡山県立博物館　59　2003.5

石匠河内屋治兵衛と備前の国（政田孝）「東備」　東備歴史研究協議会　（11）　2003.7

播磨出土の備前焼（松岡千寿）「兵庫県埋蔵文化財研究紀要」　兵庫県教育委員会埋蔵文化財調査事務所　（3）　2003.9

岡山部落解放研究所公開研究会開催 備前被差別部落・真言宗の謎―近世、岡山県における改宗問題をめぐって「岡山部落解放研究所報」　岡山部落解放研究所　248　2003.10

手取城跡出土の備前焼大甕《《特集 手取城と玉置氏》》（北野隆亮）「和歌山城郭研究」　和歌山城郭調査研究会　（3）　2004.2

《近世美作・備中・備前改宗問題関係資料集》「岡山部落解放研究所紀要」　岡山部落解放研究所　（12）　2004.3

備前地区（一部県内を含む）の耐火物業界に貢献した人々「備前市歴史民俗資料館紀要」　備前市歴史民俗資料館　（6）　2005.6

《備前フォーラム資料集備前焼研究最前線II》「備前市歴史民俗資料館紀要」　備前市歴史民俗資料館　（7）　2005.9

備前焼の流通（伊藤晃）「備前市歴史民俗資料館紀要」　備前市歴史民俗資料館　（7）　2005.9

備前焼は、いつ頃にきたのか・そして茶の湯の大成へ（森村健一）「備前市歴史民俗資料館紀要」　備前市歴史民俗資料館　（7）　2005.9

京の備前焼（中井淳史）「備前市歴史民俗資料館紀要」　備前市歴史民俗資料館　（7）　2005.9

中世の備前焼（重根弘和）「備前市歴史民俗資料館紀要」　備前市歴史民俗資料館　（7）　2005.9

発掘された中世備前焼（上西高登）「備前市歴史民俗資料館紀要」　備前市歴史民俗資料館　（7）　2005.9

備前焼（伊勢崎淳）「岡山の自然と文化：郷土文化講座から」　岡山県郷土文化財団　（25）　2006.3

これからの備前焼《《備前歴史フォーラム 備前焼・海の道・夢フォーラム2006―備前焼の歴史と未来像をもとめて》》（上西節雄）「備前市歴史民俗資料館紀要」　備前市歴史民俗資料館　（8）　2006.9

沖縄出土の備前焼《《備前歴史フォーラム 備前焼・海の道・夢フォーラム2006―備前焼の歴史と未来像をもとめて》》（池田榮史）「備前市歴史民俗資料館紀要」　備前市歴史民俗資料館　（8）　2006.9

鹿児島県出土の備前焼《《備前歴史フォーラム 備前焼・海の道・夢フォーラム2006―備前焼の歴史と未来像をもとめて》》（橋口亘）「備前市歴史民俗資料館紀要」　備前市歴史民俗資料館　（8）　2006.9

窯跡出土資料から見る「桃山」―16・17世紀の備前焼《《備前歴史フォーラム 備前焼・海の道・夢フォーラム2006―備前焼の歴史と未来像をもとめて》》（石井啓）「備前市歴史民俗資料館紀要」　備前市歴史民俗資料館　（8）　2006.9

大分県・中世大友府内町跡出土の備前焼《《備前歴史フォーラム 備前焼・海の道・夢フォーラム2006―備前焼の歴史と未来像をもとめて》》（吉田寛）「備前市歴史民俗資料館紀要」　備前市歴史民俗資料館　（8）　2006.9

茶の湯と備前焼《《備前歴史フォーラム 備前焼・海の道・夢フォーラム

2006—備前焼の歴史と未来像をもとめて》(藤原祥宏)「備前市歴史民俗資料館紀要」 備前市歴史民俗資料館 （8）2006.9

備前焼陶片レクチャー（1）中世備前焼変遷（《備前歴史フォーラム 備前焼・海の道・夢フォーラム2006—備前焼の歴史と未来像をもとめて》)（上西高登)「備前市歴史民俗資料館紀要」 備前市歴史民俗資料館 （8）2006.9

近世の備前焼陶片レクチャー（《備前歴史フォーラム 備前焼・海の道・夢フォーラム2006—備前焼の歴史と未来像をもとめて》)（乗岡実)「備前市歴史民俗資料館紀要」 備前市歴史民俗資料館 （8）2006.9

擂鉢の製作技法（《備前歴史フォーラム 備前焼・海の道・夢フォーラム2006—備前焼の歴史と未来像をもとめて》)（森山裕二，重根弘和)「備前市歴史民俗資料館紀要」 備前市歴史民俗資料館 （8）2006.9

備前焼の過去・現在・未来BIZENYAKI—桃山文化の形に生きる（《備前歴史フォーラム 備前焼・海の道・夢フォーラム2006—備前焼の歴史と未来像をもとめて》)（森村健一)「備前市歴史民俗資料館紀要」 備前市歴史民俗資料館 （8）2006.9

備前焼の現在・過去・土窯の再現実験（《備前歴史フォーラム 備前焼・海の道・夢フォーラム2006—備前焼の歴史と未来像をもとめて》)（平川忠)「備前市歴史民俗資料館紀要」 備前市歴史民俗資料館 （8）2006.9

基調講演 茶の湯の美意識（《備前歴史フォーラム 備前と茶陶—16・17世紀の変革》)（熊倉功夫)「備前市歴史民俗資料館紀要」 備前市歴史民俗資料館 （9）2007.10

〈研究報告 畿内における戦国・織豊期の備前焼（《備前歴史フォーラム 備前と茶陶—16・17世紀の変革》)「備前市歴史民俗資料館紀要」 備前市歴史民俗資料館 （9）2007.10

和歌山県出土の備前焼（《備前歴史フォーラム 備前と茶陶—16・17世紀の変革》)（北野隆亮)「備前市歴史民俗資料館紀要」 備前市歴史民俗資料館 （9）2007.10

京都市内出土の備前焼—16・17世紀を中心に（《備前歴史フォーラム 備前と茶陶—16・17世紀の変革》)（熊谷勉)「備前市歴史民俗資料館紀要」 備前市歴史民俗資料館 （9）2007.10

徳利の製作技法（《備前歴史フォーラム 備前と茶陶—16・17世紀の変革》)（森山裕二，重根弘和)「備前市歴史民俗資料館紀要」 備前市歴史民俗資料館 （9）2007.10

〈誌上報告1 備前系陶締陶器の展開》(《備前歴史フォーラム 備前と茶陶—16・17世紀の変革》)「備前市歴史民俗資料館紀要」 備前市歴史民俗資料館 （9）2007.10

加賀作品窯と備前焼Ⅴ期との関係（《備前歴史フォーラム 備前と茶陶—16・17世紀の変革》)（伊藤晃)「備前市歴史民俗資料館紀要」 備前市歴史民俗資料館 （9）2007.10

備前焼の胎土分析—兵庫県備前焼系陶器窯出土資料の分析から（《備前歴史フォーラム 備前と茶陶—16・17世紀の変革》)（白石純)「備前市歴史民俗資料館紀要」 備前市歴史民俗資料館 （9）2007.10

山口県における備前焼系陶器（《備前歴史フォーラム 備前と茶陶—16・17世紀の変革》)（岩崎仁志)「備前市歴史民俗資料館紀要」 備前市歴史民俗資料館 （9）2007.10

各地で作られた備前焼に似た焼き物—問題の整理と展望（《備前歴史フォーラム 備前と茶陶—16・17世紀の変革》)（乗岡実)「備前市歴史民俗資料館紀要」 備前市歴史民俗資料館 （9）2007.10

備前焼分類素案（2）南大窯跡出土遺物の検討から（《備前歴史フォーラム 備前と茶陶—16・17世紀の変革》)（石井啓)「備前市歴史民俗資料館紀要」 備前市歴史民俗資料館 （9）2007.10

活動報告 一地域資料館の目指すもの—備前焼資料の展示替えをとおして（《備前歴史フォーラム 備前と茶陶—16・17世紀の変革》)（岩崎紅美)「備前市歴史民俗資料館紀要」 備前市歴史民俗資料館 （9）2007.10

磯崎城で採集の備前焼大甕について（中世）(清水真一)「西四国」 西四国郷土研究会 （7）2007.11

大名庭園の暮らしと文化（《備前歴史フォーラム 江戸時代の暮らしと備前焼》—基調講演)（神原邦男)「備前市歴史民俗資料館紀要」 備前市歴史民俗資料館 （10）2008.9

備前焼と鞆保命酒（《備前歴史フォーラム 江戸時代の暮らしと備前焼》—研究報告)（岡本純夫)「備前市歴史民俗資料館紀要」 備前市歴史民俗資料館 （10）2008.9

ある窯元の200年（《備前歴史フォーラム 江戸時代の暮らしと備前焼》—研究報告)（小西通雄)「備前市歴史民俗資料館紀要」 備前市歴史民俗資料館 （10）2008.9

近世文献資料からみる竈組の変遷（《備前歴史フォーラム 江戸時代の暮らしと備前焼》—研究報告)（横山定)「備前市歴史民俗資料館紀要」 備前市歴史民俗資料館 （10）2008.9

古記録に見る備前焼と料理（《備前歴史フォーラム 江戸時代の暮らしと備前焼》—研究報告)（岡嶋隆司)「備前市歴史民俗資料館紀要」 備前市歴史民俗資料館 （10）2008.9

備前焼灯明皿考（《備前歴史フォーラム 江戸時代の暮らしと備前焼》—研究報告)（白谷朋世)「備前市歴史民俗資料館紀要」 備前市歴史民俗資料館 （10）2008.9

備前『叶』銘と千利休（《備前歴史フォーラム 江戸時代の暮らしと備前焼》—誌上報告)（森村健一)「備前市歴史民俗資料館紀要」 備前市歴史民俗資料館 （10）2008.9

万治年銘水屋甕について（《備前歴史フォーラム 江戸時代の暮らしと備前焼》—誌上報告)（上西高登)「備前市歴史民俗資料館紀要」 備前市歴史民俗資料館 （10）2008.9

絵図でさぐる備前焼の窯と構造（《備前歴史フォーラム 江戸時代の暮らしと備前焼》—誌上報告)（石井啓)「備前市歴史民俗資料館紀要」 備前市歴史民俗資料館 （10）2008.9

備前焼徳利について（《備前歴史フォーラム 江戸時代の暮らしと備前焼》—誌上報告)（岩崎紅美)「備前市歴史民俗資料館紀要」 備前市歴史民俗資料館 （10）2008.9

資料紹介 寄託資料 古備前 肩衝茶入（鈴木力郎)「岡山県立博物館研究報告」 岡山県立博物館 通号29 2009.03

平安末期における天台僧の修行巡礼—青蓮院門跡吉水蔵聖教にみえる備前・因幡・伯耆（岡野浩二)「倉敷の歴史」 倉敷市総務局総務部 （19）2009.03

履掛天神宮の備前焼瓦について（小西通雄)「閑谷学校研究」 特別史跡閑谷学校顕彰保存会 （13）2009.05

館蔵品紹介（3）「エビスサン」・「備前大甕」「The Kagawa Museum news」 香川県立ミュージアム 5 2009.06

四国出土の中世備前焼（備前歴史フォーラム 鎌倉・室町 BIZEN—中世備前焼のスガタ—研究報告)（石岡ひとみ)「備前市歴史民俗資料館紀要」 備前市歴史民俗資料館 （11）2010.01

「鞆保命酒屋中村家文書」による江戸後期の備前焼について（備前歴史フォーラム 鎌倉・室町 BIZEN—中世備前焼のスガタ—誌上報告)（伊藤晃)「備前市歴史民俗資料館紀要」 備前市歴史民俗資料館 （11）2010.1

備前焼の流通と変革（備前歴史フォーラム 鎌倉・室町 BIZEN—中世備前焼のスガタ—誌上報告)（森村健一)「備前市歴史民俗資料館紀要」 備前市歴史民俗資料館 （11）2010.1

備前擂鉢で何を摺ったか—料理法からの視点（備前歴史フォーラム 鎌倉・室町 BIZEN—中世備前焼のスガタ—誌上報告)（岡嶋隆司)「備前市歴史民俗資料館紀要」 備前市歴史民俗資料館 （11）2010.1

備前法華の教義と信徒の理解（矢吹壽年)「宇喜多家史談会会報」 宇喜多家史談会 （40）2011.10

「備前焼 土と炎の芸術」展と伊勢崎淳先生との出会い（古代出雲歴史博物館)「大社の史話」 大社史話会 （169）2011.12

湯浅城跡出土の備前焼（特集Ⅱ 有田郡湯浅城跡の再検討)（北野隆亮)「和歌山城郭研究」 和歌山城郭調査研究会 （12）2013.04

交流展「備前焼—薪と炎が織りなす土の美—」 平成25年10月19日（土)〜12月8日（日）(交流展を終えて)（重根弘和)「岡山県立博物館だより」 岡山県立博物館 （78）2014.3

岡山市北区御津高津出土の備前焼—備前焼壺を転用した骨蔵器（長谷川一英)「岡山市埋蔵文化財センター研究紀要」 岡山市教育委員会 （6）2014.03

作品鑑賞 備前焼 変形花器「兜」作：勝္瀬寛（木村博二［文］，森本吉宣［写真］)「文化たかまつ」 高松市文化協会 （63）2014.07

備前市

《備前市の耐火物—耐火れんが発祥の地》「備前市歴史民俗資料館紀要」 備前市歴史民俗資料館 （6）2005.6

明治から昭和時代への耐火れんが産業の発展「備前市歴史民俗資料館紀要」 備前市歴史民俗資料館 （6）2005.6

備前国

備前国における日蓮宗不受不施派の諸相—御津紙工を中心に（学会記事—9月例会報告 9月例会発表要旨)（平松典晃)「会報」 岡山民俗学会 （209）2012.11

備前国衙

中世初期における備前国衙と天台寺院—播磨国との比較において（苅米一志)「吉備地方文化研究」 就実大学吉備地方文化研究所 （21）2011.3

備前藩

備前藩御用石工の系譜と石工集団（〈岡山の歴史と今〉)（根本修)「岡山びと ：岡山シティミュージアム紀要」 岡山シティミュージアム （3）2008.3

備中

春日大社に奉納された「備中倉籠」の銘のある石燈篭（森章)「倉敷の歴史」 倉敷市総務局総務部 8 1998.3

『備中誌』の「寛文五年備前領神道執行」をめぐって（別府信吾)「金光町史だより」 金光町史編纂室，金光町役場 （7）2002.3

備中櫓の本体工事に着手しました「津山城だより」 津山市教育委員会 4 2003.3

備中櫓の屋根瓦がほぼ葺き上がりました「津山城だより」 津山市教育委員会 5 2003.9

《近世美作・備中・備前改宗問題関係資料集》「岡山部落解放研究所紀要」 岡山部落解放研究所 （12） 2004.3

備中南部における石製宮獅子—尾道石工の影響を中心に（藤原好二）「倉敷の歴史」 倉敷市総務局総務部 （17） 2007.3

書評 鳥越皓之著「備中そうめん・うどん・水車盛衰記」（重見之雄）「和歌山地理」 和歌山地理学会 （27） 2007.12

昭和の備中売薬「外交日誌」からみえること（信江啓子）「岡山県立博物館研究報告」 岡山県立博物館 通号28 2008.3

明治期における備中売薬（木下浩）「岡山民俗」 岡山民俗学会 通号228・229 2009.03

懸場帳に見る備中売薬（木下浩）「岡山民俗」 岡山民俗学会 通号230 2010.02

備中漆の再興（高山雅之）「岡山の自然と文化 ： 郷土文化講座から」 岡山県郷土文化財団 （30） 2011.3

大正時代における備中売薬の薬製造と配置販売の一例（木下浩）「岡山民俗」 岡山民俗学会 （232） 2011.12

備中神楽

備中神楽（道城等）「史談いばら」 井原史談会 24 1997.4

民俗芸能の実践と文化財保護政策—備中神楽の事例から（俵木悟）「民俗芸能研究」 民俗芸能学会 25 1997.9

備中神楽について—上演の機会を、演目の構成から観察する（林美奈子）「民俗芸能研究」 民俗芸能学会 通号28 1999.3

備中神楽の現状と起源（1）（鳥越孝太郎）「井原史談会報」 井原史談会 88 2003.8

地域文化創造に向けて備中神楽保存振興会「きび野」 岡山県郷土文化財団 （98） 2005.6

備中神楽を舞う（逸見芳春）「高梁川」 高梁川流域連盟 （64） 2006.12

備中神楽のあれこれ（藤原昌孝）「岡山の自然と文化 ： 郷土文化講座から」 岡山県郷土文化財団 （27） 2008.3

研究ノート 備中神楽の「石割神事」から見えてくるもの（難波俊成）「吉備地方文化研究」 就実大学吉備地方文化研究所 （21） 2011.03

備中国分寺跡

備中国分寺跡 金堂礎石（2008年2月）「吉備路郷土館だより」 岡山県立吉備路郷土館 （31） 2008.3

備中国

備中国の源平争乱余聞 玉島 水島合戦／連島 梅雲寺／能 藤戸／京都 醍醐寺「藤戸石」／妹尾太郎兼康／鳥羽宝輪院 智久の松「中庄の歴史」 中庄の歴史を語り継ぐ会 （7） 2012.9

『日本霊異記』における備中国説話の成立—上巻第二九をめぐって（論文）（藤本誠）「吉備地方文化研究」 就実大学吉備地方文化研究所 （23） 2013.3

平川

民俗事象の身体化—岡山県高梁市備中町平川地区の事例（靍理恵子）「岡山民俗」 岡山民俗学会 （234） 2013.12

平瀬

平瀬の五輪塔二基（高橋伸二）「岡山市埋蔵文化財センター研究紀要」 岡山市教育委員会 （5） 2013.03

蒜山盆地

鶴の恩返し 岡山県「蒜山盆地の昔話」より「夕鶴」 夕鶴の里友の会 （40） 2008.12

広江

総願寺石造宝塔と広江釈塔様についての新知見（森章）「倉敷の歴史」 倉敷市総務局総務部 10 2000.3

広江の歴史・伝説散歩（1）～（6）（高橋彪）「福田史談会会報」 倉敷・福田史談会 （165）/（172） 2000.12/2002.7

広江村

古老の伝説が、歴史に甦った「広江村飛地」（高橋彪）「福田史談会会報」 倉敷・福田史談会 （172） 2002.7

吹屋

歴史・街道文化探訪 ベンガラの里 豪商たちの町・吹屋（間賀田晴行）「季刊南九州文化」 南九州文化研究会 （115） 2012.5

福生寺

岡山の文化財 大瀧山福生寺大師堂（渋谷泰彦）「きび野」 岡山県郷土文化財団 84 2002.1

岡山の文化財 大滝山福生寺本堂（渋谷泰彦）「きび野」 岡山県郷土文化財団 87 2002.9

岡山の文化財 大瀧山福生寺仁王門（渋谷泰彦）「きび野」 岡山県郷土文化財団 90 2003.6

岡山の文化財 大瀧山福生寺 鰐口（渋谷泰彦）「きび野」 岡山県郷土文化財団 93 2004.3

福田

心をうつ民俗のトピックス（藤米司）「福田史談会会報」 倉敷・福田史談会 （155） 1998.9

古塔にひかれて（岡徹夫）「福田史談会会報」 倉敷・福田史談会 （157） 1999.2

千人針 吉田カメ子氏・金尾花子氏に聞く「福田史談会会報」 倉敷・福田史談会 （157） 1999.2

岡山（旧福田地区）の方言（鴨井義夫）「福田史談会会報」 倉敷・福田史談会 （157） 1999.2

横山敏夫氏提供 氏子札「福田史談会会報」 倉敷・福田史談会 （157） 1999.2

国枝実氏・肇氏に聞く 寺子屋（高橋彪）「福田史談会会報」 倉敷・福田史談会 （158） 1999.4

講演要旨 仏像の美 西の国の仏たち（柳生尚志）「福田史談会会報」 倉敷・福田史談会 （161） 1999.12

釣鐘として保存 松根油の乾溜釜（高橋彪）「福田史談会会報」 倉敷・福田史談会 （165） 2000.12

「オカ七」の鉄カブト（宅将善氏）「福田史談会会報」 倉敷・福田史談会 （168） 2001.9

発表資料 参道の民俗史跡探訪（高橋彪）「福田史談会会報」 倉敷・福田史談会 （177） 2004.2

福田新開

講演要旨 福田新開五ヶ村の氏神社勧進（高橋彪）「福田史談会会報」 倉敷・福田史談会 （162） 2000.2

福田町

旧福田町十ヶ字の方言「福田史談会会報」 倉敷・福田史談会 （158） 1999.4

藤戸

藤戸源平合戦 伝承史跡の諸説（高橋彪）「福田史談会会報」 倉敷・福田史談会 （172） 2002.7

藤戸寺

藤戸寺文書・絵解き台本について（別府信吾）「倉敷の歴史」 倉敷市総務局総務部 8 1998.3

両児神社

二つの二子、両児神社 付一莫薩の祖神・深井の井・禹餘糧（安原秀魁）「倉子城」 倉敷史談会、歯族社（発売） 21 1997.12

不動堂

秀家の不動堂再建（市川俊介）「宇喜多家史談会会報」 宇喜多家史談会 8 2003.10

船穂

船穂の高瀬通し「春秋くらしき」 倉敷市文化連盟 （6） 2007.11

船穂町

地域文化創造に向けて 1世紀の歳月を経て甦った「ゴザ織唄」（船穂町）「きび野」 岡山県郷土文化財団 74 1999.6

船坂

郷土の故事掘り起こし（11） 「船坂」の地名の由来（石井俊雄）「郷土誌 三石城」 郷土誌三石城編集局 116 2002.1

遍明院

仏像へのいざない 12世紀の周作遍明院「五智如来」（岡山県牛窓町千手）/行基作の重文大寺薬師「薬師如来」他（島根県出雲市）「郷土史紀行」 ヒューマン・レクチャー・クラブ （39） 2006.5

宝珠（寿・修）院

雀部氏に聞く 中畝神社と西原村の宝珠（寿・修）院（高橋彪）「福田史談会会報」 倉敷・福田史談会 （159） 1999.7

法泉寺

近辺の石造物探訪—道しるべ・法泉寺の石造物（落合保之）「史談いばら」 井原史談会 26 1999.3

岡山県指定重要文化財 古潤仁泉木像（長谷法泉寺）「西江原史跡顕彰会報」 西江原史跡顕彰会 （23） 1999.9

岡山の文化財 法泉寺本堂（小西伸彦）「きび野」 岡山県郷土文化財団 （134） 2014.06

捧沢寺

「本末寺格帳」にみる鷲峰山中之院捧澤寺（杉慎吾）「高梁川」 高梁川流域連盟 通号68 2010.12

宝島寺

宝島寺と丁石（三宅宣士）「倉子城」 倉敷史談会，歯族社（発売） 24 2000.12

中国　　　　　　　　　　　　　　　　　　　郷土に伝わる民俗と信仰　　　　　　　　　　　　　　　　岡山県

宝福寺

宇田家文書 系譜/宗門改帳/当作高反別改書上帳/御取締御触書/小作証文/御役米/届書・願書/御一新・解放令/仏守山宝福寺関係手文書/雑記《宇田家文書史料集》「岡山部落解放研究所紀要」 岡山部落解放研究所 （14）2006.5

宝福禅寺

井山宝福禅寺—古記を頼りに（杉愼吾）「高梁川」 高梁川流域連盟 （70）2012.12

北房町

北房町の鰤市（佐藤ハル子）「井原史談会会報」 井原史談会 87 2003.3

本山寺

作州の名刹本山寺を訪ねる（赤松雅子）「備陽史探訪」 備陽史探訪の会 103 2001.10

岡山の文化財 岩間山本山寺三重塔（角南勝弘）「きび野」 岡山県郷土文化財団（107）2007.9

古寺散歩 寺の性格 本山寺＆誕生寺（岡山県久米南町）（請川洋一）「郷土史紀行」 ヒューマン・レクチャー・クラブ（53）2008.7

石造物ウォッチング 本山寺の宝篋印塔と六角舎利塔（岡山県美咲町）（鎌倉健一）「郷土史紀行」 ヒューマン・レクチャー・クラブ（54）2008.9

政田

沖新田政田地区民俗調査中間報告（5）アンケート調査とその成果の概要（9月例会発表要旨）（吉原睦）「会報」 岡山民俗学会（203）2009.12

沖新田政田地区民俗調査・打ち合わせ会（安倉清博）「会報」 岡山民俗学会（203）2009.12

沖新田政田地区民俗調査中間報告（8）—沖新田の食生活（7月例会発表要旨）（森恵子）「会報」 岡山民俗学会（205）2010.11

沖新田政田地区民俗調査中間報告（9）—干拓地の夏まつり（9月例会発表要旨）（河合久和）「会報」 岡山民俗学会（205）2010.11

「沖新田・政田地区民俗調査」調査終了「会報」 岡山民俗学会（206）2011.05

7月例会報告 7月例会発表要旨 沖新田政田地区民俗調査中間報告（10）通過儀礼—葬送・墓制を中心に（学会記事）（鼉理恵子）「会報」 岡山民俗学会（207）2011.11

特別寄稿 「岡山市沖新田地区民俗調査報告書 干拓地・政田の民俗」を読んで（猪原千恵）「会報」 岡山民俗学会（212）2014.05

益原村

備前国和気郡益原村「杉本家」所蔵資料から見る不受不施派信仰の実相（平松典晃）「帝塚山大学大学院人文科学研究科紀要」 帝塚山大学大学院人文科学研究科（13）2011.03

真庭郡

岡山県真庭郡の「力石」（高島慎助）「岡山民俗」 岡山民俗学会 207 1997.8

真庭市

ご神体としての御柱—岡山県真庭市（旧落合町）上諏訪神社・下諏訪神社を事例として（〈式年祭の歴史民俗学的研究・中間報告〉）（小林純子）「民俗学研究所紀要」 成城大学民俗学研究所 30 2006.3

書誌紹介（会員によるもの）石田寛（著）「地理学のすすめ—ある地理人生エッセイ—」（2009年・古今書院）、『白寿を意識するに非ざれど』（2012年・吉備人出版）/立石憲利（編著）『真庭市の民話 第一集（南部編）』（2011年・真庭市教育委員会発行）、『真庭市の民話 第二集（北部編）』（2012年・真庭市教育委員会発行）（次田圭介）「会報」 岡山民俗学会（209）2012.11

真備町

資料紹介 真備町教育委員会所蔵紙本著色 冥土の旅絵巻 一巻（中田利枝子）「岡山県立博物館研究報告」 岡山県立博物館 通号23・24 2004.3

万富東大寺瓦窯跡

岡山東備の旅 万富東大寺瓦窯跡/閑谷学校「郷土史紀行」 ヒューマン・レクチャー・クラブ 14 2001.12

万福寺

日本三所虚空蔵菩薩（佐藤輝夫）「館山と文化財」 館山市文化財保護協会 32 1999.4

美甘村

写真でみる岡山の民俗 刈草グロ作り（美才村）「岡山民俗」 岡山民俗学会 212 1999.12

水島

日蝕と水島の戦い（志村平治）「史學義仲」 木曽義仲史学会（11）2010.3

三石

家紋について 守石（中嶋一美）「郷土誌三石城」 郷土誌三石城編集局 101 1998.4

三石の童唄（わらべうた）（小野義美）「郷土誌三石城」 郷土誌三石城編集局 118 2002.7

路上探検（2）この「渦巻き状の金具」ナ～ニ「郷土誌三石城」 郷土誌三石城編集局 118 2002.7

雑学（15）神式拝礼の作法「郷土誌三石城」 郷土誌三石城編集局 118 2002.7

雑学（19）一ケ、二ケ…/（20）八幡宮について「郷土誌三石城」 郷土誌三石城編集局 123 2003.10

御津紙工

備前国における日蓮宗不受不施派の諸相—御津紙工を中心に（学会記事—9月例会報告 9月例会発表要旨）（平松典晃）「会報」 岡山民俗学会（209）2012.11

御津紙工における日蓮宗不受不施派信仰について（赤田光男教授退職記念号）（平松典晃）「帝塚山大学大学院人文科学研究科紀要」 帝塚山大学大学院人文科学研究科（16）2014.03

御津紙工の不授不施派信仰について（学会記事—11月例会報告 11月例会発表要旨）（平松典晃）「会報」 岡山民俗学会（212）2014.05

御津高津

岡山市北区御津高津出土の備前焼—備前焼壺を転用した骨蔵器（長谷川一英）「岡山市埋蔵文化財センター研究紀要」 岡山市教育委員会（6）2014.03

南大窯跡

備前焼分類素案（2）南大窯跡出土遺物の検討から《《備前歴史フォーラム 備前と茶陶—16・17世紀の変革》》（石井啓）「備前市歴史民俗資料館紀要」 備前市歴史民俗資料館（9）2007.10

美作

美作の国で「陶棺」を見た（小島裂裟春）「備陽史探訪」 備陽史探訪の会 86 1998.12

岡山県美作のお盆（高谷飛鳥）「久里」 神戸女子民俗学会 7 1999.10

美作東部地域の農村歌舞伎（1）～（3）（今木義法）「岡山民俗」 岡山民俗学会 220/（223）2004.1/2005.7

《近世美作・備中・備前改宗問題関係資料集》「岡山部落解放研究所紀要」 岡山部落解放研究所（12）2004.3

平成19年度（第17期）財団法人全国税理士共栄会文化財団の助成金について 研究テーマ「美作地域における伝統芸能の研究」「美作地域史研究」 美作大学地域生活科学研究所美作地域史研究会（2）2009.01

美作地域における伝統芸能について—中近世の神楽を中心に（渡邊大門）「美作地域史研究」 美作大学地域生活科学研究所美作地域史研究会（別冊）2009.03

美作国分寺

平安時代後期の美作国分寺（湊哲夫）「博物館だより」 津山郷土博物館 37 2003.1

美作国

美作国式内社考証をめぐる諸問題—地域研究における「神社」の鎮座地比定に関連して（藤本頼生）「式内社のしおり」 式内社顕彰会 70 2004.8

美作国建国1300年 美作学講座—吉備の国分寺を探る「神楽尾」 神楽尾城跡保存協力会（46）2012.05

宮原

宮原獅子舞との出会い（上原和子）「作東の文化」 作東町文化協会（31）2005.10

妙覚寺

岡山県指定重要文化財 妙覚寺「世界図屛風」の研究（臼井洋輔）「岡山県立博物館研究報告」 岡山県立博物館 通号20 2000.3

岡山の文化財 妙覚寺「世界図屛風」（臼井洋輔）「きび野」 岡山県郷土文化財団 88 2003.1

妙教寺

最上稲荷青山妙教寺の近代建築群II（安川満，矢吹康博，安倉清博）「岡山市埋蔵文化財センター研究紀要」 岡山市教育委員会（3）2011.03

最上稲荷妙教寺の近代建築群III（安川満，矢吹康博，安倉清博）「岡山市埋蔵文化財センター研究紀要」 岡山市教育委員会（4）2012.03

妙福寺

資料 妙福寺「新寂帳」の6月29日「6.29岡山空襲研究」 6.29岡山空襲研究会（32）2000.4

虫明

学芸員ノート 特別陳列「虫明焼」（鈴木力郎）「岡山県立博物館だより」 岡山県立博物館（73）2010.3

「虫明焼」について（資料紹介）（鈴木力郎）「岡山県立博物館研究報告」　岡山県立博物館　通号31　2011.3

六島
大飛島・六島の本瓦葺き（早瀬哲恒）「昔風と当世風」　古々路の会　（84）　2003.4

聞き書き　昭和初期の笠岡市飛島、六島の食べものとくらし（丸山久子）「昔風と当世風」　古々路の会　（84）　2003.4

大飛島・六島の生業と民具（五十嵐稔）「昔風と当世風」　古々路の会　（84）　2003.4

笠岡諸島六島の葬送習俗（山崎祐子）「昔風と当世風」　古々路の会　（84）　2003.4

飛島・六島の伝承と生活（長野晃子）「昔風と当世風」　古々路の会　（84）　2003.4

海辺の民俗―笠岡市飛島・六島の聞き取り調査から（佐志原圭子）「昔風と当世風」　古々路の会　（85）2003.11

明禅寺城
湯迫の万燈会と明禅寺合戦（柴田一）「宇喜多家史談会会報」　宇喜多家史談会　5　2003.1

八重籬神社
八重籬神社誌「高梁方谷会報」　高梁方谷会　21　1999

矢坂山
2月例会報告 2月例会発表要旨 備前国御野郡式内社石門別神社と矢坂山伝承について（学会記事）（間野行治）「会報」　岡山民俗学会　（206）　2011.05

栅原町
栅原町の民話を共同調査（〈片山薫氏追悼〉）（立石憲利）「岡山民俗」　岡山民俗学会　218　2003.5

八幡
紹介 北村章編『備前国八幡八幡宮関係史料』（内池英樹）「岡山地方史研究」　岡山地方史研究会　（130）2013.09

山崎
岡山の文化財山崎の六地蔵磨崖仏（大月雄三郎）「きび野」　岡山県郷土文化財団　（96）2005.1

山手村
写真で見る岡山の民俗 サイキ様（山手村）「岡山民俗」　岡山民俗学会　217　2002.8

山本窯跡
真岡市山本窯跡（《備前歴史フォーラム 備前と茶陶―16・17世紀の変革》）（潮崎誠）「備前市歴史民俗資料館紀要」　備前市歴史民俗資料館　（9）　2007.10

勇崎
備中の塩田―勇崎と寄島について（歳森茂）「民具集積」　四国民具研究会　（9）　2003.9

由加
由加の伝説（原三正）「倉子城」　倉敷史談会，歯族社（発売）24　2000.12

由加山
金毘羅・由加山西参りの記（門田幸男）「備陽史探訪」　備陽史探訪の会　80　1997.12

瑜伽山
両参りとしての瑜伽参詣（前野雅彦）「岡山民俗」　岡山民俗学会　通号224　2006.2

瑜伽山を訪ねる 備前最大の霊地、瑜伽大権現から蓮台寺・由加神社に（大谷壽文）「高梁川」　高梁川流域連盟　通号67　2009.12

瑜伽参道
瑜伽参道の町石（大谷壽文）「高梁川」　高梁川流域連盟　（65）2007.12

瑜伽山門前町
近世瑜伽山門前町の様相について（平成24年度研究発表大会発表要旨）（吉原睦）「会報」　岡山民俗学会　（208）2012.05

近世後期を中心とする瑜伽山門前町の様相について―旅日記・名所案内の類いから（吉原睦）「岡山民俗」　岡山民俗学会　（233）2012.12

由加神社
神田・148名の顕彰碑にかえて 東塚・由加神社本殿新築「福田史談会会報」　倉敷・福田史談会　（166）2001.2

瑜伽山を訪ねる 備前最大の霊地、瑜伽大権現から蓮台寺・由加神社に（大谷壽文）「高梁川」　高梁川流域連盟　通号67　2009.12

瑜迦みち
田の口からの瑜迦みち（大谷寿文）「高梁川」　高梁川流域連盟　55

1997.12

養子山
岡山藩文書に見える養子山薬師堂（史料紹介）（別府信吾）「金光町史だより」　金光町史編纂室，金光町役場　（9）2004.3

余慶寺
岡山の文化財 余慶寺鐘楼（渋谷泰彦）「きび野」　岡山県郷土文化財団　74　1999.6

岡山県指定重要文化財餘慶寺梵鐘に関する一考察（臼井洋輔）「岡山県立博物館研究報告」　岡山県立博物館　通号22　2002.3

岡山の西大寺観音院と餘慶寺（斎藤孝）「史迹と美術」　史迹美術同攷会　72（9）通号729　2002.11

餘慶寺の元亀二年梵鐘銘について（報告要旨）（村上岳）「吉備地方文化研究」　就実大学吉備地方文化研究所　（13）2003.1

吉井川
吉井川の高瀬舟と民衆の生活（上）（西岡正浩）「東備」　東備歴史研究協議会　（11）2003.7

「備前石工」とその技術―吉井川周辺を歩く（北垣聡一郎）「岡山学こと始め：岡山市デジタルミュージアム開設準備室研究レポート」　岡山市デジタルミュージアム開設準備室　3　2004.3

吉井川の外輪船（乾康二）「博物館だより」　津山郷土博物館　（50）2006.4

吉川八幡宮
岡山の文化財 吉川八幡宮本殿（井上弘志）「きび野」　岡山県郷土文化財団　77　2000.3

岡山の文化財 吉川八幡宮當番祭（石井紀之）「きび野」　岡山県郷土文化財団　91　2003.9

吉藤
「ものもらい（ホイト）」に関する治療の方法と土地神―岡山県苫田郡鏡野町真経・吉藤を中心に（三村宣教）「法政人類学」　法政大学人類学研究会　通号75　1998.06

嫁いらず観音
嫁いらず（嫁楽）観音―中国・四国地方のポックリ（コロリ）信仰（松崎憲三）「西郊民俗」　［西郊民俗談話会］　（194）2006.3

寄島
備中の塩田―勇崎と寄島について（歳森茂）「民具集積」　四国民具研究会　（9）2003.9

鯉山
温羅伝説よりみた鯉山の解釈（中山薫）「高梁川」　高梁川流域連盟　（69）2011.12

両八幡神社
両八幡神社と神宮寺（鳴谷省三）「西江原史跡顕彰会報」　西江原史跡顕彰会　（20）1998.2

蓮昌寺
語り継ぐ空襲体験 蓮昌寺の思い出（東条恒子）「6.29岡山空襲研究」　6.29岡山空襲研究会　（25）1999.1

随想 蓮昌寺（戸田英二）「きび野」　岡山県郷土文化財団　（115）2009.09

蓮台寺
瑜伽山を訪ねる 備前最大の霊地、瑜伽大権現から蓮台寺・由加神社に（大谷壽文）「高梁川」　高梁川流域連盟　通号67　2009.12

和意谷
催事記録 和意谷お塚まつり（和意谷史跡保存会）「閑谷学校研究」　特別史跡閑谷学校顕彰保存会　（4）2000.5

和気神社
和気神社を訪ねて（大谷和弘）「わが町三原」　みはら歴史と観光の会　153　2003.12

和田
ウォーク＆トーク ふるさと紀行（6）和田の巻 「北向き地蔵さん」のこと（須々木宏起）「中庄の歴史」　中庄の歴史を語り継ぐ会　（8）2013.09

広島県

青ヶ城
伝承と史実の間―郷分町の青ヶ城を例に（田口義之）「備陽史探訪」　備陽史探訪の会　（176）2014.2

青河八幡神社
青河八幡神社の湯立て神事と県下の状況（米丸嘉一）「みよし地方史」　三次市地方史研究会　（80）2009.12

青河町
倉 民俗的アプローチ―三次市青河町の調査から（米丸嘉一）「みよし地方史」　三次市地方史研究会　（71）2006.12

安芸
「将軍舞」と「将軍遊」安芸の十二神祇の将軍舞（三村泰臣）「民俗芸能学会会報」　民俗芸能学会　39　1998.1

安芸の十二神祇と「将軍舞」（三村泰臣）「日本民俗学」　日本民俗学会　通号213　1998.2

方言語彙の個人性と社会性―安芸方言2地点の数量副詞にみる（岩城裕之）「内海文化研究紀要」　広島大学大学院文学研究科附属内海文化研究施設　通号27　1999.3

安芸武田氏ゆかりの神社仏閣「郷土史紀行」　ヒューマン・レクチャー・クラブ　9　2001.2

近世真宗における神社不拝の実態―真宗地帯安芸を事例として（引野亨輔）「地方史研究」　地方史研究協議会　51（3）通号291　2001.6

他宗門徒からみた「真宗地帯」安芸（引野亨輔）「芸備地方史研究」　芸備地方史研究会　229　2002.1

近世後期の神道講談と「真宗地帯」安芸（引野亨輔）「瀬戸内海地域史研究」　文献出版　9　2002.8

安芸門徒と御寄講（榎野育司）「ひがしひろしま郷土史研究会ニュース」　東広島郷土史研究会　338　2002.10

備前法華に安芸門徒の源流（小林定市）「備陽史探訪」　備陽史探訪の会　114　2003.10

安芸と周防の「将軍舞」―神楽における神がかりの意図をめぐって（三村泰臣）「山岳修験」　日本山岳修験学会，岩田書院（発売）（32）2003.11

近世真宗史研究の視角と課題―安芸門徒を素材に（児玉識）「芸備地方史研究」　芸備地方史研究会　240・241　2004.4

安芸の小早川氏と米山寺・仏通寺（斉藤孝）「史迹と美術」　史迹美術同攷会　75（10）通号760　2005.12

安芸の民話（2）百万一心（和田恵美子）「備陽史探訪」　備陽史探訪の会　（140）2008.2

安芸十二神祇神楽の価値（三村泰臣）「広島県文化財ニュース」　広島県文化財協会　（197）2008.7

石見神楽の中国山脈越え（5）石見そして安芸（竹内幸夫）「郷土石見：石見郷土研究懇話会機関誌」　石見郷土研究懇話会　（81）2009.08

安芸国分寺
安芸国分寺の東端を区画する築地塀を発見!!（西条町吉行）「阿岐のまほろば：（財）東広島市教育文化振興事業団文化センター報」　東広島市教育文化振興事業団　34　2006.3

安芸国分寺薬師如来坐像修理報告（桝義嗣）「ひがしひろしま郷土史研究会ニュース」　東広島郷土史研究会　（395）2007.7

古寺散歩 天平のロマン 安芸国分寺の塔（米田仁）「郷土史紀行」　ヒューマン・レクチャー・クラブ　（44）2007.8

史跡をあるく 安芸国分寺塔跡「芸備地方史研究」　芸備地方史研究会　（264）2009.02

絵手紙だより 国分寺仁王像（小川直子）「備陽史探訪」　備陽史探訪の会　（165）2012.04

安芸国分寺出土木簡と墨書土器をめぐって（第101回広島県文化財臨地研究会特集号）（佐竹昭）「広島県文化財ニュース」　広島県文化財協会　（218）2013.09

安芸国分寺の発掘・研究の成果（特集 最近の発掘調査・研究による新たな成果―「考古学から見た郷土の歴史」講座の報告）（妹尾周三）「芸備」　芸備友の会　（44）2014.12

安芸国分寺跡
安芸国分寺跡の発掘調査について（坂本忠暁）「ひがしひろしま郷土史研究会ニュース」　東広島郷土史研究会　293　1999.1

安芸国分寺跡01型式軒平瓦の伝播―寺院から駅館への瓦当笵型供給（中山学）「芸備」　芸備友の会　（32）2005.12

安芸国分寺跡03型式軒丸瓦について―瓦当文様が示唆する9世紀代の国分寺（《特集 古代遺跡の地域相研究》）（中山学）「芸備」　芸備友の会　（36）2008.11

安芸高田
安芸高田の鏑川伝説―ヤマタノオロチ前史伝承をめぐって（小原清）「あしなか」　山村民俗の会　281　2008.6

安芸高田市
県北の絵馬について―安芸高田市の状況（川尻真）「広島県文化財ニュース」　広島県文化財協会　（195）2008.3

毛利元就の故郷と神楽を訪ねる（宮城敏男）「光地方史研究」　光地方史研究会　（39）2013.03

安芸国
近世真宗本末制度再考―安芸国における二つの本末関係を事例に（引野亨輔）「史学研究」　広島史学研究会　（234）2001.10

安芸国と信州を結ぶ 弁財天（渡辺健）「郷土史紀行」　ヒューマン・レクチャー・クラブ　29　2004.9

安芸国衆と毛利氏（木村信幸）「発喜のしほり」　発喜会　（131）2009.04

近世後期における安芸国真宗講普及の影響について（沖野清治）「芸備地方史研究」　芸備地方史研究会　（267）2009.10

歴史講座「広島県の歴史」の記録 第1回「蒙古襲来と厳島神社」（講師 松井輝昭）/第2回「大内義隆の安芸国支配」（講師 中司健一）（動向）「芸備地方史研究」　芸備地方史研究会　（286）2013.06

安芸のはやし田
囃し田における所作と歌謡進行のメカニズム―安芸地方を中心に（松井今日子）「民俗芸能研究」　民俗芸能学会　（52）2012.03

安佐町飯室
広島市安佐町飯室、原田本踊り歌（久枝秀夫，友久武文）「広島民俗」　広島民俗学会　48　1997.8

愛宕池
町かど再発見 白神社と愛宕池「郷土史紀行」　ヒューマン・レクチャー・クラブ　7　2000.10

天戸神社
古社探訪（2）大佐・天戸神社六景（塩田迪）「郷土」　西城町郷土研究会　（97）2011.03

阿弥陀寺
周防阿弥陀寺を訪ねて（田房初江）「美多」　三田郷土史同好会　33　1999.2

あじさい寺 周防阿弥陀寺「郷土史紀行」　ヒューマン・レクチャー・クラブ　11　2001.6

ふる里の史跡 阿弥陀寺の湯屋/清盛の経塚「郷土史紀行」　ヒューマン・レクチャー・クラブ　24　2003.11

荒木家住宅
重要文化財荒木家住宅と重要文化財堀江家住宅の保存修理（木下純）「広島県文化財ニュース」　広島県文化財協会　（197）2008.7

有原天満宮
有原天満宮の『懸仏』（新祖隆太郎）「みよし地方史」　三次地方史研究会　（94）2014.08

有賀
豊松村有賀の「五輪塔」について（出内博都）「備陽史探訪」　備陽史探訪の会　118　2004.6

安国寺
安国寺釈迦堂の謎（釜谷勲）「備陽史探訪」　備陽史探訪の会　104　2001.12

安国寺蔵 重文・阿弥陀如来像胎内納入品（山岸素夫）「潮待ちの館資料館だより」　福山市鞆の浦歴史民俗資料館　28　2002.1

安国寺仏像内納入品（重文）をめぐって（資料館）「潮待ちの館資料館だより」　福山市鞆の浦歴史民俗資料館　31　2003.8

安国寺木像阿弥陀三尊立像胎内について（高桑いづみ）「潮待ちの館資料館だより」　福山市鞆の浦歴史民俗資料館　31　2003.8

安国寺仏像納入の横笛によせて使い込まれ修理、平安時代末の可能性も

（出口煌玲）「潮待ちの館資料館だより」 福山市鞆の浦歴史民俗資料館 31 2003.8

安国寺仏像内納入品をめぐって―草戸千軒町遺跡からの出土品との比較を通して（福原政文）「潮待ちの館資料館だより」 福山市鞆の浦歴史民俗資料館 31 2003.8

安国寺蔵阿弥陀如来像胎内納入品横笛について（田中敏長，大橋彩子）「潮待ちの館資料館だより」 福山市鞆の浦歴史民俗資料館 32 2004.2

安国寺の李朝仏画（釜谷勲）「潮待ちの館資料館だより」 福山市鞆の浦歴史民俗資料館 33 2004.8

安国寺阿弥陀如来三尊立像 胎内納入笛のレプリカ製作について（田中敏長）「潮待ちの館資料館だより」 福山市鞆の浦歴史民俗資料館 （34） 2005.2

ふる里の史跡 廃安国寺の石造仁王（広島県三原市大和町）「郷土史紀行」 ヒューマン・レクチャー・クラブ （40） 2006.9

安国寺仏像胎内納入品龍笛の歴史的位置付け（高桑いづみ）「潮待ちの館資料館だより」 福山市鞆の浦歴史民俗資料館 （39） 2007.9

X線から判明した安国寺横笛の構造（高桑いづみ）「潮待ちの館資料館だより」 福山市鞆の浦歴史民俗資料館 （41） 2008.11

安那郡

史料紹介 備後國安那郡社領寺領（小林定市）「備陽史研究山城志 ： 備陽史探訪の会機関誌」 備陽史探訪の会 （20） 2011.2

安福寺

広島県における石像物集成（2）―上下町安福寺所在の宝篋印塔について（時元省二）「芸備」 芸備友の会 27 1998.7

安楽院

ふる里の史跡 安楽院のイロハ石垣（世羅町甲山）「郷土史紀行」 ヒューマン・レクチャー・クラブ （38） 2006.3

今高野山旧安楽院の庫裡について（蔵橋純海夫）「研究紀要古里」 世羅郡文化財協会甲山地区部会 （12） 2012.03

医王寺

悲運…崇徳上皇と真言宗阿弥陀山医王寺（柿本光明）「備陽史探訪」 備陽史探訪の会 80 1997.12

新四国八十八ヶ所 医王寺文書（釜谷勲）「潮待ちの館資料館だより」 福山市鞆の浦歴史民俗資料館 26 2001.2

生口島

生口島鍛冶民俗ノート（藤田良樹）「民俗文化」 近畿大学民俗学研究所 （10） 1998.3

石原観音堂

石原観音堂（西城町の辻堂（3）旧八鳥村）（松川淳子，新田成美）「郷土」 西城町郷土研究会 71 1998.4

石原町

年中行事と子どもの様子―広島県三次市石原町の聞き取り調査報告（片山智恵美）「久里」 神戸女子民俗学会 （32） 2013.06

泉山城

中世の山城「宮の城」「泉山城」と梶尾神社について（田辺俊造）「広島県文化財ニュース」 広島県文化財協会 181 2004.5

磯神社

白井水軍 舟形石手洗鉢「郷土史紀行」 ヒューマン・レクチャー・クラブ 25 2004.1

五日市

五日市十二神祇（三村泰臣）「広島民俗」 広島民俗学会 52 1999.8

一貫田

瀬野公民館まつり 上瀬野村一貫田付近の地図展示「瀬野川流域郷土史懇話会会報」 瀬野川流域郷土史懇話会 （3） 2006.2

厳島

「平家納経と厳島の宝物展」鑑賞について「広島県文化財ニュース」 広島県文化財協会 155 1997.10

厳島の康頼燈篭と初対面（林みよ）「館山と文化財」 館山市文化財保護協会 31 1998.4

神仏習合と厳島（岡村正義）「かんべ」 可部郷土史研究会 83 1999.1

弁財天と厳島（多田隆）「故郷の花」 小郡市郷土史研究会 27 2002.5

聖徳太子伝の発展と寺家の学問―文保本太子伝所蔵の厳島縁起をめぐって（内田吉哉）「史泉 ： historical & geographical studies in Kansai University」 関西大学史学・地理学会 （96） 2002.7

厳島学講座 厳島の民俗―人々の生活を中心に（藤井昭）「広島県文化財ニュース」 広島県文化財協会 183 2004.6

厳島出土の経塚と遺品（向田裕始）「広島県文化財ニュース」 広島県文化財協会 183 2004.10

民俗学の視点から厳島を考える（藤井昭）「厳島研究 ： 広島大学世界遺産・厳島-内海の歴史と文化プロジェクト研究センター研究成果報告書」 世界遺産・厳島-内海の歴史と文化プロジェクト研究センター （2） 2006.3

講演 厳島と内海地域の民俗（《特集 厳島研究の過去・現在・未来―厳島神社世界遺産登録10周年記念》）（藤井昭）「芸備地方史研究」 芸備地方史研究会 （258・259） 2008.2

世界遺産・厳島―内海の歴史と文化研究―プロジェクト研究センターの紹介（《特集 厳島研究の過去・現在・未来―厳島神社世界遺産登録10周年記念》―厳島研究の最前線）（西別府元日）「芸備地方史研究」 芸備地方史研究会 （258・259） 2008.2

浅野長勲の「厳島」詩二首を鑑賞する―伝説・伝承の立場から（狩野充徳）「厳島研究 ： 広島大学世界遺産・厳島-内海の歴史と文化プロジェクト研究センター研究成果報告書」 世界遺産・厳島-内海の歴史と文化プロジェクト研究センター （4） 2008.3

中世における厳島信仰と法華経―能「厳島」誕生の背景（樹下文隆）「厳島研究 ： 広島大学世界遺産・厳島-内海の歴史と文化プロジェクト研究センター研究成果報告書」 世界遺産・厳島-内海の歴史と文化プロジェクト研究センター （4） 2008.3

厳島信仰のひろがり（岡崎環）「広島民俗」 広島民俗学会 （71） 2009.03

舞楽「抜頭」の渡来経路について（柳川順子）「厳島研究 ： 広島大学世界遺産・厳島-内海の歴史と文化プロジェクト研究センター研究成果報告書」 世界遺産・厳島-内海の歴史と文化プロジェクト研究センター （5） 2009.03

厳島（伊都岐島）弥山水精寺の性格と僧徒―厳島における神仏習合の様相（妹尾周三）「史学研究」 広島史学研究会 （265） 2009.08

厳島、弥山山頂の山宮と僧徒らの山籠修行（妹尾周三）「厳島研究 ： 広島大学世界遺産・厳島-内海の歴史と文化プロジェクト研究センター研究成果報告書」 世界遺産・厳島-内海の歴史と文化プロジェクト研究センター （6） 2010.03

広島大学図書館蔵『厳島の由来』（厳島縁起）翻刻と解題（妹尾好信）「厳島研究 ： 広島大学世界遺産・厳島-内海の歴史と文化プロジェクト研究センター研究成果報告書」 世界遺産・厳島-内海の歴史と文化プロジェクト研究センター （6） 2010.03

翻刻・県立広島大学蔵『厳島縁起』（樹下文隆）「宮島学センター年報」 県立広島大学宮島学センター （1） 2010.03

厳島門前町の宗教空間構造に関する一試論―ケガレの処理方法を手掛りとして（松井輝昭）「宮島学センター年報」 県立広島大学宮島学センター （2） 2011.3

厳島の能楽と桃花祭神能の成立をめぐって（樹下文隆）「宮島学センター年報」 県立広島大学宮島学センター （2） 2011.03

厳島の町家建築の年代測定結果（広島県内の文化財情報）（藤田盟児）「広島県文化財ニュース」 広島県文化財協会 （209） 2011.7

厳島における山岳信仰とその遺跡（山本義孝）「日本宗教文化研究」 日本宗教文化史学会 15（2）通号30 2011.11

研究余録（3）厳島門前町の宗教空間とその限界―「あし山」の立地条件を手掛かりとして（松井輝昭）「宮島学センター通信」 県立広島大学宮島学センター （3） 2012.3

史料紹介 厳島の奉納鏡―菊花散梵字鏡について（脇山佳奈）「芸備地方史研究」 芸備地方史研究会 （285） 2013.04

伊都岐島社

「伊都岐島社神主佐伯景弘解」に見える「大伴社」について（山口佳巳）「内海文化研究紀要」 広島大学大学院文学研究科附属内海文化研究施設 （36）/（37） 2008.3/2009.03

「伊都岐島社神主佐伯景弘解」提出の背景（山口佳巳）「厳島研究 ： 広島大学世界遺産・厳島-内海の歴史と文化プロジェクト研究センター研究成果報告書」 世界遺産・厳島-内海の歴史と文化プロジェクト研究センター （6） 2010.03

厳島社

近世安芸府中の祭祀秩序と朝廷権威―厳島社田所主膳の叙爵を手がかりに（井上智勝）「芸備地方史研究」 芸備地方史研究会 245・246 2005.4

『厳島宝前和歌』『厳島社奉納和歌』校注（石川一）「県立広島大学人間文化学部紀要」 県立広島大学 （6） 2011.02

石見民衆の道中記―近世後期の本山参詣と厳島社参詣（中安恵一）「古代文化研究」 島根県古代文化センター （22） 2014.03

厳島神社

自然災害と厳島神社（佃雅文）「広島県文化財ニュース」 広島県文化財協会 154 1997.9

世界文化遺産 厳島神社（藤倉隆二）「史友」 東京史蹟史談会 2 1998.2

〔資料紹介〕 明治期の厳島神社案内記〔正〕，（続）（高橋修三）「宮島の歴史と民俗」 宮島町立民俗資料館 14/15 1998.3/1999.3

宮島町・厳島神社の管絃祭（岡崎環）「広島県文化財ニュース」 広島県文化財協会 166 2000.9

江波の漕ぎ伝馬と厳島神社の管絃祭（高亀英作）「広島県文化財ニュー

中国　　　　　　　　　　　郷土に伝わる民俗と信仰　　　　　　　　　　　広島県

ス」 広島県文化財協会　166　2000.9

厳島神社参拝と厳島合戦の戦跡を訪ねて(児玉輝巳)「大内文化探訪：会誌」 大内文化探訪会　19　2001.2

「御判物帖」の成立とその背景―厳島神社の文書管理史の一齣(松井輝昭)「鈴峯女子短期大学人文社会科学研究集報」 鈴峯女子短期大学　49　2002.12

厳島神社の管弦祭参加(岩瀬博)「広島民俗」 広島民俗学会　59　2003.3

御島廻りに参加して 厳島神社御島廻式―第61回現地研究会報告(三村泰巳)「広島民俗」 広島民俗学会　60　2003.8

資料紹介 替状(厳島神社反故裏経紙背文書)(複製)(鈴木康之)「広島県立歴史博物館ニュース」 広島県立歴史博物館　57　2003.9

宮島厳島神社の鎮火祭(松崎哲)「郷土史紀行」 ヒューマン・レクチャー・クラブ　25　2004.1

厳島学講座 世界遺産と厳島神社―今、世界遺産委員会で話されていること(本中眞)「広島県文化財ニュース」 広島県文化財協会　180　2004.3

戦国時代の厳島神社における宝蔵納置文書について(松井輝昭)「内海文化研究紀要」 広島大学大学院文学研究科附属内海文化研究施設　(32)　2004.3

博物館アラカルト2 厳島神社所蔵「反故裏経紙背文書」「広島県立歴史博物館ニュース」 広島県立歴史博物館　60　2004.7

厳島神社の教部省上呈「古文書分類目録」の成立過程と焼失文書について(松井輝昭)「史学研究」 史学研究会　(246)　2004.9

厳島神社の歴史と芸能(福田道憲)「広島県文化財ニュース」 広島県文化財協会　183　2004.10

戦国時代の棚守所における厳島神社文書の管理について(松井輝昭)「鈴峯女子短期大学人文社会科学研究集報」 鈴峯女子短期大学　51　2004.12

仁治再造の厳島神社玉殿の復元(山田岳晴，三浦正幸)「内海文化研究紀要」 広島大学大学院文学研究科附属内海文化研究施設　(33)　2005.3

中世前期の厳島神社文書管理について(松井輝昭)「内海文化研究紀要」 広島大学大学院文学研究科附属内海文化研究施設　(33)　2005.3

ふる里の史跡 校倉造の宝蔵 厳島神社(宮島)/熊野神社(三次)/多家神社(府中町)「郷土史紀行」 ヒューマン・レクチャー・クラブ　36　2005.11

南北朝・室町時代における厳島神社の文書管理―「惣政所」と宝蔵納置文書の関わりをめぐって(松井輝昭)「鈴峯女子短期大学人文社会科学研究集報」 鈴峯女子短期大学　52　2005.12

『厳島神社書物目録』翻刻と解題(付・書名索引)(妹尾好信，相原宏美)「厳島研究 ： 広島大学世界遺産・厳島-内海の歴史と文化プロジェクト研究センター研究成果報告書」 世界遺産・厳島-内海の歴史と文化プロジェクト研究センター　(2)　2006.3

厳島神社廃絶社殿の復元的研究―仁治度再建社殿について(山口佳巳，三浦正幸)「内海文化研究紀要」 広島大学大学院文学研究科附属内海文化研究施設　(34)　2006.3

厳島神社管弦祭御供船をめぐって―広島城下町祭礼断章(西村晃)「広島県立文書館紀要」 広島県立文書館　(9)　2007.3

「滝宮」をめぐる伝説の史的意義について―厳島神社の内宮成立史の一視点(松井輝昭)「鈴峯女子短期大学人文社会科学研究集報」 鈴峯女子短期大学　54　2007.12

論説 中世前期の厳島神社における国衙祭祀と神事・祭礼の「場」(《特集 厳島研究の過去・現在・未来―厳島神社世界遺産登録10周年記念》)(松井輝昭)「芸備地方史研究」 芸備地方史研究会　(258・259)　2008.2

論説 仁治度厳島神社の廻廊間数及びその配置に関する考察(《特集 厳島研究の過去・現在・未来―厳島神社世界遺産登録10周年記念》)(山口佳巳)「芸備地方史研究」 芸備地方史研究会　(258・259)　2008.2

厳島における考古学研究の現状(《特集 厳島研究の過去・現在・未来―厳島神社世界遺産登録10周年記念》―厳島研究の最前線)(古瀬清秀)「芸備地方史研究」 芸備地方史研究会　(258・259)　2008.2

厳島神社御文庫「名山蔵」所蔵和漢古書仮目録(久保田啓一，妹尾好信，樹下文隆，西本寮子)「厳島研究 ： 広島大学世界遺産・厳島-内海の歴史と文化プロジェクト研究センター研究成果報告書」 世界遺産・厳島-内海の歴史と文化プロジェクト研究センター　(4)　2008.3

厳島神社の絵馬(講演録)(原田桂子)「広島県文化財ニュース」 広島県文化財協会　(195)　2008.3

戦国期における厳島神社への神馬の寄進(研究報告要旨)(村上寿珠)「芸備地方史研究」 芸備地方史研究会　(260・261)　2008.4

コラム 厳島神社舞楽抜頭の一子相伝について(《特集 雅楽と舞楽II》)(野坂元良)「季刊悠久.第2次」 鶴岡八幡宮悠久事務局　(114)　2009.01

仁治度厳島神社竈殿の復元的研究(山口佳巳)「厳島研究 ： 広島大学世界遺産・厳島-内海の歴史と文化プロジェクト研究センター研究成果報告書」 世界遺産・厳島-内海の歴史と文化プロジェクト研究セン

ター　(5)　2009.03

厳島神社五重塔の建立年代について(山口佳巳)「史学研究」 広島史学研究会　(264)　2009.06

仁治度厳島神社の社殿(山口佳巳)「広島大学総合博物館研究報告」 広島大学総合博物館　(1)　2009.12

史料紹介 厳島神社蔵瀧戸本「房顕記」の紹介とその意義(松井輝昭)「宮島学センター年報」 県立広島大学宮島学センター　(1)　2010.03

戦国期厳島神社の神事・祭礼―棚守房顕と大願寺(特集 戦国時代の地方文化を考える―研究報告要旨)(大知徳子)「芸備地方史研究」 芸備地方史研究会　(270・271)　2010.04

調査報告 宮島 社寺のまつり 厳島神社御島廻り御島喰式(米田幸寿)「まつり通信」 まつり同好会　51(1)通号551　2011.01

神社祭礼に見るモノと心 研究フォーラム「やしろとまつり―社殿は何を伝えるか」 神社建築の歴史(三浦正幸)/社殿の分布と文化財指定(池谷浩一)/厳島神社と玉殿(山田岳晴)/鴨庄における祭礼と社殿(新木直安)「伝統文化のモノと心 ： 國學院大學研究開発推進機構伝統文化リサーチセンター・ニュースレター」 國學院大學研究開発推進機構伝統文化リサーチセンター　(4)　2011.02

仁治度厳島神社御厨の構造型式について(山口佳巳)「厳島研究 ： 広島大学世界遺産・厳島-内海の歴史と文化プロジェクト研究センター研究成果報告書」 世界遺産・厳島-内海の歴史と文化プロジェクト研究センター　(7)　2011.03

厳島神社の武具について―甲冑と弓・矢(近藤好和)「厳島研究 ： 広島大学世界遺産・厳島-内海の歴史と文化プロジェクト研究センター研究成果報告書」 世界遺産・厳島-内海の歴史と文化プロジェクト研究センター　(7)　2011.03

近世厳島神社の財政について(中山富広)「内海文化研究紀要」 広島大学大学院文学研究科附属内海文化研究施設　(39)　2011.03

フィールドワーク「大願寺と厳島神社春の名品展参観」/フィールドワーク「管弦祭」「宮島学センター通信」 県立広島大学宮島学センター　(2)　2011.03

調査報告 宮島 社寺のまつり 厳島神社・大聖院の鎮火祭(晦日山伏)(米田幸寿)「まつり通信」 まつり同好会　51(2)通号552　2011.03

吉川元春書状と厳島神社の元亀二年遷宮(大知徳子)「宮島学センター年報」 県立広島大学宮島学センター　(2)　2011.03

仁治度厳島神社朝座屋の復元考察(山口桂巳)「芸備地方史研究」 芸備地方史研究会　(275・276)　2011.04

調査報告 宮島 社寺のまつり 厳島神社の玉取祭(延年祭、玉取延年祭)(米田幸寿)「まつり通信」 まつり同好会　51(5)通号555　2011.09

安芸の宮島 厳島神社を訪ねて(正久武則)「ふるさと」 橘郷土会　(34)　2012.02

県民の寄付で再建された厳島神社大鳥居(西村晃)「広島県立文書館だより」 広島県立文書館　(36)　2012.03

今月の各地 平清盛が厳島神社へもたらしたもの(大本静人)「わが町三原」 みはら歴史と観光の会　253　2012.04

厳島神社と平清盛(1)～(5)(大本静人)「わが町三原」 みはら歴史と観光の会　255/260　2012.06/2012.11

平清盛の史跡「音戸の瀬戸・厳島神社」めぐり(特集 平清盛と平家伝説―研究発表 歴史散歩・文化財紹介)(阿井康憲)「ひろしま県史協」 広島県郷土史研究協議会　(30)　2012.12

厳島神社と平清盛(6) 8.平氏滅亡とその後の厳島神社(大本静人)「わが町三原」 みはら歴史と観光の会　261　2012.12

厳島神社と平清盛(完結編) 9.おわりに(大本静人)「わが町三原」 みはら歴史と観光の会　262　2013.01

掲示板 史跡探訪 広島県竹原市街並み・安芸の宮島厳島神社「瓦版 ： 柳川郷土研究会会誌「水郷」付録」 柳川郷土研究会　(41)　2013.03

厳島神社文書の史料性をめぐる諸問題―近年の「偽文書論」を中心に(研究ノート)(渡辺滋)「ヒストリア ： journal of Osaka Historical Association」 大阪歴史学会　(237)　2013.04

歴史講座「広島県の歴史」の記録 第1回「蒙古襲来と厳島神社」(講師 松井輝昭)/第2回「厳島神社の安芸国支配」(講師 中司俊一)(動向)「芸備地方史研究」 芸備地方史研究会　(286)　2013.06

7月例会発表要旨 厳島神社の管弦楽と伝播(学会記事―7月例会報告)(井上靖子)「会報」 岡山民俗学会　(211)　2013.11

『広島県神社誌』における厳島神社関係目録(山田優子)「厳島研究 ： 広島大学世界遺産・厳島-内海の歴史と文化プロジェクト研究センター研究成果報告書」 世界遺産・厳島-内海の歴史と文化プロジェクト研究センター　(10)　2014.03

厳島神社における月次連歌の成立とその史的意義(松井輝昭)「県立広島大学人間文化学部紀要」 県立広島大学　(9)　2014.03

研究余録(5) 厳島神社の東廻廊(大知徳子)「宮島学センター通信」 県立広島大学宮島学センター　(5)　2014.03

厳島神社本殿における祭式行事作法の特殊性と祭神移動について(研究発表要旨)(中道豪一)「芸備地方史研究」 芸備地方史研究会　(290)　2014.04

広島県　　郷土に伝わる民俗と信仰　　中国

渡邊雲僊(5)―厳島神社にある絵馬について、そして作品供覧「発喜の
しほり」 発喜会 (151) 2014.04

講演資料 厳島神社の海上社殿と「大日如来」―神主佐伯景弘の活躍した
時代をめぐって(松井輝昭)「ひろしま県史協」 広島県郷土史研究協
議会 (32) 2014.10

厳嶋大明神
岩国市中央図書館蔵『厳嶋大明神御縁起』翻刻と解題(妹尾好信)「厳島
研究 : 広島大学世界遺産・厳島-内海の歴史と文化プロジェクト研究
センター研究成果報告書」 世界遺産・厳島-内海の歴史と文化プロ
ジェクト研究センター (8) 2012.03

翻刻『厳嶋大明神縁記』(安永三年写・架蔵A本)(妹尾好信)「厳島研究
: 広島大学世界遺産・厳島-内海の歴史と文化プロジェクト研究セン
ター研究成果報告書」 世界遺産・厳島-内海の歴史と文化プロジェク
ト研究センター (9) 2013.03

翻刻『厳嶋大明神前今記』(明和九年写・架蔵B本)―附A・B二本解題
(妹尾好信)「厳島研究 : 広島大学世界遺産・厳島-内海の歴史と文化
プロジェクト研究センター研究成果報告書」 世界遺産・厳島-内海の
歴史と文化プロジェクト研究センター (10) 2014.3

糸崎神社
糸崎神社 元日祭(下西勝彦)「わが町三原」 みはら歴史と観光の会 82
1998.1

糸崎神社の烏帽子岩所替え神事(下西勝彦)「わが町三原」 みはら歴史と
観光の会 95 1999.2

糸碕神社
糸碕神社 夏越し祭(下西勝彦)「わが町三原」 みはら歴史と観光の会
87 1998.6

歳事記 県内一の巨木 糸碕神社のクスノキ(石丸啓造)「わが町三原」 み
はら歴史と観光の会 92 1998.7

御調特集(64) 御調の地名に由来する糸碕神社「月刊歴史ジャーナル」
NPO法人尾道文化財研究所 (101) 2012.05

表紙 糸碕神社の例大祭 こども相撲の奉納 写真提供：糸碕神社「わが町
三原」 みはら歴史と観光の会 283 2014.10

糸崎天神社
糸崎天神社の沿革について(高津昭美)「わが町三原」 みはら歴史と観光
の会 71 1997.2

稲草八幡神社
稲草八幡神社(新田成美)「郷土」 西城町郷土研究会 80 2001.9

稲荷(稲生)神社
浅野氏と稲荷(稲生)神社(後藤千賀子)「みよし地方史」 三次市地方史
研究会 (90) 2013.04

井仁
日本棚田百選―井仁の棚田の民俗(神田三亀男)「広島民俗」 広島民俗学
会 54 2000.8

風物詩 井仁の棚田(広島県安芸太田町)「郷土史紀行」 ヒューマン・レ
クチャー・クラブ (44) 2007.8

猪子迫
尾道市無形民俗文化財「猪子迫大獅子舞」について(宇根元了)「広島県
文化財ニュース」 広島県文化財協会 172 2002.3

猪子迫大獅子舞 夜空に輝き20年「三訪会会報」 三成学区の歴史と自然
を訪ねる会 (60) 2013.01

伊福寺
伊福寺と鉄との関わり(宍戸大観)「瀬野川流域郷土史懇話会会報」 瀬野
川流域郷土史懇話会 (9) 2009.2

今伊勢宮
神村・今伊勢宮の社伝をめぐって(棗田東国)「備陽史探訪」 備陽史探訪
の会 91 1999.10

今高野山
今高野山(含、子院)の歴代住職について(蔵橋純海夫)「研究紀要古里」
世羅郡文化財協会甲山地区部会 (14) 2014.03

今津町
福山市今津町の現代とんど行事(藤井高一郎)「文化財ふくやま」 福山市
文化財協会 32 1997.6

今津村
今津村と旅役者・旅芸人(山下洋)「アーカイブスふくやま」 福山市
(1) 2010.10

今西家住宅
10月例会概要報告 今井町・今西家住宅の見所 古文書の魅力「ひがしひ
ろしま郷土史研究会ニュース」 東広島郷土史研究会 (459) 2012.11

妹背の滝
広島藩絵師・岡岷山の描いた滝社と婉の夫婦滝 妹背の滝「郷土史紀行」
ヒューマン・レクチャー・クラブ 33 2005.5

入江
御調特集(91) 入江の地蔵堂「月刊歴史ジャーナル」 NPO法人尾道文
化財研究所 (128) 2014.08

入江神社
長浜入江神社縁起と「妙好人伝」について(小栗康治)「広郷土史研究会
ニュース」 広郷土史研究会 (10) 1999.2

広村支郷入江神社縁起(上田勝)「広郷土史研究会ニュース」 広郷土史研
究会 (10) 1999.2

入江神社由緒碑及び歴代神主紹介(藤田一郎)「広郷土史研究会ニュー
ス」 広郷土史研究会 (18) 1999.10

長浜・入江神社祭礼行事の思い出(中福貫一)「広郷土史研究会ニュース」
広郷土史研究会 (21) 2000.1

岩井堂観音
御調特集(73) 岩井堂観音「月刊歴史ジャーナル」 NPO法人尾道文化
財研究所 (110) 2013.02

岩子島
全国厳島神社参拝記(3) 岩子島厳島神社・管弦祭「宮島学センター通
信」 県立広島大学宮島学センター (3) 2012.03

岩清水八幡宮
岩清水八幡宮について(1)(井東茂夫)「ひがしひろしま郷土史研究会
ニュース」 東広島郷土史研究会 371 2005.7

石清水八幡宮
安芸国賀茂郡吉行村石清水八幡宮について(2)～(4)(井東茂夫)「ひが
しひろしま郷土史研究会ニュース」 東広島郷土史研究会 372/374
2005.8/2005.10

岩山観音堂
岩山観音堂由来記(根岸尚克)「備陽史探訪」 備陽史探訪の会 (137)
2007.8

因島
備後向島・因島の村上姓の伝承と分布をめぐって(池田剛)「民俗文化」
近畿大学民俗学研究所 (10) 1998.3

村上水軍本拠地因島と大山祇神社を訪ねて(山下恒夫)「徳山地方郷土
研究」 徳山地方郷土史研究会 23 2002.3

因島大浜町
表紙写真 三献の儀(全国水軍祭)(尾道市因島大浜町にて)「月刊歴史
ジャーナル」 NPO法人尾道文化財研究所 (105) 2012.09

因島水軍城
しまなみ海道をゆく 因島白滝山の石仏たちと因島水軍城「郷土史紀行」
ヒューマン・レクチャー・クラブ 2 1999.12

因島中庄町
尾道市因島中庄町の秋祭を歩く―平成23年度の神事より(藤井佐美)「尾
道文学談話会会報」 尾道大学芸術文化学部日本文学科 (3) 2012.12

生石子神社
瀬野川歴史散歩 生石子神社について(正藤英夫)「瀬野川郷土史研究会会
報」 瀬野川郷土史研究会 32 2003.1

ふるさと探訪(4) 生石子神社(古川了永)「瀬野川流域郷土史懇話会会
報」 瀬野川流域郷土史懇話会 (6) 2007.8

艮社
御調特集(89) 艮社(貝ヶ原)「月刊歴史ジャーナル」 NPO法人尾道文
化財研究所 (126) 2014.06

艮神社
三次地方の石像物の謎―吉舎町敷地艮神社の狛犬など(中畑和彦)「みよ
し地方史」 三次市地方史研究会 48 1998.9

史跡をあるく 尾道艮神社「芸備地方史研究」 芸備地方史研究会
(272) 2010.06

牛の首観音堂
「目で見る矢野町史」その後(6)―牛の首観音堂(編集室)「発喜のしほ
り」 発喜会 102 2002.1

宇津神社
広島県呉市大崎下島大長の宇津神社棟札(山口佳巳)「広島大学総合博物
館研究報告」 広島大学総合博物館 (3) 2011.12

宇山
「宇山姫物語」と篠笛ロマン 山城探訪会報告(原田淳子，谷本操)「ひが

中国　　　　　　　　　郷土に伝わる民俗と信仰　　　　　　　　　広島県

しひろしま郷土史研究会ニュース」　東広島郷土史研究会　（472）
2013.12

浦島神社
浦島まつり・藤井川の夕べ「三訪会会報」　三成学区の歴史と自然を訪
ねる会　（69）2014.07

雲入寺
西神崎・雲入寺再建棟札（蔵橋純海夫）「研究紀要古里」　世羅郡文化財協
会甲山地区部会　（13）2013.03

永寿寺
周辺の史跡　永寿寺の木造阿弥陀如来坐像（世羅町）「郷土史紀行」
ヒューマン・レクチャー・クラブ　（50）2008.2

駅家町服部永谷
駅家町服部永谷の「コレラ地蔵」によせて（井上新一）「文化財ふくやま」
福山市文化財協会　32　1997.6

絵下
絵下観音堂/うら町/高下谷の棚田「発喜のしほり」　発喜会　（127）
2008.4

絵下谷
絵下谷銅剣について（吉田広）「発喜のしほり」　発喜会　92　1999.7

江田
御調特集（90）江田地区の辻堂（薬師堂、子安観音堂、歯痛止地蔵堂）「月
刊歴史ジャーナル」　NPO法人尾道文化財研究所　（127）2014.07
表紙写真　薬師如来坐像（尾道市御調江田地区）「月刊歴史ジャーナル」
NPO法人尾道文化財研究所　（127）2)14.07

江田島鷹宮
二つの鷹宮の伝承―江田島鷹宮と矢野鷹ノ宮（正井秀雄）「発喜のしほ
り」　発喜会　（119）2006.4

江波
民話 おさん狐（広島市中区江波）「郷土史紀行」　ヒューマン・レク
チャー・クラブ　4　2000.4
江波の漕ぎ伝馬と厳島神社の管絃祭（高亀英作）「広島県文化財ニュー
ス」　広島県文化財協会　166　2000.9
江波焼・小谷焼の窯道具の紹介（中溝理恵、長石紀子）「芸備」　芸備友の
会　（32）2005.12

胡神社
御調特集（79）堂さん（胡神社）（住貞義量）「月刊歴史ジャーナル」
NPO法人尾道文化財研究所　（116）2013.08

江良
倉光・江良・坊寺の史跡・文化財を尋ねて（井上新一）「文化財ふくやま」
福山市文化財協会　35　2000.6

円通閣
円通閣/出征した千体仏（須崎寛二）「南陽の歴史 ： 南陽の歴史を語る会
会報」　南陽の歴史を語る会　（178）2010.08

大朝
豊平・千代田・大朝三町の史跡を訪ねて―吉川元春館跡/万徳院跡/小倉
山城跡/天狗シデ「かんべ」　可部郷土史研究会　97　2002.7

大君
平家伝説の郷「大君」「かんべ」　可部郷土史研究会　（122）2012.12

大行山
修験の場 大行・小行山（伊勢村武司）「古里のあゆみ」　神石町郷土史研
究会　（37）1997.3

大草
備北山地の棚田の民俗―比婆郡口和町大竜（神田三亀男）「広島民俗」　広
島民俗学会　53　2000.3

大崎下島
広島県豊田郡豊町大崎下島方言の「潮」の語彙（室山敏昭）「内海文化研
究紀要」　広島大学大学院文学研究科附属内海文化研究施設　通号26
1998.3

大地蔵
下蒲刈島大地蔵の網漁（原田三代治）「広島民俗」　広島民俗学会　50
1998.8

大島神社
三原城下を一望できる大島神社 大島神社の鳥居と眺望 H26.8.17 撮影：
鈴木健次（宮浦）「わが町三原」　みはら歴史と観光の会　282　2014.09

太田川
太田川船の捩れについて（幸田光温）「民具研究」　日本民具学会　（123）
2001.1
中国地方の川舟（3）太田川（幸田光温）「広島民俗」　広島民俗学会
（64）2005.8

大竹市
大竹市の神楽（三村泰臣）「広島民俗」　広島民俗学会　58　2002.8

太田家住宅
重要文化財太田家住宅保命酒造の調査報告（木田安典）「広島県文化財
ニュース」　広島県文化財協会　157　1998.6
太田家住宅発掘調査について（福山市教育委員会）「広島県文化財ニュー
ス」　広島県文化財協会　157　1998.6
重要文化財「太田家住宅」保存修理完成（福山市教育委員会文化課）「文
化財ふくやま」　福山市文化財協会　37　2002.5
太田家住宅の茶室―もてなしの空間（釜谷勲）「潮待ちの館資料館だよ
り」　福山市鞆の浦歴史民俗資料館　29　2002.8

大田庄
歴史余滴 高野山領大田庄の領域における宝篋印塔について（植田崇文）
「芸備地方史研究」　芸備地方史研究会　（285）2013.04

大利河内神社
大利河内神社の燈籠（後藤匡史）「備陽史探訪」　備陽史探訪の会　（139）
2007.12

大歳社
筒賀・大歳社の神楽（三村泰臣）「広島民俗」　広島民俗学会　55　2001.3

大歳神社
大歳神社の「昼神楽」（三村泰臣）「まつり通信」　まつり同好会　40（3）
通号469　2000.2
「昼神楽」の形式とその意図―山県郡戸河内町大歳神社の事例から（三村
泰臣）「広島民俗」　広島民俗学会　53　2000.3
大歳神社・弁天神社創建について（小栗康治）「広郷土史研究会ニュース」
広郷土史研究会　（33）2001.1

大野
大野よもやま話迎え地蔵さん・古代の道（中島絹江）「郷土史紀行」
ヒューマン・レクチャー・クラブ　34　2005.7

大原
大原の地の一考察―伝承・史跡・文化財から「研究紀要古里」　世羅郡文
化財協会甲山地区部会　（12）2012.3

大原神社
原 大原神社の宝篋印塔（吉野勲）「木綿間 ： 岡垣歴史文化研究会年報」
岡垣歴史文化研究会　（29）2011.04
大原神社「広島美奈美国風土記」　広島市南区役所市民部区政振興課
（17）2014.03

大宮八幡宮
中世の宮座関係文書―大宮八幡宮神主堀江家文書から（長沢洋）「広島県
立文書館だより」　広島県立文書館　（37）2013.03

大屋
大屋地区の地神信仰（2）（田地春江）「郷土」　西城町郷土研究会　68
1997.4

大山
「伝」中世の刀工大山鍛冶と現存刀「瀬野川郷土史研究会会報」　瀬野川
郷土史研究会　26　2000.1

大山神社
史跡をあるく 大山神社（菊池達也）「芸備地方史研究」　芸備地方史研究
会　（288・289）2014.03

大山祇神社
大山祇神社（大三島町）等の実地研修（平原彰）「瀬野川郷土史研究会会
報」　瀬野川郷土史研究会　28　2001.1
大山祇神社と一人角力（佐道弘之）「文化財ふくやま」　福山市文化財協会
36　2001.5

意加美神社
意加美神社（新田成美）「郷土」　西城町郷土研究会　80　2001.9

沖神社
備後史談 尾道の力石と沖神社について（岡田宏一郎）「備陽史探訪」　備
陽史探訪の会　（180）2014.10

小国
世羅町小国の荒神信仰（王倩予，三村泰臣）「広島民俗」　広島民俗学会

（68）2007.8

小倉神社

小倉神社祭神（加藤宣子）「ひがしひろしま郷土史研究会ニュース」 東広島郷土史研究会 296 1999.4

周辺の史跡菖蒲前ゆかりの小倉神社「郷土史紀行」 ヒューマン・レクチャー・クラブ 33 2005.5

小倉山

小倉山縁起考（西沢秀次）「ひがしひろしま郷土史研究会ニュース」 東広島郷土史研究会 296 1999.4

尾崎神社

『目で見る矢野町史』（社寺編）その後（8）―尾崎神社のこと（編集室）「発喜のしほり」 発喜会 106 2003.1

『目で見る矢野町史』（社寺編）その後（9）―尾崎神社の石段ほか（編集室）「発喜のしほり」 発喜会 110 2004.1

矢野ひと・まち 安芸区の尾崎神社「頂戴」「発喜のしほり」 発喜会（138）2011.01

渡邊雲傭（4）―「尾崎神社」の絵馬と「住吉社」の風景画「発喜のしほり」 発喜会（150）2014.01

渡邊雲傭（6）―尾崎神社の「釣鐘弁慶」（渡邊雲傭）と「山姥」（作者不明）の絵馬について「発喜のしほり」 発喜会（152）2014.07

尾関神社

芸北町の尾関神社（藤村耕市）「みよし地方史」 三次市地方史研究会 56 2001.6

男山神社

男山神社・神幸神社の獅子舞（秋田隆幸）「広島県文化財ニュース」 広島県文化財協会 172 2002.3

尾道

古寺のまち尾道（岡村正義）「かんべ」 可部郷土史研究会 85 1999.7

屋根のまち・尾道（尾道・瀬戸田方面探訪）（田中元）「伊予市の歴史文化」 伊予市歴史文化の会 46 2002.3

尾道石工の成立について―残された石造物から（佐藤昭嗣）「みよし地方史」 三次市地方史研究会 64 2004.8

おのみち文学のこみちと古利散策（小沢園枝）「徳山地方郷土史研究」 徳山地方郷土史研究会 26 2005.3

中世尾道の浄土宗西山派の寺院について（堤勝義）「備陽史探訪」 備陽史探訪の会（133）2006.12

備中南部における石製宮獅子―尾道石工の影響を中心に（藤原好二）「倉敷の歴史」 倉敷市総務局総務部（17）2007.3

ふる里の史跡 備後国尾道の石工「郷土史紀行」 ヒューマン・レクチャー・クラブ（45）2007.9

特集 変わり行く子どもたちの正月の遊び「月刊歴史ジャーナル」 NPO法人尾道文化財研究所（97）2012.01

特集 尾道の「厳島神社」ってどこ??「月刊歴史ジャーナル」 NPO法人尾道文化財研究所（98）2012.02

特集 ひな祭り雑感「月刊歴史ジャーナル」 NPO法人尾道文化財研究所（98）2012.02

尾道民話かるた（歴史トピックス）「月刊歴史ジャーナル」 NPO法人尾道文化財研究所（99）2012.03

隠れた歴史スポット 尾道最古の磨崖仏「月刊歴史ジャーナル」 NPO法人尾道文化財研究所（99）2012.03

特集 尾道でのお正月の魚といえば、鰤に鮭?? なぜ、北前船が尾道に??「月刊歴史ジャーナル」 NPO法人尾道文化財研究所（108）2012.12

尾道の山根（屋）系石工と石造物について（狛犬を中心に）（研究レポート）（岡田宏一郎）「備陽史探訪」 備陽史探訪の会（171）2013.4

井戸に導かれ―尾道の発展「かみのらぼ」 尾道市立大学芸術文化学部（1）2013.7

尾道石工による石造物「三成会会報」 三成学区の歴史と自然を訪ねる会（66）2014.1

尾道型狛犬の変遷（藤原好二）「岡山市埋蔵文化財センター研究紀要」 岡山市教育委員会（6）2014.03

備後尾道周辺の特殊神事の報告（尾多賀晴悟）「広島民俗」 広島民俗学会（82）2014.08

備後史談 尾道の力石と沖神社について（岡田宏一郎）「備陽史探訪」 備陽史探訪の会（180）2014.10

尾道市

尾道市の神楽（西井亨）「広島民俗」 広島民俗学会（78）2012.08

とせんのはなし「かみのらぼ」 尾道市立大学芸術文化学部（1）2013.07

表紙写真 住吉神社玉垣（尾道市）「月刊歴史ジャーナル」 NPO法人尾道文化財研究所（122）2014.07

御尋申上候 旧暦六月一日に食べる風習がある「ふなやき」について（岡

田宏一郎）「備陽史探訪」 備陽史探訪の会（178）2014.06

オハグロ池

「オハグロ池」伝説のこと（山本雅典）「発喜のしほり」 発喜会（117）2005.10

御許神社

御許神社（福岡幸司）「わが町三原」 みはら歴史と観光の会 124 2001.7

御許神社 見取り図（仁内弘）「わが町三原」 みはら歴史と観光の会 124 2001.7

お芳ガ淵

「お芳ガ淵」伝説（小栗康治）「広郷土史研究会ニュース」 広郷土史研究会（43）2001.11

音戸の瀬戸

平清盛と音戸の瀬戸開削伝（阿井康憲）「ひろしま県史協」 広島県郷土史研究協議会（29）2011.10

平清盛の史跡「音戸の瀬戸・厳島神社」めぐり（特集 平清盛と平家伝説―研究発表 歴史散歩・文化財紹介）（阿井康憲）「ひろしま県史協」 広島県郷土史研究協議会（30）2012.11

音戸

広島県 音戸の舟唄保存会（民謡・民舞特集）（坪井秀則）「公益社団法人 全日本郷土芸能協会会報」 全日本郷土芸能協会（56）2009.07

音戸瀬戸

平清盛と平家伝説・音戸瀬戸とその近辺（特集 平清盛と平家伝説―研究発表 平清盛と平家伝説編）（上河内良平）「ひろしま県史協」 広島県郷土史研究協議会（30）2012.11

平清盛音戸瀬戸「日招き」開削伝説の形成と浸透（特集 平氏研究の最前線）（下向井龍彦）「芸備地方史研究」 芸備地方史研究会（282・283）2012.12

貝ヶ原

御調特集（87）地蔵院（貝ヶ原）「月刊歴史ジャーナル」 NPO法人尾道文化財研究所（124）2014.04

御調特集（88）観音堂（貝ヶ原）「月刊歴史ジャーナル」 NPO法人尾道文化財研究所（125）2014.05

海田

海田熊野神社の絵馬（三十六歌仙）「瀬野川郷土史研究会会報」 瀬野川郷土史研究会 26 2000.1

安芸、備後の鋳物師（1）―海田の植木氏について（妹尾周三）「芸備地方史研究」 芸備地方史研究会 219 2000.2

貝野

貝野のお地蔵さん（能満寺）「わが町三原」 みはら歴史と観光の会 100 1999.7

楽音寺

楽音寺縁起絵巻に見る刳桶（鈴木康之）「広島県立歴史博物館研究紀要」 広島県立歴史博物館（3）1997.12

安芸国楽音寺蔵大般若波羅密多経の奥書等について（白井比佐雄）「広島県立歴史博物館研究紀要」 広島県立歴史博物館（5）2000.7

京洛で購われた大般若経―楽音寺大般若経のうち応永25年銘経について（加増啓二）「広島県立歴史博物館研究紀要」 広島県立歴史博物館（5）2000.7

資料紹介―楽音寺所蔵十二神将頭内墨書銘について（木村信幸）「広島県立歴史博物館研究紀要」 広島県立歴史博物館（9）2007.3

加計

加計の石匠たち（神田三亀男）「広島民俗」 広島民俗学会 55 2001.3

瘡神社

瘡神社のルーツは？（山本公恵）「わが町三原」 みはら歴史と観光の会 234 2010.09

梶尾

将軍正行―山県郡筒賀村梶尾神楽将軍祭文（三村泰臣）「広島民俗」 広島民俗学会 48 1997.8

梶尾神社

中世の山城「宮の城」「泉山城」と梶尾神社について（田辺俊造）「広島県文化財ニュース」 広島県文化財協会 181 2004.5

梶島山

郷土探訪 引野梶島山の首無地蔵の首が還ってきた（三好勝芳）「備陽史探訪」 備陽史探訪の会（157）2010.12

郷土探訪 引野の梶島山に四ツ堂があった（三好勝芳）「備陽史探訪」 備陽史探訪の会（173）2013.08

| 中国 | 郷土に伝わる民俗と信仰 | 広島県 |

柏島神社
安浦町・柏島神社の管絃祭 (西原真)「広島県文化財ニュース」 広島県文化財協会　166　2000.9

春日神社
春日神社、1150年を迎えて (後藤匡史)「備陽史探訪」 備陽史探訪の会　(154)　2010.06

金砡神社
広島市の早期古墳 須賀谷古墳と「金砡神社由来記」(柿本一征)「郷土史紀行」 ヒューマン・レクチャー・クラブ　21　2003.2

甲山
仏像理解のために「研究紀要古里」 世羅郡文化財協会甲山地区部会　(11)　2011.03

兜山観音
平家伝説・旧阿賀村の兜山観音 (特集 平清盛と平家伝説—研究発表 平清盛と平家伝説編) (吉田顕治)「ひろしま県史協」 広島県郷土史研究協議会　(30)　2012.11

甲山町
随筆 木菟の散歩—甲山町の観音さん (正藤英夫)「瀬野川郷土史研究会会報」 瀬野川郷土史研究会　32　2003.1

可部
国の始まり時代の神々の系図 (斎秀明)「かんべ」 可部郷土史研究会　82　1998.10

可部地方の民謡「かんべ」 可部郷土史研究会　83　1999.1

可部地方の方言 (山西弘)「かんべ」 可部郷土史研究会　84　1999.4

可部地方の方言を編集して「かんべ」 可部郷土史研究会　88　2000.4

まちかどの史跡 (2) 可部の鉄灯籠「郷土史紀行」 ヒューマン・レクチャー・クラブ　11　2001.6

伊勢が坪城跡 (県指定史跡)/大林八幡神社/薬師堂/峠八幡神社/照日神社「かんべ」 可部郷土史研究会　95　2002.1

"草双紙を読む"を聴いて「かんべ」 可部郷土史研究会　96　2002.4

言葉の歴史と方言 (編集部)「かんべ」 可部郷土史研究会　99　2003.1

可部地区の梵鐘「かんべ」 可部郷土史研究会　(119)　2011.06

お地蔵様と五輪塔「かんべ」 可部郷土史研究会　(121)　2012.04

蒲刈
蒲刈の海に生きる人たちの信仰 (原田三代治)「れきみんきょう： 広島県歴史民俗資料館等連絡協議会会報」 広島県歴史民俗資料館等連絡協議会　30　2000.6

蒲刈町宮盛
芸予諸島の神楽—蒲刈町宮盛のダイバと吉丸 (三村泰臣)「まつり通信」 まつり同好会　42 (2) 通号492　2002 1

神岡山
重永・神岡山の宝篋印塔 (蔵橋純海夫)「研究紀要古里」 世羅郡文化財協会甲山地区部会　(13)　2013.03

上川戸
上川戸の虫送り踊りの音楽的考察 (片桐功)「広島民俗」 広島民俗学会　60　2003.8

神嶋村
備後の神嶋村伝説 (1)、(2) (遺稿) (小林定市)「備陽史探訪の会　(158)/(159)　2011.02/201_.4

上山田天満宮
御調特集 (70) 上山田天満宮「月刊歴史ジャーナル」 NPO法人尾道文化財研究所　(107)　2012.11

上竜頭の滝
広島藩絵師・岡岷山の描いた滝筒賀村の名瀑 上龍頭の滝・下龍頭の滝「郷土史紀行」 ヒューマン・レクチャー・クラブ　34　2005.7

神目神社
神目神社の椎の大樹 (竹内寿)「美多」 三田郷土史同好会　29　1997.2

亀尾山神社
高宮町・亀尾山神社の御座船神事 (枡川良明)「広島県文化財ニュース」 広島県文化財協会　166　2000.9

亀山
風流踊り歌資料翻刻 (7) 広島市亀山大番本『大踊歌』 (友久武文)「広島民俗」 広島民俗学会　58　2002.8

亀山八幡宮
大分県宇佐八幡宮の呉橋と「呉の語源」の考察 祭神をめぐる呉の亀山八幡宮との関係 (上河内良平)「広郷土史研究会会報」 広郷土史研究会

52　2002.10

亀山八幡神社
亀山八幡神社奉納三十六歌仙 (特集 「神辺町の文化財」紹介) (上田靖士)「文化財ふくやま」 福山市文化財協会　(41)　2006.5

賀茂
東広島賀茂地方の神楽 (3) (有川義晴)「ひがしひろしま郷土史研究会ニュース」 東広島郷土史研究会　270　1997.2

茅町
茅町 (西宮町) 祇園祭 (古川嵯智子)「わが町三原」 みはら歴史と観光の会　88　1998.7

賀羅加波神社
歳事記 賀羅加波神社のイチョウを愛でにいこう (石丸啓造)「わが町三原」 みはら歴史と観光の会　152　2003.11

狩留家
芸備線狩留家の八幡神社「郷土史紀行」 ヒューマン・レクチャー・クラブ　10　2001.4

観音寺跡
熊谷氏の菩提寺、観音寺跡「かんべ」 可部郷土史研究会　91　2001.1

観華寺
戸張・観華寺棟札 (蔵橋純海夫)「研究紀要古里」 世羅郡文化財協会甲山地区部会　(13)　2013.03

菅公手掘の井戸
今月の各地 飯天満神社と菅公手掘の井戸 (宮原幸司)「わが町三原」 みはら歴史と観光の会　229　2010.04

寒水寺古墓群
調査報告 中世石造物の調査報告—寒水寺古墓群「備陽史探訪」 備陽史探訪の会　(166)　2012.06

観世音寺
梵鐘特集 山里に響く国宝の音色 「観世音寺鐘」と「西光寺鐘」「郷土史紀行」 ヒューマン・レクチャー・クラブ　(40)　2006.9

神田阿弥陀地蔵堂
第1回 古文書にみる四ツ堂 神田阿弥陀地蔵堂 (駅家町雨木)「備陽史探訪」 備陽史探訪の会　(164)　2012.02

神辺
安政の大地震を体験した神辺びと—その状況と復興への営み (菅波哲郎)「広島県文化財ニュース」 広島県文化財協会　170　2001.8

文化四年の神辺大火をめぐって—杉ノ木資料の頼春水宛書状から (花本哲志)「広島県文化財ニュース」 広島県文化財協会　(193)　2007.9

神辺二上り踊りについて (第99回広島県文化財臨地研究会特集号) (森田好美)「広島県文化財ニュース」 広島県文化財協会　(210)　2011.09

帰海寺
三次市海渡町帰海寺の木像薬師如来坐像の大旦那銘について (中奥治朗、服部宜昭)「広島県文化財ニュース」 広島県文化財協会　178　2003.8

木頃
木頃八幡神社の神輿行事「三訪会会報」 三成学区の歴史と自然を訪ねる会　(52)　2011.09

木頃八幡宮と高階朝臣「三訪会会報」 三成学区の歴史と自然を訪ねる会　(58)　2012.09

木頃八幡宮と高田素衛門「三訪会会報」 三成学区の歴史と自然を訪ねる会　(67)　2014.03

吉舎町敷地
三次地方の石造物 巡拝塔 (吉舎町敷地) (中畑和彦)「みよし地方史」 三次市地方史研究会　(87)　2012.04

岸神社
西城町神社棟札集 (18) 岸神社 (白根孝穂)「郷土」 西城町郷土研究会　77　2000.6

北広島町
郷土芸能による地域振興とその課題—広島県北広島町の神楽団実態調査から (論文) (高崎義幸)「広島修大論集」 広島修道大学学術交流センター　55 (1) 通号105　2014.09

北山薬師堂
御調特集 (85) 北山薬師堂 (今田)「月刊歴史ジャーナル」 NPO法人尾道文化財研究所　(122)　2014.02

吉祥寺
瀬野川東中学の昔にあった五輪塔と吉祥寺 (古川了永)「瀬野川流域郷土史懇話会会報」 瀬野川流域郷土史懇話会　(18)　2013.08

吉祥寺はいつ流れたか「瀬野川流域郷土史懇話会会報」 瀬野川流域郷土史懇話会　(20)　2014.8

木原町

歳時記 木原町の太鼓踊り（古川嵯知子）「わが町三原」 みはら歴史と観光の会　163　2004.10

吉備津神社

特別報告 吉備津神社と周辺（山名洋通）「芸備地方史研究」 芸備地方史研究会　245・246　2005.4

吉備津神社（平成24年度現地研究会参加記 備後一宮）（栗原秀雄）「広島民俗」 広島民俗学会　(80)　2013.08

吉備津神社を訪ねて（平成24年度現地研究会参加記 備後一宮）（佐々木薫）「広島民俗」 広島民俗学会　(80)　2013.08

君田村

君田村の仕事歌（小豆原たまき）「みよし地方史」 三次市地方史研究会　59　2002.8

君田町

君田町の「薬師地蔵」について（中畑和彦）「みよし地方史」 三次市地方史研究会　(81)　2010.03

木門田

木門田の鍛冶屋「三訪会会報」 三成学区の歴史と自然を訪ねる会　(51)　2011.7

旧石井家

西条旧石井家（小倉屋）（加藤宜子）「ひがしひろしま郷土史研究会ニュース」 東広島郷土史研究会　283　1998.3

旧石井家住宅

旧石井家住宅（市指定重要有形文化財）移築復元完成（栗本哲雄）「ひがしひろしま郷土史研究会ニュース」 東広島郷土史研究会　273　1997.5

旧木原家住宅

重要文化財旧木原家住宅（2）〜（7）―江戸初期の町家を探る（井東茂夫）「ひがしひろしま郷土史研究会ニュース」 東広島郷土史研究会　269/276　1997.1/1997.8

旧木原家住宅における防火訓練（小林新）「ひがしひろしま郷土史研究会ニュース」 東広島郷土史研究会　306　2000.2

先祖を追って旧木原家住宅を訪れる 郷土史研究会に入会して（木原日出夫）「ひがしひろしま郷土史研究会ニュース」 東広島郷土史研究会　(458)　2012.10

旧沢原家住宅

黙霖終焉の地・旧澤原家住宅 特別公開に参加（蔵楽知昭）「ひがしひろしま郷土史研究会ニュース」 東広島郷土史研究会　(476)　2014.04

教西寺

教西寺の藪椿（根岸尚克）「備陽史探訪」 備陽史探訪の会　(136)　2007.6

教善寺

教善寺文庫について（井東茂夫）「ひがしひろしま郷土史研究会ニュース」 東広島郷土史研究会　315　2000.11

教善寺ご開祖の足跡（井東茂夫）「ひがしひろしま郷土史研究会ニュース」 東広島郷土史研究会　(421)　2009.09

京楽院

銀の道でつながる、世羅と赤名―旧甲山町小世良字京楽、「京楽院」の場合（岡本信正）「研究紀要古里」 世羅郡文化財協会甲山地区部会　(14)　2014.3

久井稲生神社

表紙 久井稲生神社の例大祭 御当行事における「場の魚」 2014.10.19撮影：鈴木健次「わが町三原」 みはら歴史と観光の会　284　2014.11

杭稲荷神社

備後国杭稲荷神社所蔵大般若経奥裏書―伊予国村上氏関係史料として（史料紹介）（薗部寿樹）「米沢史学」 米沢史学会（山形県立米沢女子短期大学日本史学科内）　(22)　2006.6

九品寺

九品寺の縁起考察（加川学而）「かんべ」 可部郷土史研究会　80　1998.4

草戸千軒

草戸千軒テーマ展「はきもの・漆器」「広島県立歴史博物館ニュース」 広島県立歴史博物館　36　1998.10

中世の西大寺流律宗と非人―草戸千軒の再開発を例として（堤勝義）「人権と平和ふくやま」 福山市人権平和資料館　4　1999.3

創作邦楽劇「草戸千軒絵巻」「広島県立歴史博物館ニュース」 広島県立歴史博物館　49　2001.10

中世・草戸千軒探検1―船着場を中心に「広島県立歴史博物館ニュース」 広島県立歴史博物館　59　2004.4

中世・草戸千軒探検（5）塗師の暮らしぶり「広島県立歴史博物館ニュース」 広島県立歴史博物館　63　2005.4

中世・草戸千軒探検（6）下駄の職人「足駄づくり」「広島県立歴史博物館ニュース」 広島県立歴史博物館　64　2005.7

中世・草戸千軒探検（7）鍛冶屋の家「広島県立歴史博物館ニュース」 広島県立歴史博物館　65　2005.10

中世・草戸千軒探検（8）お堂と墓地「広島県立歴史博物館ニュース」 広島県立歴史博物館　(66)　2006.2

中世・草戸千軒探検（9）貯える「広島県立歴史博物館ニュース」 広島県立歴史博物館　(67)　2006.4

中世・草戸千軒探検（10）炊く「広島県立歴史博物館ニュース」 広島県立歴史博物館　(68)　2006.7

中世・草戸千軒探検（11）食べる「広島県立歴史博物館ニュース」 広島県立歴史博物館　(69)　2006.9

中世・草戸千軒探検（12）灯す（鈴木康之）「広島県立歴史博物館ニュース」 広島県立歴史博物館　(70)　2007.2

中世・草戸千軒探検（13）暖める（鈴木康之）「広島県立歴史博物館ニュース」 広島県立歴史博物館　(71)　2007.4

中世・草戸千軒探検（14）書く（鈴木康之）「広島県立歴史博物館ニュース」 広島県立歴史博物館　(72)　2007.6

中世・草戸千軒探検（15）装う（鈴木康之）「広島県立歴史博物館ニュース」 広島県立歴史博物館　(73)　2007.9

中世・草戸千軒探検（16）履く（鈴木康之）「広島県立歴史博物館ニュース」 広島県立歴史博物館　(74)　2008.1

中世・草戸千軒探検（17）耕す（鈴木康之）「広島県立歴史博物館ニュース」 広島県立歴史博物館　(76)　2008.6

中世・草戸千軒探検（18）漁る（鈴木康之）「広島県立歴史博物館ニュース」 広島県立歴史博物館　(77)　2008.8

中世・草戸千軒探検（19）作る（番匠）（鈴木康之）「広島県立歴史博物館ニュース」 広島県立歴史博物館　(78)　2009.1

中世・草戸千軒探検（20）作る（鍛冶）（鈴木康之）「広島県立歴史博物館ニュース」 広島県立歴史博物館　(79)　2009.4

中世・草戸千軒探検21 作る（塗師）「広島県立歴史博物館ニュース」 広島県立歴史博物館　(80)　2009.7

中世・草戸千軒探検（22）作る（かわらけづくり）（鈴木康之）「広島県立歴史博物館ニュース」 広島県立歴史博物館　(82)　2010.1

中世・草戸千軒探検（23）作る（さまざまな細工）（鈴木康之）「広島県立歴史博物館ニュース」 広島県立歴史博物館　(83)　2010.4

中世・草戸千軒探検（26）商う（陶磁器の流通）「広島県立歴史博物館ニュース」 広島県立歴史博物館　(88)　2011.9

中世・草戸千軒探検（26）祈る（信仰）（鈴木康之）「広島県立歴史博物館ニュース」 広島県立歴史博物館　(91)　2012.06

中世・草戸千軒探検（27）祈る（まじない）（鈴木康之）「広島県立歴史博物館ニュース」 広島県立歴史博物館　(92)　2012.8

草戸千軒遺跡

草戸千軒遺跡と明王院鞆の浦を訪ねて（松井貞子）「かんべ」 可部郷土史研究会　84　1999.4

草戸千軒町遺跡

安国寺仏像内納入品をめぐって―草戸千軒町遺跡からの出土品との比較を通して（福島政文）「潮待ちの館資料館だより」 福山市鞆の浦歴史民俗資料館　31　2003.8

史跡をあるく 草戸千軒町遺跡出土墓石群「芸備地方史研究」 芸備地方史研究会　(255)　2007.4

久芳八幡

福富・久芳を多面的に探訪 民間信仰・正覚寺・久芳八幡・福富ダム「ひがしひろしま郷土史研究会ニュース」 東広島郷土史研究会　(482)　2014.10

久芳保

大内氏分国東西条久芳保を治めた久芳氏の宝篋印塔（特集 平清盛と平家伝説―研究発表 平清盛と平家伝説編）（久城以津子）「ひろしま県史協」 広島県郷土史研究協議会　(30)　2012.11

久保

表紙写真 八坂神社（尾道市久保）「月刊歴史ジャーナル」 NPO法人尾道文化財研究所　(98)　2012.02

熊野町

熊野町（広島県安芸郡）の江波焼き（高田亘）「郷土史紀行」 ヒューマン・レクチャー・クラブ　19　2002.10

蔵迫

蔵迫日の山踊りの音楽的考察（片桐功）「広島民俗」 広島民俗学会　(72)　2009.08

中国　　　　　　　　　　　　　　　郷土に伝わる民俗と信仰　　　　　　　　　　　　　　　広島県

倉橋
広島県島嶼部の絵馬について―倉橋の状況（道岡尚生）「広島県文化財ニュース」　広島県文化財協会　（195）　2008.3

倉橋浦
古文書への招待 僧侶が著した島の地誌―「芸州倉橋浦風土記」（井上角二）「広島県立文書館だより」　広島県立文書館　12　1998.9

倉橋島
広島民俗学会第65回研究会―倉橋島をたずねて（石川律子）「広島民俗」　広島民俗学会　（64）　2005.8

倉光
倉光・江良・坊寺の史跡・文化財を尋ねて（井上新一）「文化財ふくやま」　福山市文化財協会　35　2000.6

栗守神社
おとっさん 栗守神社夜ばなし（富士原昌宏）「みよし地方史」　三次市地方史研究会　67　2005.7

呉
呉の語源と呉町の綱引き祭り（上河内良平）「広郷土史研究会ニュース」　広郷土史研究会　（18）　1999.10

呉市
呉市の民家建築物（実成憲二）「館報入船山」　呉市入船山記念館　11　1999.3
宇佐神宮の呉橋と「呉の語源」の考察、その後編（上河内良平）「広郷土史研究会ニュース」　広郷土史研究会　（55）　2003.4

黒瀬町
黒瀬町所在の石龕（松村昌彦）「ひがしひろしま郷土史研究会ニュース」　東広島郷土史研究会　（428）　2010.04

黒谷
大屋地区の地神信仰（4）黒谷地区（田地春江）「郷土」　西城町郷土研究会　79　2001.4

恵現寺
中世廃寺院恵現寺現地調査によせて（上河内良平）「広郷土史研究会ニュース」　広郷土史研究会　（7）　1998.11
恵現寺に関する「広村・書上帳」記述の検討（小栗康治）「広郷土史研究会ニュース」　広郷土史研究会　（11）　1999.3
恵現寺調査計画「広郷土史研究会ニュース」　広郷土史研究会　（35）　2001.3
恵現寺調査報告書（上河内良平）「広郷土史研究会ニュース」　広郷土史研究会　（37）　2001.5

恵現寺跡
誌上討論（1），（2）廃寺「恵現寺跡」について「広郷土史研究会ニュース」　広郷土史研究会　（1）/（2）　1998.5/1998.6
恵現寺跡笹筒谷について（小栗康治）「広郷土史研究会ニュース」　広郷土史研究会　（7）　1998.11
恵現寺跡実測調査（木村興一）「広郷土史研究会ニュース」　広郷土史研究会　（8）　1998.12
「芸藩通志」の方位・絵図からみた恵現寺跡と現地調査（小栗康治）「広郷土史研究会ニュース」　広郷土史研究会　（8）　1998.12
廃恵現寺跡について（小栗康治）「広郷土史研究会ニュース」　広郷土史研究会　（9）　1999.1
「廃恵現寺跡？」石垣について（小栗康治）「広郷土史研究会ニュース」　広郷土史研究会　（16）　1999.8
廃恵現寺跡について（小栗康治）「広郷土史研究会ニュース」　広郷土史研究会　（18）　1999.10
調査研究 廃恵現寺跡について（小栗康治）「広郷土史研究会ニュース」　広郷土史研究会　（21）　2000.1
変わり行く広と廃寺院 恵現寺跡の今（上河内良平）「広郷土史研究会会報」　広郷土史研究会　（97）　2010.05

芸州
特別展 旅人たちの見た芸州広島―江戸時代の街道と旅（石本正紀）「ひろしま郷土資料館だより」　広島市郷土資料館　69　2005.3

慶徳寺
慶徳寺について（1），（2）（西澤秀次）「ひがしひろしま郷土史研究会ニュース」　東広島郷土史研究会　322/323　2001.6/2001.7

芸藩
「芸藩通志」の方位・絵図からみた恵現寺跡と現地調査（小栗康治）「広郷土史研究会ニュース」　広郷土史研究会　（8）　1998.12

芸備
芸備地方と周辺の獅子舞（藤井昭）「広島県文化財ニュース」　広島県文化

財協会　172　2002.3

芸北
近世真宗講中組織の共同体機能について―安芸国芸北地方を中心として（沖野清治）「史学研究」　広島史学研究会　（254）　2006.10
第25回古代文化講座 芸北地域に「石見神楽」はいつ伝播したか？―「伝統」と「創作」の視点から（六郷寛）「しまねの古代文化 ： 古代文化記録集」　島根県古代文化センター　（17）　2010.03
芸北 むかしのはきもの展（芸備掲示板）（芸北民俗芸能保存伝承館）「芸備地方史研究」　芸備地方史研究会　（287）　2013.12

県北
県北の古民家（迫垣内裕）「広島県文化財ニュース」　広島県文化財協会　187　2005.10
県北の茅葺き民家（久岡武美）「広島民俗」　広島民俗学会　（65）　2006.3
県北の漆掻き（久岡武美）「広島民俗」　広島民俗学会　（70）　2008.8

光海神社
光海神社・煙草碑（史跡をあるく）（石田雅春）「芸備地方史研究」　芸備地方史研究会　（287）　2013.12

厚間たたら跡
厚間たたら跡の発見について（西城町教育委員会）「郷土」　西城町郷土研究会　69　1997.8

高下谷
絵下観音堂/うら町/高下谷の棚田「発喜のしをり」　発喜会　（127）　2008.4
「石のかたち」(4)―高下谷の弘法石「発喜のしをり」　発喜会　（153）　2014.09

皇后八幡神社
今月の各地 須波皇后八幡神社の十七夜祭（坂井吉徳）「わが町三原」　みはら歴史と観光の会　234　2010.09

香積寺
三原香積寺霊源和尚―萩田総氏と備後田総氏との交流（藤原一三）「わが町三原」　みはら歴史と観光の会　168　2005.3

光照寺
山南光照寺の市重文梵鐘をめぐって（上田靖士）「文化財ふくやま」　福山市文化財協会　（43）　2009.04

高松寺
福山市高松寺の近世柄鏡（松村昌彦）「広島県立歴史博物館研究紀要」　広島県立歴史博物館　（3）　1997.12

河内町
石仏めぐり 道の辺の仏たち（東広島市高屋町・河内町）「郷土史紀行」　ヒューマン・レクチャー・クラブ　（37）　2006.1

河内町宇山
甦る懐かしい生活の息吹 河内町民俗資料整理（河内町宇山）「阿岐のまほろば ： （財）東広島市教育文化振興事業団文化財センター報」　東広島市教育文化振興事業団　43　2012.03

康徳寺
古寺に映えるあじさい 康徳寺（あじさい寺）を訪ねる（三谷尚克）「備陽史探訪」　備陽史探訪の会　108　2002.8

甲奴郡
備後神楽―甲奴郡・世羅郡を中心に（田中重雄）（［書籍紹介］）（片山智恵美）「久里」　神戸女子民俗学会　（9）　2000.10
田中重雄著『備後神楽―甲奴郡・世羅郡を中心に』（書評）（三村泰臣）「民俗芸能研究」　民俗芸能学会　（36）　2004.3

甲奴町
三次市甲奴町の石造狛犬について（藤原一三）「みよし地方史」　三次市地方史研究会　（70）　2006.7

江の川
進む！ 江の川の漁撈文化の調査研究「みよし風土記の丘ミュージアム歴風」　広島県立歴史民俗資料館・みよし風土記の丘　（16）　1997.1
特別企画展 川に生きる―江の川の漁撈文化II「みよし風土記の丘ミュージアム歴風」　広島県立歴史民俗資料館・みよし風土記の丘　（19）　1997.8
夢ふたたび 江の川 鮭は帰ってこい'98秋 特別展示「アイヌ文化展」「歴風」　広島県立歴史民俗資料館　22　1998.9
江の川の漁撈と高瀬舟（黒田明憲）「人権と平和ふくやま」　福山市人権平和資料館　4　1999.3
江の川の高瀬舟復元記録（原田隆雄）「広島県立歴史民俗資料館研究紀要」　広島県立歴史民俗資料館　3　2001.3
重要有形民俗文化財 江の川流域の漁撈用具「歴風」　広島県立歴史民

資料館　36　2003.9

平成22年度スポット展示「中世からつながる漁具の系譜―広島県立歴史
民俗資料館所蔵 江の川の漁具―」(芸備掲示板)(広島県立歴史博物
館)「芸備地方史研究」 芸備地方史研究会　(274)　2011.02

江の川流域

「江の川流域の漁労撈用具」が国の重要有形文化財に指定されました
「歴風」 広島県立歴史民俗資料館　25　2000.1

民俗部門展 重要有形民俗文化財 江の川流域の漁撈用具「歴風」 広島県
立歴史民俗資料館　37　2004.3

江の川をめぐる民俗と考古学―江の川流域の舟運と漁撈文化「考古学か
ら見た郷土の歴史」 講座の報告(田邊英男)「芸備」 芸備友の会
(42)　2013.07

弘法寺

野路伊音帷弘法寺の梵鐘について(1),(2)(浦田武夫)「ひがしひろしま
郷土史研究会ニュース」 東広島郷土史研究会　271/272　1997.3/
1997.4

光明寺

金峯山光明寺(新田成美)「郷土」 西城町郷土研究会　80　2001.9

表紙写真 金銅製観音菩薩立像(重要美術品)(光明寺蔵)(尾道市)「月刊
歴史ジャーナル」 NPO法人尾道文化財研究所　(124)　2014.04

光明坊

史跡をあるく 光明坊十三重塔「芸備地方史研究」 芸備地方史研究会
248　2005.10

古保利薬師

古保利薬師「かんべ」 可部郷土史研究会　98　2002.10

地方の仏像 古保利薬師の仏たち(山河昌敬)「郷土史紀行」 ヒューマ
ン・レクチャー・クラブ　(43)　2007.7

小行山

修験の場 大行・小行山(伊勢村武司)「古里のあゆみ」 神石町郷土史研
究会　(37)　1997.3

国前寺

石造物ウォッチング 戦前、国前寺に番神堂があった!(鎌倉健一)「郷土
史紀行」 ヒューマン・レクチャー・クラブ　(41)　2006.11

虚空蔵山

歳事記 虚空蔵さん(大谷和弘)「わが町三原」 みはら歴史と観光の会
133　2002.4

虚空蔵さんから満喫した山水のような瀬戸内海(「虚空蔵さん参拝」に参
加して)(山根光博)「わが町三原」 みはら歴史と観光の会　230
2010.05

極楽寺

6月花紀行 極楽寺山蛇の池 睡蓮「郷土史紀行」 ヒューマン・レク
チャー・クラブ　5　2000.6

文化財 極楽寺本堂(廿日市市)「郷土史紀行」 ヒューマン・レク
チャー・クラブ　(48)　2007.12

五間樋稲荷神社

千間土手の五間樋稲荷神社について(三好勝芳)「備陽史探訪」 備陽史探
訪の会　112　2003.6

甑天満神社

今月の各地 甑天満神社と菅公手掘の井戸(宮原幸司)「わが町三原」 み
はら歴史と観光の会　229　2010.04

小谷

江波焼・小谷焼の窯道具の紹介(中溝理恵, 長石紀子)「芸備」 芸備友の
会　(32)　2005.12

小谷焼について(1)～(5)(井東茂夫)「ひがしひろしま郷土史研究会
ニュース」 東広島郷土史研究会　(422)/(426)　2009.10/2010.2

小坪

呉市無形文化財 小坪神楽のルーツをたずねて(上河内良平)「広郷土史研
究会ニュース」 広郷土史研究会　(78)　2007.3

小坪神楽のルーツを訪ねて(賀谷剛三)「広郷土史研究会会報」 広郷土史
研究会　(95)　2010.01

小坪神楽(呉市無形文化財)(特集 平清盛と平家伝説―研究発表 歴史散
歩・文化財紹介)(賀谷剛三)「ひろしま県史協」 広島県郷土史研究協
議会　(30)　2012.11

小坪八幡宮

小坪八幡宮について(小栗康治)「広郷土史研究会ニュース」 広郷土史研
究会　(20)　1999.12

小坪八幡神社

小坪八幡神社縁起写し(上田勝, 小栗康治)「広郷土史研究会ニュース」

広郷土史研究会　(20)　1999.12

古浜

古浜の今昔(2) 2.塩田の開発(山根光博)「わが町三原」 みはら歴史と
観光の会　248　2011.11

高麗

安芸高麗古窯の存在を検証する(田村和光)「郷土史紀行」 ヒューマン・
レクチャー・クラブ　29　2004.9

駒ヶ原

伝承地探訪 駒ヶ原・中之町編 鬼ヶへんち―伝説の岩窟(大本静人)「わ
が町三原」 みはら歴史と観光の会　194　2007.5

金宝寺

中世鞆の金宝寺、本願寺と尾道の西郷寺について(堤勝義)「文化財ふく
やま」 福山市文化財協会　33　1998.5

金蓮寺

史跡をあるく 金蓮寺・村上氏代々の墓(阿武旭)「芸備地方史研究」 芸
備地方史研究会　(291)　2014.06

西園寺

西園寺の大草鞋づくり「三訪会会報」 三成学区の歴史と自然を訪ねる
会　(67)　2014.03

佐伯町

佐伯郡佐伯町の神楽―旧佐伯郡津田村を中心として(三村泰臣)「広島民
俗」 広島民俗学会　57　2002.3

西郷寺

中世鞆の金宝寺、本願寺と尾道の西郷寺について(堤勝義)「文化財ふく
やま」 福山市文化財協会　33　1998.5

西光寺

西光寺(三次市青河町) 阿弥陀如来像の平安仏認定によせて(米丸嘉一)
「みよし地方史」 三次市地方史研究会　48　1998.9

西光寺、了厳和上と海底よりの秘仏「かんべ」 可部郷土史研究会　91
2001.1

梵鐘特集 山里に響く国宝の音色「観世音寺鐘」と「西光寺鐘」「郷土史
紀行」 ヒューマン・レクチャー・クラブ　(40)　2006.9

西国寺

平成14年度企画展 尾道西国寺の寺宝展「広島県立歴史博物館ニュース」
広島県立歴史博物館　53　2002.10

幸崎八幡宮

幸崎八幡宮 秋の大祭(平野籌子)「わが町三原」 みはら歴史と観光の会
90　1998.9

西城

西城の民俗(土井卓治)「郷土」 西城町郷土研究会　74　1999.3

西城の民俗 民俗知識(竹内平吉郎)「郷土」 西城町郷土研究会　74
1999.3

聞き書き 「西城の民俗」三田昔ばなし(田地春江)「郷土」 西城町郷土
研究会　81　2002.4

西条

歴史と伝説のはざまで(西条地方の伝説)(貞広豊鹿)「ひがしひろしま郷
土史研究会ニュース」 東広島郷土史研究会　332　2002.4

西条の酒造り唄(出本敬出)「ひがしひろしま郷土史研究会ニュース」 東
広島郷土史研究会　(380)　2006.4

「第28回郷土史展・西條盆踊大会の歴史」出展計画について「ひがしひろ
しま郷土史研究会ニュース」 東広島郷土史研究会　(398)　2007.10

街道を往った西条柿文化誌―古文書とDNA解析から解く毛利軍中国地
方伝播説(藤重道雅)「ひがしひろしま郷土史研究会ニュース」 東広
島郷土史研究会　(427)　2010.3

7月例会概要報告 調査進む広島大構内遺跡 盛況の西條盆踊大会「ひがし
ひろしま郷土史研究会ニュース」 東広島郷土史研究会　(456)
2012.08

西條の歴史/食事の変遷 5月例会報告「ひがしひろしま郷土史研究会
ニュース」 東広島郷土史研究会　(478)　2014.6

西城町

西城町の社寺建築(1) 概説(三浦正幸)「郷土」 西城町郷土研究会　68
1997.4

広島県比婆郡西城町社寺建築調査報告(三浦正幸)「郷土」 西城町郷土研
究会　68　1997.4

西城町神社棟札集(11)～(17),(19)(白根季穂)「郷土」 西城町郷土研
究会　68/78　1997.4/2000.10

上田新六遺稿「明治・大正覚書」(8) 昔の盆踊りの話(上田新六)「郷土」
西城町郷土研究会　68　1997.4

西城町の社寺建築 (2)〜(5) (三浦正幸)「郷土」 西城町郷土研究会 69/72 1997.8/1998.9

昔の稲作りと農具展 (西城町歴史民俗資料館特別展) (西城町教育委員会)「郷土」 西城町郷土研究会 70 1997.11

明治・大正の民俗 (入瀬次郎)「郷土」 西城町郷土研究会 74 1999.3

西城町歴史民俗資料館特別企画「林業展」について (西城町教育委員会)「郷土」 西城町郷土研究会 76 1999.12

西城町歴史民俗資料館特別企画「林業展」から 森林・林業と人との関わりの年表 (旧石器時代から昭和まで) (西城町教育委員会)「郷土」 西城町郷土研究会 77 2000.6

紺糸縅当世具足一式 (新田成美)「郷土」 西城町郷土研究会 80 2001.9

市神のこと (新田成美)「郷土」 西城町郷土研究会 80 2001.9

後鳥羽上皇の伝説 (新田成美)「郷土」 西城町郷土研究会 80 2001.9

職人の世界 石工砂原清人の聞き取りを中心に (黒田正)「郷土」 西城町郷土研究会 81 2002.4

ヒカワ むかしの職人 (1) (倉岡侃)「郷土」 西城町郷土研究会 84 2004.5

イイダ むかしの職人 (2) (倉岡侃)「郷土」 西城町郷土研究会 84 2004.5

コビキ (木挽) むかしの職人 (3) (倉岡侃)「郷土」 西城町郷土研究会 84 2004.5

古寺探訪 (塩田迪)「郷土」 西城町郷土研究会 (89) 2007.2

庄原市西城町の馬頭観音 (第一報) (大丸秀士)「郷土」 西城町郷土研究会 (89) 2007.2

西条四日市

明治期の西条四日市町並みの変遷と酒造業の隆盛 (菅川孝彦)「ひがしひろしま郷土史研究会ニュース」 東広島郷土史研究会 (385) 2006.9

四日市から酒都西条への酒造業の歴史 (木村浩男)「ひがしひろしま郷土史研究会ニュース」 東広島郷土史研究会 (386) 2006.10

「西條四日市町並写真展」開催報告 (田坂次彦)「ひがしひろしま郷土史研究会ニュース」 東広島郷土史研究会 (392) 2007.4

「第2回西條四日市町並写真展」開催報告 (田坂次彦)「ひがしひろしま郷土史研究会ニュース」 東広島郷土史研究会 (398) 2007.10

才蔵寺

才蔵寺由来 (後藤匡史)「備陽史探訪」 備陽史探訪の会 106 2002.4

才原

敬老会・才原七社荒神まつり「三訪会会報」 三成学区の歴史と自然を訪ねる会 (53) 2011.11

才原の金毘羅さん 古文書報告「三訪会会報」 三成学区の歴史と自然を訪ねる会 (65) 2013.11

最明寺跡

研究レポ 最明寺跡の遺跡名称について (篠原芳秀)「備陽史探訪」 備陽史探訪の会 (173) 2013.08

西林寺

九頭龍を秘めた梵鐘 西林寺 (中屋敷康)「郷土史紀行」 ヒューマン・レクチャー・クラブ 29 2004.9

九頭龍を秘めた坂町の西林寺梵鐘 (中屋敷康)「発喜のしほり」 発喜会 (144) 2012.07

蔵王

千田・蔵王地区の磐座信仰について (出内専都)「備陽史探訪」 備陽史探訪の会 82 1998.4

佐方八幡神社

佐方八幡神社 三十六歌仙絵馬額の絵解きと和歌解読 (下見隆雄)「会報さくらお」 廿日市町郷土文化研究会 (ニ33) 2011.03

坂町

講演資料 坂雅正会の紹介 坂町無形文化財 (林昭治)「ひろしま県史協」 広島県郷土史研究協議会 (32) 2014.10

佐木島

文化財 和霊地蔵 (三原市佐木島) (上原稔弘)「郷土史紀行」 ヒューマン・レクチャー・クラブ (55) 2008.11

作木村

サルと兎の「かちかち山」―作木村の語り手・柏木コサワ媼 (栗原秀雄)「広島民俗」 広島民俗学会 60 2003.8

佐々井

ふるさとの史跡 吉舎 辻八幡神社の神殿入り/日本最古の玉殿 佐々井厳島神社「郷土史紀行」 ヒューマン・レクチャー・クラブ 22 2003.4

三翁神社

史跡をあるく 三翁神社「芸備地方史研究」 芸備地方史研究会 (265) 2009.04

三勝寺

史跡をあるく 三勝寺の銅鐘 (藤川誠)「芸備地方史研究」 芸備地方史研究会 244 2005.2

三宝荒神社

御調特集 (61) 荒神社 (三宝荒神社)「月刊歴史ジャーナル」 NPO法人尾道文化財研究所 (97) 2012.01

塩原の大山供養田植

「塩原の大山供養田植」の伝承活動―東城・内堀小学校の成果 (有田洋人)「広島民俗」 広島民俗学会 (70) 2008.8

塩原の大山供養田植―昔の農業の知恵や精神を伝える (有田洋人)「広島民俗」 広島民俗学会 (73) 2010.03

現地研究会の記録「塩原の大山供養田植」(栗原秀雄)「広島民俗」 広島民俗学会 (74) 2010.08

大山供養田植を見学して (片桐功)「広島民俗」 広島民俗学会 (74) 2010.08

「塩原の大山供養田植」参観記 (村岡克彦)「広島民俗」 広島民俗学会 (74) 2010.08

「塩原の大山供養田植」サゲ体験記 (有田洋人)「広島民俗」 広島民俗学会 (74) 2010.08

シンポジウム 塩原の大山供養田植をめぐって (高尾覚, 有田洋人, 松井今日子)「広島民俗」 広島民俗学会 (75) 2011.03

国指定重要無形民俗文化財 塩原の大山供養田植「しょうばらの文化」 庄原市文化協会 (19) 2014.11

重国観音堂

重国観音堂 (西城町の辻堂 (3) 旧八鳥村) (松川淳子)「郷土」 西城町郷土研究会 71 1998.4

慈仙寺

検証 被爆した慈仙寺の六地蔵 (中屋敷康)「郷土史紀行」 ヒューマン・レクチャー・クラブ (54) 2008.9

地蔵院

地蔵院と大般若経―鞆の寺院調査、新発見資料 (池田一彦)「潮待ちの館資料館だより」 福山市鞆の浦歴史民俗資料館 25 2000.8

下見

わが町の史跡 菖蒲前伝説ゆかりの寺社 (東広島市下見) (吉田泰義)「郷土史紀行」 ヒューマン・レクチャー・クラブ (52) 2008.5

実際寺

史跡をあるく 実際寺「芸備地方史研究」 芸備地方史研究会 (274) 2011.02

鄙山

『鞆幕府』将軍・義昭の希望と挫折 義昭ゆかりの地 常国寺/田辺寺/鄙山/他「潮待ちの館資料館だより」 福山市鞆の浦歴史民俗資料館 (50) 2013.03

地主大明神

論考 地主大明神 矢田二郎三郎重宗の碑文 (矢田貞美)「備陽史探訪」 備陽史探訪の会 (181) 2014.12

四之宮神社

調査報告 宮島の民俗行事・たのもさん (四之宮神社例祭) (米田幸寿)「まつり通信」 まつり同好会 49(6) 通号544 2009.11

下蒲刈町

今様「餅」「雑煮」考―そして「お節料理」―呉市下蒲刈町 (柴村敬次郎)「広島民俗」 広島民俗学会 (77) 2012.03

下豊松

下豊松鶴岡八幡神社と豊松の信仰用具 (川上清高)「広島県文化財ニュース」 広島県文化財協会 169 2001.5

下関市

全国厳島神社参詣記 (2) 下関市・厳島神社「宮島学センター通信」 県立広島大学宮島学センター (2) 2011.03

下の浜

下の浜の鉄灯籠―市指定重要有形文化財「かんべ」 可部郷土史研究会 89 2000.7

下竜頭の滝

広島藩絵師・岡岷山の描いた滝 筒賀村の名瀑 上龍頭の滝・下竜頭の滝「郷土史紀行」 ヒューマン・レクチャー・クラブ 34 2005.7

蛇円山

聞き書き「蛇円山物語」(田口義之)「備陽史探訪」 備陽史探訪の会 (175) 2013.12

読者便り「蛇円山物語」によせて (小田慶久)「備陽史探訪」 備陽史探

広島県　　　　　　　　　　　　　　　　郷土に伝わる民俗と信仰　　　　　　　　　　　　　　　　中国

訪の会　（176）2014.02

尺田

古社探訪(4) 熊野尺田・熊野神社六景 一ノ鳥居/大鳥居/巨木老杉/神木の社叢/随神門/急な石段と拝殿(塩田迪)「郷土」 西城町郷土史研究会（99）2012.03

古社探訪(5) 熊野尺田・熊野神社六景(塩田迪)「郷土」 西城町郷土史研究会（100）2013.03

十林寺

十林寺の「題目塔」(中畑和彦)「みよし地方史」 三次市地方史研究会 60 2003.1

住蓮寺

「大洋山住蓮寺」の概要(豊原俊徳)「広郷土史研究会ニュース」 広郷土史研究会（58）2003.8

浄安寺

地域人々に守られている仏さま 保井田薬師堂・浄安寺薬師堂(山河昌敬)「郷土史紀行」 ヒューマン・レクチャー・クラブ（51）2008.3

勝円寺

大瀛和上の勝円寺「かんべ」 可部郷土史研究会 89 2000.7

正覚寺

福富・久芳を多面的に探訪 民間信仰・正覚寺・久芳八幡・福富ダム「ひがしひろしま郷土史研究会ニュース」 東広島郷土史研究会（482）2014.10

城ヶ鼻

城ヶ鼻のだるま山(上河内良平)「広郷土史研究会ニュース」 広郷土史研究会（33）2001.1

正願寺

甲奴町小童の正願寺の大般若経について(藤原一三)「みよし地方史」 三次市地方史研究会（81）2010.03

浄久寺

古寺探訪 浄久寺四景(1)(塩田迪)「郷土」 西城町郷土史研究会（87）2006.3

古寺探訪 浄久寺五景(2)(塩田迪)「郷土」 西城町郷土史研究会（88）2006.9

浄行寺

桧木ँ槫と浄行寺(川内町)について(正藤英夫)「瀬野川流域郷土史懇話会会報」 瀬野川流域郷土史懇話会（5）2007.2

浄行寺の寺宝1 大瀛和上遺品の煙草盤「瀬野川流域郷土史懇話会会報」 瀬野川流域郷土史懇話会（15）2012.02

浄行寺の寺宝2 浄行寺境内真景図・銅版「瀬野川流域郷土史懇話会会報」 瀬野川流域郷土史懇話会（15）2012.02

常興寺

郷土史の謎に挑戦 古文書の語る備後諸山と常興寺顛末記(小林定市)「備陽史研究山城志 ： 備陽史探訪の会機関誌」 備陽史探訪の会 15 1998.6

杉原保の常興寺(小林定市)「備陽史探訪」 備陽史探訪の会 109 2002.10

常国寺

『鞆幕府』 将軍・義昭の希望と挫折 義昭ゆかりの地 常国寺/田辺寺/蕗山/他「潮待ちの館資料館だより」 福山市鞆の浦歴史民俗資料館（50）2013.03

正授院

表紙写真 廻国納経立石(正授院：尾道市)「月刊歴史ジャーナル」 NPO法人尾道文化財研究所（111）2013.03

常称寺

大石ルリ女と常称寺(ふる里の史跡)(渡辺健)「郷土史紀行」 ヒューマン・レクチャー・クラブ（59）2009.09

神と仏の再会劇 祇園さんと時宗常称寺 一三九年の夏 原点回帰と新たな祭りのカタチ創造/年譜データ「かみのらぼ」 尾道市立大学芸術文化学部（2）2012.12

清誓寺

黒瀬・清誓寺と藤原廣親 木原黒瀬郷土史会長講演 8月例会「ひがしひろしま郷土史研究会ニュース」 東広島郷土史研究会（469）2013.09

照善坊

伝説 照善坊の『紅葉の松』(米田速夫)「みよし地方史」 三次市地方史研究会 43 1997.2

小童城

歴史余論 備後国の渋川領小童城の宝篋印塔について(植田崇文)「芸備地

方史研究」 芸備地方史研究会 （274）2011.02

浄土寺

長谷観音信仰と中世律宗—金沢・海岸尼寺、厚木・飯山寺、鎌倉・長谷寺、尾道・浄土寺、奈良・西大寺をめぐって(瀬谷貴之)「鎌倉」 鎌倉文化研究会（100）2005.10

古都散歩・尾道 浄土寺露滴庵の秘められた歴史(松崎哲)「郷土史紀行」 ヒューマン・レクチャー・クラブ（39）2006.5

浄土寺露滴庵の細部意匠に関する研究(坂本直子)「史学研究」 広島史学研究会（276）2012.09

庄原市

中近世移行期における神楽と救済(上),(下)—寛文四年栃木家能本を中心に(小原清)「西郊民俗」「西郊民俗談話会」（220）/（221）2012.09/2012.12

浄必寺

安芸国日山城内の浄必寺について(木村信幸)「史学研究」 広島史学研究会（267）2010.03

常福寺

律宗奈良西大寺の末寺草出常福寺(小林定市)「備陽史研究山城志 ： 備陽史探訪の会機関誌」 備陽史探訪の会 18 2004.8

上坊

「目で見る矢野町史」その後(3)—伝承の寺跡・上坊(編集室)「発喜のしほり」 発喜会 98 2001.1

青目寺

石造物ウォッチング 青目寺(府中市)の五輪塔(鎌倉健一)「郷土史紀行」 ヒューマン・レクチャー・クラブ（50）2008.2

青目寺跡

古代山林寺院「青目寺跡」の調査(土井基司)「広島県文化財ニュース」 広島県文化財協会（194）2007.10

白市

白市の焙炉(檜山昭敏)「ひがしひろしま郷土史研究会ニュース」 東広島郷土史研究会 308 2000.4

白市鋳物師伊原氏の鋳造活動について(藤下憲明)「広島県文化財ニュース」 広島県文化財協会 176 2003.3

白井の滝

広島藩絵師・岡岷山の描いた滝 白井の滝「郷土史紀行」 ヒューマン・レクチャー・クラブ 29 2004.9

白神社

町かど再発見 白神社と愛宕池「郷土史紀行」 ヒューマン・レクチャー・クラブ 7 2000.10

町かどの史跡 白神社の貝殻つき岩礁「郷土史紀行」 ヒューマン・レクチャー・クラブ（53）2008.7

白滝山

しまなみ海道をゆく 因島白滝山の石仏たちと因島水軍城「郷土史紀行」 ヒューマン・レクチャー・クラブ 2 1999.12

白滝山と伝六 石仏・石文字および伝六の生涯と一観教(峯松哲)「広島県文化財ニュース」 広島県文化財協会 165 2000.6

白鳥神社

白鳥神社私考(1),(2)(貞広豊鹿)「ひがしひろしま郷土史研究会ニュース」 東広島郷土史研究会 313/314 2000.9/2000.10

史料紹介 白鳥神社本尊由来(立畑春男)「みよし地方史」 三次市地方史研究会（69）2006.4

真光寺

真光寺の由来(冷泉英信)「広郷土史研究会会報」 広郷土史研究会 52 2002.10

神幸神社

男山神社・神幸神社の獅子舞(秋田隆幸)「広島県文化財ニュース」 広島県文化財協会 172 2002.3

神石

神石のこんにゃく(伊勢村武司)「郷土」 西城町郷土史研究会 78 2000.10

神石の古代(古瀬清秀)「広島県文化財ニュース」 広島県文化財協会 181 2004.5

論考 「神石評小近五十口」…の木簡をめぐって考察される事(出内博都)「備陽史探訪」 備陽史探訪の会（163）2011.12

神石町

歴史の伝承(伊勢村武司)「古里のあゆみ」 神石町郷土史研究会（37）1997.3

中国　　　　　　　　　　　　　郷土に伝わる民俗と信仰　　　　　　　　　　　　広島県

妙見信仰（秋山薫雄）「古里のあゆみ」 祖石町郷土史研究会 （37）
1997.3

鏡餅（姿悟郎）「古里のあゆみ」 神石町郷土史研究会 （37） 1997.3

神応院

呉市清水2丁目の神応院本堂（上河内良平）「広郷土史研究会会報」 広郷
土史研究会 （101） 2011.01

水精寺

厳島（伊都岐島）弥山水精寺の性格と僧徒—厳島における神仏習合の様
相（妹尾周三）「史学研究」 広島史学研究会 （265） 2009.08

随泉寺

随泉寺喚鐘の謎（中屋敷康）「郷土史紀行」 ヒューマン・レクチャー・ク
ラブ 27 2004.5

瑞泉寺

瑞泉寺の送り火能（種本実）「備陽史探訪」 備陽史探訪の会 （138）
2007.10

椋原八幡宮

表紙写真 椋原八幡宮（尾道市原田町）「月刊歴史ジャーナル」 NPO法人
尾道文化財研究所 （130） 2014.10

須佐神社

三次市甲奴町小童須佐神社の的弓祭に使われた的について（藤原一三）
「広島民俗」 広島民俗学会 62 2004.8

甲奴町小童須佐神社の石造狛犬寄進について（中畑和彦）「みよし地方
史」 三次市地方史研究会 （91） 2013.08

須子城

須子城と龍雲寺（田辺英敏）「郷土」 西城町郷土史研究会 78 2000.10

須波

今月の各地 須波の夏祭り—屋台御輿42年振りに復活（坂井吉徳）「わが
町三原」 みはら歴史と観光の会 222 2009.09

須波西町

今月の各地 須波西町の初祈禱（坂井吉徳）「わが町三原」 みはら歴史と
観光の会 179 2006.2

西江寺

西江寺の五輪塔について（中畑和彦）「みよし地方史」 三次市地方史研究
会 （70） 2006.7

誓光寺

誓光寺本堂修理並びに庫裏建立工事事業記録（抄出）（竹林山誓光寺）「ふ
るさとよしうら」 吉浦郷土史研究会 45 2000.1

誓光寺の棟札について（吉永春松）「ふるさとよしうら」 吉浦郷土史研究
会 50 2003.3

棲真寺

金城町歴史民俗資料館（浜田市）棲真寺定ヶ原の石塔（ふる里の史跡）
（古川了永）「郷土史紀行」 ヒューマン・レクチャー・クラブ （44）
2007.8

清滝神社

父木野清瀧神社の宮座について（杉原道彦）「備陽史研究山城志 ： 備陽
史探訪の会機関誌」 備陽史探訪の会 17 2003.6

癒しの杜 父木野の清瀧神社（研究ノート）（杉原道彦）「備陽史研究山城
志 ： 備陽史探訪の会機関誌」 備陽史探訪の会 （22） 2014.06

井領神社

御調特集（66）井領神社「月刊歴史ジャーナル」 NPO法人尾道文化財
研究所 （103） 2012.07

瀬野

明治からの瀬野をさぐる 桔梗豊松先生追憙碑（境亭）「瀬野川流域郷土史
懇話会会報」 瀬野川流域郷土史懇話会 （9） 2009.2

第35回瀬野公民館まつり 「明治からの瀬野」写真展（松本尚武）「瀬野川
流域郷土史懇話会会報」 瀬野川流域郷土史懇話会 （11） 2010.02

龍善寺一龍善寺の古文書にある伝承（中村健治）「瀬野川流域郷土
史懇話会会報」 瀬野川流域郷土史懇話会 （12） 2010.8

瀬野の民話・昔話「瀬野川流域郷土史懇話会会報」 瀬野川流域郷土史
懇話会 （20） 2014.08

瀬野川

擬宝珠の起源「瀬野川郷土史研究会会報」 瀬野川郷土史研究会 20
1997.1

昭和初期の風習と鳥達の推移「瀬野川郷土史研究会会報」 瀬野川郷土
史研究会 22 1998.1

山王獅子舞「瀬野川郷土史研究会会報」 瀬野川郷土史研究会 23
1998.7

神社の祭礼「瀬野川郷土史研究会会報」 瀬野川郷土史研究会 26
2000.1

木莵の散歩—暮らしの中の神（正藤英夫）「瀬野川郷土史研究会会報」 瀬
野川郷土史研究会 31 2002.7

瀬野川の社寺神仏（古川了永）「瀬野川郷土史研究会会報」 瀬野川郷土史
研究会 33 2003.7

貧しい頃の風習（中野陽之助）「瀬野川郷土史研究会会報」 瀬野川郷土史
研究会 34 2004.7

瀬野川の石碑（古川了永）「瀬野川郷土史研究会会報」 瀬野川郷土史研究
会 34 2004.7

菖蒲前伝説（古川了永）「瀬野川郷土史研究会会報」 瀬野川郷土史研究会
（37） 2007.2

瀬野川東中学

瀬野川東中学の昔にあった五輪塔と吉祥寺（古川了永）「瀬野川流域郷土
史懇話会会報」 瀬野川流域郷土史懇話会 （18） 2013.08

瀬野川流域

瀬野川郷土史研究会設立10周年『瀬野川流域の方言』発刊記念講演会を
実施「瀬野川郷土史研究会会報」 瀬野川郷土史研究会 24 1999.1

『瀬野川流域の方言』編纂を終わって「瀬野川郷土史研究会会報」 瀬野
川郷土史研究会 24 1999.1

瀬野小学校

瀬野小学校内の碑・史跡学習について（奥田博）「瀬野川流域郷土史懇話
会会報」 瀬野川流域郷土史懇話会 （11） 2010.2

世羅郡

備後神楽—甲奴郡・世羅郡を中心に（田中重雄）〔書籍紹介〕（片山智恵
美）「久里」 神戸女子民俗学会 （9） 2000.10

田中重雄著『備後神楽—甲奴郡・世羅郡を中心に』〔書評〕（三村泰臣）
「民俗芸能学会」 民俗芸能学会 （36） 2004.3

世羅郡の仏教の歴史について（蔵橋純海夫）「研究紀要古里」 世羅郡文化
財協会甲山地区部会 （11） 2011.03

世羅郡の廃寺一覧表「研究紀要古里」 世羅郡文化財協会甲山地区部会
（11） 2011.03

世羅郡内における大工銘の変遷について 世羅郡内の古棟札一覧表（大
工・小工）「研究紀要古里」 世羅郡文化財協会甲山地区部会 （12）
2012.3

世良町小国と赤川氏 伝赤川氏の墓/潮音寺仏殿棟札/太平寺仏殿棟札/岩
屋山東光寺棟札/両化八幡神社棟札/潮音寺釈迦如来坐像/東光寺薬師
三尊/潮音寺関係文書・仏像/赤川氏系譜「研究紀要古里」 世羅郡文
化財協会甲山地区部会 （12） 2012.03

世羅町

広島県中央地域の絵馬について—世羅町の状況（向田裕始）「広島県文化
財ニュース」 広島県文化財協会 （195） 2008.3

世羅町内に遺る仏像彫刻について（蔵橋純海夫）「広島県文化財ニュー
ス」 広島県文化財協会 （206） 2010.10

世羅町内の代表的な仏教美術一覧「研究紀要古里」 世羅郡文化財協会
甲山地区部会 （11） 2011.03

世羅町寺院一覧表「研究紀要古里」 世羅郡文化財協会甲山地区部会
（11） 2011.03

世羅町内の主要な仏像一覧「研究紀要古里」 世羅郡文化財協会甲山
地区部会 （11） 2011.03

世羅町内の主要な仏像・絵画等図録「研究紀要古里」 世羅郡文化財協
会甲山地区部会 （11） 2011.03

世羅町の鏡像・懸仏一覧「研究紀要古里」 世羅郡文化財協会甲山地区
部会 （11） 2011.03

4月例会レポート—世羅町の石造物を訪ねて（種本実）「備陽史探訪」 備
陽史探訪の会 （166） 2012.6

善教寺

善教寺のお宝拝観（鈴木健次）「わが町三原」 みはら歴史と観光の会
260 2012.11

千光寺

表紙写真 阿弥陀三尊像（磨崖仏）（尾道市千光寺）「月刊歴史ジャーナル」
NPO法人尾道文化財研究所 （99） 2012.03

千光寺山

かつて千光寺山には一本歯を履いた山伏が…「月刊歴史ジャーナル」
NPO法人尾道文化財研究所 （106） 2012.10

専故寺

専故寺の終焉をたどる（土肥勲）「文化財ふくやま」 福山市文化財協会
（41） 2006.5

善根寺

歳時記 小坂町善根寺の謎（瀬畑雅恵）「わが町三原」 みはら歴史と観光

859

広島県　　郷土に伝わる民俗と信仰　　中国

の会　164　2004.11

全政寺

新山先生と全政寺古文書（堀川雅文）「郷土」　西城町郷土研究会　73　1998.11

千田

千田・蔵王地区の磐座信仰について（出内博都）「備陽史探訪」　備陽史探訪の会　82　1998.4

千田の歴史遺産—籔路大峠に残る牛馬の供養碑と両備軽便鉄道の橋脚（郷土探訪）（根岸尚克）「備陽史探訪」　備陽史探訪の会　（176）　2014.2

千田村

千田村の辻堂（四ツ堂）（郷土探訪）（根岸尚克）「備陽史探訪」　備陽史探訪の会　（177）　2014.04

善通寺

桜宿山善通寺縁起（粟木義彦）「広郷土史研究会ニュース」　広郷土史研究会　（43）　2001.11

広村真宗寺院　善通寺と道場（小栗康治）「広郷土史研究会ニュース」　広郷土史研究会　（55）　2003.4

表紙　広三坂地善通寺鐘楼建立記念　写真提供：亀樋チエノ女史（上河内良平）「広郷土史研究会会報」　広郷土史研究会　（121）　2014.09

善徳寺

梵鐘探訪　善徳寺の鐘（広島市安佐北区）（中屋敷康）「郷土史紀行」　ヒューマン・レクチャー・クラブ　（49）　2008.1

善福寺

石造物ウォッチング　善福寺の石塁（鎌倉健一）「郷土史紀行」　ヒューマン・レクチャー・クラブ　36　2005.11

宗光寺

史跡をあるく　泰雲山宗光寺山門「芸備地方史研究」　芸備地方史研究会　（256）　2007.6

福島正之の宝篋印塔（三原・宗光寺）「郷土史紀行」　ヒューマン・レクチャー・クラブ　（50）　2008.2

大願寺

戦国期厳島神社の神事・祭礼—棚守房顕と大願寺（特集　戦国時代の地方文化を考える—研究報告要旨）（大知惠子）「芸備地方史研究」　芸備地方史研究会　（270・271）　2010.04

フィールドワーク「大願寺と厳島神社春の名品展参観」/フィールドワーク「管弦祭」「宮島学センター通信」　県立広島大学宮島学センター　（2）　2011.03

大山寺

尾道文化財協会臨地研究会「大山寺」（歴史トピックス）「月刊歴史ジャーナル」　NPO法人尾道文化財研究所　（107）　2012.11

大善寺

鬼に会える寺、大善寺（久井茂）「わが町三原」　みはら歴史と観光の会　160　2004.7

大善寺の鬼に会いたくて（福岡幸司）「わが町三原」　みはら歴史と観光の会　161　2004.8

胎蔵寺

胎蔵寺釈迦如来坐像胎内文書の発見（田口義之）「備陽史探訪」　備陽史探訪の会　106　2002.4

「木造釈迦如来坐像」像内納入品—胎蔵寺の県重文仏像内から発見（福山市教育委員会文化課）「文化財ふくやま」　福山市文化財協会　37　2002.5

福山市・胎蔵寺木造釈迦如来坐像　胎内施入品の施入状況について（白井比佐雄）「広島県文化財ニュース」　広島県文化財協会　（193）2007.9

胎蔵寺本尊「釈迦如来坐像」胎内経の記載をめぐって（出内博都）「備陽史探訪」　備陽史探訪の会　（142）2008.6

中世鞆にかかわる新発見の屋地売券について—福山市・胎蔵寺木造釈迦如来坐像胎内施入品紹介の一環として（白井比佐雄）「広島県文化財ニュース」　広島県文化財協会　（203）2010.01

福山市・胎蔵寺木造釈迦如来坐像胎内施入品の奥書等について（2）（木村信幸，清原浩美）「広島県立歴史博物館研究紀要」　広島県立歴史博物館　（12）2010.03

福山市・胎蔵寺木造釈迦如来坐像胎内施入品中の仏教版画について（白井比佐雄）「広島県立歴史博物館研究紀要」　広島県立歴史博物館　（16）2014.03

対潮楼

対潮楼の扁額（石井六郎）「広島県文化財ニュース」　広島県文化財協会　157　1998.6

太平寺

太平寺の仁王門（広島県西世羅）（ふる里発）「郷土史紀行」　ヒューマ

ン・レクチャー・クラブ　（49）　2008.1

大門町

福山市大門町の辻堂（後藤匡史）「備陽史研究山城志 : 備陽史探訪の会機関誌」　備陽史探訪の会　（19）　2008.11

高尾山城

高尾山城麓の史跡　八幡神社「郷土史紀行」　ヒューマン・レクチャー・クラブ　32　2005.3

高田

安芸高田地方における石見阿須那系神楽（高田舞）の成立と展開（築地昭二）「広島民俗」　広島民俗学会　（78）　2012.08

高田郡

高田郡の中世の社寺建築（三浦正幸）「広島県文化財ニュース」　広島県文化財協会　167　2000.10

高野町

竜打ちの習俗—広島県比婆郡高野町（三村泰臣）「まつり通信」　まつり同好会　42（6）通号496　2002.5

高光八幡神社

高光八幡神社（伊藤尹）「郷土」　西城町郷土研究会　78　2000.10

高諸神社

郷土探訪　高諸神社の石造物について（岡田宏一郎）「備陽史探訪」　備陽史探訪の会　（178）　2014.06

高屋町

高屋町貴船神社について（妹尾千鶴子）「ひがしひろしま郷土史研究会ニュース」　東広島郷土史研究会　296　1999.4

石仏めぐり　道の辺の仏たち（東広島市高屋町・河内町）「郷土史紀行」　ヒューマン・レクチャー・クラブ　（37）　2006.1

滝の観音堂

御調特集（86）滝の観音堂「月刊歴史ジャーナル」　NPO法人尾道文化財研究所　（123）　2014.03

滝宮

「滝宮」をめぐる伝説の史的意義について—厳島神社の内宮成立史の一視点（松井輝昭）「鈴峯女子短期大学人文社会科学研究集報」　鈴峯女子短期大学　54　2007.12

滝宮神社

瀧宮神社の「祓ひ」と「縁結び」について（竹田正丹）「わが町三原」　みはら歴史と観光の会　119　2001.2

多家神社

ふる里の史跡　校倉造の宝蔵　厳島神社（宮島）/熊野神社（三次）/多家神社（府中町）「郷土史紀行」　ヒューマン・レクチャー・クラブ　36　2005.11

竹原

竹原の家並と古民家「瀬野川郷土史研究会会報」　瀬野川郷土史研究会　22　1998.1

竹原北部地区史跡巡り（2）屋敷跡～小早川家墓地～摩崖仏巡り（徳永進一郎）「わが町三原」　みはら歴史と観光の会　182　2006.5

竹原の雛めぐり（細川泰子）「ふるさとよしうら」　吉浦郷土史研究会　（55）　2009.04

竹原と平家の伝承（忠海・大乗編）（特集　平清盛と平家伝説—研究発表　平清盛と平家伝説編）（山名重徳）「ひろしま県史協」　広島県郷土史研究協議会　（30）　2012.11

歴史・街道文化探訪　塩田が生んだ豪商の町　安芸の小京都・たけはら（間賀田晴行）「季刊南九州文化」　南九州文化研究会　（119）　2014.5

竹原市

掲示板　史跡探訪　広島県竹原市街並み・安芸の宮島厳島神社「瓦版 : 柳川郷土史研究会会誌「水郷」付録」　柳川郷土史研究会　（41）　2013.03

竹原町

明治末期頃竹原町の「拾い親」と「名付け」の習俗覚書（菅惰二郎）「広島民俗」　広島民俗学会　53　2000.3

田尻

備後田尻荒神神楽について（藤井昭）「広島民俗」　広島民俗学会　（68）　2007.8

多々羅

多々羅発祥の地に祀られた太子像（小松光江）「聖徳」　聖徳宗教学部　（214）　2012.12

竜野神社

寺屋敷からの報告（6）龍野神社—造営とその後（山本雅典）「発喜のしほ

860

中国　　　　　　　　　　　　　　　郷土に伝わる民俗と信仰　　　　　　　　　　　　　広島県

り」　発喜会　（130）2009.01

田中八幡神社
大屋村田中八幡神社のフジ「郷土史紀行　ヒューマン・レクチャー・クラブ」31　2005.1

田辺寺
『鞆幕府』将軍・義昭の希望と挫折　義昭ゆかりの地　常国寺/田辺寺/鄙山/他「潮待ちの館資料館だより」　福山市鞆の浦歴史民俗資料館（50）2013.03

旅立ち地蔵
御調特集（74）旅立ち地蔵「月刊歴史ジャーナル」　NPO法人尾道文化財研究所　（111）2013.03

だるま記念堂
だるま記念堂─日本一のだるま博物館（石井章道）「わが町三原」　みはら歴史と観光の会　167　2005.2

潭鼓
潭鼓の「だんじり」についての不確かな記憶（庄原尚三）「ふるさとよしうら」　吉浦郷土史研究会　44　1999.6

竹林寺
「篁山竹林寺縁起」に見る地域文化の古層（松井輝昭）「広島県文化財ニュース」　広島県文化財協会　175　2002.9

竹林寺と文化財（末廣浩吉）「広島県文化財ニュース」　広島県文化財協会　175　2002.9

古寺散策　山寺の縁起　竹林寺（東広島市河内町）「郷土史紀行」　ヒューマン・レクチャー・クラブ　（42）2007.1

竹林寺三重塔と平清盛（特集　平清盛と平家伝説─研究発表　平清盛と平家伝説編）（近貞勝司）「ひろしま県史協」　広島県郷土史研究協議会（30）2012.11

会員通信　竹林寺「十王堂」修復される（近藤孝美）「ひがしひろしま郷土史研究会ニュース」　東広島郷土史研究会　（464）2013.04

知波夜比古神社
高杉町の知波夜比古神社の扁額について（新祖隆太郎）「みよし地方史」　三次市地方史研究会　（81）2010.03

知波夜比売神社
布野村知波夜比売神社の祭神について（藤村耕市）「みよし地方史」　三次市地方史研究会　50　1999.5

長慶寺
「目で見る矢野町史」その後（5）─長慶寺（4）蛇足（編集室）「発喜のしほり」　発喜会　100　2001.7

昔、羅卒／長慶寺・山門／高山／花上／玉龍「発喜のしほり」　発喜会　114　2005.1

『目で見る矢野町史』（社寺編）その後（10）長慶寺（4）拾遺─本堂入棟、鐘楼再建・同屋根改修、山門改築など「発喜のしほり」　発喜会（124）2007.7

「目で見る矢野町史」（社寺編）その後（13）長慶寺（五）祝賀の唄（編集室）「発喜のしほり」　発喜会　（133）2009.10

長慶寺についての報告（宇都宮寿作）「発喜のしほり」　発喜会　（140）2011.07

長助茶屋
峠の茶屋─長助茶屋の歴史「かんべ」　可部郷土史研究会　89　2000.7

長福寺
長福寺の歴史（1）～（8）（西澤秀次）「ひがしひろしま郷土史研究会ニュース」　東広島郷土史研究会　329/337　2002.1/2002.9

千代田
豊平・千代田・大朝三町の史跡を訪ねて─吉川元春館跡/万徳院跡/小倉山城跡/天狗シデ「かんべ」　可部郷土史研究会　97　2002.7

辻
ふるさとの史跡　吉舎　辻八幡神社の神殿入り/日本最古の玉殿　佐々井厳島神社「郷土史紀行」　ヒューマン・レクチャー・クラブ　22　2003.4

津田村
佐伯郡佐伯町の神楽─旧佐伯郡津田村を中心として（三村泰臣）「広島民俗」　広島民俗学会　57　2002.3

常石
常石張子（《特集　広島県の土・張子人形》）（三谷範子）「広島県文化財ニュース」　広島県文化財協会　（188）2006.3

津之郷
津之郷の祭り（村上範鑰）「文化財ふくやま」　福山市文化財協会　40　2005.5

坪生町
備後百景（3）福山市坪生町（1）─道ばたの牛地蔵（山口哲品）「備陽史探訪」　備陽史探訪の会　105　2002.2

出口
コックリさん（杉原茂）「でぐち」　出口郷愛会　9　1999.4

手城堂
干拓地に建てられた手城堂についての考察（備後史談）（三好勝房）「備陽史探訪」　備陽史探訪の会　（177）2014.04

寺原
寺原八幡神社の梵鐘について（藤下憲明）「広島県文化財ニュース」　広島県文化財協会　158　1998.9

梵鐘の話　寺原八幡神社の鐘（米田仁）「郷土史紀行」　ヒューマン・レクチャー・クラブ　31　2005.1

寺町廃寺
寺町廃寺と水切り瓦「歴風」　広島県立歴史民俗資料館　21　1998.3

史跡を歩く　寺町廃寺「芸備地方史研究」　芸備地方史研究会　（257）2007.10

備後寺町廃寺について（《特集　古代遺跡の地域相研究》─〈「考古学から見た郷土の歴史」講座の報告〉）（和田崇志）「芸備」　芸備友の会（36）2008.11

寺屋敷
寺屋敷からの報告（6）龍野神社─造営とその後（山本雅典）「発喜のしほり」　発喜会　（130）2009.01

寺山
寺山の観音堂・稲荷社など「かんべ」　可部郷土史研究会　89　2000.7

天神社
ふるさとの小社祠　天神社（三次市十日市東）（後藤千賀子）「みよし地方史」　三次市地方史研究会　（89）2012.12

洞雲寺
伊予史談会交流報告/史跡をあるく　洞雲寺「芸備地方史研究」　芸備地方史研究会　（252）2006.6

十日町
十日町にもあった三吉氏支族「原五郎政家」の墓碑（後藤千賀子）「みよし地方史」　三次市地方史研究会　（87）2012.4

東城
東城地方の俗信・諺語（久岡武美）「広島民俗」　広島民俗学会　（78）2012.08

十日市
阿久利姫の心願・勧請した若宮さんの淡島神社─十日市八幡神社境内（後藤千賀子）「みよし地方史」　三次市地方史研究会　（77）2008.12

斗升
広島県府中市斗升の敷神社式年大祭（田中重雄）「まつり通信」　まつり同好会　41（2）通号480　2001.1

鞆
地蔵院と大般若経─鞆の寺院調査、新発見資料（池田一彦）「潮待ちの館資料館だより」　福山市鞆の浦歴史民俗資料館　25　2000.8

企画展「鞆の町並と石造物」「潮待ちの館資料館だより」　福山市鞆の浦歴史民俗資料館　25　2000.8

特別展「港町　鞆の寺院」（1）─真言宗寺院「潮待ちの館資料館だより」　福山市鞆の浦歴史民俗資料館　26　2001.2

「鞆に於ける富くじ」の資料（森田龍児）「文化財ふくやま」　福山市文化財協会　36　2001.5

文献に見る水無月の鞆の祭（石井六郎）「文化財ふくやま」　福山市文化財協会　37　2002.5

鞆の底力─住民と共に（蔵本久）「潮待ちの館資料館だより」　福山市鞆の浦歴史民俗資料館　30　2003.1

鞆・町並ひな祭（井上泰之）「潮待ちの館資料館だより」　福山市鞆の浦歴史民俗資料館　32　2004.2

鞆の津ひな夢物語─鞆・町並ひな祭（檀上浩二）「潮待ちの館資料館だより」　福山市鞆の浦歴史民俗資料館　33　2004.8

鞆・町並ひな祭─鞆の魅力を全国へ（井上泰之）「潮待ちの館資料館だより」　福山市鞆の浦歴史民俗資料館　（34）2005.2

見栄っ張り雛─鞆の文化「見栄」をみる（壇上浩二）「潮待ちの館資料館だより」　福山市鞆の浦歴史民俗資料館　（34）2005.2

鞆・町並ひな祭（〈平成16年度日本博物館協会中国支部研修会報告　博物館と地域づくり〉─実践報告）（檀上浩二）「しまねの古代文化　：古代文化記録集」　島根県古代文化センター　（12）2005.3

鞆の雛祭りから舞踏文彩陶を思う（松崎哲）「郷土史紀行」　ヒューマン・

レクチャー・クラブ　32　2005.3

鞆・町並ひな祭―風情豊かな町並みを百花繚乱に彩る（井上泰之）「潮待ちの館資料館だより」　福山市鞆の浦歴史民俗資料館　（38）　2007.3

第六回　鞆・町並ひな祭（井上泰之）「潮待ちの館資料館だより」　福山市鞆の浦歴史民俗資料館　（40）　2008.2

備前焼と鞆保命酒（《備前歴史フォーラム 江戸時代の暮らしと備前焼》―研究報告）（岡本純夫）「備前市歴史民俗資料館紀要」　備前市歴史民俗資料館　（10）　2008.9

文化財 鞆の景観と焚場「郷土史紀行」　ヒューマン・レクチャー・クラブ　（57）　2009.3

鞆の「町割り保存」（戸田和吉）「潮待ちの館資料館だより」　福山市鞆の浦歴史民俗資料館　（42）　2009.3

鞆地蔵院の大般若経（小林定市）「備陽史探訪」　備陽史探訪の会　（148）　2009.06

広島民俗学会第73回研究会「春の県立博物館企画展と鞆の町並み散策」報告（錦川鯉）「広島民俗」　広島民俗学会　（72）　2009.08

中世紀にかかわる新発見の屋地売券について―福山市・胎蔵寺木造釈迦如来坐像胎内施入品紹介の一環として（白井比佐雄）「広島県文化財ニュース」　広島県文化財協会　（203）　2010.01

芸備掲示板 新春企画展「雛祭」、第六回鞆・町並ひな祭（福山市鞆の浦歴史民俗資料館、鞆・町並ひな祭実行委員会）「芸備地方史研究」　芸備地方史研究会　（268・269）　2010.02

中村吉兵衛政長と鞆皿山窯（園尾裕）「潮待ちの館資料館だより」　福山市鞆の浦歴史民俗資料館　（44）　2010.3

特別展「江戸末期からの鞆皿山窯」（記録）「潮待ちの館資料館だより」　福山市鞆の浦歴史民俗資料館　（44）　2010.3

鞆町

鞆町並ひな祭―和みの世界へタイムトリップ「潮待ちの館資料館だより」　福山市鞆の浦歴史民俗資料館　30　2003.1

鞆津

鞆津寺院の梵鐘（池田一彦）「潮待ちの館資料館だより」　福山市鞆の浦歴史民俗資料館　28　2002.1

鞆津 寺院の変遷（1）概説（高木康彦）「備陽史探訪」　備陽史探訪の会　（158）　2011.02

鞆の浦

企画展「鞆の浦鯛縛網」「潮待ちの館資料館だより」　福山市鞆の浦歴史民俗資料館　21　1998.8

資料整理ノート 雛祭「潮待ちの館資料館だより」　福山市鞆の浦歴史民俗資料館　22　1999.2

草戸千軒遺跡と明王院鞆の浦を訪ねて（松井貞子）「かんべ」　可部郷土史研究会　84　1999.4

「雛祭」お煮事道具（水本真由美）「潮待ちの館資料館だより」　福山市鞆の浦歴史民俗資料館　24　2000.2

鞆の浦の石造物調査（友の会）「潮待ちの館資料館だより」　福山市鞆の浦歴史民俗資料館　24　2000.2

雛祭 御殿飾り（水本真由美）「潮待ちの館資料館だより」　福山市鞆の浦歴史民俗資料館　24　2000.2

木造阿弥陀三尊立像胎内納入品（池田一彦）「潮待ちの館資料館だより」　福山市鞆の浦歴史民俗資料館　26　2001.2

雛祭展に寄せて―雛人形に魅せられて（井上恵子）「潮待ちの館資料館だより」　福山市鞆の浦歴史民俗資料館　30　2003.1

雛人形色々（水本真由美）「潮待ちの館資料館だより」　福山市鞆の浦歴史民俗資料館　30　2003.1

小桜革腰刀の実験的復元製作について（寺本靖）「潮待ちの館資料館だより」　福山市鞆の浦歴史民俗資料館　31　2003.8

中村家保命酒再現（岡本純夫）「潮待ちの館資料館だより」　福山市鞆の浦歴史民俗資料館　（40）　2008.2

鯛縛網「潮待ちの館資料館だより」　福山市鞆の浦歴史民俗資料館　（41）　2008.11

窯跡の関係文献の解題（池田一彦）「潮待ちの館資料館だより」　福山市鞆の浦歴史民俗資料館　（42）　2009.03

鞆の浦の伝承と信仰―平家伝説・福禅寺縁起と熊野信仰（特集 港町・鞆の浦と瀬戸内）（渡邊誠）「芸備地方史研究」　芸備地方史研究会　（268・269）　2010.02

史跡をあるく 常夜灯／鞆の大波止／琉球司楽向生碑／沼名前神社の注連柱・玉垣（特集 港町・鞆の浦と瀬戸内）「芸備地方史研究」　芸備地方史研究会　（268・269）　2010.02

年中行事と供え物 食べ物（1）（池田一彦）「潮待ちの館資料館だより」　福山市鞆の浦歴史民俗資料館　（47）　2011.08

鞆の浦における社寺建築の建築年代と細部意匠（佐藤大規）「広島大学総合博物館研究報告」　広島大学総合博物館　（3）　2011.12

年中行事と供え物 食べ物（2）卯月（四月）／皐月（五月）／水無月（六月）／文月（七月）（池田一彦）「潮待ちの館資料館だより」　福山市鞆の浦歴史民俗資料館　（48）　2012.03

年中行事と供え物 食べ物（3）葉月（八月）／長月（九月）／神無月（十月）／霜月（十一月）／師走（十二月）（池田一彦）「潮待ちの館資料館だより」　福山市鞆の浦歴史民俗資料館　（49）　2012.09

鞆の津

鞆の津常夜灯点灯、潮まち音楽祭―皆様のご協力が夢を実現「潮待ちの館資料館だより」　福山市鞆の浦歴史民俗資料館　（49）　2008.8

鞆・町並ひな祭―鞆の津の人情もにじむ（井上泰之）「潮待ちの館資料館だより」　福山市鞆の浦歴史民俗資料館　（36）　2006.2

鞆の津の祇園祭（《特集 祇園祭》）（池田一彦）「会報むろのつ」　「嶋屋」友の会　（13）　2006.6

鞆の津の民謡「潮待ちの館資料館だより」　福山市鞆の浦歴史民俗資料館　（37）　2006.12

友広神社

友広神社の大銀杏―市指定天然記念物「かんべ」　可部郷土史研究会　89　2000.7

豊栄町安宿

民具が語る郷土の暮らし 豊栄町民俗資料整理（豊栄町安宿）「阿岐のまほろば：（財）東広島市教育文化振興事業団文化財センター報」　東広島市教育文化振興事業団　44　2013.03

豊島

家船の民俗誌 船に住む豊島の漁民（金柄徹）「東北学.［第1期］」　東北芸術工科大学東北文化研究センター，作品社（発売）8　2003.4

豊田神社

表紙 三原（旧）一周膝栗毛 今年も実施、一宮豊田神社「わが町三原」　みはら歴史と観光の会　272　2013.11

豊平

豊平・千代田・大朝三町の史跡を訪ねて―吉川元春館跡／万徳院跡／小倉山城跡／天狗シデ「かんべ」　可部郷土史研究会　97　2002.7

内海

講演 厳島と内海地域の民俗（《特集 厳島研究の過去・現在・未来―厳島神社世界遺産登録10周年記念》）（藤井昭）「芸備地方史研究」　芸備地方史研究会　（258・259）　2008.2

中追

大屋地区の地神信仰（3）中追地区（田地春江）「郷土」　西城町郷土研究会　74　1999.3

長尾神社

絵馬の見える風景―安芸太田町、長尾神社の絵馬から（向田裕始）「広島県文化財ニュース」　広島県文化財協会　（205）　2010.05

中組

葬儀役割の今昔 双三郡君田村東入君中組を見る（小豆原たまき）「広島民俗」　広島民俗学会　57　2002.3

中蔵谷薬師堂

御調特集（82）中蔵谷薬師堂「月刊歴史ジャーナル」　NPO法人尾道文化財研究所　（119）　2013.11

中所

三次中所（なかぞ）の伽俄羅（かがら）天狗（新祖隆太郎）「みよし地方史」　三次地方史研究会　45　1997.8

長谷神社

今月の各地 長谷神社大祭の復活（羽藤文雄）「わが町三原」　みはら歴史と観光の会　188　2006.11

中之町

中之町の庚申塔（1），（2）（古川嵯知子）「わが町三原」　みはら歴史と観光の会　192/193　2007.3/2007.4

伝承地探訪 駒ヶ原・中之町編 鬼ヶへんち―伝説の岩窟（大本静人）「わが町三原」　みはら歴史と観光の会　194　2007.5

中野八幡神社

古寺探訪（一）中野八幡神社四景（塩田辿）「郷土」　西城町郷土研究会　（96）　2010.12

中野村

中野村の寺子屋について（小原千秋）「瀬野川郷土史研究会会報」　瀬野川郷土史研究会　30　2002.1

南原

南原の地蔵尊（助信淳子）「かんべ」　可部郷土史研究会　（116）　2009.12

南原の地蔵尊（再考）（助信淳子）「かんべ」　可部郷土史研究会　（118）　2010.11

並滝寺

並滝寺に盗賊が（近藤納）「ひがしひろしま郷土史研究会ニュース」 東広島郷土史研究会 301 1999.9

並滝寺の襖裏打紙の古文書の整理（西沢秀次）「ひがしひろしま郷土史研究会ニュース」 東広島郷土史研究会 306 2000.2

並滝寺の襖下張文書（菅野晃行）「ひがしひろしま郷土史研究会ニュース」 東広島郷土史研究会 312 2000.8

南光坊

南光坊縁起（桝井功）「福山市立福山城博物館友の会だより」 福山市立福山城博物館友の会 29 1999.7

新高山城

宗光寺山門の新高山城からの移築説に対する疑問（佐藤大規）「内海文化研究紀要」 広島大学大学院文学研究科附属内海文化研究施設 （36） 2008.3

丹生川上神社

丹生川上神社について（平田恵彦）「備陽史探訪」 備陽史探訪の会 92 1999.12

仁賀

三次地方の石造物 三良坂仁賀の古墓（中畑和彦）「みよし地方史」 三次市地方史研究会 51 1999.9

西垣内

西垣内阿弥陀堂（西城町の辻堂（3）旧八鳥村）（黒田正）「郷土」 西城町郷土研究会 71 1998.4

西崎箱式石棺群

「目で見る矢野町史」（古代編）その後（14）─西崎箱式石棺群（編集室）「発喜のしほり」 発喜会 （134） 2010.1

日本メソヂスト広島中央教会堂

日本メソヂスト広島中央教会堂建築図面について（山形政昭）「広島市公文書館紀要」 広島市公文書館 （26） 2013.06

入船山

入船山で蘇った金唐紙（旧呉鎮守府司令長官官舎の金唐紙）（上田尚）「館報入船山」 呉市入船山記念館 14 2003.2

奴可郡札三十三ケ所霊場

奴可郡札三十三ケ所霊場と御詠歌（8）（新山，黒田，新田，宮崎）「郷土」 西城町郷土研究会 69 1997.8

沼田新荘

沼田新荘・椋梨川流域の辻堂・観音（薬師）堂について調査の中間報告（宗本正記）「広島民俗」 広島民俗学会 61 2004.3

沼名前神社

神能祭─沼名前神社能舞台（壇上浩二）「潮待ちの館資料館だより」 福山市鞆の浦歴史民俗資料館 22 1999.2

沼名前神社能番組 絵馬─洪水よりよみがえる（池田一彦）「潮待ちの館資料館だより」 福山市鞆の浦歴史民俗資料館 23 1999.8

特別展「沼名前神社能舞台を巡って」「潮待ちの館資料館だより」 福山市鞆の浦歴史民俗資料館 23 1999.8

特別展協賛行事 沼名前神社能舞台（国重文）演能「潮待ちの館資料館だより」 福山市鞆の浦歴史民俗資料館 24 2000.2

沼名前神社へ奉納の大絵馬（檀上浩二）「潮待ちの館資料館だより」 福山市鞆の浦歴史民俗資料館 24 2000.2

沼名前神社の「御弓神事」（三村泰臣）「まつり通信」 まつり同好会 40（5）通号471 2000.4

沼名前神社の石造物調査の経過報告（池田一彦）「潮待ちの館資料館だより」 福山市鞆の浦歴史民俗資料館 31 2003.8

沼名前神社の石造物調査余話（池田一彦）「潮待ちの館資料館だより」 福山市鞆の浦歴史民俗資料館 （34） 2005.2

沼名前神社の寛永二年の鳥居（釜谷勲）「潮待ちの館資料館だより」 福山市鞆の浦歴史民俗資料館 （34） 2005.2

迎春花 鞆浦沼名前神社の石鳥居に刻む寒梅（中屋敷康）「郷土史紀行」 ヒューマン・レクチャー・クラブ （42） 2007.1

鞆の浦・沼名前神社の石鳥居に刻む黄梅（会員研究）（中屋敷康）「ひろしま県史協」 広島県郷土史研究協議会 （31） 2013.11

沼隈町

沼隈町のはね踊り（西村晃）「広島県立文書館だより」 広島県立文書館 12 1998.9

沼田

沼田祇園祭（福岡幸司）「わが町三原」 みはら歴史と観光の会 112 2000.7

沼田神社

沼田神社 湯立祭（古川嵯智子）「わが町三原」 みはら歴史と観光の会 84 1998.3

沼田神社 祇園祭（古川嵯知子）「わが町三原」 みはら歴史と観光の会 160 2004.7

表紙 沼田東町本市 沼田神社の祇園祭り「わが町三原」 みはら歴史と観光の会 269 2013.08

根の谷川

根の谷川の舟運について（斎秀明）「かんべ」 可部郷土史研究会 79 1998.1

能地

能地春祭り見物の記─ふとんだんじりと祭りの起源あれこれ（正田公佑）「わが町三原」 みはら歴史と観光の会 170 2005.5

能楽寺

古寺探訪（四）能楽寺四景（塩田迪）「郷土」 西城町郷土研究会 （95） 2010.03

野上町

石文で知る野上町の庚申信仰（特集 「神辺町の文化財」紹介）（平塚義和）「文化財ふくやま」 福山市文化財協会 （41） 2006.5

乃木神社

尾道乃木神社─その概要と創建背景について（八幡浩二）「芸備地方史研究」 芸備地方史研究会 244 2005.2

廃永樹寺跡

廃永樹寺跡（吉舎町丸田）の五輪塔（中畑和彦）「みよし地方史」 三次市地方史研究会 （76） 2008.8

灰塚ダム

ダムの村─灰塚ダムと苫田ダム周辺（福尾美夜）「女性と経験」 女性民俗学研究会 通号24 1999.10

萩原城跡

遺物ピックアップ 萩原城跡の一石経経塚（下津間康夫）「ひろしまの遺跡 ：（公財）広島県教育事業団事務局埋蔵文化財調査室報」 広島県教育事業団 87 2001.12

畠大日堂跡

畠大日堂跡（西城町の辻堂（3）旧八鳥村）（新田成美）「郷土」 西城町郷土研究会 71 1998.4

畠敷町

三次市畠敷町熊野神社蔵の太刀について（新祖隆太郎）「みよし地方史」 三次市地方史研究会 52 2000.2

熊野神社宝蔵枇杷板の絵（伊藤正壮）「みよし地方史」 三次市地方史研究会 66 2005.3

旛山家

灰塚旛山家のお札について（Y生）「みよし地方史」 三次市地方史研究会 51 1999.9

鉢が峰

備後の飛鉢譚「鉢が峰」─鉢が結ぶ地について（嶺岡美見）「久里」 神戸女子民俗学会 （21） 2008.1

廿日市

江戸時代の廿日市の町並みが出現（大島裕）「ひろしまの遺跡 ：（公財）広島県教育事業団事務局埋蔵文化財調査室報」 広島県教育事業団 69 1997.6

中世の宮島と廿日市（秋山伸隆）「広島県文化財ニュース」 広島県文化財協会 159 1998.11

安芸国廿日市鋳物師の一考察─近世初頭の鋳造活動を中心として（藤下憲明）「芸備地方史研究」 芸備地方史研究会 225 2001.4

安芸、備後の鋳物師（2）─廿日市の久枝氏について（妹尾周三）「芸備地方史研究」 芸備地方史研究会 229 2002.1

廿日市張り子（《特集 広島県の土・張子人形》）（藤田広幸）「広島県文化財ニュース」 広島県文化財協会 （188） 2006.3

初崎

初崎・船津神社由緒縁起紹介にあたって（佐々木尚宏）「広郷土史研究会会報」 広郷土史研究会 64 2004.10

船津神社の祭神「広郷土史研究会会報」 広郷土史研究会 66 2005.3

八鳥

古社探訪（3）八鳥・白山神社六景（塩田迪）「郷土」 西城町郷土研究会 （98） 2011.09

服部

四ツ堂探訪（2）市内随一の石仏密度 県道筋地蔵堂（駅家町服部）（田口

由実)「備陽史探訪」 備陽史探訪の会 （165） 2012.04

八鳥村
西城町の辻堂（2）旧八鳥村「郷土」 西城町郷土研究会 70 1997.11

服部大池
服部大池の人柱伝説について（井上新一）「文化財ふくやま」 福山市文化財協会 （43） 2009.4

花上
花上物語（8）―「矢野村花上御利（益）薬師如来」（楠精洲）「発喜のしほり」 発喜会 89 1998.10

表紙 花上薬師堂「発喜のしほり」 発喜会 （151） 2014.04

「まほろば矢野」（32）―おやくっさん（花上の薬師堂）「発喜のしほり」 発喜会 （152） 2014.07

花咲堂
四ツ堂探訪（3）献灯の習俗が残る堂 花咲堂（熊野町寺迫）（田口由実）「備陽史探訪」 備陽史探訪の会 （168） 2012.10

磐台寺
史跡を歩く 磐台寺観音堂「芸備地方史研究」 芸備地方史研究会 239 2004.2

東西条
熊野信仰の展開と中世の東西条における熊野権現の伝播（阿井康憲）「広郷土史研究会ニュース」 広郷土史研究会 （80） 2007.7

東田遺跡
平安の高屋の郷にも阿弥陀堂？ 東田遺跡（高屋町郷）「阿岐のまほろば：（財）東広島市教育文化振興事業団文化財センター報」 東広島市教育文化振興事業団 41 2011.03

東広島
鐘つき堂物語（城楽隆幸）「ひがしひろしま郷土史研究会ニュース」 東広島郷土史研究会 274 1997.6

東広島の神社・仏閣文化財展を終えて「ひがしひろしま郷土史研究会ニュース」 東広島郷土史研究会 280 1997.12

古寺跡・小堂を調査しませんか（飯田米秋）「ひがしひろしま郷土史研究会ニュース」 東広島郷土史研究会 294 1999.2

今回は小祠の調査です（飯田米秋）「ひがしひろしま郷土史研究会ニュース」 東広島郷土史研究会 295 1999.3

幸熊丸の墓（西沢秀次）「ひがしひろしま郷土史研究会ニュース」 東広島郷土史研究会 299 1999.7

菖蒲前伝説展―盛会裡に無事終わる（1），（2）「ひがしひろしま郷土史研究会ニュース」 東広島郷土史研究会 303/304 1999.11/1999.12

板碑について（井上正幸）「ひがしひろしま郷土史研究会ニュース」 東広島郷土史研究会 314 2000.10

東広島地方の赤瓦について（1）～（4）（栗本哲雄）「ひがしひろしま郷土史研究会ニュース」 東広島郷土史研究会 322/327 2001.6/2001.11

八幡様物語（上），（中），（下）（貞廣豊鹿）「ひがしひろしま郷土史研究会ニュース」 東広島郷土史研究会 324/326 2001.8/2001.10

歴史と伝説のはざまで（序論）（貞広豊鹿）「ひがしひろしま郷土史研究会ニュース」 東広島郷土史研究会 330 2002.2

鎌倉期の仏師について（井上正幸）「ひがしひろしま郷土史研究会ニュース」 東広島郷土史研究会 338 2002.10

稲作の歴史（1）～（6）（堀越敬實）「ひがしひろしま郷土史研究会ニュース」 東広島郷土史研究会 342/348 2003.2/2003.8

伝説夜話（1），（2）（貞廣豊鹿）「ひがしひろしま郷土史研究会ニュース」 東広島郷土史研究会 362/363 2004.10/2004.11

幸熊丸伝説（1）～（3）（井東茂夫）「ひがしひろしま郷土史研究会ニュース」 東広島郷土史研究会 364/366 2004.12/2005.2

大王のひつぎ・実験航海（船越雄治）「ひがしひろしま郷土史研究会ニュース」 東広島郷土史研究会 373 2005.9

二度の梵鐘供出騒動（菅野晃行）「ひがしひろしま郷土史研究会ニュース」 東広島郷土史研究会 （381） 2006.5

江戸時代の和鏡（松村昌彦）「ひがしひろしま郷土史研究会ニュース」 東広島郷土史研究会 （405） 2008.5

「サ神」考（1），（2）（松浦学）「ひがしひろしま郷土史研究会ニュース」 東広島郷土史研究会 （407）／（408） 2008.7/2008.8

酒蔵踊りの石祠（光野三彦）「ひがしひろしま郷土史研究会ニュース」 東広島郷土史研究会 （407） 2008.7

酒蔵と煙突のある町並の景観保存を（大江弘康）「ひがしひろしま郷土史研究会ニュース」 東広島郷土史研究会 （411） 2008.11

狛犬のルーツを探る（1）～（4）（船越雄治）「ひがしひろしま郷土史研究会ニュース」 （415）／（418） 2009.03/2009.06

江戸時代の柄鏡図（松村昌彦）「ひがしひろしま郷土史研究会ニュース」 東広島郷土史研究会 （419） 2009.07

菖蒲前伝説について（1）～（6）（井東茂夫）「ひがしひろしま郷土史研究会ニュース」 東広島郷土史研究会 （431）／（436） 2010.07/2010.12

9月例会概要報告 石碑と狛犬、灯籠 御建神社をめぐる「ひがしひろしま郷土史研究会ニュース」 東広島郷土史研究会 （458） 2012.10

会員通信 神社仏閣は地域の博物館（吉田泰義）「ひがしひろしま郷土史研究会ニュース」 東広島郷土史研究会 （482） 2014.10

東広島市
物語 菖蒲前伝説（東広島市）（古川了永）「郷土史紀行」 ヒューマン・レクチャー・クラブ （48） 2007.12

東町
表紙写真の説明―東町の石碑について（岡本節三）「ふるさとよしうら」 吉浦郷土研究会 45 2000.1

引野
引野誕生伝承の一話（三好勝芳）「備陽史探訪」 備陽史探訪の会 （154） 2010.6

郷土探訪 めずらしい宝篋印塔・引野塔（三好勝芳）「備陽史探訪」 備陽史探訪の会 （159） 2011.04

日熊塔
日熊塔（杉浦道彦）「備陽史探訪」 備陽史探訪の会 （157） 2010.12

比熊山
比熊山（三次町）の「たたり石」の疑問（新祖隆太郎）「みよし地方史」 三次市地方史研究会 （72） 2007.3

比古佐須伎神社
比古佐須伎神社（田口義之）「備陽史探訪」 備陽史探訪の会 （124） 2005.6

久津峠
久津峠の大師さん（本田正威）「わが町三原」 みはら歴史と観光の会 109 2000.4

比治山橋
南原峡今昔 新石造物ウォッチングI 比治山橋畔の不思議な石碑（持永芳孝）「郷土史紀行」 ヒューマン・レクチャー・クラブ （57） 2009.03

備前
備前法華に安芸門徒の源流（小林定市）「備陽史探訪」 備陽史探訪の会 114 2003.10

日高八幡宮
日高八幡宮（呉市蒲刈）「郷土史紀行」 ヒューマン・レクチャー・クラブ （45） 2007.9

備南
備南廻国塔覚書（出内博都）「備陽史研究山城志：備陽史探訪の会機関誌」 備陽史探訪の会 15 1998.6

檜木城
桧木城と浄行寺（川内町）について（正藤英夫）「瀬野川流域郷土史懇話会会報」 瀬野川流域郷土史懇話会 （5） 2007.2

比婆荒神神楽
西城町神楽愛好会が京都市新熊野神社に比婆荒神神楽奉納（滝本明人）「郷土」 西城町郷土研究会 76 1999.12

重要無形民俗文化財「比婆荒神神楽」現地公開（佐古辰巳）「広島県文化財ニュース」 広島県文化財協会 184 2005.3

比婆荒神神楽を拝見する―平成23年12月3～4日 広島県庄原市東城町竹森にて（下畠信二）「広島民俗」 広島民俗学会 （79） 2013.03

比婆山
古代比婆山信仰の二系列と刻彫石（標彰矩）「郷土」 西城町郷土研究会 68 1997.4

比婆山の御陵と熊野神社を訪ねて（種восм実）「備陽史探訪」 備陽史探訪の会 98 2000.12

比婆山・熊野神社行（三谷尚克）「備陽史探訪」 備陽史探訪の会 101 2001.6

比婆山賛歌とみそぎについて（白根義久）「郷土」 西城町郷土研究会 80 2001.9

備北
備北の地神祭（黒田正）「郷土」 西城町郷土研究会 79 2001.4

姫谷
平成20年度春の展示 姫谷焼「広島県立歴史博物館ニュース」 広島県立歴史博物館 （75） 2008.4

姫谷焼―備後に花開いた初期色絵磁器―「広島県立歴史博物館ニュース」 広島県立歴史博物館 （75） 2008.4

中国　　　　　　　　郷土に伝わる民俗と信仰　　　　　　　　広島県

姫宮神社

ふるさとの小社祠 姫宮神社（三次市十日市南）（後藤千賀子）「みよし地方史」 三次市地方史研究会 （86） 2011.12

備陽

亀山天皇伝承（小林定市）「備陽史探訪」 備陽史探訪の会 76 1997.4

陰陽思想と易で民俗を考える（門田幸男）「備陽史探訪」 備陽史探訪の会 76 1997.4

神々の名前（佐藤寿夫）「備陽史探訪」 備陽史探訪の会 76 1997.4

路傍の文化財 地神塔のいろいろ（出内博都）「備陽史探訪」 備陽史探訪の会 77 1997.6

七夕歌と古事記（佐藤寿夫）「備陽史探訪」 備陽史探訪の会 77 1997.6

悪代官伝承（小林定市）「備陽史探訪」 備陽史探訪の会 78 1997.8

綿津見神（海神）について（佐藤寿夫）「備陽史探訪」 備陽史探訪の会 78 1997.8

墓とは何か―終末期古墳の設計思想（門田幸男）「備陽史探訪」 備陽史探訪の会 82 1998.4

生死を分けたものは何―陰陽五行思想で考える（門田幸男）「備陽史探訪」 備陽史探訪の会 88 1999.4

アマテラスに誘われて（吉田治美）「備陽史探訪」 備陽史探訪の会 93 2000.2

「初詣は稲荷」の話（門田幸男）「備陽史探訪」 備陽史探訪の会 94 2000.4

我が家の菩提寺（後藤匡史）「備陽史探訪」 備陽史探訪の会 99 2001.1

「お弓」談義（門田幸男）「備陽史探訪」 備陽史探訪の会 99 2001.1

絵馬あれこれ（2）（熊谷操子）「備陽史探訪」 備陽史探訪の会 100 2001.4

人前結婚式（石井しおり）「備陽史探訪」 備陽史探訪の会 101 2001.6

三相撲取りの碑（小林定市）「備陽史探訪」 備陽史探訪の会 102 2001.8

「蹴鞠」ってただの遊び？（門田幸男）「備陽史探訪」 備陽史探訪の会 104 2001.12

故佐藤氏に捧ぐ 白馬の節会とは何か（門田幸男）「備陽史探訪」 備陽史探訪の会 105 2002.2

上巳の節供を考える（門田幸男）「備陽史探訪」 備陽史探訪の会 106 2002.4

続上巳の節供（門田幸男）「備陽史探訪」 備陽史探訪の会 107 2002.6

七五三行事の五才児が碁盤から飛び降りるわけについて（門田幸男）「備陽史探訪」 備陽史探訪の会 110 2003.2

道標と法界塔に常夜灯（小林定市）「備陽史研究山城志 ： 備陽史探訪の会機関誌」 備陽史探訪の会 17 2003.6

雑談 扇の話（門田幸男）「備陽史探訪」 備陽史探訪の会 112 2003.6

海の信仰をあつめた観音様（小畠カツコ）「備陽史探訪」 備陽史探訪の会 113 2003.8

少名毘古那神大好き（三谷尚克）「備陽史探訪」 備陽史探訪の会 115 2003.12

仏像大好き（片岡美絵）「備陽史探訪」 備陽史探訪の会 119 2004.8

草薙の剣（根岸尚克）「備陽史探訪」 備陽史探訪の会 （125） 2005.8

廻文歌の起源（根岸尚克）「備陽史探訪」 備陽史探訪の会 （129） 2006.4

たまには寺巡りもいいもんだ（平田恵彦）「備陽史探訪」 備陽史探訪の会 （130） 2006.6

昔話探訪のススメ（田中美絵）「備陽史探訪」 備陽史探訪の会 （132） 2006.10

我が氏神様（後藤匡史）「備陽史探訪」 備陽史探訪の会 （136） 2007.6

古の寺社に癒され 鎮守の森に憩い 路地歩きを楽しむ！（岡田宏一郎）「備陽史探訪」 備陽史探訪の会 （140） 2008.2

仏のヒミツ（田中美絵）「備陽史探訪」 備陽史探訪の会 （140） 2008.2

記紀歌謡第一を巡る展開（根岸尚克）「備陽史探訪」 備陽史探訪の会 （141） 2008.4

夏越の大祓（根岸尚克）「備陽史探訪」 備陽史探訪の会 （142） 2008.6

怪談「やや（阿良）が火」（田口義之）「備陽史探訪」 備陽史探訪の会 （143） 2008.8

わが町の秋祭り（種本実）「備陽史探訪」 備陽史探訪の会 （145） 2008.12

わが町の秋祭り（俳句）（種本実）「備陽史探訪」 備陽史探訪の会 （145） 2008.12

祭主巡行（後藤匡史）「備陽史探訪」 備陽史探訪の会 （146） 2009.02

続 絵馬あれこれ（熊谷操子）「備陽史探訪」 備陽史探訪の会 （151） 2009.12

宝篋印塔の変遷と刻經の内容（三寺院を比較して）（出内博都）「備陽史探訪」 備陽史探訪の会 （152） 2010.02

郷土探訪 四ツ堂に魅せられて（田口由実）「備陽史探訪」 備陽史探訪の会 （162） 2011.10

例会報告 積石塚（野母寿子）「備陽史探訪」 備陽史探訪の会 （163） 2011.12

郷土探訪 街歩きが好き！「頌徳碑・記念碑」に目が点になる！（岡田宏一郎）「備陽史探訪」 備陽史探訪の会 （164） 2012.02

山城レポ 続・怨霊の城（末森清司）「備陽史探訪」 備陽史探訪の会 （164） 2012.02

四ツ堂探訪 シリーズ「四ツ堂探訪」によせて（田口由実）「備陽史探訪」 備陽史探訪の会 （164） 2012.02

山城レポ 続・怨霊の城 身投げの谷（末森清司）「備陽史探訪」 備陽史探訪の会 （165） 2012.04

伊邪那岐命の禊を特定する（論考）（根岸尚克）「備陽史探訪」 備陽史探訪の会 （166） 2012.06

御尋申上候 中世石造物と石工集団について（岡田宏一郎）「備陽史探訪」 備陽史探訪の会 （166） 2012.06

御答申上候 中世石造物と石工集団について「備陽史探訪」 備陽史探訪の会 （167） 2012.08

レポート 笏（根岸尚克）「備陽史探訪」 備陽史探訪の会 （169） 2012.12

山城レポ 山城の怪・峠の老女（末森清司）「備陽史探訪」 備陽史探訪の会 （169） 2012.12

レポート 四ツ堂創建伝承の謎（田口由実）「備陽史探訪」 備陽史探訪の会 （171） 2013.04

四ツ堂探訪 番外編 一番古い四ツ堂は？（田口由実）「備陽史探訪」 備陽史探訪の会 （172） 2013.06

くらわんか舟（随想）（熊谷操子）「備陽史探訪」 備陽史探訪の会 （172） 2013.06

古墳講座 海に祈る（祭祀考古学）（網本善光）「備陽史探訪」 備陽史探訪の会 （173） 2013.08

続 くらわんか舟（随想）（熊谷操子）「備陽史探訪」 備陽史探訪の会 （174） 2013.10

郷土探訪 賽の神を探す（根岸尚克）「備陽史探訪」 備陽史探訪の会 （181） 2014.12

平山神社

資料 平山神社々記［1］～（7）「瀬野川流域郷土史懇話会会報」 瀬野川流域郷土史懇話会 （10）/（16） 2009.08/2012.08

資料 平山神社社号改称申出一件「瀬野川流域郷土史懇話会会報」 瀬野川流域郷土史懇話会 （16） 2012.08

「平山神社々記」掲載を終わって（寺島洋一）「瀬野川流域郷土史懇話会会報」 瀬野川流域郷土史懇話会 （16） 2012.08

広

江戸時代後期の広の祭り―起源と問題点［1］～（3）（小栗康治）「広郷土史研究会ニュース」 広郷土史研究会 （3）/（7） 1998.7/1998.11

祭り囃子曲「シャーシャロベーボ」のはじまりと広の甚太郎（小栗康治）「広郷土史研究会ニュース」 広郷土史研究会 （11） 1999.3

石屋のよもやま話―墓石等について（小栗康治）「広郷土史研究会ニュース」 広郷土史研究会 （24） 2000.4

白井水軍埋蔵金伝説（白井修一）「広郷土史研究会ニュース」 広郷土史研究会 （41） 2001.9

神楽（吉田顕治）「広郷土史研究会会報」 広郷土史研究会 70 2005.11

江戸時代の嫁入り道具 盤魔六（小栗康治）「広郷土史研究会ニュース」 広郷土史研究会 （71） 2006.1

広甘藍栽培のルーツと矢口家系譜の関係（矢口一美）「広郷土史研究会ニュース」 広郷土史研究会 （84） 2008.3

広のむかしばなし にがい桃（小栗康治）「広郷土史研究会ニュース」 広郷土史研究会 （85） 2008.5

広甘藍ものがたり（小栗康治）「広郷土史研究会会報」 広郷土史研究会 （90） 2009.03

広「甘藍（カンラン）」事始考（上河内良平）「広郷土史研究会会報」 広郷土史研究会 （94） 2009.11

変わり行く広と廃寺院 恵瑞寺跡の今（上河内良平）「広郷土史研究会会報」 広郷土史研究会 （97） 2010.05

年中行事から季節を感じる―春夏の楽しみ方（小林美保子）「広郷土史研究会会報」 広郷土史研究会 （112） 2013.01

『膺懲碑』と模範村 広甘藍との関係（小栗康治）「広郷土史研究会会報」 広郷土史研究会 （118） 2014.3

広甘藍事始再考（上河内良平）「広郷土史研究会会報」 広郷土史研究会 （120） 2014.7

広小坪

呉市無形文化財広小坪神楽見学記（上河内良平）「広郷土史研究会ニュース」 広郷土史研究会 （71） 2006.1

広島

ことわざに見る県民気質考（神田三亀男）「広島民俗」 広島民俗学会 47 1997.3

新市町立歴史民俗資料館の活動における民俗部門の活動について（報告）（尾多賀晴悟）「広島民俗」 広島民俗学会 51 1999.2

865

食の文化は深い—郷土料理を探る（神田三亀男）「広島民俗」 広島民俗学会 51 1999.2

宗教について（諏訪了我）「広島郷土史会会報」 広島郷土史会 138 1999.5

絵文字般若心経「広島郷土史会会報」 広島郷土史会 142 2000.2

最近の方言研究の動向を顧みて（江端義夫）「広島民俗」 広島民俗学会 54 2000.8

出雲弁よもやま話—広島ねまげな 爆弾がおつゝいたげな（村上清子）「大社の史話」 大社史話会 124 2000.9

広島の山まゆ織（石本正紀）「ひろしま郷土資料館だより」 広島市郷土資料館 62 2001.9

広島の盆灯籠と中国の彩陶壺（松崎哲）「郷土史紀行」 ヒューマン・レクチャー・クラブ 18 2002.8

好奇心と民俗のこと（加太和子）「広島民俗」 広島民俗学会 59 2003.3

病人安駄送りについて（藤原一三）「広島民俗」 広島民俗学会 60 2003.8

葬儀の風景 覚書（菅惰二郎）「広島民俗」 広島民俗学会 60 2003.8

広島の鍛絵—左官さんの心意気（山縣紀子）「ひろしま郷土資料館だより」 広島市郷土資料館 66 2003.12

近代の農具の奨励と情宣活動（幸田光温）「広島民俗」 広島民俗学会 61 2004.3

平家納経に描かれた楽器について（松崎哲）「広島民俗」 広島民俗学会 61 2004.3

婚家の宗旨になじめず宗旨替えの一例（藤原一三）「広島民俗」 広島民俗学会 61 2004.3

広島の狼ばなし（神田三亀男）「広島民俗」 広島民俗学会 62 2004.8

広島の神楽・誕生の謎（〈第5回神在月古代文化シンポジウム 神楽—神々の舞・誕生の謎に迫る〉—パネルディスカッション）（三村泰臣）「しまねの古代文化 ： 古代文化記録集」 島根県古代文化センター （13） 2006.3

江戸時代の旅と他人への思いやり（私の民俗研究）（藤村耕市）「広島民俗」 広島民俗学会 （65） 2006.3

芸備物産考 広島カキの歴史 江戸期に大坂でカキ船「郷土史紀行」 ヒューマン・レクチャー・クラブ （42） 2007.1

棚田の衰退と民俗（〈シンポジウム「戦後60年の社会変動と民俗」〉）（神田三亀男）「広島民俗」 広島民俗学会 （67） 2007.3

村内集団の変遷（〈シンポジウム「戦後60年の社会変動と民俗」〉）（藤井昭）「広島民俗」 広島民俗学会 （67） 2007.3

激変する島の民俗（〈シンポジウム「戦後60年の社会変動と民俗」〉）（原田三代治）「広島民俗」 広島民俗学会 （67） 2007.3

城下の祭り—砂持加勢（財）広島市文化財団広島城提供（広島郷土史会事務局）「広島郷土史会会報」 広島郷土史会 （166） 2008.12

「広島神楽」について（三村泰臣）「広島民俗」 広島民俗学会 （72） 2009.08

「シンポジウム 広島の神楽遺産を活かす」 基調講演 広島の神楽遺産（三村泰臣）「広島民俗」 広島民俗学会 （73） 2010.03

シンポジウム 神楽遺産を活用する（寺岡昭治，久保良雄，吉井敏弘）「広島民俗」 広島民俗学会 （73） 2010.03

古代の塩づくりで町おこし（松浦宣秀）「広島民俗」 広島民俗学会 （73） 2010.03

儀式田植をめぐる二、三の考察（藤井昭）「広島民俗」 広島民俗学会 （74） 2010.08

牛馬供養と田植唄（正本眞理子）「広島民俗」 広島民俗学会 （74） 2010.08

「農業の知恵」「心を一つに」（村岡幸雄）「広島民俗」 広島民俗学会 （74） 2010.08

苗取り歌・田植え踊りに注目（松井今日子）「広島民俗」 広島民俗学会 （74） 2010.08

生活の諸々が込められた行事（石川律子）「広島民俗」 広島民俗学会 （74） 2010.08

郷土学と地域学—写真が語るさとやまシンポジウムから（正本眞理子）「広島民俗」 広島民俗学会 （74） 2011.08

広島のおしゃれ事情—企画展「江戸のおしゃれ」こぼれ話 おしゃれへの情熱／倹約令からみる広島おしゃれ事情／おしゃれの小道具（1）帯／おしゃれの小道具（2）髪飾り／裏をかく？／広島城下でのおしゃれショッピング（前野やよい）「しろうや！ 広島城」 広島市未来都市創造財団 （30） 2012.1

広島城下 町民パワー結集の“御供船”ってなに？ 「お供する」御供船／16日&18日も胸弾む御供船／美しすぎる御供船／窮地に立った御供船／明治以降の御供船（山縣紀子）「しろうや！ 広島城」 広島市未来都市創造財団 （31） 2012.3

基調講演「菓子と民俗文化」（平成23年度総会・研究会）（神田三亀男）「広島民俗」 広島民俗学会 （77） 2012.03

シンポジウム「広島の菓子と食文化」（平成23年度総会・研究会）（大谷博国，伊藤実，杠由利榮，小原廣子，神田三亀男，栗原秀雄）「広島民俗」 広島民俗学会 （77） 2012.03

ヒロシマの炎の中での菩薩行（山野上純夫）「サットバ ： みんなぼさつ」 （435） 2012.05

神楽の定義と広島の神楽（三村泰臣）「広島民俗」 広島民俗学会 （78） 2012.08

『広島民俗』発刊当初のことなど—表紙の「題字」と「色」について（原田三代治）「広島民俗」 広島民俗学会 （78） 2012.08

平成24年度総会・研究会 シンポジウム「広島の酒とくらし」（前垣壽男，稲田公子，三村泰臣，栗原秀雄［コーディネーター］）「広島民俗」 広島民俗学会 （79） 2013.03

昭和期までの村の火事（神田三亀男）「広島民俗」 広島民俗学会 （80） 2013.08

ヤタガラスについての一考察（尾多賀史章）「広島民俗」 広島民俗学会 （80） 2013.08

基調講演 鎮守の森とは（平成25年度総会・研究会 シンポジウム「鎮守の森を考える」）（尾多賀晴悟）「広島民俗」 広島民俗学会 （81） 2014.03

鎮守の森を考える—神木と社叢（平成25年度総会・研究会 シンポジウム「鎮守の森を考える」）（関太郎）「広島民俗」 広島民俗学会 （81） 2014.03

社寺のパワースポット（平成25年度総会・研究会 シンポジウム「鎮守の森を考える」）（藤井由美）「広島民俗」 広島民俗学会 （81） 2014.03

鎮守の森を考える—鎮守の森と神楽（平成25年度総会・研究会 シンポジウム「鎮守の森を考える」）（三村泰臣）「広島民俗」 広島民俗学会 （81） 2014.03

廃校跡の便所の石碑（神田三亀男）「広島民俗」 広島民俗学会 （81） 2014.03

『絵画・俳句・短歌・郷土の研究… 教師 民俗学七十八年のあしあと』刊行に寄せて（藤井昭）「広島民俗」 広島民俗学会 （81） 2014.03

布の息吹を伝えていく 「ジャパンブルー・藍のつぎはぎ展—寶水堂襤褸コレクション—」を終えて（水野恵子）「広島民俗」 広島民俗学会 （82） 2014.08

たたらと地域の景観（平成25年度現地研究会 参加記）（石川律子）「広島民俗」 広島民俗学会 （82） 2014.08

広島県

広島県の文化財（4）彫刻（4）—仏像（大日如来）（浜田宣）「広島県文化財ニュース」 広島県文化財協会 152 1997.3

神がかる神楽と十二神祇の将軍舞（三村泰臣）「広島民俗」 広島民俗学会 47 1997.3

広島県民旗「瀬野川郷土史研究会会報」 瀬野川郷土史研究会 21 1997.7

広島県の塩田文献考—民俗・民具の視点より（歳森茂）「岡山民俗」 岡山民俗学会 207 1997.8

考古学アラカルト（10）埋葬方法についての覚書（脇坂光彦）「ひろしまの遺跡 ： （公財）広島県教育事業団事務局埋蔵文化財調査室報」 広島県教育事業団 70 1997.9

広島県の文化財（5）彫刻（5）—仏像（聖観音）（浜田宣）「広島県文化財ニュース」 広島県文化財協会 154 1997.9

織る 岡山県と広島県東部などから（福尾美夜）「女性と経験」 女性民俗学研究会 通号22 1997.10

甕に刻まれた達筆な文字（大島裕）「ひろしまの遺跡 ： （公財）広島県教育事業団事務局埋蔵文化財調査室報」 広島県教育事業団 73 1998.7

考古学アラカルト（14）古墓について（植田千佳穂）「ひろしまの遺跡 ： （公財）広島県教育事業団事務局埋蔵文化財調査室報」 広島県教育事業団 74 1998.9

木の建築・木の芸術をつくった道具の歴史「道具と木のはなし」「歴風」 広島県立歴史民俗資料館 22 1998.9

ひろしま神社めぐり（広島県神社庁広島支部）「広島郷土史会会報」 広島郷土史会 133 1998.9

広島県の文化財（6）彫刻（6）—仏像（十一面観音）（浜田宣）「広島県文化財ニュース」 広島県文化財協会 158 1998.9

「髭」（谷増勉）「発喜のしほり」 発喜会 89 1998.10

考古学アラカルト（16）古墳に葬られた人々—横穴式石室を例に（岩井重道）「ひろしまの遺跡 ： （公財）広島県教育事業団事務局埋蔵文化財調査室報」 広島県教育事業団 76 1999.3

新収蔵資料の紹介 高瀬舟と苫屋根「歴風」 広島県立歴史民俗資料館 23 1999.3

梵鐘（米田仁）「研究輯録」 広島県埋蔵文化財調査センター （4） 1999.3

広島県の文化財（7）—彫刻（7）仏像（千手観音）（浜田宣）「広島県文化財ニュース」 広島県文化財協会 160 1999.3

蘇った金唐紙（宍戸敏之）「広島県文化財ニュース」 広島県文化財協会 161 1999.6

広島県の文化財（8）—彫刻（8）仏像（地蔵菩薩・その他の菩薩）（浜田宣）「広島県文化財ニュース」 広島県文化財協会 162 1999.8

春夏秋冬 悪霊払いの狛犬（武内誠）「郷土史紀行」 ヒューマン・レクチャー・クラブ 1 1999.10

歴史の証人 盃状穴（柴朶斐鳳）「郷土史紀行」 ヒューマン・レクチャー・クラブ 2 1999.12

学芸員こぼれ話 ある船大工の言葉「歴風」 広島県立歴史民俗資料館 25 2000.1

歴史の証人「塔」についての寸想（加藤定）「郷土史紀行」 ヒューマン・レクチャー・クラブ 3 2000.2

古建築の見方（5）―近世建築の特色（2） 彫刻（三浦正幸）「広島県文化財ニュース」 広島県文化財協会 164 2000.3

秋の巡見―「しまなみ海道」大山祇神社（宝物館）・平山郁夫美術館・因島水軍城（原谷百合乃）「柳井市郷談会誌」 柳井市郷談会 24 2000.3

鳥の居ない鳥居（加藤定）「郷土史紀行」 ヒューマン・レクチャー・クラブ 6 2000.8

鳥居の大要（加藤定）「郷土史紀行」 ヒューマン・レクチャー・クラブ 6 2000.8

春夏秋冬 謎の陰陽石と国界石（武村充大）「郷土史紀行」 ヒューマン・レクチャー・クラブ 6 2000.8

《特集 広島県の祭り（2）―管絃祭》「広島県文化財ニュース」 広島県文化財協会 166 2000.9

明かされる埋葬方法（石井哲之）「ひろしまの遺跡 ：（公財）広島県教育事業団事務局埋蔵文化財調査室報」 広島県教育事業団 83 2000.11

中世都市「石」のガイドブック「いぶき ：中世遺跡調査研究ニュース：中世のひろしま」 広島県教育委員会事務局生涯学習部 28 2000.12

仏像のさまざま「郷土史紀行」 ヒューマン・レクチャー・クラブ 9 2001.2

民俗こばなし 「メオイ」にみる暮らしの知恵（原田隆雄）「歴風」 広島県立歴史民俗資料館 29 2001.3

真宗門徒の信仰と地方起業家の精神（山本智宏）「広島県立歴史民俗資料館研究紀要」 広島県立歴史民俗資料館 3 2001.3

子どもたちと水辺の民俗（葉杖哲也）「広島県立歴史民俗資料館研究紀要」 広島県立歴史民俗資料館 3 2001.3

神話は「天地の理法」なのか（荒木亮司）「郷土史紀行」 ヒューマン・レクチャー・クラブ 10 2001.4

地震と民衆の生活を考える「広島県立歴史博物館ニュース」 広島県立歴史博物館 47 2001.7

広島県近世・近代の宗教事情―文化財認識の背景として（有元正雄）「広島県文化財ニュース」 広島県文化財協会 171 2001.9

梵鐘を訪ねて まず梵鐘の名称を知る（米田仁）「郷土史紀行」 ヒューマン・レクチャー・クラブ 13 2001.10

梵鐘を訪ねて 梵鐘形態の時代的変遷（米田仁）「郷土史紀行」 ヒューマン・レクチャー・クラブ 14 2001.12

中世下駄の材料（唐口勉三）「広島県立歴史博物館ニュース」 広島県立歴史博物館 50 2002.1

ふる里の史跡 安芸国分寺（東広島）/高麗鐘と忠孝岩（竹原）/柳井川の雁木・火伏地蔵（柳井）/月性の里妙円寺と展示館（大畠）「郷土史紀行」 ヒューマン・レクチャー・クラブ 15 2002.2

梵鐘を訪ねて 広島県の古鐘（上），（下）（米田仁）「郷土史紀行」 ヒューマン・レクチャー・クラブ 15/16 2002.2/2002.4

神代の神話「スサノオ」（上），（下）（碇朶斐鳳）「郷土史紀行」 ヒューマン・レクチャー・クラブ 15/16 2002.2/2002.4

名字獅子舞保存会（片山徳郎）「広島県文化財ニュース」 広島県文化財協会 172 2002.3

広島県立歴史博物館所蔵「廻船大法」「廻舶之定船之法用事」（西村直城）「広島県立歴史博物館研究紀要」 広島県立歴史博物館 （6） 2002.3

資料紹介 「諸大名船印屏風」（周々木朝香）「広島県立歴史博物館研究紀要」 広島県立歴史博物館 （6） 2002.3

ふる里の史跡 小早川水軍の将滑宗勝の城「鑓城」（竹原市忠海町）/西国街道の難所「井口峠」（広島市西区）/鍾乳洞の石仏「岩屋観音」（山口県美川町）/河野水海「亀山城」（広島県江田島市）「郷土史紀行」 ヒューマン・レクチャー・クラブ 16 2002.4

石碑は語る（楠精洲）「発喜のしほり」 発喜会 103 2002.4

梵鐘余話（米田仁）「郷土史紀行」 ヒューマン・レクチャー・クラブ 18 2002.8

三柱鳥居考（加藤定）「郷土史紀行」 ヒューマン・レクチャー・クラブ 18 2002.8

広島県の文化財（9） 彫刻（9）―仏像（不動明王）（浜田宣）「広島県文化財ニュース」 広島県文化財協会 174 2002.8

御炭納屋「発喜のしほり」 発喜会 105 2002.10

厳島合戦の前哨戦「折敷畑」（廿日市市）/茅葺の堂宇「並滝寺」（東広島市志和東）/瀬戸内水軍紀行「呉衆と堀城」（呉市警固屋町）/毛利と尼子の最前線「黒岩城」（広島県比婆郡口和町）/松笠観音寺と弘法大師の清水（広島市安佐北区戸坂）「郷土史紀行」 ヒューマン・レクチャー・クラブ 20 2002.12

八百万の神々（楠精洲）「発喜のしほり」 発喜会 106 2003.1

町かど史跡ウォッチング 西願寺山墳墓群/矢野峠の道標/馬頭観音/吉香公園内（岩国市）文人石・キリシタン灯籠「郷土史紀行」 ヒューマン・レクチャー・クラブ 22 2003.4

中世下駄の材料（唐口勉三）「広島県立歴史博物館ニュース」 広島県立歴史博物館 57 2003.9

鋳物師・植木氏に関する新所見（中屋敷康）「郷土史紀行」 ヒューマン・レクチャー・クラブ 24 2003.11

碑は語る（楠精洲）「発喜のしほり」 発喜会 110 2004.1

ふる里の史跡 姫谷焼/石鎚山古墳/枡築らんかん橋/桜ヶ峠の虚空蔵菩薩堂/岩屋の文殊堂/源平合戦の古戦場/ゆるぎ岩と磨崖仏/室町初期の梵鐘 教龍寺/三瓶埋没林公園「郷土史紀行」 ヒューマン・レクチャー・クラブ 26 2004.3

広島県の文化財（10） 彫刻（10）―仏像（四天王）（浜田宣）「広島県文化財ニュース」 広島県文化財協会 180 2004.3

ホデを結ってシルシをつける民俗―広島県に残る占有標識（土井美生子）「広島民俗」 広島民俗学会 61 2004.3

ふる里の史跡 大田首なし地蔵/野呂山の岩塔/蛇喰磐/槇ヶ城の木造観音立像/実際寺の天部仏像立像/砂絵の寛永通宝「郷土史紀行」 ヒューマン・レクチャー・クラブ 27 2004.5

民俗芸能～神祇のおこりと伝承（伊藤尹）「広島県文化財ニュース」 広島県文化財協会 181 2004.5

ふる里の史跡 写真でみる備後吉備津神社/群児顕彰の碑/鍋小島の一石一字塔/野坂実山の墓/可部峠の御神水「郷土史紀行」 ヒューマン・レクチャー・クラブ 28 2004.7

広島県の文化財（11） 彫刻（11）―仏像（天部）（浜田宣）「広島県文化財ニュース」 広島県文化財協会 182 2004.9

古代寺院研究の現状と課題《《特集 広島県考古学の現状と課題》》（妹尾周三）「芸備」 芸備友の会 31 2004.11

ふる里の史跡 稲荷神社と神殿入「郷土史紀行」 ヒューマン・レクチャー・クラブ 31 2005.1

石造物ウォッチング おとがめがあった？ 葵の紋がつく燈籠「郷土史紀行」 ヒューマン・レクチャー・クラブ 31 2005.1

三十三観音解説（山河昌敬）「郷土史紀行」 ヒューマン・レクチャー・クラブ 32 2005.3

石造物ウォッチング 旗竿石が手洗鉢に？（鎌倉健一）「郷土史紀行」 ヒューマン・レクチャー・クラブ 32 2005.3

広島県の文化財（12），（13）彫刻（12），（13）―肖像［正］，（続編）（濱田宣）「広島県文化財ニュース」 広島県文化財協会 184/186 2005.3/2005.9

石造物ウォッチング切支丹灯籠の変遷（鎌倉健一）「郷土史紀行」 ヒューマン・レクチャー・クラブ 33 2005.5

広島県の神楽研究状況（片桐功）「日本民俗音楽学会会報」 日本民俗音楽学会 23 2005.6

梵鐘の話（4）広島県の現存江戸鐘（米田仁）「郷土史紀行」 ヒューマン・レクチャー・クラブ 34 2005.7

キリシタン灯籠関連文献の紹介キリシタン灯籠肯定説と否定説（藤村英敏）「郷土史紀行」 ヒューマン・レクチャー・クラブ 34 2005.7

広島県内における宮本常一先生の序文のある本（神田三亀男）「広島民俗」 広島民俗学会 （64） 2005.8

梵鐘の話（3）梵鐘余話（米田仁）「郷土史紀行」 ヒューマン・レクチャー・クラブ 35 2005.8

検証報告書鋳物師植木氏に関する新知見（中屋敷康）「郷土史紀行」 ヒューマン・レクチャー・クラブ 36 2005.11

塩販売の標札（考古・歴史・民俗部門展）「広島県立歴史博物館ニュース」 広島県立歴史博物館 60 2006.2

忘れられた土人形師・樽岡甚作（《特集 広島県の土・張子人形》）（向田裕始）「広島県文化財ニュース」 広島県文化財協会 （188） 2006.3

上下土人形について―土人形の型の紹介（《特集 広島県の土・張子人形》）（時元省二）「広島県文化財ニュース」 広島県文化財協会 （188） 2006.3

博物館アラカルト（9）葛子琴墓誌銘拓本「広島県立歴史博物館ニュース」 広島県立歴史博物館 （67） 2006.4

建築彩色の話（2）～（6）（鈴木充）「広島県文化財ニュース」 広島県文化財協会 （189）/（201） 2006.6/2009.08

広島県の文化財（14） 彫刻（14）板彫・龕像（濱田宣）「広島県文化財ニュース」 広島県文化財協会 （189） 2006.6

はくぶつかんこぼればなし（10）なんとシンボルが資料に 通史展示室の船模型「広島県立歴史博物館ニュース」 広島県立歴史博物館 （68） 2006.7

ふる里の史跡 寺に伝わる歴史 古墳文化、白鳳の甍そして江戸の石垣 康徳寺（広島県世羅町甲山）/蘇る弥生の国邑 日本海側特有の四隅突出墳丘墓 妻木晩田遺跡（島根県大山町）「郷土史紀行」 ヒューマン・レクチャー・クラブ （41） 2006.11

考古学アラカルト（37）弥生・古墳時代の祭祀―広島県の遺跡を中心に―「ひろしまの遺跡 ：（公財）広島県教育事業団事務局埋蔵文化財調査室報」 広島県教育事業団 （99） 2006.12

エッセイ 社寺（楠精洲）「発喜のしほり」 発喜会 （122） 2007.1

広島県　　　　　　　　　　　　　　　　　　　　　郷土に伝わる民俗と信仰　　　　　　　　　　　　　　　　　　　　　　中国

広島県の文化財（15）彫刻（15）仮面（舞楽面）（濱田宣）「広島県文化財
　ニュース」　広島県文化財協会　（191）2007.2
博物館アラカルト（12）祝寿詩画帖（岡野将士）「広島県立歴史博物館
　ニュース」　広島県立歴史博物館　（70）2007.2
足踏式回転脱穀機の所在調査報告（三枝健二）「広島県立歴史民俗資料館
　研究紀要」　広島県立歴史民俗資料館　6　2007.3
金屋子神・鍛冶神の掛図について―広島県内の遺例を中心として（向田
　裕始）「広島県立歴史民俗資料館研究紀要」　広島県立歴史民俗資料館
　6　2007.3
BOOK　蔵橋純海夫著『広島県の古石塔』「郷土史紀行」　ヒューマン・
　レクチャー・クラブ　（43）2007.7
地方の仏像　藤原時代の仏たち（山河昌敬）「郷土史紀行」　ヒューマン・
　レクチャー・クラブ　（44）2007.8
石造物ウォッチング　墓標形態の変遷（鎌倉健一）「郷土史紀行」　ヒュー
　マン・レクチャー・クラブ　（44）2007.8
地方の仏像　鎌倉時代の仏たち（山河昌敬）「郷土史紀行」　ヒューマン・
　レクチャー・クラブ　（45）2007.9
石造物ウォッチング　珍しい手水鉢（鎌倉健一）「郷土史紀行」　ヒューマ
　ン・レクチャー・クラブ　（47）2007.11
灯台の歴史　発足から100年（武内誠）「郷土史紀行」　ヒューマン・レク
　チャー・クラブ　（48）2007.12
博物館アラカルト（15）月下巨椋湖舟遊図（岡野将士）「広島県立歴史博
　物館ニュース」　広島県立歴史博物館　（74）2008.1
絵馬で見る近世絵画史（講演録）―絵画として見た近世・近代の絵馬（菅
　村亨）「広島県文化財ニュース」　広島県文化財協会　（195）2008.3
こども歴史なぜなに相談室　中世の調味料（下津間康夫）「広
　島県立歴史博物館ニュース」　広島県立歴史博物館　（75）2008.4
歴史探訪で出会った六地蔵（中屋敷康）「郷土史紀行」　ヒューマン・レク
　チャー・クラブ　（52）2008.5
こども歴史なぜなに相談室　中世の調味料（2）醤油・味噌（下津間康夫）
　「広島県立歴史博物館ニュース」　広島県立歴史博物館　（76）2008.6
はくぶつかんこぼればなし（18）井戸枠になって船（鈴木康之）「広島県
　立歴史博物館ニュース」　広島県立歴史博物館　（76）2008.6
朝日座／矢野の「大流れ」／かもじ祭り／（廃）東畠火葬場／細越川橋「発喜
　のしほり」　発喜会　（128）2008.7
藍―植栽から染めへ（山名洋通）「れきみんきょう：広島県歴史民俗資
　料館等連絡協議会会報」　広島県歴史民俗資料館等連絡協議会　（45）
　2008.12
故郷の歴史「神楽と神話」（武内誠）「郷土史紀行」　ヒューマン・レク
　チャー・クラブ　（56）2009.01
平成21年度春の企画展　神・人・財―広島県の神社の至宝「広島県立歴史
　博物館ニュース」　広島県立歴史博物館　（78）2009.01
足踏式回転脱穀機について（三枝健二）「広島県文化財ニュース」　広島県
　文化財協会　（199）2009.02
広島県内各地の管絃祭（藤井昭）「広島民俗」　広島民俗学会　（71）
　2009.03
神・人・財―広島県の神社の至宝「広島県立歴史博物館ニュース」　広島
　県立歴史博物館　（79）2009.04
工芸品に表現された植物（田邊英男）「広島県文化財ニュース」　広島県文
　化財協会　（201）2009.08
岡山県・広島県（備前歴史フォーラム　鎌倉・室町　BIZEN―中世備前焼
　のスガタ―研究報告）（重根弘和）「備前市歴史民俗資料館紀要」　備前
　市歴史民俗資料館　（11）2010.1
石碑に刻む「煙硝の時代」（西藤義邦）「広島県文化財ニュース」　広島県
　文化財協会　（203）2010.01
資料紹介「骨董録」（西村直城．古文書学習会［翻刻協力］）「広島県立歴
　史博物館研究紀要」　広島県立歴史博物館　（12）2010.03
史跡をあるく　熊野神社「芸備地方史研究」　芸備地方史研究会　（270・
　271）2010.04
ひげ納屋の唄（上），（中），（下）（二井本宇高）「発喜のしほり」　発喜会
　（135）／（137）2010.04/2010.10
旧建長寺末寺考（6）―岡山県（備前国・備中国・美作国）及び広島県（備
　後国）編（鈴木佐）「鎌倉」　鎌倉文化研究会　通号120　2010.07
わしらが子供の頃（22）「蚊屋」（二井本武）「発喜のしほり」　発喜会
　（136）2010.07
わしらが子供の頃にや（23）「ほんどうろう」（二井本武）「発喜のしほり」
　発喜会　（137）2010.10
わしらが子供の頃にや（24）朝日座（二井本武）「発喜のしほり」　発喜会
　（138）2011.01
広島県の魚食（中川平介）「ひがしひろしま郷土史研究会ニュース」　東広
　島郷土史研究会　（439）2011.3
茶の湯玉手箱（34）茶文化・茶の湯・茶道・お茶（谷晁）「和風」　上田流
　和風堂　（112）2011.03
茶掛けの書（10）茶席に登場した墨蹟（蘭溪道隆）（名児耶明）「和風」
　上田流和風堂　（112）2011.03

点前作法（23）茶箱「和風」　上田流和風堂　（112）2011.03
わしらが子供の頃にや（25）汐干狩（しおひがり）（二井本武）「発喜のし
　ほり」　発喜会　（139）2011.04
茶掛けの書（11）茶席に登場した書（無学祖元墨蹟）（名児耶明）「和風」
　上田流和風堂　（113）2011.06
点前作法（24）短冊箱―風炉「和風」　上田流和風堂　（113）2011.06
広島県の文化財（16）彫刻（16）―仮面（行道面）（広島県内の文化財情
　報）（濱田宣）「広島県文化財ニュース」　広島県文化財協会　（209）
　2011.7
わしらが子供の頃にや（26）豆腐かご（二井本武）「発喜のしほり」　発喜
　会　（140）2011.07
茶の湯玉手箱（36）唐物（谷晁）「和風」　上田流和風堂　（114）2011.09
茶掛けの書（12）茶席に登場した書（一山一寧墨蹟）（名児耶明）「和風」
　上田流和風堂　（114）2011.09
点前作法（25）旅箪笥「和風」　上田流和風堂　（114）2011.09
歴史余録　広島県（備後・安芸）の刀工（森脇明彦）「芸備地方史研究」　芸
　備地方史研究会　（278）2011.10
広島県の「をに」（中野讓）「六甲倶楽部報告」　六甲倶楽部　（99）2011.
　12
茶の湯玉手箱（37）茶の湯の賞味期限（谷晁）「和風」　上田流和風堂
　（115）2011.12
茶掛けの書（13）茶席に登場した書（一休宗純墨蹟）（名児耶明）「和風」
　上田流和風堂　（115）2011.12
点前作法（26）茶筅飾「和風」　上田流和風堂　（115）2011.12
旧建長寺末寺考（7）―広島県（安芸国）・山口県（周防国・長門国）編（鈴
　木佐）「鎌倉」　鎌倉文化研究会　（112）2012.01
わしらが子供のころにや（28）―権現さんへの初詣で（二井本武）「発喜の
　しほり」　発喜会　（142）2012.01
茶掛けの書（14），（15）茶席に登場した書（大燈国師墨蹟　上，下）（名児
　耶明）「和風」　上田流和風堂　（116）／（117）2012.03/2012.06
点前作法（27）山里棚「和風」　上田流和風堂　（116）2012.03
茶の湯玉手箱（39）あなたは「茶人」ですか（谷晁）「和風」　上田流和風
　堂　（117）2012.06
点前作法（28）名器茶碗　敷帛紗扱「和風」　上田流和風堂　（117）
　2012.06
博物館アラカルト（27）中世衣裳の着用体験「壺装束」・「大鎧」（加藤謙）
　「広島県立歴史博物館ニュース」　広島県立歴史博物館　（92）2012.08
茶掛けの書（16）茶席に登場した書（中峰明本墨蹟）（名児耶明）「和風」
　上田流和風堂　（118）2012.09
点前作法（29）拝領茶碗　敷帛紗扱「和風」　上田流和風堂　（118）
　2012.09
わしらが子供の頃にや（31）―海の子（二井本武）「発喜のしほり」　発喜
　会　（145）2012.10
茶の湯玉手箱（41）茶の湯と伝統芸術（谷晁）「和風」　上田流和風堂
　（119）2012.12
茶掛けの書（17）茶席に登場した書（夢窓疎石墨蹟）（名児耶明）「和風」
　上田流和風堂　（119）2012.12
点前作法（30）名器茶碗　敷帛紗扱　炉「和風」　上田流和風堂　（119）
　2012.12
広島県の文化財（17）彫刻（17）―神像（濱田宣）「広島県文化財ニュー
　ス」　広島県文化財協会　（216）2013.03
広島県内の特殊神事の調査について（尾多賀晴吾）「広島民俗」　広島民俗
　学会　（79）2013.03
広島県史民俗編の刊行と広島民俗学会の設立をめぐって（藤井昭）「広島
　民俗」　広島民俗学会　（79）2013.03
茶掛けの書（18）茶席に登場した書（墨蹟・楚石梵琦の墨蹟二大字）（名
　児耶明）「和風」　上田流和風堂　（120）2013.03
点前作法（30）拝領茶碗　敷帛紗扱「和風」　上田流和風堂　（120）
　2013.06
茶の湯玉手箱（43）芦葉茶室（谷晁）「和風」　上田流和風堂　（121）
　2013.06
茶掛けの書（19），（20）茶席に登場した書（墨蹟・了庵清欲）（名児耶明）
　「和風」　上田流和風堂　（121）／（122）2013.06/2013.09
点前作法（31）自服の作法「和風」　上田流和風堂　（121）2013.06
茶の湯玉手箱（44）但馬コレクション（谷晁）「和風」　上田流和風堂
　（122）2013.09
点前作法（32），（36）風炉の灰型（1），（2）「和風」　上田流和風堂
　（122）／（125）2013.09/2014.06
表紙　ごんげん（権現）さん（写真提供　枝長信行）「発喜のしほり」　発喜
　会　（149）2013.10
茶の湯玉手箱（45）「型」ということ（谷晁）「和風」　上田流和風堂
　（123）2013.12
茶掛けの書（21）茶席に登場した書（墨蹟・馮子振）（名児耶明）「和風」
　上田流和風堂　（123）2013.12

点前作法 (33) 貴人点敷帛紗扱 炉「和風」 上田流和風堂 (123) 2013.12

表紙 絵馬「釣鐘弁慶」「発喜のしほり」 発喜会 (150) 2014.01

広島県無形民俗文化財「弓神楽」(無形民俗文化財特集号)(田中律子)「広島県文化財ニュース」 広島県文化財協会 (220) 2014.03

六神恵比寿の系譜(無形民俗文化財特集号)(小原清)「広島県文化財ニュース」 広島県文化財協会 (220) 2014.03

茶の湯玉手箱 (46) 生活文化大国(谷晃)「和風」 上田流和風堂編集室 (124) 2014.03

茶掛けの書 (22) 茶席に登場した書(墨蹟・張即之)(名児耶明)「和風」 上田流和風堂編集室 (124) 2014.03

点前作法 (35) 薄茶重茶碗(立札台 男子点前)「和風」 上田流和風堂編集室 (124) 2014.03

特集 神仏混交のシンボル神宮寺を訪ねて「月刊歴史ジャーナル」 NPO法人尾道文化財研究所 (126) 2014.06

点前作法 (37) 真の手桶「和風」 上田流和風堂編集室 (126) 2014.09

点前作法 (38) 長板点前「和風」 上田流和風堂編集室 (127) 2014.12

広島市

調査報告 農山村部の暮らし─林業を中心に「ひろしま郷土資料館だより」 広島市郷土資料館 54 1999.3

企画展「ゲタ・下駄・クツ・靴」「ひろしま郷土資料館だより」 広島市郷土資料館 55 1999.6

懐かしの「縁側便所」「ひろしま郷土資料館だより」 広島市郷土資料館 62 2001.9

関よせ─広島市内の「荒平舞」(三村泰臣)「まつり通信」 まつり同好会 43 (6) 通号508 2003.11

企画展 お米づくりの昔と今(村上宣昭)「ひろしま郷土資料館だより」 広島市郷土資料館 66 2003.12

企画展 見上げれば鏝絵展(山縣紀子)「ひろしま郷土資料館だより」 広島市郷土資料館 66 2003.12

昭和30年の嫁入り道具(山縣紀子)「ひろしま郷土資料館だより」 広島市郷土資料館 68 2004.12

我が家に伝わる嫁入り道具(企画展)(山縣紀子)「ひろしま郷土資料館だより」 広島市郷土資料館 68 2004.12

企画展 戦中・戦後の市民生活展─よみがえる戦争の記憶・はじめて知る苦難の時代(石本正紀)「ひろしま郷土資料館だより」 広島市郷土資料館 70 2005.11

特別展 くろがねの匠たち─形づくる技と伝統代(山中浩)「ひろしま郷土資料館だより」 広島市郷土資料館 70 2005.11

企画展 どう使う? 昔のはかる道具展(村上宣昭)「ひろしま郷土資料館だより」 広島市郷土資料館 (71) 2006.3

江戸時代の測量具を再現しました(村上宣昭)「ひろしま郷土資料館だより」 広島市郷土資料館 (72) 2006.10

「ごんぎつね」が語る昔のくらし(山縣紀子)「ひろしま郷土資料館だより」 広島市郷土資料館 (72) 2006.10

器物にみる紋章・文様─誇るべき伝統文化(片山和哉)「ひろしま郷土資料館だより」 広島市郷土資料館 (73) 2007.3

特別展 近寄る前に虫除け展(山縣紀子)「ひろしま郷土資料館だより」 広島市郷土資料館 (74) 2007.11

大正11年 (1922) ころのかもじづくりの作業場「ひろしま郷土資料館だより」 広島市郷土資料館 (75) 2008.3

毎年恒例「はたおり機」の整理作業を紹介します 糸から布へ(山縣紀子)「ひろしま郷土資料館だより」 広島市郷土資料館 (77) 2009.03

企画展「涼む─涼をとる道具・風雷─」 2013年7月6日(土)～2013年8月31日(土)(正連山恵)「ひろしま郷土資料館だより」 広島市郷土資料館 (86) 2013.10

広島市西区

町かどの歴史 キリシタン殉教の碑(広島市西区)「郷土史紀行」 ヒューマン・レクチャー・クラブ (60) 2010.01

広島城

広島城築城の「島普請」説について(研究ノート)(後藤研一)「芸備」 芸備友の会 (42) 2013.7

広島大構内遺跡

7月例会概要報告 調査進む広島大構内遺跡 盛況の西條盆踊大会「ひがしひろしま郷土史研究会ニュース」 東広島郷土史研究会 (456) 2012.08

広島東照宮

広島東照宮の石灯籠 奉納した広島藩主と家臣(渡辺健)「郷土史紀行」 ヒューマン・レクチャー・クラブ (41) 2006.11

広島東照宮創建360年(後藤匡史)「備陽史探訪」 備陽史探訪の会 (140) 2008.2

広島藩

近世後期広島藩における種物・灯油政策の実態(西向宏介)「瀬戸内海地域史研究」 文献出版 9 2002.8

広島藩の富くじ(長沢洋)「広島県立文書館だより」 広島県立文書館 (24) 2004.7

広島藩絵師・岡岷山の描いた滝「郷土史紀行」 ヒューマン・レクチャー・クラブ 31 2005.1

広島東照宮の石灯籠 奉納した広島藩主と家臣(渡辺健)「郷土史紀行」 ヒューマン・レクチャー・クラブ (41) 2006.11

刀が語る、ある広島藩士の江戸詰め暮らし─新着収蔵品オススメ紹介 松尾秀任作の刀・短刀(山縣紀子)「しろうや! 広島城」 広島市未来都市創造財団 (34) 2012.12

広島別院

広島別院の納骨塔「広島郷土史会会報」 広島郷土史会 (172) 2011.11

広島湾

"育まれた"広島牡蠣─古写真が語る広島湾のカキ養殖(芸備掲示板)(広島市郷土資料館)「芸備地方史研究」 芸備地方史研究会 (249) 2006.1

広塩焼

呉市広塩焼・藤岡義隆氏宅 ふすまの裏貼りから見える世相(小栗康治)「広郷土史研究会ニュース」 広郷土史研究会 (41) 2001.9

広長浜

広長浜 池庄司家の由来─口伝・墓碑・文献調査による(池庄司敏明)「広郷土史研究会会報」 広郷土史研究会 (89) 2009.1

広町

広町の祭礼のルーツ(上河内良平)「広郷土史研究会ニュース」 広郷土史研究会 (3) 1998.7

広村

恵現寺に関する「広村・書上帳」記述の検討(小栗康治)「広郷土史研究会ニュース」 広郷土史研究会 (11) 1999.3

比和

荒神神楽の原型を探る─比婆斎庭神楽の考察から(三村泰臣)「広島民俗」 広島民俗学会 (63) 2005.8

古式を残す比和牛供養田植─牛は農宝、豊穣への祈り(正本眞理子)「広島民俗」 広島民俗学会 (78) 2012.08

備後

広島県(備後地方) 私の昔話 (1), (2) (藤井美智恵)「左海民俗」 堺民俗会 94/95 1997.5/1997.9

備後の四季荒神祭─弓神楽(三村泰臣)「まつり通信」 まつり同好会 37 (6) 通号436 1997.6

郷土史の謎に挑戦 古文書の語る備後諸山と常興寺顛末記(小林定市)「備陽研究山城志: 備後史探訪の会機関誌」 備陽史探訪の会 15 1998.6

備後絣の体験学習─新市町歴史民俗資料館・しんいち体験学習会の取り組み(三島千栄)「れきみんきょう: 広島県歴史民俗資料館等連絡協議会会報」 広島県歴史民俗資料館等連絡協議会 28 1999.6

備後絣のこと(松川淳子)「郷土」 西城町郷土史研究会 76 1999.12

備後の石清水八幡宮領荘園について(内海清慈)「ソーシアル・リサーチ」 ソーシアル・リサーチ研究会 25 2000.3

本の紹介 田中重雄著『備後神楽』(田地春江)「郷土」 西城町郷土史研究会 77 2000.6

備後神楽─甲奴郡・世羅郡を中心に(田中重雄)(〔書籍紹介〕)(片山智恵美)「久里」 神戸女子民俗学会 (9) 2000.10

備後中部地域の民俗芸能(藤井昭)「広島県文化財ニュース」 広島県文化財協会 169 2001.5

研究ノート「備後莚」の初見資料について(西村直城)「広島県立歴史博物館ニュース」 広島県立歴史博物館 53 2002.10

備後方言における「シェ」「ジェ」の消長(江端義夫)「広島民俗」 広島民俗学会 61 2004.3

考古・歴史・民俗部門クローズアップ「備後表─畳の歴史を探る」「広島県立歴史博物館ニュース」 広島県立歴史博物館 62 2005.1

三原香積寺霊源和尚─萩田総氏と備後田総氏との交流(藤原一三)「わが町三原」 みはら歴史と観光の会 168 2005.3

はくぶつかんこぼればなし (9) えっ、どこにあるの? 備後絣の秘めた意匠「広島県立歴史博物館ニュース」 広島県立歴史博物館 (67) 2006.4

検証 備後の鋳物師丹下氏の家系と三遠式銅鐸の凸線紋(中屋敷康)「郷土史紀行」 ヒューマン・レクチャー・クラブ (40) 2006.9

部門展 備後絣─桑田コレクションから「広島県立歴史博物館ニュース」 広島県立歴史博物館 (74) 2008.1

備後絣に見る文様(山名洋通)「広島県文化財ニュース」 広島県文化財協

広島県　　　　　　　　　郷土に伝わる民俗と信仰　　　　　　　　　中国

会　（201）2009.08

レポート　備後地方中世石造物の建立目的（根岸尚克）「備陽史探訪」　備陽史探訪の会　（171）2013.4

備後地方の神楽と荒神祭（無形民俗文化財特集号）（三村泰臣）「広島県文化財ニュース」　広島県文化財協会（220）2014.03

備後昔語り　昭和15年の城下町（田口由実）「備陽史探訪」　備陽史探訪の会　（177）2014.4

備後安国寺

『水野記』に記された備後安国寺（池田一彦）「潮待ちの館資料館だより」　福山市鞆の浦歴史民俗資料館　27　2001.8

備後護国神社

晩部隊と備後護国神社（小林定市）「備陽史探訪」　備陽史探訪の会　75　1997.2

備後国一宮社

博物館アラカルト（22）備後国一宮社の図（黄葉夕陽文庫）（西村直城）「広島県立歴史博物館ニュース」　広島県立歴史博物館（81）2009.09

深津市

深津市の栄枯盛衰えびすさんはいま琴平におわす（柿本光明）「備陽史探訪」　備陽史探訪の会　81　1998.2

深町

深の由来と伝説―深町に五藤市長をご案内して（石井静夫）「わが町三原」　みはら歴史と観光の会　226　2010.1

深安二十六社

深安二十六社の神社めぐり（種本実）「備陽史探訪」　備陽史探訪の会　96　2000.8

福井八幡神社

石文で知る戦争の歴史―瀬戸町福井八幡神社（平塚義和）「文化財ふくやま」　福山市文化財協会　40　2005.5

福王寺

福島正則に寺領を没収された可部の福王寺（岡村正義）「かんべ」　可部郷土史研究会　77　1997.7

金堂・本尊（福王寺）「かんべ」　可部郷土史研究会　90　2000.10

福王寺図「かんべ」　可部郷土史研究会　90　2000.10

古寺散策　福王寺（広島市安佐北区）「郷土史紀行」　ヒューマン・レクチャー・クラブ　（40）2006.9

郷土史ニュース・特派員報告　福王寺春季大祭（金丸正三）「郷土史紀行」　ヒューマン・レクチャー・クラブ　（44）2007.8

福成寺

東広島市福成寺の絵画遺例（安嶋紀昭）「内海文化研究紀要」　広島大学大学院文学研究科附属内海文化研究施設　（29）2001.3

古刹　福成寺について［1]，(2)　"福成寺本堂内厨子および須弥壇調査報告書"を中心として（有川義晴）「ひがしひろしま郷土史研究会ニュース」　東広島郷土史研究会　326/327　2001.10/2001.11

福成寺旧境内遺跡

福成寺で中世の僧坊群を発見！　福成寺旧境内遺跡（西条町下三永）「阿岐のまほろば：（財）東広島市教育文化振興事業団文化財センター報」　東広島市教育文化振興事業団　33　2006.3

福禅寺

鞆の浦の伝承と信仰―平家伝説・福禅寺縁起と熊野信仰（特集　港町・鞆の浦と瀬戸内）（渡邊誠）「芸備地方史研究」　芸備地方史研究会（268・269）2010.02

福田

昭和12年頃の「金平の五輪塔」の写真「福田史談会会報」　倉敷・福田史談会　（171）2002.4

福田寺

賀茂・福田寺の墓碑調査から（蔵橋純海夫）「研究紀要古里」　世羅郡文化財協会甲山地区部会　（13）2013.03

福富ダム

福富・久芳を多面的に探訪　民間信仰・正覚寺・久芳八幡・福富ダム「ひがしひろしま郷土史研究会ニュース」　東広島郷土史研究会　（482）2014.10

福山

福山地方の戦争関係絵馬（上田靖士）「文化財ふくやま」　福山市文化財協会　34　1997.6

福山における「太子信仰」の今（土肥勲）「文化財ふくやま」　福山市文化財協会　36　2001.5

福山地方の日蓮宗文化財（小林定市）「備陽史探訪」　備陽史探訪の会　103　2001.10

御答申上候　福山地域の地神碑について（岡田宏一郎）「備陽史探訪」　備陽史探訪の会　（168）2012.10

戦中・戦後の福山の藺業の軌跡（桂明宏）「アーカイブスふくやま」　福山市（4）2013.3

近世後期蝦夷地における他国者の埋葬・供養をめぐる意識―福山城下・弘前城下の比較を通じて（論説）（澁谷悠子）「歴史」　東北史学会　120　2013.04

福山市

史料を見る―宗門改帳（高橋孝二）「人権と平和ふくやま」　福山市人権平和資料館　2　1998.3

村の峠はハレの儀式の場であった（内藤快範）「文化財ふくやま」　福山市文化財協会　33　1998.5

神さんを拝みながら、私を笑う（佐道弘之）「文化財ふくやま」　福山市文化財協会　33　1998.5

庚申堂と庚申信仰（佐野恒男）「文化財ふくやま」　福山市文化財協会　34　1999.6

「お月」信仰について（井上新一）「福山市立福山城博物館友の会だより」　福山市立福山城博物館友の会　30　2000.6

近世の音楽教授―葛原勾当をとおして（佐藤一夫）「人権と平和ふくやま」　福山市人権平和資料館　7　2000.8

《特集　古い民具の語りごと》「文化財ふくやま」　福山市文化財協会　36　2001.5

壺と矢立と（佐道弘之）「文化財ふくやま」　福山市文化財協会　36　2001.5

石臼と餅つき（三浦健一）「文化財ふくやま」　福山市文化財協会　36　2001.5

使われなくなった道具（山上久夫）「文化財ふくやま」　福山市文化財協会　36　2001.5

民具の一考察―小学校や公民館での交流をとおして（平塚義和）「文化財ふくやま」　福山市文化財協会　36　2001.5

ハガマと鉄鍋とホウロク（井上新一）「文化財ふくやま」　福山市文化財協会　36　2001.5

荒神社について（井上新一）「文化財ふくやま」　福山市文化財協会　36　2001.5

民家（写真を眺めて）（山上久夫）「文化財ふくやま」　福山市文化財協会　37　2002.5

葬式儀礼について（井上新一）「文化財ふくやま」　福山市文化財協会　37　2002.5

鳴釜から桃太郎（山上久夫）「文化財ふくやま」　福山市文化財協会　38　2003.5

伝統行事の復活に寄せて（土肥勲）「文化財ふくやま」　福山市文化財協会　40　2005.5

烏衾の鳥居（石井六郎）「文化財ふくやま」　福山市文化財協会　40　2005.5

昔話「浦島太郎」について（井上新一）「文化財ふくやま」　福山市文化財協会　（41）2006.5

保命酒とアメリカ使節（池田一彦）「潮待ちの館資料館だより」　福山市鞆の浦歴史民俗資料館　（39）2007.9

文化財の所有はいかにあるべきか―全国でもきわめてまれな"継ぎ目による中空の金環"や"塼仏"などをふくめて（岡田智晶）「文化財ふくやま」　福山市文化財協会　（43）2009.04

須佐之男命と早太郎（井上光郎）「福山市立福山城博物館友の会だより」　福山市立福山城博物館友の会　（41）2011.06

感化空間の形成―「一日一善巡回日記」とは何か（住友陽文）「アーカイブスふくやま」　福山市（3）2012.03

アラカルト　伝統料理「うずみ」を考える（片岡智）「アーカイブスふくやま」　福山市（3）2012.03

稲作りの大害ウンカ（浮塵子）の駆除（山口照義）「福山市立福山城博物館友の会だより」　福山市立福山城博物館友の会　（42）2012.06

「ひなまつりとは」（佐藤陽光）「福山市立福山城博物館友の会だより」　福山市立福山城博物館友の会　（42）2012.06

読者便り　「郷土料理・うずみ」によせて（田口由実）「備陽史探訪」　備陽史探訪の会　（176）2014.02

福山城

紹介　福山城公園盛衰記（3)―福山城公園（偕楽園）並びに勇鷹神社絵図を読む（鐘尾光世）「アーカイブスふくやま」　福山市（4）2013.3

福山八十八ヶ所

福山八十八ヶ所巡りと干拓の歴史を探る（土井邦子）「備陽史探訪」　備陽史探訪の会　110　2003.2

福山藩

福山藩における被差別身分の一形態―茶筅身分について（佐藤一夫）「人権と平和ふくやま」　福山市人権平和資料館　2　1998.3

備後福山藩主松平（奥平）家のお召し連れ寺院（土肥勲）「文化財ふくやま」　福山市文化財協会　40　2005.5

中国　　　　　　　　　　　　郷土に伝わる民俗と信仰　　　　　　　　　　　　広島県

藤井川

浦島まつり・藤井川の夕べ「三訪会会報」　三成学区の歴史と自然を訪ねる会　(69)　2014.07

藤坂

三良坂町藤坂の地蔵菩薩と釈迦如来(中畑和彦)「みよし地方史」　三次市地方史研究会　(77)　2008.12

二葉の里

二葉の里の石造物 江戸時代の灯籠(米田仁)「郷土史紀行」　ヒューマン・レクチャー・クラブ　29　2004.9

二葉の里 七福神めぐり(渡辺健)「郷土史紀行」　ヒューマン・レクチャー・クラブ　(50)　2008.2

府中

安芸府中のミニ四国88カ所「郷土史紀行」　ヒューマン・レクチャー・クラブ　17　2002.6

近世安芸府中の祭祀秩序と朝廷権威─厳島社田所主膳の叙爵を手がかりに(井上智勝)「芸備地方史研究」　芸備地方史研究会　245・246　2005.4

府中八幡神社

八幡宮紹介 府中八幡神社(広島県府中市出口町)「季刊悠久.第2次」　鶴岡八幡宮悠久事務局　(116)　2009.05

仏通寺

仏通寺～みつさや筋の谷同行記(宝子丸明)「わが町三原」　みはら歴史と観光の会　99　1999.6

三原仏通寺奥出雲立久恵峡(網谷常幸)「郷土史紀行」　ヒューマン・レクチャー・クラブ　17　2002.6

師走の仏通寺境内御許神社草取り(福岡幸司)「わが町三原」　みはら歴史と観光の会　168　2005.3

安芸の小早川氏と米山寺・仏通寺(斉藤孝)「史迹と美術」　史迹美術同攷会　75(10)通号760　2005.12

今月の各地 やはり佛通寺はたいしたものだ(下西勝彦)「わが町三原」　みはら歴史と観光の会　201　2007.12

不動院

春の巡見会 広島不動院・元就展・元就博・頼山陽史跡資料館(佐川渉)「柳井市郷談会誌」　柳井市郷談会　22　1998.3

ニュース 広島の不動院金堂は山口の香積寺から移された?!(坂田侃雄)「大内文化探訪：会誌」　大内文化探訪会　17　1999.5

歴史探訪道中記 文化財の宝庫不動院(米丑仁)「郷土史紀行」　ヒューマン・レクチャー・クラブ　22　2003.4

石造物ウォッチング 掘り出し物見つけた 不動院(広島市東区)(鎌倉健一)「郷土史紀行」　ヒューマン・レクチャー・クラブ　(38)　2006.3

布野

キツネも味方した布野合戦(東一人)「みよし地方史」　三次市地方史研究会　54　2000.9

布野宿

史料『三次の民俗』(8) 民家の間取り─幕末・布野宿の場合(米丸嘉一)「みよし地方史」　三次市地方史研究会　49　1999.2

布野村

三次地方の石像物 布野村の石仏(鬼子母神)について(中畑和彦)「みよし地方史」　三次市地方史研究会　55　2001.2

布野町

三次市布野町にある三基の手水鉢について(中畑和彦)「みよし地方史」　三次市地方史研究会　(73)　2007.7

普門庵

引野梶島山の岩竹山普門庵と覚海大鯨師について(三好勝好)「備陽史探訪」　備陽史探訪の会　108　2002.8

古江

五日市と古江の十二神祇(三村泰臣)「まつり通信」　まつり同好会　41(4)通号482　2001.3

古江高須郷

古江高須郷の地蔵道「郷土史紀行」　ヒューマン・レクチャー・クラブ　9　2001.2

文裁寺

文裁寺(吉岡猪久馬)「郷土」　西城町郷土史研究会　69　1997.8

平家八幡宮

後山(中之町) 平家八幡宮例祭(伊野木勲)「わが町三原」　みはら歴史と観光の会　91　1998.10

平家八幡宮のヤマモモの巨樹を愛でに行こう─一県内一の巨樹か?(石丸

啓造)「わが町三原」　みはら歴史と観光の会　200　2007.11

表紙 新調された両部鳥居 後山平家八幡宮の両部鳥居「わが町三原」　みはら歴史と観光の会　277　2014.04

米山寺

安芸の小早川氏と米山寺・仏通寺(斉藤孝)「史迹と美術」　史迹美術同攷会　75(10)通号760　2005.12

平和大通り

平和の祈り 平和大通り(広島市)の石灯籠(米田仁)「郷土史紀行」　ヒューマン・レクチャー・クラブ　6　2000.8

平和公園

戦争の記録 平和公園の原爆慰霊碑(西尾隆昌)「郷土史紀行」　ヒューマン・レクチャー・クラブ　(47)　2007.11

遍照寺

遍照寺の仏足石(広島県世羅町)(ふる里発)「郷土史紀行」　ヒューマン・レクチャー・クラブ　(49)　2008.1

遍照寺山城

遍照寺山城便り(3)～(5)(藤波平次郎)「備陽史探訪」　備陽史探訪の会(149)／(151)　2009.8/2009.12

弁天島

弁天島の俳画・夜の舟遊び(石井六郎)「潮待ちの館資料館だより」　福山市鞆の浦歴史民俗資料館　32　2004.2

鞆の浦弁天島石造層塔考(佐藤亜聖)「芸備地方史研究」　芸備地方史研究会　(275・276)　2011.4

保井田

地域人々に守られている仏さま 保井田薬師堂・浄安寺薬師堂(山河昌敬)「郷土史紀行」　ヒューマン・レクチャー・クラブ　(51)　2008.3

報恩寺跡

廃報恩寺跡(黒田正)「郷土」　西城町郷土研究会　69　1997.8

鳳源寺

頼杏父子寄進の鳳源寺の石灯籠(五阿弥学)「みよし地方史」　三次市地方史研究会　(70)　2006.7

鳳源寺(史跡をあるく)(玉井絵里香)「芸備地方史研究」　芸備地方史研究会　(284)　2013.02

法光寺

地方の仏像1 法光寺阿弥陀堂の仏(山口県徳地町)(山河昌敬)「郷土史紀行」　ヒューマン・レクチャー・クラブ　(41)　2006.11

坊寺

倉光・江良・坊寺の史跡・文化財を尋ねて(井上新一)「文化財ふくやま」　福山市文化財協会　35　2000.6

宝積寺

宝積寺と平清盛公(特集 平清盛と平家伝説─研究発表 平清盛と平家伝説編)(清水完爾)「ひろしま県史協」　広島県郷土史研究協議会　(30)　2012.11

宝寿院

ある神宮寺の歴史を探る─八幡山宝寿院の場合(出内博都)「備陽史探訪」　備陽史探訪の会　88　1999.4

法常寺

隆景祭り(西宮町 法常寺)(古川嵯智子)「わが町三原」　みはら歴史と観光の会　88　1998.7

法泉坊

津口・法泉坊本堂再建棟札(蔵橋純海夫)「研究紀要古里」　世羅郡文化財協会甲山地区部会　(13)　2013.03

宝徳寺

宝徳寺発祥地記念碑について(出来本義三)「広郷土史研究会ニュース」　広郷土史研究会　(7)　1998.11

防府天満宮

文化財 浅黄絲威褄取鎧 兜付 防府天満宮(山口県防府市)「郷土史紀行」　ヒューマン・レクチャー・クラブ　(43)　2007.7

文化財 木造 束帯天神坐像(防府天満宮)「郷土史紀行」　ヒューマン・レクチャー・クラブ　(47)　2007.11

蒲刈島

蒲刈島の漁民の変遷(〈シンポジウム「戦後60年の社会変動と民俗」〉)(原田三代治)「広島民俗」　広島民俗学会　(67)　2007.3

堀江家住宅

重要文化財荒木家住宅と重要文化財堀江家住宅の保存修理(木下純)「広

堀越

呉市川尻町 堀越祇園社の祇園祭（光平有希）「広島民俗」 広島民俗学会
（78） 2012.08

本願寺

中世鞆の金宝寺、本願寺と尾道の西郷寺について（堤勝義）「文化財ふく
やま」 福山市文化財協会 33 1998.5

本観音堂

御調特集（84）本観音堂「月刊歴史ジャーナル」 NPO法人尾道文化財
研究所 （121） 2014.01

本宮八幡神社

ふる里の歴史 豊栄の本宮八幡神社（東広島市）（吉田泰義）「郷土史紀行」
ヒューマン・レクチャー・クラブ （48） 2007.12

本郷

三次市西河内町本郷の在銘五輪塔について（中畑和彦，新祖隆太郎）「み
よし地方史」 三次市地方史研究会 （75） 2008.3

本郷町南方

本郷町南方の梵鐘（半田靖夫）「わが町三原」 みはら歴史と観光の会
190 2007.1

本郷平廃寺跡

表紙写真 本郷平廃寺跡（尾道市）「月刊歴史ジャーナル」 NPO法人尾道
文化財研究所 （123） 2014.03

本山

本山鎮座シキンドウさん論考（小林桂一郎）「もとやま」 本山町郷土史会
26 1998.6
第57回青目寺御開帳法要奉納音頭口説き木遣り音頭「本山名所」（甲斐栄
純）「もとやま」 本山町郷土史会 30 2002.11
お宝myeyepit 本山のための賽銭箱（吉本進）「ふるさとよしうら」 吉浦郷土
史研究会 （57） 2011.05
表紙 本山の古民家・頼宗の遠景（前原専二［画］）「もとやま」 本山町郷
土史会 （38） 2014.12
本山太鼓保存会（町内グループの紹介）（石川義明）「もとやま」 本山町
郷土史会 （38） 2014.12

品秀寺

空海と品秀寺（正藤英夫）「瀬野川流域郷土史懇話会会報」 瀬野川流域郷
土史懇話会 （12） 2010.08

本村

虫干帳から拾う 本村古事記「瀬野川郷土史研究会会報」 瀬野川郷土史
研究会 20 1997.1

本薬師堂

御調特集（83）本薬師堂「月刊歴史ジャーナル」 NPO法人尾道文化財
研究所 （120） 2013.12

本山町

本山町諏訪神社の歴史（藤木英太郎）「もとやま」 本山町郷土史会 27
1999.6
古民家を訪ねて「もとやま」 本山町郷土史会 （38） 2014.12
なぜ人々は神社を継承してきたのでしょうか（研究・レポート）（神田敏
治）「もとやま」 本山町郷土史会 （38） 2014.12

磨崖和霊石地蔵

展示資料紹介 「磨崖和霊石地蔵」の謎に迫る「広島県立歴史博物館
ニュース」 広島県立歴史博物館 39 1999.5

松坂家住宅

史跡をあるく 松坂家住宅「芸備地方史研究」 芸備地方史研究会 247
2005.6

松永

松永近隣あれこれ—村方法度や風習（藤井高一郎）「文化財ふくやま」 福
山市文化財協会 34 1999.6
松永の共同井戸「三訪会会報」 三成学区の歴史と自然を訪ねる会
（56） 2012.4
松永地域の出身力士について（備後史談）（岡田宏一郎）「備陽史探訪」
備陽史探訪の会 （173） 2013.8

松葉

歴史夜話（10）松葉への挽歌（3）—追想・狐狸の里（池田寿亀）「ふるさ
とよしうら」 吉浦郷土史研究会 47 2001.3

馬通峠

馬通峠物語—歴史と民俗（山本隆司）「みよし地方史」 三次市地方史研究
会 52 2000.2

丸小山経塚

平成23年度スポット展示「広島県重要文化財（考古資料）丸小山経塚出
土品」（芸備掲示板）（広島県立歴史博物館）「芸備地方史研究」 芸備地
方史研究会 （278） 2011.10

満舟寺

御手洗満舟寺「2基の亀趺墓」（木村吉聡）「郷土史紀行」 ヒューマン・レ
クチャー・クラブ 17 2002.6
御手洗南潮山満舟寺の縁起と平清盛公（特集 平清盛と平家伝説—研究発
表 平清盛と平家伝説編）（下錢冶尚眞）「ひろしま県史協」 広島県郷
土史研究協議会 （30） 2012.11

万徳院跡

「谷」から「池」へ—万徳院跡の庭園（小都隆）「いぶき ： 中世遺跡調査
研究ニュース ： 中世のひろしま」 広島県教育委員会事務局生涯学習
部 20 1998.3
万徳院跡の調査と整備について（佐々木直彦）「広島県文化財ニュース」
広島県文化財協会 179 2003.10

万福寺

ふる里の文化財 世羅町の石造物 神田2号古墳の石扉/廃万福寺塔婆/大乗
妙典塔「郷土史紀行」 ヒューマン・レクチャー・クラブ 34 2005.7
堀越・廃万福寺薬師観音堂再建立棟札（蔵橋純海夫）「研究紀要古里」 世
羅郡文化財協会甲山地区部会 （13） 2013.03

三入神社

三入神社と梵鐘「かんべ」 可部郷土研究会 91 2001.1

三入八幡社

三入八幡社と熊谷氏（下野岩太）「かんべ」 可部郷土研究会 76
1997.4

水尾小路

尾道市・水尾小路「水祭り」 復活のとき、再生のとき MAP/復活のと
き 今川吉弘さんインタビュー/再生のとき 今川智弘さんインタビュー
「かみのらぼ」 尾道市立大学芸術文化学部 （0） 2012.12

三上家住宅

三上家住宅「殿敷」について（神田肇）「広島県文化財ニュース」 広島県
文化財協会 187 2005.10

三坂野

三坂野の年中行事（1）〜（3）（田辺一）「郷土」 西城町郷土研究会 81/
83 2002.4/2003.10

弥山

厳島,弥山山頂の山宮と僧徒らの山籠修行（妹尾周三）「厳島研究 ： 広島
大学世界遺産・厳島-内海の歴史と文化プロジェクト研究センター研
究成果報告書」 世界遺産・厳島-内海の歴史と文化プロジェクト研究
センター （6） 2010.03

三田

村境について（永井弥六）「美多」 三田郷土史同好会 29 1997.2
寺院の建築（古文書解説）（金岡照）「美多」 三田郷土史同好会 29
1997.2
菩薩像を拝見して（竹内寿）「美多」 三田郷土史同好会 33 1999.2
「六荷山」と舟運（黒沢清隆）「美多」 三田郷土史同好会 35 2000.2
「かにだんご汁」を飽きて（黒沢清隆）「美多」 三田郷土史同好会 35
2000.2

三滝参道

私の散歩道 三滝参道と茶屋「郷土史紀行」 ヒューマン・レクチャー・
クラブ 1 1999.10

三滝寺

ぶらり紀行（5）ひろしまの奥の院・三滝寺（米田仁）「郷土史紀行」
ヒューマン・レクチャー・クラブ （50） 2008.2
三滝寺の鯉魚（新石造物ウォッチング）（持永芳孝）「郷土史紀行」
ヒューマン・レクチャー・クラブ （59） 2009.09

御手洗

瀬戸内紀行 御手洗の町家巡り—一輪差しに遊女への想い（請川洋一）「郷
土史紀行」 ヒューマン・レクチャー・クラブ （58） 2009.7

御手洗港

巷談 御手洗港の遊女哀歌（緩急車雲助）「広郷土史研究会会報」 広郷土
史研究会 （93） 2009.9

御調

御調地域の民俗（1）（住貞義量）「広島民俗」 広島民俗学会 （66）
2006.8
御調特集（62）天満神社「月刊歴史ジャーナル」 NPO法人尾道文化財

研究所　(98)　2012.02

御調特集(63)　観音堂「月刊歴史ジャーナル」NPO法人尾道文化財研究所　(99)　2012.03

御調特集(65)　厳島社「月刊歴史ジャーナル」NPO法人尾道文化財研究所　(102)　2012.06

御調特集(67)　天満宮(てんまんぐう)「月刊歴史ジャーナル」NPO法人尾道文化財研究所　(104)　2012.08

御調特集(68)　金比羅大権現「月刊歴史ジャーナル」NPO法人尾道文化財研究所　(105)　2012.09

御調特集(69)　常夜燈(こんぴらさん)「月刊歴史ジャーナル」NPO法人尾道文化財研究所　(106)　2012.10

御調特集(71)　東照宮(とうしょうぐう)「月刊歴史ジャーナル」NPO法人尾道文化財研究所　(108)　2012.12

御調特集(72)　金刀比羅宮常夜燈「月刊歴史ジャーナル」NPO法人尾道文化財研究所　(109)　2013.01

御調特集(75)　熊野神社「月刊歴史ジャーナル」NPO法人尾道文化財研究所　(112)　2013.04

御調特集(76)　極法蔵菩薩「月刊歴史ジャーナル」NPO法人尾道文化財研究所　(113)　2013.05

御調特集(77)　地蔵堂「月刊歴史ジャーナル」NPO法人尾道文化財研究所　(114)　2013.06

御調特集(80)　八坂神社「月刊歴史ジャーナル」NPO法人尾道文化財研究所　(117)　2013.09

御調特集(92)　厳島社「月刊歴史ジャーナル」NPO法人尾道文化財研究所　(129)　2014.09

御調特集(93)　毘沙門天「月刊歴史ジャーナル」NPO法人尾道文化財研究所　(130)　2014.10

御調特集(96)　堂下荒神社・庚申塔ほか「月刊歴史ジャーナル」NPO法人尾道文化財研究所　(131)　2014.11

表紙写真　堂下荒神社の石地蔵(尾道市御調町)「月刊歴史ジャーナル」NPO法人尾道文化財研究所　(131)　2014.11

御調特集(96)　厳島神社「月刊歴史ジャーナル」NPO法人尾道文化財研究所　(132)　2014.12

御調八幡宮

御調八幡宮を探る(大谷和弘)「わが町三原」みはら歴史と観光の会　97　1999.4

読者旅日記　御調八幡宮(宮田伊知郎)「郷土史紀行」ヒューマン・レクチャー・クラブ　6　2000.8

初夢　御調八幡宮　積石(福岡幸司)「わが町三原」みはら歴史と観光の会　158　2004.5

旧正　初夢—御調八幡宮　三重の塔(福岡幸司)「わが町三原」みはら歴史と観光の会　158　2004.5

備後国御調八幡宮と和気氏—神仏習合に関連して(関山麻衣子)「神女大史学」神戸女子大学史学会　(25)　2008.11

御調特集(63)　御調八幡宮「月刊歴史ジャーナル」NPO法人尾道文化財研究所　(100)　2012.04

史跡をあるく　御調八幡宮境内和気神社「芸備地方史研究」芸備地方史研究会　(281)　2012.06

表紙　御調八幡宮と三原市の文化財展　一般公開中の御調八幡宮収蔵庫「わが町三原」みはら歴史と観光の会　271　2013.10

緑井

祭り　毘沙門さんの初寅祭「郷土史紀行」ヒューマン・レクチャー・クラブ　3　2000.2

三成

農具寄贈「三訪会会報」三成学区の歴史と自然を訪ねる会　(51)　2011.07

仏迎えの盆踊り「三訪会会報」三成学区の歴史と自然を訪ねる会　(52)　2011.09

8月三成の行事「三訪会会報」三成学区の歴史と自然を訪ねる会　(52)　2011.09

亥の子まつり「三訪会会報」三成学区の歴史と自然を訪ねる会　(53)　2011.11

三成の灯を守る人「三訪会会報」三成学区の歴史と自然を訪ねる会　(54)　2012.1

崇神さんへお参り「三訪会会報」三成学区の歴史と自然を訪ねる会　(54)　2012.01

墓前報告/伝統の「三成小しし舞い」を通して一心同体を学ぶ/元旦マラソン結果「三訪会会報」三成学区の歴史と自然を訪ねる会　(55)　2012.02

三成の雑煮/年越しの思い出「三訪会会報」三成学区の歴史と自然を訪ねる会　(55)　2012.02

北公民館主催事業　文学と民俗学「三訪会会報」三成学区の歴史と自然を訪ねる会　(57)　2012.07

薬師さんの百万遍「三訪会会報」三成学区の歴史と自然を訪ねる会　(57)　2012.07

尾大　藤井佐美先生講演「お盆を巡る伝承」/あの日あの時「三訪会会報」三成学区の歴史と自然を訪ねる会　(59)　2012.11

雑煮について「三訪会会報」三成学区の歴史と自然を訪ねる会　(59)　2012.11

例会/癩神さんへ参詣「三訪会会報」三成学区の歴史と自然を訪ねる会　(60)　2013.01

福祉と健康祭　善意を日赤へ/方言丸出し「三訪会会報」三成学区の歴史と自然を訪ねる会　(60)　2013.01

享保期における象の旅「三訪会会報」三成学区の歴史と自然を訪ねる会　(61)/(62)　2013.03/2013.04

象の旅「三訪会会報」三成学区の歴史と自然を訪ねる会　(63)/(64)　2013.07/2013.09

7月例会　神々の季節「三訪会会報」三成学区の歴史と自然を訪ねる会　(64)　2013.09

三成の昔話を聞く「三訪会会報」三成学区の歴史と自然を訪ねる会　(64)/(70)　2013.9/2014.9

八幡神社大祭「三訪会会報」三成学区の歴史と自然を訪ねる会　(65)　2013.11

三成の三体神輿「三訪会会報」三成学区の歴史と自然を訪ねる会　(65)　2013.11

今年度も癩神さんへ「三訪会会報」三成学区の歴史と自然を訪ねる会　(66)　2014.01

ふるさとの宝　昭和の名所つり橋「三訪会会報」三成学区の歴史と自然を訪ねる会　(68)　2014.05

ライオンの鏝絵「三訪会会報」三成学区の歴史と自然を訪ねる会　(69)　2014.07

三成の昔の話を聞く「三訪会会報」三成学区の歴史と自然を訪ねる会　(69)　2014.07

地域の行事「三訪会会報」三成学区の歴史と自然を訪ねる会　(70)　2014.09

方言調査/模型大阪城天守閣「三訪会会報」三成学区の歴史と自然を訪ねる会　(70)　2014.09

三成の辻堂「三訪会会報」三成学区の歴史と自然を訪ねる会　(70)　2014.9

「竹取物語」の伝承世界　大人が読むかぐや姫「三訪会会報」三成学区の歴史と自然を訪ねる会　(71)　2014.11

三成の薬師さん・秋祭り。健康祭「三訪会会報」三成学区の歴史と自然を訪ねる会　(71)　2014.11

礼儀作法/三成の昔の話「三訪会会報」三成学区の歴史と自然を訪ねる会　(71)　2014.11

三成八幡神社

三成八幡神社「三訪会会報」三成学区の歴史と自然を訪ねる会　(70)　2014.09

水呑

水呑日蓮宗寺院の古史料(小林定市)「福山市立福山城博物館友の会だより」福山市立福山城博物館友の会　30　2000.6

三原

信金行事に参加して(仁内弘)「わが町三原」みはら歴史と観光の会　76　1997.7

毛利家の家紋(池田収)「わが町三原」みはら歴史と観光の会　77　1997.8

正月頃の遊び(古川嵯智子)「わが町三原」みはら歴史と観光の会　82　1998.1

神明祭(行武郁子)「わが町三原」みはら歴史と観光の会　83　1998.2

摩崖仏に誘われて(平野篠子)「わが町三原」みはら歴史と観光の会　85　1998.4

さつき祭り「わが町三原」みはら歴史と観光の会　86　1998.5

亥の子祭り(古川嵯智子)「わが町三原」みはら歴史と観光の会　92　1998.11

義士祭(勝原康子)「わが町三原」みはら歴史と観光の会　93　1998.12

火渡り大護摩(山下長徳)「わが町三原」みはら歴史と観光の会　94　1999.1

岡山県後月郡芳井町三原の昔話より　あたご様(万灯)/こりとり淵「わが町三原」みはら歴史と観光の会　94　1999.1

あわしまさん祭りに参加して(古川嵯智子)「わが町三原」みはら歴史と観光の会　99　1999.6

三原人形を作った人(橋本嬉子)「わが町三原」みはら歴史と観光の会　111　2000.6

歳事記　お正月遊びの事など(古川嵯知子)「わが町三原」みはら歴史と観光の会　118　2001.1

歳事記　神明市の露天商(大谷和弘)「わが町三原」みはら歴史と観光の会　119　2001.2

歳時記 3月（福岡幸司）「わが町三原」 みはら歴史と観光の会 120 2001.3

「しげそりの岩」岩開きに参加させていただいて（鵜池史子）「わが町三原」 みはら歴史と観光の会 120 2001.3

「しげそりの岩」岩開きに参加して「わが町三原」 みはら歴史と観光の会 120 2001.3

歳時記 子どもの遊ぶ声がしない（高崎寿郎）「わが町三原」 みはら歴史と観光の会 121 2001.4

歳時記 そら豆雑感（古川嵯知子）「わが町三原」 みはら歴史と観光の会 122 2001.5

歳時記 ヒキガエル（大谷和弘）「わが町三原」 みはら歴史と観光の会 123 2001.6

歳時記 南瓜今昔（古川嵯知子）「わが町三原」 みはら歴史と観光の会 125 2001.8

歳時記 宵宮神楽（大谷和弘）「わが町三原」 みはら歴史と観光の会 127 2001.10

歳時記 七草粥（大谷和弘）「わが町三原」 みはら歴史と観光の会 130 2002.1

歳時記 鼻たれ小僧ヤーイ（高崎寿郎）「わが町三原」 みはら歴史と観光の会 131 2002.2

歳時記 雛祭りと山登り（古川嵯知子）「わが町三原」 みはら歴史と観光の会 132 2002.3

歳時記 重陽の節句（大谷和弘）「わが町三原」 みはら歴史と観光の会 138 2002.9

郷土行事伝承活動（2）学校の取り組み 「竹根幹」に思いを寄せて（杉山千恵子）「わが町三原」 みはら歴史と観光の会 138 2002.9

歳時記 お正月の用意は12月13日にする（2）煤払い（古川嵯知子）「わが町三原」 みはら歴史と観光の会 141 2002.12

歳時記 おせち料理（大谷和弘）「わが町三原」 みはら歴史と観光の会 142 2003.1

歳時記 節分とヒイラギ（石丸啓造）「わが町三原」 みはら歴史と観光の会 143 2003.2

三原だるま物語（久保等）「わが町三原」 みはら歴史と観光の会 143 2003.2

歳時記 端午の節句のチマキについて（古川嵯知子）「わが町三原」 みはら歴史と観光の会 146 2003.5

祖先の山論争に思いを馳せる（後登）「わが町三原」 みはら歴史と観光の会 146 2003.5

歳時記 茅の輪くぐり（大谷和弘）「わが町三原」 みはら歴史と観光の会 147 2003.6

郷土紹介 お地蔵さん（吉田千津子）「わが町三原」 みはら歴史と観光の会 150 2003.9

歳時記 山野草を楽しむために（松田ам三）「わが町三原」 みはら歴史と観光の会 151 2003.10

歳時記 節分（古川嵯知子）「わが町三原」 みはら歴史と観光の会 155 2004.2

歳時記 米作りの変革（寺迫保夫）「わが町三原」 みはら歴史と観光の会 159 2004.6

歳時記 1988年8月8日は「タコの日」元年（山本公恵）「わが町三原」 みはら歴史と観光の会 161 2004.8

歳時記 除夜の鐘（大谷和弘）「わが町三原」 みはら歴史と観光の会 165 2004.12

コマ犬奉献（福岡幸司）「わが町三原」 みはら歴史と観光の会 166 2005.1

今月の各地 神明さん（寺迫保夫）「わが町三原」 みはら歴史と観光の会 167 2005.2

今月の各地端午の節句と粽（ちまき）（大谷和弘）「わが町三原」 みはら歴史と観光の会 170 2005.5

コリャナンダの積み石＝経塚（表紙の写真）（福岡幸司）「わが町三原」 みはら歴史と観光の会 173 2005.8

今月の各地 古き襖の中から（坂井吉徳）「わが町三原」 みはら歴史と観光の会 174 2005.9

今月の各地 霜月・地神祭り（下西勝彦）「わが町三原」 みはら歴史と観光の会 176 2005.11

今月の各地 御作事のお稲荷さん（山本公恵）「わが町三原」 みはら歴史と観光の会 177 2005.12

御柱曳待祭り（正田公佑）「わが町三原」 みはら歴史と観光の会 179 2006.2

三原人形について（《特集 広島県の土・張子人形》）（向田裕始）「広島県文化財ニュース」 広島県文化財協会 （188）2006.3

今月の各地 消えたチコカン踊り（寺迫保夫）「わが町三原」 みはら歴史と観光の会 184 2006.6

今月の各地 半世紀前の年末行事と暮らし（伊野木勲）「わが町三原」 みはら歴史と観光の会 189 2006.12

今月の各地 大師信仰に想う（大谷和弘）「わが町三原」 みはら歴史と観光の会 192 2007.3

今月の各地 遭難軍人の碑（明治28年7月25日の悲劇）（古川嵯知子）「わが町三原」 みはら歴史と観光の会 196 2007.7

今月の各地 8月16日のチンコンカン踊り（羽藤文雄）「わが町三原」 みはら歴史と観光の会 197 2007.8

今月の各地 雛飾り（寺迫保夫）「わが町三原」 みはら歴史と観光の会 204 2008.3

弩木ッ見参 県下一 ヤマモモ！（福岡幸司）「わが町三原」 みはら歴史と観光の会 205 2008.4

今月の各地 吉と出た今年のお弓神事（吉田千津子）「わが町三原」 みはら歴史と観光の会 206 2008.5

今月の各地 故郷のお盆（坂井吉徳）「わが町三原」 みはら歴史と観光の会 210 2008.9

今月の各地 お地蔵さんの大遷宮（鈴木健次）「わが町三原」 みはら歴史と観光の会 213 2008.12

今月の各地 神明さんのこと（田邊達雄）「わが町三原」 みはら歴史と観光の会 215 2009.02

今月の各地 4月（卯月）の事はじめ（行長啓三）「わが町三原」 みはら歴史と観光の会 217 2009.04

今月の各地 三原の昔話をもっと掘り起こしては？（大坪和生）「わが町三原」 みはら歴史と観光の会 219 2009.06

今月の各地 "三顧の礼"に想う（宮原幸司）「わが町三原」 みはら歴史と観光の会 220 2009.07

11年振りの「恵比寿岩」「大黒岩」所替え（下西勝彦）「わが町三原」 みはら歴史と観光の会 223 2009.10

今月の各地 今時の節分事情（吉田千津子）「わが町三原」 みはら歴史と観光の会 224 2010.03

今月の各地 三原の初夏の祭り（田邊達雄）「わが町三原」 みはら歴史と観光の会 232 2010.07

今月の各地 迫の棚田の変遷（鈴木健次）「わが町三原」 みはら歴史と観光の会 233 2010.08

浄瑠璃本『みはら物語』（福岡幸司）「わが町三原」 みはら歴史と観光の会 238 2011.01

浄瑠璃本『みはら物語』漢字入文 一「わが町三原」 みはら歴史と観光の会 238 2011.01

今月の各地 鬼の豆（上田茂）「わが町三原」 みはら歴史と観光の会 239 2011.02

浄瑠璃本『みはら物語』漢字転換文（2）〜（7），（完結編）（福岡幸司）「わが町三原」 みはら歴史と観光の会 239/246 2011.02/2011.09

法常会を拝観して（川上哲司）「わが町三原」 みはら歴史と観光の会 239 2011.02

隠れキリシタン灯篭（花の膝栗毛 第七コースBより）（福岡幸司）「わが町三原」 みはら歴史と観光の会 240 2011.03

平家落人伝説が誕生した時代（大本静人）「わが町三原」 みはら歴史と観光の会 242 2011.05

まるで源氏物語のような屏風絵（鈴木健次）「わが町三原」 みはら歴史と観光の会 244 2011.07

今月の各地 お盆の行事全国でも色々—お盆の夕方 墓参り？（坂井吉徳）「わが町三原」 みはら歴史と観光の会 247 2011.10

今月の各地 浮城まつりに想う（大谷和弘）「わが町三原」 みはら歴史と観光の会 248 2011.11

今月の各地 宮司、コンクリートをはがす（下西勝彦）「わが町三原」 みはら歴史と観光の会 249 2011.12

今月の各地 秋祭り（寺迫保夫）「わが町三原」 みはら歴史と観光の会 259 2012.10

平氏の三原（特集 平清盛と平家伝説—研究発表 平清盛と平家伝説編）（大谷和弘）「ひろしま県史協」 広島県郷土史研究協議会 （30）2012.11

今月の各地 「七五三」におもうこと（渾川雅子）「わが町三原」 みはら歴史と観光の会 260 2012.11

三原のあゆみ（5）（芸陽日々新聞創刊20周年記念誌より）真宗の普及と明光上人／きずきあげた文化の礎／江戸時代の三原「わが町三原」 みはら歴史と観光の会 262 2013.1

今月の各地 荒神祭（寺迫保夫）「わが町三原」 みはら歴史と観光の会 263 2013.02

今月の各地 卑弥呼の郷三原説（宮原幸司）「わが町三原」 みはら歴史と観光の会 264 2013.3

平氏と三原（2）平家伝説（つづき）／平家落人伝説（大谷和弘）「わが町三原」 みはら歴史と観光の会 265 2013.4

表紙 賑った三原やっさ祭り ミハラッキーの前でやっさ踊りを熱演「わが町三原」 みはら歴史と観光の会 270 2013.09

今月の各地 婚外子の復権と、民俗の継承（下西勝彦）「わが町三原」 みはら歴史と観光の会 273 2013.12

資料館マメ知識 「三原物」とは？ 其の2／三原物の系譜1「三原市歴史民俗資料館蔵出しお宝ニュース」 三原 （43）2014.1

表紙 三原神明市 日本一の大ダルマと2基のとんど「わが町三原」 みはら歴史と観光の会 276 2014.03

中国　　　　　　　　　　　　　　　郷土に伝わる民俗と信仰　　　　　　　　　　　　　　　広島県

今月の各地 雛祭り（上田茂）「わが町三原」 みはら歴史と観光の会
276 2014.03
今月の各地 虫送り火（精霊送り）（寺迫保夫）「わが町三原」 みはら歴史
と観光の会 281 2014.08
今月の各地 鎮守の祭りを若い世代に伝えよう（羽藤文雄）「わが町三原」
みはら歴史と観光の会 285 2014.12

三原市
オハラ節とヤッサ節（桑畑三則）「ふるさとみまた」 三股郷土史研究会
（26） 2008.11
「昔風 やっさ踊り」高評価「三原市歴史民俗資料館蔵出しお宝ニュース」
（5） 2012.08
本市出土 木造卒塔婆を確認／置床春秋 掛物：平田玉蘊筆 亀の図、花入：
瓢箪、花：季のもの「三原市歴史民俗資料館蔵出しお宝ニュース」 三
原 （13） 2013.01
表紙 御調八幡宮と三原市の文化財展 一般公開中の御調八幡宮収蔵庫
「わが町三原」 みはら歴史と観光の会 271 2013.10
御室仁和寺配下の六十六部組織について―三原市の新出史料から（学会
記事―合同発表会発表要旨）（小嶋博巳）「会報」 岡山民俗学会
（213） 2014.11

三原城
史料紹介 西条市立小松温芳図書館所蔵「小松森田本家資料 貼交屏風」
所収「毛利輝元書状」―「三原城址壁文書」の一連とみられる一通
（山内治朗）「芸備地方史研究」 芸備地方史研究会 （249） 2006.1

壬生の花田植
壬生の花田植のこれまでとこれから―文化財保護の面から・無形文化遺
産代表一覧表記載決定を記念して（壬生の花田植 世界無形文化遺産登
録記念）（石垣悟）「広島県文化財ニュース」 広島県文化財協会
（212） 2012.03
「壬生の花田植」と芸備の田植行事（壬生の花田植 世界無形文化遺産登
録記念）（藤井昭）「広島県文化財ニュース」 広島県文化財協会
（212） 2012.03
花田植における歌唱の変遷―「聴かせる」と「観せる」のはざまで（壬
生の花田植 世界無形文化遺産登録記念）（松井今日子）「広島県文化財
ニュース」 広島県文化財協会 （212） 2012.03
壬生の花田植の世界無形文化遺産登録を受けて（壬生の花田植 世界無形
文化遺産登録記念）（六郷寛）「広島県文化財ニュース」 広島県文化財
協会 （212） 2012.03
壬生の花田植 広島県山県郡北広島町「公益社団法人全日本郷土芸能協会
会報」 全日本郷土芸能協会 （67） 2012.04

宮下町
表紙 山王社（写真提供 宮下町内会長 天昌重博さん）「発喜のしほり」
発喜会 （148） 2013.07

宮島
中世の宮島と廿日市（秋山伸隆）「広島県文化財ニュース」 広島県文化財
協会 159 1998.11
宮島芝居（高橋修三）「広島県文化財ニュース」 広島県文化財協会 159
1998.11
〔史料紹介〕宮島金刀比羅神社献奉物調査報告（上），（下）（阿波郷土会
徳島支部会）「ふるさと阿波：阿波郷土会報」 阿波郷土会 177/178
1998.12/1999.3
宮島の「箸と猿」（松崎哲）「郷土史紀行」 ヒューマン・レクチャー・ク
ラブ 26 2004.3
宮島の伝説（栗原秀雄）「広島民俗」 広島民俗学会 61 2004.3
宮島の「世間話」（1），（2）（栗原秀雄）「広島民俗」 広島民俗学会 62/
（63） 2004.8/2005.3
宮島の「昔話」（栗原秀雄）「広島民俗」 広島民俗学会 （64） 2005.8
聞き書き 宮島の習俗（栗原秀雄）「広島民俗」 広島民俗学会 （66）
2006.8
宮島踊り考（松崎哲）「広島県立歴史博物館研究紀要」 広島県立歴史博物
館 （9） 2007.3
宮島歴史民俗資料館（《特集 厳島研究の過去・現在・未来―厳島神社世
界遺産登録10周年記念》―厳島研究の最前線）（高橋修三）「芸備地方
史研究」 芸備地方史研究会 （258・259） 2008.2
県立広島大学の現代GP（「宮島プロジェクト」）（《特集 厳島研究の過
去・現在・未来―厳島神社世界遺産登録10周年記念》―厳島研究の最
前線）（本多博之）「芸備地方史研究」 芸備地方史研究会 （258・
259） 2008.2
宮島の伝説と世間話―霊異・怪奇を語る〔栗原秀雄〕「広島民俗」 広島民
俗学会 （71） 2009.03
大願寺と宮島（平山真明）「厳島研究：広島大学世界遺産・厳島―内海の
歴史と文化プロジェクト研究センター研究成果報告書」 世界遺産・
厳島―内海の歴史と文化プロジェクト研究センター （6） 2010.3
研究ノート 宮島のしゃもじ（榎陽介）「博物館だより」 福島県立博物館

通号97 2010.6

宮の城
中世の山城「宮の城」「泉山城」と梶尾神社について（田辺俊造）「広島県
文化財ニュース」 広島県文化財協会 181 2004.5

宮の前廃寺跡
12点めは"トシマメ"―史跡宮の前廃寺跡の文字瓦（佐道弘之）「福山市立
福山城博物館友の会だより」 福山市立福山城博物館友の会 29
1999.7

御幸町
御幸町内の氏神社考（山上久夫）「文化財ふくやま」 福山市文化財協会
32 1997.6

御幸町上岩成
大師講と観音講―御幸町上岩成の場合（三好久士）「文化財ふくやま」 福
山市文化財協会 32 1997.6

明王院
明王院本尊十一面観音立像の来歴を推察する（堤勝義）「文化財ふくや
ま」 福山市文化財協会 36 2001.5
渡辺文書と明王院縁起（小林定市）「備陽史探訪」 備陽史探訪の会 104
2001.12
明王院の四石碑（小林定市）「備陽史探訪」 備陽史探訪の会 107
2002.6
明王院修理のこと（行廣澄）「文化財ふくやま」 福山市文化財協会 39
2004.5
鞆街道 明王院の国宝建築「郷土史紀行」 ヒューマン・レクチャー・ク
ラブ 31 2005.1
明王院の観音堂下柱穴と本尊（小林定市）「備陽史探訪」 備陽史探訪の会
（136） 2007.6
京都の大覚寺文書と末寺明王院（小林定市）「備陽史探訪」 備陽史探訪の
会 （150） 2009.10
偽りの明王院寺史（小林定市）「備陽史探訪」 備陽史探訪の会 （152）
2010.02

名荷
名荷神楽の研究（三村泰臣）「民俗芸能研究」 民俗芸能学会 （39）
2005.9

明覚寺跡
廃明覚寺跡（黒田正）「郷土」 西城町郷土研究会 69 1997.8

名荷神社
名荷十二神祇神楽（三村泰臣）「まつり通信」 まつり同好会 37（10）通
号440 1997.10
特集 名荷神楽―謎の「三宝荒神御縄」「月刊歴史ジャーナル」 NPO法
人尾道文化財研究所 （100） 2012.04

明星院
NHK大河ドラマ「元禄繚乱」の地 赤穂義士の木像（広島・明星院本堂）
「郷土史紀行」 ヒューマン・レクチャー・クラブ 2 1999.12

妙正寺
今月の各地 妙正寺の鐘（鈴木健次）「わが町三原」 みはら歴史と観光の
会 199 2007.10

妙信寺
「目で見る矢野町史」その後（4）―女蓮山妙信寺（編集室）「発喜のしほ
り」 発喜会 99 2001.4

妙福寺
妙福寺を支えてきた地域住民（西沢秀次）「ひがしひろしま郷土史研究会
ニュース」 東広島郷土史研究会 293 1999.1
妙福寺の龍の彫り物（西澤秀次）「ひがしひろしま郷土史研究会ニュー
ス」 東広島郷土史研究会 325 2001.9

三次
史料 三次の民俗（7）聞き取り「明治大正期の正月行事」（米丸嘉一）「み
よし地方史」 三次市地方史研究会 43 1997.2
宝暦の琵琶湖哀歌―備後三次順礼遭難事件（伊藤正壮）「みよし地方史」
三次市地方史研究会 46 1997.10
明治の神社政策と三次地方（米丸嘉一）「みよし地方史」 三次市地方史研
究会 58 2002.4
赤穂事件（忠臣蔵）と備後三次―伝承と史実と（米丸嘉一）「広島県文化財
ニュース」 広島県文化財協会 173 2002.6
三次の稲扱〔1〕，（2）（幸田光温）「みよし地方史」 三次市地方史研究会
59/60 2002.8/2003.1
三次の鵜飼―歴史と伝説（米丸嘉一）「みよし地方史」 三次市地方史研究
会 61 2003.6
展示紹介 広島県立歴史民俗資料館「足踏式回転脱穀機のある風景―その

875

歴史と三次―」(三枝健二)「民具マンスリー」 神奈川大学 38(5)通号449 2005.8

ふる里の史跡 校倉造の宝蔵 厳島神社(宮島)/熊野神社(三次)/多家神社(府中町)「郷土史紀行」 ヒューマン・レクチャー・クラブ 36 2005.11

三次人形《《特集 広島県の土・張子人形》(伊藤正壮)「広島県文化財ニュース」 広島県文化財協会 (188) 2006.3

学芸員こぼれ話 今年も物怪が三次にやって来た「歴風」 広島県立歴史民俗資料館 (42) 2006.9

「稲生物怪録」と三次の河童伝承(和田寛)「河童通心」 河童文庫 (277) 2006.11

歴史散歩 三次の妖怪について(宮本典彦)「芸備地方史研究」 芸備地方史研究会 (255) 2007.4

『鎮魂』と出会い、三次を訪問して(別所智子)「みよし地方史」 三次市地方史研究会 (89) 2012.12

三次市

弥生の「祭りと信仰」の一風景(加藤光臣)「みよし地方史」 三次市地方史研究会 45 1997.8

製鉄の神様金屋子神(東一人)「みよし地方史」 三次市地方史研究会 51 1999.9

[史料紹介] 官営渡船の造り替え(立畑春夫)「みよし地方史」 三次市地方史研究会 54 2000.9

三次市・厳島神社の管絃祭(向田裕始)「広島県文化財ニュース」 広島県文化財協会 166 2000.9

明治時代のイノシシ猟(東一人)「みよし地方史」 三次市地方史研究会 55 2001.2

翻刻『稲生怪譚』―第一巻(杉本好伸)「安田女子大学大学院文学研究科紀要.合冊」 安田女子大学大学院文学研究科 8 2002.3

柏正甫の「稲生物怪物語」について(藤村耕市)「みよし地方史」 三次市地方史研究会 62 2003.11

学芸員こぼれ話 「稲生物怪録」と「稲亭物怪録」「歴風」 広島県立歴史民俗資料館 37 2004.3

翻刻『稲生怪譚』―第弐巻(杉本好伸)「安田女子大学大学院文学研究科紀要.合冊」 安田女子大学大学院文学研究科 9 2004.3

封じ込められた鬼の土器と髪の入った土器(新祖隆太郎)「みよし地方史」 三次市地方史研究会 64 2004.9

歴史用語解説 江戸時代の庶民の「離縁」「みよし地方史」 三次市地方史研究会 65 2004.12

鳥居の製作(立畑春男)「みよし地方史」 三次市地方史研究会 65 2004.12

廻国供養塔と道しるべ(東一人)「みよし地方史」 三次市地方史研究会 65 2004.12

妙見宮遥拝塔について(新祖隆太郎)「みよし地方史」 三次市地方史研究会 65 2004.12

史実・伝説紹介(1)槇原藤五左衛門の討死(東一人)「みよし地方史」 三次市地方史研究会 66 2005.3

三次市の石造物 廻国供養塔(中畑和彦)「みよし地方史」 三次市地方史研究会 66 2005.3

翻刻『稲生怪譚』―第三巻(杉本好伸)「安田女子大学大学院文学研究科紀要.合冊」 安田女子大学大学院文学研究科 10 2005.3

光明真言を刻んだ石造物(中畑和彦)「みよし地方史」 三次市地方史研究会 (68) 2005.11

翻刻・東京大学総合図書館蔵『稲亭物怪録』―下巻(杉本好伸)「安田女子大学紀要」 安田女子大学・安田女子短期大学 (34) 2006.2

翻刻・飯田市立中央図書館蔵『稲怪録』―前半(第一～第五巻)(杉本好伸)「安田女子大学大学院文学研究科紀要.合冊」 安田女子大学大学院文学研究科 11 2006.3

近世の旅と人びとの善意(藤村耕市)「みよし地方史」 三次市地方史研究会 (70) 2006.7

資料紹介 『奇説異聞 備後土産稲生夜話』(三原市立図書館蔵)―明治の《稲生物怪録》・前半(杉本好伸)「安田女子大学紀要」 安田女子大学・安田女子短期大学 (35) 2007.2

資料紹介 『奇説異聞 備後土産稲生夜話』(三原市立図書館蔵)―明治の《稲生物怪録》・後半(杉本好伸)「安田女子大学紀要」 安田女子大学・安田女子短期大学 (36) 2008.2

国立歴史民俗博物館蔵『妖怪槌之由来』について―《稲生物怪録》関連資料(杉本好伸)「安田女子大学大学院文学研究科紀要.合冊」 安田女子大学大学院文学研究科 13 2008.3

粟屋隆信伝説考(新祖隆太郎)「みよし地方史」 三次市地方史研究会 (83) 2010.12

近世五輪塔の展開―市内の近世年号の五輪塔調査から(中畑和彦)「みよし地方史」 三次市地方史研究会 (84) 2011.03

「鎮魂」追伸(別所智子)「みよし地方史」 三次市地方史研究会 (92) 2013.12

広島県三次市の子どもの遊び―聞き取り調査報告(片山智恵美)「久里」 神戸女子民俗学会 (34) 2014.06

三次盆地

三次盆地を通過する神々(内田律雄)「みよし地方史」 三次市地方史研究会 57 2001.10

三良坂町

三良坂町の愛宕信仰(中畑和彦)「みよし地方史」 三次地方史研究会 (93) 2014.04

向島

備後向島・因島の村上姓の伝承と分布をめぐって(池田剛)「民俗文化」 近畿大学民俗学研究所 (10) 1998.3

特集 幕末、向島島内にあった廃寺見てある記「月刊歴史ジャーナル」 NPO法人尾道文化財研究所 (127) 2014.07

向島町

向島町・厳島神社の管絃祭(永山隆宗)「広島県文化財ニュース」 広島県文化財協会 166 2000.9

向島町・五島神社住吉祭りの曳き舟と厳島神社の管絃祭(吉原照明)「広島県文化財ニュース」 広島県文化財協会 166 2000.9

向原町

わがふるさとの民俗―広島県高田郡向原町の正月行事(梶川華代)「久里」 神戸女子民俗学会 7 1999.10

麦谷

湯来麦谷の「民家の石垣にみる中世石工集団」(福永洋朗)「郷土史紀行」 ヒューマン・レクチャー・クラブ 16 2002.3

椋梨川流域

沼田新荘・椋梨川流域の辻堂・観音(薬師)堂について調査の中間報告(宗本正記)「広島民俗」 広島民俗学会 61 2004.3

向江田町

向江田町の三界万霊塔(中畑和彦)「みよし地方史」 三次市地方史研究会 47 1998.4

宗高尾城

広島県廿日市市 宗高尾城跡検出の地鎮の研究(木下密運，西山要一，浅岡俊夫，藤田広幸)「文化財学報」 奈良大学文学部文化財学科 25 2007.3

宗貞薬師堂

宗貞薬師堂(西城町の辻堂(3) 旧八鳥村)(黒田正)「郷土」 西城町郷土研究会 71 1998.4

廻神町

資料紹介 廻神町の仏像と仏具(新祖隆太郎)「みよし地方史」 三次市地方史研究会 (74) 2007.12

元宇品

郷土百景(広島市南区元宇品) 観音寺と広島椿「郷土史紀行」 ヒューマン・レクチャー・クラブ 3 2000.2

元常谷

比和町元常谷の虫送り供養塔のことなど(倉岡侃)「郷土」 西城町郷土研究会 71 1998.4

八重

千代田町・八重の管絃祭(六郷寛)「広島県文化財ニュース」 広島県文化財協会 166 2000.9

安浦

呉市安浦地区に伝わる平家伝説(特集 平清盛と平家伝説―研究発表 平清盛と平家伝説編)(山田賢一)「ひろしま県史協」 広島県郷土史研究協議会 (30) 2012.11

安東

茶の湯玉手箱(42) 冬の安東(谷晃)「和風」 上田流和風堂 (120) 2013.03

八剣神社

町かど発見 八剣神社「郷土史紀行」 ヒューマン・レクチャー・クラブ 2 1999.12

矢野

矢野のキリシタン(宇都宮寿作)「発喜のしほり」 発喜会 91 1999.4

伝統工芸 矢野かもじ(十時淳「他])「発喜のしほり」 発喜会 104 2002.7

地域のむかし話―火の玉(矢野)『矢野の昔ばなし』拾遺「発喜のしほり」 発喜会 113 2004.9

矢野の漁業「発喜のしほり」 発喜会 (116) 2005.7

食にまつわる矢野のことわざ（山本雅典）「発喜のしほり」 発喜会
（122） 2007.1

矢野の秋祭りの今昔（五反田豊）「発喜のしほり」 発喜会 （125） 2007.
10

まほろば矢野（17）「草取り」（長船布施夫）「発喜のしほり」 発喜会
（137） 2010.10

まほろば矢野（18）棚田（長船布施夫）「発喜のしほり」 発喜会 （138）
2011.1

まほろば矢野（19）変貌する町並み（あげ＝上げ・揚）（長船布施夫）「発
喜のしほり」 発喜会 （139） 2011.4

「まほろば矢野」（27）一蔵の窓 祇園社界隈「発喜のしほり」 発喜会
（147） 2013.4

「まほろば矢野」（28）一住吉神社への道「発喜のしほり」 発喜会
（148） 2013.07

矢野大浜

浦風・浜風（矢野大浜のこと）（1）一船大工「発喜のしほり」 発喜会
97 2000.10

浦風・浜風（矢野大浜のこと）（6）一大仏への道（編集室）「発喜のしほ
り」 発喜会 103 2002.4

矢野火葬場跡

「石のかたち」（3）一矢野火葬場跡の地蔵「発喜のしほり」 発喜会
（151） 2014.04

矢野鷹ノ宮

二つの鷹宮の伝承一江田島鷹宮と矢野鷹ノ宮（正井秀雄）「発喜のしほ
り」 発喜会 （119） 2006.4

矢野町

「目で見る矢野町史」その後（1） 家内安全一「地蔵尊」をめぐって（編集
室）「発喜のしほり」 発喜会 95 2000.4

「目で見る矢野町史」（社寺編）その後（11） 祇園社のこと（編集室）「発喜
のしほり」 発喜会 （127） 2008.4

「目で見る矢野町史」（社寺編）その後（12） 住吉祭（夏越）（編集室）「発
喜のしほり」 発喜会 （128） 2008.7

矢野西

「子どものころの鬼祭り」（安芸区矢野西三丁目辺り）（長船布施夫）「発喜
のしほり」 発喜会 （121） 2006.10

藪路

街道に眠る馬の供養塔と俚謡『藪路天神坂馬殺し』（出内博都）「備陽史探
訪」 備陽史探訪の会 81 1998.2

山県郡

近世真宗門徒の日常と神祇信仰一安芸国山県郡を事例として《〈特集 日
本古代における国家と民衆の〈接点〉〉）（引野亨輔）「民衆史研究」 民
衆史研究会 （65） 2003.5

山田

府中市の歴史と文化財一民俗芸能牛祭・神楽（山田十二神祇）の保存に
ついて（尾尻重己）「れきみんきょう ： 広島県歴史民俗資料館等連絡
協議会会報」 広島県歴史民俗資料館等連絡協議会 29 1999.12

山田の牛祭り（広島県安芸郡府中町）「郷土史紀行」 ヒューマン・レク
チャー・クラブ （56） 2009.01

山手

表紙カットに寄せて 山手の一里塚一榎一そして路傍の石仏（佐道弘之）
「文化財ふくやま」 福山市文化財協会 35 2000.6

山中野

孝行息子の心温まる伝説 山中野の出雲石（岡本雅亭）「わが町三原」 み
はら歴史と観光の会 265 2013.4

山本

亥の子について一広島県広島市南安佐区山本（川下奈々）「久里」 神戸女
子民俗学会 7 1999.10

湯来町

広島県佐伯区湯来町を中心とした「十二神祇」神楽の特徴について（赤
田光男教授退職記念号）（吉本由梨香）「帝塚山大学大学院人文科学研
究科紀要」 帝塚山大学大学院人文科学研究科 （16） 2014.03

油木八幡

油木八幡の大般若経について（出内博都）「備陽史探訪」 備陽史探訪の会
79 1997.10

湯蓋道空社

ふる里の史跡 湯蓋道空社とあまんじゃく伝説（広島市佐伯区海老園）「郷
土史紀行」 ヒューマン・レクチャー・クラブ （39） 2006.5

ゆるぎ岩

ゆるぎ岩とクワの謎（平田恵彦）「備陽史探訪」 備陽史探訪の会 84
1998.8

吉浦

墓標と歴史（吉永春松）「ふるさとよしうら」 吉浦郷土史研究会 46
2000.8

表紙写真の説明一寄進された打敷（細川道雄）「ふるさとよしうら」 吉浦
郷土史研究会 47 2001.3

〈特集 お宝拝見〉「ふるさとよしうら」 吉浦郷土史研究会 47 2001.3

木仏尊像（吉永春松）「ふるさとよしうら」 吉浦郷土史研究会 47
2001.3

〈特集 お宝拝見2〉「ふるさとよしうら」 吉浦郷土史研究会 48 2001.7

呉市制100周年記念 吉浦盆踊り歌詞について（清水公男）「ふるさとよし
うら」 吉浦郷土史研究会 50 2003.3

「佛教唱歌集」について（吉本進）「ふるさとよしうら」 吉浦郷土史研究
会 （56） 2010.05

吉浦八幡神社

吉浦八幡神社のお祭りについて（1）（末永統一）「ふるさとよしうら」 吉
浦郷土史研究会 45 2000.1

吉浦八幡神社について（2）（末永統一）「ふるさとよしうら」 吉浦郷土史
研究会 46 2000.8

表紙写真の説明一吉浦八幡神社の浦安の舞（中原裕穂）「ふるさとよしう
ら」 吉浦郷土史研究会 50 2003.3

中学生と聞いた吉浦八幡神社の石碑のお話（濱中康子）「ふるさとよしう
ら」 吉浦郷土史研究会 （57） 2011.05

吉田

安芸の民話（1） 吉田のおしんギツネ（和田恵美子）「備陽史探訪」 備陽
史探訪の会 （139） 2007.12

吉原家住宅

重要文化財吉原家住宅の修理について（春日井道彦）「広島県文化財
ニュース」 広島県文化財協会 182 2004.9

四日市

江戸後期の四日市の商家「小島屋」について（木村浩男）「ひがしひろし
ま郷土史研究会ニュース」 東広島郷土史研究会 （389） 2007.1

四日市の屋号/古絵図の東広島 2月例会概要報告「ひがしひろしま郷土
史研究会ニュース」 東広島郷土史研究会 （475） 2014.3

理窓院

「五龍城跡」と「理窓院」「郷土史紀行」 ヒューマン・レクチャー・クラ
ブ 18 2002.8

竜雲寺

須子城と龍雲寺（田辺英敏）「郷土」 西城町郷土研究会 78 2000.10

竜王山

尾道市日比崎町竜王山の石仏調査（水野英世）「日本の石仏」 日本石仏協
会, 青娥書房（発売） （102） 2002.6

竜華寺

今高野山龍華寺因頼母子帳（文久2年）（蔵橋純海夫）「研究紀要古里」 世
羅郡文化財協会甲山地区部会 （14） 2014.03

竜興寺

五雲山龍興寺（新田成美）「郷土」 西城町郷土研究会 80 2001.9

竜泉寺

白滝山龍泉寺と磨崖仏一旧参道の道しるべ 21体の石仏（春田正彦）「わが
町三原」 みはら歴史と観光の会 115 2000.10

本願寺の創建をめぐって一龍泉寺所蔵「当麻曼荼羅図」が鎌倉時代を伝
える（池田一彦）「潮待ちの館資料館だより」 福山市鞆の浦歴史民俗
資料館 29 2002.8

領家八幡神社

領家八幡神社（新田成美）「郷土」 西城町郷土研究会 80 2001.9

蓮華寺

廃蓮華寺（芸藩通志 巻39）「瀬野川郷土史研究会会報」 瀬野川郷土史研
究会 24 1999.1

蓮華寺 古代瓦採集（2）「瀬野川郷土史研究会会報」 瀬野川郷土史研究会
25 1999.7

石造物ウォッチング 蓮華寺の五輪塔（広島市安芸区）（鎌倉健一）「郷土
史紀行」 ヒューマン・レクチャー・クラブ （37） 2006.1

若宮さん

表紙 安徳帝伝説を伝える若宮さんの石塔と記念碑 写真：宇根川進氏（上
河内良平）「広郷土史研究会会報」 広郷土史研究会 （118） 2014.03

広島県 郷土に伝わる民俗と信仰 中国

和田

和田のお大師さん（金子博子）「わが町三原」 みはら歴史と観光の会
85 1998.4

山口県

秋穂浦

秋穂浦の芝居興行について（石川敦彦）「山口県地方史研究」　山口県地方史学会　（104）2010.11

赤郷

赤郷八幡宮由緒略記（宮原スミ子）「温故知新」　美東町文化研究会　（32）2005.4

赤崎

表紙写真のことば　赤崎祭り　山口県長門市東深川赤崎神社（渡辺良正）「まつり通信」　まつり同好会　53（5）通号567　2013.09

赤間

大森家製作の赤間硯—伝世資料の紹介（岩崎仁志）「山口県文化財」　山口県文化財愛護協会　37　2006.8

赤間硯に関する覚書（岩崎仁志）「山口考古」　山口考古学会　（34）2014.07

赤間関

市宝系狛犬と赤間関系狛犬について（岩崎仁志）「山口考古」　山口考古学会　（32）2012.07

赤間神宮

赤間神宮参拝に参加して（横田広）「すぎのめ」　福島市杉妻地区史跡保存会　23　2000.11

赤間神宮を参拝して（小林金春）「オール諏訪 ： 郷土の総合文化誌」　諏訪郷土文化研究会　20（11）通号206　2001.11

赤間神宮（藤沢圭代）「大佐井」　大分市大在地区文化財同好会　19　2002.3

阿川

阿川のキリシタン墓（伊藤忠芳）「和海藻」　下関市豊北町郷土文化研究会　（13）1998.2

阿川のヘビダコ（蛇鮹）（柴田ツユ子，熊井清雄）「和海藻」　下関市豊北町郷土文化研究会　（23）2008.3

阿川地区の地神祭とお日待（伊藤忠芳）「和海藻」　下関市豊北町郷土文化研究会　（24）2009.04

阿川の「山の神」について（伊藤忠芳）「和海藻」　下関市豊北町郷土文化研究会　（25）2010.03

阿川岳山

阿川岳山の人魂（熊井清雄，柴田ツユ子）「和海藻」　下関市豊北町郷土文化研究会　（22）2007.3

秋吉台

秋吉台入会地火入れと山焼き（小川孝生）「秋芳町地方文化研究」　秋芳町地方文化研究会　（50）2014.5

秋吉台鍾乳洞

秋吉台鍾乳洞と雨乞（研究）（藏本隆博）「山口県地方史研究」　山口県地方史学会　（109）2013.6

秋吉八幡宮

秋吉八幡宮（秋吉岩屋）古墳全姿現る「秋芳町地方文化研究」　秋芳町地方文化研究会　（49）2013.05

報告・秋吉八幡宮神殿にて発見された古文書について（藏本隆博）「秋芳町地方文化研究」　秋芳町地方文化研究会　（50）2014.05

浅江観音堂

浅江観音堂、願成院の成り立ちについて（植村芳弘）「光地方史研究」　光地方史研究会　25　1999.3

朝日山

朝日山と招魂場そして靖国神社（吉岡正）「大内文化探訪 ： 会誌」　大内文化探訪会　（26）2008.4

芦河内

恒石八幡宮の氏子　芦河内の歴史（沖金吾）「厚東」　厚東史研究会　42　2000.11

阿知須町

阿知須の居蔵造—阿知須町伝統的建造物群保存対策調査報告書（阿知須町教育委員会）「山口県文化財」　山口県文化財愛護協会　34　2003.8

阿曽沼氏宝篋印塔

表紙写真　阿曽沼氏寶篋印塔（塩田・佐田小字鳳庵寺の山中）左：玄鳳塔伝・阿曽沼元郷（慶長六年亡）／右：妙春塔 伝・元郷の二女（慶長十八年亡）「光地方史研究」　光地方史研究会　（40）2014.03

阿月の神明祭

阿月明神祭と秘石萬孫石（柳井市）（ふる里発）（佐山昭）「郷土史紀行」　ヒューマン・レクチャー・クラブ　（51）2008.3

阿武川

中国地方の川舟（2）阿武川（幸田光温）「広島民俗」　広島民俗学会　62　2004.8

阿武郡

山口県阿武郡北東部の石見神楽台本について（石山祥子）「山陰民俗研究」　山陰民俗学会　（17）2012.03

阿弥陀寺町

寺の名の付いた町名（6）阿弥陀寺町（地名随想）（清水弘）「都藝泥布 ： 京都地名研究会会報」　［京都地名研究会事務局］　（45）2013.11

阿弥陀寺

長門国阿弥陀寺免田（前田博司）「郷土」　下関郷土会　41　1998.3

阿弥陀寺の宝物について（社寺訪問）（大田和子）「佐波の里 ： 防府史談会会誌」　防府史談会　（36）2008.3

阿弥陀寺重要文化財保存活用収蔵庫新築工事の経緯について（文化財トピックス）（林寛孝）「山口県文化財」　山口県文化財愛護協会　42　2011.08

口絵　紙本墨画淡彩「防府真景図」（阿弥陀寺所蔵）（防府市教育委員会教育部文化財課）「佐波の里 ： 防府史談会会誌」　防府史談会　（42）2014.03

綾木八幡宮

綾木八幡宮と秋祭り（特集 美東町54年のあゆみ）（大中宏）「温故知新」　美東町文化研究会　（35）2008.5

小学校の森林・林業教育に組み入れた綾木八幡宮の樹木観察について（岩本三芳）「温故知新」　美東町文化研究会　（36）2009.06

荒槇権現社

考察　荒槇権現社（大石正信）「郷土文化ながと」　長門市郷土文化研究会　（19）2007.5

粟野浦

粟野浦大火と地蔵様（金重浩波）「和海藻」　下関市豊北町郷土文化研究会　（18）2002.12

粟野橋

粟野橋付近の石碑（金重浩波）「和海藻」　下関市豊北町郷土文化研究会　（22）2007.3

安国寺

「安国寺」と東隆寺について（沖金吾）「宇部地方史研究」　宇部地方史研究会　25　1997.3

安国東隆禅寺

「安國東隆禅寺」の掲額（写真）（永井易堂）「厚東」　厚東史研究会　43　2001.11

「安國東隆禅寺」の扁額の再掲額（沖金吾）「厚東」　厚東史研究会　43　2001.11

飯山八幡宮

石造遺物の銘文を読む　飯山八幡宮 二の鳥居・社号標石「郷土文化ながと」　長門市郷土文化研究会　（20）2008.5

ルーツは飯山八幡宮 法積寺本尊前立阿弥陀如来座像（中野良彦）「郷土文化ながと」　長門市郷土文化研究会　（22）2010.05

石造物の銘文を読む 田屋・荒神社の石幢／飯山八幡宮 忠魂碑／大寧寺 幢竿支柱「郷土文化ながと」　長門市郷土文化研究会　（22）2010.05

総会記念講演 飯山八幡宮略史と八幡縁起絵巻（安部言思）「郷土文化ながと」　長門市郷土文化研究会　（24）2012.05

伊保木海岸

伊保木海岸の岩礁と伝説（吉田信雄）「光地方史研究」　光地方史研究会　（41）2014.03

山口県　　　　　　　　　　　　　　　　郷土に伝わる民俗と信仰　　　　　　　　　　　　　　　　中国

伊陸

柳井市伊陸の八席神楽について（財前司一）「柳井市郷談会誌」　柳井市郷談会　29　2005.3

周防伊陸の八関神楽（三村泰臣）「山口県神道史研究」　山口県神道史研究会　（17）　2005.7

生雲

深川から生雲へ分霊勧請　四天王の今昔（中野良彦）「郷土文化ながと」　長門市郷土文化研究会　（21）　2009.05

伊佐

県有形民俗文化財の指定をうけて—伊佐の売薬用具及び売薬関係史料（土屋貞夫）「山口県文化財」　山口県文化財愛護協会　30　1999.7

県指定有形民俗文化財　伊佐の売薬用具及び売薬史料「みねぶんか」　美祢市郷土文化研究会　30　1999.9

売薬業者の死と伊佐売薬の起源（土屋貞夫）「山口県文化財」　山口県文化財愛護協会　31　2001.1

伊佐売薬の他国領内での売薬について（土屋貞夫）「みねぶんか」　美祢市郷土文化研究会　33　2002.9

伊佐の市町の形成と行事について（土屋貞夫）「みねぶんか」　美祢市郷土文化研究会　（41）　2010.10

伊崎

伊崎の漁業とカネリの魚行商—伊崎の平家伝承から考える（宮原彩）「久里」　神戸女子民俗学会　（13・14）　2003.6

石原村

富海石原村の天神講（金馬）（森氏幹夫）「佐波の里 : 防府史談会会誌」　防府史談会　26　1998.3

市守神社

市守神社の歴史と神社改修事業の概略（熊井清雄）「和海藻」　下関市豊北町郷土文化研究会　（19）　2003.12

伊保庄

伊保庄の賀茂神社（中村正樹）「柳井市郷談会誌」　柳井市郷談会　21　1997.3

伊保庄賀茂神社由来（村上省吾）「柳井市郷談会誌」　柳井市郷談会　24　2000.3

忌宮神社

神功皇后ゆかりの神社を訪ねて（1）忌宮神社「季刊邪馬台国」　「季刊邪馬台国」編纂委員会, 梓書院（発売）（97）　2008.1

祝島

伊美別宮社と祝島神舞神事《国見物語20周年記念特集》—〈特別研究班の研究項目〉）（古沢宗司）「国見物語」　国見町郷土史研究会　20　2001.4

祝島の神舞（特集 山口県の民俗文化の保存と活用）（橋部好明）「山口県文化財」　山口県文化財愛護協会　44　2013.08

石城山

石城山の神籠石を再考する（松島幸夫）「柳井市郷談会誌」　柳井市郷談会　（37）　2013.3

石城山神籠石

国指定史跡「石城山神籠石」保存修理事業と「第一回神籠石サミット」（光市教育委員会）「山口県文化財」　山口県文化財愛護協会　38　2007.8

岩国

盃状穴についての研究史的整理の試み（藤重豊）「岩国地方史研究」　岩国地方史研究会　（5）　2008.3

文献紹介（5）『岩国地方の伝説と伝承』（藤重豊）「岩国地方史研究」　岩国地方史研究会　（5）　2008.3

お香の会に参加して（参加記）（藤重豊）「岩国地方史研究」　岩国地方史研究会　（6）　2009.03

岩国市

周防南部の湯立行事—岩国市大字下愛宕社の事例（三村泰臣）「まつり通信」　まつり同好会　40（7）通号473　2000.6

岩国城

岩国城下町—岩国市岩国地区伝統的建造物群保存対策調査報告書（岩国市教育委員会）「山口県文化財」　山口県文化財愛護協会　38　2007.8

岩国町

第一次大戦期における機械織りの服地用綿布生産—合資会社義済堂（山口県玖珂郡岩国町）の事例に即して（佐々木淳）「山口県史研究」　山口県　11　2003.3

岩国行波の神舞

「岩国行波の神舞」現地公開にかける熱意（〈特集 民俗芸能の継承〉）（山田博之）「山口県文化財」　山口県文化財愛護協会　38　2007.8

神楽紀行 行波の神舞・遠山霜月まつり（三上敏視）「あらはれ : 猿田彦大神フォーラム年報 : ひらかれる未来神話」　猿田彦大神フォーラム　（11）　2008.10

「岩国行波の神舞」見聞記（小沢康甫）「広島民俗」　広島民俗学会　（80）　2013.08

国指定重要無形文化財「岩国行波の神舞」を拝見する—7年に一度の全12座の舞（下畠信二）「広島民俗」　広島民俗学会　（80）　2013.08

岩国行波の神舞と伝承公開活動について（特集 山口県の民俗文化の保存と活用）（松本照明）「山口県文化財」　山口県文化財愛護協会　44　2013.08

魚ヶ辺

写真 浅江魚ヶ辺の道造りに関係があると思われる役行者「光地方史研究」　光地方史研究会　（38）　2012.3

浮島

漁場利用システムと漁業活動—山口県浮島のカタクチイワシ船曳網漁を事例として（中沢健史）「史泉 : historical & geographical studies in Kansai University」　関西大学史学・地理学会　（93）　2001.1

宇佐村

近世宇佐村の方位表現（研究）（西尾良司）「山口県地方史研究」　山口県地方史学会　（109）　2013.6

牛島

牛島打瀬船物語—朝鮮半島沿岸に雄飛した牛島漁民（藤井耿介）「西日本文化」　西日本文化協会　362　2000.6

宇部

宇部今昔南蛮音頭と宇部小唄覚書（日野綏彦）「宇部地方史研究」　宇部地方史研究会　26　1998.7

宇部およびその周辺地区の闘鶏楽について（新造文紀）「くすのき文化」　楠町文化協会　（57・58）　2006.7

山田亀之介翁「宇部郷土史話」掲載に当たって（脇和也）「宇部地方史研究」　宇部地方史研究会　（34）　2006.12

宇部の彫刻運動の深層（堀雅昭）「宇部地方史研究」　宇部地方史研究会　（40）　2012.6

宇部市

宇部市の「念仏踊」について（新造文紀）「宇部地方史研究」　宇部地方史研究会　（33）　2005.5

宇部市の「六地蔵」について（新造文紀）「くすのき文化」　楠町文化協会　（60）　2008.3

雲谷庵

雲谷庵考（先村栄二）「大内文化探訪 : 会誌」　大内文化探訪会　（24）　2006.3

転載（蒙談12号より）（1）山口市指定史跡「雲谷庵」再建功労者の一人初代山口町長松田敏樹の事績（小倉直方）「大内文化探訪 : 会誌」　大内文化探訪会　（24）　2006.3

雲谷庵保存の努力（蒙談転載その3）（小倉直方）「大内文化探訪 : 会誌」　大内文化探訪会　（26）　2008.4

永源寺

市指定文化財 永源寺の自然石板碑/調査メモ「みねぶんか」　美祢市郷土文化研究会　34　2003.9

永福寺

利生山永福寺盛衰の歴史について（中本吉郎）「油谷のささやき」　油谷町郷土文化会　16　1998.3

江下観音

市指定有形文化財—法性寺仏像・江下観音仏像「みねぶんか」　美祢市郷土文化研究会　31　2000.9

江崎

江崎の天皇社（高瀬達男）「田布施町郷土館研究紀要」　田布施町郷土館　（6）　2005.8

恵美須神社

「神様がすがって来られたのかも……」恵美須神社灯籠と手水鉢の刻字（62）（岡村精二）「厚南」　厚南郷土史研究会　（8）　2011.03

江良真砂山観音

江良真砂山観音（岸崎和夫）「郷土文化ながと」　長門市郷土文化研究会　13　2001.5

青海島

ふるさとのうた 青海島/川尻岬「郷土文化ながと」　長門市郷土文化研究会　（23）　2011.5

中国　　　　　　　　　　　　　　郷土に伝わる民俗と信仰　　　　　　　　　　　　　　山口県

青海島鯨墓
英訳説明版・青海島鯨墓「郷土文化ながと」　長門市郷土文化研究会
（15）2003.5

大井
昭和34年10月記 山口県萩市大井地区にかける神楽舞（財前司一）「山口
県神道史研究」　山口県神道史研究会　（17）2005.7

大内
大内氏の祖先神話（特集 いくつもの日本の神話へ）（伊藤幸司）「東北学.
［第2期］　東北芸術工科大学東北文化研究センター，柏書房（発売）
（27）2011.05

大木が森住吉神社
大木が森住吉神社の再建に寄せて（岡村正英）「くすのき文化」　楠町文化
協会　49　1998.4

大楠の観音
大楠の観音（金重浩波）「和海藻」　下関市豊北町郷土文化研究会　（20）
2004.12

大津
大津の海―海の路と大寧寺（岩田老師講演要旨）（安部言思）「郷土文化な
がと」　長門市郷土文化研究会　（21）2009.5

大田
「大田の殿様祭り」二題（藤井洋治）「温故知新」　美東町文化研究会
（38）2011.06

大田紅葉座
大田紅葉座の歴史と当時の地方劇場（特集 美東町54年のあゆみ）（中田
辰吉，藤井舒夫）「温故知新」　美東町文化研究会　（35）2008.5

大田八幡宮
大田八幡宮境内の盃状穴について（森田孝一）「温故知新」　美東町文化研
究会　（30）2003.5

大垰菅神社
大垰菅神社 鶏鳴伝説の考察（村田忠）「郷土文化ながと」　長門市郷土文
化研究会　（20）2008.5

大蔵神社
大蔵神社考（渡辺亨）「郷土史熊毛」　くまげ郷土史会　（3）1998.4
文化財ニュース 北浦地方のサバー送り/大蔵神社のイロハモミジ「郷土
文化ながと」　長門市郷土文化研究会　（22）2010.05

大泊
小さな祭りシリーズ 大泊祭り（中村優）「郷土文化ながと」　長門市郷土
文化研究会　（24）2012.05

大波野
大波野神舞「八関」を見る―山口県の柱松と民俗芸能（小原清）「あしな
か」　山村民俗の会　293　2011.10

大日比
大日比「どんど焼き」（藤井文則）「郷土文化ながと」　長門市郷土文化研
究会　（23）2011.05
小さな祭りシリーズ 大日比祭り（藤井文則）「郷土文化ながと」　長門市
郷土文化研究会　（23）2011.05

大嶺
大嶺の戦いと木の実山城―供養墓の建立［利重忠）「みねぶんか」　美祢市
郷土文化研究会　35　2004.9
懐かしい大嶺の行事や例祭（利重忠）「みねぶんか」　美祢市郷土文化研究
会　（38）2007.9

大山祇神社
魅せられた大山祇神社のお宝（内田彰）「油谷のささやき」　油谷町郷土文
化会　（26）2008.3

岡崎八幡宮
岡崎八幡宮の酒造り（岡村正英）「くすのき文化」　楠町文化協会　48
1997.1
岡崎八幡宮と船木護国神社の石燈籠類似について（山田信義）「くすのき
文化」　楠町文化協会　48　1997.1

沖家室島
沖家室島へ（鈴木美津枝）「安城民俗」　安城民俗談話会　10　1998.5

小野
社寺訪問 木喰仏の寺を訪ねて（小野地区）（萩原旭，山根明）「佐波の里
：防府史談会会誌」　防府史談会　（32）2004.3
小野に伝わる和紙―生活を支える農家の副業（中嶋三郎）「温故知新」　美
東町文化研究会　（34）2007.4

小野田市
初誕生・タンカーユーエー―山口県小野田市・下関市豊北町角島・沖縄
県の事例から（2011年度卒業論文発表要旨）（末武千枝）「沖縄民俗研
究」　沖縄民俗学会　（32）2013.04

小畑
萩における磁器生産について―小畑焼（1）（柏本朝子）「萩市郷土博物館
研究報告」　萩市郷土博物館　12　2002.3

御山
御山に伝わる盆踊り（長井信之）「温故知新」　美東町文化研究会　（31）
2004.4

海印寺
海印寺の大蔵経板格納の図（研究）（高瀬達男）「田布施町郷土館研究紀
要」　田布施町郷土館　（13）2012.08

笠戸島
「笠戸島及び周辺の造船所・木造船」について（三井寛静）「下松地方史研
究」　下松地方史研究会　35　1998.12

堅田
堅田の石風呂（秋枝顕治）「秋芳町地方文化研究」　秋芳町地方文化研究会
36　2000.6
厳島神社腰輪楽の制度（秋枝顕治）「秋芳町地方文化研究」　秋芳町地方文
化研究会　（39）2003.6
厳島神社腰輪楽の制度追録（秋枝顕治）「秋芳町地方文化研究」　秋芳町地
方文化研究会　（40）2004.6

勝間
社寺訪問 勝間地区の社寺・史跡を訪ねて（本間利男）「佐波の里 : 防府
史談会会誌」　防府史談会　（39）2011.03
勝間諌鼓踊（文化財トピックス）（阪本直樹）「山口県文化財」　山口県文
化財愛護協会　42　2011.08

桂木山
盗まれた桂木山祈願の輝き 崩れるか大内氏始祖系図（斎藤順）「下松地方
史研究」　下松地方史研究会　（50）2014.4

金谷天満宮
金谷天満宮造替に伴う礫石経について（柏本秋生）「萩市郷土博物館研究
報告」　萩市郷土博物館　9　1998.3

華浦
社寺訪問 華浦の社寺と史跡を訪ねて（長田宏尚）「佐波の里 : 防府史談
会会誌」　防府史談会　（41）2013.03

嘉万
長門国日吉神社（嘉万）社宝紹介（鹿嶋広夫）「秋芳町地方文化研究」　秋
芳町地方文化研究会　33　1997.5

釜屋
口絵 近代化遺産としての釜屋の煙突（重枝慎三）「佐波の里 : 防府史談
会会誌」　防府史談会　（34）2006.3

上太田
田耕上太田の古狐（柴田ツユ子，熊井清雄）「和海藻」　下関市豊北町郷土
文化研究会　（24）2009.4

上島田
上島田地区「法師の墓」（法師の桜伝承）（隅田芳直）「光地方史研究」　光
地方史研究会　（38）2012.03

上藤中横穴墓群
新・長門市指定文化財 八幡大菩薩縁起/上藤中横穴墓群（長門市教育委
員会）「郷土文化ながと」　長門市郷土文化研究会　14　2002.5

亀山神社
向津具亀山神社の「一夜松の碑」について（前田勲）「油谷のささやき」
油谷町郷土文化会　（28）2010.04

亀山八幡宮
鎮守八幡宮・亀山八幡宮下合祭について（青田國男）「山口県神道史研究」
山口県神道史研究会　（18）2006.7

鴨神社
聖明王妃と鴨神社（野村時信）「大内文化探訪 : 会誌」　大内文化探訪会
20　2002.2

通
鯨の墓標 青梅島通の鯨鯢過去帖と鯨の位牌「郷土史紀行」　ヒューマ
ン・レクチャー・クラブ　19　2002.10

通浦

通浦住吉神社・御神体漂着の謎（中野良彦）「郷土文化ながと」 長門市郷土文化研究会　14　2002.5

通浦住吉神社の珪化木（神木）（中野良彦）「郷土文化ながと」 長門市郷土文化研究会　（23）　2011.05

川尻岬

ふるさとのうた 青海島/川尻岬「郷土文化ながと」 長門市郷土文化研究会　（23）　2011.5

河内社

上朝生の河内社とその祭祀（熊井清雄、弘中幸次郎）「和海藻」 下関市豊北町郷土文化研究会　（22）　2007.3

河内神社

乱舞する「山之神」―本郷村波野・河内神社の山野祭（三村泰臣）「まつり通信」 まつり同好会　43（2）通号504　2003.3

河原

石仏石塔 河原・四郎兵衛地蔵（大石正信）「郷土文化ながと」 長門市郷土文化研究会　14　2002.5

岩崎寺

観音堂再建の道程―「有形文化財（彫刻）木造千手観音菩薩立像ほか保存施設」完工報告（文化財トピックス）（河口徳明）「山口県文化財」 山口県文化財愛護協会　40　2009.08

岩休寺

岩休寺案内 岩休寺と御霊社（佐川昭）「柳井市郷談会誌」 柳井市郷談会　（33）　2009.03

願行寺

長門路・願行寺の立木薬師如来に魅せられて（土井徳郎）「微笑佛」 全国木喰研究会　（12）　2004.10

観察院五輪塔

県指定 有形文化財（建造物）観察院五輪塔・付自然石板碑/有形文化財（建造物）旧吉田家岩国事務所/市町新指定文化財一覧（平成23年度）/国および県指定文化財等件数一覧（新指定・登録の文化財）「山口県文化財」 山口県文化財愛護協会　43　2012.8

願成院

浅江観音堂、願成院の成り立ちについて（植村芳弘）「光地方史研究」 光地方史研究会　25　1999.3

上政

俵山上政 須賀神社と神紋（坂倉幸博）「郷土文化ながと」 長門市郷土文化研究会　11　1999.5

冠天満宮

冠天満宮玉垣の調査より（藤井耿介）「光地方史研究」 光地方史研究会　24　1998.3

関門

関門鯨産業文化史（岸本允弘）「西日本文化」 西日本文化協会　通号438　2009.4

木津神社

木津神社の由来（戸村豊）「郷土文化ながと」 長門市郷土文化研究会　10　1998.5

北浦

幕末期北浦捕鯨統計（〔史料紹介〕）（石川敦彦）「山口県地方史研究」 山口県地方史学会　通号78　1997.10

北浦民俗行事 サバーさま談義（熊井清雄）「和海藻」 下関市豊北町郷土文化研究会　（20）　2004.12

近世北浦海岸に於ける漂着船の取捌き（河野良輔）「郷土文化ながと」 長門市郷土文化研究会　（18）　2006.5

新・県指定有形文化財（平成18年4月14日指定）（歴史資料）八坂神社の絵馬「捕鯨絵図」にまつわる北浦捕鯨について（河野良輔）「郷土文化ながと」 長門市郷土文化研究会　（19）　2007.5

「川尻捕鯨絵図」返還の経緯と意義―長州・北浦古式捕鯨（藤井文則）「郷土文化ながと」 長門市郷土文化研究会　（21）　2009.5

文化財ニュース 北浦地方のサバー送り/大蔵神社のイロハモミジ「郷土文化ながと」 長門市郷土文化研究会　（22）　2010.05

吉香神社

蘇った吉香神社社殿（佐藤正彦）「山口県文化財」 山口県文化財愛護協会　30　1999.7

教覚寺

教覚寺の由来（阿座上尚亮）「秋芳町地方文化研究」 秋芳町地方文化研究会　34　1998.3

教証寺

教證寺伝から（上野格）「大内文化探訪 : 会誌」 大内文化探訪会　19　2001.2

玉泉寺

藤中にあった禅寺 玉泉寺（大石正信）「郷土文化ながと」 長門市郷土文化研究会　（15）　2003.5

切畑

切畑天満宮保存の棟札と毘沙門天について（森重武久）「温故知新」 美東町文化研究会　（38）　2011.06

久賀

石積みの技再評価/日常の技から職人技へ 久賀の石造物と石工たちの歴史/他「文化と交流」 周防大島文化交流センター　（4）　2005.2

「棚田と民俗技術―宮本常一と歩いた周防大島久賀」印南敏秀さん「周防大島郷土大学ニュヅ」 周防大島文化交流センター　17　2005.4

重要無形民俗文化財 久賀の諸職用具 民俗文化財保存修理事業（特集 山口県の民俗文化の保存と活用）（中村作）「山口県文化財」 山口県文化財愛護協会　44　2013.8

玖珂

達磨の縄跳び（1）,（2）（三苫鉄兒）「玖珂文化」 玖珂文化の会　177/179　1997.6/1997.12

七つ山物語［1］,（2）（保田克己）「玖珂文化」 玖珂文化の会　178/179　1997.9/1997.12

下駄（1）～（5）（藤本博巳）「玖珂文化」 玖珂文化の会　182/186　1998.9/1999.9

人髪刈り捨て工場（坂村瞳）「玖珂文化」 玖珂文化の会　186　1999.9

下駄（最終回）（藤本博巳）「玖珂文化」 玖珂文化の会　187　1999.12

河童忌（福永比差史）「玖珂文化」 玖珂文化の会　188　2000.3

くじら資料館

私の日本伝統捕鯨地域サミット（歴代くじら資料館長の思い）（白石文則）「郷土文化ながと」 長門市郷土文化研究会　（17）　2005.5

楠町

楠町で新嘗祭が行なわれる（意義と記録）（岡村正英）「くすのき文化」 楠町文化協会　48　1997.1

岩戸神楽を拝観して（岡村正英）「くすのき文化」 楠町文化協会　50　1999.1

猿取り（たくみりょう）「くすのき文化」 楠町文化協会　（55・56）　2004.3

鎮守の祭り（山本紀代子）「くすのき文化」 楠町文化協会　（55・56）　2004.3

闘鶏楽の被り物（頭冠）について（新造文紀）「くすのき文化」 楠町文化協会　（61）　2009.03

闘鶏楽のリズムについて（新造文紀）「くすのき文化」 楠町文化協会　（62・63）　2011.03

下松

下松に建立された毛利就隆に関する三ケ寺（河村蒸一郎）「下松地方史研究」 下松地方史研究会　35　1998.12

下松の地名起源に寄せて―北辰降臨説と百済津説（河村蒸一郎）「下松地方史研究」 下松地方史研究会　36　1999.12

下松に於ける金毘羅信仰について（三井寛静）「下松地方史研究」 下松地方史研究会　37　2001.3

石塔石仏の種類と見方（内田伸）「下松地方史研究」 下松地方史研究会　38　2001.12

北辰降臨説の考古学的検証「あの輝きはこれだった」（斎藤順）「下松地方史研究」 下松地方史研究会　39　2002.12

下松の古代先住民と蓁藝譽について（1）（斎藤順）「下松地方史研究」 下松地方史研究会　40　2003.12

下松市

稲荷社の本源並びに下松市内に於ける稲荷神社について（三井寛静）「下松地方史研究」 下松地方史研究会　40　2003.12

熊毛

昔の旅・襖の下張りから（岩崎章）「郷土史熊毛」 くまげ郷土史会　（4）　1999.5

子供のころに聞いた昔話（後藤文子）「郷土史熊毛」 くまげ郷土史会　（5）　2000.4

鞍掛

『鞍掛物語』を読んで（手嶋正昭）「玖珂文化」 玖珂文化の会　188　2000.3

黒川たたら鉱山跡

黒川たたら鉱山跡（福原勇）「郷土文化ながと」 長門市郷土文化研究会

中国　　　　　　　　　　　　　　　郷土に伝わる民俗と信仰　　　　　　　　　　　　　　　山口県

10　1998.5

桑山

社寺・遺跡訪問 桑山周辺の社寺・遺跡を巡る（華浦の歴史を学ぶ会）「佐波の里 ： 防府史談会会誌」 防府史談会 （33）2005.3

源久寺

源久寺と東谷三浦について（三浦美智子）「大内文化探訪 ： 会誌」 大内文化探訪会 （21）2003.4

源久寺の水害と石大工（蔵本永生）「ふるさと山口」 山口の文化財を守る会（32）2011.06

玄答院

玄答院阿弥陀如来坐像（丈六仏）の修理を終えて（中西盛二）「山口県文化財」 山口県文化財愛護協会 33　2002.8

弘済寺

表紙 萬松山弘済寺涅槃図（西村昌吾［写真］，田邊満彦［説明］）「喜和」 東岐波郷土誌研究会 （113）2013.05

萬松山弘済寺涅槃図調査に関連して（田邊満彦）「喜和」 東岐波郷土誌研究会 （113）2013.05

功山寺

功山寺挙兵のもつ幕末史の展開（成田勝美）「温故知新」 美東町文化研究会 28　2001.4

曹洞宗功山寺の文化財（薬師寺直）「大佐ヰ」 大分市大在地区文化財同好会 19　2002.3

香積寺

〔史料紹介〕 大内義弘菩提寺香積寺の住僧─十刹列位と対外的役割に触れて（百田昌夫）「山口県文書館研究紀要」 山口県文書館 通号26　1999.3

ニュース 広島の不動院金堂は山口の香積寺から移された?!（坂田侃雄）「大内文化探訪 ： 会誌」 大内文化探訪会 17　1999.5

光宗寺

光宗寺と妙玄寺（原田擁爾）「佐波の里 ： 防府史談会会誌」 防府史談会 25　1997.3

河内

河内のかんこ踊りについて（伊藤忠芳）「和海藻」 下関市豊北町郷土文化研究会 （17）2001.12

向徳寺

向津具向徳寺大内義隆の持仏について（内藤繁行）「油谷のささやき」 油谷町郷土文化会 （23）2005.3

皇徳寺

社寺訪問「皇徳寺・法雲院」（大田和子）「佐波の里 ： 防府史談会会誌」 防府史談会 29　2001.3

厚南

厚南の庚申塚（一般稿）（白石重人）「厚産」 厚南郷土史研究会 （10）2013.03

高野

古里の伝承高野（大木務）「光地方史研究」 光地方史研究会 （32）2006.3

興隆寺

興隆寺（真光寺）の北辰妙見社（荒巻大拙）「大内文化探訪 ： 会誌」 大内文化探訪会 20　2002.2

興隆寺釈迦如来像は大内文化の遺宝─銘文発見で作者、施主明らかに（柴田眼治）「ふるさと山口」 山口の文化財を守る会 （25）2004.6

興隆寺文書中に琳聖太子伝承を見る（岩崎俊彦）「大内文化探訪 ： 会誌」 大内文化探訪会 （23）2005.3

「興隆寺文書を読む その一・その二」（大内氏と興隆寺の関係を探る）の刊行を終わって（岩崎俊彦）「大内文化探訪 ： 会誌」 大内文化探訪会 （24）2006.3

「興隆寺文書を読む その二」発刊（山本十一）「大内文化探訪 ： 会誌」 大内文化探訪会 （24）2006.3

極楽寺

定念寺・満願寺・極楽寺の仏像について（社寺訪問）（山根明）「佐波の里 ： 防府史談会会誌」 防府史談会 （31）2003.3

仙崎極楽寺大地蔵祭と盆唄（中野良彦）「郷土文化ながと」 長門市郷土文化研究会 （19）2007.5

護国寺清正公堂

護國寺清正公堂ほか二件（新指定・登録・追加認定の文化財─国登録 登録有形文化財（建造物））「山口県文化財」 山口県文化財愛護協会 45　2014.08

越ヶ浜

萩市越ヶ浜客死者墓誌（清水満幸）「萩市郷土博物館研究報告」 萩市郷土博物館 12　2002.3

御所原大神宮

御所原大神宮の考察（上田勝彦）「郷土文化ながと」 長門市郷土文化研究会 14　2002.5

小杉

小杉の観音堂と志道家の菩提所・徳明院及び墓所「みねぶんか」 美祢市郷土文化研究会 28　1997.8

厚東

厚東小祭祀シリーズ（10）厚東護国神社（沖金吾）「厚東」 厚東史研究会 41　1999.11

明治初期の神仏分離と氏子改めについて（厚東武通）「厚東」 厚東史研究会 42　2000.11

厚東の神社考（沖金吾）「厚東」 厚東史研究会 （50）2008.11

厚東地区年間主要行事（藤井芳孝）「厚東」 厚東史研究会 （50）2008.11

厚東氏ゆかりの仏教史論考（沖金吾）「厚東」 厚東史研究会 （53）2011.11

厚東地区年間主要行事と各種団体（小野田智文）「厚東」 厚東史研究会 （53）/（54）2011.11/2012.11

厚東における金石文（1）（小野田智文）「厚東」 厚東史研究会 （54）2012.11

厚東郷土史研究会「竹工芸及び記念出版物展」の成果（沖金吾）「厚東」 厚東史研究会 （55）2013.11

「厚東氏」と如意輪観音菩薩像（沖金吾）「厚東」 厚東史研究会 （56）2014.11

厚東川

厚東川の川舟（井上茂夫）「宇部地方史研究」 宇部地方史研究会 （28・29）2002.3

琴崎八幡宮

会員歴史探訪 洞玄寺・琴崎八幡宮等を訪ねて（辻井利之）「郷土文化ながと」 長門市郷土文化研究会 （25）2013.05

木の実山城

大嶺の戦いと木の実山城─供養墓の建立（利重忠）「みねぶんか」 美祢市郷土文化研究会 35　2004.9

五葉院

「日本安国寺五葉院記」の顛末について（沖金吾）「厚東」 厚東史研究会 （54）2012.11

建立寺

建立寺木造薬師如来立像保存修理（特集2 山口県文化財の保存・修理・調査）（黒田達城）「山口県文化財」 山口県文化財愛護協会 43　2012.08

西円寺

西圓寺本堂修理工事レポート（高村龍夫）「山口県文化財」 山口県文化財愛護協会 36　2005.8

県指定有形文化財（一部追加）西圓寺本堂・山門の付・棟札（追加指定）「郷土文化ながと」 長門市郷土文化研究会 （19）2007.5

西福寺

毛利に潰された下松の二大寺院 東の霊昌寺と西の西福寺（河村蒸一郎）「下松地方史研究」 下松地方史研究会 40　2003.12

西宝寺

映光山西宝寺（世良武）「郷土文化ながと」 長門市郷土文化研究会 11　1999.5

佐波

天神信仰と講社（森氏幹夫）「佐波の里 ： 防府史談会会誌」 防府史談会 27　1999.3

社寺訪問 木喰仏のある寺を訪ねる（大田和子）「佐波の里 ： 防府史談会会誌」 防府史談会 30　2002.3

総会記念講演 狛犬学の可能性（小寺慶昭）「佐波の里 ： 防府史談会会誌」 防府史談会 （33）2005.3

研究発表略式伝書並御奉書写の考察（森氏幹夫）「佐波の里 ： 防府史談会会誌」 防府史談会 （33）2005.3

口絵 菩薩形立像（原田光朗）「佐波の里 ： 防府史談会会誌」 防府史談会 （36）2008.3

佐波神社

さば神社を考える（19）防府佐波神社訪問記（西村堅一郎）「湘南考古学同好会々報」 湘南考古学同好会 （130）2013.02

山居観音

田耕中河内の山居観音（磨崖仏）の調査について（内村鐵雄）「和海藻」

下関市豊北町郷土文化研究会 （23）2008.3

山居観音岩

山居観音岩は中世武士の鎮魂供養碑か（熊井清雄）「和海藻」 下関市豊北町郷土文化研究会 （23）2008.3

三上山

小さな祭りシリーズ 田屋地区「三上山・荒神社秋の例祭」（中村優）「郷土文化ながと」 長門市郷土文化研究会 （26）2014.05

三昧鳥居

紹介「三昧鳥居（サンマイトリイ）」について（友田光）「山口県神道史研究」 山口県神道史研究会 （26）2014.07

山陽小野田市

石造物ウォッチング 菩提寺の磨崖仏（山陽小野田市）（鎌倉健一）「郷土史紀行」 ヒューマン・レクチャー・クラブ （51）2008.3

四階楼

蘇った白亜の擬洋風建築「四階楼」（上関町教育委員会）「山口県文化財」 山口県文化財愛護協会 33 2002.8

文明開化が今に残る「四階楼」（河村満生）「山口県文化財」 山口県文化財愛護協会 37 2006.8

地家室

地家室 石風呂―空海 八十二番札所「地家室だより」 吉田繁行 （82）2008.7

地蔵ヶ垰

秋吉台地蔵ヶ垰の地蔵について（藏本隆博）「秋芳町地方文化研究」 秋芳町地方文化研究会 （49）2013.05

実相寺

実相寺天井画について―幕末期雲谷派の共同製作（菊屋吉生）「山口県文化財」 山口県文化財愛護協会 31 2001.1

渋木

「神社合祀令」以前の渋木地区の神社（松野浩士）「郷土文化ながと」 長門市郷土文化研究会 （18）2006.5

地福のトイトイ

国指定 重要文化財（建造物）旧毛利家本邸/史跡 萩城城下町（追加指定）/重要無形民俗文化財 地福のトイトイ（新指定・登録の文化財）「山口県文化財」 山口県文化財愛護協会 43 2012.8

午年にちなんで 福を呼ぶワラウマ（重要無形民俗文化財 地福のトイトイ）「山口市史編さんだより」 山口市ふるさと創生部 （22）2014.02

渋谷

美和町渋谷の山鎮祭―周防岩国における山の神神事（小原清）「あしなか」 山村民俗の会 290 2010.11

島田

島田人形浄瑠璃芝居保存会結成40周年にあたって（原田秀明）「山口県文化財」 山口県文化財愛護協会 36 2005.8

島田川

島田川における魚種・漁法について（渡辺亨）「郷土史熊毛」 くまげ郷土史会 （5）2000.4

下嘉万八幡宮

下嘉万八幡宮の念仏踊（樂踊）について（秋枝顕治）「秋芳町地方文化研究」 秋芳町地方文化研究会 （45）2009.04

下差川

史料紹介（4）『地神祭申合帳 昭和拾参年二月 下差川沖東組』（藤重豊）「岩国地方史研究」 岩国地方史研究会 （5）2008.3

下関

明治の食べもの「白石正一郎日記」から（3）（原野茂）「郷土」 下関郷土会 41 1998.3

亀屋物語（原野茂）「郷土」 下関郷土会 （47）2004.3

下関地区の造船業（明治～昭和戦前期）（前田博司）「郷土」 下関郷土会 （48）2005.3

伝承を訪ねる旅（5）―周防・下関 瀬戸内を行き交う人々（堀井建市）「河内どんこう」 やお文化協会 （91）2010.6

周南

周南の七福神「郷土史紀行」 ヒューマン・レクチャー・クラブ （50）2008.2

秋芳町

県指定有形文化財（彫刻）塑像 寿円禅師座像についての私的考察（木村蒼生）「秋芳町地方文化研究」 秋芳町地方文化研究会 33 1997.5

潮汲み神事の発想のもと（池谷憲亮）「秋芳町地方文化研究」 秋芳町地方

文化研究会 （39）2003.6

昔の農作業（松原好信）「秋芳町地方文化研究」 秋芳町地方文化研究会 （41）2005.6

明治中期、別府村と秋吉村の物価から見た風俗と暮し（古永忠夫）「秋芳町地方文化研究」 秋芳町地方文化研究会 （44）2008.5

民族学と古墳と同祖神（松原正男）「秋芳町地方文化研究」 秋芳町地方文化研究会 （45）2009.04

鷲頭寺

下松市指定有形文化財「妙見宮鷲頭寺の棟札」について（吉積久年）「下松地方史研究」 下松地方史研究会 （46）2009.12

勝安寺

勝安寺文書より（村田秀雄）「和海藻」 下関市豊北町郷土文化研究会 （15）1999.12

祥雲寺

祥雲寺と雨乞いの画幅について（児玉輝巳）「大内文化探訪 ： 会誌」 大内文化探訪会 （26）2008.4

常栄寺

常栄寺雪舟庭の滝は枯滝ではなかった（市川益子）「大内文化探訪 ： 会誌」 大内文化探訪会 （22）2004.3

松江八幡宮

陶氏領主財政―「松江八幡宮蔵天文十二年大般若経紙背断簡文書」の分析（上）、（下）（中司健一）「史学研究」 広島史学研究会 （265）/（266）2009.08/2009.09

正護寺

陶の正護寺について（佐々木賞）「大内文化探訪 ： 会誌」 大内文化探訪会 17 1999.5

浄念寺

浄念寺の本堂と山門「厚東」 厚東史研究会 44 2002.11

浄念寺の歴史（沖金吾）「厚東」 厚東史研究会 44 2002.11

「浄念寺梵鐘」宇部市指定文化財となる（沖金吾）「厚東」 厚東史研究会 （55）2013.11

定念寺

定念寺・満願寺（社寺訪問）（森氏幹夫）「佐波の里 ： 防府史談会会誌」 防府史談会 （31）2003.3

定念寺・満願寺・極楽寺の仏像について（社寺訪問）（山根明）「佐波の里 ： 防府史談会会誌」 防府史談会 （31）2003.3

正八幡宮

末信「正八幡宮の歴史」[1]、(2)（小野田智文）「厚東」 厚東史研究会 （55）/（56）2013.11/2014.11

乗福寺

南明山乗福寺縁起（上）～（中）その10（荒巻大拙）「大内文化探訪 ： 会誌」 大内文化探訪会 （21）/（31）2003.4/2013.05

南明山乗福寺を訪ねて（阪本享弌）「ふるさと山口」 山口の文化財を守る会 （28）2007.6

正福寺

正福寺の再建と歴史（通鯨組を加護する薬師如来の寺）（藤井文則）「郷土文化ながと」 長門市郷土文化研究会 （20）2008.5

浄名寺

厚東氏ゆかりの古刹 浄名寺の歴史と伝承（沖金吾）「厚東」 厚東史研究会 43 2001.11

常楽寺

常楽寺庭園について（西桂，広兼聡）「ふるさと文化美須美」 三隅町郷土文化研究会 9 1998.10

大成寺の南天棒と常楽寺の天倪慧謙（笹尾哲雄）「山口県地方史研究」 山口県地方史学会 （96）2006.11

白雲稲荷大明神

室積の白雲稲荷大明神と私（小川浩一）「光地方史研究」 光地方史研究会 （39）2013.03

白羽

山代白羽神楽と伝承公開活動について（特集 山口県の民俗文化の保存と活用）（宮本正行）「山口県文化財」 山口県文化財愛護協会 44 2013.08

真光寺

興隆寺（真光寺）の北辰妙見社（荒巻大拙）「大内文化探訪 ： 会誌」 大内文化探訪会 20 2002.2

中国　　　　　　　　　　　郷土に伝わる民俗と信仰　　　　　　　　　　　山口県

新四国美祢八十八ヶ所

資料紹介 新四国美祢八十八ヶ所札所/小村絵図からみた知行地―井上五郎三郎知行所「みねぶんか」 美祢市郷土文化研究会 （38） 2007.9

瑞相寺

巻頭記 瑞相寺について（金子佳孝）「柳井市郷談会誌」 柳井市郷談会 （31） 2007.3

陶

陶の春日神社について（佐々木賞）「大内文化探訪 : 会誌」 大内文化探訪会 18 2000.4

卯年にちなんで 狛犬の台座で跳ねる兎（陶 日吉神社）「山口市史編さんだより」 山口市総合政策部 （16） 2011.02

周防

近世周防塩田における地主―小作関係（伊藤昭弘）「九州史学」 九州史学研究会 通号123 1999.7

周防南部の湯立行事―岩国市大字下愛宕社の事例（三村泰臣）「まつり通信」 まつり同好会 40（7）通号473 2000.6

周防地方の年祭とその意味（三村泰臣）「日本民俗学」 日本民俗学会 （223） 2000.8

周防の湯立行事（三村泰臣）「山口県神道史研究」 山口県神道史研究会 （15） 2003.7

安芸と周防の「将軍舞」―神楽における神がかりの意図をめぐって（三村泰臣）「山岳修験」 日本山岳修験学会，岩田書院（発売） （32） 2003.11

「周防猿まわし」光市文化財指定を受ける「周防大島郷土大学ニュウズ」 周防大島文化交流センター 15 2004.12

大道芸「周防猿まわし」の無形民俗文化財指定について（光市教育委員会）「山口県文化財」 山口県文化財愛護協会 36 2005.8

伝承を訪ねる旅（5）―周防・下関 瀬戸内を行き交う人々（堀井建市）「河内どんこう」 やお文化協会 （91） 2010.6

表紙・口絵写真 長門・周防の民俗（大脇潔，胡桃沢勘司，戸井田克己，藤井弘章，渡辺良正）「民俗文化」 近畿大学民俗学研究所 （24） 2012.11

周防・長門覚紀行―吉川広家・大内義弘と山本勉弥（長門・周防の民俗）（大脇潔）「民俗文化」 近畿大学民俗学研究所 （24） 2012.11

周防大島

周防大島への旅（汐満房江）「安城民俗」 安城民俗談話会 10 1998.5

紀行 宮本常一の故郷 周防大島を訪ねて（次田圭介）「岡山民俗」 岡山民俗学会 216 2001.12

郷土大学第8回（再開第17回）講義「うたは海を渡る―語り継ぎたいふるさとの民謡」戎谷和修さん「周防大島郷土大学ニュウズ」 周防大島文化交流センター 15 2004.12

石造物ウォッチング 周防大島の古石塔（鎌倉健一）「郷土史紀行」 ヒューマン・レクチャー・クラブ （45） 2007.9

周防大島・太宰府・椎葉・高千穂研修レポート（岩嶋孝典）「香川の民俗」 香川民俗学会 通号71 2008.2

2009年度第6回（再開第55回）講義「出迎えと見送りの民俗―「故郷」再考」安井眞奈美さん（天理大学准教授）「周防大島郷土大学ニュウズ」 周防大島文化交流センター （41） 2010.06

周防大島の伝説の中より「ふるさと」 橘郷土会 （36） 2014.2

周防国府跡

「周防国府跡」出土の小さな仏像（羽鳥幸一）「山口県文化財」 山口県文化財愛護協会 39 2008.8

周防国分寺

国分寺金堂修理と新発見（防府市文化財保護課）「佐波の里 : 防府史談会会誌」 防府史談会 26 1998.3

重要文化財周防国分寺金堂本尊薬師如来像をめぐって（岩井共二）「山口県文化財」 山口県文化財愛護協会 30 1999.7

重要遺跡発掘調査速報 周防国分寺金堂（防府市文化財保護課）「山口県文化財」 山口県文化財愛護協会 31 2001.1

国分寺詣で「松ヶ崎 : 松崎歴史同好会誌」 松崎歴史同好会 （12） 2005.5

今、落慶を終えて、金堂工事8年を振り返る（福山秀道）「山口県文化財」 山口県文化財愛護協会 36 2005.8

講演 国分寺金堂建替え（福山秀道）「松ヶ崎 : 松崎歴史同好会誌」 松崎歴史同好会 （13） 2006.5

文化講演会 平城遷都と周防国分寺（吉村誠）「佐波の里 : 防府史談会会誌」 防府史談会 （39） 2011.3

周防祖生の柱松行事

周防祖生の柱松について（藤本厚美）「岩国地方史研究」 岩国地方史研究会 （5） 2008.3

周防国国分寺

平成の大修理成る周防国国分寺金堂「郷土史紀行」 ヒューマン・レクチャー・クラブ 31 2005.1

椙杜八幡宮

椙杜八幡宮の三十六歌仙扁額（藤重豊）「岩国地方史研究」 岩国地方史研究会 （6） 2009.03

菅内

菅内愛宕社の再建遷座について（藤井武）「大内文化探訪 : 会誌」 大内文化探訪会 20 2002.2

須万

須万の城山登りと落城の伝承について（神本正律）「徳山地方郷土史研究」 徳山地方郷土史研究会 19 1998.3

住吉神社

長門国一ノ宮・住吉神社（藤野和恵）「大佐井」 大分市大在地区文化財同好会 19 2002.3

長門一宮住吉神社御斎神事の御衣替神事における「白紙目録」について（岩瀬平）「山口県神道史研究」 山口県神道史研究会 （14） 2002.7

諏訪神社

随想 1719年（享保4年）毛利家で起こった事 諏訪神社建立の本当の事情は（戸山恵子）「佐伯史談」 佐伯史談会 （219） 2012.07

清狂草堂

柳井名所は わんわん寺と清狂草堂と般若寺（沖原宗雄）「柳井市郷談会誌」 柳井市郷談会 28 2004.3

瀬崎

角島瀬崎の尼宮と人魚を食べた話（熊井清雄）「和海藻」 下関市豊北町郷土文化研究会 （24） 2009.4

瀬戸崎

「瀬戸崎鯨唄」保存復活の記（金谷和夫）「郷土文化ながと」 長門市郷土文化研究会 12 2000.5

仙崎

石造遺物の銘文を読む 俵山・熊野社石祠/仙崎・八坂神社大灯籠「郷土文化ながと」 長門市郷土文化研究会 （21） 2009.05

仙崎の八百比丘尼伝説（中野良彦）「郷土文化ながと」 長門市郷土文化研究会 （24） 2012.5

善照寺

招魂社の副霊爾簿から―阿川善照寺物語（重中十士明）「和海藻」 下関市豊北町郷土文化研究会 （25） 2010.03

善生寺

善生寺庭園（西岡義貴）「山口県文化財」 山口県文化財愛護協会 38 2007.8

禅昌寺

無縁所禅昌寺（岩崎俊彦）「大内文化探訪 : 会誌」 大内文化探訪会 （21） 2003.4

法螺山禅昌寺紹介（江崎彰）「大内文化探訪 : 会誌」 大内文化探訪会 （26） 2008.4

浅（泉）処寺

浅（泉）處寺と永興寺（廃寺）の沿革 元和・寛永検地帳を中心として（河村蒸一郎）「下松地方史研究」 下松地方史研究会 （44） 2007.12

千人塚

千人塚に関する考察（河本芳久）「秋芳町地方文化研究」 秋芳町地方文化研究会 33 1997.5

泉福寺

明峯素純覚書（9）地家室・泉福寺「地家室だより」 吉田繁行 72 2005.2

明峯素純覚書（10）地家室・泉福寺「地家室だより」 吉田繁行 73 2005.6

海雲山泉福寺来歴 地家室だより「地家室だより」 吉田繁行 （80） 2007.10

大照院

重要文化財「大照院鐘楼門」の発掘調査（西川雄大）「山口県文化財」 山口県文化財愛護協会 39 2008.8

大照院鐘楼門

重要文化財 大照門鐘楼門の解体修理（〈特集2 文化財建造物の修理・活用・調査〉）（加治屋嘉文）「山口県文化財」 山口県文化財愛護協会 40 2009.08

885

山口県　郷土に伝わる民俗と信仰　中国

大成寺
大成寺の南天棒と常楽寺の天倪慧謙（笹尾哲雄）「山口県地方史研究」　山口県地方史学会　（96）　2006.11

大道
大道の基壇墓と五輪塔（弘中周三）「佐波の里 ： 防府史談会会誌」　防府史談会　28　2000.3

社寺訪問 大道地区の社寺と遺跡（中谷正二）「佐波の里 ： 防府史談会会誌」　防府史談会　（37）　2009.03

大道寺
初期イェズス会の山口布教と山口大道寺―異文化理解に関連して（伯野幸次）「山口県地方史研究」　山口県地方史学会　（84）　2000.10

「大道寺裁許状」とイエズス会史料の比較研究（レンゾ，デ・ルカ）「九州史学」　九州史学研究会　（135）　2003.2

大道寺跡
大道寺跡の発掘調査（文化財保護課）「山口県文化財」　山口県文化財愛護協会　30　1999.7

大日比浦
近世前・中期大日比浦の共同体秩序―漁業編成と宗教的紐帯（上野大輔）「山口県地方史研究」　山口県地方史学会　（108）　2012.10

大寧寺
大寧寺の釈迦三尊と十六羅漢（大石正信）「日本の石仏」　日本石仏協会，青蛾書房（発売）　通号89　1999.3

大寧寺境内「住吉大明神安禅石」碑石号（河野良輔）「郷土文化ながと」　長門市郷土文化研究会　11　1999.5

石仏調査 大寧寺の釈迦三尊と十六羅漢（大石正信）「郷土文化ながと」　長門市郷土文化研究会　11　1999.5

七卿こぼればなし 三条実美の大寧寺参詣（利重忠）「郷土文化ながと」　長門市郷土文化研究会　11　1999.5

七卿こぼればなし 三条実美の大寧寺参詣（利重忠）「ふるさと文化美須美」　三隅町郷土文化研究会　10　1999.11

大寧寺 石像釈迦三尊と十六羅漢（大石正信）「郷土文化ながと」　長門市郷土文化研究会　（18）　2006.5

大寧寺と歴史資源の再開発（岩田老師講話要旨）（山本寛孝）「郷土文化ながと」　長門市郷土文化研究会　（20）　2008.5

大寧寺 十六羅漢の法量及び像容（大石正信）「郷土文化ながと」　長門市郷土文化研究会　（20）　2008.5

大寧寺境内の石積み（穴太積み）構造について（縄田弘志）「山口県地方史研究」　山口県地方史学会　（102）　2009.11

石造物の銘文を読む 田屋・荒神社の石幢/飯山八幡宮 忠魂碑/大寧寺 幢竿支柱「郷土文化ながと」　長門市郷土文化研究会　（22）　2010.05

大寧寺抒情（話のひろば）（岩田啓靖）「大内文化探訪 ： 会誌」　大内文化探訪会　（28）　2010.06

大寧寺境内歴史墓地について（記念講演・公開歴史講座―公開歴史講座）（岩田啓靖）「大内文化探訪 ： 会誌」　大内文化探訪会　（32）　2014.05

大寧寺峠
大寧寺峠の今昔（戸村豊）「郷土文化ながと」　長門市郷土文化研究会　（16）　2004.5

多賀神社
室積の多賀神社周辺（小川浩一）「光地方史研究」　光地方史研究会　（41）　2014.03

高瀬
高瀬の地蔵（2）（伝説昔話）（和田説子）「和海藻」　下関市豊北町郷土文化研究会　（28）　2013.03

高松八幡宮
八幡宮紹介 高松八幡宮（山口県熊毛郡田布施町）「季刊悠久.第2次」　鶴岡八幡宮悠久事務局　（131）　2013.07

滝部
滝部のおサン狐（弘中信雄）「和海藻」　下関市豊北町郷土文化研究会　（23）　2008.3

「滝部音頭」に見る地域の歴史―郷土史の口説きから（窪井方弘）「和海藻」　下関市豊北町郷土文化研究会　（24）　2009.04

歴史 滝部の一旧家にみる歴史と信仰（前）～（2）（青О隆子）「和海藻」　下関市豊北町郷土文化研究会　（27）/（29）　2012.03/2014.3

滝部村
滝部村の電害と八幡宮の例大祭（熊井清雄，柴田ツユ子）「和海藻」　下関市豊北町郷土文化研究会　（23）　2008.3

滝部八幡宮
滝部八幡宮の忠臣蔵絵馬について（西嶋清）「和海藻」　下関市豊北町郷土

文化研究会　（15）　1999.12

田代村
田代村通信―地神祭（磯部保正）「和海藻」　下関市豊北町郷土文化研究会　（19）　2003.12

田耕
田耕地域の民謡（仕事唄）（児玉光生）「和海藻」　下関市豊北町郷土文化研究会　（26）　2011.03

民俗 田耕の相撲伝（児玉光生）「和海藻」　下関市豊北町郷土文化研究会　（28）　2013.03

民俗 田耕の小祭（児玉光生）「和海藻」　下関市豊北町郷土文化研究会　（29）　2014.03

多々良
歴遊余話 多々良の大仏（森氏幹夫）「松ヶ崎 ： 松崎歴史同好会誌」　松崎歴史同好会　（18）　2011.03

立熊祇園社
立熊祇園社式年大祭の記録（沖金吾）「厚東」　厚東史研究会　（46）　2004.11

橘
表紙のことば「帯石」（滝本洋司郎）「ふるさと」　橘郷土会　（35）　2013.
戦後の食事（浜崎昭江）「ふるさと」　橘郷土会　（35）　2013.02

「もらい風呂」という絆（金本武真）「ふるさと」　橘郷土会　（36）　2014.02

もらい風呂（安本明代）「ふるさと」　橘郷土会　（36）　2014.02

語りつぎたい 故郷の言葉（正久武則）「ふるさと」　橘郷土会　（36）　2014.02

田布施
田布施菅原社一千年大祭會趣意書（瀬石公夫）「田布施町郷土館研究紀要」　田布施町郷土館　（9）　2008.8

田布施地方の民謡について（林美美水）「田布施町郷土館研究紀要」　田布施町郷土館　（13）　2012.08

田布施のおはなし「紙芝居と原画展」（研究）（平井洋子）「田布施町郷土館研究紀要」　田布施町郷土館　（15）　2014.8

紙芝居で、語り継ぎたい田布施の昔話（研究）（西光俊雄）「田布施町郷土館研究紀要」　田布施町郷土館　（15）　2014.8

田布施町
神鳴り様（高瀬達男）「田布施町郷土館研究紀要」　田布施町郷土館　（10）　2009.08

玉江浦
漁民育成におけるカンダラの意義―玉江浦の遠洋漁業と漁獲物分配制度（中野泰）「日本民俗学」　日本民俗学会　通号218　1999.5

玉祖神社
講演 周防一宮 玉祖神社について（吉野正修）「松ヶ崎 ： 松崎歴史同好会誌」　松崎歴史同好会　（14）　2007.3

玉祖神社を訪ねて（小川勝博）「松ヶ崎 ： 松崎歴史同好会誌」　松崎歴史同好会　（14）　2007.3

多門寺跡
今山多門寺跡のしだれ桜（話のひろば）（寺田康道）「大内文化探訪 ： 会誌」　大内文化探訪会　（32）　2014.05

田屋
石造物の銘文を読む 田屋・荒神社の石幢/飯山八幡宮 忠魂碑/大寧寺 幢竿支柱「郷土文化ながと」　長門市郷土文化研究会　（22）　2010.05

俵山
七段の滝と雨蛇 『つぎはぎ俵山物語』から（坂倉幸博）「郷土文化ながと」　長門市郷土文化研究会　14　2002.5

受け継がれる俵山女歌舞伎（〈特集 民俗芸能の継承〉）（宮野修治）「山口県文化財」　山口県文化財愛護協会　38　2007.8

俵山の旧家内田家 風雪の道（戸村豊）「郷土文化ながと」　長門市郷土文化研究会　（20）　2008.5

石造遺物の銘文を読む 俵山・熊野社石祠/仙崎・八坂神社大灯籠「郷土文化ながと」　長門市郷土文化研究会　（21）　2009.05

俵山温泉
俵山温泉 白猿の湯（鷺頭信）「郷土文化ながと」　長門市郷土文化研究会　（18）　2006.5

俵山八幡宮
俵山八幡宮とその周辺（福原勇）「郷土文化ながと」　長門市郷土文化研究会　13　2001.5

新・県指定有形文化財（平成18年4月14日指定）（絵画）俵山八幡宮 紙本

中国　　　　　　　　　　　　　　郷土に伝わる民俗と信仰　　　　　　　　　　　　　　山口県

著色八幡宮縁起絵巻（菊竹淳一）「郷土文化ながと」　長門市郷土文化
　研究会　（19）　2007.5

淡海道
淡海道と三十三観音像の刻字（岩崎章）「郷土史熊毛」　くまげ郷土史会
　（3）　1998.4

壇ノ浦
壇ノ浦合戦と湖琴姫伝説（窪井方弘）「和海藻」　下関市豊北町郷土文化研
　究会　（22）　2007.3

潮音洞
潮音洞記念碑（山口県）（報告―報告 禹王遺跡レポート）（浅田京子）「治
　水神・禹王研究会誌」　治水神・禹王研究会　（1）　2014.04

長州
表紙解説 長州盆灯籠「おおいた歴博」　大分県立歴史博物館　6　2000.8
長州大工の足跡に学ぶ（二宮清）「西南四国歴史文化論叢よど」　西南四国
　歴史文化研究会　（6）　2005.3
長州大工の足跡を訪ねて（〈特集2 文化財建造物の修理・活用・調査〉）
　（川口智）「山口県文化財」　山口県文化財愛護協会　40　2009.8
長州大工の足跡（棒原史談）（川原清雄）「欅原 文芸・史談」　欅原町文化
　協会　（35）　2010.11
島からのことづて（6）最終回 越の国巡礼―幕末維新長州僧の足跡をた
　どる旅（安渓遊地, 安渓貴子）「東北学．［第2期］」　東北芸術工科大学
　東北文化研究センター，柏書房（発売）　（30）　2012.02
三つの「長州の嫁入り唄」（研究ノート）（西田道世）「歴史玉名」　玉名歴
　史研究会　60　2012.04
古式捕鯨業時代の長州漁場（1），（2）（中園成生）「西日本文化」　西日本
　文化協会　（465）／（466）　2013.10/2013.12

長州藩
近世近代移行期の長州藩毛利家と抱屋敷内神社―「砂村稲荷神社関係文
　書」の紹介を中心として（小泉雅弘）「江東区文化財研究紀要」　江東区
　教育委員会生涯学習部　（9）　1998.3
幕末長州藩に於ける招魂社の発生（特集 Ⅰ山口県内の招魂社）（津田勉）
　「山口県神道史研究」　山口県神道史研究会　通号21　2009.07
幕末長州藩における戦死忠死者祭祀（布引敏雄）「山口県史研究」　山口県
　（20）　2012.03
長州藩における文久四年正月の具足祝式（論文）（立石智章）「山口県史研
　究」　山口県　（22）　2014.3
幕末長州藩における戦死忠死者祭祀（布引 敏雄）「旧真田山陸軍墓地研究
　年報」　旧真田山陸軍墓地とその保存を考える会　（2）　2014.08

長徳寺
長徳寺木造薬師如来坐像の年輪年代調査「奈良文化財研究所紀要」　奈
　良文化財研究所　2009　2009.06

長福寺
周防の国楊井庄「長福寺」について・考察（沖原宗雄）「柳井市郷談会誌」
　柳井市郷談会　25・26　2002.3

束荷村
束荷村誌より束荷の風俗・人情（岡村俊介）「光地方史研究」　光地方史研
　究会　（31）　2005.3

附野
弘法大師と附野のお薬師さま（熊井清雄）「和海藻」　下関市豊北町郷土文
　化研究会　（22）　2007.3

辻山
辻山の桜と天狗（大田剛志）「山口県文化財」　山口県文化財愛護協会
　30　1999.7

恒石八幡宮
長門における物部氏の残光 「恒石八幡宮由緒書」に見る厚東氏（沢田陽
　介）「厚東」　厚東史研究会　39　1997.11
恒石八幡宮の氏子 芦河内の歴史（沖金吾）「厚東」　厚東史研究会　42
　2000.11
厚東氏末裔同士の結婚恒石八幡宮で挙式．（沖金吾）「厚東」　厚東史研究会
　（47）　2005.11

角島
民俗調査における「伝承」と「地域」―角島の事例を中心に（吉富徹）
　「日本民俗学」　日本民俗学会　通号243　2005.8
スサノオノミコトと角島の神事「尻合わせ」（熊井清雄, 藤岡茂夫）「和海
　藻」　下関市豊北町郷土文化研究会　2007.3
百済王角島漂着の史的考証と小倉・瑞王山西顕寺（熊井清雄）「和海藻」
　下関市豊北町郷土文化研究会　（24）　2009.4

角島灯台
角島灯台、吏員退息所に使用された煉瓦について（熊井清雄）「和海藻」
　下関市豊北町郷土文化研究会　（20）　2004.12

妻崎開作
妻崎開作業築立と妻崎神社略由緒（大亀恆芳）「厚南」　厚南郷土史研究会
　（8）　2011.03

妻崎神社
妻崎神社の鳥居と石灯籠（松村通男）「宇部地方史研究」　宇部地方史研究
　会　（34）　2006.12
妻崎開作業築立と妻崎神社略由緒（大亀恆芳）「厚南」　厚南郷土史研究会
　（8）　2011.03

寺畑
北字賀寺畑の八人墓（熊井清雄）「和海藻」　下関市豊北町郷土文化研究会
　（23）　2008.3

遠石
徳山遠石の祭市と芝居興行―明和期から終焉の文久期まで（吉積久年）
　「山口県地方史研究」　山口県地方史学会　（92）　2004.11

洞玄寺
会員歴史探訪 洞玄寺・琴﨑八幡宮等を訪ねて（辻井利之）「郷土文化なが
　と」　長門市郷土文化研究会　（25）　2013.05

東行庵
高杉晋作と梅処尼「東行庵」（下関市吉田町）「郷土史紀行」　ヒューマ
　ン・レクチャー・クラブ　11　2001.6
報告 毛利藩船倉・東行庵を訪ねて（野々下静）「佐伯史談」　佐伯史談会
　（218）　2012.3

洞春寺
県指定文化財（典籍）「洞春寺開山嘯岳鼎虎禅師手沢本」の保存修理につ
　いて（吉積久年）「山口県文化財」　山口県文化財愛護協会　37　2006.8
洞春寺観音堂 変わり五ツ重ね葵（原田民夫）「大内文化探訪 : 会誌」　大
　内文化探訪会　（26）　2008.4
洞春寺と中国三十三観音霊場（中村茂子）「ふるさと山口」　山口の文化財
　を守る会　（30）　2009.06
洞春寺の文化財―山口市歴史民俗資料館の秋の企画展（立石智章）「ふる
　さと山口」　山口の文化財を守る会　（32）　2011.06

東隆寺
「安国寺」と東隆寺について（沖金吾）「宇部地方史研究」　宇部地方史研
　究会　25　1997.3
東隆寺所蔵の南嶺子越住筑前聖福寺「諸山疏」及「江湖疏」の顕彰につ
　いて（沖金吾）「宇部地方史研究」　宇部地方史研究会　（34）　2006.12
口絵「東隆寺本尊木像地蔵菩薩坐像」「厚東」　厚東史研究会　（51）
　2009.11
東隆寺本尊地蔵に秘められた尊氏の趣意（古川卓也）「厚東」　厚東史研究
　会　（51）　2009.11

東和町
印南敏秀著『東和町誌 資料編四 石風呂民俗誌 もう一つの入浴文化の系
　譜』（書評）（湯川洋司）「民具研究」　日本民具学会　（127）　2003.3
東和町探訪記―第63回現地研究会報告（四之宮康晃）「広島民俗」　広島
　民俗学会　62　2004.8

遠石八幡宮
遠石八幡宮本殿ほか七件（新指定・登録・追加認定の文化財―国登録 登
　録有形文化財（建造物）「山口県文化財」　山口県文化財愛護協会　45
　2014.08

徳山
徳山毛利家文庫「御蔵本日記」に見る座頭・瞽女（吉積久年）「山口県文
　書館研究紀要」　山口県文書館　（37）　2010.03
史料紹介「祭礼執行願書」―徳山毛利家文書―を読む（山本節子）「徳山
　地方郷土史研究」　徳山地方郷土史研究会　（33）　2012.03
近世、参詣・巡礼した人々―徳山毛利家文庫「御蔵本日記」を読む（研究）
　（吉積久年）「山口県文書館研究紀要」　山口県文書館　（39）　2012.03

徳地
重徳上人の里 徳地（山口県佐波郡）「郷土史紀行」　ヒューマン・レク
　チャー・クラブ　13　2001.10
重源の里・徳地 仏像、十三重塔考（鎌倉健一）「郷土史紀行」　ヒューマ
　ン・レクチャー・クラブ　14　2001.12
『徳地人形浄瑠璃』復活から、新たな道へ（特集 山口県の民俗文化の保
　存と活用）（池田大乗）「山口県文化財」　山口県文化財愛護協会　44
　2013.08

徳明院

小杉の観音堂と志道家の菩提所・徳明院及び墓所「みねぶんか」 美祢市郷土文化研究会　28　1997.8

徳山藩

徳山藩の地方支配一端—正月15日庄屋・町年寄への節飯儀式式（〔史料紹介〕）（小山良昌）「山口県文書館研究紀要」 山口県文書館　通号25　1998.3

富海

富海の社寺ならびに史蹟を訪ねて（1）（社寺訪問）（伊藤義登）「佐波の里 : 防府史談会会誌」 防府史談会　（35）　2007.3

富海の社寺ならびに史蹟を訪ねて（2）（社寺訪問）（児玉識）「佐波の里 : 防府史談会会誌」 防府史談会　（35）　2007.3

富海飛船の歴史（研究発表）（出穂稔朗）「佐波の里 : 防府史談会会誌」 防府史談会　（41）　2013.3

富田川

陶片の故郷を探る「富田川の青磁片」（田村和光）「郷土史紀行」 ヒューマン・レクチャー・クラブ　16　2002.4

富田

富田瓦について—山口県周南市（長門・周防の民俗）（西村修一）「民俗文化」 近畿大学民俗学研究所　（24）　2012.11

中市

古老に聞く中市天神講（松崎歴史同好会）「松ヶ崎 : 松崎歴史同好会誌」 松崎歴史同好会　（15）　2008.3

長尾八幡宮

八幡宮紹介 長尾八幡宮（山口県大島郡周防大島町）「季刊悠久.第2次」 鶴岡八幡宮悠久事務局　（136）　2014.07

長門

長門における物部氏の残光 「恒石八幡宮由緒書」に見る厚東氏（沢田陽介）「厚東」 厚東史研究会　39　1997.11

山口県長門地方に於ける石州神楽の系譜（大田剛志、蔵上幸子，財前司一）「温故知新」 美東町文化研究会　25　1998.4

長門のいしぶみ・調査の経過（大石正信）「郷土文化ながと」 長門市郷土文化研究会　12　2000.5

長門萩「伊予八幡宮考」勧進に秘められた意外なドラマ（野口義広）「西條史談」 西條史談会　50　2000.9

長門のいしぶみ（追録）（大石正信）「郷土文化ながと」 長門市郷土文化研究会　13　2001.5

長門のいしぶみ（第2次追録）（大石正信）「郷土文化ながと」 長門市郷土文化研究会　14　2002.5

長門の岩戸神楽舞について（俵木悟）「芸能の科学」 文化財研究所東京文化財研究所　通号30　2003.3

長門のいしぶみ（第3次追録）（大石正信）「郷土文化ながと」 長門市郷土文化研究会　（16）　2004.5

長門のいしぶみ（追録）（大石正信）「郷土文化ながと」 長門市郷土文化研究会　（17）　2005.5

長門のいしぶみ（大石正信）「郷土文化ながと」 長門市郷土文化研究会　（18）/（21）　2006.5/2009.5

『長門のいしぶみ』（改訂版）出版（大石正信）「郷土文化ながと」 長門市郷土文化研究会　（18）　2006.5

長門のいしぶみ 「お使いは自転車に乗って」の碑「郷土文化ながと」 長門市郷土文化研究会　（23）　2011.5

長門地方の神楽舞について（秋枝顕治）「秋芳町地方文化研究」 秋芳町地方文化研究会　（48）　2012.05

表紙・口絵写真 長門・周防の民俗（大脇潔，胡桃沢勘司，戸井田克己，藤井弘章，渡辺良正）「民俗文化」 近畿大学民俗学研究所　（24）　2012.11

周防・長門荒紀行—吉川広家・大内義弘と山本勉弥（長門・周防の民俗）（大脇潔）「民俗文化」 近畿大学民俗学研究所　（24）　2012.11

山口県のウミガメの民俗—長門地方の祭祀・供養習俗を中心に（長門・周防の民俗）（藤井弘章）「民俗文化」 近畿大学民俗学研究所　（24）　2012.11

「長門鯨霊崇拝伝説」を糾す（藤井文則）「郷土文化ながと」 長門市郷土文化研究会　（25）　2013.5

長門のいしぶみ 大内義隆公追善和讃碑「郷土文化ながと」 長門市郷土文化研究会　（25）　2013.05

長門国府

長門国府の方位信仰（前田博司）「郷土」 下関郷土会　42　1999.3

長門市

古代九州・食の文化史（11）「鯨墓」は現代に何を語るか 山口県長門市を訪ねて（玉木朋史）「歴史九州」 九州歴史大学講座事務局　8（11）

通号94　1998.7

川柳芝居あれこれ（利重忠）「郷土文化ながと」 長門市郷土文化研究会　13　2001.5

新・長門市指定文化財 八幡大菩薩縁起/上藤中横穴墓群（長門市教育委員会）「郷土文化ながと」 長門市郷土文化研究会　14　2002.5

八坂神社・祇園祭りと祇園ばやし（金谷和夫）「郷土文化ながと」 長門市郷土文化研究会　14　2002.5

郷文研総会記念講演 暮らしの中の民俗（湯川洋司）「郷土文化ながと」 長門市郷土文化研究会　14　2002.5

尼寺にみる漁民の世界（伊藤彰）「郷土文化ながと」 長門市郷土文化研究会　（15）　2003.5

いまに伝わる 義隆公の持尊仏（福原勇）「郷土文化ながと」 長門市郷土文化研究会　（16）　2004.5

八坂神社三つの謎（中野良彦）「郷土文化ながと」 長門市郷土文化研究会　（17）　2005.5

ふるさとのうた 「うしろばた」（多記英雄，前田智子）「郷土文化ながと」 長門市郷土文化研究会　（17）　2005.5

幽霊ばなし 三題（中野良彦）「郷土文化ながと」 長門市郷土文化研究会　（18）　2006.5

新・県指定有形文化財（平成18年4月14日指定）（彫刻）石造十王坐像（菊竹淳一）「郷土文化ながと」 長門市郷土文化研究会　（19）　2007.5

『ふるさとの石仏』付・庚申塚（収録明細）「郷土文化ながと」 長門市郷土文化研究会　（19）　2007.5

地蔵菩薩の縁日（大石正信）「郷土文化ながと」 長門市郷土文化研究会　（20）　2008.5

体験記 南氷洋捕鯨（窪井正雄）「郷土文化ながと」 長門市郷土文化研究会　（21）　2009.05

総会記念講演 通 住吉祭（清水満幸講師講演要旨）（藤井文則）「郷土文化ながと」 長門市郷土文化研究会　（23）　2011.05

文化財ニュース 能面及び狂言面（7面）・付面袋（3袋）「郷土文化ながと」 長門市郷土文化研究会　（24）　2012.05

長登銅山

公開歴史講座 東大寺大仏を作った長登銅山（公開歴史講座ほか）（池田善文）「大内文化探訪 : 会誌」 大内文化探訪会　（30）　2012.05

古代長登銅山における祭祀に関する一考察（森田孝一）「山口考古」 山口考古学会　（33）　2013.07

中原

中原の伊勢講と幸神祭（青田隆子）「和海藻」 下関市豊北町郷土文化研究会　（24）　2009.04

中原の歴史と信仰（青田隆子）「和海藻」 下関市豊北町郷土文化研究会　（25）　2010.3

長穂

長穂念仏踊りについて（福谷宏郎）「徳山地方郷土史研究」 徳山地方郷土史研究会　（28）　2007.3

南山神社

柳井市伊陸・南山神社の春祭り（三村泰臣）「まつり通信」 まつり同好会　41（7）通号485　2001.6

南原寺

伊佐南原寺と花山法皇伝説について（土屋貞夫）「みねぶんか」 美祢市郷土文化研究会　（44）　2014.03

南嶺和尚道行碑

「南嶺和尚道行碑文」の解説附「南嶺和尚道行碑」にまつわるエピソード（沖金吾）「厚東」 厚東史研究会　39　1997.11

「南嶺和尚道行碑」上屋（写真）（永井易彦）「厚東」 厚東史研究会　43　2001.11

錦川下流域

錦川下流域付近の棉栽培について（聞き取り）（藤重豊）「岩国地方史研究」 岩国地方史研究会　3　2005.12

錦川流域

錦川流域の芸能—山口県民文化祭（三村泰臣）「まつり通信」 まつり同好会　39（11）通号465　1999.10

錦町宇佐郷

鍛冶屋の技術と地域性—錦町宇佐郷の鍛冶屋の事例研究（坪郷英彦）「山口県史研究」 山口県　7　1999.3

錦町府谷

「死」に関する儀礼—山口県玖珂郡錦町府谷の場合（聞き書き）（藤重豊）「岩国地方史研究」 岩国地方史研究会　（4）　2006.6

西浦

社寺訪問 西浦の社寺史跡訪問（田中和夫）「佐波の里 : 防府史談会会

誌」 防府史談会 （38）2010.03

二尊院

向津具半島と二尊院の文化財—木造阿弥陀如来立像・木造釈迦如来立像の修復について（文化財トピックス）（日立智暁）「山口県文化財」 山口県文化財愛護協会 45 2014.08

仁平寺

大内氏時代に建造された菅内仁平寺の五重の塔（藤井武）「大内文化探訪：会誌」 大内文化探訪会 19 2001.2

乃木神社

乃木神社に詣でる（話のひろば）（神代祥男）「大内文化探訪：会誌」 大内文化探訪会 （28）2010.06

野田神社

豊栄・野田神社、有辻家（特集 山口県近代和風建築総合調査）（日向進）「山口県文化財」 山口県文化財愛護協会 42 2011.08

萩

長門萩“伊予八幡宮考”勧進に秘められた意外なドラマ（野口義広）「西條史談」 西條史談会 50 2000.9

萩地方における西国観音霊場巡りと七観音詣で（清水満幸）「萩市郷土博物館研究報告」 萩市郷土博物館 13 2003.3

山口と萩—観光地の歴史的背景を中心に考察する神（神代祥男）「大内文化探訪：会誌」 大内文化探訪会 （22）2004.3

近世萩焼に関する史料（吉積久年）「山口県地方史研究」 山口県地方史学会 （96）2006.11

戊辰戦争が残したもの 萩地方に伝わる『白河踊り』（滝沢洋之, 中原正男）「会津人群像」 歴史春秋出版 （16）2010.03

文化財ニュース 銅鏡（1口）／萩焼「郷土文化ながと」 長門市郷土文化研究会 （23）2011.05

萩焼の史料（史料紹介）（吉積久年）「山口県文書館研究紀要」 山口県文書館 （41）2014.03

県指定無形文化財（工芸技術）萩焼保持者 第15代坂倉新兵衛—県・市文化財保護担当資料「郷土文化ながと」 長門市郷土文化研究会 （26）2014.05

萩焼（追加認定）坂倉正治（雅号・新兵衛）（新指定・登録・追加認定の文化財—県指定 無形文化財（工芸技術）「山口県文化財」 山口県文化財愛護協会 45 2014.08

萩市

妖獣出現の伝聞と記録（柏本秋生）「萩市郷土博物館研究報告」 萩市郷土博物館 11 2001.3

礫石経塚の新例（柏本秋生）「萩市郷土博物館研究報告」 萩市郷土博物館 11 2001.3

萩の民俗芸能—神楽について（1）（清水満幸）「萩市郷土博物館研究報告」 萩市郷土博物館 12 2002.3

萩城

萩城及び城下町における瓦の諸相（1） 堺瓦について（柏本朝子）「萩市郷土博物館研究報告」 萩市郷土博物館 11 2001.3

萩城及び城下町における瓦の諸相（2）—御用瓦師と瓦町について（柏本朝子）「萩市郷土博物館研究報告」 萩市郷土博物館 13 2003.3

萩藩

「御国廻御行程記」とその異本について（山田稔）「山口県文書館研究紀要」 山口県文書館 通号25 1998.3

萩藩の「郡問屋」について—村落支配における都市問屋の役割・存在形態（加藤宏文）「瀬戸内海地域史研究」 文献出版 7 1999.7

萩藩における廻船調達体制の確立とその特質（木部和昭）「瀬戸内海地域史研究」 文献出版 7 1999.7

幕末期萩藩の宰判別牛馬廻船漁船数について（石川敦彦）「山口県地方史研究」 山口県地方史学会 （86）2001.10

萩藩御用表具師飯田氏のこと（吉積久年）「山口県文化財」 山口県文化財愛護協会 34 2003.8

萩藩の大組と無給通（藤井惇）「松ヶ崎：松崎歴史同好会誌」 松崎歴史同好会 （15）2008.3

萩藩における芝居興行について（石川敦彦）「山口県地方史研究」 山口県地方史学会 （103）2010.06

萩藩後期の山代紙（田中誠二）「やまぐち学の構築」 山口大学研究推進体「やまぐち学」推進プロジェクト （7）2011.3

萩反射炉

九州近代化産業遺産としての「萩反射炉」（県社会教育・文化財課）「山口県文化財」 山口県文化財愛護協会 38 2007.8

萩焼深川古窯

新・県指定有形文化財（史跡）萩焼深川古窯跡群（県・市文化財保護担当資料）「郷土文化ながと」 長門市郷土文化研究会 （18）2006.5

柱野

宿場の神仏たち 千体仏と三十番神 柱野（岩国市）「郷土史紀行」 ヒューマン・レクチャー・クラブ 22 2003.4

花岡八幡宮

下松市花岡八幡宮裏山資料と花岡古墳群（横山成己）「山口考古」 山口考古学会 （34）2014.07

花尾山

花尾山吉野神社のこと（秋枝顕治）「秋芳町地方文化研究」 秋芳町地方文化研究会 38 2002.6

花園往還

表紙写真説明 花園往還の石燈籠（岩本光蔵, 神代素行）「喜和」 東岐波郷土誌研究会 （112）2012.5

花園往還の石燈籠（神代素行）「喜和」 東岐波郷土誌研究会 （112）2012.5

埴安神社

埴安神社の護持と祭礼（一般稿）（浅上健彦）「厚南」 厚南郷土史研究会 （10）2013.03

埴安神社境内の石造奉納物刻字（浅上健彦, 佐藤輝好）「厚南」 厚南郷土史研究会 （11）2014.03

浜崎

住吉祭り考—萩市住吉神社祭礼についての分析（1）（清水満幸）「萩市郷土博物館研究報告」 萩市郷土博物館 10 2000.3

山口県文書館所蔵「浜崎裁判控」—住吉祭礼に関する二通の願書について（道迫真吾）「萩市郷土博物館研究報告」 萩市郷土博物館 10 2000.3

住吉祭り考—萩市浜崎住吉神社祭礼についての分析（2）（清水満幸）「萩市郷土博物館研究報告」 萩市郷土博物館 11 2001.3

萩市浜崎伝統的建造物群保存地区とまちづくり（（特集2 文化財建造物の修理・活用・調査））（大槻洋二）「山口県文化財」 山口県文化財愛護協会 40 2009.8

早長八幡宮

踊山大修繕と早長八幡宮秋祭り（特集 山口県の民俗文化の保存と活用）（松岡榮）「山口県文化財」 山口県文化財愛護協会 44 2013.08

原窯

原窯（皿山）（児玉光生）「和海藻」 下関市豊北町郷土文化研究会 （25）2010.03

般若寺

弘津千代の名作 周防般若寺縁起「柳井市郷談会誌」 柳井市郷談会 22 1998.3

柳井名所は わんわん寺と清狂草堂と般若寺（沖原宗雄）「柳井市郷談会誌」 柳井市郷談会 28 2004.3

口絵 神峰山用明院般若寺「臼杵史談」 臼杵史談会 （99）2009.03

東谷

源久寺と東谷三浦について（三浦美智子）「大内文化探訪：会誌」 大内文化探訪会 （21）2003.4

東分中村経塚

東分中村経塚（河本芳久）「みねぶんか」 美祢市郷土文化研究会 30 1999.9

氷上山

近世氷上山境内の広域差図とその細部構成（真木隆行）「やまぐち学の構築」 山口大学研究推進体「やまぐち学」推進プロジェクト （7）2011.03

光市

迷い子捜しの石標に出合う（澄田稔）「光地方史研究」 光地方史研究会 （34）2008.3

近隣の屋号（宝迫一郎）「光地方史研究」 光地方史研究会 （34）2008.3

氷室亀山神社

巻頭記 氷室亀山神社について「柳井市郷談会誌」 柳井市郷談会 29 2005.3

平清水八幡宮

戌年にちなんで 平清水八幡宮 木造狛犬（平川地区）「山口市史編さんだより」 山口市総合政策部 （6）2006.2

広瀬

嘉永4年広瀬旭荘の長府婆嫁及び藩儒招聘に関する一考察（亀田一邦）「山口県地方史研究」 山口県地方史学会 （91）2004.6

山口県 　郷土に伝わる民俗と信仰 　中国

深川町

深川町女子青年団活動資料の紹介（萩原茂生）「郷土文化ながと」 長門市郷土文化研究会 （23）2011.5

福栄村

キリシタン至福の里・福栄村紀行（藤野アヤ子）「郷土文化ながと」 長門市郷土文化研究会 13 2001.5

普慶寺

巻頭記 両石山普慶寺について（金子佳孝）「柳井市郷談会誌」 柳井市郷談会 （30）2006.3

二ツ野

山口県玖珂郡美和町二ツ野の年祭神楽（三村泰臣）「まつり通信」 まつり同好会 39（3）通号457 1999.2

二見

長門二見の夫婦岩（窪井方弘）「和海藻」 下関市豊北町郷土文化研究会（26）2011.3

二見の海坊主（民話）（柴田ツユ子，熊井清雄）「和海藻」 下関市豊北町郷土文化研究会 （26）2011.03

船木護国神社

岡崎八幡宮と船木護国神社の石燈籠類似について（山田信義）「くすのき文化」 楠町文化協会 48 1997.1

船ヶ頭口

下小鯖船ヶ頭口の観音像（重宗昭也）「大内文化探訪 ： 会誌」 大内文化探訪会 （21）2003.4

古熊神社

研究ノート 調査報告 福部童子祭ともりさま祭り（石永雅子）「山口県史研究」 山口県 （19）2011.03

平郡島

平郡島における艀子役と漁業権（木部和昭）「やまぐち学の構築」 山口大学研究推進体「やまぐち学」推進プロジェクト （7）2011.3

日置八幡宮

客神社と日置八幡宮氏子（坂倉幸博）「郷土文化ながと」 長門市郷土文化研究会 12 2000.5

日置八幡宮所蔵木造獅子頭考（石田泰弘）「まつり通信」 まつり同好会 48（3）通号535 2008.5

別府

山口県の楽踊と別府の念仏踊（財前司一）「秋芳町地方文化研究」 秋芳町地方文化研究会 34 1998.3

山口県指定無形民俗文化財 別府岩戸神楽舞の成立について（財前司一）「秋芳町地方文化研究」 秋芳町地方文化研究会 （39）2003.6

別府村

明治中期、別府村と秋吉村の物価から見た風俗と暮し（古永忠夫）「秋芳町地方文化研究」 秋芳町地方文化研究会 （44）2008.5

弁天島

仙崎湾・大日比浦 弁天島の神社と神々（中野良彦）「郷土文化ながと」 長門市郷土文化研究会 （20）2008.5

遍明院

大内氏ゆかりの古寺 真言宗「遍明院」とその周辺（木原安佐子）「大内文化探訪 ： 会誌」 大内文化探訪会 19 2001.2

遍明院の秘仏・文化財その後（木原安佐子）「大内文化探訪 ： 会誌」 大内文化探訪会 20 2002.2

法雲院

社寺訪問「皇徳寺・法雲院」（大田和子）「佐波の里 ： 防府史談会会誌」 防府史談会 29 2001.3

法積寺

ルーツは飯山八幡宮 法積寺本尊前立阿弥陀如来座像（中野良彦）「郷土文化ながと」 長門市郷土文化研究会 （22）2010.05

保寿寺

保寿寺小考（伊藤幸司）「大内文化探訪 ： 会誌」 大内文化探訪会 （24）2006.3

法船庵

浄土宗尼寺 法船庵の生活と食事（岩本千草）「郷土文化ながと」 長門市郷土文化研究会 （20）2008.5

大日比・尼寺・法船庵の歴史―（最後の藩主）慈光照心庵主の祈り（藤井文則）「郷土文化ながと」 長門市郷土文化研究会 （26）2014.05

宝泉寺

宝泉寺船絵馬の保存修理と制作年代の推定（元興寺文化財研究所）「山口

県文化財」 山口県文化財愛護協会 38 2007.8

防長

藩政期防長両国における民俗信仰の諸相（後）―「森神信仰」を中心として（徳丸亜木）「鹿大史学」 鹿大史学会 通号47 2000.1

防長闘鶏楽の根源と発祥について（新造文紀）「山口県地方史研究」 山口県地方史学会 通号83 2000.6

古代年号と仏法の初め（19）～（29）―防長寺社由来等をめぐって（西垣健一）「つどい」 豊中歴史同好会 199/（230）2004.10/2007.5

戦国大名毛利氏の防長支配と元亀3年龍福寺「再興」（高橋研一）「山口県地方史研究」 山口県地方史学会 （99）2008.6

『防長寺社由来』から「御座氏」を知る（宗里美幸）「柳井市郷談会誌」 柳井市郷談会 （33）2009.03

報告 明治期・防長の五傑僧と大谷探検隊（山東寛）「徳山地方郷土史研究」 徳山地方郷土史研究会 （31）2010.03

『防長風土注進案』「風俗」の項にみる村の「共同体」（研究）（金谷匡人）「山口県文書館研究紀要」 山口県文書館 （39）2012.3

近世防長船の昆布交易（長門・周防の民俗）（胡桃沢勘司）「民俗文化」 近畿大学民俗学研究所 （24）2012.11

防長探訪記―山口で出会った人と物（長門・周防の民俗）（戸井田克己）「民俗文化」 近畿大学民俗学研究所 （24）2012.11

『防長風土注進案』「風俗」の項にみる村の「正月」（研究）（金谷匡人）「山口県文書館研究紀要」 山口県文書館 （40）2013.3

『防長風土注進案』「風俗」の項にみる村の「一年」（除正月）（研究）（金谷匡人）「山口県文書館研究紀要」 山口県文書館 （41）2014.03

防府

防府の鳥居調査報告のまとめ 防府の鳥居の歴史的変遷と建造方法（田中和夫）「佐波の里 ： 防府史談会会誌」 防府史談会 （37）2009.03

文化講演会 防府の仏像（岩井共二）「佐波の里 ： 防府史談会会誌」 防府史談会 （38）2010.03

口絵 紙本墨画淡彩「防府真景図」（阿弥陀寺所蔵）（防府市教育委員会教育部文化財課）「佐波の里 ： 防府史談会会誌」 防府史談会 （42）2014.03

防府市

社寺・遺跡訪問 防府市内毛利氏ゆかりの社寺を訪ねて（脇正典）「佐波の里 ： 防府史談会会誌」 防府史談会 （34）2006.3

防府市の鳥居マップ（田中和夫）「佐波の里 ： 防府史談会会誌」 防府史談会 （36）2008.3

防府市の窯業新稿（長門・周防の民俗）（羽鳥幸一）「民俗文化」 近畿大学民俗学研究所 （24）2012.11

防府天満宮

防府天満宮の天神講社（沖金吾）「山口県地方史研究」 山口県地方史学会 通号77 1997.6

防府天満宮と「北海道人」 松浦武四郎（綿永明男）「佐波の里 ： 防府史談会会誌」 防府史談会 30 2002.3

防府天満宮社上散策（綿永明男）「佐波の里 ： 防府史談会会誌」 防府史談会 （31）2003.3

文化講演 中世後期の天満宮（田中倫子）「佐波の里 ： 防府史談会会誌」 防府史談会 （33）2005.3

防府天満宮の天神講社「柳井第百十八番講社」（沖金吾）「厚東」 厚東史研究会 （49）2007.11

防府天満宮 幻の五重塔（豊田綾郷）「松ヶ崎 ： 松崎歴史同好会誌」 松崎歴史同好会 （16）2009.03

防府天満宮円楽坊

古文書講座天満宮円楽坊文書を読む（柴原直樹）「佐波の里 ： 防府史談会会誌」 防府史談会 （33）2005.3

防府天満宮歴史館

「松崎天神縁起」の修復と防府天満宮歴史館の改修（特集1 山口県文化財の公開・活用）（鈴木宏明）「山口県文化財」 山口県文化財愛護協会 43 2012.08

豊北

豊北の元寇と浜出祭の起源（熊井清雄）「和海藻」 下関市豊北町郷土文化研究会 （25）2010.3

国登録 登録有形民俗文化財 豊北の漁撈用具（新指定・登録の文化財）「山口県文化財」 山口県文化財愛護協会 43 2012.08

民俗 豊北の漁撈用具―国登録民俗有形文化財について（吉留徹）「和海藻」 下関市豊北町郷土文化研究会 （28）2013.03

豊北町

怪我船の習俗と漁業規制（伊藤忠芳）「和海藻」 下関市豊北町郷土文化研究会 （13）1998.2

弁天様もエビス様も七福神（金重浩波）「和海藻」 下関市豊北町郷土文化研究会 （13）1998.2

中国　　　　　　　　　　　　　　　　　郷土に伝わる民俗と信仰　　　　　　　　　　　　　　　山口県

豊北町の正月行事（伊藤忠芳）「和海藻」　下関市豊北町郷土文化研究会
　　（13）　1998.2
海女聞書（伊藤忠芳）「和海藻」　下関市豊北町郷土文化研究会　（15）
　　1999.12
えべっさま御遷座記（溝口銓一）「和海藻」　下関市豊北町郷土文化研究会
　　（15）　1999.12
地蔵をかるって帰った話（伊藤忠芳）「和海藻」　下関市豊北町郷土文化研
　　究会　（17）　2001.12
海女聞書（4）（伊藤忠芳）「和海藻」　下関市豊北町郷土文化研究会
　　（17）　2001.12
大師堂の再建によせて──皆の思いとその歩み（窪井方弘）「和海藻」　下関
　　市豊北町郷土文化研究会　（18）　2002.12
庚申さま（溝口銓一）「和海藻」　下関市豊北町郷土文化研究会　（18）
　　2002.12
浦の狐（伊藤忠芳）「和海藻」　下関市豊北町郷土文化研究会　（22）
　　2007.3
喚鐘の銘（山本団朗）「和海藻」　下関市豊北町郷土文化研究会　（22）
　　2007.3
海軍大将の扁額（重中十士明）「和海藻」　下関市豊北町郷土文化研究会
　　（22）　2007.3
川流れの幽霊（内山貞子）「和海藻」　下関市豊北町郷土文化研究会
　　（22）　2007.3
民俗の変容と現代──サバア送りの周辺から（吉留徹）「和海藻」　下関市豊
　　北町郷土文化研究会　（24）　2009.04
新旧梵鐘物語・梵鐘の命は音にあり（笹井孝明）「和海藻」　下関市豊北町
　　郷土文化研究会　（26）　2011.03
川うそに騙された儀介さん（獺祭）（民話）（重中十士明）「和海藻」　下関
　　市豊北町郷土文化研究会　（26）　2011.03
山伏の夫婦（民話）（熊井清雄）「和海藻」　下関市豊北町郷土文化研究会
　　（26）　2011.03
戦時中の思い出とクダンの話（民話）（柴田ツユ子，熊井清雄）「和海藻」
　　下関市豊北町郷土文化研究会　（26）　2011.03
浜出祭（文化財トピックス）（坂田康子）「山口県文化財」　山口県文化財
　　愛護協会　42　2011.08
歴史 戦後初の浜殿（出）祭（熊井清雄）「和海藻」　下関市豊北町郷土文化
　　研究会　（27）　2012.03
昔話三題（1）モルサアーの話（柴田つゆ子，熊井清雄，内村鐵雄）「和海
　　藻」　下関市豊北町郷土文化研究会　（27）　2012.03
昔話三題（2）おんちょろちょろの話（柴田つゆ子）「和海藻」　下関市豊
　　北町郷土文化研究会　（27）　2012.03
昔話三題（3）とんだ風呂焚き（柴田つゆ子）「和海藻」　下関市豊北町郷
　　土文化研究会　（27）　2010.03
随想 アワビの取り持つ縁（重中昭徳）「和海藻」　下関市豊北町郷土文化
　　研究会　（27）　2012.03
民話 殿様から褒美をもらった名人（倉衆）の話（重中十士明）「和海藻」
　　下関市豊北町郷土文化研究会　（27）　2012.03
提灯屋の姉妹（伝説昔話）（柴田ツユ子［話し手］，熊井清雄［書き手］）
　　「和海藻」　下関市豊北町郷土文化研究会　（28）　2013.03
怪音一発 牛を走らせた話（伝説昔話）（柴田ツユ子［話し手］，熊井清雄
　　［書き手］，内村鐵雄［挿絵］）「和海藻」　下関市豊北町郷土文化研究会
　　（28）　2013.03
民俗 浦の方言（1）（恒冨靖子）「和海藻」　下関市豊北町郷土文化研究会
　　（29）　2014.03
伝説昔話 姑を殺しそこなった話（柴田ツユ子［話し手］，熊井清雄［聞き
　　手］）「和海藻」　下関市豊北町郷土文化研究会　（29）　2014.03

豊北町角島
初誕生・タンカーユーエー──山口県小野田市・下関市豊北町角島・沖縄
　　県の事例から（2011年度卒業論文発表要旨）（末武千枝）「沖縄民俗研
　　究」　沖縄民俗学会　（32）　2013.04

菩提寺山
石仏論考（有帆菩提寺山磨崖仏）付・花崗岩と石仏誕生までの軌跡を探
　　る（古川卓也）「厚東」　厚東史研究会　（48）　2006.11

法性寺
市指定有形文化財─法性寺仏像・江下観音仏像「みねぶんか」　美祢市
　　郷土文化研究会　31　2000.9

帆止めの稲荷・観音
小さな祭りシリーズ 通浦「帆止めの稲荷・観音社例祭」（中村優）「郷土
　　文化ながと」　長門市郷土文化研究会　（25）　2013.05

堀越
堀越三神社と焼物の古里（社寺訪問）（水田耕作）「佐波の里 ： 防府史談
　　会会誌」　防府史談会　（36）　2008.3

本覚寺
船頭山本覚寺の伝雪舟庭園について（原田民夫）「大内文化探訪 ： 会誌」
　　大内文化探訪会　（23）　2005.3

本行寺
いよいよ本命・本行寺へ（話のひろば）（金子雅映）「大内文化探訪 ： 会
　　誌」　大内文化探訪会　（30）　2012.05

本谷
本谷の年祭神楽（三村泰臣）「まつり通信」　まつり同好会　40（1）通号
　　467　1999.12
山代本谷神楽と式年奉納事業に関わる用具等修繕について（特集 山口県
　　の民俗文化の保存と活用）（山崎郁夫）「山口県文化財」　山口県文化財
　　愛護協会　44　2013.08

真木
真木の白雉伝承と大化の改新（松野育男）「郷土文化ながと」　長門市郷土
　　文化研究会　（20）　2008.5

松崎
松崎地区の鳥居（松崎歴史同好会）「松ヶ崎 ： 松崎歴史同好会誌」　松崎
　　歴史同好会　（14）　2007.3
松崎の狛犬（松崎歴史同好会）「松ヶ崎 ： 松崎歴史同好会誌」　松崎歴史
　　同好会　（15）　2008.3

松崎天神
松崎天神縁起詞書「松ヶ崎 ： 松崎歴史同好会誌」　松崎歴史同好会
　　（11）　2004.5
松崎天神縁起詞書（巻六第三段・奥書）「松ヶ崎 ： 松崎歴史同好会誌」
　　松崎歴史同好会　（12）　2005.5
紙本著色松崎天神縁起 解説「松ヶ崎 ： 松崎歴史同好会誌」　松崎歴史
　　同好会　（12）　2005.5
「松崎天神縁起」の修復と防府天満宮歴史館の改修（特集1 山口県文化財
　　の公開・活用）（鈴木宏明）「山口県文化財」　山口県文化財愛護協会
　　43　2012.08

松原八幡宮
松原八幡宮石造物刻字（岩崎章）「郷土史熊毛」　くまげ郷土史会　（5）
　　2000.4

真長田
ふるさと古寺散歩 真長田地区（1）（森重武久）「温故知新」　美東町文化
　　研究会　26　1999.4
真長田天磐戸神楽舞について（小池俊作）「温故知新」　美東町文化研究会
　　（37）　2010.04

万願寺
徳地町万願寺地蔵堂の地蔵菩薩立像について（山根明）「佐波の里 ： 防
　　府史談会会誌」　防府史談会　27　1999.3

満願寺
定念寺・満願寺（社寺訪問）（森氏幹夫）「佐波の里 ： 防府史談会会誌」
　　防府史談会　（31）　2003.3
定念寺・満願寺・極楽寺の仏像について（社寺訪問）（山根明）「佐波の里
　　： 防府史談会会誌」　防府史談会　（31）　2003.3

万倉
万倉の苗作りについて（山本紀代子）「くすのき文化」　楠町文化協会
　　（57・58）　2006.7

万福寺
ふるさとの古刹─万福寺について（森重武久）「温故知新」　美東町文化研
　　究会　（35）　2008.5
万福寺の十一面観音菩薩記（中野喜久子）「みねぶんか」　美祢市郷土文化
　　研究会　（44）　2014.03

三浦文殊堂
浦家と三浦文殊堂（佐川昭）「柳井市郷談会誌」　柳井市郷談会　（38）
　　2014.05

客神社
客神社と日置八幡宮氏子（坂倉幸博）「郷土文化ながと」　長門市郷土文化
　　研究会　12　2000.5
民俗と伝説 大川の客神社──甕神祭りと伝説（窪井方弘）「和海藻」　下関
　　市豊北町郷土文化研究会　（27）　2012.03

御崎神社
御崎神社の点検（藤井較一）「和海藻」　下関市豊北町郷土文化研究会
　　（15）　1999.12

水落集落
水落集落に伝わる市小野伝説─役の行者小角「巨人の足跡」発見（平山

891

山口県　　　　郷土に伝わる民俗と信仰　　　　中国

智昭）「温故知新」　美東町文化研究会　（33）2006.4

水落集落に伝わる市小野伝説 役の行者小角「巨人の足跡」発見（平山智昭）「温故知新」　美東町文化研究会　（39）2012.4

水上

弁天池と厳島神社（阿座上尚亮）「秋芳町地方文化研究」　秋芳町地方文化研究会　33　1997.5

弁才天（厳島社）祭礼堅田中組水上会講当家帳について（秋枝顯治）「秋芳町地方文化研究」　秋芳町地方文化研究会　（42）2006.4

水無川

伝説を生かす浄瑠璃水無川（屋祢本政雄）「玖珂文化」　玖珂文化の会　186　1999.9

三隅

三隅の淵源を辿り三隅御厨の起源に迫る（粟畑勝利）「郷土文化ながと」　長門市郷土文化研究会　（26）2014.5

美須美

俚言について（9），（10）（山中敬子）「ふるさと文化美須美」　三隅町郷土文化研究会　9/10　1998.10/1999.11

三隅七観音

三隅七観音を探る記（山田恭輔）「ふるさと文化美須美」　三隅町郷土文化研究会　10　1999.11

三田尻

文化講演会 三田尻を運んだ北前船（小川嘉彦講師講演要旨）（安部言思）「郷土文化ながと」　長門市郷土文化研究会　（23）2011.5

御手洗社

厚東小祭祀シリーズ（9）関口の「御手洗社」について（厚東武通）「厚東」　厚東史研究会　39　1997.11

三丘中村

天王社考（三丘中村地域鎮守）（渡辺亨）「郷土史熊毛」　くまげ郷土史会　（4）1999.5

三作神楽

神楽十二の舞の曲目構成から見た三作神楽の系譜（友田光）「山口県神道史研究」　山口県神道史研究会　（13）2001.8

三作神楽「王子舞」に見る陰陽道と神道（友田光）「山口県神道史研究」　山口県神道史研究会　（17）2005.7

神楽紀行 三作神楽・遠山の霜月まつり（三上敏視）「あらはれ ： 猿田彦大神フォーラム年報 ： ひらかれる未来神話」　猿田彦大神フォーラム　（9）2006.10

特別講演 三作神楽（伊藤禎祝）「徳山地方郷土史研究」　徳山地方郷土史研究会　（28）2007.3

三作神楽と伝承活動について（特集1 山口県文化財の公開・活用）（伊藤禎祝）「山口県文化財」　山口県文化財愛護協会　43　2012.08

美東町

美東町内の神楽舞調査（蔵上幸子）「温故知新」　美東町文化研究会　25　1998.4

禍福は糾える縄の如し（3）（本貞宥寿）「温故知新」　美東町文化研究会　25　1998.4

ふるさとの古寺を歩く（森重武久）「温故知新」　美東町文化研究会　27　2000.4

いわゆる馬頭観音について（森重武久）「温故知新」　美東町文化研究会　28　2001.4

身近な古代の神々（池谷憲亮）「温故知新」　美東町文化研究会　28/（30）2001.4/2003.5

炭焼きの話（小林喜三蔵）「温故知新」　美東町文化研究会　29　2002.4

ふるさとの陶房（窯）について（森重武久）「温故知新」　美東町文化研究会　29　2002.4

我が集落の庚申祭（松井邦男）「温故知新」　美東町文化研究会　（30）2003.5

どじょう森様の記録と由来等について（森田孝一）「温故知新」　美東町文化研究会　（30）2003.5

白山神社の縁起（杉山凱一）「温故知新」　美東町文化研究会　（30）2003.5

一里塚地蔵尊之由来（野村寿）「温故知新」　美東町文化研究会　（30）2003.5

古くから我が集落に伝わる郷土芸能神楽舞の保存について（青木護）「温故知新」　美東町文化研究会　（30）2003.5

白山神社の鰐口刻印について（作間重彦）「温故知新」　美東町文化研究会　（30）2003.5

盆おどり唄 ヤンセ（小林キタ子）「温故知新」　美東町文化研究会　（30）2003.5

ふるさとの庚申塔と猿田彦大神（森重武久）「温故知新」　美東町文化研究

会　（31）2004.4

古代銅精錬復元実験の報告（池田善文）「温故知新」　美東町文化研究会　（34）2007.4

近光の年中行事「殿様祭り」について（藤井洋治）「温故知新」　美東町文化研究会　（36）2009.06

『美東町の石仏』記事訂正のお詫び「温故知新」　美東町文化研究会　（37）2010.04

美東町域の八幡宮について（土屋貞夫）「温故知新」　美東町文化研究会　（38）2011.06

農耕と役牛について（石田隆典）「温故知新」　美東町文化研究会　（40）2013.06

南方八幡宮

「南方八幡宮祭礼旧記」への後世の書き入れ（布川宏）「宇部地方史研究」　宇部地方史研究会　25　1997.3

「南方八幡宮祭礼旧記」の再検討（真木隆行）「やまぐち学の構築」　山口大学研究推進体「やまぐち学」推進プロジェクト　（10）2014.03

平成二十五年度東岐波郷土誌研究会総会講演 南方八幡宮の祭り（國守進）「喜和」　東岐波郷土誌研究会　（114）2014.05

美祢

妖怪の伝承 美祢高生が集めた妖怪伝説（蔵本隆博）「秋芳町地方文化研究」　秋芳町地方文化研究会　33　1997.5

美祢地区における牛の祭（平成14年度ふるさと歴史講座）（中野喜久子）「みねぶんか」　美祢市郷土文化研究会　34　2003.9

売薬許可願について—美祢宰判本控「御願申上候事」を読む（吉永保義）「温故知新」　美東町文化研究会　（34）2007.4

美祢都市の仏教地名（財前司一）「秋芳町地方文化研究」　秋芳町地方文化研究会　（43）2007.4

第8回美祢地区合同研究発表会—近世における郡村費からみた村の信仰（土屋貞夫）「みねぶんか」　美祢市郷土文化研究会　（38）2007.9

美祢地区における川舟について（土屋貞夫）「みねぶんか」　美祢市郷土文化研究会　（43）2013.3

美祢市

石入の納灯祭り（利重忠一）「みねぶんか」　美祢市郷土文化研究会　28　1997.8

かまどのすす（へぐり）はなくなったが（山崎ウメ子）「みねぶんか」　美祢市郷土文化研究会　28　1997.8

社寺文化財悉皆調査報告（阿武至朗）「みねぶんか」　美祢市郷土文化研究会　29　1998.8

路傍の仏（中野喜久子）「みねぶんか」　美祢市郷土文化研究会　29　1998.8

昔話の世界（中野喜久子）「みねぶんか」　美祢市郷土文化研究会　30　1999.9

寺の沿革の伝承と歴史の背景（平佐秀山）「みねぶんか」　美祢市郷土文化研究会　31　2000.9

半鐘はどこから運ばれてきたか（資料）（土屋貞夫）「みねぶんか」　美祢市郷土文化研究会　31　2000.9

牛の祭（中野喜久子）「みねぶんか」　美祢市郷土文化研究会　32　2001.9

昔話にみる暮らし（中野喜久子）「みねぶんか」　美祢市郷土文化研究会　33　2002.9

市制後の青年団活動について［正］，（続）（土屋貞夫）「みねぶんか」　美祢市郷土文化研究会　（37）/（38）2006.9/2007.9

随想 花まつり（中野喜久子）「みねぶんか」　美祢市郷土文化研究会　（37）2006.9

鎮守の森のある風景（中野喜久子）「みねぶんか」　美祢市郷土文化研究会　（41）2010.10

壬生神社

壬生神社 由来（阿座上尚亮）「秋芳町地方文化研究」　秋芳町地方文化研究会　34　1998.3

壬生神社の御斎祭について（秋枝顯治）「秋芳町地方文化研究」　秋芳町地方文化研究会　（46）2010.05

明栄寺

お姫様松の由来（研究・論説・紀行等）（田辺礼子）「大内文化探訪 ： 会誌」　大内文化探訪会　（32）2014.05

妙円寺

妙円探訪（高橋泰子）「大内文化探訪 ： 会誌」　大内文化探訪会　（22）2004.3

妙玄寺

光宗寺と妙玄寺（原田攤爾）「佐波の里 ： 防府史談会会誌」　防府史談会　25　1997.3

向津具半島

向津具半島と二尊院の文化財—木造阿弥陀如来立像・木造釈迦如来立像

中国　　　　　　　　　　　　　　　郷土に伝わる民俗と信仰　　　　　　　　　　　　　　　山口県

の修復について（文化財トピックス）（田立智暁）「山口県文化財」　山口県文化財愛護協会　45　2014.08

向津具村

「森崎」と死霊祭祀―山口県大津郡旧向津具村のモリサマ祭祀を例として（徳丸亜木）「鹿大史学」　鹿大史学会　通号45　1997.1

牟礼

牟礼の社寺ならびに史蹟を訪ねて（社寺訪問）（吉武保男）「佐波の里：防府史談会会誌」　防府史談会　（36）　2008.3

室積

遊女と室積（黒岩淳）「光地方史研究」　光地方史研究会　（29）　2003.3

室積の普賢菩薩と遊女（三谷博雄）「会報むろのつ」　「嶋屋」友の会　（10）　2004.1

室積の石仏と私（小川浩一）「光地方史研究」　光地方史研究会　（33）　2007.3

むろや

むろやにのこされた民具（1）弁当箱（小田善一郎）「柳井市郷談会誌」　柳井市郷談会　（37）　2013.03

餅つき地蔵

石仏石塔　餅つき地蔵と五輪塔（大石正信）「郷土文化ながと」　長門市郷土文化研究会　（15）　2003.5

もりさま

研究ノート　調査報告　福部童子祭ともりさま祭り（石永雅子）「山口県史研究」　山口県　（19）　2011.03

師井の生墓

師井の生け墓（師井一知，師井功，師井庸夫）「宇部地方史研究」　宇部地方研究会　（34）　2006.12

矢玉

女性の奉公経験と家族および地域共同体における評価―山口県豊北地方の漁業集落矢玉を事例として（谷口陽子）「日本民俗学」　日本民俗学会　通号253　2008.2

柳井

近世、柳井の醤油醸造業の展開（藤重豊）「山口県地方史研究」　山口県地方史学会　通号83　2000.6

防府天満宮の天神講社「柳井第百十八番講社」（沖金吾）「厚東」　厚東史談会　（49）　2007.11

柳井市

表紙絵　「油締具」について（小田善一郎）「柳井市郷談会誌」　柳井市郷談会　27　2003.3

柳井市内四社巡拝記（宮崎正隆）「山口県祖道史研究」　山口県神道史研究会　（15）　2003.7

柳井市における中世大般若波羅密多経について（福本幸夫）「山口県史研究」　山口県　（13）　2005.3

千人塚・首塚・古墳・墳墓などについて（藤坂豊）「柳井市郷談会誌」　柳井市郷談会　（30）　2006.3

「炭焼長者・般若姫物語」伝説の金山を発見（角田彰彦）「柳井市郷談会誌」　柳井市郷談会　（31）　2007.3

柳井津町

巻頭記　柳井津町の人々の「火伏せ」への祈り（金子佳孝）「柳井市郷談会誌」　柳井市郷談会　（33）　2009.3

八幡人丸神社

八幡人丸神社と掛渕（中野克巳）「油谷のささやき」　油谷町郷土文化会　20　2002.3

山内家住宅

山内家住宅主屋ほか五件（新指定・登録・追加認定の文化財―国登録　登録有形文化財（建造物））「山口県文化財」　山口県文化財愛護協会　45　2014.08

山口

浦上キリシタン流配事件と山口（家近良樹）「山口県史研究」　山口県　5　1997.3

「山口祇園御祭礼之覚」系統の諸本について（〔史料紹介〕）（百田昌夫）「山口県文書館研究紀要」　山口県文書館　通号25　1998.3

山口鷺流狂言と狂言絵巻（樹下明紀）「山口県地方史研究」　山口県地方史学会　通号81　1999.6

近世山口祇園会の成立と民衆（山下聡一）「瀬戸内海地域史研究」　文献出版　7　1999.7

初期イェズス会の山口布教と山口大道寺―異文化理解に関連して（伯野幸次）「山口県地方史研究」　山口県地方史学会　（84）　2000.10

ふるさと山口（16）ふるさとの呪縛（村上直久）「山口県史だより」　山口

県県史編さん室　17　2001.3

山口と萩一観光地の歴史的背景を中心に考察する神（神代祥男）「大内文化探訪：会誌」　大内文化探訪会　（22）　2004.3

経典供養塔（1），（2）（山野芳樹）「ふるさと山口」　山口の文化財を守る会　（25）／（26）　2004.6/2005.6

雑考　大内氏と亀（井上広之）「ふるさと山口」　山口の文化財を守る会　（25）　2004.6

大内氏先祖伝承と百済（斉藤智恵）「ふるさと山口」　山口の文化財を守る会　（25）　2004.6

山口鷺流狂言保存会結成50周年を迎えて（山口鷺流狂言保存会）「山口県文化財」　山口県文化財愛護協会　35　2004.8

琳聖太子伝承の伝播に関する一考察（斉藤智恵）「ふるさと山口」　山口の文化財を守る会　（27）　2006.6

大内時代の陰陽道（柴田眼治）「ふるさと山口」　山口の文化財を守る会　（27）　2006.6

山口（北部）の道祖神（山野芳樹）「ふるさと山口」　山口の文化財を守る会　（27）　2006.6

山口（北部）の猿田彦大神（山野芳樹）「ふるさと山口」　山口の文化財を守る会　（28）　2007.6

神様の飛び移った白い石（兼重元）「ふるさと山口」　山口の文化財を守る会　（28）　2007.6

創作紙芝居「五重塔はかくして残った」に込めた思い（熊野汎美）「ふるさと山口」　山口の文化財を守る会　（28）　2007.6

山口（北部）の三十三観音（山野芳樹）「ふるさと山口」　山口の文化財を守る会　（29）　2008.6

ふるさと山口（24）歌会始―皇室と和歌（小田村初男）「山口県史だより」　山口県県史編さん室　（25）　2009.03

石仏の十三仏（山野芳樹）「ふるさと山口」　山口の文化財を守る会　（30）　2009.06

道標（みちしるべ）（山野芳樹）「ふるさと山口」　山口の文化財を守る会　（32）　2011.06

「山口」にまつわる伝説・小話・風物等を紙芝居に仕立てませんか……　創作紙芝居のお勧め（熊野汎美）「ふるさと山口」　山口の文化財を守る会　（32）　2011.06

呪文を彫った石仏（内田伸）「ふるさと山口」　山口の文化財を守る会　（33）　2012.06

山口の思い出と狩野芳崖（長門・周防の民俗）（剱持あずさ）「民俗文化」　近畿大学民俗学研究所　（24）　2012.11

鷺流狂言の小舞謡―無形文化遺産部所蔵「山口鷺流小舞謡」の記録をめぐって（高桑いづみ）「無形文化遺産研究報告」　国立文化財機構東京文化財研究所　（7）　2013.03

忿怒相の仏像・馬頭観音（塩見興一郎）「ふるさと山口」　山口の文化財を守る会　（34）　2013.06

中世山口の都市形成と首都伝説の誕生（研究）（北川健）「山口県地方史研究」　山口県地方史学会　（109）　2013.6

神道による葬送とまじない（岩ском仁志）「山口考古」　山口考古学会　（33）　2013.07

山口鷺流狂言保存会の歩み―平成16年以降（文化財トピックス）（樹下明紀）「山口県文化財」　山口県文化財愛護協会　44　2013.08

忿怒相の仏像その2『仁王様はお寺のガードマン』（塩見興一郎）「ふるさと山口」　山口の文化財を守る会　（35）　2014.06

山口県

春の巡見会―下関住吉神社・考古博物館・中山神社・北九州市門司港レトロの町並み（小野保二）「柳井市郷談会誌」　柳井市郷談会　21　1997.3

山口県近代の「盲僧」の存続について（木京睦人）「山口県地方史研究」　山口県地方史学会　通号78　1997.10

山口県の北辰信仰《妙見信仰特輯》（金谷匡人）「あしなか」　山村民俗の会　249　1997.12

こえの広場（10）私の山口県方言研究（森川信夫）「山口県史だより」　山口県県史編さん室　11　1998.3

明治初期における神社秩序の形成―山口県の場合（木京睦人）「山口県史研究」　山口県　6　1998.3

館蔵「大内版妙法蓮華経板木」の文化財指定（吉積久年）「山口県文書館研究紀要」　山口県文書館　通号25　1998.3

山口県の楽踊と別府の念仏踊（財前司一）「秋芳町地方文化研究」　秋芳町地方文化研究会　34　1998.3

秋の巡見会　米山寺・仏通寺・三原城址・竹原町並み（小川行雄）「柳井市郷談会誌」　柳井市郷談会　22　1998.3

春の巡見―ザビエル記念聖堂・雪舟雲谷庵・今八幡宮・禅昌寺・新南陽郷土美術館・龍文寺（岩政幸夫）「柳井市郷談会誌」　柳井市郷談会　23　1999.3

内藤一族とキリスト教（山本一成）「大内文化探訪：会誌」　大内文化探訪会　17　1999.5

石仏を巡って　民間信仰の跡を探る（針ヶ谷毅）「大内文化探訪：会誌」

大内文化探訪会　17　1999.5

妙見社巡り（兼重俊彦）「大内文化探訪 : 会誌」　大内文化探訪会　17　1999.5

大内滅亡後のキリシタン（兼重元）「大内文化探訪 : 会誌」　大内文化探訪会　17　1999.5

山口県下の古扁額（吉積久年）「山口県文化財」　山口県文化財愛護協会　30　1999.7

山口県歴史モノ語り（11）神印「山口県史だより」　山口県県史編さん室　14　1999.10

山口県旧県会議事堂に使われていた土管―見えないモノの残し方（石綿吾朗）「山口県地方史研究」　山口県地方史学会　通号82　1999.11

春の巡見―県立美術館大ザビエル展・凌雲寺跡・玄済寺・竜蔵寺・大隅歴史美術館・赤根武人顕彰碑（角井菊雄）「柳井市郷談会誌」　柳井市郷談会　24　2000.3

馬頭観音つづき（兼重俊彦）「大内文化探訪 : 会誌」　大内文化探訪会　18　2000.4

山口県の塩田文献考―民俗・民具の視点より（歳森茂）「民具集積」　四国民具研究会　（6）2000.9

山口県の十二神祇（財前司一）「山口県地方史研究」　山口県地方史学会　（84）2000.10

山口県と慶尚南道の民俗芸能（幡部泰久）「山口県文化財」　山口県文化財愛護協会　31　2001.1

五重塔雑話（末冨延幸）「大内文化探訪 : 会誌」　大内文化探訪会　19　2001.2

県史講演録 むらの民俗と私たち（湯川洋司）「山口県史研究」　山口県　9　2001.3

山口県下の江戸初期の石鳥居銘文（内田伸）「山口県神道史研究」　山口県神道史研究会　（13）2001.8

山口県の朝鮮沿海漁業調査（木京睦人）「山口県地方史研究」　山口県地方史学会　（86）2001.10

山口県文書館所蔵 寺院明細帳・神社明細帳の種類と構成（伊藤一晴）「社寺史料研究」　社寺史料研究会, 岩田書院（発売）4　2001.11

南蛮人の見た大内時代の風俗（フロイスの日本覚書からみた風俗）（兼重元）「大内文化探訪 : 会誌」　大内文化探訪会　20　2002.2

ソロバンと電卓の見える風景―いま「民俗」とは何か（真野俊和）「山口県史研究」　山口県　10　2002.3

ふる里の史跡 小早川水軍の将浦宗勝の城「鍵城」（竹原市忠海町）／西国街道の難所「井口峠」（広島市西区）／鍾乳洞の石仏「岩屋観音」（山口県美川町）／河野水軍城「亀山城」（広島県江田島町）「郷土史紀行」　ヒューマン・レクチャー・クラブ　16　2002.4

神楽と米占い（財前司一）「山口県神道史研究」　山口県神道史研究会　（14）2002.7

「神祇令」散斎条に見えた「穢悪之事」の一考察（友田光）「山口県神道史研究」　山口県神道史研究会　（14）2002.7

山口県の近世石造狛犬（内田伸）「歴史考古学」　歴史考古学研究会　（50）2002.7

山口県の風流芸能（財前司一）「山口県文化財」　山口県文化財愛護協会　33　2002.8

県史講演録 大内氏の興隆と祖先伝承（森茂暁）「山口県史研究」　山口県　11　2003.3

成人式を迎えた探訪会と古の故里駐歩記（大内公夫）「大内文化探訪 : 会誌」　大内文化探訪会　（21）2003.4

近世における八幡宮の年中行事（土屋貞夫）「山口県神道史研究」　山口県神道史研究会　（15）2003.7

ささやかな神事に思う（上田俊成）「山口県文化財」　山口県文化財愛護協会　34　2003.8

民俗文化と郷土（ふるさと）の現状と課題（吉留徹）「山口県文化財」　山口県文化財愛護協会　34　2003.8

慶雲元年の年紀銘のある鰐口釜についての考察（藤重豊）「山口県文化財」　山口県文化財愛護協会　34　2003.8

廃止されている「穢れ」規定―いわゆる「触穢廃止令」の意義（友田光）「山口県神道史研究」　山口県神道史研究会　（16）2004.7

八幡宮の比売神について（津田勉）「山口県神道史研究」　山口県神道史研究会　（16）2004.7

木造扁額「八幡宮」（独立性易筆）について（吉積久年）「山口県文化財」　山口県文化財愛護協会　35　2004.8

連歌の里をゆく―詠い継いで四百七十余年（高橋泰子）「大内文化探訪 : 会誌」　大内文化探訪会　（23）2005.3

「祝」の語源について―古代ハフリと鳥装の祭祀者（津田勉）「山口県神道史研究」　山口県神道史研究会　（17）2005.7

山口県の絵馬（吉積久年）「山口県文化財」　山口県文化財愛護協会　36　2005.8

春季巡見 県立美術館―博物館―龍文寺（原谷百合乃）「柳井市郷談会誌」　柳井市郷談会　（30）2006.3

神楽の構造について（財前司一）「山口県神道史研究」　山口県神道史研究

会　（18）2006.7

大内義隆公敗走伝説（野村時信）「大内文化探訪 : 会誌」　大内文化探訪会　（25）2007.3

山口県下の江戸時代の鰐口（2）（内田伸）「ふるさと山口」　山口の文化財を守る会　（28）2007.6

日本古代の死の判定法から見た殯儀礼の解釈―死者反生儀礼か死霊鎮魂儀礼か（友田光）「山口県神道史研究」　山口県神道史研究会　（19）2007.7

花笠踊について（〈特集 民俗芸能の継承〉）（河村博行）「山口県文化財」　山口県文化財愛護協会　38　2007.8

山口県における備前焼系陶器（《備前歴史フォーラム 備前と茶陶―16・17世紀の変革》）（岩崎仁志）「備前市歴史民俗資料館紀要」　備前市歴史民俗資料館　（9）2007.10

県史講演録 弥生人の日々―祭りと信仰（金関恕）「山口県史研究」　山口県　（16）2008.3

節分三題（市川益子）「大内文化探訪 : 会誌」　大内文化探訪会　（26）2008.4

伝・所蔵品 能面、銀鏡、硯箱一式（梨地蒔絵）、飾り縁漆塗盆、蓋付携帯盒、伝琳聖太子剣の柄（坂田侃雄）「大内文化探訪 : 会誌」　大内文化探訪会　（26）2008.4

無形民俗文化財の現状と地域（〈特集 山口県祭り・行事調査〉）（吉留徹）「山口県文化財」　山口県文化財愛護協会　39　2008.8

サバー送りへの想いと自然と（〈特集 山口県祭り・行事調査〉）（嶋田靖代）「山口県文化財」　山口県文化財愛護協会　39　2008.8

祭り・行事調査を担当して（〈特集 山口県祭り・行事調査〉）（斉藤まゆみ）「山口県文化財」　山口県文化財愛護協会　39　2008.8

『古谷道庵日乗』にみる年中行事（〈特集 山口県祭り・行事調査〉）（河田聡）「山口県文化財」　山口県文化財愛護協会　39　2008.8

祭り・行事を追いかけて（〈特集 山口県祭り・行事調査〉）（伊藤一晴）「山口県文化財」　山口県文化財愛護協会　39　2008.8

紹介「山口県の祭り・行事」（〈特集 山口県祭り・行事調査〉）（石永雅子）「山口県文化財」　山口県文化財愛護協会　39　2008.8

「山口県の祭り・行事」調査に参加して（齋藤まゆみ）「光地方史研究」　光地方史研究会　（35）2009.03

特集 庚申信仰とひもじい様「山口県史だより」　山口県県史編さん室　（25）2009.03

古城残照「空」陸軍空挺部隊の墓標の一文字によせる（末永茂貞）「大内文化探訪 : 会誌」　大内文化探訪会　（27）2009.06

招魂社と護国神社の概略（特集 山口県内の招魂社）（津田勉）「山口県神道史研究」　山口県神道史研究会　通号21　2009.07

県内22の官祭招魂社（特集 山口県内の招魂社）（津田勉）「山口県神道史研究」　山口県神道史研究会　通号21　2009.07

荒神信仰の神観念（青田國男）「山口県神道史研究」　山口県神道史研究会　通号21　2009.07

県史講演録「森」と神と人―山口県における「森神信仰」（徳丸亞木）「山口県史研究」　山口県　（18）2010.03

洋型墓石に刻まれている文字 特に好まれる漢字（話のひろば）（寺田康道）「大内文化探訪 : 会誌」　大内文化探訪会　（28）2010.06

琳聖太子教団の発祥地の再発見（北川健）「大内文化探訪 : 会誌」　大内文化探訪会　（28）2010.06

森と石の神々（青田國男）「山口県神道史研究」　山口県神道史研究会　（22）2010.07

中世部会 中世の調理具「石鍋」（部会トピックス）「山口県史だより」　山口県県史編さん室　（27）2010.11

町総合文化祭参加「おらが故郷の名物」第21回（山口県の巻）郷土料理「いとこ煮」の試食会（会だより）（吉成茂子）「なえい」　奈井江町教育委員会［ほか］　（30）2011.04

毛利輝元とキリシタン（小川国治）「山口県地方史研究」　山口県地方史学会　（105）2011.06

山口県における外来狛犬について―石製参道狛犬移入の実態とその背景（岩崎仁志）「山口県考古」　山口考古学会　（31）2011.07

天皇の祭りと民俗の神々（青田國男）「山口県神道史研究」　山口県神道史研究会　（23）2011.07

山口県近代和風建築調査に関わらせていただいて（特集 山口県近代和風建築総合調査）（中川明子）「山口県文化財」　山口県文化財愛護協会　42　2011.8

山口県近代和風建築総合調査徒然（特集 山口県近代和風建築総合調査）（金子敦子）「山口県文化財」　山口県文化財愛護協会　42　2011.8

近代和風建築調査を振り返って（特集 山口県近代和風建築総合調査）（宮本渉）「山口県文化財」　山口県文化財愛護協会　42　2011.8

山口県近代和風建築総合調査事業の概要（特集 山口県近代和風建築総合調査）（社会教育・文化財課）「山口県文化財」　山口県文化財愛護協会　42　2011.8

観音様の奉安庫改修と糸桜・新緑の風景（文化財トピックス）（伊藤禮之）「山口県文化財」　山口県文化財愛護協会　42　2011.08

中国　　　　　　　　　　　　　　　郷土に伝わる民俗と信仰　　　　　　　　　　　　　　　山口県

旧建長寺末寺考(7)―広島県(安芸国)・山口県(周防国・長門国)編(鈴木佐)「鎌倉」鎌倉文化研究会　(112)　2012.01

公開歴史講座 瓦から大内氏が見える(公開歴史講座ほか)(北島大輔)「大内文化探訪 : 会誌」大内文化探訪会　(30)　2012.05

研究 河内神信仰と一考察―神社の祭神について(友田光)「山口県神道史研究」　山口県神道史研究会　(24)　2012.07

山口県のウミガメの民俗―長門地方の祭祀・供養習俗を中心に(長門・周防の民俗)(藤井弘章)「民俗文化」　近畿大学民俗学研究所　(24)　2012.11

明治期山口県の魚市場慣行調に見る魚問屋仕入制度の諸相(上)―近世防長漁業の内部構造・地域類型解明の手がかりとして(木部和昭)「やまぐち学の構築」　山口大学研究推進体「やまぐち学」推進プロジェクト　(9)　2013.3

「平家物語」を貫く神国思想(上)(研究)(青田國男)「山口県神道史研究」　山口県神道史研究会　(25)　2013.07

国造の在地祭祀職への遷移(研究)(津田勉)「山口県神道史研究」　山口県神道史研究会　(25)　2013.07

国指定 史跡 大板山たたら製鉄遺跡/史跡 萩往還(追加指定)/重要文化財 有近家住宅/重要文化財(絵画) 紙本著色松崎天神縁起箱入 六巻 附 紙本著色松崎天神縁起 六巻(追加指定)/史跡 周防灘干拓問遺跡 高泊開作浜五挺唐樋 名田島新開作南蛮樋(追加指定)/新指定・登録の文化財や新設定のふるさと文化財の森」「山口県文化財」　山口県文化財愛護協会　44　2013.8

県内妙見社の創建と流布―領主から庶民へ(河村蒸一郎)「下松地方史研究」　下松地方史研究会　(50)　2014.04

大内氏の菩提寺(記念講演・公開歴史講座―公開歴史講座)(伊藤幸司)「大内文化探訪 : 会誌」大内文化探訪会　(32)　2014.05

室町期における大内氏の妙見信仰と祖先伝説(論説)(平瀬直樹)「史林」　史学研究会　97(5)通号507　2014.09

山口市

山口市内の「市えびす社」を探し求めて(市川益子)「大内文化探訪 : 会誌」大内文化探訪会　18　2000.4

山口市陶の腰輪踊り(財前司一)「山口県神道史研究」　山口県神道史研究会　(15)　2003.7

民俗専門部会 農耕文化を伝える(伊藤彰)「山口市史編さんだより」　山口市総合政策部　(1)　2003.8

山口市のサイノカミとサヨヒメさま(大畠建彦)「西郊民俗」　西郊民俗談話会　(192)　2005.9

市史「史料編」編さん講演会4 民俗と地名 講師・伊藤彰氏「山口市史編さんだより」　山口市総合政策部　(7)　2006.8

山口市の陸軍埋葬地について(木京睦人)「山口県史研究」　山口県史　(15)　2007.3

大内氏治下の建築様式/懐かしい風景―昭和30年代のたなばたまつり/市史編さんファイル「山口市史編さんだより」　山口市総合政策部　(9)　2007.8

内視鏡(ファイバースコープ)を用いた仏像胎内銘の調査「山口市史編さんだより」　山口市総合政策部　(11)　2008.8

市内探訪II 陶窯跡(平成20年度文化財現地探訪報告)(寺田康道)「ふるさと山口」　山口の文化財を守る会　(30)　2009.6

山口大神宮

大内義興と大神宮(内田伸)「大内文化探訪 : 会誌」大内文化探訪会　18　2000.4

山口大神宮式年遷宮を機縁に(村岡満)「大内文化探訪 : 会誌」大内文化探訪会　19　2001.2

「山口大神宮の式年遷宮」にあたって(林康夫)「大内文化探訪 : 会誌」大内文化探訪会　19　2001.2

神明造りの大神宮(永久鐵哉)「大内文化探訪 : 会誌」大内文化探訪会　(21)　2003.4

山口藩

明治初期山口藩の宗教政策―寺院整理を中心に(木京睦人)「山口県地方史研究」　山口県地方史学会　通号79　1998.6

山崎八幡宮

新南陽市富田山崎八幡宮の宮座について(財前司一)「山口県神道史研究」　山口県神道史研究会　(13)　2001.8

新南陽市指定民俗文化財としての「山崎八幡宮本山神事及び山車」の概要(田中賢一)「徳山地方郷土史研究」　徳山地方郷土史研究会　24　2003.3

山代

山代の川舟による交易について(恵本洋嗣)「山口県地方史研究」　山口県地方史学会　(86)　2001.10

山代神楽の取り組み(〈特集 民俗芸能の継承〉)(鮎川孝裕)「山口県文化財」　山口県文化財愛護協会　38　2007.8

山代地方の山舞(小原清)「山口県地方史研究」　山口県地方史学会

(103)　2010.06

山代神楽覚書―周防岩国北部(小原清)「あしなか」　山村民俗の会　301　2014.09

山田家本屋

「山田家本屋」の移築復元について(周南市教育委員会)「山口県文化財」　山口県文化財愛護協会　35　2004.8

由宇町

年番大神楽―那珂郡由宇町(三村泰臣)「まつり通信」　まつり同好会　40(12)通号478　2000.11

玖珂郡由宇町の「鎮火祭」(三村泰臣)「まつり通信」　まつり同好会　43(1)通号503　2003.1

雄峰寺

雄峰寺探訪記(佐藤誠)「隣人 : 草志会年報」草志会　(23)　2010.03

湯本

伝説の踊り「湯本南条踊」―その謎と歴史ロマン(吉富尊一)「郷土文化ながと」　長門市郷土文化研究会　(25)　2013.05

油谷

重藤の弓と平家伝説(内藤繁行)「油谷のささやき」　油谷町郷土文化会　19　2001.3

私の気象考―伝説・諺・仄聞から(椋木強)「油谷のささやき」　油谷町郷土文化会　(23)　2003.5

神仏信仰の不思議(内田彰)「油谷のささやき」　油谷町郷土文化会　(23)　2005.3

柳澤桂子の心訳「般若心経」について(内田彰)「油谷のささやき」　油谷町郷土文化会　(24)　2006.3

油谷の祭りと行事について―菱海・蔵小田地区(前田勲)「油谷のささやき」　油谷町郷土文化会　(26)　2008.3

油良八幡宮

油良八幡宮境内地調査概報(林芙美夫)「田布施町郷土館研究紀要」　田布施町郷土館　(6)　2005.8

永興寺

諸山周防永興寺の住持・住僧資料(〔史料紹介〕)(百田昌夫)「山口県文書館研究紀要」　山口県文書館　通号27　2000.3

調査と探求岩国の永興寺と洪川宗温(笹尾哲雄)「山口県地方史研究」　山口県地方史学会　(94)　2005.11

岩国永興寺紹介(志谷健才、高田光彦)「大内文化探訪 : 会誌」大内文化探訪会　(25)　2007.3

浅(泉)處寺と永興寺(廃寺)の沿革 元和・寛永検地帳を中心として(河村蒸一郎)「下松地方史研究」　下松地方史研究会　(44)　2007.12

永明寺

永明寺の欄間とその作者について(川口智)「ふるさと」　橘郷土会　(36)　2014.02

吉見村

吉見村「史跡顕彰碑」建立の経緯(西村智明)「厚東」　厚東史研究会　(55)　2013.11

竜宮西門

龍宮西門に思う―山寺で観えたもの(福嶋弘昭)「柳井市郷談会誌」　柳井市郷談会　(38)　2014.05

竜福寺

重要文化財龍福寺本堂を修理する(高橋好夫)「山口県文化財」　山口県文化財愛護協会　38　2007.8

竜文寺

鹿野町・龍文寺散策(山田耕二)「郷土文化ながと」　長門市郷土文化研究会　11　1999.5

島根県下鬥光寺の梵鐘について―元山口龍文寺の梵鐘(鳥谷芳雄)「山口県文化財」　山口県文化財愛護協会　38　2007.8

特別講演 龍文寺と陶氏の追憶(中村俊孝)「徳山地方郷土史研究」　徳山地方郷土史研究会　(31)　2010.03

横田老人会、龍文寺に参詣(徳本直之)「松前史談」　松前町松前史談会　(28)　2012.03

表紙写真説明 曹洞宗中本山 龍文寺の山門「松前史談」　松前町松前史談会　(28)　2012.03

凌雲寺

石造物ウォッチング凌雲寺の宝篋印塔(鎌倉健一)「郷土史紀行」　ヒューマン・レクチャー・クラブ　35　2005.9

瑠璃光寺

文化財トピックス 半世紀ぶりの一般公開 瑠璃光寺五重塔(山口市)「郷土史紀行」　ヒューマン・レクチャー・クラブ　(38)　2006.3

瑠璃光寺五重塔メモ/文化財メモ「ふるさと山口」 山口の文化財を守る
会 （31） 2010.06
国宝・瑠璃光寺五重塔の前で写す「かんべ」 可部郷土史研究会 （121）
2012.04
特集 100年前の古建築修理 瑠璃光寺五重塔の解体修理「山口県史だよ
り」 山口県県史編さん室 （31） 2014.11

霊昌寺

毛利に潰された下松の二大寺院 東の霊昌寺と西の西福寺（河村蒸一郎）
「下松地方史研究」 下松地方史研究会 40 2003.12

六角堂

大内氏と六角堂（石田芳朗）「大内文化探訪 ： 会誌」 大内文化探訪会
19 2001.2

鰐鳴八幡宮

八幡宮紹介 鰐鳴八幡宮（山口県山口市上小鯖）「季刊悠久.第2次」 鶴岡
八幡宮悠久事務局 （125） 2011.08

わんわん寺

柳井名所は わんわん寺と清狂草堂と般若寺（沖原宗雄）「柳井市郷談会
誌」 柳井市郷談会 28 2004.3

四国

渭南

渭南・歴史風土と民話（本田南城）「西南四国歴史文化論叢よど」 西南四国歴史文化研究会 （3） 2002.3

渭南地方の大型地蔵石仏（安岡道雄）「西南四国歴史文化論叢よど」 西南四国歴史文化研究会 （13） 2012.04

三ケ国参り

三ケ国参りの納経帳（喜代吉栄徳）「新居浜史談」 新居浜郷土史談会 273 1998.5

四国

高田屋嘉兵衛と遍路石（佐々木馬吉）「史談くぼかわ」 窪川史談会 （9） 1989.05

辺路さまざま（喜代吉栄徳）「新居浜史談」 新居浜郷土史談会 257 1997.1

遍路の果て 享保～明和（北村六合光）「兵庫歴研」 兵庫歴史研究会 13 1997.1

座談会 遍路について［正］,（続）「新居浜史談」 新居浜郷土史談会 258/259 1997.2/1997.3

中国・四国にみる瀬戸焼の世界（荻野繁春）「瀬戸市埋蔵文化財センター研究紀要」 瀬戸市文化振興財団 5 1997.3

真念道標石小考（喜代吉栄徳）「四国辺路研究」 海王舎 11 1997.5

回国碑の謎（3）～（8）（喜代吉栄徳）「四国辺路研究」 海王舎 11/20 1997.5/2002.12

辺路札余滴（喜代吉栄徳）「四国辺路研究」 海王舎 11 1997.5

遍路と茶の話—茶堂の発生について（喜代吉栄徳）「四国辺路研究」 海王舎 12 1997.8

「四国中諸日記」寛政7年玉井元之進（国立史料館蔵）（喜代吉栄徳）「四国辺路研究」 海王舎 12 1997.8

辺路札（4）（喜代吉栄徳）「四国辺路研究」 海王舎 12 1997.8

四国往来手形の事（喜代吉栄徳）「新居浜史談」 新居浜郷土史談会 264 1997.8

シンポジウム「民具を語る」「四国民具通信」 四国民具研究会 （7） 1997.10

四国山茶の歴史と民俗（1）（近藤日出男）「新居浜史談」 新居浜郷土史談会 266 1997.10

連枷見聞—唐棹広域調査事始め（織野英史）「民具集積」 四国民具研究会 （3） 1997.10

連枷雑想—結束型のことなど他（畠山豊）「民具集積」 四国民具研究会 （3） 1997.10

四国の五輪塔の系譜 火山石五輪塔編（秦章）「史迹と美術」 史迹美術同攷会 67（9） 1997.11

四国山茶の歴史と民俗—御堂と茶堂（2）（近藤日出男）「新居浜郷土史談会」 新居浜郷土史談会 268 1997.12

四国山茶の歴史と民俗（3）江戸期伊予の茶作り（近藤日出男）「新居浜史談」 新居浜郷土史談会 269 1998.1

「障り信仰」の論理あるいは非一論理（1）,（2）（香川雅信）「四国民俗」 四国民俗学会 通号31/通号32 1998.2/1999.8

海を越えて—民謡の中の伝承（西山市郎）「四国民俗」 四国民俗学会 通号31 1998.2

村の芸談（3）太夫聞書（水野一典）「四国民俗」 四国民俗学会 通号31 1998.2

柿渋のことなど（丸山恵子）「四国民俗」 四国民俗学会 通号31 1998.2

同行二人一人旅日記（大西嘉吉）「宇摩史談」 宇摩史談会 71 1998.3

四国山茶の歴史 半農半漁村の農漁村と島嶼村との喫茶の風習（5）（近藤日出男）「新居浜史談」 新居浜郷土史談会 271 1998.3

四国遍路と私（小西テル子）「ふるさと長尾」 大川郡長尾町教育委員会. 長尾町文化財保護協会 （21） 1998.4

四国山茶の歴史と民俗煎茶と発酵茶の里（6）（近藤日出男）「新居浜史談」 新居浜郷土史談会 273 1998.5

用語「奉納大乗妙典」の盛衰（喜代吉栄徳）「四国辺路研究」 海王舎 15 1998.8

辛改元卯年銘の唐箕について（六車功）「民具集積」 四国民具研究会 （4） 1998.9

遍路宿模様（喜代吉栄徳）「四国辺路研究」 海王舎 16 1998.12

関の戸の宿（喜代吉栄徳）「四国辺路研究」 海王舎 16 1998.12

岸の下・イン（宿）（喜代吉栄徳）「四国辺路研究」 海王舎 16 1998.12

四国道中記（喜代吉栄徳）「四国辺路研究」 海王舎 16 1998.12

中司茂兵衛周旋の什物（喜代吉栄徳）「四国辺路研究」 海王舎 16 1998.12

遍路石に見える四国巡礼の諸相（岡村庄造）「日本の石仏」 日本石仏協会, 青娥書房（発売） 通号88 1998.12

遍路学事始め開講（1）,（2）（喜代吉栄徳）「新居浜史談」 新居浜郷土史談会 282/283 1999.2/1999.3

愛媛県下の巡礼参詣絵馬に関する一考察—四国遍路と伊勢参宮の絵馬を事例として（谷脇温子）「研究紀要」 愛媛県歴史文化博物館 （4） 1999.3

四国お遍路の旅（久光守之）「東葛流山研究」 流山市立博物館友の会事務局, 崙書房出版（発売） （17） 1999.3

四国へんろ道標石考（喜代吉栄徳）「日本の石仏」 日本石仏協会, 青娥書房（発売） 通号89 1999.3

四国札所みちしるべ紀行（織田寧人）「日本の石仏」 日本石仏協会, 青娥書房（発売） 通号89 1999.3

四国の陶芸について（篠原雅士）「新居浜史談」 新居浜郷土史談会 284 1999.4

四国遍路雑感（大森昭生）「郷土うちこ」 内子町郷土研究会 22 1999.5

「巳正月」研究の論点と課題（大本敬久）「四国民俗」 四国民俗学会 通号32 1999.8

村の芸談（4）芸司聞書抄（水野一典）「四国民俗」 四国民俗学会 通号32 1999.8

虫送り（多田豊美）「四国民俗」 四国民俗学会 通号32 1999.8

誌上講座 遍路学事始め（喜代吉栄徳）「新居浜史談」 新居浜郷土史談会 289 1999.9

牛鬼形相考—牛と鬼との交錯（大本敬久）「民具集積」 四国民具研究会 （5） 1999.9

船釘と遊ぶ（松井信洋）「民具集積」 四国民具研究会 （5） 1999.9

連枷調査概論—四国のからざお調査要綱（織野英史）「民具集積」 四国民具研究会 （5） 1999.9

巡礼・遍路の民俗祖型考—四国地方の聖地信仰（荒井貢次郎）「奥武蔵」 奥武蔵研究会 312 2000.3

四国西部に隼人の伝承をさぐる（1）～（4）（川沢哲夫, 杉原勇三）「西南四国歴史文化論叢よど」 西南四国歴史文化研究会 （1）/（7） 2000.3/2006.3

本の紹介 近藤日出夫『四国・食べ物民俗学』（梅野光興）「土佐民俗会誌」 土佐民俗会 74 2000.3

スペインのサンティアゴ・デ・コンポステーラ巡礼と四国遍路（藤沢真理子）「文化愛媛」 愛媛県文化振興財団 44 2000.3

私の四国遍路（高田国義）「富士民俗の会会報」 富士民俗の会 （13） 2000.4

日向国における庶民信仰—四国遍路の事例（前田博仁）「宮崎県地方史研究紀要」 宮崎県立図書館 26 2000.6

四国遍路（梅田照子）「目黒区郷土研究」 目黒区郷土研究会 545 2000.6

辺路石の系譜試論錯相（喜代吉栄徳）「新居浜史談」 新居浜郷土史談会 299 2000.7

村の芸談（5）一念仏踊80年（水野一典）「四国民俗」 四国民俗学会 （34） 2000.8

郷土古文書史料集（197）～（209）誌上遍路［1］～（13）『四国偏礼道指南増補大成』（喜代吉栄徳）「新居浜史談」 新居浜郷土史談会 301/313 2000.9/2001.9

唐竿の形から情報を引き出す試み—動く民具をどう捉えるか（河野通明）「民具集積」 四国民具研究会 （6） 2000.9

スライド 四国の石仏巡礼120景（岡村庄造）「秦史談」 秦史談会 101 2001.1

〔資料紹介〕 四国西国巡拝記（井上淳）「研究紀要」 愛媛県歴史文化博物館 （6） 2001.3

四国遍路図考（松尾剛次）「山形大学歴史・地理・人類学論集」 山形大学歴史・地理・人類学研究会 （2） 2001.3

遍路日記のこと（小松勝記）「秦史談」 秦史談会 102 2001.3

四国西南部における琉球芋と唐芋の伝来（宮本春樹）「西南四国歴史文化論叢よど」 西南四国歴史文化研究会 （2） 2001.3

ヤブヤキの民俗 中国・四国地方の焼畑（白石昭臣）「東北学．［第1期］」 東北芸術工科大学東北文化研究センター, 作品社（発売） 4 2001.4

真筆 種田山頭火の四国遍路日記（前田年雄）「いの史談」 いの史談会 （52） 2001.5

密教と遍路の展開形態（荒井貢次郎）「せこ道」 山地民俗関東フォーラム 4 2001.7

往来手形の事《往来手形特集》「四国辺路研究」 海王舎 18 2001.7

捨て往来トハ？《往来手形特集》「四国辺路研究」 海王舎 18 2001.7

番所・関所のこと《往来手形特集》「四国辺路研究」 海王舎 18 2001.7

往来手形集《往来手形特集》「四国辺路研究」 海王舎 18 2001.7

四国の遍路事情―小豆島赤松家文書「四国辺路研究」 海王舎 18 2001.7

口承文芸にかかわる中・四国地域のおもな動向 2001年前期（白石昭臣）「伝え ： 日本口承文芸学会会報」 日本口承文芸学会 29 2001.9

四国での観音参りの事「四国辺路研究」 海王舎 19 2001.11

札はさみ板「四国辺路研究」 海王舎 19 2001.11

権平と申す坊主病死一件「四国辺路研究」 海王舎 19 2001.11

田植具に関する一考察（歳森茂）「民具集積」 四国民具研究会 （7） 2001.11

〔書評・新刊紹介〕ナタリー・クワメ『日本古文書解読入門―四国遍路史料による』（小田匡保）「京都民俗 ： 京都民俗学会会誌」 京都民俗学会 通号19 2001.12

四国巡礼記（亀井芳文）「ふるさと長尾」 大川郡長尾町教育委員会, 長尾町文化財保護協会 （25） 2002.3

四国に見る「仏の正月」―庖丁による餅分割儀礼（城埜真代）「久里」 神戸女子民俗学会 （12） 2002.4

郷土古文書史料集（217）～（221）誌上遍路文化辰年納経帳から［1］～（5）（喜代吉栄徳）「新居浜史談」 新居浜郷土史談会 321/325 2002.5/2002.9

資料紹介 明治八年一月西国四国道中諸入用帳（高橋一郎）「とみづか」 戸塚歴史の会 28 2002.6

第38回例会報告 森正人氏「1930年代を中心とする四国遍路の編成―「モダン遍路」の登場と「遍路同行会」の設立」/小嶋博巳氏「六十六部縁起の諸本について」「巡礼研究会通信」 巡礼研究会 （38） 2002.6

四国の祭礼―山車の分布を探る《特集 四国の祭礼山車》（大本敬久）「四国民俗」 四国民俗学会 （35） 2002.9

衣装山のことなど（水野一典）「四国民俗」 四国民俗学会 （35） 2002.9

巡礼研究会第39回例会報告 研究発表 荒川裕紀氏「現代社会における四国遍路の機能―歩き遍路の属性、体験分析から」/加藤善朗氏「一遍と二河白道図―儀礼のかたち」「巡礼研究会通信」 巡礼研究会 （39） 2002.10

遍路記（1）～（4）（津田悟）「わかくす ： 河内ふるさと文化誌」 わかくす文芸研究会 （42）/（45） 2002.11/2004.5

19世紀 世立て辺路・乞食遍路等史料「四国辺路研究」 海王舎 20 2002.12

辺路送り史料「四国辺路研究」 海王舎 20 2002.12

四国南部地方における山姥伝承（上）,（下）（戸根伸剛）「土佐民俗 ： 土佐民俗会誌」 土佐民俗学会 79/81 2003.1/2003.12

「遍路」（丹後千賀子）「おくやまのしょう ： 奥山荘郷土研究会誌」 奥山荘郷土研究会 （28） 2003.3

資料見学会/巡礼研究講演会「四国遍路と六十六部」（澤井浩一, 中山和久）「巡礼研究会通信」 巡礼研究会 （42） 2003.4

明治維新前後の遍路の動き 伊予国飯尾家文書「四国辺路研究」 海王舎 21 2003.8

遍路札―幕末明治維新期の遍路の動向「四国辺路研究」 海王舎 21 2003.8

付 納め札は語る（同行新聞より）「四国辺路研究」 海王舎 21 2003.8

研究批評 巡礼研究講演会「四国遍路と六十六部」によせて（西海賢二）「日本民俗学」 日本民俗学会 通号235 2003.8

「村上水軍旗」について―紅地白引両上字紋幟（中川和）「民具集積」 四国民具研究会 （9） 2003.9

えひめ・学・事典（25）四国遍路と特産品（横山昭市）「文化愛媛」 愛媛県文化振興財団 51 2003.10

四国偏路仕候弁（喜代吉栄徳）「新居浜史談会」 新居浜郷土史談会 339 2003.11

南海道・四国地方への熊野信仰の地方展開―土佐・伊予を中心として（山口登志夫）「熊野誌」 熊野地方史研究会 （49） 2003.12

四国遍路と縁談（大西紘一）「香川の民俗」 香川民俗学会 67 2004.1

四国遍路絵図に関する一考察（松尾剛次）「山形大学歴史・地理・人類学論集」 山形大学歴史・地理・人類学研究会 （5） 2004.3

血盆経・御影札等頒布録「四国辺路研究」 海王舎 22 2004.3

寺院家計出費録「四国辺路研究」 海王舎 22 2004.3

明治期往来病気・死人の取扱い事例 明治20年遍路死者取扱い一件/明治12年村病人順送り状「四国辺路研究」 海王舎 22 2004.3

捨往来用語資料 四国遍路病死ニ付郡方御役所へ達し書付并往来手形扣へ/但馬者病死・揚手形）「四国辺路研究」 海王舎 22 2004.3

四国における「首切れ馬」伝説の分布（小野光晴）「徳島地域文化研究」 徳島地域文化研究会 （2） 2004.3

総会記念講演 空海と四国遍路（寺内浩）「怒麻」 大西町史談会事務局 （26） 2004.4

四国妖怪談義《特集 四国の妖怪》（梅野光興）「四国民俗」 四国民俗学会 （36・37） 2004.7

牛鬼の起源に関する序説《特集 四国の妖怪》（大本敬久）「四国民俗」 四国民俗学会 （36・37） 2004.7

小吉さんの出稼ぎ（高嶋賢二）「四国民俗」 四国民俗学会 （36・37） 2004.7

荷馬車引きの話（坂本正夫）「四国民俗」 四国民俗学会 （36・37） 2004.7

村の芸談（6）―芝居の裏方聞書（水野一典）「四国民俗」 四国民俗学会 （36・37） 2004.7

四国遍路雑ం（古澤満明）「藤岡史談」 藤岡町古文書研究会 （10） 2004.7

四国各地に残る芋名月ともちなし正月（近藤日出男）「土佐地域文化」 土佐地域文化研究会 （8） 2004.12

四国遍路（秋澤英雄）「奥武蔵」 奥武蔵研究会 341 2005.1

四国遍路とさぬき市の札所寺院（豊島修）「さぬき市の文化財」 さぬき市文化財保護協会 （2） 2005.3

へんろ手形考―近世人の覚悟（藤井洋一）「さぬき市の文化財」 さぬき市文化財保護協会 （2） 2005.3

四国巡拝を終えて（藤田忠信）「郷土の文化」 観音寺市郷土文化大学 30 2005.3

《特集 四国遍路》「徳島地域文化研究」 徳島地域文化研究会 （3） 2005.3

マス・メディアの中の四国遍路―1980年代以降のラフスケッチ（森正人）「徳島地域文化研究」 徳島地域文化研究会 （3） 2005.3

語りわけられる巡礼者―四国遍路のターミノロジー（浅川泰宏）「徳島地域文化研究」 徳島地域文化研究会 （3） 2005.3

海を渡る接待―四国外からの接待聞書（水野一典）「徳島地域文化研究」 徳島地域文化研究会 （3） 2005.3

村境の大草履―四国西南部の事例を中心に（高嶋賢二）「民具研究」 日本民具学会 （131） 2005.3

資料 四国へんろの変遷と通説の再考（1）（岡村庄造）「秦史談」 秦史談会 127 2005.5

創作された「四国へんろ」の史料（小松勝記）「秦史談」 秦史談会 128 2005.7

四国稗―謎多き作物を尋ねて（佐藤省三）「土佐地域文化」 土佐地域文化研究会 （9） 2005.8

おへんろ旅日記（抄）（たなかよしゆき）「せこ道」 山地民俗関東フォーラム 6 2005.9

「五段」という獅子舞―流技に関する一考察（水野一典）「四国民俗」 四国民俗学会 （38） 2005.10

遍路の礎（吉橋清）「史談八千代 ： 八千代市郷土歴史研究会機関誌」 八千代市郷土歴史研究会 （30） 2005.11

四国遍路の周辺―慰霊鎮魂の習俗（地域の力）（藤井洋一）「さぬき市の文化財」 さぬき市文化財保護協会 （3） 2006.3

四国滝模様（大西優）「郷土の文化」 観音寺市郷土文化大学 31 2006.3

道中日記にみる四国遍路―「四国西国巡拝記」を中心に（井上淳）「研究紀要」 愛媛県歴史文化博物館 （11） 2006.3

四国の木喰仏（小島梯次）「微笑佛」 全国木喰研究会 （14） 2006.4

遍路と村人（北村六合光）「兵庫歴研」 兵庫歴史研究会 （22） 2006.4

四国の鹿踊り―民俗芸能の伝播と変遷《特集 獅子芸能の世界へ》―〈民族芸能研究会―東アジアの獅子芸能〉（大本敬久）「まんだら ： 東北文化友の会会報」 東北芸術工科大学東北文化研究センター （27） 2006.5

昭和5年の遍路旅「四国辺路研究」 海王舎 （25） 2006.6

昭和5年のへんろ人模様「四国辺路研究」 海王舎 （25） 2006.6

四国巡礼・難渋の旅（吹揚岳之）「紀南・地名と風土研究会会報」 紀南・地名と風土研究会 （39） 2006.7

記録からたどる四国遍路《特集 おへんろ再発見》（井上淳）「文化愛媛」 愛媛県文化振興財団 （57） 2006.10

遍路記に見る遍路の宿《特集 おへんろ再発見》（赤松環）「文化愛媛」 愛媛県文化振興財団 （57） 2006.10

心に出会う―学生の歩き遍路体験《特集 おへんろ再発見》（市川ひろみ）「文化愛媛」 愛媛県文化振興財団 （57） 2006.10

遍路をめぐる文学《特集 おへんろ再発見》（図子英雄）「文化愛媛」 愛媛県文化振興財団 （57） 2006.10

四国遍路の周辺―慰霊鎮魂の習俗《特集 四国の八朔習俗》（藤井洋一）「四国民俗」 四国民俗学会 （39） 2006.10

那須与一とボックリ（コロリ）信仰―近畿・四国地方を事例として（松崎憲三）「民俗学研究所紀要」 成城大学民俗学研究所 31 2007.3

17世紀 海を渡っての四国遍路（藤井洋一）「さぬき市の文化財」 さぬき市文化財保護協会 （4） 2007.3

四国西南地域の曽我伝説（甫喜本一）「西南四国歴史文化論叢 よど」 西南

四国歴史文化研究会　(8)　2007.3

四国四県の亥ノ子習俗《特集 海部地方の民俗》(佐藤文哉)「徳島地域文化研究」徳島地域文化研究会　(5)　2007.3

四国に伝わる古代茶の拡がり《茶特集》(近藤日出男)「土佐地域文化」[土佐地域文化研究会]　(11)　2007.6

天下一品四国のやま茶ほうじ茶《茶特集》(脇博義)「土佐地域文化」[土佐地域文化研究会]　(11)　2007.6

江戸時代後期における四国遍路の接待(上),(下)―文政期・天保期を中心に(井原恒久)「伊予史談」伊予史談会　(346)/(347)　2007.7/2007.10

四國中御宿井入用申扣(文政11年)補講「くもじ」「四国辺路研究」海王舎　(26)　2007.7

幕末期の「接待模様」について「四国辺路研究」海王舎　(26)　2007.7

シンポジウム「遍路と巡礼地四国」於・香川大学「四国辺路研究」海王舎　(26)　2007.7

四国の補陀落信仰《大会特集I 四国―その内と外と》―〈問題提起〉)(根井浄)「地方史研究」地方史研究協議会　57(4)通号328　2007.8

四国山間部の里芋と雑穀の民俗《大会特集I 四国―その内と外と》―〈問題提起〉)(津野幸右)「地方史研究」地方史研究協議会　57(4)通号328　2007.8

巡礼研究会第56回例会 柴谷宗叔氏「現代巡礼者の実態と分析―四国、西国アンケート調査から」/内海寧子氏「大坂と近在における中山寺信仰―「年頭廻礼帳」の史料紹介」(中山和久)「巡礼研究会通信」巡礼研究会　(57)　2007.8

幕末期の四国遍路のとまどい《大会特集I 四国―その内と外と》―〈問題提起〉)(稲田道彦)「地方史研究」地方史研究協議会　57(5)通号329　2007.10

「四国遍路」研究をめぐる最近の動向―「旅と祈りの道―阿波の巡礼―」展示によせて(西海賢二)「地方史研究」地方史研究協議会　57(5)通号329　2007.10

「四国の力石」(高島慎助著)から「秦史談」秦史談会　(142)　2007.11

ヘンロ考察に見える「梁塵秘抄」所収の冝(稿)(小松勝記)「秦史談」秦史談会　(142)　2007.11

四国遍路の展開における講集団の関わり(栗田英彦)「東北宗教学」東北大学大学院文学研究科宗教学研究室　3　2007.12

初体験の四国石仏遍路《特集 石仏の座所》(鈴木匠)「日本の石仏」日本石仏協会，青娥書房(発売)　(124)　2007.12

四国稗の呼び名と分布・その他(佐藤章三)「土佐民俗 : 土佐民俗会誌」土佐民俗学会　通号89　2007.12

四国遍路問訊書 中賀茂庄屋処分書(研究の足跡)(長谷英徳)「三好郷土史研究会誌」三好郷土史研究会　(16)　2007.12

巡礼研究会第57回例会 デイビット・モートン氏「外国人の四国遍路の歴史」/中山和久「四国遍路における弘法大師信仰の展開」(中山和久)「巡礼研究会通信」巡礼研究会　(58)　2008.1

近世後期四国遍路における宿組合について―「永代笠講定宿附」をてがかりに(農間喬教)「伊予史談」伊予史談会　(348)　2008.1

日本民間信仰史研究序説(11) 四国遊行のヒジリたち(谷川健一)「東北学.[第2期]」東北芸術工科大学東北文化研究センター，柏書房(発売)　(14)　2008.2

書籍紹介 『四国のからさお―四国の連枷調査報告集―』(織野英史)「民具マンスリー」神奈川大学　40(11)通号479　2008.2

四国の狐と狸の妖怪について《香川民俗学会40周年の歩みを記念して》―一言集―香川民俗学会40周年に立って)(阿部健造)「香川の民俗」香川民俗学会　通号71　2008.2

四国遍路と阿弥陀・念仏信仰(武田和昭)「文化財協会報.特別号」香川県文化財保護協会　2007年度　2008.3

四国の仏像(石井俊典)「香美史談」香美史談会　(1)　2008.03

熟女4人遍路旅(松元美紀子)「安城民俗」安城民俗談話会　(30)　2008.5

伊勢の風―大神楽を迎える人々(羽床住人)「四国民俗」四国民俗学会　(40)　2008.6

四国巡礼信仰と世界遺産への道(小山田憲正)「今治史談」今治史談会　(14)　2008.6

古代の四国遍路(寺内浩)「今治史談」今治史談会　(14)　2008.6

遍路と装束の社会史(内田九州男)「今治史談」今治史談会　(14)　2008.6

夏休みのお遍路さん(前田由紀枝)「飛騨 : 高知県立坂本龍馬記念館だより」高知県立坂本竜馬記念館　(67)　2008.10

タカラバチ作り聞書(水野一典)「四国民俗」四国民俗学会　(41)　2008.12

講演 近世期の「へんろ」と村社会―「旅としてのへんろ」の視点で(山本秀夫)「さぬき市の文化財」さぬき市文化財保護協会　(6)　2009.03

「へんろ交流サロン」に寄せられた文献資料から(木村照一)「さぬき市の文化財」さぬき市文化財保護協会　(6)　2009.03

新出の細田周英筆「四国徧禮図」について(武田和昭)「文化財協会報.特別号」香川県文化財保護協会　2008年度　2009.03

四国の古代層塔(松田朝由、海邉博史)「香川考古」香川考古刊行会　(11)　2009.05

昭和5年の遍路人模様(喜代吉栄徳)「今治史談」今治史談会　(15)　2009.06

江戸時代末期における四国遍路の村接待―上吾川村宮内家文書「遍路米取立帳」を中心に(井原恒久)「伊予史談」伊予史談会　(354)　2009.07

四国で亡くなった越ヶ谷の六十六部行者(加藤幸一)「越谷市郷土研究会会報 : 古志賀谷」越谷市郷土研究会　(15)　2009.07

遍路二百八十度 中務茂兵衛が四国に遺したもの(喜代吉栄徳)「新居浜史談」新居浜郷土史談会　(376)　2009.07

Culture Club 四国遍路の成り立ちと弘法大師(長谷川賢二)「徳島県立博物館博物館ニュース」徳島県立博物館　(76)　2009.09

四国の虚空蔵菩薩石仏(岡村庄造)「日本の石仏」日本石仏協会，青娥書房(発売)　(131)　2009.09

〈問題提起〉四国遍路・修験者の文化・情報・技術交流試論―四国と南九州との関連を中心にして《大会特集II 南九州の地域形成と境界性―都城からの歴史像》(西海賢二)「地方史研究」地方史研究協議会　59(5)通号341　2009.10

同行二人―遍路林蔵の死(児玉雅治)「ふるさとみまた」三股郷土研究会　(27)　2009.11

嫗昔語り(上) 難儀な目におうた(永澤正好)「四国民俗」四国民俗学会　(42)　2009.12

『東京人類学会雑誌』と四国の民俗研究(高橋晋一)「四国民俗」四国民俗学会　(42)　2009.12

ちりかみ以前の世界(近藤日出男)「四国民俗」四国民俗学会　(42)　2009.12

ノート 四国にあった大迫路・中辺路(桑原康宏)「紀南・地名と風土研究会報」紀南・地名と風土研究会　(46)　2010.1

四国出土の中世備前焼(備前歴史フォーラム 鎌倉・室町 BIZEN―中世備前焼のスガタ―研究報告」(石岡ひとみ)「備前市歴史民俗資料館紀要」備前市歴史民俗資料館　(11)　2010.01

四国中に里王子石を遺した武田徳右衛門(喜代吉栄徳)「新居浜史談」新居浜郷土史談会　(378)　2010.01

特別寄稿 平成の四国八十八大師遍路旅日記「初めての四国遍路の思い出」付記「四国遍路行程記録」(菅野善一郎)「郷土の研究」国見町郷土史研究会　(40)　2010.03

へんろの偽札が教えるもの(会員寄稿)(藤井洋一)「さぬき市の文化財」さぬき市文化財保護協会　(7)　2010.03

お遍路さんの今昔(藤井洋一)歴史民俗協会紀要 : 高松市歴史民俗協会論集」高松市歴史民俗協会　2009年度　2010.03

2010年1月例会 研究発表「澄禅「四国 遍日記」の足取りの検証」染谷宗叔氏(大谷めぐみ)「日本宗教民俗学会通信」日本宗教民俗学会　(126)　2010.04

切幡寺縁起と昔話―四国遍路の思想をめぐって(谷原博信)「讃岐のやまびと」香川県歴史民俗学会　(3)　2010.04

エッセイ 私と四国遍路(1)～(9)(齋藤宗久)「歴研よこはま」横浜歴史研究会　(64)/(71)　2010.05/2014.11

明治初期における四国遍路行き倒れ事件の顛末(宮本春樹)「伊予史談」伊予史談会　(358)　2010.07

からさわの柄をめぐる使用者の論理―「四国の連枷調査」の事例から(磯本宏紀)「民具マンスリー」神奈川大学　43(9)通号513　2010.12

秋遍路(佐藤八郎)「奥武蔵」奥武蔵研究会　(377)　2011.01

道中日記史料と民俗―四国西国順礼道中記をめぐって(史料紹介)(西海賢二)「群馬歴史民俗」群馬歴史民俗学会　(32)　2011.03

祭りの標識考一「オハケ」類似のしつらえをめぐって(高橋晋一)「四国民俗」四国民俗学会　(43)　2011.03

へんろと地域の世間知(藤井洋一)「四国民俗」四国民俗学会　(43)　2011.03

嫗昔語り(下)―主な難儀にゃしようない(永澤正好)「四国民俗」四国民俗学会　(43)　2011.03

フナジョダイ―伊勢大神楽の旅(水野一典)「四国民俗」四国民俗学会　(43)　2011.03

明暦四年の四国辺路「廻り手形」について「文化財協会報」香川県文化財保護協会　(179)　2011.03

宮城県・金華山の「ヘチ」ち四国の「ヘチ」補追(桑原康宏)「紀南・地名と風土研究会会報」紀南・地名と風土研究会　(48)　2011.4

四国辺路納経帳の起源―六十六部納経帳との関係(武田和昭)「三豊史談」三豊史談会　(2)　2011.09

ティロールへ負子と連枷を見に行く―四国の有志による民具調査(ひろば)(織野英史，磯本宏紀)「民具研究」日本民具学会　(144)　2011.10

企画展 四国へんろの旅「歴博だより」愛媛県歴史文化博物館　(68)　2012.01

学芸員調査ノート 明治期の四国遍路絵馬/おむつかご「歴博だより」愛

媛県歴史文化博物館 （68）2012.01

四国遍路考（大西隆善）「ふるさと久万」 久万郷土会 （51）2012.03

会員講話 「花へんろ」とその周辺（西原明）「風早」 風早歴史文化研究会 （67）2012.05

私の遍路体験と道しるべ（近藤紀宏）「怒麻」 大西町史談会事務局 （34）2012.06

島へきた伊勢大神楽―こなくなった組について（羽床住人）「四国民俗」 四国民俗学会 （44）2012.08

四国遍路（藤田耕三）「文化財協会報」 観音寺市文化財保護協会 （7）2013.03

第5回四国地域史研究連絡協議会愛媛大会「山岳信仰と四国遍路」参加記（徳野隆）「地方史研究」 地方史研究協議会 63（2）通号362 2013.04

芳男さんとタマノさん―庶民の肖像（永澤正好）「四国民俗」 四国民俗学会 （45）2013.09

「あぁら降る」―言葉の呪力考（水野一典）「四国民俗」 四国民俗学会 （45）2013.09

四国遍路の歴史（研究報告）（武田和昭）「三豊史談」 三豊史談会 （4）2013.09

四国遍路における接待の実際（天野富夫）「御影史学論集」 御影史学研究会 （38）2013.10

企画展 四国遍路ぐるり今昔「歴博だより」 愛媛県歴史文化博物館 （76）2014.1

学芸員調査ノート 四国巡拝大繪圖／石城・竹城図「歴博だより」 愛媛県歴史文化博物館 （76）2014.01

四国遍路の道標について―愛媛の標石を中心に（2013年度シンポジウム・巡見報告―シンポジウム報告要旨）（今村賢司）「交通史研究」 交通史学会，吉川弘文館（発売）（82）2014.2

『中国・四国地方の神楽探訪』（三村泰臣）（新刊紹介）（岡崎環）「広島民俗」 広島民俗学会 （81）2014.03

館蔵品紹介（11）「四国偏礼絵図 全」（渋谷啓一）「The Kagawa Museum news」 香川県立ミュージアム 24 2014.03

えひめ・学・事典（46）カトリック巡礼と四国遍路（横山昭市）「文化愛媛」 愛媛県文化振興財団 （72）2014.03

えひめ文学館（33）高群逸枝の『娘巡礼記』（池内恵吾）「文化愛媛」 愛媛県文化振興財団 （72）2014.03

四国遍路のこと（藤井洋一）「讃岐のやまなみ」 香川県歴史研究会 （7）2014.4

四国遍路の諸問題（岡村庄造）「西南四国歴史文化論叢よど」 西南四国歴史文化研究会 （15）2014.4

東北から伝播した四国の鹿踊（大本敬久）「東北民俗」 東北民俗の会 48 2014.06

四国遍路からスペイン巡礼へ（近藤紀宏）「怒麻」 大西町史談会事務局 （36）2014.06

特設展関連行事報告 「文殊の御寺 竹林寺展」関連行事 記念講演会「四国遍路の歴史」3月21日（金・祝）、竹林寺境内見学と声明体験 4月12日（日）、特別講座「本尊文殊菩薩の御詠歌紹介と開帳の歴史」5月11日（日）（横山和弘）「海南千里 ：土佐山内家宝物資料館だより」 土佐山内家宝物資料館 （43）2014.06

「四国遍路とは何か」という問い方（真野俊和）「土佐民俗 ：土佐民俗会誌」 土佐民俗学会 （97）2014.06

東国の四国遍路が見た土佐周辺―上州山田村関利兵衛の日記から（西海賢二）「土佐民俗 ：土佐民俗会誌」 土佐民俗学会 （97）2014.06

名号塔の知識（17）南四国の名号塔（誌上講座）（岡村庄造）「日本の石仏」 日本石仏協会，青娥書房（発売）（150）2014.06

口絵 四国徧禮絵図・岩屋寺勝景大略図他「伊予史談」 伊予史談会 （374）2014.07

中世の四国遍路（四国霊場開創1200年記念 特集 四国遍路の研究〈先学論文〉）（新城常三）「伊予史談」 伊予史談会 （374）2014.07

四国遍路の成立（四国霊場開創1200年記念 特集 四国遍路の研究〈先学論文〉）（越智通敏）「伊予史談」 伊予史談会 （374）2014.07

随想 追松門左衛門の四国遍路（四国霊場開創1200年記念 特集 四国遍路の研究〈先学論文〉）（北川淳一郎）「伊予史談」 伊予史談会 （374）2014.07

史料紹介 四國邊路御開基弘法大師御縁起（伊予史談会文庫所蔵）（四国霊場開創1200年記念 特集 四国遍路の研究〈先学論文〉）（門田恭一郎）「伊予史談」 伊予史談会 （374）2014.07

史料紹介 口絵・四国遍路関係資料の解題（四国霊場開創1200年記念 特集 四国遍路の研究〈先学論文〉）（編集部）「伊予史談」 伊予史談会 （374）2014.07

特集 空海の足音 四国へんろ展 香川編「The Kagawa Museum news」 香川県立ミュージアム 26 2014.09

小野健一さん開書（永澤正好）「四国民俗」 四国民俗学会 （46）2014.09

四国地域史研究連絡協議会編『四国遍路と山岳信仰』（書誌紹介）（中山和久）「日本民俗学」 日本民俗学会 （280）2014.11

中国・四国（各地の民俗芸能（第55回ブロック別民俗芸能大会の報告））

（宮田繁幸）「民俗芸能」 民俗芸能刊行委員会 （94）2014.11

四国山地

四国山地におけるヒガンバナの食習（坂本正夫）「民具マンスリー」 神奈川大学 32（3）通号375 1999.6

食の民俗―四国山地を中心として（近藤日出男）「伊予史談」 伊予史談会 （321）2001.4

四国山地のコビダンゴ（坂本正夫）「土佐地域文化」 ［土佐地域文化研究会］ （8）2004.12

四国山地の在来茶《茶特集》（坂本正夫）「土佐地域文化」 ［土佐地域文化研究会］ （11）2007.6

四国山地におけるカズラ利用の民俗（坂本正夫）「民具マンスリー」 神奈川大学 40（11）通号479 2008.2

四国八十八霊場

昭和初期の四国八十八霊場巡拝の記録（小田眞一）「ふるさと久万」 久万郷土会 （48）2008.11

四国八十八ヶ所

「豆国三十三所観世音菩薩霊場」について―付・四国八十八カ所遍路（佐藤良平）「伊豆の郷土研究」 田方地域文化財保護審議委員連絡協議会 25 2000.3

歩き遍路 四国八十八ヶ所（近藤吉郎）「郷土の文化」 観音寺市郷土文化大学 27 2002.3

四国八十八ヶ所巡りを始めて―団体バスツアーによる車遍路（内田彰）「油谷のささやき」 油谷町郷土文化会 （22）2004.3

四国八十八ヶ所納経帳（文久2年）（松尾豊彦）「諌早史談」 諌早史談会 37 2005.3

『弘法大師空海根本縁起』について―四国八十八ヶ所辺（遍）路の成立をめぐって（〈特集 善通寺総合調査報告（2）〉）（武田和昭）「調査研究報告」 香川県歴史博物館 （3）2007.3

四国八十八ヶ所巡り（田野岡康之）「小松史談」 小松史談会 58（1）通号137 2011.01

書評 アルフレート・ボーナー著、ディビット・モートン編『同行二人―四国八十八か所』（小田匡保）「京都民俗 ：京都民俗学会会誌」 京都民俗学会 通号29 2012.03

四国八十八ヶ所成立の時期について（会員寄稿）（三好成其）「さぬき市の文化財」 さぬき市文化財保護協会 （11）2014.3

西光寺四国八十八ヶ所―西光寺文書が語る（個人研究）（寶亀道聰）「郷土研究」 佐世保市立図書館 （41）2014.3

四国八十八箇所

四国道中手引案内―四国八十八箇所納経一部「四国辺路研究」 海王舎 19 2001.11

アルバムのなかの巡礼―編集し直される四国八十八箇所（石本敏也）「日本民俗学」 日本民俗学会 通号241 2005.2

四国八十八箇所巡拝記―遍路断簡（〈民俗芸能探訪の旅〉）（秋澤英雄）「あしなか」 山村民俗の会 281 2008.6

四国八八ヶ所

四国八八ヶ所地図（講座資料から）（岡村庄造）「秦史談」 秦史談会 （130）2005.11

四国八十八ヶ所霊場

常設展部分リニューアル 近世―近世の社会と文化 四国八十八ヶ所霊場（岡本桂典）「岡豊風日 ：高知県立歴史民俗資料館だより」 高知県立歴史民俗資料館 29 2003.12

四国八八ヶ札所

四国八八ヶ札所遍路の旅（1）～（7）（井口清）「富士見郷土研究」 富士見村郷土研究会 （55）/（61）2002.3/2008.3

四国別格20霊場

四国別格20霊場巡礼の記（藤井武雄）「土蔵」 土蔵の会 10 1998.8

四国偏礼道

『四国偏礼道指南』の一考察（藤井洋一）「文化財協会報. 特別号」 香川県文化財保護協会 2006年度 2007.3

四国辺路道

四国邊路道指南（会員寄稿）（渡邉寛）「さぬき市の文化財」 さぬき市文化財保護協会 （11）2014.3

四国霊場

四国霊場歩き遍路（青山日出子）「文化史研究」 なごや文化史研究会 （3）1998.3

宗教の変遷と四国霊場の信仰（田中高之）「史談いばら」 井原史談会 26 1999.3

四国霊場の納札（1）―土佐神社の遍路納札と札挟について（岡本桂典）「高知県立歴史民俗資料館研究紀要」 高知県立歴史民俗資料館 （12）2003.3

四国　　　　　　　　　　　　　　　　郷土に伝わる民俗と信仰

四国霊場の納札（2）―寄贈資料から（岡本桂典）「高知県立歴史民俗資料館研究紀要」　高知県立歴史民俗資料館　（14）2005.3
四国霊場めぐり旅日記（長尾支部臨地研修グループ）「さぬき市の文化財」　さぬき市文化財保護協会　（5）2008.3
四国霊場立地の謎［正］,（続）（対尾準三郎）「讃岐のやまなみ」　香川県歴史研究会　（3）/（4）2010.04/2012.05
交通機関の発達と巡礼形態の変容―四国霊場・観音霊場の出開帳（村上昭彦）「西郊民俗」　［西郊民俗談話会］　（226）2014.03
四國霊場考（四国霊場開創1200年記念　特集　四国遍路の研究〈先学論文〉）（西園寺源透）「伊予史談」　伊予史談会　（374）2014.07
四国霊場の弘法大師坐像（長谷川賢二）「徳島県立博物館博物館ニュース」　徳島県立博物館　（96）2014.09
遍路展　四国霊場開創1200年　空海の足音　四国へんろ展（れきみんニュース）「岡豊風日：　高知県立歴史民俗資料館だより」　高知県立歴史民俗資料館　（88）2014.12

四国霊場八十八ヶ所

四国霊場八十八ヶ所遍路（小野富雄）「新居浜史談」　新居浜郷土史談会　287　1999.7
四国霊場八十八ヶ所（ルート88）を遍路する（早咲友範）「大佐井」　大分市大在地区文化財同好会　21　2004.3

真念道標

真念道標探索日記（平成19年3月）―松川和生「四国辺路研究」　海王舎　（26）2007.7

西南四国

戦国時代の西南四国の宗教史についての考察（1）―キリスト教（矢野和泉）「西南四国歴史文化論叢よど」　西南四国歴史文化研究会　（3）2002.3
戦国時代の西南四国の宗教史についての考察（第二部　仏教）臨済宗法燈派（矢野和泉）「西南四国歴史文化論叢こど」　西南四国歴史文化研究会　（4）2003.3
戦国時代西南四国の宗教史についての考察　第二部仏教（二）曹洞宗瑩山派（矢野和泉）「西南四国歴史文化論叢こど」　西南四国歴史文化研究会　（5）2004.3
戦国時代西南四国の宗教史についての考察　第3部　修験道1（矢野和泉）「西南四国歴史文化論叢よど」　西南四国歴史文化研究会　（6）2005.3
西南四国と中世宝篋印塔（安岡道雄）「西南四国歴史文化論叢よど」　西南四国歴史文化研究会　（6）2005.3
鄙びからの「石塔墓碑考」―石塔墓碑の初歩的思考と学習（宮田基継）「西南四国歴史文化論叢よど」　西南四国歴史文化研究会　（6）2005.3
鄙びからの「石塔墓碑考」（2）四国西南の宝篋印塔踏査による一考察（宮田基継）「西南四国歴史文化論叢よど」　西南四国歴史文化研究会　（7）2006.3
鄙びからの「石塔墓碑考」（3）四国西南の家型石塔ラントウ分布による一考察（宮田基継）「西南四国歴史文化論叢よど」　西南四国歴史文化研究会　（8）2007.3

西四国

寺院に見られる石造物の石材（1）（奥田尚）「西四国」　西四国郷土研究会　（7）2007.11
古代の食文化に光を（古代）（近藤日出男「西四国」　西四国郷土研究会　（7）2007.11
寺院に見られる石造物の石材（2）（中～近世）（奥田尚）「西四国」　西四国郷土研究会　（10）2010.04
中世末期の地図と切支丹石造物（古代～ロ・近世）（奥田尚）「西四国」　西四国郷土研究会　（11）2011.04

ヘンロ道

ヘンロ道を辿る（新刊紹介）（小松勝記）「土佐史談」　土佐史談会　（234）2007.3

遍路道

へんろ道考（喜代吉榮徳）「東予史談」　（7）2002.6
ヘンロ道―「雪蹊寺の場合」（小松勝記）「秦史談」　秦史談会　（130）2005.11
ヘンロ道の古写真を各種文献・写真集から転載（小松勝記）「秦史談」　秦史談会　（131）2006.1
「ヘンロ道」南国市西山～国分寺（小松勝記）「秦史談」　秦史談会　（134）2006.7
ヘンロ道考察（小松勝記）「須崎史談」　須崎史談会　（147）2006.10
遍路道を世界遺産に、合同調査（高知新聞）「秦史談」　秦史談会　（140）2007.7
遍路道（浦野要）「奥武蔵」　奥武蔵研究会　通号364　2008.11
ふるさと探訪ウォーク―へんろ道を歩いて、子供神相撲を見よう（渡邉徹也）「讃岐のやまなみ」　香川県歴史研究会　（7）2014.04

吉野川流域

河川流域の漂着神伝承―吉野川流域を事例として（高橋晋一）「四国民俗」　四国民俗学会　（38）2005.10

予土

泉貨紙の源流を求めて　泉貨紙研究（宮本春樹）「西南四国歴史文化論叢よど」　西南四国歴史文化研究会　（1）2000.3
風水帳（1）～（6）（痴呆老人）「西南四国歴史文化論叢よど」　西南四国歴史文化研究会　（1）2000.3/2005.3
民話　タカキビを栽培しない村（威能勉）「西南四国歴史文化論叢よど」　西南四国歴史文化研究会　（2）2001.3
大陰暦（旧暦）と俗信と（関禅陽）「西南四国歴史文化論叢よど」　西南四国歴史文化研究会　（3）2002.3
五っ鹿踊の一考察（岡村玲子）「西南四国歴史文化論叢よど」　西南四国歴史文化研究会　（3）2002.3
牛を飼うとたたりのある村（威能勉）「西南四国歴史文化論叢よど」　西南四国歴史文化研究会　（4）2003.3
「数をかぞえる唄」の話（藤田儲三）「西南四国歴史文化論叢よど」　西南四国歴史文化研究会　（4）2003.3
ケンおじのむかしばなし（宮田基継）「西南四国歴史文化論叢よど」　西南四国歴史文化研究会　（5）2004.3
民話二題（威能勉）「西南四国歴史文化論叢よど」　西南四国歴史文化研究会　（5）2004.3
予土海辺部の水軍と石塔群（安岡道雄）「西南四国歴史文化論叢よど」　西南四国歴史文化研究会　（7）2006.3
風水帳（7）～（10）（桜内百生）「西南四国歴史文化研究会」　（7）/（10）2006.3/2009.04
寺子式目を読む（竹葉忠）「西南四国歴史文化論叢よど」　西南四国歴史文化研究会　（9）2008.4
犬神論考　筋の消滅と女性の人権確立（宮本春樹）「西南四国歴史文化論叢よど」　西南四国歴史文化研究会　（12）2011.04
墓と共に消えた　庄屋墓地（羽藤明敏）「西南四国歴史文化論叢よど」　西南四国歴史文化研究会　（13）2012.04
風水帳（11),（12）（岡村百生）「西南四国歴史文化論叢よど」　西南四国歴史文化研究会　（13）/（14）2012.04/2013.04

徳島県

相生

地神祭祀の地域性―那賀郡那賀町鷲敷・相生地区の事例から（研究論文）（高橋晋一，関眞由子）「徳島地域文化研究」　徳島地域文化研究会　（9）　2011.03

赤松

館蔵品紹介　美波町赤松の牛玉杖（庄武憲子）「徳島県立博物館博物館ニュース」　徳島県立博物館　（66）　2007.3

美波町西河内・赤松・北河内字大戸の盆棚（《特集　海部地方の民俗》）（庄武憲子）「徳島地域文化研究」　徳島地域文化研究会　（5）　2007.3

美波町赤松の正月飾りと牛王行事（《特集　海部地方の民俗》）（庄武憲子）「徳島地域文化研究」　徳島地域文化研究会　（5）　2007.3

美波町赤松の門飾り・鍬初め（《特集　海部地方の民俗》）（大杉洋子，森本嘉訓）「徳島地域文化研究」　徳島地域文化研究会　（5）　2007.3

浅川

海陽町浅川、海部川上流域の盆棚（庄武憲子）「徳島地域文化研究」　徳島地域文化研究会　（6）　2008.3

徳島県海部郡海陽町浅川の磯魚伝統（田邉悟）「徳島県立博物館研究報告」　徳島県立博物館　（19）　2009.3

海部郡海陽町浅川・天神社祭礼（高橋晋一）「徳島地域文化研究」　徳島地域文化研究会　（7）　2009.03

足代八幡神社

後世に残したい足代八幡神社の現況（研究の足跡）（真鍋勝）「三好郡郷土史研究会誌」　三好郡郷土史研究会　（13）　2004.12

足代山分

足代山分の獅子舞の復活（歴史の息吹）（伊藤良徳）「三好郡郷土史研究会誌」　三好郡郷土史研究会　（19）　2010.12

阿南市

海の道祖神―徳島県阿南市、南部海岸地域の事例より（《特集　四国の八朔習俗》）（高橋晋一）「四国民俗」　四国民俗学会　（39）　2006.12

阿南市における出産にかかわる忌みについて（関眞由子）「徳島地域文化研究」　徳島地域文化研究会　（10）　2012.3

阿南市の「三番叟まわし」芸人（特集　阿波の三番叟・えびす文化）（庄武憲子）「徳島地域文化研究」　徳島地域文化研究会　（11）　2013.03

阿南市における後産の始末と三十三日までの禁忌（関眞由子）「徳島地域文化研究」　徳島地域文化研究会　（12）　2014.3

新野町

阿南市新野町山間地域の地神祭―民間地神祭祀の一祖型（調査報告）（高橋晋一，関眞由子）「徳島地域文化研究」　徳島地域文化研究会　（8）　2010.03

有瀬

有瀬の伝説と史談　国境騒動（三谷孝雄）「三好郡郷土史研究会誌」　三好郡郷土史研究会　（1）　1992.11

阿波

藍市場軸の進出と金刀比羅信仰（上）―阿波藍商の会場安全祈願をめぐって（三好昭一郎）「史窓」　徳島地方史研究会　27　1997.1

阿波地方における近世文化の基調―宗教を中心として（三好昭一郎）「史窓」　徳島地方史研究会　28　1998.1

地神塚と山の神祠（高田豊輝）「ふるさと阿波　：　阿波郷土会報」　阿波郷土会　175　1998.6

土佐・阿波の火打道具調査メモ（真野修）「民具集積」　四国民具研究会　（4）　1998.9

近世阿波のしめなわ文茶碗（北條ゆうこ）「徳島県立博物館研究報告」　徳島県立博物館　通号8　1998.11

巡礼研究会第32回例会　浅川泰宏「客死遍路―阿波南方における近世過去帳調査」/早野西真定「高野山における六十六部資料」「巡礼研究会通信」　巡礼研究会　（32）　2000.11

『永源師檀紀年録並付録』の出版にあたって（稲井敬二）「ふるさと阿波　：　阿波郷土会報」　阿波郷土会　189　2001.12

北海道に渡った阿波の在来犂（冨士田金輔）「民具マンスリー」　神奈川大学　34（11）通号407　2002.2

近世後期における阿波商家の支店運営―藍商鈴屋「坂東家文書」書簡より（外園英彦）「徳島県文書館研究紀要」　徳島県立文書館　（3）　2002.3

ぞめきの阿波踊り（仲宗根幸市）「しまうた」　しまうた文化研究会　14

2002.12

阿波板碑の異体種子について（坂田磨耶子）「歴史考古学」　歴史考古学研究会　（51）　2002.12

「阿淡夢物語」について（武田清市）「あわじ　：　淡路地方史研究会会誌」　淡路地方史研究会　（20）　2003.1

近世阿波の盆踊りに関する一考察（高橋啓）「史窓」　徳島地方史研究会　（33）　2003.2

阿波おどり研修に参加して（真鍋スミ）「文化財協会報」　善通寺市文化財保護協会　（22）　2003.3

『阿波ええじゃないか』考・余禄（田村貞雄）「東海近代史研究」　東海近代史研究会　（25）　2004.3

阿波おどり関係文献目録（1）（高橋晋一）「徳島地域文化研究」　徳島地域文化研究会　（2）　2004.3

池田文庫所蔵　淡路・阿波人形かしらについて（収蔵資料紹介）（山田和人）「館報池田文庫」　阪急学園池田文庫　（24）　2004.4

阿波おどり関係文献目録（2）/阿波おどり関係文献目録（1）補遺（高橋晋一）「徳島地域文化研究」　徳島地域文化研究会　（3）　2005.3

14世紀の阿波における三宝院流熊野長床衆の痕跡とその周辺―徳島県神山町勧善寺所蔵大般若経巻208奥書をめぐって（長谷川賢二）「四国中世史研究」　四国中世史研究会　（8）　2005.8

「阿波おどり」「にわか連」の人々（高橋晋一）「徳島地域文化研究」　徳島地域文化研究会　（4）　2006.3

地蔵尊のある阿波の峠一覧（橘禎男）「徳島地域文化研究」　徳島地域文化研究会　（4）　2006.3

徳島県博物館協議会連携事業「みる・きく・あるく　歴史の道」　特別陳列「旅と祈りの道―阿波の巡礼―」「徳島県立博物館博物館ニュース」　徳島県立博物館　（65）　2006.12

昭和初期・徳島における観光産業振興と阿波踊り（関口寛）「凌霄」　四国大学　（14）　2007.03

旅と祈りの道―阿波の巡礼「四国遍路研究の新展開」によせて（李晶）「コロス」　常民文化研究会　（109）　2007.5

現在の阿波踊りの諸相（《第21回大会報告「民俗音楽の危機を乗り越えるために」（2007　徳島）一研究発表要旨》（岩井正浩，川内由子）「民俗音楽研究」　日本民俗音楽学会　（33）　2008.3

阿波書道と篠崎小竹（1），（2）（太田剛）「凌霄」　四国大学　（16）/（17）　2009.3/2011.4

阿波の地芝居―これまでの研究・調査報告から窺える地芝居の存在（庄武憲子）「四国民俗」　四国民俗学会　（42）　2009.12

聞き取り　15周年を迎えた阿波木偶箱廻しを復活する会　辻本一英、中内正子、辻本絵蘭（特集　部落の人々の移動と越境）（友常勉）「明日を拓く」　東日本部落解放研究所，解放書店（発売）36（4）通号84　2010.02

上州にやってきた阿波木偶箱回し―赤城人形大一座（特集　部落の人々の移動と越境）（友常勉）「明日を拓く」　東日本部落解放研究所，解放書店（発売）36（4）通号84　2010.02

辻本一英著『阿波のでこまわし』（書評・新刊紹介）（森本嘉訓）「徳島地域文化研究」　徳島地域文化研究会　（9）　2010.03

篠崎小竹と阿波書道（太田剛）「水脈　：　徳島県立文学書道館研究紀要」　徳島県立文学書道館　（9）　2010.3

Q&A　常設展の「藍と阿波商人」のコーナーに展示されている藍玉とはどんなものですか？（庄武憲子）「徳島県立博物館博物館ニュース」　徳島県立博物館　（79）　2010.06

文化の森総合公園開園20周年記念事業・文化立県とくしま推進会議阿波藍の魅力発信協賛事業　企画展「藍染めの表象」「徳島県立博物館博物館ニュース」　徳島県立博物館　（80）　2010.09

書評　石尾和仁著『中世集落景観と生活文化―阿波からのまなざし―』（山下知之）「史窓」　徳島地方史研究会　（42）　2012.03

阿波の地蔵仏と庚申塔（特集　石仏と民俗伝承―心ときめく路傍の石たちとの出会い）（山村禎男）「あしなか」　山村民俗の会　295・296　2012.08

幕末明治期における阿波商人の信仰と地域―山西家の信仰と地域（論文）（森本幾子）「史窓」　徳島地方史研究会　（43）　2013.03

阿波木偶の「三番叟まわし」芸人の記録から（特集　阿波の三番叟・えびす文化）（辻本一英）「徳島地域文化研究」　徳島地域文化研究会　（11）　2013.03

三番叟まわし・えびすまわしを迎え入れた民間信仰の諸相（特集　阿波の三番叟・えびす文化）（水本正人）「徳島地域文化研究」　徳島地域文化研究会　（11）　2013.03

橘禎男著『阿波の峠と民俗』（書評・新刊紹介）（磯本宏紀）「徳島地域文

四国　　　　　　　　　　　　　　　郷土に伝わる民俗と信仰　　　　　　　　　　　　　　　徳島県

化研究」 徳島地域文化研究会 （11）2013.03
阿波の飛鉢説話（嶺岡美見）「御影史学論集」 御影史学研究会 （38）
　2013.10
情報ボックス 阿波藍商人が建てた熊本・本妙寺の常夜燈（松永友和）「徳
　島県立博物館博物館ニュース」 徳島県立博物館 （95）2014.06
行き倒れ人関係史料にみえる遍路―近世後期阿波を事例に（西聡子）「西
　郊民俗」 ［西郊民俗談話会］（229）2014.12

阿波町

旧阿波郡の祭りと民俗芸能（2）旧阿波町篇（高橋晋一）「徳島地域文化研
　究」 徳島地域文化研究会 （6）2008.3

阿波人形浄瑠璃

阿波芸能史考―人形浄瑠璃を中心として（大和武生）「史窓」 徳島地方史
　研究会 28 1998.1
阿波人形浄瑠璃の伝承への取り組み（長瀬淑子）「徳島地域文化研究」 徳
　島地域文化研究会 （1）2003.3
阿波人形浄瑠璃に取り組んで「文書館だより」 徳島県立文書館 （29）
　2008.3
阿波農村舞台の会編『阿波人形浄瑠璃と農村舞台』（書評・新刊紹介）
　（庄武憲子）「徳島地域文化研究」 徳島地域文化研究会 （7）2009.03
徳島県における人形浄瑠璃に関する研究史と研究課題（特集 阿波人形浄
　瑠璃）（磯本宏紀）「徳島地域文化研究」 徳島地域文化研究会 （8）
　2010.03
人形芝居研究家久米惣七氏に聞く（特集 阿波人形浄瑠璃）（森本嘉訓）
　「徳島地域文化研究」 徳島地域文化研究会 （8）2010.03
阿波の人形師に見る内銘と焼印（特集 阿波人形浄瑠璃）（坂本憲一）「徳
　島地域文化研究」 徳島地域文化研究会 （8）2010.03
地神芝居のこと（特集 阿波人形浄瑠璃）（高橋晋一）「徳島地域文化研究」
　徳島地域文化研究会 （8）2010.03
人形浄瑠璃の思い出（特集 阿波人形浄瑠璃）（研究会事務局）「徳島地域
　文化研究」 徳島地域文化研究会 （8）2010.03
阿波人形浄瑠璃関係文献目録（特集 阿波人形浄瑠璃）（磯本宏紀）「徳島
　地域文化研究」 徳島地域文化研究会 （8）2010.03
大和武生著『阿波人形浄瑠璃物語』（書評・新刊紹介）（庄武憲子）「徳島
　地域文化研究」 徳島地域文化研究会 （11）2013.03
トピックス ブックレット『入門 阿波人形浄瑠璃芝居』（第II部 研究報
　告）「歴史の里 ： 松茂町歴史民俗資料館・人形浄瑠璃芝居資料館館報」
　松茂町歴史民俗資料館・人形浄瑠璃芝苫資料館 （18）2014.03

阿波国

阿波藍商と阿波国共同汽船（立石恵嗣）「史窓」 徳島地方史研究会 29
　1999.2
熊野信仰の地方展開（4）［前］，（後）―中齋阿波国における熊野信仰の存
　在形態（山口登志夫）「熊野誌」 熊野地方史研究会 （47）/（48）
　2002.1/2002.12
阿波国一宮社と「国造」伝承―「粟国造粟飯原氏系図」を素材として
　（福家清司）「四国中世史研究」 四国中世史研究会 （7）2003.8

粟国

阿波国一宮社と「国造」伝承―「粟国造粟飯原氏系図」を素材として
　（福家清司）「四国中世史研究」 四国中世史研究会 （7）2003.8

井内

「講」2題 井内内馬講（藤丸正春）「三好郡郷土史研究会誌」 三好郡郷土史研
　究会 （21）2013.01

井川町

井川町の庚申塔（石川由一）「三好郡郷土史研究会誌」 三好郡郷土史研究
　会 （3）1994.11
井川町の地神塔（調査報告）（近藤定雄）「三好郡郷土史研究会誌」 三好郡
　土史研究会 （22）2014.03

池田町

郷土の本紹介 徳島県池田町『うだつの町 阿波池田』伝統的建造物群保
　存対策調査報告書について（細田義秋）「三好郡郷土史研究会誌」 三
　好郡郷土史研究会 （8）1999.12
県西県境地域の神社祭礼（2）三好市池田町・山間地域の事例（高橋晋
　一）「徳島地域文化研究」 徳島地域文化研究会 （7）2009.03

石井町

石井町（徳島県）と荘内半島の盆行事（《荘内半島の民俗》）（生本未央）
　「香川の民俗」 香川民俗学会 通号70 2007.2
名西郡石井町の地神塔の形態（《特集 地神信仰》）（阿部昭良）「徳島地域
　文化研究」 徳島地域文化研究会 （7）2009.03

石井廃寺跡

石井廃寺跡について（佐藤初男）「さぬき市の文化財」 さぬき市文化財保
　護協会 （3）2006.3

伊島

潜水漁をめぐる漁場空間・序説―伊島における水平的共同空間と垂直的
　個別空間（磯本宏紀）「徳島県立博物館研究報告」 徳島県立博物館
　（14）2004.3
海に潜る技術を持つ人びとの出稼ぎ―徳島県伊島の貝捕りさん（高橋健
　一）「徳島県立博物館研究報告」 徳島県立博物館 （15）2005.3
伊島を訪れたヘンドと呼ばれた人々（磯本宏紀）「徳島地域文化研究」 徳
　島地域文化研究会 （3）2005.3
季節労務と器械潜水漁―徳島県伊島からの出稼ぎ（磯本宏紀）「四国民
　俗」 四国民俗学会 （38）2005.10
漁場選択・漁法選択の論理から―伊島・出羽島における里海利用（磯本
　宏紀）「徳島地域文化研究」 徳島地域文化研究会 （4）2006.3
伊島漁民の潜水器漁業出漁をめぐる「内」と「外」（《大会特集I 四国―
　その内と外と》―（問題提起）（磯本宏紀）「地方研究」 地方史研究
　協議会 57（4）通号328 2007.8
潜水器漁業の導入と朝鮮海出漁―伊島漁民の植民地漁業経営と技術伝播
　をめぐって（磯本宏紀）「徳島県立博物館研究報告」 徳島県立博物館
　（18）2008.3
北九州に移住した伊島のモグリサン（磯本宏紀）「四国民俗」 四国民俗学
　会 （40）2008.6
神野林則著『伊島の伝説と海士』（書評・新刊紹介）（磯本宏紀）「徳島地
　域文化研究」 徳島地域文化研究会 （9）2011.03
漁民移動にともなう技術継承と技術伝播―伊島漁民による器械潜水技術
　を中心にして（磯本宏紀）「日本民俗学」 日本民俗学会 （269）2012.
　02

板野町

板野町の四国遍路墓（滝よし子）「徳島地域文化研究」 徳島地域文化研究
　会 （6）2008.3
板野郡板野町の祭りと民俗芸能（1）（調査報告）（高橋晋一）「徳島地域文
　化研究」 徳島地域文化研究会 （11）2013.03
板野郡板野町の地神塔（調査報告）（田村健治，高橋晋一）「徳島地域文化
　研究」 徳島地域文化研究会 （11）2013.03

一宇村

旧美馬郡一宇村（美馬郡つるぎ町一宇）の祭りと芸能（高橋晋一）「徳島地
　域文化研究」 徳島地域文化研究会 （7）2009.03

市場村

近藤有地蔵書写 尾開・興崎・市場村誌/文化尾開村棟付帳（松村宏道，
　名倉佳之，近藤南枝，長谷川賢二）「徳島県立博物館研究報告」 徳島
　県立博物館 （19）2009.3

市場町

旧阿波郡の祭りと民俗芸能（1）旧市場町篇（《特集 海部地方の民俗》）
　（高橋晋一）「徳島地域文化研究」 徳島地域文化研究会 （5）2007.3

井隈荘

住吉大社神領井隈荘私考覚書（片山清）「すみのえ」 住吉大社社務所
　37（1）通号235 2000.1

祖谷

祖谷の正月行事（俵裕）「三好郡郷土史研究会誌」 三好郡郷土史研究会
　（2）1993.11
祖谷の方言（竹本正一）「三好郡郷土史研究会誌」 三好郡郷土史研究会
　（8）1999.12
祖谷の襖絵と襖からくり五十年目の復活公演（研究の足跡）（岩﨑是昭）
　「三好郡郷土史研究会誌」 三好郡郷土史研究会 （15）2006.12
絶滅寸前!? 祖谷の美味しい珍作物ヤツマタ（茨木靖）「徳島県立博物館博
　物館ニュース」 徳島県立博物館 （70）2008.3
情報ボックス 祖谷のジャガイモ（庄武憲子）「徳島県立博物館博物館
　ニュース」 徳島県立博物館 （96）2014.9

祖谷山

祖谷山の開祖は菅生の仙人・仙女（和田正）「ふるさと久万」 久万郷土会
　42 2002.9

浦ノ内

阿南市桑野町浦ノ内の祭礼（高嶋賢二）「徳島地域文化研究」 徳島地域文
　化研究会 （1）2003.3

雲辺寺

雲辺寺の坐像・立像（田村利明）「三好郡郷土史研究会誌」 三好郡郷土史
　研究会 （8）1999.12

夷山

Culture Club 改良唐箕「島本式唐箕」（磯本宏紀）「徳島県立博物館博物
　館ニュース」 徳島県立博物館 （97）2014.12

徳島県　　　　郷土に伝わる民俗と信仰　　　　四国

小海
鳴門市小海の接待聞書（水野一典）「徳島地域文化研究会」　徳島地域文化研究会　（6）2008.3

大坂
遍路が伝えた芸能―板野郡板野町大坂の「奴踊り」（調査報告）（高橋晋一）「徳島地域文化研究」　徳島地域文化研究会　（9）2011.03

大里
明治五年九月改 名東県寺院本末帳（2）海南町大里の御鉄砲屋敷と迷路（岡田一郎）「徳島近世史研究」　徳島近世史研究会　2　2003.7

大戸
美波町西河内・赤松・北河内字大戸の盆棚（《特集 海部地方の民俗》）（庄武憲子）「徳島地域文化研究」　徳島地域文化研究会　（5）2007.3

大俣
村祈禱の手打ちうどん―阿波市市場町大字大俣・遠光地区の事例（高橋晋一）「徳島地域文化研究」　徳島地域文化研究会　（6）2008.3

大宮八幡神社
阿波市福井町・大宮八幡神社祭礼（高橋晋一）「徳島地域文化研究」　徳島地域文化研究会　（4）2006.3

落合
東祖谷山落合の民俗聞き書き（谷原博信）「四国民俗」　四国民俗学会　（41）2008.12

落合峠
徳島県東祖谷村落合峠における利用・管理形態の変化とそれに伴う植生の変化（小串重治，鎌田磨人，長谷川賢二）「徳島県立博物館研究報告」　徳島県立博物館　（15）2005.3

尾開村
近藤有地蔵書写 尾開・興崎・市場村誌／文化尾開村棟付帳（松田宏道，名倉佳之，近藤南枝，長谷川賢二）「徳島県立博物館研究報告」　徳島県立博物館　（19）2009.3

貝谷
海藻の霊力―阿南市福井町貝谷・八幡神社祭礼（《特集 海部地方の民俗》）（高橋晋一）「徳島地域文化研究」　徳島地域文化研究会　（5）2007.3

海南町
死後六日目の夕方、川の水際に立つ人形―死者霊を対象とした葬送儀礼（旧海南町編）（《特集 海部地方の民俗》）（近藤直也）「徳島地域文化研究」　徳島地域文化研究会　（6）2008.3

死体に見立てられた蓑笠人形に対する恐怖感―死者の名を一声呼び、振り向く事なく一目散に逃げ帰る習俗（徳島県海部郡旧海南町）（近藤直也）「徳島地域文化研究」　徳島地域文化研究会　（6）2008.3

海部
海部の覇者と宇佐八幡宮（白川準之祐）「宇摩史談」　宇摩史談会　78　2000.6

海部地方の年棚と盆棚―特集「海部地方の民俗」に向けて（庄武憲子）「徳島地域文化研究」　徳島地域文化研究会　（4）2006.3

海部地方の祭礼山車（《特集 海部地方の民俗》）（高橋晋一）「徳島地域文化研究」　徳島地域文化研究会　（5）2007.3

徳島県海部地方の神社一覧（《特集 海部地方の民俗》）（濱千代早由美）「徳島地域文化研究」　徳島地域文化研究会　（5）2007.3

八田網（《特集 海部地方の民俗》）（湊善五郎）「徳島地域文化研究」　徳島地域文化研究会　（5）2007.3

四代目大江巳之助作の獅子頭（《特集 海部地方の民俗》）（高橋晋一）「徳島地域文化研究」　徳島地域文化研究会　（5）2007.3

海部郡文化財保護審議会編『海部の祭りと民俗芸能』（書評・新刊紹介）（庄武憲子）「徳島地域文化研究」　徳島地域文化研究会　（12）2014.03

海部郡
二つのヤマをつくる左義長―徳島県海部郡の事例（磯本宏紀）「四国民俗」　四国民俗学会　（43）2011.03

勝占
徳島市勝占地区の地神塔（《特集 地神信仰》）（高田豊輝）「徳島地域文化研究」　徳島地域文化研究会　（7）2009.03

葛又
平家村―勝浦郡上勝町葛又・菅蔵の伝説（森平敏嗣，磯本宏紀）「徳島地域文化研究」　徳島地域文化研究会　（10）2012.3

上板町
カリサオ考―徳島県板野郡上板町での連枷調査から（磯本宏紀）「民具集積」　四国民具研究会　（8）2003.3

田村健治：板野郡上板町の地神塔（高橋晋一）「徳島地域文化研究」　徳島地域文化研究会　（10）2012.03

神谷院
徳島市飯谷町神谷院の地神（資料と通信）（高田豊輝，大杉洋子）「徳島地域文化研究」　徳島地域文化研究会　（8）2010.03

神山町
神山町成人大学編集部編『神山の民具』『神山の民具（二）』（〔書評・新刊紹介〕）（庄武憲子）「徳島地域文化研究」　徳島地域文化研究会　（2）2004.3

五か所参り・十七か所参りについて（名西郡神山町での聞き書き）（庄武憲子）「徳島地域文化研究」　徳島地域文化研究会　（3）2005.3

鴨島町
吉野川市鴨島町の地神塔の形態（特集 地神信仰（2））（阿部昭良）「徳島地域文化研究」　徳島地域文化研究会　（12）2014.03

川島神社
ヤブランの霊力―吉野川市川島町川島・川島神社の輪抜けの事例から（資料と通信）（高橋晋一）「徳島地域文化研究」　徳島地域文化研究会　（9）2011.03

願勝寺
まんだら大祭参拝 新たなる祈り―こどもたちの未来へ（吉田禮子）「讃岐のやまなみ」　香川県歴史研究会　（6）2013.04

勧善寺
14世紀の阿波における三宝院流熊野長床衆の痕跡とその周辺―徳島県神山町勧善寺所蔵大般若経巻208奥書をめぐって（長谷川賢二）「四国中世史研究」　四国中世史研究会　（8）2005.8

木岐
伝統的磯漁としてのイサリとアマ（1）美波町木岐・牟岐町牟岐浦の事例（磯本宏紀）「徳島地域文化研究」　徳島地域文化研究会　（6）2008.3

鬼骨寺
小学生の読後感想文 トンド・鬼鬼・パンツ・鬼骨寺（岡田親彦）「六甲倶楽部報告」　六甲倶楽部　59　2001.12

岸上
借耕牛をめぐる調査報告―徳島県三好郡東みよし町岸上・滝久保の事例（調査報告）（宮田克成）「香川近代史研究」　香川近代史研究会　（2）2014.3

木頭
木頭の背負縄伝承―背負縄左右差説明事例（織野英史）「西郊民俗」　西郊民俗談話会　通号166　1999.3

近世木頭林業における材木流通の実態―挽座株をめぐる動向を中心として（新居聡）「鳴門史学」　鳴門史学会　20　2006.10

那賀町木頭地区（旧那賀郡木頭村）の祭りと民俗芸能（1），（2）（調査報告）（高橋晋一）「徳島地域文化研究」　徳島地域文化研究会　（9）/（10）2011.03/2012.03

「定飼養蜂における「なわばり」の形成―徳島県那賀郡那賀町木頭地区を事例に―（所員研究例会 平成26年7月10日（木））（玄蕃充子）「民俗学研究所ニュース」　成城大学民俗学研究所　（106）2014.10

木頭村
清朝乾隆帝の愛した「龍井茶」が四国の秘境、木頭村に今も伝わる「釜入り茶」（辻勲）「碧」　碧の会　2　2001.10

婚姻儀礼における擬死再生のモチーフ―徳島県那賀郡木頭村の事例より（小野寺綾）「徳島地域文化研究」　徳島地域文化研究会　（2）2004.3

喜来
牟岐町橘字喜来の盆棚（庄武憲子）「徳島地域文化研究」　徳島地域文化研究会　（7）2009.03

切幡寺
切幡寺 日護摩講社連名簿（喜代吉栄徳）「四国辺路研究」　海王舎　16　1998.12

切幡寺縁起と昔話―四国遍路の思想をめぐって（谷原博信）「讃岐のやまなみ」　香川県歴史研究会　（3）2010.04

久保
海陽町久保地区の左義長について（《特集 海部地方の民俗》）（川部計美）「徳島地域文化研究」　徳島地域文化研究会　（5）2007.3

栗枝渡
栗枝渡の八幡さんのおねり（竹本正一）「三好郡郷土史研究会誌」　三好郡郷土史研究会　（6）1997.12

桑野町
阿南市桑野町の屋根葺き技術聞き書き―古鍛冶照氏の体験談（調査報

告）（西崎憲志，森本嘉訓）「徳島地域文化研究」 徳島地域文化研究会
（8）2010.3

県南
「鬼」の末裔たち―県南山間地域の事例より（調査報告）（高橋晋一）「徳島地域文化研究」 徳島地域文化研究会 （8）2010.3

賢見神社参拝道
賢見神社参拝道の丁石（研究の足跡）（蔵敷文美）「三好郷土史研究会誌」 三好郷土史研究会 （18）2009.12

興崎村
近藤有地蔵書写 尾開・興崎・市場村誌／文化尾開村棟付帳（松村宏道，名倉佳之，近藤南枝，長谷川賢二）「徳島県立博物館研究報告」 徳島県立博物館 （19）2009.3

高越山
高越山周辺地域における豆腐製造技法とその変遷（北原國雄）「徳島地域文化研究」 徳島地域文化研究会 （4）2006.3

高越寺
高越寺所蔵「蔵王権現永正十一年四月再興棟札」―細川元常奉納棟札について（岡田謙一）「寺院史研究」 寺院史研究会 （10）2006.5
中世における阿波高越寺の霊場的展開―大師信仰と修験道をめぐって（長谷川賢二）「四国中世史研究」 四国中世史研究会 （10）2009.08

木屋平
美馬市木屋平（旧美馬郡木屋平村）の祭りと民俗芸能（1），（2）（調査報告）（高橋晋一）「徳島地域文化研究」 徳島地域文化研究会 （11）/（12）2013.03/2014.03

木屋平村
徳島の山奥に見るイモの食習―美馬郡木屋平村を中心に（阿部香織）「久里」 神戸女子民俗学会 （13・14）2003.6
旧美馬郡木屋平村（美馬市木屋平）の祭礼山車（高橋晋一）「徳島地域文化研究」 徳島地域文化研究会 （6）2008.3

金毘羅街道
三野の古道「金毘羅街道」（樫の休場越え〕を歩く（研究の足跡）（千葉勲）「三好郷土史研究会誌」 三好郷土史研究会 （18）2009.12

佐古
〔史料紹介〕佐古諏訪神社献奉物調査報告（上），（中），（下）（阿波郷土会徳島支部）「ふるさと阿波 ： 阿波郷土会報」 阿波郷土会 179/181 1999.6/1999.12

佐田神社
阿南市椿泊町・佐田神社祭礼（高橋晋一）「徳島地域文化研究」 徳島地域文化研究会 （7）2009.03

貞光町
死・葬送・墓制資料―徳島県美馬郡貞光町の葬送（城埜真代）「久里」 神戸女子民俗学会 8 2000.4
卯建を訪ねて 藍証人のステータスシンボル2層卯建「郷土史紀行」 ヒューマン・レクチャー・クラブ 24 2003.11

三部神社
神様に供える本膳料理―三好市西祖谷山村有瀬・三部神社祭礼の事例（高橋晋一）「徳島地域文化研究」 徳島地域文化研究会 （10）2012.03

椎宮八幡神社
椎宮八幡神社献奉物調査報告（1）～（4）（阿波郷土会徳島支部）「ふるさと阿波 ： 阿波郷土会報」 阿波郷土会 183/186 2000.6/2001.3

宍喰
（財）徳島県文化振興財団民俗文化財編集委員会編『宍喰の民俗』〔書評・新刊紹介〕（磯本宏紀）「徳島地域文化研究」 徳島地域文化研究会 （3）2005.3
徳島県の八朔行事―宍喰の八朔の雛祭を中心として（《特集 四国の八朔習俗》）（庄武憲子）「四国民俗」 四国民俗学会 （39）2006.12
Q&A 宍喰では8月にひなまつりをするって本当ですか？（庄武憲子）「徳島県立博物館博物館ニュース」 徳島県立博物館 （86）2012.03

宍喰町
宍喰町八坂神社の祇園祭（高橋晋一）「徳島地域文化研究」 徳島地域文化研究会 （1）2003.3

四所神社
県西県境地域の神社祭礼（1）三好市山城町大月・四所神社祭礼（高橋晋一）「徳島地域文化研究」 徳島地域文化研究会 （6）2008.3

地蔵寺
四国八十八ヵ所第五番地蔵寺奥之院五百羅漢造立の由来（滝よし子）「徳島地域文化研究」 徳島地域文化研究会 （3）2005.3

渋野
徳島市渋野の三番叟踊（稚児三番叟）（特集 阿波の三番叟・えびす文化）（高橋晋一）「徳島地域文化研究」 徳島地域文化研究会 （11）2013.03

芝生町
小松島市芝生町の盆棚（資料と通信）（庄武憲子）「徳島地域文化研究」 徳島地域文化研究会 （8）2010.03

釈迦庵
拓本・日本の石仏 熊野三山牛王宝印（神符）／釈迦庵仏足石（岡村庄造）「むしくら ： むしくら交流会ニュースレター」 虫倉交流会 （60）2004.9

成願寺
成願寺の「石将軍敢当」碑（稲井敬二）「ふるさと阿波 ： 阿波郷土会報」 阿波郷土会 177 1998.12

常三島
常三島の年中行事―木内家での聞き書き（特集 徳島市域の民俗）（庄武憲子，関眞由子）「徳島地域文化研究」 徳島地域文化研究会 （9）2011.3
聞き書き―常三島から見た昭和初期の吉野川（特集 吉野川流域の民俗）（庄武憲子，関眞由子）「徳島地域文化研究」 徳島地域文化研究会 （10）2012.3

性福寺
石井町高原字平島性福寺の五輪塔（高田豊輝）「ふるさと阿波 ： 阿波郷土会報」 阿波郷土会 187 2001.6

丈六町
徳島市丈六町の盆棚（資料と通信）（庄武憲子）「徳島地域文化研究」 徳島地域文化研究会 （9）2011.03

志和岐
志和岐の左義長―2011年1月14・15日 徳島県海部郡美波町志和岐の左義長見学記（調査報告）（森本嘉訓）「徳島地域文化研究」 徳島地域文化研究会 （9）2011.03

真光寺
「16地蔵」モニュメント作成を「平和」の誓いに（特集 国民学校と学童疎開70年）（白川洋二）「大阪春秋」 新風書房 42（1）通号154 2014.04

須賀
須賀部落の神社にまつはる口傳と古文書（川西栄）「三好郡郷土史研究会誌」 三好郡郷土史研究会 （4）1995.11

杉尾神社
杉尾神社考（1）～（3）（湯藤章皓）「三好郡郷土史研究会誌」 三好郡郷土史研究会 （9）/（11）2001.01/2002.12

菅蔵
平家村―勝浦郡上勝町葛又・菅蔵の伝説（森平敏嗣，磯本宏紀）「徳島地域文化研究」 徳島地域文化研究会 （10）2012.3

鈴ヶ峰観音道
鈴ヶ峰観音道の復活と石造文化財（《特集 海部地方の民俗》）（橘禎男）「徳島地域文化研究」 徳島地域文化研究会 （5）2007.3

勢見
勢見金刀比羅神社献奉物調査報告（上），（下）（阿波郷土会徳島支部）「ふるさと阿波 ： 阿波郷土会報」 阿波郷土会 181/182 1999.12/2000.3

田尾城
田尾城白米伝説（梅本利廣，三谷博康）「三好郡郷土史研究会誌」 三好郡郷土史研究会 （3）1994.11

滝久保
借耕牛をめぐる調査報告―徳島県三好郡東みよし町岸上・滝久保の事例（調査報告）（宮田克成）「香川近代史研究」 香川近代史研究会 （2）2014.3

滝薬師
〔史料紹介〕滝薬師石段寄附者名面（徳島支部会）「ふるさと阿波 ： 阿波郷土会報」 阿波郷土会 173 1997.12

建布都神社
建布都神社俗号 杉尾大明神について（森秀郷）「兵庫歴研」 兵庫歴史研究会 15 1999.4

太刀野山
道で結ばれる空間―三間野太刀野山の伝説から（磯本宏紀）「徳島地域文化研究」 徳島地域文化研究会 （1）2003.3

立江町

天狗はなぜ叩かれるのか―徳島県小松島市立江町・秋葉神社の「天狗しばき」をめぐって（高橋晋一）「四国民俗」 四国民俗学会　（45）2013.09

田野町

小松島市田野町・天王社の「稚児三番叟」―伝承の危機とその対応をめぐって（岩澤晋也）「徳島地域文化研究」 徳島地域文化研究会　（1）2003.3

玉木八幡神社

海部郡美波町西河内・玉木八幡神社祭礼（調査報告）（高橋晋一）「徳島地域文化研究」 徳島地域文化研究会　（8）2010.03

長谷寺

過去帳の話（1）仮過去帳「百日紅 長谷寺かわら版」 長谷寺　（71）2008.11

過去帳の話（2）本過去帳と新過去帳「百日紅 長谷寺かわら版」 長谷寺　（72）2009.01

過去帳の話（3）長谷寺の過去帳群「百日紅 長谷寺かわら版」 長谷寺　（73）2009.04

過去帳の話（4）さまざまな過去帳たち「百日紅 長谷寺かわら版」 長谷寺　（74）2009.08

杖立峠

杖立峠のことども―阿波・剣山山麓（〈民俗芸能採訪の旅〉）（松家晋）「あしなか」 山村民俗の会　281　2008.6

辻町

町屋の構と装飾―辻町の例から（橘本美保）「三好郷土史研究会誌」 三好郷土史研究会　（21）2013.1

津田

津田の盆踊りにおける一丁廻り調査報告（特集 徳島市域の民俗）（磯本宏紀）「徳島地域文化研究」 徳島地域文化研究会　（9）2011.03

出羽島

海の向こうから 海の向こうへ―徳島県出羽島聞き書き（高橋健一）「徳島県立博物館研究報告」 徳島県立博物館　（14）2004.3

出羽島の拾い親慣行（磯本宏紀）「徳島地域文化研究会　（2）2004.3

漁場選択・漁法選択の論理から―伊島・出羽島における里海利用（磯本宏紀）「徳島地域文化研究」 徳島地域文化研究会　（4）2006.3

出羽島のカツオ・マグロ漁と機付帆船第壱号蛭子丸の公開日誌（調査報告）（磯本宏紀）「徳島県立博物館研究報告」 徳島県立博物館　（23）2013.3

銅之鳥居八幡神社

八幡宮紹介 銅之鳥居八幡神社（徳島市八万町）「季刊悠久.第2次」 鶴岡八幡宮悠久事務局　93　2003.4

遠光

村祈祷の手打ちうどん―阿波市市場町大字大俣・遠光地区の事例（高橋晋一）「徳島地域文化研究」 徳島地域文化研究会　（6）2008.3

徳島

山タテについて―徳島地方における海と山の交流（森本嘉訓）「御影史学論集」 御影史学研究会　通号22　1997.10

近世初期の「服忌令」と「穢れ」意識の再編成について（松下師一）「史窓」 徳島地方史研究会　28　1998.1

徳島城下盆踊り細季への視点（三好昭一郎）「史窓」 徳島地方史研究会　29　1999.2

徳島方言の副助詞「ヤ」―出現形態をめぐる内省的記述の試み（田中敏生）「凌霄」 四国大学　通号7　2000.02

近世盆踊政策の比較史的考察―浜松藩の遠州大念仏と徳島城下盆踊りをめぐって（三好昭一郎）「徳島近世史研究」 徳島近世史研究会　1　2001.9

民具から歴史をさかのぼる―徳島調査の成果から（河野通明）「史窓」 徳島地方史研究会　32　2002.2

写真資料論―写し出された徳島（立石恵嗣）「史窓」 徳島地方史研究会　32　2002.2

徳島の西の山奥の食事―そば・もち・ばらずし（阿部香織）「久里」 神戸女子民俗学会　（12）2002.4

農村舞台復活への活動（庄武憲子）「徳島地域文化研究」 徳島地域文化研究会　（1）2003.3

正月の年棚（庄武憲子）「徳島地域文化研究」 徳島地域文化研究会　（1）2003.3

近世後期徳島城下の盆踊りと藩の諸対策―長谷川近江専断期から寛政改革期へ（三好昭一郎）「法政史学」 法政大学史学会　（59）2003.3

徳島の山奥に見るイモの食習―美馬郡木屋平村を中心に（阿部香織）「久

里」 神戸女子民俗学会　（13・14）2003.6

徳島城下盆踊りの展開をめぐって（上）―高橋啓氏の批判に答える（三好昭一郎）「徳島近世史研究」 徳島近世史研究会　2　2003.7

峠の石造物と民俗―徳島の峠歩きから（橘禎男）「日本の石仏」 日本石仏協会．青娥書房（発売）（108）2003.12

写し霊場に関する一考察（山本準）「史窓」 徳島地方史研究会　（34）2004.3

地神塔と三神塔［正］，（続）（高橋晋一）「徳島地域文化研究」 徳島地域文化研究会　（2）/（3）2004.3/2005.3

山間地で使用されるからさお（磯本宏紀）「徳島地域文化研究会　（2）2004.3

昭和3年の吹筒煙火競技会記録（高橋晋一）「徳島地域文化研究」 徳島地域文化研究会　（2）2004.3

猿繊について（続報）（庄武憲子）「徳島地域文化研究」 徳島地域文化研究会　（3）2005.3

高田豊輝著『栽培から染織まで―藍染めは誰でもできる』（［書評・新刊紹介］）（庄武憲子）「徳島地域文化研究」 徳島地域文化研究会　（3）2005.3

六・七・八角柱型地神塔とその立立の背景（高橋晋一）「徳島地域文化研究」 徳島地域文化研究会　（4）2006.3

「狸まつり」と地域づくり（高橋晋一）「徳島地域文化研究」 徳島地域文化研究会　（4）2006.3

Q&A 徳島にはどのような妖怪の話が伝わっていますか（庄武憲子）「徳島県立博物館博物館ニュース」 徳島県立博物館　（64）2006.9

昭和初期・徳島における観光産業振興と阿波踊り（関口寛）「凌霄」 四国大学　（14）2007.03

阿波踊りの本場・徳島（島崎篤子）「日本民俗音楽学会会報」 日本民俗音楽学会　（27）2007.7

巻頭言 徳島大会を終って（《日本民俗音楽学会第21回徳島大会特集》）（小島美子）「日本民俗音楽学会会報」 日本民俗音楽学会　（28）2008.2

伝承の世界から史実の世界へ―忌部神・阿陽記・南朝文書（丸山幸彦）「史窓」 徳島地方史研究会　（38）2008.3

史窓のひろば（1）よみがえれ阿波の歴史家、その後 鳥居龍蔵と徳島（石尾和仁）「史窓」 徳島地方史研究会　（39）2009.3

地神祭と三番叟（《特集 地神信仰》）（高橋晋一）「徳島地域文化研究」 徳島地域文化研究会　（7）2009.03

「地神信仰」に関する社日行事・調査報告（《特集 地神信仰》）（研究会事務局）「徳島地域文化研究」 徳島地域文化研究会　（7）2009.03

石造物「地神碑」建立の契機（《特集 地神信仰》）（正富博行）「徳島地域文化研究」 徳島地域文化研究会　（7）2009.03

「乞食遍路」の生活誌（濱同真理子）「徳島地域文化研究」 徳島地域文化研究会　（7）2009.03

神野勝栄著『つまえとかんせ―戦後少年漁師の生きざま』（書評・新刊紹介）（磯本宏紀）「徳島地域文化研究」 徳島地域文化研究会　（7）2009.03

民俗学者としての鳥居龍蔵―徳島の民俗研究を中心として（研究論文）（高橋晋一）「徳島地域文化研究」 徳島地域文化研究会　（8）2010.03

地神塔三題（資料と通信）（水野一典）「徳島地域文化研究」 徳島地域文化研究会　（9）2011.03

三宅正弘著『遊山箱』（書評・新刊紹介）（森本嘉訓）「徳島地域文化研究」 徳島地域文化研究会　（9）2011.03

情報ボックス 徳島の「ジンゾク」（佐藤陽一）「徳島県立博物館博物館ニュース」 徳島県立博物館　（85）2011.12

高田豊輝著『徳島の歴史民俗研究録』（書評・新刊紹介）（庄武憲子）「徳島地域文化研究」 徳島地域文化研究会　（10）2012.03

みんぞく・かわらばん 藍染め―徳島藍と琉球藍（所崎平）「鹿児島民俗」 鹿児島民俗学会　（143）2013.05

天明八年銘地神塔と地神塔造立起源についての論考（特集 地神信仰（2））（阿部昭良）「徳島地域文化研究」 徳島地域文化研究会　（12）2014.03

地神塚勧請の始まりはいつか（特集 地神信仰（2））（高田豊輝）「徳島地域文化研究」 徳島地域文化研究会　（12）2014.03

地神祭祀と竹矢来（特集 地神信仰（2））（高橋晋一）「徳島地域文化研究」 徳島地域文化研究会　（12）2014.03

徳島県

徳島県庚申石塔駆け歩る記（中山正義）「野仏 : 多摩石仏の会機関誌」 多摩石仏の会　28　1997.8

徳島県の塩田文献考―民俗・民具の視点より（歳森茂）「民具集積」 四国民具研究会　（3）1997.10

徳島県・安丸家の俵（《俵札特集》）（喜代吉栄徳）「四国辺路研究」 海王舎　14　1998.3

徳島県の画像板碑（坂田磨耶子）「歴史考古学」 歴史考古学研究会　通号45　2000.1

古文書の世界 本寺の仏堂再建奉加の執行以来文（福田憲熙）「文書館だよ

り」 徳島県立文書館 14 2000.2

旧暦（太陰太陽暦）について「文書館だより」 徳島県立文書館 14 2000.2

徳島県の小正月（《特集 四国の小正月》）（庄武憲子）「四国民俗」 四国民俗学会 （33） 2000.3

徳島県の巳正月資料（編集室）「四国民俗」 四国民俗学会 （33） 2000.3

館蔵品紹介 初代天狗久作娘頭・初代天狗久関係写真（庄武憲子）「徳島県立博物館博物館ニュース」 徳島県立博物館 39 2000.6

徳島県下に於ける初誕生儀礼（近藤直也）「四国民俗」 四国民俗学会 （34） 2000.8

旧暦の話（2）「文書館だより」 徳島県立文書館 16 2001.2

花嫁行列/野辺の送り「徳島県立博物館博物館ニュース」 徳島県立博物館 （43） 2001.6

徳島県における万延元年盆踊大規制の歴史的意義（三好昭一郎）「地方史研究」 地方史研究協議会 51（5）通号293 2001.10

高知県と徳島県の方言について（原田英祐）「土佐地域文化」 [土佐地域文化研究会] 4 2001.12

蔵王権現立像「徳島県立博物館博物館ニュース」 徳島県立博物館 （48） 2001.12

徳島県東部・南部の「力石」（高島慎助）「史窓」 徳島地方史研究会 32 2002.2

酒井家文書の法事帳（金原祐樹）「徳島県文書館研究紀要」 徳島県立文書館 2 2002.3

徳島県の祭礼山車（《特集 四国の祭礼山車》）（庄武憲子）「四国民俗」 四国民俗学会 （35） 2002.9

資料紹介 徳島県北部・西部の「力石」（高島慎助）「史窓」 徳島地方史研究会 （33） 2003.2

徳島県の盆棚（庄武憲子）「徳島地域文化研究」 徳島地域文化研究会 （1） 2003.3

徳島県の中華そば史（大正時代～終戦直後）―2003年12月現在の調査報告（多喜田昌裕）「徳島地域文化研究」 徳島地域文化研究会 （2） 2004.3

（財）徳島県文化振興財団民俗文化財集編集委員会編『峠の石造民俗』〔書評・新刊紹介〕（高橋晋一）「徳島地域文化研究」 徳島地域文化研究会 （2） 2004.3

動物憑依の論理―徳島県の犬神憑き狸憑きの事例より《特集 四国の妖怪》（高橋晋一）「四国民俗」 四国民俗学会 （36・37） 2004.7

徳島県の河童伝承について《特集 四国の妖怪》（庄武憲子）「四国民俗」 四国民俗学会 （36・37） 2004.7

女だんじり三題（高橋晋一）「徳島地域文化研究」 徳島地域文化研究会 （3） 2005.3

徳島県における練り風流と囃子の諸相（岩井正浩）「民俗音楽研究」 日本民俗音楽学会 （30） 2005.3

仏式銘を持つ地神塔―徳島県の事例より《特集 石仏探訪V》（高橋晋一）「日本の石仏」 日本石仏協会, 青蛾書房（発売）（118） 2006.6

甘酒の霊力 徳島県の神社祭礼の事例から《酒特集》（高橋晋一）「土佐地域文化」 [土佐地域文化研究会] 4 2006.6

アマと魔除け（磯本宏紀）「徳島県立博物館博物館ニュース」 徳島県立博物館 （64） 2006.9

六十六部廻国巡礼の笈 盛博氏蔵（当館保管）（長谷川賢二）「徳島県立博物館博物館ニュース」 徳島県立博物館 （65） 2006.12

徳島県の八朔行事―宍喰の八朔の雛祭を中心として《特集 四国の八朔習俗》（庄武憲子）「四国民俗」 四国民俗学会 （39） 2006.12

「鹿の墓」にみる動物観―徳島県の事例より《特集 四国の八朔習俗》（高橋晋一）「四国民俗」 四国民俗学会 （39） 2006.12

塩山蒔絵細太刀拵に関する文献史料（翻刻）（大橋俊雄）「徳島県立博物館研究報告」 徳島県立博物館 （17） 2007.3

Culture Club 小正月の火祭りと2つのサギッチョ（左義長）（磯本宏紀）「徳島県立博物館博物館ニュース」 徳島県立博物館 （67） 2007.6

館蔵品紹介 大般若経巻521（長谷川賢二）「徳島県立博物館博物館ニュース」 徳島県立博物館 （67） 2007.6

Q&A トコロテンはどのようにしてつくるのですか？ テングサが材料だそうですが（磯本宏紀）「徳島県立博物館博物館ニュース」 徳島県立博物館 （72） 2008.9

Q&A「マイキリ」は大昔の火おこしの道具ではないと聞いたのですがほんとうですか？（魚島純一）「徳島県立博物館博物館ニュース」 徳島県立博物館 （73） 2008.12

館蔵品紹介 雛掛軸（庄武憲子）「徳島県立博物館博物館ニュース」 徳島県立博物館 （74） 2009.03

徳島県の地神信仰―研究史の整理と今後の研究課題《特集 地神信仰》（高橋晋一）「徳島地域文化研究」 徳島地域文化研究会 （7） 2009.03

Culture Club 探してみよう!!藍商人活躍の足跡（庄武憲子）「徳島県立博物館博物館ニュース」 徳島県立博物館 （77） 2009.12

館蔵品紹介 双六盤（磯本宏紀）「徳島県立博物館博物館ニュース」 徳島県立博物館 （78） 2010.03

徳島県の獅子舞一覧（調査報告）（高橋晋一，多田昌司）「徳島地域文化研究」 徳島地域文化研究会 （82） 2010.03

葵紋付花重文辻ヶ花染小袖（複製）（庄武憲子）「徳島県立博物館博物館ニュース」 徳島県立博物館 （80） 2010.09

Culture Club モノに神霊を宿らせる話―いわゆる「依代」について（磯本宏紀）「徳島県立博物館博物館ニュース」 徳島県立博物館 （81） 2010.12

筆塚の研究 徳島県内にある筆塚を訪ねて（井上智世, 富久和代）「水脈 : 徳島県立文学書道館研究紀要」 徳島県立文学書道館 （10） 2011.3

徳島県立博物館所蔵「化もの絵巻」について―百鬼夜行絵巻の一事例（長谷川賢二）「徳島県立博物館研究報告」 徳島県立博物館 （21） 2011.03

えびす木偶人形と出土した中世の木偶頭（磯本宏紀）「徳島県立博物館博物館ニュース」 徳島県立博物館 （82） 2011.03

震災後の世相を風刺した戯画 鯰絵 あら嬉し大安日にゆり直す（加藤茂弘氏蔵）（中尾賢一）「徳島県立博物館博物館ニュース」 徳島県立博物館 （84） 2011.09

情報ボックス イモの収穫日としての社日（庄武憲子）「徳島県立博物館博物館ニュース」 徳島県立博物館 （84） 2011.09

情報ボックス 妖怪ゾロゾロ（長谷川賢二）「徳島県立博物館博物館ニュース」 徳島県立博物館 （85） 2011.12

Q&A 重さをはかるために使った昔の道具を教えてください。（磯本宏紀）「徳島県立博物館博物館ニュース」 徳島県立博物館 （85） 2011.12

徳島県のヤマチャ製造工程―阿波晩茶（上勝神田茶）・宍喰寒茶（農業特集）（黒橋由加里）「土佐地域文化」 [土佐地域文化研究会] （12） 2011.12

岐（ふなと）神信仰論序説―徳島県下の特異性について（近藤直也）「徳島地域文化研究」 徳島地域文化研究会 （10） 2012.03

正月の門松いろいろ（情報ボックス）（庄武憲子）「徳島県立博物館博物館ニュース」 徳島県立博物館 （89） 2012.12

情報ボックス 仏の正月（磯本宏紀）「徳島県立博物館博物館ニュース」 徳島県立博物館 （90） 2013.03

1950～1960年代の徳島県下における岐神信仰に関する言説（承前号）（研究論文）（近藤直也）「徳島地域文化研究」 徳島地域文化研究会 （11） 2013.03

Culture Club 門付けのこと（庄武憲子）「徳島県立博物館博物館ニュース」 徳島県立博物館 （91） 2013.06

野外博物館 馬の出る祭り（庄武憲子）「徳島県立博物館博物館ニュース」 徳島県立博物館 （93） 2013.12

Q&A 一宮ってなんですか？ 徳島県にはいくつかあるみたいですが…（長谷川賢二）「徳島県立博物館博物館ニュース」 徳島県立博物館 （94） 2014.03

徳島県の盆棚（庄武憲子）「四国民俗」 四国民俗学会 （46） 2014.09

徳島市

徳島市内日蓮宗寺院の一字一石経塔及び法華読経成就塔考（大竹憲治）「潮流」 いわき地域学会 31 2003.12

徳島市の獅子舞（1）（高橋晋一）「徳島地域文化研究」 徳島地域文化研究会 （6） 2008.3

徳島市の定形外地神塔に見る地名《特集 地神信仰》（阿部昭良）「徳島地域文化研究」 徳島地域文化研究会 （7） 2009.03

徳島市の獅子舞（2）（調査報告）（高橋晋一）「徳島地域文化研究」 徳島地域文化研究会 （8） 2010.03

徳島市の獅子舞（3）（特集 徳島市域の民俗）（高橋晋一）「徳島地域文化研究」 徳島地域文化研究会 （9） 2011.03

徳島市の地神塔 その一（市北部）（特集 地神信仰（2））（田村健治, 高橋晋一）「徳島地域文化研究」 徳島地域文化研究会 （12） 2014.03

三舟哲治編著『阿波の引札 第壱集（徳島市）』（書評・新刊紹介）（磯本宏紀）「徳島地域文化研究」 徳島地域文化研究会 （12） 2014.03

徳島城

三好昭一郎著『徳島城下町民間藝能史論』（書評と紹介）（木村涼）「法政史学」 法政大学史学会 （68） 2007.9

轟神社

午年にちなんで展示します 祭礼用馬具（和鞍）（阿南市新野町轟神社祭礼使用）（庄武憲子）「徳島県立博物館博物館ニュース」 徳島県立博物館 （93） 2013.12

土成

徳島県文化振興財団民俗文化財編集委員会編『土成の民俗』〔書評・新刊紹介〕（磯本宏紀）「徳島地域文化研究」 徳島地域文化研究会 （1） 2003.3

中賀茂

四国遍路間訊書 中賀茂庄屋処分書（研究の足跡）（長谷英徳）「三好郷土史研究会誌」 三好郷土史研究会 （16） 2007.12

那賀川町

地神信仰に見る均質性と多様性―徳島県那賀郡那賀川町の事例より（高橋晋一）「日本の石仏」 日本石仏協会，青蛾書房（発売） （96） 2000.12

梯子獅子舞の芸能成立に関する一考察―徳島県那賀郡羽ノ浦町・那賀川町の事例から（高嶋賢二）「徳島地域文化研究」 徳島地域文化研究会 （1） 2003.3

那賀川町の猿織（庄武憲子）「徳島地域文化研究」 徳島地域文化研究会 （2） 2004.3

環境認識と民俗―徳島県那賀郡那賀川町における水神信仰の事例より（《特集 四国の妖怪》）（高橋晋一）「四国民俗」 四国民俗学会 （36・37） 2004.7

那賀川町上福井

那賀川町上福井・神明社の「おふねおみこし」（高橋晋一）「徳島地域文化研究」 徳島地域文化研究会 （2） 2004.3

那賀川流域

川原葬の伝承（那賀川流域の事例）（資料と通信）（森本嘉訓）「徳島地域文化研究」 徳島地域文化研究会 （11） 2013.03

那賀町

徳島県那賀町の民俗（生本未央）「香川の民俗」 香川民俗学会 通号71 2008.2

長原

松茂町長原の漁労民俗・帆船聞書（森本嘉訓）「徳島地域文化研究」 徳島地域文化研究会 （4） 2006.3

鳴門塩田

塩田研究史からみた鳴門塩田（歳森茂）「徳島地域文化研究」 徳島地域文化研究会 （3） 2005.3

鳴門市

鳴門市の祭礼山車（1）（高橋晋一）「徳島地域文化研究」 徳島地域文化研究会 （6） 2008.3

西祖谷

西祖谷の庚申信仰（岩崎是昭）「三好郡郷土史研究会誌」 三好郡郷土史研究会 （5） 1996.12

西祖谷山村

死者霊を対象とした家屋荒廃伝承と再生予見儀礼―徳島県西祖谷山村におけるオマイカから初七日にかけての葬送儀礼の一側面（近藤直也）「徳島地域文化研究」 徳島地域文化研究会 （4） 2006.3

ハシリ考―死穢を体内に取り込む事によって、死者霊憑依から免れる方法（徳島県西祖谷山村の場合）［正］，（補遺）（近藤直也）「近畿民俗 ： Bulletin of the Folklore Society of Kinki」 近畿民俗学会 （173・174）/（175・176） 2006.9/2008.1

四九の団子によって作られた簑笠人形―西祖谷山村の葬送儀礼から（近藤直也）「徳島地域文化研究」 徳島地域文化研究会 （7） 2009.03

西河内

美波町西河内・赤松・北河内字大戸の盆棚（《特集 海部地方の民俗》）（庄武憲子）「徳島地域文化研究」 徳島地域文化研究会 （5） 2007.3

西出目

吉野川市川島町西出目・八幡神社の「湯神楽」（高橋晋一）「徳島地域文化研究」 徳島地域文化研究会 （10） 2012.03

二条

描かれた「吉野川の民俗」―阿波市吉野町柿原二条・天満神社の天井絵より（《特集 吉野川流域の民俗》）（高橋晋一）「徳島地域文化研究」 徳島地域文化研究会 （10） 2012.03

拝宮

拝宮手漉き和紙問答録（森本嘉訓）「徳島地域文化研究」 徳島地域文化研究会 （4） 2006.3

箸蔵

「講」2題 箸蔵伊勢講（高橋和則）「三好郷土史研究会誌」 三好郷土史研究会 （21） 2013.01

八多町

徳島市八多町の地神塔（《特集 地神信仰》）（大杉洋子）「徳島地域文化研究」 徳島地域文化研究会 （7） 2009.03

羽ノ浦町

梯子獅子舞の芸能成立に関する一考察―徳島県那賀郡羽ノ浦町・那賀川町の事例から（高嶋賢二）「徳島地域文化研究」 徳島地域文化研究会 （1） 2003.3

原ヶ崎町

阿南市原ヶ崎町・蛭子神社の船だんじり（《特集 海部地方の民俗》）（高

橋晋一）「徳島地域文化研究」 徳島地域文化研究会 （5） 2007.3

半田村

残された旅の栞 おかげ参り心得美馬郡半田村酒井家文書（当館所蔵）より（松本博）「文書館だより」 徳島県立文書館 20 2003.2

半田町

新仏を祀る盆棚―徳島県美馬郡半田町の事例より［正］，（続報）（高橋晋一，黒田幸子）「徳島地域文化研究」 徳島地域文化研究会 （1）/（2） 2003.3/2004.3

餓鬼仏を祀る盆棚―徳島県美馬郡半田町の事例（高橋晋一）「徳島地域文化研究」 徳島地域文化研究会 （3） 2005.3

日開谷川流域

（財）徳島県文化振興財団民俗文化財集編集委員会編『日開谷川流域の民俗』（書評・新刊紹介）（庄武憲子）「徳島地域文化研究」 徳島地域文化研究会 （8） 2010.03

東祖谷

東祖谷民俗調査報告（島田美幸，副田朝子，松田智聖，山崎多英）「香川の民俗」 香川民俗学会 （74） 2012.01

表紙解説 「おきのくに・あごなし地蔵」石像（徳島県東祖谷）（編集室）「あしなか」 山村民俗の会 295・296 2012.08

東祖谷落合

三好市東祖谷落合の伝承聞書（森本嘉訓）「徳島地域文化研究」 徳島地域文化研究会 （6） 2008.3

東祖谷村

住まいの結界―徳島県三好郡東祖谷村の葬送儀礼から「阡陵 ： 関西大学博物館彙報」 関西大学博物館 （50） 2005.3

この一年をふりかえって―小豆島・東祖谷村などを訪ねて（四国学院大学民俗資料室）「香川の民俗」 香川民俗学会 通号72 2009.02

東祖谷山村

平家落人の里 東祖谷山村（俵裕）「三好郡郷土史研究会誌」 三好郡郷土史研究会 （1） 1992.11

東祖谷山村の祭礼山車（《特集 海部地方の民俗》）（高橋晋一）「徳島地域文化研究」 徳島地域文化研究会 （5） 2007.3

東みよし町

東みよし町（旧三加茂町）の地神信仰二題（調査報告）（高橋晋一）「徳島地域文化研究」 徳島地域文化研究会 （11） 2013.03

眉山

眉山山中に残る沢の祠（徳島市八万町柿谷）（磯本宏紀）「徳島県立博物館博物館ニュース」 徳島県立博物館 （69） 2007.12

樋殿谷

館蔵品紹介 樋殿谷の蔵骨器（高島芳弘）「徳島県立博物館博物館ニュース」 徳島県立博物館 （70） 2008.3

平等寺

平等寺門前宿の変遷に関する民俗誌・史―地域文化研究としての一試論（浅川泰宏）「徳島地域文化研究」 徳島地域文化研究会 （1） 2003.3

平崎神社

三好市西祖谷山村一宇・平崎神社祭礼（高橋晋一）「徳島地域文化研究」 徳島地域文化研究会 （12） 2014.03

平谷八幡神社

那賀郡那賀町・平谷八幡神社祭礼（《特集 海部地方の民俗》）（高橋晋一）「徳島地域文化研究」 徳島地域文化研究会 （5） 2007.3

日和佐

日和佐の言い伝え（大杉洋子）「徳島地域文化研究」 徳島地域文化研究会 （4） 2006.3

日和佐町

旧日和佐町農村・漁村のお正月（《特集 海部地方の民俗》）（大杉洋子）「徳島地域文化研究」 徳島地域文化研究会 （5） 2007.3

洞草

池田町洞草・川入家五輪塔 礫石・経書写経文について（細田義秋）「三好郡郷土史研究会誌」 三好郡郷土史研究会 （7） 1998.12

舞中島

吉野川の洪水と地域の対応―美馬市穴吹町・舞中島の事例より（特集 吉野川流域の民俗）（高橋晋一）「徳島地域文化研究」 徳島地域文化研究会 （10） 2012.03

松茂町

余話 「まわり踊り」の交流「歴史の里 ： 松茂町歴史民俗資料館・人形浄瑠璃芝居資料館館報」 松茂町歴史民俗資料館・人形浄瑠璃芝居資

四国　　　　　　　　　　　　　　　　郷土に伝わる民俗と信仰　　　　　　　　　　　　　　　徳島県

料館　（17）2013.03

三加茂

延喜式にみる三加茂の式内社の今昔（研究の足跡）（三好末吉）「三好郡郷土史研究会誌」　三好郡郷土史研究会　（11）2002.12

三加茂町

三加茂町浪内の祭祀遺跡（北川右二）「三好郡郷土史研究会誌」　三好郡郷土史研究会　（1）1992.11

美郷村

美郷村の獅子舞（高橋晋一）「徳島地域文化研究」　徳島地域文化研究会　（2）2004.3

旧麻植郡美郷村（吉野川市美郷）の祭礼山亘（高橋晋一）「徳島地域文化研究」　徳島地域文化研究会　（6）2008.3

南沖洲

徳島市南沖洲・恵美須神社の「かぼちゃ踊り」（調査報告）（高橋晋一）「徳島地域文化研究」　徳島地域文化研究会　（11）2013.03

美波町

以西底曳き網漁業における漁業移住と漁業経営の戦後の変遷―長崎市・福岡市へ移住した徳島県美波町出身の漁民（磯本宏紀）「徳島地域文化研究」　徳島地域文化研究会　（12）2014.3

三野町

三野町の和霊信仰（千葉勲）「三好郡郷土史研究会誌」　三好郡郷土史研究会　（5）1996.12

美馬町

美馬町の変則地神塔（《特集 地神信仰》）（高橋晋一）「徳島地域文化研究」　徳島地域文化研究会　（7）2009.03

美馬市美馬町の祭りと民俗芸能（1），（2）（調査報告）（高橋晋一）「徳島地域文化研究」　徳島地域文化研究会　（8）/（9）2010.03/2011.03

名東県

史料紹介 明治5年9月改 名東県寺院本末帳「徳島近世史研究」　徳島近世史研究会　1　2001.9

明治五年九月改 名東県寺院本末帳（2）海南町大里の御鉄砲屋敷と迷路（岡田一郎）「徳島近世史研究」　徳島近世史研究会　2　2003.7

三好

中の段の庚申塔（研究の足跡）（秋田道雄）「三好郷土史研究会誌」　三好郷土史研究会　（17）2008.12

幻の蛇「ツチノコ」考察（研究の足跡）（川島敏博）「三好郷土史研究会誌」　三好郷土史研究会　（17）2008.12

熊の墓・犬の墓（研究の足跡）（近藤定雄）「三好郷土史研究会誌」　三好郷土史研究会　（19）2010.12

郷土の伝承における虚と実（大岩義雄）「三好郷土史研究会誌」　三好郷土史研究会　（21）2013.01

建築と大工道具―歴史から知る昔の技術〔橘本美保）「三好郷土史研究会誌」　三好郷土史研究会　（22）2014.03

地神信仰について（湯藤章皓）「三好郷土史研究会誌」　三好郷土史研究会　（22）2014.03

三好郡

郷土の地名・屋号の集録（白井実道）「三好郡郷土史研究会誌」　三好郡郷土史研究会　（1）1992.11

子供たちの生活史（中川純一）「三好郡郷土史研究会誌」　三好郡郷土史研究会　（1）1992.11

庚申塔の調査研究について（吉岡浅一）「三好郡郷土史研究会誌」　三好郡郷土史研究会　（2）1993.11

埋められた五輪塔の謎（岩崎久一）「三好郡郷土史研究会誌」　三好郡郷土史研究会　（2）1993.11

庚申塔調査雑感（佐藤豊）「三好郡郷土史研究会誌」　三好郡郷土史研究会　（3）1994.11

昔の双子布について（田村利明）「三好郡郷土史研究会誌」　三好郡郷土史研究会　（3）1994.11

謎の石棒と神がみのサバイバル（川西正）「三好郡郷土史研究会誌」　三好郡郷土史研究会　（4）1995.11

使命を終えた二体の地蔵尊（堀坂治）「三好郡郷土史研究会誌」　三好郡郷土史研究会　（5）1996.12

団十郎の燈籠（1），（2）（八巻憲一郎）「三好郡郷土史研究会誌」　三好郡郷土史研究会　（5）/（6）1996.12/1997.12

三好郡の地神塚について（秋田唯夫）「三好郡郷土史研究会誌」　三好郡郷土史研究会　（6）1997.12

光明真言碑について（長谷英徳）「三好郡郷土史研究会誌」　三好郡郷土史研究会　（7）1998.12

堂庵の調査に参加して（堤好一）「三好郡郷土史研究会誌」　三好郡郷土史研究会　（8）1999.12

仏像の調査にあたって（堀谷都一）「三好郡郷土史研究会誌」　三好郡郷土史研究会　（8）1999.12

繝 帆布の構造（細田義秋）「三好郡郷土史研究会誌」　三好郡郷土史研究会　（9）2001.01

光明真言塔との出合い（泉任子）「三好郡郷土史研究会誌」　三好郡郷土史研究会　（9）2001.01

「三好郡のお堂とお庵」発刊の反響「三好郡郷土史研究会誌」　三好郡郷土史研究会　（10）2001.12

三好郡の仏堂と庵室―平成10年～13年悉皆調査の回顧（大岩義雄）「徳島近世史研究」　徳島近世史研究会　2　2003.7

仏教と神道（研究の足跡）（佐藤豊）「三好郡郷土史研究会誌」　三好郡郷土史研究会　（12）2003.12

三好郡の神々たち[1]，（2）―明治三年を中心として（研究の足跡）（湯藤章皓）「三好郡郷土史研究会誌」　三好郡郷土史研究会　（12）/（13）2003.12/2004.12

三好郡郷土史研究会編『三好のお堂とお庵』（〔書評・新刊紹介〕）（磯本宏紀）「徳島地域文化研究」　徳島地域文化研究会　（2）2004.3

三好郡神社取調指上帳とその成立を促す庄屋文書（研究の足跡）（黒島安行）「三好郡郷土史研究会誌」　三好郡郷土史研究会　（19）2010.12

三好市

当家の竹矢来―三好市の事例二例（調査報告）（高橋晋一）「徳島地域文化研究」　徳島地域文化研究会　（9）2011.3

三好町

三好町の仏像調査（近藤泉）「三好郡郷土史研究会誌」　三好郡郷土史研究会　（4）1995.11

三好町の廃寺（秋田唯夫）「三好郡郷土史研究会誌」　三好郡郷土史研究会　（8）1999.12

牟岐浦

伝統的磯漁としてのイサリとアマ（1）　美波町木岐・牟岐町牟岐浦の事例（磯本宏紀）「徳島地域文化研究」　徳島地域文化研究会　（6）2008.3

牟岐浦八幡神社

徳島県海部郡牟岐町牟岐浦八幡神社の祭礼報告（資料と通信）（関口知誠）「徳島地域文化研究」　徳島地域文化研究会　（11）2013.03

撫養

撫養濱人の伊勢参宮（濱千代早由美）「徳島地域文化研究」　徳島地域文化研究会　（2）2004.3

撫養町木津

鳴門市撫養町木津・八幡神社の「御幣振り」神事（高橋晋一）「徳島地域文化研究」　徳島地域文化研究会　（6）2008.3

山城

山城の鉦踊（堀川弘）「三好郡郷土史研究会誌」　三好郡郷土史研究会　（5）1996.12

由岐

美波町由岐地区の地神塔と社日祭祀（《特集 海部地方の民俗》）（森本嘉訓）「徳島地域文化研究」　徳島地域文化研究会　（5）2007.3

由岐町

祭礼の地域的展開―徳島県海部郡由岐町の事例より（1）～（3）（高橋晋一）「徳島地域文化研究」　徳島地域文化研究会　（2）/（4）2004.3/2006.3

以西底曳網漁業による戦後の出稼ぎ―旧由岐町での聞き書き（調査報告）（磯本宏紀）「徳島地域文化研究」　徳島地域文化研究会　（9）2011.3

吉野川流域

描かれた「吉野川の民俗」―阿波市吉野町柿原二条・天満神社の天井絵より（特集 吉野川流域の民俗）（高橋晋一）「徳島地域文化研究」　徳島地域文化研究会　（10）2012.03

吉野川の洪水と地域の対応―美馬市穴吹町・舞中島の事例より（特集 吉野川流域の民俗）（高橋晋一）「徳島地域文化研究」　徳島地域文化研究会　（10）2012.03

吉野川流域における竹細工の流通と農具市―阿波市、美馬市、吉野川市の事例を中心に（特集 吉野川流域の民俗）（磯本宏紀）「徳島地域文化研究」　徳島地域文化研究会　（10）2012.03

聞き書き―常三島から見た昭和初期の吉野川（特集 吉野川流域の民俗）（庄武憲子，関眞由子）「徳島地域文化研究」　徳島地域文化研究会　（10）2012.3

吉野川と川（特集 吉野川流域の民俗）（瓢滝よし子）「徳島地域文化研究」　徳島地域文化研究会　（10）2012.3

せめぎ合う主張―用水に架ける橋をめぐって（特集 吉野川流域の民俗）（松下師一）「徳島地域文化研究」　徳島地域文化研究会　（10）2012.3

徳島県　　　　　　　　　　　　　　　　　　　　　郷土に伝わる民俗と信仰　　　　　　　　　　　　　　　　　　　　四国

吉野町

阿波市吉野町の祭りと民俗芸能（調査報告）（高橋晋一）「徳島地域文化研究」　徳島地域文化研究会　（8）2010.03

竜王神社

当屋渡しの豆腐―那賀郡那賀町朴野・龍王神社の当屋渡しの儀礼（高橋晋一）「徳島地域文化研究」　徳島地域文化研究会　（10）2012.03

脇町

四国における大師信仰の構造―阿波脇町における大師講と遍路（重本哲也）「鳴門史学」　鳴門史学会　16　2002.10

鷲敷

地神祭祀の地域性―那賀郡那賀町鷲敷・相生地区の事例から（研究論文）（高橋晋一，関眞由子）「徳島地域文化研究」　徳島地域文化研究会　（9）2011.03

和田島

小松島市和田島のえびす舞とその変遷（特集 阿波の三番叟・えびす文化）（磯本宏紀）「徳島地域文化研究」　徳島地域文化研究会　（11）2013.03

和田島村

古文書の世界「那賀郡和田島村沖の鱧漁」「文書館だより」　徳島県立文書館　（33）2012.3

香川県

青岡大寺
古代寺院青岡大寺（真鍋和三）「文化財協会報」 観音寺市文化財保護協会
（1） 2007.3

綾歌町
「鵜が鳴いて死体を見つける」（綾歌町）と琴南町の聞き書き（内藤敏典）
「香川の民俗」 香川民俗学会　62　1999.1

綾歌町内の「こんぴら道」を歩いてみませんか（長尾アツ子）「文化財保
護協会報まるがめ」 丸亀市文化財保護協会　（7）2012.3

阿野郡
「悪魚退治伝説」にみる阿野郡沿岸地域と福江の重要性（特集 讃岐国府
を考える）（乗松真也）「香川県埋蔵文化財センター研究紀要」 香川県
埋蔵文化財センター　8　2012.03

粟島
イヤダニマイリの変容―粟島・志々島・仁尾町の事例を中心に（多田厚
子）「御影史学論集」 御影史学研究会　通号29　2004.10

家浦
家浦の獅子舞から「家浦二頭獅子舞」へ（高嶋賢二）「香川の民俗」 香川
民俗学会　66　2002.11

生木地蔵
生木地蔵と大樟（市天然記念物 昭和51年6月10日指定）「文化財協会報」
観音寺市文化財保護協会　（7）2013.03

池田
小豆島の民俗調査レポート 池田地区の食制等について（中井恵理）「香川
の民俗」 香川民俗学会　通号72　2009.02

池田神社
義民を祀る池田神社（大森豊）「郷土東かがわ」 東かがわ市文化財保護協
会　（71）2004.3

池田の桟敷
香川の名宝（18）重要有形民俗文化財 池田の桟敷 一件（石井信雄）「文
化財協会報」 香川県文化財保護協会　176　2010.3

池之内
池之内の地蔵さんと天神さん（小西一水）「ふるさと長尾」 大川郡長尾町
教育委員会，長尾町文化財保護協会　（21）1998.4

石井
石井の春日神社について（佐藤初男）「さぬき市の文化財」 さぬき市文化
財保護協会　（5）2008.3

石切谷
十五丁石（池田富三郎）「文化財協会報」 善通寺市文化財保護協会　21
2002.3

石田
おせんだぬき（石田の民話より）（蓮井臥鈴）「ふるさと寒川」 大川郡寒
川町文化財保護協会，寒川町教育委員会　（17）1997.3

石島
石島（直島諸島調査―直島諸島民俗調査（2））（川東芳文）「ミュージアム
調査研究報告」 香川県立ミュージアム　（3）2011.03

一宮
高松市一宮近在の聞き書き（水野一典）「香川の民俗」 香川民俗学会
65　2002.2

一宮寺
高松市一宮寺（大宝院）の中世石造物―初期火山石系石造物群の基礎的
研究（1）（海邉博史）「日引：石造物研究会会誌」　（13）2012.05

伊吹島
木偶のヨベッサンとリョースケサン―観音寺市伊吹島の木偶廻し（窪田
利栄）「民具集積」 四国民具研究会　（9）2003.9

伊吹島秋大祭（石田敬祐）「香川の民俗」 香川民俗学会　通号70　2007.2

伊吹島の神楽拝見記―香川県観音寺市伊吹島に伝わる神楽（下畠信二）
「広島民俗」 広島民俗学会　（78）2012.08

息吹島
香川県息吹島の「大漁節」録音資料（中井比古）「香川の民俗」 香川民俗

学会　通号71　2008.2

弥谷寺
イヤダニマイリの変容―粟島・志々島・仁尾町の事例を中心に（多田厚
子）「御影史学論集」 御影史学研究会　通号29　2004.10

弥谷寺に思う（随想）（清水正子）「郷土の文化」 観音寺市郷土文化大学
3　2009.03

弥谷寺信仰遺跡の一考察（会員寄稿）（三好成其）「さぬき市の文化財」
さぬき市文化財保護協会　（9）2012.03

岩谷
石垣用石材の継承と再利用―小豆島岩谷の事例から（研究報告）「奈良文
化財研究所紀要」 奈良文化財研究所　2014　2014.06

岩倉塚
椀貸塚と岩倉塚の築造順とその特異な関係（久保田昇三）「文化財協会
報」 観音寺市文化財保護協会　（8）2014.03

岩瀬池
近藤芳男翁苦労話（2）―昔の生活と岩瀬池普請（永澤正好）「香川の民俗」
香川民俗学会　（68）2005.2

石清尾八幡宮
石清尾八幡宮の造形美と文学碑を訪ねて（豊島英夫）「文化財協会報. 特
別号」 香川県文化財保護協会　2007年度　2008.3

宇賀神社
宇賀神社の春の祭礼（加島あき子）「香川の民俗」 香川民俗学会　65
2002.2

宇佐神社
さぬき十五社第三番長尾郷総鎮守 氏神様「宇佐神社」（片岡美知子）「讃
岐のやまなみ」 香川県歴史研究会　（6）2013.04

牛ヶ首島
牛ヶ首島（直島諸島調査―直島諸島民俗調査（2））（川東芳文）「ミュージ
アム調査研究報告」 香川県立ミュージアム　（3）2011.03

内海八幡神社
小豆島・内海八幡神社の石燈籠と鳴尾の辰馬家（細木ひとみ）「御影史学
論集」 御影史学研究会　通号34　2009.10

内海
内海三十八織の成立（盛本昌広）「民具マンスリー」 神奈川大学　31（5）
1998.8

宇夫階神社
宇夫階神社の秋祭り（西山市朗）「香川の民俗」 香川民俗学会　通号70
2007.2

円光大師讃岐二十五箇所
円光大師讃岐二十五箇所拝所巡り（堀家守彦）「文化財協会報. 特別号」
香川県文化財保護協会　2006年度　2007.3

円座
円座の人形芝居（加島あき子）「香川の民俗」 香川民俗学会　61　1997.
10

円座の研究（1）（西岡達哉，木下祐美）「財団法人香川県埋蔵文化財調査
センター研究紀要」 香川県埋蔵文化財調査センター　11　2004.3

延命院
延命院の石造観音菩薩（石井利邦）「三豊史談」 三豊史談会　（1）2010.
06

延命古墳
延命古墳上の宝篋印塔（石井利邦）「きずな」 観音寺市教育委員会生涯学
習課中央公民館　（1）2010.03

扇町
丸亀市扇町の盆の行事（阿倍健造）「香川の民俗」 香川民俗学会　通号
70　2007.2

王越町
王越町の方言（大西隆雄）「香川史学」 香川歴史学会　（25）1998.7

坂出市王越町の盆行事（内藤敏典）「香川の民俗」 香川民俗学会　63
2000.1

香川県　　　　　　　　　　　　　　郷土に伝わる民俗と信仰　　　　　　　　　　　　　　四国

王越町の住生活（大西隆雄）「香川の民俗」　香川民俗学会　63　2000.1
琴南町美合地区と坂出市王越町の正月行事（内藤敏典）「香川の民俗」　香川民俗学会　64　2001.2

王越町木沢
坂出市王越町木沢のカラサオ（織野英史）「民具集積」　四国民具研究会（9）2003.9

皇太子神社
歴史とロマン耀う麹の里 古式戴しく弥栄誓う御門弓―御門弓拝観、その淵源を求む（請川昇）「文化財協会報」　観音寺市文化財保護協会（6）2012.03
御門弓の「ナヌカビさん」について（研究記録）（大西紘一）「きずな」　観音寺市教育委員会生涯学習課中央公民館（4）2013.03

小海
小海の子供組（川井和朗）「香川の民俗」　香川民俗学会　64　2001.2

大内
大内地区の獅子・狛犬について（東かがわ市青少年育成センターふれんど教室）「東かがわ市歴史民俗資料館年報・紀要」　東かがわ市歴史民俗資料館（6）2009.08

大内郡
讃岐国大内郡における熊野信仰を知る史料の発見―香川県東かがわ市若王寺所蔵大般若経の調査成果から（萩原憲司）「四国中世史研究」　四国中世史研究会（9）2007.8

大川郡
墓標からみた墓観念の歴史的展開―大川郡に所在する14墓地の近世から家墓成立期における様相（松田朝由）「香川考古」　香川考古刊行会　8　2001.8
香川県東部の連枷について―旧大川郡の調査事例（六車功）「民具集積」　四国民具研究会（9）2003.9

大川町
わたしたちのまち大川町の昔話・伝説（松尾・富田小学校）「郷土研究資料集」　大川町文化財保護協会（23）1998.3

大国神社
大国神社と奉納額（川地登美子）「ふるさと長尾」　大川郡長尾町教育委員会，長尾町文化財保護協会（25）2002.3

大窪寺
大窪寺の文書と什物（〈特集 大窪寺総合調査報告〉）（胡光）「調査研究報告」　香川県歴史博物館（3）2007.3
大窪寺の鉄錫杖について 附・旧極楽寺跡出土鉄錫杖（〈特集 大窪寺総合調査報告〉）（関根俊一）「調査研究報告」　香川県歴史博物館（3）2007.3
大窪寺の彫刻（〈特集 大窪寺総合調査報告〉）（三好賢子）「調査研究報告」　香川県歴史博物館（3）2007.3
大窪寺本尊の薬師如来坐像について（〈特集 大窪寺総合調査報告〉）（松田誠一郎）「調査研究報告」　香川県歴史博物館（3）2007.3
大窪寺の書画（〈特集 大窪寺総合調査報告〉）（松岡明子）「調査研究報告」　香川県歴史博物館（3）2007.3
その1 結願の寺大窪寺・奇才平賀源内の足跡を訪ねて（南国史談会平成23年度史跡巡り）（油利崇）「南国史談」　南国史談会（35）2012.04

大浜
荘内半島（大浜）信仰と葬送習俗（〈荘内半島の民俗〉）（十河秀樹）「香川の民俗」　香川民俗学会　通号70　2007.2

大見
三野町の大見地区の盆行事―盆棚（〈三野町の民俗〉）（天野裕也）「香川の民俗」　香川民俗学会　通号70　2007.2

大水主社
讃岐国大水主社における村落神話について（薗部寿樹）「米沢史学」　米沢史学会（山形県立米沢女子短期大学日本史学科内）（23）2007.10
大水主社旧蔵不動明王坐像「文化財協会報」　香川県文化財保護協会　176　2010.03

大宮八幡
表紙 大宮八幡の夏越祭り 写真：稲田明「文化屋島」　屋島文化協会（57）2014.07

岡本
『時事新報』が貼り込まれた岡本焼火消壺（角南聡一郎）「民具集積」　四国民具研究会（8）2003.3

おこうはん石造物群
おこうはん石造物群の調査報告（東かがわ歴史研究会）「東かがわ市歴史民俗資料館年報・紀要」　東かがわ市歴史民俗資料館（10）2013.09

小田
香川県東部、小田・北山の朝鮮半島沿海通漁について―明治時代後半期に於ける地元鮮魚運搬業の盛衰から「瀬戸内海歴史民俗資料館紀要」　瀬戸内海歴史民俗資料館（16）2003.12

偕行社
郷土館の建築物「偕行社」の由来、名称について（香川政行）「文化財協会報」　善通寺市文化財保護協会　18　1999.3

開法寺
牟礼町・開法寺の板彫阿弥陀曼荼羅の考察（武田和昭）「文化財協会報」　香川県文化財保護協会（特別号）1998.3
開法寺からのメッセージ（坂出市史アラカルト）（渡部明夫）「坂出市史研究」　坂出市史編さん所（1）2014.06

香川
曼珠沙華に想う（丸山恵子）「香川の民俗」　香川民俗学会　61　1997.10
「人が輝くということは…」（鎌田登美子）「香川の民俗」　香川民俗学会　61　1997.10
昔話研究の概略と語りについて（谷原博信）「香川の民俗」　香川民俗学会　61　1997.10
はえぬきさんでござんす―三谷一子さん聞き書き（永沢正好）「香川の民俗」　香川民俗学会　61　1997.10
海辺と暮し（大西紘一）「香川の民俗」　香川民俗学会　61　1997.10
民俗知識拾遺（井上こしげ）「香川の民俗」　香川民俗学会　61　1997.10
お茶の民俗（丸山恵子）「香川の民俗」　香川民俗学会　61　1997.10
借耕牛とサクオトコの話（多田豊美）「香川の民俗」　香川民俗学会　61　1997.10
風雲急を告げる（中原耕男）「香川の民俗」　香川民俗学会　62　1999.1
両墓制の島の墓（西山市朗）「香川の民俗」　香川民俗学会　62　1999.1
豆腐（2）（丸山恵子）「香川の民俗」　香川民俗学会　62　1999.1
香川の漆芸（伊沢肇一）「郷土誌志度」　大川郡志度町文化財協会（15）1999.3
「おかげまいり」と「ええじゃないか」にみる女性（原恵）「香川史学」　香川歴史学会（26）1999.7
乙字形長床螯の外形―螯地方調査雑感（織野英史）「香川史学」　香川歴史学会（26）1999.7
探訪ノート 香川の来島氏伝承（福川一徳）「四国中世史研究」　四国中世史研究会（5）1999.8
香川の巳正月（田井静明）「四国民俗」　四国民俗学会　通号32　1999.8
香川の方言矯正運動二題（水野一典，中井幸比古）「四国民俗」　四国民俗学会　通号32　1999.8
昭和期香川の地曳網漁―泉武夫氏聞き取り調査（真鍋篤行）「民具集積」　四国民具研究会（5）1999.9
続・死霊の行方（中原耕男）「香川の民俗」　香川民俗学会　63　2000.1
狩猟伝承の周辺―1960年代のノートから（藤井洋一）「香川の民俗」　香川民俗学会　63　2000.1
晩秋から早春にかけて―昭和中頃までの山里の行事と仕事（大西紘一）「香川の民俗」　香川民俗学会　63　2000.1
沙弥木村茂高さん聞き書き（永沢正好）「香川の民俗」　香川民俗学会　63　2000.1
短信（川崎正規）「香川の民俗」　香川民俗学会　63　2000.1
あかご（赤子）の足あと（片岡敏子）「香川の民俗」　香川民俗学会　63　2000.1
躍動を追うすがた（藤井洋一）「香川の民俗」　香川民俗学会　64　2001.2
高橋克夫先生の思い出―野兎狩りと骨打ち料理（多田豊美）「香川の民俗」　香川民俗学会　64　2001.2
はだか坊主・お福さんの唄（水野一典）「香川の民俗」　香川民俗学会　64　2001.2
「お接待」雑考（藤井洋一）「香川の民俗」　香川民俗学会　64　2001.2
弘法さんと茶（2）（川崎正）「香川の民俗」　香川民俗学会　64　2001.2
蟹の保存方法と食し方など（大西市朗）「香川の民俗」　香川民俗学会　64　2001.2
シッポクとオンニャゴ（西山市朗）「香川の民俗」　香川民俗学会　64　2001.2
魔除け意匠考（織野英史）「香川の民俗」　香川民俗学会　64　2001.2
婚姻儀礼研究の現在と香川の民俗「ヨメマガイ」についての覚書（田井静明）「香川史学」　香川歴史学会（28）2001.7
カワの五彙について（水野一典）「香川の民俗」　香川民俗学会　65　2002.2
〈特集 春の行事〉「香川の民俗」　香川民俗学会　65　2002.2
うそ替え神事（中原耕男）「香川の民俗」　香川民俗学会　65　2002.2
ハルイオ（井上こしげ）「香川の民俗」　香川民俗学会　65　2002.2
井上こしげ媼聞き書き（丸山恵子）「香川の民俗」　香川民俗学会　65　2002.2
彼岸の行事（西山市朗）「香川の民俗」　香川民俗学会　65　2002.2

| 四国 | 郷土に伝わる民俗と信仰 | 香川県 |

渇水の智慧(大西紘一)「香川の民俗」 香川民俗学会 65 2002.2

『「稲」からみたくらし―つくる智恵・つかう智恵』のファイルと展示 (高嶋賢二)「香川の民俗」 香川民俗学会 65 2002.2

お酒にまつわる話(島田治)「香川の民俗」 香川民俗学会 65 2002.2

「潮水」のこと(丸山恵子)「香川の民俗」 香川民俗学会 66 2002.11

〈特集―社会生活〉「香川の民俗」 香川民俗学会 66 2002.11

マチは何処(水野一典)「香川の民俗」 香川民俗学会 66 2002.11

盥と風呂、旦那はんと小作―近藤芳男翁聞き書き(永澤正好)「香川の民俗」 香川民俗学会 66 2002.11

へんろ墓のこと(藤井洋一)「香川の民俗」 香川民俗学会 66 2002.11

初夏から夏の行事―門造りと薬汐(大西紘一)「香川の民俗」 香川民俗学会 66 2002.11

地神さん祭二題(中原耕男)「香川の民俗」 香川民俗学会 66 2002.11

イミアケ袋(丸山恵子)「香川の民俗」 香川民俗学会 66 2002.11

昔話と世間話三題(大西紘一)「香川の民俗」 香川民俗学会 66 2002.11

トウヤジン聞書(羽床住人)「香川の民俗」 香川民俗学会 66 2002.11

企画展示「お札の世界―人々の祈りと願い」の展示紹介(萩野憲司)「香川の民俗」 香川民俗学会 66 2002.11

人の一生の民俗(谷原博信)「香川の民俗」 香川民俗学会 67 2004.1

《特集 人生儀礼》「香川の民俗」 香川民俗学会 67 2004.1

昭和中期に見られた野辺送りの葬儀から法事まで(大西紘一)「香川の民俗」 香川民俗学会 67 2004.1

古稀から喜寿、米寿、白寿へと(河崎正)「香川の民俗」 香川民俗学会 67 2004.1

野菜の話二題(羽床住人)「香川の民俗」 香川民俗学会 67 2004.1

予想せぬ人生の出来事など三題(大西紘一)「香川の民俗」 香川民俗学会 67 2004.1

聞き書き断片(加島あき子)「香川の民俗」 香川民俗学会 67 2004.1

郷土教授資料に取り上げられた方言―明治45年の尋常高等小学校資料より(島田治)「香川の民俗」 香川民俗学会 67 2004.1

近藤芳男翁苦労話―新家、仕事、牛のことなど(永澤正好)「香川の民俗」 香川民俗学会 67 2004.1

へんろの難儀と村方(藤井洋一)「香川の民俗」 香川民俗学会 (68) 2005.2

八十八祝年祝祝儀到来記他(大西紘一)「香川の民俗」 香川民俗学会 (68) 2005.2

昔の獅子舞の記録より(水野一典)「香川の民俗」 香川民俗学会 (68) 2005.2

方言は如何に受け継がれるか(島田治)「香川の民俗」 香川民俗学会 (68) 2005.2

タカセンボウ(大西紘一)「香川の民俗」 香川民俗学会 (68) 2005.2

「半ドン」(阿井蘭土)「香川の民俗」 香川民俗学会 (68) 2005.2

はじめに―お盆前夜の祭りから(谷原博信)「香川の民俗」 香川民俗学会 通号70 2007.2

塩と酒の話(生駒廣)「香川の民俗」 香川民俗学会 通号70 2007.2

祭りチョーサの掛け声(生駒廣)「香川の民俗」 香川民俗学会 通号70 2007.2

今、若者に起こっている言葉の変化について(島田治)「香川の民俗」 香川民俗学会 通号70 2007.2

位牌の一足先帰りと宿帰り問答(〈香川民俗学会40周年の歩みを記念して〉―記念講演)(近藤恒也)「香川の民俗」 香川民俗学会 通号71 2008.2

最近考えていること(〈香川民俗学会40周年の歩みを記念して〉――言集―香川民俗学会40周年に立って)(川崎正)「香川の民俗」 香川民俗学会 通号71 2008.2

島々の民俗から始まって(〈香川民俗学会40周年の歩みを記念して〉――言集―香川民俗学会40周年に立って)(西山市朗)「香川の民俗」 香川民俗学会 通号71 2008.2

衣服・食(〈香川民俗学会40周年の歩みを記念して〉――言集―香川民俗学会40周年に立って)(天野祐也)「香川の民俗」 香川民俗学会 通号71 2008.2

口承文芸、昔話と伝説(〈香川民俗学会40周年の歩みを記念して〉――言集―香川民俗学会40周年に立って)(鎌田逸朗)「香川の民俗」 香川民俗学会 通号71 2008.2

子育ての民俗(〈香川民俗学会40周年の歩みを記念して〉――言集―香川民俗学会40周年に立って)(川合優香)「香川の民俗」 香川民俗学会 通号71 2008.2

昔話(〈香川民俗学会40周年の歩みを記念して〉――言集―香川民俗学会40周年に立って)(高木萌)「香川の民俗」 香川民俗学会 通号71 2008.2

わらべ歌(〈香川民俗学会40周年の歩みを記念して〉――言集―香川民俗学会40周年に立って)(吉本明子)「香川の民俗」 香川民俗学会 通号71 2008.2

昔話(〈香川民俗学会40周年の歩みを記念して〉――言集―香川民俗学会40周年に立って)(宮井文子)「香川の民俗」 香川民俗学会 通号71 2008.2

昔話(〈香川民俗学会40周年の歩みを記念して〉――言集―香川民俗学会40周年に立って)(三好健斗)「香川の民俗」 香川民俗学会 通号71 2008.2

人生儀礼(〈香川民俗学会40周年の歩みを記念して〉――言集―香川民俗学会40周年に立って)(十河秀樹)「香川の民俗」 香川民俗学会 通号71 2008.2

わらべ歌(〈香川民俗学会40周年の歩みを記念して〉――言集―香川民俗学会40周年に立って)(寺島有紀)「香川の民俗」 香川民俗学会 通号71 2008.2

祭り(〈香川民俗学会40周年の歩みを記念して〉――言集―香川民俗学会40周年に立って)(矢野智宏)「香川の民俗」 香川民俗学会 通号71 2008.2

塩の研究(〈香川民俗学会40周年の歩みを記念して〉――言集―香川民俗学会40周年に立って)(山本潤)「香川の民俗」 香川民俗学会 通号71 2008.2

昔話研究(〈香川民俗学会40周年の歩みを記念して〉――言集―香川民俗学会40周年に立って)(小川裕里)「香川の民俗」 香川民俗学会 通号71 2008.2

食生活を中心に(〈香川民俗学会40周年の歩みを記念して〉――言集―香川民俗学会40周年に立って)(生本未央)「香川の民俗」 香川民俗学会 通号71 2008.2

香川民俗学会に入会して・ケガレ(〈香川民俗学会40周年の歩みを記念して〉――言集―香川民俗学会40周年に立って)(松坂啓介)「香川の民俗」 香川民俗学会 通号71 2008.2

お正月のお餅を搗かない里(生駒廣)「香川の民俗」 香川民俗学会 通号71 2008.2

聞書帳より―接待講文書・オハケの分布(水野一典)「香川の民俗」 香川民俗学会 通号71 2008.2

言葉の変遷(羽床生)「香川の民俗」 香川民俗学会 通号71 2008.2

むかしのはなし(イタ吉)「香川の民俗」 香川民俗学会 通号71 2008.2

覗き口上(演題は不詳)(生駒廣)「香川の民俗」 香川民俗学会 通号72 2009.09

「栄華を二度見た村」―江戸期の商家古文書から(生駒廣)「香川の民俗」 香川民俗学会 通号72 2009.02

土用、節分の翻訳、および folklore について(綾井泰徳)「香川の民俗」 香川民俗学会 通号72 2009.02

特集3 香川漆芸の美を極める「The Kagawa Museum news」 香川県立ミュージアム 9 2010.6

コラム 「恩賜の煙草」私考―戦場の紫煙をしのぶ軍国歌謡(因藤泉石)「香川史学」 香川歴史学会 (37) 2010.07

雑煮調査と問題点(1)(島田治)「香川の民俗」 香川民俗学会 通号73 2011.01

有縁無縁考(藤井洋一)「香川の民俗」 香川民俗学会 通号73 2011.01

『県別 方言罵詈雑言辞典』調査票(島田治)「香川の民俗」 香川民俗学会 通号73 2011.01

裏山にななまき半の大蛇?(生駒廣)「香川の民俗」 香川民俗学会 通号73 2011.01

香川の名宝(21) 重要文化財 絹本著色十王像 陸信忠筆(細井俊道)「文化財協会報」 香川県文化財保護協会 (179) 2011.03

瀬戸内海地域における名菓の成立―内国勧業博覧会記録にみる香川、愛媛の事例(橋爪伸子)「民俗と風俗 : the journal of the Chubu Branch, the Japanese Society for History of Manners and Customs」 日本風俗史学会中部支部 (21) 2011.03

「日本人の心 和太鼓の響き」香川ひびき太鼓(グループインフォメーション)「文化たかまつ」 高松市文化協会 (57) 2011.07

野辺送りの頃に見た四十九日法要の笠餅(生駒廣)「香川の民俗」 香川民俗学会 (74) 2012.01

運び賃はマイラセ一枚のイリコ(生駒廣)「香川の民俗」 香川民俗学会 (74) 2012.01

目で見る香川の祭りと行事(写真集)(香西忠夫)「香川の民俗」 香川民俗学会 (74) 2012.01

香川の名宝(24) 重要文化財 木造聖観音立像 一軀(萩野憲司)「文化財協会報」 香川県文化財保護協会 (182) 2012.03

海へ向けられる視線(西山市朗)「香川の民俗」 香川民俗学会 (75) 2013.01

昔話伝承に見る災害(谷原博信)「香川の民俗」 香川民俗学会 (75) 2013.01

特集 香川の伝統工芸と人間国宝「The Kagawa Museum news」 香川県立ミュージアム 23 2013.12

天女の瓦が青空に舞う(西山市朗)「香川の民俗」 香川民俗学会 (76) 2014.01

雨乞い花火と清正踊りについて(多田豊美)「香川の民俗」 香川民俗学会 (76) 2014.01

香川の祭り(香西忠夫)「香川の民俗」 香川民俗学会 (76) 2014.01

もう一つの食文化「男めし」など（生駒廣）「香川の民俗」　香川民俗学会
（76）　2014.01

特集 空海の足音 四国へんろ展 香川編「The Kagawa Museum news」
香川県立ミュージアム　26　2014.09

香川県

香川県・吉田家の俵（《俵札特集》）（喜代吉栄徳）「四国辺路研究」　海王
舎　14　1998.3

香川県の獅子舞概観―香川県民俗芸能緊急調査より「瀬戸内海歴史民俗
資料館紀要」　瀬戸内海歴史民俗資料館　通号12　1999.3

金毘羅信仰の成立に就いて（羽床正明）「文化財協会報」　香川県文化財保
護協会　（特別号）1999.3

香川県の小正月（《特集 四国の小正月》）（内藤敏典）「四国民俗」　四国
民俗学会　（33）2000.3

香川県通名・擬人名語彙（抄）（水野一典）「四国民俗」　四国民俗学会
（33）2000.3

香川県の獅子舞の道具―締め太鼓についての試論「瀬戸内海歴史民俗資
料館紀要」　瀬戸内海歴史民俗資料館　（13）2000.3

聖賢氏伝説について（羽床正明）「文化財協会報」　香川県文化財保護協会
（特別号）2000.3

香川県下に於ける初誕生儀礼（近藤直也）「四国民俗」　四国民俗学会
（34）2000.8

香川県東部の炭窯について（六車功）「民具集積」　四国民具研究会　（6）
2000.9

獅子舞の太鼓の台について「瀬戸内海歴史民俗資料館紀要」　瀬戸内海
歴史民俗資料館　（14）2001.3

香川県の湯立神楽―神職の代替わりと籠かぶり（田井静明）「民具研究」
日本民具学会　（124）2001.7

香川県の祭礼山車（《特集 四国の祭礼山車》）（水野一典）「四国民俗」
四国民俗学会　（35）2002.9

県内出土木製農具集成「瀬戸内海歴史民俗資料館紀要」　瀬戸内海歴史
民俗資料館　（15）2002.12

槍屋の軟棒香川県周辺の職人製作の棒「瀬戸内海歴史民俗資料館紀要」
瀬戸内海歴史民俗資料館　（17）2005.3

香川県からのサバ縛網漁について「瀬戸内海歴史民俗資料館紀要」　瀬
戸内海歴史民俗資料館　（17）2005.3

図版（カラー）「調査研究報告」　香川県歴史博物館　（1）2005.3

図版（モノクロ）「調査研究報告」　香川県歴史博物館　（1）2005.3

香川県の写し霊場の成立（1）館蔵写し霊場史料の紹介「瀬戸内海歴史民
俗資料館紀要」　瀬戸内海歴史民俗資料館　（18）2006.3

寺院釣鐘調査の延長（堀池守彦）「文化財協会報. 特別号」　香川県文化財
保護協会　2005年度　2006.3

香川県の八朔行事（《特集 四国の八朔習俗》）（水野一典）「四国民俗」
四国民俗学会　（39）2006.12

調査研究 「寺社総合調査」について（田井静明）「香川県歴史博物館
news」　香川県歴史博物館　32　2007.9

大阪府下における香川県漁業者の出稼ぎの実態とその経緯―大阪府泉佐
野市北中通のイワシきんちゃく網漁業の事例を中心に（増崎勝敏）「日
本民俗学」　日本民俗学会　通号257　2009.02

香川県の地神信仰（《特集 地神信仰》）（水野一典）「徳島地域文化研究」
徳島地域文化研究会　（7）2009.03

香川県の鑑賞石（園藤隆雄）「文化たかまつ」　高松市文化協会　（56）
2011.1

楮（かじ）と蒟醬（きんま）「文化財協会報」　香川県文化財保護協会
（180）2011.08

トピックス「かがわ漆芸の伝承」香川県漆芸研究所「The Kagawa
Museum news」　香川県立ミュージアム　15　2011.12

両部（界）曼荼羅について「文化財協会報」　香川県文化財保護協会
（182）2012.03

五重塔入門「文化財協会報」　香川県文化財保護協会　（184）2012.12

新出の秋山家文書「御本尊争論之覚」について（史料紹介）（橋詰茂）「香
川県立文書館紀要」　香川県立文書館　（7）2013.03

香川県からの入植と集落の成立―宮崎県児湯郡都農町松原（大喜多紀
明）「民俗文化」　滋賀民俗学会　（608）2014.05

香川県の盆棚（水野一典）「四国民俗」　四国民俗学会　（46）2014.09

香川県獅子舞語彙（抄）（水野一典）「四国民俗」　四国民俗学会　（46）
2014.09

特集 香川漆芸を育てた60年 香川県漆芸研究所/第61回日本伝統工芸展
「The Kagawa Museum news」　香川県立ミュージアム　27　2014.
12

香川町

香川町のひょうげ祭り（安田光晴）「香川の民俗」　香川民俗学会　通号
71　2008.2

香川町はくちょう太鼓同志会（グループインフォメーション）（高尾繁
義）「文化たかまつ」　高松市文化協会　（54）2010.01

香川町東谷

香川町東谷の里神楽（谷原博信）「香川の民俗」　香川民俗学会　61
1997.10

覚城院

香川の名宝（25）重要文化財 覚城院鐘楼 一棟（塩田富雄）「文化財協会
報」　香川県文化財保護協会　（183）2012.08

笠居郷

笠居郷の諺など（水野一典）「香川の民俗」　香川民俗学会　通号70
2007.2

忰山家住宅

登録文化財「忰山家住宅」（多田敏雄）「ふるさと長尾」　大川郡長尾町教
育委員会, 長尾町文化財保護協会　（25）2002.3

勝間

『勝間郷土誌』に見られる「帰化語」について（島田治）「香川の民俗」
香川民俗学会　（74）2012.01

勝間郷土誌の帰化語/外国文化輸入/仁尾村誌の帰化語（島田治）「香川の
民俗」　香川民俗学会　（74）2012.01

加藤

寒川町加藤山の神の踊りの周辺（藤井洋一）「香川の民俗」　香川民俗学会
61　1997.10

神掛神社

資料報告・神掛神社の獅子組一橙の『獅子入費帳』を中心として（高嶋
賢二）「文化財協会報」　香川県文化財保護協会　（特別号）2001.3

上新田

葬制墓制の変化についての一考察―香川県三豊郡詫間町粟島上新田地区
の事例から（村尾美江）「女性と経験」　女性民俗学研究会　通号28
2003.9

神谷神社

香川の名宝（4）国宝神谷神社本殿「文化財協会報」　香川県文化財保護
協会　162　2005.8

雷八幡神社

雷八幡神社の祭礼（大西隆雄）「香川の民俗」　香川民俗学会　65　2002.2

川島

川島の瀧頂市（多田豊美）「香川の民俗」　香川民俗学会　62　1999.1

川之江八幡神社

石大工塩飽泊住人九郎兵衛と川之江八幡神社鳥居（柏徹哉）「財団法人香
川県埋蔵文化財調査センター研究紀要」　香川県埋蔵文化財調査セン
ター　10　2002.12

冠纓神社

翻刻及び語注 冠纓神社「楢屋集・下」（井川昌文）「文化財協会報」　香川
県文化財保護協会　（特別号）2002.3

近くの古刹（天福寺・冠纓神社）（吉田禮子）「讃岐のやまなみ」　香川県
歴史研究会　（7）2014.04

観音寺

観音寺と一の字（泉宮文明）「郷土の文化」　観音寺市郷土文化大学　22
1997.3

観音寺懐古（大西実）「郷土の文化」　観音寺市郷土文化大学　22　1997.3

大相撲と観音寺の力士（随筆）（大西久善）「きずな」　観音寺市教育委員
会生涯学習課中央公民館　（5）2014.02

香川の名宝（30）重要文化財 木造涅槃仏像 一躯（明治34年3月27日指
定）観音寺市八幡町 観音寺 像長74.0cm・像高18.0cm 鎌倉時代（13
世紀）「文化財協会報」　香川県文化財保護協会　（188）2014.03

観音寺市

《郷土文化特集 かんおんじ今昔》「郷土の文化」　観音寺市郷土文化大学
22　1997.3

20年前にあったこと（田川正明）「郷土の文化」　観音寺市郷土文化大学
22　1997.3

50年前のあのことこのこと（安藤洋孝）「郷土の文化」　観音寺市郷土文
化大学　22　1997.3

『ウサギ谷』（安藤洋孝）「郷土の文化」　観音寺市郷土文化大学　22
1997.3

私達の町に残る慣行（須川勇）「郷土の文化」　観音寺市郷土文化大学
22　1997.3

墓塔（高橋岩雄）「郷土の文化」　観音寺市郷土文化大学　22　1997.3

文化についての芳考（大西実）「郷土の文化」　観音寺市郷土文化大学
22　1997.3

《特集 郷土の民俗と風習について（2）》「郷土の文化」　観音寺市郷土文
化大学　24　1999.3

迎春・節分のころ（安藤洋孝）「郷土の文化」 観音寺市郷土文化大学 24 1999.3

お正月の習俗について（井元滝雄）「郷土の文化」 観音寺市郷土文化大学 24 1999.3

慣行とは（須川勇）「郷土の文化」 観音寺市郷土文化大学 24 1999.3

古里の心に残る物語（田川正明）「郷土の文化」 観音寺市郷土文化大学 24 1999.3

お葬式の今昔（藤原秋義）「郷土の文化」 観音寺市郷土文化大学 24 1999.3

我が家の婚儀（吉田真八）「郷土の文化」 観音寺市郷土文化大学 24 1999.3

芥考（2）（大西実）「郷土の文化」 観音寺市郷土文化大学 25 2000.3

砂銭愚考（松浦寛）「郷土の文化」 観音寺市郷土文化大学 25 2000.3

郷土文化としての芸能（大西実）「郷土の文化」 観音寺市郷土文化大学 27 2002.3

《特集 私の聞いた昔話》「郷土の文化」 観音寺市郷土文化大学 29 2004.3

「亥の子」と「ひと魂」（田川正明）「郷土の文化」 観音寺市郷土文化大学 29 2004.3

槍下げの松（大西實）「郷土の文化」 観音寺市郷土文化大学 29 2004.3

残っている屋号（須川勇）「郷土の文化」 観音寺市郷土文化大学 29 2004.3

水入り塚の小豆洗い（秋山利一）「郷土の文化」 観音寺市郷土文化大学 29 2004.3

昔ばなし（細川寿之）「郷土の文化」 観音寺市郷土文化大学 29 2004.3

福助さんのお話（大西實）「郷土の文化」 観音寺市郷土文化大学 29 2004.3

三ツガ石（石井利郎）「郷土の文化」 観音寺市郷土文化大学 31 2006.3

無縁墓地に眠るふるさと（《特集 郷土の思い出》）（白川文造）「郷土の文化」 観音寺市郷土文化大学 31 2006.3

柳川のうどん（《特集 郷土の思い出》）（林悦子）「郷土の文化」 観音寺市郷土文化大学 31 2006.3

保護したい鎮守の森（香川敏夫）「文化財協会報」 観音寺市文化財保護協会 （1） 2007.3

研究発表 水車（須川勇）「郷土の文化」 観音寺市郷土文化大学 2 2008.3

スケッチ「こどもの遊び」（小西康次）「きずな」 観音寺市教育委員会生涯学習課中央公民館 （1）/（2） 2010.03/2011.03

表紙 札供養の碑「文化財協会報」 観音寺市文化財保護協会 （6） 2012.03

寛文5年、最初の宗門改—平田与左衛門「用覚日記」から（久保道生）「文化財協会報」 観音寺市文化財保護協会 （6） 2012.03

地蔵堂物語（髙橋正之）「文化財協会報」 観音寺市文化財保護協会 （8） 2014.03

神野神社正八幡宮

神野神社正八幡宮湯立御神楽の由来、内容について（阿部健造）「香川の民俗」 香川民俗学会 通号72 2009 02

観音院

観音院の石幢（会員寄稿）（松田朝由）「さぬき市の文化財」 さぬき市文化財保護協会 （7） 2010.03

木熊野神社

木熊野神社の秋祭り—善通寺市中村町（口原耕男）「香川の民俗」 香川民俗学会 64 2001.2

木田郡

旧木田郡内の雨乞いの一例（多田豊美）「香川の民俗」 香川民俗学会 （74） 2012.01

北峰神社

さぬき市の石造物（4）—北峰神社石造物群（会員寄稿）（松田朝由）「さぬき市の文化財」 さぬき市文化財保護協会 （11） 2014.03

北山

香川県東部、小田・北山の朝鮮半島沿海通漁について—明治時代後半期に於ける地元鮮魚運搬業の盛衰から「瀬戸内海歴史民俗資料館紀要」 瀬戸内海歴史民俗資料館 （16） 2003.12

鬼無

「ホクリ」大権現をめぐって—高松市鬼無・千葉県大原町（松崎憲三）「西郊民俗」 ［西郊民俗談話会］ （182） 2003.3

鬼無町

高松市鬼無町の年中行事聞書抄（水野一典）「香川の民俗」 香川民俗学会 （68） 2005.2

鬼無町の民俗レポート（《鬼無町の民俗》）（十河秀樹, 宮井文子, 三好健斗, 矢野博宏, 山本潤, 松坂啓介）「香川の民俗」 香川民俗学会 通号70 2007.2

鬼無町の民俗拾遺（《鬼無町の民俗》）（二宮典子, 松坂啓介, 寺嶋有紀, 天野裕也）「香川の民俗」 香川民俗学会 通号70 2007.2

旧恵利邸

旧恵利邸再復元工事に思う（石田貞男）「郷土研究資料集」 大川町文化財保護協会 （26） 2001

教蓮寺

塩焼人が招いた、ふるさとの寺—讃岐国大内郡松原村 教蓮寺（島田治）「東かがわ市歴史民俗資料館年報・紀要」 東かがわ市歴史民俗資料館 （7） 2010.09

金砂

近世千石舟に乗った厚岸草 金砂と瀬戸内海での運命（生駒廣）「香川の民俗」 香川民俗学会 （75） 2013.01

金刀比羅参詣道

「金刀比羅参詣道中日記」を発見し読む（伊藤久人）「伊那路」 上伊那郷土研究会 42（1）通号492 1998.1

熊手八幡宮

熊手八幡宮が和歌山に飛ぶ?!（中西史和）「多度津文化財 : 多度津町文化財保護協会会報」 多度津町文化財保護協会 （38） 2010.03

香西

「香西のお船歌」について（久保隆則）「香川の民俗」 香川民俗学会 61 1997.10

香西杜氏聞書（羽床住人）「四国民俗」 四国民俗学会 通号32 1999.8

歴史余禄 「香西」の発端と戦国武将香西又六元長の墓塔（川崎正）「香川史学」 香川歴史学会 （29） 2002.7

香西の神楽について（岩嶋孝典）「香川の民俗」 香川民俗学会 通号71 2008.2

高仙山

阿讃の峰 木田郡三木町高仙山（多田幸子）「讃岐のやまなみ」 香川県歴史研究会 （6） 2013.4

香田

荘内半島（香田地区）の民俗（1）（《荘内半島の民俗》）（二宮典子）「香川の民俗」 香川民俗学会 通号70 2007.2

荘内半島（香田地区）の民俗（2）誕生と婚姻（《荘内半島の民俗》）（川合愛香）「香川の民俗」 香川民俗学会 通号70 2007.2

香南町

香南町天一神さんのルーツについて（森井正）「文化財協会報」 香川県文化財保護協会 （特別号） 1999.3

興隆寺跡石切場

西讃の中世石切場跡探訪—興隆寺跡石切場（十亀幸雄）「遺跡」 遺跡発行会 （45） 2011.07

興隆寺跡石塔群

興隆寺跡石塔群の五輪塔（松田朝由）「香川史学」 香川歴史学会 （37） 2010.07

国分寺町

国分寺町の稲作儀礼（中原耕男）「香川の民俗」 香川民俗学会 通号70 2007.2

高松市国分寺町の民話など（藤田弘子）「讃岐のやまなみ」 香川県歴史研究会 （6） 2013.04

極楽寺

極楽寺の伝説—桂洞法印を中心として（玉久洋子）「ふるさと長尾」 大川郡長尾町教育委員会, 長尾町文化財保護協会 （25） 2002.3

極楽寺の文化財（玉久圭澄）「ふるさと長尾」 大川郡長尾町教育委員会, 長尾町文化財保護協会 （25） 2002.3

大窪寺の鉄錫杖について 附・旧極楽寺跡出土鉄錫杖（《特集 大窪寺総合調査報告》）（関根俊一）「調査研究報告」 香川県立歴史博物館 （3） 2007.3

宝蔵院極楽寺の中世石造物（松田朝由）「さぬき市の文化財」 さぬき市文化財保護協会 （5） 2008.3

極楽寺跡

グラビア 寺田遺跡出土の勾玉/寒川町・極楽寺跡の圃場整備工事中の写真/極楽寺堂配置想定図「さぬき市の文化財」 さぬき市文化財保護協会 （9） 2012.03

極楽寺遺跡

創建時の極楽寺遺跡調査（亀井芳文）「さぬき市の文化財」 さぬき市文化財保護協会 （3） 2006.3

極楽寺廃寺

表紙 極楽寺廃寺の発掘画像「さぬき市の文化財」 さぬき市文化財保護

協会 (8) 2011.03

五色台

五色台の遍路古道33丁を辿る（泉保紀美子）「歴史民俗協会紀要 : 高松市歴史民俗協会論文集」 高松市歴史民俗協会 2009年度 2010.03

琴南町

「鵜が鳴いて死体を見つける」（綾歌町）と琴南町の聞き書き（内藤敏典）「香川の民俗」 香川民俗学会 62 1999.1

琴弾宮

「絹本著色琴弾宮絵縁起」と日本音楽の古層としてのコト（山口脩）「郷土の文化」 観音寺市郷土文化大学 25 2000.3

琴平

深津市の栄枯盛衰えびすさんはいま琴平におわす（柿本光明）「備陽史探訪」 備陽史探訪の会 81 1998.2

金刀比羅宮

金刀比羅宮のお祭り―お田植の祭り（中原耕男）「香川の民俗」 香川民俗学会 62 1999.1

ひとりで、ぶらりと金刀比羅宮の奥社参拝（高橋彪）「福田史談会会報」 倉敷・福田史談会 (157) 1999.2

蹴鞠の鴨沓―金刀比羅宮奉納蹴鞠の和沓（市田京子）「民具集積」 四国民具研究会 (7) 2001.11

手のひら随筆 こんぴら歌舞伎を観る（佐藤順一）「小千谷文化」 小千谷市総合文化協会『小千谷文化』編集委員会 (196) 2009.07

琴平神社

史料研究 大熊邦也家文書の紹介 「琴平拝参記」大熊彦九郎筆/「再琴平神社ヱ拝参扣」大熊彦九郎筆/「東京旅日記」大熊彦九郎筆（北播磨探史研究会）「北播磨探史研究」 北播磨探史研究会 (3) 2009.02

小簑

小簑の民俗―人の一生（大西隆雄）「香川の民俗」 香川民俗学会 61 1997.10

是竹

村の芸能 (7) 是竹獅子聞書（水野一典）「四国民俗」 四国民俗学会 (40) 2008.6

金比羅

高梁川で遭難した金比羅詣りの人々（多根令己）「大社の史話」 大社史話会 113 1997.11

金比羅参詣船旅の諸相―木在村六之丞・平沢村作兵衛の場合（佐藤貢）「鶴舞」 本荘地域文化財保護協会 82 2001.12

お伊勢参り 伊勢神宮・金比羅・出雲大社参拝の旅（丸山久子）「郷土たがみ」 田上町郷土研究会 (24) 2013.06

金毘羅

金毘羅庶民歌謡の研究―近世庶民歌謡の中の金毘羅信仰（溝渕利博）「香川史学」 香川歴史学会 (24) 1997.7

金毘羅講今昔（大西紘一）「香川の民俗」 香川民俗学会 62 1999.1

金毘羅信仰のデータベース作成にむけて―その可能性と課題（前野雅彦）「帝塚山大学大学院人文科学研究科紀要」 帝塚山大学大学院人文科学研究科 (2) 2001.1

近世金毘羅の遊女（林恵）「香川史学」 香川歴史学会 (28) 2001.7

伊予・高野・金毘羅・大和廻道中日記（宮窪弘）「ひたち小川の文化」 小美玉市小川郷土文化研究会 22 2002

〔史料紹介〕 金毘羅道中記（安彦勘吾）「日本文化史研究」 帝塚山大学奈良学総合文化研究所 (34) 2002.3

太良嶽さん詣りと金毘羅さん詣り（大嶽藤雄）「諫早史談」 諫早史談会 35 2003.3

池野友宣の伊勢両宮・金毘羅参詣旅日記について（西野寛子）「藤枝市史研究」 藤枝市市民文化部 (7) 2006.3

近世金毘羅の政務構造（田中美穂）「香川史学」 香川歴史学会 (34) 2007.07

こんぴら街道

こんぴら街道 「勤皇の僧 月照と西行法師の歩いた道」について報告（安藤繁樹）「文化財協会報」 善通寺市文化財保護協会 (30) 2011.03

金毘羅山

金毘羅山祭神考 (1)（次田雅宣）「文化財協会報」 善通寺市文化財保護協会 (22) 2003.3

金毘羅参詣道

金毘羅参詣道中日記について（田中元峰）「ふるさと袋井」 ［袋井市地方史研究会］ 12 1997.11

金毘羅道

もう一つの金毘羅道（宮脇文雄）「文化財協会報」 善通寺市文化財保護協会 20 2001.3

金毘羅門前町

近世金毘羅門前町の発達について（丸尾寛）「香川史学」 香川歴史学会 (26) 1999.7

紺屋

紺屋の手仕事―筒描（松井寿）「四国民俗」 四国民俗学会 (41) 2008.12

西行庵

西行庵のホルトの木が折れた（池田富三郎）「文化財協会報」 善通寺市文化財保護協会 (22) 2003.3

坂出

坂出の塩田と鹽竈信仰（杉峰俊男）「文化協会報」 善通寺市文化財保護協会 (23) 2004.3

坂出市

香川県坂出市の地神さん（北原國雄）「徳島地域文化研究」 徳島地域文化研究会 (6) 2008.3

坂手

お盆行事の聞き書き―小豆郡内海町坂手 話者・壺井フク（谷原博信）「香川の民俗」 香川民俗学会 63 2000.1

坂元

坂元の五輪塔について（松田朝由）「東かがわ市歴史民俗資料館年報・紀要」 東かがわ市歴史民俗資料館 (7) 2010.09

坂本

坂本念仏踊 香川県丸亀市「公益社団法人全日本郷土芸能協会会報」 全日本郷土芸能協会 (68) 2012.07

坂元神社

坂元神社由来（鷺住王）（水原進一）「文化財保護協会報まるがめ」 丸亀市文化財保護協会 (8) 2013.03

佐柳島

佐柳島の民俗と方言（西山市朗）「香川の民俗」 香川民俗学会 (74) 2012.01

佐柳島の民俗と方言 香川民俗学会例会から（西山市朗）「香川の民俗」 香川民俗学会 (75) 2013.01

佐柳島民俗調査報告（谷原博信）「四国民俗」 四国民俗学会 (45) 2013.09

佐柳島の民俗（西山市朗）「香川の民俗」 香川民俗学会 (76) 2014.01

讃岐

讃岐の糖業史 (4)（村上稔）「郷土白鳥」 白鳥町文化財保護協会 (65) 1997.12

讃岐さとう物語（西原忠一）「郷土白鳥」 白鳥町文化財保護協会 (65)/(66) 1997.12/1998.9

獅子舞の芸の変化―讃岐の事例より（水野一典）「民俗芸能学会会報」 民俗芸能学会 39 1998.1

讃岐の彼岸の行事（水野一典）「四国民俗」 四国民俗学会 通号31 1998.2

讃岐の糖業史 (4)（村上稔）「郷土白鳥」 白鳥町文化財保護協会 (66) 1998.9

讃岐の桃太郎（高瀬美代子）「都府楼」 古都大宰府保存協会 26 1998.9

虫送り―讃岐の事例より（羽床住人）「土佐民俗 : 土佐民俗会誌」 土佐民俗学会 71 1999.1

軒平瓦に見る讃岐の白鳳寺院（蓮本和博）「財団法人香川県埋蔵文化財調査センター研究紀要」 香川県埋蔵文化財調査センター 7 1999.3

鞍馬寺凝灰岩宝塔の系譜 四国讃岐の宝塔との関連性（森章）「史迹と美術」 史迹美術同攷会 69(7) 通号697 1999.8

讃岐糖業（村上稔）「郷土白鳥」 白鳥町文化財保護協会 (67) 1999.9

讃岐の浦島太郎（高瀬美代子）「都府楼」 古都大宰府保存協会 28 1999.10

恐るべき讃岐（江原哲治）「六甲倶楽部報」 六甲倶楽部 51 1999.12

讃岐の延喜式内社（井元滝雄）「郷土の文化」 観音寺市郷土文化大学 25 2000.3

讃岐杜守の棟札考（黒川隆弘）「文化財協会報」 香川県文化財保護協会 (特別号) 2000.3

古代讃岐に関する教材開発―郡郷と寺社（田村奈美）「香川史学」 香川歴史学会 (27) 2000.7

讃岐に於ける古代寺院（廃寺）路（井元滝雄）「郷土の文化」 観音寺市郷土文化大学 26 2001.3

讃岐社寺建築にかかわった番匠の階層と手間賃をさぐる（黒川隆弘）「文化財協会報」 香川県文化財保護協会 (特別号) 2001.3

讃岐金刀比羅宮へ奉納された貫心流細宗閑の絵馬（西村晃）「広島県立文書館だより」 広島県立文書館 18 2001.7

讃岐の春のあれこれ―野帖より（水野一典）「香川の民俗」 香川民俗学会 65 2002.2

武田徳右衛門里丁石―伊予・讃岐の部「四国辺路研究」 海王舎 20 2002.12

讃岐における土佐にかかわる伝承（羽床住人）「土佐民俗 ： 土佐民俗会誌」 土佐民俗学会 80 2003.3

讃岐妖怪雑記《《特集 四国の妖怪》》（水野一典）「四国民俗」 四国民俗学会 （36・37） 2004.7

近世・讃岐の葬祭文書にみる供応食―三夜四日仏事の記録を通して（秋山照子）「さぬき市の文化財」 さぬき市文化財保護協会 （2） 2005.3

北海道に伝わった讃岐の獅子舞「瀬戸内海歴史民俗資料館紀要」 瀬戸内海歴史民俗資料館 （17） 2005.3

食文化体験講座「讃岐の伝統食をつくる―伝統食を現代にどう生かす」内容一覧「調査研究報告」 香川県歴史博物館 （1） 2005.3

讃岐の伝統食を現代にどう生かす―食文化体験講座を担当して（丸山惠子）「調査研究報告」 香川県歴史博物館 （1） 2005.3

「讃岐の中世寺院」を訪ねて（櫻木潤）「阡陵 ： 関西大学博物館彙報」 関西大学博物館 （53） 2006.9

讃岐の念仏踊と浄土真宗（水野一典）「民俗芸能研究」 民俗芸能学会 （42） 2007.3

県外で伝承されている讃岐獅子（溝渕茂樹）「瀬戸内海歴史民俗資料館紀要」 瀬戸内海歴史民俗資料館 （19） 2007.3

讃岐石棺路査録（北山峰生）「文化財協会報」 善通寺市文化財保護協会 （26） 2007.3

中世讃岐の大般若経書写と熊野信仰《《大会特集1 四国―その内と外と》―《問題提起》》（萩野憲司）「地方史研究」 地方史研究協議会 57（4） 通号328 2007.8

讃岐における積石塚と盛土壙の比較―壇丘形態を中心に（好井春織）「寧楽史苑」 奈良女子大学史学会 （54） 2009.02

知っとんな さぬきことば辞典（1）～（5（中原耕男）「香川の民俗」 香川民俗学会 通号72/（76） 2009.02/2014.01

讃岐のへんろ研究 金三（こんさん）とさぬき（藤井洋一）「さぬき市の文化財」 さぬき市文化財保護協会 （ε） 2009.03

香川県 さぬきばやし保存会（民謡・民舞特集）（東尾清穂）「公益社団法人全日本郷土芸能協会会報」 全日本郷土芸能協会 （56） 2009.07

紀伊に運ばれた中世讃岐の石造物―海南市浄土寺・藤白神社所在 火山石製層塔を中心に（海邉博史）「紀伊考古学研究」 紀伊考古学研究会 （12） 2009.08

讃岐の地芝居―聞書から見た地芝居の詳相（水野一典）「四国民俗」 四国民俗学会 （42） 2009.12

讃岐の人形芝居―聞書を中心として（特集 阿波人形浄瑠璃）（水野一典）「徳島地域文化研究」 徳島地域文化協会 （8） 2010.03

禅寺巡り（平井シズエ）「讃岐のやまなみ」 香川県歴史研究会 （3） 2010.04

鎮魂『桃太郎伝説』の語り草（中井久子）「讃岐のやまなみ」 香川県歴史研究会 （3） 2010.04

山村の四季と生活 農耕習俗など（昭和30年頃までの習俗）（多田豊美）「讃岐のやまなみ」 香川県歴史研究会 （3） 2010.04

歴史用語としての「讃岐三白」に関する基礎的研究―「讃岐三白」の使用期とその時代背景（溝渕利博）「香川史学」 香川歴史学会 （37） 2010.7

讃岐流採鹹技術の伝播（蔵森茂）「岡山民俗」 岡山民俗学会 通号231 2010.11

古文書解読講座 鎌倉時代の流人の日記「南海流浪記」に見る讃岐の姿（田中健二）「香川県立文書館紀要」 香川県立文書館 （15） 2011.3

平成23年度記念講演要旨 近世から近代における儀礼と供応食―讃岐地域の事例から（秋山照子）「会報」 岡山民俗学会 （206） 2011.05

「新しい風呂でうどんを食べる習俗―讃岐地方を中心として―」（研究所活動報告―所員研究例会 平成23年7月14日（木）（村尾美江）「民俗学研究所ニュース」 成城大学民俗学研究所 （94） 2011.10

播磨と讃岐―「播磨国風土記」からみた両国の交流（荊木美行）「史料 ： 皇學館大学研究開発推進センター史料編纂所報」 皇學館大学研究開発推進センター史料編纂所 （232） 2011.12

讃岐における初期の花崗岩製宝塔（報告）（十亀幸雄）「遺跡」 遺跡発行会 （46） 2012.04

我が家のお正月（谷川百合子）「讃岐のやまなみ」 香川県歴史研究会 （4） 2012.05

新しい風呂でウドンを食べる習俗―讃岐地方を中心として（村尾美江）「四国民俗」 四国民俗学会 （44） 2012.08

平成24年 さぬきの目で見る民俗行事（写真展）（香西忠夫）「香川の民俗」 香川民俗学会 （75） 2013.01

訪れてくる人々―讃岐の祝福芸の諸相（特集 阿波の三番叟・えびす文化）（水野一典）「徳島地域文化研究」 徳島地域文化研究会 （11） 2013.03

石仏を求めて歩いた島々や山々の記憶（西山市朗）「讃岐のやまなみ」 香川県歴史研究会 （6） 2013.04

地鎮祭について（宮井知子）「讃岐のやまなみ」 香川県歴史研究会 （6） 2013.04

十基のお地蔵さんめぐりに参加して（石川聖子）「讃岐のやまなみ」 香川県歴史研究会 （6） 2013.04

山村における暮らしの習俗 四国霊場八十八ヶ所写し霊場について（多田豊美）「讃岐のやまなみ」 香川県歴史研究会 （6） 2013.04

讃岐の方言 夕立・雷（峪口有香子）「香川の民俗」 香川民俗学会 （76） 2014.01

讃岐街道

「こんぴら道」の内 讃岐街道・伊予街道を行く（小松―西條―新居浜―四国中央―香川県観音寺・豊浜―三豊・琴平（吉本勝）「西條史談」 西條史談会 （90） 2014.1

讃岐国分寺

国分寺（特集 ぶらり再見「城下町・高松」）（奥村文浩）「文化たかまつ」 高松市文化協会 （54） 2010.01

讃岐国分寺跡

讃岐国分寺跡資料館（特集 たかまつ「新緑プロムナード」）（菊内昭宏）「文化たかまつ」 高松市文化協会 （63） 2014.07

さぬき市

さぬき市の古代寺院について（六車美保）「さぬき市の文化財」 さぬき市文化財保護協会 （1） 2004.3

四国遍路とさぬき市の札所寺院（豊島修）「さぬき市の文化財」 さぬき市文化財保護協会 （3） 2005.3

さぬき市の古代寺院（川畑聰）「さぬき市の文化財」 さぬき市文化財保護協会 （3） 2006.3

紀太家由緒と理兵衛焼（森下友子）「さぬき市の文化財」 さぬき市文化財保護協会 （4） 2007.3

仏像の見方（武田和昭）「さぬき市の文化財」 さぬき市文化財保護協会 （4） 2007.3

さぬき市内の笠塔婆・石幢（松田朝由）「さぬき市の文化財」 さぬき市文化財保護協会 （4） 2007.3

遍路道の道標とさぬき市（木村照一）「さぬき市の文化財」 さぬき市文化財保護協会 （5） 2008.3

講演 食文化と郷土料理（高嶋タカ子）「さぬき市の文化財」 さぬき市文化財保護協会 （6） 2009.03

静御前の伝説と遺跡（三好成其）「さぬき市の文化財」 さぬき市文化財保護協会 （6） 2009.03

石碑「修路碑」について（佐藤初男）「さぬき市の文化財」 さぬき市文化財保護協会 （6） 2009.03

湊と港の燈籠物語（講演者寄稿）（野崎義之）「さぬき市の文化財」 さぬき市文化財保護協会 （7） 2010.03

文化財に関する用語解説（7）仏陀の三十二相について（山下恵）「さぬき市の文化財」 さぬき市文化財保護協会 （7） 2010.03

斗掻きの祝いの伝承（会員投稿）（藤井洋一）「さぬき市の文化財」 さぬき市文化財保護協会 （8） 2011.03

文化財に関する用語解説（8）修験道について（三好成其）「さぬき市の文化財」 さぬき市文化財保護協会 （8） 2011.03

文化財に関する用語解説（9）天部の諸尊について（三好正其）「さぬき市の文化財」 さぬき市文化財保護協会 （9） 2012.03

さぬき市の庚申塔と青面金剛像（会員寄稿）（三好成其）「さぬき市の文化財」 さぬき市文化財保護協会 （9） 2013.03

お正月を迎え送る「年神様」を祀る仕来り（会員寄稿）（野崎義之）「さぬき市の文化財」 さぬき市文化財保護協会 （10） 2013.03

文化財に関する用語解説（10）明王（部）の諸尊について（三好成其）「さぬき市の文化財」 さぬき市文化財保護協会 （10） 2013.03

さぬき市の遍路道（会員寄稿）（藤井洋一）「さぬき市の文化財」 さぬき市文化財保護協会 （11） 2014.3

讃岐国

讃岐国中世金毘羅研究拾遺（唐木裕志）「香川史学」 香川歴史学会 （24） 1997.7

全国一宮祭礼記 紀伊国・讃岐国・土佐国・肥前国・薩摩国「季刊悠久. 第2次」 鶴岡八幡宮悠久事務局 76 1999.3

讃岐民芸館

讃岐民芸館（特集 たかまつ「新緑プロムナード」）（山本優子）「文化たかまつ」 高松市文化協会 （63） 2014.07

「うどん県」かがわ讃岐民芸館（特集 たかまつ「新緑プロムナード」）（山田富士子）「文化たかまつ」 高松市文化協会 （63） 2014.07

鞘橋

鞘橋の行き違い（水野生）「香川の民俗」 香川民俗学会 通号71 2008.2

寒川

昔の入浴（古川昇）「ふるさと寒川」 大川郡寒川町文化財保護協会，寒川町教育委員会 （20） 2000.3

石像・石仏（山本静澄）「ふるさと寒川」 大川郡寒川町文化財保護協会，寒川町教育委員会 （20） 2000.3

お田植えの思い出（鹿谷冨伊子）「ふるさと寒川」 大川郡寒川町文化財保護協会，寒川町教育委員会 （20） 2000.3

山上山

山上山（下）（植村正広）「ふるさと寒川」 大川郡寒川町文化財保護協会，寒川町教育委員会 （17） 1997.3

塩江

塩江の正月（中原耕男）「香川の民俗」 香川民俗学会 64 2001.2

塩江町

讃岐・塩江町の郷土料理（中原耕男）「香川の民俗」 香川民俗学会 （68） 2005.2

塩江村

塩江村の家並が好きであった市原輝士先生（多田豊美）「香川の民俗」 香川民俗学会 61 1997.10

四国村

四国民家博物館「四国村」（特集 たかまつ「新緑プロムナード」）（市川純子）「文化たかまつ」 高松市文化協会 （63） 2014.07

志々島

イヤダニマイリの変容―栗島・志々島・仁尾町の事例を中心に（多田厚子）「御影史学論集」 御影史学研究会 通号29 2004.10

静薬師庵

表紙の写真 三木町鍛冶池のほとりにある「静薬師庵と静御前の墓」 写真提供：千葉幸伸／裏表紙の写真 高松市東植田町柞尾東 溝渕荒神社の桜 写真提供者：久保征四郎「讃岐のやまなみ」 香川県歴史研究会 （7） 2014.04

地蔵寺

地蔵寺廻国六十六仏群像について（地蔵寺調査）（三好賢子）「ミュージアム調査研究報告」 香川県立ミュージアム （1） 2009.03

六十六仏群像目録（地蔵寺調査）「ミュージアム調査研究報告」 香川県立ミュージアム （1） 2009.03

六十六仏群像台座裏墨書銘一覧（地蔵寺調査）「ミュージアム調査研究報告」 香川県立ミュージアム （1） 2009.03

日本の巡礼と地蔵寺の六十六部について（会員寄稿）（栗峯弘文）「さぬき市の文化財」 さぬき市文化財保護協会 （7） 2010.3

地蔵寺密英の廻国について（地蔵寺調査（2））（三好賢子）「ミュージアム調査研究報告」 香川県立ミュージアム （5） 2014.03

地蔵寺所蔵「日本回国御経納受取之帳」翻刻（地蔵寺調査（2））「ミュージアム調査研究報告」 香川県立ミュージアム （5） 2014.03

七宝山

七宝山地における雨乞い修行の場について（研究記録）（石井利邦）「きずな」 観音寺市教育委員会生涯学習課中央公民館 （4） 2013.3

志度

志度碗の建網漁（六車功）「郷土誌志度」 大川郡志度町文化財保護協会 （14） 1998.3

志度と砂糖（平田弘泰）「郷土誌志度」 大川郡志度町文化財保護協会 （15） 1999.3

木造吉祥天の仏像（黒口縣市）「郷土誌志度」 大川郡志度町文化財保護協会 （15） 1999.3

「口説唄」について「郷土誌志度」 大川郡志度町文化財保護協会 （15） 1999.3

お稚児様ご参拝とお成就についてのこぼれ話（安徳尚峯）「郷土誌志度」 大川郡志度町文化財保護協会 （16） 2000.3

志度の海人の世界（内海清慈）「ソーシアル・リサーチ」 ソーシアル・リサーチ研究会 26 2001.2

海人の玉取り説話をたずねて（内海清慈）「ソーシアル・リサーチ」 ソーシアル・リサーチ研究会 （29） 2004.2

再び海人の玉取り説話について（内海清慈）「ソーシアル・リサーチ」 ソーシアル・リサーチ研究会 （31） 2006.3

描かれた海女と玉取り説話（内海清慈）「ソーシアル・リサーチ」 ソーシアル・リサーチ研究会 （35） 2010.03

調査研究ノート（9）紀年銘入り源内焼!!（古野徳久）「The Kagawa Museum news」 香川県立ミュージアム 15 2011.12

志度浦

志度浦の打瀬網漁（六車功）「郷土誌志度」 大川郡志度町文化財保護協会 （13） 1997.3

志度寺

志度寺縁起―御衣木縁起と漂着神について（谷原博信）「四国民俗」 四国民俗学会 通号31 1998.2

郷土の文化財を生かした綜合的学習の試み―志度寺と縁起から学ぶ（谷原博信）「香川の民俗」 香川民俗学会 62 1999.1

志度寺の古文書「観豪目安案文」を考える（平田弘泰）「郷土誌志度」 大川郡志度町文化財保護協会 （16） 2000.3

志度寺閻魔堂修理を終えて（平田弘泰）「郷土誌志度」 大川郡志度町文化財保護協会 （17） 2001.3

志度寺境内にある「弁天さま」（多田和士）「郷土誌志度」 大川郡志度町文化財保護協会 （17） 2001.3

志度寺と閻魔信仰―縁起と勧進と寺社金融の視点からその隆盛をさぐる（平田弘泰）「文化財協会報」 香川県文化財保護協会 （平成16年度特別号） 2005.3

志度寺縁起と生駒親正について（渡邊路子）「讃岐のやまなみ」 香川県歴史研究会 （6） 2013.04

清水神社

「清水神社の雨乞い伝承」と「甕塚発掘」について（漆原隆子）「讃岐のやまなみ」 香川県歴史研究会 （6） 2013.04

下笠居

高松市下笠居の人生儀礼―誕生と婚姻（水野一典）「香川の民俗」 香川民俗学会 67 2004.1

積善坊

引田町・積善坊蔵の両界曼荼羅図について（武田和昭）「文化財協会報」 香川県文化財保護協会 （特別号） 2000.3

東面山宝船院積善坊仁王門改修所見（池田米太郎）「東かがわ市歴史民俗資料館年報・紀要」 東かがわ市歴史民俗資料館 （5） 2008.7

聖皇院

聖皇院層塔の検討（松田朝由）「東かがわ市歴史民俗資料館年報・紀要」 東かがわ市歴史民俗資料館 （11） 2014.08

小豆郡

おしめさんの祭り―香川県小豆郡西北部の祭り（濱中知子）「文化財協会報」 香川県文化財保護協会 （特別号） 2002.3

地方芸能の発掘・記録―小豆郡北部における歌舞伎の歩み 付記・振付師と養女（港誠吾）「文化財協会報」 香川県文化財保護協会 （特別号） 2002.3

浄土寺

斑鳩の中宮寺、鶴羽の浄土寺、若者達に人気の半跏思惟像の魅力（賀嶋辰義）「さぬき市の文化財」 さぬき市文化財保護協会 （2） 2005.3

小豆島

小豆島の方言調査からの発見（島田治）「香川の民俗」 香川民俗学会 64 2001.2

四国の遍路事情―小豆島赤松家文書「四国辺路研究」 海王舎 18 2001.7

『小豆島の方言集』を読んで（西山市朗）「香川の民俗」 香川民俗学会 65 2002.2

小豆島の盆行事（水野一典）「香川の民俗」 香川民俗学会 67 2004.1

小豆島の昔話（川井和朗）「香川の民俗」 香川民俗学会 通号70 2007.2

小豆島の夜念仏（高木萌）「香川の民俗」 香川民俗学会 通号71 2008.2

小豆島の盆棚調査報告（阿部健造）「香川の民俗」 香川民俗学会 通号71 2008.2

小豆島の精霊棚調査レポート（中井恵理）「香川の民俗」 香川民俗学会 通号71 2008.2

小豆島北部の祭りと獅子舞―民俗調査ノートから「瀬戸内海歴史民俗資料館紀要」 瀬戸内海歴史民俗資料館 （20） 2008.3

小豆島民俗聞書抄（水野一典）「四国民俗」 四国民俗学会 （41） 2008.12

小豆島の盆行事―ショウロウダナ（米津志織）「香川の民俗」 香川民俗学会 通号72 2009.02

小豆島民俗調査報告書（岩嶋孝典）「香川の民俗」 香川民俗学会 通号72 2009.02

この一年をふりかえって―小豆島・東祖谷村などを訪ねて（四国学院大学民俗資料室）「香川の民俗」 香川民俗学会 通号72 2009.02

邑久郡南巡り霊場について―小豆島の影響（三浦麻緒）「岡山民俗」 岡山民俗学会 通号228・229 2009.03

小豆島の猪鹿垣（川井和朗）「香川の民俗」 香川民俗学会 通号73 2011.01

フィールドワークの問題点について―小豆島を例に（島田治）「香川の民俗」 香川民俗学会 （75） 2013.01

倉敷代官支配の小豆島における不動尊紛失をめぐる訴訟史料（史料紹介）（山本太郎）「倉敷の歴史」 倉敷市総務局総務部 （23） 2013.03

小豆島の方言調査（島田治）「香川の民俗」 香川民俗学会 （76） 2014.01

小豆島の猪鹿垣について「文化財協会報」 香川県文化財保護協会
（188） 2014.3

荘内
香川県三豊市荘内の浦島伝説―伝説の生成と展開（山田栄克）「口承文藝研究」 日本口承文藝學會 （37） 2014.03

荘内半島
荘内半島の人生儀礼―誕生とイヤダニマイリ（川江久太郎，大西紘一）「香川の民俗」 香川民俗学会 67 2004.1

荘内半島の衣生活（1）（〈荘内半島の民俗〉）（加島あき子）「香川の民俗」 香川民俗学会 通号70 2007.2

荘内半島の年中行事（1），（2）（〈荘内半島の民俗〉）（小川裕理，吉本明子）「香川の民俗」 香川民俗学会 通号70 2007.2

荘内半島の産育習俗（〈荘内半島の民俗〉）（高木萌）「香川の民俗」 香川民俗学会 通号70 2007.2

石井町（徳島県）と荘内半島の盆行事（〈荘内半島の民俗〉）（生本未央）「香川の民俗」 香川民俗学会 通号70 2007.2

白方浜
白方浜の精霊送火の行事（会員投稿）（野崎義之）「さぬき市の文化財」 さぬき市文化財保護協会 （8） 2011.03

白鳥神社
白鳥神社のコンコン獅子（田村慎一郎）「郷土白鳥」 白鳥町文化財保護協会 （68） 2000.9

白鳥神社とその門前町の賑わい―特別展「阿波街道」の展示資料から（萩野憲司）「郷土東かがわ」 東かがわ市文化財保護協会 （74） 2007.3

白羽神社
我家の年中行事と白羽神社（佐藤幸子）「讃岐のやまなみ」 香川県歴史研究会 （6） 2013.04

白藤大師堂
白藤大師堂と六十六部廻國行者について（片桐孝浩）「三豊史談」 三豊史談会 （1） 2010.06

白鳥社領
白鳥社領屋号調査について（白鳥社領屋号調査の会）「東かがわ市歴史民俗資料館年報・紀要」 東かがわ市歴史民俗資料館 （11） 2014.08

白鳥谷登り窯跡
白鳥谷登り窯跡（西原忠一）「郷土白鳥」 白鳥町文化財保護協会 （68） 2000.9

白鳥町
天候の予測と豊凶の予知（黒田ノブエ）「郷土白鳥」 白鳥町文化財保護協会 （65） 1997.12

手袋製造の道具と機械［1］～（3）（猪熊兼年）「郷土白鳥」 白鳥町文化財保護協会 （68）／（70） 2000.9/2002.10

わが町の伝統芸能 だんじり芸（西原シマ子）「郷土白鳥」 白鳥町文化財保護協会 （70） 2002.10

白峯寺
白峯寺・延命寺付近の石造物の石種と採石地（奥田尚）「日引 ： 石造物研究会会誌」 （8） 2006.09

塩飽
幕末に活躍した塩飽の男達（西山市朗）「香川の民俗」 香川民俗学会 通号73 2011.01

塩飽本島
「北前船の上り（戻り）荷で祝う」塩飽本島のお正月（丸山恵子）「讃岐のやまなみ」 香川県歴史研究会 （7） 2014.4

神恵院
神恵院の九重塔（石の文化財・讃岐観音寺市）（鎌倉健一）「郷土史紀行」 ヒューマン・レクチャー・クラブ （52） 2008.5

菅生神社
菅生神社の子ども相撲（中原耕男）「四国民俗」 四国民俗学会 通号31 1998.2

菅生新四国
菅生新四国施主の広がり（千葉幸伸）「讃岐のやまなみ」 香川県歴史研究会 （6） 2013.04

菅沢町
花火―高松市菅沢町（多田豊美）「香川の民俗」 香川民俗学会 63 2000.1

山村の暮らしと柚子―高松市菅沢町とその周辺（多田豊美）「香川の民俗」 香川民俗学会 通号71 2008.2

高松市菅沢町 四国霊場八十八ヵ所写し霊場調査（多田豊美）「香川の民俗」 香川民俗学会 通号72 2009.02

「菅沢町の歴史民俗より」 武功第一の荒武者賎ヶ岳七本槍絵馬について（多田豊美）「讃岐のやまなみ」 香川県歴史研究会 （7） 2014.4

菅沢村
菅沢村の民俗―お正月の新筵（多田豊美）「香川の民俗」 香川民俗学会 64 2001.2

洲崎寺
史料紹介 『南海流浪記』洲崎寺本（高橋徳，安藤みどり，佐藤竜馬）「香川県埋蔵文化財センター研究紀要」 香川県埋蔵文化財センター 8 2012.03

洲崎寺（特集「崇徳上皇」&"ポスト清盛"/讃岐）（園藤隆雄）「文化たかまつ」 高松市文化協会 （59） 2012.07

磨臼山
香川の名宝（23）磨臼山の祭祀と刳抜式船形石棺について（大河内義雄）「文化財協会報」 香川県文化財保護協会 （181） 2011.12

瀬居
瀬居山本善太郎翁再訪―講参りと祭りとお大師市（永澤正好）「香川の民俗」 香川民俗学会 通号70 2007.2

西讃
西讃地区の旱魃と雨乞い信仰（研究報告）（石井利邦）「三豊史談」 三豊史談会 （3） 2012.09

瀬居島
瀬居島山本善太郎翁聞き書き―スナ、ハマ、イソ、カタ（永沢正好）「香川の民俗」 香川民俗学会 62 1999.1

瀬戸大橋
瀬戸大橋周辺島しょ部の民俗芸能「瀬戸内海歴史民俗資料館紀要」 瀬戸内海歴史民俗資料館 （16） 2003.12

瀬戸内海
調査研究ノート（7）発見！ 葵の太鼓台―瀬戸内海の島々と祭礼文化「The Kagawa Museum news」 香川県立ミュージアム 11 2010.12

瀬戸内海歴史民俗資料館
歴民から瀬戸の海を見つめて（中原耕男）「香川の民俗」 香川民俗学会 64 2001.2

先賢堂
四国の乃木神社と先賢堂（杉峰俊男）「文化協会報」 善通寺市文化財保護協会 （24） 2005.3

千町庵
さぬき市の石造物（3）―千町庵の七面石幢（会員寄稿）（松田朝由）「さぬき市の文化財」 さぬき市文化財保護協会 （10） 2013.03

善通寺
善通寺出土の泥塔と他4例について（安藤文良）「文化財協会報」 善通寺市文化財保護協会 16 1997.3

讃岐の古代寺院 善通寺について（安藤文良）「文化協会報」 善通寺市文化財保護協会 17 1998.3

善通寺の正月行事―母からの聞き書き（綾井泰男）「香川の民俗」 香川民俗学会 64 2001.2

善通寺のことわざ（石村萩枝）「文化財協会報」 善通寺市文化財保護協会 20 2001.3

善通寺一円保差図と水系（川合信雄）「文化財協会報」 善通寺市文化財保護協会 20 2001.3

会長あいさつ 善通寺大会場と東大寺修二会（川合信雄）「文化協会報」 善通寺市文化財保護協会 20 2001.3

西讃暴動における善通寺焼き打ち事件（川合信雄）「文化財協会報」 善通寺市文化財保護協会 21 2002.3

香川の名宝（3）国宝善通寺金銅錫杖頭「文化財協会報」 香川県文化財保護協会 161 2005.3

善通寺五重塔由来（吉岡傳三郎）「文化協会報」 善通寺市文化財保護協会 （24） 2005.3

調査研究 善通寺木造毘沙門天立像「香川県歴史博物館news」 香川県歴史博物館 26 2006.3

善通寺文書について（〈特集 善通寺総合調査報告（1）〉）（胡光）「調査研究報告」 香川県歴史博物館 （2） 2006.3

善通寺文書翻刻（〈特集 善通寺総合調査報告（1）〉）「調査研究報告」 香川県歴史博物館 （2） 2006.3

善通寺文書目録（〈特集 善通寺総合調査報告（1）〉）「調査研究報告」 香川県歴史博物館 （2） 2006.3

善通寺展を終えて「香川県歴史博物館news」 香川県歴史博物館 27 2006.6

香川県 　　　　　　　　郷土に伝わる民俗と信仰 　　　　　　　　四国

「善通寺創建千二百年祭」と「中津万象園」（砂山長三郎）「さぬき市の文化財」　さぬき市文化財保護協会　（4）2007.3

善通寺総合調査報告について（〈特集 善通寺総合調査報告(2)〉）「調査研究報告」　香川県歴史博物館　（3）2007.3

善通寺の彫刻（〈特集 善通寺総合調査報告(2)〉）（浅井和春，三好賢子）「調査研究報告」　香川県歴史博物館　（3）2007.3

善通寺出開帳目録から見る「宝物」の形成（〈特集 善通寺総合調査報告(2)〉）（渋谷啓一）「調査研究報告」　香川県歴史博物館　（3）2007.3

善通寺先師墓に関する一考察（上）（柏徹哉，海邉博史，松原朝由）「香川史学」　香川県歴史学会　（34）2007.07

善通寺文書について（2）（〈特集II 善通寺総合調査報告(3)〉）「調査研究報告」　香川県歴史博物館　（4）2008.3

善通寺文書目録（2）（〈特集II 善通寺総合調査報告(3)〉）「調査研究報告」　香川県歴史博物館　（4）2008.3

善通寺文書について（3）（善通寺総合調査報告(4)）「ミュージアム調査研究報告」　香川県立ミュージアム　（1）2009.03

善通寺文書目録（3）（善通寺総合調査報告(4)）「ミュージアム調査研究報告」　香川県立ミュージアム　（1）2009.03

善通寺文書について（4）（善通寺調査(5)）「ミュージアム調査研究報告」　香川県立ミュージアム　（3）2011.03

善通寺文書目録（4）（CD—ROM）（善通寺調査(5)）「ミュージアム調査研究報告」　香川県立ミュージアム　（3）2011.03

ご挨拶 南海道と総本山善通寺の瓦窯（大河内義雅）「文化財協会報」　善通寺市文化財保護協会　（31）2012.03

毎月二十一日の善通寺お参り（毛利恭一郎）「讃岐のやまなみ」　香川県歴史研究会　（4）2012.05

善通寺文書について（5）（善通寺調査(6)）「ミュージアム調査研究報告」　香川県立ミュージアム　（5）2014.03

善通寺文書目録（5）（CD—ROM）（善通寺調査(6)）「ミュージアム調査研究報告」　香川県立ミュージアム　（5）2014.03

表紙 金剛力士像 南北朝時代 応安3年（1370）善通寺蔵「The Kagawa Museum news」香川県立ミュージアム　26　2014.09

善通寺市

神楽文化（杉峰俊男）「文化財協会報」　善通寺市文化財保護協会　19　2000.3

稲作儀礼・祭について（香川正行）「文化財協会報」　善通寺市文化財保護協会　20　2001.3

法然上人と蛇身石（池田富三郎）「文化財協会報」　善通寺市文化財保護協会　20　2001.3

小寺ながら風格のある禅寺、味な散歩道に（梅木正信）「文化財協会報」　善通寺市文化財保護協会　（24）2004.3

三野菊右衛門石塔の再評価（海邉博史）「文化財協会報」　善通寺市文化財保護協会　（26）2007.3

弟橘姫（伝説）（金清道保）「文化財協会報」　善通寺市文化財保護協会　（30）2011.03

大師山

大師山の火祭り（渡辺忠）「郷土研究資料集」　大川町文化財保護協会　（23）1998.3

多賀

『柄杓杓子沿革略圖』について—明治期多賀杓子関連資料紹介（織野智子）「民具集積」　四国民具研究会　（6）2000.9

高稲積宮

高稲積宮と箱御崎宮とのつながり（研究記録）（石井利邦）「きずな」　観音寺市教育委員会生涯学習課中央公民館　（5）2014.02

高瀬

高瀬の筍（丸山恵子）「香川の民俗」　香川民俗学会　67　2004.1

高瀬町

高瀬町聞き書き（丸山恵子）「香川の民俗」　香川民俗学会　63　2000.1

高見島と高瀬町の年中行事（西山市朗）「香川の民俗」　香川民俗学会　64　2001.2

高瀬町の昔話・伝説（谷原博信）「香川の民俗」　香川民俗学会　65　2002.2

高瀬町のカリサオ—鉄条連枷と鍛冶（織野英史）「民具集積」　四国民具研究会　（8）2003.3

高瀬町の農耕儀礼（中原耕男）「香川の民俗」　香川民俗学会　67　2004.1

高鉢山

高鉢山の山焼き（永井弥六）「美多」　三田郷土史同好会　35　2000.2

高松

「弥市が高松」—ハナシの伝播者についての一考察（水野一典）「四国民俗」　四国民俗学会　通号32　1999.8

〈高松松平家伝来能面調査〉「調査研究報告」　香川県歴史博物館　（1）2005.3

高松平家伝来面調査について（三好賢子）「調査研究報告」　香川県歴史博物館　（1）2005.3

高松平家伝来面目録「調査研究報告」　香川県歴史博物館　（1）2005.3

高松平家の能面（田邉三郎助）「調査研究報告」　香川県歴史博物館　（1）2005.3

高松平家伝来能面の資料的性格について（三好賢子）「調査研究報告」　香川県歴史博物館　（1）2005.3

高松ご城下の獅子舞（溝渕茂樹）「歴史民俗協会紀要 ： 高松市歴史民俗協会論文集」　高松市歴史民俗協会　2009年度　2010.03

農村歌舞伎 祇園座（特集 「ふるさと自慢」高松 "あれこれ"）（鎌田直子）「文化たかまつ」　高松市文化協会　（60）2013.01

香川の書き人 発掘シリーズ（15）エッセイ 高松方言で書かれた戯曲「父帰る」（石岡久子）「文化たかまつ」　高松市文化協会　（61）2013.07

高松市

料理人に伝えられた「水嶋流」の婚姻儀礼—香川県高松市の事例から（村尾美江）「香川の民俗」　香川民俗学会　通号71　2008.2

サワラ瀬曳網漁に於ける大漁の習俗と信仰（真鍋篤行）「歴史民俗協会紀要 ： 高松市歴史民俗協会論文集」　高松市歴史民俗協会　2011年度　2012.03

体にやさしいマクロビオティック 煮なます・柚子釜（安富民子）「文化たかまつ」　高松市文化協会　（60）2013.01

表紙絵 池原昭治「わらべ伝承あそび」「文化たかまつ」　高松市文化協会　（62）2014.01

スクランブル交差点 「プラチナ彩」作陶に "始祖" の地で取組み（紀太理光）「文化たかまつ」　高松市文化協会　（62）2014.01

体にやさしいマクロビオティック 梅花の信田巻き（安富民子）「文化たかまつ」　高松市文化協会　（62）2014.01

たかまつ点描 『いただきさん』（阿部邦雄）「文化たかまつ」　高松市文化協会　（63）2014.07

高松藩

『穆公御茶事記』にみる大名茶「瀬戸内海歴史民俗資料館紀要」　瀬戸内海歴史民俗資料館　通号10　1997.3

高松藩製糖業に尽くした人たち（木原溥幸）「さぬき市の文化財」　さぬき市文化財保護協会　（1）2004.3

高松藩の鵜飼と鮎の文化（溝渕利博）「歴史民俗協会紀要 ： 高松市歴史民俗協会論文集」　高松市歴史民俗協会　2012年度　2013.3

高見島

塩飽・高見島の民家（西山市朗）「香川の民俗」　香川民俗学会　61　1997.10

高見島の民俗「盆行事の今と昔」（西山市朗）「香川の民俗」　香川民俗学会　62　1999.1

高見島と高瀬町の年中行事（西山市朗）「香川の民俗」　香川民俗学会　64　2001.2

故郷（高見島）を思い出させる植生（西山市朗）「香川の民俗」　香川民俗学会　通号70　2007.2

瀬戸の夕陽に茅の葉ゆれる［1］～［6］—塩飽・高見島の民俗（西山市朗）「香川の民俗」　香川民俗学会　通号71/（76）2008.2/2014.01

高見島 御経経集（西山市朗）「香川の民俗」　香川民俗学会　通号72　2009.02

高見島の盆行事（西山佳代子）「多度津文化財 ： 多度津町文化財保護協会会報」　多度津町文化財保護協会　（38）2010.03

瀬戸内海漁師の生活リズム—香川県高見島における休日の分析を通して（研究ノート）（荒一能）「日本民俗学」　日本民俗学会　（274）2013.05

高見島の水彩画（門脇俊文）「香川の民俗」　香川民俗学会　（76）2014.01

滝宮の念仏踊

香川の名宝（31）重要無形民俗文化財 滝宮の念仏踊（昭和52年5月17日指定）滝宮念仏踊保存会（滝宮念仏踊保存会事務局）「文化財協会報」　香川県文化財保護協会　（189）2014.08

詫間町

瀬戸内海紀行 浦島太郎伝説の半島（香川県三豊市詫間町）「郷土史紀行」　ヒューマン・レクチャー・クラブ　（47）2007.11

三豊市詫間町民俗調査レポート（松田智聖）「香川の民俗」　香川民俗学会　（74）2012.01

詫間町大浜

詫間町大浜のモモテ（中原耕男）「香川の民俗」　香川民俗学会　61　1997.10

詫間町大浜浦

詫間町大浜浦の土葬の風習（中原耕男）「香川の民俗」　香川民俗学会　通号71　2008.2

太助灯籠

調査研究ノート(16) 太助灯籠と歌川広重「The Kagawa Museum news」 香川県立ミュージアム　22　2013.9

田面古間

田面古間 多田家(会員投稿)(多田圭介)「さぬき市の文化財」 さぬき市文化財保護協会　(8)　2011.03

多度津

多度津の近代住宅建築―七福神たちの住まい(佐藤竜馬)「多度津文化財 : 多度津町文化財保護協会会報」 多度津町文化財保護協会　(39)　2011.6

金毘羅参詣図絵を読む―一八三年前の多変津こと(岡部富雄)「多度津文化財 : 多度津町文化財保護協会会報」 多度津町文化財保護協会　(42)　2014.04

多度津町

多度津町より大名雛来たる「潮待ちの館資料館だより」 福山市鞆の浦歴史民俗資料館　28　2002.1

仏教文化興隆と佐伯王国に思う(塩野てるみ)「多度津文化財 : 多度津町文化財保護協会会報」 多度津町文化財保護協会　(42)　2014.04

特別寄稿 白鬚神社についての若干の考察(白木亨)「多度津文化財 : 多度津町文化財保護協会会報」 多度津町文化財保護協会　(42)　2014.04

田中

三木町田中に存在する写し霊場(山下淳子)「讃岐のやまなみ」 香川県歴史研究会　(7)　2014.04

多肥町

戦後の「結婚の簡素化」と民主化―香川県高松市多肥町の事例から(村尾美江)「常民文化」 成城大学常民文化研究会　27　2004.3

多門院

多度院所在 旧多門院石塔をめぐって(讃岐石造物研究会)「香川史学」 香川歴史学会　(37)　2010.07

多和

コラム さぬき市多和で庚申塔(文字塔)が見つかる!(三好成其)「さぬき市の文化財」 さぬき市文化財保護協会　(11)　2014.03

弾正原

中山町弾正原地区の葬式膳(井上こしげ)「香川の民俗」 香川民俗学会　66　2002.11

長福寺

大川町長福寺跡南の石造物(松田朝由)「さぬき市の文化財」 さぬき市文化財保護協会　(6)　2009.03

塚原

塚原のヒラ獅子(藤井洋一)「ふるさと長尾」 大川郡長尾町教育委員会, 長尾町文化財保護協会　(22)　1999.4

塚原稲荷神社

塚原稲荷神社のあばれ神輿(藤井洋一)「ふるさと長尾」 大川郡長尾町教育委員会, 長尾町文化財保護協会　(22)　1999.4

津嶋神社

表紙写真 葉月 津嶋神社境内にて 大西絋一写「香川の民俗」 香川民俗学会　(74)　2012.01

筒野

筒野の虎獅子(大川町指定無形民俗文化財)「郷土研究資料集」 大川町文化財保護協会　(22)　1997.3

積

荘内半島(積地区)の民俗(1),(2)(〈荘内半島の民俗〉)(三好健斗, 小川裕理)「香川の民俗」 香川民俗学会　通号70　2007.2

手島

手島の寺社に残る奉納物「瀬戸内海歴史民俗資料館紀要」 瀬戸内海歴史民俗資料館　(18)　2006.3

豊島

小豆郡豊島の村祈禱(川井和朗)「香川の民俗」 香川民俗学会　62　1999.1

豊島型五輪塔の搬出と造立背景に関する歴史的検討(松田朝由)「財団法人香川県埋蔵文化財調査センター研究紀要」 香川県埋蔵文化財調査センター　10　2002.12

白豊島石の風化特性―賞田廃寺跡復元に用いた基壇石材(鈴木茂之, 草原孝典)「岡山市埋蔵文化財センター研究紀要」 岡山市教育委員会　(4)　2012.03

高知県西南部の豊島石ラントウについて(山本弘光)「西南四国歴史文化論叢よど」 西南四国歴史文化研究会　(14)　2013.04

寺井町

高松市寺井町の閑書(水野一典)「香川の民俗」 香川民俗学会　64　2001.2

寺田遺跡

グラビア 寺田遺跡出土の勾玉/寒川町・極楽寺跡の圃場整備工事中の写真/極楽寺堂配置想定図「さぬき市の文化財」 さぬき市文化財保護協会　(9)　2012.03

天福寺

近くの古刹(天福寺・冠纓神社)(吉田禮子)「讃岐のやまなみ」 香川県歴史研究会　(7)　2014.04

東光禅寺

天王山東光禅寺について「文化財協会報」 香川県文化財保護協会　(181)　2011.12

道隆寺

浄巌和尚創案の梵鐘―河内・教興寺鐘と讃岐・道隆寺鐘(藤井直正)「河内どんこう」 やお文化協会　(83)　2007.10

海に開かれた中世寺院―讃岐国道隆寺を中心として(〈特集I 海の開かれた都市〉)(上野進)「調査研究報告」 香川県歴史博物館　(4)　2008.3

土庄町

夜念仏聞き書き―土庄町屋崎(加島あき子)「香川の民俗」 香川民俗学会　通号71　2008.2

富田

富田掛井附属替石穴心覚帳(胡光)「郷土研究資料集」 大川町文化財保護協会　(25)　2000

富田焼とその流通(藤本史子)「郷土研究資料集」 大川町文化財保護協会　(26)　2001

近世の富田焼―吉金窯跡出土遺物について(森下友子)「財団法人香川県埋蔵文化財調査センター研究紀要」 香川県埋蔵文化財調査センター　10　2002.12

富田中村

「富田中村弥勒池掛井手石穴繪圖扣」を読む(会員寄稿)(熊田正美)「さぬき市の文化財」 さぬき市文化財保護協会　(9)　2012.3

富田村

掘り出された石造物 富田村の神仏分離 廃仏毀釈(六車恵一)「さぬき市の文化財」 さぬき市文化財保護協会　(4)　2007.3

豊中町

産育聞き書き―豊中町(加島あき子)「香川の民俗」 香川民俗学会　67　2004.1

三豊市豊中町のドブロク祭り(〈香川民俗学会40周年の歩みを記念して〉――言集―香川民俗学会40周年に立って)(藤原淳)「香川の民俗」 香川民俗学会　通号71　2008.2

豊浜八幡神社

表紙 豊浜八幡神社秋祭りの船渡御「文化財協会報」 観音寺市文化財保護協会　(2)　2008.3

頓証寺

香川の名宝(26) 重要文化財 木造頓證寺勅額(三好恵一)「文化財協会報」 香川県文化財保護協会　(184)　2012.12

直島

直島の鯛網漁場順番札(千葉幸伸)「民具集積」 四国民具研究会　(7)　2001.11

直島における崇徳院伝承(山田雄司)「三重大史学」 三重大学人文学部考古学・日本史研究室　(10)　2010.3

直島諸島

分館情報 直島諸島の民俗調査「The Kagawa Museum news」 香川県立ミュージアム　3　2008.12

直島諸島調査について(直島諸島調査)「ミュージアム調査研究報告」 香川県立ミュージアム　(3)　2011.03

直島諸島民俗調査(2)について(直島諸島調査―直島諸島民俗調査(2))(川東芳文)「ミュージアム調査研究報告」 香川県立ミュージアム　(3)　2011.03

中尾

鴨部中尾地区にある"塞の神"さん(多田和士)「郷土誌志度」 大川郡志度町文化財保護協会　(16)　2000.3

長尾

天気のことわざ・長尾の洪水(出水雅善)「ふるさと長尾」 大川郡長尾町教育委員会, 長尾町文化財保護協会　(22)　1999.4

長尾の伝説と民話(山下充)「ふるさと長尾」 大川郡長尾町教育委員会, 長尾町文化財保護協会　(23)　2000.4

香川県　　　　　　　　　　　　　郷土に伝わる民俗と信仰　　　　　　　　　　　　　四国

長尾の「流水灌頂法要」について（中川清之）「さぬき市の文化財」　さぬき市文化財保護協会　（6）2009.03

長尾寺

長尾寺の盆踊りについて（三宅保）「ふるさと長尾」　大川郡長尾町教育委員会，長尾町文化財保護協会　（25）2002.3

寺院と門付芸―「長尾寺芝居一件扣」から（山下隆章）「鳴門史学」　鳴門史学会　16　2002.10

香川の名宝（28）重要文化財 長尾寺経轢 二基（昭和29年9月17日指定）（長尾寺）「文化財協会報」　香川県文化財保護協会　（186）2013.08

長尾町

国宝がひしめくお西さん（木村倫子）「ふるさと長尾」　大川郡長尾町教育委員会，長尾町文化財保護協会　（20）1997.4

流れ灌頂（阿部進）「ふるさと長尾」　大川郡長尾町教育委員会，長尾町文化財保護協会　（20）1997.4

昭和10年頃の長尾町町並（亀井芳文）「ふるさと長尾」　大川郡長尾町教育委員会，長尾町文化財保護協会　（21）1998.4

昔からのあそび（小西テル子）「ふるさと長尾」　大川郡長尾町教育委員会，長尾町文化財保護協会　（22）1999.4

香川県長尾町の獅子舞を見て（田村慎一郎）「四国民俗」　四国民俗学会　（33）2000.3

秋祭りと獅子舞（三宅保）「ふるさと長尾」　大川郡長尾町教育委員会，長尾町文化財保護協会　（23）2000.4

奉願口上（小西テル子）「ふるさと長尾」　大川郡長尾町教育委員会，長尾町文化財保護協会　（23）2000.4

薪とり（川地登美子）「ふるさと長尾」　大川郡長尾町教育委員会，長尾町文化財保護協会　（23）2000.4

よみがえった行基堂（木村照一）「ふるさと長尾」　大川郡長尾町教育委員会，長尾町文化財保護協会　（24）2001.4

我が家の正月鍬初め神事の今昔（夏田幸男）「ふるさと長尾」　大川郡長尾町教育委員会，長尾町文化財保護協会　（24）2001.4

長尾名村

〔史料紹介〕承応4年「寒河郡長尾名村吉利支丹御改帳」・「寒河郡長尾西村吉利支丹御改改坊主山伏帳」（藤井洋一）「香川史学」　香川歴史学会　（24）1997.7

長尾西村

〔史料紹介〕承応4年「寒河郡長尾名村吉利支丹御改帳」・「寒河郡長尾西村吉利支丹御改改坊主山伏帳」（藤井洋一）「香川史学」　香川歴史学会　（24）1997.7

中津池

『法専寺』と『中津池』大晦日の客（中井久子）「讃岐のやまなみ」　香川県歴史研究会　（7）2014.04

中津万象園

「善通寺創建千二百年祭」と「中津万象園」（砂山長三郎）「さぬき市の文化財」　さぬき市文化財保護協会　（4）2007.3

中間天満神社

エッセー 古天神さん界隈（多田達代）「文化たかまつ」　高松市文化協会　（57）2011.07

中寺廃寺

中寺廃寺（中西輝雄）「文化財保護協会報まるがめ」　丸亀市文化財保護協会　（1）2006.03

長峰神社

史料紹介 長峰神社 頭屋順番帳（明治44年）（宮田克成）「三豊史談」　三豊史談会　（5）2014.09

仲村廃寺

仲村廃寺（安藤文良）「文化財協会報」　善通寺市文化財保護協会　18　1999.3

中山

小豆島中山地区における特徴ある芸能について（吉仲一徳）「香川の民俗」　香川民俗学会　61　1997.10

中山村

小豆島旧中山村伊谷家の正月行事―伊谷武重郎翁談（吉仲一徳）「香川の民俗」　香川民俗学会　64　2001.2

生里

詫間町生里の釣り漁聞き書き（川江久太郎）「香川の民俗」　香川民俗学会　62　1999.1

荘内半島（生里）の葬送儀礼（〈荘内半島の民俗〉）（宮井文子）「香川の民俗」　香川民俗学会　通号70　2007.2

荘内半島（生里）の生業（〈荘内半島の民俗〉）（寺島有紀）「香川の民俗」　香川民俗学会　通号70　2007.2

生里のモモテ

荘内半島（生里）の百手祭り（〈荘内半島の民俗〉）（藤原淳）「香川の民俗」　香川民俗学会　通号70　2007.2

成行

逆打ち遍路道（1）比地成行の金比羅灯篭道標（瀬戸謙吾）「郷土の文化」　観音寺市郷土文化大学　27　2002.3

仁尾

仁尾と蔀帳造りの家外（大西紘一）「香川の民俗」　香川民俗学会　61　1997.10

仁尾の八朔人形まつりとお雛さま（大西紘一）「三豊史談」　三豊史談会　（1）2010.06

粉吹き豆（仁尾の郷土料理）（生駒廣）「香川の民俗」　香川民俗学会　通号73　2011.01

仁尾町

浜のケンチマス（香川県仁尾町近辺）（大西紘一）「四国民俗」　四国民俗学会　通号31　1998.2

香川県仁尾町のボラ地曳網と絵馬「瀬戸内海歴史民俗資料館紀要」　瀬戸内海歴史民俗資料館　（13）2000.3

イヤダニマイリの変容―粟島・志々島・仁尾町の事例を中心に（多田厚子）「御影史学論集」　御影史学研究会　通号29　2004.10

仁尾村

勝間郷土誌の帰化語／外国文化輸入／仁尾村誌の帰化語（島田治）「香川の民俗」　香川民俗学会　（74）2012.01

西讃岐

八朔の馬節供 西讃岐地方の団子馬製作を中心に（服部比呂美）「無形文化遺産研究報告」　国立文化財機構東京文化財研究所　（4）2010.03

若王寺

讃岐国大内郡における熊野信仰を知る史料の発見―香川県東かがわ市若王寺所蔵大般若経の調査成果から（萩野憲司）「四国中世史研究」　四国中世史研究会　（9）2007.8

若王寺大般若経の調査成果について（萩野憲司）「郷土東かがわ」　東かがわ市文化財保護協会　（75）2008.3

根香寺

序／例言／図版（原色・単色）（根香寺総合調査報告）「ミュージアム調査研究報告」　香川県立ミュージアム　（4）2012.08

根香寺総合調査について（根香寺総合調査報告）「ミュージアム調査研究報告」　香川県立ミュージアム　（4）2012.08

根香寺の歴史（根香寺総合調査報告）（御厨義道）「ミュージアム調査研究報告」　香川県立ミュージアム　（4）2012.08

根香寺の文書調査 文書目録／文書翻刻（根香寺総合調査報告）（御厨義道）「ミュージアム調査研究報告」　香川県立ミュージアム　（4）2012.08

根香寺の棟札・位牌等調査（根香寺総合調査報告）（御厨義道）「ミュージアム調査研究報告」　香川県立ミュージアム　（4）2012.08

根香寺の書画調査 書画詳解説／書画目録・銘文（根香寺総合調査報告）（松岡明子）「ミュージアム調査研究報告」　香川県立ミュージアム　（4）2012.08

根香寺の彫刻調査 彫刻詳解説／彫刻目録（根香寺総合調査報告）（三好賢子）「ミュージアム調査研究報告」　香川県立ミュージアム　（4）2012.08

根香寺所蔵の理兵衛焼（森下友子）「香川県埋蔵文化財センター研究紀要」　香川県立埋蔵文化財センター　9　2013.03

乃木神社

四国の乃木神社と先賢堂（杉峰俊男）「文化財協会報」　善通寺市文化財保護協会　（24）2005.3

箱

荘内半島（箱地区）の民俗（〈荘内半島の民俗〉）（鎌田逸朗）「香川の民俗」　香川民俗学会　通号70　2007.2

荘内半島（箱地区）の衣，食，住（〈荘内半島の民俗〉）（阿部健造）「香川の民俗」　香川民俗学会　通号70　2007.2

荘内半島（箱地区）の生産，生業（〈荘内半島の民俗〉）（矢野智宏）「香川の民俗」　香川民俗学会　通号70　2007.2

箱浦

箱浦のタイ地漕網漁について（真鍋篤行）「香川の民俗」　香川民俗学会　67　2004.1

箱御崎宮

高稲積宮と箱御崎宮とのつながり（研究記録）（石井利邦）「きずな」　観音寺市教育委員会生涯学習課中央公民館　（5）2014.02

歯吹阿弥陀

歯吹阿弥陀について（武田和昭）「文化財協会報」　香川県文化財保護協会

四国　　　　　　　　郷土に伝わる民俗と信仰　　　　　　　　香川県

（特別号）1999.3

原川
原川の盆踊り―附・盆踊り雑考（水野一典）「香川の民俗」　香川民俗学会
63　2000.1

東植田
東植田地区にまつわる民話（甲斐健太郎）「讃岐のやまなみ」　香川県歴史
研究会　（7）2014.04

東植田八幡神社
東植田八幡神社の神宝 景教神童十一歳創作「懐徳」揮毫の額永久に輝く
（青井瑞恵）「讃岐のやまなみ」　香川県歴史研究会　（6）2013.04

東かがわ市
手袋の文化史［1］，（2）（猪熊兼年）「郷土東かがわ」　東かがわ市文化財
保護協会　（71）／（74）2004.3/2007.3
いろいろお嫌いな神様たち（正木英生）「郷土東かがわ」　東かがわ市文化
財保護協会　（72）2005.3
雑煮と年中行事調べ（島田治，堀内美鈴）「郷土東かがわ」　東かがわ市文
化財保護協会　（72）2005.3
さまざまな手袋（猪熊兼年）「郷土東かがわ」　東かがわ市文化財保護協会
（72）2005.3
江戸時代中期以降の海鼠とその加工品「煎海鼠」をめぐる資料の紹介―
日下家文書から（藤本正武）「東かがわ市歴史民俗資料館年報・紀要」
東かがわ市歴史民俗資料館　（2）2005.3
データで見る若王子寺大般若経（萩野憲司）「東かがわ市歴史民俗資料館
年報・紀要」　東かがわ市歴史民俗資料館　（4）2007.7
方言の語源について（島田治）「郷土東かがわ」　東かがわ市文化財保護協
会　（75）2008.3
手袋に関する論文の紹介（1），（2）（猪熊兼年）「郷土東かがわ」　東かが
わ市文化財保護協会　（75）／（76）2008.3/2009.3
東かがわ市内の火山産宝篋印塔（松田朝由）「東かがわ市歴史民俗資料館
年報・紀要」　東かがわ市歴史民俗資料館　（5）2008.7
食事の値段（島田治）「郷土東かがわ」　東かがわ市文化財保護協会
（76）2009.03
森権平の五輪塔について（松田朝由）「東かがわ市歴史民俗資料館年報・
紀要」　東かがわ市歴史民俗資料館　（6）2009.08
男爵と雑煮と初風呂（島田治）「東かがわ市歴史民俗資料館年報・紀要」
東かがわ市歴史民俗資料館　（7）2011.10
砂岩製一石五輪塔について（松田朝由）「東かがわ市歴史民俗資料館年
報・紀要」　東かがわ市歴史民俗資料館　（8）2011.10
フィールドワークの問題点について（島圧治）「郷土東かがわ」　東かがわ
市文化財保護協会　（79）2012.03
土を焼く（貴志勉）「郷土東かがわ」　東か‧がわ市文化財保護協会　（79）
2012.03
屋号と苗字について（島田治）「郷土東かがわ」　東かがわ市文化財保護協
会　（80）2013.03
夏樹の葬儀について（猪熊兼年）「郷土東かがわ」　東かがわ市文化財保護
協会　（80）2013.03
東かがわ市内に所在する砂岩製一石五輪塔の基礎的研究（松田朝由）「東
かがわ市歴史民俗資料館年報・紀要」　東かがわ市歴史民俗資料館
（10）2013.09
今も生きている白色凝灰岩の五輪塔たち（山西仁）「郷土東かがわ」　東か
がわ市文化財保護協会　（81）2014.03

東谷
香川県東谷の里に残る「祇王・祇女」伝説（多田幸子）「讃岐のやまなみ」
香川県歴史研究会　（3）2010.04
地芝居探訪（47）小鹿野春祭り歌舞伎公演／東谷農村歌舞伎「祇園座」／
横山歌舞伎／秩父歌舞伎正和会／小原歌舞伎「公益社団法人全日本郷土
芸能協会会報」　全日本郷土芸能協会　（72）2013.07

東浜
十日えびす―香川県高松市東浜恵美須神社（中原耕男）「四国民俗」　四国
民俗学会　（34）2000.8

東碑殿
東碑殿の天神さんのルーツ（大塚司登武）「文化財協会報」　善通寺市文化
財保護協会　19　2000.3

引田浦
引田浦潜伏キリシタン（木村篤秀）「東かがわ市歴史民俗資料館年報・紀
要」　東かがわ市歴史民俗資料館　（7）2010.09

引田村
明治時代の香川県大内郡引田村における中高網紛議（研究）（萩野憲司）
「香川県立文書館紀要」　香川県立文書館　（16）2012.3
明治時代の香川県大内郡引田村中高網紛議史料（萩野憲司）「東かがわ市

歴史民俗資料館年報・紀要」　東かがわ市歴史民俗資料館　（9）2012.8
引田村・在郷町商家における仏事儀礼と供応食―背景としての地域性
（研究）（秋山照子）「香川県立文書館紀要」　香川県立文書館　（18）
2014.03

引田
文献史料にみる引田綱引きについて（荻野憲司）「香川の民俗」　香川民俗
学会　（68）2005.2
東かがわ市引田における中高網―明治時代から昭和初期まで（萩野憲
司）「東かがわ市歴史民俗資料館年報・紀要」　東かがわ市歴史民俗資
料館　（5）2008.7
引田の海と山の生業――商家からみた生業（萩野義彦，萩野憲司）「香川
の民俗」　香川民俗学会　通号72 2009.02
引田の醤油づくり（江口一彦，萩野憲司）「香川の民俗」　香川民俗学会
通号73 2011.01
引田捕鰻延縄漁民の「拝借銀」とその周辺（藤本正武）「東かがわ市歴史
民俗資料館年報・紀要」　東かがわ市歴史民俗資料館　（8）2011.10
引田のひな祭り聞き取り調査（萩野憲司）「郷土東かがわ」　東かがわ市文
化財保護協会　（79）2012.03

引田町
引田町の盆行事について（萩野憲司）「香川の民俗」　香川民俗学会　64
2001.2
東かがわ市引田町の地神さん（資料と通信）（北原國雄）「徳島地域文化研
究」　徳島地域文化研究会　（8）2010.03

肥土山
肥土山の夜念仏（川井和朗）「香川の民俗」　香川民俗学会　63　2000.1
肥土山の歌舞伎を支えるもの（川井和朗）「香川の民俗」　香川民俗学会
65　2002.2
夜念仏門書（土庄町肥土山）（水野一典）「香川の民俗」　香川民俗学会
通号70 2007.2
新緑の「小豆島」に全国から集う2日間 第19回全国地芝居サミット in
小豆島・肥土山農村歌舞伎報告「公益社団法人全日本郷土芸能協会会
報」　全日本郷土芸能協会　（56）2009.07
地芝居見聞（4）卯年大祭 大木六歌舞伎／肥土山歌舞伎 春季例大祭（北河
直子）「公益社団法人全日本郷土芸能協会会報」　全日本郷土芸能協会
（64）2011.07

姫ノ郷
姫ノ郷本荘・新荘に祀る蔵王権現（斎藤茂）「文化財協会報」　香川県文化
財保護協会　162　2005.8

屏風島
屏風島（直島諸島調査―直島諸島民俗調査（2））（川東芳文）「ミュージア
ム調査研究報告」　香川県立ミュージアム　（3）2011.03

昼寝山
昼寝山と昼飯と？（深萱直子）「美濃民俗」　美濃民俗文化の会　370
1998.3

広田八幡神社
広田八幡神社の祭礼（大西隆雄）「香川の民俗」　香川民俗学会　62
1999.1

福江
「悪魚退治伝説」にみる阿野郡沿岸地域と福江の重要性（特集 讃岐国府
を考える）（乗松真也）「香川県埋蔵文化財センター研究紀要」　香川県
埋蔵文化財センター　8　2012.03

福田天満宮
スケッチ「福田天満宮の『こま犬』（小西康次）「郷土の文化」　観音寺市
郷土文化大学　3　2009.03

藤尾八幡神社
わが町のシンボル「藤尾八幡神社」（中井久子）「讃岐のやまなみ」　香川
県歴史研究会　（6）2013.04

仏生山おなり街道
フォトルポ（11）こくしんのまちを歩けば…「仏生山おなり街道今昔物
語」（西内国進）「文化たかまつ」　高松市文化協会　（58）2012.1

筆岡
学生による善通寺市筆岡地区の民俗調査報告（谷原博信）「四国民俗」　四
国民俗学会　（45）2013.09

舟岡山
「舟岡山山頂に於ける鎌倉、室町時代の五輪石塔」・薬師堂・遥拝所・親
子岩巨石の保護について（豊さへのアプローチ四箇発）（亀山啓司）「多
度津文化誌：多度津町文化財保護協会会報」　多度津町文化財保護協
会　（40）2012.04

古高松小学校
古高松小学校資料室蔵神前式犂について（織野英史）「歴史民俗協会紀要：高松市歴史民俗協会論文集」 高松市歴史民俗協会 2011年度 2012.03

北条
北条念仏踊の追跡調査―途絶えた民俗事例を見直す（水沼智美）「四国民俗」 四国民俗学会 （42）2009.12

北条念仏踊聞書（水野一典）「四国民俗」 四国民俗学会 （42）2009.12

豊稔池堰堤
中世ヨーロッパの古城の風情「豊稔池堰堤」（石の文化財・讃岐観音寺市）（米田仁）「郷土史紀行」 ヒューマン・レクチャー・クラブ （52）2008.5

法専寺
『法専寺』と『中津池』大晦日の客（中井久子）「讃岐のやまなみ」 香川県歴史研究会 （7）2014.04

法然寺
口称院万徳山法然寺の歴史（山之内啓作）「ふるさと久万」 久万郷土会 （49）2010.02

法然寺調査について（法然寺調査）「ミュージアム調査研究報告」 香川県立ミュージアム （3）2011.03

法然寺三仏堂本尊 木造阿弥陀如来坐像・釈迦如来坐像・弥勒菩薩坐像について（法然寺調査）（三好賢子）「ミュージアム調査研究報告」 香川県立ミュージアム （3）2011.03

法然寺文書翻刻（1）（法然寺調査）「ミュージアム調査研究報告」 香川県立ミュージアム （3）2011.03

調査研究ノート（8）法然寺調査について（三好賢子）「The Kagawa Museum news」 香川県立ミュージアム 13 2011.06

調査研究ノート（15）法然寺調査、その後「The Kagawa Museum news」 香川県立ミュージアム 21 2013.06

法然寺調査（2）法然寺文書翻刻（2）「ミュージアム調査研究報告」 香川県立ミュージアム （5）2014.03

法華寺
法華寺の白牡丹（妹尾共子）「讃岐のやまなみ」 香川県歴史研究会 （7）2014.04

堀越
堀越の盆の送り火「ミチシ」（川井和朗）「香川の民俗」 香川民俗学会 66 2002.11

松尾寺
七百年前の空海像 松尾寺にて（香川葉子）「文化財保護協会報まるがめ」 丸亀市文化財保護協会 （5）2010.03

松縄町
高松市松縄町の正月（加島あき子）「香川の民俗」 香川民俗学会 64 2001.2

丸亀
団扇の町・丸亀を訪ねて（科野孝蔵）「地域社会」 地域社会研究会 4（1）通号5 1979.09

うちわの太田屋補遺 房州うちわと丸亀うちわ「谷中・根津・千駄木」 谷根千工房 71 2002.10

丸亀の石造物 中世の「石幢」（遠藤亮）「文化財保護協会報まるがめ」 丸亀市文化財保護協会 （1）2006.03

丸亀市
社日さん（水原進一）「文化財保護協会報まるがめ」 丸亀市文化財保護協会 （7）2012.03

筆塚（荒木雅夫）「文化財保護協会報まるがめ」 丸亀市文化財保護協会 （7）2012.03

丸亀平野
丸亀平野のカラサオ（吉久由紀子）「民具集積」 四国民具研究会 （7）2001.11

万生寺
利剣山菩提心院萬生寺考（池田米太郎）「東かがわ市歴史民俗資料館年報・紀要」 東かがわ市歴史民俗資料館 （2）2005.3

満濃池
古代の稲作と「空海」の満濃池（川合信雄）「文化財協会報」 善通寺市文化財保護協会 19 2000.3

美合
琴南町美合地区と坂出市王越町の正月行事（内藤敏典）「香川の民俗」 香川民俗学会 64 2001.2

美合村
讃州美合村 高尾家の伝承（高尾遼平）「香川の民俗」 香川民俗学会 （75）2013.01

三木郡
四國順拝日附帳（播州三木郡、末広講）「四国辺路研究」 海王舎 （26）2007.7

千人宿に残された「納め札は語る」―末広講について 付・末広講を尋ねて「四国辺路研究」 海王舎 （26）2007.7

三木町
三木町南部の聞き書き（水野一典）「香川の民俗」 香川民俗学会 66 2002.11

三木町の四国八十八ヶ所写し霊場（千葉幸伸）「讃岐のやまなみ」 香川県歴史研究会 （7）2014.04

三嶋神社
三嶋神社と一方言に関する文書づくりについて（高城正利）「文化財協会報」 観音寺市文化財保護協会 （7）2013.03

水主神社
『水主神社大般若経函底書』についての覚書（萩野憲司）「香川史学」 香川歴史学会 （27）2000.7

溝淵荒神社
表紙の写真 三木町鍛冶池のほとりにある「静薬師庵と静御前の墓」 写真提供：千葉幸伸/裏表紙の写真 高松市東植田町柚尾東 溝淵荒神社の桜 写真提供者：久保征四郎「讃岐のやまなみ」 香川県歴史研究会 （7）2014.04

三豊
三豊の雨乞い その信仰形態と遺跡をたどる（大西紘一［他］）「香川の民俗」 香川民俗学会 （76）2014.01

三豊郡
香川県三豊郡の葬送・墓制（多田厚子）「史園：Sonoda's journal of history and folk studies」 園田学園女子大学歴史民俗学会 5 2004.10

三豊市
三豊市内の二十四輩石仏群（うつし霊場、ミニ巡拝所）（森川定）「三豊史談」 三豊史談会 （2）2011.09

講演要旨「中世の三豊」に描いた（描ききれなかった）歴史的景観―三豊市域の中世寺社勢力から見える世間（唐木裕志）「三豊史談」 三豊史談会 （4）2013.09

研究発表報告1 山田栄克氏「香川県三豊市の浦島伝説」、川島理想氏「現代伝説・伝承考―インターネットにおける現代伝説の考察―」、田畑博子氏「棄老説話（難題型）の源流」（第37回日本口承文芸学会大会）（飯倉義之）「伝え：日本口承文芸学会会報」 日本口承文芸学会 （53）2013.10

南川
南川太鼓（香川県指定無形民俗文化財）「郷土研究資料集」 大川町文化財保護協会 （22）1997.3

南立石
讃岐南立石無縫塔（報告）（十亀幸雄）「遺跡」 遺跡発行会 （47）2013.08

三野郡三十三観音霊場
史料紹介 三野郡三十三観音霊場と御詠歌（森幸雄）「三豊史談」 三豊史談会 （2）2011.09

三野町
三野町の獅子舞―久保谷、寺地組、北村組の調査から（綾井泰徳）「香川の民俗」 香川民俗学会 （68）2005.2

三野町の盆棚の比較（〈三野町の民俗〉）（松坂啓介）「香川の民俗」 香川民俗学会 通号70 2007.2

三野町吉津
三野町吉津の民俗調査―盆行事を中心に（〈三野町の民俗〉）（天野裕也［他］）「香川の民俗」 香川民俗学会 通号70 2007.2

御厩
聞書「御厩の大芝居」（元野保呂久）「香川の民俗」 香川民俗学会 66 2002.11

妙見宮
表紙写真 三豊市妙見宮 大西紘一写「香川の民俗」 香川民俗学会 （75）2013.01

向島
向島（直島諸島調査―直島諸島民俗調査（2））（織野英史，長井博志）

「ミュージアム調査研究報告」 香川県立ミュージアム　(3)　2011.03

無量寿院

金毘羅信仰と権少僧都宥雅─無量寿院縁起を中心として(羽床正明)「文化財協会報」 香川県文化財保護協会　(特別号)　1998.3

牟礼町

香川県牟礼町の道標とへんろ道の変遷(岸本慶三郎)「日本の石仏」 日本石仏協会, 青娥書房(発売)　通号87　1998.9

本山寺

古地図や道標から見た本山寺付近の遍路(石井利邦)「郷土の文化」 観音寺市郷土文化大学　29　2004.3

香川の名宝(1) 国宝本山寺本堂「文化財協会報」 香川県文化財保護協会　159　2004.8

ありし日の本山寺市(田井弘)「文化財協会報」 香川県文化財保護協会　(平成16年度特別号)　2005.3

記念講演要旨 本山寺の秘法─江戸の開帳と地域社会(胡光)「三豊史談」 三豊史談会　(1)　2010.06

本山寺の五重大塔再建(研究記録)(石井利邦)「きずな」 観音寺市教育委員会生涯学習課中央公民館　(3)　2012.03

八栗寺

八栗寺中将坊堂奉納の下駄(市田京子)「民具集積」 四国民具研究会　(9)　2003.9

五剣山観自在院八栗寺(佐藤幸子)「讃岐のやまなみ」 香川県歴史研究会　(4)　2012.05

屋島

「八島」を舞う(種本実)「備陽史探訪」 備陽史探訪の会　(139)　2007.12

屋島の飛鉢説話(嶺岡美見)「久里」 神戸女子民俗学会　(23)　2009.01

「屋島風土記」刊行される 屋島の古代から現代までの歴史等を通覧「文化屋島」 屋島文化協会　(51)　2011.06

屋島たてもの考[1], (2)(斧上紗木)「文化屋島」 屋島文化協会　(52) / (54)　2012.3/2013.2

表紙 どんど焼き 写真：稲田明「文化屋島」 屋島文化協会　(56)　2014.02

屋島東

3世代交流「屋島東地区の楽しい盆踊り大会」(佐藤匡介)「文化屋島」 屋島文化協会　(51)　2011.06

柳町

豆力士の育った柳町少年相撲《特集 郷土の思い出》)(阿野勲)「郷土の文化」 観音寺市郷土文化大学　31　2006.3

山田郡

香川の名宝(27) 重要文化財 弘福寺領讃岐国山田郡田図 一巻(平成3年6月21日指定)(松岡弘泰)「文化財協会報」 香川県文化財保護協会　(185)　2013.03

与北町

善通寺市与北町所在 池下層塔について(海邉博史)「文化財協会報」 善通寺市文化財保護協会　(30)　2011.03

吉原

吉原雨乞念仏踊(池田富三郎)「文化財協会報」 善通寺市文化財保護協会　(23)　2004.3

霊芝寺

不思議な霊芝寺の山門(多田和士)「郷土誌志度」 大川郡志度町文化財保護協会　(13)　1997.3

六万寺

六萬寺(特集 「崇徳上皇」&"ポスト清盛"/讃岐)(木村昭南)「文化たかまつ」 高松市文化協会　(59)　2012.07

椀貸塚

香川県指定史跡「椀貸塚」調査報告(久保田昇三)「文化財協会報」 観音寺市文化財保護協会　(2)　2008.3

香川県指定史跡「椀貸塚」 三次元地上レーザー計測の成果報告ほか(久保田昇三)「文化財協会報」 観音寺市文化財保護協会　(5)　2011.3

椀貸塚と岩倉塚の築造順とその特異な関系(久保田昇三)「文化財協会報」 観音寺市文化財保護協会　(8)　2014.03

愛媛県

赤石山系
赤石山系の民話(1)～(3)(安森滋)「山村文化」 山村研究会 (7)/(9) 1997.4/1997.10

安芸
学芸員調査ノート 竪杵/安芸祭りの「お多福」面/凹石/豫州大洲好人録「歴博だより」 愛媛県歴史文化博物館 通号45 2006.3

明浜町
明浜町の鯨塚(宇都宮長三郎)「西南四国歴史文化論叢よど」 西南四国歴史文化研究会 (3) 2002.3

朝倉村
愛媛県朝倉村の祖先祭祀(渡辺志穂)「久里」 神戸女子民俗学会 7 1999.10

旭館
旭館の歴史と天井広告(畑野亮一)「郷土うちこ」 内子町郷土研究会 (32) 2014.3

阿島大師
阿島大師の常夜灯(千葉富雅)「新居浜史談」 新居浜郷土史談会 269 1998.1

天山
天山と久米寺伝承考―『伊予國風土記』逸文より(吉本拡)「新居浜史談」 新居浜郷土史談会 (387) 2012.4

綾延神社
裏表紙 西条まつりシリーズ(11) 丹原・田野上方の「綾延さんの殿中奴行列」(西条市観光振興課「写真提供」,吉本勝「文」)「西條史談」 西條史談会 (88) 2013.05

荒川
裏表紙写真(西条まつりシリーズ(8))「荒川の獅子舞」(吉本勝)「西條史談」 西條史談会 (85) 2012.05

新谷
陣屋町新谷における旧武家屋敷の変遷に関する一考察(白石尚寛)「温古」 大洲史談会 (25) 2003.3

粟井
風早の瓦づくり(1) 粟井地区(中本繁雄)「風早」 風早歴史文化研究会 37 1997.5

庵札二十四輩霊場
庵札二十四輩霊場と大正三年「四国辺路研究」 海王舎 (25) 2006.6

安養寺
調査報告 伊予国安養寺所蔵大般若経について(石野弥栄,土居聡朋)「研究紀要」 愛媛県歴史文化博物館 (8) 2003.3

飯積神社
西条祭と楽車(3)―飯積神社・嘉母神社(吉本勝)「西條史談」 西條史談会 40 1997.1
裏表紙写真(西条まつりシリーズ3)「飯積神社宮出し」(西条市観光振興課,吉本勝)「西條史談」 西條史談会 (81) 2011.01
裏表紙写真(西条まつりシリーズ(7))「飯積神社宮入り」(フォトプラザいめいじ,越智良和)「西條史談」 西條史談会 (84) 2012.01

五十崎町
五十崎町の亀岡酒造「千代の亀」―棚田米、無農薬米、本物の酒…納得できる酒造りで、地域をよくしたい(中村英利子)「土佐地域文化」[土佐地域文化研究会] 2 2001.1

伊方
伊方杜氏発祥についての考察(桝田佳明)「西南四国歴史文化論叢よど」 西南四国歴史文化研究会 (13) 2012.04

伊方町
村境の大草履の現在―愛媛県西宇和郡伊方町の事例から(高嶋賢二)「民具集積」 四国民具研究会 (8) 2003.3
愛媛県西宇和郡伊方町のカリサワ(高嶋賢二)「民具集積」 四国民具研究会 (9) 2003.9

碇神社
碇神社の棟札(加藤正典)「西條史談」 西條史談会 (73) 2008.5
碇神社の棟札と碇神社に眠っていたお宝(加藤正典)「西條史談」 西條史談会 (74) 2008.9
「碇神社の棟札」追録(加藤正典)「西條史談」 西條史談会 (76) 2009.05

碇神社跡
明神木の歴史と旧碇神社跡についての一考察(加藤正典)「西條史談」 西條史談会 50 2000.9
明神木の歴史と旧碇神社跡についての一考察(2) 碇神社旧跡試掘調査状況と室川及び流域河川について(加藤正典)「西條史談」 西條史談会 51 2001.1

石鎚
日系移民と山岳信仰(1) 布哇の石岳信仰(西海賢二)「コロス」 常民文化研究会 69 1997.5
石鎚(旧千足山村)の結婚(曽我部公)「小松史談」 小松史談会 45(1) 通号124 1998.1
石鎚信仰と遍路信仰(喜代吉栄徳)「新居浜史談」 新居浜郷土史談会 269 1998.1
神々しい石鎚(高橋毅)「文化愛媛」 愛媛県文化振興財団 46 2001.3
夕映えの水と石鎚と(図子英雄)「文化愛媛」 愛媛県文化振興財団 (54) 2005.3
伊予石鎚の伝承《三徳山特集》―〈シンポジウム 蔵王権現ゆかりの三霊山の縁起・伝承―三光仏の浄土〉(西海賢二)「山岳修験」 日本山岳修験学会,岩田書院(発売) (40) 2007.11
石鎚の森に遊び、学ぶ(特集 愛媛の山に遊び、生きる)(山本貴仁)「文化愛媛」 愛媛県文化振興財団 (72) 2014.03

石鎚山
丑之年に霊峰石鎚山を戴いて(大西嘉吉)「宇摩史談」 宇摩史談会 70 1997.10
《石鎚山特集》「山岳修験」 日本山岳修験学会,岩田書院(発売) 通号22 1998.11
修験道組織の展開と石鎚山(宮家準)「山岳修験」 日本山岳修験学会,岩田書院(発売) 通号22 1998.11
石の霊魂と再生伝承―石鎚山裏参道信仰史(高木啓夫)「山岳修験」 日本山岳修験学会,岩田書院(発売) 通号22 1998.11
石鎚山と遍路信仰(喜代吉栄徳)「山岳修験」 日本山岳修験学会,岩田書院(発売) 通号22 1998.11
石鎚は吾が恋う山(菊池佐紀)「文化愛媛」 愛媛県文化振興財団 46 2001.3
石鎚山信仰について(眞鍋達夫)「東予史談」 (9) 2004.6
石鎚(奥田尚)「西四国」 西四国郷土研究会 (6) 2006.12

石鉄山
〔資料紹介〕 石鉄山大先達 大蔵院所蔵資料(石鎚山特集)(喜代吉栄徳)「山岳修験」 日本山岳修験学会,岩田書院(発売) 通号22 1998.11

石鎚山系
石鎚山系山村に残る木に潜む幼虫食(近藤日出男)「土佐地域文化」[土佐地域文化研究会] 4 2001.12

石鎚神社
文化講演会 明治初期の「石鎚神社」と神仏分離(編集部)「西條史談」 西條史談会 (70) 2007.5

石手寺
石手寺万灯会(江原哲治)「六甲倶楽部報告」 六甲倶楽部 50 1999.9

石床大師堂
石床大師堂改築に寄せて(大西嘉吉)「宇摩史談」 宇摩史談会 79 2000.11

泉川
新居浜まつり(上部地区の角野・泉川)(近藤日出男)「新居浜史談」 新居浜郷土史談会 281 1999.1

伊曽乃神社
古代文化の栄えた伊曽乃台地(2)―伊曽乃神社を中心として(明比学)「西條史談」 西條史談会 40 1997.1

いそのまつり(1) 御幸順道と日記(古文書研究グループ)「西條史談」西條史談会 (67) 2006.5

いそのまつり(2) 二巻の「伊曽乃祭礼絵巻」(吉本勝)「西條史談」西條史談会 (68) 2006.9

いそのまつり(3) 小人八幡様・がったり・だんじりとみこし概要(吉本勝)「西條史談」西條史談会 (71) 2007.9

表紙写真(西条まつりシリーズ1) 伊曽乃神社のお宮出し(西条市観光振興課, 安永省一)「西條史談」西條史談会 (80) 2010.09

表紙写真(西条まつりシリーズ5)「伊曽乃神社例大祭・お旅所奉納」(安永省一)「西條史談」西條史談会 (83) 2011.09

表紙 伊曽乃神社「御殿前のみこし」(フォトプラザいめいじ, 竹島忠臣)「西條史談」西條史談会 (86) 2012.09

表紙 伊曽乃神社「御本木・御大楠」(永島義勝[写真], 安永省一[文])「西條史談」西條史談会 (87) 2013.01

「西条居合道会」による西條神社・伊曽乃神社奉納演武―田宮流居合術一も奉納(近藤勝志)「西條史談」西條史談会 (91) 2014.05

伊曽乃台地

古代文化の栄えた伊曽乃台地(2)―伊曽乃神社を中心として(明比学)「西條史談」西條史談会 40 1997.1

飯武

飯武太鼓台の武者絵幕(加地和夫)「新居浜史談」新居浜郷土史談会 338 2003.10

一ノ宮

一ノ宮について(眞鍋達夫)「小松史談」小松史談会 50(1)通号129 2003.1

一心庵

ふるさと散歩(3) 萩原・一心庵とその周辺(山浦重男)「風早」風早歴史文化研究会 41 1999.5

今出

日土町今出地区所在の五輪塔(清水真一)「西四国」西四国郷土研究会 (6) 2006.12

今治

「今治拾遺」と服部正弘氏について(近藤福太郎)「今治史談」今治史談会 3 1997.6

イギス豆腐のひろがり(近藤日出男)「今治史談」今治史談会 4 1998.3

今治タオル百年物語(阿部克行)「今治史談」今治史談会 4 1998.3

越智・今治地域の鏝絵と左官職人たち(越智公行)「今治史談」今治史談会 5 1999.7

今治鉄板焼き鳥の歴史とその考察(田中晃)「今治史談」今治史談会 5 1999.7

今治タオル―やさしい心を織りこんで(阿部克行)「文化愛媛」愛媛県文化振興財団 51 2003.10

瓦の歴史と鬼師のうら話(光野公平)「今治史談」今治史談会 (12) 2006.6

笹宮胆の家紋と村上一族(村上増高)「今治史談」今治史談会 (13) 2007.6

世界へ挑む今治タオルの軌跡(特集 えひめの衣文化)(馬越健児)「文化愛媛」愛媛県文化振興財団 (66) 2011.3

隠れキリシタンの足跡(日野郁子)「今治兄談」今治史談会 (18) 2012.06

今治綿業の盛衰(上), (中)(越智齊)「怒麻」大西町史談会事務局 (35) /(36) 2013.6/2014.6

エッセイ 今治タオルと織田ヶ浜(長野ヒデ子)「文化愛媛」愛媛県文化振興財団 (71) 2013.10

今治教会

日本基督教団今治教会の草創期の活動(明治前半期)(清水正)「今治史談」今治史談会 7 2001.7

歴史紀行(22)四国初・今治教会の誕生(永井紀之)「文化愛媛」愛媛県文化振興財団 (54) 2005.3

今治市

今治市お寺巡礼―しまなみ海道スリーデーマーチに参加して(高橋惠子)「文化財ふくやま」福山市文化財協会 (42) 2007.5

「五十嵐」地名探訪記―八木ヶ鼻(三条市)とイカナシ神社(今治市)(〈講演―15周年記念講演集〉)(村崎恭子)「越佐の地名」越後・佐渡の地名を語る会 (8) 2008.3

今治市稲荷神社境内の雨乞い石(中～近世)(正岡睦夫)「西四国」西四国郷土研究会 (9) 2009.12

伊予

明治の紙商人 住治平翁 伊予紙を日本全国へ販売(妻鳥和教)「伊予史談」伊予史談会 (306) 1997.7

四国山茶の歴史と民俗(3) 江戸期伊予の茶作り(近藤日出男)「新居浜史談」新居浜郷土史談会 269 1998.1

四国の五輪塔の系譜伊予の白石の五輪塔(森章)「史迹と美術」史迹美術同攷会 68(10) 1998.12

宇佐八幡神と伊予―天平勝宝6年の厭魅事件を中心に(白石成二)「ソーシアル・リサーチ」ソーシアル・リサーチ研究会 24 1999.2

甦る伊予泉貨紙と土佐泉貨紙特別展示(大森時政)「西南四国歴史文化論叢よど」西南四国歴史文化研究会 (2) 2001.3

伊予のつわもの遍路「四国辺路研究」海王舎 19 2001.11

伊予河野氏とその被官の高野山参詣について―高野山上蔵院との檀縁関係を中心に(石野弥栄)「研究紀要」愛媛県歴史文化博物館 (7) 2002.3

国指定重要無形民俗文化財越後闘牛と伊予闘牛の習俗の比較(広井忠男)「高志路」新潟県民俗学会 (346) 2002.11

武田徳右衛門里丁石―伊予・讃岐の部「四国辺路研究」海王舎 20 2002.12

伊予のかくれキリシタン(小沼大八)「伊予史談」伊予史談会 (328) 2003.1

伊予と狸の物語(日下部正盛)「伊予市の歴史文化」伊予市歴史文化の会 48 2003.1

燧灘と伊予の高根と伊予の古社(村上光信)「伊予史談」伊予史談会 (329) 2003.4

「海賊殿」の結婚(山内讓)「伊予史談」伊予史談会 (330) 2003.7

打抜師の里(三木秋男)「伊予史談」伊予史談会 (330) 2003.7

伊予水引は結いの心(妻鳥和教)「文化愛媛」愛媛県文化振興財団 51 2003.10

街角のフォークロア(12) 「伊予万歳」今昔―芸は身を立てる(森正康)「文化愛媛」愛媛県文化振興財団 51 2003.10

南海道・四国地方への熊野信仰の地方展開―土佐・伊予を中心として(山口登志夫)「熊野誌」熊野地方史研究会 (49) 2003.12

伊予の大名道具と雛飾り「歴博だより」愛媛県歴史文化博物館 36 2004.1

伊予嫁姑譚(上), (下)(四之宮康恵)「まつり通信」まつり同好会 44(2)通号510/44(3)通号511 2004.2/2004.5

企画展紹介 伊予の織物像人伝―愛媛の木綿文化再発見(今村賢司)「愛媛人物博物館人物探訪」愛媛県生涯学習センター 6 2004.3

伊予の高野山信仰に関する一, 二の史料について(石野弥栄)「西南四国歴史文化論叢よど」西南四国歴史文化研究会 (6) 2005.3

伊予の中世備前焼(柴田圭子)「備前市歴史民俗資料館紀要」備前市歴史民俗資料館 (7) 2005.9

伊予万歳と祝福芸《〈特集 祝福芸〉》(森正史)「まつり」まつり同好会 通号68 2006.12

伊予の石祠型墓石を訪ねて(安岡道雄)「西南四国歴史文化論叢よど」西南四国歴史文化研究会 (8) 2007.3

伊予柑雑感(窪田重治)「東温史談」東温史談会 (3) 2007.11

伊予における初期寺院―その軍事的要素(甲斐弓子)「帝塚山大学大学院人文科学研究科紀要」帝塚山大学大学院人文科学研究科 (10) 2008.2

歴史 伊予で祀られる土佐一宮の神(学芸員の机から)(野本)「岡豊風日：高知県立歴史民俗資料館だより」高知県立歴史民俗資料館 (63) 2008.3

中世伊予の寺社勢力と弘法大師信仰(川岡勉)「今治史談」今治史談会 (14) 2008.6

松平隠岐守家の宗旨と戒名(法名)(藤本敦夫)「伊予史談」伊予史談会 (350) 2008.7

伊予の教育者「陶惟貞」と寺子屋教育(作道茂)「伊予市の歴史文化」伊予市歴史文化の会 (59) 2008.08

伊予の「曽我伝説」を追う(森正史)「東温史談」東温史談会 (4) 2008.11

中世伊予における熊野信仰史の一齣―いわゆる清谷寺檀那譲状への疑問を中心に(石野弥栄)「西南四国歴史文化論叢よど」西南四国歴史文化研究会 (10) 2009.04

伊予の地芝居―文楽(人形浄瑠璃)(大本敬久)「四国民俗」四国民俗学会 (42) 2009.12

全国古典万歳と伊予万歳(1)～(3)(平野修)「風早」風早歴史文化研究会 (62) /(64) 2009.12/2010.12

南北朝前後の大祝家―「尼祐休譲状案」と祝安親を中心に(山本高志)「伊予史談」伊予史談会 (357) 2010.04

伊予における文化の地域性―斎灘と燧灘(下條信行)「今治史談」今治史談会 (16) 2010.6

菊実ダイダイ伊予柚香について(近藤日出男)「宇摩史談」宇摩史談会 (98) 2010.8

目で見る古代の伊予 法隆寺勢力の瀬戸内海進出と古代の伊予(1)～(4)(吉本拡)「新居浜史談」新居浜郷土史談会 (381) /(384) 2010.10/2011.7

愛媛県　　　郷土に伝わる民俗と信仰　　　四国

伊予絣の歴史―職人としての織子たちの姿（特集 えひめの衣文化）（井口梓）「文化愛媛」 愛媛県文化振興財団 （66）2011.3

会員講話 伊予万歳余話（平野修）「風早」 風早歴史文化研究会 （65）2011.05

伊予における初期花崗岩製宝塔（上）（報告）（十亀幸雄）「遺跡」 遺跡発行会 （46）2012.04

伊予南部の凝灰岩質層塔（1）梵田層塔（中世～近世）（十亀幸雄）「西四国」 西四国郷土研究会 （12）2012.04

戦国期伊予の高野山信仰史料の補遺と考察―「南行雑録」所載記事をめぐって（石野弥栄）「西南四国歴史文化論叢よど」 西南四国歴史文化研究会 （14）2013.04

伊予の法ះั仙人（嶺岡美見）「久里」 神戸女子民俗学会 （32）2013.06

近世後期伊予のやきもの 砥部焼・西岡焼・末廣山焼（石岡ひとみ）「今治史談」 今治史談会 （19）2013.7

伊予における凝灰岩製宝塔（報告）（十亀幸雄）「遺跡」 遺跡発行会 （47）2013.08

伊豫の鎌倉時代の石造塔（1）（長井敷秋）「ふたな」 愛媛考古学研究所 （18）2013.08

伊予稲荷神社

伊予稲荷神社と伊予岡八幡神社の勧請の歴史的背景（寄稿）（向井幹雄）「伊予市の歴史文化」 伊予市歴史文化の会 （65）2011.08

伊予岡八幡神社

伊豫岡八幡神社と周辺の学習（藤谷忠義）「伊予市の歴史文化」 伊予市歴史文化の会 40 1999.3

伊豫岡八幡神社の日露戦争絵馬 日露戦争絵馬に見る「戦争と平和」 取材協力・伊豫岡八幡神社（えひめ文化財散歩（2））（渡部一義）「ゆづき. 特別号 : えひめ文化財散歩」 文化財フォーラム愛媛 2 2005.01

伊予稲荷神社と伊予岡八幡神社の勧請の歴史的背景（寄稿）（向井幹雄）「伊予市の歴史文化」 伊予市歴史文化の会 （65）2011.08

伊予岡八幡池

伊予岡八幡池の池干し（論考）（正岡千博）「伊予市の歴史文化」 伊予市歴史文化の会 （67）2013.3

伊予街道

「こんぴら道」の内 讃岐街道・伊予街道を行く（小松―西條―新居浜―四国中央―香川県観音寺・豊浜―三豊・琴平（吉本勝）「西條史談」 西條史談会 （90）2014.1

伊予神楽

伊予諸神楽の研究序説（森正康）「伊予史談」 伊予史談会 （331）2003.10

伊予郡

伊予市・伊予郡の伊予絣について（講演会）（今村賢司）「伊予市の歴史文化」 伊予市歴史文化の会 （68）2014.3

伊予国分寺

伊予国分寺と白鳳瓦（今井久）「東予史談」 （16）2013.05

伊予西条藩

紀伊藩と支藩・伊予西条藩―都市祭礼をめぐって（《大会特集II 四国―その内と外と》―〈問題提起〉）（前田正明）「地方史研究」 地方史研究協議会 57（5）通号329 2007.10

近世祭礼研究の可能性―伊予西条藩領を中心として（胡光）「伊予史談」 伊予史談会 （351）2008.10

伊予市

伊予市周辺の絵馬について（山内章）「伊予市の歴史文化」 伊予市歴史文化の会 38 1998.3

祭り（木下縫）「伊予市の歴史文化」 伊予市歴史文化の会 40 1999.3

日豫戦争凱旋記念絵馬奉納記（島津豊幸）「伊予市の歴史文化」 伊予市歴史文化の会 40 1999.3

お地蔵の行水（森本真澄）「伊予市の歴史文化」 伊予市歴史文化の会 43 2000.8

除夜の鐘（木下縫）「伊予市の歴史文化」 伊予市歴史文化の会 44 2001.3

私（田窪流）の日本酒造り（田窪幸次郎）「伊予市の歴史文化」 伊予市歴史文化の会 44 2001.3

我が町文化の発生（木下縫）「伊予市の歴史文化」 伊予市歴史文化の会 47 2002.8

背祭りのアセチレンランプ（森本眞澄）「伊予市の歴史文化」 伊予市歴史文化の会 47 2002.8

お地蔵さんと、その起源（森本眞澄）「伊予市の歴史文化」 伊予市歴史文化の会 48 2003.1

言葉の文化（方言）（村上淳）「伊予市の歴史文化」 伊予市歴史文化の会 48 2003.1

はね釣瓶の追憶（森本真澄）「伊予市の歴史文化」 伊予市歴史文化の会

49 2003.8

祖の墓参り（岡本澄子）「伊予市の歴史文化」 伊予市歴史文化の会 （50）2004.3

糸のいろいろ（岡本武久）「伊予市の歴史文化」 伊予市歴史文化の会 （51）2004.8

菩提樹のはなし（田島明典）「伊予市の歴史文化」 伊予市歴史文化の会 （54）2006.3

巻頭言「神社伝承学」について（坪内寛）「伊予市の歴史文化」 伊予市歴史文化の会 （56）2007.3

記念講演 伊予市の神社に祀られている祭神について（坪内寛）「伊予市の歴史文化」 伊予市歴史文化の会 （57）2007.8

記念講演 伊予市内中世の石造塔（総会）（長井敷秋）「伊予市の歴史文化」 伊予市歴史文化の会 （57）2007.8

湊町「びっくり鯨騒動」勉強会（郷土学習）（曽根弘輝）「伊予市の歴史文化」 伊予市歴史文化の会 （60）2009.03

寄稿 河童の薬（森本真澄）「伊予市の歴史文化」 伊予市歴史文化の会 （61）2009.08

寄稿 二題（墨付けごっこ）/砂ずり地蔵の話（森本真澄）「伊予市の歴史文化」 伊予市歴史文化の会 （62）2010.03

記念講演 伊予市の民具（沖野新一）「伊予市の歴史文化」 伊予市歴史文化の会 （63）2010.08

郷土の祝い歌・祭り歌（寄稿）（松田米博）「伊予市の歴史文化」 伊予市歴史文化の会 （66）2012.03

仙人の「お禪」について（寄稿）（森本真澄）「伊予市の歴史文化」 伊予市歴史文化の会 （66）2012.03

月と真名井と白銅鏡―月読命と愛比売命を結ぶもの（論考）（武田美雪）「伊予市の歴史文化」 伊予市歴史文化の会 （67）2013.03

伊予市・伊予郡の伊予絣について（講演会）（今村賢司）「伊予市の歴史文化」 伊予市歴史文化の会 （68）2014.3

真名井と湯種とムスヒの力―豊受大神の面影を求めて（論考）（武田美雪）「伊予市の歴史文化」 伊予市歴史文化の会 （68）2014.03

伊予路

伊予路の隠れキリシタンを訪ねて（日野郁子）「今治史談」 今治史談会 4 1998.3

歴史紀行（26）伊予路鐔絵紀行（岡崎直司）「文化愛媛」 愛媛県文化振興財団 （58）2007.3

伊予神社

『伊予神社伝承補遺』の復刻について（坪内寛）「伊予市の歴史文化」 伊予市歴史文化の会 （52）2005.3

伊予神社伝承補遺（高市綵盛）「伊予市の歴史文化」 伊予市歴史文化の会 （52）2005.3

伊予灘

書評 渡部文也・高津富男著『伊予灘漁民誌』（門田恭一郎）「伊予史談」 伊予史談会 （323）2001.10

論究 伊予灘の鯨話（松田米博）「伊予市の歴史文化」 伊予市歴史文化の会 （62）2010.3

伊予国

伊予国の神仙思想（上）―「橘」の伝承を中心に（白石成二）「ソーシアル・リサーチ」 ソーシアル・リサーチ研究会 26 2001.2

古代伊予国の不老長生思想（白石成二）「今治史談」 今治史談会 8 2002.6

明治維新前後の遍路の動き伊予国飯尾家文書「四国辺路研究」 海王舎 21 2003.8

備後国杭稲荷神社所蔵大般若経奥裏書―伊予国村上氏関係史料として（史料紹介）（薗部寿樹）「米沢史学」 米沢史学会（山形県立米沢女子短期大学日本史学科内）（22）2006.6

「伊予国風土記」湯郡条逸文をめぐって―古代伊予国における「聖徳太子」の問題（岡田利文）「ソーシアル・リサーチ」 ソーシアル・リサーチ研究会 （34）2009.3

『伊予国風土記』逸文「天山」伝承の背景―伊与部連氏を中心に（白石成二）「ソーシアル・リサーチ」 ソーシアル・リサーチ研究会 （36）2011.3

伊豫国の俵物（煎海鼠・干鮑・鱶鰭）生産過程について（上），（下）（門田恭一郎）「伊予史談」 伊予史談会 （365）/（366）2012.4/2012.7

伊予八幡

語り伝えて 歳時記（4）伊予八幡と天領（1）（小野清恒）「新居浜史談」 新居浜郷土史談会 311 2001.7

語り伝えて 伊予八幡と天領（2），（3）（小野清恒）「新居浜史談」 新居浜郷土史談会 313/314 2001.9/2001.10

伊予八幡宮

長門萩 "伊予八幡宮考" 勧進に秘められた意外なドラマ（野口義広）「西條史談」 西條史談会 50 2000.9

四国　　　　　　　　　郷土に伝わる民俗と信仰　　　　　　　　　愛媛県

伊予府中21ヶ所霊場
伊予府中21ヶ所霊場詣り（有田昭男）「怒底」　大西町史談会事務局
　（36）2014.06

伊予三島
伊予三島焼の歴史と製品に関する一考察（寄稿）（石岡ひとみ）「伊予市の
　歴史文化」　伊予市歴史文化の会　（66）2012.3

伊予三島社
『一遍聖絵』と伊予三島社（研究）（山内譲）「四国中世史研究」　四国中世
　史研究会　（12）2013.08

入会山
入会山の差縺れについて（大月正光）「小松史談」　小松史談会　51（1）通
　号130　2004.1

入野
石の民俗文化財（入野地区）（川崎清規）「ふるさと久万」　久万郷土会
　42　2002.9

石岡神社
裏表紙写真（西条まつりシリーズ2）石岡神社のお宮出し（西条市観光振
　興課、眞鍋朋治）「西條史談」　西條史談会　（80）2010.09
氷見石岡だんじりのルーツを探る[1]、(2)（万条克己）「西條史談」　西
　條史談会　（82）/（83）2011.05/2011.09
裏表紙写真（西条まつりシリーズ6）「石岡神社例大祭・新兵衛橋の楽車」
　（フォトプラザめいじ、丹果徳）「西條史談」　西條史談会　（83）
　2011.09
裏表紙 西条まつりシリーズ（10）石岡神社のお宮入り（フォトプラザめ
　いじ［写真］、吉本勝［文］）「西條史談」　西條史談会　（87）2013.01

岩崎森
多田郷土史研究会の歩みと東多田村岩崎森の旧県社八幡神社の資料から
　（河野真一）「西南四国歴史文化論叢よど」　西南四国歴史文化研究会
　（5）2004.3

岩屋寺
岩屋寺大師堂の防災施設を担当して（花岡直樹）「ふるさと久万」　久万郷
　土会　（51）2012.03
口絵 四国偏禮絵図・岩屋寺勝景大略図他「伊予史談」　伊予史談会
　（374）2014.07

石湯行宮
「熟田津の石湯行宮」の所在について[1]、(2)（白石成二）「ソーシアル・
　リサーチ」　ソーシアル・リサーチ研究会　（32）/（33）2007.3/
　2008.3
「熟田津の石湯行宮」の所在について（2）（白石成二）「今治史談」　今治
　史談会　（14）2008.6

上杉重秋氏屋敷
西予市三瓶町周木神谷神社の宝塔/周木・上杉重秋氏屋敷の五輪塔（中世
　南予地方中世石造物の研究）（宇都宮建治）「西四国」　西四国郷土研究
　会　（8）2008.11

上村天神
「上村天神」聞き覚え（神山朋也）「重信史談」　重信史談会　19　2000.11

浮島
浮島太鼓台の武者絵幕（加地和夫）「新居浜史談」　新居浜郷土史談会
　267　1997.11

後
須下・後地区の大師道（地四国）に対する考察（岡村玲子）「西南四国歴史
　文化論叢よど」　西南四国歴史文化研究会　（13）2012.04

内子
内子の木蠟資料（大村博）「郷土うちこ」　内子町郷土研究会　（25）
　2002.5
内子夜話（2）館報「うちこ」縮刷版にみる一公民館活動による「八日
　市・護国」を対象とした町並み保存運動の足跡（福岡好男）「郷土うち
　こ」　内子町郷土研究会　（30）2012.3
内子の和蠟燭生産に関する一考察（畑野亮一）「郷土うちこ」　内子町郷土
　研究会　（31）2013.3

内子町
紙漉き・町村合併の歌（金高チエ子）「郷土うちこ」　内子町郷土研究会
　21　1998.5
伊予内子町の和蠟燭作り（竹内寿）「美多」　三田郷土史同好会　32
　1998.9
私の「小さな歩き遍路」（毛利運衛）「郷二うちこ」　内子町郷土研究会
　23　2000.5
木蠟新資料と一考察（大村博）「郷土うちこ」　内子町郷土研究会　23

内子町の力石（高島慎助）「郷土うちこ」　内子町郷土研究会　23　2000.5
暮らしの資料雑言（大村博）「郷土うちこ」　内子町郷土研究会　（25）
　2002.5
木蠟と白壁の町内子町（愛媛県）を訪ねて（松井卓云）「かんべ」　可部郷
　土史研究会　97　2002.7
内子町の和蠟燭（中岡紀子）「自然と文化」　日本ナショナルトラスト
　通号72　2003.3
内子町内の絵馬について（大村博）「郷土うちこ」　内子町郷土研究会
　（26）2003.5
秀芳我家建物の改造と町並保存（芳我明彦）「郷土うちこ」　内子町郷土研
　究会　（29）2011.3
ウォッチング ナウ（39）世界とつながっていた一大ワックス産地 内子
　町「木蠟資料館 上芳我邸」（中村英利子）「文化愛媛」　愛媛県文化振興
　財団　（70）2013.3

卯之町
卯之町の保存の歩み―在郷町・宇和町卯之町（特集 えひめの住文化）
　（竹田哲志）「文化愛媛」　愛媛県文化振興財団　（68）2012.3

宇摩
山の伝承（近藤日出男）「宇摩史談」　宇摩史談会　68　1997.2
狸の伝承物語（卯亭霜月）「宇摩史談」　宇摩史談会　68　1997.2
方言随想(8)、(9)「かあねえことば」（石津栄一）「宇摩史談」　宇摩史談
　会　69/70　1997.6/1997.10
狼と狼道の伝承（卯亭霜月）「宇摩史談」　宇摩史談会　69　1997.6
ままごと石・雨垂石について（石川好郎）「宇摩史談」　宇摩史談会　71
　1998.3
在来工法民家に見られる当地の鏝絵（近藤日出男）「宇摩史談」　宇摩史談
　会　72　1998.6
空海の三教指帰に出る栃飯と茶葉（近藤日出男）「宇摩史談」　宇摩史談会
　74　1999.3
わが家の円空仏（山上蒼）「宇摩史談」　宇摩史談会　74　1999.3
墓碑銘を読む功徳（加藤敏史）「宇摩史談」　宇摩史談会　74　1999.3
民家にみられる呪物（近藤日出男）「宇摩史談」　宇摩史談会　75　1999.9
水車の廻る桃源郷（石川美代子）「宇摩史談」　宇摩史談会　75　1999.9
三椏蒸し（石川美代子）「宇摩史談」　宇摩史談会　76　1999.11
伝説の三宅仁左衛門（石川好郎）「宇摩史談」　宇摩史談会　77　2000.3
近世宇摩・新居周地方の食文化（近藤日出男）「宇摩史談」　宇摩史談会
　78　2000.6
菅掻曲について（近藤和枝）「宇摩史談」　宇摩史談会　80　2001.4
大蛇伝承（卯亭霜月）「宇摩史談」　宇摩史談会　80　2001.4
お蚕さん（三宅謹弥）「宇摩史談」　宇摩史談会　83　2002.9
熊おすの秘話（石川美代子）「宇摩史談」　宇摩史談会　83　2002.9
招き猫の由来（卯亭霜月）「宇摩史談」　宇摩史談会　85　2003.3
三組杯から（加藤敏史）「宇摩史談」　宇摩史談会　（92）2006.4
大正時代の午餐会・晩餐会の献立 石川義昌遺稿（石川好郎）「宇摩史談」
　宇摩史談会　（93）2006.10
過去帳から分かる史実（信藤英敏）「宇摩史談」　宇摩史談会　（93）
　2006.10
古代米の味をしらべる（近藤日出男）「宇摩史談」　宇摩史談会　（97）
　2008
観世宗家の新年能「翁」を見せていただいて（宮崎幸雄）「宇摩史談」　宇
　摩史談会　（97）2008
山茶花忌（高橋寿々子）「宇摩史談」　宇摩史談会　（99）2011.04
珍奇な食材いわたけ（近藤日出男）「宇摩史談」　宇摩史談会　（100）
　2012.03
昭和初期蛙合戦（実話）（卯亭霜月）「宇摩史談」　宇摩史談会　（100）
　2012.03
祖父と屋号（仁野義夫）「宇摩史談」　宇摩史談会　（100）2012.03
御仏のえにしに（高橋寿々子）「宇摩史談」　宇摩史談会　（100）2012.03
謡曲、短歌との出会い（宮内克己）「宇摩史談」　宇摩史談会　（100）
　2012.03

宇摩郡
明治以後の宇摩郡内の酒蔵と篠永酒蔵の建物について《酒特集》（鎌
　倉次朗）「土佐地域文化」［土佐地域文化研究会］　（10）2006.6

梅之堂
国指定重要文化財 八幡浜市梅之堂 阿弥陀如来像及び両脇侍坐像（表紙）
　（清水真一）「西南四国歴史文化論叢よど」　西南四国歴史文化研究会
　（11）2010.04

梅の堂前
八幡浜市徳雲坊・梅の堂前の五輪塔（古代～中・近世）（清水真一）「西四
　国」　西四国郷土研究会　（11）2011.04

929

宇和

「宇和旧記」の基礎的研究—伝本と所収文書・記録等の検討を中心に（石野弥栄）「研究紀要」 愛媛県歴史文化博物館 （9） 2004.3

宇和海

外洋の漁業に挑む宇和海の人びと（渡部文也）「文化愛媛」 愛媛県文化振興財団 44 2000.3

宇和海沿岸の鯨塚をたずねて（三好繁幸）「文化愛媛」 愛媛県文化振興財団 44 2000.3

宇和海・西日一の鰯漁場の消失過程（1） 宇和海マイワシの豊不漁周期（宮本春樹）「西南四国歴史文化論叢よど」 西南四国歴史文化研究会 （5） 2004.3

宇和海の民俗（6）,（7）（谷原博信）「四国民俗」 四国民俗学会 （36・37）/（38） 2004.7/2005.10

吉田藩下波浦庄屋三善家文書に見る17世紀末の宇和海漁業慣行（宮本春樹）「伊予史談」 伊予史談会 （338） 2005.7

宇和海の双式板碑（安岡道雄）「西南四国歴史文化論叢よど」 西南四国歴史文化研究会 （7） 2006.3

明治初期における宇和海の好漁場（宮本春樹）「西南四国歴史文化論叢よど」 西南四国歴史文化研究会 （8） 2007.3

愛媛県宇和海沿岸における段々畑の麦作と芋作り（昭和20〜30年代）（原田政孝）「土佐地域文化」 土佐地域文化研究会 （11） 2007.6

宇和海沿いの防風石垣（特集 えひめの住文化）（漆原和子）「文化愛媛」 愛媛県文化振興財団 （68） 2012.3

宇和海 海人の歴史（勇和生）「西南四国歴史文化論叢よど」 西南四国歴史文化研究会 （14） 2013.4

宇和郡

史料紹介 天文二十二年八月十一日住吉大社所蔵『伊豫國宇和郡一圓漁初穂致受納之由緒』（特集 住吉方面）（小出英詞）「大阪の歴史」 大阪市史料調査会 （75） 2010.08

宇和島

18世紀中葉における琉球芋の伝来と戦後の終末（宇和島地方）（宮本春樹）「伊予路 ： 民俗と歴史」 愛媛民俗学会 9（復刊1） 2005.3

南予に於ける江戸時代五輪塔の研究—宇和島・伊達藩主家墓地の五輪塔（特集 南予の江戸時代五輪塔）（清水真一）「西四国」 西四国郷土研究会 （12） 2012.04

宇和島伊達文化保存会蔵「能絵鑑」付属文書「間部家答申書」の検討（竹内信夫）「会誌」 鯖江郷土史懇談会 （20） 2012.11

宇和島市

えひめギャラリートーク（5）武家のくらしと風習—宇和島伊達家にみるくらしの調度と武家の年中行事（宇和島市立伊達博物館）（志後野迫希世）「文化愛媛」 愛媛県文化振興財団 （66） 2011.03

宇和島藩

伊達家紋吉田笹紋考（浜田祐輔）「伊予史談」 伊予史談会 （314） 1999.7

宇和島藩における鳴り物停止令—御城下組三浦田中家文書を素材として（鈴木静恵）「三浦通信」 田中家文書調査会 （9） 2002.8

宇和島藩の虚無僧対策（長谷川佳澄）「千葉史学」 千葉史学会 （52） 2008.5

宇和島藩伊達家の食（江後迪子, 上田理沙）「研究紀要」 港区立港郷土資料館 （13） 2011.03

宇和島藩伊達家の婚礼記録について—食の記録を中心に（江後迪子）「研究紀要」 港区立港郷土資料館 （14） 2012.3

宝暦明和期における宇和島藩の遍路統制について（井上淳）「伊予史談」 伊予史談会 （366） 2012.07

宇和町伊賀上

西予市宇和町伊賀上の五輪塔の石材について（中世）（奥田尚, 清水真一）「西四国」 西四国郷土研究会 （7） 2007.11

永久庵

喜多台「永久庵」仮説（十亀精一郎）「東予史談」 （6） 2001.6

仏教の真髄「永久庵」の径を語る（近藤美佐夫）「東予史談」 （9） 2004.6

栄養寺

武知五友と郡中栄養寺（日下部正盛）「伊予市の歴史文化」 伊予市歴史文化の会 41 1999.8

泰昌山栄養寺について（高橋宏文）「伊予市の歴史文化」 伊予市歴史文化の会 46 2002.3

海老崎

大法寺裏・海老崎墓地内の鍋屋・山越家の五輪塔—南予の江戸時代五輪塔について（15）（近世）（若狭洋一）「西四国」 西四国郷土研究会 （14） 2014.03

愛媛

四国山茶の歴史愛媛山間地・里村での茶（4）（近藤日出男）「新居浜史談」 新居浜郷土史談会 270 1998.2

芋を空に祀る愛媛の芋名月（近藤日出男）「日本民俗学」 日本民俗学会 通号213 1998.2

愛媛の巳正月（大本敬久）「四国民俗」 四国民俗学会 通号32 1999.8

愛媛の酒事情（寺谷亮司）「土佐地域文化」 土佐地域文化研究会 2 2001.1

愛媛の祭礼風流誌（大本敬久）「研究紀要」 愛媛県歴史文化博物館 （6） 2001.3

《特集 愛媛の古代祭祀》「遺跡」 遺跡発行会 39 2002.3

愛媛・絵馬堂へようこそ！「歴博だより」 愛媛県歴史文化博物館 34 2003.6

〈特集 えひめの物産—愛媛産には愛がある〉「文化愛媛」 愛媛県文化振興財団 51 2003.10

日本一の愛媛の真珠養殖（佐野隆三）「文化愛媛」 愛媛県文化振興財団 51 2003.10

若者・青年組織の民俗—近代愛媛の事例（大本敬久）「研究紀要」 愛媛県歴史文化博物館 （10） 2005.3

企画展解説 愛媛の名付け親 半井梧庵—地誌『愛媛面影』の世界（今村賢司）「愛媛人物博物館人物探訪」 愛媛県生涯学習センター 7 2005.3

「愛媛民俗学会」の復活に寄せて（森正史）「伊予路 ： 民俗と歴史」 愛媛民俗学会 9（復刊1） 2005.3

いのしし（近藤日出男）「伊予路 ： 民俗と歴史」 愛媛民俗学会 9（復刊1） 2005.3

生と死の民俗—民俗に見る人生と人間存在（大本敬久）「伊予路 ： 民俗と歴史」 愛媛民俗学会 9（復刊1） 2005.3

天女舞う（井上妙子）「ゆづき.特別号 ： えひめ文化財散歩」 文化財フォーラム愛媛 3 2006.01

えひめ・学・事典（30）「甘藷地蔵」秘話（横山昭市）「文化愛媛」 愛媛県文化振興財団 （56） 2006.3

愛媛の諸芸—明治初期の松山を中心に（《特集 戦後の上方落語—四天王寺か鳥之内まで》）（神楽岡幼子）「芸能懇話」 大阪芸能懇話会 （17） 2006.8

えひめ・学・事典（30）「相撲王国」の今昔（横山昭市）「文化愛媛」 愛媛県文化振興財団 （57） 2006.10

八朔の歴史と民俗—付・愛媛の八朔習俗（《特集 四国の八朔習俗》）（大本敬久）「四国民俗」 四国民俗学会 （39） 2006.12

えひめ・学・事典（32）猪垣の話（横山昭市）「文化愛媛」 愛媛県文化振興財団 （58） 2007.3

半井梧菴と『愛媛面影』について（今村賢司）「今治史談」 今治史談会 （13） 2007.6

愛媛「盆の火祭」（森正史）「東温史談」 東温史談会 （3） 2007.11

歴史紀行（30）愛媛の雛飾りを辿って（宇都宮美紀）「文化愛媛」 愛媛県文化振興財団 （62） 2009.3

特別展 歌舞伎と文楽の世界—愛媛の伝統芸能「歴博だより」 愛媛県歴史文化博物館 通号58 2009.06

われわれは何を食べてきたのか（特集 えひめの食文化）（近藤日出男）「文化愛媛」 愛媛県文化振興財団 （64） 2010.3

えひめのご飯物（特集 えひめの食文化）（渡邊笙子）「文化愛媛」 愛媛県文化振興財団 （64） 2010.3

愛媛、食の原風景（特集 えひめの食文化）（栗田正己）「文化愛媛」 愛媛県文化振興財団 （64） 2010.3

愛媛の日本酒文化（特集 えひめの食文化）（寺谷亮司）「文化愛媛」 愛媛県文化振興財団 （64） 2010.3

郷土料理マップ（特集 えひめの食文化）（渡邊笙子）「文化愛媛」 愛媛県文化振興財団 （64） 2010.3

えひめ・学・事典（38）愛媛の魚には「愛」がある（横山昭市）「文化愛媛」 愛媛県文化振興財団 （64） 2010.3

装い いま・むかし（特集 えひめの衣文化）（亀岡佳章）「文化愛媛」 愛媛県文化振興財団 （66） 2011.3

愛媛の型染め（特集 えひめの衣文化）（高山朋子）「文化愛媛」 愛媛県文化振興財団 （66） 2011.3

瀬戸内海地域における名菓の成立—内国勧業博覧会記録にみる香川、愛媛の事例（橋爪伸子）「民俗と風俗 ： the journal of the Chubu Branch, the Japanese Society for History of Manners and Customs」 日本風俗史学会中部支部 （21） 2011.03

愛媛に生きる（1）着物文化を守り続けて 藤堂勢治さん（栗田正己）「文化愛媛」 愛媛県文化振興財団 （68） 2012.3

えひめの風土から生まれた住まい（特集 えひめの住文化）（岡崎直司）「文化愛媛」 愛媛県文化振興財団 （68） 2012.3

古民家再生（特集 えひめの住文化）（武知美穂）「文化愛媛」 愛媛県文化振興財団 （68） 2012.3

災害の記憶と伝承—民俗学の視点から（特集 愛媛の天災と先人の知恵）

（大本敬久）「文化愛媛」 愛媛県文化振興財団 （69）2012.10

四国遍路の道標について―愛媛の標石を中心に（2013年度シンポジウム・巡見報告―シンポジウム報告要旨）（今村賢司）「交通史研究」 交通史学会，吉川弘文館（発売）（82）2014.2

コンテンポラリー・えひめ（11）『わらぐろ』文化を次世代へ伝える（宇和わらぐろの会）「文化愛媛」 愛媛県文化振興財団 （72）2014.03

愛媛県

「箱廻し」又は「デコ廻し」（木村章）「山村文化」 山村研究会 （9）1997.10

海民と社領荘園（内海清慈）「ソーシアル・リサーチ」 ソーシアル・リサーチ研究会 23 1998.2

博物館資料紹介 浜札（安藤久美子）「歴博だより」 愛媛県歴史文化博物館 13 1998.3

愛媛県関係B級戦犯殉国者二十二烈士記事（河合勤）「伊予史談」 伊予史談会 （312）1999.1

牛鬼論―妖怪から祭礼の練物について（大本敬久）「研究紀要」 愛媛県歴史文化博物館 （4）1999.3

愛媛県下の巡礼参詣絵馬に関する一考察―四国遍路と伊勢参宮の絵馬を事例として（谷脇温子）「研究紀要」 愛媛県歴史文化博物館 （4）1999.3

愛媛県の塩田文献考―民俗・民具の視点より（歳森茂）「民具集積」 四国民具研究会 （5）1999.9

愛媛県の小正月（《特集 四国の小正月》）（森正康）「四国民俗」 四国民俗学会 （33）2000.3

街角のフォークロア（5）結界の大草履（森正康）「文化愛媛」 愛媛県文化振興財団 44 2000.3

歴史紀行（13）ロシア人墓地の歴史と保存（京口和雄）「文化愛媛」 愛媛県文化振興財団 44 2000.3

箱膳（伊藤玉男）「山村文化」 山村研究会 （20）2000.8

街角のフォークロア（6）盆棚の類型と変容（森正康）「文化愛媛」 愛媛県文化振興財団 45 2000.10

連続講座要旨 住まいと暮らし「文化愛媛」 愛媛県文化振興財団 45 2000.10

お稲荷さんを訪ねて（伊藤玉男）「山村文化」 山村研究会 （21）2000.11

街角のフォークロア（7）神女の家の系譜（森正康）「文化愛媛」 愛媛県文化振興財団 46 2001.3

ノリイモとタズ（伊藤玉男）「山村文化」 山村研究会 （24）2001.10

歴史紀行（15）芋地蔵（木村三千人）「文化愛媛」 愛媛県文化振興財団 47 2001.10

街角のフォークロア（8）祭りとまつり（森正康）「文化愛媛」 愛媛県文化振興財団 47 2001.10

話してこそ方言（客野澄博）「文化愛媛」 愛媛県文化振興財団 47 2001.10

愛媛県祭祀遺跡研究史（上）（名本二六雄）「遺跡」 遺跡発行会 39 2002.3

愛媛県東部の祭祀遺構・遺物（真鍋修身）「遺跡」 遺跡発行会 39 2002.3

愛媛県祭祀遺跡遺物一覧表「遺跡」 遺跡発行会 39 2002.3

和紙と篠原朔太郎（居村聡子）「県民メモリアルホール 人物探訪」 愛媛県生涯学習センター 4 2002.3

再び「箱廻し」について（木村章）「山村文化」 山村研究会 （26）2002.3

街角のフォークロア（9）牛と馬のいた風景（森正康）「文化愛媛」 愛媛県文化振興財団 48 2002.3

湯婆（ゆ～ばぁ）よ、永遠なれ！（武内陶子）「文化愛媛」 愛媛県文化振興財団 48 2002.3

愛媛県の祭礼山車（《特集 四国の祭礼山車》）（大本敬久）「四国民俗」 四国民俗学会 （35）2002.9

愛媛県下に於ける初誕生儀礼（近藤直也）「四国民俗」 四国民俗学会 （35）2002.9

けんど舟からわん舟へそして月賦商へ（近藤福太郎）「文化愛媛」 愛媛県文化振興財団 49 2002.10

ブルームの真珠貝採取と愛媛県人（清水正）「文化愛媛」 愛媛県文化振興財団 49 2002.10

街角のフォークロア（10）民俗芸能の伝承と伝播（森正康）「文化愛媛」 愛媛県文化振興財団 49 2002.10

頼み寺（伊藤玉男）「山村文化」 山村研究会 （28）2002.11

研究ノート 厄年の民俗―愛媛県の事例（大本敬久）「研究紀要」 愛媛県歴史文化博物館 （8）2003.3

開催報告 企画展「昭和の街かど」（安藤久美子，宇都宮美紀）「研究紀要」 愛媛県歴史文化博物館 （8）2003.3

街角のフォークロア（11）家筋と少数の民俗―民俗文化の商品化と画一化（森正康）「文化愛媛」 愛媛県文化振興財団 50 2003.3

愛媛県祭祀遺跡研究史（下）―石神・巨石群を中心に（名本二六雄）「遺跡」 遺跡発行会 （40）2003.4

愛媛県の狸伝説と伊予河野氏（篠原佳代）「久里」 神戸女子民俗学会 （13・14）2003.6

手漉き和紙の技に見る現代（中岡紀子）「文化愛媛」 愛媛県文化振興財団 51 2003.10

「龍の島」と「杏の里」（大本敬久）「文化愛媛」 愛媛県文化振興財団 52 2004.3

おおらかな南風―県境の伝承と民俗芸能（藤田儲三）「文化愛媛」 愛媛県文化振興財団 52 2004.3

伊達家城下の魔除け話―恐れが生んだ魂鎮めの祈り（棹見拓史）「文化愛媛」 愛媛県文化振興財団 52 2004.3

街角のフォークロア（13）市町村合併の民俗学（森正康）「文化愛媛」 愛媛県文化振興財団 52 2004.3

街角のフォークロア（14）価値観の民俗学（森正康）「文化愛媛」 愛媛県文化振興財団 53 2004.10

白石家文書「四国辺路研究」 海王舎 23 2005.1

遍路二題―白石家文書（喜代吉榮徳）「新居浜史談」 新居浜郷土史談会 355 2005.3

街角のフォークロア（15）大掃除の季節雑感考（森正康）「文化愛媛」 愛媛県文化振興財団 （54）2005.3

木と人間（16）女学生と炭焼き（松井宏光）「文化愛媛」 愛媛県文化振興財団 （55）2005.3

街角のフォークロア（16）戦争伝承の民俗―終戦60周年に考える（森正康）「文化愛媛」 愛媛県文化振興財団 （55）2005.10

亥の子と地蔵盆（《特集 ふるさとへの恋文》）（池内恵吾）「文化愛媛」 愛媛県文化振興財団 （56）2006.3

街角のフォークロア（17）風の民俗（森正康）「文化愛媛」 愛媛県文化振興財団 （56）2006.3

「衛門三郎伝説」考（《特集 おへんろ再発見》）（菊池佐紀）「文化愛媛」 愛媛県文化振興財団 （57）2006.10

歴史紀行（25）県内の絵馬を訪ねて（宮瀬温子）「文化愛媛」 愛媛県文化振興財団 （57）2006.10

街角のフォークロア（18）祭日の変更と統一（森正康）「文化愛媛」 愛媛県文化振興財団 （57）2006.10

街角のフォークロア（19）民俗文化の変容と真正性（森正康）「文化愛媛」 愛媛県文化振興財団 （58）2007.3

木と人間（19）葛布作りに挑戦（松井宏光）「文化愛媛」 愛媛県文化振興財団 （58）2007.3

とうどまつり（《特集 子どものまつり》）（矢野秀綱）「文化愛媛」 愛媛県文化振興財団 （58）2007.3

獅子児はむらの大事な宝物（《特集 子どものまつり》）（廣田秀久）「文化愛媛」 愛媛県文化振興財団 （58）2007.3

大凧合戦―健やかな成長を祈るまつり（《特集 子どものまつり》）（客野澄博）「文化愛媛」 愛媛県文化振興財団 （58）2007.3

お供馬の走り込み―少年と馬が一体化するまつり（《特集 子どものまつり》）（河原田文次）「文化愛媛」 愛媛県文化振興財団 （58）2007.3

回れ回れ 水車 遅く回りて 堰に止まるな 堰に止まるな（《特集 子どものまつり》）（宮本春樹）「文化愛媛」 愛媛県文化振興財団 （58）2007.3

街角のフォークロア（20）狸たちの復権（森正康）「文化愛媛」 愛媛県文化振興財団 （59）2007.10

街角のフォークロア（21）物語文学の民俗化―新田氏伝説の生成（森正康）「文化愛媛」 愛媛県文化振興財団 （60）2008.3

神と仏も居る海（《特集 古里のとっておき》）（濱田毅）「文化愛媛」 愛媛県文化振興財団 （61）2008.10

太鼓台が行く（《特集 古里のとっておき》）（吉田広）「文化愛媛」 愛媛県文化振興財団 （61）2008.10

街角のフォークロア（22）へんどの畝越し―譬えの妙と民俗文化（森正康）「文化愛媛」 愛媛県文化振興財団 （61）2008.10

海人の伝説ノート（内海清慈）「ソーシアル・リサーチ」 ソーシアル・リサーチ研究会 （34）2009.03

街角のフォークロア（23）民俗社会の巡礼モニュメント（森正康）「文化愛媛」 愛媛県文化振興財団 （62）2009.03

愛媛県内の鎌倉時代の宝篋印塔（長井數秋）「伊予史談」 伊予史談会 （353）2009.04

街角のフォークロア（24）民族伝承の変化―文化から制度と知識へ（森正康）「文化愛媛」 愛媛県文化振興財団 （63）2009.10

学芸員調査ノート 世界最初の切手「ペニー・ブラック」/次郎左衛門雛「歴博だより」 愛媛県歴史文化博物館 通号60 2010.01

エッセイ 子規の愛した鮓（池内恵吾）「文化愛媛」 愛媛県文化振興財団 （64）2010.03

街角のフォークロア（25）打桶と価値転換の民俗（森正康）「文化愛媛」 愛媛県文化振興財団 （64）2010.03

街角のフォークロア（26）籍につけるということ（森正康）「文化愛媛」 愛媛県文化振興財団 （65）2010.10

愛媛県　　　　　　　　　　　　　郷土に伝わる民俗と信仰　　　　　　　　　　　　　　四国

愛媛県県民館跡地の魚類遺存体と江戸期の食習慣・漁撈（石丸恵利子，下坂憲子，多田仁）「東温史談」　東温史談会　（6）　2010.11

街角のフォークロア（27）地域に根ざして働くこと（森正康）「文化愛媛」　愛媛県文化振興財団　（66）2011.03

表紙写真解説　浅井家墓地のラントウ墓1（若狹洋一）「西四国」　西四国郷土研究会　（11）2011.04

学芸員調査ノート　卜骨/鍬「歴博だより」　愛媛県歴史文化博物館　（67）2011.09

女大関若緑―禁制の土俵に上がった唯一の女性（遠藤泰夫）「文化愛媛」　愛媛県文化振興財団　（67）2011.10

街角のフォークロア（28）ポストモダンの前近代（森正康）「文化愛媛」　愛媛県文化振興財団　（67）2011.10

愛媛県内での民具整理の実践報告（広実敏彦）「民具マンスリー」　神奈川大学　44（12）通号528　2012.03

学芸員調査ノート　太鼓台の布団締め/鉄道50年祝典記念文鎮「歴博だより」　愛媛県歴史文化博物館　（70）2012.06

エッセイ　村のお祭り（高畠麻子）「文化愛媛」　愛媛県文化振興財団　（69）2012.10

街角のフォークロア（30）民俗文化の消滅と復活（森正康）「文化愛媛」　愛媛県文化振興財団　（69）2012.10

街角のフォークロア（31）加齢と若返り（森正康）「文化愛媛」　愛媛県文化振興財団　（69）2012.10

愛媛県内の紀年銘の残る宝篋印塔（長井數秋）「ふたな」　愛媛考古学研究所　（16）2013.04

南海地震の歴史と伝承―愛媛県の事例を中心に（大本敬久）「四国民俗」　四国民俗学会　（45）2013.09

学芸員調査ノート　産婆記録/曲物井戸枠「歴博だより」　愛媛県歴史文化博物館　（75）2013.09

天に近づく獅子！「継ぎ獅子」の伝統と継承（森克典）「文化愛媛」　愛媛県文化振興財団　（71）2013.10

街角のフォークロア（32）しめ縄のことども（森正康）「文化愛媛」　愛媛県文化振興財団　（71）2013.10

書評『ふたな』第8～12号に見る県内の中世並びに中世様式の宝篋印塔（その他）（清水真一）「西四国」　西四国郷土研究会　（14）2014.03

街角のフォークロア（33）死の多様化と向き合いの変化―終活は何を目指す（森正康）「文化愛媛」　愛媛県文化振興財団　（72）2014.03

愛媛県内の仮称「鳥」形格狭間をもつ宝篋印塔（長井數秋）「ふたな」　愛媛考古学研究所　（18）2014.08

愛媛県内の安山岩製宝篋印塔の発生と変遷（長井數秋）「ふたな」　愛媛考古学研究所　（18）2014.08

愛媛県内の中世並びに中世様式の宝篋印塔　追録（長井數秋）「ふたな」　愛媛考古学研究所　（18）2014.08

美術館へ行く　愛媛県立美術館「空海の足音・四国へんろ展　愛媛編」をみる（松友武昭）「伊予史談」　伊予史談会　（375）2014.10

長井數秋著『愛媛県内の主要宝篋印塔』（小特集　話題の研究書）（土居聡明）「伊予史談」　伊予史談会　（375）2014.10

街角のフォークロア（34）大名祭り考―民俗と伝承具体のことども（森正康）「文化愛媛」　愛媛県文化振興財団　（73）2014.10

延喜村

旧神宮村旧延喜村歴史探訪（編集部）「怒麻」　大西町史談会事務局　22　2000.4

円光寺

展墓会（寺町）―大雄寺・円光寺・大仙寺（今治史談会）「今治史談」　今治史談会　9　2003.6

円明寺

むら・まちを歩く（7）円明寺から太山寺奥の院まで―松山市でいちばん古いという町　松山市（みもとけいこ）「文化愛媛」　愛媛県文化振興財団　46　2001.3

延命寺

延命寺・明清大和尚碑（加藤敏史）「宇摩史談」　宇摩史談会　76　1999.11

白峯寺・延命寺付近の石造物の石種と採石地（奥田尚）「日引：石造物研究会会誌」（8）2006.09

別格本山　延命寺と鐘楼堂（高城一郎，高城正利）「文化財協会報」　観音寺市文化財保護協会　（1）2007.3

大井八幡大神社

大井八幡大神社とその周辺事情（新居田利忠）「怒麻」　大西町史談会事務局　（25）2003.4

大井八幡大神社社叢の樹木の名札付け（編集部）「怒麻」　大西町史談会事務局　（29）2007.7

大地蔵堂

那須与一と大平・大地蔵堂（重松敏晴）「伊予市の歴史文化」　伊予市歴史

文化の会　38　1998.3

大島八幡神社

大島八幡神社秋季大祭　夜宮に参加して（岩本亮二）「西條史談」　西條史談会　（84）2012.01

大洲

承継する正月行事（家例）（岡田重則）「温古」　大洲史談会　20　1998.1

大洲地方における法華信仰（八島龍晴）「温古」　大洲史談会　22　2000.3

ブドウ巨峰の作出者・大井上康と大洲（阪本孝之）「温古」　大洲史談会　23　2001.3

「木偶まわし」の足跡―聖と賤の世界（五藤孝人）「温古」　大洲史談会　24　2002.3

大洲の板碑について―三善の里に今もいきづく中世文化（味村英子）「温古」　大洲史談会　（25）2003.3

大洲の鏡絵について（福岡真一）「温古」　大洲史談会　（25）2003.3

花と石からの歴史考エヒメアヤメとドルメン（味村英子）「温古」　大洲史談会　（27）2005.3

学芸員調査ノート　竪杵/安芸祭りの「お多福」面/凹石・豫州大洲好人録「歴博だより」　愛媛県歴史文化博物館　通号45　2006.3

巳午考（村上光）「温古」　大洲史談会　（29）2007.3

鳥居龍蔵大洲調査について（その他）（岡山真知子）「西四国」　西四国郷土研究会　（10）2010.4

茶の湯玉手箱（40）四国・大洲の臥龍山荘（谷晁）「和風」　上田流和風堂　（118）2012.9

神と先祖（叶豊）「温古」　大洲史談会　（35）2013.03

大洲街道

熊野信仰と大洲街道（山内譲）「伊予市の歴史文化」　伊予市歴史文化の会　37　1997.8

大洲市

喜多郡・大洲市の神社の絵馬（井内功）「温古」　大洲史談会　（26）2004.3

大洲市の中世並びに中世様式の宝篋印塔（長井數秋）「温古」　大洲史談会　（36）2014.03

大洲城

八幡浜史談会所蔵の考古遺物について―大洲城出土の「大窪山福楽寺」について「八幡浜史談」　八幡浜史談会　（36）2008.1

大洲藩

文化・文政期における大洲藩祖社と廟所の形成について（白石尚寛）「伊予史談」　伊予史談会　（350）2008.7

伊予大洲藩と鷹狩（神徳興甫）「長浜史談」　長浜史談会　（36）2012.3

寛政12年の大洲藩雅楽奉納について（神徳興甫，山岡ミツキ）「長浜史談」　長浜史談会　（37）2013.03

大友山

旧国道33号線の開通と大友山の大蛇について（影浦孟）「砥部の歴史文化」　砥部歴史文化の会　2　2000.6

大成

落武者の里「大成」探訪（大野文一）「砥部の歴史文化」　砥部歴史文化の会　3　2001.9

大西

松山藩政下大西の村々のくらし（1），（2）（近藤福太郎）「怒麻」　大西町史談会事務局　22　2000.4

大西町

大西町の年中行事と食べもの（安野八千美）「怒麻」　大西町史談会事務局　23　2001.4

大西町で祀られている神々（1），（2）（青井三郎）「怒麻」　大西町史談会事務局　23/24　2001.4/2002.4

八幡神社祭祀の神々（村上是善）「怒麻」　大西町史談会事務局　（25）2003.4

大西町でまつられている仏達（1）～（3）（青井三郎）「怒麻」　大西町史談会事務局　（26）/（28）2004.4/2006.5

「大王のひつぎ実験航海」大西町へ寄港（編集部）「怒麻」　大西町史談会事務局　（28）2006.5

法篋印塔に納められているお経について（村上是善）「怒麻」　大西町史談会事務局　（28）2006.5

大西町における石鎚並びに金毘羅信仰（青井三郎）「怒麻」　大西町史談会事務局　（32）2010.06

古事記に登場する神様達（新居田利忠）「怒麻」　大西町史談会事務局　（34）2012.06

大野谷

大野谷虫供養（津田豊彦）「まつり通信」　まつり同好会　42（12）通号

四国　　　　　　　　　　　郷土に伝わる民俗と信仰　　　　　　　　　　　愛媛県

502　2002.11

大保木
京都の方広寺大仏殿と大保木の巨木について（白石史朗）「西條史談」　西條史談会　61　2004.5

大保木村
旧愛媛郡新居大保木村（現在西条市）の寺子屋と学校教育について（石鎚山の麓の寒村）（白石史朗）「西條史談」　西條史談会　59　2003.9

大三島
瀬戸内の大三島詣出（工藤ヒサヨ）「あさじ史談」　朝地史談会　88　2000.9

大三島見聞録（加地和夫）「新居浜史談」　新居浜郷土史談会　355　2005.3

大三島町
大三島神楽の「籤舞」愛媛県越智郡大三島町の大見神楽から（三村泰臣）「まつり通信」　まつり同好会　43（3）通号505　2003.5

大宮八幡宮
大宮八幡宮（野澤巳則）「砥部の歴史文化」　砥部歴史文化の会　3　2001.9

大山祇神社
三島神社祖瓦通忠公ゆかりの北条市・大山祇神社参拝の旅後記（三嶋侃士）「風早」　風早歴史文化研究会　39　1998.5

大山祇神社（大野七三）「旅とルーツ」　芳文館出版　76　1998.11

『大山祇神社社用日記』について（根岸茂夫）「季刊悠久.第2次」　鶴岡八幡宮悠久事務局　77　1999.4

芸予諸島と伊予一宮大山祇神社（《大会特集 海と風土―瀬戸内海地域の生活と交流》―〈問題提起〉）（山内治朗）「地方史研究」　地方史研究協議会　51（4）通号292　2001.8

村上水軍本拠地因島と大山祇神社を訪ねて（山下恒夫）「徳山地方郷土史研究」　徳山地方郷土史研究会　23　2002.3

鏡と鉾―大山祇神社ご神宝のもつ意味について（木村三千人）「伊予史談」　伊予史談会　（328）　2003.1

別宮の森散策 南光坊と大山祇神社（有田昭男，秋山孝夫）「今治史談」　今治史談会　（12）　2006.6

大山積神社
別子銅山守護神 大山積神社 所在地変遷について（芥川三平）「新居浜史談」　新居浜郷土史談会　（368）　2007.7

「大山積神社文書」所収元久二年の二通の下文（研究）（磯川いづみ）「四国中世史研究」　四国中世史研究会　（12）　2013.08

お囲い池
幻の水練場「お囲い池（御園池）」と松山神伝流盛衰記（二神將）「ゆづき.特別号：えひめ文化財散歩」　文化財フォーラム愛媛　5　2010.1

岡崎城
岡崎城周辺部における塚の調査について（真木孝）「新居浜史談」　新居浜郷土史談会　359　2005.7

沖井井戸
見つかった沖井井戸（豊田ヨシ子）「東予史談」　（6）　2001.6

奥之院
奥之院写経教室にて（大西嘉吉）「宇摩史談」　宇摩史談会　73　1998.11

奥の宮神社
生子山・奥の宮神社について（上），（下），補遺（芥川三平）「新居浜史談」　新居浜郷土史談会　（360）/（362）　2005.8/2006.1

小倉
木地師史料 伊予国北宇和郡広見町小倉（杉本壽）「民俗文化」　滋賀民俗学会　445　2000.10

小坂
愛媛県南予地方の中世石造物（18）八幡浜市日土町小坂（おさか）の五輪塔（中～近世）（清水真一）「西四国」　西四国郷土研究会　（10）　2010.04

長田観音堂
長田観音堂・宝篋印塔の謎（河村義武）「宇摩史談」　宇摩史談会　81　2001.11

大島
新居『大島の昔あれこれ』に出てくる婚姻について（近藤日出男）「宇摩史談」　宇摩史談会　87　2004.1

大島の水軍史跡等と伝承（抄）（矢野庄志）「今治史談」　今治史談会　（12）　2006.6

大島の歴史と信仰 "太陽神信仰" と『大島の伝説』（山本巖）「八幡浜史談」

八幡浜史談会　（37）　2009.1

結願の大島札所若葉風（金本武真）「ふるさと」　橘郷土会　（36）　2014.02

織田ヶ浜
エッセイ 今治タオルと織田ヶ浜（長野ヒデ子）「文化愛媛」　愛媛県文化振興財団　（71）　2013.10

小田郷
久万・小田郷の木地屋集落（和田正）「ふるさと久万」　久万郷土会　40　2000.7

小田村
木地師史料 手打ちうどんの大鉢―伊予国上浮穴郡小田村（杉本壽）「民俗文化」　滋賀民俗学会　442　2000.7

越智
越智・今治地域の鏝絵と左官職人たち（越智公行）「今治史談」　今治史談会　5　1999.7

海禅寺
海禅寺展墓会（今治史談会）「今治史談」　今治史談会　（20）　2014.07

貝吹
村の芸談（8）―貝吹・太鼓打聞き書き（水野一典）「四国民俗」　四国民俗学会　（44）　2012.08

角野
新居浜まつり（上部地区の角野・泉川）（近藤日出男）「新居浜史談」　新居浜郷土史談会　281　1999.1

河後森城
松野町「河後森城」を観光に活かす「火祭り」創造の私案（宮田基継）「西南四国歴史文化論叢よど」　西南四国歴史文化研究会　（3）　2002.3

笠置峠古墳
笠置峠古墳に置かれた五輪塔（古代～中・近世）（若狭洋一）「西四国」　西四国郷土研究会　（11）　2011.04

笠置峠古墳横の五輪塔から採った石材粉の分析結果（中世～近世）（奥田尚）「西四国」　西四国郷土研究会　（12）　2012.04

風透
西条市下津地の焙じ茶と風透の風穴（近藤日出男）「宇摩史談」　宇摩史談会　73　1998.11

風早
風早の馬頭観音（竹田覚）「風早」　風早歴史文化研究会　37　1997.5

むかし話「弁慶の切石」「貫さま」（竹田覚）「風早」　風早歴史文化研究会　38　1997.12

風早の弓祈禱の一考察（竹田覚）「風早」　風早歴史文化研究会　39　1998.5

むかし話「猫の恩返し」「すくも塚の三度栗」（竹田覚）「風早」　風早歴史文化研究会　40　1998.12

ふるさと散歩（7）儀式（谷口久隆）「風早」　風早歴史文化研究会　45　2001.5

或る名刹の由来（上），（中），（下）（門田圭三）「風早」　風早歴史文化研究会　（56）/（58）　2006.11/2007.11

正岡祭りの実施とその後（正岡重岩）「風早」　風早歴史文化研究会　（57）　2007.5

先人の文化シリーズ（51）飯櫃/（52）手鈎「風早」　風早歴史文化研究会　（59）　2008.5

先人の文化シリーズ（53）石籠/（54）力石「風早」　風早歴史文化研究会　（60）　2008.12

講演 民具の復活（沖野新一）「風早」　風早歴史文化研究会　（62）　2009.12

巻頭言 三島信仰と越智・河野氏（越智仁）「風早」　風早歴史文化研究会　（63）　2010.05

事故から60年… 殉難之碑（長野邦計）「風早」　風早歴史文化研究会　（63）　2010.05

会員講話 風早の庚申信仰（山浦重男）「風早」　風早歴史文化研究会　（65）　2011.05

会員の講話 神社の起りと変遷（越智仁）「風早」　風早歴史文化研究会　（66）　2011.12

風早の古寺 散見（古寺群に関わる四方山話）（得能久幸）「風早」　風早歴史文化研究会　（67）　2012.05

表紙 庄 木造菩薩立像（国重文）写真：宮本且之「風早」　風早歴史文化研究会　（67）/（72）　2012.05/2014.12

風早宮
風早宮大氏神の謎（1）浄闇の御動座祭は鎮魂祭だ！（日和佐健治）「風早」　風早歴史文化研究会　（53）　2005.5

風早宮大氏神の謎（2）～（4）（日和佐健治）「風早」　風早歴史文化研究会

愛媛県　　　　郷土に伝わる民俗と信仰　　　　四国

（54）/（56）　2005.12/2006.11

風早西国三十三観音
風早西国三十三観音めぐり（越智仁）「風早」　風早歴史文化研究会　48　2002.12

風早町
展墓会（風早町周辺）（今治史談会）「今治史談」　今治史談会　10　2004.6

風早八十八ヶ所
風早八十八か所の調査とその後の発展について（竹田覚）「風早」　風早歴史文化研究会　38　1997.12
風早八十八ヶ所の調査とその後の発展について（会員の講話）（竹田覚）「風早」　風早歴史文化研究会　（68）2012.12

鎌倉さん
鎌倉さんと称名寺（日下部正盛）「伊予市の歴史文化」　伊予市歴史文化の会　（53）2005.7

上高柳
亥の子行事の復活（上高柳）（足立重明）「松前史談」　松前町松前史談会　16　2000.3
上高柳の大人神輿復活（大政就平）「松前史談」　松前町松前史談会　（28）2012.03

神谷神社
西予市三瓶町周木神谷神社の宝塔/周木・上杉重秋氏屋敷の五輪塔（中世南予地方中世石造物の研究）（宇都宮建治）「西四国」　西四国郷土研究会　（8）2008.11

髪長神社
南予における江戸時代石造物の研究6 髪長神社の石鳥居（近世）（清水真一）「西四国」　西四国郷土研究会　（13）2013.03

上灘
上灘地区に残る歌とその歴史（寄稿）（松田米博）「伊予市の歴史文化」　伊予市歴史文化の会　（65）2011.8

上芳我
上芳我の生活（前），（後）（芳我明彦）「郷土うちこ」　内子町郷土研究会　（30）/（31）2012.3/2013.3

嘉母神社
西条祭と楽車（3）—飯積神社・嘉母神社（吉本勝）「西條史談」　西條史談会　40　1997.1

賀茂御祖社領御厨
賀茂御祖社領御厨 伊予国宇和郡六帖網・伊予国内海（勇和生）「西南四国歴史文化論叢よど」　西南四国歴史文化研究会　（7）2006.3

河内神社
河内神社の注連石銘（和田正）「ふるさと久万」　久万郷土会　39　1999.11

川上
川上地区における基督教今昔（酒井孝）「東温史談」　東温史談会　（5）2009.11

川瀬
川瀬歌舞伎のはじまり（段ノ上哮）「ふるさと久万」　久万郷土会　（50）2011.03

河内寺
古代の寺・河内寺（加地和夫）「新居浜史談」　新居浜郷土史談会　347　2004.7

河内廃寺
愛媛県河内廃寺の塔心礎（真鍋修身）「遺跡」　遺跡発行会　37　2000.1

川之石
仕入帳に見る昭和3年の川之石台所文化「八幡浜史談」　八幡浜史談会　（29）2001.8

川之江市
紙のまち川之江市を訪ねて（河野潤子）「松前史談」　松前町松前史談会　17　2001.3

川之浜
川之浜の盆行事—新仏の供養を中心として（石垣悟）「西郊民俗」　［西郊民俗談話会］　（219）2012.06

川登
川登陶業と窯株制度について（1），（2）（山本典男）「砥部の歴史文化」　砥部歴史文化の会　2/3　2000.6/2001.9

河原津
河原津の「オトウ文化」（松木傳樹）「東予史談」　（16）2013.5

観自在寺荘
観自在寺荘の形成・展開に関する一試論—「寛喜官符」の解釈を中心として（石野弥栄）「西南四国歴史文化論叢よど」　西南四国歴史文化研究会　（8）2007.3

観念寺
観念寺文書の禁制状（串部浩）「東予史談」　（6）2001.6
観念寺の創建と諸山格（串部浩）「東予史談」　（8）2003.6
実報寺・観念寺史跡めぐり「小松史談」　小松史談会　53（1）通号132　2006.1
観念寺と中世石造物（真木孝）「新居浜史談」　新居浜郷土史談会　（376）2009.07

神宮村
旧神宮村旧延喜村歴史探訪（編集部）「怒麻」　大西町史談会事務局　22　2000.4

菊間
胸うついぶし銀—菊間瓦（原正憲）「文化愛媛」　愛媛県文化振興財団　51　2003.10
菊間瓦に関する一考察（上），（下）（福原茂樹）「芸備地方史研究」　芸備地方史研究会　（264）/（265）2009.02/2009.04
菊間瓦のルーツを訪ねて（特集 えひめの住文化）（大成軽凡）「文化愛媛」　愛媛県文化振興財団　（68）2012.3

喜光地（寺）
喜光地（寺）考（芥川三平）「新居浜史談」　新居浜郷土史談会　327　2002.11

来住廃寺
先人の文化遺産—考古学探訪（10）古代の寺院—史跡「来住廃寺」（梅木謙一）「文化愛媛」　愛媛県文化振興財団　（60）2008.3

北伊予
第21回「松前っ子道中」伝承が残っている北伊予を行く（編集部）「松前史談」　松前町松前史談会　（25）2009.3

北浦
北浦・深谷風土記（上岡楠生）「郷土うちこ」　内子町郷土研究会　21　1998.5

北灘
愛媛県北灘のイワシ船曳網漁（真鍋篤行）「民具研究」　日本民具学会　（135）2007.3

貴布禰神社
貴布禰神社跡の石碑について（水口武夫）「伊予市の歴史文化」　伊予市歴史文化の会　（56）2007.3
貴布禰神社の祭神について（武智盛明）「伊予市の歴史文化」　伊予市歴史文化の会　（56）2007.3

行道山
雨乞いの山であった行道山（坪内寛）「伊予市の歴史文化」　伊予市歴史文化の会　（52）2005.3

切山
平家伝説の里「切山」を往く（香川豊）「郷土の文化」　観音寺市郷土文化大学　24　1999.3

金栄
金栄太鼓台の飾り幕（加地和夫）「新居浜史談」　新居浜郷土史談会　（390）2013.10

金山出石寺
金山出石寺周辺のアカガシ林（池田恩四郎）「長浜史談」　長浜史談会　（35）2011.03
持ち運ばれた金山出石寺の「高麗鐘」について（中世）（清水真一）「西四国」　西四国郷土研究会　（13）2013.03

金砂町
伊予三島市金砂町（旧金砂村）の民間小祠（3）（近藤日出男）「宇摩史談」　宇摩史談会　81　2001.11

串
瓠箪という名の浮樽—三崎町串海士の道具と呼称の由来（織野智子）「民具集積」　四国民具研究会　（9）2003.9

櫛生ミニ西国霊場
続・櫛生ミニ西国霊場記（渡辺仁之助）「長浜史談」　長浜史談会　21　1997.3

四国　　　　　　　　　　　　　郷土に伝わる民俗と信仰　　　　　　　　　　　　　　愛媛県

楠廃寺

愛媛県東予市楠廃寺の塔心礎（正岡睦夫）「遺跡」　遺跡発行会　37
2000.1

国安

国安地区神社の石造物について（論文）（今井肇）「東予史談」　（17）
2014.05

久万

神縁をいただいて（1）（和田正）「ふるさと久万」　久万郷土会　39
1999.11

続・へんろ石とその標石（川崎清規）「ふるさと久万」　久万郷土会　39
1999.11

しめ石考（川崎清規）「ふるさと久万」　久万郷土会　39　1999.11

奇跡の木像（佐川ミサヲ）「ふるさと久万」　久万郷土会　39　1999.11

思い出二題 亥の子数え歌（大野義明，上沖正季）「ふるさと久万」　久万
郷土会　39　1999.11

お守り（亀井英男）「ふるさと久万」　久万郷土会　40　2000.7

久万・小田郷の木地屋集落（和田正）「ふるさと久万」　久万郷土会　40
2000.7

神縁に感謝して（2）（和田正）「ふるさと久万」　久万郷土会　40　2000.7

火の用心カチカチの頃（佐川ミサヲ）「ふるさと久万」　久万郷土会　40
2000.7

育林の草木民俗誌（1）（2）（3）（和田正）「ふるさと久万」　久万郷土会
41　2001.7

沖（屋号）のご隠居さん（佐川ミサヲ）「ふるさと久万」　久万郷土会　41
2001.7

ミニ新四国巡拝の思い出（佐川ミサヲ）「ふるさと久万」　久万郷土会
41　2001.7

久万地区の「正岡氏」と「五輪塔」（正岡貞雄）「ふるさと久万」　久万郷
土会　42　2002.9

天狗の巨木倒しの謎（花岡珍夫）「ふるさと久万」　久万郷土会　42
2002.9

わが町の合併について／無縁塔の祭／怖かった押売り（佐川ミサヲ）「ふる
さと久万」　久万郷土会　（44）2004.7

山の秋祭りあれこれ（佐川ミサヲ）「ふるさと久万」　久万郷土会　（45）
2006.1

人の道十戒 数え歌（村中成信）「ふるさと久万」　久万郷土会　（47）
2007.12

幻に終わった餅トウキビの種子作り（西山一一）「ふるさと久万」　久万郷
土会　（48）2008.11

アブランケンソワカ―お灸の話（小田眞一）「ふるさと久万」　久万郷土会
（49）2010.02

現代における「民俗」の活用法（大本敬久）「ふるさと久万」　久万郷土会
（50）2011.03

民話を発掘し語りの活動に（高岡啓一）「ふるさと久万」　久万郷土会
（51）2012.03

「歴史的建造物」調査業務報告書（花岡直樹建築事務所）「ふるさと久万」
久万郷土会　（51）2012.03

久万山

久万山風土記―昭和初期（永嶋清繁）「ふるさと久万」　久万郷土会
（43）2003.9

久万山のお茶の話（西口武志）「ふるさと久万」　久万郷土会　（46）
2006.12

久万山の手漉き和紙（西口武志）「ふるさと久万」　久万郷土会　（49）
2010.2

久万町

《愛媛県上浮穴郡久万町調査報告書》「常民」　中央大学民俗研究会　41
2003.11

調査地概況／村落構成／衣食住・生業／信仰／年中行事／葬制／口承文芸／調
査項目外採集事項「常民」　中央大学民俗研究会　41　2003.11

昔の久万町内の大売り出し宣伝（引札写真）（佐川ミサヲ）「ふるさと久
万」　久万郷土会　（47）2007.12

久万山郷

江戸時代久万山郷の社人小録（和田正）「ふるさと久万」　久万郷土会
39　1999.11

久米

久米地区の歴史について―八幡神社における藩祖社と祭礼を中心に（白
石尚寛）「温古」　大洲史談会　（34）2012.03

久米寺

天山と久米寺伝承考―『伊予國風土記』逸文より（吉本拡）「新居浜史談」
新居浜郷土史談会　（387）2012.4

鞍瀬

裏表紙写真（西条まつりシリーズ（9））丹原鞍瀬の「毛槍投げ奴」（吉本
勝）「西條史談」　西條史談会　（86）2012.09

来島

古代における来島海人の動向（谷若倫郎）「今治史談」　今治史談会　8
2002.6

ノート 来島海人について（内海清慈）「ソーシアル・リサーチ ： studies
in rhe social sciences」　ソーシアル・リサーチ研究会　（39）2014.03

郡中

郡中十錦について（論研）（作道茂）「伊予市の歴史文化」　伊予市歴史文
化の会　（60）2009.03

源太桜

桜三里と源太桜（印南頼子）「西條史談」　西條史談会　45　1998.9

小池

愛媛県中山町小池の連枷（沖野新一）「民具集積」　四国民具研究会　（8）
2003.3

郷

郷・八町地区寺社巡拝（今治史談会）「今治史談」　今治史談会　（14）
2008.6

香園寺

四国香園寺子安弘法大師像の下北半島への伝播―弘法大師信仰の受容と
変容（長谷川万子）「青森県の民俗」　青森県民俗の会　4　2004.5

高寿庵

愛媛県南予地方の中世石造物29 八幡浜市舌間・高寿庵境内の五輪塔（中
世）（若狭洋一）「西四国」　西四国郷土研究会　（13）2013.03

高寿寺

表紙写真解説 八幡浜市舌間・高寿寺境内五輪塔「西四国」　西四国郷土
研究会　（13）2013.03

広紹寺

展墓会 広紹寺・明積寺（今治史談会）「今治史談」　今治史談会　6
2000.3

河野

風早の瓦づくり（2）河野地区（西原守）「風早」　風早歴史文化研究会
38　1997.12

郷町

文化五年の郷町引き離し資料（文化講演）（柚山俊夫）「伊予市の歴史文
化」　伊予市歴史文化の会　（56）2007.3

光明寺

日本印刷文化と光明寺蔵版本五部大乗経（山本信吉）「研究紀要」　愛媛県
歴史文化博物館　（12）2007.3

愛媛県伊予郡砥部町光明寺所蔵・版本五部大乗経について―元版覆刻版
五部大乗経の一事例として（土居聡朋）「研究紀要」　愛媛県歴史文化
博物館　（12）2007.3

光明寺の歴史と鬼瓦（安永省一）「西條史談」　西條史談会　（81）2011.01

興隆寺

古利西山興隆寺（田井野道隆）「文化愛媛」　愛媛県文化振興財団　46
2001.3

伊予興隆寺宝篋印塔と近江式文様（十亀幸雄）「遺跡」　遺跡発行会
（45）2011.07

光林寺

光林寺1300年の歩み（青井三郎）「怒麻」　大西町史談会事務局　22
2000.4

牛馬守護の神 奈良原神社別当寺 光林寺（真鍋達夫）「小松史談」　小松史
談会　48（1）通号127　2001.1

黒蔵

「こうやけ」雌・牡淵の伝え話（石川美代子）「宇摩史談」　宇摩史談会
73　1998.11

国分

村の生活史―「国分叢書」の世界（井上淳）「今治史談」　今治史談会
（13）2007.6

護国

護国地区の無縁墓石の調査報告（源田恒雄）「郷土うちこ」　内子町郷土研
究会　（28）2010.03

興居島

興居島における伝承調査―和気姫伝説と船踊りを中心に（研究論文）（肥
田伊織，松本茜，三上みちる）「尾道市立大学日本文学論叢」　尾道市

立大学日本文学会 （9） 2013.12

五色浜

五色姫伝説が生まれた背景（坪内寛）「伊予市の歴史文化」 伊予市歴史文化の会 48 2003.1

五色浜の五色の小石（岡田恒則）「伊予市の歴史文化」 伊予市歴史文化の会 49 2003.8

小沢川村

神社の棟札に遺された庄屋名 小沢川村庄屋三瀬孫右衛門（羽藤明敏）「西南四国歴史文化論叢よど」 西南四国歴史文化研究会 （12） 2011.04

小松

続・塞神（真鍋達夫）「小松史談」 小松史談会 44（1）通号123 1997.5

ふるさとの名僧を語る（真鍋達夫）「小松史談」 小松史談会 45（1）通号124 1998.1

中務茂兵衛の道標（喜代吉栄徳）「小松史談」 小松史談会 46（1）通号125 1999.1

木材運搬「仲出し」の今昔（曽我部公）「小松史談」 小松史談会 46（1）通号125 1999.1

遍路の果て（享保〜明和）（北村六合光）「小松史談」 小松史談会 47（1）通号126 2000.1

武田徳右衛門の里丁石（喜代吉栄徳）「小松史談」 小松史談会 47（1）通号126 2000.1

庚申信仰について（真鍋達夫）「小松史談」 小松史談会 47（1）通号126 2000.1

ラントウ考（喜代吉栄徳）「小松史談」 小松史談会 48（1）通号127 2001.1

置き去られた地蔵（曽我部公）「小松史談」 小松史談会 48（1）通号127 2001.1

小松領内での遍路事情（喜代吉栄徳）「小松史談」 小松史談会 49（1）通号128 2002.1

山中の風穴と蚕種の貯蔵（曽我部正喜）「小松史談」 小松史談会 50（1）通号129 2003.1

虚無僧往来（喜代吉栄徳）「小松史談」 小松史談会 51（1）通号130 2004.1

座頭の様相（北村六合光）「小松史談」 小松史談会 52（1）通号131 2005.1

倉じいさんのお話（高橋孝一）「小松史談」 小松史談会 53（1）通号132 2006.1

杖掛松に思う（田之岡康之）「小松史談」 小松史談会 53（1）通号132 2006.1

地蔵さんを訪ねて（田之岡康之）「小松史談」 小松史談会 54（1）通号133 2007.1

瓦の歴史と小松（玉井公一）「小松史談」 小松史談会 54（1）通号133 2007.1

お姫様ものがたり（武田象子）「小松史談」 小松史談会 55（1）通号134 2008.1

西条市の秋祭り（東予・小松地区）（吉本勝）「西條史談」 西條史談会 （74） 2008.9

石薬師再建に対する一考察（竹内眞人）「小松史談」 小松史談会 57（1）通号136 2010.01

小松道物語「第2話」地蔵祭と蔵出通（伊藤敏昭）「小松史談」 小松史談会 58（1）通号137 2011.1

古文書は語る「捨子の運命」（石丸敏信）「小松史談」 小松史談会 58（1）通号137 2011.01

長谷部映門の俳諧から見た天保の風俗（伊藤隆志）「小松史談」 小松史談会 58（1）通号137 2011.01

寛政4年会所日記・正月行事（原文解読）（古文書研究会）「小松史談」 小松史談会 58（1）通号137 2011.01

香炉「旭日」佐伯家に伝わる（石丸敏信）「小松史談」 小松史談会 59（1）通号138 2012.01

家紋の話（高橋義和）「小松史談」 小松史談会 59（1）通号138 2012.01

小松の年中行事（黒河一誠）「小松史談」 小松史談会 （139）/（140） 2013.1/2014.1

蛇になった娘の話（石丸敏信）「小松史談」 小松史談会 （139）/（140） 2013.01/2014.01

小松町

燦々と 小松町の女性史（武田象子）「小松史談」 小松史談会 46（1）通号125 1999.1

小松藩

小松藩の文化—五節句並びに年中行事（武田象子）「小松史談」 小松史談会 50（1）通号129 2003.1

「小松藩・会所日記」より「時の太鼓・誤打一件」（石丸敏信）「東予史談」 （16） 2013.5

紺原

紺原の宝篋印塔修復を終えて（御手洗稔）「怒麻」 大西町史談会事務局 （27） 2005.5

紺原船みこしのおもしろさ（御手洗稔）「怒麻」 大西町史談会事務局 （36） 2014.06

金比羅街道

迷い道 金比羅街道（一色光）「松前史談」 松前町松前史談会 19 2003.3

金比羅街道を歩く（山内譲）「文化愛媛」 愛媛県文化振興財団 （59） 2007.10

桜三里 旧金比羅街道（今井公昭）「松前史談」 松前町松前史談会 （28） 2012.03

西条

昔話にみる新居浜と西条のクジラ（近藤日出男）「新居浜史談」 新居浜郷土史談会 261 1997.5

西条家と楽車—西条各地区の祭り（吉本勝）「西條史談」 西條史談会 41 1997.5

大般若（藤岡和雄）「西條史談」 西條史談会 42 1997.9

「西条歴史かるた」原文（調査部かるた班）「西條史談」 西條史談会 43 1998.1

まほろしの人、こんがら法師（竹島忠臣）「西條史談」 西條史談会 48 1999.9

西条の大祭り（吉本勝）「文化愛媛」 愛媛県文化振興財団 46 2001.3

やはた（吉本勝）「西條史談」 西條史談会 53 2001.9

西条の手漉き和紙の歴史と文化「正」，（第64号補録）（加藤正典）「西條史談」 西條史談会 64/（69） 2005.5/2007.1

名の字の御名乗と名の字の使用不相成（古文書研究グループ）「西條史談」 西條史談会 （67） 2006.5

木喰五行の辨才天像（高橋重美）「西條史談」 西條史談会 （70） 2007.5

塩出若狭守にまつわる毘沙門天修復開眼供養について（塩出峰生）「西條史談」 西條史談会 （71） 2007.9

西条地方の秋祭り（田野周康之）「小松史談」 小松史談会 55（1）通号134 2008.1

伊予西条祭りの山車「郷土史紀行」 ヒューマン・レクチャー・クラブ （54） 2008.9

「西条祭り」お宮入りの原点、ここにあり（豊田幸枝）「西條史談」 西條史談会 （77） 2009.09

左馬の由来（小野錦也）「西條史談」 西條史談会 （85） 2012.05

西条の民話（4）地だんだ石（竹島忠臣）「西條史談」 西條史談会 （88） 2013.05

「川入り」の事実と真実（渡邊博毅）「西條史談」 西條史談会 （89） 2013.09

西条の民話（5）〜（8）（竹島忠臣［編］）「西條史談」 西條史談会 （89）/（92） 2013.09/2014.09

表紙 伊勢神宮式年遷宮奉祝 西條だんじり奉納紹介（ハルキフォート［写真］，三浦俊之［文］）「西條史談」 西條史談会 （92） 2014.09

「ひまや」の民俗学的一考察（竹島忠臣）「西條史談」 西條史談会 （92） 2014.09

西条市

特別寄稿 愛媛県西条市のヒマヤとベツの民俗（板橋春夫）「四国民俗」 四国民俗学会 （46） 2014.09

西条神社

「西条居合道会」による西條神社・伊曽乃神社奉納演武—田宮流居合術—も奉納（近藤勝志）「西條史談」 西條史談会 （91） 2014.05

西条庄

新居西條庄と鎌倉覚園寺（松木達雄）「伊予史談」 伊予史談会 （327） 2002.10

西条藩

特別陳列「西条藩松平家の雛飾り」「歴博だより」 愛媛県歴史文化博物館 17 1999.3

西條藩主による社殿の造営—史誌にみられる藩主二代の名（新川一男）「西條史談」 西條史談会 50 2000.9

西条藩松平家のお道具と雛飾り「歴博だより」 愛媛県歴史文化博物館 33 2003.3

「西條藩政と祭礼の諸相」概録（竹島中臣）「西條史談」 西條史談会 （73） 2008.5

西条藩領内の祭りのルーツを探る（万条克己）「西條史談」 西條史談会 （84） 2012.01

西福寺

牛川・西福寺の地蔵菩薩像について（渡辺正三）「西南四国歴史文化論叢よど」 西南四国歴史文化研究会 （9） 2008.4

四国　　　　　　　　　　　　　　郷土に伝わる民俗と信仰　　　　　　　　　　　　　　愛媛県

西連寺
西連寺にあった常夜灯（千葉富雄）「新居浜史談」　新居浜郷土史談会　282　1999.2

坂本屋
歩きお遍路のオアシス 旧遍路宿「坂本屋」（〈特集 おへんろ再発見〉）（石浜典夫）「文化愛媛」　愛媛県文化振興財団　(57)　2006.10

桜井
桜井漆器工業の歴史―うるしこぼれ話（松木正人）「今治史談」　今治史談会　5　1999.7

桜三里
桜三里と源太桜（印南頼子）「西條史談」　西條史談会　45　1998.9
桜三里考（酒井孝）「東温史談」　東温史談会　(2)　2007.1
桜三里 旧金比羅街道（今井公昭）「松前史談」　松前町松前史談会　(28)　2012.03

笹ケ峰
笹ケ峰修験と清滝信仰（伊藤玉男）「山村文化」　山村研究会　(7)　1997.4

佐田岬半島
佐田岬半島の裂織り（今村賢司）「歴博だより」　愛媛県歴史文化博物館　17　1999.3
愛媛県佐田岬半島の裂織（今村賢司）「民具研究」　日本民具学会　(123)　2001.1
佐田岬半島の裂織いまむかし（特集 えひめの衣文化）（今村賢司）「文化愛媛」　愛媛県文化振興財団　(66)　2011.3
特別展 佐田岬半島と西日本の裂織「歴博だより」　愛媛県歴史文化博物館　(71)　2012.9
学芸員調査ノート 佐田岬半島の裂織の仕事着/直柄広鍬未製品「歴博だより」　愛媛県歴史文化博物館　(71)　2012.9

三角寺
第六十五番三角寺棟札資料（喜代吉栄徳）「四国辺路研究」　海王舎　15　1998.8
第六十五番三角寺所蔵版木（喜代吉栄徳）「四国辺路研究」　海王舎　15　1998.8
三角寺所蔵版木（喜代吉栄徳）「四国辺路研究」　海王舎　16　1998.12
三角寺縁起一雲石堂寂本「四国辺路研究」　海王舎　21　2003.8
〈四国霊場六十五番札所三角寺遺文特集〉「四国辺路研究」　海王舎　22　2004.3
愛媛県砥部町三角寺蔵の磚仏（長井数秋）「ソーシアル・リサーチ」　ソーシアル・リサーチ研究会　(30)　2005.2
宇摩郡三角寺の新四国霊場の開創一江戸後期の村落における遍路信仰を示す一例として（井原恒久）「伊予史談」　伊予史談会　(372)　2014.01

三皇神社
妻鳥三皇神社の森の狸について（野村尚男）「伊予路 : 民俗と歴史」　愛媛民俗学会　9（復刊1）2005.3

鹿森
「端出場」及び鉱山集落「鹿森」での生活（山村研究会）「山村文化」　山村研究会　(16)　1999.8

重信
墓標に猫脚の採用を調べる（高橋大蔵）「重信史談」　重信史談会　16　1997.11
古仏の語るもの（中根伸）「重信史談」　重信史談会　16　1997.11
「地参宮」について（森正史）「重信史談」　重信史談会　19　2000.11
野鍛冶職人の生涯を見る―「宮田八百一」展より（和田章）「重信史談」　重信史談会　19　2000.11
獅子舞の想い出（渡部正寿）「重信史談」　重信史談会　20　2001.11
ふるさと回顧(16)―托鉢して橋をかけた和尚さん（井上龍雄）「重信史談」　重信史談会　21　2002.11
水に縁の祭り雑感（和田章）「重信史談」　重信史談会　22　2003.11

重信町
重信町寺社棟札から見る大工の地域的特徴（近藤浩二）「重信史談」　重信史談会　20　2001.11

慈眼寺
慈眼寺にまつわる歴史について（藤田敏雄）「新居浜史談」　新居浜郷土史談会　296　2000.4

四阪島
《特集 四阪島》「山村文化」　山村研究会　(21)　2000.11
座談会/四阪島関係資料（山村研究会）「山村文化」　山村研究会　(21)　2000.11

地蔵堂
語り伝えて 盆の習俗を語る―新四国第6番札所・地蔵堂（小野清恒）「新居浜史談」　新居浜郷土史談会　(364)　2006.7

地蔵町
延命地蔵の由来（地蔵町）（松野伝四郎）「松前史談」　松前町松前史談会　16　2000.3

下波
下波の大板碑（増田松喜）「西四国」　西四国郷土研究会　(6)　2006.12
下波双式板碑所見（岡村庄造）「西四国」　西四国郷土研究会　(6)　2006.12
下波板碑の石材の採石地（中世 南予地方中世石造物の研究）（奥田尚,増田松喜）「西四国」　西四国郷土研究会　(8)　2008.11
学芸員調査ノート 下波の伊勢踊り/中務茂兵衛建立の遍路道標「歴博だより」　愛媛県歴史文化博物館　通号62　2010.06

実報寺
実報寺・観念寺史跡めぐり「小松史談」　小松史談会　53(1)通号132　2006.1

自得院
自得院（一条兼定隠棲地）八角石幢の考察（安岡道雄）「西南四国歴史文化論叢よど」　西南四国歴史文化研究会　(11)　2010.04

柴
民具は生きている―大洲市柴のカリサオ（沖野新一）「文化愛媛」　愛媛県文化振興財団　(54)　2005.3

地福寺
西予市三瓶町地福寺所蔵の『大般若経』について（山本信吉）「研究紀要」　愛媛県歴史文化博物館　(14)　2009.03

治兵衛堂
大保木の治兵衛堂に詣でて詠む（新川一男）「西條史談」　西條史談会　61　2004.5

島四国
島四国（印南敏秀）「愛知大学綜合郷土研究所紀要」　愛知大学綜合郷土研究所　通号45　1999.3
開創を藩政が処罰した島四国（〈特集 おへんろ再発見〉）（村友武昭）「文化愛媛」　愛媛県文化振興財団　(57)　2006.10

島四国八十八ヶ所
島四国八十八ヶ所にちなんで（安野八千美）「怒麻」　大西町史談会事務局　24　2002.4

下津池
西条市下津池の焙じ茶と風透の風穴（近藤日出男）「宇摩史談」　宇摩史談会　73　1998.11

下灘浦
伊予国宇和郡下灘浦における大般若経書写事業と地域社会（山内譲）「四国中世史研究」　四国中世史研究会　(10)　2009.08

寂光庵大師堂
寂光庵大師堂 宝篋印塔について（真木孝）「新居浜史談」　新居浜郷土史談会　(374)/(375)　2009.01/2009.04

周桑
周桑特産の愛宕柿について（佐伯武）「小松史談」　小松史談会　47(1)通号126　2000.1

周桑平野
周桑平野の中世並びに中世様式の主要宝篋印塔（論文）（長井数秋）「東予史談」　(17)　2014.05

秋都庵
秋都庵の扁額（大月正光）「小松史談」　小松史談会　45(1)通号124　1998.1

十輪寺
弘法山十輪寺の災害と復旧について（須山靖）「風早」　風早歴史文化研究会　45　2001.5

出石寺
出石寺に修養道場―戦時中青少年育成の為（菊地正行，渡辺仁之助）「長浜史談」　長浜史談会　25　2001.3
「出石寺」裏方さん奮闘記（米岡幸市）「長浜史談」　長浜史談会　(33)　2009.03

城願寺
愛媛県南予地方の中世石造物27―大洲市五郎・城願寺境内の五輪塔（中世～近世）（若狭洋一）「西四国」　西四国郷土研究会　(12)　2012.04

愛媛県　　郷土に伝わる民俗と信仰　　四国

生子橋

生子橋南の御不動さん（芥川三平）「新居浜史談」　新居浜郷土史談会
（367）2007.4

常信寺

祝谷山常信寺の歴史と松平家（藤本数夫）「伊予史談」　伊予史談会
（334）2004.7

常福寺

松山市常福寺層塔について（十亀幸雄，山之内志郎）「遺跡」　遺跡発行会
（41）2004.4

称名寺

鎌倉さんと称名寺（日下部正盛）「伊予市の歴史文化」　伊予市歴史文化の
会（53）2005.7

常落庵

常落庵と保国禅寺（高橋重美）「西條史談」　西條史談会　65　2005.9

常楽寺

松壽山常楽寺と仏像（中岡健一）「郷土うちこ」　内子町郷土研究会
（28）2010.03

白石の鼻

「白石の鼻」騒動記（その他）（若狭洋一）「西四国」　西四国郷土研究会
（14）2014.03

白井天神宮

語り伝えて―白井天神宮（小野清恒）「新居浜史談」　新居浜郷土史談会
303　2000.11

城川町

調査報告　西予市城川町の絵馬（宮瀬温子）「研究紀要」　愛媛県歴史文化
博物館（13）2008.3

愛媛県城川町の田神様と茶堂を訪ねて（特集　石仏探訪（10））（水野英
世）「日本の石仏」　日本石仏協会，青娥書房（発売）（142）2012.06

塩飽島本島

ぶらり塩飽島本島―法然上人流寓の地（加地和夫）「新居浜史談」　新居浜
郷土史談会　271　1998.3

神久寺

愛媛県西予市宇和町神久寺所蔵の大般若経について（土居聡明）「研究紀
要」　愛媛県歴史文化博物館（17）2012.03

新宮

むら・まちを歩く（19）川の道・新宮　古代祈りの中心地を歩く（みもと
けいこ）「文化愛媛」　愛媛県文化振興財団（58）2007.3

神宮寺

神宮寺と藤田鉄椎（芥川三平）「新居浜史談」　新居浜郷土史談会　（373）
2008.10

新宮村

宇摩郡新宮村の民間小祠（4）（近藤日出男）「宇摩史談」　宇摩史談会　82
2002.3

「死人の正月」の発見―愛媛県新宮村に於けるタツミの意味ないし墓前
の設備などについて（近藤直也）「徳島地域文化研究」　徳島地域文化
研究会（1）2003.3

新宮村の茶とアジサイの里（近藤日出男）「宇摩史談」　宇摩史談会　86
2003.8

魔または聖なる時空としてのタツミ―愛媛県新宮村における新仏の正月
の事例（タツの夕方から墓へ行く直前までの詳細）から（近藤直也）「徳
島地域文化研究」　徳島地域文化研究会（2）2004.3

霊肉再統合した死者とのトシトリとしての餅の共食―愛媛県新宮村に於
ける死人の正月に関する一連の墓前儀礼（近藤直也）「伊予路：民俗
と歴史」　愛媛民俗学会　9（復刊1）2005.3

霊肉再統合の瞬間、仏前から墓前へ―愛媛県新宮村に於けるタツミの餅
揚きから（近藤直也）「徳島地域文化研究」　徳島地域文化研究会（3）
2005.3

真光寺

今治真光寺の密教法具（関根俊一）「帝塚山芸術文化」　帝塚山大学芸術文
化研究所（13）2006.3

神南山

神南山と竹さしのふるさと（〈特集　古里のとっておき〉）（亀岡佳章）「文
化愛媛」　愛媛県文化振興財団（61）2008.10

新長谷寺

語り伝えて―古刹・新長谷寺（小野清恒）「新居浜史談」　新居浜郷土史談
会　351　2004.11

語り伝えて　伊予三島市　新長谷寺（小野清恒）「新居浜史談」　新居浜郷土

史談会　（381）2010.10

真福寺

文化財巡り―長師真福寺五輪塔（長井數秋）「ふたな」　愛媛考古学研究所
（18）2014.08

新町

東予市新町にみる石敢当（石塔）とその周辺（近藤日出男）「宇摩史談」
宇摩史談会　79　2000.11

瑞応寺

瑞王寺の「輪蔵」が謡曲にうたわれている（高橋達雄）「新居浜史談」　新
居浜郷土史談会　267　1997.11

瑞応寺西墓地の怪（上），（中），（下の1）～（下の6），（補遺）（芥川三平）
「新居浜史談」　新居浜郷土史談会　342/352　2004.2/2004.12

「瑞応寺西墓地の怪」について（意見）（妻鳥季男）「新居浜史談」　新居浜
郷土史談会　352　2004.12

瑞應寺・「中国人俘虜殉難者慰霊之碑」の足跡（曽我幸弘）「新居浜史談」
新居浜郷土史談会　（370）2008.1

瑞應寺・住友別家「泉屋」名の墓標調査　別子銅山・開坑初期の功労者の
事績（曽我幸弘）「新居浜史談」　新居浜郷土史談会　（375）2009.04

瑞法寺

今在家瑞法寺の墨書とその時代（眞鍋達夫）「小松史談」　小松史談会
58（1）通号137　2011.01

周敷神社

裏表紙　西条まつりシリーズ（15）東予の秋祭り「周敷神社」（吉本勝［写
真・文］）「西條史談」　西條史談会　（92）2014.09

須下

須下・後地区の大師道（地四国）に対する考察（岡村玲子）「西南四国歴史
文化論叢よど」　西南四国歴史文化研究会（13）2012.04

菅沢

松山市菅沢壺神層塔（報告）（十亀幸雄，山之内志郎）「遺跡」　遺跡発行
会（46）2012.04

菅田新四国八十八か所

菅田新四国八十八か所（今井一行）「温古」　大洲史談会　（26）2004.3

菅生

祖谷山の開祖は菅生の仙人・仙女（和田正）「ふるさと久万」　久万郷土会
42　2002.9

須崎八幡神社

南予における江戸時代石造物の研究4　須崎八幡神社の石鳥居（近世）（若
狭洋一）「西四国」　西四国郷土研究会　（13）2013.03

須沢

明治19年大水害記録　櫛生村須澤の災害と追悼碑/豊茂曲り渕工事碑等
（岡野勝敏）「長浜史談」　長浜史談会　（33）2009.3

苞木

苞木の歴史と伝承について（重松武彦）「風早」　風早歴史文化研究会
（61）2009.5

誓願寺

西条の民話（3）誓願寺の観音様と鬼岩（竹島忠臣）「西條史談」　西條史
談会　（87）2013.01

清谷寺

中世伊予における熊野信仰史の一齣―いわゆる清谷寺檀那譲状への疑問
を中心に（石野弥栄）「西南四国歴史文化論叢よど」　西南四国歴史文
化研究会（10）2009.04

清水寺

清水寺（酒井孝）「東温史談」　東温史談会（1）2005.11

善応寺

ふるさと散歩（7）善応寺（岡本昌武）「風早」　風早歴史文化研究会　45
2001.5

善光寺

石鎚の高詠山善光寺と木造阿弥陀　如来立像について（菅哲彦）「小松史
談」　小松史談会　46（1）通号125　1999.1

千足大明神之社

千足大明神之社の研究（真鍋松子）「宇摩史談」　宇摩史談会　86　2003.8

千足山村

石鎚（旧千足山村）の結婚（曽我部公）「小松史談」　小松史談会　45（1）
通号124　1998.1

千足山村歳時記（曽我部正喜）「小松史談」　小松史談会　48（1）通号127
2001.1

千足山村騒動 (石丸敏信)「小松史談」 小松史談会 55 (1) 通号134 2008.1

「千足山村物語 (歳時記)」 曽我部正喜氏-に聞く (渡辺裕二)「小松史談」 小松史談会 59 (1) 通号138 2012.1

仙竜寺

奥之院仙龍寺をめぐる遍路道上の丁石 (㆗原恒久)「伊予史談」 伊予史談会 (328) 2003.1

金光山仙龍寺天井絵の紹介と考察—地域史資料としての見地から (論説)(森脇崇文)「鳴門史学」 鳴門史学会 28 2014.11

宗昌寺

石造物ウォッチング 宗昌寺の宝篋印塔 (松山市北条)(鎌倉健一)「郷土史紀行」 ヒューマン・レクチャー・クラブ (49) 2008.1

口絵 大虫和尚の宝篋印塔 (宗昌寺)—県指定有形文化財「風早」 風早歴史文化研究会 (71) 2014.05

象頭山参詣道

学芸員調査ノート 大般若経第六十巻/象頭山参詣道四国寺社名勝八十八番/三間焼雲龍文香炉/松山スーハーマーケット開店ポスター「歴博だより」 愛媛県歴史文化博物館 通号47 2006.9

曽根城

愛媛県南予地方の中世石造物26—内子町麓・曽根城の宝篋印塔と五輪塔 (中世〜近世)(若狭洋一)「西四国」 西四国郷土研究会 (12) 2012.04

大安楽寺

西予市宇和町伊延の大安楽寺に伝わる工芸品について「八幡浜史談」 八幡浜史談会 (35) 2007.5

大雄寺

展墓会 (寺町)—大雄寺・円光寺・大仙寺 (今治史談会)「今治史談」 今治史談会 9 2003.6

太山寺

むら・まちを歩く (7) 円明寺から太山寺奥の院まで—松山市でいちばん古いという町 松山市 (みもとけいこ)「文化愛媛」 愛媛県文化振興財団 46 2001.3

太山寺 真野長者 (白方勝)「ゆづき.特別号 : えひめ文化財散歩」 文化財フォーラム愛媛 3 2006.01

大仙寺

展墓会 (寺町)—大雄寺・円光寺・大仙寺 (今治史談会)「今治史談」 今治史談会 9 2003.6

大福寺

大福寺及び八雲神社の古文書解読 (古文書グループ)「西條史談」 西條史談会 (72) 2008.1

泰平寺

南予における江戸時代石造物の研究1 江戸時代のラントウ墓について (5)—宇和島市泰平寺墓地で探したラントウ墓 (近世)(若狭洋一)「西四国」 西四国郷土研究会 (13) 2013.03

大宝寺

大宝寺三十三灯台・その文献資料 (和田正)「ふるさと久万」 久万郷土会 40 2000.7

大法寺

八幡浜市大法寺のマリア像について (高嶋賢二)「伊予路 : 民俗と歴史」 愛媛民俗学会 9 (復刊1) 2005.3

江戸時代のラントウ墓について (八幡浜市大法寺墓地1,2)(特集 南予の「ラントウ墓」)(若狭洋一)「西四国」 西四国郷土研究会 (11) 2011.04

南予における江戸時代石造物の研究7 大法寺前にある石灯篭の謎 (近世)(清水真一)「西四国」 西四国郷土研究会 (13) 2013.03

大法寺墓地2番目の数の五輪塔を持つ菊池家墓地について—南予の江戸時代五輪塔について (17)(近世)(清水真一)「西四国」 西四国郷土研究会 (14) 2014.03

大法寺墓地内の手水鉢 (近世)(若狭洋一)「西四国」 西四国郷土研究会 (14) 2014.03

大法寺境内の手水鉢 (近世)(若狭洋一)「西四国」 西四国郷土研究会 (14) 2014.03

大宝寺門前町

大宝寺門前町再現調査 (愛媛県立浮穴高等学校)「ふるさと久万」 久万郷土会 (51) 2012.03

多賀

多賀地区神社と壬生川地区神社の石造物について (今井肇)「東予史談」 (16) 2013.05

高田八幡宮

津島郷高田八幡宮の中世文書・「かくれん」文書を読む キーワードは「鍛冶炭」・「あいもの」(勇和生)「西南四国歴史文化論叢よど」 西南四国歴史文化研究会 (9) 2008.4

高縄山系

高縄山系の一石五輪塔について (中川凡洲)「今治史談」 今治史談会 9 2003.6

高縄神社

高縄神社の「十六王子社」が傳える神々とは (山田裕)「風早」 風早歴史文化研究会 (68) 2012.12

高縄半島

高縄半島と島嶼部の祭祀遺跡 (正岡睦夫)「遺跡」 遺跡発行会 39 2002.3

講演 高縄半島西部特有の画像一石五輪塔 (大成経凡)「風早」 風早歴史文化研究会 50 2003.12

高松平野

高松平野東部の金属製連枷 (小林裕美子)「民具集積」 四国民具研究会 (7) 2001.11

高山

西南戦争と高山石灰 (宇都宮長三郎)「西南四国歴史文化論叢よど」 西南四国歴史文化研究会 (6) 2005.3

竹城

学芸員調査ノート 四國巡拝大繪圖/石城・竹城図「歴博だより」 愛媛県歴史文化博物館 (76) 2014.01

只海村

只海村の一祝部家 (季羽哲二)「温古」 大洲史談会 (27) 2005.3

多田八幡神社

多田八幡神社社務所日誌 (河野真一)「西南四国歴史文化論叢よど」 西南四国歴史文化研究会 (6) 2005.3

橘新宮神社

橘新宮神社 御神燈寄進者「氷見宮ノ下・備前屋惣七」に関する一考察 (松本晴美)「西條史談」 西條史談会 61 2004.5

立間

立間鹿の子 (《特集 獅子芸能の世界へ》—〈獅子が踊る！ 獅子が舞う！—東アジアの獅子芸能II〉)(清家孝信)「まんだら : 東北文化友の会会報」 東北芸術工科大学東北文化研究センター (27) 2006.5

立間村

温州みかん発祥の地 立間村の明治13年の村勢 (宮本春樹)「西南四国歴史文化論叢よど」 西南四国歴史文化研究会 (11) 2010.4

田中家

田中家旧宅図面について (菅原憲二)「三浦通信」 田中家文書調査会 (6) 1999.7

宇和島市三浦田中家に伝わる角筆と角筆文献 (西村浩子)「三浦通信」 田中家文書調査会 (7) 2000.8

玉生荘

玉生荘と玉生古宮 (重川雄才)「松前史談」 松前町松前史談会 17 2001.3

玉生古宮

玉生荘と玉生古宮 (重川雄才)「松前史談」 松前町松前史談会 17 2001.3

丹原

西条市の秋祭り (丹原地区)(吉本勝)「西條史談」 西條史談会 (77) 2009.09

中予

愛媛県中予地方 (伊豫郡・久米郡) への外部からの主たる来訪者について (神社の祭神・配神から見える) 松山近郊の主たる神社の御祭神等について (新谷正信)「ゆづき.特別号 : えひめ文化財散歩」 文化財フォーラム愛媛 5 2010.01

津島

中世の津島と満願寺大般若経 (上),(下)(山内譲)「伊予史談」 伊予史談会 (342)/(343) 2006.7/2006.10

産業化した生業活動における自然と人の関わり—愛媛県宇和島市津島のブリ養殖を事例に (葉山茂)「日本民俗学」 日本民俗学会 通号266 2011.05

鶴亀山

鶴亀山と契約の箱 (森川敏子)「宇摩史談」 宇摩史談会 (98) 2010.8

愛媛県　　　　　　　　　　　　郷土に伝わる民俗と信仰　　　　　　　　　　　　四国

剣山城

「おえのきさま」と剣山城主黒川氏（松木守一）「小松史談」　小松史談会　50（1）通号129　2003.1

禎祥庵

禎祥庵事件（高橋重美）「西條史談」　西條史談会　53　2001.9

禎祥寺

表紙　上喜多川のお観音さん（禎祥寺）（山台雄三，安永省一）「西條史談」　西條史談会　（79）　2010.05

上喜多川の「禎祥寺縁起」（安永省一）「西條史談」　西條史談会　（79）　2010.05

禎瑞

裏表紙写真（西条まつりシリーズ4）「禎瑞祭りの太鼓台」（西条市観光振興課，竹島忠臣）「西條史談」　西條史談会　（82）　2011.05

天長寺

天長寺のはなし（天長寺総代会，横田老人会）「松前史談」　松前町松前史談会　（28）　2012.03

天満神社

木と人間（7）天満神社のクスノキ（松井宏光）「文化愛媛」　愛媛県文化振興財団　46　2001.3

砥石山

砥石山の歴史（上田照夫）「砥部の歴史文化」　砥部歴史文化の会　1　1999.7

東温

ししうちの話　今・昔（中島菊政）「東温史談」　東温史談会　（1）　2005.11

民具クリーニングこぼれ話（神山朋也）「東温史談」　東温史談会　（1）　2005.11

「どんど」に寄せて（森正史）「東温史談」　東温史談会　（2）　2007.1

「蚊帳」の民俗あれこれ（森正史）「東温史談」　東温史談会　（3）　2007.11

「子供組」のこと（窪田重治）「東温史談」　東温史談会　（4）　2008.11

食べ物の文化誌―ジャガイモ（宇都宮正男）「東温史談」　東温史談会　（4）　2008.11

巻頭言　さま変わりする秋祭り（和田義雄）「東温史談」　東温史談会　（8）　2013.01

食べ物の文化誌（2）　「ナス」（宇都宮正男）「東温史談」　東温史談会　（8）　2013.01

食べ物の文化誌（3）　トマトあれこれ（宇都宮正男）「東温史談」　東温史談会　（9）　2014.03

祭りと行事（高須賀和恵）「東温史談」　東温史談会　（9）　2014.03

道後

道後娼妓宿の就客状況（1），（2）（喜代吉榮徳）「新居浜史談」　新居浜郷土史談会　286/287　1999.6/1999.7

道後にある式内社（えひめ文化財散歩（1））（井上妙子）「ゆづき.特別号：えひめ文化財散歩」　文化財フォーラム愛媛　1　2004.06

道後温泉

学芸員調査ノート　刀専版画　道後温泉神の湯/雛形鶴の声/木のよろいの一部（木製短甲片）/熊野本宮牛玉宝印「歴博だより」　愛媛県歴史文化博物館　通号46　2006.6

道後平野

道後平野西部における祭祀関係遺構と遺物について（山之内志郎）「遺跡」　遺跡発行会　39　2002.3

道後平野東部の祭祀遺跡（常盤茂）「遺跡」　遺跡発行会　39　2002.3

道後平野南部の祭祀遺跡（十亀幸雄）「遺跡」　遺跡発行会　39　2002.3

道前

道前七観世音菩薩を尋ねて（小野清恒）「新居浜史談」　新居浜郷土史談会　263/264　1997.7/1997.8

東泉寺

弓削島東泉寺層塔―北端の伊予在地系層塔（十亀幸雄）「伊予史談」　伊予史談会　（342）　2006.7

道前八社八幡神社

道前八社八幡神社を尋ねて（小野清恒）「新居浜史談」　新居浜郷土史談会　261　1997.5

道前平野

《特集 道前平野の歴史と文化》「文化愛媛」　愛媛県文化振興財団　46　2001.3

東平

「東平」での生活文化探究（山村研究会）「山村文化」　山村研究会　（17）　1999.11

東平集落

別子銅山、東平集落の生活誌（楠禎裕）「ソーシアル・リサーチ」　ソーシアル・リサーチ研究会　（36）　2011.3

等妙寺

旧等妙寺研究二題　旧等妙寺跡調査について（清家直英）「西南四国歴史文化論叢よど」　西南四国歴史文化研究会　（2）　2001.3

旧等妙寺研究二題　本寺法勝寺と伊予等妙寺（木村問紹）「西南四国歴史文化論叢よど」　西南四国歴史文化研究会　（2）　2001.3

「等妙寺縁起」の成立とその背景（石野弥栄）「西南四国歴史文化論叢よど」　西南四国歴史文化研究会　（12）　2011.04

近世等妙寺の史的展開について（石野弥栄）「西南四国歴史文化論叢よど」　西南四国歴史文化研究会　（15）　2014.04

等妙寺集石墓群

愛媛県南予地方の中世石造物23　砂岩製五輪塔の古例―等妙寺集石墓群に見る五輪塔（中世～近世）（清水真一）「西四国」　西四国郷土研究会　（12）　2012.04

東予

愛媛県東予にみる民間小祠（1）人口流出後の山村周辺部（近藤日出男）「四国民俗」　四国民俗学会　（33）　2000.3

愛媛県東予にみる民間小祠（2）里村の民間小祠（近藤日出男）「四国民俗」　四国民俗学会　（34）　2000.8

愛媛県東予にみる民間小祠（3）海岸村（近藤日出男）「四国民俗」　四国民俗学会　（34）　2000.8

地蔵石仏とその信仰（井川幸雄）「東予史談」　（6）　2001.6

駅開通の歌について（田中武雄）「東予史談」　（6）　2001.6

「たてまつる」碑―変幻模様（喜代吉榮徳）「東予史談」　（6）　2001.6

牛玉寶印（版木）について（眞鍋達夫）「東予史談」　（8）　2003.6

民俗文化財、次日、巳正月について［正］，（続）（近藤勲）「東予史談」　（9）/（10）　2004.6/2005.1

孫と語る経塚ロマン（シリーズその5）（武田斉）「東予史談」　（9）　2004.6

へんろ石　セレクト21―東予篇/番外　陰陽石　施主寒川氏「四国辺路研究」　海王舎　23　2005.1

神社の方位考（伊藤公俊）「東予史談」　（10）　2005.1

「暦」の研究（近藤美佐夫）「東予史談」　（10）　2005.1

山王さん（眞鍋達夫）「東予史談」　（10）　2005.1

愛媛県東予地方の食習俗にみる「赤い餡のタルト」（冨岡典子，川島喜世）「民俗と風俗：the journal of the Chubu Branch, the Japanese Society for History of Manners and Customs」　日本風俗史学会中部支部　（18）　2008.3

○切支丹一件　「浦番所文書」―西条市東予郷土館蔵（喜代吉榮徳）「新居浜史談」　新居浜郷土史談会　（377）　2009.10

東予に見られる道祖神（近藤日出男）「宇摩史談」　宇摩史談会　（100）　2012.03

権現信仰について（眞鍋達夫）「東予史談」　（16）　2013.05

東予市

東予市のとうど（武田斉）「文化愛媛」　愛媛県文化振興財団　46　2001.3

徳森村

史料「徳森村都谷橋茶堂御寄進姓名記」伊予玉井家文書（喜代吉榮徳）「四国辺路研究」　海王舎　12　1997.8

砥部

社格制度を調べて（松田長男）「砥部の歴史文化」　砥部歴史文化の会　1　1999.7

この百年砥部の農村今昔（野沢巳則）「砥部の歴史文化」　砥部歴史文化の会　2　2000.6

忘れかけている家庭祭祀（松田長男）「砥部の歴史文化」　砥部歴史文化の会　2　2000.6

砥部の歴史を如何にして伝承していくか（兼光明）「砥部の歴史文化」　砥部歴史文化の会　2　2000.6

兵右衛門悲歌（兼光明）「砥部の歴史文化」　砥部歴史文化の会　2　2000.6

お守り（亀井英男）「砥部の歴史文化」　砥部歴史文化の会　3　2001.9

砥部山祭事記（兼光明）「砥部の歴史文化」　砥部歴史文化の会　3　2001.9

砥部風磁器の誕生（矢野徹志）「文化愛媛」　愛媛県文化振興財団　51　2003.10

近世砥部焼磁器碗に関する基礎的研究―上原窯跡採集資料を中心として（石岡ひとみ）「研究紀要」　愛媛県歴史文化博物館　（12）　2007.3

近世砥部焼磁器皿に関する基礎的研究―上原窯跡採集資料を中心として（石岡ひとみ）「研究紀要」　愛媛県歴史文化博物館　（13）　2008.3

富郷町

伊予三島市富郷町（旧富郷村）の民間小祠（2）（近藤日出男）「宇摩史談」

宇摩史談会　81　2001.11

外山

外山むかし話(1)（兼光明）「砥部の歴史文化」　砥部歴史文化の会　3
2001.9

砥部外山における近世伊予砥の石切場（十亀幸雄）「伊予史談」　伊予史談
会　（351）2008.10

豊受神社

龍神・神の風を祀る宇摩郡豊受神社（近藤ヨ出男）「宇摩史談」　宇摩史談
会　84　2002.12

長田

学芸員調査ノート　長田神楽の仮面（山王）/海軍陸戦服「歴博だより」
愛媛県歴史文化博物館　通号54　2008.6

中土

中土の石灰づくり（大森昭生）「郷土うちこ」　内子町郷土研究会　（25）
2002.5

中之川

四本足の大蛇の思い出嶺南のふるさと中之川（石川美代子）「宇摩史談」
宇摩史談会　71　1998.3

長浜

長浜のお船歌（菊地正行）「長浜史談」　長浜史談会　21　1997.3

隠れキリシタン調査要項（笹田孝一）「長浜史談」　長浜史談会　21
1997.3

尾形嘉吉の絵馬（井内功）「長浜史談」　長浜史談会　（28）2004.3

航海安全の船玉さまと船玉祭の祝詞―わが家の資料より（米子毅）「長浜
史談」　長浜史談会　（29）2005.3

長浜町

長浜町内の神社の絵馬（井内功）「長浜史談」　長浜史談会　（27）2003.3

ナスビ屋敷

ナスビ屋敷伝説（高橋幹）「山村文化」　山村研究会　（28）2002.11

奈良原

奈良原信仰について（青井三郎）「今治史談」　今治史談会　（12）2006.6

奈良原信仰について（青井三郎）「東温史談」　東温史談会　（3）2007.11

南光院

瑞応寺西墓地の怪（下の1）―文献で偲ぶ南光院（芥川三平）「新居浜史談」
新居浜郷土史談会　344/346　2004.4/2004.6

南光坊

別宮の森散策　南光坊と大山祇神社（有田昭男，秋山孝夫）「今治史談」
今治史談会　（12）2006.6

南予

愛媛県南予地方の牛鬼（大本敬久）「民具蒐積」　四国民具研究会　（3）
1997.10

南予の郷土料理（渡辺笙子）「文化愛媛」　愛媛県文化振興財団　44
2000.3

愛媛県南予山間地域の裂織（今村賢司）「研究紀要」　愛媛県歴史文化博物
館　（6）2001.3

牛が作る人間関係―愛媛県南予地方における闘牛を事例に（石川菜央）
「西南四国歴史文化論叢よど」　西南四国歴史文化研究会　（4）2003.3

「歯長寺縁起」の世界―南予中世社会の一断面（石野弥栄）「伊予史談」
伊予史談会　（330）2003.7

愛媛県南予地方「鹿踊り」調査ノート（菊地和博）「村山民俗」　村山民俗
の会　（18）2004.6

南予の相撲練り―子どもの神事相撲（〈特集　子どものまつり〉）（大本敬
久）「文化愛媛」　愛媛県文化振興財団　（58）2007.3

書評　「八つ鹿踊りと牛鬼」（木下博著）について（矢野和泉）「西南四国
歴史文化論叢よど」　西南四国歴史文化研究会　（11）2010.04

南予周辺の玉取り説話について（内海清惡）「ソーシアル・リサーチ」
ソーシアル・リサーチ研究会　（36）2011.3

宇藩出産考を読む―幕末に鹿児島藩士が見た南予の柑橘栽培（桝田佳
明）「西南四国歴史文化論叢よど」　西南四国歴史文化研究会　（12）
2011.4

南予の闘牛―アニマルスポーツの視点から（石井浩一）「文化愛媛」　愛媛
県文化振興財団　（67）2011.10

南予に於ける江戸時代五輪塔の研究3の追加―伊達家と浅井家（特集　南
予の江戸時代五輪塔）（清水真一）「西四国」　西四国郷土研究会
（12）2012.04

油屋・野本家の五輪塔とその一族―南予の江戸時代五輪塔について(18)
（近世）（清水真一）「西四国」　西四国郷土研究会　（14）2014.03

市場家の五輪塔―南予の江戸時代五輪塔について(20)（近世）（若狭洋
一）「西四国」　西四国郷土研究会　（14）2014.03

新居

近世宇摩・新居地方の食文化（近藤日出男）「宇摩史談」　宇摩史談会
78　2000.6

新居大島

新居大島の白いも（近藤日出男）「宇摩史談」　宇摩史談会　（90）2005.3

新居庄

東大寺文書「新居庄」について（越智孝三郎）「新居浜史談」　新居浜郷土
史談会　264　1997.8

目で見る古代の伊予(1)　峠の東大寺領新居庄―澤路・驛（繹）路・陶器
と工人・文字の歴史（吉本拡）「新居浜史談」　新居浜郷土史談会
（379）2010.4

目で見る古代の伊予　峠の東大寺領新居庄(2)（吉本拡）「新居浜史談」
新居浜郷土史談会　（380）2010.7

新居浜

年の暮れの餅なし正月（近藤日出男）「新居浜史談」　新居浜郷土史談会
259　1997.3

民話に出るモチとダンゴ（近藤日出男）「新居浜史談」　新居浜郷土史談会
260　1997.4

一冊の納経帳（喜代吉栄徳）「新居浜史談」　新居浜郷土史談会　260
1997.4

昔話にみる新居浜と条条のクジラ（近藤日出男）「新居浜史談」　新居浜郷
土史談会　261　1997.5

庄屋屋敷構え並びに郷蔵（村上光信）「新居浜史談」　新居浜郷土史談会
261　1997.5

雛祭（近藤日出男）「新居浜史談」　新居浜郷土史談会　262　1997.6

再びおいべつさん（でこまわし）（高橋達雄）「新居浜史談」　新居浜郷土
史談会　262　1997.6

おへんどはんとへんど（高橋達雄）「新居浜史談」　新居浜郷土史談会
263　1997.7

一冊の納経帳（吉田浩三）「新居浜史談」　新居浜郷土史談会　264
1997.8

宗旨宗門（喜代吉栄徳）「新居浜史談」　新居浜郷土史談会　265　1997.9

ニイハマの無形・有形（難波江昇）「新居浜史談」　新居浜郷土史談会
265　1997.9

太鼓台「海女の玉取」の飾り幕雑文（加地和夫）「新居浜史談」　新居浜郷
土史談会　266　1997.10

みこたまさん（高橋達雄）「新居浜史談」　新居浜郷土史談会　266
1997.10

相撲の話あれこれ（小野清恒）「新居浜史談」　新居浜郷土史談会　266
1997.10

狸の伝説（藤田敏雄）「新居浜史談」　新居浜郷土史談会　267/269
1997.11/1998.1

ぎおんはん（高橋達雄）「新居浜史談」　新居浜郷土史談会　269　1998.1

常夜塔の行方（千葉富雄）「新居浜史談」　新居浜郷土史談会　270
1998.2

ま芋綺談（芥川三平）「新居浜史談」　新居浜郷土史談会　271　1998.3

太鼓台「鷲と獅子」の飾り幕（加地和夫）「新居浜史談」　新居浜郷土史談
会　272　1998.4

三つのお稲荷さん（高橋達雄）「新居浜史談」　新居浜郷土史談会　272
1998.4

石敢当（近藤日出男）「新居浜史談」　新居浜郷土史談会　274　1998.6

語り伝える稲荷信仰あれこれ（小野清恒）「新居浜史談」　新居浜郷土史談
会　279　1998.11

尋ねて伝える　砂糖神さま（小野清恒）「新居浜史談」　新居浜郷土史談会
280　1998.12

語り伝えて　干支の民間信仰と迷信（小野清恒）「新居浜史談」　新居浜郷
土史談会　281　1999.1

郷土古文書史料集(178)　極秘三国茶之来由茶人系図(1)，(2)（越智孝三
郎）「新居浜史談」　新居浜郷土史談会　282/283　1999.2/1999.3

権現はいずこ（喜代吉栄徳）「新居浜史談」　新居浜郷土史談会　284
1999.4

天正の陣鎮魂の踊り「トンカカさん」について(1)～(3)（藤田敏雄）
「新居浜史談」　新居浜郷土史談会　286/288　1999.6/1999.8

「つれていのぞやお月が出たら―」の唄の由来について（藤田敏雄）「新居
浜史談」　新居浜郷土史談会　289　1999.9

「住友さん」の陀羅尼（難波江昇）「新居浜史談」　新居浜郷土史談会
292　1999.12

お祭りの鬼（高橋達雄）「新居浜史談」　新居浜郷土史談会　293　2000.1

太鼓台「玉取姫」の幕（加地和夫）「新居浜史談」　新居浜郷土史談会
295　2000.3

『新居浜小唄歴史』について（藤田敏雄）「新居浜史談」　新居浜郷土史談
会　298　2000.6

「新居浜歴史小唄」の歌詞の説明(1)～(7)（藤田敏雄）「新居浜史談」
新居浜郷土史談会　299/305　2000.7/2001.1

土御門上皇伝説の地探訪記（加地和夫）「新居浜史談」 新居浜郷土史談会 307 2001.3

語り伝えて（歳時記）(1)（小野清恒）「新居浜史談」 新居浜郷土史談会 308 2001.4

ラントウ考補記（喜代吉栄徳）「新居浜史談」 新居浜郷土史談会 309 2001.5

語り伝えて 歳時記(2)（小野清恒）「新居浜史談」 新居浜郷土史談会 309 2001.5

語り伝えて 歳時記(3) 仲秋の名月（小野清恒）「新居浜史談」 新居浜郷土史談会 310 2001.6

月庭様と月峰様（原綾子）「新居浜史談」 新居浜郷土史談会 314 2001.10

七観音参り（喜代吉栄徳）「新居浜史談」 新居浜郷土史談会 315 2001.11

薬の効能書（清疳円）（喜代吉栄徳）「新居浜史談」 新居浜郷土史談会 316 2001.12

歴史零れ話 大仏の正体（小野清恒）「新居浜史談」 新居浜郷土史談会 316 2001.12

抄録「太鼓台と飾り幕」（加地和夫）「新居浜史談」 新居浜郷土史談会 317 2002.1

フランスで翻刻たり遍路文化・新居浜史談誌（喜代吉栄徳）「新居浜史談」 新居浜郷土史談会 321 2002.5

語り伝えて「稲荷信仰」あれこれ（小野清恒）「新居浜史談」 新居浜郷土史談会 321 2002.5

語り伝えて「縁起を担ぐ・断つ」（小野清恒）「新居浜史談」 新居浜郷土史談会 323 2002.7

語り伝えて「浦島太郎物語」（小野清恒）「新居浜史談」 新居浜郷土史談会 324 2002.8

太鼓台「鷲退治」の幕（加地和夫）「新居浜史談」 新居浜郷土史談会 327 2002.11

語り伝えて 暗殺された忠臣祭る（小野清恒）「新居浜史談」 新居浜郷土史談会 327 2002.11

語り伝えて 伝承の呪いの言葉―富士二鷹三茄子（小野清恒）「新居浜史談」 新居浜郷土史談会 329 2003.1

曼珠沙華まつり[1],(2)（加地和夫）「新居浜史談」 新居浜郷土史談会 329/340 2003.1/2003.12

熊毛筆（喜代吉栄徳）「新居浜史談」 新居浜郷土史談会 332 2003.4

語り伝えて 畳の室内意匠（小野清恒）「新居浜史談」 新居浜郷土史談会 332 2003.4

山の掟と彩（上）,(中),(下)（芥川三平）「新居浜史談」 新居浜郷土史談会 332/340 2003.4/2003.12

すし駒のこと（喜代吉栄徳）「新居浜史談」 新居浜郷土史談会 333 2003.5

語り伝えて―ほんとに太田道灌は「山吹」の意味は？（小野清恒）「新居浜史談」 新居浜郷土史談会 335 2003.7

新居浜の遍路資料（喜代吉栄徳）「新居浜史談」 新居浜郷土史談会 335 2003.7

語り伝えて―長寿No. 名だたる僧はこんなに長生きをしたのか？（小野清恒）「新居浜史談」 新居浜郷土史談会 338 2003.10

郷土古文書史料集(235) 井石家文書「民間療法」（平田堅一）「新居浜史談」 新居浜郷土史談会 340 2003.12

北斎と太鼓台飾り幕（加地和夫）「新居浜史談」 新居浜郷土史談会 342 2004.2

語り伝えて（無印文化財）―忠臣蔵の後談（小野清恒）「新居浜史談」 新居浜郷土史談会 342 2004.2

新居浜の食文化について(1)～(3)（原綾子）「新居浜史談」 新居浜郷土史談会 343/345 2004.3/2004.5

「太鼓台を支えた技と心」展（加地和夫）「新居浜史談」 新居浜郷土史談会 346 2004.6

新居浜の食文化について(4)―21世紀は「ハイクオリティー」で（原綾子）「新居浜史談」 新居浜郷土史談会 346 2004.6

太鼓台文書資料―白石文書（喜代吉栄徳）「新居浜史談」 新居浜郷土史談会 346 2004.6

語り伝えて―民俗の季録（小野清恒）「新居浜史談」 新居浜郷土史談会 346 2004.6

語り伝えて 敬老の日（小野清恒）「新居浜史談」 新居浜郷土史談会 349 2004.9

語り伝えて 厄払い習俗の名残（小野清恒）「新居浜史談」 新居浜郷土史談会 354 2005.2

語り伝えて平家伝説の里を訪ねて（小野清恒）「新居浜史談」 新居浜郷土史談会 355 2005.3

太鼓台錦繍縫にみる源平模様（加地和夫）「新居浜史談」 新居浜郷土史談会 358 2005.6

語り伝えて 幽霊の片袖伝説（小野清恒）「新居浜史談」 新居浜郷土史談会 358 2005.6

語り伝えて 稲荷信仰あれこれ（小野清恒）「新居浜史談」 新居浜郷土史談会 359 2005.7

語り伝えて無印文化財・地蔵盆の習俗（小野清恒）「新居浜史談」 新居浜郷土史談会 (360) 2005.8

語り伝えて暗殺された忠臣人を祭る（小野清恒）「新居浜史談」 新居浜郷土史談会 (361) 2005.10

太鼓台「神功皇后」の飾り幕(2)（加地和夫）「新居浜史談」 新居浜郷土史談会 (363) 2006.4

語り伝えて 暮らしの歳時記―節分行事の起りと変遷（小野清恒）「新居浜史談」 新居浜郷土史談会 (363) 2006.4

郷土古文書史料集 暦を読む（喜代吉榮徳）「新居浜史談」 新居浜郷土史談会 (364) 2006.7

河野甲曽五郎と失われた武者踊り・兜踊りを求めて（真木孝）「新居浜史談」 新居浜郷土史談会 (366) 2007.1

念仏講は踊る？（喜代吉榮徳）「新居浜史談」 新居浜郷土史談会 (366) 2007.1

雨乞いのこと（喜代吉榮徳）「新居浜史談」 新居浜郷土史談会 (366) 2007.1

語り伝えて 歴史が証明した健康食（小野清恒）「新居浜史談」 新居浜郷土史談会 (367) 2007.4

ラントウの言葉の歴史（喜代吉榮徳）「新居浜史談」 新居浜郷土史談会 (368) 2007.7

語り伝えて 天神信仰から書道受験まで 含む学問の神様へ発展（小野清恒）「新居浜史談」 新居浜郷土史談会 (369) 2007.10

語り伝えて 名だたる名僧は長寿なのか（小野清恒）「新居浜史談」 新居浜郷土史談会 (370) 2008.1

檻塔雑感（真木孝）「新居浜史談」 新居浜郷土史談会 (371) 2008.4

語り伝えて 現代に生きる養生訓（小野清恒）「新居浜史談」 新居浜郷土史談会 (371) 2008.4

太鼓台余話「玉取姫と龍王宮」（加地和夫）「新居浜史談」 新居浜郷土史談会 (373) 2008.10

おはちまさん（千葉富雄）「新居浜史談」 新居浜郷土史談会 (373) 2008.10

語り伝えて 歴史が証明した健康食/日本史零り話（小野清恒）「新居浜史談」 新居浜郷土史談会 (373) 2008.10

語り伝えて（敬老の零れ話）（小野清恒）「新居浜史談」 新居浜郷土史談会 (375) 2009.04

村堂住いの記 葬送に関わりて三十五年（喜代吉榮徳）「新居浜史談」 新居浜郷土史談会 (377) 2009.10

金毘羅信仰覚え書き（喜代吉榮徳）「新居浜史談」 新居浜郷土史談会 (381) 2010.10

新居浜太鼓台祭りの思い出（仁尾輝明）「東温史談」 東温史談会 (7) 2011.11

民具（千葉富雄）「新居浜史談」 新居浜郷土史談会 (386) 2012.01

輪鼓（りゅうご）と一遍上人（加地和夫）「新居浜史談」 新居浜郷土史談会 (387) 2012.04

寺院会計記録より分ること（喜代吉榮徳）「新居浜史談」 新居浜郷土史談会 (388) 2012.10

新居浜市

新居浜市内の地蔵菩薩を尋ねて（小野清恒）「新居浜史談」 新居浜郷土史談会 259/260 1997.3/1997.4

新居浜市広瀬家の茶造りとキクダイダイ（近藤日出男）「新居浜史談」 新居浜郷土史談会 280 1998.12

新谷藩

新谷教師会「紅葉会」選定新谷藩一万石いろは歌留多（八島龍晴）「温古」 大洲史談会 (27) 2005.3

近世後期大洲・新谷藩の宗門改における起請文について（東昇）「伊予史談」 伊予史談会 (351) 2008.10

熟田津村

熟田津村と石湯の実態とその真実（論文）（今井久）「東予史談」 (17) 2014.5

仁久

仁久の神社の変遷（米子穀）「長浜史談」 長浜史談会 (32) 2008.3

西予市

戦時下における神社資料―愛媛県西予市旧県社八幡神社「受付文書綴」（資料紹介）（大本敬久）「研究紀要」 愛媛県歴史文化博物館 (13) 2008.3

南予に於ける江戸時代五輪塔の研究4―西予市の巻（特集 南予の江戸時代五輪塔）（清水真一）「西四国」 西四国郷土研究会 (12) 2012.04

西宇和

南予に於ける江戸時代五輪塔の研究2―西宇和地域の五輪塔（特集 南予の江戸時代五輪塔）（清水真一）「西四国」 西四国郷土研究会 (12)

2012.04

西高柳

西高柳の起こりと大人神輿の復活について（鳥谷太紀勇，藤岡緑）「松前史談」　松前町松前史談会　（28）2012.03

西の土居

写真で見る西の土居五輪塔群（真木孝）「新居浜史談」　新居浜郷土史談会　（361）2005.10

西の端

西の端太鼓台の武者絵幕（加地和夫）「新居浜史談」　新居浜郷土史談会　322　2002.6

新田神社

新田神社を訪ねて（眞鍋達夫）「東予史談」　（7）2002.6

入寺

愛媛県南予地方の中世石造物28 八幡浜市松柏・入寺の五輪塔（中世）（若狭洋一）「西四国」　西四国郷土研究会　（13）2013.03

沼田郷

学芸員調査ノート 「造研」「沼田郷」と刻まれた硯/百人一首かるたコレクション「歴博だより」　愛媛県歴史文化博物館　通号58　2009.06

野井川

愛媛県西予市城川町野井川地区の民家調査とその活用（宮本春樹，酒井純孝，松井純）「研究紀要」　愛媛県歴史文化博物館　（19）2014.3

野忽那島

島嶼環境民俗誌―忽那諸島野忽那島を中心として（岸本誠司）「民俗文化」　近畿大学民俗学研究所　（10）1998.3

野田神社

久米郡野田神社の古代ロマン―金印・日本のツタンカーメン・沼田古墳群から（矢野元昭）「ゆづき.特別号 ： えひめ文化財散歩」　文化財フォーラム愛媛　4　2008.10

野間郡

野間郡の狛犬について（近藤福太郎）「怒麻」　大西町史談会事務局　24　2002.4

野間寺

伊予野間寺の初期花崗岩類製無縫塔（報告）（十亀幸雄）「遺跡」　遺跡発行会　（46）2012.04

野村

伝統継承施設野村シルク博物館（特集 えひめの衣文化）（亀崎壽治）「文化愛媛」　愛媛県文化振興財団　（66）2011.3

野村町松渓

愛媛県南予地方の中世石造物31 西予市野村町松渓のシュウメイ五輪塔（中世）（奥田尚，若狭洋一）「西四国」　西四国郷土研究会　（13）2013.03

梅津寺

梅津寺の夏（二宮崇）「文化愛媛」　愛媛県文化振興財団　（54）2005.3

伯方島

出稼ぎ定着者と故郷―伊予伯方島の石屋・檜垣綾一氏の事例を中心に（松田睦彦）「民俗」　相模民俗学会　182　2002.11

萩森神社

南予における江戸時代石造物の研究3 萩森神社にまつわる江戸時代鳥居と絵図面（近世）（若狭洋一）「西四国」　西四国郷土研究会　（13）2013.03

萩森八王神社

南予における江戸時代石造物の研究5 萩森八王神社の宝篋印塔破片（近世）（若狭洋一）「西四国」　西四国郷土研究会　（13）2013.03

萩生村

小松藩領新居郡萩生村における社寺参詣の諸相（喜代吉栄徳）「伊予史談」　伊予史談会　（307）1997.10

手形に関する記事抄録―予州一柳新居郡荻生村飯尾家文書より（《往来手形特集》）「四国辺路研究」　海王舎　18　2001.7

波止浜塩田

波止浜塩田の開発と発展（瀬野光春）「今治史談」　今治史談会　10　2004.6

八堂山

西条の民話・八堂山のお染さん（竹島忠臣）「西條史談」　西條史談会　（85）2012.5

八町

郷・八町地区寺社巡拝（今治史談会）「今治史談」　今治史談会　（14）2008.4

潑々園

まぼろしの料亭「潑々園」（特集 えひめの食文化）（二神將）「文化愛媛」　愛媛県文化振興財団　（64）2010.3

端出場

「端出場」及び鉱山集落「鹿森」での生活（山村研究会）「山村文化」　山村研究会　（16）1999.8

垣生

むら・まちを歩く（16）垣生の里を訪ねる―「鍵谷祭」の日に（赤松宜子）「文化愛媛」　愛媛県文化振興財団　（55）2005.10

万吉寺

宇和島市蒋渕（こもぶち）高助・萬吉寺の五輪塔（中世 南予地方中世石造物の研究）（宇都宮建治）「西四国」　西四国郷土研究会　（8）2008.11

万松寺

萬松寺墓地の摂津久五郎親宗の五輪塔―南予の江戸時代五輪塔について（19）（近世）（若狭洋一）「西四国」　西四国郷土研究会　（14）2014.03

万松寺墓地・摂津親宗五輪塔の石材（近世）（奥田尚）「西四国」　西四国郷土研究会　（14）2014.03

萬松寺菊池家の五輪塔群―南予の江戸時代五輪塔について（21）（近世）（清水真一）「西四国」　西四国郷土研究会　（14）2014.03

萬松寺墓地群内にあるラントウ墓―南予における江戸時代のラントウ墓の研究（7）（近世）（若狭洋一）「西四国」　西四国郷土研究会　（14）2014.03

万松寺墓地・ラントウ墓の石材の石種（近世）（奥田尚）「西四国」　西四国郷土研究会　（14）2014.03

燧灘

燧灘と伊予の高根と伊予の古社（村上光信）「伊予史談」　伊予史談会　（329）2003.4

魚と自然信仰の燧灘の島めぐり（近藤日出男）「宇摩史談」　宇摩史談会　（92）2006.4

日浦

日浦地区の川施餓鬼（俳句）（首藤翠波，武市公子）「松前史談」　松前町松前史談会　（24）2008.3

東宇和郡

南伊予における中世後期・近世初期の棟札―東宇和郡を中心に（土居聡朋）「研究紀要」　愛媛県歴史文化博物館　（5）2000.3

東川

愛媛県久万高原町東川の「私設登記所」（《特集 四国の八朔習俗》）（坂本正夫）「四国民俗」　四国民俗学会　（39）2006.12

久良

県指定無形民俗文化財 久良の能山踊り（表紙）（藤田儲三）「西南四国歴史文化論叢よど」　西南四国歴史文化研究会　（7）2006.3

肱川

肱川河口での黒鯛網の操業/肱川河口の中州に弁天さん―わが家の資料より（米子毅）「長浜史談」　長浜史談会　（27）2003.3

『肱川あらし讃歌』（私の新聞投稿より）（濱田毅）「長濱史談」　長濱史談会　（38）2014.03

肱川町

肱川町の里うた考（安川武志）「温古」　大洲史談会　（36）2014.03

日土町

八幡浜市日土町続藪の五輪塔と日本廻国碑（古代～中・近世）（若狭洋一）「西四国」　西四国郷土研究会　（11）2011.04

八幡浜市日土町・鹿島神社の石造物（近世）（清水真一）「西四国」　西四国郷土研究会　（14）2014.03

秀芳我家

秀芳我家 内部の改造（芳我明彦）「郷土うちこ」　内子町郷土研究会　（32）2014.03

日振島

網漁業技術史に関する若干の問題―伊予日振島の船曳網漁業「瀬戸内海歴史民俗資料館紀要」　瀬戸内海歴史民俗資料館　通号12　1999.3

島に生きる―宇和海日振島閑話（松本三喜夫）「隣人 ： 草志会年報」　草志会　14　1999.7

姫塚

史跡「旗櫓」/旗櫓姫塚ものがたり「雪姫秘話」（米岡幸市）「長浜史談」　長浜史談会　（27）2003.3

日向谷村

おまん姫の墓と落人伝説(〈椿原史談〉)(片岡昭夫)「椿原 文芸・史談」 椿原町文化協会 (34) 2009.10

平山観音堂

平山観音堂(上岡明夫)「郷土うちこ」 内子町郷土研究会 22 1999.5

風伯神社

裏表紙 西条まつりシリーズ(13) 西条市朔日市の「風伯神社大祭」(塩崎康秀[写真],安ské省一[文])「西條史談」 西條史談会 (90) 2014.01

深谷

北浦・深谷風土記(上岡楠生)「郷土うちこ」 内子町郷土研究会 21 1998.5

福岡

南予に於ける江戸時代五輪塔の研究7―八幡浜市日土町福岡所在の宇都宮家墓所(特集 南予の江戸時代五輪塔)(清水真一)「西四国」 西四国郷土研究会 (12) 2012.04

福岡大師堂

福岡大師堂石碑の調査(毛利運衛)「郷土うちこ」 内子町郷土研究会 (29) 2011.03

福武

西条の民話(2) 福武の五左衛門・又兵衛獄(竹島忠臣)「西條史談」 西條史談会 (86) 2012.09

裏表紙 西条まつりシリーズ(12) 西条福武の「加茂神社大祭」(ハルキフォート[写真提供],藤田正一[文])「西條史談」 西條史談会 (89) 2013.09

福田寺

福田寺,有形文化財指定を祝う(篠崎君子)「伊予市の歴史文化」 伊予市歴史文化の会 (54) 2006.3

福田寺通玄庵

福田寺・通玄庵物語(犬伏武彦)「伊予市の歴史文化」 伊予市歴史文化の会 46 2002.3

福見

"清幽の霊山"山之内の福見を訪ねる(和田章)「重信史談」 重信史談会 17 1998.11

福楽寺

八幡浜史談会所蔵の考古遺物について―大洲城出土の「大窪山福楽寺」について「八幡浜史談」 八幡浜史談会 (36) 2008.1

藤縄三島神社

永大藤縄三島神社鳥居遺構(長井數秋)「ふたな」 愛媛考古学研究所 (18) 2014.08

双海町

伊予郡双海町の竹細工(沖野新一)「民具集積」 四国民具研究会 (3) 1997.10

仏心寺

一柳直卿侯と仏心寺の椿「大坂冠」(黒川雅子)「小松史談」 小松史談会 52(1)通号131 2005.1

仏心寺墓地の観音菩薩像(真鍋達夫)「小松史談」 小松史談会 55(1)通号134 2008.1

布都神社

式内布都神社社記(串部浩)「東予史談」 (7) 2002.6

布都神社社記より(串部浩)「東予史談」 (10) 2005.1

船川神社

上村の船川神社の本殿について(石丸法明)「重信史談」 重信史談会 18 1999.11

船木

船木の風土記[1]~(6)(合田実)「新居浜史談」 新居浜郷土史談会 341/345 2004.1/2004.5

別子銅山

別子銅山の大鉑祭について―仕事始めは「大鉑の歌」から(曽我幸弘)「新居浜史談」 新居浜郷土史談会 357 2005.5

瑞應寺・住友別家「泉屋」名の墓標調査 別子銅山・開坑初期の功労者の事績(曽我幸弘)「新居浜史談」 新居浜郷土史談会 (375) 2009.04

別子銅山,東平集落の生活誌(楠禎裕)「ソーシアル・リサーチ」 ソーシアル・リサーチ研究会 (36) 2011.3

別子山村

宇摩郡別子山村の民間小祠(近藤日出男)「宇摩史談」 宇摩史談会 80 2001.4

別子ライン

別子ライン「那須・清滝不動堂」物語(曽我幸弘)「新居浜史談」 新居浜郷土史談会 343 2004.3

防川

日土町防川にある五輪塔について(1)(2)(清水真一)「西四国」 西四国郷土研究会 (6) 2006.12

保国寺

郷土史講演会「保国寺文書を読む」概録(編集部)「西條史談」 西條史談会 (72) 2008.1

保国寺萬年譜(高橋重美)「西條史談」 西條史談会 (73) 2008.5

保国禅寺

常落庵と保国禅寺(高橋重美)「西條史談」 西條史談会 65 2005.9

「萬年山保國禅寺歴代略記」に見る郷土史(1)(高橋重美)「西條史談」 西條史談会 (71) 2007.9

「萬年山保國禅寺歴代略記」に見る郷土史(2) 河野氏と細川氏の闘ぎ合い(高橋重美)「西條史談」 西條史談会 (72) 2008.1

保国禅寺の宝篋印塔(高橋重美)「西條史談」 西條史談会 (74) 2008.9

宝珠寺

谷上山と宝珠寺の話(上),(中),(下)(日下部正盛)「伊予市の歴史文化」 伊予市歴史文化の会 49/(51) 2003.8/2004.8

谷上山宝珠寺の仁王(金剛力士)さん(論考)(向井幹雄)「伊予市の歴史文化」 伊予市歴史文化の会 (68) 2014.03

北条

風早の瓦づくり(3) 北条地区(村田寛郎)「風早」 風早歴史文化研究会 39 1998.5

巻頭言 「河野氏まつり」に思う(遠藤泰夫)「風早」 風早歴史文化研究会 (61) 2009.05

特別読み切り 風早狸ものがたり―北条の山里に住む人と狸のコミュニケーション(菊池佐紀)「文化愛媛」 愛媛県文化振興財団 (64) 2010.3

裏表紙 西条まつりシリーズ(14) 東予の秋祭り「鶴岡八幡神社」北条(吉本勝[写真・文])「西條史談」 西條史談会 (91) 2014.05

北条市

三島神社祖瓦通忠公ゆかりの北条市・大山祇神社参拝の旅後記(三嶋俔士)「風早」 風早歴史文化研究会 39 1998.5

北条市内の力石調査(竹田覚)「風早」 風早歴史文化研究会 43 2000.5

宝蔵寺

仏海上人と宝蔵寺(竹田覚)「風早」 風早歴史文化研究会 (58) 2007.11

法竜寺

仏国山法龍寺の歴史と松平家(藤本数夫)「伊予史談」 伊予史談会 (338) 2005.7

法蓮寺

法蓮寺の桜の下で…(中根伸)「重信史談」 重信史談会 17 1998.11

法蓮寺の沿革と堯音師(前園実知雄)「東温史談」 東温史談会 (9) 2014.03

法華寺

法華寺所蔵(大洲市立博物館保管)白隠筆「布袋吹於福図」をめぐって(山田広志)「温古」 大洲史談会 (35) 2013.03

保内町

江戸時代のラントウ墓について(八幡浜市保内町)(特集 南予の「ラントウ墓」)(若狭洋一)「西四国」 西四国郷土研究会 (11) 2011.04

保内町喜木津

明治期の船絵馬―保内町喜木津・八坂神社の船絵馬(谷脇温子)「民具集積」 四国民具研究会 (3) 1997.10

本郡

本郡の塩田(森岡正雄)「伊予市の歴史文化」 伊予市歴史文化の会 43 2000.8

本郷

太鼓台「神功皇后」の飾り幕―垣生本郷の伝承譚(加地和夫)「新居浜史談」 新居浜郷土史談会 303 2000.11

本村

鶴吉本村のお薬師さん(虫きとう)(松田茂)「松前史談」 松前町松前史談会 16 2000.3

真穴

市指定文化財 八幡浜市真穴地区 座敷雛(表紙)(清水真一)「西南四国歴史文化論叢よど」 西南四国歴史文化研究会 (13) 2012.04

四国　　郷土に伝わる民俗と信仰　　愛媛県

松前

おんざきさん（藤原一樹）「松前史談」 松前町松前史談会 15 1999.3

屋敷神雑記（住田圭一郎）「松前史談」 松前町松前史談会 15 1999.3

年中行事 版画（第14号の続き）（中村文雄）「松前史談」 松前町松前史談会 17 2001.3

大正末期 昭和初期の頼母子会（松岡美樹）「松前史談」 松前町松前史談会 19 2003.3

文化祭に出店しました 町内の獅子頭と獅子舞（今井公昭，清水勝義［他］）「松前史談」 松前町松前史談会 （25） 2009.03

大人神輿復活につき思うこと（榊山春明）「松前史談」 松前町松前史談会 （28） 2012.03

藤人形の世界を求めて（重川展子）「松前史談」 松前町松前史談会 （28） 2012.03

玄関口の今昔（黒田兼隆）「松前史談」 松前町松前史談会 （28） 2012.03

「じゃんけん」について（黒田兼隆）「松前史談」 松前町松前史談会 （29） 2013.03

神となった作兵衛を救え（早川かずし）「松前史談」 松前町郷土を語る会 （30） 2014.03

餓鬼の話（石黒夏生）「松前史談」 松前町郷土を語る会 （30） 2014.03

正木

県指定無形民俗文化財 正木の花取踊り（表紙）（藤原儷三）「西南四国歴史文化論叢よど」 西南四国歴史文化研究会 （9） 2008.4

松前町

ふるさとよもやま話 忠敬伊予路測量・おたたさん二題（荻山美征）「松前史談」 松前町松前史談会 16 2000.3

キリシタン弾圧と石工の里を訪ねて（篠崎繁一）「松前史談」 松前町松前史談会 17 2001.3

町見村

伊方町旧町見村に伝わる正月の雑煮祝いについて「八幡浜史談」 八幡浜史談会 （36） 2008.1

松崎浦

民話 松崎浦衆の話（松野美登里）「松前史談」 松前町松前史談会 15 1999.3

松山

松山の祭り今昔（高須賀康生）「伊予史談」 伊予史談会 （317） 2000.4

松山の祭り（高須賀康生）「文化愛媛」 愛媛県文化振興財団 48 2002.3

甦った伝統工芸 松山の竹細工（客野澄博）「文化愛媛」 愛媛県文化振興財団 51 2003.10

愛媛の諸芸―明治初期の松山を中心に（《特集 戦後の上方落語―四天王寺か島之内まで》）（神楽岡幼子）「芸能懇話」 大阪芸能懇話会 （17） 2006.8

松山の能楽を東京へ繋いだ三人（特集 えひめの音楽と舞台芸術）（山岡ミツキ）「文化愛媛」 愛媛県文化振興財団 （65） 2010.10

松山市

むら・まちを歩く（6）「子安観音堂」を辿る―松山市（赤松宜子）「文化愛媛」 愛媛県文化振興財団 45 2000.10

むら・まちを歩く（7） 円明寺から太山寺奥の院まで―松山市でいちばん古いという町 松山市（みもとけいこ）「文化愛媛」 愛媛県文化振興財団 46 2001.3

愛媛県松山市で確認されたサンカ文字（《サンカの最新学2》）（田中勝也）「歴史民俗学」 批評社 （22） 2003.2

「労研饅頭」の成立とその背景（猪原千恵）「岡山ぴと」 岡山シティミュージアム紀要」 岡山シティミュージアム （2） 2007.3

松山地方祭り・中通り祭りの変遷（窪田重治）「東温史談」 東温史談会 （5） 2009.11

労研饅頭から見えてくるもの（特集 えひめの食文化）（浜田紀男）「文化愛媛」 愛媛県文化振興財団 （64） 2010.3

松山藩

松山藩の修験―分布状況と本末関係（竹鼻大祐）「風早」 風早歴史文化研究会 （67） 2012.05

松山平野

松山平野南部の中世宝篋印塔（長井数秋）「ソーシアル・リサーチ」 ソーシアル・リサーチ研究会 （32） 2007.3

馬目木大師

南予における江戸時代石造物の研究2 江戸時代五輪塔の研究14―宇和島市・馬目木大師の五輪塔（近世）（若狭洋一）「西四国」 西四国郷土研究会 （13） 2013.03

満願寺

オリヤー語による「貝葉写本」と満願寺（梶原和秋）「西南四国歴史文化

論叢よど」 西南四国歴史文化研究会 （1） 2000.3

中世の津島と満願寺大般若経（上），（下）（山内譲）「伊予史談」 伊予史談会 （342）／（343） 2006.7／2006.10

万年橋の碑

滑床「萬年橋の碑」が訴えるもの（木下博民）「西南四国歴史文化論叢よど」 西南四国歴史文化研究会 （12） 2011.04

三浦

ハマチの呼び名（上原甚太郎）「三浦通信」 田中家文書調査会 （4） 1997.6

旧庄屋住宅と付属の物品の払い下げ（柚山俊夫）「三浦通信」 田中家文書調査会 （5） 1998.7

『聖燭』（復刻版）について（菅原憲二）「三浦通信」 田中家文書調査会 （6） 1999.7

海中から出てきた「敬神」灯籠について（菅原憲二）「三浦通信」 田中家文書調査会 （7） 2000.8

餅（ぱっぽ）のことなど（川井又一郎）「三浦通信」 田中家文書調査会 （11） 2004.8

おばっぽ復活（西村浩子）「三浦通信」 田中家文書調査会 （11） 2004.8

近世末期における伊勢参宮の旅の実態―宇和島藩御城下組三浦の田中九八郎らの場合（佐々木正興）「伊予史談」 伊予史談会 （362） 2011.07

三瓶

朝日文楽をこどもたちに継承（井上勝）「文化愛媛」 愛媛県文化振興財団 （58） 2007.3

三瓶神社

三瓶神社とその社伝記（2）（井上武義）「八幡浜史談」 八幡浜史談会 25 1997.3

西予市宇和町三瓶神社の絵馬について（宮瀬温子）「研究紀要」 愛媛県歴史文化博物館 （12） 2007.3

三坂

三坂馬子唄（和田純一）「ふるさと久万」 久万郷土会 （49） 2010.02

三崎

南予における豊後外来の中世石塔（1） 愛媛県伊方町三崎の火焔宝珠残欠（中世）（十亀幸雄）「西四国」 西四国郷土研究会 （14） 2014.03

御崎神社

今治市波方町御崎神社境内の鉄滓（中世～近世）（正岡睦夫）「西四国」 西四国郷土研究会 （12） 2012.04

三島

三島大祝氏について（山本高志）「伊予史談」 伊予史談会 （353） 2009.04

街角のフォークロア（29） 三島の切り一年を区切る民俗（森正康）「文化愛媛」 愛媛県文化振興財団 （68） 2012.03

三島宮

中世の三島七島―所在と三島宮との関係を中心に（山本高志）「伊予史談」 伊予史談会 （347） 2007.10

太祝関係文書の基礎的考察―「三島宮御鎮座本縁」との関連から（磯川いづみ）「伊予史談」 伊予史談会 （359） 2010.10

三島七島

中世の三島七島―所在と三島宮との関係を中心に（山本高志）「伊予史談」 伊予史談会 （347） 2007.10

三島神社

江戸時代後期の船絵馬―伊予郡双海町高岸・三島神社の船絵馬（谷脇温子）「民具集積」 四国民具研究会 （4） 1998.9

三島神社逍遥（続） 短歌（山上次郎）「宇摩史談」 宇摩史談会 73 1998.11

このような経過をたどり三島神社拝殿は県文化財に指定された（土居重喜）「ふるさと久万」 久万郷土会 42 2002.9

三島神社の奉納額（伊藤隆志）「小松史談」 小松史談会 52（1）通号131 2005.1

高祖三島神社と甲曾五郎伝説（近藤基樹）「新居浜史談」 新居浜郷土史談会 （380） 2010.07

三嶋神社

三嶋神社「社名石柱」寄贈の二宮巍と三間中間村庄屋二宮家の人々（羽藤明敏）「西南四国歴史文化論叢よど」 西南四国歴史文化研究会 （15） 2014.04

水ヶ浦薬師堂

水ヶ浦薬師堂の中・近世石造物の石材（中世 南予地方中世石造物の研究）（奥田尚）「西四国」 西四国郷土研究会 （8） 2008.11

愛媛県　　　　　　　　　　　　　　　　　郷土に伝わる民俗と信仰　　　　　　　　　　　　　　　　四国

水荷浦薬師堂

宇和島市所在水荷浦薬師堂層塔（十亀幸雄）「西四国」　西四国郷土研究会　（6）　2006.12

宇和島市所在水荷浦薬師堂宝塔—伊予における初期花崗岩製石塔（古代～中・近世）（十亀幸雄）「西四国」　西四国郷土研究会　（11）　2011.04

三谷神社

巻頭口絵写真/表紙写真説明 三谷神社「伊予市の歴史文化」　伊予市歴史文化の会　（66）　2012.03

三津

三津の古民家（山谷美鈴）「ゆづき.特別号 ： えひめ文化財散歩」　文化財フォーラム愛媛　3　2006.1

水戸森峠

へんろ道（水戸森峠）の変遷（毛利運衛）「郷土うちこ」　内子町郷土研究会　24　2001.5

緑千人塚

緑千人塚五輪塔の石材探訪（安岡道雄）「西南四国歴史文化論叢よど」　西南四国歴史文化研究会　（10）　2009.04

湊町

郡中湊町の祭り回顧（論考）（西岡学）「伊予市の歴史文化」　伊予市歴史文化の会　（67）　2013.03

南伊予

南伊予における中世後期・近世初期の棟札—東宇和郡を中心に（土居聡朋）「研究紀要」　愛媛県歴史文化博物館　（5）　2004.3

戦国期南伊予の日蝕（山内譲）「伊予史談」　伊予史談会　（323）　2001.10

（特集 南伊予の民話紀行）「文化愛媛」　愛媛県文化振興財団 52　2004.3

南宇和

南宇和に於ける初期駒形碑（安岡道雄）「西南四国歴史文化論叢よど」　西南四国歴史文化研究会　（5）　2004.3

南宇和中世の「牛王符」系名号板碑考（安岡道雄）「西南四国歴史文化論叢よど」　西南四国歴史文化研究会　（12）　2011.04

戦国期南宇和の愛宕勝軍地蔵及び逆卍塔（安岡道雄）「西南四国歴史文化論叢よど」　西南四国歴史文化研究会　（15）　2014.04

南宇和郡

南宇和郡内 近世墓塔の祈年銘の「年」の異字の事例（大西英利）「西南四国歴史文化論叢よど」　西南四国歴史文化研究会　（3）　2002.3

南宇和郡の狛犬（大西英利）「西南四国歴史文化論叢よど」　西南四国歴史文化研究会　（4）　2003.3

南久米

南久米ものがたり石の古代史と民俗誌（五藤孝人）「温古」　大洲史談会　（27）　2005.3

見奈良村

見奈良村の成立と神社（森正史）「重信史談」　重信史談会　23　2004.9

壬生川

多賀地区神社と壬生川地区神社の石造物について（今井肇）「東予史談」　（16）　2013.05

三間

研究室から 「見えないもの」を見る/「三間焼」/ほか「歴博だより」　愛媛県歴史文化博物館　36　2004.1

三間町

南予に於ける江戸時代五輪塔の研究5—宇和島市三間町・土居家五輪塔群（特集 南予の江戸時代五輪塔）（清水真一）「西四国」　西四国郷土研究会　（12）　2012.04

三間中間村

三嶋神社「社名石柱」寄贈の二宮巍と三間中間村庄屋二宮家の人々（羽藤明敏）「西南四国歴史文化論叢よど」　西南四国歴史文化研究会　（15）　2014.04

宮内天満宮

宮内天満宮（大野文一）「砥部の歴史文化」　砥部歴史文化の会　2　2000.6

宮内村

神武天皇伝説 宮内村の伝説を考える（今中慶一）「郷土史紀行」　ヒューマン・レクチャー・クラブ　（54）　2008.9

宮ノ下

橘新宮神社 御神燈寄進者「氷見宮ノ下・備前屋惣七」に関する一考察（松本晴美）「西條史談」　西條史談会　61　2004.5

妙覚寺

愛媛県南予地方の中世石造物24,25—大洲市都・妙覚寺の五輪塔1,2（中世～近世）（奥田尚，若狭洋一）「西四国」　西四国郷土研究会　（12）　2012.04

明積寺

展墓会 広紹寺・明積寺（今治史談会）「今治史談」　今治史談会 6　2000.3

明神木

明神木の歴史と旧碇神社跡についての一考察（加藤正典）「西條史談」　西條史談会 50　2000.9

明神木の歴史と旧碇神社跡についての一考察（2）碇神社旧跡試掘調査状況と室川及び流域河川について（加藤正典）「西條史談」　西條史談会 51　2001.1

妙徳寺

宇和島市津島町妙徳寺所蔵『大般若経』について（山本信吉）「研究紀要」　愛媛県歴史文化博物館　（15）　2010.03

弥勒寺

天徳山弥勒寺と聖徳太子（田中弘道）「東温史談」　東温史談会　（7）　2011.11

向灘

向灘・田中家の五輪塔の謎「八幡浜史談」　八幡浜史談会　（39）　2011.03

椋土八幡宮

椋土八幡宮の由来について（鎌倉次朗）「宇摩史談」　宇摩史談会　（101）　2013.03

椋土八幡神社

椋土八幡神社の由来（福田トモ）「宇摩史談」　宇摩史談会　87　2004.1

村島

大洲市菅田 村島地区のラントウ墓状石造物について—南予における江戸時代のラントウ墓の研究(6)（近世）（若狭洋一）「西四国」　西四国郷土研究会　（14）　2014.03

明石寺

明石寺付近にある五輪塔の石材の石種について（中世）（奥田尚）「西四国」　西四国郷土研究会　（7）　2007.11

薬師寺

愛媛県松山市保免・薬師寺所蔵の大般若経（土居聡朋）「研究紀要」　愛媛県歴史文化博物館　（18）　2013.03

薬師廃寺

古跡「八幡山薬師廃寺」を探る（小野錦也）「西條史談」　西條史談会　（71）　2007.9

八雲神社

大福寺及び八雲神社の古文書解読（古文書グループ）「西條史談」　西條史談会　（72）　2008.1

八代村

元治二乙丑二月切支丹宗門御改牒八代村（福井太郎）「八幡浜史談」　八幡浜史談会　（28）　2000.4

八代村庄屋菊池家の節句飾り資料について（資料紹介）（宇都宮美紀）「研究紀要」　愛媛県歴史文化博物館　（11）　2006.3

安場

愛媛県南予地方の中世石造物30 大洲市西大洲・安場地区の五輪塔（中世）（奥田尚，若狭洋一）「西四国」　西四国郷土研究会　（13）　2013.03

矢取川

大森彦七を襲った矢取川の鬼女 楠木正成の亡霊に悩まされる（図子英雄）「文化愛媛」　愛媛県文化振興財団　（59）　2007.10

柳神社

会員講話 柳神社拝殿建設に関わるあれこれ（長尾斎）「風早」　風早歴史文化研究会　（72）　2014.12

山越

八幡浜市山越（やまぐい）の菊池家墓地の五輪塔—南予の江戸時代五輪塔について（16）（近世）（若狭洋一）「西四国」　西四国郷土研究会　（14）　2014.03

八幡浜

木造観音菩薩坐像由来（魚海精太郎）「八幡浜史談」　八幡浜史談会 25　1997.3

「柱松」のこと（五葉道全）「八幡浜史談」　八幡浜史談会 25　1997.3

大本敬久著『民俗の知恵 愛媛八幡浜民俗誌 愛媛民俗叢書(1)』（書誌紹介）（梅野光興）「日本民俗学」　日本民俗学会　通号249　2007.2

四国　　　　　　　　　　　　　郷土に伝わる民俗と信仰　　　　　　　　　　　　　愛媛県

南予に於ける江戸時代五輪塔の研究3―八幡浜地域の五輪塔（特集 南予の江戸時代五輪塔）（清水真一）「西四国」　西四国郷土研究会　（12）2012.04

八幡浜・金刀比羅神社の石造物―江戸時代の鳥居（4）（近世）（清水真一）「西四国」　西四国郷土研究会　（14）2014.03

八幡浜八幡神社・東側の鳥居―江戸時代の鳥居（5）（近世）（清水真一）「西四国」　西四国郷土研究会　（14）2014.03

八幡浜・八幡神社の延宝鳥居―江戸時代の鳥居（6）（近世）（若狭洋一）「西四国」　西四国郷土研究会　（14）2014.03

八幡浜・八幡神社の石造物について（近世）（清水真一）「西四国」　西四国郷土研究会　（14）2014.03

弓削島荘

伊予国弓削島荘における「住人等解」結合の時代的意味（畑野順子）「内海文化研究紀要」　広島大学大学院文学研究科附属内海文化研究施設　通号27　1999.3

弓削荘

荘園社会における生業の展開と宗教支配―伊予国弓削荘の網庭を素材として（苅米一志）「史境」　歴史人類学会，日本図書センター（発売）　（51）2005.9

湯の岡

伊予の湯の岡の碑文と聖徳太子（白方勝）「伊予史談」　伊予史談会　（339）2005.10

余戸

松山市余戸のカラサワ（沖野新一）「民具集積」　四国民具研究会　（7）2001.11

養生舘

養生舘「聖廟」棟札（石丸敏信）「小松史談」　小松史談会　53（1）通号132　2006.1

横河原

横河原周辺の旧跡・神社を訪ねて（和田純一）「重信史談」　重信史談会　19　2000.11

吉井

吉井地区神社の石造物について（今井肇）「東予史談」　（15）2012.06

理正院

収蔵資料紹介 理正院文書（学芸課）「研究紀要」　愛媛県歴史文化博物館　（2）1997.3

『理正院文書』紹介（山本典男）「砥部の歴史文化」　砥部歴史文化の会　2　2000.6

竜光院

江戸時代のラントウ墓について（宇和島市龍光院他）（特集 南予の「ラントウ墓」）（若狭洋一）「西四国」　西四国郷土研究会　（11）2011.04

竜光寺

四国八十八ヶ所霊場の変遷（1）四十一番龍光寺の本尊と寺号（小松勝記）「史迹と美術」　史迹美術同攷会　82（6）通号826　2012.06

隆昌寺

表紙 隆昌寺（伊藤富一）「西條史談」　西條史談会　65　2005.9

竜泉

西予市城川町竜泉古民家調査報告（宮本春樹）「西南四国歴史文化論叢よど」　西南四国歴史文化研究会　（14）2013.04

若宮

若宮のくらし（井上包）「温古」　大洲史談会　（30）2008.3

大洲市若宮界隈と子安観音堂及び中務茂兵衛道標について（神徳興甫，神徳樹人）「長浜史談」　長浜史談会　（34）2010.03

若山

南予に於ける江戸時代五輪塔の研究6―八幡浜市若山 清水家五輪塔（特集 南予の江戸時代五輪塔）（清水真一）「西四国」　西四国郷土研究会　（12）2012.04

湧ヶ淵

湧ヶ淵蛇骨伝承と伊予史談会（創立100周年記念特集号（3）―記念随想）（三好恭治）「伊予史談」　伊予史談会　（370）2013.7

和気郡

伊予国和気郡からの瓜（岡田利文）「ソーシアル・リサーチ」　ソーシアル・リサーチ研究会　（36）2011.3

和霊神社

資料紹介 和霊神社の所在地について（佐々木正興）「伊予史談」　伊予史談会　（328）2003.1

高知県

赤岡
塩の道―いぎなぎの里・物部から絵金の街・赤岡へ（公文寛伸）「土佐地域文化」［土佐地域文化研究会］　（9）2005.8

赤岡町
研究会報告 第129回 民俗文化財研究 香南市赤岡町 講師：前香南市文化財保護審議会会長 澤弘一先生「高知県学 ： 歴史研究会紀要」 高知県高等学校教育研究会社会科歴史部会　（44）2014.03

安芸市
紀州備長炭の伝統を継いで―高知県安芸市の場合（宮川敏彦）「土佐地域文化」［土佐地域文化研究会］　1　2000.6

安倉
古椀エッセー（1）黒江椀と橋原武市家の椀―北川村安倉伝承（森三千加）「土佐民俗 ： 土佐民俗会誌」 土佐民俗学会　69　1998.1
古椀エッセー（2）安倉椀と日野椀（森三千加）「土佐民俗 ： 土佐民俗会誌」 土佐民俗学会　71　1999.1

朝倉神社
朝倉神社と斉明天皇の亀石 大阪の土佐稲荷神社（広谷喜十郎）「いの史談」 いの史談会　（52）2001.5

朝峯神社
朝峰神社・陰陽石・いろいろかいろ（里見高義）「須崎史談」 須崎史談会　113　1997.6
安産・酒神・病気平癒の神―延喜式内朝峯神社（野村起一）「土佐地域文化」［土佐地域文化研究会］　2　2001.1

あしずり遍路道
あしずり遍路道の三五〇丁石（岡村庄造）「日本の石仏」 日本石仏協会,青娥書房（発売） 通号87　1998.9

足摺岬
足摺岬巨石群報告書のミステリー（原田実）「季刊邪馬台国」 「季刊邪馬台国」編纂委員会, 梓書院（発売）62　1997.6

吾桑の里
「吾桑の里」伝承記（1）～（8）（堅田修身）「須崎史談」 須崎史談会　（156）/（163）2010.3/2012.8

愛宕山
秦の昔話 その26 愛宕山の巻 愛宕山・愛宕神社（「こうち童話」から）（永野美智子）「秦史談」 秦史談会　（163）2011.06
秦の昔話 その27 愛宕山の巻 愛宕山・愛宕神社 天狗とのこと（「こうち童話」から）（永野美智子）「秦史談」 秦史談会　（164）2011.08
秦の昔話（31）愛宕山の巻 愛宕山の怪（万堂様）（「こうち童話」から）（永野美智子）「秦史談」 秦史談会　（176）2013.11

吾橋庄
長徳寺・吾橋庄について（岡林裕彦）「土佐史談」 土佐史談会　（240）2009.3

安和
表紙 安和の花詰踊 安和小学校六年（平成22年）西川隼矢「須崎史談」 須崎史談会　（162）2012.02

安楽寺
安楽寺について（横山清郎）「史談くぼかわ」 窪川史談会　（7）1986.12

飯母
飯母（いいぼ）（集落の屋地・屋号）（千光寺昭子）「橋原史談」 橋原史談会　（22）2000.10

家俊
土佐市家俊の神々（橋本達広）「土佐史談」 土佐史談会　（254）2013.12

庵谷
古文書に見る庵谷 三谷先祖宮（三谷芳樹）「大豊史談」 大豊史談会　（25）1995.06
史料 大豊町庵谷地蔵堂、観音堂棟札に記された紳士録 併豊楽寺住職名（三谷芳樹）「大豊史談」 大豊史談会　（25）1995.06

池川
池川神楽を舞う（池田光穂）「土佐地域文化」［土佐地域文化研究会］（5）2002.6

池川町
焼畑の経営―池川町を例にして（橋田俊介）「土佐史談」 土佐史談会　209　1998.12

神母神社
神母神社風月考［正］,補遺（三宮凱温）「土佐地域文化」［土佐地域文化研究会］　1/2　2000.6/2001.1

池ノ内
伊野町池ノ内の無縁塔（岡本健児）「いの史談」 いの史談会　（46）1998.2

池村
池村の珍聞物語―池の古老が伝えた話（細川源一）「大平山」 三里史談会　24　1998.3

石立八幡宮
石立八幡宮のこと（小松勝記）「秦史談」 秦史談会　105　2001.9

石土神社
土佐国石土神社蛇穴謎（岡崎義時）「文化財協会報」 善通寺市文化財保護協会　18　1999.3

伊都多神社
伊都多神社の秋祭り “おなばれ” とその余話（浜田信男）「南国史談」 南国史談会　（25）2002.4

飯積（泉）寺
幡多郡大方町の飯積（泉）寺について―地方寺院の成立事情を中心にして（栗原弘）「西南四国歴史文化論叢よど」 西南四国歴史文化研究会（6）2005.3
飯積寺十一面観音像造像銘に見える鎌倉後期の仏師・圓海について（東近伸）「土佐史談」 土佐史談会　（228）2005.3

伊曽乃神社
土佐に来た伊曽乃神社の謎（広谷喜十郎）「秦史談」 秦史談会　（147）2008.9

一の谷
秦の昔話（20）「一の谷の怪」（四谷の巻）（永野美智子）「秦史談」 秦史談会　（148）2008.11

一宮東
カルサポ日記（2）高知市立一宮東小学校一年生「むかしあそび」「岡豊風日 ： 高知県立歴史民俗資料館だより」 高知県立歴史民俗資料館　47　2003.3

いの
紙の手記（8）～（10）紙と歩む70年（小野春茂）「いの史談」 いの史談会　（44）/（46）1997.3/1998.2
福の神音頭について（永井照子）「いの史談」 いの史談会　（52）2001.5
大海渡航の鰐口 添付資料・八重潮の航跡（三宮凱温）「いの史談」 いの史談会　（54）2003.11
紙漉音頭について（新谷延子）「いの史談」 いの史談会　（55）2004.11
梶か楮か―迷走（北村唯吉）「いの史談」 いの史談会　（59）2009.01
わらべ歌（新谷延子）「いの史談」 いの史談会　（62）2012.01

伊野
金比羅参詣道にある伊野の「長栄講」の石燈籠群（広谷喜十郎）「いの史談」 いの史談会　（44）1997.3
伊野の紙漉き（俳句）（溝渕匠史）「秦史談」 秦史談会　（174）2013.05

井の谷
井の谷（集落の屋地・屋号）（中越甫）「橋原史談」 橋原史談会　（25）2003.10

命山
命山異聞（小松勝記）「秦史談」 秦史談会　110　2002.7

いの町
森下家文書（9）,（10）紙に関する事項（竹原清昭）「いの史談」 いの史談会　（51）/（52）2000.12/2001.5

四国　　　　　　　　　　　　　　　　郷土に伝わる民俗と信仰　　　　　　　　　　　　　　高知県

伊野町

土佐和紙と伊野町（杉峰俊男）「文化財協会報」善通寺市文化財保護協会　16　1997.3

伊野町の製紙を育てた人々（小野春茂）「いの史談」いの史談会　（47）1998.7

伊野町の紙を育てた人々（小野春茂）「いの史談」いの史談会　（50）2000.3

伊野町の手漉紙を育てた人々（小野春茂）「いの史談」いの史談会　（51）2000.12

第123回研究会報告 旧伊野町内巡検及び農村歌舞伎見学 講師：坂本靖「高知史学 : 歴史研究会紀要」高知県高等学校教育研究会社会科歴史部会　（42）2012.03

今熊野権現

土州秦泉寺今熊野権現の由来（秦泉寺敏正）「秦史談」秦史談会　96　2000.5

今成

高知県越知町今成の社会生活（坂本正夫）「四国民俗」四国民俗学会　（41）2008.12

岩原村

土佐民俗資料集成1 岩原村遺文録草稿（高木啓夫）「土佐民俗 : 土佐民俗会誌」土佐民俗学会　（95）2013.02

岩本寺

明治の廃仏毀釈と廃寺復興―土佐国「岌本寺の場合」（小松勝記）「秦史談」秦史談会　（129）2005.9

宇佐

土佐の石仏アラカルト（6）宇佐の石仏（安政地震の碑ほか）（岡村庄造）「秦史談」秦史談会　93　1999.9

真覚寺日記にみる藩政末期宇佐の鰹漁（岡林正十郎）「土佐史談」土佐史談会　219　2002.3

真覚寺日記にみる安政大地震津波による宇佐の被害状況（岡林正十郎）「土佐地域文化」［土佐地域文化研究会］（7）2003.7

兎田八幡宮

兎田八幡宮（小松亮）「野市史談」野市史談会　4　1998.3

兎田八幡宮の絵画銅剣（岡本桂典）「野市史談」野市史談会　4　1998.3

宇津野

秦の昔話「宇津野の大蛇」（永野美智子）「秦史談」秦史談会　（147）2008.9

馬路村

馬路村のお神楽と祭りの酒（山中巌）「土佐地域文化」［土佐地域文化研究会］2　2001.1

浦郷

二つの「物」に想う浦郷の民俗（田辺寿男）「土佐民俗 : 土佐民俗会誌」土佐民俗学会　74　2000.3

浦戸湾

浦戸湾漁と魚達（白川卓）「大平山」三里史談会　（28）2002.10

浦戸湾から始まった私の漁師人生（1）～（3）（橋田謙一）「大平山」三里史談会　（33）/（35）2007.3/2009.03

上成

上成（集落の屋地・屋号）（森山定幸）「樟原史談」樟原史談会　（25）2003.10

永国寺跡

路傍の歴史 永国寺跡 高知市永国寺町（横田和弘）「海南千里 : 土佐山内家宝物資料館だより」土佐山内家宝物資料館　14　2004.10

枝川

枝川の生姜（梅原亘市）「いの史談」いの史談会　（51）2000.12

恵比須町

土佐清水市恵比須町の船大工―宮本国松翁聞書（坂本正夫）「土佐地域文化」［土佐地域文化研究会］（6）2003.1

円福寺

円福寺の扁額（山地亮孝）「佐川史談霧生関」佐川史談会　（41）通号74　2005.11

円明寺

圓明寺銅板納札について（小松勝記）「土佐史談」土佐史談会　（256）2014.07

大川上美良布神社

表紙写真説明 大川上美良布神社（県保護有形文化財）香北町韮生野（岡崎桜雲）「香美史談」香美史談会　（1）2008.03

大川村

大川村の焼畑（橋田俊介）「土佐地域文化」［土佐地域文化研究会］4　2001.12

大砂子

大砂子「新田神社」について（北村守正）「大豊史談」大豊史談会　（30）2000.07

大月

水主の変遷（大月）とその考察（福吉要吉）「土佐地域文化」［土佐地域文化研究会］（6）2003.1

大栃高校

旧大栃高校 民俗資料一般公開（梅野光興）「岡豊風日 : 高知県立歴史民俗資料館だより」高知県立歴史民俗資料館　（79）2012.07

大豊

豊楽寺を中心とする中世、大豊地方の歴史（朝倉慶景）「大豊史談」大豊史談会　（25）1995.06

古錦欄御戸帳と二股竹の由来（北村守正）「大豊史談」大豊史談会　（29）1999.06

権之太夫の伝説（上村事秀）「大豊史談」大豊史談会　（30）2000.07

新四国ミニ八十八ヶ所の由緒―いつしか、忘れ、廃れるのでは（北村正昭）「大豊史談」大豊史談会　（32）2002.08

白髪神社について考える（岡林裕彦）「大豊史談」大豊史談会　（33）2003.08

大豊町

大豊町方面の金毘羅参詣について（広谷喜十郎）「大豊史談」大豊史談会　（28）1998.05

碁石茶（佐伯賢一）「土佐史談」土佐史談会　209　1998.12

大豊町の庚申塔（岡村庄造）「大豊史談」大豊史談会　（29）1999.06

「碁石茶」随想（石川靖朗）「土佐地域文化」［土佐地域文化研究会］4　2001.12

大豊町の鰐口と懸仏（前田和男）「大豊史談」大豊史談会　（32）2002.08

土佐碁石茶の技術伝承―小笠原正春さん聞き書き《茶特集》（坂本正夫）「土佐地域文化」［土佐地域文化研究会］（11）2007.6

碁石茶の作り方・使い方―四国山中大豊町の茶加工民具（井上賢一）「鹿児島民具」鹿児島民具学会　通号21　2009.03

第126回研究会報告 民俗文化財：施餓鬼及び周辺史跡の見学（長岡郡大豊町）「高知史学 : 歴史研究会紀要」高知県高等学校教育研究会社会科歴史部会　（43）2013.03

大元神社

宮谷大元神社建立の記録（川田清雄）「樟原史談」樟原史談会　（26）2004.11

大柳明神社

昔話 大柳明神社の龍蛇（永野美智子）「秦史談」秦史談会　（134）2006.7

岡三所神社

秦地区の絵金（1）岡三所神社の屏風絵公開（松本紀郎）「秦史談」秦史談会　（171）2012.09

秦の昔話 その30 東谷の巻（1）子ども好きな神様（岡三所神社）（「こうち童話」から）（永野美智子）「秦史談」秦史談会　（174）2013.05

岡豊八幡観音堂

岡豊八幡観音堂のこと（小松勝記）「秦史談」秦史談会　101　2001.1

興津八幡宮

土佐・民俗資料集成2 四万十町興津八幡宮古式神事記録（高木啓夫）「土佐民俗 : 土佐民俗会誌」土佐民俗学会　（96）2013.07

奥湊川

高知県の農村における明治末・大正期の若者組の実態―幡多郡七郷村「奥湊川青年会」の場合（坂本正夫）「土佐民俗 : 土佐民俗会誌」土佐民俗学会　通号89　2007.12

押岡

押岡地蔵堂の由来について（香崎和平）「須崎史談」須崎史談会　（149）2007.7

越知

五社と越知族（河野竹雄）「史談くぼかわ」窪川史談会　（6）1984.10

尾戸

路傍の歴史 尾戸焼（鈴木廉将）「海南千里 : 土佐山内家宝物資料館だより」土佐山内家宝物資料館　6　2002.1

鳴無

浦ノ内鳴無地区の古老咄の聞き書き（香崎和平）「須崎史談」須崎史談会

高知県　　　　　　　　　　　　　郷土に伝わる民俗と信仰　　　　　　　　　　　　　四国

（163）2012.8

鳴無神社

志奈襴まつり雑感（里見高義）「須崎史談」　須崎史談会　139　2004.4

鳴無神社（市川恵利，浦田真紀）「高知史学 ： 歴史研究会紀要」　高知県高等学校教育研究会社会科歴史部会　（37）2006.3

小村神社

長宗我部検地帳にある小村神社の御神田について（2）（藤田博之）「いの史談」　いの史談会　（44）1997.3

小村神社の牡丹杉と金明孟宗竹（藤田博之）「いの史談」　いの史談会　（45）1997.8

小村神社の仁治・貞和の棟札（岡本健児）「いの史談」　いの史談会　（50）2000.3

学芸員の机から 日高村小村神社/堀見家の古写真/えんこう？ 狛犬「岡豊風日 ： 高知県立歴史民俗資料館だより」　高知県立歴史民俗資料館　49　2003.12

親子観音水

念願の親子観音水完成（土佐梼原愛郷会，ボランティアよつば会）「梼原史談」　梼原史談会　（22）2000.10

貝ヶ森

貝ヶ森くずれの伝説（威能勉）「西南四国歴史文化論叢よど」　西南四国歴史文化研究会　（4）2003.3

鏡川

鏡川―簀鯔狩り・梟首（松本瑛子）「土佐地域文化」　［土佐地域文化研究会］　（5）2002.6

香我美橋

香我美橋界隈（『土佐の民話』土佐民話の会から）（藤本知子）「秦史談」　秦史談会　（158）2010.7

鏡村

《鏡村小特集》「土佐地域文化」　［土佐地域文化研究会］　3　2001.6

鏡村の山の事用の事（高橋正臣）「土佐地域文化」　［土佐地域文化研究会］　3　2001.6

鏡村の水（今井嘉彦）「土佐地域文化」　［土佐地域文化研究会］　3　2001.6

鏡村の川の幸、山里の幸（松本瑛子）「土佐地域文化」　［土佐地域文化研究会］　3　2001.6

鏡村の里に炭窯を訪ねてみよう（宮川敏彦）「土佐地域文化」　［土佐地域文化研究会］　3　2001.6

鏡村の民話（下元国重）「土佐地域文化」　［土佐地域文化研究会］　3　2001.6

鏡村の神々の歴史考（広谷喜十郎）「土佐地域文化」　［土佐地域文化研究会］　3　2001.6

覚夢寺

中世爪白の仏教文化と歴史的背景―覚夢寺釈迦堂・阿弥陀堂と東小路について（東近伸）「土佐史談」　土佐史談会　（237）2008.3

鹿児神社

路傍の歴史 鹿児神社 高知市大津（渡部淳）「海南千里 ： 土佐山内家宝物資料館だより」　土佐山内家宝物資料館　（25）2008.6

片岡茶園堂

片岡茶園堂の石灯籠（大原純一）「佐川史談霧生関」　佐川史談会　（45）通号78　2009.11

香長平野

香長平野に眠る地蔵（山中弁幸）「南国史談」　南国史談会　（22）1999.2

蒲池八幡宮

蒲池八幡宮奉納文書について（福岡彰徳）「土佐史談」　土佐史談会　（255）2014.03

上吾川村

江戸時代末期における四国遍路の村接待―上吾川村宮内家文書「遍路米取立帳」を中心に（井原恒久）「伊予史談」　伊予史談会　（354）2009.07

上井桑

上井桑・高階野（集落の屋地・屋号）（安井智）「梼原史談」　梼原史談会　（24）2002.10

上組

上組（集落の屋地・屋号）（吉岡英雄）「梼原史談」　梼原史談会　（24）2002.10

香美市

香美市立美術館特別展「古仏との対話」を見学して（十亀幸雄）「遺跡」　遺跡発行会　（45）2011.07

高知県立大学との合同調査 民具調査にしひがし 香美市物部町/東洋町/大豊町/三原村/香南市（梅野光興）「岡豊風日 ： 高知県立歴史民俗資料館だより」　高知県立歴史民俗資料館　（78）2012.03

神の山

神の山（集落の屋地・屋号）（鎌倉安弘）「梼原史談」　梼原史談会　（25）2003.10

上分

上分に残る「ほきみち」の伝承（考）（下村茂喜）「須崎史談」　須崎史談会　（153）2008.11

上分村

上分村の習俗について（柳本鶴松）「須崎史談」　須崎史談会　（151）2008.3

上町

上町の神社（小松勝記）「秦史談」　秦史談会　106　2001.11

加茂

加茂の昔話（大山征彦）「佐川史談霧生関」　佐川史談会　（45）通号78　2009.11

加茂の昔ばなし 加茂の昔を語る（大山征彦）「佐川史談霧生関」　佐川史談会　（46）通号79/（47）通号80　2010.11/2011.11

加茂山

加茂山に在す六番の大師（田村耕助）「いの史談」　いの史談会　（55）2004.11

川奥

四万十川 川奥の花取り踊り（高木啓夫）「土佐民俗 ： 土佐民俗会誌」　土佐民俗学会　（96）2013.07

川の内

川の内部落の伝説（郷土夜話と伝説）（横山清郎）「史談くぼかわ」　窪川史談会　（8）1988.12

神在居

神在居（集落の屋地・屋号）（下元久夫）「梼原史談」　梼原史談会　（26）2004.11

北川村

北川村の民話（前田年雄）「土佐地域文化」　［土佐地域文化研究会］　4　2001.12

北寺

県内仏像散策―北寺他（前田和男）「土佐史談」　土佐史談会　210　1999.3

吉祥寺

天徳山吉祥寺由来と孝山祭行事並びに土佐藩主山内家九位牌について（二宮清）「梼原史談」　梼原史談会　（20）1998.10

吉祥寺と孝山祭（新谷延子）「いの史談」　いの史談会　（54）2003.11

吸江寺

吸江寺の石垣築造の年代は？（依光貫之）「土佐史談」　土佐史談会　204　1997.3

表紙 吸江寺（写真提供 岩崎義郎氏）「土佐史談」　土佐史談会　（252）2013.03

旧味元家

旧味元家の茅屋根が葺き替えられました（れきみんニュース）（中村）「岡豊風日 ： 高知県立歴史民俗資料館だより」　高知県立歴史民俗資料館　（67）2009.03

旧味元家住宅

民俗 旧味元家住宅にお正月が来ました（学芸員の机から）（梅野）「岡豊風日 ： 高知県立歴史民俗資料館だより」　高知県立歴史民俗資料館　（67）2009.03

教正寺

秦の昔話（22）「教正寺」二題（西谷の巻）（永野美智子）「秦史談」　秦史談会　（154）2009.12

起洋館

起洋館情報―「鞍馬天狗」を中心に（千頭泰）「須崎史談」　須崎史談会　（148）2007.3

清滝

笹ケ峰修験と清滝信仰（伊藤玉男）「山村文化」　山村研究会　（7）1997.4

清滝寺

清滝寺の鎮守と鎮護社について（岡本健児）「土佐史談」　土佐史談会　220　2002.8

950

四国　　　　　　　　　　　　　郷土に伝わる民俗と信仰　　　　　　　　　　　　　高知県

久通

久通の西国三十三ヶ所巡り遥拝所について（香崎和平）「須崎史談」　須崎史談会　（143）　2005.4

久通浦観音堂

西国三十三ヶ所霊場久通浦観音堂の碑について（香崎和平）「須崎史談」　須崎史談会　（153）　2008.11

久通観音堂

須崎久通観音堂と土佐藩一万石家老 佐川深尾家の信仰について（香崎和平）「佐川史談霧生関」　佐川史談会　（50）　2014.10

国見

吾井郷国見の阿弥陀堂仏像について（香崎和平）「須崎史談」　須崎史談会　（159）　2011.01

窪川

お吉の怪談（黒田豊運）「史談くぼかわ」　窪川史談会　（6）　1984.10
如意観音（吉良玉子）「史談くぼかわ」　窪川史談会　（7）　1986.12
桜の丘（郷土夜話と伝説）（岡本文子）「史談くぼかわ」　窪川史談会　（8）　1988.12
野ぼとけの石碑を考える（寺尾義昭）「史談くぼかわ」　窪川史談会　（9）　1989.05
窪川地域での酒造りについて（《酒特集》）（林一将）「土佐地域文化」　土佐地域文化研究会　（10）　2006.6

車谷

車谷の水車（郵便局だより）（松本紀郎）「秦史談」　秦史談会　118　2003.11
表紙 車谷・永野水車の石臼（中秦泉寺）（松下政司）「秦史談」　秦史談会　（172）　2012.12

久礼

高知県高岡郡中土佐町久礼の婚姻・産育習俗（荒嶋嘉子）「みかげ民俗」　御影高校民俗研究会　（6）　1982.09
近海カツオ漁船乗組員の生活史ノート 高知県中土佐町久礼の事例より（増崎勝敏）「土佐地域文化」　土佐地域文化研究会　（10）　2006.6
ライフヒストリーを用いた漁撈民俗研究の一試論—高知県中土佐町久礼の漁業者を例にとって（増崎勝敏）「日本民俗学」　日本民俗学会　通号252　2007.11
遍路と杖 中土佐町久礼・昭和49年9月30日 高木啓夫撮影「土佐民俗 ： 土佐民俗会誌」　土佐民俗学会　（97）　2014.06

久礼川

汽水域における鮎のエサ釣り—高知県中土佐町久礼川（第二期共同研究活動報告一第4班 水辺の生活環境史）（常光徹）「年報非文字資料研究」　神奈川大学日本常民文化研究所非文字資料研究センター　（10）　2014.3

黒岩

黒岩薬師堂について（前田和男）「佐川史談霧生関」　佐川史談会　34　1998.10

黒見

室戸市羽根町黒見の識る範囲のあれや、これや（1）（山下慶喜）「土佐民俗 ： 土佐民俗会誌」　土佐民俗学会　74　2000.3
山の農業—室戸市羽根町黒見（山下慶喜）「土佐民俗 ： 土佐民俗会誌」　土佐民俗学会　81　2003.12

芸西村

芸西村の促成栽培（門脇鎌久）「土佐史談」　土佐史談会　209　1998.12
〔表紙写真解説〕 草花遊び 芸西村白髪（田辺寿男，中村淳子）「土佐民俗 ： 土佐民俗会誌」　土佐民俗学会　71　1999.1

源光寺

源光寺について（山崎久）「須崎史談」　須崎史談会　123　1999.12

高階野

上井桑・高階野（集落の屋地・屋号）（安井智）「樟原史談」　樟原史談会　（24）　2002.10

ゴウセン屋敷

ゴウセン屋敷のこと（岡林華伝）「土佐山田史談」　土佐山田史談会　23　1998.6

神田

神田子安地蔵尊堂の復興と地蔵菩薩像・阿弥陀如来像の修復（山崎元靖）「須崎史談」　須崎史談会　125　2006.9

高知

高知の巳正月（梅野光興）「四国民俗」　四国民俗学会　通号32　1999.8
高知式田植法（1）（森本裕）「秦史談」　秦史談会　94　1999.11

高知式田植法（郵便局だより）（松本紀郎）「秦史談」　秦史談会　94　1999.11
都市の新しい祭りと民俗学—高知「よさこい祭り」を手掛かりに（内田忠賢）「日本民俗学」　日本民俗学会　通号220　1999.11
「高知酵母」について（上東治彦）「土佐地域文化」　土佐地域文化研究会　2　2001.1
高知山村はいま—限界集落と沈黙の林によせて（大野晃）「土佐地域文化」　土佐地域文化研究会　3　2001.6
対談 高知の街遊び談義（山崎茂，小川真喜子）「岡豊風日 ： 高知県立歴史民俗資料館だより」　高知県立歴史民俗資料館　47　2003.3
高知からの仙人料理（川村昇陽）「土佐地域文化」　土佐地域文化研究会　（8）　2004.12
高知のお茶屋のつぶやき（《茶特集》）（森本弘道）「土佐地域文化」　土佐地域文化研究会　（11）　2007.6
高知式田植法（松本紀郎）「秦史談」　秦史談会　（143）　2008.1
歴民のパティオ（5）高知の食文化を味わう・食のこころ（宅間一之）「岡豊風日 ： 高知県立歴史民俗資料館だより」　高知県立歴史民俗資料館　（63）　2008.3
高知城下の小祠について—エビスと秋葉（第119回研究会関係資料）（坂本靖）「高知史学 ： 歴史研究会紀要」　高知県高等学校教育研究会社会科歴史部会　（40）　2009.03
「土陽陰見記談」雑考（第119回研究会関係資料）（渡邊哲哉）「高知史学 ： 歴史研究会紀要」　高知県高等学校教育研究会社会科歴史部会　（40）　2009.03
歌おう「よしや武士」 民権歌謡CD付き冊子製作（『高知新聞』10月14日より）「秦史談」　秦史談会　（166）　2011.12
2012年度総会「総会 民俗談話 講演」 高知での私の25年（1956〜1981）（森井淳吉）「左海民俗」　堺民俗会　（141）　2013.02
地名往来472 「入定」入滅した僧の伝説（『高知新聞』より）「秦史談」　秦史談会　（174）　2013.05

高知朝倉陸軍墓地

十五年戦争期の高知朝倉陸軍墓地（小幡尚）「高知市立自由民権記念館紀要」　高知市立自由民権記念館　（16）　2008.8

高知県

実演 からくり人形—なぜ動く図鑑（中村淳子）「岡豊風日 ： 高知県立歴史民俗資料館だより」　高知県立歴史民俗資料館　28　1998.7
高知県地曳網の歴史を顧みて（岡林正十郎）「土佐史談」　土佐史談会　209　1998.12
レファレンスルームから（1）べくはい「岡豊風日 ： 高知県立歴史民俗資料館だより」　高知県立歴史民俗資料館　31　1999.4
高知県の小正月（《特集 四国の小正月》）（坂本正夫）「四国民俗」　四国民俗学会　（33）　2000.3
泰作ばなし（藤近馨）「西南四国歴史文化論叢よど」　西南四国歴史文化研究会　（1）/（3）　2000.3/2002.3
高知県下に於ける初誕生儀礼（近藤直也）「土佐民俗 ： 土佐民俗会誌」　土佐民俗学会　74　2000.3
海と山の国で—高知県の民俗資料の収集（梅野光興）「岡豊風日 ： 高知県立歴史民俗資料館だより」　高知県立歴史民俗資料館　38　2001.1
高知県船曳網漁業（技術）史（上），（下）（岡林正十郎）「土佐史談」　土佐史談会　216/217　2001.3/2001.8
高知県（土佐）の「をに」について（中野護）「六甲倶楽部報告」　六甲倶楽部　56　2001.3
高知県中部の力石（高島慎介）「土佐地域文化」　土佐地域文化研究会　3　2001.6
県外（東京以外）の本県関係有名人の墓所（山本泰三）「土佐史談」　土佐史談会　217　2001.8
高知県と徳島県の方言について（原田英祐）「土佐地域文化」　土佐地域文化研究会　4　2001.12
高知県東部の力石（高島慎助）「土佐地域文化」　土佐地域文化研究会　4　2001.12
「鬼の棲む国」に生まれ育って（清谷州郎）「西南四国歴史文化論叢よど」　西南四国歴史文化研究会　（3）　2002.3
高知県の県民性・イゴッソーとハチキン（原田英祐）「土佐史談」　土佐史談会　220　2002.8
高知県の祭礼山車（《特集 四国の祭礼山車》）（梅野光興，中村淳子）「四国民俗」　四国民俗学会　（35）　2002.9
高知県西部の力石（高島慎助）「土佐地域文化」　土佐地域文化研究会　（6）　2003.1
資料見聞 山父の絵「岡豊風日 ： 高知県立歴史民俗資料館だより」　高知県立歴史民俗資料館　48　2003.7
招待席 鹿猟に参加して（常光徹）「岡豊風日 ： 高知県立歴史民俗資料館だより」　高知県立歴史民俗資料館　48　2003.7
「お化けポスト便」から—妖怪・幽霊アンケート資料集（梅野光興）「高知県立歴史民俗資料館研究紀要」　高知県立歴史民俗資料館　（13）

2004.3

遍路入国禁止政策と三国詣り(小松勝記)「秦史談」 秦史談会 123 2004.9

高知県の八朔行事《〈特集 四国の八朔習俗〉》(坂本正夫)「四国民俗」 四国民俗学会 (39) 2006.12

高知県の日本舞踊界《〈土佐の芸能・娯楽・大衆風俗史 特集号〉》(花柳昌延)「土佐史談」 土佐史談会 (233) 2006.12

カケメシの話(坂本正夫)「西郊民俗」 [西郊民俗談話会] (198) 2007.3

資料見聞 果物カゴ「岡豊風日 : 高知県立歴史民俗資料館だより」 高知県立歴史民俗資料館 (59) 2007.3

門松小考(梅野光興)「高知県立歴史民俗資料館研究紀要」 高知県立歴史民俗資料館 (15) 2007.3

ブリキのおもちゃ(岡本桂典)「岡豊風日 : 高知県立歴史民俗資料館だより」 高知県立歴史民俗資料館 (62) 2007.12

高知県手すき和紙《〈土佐の産業史 特集号〉》(上田剛司)「土佐史談」 土佐史談会 (236) 2007.12

資料見聞 鰹節のポスター(中村)「岡豊風日 : 高知県立歴史民俗資料館だより」 高知県立歴史民俗資料館 (63) 2008.3

民俗 炭焼き五郎の嫁婿とり(学芸員の机から)(梅野)「岡豊風日 : 高知県立歴史民俗資料館だより」 高知県立歴史民俗資料館 (63) 2008.3

弥生時代の武器形祭器が使われる祭り(岡本)「岡豊風日 : 高知県立歴史民俗資料館だより」 高知県立歴史民俗資料館 (64) 2008.7

資料見聞 湯たんぽ(梅野)「岡豊風日 : 高知県立歴史民俗資料館だより」 高知県立歴史民俗資料館 (66) 2008.12

企画展「昔のくらし博物館—失われゆく衣食住の民具—」によせて(梅野光興, 中村淳子)「岡豊風日 : 高知県立歴史民俗資料館だより」 高知県立歴史民俗資料館 (66) 2008.12

歴史 明治時代の逓送車発見さる(学芸員の机から)(野本)「岡豊風日 : 高知県立歴史民俗資料館だより」 高知県立歴史民俗資料館 (66) 2008.12

民俗 『土陽新聞』の民具の広告(学芸員の机から)(中村)「岡豊風日 : 高知県立歴史民俗資料館だより」 高知県立歴史民俗資料館 (66) 2008.12

民具収集と調査研究の課題(梅野光興. 中村淳子)「高知県立歴史民俗資料館研究紀要」 高知県立歴史民俗資料館 (17) 2009.03

資料見聞 茶運び人形(曽我)「岡豊風日 : 高知県立歴史民俗資料館だより」 高知県立歴史民俗資料館 (68) 2009.07

武内荘市著『鎮守の森は今』に寄せて(広谷喜十郎)「秦史談」 秦史談会 (154) 2009.12

民俗 城下町サロンの七夕祭り「岡豊風日 : 高知県立歴史民俗資料館だより」 高知県立歴史民俗資料館 (76) 2011.09

高知県の人神(神隠し・怪死タイプ)—「高知県における御霊信仰の研究」から(国沢朝子)「土佐民俗 : 土佐民俗会誌」 土佐民俗学会 (94) 2011.10

民俗 郷土玩具を伝える「岡豊風日 : 高知県立歴史民俗資料館だより」 高知県立歴史民俗資料館 (77) 2011.12

高知県の楠名命名の民俗と楠神(北野晃)「土佐地域文化」 [土佐地域文化研究会] (12) 2011.12

領域「表現」の授業を通して豊かな感性を育てる—高知県郷土楽器「鳴子」を使った大学生による試み(栗村眞久)「安田女子大学紀要」 安田女子大学・安田女子短期大学 (40) 2012.02

高知県全域の民俗・言語調査を目指して(橋尾直和)「岡豊風日 : 高知県立歴史民俗資料館だより」 高知県立歴史民俗資料館 (78) 2012.3

民俗 郷土玩具とともに(学芸員の机から)「岡豊風日 : 高知県立歴史民俗資料館だより」 高知県立歴史民俗資料館 (78) 2012.03

高知県西南部の海難者供養塔(山本弘光)「西南四国歴史文化論叢よど」 西南四国歴史文化研究会 (12) 2012.04

資料見聞 帆掛船 山崎茂さんの郷土玩具から「岡豊風日 : 高知県立歴史民俗資料館だより」 高知県立歴史民俗資料館 (79) 2012.07

高知県西南部の豊島石ラントウについて(山本弘光)「西南四国歴史文化論叢よど」 西南四国歴史文化研究会 (14) 2013.04

民俗 キャラクターは語る(学芸員の机から)「岡豊風日 : 高知県立歴史民俗資料館だより」 高知県立歴史民俗資料館 (82) 2013.07

高知県の地名に見る災害と開発の記憶(楠瀬慶太)「土佐民俗 : 土佐民俗会誌」 土佐民俗学会 (96) 2013.07

民俗 七夕馬の里をたずねて(学芸員の机から)「岡豊風日 : 高知県立歴史民俗資料館だより」 高知県立歴史民俗資料館 (83) 2013.10

資料見聞 馬の郷土玩具「岡豊風日 : 高知県立歴史民俗資料館だより」 高知県立歴史民俗資料館 (84) 2013.12

考古 御霊代の壺—焼畑大地の神(学芸員の机から)「岡豊風日 : 高知県立歴史民俗資料館だより」 高知県立歴史民俗資料館 (84) 2013.12

民俗 坂東真砂子さん(学芸員の机から)「岡豊風日 : 高知県立歴史民俗資料館だより」 高知県立歴史民俗資料館 (85) 2014.03

高知県総社考(上)(濱田眞尚)「南国史談」 南国史談会 (37) 2014.03

「早くもよさこい準備」(海の見える・ぎゃらりぃ)(西本有里)「飛騰 : 高知県立坂本龍馬記念館だより」 高知県立坂本竜馬記念館 (89) 2014.04

最近の収蔵資料から 捕鯨図下絵(中村淳子)「岡豊風日 : 高知県立歴史民俗資料館だより」 高知県立歴史民俗資料館 (86) 2014.06

表紙 高知県最古の紀年銘を有する石造物「嘉元三年金關界五仏板石塔婆」「土佐史談」 土佐史談会 (256) 2014.07

民俗 写真集を編集する(学芸員の机から)「岡豊風日 : 高知県立歴史民俗資料館だより」 高知県立歴史民俗資料館 (87) 2014.10

資料見聞 神前結婚式の写真—田辺寿男の民俗写真より「岡豊風日 : 高知県立歴史民俗資料館だより」 高知県立歴史民俗資料館 (88) 2014.12

考古 田辺寿男氏の民俗写真から(学芸員の机から)「岡豊風日 : 高知県立歴史民俗資料館だより」 高知県立歴史民俗資料館 (88) 2014.12

高知市

「よさこい祭り」の地域的展開—その予備的考察(矢島妙子)「常民文化」 成城大学常民文化研究会 23 2000.3

「よさこい」の祭りにみる地域性についての人類学的一考察(矢島妙子)「常民文化」 成城大学常民文化研究会 24 2001.3

幽霊研究序説—高知市異界マップから《〈特集 四国の妖怪〉》(高岡弘幸)「四国民俗」 四国民俗学会 (36・37) 2004.7

袖控(そでびかえ)考(大野充彦)「高知市史研究」 高知市 2 2004.12

聞書・ある女遍路の話(坂本正夫)「高知市史研究」 高知市 3 2005.12

「やなぎばた」再生への道(上野智子)「高知市史研究」 高知市 (4) 2006.12

"都市の祭礼と音楽"としての「よさこい鳴子踊り」(〈日本民俗音楽学会第20回東京大会〉—シンポジウム "都市の祭礼と音楽")(岩井正浩)「日本民俗音楽学会会報」 日本民俗音楽学会 (26) 2007.2

表紙説明 龍馬も食べた「坂本家の夕餉」(龍馬ふるさと博)(松下政司)「秦史談」 秦史談会 (166) 2011.12

民俗 高知市史 民俗編(学芸員の机から)「岡豊風日 : 高知県立歴史民俗資料館だより」 高知県立歴史民俗資料館 (86) 2014.06

香南市

高知県立大学との合同調査 民具調査にしひがし 香美市物部町/東洋町/大豊町/三原村/香南市(梅野光興)「岡豊風日 : 高知県立歴史民俗資料館だより」 高知県立歴史民俗資料館 (78) 2012.03

神谷

中世の神谷方面の神社(広谷喜十郎)「いの史談」 いの史談会 (46) 1998.2

神谷のナギの木 付・ナギの民俗(山本正)「いの史談」 いの史談会 (47) 1998.7

神峯寺

学芸員の机から 安田町第二十七番札所神峯寺/安田町神峯神社/資料調査員による民具調査継続中「岡豊風日 : 高知県立歴史民俗資料館だより」 高知県立歴史民俗資料館 47 2003.3

神峯神社

学芸員の机から 安田町第二十七番札所神峯寺/安田町神峯神社/資料調査員による民具調査継続中「岡豊風日 : 高知県立歴史民俗資料館だより」 高知県立歴史民俗資料館 47 2003.3

弘法寺

弘法寺住職の墓(松本紀郎)「秦史談」 秦史談会 104 2001.7

弘法寺の旧跡を追って(松本紀郎)「秦史談」 秦史談会 116 2003.7

高蓮寺

高蓮寺の釈尊像(本山賢之)「土佐地域文化」 [土佐地域文化研究会] (5) 2002.6

国分寺

遍路道を歩く—戸板島から国分寺まで(利根洋一)「土佐山田史談」 土佐山田史談会 27 2002.9

小才角

沖磯のウツボ漁—高知西南地域大月町小才角(近藤日出男)「土佐地域文化」 [土佐地域文化研究会] 3 2001.6

後世神社

長宗我部盛親夫人と後世神社(原田英祐)「秦史談」 秦史談会 (172) 2012.12

長宗我部盛親正室と後世神社(原田英祐)「土佐民俗 : 土佐民俗会誌」 土佐民俗学会 (96) 2013.07

五台山

五台山の民俗いろいろ(1),(2)(大野康雄)「土佐民俗 : 土佐民俗会誌」 土佐民俗学会 73/74 2000.1/2000.3

五台山山中の参詣道(小松勝記)「秦史談」 秦史談会 (133) 2006.5

ヘンロ道考察 五台山から雪蹊寺まで(小公勝記)「大平山」三里史談会
(33) 2007.3

東向

東向・坪野田・坂本川(集落の屋地・屋号)(下元治男)「樟原史談」樟原史談会 (24) 2002.10

琴平神社

西国三十五番札所清滝寺内琴平神社の棟札(岡本健児)「いの史談」いの史談会 (49) 1999.8

後別当

後別当(集落の屋地・屋号)(西村寛行)「樟原史談」樟原史談会 (26) 2004.11

吾北ミニ八十八ヵ所

吾北ミニ八十八ヵ所めぐりなど(談話室)(広谷喜十郎)「秦史談会 (138) 2007.3

小松神社

小松神社との御縁と麦酒(中川幸子)「土佐地域文化」[土佐地域文化研究会] 4 2001.12
小松神社の麦酒(門脇二三夫)「土佐地域文化」[土佐地域文化研究会] (11) 2007.6

子持岩神社

子持岩神社とその信仰(田辺寿男)「大平山」三里史談会 23 1997.5

小山神社

小山神社(郵便局だより(50))(松本紀郎)「秦史談」秦史談会 91 1999.5

吾郎兵衛池

民俗 吾郎兵衛池(学芸員の机から)「岡豊風日 : 高知県立歴史民俗資料館だより」高知県立歴史民俗資料館 (81) 2013.03

金剛寺

お世話になった人々—金剛寺(長岡郡本山町寺家)(筒井聡史)「海南千里 : 土佐山内家宝物資料館だより」土佐山内家宝物資料館 (39) 2013.01

金剛頂寺

県内仏像散策—金剛頂寺他(前田和男)「二佐史談」土佐史談会 208 1998.8
後宇多王権による空海「聖跡」興隆—横尾平等心王院我宝と土佐国室戸金剛頂寺・最御崎寺をめぐって(横山和弘)「朱雀 : 京都文化博物館研究紀要」京都府京都文化博物館 19 2007.3

金剛福寺

土佐国人加久美氏と金剛福寺の関係について—蓮光寺勧進状を中心に(東近伸)「土佐史談」土佐史談会 226 2004.8
口絵 江戸時代四国遍路金剛福寺の御朱印(今牧久)「伊那」伊那史学会 53(11)通号930 2005.11
中世日本の中の蹉跎山金剛福寺—土佐一条氏のとの関連を中心にして(市村高男)「西南四国歴史文化論叢よど」西南四国歴史文化研究会 (8) 2007.3
修理事業の概略と経緯(《土佐清水市四国霊場第38番札所金剛福寺—木造千手観音立像修理報告及び像内納入品概要報告》)(高知県教育委員会文化財課)「高知県立歴史民俗資料館研究紀要」高知県立歴史民俗資料館 (15) 2007.3
仏像と修理の概要(《土佐清水市四国霊場第38番札所金剛福寺—木造千手観音立像修理報告及び像内納入品概要報告》)(泉谷申一)「高知県立歴史民俗資料館研究紀要」高知県立歴史民俗資料館 (15) 2007.3
像内銘文と像内納入品の概要(《土佐清水市四国霊場第38番札所金剛福寺—木造千手観音立像修理報告及び像内納入品概要報告》)(高知県教育委員会文化財課, 高知県立歴史民俗資料館)「高知県立歴史民俗資料館研究紀要」高知県立歴史民俗資料館 (15) 2007.3
木造千手観音立像内資料一覧(《土佐清水市四国霊場第38番札所金剛福寺—木造千手観音立像修理報告及び像内納入品概要報告》)「高知県立歴史民俗資料館研究紀要」高知県立歴史民俗資料館 (15) 2007.3
中世金剛福寺の勧進活動について(《「土佐の古代・中世史」特集号》)(東近伸)「土佐史談」土佐史談会 (242) 2009.12
表紙 金剛福寺(写真提供 東近伸氏)「土佐史談」土佐史談会 (253) 2013.07
観音霊場—中世金剛福寺の成立(東近伸)「土佐史談」土佐史談会 (253) 2013.07

細勝寺

細勝寺について(濱田龍雄)「南国史談」南国史談会 (29) 2006.3

西畑

何処へ行ったか西畑の瓦(種田庸宥)「土佐民俗 : 土佐民俗会誌」土佐

民俗学会 71 1999.1
西畑を観る「八王子車人形後援会報」八王子車人形後援会 (10) 2003.9
弘岡人形座にみる西畑人形の変遷(《「土佐の芸能・娯楽・大衆風俗史 特集号》)(林重道)「土佐史談」土佐史談会 (233) 2006.12
人形芝居観覧記 西畑(さいばた)人形芝居—新春 土佐の農村歌舞伎合同公演(北河直子)「公益社団法人全日本郷土芸能協会会報」全日本郷土芸能協会 (75) 2014.04

坂折山

勿忘草—坂折山の玉んびょう狸(上村しづ)「南国史談」南国史談会 (27) 2004.4

栄喜

宿毛市栄喜の漁撈習俗(津野幸右)「土佐民俗 : 土佐民俗会誌」土佐民俗学会 (96) 2013.07

坂本川

東向・坪野田・坂本川(集落の屋地・屋号)(下元治男)「樟原史談」樟原史談会 (24) 2002.10

佐川

佐川の虚空蔵山と徐福伝承(広谷喜十郎)「佐川史談霧生関」佐川史談会 34 1998.10
佐川「うなぎ」の釣場(橋田定男)「土佐史談」土佐史談会 211 1999.8
大師堂記(田村敬水)「佐川史談霧生関」佐川史談会 38 2002.10
幻のヨクグラブドウ(堀見矩浩)「佐川史談霧生関」佐川史談会 39 2003.10
扁額「本具山」掲額の由来(明神好久)「佐川史談霧生関」佐川史談会 39 2003.10
花取踊りの由来付記—花取踊り音頭の歌詞(邑田守正)「佐川史談霧生関」佐川史談会 (40)通号73 2004.12
祖祐のつくった仏像(前田和男)「佐川史談霧生関」佐川史談会 (42)通号75 2006.11

佐川町

マムシ見聞記—京都・由良川源流/高知・佐川町(岩田英彬)「あしなか」山村民俗の会 266 2004.5
佐川町の諏訪信仰について(広谷喜十郎)「佐川史談霧生関」佐川史談会 (41)通号74 2005.11
ゲンバさまとは?—土佐・佐川町(〈民俗芸能採訪の旅〉)(岩田英彬)「あしなか」山村民俗の会 281 2008.6
"クロカゼ"のこと—土佐・佐川町(岩田英彬)「あしなか」山村民俗の会 287 2009.11
民俗 佐川町の太刀踊りと花取り踊り「岡豊風日 : 高知県立歴史民俗資料館だより」高知県立歴史民俗資料館 (75) 2011.06
考古 佐川町・山中の墓標(学芸員の机から)「岡豊風日 : 高知県立歴史民俗資料館だより」高知県立歴史民俗資料館 (85) 2014.03

桜井戸

桜井戸物語(1),(2) 神力山要法寺境内(毛利俊男)「秦史談」秦史談会 (149)/(150) 2009.01/2009.03

桜川

桜川の伝説と太古のロマンを求めて(吾桑十二代)「須崎史談」須崎史談会 124 2000.3

淋し谷

「翠柊覚書」より 淋し谷・秦泉寺氏墓地を訪ねて(神里翠柊)「秦史談」秦史談会 (180) 2014.11

猿田彦神社

最近の収蔵資料から 猿田彦神社の陣貝「岡豊風日 : 高知県立歴史民俗資料館だより」高知県立歴史民俗資料館 (82) 2013.07

佐渡

初瀬本村・仲久保・佐渡(集落の屋地・屋号)(大下喜一)「樟原史談」樟原史談会 (24) 2002.10

三里小学校

船磁石—三里小学校民具資料室(田辺寿男)「大平山」三里史談会 25 1999.3

椎名

土佐漁撈聞書(7)—アナゴを餌にフカをとる—室戸市椎名 大黒徳重さん(中村淳子)「土佐民俗 : 土佐民俗会誌」土佐民俗学会 74 2000.3

潮江荘

賀茂社領潮江荘についての歴史地理学的考察(朝倉慶景)「土佐史談」土佐史談会 (255) 2014.3

塩の道

塩の道―いぎなぎの里・物部から絵金の街・赤岡へ（公文寛伸）「土佐地域文化」［土佐地域文化研究会］　（9）　2005.8

南国塩の道を歩く（藤本眞事）「南国史談」　南国史談会　（35）　2012.4

式王寺

土佐岩原　松神楽と八大龍王―式王寺の休み木と松明（高木啓夫）「土佐民俗 : 土佐民俗会誌」　土佐民俗学会　（97）　2014.06

宍崎村

『秦史談』第122号 長浜菖蒲谷の哀史十 宍崎村の検証と慰霊（訂正分）（瀬戸鉄男）「秦史談」　秦史談会　（160）　2010.12

四万川

梼原町の伝説「四万川の竜王様」（玉岡国治）「梼原史談」　梼原史談会　（23）　2001.10

四万川幼・少ふれあい祭り（文芸梼原―随想）（森山恵）「梼原 文芸・史談」　梼原町文化協会　（35）　2010.11

島村重助旧宅

島村重助旧宅の一部保存について「自由のともしび : 自由民権記念館だより」　高知市立自由民権記念館　54　2005.9

島村重助家住宅

報告 島村重助家住宅調査報告（西森初美）「高知市立自由民権記念館紀要」　高知市立自由民権記念館　（14）　2006.8

四万十川

高知県四万十川の鵜飼―山本義兼翁聞書（坂本正夫）「民具マンスリー」　神奈川大学　30（7）　1997.10

田辺竹治翁聞き書き（3）―人間の器用―明治・大正・昭和・平成と生きて（永沢正好）「四国民俗」　四国民俗学会　通号31　1998.2

四万十川の漁具―ウナギ漁の筌について（中村淳子）「民具研究」　日本民具学会　通号117　1998.3

〔展示批評〕高知県立歴史民俗博物館企画展示「四万十川―漁の民俗誌」（谷脇温子）「民具研究」　日本民具学会　通号117　1998.3

田辺竹治翁聞き書き（4），（5）―鳥の話（1），（2）（永沢正好）「四国民俗」　四国民俗学会　（34）/（35）　2000.8/2002.9

四万十川の漁具（3）イサリカナツキ（中村淳子）「岡豊風日 : 高知県立歴史民俗資料館だより」　高知県立歴史民俗資料館　39　2001.3

四万十川下流・上流域の漁猟の一端をみる（近藤日出男）「土佐地域文化」［土佐地域文化研究会］　（6）　2003.1

四万十川の生活文化と鮎漁法（林一将）「土佐地域文化」［土佐地域文化研究会］　（7）　2003.7

岡村三男さんの四万十川（1）―鮎の大網（永沢正好）「四国民俗」　四国民俗学会　（36・37）　2004.7

四万十川の「アイの風」ばなし（中平大世）「土佐民俗 : 土佐民俗会誌」　土佐民俗学会　84　2005.3

四万十川の伝説―志和城主の娘おまん権花姫ものがたり（林一将）「土佐地域文化」［土佐地域文化研究会］　（9）　2005.8

岡村三男さんの四万十川（2）―鮎漁秘伝（永沢正好）「四国民俗」　四国民俗学会　（38）　2005.10

岡村三男さんの四万十川（3）大所をやる，南海地震《《特集 四国の八朔習俗》》（永澤正好）「四国民俗」　四国民俗学会　（39）　2006.12

四万十川（田辺竹治翁聞書）における幡多方言の語彙の考察（島田治）「香川の民俗」　香川民俗学会　通号70　2007.2

川の関わる信仰の地形―四万十川を対象として「奈良文化財研究所紀要」　奈良文化財研究所　2008　2008.6

岡村三男さんの四万十川（4）鰻・鮎・ボラ・イダ・ゴリ・ナマズ・スズキ（永澤正好）「四国民俗」　四国民俗学会　（40）　2008.6

岡村三男さんの四万十川（5）仕事に命をかけてきちょる（永澤正好）「四国民俗」　四国民俗学会　（41）　2008.12

四万十川の民俗（中平大世）「土佐民俗 : 土佐民俗会誌」　土佐民俗学会　通号92　2009.03

キリシタン史料から見た四万十川（わたりがわ）合戦と一条兼定（東近伸）「土佐史談」　土佐史談会　（244）　2010.8

田辺竹治翁聞き書き（6）―草履の蹴上げはしばの音（永澤正好）「四国民俗」　四国民俗学会　（44）　2012.08

四万十川水系

四万十川水系のカニカゴ―筌の事例（中村淳子）「民具集積」　四国民具研究会　（4）　1998.9

四万十川流域

土佐・四万十川流域の伝承（2）（〔資料〕（常光徹）「昔話伝説研究」　昔話伝説研究会　通号18　1997.5

土佐路に隼人の伝承をさぐる（3）四万十川流域の神々の世界（杉原勇三，川澤哲夫）「大豊史談」　大豊史談会　（29）　1999.06

土佐・四万十川流域で聴いた昔話（3）（常光徹）「昔話伝説研究」　昔話伝説研究会　（22）　2002.3

四万十川流域の文化的景観「奈良文化財研究所紀要」　奈良文化財研究所　2007　2007.6

清水村

江戸時代「無双」の湊/地域の生業/浦の役人/浦の寺社/黒潮の道/清水七浦/紀州漁民の据浦/漂着の湊/海防の湊/清水浦の漂流記/大関「清水節」/津波の記憶/塩浜/鼻前の豪商・山城屋/幕末の清水浦（幡多郡清水村―自然と歴史 高知県土佐清水市清水地区）「地域記録集土佐の村々」［土佐山内家宝物資料館］　（2）　2014.03

下組

下組（しもぐみ）（集落の屋地・屋号）（広瀬利政）「梼原史談」　梼原史談会　（23）　2001.10

寿仙院

寿仙院（種崎）の過去帳について（林重道）「大平山」　三里史談会　（30）　2004.3

定福寺

定福寺の仏像と神像（前田和男）「大豊史談」　大豊史談会　（28）　1998.05

青竜寺

遍路考察「青龍寺」について（小松勝記）「秦史談」　秦史談会　125　2005.1

白髪分校

企画展「白髪分校の民俗写真 ぼくの村は山をおりた」に寄せて（中村淳子）「岡豊風日 : 高知県立歴史民俗資料館だより」　高知県立歴史民俗資料館　31　1999.4

志和

志和城と志和の伝説（特集 仁井田五人衆）（S）「史談くぼかわ」　窪川史談会　（8）　1988.12

真覚寺

真覚寺日記・地震日記（小松勝記）「秦史談」　秦史談会　106　2001.11

真覚寺日記にみる藩政末期宇佐の鰹漁（岡林正十郎）「土佐史談」　土佐史談会　219　2002.3

新宮神社

戊辰戦争に従軍した高芝守助と新宮神社灯籠碑（神田二三夫）「南国史談」　南国史談会　（30）　2007.3

新宮神社の雅楽会（広谷喜十郎）「秦史談」　秦史談会　（141）　2007.9

秦泉寺

秦泉寺方面探検会 『土佐傳説』より「秦史談」　秦史談会　115　2003.5

秦泉寺家の家紋（松本紀郎）「秦史談」　秦史談会　124　2004.11

秦泉寺の力石 余聞（松本紀郎）「秦史談」　秦史談会　（142）　2007.11

秦泉寺城址

秦の昔話（23）東谷の巻（2）秦泉寺城趾の鶏の声（永野美智子）「秦史談」　秦史談会　（157）　2010.05

秦の昔話（41）東谷の巻 秦泉寺城址のふしぎ 二話（『こうち童話』第88集から）（永野美智子）「秦史談」　秦史談会　（180）　2014.11

秦泉寺廃寺

秦泉寺廃寺物語（4）（松本紀郎）「秦史談」　秦史談会　109　2002.5

真念庵

真念庵とは（四国遍路研究II）（小松勝記）「秦史談」　秦史談会　122　2004.7

四国辺地の草堂・真念庵/付・「真念標石」施主国別表「四国辺路研究」　海王舎　23　2005.1

新町

土佐の漁撈習俗聞書（5）下川遊びでボラをとる―中村市新町 北代方夫さん（中村淳子）「土佐民俗 : 土佐民俗会誌」　土佐民俗学会　69　1998.1

須崎

須崎地方の昔話（7）「須崎史談」　須崎史談会　113　1997.6

須崎地方の方言（7），（16）～（18）（堅田貞志）「須崎史談」　須崎史談会　113/124　1997.6/2000.3

本当！うそ！伝説から生まれた話（吾桑十二代）「須崎史談」　須崎史談会　115　1998.3

須崎地方の方言（9）「しの部」「すの部」（中川清，堅田貞志）「須崎史談」　須崎史談会　115　1998.3

大正時代の須崎漁民の生活（市川豊八）「須崎史談」　須崎史談会　117　1998.6

「火祭り」の民族学的考察（西川利雄）「須崎史談」　須崎史談会　117　1998.6

須崎地方の方言(11)「た」「ち」(堅田貞志)「須崎史談」 須崎史談会 117 1998.6
須崎地方の方言(12)「つの部」「ての部」(中川清)「須崎史談」 須崎史談会 118 1998.9
須崎地方の方言(12)「つの部」「ての部」(堅田貞志)「須崎史談」 須崎史談会 118 1998.9
須賀神社の祭神・須佐之男命について(里見高義)「須崎史談」 須崎史談会 123/124 1999.12/2000.3
兵隊のぞき節(山崎久)「須崎史談」 須崎史談会 124 2000.3
消えた「カッパ」(吉岡和香子)「須崎史談」 須崎史談会 124 2000.3
須崎地方の方言(堅田貞志)「須崎史談」 須崎史談会 125 2000.9
昔話(4)～(6)(津野克己)「須崎史談」 須崎史談会 131/134 2002.4/2003.2
すさきの民話(堅田茂子)「須崎史談」 須崎史談会 132 2002.7
山の化け物と人間の亡霊との出会い(坂本忠男)「須崎史談」 須崎史談会 133 2002.10
人魚伝説と八百比丘尼の塔(香崎和平)「須崎史談」 須崎史談会 136 2003.7
禅について(谷三男)「須崎史談」 須崎史談会 141 2004.10
猫神さま(真鍋博介)「須崎史談」 須崎史談会 142 2005.2
すさきの民話 巡査嫌いの親父/甚六物語/子沢山物語(大崎正喜)「須崎史談」 須崎史談会 (143) 2005.4
八百歳生きた女(真鍋博介)「須崎史談」 須崎史談会 (144) 2005.8
すさきの民話(2) 角さんと腰まき(大崎正喜)「須崎史談」 須崎史談会 (144) 2005.8
すさきの民話(2) 狸店屋の金平と唯七(大崎正喜)「須崎史談」 須崎史談会 (146) 2006.5
二つの筆塚について(香崎和平)「須崎史談」 須崎史談会 (148) 2007.3
「あこやもち」の想い(西村精二)「須崎史談」 須崎史談会 (152) 2008.7
須賀神社の棟札検証について(下村茂喜)「須崎史談」 須崎史談会 (157) 2010.06
須崎の火鎮祭(『土佐の民話』468号から)(藤本知子)「秦史談」 秦史談会 (159) 2010.09
大日如来像のルーツ考(大﨑徹)「須崎史談」 須崎史談会 (159) 2011.01
扉写真 火鎮祭大相撲大会「須崎史談」 須崎史談会 (160) 2011.05
扉写真 太鼓台(須崎商工会議所提供)「須崎史談」 須崎史談会 (162) 2012.02

須崎市
須崎市の昔話(9)～(11)(須崎市教育委員会)「須崎史談」 須崎史談会 115/117 1998.3/1998.6
須崎市内の神社祭礼期日一覧(香崎和平)「須崎史談」 須崎史談会 125 2000.9

須崎太鼓台
須崎太鼓台の行事記録(香崎和平)「須崎史談」 須崎史談会 (162) 2012.02

須留田神社
表紙 須留田神社の絵金蔵(香南市赤岡町)「高知史学 : 歴史研究会紀要」 高知県高等学校教育研究会社会科歴史部会 (44) 2014.03

青源寺
青源寺僧継耀道晃とお福様(香崎和平)「佐川史談霧生関」 佐川史談会 (48) 通号81 2012.11

清道寺山
清道寺山物語(山田一郎)「大平山」 三里史談会 (34) 2008.3

雪蹊寺
ヘンロ道考察 五台山から雪蹊寺まで(小松勝記)「大平山」 三里史談会 (33) 2007.3

洗慶院
お洗慶さま(〈梼原史談〉)(川田清雄)「檮原 文芸・史談」 檮原町文化協会 (34) 2009.10

千松公園
千松公園古碑と妙国寺梵鐘(岡村庄造)「大平山」 三里史談会 (31) 2005.3

千枚田
「神楽と千枚田」が未来を呼ぶ 雲の上の町より報告(二宮清)「西南四国歴史文化論叢よど」 西南四国歴史文化研究会 (1) 2000.3

宗安寺
宗安寺の不動堂成立について(広谷喜十郎)「秦史談」 秦史談会 (147) 2008.9
宗安寺歴史考(広谷喜十郎)「秦史談」 秦史談会 (148) 2008.11

曽我(宗我)神社
高知県の曽我(宗我)神社(甫喜本一)「西南四国歴史文化論叢よど」 西南四国歴史文化研究会 (9) 2008.4

田井
戦国織豊期における本山郷田井地域の寺院について(朝倉慶景)「大豊史談」 大豊史談会 (31) 2001.07

太玄塔
「太玄塔」の説明板設置(瀬戸鉄男)「秦史談」 秦史談会 112 2002.12

大乗院
『桃華蘂葉』に見る土佐国幡多庄と『大乗院寺社雑事記』(《「土佐の古代・中世史」特集号》)(池内敏彰)「土佐史談」 土佐史談会 (242) 2009.12

大善寺
須崎大善寺山麓の宝永津浪溺死之塚を読む(上田茂敏)「檮原史談」 檮原史談会 (20) 1998.10

大法寺
大法寺の観音堂(幾井幸雄)「土佐山田史談」 土佐山田史談会 22 1997.6

高岡神社
高岡神社(仁井田五社)の古事来歴(武田正一)「西南四国歴史文化論叢よど」 西南四国歴史文化研究会 (4) 2003.3

高賀茂神社
高岡郡高賀茂神社考(寺尾義昭)「史談くぼかわ」 窪川史談会 (7) 1986.12

高砂
秦の昔話 高砂のエンコウ(永野美智子)「秦史談」 秦史談会 (140) 2007.7

鷹匠町
路傍の歴史 脇参道の常夜灯 高知市鷹匠町(石川寛)「海南千里 : 土佐山内家宝物資料館だより」 土佐山内家宝物資料館 13 2004.5

滝山
滝山異聞楠吉譚(山原宇顕)「本山史談」 本山史談会 1 1997

竹村家住宅
佐川町・竹村家住宅の調査「奈良文化財研究所紀要」 奈良文化財研究所 2006 2006.6

田中良助旧邸
龍馬ゆかりの田中良助旧邸 高知市史跡に指定(小椋克己)「飛騰 : 高知県立坂本龍馬記念館だより」 高知県立坂本竜馬記念館 43 2002.12

種崎浦戸湾口
昭和初期の種崎浦戸湾口の風物絵図覚書(遺稿)(小松正明)「大平山」 三里史談会 26 2000.3

田野
田野のアンドンマチ(石川博司)「まつり通信」 まつり同好会 42(3) 通号493 2002.2

田野々
田野々(集落の屋地・屋号)(中平重馬)「檮原史談」 檮原史談会 (25) 2003.10

多宝坊観音堂
多宝坊観音堂のこと(小松勝記)「秦史談」 秦史談会 101 2001.1

田村
考古 南国市田村の江戸文化—江戸の墓標(学芸員の机から)「岡豊風日 : 高知県立歴史民俗資料館だより」 高知県立歴史民俗資料館 (82) 2013.7

太郎川
太郎川(集落の屋地・屋号)(川田薫)「檮原史談」 檮原史談会 (26) 2004.11

竹林寺
四国八十八ヶ所霊場考—竹林寺の院号について(小松勝記)「高知市史研究」 高知市 (4) 2006.12
高知県竹林寺客殿の調査(研究報告—文化遺産部)「奈良文化財研究所紀要」 奈良文化財研究所 2011 2011.06
事業報告 「竹林寺文化財等調査業務」報告 調査概要と古文書・美術の部(渡部淳)「海南千里 : 土佐山内家宝物資料館だより」 土佐山内家宝物資料館 (34) 2011.06
報告 竹林寺所蔵 阿弥陀如来像の科学調査(松島朝秀)「研究紀要」 土佐

山内家宝物資料館　（12）　2014.03
特設展関連行事報告　「文殊の御寺 竹林寺展」関連行事 記念講演会「四国遍路の歴史」3月21日(金・祝)、竹林寺境内見学と声明体験 4月12日(日)、特別講座「本尊文殊菩薩の御詠歌紹介と開帳の歴史」5月11日(日)(横山和弘)「海南千里 : 土佐山内家宝物資料館だより」 土佐山内家宝物資料館　（43）　2014.06

茶や谷
茶や谷(ちゃやだに)・中の川(なかのかわ)(集落の屋地・屋号)(鎌倉安弘)「樟原史談」 樟原史談会　（23）　2001.10
茶ヤ谷地区の念仏行事(樟原史談)(鎌倉安弘)「樟原 文芸・史談」 樟原町文化協会　（35）　2010.11

中道寺
室戸市中道寺所蔵の伝日蓮真蹟について(寺尾英智)「高知県立歴史民俗資料館研究紀要」 高知県立歴史民俗資料館　（13）　2004.3

長泉寺
大方の長泉寺歴史考(広谷喜十郎)「秦史談」 秦史談会　（151）　2009.05

長徳寺
長徳寺と八木氏(上),(中),(下)(岡林裕彦)「土佐史談」 土佐史談会 204/207　1997.3/1998.3
本山長徳寺についての一考察(朝倉慶景)「大豊史談」 大豊史談会　（31）　2001.07
長徳寺・吾橋庄について(岡林裕彦)「土佐史談」 土佐史談会　（240）　2009.3

長徳寺三社
いわゆる「長徳寺三社」について(岡林裕彦)「土佐史談」 土佐史談会 223　2003.8

長福寺
高岡幡多両郡の「武装集団」長福寺について(甫喜本一)「西南四国歴史文化論叢よど」 西南四国歴史文化研究会　（13）　2012.04

塚地坂
土佐の石仏アラカルト(5) 塚地坂の石仏(岡村庄造)「秦史談」 秦史談会 92　1999.7

津野山
津野山の茶(上田茂敏)「土佐地域文化」 [土佐地域文化研究会]　（8）　2004.12
「津野山古式神楽」拝見記—高知県高岡郡津野に伝わる神楽(下畠信二)「広島民俗」 広島民俗学会　（76）　2011.08
津野山と茶文化(川田清雄)「西南四国歴史文化論叢よど」 西南四国歴史文化研究会　（13）　2012.4
津野山神楽を拝見する 平成25年11月3日 三島五社神社の祭り(下畠信二)「広島民俗」 広島民俗学会　（82）　2014.08

津野神社
宝永地震津浪碑の精査 二ツ石大師境内地蔵と津野神社前地蔵(岡村庄造)「須崎史談」 須崎史談会 134　2003.2

津野町
つべかえり地蔵(川田清雄)「樟原史談」 樟原史談会　（24）　2002.10

津野領
長宗我部地検帳における津野領の寺院と寺領分からみた津野氏(朝倉慶景)「須崎史談」 須崎史談会　（153）　2008.11

海石榴庵
海石榴庵だより(浜田清次)「大平山」 三里史談会　（34）　2008.3

椿山
高知県椿山の伐畑概要(田辺寿男)「土佐地域文化」 [土佐地域文化研究会]　1　2000.6

坪野田
東向・坪野田・坂本川(集落の屋地・屋号)(下元治男)「樟原史談」 樟原史談会　（24）　2002.10

爪白
中世爪白の仏教文化と歴史的背景—覚夢寺釈迦堂・阿弥陀堂と東小路について(東近伸)「土佐史談」 土佐史談会　（237）　2008.3

津呂
室戸市津呂多田家の年中行事(坂本正夫)「土佐民俗 : 土佐民俗会誌」 土佐民俗学会 74　2000.3

寺川
土佐寺川の年中行事(坂本正夫)「四国民俗」 四国民俗学会　通号31　1998.2
木地師史料「寺川郷談」の故地(1)～(3)—高知県土佐郡本川村(杉本

寿)「民俗文化」 滋賀民俗学会　417/419　1998.6/1998.8

天神ノ谷天神
伊野町天神ノ谷天神(天満宮)の調査(岡本健児)「いの史談」 いの史談会　（46）　1998.2

天王
天王・八坂神社建立の経緯[1],(2)(大岩稔幸)「いの史談」 いの史談会 （50）/（53）　2000.3/2002.11

土居
「土居の前」のお地蔵さん(松本紀郎)「秦史談」 秦史談会 117　2003.9
お世話になった人々—安芸市土居郷土料理研究会(中屋真理)「海南千里 : 土佐山内家宝物資料館だより」 土佐山内家宝物資料館　（38）　2012.09

戸板島
遍路道を歩く一戸板島から国分寺まで(利根洋一)「土佐山田史談」 土佐山田史談会 27　2002.9

土居屋敷
佐川深尾氏土居屋敷想像復元図の作成(大山征彦)「佐川史談霧生関」 佐川史談会　（48）通号81　2012.11

東光寺
東光寺の創建はいつか(安岡稔)「本山史談」 本山史談会 5　2003.10

東洋町
東洋町周辺の食文化(原田英祐)「土佐地域文化」 [土佐地域文化研究会]　（8）　2004.12
土佐の皿鉢についての一考察—東洋町の組皿鉢のルーツを探る(原田英祐)「土佐史談」 土佐史談会　（231）　2006.3
東洋町の左義長(原田英祐)「土佐民俗 : 土佐民俗会誌」 土佐民俗学会　（97）　2014.06

十津
お蚕様と十津のおばさん達(栗田健雄)「大平山」 三里史談会　（28）　2002.10
十津の七不思議(1),(2)(栗田健雄)「大平山」 三里史談会　（30）/（31）　2004.3/2005.3
古十津の四季と愛唱歌(栗田健雄)「大平山」 三里史談会　（33）　2007.3

徳泉寺
瀑本山徳泉寺由来略記(二宮清)「樟原史談」 樟原史談会　（27）　2005.11

野老山
越知町野老山の鰐口(大原純一)「須崎史談」 須崎史談会 135　2003.5

土佐
土佐和紙と伊野町(杉峰俊男)「文化財協会報」 善通寺市文化財保護協会 16　1997.3
土佐史の神々(風よけ信仰1・2)(広谷喜十郎)「いの史談」 いの史談会　（45）　1997.8
柿渋利用の技術と民俗(坂本正夫)「土佐民俗 : 土佐民俗会誌」 土佐民俗学会 69　1998.1
漁の神々(榊原敏文)「土佐民俗 : 土佐民俗会誌」 土佐民俗学会 69　1998.1
神の木(中川松吉)「土佐民俗 : 土佐民俗会誌」 土佐民俗学会 69　1998.1
よさこい節と土佐人の心理(谷三男)「須崎史談」 須崎史談会 115　1998.3
土佐切支丹外史(あべこうきち)「土佐史談」 土佐史談会 207　1998.3
すそ祭文と祝い直し—呪文博士の因縁調伏(高木啓夫)「土佐民俗 : 土佐民俗会誌」 土佐民俗学会 70　1998.3
土佐史の神々(徐福伝承と蓬莱山1・2)(広谷喜十郎)「いの史談」 いの史談会　（47）　1998.7
江戸前と土佐前(松田広士)「いの史談」 いの史談会　（47）　1998.7
島村右馬丞日記に見る坪内氏—鉄炮講との関わりを中心に(渡辺哲哉)「土佐史談」 土佐史談会 208　1998.8
土佐の梵字資料二題—曳覆曼陀羅と流れ灌頂(林勇作, 浜田謙次)「史迹と美術」 史迹美術同攷会 68(8)　1998.9
土佐・阿波の火打道具調査メモ(真野修)「民具集積」 四国民具研究会　（4）　1998.9
土佐の「どろんこ祭り」(高瀬美代子)「西日本文化」 西日本文化協会 346　1998.11
土佐源氏が終わった(杉浦瞳)「安城民俗」 安城民俗談話会 11　1998.12
土佐源氏(久世郁子)「安城民俗」 安城民俗談話会 11　1998.12
一人芝居「土佐源氏」(汐満房江)「安城民俗」 安城民俗談話会 11　1998.12

土佐の太米 (近藤日出男)「土佐史談」 土佐史談会 209 1998.12

土佐の特産果樹雑考 (橋本博好)「土佐史談」 土佐史談会 209 1998.12

土佐文旦の歩み (真鍋糺)「土佐史談」 土佐史談会 209 1998.12

鰹の夜売りのみち (広谷喜十郎)「土佐史談」 土佐史談会 209 1998.12

土佐珊瑚漁業探採と交易の先覚者 (庄境邦雄)「土佐史談」 土佐史談会 209 1998.12

土佐古式捕鯨の絵図 (島村泰吉)「土佐史談」 土佐史談会 209 1998.12

「見る」ことのフォークロア (森田香保里)「土佐民俗 : 土佐民俗会誌」 土佐民俗学会 71 1999.1

土佐漁撈習俗聞書 (6) 雨あがりのミゾゴ漁―福井浩之さん (中村淳子)「土佐民俗 : 土佐民俗会誌」 土佐民俗学会 71 1999.1

四国の土佐で大石流が流行った (藤吉斉)「三池史談」 (24) 1999.2

土佐はお茶国 (広谷喜十郎)「いの史談」 いの史談会 (48) 1999.2

イモと雑穀の民俗 (1), (2) (津野幸右)「土佐民俗 : 土佐民俗会誌」 土佐民俗学会 72/73 1999.3/2000.1

すそ祭文とほうめんさまし―弓打ち太夫の因縁調伏 (高木啓夫)「土佐民俗 : 土佐民俗会誌」 土佐民俗学会 72 1999.3

遡河性魚の海辺 (と川) の漁労習俗など (岡林正十郎)「土佐民俗 : 土佐民俗会誌」 土佐民俗学会 72 1999.3

土佐の天神伝説 (高瀬美代子)「西日本文化」 西日本文化協会 352 1999.6

別火と女性問題 (松本瑛子)「土佐史談」 土佐史談会 211 1999.8

土佐の神々 大国主命と白ウサギ (広谷喜十郎)「いの史談」 いの史談会 (49) 1999.8

土佐の典社帖紙を支育てた人々 (小野春茂)「いの史談」 いの史談会 (49) 1999.8

土佐の猿田彦神を考える (広谷喜十郎)「あらはれ : 猿田彦大神フォーラム年報 : ひらかれる未来神話」 猿田彦大神フォーラム 2 1999.10

土佐の秦氏と布師について (大原正昭)「秦史談」 秦史談会 94 1999.11

いもじの十連考察 (佐伯賢一)「土佐史談」 土佐史談会 212 1999.12

土佐の神仏習合と廃仏毀釈 (坂本靖)「高知女学 : 歴史研究会紀要」 高知県高等学校教育研究会社会科歴史部会 (31) 2000

奈良の丹生信仰と土佐との結びつき (広谷喜十郎)「佐川史談霧生関」 佐川史談会 36 2000

座談会「土佐弁」9月例会「秦史談」 秦史談会 95 2000.1

土佐一条切支丹異相 (あべこうきち)「土佐史談」 土佐史談会 213 2000.3

「イゴッソー」の語源を巡って (伊郷好文)「土佐史談」 土佐史談会 213 2000.3

正月の御札 (羽床住人)「土佐民俗 : 土佐民俗会誌」 土佐民俗学会 74 2000.3

奈良の矢田坐久志玉比古神社と土佐物部氏の石船伝承との結びつき (広谷喜十郎)「南国史談」 南国史談会 (23) 2000.4

土佐の石仏ア・ラ・カルト (岡村庄造)「秦史談」 秦史談会 96 2000.5

古代土佐の酒造り (広谷喜十郎)「土佐地域文化」 [土佐地域文化研究会] 2 2000.6

土佐の風土と民俗―村歩き35年の回顧と展望 (坂本正夫)「土佐地域文化」 [土佐地域文化研究会] 1 2000.6

鏝絵調査事始め (中村淳子)「土佐地域文化」 [土佐地域文化研究会] 1 2000.6

粗末な柄杓 (釣井龍宏)「土佐地域文化」 [土佐地域文化研究会] 1 2000.6

〈小特集 紫草〉「土佐地域文化」 [土佐地域文化研究会] 1 2000.6

紫草について (石川貴啓)「土佐地域文化」 [土佐地域文化研究会] 1 2000.6

わたしの紫草 (広谷雅子)「土佐地域文化」 [土佐地域文化研究会] 1 2000.6

幻のムラサキ草について (広谷喜十郎)「土佐地域文化」 [土佐地域文化研究会] 1 2000.6

伊郷好文氏『「イゴッソー」の語源を巡って』を読んで (竹本義明)「土佐史談」 土佐史談会 214 2000.8

総合の報告 総会講演会「土佐の花取り踊り」(高木啓夫)「須崎史談」 須崎史談会 125 2000.9

土佐電曳網用具―高知市三里小学校民具資料室より (田辺寿男)「民具集積」 四国民具研究会 (6) 2000.9

土佐の下駄作り職人―山岡豊信さん聞書 (坂本正夫)「民具集積」 四国民具研究会 (6) 2000.9

『おあん物語』と女性史 (松本瑛子)「土佐史談」 土佐史談会 215 2000.12

《酒特集》「土佐地域文化」 [土佐地域文化研究会] 2 2001.1

酒とわたし (佐野賢治)「土佐地域文化」 [土佐地域文化研究会] 2 2001.1

土佐酒の酒造地図と風景 (松尾昭仁郎)「土佐地域文化」 [土佐地域文化研究会] 2 2001.1

土佐酒 (竹村昭彦)「土佐地域文化」 [土佐地域文化研究会] 2 2001.1

日本酒のできるまで (河野幸良)「土佐地域文化」 [土佐地域文化研究会] 2 2001.1

土佐で生まれた酒造好適米 "吟の夢" (岩崎昭雄)「土佐地域文化」 [土佐地域文化研究会] 2 2001.1

銘柄と歴史 (松村実加)「土佐地域文化」 [土佐地域文化研究会] 2 2001.1

土佐酒ばあーていつれづれなるままに (山本紀子)「土佐地域文化」 [土佐地域文化研究会] 2 2001.1

土佐酉水会 (高木直之)「土佐地域文化」 [土佐地域文化研究会] 2 2001.1

土佐の酒袋 (山本綾子)「土佐地域文化」 [土佐地域文化研究会] 2 2001.1

どろめ祭の記 (高木直之)「土佐地域文化」 [土佐地域文化研究会] 2 2001.1

酔っちょれ酒 (青柳裕介)「土佐地域文化」 [土佐地域文化研究会] 2 2001.1

はし拳道場「いらっしゃい！」(坂本和之)「土佐地域文化」 [土佐地域文化研究会] 2 2001.1

私の体験記と農村伝承を繋ぐ酒 (釣井龍広)「土佐地域文化」 [土佐地域文化研究会] 2 2001.1

古代米の酒造りに寄せて (広谷喜十郎)「土佐地域文化」 [土佐地域文化研究会] 2 2001.1

土佐の飲酒文化 (坂本正夫)「土佐地域文化」 [土佐地域文化研究会] 2 2001.1

土佐つむぎと歴史 (谷内良平)「土佐地域文化」 [土佐地域文化研究会] 2 2001.1

土佐の民具 (4) いろいろな機能を持つ箕 (坂本正夫)「岡豊風日 : 高知県立歴史民俗資料館だより」 高知県立歴史民俗資料館 39 2001.3

甦る伊予泉貨紙と土佐泉貨紙特別展示 (大森時政)「西南四国歴史文化論叢よど」 西南四国歴史文化研究会 (2) 2001.3

太刀踊今昔 (杉本道彦)「土佐地域文化」 [土佐地域文化研究会] 3 2001.6

おじいちゃん、どういった人たちが村に住んでいたんですか？(マイケル、カーン)「土佐地域文化」 [土佐地域文化研究会] 3 2001.6

鏡の月―蟹越咄 (三宮凱温)「土佐地域文化」 [土佐地域文化研究会] 3 2001.6

氷の蔵入れ (金受申)「土佐地域文化」 [土佐地域文化研究会] 3 2001.6

伊勢神宮と土佐とのつながり (広谷喜十郎)「大豊史談」 大豊史談会 (31) 2001.07

囲碁からみた長宗我部氏 (朝倉慶景)「土佐史談」 土佐史談会 217 2001.8

土佐の民具 (5) 箱膳と吊りそうけ (坂本正夫)「岡豊風日 : 高知県立歴史民俗資料館だより」 高知県立歴史民俗資料館 41 2001.9

土佐正気の歌 (崎義郎)「秦史談」 秦史談会 105 2001.9

《山村特集》「土佐地域文化」 [土佐地域文化研究会] 4 2001.12

山村の現状と課題 (坂本正夫)「土佐地域文化」 [土佐地域文化研究会] 4 2001.12

山が死にかけている―中山間の山村を見た役場農林業担当からのレポート (岡村博公)「土佐地域文化」 [土佐地域文化研究会] 4 2001.12

先祖代々の「鎖」(マイケル、カーン)「土佐地域文化」 [土佐地域文化研究会] 4 2001.12

企画展『ふるさと土佐のおもちゃとおひなさま』から「岡豊風日 : 高知県立歴史民俗資料館だより」 高知県立歴史民俗資料館 42 2002.1

白色尉 (行藤たけし)「海南千里 : 土佐山内家宝物資料館だより」 土佐山内家宝物資料館 6 2002.1

土佐郷土玩具小史 (畑野栄三)「岡豊風日 : 高知県立歴史民俗資料館だより」 高知県立歴史民俗資料館 43 2002.3

平家伝説のひとこま (中川幸子)「土佐地域文化」 [土佐地域文化研究会] (5) 2002.6

豊楽焼平棗 (鈴木康将)「海南千里 : 土佐山内家宝物資料館だより」 土佐山内家宝物資料館 8 2002.9

牛玉宝印版木について (前田和男)「土佐史談」 土佐史談会 221 2002.12

山内家の正月行事 (山内豊秋)「海南千里 : 土佐山内家宝物資料館だより」 土佐山内家宝物資料館 9 2003.1

研究の手引き 『土佐の墓』山本泰三著 (藤田有紀)「海南千里 : 土佐山内家宝物資料館だより」 土佐山内家宝物資料館 9 2003.1

《漁業特集》「土佐地域文化」 [土佐地域文化研究会] (6) 2003.1

土佐人とカツオ "たたき" (石原義剛)「土佐地域文化」 [土佐地域文化研究会] (6) 2003.1

和船時代のかつお一本釣り (西川恵与市)「土佐地域文化」 [土佐地域文化研究会] (6) 2003.1

鰹の国万談義 (川島昭代司)「土佐地域文化」 [土佐地域文化研究会]

（6）2003.1

中土佐町史料及び『土佐のカツオ漁業史』編纂記（1）（林勇作）「土佐地域文化」［土佐地域文化研究会］（6）2003.1

人魚伝説と八百比丘尼の塔（香崎和平）「土佐地域文化」［土佐地域文化研究会］（6）2003.1

土佐の漁村集落・漁港と漁村民家（溝渕博彦）「土佐地域文化」［土佐地域文化研究会］（6）2003.1

植杉漁撈長に聴く―土佐のカツオ一本釣り（仲原英哉）「土佐地域文化」［土佐地域文化研究会］（6）2003.1

テレビ桟敷からの天神さん（広谷雅子）「土佐地域文化」［土佐地域文化研究会］（6）2003.1

「土佐名鑑」にみる明治期の酒造業界について（香崎和平）「須崎史談」須崎史談会 134 2003.2

土佐の民具（10）自在カギ（坂本正夫）「岡豊風日 : 高知県立歴史民俗資料館だより」 高知県立歴史民俗資料館 47 2003.3

大正期町を流して商売していた職人や商売人（高本薫明）「土佐史談」土佐史談会 222 2003.3

すそ祭文と託宣―弓打ち太夫の因縁調伏（2）（高木啓夫）「土佐民俗 : 土佐民俗会誌」 土佐民俗学会 80 2003.3

針銘椀を訪ねて―古椀エッセー（森三千加）「土佐民俗 : 土佐民俗会誌」 土佐民俗学会 80 2003.3

讃岐における土佐にかかわる伝承（羽床住人）「土佐民俗 : 土佐民俗会誌」 土佐民俗学会 80 2003.3

犬追物図説（山下堅太郎）「海南千里 : 土佐山内家宝物資料館だより」 土佐山内家宝物資料館 10 2003.5

土佐の民具（11）火吹竹（坂本正夫）「岡豊風日 : 高知県立歴史民俗資料館だより」 高知県立歴史民俗資料館 48 2003.7

中土佐町史料及び『土佐のカツオ漁業史』編纂記（林勇作）「須崎史談」須崎史談会 136 2003.7

漁浦の風習と麦わら鰹（西川恵与市）「土佐地域文化」［土佐地域文化研究会］（7）2003.7

土佐の魚料理（宮川逸雄）「土佐地域文化」［土佐地域文化研究会］（7）2003.7

古代土佐の海の世界を考える（広谷喜十郎）「土佐地域文化」［土佐地域文化研究会］（7）2003.7

『土佐のカツオ漁業史』編纂記（2）（林勇作）「土佐地域文化」［土佐地域文化研究会］（7）2003.7

おぢやん、おばやんの言い伝え（川島昭代司）「土佐地域文化」［土佐地域文化研究会］（7）2003.7

土佐のウミンチュ―橋本伊勢美さん（仲原英哉）「土佐地域文化」［土佐地域文化研究会］（7）2003.7

大海渡航の鰐口（三宮凱温）「土佐地域文化」［土佐地域文化研究会］（7）2003.7

土佐の民具（12）アオダ（青駄）（坂本正夫）「岡豊風日 : 高知県立歴史民俗資料館だより」 高知県立歴史民俗資料館 49 2003.12

南海道・四国地方への熊野信仰の地方展開―土佐・伊予を中心として（山口登志夫）「熊野誌」熊野地方研究会（49）2003.12

企画展「石の仏―土佐の石造美術I」 石の仏について語る（野沢均，岡本桂典）「岡豊風日 : 高知県立歴史民俗資料館だより」 高知県立歴史民俗資料館 50 2004.2

すそ祭文と三ツ墓―呪い殺しの派生祭文（高木啓夫）「土佐民俗 : 土佐民俗会誌」 土佐民俗学会 82 2004.2

焼畑とその作物（1）―里芋（佐藤省三）「土佐民俗 : 土佐民俗会誌」 土佐民俗学会 82 2004.2

土佐・石造塔婆・石仏研究（1）―板碑（岡本桂典）「高知県立歴史民俗資料館研究紀要」 高知県立歴史民俗資料館（13）2004.3

史談サロン 藁打ち石（松木瑛子）「土佐史談」 土佐史談会 225 2004.3

土佐の遍路道考察（1）（小松勝記）「秦史談」 秦史談会 124 2004.11

俳句と土佐和紙考（上）（友草良雄）「いの史談」 いの史談会（55）2004.11

島村右馬丞日記にみる結婚と離婚（小林和香）「土佐史談」 土佐史談会 227 2004.12

茶の湯と女性（川澤桂子）「土佐史談」 土佐史談会 227 2004.12

機祝いと嫁着物に関する伝承―土佐の婚姻習俗の一断面（坂本正夫）「土佐史談」 土佐史談会 227 2004.12

絵馬に描かれた女性（畠中宏一）「土佐史談」 土佐史談会 227 2004.12

史料紹介 三宮家資料に見る藩政期の結婚（渡邊哲義）「土佐史談」 土佐史談会 227 2004.12

《飲食文化特集》「土佐地域文化」［土佐地域文化研究会］（8）2004.12

土佐の茶菓史（広谷喜十郎）「土佐地域文化」［土佐地域文化研究会］（8）2004.12

土佐酒 水・米・料理（松尾昭仁郎）「土佐地域文化」［土佐地域文化研究会］（8）2004.12

土佐の食物史の一断面（宮川逸雄）「土佐地域文化研究

会］（8）2004.12

木の実を食べよう（山崎安津，北島宜）「土佐地域文化」［土佐地域文化研究会］（8）2004.12

漁浦の郷土飲食のはなし（西川恵与市）「土佐地域文化」［土佐地域文化研究会］（8）2004.12

蕎麦すべり 土佐の年越し蕎麦は12月朔日（岩井信子）「土佐地域文化」［土佐地域文化研究会］（8）2004.12

七夕とカジノキ（広谷雅子）「土佐地域文化」［土佐地域文化研究会］（8）2004.12

すそ祭文と呪咀の驚き―調伏みさきから呪咀みさきへ（高木啓夫）「土佐民俗 : 土佐民俗会誌」 土佐民俗学会 83 2004.12

民俗譚話二題―船長と船頭・火玉の話（岡林正十郎）「土佐民俗 : 土佐民俗会誌」 土佐民俗学会 83 2004.12

お墓の花あれこれ（原田英祐）「土佐民俗 : 土佐民俗会誌」 土佐民俗学会 83 2004.12

土佐のギョウジばなれ（上），（下）―その現状と考察（井手勇男，清水陽子）「土佐民俗 : 土佐民俗会誌」 土佐民俗学会 84/通号87 2005.3/2006.9

土佐は鬼国（1），（2）（松本紀郎）「秦史談」 秦史談会 127/128 2005.5/2005.7

松煙聞き書き考（中平大世）「土佐地域文化」［土佐地域文化研究会］（9）2005.8

蘇った紫草色―苦節30年の記憶（石川貴啓）「土佐地域文化」［土佐地域文化研究会］（9）2005.8

イモと雑穀の民俗（5）年中行事の供物（津野幸吉）「土佐民俗 : 土佐民俗会誌」 土佐民俗学会 85 2005.12

『紺屋根元記』（仮称）と土佐の紺屋座（高木啓夫）「土佐民俗 : 土佐民俗会誌」 土佐民俗学会 85 2005.12

ある漁村の飲酒風景《《酒特集》》（岡林正十郎）「土佐地域文化」［土佐地域文化研究会］（10）2006.6

漁民と酒《《酒特集》》（西川恵与市）「土佐地域文化」［土佐地域文化研究会］（10）2006.6

酒を器で楽しむ《《酒特集》》（利根洋一）「土佐地域文化」［土佐地域文化研究会］（10）2006.6

土佐酒雑記―酒樽と酒樽の話《《酒特集》》（坂本正夫）「土佐地域文化」［土佐地域文化研究会］（10）2006.6

有酒自土佐来不亦楽乎―お酒とお菜と友人と 「文化融合」雑感《《酒特集》》（大上葉子）「土佐地域文化」［土佐地域文化研究会］（10）2006.6

酒屋に学ぶ《《酒特集》》（蕭紅燕）「土佐地域文化」［土佐地域文化研究会］（10）2006.6

土佐自由民権運動に見るキリスト教感化―あるクリスチャン青年の軌跡を通して（中川美佐）「高知市立自由民権記念館紀要」 高知市立自由民権記念館（14）2006.8

祈禱弓の創成といざなぎ祭文の成立―天ノ神弓から祈禱弓へ（高木啓夫）「土佐民俗 : 土佐民俗会誌」 土佐民俗学会 通号87 2006.9

亥のこ（イノコ）まつり（山下慶喜）「土佐民俗 : 土佐民俗会誌」 土佐民俗学会 通号87 2006.9

海幽霊と小坊主（岡林正十郎）「土佐民俗 : 土佐民俗会誌」 土佐民俗学会 通号87 2006.9

幻の土佐の山茶を求めて（談話室）（広谷喜十郎）「秦史談」 秦史談会（136）2006.11

土佐はニワトリ王国―土佐で作られたニワトリ達《《土佐の芸能・娯楽・大衆風俗史 特集号》》（都築義起）「土佐史談」 土佐史談会（233）2006.12

土佐の茶道史《《土佐の芸能・娯楽・大衆風俗史 特集号》》（山崎博司）「土佐史談」 土佐史談会（233）2006.12

土佐の能楽《《土佐の芸能・娯楽・大衆風俗史 特集号》》（尾本師子）「土佐史談」 土佐史談会（233）2006.12

土佐の華道史《《土佐の芸能・娯楽・大衆風俗史 特集号》》（尾木豊尚）「土佐史談」 土佐史談会（233）2006.12

明治の劇場《《土佐の芸能・娯楽・大衆風俗史 特集号》》（公文豪）「土佐史談」 土佐史談会（233）2006.12

「俄」の現在《《土佐の芸能・娯楽・大衆風俗史 特集号》》（佐藤恵里）「土佐史談」 土佐史談会（233）2006.12

とさ現代民話の主人公《《土佐の芸能・娯楽・大衆風俗史 特集号》》（市原麟一郎）「土佐史談」 土佐史談会（233）2006.12

遊漁の歴史と醍醐味《《土佐の芸能・娯楽・大衆風俗史 特集号》》（岡林正十郎）「土佐史談」 土佐史談会（233）2006.12

土佐のお座敷遊び《《土佐の芸能・娯楽・大衆風俗史 特集号》》（北村文和）「土佐史談」 土佐史談会（233）2006.12

土佐ゆうちゅう音頭（久米生太子）「秦史談」 秦史談会（137）2007.1

土佐の「花取踊り」の生成と流伝（井出幸男）「民俗芸能研究」 民俗芸能学会（42）2007.3

多田吉左衛門と網掛突取捕鯨（太地亮）「土佐史談」 土佐史談会 （234）
2007.3

史談サロン フラフ考（内川清輔）「土佐史談」 土佐史談会 （234）
2007.3

茶農家3代（《茶特集》）（岡林光治）「土佐地域文化」 土佐地域文化研究
会 （11）2007.6

「土佐のお茶」を元気にしよう！—放棄茶園の現状と課題（《茶特集》）
（坂本世津夫）「土佐地域文化」 土佐地域文化研究会 （11）2007.6

お茶班で釜炒茶と紅茶をつくってみよう《《茶特集》》（蕭紅燕）「土佐地
域文化」 土佐地域文化研究会 （11）2007.6

神社合祀 明治の宗教政策を考える（石川恭志）「土佐史談」 土佐史談会
（235）2007.7

土佐の珊瑚・先人の歩み 天平「胡渡り」から1255年（《土佐の産業史 特
集号》）（庄境邦雄）「土佐史談」 土佐史談会 （236）2007.12

土佐カツオ漁業史の問題点（《土佐の産業史 特集号》）（広谷喜十郎）「土
佐史談」 土佐史談会 （236）2007.12

土佐における漁具・船具の変遷史（《土佐の産業史 特集号》）（岡林正十
郎）「土佐史談」 土佐史談会 （236）2007.12

弓狩り祈禱とモノの顕現—神かづきから鉢かづきへ（高木啓夫）「土佐民
俗 ： 土佐民俗会誌」 土佐民俗学会 通号89 2007.12

海幽霊の話（岡林正十郎）「土佐民俗 ： 土佐民俗会誌」 土佐民俗学会
通号89 2007.12

七つの海を巡ったマグロ漁船員の一代記（岡林正十郎）「土佐史談」 土佐
史談会 （237）2008.3

土佐へ出稼ぎに来たテント船（坂本正夫）「西郊民俗」 西郊民俗談話
会 （204）2008.9

古文書への招待 娘の縁談—旗本結婚事情《藤田雅子》「海南千里 ： 土佐
山内家宝物資料館だより」 土佐山内家宝物資料館 （26）2008.10

土佐のキリシタン（《「欧米文化と土佐人の交流」特集号》）（岡村庄造）
「土佐史談」 土佐史談会 （239）2008.12

アメリカ南長老派宣教師の働きとその響き（《「欧米文化と土佐人の交
流」特集号》）（門馬昭仂）「土佐史談」 土佐史談会 （239）2008.12

古文書への招待 山内家伝来の寺社関係資料（渡部淳）「海南千里 ： 土佐
山内家宝物資料館だより」 土佐山内家宝物資料館 （27）2009.01

土佐五色石のはなし（久保田昭賢）「秦史談」 秦史談会 （149）2009.01

弓狩り弓祈禱者の託宣方術—「御神仏御伺之秘文」を基本として（高木啓
夫）「土佐民俗 ： 土佐民俗会誌」 土佐民俗学会 通号91 2009.01

土佐のわらべ歌（1）（藤本知子）「秦史談」 秦史談会 （150）2009.03

「犬走り」考—道番所をめぐる伝承の紹介（坂本正夫）「土佐民俗 ： 土佐
民俗会誌」 土佐民俗学会 通号92 2009.03

古碗エッセイ（4）鉄砲と古碗の宴・夢のごとくに（森三千加）「土佐民俗
： 土佐民俗会誌」 土佐民俗学会 通号92 2009.03

「近世土佐（江戸・幕末・明治）の焼き物」展（尾崎由紀，三浦夏樹）「飛
騰 ： 高知県立坂本龍馬記念館だより」 高知県立坂本竜馬記念館
（69）2009.04

坂本長利「土佐源氏」資料の世界（1）価値ある資料群 博物館へ（佐藤智
敬）「あるむぜお ： 府中市郷土の森博物館だより」 府中文化振興財団
府中市郷土の森博物館 （88）2009.06

坂本長利「土佐源氏」資料の世界（2）1100回以上の出前芝居（佐藤智
敬）「あるむぜお ： 府中市郷土の森博物館だより」 府中文化振興財団
府中市郷土の森博物館 （89）2009.09

土佐七色紙異聞（大原富枝賞・優秀賞）（濱田重三郎）「いの史談」 いの
史談会 （60）2009.11

坂本長利「土佐源氏」資料の世界（3）描かれた「土佐源氏」（佐藤智敬）
「あるむぜお ： 府中市郷土の森博物館だより」 府中文化振興財団府
中市郷土の森博物館 （90）2009.12

石仏に見える土佐の中世史（《「土佐の古代・中世史」特集号》）（岡村庄
造）「土佐史談」 土佐史談会 （242）2009.12

龍安寺と土佐の縁 影山保雄（高知新聞より）「秦史談」 秦史談会
（155）2010.01

坂本長利「土佐源氏」資料の世界（4）次の「土佐源氏」へ（佐藤智敬）
「あるむぜお ： 府中市郷土の森博物館だより」 府中文化振興財団府
中市郷土の森博物館 （91）2010.03

物貰い（土佐民話会『土佐の民話』から）̈秦史談」 秦史談会 （157）
2010.05

御ող大工棟梁岡氏の家系と技能継承（岡義秀）「土佐史談」 土佐史談会
（244）2010.08

辻売り（『土佐の民謡』から）（藤本知子）「秦史談」 秦史談会 （160）
2010.12

古文書基礎知識 旧暦と新暦（渡部淳）「海南千里 ： 土佐山内家宝物資料
館だより」 土佐山内家宝物資料館 （33）2011.01

かいつりさん（「土佐の民話」市原麟一郎編から）（藤本知子）「秦史談」
秦史談会 （161）2011.01

チョボクリの虎兄（『土佐の民話』土佐民話の会から）（藤本知子）「秦史
談」 秦史談会 （162）2011.03

書評 井出幸男・公文季美子著『土佐の盆踊りと盆踊り歌』（星野紘）「民
俗芸能研究」 民俗芸能学会 （50）2011.03

テーマ展「土佐の夏の民俗行事」（梅野光興）「岡豊風日 ： 高知県立歴史
民俗資料館だより」 高知県立歴史民俗資料館 （75）2011.06

土佐一条氏の高野山過去帳における按察使について（朝倉慶景）「土佐史
談」 土佐史談会 （76）2011.07

開館20周年企画展「土佐を撮る 田辺寿男の民俗写真3」によせて（中村
淳子）「岡豊風日 ： 高知県立歴史民俗資料館だより」 高知県立歴史民
俗資料館 （76）2011.9

女性の“死”をめぐる民俗研究—土佐の「正月女」の事例を中心として（古
谷留美）「土佐民俗 ： 土佐民俗会誌」 土佐民俗学会 （94）2011.10

正月女の伝承—俗信における葬儀社の介在（樋口かほり）「土佐民俗 ：
土佐民俗会誌」 土佐民俗学会 （94）2011.10

巳の日正月（高木啓夫）「土佐民俗 ： 土佐民俗会誌」 土佐民俗学会
（94）2011.10

近世土佐の国境とヘンロ（近世の土佐 特集号）（小松勝記）「土佐史談」
土佐史談会 （248）2011.12

一升物・投上げ復活問題と長吏（近世の土佐 特集号）（宇賀平）「土佐史
談」 土佐史談会 （248）2011.12

高野山の土佐関係金石史料調査録（岡村庄造）「土佐史談」 土佐史談会
（249）2012.03

小袖貝伝説の発生について—「太平記」「一宮御息所事」を中心に（橋田
栄澄）「土佐史談」 土佐史談会 （249）2012.03

琉球船、土佐漂着資料にみる伝承的記事をめぐって—二つの天女伝承を
中心に（島村幸一）「奄美沖縄民間文芸学」 奄美沖縄民間文芸学会
（11）2012.3

高野山の土佐関係金石史料調査録（岡村庄造）「秦史談」 秦史談会
（169）2012.05

土佐の乗馬術（長山昌広）「高知市立自由民権記念館紀要」 高知市立自由
民権記念館 （20）2012.3

土佐 カジとコウゾ 私の迷走（北村唯吉）「いの史談」 いの史談会
（63）2013.2

米占い方術—弓狩り祈禱の結末を判じる（高木啓夫）「土佐民俗 ： 土佐
民俗会誌」 土佐民俗学会 （95）2013.02

御道具根居をよむ（1）「裏は白地錦に桐鳳凰龍。」（尾本師子）「海南千里
： 土佐山内家宝物資料館だより」 土佐山内家宝物資料館 （40）
2013.06

土佐の○ 地域とともに「地域記録集 土佐の村々」の発刊（筒井聡史）
「海南千里 ： 土佐山内家宝物資料館だより」 土佐山内家宝物資料館
（40）2013.6

よさこい節 土佐人の心（「讀賣新聞」より）「秦史談」 秦史談会 （175）
2013.08

御道具根居をよむ（2）「隣の宝の数え書」（尾本師子）「海南千里 ： 土佐
山内家宝物資料館だより」 土佐山内家宝物資料館 （41）2013.10

古代・土佐の土馬祭り（土佐にはこんな馬がいた）（岡本桂典）「岡豊風日
： 高知県立歴史民俗資料館だより」 高知県立歴史民俗資料館 （84）
2013.12

土佐の馬の民俗（土佐にはこんな馬がいた）（梅野光興）「岡豊風日 ：
高知県立歴史民俗資料館だより」 高知県立歴史民俗資料館 （84）
2013.12

土佐最古の紀年銘をもつ板石塔婆を歴民館資料調査員が発見（れきみん
ニュース）「岡豊風日 ： 高知県立歴史民俗資料館だより」 高知県立歴
史民俗資料館 （84）2013.12

御道具根居をよむ（3）～（5）「御道具の世界像（1）～（3）」（尾本師子）
「海南千里 ： 土佐山内家宝物資料館だより」 土佐山内家宝物資料館
（42）／（44）2014.01/2014.10

土佐の○ 地域とともに 地域資料調査の生み出す広がり—竹林寺所蔵資
料の調査から展示へ（横山和弘）「海南千里 ： 土佐山内家宝物資料館
だより」 土佐山内家宝物資料館 （42）2014.1

土佐の穴地蔵—土佐市谷地・岩屋地蔵の信仰（続・石仏と民俗伝承）（岩
田英彬）「あしなか」 山村民俗の会 300 2014.04

地芝居見聞（14）土佐絵金歌舞伎—新春 土佐の農村歌舞伎合同公演（北
河直子）「公益社団法人全日本郷土芸能協会会報」 全日本郷土芸能協
会 （75）2014.04

往時茫茫（倉田隆延）「土佐民俗 ： 土佐民俗会誌」 土佐民俗学会
（97）2014.06

土佐の伝承から（大島建彦）「土佐民俗 ： 土佐民俗会誌」 土佐民俗学会
（97）2014.06

地方の連携を（酒向伸行）「土佐民俗 ： 土佐民俗会誌」 土佐民俗学会
（97）2014.06

きうのすんとりやう覚（灸の寸取り様）寛文11（1671）年～延宝元
（1673）年（渡部淳）「海南千里 ： 土佐山内家宝物資料館だより」 土
佐山内家宝物資料館 （44）2014.10

土佐一宮

歴史 伊予で祀られる土佐一宮の神（学芸員の机から）（野本）「岡豊風日

：高知県立歴史民俗資料館だより」 高知県立歴史民俗資料館 （63）
2008.3

土佐国分寺
国分寺大師堂再興について（林廣裕）「南国史談」 南国史談会 （27）
2004.4
国分寺の板絵両界光明真言曼荼羅（金剛界）と廃仏毀釈（岡本桂典）「岡豊
風日： 高知県立歴史民俗資料館だより」 高知県立歴史民俗資料館
（86） 2014.06

土佐西国観音霊場三十三カ所
土佐西国観音霊場三十三カ所（小松勝記）「秦史談」 秦史談会 102
2001.3

土佐西国三十三観音霊場
土佐西国三十三観音霊場記補遺（小松勝記）「秦史談」 秦史談会 111
2002.9

土佐三十三番
土佐三十三番（郵便局だより）（松本紀郎）「秦史談」 秦史談会 103
2001.5

土佐路
土佐路に隼人の伝承をさぐる（1）隼人の虚空蔵（ウトロ）の世界（杉原勇
三，川澤哲夫）「大豊史談」 大豊史談会 （27） 1997.07
土佐路に隼人の伝承をさぐる（2）石燈籠に鷹の立つ世界（杉原勇三，川
澤哲夫）「大豊史談」 大豊史談会 （28） 1998.05
土佐路に隼人の伝承をさぐる（3）四万十川流域の神々の世界（杉原勇
三，川澤哲夫）「大豊史談」 大豊史談会 （29） 1999.06

土佐清水市
戦後における土佐鰹節職人の地域移動と生活交流—高知県土佐清水市の
女性鰹節職人の生活史をもとに（若林良和）「土佐地域文化」 土佐地
域文化研究会」 （11） 2007.6

土佐神社
神仏混淆期の神と仏の考古学（1），（2）土佐神社を中心に（岡本健児）「い
の史談」 いの史談会 （51）／（52） 2000.12／2001.5
四国霊場の納札（1）—土佐神社の遍路納札と札挟について（岡本桂典）
「高知県立歴史民俗資料館研究紀要」 高知県立歴史民俗資料館
（12） 2003.3
中世庶民の信仰に関する一試論—高鴨神（土佐明神）信仰の広がり（石野
弥栄）「西南四国歴史文化論叢よど」 西南四国歴史文化研究会 （11）
2010.04
表紙説明 60年ぶりの狛犬復元（土佐神社）（松下政司）「秦史談」 秦史談
会 （162） 2011.03

土佐町
高知県土佐町・山里の野仏（喜代吉栄徳）「日本の石仏」 日本石仏協会，
青娥書房（発売） 通号83 1997.9
土佐町の三宝荒神めぐりと八十八ヶ所（近藤日出男）「土佐民俗： 土佐
民俗会誌」 土佐民俗学会 通号89 2007.12

土佐の神楽
馬路村のお神楽と祭りの酒（山中巌）「土佐地域文化」 ［土佐地域文化研
究会］ 2 2001.1
池川神楽を舞う（池田光穂）「土佐地域文化」 ［土佐地域文化研究会］
（5） 2002.6
「津野山古式神楽」拝見記—高知県高岡郡津野に伝わる神楽（下畠信二）
「広島民俗」 広島民俗学会 （76） 2011.08
土佐岩原 松神楽と八大龍王—式王寺の休み木と松明（高木啓夫）「土佐民
俗： 土佐民俗会誌」 土佐民俗学会 （97） 2014.06
津野山神楽を拝見する 平成25年11月3日 三島五社神社の祭り（下畠信
二）「広島民俗」 広島民俗学会 （82） 2014.08

土佐国
全国一宮祭礼記 紀伊国・讃岐国・土佐国・肥前国・薩摩国「季刊悠久.
第2次」 鶴岡八幡宮悠久事務局 76 1999.3
ヘンロに関係する土佐国の番所（小松勝記）「秦史談」 秦史談会 （136）
2006.11
近世・近代移行期における宗教者組織の再編と解体—土佐国「博士」集
団を事例に（山本琢）「宗教民俗研究」 日本宗教民俗学会 （19）
2009.11
古代土佐国相撲人補考（森公章）「海南史学」 高知海南史学会 通号48
2010.08

土佐国三十三所霊場
土佐国三十三所霊場（1）（小松勝記）「秦史談」 秦史談会 （139） 2007.5

土佐国惣社跡
土佐国惣社跡についての歴史地理学的考察（朝倉慶景）「土佐史談」 土佐
史談会 （250） 2012.08

土佐藩
土佐藩の服装規定（松本瑛子）「土佐史談」 土佐史談会 204 1997.3
天徳山吉祥寺由来と孝山祭行事並びに土佐藩主山内家九位牌について
（二宮清）「樟原史談」 樟原史談会 （20） 1998.10
藩政期の年賀状例（岩原信守）「岡豊風日： 高知県立歴史民俗資料館だ
より」 高知県立歴史民俗資料館 31 1999.4
森広定日記にみる土佐藩士の日常（1）～（4）（大野充彦）「土佐史談」 土
佐史談会 211／216 1999.8／2001.3
藩政時代の巡礼行考察（小松勝記）「秦史談」 秦史談会 100 2000.11
土佐藩における藩祖神格化の動向（由比勝正）「海南史学」 高知海南史学
会 （42） 2004.8
藩政期の食文化と現代（福島要吉）「土佐地域文化」 ［土佐地域文化研究
会］ （8） 2004.12
影印・翻刻 土佐藩新作能（尾本師子）「研究紀要」 土佐山内家宝物資料
館 （4） 2006.3
土佐藩の茶道—石州流の歴史（永吉渓滋）「土佐山田史談」 土佐山田史談
会 （31） 2007.3
須崎久通観音堂と土佐藩一万石家老 佐川深尾家の信仰について（香崎和
平）「佐川史談霧生関」 佐川史談会 （50） 2014.10

土佐山
笑話 土佐山の粂之丞（常石芳英）「秦史談」 秦史談会 103 2001.5

土佐山田
熊野神社のおはけ祭（岡林華傳）「土佐山田史談」 土佐山田史談会 22
1997.6
中世供養塔（墓塔）より近世墓標への変遷と年代判定について（林勇作）
「土佐山田史談」 土佐山田史談会 22 1997.6
地検帳の杜寺とその地名について（中山登）「土佐山田史談」 土佐山田史
談会 23 1998.6
土佐山田の古民家について（利根洋一）「土佐山田史談」 土佐山田史談会
27 2002.9

土佐山田町
土佐山田町の墓石について（間崎福義）「土佐山田史談」 土佐山田史談会
29 2005.3
土佐山田町の造り酒屋（松尾昭仁郎）「土佐山田史談」 土佐山田史談会
（31） 2007.3

土佐山村
土佐山村の十三夜（岩井信子）「土佐地域文化」 ［土佐地域文化研究会］
（5） 2002.6

土州
高野山成福院にみる土州長宗我部殿過去帳からの考察（朝倉慶景）「土佐
史談」 土佐史談会 （249） 2012.03

土南
土居通予（香国）の「土南巡郡日誌」（明神好久）「須崎史談」 須崎史談会
123 1999.12

富永
富永（集落の屋地・屋号）（鎌倉安弘）「樟原史談」 樟原史談会 （25）
2003.10

豊永郷
土佐国長岡郡豊永郷と豊楽寺—中世土佐の山間地域の歴史像（市村高
男）「四国中世史研究」 四国中世史研究会 （6） 2001.8
豊永郷の生活（釣井龍秀）「土佐地域文化」 ［土佐地域文化研究会］
（8） 2004.12

十和
「四万十の茶の湯炭」の夢—十和でクヌギの炭は不可能か？《茶特集》
（宮川敏彦）「土佐地域文化」 ［土佐地域文化研究会］ （11） 2007.6

仲久保
初瀬本村・仲久保・佐渡（集落の屋地・屋号）（大下喜一）「樟原史談」
樟原史談会 （24） 2002.10

中島観音堂
中島観音堂取材から（小松勝記）「秦史談」 秦史談会 103 2001.5

中秦泉寺
表紙 西国三十三観音 六番石仏（中秦泉寺）（松下政司）「秦史談」 秦史
談会 （171） 2012.09
表紙 井（ゆ）ノ神様（中秦泉寺）（松下政司）「秦史談」 秦史談会
（174） 2013.05

中谷
秦の昔話 その25 中谷の巻 夢から建ったお墓（永野美智子）「秦史談」
秦史談会 （162） 2011.3

四国　　　　　　　　　　　　　　　郷土に伝わる民俗と信仰　　　　　　　　　　　　　　高知県

中角

路傍の歴史 蜜蜂巣箱 宿毛市中角 (渡部淳)「海南千里 ： 土佐山内家宝物資料館だより」 土佐山内家宝物資料館　(28) 2009.06

仲洞

仲洞 (なかとう) (集落の屋地・屋号) (久光義恵)「樗原史談」 樗原史談会　(22) 2000.10

中土佐町

中土佐町史料及び『土佐のカツオ漁業史』編纂記(1) (林勇作)「土佐地域文化」 [土佐地域文化研究会]　(6) 2003.1
中土佐町史料及び『土佐のカツオ漁業史』編纂記 (林勇作)「須崎史談」 須崎史談会 136 2003.7

永野

永野 (集落の屋地・屋号) (中越勇次郎)「樗原史談」 樗原史談会　(25) 2003.10
けち火を見た人の話—土佐・佐川町永野 (山里だより(8)) (岩田英彬)「あしなか」 山村民俗の会 275 2006.9
表紙 車谷・永野水車の石臼 (中秦泉寺) (松下政司)「秦史談」 秦史談会　(172) 2012.12

中の川

茶や谷 (ちゃやだに)・中の川 (なかのかわ) (集落の屋地・屋号) (鎌倉安弘)「樗原史談」 樗原史談会　(23) 2001.10

中浜

高知県土佐清水市中浜の民俗 (細木ひとみ)「久里」 神戸女子民俗学会　(11) 2001.10

永淵神社

永淵神社並ニ若宮八幡縁起 (石田保範)「大豊史談」 大豊史談会　(28) 2008.05

中村

中村の藤地溝 (岡村憲治)「西南四国歴史文化論叢よど」 西南四国歴史文化研究会　(9) 2008.4

七つ淵

秦の昔話 七つ淵二番渕の怪 (久米生太子)「秦史談」 秦史談　122 2004.7
秦の昔話 (七つ淵の巻) (永野美智子)「秦史談」 秦史談会　(138) 2007.3

七つ淵参詣道

七つ淵参詣道のハイセン病遍路(1),(2) (松本紀郎)「秦史談」 秦史談会　(129) / (130) 2005.9/2005.11

七ツ淵神社

七ツ淵神社 (高知市) の橋落下 3日前後の大雨影響 (『高知新聞』より)「秦史談」 秦史談会　(180) 2014.11

成山村

新之丞伝説のふる里を訪ねて (近藤純正)「いの史談」 いの史談会　(55) 2004.11

南国

風呂敷談義 語源は銭湯に入るとき板の間に布を敷くことから (浜田信男)「南国史談」 南国史談会　(21) 1998.2
続・南国のごりやくさん (藤本真幸)「南国史談」 南国史談会　(21) 1998.2
卵塔物語 (乾常美)「南国史談」 南国史談会　(22) 1999.2
南国の神社あれこれ (藤本眞事)「南国史談」 南国史談会　(32) 2009.03
遍路関係資料に見る南国地域史(1)〜(4) (濱田眞尚)「南国史談」 南国史談会　(32) / (36) 2009.03/2013.03
木炭のあゆみ(1),(2) (岡崎俊一)「南国史談」 南国史談会　(34) / (35) 2011.04/2012.04
江戸時代の南国一地域資料にみる人々のくらし (大黒恵理, 野本亮)「岡豊風日 ： 高知県立歴史民俗資料館だより」 高知県立歴史民俗資料館　(82) 2013.7

南国市

南国市の忠霊塔は何を訴えているか (窪田充治)「土佐史談」 土佐史談会　(230) 2005.12

仁井田

子供風土記(3) (特集 仁井田五人衆)「史談くぼかわ」 窪川史談会　(8) 1988.12
おまん御寮物語 (特集 仁井田五人衆) (松並征子)「史談くぼかわ」 窪川史談会　(8) 1988.12

仁井田五社

越知の仁井田五社 (岡村徳之)「史談くぼかわ」 窪川史談会　(6) 1984.10
五社と越知族 (河野竹雄)「史談くぼかわ」 窪川史談会　(6) 1984.10
高岡神社 (仁井田五社) の古事来歴 (武田正一)「西南四国歴史文化論叢よど」 西南四国歴史文化研究会　(4) 2003.3

仁井田五社神社

仁井田五社神社の石灯ろう (田辺寿男)「大平山」 三里史談会　26 2000.3

仁井田神社

仁井田神社のおなばれ (中山操)「大平山」 三里史談会　26 2000.3
仁井田神社明細帳 仁井田神社蔵「大平山」 三里史談会　26 2000.3
仁井田神社の棟札 (郵便局だより) (松本紀郎)「秦史談」 秦史談会 113 2003.1

西佐古

西佐古の毘沙門天像と棟札 (山崎良水)「野市史談」 野市史談会　4 1998.3

西秦泉寺

西秦泉寺のおさばいさま (松本紀郎)「秦史談」 秦史談会 90 1999.3

西峰

表紙 生活用水を引き込む 共同水汲み場・大豊町西峰 昭和34年/屋内水瓶水汲み場 昭和47年 宿毛市芳奈町山田 (撮影・高木啓夫)「土佐民俗 ： 土佐民俗会誌」 土佐民俗学会　(96) 2013.07

西宮八幡宮

調査報告 土佐市蓮池西宮八幡宮の秋祭り (岡林光穂, 森田晶江, 野々村昭美, 永野明代, 梅野光興)「高知県立歴史民俗資料館研究紀要」 高知県立歴史民俗資料館　(16) 2008.3

二社神社

二社神社境内の棟札について (岡本健児)「いの史談」 いの史談会　(54) 2003.11

仁ノ

仁ノに居ます神々のこと (新階恒秋)「土佐民俗 ： 土佐民俗会誌」 土佐民俗学会　73 2000.1

若一王子宮

若一さまの御神幸と舟橋 (和田幸)「本山史談」 本山史談会　5 2003.10

仁淀川

仁淀川「川の神」祭祠跡、考 (山本正)「いの史談」 いの史談会　(45) 1997.8
土佐の石仏(4) 仁淀川次郎兵衛の手足形碑 (岡村庄造)「秦史談」 秦史談会 91 1999.5
高知県仁淀川の鵜飼—滝口静一さん聞書 (坂本正夫)「民具集積」 四国民具研究会　(5) 1999.9
仁淀川次郎兵衛と力石 (広谷喜十郎)「土佐地域文化」 [土佐地域文化研究会]　3 2001.6

仁淀川町

秋葉祭とその神様 (鍋島静一)「秦史談」 秦史談会　(132) 2006.3
資料見聞 秋葉祭りの写真 田辺寿男の民俗写真より「岡豊風日 ： 高知県立歴史民俗資料館だより」 高知県立歴史民俗資料館　(76) 2011.09

韮生

韮生旅日記とその往還道 (門脇良雄)「土佐山田史談」 土佐山田史談会　22 1997.6

韮生山

韮生山崩れにまつわる伝説について (野中佐知子)「土佐史談」 土佐史談会　222 2003.3

布師田

研究ノート 高知市布師田の式内社 (坂本靖)「高知市史研究」 高知市　1 2003.12

野市

宝篋印塔復元記 (久家治水)「野市史談」 野市史談会　4 1998.3
謡曲 (能) について (島村多門)「野市史談」 野市史談会　4 1998.3

野中神社

女医婉女と野中神社 (広谷喜十郎)「いの史談」 いの史談会　(50) 2000.3

野根

野根の名物・野根まんじゅう (原田英祐)「土佐地域文化」 [土佐地域文化研究会]　(8) 2004.12

961

高知県　　　　　　　　　郷土に伝わる民俗と信仰　　　　　　　　　四国

野根川流域

野根川流域の寒茶《〈茶特集〉》(原田英祐)「土佐地域文化」［土佐地域
　文化研究会］　(11)　2007.6

野根山

野根山の民話(原田英祐)「土佐地域文化」［土佐地域文化研究会］
　(9)　2005.8

野見

海の奇祭・野見の潮ばかりの行事(香崎和平)「土佐地域文化」［土佐地
　域文化研究会］　(7)　2003.7

萩谷

土佐の石仏ア・ラ・カ・ル・ト(3)―宇佐萩谷磨崖仏(岡村庄造)「秦史
　談」　秦史談会　89　1999.1

半家

資料見聞 ツグロ様の写真 田辺寿男の民俗写真より(中村淳子)「岡豊風
　日：高知県立歴史民俗資料館だより」　高知県立歴史民俗資料館
　(56)　2006.3

秦

座談会 婚風・葬風「秦史談」　秦史談会　92　1999.7
戦時歌謡の有為転変(森一也)「秦史談」　秦史談会　92　1999.7
法華経を読み父の生命を救った大橋太郎の子(常石芳英)「秦史談」　秦史
　談会　93　1999.9
笹飛脚(浜田幸吉)「秦史談」　秦史談会　93　1999.9
卯の神様(郵便局だより)(松本紀郎)「秦史談」　秦史談会　93　1999.9
聞き書き 私は子の刻参りを見た「秦史談」　秦史談会　94　1999.11
月字暦(1)，(2)(浜田幸吉)「秦史談」　秦史談会　94/95　1999.11/
　2000.1
長宗我部地検帳の索麺師について(大原政昭)「秦史談」　秦史談会　96
　2000.5
盤持石(郵便局だより)(松本紀郎)「秦史談」　秦史談会　100　2000.11
鎌倉時代の食物(常石芳英)「秦史談」　秦史談会　102　2001.3
資料 鳥居の様式・二十四節気・雑節(小松勝記)「秦史談」　秦史談会
　105　2001.9
笑い譚(常石芳英)「秦史談」　秦史談会　106　2001.11
荒神さま(郵便局だより)(岩崎義郎)「秦史談」　秦史談会　106　2001.
　11
馬の土鈴(松下政司)「秦史談」　秦史談会　107　2002.1
手洗い石(郵便局だより)(松本紀郎)「秦史談」　秦史談会　109　2002.5
地獄の門(北村三郎)「秦史談」　秦史談会　109　2002.5
雷の子(伝説)(北村三郎)「秦史談」　秦史談会　109　2002.5
おさばい様(郵便局だより)(松本紀郎)「秦史談」　秦史談会　110
　2002.7
史跡めぐり(6) ミニ西国三十三所(松本紀郎)「秦史談」　秦史談会　110
　2002.7
よさこい節 抄「秦史談」　秦史談会　111　2002.9
昭和初期の炭焼き風景(小松勝記)「秦史談」　秦史談会　113　2003.1
饅頭物語り(常石芳英)「秦史談」　秦史談会　115　2003.5
秦の昔話 「二双のシバテン」(永野美智子)「秦史談」　秦史談会　116
　2003.7
秦の昔話 「幽霊橋」(永野美智子)「秦史談」　秦史談会　117　2003.9
秦の昔話 「仏掌の妖怪」(永野美智子)「秦史談」　秦史談会　119　2004.1
五十回忌(神里良)「秦史談」　秦史談会　120　2004.3
はんど渕の蛇身 新・秦の昔話(筒井佐和子)「秦史談」　秦史談会　121
　2004.5
ノツゴ様(松下政司)「秦史談」　秦史談会　122　2004.7
昔話の紙芝居(永野美智子)「秦史談」　秦史談会　123　2004.9
回顧 墓石は真実を語ってくれない(常石芳英)「秦史談」　秦史談会
　124　2004.11
よっちょれよっちょれ…(談話室)(松本紀郎)「秦史談」　秦史談会　125
　2005.1
昔話余滴(松本紀郎)「秦史談」　秦史談会　125　2005.1
いーちくたーちく(松本紀郎，中島朝晴)「秦史談」　秦史談会　125
　2005.1
古城伝説(松本紀郎)「秦史談」　秦史談会　126　2005.3
秦小学校わくわく秦の昔話と昔遊び「秦史談」　秦史談会　126　2005.3
逆打ちの女遍路(瀬戸鉄男)「秦史談」　秦史談会　127　2005.5
「水車展」(談話室)(加藤繁和)「秦史談」　秦史談会　128　2005.7
宗教に関して独り言(鍋島静一)「秦史談」　秦史談会　128　2005.7
仏典を見る(常石芳英)「秦史談」　秦史談会　(131)　2006.1
秦の昔話「もういこうか」(永野美智子)「秦史談」　秦史談会　(131)
　2006.1
遊びと子供(北村三郎)「秦史談」　秦史談会　(132)　2006.3

七つボタンは桜に錨(松本紀郎)「秦史談」　秦史談会　(132)　2006.3
あれっ?!ちょっと変ろ石(岡村庄造)「秦史談」　秦史談会　(133)　2006.5
イスの木のある神社―机上探索(広谷喜十郎)「秦史談」　秦史談会
　(134)　2006.7
昔話 山犬につけられた話(永野美智子)「秦史談」　秦史談会　(136)
　2006.11
開運の駒曳銭(森本裕)「秦史談」　秦史談会　(136)　2006.11
手もみ茶講習会など(談話室)(広谷喜十郎)「秦史談」　秦史談会
　(137)　2007.1
年賀状の歴史と喪中欠礼(小松勝記)「秦史談」　秦史談会　(137)　2007.1
家紋調べ(松本紀郎)「秦史談」　秦史談会　(137)　2007.1
山犬の踊り(永野美智子)「秦史談」　秦史談会　(137)　2007.1
深尾家の墓(松本紀郎)「秦史談」　秦史談会　(138)　2007.3
秦の昔話 愛宕神社の妖怪(永野美智子)「秦史談」　秦史談会　(139)
　2007.5
秦の昔話(宮崎篤子)「秦史談」　秦史談会　(139)　2007.5
経塚は残った(毛利俊男)「秦史談」　秦史談会　(140)　2007.7
秦の昔話 大男の万吉(永野美智子)「秦史談」　秦史談会　(141)　2007.9
秦の昔話「つほみの怪異」(永野美智子)「秦史談」　秦史談会　(142)
　2007.11
秦の昔話 「あったぞう」(永野美智子)「秦史談」　秦史談会　(143)
　2008.1
秦の昔話 くわん(永野美智子)「秦史談」　秦史談会　(144)　2008.3
歴史民俗資料館「鰹」展など(広谷喜十郎)「秦史談」　秦史談会　(145)
　2008.5
カツオ文化など(広谷喜十郎)「秦史談」　秦史談会　(146)　2008.7
秦の昔話「蜂に呪文をかけた話」「松葉谷の狸の話」(永野美智子)「秦史
　談」　秦史談会　(146)　2008.7
拓本展 「祈りの石摺り」(岡村庄造)「秦史談」　秦史談会　(147)　2008.9
墓石に魅せられて(土佐文雄)「秦史談」　秦史談会　(147)　2008.9
板碑の世界(新聞から)(秦泉寺静興)「秦史談」　秦史談会　(150)
　2009.03
秦の昔話(永野美智子)「秦史談」　秦史談会　(150)　2009.03
イスノキと山の神(広谷喜十郎)「秦史談」　秦史談会　(151)　2009.05
熊谷伝説と浄土信仰(広谷喜十郎)「秦史談」　秦史談会　(153)　2009.10
木守柿(「土佐の風」より)(広谷喜十郎)「秦史談」　秦史談会　(154)
　2009.12
仏と巡礼(笹原保博)「秦史談」　秦史談会　(155)　2010.01
はま弓のこと(松本紀郎)「秦史談」　秦史談会　(155)　2010.01
続・イスの木のある神社(広谷喜十郎)「秦史談」　秦史談会　(156)
　2010.03
秦地区の手水鉢(1)，(2)(松本紀郎)「秦史談」　秦史談会　(156)/
　(157)　2010.3/2010.5
神仏の加護と不思議(1)，(2)(山本華与子)「秦史談」　秦史談会
　(158)/(159)　2010.07/2010.09
表紙解説 ウサギ・土鈴によせて(松下政司)「秦史談」　秦史談会
　(161)　2011.01
招福信仰こほれ話(広谷喜十郎)「秦史談」　秦史談会　(161)　2011.01
ヤタガラスと熊野信仰(広谷喜十郎)「秦史談」　秦史談会　(162)　2011.
　03
されど 民謡(詩)(志磨村優子)「秦史談」　秦史談会　(163)　2011.06
民権ばあさん物語「馬とはちきんさん」(14) 新聞のお葬式、板垣さんと
　後藤さんの洋行(「こうち童話」から)(久米生太子，藤本知子)「秦史
　談」　秦史談会　(164)　2011.08
民権かぞえ歌(松本紀郎，藤本知子)「秦史談」　秦史談会　(166)　2011.
　12
妖怪変化(抄)(山本孝男)「秦史談」　秦史談会　(166)　2011.12
とでつけさでつけ 昔話 参勤交代(平成4(1992)年5月『秦史談』49号よ
　り)(山本龍江)「秦史談」　秦史談会　(170)　2012.08
秦の昔話 その29 秦の巻(1) 「寺田寅彦と北山の火事」から 火の玉のこ
　と(「こうち童話」から)(永野美智子)「秦史談」　秦史談会　(171)
　2012.09
秦の昔話 その30 「牛よせ」(「こうち童話」から)(永野美智子)「秦史
　談」　秦史談会　(172)　2012.12
表紙 巳・十二支土鈴によせて(松下政司)「秦史談」　秦史談会　(173)
　2013.02
秦地区の絵金(2) 愛宕神社の絵金・絵馬(松本紀郎)「秦史談」　秦史談
　会　(174)　2013.05
秦・史跡めぐり余滴(2)―愛宕神社の鐘「秦史談」　秦史談会　(175)
　2013.08
子安信仰あれこれ―秦地区の場合(広谷喜十郎)「秦史談」　秦史談会
　(180)　2014.11
随想 軍歌(松本紀郎)「秦史談」　秦史談会　(180)　2014.11

四国　　　　　　　　　　　郷土に伝わる民俗と信仰　　　　　　　　　　　高知県

幡多

民俗 幡多の祭りと芸能（学芸員の机から）「岡豊風日 ： 高知県立歴史民俗資料館だより」 高知県立歴史民俗資料館 　（84）2013.12

八田

『地検帳』―八田の若宮八幡宮と王子神社（岡本健児）「いの史談」 いの史談会 　（45）1997.8

八田若宮八幡宮と王子神社の棟札（岡本健児）「いの史談」 いの史談会 （45）1997.8

幡多路

幡多路のヘンロ道（小松勝記）「西南四国歴史文化論叢よど」 西南四国歴史文化研究会 　（8）2007.3

幡多庄

『桃華薬葉』に見る土佐国幡多庄と『大乗院寺社雑事記』（《「土佐の古代・中世史」特集号》）（池内敏彰）「土佐史談」 土佐史談会 　（242）2009.12

秦廃寺

比江廃寺と秦廃寺（大原正昭）「秦史談」 秦史談会 93 1999.9

秦廃寺趾

御陵伝説と秦廃寺趾について（大原正昭）「秦史談」 秦史談会 92 1999.7

秦村

聞き書き 秦村（八木志郎）「秦史談」 秦史談会 108 2002.3

初瀬本村

初瀬本村・仲久保・佐渡（集落の屋地・屋号）（大下喜一）「樗原史談」 樗原史談会 　（24）2002.10

八天狗神社

八天狗神社（広谷喜十郎）「秦史談」 秦史談会 115 2003.5

羽根町

柚の技とくらしと―室戸市羽根町（山下慶喜）「土佐民俗 ： 土佐民俗会誌」 土佐民俗学会 80 2003.3

葉山村

高知県葉山村の千人宿（坂本正夫）「西郊民俗」 ［西郊民俗談話会］ （172）2000.9

比江廃寺

京の御局と比江廃寺の尼（間宮尚子）「大豊史談」 大豊史談会 　（27）1997.07

比江廃寺と秦廃寺（大原正昭）「秦史談」 秦史談会 93 1999.9

東川観音堂

東川観音堂縁起［正］,（続）（吉岡英雄）「樗原史談」 樗原史談会 　（23）/（24）2001.10/2002.10

東川観音堂について（（樗原史談）―町内史跡巡り報告）（吉岡英雄）「樗原 文芸・史談」 樗原町文化協会 　（32）2007.11

東島

安田町東島の仏像（前田和男）「土佐史談」 土佐史談会 214 2000.8

東秦泉寺

表紙 盤持ち石と金毘羅石灯籠（東秦泉寺）（松下政司）「秦史談」 秦史談会 　（175）2013.08

東谷

訂正 東谷の不動について（松本紀郎）「秦史談」 秦史談会 90 1999.3

秦の昔話（18）「虫送り」（東谷の巻）（永野美智子）「秦史談」 秦史談会 　（151）2009.05

秦の昔話（23）東谷の巻（永野美智子）「秦史談」 秦史談会 　（156）2010.03

秦の昔話 東谷の巻 敷島紡績の笠田（「こうち童話」から）（永野美智子）「秦史談」 秦史談会 　（175）2013.08

比島神明宮

路傍の歴史 比島神明宮 高知市比島「海南千里 ： 土佐山内家宝物資料館だより」 土佐山内家宝物資料館 　（27）2009.01

日高村

千本杉の蚕室とそれを建てた祖父・只次郎のこと―只次郎の生涯から見た二十世紀前半の日高村の社会史（武山高之）「土佐史談」 土佐史談会 　（252）2013.3

日野

古椀エッセー（2）安倉椀と日野椀（森三千加）「土佐民俗 ： 土佐民俗会誌」 土佐民俗学会 71 1999.1

平田町

宿毛市平田町の野菜祭りについて（威能勉）「西南四国歴史文化論叢よど」 西南四国歴史文化研究会 　（6）2005.3

深淵

いごっそうが、もがってどくれた、深淵の半四（浜田信男）「南国史談」 南国史談会 　（26）2003.4

藤ケ瀬

枝川藤ケ瀬天満天神の調査（岡本健児）「いの史談」 いの史談会 　（44）1997.3

藤重神社

藤重神社の駒馬行列（山田一郎）「海南千里 ： 土佐山内家宝物資料館だより」 土佐山内家宝物資料館 5 2001.8

藤並神社

藤並神社御神幸絵巻（林田崇）「海南千里 ： 土佐山内家宝物資料館だより」 土佐山内家宝物資料館 　（28）2009.06

二ツ石大師

宝永地震津浪碑の精査 二ツ石大師境内地蔵と津野神社前地蔵（岡村庄造）「須崎史談」 須崎史談会 134 2003.2

不破八幡宮

国指定重要文化財 不破八幡宮本殿（表紙）（澤田勝行）「西南四国歴史文化論叢よど」 西南四国歴史文化研究会 　（10）2009.04

豊楽寺

国宝薬師堂奉賛会について（上村儀定）「大豊史談」 大豊史談会 　（24）1994.11

豊楽寺を中心とする中世、大豊地方の歴史（朝倉慶景）「大豊史談」 大豊史談会 　（25）1995.06

史料 大豊町庵谷地蔵堂、観音堂棟札に記された紳士録 併豊楽寺住職名（三谷芳樹）「大豊史談」 大豊史談会 　（25）1995.06

土佐国長岡郡豊永郷と豊楽寺―中世土佐の山間地域の歴史像（市村高男）「四国中世史研究」 四国中世史研究会 　（6）2001.8

古畑

古畑の観音様（西森靖）「佐川史談霧生関」 佐川史談会 36 2000

佐川町古畑の年中行事（田村三千夫）「土佐民俗 ： 土佐民俗会誌」 土佐民俗学会 　（97）2014.06

文丸

文丸（集落の屋地・屋号）（鎌倉安弘）「樗原史談」 樗原史談会 　（25）2003.10

宝鏡寺

表紙 「宝鏡寺」跡（写真提供：公文豪氏）「土佐史談」 土佐史談会 　（255）2014.03

星神社

大豊の星神社と熊野系の神々（上村事秀）「大豊史談」 大豊史談会 　（28）1998.05

細谷川

細谷川の老漁師（三宮凱温）「土佐地域文化」 ［土佐地域文化研究会］ （6）2003.1

最御崎寺

県内仏像散策―最御崎寺（前田和男）「土佐史談」 土佐史談会 207 1998.3

室戸市最御崎寺所蔵大般若経奥書（前田和男）「土佐史談」 土佐史談会 217 2001.8

後宇多王権による空海「聖跡」興隆―横尾平等心王院我宝と土佐国室戸金剛頂寺・最御崎寺をめぐって（横山和弘）「朱雀 ： 京都文化博物館研究紀要」 京都府京都文化博物館 19 2007.3

本川

伊勢で本川神楽を奉納して（一筆啓上）（川村章浩）「あらはれ ： 猿田彦大神フォーラム年報 ： ひらかれる未来神話」 猿田彦大神フォーラム 6 2003.10

本願寺

和光山本願寺沿革再興（内田法念）「いの史談」 いの史談会 　（45）1997.8

槇山郷

近世土佐の横山郷における天の神祭祀―「いざなぎ流」との関連のなかで（小松和彦）「日本研究」 人間文化研究機構国際日本文化研究センター 35 2007.5

松谷

松谷（集落の屋地・屋号）（市川善八）「樗原史談」 樗原史談会 　（25）

2003.10

松葉谷
新・秦の昔話「松葉谷の狸火のおはなし」(田中佐和子)「秦史談」 秦史談会 120 2004.3

三上八幡宮
三上八幡宮の大銀杏 いの町古木名木巡り(2)(友草良雄)「いの史談」 いの史談会 (60) 2009.11

三里
続々三里の海の男たち(栗田健雄)「大平山」 三里史談会 23 1997.5
三里の海の男たち(4)(栗田健雄)「大平山」 三里史談会 24 1998.3
三里の砂糖栽培について(林重道)「大平山」 三里史談会 (31) 2005.3
棟梁孫八と曜霊船(岡義秀)「大平山」 三里史談会 (33) 2007.3
船大工相続に見る幕末維新の黎明(岡義秀)「大平山」 三里史談会 (34) 2008.3
住吉様の松風の音(山田一郎)「大平山」 三里史談会 (35) 2009.03
船大工相続に見る時代の移ろい(岡義秀)「大平山」 三里史談会 (35) 2009.03
民話「炉端の夜ばなし」(池上正春)「大平山」 三里史談会 (36) 2010.03

三島五社神社
津野山神楽を拝見する 平成25年11月3日 三島五社神社の祭り(下畠信二)「広島民俗」 広島民俗学会 (82) 2014.08

三嶋神社
四万川下組三嶋神社(〈梼原史談〉―町内史跡巡り報告)(吉岡英雄)「梼原 文芸・史談」 梼原町文化協会 (32) 2007.11
表紙 旧十和村・三嶋神社古式神楽・綱の舞(昭和47年10月28日 高木啓夫撮影)「土佐民俗 : 土佐民俗会誌」 土佐民俗学会 (97) 2014.06

三谷
写真散歩・三谷の西国三十三観音石仏(小松勝記)「秦史談」 秦史談会 103 2001.5
三谷の西国三十三観音石仏(小松勝記)「秦史談」 秦史談会 104 2001.7
写真散歩 三谷の西国三十三観音石仏(小松勝記)「秦史談」 秦史談会 105 2001.9
三谷地区のやまんば様と山の神様(広谷喜十郎)「秦史談」 秦史談会 (130) 2005.11
三谷観音～ミニ八十八ヶ所参り(大崎嘉代)「秦史談」 秦史談会 (144) 2008.3
秦の昔話 その24 三谷の巻(永野美智子)「秦史談」 秦史談会 (161) 2011.1
秦の昔話 その28 三谷の巻 寺あとの怪しい火(「こうち童話」から)(永野美智子)「秦史談」 秦史談会 (165) 2011.9
秦の昔話 その29 三谷の巻 古床の怪(「こうち童話」から)(永野美智子)「秦史談」 秦史談会 (166) 2011.12
秦の昔話 その28 三谷の巻 谷千城(1) 麦飯の話(永野美智子)「秦史談」 秦史談会 (168) 2012.3
秦の昔話 その28 三谷の巻 谷千城(2) 松の木を植える(永野美智子)「秦史談」 秦史談会 (169) 2012.5

三谷寺
三谷寺の大絵馬(秦まちづくり通信)(松本紀郎)「秦史談」 秦史談会 123 2004.9

道の駅南国「風良里」
道の駅南国「風良里」に設置のからくり櫓時計と茶運人形(田中瀧治)「南国史談」 南国史談会 (23) 2000.4

美都岐神社
美都岐神社の棟札(前田和男, 大原純一)「佐川史談霧生関」 佐川史談会 36 2000
美都岐神社の棟札(再)(前田和男, 大原純一)「佐川史談霧生関」 佐川史談会 38 2002.10

南はりまや町
路傍の歴史 恵比寿神社 高知市南はりまや町一丁目(山崎竜洋)「海南千里 : 土佐山内家宝物資料館だより」 土佐山内家宝物資料館 (34) 2011.06

箕の越
須崎市箕の越「猫神さま」の由来について(香崎和平)「佐川史談霧生関」 佐川史談会 (49)通号82 2013.10

三原村
神河辺の神―どぶろくの祭(三宮凱温)「土佐地域文化」 [土佐地域文化研究会] 2 2001.1
民俗 三原村・高知女子大と提携して民具調査「岡豊風日 : 高知県立歴

史民俗資料館だより」 高知県立歴史民俗資料館 (74) 2011.02
三原村の民具と言語調査の歩み(橋尾直和)「岡豊風日 : 高知県立歴史民俗資料館だより」 高知県立歴史民俗資料館 (85) 2014.03
三原村の祈りを訪ねて―寺社文化財を中心とした地域文化財調査の試み(濱田眞尚)「岡豊風日 : 高知県立歴史民俗資料館だより」 高知県立歴史民俗資料館 (85) 2014.03
三原村がやって来た! 三原村へ行ってきた!―企画展「椿姫の里・三原」を終えて(梅野光興)「岡豊風日 : 高知県立歴史民俗資料館だより」 高知県立歴史民俗資料館 (87) 2014.10

宮地神社
伊野町石見の若宮天神社(宮地神社)の棟札(岡本健児)「いの史談」 いの史談会 (49) 1999.8

妙国寺
千松公園古碑と妙国寺梵鐘(岡村庄造)「大平山」 三里史談会 (31) 2005.3

三和
三和カンランと溝渕嘉久馬翁頌徳碑(神田二三夫)「南国史談」 南国史談会 (27) 2004.4

本山
高瀬船のこと(岡林裕彦)「本山史談」 本山史談会 1 1997
キリスト教の本山伝道(山原宇顕)「本山史談」 本山史談会 4 2002.11
本山の稲作と用水路(研究・レポート)(有永幸則)「もとやま」 本山町郷土史会 (38) 2014.12
本山の棚田(研究・レポート)(武田信寛)「もとやま」 本山町郷土史会 (38) 2014.12

物部
塩の道―いぎなぎの里・物部から絵金の街・赤岡へ(公文寛伸)「土佐地域文化」 [土佐地域文化研究会] 5 2005.8
いざなぎ流の里・物部が熱かった!(れきみんニュース)「岡豊風日 : 高知県立歴史民俗資料館だより」 高知県立歴史民俗資料館 (82) 2013.07

物部川上流域
物部川上流域の中世の線刻石仏(原田英祐)「土佐民俗 : 土佐民俗会誌」 土佐民俗学会 (95) 2013.02

物部川流域
物部川流域における賁牛の慣行について(門脇昭)「土佐史談」 土佐史談会 209 1998.12

物部村
天神之巻物一之巻―物部村鍛冶職とその巻物(高木啓夫)「土佐民俗 : 土佐民俗会誌」 土佐民俗学会 68 1997.3
いざなぎ流最後の大祭開催(梅野光興)「土佐民俗 : 土佐民俗会誌」 土佐民俗学会 74 2000.3
狂言佐渡亡魂といざなぎ流呪咀祈禱(高木啓夫)「まつり通信」 まつり同好会 41(9)通号487 2001.8
高知県物部村における村落崩壊と民間信仰の再編(大田黒司, 小口眞人)「土佐民俗 : 土佐民俗会誌」 土佐民俗学会 79 2003.1
高知県における鏡絵調査(1)―香美郡香北町・物部村 資料調査員調査報告(後藤孝一)「高知県立歴史民俗資料館研究紀要」 高知県立歴史民俗資料館 (12) 2003.3
民俗社会のなかの「陰陽師」の存在形態―高知県物部村の「いざなぎ流太夫」の場合(〈特集 陰陽道と宗教民俗〉)(小松和彦)「宗教民俗研究」 日本宗教民俗学会 (14・15) 2006.3
民俗 いざなぎ流研究会(学芸員の机から)「岡豊風日 : 高知県立歴史民俗資料館だより」 高知県立歴史民俗資料館 (79) 2012.07
高知県旧物部村の地名に見る山の生活誌(研究ノート)(楠瀬慶太)「四国中世史研究」 四国中世史研究会 (12) 2013.8
小松和彦著『いざなぎ流の研究―歴史のなかのいざなぎ流太夫―』(書評)(斉藤英喜)「京都民俗 : 京都民俗学会会誌」 京都民俗学会 (30・31) 2013.11
荒神神楽といざなぎ流(れきみんニュース)「岡豊風日 : 高知県立歴史民俗資料館だより」 高知県立歴史民俗資料館 (88) 2014.12

桃原
高知県中部山村における社会生活の一断面―長岡郡大豊町桃原の事例(坂本正夫)「四国民俗」 四国民俗学会 (38) 2005.10

桃原村
桃原村昔歳時記(上村事秀)「大豊史談」 大豊史談会 (32) 2002.08

八代八幡宮
八代八幡宮の大黒踊(竹原清昭)「いの史談」 いの史談会 (47) 1998.7

四国　　　　　　　　　　　　郷土に伝わる民俗と信仰　　　　　　　　　　　　高知県

安居

資料見聞 安居神楽の山主と神戸市近江寺の鬼面（梅野光興）「岡豊風日 ： 高知県立歴史民俗資料館だより」 高知県立歴史民俗資料館 54 2005.7

安田村

お馬の足跡安田村（岩崎義郎）「秦史談」 秦史談会 124 2004.11

夜須町

手結盆踊り（黄之瀬洋子）「土佐地域文化」 ［土佐地域文化研究会］ （12） 2011.12

夜須町手結

香南市 夜須町手結の芸能と信仰（黄之瀬洋子）「土佐民俗 ： 土佐民俗会誌」 土佐民俗学会 （97） 2014.06

魚梁瀬

権守神社の水盤―馬路村魚梁瀬（山中巌）「土佐地域文化」 ［土佐地域文化研究会］ （9） 2005.8

山川阿弥陀堂

資料見聞 山川阿弥陀堂の地蔵板碑（岡本桂典）「岡豊風日 ： 高知県立歴史民俗資料館だより」 高知県立歴史民俗資料館 50 2004.2

山田

表紙 生活用水を引き込む 共同水汲み堰・大豊町西峰 昭和34年/屋内水瓶水汲み場 昭和47年 宿毛市芳奈町山田（撮影・高木啓夫）「土佐民俗 ： 土佐民俗会誌」 土佐民俗学会 （96） 2013.07

山田村

東国の四国遍路が見た土佐周辺―上州山田村関利兵衛の日記から（西海賢二）「土佐民俗 ： 土佐民俗会誌」 土佐民俗学会 （97） 2014.06

山の神

山の神さまはまだ酔ってない（岡林長窟）「秦史談」 秦史談会 104 2001.7

山の神のイスノキと八天狗のウバメガシ（鴻上泰）「秦史談」 秦史談会 （130） 2005.11

山の神さま 自然林調査「秦史談」 秦史談会 （135） 2006.9

山の神様の原生林（松本紀郎）「秦史談」 秦史談会 （137） 2007.1

三谷の「山の神」（松本紀郎）「秦史談」 秦史談会 （146） 2008.7

山の神・境内林調査報告（岡林長富）「秦史談」 秦史談会 （146） 2008.7

『三谷・山の神の樹木』パンフから「秦史談」 秦史談会 （151） 2009.05

三谷・山の神 雑録（1）,（2）（松本紀郎）「秦史談」 秦史談会 （175）/（176） 2013.08/2013.11

ゆうげん地蔵

ゆうげん地蔵と新七さま―土佐佐川町　石ぶみにまつわる譚（特集 石仏と民俗伝承―心ときめく路傍の石たちとの出会い）（岩田英ональ）「あしなか」 山村民俗の会 295・296 2012.08

樮原

古椀エッセー（1） 黒江椀と樮原武市家の椀―北川村安倉伝承（森三千加）「土佐民俗 ： 土佐民俗会誌」 土佐民俗学会 69 1998.1

「椎」の定説と私の「椎日」経験（二宮清）「樮原史談」 樮原史談会 （20） 1998.10

「つち」の日の位置（中平久仁子）「樮原史談」 樮原史談会 （20） 1998.10

「観音さま」と土佐樮原愛郷会（編集部）「樮原史談」 樮原史談会 （20） 1998.10

喪と忌服について（上田茂敏）「樮原史談」 樮原史談会 （21） 1999.10

生涯学習と郷土史（7） 裃の裏打ちから飛び出した鉄砲鍛冶帳と切支丹宗門改指出帳（二宮清）「樮原史談」 樮原史談会 （21） 1999.10

生活の知恵二法 六曜・干潮満潮の時刻を知る法（上田茂敏）「樮原史談」 樮原史談会 （23） 2001.10

樮原の茶堂について（二宮清）「樮原史談」 樮原史談会 （24） 2002.10

刑部様（和知佐津恵）「樮原史談」 樮原史談会 （24） 2002.10

上岡（楠本）家の墓碑（上田茂敏）「樮原史談」 樮原史談会 （26） 2004.11

集落の屋地・屋号（下元福豊, 中越順市, 吉村正三）「樮原史談」 樮原史談会 （27） 2005.11

「生活・稼働用具」の分類調査―町歴兄民俗資料館展示方法考究資料として（二宮清）「樮原史談」 樮原史談会 （27） 2005.11

神主さん（〈樮原史談〉）（川田清雄）「樮原 文芸・史談」 樮原町文化協会 （31） 2006.11

恵比寿デコ回し（〈樮原史談〉）（川田清雄）「樮原 文芸・史談」 樮原町文化協会 （32） 2007.11

茶臼の話（〈樮原史談〉）（鎌倉安弘）「樮原 文芸・史談」 樮原町文化協会 （32） 2007.11

しびの墓（凍死墓）（〈樮原史談〉）（鎌倉安弘）「樮原 文芸・史談」 樮原町文化協会 （32） 2007.11

長谷部神職家の事（〈樮原史談〉―町内史跡巡り報告）（吉岡英雄）「樮原 文芸・史談」 樮原町文化協会 （32） 2007.11

集落の休場（〈樮原史談〉）（鎌倉安弘）「樮原 文芸・史談」 樮原町文化協会 （32） 2008.10

摺れない籾摺り臼（〈文芸樮原〉―随想）（鎌倉安弘）「樮原 文芸・史談」 樮原町文化協会 （34） 2009.10

盆の後先（〈文芸樮原〉―随想）（藤原満子）「樮原 文芸・史談」 樮原町文化協会 （34） 2009.10

絵金まつり見学研修参加（〈樮原史談〉）（樮原史談会書記局）「樮原 文芸・史談」 樮原町文化協会 （34） 2009.10

是一の頓知話と鹿踊りの唄（〈樮原史談〉）（片岡昭夫）「樮原 文芸・史談」 樮原町文化協会 （34） 2009.10

葬儀供養今昔（〈樮原史談〉）（鎌倉安弘）「樮原 文芸・史談」 樮原町文化協会 （34） 2009.10

雨包み山のお亥の子様（〈樮原史談〉）（鎌倉安弘）「樮原 文芸・史談」 樮原町文化協会 （34） 2009.10

長谷部家の神楽面（〈樮原史談〉）（鎌倉安弘）「樮原 文芸・史談」 樮原町文化協会 （34） 2009.10

二人のごくどう（文芸樮原―昔話し）（鎌倉安弘）「樮原 文芸・史談」 樮原町文化協会 （35） 2010.11

お神祭（文芸樮原―随想）（川上雛乃）「樮原 文芸・史談」 樮原町文化協会 （35） 2010.11

神楽に挑戦（文芸樮原―随想）（森山由希）「樮原 文芸・史談」 樮原町文化協会 （35） 2010.11

牛鬼（文芸樮原―随想）（中岡響平）「樮原 文芸・史談」 樮原町文化協会 （35） 2010.11

善之進鎮魂祭の由来―「義人の首が飛んだ」（樮原史談）（鎌倉安弘）「樮原 文芸・史談」 樮原町文化協会 （35） 2010.11

三番叟重寶記の由来（中越武誌）「樮原 文芸・史談」 樮原町文化協会 （35） 2010.11

樮原観音

樮原観音の由来（〈文芸樮原〉―随筆）（大崎辰恵）「樮原 文芸・史談」 樮原町文化協会 （32） 2007.11

樮原町

聚落の祭り（〈樮原史談〉）（吉岡英雄）「樮原 文芸・史談」 樮原町文化協会 （34） 2009.10

樮原東区

津野親忠公と「孝山祭」（東区古式行事保存会）「樮原史談」 樮原史談会 （21） 1999.10

要法寺

桜井戸物語（1）,（2） 神力山要法寺境内（毛利俊男）「秦史談」 秦史談会 （149）/（150） 2009.01/2009.03

予岳寺

予岳寺仏像胎内銘について（上）（浜田祐禅）「土佐山田史談」 土佐山田史談会 22 1997.6

横貝

横貝（集落の屋地・屋号）（川上宜享）「樮原史談」 樮原史談会 （26） 2004.11

横倉寺

横倉寺釣鐘銘を刻んだ西村陽榮・隆壽（大原純一）「佐川史談霧生関」 佐川史談会 （46）通号79 2010.11

横倉神社

横倉神社と熊野権現考（平井正）「佐川史談霧生関」 佐川史談会 39 2003.10

横倉神社の釣鐘（山地亮孝）「佐川史談霧生関」 佐川史談会 （40）通号73 2004.12

横倉大権現

横倉大権現の牛玉印板の告文（山地亮孝）「佐川史談霧生関」 佐川史談会 38 2002.10

横畠

横畠の聖堂（大原純一）「佐川史談霧生関」 佐川史談会 （47）通号80 2011.11

吉野

吉野の手漉き和紙（松本紀郎）「秦史談」 秦史談会 （139） 2007.5

楽水寺

楽水寺関係沿革記録（松本紀郎）「秦史談」 秦史談会 （136） 2006.11

楽水寺を訪れた文人達（山本泰三）「秦史談」 秦史談会 （136） 2006.11

昭和24年頃の楽水寺跡・池（跡）の図（東山展子）「秦史談」　秦史談会
（171）　2012.09

竜王大権現

龍王大権現奥の院由来（〈梼原史談〉）（鎌倉安弘）「梼原 文芸・史談」　梼
原町文化協会　（34）　2009.10

蓮華寺跡

上分伊才野蓮華寺跡・歴代住職の墓所について（香崎和平）「須崎史談」
須崎史談会　（160）　2011.05

蓮光寺

蓮光寺を訪ねて（久松英一）「須崎史談」　須崎史談会　135　2003.5
土佐国人加久美氏と金剛福寺の関係について—蓮光寺勧進状を中心に
（東近伸）「土佐史談」　土佐史談会　226　2004.8

若松

黄山日記—若松酒について考えるの巻（若松来望子）「土佐地域文化」
［土佐地域文化研究会］　2　2001.1

若宮天神社

伊野町石見の若宮天神社（宮地神社）の棟札（岡本健児）「いの史談」　い
の史談会　（49）　1999.8

若宮八幡

永淵神社並ニ若宮八幡縁起（石田保範）「大豊史談」　大豊史談会　（28）
1998.05

わだつみ神社

「桂浜龍宮祭」 "桂浜に、大漁旗の龍が踊る"（中村昌代）「飛騰 ： 高知県
立坂本龍馬記念館だより」　高知県立坂本龍馬記念館　（66）　2008.7
大漁旗舞う龍宮祭（中村昌代）「飛騰 ： 高知県立坂本龍馬記念館だより」
高知県立坂本竜馬記念館　（70）　2009.07

海津見神社

龍王様（海津見神社）の鳥居石ぐち（安井智）「梼原史談」　梼原史談会
（22）　2000.10

九州・沖縄

有明海
有明海と琉球弧（江頭俊介）「ふるさとの自然と歴史」 歴史と自然をまもる会 （349）2012.11

北九州
北九州地方の宣教師たち（安東邦昭）「記録」 小倉郷土会 26 1998.7

九州
九州における氷室の調査（吉留秀敏）「古文化談叢」 九州古文化研究会 38 1997.5

九州の能・狂言とゆかりの地（森弘子，塀明美）「都府楼」 古都大宰府保存協会 24 1997.9

《特集 さまざまな婚姻》「Museum Kyushu ： 文明のクロスロード」 博物館等建設推進九州会議 15（4）通号58 1997.11

さまざまな婚姻（永松敦）「Museum Kyushu ： 文明のクロスロード」 博物館等建設推進九州会議 15（4）通号58 1997.11

日本古代の婚姻 「ツマトヒ」と「ミアヒテウム」の背景（義江明子）「Museum Kyushu ： 文明のクロスロード」 博物館等建設推進九州会議 15（4）通号58 1997.11

五月と十二月の結婚 高齢者の恋愛・性・結婚をめぐって（片多順）「Museum Kyushu ： 文明のクロスロード」 博物館等建設推進九州会議 15（4）通号58 1997.11

海の道幻視行（14）「ウサギの飛ぶ日」（阿部年雄）「歴史九州」 九州歴史大学講座事務局 8（4）通号87 19〔7.12

旅での出合い「だご汁」（山崎登）「史友」 東京史蹟史談会 2 1998.2

九州の経塚造営体制（村木二郎）「古文化談叢」 九州古文化研究会 40 1998.3

食の風景―食べることの考古学（8）自然に生きる民俗食―樫の実・芋・猪（立平進）「歴史九州」 九州歴史大学講座事務局 8（8）通号91 1998.4

海の道幻視行（20）海神の気まぐれ（阿部年雄）「歴史九州」 九州歴史大学講座事務局 8（11）通号94 1998.7

海を駆けた「忘れられた少年」―天正遣欧少年使節の世界（耕真介）「季刊南九州文化」 南九州文化研究会 76 1998.8

ノリの佃煮―千客万来（原田ノリ昭）「歴史九州」 九州歴史大学講座事務局 8（12）通号95 1998.8

音と楽の考古学（1）縄文時代の祭と楽器（渡辺誠）「歴史九州」 九州歴史大学講座事務局 9（1）通号96 1998.9

ノリの佃煮―万物再生（原田ノリ昭）「歴史九州」 九州歴史大学講座事務局 9（1）通号96 1998.9

音と楽の考古学（2）縄文の「音」を探る―鹿笛のはなし（正林護）「歴史九州」 九州歴史大学講座事務局 9（2）通号97 1998.10

音と楽の考古学（2）土笛（原俊一）「歴史九州」 九州歴史大学講座事務局 9（2）通号97 1998.10

ノリの佃煮―桃栗三年（原田ノリ昭）「歴史九州」 九州歴史大学講座事務局 9（2）通号97 1998.10

ノリの佃煮―閑話休題（原田ノリ昭）「歴史九州」 九州歴史大学講座事務局 9（3）通号98 1998.11

音と楽の考古学（4）シャーマンと弥生の神々（常松幹雄）「歴史九州」 九州歴史大学講座事務局 9（4）通号〔9 1998.12

《新春特集 九州の人形芝居》「西日本文化」 西日本文化協会 348 1999.1

九州における人形芝居―かしら考（泉房子）「西日本文化」 西日本文化協会 348 1999.1

梅花の宴復元（森弘子）「Museum Kyushu ： 文明のクロスロード」 博物館等建設推進九州会議 16（4）通号62 1999.1

伎楽 その歴史と芸態の復元（荻美津夫）「Museum Kyushu ： 文明のクロスロード」 博物館等建設推進九州会議 16（4）通号62 1999.1

ノリの佃煮―天長地久（原田ノリ昭）「歴史九州」 九州歴史大学講座事務局 9（5）通号100 1999.1

音と楽の考古学（6）新羅土偶と楽器（定森秀夫）「歴史九州」 九州歴史大学講座事務局 9（6）通号101 1999.2

経塚資料覚書（2）（宮小路賢宏）「九州歴史資料館研究論集」 九州歴史資料館 通号24 1999.3

九州の神楽について（上西慶子）「大佐井」 大分市大在地区文化財同好会 16 1999.3

音と楽の考古学（7）埴輪が伝える音の世界（山田光洋）「歴史九州」 九州歴史大学講座事務局 9（7）通号102 1999.3

音と楽の考古学（8）横笛の出現（美濃晋平）「歴史九州」 九州歴史大学講座事務局 9（8）通号103 1999.4

音と楽の考古学（9）盲僧と琵琶（荒木博之）「歴史九州」 九州歴史大学講座事務局 9（9）通号104 1999.5

《特集 九州の石仏》「日本の石仏」 日本石仏協会，青蛾書房（発売） 通号90 1999.6

九州の石仏―その研究の軌跡（嘉津山清）「日本の石仏」 日本石仏協会，青蛾書房（発売） 通号90 1999.6

九州北部の板碑（松岡史）「日本の石仏」 日本石仏協会，青蛾書房（発売） 通号90 1999.6

鯨を祀る（秋道智弥）「Museum Kyushu ： 文明のクロスロード」 博物館等建設推進九州会議 17（2）通号64 1999.7

民具研究考（14）～（18）民俗文化財としての農具（1）～（5）（立平進）「歴史九州」 九州歴史大学講座事務局 9（11）通号106/10（3）通号110 1999.7/1999.11

音と楽の考古学（12）日本の音楽と楽器の源流（小島美子）「歴史九州」 九州歴史大学講座事務局 9（12）通号107 1999.8

九州の猿田彦―猿田彦は隼人の王である（高見乾司）「あらはれ ： 猿田彦大神フォーラム年報 ： ひらかれる未来神話」 猿田彦大神フォーラム 2 1999.10

民具研究考（19）～（23）民具の原風景（1）～（5）（立平進）「歴史九州」 九州歴史大学講座事務局 10（4）通号111/10（8）通号115 1999.12/2000.4

みみらく考（山中耕作）「Museum Kyushu ： 文明のクロスロード」 博物館等建設推進九州会議 18（1）通号67 2000.9

木地師史料 九州路の木地馬（杉本壽）「民俗文化」 滋賀民俗学会 444 2000.9

大神神から古代九州へ（小田富士雄）「大美和」 大神神社 100 2001.1

「太一車」と九州と（大島佐知子）「西日本文化」 西日本文化協会 370 2001.4

図書紹介 上田純一著『九州中世禅宗史の研究』（高木秀樹）「日本宗教文化史研究」 日本宗教文化史学会 5（1）通号9 2001.5

〈第1回地域伝承フォーラム 九州のサルタヒコ〉「あらはれ ： 猿田彦大神フォーラム年報 ： ひらかれる未来神話」 猿田彦大神フォーラム 4 2001.9

「九州のサルタヒコ」を終えて（高見乾司）「あらはれ ： 猿田彦大神フォーラム年報 ： ひらかれる未来神話」 猿田彦大神フォーラム 4 2001.9

九州の巨石と星、そしてサルタヒコ神（坂元英俊）「あらはれ ： 猿田彦大神フォーラム年報 ： ひらかれる未来神話」 猿田彦大神フォーラム 4 2001.9

「落日の民俗学」は何をもたらすか？（永松敦）「九州民俗学会通信」 九州民俗学会 （1）2002.1

《特集 食文化を味わう》「Museum Kyushu ： 文明のクロスロード」 博物館等建設推進九州会議 19（1）通号71 2002.1

文明のクロスロード（71）食文化を味わう（田村史）「Museum Kyushu ： 文明のクロスロード」 博物館等建設推進九州会議 19（1）通号71 2002.1

九州の伝来菓子（村岡安廣）「Museum Kyushu ： 文明のクロスロード」 博物館等建設推進九州会議 19（1）通号71 2002.1

老涼への便り（甲斐大策）「Museum Kyushu ： 文明のクロスロード」 博物館等建設推進九州会議 19（1）通号71 2002.1

九州山間部の焼畑耕作（永松敦）「九州民俗学 ： bulletin of Kyushu Folklore Society」 九州民俗学会 （2）2002.3

摩滅鏡と踏返し鏡（柳田康雄）「九州歴史資料館研究論集」 九州歴史資料館 通号27 2002.3

追儺・修二会結願の鬼行事 その地方的受容と展開―九州地方を中心に（中村茂子）「芸能の科学」 文化財研究所東京文化財研究所 通号29 2002.3

娘を九州の地を嫁がせて―その備忘録（原孝雄）「旧四日市を語る」 旧四日市を語る会 （13）2002.4

共同研究「九州のカミ観念と信仰の歴史民俗的比較研究―河童を中心として」/2001年度活動報告/常民余話/れきみんかわらばん/常民研日誌抄「常民研news」 神奈川大学日本常民文化研究所 16 2002.5

地鎮祭の祝詞「Museum Kyushu ： 文明のクロスロード」 博物館等建設推進九州会議 19（2）通号72 2002.6

草莽のころ（竹原元凱）「Museum Kyushu ： 文明のクロスロード」 博物館等建設推進九州会議 19（2）通号72 2002.6

九州の山岳信仰―記・紀・万葉・風土記・式内社・経塚による（長野覚）「山岳修験」 日本山岳修験学会，岩田書院（発売）（30）2002.10

もう一つの国技「流鏑馬」の神事（金田英子）「Museum Kyushu ： 文明のクロスロード」 博物館等建設推進九州会議 19（4）通号74 2003.2

龍舟競渡の伝播と変容（安富俊雄）「Museum Kyushu ： 文明のクロスロード」 博物館等建設推進九州会議 19（4）通号74 2003.2

九州櫨の木物語（江口司）「自然と文化」 日本ナショナルトラスト 通号72 2003.3

時衆と時宗/時衆の特異な活動/九州の時衆/九州探題今川了俊と時衆/博多時衆・宰府時衆「都府楼」 古都大宰府保存協会 （34）2003.3

九州の「をに」（中野譲）「六甲倶楽部報告」 六甲倶楽部 64 2003.3

みゅうじあむ・えっせい 炎天下に現れた精霊と口笛（中村直子）「Museum Kyushu ： 文明のクロスロード」 博物館等建設推進九州会議 20（1）通号75 2003.5

九州の「をに」 続き（中野譲）「六甲倶楽部報告」 六甲倶楽部 67 2003.12

《特集 病と文化》「Museum Kyushu ： 文明のクロスロード」 博物館等建設推進九州会議 20（3）通号77 2004.3

倭国の原風景・鬼と天狗 7月18日特別例会の報告「九州古代史の会NEWS」 九州古代史の会 117 2004.9

熊野信仰の地方展開―信仰伝播ルート想定と末社の偏在について、九州と東北から考える（山口登志夫）「熊野誌」 熊野地方史研究会 （50）2004.12

農村の単位慣行について―九州南部地域のツカとマキ（牛島史彦）「日本民俗学」 日本民俗学会 通号243 2005.8

《九州のもてなし文化》「海路」 「海路」編集委員会，海鳥社（発売） 通号2 2005.9

「身分と身形」に関する年表（九州領域）「もやい ： 長崎人権・学」 長崎人権研究所 50 2005.10

史料紹介 草創期九州文化史研究所の史料収集活動―「採訪日記」の紹介（梶原政司）「九州文化史研究所紀要」 九州大学附属図書館付設記録資料館九州文化史資料部門 （49）2006.3

座談会 九州の菓子文化《特集 九州と菓子》「海路」 「海路」編集委員会，海鳥社（発売） 通号3 2006.6

御菓子司―鶴屋の場合《特集 九州と菓子》）（筒井ガンコ堂）「海路」 「海路」編集委員会，海鳥社（発売） 通号3 2006.6

「茶会記」にみえるお菓子さまざま《特集 九州と菓子》）（平久美子）「海路」 「海路」編集委員会，海鳥社（発売） 通号3 2006.6

菓子文化を育む砂糖王国・九州《特集 九州と菓子》）（平田蘭子）「海路」 「海路」編集委員会，海鳥社（発売） 通号3 2006.6

砂糖の輸入とその需要《特集 九州と菓子》）（編集部）「海路」 「海路」編集委員会，海鳥社（発売） 通号3 2006.6

2006「九州民俗仮面美術館」から（高見乾司）「あらはれ ： 猿田彦大神フォーラム年報 ： ひらかれる未来神話」 猿田彦大神フォーラム （9）2006.10

「都市」的な墓、「村落」的な墓（上）（中島恒次郎）「古文化談叢」 九州古文化研究会 56 2007.3

コラム 九州の「原」は「はら」「はる」「ばる」と読む（塩見昭吾）「史談福智山」 福知山史談会 （661）2007.4

「都市」的な墓、「村落」的な墓（下）―筑前・筑後・肥前・豊前を素材として（中島恒次郎）「古文化談叢」 九州古文化研究会 57 2007.8

九州人と北海道 食の春夏秋冬（熊澤端夫）「西日本文化」 西日本文化協会 通号428 2007.8

近世のかくれ念仏考―九州南部諸藩の場合（岩本税）「史叢」 熊本歴史学研究会 （12）2007.8

九州の仏像（講演会講師論稿）（八尋和泉）「別府史談」 別府史談会 （21）2008.3

九州古代紀行（2）徐福伝説を往く（加藤哲也）「季刊邪馬台国」 「季刊邪馬台国」編纂委員会，梓書院（発売）（98）2008.4

海人・ヒコホホデミについての考察―九州からの東遷はない（どいかずこ）「神戸史談」 神戸史談会 通号302 2008.7

九州における景行天皇伝承（上）（〈総力特集 景行天皇 第1弾〉）（河村哲夫）「季刊邪馬台国」 「季刊邪馬台国」編纂委員会，梓書院（発売）（99）2008.7

「景行紀」のクマソ征討説話について（〈総力特集 景行天皇 第1弾〉）（日高正晴）「季刊邪馬台国」 「季刊邪馬台国」編纂委員会，梓書院（発売）（99）2008.7

海人・ヒコホホデミについての考察―続・九州からの東遷はない（どいかずこ）「神戸史談」 神戸史談会 通号303 2009.01

九州に於ける六所宝塔の建立をめぐって（森弘子）「年報太宰府学」 太宰府市 （3）2009.03

九州西北部の渡来神仏と日引石塔（大石一久）「松浦党研究」 松浦党研究連合会，芸文堂（32）2009.06

ザビエルの日本渡来と宣教（〈特集 九州とキリシタン キリスト教の到来〉）（河井田研朗）「海路」 「海路」編集委員会，海鳥社（発売） 通号8 2009.06

キリシタン遺産のこれから（眞武龍二郎）「海路」 「海路」編集委員会，海鳥社（発売） 通号8 2009.06

「迷子石」を考える 九州の例（研究ノート）（副島邦弘）「福岡地方史研究 ： 福岡地方史研究会会報」 福岡地方史研究会，海鳥社（発売）（47）2009.08

書評 永松敦著『九州の民俗芸能 海と山と里と―交流と展開の世界』（渡辺伸夫）「民俗芸能研究」 民俗芸能学会 （47）2009.09

九州の鬼のミイラ（大中良彦）「六甲倶楽部報告」 六甲倶楽部 （90）2009.09

キリシタンによる仏教・神道の迫害（特集 九州とキリシタン―日本布教の背景とキリシタンの動向）（久田松和則）「海路」 「海路」編集委員会，海鳥社（発売） 通号9 2010.06

九州に於ける網捕鯨の始まり（荒木文明）「浜木綿 ： 五島文化協会同人誌」 五島文化協会 （89）2010.5

船団か、追葬刻か―数多く線刻された船の検討（高木恭二，土野雄貴）「古文化談叢」 九州古文化研究会 65（分冊1）2010.10

浦島子伝説と暦（松下伸）「九州倭国通信」 九州古代史の会 （153）2010.11

蛇と稲作の倭（ヤマト）（越川康晴）「九州倭国通信」 九州古代史の会 （153）2010.11

横穴式石室から出土する桃核と黄泉国神話（桃崎祐輔）「古文化談叢」 九州古文化研究会 65（分冊3）2011.02

講演再録「茶と禅の道」―「南方流」の系譜について（特集 九州の茶と茶道）（龍淵環洲）「西日本文化」 西日本文化協会 （450）2011.04

茶の湯の流行と九州の近世陶磁（大橋康二）「西日本文化」 西日本文化協会 （450）2011.4

九州の唐人町における媽祖信仰―南薩摩への伝播とその変容（陳佳秀）「鹿児島民俗」 鹿児島民俗学会 （140）2011.12

昔のスイーツ探し旅（18）「九州産」のコンペイトウ（牛嶋英俊）「西日本文化」 西日本文化協会 （455）2012.02

民謡「おけさ」の旅―九州から宝山へ（懸田弘訓）「霊山史談」 霊山町郷土史研究会 （12）2012.03

雑誌探索（6）『九州民俗学』/『九州民俗』（首藤卓茂）「福岡地方史研究 ： 福岡地方史研究会会報」 福岡地方史研究会，海鳥社（発売）（50）2012.09

海にまつわることば（特集 海が創った暮らしの歴史―九州北部の島々から）（中村萬里）「西日本文化」 西日本文化協会 （459）2012.10

九州における地面を叩く年中行事―期日と用具について（三輪京子）「信濃［第3次］」 信濃史学会 65（1）通号756 2013.1

九州地方の天狗像―民話探訪（高橋成）「西日本文化」 西日本文化協会 （461）2013.02

九州西側の石造古仏（論文）（井形進）「九州歴史資料館研究論集」 九州歴史資料館 （38）2013.03

中世末期、九州からの伊勢参宮―御師が記した参宮の諸相（特集 伊勢参詣記―論文）（久田松和則）「季刊悠久.第2次」 鶴岡八幡宮悠久事務局 （135）2014.05

九州におけるモグラウチの分布（三輪京子）「縁 ： 集いの広場」 縁フォーラム事務局 （6）2014.06

山の神仏と海―九州北部と造形遺品に見る（太宰府・宝満山特集）（井形進）「山岳修験」 日本山岳修験学会，岩田書院（発売）（54）2014.09

九州北部地域における古代寺院の展開―豊前・筑前の寺院選地を中心として（論文）（梶原義実）「九州考古学」 九州考古学会 （89）2014.11

神代史の復元に向けて（3）―すげ替えられた神々（室伏志畔）「九州倭国通信」 九州古代史の会 （173）2014.11

九州（各地の民俗芸能（第55回ブロック別民俗芸能大会の報告））（金子健）「民俗芸能」 民俗芸能刊行委員会 （94）2014.11

九州・沖縄

東と西の碇―碇石研究の可能性（野上建紀）「KOSUWAニュースレター」 九州・沖縄水中考古学協会 （19）2005.1

九州山地

平家落人伝説と九州山地（地域特集 不知火湾岸の歴史と自然―八代から水俣を旅する）（前山光則）「西日本文化」 西日本文化協会 通号447 2010.10

歴史・街道文化探訪 神話や民俗芸能の息づく九州山地をゆく 飫肥街道と人吉街道（佐敷～飫肥）（間賀田晴行）「季刊南九州文化」 南九州文化研究会 （118）2013.11

九州脊梁山地

《九州脊梁山地 山人の秘儀》「自然と文化」 日本ナショナルトラスト 通号60 1999.3

九州北部

島は生きている（特集 海が創った暮らしの歴史―九州北部の島々から）（立平進）「西日本文化」 西日本文化協会 （459）2012.10

九州・沖縄　　　　　　郷土に伝わる民俗と信仰

玄界灘

海の民 宗像（1）～（8）最終回—玄界灘の守り神（太神美香）「季刊邪馬台国」 「季刊邪馬台国」編纂委員会，梓書院（発売）（114）/（121） 2012.07/2014.04

古事記の国生み神話に玄界灘の島々を見た！（淤能碁呂太郎）「九州倭国通信」 九州古代史の会 （166）2013 05

古事記の国生み神話に玄界灘の島々を見た（中）（淤能碁呂太郎）「九州倭国通信」 九州古代史の会 （167）2013.07

五所八幡

九州五所八幡の展開と尊貴性（丸山信一）「豊日史学 ： 復刊宇佐文化」 豊日史学会 66（1・2・3）通号230・231・232 2002.3

西海

「西海鯨鯢記」にみる西海捕鯨の隆盛（立平進）「Museum Kyushu ： 文明のクロスロード」 博物館等建設推進九州会議 17（2）通号64 1999.7

多良岳

多良岳の役行者像（会員の広場）（中野高通）「日本の石仏」 日本石仏協会，青娥書房（発売）（144）2012.12

豊国

豊国紀行（津田慶二）「あつた」 熱田神宮宮庁 200 2003.11

豊国における仏教伝来と八幡神の諸問題（有働智奘）「大分県地方史」 大分県地方史研究会 （202）2008.2

南西諸島

「弔い泣き」からウタへ—琉球弧（南西諸島）の葬送歌の特質（酒井正子） 「奄美沖縄民間文芸学」 奄美沖縄民間文芸学会 （2）2002.3

南西諸島の先史時代葬墓制（琉球・沖縄の葬制の変遷）（新里貴之）「法政大学沖縄文化研究所所報」 法政大学沖縄文化研究所 （69）2011.09

私の研究 南西諸島の信仰文化はいかに「宗教」として捉えられていったか—近代奄美・沖縄における知の力学と「語り直し」の可能性（及川高）「法政大学沖縄文化研究所報」 法政大学沖縄文化研究所 （70）2012.03

沖縄のスーマチ（1）—南西諸島のサークル・ダンス（坂本要）「まつり」 まつり同好会 （75）2013.12

沖縄のスーマチ（2）—南西諸島のサークルダンス（特集 神事芸能）（坂本要）「まつり」 まつり同好会 （76）2014.12

南島

公開シンポジウム「南島の神観念と世界観」（外間守善，仲浜靖，高田普次夫）「沖縄研究ノート ：《共同研究》南島における民族と宗教」 宮城学院女子大学キリスト教文化研究所 （6）1997.3

神オモロと歌唱者オモロについて（島村幸一）「南島文化」 沖縄国際大学南島文化研究所 通号19 1997.3

南島の牛祭り（酒井卯作）「南島研究」 南島研究会 38 1997.8

南島の基層文化と津堅島の民俗（上）—来訪神とカーの由来譚を中心に（山田直巳）「沖縄研究ノート ：《共同研究》南島における民族と宗教」 宮城学院女子大学キリスト教文化研究所 （7）1998.3

南島の物言う魚と洪水説話（後藤明）「沖縄研究ノート ：《共同研究》南島における民族と宗教」 宮城学院女子大学キリスト教文化研究所 （7）1998.3

古代の田植え歌謡の姿—古代歌謡と南島歌謡との比較試論（4）（竹内重雄）「沖縄学 ： 沖縄学研究所紀要」 沖縄学研究所 2 1998.4

「アテ」と釣談義（尾崎一）「南島研究」 南島研究会 39 1998.10

公開シンポジウム 南島の芸能と信仰・シマ（集落）9のコスモロジー—奄美徳之島，徳和瀬集落の事例「沖縄研究ノート ：《共同研究》南島における民族と宗教」 宮城学院女子大学キリスト教文化研究所 （8）1999.3

井上カナ嫗の昔語り（本田碩孝）「南島研究」 南島研究会 40 1999.10

佐和分（サワブン）翁奇聞（酒井卯作）「南島研究」 南島研究会 40 1999.10

南島の来訪神（上江洲均）「民具研究」 日本民具学会 通号120 1999.10

南島における来訪神の形（矢野輝雄）「沖縄学 ： 沖縄学研究所紀要」 沖縄学研究所 4（1）通号4 2000.6

名越左源太著『南島雑話』を読んで（上），（下）（下野敏見）「鹿児島民俗」 鹿児島民俗学会 120/121 2001.10/2002.5

三位一体の神（下）（原田禹雄）「南島研究」 南島研究会 42 2001.11

ことだま（言霊）信仰としての夕占（ユウラ）とクチ（口）の民俗（岡本恵昭）「南島史学」 南島史学会 （57・58）2001.11

旅栄えのアーグをめぐって（上原孝三）「南島史学」 南島史学会 （57・58）2001.11

南島のユークイ（世乞い）について（大田義弘）「南島史学」 南島史学会 （57・58）2001.11

書評と紹介 小玉正任著『石敢當』（喜舎場一隆）「南島史学」 南島史学会 （59）2002.5

南島ササイレ考—神遊びとしての酔わし漁法と漁毒植物（和多須三男）「沖縄文化」 沖縄文化協会 37（2）通号94 2002.11

ンダについて（島袋伸三）「珊瑚の島だより」 南島地名研究センター 41 2002.11

南島祭事暦 せんげんさん考（上村芳夫）「伊勢民俗」 伊勢民俗学会 （33）2003.7

井上カナ嫗の昔語り（本田碩孝）「南島研究」 南島研究会 44 2003.11

姥捨伝承の周辺（酒井卯作）「南島研究」 南島研究会 44 2003.11

説話と現実性—南島の説話を題材に—ニセ・ユタとワニの話から（山下欣一）「奄美沖縄民間文芸学」 奄美沖縄民間文芸学会 （4）2004.3

南島神謡の発生—アイヌの神謡と南島の神謡の比較考察（片山龍峯）「沖縄学 ： 沖縄学研究所紀要」 沖縄学研究所 7（1）通号7 2004.3

「サニ」の民俗（町健次郎）「南島研究」 南島研究会 45 2004.10

涙の呪術（酒井卯作）「南島研究」 南島研究会 45 2004.10

グスク時代における墓制の集成（瀬戸哲也）「南島考古」 沖縄考古学会 24 2005.5

白い猪（採集手帖）（山口憲親）「南島研究」 南島研究会 46 2005.9

弔い泣き（採集手帖）（松山光秀）「南島研究」 南島研究会 46 2005.9

船中の出産（採集手帖）（石垣博由）「南島研究」 南島研究会 46 2005.9

埋葬地（採集手帖）（陳進文）「南島研究」 南島研究会 46 2005.9

魔除けと貝（仲田栄松）「南島研究」 南島研究会 46 2005.9

ゴホウラ貝と永井昌博博士（酒井卯作）「南島研究」 南島研究会 46 2005.9

兎はなぜ月で餅をつくか（酒井卯作）「南島研究」 南島研究会 46 2005.9

「人魚と津波」の伝承世界—南島の「物言う魚」をめぐって（藤井佐美）「奄美沖縄民間文芸学」 奄美沖縄民間文芸学会 （6）2006.9

恋の手サジ（文卯之吉）「南島研究」 南島研究会 47 2006.11

山羊敢当（文卯之吉）「南島研究」 南島研究会 通号48 2007.11

ニライ・カナイの反省（町健次郎）「南島研究」 南島研究会 通号48 2007.11

瓦のこと雑篇（酒井卯作）「南島研究」 南島研究会 通号49 2008.11

一声の忌（酒井卯作）「南島研究」 南島研究会 通号49 2008.11

漁撈民と稲作のアマテラス（山路正康）「南島研究」 南島研究会 通号49 2008.11

南島歌謡における身体とその変閲に関する表現（大竹有子）「沖縄芸術の科学 ： 沖縄県立芸術大学附属研究所紀要」 沖縄県立芸術大学附属研究所 （21）2009.03

方言研究の基礎築く—理想未来実現で行動（南島神名からみたオモロ研究の一側面—いま仲宗根政善をどう考えるか）（狩俣繁久）「沖縄文化」 沖縄文化協会 42（2）通号104 2009.03

南島の英雄伝説（原田信之）「奄美沖縄民間文芸学」 奄美沖縄民間文芸学会 （9）2009.09

南島における陰陽道系説話の展開 小池淳一（第33回大会研究発表）（斎藤純）「伝え ： 日本口承文芸学会会報」 日本口承文芸学会 （45）2009.09

研究ノート 南島神名の示す事物，事象について（照屋理）「沖縄芸術の科学 ： 沖縄県立芸術大学附属研究所紀要」 沖縄県立芸術大学附属研究所 （22）2010.03

南島における陰陽道系説話の展開（小池淳一）「口承文芸研究」 日本口承文藝學會 （33）2010.03

熊野信仰の地方展開 終章—離島，とくに「南島」エリアを中心として（山口登志夫）「熊野誌」 熊野地方史研究会 （57）2010.10

赤嶺政信「キジムナー伝説の諸相」（2011年度事業報告—第33回南島文化市民講座 テーマ「東アジアの説話と東アジア人の感性」）「南島文化研究所所報」 沖縄国際大学南島文化研究所 （57）2012.03

海と墓—瀬戸内と南島を例に（万葉古代学研究所第5回委託共同研究報告—魂の行方）（角田聡一郎）「万葉古代学研究年報」 奈良県立万葉文化館 （10）2012.3

南島から柳田國男を読む—祖霊信仰論に焦点を当てて（特集 柳田國男の超克と継承—没後五十年の今）（赤嶺政信）「日本民俗学」 日本民俗学会 （271）2012.08

ファンタジーとしてのキジムナー（豊岡梢）「南島研究」 南島研究会 （53）2012.10

森の愚話—樹木信仰の側面（酒井卯作）「南島研究」 南島研究会 （53）2012.10

組踊の身体と舞台構造の研究（論文）（狩俣恵一）「南島文化」 沖縄国際大学南島文化研究所 （35）2013.03

組踊の身体—身体感覚・身体技法の継承（論文）（田場裕規）「南島文化」 沖縄国際大学南島文化研究所 （35）2013.03

組踊（唱え）の研究（研究ノート）（宮城茂雄）「南島文化」 沖縄国際大学南島文化研究所 （35）2013.03

水風呂のこと（酒井卯作）「南島研究」 南島研究会 （54）2013.10

臨終のときの不思議（採集手帖）（崎原恒新）「南島研究」 南島研究会 （54）2013.10

大蛇の穴のこと（採集手帖）（仲田栄松）「南島研究」 南島研究会 （54） 2013.10

砂かけ婆ぁ（採集手帖）（俵谷和子）「南島研究」 南島研究会 （54） 2013.10

ユン泣き（採集手帖）（岡本恵昭）「南島研究」 南島研究会 （54） 2013.10

正月下駄（採集手帖）（知花ヒロ子）「南島研究」 南島研究会 （54） 2013.10

ハブと呪文（酒井卯作）「南島研究」 南島研究会 （54） 2013.10

泥棒の神（田端実）「南島研究」南島研究会 （55） 2014.03

ケンムンにとられた人（採集手帖）（田端実）「南島研究」 南島研究会 （55） 2014.03

ケンムンの屁（採集手帖）（田端実）「南島研究」 南島研究会 （55） 2014.03

子供の魔除け（採集手帖）（田端実）「南島研究」 南島研究会 （55） 2014.03

夢（採集手帖）（酒井卯作）「南島研究」 南島研究会 （55） 2014.03

ハブ（採集手帖）（酒井卯作）「南島研究」 南島研究会 （55） 2014.03

針千本（採集手帖）（酒井卯作）「南島研究」 南島研究会 （55） 2014.03

アシタバ（採集手帖）（酒井卯作）「南島研究」 南島研究会 （55） 2014.03

網の子の商売魂（採集手帖）（酒井卯作）「南島研究」 南島研究会 （55） 2014.03

人の名を呼ぶとき（採集手帖）（酒井卯作）「南島研究」 南島研究会 （55） 2014.03

左前の着物（採集手帖）（松谷初美）「南島研究」 南島研究会 （55） 2014.03

竈の行方（採集手帖）（﨑原恒新）「南島研究」 南島研究会 （55） 2014.03

スブネの漕ぎ方（採集手帖）（喜入八郎）「南島研究」 南島研究会 （55） 2014.03

一升三合（採集手帖）（喜入八郎）「南島研究」 南島研究会 （55） 2014.03

池水ツル甌の昔語り（本田碩孝）「南島研究」 南島研究会 （55） 2014.03

グスク試論―スクとシキ（論文）（糸数兼治）「南島文化」 沖縄国際大学南島文化研究所 （36） 2014.03

生業と祭祀から見る戦後の生活変容（2013年度事業報告―南島文化市民講座）（仲原弘哲）「南島文化研究所所報」 沖縄国際大学南島文化研究所 （59） 2014.03

南方

トビ（竜蛇）神と南方文化（富来隆）「別府史談」 別府史談会 12 1998.12

中国・朝鮮・南方から出雲（日本）を考えてみる（6）99％を占める渡来僧「奥出雲」 奥出雲編集集団横田史談会 288 1999.3

西九州海域

西九州海域における捕鯨の伝統（村川逸朗）「原の辻ニュースレター」 長崎県教育庁原の辻遺跡調査事務所 30 2008.3

東シナ海

東シナ海をめぐる爪楊枝のこと（立平進）「民具マンスリー」 神奈川大学 33（2）通号386 2000.5

肥前

肥前「町（丁）石」考（白浜信之）「日本の石仏」 日本石仏協会，青娥書房（発売）通号87 1998.9

平佐焼―平佐と天草・肥前・苗代川をつなぐもの（福元忠良）「千台：薩摩川内郷土史研究会機関誌」 薩摩川内郷土史研究会 29 2001.3

序論 肥前のもてなし お菓子は地域の文化財（《特集 九州と菓子》）（武野要子）「海路」 「海路」編集委員会，海鳥社（発売）通号3 2006.6

肥前のお菓子雑感（《特集 九州と菓子》）（武野要子）「海路」 「海路」編集委員会，海鳥社（発売）通号3 2006.6

私の本棚（28）村岡安廣著「肥前の菓子」（小石央恵）「葉隠研究」 葉隠研究会 （59） 2006.7

慶長19年12月に埋まった肥前と茶陶（《備前歴史フォーラム 備前と茶陶―16・17世紀の変革》）（江浦洋）「備前市歴史民俗資料館紀要」 備前市歴史民俗資料館 （9） 2007.10

肥前石工の発祥と盛衰 新興地の軍港佐世保で有終の美（筒井隆義）「談林」 佐世保史談会 （50） 2009.10

脊振山系と肥前霊山の諸相（太宰府・宝満山特集）（山本義孝）「山岳修験」 日本山岳修験学会，岩田書院（発売）（54） 2014.09

肥前国

「常陸・豊後・肥前国風土記」に描かれた神・人・集団一覧（田井恭一）「東播磨 地域史論集」 東播磨地域史懇話会 （11） 2005.3

火の国

歴史と伝承のあいだ 『火の国の原像』より（清水幸男）「熊本地名研究会」 熊本地名研究会 （50） 1997.3

火の国の起源（安達武敏）「史叢」 熊本歴史学研究会 （8） 2003.7

火の国の"火"の行方（安達武敏）「史叢」 熊本歴史学研究会 （11） 2006.8

肥豊

「肥豊社寺本末」―熊本県神仏分離史料（佐藤征子）「年報熊本近世史」 熊本近世史の会 2004年度 2004.6

豊前

豊前感応楽（高瀬美代子）「西日本文化」 西日本文化協会 330 1997.4

豊前修験道圏の松会（佐々木哲哉）「宗教文化」 宗教文化懇話会 （74） 1999.7

豊前地域の川渡り神幸祭（調査報告）（花村利彦）「宗教文化」 宗教文化懇話会 （77） 2001.1

墓にみる中世から近世―豊前・豊後における近世墓のはじまり（原田昭一）「大分県地方史」 大分県地方史研究会 （184） 2002.2

鎌倉・南北朝時代の豊前・豊後における仏師の動向―仏師在銘作品を中心に（渡辺文雄）「大分県立歴史博物館研究紀要」 大分県立歴史博物館 通号8 2007.3

角塔婆変遷史―豊前・豊後における紀年銘資料を通して（原田昭一）「石造文化研究」 おおいた石造文化研究会事務局 通号27 2009.01

第11回石造物研究会報告 豊前の石塔を考えるII―大分県中津市周辺を中心として（原田昭一）「日引 ： 石造物研究会会誌」 （13） 2012.05

その1 雷さまのフン（1），（2）（コラム 豊前の吉吾郎さんの話）「国見物語」 国見町郷土史研究会 （32） 2013.04

その2 かねの鳥居（コラム 豊前の吉吾郎さんの話）「国見物語」 国見町郷土史研究会 （32） 2013.04

九州北部地域における古代寺院の展開―豊前・筑前の寺院選地を中心として（論文）（梶原義実）「九州考古学」 九州考古学会 （89） 2014.11

豊前海

海苔養殖の伝播と技術伝承（6）―豊前海と別府湾の事例から（藤塚悦司）「大田区立郷土博物館紀要」 大田区立郷土博物館 7 1997.3

民具短信 豊前海の漁具と「話題の資料展」（菅野剛宏）「民具マンスリー」 神奈川大学 34（6）通号402 2001.9

豊前国

豊前国岩戸神楽考―豊前地方の神楽にみる修験的要素について（恒遠俊輔）「山岳修験」 日本山岳修験学会，岩田書院（発売）（32） 2003.11

豊前豊後国神社宝物古器古文書取調から見た神官の動き（岡部光瑞）「別府史談」 別府史談会 （22） 2009.03

豊前国にみる神仏習合思潮（1）（髙橋章）「求菩提資料館ジャーナル」 福岡県求菩提資料館 （27） 2014.03

北部九州

北部九州における山岳修験研究の新たな方向性―韓国の山岳宗教遺跡との比較（山本義孝）「山岳修験」 日本山岳修験学会，岩田書院（発売）（27） 2001.3

海の男とドンザ（松村利規）「海路」 「海路」編集委員会，海鳥社（発売）通号1 2004.11

北部九州における都市空間と風水思想（浅井秀子）「北東アジア文化研究」 鳥取短期大学 （21） 2005.3

北部九州における神功皇后伝承（上）（《総力特集 神功皇后》）（河村哲夫）「季刊邪馬台国」 「季刊邪馬台国」編纂委員会，梓書院（発売）（97） 2008.1

鮭が神社に参拝する話―北部九州の鮭信仰の背景と将来（牛嶋英俊）「西日本文化」 西日本文化協会 通号431 2008.2

北部九州における神功皇后伝承（下）（《総力特集 神功皇后 第2弾》）（河村哲夫）「季刊邪馬台国」 「季刊邪馬台国」編纂委員会，梓書院（発売）（98） 2008.4

南九州

土符の基礎的研究（2），（3）（重永卓爾）「季刊南九州文化」 南九州文化研究会 70/71 1997.1／1997.4

徐福伝説の広がりを観る（耕真介）「季刊南九州文化」 南九州文化研究会 70 1997.1

川内市内の春祭りに寄せて―南九州の田遊びについて（下野敏見）「千台：薩摩川内郷土史研究会機関誌」 薩摩川内郷土史研究会 25 1997.3

南九州の十五夜芸能（永松敦）「宮崎県地方史研究紀要」 宮崎県立図書館 24 1998.3

檀那どん信仰とカヤカベ類似の宗教との比較について―南九州の基層宗教民俗に関する一考察（森加清美）「宗教民俗研究」 日本宗教民俗学会 （8） 1998.6

略押の再検討（重永卓爾）「季刊南九州文化」 南九州文化研究会 77 1998.10

南九州における仏壇の起源（近藤津代志）「大隅」 大隅史談会 42 1999.3
略押の再検討（重永卓爾）「季刊南九州文化」 南九州文化研究会 79 1999.4
南九州の石像田の神（所崎平）「民具研究」 日本民具学会 通号120 1999.10
中世南九州の熊野信仰について（栗林文夫）「鹿児島史学」 鹿児島県高校歴史部会 45 2000.3
南九州の牲猟と頭骨祭祀（川野和昭）「東北学.［第1期］」 東北芸術工科大学東北文化研究センター，作品社（発売） 3 2000.10
かごしま文庫57『南九州の民俗仮面』の問題点（出村卓三）「鹿児島民俗」 鹿児島民俗学会 119 2001.5
隠れ念仏の里を訪ねて（隈部守）「嶽南風土記・有家史談」 有家町史談会 （9） 2002.1
犬神考—南九州における（林匡）「鹿児島史学」 鹿児島県高校歴史部会 47 2002.3
吹き溜まる南の民具 脱穀用具（1） ムギウチダイとマッボ（川野和昭）「東北学.［第1期］」 東北芸術工科大学東北文化研究センター，作品社（発売） 7 2002.10
地名と神社にみる南九州海人族の足跡—アタ・クマ・カシをキーワードに（坂田友宏）「山陰民俗研究」 山陰民俗学会 （8） 2003.2
吹き溜まる南の民具（2） 脱穀用具（2） バラとトオシ（川野和昭）「東北学.［第1期］」 東北芸術工科大学東北文化研究センター，作品社（発売） 8 2003.4
高天の原南九州説（民俗の目で日本神話を読む）（牧民郎）「鹿児島民俗」 鹿児島民俗学会 123 2003.5
「紅花・豪農」の誕生と発展（耕真介）「季刊南九州文化」 南九州文化研究会 96 2003.7
南九州における近世中期以前の仮面と祭り（泉房子）「民具研究」 日本民具学会 （131） 2005.3
『南九州の伝統文化I 祭礼と芸能、歴史』『南九州の伝統文化II 民具と民俗、研究』『奄美、都喝喇の伝統文化 祭りとノロ、生活』（書評）（小川直之）「民具研究」 日本民具学会 （131） 2005.3
擬死再生と信仰獲得の民俗—南九州における「隠れ念仏」の入信儀礼と東北の「隠し念仏」の「鹿児島民俗」 鹿児島民俗学会 （128） 2005.10
伊豆諸島の亀卜と南九州南端の占い（橋口尚武）「郵政考古紀要」 大阪郵政考古学会 通号40 2007.01
南九州の「大人」人形行事の成立背景（1） 的野正八幡の弥五郎どんを中心に（山口保明）「花礁」 「花礁」編集室 （6） 2007.2
南九州の「大人」人形行事の歴史民俗的研究（1） 的野正八幡宮の「弥五郎どん」を中心に（《特集 宮崎における交流の民俗》）（山口保明）「みやざき民俗」 宮崎県民俗学会 （59） 2007.3
鹿児島の棟石について—南九州の石の文化解明に向けて（橋口尚武）「鹿児島民具」 鹿児島民具学会 通号19 2007.3
かくれ念仏（漆木忍）「季刊南九州文化」 南九州文化研究会 （106） 2007.11
東アジアの竹文化（2） 南九州の竹独楽作りと起源の問題（高重義好）「鹿児島民具」 鹿児島民具学会 通号20 2008.3
葛城地方の出雲系鴨神と南九州（松下高明）「大隅」 大隅史談会 （51） 2008.3
ボゼ（南九州方言）語源考（牧民郎）「鹿児島民俗」 鹿児島民俗学会 （133） 2008.4
見返り坂の女（牧本文男）「季刊南九州文化」 南九州文化研究会 （107） 2008.5
肝だめし（前田宏）「季刊南九州文化」 南九州文化研究会 （107） 2008.5
「日向神話」と南九州、隼人—出典論との関わりから（原口耕一郎）「鹿児島地域史研究」 『鹿児島地域史研究』刊行会，鹿児島地域史研究会 （5） 2009.2
“二仏六地蔵塔”県下あまり無いのでは？（右田幸雄）「南九州の石塔」 南九州石塔研究会 （16） 2009.08
〈問題提起〉「田の神講」文書取り扱いの視座について（《大会特集/南九州の地域形成と境界性—都城からの歴史像I》）（森田清美）「地方史研究」 地方史研究協議会 59（4）通号340 2009.08
〈問題提起〉四国遍路・修験者の文化・情報・技術交流試論—四国と南九州との関連を中心にして（《大会特集II 南九州の地域形成と境界性—都城からの歴史像》）（西海賢二）「地方史研究」 地方史研究協議会 59（5）通号341 2009.10
旅行記 阿修羅展（福崎親）「季刊南九州文化」 南九州文化研究会 （110） 2009.11
黒田清光著「解説 南九州の石塔について」の問題点について（佐藤誠）「鹿児島地域史研究」 『鹿児島地域史研究』刊行会，鹿児島地域史研究会 （7） 2011.10
南九州での竜蛇の話覚書（1），（2）（本田碩孝）「鹿児島民俗」 鹿児島民俗学会 （140）/（141） 2011.12/2012.06
二仏六地蔵塔について（中野町正利）「南九州の石塔」 南九州石塔研究会 （17） 2011.12
石造りに見る六地蔵の表現（園田良賢）「南九州の石塔」 南九州石塔研究会 （17） 2011.12
仏典に受容された「唵O・m字信仰」の展開（齋藤彦松）「南九州の石塔」 南九州石塔研究会 （17） 2011.12
十一面観世音・五大明王梵字石塔（松田誠）「南九州の石塔」 南九州石塔研究会 （17） 2011.12
南九州の祭祀儀礼から見た隼人の楯の文様（﨑田一郎）「みやざき民俗」 宮崎県民俗学会 （64） 2012.03
古事記神話と南九州（1）（松下高明）「大隅」 大隅史談会 （55） 2012.03
南九州の社家町小考（特集 鹿児島の古代・中世）（重久淳一）「鹿児島考古」 鹿児島県考古学会 （42） 2012.07
南九州の「タンカンサア」（特集 彩色と石仏）（山下真一）「日本の石仏」 日本石仏協会，青娥書房（発売） （143） 2012.09
南九州の神楽・神舞（福ヶ迫圭子）「桃山歴史・地理」 京都教育大学史学会 （47） 2012.12
口絵 湧水町の民具から/南九州の龍柱（霧島山麓特集号）「鹿児島民具」 鹿児島民具学会 （25） 2013.03
南九州の龍柱について（霧島山麓特集号）（橋口尚武）「鹿児島民具」 鹿児島民具学会 （25） 2013.03
古代を読み、方言を考える（吉川サキエ）「季刊南九州文化」 南九州文化研究会 （117） 2013.05
農耕儀礼 献穀御神田行事（前川宏）「季刊南九州文化」 南九州文化研究会 （117） 2013.05
墓誌の銘文横に筆文字みつかる「季刊南九州文化」 南九州文化研究会 （117） 2013.05
表紙写真説明 里岳の石廟と宝篋印塔「南九州の石塔」 南九州石塔研究会 （18） 2013.08
新納家墓碑に見る穿孔の謎（西定義）「南九州の石塔」 南九州石塔研究会 （18） 2013.08
新納家定紋決定について（前原憲義）「南九州の石塔」 南九州石塔研究会 （18） 2013.08
肝付氏系石塔の相輪文様について（隈元信一）「南九州の石塔」 南九州石塔研究会 （18） 2013.08
講演録 対馬海流に沿って—海から見た南九州（北見俊夫）「鹿児島民俗」 鹿児島民俗学会 （144） 2013.12
仏教文化遺産「尼門跡寺院」（前田宏）「季刊南九州文化」 南九州文化研究会 （119） 2014.05

南日本

シンポジウム「南日本の食文化」（瀬戸口賀子，森松平，長野正信，宮崎雅恵，前田昭人，森中房枝）「地域・人間・科学」 鹿児島純心女子短期大学江角学びの交流センター地域人間科学研究所 （6・7） 2003.3

福岡県

藍染川
伝説「藍染川」―謡曲「藍染川」をもとに（齋藤豊）「太宰府を語る会會誌」　太宰府を語る会　（19）2009.10

愛岳神社
太宰府市所在愛嶽神社周辺段造成の歴史的位置付け―山岳寺院の平面構造調査（下高大輔）「年報太宰府学」　太宰府市　（2）2008.3

相島
相島での朝鮮通信使と「もてなし」（嶋村初吉）「海路」　「海路」編集委員会，海鳥社（発売）通号2　2005.9

青木
青木の獅子舞（高瀬美代子）「西日本文化」　西日本文化協会　通号424　2006.12

青柳
近郊探訪の告報（下）千年屋、独鈷寺、太閤水、青柳の宿（清田友彦）「ふるさとの自然と歴史」　歴史と自然をまもる会　266　1998.1

赤坂
「谷ワクドウ」がいた桜坂・赤坂の話（清田友彦）「ふるさとの自然と歴史」　歴史と自然をまもる会　268　1998.5
神社に残された水田焼・赤坂焼土人形―福岡県筑後市の事例より（角南聡一郎）「民具マンスリー」　神奈川大学　40(9) 通号477　2007.12

上野
豊前国焼窯上野焼の発祥とその背景（小林省吾）「県史だより : 福岡県地域史研究所県史だより」　西日本文化協会　（124）2006.11
細川小倉藩時代の上野焼（〈特集 九州やきもの史〉）（永尾正剛）「海路」　「海路」編集委員会，海鳥社（発売）通号6　2008.6
豊前国焼窯上野焼の発祥とその背景（小林省吾）「郷土田川」　田川郷土研究会　（44）2009.3

赤星
歴史探訪「赤星哀歌・地蔵物語」（武久茂）「筑後郷土史研究会誌」　筑後郷土史研究会　（30）1997.10

上り松
上り松役宅（遠藤ミユキ）「郷土誌しいだ」　椎田町文化財研究協議会　（14）2006.5

秋月
秋月の町並み保存（隈部敏明）「温故 : 甘木歴史資料館だより」　甘木歴史資料館　25　1997.3
福岡のむかしばなし（51）秋月の橋物語（高良竹美）「ふるさとの自然と歴史」　歴史と自然をまもる会　264　1997.9
福岡のむかしばなし（66）秋月悲史 切腹秀（高良竹美）「ふるさとの自然と歴史」　歴史と自然をまもる会　281　2000.7

秋月眼鏡橋
秋月の眼鏡橋（坂本正行）「ふるさとの自然と歴史」　歴史と自然をまもる会　（308）2006.1

朝倉
昔のスイーツ探し旅（28）朝倉の辻占菓子・ハトマメ（牛嶋英俊）「西日本文化」　西日本文化協会　（467）2014.02
昔のスイーツ探し旅（31）朝倉・浮羽の七夕菓子（牛嶋英俊）「西日本文化」　西日本文化協会　（470）2014.08

朝倉橘広庭宮
「朝倉橘廣庭宮」小考（清原倫子）「西日本文化」　西日本文化協会　通号419　2006.3

朝倉山
筑紫平野からの古代史検証（15）朝倉山の鬼と神功皇后伝承（田中正日子）「ふるさとの自然と歴史」　歴史と自然をまもる会　268　1998.5

芦屋
芦屋史跡の石碑（1），（2）（重岡昭徳）「崗」　芦屋町郷土史研究会　24/25　1998.3/1999.2
芦屋歳時記（日高律子）「崗」　芦屋町郷土史研究会　27/（40）2001.2/2014.01
芦屋歌舞伎 辻番付の解明（野間栄）「崗」　芦屋町郷土史研究会　27

芦屋行事ひろい書（2）（野間栄）「崗」　芦屋町郷土史研究会　27　2001.2
筑前芦屋の祭祀組織と寺中町（1）（原宏）「崗」　芦屋町郷土史研究会　30　2004.1
芦屋昔話（1），（2）（瀬戸正廣）「崗」　芦屋町郷土史研究会　30/31　2004.1/2005.1
筑前芦屋の碑史（2），（3）（藤本春秋子）「崗」　芦屋町郷土史研究会　30/（32）2004.1/2006.1
芦屋の民話（洞山）「崗」　芦屋町郷土史研究会　30　2004.1
筑前芦屋の祭祀組織と寺中町―その社会学的試論（2）（原宏）「崗」　芦屋町郷土史研究会　31　2005.1
芦屋役者と上方役者（野間栄）「崗」　芦屋町郷土史研究会　31　2005.1
芦屋の民話 鈴鳴りの仮面「崗」　芦屋町郷土史研究会　31　2005.1
芦屋の民話 逆股の地蔵「崗」　芦屋町郷土史研究会　（32）2006.1
芦屋の祇園祭り（香月靖晴）「西日本文化」　西日本文化協会　通号419　2006.3
芦屋の民話 火除け達磨「崗」　芦屋町郷土史研究会　（33）2007.1
芦屋の民話 日除け達磨「崗」　芦屋町郷土史研究会　（35）2009.01
芦屋役者と植木役者（濱嵜弘毅）「西日本文化」　西日本文化協会　通号441　2009.10
芦屋行事ひろい書（大正15年の日記より）（野間栄）「崗」　芦屋町郷土史研究会　（38）2012.01
芦屋の石祠めぐり（1）西浜町の「速瀬神社」「崗」　芦屋町郷土史研究会　（39）2013.02
芦屋の石祠めぐり（2）金毘羅神社（重岡昭徳）「崗」　芦屋町郷土史研究会　（39）2013.02
芦屋の石祠めぐり（3）白山神社「崗」　芦屋町郷土史研究会　（40）2014.01

芦屋浜
芦屋浜 "はまほうふう" 懐古（向井秀雄）「崗」　芦屋町郷土史研究会　24　1998.3

芦屋町
離見の見（小曽我清太郎）「崗」　芦屋町郷土史研究会　23　1997.3
わらうま行事について（井上和代）「崗」　芦屋町郷土史研究会　24　1998.3
芦屋町神武社文書（有吉恭子）「崗」　芦屋町郷土史研究会　26　2000.3
町政夜話（石川重則）「崗」　芦屋町郷土史研究会　26　2000.3
芦屋町の八朔行事（長野浩久）「崗」　芦屋町郷土史研究会　28　2002.2
寺中町寄進の碑文（1）（野間栄）「崗」　芦屋町郷土史研究会　29　2003.1
空也伝説と念仏三昧（神田正）「崗」　芦屋町郷土史研究会　30　2004.1
熊鰐説話とその周辺（向井秀雄）「崗」　芦屋町郷土史研究会　31　2005.1
旌表旗余録（柴田正生）「崗」　芦屋町郷土史研究会　（32）2006.1
芦屋町所有「芦屋藪地真形釜」と「無地平釜」の考察（新郷英弘）「崗」　芦屋町郷土史研究会　（36）2010.01
芦屋町の「お地蔵さま」めぐり（1）新築の地蔵堂（重岡昭徳）「崗」　芦屋町郷土史研究会　（38）2012.01
卓論再録「崗」　芦屋町郷土史研究会　（38）2012.01
芦屋町の「お地蔵さま」めぐり（2），（3）「崗」　芦屋町郷土史研究会　（38）2012.01
近世芦屋町域における神社とその信仰（瀬津隆彦）「崗」　芦屋町郷土史研究会　（39）2013.02

麻生神社
コラム 神佛と鯰（2）麻生神社（半田隆夫）「季刊邪馬台国」　「季刊邪馬台国」編纂委員会，梓書院（発売）（99）2008.7

油山
首羅山・油山と東アジア（太宰府・宝満山特集）（伊藤幸司）「山岳修験」　日本山岳修験学会，岩田書院（発売）（54）2014.09

甘木
川魚漁の道具と漁法「温故 : 甘木歴史資料館だより」　甘木歴史資料館　30　1999.10
鵜飼漁とその背景（乙藤慎）「温故 : 甘木歴史資料館だより」　甘木歴史資料館　30　1999.10
甘木の「盆俄」と「甘木絞り」（高瀬美代子）「西日本文化」　西日本文化協会　通号436　2008.12

九州・沖縄　　　　　　　　　郷土に伝わる民俗と信仰　　　　　　　　　福岡県

昔のスイーツ探し旅―甘木編　その1（9）甘木の飴（牛嶋英俊）「西日本文化」　西日本文化協会　通号446　2010.08

昔のスイーツ探し旅―甘木編　その2（10）三松堂と阿さひ飴本舗（牛嶋英俊）「西日本文化」　西日本文化協会　通号447　2010.10

資料 醤油圧搾機、蘭引、刻煙草包装紙版木、金属製製麺機「江草式押出製麺機」「温故 ： 甘木歴史資料館だより」　甘木歴史資料館　（53）2014.10

甘木市
福岡県甘木市における秋の行事について（窪田雅子）「久里」　神戸女子民俗学会　7　1999.10

天磐盾
表紙 倭国の原風景（7）天神降臨の天磐盾（飯塚の熊野神社境内）松尾紘一郎氏撮影「九州倭国通信」　九州古代史の会　（159）2012.01

倭国の原風景（7）天神降臨の戦勝記念碑（室伏志畔）「九州倭国通信」　九州古代史の会　（159）2012.01

荒戸山東照宮
福岡荒戸山東照宮についての一考察 福岡藩における東照大権現（徳川家康）信仰（特集 黒田家と福岡・博多）（守友隆）「福岡地方史研究 ： 福岡地方史研究会会報」　福岡地方史研究会，海鳥社（発売）（51）2013.09

有明海
筑紫平野からの古代史検証（24）有明海側の在地神と勅使の奉幣（田中正日子）「ふるさとの自然と歴史」　歴史と自然をまもる会　277　1999.11

海苔盛衰記 番外編 有明海・鹿島へ（斎藤和美）「東京産業考古学会」　東京産業考古学会事務局　32　2001.5

有馬
映画・歌舞伎・伝承・史実―有馬猫騒動をめぐって（高野信治）「県史だより ： 福岡県地域史研究所県史だより」　西日本文化協会　（122）2006.3

安国寺
戦後まもない頃の安国寺の歳時記（浅田武彦）「北九州市の文化財を守る会会報」　北九州市の文化財を守る会　98　1999.10

安楽院
幻の寺 安樂院（川原方人）「木綿間 ： 岡垣歴史文化研究会年報」　岡垣歴史文化研究会　（28）2010.04

安楽寺
菅公御神忌1100年大祭記念 安楽寺（太宰府天満宮）仏像里帰り展「季報」　太宰府天満宮宝物殿　（79）2002.10

行橋市安楽寺の五劫思惟阿弥陀坐像（井形進）「九州歴史資料館研論集」　九州歴史資料館　通号30　2005.3

飯塚
飯塚の祇園祭り（香月靖晴）「嘉飯山郷土研究会会誌」　嘉飯山郷土研究会　18　2004.11

表紙 倭国の原風景（7）天神降臨の天磐盾（飯塚の熊野神社境内）松尾紘一郎氏撮影「九州倭国通信」　九州古代史の会　（159）2012.01

飯塚市
昔のスイーツ探し旅（29）炭鉱の銘菓「黒ダイヤ」（牛嶋英俊）「西日本文化」　西日本文化協会　（468）2014.04

飯塚宿
聞き書き 長崎街道飯塚宿の暮らし（米山公子）「嘉飯山郷土研究会会誌」　嘉飯山郷土研究会　11　1997.11

飯場
福岡市脇山・飯場の神楽面―紹介と特色（後藤淑）「椎葉民俗芸能博物館研究紀要」　椎葉民俗芸能博物館　（1）2000.3

飯盛社
筑前国早良郡鎮守飯盛社について（吉良国光）「市史研究ふくおか」　福岡市博物館市史編さん室　（4）2009.02

飯盛神社
いしぶみ訪問（52）飯盛神社（那須博）「ふるさとの自然と歴史」　歴史と自然をまもる会　260　1997.1

九州古代紀行（17）国生み神話が伝わる飯盛神社を往く（加藤哲也）「季刊邪馬台国」「季刊邪馬台国」編纂委員会，梓書院（発売）（114）2012.07

伊加利
近隣の人形芝居、浄瑠璃（義太夫）語りの概要（3）―五、伊加利人形浄瑠璃芝居の周辺（村上利男）「かわら ： 郷土史誌」　香春町教育委員会　58　2004.4

石穴稲荷
配所の菅公を飢えから救った伏見稲荷―石穴稲荷の伝説から（山中耕作）「西日本文化」　西日本文化協会　369　2001.3

石釜
福岡市早良区石釜のトビトビ（松村利規）「福岡市博物館研究紀要」　福岡市博物館　（7）1997.3

一の岳
写真説明 一の岳「山王神社 お手洗い鉢」「かわら ： 郷土史誌」　香春町教育委員会　77　2013.10

糸島
糸島の卜占神事（1）―白糸寒禊ぎにみる米占い（古川秀幸）「糸島市立伊都歴史博物館紀要」　糸島市立伊都国歴史博物館　（6）2011.03

コラム 糸島の伝説―渡し守 金六さん（地域特集 糸島半島）（有田和樹）「西日本文化」　西日本文化協会　（471）2014.10

コラム 糸島の伝説―幽心地蔵（有田和樹）「西日本文化」　西日本文化協会　（471）2014.10

糸島半島
糸島半島の祭り（地域特集 糸島半島）（竹田定倫，大歯辰美）「西日本文化」　西日本文化協会　（471）2014.10

井上廃寺
北部九州の古代寺院―小郡市所在上岩田・井上両廃寺についての所感（渡辺正気）「宗教文化」　宗教文化懇話会　（75）2000.1

今井
豊前今井祇園祭りの八撥（佐々木哲哉）「まつり通信」　まつり同好会　42（10）通号500　2002.9

今井津
博多津と今井津の祇園祭り（研究余滴・歴史案内・歴史散歩）（佐々木哲哉）「福岡地方史研究 ： 福岡地方史研究会会報」　福岡地方史研究会，海鳥社（発売）（52）2014.09

今熊野窟
山岳修験道跡を読み解く―彦山四十九窟第八 今熊野窟（山本義孝）「求菩提資料館ジャーナル」　福岡県求菩提資料館　（23）2010.03

今津
波瀾に満ちた伝承の道―福岡・今津人形芝居（大歯辰美）「西日本文化」　西日本文化協会　348　1999.1

今村
キリシタン考古学の成果/禁教の歴史と福岡のキリスト教/同じ赤い血を流して―秋月・今村の人々とキリスト教/ルイス・デ・アルメイダの足跡/平戸地方キリシタン関係年表/項目別展示品リスト/展示構成と主要な展示品「温故 ： 甘木歴史資料館だより」　甘木歴史資料館　（49）2010.10

今山
今山の歩みと民話（奥苑光男）「三池史談」　（23）1997.8

伊良原
なぜ多いのか？ 伊良原の庚申塔（神崎昭吾）「郷土誌さいがわ」　犀川町郷土史研究会　（16）1998.3

伊良原の年中行事（1）正月（野中邦重）「郷土誌さいがわ」　犀川町郷土史研究会　（17）1999.3

伊良原にみる人生儀礼（清水哲夫）「郷土誌さいがわ」　犀川町郷土史研究会　（17）1999.3

伊良原の年中行事（2）―四季の祭り（野中邦重）「郷土誌さいがわ」　犀川町郷土史研究会　（18）2000.3

「伊良原道中記」の紹介（神崎昭吾）「郷土誌さいがわ」　犀川町郷土史研究会　（19）2001.3

伊良原谷
伊良原谷の生産・生業（一川淳江）「郷土誌さいがわ」　犀川町郷土史研究会　（17）1999.3

岩原
香春の民俗―鏡山・岩原編（香春町史編纂委員会）「かわら ： 郷土史誌」　香春町教育委員会　（63）2006.6

印鑰社
印鑰社について（松永辰男）「久留米郷土研究会誌」　久留米郷土研究会　26　1998.6

植木
芦屋役者と植木役者（濱嵜弘毅）「西日本文化」　西日本文化協会　通号441　2009.10

福岡県　　　　　　　　　　郷土に伝わる民俗と信仰　　　　　　　　　　九州・沖縄

飢人地蔵

飢人地蔵（安陪光正）「ふるさとの自然と歴史」　歴史と自然をまもる会　（343）　2011.11

浮羽

昔のスイーツ探し旅（31）朝倉・浮羽の七夕菓子（牛嶋英俊）「西日本文化」　西日本文化協会　（470）　2014.08

牛頸

福岡のむかしばなし（53）大野城市牛頸の天狗松（高良竹美）「ふるさとの自然と歴史」　歴史と自然をまもる会　266　1998.1

牛守神社

牛守神社縁起譚―お小夜狭吾七物語考（山神明日香）「郷土八幡」　八幡郷土史会　（4）　2014.02

碓井町

碓井町・皿屋敷伝説を考える（貝嶋亮三）「嘉飯山郷土研究会会誌」　嘉飯山郷土研究会　11　1997.11

碓井町・日吉神社鎮座の由来（貝嶋亮三）「嘉飯山郷土研究会会誌」　嘉飯山郷土研究会　12　1997.11

嘉穂町碓井町 石竹の皿屋敷跡伝承をめぐって（貝嶋亮三）「西日本文化」　西日本文化協会　406　2004.11

内殿

17世紀～19世紀 村の祭礼と社会結合―福岡県宗像郡内殿の祭礼（宮崎克則）「九州文化史研究所紀要」　九州大学附属図書館付設記録資料館九州文化史資料部門　通号41　1997.3

宇美

元寇・箱崎・宇美―極楽寺の故事から（古田鷹治）「県史だより ： 福岡県地域史研究所県史だより」　西日本文化協会　114　2001.3

宇美川

多々良川と宇美川の河童（和田寛）「河童通心」　河童文庫　262　2005.8

宇美八幡

倭国の原風景（13）もう一つの宇美八幡（室伏志畔）「九州倭国通信」　九州古代史の会　（167）　2013.07

宇美八幡宮

表紙 糸島市川付（かつけ）の宇美八幡（松尾紘一郎撮影）「九州倭国通信」　九州古代史の会　（167）　2013.07

梅田

梅田の昔（石橋政勝）「郷土文化誌おおとう」　大任町教育委員会　（12）　1999.11

浦松

香春の民俗 中津原・浦松編（香春町史編纂委員会）「かわら ： 郷土史誌」　香春町教育委員会　（66）　2008.2

雲竜の館

いしぶみ訪問（93）百八人塚、雲龍の館（那須博）「ふるさとの自然と歴史」　歴史と自然をまもる会　301　2004.11

永満寺

スガラ祭り 江戸中期から伝わる直方市永満寺の虫追い行事（香月靖晴）「西日本文化」　西日本文化協会　411　2005.5

円覚寺

博多円覚寺の開創・展開―対外関係と地域文化の形成（川添昭二）「市史研究ふくおか」　福岡市博物館市史編さん室　（1）　2006.3

延寿王院

天原山延寿王院 今般風土記録録御調子ニ付書上帳（木村明敏）「宗教文化」　宗教文化懇話会　（69）　1997.1

円清寺

朝倉市杷木志波 円清寺（1）木造観音菩薩坐像/（2）石造如来坐像/（3）木造如来坐像（調査報告）「福岡市博物館研究紀要」　福岡市博物館　（23）　2014.03

生立八幡神社

みやこの歴史発見伝（47）再録版 福岡県指定文化財「生立八幡神社山笠」行事「みやこ町歴史民俗博物館だより」　みやこ町歴史民俗博物館　（61）　2011.05

老松神社

老松神社と水田天満宮（近本光夫）「筑後郷土史研究会会誌」　筑後郷土史研究会　（33）　1999.5

王城神社

王城神社縁起の語るもの（恵内慧瑞子）「九州古代史の会NEWS」　九州

古代史の会　（146）　2009.07

大石水神社

いしぶみ訪問（103）うきは市の水神社―大石、長野（那須博）「ふるさとの自然と歴史」　歴史と自然をまもる会　（311）　2006.7

大江

ふるさと切手「大江幸若舞」に思う（種崎益多）「落穂」　大分市大南地区文化財同好会　64　2001.3

大江の幸若舞（高瀬美代子）「西日本文化」　西日本文化協会　373　2001.7

大川

大川の古代と「沖詣り」（塩塚純夫）「瓦版 ： 柳川郷土研究会会誌「水郷」付録」　柳川郷土研究会　（34）　2011.05

大島

宗像大社と大島探訪（山田蕃）「故郷の花」　小郡市郷土史研究会　24　1999.5

大島御岳山遺跡

大島御嶽山遺跡（特集 宗像信仰―論文）（福嶋真貴子）「季刊悠久.第2次」　鶴岡八幡宮悠久事務局　（136）　2014.07

大中臣神社

郷土の記録『大中臣神社の宮座』について（会員の広場）（桑野智喜人）「故郷の花」　小郡市郷土史研究会　（39）　2014.03

大己貴神社

いしぶみ訪問（77）三輪町・大己貴神社（那須博）「ふるさとの自然と歴史」　歴史と自然をまもる会　285　2001.3

九州古代紀行（21）大和の故地（？）大己貴神社を往く（加藤哲也）「季刊邪馬台国」　「季刊邪馬台国」編纂委員会、梓書院（発売）　（119）　2013.10

大野城

新連載 タスケ岩の伝説 大野城物語（古代山城サミット実行委員会、太神秀一朗）「季刊邪馬台国」　「季刊邪馬台国」編纂委員会、梓書院（発売）　（106）　2010.07

大牟田

地域の記憶を文化遺産として活用する―大牟田・荒尾の事例より（永吉守）「九州民俗学 ： bulletin of Kyushu Folklore Society」　九州民俗学会　（6）　2009.12

昔のスイーツ探し旅（30）大牟田のかすてら饅頭（牛嶋英俊）「西日本文化」　西日本文化協会　（469）　2014.06

岡垣

銅矛のまつり（谷口俊治）「木綿間 ： 岡垣歴史文化研究会年報」　岡垣歴史文化研究会　17　1997.1

雨乞習俗について（刀根博愛）「木綿間 ： 岡垣歴史文化研究会年報」　岡垣歴史文化研究会　19　1999.3

神社ア・ラ・カルト（刀根博愛）「木綿間 ： 岡垣歴史文化研究会年報」　岡垣歴史文化研究会　20　2001.3

お寺の縁起から見えてくるもの（吉野勲）「木綿間 ： 岡垣歴史文化研究会年報」　岡垣歴史文化研究会　21　2002.3

小笠原家廟所

広寿山福聚寺と小笠原家廟所「北九州市の文化財を守る会会報」　北九州市の文化財を守る会　（135）　2012.02

岡田神社

八幡西区黒崎・岡田神社資料目録（有川宜博）「北九州市立自然史・歴史博物館研究報告.B類,歴史」　北九州市立自然史・歴史博物館　（3）　2006.3

資料紹介 岡田神社所蔵天神縁起絵巻（古谷優子）「北九州市立自然史・歴史博物館研究報告.B類,歴史」　北九州市立自然史・歴史博物館　（6）　2009.03

資料紹介 岡田神社所蔵天神縁起絵巻 詞書釈文（有川宜博）「北九州市立自然史・歴史博物館研究報告.B類,歴史」　北九州市立自然史・歴史博物館　（6）　2009.03

北九州市岡田神社蔵 三環鈴について（資料紹介）（宮元香織）「北九州市立自然史・歴史博物館研究報告.B類,歴史」　北九州市立自然史・歴史博物館　（9）　2012.03

沖の島

宗像大社と沖の島海北道の目標（松本肇）「崗」　芦屋町郷土史研究会　25　1999.2

沖ノ島

特集 海人伝説 沖ノ島「F97」　福岡県総務部県民情報広報課　（15）　1997.1

宗像沖ノ島渡島記（林原利明）「西相模考古」　西相模考古学研究会　6

九州・沖縄　　　　郷土に伝わる民俗と信仰　　　　福岡県

1997.5

沖ノ島の出土遺物を一堂に　玄海町・宗像大社神宝館「歴史九州」　九州
　歴史大学講座事務局　7（11）通号82　1997.8

海の道標　沖ノ島（松本肇）「西日本文化」　西日本文化協会　352　1999.6

海の正倉院「沖ノ島大国宝展」研修の旅（中野重一）「古代朝鮮文化を考
　える」　古代朝鮮文化を考える会　（18）　2003.12

海の正倉院　沖ノ島と宗像神社（細川泰幸）「文化財協会報」　善通寺市文
　化財保護協会　（24）　2005.3

沖ノ島祭祀前夜―田熊石畑遺跡からみた弥生時代の宗像（白木英敏）「季
　刊邪馬台国」　「季刊邪馬台国」編纂委員会，梓書院（発売）（113）
　2012.04

宗像沖ノ島参詣記抄（特集　海が創った暮らしの歴史―九州北部の島々か
　ら）（井形進）「西日本文化」　西日本文化協会　（459）2012.10

「宗像・沖ノ島関連遺跡群」世界遺産への取り組み（岡寺未幾）「崗」　芦
　屋町郷土史研究会　（39）2013.02

こんな本・紹介『神の島　沖ノ島』　著者　安倍龍太郎・藤原新也（小瀬
　川雅彦）「藤沢地名の会会報」　藤沢地名の会　（83）2013.09

口絵　神体島沖ノ島―祭祀遺跡と神宝（特集　宗像信仰）（宗像大社文化財
　管理事務局）［写真］「季刊悠久.第2次」　鶴岡八幡宮悠久事務局
　（136）2014.07

唐三彩と沖ノ島―宗像大神にささげられた唐からの贈り物（特集　宗像信
　仰―論文）（弓場紀知）「季刊悠久.第2次」　鶴岡八幡宮悠久事務局
　（136）2014.07

口絵解説　神体島沖ノ島―祭祀遺跡と神宝（特集　宗像信仰）（宗像大社文
　化財管理事務局）「季刊悠久.第2次」　鶴岡八幡宮悠久事務局（136）
　2014.07

沖端

沖端遠洋漁業団 "あんこう船" 盛衰記（古賀茂作）「すいきょう　：　柳川郷
　土史研究会志」　柳川郷土史研究会　（1）1997.3

奥八女

阿蘇修験峰入り考　奥八女における山伏の痕跡を追って（佐々木四十臣）
　「西日本文化」　西日本文化協会　346　1998.11

小郡

小郡の櫨・木蠟業の起こり―池内孫左衛門と内山伊吉（田中一郎）「故郷
　の花」　小郡市郷土史研究会　25　2000.5

小郡祇園と素盞嗚尊（多田隆）「故郷の花」　小郡市郷土史研究会　25
　2000.5

近世末期の小郡の櫨・木蠟業（田中一郎）「故郷の花」　小郡市郷土史研究
　会　26　2001.5

小郡における古代の交流―馬をめぐる諸問題（宮田浩之）「故郷の花」　小
　郡市郷土史研究会　26　2001.5

七夕の里小郡―10年の歩み（多田隆）「故郷の花」　小郡市郷土史研究会
　26　2001.5

幕末期小郡の櫨・木蠟業の繁栄と衰退（田中一郎）「故郷の花」　小郡市郷
　土史研究会　27　2002.5

神仏分離令と小郡（田中一郎）「福岡地方史研究　：　福岡地方史研究会会
　報」　福岡地方史研究会，海鳥社（発売）（41）2003.7

小郡の狛犬さん（田辺義典）「故郷の花」　小郡市郷土史研究会　（32）
　2007.5

小郡音頭は何時できた？（会員の広場）（森幸治郎）「故郷の花」　小郡市
　郷土史研究会　（38）2013.03

小郡官衙遺跡

御原郡における小郡官衙遺跡と上岩田廃寺の現状と課題（宮田浩之）「故
　郷の花」　小郡市郷土史研究会　（30）2005.5

小郡市

福岡のむかしばなし（49）七夕のさと小郡市（高良竹美）「ふるさとの自
　然と歴史」　歴史と自然をまもる会　261　1997.3

市内各神社の絵馬（多田隆）「故郷の花」　小郡市郷土史研究会　22
　1997.5

恵比須神考（多田隆）「故郷の花」　小郡市郷土史研究会　23　1998.5

講演　水にかかわる方言と人々の暮し（今村武志）「故郷の花」　小郡市郷
　土史研究会　25　2000.5

寺社の明治維新―神仏分離と廃仏毀却（田中一郎）「故郷の花」　小郡市郷
　土史研究会　22　2002.5

神職の階位と身分（長田雅彦）「故郷の花」　小郡市郷土史研究会　28
　2003.5

村祭りについて（中野勝美）「故郷の花」　小郡市郷土史研究会　（33）
　2008.5

ふるさとの「暮らしと行事」今昔（佐々木ミヨカ）「故郷の花」　小郡市郷
　土史研究会　（33）2008.5

研究発表　まつりと神社（中野勝美）「故郷の花」　小郡市郷土史研究会
　（34）2009.05

神社探しの狛犬（会員の研究発表）（田辺義典）「故郷の花」　小郡市郷土

史研究会　（36）2011.03

実在した神話の里（会員の広場）（田熊正子）「故郷の花」　小郡市郷土史
　研究会　（36）2011.03

体を通して学ぶ「木綿の歴史」（会員の研究）（野田理）「故郷の花」　小郡
　市郷土史研究会　（37）2012.03

小田観音堂

小田観音堂の3軀の観音立像（井形進）「九州歴史資料館研究論集」　九州
　歴史資料館　通号33　2008.3

おちょうず池

御手水が正しい「おちょうず池」の表記（向井秀雄）「崗」　芦屋町郷土史
　研究会　27　2001.2

鬼松天神

伝説「鬼松天神」（高瀬美代子）「西日本文化」　西日本文化協会　336
　1997.11

小呂島

小呂島の祇園祭り（香月靖晴）「宗教文化」　宗教文化懇話会　（73）
　1999.1

謝国明ゆかりの玄海の孤島小呂島（戸次拓治）「木綿間　：　岡垣歴史文化
　研究会年報」　岡垣歴史文化研究会　21　2002.3

遠賀川

遠賀川上流域の食とくらし（青山英子）「西日本文化」　西日本文化協会
　通号441　2009.10

遠賀川流域

近現代、遠賀川流域の葬送（香月靖晴）「嘉飯山郷土研究会会誌」　嘉飯山
　郷土研究会　（25）2011.11

遠賀町

遠賀町の三不思議（古野千年）「郷土文化」　遠賀町郷土文化研究会　13
　1999.5

鏡ヶ池

鏡ヶ池の「盃状石」について（柳井秀清）「かわら　：　郷土史誌」　香春町
　教育委員会　79　2014.09

鏡山

香春の民俗―鏡山・岩原編（香春町史編纂委員会）「かわら　：　郷土史誌」
　香春町教育委員会　23　2006.6

田川農業協同組合（事業実施主体）による平成二十五年度・新嘗祭献穀
　祭事に参加して―香春町・鏡山（柳井秀清）「かわら　：　郷土史誌」　香
　春町教育委員会　78　2014.03

柿下

香春の民俗　柿下編（香春町史編纂委員会）「かわら　：　郷土史誌」　香春町
　教育委員会　（65）2007.7

隠蓑

北九州発豊前小倉南隠蓑地区しびきせまつり（山神明日香）「九州民俗学
　：　bulletin of Kyushu Folklore Society」　九州民俗学会　（1）2001.3

鹿毛馬神籠石

鹿毛馬神籠石をめぐる私見（花田裕）「嘉飯山郷土研究会会誌」　嘉飯山郷
　土研究会　（22）2008.11

香椎宮

筑紫平野からの古代史検証（56）志賀海神社の皇神と香椎宮の不老水
　（田中正日子）「ふるさとの自然と歴史」　歴史と自然をまもる会
　（314）2007.1

香椎宮奉幣使の道筋と真宗寺院（歴史随想）（鷺山智英）「福岡地方史研究
　：　福岡地方史研究会会報」　福岡地方史研究会，海鳥社（発売）（46）
　2008.8

香椎宮の付属建物と頓宮および神仏分離―新出の絵図（一般論文）（佐藤
　正彦）「民俗建築」　日本民俗建築学会　（146）2014.11

香椎古社

山の信仰と風水―香椎古社と香椎廟をめぐって（鈴木一馨）「山岳修験」
　日本山岳修験学会，岩田書院（発売）（27）2001.3

香椎廟

山の信仰と風水―香椎古社と香椎廟をめぐって（鈴木一馨）「山岳修験」
　日本山岳修験学会，岩田書院（発売）（27）2001.3

春日

神々の風景（12）春日浄土「飛梅」　太宰府天満宮社務所　（153）2010.
　01

春日市

古代史の「現場」を歩く（11）弥生の琴は何を響かせたか　福岡県春日市
　を訪ねて（玉木朋史）「歴史九州」　九州歴史大学講座事務局　11（12）

福岡県　　郷土に伝わる民俗と信仰　　九州・沖縄

通号131　2001.8

春日神社
春日神社「由緒略記」についての一考察（田中由利子）「研究会報」 地域史料研究会・福岡　（8）通号138　2014.05

金田
天空に舞う山笠飾り―福智町金田の稲荷神社神幸祭（香月靖晴）「嘉飯山郷土研究会会誌」 嘉飯山郷土研究会　（22）2008.11

鐘崎
海の歴史（11）日本各地に足跡を残す 海女の発祥の地 鐘崎（福岡県宗像郡）を訪ねて（玉木朋史）「歴史九州」 九州歴史大学講座事務局　7（11）通号82　1997.8
鐘崎海女 その起こりと変遷（中村清）「西日本文化」 西日本文化協会　403　2004.7
鐘崎の玄海トラフク（坂本正行）「ふるさとの自然と歴史」 歴史と自然をまもる会　（349）2012.11

嘉飯山
神功皇后伝説とその周辺（香月靖晴）「嘉飯山郷土研究会会誌」 嘉飯山郷土研究会　（23）2009.11

鏑宅神社
豊前国神祇官庁の考察（鏑宅神社とその周辺）（高田増光）「郷土誌しいだ」 椎田町文化財研究協議会　（14）2006.5
枚方神社、鏑宅神社、菓實神社 此の三社の関連の考査（溝口美千雄）「郷土誌しいだ」 椎田町文化財研究協議会　（16）2008.5

嘉穂
嘉穂地方の雨乞（中島忠雄）「宗教文化」 宗教文化懇話会　（69）1997.1

竈門山寺
大宰府竈門山寺考（森弘子）「山岳修験」 日本山岳修験学会，岩田書院（発売）　（30）2002.10

竈門神社
九州古代紀行（24）若い女性たちに人気の竈門神社を往く（加藤哲也）「季刊邪馬台国」 「季刊邪馬台国」編纂委員会，梓書院（発売）　（122）2014.07

上伊田廃寺
ティータイムの歴史学（50）大宰府から豊前国府へ―古代の遺跡（2）天台寺跡（上伊田廃寺）（石松好雄）「豊津町歴史民俗資料館資料館だより」 豊津町歴史民俗資料館　69　2000.5

上伊良原
上伊良原の祭りについて（上田増広）「郷土誌さいがわ」 犀川町郷土史研究会　（16）1998.3

上岩田廃寺
北部九州の古代寺院―小郡市所在上岩田・井上両廃寺についての所感（渡辺正successful）「宗教文化」 宗教文化懇話会　（75）2000.1
御原郡における小郡官衙遺跡と上岩田廃寺の現状と課題（宮田浩之）「故郷の花」 小郡市郷土史研究会　（30）2005.5

上香春
香春の民俗―上香春編（香春町史編纂委員会）「かわら ： 郷土史誌」 香春町教育委員会　61　2005.7

上採銅所
「香春町民俗調査資料」の掲載にあたって 香春の民俗―上採銅所編（木村晴彦）「かわら ： 郷土史誌」 香春町教育委員会　59　2005.2

上坂廃寺
ティータイムの歴史学（55）大宰府から豊前国府へ―古代の遺跡（7）上坂廃寺（石松好雄）「豊津町歴史民俗資料館資料館だより」 豊津町歴史民俗資料館　74　2000.10

上山田
筑豊の祇園祭り二題―山田市上山田・方城町弁城（香月靖晴）「嘉飯山郷土研究会会誌」 嘉飯山郷土研究会　19　2005.11

狩尾神社
狩尾神社文書と麻生氏―新出・狩尾文書の紹介をかねて（資料紹介）（有川宜博）「北九州市立自然史・歴史博物館研究報告.B類,歴史」 北九州市立自然史・歴史博物館　（7）2010.03

苅田町
苅田町の猿田彦碑と庚申塔（倉本士誓）「郷土誌かんだ」 かんだ郷土史会　（12）2014.03

苅萱
「苅萱・石堂丸物語」とその伝説（弓削淳一）「九州民俗学 ： bulletin of

Kyushu Folklore Society」 九州民俗学会　（3）2005.12

川端町
photo & essay「魂迎えの道を照らす―提灯職人・門田敏郎さん―」（川上信也，嶋田絵里）「西日本文化」 西日本文化協会　（464）2013.08

香春神社
香春神社の中世文書（有川宜博）「北九州市立歴史博物館研究紀要」 北九州市立歴史博物館　9　2001.3
九州古代紀行（22）新羅系渡来民族の氏神香春神社を往く（加藤哲也）「季刊邪馬台国」 「季刊邪馬台国」編纂委員会，梓書院（発売）　（120）2014.01

香春岳
香春岳と新羅国神（中野直毅）「西日本文化」 西日本文化協会　376　2001.11

香春町
鳥居紀行（守田豊）「かわら ： 郷土史誌」 香春町教育委員会　45　1997.2
大正・昭和初期に於ける農村のくらしと仕事（3）―少年時代の教育と思潮（原田末次）「かわら ： 郷土史誌」 香春町教育委員会　45　1997.2
大正・昭和初期に於ける農村のくらしと仕事（4）―羅針盤となったデンマーク農業（原田末次）「かわら ： 郷土史誌」 香春町教育委員会　46　1997.7
万葉人の食卓（森弘子）「かわら ： 郷土史誌」 香春町教育委員会　48　1998.7
阿吽―狛犬の研究（1）～（5）（北村義雄）「かわら ： 郷土史誌」 香春町教育委員会　48/52　1998.7/2000.8
大正・昭和初期に於ける農村のくらしと仕事（5）（原田末次）「かわら ： 郷土史誌」 香春町教育委員会　48　1998.7
神仏分離と郷土（木村晴彦）「かわら ： 郷土史誌」 香春町教育委員会　54　2001.10
近隣の人形芝居、浄瑠璃（義太夫）語りの概要（1），（2）（村上利男）「かわら ： 郷土史誌」 香春町教育委員会　55/57　2002.3/2003.10
採銅所金山聞き書き（香春町史編纂委員会）「かわら ： 郷土史誌」 香春町教育委員会　60　2005.3
竹の話（割石清）「かわら ： 郷土史誌」 香春町教育委員会　68　2009.03
神幸「山笠のルーツ」（守田豊）「かわら ： 郷土史誌」 香春町教育委員会　68　2009.03
古代官衙・寺院めぐり（嶋井恒博）「かわら ： 郷土史誌」 香春町教育委員会　68　2009.3
紀行「古代官衙・寺院めぐり」（大平幸子）「かわら ： 郷土史誌」 香春町教育委員会　68　2009.3
木の話（1）（割石清）「かわら ： 郷土史誌」 香春町教育委員会　69　2009.10
木の話（2）マツ（割石清）「かわら ： 郷土史誌」 香春町教育委員会　70　2010.03
木の話（5）（割石清）「かわら ： 郷土史誌」 香春町教育委員会　74　2012.03
木炭の話（割石清）「かわら ： 郷土史誌」 香春町教育委員会　75　2012.09
金明竹について（割石清）「かわら ： 郷土史誌」 香春町教育委員会　77　2013.10
箸の話（割石清）「かわら ： 郷土史誌」 香春町教育委員会　78　2014.03
石造物 見て歩き（寺本芳寛）「かわら ： 郷土史誌」 香春町教育委員会　79　2014.09

願照寺
願照寺のこと（鷲山智英）「部落解放史・ふくおか」 福岡県人権研究所　90　1998.6
遺稿 二つの「屠児考」/願照寺のこと/福岡県の近世部落史試論/対馬藩の皮革生産について/被差別部落の起源について/主従の絆「部落解放史・ふくおか」 福岡県人権研究所　93・94　1999.6

観世音寺
音と楽の考古学（10）観世音寺鐘の音色と伎楽（高倉洋彰）「歴史九州」 九州歴史大学講座事務局　9（10）通号105　1999.6
観世音寺文書の基礎的考察（森哲也）「九州史学」 九州史学会　（127）2001.2
観世音寺金堂の調査成果（小田和利）「都府楼」 古都大宰府保存協会　（35）2003.12
筑紫・観世音寺創建年代考（小田富士雄）「古文化談叢」 九州古文化研究会　55　2006.8
特別展「観世音寺」開催記念号「九歴だより」 九州歴史資料館　（24）2006.10
観世音寺史遊覧行（井形進）「西日本文化」 西日本文化協会　通号423　2006.10
観世音寺の木造不空羂索観音立像（井形進）「九州歴史資料館研究論集」

九州・沖縄　　　　　郷土に伝わる民俗と信仰　　　　　福岡県

九州歴史資料館　通号32　2007.3

「延喜の奴婢停止令」と観世音寺文書（森哲也）「市史研究ふくおか」福岡市博物館市史編さん室　（2）2007.3

観世音寺の萩の花（《特集 万葉集》）（榊晃弘）「都府楼」古都大宰府保存協会　（41）2009.10

五十年一日の如く観世音寺の前に住まいして 観世音寺の今昔（特集 太宰府の絵図）（関久江）「都府楼」古都大宰府保存協会　（43）2011.11

感田村

墓碑が危ない 感田村大庄屋渡辺善吉家の墓碑銘（鴻江敏雄）「郷土直方：直方郷土研究会・会報」直方郷土研究会　28　1998.8

観音寺

太宰府観音寺について（薬師寺直）「大佐井」大分市大在地区文化財同好会　18　2001.3

関門

関門鯨産業文化史（岸本允弘）「西日本文化」西日本文化協会　通号438　2009.4

菊池霊社

街角に息づく歴史─福岡市中央区六本松三丁目「菊池霊社」（コラム）（森茂暁）「市史研究ふくおか」福岡市博物館市史編さん室　（2）2007.3

北九州

北九州の石造物（松岡史）「日本の石仏」日本石仏協会，青娥書房（発売）通号90　1999.6

北九州平家伝説紀行─女人平家を訪ねて〔柿田半周）「西日本文化」西日本文化協会　363　2000.7

北九州発 七草粥考（山神明日香）「九州民俗学 ：bulletin of Kyushu Folklore Society」九州民俗学会　（2）2002.3

北九州はかつて鯨の町だった？(1)鯨の流通・加工拠点地であった北九州（岸本充弘）「西日本文化」西日本文化協会　411　2005.5

北九州はかつて鯨の町だった？(2)鯨の大消費地であった北九州（岸本充弘）「西日本文化」西日本文化協会　412　2005.7

北九州はかつて鯨の町だった？(3)鯨で町おこし？ その将来展望は？（岸本充弘）「西日本文化」西日本文化協会　413　2005.8

北九州における袋中上人とジャンガラ念佛（喜舎場一隆）「潮流」いわき地域学会　33　2005.12

北九州に移住した伊島のモグリサン（磯本宏紀）「四国民俗」四国民俗学会　（40）2008.6

盲僧琵琶の誕生について─北九州に伝存する楽器資料の調査から（薦田治子）「芸能史研究」芸能史研究会　（196）2012.01

「真名井」伝承の地をめぐり 能登と北九州を結ぶ交流の足跡を辿る─能登穴水の「真名井」伝承を解くために（高井勝己）「石川郷土史学会々誌」石川郷土史学会　（47）2014.12

北九州市

特集 北九州市絵馬調査報告─八幡東・西区編「北九州市立歴史博物館研究紀要」北九州市立歴史博物館　6　1998.3

北九州市絵馬調査情報─門司・小倉北・小倉南・戸畑・若松各区編（税田順徳）「北九州市立歴史博物館研究紀要」北九州市立歴史博物館　7　1999.3

北九州市の八幡様を訪ねて─11月8日（齊藤光男）「山口県神道史研究」山口県神道史研究会　（22）2010.07

貴船神社

一枚の写真 貴船神社と琴の会 行橋市（明治45年）「F97」福岡県総務部県民情報広報課　（16）1997.3

清水寺

寺社を訪ねる（6）清水寺（福岡県みやま市）（眞武龍二郎）「西日本文化」西日本文化協会　（472）2014.12

金富

「金富」の名の由来 八幡神御示現の歴史的意義について（森本喜久男）「郷土誌しいだ」椎田町文化財研究協議会　（8）2000.5

草木八幡宮

草木八幡宮境内の句碑と石灯籠（論考）（吉村一夫）「三池史談」（30）2013.07

櫛田神社

櫛田神社の造営（鳥巣京一）「福岡市博物館研究紀要」福岡市博物館　（18）2008.3

九州古代紀行（13）博多総鎮守櫛田神社を往く（加藤哲也）「季刊邪馬台国」「季刊邪馬台国」編纂委員会，梓書院（発売）（110）2011.07

クシフル山

富士山とクシフル山の謎（日高幸男）「古代朝鮮文化を考える」古代朝鮮文化を考える会　（25）2010.12

楠田寺

古代誕生仏発見福岡県前原市楠田寺（八尋和泉）「九歴だより」九州歴史資料館　6　1997.10

求菩提

館蔵資料紹介 役行者像残欠「求菩提資料館ジャーナル」福岡県求菩提資料館　14　2000.3

館蔵資料紹介 木造毘沙門天立像「求菩提資料館ジャーナル」福岡県求菩提資料館　15　2001.3

生かされて生きる命─修験道の立場から（宮城泰年）「求菩提資料館ジャーナル」福岡県求菩提資料館　（23）2010.03

求菩提山

求菩提山修験道と龍神信仰（恒遠俊輔）「求菩提資料館ジャーナル」福岡県求菩提資料館　15　2001.3

求菩提山の史跡指定と今後の整備（栗焼憲児）「求菩提資料館ジャーナル」福岡県求菩提資料館　16　2002.3

中世文書から見た求菩提山（林川英昭）「求菩提資料館ジャーナル」福岡県求菩提資料館　16　2002.3

恒遠俊輔著『天狗たちの森─求菩提山と修験道』（書評と紹介）（森田喜代美）「山岳修験」日本山岳修験学会，岩田書院（発売）（31）2003.3

求菩提山と英彦山の御田植祭（所崎平）「鹿児島民俗」鹿児島民俗学会　（127）2005.5

求菩提山と英彦山のお田植祭（所崎平）「くしきの」いちき串木野郷土史研究会　（19）2005.6

古代求菩提山鬼神考（友松かすみ）「古代朝鮮文化を考える」古代朝鮮文化を考える会　（26）2011.12

求菩提山、昔det山伏たち（笹原保博）「秦史談」秦史談会　（171）/（173）2012.09/2013.02

9 山岳修験の求菩提山（豊前市）遺跡と自然との共生（歴史を体感する史跡公園 福岡県10選 地域づくりと連動へ）（相良悦子）「西日本文化」西日本文化協会　（465）2013.10

鞍手

青空の会 しめ縄づくり「ふるさと鞍手」鞍手歴史民俗資料館　24　1997.6

家事雑記読み下し 安政三丙辰伊藤家家事雑記書「ふるさと鞍手」鞍手歴史民俗資料館　24/30　1997.3/2000.12

鞍手の盆踊り「ふるさと鞍手」鞍手歴史民俗資料館　（41）2007.3

八剣神社と鞍手の神々（上川さんの手紙）（恵内慧瑞子）「九州古代史の会NEWS」九州古代史の会　（151）2010.05

金属類回収令とコンクリート製梵鐘─浄土真宗本願寺派福岡教区鞍手組を中心に（元杭和則）「年魚市風土記」戦争遺跡研究会　（4）2012.07

鞍手町

永谷の盆綱─福岡県鞍手郡鞍手町（香月靖晴）「まつり通信」まつり同好会　38（8）通号450　1998.8

蔵持山

「眠る霊山・蔵持山の世界」再論（木村達美）「郷土誌さいがわ」犀川町郷土史研究会　（18）2000.3

古代～中世の北豊地域における一山修行路の復元（案）─豊前国仲津郡蔵持山における回峯・峯入路の踏査成果の紹介（木村達美）「山岳修験」日本山岳修験学会，岩田書院（発売）（35）2005.3

みやこの歴史発見伝（60）蔵持山の山岳信仰遺跡群(2)─この夏に蔵持山中で行われた発掘調査の成果紹介（木村達美）「みやこ町歴史民俗博物館だより」みやこ町歴史民俗博物館　（80）2012.12

蔵持山大廻道

みやこの歴史発見伝（44）英彦山秋峰道・蔵持山大廻道─みやこの山中に残る二つの「祈り（修行）の山道」（木村達美）「みやこ町歴史民俗博物館だより」みやこ町歴史民俗博物館　（56）2010.12

蔵持山神社

蔵持山神社の遺物─鰐口を中心として（一川淳江）「郷土誌さいがわ」犀川町郷土史研究会　（15）1997.3

久留米

ニッポンバラタナゴの故郷は久留米（木村清朗）「西日本文化」西日本文化協会　332　1997.6

秋田・横手木綿（絣）と久留米とのつながり─久留米からの織物技術伝播があったのか（中村健一）「久留米郷土研究会誌」久留米郷土研究会　25　1997.11

久留米小唄と絣節の歴史（坂田健一）「久留米郷土研究会誌」久留米郷土研究会　25　1997.11

物わけ（原士）「久留米郷土研究会誌」久留米郷土研究会　26　1998.6

銀杏の木由来（豊福広見）「久留米郷土研究会誌」久留米郷土研究会　（27）1999.10

福岡県　　　　　　　　　　　　郷土に伝わる民俗と信仰　　　　　　　　　　　　九州・沖縄

久留米ゴム三社物語（神田紅隆）「久留米郷土研究会誌」久留米郷土研究会（27）1999.10

久留米絣（長瀬尊）「筑後郷土史研究会誌」筑後郷土史研究会（34）1999.10

久留米絣の祖 井上伝（坂本正行）「ふるさとの自然と歴史」歴史と自然をまもる会 277 1999.11

祇園神社祭礼絵巻補修成る「仮称久留米歴史博物館準備だより」久留米市教育委員会 20 2000.3

福岡の昔ばなし（92）久留米の茂左衛門の話（青木晃）「ふるさとの自然と歴史」歴史と自然をまもる会（311）2006.7

久留米絣特集号「収蔵館news」久留米市（7）2011.2

昔のスイーツ捜し旅 久留米編（12）阿わやおこ志と亀口おこし（牛嶋英俊）「西日本文化」西日本文化協会（449）2011.02

昔のスイーツ探し旅 久留米編（13）水天宮と久留米絣（牛嶋英俊）「西日本文化」西日本文化協会（450）2011.04

久留米かすりのうた（会員の広場）（佐藤徳子）「故郷の花」小郡市郷土史研究会（37）2012.3

神様になったカッパ（坂田健一）「久留米郷土研究会誌」久留米郷土研究会（28）2012.11

第29回企画展「久留米おきあげ みやびの世界」"伝統の技と美を堪能"「草野歴史資料館だより」久留米市立草野歴史資料館 33 2012.12

photo & essay「藍に染まる絣の技—久留米絣・松枝哲哉さん—」（川上信也［写真］、嶋田絵里［文］）「西日本文化」西日本文化協会（472）2014.12

久留米市

photo &essay「九州の水車イズムを引き継ぐ—水車大工・野瀬秀拓さん—」（川上信也）「西日本文化」西日本文化協会（458）2012.08

表紙「弓曳き童子」が機械遺産に認定されました「収蔵館news」久留米市市民文化部，久留米文化財収蔵館（10）2014.03

出品された主な収蔵資料 懐中燭台、無尽灯、雲竜水、ネジ切りゲージ、無鍵の錠、和傘製作機（穴あけ・目きり機械）、弓曳き童子「収蔵館news」久留米市市民文化部，久留米文化財収蔵館（10）2014.03

九郎丸

桂川町九郎丸のカワントウ相撲（香月靖晴）「嘉飯山郷土研究会会誌」嘉飯山郷土研究会（20）2006.10

黒崎宿

長崎街道黒崎宿の春日神社と福岡藩黒田家 黒田長政の神格化と福岡藩主の参詣（特集 長崎街道400年—峠・街道・宿場町3）（守友隆）「福岡地方史研究」福岡地方史研究会会報」福岡地方史研究会，海鳥社（発売）（50）2012.09

黒田藩

黒田節について（歴史探訪）「安心院縄文 ： 安心院縄文会機関誌」安心院縄文会（25）2014.04

黒田節の母里太兵衛（笹原保博）「秦史談」秦史談会（180）2014.11

景石神社

岡垣の景石神社と宗像の福足神社（資料）（戸次拓治）「木綿間 ： 岡垣歴史文化研究会年報」岡垣歴史文化研究会（23）2004.3

鶏石神社

香椎宮の鶏石神社と神功皇后と湊（藤原喜美子）「久里」神戸女子民俗学会（33）2014.01

京築

福岡県文化財調査研究委員会編「豊前神楽調査報告書—京築地域の神楽を中心として—」福岡県文化財調査研究委員会（2012年8月）（書誌紹介）（鈴木正崇）「日本民俗学」日本民俗学会（276）2013.11

警固神社

残そう住吉能楽殿（4）神社に建つ能楽堂—警固と住吉（山野善郎）「西日本文化」西日本文化協会 333 1997.7

毛谷村

福岡の昔ばなし（93）日子というお爺さん 豪勇毛谷村六助（青木晃）「ふるさとの自然と歴史」歴史と自然をまもる会（312）2006.9

玄界島

宮本常一と玄界島（木村哲也）「周防大島郷土大学ニュウズ」周防大島文化交流センター 17 2005.4

玄海町

沖ノ島の出土遺物を一堂に 玄海町・宗像大社神宝館「歴史九州」九州歴史大学講座事務局 7（11）通号82 1997.8

興聖寺

宗像興聖寺の色定法師坐像（井形進）「九州歴史資料館研究論集」九州歴史資料館 通号27 2002.3

「宗像興聖寺の色定法師坐像」補記（井形進）「九州歴史資料館研究論集」九州歴史資料館 通号34 2009.03

高座石寺

高座石寺「細川幽斎五輪塔」とその周辺について（片山安夫）「かわら ： 郷土史誌」香春町教育委員会 54 2001.10

興徳寺

大応国師供養塔（福岡市興徳寺）四天王像彫出部材の発見と薩摩塔（橋口亘、高津孝、大木公彦）「南日本文化財研究」「南日本文化財研究」刊行会（12）2011.07

光明禅寺

見学記 光明禅寺と中世博多展（内田昭義）「白水郎」坂ノ市地区郷土史愛好会 19 2002.3

高良

『高良縁起』の成立年代について—初期神仏習合論の観点より（白井伊佐牟）「日本宗教文化史研究」日本宗教文化史学会 3（1）通号5 1999.5

高良山

高良山信仰の伝播—筑後国三瀦・山門・三池郡の四社を中心として（竹間泰之）「山岳修験」日本山岳修験学会，岩田書院（発売）（31）2003.3

高良山の麓に「大裏」があった（中村忠勝）「九州古代史の会NEWS」九州古代史の会（147）2009.9

高良神社

高良神社に絵馬「異国人図」を訪ねて（岡田弘子）「いしがみ ： 郷土文化誌」「いしがみ」刊行会（9）1998.11

高良大社

九州古代紀行（20）筑後国一之宮高良大社を往く（加藤哲也）「季刊邪馬台国」「季刊邪馬台国」編纂委員会，梓書院（発売）（118）2013.07

鴻臚館跡

古代九州・食の文化史（10）古代の迎賓館のトイレは何を語るか福岡市の鴻臚館跡を訪ねて（玉木朋史）「歴史九州」九州歴史大学講座事務局 8（10）通号93 1998.6

幸若舞

ふるさと切手「大江幸若舞」に思う（種崎益多）「落穂」大分市大南地区文化財同好会 64 2001.3

大江の幸若舞（高瀬美代子）「西日本文化」西日本文化協会 373 2001.7

古賀

古賀と修験道（グループ研究）「古賀の歴史と文化」古賀郷土研究会 2005 2006.3

祭りと信仰（グループ研究）「古賀の歴史と文化」古賀郷土研究会 2005 2006.3

古賀市

古賀市の千人詣り（会員研究報告）「古賀の歴史と文化」古賀郷土研究会 2005 2006.3

国作手永

『国作手永大庄屋日記』から見えてきたこと—京都行橋部落史研究会・学習会の活動報告・改めて（西田静）「リベラシオン ： 人権研究ふくおか」福岡県人権研究所（156）2014.12

小倉

小倉祇園祭の成立と展開—回り祇園を主として（柏木実）「北九州市立歴史博物館研究紀要」北九州市立歴史博物館 5 1997.3

一節切（石原無堂）「記録」小倉郷土会 26 1998.7

小倉織—その起源と軌跡（税田昭徳）「西日本文化」西日本文化協会 349 1999.3

武蔵伝説の源を訪ねて—小倉から熊本へ（轟良子）「西日本文化」西日本文化協会 392 2003.6

小倉の床漬け（坂本正行）「ふるさとの自然と歴史」歴史と自然をまもる会（307）2005.11

百済王角島漂着の史的考証と小倉・瑞王山西顕寺（熊井清雄）「和海藻」下関市豊北町郷土文化研究会（24）2009.4

小倉祇園 平松の神輿「北九州市の文化財を守る会会報」北九州市の文化財を守る会（130）2010.06

昔のスイーツ探し旅—小倉編（11）小倉の鶴の子（牛嶋英俊）「西日本文化」西日本文化協会 通号448 2010.12

昔のスイーツ探し旅（26）小倉の小菊饅頭（牛嶋英俊）「西日本文化」西日本文化協会（465）2013.10

極楽寺

極楽寺豪族長尾氏の伝承及記録にもとづく調査（溝口美千雄）「郷土誌しいだ」椎田町文化財研究協議会（7）1999.5

九州・沖縄 　　郷土に伝わる民俗と信仰 　　福岡県

元寇・箱崎・宇美―極楽寺の故事から（石田鷹治）「県史だより : 福岡県地域史研究所県史だより」 西日本文化協会 114 2001.3

いしぶみ訪問(82) 極楽寺（那須博）「ふるさとの自然と歴史」 歴史と自然をまもる会 290 2002.3

小倉藩

小倉藩庶民の旅と参詣日記―「金毘羅参詣日記」と「参宮日記」（永尾正剛）「北九州市立自然史・歴史博物館研究報告.B類, 歴史」 北九州市立自然史・歴史博物館 (2) 2005.3

小倉藩の衣服統制について（報告6）（安藤龍生）「もやい : 長崎人権・学」 長崎人権研究所 50 2005.10

細川小倉藩時代の上野焼（〈特集 九州やきもの史〉）（永尾正剛）「海路」「海路」編集委員会, 海鳥社（発売） 通号6 2008.6

小倉南区

photo &essay「打ち鳴らす祭りの響き―太鼓職人・村田純寛さん―」（川上信也, 嶋田絵里）「西日本文化」 西日本文化協会 (460) 2012.12

古渓大明神

古渓大明神（八尋千世）「太宰府を語る会會誌」 太宰府を語る会 12 1997.2

五所八幡宮

淀姫神社と五所八幡宮（八尋勇）「少弐氏と宗氏」 少弐・宗体制懇話会 31 1998.8

五島

五島の海神まつり（特集 海が創った暮らしの歴史―九州北部の島々から）（吉村政徳）「西日本文化」 西日本文化協会 (459) 2012.10

菓実神社

枚方神社、鏑宅神社、菓實神社 此の三社の関連の考査（溝口美千雄）「郷土誌しいだ」 椎田町文化財研究協議会 (16) 2008.5

古宮八幡宮

御神鏡奉納の道を訪ねて(2),(3)（村上利男）「かわら : 郷土史誌」 香春町教育委員会 46/47 1997.7/1998.2

古宮八幡宮の霜月内祭（山口信枝）「県史だより : 福岡県地域史研究所県史だより」 西日本文化協会 94 1997.11

「古宮八幡宮御鎮座伝記」について（木村晴彦）「かわら : 郷土史誌」 香春町教育委員会 58 2004.4

古宮八幡神社

宮座文書の「御神体」化について―古宮八幡神社（福岡県）の文書を事例として（山口信枝）「福岡県地域史研究」 西日本文化協会福岡県地域史研究所 18 2000.3

菰田

内田手永菰田役船と金比羅様の由来（倉光至誠）「歴史玉名」 玉名歴史研究会 50 2003.3

木屋瀬

筑前木屋瀬のピータラ飴とその周辺（牛嶋英俊）「西日本文化」 西日本文化協会 410 2005.4

続・筑前木屋瀬のピータラ飴とその周辺（牛嶋英俊）「西日本文化」 西日本文化協会 通号419 2006.3

金剛寺

鉢伏山金剛寺跡―脊振山系の山岳霊場遺跡の一様相（論文）（岡寺良）「九州歴史資料館研究論集」 九州歴史資料館 (39) 2014.03

金胎寺

鍛冶番匠業景―金胎寺と中世職人町の景観（近藤司）「平戸史談」 平戸史談会 (17) 2010.9

金台寺

金台寺過去帳の結縁状況（有川宜博）「都府楼」 古都大宰府保存協会 (34) 2003.3

『金台寺過去帳』にみえる商工業者「都府楼」 古都大宰府保存協会 (34) 2003.3

犀川

犀川の昔話(1),(2)（清水哲夫）「郷土誌さいがわ」 犀川町郷土史研究会 (16)/(18) 1998.3/2000.3

犀川盆地

随筆「犀川盆地の初夏」（橋本高幸）「郷土誌さいがわ」 犀川町郷土史研究会 (17) 1999.3

犀川町

古里のくらしと祭り (5) 小宮民部の切腹の話（野中邦重）「郷土誌さいがわ」 犀川町郷土史研究会 (16) 1997.3

古里のくらしと祭り (6) サヤン神のムクちぎり（野中邦重）「郷土誌さい

がわ」 犀川町郷土史研究会 (16) 1998.3

幻の「豊竹藍玉」（一川淳江）「郷土誌さいがわ」 犀川町郷土史研究会 (16) 1998.3

神幸祭立屋敷神事 神供杉餅81個の謎（江藤徹）「郷土誌さいがわ」 犀川町郷土史研究会 (17) 1999.3

豊国楽（とよくにがく）（緒方邦弘）「郷土誌さいがわ」 犀川町郷土史研究会 (18) 2000.3

村触れあれこれ（永沼昌弘）「郷土誌さいがわ」 犀川町郷土史研究会 (19) 2001.3

古里のくらしと祭り (7) 猪代田の蛾取り（野中邦重）「郷土誌さいがわ」 犀川町郷土史研究会 (19) 2001.3

山仕事の思い出（藤河日出生）「郷土誌さいがわ」 犀川町郷土史研究会 (19) 2001.3

「キンユ」（森田幸子）「郷土誌さいがわ」 犀川町郷土史研究会 (19) 2001.3

石仏を拝す（興梠ミツエ）「郷土誌さいがわ」 犀川町郷土史研究会 (19) 2001.3

諸差引皆済楽―昔の出納記録等（永沼昌弘）「郷土誌さいがわ」 犀川町郷土史研究会 (22) 2004.4

シリーズ(5)稲荷神社にまつわる話（吉武正一）「郷土誌さいがわ」 犀川町郷土史研究会 (22) 2004.4

西念寺

写真説明 「西念寺山門」説明板（香春町・香春町教育委員会）「かわら : 郷土史誌」 香春町教育委員会 76 2013.03

宰府

福岡のむかしばなし(58) 宰府の里めぐり（高良竹美）「ふるさとの自然と歴史」 歴史と自然をまもる会 271 1998.11

西方寺

筑紫野市天山 西方寺 木造阿弥陀如来立像（調査報告）「福岡市博物館研究紀要」 福岡市博物館 (23) 2014.03

鷺塚

いしぶみ訪問(124) 鷺塚 筑前式内社十一神 水城十景 宮崎来城の撰文（那須博）「ふるさとの自然と歴史」 歴史と自然をまもる会 (332) 2010.01

裂田溝

筑紫平野からの古代史検証(55) 筑紫の裂田溝と鉄の生産（田中正日子）「ふるさとの自然と歴史」 歴史と自然をまもる会 (313) 2006.11

桜井神社

桜井神社に残る 福岡藩主黒田家ゆかりの奉納品（地域特集 糸島半島）（河合修）「西日本文化」 西日本文化協会 (471) 2014.10

桜坂

「谷ワクドウ」がいた桜坂・赤坂の話（清田友彦）「ふるさとの自然と歴史」 歴史と自然をまもる会 268 1998.5

篠栗新四国八十八ケ所

ウツシ巡礼の創設について―篠栗新四国八十八ケ所を事例として（太宰府・宝満山特集）（中山和久）「山岳修験」 日本山岳修験学会, 岩田書院（発売） (54) 2014.09

篠栗新四国霊場

巡礼と行場の関係―篠栗新四国霊場を中心として（中山和久）「山岳修験」 日本山岳修験学会, 岩田書院（発売） 通号25 2000.3

早良区

いしぶみ訪問(83) 福岡市早良区―八幡宮、地蔵尊（那須博）「ふるさとの自然と歴史」 歴史と自然をまもる会 291 2002.7

早良郡

筑前国早良郡の山守(2)（原田諭）「ふるさとの自然と歴史」 歴史と自然をまもる会 (349) 2012.11

三国境石

三国境石とその周辺の境石（松本正子）「故郷の花」 小郡市郷土史研究会 (31) 2006.5

産宮神社

地域の都市化と宮座の変容―福岡県産宮神社を事例として（山口信枝）「福岡県地域史研究」 西日本文化協会福岡県地域史研究所 22 2005.3

椎田町

日豊路の猿田彦塔（渡辺信幸）「郷土誌しいだ」 椎田町文化財研究協議会 (3) 1997.5

思い出（祭りのことなど）（中野美道）「郷土誌しいだ」 椎田町文化財研究協議会 (3) 1997.5

星廼美舎（神本弘）「郷土誌しいだ」 椎田町文化財研究協議会 (3)

福岡県　　　　　郷土に伝わる民俗と信仰　　　　　九州・沖縄

1997.5

荒神社 (平岡晃治)「郷土誌しいだ」椎田町文化財研究協議会 (7)
1999.5

薬師堂の石造品 (園田英彦)「郷土誌しいだ」椎田町文化財研究協議会
(7) 1999.5

巡見御上使様御道筋手控帳 (遠藤ミユキ, 長野千浪, 山崎美智子, 有永
美智子, 佐藤美代子)「郷土誌しいだ」椎田町文化財研究協議会
(7) 1999.5

筌漁と石倉漁 (米田弘也)「郷土誌しいだ」椎田町文化財研究協議会
(7) 1999.5

室堂の夕日 (津本ななみ)「郷土誌しいだ」椎田町文化財研究協議会
(8) 2000.5

火番道 (岡部暢夫)「郷土誌しいだ」椎田町文化財研究協議会 (8)
2000.5

いろはかるた (竹下鎮生)「郷土誌しいだ」椎田町文化財研究協議会
(8) 2000.5

伝えていきたい盆口説 (畔津多恵子)「郷土誌しいだ」椎田町文化財研究
協議会 (14) 2006.5

小野権現 (中山春雄)「郷土誌しいだ」椎田町文化財研究協議会 (14)
2006.5

近郷の「お田植え祭」の記録と解説 (長尾由一)「郷土誌しいだ」椎田町
文化財研究協議会 (14) 2006.5

鎮守の森が「へん!?」(白川正)「郷土誌しいだ」椎田町文化財研究協議
会 (15) 2007.5

龍神信仰と十一面観音 (長尾由一)「郷土誌しいだ」椎田町文化財研究協
議会 (16) 2008.5

四王寺三十三ケ所観音霊場

四王寺三十三ケ所 観音霊場札所めぐりの由来―四王寺石仏の調査・研
究 (坂本亀雄, 末岡ヤエ子, 古賀謹二)「太宰府を語る会會誌」太宰府
を語る会 12 1997.2

四王寺山

四王寺と四天王像を訪ねて (特集 四王寺山の歴史と自然) (井形進)「西
日本文化」西日本文化協会 (453) 2011.10

四王寺山の歴史と風景 三十三石仏の道を辿りながら (特集 四王寺山の
歴史と自然) (菜畑健治)「西日本文化」西日本文化協会 (453)
2011.10

志賀海神社

筑紫平野からの古代史検証 (56) 志賀海神社の皇神と香椎宮の不老水
(田中正日子)「ふるさとの自然と歴史」歴史と自然をまもる会
(314) 2007.1

志賀島

志賀島のアキナイシについて―福岡県福岡市近郊漁村の女性水産物行商
人の事例より (増崎勝敏)「京都民俗 ： 京都民俗学会会誌」京都民俗
学会　通号18 2000.12

志賀島の禅宗三寺と文珠信仰 (折居正勝)「福岡地方史研究 ： 福岡地方
史研究会会報」福岡地方史研究会, 海鳥社 (発売) (41) 2003.7

志賀島の神功皇后伝承 (〈総力特集 神功皇后 第2弾〉) (折居正勝)「季刊
邪馬台国」「季刊邪馬台国」編纂委員会, 梓書院 (発売) (98) 2008.4

志賀島神社

寺社を訪ねる (4) 海神ノ総本社 龍ノ都 志賀島神社 (福岡市東区) (眞武
龍二郎)「西日本文化」西日本文化協会 (470) 2014.08

表紙絵 志賀島神社 (広野司)「西日本文化」西日本文化協会 (470)
2014.08

志岐蒲鉾本店

聞書「九州の老舗」シリーズ 百年超企業・長寿の知恵 (12) 志岐蒲鉾本
店 (福岡県大川市) (田中滋幸)「西日本文化」西日本文化協会
(463) 2013.06

地行

地行チンチク塀ものがたり (箱嶌八郎)「西日本文化」西日本文化協会
通号426 2007.4

志式神社

志式神社の早魚祭 (地域特集 不知火湾岸の歴史と自然―八代から水俣を
旅する) (高瀬美代子)「西日本文化」西日本文化協会　通号447
2010.10

紫竹原

香春の民俗 紫竹原・宮尾編 (香春町史編纂委員会)「かわら ： 郷土史誌」
香春町教育委員会 (67) 2008.7

寺中

消えてしまった寺中芝居 (永井彰子)「Museum Kyushu ： 文明のクロ
スロード」博物館等建設推進九州会議 17 (4) 通号66 2000.3

地福寺

地福寺の来迎図像板碑の概要 (木下浩良)「三池史談」(24) 1999.2

柳川に眠る宝「地福寺」(塩塚純夫)「瓦版 ： 柳川郷土研究会会誌「水
郷」付録」柳川郷土研究会 (40) 2012.12

志摩町

おたよりシリーズ (15) 福岡県糸島郡志摩町より 人形戯にみるエビス信
仰の民俗化 (槇記代美)「西宮文化協会会報」西宮文化協会 405
2001.12

下香春

香春の民俗―下香春編 (香春町史編纂委員会)「かわら ： 郷土史誌」香
春町教育委員会 (62) 2006.1

下採銅所

香春の民俗―下採銅所編 (香春町史編纂委員会)「かわら ： 郷土史誌」
香春町教育委員会 60 2005.3

首羅山

首羅山・油山と東アジア (太宰府・宝満山特集) (伊藤幸司)「山岳修験」
日本山岳修験学会, 岩田書院 (発売) (54) 2014.09

首羅山遺跡

首羅山遺跡―福岡県糟屋郡久山町白山所在の中世山岳寺院 (江上智恵)
「山岳修験」日本山岳修験学会, 岩田書院 (発売) (49) 2012.03

成就寺

三橋町成就寺の六十六部板碑 (木下浩良)「三池史談」(25) 2000.5

承天寺

コラム 承天寺文書「隆延安堵状」の位置づけについて (『新修 福岡市史』
刊行開始記念) (三村講介)「市史研究ふくおか」福岡市博物館市史編
さん室 (6) 2011.03

平成22年度福岡市指定文化財の紹介 承天寺開山堂・唐門・鐘楼 (比佐陽
一郎)「ふるさとの自然と歴史」歴史と自然をまもる会 (344)
2012.01

上人橋通り

いしぶみ訪問 (90) 上人橋通り, 綾部燈籠 (那須博)「ふるさとの自然と
歴史」歴史と自然をまもる会 298 2004.5

城ノ原

福博西郊の盆綱引き・盆押し行事―西区城ノ原・早良区西脇を中心に
(民俗・伝承を記録する会)「部落解放史・ふくおか」福岡県人権研究
所 89 1998.3

正八幡神社

正八幡神社移転改築等覚え・聞き書き (平岡晃治)「郷土誌しいだ」椎田
町文化財研究協議会 (8) 2000.5

浄福寺

田川浄福寺の成立をめぐって (特集 福岡部落史研究会創立から40年)
(安蘇龍生)「リベラシオン ： 人権研究ふくおか」福岡県人権研究所
(155) 2014.09

聖福寺

東隆寺所蔵の南嶺子越住筑前聖福寺「諸山疏」及「江湖疏」の顕彰につ
いて (沖金吾)「宇部地方史研究」宇部地方史研究会 (34) 2006.12

重要文化財 南嶺子越住筑前聖福寺諸山疏幷江湖疏の保存修理事業につ
いて (文化財トピックス) (石川健)「山口県文化財」山口県文化財愛
護協会 45 2014.08

城山

歴史の宝庫花立山―城山と「神・ほとけ」が宿る霊山・花立山 (会員の
研究) (帆足徳男)「故郷の花」小郡市郷土史研究会 (37) 2012.03

深仙宿

福岡県指定有形文化財 修験道深仙宿資料 (川端正夫)「温故 ： 甘木歴史
資料館だより」甘木歴史資料館 29 1999.5

真如寺

『高尾山真如寺縁起』が語るもの (牛嶋英俊)「郷土直方 ： 直方郷土研究
会・会報」直方郷土研究会 (37) 2012.04

神武皇大神宮

神武皇大神宮御内諸書上帳 (黒山長門守)「崗」芦屋町郷土史研究会
27 2001.2

水天宮

昔のスイーツ探し旅 久留米編 (13) 水天宮と久留米絣 (牛嶋英俊)「西日
本文化」西日本文化協会 (450) 2011.04

寺社を訪ねる (2) 全国総本宮 水天宮 (久留米市) (眞武龍二郎)「西日本
文化」西日本文化協会 (468) 2014.04

南筑後地区水天宮・たこ人形について (金子俊彦)「瓦版 ： 柳川郷土研

九州・沖縄　　　　　　　郷土に伝わる民俗と信仰　　　　　　　福岡県

究会会誌「水郷」付録」　柳川郷土研究会　（46）　2014.10

須恵
須恵の目薬と眼療宿場（高山慶太郎）「ふるさとの自然と歴史」　歴史と自然をまもる会　269　1998.7

菅生の滝
福岡の昔ばなし（87）菅生の滝（青木晃）「ふるさとの自然と歴史」　歴史と自然をまもる会　（306）　2005.9

杉森神社
表紙 記紀皇統の聖地・葛城―北九州市八幡西区香月の杉森神社周辺（室伏志畔撮影）「九州倭国通信」　九州古代史の会　（160）　2012.03

須佐能袁神社
草野風流（高瀬美代子）「西日本文化」　西日本文化協会　393　2003.7

住吉神社
残そう住吉能楽殿（4）神社に建つ能楽堂―警固と住吉（山野善郎）「西日本文化」　西日本文化協会　333　1997.7

残そう住吉能楽殿（5）住吉神社について（広渡正利）「西日本文化」　西日本文化協会　334　1997.9

九州古代紀行（7）筑前一之宮住吉神社を往く（加藤哲也）「季刊邪馬台国」　「季刊邪馬台国」編纂委員会, 梓書院（発売）（104）2010.02

住吉神社能楽殿
〈住吉神社能楽殿〉「西日本文化」　西日本文化協会　378　2002.1

住吉神社能楽殿と私（湯川久子）「西日本文化」　西日本文化協会　407　2004.12

住吉神社本殿
国宝住吉神社本殿平成修理記（文化財トピックス）（今岡武久）「山口県文化財」　山口県文化財愛護協会　42　2011.08

住吉能楽殿
残そう住吉能楽殿（1）近代和風建築としての住吉能楽殿（藤原恵洋）「西日本文化」　西日本文化協会　330　1997.4

残そう住吉能楽殿（1）住吉能楽殿保存運動について（小田切慶陽）「西日本文化」　西日本文化協会　330　1997.4

残そう住吉能楽殿（2）住吉神社能楽殿の建物現状についての所見（福田晴虔）「西日本文化」　西日本文化協会　331　1997.5

残そう住吉能楽殿（3）住吉能楽殿保存に関する一考察（岡山理香）「西日本文化」　西日本文化協会　332　1997.6

残そう住吉能楽殿（3）住吉神社の能楽堂（湯川久子）「西日本文化」　西日本文化協会　332　1997.6

残そう住吉能楽殿（4）住吉能楽殿の扁額（秋山勝）「西日本文化」　西日本文化協会　333　1997.7

残そう住吉能楽殿 住吉能楽殿能舞台床下の釣甕について（岡山理香）「西日本文化」　西日本文化協会　344　1998.8

住吉能楽殿と福岡能楽協議会（久貫弘能）「西日本文化」　西日本文化協会　378　2002.1

脊振山
脊振弁財嶽国境争論にみる国絵図と地域信仰（特集 峠・街道・宿場町）（田中由利子）「福岡地方史研究 ： 福岡地方史研究会会報」　福岡地方史研究会, 海鳥社（発売）（48）2010.8

福岡のむかしばなし（116）脊振山のお話（青木晃）「ふるさとの自然と歴史」　歴史と自然をまもる会　（338）　2011.01

脊振山系
脊振山系と肥前霊山の諸相（太宰府・宝満山特集）（山本義孝）「山岳修験」　日本山岳修験学会, 岩田書院（発売）（54）2014.09

善行寺
〔史料紹介〕波多野文書・善行寺文書（有川宜博）「北九州市立歴史博物館研究紀要」　北九州市立歴史博物館　5　1997.3

善光寺
いしぶみ訪問（91）瀬高町善光寺（那須専）「ふるさとの自然と歴史」　歴史と自然をまもる会　299　2004.7

千手寺
黒山の旧蹟千手寺を考察するための覚書（石井邦一）「木綿間 ： 岡垣歴史文化研究会年報」　岡垣歴史文化研究会　21　2002.3

禅寿禅寺
禅寿禅寺の五重層塔（田中八郎）「崗」　芦屋町郷土史研究会　（32）　2006.1

善導寺
天正の善導寺炎上と善導大師坐像（酒井正雄）「故郷の花」　小郡市郷土史研究会　23　1998.5

崇久寺
西国郡代崇久寺詣で（金子俊彦）「瓦版 ： 柳川郷土研究会会誌「水郷」付録」　柳川郷土研究会　（41）　2013.03

崇福寺
資料紹介 崇福寺の荘厳具（杉山未菜子）「福岡市博物館研究紀要」　福岡市博物館　（20）　2010.03

崇福禅寺
海妻甘蔵編『横岳山崇福禅寺記録』所収文書について（朱雀信城）「県史だより ： 福岡県地域史研究所県史だより」　西日本文化協会　111　2000.9

宗林寺
中世墓における追葬のあり方について―宗林寺墓地跡の調査から（松田直子）「研究紀要」　北九州市芸術文化振興財団埋蔵文化財調査室　（17）　2003.3

添田
口絵写真 神社シリーズ（25）赤沢・稲荷神社、与内畑・出雲神社、（26）塩の沢・熊野神社、添田・稲荷神社（山口四郎）「温故知新」　熱塩加納郷土史研究会　（14）　2008.3

添田町
市町村めぐり 峻厳なる霊山に脈打つ伝統の心 添田町「F97」　福岡県総務部県民情報広報課　（19）　1998.7

続命院
続命院について（松永辰男）「久留米郷土研究会誌」　久留米郷土研究会　26　1998.6

みやこの歴史発見伝（78）古文書が語る村の生活と文化（17）続命院の山車（川本英紀）「みやこ町歴史民俗博物館だより」　みやこ町歴史民俗博物館　（101）　2014.09

大行事社
高木神社（大行事社）（寺本芳寛）「かわら ： 郷土史誌」　香春町教育委員会　79　2014.09

太閤水
近郊探訪の告報（下）千年屋、独鈷寺、太閤水、青柳の宿（清田友彦）「ふるさとの自然と歴史」　歴史と自然をまもる会　266　1998.1

飯銅水、完及水、太閤水の話 江月宗玩の墨跡を見て（清田友彦）「ふるさとの自然と歴史」　歴史と自然をまもる会　278　2000.1

大国座
はためく幟は大国座（向井秀雄）「崗」　芦屋町郷土史研究会　26　2000.3

大乗院
百塔自然石塔婆群及び大乗院自然石塔婆群について（上）,（中）,（下）（佐藤誠）「史迹と美術」　史迹美術同攷会　84（7）通号847/84（9）通号849　2014.08/2014.11

泰仙寺
さらば泰仙寺（塩塚純夫）「瓦版 ： 柳川郷土研究会会誌「水郷」付録」　柳川郷土研究会　（46）　2014.10

大善寺玉垂宮の鬼夜
鬼夜にみる大善寺の歴史（下）（深町明日菜）「法政人類学」　法政大学人類学研究会　通号75　1998.06

太祖神社
九州古代紀行（16）修験道場若杉山頂の太祖神社を往く（加藤哲也）「季刊邪馬台国」　「季刊邪馬台国」編纂委員会, 梓書院（発売）（113）2012.04

大日寺
福岡のむかしばなし（57）大日寺の三本松（高良竹美）「ふるさとの自然と歴史」　歴史と自然をまもる会　270　1998.9

大悲王院
寺社を訪ねる（5）千如寺大悲王院（糸島市）（地域特集 糸島半島）（眞武龍二郎）「西日本文化」　西日本文化協会　（471）　2014.10

大分廃寺
ティータイムの歴史学（49）大宰府から豊前国府へ―古代の遺跡（1）大分廃寺（石松好雄）「豊津町歴史民俗資料館資料館だより」　豊津町歴史民俗資料館　68　2000.4

鷹尾社
荘鎮守における組織と祭祀―筑後国瀬高下荘鷹尾社を素材として《《特集 中世社会における寺社と地域秩序》》（苅米一志）「民衆史研究」　民衆史研究会　（68）　2004.11

福岡県　　　　　　　郷土に伝わる民俗と信仰　　　　　　　九州・沖縄

高木神社

上伊良原高木神社の歴史と文化 ふるさとの祈りの場の歩みとその遺産（概観）(1)（木村達美）「郷土誌さいがわ」 犀川町郷土史研究会（16）1998.3

上伊良原高木神社の歴史と文化(2)（木村達美）「郷土誌さいがわ」 犀川町郷土史研究会（17）1999.3

高木神社（大行事社）（寺本芳寛）「かわら : 郷土史誌」 香春町教育委員会　79　2014.09

鷹嶇

鷹嶇と権現祭りについて（加来正三）「郷土誌さいがわ」 犀川町郷土史研究会　（18）2000.3

高倉宮

高倉宮花見の宴考（石丸勇）「木綿間 : 岡垣歴史文化研究会年報」 岡垣歴史文化研究会　19　1999.3

多賀神社

一枚の写真 多賀神社神幸祭の飾り山 直方市（明治37年）「F97」 福岡県総務部県民情報広報課　（15）1997.1

高塚地蔵尊

高塚地蔵尊について（岡部暢夫）「郷土誌しいだ」 椎田町文化財研究協議会　（3）1997.5

鷹取山

高取焼の歴史と陶工（〈特集 九州やきもの史〉）（井澤洋一）「海路」 「海路」編集委員会，海鳥社（発売）通号6　2008.6

高野

香永の民俗 高野編（香春町史編纂委員会）「かわら : 郷土史誌」 香春町教育委員会　（64）2007.1

高松

日炭高松二坑旧山神社の鳥居保存活動に思う（瓜生浩義）「九州産業考古学会報」 九州産業考古学会　（6）2006.5

高見神社

近代化遺産としての高見神社（菅和彦）「県史だより : 福岡県地域史研究所県史だより」 西日本文化協会　121　2005.9

高山

岩belts六田打越山高山弘法大師堂之由来（大石公博）「郷土誌しいだ」 椎田町文化財研究協議会　（8）2000.5

田川

キリスト教聖物（植田辰生）「郷土田川」 田川郷土史研究会　38　1997.6

人形浄瑠璃と田川―近隣の人形芝居・浄瑠璃と三人の文楽人「西日本文化」 西日本文化協会　352　1999.6

私の炭鉱覚え書き マッカサの缶詰と芋焼酎（苅屋正士）「郷土田川」 田川郷土史研究会　40　2001.6

田川にかゝわる「唱歌・童謡」(1) 「ひなまつり」に歌う「青い眼の人形」から（村上利男）「かわら : 郷土史誌」 香春町教育委員会　68　2009.03

田川農業協同組合（事業実施主体）による平成二十五年度・新嘗祭献穀祭事に参加して―香春町・鏡山（柳井秀清）「かわら : 郷土史誌」 香春町教育委員会　78　2014.03

田川郡

福岡県田川郡の力石（高島慎助）「郷土田川」 田川郷土史研究会　40　2001.6

田川市

私説・炭坑節考（深町純亮）「西日本文化」 西日本文化協会　337　1997.12

仕事唄から座敷唄・盆踊り唄へ―炭坑節とその元唄「田川市石炭資料館だより」 田川市石炭資料館　18　2000.10

田隈

参考資料 福岡市無形文化財指定「田隈の盆押し・盆綱引き」「部落解放史・ふくおか」 福岡県人権研究所　89　1998.3

田熊石畑遺跡

沖ノ島祭祀前夜―田熊石畑遺跡からみた弥生時代の宗像（白木英敏）「季刊邪馬台国」 「季刊邪馬台国」編纂委員会，梓書院（発売）（113）2012.04

太宰府

干支談義（渡辺弘）「太宰府を語る会會誌」 太宰府を語る会　12　1997.2

太宰府と宗七焼（山村信条）「都府楼」 古都大宰府保存協会　23　1997.3

樟の嘔（井上正彦）「太宰府を語る会會誌」 太宰府を語る会　13　1998.4

金掛の梅（伝説の地）（秋吉須和子）「太宰府を語る会會誌」 太宰府を語

る会　13　1998.4

《特集 太宰府の恵比寿さま》「都府楼」 古都大宰府保存協会　28　1999.10

「太宰府の恵比寿さま」を理解する ために（松川博一）「都府楼」 古都大宰府保存協会　28　1999.10

太宰府の恵比寿マップ「都府楼」 古都大宰府保存協会　28　1999.10

「太宰府の恵比寿さま」解説「都府楼」 古都大宰府保存協会　28　1999.10

太宰府の地宝展/天満宮の祭事・祭具展「季報」 太宰府天満宮宝物殿（58）1999.11

新春講話 太宰府の語り部たち（西高辻信良）「飛梅」 太宰府天満宮社務所　113　2000.1

福岡県・宮地嶽神社・太宰府周辺の文化財歴史探訪（志村仁也）「大佐井」 大分市大在地区文化財同好会　18　2001.3

太宰府の「盃状穴」を探究して（佐藤徳幸）「太宰府を語る会會誌」 太宰府を語る会　16　2002.4

渡宋天神（堀内敏男）「太宰府を語る会會誌」 太宰府を語る会　16　2002.4

天神様と寺子屋（谷伍平）「太宰府を語る会會誌」 太宰府を語る会　16　2002.4

太宰府門前お宝展 太宰府参拝馬車鉄道について「季報」 太宰府天満宮宝物殿　（89）2004.2

周防大島・太宰府・椎葉・高千穂研修レポート（岩嶋孝典）「香川の民俗」 香川民俗学会　通号71　2008.2

太宰府所在の薩摩塔（井形進）「市史研究ふくおか」 福岡市博物館市史編さん室　（4）2009.02

檜垣と太宰府（木村敏美）「太宰府を語る会會誌」 太宰府を語る会　（19）2009.10

太宰府の木鷽（柳智子）「年報太宰府学」 太宰府市　（4）2010.03

太宰府の木鷽―歴史とその系譜「飛梅」 太宰府天満宮社務所　（155）2010.06

photo &essay「道真公の使い鳥 鷽と木うそ―太宰府木うそ保存会・青柳健夫さん―」（川上信也）「西日本文化」 西日本文化協会　（453）2011.10

聖地太宰府の仏たち（特集 太宰府）（井形進）「海路」 「海路」編集委員会，海鳥社（発売）（10）2012.03

大宰府

神あそびの島（高瀬美代子）「都府楼」 古都大宰府保存協会　23　1997.3

能楽「唐船」と対外貿易（脇田晴子）「都府楼」 古都大宰府保存協会　24　1997.9

能面を打つ（加野正剛）「都府楼」 古都大宰府保存協会　24　1997.9

国境における古代山城と仏教軍事から宗教へ（山村信栄）「都府楼」 古都大宰府保存協会　25　1998.3

大宰府政庁の鎮壇具（斎部麻矢）「九歴だより」 九州歴史資料館　9　1999.4

音と楽の考古学(11) 大宰府に響いた音色（高倉洋彰）「歴史九州」 九州歴史大学講座事務局　9(11) 通号106　1999.7

エビス神とさいふ詣り（吉田修作）「都府楼」 古都大宰府保存協会　28　1999.10

宿場の恵比寿（村里徳夫）「都府楼」 古都大宰府保存協会　28　1999.10

えびす展への道程（八尋千世）「都府楼」 古都大宰府保存協会　28　1999.10

恵比寿さまを採拓して… 拓本と文化財（小西信二）「都府楼」 古都大宰府保存協会　28　1999.10

大宰府周辺の史跡探訪（広田昌一呂）「郷土研究」 佐世保市立図書館　28　2001.3

時衆と時宗/時衆の特異な活動/九州の時衆/九州探題今川了俊と時衆/博多時衆・宰府時衆「都府楼」 古都大宰府保存協会　（34）2003.3

石碑の文化（《特集 碑文からいにしえをみる》）（羽賀祥二）「都府楼」 古都大宰府保存協会　（38）2006.12

「子安の木」「子安の石」（高瀬美代子）「都府楼」 古都大宰府保存協会　（39）2007.12

天の下の修行者（《特集 大宰府史跡発掘調査40周年》）（桜川冴子）「都府楼」 古都大宰府保存協会　（40）2008.10

東アジアの中の大宰府をめぐる山岳信仰（太宰府・宝満山特集）（西谷正）「山岳修験」 日本山岳修験学会，岩田書院（発売）（54）2014.09

太宰府市

太宰府市の神々（木村明敏）「太宰府を語る会會誌」 太宰府を語る会　13　1998.4

御笠郡内の庚申塔―太宰府市域を中心として（眞野修）「都府楼」 古都大宰府保存協会　（35）2003.12

「太宰府市伝統行事献梅奉納」還暦梅上げに参加して「飛梅」 太宰府天満宮社務所　（168）2013.09

表紙「七夕の宴」 太宰府市 山崎久己氏提供「飛梅」 太宰府天満宮社務

所　（171）　2014.06

太宰府天満宮

伝承の地を訪ねて 太宰府天満宮うそ替え神事（平田蘭子）「歴史九州」九州歴史大学講座事務局　7（5）通号76　1997.2

松園吉美絵画展/天満宮の祭事・祭具展「季報」　太宰府天満宮宝物殿　（56）　1999.9

岡部紫龍絵画展/天満宮の祭事・祭具展「季報」　太宰府天満宮宝物殿　（57）　1999.10

天満宮の境内絵図―さいふまいりの置き土産（井形進）「九歴だより」　九州歴史資料館　10　1999.10

太宰府の地宝展/天満宮の祭事・祭具展「季報」　太宰府天満宮宝物殿　（58）　1999.11

天満宮の石造物（20）〜（40）（八尋千世）「飛梅」　太宰府天満宮社務所　113/133　2000.1/2005.1

お米がつくった日本文化（完）（味酒安則）「飛梅」　太宰府天満宮社務所　113　2000.1

太宰府天満宮の物語草子（2）―富士山縁起（石川透）「飛梅」　太宰府天満宮社務所　113　2000.1

特別解説「天満宮縁起画伝」「季報」　太宰府天満宮宝物殿　（62）　2000.6

天神さまとすもう「飛梅」　太宰府天満宮社務所　116　2000.9

正月をめでたくした日本人の知恵（味酒安則）「飛梅」　太宰府天満宮社務所　117　2001.1

天神さまと囲碁「飛梅」　太宰府天満宮社務所　117　2001.1

宝物はかたりべ 陽鋳銘についての一考察（白川亨）「飛梅」　太宰府天満宮社務所　117　2001.1

太宰府天満宮（薬師寺敏子）「大佐井」　大分市大在地区文化財同好会　18　2001.3

御神忌千百年大祭 心のふるさとへの回帰（馬場宣彦）「飛梅」　太宰府天満宮社務所　118　2001.3

天満宮御画伝「季報」　太宰府天満宮宝物殿　（69）　2001.5

古式祭斎行にあたって（松大路秀一）「飛梅」　太宰府天満宮社務所　119　2001.6

太宰府天満宮所蔵の天神縁起について（味酒安則）「飛梅」　太宰府天満宮社務所　119　2001.6

天満宮の音楽「神楽と雅楽」（平木一吉）「飛梅」　太宰府天満宮社務所　120　2001.9

明治35年「大祭典」をめぐって（村里徳夫）「飛梅」　太宰府天満宮社務所　121　2002.1

菅原道真公御神忌1100年大祭記念 御神宝展/現代陶芸展「季報」　太宰府天満宮宝物殿　（74）　2002.2

奉祝・菅原道真公御神忌1100年大祭（西高辻信良）「季報」　太宰府天満宮宝物殿　（74）　2002.2

菅原道真公御神忌一千百年大祭式典挨拶（西高辻信良）「飛梅」　太宰府天満宮社務所　122　2002.3

御神忌一千百年大祭「飛梅」　太宰府天満宮社務所　122　2002.3

明治35年「大祭典」をめぐって（中）福博の地に文化の波紋（村里徳夫）「飛梅」　太宰府天満宮社務所　122　2002.3

大宰帥・大宰権帥・大宰員外帥（付「太宰府天満宮」）（八尋勇）「少弐氏と宗氏」　少弐・宗体制懇話会　36　2002.4

天満宮の神具・祭具展「季報」　太宰府天満宮宝物殿　（77）　2002.6

神幸式絵巻「季報」　太宰府天満宮宝物殿　（77）　2002.6

天満天神の信仰（真壁俊信）「飛梅」　太宰府天満宮社務所　123　2002.6

明治35年「大祭典」をめぐって（下）明治期の発展に大きく貢献（村里徳夫）「飛梅」　太宰府天満宮社務所　123　2002.9

随想 茶一盞（西高辻信良）「飛梅」　太宰府天満宮社務所　124　2002.9

神仏御縁来のこと（栗原昌久）「飛梅」　太宰府天満宮社務所　124　2002.9

御神忌一千百年大祭 ハワイ太宰府天満宮創建五十周年記念 文化交流の旅（野村木乃実）「飛梅」　太宰府天満宮社務所　124　2002.9

菅公御神忌1100年大祭記念 安楽寺（太宰府天満宮）仏像里帰り展「季報」　太宰府天満宮宝物殿　（79）　2002.10

神仏文理以前の太宰府天満宮「季報」　太宰府天満宮宝物殿　（79）　2002.10

御神忌大祭を終えて（西高辻信良）「飛梅」　太宰府天満宮社務所　125　2003.1

新作能「道真」奉納 真実の道真―新作能「道真」奉納公演を終えて（高瀬千図）「飛梅」　太宰府天満宮社務所　125　2003.1

天神さまの花神饌奉製（吉岡幸雄）「飛梅」　太宰府天満宮社務所　125　2003.1

神道講座（15）「社格」について（西高辻信良）「飛梅」　太宰府天満宮社務所　126　2003.3

御神忌一千百年大祭を振り返って（馬場宣彦）「飛梅」　太宰府天満宮社務所　126　2003.3

特別公開 天神縁起絵巻と天神縁起画伝（満盛院本）展「季報」　太宰府天満宮宝物殿　（83）　2003.4

天神縁起画伝（満盛院本）解説「季報」　太宰府天満宮宝物殿　（83）　2003.4

太宰府天満宮の銅の鳥居（井上正彦）「郷土史誌末盧國」　松浦史談会，芸文堂（発売）　154　2003.6

神道講座（16）「神饌」のお話し（西高辻信良）「飛梅」　太宰府天満宮社務所　128　2003.9

福岡のむかしばなし（76），（77）太宰府天満宮、菅原道真公にまつわる話（4），（5）（青木晃）「ふるさとの自然と歴史」　歴史と自然をまもる会　295/296　2003.10/2004.1

太宰府天満宮の古式祭と古式神饌―菅公御神忌一千百年大祭における古式祭典の復元にあたって（森弘子）「宗教民俗研究」　日本宗教民俗学会　（13）　2003.12

人形師 中村信喬氏「開運干支すず」奉製「飛梅」　太宰府天満宮社務所　129　2004.1

太宰府天満宮参詣旅日記（安陪光正）「西日本文化」　西日本文化協会　399　2004.3

所蔵名家書家展 天満宮縁起絵巻の世界展「季報」　太宰府天満宮宝物殿　（90）　2004.4

日本らしい風景―七五三に感じたこと（馬場宣彦）「飛梅」　太宰府天満宮社務所　133　2005.1

日本の食文化の歴史のお話（中）（味酒安則）「飛梅」　太宰府天満宮社務所　133　2005.1

太宰府天満宮の文化財「飛梅」　太宰府天満宮社務所　133　2005.1

摂末社めぐり「飛梅」　太宰府天満宮社務所　（138）　2006.3

城めぐり余話 太宰府天満宮に絹本着色小早川隆景像を訪ねて（中川嘉明）「郷土史紀行」　ヒューマン・レクチャー・クラブ　（48）　2007.12

曲水の宴に参宴して「飛梅」　太宰府天満宮社務所　（147）　2008.6

神々の風景（10）白砂青松「飛梅」　太宰府天満宮社務所　（150）　2009.03

神々の風景（11）滝「飛梅」　太宰府天満宮社務所　（151）　2009.06

神々の風景（13）龍の住む穴 山「飛梅」　太宰府天満宮社務所　（154）　2010.03

神々の風景（14）龍の住む穴 海「飛梅」　太宰府天満宮社務所　（155）　2010.06

神々の風景（15）火の山「飛梅」　太宰府天満宮社務所　（156）　2010.09

日本の捕鯨文化―全国津々浦々に見る鯨供養「飛梅」　太宰府天満宮社務所　（156）　2010.09

神々の風景（16）聖なる水「飛梅」　太宰府天満宮社務所　（157）　2011.01

神々の風景（17）神秘なる池「飛梅」　太宰府天満宮社務所　（159）　2011.06

神々の風景（18）ニライカナイ「飛梅」　太宰府天満宮社務所　（160）　2011.09

さいふまいりの風景（特集 太宰府の絵図）（井形進）「都府楼」　古都大宰府保存協会　（43）　2011.11

神々の風景（19）一本の木「飛梅」　太宰府天満宮社務所　（161）　2012.01

神々の風景（20）神々の座「飛梅」　太宰府天満宮社務所　（162）　2012.03

注連打奉納相撲大会「飛梅」　太宰府天満宮社務所　（164）　2012.09

天神信仰の教学（9）天神画像の世界「飛梅」　太宰府天満宮社務所　（167）　2013.06

天神信仰の教学（10）江戸の大名・学者の天神信仰「飛梅」　太宰府天満宮社務所　（168）　2013.09

表紙 毎年正月七日、太宰府天満宮で行われる「鬼すべ」「九州倭国通信」　九州古代史の会　（169）　2014.01

天神信仰の教学（11）誠の道とは（味酒安則）「飛梅」　太宰府天満宮社務所　（169）　2014.01

天神信仰の教学（12），（13）江戸の文化人の天神信仰「正」，（続）（味酒安則）「飛梅」　太宰府天満宮社務所　（170）/（171）　2014.03/2014.06

太宰府天満宮の文化財（60）太宰府天満宮故実 二巻一冊 貝原益軒著 貞享元年（1684）（宮崎由季）「飛梅」　太宰府天満宮社務所　（171）　2014.06

表紙 神幸式お注連建にともなう「お注連下り」「飛梅」　太宰府天満宮社務所　（172）　2014.09

天神信仰の教学（14）江戸の庶民の天神信仰（上）（味酒安則）「飛梅」　太宰府天満宮社務所　（172）　2014.09

田尻

田尻の十五人墓について（大城美知信，佐藤和四郎）「三池史談」　（25）　2000.5

多々良川

多々良川と宇美川の河童（和田寛）「河童通心」　河童文庫　262　2005.8

福岡県　　　　　　　　　　　郷土に伝わる民俗と信仰　　　　　　　　　　　九州・沖縄

立花山

立花山と日本書紀の神功皇后説話（長洋一）「ふるさとの自然と歴史」歴史と自然をまもる会　274　1999.5

竜男山古墳

竜男山古墳と徐福伝説《地域特集 八女》（赤崎敏男）「西日本文化」西日本文化協会　通号421　2006.6

立石校区

立石校区の伝統的行事（帆足徳男）「故郷の花」小郡市郷土史研究会（34）2009.05

立岩神社

倭国の原風景（5）立岩神社（福岡県飯塚市）松尾紘一郎氏撮影「九州倭国通信」九州古代史の会　（157）2011.08
倭国の原風景（6）立岩神社のご神体・立岩（室伏志畔）「九州倭国通信」九州古代史の会　（157）2011.08

七夕神社

小郡市・七夕神社「恋人の聖地」―歴史的地域プライド構築のために（会員の広場）（加地良光）「故郷の花」小郡市郷土史研究会　（39）2014.03

谷口

谷口 妙見神社 再奉建立（中島京子）「郷土誌さいがわ」犀川町郷土史研究会　（17）1999.3

田主丸

田主丸の河童たち（1）～（4）（和田寛）「河童通心」河童文庫　220/223　2003.1/2003.2
田主丸の虫追いと筑後の農聖（岡真美）「故郷の花」小郡市郷土史研究会（32）2007.5

玉垂宮

玉垂宮の鬼夜（高瀬美代子）「西日本文化」西日本文化協会　381　2002.5

筑後

和傘の歴史（長瀬尊）「筑後郷土史研究会誌」筑後郷土史研究会　（31）1998.5
筑紫平野からの古代史検証（31）奈良時代にみえる筑後の国技（田中正日子）「ふるさとの自然と歴史」歴史と自然をまもる会　284　2001.1
猿田彦神話と北部筑後の伝承（緒方覚）「故郷の花」小郡市郷土史研究会　26　2001.5
地域に伝わるむかし昔話を伝えよう（江里口充）「筑後郷土史研究会誌」筑後郷土史研究会　（37）2001.5
筑後地方に残る新田氏の落人伝説―「黒門前の戦い」における新田兄弟の悲劇の対決（酒井正雄）「故郷の花」小郡市郷土史研究会　28　2003.5
筑後の国境石について（松本正子）「故郷の花」小郡市郷土史研究会（29）2004.5
田主丸の虫追いと筑後の農聖（岡真美）「故郷の花」小郡市郷土史研究会（32）2007.5

筑後川

流域の旨かもん（1）山太郎ガニ（日野文雄）「ぎぎ」筑後川流域歴史文化研究センター　（1）1999.7
お祭り・アラカルト（1）筑後川の川祭り（広野司，日野文雄）「西日本文化」西日本文化協会　372　2001.6
碑文が語る筑後川水害の伝承（特集 流域の災害）（古賀邦雄）「利根川文化研究」利根川文化研究会　（38）2014.12

筑後川上流

石像美術に見る 筑後川上流における南北朝文化の特徴（下）（内恵克彦）「西日本文化」西日本文化協会　380　2002.4

筑後市

福岡のむかしばなし（59）日本三十六次（豊前市と筑後市）（高良竹美）「ふるさとの自然と歴史」歴史と自然をまもる会　272　1999.1

筑後市神社

筑後市神社考（古賀繁美）「筑後郷土史研究会誌」筑後郷土史研究会（31）1998.5

筑後国

筑紫平野からの古代史検証（25）筑後国の高良玉垂神と豊比咩神（田中正日子）「ふるさとの自然と歴史」歴史と自然をまもる会　278　2000.1
史跡筑前・筑後国境石をみなおす（会員の広場）（森幸治郎）「故郷の花」小郡市郷土史研究会　（37）2012.3

筑後平野

佐賀・筑後平野の諸荘園と荘鎮守（貴田潔）「ヒストリア ： journal of Osaka Historical Association」大阪歴史学会　（215）2009.6

筑紫

筑紫平野からの古代史検証（8）筑紫君と新羅神（田中正日子）「ふるさとの自然と歴史」歴史と自然をまもる会　260　1997.1
近世後期福岡・博多の町方住民の労働・生活状況に見る都市社会構造の一考察―『筑紫遺香集』の人々を素材として（又野誠）「福岡県地域史研究」西日本文化協会福岡県地域史研究所　16　1998.3
甘木市制50周年・甘木歴史資料館第40回企画展 ちくしの郷の民俗芸能「温故 ： 甘木歴史資料館だより」甘木歴史資料館　（40）2004.10
神武東遷とその環境橋―日向・筑紫から大和へ（山内美義）「江潯の久爾」江沼地方研究会　（51）2006.3
『播磨国風土記』と古代遺跡―出雲と筑紫（石野博信）「ひょうご歴史文化フォーラム会報」ひょうご歴史文化フォーラム　（5）2008.7
『筑紫道記』にみる宗祇の旅（有川宜博）「西日本文化」西日本文化協会　通号441　2009.10
古代筑紫の食文化「温故 ： 甘木歴史資料館だより」甘木歴史資料館（53）2014.10

筑紫神社

式内社筑紫神社と壁画古墳（田辺英治）「歴研よこはま」横浜歴史研究会（50）2001.10
太宰府天満宮の物語草子（13）―筑紫神社御縁起（石川透）「飛梅」太宰府天満宮社務所　126　2003.3
筑紫神社の粥占祭（高瀬美代子）「西日本文化」西日本文化協会　通号431　2008.2
表紙 きやぶ天保四国八十八ヶ所62番札所 筑紫神社（筑紫氏館跡―平成16年撮影）（編集部）「栖 ： 鳥栖と周辺の自然と歴史をさぐる郷土誌」鳥栖郷土研究会　（51）2012.06

筑前

筑前・肥前の国境石について（川崎幹二）「少弐氏と宗氏」少弐・宗体制懇話会　28　1997.1
筑前御殿神楽（香月晴明）「まつり通信」まつり同好会　38（3）通号445　1998.3
筑前真宗西派の触頭寺院について（鷲山智英）「福岡地方史研究 ： 福岡地方史研究会会報」福岡地方史研究会，海鳥社（発売）36　1998.5
真宗の東西分派と筑前（鷲山智英）「宗教文化」宗教文化懇話会　（72）1998.7
筑前における真宗寺院の成立と本末関係―嘉麻郡熊畑の長教寺をめぐって（鷲山智英）「宗教文化」宗教文化懇話会　（76）2000.7
奇談怪談 筑前仙女物語（2）（中村浩理）「西日本文化」西日本文化協会　379　2002.3
資料 明治時代の鹿児島新聞の薩摩、筑前琵琶関連記事（島津正）「鹿児島民俗」鹿児島民俗学会　123　2003.5
研究ノート「近代」における「伝統藝能」の形成―筑前琵琶の場合（特集 藝の力と福博）（松本常彦）「市史研究ふくおか」福岡市博物館市史編さん室　（5）2010.02
応神天皇誕生伝承―筑前の神社縁起から（特集 応神天皇千七百年祭）（吉田修作）「季刊悠久.第2次」鶴岡八幡宮悠久事務局　（121）2010.08
「近代」における「伝統藝能」の形成―筑前琵琶の場合（2）、（3）（松本常彦）「市史研究ふくおか」福岡市博物館市史編さん室　（6）/（7）2011.03/2012.03
筑前の菓子文化「温故 ： 甘木歴史資料館だより」甘木歴史資料館（53）2014.10
九州北部地域における古代寺院の展開―豊前・筑前の寺院選地を中心として（論文）（梶原義実）「九州考古学」九州考古学会　（89）2014.11

筑前大島

筑前大島キリシタン伴天連始末（河島悦子）「県史だより ： 福岡県地域史研究所県史だより」西日本文化協会　115　2002.9

筑前国

『筑前国続風土記』等における神功皇后伝承―神功皇后と羽白熊鷲（《総力特集 神功皇后》）（佐藤正義）「季刊邪馬台国」「季刊邪馬台国」編纂委員会，梓書院（発売）（97）2008.1
史跡筑前・筑後国境石をみなおす（会員の広場）（森幸治郎）「故郷の花」小郡市郷土史研究会　（37）2012.3

筑前藩

豊前・筑前藩の国境石を訪ねて（太田和則）「北九州市の文化財を守る会報」北九州市の文化財を守る会　（117）2006.3
「筑前藩伝 鎮火祭火魔封火打釘」と前田勇について（尾崎徹也）「郷土八幡」八幡郷土史会　（4）2014.02

筑豊

筑豊の民芸を訪ねて（植田由美子）「ふるさとの自然と歴史」歴史と自然をまもる会　271　1998.11
鬼の話―筑豊の鬼たち（守田豊）「かわら ： 郷土史誌」香春町教育委員会　51　2000.3

九州・沖縄　　　　郷土に伝わる民俗と信仰　　　　福岡県

筑豊・炭坑と馬頭観音像（原中政志）「嘉飯山郷土研究会会誌」　嘉飯山郷土研究会　19　2005.11

筑豊の妖怪たち（1），その2（守田豊）「かわら ： 郷土史誌」　香春町教育委員会　77/78　2013.10/2014.03

筑豊炭田

筑豊炭田、炭鉱の民俗（香月靖晴）「九州民俗学 ： bulletin of Kyushu Folklore Society」　九州民俗学会　（6）　2009.12

長教寺

筑前における真宗寺院の成立と本末関係—嘉麻郡熊畑の長教寺をめぐって（鷲山智英）「宗教文化」　宗教文化懇話会　（76）2000.7

長畑

長畑庚申祭帳から ムラの祭り 料理献立（1）（安陪光正）「西日本文化」　西日本文化協会　（456）2012.04

長命寺

五大山長命寺の中世石造遺物（承前）（木下浩良）「西日本文化」　西日本文化協会　340　1998.4

鎮国寺

中世の宗像神社と鎮国寺（花田勝広）「むなかた電子博物館紀要」　宗像市　（4）2012.04

寺社を訪ねる（1）別格本山 屏風山鎮国寺（宗像市）（眞武龍二郎）「西日本文化」　西日本文化協会　（467）2014.02

筑紫海原

神々の風景（25）筑紫海原「飛梅」　太宰府天満宮社務所　（167）2013.06

筑紫路

《特集 能舞台筑紫路》「都府楼」　古都大宰府保存協会　24　1997.9

筑紫路のひな祭り（坂本正行）「ふるさとの自然と歴史」　歴史と自然をまもる会　（309）2006.3

筑紫平野

筑紫平野からの古代史検証（9）「百姓」が祀った国司（田中正日子）「ふるさとの自然と歴史」　歴史と自然をまもる会　261　1997.3

筑紫平野からの古代史検証（10）兼任国司と地方僧侶の外交（田中正日子）「ふるさとの自然と歴史」　歴史と自然をまもる会　262　1997.5

筑紫平野からの古代史検証（23）対外的な危機と在地の神（田中正日子）「ふるさとの自然と歴史」　歴史と自然をまもる会　276　1999.9

筑紫平野からの古代史検証（24）有明海側の在地神と勅使の奉幣（田中正日子）「ふるさとの自然と歴史」　歴史と自然をまもる会　277　1999.11

筑紫平野からの古代史検証（45）物部系国造と二柱の神（田中正日子）「ふるさとの自然と歴史」　歴史と自然をまもる会　299　2004.7

筑紫平野からの古代史検証（48）死者の怨霊と人神（田中正日子）「ふるさとの自然と歴史」　歴史と自然をまもる会　（303）2005.3

津古

津古区の年中行事と生活の移り変わり（成富安子）「故郷の花」　小郡市郷土史研究会　（34）2009.05

つつじ寺

つつじ寺の秘仏本尊 十一面観音像（竹下王博）「西日本文化」　西日本文化協会　通号420　2006.4

綱敷天満宮

綱敷天満宮御代参控帳第三輯（神本弘）「郷土誌しいだ」　椎田町文化財研究協議会　（7）1999.5

浜と綱敷天満宮（岡部暢夫）「郷土誌しいだ」　椎田町文化財研究協議会　（16）2008.5

椿市廃寺

ティータイムの歴史学（53）大宰府から豊前国府へ—古代の遺跡（5）椿市廃寺（石松好雄）「豊津町歴史民俗資料館資料館だより」　豊津町歴史民俗資料館　72　2004.8

椿市廃寺出土の百済系単弁軒丸瓦についての一考察（山中英彦）「古文化談叢」　九州古文化研究会　65（分冊3）2011.02

津屋崎

福岡の昔ばなし（94）津屋崎塩田の起こり 輝姫物語（青木晃）「ふるさとの自然と歴史」　歴史と自然をまもる会　（313）2006.11

光雲神社

光雲神社に参拝「福岡城だより」　鴻臚館・福岡城跡歴史・観光・市民の会　（40）2014.01

九州古代紀行（23）軍師官兵衛を祭る光雲神社を往く（加藤哲也）「季刊邪馬台国」　「季刊邪馬台国」編纂委員会，梓書院（発売）（121）2014.04

天神

山田天神の由来（立花三楽）「瓦版 ： 柳川郷土研究会会誌「水郷」付録」　柳川郷土研究会　（37）2012.03

天台寺跡

ティータイムの歴史学（50）大宰府から豊前国府へ—古代の遺跡（2）天台寺跡（上伊田廃寺）（石松好雄）「豊津町歴史民俗資料館資料館だより」　豊津町歴史民俗資料館　69　2000.5

洞海

コラム 洞海地蔵「郷土八幡」　八幡郷土史会　（4）2014.02

洞海湾

水辺の生活環境史 北九州若松洞海湾における船上生活者の歴史的変容（2）（研究調査報告）（田上繁）「非文字資料研究」　神奈川大学21世紀COEプログラム拠点推進会議　（31）2014.1

東光寺

吉井町東光寺（祇園社）の廃仏棄釈（田中一郎）「久留米郷土研究会誌」　久留米郷土研究会　（27）1999.10

東照寺

柳川・立石山東照寺の喚鐘について（木下浩良）「三池史談」　（26）2001.9

唐人町

国分たばこと唐人町（林俊夫）「季刊南九州文化」　南九州文化研究会　（105）2006.1

東長寺

いしぶみ訪問（125）東長寺（那須博）「ふるさとの自然と歴史」　歴史と自然をまもる会　（333）2010.03

南岳山東長寺造営と藩主の葬送儀礼（鳥巣京一）「福岡市博物館研究紀要」　福岡市博物館　（20）2010.03

黒田家と東長寺（藤田紫雲）「福岡城だより」　鴻臚館・福岡城跡歴史・観光・市民の会　（42）2014.07

五重塔が見える東長寺「福岡城だより」　鴻臚館・福岡城跡歴史・観光・市民の会　（42）2014.07

堂塔寺

「堂塔寺」物語り（中島正勝）「尚」　芦屋町郷土史研究会　（40）2014.01

通古賀

千人詣り（通古賀）（松田美津子）「太宰府を語る会会誌」　太宰府を語る会　13　1998.4

通古賀の旧飛梅（松田美津子）「太宰府を語る会會誌」　太宰府を語る会　14　1998.11

等覚寺の松会

等覚寺の松会（高瀬美代子）「西日本文化」　西日本文化協会　410　2005.4

戸切

戸切 清泉の碑（吉野勲）「木綿間 ： 岡垣歴史文化研究会年報」　岡垣歴史文化研究会　（28）2010.4

徳栄寺

黒田如水・長政と寺院 真宗徳栄寺開基光心の由緒を中心に（特集 黒田家と福岡・博多）（鷲山智英）「福岡地方史研究 ： 福岡地方史研究会会報」　福岡地方史研究会，海鳥社（発売）（51）2013.09

徳童

くじらの森に吹く風 福岡県田主丸町徳童［1］～（7）（日野文雄）「西日本文化」　西日本文化協会　332/340　1997.6/1998.4

独鈷寺

近郊探訪の告報（下）千年屋、独鈷寺、太閤水、青柳の宿（清田友彦）「ふるさとの自然と歴史」　歴史と自然をまもる会　266　1998.1

戸畑祇園大山笠行事

博多祇園山笠 追い山の熱い風/戸畑祇園山笠 蛭と夜二つの顔「ふるさとの自然と歴史」　歴史と自然をまもる会　282　2000.9

もう一つの戸畑「提灯山笠」—「女山笠」創出をめぐる葛藤の構図から（金子毅）「日本民俗学」　日本民俗学会　通号258　2009.05

飛幡八幡宮

飛幡八幡宮と「千曳ノ岩」（本田幸信）「北九州市の文化財を守る会会報」　北九州市の文化財を守る会　112　2004.6

豊津町

ティータイムの歴史学（34）小正月の粥（佐々木哲哉）「豊津町歴史民俗資料館資料館だより」　豊津町歴史民俗資料館　53　1999.1

ティータイムの歴史学（37）～（48）村芝居の世界（1）～（12）（宮崎克

則)「豊津町歴史民俗資料館資料館だより」 豊津町歴史民俗資料館
56/67 1999.4/2000.3

鳥飼八幡宮
いしぶみ訪問(104) 鳥飼八幡宮境域(那須博)「ふるさとの自然と歴史」
歴史と自然をまもる会 (312) 2006.9

那珂
あとがき 那珂の変わった守り神「市史だよりFukuoka」 福岡市博物館
市史編さん室 (15) 2012.08

長尾製麺株式会社
聞書「九州の老舗」シリーズ 百年超企業・長寿の知恵(3) 長尾製麺株
式会社(田中滋幸)「西日本文化」 西日本文化協会 (453) 2011.10

那珂川河畔
いしぶみ訪問(56) 那珂川河畔の詩祭(那須博)「ふるさとの自然と歴史」
歴史と自然をまもる会 264 1997.9

長崎街道
長崎街道こぼれ話 阿蘭陀人参府の道(河島悦子)「西日本文化」 西日本
文化協会 397 2003.12
長崎街道筋の境石(国、藩、郡境石)(松本正子)「故郷の花」 小郡市郷
土史研究会 (34) 2009.5

中島神社九州分社
中島神社九州分社 六十周年記念大祭によせて(丸山道和)「飛梅」 太宰
府天満宮社務所 (169) 2014.01

中津原
香春の民俗 中津原・浦松編(香春町史編纂委員会)「かわら : 郷土史誌」
香春町教育委員会 (66) 2008.2

長野水神社
いしぶみ訪問(103) うきは市の水神社―大石、長野(那須博)「ふるさと
の自然と歴史」 歴史と自然をまもる会 (311) 2006.7

奈古
隻眼の傑物奈古の延さんについて(中山春雄)「郷土誌しいだ」 椎田町文
化財研究協議会 (7) 1999.5

名護屋神社
随想 名護屋岬と名護屋神社(本田幸信)「北九州市の文化財を守る会会
報」 北九州市の文化財を守る会 (120) 2007.3

名護屋岬
随想 名護屋岬と名護屋神社(本田幸信)「北九州市の文化財を守る会会
報」 北九州市の文化財を守る会 (120) 2007.3

鳴水
鳴水の古墓(有馬守)「郷土八幡」 八幡郷土史会 (4) 2014.02

新北
正月に行なわれた行事「若水汲み」―福岡県鞍手郡鞍手町新北を事例と
して(久野隆志)「西日本文化」 西日本文化協会 358 2000.1

西泉
古郷・山本町西泉の思いで(豊福近)「久留米郷土研究会誌」 久留米郷土
研究会 26 1998.6

西大橋
いしぶみ訪問(117) 西大橋・西中島橋(那須博)「ふるさとの自然と歴
史」 歴史と自然をまもる会 (325) 2008.11

西鞍手
筑豊の祭り(45) 恵比須祭りもいろいろござる―西鞍手の恵比須祭り
(香月靖晴)「西日本文化」 西日本文化協会 331 1997.5

西中島橋
いしぶみ訪問(117) 西大橋・西中島橋(那須博)「ふるさとの自然と歴
史」 歴史と自然をまもる会 (325) 2008.11

西脇
福博西郊の盆綱引き・盆押し行事―西区城ノ原・早良区西脇を中心に
(民俗・伝承を記録する会)「部落解放史・ふくおか」 福岡県人権研究
所 89 1998.3

若一王子
ヤッコイ様を考える―犀川町大村字若一王子(江藤徹)「郷土誌さいが
わ」 犀川町郷土史研究会 (22) 2004.4

入定寺
福岡市の文化財(2) 入定寺の銅造弘法大師坐像(三木隆行)「ふるさとの
自然と歴史」 歴史と自然をまもる会 (313) 2006.11

糟塚
糟塚の年中行事(入江東樹)「木綿間 : 岡垣歴史文化研究会年報」 岡垣
歴史文化研究会 21 2002.3
糟塚の年中行事「寺の下」の「およべっさん」(入江東樹)「木綿間 : 岡
垣歴史文化研究会年報」 岡垣歴史文化研究会 22 2003.3
糟塚区の須賀神社と境内の諸社等について(入江東樹)「木綿間 : 岡垣
歴史文化研究会年報」 岡垣歴史文化研究会 (28) 2010.04

濡衣塚
福岡のむかしばなし(65) 濡衣塚(高良竹美)「ふるさとの自然と歴史」
歴史と自然をまもる会 279 2000.3
伝説を旅する(1) 「濡衣塚」(福岡市博多区)(高瀬美代子)「西日本文
化」 西日本文化協会 (464) 2013.08

直方
「青らく」伝説の記念碑(篠原義一)「郷土直方 : 直方郷土研究会・会
報」 直方郷土研究会 (33) 2007.6
昔のスイーツ探し旅(25) 直方の成金饅頭(牛嶋英俊)「西日本文化」 西
日本文化協会 (464) 2013.08

直方市
〔資料紹介〕 続直方市内の鳥居(鴻江敏雄)「郷土直方 : 直方郷土研究
会・会報」 直方郷土研究会 27 1997.12
直方市内の清正公信仰(特別講演)(篠原義一)「郷土直方 : 直方郷土研
究会・会報」 直方郷土研究会 (37) 2012.04

野北
「シガの話」その後―福岡県糸島郡志摩町野北の魚行商人聞書き(福間裕
爾)「福岡市博物館研究紀要」 福岡市博物館 (8) 1998.3

能古
福岡市能古の島歴史探訪記(福田耕策)「郷土文化」 遠賀町郷土文化研究
会 13 1999.5

博多
近世中期の福岡・博多(西田博)「福岡県地域史研究」 西日本文化協会福
岡県地域史研究所 15 1997.3
現代祭り考―博多三大まつりから(岡部定一郎)「宗教文化」 宗教文化懇
話会 (70) 1997.7
福博相撲考(佐々木哲哉)「宗教文化」 宗教文化懇話会 (70) 1997.7
中世博多石堂考(佐伯弘次)「博多研究会誌」 博多研究会 (5) 1997.10
中世の素焼人形考(山村信栄)「博多研究会誌」 博多研究会 (5) 1997.
10
近世後期福岡・博多の町方住民の労働・生活状況に見る都市社会構造の
一考察―『筑紫遺愛集』の人々を素材として(又野誠)「福岡県地域史
研究」 西日本文化協会福岡県地域史研究所 16 1998.3
〔史料紹介〕 博多禅院入寺関係未刊史料(山口隼正)「九州史学」 九州史
学研究会 通号121 1998.8
父の遺志受け継いで3年 第18代博多曲物師の柴田真理子さん「ふるさと
の自然と歴史」 歴史と自然をまもる会 272 1999.1
博多を知るために、ぜひ人形の情報を「ふるさとの自然と歴史」 歴史と
自然をまもる会 272 1999.1
現役・96歳の博多人形師(1) 古野一春さんの少年時代「ふるさとの自然
と歴史」 歴史と自然をまもる会 274 1999.5
現役・96歳の博多人形師(2) 古野一春さんの新たな門出「ふるさとの自
然と歴史」 歴史と自然をまもる会 275 1999.7
近世博多松囃子における儀礼の政治性(宇野功一)「日本民俗学」 日本民
俗学会 通号219 1999.8
現役・96歳の博多人形師(3),(4) 与一師匠を偲ぶ古野一春さん「ふるさ
との自然と歴史」 歴史と自然をまもる会 276/277 1999.9/1999.11
五たび輝く総理大臣賞(1) 博多人形師・三宅隆さん「ふるさとの自然と
歴史」 歴史と自然をまもる会 278 2000.1
台湾大地震で見舞金/博多人形沿革史と宗七焼「ふるさとの自然と歴史」
歴史と自然をまもる会 279 2000.3
五たび輝く総理大臣賞 博多人形師・三宅隆さん(下)「ふるさとの自然と
歴史」 歴史と自然をまもる会 280 2000.5
近世博多の風呂について(諸藤真樹)「県史だより : 福岡県地域史研究
所県史だより」 西日本文化協会 111 2000.9
美術・文芸に見る中世博多の禅文化と対外交流(渡邊雄二)「西日本文化」
西日本文化協会 368 2001.1
見学記 光明禅寺と中世博多展(内田昭義)「白水郎」 坂ノ市地区郷土史
愛好会 19 2002.3
福岡のむかしばなし(72) 物乞い生活から博多一の大商人に、ヒョウカ
ンさんの物語(青木晃)「ふるさとの自然と歴史」 歴史と自然をまも
る会 291 2002.7
アジアへ響け、どんたく囃し 新天地どんたく隊、アジア美術館を表敬訪
問(武田芳明)「ふるさとの自然と歴史」 歴史と自然をまもる会 291

九州・沖縄　　　　　　　　郷土に伝わる民俗と信仰　　　　　　　　福岡県

2002.7

祇園祭の形—中世都市祭礼の形と系譜（山村信榮）「博多研究会誌」　博多研究会　（10）　2002.9

時衆と時宗／時衆の特異な活動／九州の時衆／九州探題今川了俊と時衆／博多時衆・宰府時衆「都府楼」　古都大宰府保存協会　（34）　2003.3

博多は日本の饅頭の発祥の地か（渡辺雄二）「海路」　「海路」編集委員会、海鳥社（発売）通号1　2004.11

博多の天災の言い伝え（再考・福岡沖地震）（青柳としのぶ）「海路」「海路」編集委員会、海鳥社（発売）通号2　2005.9

博多のおしあげ（押絵）（松尾由美子）「ふるさとの自然と歴史」　歴史と自然をまもる会　（309）　2006.3

年越しそばの興りは博多にあり（《特集 食と正月》）（田口俊英）「西日本文化」　西日本文化協会　通号424　2006.12

近世中後期における都市の社会構造と祭礼—筑前博多の祇園会と松囃子を事例に（一瀬智）「九州史学」　九州史学研究会　（147）　2007.9

歴史万華鏡（4）松囃子と江戸時代の博多「市史だよりFukuoka」　福岡市博物館市史編さん室　（6）　2007.12

シルクロード紀行 「博多のうどん」と幻の「高麗人」（後藤文利）「西日本文化」　西日本文化協会　通号430　2007.12

謎もときましょ 俄も仕ましょ 粋で磨いた博多っ児（松本常彦）「市史研究ふくおか」　福岡市博物館市史編さん室　（4）　2009.02

明治前期における博多織の生産動向について（宮地英敏）「市史研究ふくおか」　福岡市博物館市史編さん室　（5）　2010.2

博多の夏のしめくくり 輝く武者絵灯篭 大浜流灌頂（渡邉弘子）「西日本文化」　西日本文化協会　通号445　2010.06

photo &essay「ガラスが奏でる音をつくる—博多チャンポン・國井洋二さん—」（川上信也）「西日本文化」　西日本文化協会　（452）　2011.08

photo &essay「新風吹きこむ博多織 博多手織—KANDO—」（川上信也）「西日本文化」　西日本文化協会　（455）　2012.02

中世都市博多の総鎮守と筥崎宮（佐伯弘次）「史淵」　九州大学大学院人文科学研究院　149　2012.03

博多年行司・鋳物師 礒野五兵衛の足跡を辿る（中村順子）「西日本文化」　西日本文化協会　（456）　2012.04

photo &essay「木目の美しさを楽しむ—博多曲物・柴田玉樹さん—」（川上信也）「西日本文化」　西日本文化協会　（457）　2012.06

表紙絵 博多塀（広野司）「西日本文化」　西日本文化協会　（457）　2012.06

博多仏師とその作品（長崎新聞 平成23年6月12日付）（史談・史論）（澤正明）「談林」　佐世保史談会　（53）　2012.11

photo & essay「土との縁を感じて—博多人形師・武吉國明さん—」（川上信也、嶋田絵里）「西日本文化」　西日本文化協会　（462）　2013.06

博多祇園山笠行事

博多祇園山笠 追い山の熱い風／戸畑祇園山笠 蛭と夜二つの顔「ふるさとの自然と歴史」　歴史と自然をまもる会　282　2000.9

「博多津要録」にみる山笠と町衆（瀬戸美都子）「西日本文化」　西日本文化協会　通号445　2010.06

博多祇園山笠と当番町（青木綜一）「西日本文化」　西日本文化協会　（463）　2013.06

博多善導寺

福岡市・博多善導寺所蔵 善導大師立像—九州所在木彫像基礎資料（3）（楠井隆志、鳥越俊行）「東風西声 ： 九州国立博物館紀要 ： the bulletin of Kyushu National Museum」　九州国立博物館　（5）　2010.03

博多津

「松囃子」をめぐる福博の対立 古文書「博多津要録」から（瀬戸美都子）「西日本文化」　西日本文化協会　通号439　2009.06

博多津と今井津の祇園祭り（研究余滴・歴史案内・歴史散歩）（佐々木哲哉）「福岡地方史研究 ： 福岡地方史研究会会報」　福岡地方史研究会、海鳥社（発売）　（52）　2014.09

杷木町

朝倉市杷木町 阿蘇神社の泥打ち祭り（高瀬美代子）「西日本文化」　西日本文化協会　（449）　2011.02

箱崎

素朴な土の感触 古田鷹治さんに聞く「箱崎の人形飾り」「ふるさとの自然と歴史」　歴史と自然をまもる会　273　1999.3

元寇・箱崎・宇美—極楽寺の故事から（古田鷹治）「県史だより ： 福岡県地域史研究所県史だより」　西日本文化協会　114　2001.3

筥崎宮

九州古代紀行（12）「敵国降伏」の筥崎宮を往く（加藤哲也）「季刊邪馬台国」　「季刊邪馬台国」編纂委員会、梓書院（発売）（109）　2011.04

中世都市博多の総鎮守と筥崎宮（佐伯弘次）「史淵」　九州大学大学院人文科学研究院　149　2012.03

筥崎宮本殿の構造形式と獅子間（一般論文）（佐藤正彦）「民俗建築」　日本民俗建築学会　（146）　2014.11

筥崎八幡宮

開田筥崎八幡宮考証（前）,（後）（河原巧）「歴史玉名」　玉名歴史研究会　29/30　1997.5/1997.8

橋本八幡宮

福岡市指定文化財の紹介 橋本八幡宮のイヌマキ群落（大庭康ющ）「ふるさとの自然と歴史」　歴史と自然をまもる会　（346）　2012.05

花立山

歴史の宝庫花立山—城山と「神・ほとけ」が宿る霊山・花立山（会員の研究）（帆足徳男）「故郷の花」　小郡市郷土史研究会　（37）　2012.03

浜の宮

浜の宮と綱敷天満宮（岡部暢夫）「郷土誌しいだ」　椎田町文化財研究協議会　（16）　2008.5

早鐘眼鏡橋

わが国最古の用水路用 早鐘眼鏡橋（坂本正行）「ふるさとの自然と歴史」　歴史と自然をまもる会　（322）　2008.5

速瀬神社

芦屋の石祠めぐり（1）西浜町の「速瀬神社」「崗」　芦屋町郷土史研究会　（39）　2013.02

祓川

古里のくらしと祭り（9）祓川・四季の川遊び（野中邦重）「郷土誌さいがわ」　犀川町郷土史研究会　（22）　2004.4

二つの祓川とクマソ（武田悦孝）「季刊南九州文化」　南九州文化研究会　（105）　2006.1

般若寺

石造物ウォッチング 般若寺七重塔（福岡県太宰府市）（鎌倉健一）「郷土史紀行」　ヒューマン・レクチャー・クラブ　（39）　2006.5

英彦山

福岡にうまいものあり 柚子胡椒 英彦山名物「F97」　福岡県総務部県民情報広報課　（20）　1999.1

ティータイムの歴史学（35）英彦山の汐井採り（佐々木哲哉）「豊津町歴史民俗資料館資料館だより」　豊津町歴史民俗資料館　54　1999.2

玉名地方に見る英彦山信仰の痕跡（宮本治人）「歴史玉名」　玉名歴史研究会　40　2000.5

求菩提山と英彦山の御田植祭（所崎平）「鹿児島民俗」　鹿児島民俗学会　（127）　2005.5

求菩提山と英彦山のお田植祭（所崎平）「くしきの」　いちき串木野郷土史研究会　（19）　2005.6

九州古代紀行（19）修験道の聖地 英彦山を往く（加藤哲也）「季刊邪馬台国」　「季刊邪馬台国」編纂委員会、梓書院（発売）（117）　2013.04

神々の風景（26）,（27）宝満宮から英彦山へ—平成の大峯入り（上）,（下）（森弘子）「飛梅」　太宰府天満宮社務所　（168）/（169）　2013.09/2014.01

諫早敬輝公の英彦山参詣記について（橋本桂一）「諫早史談」　諫早史談会　（46）　2014.03

近世英彦山の祭祀組織（山口正博）「山岳修験」　日本山岳修験学会、岩田書院（発売）（53）　2014.03

「彦山小形」からみた英彦山の聖域観—レーザー実測調査からの視点（太宰府・宝満山特集）（岩本教之）「山岳修験」　日本山岳修験学会、岩田書院（発売）（54）　2014.09

彦山

謎の霊峰彦山に登る（三好勝芳）「備陽史探訪」　備陽史探訪の会　106　2002.4

即伝と乗因—彦山修験から戸隠修験へ伝えられたもの（曽根原理）「山岳修験」　日本山岳修験学会、岩田書院（発売）（31）　2003.3

宝満山と聖護院そして彦山—本末論争の前提と結末（特集 地方霊山と本山派修験道）（森弘子）「山岳修験」　日本山岳修験学会、岩田書院（発売）（50）　2012.09

英彦山秋峰道

みやこの歴史発見伝（44）英彦山秋峰道・蔵持山大廻道—みやこの山中に残る二つの「祈り（修行）」の山道（木村達美）「みやこ町歴史民俗博物館だより」　みやこ町歴史民俗博物館　（56）　2010.12

彦山三所権現

重文・彦山三所権現御正体をめぐって（鈴木規夫）「金沢文庫研究」　神奈川県立金沢文庫　通号299　1997.9

英彦山道

歴史体感・古道を歩く—英彦山道（2）（木村達美）「郷土誌さいがわ」　犀川町郷土史研究会　（19）　2001.3

福岡県 郷土に伝わる民俗と信仰 九州・沖縄

久富

久富地区「子ども盆綱曳き」考（近本光夫）「筑後郷土史研究会誌」 筑後郷土史研究会 （37）2001.5

久山町

福岡県久山町の個人蔵の古仏（井形進）「九州歴史資料館研究論集」 九州歴史資料館 通号36 2011.03

百八人塚

いしぶみ訪問（93）百八人塚、雲龍の館（那須博）「ふるさとの自然と歴史」 歴史と自然をまもる会 301 2004.11

日向

古代日本における聖婚と服属—神武伝説・コノハナノサクヤビメ神話における成婚伝承に意味するもの 附論：五世紀のヤマト政権と日向（古墳時代特集）（塚口義信）「古文化談叢」 九州古文化研究会 66 2011.09

枚方神社

枚方神社、鏑宅神社、菓實神社 此の三社の関連の考査（溝口美千雄）「郷土誌しいだ」 椎田町文化財研究協議会 （16）2008.5

平田産業有限会社

聞書「九州の老舗」シリーズ 百年超企業・長寿の知恵（15）平田産業有限会社（福岡県朝倉市）（田中滋幸）「西日本文化」 西日本文化協会 （466）2013.12

平松

小倉祇園 平松の神輿「北九州市の文化財を守る会会報」 北九州市の文化財を守る会 （130）2010.06

広畑八幡社

八幡神降臨の地の考察（広畑八幡社とその周辺）（高田増光）「郷土誌しいだ」 椎田町文化財研究協議会 （15）2007.5

風治

日本人の心意を探る「風ノ森」の風治信仰について（池田末則）「季刊悠久.第2次」 鶴岡八幡宮悠久事務局 79 1999.10

風治八幡宮

風治八幡宮における八幡信仰と宮号（中野直毅）「郷土田川」 田川郷土研究会 （44）2009.03

風治八幡神社

風治八幡神社の縁起書にみる地主神と八幡神の流入（中野直毅）「郷土田川」 田川郷土研究会 40 2001.6

福岡

福岡のむかしばなし（50）物言う亀（ゴウズ）の話（高良竹美）「ふるさとの自然と歴史」 歴史と自然をまもる会 262 1997.5

天文茂左衛門法名釈善可—神仏分「福岡地方史研究 ： 福岡地方史研究会会報」 福岡地方史研究会，海鳥社（発売）35 1997.6

福岡に始まった茶道南坊流（松岡博和）「県史だより ： 福岡県県地域史研究所県史だより」 西日本文化協会 92 1997.7

福岡のむかしばなし（54）空誉上人怨念話（高良竹美）「ふるさとの自然と歴史」 歴史と自然をまもる会 267 1998.3

無隠元晦和尚伝（広渡正利）「福岡地方史研究 ： 福岡地方史研究会会報」 福岡地方史研究会，海鳥社（発売）36 1998.5

福岡のむかしばなし（56）飴買いゆうれい（高良竹美）「ふるさとの自然と歴史」 歴史と自然をまもる会 269 1998.7

福岡のむかしばなし（60）家老の陰謀物語（高良竹美）「ふるさとの自然と歴史」 歴史と自然をまもる会 273 1999.1

福岡のやきもの"豊前田香焼"とは？（副島邦弘）「九歴だより」 九州歴史資料館 9 1999.4

福岡のむかしばなし（61）さいごの仇討（高良竹美）「ふるさとの自然と歴史」 歴史と自然をまもる会 274 1999.5

福岡のむかしばなし（62）明暗・人柱伝説（高良竹美）「ふるさとの自然と歴史」 歴史と自然をまもる会 275 1999.7

押絵雛のこと—鳥取県及び福岡周辺の調査から（木下守）「信濃［第3次］」 信濃史学会 52（1）通号600 1999.7

福岡のむかしばなし（67）真？ 偽？ 怪談お綱門（高良竹美）「ふるさとの自然と歴史」 歴史と自然をまもる会 282 2000.9

福岡のむかしばなし（68）黒田3代こぼれ話（高良竹美）「ふるさとの自然と歴史」 歴史と自然をまもる会 284 2001.1

福岡のむかしばなし（69）ごろごろさま（高良竹美）「ふるさとの自然と歴史」 歴史と自然をまもる会 285 2001.3

福岡のむかしばなし（70）ジョン山（高良竹美）「ふるさとの自然と歴史」 歴史と自然をまもる会 286 2001.5

加冠の祝儀（近藤典二）「福岡地方史研究 ： 福岡地方史研究会会報」 福岡地方史研究会，海鳥社（発売）（39）2001.6

福岡のむかしばなし（71）おろか話（高良竹美）「ふるさとの自然と歴史」 歴史と自然をまもる会 289 2002.1

消費地出土の田香焼について（佐藤浩司）「研究紀要」 北九州市芸術文化振興財団埋蔵文化財調査室 （16）2002.3

旧暦6月の年中行事 古文書の学びから 福岡・中尾家文書（秀村選三）「西日本文化」 西日本文化協会 402 2004.6

福岡の昔ばなし（81）世間話（4）（青木晃）「ふるさとの自然と歴史」 歴史と自然をまもる会 300 2004.9

福岡の昔ばなし（82）海に消えた十六宵姫（青木晃）「ふるさとの自然と歴史」 歴史と自然をまもる会 301 2004.10

福岡南蛮菓子事情（横田武子）「海路」 「海路」編集委員会，海鳥社（発売）通号1 2004.11

福岡の昔ばなし（83）もの言う亀（青木晃）「ふるさとの自然と歴史」 歴史と自然をまもる会 302 2005.1

福岡のシロウオ料理（坂本正行）「ふるさとの自然と歴史」 歴史と自然をまもる会 （303）2005.3

福岡の昔ばなし（84）蛇の目玉（青木晃）「ふるさとの自然と歴史」 歴史と自然をまもる会 （303）2005.3

福岡の昔ばなし（89）ねこ山千畳岩（青木晃）「ふるさとの自然と歴史」 歴史と自然をまもる会 （308）2006.1

福岡の昔ばなし（95）新しい年に幸せを願った年末年始話（青木晃）「ふるさとの自然と歴史」 歴史と自然をまもる会 （314）2007.1

福岡の昔ばなし（96）〜（102）お地蔵さんの話その一〜（青木晃）「ふるさとの自然と歴史」 歴史と自然をまもる会 （315）/（321）2007.3/2008.3

木槿の花を召し上がれ 河村文書「禰んちうおほえ」より（中村順子）「福岡地方史研究会会報」 福岡地方史研究会，海鳥社（発売）（45）2007.8

筑前福岡に始まった茶道南坊流（松岡博和）「西日本文化」 西日本文化協会 通号432 2008.4

福岡のむかしばなし（103）カッパの話（2）（青木晃）「ふるさとの自然と歴史」 歴史と自然をまもる会 （322）2008.5

福岡のむかしばなし（104）カッパの話（4）（青木晃）「ふるさとの自然と歴史」 歴史と自然をまもる会 （324）2008.9

敗戦後の福岡における演劇・芸能復興年表（石川巧）「市史研究ふくおか」 福岡市博物館市史編さん室 （4）2009.02

福岡のむかしばなし（青木晃）「ふるさとの自然と歴史」 歴史と自然をまもる会 （332）/（348）2010.01/2012.09

「雛船図」絵馬のこと（松本三喜夫）「隣人 ： 草志会年報」 草志会 （23）2010.03

峠の道守り（特集 峠・街道・宿場町）（河島悦子）「福岡地方史研究 ： 福岡地方史研究会会報」 福岡地方史研究会，海鳥社（発売）（48）2010.08

キリシタン考古学の成果/禁教の歴史と福岡のキリスト教/同じ赤い血を流して—秋月・今村の人々とキリスト教/ルイス・デ・アルメイダの足跡/平戸国キリシタン関係年表/項目別展示品リスト/展示構成と主要な展示品「温故 ： 甘木歴史資料館だより」 甘木歴史資料館 （49）2010.10

ふくおか民俗芸能ライブラリー覚書（小特集 民俗学と記録映像）（久野隆志）「日本民俗学」 日本民俗学会 通号264 2010.11

福岡のむかしばなし（117）こてつ婆さん/波折宮/津屋崎義民六士/孔大寺権現と人身御供（青木晃）「ふるさとの自然と歴史」 歴史と自然をまもる会 （340）2011.05

福岡のむかしばなし（125）〜（127），（129）〜（137）（青木晃）「ふるさとの自然と歴史」 歴史と自然をまもる （349）/（361）2012.11/2014.11

福岡と能 日本の心を子どもに伝える（久貫弘能）「西日本文化」 西日本文化協会 （461）2013.02

総会記念講演 地方史遍歴 民俗と郷土研究と（佐々木哲哉）「福岡地方史研究 ： 福岡地方史研究会会報」 福岡地方史研究会，海鳥社（発売）（51）2013.09

福岡の神仏の世界（井形進）「西日本文化」 西日本文化協会 （470）2014.08

黒田家と福岡の神社（特集 黒田家と福岡・博多2）（安藤政明）「福岡地方史研究 ： 福岡地方史研究会会報」 福岡地方史研究会，海鳥社（発売）（52）2014.09

「世俗禁忌」について（特集 黒田家と福岡・博多2）（寺崎幹洋）「福岡地方史研究 ： 福岡地方史研究会会報」 福岡地方史研究会，海鳥社（発売）（52）2014.09

福岡金文堂

聞書「九州の老舗」シリーズ 百年超企業・長寿の知恵（7）株式会社福岡金文堂（福岡市）（田中滋幸）「西日本文化」 西日本文化協会 （457）2012.06

福岡県

精進料理 豆腐料理（姫野典山）「ふるさとの自然と歴史」 歴史と自然を
まもる会 260/261 1997.1/1997.3

風神のイコノロジー（図像学）（武田芳明）「ふるさとの自然と歴史」 歴
史と自然をまもる会 261 1997.3

《特集 日本仏教と旃陀羅》「部落解放史・ふくおか」 福岡県人権研究所
85 1997.3

日本仏教と旃陀羅（遠藤和夫）「部落解放史・ふくおか」 福岡県人権研究
所 85 1997.3

本願寺教団における旃陀羅差別（林久良）「部落解放史・ふくおか」 福岡
県人権研究所 85 1997.3

盲僧琵琶 高木清玄さんに聞く（永井彰子）「部落解放史・ふくおか」 福
岡県人権研究所 85 1997.3

麻・古代布から木綿布まで 身にまとうものへの想い（清田友彦）「ふるさ
との自然と歴史」 歴史と自然をまもる会 264 1997.9

村の祭と芝居（宮崎克則）「県史だより : 福岡県地域史研究所県史だよ
り」 西日本文化協会 95 1998.1

碇石（吉木豊）「少弐氏と宗氏」 少弐・宗体制懇話会 30 1998.2

盆行事の調査に関わって―地域の教材化をめぐって考えたこと（柳川毅，
原田雅秀，山口裕之）「部落解放史・ふくおか」 福岡県人権研究所
89 1998.3

明治20年代までの福岡県の製蝋業者（後藤正明）「県史だより : 福岡県
地域史研究所県史だより」 西日本文化協会 97 1998.5

特集 福岡県の郷土料理 福岡の食卓に見る晴れと褻「F97」 福岡県総務
部県民情報広報課 （20） 1999.1

福岡県・郷土の石造物（宮崎芳和）「日本の石仏」 日本石仏協会，青娥書
房（発売）通号90 1999.6

遺稿 二つの「屠児考」/顧照寺のこと/福岡県の近世部落史試論/対馬藩
の皮革生産について/被差別部落の起源について/主従の絆「部落解放
史・ふくおか」 福岡県人権研究所 93・94 1999.6

菅公の遺児（1）～（4） 「紅梅さま」の行方（高橋亮太）「ふるさとの自然
と歴史」 歴史と自然をまもる会 278/281 2000.1/2000.7

福岡県下に於ける初誕生儀礼（1），（2）（近藤直也）「近畿民俗 : 近畿民
俗学会会報 : Bulletin of the Folklore Society of Kinki」 近畿民俗
学会 156・157/158・159 2000.1/2000.3

提言 本堂で「部落差別」のお説教を（狩野俊헌）「部落解放史・ふくお
か」 福岡県人権研究所 97 2000.3

神社支配をめぐる座主と社家の抗争と社家の妻の家意識（横田武子）「福
岡県地域史研究」 西日本文化協会福岡県地域史研究所 18 2000.3

江戸時代の牛皮輸入（1）―皮田（かわた）の役割に関連して（阿南重幸）
「部落解放史・ふくおか」 福岡県人権研究所 99 2000.9

福岡県の相撲絵馬について（副島邦弘）「九州歴史資料館研究論集」 九州
歴史資料館 通号26 2001.3

福岡の力石（高島愼介）「博多研究会誌」 博多研究会 （9） 2001.9

ハンセン病と仏教（遠藤和夫）「部落解放史・ふくおか」 福岡県人権研究
所 106 2002.6

昔ばなし・世間話・伝説（上），（3）（青木晃）「ふるさとの自然と歴史」
歴史と自然をまもる会 292/299 2002.11/2004.7

少菜と釣餞張一「守舎日記」（横田武子）「県史だより : 福岡県地
域史研究所県史だより」 西日本文化協会 116 2003.3

ハンセン病と古代・中世の日本仏教（上）（遠藤和夫）「部落解放史・ふく
おか」 福岡県人権研究所 111 2003.9

正月の年中行事 古文書の学びから 朱雀家文書（秀村選三）「西日本文化」
西日本文化協会 398 2004.1

2月・3月の年中行事（秀村選三）「西日本文化」 西日本文化協会 399
2004.3

見学記 北九州地方・小倉城・豊前国分寺ほか，筑後地方・高良大社・梅
林寺ほか，城原・里遺跡（栗野良一）「白水郎」 坂ノ下地区郷土史愛好
会 （21） 2004.3

旧暦4月・5月の年中行事 古文書の学びから 桑野家文書・吉田家文書
（秀村選三）「西日本文化」 西日本文化協会 401 2004.5

旧暦10月の年中行事 古文書の学びから 桑野家文書（秀村選三）「西日本
文化」 西日本文化協会 405 2004.10

旧暦11月の年中行事 古文書の学びから 劉家文書（秀村選三）「西日本文
化」 西日本文化協会 406 2004.11

旧暦12月の年中行事 古文書の学びから 河北家文書（秀村選三）「西日本
文化」 西日本文化協会 407 2004.12

福岡県の農耕絵馬について（副島邦弘）「九州歴史資料館研究論集」 九州
歴史資料館 通号30 2005.3

序論・福岡「もてなし文化」の周縁（武野要子）「海路」 「海路」編集委
員会，海鳥社（発売）通号2 2005.9

お正月の寿料理 故姫野典山師の精進料理から「ふるさとの自然と歴史」
歴史と自然をまもる会 （307） 2005.11

河童のわび証文（坂本正行）「ふるさとの自然と歴史」 歴史と自然をまも

る会 （315） 2007.3

近世初頭かわた（長吏）集団のキリスト教受容《特集 第12回全国部落史
研究交流会報告》（阿南重幸）「リベラシオン : 人権研究ふくおか」
福岡県人権研究所 （125） 2007.3

真宗と被差別部落―研究史の整理《特集 第12回全国部落史研究交流会
報告》（山本尚友）「リベラシオン : 人権研究ふくおか」 福岡県人権
研究所 （125） 2007.3

10月と注連縄―福岡県北部の事例から（中西裕二）「市史研究ふくおか」
福岡市博物館市史編さん室 （2） 2007.3

祭のぼせ（森弘子）「ふるさとの自然と歴史」 歴史と自然をまもる会
（324） 2008.9

神功皇后とその他の伝説（青木晃）「ふるさとの自然と歴史」 歴史と自然
をまもる会 （325） 2008.11

魔除け（安陪光正）「ふるさとの自然と歴史」 歴史と自然をまもる会
（335） 2010.07

神功皇后説話の託宣（長洋一）「ふるさとの自然と歴史」 歴史と自然をま
もる会 （341） 2011.07

耳切り（安陪光正）「ふるさとの自然と歴史」 歴史と自然をまもる会
（341） 2011.07

神功皇后説話の中の「国は見えず」（長洋一）「ふるさとの自然と歴史」
歴史と自然をまもる会 （342） 2011.09

伝説「飢人地蔵」（高瀬美代子）「西日本文化」 西日本文化協会 （458）
2012.08

わが家のヒトツバタゴ（安陪光正）「ふるさとの自然と歴史」 歴史と自然
をまもる会 （350） 2013.01

旧建長寺末寺考（8）―福岡県（筑前・筑後・豊前国）編（鈴木佐）「鎌倉」
鎌倉文化研究会 （115） 2013.07

ムラの共同風呂―福岡県の場合（佐々木哲哉）「西日本文化」 西日本文化
協会 （464） 2013.8

植物と人・生きもの達（27） 南方系ホウライチク（蓬莱竹）、別名を沈
竹・土用竹の利用について（井上晋）「ふるさとの自然と歴史」 歴史と
自然をまもる会 （354） 2013.09

『正房日記』に見る正月料理（安陪光正）「ふるさとの自然と歴史」 歴史
と自然をまもる会 （355） 2013.11

植物と人・生きもの達（31） チャと茶の話いろいろ（井上晋）「ふるさと
の自然と歴史」 歴史と自然をまもる会 （358） 2014.05

ムクリコクリ（上），（下）（坂本正行）「ふるさとの自然と歴史」 歴史と自
然をまもる会 （358）/（359） 2014.05/2014.07

みやこの歴史発見伝（74） 福岡県指定文化財 木造僧形八幡神坐像 再録
版（木村達美）「みやこ町歴史民俗博物館だより」 みやこ町歴史民俗
博物館 （97） 2014.05

明治中期、生誕葬祭到来帳（安陪光正）「ふるさとの自然と歴史」 歴史と
自然をまもる会 （360） 2014.09

福岡市

《特集 福岡市西域の盆行事》「部落解放史・ふくおか」 福岡県人権研究
所 89 1998.3

福岡市寺社探訪（江上澄郎）「太宰府を語る会會誌」 太宰府を語る会
13 1998.4

福岡市指定文化財「住吉神社能楽殿」について（三木隆行）「西日本文化」
西日本文化協会 378 2002.1

福岡市の文化財（1） 力石について（三木隆行）「ふるさとの自然と歴史」
歴史と自然をまもる会 （310） 2006.5

第5回福岡市史講演会「そらおおごと！―福博藝能いろはにほへと―」
（特集 藝の力と福博）（福岡市史編集委員会民俗専門部会）「市史研究
ふくおか」 福岡市博物館市史編さん室 （5） 2010.02

座談 藝の力と福博（特集 藝の力と福博）（長谷川法世，安田宗生，関一
敏）「市史研究ふくおか」 福岡市博物館市史編さん室 （5） 2010.02

第49回福岡市民の祭り 博多どんたく港まつり「福岡城だより」 鴻臚
館・福岡城跡歴史・観光・市民の会 （25） 2010.04

福岡都心神社街道 福岡市中央区の神社巡り（歴史随想）（安藤政明）「福
岡地方史研究 : 福岡地方史研究会会報」 福岡地方史研究会，海鳥社
（発売）（48） 2010.08

ひとくちコラム 北進する神様「市史だよりFukuoka」 福岡市博物館市
史編さん室 （11） 2010.09

以西底曳き網漁業における漁業移住と漁業経営の戦後の変遷―長崎市・
福岡市へ移住した徳島県美波町出身の漁民（磯本宏紀）「徳島地域文化
研究」 徳島地域文化研究会 （12） 2014.3

福岡城

福岡城こぼれ話 福岡城にゆかりの三つの神社について（荻野忠行）「お城
だより」 鴻臚館・福岡城跡歴史・観光・市民の会 （9） 2006.4

福岡藩

福岡藩の真宗と教如（鷺山智英）「福岡地方史研究 : 福岡地方史研究会
会報」 福岡地方史研究会，海鳥社（発売）37 1999.5

福岡県　　　　　　　　　　　　　　郷土に伝わる民俗と信仰　　　　　　　　　　　　　　九州・沖縄

福岡藩における廃仏毀釈（鷺山智英）「福岡地方史研究 : 福岡地方史研究会会報」 福岡地方史研究会, 海鳥社（発売）（40）2002.7

立花峰均―福岡藩における二天一流と茶道南坊流（《特集 福岡藩の古武道と武蔵》）（松岡博和）「福岡地方史研究 : 福岡地方史研究会会報」 福岡地方史研究会, 海鳥社（発売）（41）2003.7

福岡藩と真宗僧侶の武芸稽古（鷺山智英）「福岡地方史研究 : 福岡地方史研究会会報」 福岡地方史研究会, 海鳥社（発売）（41）2003.7

朝鮮菓子「くわすり」の製法を記した福岡藩士高畠氏（橋爪伸子）「県史だより : 福岡県地域史研究所県史だより」 西日本文化協会 117 2003.9

福岡福岡藩における衣服統制と身分（報告6）（竹森健二郎）「もやい : 長崎人権・学」 長崎人権研究所 50 2005.10

福岡藩領内におけるキリシタンの動向と考古資料（特集 九州とキリシタン―日本布教の背景とキリシタンの動向）（井澤洋一）「海路」 「海路」編集委員会, 海鳥社（発売）通号9 2010.03

南坊流の成り立ちと現在の活動―立花実山に始まる福岡藩の茶の湯（特集 九州の茶と茶道）（松岡博和）「西日本文化」 西日本文化協会（450）2011.04

長崎街道黒崎宿の春日神社と福岡藩黒田家 黒田長政の神格化と福岡藩主の参詣（特集 長崎街道400年―峠・街道・宿場町3）（守友隆）「福岡地方史研究 : 福岡地方史研究会会報」 福岡地方史研究会, 海鳥社（発売）（50）2012.09

福岡荒戸山東照宮についての一考察 福岡藩における東照大権現（徳川家康）信仰（特集 黒田家と福岡・博多）（守友隆）「福岡地方史研究 : 福岡地方史研究会会報」 福岡地方史研究会, 海鳥社（発売）（51）2013.09

桜井神社に残る 福岡藩主黒田家ゆかりの奉納品（地域特集 糸島半島）（河合修）「西日本文化」 西日本文化協会（471）2014.10

福厳寺

寺社を訪ねる（3）黄檗宗 梅岳山福厳寺（柳川市）（眞武龍二郎）「西日本文化」 西日本文化協会（469）2014.06

福島

八女福島の燈籠人形（高瀬美代子）「西日本文化」 西日本文化協会 412 2005.7

福聚寺

広寿山福聚寺と小笠原家廟所「北九州市の文化財を守る会会報」 北九州市の文化財を守る会（135）2012.02

福足神社

岡垣の景石神社と宗像の福足神社（資料）（戸次拓治）「木綿間 : 岡垣歴史文化研究会年報」 岡垣歴史文化研究会（23）2004.3

福富

白石平野の福富レンコン（坂本正行）「ふるさとの自然と歴史」 歴史と自然をまもる会（350）2013.1

福間

福岡の昔ばなし（90）,（91）福間の又ぜえ話（上）,（下）（青木晃）「ふるさとの自然と歴史」 歴史と自然をまもる会（309）/（310）2006.3/2006.5

藤田村

コーヒータイム 藤田村の鎮守様―荒木町藤田の玉垂宮「収蔵館news」 久留米市（4）2008.3

伏見神社

コラム 神佛と鯰 伏見神社（半田隆夫）「季刊邪馬台国」 「季刊邪馬台国」編纂委員会, 梓書院（発売）（97）2008.1

豊前

ティータイムの歴史学（36）豊前修験道圏の松会（佐々木哲哉）「豊津町歴史民俗資料館資料館だより」 豊津町歴史民俗資料館 55 1999.3

豊前国分寺

みやこの歴史発見伝（51）古文書が語る村の生活と文化（6）豊前国分寺の鐘（川本英紀）「みやこ町歴史民俗博物館だより」 みやこ町歴史民俗博物館（50）2012.01

みやこの歴史発見伝（55）再編集版 豊前国分寺蔵 胎蔵界曼荼羅図（川本英紀）「みやこ町歴史民俗博物館だより」 みやこ町歴史民俗博物館（73）2012.05

豊前市

福岡のむかしばなし（59）日本三十六次（豊前市と筑後市）（高良竹美）「ふるさとの自然と歴史」 歴史と自然をまもる会 272 1999.1

豊前国三十三ヶ所観音

豊前国三十三ヶ所観音探訪記（1）,（2）（高島悟）「郷土誌しいだ」 椎田町文化財研究協議会（7）/（8）1999.5/2000.5

豊前国神祇官庁

豊前国神祇官庁の考察（鏑宅神社とその周辺）（高田増光）「郷土誌しいだ」 椎田町文化財研究協議会（14）2006.5

武蔵寺

福岡の昔ばなし（88）虎丸長者と武蔵寺（青木晃）「ふるさとの自然と歴史」 歴史と自然をまもる会（307）2005.11

二神神社

香椎宮末神社の二神神社と三嶋神社（長洋一）「ふるさとの自然と歴史」 歴史と自然をまもる会 276 1999.9

仏心寺

河野静雲と仏心寺（栗宏）「太宰府を語る会會誌」 太宰府を語る会 13 1998.4

船小屋鉱泉

霊泉郷船小屋鉱泉の歴史と伝統（長瀬尊）「筑後郷土史研究会誌」 筑後郷土史研究会（37）2001.5

平和の塔

ノーモアヒロシマナガサキ「平和の塔」建立の記（炉辺閑話）（丸山善太郎）「三郷文化」 三郷郷土研究会（113）2010.08

弁城

筑豊の祇園祭り二題―山田市上山田・方城町弁城（香月靖晴）「嘉飯山郷土研究会会誌」 嘉飯山郷土研究会 19 2005.11

豊国

豊国の社―式内社と国史現在社（須磨和啓）「式内社のしおり」 式内社顕彰会 64 2001.8

宝珠山村

宝珠山村散歩で思い出すこと（樋口広志）「郷土誌さいがわ」 犀川町郷土史研究会（16）1998.3

宝満

玉依姫の霊窟―羽黒と宝満と（森弘子）「山岳修験」 日本山岳修験学会, 岩田書院（発売）（35）2005.3

宝満宮竈門神社

神社改築―宝満宮 竈門神社の改築工事と関連の神事について（会員の研究発表）（佐々木敏夫）「故郷の花」 小郡市郷土史研究会（38）2013.03

宝満山

宝満山玉依姫考（森弘子）「日本宗教文化史研究」 日本宗教文化史学会 8（1）通号15 2004.5

宝満山の自然（《特集 宝満山》）（冷川昌彦）「都府楼」 古都大宰府保存協会（39）2007.12

宝満山と生きる "やまのぬし" 谷川貞雄さん（《特集 宝満山》）（宍戸鶴）「都府楼」 古都大宰府保存協会（39）2007.12

森弘子「宝満山の環境歴史学的研究」（書評と紹介）（長野覚）「山岳修験」 日本山岳修験学会, 岩田書院（発売）（45）2010.03

神々の風景（21）,（22）霊峰宝満山（1）,（2）「飛梅」 太宰府天満宮社務所（163）/（164）2012.06/2012.09

宝満山と聖護院そして彦山―本末論争の前提と結末（特集 地方霊山と本山派修験道）（森弘子）「山岳修験」 日本山岳修験学会, 岩田書院（発売）（50）2012.09

「十六詣り」の復活（飯田祐輔）「飛梅」 太宰府天満宮社務所（171）2014.06

〈海彼〉を望む女神たち―日韓の山岳宗教と女神信仰（太宰府・宝満山特集）（須永敬）「山岳修験」 日本山岳修験学会, 岩田書院（発売）（54）2014.09

太宰府・宝満山大会 参加記（太宰府・宝満山特集―第34回日本山岳修験学会）（森田伸雅）「山岳修験」 日本山岳修験学会, 岩田書院（発売）（54）2014.09

太宰府・宝満山大会 巡見参加記（太宰府・宝満山特集―第34回日本山岳修験学会）（城川隆生）「山岳修験」 日本山岳修験学会, 岩田書院（発売）（54）2014.09

太宰府・宝満山大会を終えて（太宰府・宝満山特集―第34回日本山岳修験学会）（吉田扶希子）「山岳修験」 日本山岳修験学会, 岩田書院（発売）（54）2014.09

宝満寺

福岡県・宝満寺の廃仏毀釈犠牲の石仏（浜隆昭）「日本の石仏」 日本石仏協会, 青娥書房（発売）通号90 1999.6

宝満寺 国指定史跡となる「飛梅」 太宰府天満宮社務所（169）2014.01

法輪寺

山鹿法輪寺 鎌倉時代の経筒と武家の世の悲曲（田中八郎）「崗」 芦屋町郷土史研究会 29 2003.1

法輪寺の菩提樹（加藤一夫）「崗」 芦屋町郷土史研究会 （39） 2013.02

北豊

古代～中世の北豊地域における一山修行路の復元（案）―豊前国仲津郡蔵持山における回峯・峯入路の踏査成果の紹介（木村達美）「山岳修験」 日本山岳修験学会，岩田書院（発売）（35） 2005.3

星野

星野民藝―木工技術の世界「季報」 太宰府天満宮宝物殿 （71） 2001.8

菩提廃寺

ティータイムの歴史学（51）大宰府から豊前国府へ―古代の遺跡（3）菩提廃寺（石松好雄）「豊津町歴史民俗資料館資料館だより」 豊津町歴史民俗資料館 70 2000.6

帆柱

帆柱にみる大災害（聞きとり）（神崎昭吾）「郷土誌さいがわ」 犀川町郷土史研究会 （17） 1999.3

帆柱にみる大洪水（酒盛栄一）「郷土誌さいがわ」 犀川町郷土史研究会 （17） 1999.3

《帆柱特集》「郷土誌さいがわ」 犀川町郷土史研究会 （19） 2001.3

犀川町帆柱地区（区保存）文書調査報告（一川淳江）「郷土誌さいがわ」 犀川町郷土史研究会 （19） 2001.3

帆柱における木地師について（3）（荒巻時雄）「郷土誌さいがわ」 犀川町郷土史研究会 （19） 2001.3

帆柱における木地師について（5）―小椋の父さんどこへいた（荒巻時雄）「郷土誌さいがわ」 犀川町郷土史研究会 （22） 2004.4

松野

太伯伝説を考える「松野連倭王系図」の謎（田中隆之）「季刊邪馬台国」「季刊邪馬台国」編纂委員会，梓書院（発売） （87） 2005.4

丸山

「下境村丸山円通堂縁起」にみる丸山観音寺の由来（牛嶋英俊）「郷土直方： 直方郷土研究会・会報」 直方郷土研究会 （38） 2013.04

万行寺

福岡のむかしばなし（64）萬行寺の口蓮華（高良竹美）「ふるさとの自然と歴史」 歴史と自然をまもる会 278 2000.1

万葉の里

いしぶみ訪問（70）万葉の里・文楽紋下生誕地（那須博）「ふるさとの自然と歴史」 歴史と自然をまもる会 278 2000.1

三池

三池そぞろ歩き（執行重吉）「三池史談」 （26） 2001.9

三池の水かぶり（今里紀生）「三池史談」 （27） 2003.3

屋須多神の研究（論考）（永井暢一）「三池史談」 （30） 2013.07

御笠郡

御笠郡内の庚申塔―太宰府市域を中心として（眞野修）「都府楼」 古都大宰府保存協会 （35） 2003.12

三嶋神社

香椎宮末社の二神神社と三嶋神社（長洋一）「ふるさとの自然と歴史」 歴史と自然をまもる会 276 1999.9

水瓶山

原八坊と水瓶山雨乞祈禱（森弘子）「宗教文化」 宗教文化懇話会 （72） 1998.7

水城院

蒙古軍供養塔除幕式問題の再検討―拙稿「高鍋日統と大陸山水城院」の補遺として（藤岡健太郎）「年報太宰府学」 太宰府市 （3） 2009.03

水田

神社に残された水田焼・赤坂焼土人形―福岡県筑後市の事例より（角南聡一郎）「民具マンスリー」 神奈川大学 40（9）通号477 2007.12

水田天満宮

老松神社と水田天満宮（近本光夫）「筑後郷土史研究会誌」 筑後郷土史研究会 （33） 1999.5

水原

二つの資料紹介 水原若宮八幡宮灯篭/大利家文書51（国友千昭）「郷土直方： 直方郷土研究会・会報」 直方郷土研究会 （33） 2007.6

若宮八幡宮の放生会―宮若市水原（旧若宮町）（香月靖晴）「嘉飯山郷土研究会会誌」 嘉飯山郷土研究会 （21） 2007.11

御勢大霊石神社

殯宮伝説（御勢大霊石神社縁起）（会員の広場）（田熊正芳，秋吉ヤス子）「故郷の花」 小郡市郷土史研究会 （36） 2011.03

御勢大霊石神社と井上組（会員の広場）（黒岩貞治）「故郷の花」 小郡市

郷土史研究会 （37） 2012.03

御手洗

歴史・街道文化探訪 風待ち・潮待ち・遊女の町 御手洗（間賀田晴行）「季刊南九州文化」 南九州文化研究会 （117） 2013.5

三奈木

近世筑前三大飢饉（上），（中），（下）―筑前三奈木の祭礼帳から（安陪光正）「西日本文化」 西日本文化協会 416/通号418 2005.12/2006.2

太平洋戦争―筑前三奈木の祭礼帳から（《終戦特集 つたえる、ということ》）（安陪光正）「西日本文化」 西日本文化協会 通号422 2006.6

祈りと感謝―筑前三奈木の祭礼帳から（安陪光正）「西日本文化」 西日本文化協会 通号423 2006.10

筑前三奈木の『正房日記』から 在郷武士の食生活（1） 食材（安陪光正）「西日本文化」 西日本文化協会 通号427 2007.6

筑前三奈木の祭礼帳から 日中戦争（《特集 戦争を貫く40年―満州事変から敗戦・復興の歩み》）（安陪光正）「西日本文化」 西日本文化協会 通号428 2007.8

筑前三奈木の鯨肉・鯨油記事（安陪光正）「ふるさとの自然と歴史」 歴史と自然をまもる会（333）2010.3

櫨畑（朝倉市三奈木）三所大神御祭祀から ムラの祭り 料理献立（2）（安陪光正）「西日本文化」 西日本文化協会 （457） 2012.06

筑前三奈木の御祭礼帳から ムラの祭り 料理献立（3）（安陪光正）「西日本文化」 西日本文化協会 （458） 2012.08

耳納山

筑紫平野からの古代史検証（42）耳納山麓に埋もれた寺の記憶（田中正日子）「ふるさとの自然と歴史」 歴史と自然をまもる会 295 2003.10

耳塚

「馘塚」（耳塚）と「鼻證文」（丸山雍成）「県史だより： 福岡県地域史研究所県史だより」 西日本文化協会 109 2000.5

宮尾

香春の民俗 紫竹原・宮尾編（香春町史編纂委員会）「かわら ： 郷土史誌」 香春町教育委員会 （67） 2008.7

京都

昔のスイーツ探し旅（19）行橋・京都地方の飴（牛嶋英俊）「西日本文化」 西日本文化協会 （456） 2012.04

みやこ町

みやこの歴史発見伝（75）失われた梵鐘の記録 再録版（川本英紀）「みやこ町歴史民俗博物館だより」 みやこ町歴史民俗博物館 （98） 2014.06

宮地岳神社

福岡県・宮地嶽神社・太宰府周辺の文化財歴史探訪（志村仁也）「大佐井」 大分市大在地区文化財同好会 18 2001.3

いしぶみ訪問（114）福岡県福津市 宮地嶽神社（那須博）「ふるさとの自然と歴史」 歴史と自然をまもる会 （322） 2008.5

九州古代紀行（11）地下の正倉院宮地嶽神社を往く（加藤哲也）「季刊邪馬台国」 「季刊邪馬台国」編纂委員会，梓書院（発売）（108） 2011.01

表紙 宮地嶽神社本殿前で奉納される筑紫舞「九州倭国通信」 九州古代史の会 （164） 2013.01

明光寺

福岡のむかしばなし（63）明光寺の天狗の爪（高良竹美）「ふるさとの自然と歴史」 歴史と自然をまもる会 277 1999.11

明星寺

明星寺のボダイジュ（下）（祝原道衛）「ふるさとの自然と歴史」 歴史と自然をまもる会 260 1997.1

安産祈願の祭り―飯塚市明星寺（香月靖晴）「まつり通信」 まつり同好会 39（5）通号459 1999.4

安食の魂生大明神（石川博司）「まつり通信」 まつり同好会 42（12）通号502 2002.11

明専寺

木村かよ子のスケッチブック（8）真宗大谷派・明専寺さん（木村かよ子）「リベラシオン ： 人権研究ふくおか」 福岡県人権研究所 （143） 2011.09

妙湛寺

大内盛見「妙湛寺行き」伝説（吉岡正）「大内文化探訪 ： 会誌」 大内文化探訪会 （21） 2003.4

妙楽禅寺

いしぶみ訪問（132）博多・石城山妙楽禅寺（那須博）「ふるさとの自然と歴史」 歴史と自然をまもる会 （340） 2011.05

福岡県　　　　　　　　　　　　郷土に伝わる民俗と信仰　　　　　　　　　　　　九州・沖縄

向田

向田をめぐる解放運動と民俗 (2)―民俗編 (香月靖晴)「部落解放史・ふくおか」福岡県人権研究所　106　2002.6

宗像

古代の出雲と宗像 (瀧音能之)「古代文化研究」島根県古代文化センター　通号6　1998.3

筑紫平野からの古代史検証 (57)「神郡」宗像の郡司と神主 (田中正日子)「ふるさとの自然と歴史」歴史と自然をまもる会　(315) 2007.3

宗像と出雲の神 (恵内慧瑞子)「九州古代史の会NEWS」九州古代史の会　(150) 2010.03

宗像記を読む (石丸勇)「木綿間 ： 岡垣歴史文化研究会年報」岡垣歴史文化研究会　(28) 2010.04

宗像三女神と百済の王権 (恵内慧瑞子)「九州古代史の会NEWS」九州古代史の会　(152) 2010.07

沖ノ島祭祀前夜―田熊石畑遺跡からみた弥生時代の宗像 (白木英敏)「季刊邪馬台国」「季刊邪馬台国」編纂委員会, 梓書院 (発売) (113) 2012.04

海の民 宗像 (1)～(8) 最終回―玄界灘の守り神 (太神美香)「季刊邪馬台国」「季刊邪馬台国」編纂委員会, 梓書院 (発売) (114)／(121) 2012.07/2014.04

昔のスイーツ探し旅 (21) 宗像の菓子職人絵馬 (牛嶋英俊)「西日本文化」西日本文化協会　(458) 2012.08

「宗像・沖ノ島関連遺跡群」世界遺産への取り組み (岡寺未幾)「崗」芦屋町郷土史研究会　(39) 2013.02

アーカイブコーナー (4) 宗像三女神と百済の王権 (恵内慧瑞子)「九州倭国通信」九州古代史の会　(167) 2013.07

祭祀遺跡からみた宗像信仰 (特集 宗像信仰―論文) (小田富士雄)「季刊悠久.第2次」鶴岡八幡宮悠久事務局　(136) 2014.07

律令時代の宗像信仰 (特集 宗像信仰―論文) (亀井輝一郎)「季刊悠久.第2次」鶴岡八幡宮悠久事務局　(136) 2014.07

レポート 宗像海人族の足跡をたどって (特集 宗像信仰) (楠本正)「季刊悠久.第2次」鶴岡八幡宮悠久事務局　(136) 2014.07

宗像・沖ノ島と関連遺産群

「宗像・沖ノ島と関連遺産群」世界遺産への取り組み (岡寺未幾)「ふるさとの自然と歴史」歴史と自然をまもる会　(344) 2012.1

宗像郡

旧暦7月の年中行事 古文書の学びから 宗像郡・吉田家文書 (秀村選三)「西日本文化」西日本文化協会　403　2004.7

旧暦8月の年中行事 古文書の学びから 吉田家文書 (秀村選三)「西日本文化」西日本文化協会　404　2004.8

宗像市

「北斗の水くみ」研究 (平井正則)「むなかた電子博物館紀要」宗像市　(1) 2009.04

宗像社

鎌倉中期における筑前国宗像社の再編と宗像氏業 (中村翼)「九州史学」九州史学研究会　(165) 2013.07

中世宗像社の信仰と祭祀 (特集 宗像信仰―論文) (河窪奈津子)「季刊悠久.第2次」鶴岡八幡宮悠久事務局　(136) 2014.07

宗像神社

宗像神社・私考 (中村嗣郎)「伯耆文化研究」伯耆文化研究会　(3) 2001.11

海の正倉院 沖ノ島と宗像神社 (細川泰幸)「文化財協会報」善通寺市文化財保護委員会　(24) 2005.3

文献にみる宗像三女神降臨伝承について (平松秋子)「むなかた電子博物館紀要」宗像市　(2) 2010.04

中世の宗像神社と鎮国寺 (花田勝広)「むなかた電子博物館紀要」宗像市　(4) 2012.04

宗像大社

市杵島姫命と大辨財天考 (1), (2) (吉永健市)「烏ん枕」伊万里市郷土研究会　58/59　1997.3/1997.11

沖ノ島の出土遺物を一堂に 玄海町・宗像大社神宝館「歴史九州」九州歴史大学講座事務局　7(11) 通号82　1997.8

宗像大社と沖の島海北道の目標 (松本肇)「崗」芦屋町郷土史研究会　25　1999.2

宗像大社と大島探訪 (山田翥)「故郷の花」小郡市郷土史研究会　24　1999.5

宗像大社古式祭について (楠本正)「宗教文化」宗教文化懇話会　(74) 1999.7

三女神考 九尾狐=金毛九尾の狐=「玉藻の前」伝承 (清輔道生)「豊日史学 ： 復刊宇佐文化」豊日史学会　64(1・2・3) 通号224・225・226　2000.3

続・三女神考 (清輔道生)「豊日史学 ： 復刊宇佐文化」豊日史学会　65(1・2・3) 通号227・228・229　2001.3

古代日本と大陸を結ぶ宗像大社と宗像族 (山田幸雄)「古代朝鮮文化を考える」古代朝鮮文化を考える会　(18) 2003.12

資料紹介 宗像大社―切経奥書にみえる瀬戸内海の地名 (岡野浩二)「芸備地方史研究」芸備地方史研究会　(263) 2008.10

九州古代紀行 (10) 玄界灘の守護神宗像大社を往く (加藤哲也)「季刊邪馬台国」「季刊邪馬台国」編纂委員会, 梓書院 (発売) (107) 2010.10

宗像大社の年中祭祀 (特集 宗像信仰―論文) (森弘子)「季刊悠久.第2次」鶴岡八幡宮悠久事務局　(136) 2014.07

紫川

紫川神事復活の事始め (辰巳和正)「すみだ川 ： 隅田川市民交流実行委員会会報」隅田川市民交流実行委員会　25　1999.9

室見橋

いしぶみ訪問 (113) 室見橋両岸 (那須博)「ふるさとの自然と歴史」歴史と自然をまもる会　(321) 2008.3

姪浜

卓話抄 姪浜のキリシタン (早船正夫)「福岡地方史研究 ： 福岡地方史研究会会報」福岡地方史研究会, 海鳥社 (発売) (41) 2003.7

和布刈神社

神功皇后ゆかりの神社を訪ねて (2) 和布刈神社 (編集部)「季刊邪馬台国」「季刊邪馬台国」編纂委員会, 梓書院 (発売) (99) 2008.7

紅葉八幡宮

八幡宮紹介 紅葉八幡宮 (福岡県福岡市)「季刊悠久.第2次」鶴岡八幡宮悠久事務局　88　2002.1

九州古代紀行 (14) 黒田藩総鎮守紅葉八幡宮を往く (加藤哲也)「季刊邪馬台国」「季刊邪馬台国」編纂委員会, 梓書院 (発売) (111) 2011.10

安武

いしぶみ訪問 (62) 安武氏奉祭の神社 (那須博)「ふるさとの自然と歴史」歴史と自然をまもる会　270　1998.9

八剣神社

八剣神社と鞍手の神々 (上川さんの手紙) (恵内慧瑞子)「九州古代史の会NEWS」九州古代史の会　(151) 2010.05

柳川

柳川のさげもん (川花織)「日本はきもの博物館・日本郷土玩具博物館年報」遺芳文化財団　2000年度　2001.3

柳川清田氏とその石塔群について (佐藤和四郎)「三池史談」(28) 2004.5

有明海の民俗 柳川地方における「船霊信仰」(大津治人)「九州民俗学 ： bulletin of Kyushu Folklore Society」九州民俗学会　(3) 2005.12

昔のスイーツ探し旅 柳川編 (14) 二つの越山餅 (牛嶋英俊)「西日本文化」西日本文化協会　(451) 2011.06

昔のスイーツ探し旅 柳川編 (15) 越山餅のルーツをさぐる (牛嶋英俊)「西日本文化」西日本文化協会　(452) 2011.08

昔のスイーツ探し旅 柳川編 (16) 大松下の飴 (牛嶋英俊)「西日本文化」西日本文化協会　(453) 2011.10

昔のスイーツ探し旅 (23) 柳川の米煎餅 (牛嶋英俊)「西日本文化」西日本文化協会　(462) 2013.04

お寺について「有名寺院」の由来と見どころは？(武末十治男)「瓦版 ： 柳川郷土研究会会誌「水郷」付録」柳川郷土研究会　(43) 2013.11

筑後柳川「沖の端」の寺社巡り (横山正司)「瓦版 ： 柳川郷土研究会会誌「水郷」付録」柳川郷土研究会　(44) 2014.03

筑後柳川「沖の端」の寺社巡り パートⅡ (横山正司)「瓦版 ： 柳川郷土研究会会誌「水郷」付録」柳川郷土研究会　(45) 2014.06

柳川まりとさげもん (緒方文香)「瓦版 ： 柳川郷土研究会会誌「水郷」付録」柳川郷土研究会　(45) 2014.06

筑後柳川「沖の端」の寺社巡り パートⅢ (横山正司)「瓦版 ： 柳川郷土研究会会誌「水郷」付録」柳川郷土研究会　(46) 2014.10

柳川城黒門前

筑後地方に残る新田氏の落人伝説―「黒門前の戦い」における新田兄弟の悲劇の対決 (酒井正雄)「故郷の花」小郡市郷土史研究会　28　2003.5

柳河藩

柳河藩剣術異聞 幕末に忽然と消えた神影匹田分五郎流 (藤吉斉)「三池史談」(25) 2000.5

柳島

観音の夜祭りに飴を売る話 八女市柳島の飴がた祭りとその背景 (牛嶋英俊)「西日本文化」西日本文化協会　(460) 2012.12

八幡

明治三十四年 八幡繁昌記 (秦清)「北九州市の文化財を守る会会報」北

九州・沖縄　　　　　　　　　郷土に伝わる民俗と信仰　　　　　　　　　　福岡県

九州の文化財を守る会　116　2005.10

ふるさと版画 奉献讃歌（高崎俊夫）「郷土八幡」 八幡郷土史会　（4）
2014.02

八幡製鉄所

物語る「職工」たち―八幡製鉄所とお小夜狭吾七の祟りをめぐって（金子毅）「京都民俗 ： 京都民俗学会会誌」 京都民俗学会　通号18
2000.12

矢部川流域

矢部川流域の食（今古賀宰）「筑後郷土史研究会誌」 筑後郷土史研究会
（33）1999.5

山家宿

読み解き・山家宿エビス石神の銘（特集 山家宿400年記念―峠・街道・宿場町2）（近藤典二）「福岡地方史研究 ： 福岡地方史研究会会報」 福岡地方史研究会．海鳥社（発売）（49）2011.09

山鹿魚町

川底に消えた町 山鹿魚町の神々は今何処に？（佐野遼平）「崗」 芦屋町郷土史研究会　（38）2012.01

山鹿村

みやこの歴史発見伝（59）古文書が語る村の生活と文化（10）村の家伝薬―山鹿村恵助の「神教丸」（川本英紀）「みやこ町歴史民俗博物館だより」 みやこ町歴史民俗博物館　（77）2012.9

山北

浮羽郡山北における神和（宮座）構成員の動向―明治26年・大正2年の水騒動を事例として（山口信枝）「県史だより ： 福岡県地域史研究所県史だより」 西日本文化協会　114　2001.3

山北村

登録文化財になった筑後山北村楠森名 河北家の正月行事（秀村選三）「西日本文化」 西日本文化協会　408　2005.1

山田

宗像の山田騒動と金久曽に類する言い伝えのいろいろ（刀根博愛）「木綿間 ： 岡垣歴史文化研究会年報」 岡垣歴史文化研究会　（23）2004.3

山田地蔵尊

いしぶみ訪問（84）宗像市・山田地蔵尊（那須博）「ふるさとの自然と歴史」 歴史と自然をまもる会　292　2012.11

貝原益軒と宗像山田地蔵尊（松尾由美子）「海路」 「海路」編集委員会．海鳥社（発売）通号5　2007.11

山野

山野ン楽（香月靖晴）「まつり通信」 まつり同好会　50（2）通号546
2010.02

八女

美しの八女―特集に寄せて（《地域特集 八女》）（佐々木哲哉）「西日本文化」 西日本文化協会　通号421　2006.6

八女の自然と文化（《地域特集 八女》）（山下功）「西日本文化」 西日本文化協会　通号421　2006.6

福岡の八女茶（《地域特集 八女》）（松延久良）「西日本文化」 西日本文化協会　通号421　2006.6

八女茶あれこれ（《地域特集 八女》）（許斐健一）「西日本文化」 西日本文化協会　通号421　2006.6

八女、匠の道―手工業の達人たち（《地域特集 八女》）（松田久彦）「西日本文化」 西日本文化協会　通号421　2006.6

八女提灯絵変転（《地域特集 八女》）（樋口万亀）「西日本文化」 西日本文化協会　通号421　2006.6

八女和ごま（《地域特集 八女》）（隈本知伸）「西日本文化」 西日本文化協会　通号421　2006.6

八女手漉き和紙（《地域特集 八女》）（松尾茂幸）「西日本文化」 西日本文化協会　通号421　2006.6

八女のまつり（《地域特集 八女》）（中川尋賀子）「西日本文化」 西日本文化協会　通号421　2006.6

八女地方の恵比須（《地域特集 八女》）（坂田健一）「西日本文化」 西日本文化協会　通号421　2006.6

八女茶（坂本正行）「ふるさとの自然と歴史」 歴史と自然をまもる会
（314）2007.1

八女茶（坂本正行）「ふるさとの自然と歴史」 歴史と自然をまもる会
（335）2010.7

八女郡

思い出に残る伝承者（9）―福岡県八女郡の竹箆職人（車葉子）「昔風と当世風」 古々路の会　75　1998.5

八女市

昔のスイーツ探し旅（22）八女市の黒棒（牛嶋英俊）「西日本文化」 西日

本文化協会　（461）2013.02

八女福島の燈篭人形

八女福島の燈籠人形（高瀬美代子）「西日本文化」 西日本文化協会　412
2005.7

行橋

ふるさと「行橋」の思い出［1］,（2）（古賀武夫）「西日本文化」 西日本文化協会　338/359　1998.1/2000.3

近代における豊前行橋の商人（迎由理男）「県史だより ： 福岡県地域史研究所県史だより」 西日本文化協会　119　2004.9

昔のスイーツ探し旅（19）行橋・京都地方の飴（牛嶋英俊）「西日本文化」 西日本文化協会　（456）2012.04

吉塚地蔵尊

『吉塚地蔵尊』雑考（佐藤逸雄）「郷土八幡」 八幡郷土史会　（4）2014.02

吉富町

芸の淵源、神話の昔に―福岡・吉富町の傀儡子舞と神相撲（宮内澄夫）「西日本文化」 西日本文化協会　348　1999.1

来木丘陵

来木丘陵の調査結果（小川泰樹）「都府楼」 古都大宰府保存協会　23
1997.3

雷山

雷山と『八幡宇佐宮御託宣集』「異国降伏事」と（吉田扶希子）「山岳修験」 日本山岳修験学会．岩田書院（発売）（33）2004.3

陵厳寺

幕末、庄屋の正月料理―宗像・陵厳寺の吉田家「日記帳」から（平嶋浩二）「西日本文化」 西日本文化協会　358　2000.1

隣船寺

宗像市神湊 隣船寺 木造聖観音菩薩立像（調査報告）「福岡市博物館研究紀要」 福岡市博物館　（23）2014.03

霊験寺

残されていた「霊験寺文書」（宮本治人）「歴史玉名」 玉名歴史研究会
50　2003.3

鈴熊寺

鈴熊寺（太田榮）「西日本文化」 西日本文化協会　409　2005.3

若松

昔のスイーツ探し旅（20）若松の桜羊羹（牛嶋英俊）「西日本文化」 西日本文化協会　（457）2012.06

若松恵比須神社

若松 恵比寿神社の方位石（坂本正行）「ふるさとの自然と歴史」 歴史と自然をまもる会　（311）2006.7

脇山

福岡市脇山・飯場の神楽面―紹介と特色（後藤淑）「椎葉民俗芸能博物館研究紀要」 椎葉民俗芸能博物館　（1）2000.3

鰐八集落

文化創出に新しい息吹―福岡・旭座人形芝居（大島真一郎）「西日本文化」 西日本文化協会　348　1999.1

993

佐賀県

相浦谷
相浦谷の戦国時代を物語る仏像・神像（沢正明）「松浦党研究」 松浦党研究連合会，芸文堂（発売） 20 1997.6

青幡神社
青幡神社の石祠（丸田利實）「郷土史誌末盧國」 松浦史談会，芸文堂（発売）（198） 2014.06

旭
旭地区の昔語り―水害記録・幸津の民俗など（《特集 とす・きやまの昔語り（2）》）（篠原真［他］）「栖 ： 鳥栖と周辺の自然と歴史をさぐる郷土誌」 鳥栖郷土研究会 39 2001.11

芦刈町
芦刈町内における「一字一石塔」（岡本澄雄）「小城の歴史」 小城郷土史研究会 （56） 2007.9

芦刈町の千葉の殿さま（東統禅）「小城の歴史」 小城郷土史研究会 （64） 2011.11

荒穂神社
荒穂神社の祭礼（《特集 鳥栖と周辺の祭り・行事（下）》）（松隈嵩）「栖 ： 鳥栖と周辺の自然と歴史をさぐる郷土誌」 鳥栖郷土研究会 （45） 2005.7

有明海
参考 有明海と徐福伝説（特集 クロスロードの自然・歴史旅―新幹線新鳥栖駅から訪ねる観光情報集成）「栖 ： 鳥栖と周辺の自然と歴史をさぐる郷土誌」 鳥栖郷土研究会 （50） 2011.03

有田
九州のやきもの 有田の "古九谷"（村上伸之）「海路」 「海路」編集委員会，海鳥社（発売） 通号7 2009.1

九州のやきもの 太平洋を渡った有田焼（野上建紀）「海路」 「海路」編集委員会，海鳥社（発売） 通号7 2009.1

有田皿山
有田皿山びとの天満天神信仰（八尋聖剛）「西日本文化」 西日本文化協会 （472） 2014.12

有田町
古老に昔話を聞く会（永井都）「季刊皿山 ： 有田町歴史民俗資料館館報」 有田町歴史民俗資料館 （101） 2014.03

飯盛神社
表紙 飯盛神社（山代町久原）（中元康裕）「烏ん枕」 伊万里市郷土研究会 （89） 2012.11

伊岐佐
松浦圏で唄い継がれた「釜ふたかむせ」（2） 伊岐佐・故佐伯基次氏のノートより採録（内田清）「郷土史誌末盧國」 松浦史談会，芸文堂（発売）（179） 2009.09

石室
石室亥の子祭りと猪の子綱引き（熊本典宏）「郷土史誌末盧國」 松浦史談会，芸文堂（発売）（197） 2014.03

井手野
南波多井手野白山神社の由来（松尾香）「烏ん枕」 伊万里市郷土研究会 （73） 2004.11

今泉
鳥栖地区の昔語り―今泉・轟木の昔語りなど（《特集 とす・きやまの昔語り（2）》）（篠原真［他］）「栖 ： 鳥栖と周辺の自然と歴史をさぐる郷土誌」 鳥栖郷土研究会 39 2001.11

今町
連載 今町天満神社の由来（長忠生［文・写真］）「栖 ： 鳥栖と周辺の自然と歴史をさぐる郷土誌」 鳥栖郷土研究会 （52） 2013.10

伊万里
幻の旧街道―26聖人殉教の旅と伊万里・桃の川往還（馬場政秋）「烏ん枕」 伊万里市郷土研究会 62 1999.3

土器の発生と陶磁器の発達―日本の焼物づくりを二分する伊万里と瀬戸（近藤宗光）「きりん」 荒木集成館友の会 5 2001.5

特別展「鍋島と伊万里の世界―その美と意匠の裏に隠された歴史を追

う」「港郷土資料館だより」 港区立港郷土資料館 （54） 2004.9

伊万里の伝説の中から（岩永融）「烏ん枕」 伊万里市郷土研究会 （75） 2005.11

伊万里地方の子どもの遊び（金子信二）「佐賀民俗学」 佐賀民俗学会 （19） 2007.3

古九谷＝伊万里論の再検討（〈特集 九州やきもの史〉）（伊藤和雅）「海路」 「海路」編集委員会，海鳥社（発売） 通号6 2008.6

伊万里市
むら・まちの民俗行事など（6）（田中時次郎）「烏ん枕」 伊万里市郷土研究会 58 1997.3

いと女思い出話（22）―黒髪物語（冨田いと）「烏ん枕」 伊万里市郷土研究会 59 1997.11

市内の碑文を尋ねて（3）～（8）（岩永融）「烏ん枕」 伊万里市郷土研究会 61/66 1998.11/2001.3

検証日本26聖人殉教の旅（松永典彦）「烏ん枕」 伊万里市郷土研究会 63 1999.11

じぁあみつさん（犬山英昭）「烏ん枕」 伊万里市郷土研究会 64 2000.3

椎峰焼考―松浦党研究会現地研修をヒントに（松尾香）「烏ん枕」 伊万里市郷土研究会 65 2000.11

方言あれこれ［1］～（4）（犬山英昭）「烏ん枕」 伊万里市郷土研究会 65/68 2000.11/2002.3

「ふじの木」の独り言（杉本茂助）「烏ん枕」 伊万里市郷土研究会 65 2000.11

椎峰焼考（3）（松尾香）「烏ん枕」 伊万里市郷土研究会 66 2001.3

延命地蔵さんについて（山口敏雄）「烏ん枕」 伊万里市郷土研究会 66 2001.3

狐の嫁入り（池田達造）「烏ん枕」 伊万里市郷土研究会 66 2001.3

伊万里市の民話（昔話・笑話）翻字資料から（宮地武彦）「佐賀の民話」 佐賀民話の会 （7） 2004.1

石敢當とはなんだろう（諸岡均）「烏ん枕」 伊万里市郷土研究会 （76） 2006.3

続・延命地蔵さんについて（山口敏雄）「烏ん枕」 伊万里市郷土研究会 （77） 2006.11

高麗焼の観音像「烏ん枕」 伊万里市郷土研究会 （86） 2011.03

おんばん（祖母のこと）の昔話（1）～（4）（西田岩男）「烏ん枕」 伊万里市郷土研究会 （89）/（92） 2012.11/2014.03

蕎麦の根の赤い話（西田岩男）「烏ん枕」 伊万里市郷土研究会 （92） 2014.03

上原
松浦町上原の力石（諸岡均）「烏ん枕」 伊万里市郷土研究会 （77） 2006.11

牛津川
牛津川の河道と沈没船伝説（岡本澄雄）「小城の歴史」 小城郷土史研究会 （62） 2010.11

牛原
牛原（鳥栖市）の獅子舞（高瀬美代子）「西日本文化」 西日本文化協会 通号444 2010.04

内山神社
浦川内山神社の祭典（嶺川隆敏）「郷土史誌末盧國」 松浦史談会，芸文堂（発売）（196） 2013.12

宇ノ御厨荘
松浦党の研究 庇羅郷について宇ノ御厨荘成立の謎の解明（林清八）「烏ん枕」 伊万里市郷土研究会 60 1998.3

宇ノ御厨
肥後の黎明と宇ノ御厨について（林清八）「烏ん枕」 伊万里市郷土研究会 （76） 2006.3

嬉野
幕末志士たちを支援した 大浦慶と嬉野茶（三根俊一）「西日本文化」 西日本文化協会 （450） 2011.04

嬉野町
佐賀県嬉野町の石塔（大石一久）「日引 ： 石造物研究会会誌」 （8） 2006.09

江波

幻の窯「江波焼き」「郷土史紀行」 ヒューマン・レクチャー・クラブ 18 2002.8

熊野町（広島県安芸郡）の江波焼き（高田亘）「郷土史紀行」 ヒューマン・レクチャー・クラブ 19 2002.10

恵日寺

恵日寺の朝鮮鐘（堀川義英）「郷土史誌末盧國」 松浦史談会，芸文堂（発売）（182）2010.06

蛭子井戸

蛭子井戸の話（山口敏雄）「烏ん枕」 伊万里市郷土研究会 （73）2004.11

円応禅寺

円応禅寺の若宮社（疱瘡神）縁起（武雄芳輔）「湯か里」 武雄歴史研究会 （66）2013.03

相知

相知の歴史夜話（13）―殿様のお成りとお言葉（祭城一子）「郷土史誌末盧國」 松浦史談会，芸文堂（発売）147 2001.9

相知不動院文書（藤井鶴久）「郷土史誌末盧國」 松浦史談会，芸文堂（発売）148 2001.12

相知の歴史夜話（21）切支丹宗門改帳（祭城一子）「郷土史誌末盧國」 松浦史談会，芸文堂（発売）157 2004.3

相知町の歴史夜話（22）（祭城一子）「郷土史誌末盧國」 松浦史談会，芸文堂（発売）159 2004.9

相知の歴史夜話（28）鮎漁/川漁（祭城一子）「郷土史誌末盧國」 松浦史談会，芸文堂（発売）（170）2007.6

唐津地域民衆が守ってきた文化財（4）―肥前大甕づくりの伝統を伝えてきた横枕の唐津焼登り窯の保存を 相知編（2）（中里紀元）「郷土史誌末盧國」 松浦史談会，芸文堂（発売）（188）2011.12

唐津の地域民が守ってきた文化財（4）―唐津「やきもの」の里・相知 岸岳唐津の佐里三古窯―相知編（3）（中里紀元）「郷土史誌末盧國」 松浦史談会，芸文堂（発売）（189）2012.3

唐津の地域民が守ってきた文化財（5）―唐津「やきもの」の里・相知 平山の陶祖和兵衛と朝鮮陶工（上）相知編（4）（中里紀元）「郷土史誌末盧國」 松浦史談会，芸文堂（発売）（190）2012.6

相知町

相知町の民話調査から（今泉文明）「佐賀の民話」 佐賀民話の会 （6）1998.5

大川町

大川町熊野神社 楠公父子像（池田達造）「烏ん枕」 伊万里市郷土研究会 63 1999.11

大楠神社

小城・大楠神社について（岩松要輔）「小域の歴史」 小城郷土史研究会 （52）2005.9

小川島

明治期の呼子・小川島捕鯨（2）帳簿にみる小川島捕鯨会社からの鯨肉流通の一側面（安永浩）「研究紀要」 佐賀県立名護屋城博物館 12 2006.3

史料翻刻 小川島捕鯨会社帳簿史料（安永浩）「研究紀要」 佐賀県立名護屋城博物館 12 2006.3

「小川島鯨組一切記」とは何か（附）史料翻刻 享和元年「御手鯨組一切記」、安政四年「小川鯨組定法一切記」（安永浩）「研究紀要」 佐賀県立名護屋城博物館 （19）2013.3

小城

祇園会山挽き神事について［1］，（2）（岩松要輔）「小城の歴史」 小城郷土史研究会 47/48 2003.3/2003.9

阿弥陀堂物語（岡本澄雄）「小城の歴史」 小城郷土史研究会 （52）2005.9

清正公奉納旗披露と中尾堯氏講話「小城の歴史」 小城郷土史研究会 （64）2011.11

小城町

佐賀県小城町・船観音を訪ねて（特集 石仏探訪（10））（中野高通）「日本の石仏」 日本石仏協会，青娥書房（発売）（142）2012.06

奥村

奥村の庄屋おどりと黒川のもっこ踊り（,川添徳治）「郷土史誌末盧國」 松浦史談会，芸文堂（発売）154 2003.6

乙宮社

中林梧竹と乙宮社灯籠（岩松要輔）「小城の歴史」 小城郷土史研究会 （58）2008.9

乙宮神社

乙宮神社社殿と籠堂（佐藤正彦）「小城の歴史」 小城郷土史研究会 （57）2008.4

鏡

肥前唐津鏡阿弥陀堂阿弥陀如来像修理報告（竹下正博，浦仏刻所）「調査研究書」 佐賀県立博物館，佐賀県立美術館 29 2005.3

鏡神社

天山神社と鏡神社（佐藤正彦）「小城の歴史」 小城郷土史研究会 47 2003.3

松浦佐用姫は鏡神社の御祭神だった（《地域特集・唐津 祭り・街・山 その豊かな広がり》―伝承に息づく三美人）（近藤直也）「西日本文化」 西日本文化協会 通号435 2008.10

鏡神社の楊柳観音像（《地域特集・唐津 祭り・街・山 その豊かな広がり》―ゆかりの古典文学と仏教美術）（福井尚寿）「西日本文化」 西日本文化協会 通号435 2008.10

鏡神社（小城町三里所在）の常夜燈籠銘について―新発見！ 祇園太郎（古賀利渉）筆常夜燈籠銘一対（富永正樹）「小城の歴史」 小城郷土史研究会 （60）2009.09

鏡山

鏡山と万葉―松浦佐用姫伝説考（1）～（5）（岸川龍）「郷土史誌末盧國」 松浦史談会，芸文堂（発売）164/（168）2005.12/2006.12

鹿島

海苔盛衰記 番外編 有明海・鹿島へ（斎藤和美）「東京産業考古学会」 東京産業考古学会事務局 32 2001.5

勝尾城

麓地区の昔語り―勝尾城の説話・伝説など（《特集 とす・きやまの昔語り（2）》）（篠原真［他］）「栖 ：鳥栖と周辺の自然と歴史をさぐる郷土誌」 鳥栖郷土研究会 39 2001.11

唐津

千三家と唐津の宗徧流（5）～（8）（神田歳成）「郷土史誌末盧國」 松浦史談会，芸文堂（発売）145/150 2001.3/2002.6

唐津焼の始原と上松浦党の朝鮮外交―岸岳城主波多の朝鮮関係の謎と岸岳古窯群（中里紀元）「松浦党研究」 松浦党研究連合会，芸文堂（発売）24 2001.6

千・三家と唐津・宗徧流について（神田歳成）「郷土史誌末盧國」 松浦史談会，芸文堂（発売）151 2002.9

庶民の歴史は口伝えで―からつの民話と伝説（中里紀元）「郷土史誌末盧國」 松浦史談会，芸文堂（発売）（170）2007.6

唐津盆口説き（《地域特集・唐津 祭り・街・山 その豊かな広がり》―伝承に息づく三美人）（野田旗子）「西日本文化」 西日本文化協会 通号435 2008.10

唐津焼と古唐津（《地域特集・唐津 祭り・街・山 その豊かな広がり》―近世を押し開いた海の文化 松浦党・岸岳城・古唐津・名護屋）（鈴田由紀夫）「西日本文化」 西日本文化協会 通号435 2008.10

唐津地域民衆が守ってきた文化財（4）―肥前大甕づくりの伝統を伝えてきた横枕の唐津焼登り窯の保存を 相知編（2）（中里紀元）「郷土史誌末盧國」 松浦史談会，芸文堂（発売）（188）2011.12

古唐津と茶の湯の心 "もてなしの心を運ぶ器・唐津焼"（中里紀元）「松浦文連報」 松浦文化連盟 （404）2012.5

宮島家と捕鯨業（宮島傳二郎）「郷土史誌末盧國」 松浦史談会，芸文堂（発売）（191）2012.09

唐津、土地の記憶（4）見下ろす丘、墓また墓（田島龍太）「郷土史誌末盧國」 松浦史談会，芸文堂（発売）（194）2013.06

唐津、土地の記憶（5）神社の地（田島龍太）「郷土史誌末盧國」 松浦史談会，芸文堂（発売）（198）2014.06

唐津くんちの曳山行事

「唐津くんち」に見る町人文化のにぎわい（《地域特集・唐津 祭り・街・山 その豊かな広がり》―江戸時代の藩政と庶民文化）（中里紀元）「西日本文化」 西日本文化協会 通号435 2008.10

唐津のくんち料理（《地域特集・唐津 祭り・街・山 その豊かな広がり》―江戸時代の藩政と庶民文化）（江頭紘一）「西日本文化」 西日本文化協会 通号435 2008.10

唐津市

唐津市重要文化財 銅造阿弥陀如来立像（志佐惲彦）「郷土史誌末盧國」 松浦史談会，芸文堂（発売）（181）2010.03

阿弥陀如来坐像 唐津市指定文化財（志佐惲彦）「郷土史誌末盧國」 松浦史談会，芸文堂（発売）（182）2010.06

唐津市重要文化財 木造聖観音菩薩坐像（志佐惲彦）「郷土史誌末盧國」 松浦史談会，芸文堂（発売）（193）2013.03

唐津市重要文化財 木造十一面観音菩薩坐像（志佐惲彦）「郷土史誌末盧國」 松浦史談会，芸文堂（発売）（195）2013.09

唐津市指定史跡「座主磨崖仏群」の内 種子三尊像（しゅじさんぞんぞう）（志佐惲彦）「郷土史誌末盧國」 松浦史談会，芸文堂（発売）

佐賀県　　　　　　　　　　　　　郷土に伝わる民俗と信仰　　　　　　　　　　　　　九州・沖縄

（198）　2014.06

唐津城

二つの宝塔　唐津城登り口の塔の謎（丸田利実）「郷土史誌末盧國」　松浦史談会，芸文堂（発売）146　2001.6

唐津藩

捕鯨で潤った唐津藩（〈地域特集・唐津 祭り・街・山 その豊かな広がり〉―江戸時代の藩政と庶民文化）（神田歳成）「西日本文化」　西日本文化協会　通号435　2008.10

神埼

神埼の民俗探訪記（清田友彦）「ふるさとの自然と歴史」　歴史と自然をまもる会　284　2001.1

観世音寺

環有明海地域における海辺寺院の存立―肥前国藤津荘故地にみる竹崎島と観世音寺の関係から（貴田潔）「民衆史研究」　民衆史研究会　（87）2014.05

岸岳古窯群

唐津焼の始原と上松浦党の朝鮮外交―岸岳城主波多の朝鮮関係の謎と岸岳古窯群（中里紀元）「松浦党研究」　松浦党研究連合会，芸文堂（発売）24　2001.6

岸岳城

岸岳城縁の子護り地蔵様（松尾香）「烏ん枕」　伊万里市郷土研究会　62　1999.3

北波村

神と対話する人々―佐賀県東松浦郡北波村の岸岳末孫を事例として（田中久美子）「日本民俗学」　日本民俗学会　通号243　2005.8

きやぶ

きやぶのむかしの暮らし（松永岳之輔，松田杉枝）「栖 ： 鳥栖と周辺の自然と歴史をさぐる郷土誌」　鳥栖郷土研究会　31　1997.11

きやぶ天保四国八十八ヶ所

特集 表紙 きやぶ天保四国八十八ヶ所めぐり 天保4年（1833）に安置された四国八十八ヶ所霊場（山田英夫）「栖 ： 鳥栖と周辺の自然と歴史をさぐる郷土誌」　鳥栖郷土研究会　（51）2012.06

きやぶ天保四国八十八ヶ所霊場

はじめに／きやぶ天保四国の概要／石仏の現状と施主などについて（基山町大字小倉，基山町大字長野，基山町大字宮浦，基山町大字園部，鳥栖市田代地区，鳥栖市基里地区，鳥栖市鳥栖地区，鳥栖市麓地区）／終わりに／きやぶ天保四国八十八ヶ所霊場勧請地配置図／天保四国八十八ヶ所霊場勧請地一覧「栖 ： 鳥栖と周辺の自然と歴史をさぐる郷土誌」　鳥栖郷土研究会　（51）2012.06

厳木町天川

学術研究振興資金の助成を得た「町村合併による社会・文化の再編に関する民俗学的研究」報告 佐賀県唐津市厳木町天川再訪（田中宣一）「民俗学研究所紀要」　成城大学民俗学研究所　37　2013.03

近松寺

近松寺の古文書［1］～（6）（寺沢光世）「郷土史誌末盧國」　松浦史談会，芸文堂（発売）153/（177）2003.3/2009.03

トピックス 近松寺本堂の灯籠―志摩守二百回忌に御船手中より寄贈（山田洋）「郷土史誌末盧國」　松浦史談会，芸文堂（発売）（196）2013.12

空山観音堂

空山観音堂と厨子（佐藤正彦）「小城の歴史」　小城郷土史研究会　（56）2007.9

久保田町

久保田町の動物昔話（木下寛子）「佐賀の民話」　佐賀民話の会　（7）2004.1

熊野皇十二社宮

熊野皇十二社宮落慶（熊本典宏）「郷土史誌末盧國」　松浦史談会，芸文堂（発売）（181）2010.03

熊野皇神社

打上熊野皇神社とくんち奉納相撲（熊本典宏）「郷土史誌末盧國」　松浦史談会，芸文堂（発売）（196）2013.12

黒髪山

黒髪神社の由来（中木場黒髪神社と佐賀黒髪山を調べて）（児童・生徒の郷土研究発表）（迎光）「郷土研究」　佐世保市立図書館　（39）2012.03

黒川

奥村の庄屋おどりと黒川のもっこ踊り（川添徳治）「郷土史誌末盧國」　松浦史談会，芸文堂（発売）154　2003.6

黒川町

波多三河守の改易と黒川―黒川町内に散在する「岸岳末孫」の墓標と地域に残る逸話（森戸吉昭）「松浦党研究」　松浦党研究連合会，芸文堂（発売）（37）2014.06

見滝寺

見瀧寺縁起絵について（福井尚寿）「調査研究書」　佐賀県立博物館，佐賀県立美術館　24　2000.3

光浄寺

肥前光浄寺年表稿（中世）（本多美穂）「調査研究書」　佐賀県立博物館，佐賀県立美術館　23　1999.3

肥前光浄寺の彫刻（竹下正博）「調査研究書」　佐賀県立博物館，佐賀県立美術館　23　1999.3

高伝寺

瑠璃光寺の末寺 高伝寺をたずねて（田辺礼子）「大内文化探訪 ： 会誌」　大内文化探訪会　17　1999.5

高伝寺の巨大な涅槃図―大きさの真相（福井尚寿）「葉隠研究」　葉隠研究会　45　2001.11

肥前佐賀高伝寺と宗智寺の釈迦三尊像（竹下正博）「調査研究書」　佐賀県立博物館，佐賀県立美術館　28　2004.3

虎睡軒

松雲寺末寺「虎睡軒」跡地発見について（柳原宗賢）「郷土史誌末盧國」　松浦史談会，芸文堂（発売）（179）2009.09

西海

近世西海捕鯨業における鯨組の諸断面―益冨組・中尾組について（秀村選三）「九州文化史研究所紀要」　九州大学附属図書館付設記録資料館 九州文化史資料部門　（50）2007.10

西持院

資料紹介 肥前佐賀・西持院の大般若経（竹下正博）「調査研究書」　佐賀県立博物館，佐賀県立美術館　35　2011.03

幸津

旭地区の昔語り―水害記録・幸津の民俗など（《特集 とす・きやまの昔語り（2）》）（篠原真［他］）「栖 ： 鳥栖と周辺の自然と歴史をさぐる郷土誌」　鳥栖郷土研究会　39　2001.11

佐賀

佐賀龍造寺・鍋島の墓地をみて（軸丸勇）「二豊の石造美術」　大分県石造美術研究会　17　1997.3

神と人との相剋―民俗芸能の変遷（1）（米倉利昭）「佐賀民俗学」　佐賀民俗学会　16　1997.6

萬部祈禱の民俗（黒木俊弘）「佐賀民俗学」　佐賀民俗学会　16　1997.6

阿部の童子丸（大島健生）「佐賀の民話」　佐賀民話の会　（6）1998.5

返せ戻せの視点（古川文一）「佐賀の民話」　佐賀民話の会　（6）1998.5

「鰐伝説」（金子信二）「佐賀の民話」　佐賀民話の会　（6）1998.5

我が家に伝わる昔話（納富信子）「佐賀の民話」　佐賀民話の会　（6）1998.5

「継子と民八」（池田寿枝）「佐賀の民話」　佐賀民話の会　（6）1998.5

「継子と尺八」継子と釜ゆでについて「佐賀の民話」　佐賀民話の会　（6）1998.5

「木炭と笠っ子」（古賀哲二）「佐賀の民話」　佐賀民話の会　（6）1998.5

「猫の恩返し」（権藤千秋）「佐賀の民話」　佐賀民話の会　（6）1998.5

「嘘比べ」「佐賀の民話」　佐賀民話の会　（6）1998.5

佐賀の民話文献（4）（宮地武彦）「佐賀の民話」　佐賀民話の会　（6）1998.5

民俗調査の現場から（米倉利昭）「佐賀民俗学」　佐賀民俗学会　17　1998.10

佐賀のカワソウと世田姫の龍神（1）～（5）―火野葦平の「邪戀」を中心に（和田寛）「河童通心」　河童文庫　100/104　2000.1

塗木ヤンセ踊り考―琉球人踊り・佐賀の面浮立・駒ヶ水ヤンセ踊り比較（下野敏見）「知覧文化」　知覧町立図書館　37　2000.3

諏訪神社「注連縄切り神事」考（松永典寿）「佐賀民俗学」　佐賀民俗学会　18　2001.8

愉しき哉，伝承芸能散歩（岩永悟）「佐賀民俗学」　佐賀民俗学会　18　2001.8

地域活動の危機 佐賀民話の会（宮地武彦）「伝え ： 日本口承文芸学会会報」　日本口承文芸学会　29　2001.9

佐賀の石取當（金子信二）「西日本文化」　西日本文化協会　395　2003.10

特集 佐賀民話の会20周年記念寄稿「民話の心」―松尾テイ媼の語る昔話（宮地武彦）「佐賀の民話」　佐賀民話の会　（7）2004.1

座談会―納富信子さんの語る昔話とその伝承背景「佐賀の民話」　佐賀民話の会　（7）2004.1

「語り」考―その構造と源流を中心に（田原聡）「佐賀の民話」　佐賀民話

の会　(7)　2004.1

最近私が考えていること―民話についての研究課題(小副川肇)「佐賀の民話」　佐賀民話の会　(7)　2004.1

報告1 佐賀身分と身形―佐賀の事例から(中村久子)「もやい : 長崎人権・学」　長崎人権研究所　50　2005.10

諸国探訪(7) 佐賀恵比須神社(徳久豊彦)「西宮えびす」　西宮神社　通号25　2006.6

こがん人のおらした(陣内ハツ)「佐賀民俗学」　佐賀民俗学会　(19)　2007.3

街並み・路地の今昔 佐賀の「えべっさん」(岩本恵子)「西日本文化」　西日本文化協会　通号430　2007.12

民俗芸能の標(金子信二)「佐賀民俗学」　佐賀民俗学会　(20)　2009.03

佐賀・筑後平野の諸荘園と荘鎮守社(貴田潔)「ヒストリア : journal of Osaka Historical Association」　大阪歴史学会　(215)　2009.6

佐賀の町興し恵比須さん(特集 天部の石造物)(中野高通)「日本の石仏」　日本石仏協会, 青娥書房(発売)　(152)　2014.12

佐賀県

幼い頃とわらべうた(6),(7)(松尾志満子)「えすたでい」　自分史の会・えすたでい　(6)/(7)　1997.10/1998.10

佐賀県・石の文化(白浜信之)「日本の石仏」　日本石仏協会, 青娥書房(発売)　通号90　1999.6

地蔵さんとお不動さん(林龍一)「えすたでい」　自分史の会・えすたでい　(9)　2000.10

佐賀県下に於ける初誕生儀礼(近藤直也)「鹿児島民俗」　鹿児島民俗学会　119　2001.5

喪服の蝶(西村虎治)「えすたでい」　自分史の会・えすたでい　(11)　2002.10

「佐賀県近世史料」にみる民話的素材(大園隆二郎)「佐賀の民話」　佐賀民話の会　(7)　2004.1

佐賀県の閻魔王立像と倶利伽羅龍王碑(月川繁雄)「日引 : 石造物研究会会誌」　(8)　2006.09

館蔵民俗資料の分類調査(藤田務)「調査研究書」　佐賀県立博物館, 佐賀県立美術館　31　2007.3

佐賀県重要文化財 木造千手観音菩薩立像(志佐惲彦)「郷土史誌末盧國」　松浦史談会, 芸文堂(発売)　(177)　2009.03

佐賀県重要文化財 木造阿弥陀如来坐像(志佐惲彦)「郷土史誌末盧國」　松浦史談会, 芸文堂(発売)　(178)　2009.06

佐賀県重要文化財 木造薬師如来立像(志佐惲彦)「郷土史誌末盧國」　松浦史談会, 芸文堂(発売)　(179)　2009.09

佐賀県重要文化財 木造馬頭観音立像(志佐惲彦)「郷土史誌末盧國」　松浦史談会, 芸文堂(発売)　(185)　2011.03

佐賀県重要文化財 木造准胝観音立像(志佐惲彦)「郷土史誌末盧國」　松浦史談会, 芸文堂(発売)　(186)　2011.06

佐賀県重要文化財 木造如意輪観音立像(志佐惲彦)「郷土史誌末盧國」　松浦史談会, 芸文堂(発売)　(187)　2011.09

佐賀県有明海側の草屋根葺き習俗(坪郷英彦)「やまぐち学の構築」　山口大学研究推進「やまぐち学」推進プロジェクト　(8)　2012.3

佐賀県聖観音菩薩坐像(志佐惲彦)「郷土史誌末盧國」　松浦史談会, 芸文堂(発売)　(194)　2013.06

旧建長寺末寺考(9)―佐賀県(肥前国)編(鈴木佐)「鎌倉」　鎌倉文化研究会　(117)　2014.08

佐賀藩

〈佐賀藩の能楽―能面復元と近代能楽研究の出発〉「葉隠研究」　葉隠研究会　45　2001.11

外様大名領の東照宮―鍋島佐賀藩領の場合(高野信治)「九州文化史研究所紀要」　九州大学附属図書館付設記録資料館九州文化史資料部門　(51)　2008.3

近世国境論にみる佐賀藩領主と地域信仰―脊振弁財嶽国境争論を素材として(田中由利子)「地方史研究」　地方史研究協議会　61(6)通号354　2011.12

佐賀平野

二十世紀佐賀平野農民の記録 片江儀六自叙伝(2) 青年時代の風習「西日本文化」　西日本文化協会　通号438　2009.04

佐志

モジ織りについて モジ織りと私(1),(2)(原口決泰)「郷土史誌末盧國」　松浦史談会, 芸文堂(発売)　148/149　2001.12/2002.3

義民「佐志のお塔さま」(堀川義英)「郷土史誌末盧國」　松浦史談会, 芸文堂(発売)　(195)　2013.09

佐代姫神社

石にならなかった松浦佐用姫―伊万里市山代町佐代姫神社のいわれ(金子信二)「佐賀の民話」　佐賀民話の会　(7)　2004.1

渋木村

渋木村の石造(釘本堅太)「丹邱の里」　多久市郷土資料館　(12)　1998.9

下手附

下手附(伊万里市)六観音石幢について(志佐惲彦)「郷土史誌末盧國」　松浦史談会, 芸文堂(発売)　(167)　2006.9

十三塚

十三塚史考(2),(3)(松尾香)「烏ん枕」　伊万里市郷土研究会　58/59　1997.3/1997.11

聖光寺

聖光寺と河浪自安《多久聖廟創建三百年特集》―〈第二部〉(野中寛應)「丹邱の里」　多久市郷土資料館　(15)　2008.10

聖持院

聖持院(西十人町)の日切地蔵(丸田利實)「郷土史誌末盧國」　松浦史談会, 芸文堂(発売)　(173)　2008.3

浄泰寺

安田作兵衛と浄泰寺(寺沢光世)「郷土史誌末盧國」　松浦史談会, 芸文堂(発売)　163　2005.9

浄泰寺の宝篋印塔(丸田利實)「郷土史誌末盧國」　松浦史談会, 芸文堂(発売)　(197)　2014.03

少弐神社

少弐神社500年祭に詣でて(財部登)「少弐氏と宗氏」　少弐・宗体制懇話会　29　1997.8

正力坊

伊万里市大川内町正力坊に保管されている「揚柳観音図」について(井出正範)「烏ん枕」　伊万里市郷土研究会　(83)　2009.11

少林寺

少林寺の古文書(1)～(4)(寺沢光世)「郷土史誌末盧國」　松浦史談会, 芸文堂(発売)　158/162　2004.6/2005.6

白鬚神社の田楽

白髭神社の田楽(高瀬美代子)「西日本文化」　西日本文化協会　405　2004.10

須古

平井武蔵守経治の須古踊りについて(磯本保)「松浦党研究」　松浦党研究連合会, 芸文堂(発売)　25　2002.6

脊振山

脊振弁財嶽国境争論と鍋島氏(第10回研究助成報告)(田中由利子)「鍋島報效会研究助成研究報告書」　鍋島報效会　(5)　2011.10

脊振弁財岳

近世国境論にみる佐賀藩領主と地域信仰―脊振弁財嶽国境争論を素材として(田中由利子)「地方史研究」　地方史研究協議会　61(6)通号354　2011.12

脊振村

木地師史料 筑後国神崎郡脊振村の鹿路および東鹿路(杉本壽)「民俗文化」　滋賀民俗学会　439　2000.4

善光寺さん

町史の行間 国見山中に残る「善光寺さん」―北ノ川内・北岳地区の石造物(尾崎葉子)「季刊皿山 : 有田町歴史民俗資料館館報」　有田町歴史民俗資料館　(95)　2012.09

双水

双水の住吉神社(丸田利實)「郷土史誌末盧國」　松浦史談会, 芸文堂(発売)　(180)　2009.12

宗智寺

肥前佐賀高伝寺と宗智寺の釈迦三尊像(竹下正博)「調査研究書」　佐賀県立博物館, 佐賀県立美術館　28　2004.3

大願寺

大願寺の夏(山浦敦子)「えすたでい」　自分史の会・えすたでい　(6)　1997.10

大聖寺

大聖寺(犬山英昭)「烏ん枕」　伊万里市郷土研究会　62　1999.3

大乗妙典供養塔

表紙 大乗妙典供養塔(西田岩男)「烏ん枕」　伊万里市郷土研究会　(80)　2008.3

高串

高串漁業の沿革(再録「末盧國」)(浜井三郎)「郷土史誌末盧國」　松浦史談会, 芸文堂(発売)　(200)　2014.12

佐賀県　　　　　　　　　　郷土に伝わる民俗と信仰　　　　　　　　　　九州・沖縄

高島

高島と宝当神社（特集 海が創った暮らしの歴史―九州北部の島々から）（野崎海治）「西日本文化」 西日本文化協会 （459） 2012.10

滝川内

表紙 東山代町大字滝川内の八幡宮（森平一郎，前田與男）「烏ん枕」 伊万里市郷土研究会 （88） 2012.9

滝野

滝野地区に見られた力石（前田与男）「烏ん枕」 伊万里市郷土研究会 66 2001.3

多久

肥前多久領の芸能―専業芸能集団と民俗芸能の接点（中村久子）「西南地域史研究」 文献出版 通号12 1997.11

多久の思い出ばなし（レギネ,マティアス）「西南地域史研究」 文献出版 通号12 1997.11

多久の民話から（松尾芳明）「丹邱の里」 多久市郷土資料館 （12） 1998.9

「多久の肥前狛犬展」見学記（石仏エッセイ）（中野高通）「日本の石仏」 日本石仏協会，青蛾書房（発売）（141） 2012.03

多久市

釈菜献詩の調査について（野中史雄）「丹邱の里」 多久市郷土資料館 （12） 1998.9

多久庄

天正10年から元和9年に至る肥前国多久庄からの伊勢神宮とその背景―「橋村肥前太夫文書」を中心に（細川章）「西南地域史研究」 文献出版 13 2001.2

多久聖廟

聖廟探訪 多久聖廟（竹中良雄）「閑谷学校研究」 特別史跡閑谷学校顕彰保存会 （4） 2000.5

多久聖廟と邑主多久茂文、そして孔子 多久聖廟の創建とその時代/創建者・四代邑主多久茂文/儒学の祖・孔子とその時代/現代に伝える多久聖廟の美/資料（《多久聖廟創建三百年特集》―〈第一部〉）（尾形善次郎）「丹邱の里」 多久市郷土資料館 （15） 2008.10

多久聖廟と漢詩（《多久聖廟創建三百年特集》―〈第二部〉）（松本繁）「丹邱の里」 多久市郷土資料館 （15） 2008.10

武雄

キリシタンと中・近世の武雄（武雄淳）「湯か里」 武雄歴史研究会 （65） 2012.03

なぜ柏姫伝説が生まれたのか？（武雄芳輔）「湯か里」 武雄歴史研究会 （65） 2012.03

炭鉱ものがたり（草場美佐子）「湯か里」 武雄歴史研究会 （67） 2014.03

ふたたび『ぐうさん雑感』を（武雄芳輔）「湯か里」 武雄歴史研究会 （67） 2014.03

武雄市

武雄市内の年中行事（原田保則）「湯か里」 武雄歴史研究会 （64） 2011.03

竹崎観世音寺修正会鬼祭

伝承の地を訪ねて 竹崎観世音寺修正会鬼祭 佐賀県太良町（平田蘭子）「歴史九州」 九州歴史大学講座事務局 7（4）通号75 1997.1

竹崎観世音寺修正会鬼祭（高瀬美代子）「西日本文化」 西日本文化協会 367 2000.12

竹崎島の修正会鬼祭―満潮に二匹の鬼が呼びあうこと（藤原喜美子）「御影史学論集」 御影史学研究会 通号34 2009.10

竹崎島

環有明海地域における海辺寺院の存立―肥前国藤津荘故地にみる竹崎島と観世音寺の関係から（貴田潔）「民衆史研究」 民衆史研究会 （87） 2014.05

田島神社

横竹田島神社 湯かぶりと横竹の歴史（熊本典宏）「郷土史誌末盧國」 松浦史談会，芸文堂（発売）（195） 2013.09

田代

伝統の手仕事（7）田代恵比須市名物・手焼き「栗まんじゅう」の佐藤製菓本舗（有明睦子）「栖：鳥栖と周辺の自然と歴史をさぐる郷土誌」 鳥栖郷土研究会 30 1997.5

轟木珍話二題―かつて轟木の一部は田代領であった、二度遷座した日子神社（長忠生）「栖：鳥栖と周辺の自然と歴史をさぐる郷土誌」 鳥栖郷土研究会 42 2003.8

昔のスイーツ探し旅（27）鳥栖・田代の栗まんじゅう（牛嶋英俊）「西日本文化」 西日本文化協会 （466） 2013.12

橘町

橘町は河童伝説の発祥地（市丸昭太郎）「湯か里」 武雄歴史研究会 （67） 2014.03

立野天満宮

表紙 立野天満宮（松尾清［解説］）「烏ん枕」 伊万里市郷土研究会 （91） 2013.11

玉島神社

神功皇后伝承地 鮎釣り神占いの玉島神社と松浦（田辺英治）「歴研よこはま」 横浜歴史研究会 （60） 2008.5

丹ノ木

竹木場「丹ノ木」と朝鮮陶工（川添徳治）「郷土史誌末盧國」 松浦史談会，芸文堂（発売）152 2002.12

長興寺

屋形石天瑞山長興寺を尋ねて［1］,（2）（志佐惲彦）「郷土史誌末盧國」 松浦史談会，芸文堂（発売）（174）/（175） 2008.6/2008.9

天山神社

天山神社と鏡神社（佐藤正彦）「小城の歴史」 小城郷土研究会 47 2003.3

天神山

波多氏の墓所は稗田天神山（塚本三郎）「郷土史誌末盧國」 松浦史談会，芸文堂（発売）147 2001.9

洞禅寺

キリシタン禁止等の「洞禅寺文書」（松浦党研連資料（28））（片山茂）「松浦党研究」 松浦党研究連合会，芸文堂（発売）（29） 2006.6

唐ノ川

唐ノ川の佐用姫 たかが昔話、されど昔話（川添徳治）「郷土史誌末盧國」 松浦史談会，芸文堂（発売）（167） 2006.9

唐房

郷土民謡 千越し祝い唄の由来（堀川誠）「郷土史誌末盧國」 松浦史談会，芸文堂（発売）153 2003.3

唐房一本釣り東支那海出漁（堀川誠）「郷土史誌末盧國」 松浦史談会，芸文堂（発売）159 2004.9

坂本平太郎さんの日記から（3）捕鯨と唐房（堀川義英）「郷土史誌末盧國」 松浦史談会，芸文堂（発売）（185） 2011.3

鳥栖

食材の花（松田杉枝）「栖：鳥栖と周辺の自然と歴史をさぐる郷土誌」 鳥栖郷土研究会 30/32 1997.5/1998.6

聞き書きシリーズ 鳥栖の芸能（3）～（5）（江崎幸代）「栖：鳥栖と周辺の自然と歴史をさぐる郷土誌」 鳥栖郷土研究会 30/32 1997.5/1998.6

〈特集 むかしの暮らし〉「栖：鳥栖と周辺の自然と歴史をさぐる郷土誌」 鳥栖郷土研究会 31 1997.11

「戦前・戦後の暮らし」に学ぶ（篠原真）「栖：鳥栖と周辺の自然と歴史をさぐる郷土誌」 鳥栖郷土研究会 31 1997.11

伝統の手仕事（8）竹細工師の高尾一夫さん（有明睦子）「栖：鳥栖と周辺の自然と歴史をさぐる郷土誌」 鳥栖郷土研究会 31 1997.11

倭国草創期の神々たち（1）,（2）（熊田俊夫）「栖：鳥栖と周辺の自然と歴史をさぐる郷土誌」 鳥栖郷土研究会 31/32 1997.11/1998.6

鳥栖地区の昔語り―今泉・轟木の昔語りなど（《特集 とす・きやまの昔語り（2）》）（篠原真［他］）「栖：鳥栖と周辺の自然と歴史をさぐる郷土誌」 鳥栖郷土研究会 39 2001.11

伝統の手仕事（14）（有明睦子）「栖：鳥栖と周辺の自然と歴史をさぐる郷土誌」 鳥栖郷土研究会 39 2001.11

カラーグラビア 鳥栖と周辺の祭り・行事 ダイジェスト版（《特集 鳥栖と周辺の祭り・行事（下）》）（牛島啓爾）「栖：鳥栖と周辺の自然と歴史をさぐる郷土誌」 鳥栖郷土研究会 （45） 2005.7

鳥栖と周辺の祭り・行事（下）（《特集 鳥栖と周辺の祭り・行事（下）》）「栖：鳥栖と周辺の自然と歴史をさぐる郷土誌」 鳥栖郷土研究会 （45） 2005.7

鳥栖と周辺の祭り・行事一覧表（《特集 鳥栖と周辺の祭り・行事（下）》）（牛島啓爾）「栖：鳥栖と周辺の自然と歴史をさぐる郷土誌」 鳥栖郷土研究会 （45） 2005.7

鳥栖周辺の神社・寺院・お堂分布図（《特集 鳥栖と周辺の祭り・行事（下）》）（編集部）「栖：鳥栖と周辺の自然と歴史をさぐる郷土誌」 鳥栖郷土研究会 （45） 2005.7

「佐藤恒右衛門毎日記」にみる幕末の年中行事・歳事など（《特集 鳥栖と周辺の祭り・行事（下）》）（篠原眞）「栖：鳥栖と周辺の自然と歴史をさぐる郷土誌」 鳥栖郷土研究会 （45） 2005.7

鳥栖の歴史民俗かるた（篠原眞，日山軍記）「栖：鳥栖と周辺の自然と歴史をさぐる郷土誌」 鳥栖郷土研究会 （45） 2005.7

九州・沖縄　　　郷土に伝わる民俗と信仰　　　佐賀県

新・鳥栖のいしぶみ（1）万歳寺ほのけ（沁隈三郎）「栖 ： 鳥栖と周辺の自然と歴史をさぐる郷土誌」 鳥栖郷土研究会　（49）2009.11
新・鳥栖のいしぶみ（2）大乗妙典一字―石経（山田英夫）「栖 ： 鳥栖と周辺の自然と歴史をさぐる郷土誌」 鳥栖郷土研究会　（49）2009.11
読物 狸に騙された話（大岳吉之助）「栖 ： 鳥栖と周辺の自然と歴史をさぐる郷土誌」 鳥栖郷土研究会　（51）2012.06

鳥栖市

大正・昭和の身辺史（《特集II 鳥栖市と周辺の祭り・行事》）（吉田熊一）「栖 ： 鳥栖と周辺の自然と歴史をさぐる郷土誌」 鳥栖郷土研究会　（44）2004.4

戸渡島神社

戸渡島神社の由緒（岩永融）「烏ん枕」 伊万里市郷土研究会　（82）2009.03

戸渡嶋神社

松浦党研連資料（31）資料紹介 戸渡嶋神社の由緒から（岩永融）「松浦党研究」 松浦党研究連合会, 芸文堂（発売）（32）2009.06

轟木

轟木の大正～昭和初期の暮らし（吉田熊一）「栖 ： 鳥栖と周辺の自然と歴史をさぐる郷土誌」 鳥栖郷土研究会　31　1997.11
轟木青年団と慈善市（大安売り）（吉田熊市）「栖 ： 鳥栖と周辺の自然と歴史をさぐる郷土誌」 鳥栖郷土研究会　32　1998.6
鳥栖地区の昔語り―今泉・轟木の昔語りなど（《特集 とす・きやまの昔語り（2）》）（篠原真〔他〕）「栖 ： 鳥栖と周辺の自然と歴史をさぐる郷土誌」 鳥栖郷土研究会　39　2001.11
轟木珍話二題―かつて轟木の一部は田代領であった、二度遷座した日子神社（長忠生）「栖 ： 鳥栖と周辺の自然と歴史をさぐる郷土誌」 鳥栖郷土研究会　42　2003.8

冨田神社

南波多町冨田神社の縁起余聞（松尾香）「烏ん枕」 伊万里市郷土研究会　63　1999.11

中里

「中里阿弥陀寺跡」と「新出、印山記写本」（久原修）「松浦党研究」 松浦党研究連合会, 芸文堂（発売）（27）2004.6
二里町中里申相撲 猿田彦大神の石碑（福田幸吉）「烏ん枕」 伊万里市郷土研究会　（87）2011.11
中里浮立を追って（1）,（2）―伝統行事の継承（遺稿）（前田平司, 片岡光次）「烏ん枕」 伊万里市郷土研究会　（89）/（92）2012.11/2014.03

名護屋

新たな「豊公祭」をめざして（熊本典宏）「郷土史誌末盧國」 松浦史談会, 芸文堂（発売）（172）2007.12
いわゆる「旗竿石」について―文禄・慶長の役における国内拠点「名護屋」の歴史資料2（武谷和彦）「研究紀要」 佐賀県立名護屋城博物館　16　2010.3
いわゆる「旗竿石」について（補遺1）―文禄・慶長の役」における国内拠点「名護屋」の歴史資料2（武谷和彦）「研究紀要」 佐賀県立名護屋城博物館　17　2011.3
ご存知ですか 名護屋「のーえ節」（熊本典宏）「郷土史誌末盧國」 松浦史談会, 芸文堂（発売）（187）2011.09
いわゆる「旗竿石」について（補遺2）―「文禄・慶長の役」における国内拠点「名護屋」の歴史資料2（武谷和彦）「研究紀要」 佐賀県立名護屋城博物館　18　2012.3

鍋島

鍋島更紗・口伝の謎（鈴田滋人）「葉隠研究」 葉隠研究会　48　2002.11
鍋島水軍と本光寺（小島宗光）「烏ん枕」 伊万里市郷土研究会　72　2004.3
特別展「鍋島と伊万里の世界―その美と意匠の裏に隠された歴史を追う」（港郷土資料館だより） 港区立港郷土資料館　（54）2004.9
高級磁器・鍋島焼―伝世品と出土品（毎田佳奈子）「港郷土資料館だより」 港区立港郷土資料館　（54）2004.9
「天災」に候う 鍋島水軍と本光寺（1）（八島宗光）「烏ん枕」 伊万里市郷土研究会　（73）2004.11
傑僧不鉄和尚（3）鍋島水軍と本光寺（小島宗光）「烏ん枕」 伊万里市郷土研究会　（77）2006.11
「鎖国と檀家」制度―鍋島水軍と本光寺（小島宗光）「烏ん枕」 伊万里市郷土研究会　（79）2007.11
鍋島水軍―鍋島水軍と本光寺（小島宗光）「烏ん枕」 伊万里市郷土研究会　（80）2008.3
学芸員調査ノート 武将図/鍋島焼皿「歴博だより」 愛媛県歴史文化博物館　通号55　2008.9
鍋島水軍（2）鍋島水軍と本光寺（小島宗光）「烏ん枕」 伊万里市郷土研究会　（82）2009.03

廃仏毀釈―鍋島水軍と本光寺（小島宗光）「烏ん枕」 伊万里市郷土研究会　（83）2009.11
『鍋島水軍と本光寺』聯史（終章）（2）～（4）（小島宗光）「烏ん枕」 伊万里市郷土研究会　（86）/（88）2011.03/2012.03

成松大明神

成松大明神と成松万兵衛（犬山英昭）「烏ん枕」 伊万里市郷土研究会　72　2004.3
成松大明神補遺（犬山英昭）「烏ん枕」 伊万里市郷土研究会　（73）2004.11

仁比山神社

仁比山神社 大田植祭（高瀬美代子）「西日本文化」 西日本文化協会　通号432　2008.4

西有田

西有田の昔話（今泉文明）「佐賀の民話」 佐賀民話の会　（6）1998.5

虹の松原

虹の松原の七不思議（《地域特集・唐津 祭り・街・山 その豊かな広がり》―近世を押し開いた海の文化 松浦党・岸岳城・古唐津・名護屋）（田中明）「西日本文化」 西日本文化協会　通号435　2008.10

日子神社

轟木珍話二題―かつて轟木の一部は田代領であった、二度遷座した日子神社（長忠生）「栖 ： 鳥栖と周辺の自然と歴史をさぐる郷土誌」 鳥栖郷土研究会　42　2003.8

二里町

伊万里の民家（5）二里町（田中正義）「烏ん枕」 伊万里市郷土研究会　58　1997.3

蓮池藩

旧大名家当主嫡子の食生活と東京の商人・職人―明治3年の蓮池藩を事例として（岩淵令治）「東京都江戸東京博物館研究報告」 東京都江戸東京博物館　通号2　1997.3

八天宮

修復された『八天宮』（毛利東）「烏ん枕」 伊万里市郷土研究会　（93）2014.11

早田

早田大日堂の大日如来像について（1）,（2）（志佐惲彦）「郷土史誌末盧國」 松浦史談会, 芸文堂（発売）164/（165）2005.12/2006.3

般若寺

般若寺余話（松本和典）「郷土史誌末盧國」 松浦史談会, 芸文堂（発売）（184）2010.12

東高木

「東高木のねじり浮立」をめぐって（山口賢次）「佐賀民俗学」 佐賀民俗学会　18　2001.8

肥前

筑前・肥前の国境石について（川崎幹二）「少弐氏と宗氏」 少弐・宗体制懇話会　28　1997.1
「肥前の笑話」考（6）（宮地武彦）「佐賀の民話」 佐賀民話の会　（6）1998.5
肥前の語り手（宮地武彦）「佐賀民俗学」 佐賀民俗学会　17　1998.10
肥前の語りの場（宮地武彦）「佐賀民俗学」 佐賀民俗学会　18　2001.8
大和モノまんだら（21）奈良茶碗 肥前生まれの飯茶碗（鹿谷勲）「あかい奈良」 青垣出版, 星雲社（発売）41　2008.9
肥前風土記の神と社（特集 風土記の神と社―論文）（吉田修作）「季刊悠久.第2次」 鶴岡八幡宮悠久事務局　（134）2014.01

肥前国

全国一宮祭礼記 紀伊国・讃岐国・土佐国・肥前国・薩摩国「季刊悠久. 第2次」 鶴岡八幡宮悠久事務局　76　1999.3
御祓大麻をめぐる真宗僧と伊勢神主との宗論―正兌神主作『肥前國御祓問答記』を通じて（久田松和則）「皇學館大学神道研究所紀要」 皇學館大学神道研究所　24　2008.3

庇羅郷

松浦党の研究 庇羅郷について宇ノ御厨荘成立の謎の解明（林清八）「烏ん枕」 伊万里市郷土研究会　60　1998.3

福成寺

西唐津福成寺由来（丸田利実）「郷土史誌末盧國」 松浦史談会, 芸文堂（発売）148　2001.12

福満寺

こんな晩―福満寺廻国塔にまつわる話（金子信二）「西日本文化」 西日本文化協会　403　2004.7

佐賀県　　　　　　　　　　　郷土に伝わる民俗と信仰　　　　　　　　　　　九州・沖縄

麓

麓地区の昔語り―勝尾城の説話・伝説など（《特集 とす・きやまの昔語り（2）》）（篠原真〔他〕）「栖 ： 鳥栖と周辺の自然と歴史をさぐる郷土誌」 鳥栖郷土研究会　39　2001.11

法光寺

樹齢400年の美―法光寺の秀吉お手植の桜（熊本典宏）「郷土史誌末盧國」 松浦史談会，芸文堂（発売）（166）2006.6

宝蔵寺

茂《実母の墓と東多久町宝蔵寺（《多久聖廟創建三百年特集》）―〈第二部〉）（副島健三）「丹邱の里」 多久市郷土資料館　（15）2008.10

宝当神社

高島と宝当神社（特集 海が創った暮らしの歴史―九州北部の島々から）（野崎海治）「西日本文化」 西日本文化協会　（459）2012.10

本光寺

鍋島水軍と本光寺（小島宗光）「烏ん枕」 伊万里市郷土研究会　72　2004.3

「天災」に候う 鍋島水軍と本光寺（1）（小島宗光）「烏ん枕」 伊万里市郷土研究会　（73）2004.11

傑僧不鉄和尚（3）鍋島水軍と本光寺（小島宗光）「烏ん枕」 伊万里市郷土研究会　（77）2006.11

「鎖国と檀家」制度―鍋島水軍と本光寺（小島宗光）「烏ん枕」 伊万里市郷土研究会　（79）2007.11

鍋島水軍―鍋島水軍と本光寺（小島宗光）「烏ん枕」 伊万里市郷土研究会　（80）2008.3

鍋島水軍（2）鍋島水軍と本光寺（小島宗光）「烏ん枕」 伊万里市郷土研究会　（82）2009.03

廃仏毀釈―鍋島水軍と本光寺（小島宗光）「烏ん枕」 伊万里市郷土研究会　（83）2009.11

「鍋島水軍と本光寺」聯史（終章）（2）～（4）（小島宗光）「烏ん枕」 伊万里市郷土研究会　（86）/（88）2011.03/2012.03

本庄神社

与賀神社と本庄神社の縁起絵（福井尚寿）「調査研究書」 佐賀県立博物館，佐賀県立美術館　29　2005.3

舞鶴城跡

舞鶴城跡の多宝塔（再録「末盧國」）（市場直次郎）「郷土史誌末盧國」 松浦史談会，芸文堂（発売）（200）2014.12

馬渡島

馬渡島キリシタン史の検証（山田洋）「郷土史誌末盧國」 松浦史談会，芸文堂（発売）（179）2009.09

馬渡島―隠れキリシタンと馬渡節（特集 海が創った暮らしの歴史―九州北部の島々から）（田島龍太）「西日本文化」 西日本文化協会　（459）2012.10

松浦

松浦党遠祖の伝説と遺跡 その虚像と実像について（中尾国雄）「松浦党研究」 松浦党研究連合会，芸文堂（発売）22　1999.6

中世・石造物にみられる石造文化圏の問題について（大石一久）「松浦党研究」 松浦党研究連合会，芸文堂（発売）22　1999.6

松浦の仏教寺院考（13）～（30）（藤井悟）「郷土史誌末盧國」 松浦史談会，芸文堂（発売）145/（167）2001.3/2006.9

エビス像（丸田利實）「郷土史誌末盧國」 松浦史談会，芸文堂（発売）151　2002.9

水害と八大竜王（丸田利實）「郷土史誌末盧國」 松浦史談会，芸文堂（発売）152　2002.12

金仏仏との出逢い（丸田利實）「郷土史誌末盧國」 松浦史談会，芸文堂（発売）153　2003.3

人柱と松浦佐用姫 松浦佐用姫伝説考（6）（岸川康）「郷土史誌末盧國」 松浦史談会，芸文堂（発売）（170）2007.6

肥前松浦の楠の大木伝説（北野晃）「郷土史誌末盧國」 松浦史談会，芸文堂（発売）（170）2007.6

おもしろ昔ばなし 岸岳末孫と「祟り」（川添徳治）「郷土史誌末盧國」 松浦史談会，芸文堂（発売）（171）2007.9

石仏調査から（志佐惇彦）「郷土史誌末盧國」 松浦史談会，芸文堂（発売）（171）2007.9

被虜唐人解放を題材とする三謡曲と一狂言―「祖慶官人」の帰還（太田弘毅）「松浦党研究」 松浦党研究連合会，芸文堂（発売）（31）2008.6

キリシタン信仰の跡を訪ねて（佐々木市太郎）「郷土史誌末盧國」 松浦史談会，芸文堂（発売）（174）2008.6

朝鮮半島から請来された中世松浦の仏教美術（《地域特集・唐津 祭り・街・山 その豊かな広がり》）―ゆかりの古典文学と仏教美術（志佐惇彦）「西日本文化」 西日本文化協会　通号435　2008.10

渡来人と稲作文化（堀川義英）「郷土史誌末盧國」 松浦史談会，芸文堂

（発売）（176）2008.12

おもしろ昔ばなし「釜ふたかむせ」（川添徳治）「郷土史誌末盧國」 松浦史談会，芸文堂（発売）（177）2009.03

歴史豆知識 暦について（嶺川隆敏）「郷土史誌末盧國」 松浦史談会，芸文堂（発売）（179）2009.09

歴史・伝説・歌―松浦佐用姫をめぐって〔1〕，〔2〕（大嶋仁）「郷土史誌末盧國」 松浦史談会，芸文堂（発売）（180）/（181）2009.12/2010.03

大久保時代の寺院（宮崎博司）「郷土史誌末盧國」 松浦史談会，芸文堂（発売）（181）2010.03

殿様を困らせた大盗賊（1）～（4）（岸川龍）「郷土史誌末盧國」 松浦史談会，芸文堂（発売）（182）/（185）2010.06/2011.03

頭上に十一面を頂き合掌する観音像（志佐惇彦）「郷土史誌末盧國」 松浦史談会，芸文堂（発売）（183）2010.09

松浦佐用姫伝説の起源―近藤直也氏『松浦さよ姫伝説の基礎的研究』を評しつつ（中園成生）「郷土史誌末盧國」 松浦史談会，芸文堂（発売）（183）2010.09

石造十一面観音立像（志佐惇彦）「郷土史誌末盧國」 松浦史談会，芸文堂（発売）（184）2010.12

滑石製「如来形坐像」（志佐惇彦）「郷土史誌末盧國」 松浦史談会，芸文堂（発売）（188）2011.12

木造阿弥陀如来立像（竹下正博）「郷土史誌末盧國」 松浦史談会，芸文堂（発売）（189）2012.03

木造天部形立像（志佐惇彦）「郷土史誌末盧國」 松浦史談会，芸文堂（発売）（190）2012.06

木造如意輪観音坐像（志佐惇彦）「郷土史誌末盧國」 松浦史談会，芸文堂（発売）（191）2012.09

採話 おえびんかっぱ（堀川義英）「郷土史誌末盧國」 松浦史談会，芸文堂（発売）（192）2012.12

歌舞伎「松浦の太鼓」主役と秋田の関係（神宮滋）「北方風土 ： 北国の歴史民俗考古研究誌」 イズミヤ出版　（68）2014.06

帰化した神々7 権現さま（再録「末盧國」）（飯田一郎）「郷土史誌末盧國」 松浦史談会，芸文堂（発売）（200）2014.12

歴史的伝統の重み 白水郎（あま）の系譜（再録「末盧國」）（河児哲司）「郷土史誌末盧國」 松浦史談会，芸文堂（発売）（200）2014.12

松浦川

松浦川の鰻と秀吉（寺沢光世）「郷土史誌末盧國」 松浦史談会，芸文堂（発売）（176）2008.12

松森神社

松森神社について（岩松要輔）「小城の歴史」 小城郷土史研究会　49　2004.3

松山神社

松山神社の経緯と奉納刀とその他（山口一男）「松浦党研究」 松浦党研究連合会，芸文堂（発売）20　1997.6

末羅

末羅の由緒と衍義（岡村廣法）「松浦党研究」 松浦党研究連合会，芸文堂（発売）（28）2005.6

松浦圏

松浦圏で唄い継がれた「釜ふたかむせ」（内田清）「郷土史誌末盧國」 松浦史談会，芸文堂（発売）（177）2009.03

松浦圏で唄い継がれた「釜ふたかむせ」（2）伊岐佐・故佐伯基次氏のノートより採録（内田清）「郷土史誌末盧國」 松浦史談会，芸文堂（発売）（179）2009.09

万歳寺

新・鳥栖のいしぶみ（1）万歳寺ほのけ（松隈三郎）「栖 ： 鳥栖と周辺の自然と歴史をさぐる郷土誌」 鳥栖郷土研究会　（49）2009.11

南多久

南多久の六地蔵（藤瀬浩蔵）「西南地域史研究」 文献出版　13　2001.2

三根町

三根町の民話について（岡武宏）「佐賀の民話」 佐賀民話の会　（6）1998.5

無量寺

無量寺（三日月町久米）と菊の御紋（大島守雄）「小城の歴史」 小城郷土史研究会　（56）2007.9

桃川

桃川諏訪神社棟札之事（松永典彦）「烏ん枕」 伊万里市郷土研究会　64　2000.3

桃の川

幻の旧街道―26聖人殉教の旅と伊万里・桃の川往還（馬場政秋）「烏ん枕」 伊万里市郷土研究会　62　1999.3

九州・沖縄 　　　　　　　　　　　郷土に伝わる民俗と信仰 　　　　　　　　　　　佐賀県

森光商店

聞書「九州の老舗」シリーズ 百年超企業・長寿の知恵 (11) 株式会社森
光商店 (佐賀県鳥栖市) (田中滋幸)「西日本文化」 西日本文化協会
(461) 2013.02

竜宿浦

鹿島市竜宿浦の古面 (山崎和文)「調査研究書」 佐賀県立博物館, 佐賀県
立美術館 24 2000.3

大和町

大和町の民話翻字資料から (小副川肇)「佐賀の民話」 佐賀民話の会
(7) 2004.1

大和町名尾

植物と人・生きもの達 (8) 佐賀市大和町名尾の和紙作り (井上晋)「ふる
さとの自然と歴史」 歴史と自然をまもる会 (335) 2010.07

祐徳稲荷神社

祐徳稲荷神社所蔵 「能面切型図」(アダム, ゾーリンジャー)「葉隠研究」
葉隠研究会 45 2001.11

祐徳稲荷神社 「能面切型図」による復元能面展を終えて (井上朗)「葉隠
研究」 葉隠研究会 45 2001.11

祐徳稲荷神社所蔵 能面切型図 (山崎和文)「調査研究書」 佐賀県立博物
館, 佐賀県立美術館 28 2004.3

祐徳稲荷神社の創建と沿革 (鍋島朝倫)「鹿島史談」 鹿島史談会 (34)
2012.03

祐徳院様 (迎昭典)「鹿島史談」 鹿島史談会 (36) 2014.03

与賀神社

与賀神社と本庄神社の縁起絵 (福井尚寿)「調査研究書」 佐賀県立博物
館, 佐賀県立美術館 29 2005.3

横竹

横竹田島神社 湯かぶりと横竹の歴史 (熊本典宏)「郷土史誌末盧國」 松
浦史談会, 芸文堂 (発売) (195) 2013.09

吉野ヶ里

連載 吉野ヶ里だより―村岡央麻さんと聞いた吉野ヶ里の除夜の鐘 (宮崎
禮子)「栖 : 鳥栖と周辺の自然と歴史をさぐる郷土誌」 鳥栖郷土研究
会 (51) 2012.06

三輪山セミナーイン東京講演録 吉野ヶ里にみる祭祀―祖霊信仰の源流
を探る (高島忠平)「大美和」 大神神社 (124) 2013.01

淀姫神社

淀姫神社と五所八幡宮 (八尋勇)「少弐氏と宗氏」 少弐・宗体制懇話会
31 1998.8

淀姫宮

淀姫宮鳥居柱銘文 (三日月町堀江) (大島守雄)「小城の歴史」 小城郷土
史研究会 (57) 2008.4

呼子カトリック教会

「呼子カトリック教会」苦難の歴史 (金子政則)「郷土史誌末盧國」 松浦
史談会, 芸文堂 (発売) (179) 2009.09

呼子芭蕉塚

呼子芭蕉塚の 「謎」 を訪ねて (金子政則)「郷土史誌末盧國」 松浦史談
会, 芸文堂 (発売) (176) 2008.12

竜造寺八幡宮

八幡宮紹介 龍造寺八幡宮 (佐賀県佐賀市白山町)「季刊悠久.第2次」 鶴
岡八幡宮悠久事務局 (123) 2010.12

六丁

芦刈町六丁地区の 「新地踊り」 (岡本澄雄)「小城の歴史」 小城郷土史研
究会 (55) 2007.3

長崎県

青方神社

神さまに供える煮物づくり 青方神社の御膳部祭 長崎県南松浦郡新上五島町青方郷（久保田裕道）「儀礼文化ニュース」 儀礼文化学会 （187） 2012.11

阿弥陀寺

小野・極楽山阿弥陀寺における仏像の修復（中原俊治）「諫早史談」 諫早史談会 （40） 2008.3

天手長男神社

全国一宮祭礼記 和泉国一宮・大鳥神社/壱岐国一宮・天手長男神社「季刊悠久.第2次」 鶴岡八幡宮悠久事務局 83 2000.10

有家

司祭館・学院・神学校は有家の砦にあった（上）（生駒輝彦）「嶽南風土記・有家史談」 有家町史談会 （8） 2001.2

第22回日本山岳修験学会 雲仙・島原・有家学術大会参加記（俵谷和子）「山岳修験」 日本山岳修験学会，岩田書院（発売）（30） 2002.10

第22回日本山岳修験学会 雲仙・島原・有家学術大会を終えて（大会実行委員会）「山岳修験」 日本山岳修験学会，岩田書院（発売）（30） 2002.10

有家には八つの教会があった 所在地の考案（中村季彦）「嶽南風土記」 有家町史談会 （18） 2011.02

有家町

「唐ゆきさん」物語（森永登）「嶽南風土記・有家史談」 有家町史談会 （8） 2001.2

魔鏡とキリシタン（林田津誉毅）「嶽南風土記・有家史談」 有家町史談会 （8） 2001.2

蟹とキリシタン（林田津誉毅）「嶽南風土記・有家史談」 有家町史談会 （9） 2002.1

「疣がんさん」考（森永登）「嶽南風土記・有家史談」 有家町史談会 （9） 2002.1

秋の七草（長門久壽）「嶽南風土記・有家史談」 有家町史談会 （10） 2003.3

佐用姫（佐用之神）信仰（林田秀晴）「嶽南風土記・有家史談」 有家町史談会 （10） 2003.3

お覗き下され文反故 拾話 屏風下貼りからのことども（福田八郎）「嶽南風土記・有家史談」 有家町史談会 （10） 2003.3

キリシタン鍔の表象（2）（相川暉房）「嶽南風土記・有家史談」 有家町史談会 （11） 2004.2

狐の恩返し（相川暉房）「嶽南風土記・有家史談」 有家町史談会 （12） 2005.2

水神と隠れキリシタン（林田津誉毅）「嶽南風土記・有家史談」 有家町史談会 （12） 2005.2

橘いつよさんの梅干（福田茂子）「嶽南風土記・有家史談」 有家町史談会 （13） 2005.12

「天」とキリシタン（林田津誉毅）「嶽南風土記・有家史談」 有家町史談会 （14） 2006.12

土着化と言葉 日本におけるキリスト教（下川英利）「嶽南風土記」 有家町史談会 （18） 2011.02

日本における初期キリシタン時代の墓碑（1），（2）—とくに日本伝統の墓石から見たキリシタン墓碑の特異性とその造立次期について（大石一久）「嶽南風土記」 有家町史談会 （18）/（19） 2011.02/2012.02

立石様の不思議な啓示（江越直昭）「嶽南風土記」 有家町史談会 （18） 2011.02

和算とキリシタン（林田津誉毅）「嶽南風土記」 有家町史談会 （18） 2011.02

二十六聖人の殉教とその影響（デ・ルカ・レンゾ）「嶽南風土記」 有家町史談会 （19） 2012.02

「温泉山信仰」知見（林田津誉毅）「嶽南風土記」 有家町史談会 （19） 2012.02

修験道とキリシタン遺物（伊東豪健）「嶽南風土記」 有家町史談会 （19） 2012.02

有川

上五島有川の鯨供養塔（安陪光正）「ふるさとの自然と歴史」 歴史と自然をまもる会 （332） 2010.01

伊王島

伊王島に俊寛僧都の墓碑を訪ねて（釘本サチ子）「浜木綿 ： 五島文化協会同人誌」 五島文化協会 （85） 2008.5

壱岐

〈古代が息づく神の島 壱岐〉「季刊邪馬台国」 「季刊邪馬台国」編纂委員会，梓書院（発売） 80 2003.6

神々や鬼もねむる壱岐（岬茫洋）「季刊邪馬台国」 「季刊邪馬台国」編纂委員会，梓書院（発売） 80 2003.6

墓上施設の現在—隠岐，対馬，壱岐のスヤをめぐって（山崎亮）「古代文化研究」 島根県古代文化センター （13） 2005.3

壱岐の塩鰤—「北前船と文化伝播」の視点から《〈壱岐・対馬の民俗〉》（胡桃沢勘司）「民俗文化」 近畿大学民俗学研究所 （20） 2008.3

対馬・壱岐におけるウミガメの民俗—亀卜の里とウミガメ《〈壱岐・対馬の民俗〉》（藤井弘章）「民俗文化」 近畿大学民俗学研究所 （20） 2008.3

殺生釘補遺《〈壱岐・対馬の民俗〉》（大脇潔）「民俗文化」 近畿大学民俗学研究所 （20） 2008.3

壱岐再幻視 海士族神話と息長足姫（室伏志畔）「九州倭国通信」 九州古代史の会 （157） 2011.08

壱岐神楽

神楽紀行 平戸・壱岐（三上敏規）「あらはれ ： 猿田彦大神フォーラム年報 ： ひらかれる未来神話」 猿田彦大神フォーラム 8 2005.10

壱岐神楽の荒平舞（神田竜浩）「民俗芸能研究」 民俗芸能学会 （51） 2011.09

生月島

九州の博物館 生月町博物館 島の館の捕鯨展示と生月島の銃殺 捕鯨の記録（中園成生）「Museum Kyushu ： 文明のクロスロード」 博物館等建設推進九州会議 17（2）通号64 1999.7

生月島の捕鯨史跡（中園成生）「西日本文化」 西日本文化協会 361 2000.5

生月町

コンパンヤ組織の起源に関する一考察（星野真里）「生月町博物館・島の館だより」 生月町博物館・島の館 （17） 2013.03

キリシタン信仰の組の成立過程（中園成生）「生月町博物館・島の館だより」 生月町博物館・島の館 （17） 2013.03

『隠れキリシタンの実像』における信仰認識と問題（中園成生）「生月町博物館・島の館だより」 生月町博物館・島の館 （18） 2014.03

事業報告 企画展「キリシタン—海が伝えた信仰文化—」「生月町博物館・島の館だより」 生月町博物館・島の館 （18） 2014.03

伊古

寛政4年3月建立、伊古熊野神社 境内の「天満宮さん」は語る（松尾司郎）「みずほ史談」 瑞穂町史談会 （11） 2007.3

伊古むら

明和9年 今田丈次兵衛の熊野神社鳥居再建と伊古村（松尾司郎）「みずほ史談」 瑞穂町史談会 （10） 2006.3

井崎

「井崎まっこみ浮立」の保存伝承について（田崎保時）「諫早史談」 諫早史談会 （38） 2006.3

諫早

私の「ドロガンドン」考（松山ヒトエ）「諫早史談」 諫早史談会 29 1997.3

田祈禱と浮立（山部淳）「諫早史談」 諫早史談会 31 1999.3

諫早甕山小松焼（織田武人）「諫早史談」 諫早史談会 31 1999.3

伝統の仕事着（川内知子）「諫早史談」 諫早史談会 31 1999.3

平家物語に「諫早ことば」をたずねる（野中素）「諫早史談」 諫早史談会 32 2000.3

氏神さま信仰の変遷（田崎保時）「諫早史談」 諫早史談会 36 2004.3

正月あれこれ（大嶽唯雄）「諫早史談」 諫早史談会 36 2004.3

天満宮（天満神社）の変遷について（森永藤太）「諫早史談」 諫早史談会 37 2005.3

大乗妙典碑解読（山口八郎）「諫早史談」 諫早史談会 （38） 2006.3

高潮碑について（野中素）「諫早史談」 諫早史談会 （42） 2010.3

史談あれこれ 大水害は7月24日夜から25日明け方/御手水観音の磨崖仏/

九州・沖縄　　　　郷土に伝わる民俗と信仰　　　　長崎県

野口寧斉の墓(2)/諫早領内の水軍について/阿呆陀羅経「諫早史談」
諫早史談会　(42)　2010.3
牧の「三夜さん」考(田崎保時)「諫早史談」　諫早史談会　(45)　2013.03
佛様の御前に御神燈(田崎保時)「諫早史談」　諫早史談会　(46)　2014.03

諫早台場

諫早台場の円形台座―砲身と円形台座考証(織田武人)「諫早史談」　諫早史談会　(40)　2008.3

厳原町

対馬の産育習俗(1)　右近様―厳原町の安産祈願(内藤美奈)「女性と経験」　女性民俗学研究会　通号23　1998.10
ある産婆たちの儀礼―対馬市厳原町・美津島町(内藤美奈)「女性と経験」　女性民俗学研究会　通号32　2007.10

厳原町天道茂

欅と厠の禁忌―対馬市厳原町天道茂の産育習俗から(内藤美奈)「女性と経験」　女性民俗学研究会　通号31　2005.10

厳原町宮谷

胞衣を踏む―対馬厳原町宮谷(内藤美奈)「女性と経験」　女性民俗学研究会　通号27　2002.12

以酊庵

以酊庵輪番制と東向寺輪番制(特集 対馬藩特集―主体としての対馬・対馬藩)(池内敏)「九州史学」　九州史学研究会　(163)　2012.10

井出明神

小長井の昔ばなし 井出明神さん(川野俊専)「諫早史談」　諫早史談会　37　2005.3

岩屋観音

裏山の上字戸岩屋観音(森永蔵太)「諫早史談」　諫早史談会　(44)　2012.03

宇久

昭和最後の八十八ヵ所石仏 中里東漸寺 ≡久の石工・沢辺哲也氏二十代の作像〈鷹島・阿翁石工の系列〉(筒井隆義)「談林」　佐世保史談会　(52)　2011.11

宇久島

北五島の民俗世界―宇久島を中心として(野本寛一)「民俗文化」　近畿大学民俗学研究所　(17)　2005.3
五島の畑作民俗とマメ―福江島・宇久島をフィールドとして(岸本誠司)「民俗文化」　近畿大学民俗学研究所　(17)　2005.3
今昔宇久島物語(児童・生徒の郷土研究発表)(岡本萌果)「郷土研究」　佐世保市立図書館　(36)　2009.3

宇久神社

表紙説明 「しゃぐま棒ひき」(佐世保市宇久町) 写真:宇久神社提供「談林」　佐世保史談会　(53)　2012.11

浦上

浦上キリシタン流配事件と山口(家近良樹)「山口県史研究」　山口県　5　1997.3
浦上地区キリシタン墓碑調査報告(1)(藤田千歳)「長崎市立博物館館報」　長崎市立博物館　38　1998.3
浦上キリシタンを扱った西堀重雄氏の小説「暁光」(青山玄)「名古屋キリシタン文化研究会会報」　「名古屋キリシタン文化研究会」　56　1998.7
潜伏キリシタンにおけるキリスト教の継承―浦上三番崩れと天草崩れの比較を通して(児島康子)「長崎談叢」　長崎史談会　91　2002.5
前田英雄先生の史誌を読む 浦上キリシタン四番崩れと富山藩合寺令(前田英雄先生 追悼文集)(岡本武勇)「大山の歴史と民俗」　大山町歴史民俗研究会　(別冊)　2014.08

雲仙

第22回日本山岳修験学会 雲仙・島原・有家学術大会参加記(俵谷和子)「山岳修験」　日本山岳修験学会,岩田書院(発売)　(30)　2002.10
第22回日本山岳修験学会 雲仙・島原・有家学術大会を終えて(大会実行委員会)「山岳修験」　日本山岳修験学会,岩田書院(発売)　(30)　2002.10

雲仙山系

霊山と大型石塔―とくに雲仙山系に見られる鎌倉後期大型石塔の建塔背景について(大石一久)「山岳修験」　日本山岳修験学会,岩田書院(発売)　(30)　2002.10

温泉神社

四面宮(温泉神社)について(山口八郎)「諫早史談」　諫早史談会　29　1997.3
島原半島内の(温泉神社)(酒井秀敏)「嶽南風土記」　有家町史談会

(18)　2011.02

雲仙岳

諫早周辺の山岳宗教(2) 雲仙岳(山口八郎)「諫早史談」　諫早史談会　31　1999.3
雲仙岳の歴史と文化(根井浄)「山岳修験」　日本山岳修験学会,岩田書院(発売)　(30)　2002.10

大浦国際墓地

サルタ彦のはなし(大浦国際墓地)(松竹英雄)「長崎談叢」　長崎史談会　93　2004.5

大浦天主堂

大浦天主堂(中山しき)「長崎文化」　長崎国際文化協会　59　2001.11
大浦天主堂を建築した小山秀之進(長島俊一)「長崎文化」　長崎国際文化協会　61　2003.11
大浦天主堂と「長崎さるく博」と(片岡千鶴子)「純心博物館だより」　長崎純心大学博物館　(27)　2006.12

大野

鎌倉の「やぐら」と大野・岩戸さま(筒井隆義)「談林」　佐世保史談会　40　1999.11

大村

能登西岸の肥前大村遭難者供養塔(柴田恵司,大石一久)「大村史談」　大村史談会　49　1998.3
手熊石塔群調査概要(大石一久)「大村史談」　大村史談会　49　1998.3
日本キリシタン教界と宣教師(五野井隆史)「大村史談」　大村史談会　50　1999.3
中世・石造物にみられる石造文化圏の問題について(大石一久)「大村史談」　大村史談会　50　1999.3
墓塔・墓碑から見たキリシタン時代の様相(大石一久)「大村史談」　大村史談会　53　2002.3
なぜいま「キリシタン史観」を問うのか(相川淳)「大村史談」　大村史談会　53　2002.3
大村出身の初期キリスト教界のリーダー(村勇)「大村史談」　大村史談会　(57)　2006.3

大村藩

本経寺の小佐々市右衛門親の愛犬ハナ丸墓と大村藩の宗教政策(小佐々学)「大村史談」　大村史談会　(57)　2006.3

小値賀島

小値賀島の捕鯨 藤松～小田～大阪屋組の捕鯨活動(魚屋優子)「長崎県地方史だより」　長崎県地方史研究会　61　2003.10

大島

大島捕鯨の概要(中園成生)「生月町博物館・島の館だより」　生月町博物館・島の館　(12)　2008.3

鬼岳

鬼岳(濱田和子)「六甲倶楽部報告」　六甲倶楽部　(83)　2007.11

海神神社

全国一宮祭礼記 対馬国一宮・海神神社/隠岐国一宮・由良比女神社「季刊悠久.第2次」　鶴岡八幡宮悠久事務局　82　2000.7

海津神社

対馬一宮神社(海津神社)(石井保)「三田史談」　三田市郷土文化研究会　22　2002.4

垣内

垣内・潜伏キリシタン長墓墓碑群(大石一久)「研究紀要」　長崎歴史文化博物館　(6)　2012.03

鶴林寺

鶴林寺界隈(随筆)(坂口進)「浜木綿 : 五島文化協会同人誌」　五島文化協会　(91)　2011.05

勝本浦

漁村の変遷―長崎市・壱岐島勝本浦の場合(今村奈美子)「民俗と歴史」　民俗と歴史の会　通号28　1999.3
壱岐勝本浦土肥組の捕鯨文書について(古賀康士)「生月町博物館・島の館」　生月町博物館・島の館　(18)　2014.3

上五島

レポート かくれキリシタン村落の変容と現状―長崎県上五島地方のいま(特集 かくれキリシタン)(吉村政徳)「季刊悠久.第2次」　鶴岡八幡宮悠久事務局　(137)　2014.09

亀山

玉島乙島出土の亀山焼(福本明)「倉敷の歴史」　倉敷市総務局総務部　9　1999.3

川内町

田祈禱と浮立（2）川内町の田祈禱浮立（山部淳）「諫早史談」 諫早史談
会　32　2000.3

観音寺

田結山 観音寺紹介（松山ヒトエ）「諫早史談」 諫早史談会　37　2005.3

九州西国札所七観音寺の伝承・伝説を訪ねて（田崎保時）「諫早史談」 諫
早史談　（44）2012.03

清福稲荷神社

「清福稲荷神社」を調べてみて（黒崎一）「談林」 佐世保史談会　41
2000.11

金泉寺

多良岳金泉寺の千手観音物語（田崎保時）「諫早史談」 諫早史談会
（40）2008.3

太良嶽山金泉寺再建に携わって（田崎保時）「諫早史談」 諫早史談会
（42）2010.03

太良山金泉寺縁起變革之碑（事務局）「諫早史談」 諫早史談会　（42）
2010.03

金全寺

天正2年（1574）「多羅山金全寺亡失」のこと（杉谷昭）「諫早史談」 諫早
史談会　（42）2010.03

口之津

盃状穴が語る口之津の教会跡（林田津誉毅）「嶽南風土記・有家史談」 有
家町史談会　（13）2005.12

黒髪神社

黒髪神社の由来（中木場黒髪神社と佐賀黒髪山を調べて）（児童・生徒の
郷土研究発表）（迎光）「郷土研究」 佐世保市立図書館　（39）2012.03

黒島

黒島と潜伏キリシタンの移住（寶亀道聰）「談林」 佐世保史談会　（55）
2014.11

黒島教会

黒島教会とその歴史（児童・生徒の郷土研究発表）（小坂明莉）「郷土研
究」 佐世保市立図書館　（34）2007.3

黒島天主堂

表紙説明 黒島天主堂「談林」 佐世保史談会　（55）2014.11

慶巖寺

慶巖寺の縁起と沿革（遺稿）（森永勇夫）「諫早史談」 諫早史談会　（40）
2008.3

乾亨院

水ヶ江の乾亨院（牛原悦夫）「諫早史談」 諫早史談会　（38）2006.3

孔子廟唐人館

孔子廟唐人館（中山しき）「長崎文化」 長崎国際文化協会　58　2000.11

神島神社

神島神社と五島列島の古社寺をめぐって（塚原博）「Museum Kyushu ：
文明のクロスロード」 博物館等建設推進九州会議　18（1）通号67
2000.9

香田観音堂

史談あれこれ 香田観音堂の本尊寄進について/五竜号慰霊碑/シラミ退
治「諫早史談」 諫早史談会　（45）2013.03

興福寺

唐寺・東明山興福寺の媽祖堂に関する一資料・刹竿石をめぐって（山本
輝雄）「長崎市立博物館館報」 長崎市立博物館　38　1998.3

長崎市・興福寺所蔵媽祖倚像および侍女立像 九州所在木彫像基礎資料
（4）（楠井隆志，鳥越俊行）「東風西声 ： 九州国立博物館紀要 ： the
bulletin of Kyushu National Museum」 九州国立博物館　（7）
2012.03

虚空蔵道

虚空蔵道と『ふらんの墓』（松崎賢治）「大村史談」 大村史談会　56
2005.3

悟真寺

長崎悟真寺の唐人墓地（坂井隆）「九州考古学」 九州考古学会　（76）
2001.12

中国人と長崎悟真寺（陳飛君）「長崎文化」 長崎国際文化協会　60
2002.11

五島

五島のカトリック（丸山孝一）「Museum Kyushu ： 文明のクロスロー
ド」 博物館等建設推進九州会議　18（1）通号67　2000.9

五島歳時記 五島の教会（武羅井高）「浜木綿 ： 五島文化協会同人誌」 五
島文化協会　（88）2009.11

物語り ガータロ夜話（北川五郎）「浜木綿 ： 五島文化協会同人誌」 五島
文化協会　（89）2010.05

五島歳時記「五島つばき祭り」（随筆）（武羅井高）「浜木綿 ： 五島文化協
会同人誌」 五島文化協会　（91）2011.05

伝説 亡き人に逢えるみみらく私考―『蜻蛉日記』みみらくの島の一考察
（櫻井隆）「浜木綿 ： 五島文化協会同人誌」 五島文化協会　（92）
2011.10

伝説 亡き人に逢えるみみらく私考（2）―『蜻蛉日記』成立の背景（櫻井
隆）「浜木綿 ： 五島文化協会同人誌」 五島文化協会　（93）2012.05

伝説 亡き人に逢えるみみらく私考（3）―伝説伝承の系譜（櫻井隆）「浜木
綿 ： 五島文化協会同人誌」 五島文化協会　（94）2012.11

史話 五島の「うどん」と「焼酎」のルーツ―藩政文書に探る（内海紀
雄）「浜木綿 ： 五島文化協会同人誌」 五島文化協会　（94）2012.11

全国河童サミットに参加して（随想・エッセー）（出島勝馬）「浜木綿 ：
五島文化協会同人誌」 五島文化協会　（96）2013.11

故郷回顧（7）「おチュニッさん」のこと―「チュウゲンマチ」谷川家の
親族懇親会（随想・エッセー）（山中彦昭）「浜木綿 ： 五島文化協会同
人誌」 五島文化協会　（96）2013.11

きゅう資料の里帰り 五島歴史資料館に寄贈を終えて（随想・エッセー）
（筑田俊夫）「浜木綿 ： 五島文化協会同人誌」 五島文化協会　（96）
2013.11

史料にみる古代の五島（2）―五島の土蜘蛛私考（史話）（櫻井隆）「浜木綿
： 五島文化協会同人誌」 五島文化協会　（96）2013.11

五島歳時記 方言（五島弁）（随想・エッセー）（武羅井高）「浜木綿 ： 五
島文化協会同人誌」 五島文化協会　（97）2014.05

きゅう翁珠玉の随想 きゅう資料の里帰り（2）（随想・エッセー）（編集
部）「浜木綿 ： 五島文化協会同人誌」 五島文化協会　（97）2014.05

『グツの話』―祖父が話してくれた昔話（随筆・エッセー）（山中彦昭）
「浜木綿 ： 五島文化協会同人誌」 五島文化協会　（98）2014.11

河童探訪2（随筆・エッセー）（出島勝馬）「浜木綿 ： 五島文化協会同人
誌」 五島文化協会　（98）2014.11

五島灘

五島灘・角力灘海域を舞台とした18〜19世紀における潜伏キリシタンの
移住について（岩崎義則）「史淵」 九州大学大学院人文科学研究院
150　2013.03

五島列島

神島神社と五島列島の古社寺をめぐって（塚原博）「Museum Kyushu ：
文明のクロスロード」 博物館等建設推進九州会議　18（1）通号67
2000.9

五島列島の教会堂建築について（川上秀人）「Museum Kyushu ： 文明の
クロスロード」 博物館等建設推進九州会議　18（1）通号67　2000.9

西海

《特集 西海の捕鯨》「西日本文化」 西日本文化協会　361　2000.5

古式捕鯨業時代における西海漁場の捕鯨（中園成生）「長崎県地方史だよ
り」 長崎県地方史研究会　61　2003.10

西海捕鯨と鯨組の軌跡（指方邦彦）「長崎県地方史だより」 長崎県地方史
研究会　61　2003.10

江戸時代の絵巻にみる西海の捕鯨（1）〜（6）（森弘子，寺沢光世）「郷土史
誌末廬國」 松浦史談会，芸文堂（発売）163/（169）2005.9/2007.3

西海漁場における網掛突取捕鯨法の開始（中園成生）「生月町博物館・島
の館だより」 生月町博物館・島の館　（11）2007.3

西海の島々と捕鯨（特集 海が創った暮らしの歴史―九州北部の島々か
ら）（中園成生）「西日本文化」 西日本文化協会　（459）2012.10

西郷

瑞穂の神々―西郷地区（進藤一広）「みずほ史談」 瑞穂町史談会　（6）
2000.3

西郷八幡神社

八幡宮紹介 西郷八幡神社（長崎県雲仙市）「季刊悠久.第2次」 鶴岡八幡
宮悠久事務局　（112）2008.8

塞神社

壱岐の塞神社を訪ねて（宮原勝秀）「郷土研究」 佐世保市立図書館　30
2003.3

崎戸本郷

崎戸本郷における「浜迫」の祭祀行事（小佐々喬志）「大村史談」 大村史
談会　51　2000.3

笹塚古墳

鬼が隠した金の馬飾り―笹塚古墳と副葬品について（田中聡一）「原の辻
ニュースレター」 長崎県教育庁原の辻遺跡調査事務所　29　2007.10

佐世保

明治の神仏分離と郷土の寺院(1)(黒崎一)「談林」 佐世保史談会 38 1997.11

線路工手の唄(長崎薫)「談林」 佐世保史談会 39 1998.11

念仏行者伝説と千日行碑(筒井隆義)「談林」 佐世保史談会 39 1998.11

明治の神仏分離と郷土の神社(黒崎一)「談林」 佐世保史談会 39 1998.11

小麦様異聞(岡村広法)「談林」 佐世保史談会 40 1999.11

佐世保北部に在るキリシタン灯籠について(塩見康男)「談林」 佐世保史談会 41 2000.11

「竈蓋冠せ」と「若老の詞」(岡村広法)「談林」 佐世保史談会 42 2001.11

キリシタン手水鉢について(塩見康男)「談林」 佐世保史談会 42 2001.11

佐世保の方言と古語(長崎薫)「談林」 佐世保史談会 42 2001.11

明治・大正時代の佐世保の主な年中行事一覧(長崎薫)「談林」 佐世保史談会 43 2002.11

キリシタン墓石について(塩見康男)「談林」 佐世保史談会 43 2002.11

佐世保に伝わった浮立とその後(西川秀利)「談林」 佐世保史談会 44 2003.11

石仏はこころの近代遺産—新興都市佐世保の特色示す貴重な存在(筒井隆義)「談林」 佐世保史談会 (48) 2007.11

佐世保バーガーの学習の取り組んで(宮崎勝秀)「郷土研究」 佐世保市立図書館 (35) 2008.3

佐世保独楽について(児童・生徒の郷土研究発表)(川上紅音)「郷土研究」 佐世保市立図書館 (35) 2008.3

庶民の願い受け止めた三十三観音—佐世保にある石仏霊場は六ヵ所《創立50周年記念特集》(筒井隆義)「談林」 佐世保史談会 (49) 2008.11

俊兵衛—引地家「家財録」を読んで(秋山変男)「談林」 佐世保史談会 (50) 2009.10

肥前石工の発祥と盛衰 新興地の軍港佐世保で有終の美(筒井隆義)「談林」 佐世保史談会 (50) 2009.10

佐世保で見た大相撲巡業(瀬野精一郎)「談林」 佐世保史談会 (51) 2010.12

眼鏡岩三界方霊仏と鎌倉墓塔仏など—共通する室町様式レリーフ石仏から見えるもの(筒井隆義)「談林」 佐世保史談会 (51) 2010.12

面白すぎるフロイスの日本史—僧侶等の連襲とキリシタンの惨状(宮崎勝秀)「談林」 佐世保史談会 (51) 2010.12

年中万事扣帳から家財録へ—「引地家文書」より(賓亀道聴)「談林」 佐世保史談会 (51) 2010.12

郷土史はオモシロイ(1)お触れ(岡村廣伝)「談林」 佐世保史談会 (52) 2011.11

忘れ去られた磨崖佛(澤恵二)「談林」 佐世保史談会 (52) 2011.11

田舎廻りの寺社梁札(棟札)にみる代官・庄屋等役職名(松永武保, 松永泰子)「談林」 佐世保史談会 (55) 2014.11

佐世保市

佐世保市内の磨崖仏を見る(筒井隆義)「談林」 佐世保史談会 41 2000.11

わが町の神社調べ(吉永正芳, 吉永康人, 南部祥彰)「郷土研究」 佐世保市立図書館 28 2001.3

無形文化財指定の回想(長崎薫)「郷土研究」 佐世保市立図書館 30 2003.3

「年中行事」を探る(黒崎一)「郷土研究」 佐世保市立図書館 (32) 2005.3

9月29日祭礼の謎(宮崎勝秀)「郷土研究」 佐世保市立図書館 (32) 2005.3

ぼくの町の祭り(酒見菖平)「郷土研究」 佐世保市立図書館 (32) 2005.3

肥前は石工の原郷—特異な性格の佐世保市と石仏《特集 石仏探訪Ⅴ》(筒井隆義)「日本の石仏」 日本石仏協会, 青娥書房(発売) (118) 2006.6

伝承の石仏三題—佐世保市の例《特集 伝承と石仏》(筒井隆義)「日本の石仏」 日本石仏協会, 青娥書房(発売) (119) 2006.9

文久年間の年中行事万事扣帳(引地家文書より)(賓亀道聴)「郷土研究」 佐世保市立図書館 (38) 2011.03

佐世保東山海軍墓地

ドイツ人水兵の眠る海軍墓地を訪ねて(宮崎勝秀)「郷土研究」 佐世保市立図書館 (37) 2010.3

サン・ジワン枯松神社

カクレキリシタンの聖地サン・ジワン枯松神社(田辺英治)「歴研よこはま」 横浜歴史研究会 (55) 2004.11

志々伎社

太良嶽縁起と志々伎社(田崎保時)「諫早史談」 諫早史談会 34 2002.3

下町

幻になった下町の傘鉾(満井トキ)「諫早史談」 諫早史談会 33 2001.3

下町の弁太(山部淳)「諫早史談」 諫早史談会 (40) 2008.3

島原

島原煙草(木田正巳)「嶽南風土記・有家史談」 有家町史談会 (8) 2001.2

「島原の乱」と「唐行きさん」の原因考(高木繁幸)「みずほ史談」 瑞穂町史談会 (7) 2001.5

島原地方(長崎県)のハチ籠(福田道弘)「自然と文化」 日本ナショナルトラスト 通号67 2001.11

第22回日本山岳修験学会 雲仙・島原・有家学術大会参加記(俵谷和子)「山岳修験」 日本山岳修験学会, 岩田書院(発売) (30) 2002.10

第22回日本山岳修験学会 雲仙・島原・有家学術大会を終えて(大会実行委員会)「山岳修験」 日本山岳修験学会, 岩田書院(発売) (30) 2002.10

島原の乱における黒田忠之本陣の陣中食—とくに食材について(平嶋浩子)「福岡県地域史研究」 西日本文化協会福岡県地域史研究所 20 2003.3

天草・島原の乱(上),(下)(吉岡健二)「オール諏訪 ： 郷土の総合文化誌」 諏訪郷土文化研究会 23(6)通号228/23(7)通号229 2003.9/2003.10

龍神温泉の御殿と島原の乱(小池洋一)「和歌山地理」 和歌山地理学会 (24) 2004.12

島原の乱—宗教一揆的要素の再評価(田中久美子)「史泉 ： historical & geographical studies in Kansai University」 関西大学史学・地理学会 (110) 2009.07

有馬島原に派遣された幡随意上人 『幡随意上人諸国行化傳』の紹介と翻刻(根井浄)「嶽南風土記」 有家町史談会 (18) 2011.02

島原手延べそうめん(須川そうめん)の歴史を紐解く(嶋田惣二郎)「嶽南風土記」 有家町史談会 (18) 2011.2

潜伏キリシタン墓碑 島原の乱後もキリシタンは存在(山下貞文)「嶽南風土記」 有家町史談会 (18) 2011.02

寛政4年島原大変と宗教界(根井浄)「嶽南風土記」 有家町史談会 (19) 2012.02

島原手延べそうめんのルーツは、福建省か(嶋田惣二郎)「嶽南風土記」 有家町史談会 (19) 2012.2

島原藩

肥前島原藩で明礬をつくる(明礬をつくるその3)(恒松栖)「別府史談」 別府史談会 (25) 2012.03

島原半島

《島原半島特集》「山岳修験」 日本山岳修験学会, 岩田書院(発売) (30) 2002.10

伊勢御師の為替と仏教寺院との関係—肥前島原半島の場合(久田松和則)「山岳修験」 日本山岳修験学会, 岩田書院(発売) (30) 2002.10

神主・社人と別当・社僧の間—島原半島の神社をめぐって(根井浄)「嶽南風土記・有家史談」 有家町史談会 (11) 2004.2

島山島

長崎県松浦郡玉之浦町大宝寺五輪塔と島山島宝塔(古川久雄)「日引 ： 石造物研究会会誌」 4 2003.10

四面宮

四面宮(温泉神社)について(山口八郎)「諫早史談」 諫早史談会 29 1997.3

諫早史談会例会発表要旨 諫早宗廟四面宮と五智光山荘厳寺(前)(山部淳)「諫早史談」 諫早史談会 32 2000.3

諫早宗廟四面宮と五智光山荘厳寺(後)(山部淳)「諫早史談」 諫早史談会 33 2001.3

正久寺

正久寺と五輪の塔(大嶽藤雄)「諫早史談」 諫早史談会 (40) 2008.3

荘厳寺

諫早史談会例会発表要旨 諫早宗廟四面宮と五智光山荘厳寺(前)(山部淳)「諫早史談」 諫早史談会 32 2000.3

諫早宗廟四面宮と五智光山荘厳寺(後)(山部淳)「諫早史談」 諫早史談会 33 2001.3

浄漸寺

浄漸寺の銅造如来坐像(黒崎一)「談林」 佐世保史談会 40 1999.11

お巡り 浄漸寺のお巡りを中心に(黒崎一)「談林」 佐世保史談会 43 2002.11

佐世保市文化財指定 浄漸寺「薬師如来坐像」(黒崎一)「談林」 佐世保史

長崎県　　　　　　　　　　　　　　郷土に伝わる民俗と信仰　　　　　　　　　　　　　九州・沖縄

談会　（53）2012.11

正法寺
多良見の正法寺縁起（中原俊治）「諫早史談」　諫早史談会　（42）2010.03

聖宝寺
郷村記の中の聖宝寺と現存する石塔群について（森本武）「大村史談」　大村史談会　50　1999.3

白原町
田祈禱と浮立（3）白原町の田祈禱浮立（山部淳）「諫早史談」　諫早史談会　33　2001.3

田祈禱と浮立・各説（6）白原町の田祈禱と浮立（山部淳）「諫早史談」　諫早史談会　36　2004.3

汁カノ上
史話 幻の「汁カノ上」（田端昭一郎）「浜木綿 ： 五島文化協会同人誌」　五島文化協会　（92）2011.10

城山
八幡大菩薩石像と湧水─佐世保城山周辺の史跡（筒井隆義）「談林」　佐世保史談会　（46）2005.11

瑞光寺
キリシタンに焼かれた瑞光寺や東蓮寺跡を訪ねて（宮崎勝秀）「談林」　佐世保史談会　（50）2009.10

須佐神社
郷土史はオモシロイ（2）須佐神社と勝富遊郭（山口日都志）「談林」　佐世保史談会　（49）2008.11

角力灘
五島灘・角力灘海域を舞台とした18〜19世紀における潜伏キリシタンの移住について（岩﨑義則）「史淵」　九州大学大学院人文科学研究院　150　2013.03

瀬戸越町
瀬戸越町の「左石」について 80年ぶりに出現した相対積み安山岩石垣（筒井隆義）「談林」　佐世保史談会　44　2003.11

善光寺
善光寺（対馬市峰町）の金鼓について（望月規史）「東風西声 ： 九州国立博物館紀要 ： the bulletin of Kyushu National Museum」　九州国立博物館　（8）2013.03

善長谷
隠れキリシタンの里善長谷─善長谷教会（原田博二）「長崎文化」　長崎国際文化協会　61　2003.11

泉福寺洞穴
九州・暮らしの古代史（3）洞穴の生活は何をもたらしたか 佐世保市の泉福寺洞穴を訪ねて（玉木朋史）「歴史九州」　九州歴史大学講座事務局　9（3）通号98　1998.11

崇福寺
崇福寺の中国盆（伊東秀征）「長崎文化」　長崎国際文化協会　60　2002.11

外海
外海のカクレキリシタン（松川隆治）「長崎県地方史だより」　長崎県地方史研究会　64　2005.3

園田神社
瑞穂の神々 園田神社（進藤一廣）「みずほ史談」　瑞穂町史談会　（9）2004.3

大宝寺
長崎県松浦郡玉之浦町大宝寺五輪塔と島山島宝塔（古川久雄）「日引 ： 石造物研究会会誌」　4　2003.10

高岩
高岩権現さんと民話「みそ五郎」抄（山田泰造）「嶽南風土記・有家史談」　有家町史談会　（14）2006.12

岳路
岳路の念仏と東樫山の歌念仏─念仏存続の背景をめぐって（島忠久）「民俗芸能研究」　民俗芸能学会　（47）2009.09

田代
報告要旨（レジュメ）近世宗教の「邪正」─宝暦期肥前国対馬藩田代領における異法一件を中心に─（《第16回総会の記録》）（大橋幸泰）「岡山藩研究」　岡山藩研究会　（58）2008.11

近世宗教の「邪正」─宝暦期肥前国対馬藩田代領における異法一件を中心に─を聞いて（《第16回総会の記録》─参加記）（日比佳代子）「岡山藩研究」　岡山藩研究会　（58）2008.11

田の浦霊場
平戸「田の浦霊場」にお参りして─弘法大師渡唐一千二百年に思う（黒崎一）「談林」　佐世保史談会　（45）2004.11

太良岳
太良嶽縁起と志々伎社（田嶋保時）「諫早史談」　諫早史談会　34　2002.3

太良嶽縁起（事務局）「諫早史談」　諫早史談会　（42）2010.03

太良岳神社
太良嶽さん詣りと金毘羅さん詣り（大嶽藤雄）「諫早史談」　諫早史談会　35　2003.3

多良岳山
多良岳山觀世音菩薩縁起幷讃（事務局）「諫早史談」　諫早史談会　（42）2010.03

対馬
対馬における神功皇后説話（岡田啓助）「昔話伝説研究」　昔話伝説研究会　通号18　1997.5

対馬の姫瀬伝説─男女による伝承の違い（内藤美奈）「女性と経験」　女性民俗学研究会　通号22　1997.10

対馬の石枕と海岸墓地について（大江正康）「対馬風土記」　対馬郷土研究会　34　1998.3

対馬天道信仰遺跡調査記（1）（山岸靖治、山本義孝）「豊日史学 ： 復刊宇佐文化」　豊日史学会　62（1・2・3）通号218・219・220　1998.3

対馬の産育習俗（1）右近様─厳原町の安産祈願（内藤美奈）「女性と経験」　女性民俗学研究会　通号23　1998.10

天道の母神について（任東権）「対馬風土記」　対馬郷土研究会　35　1999.3

対馬の産育習俗（2）八幡宮神社の腹帯祝いと初参り（内藤美奈）「女性と経験」　女性民俗学研究会　通号24　1999.10

国選択無形民俗文化財調査報告書『対馬 厳原の盆踊』（書評）（入江宣子）「民俗芸能研究」　民俗芸能学会　（30）2000.3

第18回講演会から 対馬の式内社研究をめぐって（加藤健司）「式内社のしおり」　式内社顕彰会　64　2001.8

語られない習俗─対馬のカネギトーについて（内藤美奈）「女性と経験」　女性民俗学研究会　通号26　2001.10

対馬の養蜂（吉田忠晴）「自然と文化」　日本ナショナルトラスト　通号67　2001.11

対馬海流 紋九郎鯨（中園成生）「西日本文化」　西日本文化協会　391　2003.5

シリーズ対馬海流 サンジュワン考（中園成生）「西日本文化」　西日本文化協会　392　2003.6

対馬のヒジキサマ─等を使う安産祈願と神名の由来（内藤美奈）「女性と経験」　女性民俗学研究会　通号29　2004.9

墓上施設の現在─隠岐、対馬、壱岐のスヤをめぐって（山﨑亮）「古代文化研究」　島根県古代文化センター　（13）2005.3

対馬の梵鐘（田中八郎）「尚」　芦屋町郷土史研究会　（32）2006.1

神々のあんな話こんな話（大江正康）「対馬の自然と文化」　対馬の自然と文化を守る会　（34）2007.7

対馬蔑紀行─石屋根と「南北に市罷」した瓦（《壱岐・対馬の民俗》）（大脇潔）「民俗文化」　近畿大学民俗学研究所　（20）2008.3

壱岐の塩鰤─「北前船と文化伝播」の視点から（《壱岐・対馬の民俗》）（胡桃沢勘司）「民俗文化」　近畿大学民俗学研究所　（20）2008.3

対馬の暮らしと民俗─朝鮮につづく青潮の島（《壱岐・対馬の民俗》）（戸井田克己）「民俗文化」　近畿大学民俗学研究所　（20）2008.3

対馬・壱岐におけるウミガメの民俗─亀卜の里とウミガメ（《壱岐・対馬の民俗》）（藤井弘章）「民俗文化」　近畿大学民俗学研究所　（20）2008.3

殺生釘補遺（《壱岐・対馬の民俗》）（大脇潔）「民俗文化」　近畿大学民俗学研究所　（20）2008.3

「一足跳び」考─対馬盲僧の伝承など（〈民俗芸能採訪の旅〉）（村山道宣）「あしなか」　山村民俗の会　281　2008.6

新発見 対馬の天神縁起絵巻（《特集 大宰府史跡発掘調査40周年》）（松川博一）「都府楼」　古都大宰府保存協会　（40）2008.10

神々誕生の起源（大江正康）「対馬の自然と文化」　対馬の自然と文化を守る会　（35）2008.10

対馬の両墓制は神仏混淆（大江正康）「対馬の自然と文化」　対馬の自然と文化を守る会　（36）2010.03

対馬の天神信仰と天神縁起絵巻（松川博一）「東風西声 ： 九州国立博物館紀要 ： the bulletin of Kyushu National Museum」　九州国立博物館　（7）2012.03

対馬市
八幡宮紹介 八幡宮神社（長崎県対馬市）「季刊悠久.第2次」　鶴岡八幡宮悠久事務局　（138）2014.11

対馬藩

遺稿 二つの「屠児考」/顕照寺のこと/福岡県の近世部落史試論/対馬藩の皮革生産について/被差別部落の起源について/主従の絆「部落解放史・ふくおか」 福岡県人権研究所 93・94 1999.6

以酊庵輪番制と東向寺輪番制(特集 対馬藩特集—主体としての対馬・対馬藩)(池内敏)「九州史学」 九州史学研究会 (163) 2012.10

吉田家の神職支配をめぐる対馬藩の動向—天保期「藤内蔵助上京之儀」を事例に(特集 対馬藩特集—主体としての対馬・対馬藩)(藤井祐介)「九州史学」 九州史学研究会 (163) 2012.10

対馬歴史民俗資料館

対馬歴史民俗資料館調査参加記(調査参加記)(鈴木孝幸)「岡山藩研究」 岡山藩研究会 50 2005.10

筒井町

木地師と肥前修験道の遺構—柚木、筒井町一円の調査レポート(筒井隆義)「談林」 佐世保史談会 44 2003.11

津水

津水・熊野神社の例祭(中原俊治)「諫早史談」 諫早史談会 (46) 2014.03

出島

海を渡った大工道具—長崎出島からライデンへ(西和夫)「民具マンスリー」 神奈川大学 32(5)通号377 1999.8

長崎出島商館長の日本民具コレクション(第77回研究会報告)—ライデン国立民族博物館の調査から(近藤雅樹)「民具研究」 日本民具学会 通号121 2000.2

長崎の食文化 出島とターフル料理(越中哲也)「純心博物館だより」 長崎純心大学博物館 (26) 2006.5

堂崎教会

堂崎教会に込めた思い(広がる会員の輪)(眞武龍二郎)「西日本文化」 西日本文化協会 通号431 2008.2

東漸寺

昭和最後の八十八ヵ所石仏 中里東漸寺 宇久の石工・沢辺哲也氏二十代の作像〈鷹島・阿翁石工の系列〉(筒井陸義)「談林」 佐世保史談会 (52) 2011.11

東蓮寺

石原山東蓮寺のなぞ(宝亀道聡)「談林」 佐世保史談会 38 1997.11

東蓮寺跡

キリシタンに焼かれた瑞光寺や東蓮寺跡を訪ねて(宮崎勝秀)「談林」 佐世保史談会 (50) 2009.10

遠竹村

旧遠竹村の「粟踏み浮立」参観記(田崎保侍)「諫早史談」 諫早史談会 (40) 2008.3

常盤歴史資料館

参加記 本光寺常盤歴史資料館(〈2006年春調査の報告〉—参加記)(深谷克己)「岡山藩研究」 岡山藩研究会 (52) 2006.7

蔵大明神

蔵大明神の系譜・田の神像の被り物(研究・論説)(江之口汎生)「千台 : 薩摩川内郷土史研究会機関誌」 薩摩川内郷土史研究会 (40) 2012.03

富松神社

富松神社の船絵馬調査とその方法(柴田恵司)「大村史談」 大村史談会 49 1998.3

豊玉町小綱

憑き物を落とす女性の話—対馬の豊玉町ハ綱(《特集 女の会—先人の肖像》)(内藤美奈)「女性と経験」 女性民俗学研究会 通号30 2005.10

長崎

サクラマンタ提要と長崎のコレジョ(結城了悟)「長崎談叢」 長崎史談会 88 1999.4

『崎陽雑話』の長崎方言語彙(篠崎久躬)「長崎談叢」 長崎史談会 88 1999.4

長崎学シリーズ 食の文化論(4),(6)(越中哲也)「純心博物館だより」 長崎純心大学博物館 13/17 1999.10/2001.9

長崎に伝わる中国音楽「明清楽」の再考—その伝承と変容(王維)「長崎談叢」 長崎史談会 89 2000.1

長崎の子守歌(中村慶子)「長崎談叢」 長崎史談会 89 2000.1

長崎の獅子舞(石川博司)「まつり通信」 まつり同好会 40(5)通号471 2000.4

唐人の外出と遊女(山口青史)「長崎文化」 長崎国際文化協会 58 2000.11

唐館の笛と箏の合奏(塩田元久)「長崎文化」 長崎国際文化協会 58 2000.11

中国に生まれ、長崎に育った竜踊り(松添博)「長崎文化」 長崎国際文化協会 58 2000.11

「元宵節」(白倉孝)「長崎文化」 長崎国際文化協会 58 2000.11

隠元禅師と普茶料理(浦隆夫)「長崎文化」 長崎国際文化協会 58 2000.11

日本における最初の邦人司祭(結城了悟)「長崎談叢」 長崎史談会 90 2001.5

八尋和泉先生より戴いた長崎の仏師研究資料(越中哲也)「長崎談叢」 長崎史談会 90 2001.5

長崎学者古賀十二郎と長崎風俗史研究(芳賀登)「風俗史学 : 日本風俗史学会誌」 日本風俗史学会 (15) 2001.5

キリシタン大名と宣教師に決められた長崎の個性(レンゾ,デ・ルカ)「純心博物館だより」 長崎純心大学博物館 17 2001.9

キリシタンと部落—その歴史的諸関係をめぐって(阿南重幸)「もやい : 長崎人権・学」 長崎人権研究所 43 2001.11

《特集 長崎異国情緒》「長崎文化」 長崎国際文化協会 59 2001.11

長崎における日伊間交流の歴史とオペラ「蝶々夫人」(ブライアン, バークガフニ)「長崎文化」 長崎国際文化協会 59 2001.11

帰化菓子『一口香』(一ノ瀬人二)「長崎文化」 長崎国際文化協会 59 2001.11

羅漢さま(山口青史)「長崎文化」 長崎国際文化協会 59 2001.11

ナガサキ・レガッタ(塩田元久)「長崎文化」 長崎国際文化協会 59 2001.11

差別とキリシタンの三つの事件(結城了悟)「もやい : 長崎人権・学」 長崎人権研究所 44 2002.3

長崎の阿蘭陀通詞「本上家」「吉雄家」等考 長崎文化を彩った人々(平川定美)「郷土研究」 佐世保市立図書館 29 2002.3

長崎の歴史と文化を学ぶ会 食文化講演会10周年をむかえて(山下洋一郎)「純心博物館だより」 長崎純心大学博物館 18 2002.4

栗岡家に伝わる長崎の年中行事(栗岡なみ)「長崎談叢」 長崎史談会 91 2002.5

長崎学・続々食の文化史発刊によせて(越中哲也)「純心博物館だより」 長崎純心大学博物館 19 2002.11

敦煌学と長崎学(宮川雅一)「長崎文化」 長崎国際文化協会 60 2002.11

長崎「明清楽」の国際協力研究について—「明清俗曲の変容」を例として(楊桂香)「長崎文化」 長崎国際文化協会 60 2002.11

唐人と遊女—花月の江芸閣の軸(上杉千郷)「長崎文化」 長崎国際文化協会 60 2002.11

近世初期キリシタン迫害と「かわや」集団(阿南重幸)「もやい : 長崎人権・学」 長崎人権研究所 45 2003.3

日本二十六聖人のロザリオ(片岡瑠美子)「純心博物館だより」 長崎純心大学博物館 20 2003.4

貿易都市長崎と「かわた」集団[1]~(3)(阿南重幸)「もやい : 長崎人権・学」 長崎人権研究所 46/48 2003.10/2004.10

キリシタン禁制の高札撤去から130年(片岡瑠美子)「純心博物館だより」 長崎純心大学博物館 21 2003.11

長崎の美術工芸を語る(1),(6)(越中哲也)「純心博物館だより」 長崎純心大学博物館 21/(31) 2003.11/2009.2

《特集 長崎の天主堂群》「長崎文化」 長崎国際文化協会 61 2003.11

長崎のキリシタン遺跡—近年の発掘調査成果から(宮下雅史)「長崎文化」 長崎国際文化協会 61 2003.11

〈ずいひつ—長崎の天守堂群〉「長崎文化」 長崎国際文化協会 61 2003.11

長崎の教会(簇先好紀)「長崎文化」 長崎国際文化協会 61 2003.11

シナゴーグ(塩田元久)「長崎文化」 長崎国際文化協会 61 2003.11

「日本二十六聖人」画像が語るもの(片岡瑠美子)「純心博物館だより」 長崎純心大学博物館 23 2004.11

長崎事始め コーヒーとビール(原田博二)「長崎文化」 長崎国際文化協会 62 2004.11

黄檗文化と唐通事(新名規明)「長崎文化」 長崎国際文化協会 62 2004.11

タバコの伝来と長崎(伊東秀征)「長崎文化」 長崎国際文化協会 62 2004.11

火消ポンプ「龍吐水」は長崎から(松添博)「長崎文化」 長崎国際文化協会 62 2004.11

長崎から全国に広まっていった食べ物について(向井十郎)「長崎文化」 長崎国際文化協会 62 2004.11

普茶料理・精進料理そして長崎シッポク精進料理(越中哲也)「純心博物館だより」 長崎純心大学博物館 24 2005.5

教会建築の近代史—横浜・長崎を中心に(青木祐介)「横浜プロテスタント史研究会報」 横浜プロテスタント史研究会 (36) 2005.6

報告5 長崎 身分と身形—衣服と外観 長崎の場合(阿南重幸)「もやい :

長崎人権・学」 長崎人権研究所　50　2005.10
《特集 長崎の特産品—工芸》「長崎文化」 長崎国際文化協会　63　2005.11
古賀人形など長崎の玩具（宮川雅一）「長崎文化」 長崎国際文化協会　63　2005.11
長崎のべっ甲細工（原田博二）「長崎文化」 長崎国際文化協会　63　2005.11
長崎ビロード（本馬貞夫）「長崎文化」 長崎国際文化協会　63　2005.11
長崎の青貝細工（松下久子）「長崎文化」 長崎国際文化協会　63　2005.11
長崎の特産工芸品について（向井十郎）「長崎文化」 長崎国際文化協会　63　2005.11
長崎の食文化を学んだ（〈博物館学課程 実習ノートより〉）（内田早苗）「純心博物館だより」 長崎純心大学博物館　（26）2006.5
日常具・民具の展示等について（〈博物館学課程 実習ノートより〉）（豊田聖美）「純心博物館だより」 長崎純心大学博物館　（26）2006.5
能と能面（〈博物館学課程 実習ノートより〉）（中村薫）「純心博物館だより」 長崎純心大学博物館　（26）2006.5
キリシタンと部落問題 キリシタン迫害と被差別民（阿南重幸）「もやい ： 長崎人権・学」 長崎人権研究所　（52）2006.10
中西啓旧蔵「長崎諸役人寺社山伏」の作成年と阿蘭陀通詞の項の復元（原田博二）「研究紀要」 長崎歴史文化博物館　（1）2006.11
大浦天主堂と「長崎さるく博」と（片岡千鶴子）「純心博物館だより」 長崎純心大学博物館　（27）2006.12
てぐすを用いた展示方法（〈博物館学課程 実習ノートより〉）（柿平智子）「純心博物館だより」 長崎純心大学博物館　（27）2006.12
長崎の食文化 我が国初期の洋食を考える（越中哲也）「純心博物館だより」 長崎純心大学博物館　（28）2007.5
みろくや皿うどん（〈博物館学課程 実習ノートより〉）（益田彩）「純心博物館だより」 長崎純心大学博物館　（28）2007.5
ちらし作りの楽しさと難しさ（〈博物館学課程 実習ノートより〉）（吉浦菜奈）「純心博物館だより」 長崎純心大学博物館　（28）2007.5
長崎の食文化について（〈博物館学課程 実習ノートより〉）（鰐口友里）「純心博物館だより」 長崎純心大学博物館　（28）2007.5
海神—媽祖と長崎 媽祖文化ネットワークを考える（《特集 長崎の中の中国》）（陳東華）「長崎文化」 長崎国際文化協会　（65）2007.11
長崎に残る中国の食文化（《特集 長崎の中の中国》）（脇山順子）「長崎文化」 長崎国際文化協会　（65）2007.11
東海の墓について（《特集 長崎の中の中国》）（東海安興）「長崎文化」 長崎国際文化協会　（65）2007.11
長崎に残る中国文化（《特集 長崎の中の中国》）（原田博二）「長崎文化」 長崎国際文化協会　（65）2007.11
中国に生まれ長崎に育った竜踊（《特集 長崎の中の中国》）（松添博）「長崎文化」 長崎国際文化協会　（65）2007.11
史料紹介 慶応三年のキリシタン教会暦（清水紘一）「研究紀要」 長崎歴史文化博物館　（2）2007.12
長崎キリスト教史についての一考察（本馬貞夫）「大村史談」 大村史談会　（59）2008.3
人間と食の関係とは（〈博物館学課程 実習ノートより〉）（池田由香）「純心博物館だより」 長崎純心大学博物館　（30）2008.9
長崎の食文化について（〈博物館学課程 実習ノートより〉）（戸村清美）「純心博物館だより」 長崎純心大学博物館　（30）2008.9
日用品・民具（〈博物館学課程 実習ノートより〉）（松田恵）「純心博物館だより」 長崎純心大学博物館　（30）2008.9
民俗学について（〈博物館学課程 実習ノートより〉）（森菜々子）「純心博物館だより」 長崎純心大学博物館　（30）2008.9
日常具の展示（〈博物館学課程 実習ノートより〉）（相川光子）「純心博物館だより」 長崎純心大学博物館　（30）2008.9
民具について（〈博物館学課程 実習ノートより〉）（小林千春）「純心博物館だより」 長崎純心大学博物館　（30）2008.9
ライデン国立民族学博物館蔵川原慶賀筆『寺院図』について（原田博二）「研究紀要」 長崎歴史文化博物館　（3）2008.12
「のぎす」とは（〈博物館学課程 実習ノートより〉）（木口恵）「純心博物館だより」 長崎純心大学博物館　（31）2009.02
寺院を通してみる地域社会の変化（小林勝）「純心博物館だより」 長崎純心大学博物館　（31）2009.02
和菓子研究 近世長崎の年中行事記録にみる菓子の実態—かすてら，桃饅頭を中心として（《特集 武家社会と菓子》）（橋爪伸子）「和菓子」 虎屋虎屋文庫　（16）2009.3
幕末・明治期長崎のプロテスタント とくに宣教師の活動を中心に（特集 九州とキリシタン—日本布教の背景とキリシタンの動向）（坂井信生）「海路」 「海路」編集委員会，海鳥社（発売） 通号9　2010.03
阿蘭陀通詞と異文化摩擦—文化文政時代の外交（白石広子）「長崎談叢」 長崎史談会　98　2010.03
長崎の食文化について（特集 長崎学のいま）（脇山順子）「長崎文化」 長崎国際文化協会　（68）2010.11
長崎唐寺における媽祖堂について—唐寺の機能をめぐる考察（陳佳秀）「鹿児島民俗」 鹿児島民俗学会　（141）2012.06
紀行文に見る熱田宮—村上忠順所蔵『長崎紀行』より（辻村全弘）「あつた」 熱田神宮宮庁　（237）2012.12
日本におけるキリシタン墓碑の様相（大石一久）「研究紀要」 長崎歴史文化博物館　（7）2013.03
亀山焼と長崎周辺の陶芸（2）（越中哲也）「純心博物館だより」 長崎純心大学博物館　（36）2014.1
長崎で影像された黄檗様の養玉院本尊の伝来について（特集 特別展「大井に大仏がやってきた！—養玉院如来寺の歴史と寺宝—」）（米谷均）「品川歴史館紀要」 品川区立品川歴史館　（29）2014.03
昔話「長崎の魚石」の系譜（小堀光夫）「昔話伝説研究」 昔話伝説研究会　（33）2014.03

長崎教会

日本キリスト教団長崎教会（吉川八郎）「長崎文化」 長崎国際文化協会　61　2003.11

長崎くんちの奉納踊

“長崎くんち”は「和華蘭」ばい（上杉千郷）「長崎文化」 長崎国際文化協会　59　2001.11
長崎くんちと長崎刺繍（矢野道子）「衣の民俗館・日本風俗史学会中部支部研究紀要」 衣の民俗館　12　2002.3
貿易都市長崎の祭り「長崎くんち」（本馬貞夫）「シーボルト記念館鳴滝紀要」 長崎市　（16）2006.3
長崎くんちについて（〈博物館学課程 実習ノートより〉）（宮崎香菜子）「純心博物館だより」 長崎純心大学博物館　（28）2007.5
長崎学の長崎くんち（特集 長崎学のいま）（楊爾嗣，臼井淳，河野謙，山下博通，平浩介，松尾小太郎）「長崎文化」 長崎国際文化協会　（68）2010.11

長崎県

九州の石造物・長崎県/宮崎県南部/鹿児島県（加藤孝雄）「日本の石仏」 日本石仏協会，青娥書房（発売） 通号90　1999.6
日引石塔に関する一考察—とくに長崎県下の分布状況から見た大量搬入の背景について（大石一久）「大村史談」 大村史談会　52　2001.3
日引石塔に関する一考察—とくに長崎県下の分布状況から見た大量搬入の背景について（大石一久）「日引 ： 石造物研究会会誌」 1　2001.3
三和町・森家先祖墓と大瀬戸町・小佐々氏墓所—常識化された歴史の落とし穴（相川淳）「長崎県地方史だより」 長崎県地方史研究会　60　2003.3
福井県・滋賀県・長崎県の善光寺式阿弥陀三尊石仏について（北村市朗）「北陸石仏の会研究紀要」 北陸石仏の会　（6）2003.6
史料紹介 「皮類寄」（2），（3）（長崎県立長崎図書館蔵・永見文書）（中村久子）「もやい ： 長崎人権・学」 長崎人権研究所　46/47　2003.10/2004.3
長崎県の教会堂建築—その推移（川上秀人）「長崎文化」 長崎国際文化協会　61　2003.11
長崎県域における箱式石棺墓の様相について（寺田正剛）「西海考古」 西海考古同人会　6　2005.7
平戸・長崎に伝来した癒しの珈琲文化考（エッセイ）（有馬康之）「海路」 「海路」編集委員会，海鳥社（発売） 通号2　2005.9
嘉永のころの鯨料理（エッセイ）（平嶋浩子）「海路」 「海路」編集委員会，海鳥社（発売） 通号2　2005.9
長崎県下かくれキリシタンの経済的背景（中園成生）「生月町博物館・島の館だより」 生月町博物館・島の館　（15）2011.3
幕末志士たちを支援した 大浦慶と嬉野茶（三根俊一）「西日本文化」 西日本文化協会　（450）2011.04
近世後期の長崎紀行—「筑紫太宰府参講道中日記」を中心に（井上淳）「研究紀要」 愛媛県歴史文化博物館　（17）2012.3
史談あれこれ 龍造寺隆信公と和銅寺/御館山に残る江戸時代の境塚/八天公園の鳥居/島原の乱戦没者追悼碑の銘彫なおし/若杉春後への改名/幻のドラマ「六段の調べ」「諫早史談」 諫早史談会　（44）2012.3
明治の農具絵図（5）—明治一三年の農具絵図（3） 長崎県の進達文書の検討（桂眞幸）「民具マンスリー」 神奈川大学　46（4）通号544　2013.07
郷土史はオモシロイ（5） 相浦と川内カマボコ（山口日都志）「談林」 佐世保史談会　（54）2013.11
異質石塔にみる中世の大村湾・有明海の海運（大石一久）「研究紀要」 長崎歴史文化博物館　（8）2014.3

長崎市

長崎諏訪神社内に祀られている森崎社についての一考察（越中哲也）「長崎談叢」 長崎史談会　88　1999.4
諏訪神社と唐人客（上杉千郷）「長崎文化」 長崎国際文化協会　58　2000.11
『崎陽諏訪明神祭祀図』に描かれる踊町について 江戸時代における諏訪

祭礼の踊町順とその変遷（原田博二）「研究紀要」 長崎歴史文化博物館 （2）2007.12

狛犬と私と諏訪神社（特集 長崎学のいま—ずいひつ 特集「長崎学のいま—長崎に寄せて」）（立石幸子）「長崎文化」 長崎国際文化協会（68）2010.11

photo & essay「室町から伝わる面の技を写す—能楽師・青木定夫さん—」（川上信也, 嶋田絵里）「西日本文化」 西日本文化協会（461）2013.02

以西底曳き網漁業における漁業移住と漁業経営の戦後の変遷—長崎市・福岡市へ移住した徳島県美波町出身の漁民（磯本宏紀）「徳島地域文化研究」 徳島地域文化研究会 （12）2014.3

中須川

由来伝承 中須川の「お救い地蔵」さんと地蔵考（長池孝是）「嶽南風土記・有家史談」 有家町史談会 （9）2002.1

長野町

田祈禱と浮立（4）長野町の田祈禱浮立（山部淳）「諫早史談」 諫早史談会 34 2002.3

成相寺

成相寺の腹帯—対馬市厳原町宮谷（内藤美奈）「民俗と風俗 ： the journal of the Chubu Branch, the Japanese Society for History of Manners and Customs」 日本風俗史学会中部支部 （16）2006.3

西肥前

司馬江漢が見た西肥前の習俗（2）—『江漢西遊日記』を読む（澤正明）「談林」 佐世保史談会 44 2003.11

仁田

「仁田紙」の復元とその考察 対馬市立南陽小学校の「仁田紙」づくりの活動について（樋口貫）「対馬の自然と文化」 対馬の自然と文化を守る会 （34）2007.7

根獅子

根獅子に伝わる田原の千灯籠（キリシタン研究）（山口茂子）「諫早史談」 諫早史談会 37 2005.3

早岐茶市

ほんとはしらない早岐茶市（児童・生徒の郷土研究発表）（小坂明莉）「郷土研究」 佐世保市立図書館 （36）2009.3

波佐見

近世波佐見焼の歴史（〈特集 九州やきもの史〉）（中野雄二）「海路」 「海路」編集委員会, 海鳥社（発売）通号6 2008.6

バスチャン屋敷跡

バスチャン屋敷跡（浦川ミヨ子）「長崎文化」 長崎国際文化協会 61 2003.11

八幡宮神社

対馬の産育習俗（2）八幡宮神社の腹帯祝いと初参り（内藤美奈）「女性と経験」 女性民俗学研究会 通号24 1999.10

馬頭神社

神と仏と修験道の地—天神山の馬頭神社と南海山満浄寺・愛行院（筒井隆義）「談林」 佐世保史談会 42 2001.11

早見町

早見町に伝わる「隠れキリシタンジブ伝説」（井出口泉）「諫早史談」 諫早史談会 （39）2007.3

原の辻遺跡

伝承にみる壱岐「原の辻遺跡」とその周辺（占部英幸）「季刊邪馬台国」「季刊邪馬台国」編纂委員会, 梓書院（発売）80 2003.6

原分町

火葬骨埋納の壁面五輪墓—原分町「岩戸さま」遺跡の崖に（筒井隆義）「談林」 佐世保史談会 （47）2006.11

東樫山

岳路の念仏と東樫山の歌念仏—念仏伝統の背景をめぐって（島忠久）「民俗芸能研究」 民俗芸能学会 （47）2009.09

東浜

女相撲の里、東浜を訪ねて（宮崎勝秀）「談林」 佐世保史談会 （49）2008.11

東大和町

東大和町「風の神」奉納浮立（高木良枝, 森田あゆみ）「郷土研究」 佐世保市立図書館 30 2003.3

日見村

旧日見村の管轄の沿革と民俗（相川淳）「長崎談叢」 長崎史談会 95 2006.4

百間鼻

地域に根ざした総合的な学習をめざして 紙芝居「百間鼻の願いごと」づくりを通して（松山壽一）「郷土研究」 佐世保市立図書館 29 2002.3

平戸

平戸の正月行事の一端（木田昌宏）「平戸史談」 平戸史談会 16 1999.3

茶道鎮信流について（嶋内麻佐子）「海路」 「海路」編集委員会, 海鳥社（発売）通号2 2005.9

「松東院」をめぐる平戸（岡村廣法）「談林」 佐世保史談会 （47）2006.11

平戸の牟田様を訪ねて（宮崎勝秀）「郷土研究」 佐世保市立図書館 （36）2009.03

南蛮貿易と禁教令「平戸人別生所札」から（特集 九州とキリシタン—日本布教の背景とキリシタンの動向）（武野要子）「海路」 「海路」編集委員会, 海鳥社（発売）通号9 2010.3

平戸団子屋の思い出話（松山喜久子）「平戸史談」 平戸史談会 （17）2010.9

キリシタン考古学の成果/禁教の歴史と福岡のキリスト教/同じ赤い血を流して—秋月・今村の人々とキリスト教/ルイス・デ・アルメイダの足跡/平戸地方キリシタン関係年表/項目別展示品リスト/展示構成と主要な展示品「温故 ： 甘木歴史資料館だより」 甘木歴史資料館 （49）2010.10

平戸神楽

神楽紀行 平戸・壱岐（三上敏視）「あらはれ ： 猿田彦大神フォーラム年報 ： ひらかれる未来神話」 猿田彦大神フォーラム 8 2005.10

平戸瀬戸

平戸瀬戸の銃殺捕鯨（中園成生）「民具マンスリー」 神奈川大学 32（4）通号376 1999.7

平戸藩

平戸藩鯨組主益冨氏について（鳥巣京一）「西日本文化」 西日本文化協会 361 2000.5

平戸藩伝統野菜の木引カブ（松岡寛智）「平戸史談」 平戸史談会 （17）2010.9

福江

五島歳時記 福江みなとまつり（武羅井高）「浜木綿 ： 五島文化協会同人誌」 五島文化協会 （86）2008.11

福江の漁火（《故鈴木研氏追悼号》）（千代田恵汎）「近世史藁」 近世村落史研究会 （4）2009.3

ふくえの街の雛祭り（随筆）（中村玲子）「浜木綿 ： 五島文化協会同人誌」 五島文化協会 （93）2012.05

福江島

青湖の民俗—五島列島・福江島の生業と生活（戸井田克己）「民俗文化」 近畿大学民俗学研究所 （17）2005.3

五島の畑作民俗とマメ—福江島・宇久島をフィールドとして（岸本誠司）「民俗文化」 近畿大学民俗学研究所 （17）2005.3

福聚坊

諫早龍王山福聚坊と水神さん（光富博）「諫早史談」 諫早史談会 32 2000.3

福田町

田祈禱と浮立・各説（5）福田町と田祈禱浮立（山部淳）「諫早史談」 諫早史談会 35 2003.3

本経寺

本経寺大村家石塔群（大石一久）「大村史談」 大村史談会 55 2004.3

本経寺の小佐々市右衛門親の愛犬ハナ丸墓と大村藩の宗教政策（小佐々学）「大村史談」 大村史談会 （57）2006.3

松浦市

松浦市内の頌徳碑について（中野武義）「烏ん枕」 伊万里市郷土研究会 60 1998.3

松森天満宮

菅公百年祭記念松森天満宮宝物展（宮川雅一）「長崎談叢」 長崎史談会 92 2003.5

松浦

神功皇后伝承地 鮎釣り神占いの玉島神社と松浦（田辺英治）「歴研よこはま」 横浜歴史研究会 （60）2008.5

松浦郡

肥前風土記松浦郡・三人の姫たち（〈地域特集・唐津 祭り・街・山 その豊かな広がり〉—伝承に息づく三美人）（福井壽一）「西日本文化」 西日本文化協会 通号435 2008.10

長崎県　　　　郷土に伝わる民俗と信仰　　　　九州・沖縄

麻羅観音
俵山の麻羅観音を訪ねて（宮崎勝秀）「郷土研究」 佐世保市立図書館
　（31）2004.3

満浄寺
神と仏と修験道の地―天神山の馬頭神社と南海山満浄寺・愛行院（筒井
　隆義）「談林」 佐世保史談会 42 2001.11

満明寺
五智如来塔 長崎県南高来郡小浜町雲仙 満明寺（あ・ら・か・る・と―私
　の石仏案内）（水野英世）「日本の石仏」 日本石仏協会，青蛾書房（発
　売）（151）2014.09

三川内
三川内のお地蔵様（吉永正芳，南部祥彰，吉永康人，横石雄亮）「郷土研
　究」 佐世保市立図書館 29 2002.3
大坂の遊女と三川内焼（郷土史はオモシロイ）（山口日都志）「談林」 佐
　世保史談会 （46）2005.11

瑞穂町
瑞穂町の漁業石干見（スクイ）を中心として（林田謙教）「みずほ史談」
　瑞穂町史談会 （5）1998.11
「海の幸」ところてん（酒井八千穂）「みずほ史談」 瑞穂町史談会 （5）
　1998.11
水神様ものがたり（楢山正信）「みずほ史談」 瑞穂町史談会 （6）2000.3
「なめかもり」の石（前田晴男）「みずほ史談」 瑞穂町史談会 （8）
　2002.3
じゅうごさん（梅澤清）「みずほ史談」 瑞穂町史談会 （8）2002.3
民話 「イボ取り神さん」（梅澤清）「みずほ史談」 瑞穂町史談会 （9）
　2004.3

御手洗観音
御手洗観音の研究（金原喜三郎）「諫早史談」 諫早史談会 （45）2013.03

美津島町
ある産婆たちの儀礼―対馬市厳原町・美津島町（内藤美奈）「女性と経験」
　女性民俗学研究会 通号32 2007.10

美津島町今里
胞衣と古着―対馬市美津島町今里（内藤美奈）「民俗と風俗 ： the
　journal of the Chubu Branch, the Japanese Society for History of
　Manners and Customs」 日本風俗史学会中部支部 （19）2009.03

妙泉寺
コラム 牛・「大日如来」像 長崎県南松浦郡富江町松尾 妙泉寺（水野英
　世）「日本の石仏」 日本石仏協会，青蛾書房（発売）（149）2014.03

妙本寺
再び法雲山妙本寺について（光富博）「諫早史談」 諫早史談会 35
　2003.3

宗方神社
宗方神社のことども（野中素）「諫早史談」 諫早史談会 32 2000.3
ふたたび宗方神社について（野中素）「諫早史談」 諫早史談会 33
　2001.3

本籠町
旧本籠町蛇踊り由来記（竹本定男）「長崎文化」 長崎国際文化協会 58
　2000.11

山田
かくれキリシタンで用いられる聖具―長崎県生月島山田地区川組の事例
　研究（小泉優莉菜）「民具マンスリー」 神奈川大学 47（7）通号559
　2014.10

山田権現跡
史蹟探訪 風致地区山田の滝・山田権現跡（本川清）「大村史談」 大村史
　談会 50 1999.3

山田集落
キリシタン時代の山田集落域の諸施設の所在（中園成生）「生月町博物
　館・島の館だより」 生月町博物館・島の館 （12）2008.3

山田の滝
史蹟探訪 風致地区山田の滝・山田権現跡（本川清）「大村史談」 大村史
　談会 50 1999.3

矢峰
矢峰のさやん神さんを訪ねて（宮崎勝秀）「郷土研究」 佐世保市立図書館
　（35）2008.3

鑓川
対馬東岸の鑓川における佐野漁民の供養碑をめぐる覚え書き（河原典
　史）「泉佐野市史研究」 泉佐野市教育委員会 6 2000.3

柚木
木地師と肥前修験道の遺構―柚木、筒井町一円の調査レポート（筒井隆
　義）「談林」 佐世保史談会 44 2003.11
柚木誌史編纂から見えたもの―村の起源、信仰、地名、そして地の利
　（筒井隆義）「談林」 佐世保史談会 （53）2012.11

横瀬浦
面白すぎるフロイスの日本史（2）―キリシタンの町横瀬浦（宮崎勝秀）
　「談林」 佐世保史談会 （52）2011.11

横手町
佐世保市横手町の歴史―埋もれた歴史と風習（古川久仁生）「談林」 佐世
　保史談会 （53）2012.11

淀姫神社
県民俗文化財指定「淀姫神社のやもうど神事」考―海人（あもうど）遡上
　伝説の転訛か（筒井隆義）「談林」 佐世保史談会 （45）2004.11

竜瑞寺
龍瑞寺縁起と二人の下級武士（井出一郎）「談林」 佐世保史談会 （46）
　2005.11

和多都美神社
表紙 海から見た対馬の和多都美神社（豊玉町仁位）「九州倭国通信」 九
　州古代史の会 （168）2013.11

蕨町
島嶼陥没の伝承―長崎県五島市蕨町の事例その他（山本節）「西郊民俗」
　「西郊民俗談話会」 （195）2006.6

破籠井名
破籠井名のお祭り（松山ヒトヱ）「諫早史談」 諫早史談会 （40）2008.3

熊本県

青井阿蘇神社
青井阿蘇神社楼門に掲げられた「青井大明神」の御神号額について（福川義文）「ひとよし歴史研究」 人吉市教育委員会教育部 (7) 2004.3

青井阿蘇神社の石物に刻まれた文字や名前（福川義文）「ひとよし歴史研究」 人吉市教育委員会教育部 (11) 2008.3

青木磨崖梵字群
夜噺、青木磨崖梵字群は何を語るか（西田道世）「歴史玉名」 玉名歴史研究会 61 2012.08

揚町観音堂
揚町観音堂由緒（春田康秋）「夜豆志呂」 八代史談会 129 1999.2

味生池
「味生池」の龍蛇伝説をめぐって（特集 地域に伝わる伝説・伝承をめぐって）（小田省二）「史叢」 熊本歴史学研究会 (14) 2009.12

葦北
八代・葦北の古代史（2）水島伝承と長田王（鳥津亮二）「夜豆志呂」 八代史談会 (156) 2008.2

阿蘇
阿蘇修験峰入り考 奥八女における山伏の痕跡を追って（佐々木四十臣）「西日本文化」 西日本文化協会 346 1998.11

阿蘇と高千穂の鬼八伝説（佐藤征子）「史叢」 熊本歴史学研究会 3 1999.7

九州山地の風除け─阿蘇信仰における風除けの民俗（永松敦）「季刊悠久.第2次」 鶴岡八幡宮悠久事務局 79 1999.10

九州古代紀行（1）阿蘇神の故郷を往く（加藤哲也）「季刊邪馬台国」「季刊邪馬台国」編纂委員会,梓書院（発売）(97) 2008.7

研究ノート 阿蘇地方の龍神と弁財天信仰の諸相（米田幸寿）「宗教民俗研究」 日本宗教民俗学会 (19) 2009.11

阿蘇や信濃や甲斐と火の国伝説（特集 地域に伝わる伝説・伝承をめぐって）（安達武敏）「史叢」 熊本歴史学研究会 (14) 2009.12

阿蘇参りについて（佐藤征子）「年報熊本近世史」 熊本近世史の会 2009年度 2010.06

「阿蘇の神興歌」松永建著（新刊紹介）（小島美子）「日本民俗音楽学会会報」 日本民俗音楽学会 (37) 2012 06

安蘇
安蘇の八石・四十八石（岩下平助）「熊本地名研究会」 熊本地名研究会 (52) 1997.12

阿蘇社
阿蘇品保夫著『阿蘇社と大宮司』（大塚和香子）「熊本史学」 熊本史学会 (80・81) 2002.12

阿蘇神社
阿蘇神社の祭りと阿蘇神話伝説・覚書（寸崎真智子）「西日本文化」 西日本文化協会 335 1997.10

阿蘇神社祭祀における女性の役割（村崎真智子）「日本民俗学」 日本民俗学会 通号233 2003.2

阿蘇神社の祭りと女性（村崎真智子）「西日本文化」 西日本文化協会 406 2004.11

遥拝阿蘇神社社家に伝わる古文書紹介（福川義文）「ひとよし歴史研究」 人吉市教育委員会教育部 (8) 2005.3

市外─阿蘇神社社殿と阿蘇大宮司（史跡探訪感想文）（研修部）「別府史談」 別府史談会 (21) 2008.3

活動報告 阿蘇神社の絵馬調査（断章）「歴史玉名」 玉名歴史研究会 66 2013.11

阿蘇宮
近世阿蘇宮の構造（池浦秀隆）「年報熊本近世史」 熊本近世史の会 2004年度 2004.6

史料紹介『寺社例帳』・『類寄寺社例帳』にみる「阿蘇宮」関係史料（山本貴久）「年報熊本近世史」 熊本近世史の会 2004年度 2004.6

天草
天草「上田家文書」にみる砥部焼（山本典男）「砥部の歴史文化」 砥部歴史文化の会 1 1999.7

平佐焼─平佐と天草・肥前・苗代川をつなぐもの（福元忠良）「千台：薩摩川内郷土史研究会機関誌」 薩摩川内郷土史研究会 29 2001.3

天草崩れにおけるキリスト教の継承─洗礼からの一考察（児島康子）「熊本史学」 熊本史学会 (78・79) 2002.3

潜伏キリシタンにおけるキリスト教の継承─浦上三番崩れと天草崩れの比較を通して（児島康子）「長崎談叢」 長崎史談会 91 2002.5

天草の祭の映像化に取り組んで（友野晃一郎）「日本民俗音楽学会会報」 日本民俗音楽学会 (27) 2007.7

肥・薩国境における社寺堂塔─天草・長島の近世以降の信仰（「社会」部門）（岩本税）「史叢」 熊本歴史学研究会 (15) 2011.06

天草コレジヨ館
花開いた南蛮文化に焦点 熊本県河浦町・天草コレジヨ館「歴史九州」 九州歴史大学講座事務局 7(7)通号78 1997.4

荒尾
地域の記憶を文化遺産として活用する─大牟田・荒尾の事例より（永吉守）「九州民俗学 ： bulletin of Kyushu Folklore Society」 九州民俗学会 (6) 2009.12

医王寺
熊本県八代市医王寺の石造物（白木利幸）「日本の石仏」 日本石仏協会,青娥書房（発売）通号90 1999.6

伊倉町
幕末期の玉名郡伊倉町と旅人宿（蓑田勝彦）「歴史玉名」 玉名歴史研究会 51 2003.10

市河原天満宮
歴史なんでもQ&A じゅうじゃぼり/小岱山観音信仰山頂に建つ『千六百年記念』/砂天神と市河原天満宮「歴史玉名」 玉名歴史研究会 69 2014.08

五木
松本検氏の「五木の子守唄考」の概要/篠原旭氏の「静岡市が設立する歴史博物館に期待するもの」の概要/望月茂氏の「白髭神社の謎を探る─祭神サルタヒコを中心に─」の概要「静岡県歴研会報」 静岡県歴史研究会 (134) 2012.06

岩屋熊野座神社
熊本県人吉市 重要文化財岩屋熊野座神社保存修理工事を終えて（増淵靖裕）「ひとよし歴史研究」 人吉市教育委員会教育部 (16) 2013.03

印鑰神社
印鑰神社の狛犬（会員の広場）（中野高通）「日本の石仏」 日本石仏協会,青娥書房（発売）(150) 2014.06

上の天神さん
上の天神さんの神殿改築（門岡久）「歴史玉名」 玉名歴史研究会 35 1998.12

牛深
「牛深鰹流れ船供養歌碑」について（山下義満）「史叢」 熊本歴史学研究会 6 2001.8

対州バカイ取イ─牛深漁民の記録（6）（山下義満）「史叢」 熊本歴史学研究会 (8) 2003.7

双手巾着─牛深漁民の記録（9）（山下義満）「史叢」 熊本歴史学研究会 (11) 2006.8

片手巾着網─牛深漁民の記録（10）（山下義満）「史叢」 熊本歴史学研究会 (12) 2007.8

海の怪奇─牛深沖のウブメのこと（歴史随想）（山下義満）「史叢」 熊本歴史学研究会 (16) 2012.05

牛深のハイヤ節の歴史・魅力とその広がり（特集 海が創った暮らしの歴史─九州北部の島々から）（西嶋龍一郎）「西日本文化」 西日本文化協会 (459) 2012.10

牛深町
海の地名（3）─牛深市牛深町に於けるイカ網の網代（山下義満）「北薩民俗」 北薩民俗学研究会 14 1999.11

牛深市牛深町における魚の分配（山下義満）「史叢」 熊本歴史学研究会 4・5 2000.7

内田手永
内田手永菰田役船と金比羅様の由来（倉光至誠）「歴史玉名」 玉名歴史研究会 50 2003.3

宇土
宇土細川家勅使御馳走役（三島穹）「うと学研究」 宇土市教育委員会 （32） 2011.03
「馬門石」の謎とロマンを宇土へ（史跡探訪）（寺崎俊文）「故郷の花」 小郡市郷土史研究会 （37） 2012.3

宇土市
石井家の駒と撥（根本なつめ）「宇土市史研究」 宇土市教育委員会 22 2001.3
キリシタン大名・小西行長とその時代（鶴田倉造）「うと学研究」 宇土市教育委員会 （33） 2012.03

宇土神社
出水市の宇土殿墓について―附・宇土神社由緒・位牌（名和達夫）「夜豆志呂」 八代史談会 124 1997.5

永国寺
永国寺・梵字石塔の謎（益田啓三）「ひとよし歴史研究」 人吉市教育委員会教育部 （9） 2006.3

小天村
小天村火神詣記並神號之考（清田之長）「歴史玉名」 玉名歴史研究会 28 1997.3

老神神社
老神神社本殿の錺金具について（宮下香奈，伊東龍一）「ひとよし歴史研究」 人吉市教育委員会教育部 （11） 2008.3

神崎
玉名市横島町神崎地区の成り立ちと民俗行事（研究ノート）（末永崇）「歴史玉名」 玉名歴史研究会 64 2013.04

上田代町
人吉市上田代町観音堂調査報告田代長福庵について（犬童敏春）「ひとよし歴史研究」 人吉市教育委員会教育部 （8） 2005.3

川辺川ダム
開発とムラ―川辺川ダムをめぐって（湯川洋司）「日本民俗学」 日本民俗学会 通号220 1999.11

願成寺
人吉願成寺所蔵の十王図（井形進）「九州歴史資料館研究論集」 九州歴史資料館 通号22 1997.3
人吉願成寺小考―西遷御家人相良氏の族的結合に関連して（池田公一）「西南地域史研究」 文献出版 13 2001.2

観蓮寺
観蓮寺（村山）観音堂の実測調査と復原考察（松葉英星，村口寿仁）「ひとよし歴史研究」 人吉市教育委員会教育部 （17） 2014.03

菊池川
研究ノート 『菊池川河口図』絵馬から昔の加工を考える（辻春美）「歴史玉名」 玉名歴史研究会 52 2010.4

菊池川下流域
論考 菊池川下流域における江戸後期の石造狛犬について（前川清一）「歴史玉名」 玉名歴史研究会 70 2014.11

菊池川流域
菊池川流域における景行天皇伝承（〈総力特集 景行天皇 第1弾〉）（安達武敏）「季刊邪馬台国」 「季刊邪馬台国」編纂委員会，梓書院（発売） （99） 2008.7

菊池の松囃子
肥後国菊池の松囃子（松本彰夫）「史叢」 熊本歴史学研究会 4・5 2000.7

菊尾
菊尾菅原神社（河原巧）「歴史玉名」 玉名歴史研究会 34 1998.10

吉次峠
吉次峠のナゾ解き（特集 地域に伝わる伝説・伝承をめぐって）（上村重次）「史叢」 熊本歴史学研究会 （14） 2009.12

吉祥寺
法華経と塔―山田吉祥寺の石造宝塔をめぐって（研究ノート）（大倉隆二）「歴史玉名」 玉名歴史研究会 69 2014.08

来民
photo & essay「柿渋が魅力の来民うちわ―渋うちわ・栗川亮一さん―」（川上信也［写真］，嶋田絵里［文］）「西日本文化」 西日本文化協会 （470） 2014.08

百済来
史料紹介 熊本県八代郡坂本村百済来地蔵堂の落書集〈増補版〉（善静庵歴史勉強室）「夜豆志呂」 八代史談会 137 2001.10

球磨
球磨地方の研修と身近な神佛（田上舜一）「つつはの」 つつはの郷土研究会 （34） 2008.10
相良村柳瀬地区の「川祭」と球磨地方の「庚申祭」の現状（平山義之）「郷土」 求麻郷土研究会 （33） 2010.10
実践 明治の球磨焼酎（下田文仁）「ひとよし歴史研究」 人吉市教育委員会教育部 （16） 2013.3
男性による芸の「フォーマル化」―球磨地方における地蔵担ぎを事例として（戸邊優美）「女性と経験」 女性民俗学研究会 （39） 2014.1

球磨川
清正 vs 河童 球磨川夏の陣（田辺達也）「夜豆志呂」 八代史談会 （153） 2007.2

熊本
「雨乞い」の歴史（松野国策）「史叢」 熊本歴史学研究会 3 1999.7
熊本民俗探究二編（鈴木喬）「市史研究くまもと」 熊本市 12 2001.3
なぜ似ている熊本弁と仙台弁―方言周圏論と宗任伝説（後藤彰三）「之波太 ： 柴田町郷土研究会会報」 柴田町郷土研究会 29 2002.6
天保の大飢饉―何を食うか（徳丸達也）「史叢」 熊本歴史学研究会 7 2002.7
武蔵伝説の源を訪ねて―小倉から熊本へ（轟良子）「西日本文化」 西日本文化協会 392 2003.6
《特集 民俗》「史叢」 熊本歴史学研究会 （8） 2003.7
馬の民俗（松野國策）「史叢」 熊本歴史学研究会 （8） 2003.7
熊本の絵馬（辻春美）「史叢」 熊本歴史学研究会 （8） 2003.7
熊本の「のさり」・沖永良部の「ヌサリ」（竹熊千晶）「えらぶせりよさ ： 沖永良部郷土研究会会報」 沖永良部郷土研究会 （28） 2004.10
縫切綱（山下義満）「史叢」 熊本歴史学研究会 （10） 2005.7
現代に生きる神武東征神話（安達武敏）「近代熊本」 熊本近代史研究会 29 2005.9
西南戦争戦死者の埋葬（水野公寿）「史叢」 熊本歴史学研究会 （11） 2006.8
熊本における陸軍埋葬地の創設（水野公寿）「近代熊本」 熊本近代史研究会 （30） 2006.12
江戸時代における甘藷（からいも）料理の考察（西村和正）「年報熊本近世史」 熊本近世史の会 2006年度 2007.6
西南戦争の戦死者―その埋葬と慰霊（水野公寿）「近代熊本」 熊本近代史研究会 （31） 2007.12
恋と愛と情愛の深層心理―神話学・民族学の成果をまじえて（《特集 公害・制度と女たち》）（石塚正英）「新女性史研究」 熊本女性学研究会 （7） 2008.12
蝗害と鯨油仕法（内山幹生）「年報熊本近世史」 熊本近世史の会 2007・08年度 2009.04
江戸時代における熊本の唐芋（甘蔗）（西村和正）「年報熊本近世史」 熊本近世史の会 2007・08年度 2009.4
からいも（甘藷）の民俗誌―熊本の年中伝統行事（西村和正）「年報熊本近世史」 熊本近世史の会 2009年度 2010.06
渡唐天神考（「文化」部門）（上村重次）「史叢」 熊本歴史学研究会 （15） 2011.06
大国主の国譲り神話の歴史的背景（「文化」部門）（安達武敏）「史叢」 熊本歴史学研究会 （15） 2011.06
史料解読「正月廾五節句」（「文化」部門）（中村一紀）「史叢」 熊本歴史学研究会 （15） 2011.06
くまもとのお大師廻り（1）（研究ノート）（福田晴男）「史叢」 熊本歴史学研究会 （17） 2013.07
くまもとお大師廻り（2）（論文）（福田晴男）「史叢」 熊本歴史学研究会 （18） 2014.08

熊本県
竈神信仰の諸相・熊本県におけるその特徴（3）～（5）（奥野広隆）「夜豆志呂」 八代史談会 123/126 1997.1/1998.1
「肥豊社寺本末」―熊本県神仏分離史料（佐藤征子）「年報熊本近世史」 熊本近世史の会 2004年度 2004.6
史料紹介 芦北牧と揚酒本手（城後尚年）「年報熊本近世史」 熊本近世史の会 2007・08年度 2009.4
韓国併合と熊本県下の諸行事（韓国併合100年・大逆事件100年特集）（水野公寿）「近代熊本」 熊本近代史研究会 （34） 2010.12
民話（皿竹山）（断章）「歴史玉名」 玉名歴史研究会 61 2012.8
熊本県北部、鎌倉時代造立五輪塔様式の変遷について（下）（佐藤誠）「史迹と美術」 史迹美術同攷会 84（2）通号842 2014.02

九州・沖縄　　　　　　　　　　郷土に伝わる民俗と信仰　　　　　　　　　　熊本県

熊本市

小堀長順と「荃理正伝」(川口恭子)「市History研究くまもと」 熊本市　8
1997.3

神風連の乱における戦死者祭祀(今井昭彦)「群馬歴史民俗」 群馬歴史民
俗研究会　18　1998.2

熊本市の方言(坂口至)「市史研究くまもと」 熊本市　9　1998.3

熊本城

〈くまもとお城祭り「平成時習館―『新熊本市史』に学ぶふるさと熊本
の歴史」)「市史研究くまもと」 熊本市　11　2000.3

熊本城築城地搗音頭(1),(2)(松野國策)「史叢」 熊本歴史学研究会
(11)/(12)　2006.8/2007.8

熊本城の流鏑馬(横山正司)「瓦版：柳川郷土研究会会誌「水郷」付録」
柳川郷土研究会　(33)　2011.02

熊本藩

報告4 熊本 身分と身形―熊本藩の衣服制度(樋口輝幸)「もやい：長崎
人権・学」 長崎人権研究所　50　2015.10

熊本藩領 豊後国三手永の「総産物調帳」について(蓑田勝彦)「年報熊本
近世史」 熊本近世史の会　2009年度　2010.6

史料紹介 熊本藩の揚酒本手史料(城後凪年)「年報熊本近世史」 熊本近
世史の会　2009年度　2010.6

熊本藩内当道座における祖神伝承(緒方晶子)「鹿児島民俗」 鹿児島民俗
学会　(144)　2013.12

合志町

熊本県菊池郡合志町の高千穂神楽(緒方綾輔)「みやざき民俗」 宮崎県民
俗学会　(58)　2006.3

高津原温泉

天保年間の富尾村「高津原温泉」繁盛記(宮本治人)「歴史玉名」 玉名歴
史研究会　51　2003.10

広福寺

玉名市広福寺の大智禅師像について(有木芳隆)「歴史玉名」 玉名歴史研
究会　54　2010.11

活動報告 玉名市石貫広福寺の釈迦三尊像の再調査(断章)「歴史玉名」
玉名歴史研究会　66　2013.11

御所浦島

肥後国御所浦島の海人集団遺跡は語る(岩本税)「北薩民俗」 北薩民俗学
研究会　14　1999.11

小西行長領

十六世紀末・小西行長領内キリスト教團係基礎史料集(ヨーロッパ史料
に見る小西行長・ジュリアおたあ特集号)「うと学研究」 宇土市教育
委員会　(35)　2014.03

古坊中跡

巡見解説 阿蘇古坊中跡と西巌殿寺(阿蘇品保夫)「山岳修験」 日本山岳
修験学会,岩田書院(発売)　(32)　2003.11

西巌殿寺

巡見解説 阿蘇古坊中跡と西巌殿寺(阿蘇品保夫)「山岳修験」 日本山岳
修験学会,岩田書院(発売)　(32)　2003.11

相良

人吉城下域の相良隠れキリシタン―人吉城跡地下遺構の謎を解く(原田
正史)「ひとよし歴史研究」 人吉市教育委員会教育部　(7)　2004.3

相良隠れキリシタン研究の進展―この事実を前にしても相良隠れキリシ
タンの存在を否定できるのか(原田正史)「ひとよし歴史研究」 人吉
市教育委員会教育部　(8)　2005.3

相良燈籠の考察(原田正史)「ひとよし歴史研究」 人吉市教育委員会教育
部　(9)　2006.3

人吉市富ヶ尾「了清院」跡墓地にみる相良寺―戦国時代から江戸・明治
時代まで 墓地の重要性を探る(益田啓三)「ひとよし歴史研究」 人吉
市教育委員会教育部　(10)　2007.3

庚申塔再考―相良隠れキリシタンの一面面として(原田正史)「ひと
よし歴史研究」 人吉市教育委員会教育部　(10)　2007.3

驚愕の(九州)相良隠れキリシタン(1),(2) 前代未聞の歴史的真実(原
田正史)「ひとよし歴史研究」 人吉市教育委員会教育部　(11)/(12)
2008.3/2009.03

相良天神

郷土の歴史アラカルト(19) 相良天神(松山丈三)「夜豆志呂」 八代史談
会　137　2001.10

相良領

相良領内 隠れ真宗の女性たち(井上道代)「江戸期おんな考」 桂文庫
(14)　2003.10

笹原

笹原厳島神社の調査(佐藤伸二,木下洋介)「うと学研究」 宇土市教育委
員会　(31)　2010.03

泗水町

熊本・泗水町の孔子祭り(竹内良雄)「閑谷学校研究」 特別史跡閑谷学校
顕彰保存会　(5)　2001.5

十五柱神社

十五柱神社(蓑田正義)「夜豆志呂」 八代史談会　(169)　2012.06

寿福寺

繁根木山寿福寺と豪潮(村上晶子)「歴史玉名」 玉名歴史研究会　50
2003.3

春光寺

春光寺 上棟文「和文」(沢田清宗)「夜豆志呂」 八代史談会　124　1997.5

正教寺

正教寺の歴史(藁井信恒)「夜豆志呂」 八代史談会　(149)　2005.9

正行寺

阿蘇正光寺および津奈木正行寺 江戸時代相良領内の隠れ真宗門徒を支
えた肥後の二寺院(井上道代)「ひとよし歴史研究」 人吉市教育委員
会教育部　(15)　2012.03

正光寺

阿蘇正光寺および津奈木正行寺 江戸時代相良領内の隠れ真宗門徒を支
えた肥後の二寺院(井上道代)「ひとよし歴史研究」 人吉市教育委員
会教育部　(15)　2012.03

城泉寺

城泉寺阿弥陀三尊像の造立背景(大倉隆二)「歴史玉名」 玉名歴史研究会
61　2012.08

小岱山

歴史なんでもQ&A じゅうじゃほり/小岱山観音信仰山頂に建つ『千六
百年記念』/砂天神と市河原天満宮「歴史玉名」 玉名歴史研究会　69
2014.08

城南町

古代九州・食の文化史(2) 縄文の貝塚は何を語るか 熊本県・城南町を
訪ねて(玉木朋史)「歴史九州」 九州歴史大学講座事務局　8(2)通号
85　1997.11

白川県

雨乞と明治権力―白川県第百四十号布達にみる習俗統制(久野哲矢)「熊
本史学」 熊本史学会　(82)　2003.8

不知火

不知火伝統の味覚(地域特集 不知火湾岸の歴史と自然―八代から水俣を
旅する)(土山憲幸)「西日本文化」 西日本文化協会　通号447　2010.
10

不知火湾岸

カッパの海(地域特集 不知火湾岸の歴史と自然―八代から水俣を旅す
る)(田ול達也)「西日本文化」 西日本文化協会　通号447　2010.10

竜宮伝説と妙見信仰(地域特集 不知火湾岸の歴史と自然―八代から水俣
を旅する)(佐原伸二)「西日本文化」 西日本文化協会　通号447
2010.10

神宮寺

表紙絵の解説 神宮寺法印の乗った籠(妙見宮祭礼絵巻より)(松山丈三)
「夜豆志呂」 八代史談会　(169)　2012.06

砂天神

歴史なんでもQ&A じゅうじゃほり/小岱山観音信仰山頂に建つ『千六
百年記念』/砂天神と市河原天満宮「歴史玉名」 玉名歴史研究会　69
2014.08

清和

芸磨き料理の味も磨いて―熊本・清和文楽(兼瀬哲治)「西日本文化」 西
日本文化協会　348　1999.1

農村芸能 清和文楽を訪ねて(大江恒雄)「あわじ：淡路地方史研究会会
誌」 淡路地方史研究会　(29)　2012.01

清和村

文化観光と地域振興―熊本県清和村の「文楽の里づくり」の事例(桑原
季雄)「鹿大史学」 鹿大史学会　通号47　2000.1

瀬戸石

瀬戸石崩れ(セトイシクズレ)(古川清久)「夜豆志呂」 八代史談会
(153)　2007.2

熊本県 郷土に伝わる民俗と信仰 九州・沖縄

千丁
千丁の柳（松山丈三）「夜豆志呂」 八代史談会 （154） 2007.6

大慈禅寺
大慈禅寺（熊本）を尋ねて（三池賢一）「西日本文化」 西日本文化協会 通号443 2010.02

大福寺
植柳・大福寺の謂れ（蓑田正義）「夜豆志呂」 八代史談会 （169） 2012.06

高瀬
講演要旨 肥後特産 高瀬しぼり木綿に懸ける（下川冨士子）「歴史玉名」 玉名歴史研究会 45 2001.6

高瀬発の補陀落を訪ねて（岩永清吉）「歴史玉名」 玉名歴史研究会 47 2002.4

昔話 高瀬の万九郎/資料 高瀬の甚三郎（断章）「歴史玉名」 玉名歴史研究会 62 2012.11

高森町
俄の〈芸〉が生まれるとき—熊本県阿蘇郡高森町の風鎮祭を事例として（松岡薫）「民俗芸能研究」 民俗芸能学会 （53） 2012.09

田原坂
松本検氏「田原坂の古戦場」の概要/田中春二氏「いなさ神話物語」の概要/篠原旭氏「静岡の信仰のふるさと 賎機山麓山」の概要「静岡歴研会報」 静岡歴史研究会 （120） 2008.1

玉名
密教美術の国宝重文と塔の世界展（田辺哲夫）「歴史玉名」 玉名歴史研究会 29 1997.5

「猿田彦大神」石碑紹介（1）（坂田一成）「歴史玉名」 玉名歴史研究会 31 1997.11

船乗り寿三郎のこと（村田旺明）「歴史玉名」 玉名歴史研究会 35 1998.12

観音・熊野のメッカ、玉名（田辺哲夫）「歴史玉名」 玉名歴史研究会 36 1999.4

晒港「俵ころがし」跡地付近の改修（村田旺明）「歴史玉名」 玉名歴史研究会 36 1999.4

宝篋印塔陀羅尼（門岡久）「歴史玉名」 玉名歴史研究会 37 1999.7

おもしろい暦の話（1）〜（3）（吉冨信哉）「歴史玉名」 玉名歴史研究会 37/39 1999.7/2000.2

玉名地方に見る英彦山信仰の痕跡（宮本治人）「歴史玉名」 玉名歴史研究会 40 2000.5

孝女伝（1）孝女やつ（高木久美子）「歴史玉名」 玉名歴史研究会 41 2000.8

"絵馬"訪ね歩く記（1）菊水・三加和・南関（辻春美）「歴史玉名」 玉名歴史研究会 46 2001.11

"絵馬"訪ね歩く記（2）,（3）（辻春美）「歴史玉名」 玉名歴史研究会 47/50 2002.4/2003.3

神道国教化の歩みか 氏子札考証（河原巧）「歴史玉名」 玉名歴史研究会 51 2003.10

歴史なんでもQ&A 千拓者、祭りと酒、荒尾玉名の偉人列伝、昨日の晩（断章）「歴史玉名」 玉名歴史研究会 55 2011.02

資料紹介 古狸と猿神を退治すること（西田道世）「歴史玉名」 玉名歴史研究会 57 2011.08

報告 有木芳隆氏講演会と玉名地域の仏神像調査（断章）「歴史玉名」 玉名歴史研究会 57 2011.08

報告 二十七体の木造仏像群に感激（断章）「歴史玉名」 玉名歴史研究会 58 2011.11

紹介 炭焼き小五郎の嫁がこと（断章）「歴史玉名」 玉名歴史研究会 58 2011.11

余滴 「カドバ」は×、「カクバ」が○（断章）「歴史玉名」 玉名歴史研究会 58 2011.11

新連載 玉名の伝説（1）（断章）「歴史玉名」 玉名歴史研究会 59 2012.02

戦争中の生活（9）お寺の梵鐘（断章）「歴史玉名」 玉名歴史研究会 61 2012.08

玉名の伝説（断章）「歴史玉名」 玉名歴史研究会 61 2012.08

連続三角文が守護する舟の棺（高木正文）「歴史玉名」 玉名歴史研究会 62 2012.11

民話 チンチロリンの屁（断章）「歴史玉名」 玉名歴史研究会 62 2012.11

玉名の伝説「新七さんと耳のはなし」（断章）「歴史玉名」 玉名歴史研究会 62 2012.11

資料紹介 民話（継子と本な子）「歴史玉名」 玉名歴史研究会 63 2013.02

猿神退治考（研究ノート）（西田道世）「歴史玉名」 玉名歴史研究会 64 2013.04

玉名の伝説 おゆきさんの話（断章）「歴史玉名」 玉名歴史研究会 64 2013.04

伝玉依姫の石塔群と石工藤原助継について（研究ノート）（前川清一）「歴史玉名」 玉名歴史研究会 65 2013.08

玉名地域の廻国塔について（論考）（前川清一）「歴史玉名」 玉名歴史研究会 66 2013.11

玉名の伝説（断章）「歴史玉名」 玉名歴史研究会 66 2013.11

あそび チガヤ飛ばし（昔の遊び）（断章）「歴史玉名」 玉名歴史研究会 66 2013.11

玉名の伝説（資料紹介）（坂田一成）「歴史玉名」 玉名歴史研究会 67 2014.02

回想 是信大僧正と飛龍の鐘（断章）「歴史玉名」 玉名歴史研究会 67 2014.02

玉名地域の板碑について（1）（研究ノート）（前川清一）「歴史玉名」 玉名歴史研究会 68 2014.04

回想 「直宮様」のこと（断章）「歴史玉名」 玉名歴史研究会 70 2014.11

池辺寺
池辺寺伝承の変容をめぐって（佐藤征子）「市史研究くまもと」 熊本市 12 2001.3

徳淵町
表紙絵の解説 徳渕町の笠鉾「恵比須」（妙見宮祭礼絵巻より 八代神社所蔵）（松山丈三）「夜豆志呂 ： 郷土史」 八代史談会 （176） 2014.10

砥崎観音
郷土の歴史アラカルト（18）砥崎観音と宮地谷御茶屋（松山丈三）「夜豆志呂」 八代史談会 136 2001.6

独鈷山
天台系から真言系宗教へ—独鈷山伝説を考える（小田省二）「史叢」 熊本歴史学研究会 （8） 2003.7

長福庵
人吉市上田代町観音堂調査報告田代長福庵について（犬童敏春）「ひとよし歴史研究」 人吉市教育委員会教育部 （8） 2005.3

和水町
和水町で73年分の伊勢暦見つかる（資料紹介）（平田稔）「歴史玉名」 玉名歴史研究会 68 2014.4

那智勝浦座神社
植木町「菱形八幡宮・那智勝浦座神社」考（「文化」部門）（辻春美）「史叢」 熊本歴史学研究会 （15） 2011.06

西湯浦八幡宮
阿蘇市、湯浦・西湯浦八幡宮の褐色剝落絵馬について（論文）（辻春美）「史叢」 熊本歴史学研究会 （16） 2012.05

野原八幡宮
13〜15世紀の肥後国野原八幡宮祭礼と小代氏（柳田快明）「熊本史学」 熊本史学会 （93・94） 2011.03

梅林天満宮
勧請された神社「梅林天満宮」（断章）「歴史玉名」 玉名歴史研究会 58 2011.11

疋野神社
疋野神社の祭神「波比岐」について（「文化」部門）（福田小波）「史叢」 熊本歴史学研究会 （15） 2011.06

疋野神社の祭神「波比岐」について（福田小波）「歴史玉名」 玉名歴史研究会 61 2012.08

肥後
南蛮文化と肥後（鈴木喬）「夜豆志呂」 八代史談会 125 1997.9

肥後の「安倍宗任」伝説を訪ねて（松野国策）「熊本地名研究会」 熊本地名研究会 （54） 1998.9

人間の卵生説話 肥後の舎利尼（沢田清宗）「夜豆志呂」 八代史談会 132 2000.2

肥後の富講（蓑田勝彦）「史叢」 熊本歴史学研究会 4・5 2000.7

肥後能楽の源流（中村勝）「市史研究くまもと」 熊本市 12 2001.3

史料紹介 遊行上人 肥後御巡行道中日記（宮本治人）「歴史玉名」 玉名歴史研究会 45 2001.6

肥後最初の殉教について（徳永八郎）「夜豆志呂」 八代史談会 141 2003.2

肥後の黎明と宇ノ御厨について（林清八）「烏ん杖」 伊万里市郷土研究会 （76） 2006.3

江口司著『柳田国男を歩く—肥後・奥日向路の旅—』（書誌紹介）（湯川洋司）「日本民俗学」 日本民俗学会 通号256 2008.11

肥後の殿様とやきもの（地域特集 不知火湾岸の歴史と自然─八代から水俣を旅する）（福原透）「西日本文化」 西日本文化協会 通号447 2010.10

photo &essay「武士の魂残す伝統技術─肥後象眼・白木光虎さん─」（川上信也）「西日本文化」 西日本文化協会 （454）2011.12

資料紹介 「肥後孝子伝」（西田道世「訳」）「歴史玉名」 玉名歴史研究会 69 2014.08

彦岳神社

石間浦「彦神社」と宮の内「彦神社」・彦嶽神社との関わり（高盛西郷）「佐伯史談」 佐伯史談会 （204）2007.2

肥後国

肥後国史に載る万弘寺市（太平亮）「白水郎」 坂ノ市地区郷土史愛好会 （23）2006.3

近世肥後と薩摩の真宗三業惑乱事件─「肥後国諸記」を原点として（岩本税）「史叢」 熊本歴史学研究会 （14）2009.12

肥後藩

戦国期における石清水八幡宮勢力の展開と寺内町─肥後藩士小篠家と河内国招提寺内の関係を手がかりに（馬部隆弘）「熊本史学」 熊本史学会 （89・90・91）2008.10

菱形八幡宮

植木町「菱形八幡宮・那智勝浦座神社」考（「文化」部門）（辻春美）「史叢」 熊本歴史学研究会 （15）2011.06

熊本の八幡信仰と、神功皇后伝承─菱形八幡宮の事例を中心に（福西大輔）「西郊民俗」［西郊民俗談話会］（224）2013.09

人吉

巡礼研究会第31回例会 根井浄「隔夜と巡礼─肥後国人吉・球磨郡の事例/宮本佳典「加古川の参詣記念絵馬と参詣曼荼羅図」巡礼研究会通信」巡礼研究会 （31）2000.9

「人吉キリシタン史考」にみる墓碑調査（土屋三止，片野坂勲）「郷土」 求麻郷土研究会 （33）2010.10

人吉街道

歴史・街道文化探訪 神話や民俗芸能の息づく九州山地をゆく 豌肥街道と人吉街道（佐敷～豌肥）（間賀田晴行）「季刊南九州文化」 南九州文化研究会 （118）2013.11

人吉球磨

人吉球磨の神社歴史年表（福川義文）「ひとよし歴史研究」 人吉市教育委員会教育部 （10）2007.3

人吉球磨地方における社家の動向と神主の変遷一考察（福川義文）「ひとよし歴史研究」 人吉市教育委員会教育部 （12）2009.03

人吉市

春祭・夏祭（福川義文）「ひとよし歴史研究」 人吉市教育委員会教育部 （9）2006.3

天保期における諸国修行者の記録 日野左一家から見た「天保七年 諸国修行中日記」補遺（井上道代）「ひとよし歴史研究」 人吉市教育委員会教育部 （13）2010.03

人吉城跡

人吉城下域の相良隠れキリシタン─人吉城跡地下遺構の謎を解く（原田正史）「ひとよし歴史研究」 人吉市教育委員会教育部 （7）2004.3

日奈久

秦の徐福、日奈久渡来のロマン（田辺達也）「夜豆志呂」 八代史談会 （166）2011.06

百貫石

幻の「カンアオイ」と「百貫石（港）」をめぐる話（小田省二）「史叢」 熊本歴史学研究会 （12）2007.8

平沢津

熊本県平沢津の猟師（貴島武之）「史叢」 熊本歴史学研究会 4・5 2000.7

深水家墓地

深水家墓地調査報告（求麻郷土研究会）「郷土」 求麻郷土研究会 （33）2010.10

賦木春日社

天児屋根命を祀る賦木春日社（蓑田正義）「夜豆志呂」 八代史談会 （170）2012.10

袋町

八代城下町袋町地区寺社・周辺「夜豆志呂」 八代史談会 142 2003.6

二見

郷土二見の怪奇物語（1），（2）（松山丈三）「夜豆志呂」 八代史談会 （157）/（158）2008.6/2008.10

幣立神宮

有史以前と熊本幣立神宮（福田七生）「故郷の花」 小郡市郷土史研究会 （30）2005.5

法導寺

表紙絵 モースゆかりの竜北・法導寺の薬師堂（岡崎雄三）「夜豆志呂」 八代史談会 128 1998.10

細川領

「寺社本末帳」より─細川領内の山伏について（佐藤征子）「山岳修験」 日本山岳修験学会，岩田書院（発売）（33）2004.3

本妙寺

情報ボックス 阿波藍商人が建てた熊本・本妙寺の常夜燈（松永友和）「徳島県立博物館博物館ニュース」 徳島県立博物館 （95）2014.06

松井神社

郷土の歴史アラカルト（11）松井神社境内における泉水の築造について（松山丈三）「夜豆志呂」 八代史談会 129 1999.2

南小国町

熊本県阿蘇郡南小国町周辺のキリシタン遺跡と遺物について（荒木英市）「嶽南風土記」 有家町史談会 （18）2011.02

御船

御船の玉虫御前伝説（特集 地域に伝わる伝説・伝承をめぐって）（中村一紀）「史叢」 熊本歴史学研究会 （14）2009.12

宮地谷御茶屋

郷土の歴史アラカルト（18）砥崎観音と宮地谷御茶屋（松山丈三）「夜豆志呂」 八代史談会 136 2001.6

宮の町

表紙絵の解説 宮ノ町の笠鉾「菊慈童」（妙見宮祭礼絵巻より）（松山丈三）「夜豆志呂」 八代史談会 （170）2012.10

麦島大神宮

郷土の歴史アラカルト（10）麦島大神宮の由緒書に物申す（松山丈三）「夜豆志呂」 八代史談会 128 1998.10

目鑑橋

肥後の石工・目鑑橋（補）（蓑田勝彦）「年報熊本近世史」 熊本近世史の会 2004年度 2004.6

免田西

平成20年10月例会「免田西地区の庚申塔調査報告」（求麻郷土研の例会調査報告）（平山義之）「郷土」 求麻郷土研究会 （33）2010.10

免田東

平成20年12月例会「免田東地区の庚申塔調査報告」（求麻郷土研の例会調査報告）（平山義之）「郷土」 求麻郷土研究会 （33）2010.10

八島

終戦以前における柳田と折口の八島についての研究（安達武敏）「近代熊本」 熊本近代史研究会 （30）2006.12

八千代座

地芝居あれこれ（11）芝居小屋「八千代座」のいま（蒲池卓巳）「公益社団法人全日本郷土芸能協会会報」 全日本郷土芸能協会 （72）2013.07

八代

日蓮宗における妙見信仰について（山口義鐘）「夜豆志呂」 八代史談会 124 1997.5

カボチャとボウブラ（名和達夫）「夜豆志呂」 八代史談会 125 1997.9

竈神信仰の諸相（奥野広隆）「夜豆志呂」 八代史談会 125 1997.9

虚空蔵菩薩探訪記（春田康秋）「夜豆志呂」 八代史談会 130 1999.6

表紙絵「おきんじょ人形」（岡崎雄三）「夜豆志呂」 八代史談会 133 2000.6

河童のトレモロ・胡弓のビブラート（田辺達也）「夜豆志呂」 八代史談会 134 2000.10

川堰の思い出─ギロッチョ・ドンカッチョ（荒口一男）「夜豆志呂」 八代史談会 135 2001.2

祖母の地名説話（脇坂義冨）「夜豆志呂」 八代史談会 138 2002.2

子安観音のサカヅキ（脇坂義冨）「夜豆志呂」 八代史談会 139 2002.6

河童伝説と河川環境（上），（下）（田辺達也）「夜豆志呂」 八代史談会 139/140 2002.6/2002.9

草莽の人々（柿本登美男）「夜豆志呂」 八代史談会 140 2002.9

神々の箱庭（1）～（18）古事記神話の源流を求めて（脇坂義冨）「夜豆志呂」 八代史談会 140/（165）2002.9/2011.02

干拓民謡と大鞴名所（戸田市治）「夜豆志呂」 八代史談会 141 2003.2

八代城下町寺社考（木下潔）「夜豆志呂」 八代史談会 144/147 2004.

2/2005.2

薏以仁糖と孤雲餅が再現（松山丈三）「夜豆志呂」 八代史談会 147 2005.2

渋江河童の起源と命脈（田辺達也）「夜豆志呂」 八代史談会 （150） 2006.2

八代の河童伝説（田辺達也）「夜豆志呂」 八代史談会 （151） 2006.6

"ヤッチろんチロやん"の消息（蓑田美昭）「夜豆志呂」 八代史談会 （153） 2007.2

今月の各地 名剣祭（妙見祭）（坂井吉徳）「わが町三原」 みはら歴史と観光の会 195 2007.6

兵主（ヒョウス）（古川清久）「夜豆志呂」 八代史談会 （154） 2007.6

八代の殿の道中絵図（大谷和弘）「わが町三原」 みはら歴史と観光の会 199 2007.10

河童巷談―成政と行長のころ 16世紀末の八代野史（田辺達也）「夜豆志呂」 八代史談会 （159） 2009.02

第308回研修例会・講演 八代の民俗「人生の儀礼」（萱島義邦）「夜豆志呂」 八代史談会 （161） 2009.10

「殉教者列福式」参加記（鳥津亮二）「夜豆志呂」 八代史談会 （161） 2009.10

今昔すったんばなし（1）（2）～（19）（20）（蓑田美昭）「夜豆志呂」 八代史談会 （165）/（176） 2011.02/2014.10

続・八代のアコウ（蓑田正義）「夜豆志呂」 八代史談会 （167） 2011.10

八代のキリスト教史と殉教（中），（下） ヨーロッパに伝えられた十一人の殉教記録（鳥津亮二）「夜豆志呂」 八代史談会 （172）/（173） 2013.06/2013.10

子守歌のルーツ（蓑田正義）「夜豆志呂 ： 郷土史」 八代史談会 （175） 2014.06

鰐口にみる歴史の変遷 相良氏の八代支配の動向（坂口征喜）「夜豆志呂 ： 郷土史」 八代史談会 （176） 2014.10

八代神社

八代神社（旧妙見宮）購入の「妙見社祭礼之絵図」一般公開「夜豆志呂」 八代史談会 （158） 2008.10

郷土の歴史アラカルト（37）八代神社（旧妙見宮）御田植祭について（松山丈三）「夜豆志呂」 八代史談会 （165） 2011.02

八代妙見宮

郷土の歴史アラカルト（8）大阪天満宮境内の霊符社と肥後八代妙見宮（鎮宅霊符）との関係について（松山丈三）「夜豆志呂」 八代史談会 126 1998.1

表紙絵の解説 寛永13年（1636）細川三斎寄進の神輿及び天蓋（妙見宮祭礼絵巻より）（松山丈三）「夜豆志呂」 八代史談会 （168） 2012.02

郷土の歴史アラカルト（37）妙見さん見物の豆知識（松山丈三）「夜豆志呂」 八代史談会 （170） 2012.10

八代妙見祭の神幸行事

第236回研修例会・講演八代妙見祭について（早瀬輝美）「夜豆志呂」 八代史談会 126 1998.1

第252回研修例会講演 八代妙見祭の見方・楽しみ方（松山丈三）「夜豆志呂」 八代史談会 133 2000.6

郷土の歴史アラカルト（26）妙見祭礼神幸行列の出し物―平成の大修理（1）（松山丈三）「夜豆志呂」 八代史談会 144 2004.2

書評 熊本県八代市教育委員会編『八代妙見祭』調査報告書（西岡陽子）「民俗芸能研究」 民俗芸能学会 （50） 2011.03

肥後八代妙見宮祭礼神幸行列 国重要無形民俗文化財に指定（上），（中），（下），（下続）（松山丈三）「夜豆志呂」 八代史談会 （166）/（169） 2011.06/2012.06

第322回研修例会 八代妙見祭の調査について（吉永明）「夜豆志呂」 八代史談会 （168） 2012.02

表紙絵の解説 八代妙見祭神幸行列の笠鉾「松」の板図（原田聰明）「夜豆志呂 ： 郷土史」 八代史談会 （175） 2014.06

ヤッチロ

ヤッチロ考（柳沢賢次）「長野」 長野郷土史研究会 198 1998.3

柳瀬

相良村柳瀬地区の「川祭」と球磨地方の「庚申祭」の現状（平山義之）「郷土」 求麻郷土研究会 （33） 2010.10

山田

「山田の薬師堂」についての追記（編集部）「歴史玉名」 玉名歴史研究会 30 1997.8

山上八幡社

山上八幡社本殿修復工事に関する報告（松葉英星）「ひとよし歴史研究」 人吉市教育委員会教育部 （14） 2011.03

山本神社

〔資料紹介〕 熊本県相良村山本神社の棟札（溝下昌美）「史迹と美術」 史

迹美術同攷会 67（8） 1997.9

了清院跡墓地

人吉市富ヶ尾「了清院」跡墓地にみる相良史―戦国時代から江戸・明治時代まで 墓地の重要性を探る（益田啓三）「ひとよし歴史研究」 人吉市教育委員会教育部 （10） 2007.3

蓮華院誕生寺

蓮華院誕生寺五重塔の落慶を祝う（田辺哲夫）「歴史玉名」 玉名歴史研究会 30 1997.8

海神社

この町の神々―平山新町海神社（岩本ツネヨ）「夜豆志呂」 八代史談会 123 1997.1

大分県

相ヶ鶴
「相ヶ鶴の石蔵」の移築について―久住町指定有形文化財保護の一例(久住町文化財保護調査委員会)「五輪」 竹田地区文化財調査委員連絡協議会 (22) 2002.3

相原廃寺
幻の相原廃寺を追い求めた人々(栗焼憲児)「西日本文化」 西日本文化協会 409 2005.3

青の洞門
青の洞門と一恩讐の彼方に(毛利俊男)「秦史談」 秦史談会 (156) 2010.3

丹川
丹川地区の神社(藤井健爾)「白水郎」 坂ノ市地区郷土史愛好会 17 2000.3

赤根
赤根善神王祭―国見町赤根地区善神王祭について(須磨和啓)「豊日史学：復刊宇佐文化」 豊日史学会 64(1・2・3)通号224・225・226 2000.3

赤根地区のお接待今昔(末松洋一郎[他])「国見物語」 国見町郷土史研究会 31 2012.04

コラム 赤根のお祭り(永井輝生)「国見物語」 国見町郷土史研究会 33 2014.04

安岐町
安岐町の石造供養塔(堀内宣士)「二豊の石造美術」 大分県石造美術研究会 19 1999.3

朝地
挨拶言葉の方言(伊藤英美)「あさじ史談」 朝地史談会 78 1997.8

十三夜(阿南清文)「あさじ史談」 朝地史談会 79 1997.12

神(板倉重雄)「あさじ史談」 朝地史談会 80 1998.4

宝篋印塔(渡辺繁子)「あさじ史談」 朝地史談会 80 1998.4

一石一字塔について(阿南清文)「あさじ史談」 朝地史談会 82 1998.12

ふるさとのかくれんぼ(吉野公紀)「あさじ史談」 朝地史談会 87 2000.6

もんじゃんゆい(和田コウ子)「あさじ史談」 朝地史談会 88 2000.9

お盆について想う(甲斐博)「あさじ史談」 朝地史談会 95 2002.12

かくれキリシタンについて(橋爪定直)「あさじ史談」 朝地史談会 96 2003.3

火打石・火燧石について(佐藤豊治)「あさじ史談」 朝地史談会 98 2003.12

かくれキリシタンの葬儀と願いについて(橋爪定直)「あさじ史談」 朝地史談会 98 2003.12

人々の祈りの足跡(吉野公紀)「あさじ史談」 朝地史談会 (100) 2004.10

かくれキリシタンの石像物について(橋爪定直)「あさじ史談」 朝地史談会 (100) 2004.10

「木地師」のこと(竹内宏郎)「あさじ史談」 朝地史談会 (100) 2004.10

「ズンドコ節」考(阿南清文)「あさじ史談」 朝地史談会 (100) 2004.10

表紙に書かれたクルス紋について(阿南清文)「あさじ史談」 朝地史談会 (100) 2004.10

かくれキリシタンのかくれのテクニック(橋爪定直)「あさじ史談」 朝地史談会 (103) 2006.3

古墓碑論考(佐藤豊治)「あさじ史談」 朝地史談会 (103) 2006.3

暮らしの中の仏教語(森忠之)「あさじ史談」 朝地史談会 (103) 2006.3

こんぴら様に寄せて(竹内宏郎)「あさじ史談」 朝地史談会 (104) 2006.10

かくれキリシタンは現在も生き続けています(橋爪定直)「あさじ史談」 朝地史談会 (104) 2006.10

欠けたお椀(森チヨコ)「あさじ史談」 朝地史談会 (104) 2006.10

墨染桜植栽記(竹内宏郎)「あさじ史談」 朝地史談会 (105) 2007.3

かくれキリシタンの墓地(橋爪定直)「あさじ史談」 朝地史談会 (105) 2007.3

隠れキリシタン受難の世再び 振わぬ漁島を離れる民、信者組織の数激減(橋爪定直)「あさじ史談」 朝地史談会 (105) 2007.3

かくれキリシタン墓地について(橋爪定直)「あさじ史談」 朝地史談会 (106) 2007.10

消えた観音様(佐藤豊治)「あさじ史談」 朝地史談会 (106) 2007.10

潜伏キリシタンにおける戒名について(橋爪定直)「あさじ史談」 朝地史談会 (107) 2008.7

楮(こうぞ)の皮剥ぎ業(衛藤艶子)「あさじ史談」 朝地史談会 (108) 2009.03

弥五さの卵取り(佐藤豊治)「あさじ史談」 朝地史談会 (108) 2009.03

「みたまよ とこしえに 安らかに」(森チヨコ)「あさじ史談」 朝地史談会 (108) 2009.03

盆踊り「団七口説」の由来(姫嶋輝)「あさじ史談」 朝地史談会 (109) 2010.03

自宅葬のころ(衛藤艶子)「あさじ史談」 朝地史談会 (109) 2010.03

神楽秘伝文書(巻物)について(北尾勝義)「あさじ史談」 朝地史談会 (113) 2014.03

朝地町
朝地町のキリスト教について(橋爪和子)「あさじ史談」 朝地史談会 98 2003.12

カクレキリシタンの弾圧とあさじまちの石造物発見について(橋爪定直)「あさじ史談」 朝地史談会 (102) 2005.11

浅見
市内―浅見地区(浅見浄水場・八幡浅見神社・萬年山長松寺)(史跡探訪レポート)(研修部)「別府史談」 別府史談会 (26) 2013.03

朝見
仲屋の「天神水」 朝見糸永家のこと(岡部光瑞)「別府史談」 別府史談会 14 2000.12

安心院
多仏石幢について(矢野俊彦)「安心院縄文：安心院縄文会機関誌」 安心院縄文会 7 1997.4

安心院鏝絵探訪に参加して(前田フサ子)「郷土誌さいがわ」 犀川町郷土史研究会 (18) 2000.3

ひめ神物語 資料・安心院印刷 川野高義社長提供「安心院縄文：安心院縄文会機関誌」 安心院縄文会 11 2000.4

なぞの立石群を世に(大隈草生)「安心院縄文：安心院縄文会機関誌」 安心院縄文会 13 2002.4

蚕の神様とオシラサマ伝説を訪ねて(古恵良菊男)「安心院縄文：安心院縄文会機関誌」 安心院縄文会 14 2003.4

安心院に禅宗、浄土真宗がどのように進出していったか(國東利行)「安心院縄文：安心院縄文会機関誌」 安心院縄文会 19 2008.4

鳥居を探して歩く一見慣れたものを見直してみる(古椎正彦)「安心院縄文：安心院縄文会機関誌」 安心院縄文会 19 2008.4

歴史探訪 神社めぐり(井福芳彦)「安心院縄文：安心院縄文会機関誌」 安心院縄文会 (24) 2013.04

神社めぐり(2)(歴史探訪)(井福芳彦)「安心院縄文：安心院縄文会機関誌」 安心院縄文会 (25) 2014.04

安心院盆地
佐田地名から安心院盆地の記紀伝承を探る(河野光男)「安心院縄文：安心院縄文会機関誌」 安心院縄文会 12 2001.4

安心院町
安心院町内に鎮座する神社と祭神(井福芳彦)「安心院縄文：安心院縄文会機関誌」 安心院縄文会 (23) 2012.04

麻生
宇佐の民俗 麻生神楽「宇佐の文化」 宇佐の文化財を守る会 55 1999.5

天の香具山
鶴見岳は天の香具山(水野孝夫)「別府史談」 別府史談会 (18) 2004.12

海部
海部のまつり'98報告(工藤勝武)「大佐井」 大分市大在地区文化財同好会 16 1999.3

海部のまつり'99報告(工藤勝武)「大佐井」 大分市大在地区文化財同好会 17 2000.3

海部のまつり(第7回)報告(工藤勝武)「大佐井」 大分市大在地区文化財同好会 18 2001.3

海部のまつり第8回01報告(工藤勝武)「大佐井」 大分市大在地区文化財

| 大分県 | 郷土に伝わる民俗と信仰 | 九州・沖縄 |

同好会　19　2002.3

海部のまつり　第10回報告（藤野十一）「大佐井」　大分市大在地区文化財同好会　21　2004.3

海部の女衆が山越えして物々交換（太田昭）「白水郎」　坂ノ市地区郷土史愛好会　（23）2006.3

豊後風土記の海部（重久弘幸）「白水郎」　坂ノ市地区郷土史愛好会（26）2009.3

天間

追悼論稿（再録）一史談会元副会長・松岡實先生を偲んで　盆の庭入とバンバ踊り一別府市天間地区（松岡實）「別府史談」　別府史談会　15　2001.12

荒平稲荷

荒平稲荷の記録（狩宿区）（狩宿北部地区の方々）「郷土史杵築」　杵築郷土史研究会　（127）2007.8

粟野村

史料紹介　玖珠郡粟野村銘細帳（甲斐素純）「大分県地方史」　大分県地方史研究会　（186）2002.9

安国寺

安国寺由来記（義冲光）「別府史談」　別府史談会　（16）2002.12

家野

臼杵の獅子舞（11）家野の村祈禱（吉井正治）「臼杵史談」　臼杵史談会（102）2012.02

生桑区

明治・大正・昭和と書き継がれたムラの記録一生桑区「社日祭五穀善神録」（史料紹介）（平井義人）「史料館研究紀要」　大分県立先哲史料館（15）2010.06

池見家住宅

佐野植物公園と庄屋池見家住宅訪問（山岡俊邦）「大佐井」　大分市大在地区文化財同好会　14　1997.3

池水神社

池水神社（安素野スミエ）「あさじ史談」　朝地史談会　78　1997.8

石垣神社

神社合併一石垣神社について（岡部光瑞）「別府史談」　別府史談会（25）2012.03

石垣原

史料紹介　琵琶歌「石垣原」別府中学校初代校長　兼子鎮雄作（研修部）「別府史談」　別府史談会　（22）2009.03

石貫穴観音

肥後石貫穴観音2号横穴墓の千手観音像について（高坂孟承）「古代朝鮮文化を考える」　古代朝鮮文化を考える会　（28）2013.12

石間浦

石間浦「彦神社」と宮の内「彦神社」・彦嶽神社との関わり（高盛西郷）「佐伯史談」　佐伯史談会　（204）2007.2

板井迫

板井迫神明社の来歴（佐藤豊治）「あさじ史談」　朝地史談会　（102）2005.11

一木

一木地区の神社（中島照美）「白水郎」　坂ノ市地区郷土史愛好会　16　1999.3

伊藤田

三保の石造物　伊藤田の貴船神社について「三保の文化」　三保の文化財を守る会　（104）2013.07

犬神谷

犬神谷、河童を見た話（〈既刊の研究小報より抜粋〉）（大津素）「研究小報」　大分市鶴崎公民館ふるさとの歴史教室　（26）2009

伊美別宮社

伊美別宮社と祝島神舞神事（《国見物語20周年記念特集》一〈特別研究班の研究項目〉）（古沢宗司）「国見物語」　国見町郷土史研究会　20　2001.4

岩倉社

奇祭「ケベス祭り」に関する考察（本田総一郎）「豊日史学　：　復刊宇佐文化」　豊日史学会　61（1・2・3）通号215・216・217　1997.3

ケベスの語源についての一考察（広末九州男）「国見物語」　国見町郷土史研究会　16　1997.7

奇祭「ケベス祭り」に関する考察（前）、（後）（本田聡一郎）「国見物語」　国見町郷土史研究会　18/19　1999.5/2000.6

岩倉社　秋の例大祭（ケベス祭）について（河野昭一）「国見物語」　国見町郷土史研究会　23　2004.4

ミステリアスな岩倉社ケベス祭（河野昭一）「国見物語」　国見町郷土史研究会　28　2009.04

「ケベス祭り」管見（岡部富久市）「大分県地方史」　大分県地方史研究会（209）2010.03

岩船八幡宮

岩船八幡宮について（研究小報第二集より再録）（別保グループ）「研究小報」　大分市鶴崎公民館ふるさとの歴史教室　（31）2014.03

千歳若宮八幡と岩船八幡宮と東海庵との関係について（研究小報第十八集より再録）（薬師寺岩雄）「研究小報」　大分市鶴崎公民館ふるさとの歴史教室　（31）2014.03

岩屋寺

大分市・岩屋寺石仏の保存整備（山田拓進）「日引　：　石造物研究会会誌」　3　2002.10

磨崖仏の保存修理後の経過（2）大分元町石仏と岩屋寺石仏について（山田拓伸）「大分県立歴史博物館研究紀要」　大分県立歴史博物館　通号10　2009.03

上野

上野地区の神社（大平亮）「白水郎」　坂ノ市地区郷土史愛好会　16　1999.3

植松

愛宕神社の大鳥居と霊峰尺間神社御神幸祭・表紙写真解説（市野瀬仁）「佐伯史談」　佐伯史談会　199　2005.6

宇佐

うさの仏様の素顔（11）「宇佐の文化」　宇佐の文化財を守る会　48　1997.1

古代落穂秘史抄（1）一補遺「秀真」偽書説を超えて「聖地・聖教」考（清輔道生）「豊日史学　：　復刊宇佐文化」　豊日史学会　61（1・2・3）通号215・216・217　1997.3

宇佐の石橋　菱形池の石橋「宇佐の文化」　宇佐の文化財を守る会　53　1998.10

経消しの壺（入学正敏）「宇佐の文化」　宇佐の文化財を守る会　53　1998.10

『新抄格勅符抄』記載の神封について一宇佐神封を中心に考察（河野泰彦）「大分県地方史」　大分県地方史研究会　（171）1998.12

宇佐放生会とは「豊日史学　：　復刊宇佐文化」　豊日史学会　63（1・2・3）通号221・222・223　1999.3

放生会の再現「豊日史学　：　復刊宇佐文化」　豊日史学会　63（1・2・3）通号221・222・223　1999.3

神封物の徴収・管理・運用について一宇佐神封についての考察（河野泰彦）「大分県地方史」　大分県地方史研究会　（177）2000.3

神と仏の里　宇佐・国東の旅（水井貴士）「徳山地方郷土史研究」　徳山地方郷土史研究会　21　2000.3

宇佐の民俗　26号機関車「宇佐の文化」　宇佐の文化財を守る会　59　2000.9

《宇佐・国東特集》「山岳修験」　日本山岳修験学会，岩田書院（発売）（26）2000.11

宇佐周辺の山岳宗教遺跡と古代寺院一大分県宇佐市サヤ遺跡の紹介を通して（原田昭一）「山岳修験」　日本山岳修験学会，岩田書院（発売）（26）2000.11

宇佐・国東大会参加記（第20回日本山岳修験学会）（竹間泰之）「山岳修験」　日本山岳修験学会，岩田書院（発売）（26）2000.11

宇佐の民俗　ドンド焼き「宇佐の文化」　宇佐の文化財を守る会　60　2001.1

《国東半島・宇佐の文化を世界文化遺産に　講演会・シンポジウム録》「国東半島・宇佐の文化」　国東半島・宇佐の文化を守る会　19　2004.3

シンポジウム　国東半島・宇佐の文化を世界文化遺産に「国東半島・宇佐神宮の文化遺産について」（金田信子，時枝正昭，永岡惠一郎，飯沼賢司，青山映信，高橋宜宏）「国東半島・宇佐の文化」　国東半島・宇佐の文化を守る会　19　2004.3

宇佐の伝承と神話（5）（竹折勉）「古代朝鮮文化を考える」　古代朝鮮文化を考える会　（19）2004.12

能に学ぶ宇佐の神能（文化財公開講座（1））（國東利行）「宇佐の文化」　宇佐の文化財を守る会　72　2005.1

能の鑑賞（文化財公開講座）（岩尾昭彦）「宇佐の文化」　宇佐の文化財を守る会　72　2005.1

《国東半島・宇佐の文化を世界文化遺産に講演会・シンポジウム録》「国東半島・宇佐の文化」　国東半島・宇佐の文化を守る会　20　2005.3

講演会　宇佐・国東半島の中世仏教文化（國東利行）「国東半島・宇佐の文化」　国東半島・宇佐の文化を守る会　20　2005.3

シンポジウム　国東半島・宇佐の文化を世界遺産に（永岡惠一郎，工藤弘太郎，佐藤稔明，小田律子，猿渡弘治，國東利行）「国東半島・宇佐の

文化」国東半島・宇佐の文化を守る会　20　2005.3

宇佐と国東仏教文化は世界遺産リストから外れる（編集子）「国見物語」国見町郷土史研究会　26　2007.6

「宇佐・国東─神仏習合の原風景」結果報告「国東半島・宇佐の文化」国東半島・宇佐の文化を守る会　（23）2009.03

選定された国内候補地「国東半島・宇佐の文化」国東半島・宇佐の文化を守る会　（23）2009.03

宇佐の祭神としての応神天皇（特集 応神天皇千七百年祭）（江頭慶宣）「季刊悠久.第2次」鶴岡八幡宮悠久事務局　（121）2010.08

宇佐神 比売大神の成立について（水口忠宏）「大分県地方史」大分県地方史研究会　（213）2012.01

夏季文化講演会 宇佐の狛犬を探して歩く（古椎正彦）「安心院縄文 ： 安心院縄文会機関誌」安心院縄文会　（23）2012.04

『宇佐詣記』（資料紹介）（山口敏幸，豊島幸子，寶亀道聰）「年報太宰府学」太宰府市　（8）2014.03

『宇佐詣記』翻刻（資料紹介）（中田敏子，山口敏幸）「年報太宰府学」太宰府市　（8）2014.03

宇佐宮

宇佐宮の放生会とその変遷（河野弥進美）「郷土誌しいだ」椎田町文化財研究協議会　（3）1997.5

比叡山「長日法華不断経」と宇佐宮「長日法花不断経」（緒方英夫）「大分県地方史」大分県地方史研究会　（167・168）1998.1

宇佐の絵図（24）宇佐宮社頭皆造絵図（宇佐市教育委員会）「宇佐の文化」宇佐の文化財を守る会　65　2002.8

宇佐の絵図（25）〜（28）到津家所蔵宇佐宮絵図［1］〜（4）（宇佐市教育委員会）「宇佐の文化」宇佐の文化財を守る会　66/69　2003.1/2004.1

「宇佐宮古図」の成立について（鈴木隆敏）「大分県地方史」大分県地方史研究会　（189）2003.10

宇佐の絵図（29）〜（33）寛永五年宇佐宮絵図（1）〜（5）（宇佐市教育委員会）「宇佐の文化」宇佐の文化財を守る会　70/74　2004.5/2005.9

宇佐の絵図（35）〜（39）宇佐宮古図［1］〜（5）（宇佐市教育委員会）「宇佐の文化」宇佐の文化財を守る会　（77）/（81）2006.10/2008.1

征夷大将軍家政治所下文の信憑性（1）〜（4）宇佐宮式年造替史料の分析を通路として（伊藤勇人）「皇學館大学神道研究所紀要」皇學館大学神道研究所　23/26　2007.3/2010.03

中世宇佐宮の変容─宗廟から一宮へ《2007年度大会特集号》─〈部会報告〉（田村正孝）「ヒストリア ： journal of Osaka Historical Association」大阪歴史学会　（208）2008.1

宇佐の絵図（41）宇佐宮並弥勒寺造営指図（1）（宇佐市教育委員会）「宇佐の文化」宇佐の文化財を守る会　（84）2009.01

建久四年七月付官宣旨の文言比較─太神宮と宇佐宮の研究事始（研究ノート）（伊藤勇人）「皇學館大学神道研究所紀要」皇學館大学神道研究所　27　2011.03

宇佐宮・神仏習合の歴史を訪ねて（末松洋一郎）「国見物語」国見町郷土史研究会　（32）2013.04

宇佐宮上宮

宇佐の絵図（23）宇佐宮上宮回禄絵図（宇佐市教育委員会）「宇佐の文化」宇佐の文化財を守る会　64　2002.5

宇佐の絵図（34）宇佐宮上宮造営指図（宇佐市教育委員会）「宇佐の文化」宇佐の文化財を守る会　（75）2006.1

宇佐宮神領

宇佐宮神領の成立過程と展開（橋本操六）「大分県地方史」大分県地方史研究会　（174）1999.8

宇佐宮領

宇佐宮領の成立過程と展開（2）─附備後丹生津留島（橋本操六）「大分県地方史」大分県地方史研究会　（181）2001.3

宇佐市

宇佐市内における納経塔の調査報告（1）（江藤和幸）「二豊の石造美術」大分県石造美術研究会　23　2004.3

宇佐神宮

国際化最前線の神・八幡神の「こころ」（中野幡能）「豊日史学 ： 復刊宇佐文化」豊日史学会　62（1・2・3）通号218・219・220　1998.3

作家から見た八幡の謎（黒岩重吾）「豊日史学 ： 復刊宇佐文化」豊日史学会　63（1・2・3）通号221・222・223　1999.3

宇佐の民俗 宇佐神宮の放生会「宇佐の文化」宇佐の文化財を守る会　56　1999.10

宇佐の民俗 宇佐神宮鎮疫祭「宇佐の文化」宇佐の文化財を守る会　57　2000.1

宇佐の民俗 宇佐神宮の御田植祭「宇佐の文化」宇佐の文化財を守る会　58　2000.5

神道講座（12）「八幡さま」のお話し（西高辻信良）「飛梅」太宰府天満宮社務所　116　2000.9

八幡神の成立とその国家的影響について（中野幡能）「豊日史学 ： 復刊宇佐文化」豊日史学会　65（1・2・3）通号227・228・229　2001.3

「おんまつり」に憶ふ─放生会再現と細男舞（中野幡能）「豊日史学 ： 復刊宇佐文化」豊日史学会　65（1・2・3）通号227・228・229　2001.3

宇佐の絵図（22）官幣大社宇佐神宮全景図（部分）（3）（宇佐市教育委員会）「宇佐の文化」宇佐の文化財を守る会　63　2002.1

宇佐神宮史完成に当って（中野幡能）「豊日史学 ： 復刊宇佐文化」豊日史学会　66（1・2・3）通号230・231・232　2002.3

宇佐神宮の大塔（上），（下）（江浪滋）「史迹と美術」史迹美術同攷会　74（6）通号746/74（7）通号747　2004.7/2004.8

宇佐神宮を世界遺産登録に（佐藤稔明）「宇佐の文化」宇佐の文化財を守る会　71　2004.9

宇佐神宮の森（須股博信）「宇佐の文化」宇佐の文化財を守る会　73　2005.5

八幡大神の原始祭神について（上）─〈前編 神戸史談会諸先賢の遺稿〉─5 諸先賢の部〉（寺沢智良）「神戸史談」神戸史談会　296　2005.6

宇佐神宮と奉幣祭（勅祭）（須磨和啓）「宇佐の文化」宇佐の文化財を守る会　74　2005.9

宇佐神宮の玉依姫はなぜ三女神とすり替えられたか？（河野弥進美）「古代朝鮮文化を考える」古代朝鮮文化を考える会　（21）2006.12

宇佐神宮と国東半島を世界遺産に（永岡恵一郎）「郷土史杵築」杵築郷土史研究会　（126）2007.3

神武天皇聖蹟菟狭顕彰碑（宇佐神宮）「宇佐の文化」宇佐の文化財を守る会　（80）2007.9

宇佐神宮と国東半島の世界遺産リスト登録の経過（広報部）「国見物語」国見町郷土史研究会　27　2008.9

宇佐神宮記─日向の古豪、土持氏の歴史に関連して（野口順平）「日和城」高城の昔を語る会　（16）2009.01

宇佐神宮探訪詠草（江藤ツギ子）「津久見史談」津久見史談会　（13）2009.03

九州古代紀行（4）宇佐神宮を往く（加藤哲也）「季刊邪馬台国」「季刊邪馬台国」編纂委員会，梓書院（発売）（101）2009.04

八幡宮紹介 宇佐神宮（大分県宇佐市南宇佐）「季刊悠久.第2次」鶴岡八幡宮悠久事務局　（121）2010.08

卑弥呼と宇佐神宮比売大神（1）〜（5）（鷲﨑弘明）「古代史の海」「古代史の海」の会　（61）/（65）2010.09/2011.09

伊勢宇佐両神宮類似考（後藤匡史）「古代朝鮮文化を考える」古代朝鮮文化を考える会　（27）2012.12

大分の宝物 宇佐神宮（東藤さき代）「あさじ史談」朝地史談会　（112）2013.01

春の史跡探訪 臼杵石仏・宇佐神宮・小京都日田を訪ねる（松本和典）「郷土史誌末蘆國」松浦史談会，芸文堂（発売）（194）2013.06

大分県の宇佐神宮が所蔵する能面の彩色に関する科学的調査（石川優生，平尾良光，元永裕喜）「大分県立歴史博物館研究紀要」大分県立歴史博物館　（15）2014.03

宇佐神宮社叢

宇佐神宮社叢とヒメハルゼミ「宇佐の文化」宇佐の文化財を守る会　61　2001.5

宇佐八幡

宇佐八幡神と伊予─天平勝宝6年の厭魅事件を中心に（白石成二）「ソーシアル・リサーチ」ソーシアル・リサーチ研究会　24　1999.2

宇佐八幡はなぜ天皇家の祖廟か（安部和也）「別府史談」別府史談会　14　2000.12

宇佐八幡神 東大寺へ参拝（大野保治）「別府史談」別府史談会　（18）2004.12

宇佐八幡神託事件（竹折勉）「三保の文化」三保の文化財を守る会　（87）2005.1

宇佐八幡と六郷山（渡辺文雄）「津久見史談」津久見史談会　（9）2005.3

宇佐八幡はなぜ天皇家の祖廟か（安部和也）「古代朝鮮文化を考える」古代朝鮮文化を考える会　（21）2006.12

宇佐八幡宮

宇佐八幡宮霊宝の盗難事件─新聞記事より（山口信枝）「豊日史学 ： 復刊宇佐文化」豊日史学会　61（1・2・3）通号215・216・217　1997.3

中世における宇佐八幡宮の造営（中村康孝）「皇學館史学」皇学館大学史学会　（13）1998.3

第245回研修 宇佐八幡宮と放生会（向真智子，原田よし子）「夜豆志呂」八代史談会　130　1999.6

海部の覇者と宇佐八幡（白川準之祐）「宇摩史談」宇摩史談会　78　2000.6

大分県宇佐八幡宮の呉統と「呉の語源」の考察 祭神をめぐる呉の亀山八幡宮との関係（上河内良平）「広郷土史研究会会報」広郷土史研究会　52　2002.10

地方の神から全国神になった「宇佐八幡」（吉成一郎）「古代朝鮮文化を考える」古代朝鮮文化を考える会　（18）2003.12

大分県　　　郷土に伝わる民俗と信仰　　　九州・沖縄

追悼論稿 宇佐八幡宮と別府（府）（中野幡能）「別府史談」 別府史談会
（18）2004.12
宇佐八幡宮の劫掠と「平家物語」の緒方惟栄（佐々木紀一）「米沢史学」
米沢史学会（山形県立米沢女子短期大学日本史学科内）（21）2005.6
宇佐八幡宮の歴史と道鏡事件（1）八幡神と古代国家（棚橋利光）「河内ど
んこう」 やお文化協会 （82）2007.6
宇佐八幡宮の歴史と道鏡事件（2）道鏡事件での八幡神の託宣を考える
（棚橋利光）「河内どんこう」 やお文化協会 （83）2007.10
宇佐八幡宮の歴史と道鏡事件（3）道鏡法王論（棚橋利光）「河内どんこ
う」 やお文化協会 （84）2008.2
秦氏と宇佐八幡宮（金谷健一）「つどい」 豊中歴史同好会 （291）2012.
04
九州古代紀行（18）応神天皇生誕地の宇佐八幡宮を往く（加藤哲也）「季
刊邪馬台国」 「季刊邪馬台国」編纂委員会，梓書院（発売）（116）
2013.01

宇佐平野

「神力」小考―明治期宇佐平野の地主と稲（櫻井成昭）「大分県地方史」
大分県地方史研究会 （199）2007.3

宇佐歴史博物館

宇佐歴史博物館・両子寺・泉福寺（見学記）「白水郎」 坂ノ市地区郷土史
愛好会 16 1999.3

臼杵

昭和建立の一間社流造（佐藤正彦）「臼杵史談」 臼杵史談会 89 1998.
12
龍原寺三重塔と臼杵の大工（西水盛栄）「臼杵史談」 臼杵史談会 89
1998.12
幕末・明治・大正建立の一間社流造（佐藤正彦）「臼杵史談」 臼杵史談会
90 1999.12
臼杵の石仏群を訪ねて（三上春子）「美多」 三田郷土史同好会 36
2000.9
臨済宗の寺院本堂と庫裡（佐藤正彦）「臼杵史談」 臼杵史談会 91
2000.12
五輪塔の特色とその見方―臼杵地域を中心として（菊田徹）「二豊の石造
美術」 大分県石造美術研究会 21 2002.3
隠れキリシタン遺物を臼杵で見い出して（丸小野昭治）「臼杵史談」 臼杵
史談会 93 2002.12
臼杵の獅子舞（4）厳島神社の獅子舞（吉井正治）「臼杵史談」 臼杵史談
会 94 2003.12
実在した炭焼小五郎・伝説の金山（角田彰男）「臼杵史談」 臼杵史談会
（97）2007.5
臼杵諏訪神社における縁起、由緒考（東恭生）「臼杵史談」 臼杵史談会
（97）2007.5
靖国神社と臼杵（楠君子）「臼杵史談」 臼杵史談会 （97）2007.5
臼杵の獅子舞（8）日吉神社の村祈禱（吉井正治）「臼杵史談」 臼杵史談
会 （99）2009.03
昭和初期の「なぞなぞ」（渡辺良子）「臼杵史談」 臼杵史談会 （100）
2010.03
白狐の伝説について（渡辺康生）「臼杵史談」 臼杵史談会 （100）2010.
03
馬の首の話について（渡辺康生）「臼杵史談」 臼杵史談会 （102）2012.
02
火の玉が出た（渡辺良子）「臼杵史談」 臼杵史談会 （102）2012.02
日本のキリシタン墓研究の現状（田中裕介）「臼杵史談」 臼杵史談会
（104）2014.02

臼木

臼木金比羅社の石造遺物に就いて（佐藤豊治）「あさじ史談」 朝地史談会
（105）2007.3
臼木金比羅社名称の起りに就いて（佐藤豊治）「あさじ史談」 朝地史談会
（106）2007.10

臼杵護国神社

臼杵護国神社について（加賀輝三）「臼杵史談」 臼杵史談会 （104）
2014.02

臼杵市

臼杵市・津久見市のキリシタン墓碑を訪ねて（荒木英市）「津久見史談」
津久見史談会 5 2001.3
臼杵市の真言宗寺院建築（佐藤正彦）「臼杵史談」 臼杵史談会 92
2001.12
臼杵市の浄土真宗寺院の建築（1），（2）（佐藤正彦）「臼杵史談」 臼杵史
談会 93/94 2002.12/2003.12
臼杵市の民家（1）～（5）（佐藤正彦）「臼杵史談」 臼杵史談会 95/（99）
2005.2/2009.3

臼杵城

臼杵城と石仏めぐり（石谷恵美代）「津久見史談」 津久見史談会 3
1999.3
臼杵城出土の角柱状石塔（神田高士）「石造文化研究」 おおいた石造文化
研究会事務局 通号27 2009.01

臼杵石仏

春の史跡探訪 臼杵石仏・宇佐神宮・小京都日田を訪ねる（松本和典）「郷
土史誌末盧國」 松浦史談会，芸文堂（発売）（194）2013.06

臼杵藩

講話 臼杵藩とキリシタン（神田高士）「白水郎」 坂ノ市地区郷土史愛好
会 （31）2014.03

臼杵磨崖仏

臼杵磨崖仏の保存対策の過程と課題（神田高士）「日引 ： 石造物研究会
会誌」 3 2002.10
国宝臼杵磨崖仏について（菊田徹）「津久見史談」 津久見史談会 （7）
2003.3
磨崖仏における造像と祈り 臼杵磨崖仏を中心に（後藤宗俊）「臼杵史談」
臼杵史談会 （103）2013.02

内成

報告 水・信仰・くらし―田染と内成を事例として（三谷紘平）「大分県地
方史」 大分県地方史研究会 （210）2010.9

内山

大分県下の産育に関わる神仏―三重町内山地区を中心に（福西大輔）「西
郊民俗」 ［西郊民俗談話会］ （180）2002.9

宇藤木

宇藤木の宝篋印塔（つくみ点描）（編集部）「津久見史談」 津久見史談会
（12）2008.3

宇土山砦

現地検証 宇土山砦は毛利高政が建てた修道院（礼拝堂）跡か？（編集部）
「佐伯史談」 佐伯史談会 （222）2013.7

宇奈岐日女神社

宇奈岐日女神社参拝（狭間巴子）「大佐井」 大分市大在地区文化財同好会
16 1999.3

宇目町

うめまちの隠れ切支丹（1）（柴川英敏）「佐伯史談」 佐伯史談会 189
2002.2

瓜生島

偽史列伝（17）『上記』と瓜生島沈没伝説（原田実）「季刊邪馬台国」
「季刊邪馬台国」編纂委員会，梓書院（発売）75 2002.2
瓜生島は沈んだか？（山岡俊邦）「大佐井」 大分市大在地区文化財同好会
19 2002.3

永慶寺

大龍山永慶寺ヲ尋ヌ（佐藤龍江）「挾間史談」 挾間史談会 （1）2010.04

永福寺

光緑山永福寺について（野中進）「落穂」 大分市大南地区文化財同好会
58 1998.3

永福平

永福平は御供水へ向かう（廣末九州男）「国見物語」 国見町郷土史研究会
28 2009.04

円寿寺

表紙解説 円寿寺絵図「大分市歴史資料館ニュース」 大分市歴史資料館
46 1999.3
文化財と歴史の寺 円寿寺について（薬師寺直）「大佐井」 大分市大在地
区文化財同好会 19 2002.3

円照寺

円照寺文書（宇佐郡安心院町大字佐田）（乙咩政巳）「豊日史学 ： 復刊宇
佐文化」 豊日史学会 61（1・2・3）通号215・216・217 1997.3

円通寺

古里巡礼 1番 九六位山円通寺（姫野憲一）「大佐井」 大分市大在地区文
化財同好会 14 1997.3
九六位山円通寺縁起「研究小報」 大分市鶴崎公民館ふるさとの歴史教
室 （24）2007

老松天満社

大山町老松天満社の由来（桑野英彦）「日田文化」 日田市教育委員会
（56）2014.03

九州・沖縄　　　　　　　　　　　郷土に伝わる民俗と信仰　　　　　　　　　　　大分県

扇山

「大平山」(扇山)こぼれ話(大平山研究会・研修部)「別府史談」　別府史談会　15　2001.12

王ノ瀬

王ノ瀬の麺屋―河野商店(内田忠清)「白水郎」　坂ノ市地区郷土史愛好会　(26)　2009.03

応暦寺

大岩屋山応暦寺(国東半島北部の仏像を尋ねて)(薬師寺直)「大佐井」　大分市大在地区文化財同好会　15　1998.3

大分

大分の地蔵たち(安部豊一)「津久見史談」　津久見史談会　2　1998.3

大分の石橋と橋石工(岡崎文雄)「史料館研究紀要」　大分県立先哲史料館　(10)　2005.6

報告2 大分 身分と身形―衣服統制を中心に(法師英昭)「もやい：長崎人権・学」　長崎人権研究所　50　2005.10

おおいたの石幢「二豊の石造美術」　大分県石造美術研究会　(25)　2006.3

講話「おおいたの石仏」別府大学 後藤宗俊教授(重久弘幸)「白水郎」　坂ノ市地区郷土史愛好会　(26)　2009.03

おおいたが誇る文化遺産を世界へ―地域から世界へ発信する豊の国の文化「神仏習合」(永岡恵一郎)「安心院縄文：安心院縄文会機関誌」　安心院縄文会　20　2009.04

大分の杖楽―杖使いを中心に(細井雅希)「大分県地方史」　大分県地方史研究会　(209)　2010.03

神仏習合と大分の神社(後藤匡実)「古代朝鮮文化を考える」　古代朝鮮文化を考える会　(25)　2010.12

大分便り 頭取の墓(後藤匡実)「備陽史探訪」　備陽史探訪の会　(165)　2012.04

大分便り 戴いた寶篋印塔(後藤匡実)「備陽史探訪」　備陽史探訪の会　(167)　2012.08

大分便り 釈迦如来坐像由来(後藤匡実)「備陽史探訪」　備陽史探訪の会　(168)　2012.10

大分便り 壇ノ下共同墓地(後藤匡実)「備陽史探訪」　備陽史探訪の会　(169)　2012.12

大分の門人墓と寺子屋(佐志原圭子)「月曜ゼミナール」　月曜ゼミナール(5)　2013.3

大分川流域

大分川流域の磨崖仏(渡辺文雄)「二豊の石造美術」　大分県石造美術研究会　20　2000.10

大分郡

豊後国大分郡・玖珠郡切支丹宗門親類書(7),(8)(種崎益多)「落穂」　大分市大南地区文化財同好会　57/58　1997.8/1998.3

大分県

酒樽型・盃状供養塔―矢田宗閑・宗智の酒塚(後藤武夫)「二豊の石造美術」　大分県石造美術研究会　17　1997.3

大分県の経塚と勧進僧の動態(栗田勝弘)「古文化談叢」　九州古文化研究会　40　1998.3

重要文化財九重塔(内藤克巳)「二豊の石造美術」　大分県石造美術研究会　18　1998.3

庚申塔入門―その歴史と見方(小林幸弘)「二豊の石造美術」　大分県石造美術研究会　18　1998.3

庚申塔の造立年の考察(入学正敏)「二豊の石造美術」　大分県石造美術研究会　18　1998.3

世界に紹介された大分県の特産物「大分県公文書館だより」　大分県公文書館　5　1998.7

大分県の礫石経(渋谷忠章)「大分県地方史」　大分県地方史研究会　(170)　1998.7

海苔下駄(のりげた)「おおいた歴博」　大分県立歴史博物館　1　1998.8

資料紹介 板彫庚申像「おおいた歴博」　大分県立歴史博物館　3　1999.3

大分県の城下町・石仏探訪記(地方史研究会事務局)「光地方史研究」　光地方史研究会　25　1999.3

大分県の四つの国宝(略述)(山岡俊邦)「大佐井」　大分市大在地区文化財同好会　16　1999.3

はみ出し石のある棚田の石垣(岩尾征治)「二豊の石造美術」　大分県石造美術研究会　19　1999.3

石造塔婆入門―特に板碑・笠塔婆・角塔婆について(渋谷忠章)「二豊の石造美術」　大分県石造美術研究会　19　1999.3

特別展特集 湯浴み―湯の歴史と文化「おおいた歴博」　大分県立歴史博物館　4　1999.9

資料紹介 天永元年銘銅経筒「おおいた歴博」　大分県立歴史博物館　5　2000.2

資料紹介 木造猿田彦像「おおいた歴博」　大分県立歴史博物館　8　2001.1

大分県のシシ垣について(渋谷忠章)「大分県地方史」　大分県地方史研究会　(180)　2001.2

武家故実の地方展開に関する一考察(2)―大友武家故実の形成と展開(武田信也)「大分県地方史」　大分県地方史研究会　(182)　2001.11

大分県における近世墓地研究の軌跡と論点―最近20年間の考古学的研究を中心に(田中裕介)「大分県地方史」　大分県地方史研究会　(184)　2002.2

看板考―生活文化の表象としての看板(岩井宏實)「大分県立歴史博物館研究紀要」　大分県立歴史博物館　通号3　2002.3

戦国期大友氏の年中行事と家臣団(大塚俊司)「大分県地方史」　大分県地方史研究会　(186)　2002.9

各市町村のキリシタン指定物件「五輪」　竹田地区文化財調査委員連絡協議会　(23)　2003.3

磨崖仏の保存調査―研究ノート(山田拓伸)「大分県立歴史博物館研究紀要」　大分県立歴史博物館　通号4　2003.3

市指定文化財「地蔵石仏」の調査報告(江藤和幸)「二豊の石造美術」　大分県石造美術研究会　22　2003.3

宝篋印塔の特色とその見方(衛藤忠義)「二豊の石造美術」　大分県石造美術研究会　22　2003.3

宝塔・多宝塔の特色とその見方―その成立と展開(江藤和幸)「二豊の石造美術」　大分県石造美術研究会　22　2003.3

看板考(岩井宏實)「大分県立歴史博物館研究紀要」　大分県立歴史博物館　通号5　2004.3

農耕絵馬に描かれた風俗(菅野剛宏)「大分県立歴史博物館研究紀要」　大分県立歴史博物館　通号5　2004.3

真宗門徒の墓地と墓碑(櫻井成昭)「大分県立歴史博物館研究紀要」　大分県立歴史博物館　通号5　2004.3

隠れた仏(渡辺信幸)「二豊の石造美術」　大分県石造美術研究会　23　2004.3

大分県内の禽獣供養塔(小野喜美夫)「玖珠郡史談」　玖珠郡史談会　(54)　2004.4

墓石の調査(小泊立矢)「二豊の石造美術」　大分県石造美術研究会　24　2005.3

地蔵信仰と六地蔵塔(内恵克彦)「二豊の石造美術」　大分県石造美術研究会　24　2005.3

重層塔の特色とその見方(江藤和幸)「二豊の石造美術」　大分県石造美術研究会　24　2005.3

石炭とくらし(藤田洋三)「史料館研究紀要」　大分県立先哲史料館　(10)　2005.6

大分県の民俗学の歩みと『大分県地方史』(小玉洋美)「大分県地方史」　大分県地方史研究会　(193)　2005.7

子どもに語る石造美術の話(2) お地蔵さん(河野了)「二豊の石造美術」　大分県石造美術研究会　(25)　2006.3

子どもに語る石造美術入門 石幢(衛藤忠義)「二豊の石造美術」　大分県石造美術研究会　(25)　2006.3

神の池と農耕の水(竹折勉)「古代朝鮮文化を考える」　古代朝鮮文化を考える会　(21)　2006.12

古墳と神社寺院(1) 竹姫と翁の伝承地を訪ねて(尾崎善信)「古代朝鮮文化を考える」　古代朝鮮文化を考える会　(22)　2007.12

古墳と神社(21)(松尾則男)「古代朝鮮文化を考える」　古代朝鮮文化を考える会　(22)　2007.12

中世大友城下町跡出土のキリシタン遺物(後藤晃一)「大分県地方史」　大分県地方史研究会　(203)　2008.3

事業報告 寺と人―寺院史料が誇ること(村上博秋)「史料館研究紀要」　大分県立先哲史料館　(13)　2008.6

表紙解説 雲龍型横綱「おおいた歴博」　大分県立歴史博物館　(25)　2008.9

表紙解説 木造女神像((井上))「おおいた歴博」　大分県立歴史博物館　(26)　2009.03

結衆塔婆の造立と中世共同体―大分県を事例として(三谷紘平)「大分県地方史」　大分県地方史研究会　(206)　2009.03

表紙解説 峯入り「おおいた歴博」　大分県立歴史博物館　(28)　2010.03

資料紹介 ひな人形「おおいた歴博」　大分県立歴史博物館　(28)　2010.03

農耕図絵馬に描かれた農業描写(菅野剛宏)「大分県立歴史博物館研究紀要」　大分県立歴史博物館　通号11　2010.03

風土記の丘点描 竹細工と「サンカ」「おおいた歴博」　大分県立歴史博物館　(29)　2010.08

(日出の錦絵、蓮華寺、日出若宮神社、日出藩成敗場跡地、玖珠街道)バスハイク「資料より」(北九州市の文化財を守る会会報」　北九州市の文化財を守る会　(134)　2011.09

巻頭カラー写真 仏画・仏像の分析場所の写真(石川・平尾/山田論文)「大分県立歴史博物館研究紀要」　大分県立歴史博物館　(13)　2012.03

| 大分県 | 郷土に伝わる民俗と信仰 | 九州・沖縄 |

大分県内に所在する仏画・仏像の彩色に関する科学者調査（石川優生，平尾良光，山田拓伸）「大分県立歴史博物館研究紀要」 大分県立歴史博物館 （13） 2012.3

大工棟梁牧彦兵衛が建立した「花堂」付き本殿の伝播（佐藤正彦）「西日本文化」 西日本文化協会 （457） 2012.06

夏季文化講演会 日蓮尊者に始まる盆踊り―供養盆踊りと娯楽盆踊り「大分県の盆踊り今昔」（井福芳彦）「安心院縄文 ： 安心院縄文会機関誌」 安心院縄文会 （24） 2013.04

木造大応国師坐像と像内納入品（櫻井成昭）「大分県立歴史博物館研究紀要」 大分県立歴史博物館 （15） 2014.03

市外―脇蘭室の墓・毛利空桑記念館・法心寺・亀塚古墳・海部古墳史料館・早吸日女神社・関崎海星館（史跡探訪レポート）（研修部）「別府史談」 別府史談会 （27） 2014.03

大分市

表紙解説 絹本著色仏涅槃図「大分市歴史資料館ニュース」 大分市歴史資料館 45 1999.1

表紙紹介 絵馬「当社放生会御幸之図」（複製品）「大分市歴史資料館ニュース」 大分市歴史資料館 48 1999.10

石仏めぐり 大分市の磨崖仏（網谷常幸）「郷土史紀行」 ヒューマン・レクチャー・クラブ 7 2000.10

大分元町

磨崖仏の保存修理後の経過（2） 大分元町石仏と岩屋寺石仏について（山田拓伸）「大分県立歴史博物館研究紀要」 大分県立歴史博物館 通号10 2009.03

大内

民俗行事 大内の百手祭り（植木敬）「落穂」 大分市大南地区文化財同好会 59 1998.8

忘れられた神々と野仏（大内地区）（諸富道則）「郷土史杵築」 杵築郷土史研究会 109 1998.12

大熊毛

大熊毛日吉神社の祭神・二階堂六丸について（栗本敏信）「国見物語」 国見町郷土史研究会 16 1997.7

大熊毛地区のお接待について（土谷和光）「国見物語」 国見町郷土史研究会 （32） 2013.04

大隈正八幡

大隈正八幡と隼人（中野幡能）「豊日史学 ： 復刊宇佐文化」 豊日史学会 64（1・2・3）通号224・225・226 2000.3

大在

民話 沈堕の滝の主について（薬師寺直）「大佐井」 大分市大在地区文化財同好会 14 1997.3

変身お大師像の昇天（藤田幸正）「大佐井」 大分市大在地区文化財同好会 14 1997.3

仏像の見分け（いろいろの仏さま）（山岡俊邦）「大佐井」 大分市大在地区文化財同好会 15 1998.3

文殊の恩寵の彼方へ（薬師寺直）「大佐井」 大分市大在地区文化財同好会 15 1998.3

大在のハネツルベ（薬師寺敏子）「大佐井」 大分市大在地区文化財同好会 16 1999.3

大在民謡・大在音頭・大在ふるさと音頭を紹介（姫野由栄）「大佐井」 大分市大在地区文化財同好会 16 1999.3

地域の歴史に残る「幻の三尺松」（薬師寺敏子）「大佐井」 大分市大在地区文化財同好会 17 2000.3

大在海苔採りについて（薬師寺直）「大佐井」 大分市大在地区文化財同好会 17 2000.3

幕末頃における大在の寺小屋状況（垣本政雄）「大佐井」 大分市大在地区文化財同好会 17 2000.3

伝説をつないだ創作物語 用明皇子佐嗣郷（大在）を行く（山岡俊邦）「大佐井」 大分市大在地区文化財同好会 17 2000.3

大在地区内の伝説や諸堂・石祠とその行事等再調査報告「大佐井」 大分市大在地区文化財同好会 18 2001.3

郷土の伝説や諸堂・石祠とその行事等再調査報告（萱島眞）「大佐井」 大分市大在地区文化財同好会 19 2002.3

世界遺産について（薬師寺直）「大佐井」 大分市大在地区文化財同好会 19 2002.3

方言（萱島眞）「大佐井」 大分市大在地区文化財同好会 19 2002.3

神社建築の基本的様式について（山岡俊邦）「大佐井」 大分市大在地区文化財同好会 21 2004.3

郷土の伝説や諸堂・石祠とその行事等再調査票（山岡俊邦）「大佐井」 大分市大在地区文化財同好会 21 2004.3

住吉神社の概要について（萱島親信）「大佐井」 大分市大在地区文化財同好会 22 2005.7

神社建築の基礎的様式（山岡俊邦）「大佐井」 大分市大在地区文化財同好会 22 2005.7

大人（巨人）の足形（萱島真）「大佐井」 大分市大在地区文化財同好会 （23） 2006.8

大泊

大鯨魚宝塔（吉井正治）「二豊の石造美術」 大分県石造美術研究会 19 1999.3

大友遥拝所

大友遥拝所建設の資料雑記（薬師寺岩雄）「研究小報」 大分市鶴崎公民館 ふるさとの歴史教室 20 2003.3

大野川

石仏めぐり（8） 大野川沿いの仏たち（網谷常幸）「郷土史紀行」 ヒューマン・レクチャー・クラブ 13 2001.10

大野川中上流域

大野川中上流域の石幢（上）―竈部の観察を主として（内藤克己）「二豊の石造美術」 大分県石造美術研究会 （25） 2006.3

大野荘

豊後国大野荘の祭祀組織について（吉良国光）「大分県地方史」 大分県地方史研究会 （171） 1998.12

大原社

大原社の御神燈からみえたこと―函館郷土資料館・中合棒二森屋店・金森レンガ倉庫（稗田怜）「落穂」 大分市大南地区文化財同好会 （76） 2010.08

大平山

「大平山」（扇山）こぼれ話（大平山研究会・研修部）「別府史談」 別府史談会 15 2001.12

岡城

岡城とその周辺を囲む寺院（熊谷義澄）「史友会報」 高鍋史友会 33 1998.5

雄城台遺跡

大分の古墳と神社（176） 雄城台遺跡と八幡社（松尾則男）「古代朝鮮文化を考える」 古代朝鮮文化を考える会 （18） 2003.12

奥豊後

奥豊後における切支丹信仰（橋本典忠）「五輪」 竹田地区文化財調査委員連絡協議会 （23） 2003.3

尾高知神社

尾高知神社・お頭様（高木芳生）「佐伯史談」 佐伯史談会 179 1998.10

落ノ浦

落ノ浦のマグロ漁（寄稿）（加嶋勇）「津久見史談」 津久見史談会 （15） 2011.3

小門山

小門山「ロマン」（《特集 国東町の鳥居・庚申塔》）（佐藤喜高）「くにさき史談」 くにさき史談会 6 1998.10

御許山

御許山の歴史（乙咩政巳）「山岳修験」 日本山岳修験学会，岩田書院（発売） （26） 2000.11

宇佐・国東大会巡見に参加して―御許山雨中巡拝記（第20回日本山岳修験学会）（玉井ゆかり）「山岳修験」 日本山岳修験学会，岩田書院（発売） （26） 2000.11

小鹿田

国の重要文化財に指定された小鹿田焼と技術保存会について（寺川泰郎）「日田文化」 日田市教育委員会 （39） 1997.3

重要文化的景観「小鹿田焼の里」の概要「日田文化」 日田市教育委員会 （51） 2009.3

おんた焼の里（バスハイク・早春の日田と小鹿田）（鴻江敏雄）「郷土直方 ： 直方郷土研究会・会報」 直方郷土研究会 （36） 2011.05

香々地町

香々地町 真玉町の仏たち（網谷常幸）「郷土史紀行」 ヒューマン・レクチャー・クラブ 10 2001.4

掻懐

口絵 寺小路磨崖クルスと掻懐キリシタン墓「臼杵史談」 臼杵史談会 （104） 2014.02

硴花八幡宮

硴江の硴花八幡宮（吉井正治）「臼杵史談」 臼杵史談会 90 1999.12

覚正寺

浄土真宗寺院の年中行事―覚正寺蔵「年中行事記」の紹介（櫻井成昭）「大分県立歴史博物館研究紀要」 大分県立歴史博物館 通号11 2010.03

九州・沖縄 　　　郷土に伝わる民俗と信仰 　　　大分県

鹿熊岳
耶馬渓鹿熊岳山頂の祠（豊後茸師を尋ねて）（酒井容子）「津久見史談」
津久見史談会　（10）　2006.3

隠山
隠山部落の三十三体観音「台座文」調査書（義沖光）「別府史談」　別府史
談会　（21）　2008.3

頭成
豊後豊岡「小浦・頭成」の風物（講演会講師論稿及びレジュメ）（大野雅
章）「別府史談」　別府史談会　（26）　20_3.3

春日神社
大分市の二大神社（春日神社・柞原八幡宮）について（佐藤満洋）「大佐
井」　大分市大在地区文化同好会　18　2001.3

片岡葦田墓
古墳と神社寺院（1）茅淳宮を牽く片岡葦圧墓（尾崎善信）「古代朝鮮文化
を考える」　古代朝鮮文化を考える会　（21）　2006.12

堅来道
堅来道の道祖神（山田照夫）「真玉町郷土研究会会誌」　真玉郷土研究会
（12）　2004.3

傾山
祖母山と傾山の背比べ（和田ユウ子）「あさじ史談」　朝地史談会　92
2001.12

金丸
金丸組のお日待ち祭り（河野昭一）「国見物語」　国見町郷土史研究会
29　2010.04

金屋
金屋のイボ地蔵様（原田房子）「真玉町郷土研究会会誌」　真玉郷土研究会
（12）　2004.3

加貫
加貫の宗任石伝説（佐藤孝義）「郷土史杵築」　杵築郷土史研究会　（126）
2007.3

下払坊
下払坊お堂の再建と村おこし（永井輝生）「国見物語」　国見町郷土史研究
会　29　2010.04

冑形神社
冑形神社華表刻字の解説（鷲司哲暲）「郷土史杵築」　杵築郷土史研究会
112　2000.3

蒲江浦
蒲江浦の観音信仰史研究（坂本義明）「佐伯史談」　佐伯史談会　185
2000.10

竈門氏古墳群
古墳と神社（20）竈門氏古墳群と羽室御霊社（松尾則男）「古代朝鮮文化
を考える」　古代朝鮮文化を考える会　（21）　2006.12

上市
上市の妙見さま（渡辺美智子）「臼杵史談」　臼杵史談会　（104）　2014.02

上坂田横穴墓群
大分の古墳と神社（22）上坂田横穴墓群と神明社（松尾則男）「古代朝鮮
文化を考える」　古代朝鮮文化を考える会　（23）　2008.12

上津江町
大分県上津江町の絵によるむかしの暮らし（井上揚佑）「民具マンス
リー」　神奈川大学　44（1）通号517　2011.04

亀が崎
亀が崎の石碑について（佐藤正博）「古文書に親しむ会通信」　古文書に親
しむ会事務局　3　1999.9

亀川
亀川の信仰について（相良喜久子）「別府史談」　別府史談会　11　1997.3
市内―亀川風土記稿より（史跡探訪関連資料）（研修部）「別府史談」　別
府史談会　（23）　2010.3

嘉茂神社
保戸島の歩み　嘉茂神社の変遷から（三浦鎔春）「津久見史談」　津久見史
談会　（11）　2007.3

辛島
辛島地区子供会「浦安の舞」保存会（宇佐市）（駅館小学校）「国東半島・
宇佐の文化」　国東半島・宇佐の文化を守る会　18　2003.3
平和を願い、舞の復活、継承に励む子どもたちの育成　宇佐市辛島地区子
ども会「浦安の舞」クラブ（辛島速）「宇佐の文化」　宇佐の文化財を守

る会　67　2003.6
女禰宜様（宇佐市大字辛島）「宇佐の文化」　宇佐の文化財を守る会
（85）　2009.05

狩生
狩生の民家に伝わる扁額（高泰）と襖絵（南崖）（野々下静）「佐伯史談」
佐伯史談会　（204）　2007.2

川添村
郷土往来「高田めぐり」、松岡郷土唱歌、川添村地理歴史唱歌、鶴崎御船歌
「研究小報」　大分市鶴崎公民館ふるさとの歴史教室　（30）　2013.03

川中不動
天念寺・川中不動（鬼会の里）（藤野和恵）「大佐井」　大分市大在地区文
化財同好会　21　2004.3

川登
川登和紙について（長田大輔）「臼杵史談」　臼杵史談会　（100）　2010.3

河原内
河原内の民俗（加藤泰信）「落穂」　大分市大南地区文化財同好会　62
2000.3
河原内の寺子屋に驚く（三浦幸三）「落穂」　大分市大南地区文化財同好会
65　2001.8
竹中・河原内の伝説（1）（三浦幸三）「落穂」　大分市大南地区文化財同好
会　70　2004.8

願行寺
明治銅版画（願行寺・生善寺）（種崎益多）「落穂」　大分市大南地区文化
財同好会　66　2002.3

菅公祠碑
菅公祠碑―保足万里と古城秀倫（岐部俊彦）「国見物語」　国見町郷土史研
究会　18　1999.5

鉄輪温泉
鉄輪温泉開基の一遍聖人とその生涯（大野保治）「別府史談」　別府史談会
15　2001.12

菅廟碑
杵築菅廟碑「郷土史杵築」　杵築郷土史研究会　112　2000.3
菅廟碑（前号続）「郷土史杵築」　杵築郷土史研究会　113　2000.8
菅廟碑解説（足立敏勝）「郷土史杵築」　杵築郷土史研究会　113　2000.8

鬼籠
お接待と弘法大師信仰―国見町鬼籠地区を主として（末網巌）「国見物
語」　国見町郷土史研究会　30　2011.04

鬼籠谷
鬼籠谷の石垣散歩―笑い積み石垣を中心にして（矢野重隆，丸小野昭治）
「国見物語」　国見町郷土史研究会　17　1998.8

木田
木田地区の神社（板井弘，木崎親治）「白水郎」　坂ノ市地区郷土史愛好会
16　1999.3

北浦
北浦辺諸士の進物にみる郷土の物産（末網杵一）「国見物語」　国見町郷土
史研究会　16　1997.7

木田神社
木田神社の氏子札を見て（大平亮）「白水郎」　坂ノ市地区郷土史愛好会
16　1999.3

木立村
105柱の尊い犠牲者（旧木立村）（林寅喜）「佐伯史談」　佐伯史談会　180
1999.2

北原
北原の石畳碑「三保の文化」　三保の文化財を守る会　76　1997.1
子らが伝える「万年願」の思い―大分・北原人形芝居（竹折勉）「西日本
文化」　西日本文化協会　348　1999.1
ふるさとの文化財　民俗芸能の里／くぐつの神事芸能／福島神楽／北原人形
芝居「三保の文化」　三保の文化財を守る会　83　2003.1
北原人形芝居　伝統の挟み違い「三保の文化」　三保の文化財を守る会
（89）　2006.1
ふるさとコーナー　北原人形芝居／「小平椿まつり」の紹介「三保の文化」
三保の文化財を守る会　（92）　2007.7
北原人形芝居の近況「三保の文化」　三保の文化財を守る会　（95）
2009.01
北原人形芝居の近況／小平椿まつり「三保の文化」　三保の文化財を守る
会　（97）　2010.01
北原人形芝居に「はさみ遣い」が復活／機関誌100号に向けて「三保の文

大分県　　　　　　　　　　　郷土に伝わる民俗と信仰　　　　　　　　　　九州・沖縄

化」三保の文化財を守る会　（99）2011.01

北原人形芝居（万年願）「三保の文化」三保の文化財を守る会　（101）2012.01

杵築

豊後杵築城下町観光名勝地物語の盆踊くどき紹介（1）（安部鷹満）「郷土史杵築」杵築郷土史研究会　111　1999.8

庚申御縁起の発見（佐藤孝義）「郷土史杵築」杵築郷土史研究会　111　1999.8

歳の神について（今熊克典）「郷土史杵築」杵築郷土史研究会　113　2000.8

天神信仰の由来（田所成彦）「郷土史杵築」杵築郷土史研究会　116　2002.3

わが「むら社会」の自宅葬について（松岡重美）「郷土史杵築」杵築郷土史研究会　118　2003.3

紀田兼之年中行事（2）〜（4）（紀田兼昭）「郷土史杵築」杵築郷土史研究会　119/121　2003.8/2004.7

鏝絵について（中野博行，工藤良雄）「郷土史杵築」杵築郷土史研究会　121　2004.7

総会報告並びに記念講演報告 付・杵築の民俗行事（佐藤孝義）「郷土史杵築」杵築郷土史研究会　121　2004.7

雨乞い行事（佐藤孝義）「郷土史杵築」杵築郷土史研究会　（127）2007.8

佐野学 杵築伝統の医家―異色の一人（西豊之輔）「郷土史杵築」杵築郷土史研究会　（134）2011.03

法度 日笠のこと 町役所日記より（コラム）「郷土史杵築」杵築郷土史研究会　（134）2011.03

研究会の思い出「鏝絵」（コラム）（中野博行）「郷土史杵築」杵築郷土史研究会　（134）2011.03

中野家文書関連「宗門改帳・絵踏」など（杉安嘉正）「郷土史杵築」杵築郷土史研究会　（137）2012.08

杵築市

杵築市の庚申塔 付・地区別設置状況表（杉安嘉正）「郷土史杵築」杵築郷土史研究会　119　2003.8

杵築藩

講演会「蹴鞠と殿様―杵築藩主松平氏」を開催―県先哲資料館主任研究員 安田晃子先生の講演（神田収）「郷土史杵築」杵築郷土史研究会　118　2003.3

杵築藩における浄土真宗の禁制・弾圧（伊藤公範）「郷土史杵築」杵築郷土史研究会　（124）2006.3

岐部

岐部地区の庚申祭について（植野達男）「国見物語」国見町郷土史研究会　16　1997.7

岐部の神社仏閣と文化財一覧（丸小野昭治，植野達男）「国見物語」国見町郷土史研究会　16　1997.7

岐部の社寺に見られる隠れキリシタンの証（入学正敏）「国見物語」国見町郷土史研究会　17　1998.8

岐部探訪と「有栖川宮御内」銘ある灯籠（前田義隆）「国見物語」国見町郷土史研究会　24　2007.6

岐部地区の小社と小堂の祭り（前田義隆）「国見物語」国見町郷土史研究会　31　2012.04

京来下

念仏講―西方寺京来下地区昭和54年3月20日記（末綱杵一）「国見物語」国見町郷土史研究会　17　1998.8

金鱗湖

龍峨山仏山寺と金鱗湖（山岡俊郎）「大佐井」大分市大在地区文化財同好会　16　1999.3

草野家住宅

重要文化財「草野家住宅」について「日田文化」日田市教育委員会　（52）2010.3

櫛来社

櫛来社の幟下雑記（矢部泰）「国見物語」国見町郷土史研究会　31　2012.04

櫛来谷

櫛来谷のシシ垣（《国見物語20周年記念特集》―〈特別研究班の研究項目〉）（栗本清弘）「国見物語」国見町郷土史研究会　20　2001.4

九重山金山坊

史料紹介 修験道資料―九重山金山坊資料（竹野孝一郎）「玖珠郡史談」玖珠郡史談会　（62）2008.11

玖珠

キリスト教の伝播と玖珠（甲斐素純）「玖珠郡史談」玖珠郡史談会　43　1999.3

近世に於ける玖珠の寺院と宗教政策（上），（下）（甲斐素純）「玖珠郡史談」玖珠郡史談会　46/47　2000.5/2000.12

日田・玖珠に残された謎の位牌について（内恵克彦）「玖珠郡史談」玖珠郡史談会　53　2003.12

玖珠神楽神祇社

〔史・資料紹介〕玖珠神楽神祇社所蔵の神楽面及び神楽面修繕関係史料（竹野孝一郎）「玖珠郡史談」玖珠郡史談会　48　2001.5

玖珠郡

豊後国大分郡・玖珠郡切支丹宗門親類書（7），（8）（種崎益多）「落穂」大分市大南地区文化財同好会　57/58　1997.8/1998.3

「蓬生譚」〈滝〉散歩（宮内裕和）「玖珠郡史談」玖珠郡史談会　42　1998.9

《民俗小特集》「玖珠郡史談」玖珠郡史談会　43　1999.3

地蔵講の見立て細工（三浦満生）「玖珠郡史談」玖珠郡史談会　43　1999.3

菅原伝説を追って（宮内裕和）「玖珠郡史談」玖珠郡史談会　43　1999.3

正月と盆（三浦満生）「玖珠郡史談」玖珠郡史談会　43　1999.3

玖珠における庶民文化の広がり（甲斐素純）「玖珠郡史談」玖珠郡史談会　44　1999.9

わが家（帆足家）に伝わる伝説（田坂保）「玖珠郡史談」玖珠郡史談会　44　1999.9

菅原伝説の場所を見に行く（宮内裕和）「玖珠郡史談」玖珠郡史談会　47　2000.12

玖珠郡のキリシタン遺物考（内恵克彦）「玖珠郡史談」玖珠郡史談会　47　2000.12

大嘗祭10周年に当りて（小野喜美夫）「玖珠郡史談」玖珠郡史談会　48　2001.5

川に流れた神仏像（小野喜美夫）「玖珠郡史談」玖珠郡史談会　49　2001.11

三島宮造営に絡む大目付切腹事件（上），（中）（森山泰民）「玖珠郡史談」玖珠郡史談会　50/51　2002.5/2002.11

生活史を支えた木炭（藤野金夫）「玖珠郡史談」玖珠郡史談会　51　2002.11

三島宮造営に絡む大目付切腹事件（下の2）（下の1）（森山泰民）「玖珠郡史談」玖珠郡史談会　52　2003.7

三島宮造営に絡む大目付切腹事件（下の2）（森山泰民）「玖珠郡史談」玖珠郡史談会　53　2003.12

伝統と歴史の間―平家の百猿伝説の歴史的背景（竹野孝一郎）「玖珠郡史談」玖珠郡史談会　（57）2006.5

近世玖珠郡に於ける在地仏師の活動（内恵克彦）「玖珠郡史談」玖珠郡史談会　（66）2010.11

玖珠郡における木地師の活動（竹野孝一郎）「玖珠郡史談」玖珠郡史談会　（66）2010.11

玖珠郡の民間信仰遺物―其の一 庚申塔・猿田彦塔（内恵克彦）「玖珠郡史談」玖珠郡史談会　（67）2011.06

疱瘡の予防と対処法（竹野孝一郎）「玖珠郡史談」玖珠郡史談会　（68）2011.12

珍しい神門と鐘楼門（佐藤正彦）「玖珠郡史談」玖珠郡史談会　（70）2013.02

伝統文化に誇りを（松本廣美）「玖珠郡史談」玖珠郡史談会　（70）2013.02

失った庶民娯楽（井上隆通）「玖珠郡史談」玖珠郡史談会　（71）2013.06

玖珠路

大乗妙典六十六部廻国供養塔と廻国行者―豊後国玖珠路に残る若干の資料をもとにして（内恵克彦）「玖珠郡史談」玖珠郡史談会　（63）2009.05

玖珠町

キリスト教の禁止と類族改め―「玖珠町史」の編纂に合せて（甲斐素純）「大分県地方史」大分県地方史研究会　（177）2000.3

「玖珠町の仏像・神像」調査報告その1（内恵克彦）「玖珠郡史談」玖珠郡史談会　（74）2014.11

球覃郷

『豊後国風記』直入郡球覃郷「臭泉」の水神―漢籍の知と神話的思考の融合（特集 風土記の神と社―論文）（山田純）「季刊悠久.第2次」鶴岡八幡宮悠久事務局　（134）2014.01

久土

久土地区の神社（中島照美）「白水郎」坂ノ市地区郷土史愛好会　17　2000.3

国東

国東紀行 仏の里めぐり〔1〕，（2）（浜田平士）「佐伯史談」佐伯史談会　174/177　1997.3/1998.2

見つかった国東塔（諸富道則）「二豊の石造美術」大分県石造美術研究会

18 1998.3

国東のほとけと城下町をたずねて（緒方賞）「故郷の花」 小郡市郷土史研究会 23 1998.5

国東の鳥居（《特集 国東町の鳥居・庚申塔》）「くにさき史談」 くにさき史談会 6 1998.10

国東の庚申塔について（《特集 国東町の鳥居・庚申塔》）（吉武扶）「くにさき史談」 くにさき史談会 6 1998.10

神と仏の里 宇佐・国東の旅（水井貴士）「徳山地方郷土史研究」 徳山地方郷土史研究会 21 2000.3

国東かくれキリシタン紀行（浜崎献作）「国見物語」 国見町郷土史研究会 19 2000.6

石造美術入門―国東塔の特色とその見方（永松郁朗）「二豊の石造美術」 大分県石造美術研究会 20 2000.10

《宇佐・国東特集》「山岳修験」 日本山岳修験学会，岩田書院（発売）（26） 2000.11

六郷山と国東の修験（段上達雄）「山岳修験」 日本山岳修験学会，岩田書院（発売）（26） 2000.11

宇佐・国東大会参加記（第20回日本山岳修験学会）（竹間泰之）「山岳修験」 日本山岳修験学会，岩田書院（発売）（26） 2000.11

国東仏の里紀行（竹林保方）「落穂」 大分市大南地区文化財同好会 70 2004.8

大分県国東地域の石祠について（宮本季彡）「日本の石仏」 日本石仏協会，青娥書房（発売）（111） 2004.9

宇佐と国東仏教文化は世界遺産リストから外れる（編集子）「国見物語」 国見町郷土史研究会 26 2007.6

石造物ウォッチング 国東塔（鎌倉健一）「郷土史紀行」 ヒューマン・レクチャー・クラブ （43） 2007.7

室町時代の宇佐・国東における造仏の一側面―院派仏師の活動を中心に（渡辺文雄）「大分県立歴史博物館研究紀要」 大分県立歴史博物館 通号9 2008.3

くにさき古代史（古事記神代編）より（加賀其康喜）「国見物語」 国見町郷土史研究会 27 2008.4

国東半島

阿弥陀如来のお里帰り（国東半島北部の仏像を尋ねて）（事務局）「大佐井」 大分市大在地区文化財同好会 15 1998.3

国東半島の霊場（2），（3）（吉田照治）「ふるさとみまた」 三股郷土史研究会 16/18 1998.11/2000.11

隠れキリシタン庚申塔―国東半島と関東信越の（近藤進）「国見物語」 国見町郷土史研究会 19 2000.6

石仏をめぐる 国東半島（大分県）の磨崖仏（網谷常幸）「郷土史紀行」 ヒューマン・レクチャー・クラブ 6 2000.8

石仏めぐり（4）国東半島の仏たち（網谷常幸）「郷土史紀行」 ヒューマン・レクチャー・クラブ 9 2001.2

国東半島巡り（内藤裕子）「まつり通信」 まつり同好会 41（5）通号483 2001.4

《国東半島・宇佐の文化を世界文化遺産に 講演会・シンポジウム録》「国東半島・宇佐の文化」 国東半島・宇佐の文化を守る会 19 2004.3

シンポジウム 国東半島・宇佐の文化を世界文化遺産に「国東半島・宇佐神宮の文化遺産について」（金田信子，持枝正昭，永岡恵一郎，飯沼賢司，青山映信，高橋宜宏）「国東半島・宇佐の文化」 国東半島・宇佐の文化を守る会 19 2004.3

《九州・国東半島・宇佐の文化を世界文化遺産に講演会・シンポジウム録》「国東半島・宇佐の文化」 国東半島・宇佐の文化を守る会 20 2005.3

講演会 宇佐・国東半島の中世仏教文化（國東利行）「国東半島・宇佐の文化」 国東半島・宇佐の文化を守る会 20 2005.3

シンポジウム 国東半島・宇佐の文化を世界遺産に（永岡恵一郎，工藤弘太郎，佐藤稔明，小田律子，猿渡弘治，國東利行）「国東半島・宇佐の文化」 国東半島・宇佐の文化を守る会 20 2005.3

種田山頭火国東半島・観音巡礼の旅（園部正次）「国見物語」 国見町郷土史研究会 24 2005.4

宇佐神宮と国東半島を世界遺産に（永岡恵一郎）「郷土史杵築」 杵築郷土史研究会 （126） 2007.3

宇佐神宮と国東半島の世界遺産リスト登録の経過（広報部）「国見物語」 国見町郷土史研究会 26 2007.6

ぶらり石仏紀行―国東半島の旅（特集 石仏探訪IX）（たなかよしゆき）「日本の石仏」 日本石仏協会，青娥書房（発売）（138） 2011.06

国東半島の石造仁王像と石工の系譜（上）（特集 石像「仁王」）（渡辺文雄）「日本の石仏」 日本石仏協会，青娥書房（発売）（139） 2011.06

ふるさと国東半島の仁王に会いに（特集 石像「仁王」）（遠藤康子）「日本の石仏」 日本石仏協会，青娥書房（発売）（139） 2011.09

国東半島の石造仁王像に魅せられて（特集 石仏探訪XI）（高野幸司）「日本の石仏」 日本石仏協会，青娥書房（発売）（146） 2013.06

国東半島の神社と狛犬・石造物を訪ねて（会員の広場）（田邊義典）「故郷の花」 小郡市郷土史研究会 （39） 2014.03

国東六郷山

中世の寺院 門前遺跡と国東六郷山（小柳和宏）「津久見史談」 津久見史談会 （11） 2007.3

国見

国見の昔ばなし―法事の使い「国見物語」 国見町郷土史研究会 19 2000.6

牛頭天王宮社と祭事《国見物語20周年記念特集》―〈特別研究班の研究項目〉（植野達男）「国見物語」 国見町郷土史研究会 20 2001.4

「神」とは何か（雑談よもやま噺）《国見物語20周年記念特集》―〈特別研究班の研究項目〉（園田豊）「国見物語」 国見町郷土史研究会 20 2001.4

表紙写真 国見歌舞伎保存会「蝶千鳥曽我物語 対面の場（通称・曽我対面）」平成25年3月10日（撮影 伊美哲二さん）「国見物語」 国見町郷土史研究会 33 2014.04

国見歌舞伎について（信原英治）「国見物語」 国見町郷土史研究会 33 2014.04

国見町

国見町に「隠れ切支丹」の遺跡がある（丸小野昭治）「国見物語」 国見町郷土史研究会 16 1997.7

梵字について（石光祐照）「国見物語」 国見町郷土史研究会 17 1998.8

国見町の異相庚申塔について―隠れキリシタンの遺物では（地域民俗研究会国見分会）「国見物語」 国見町郷土史研究会 17 1998.8

烏八臼の墓塔があった―隠れキリシタンの墓と言われる（丸尾茂喜，丸小野昭治）「国見物語」 国見町郷土史研究会 18 1999.5

生活の中の竹―もっと竹を見なおそう（矢野丈夫）「国見物語」 国見町郷土史研究会 18 1999.5

信仰に目覚め、老境を神楽と共に（古沢宗司）「国見物語」 国見町郷土史研究会 18 1999.5

「宗教」の存在理由を求めて（園田豊）「国見物語」 国見町郷土史研究会 18 1999.5

筆子塚・綾部多六具治について（植野達男）「国見物語」 国見町郷土史研究会 19 1999.5

町内の寺社で見られる狛犬について《国見物語20周年記念特集》―〈特別研究班の研究項目〉（植野達男）「国見物語」 国見町郷土史研究会 20 2001.4

隠れキリシタンの遺物《国見物語20周年記念特集》―〈特別研究班の研究項目〉（丸小野昭治）「国見物語」 国見町郷土史研究会 20 2001.4

国見町に見られる古い民家の構造《国見物語20周年記念特集》―〈特別研究班の研究項目〉（野田国友）「国見物語」 国見町郷土史研究会 20 2001.4

国見町の石工たち《国見物語20周年記念特集》―〈特別研究班の研究項目〉（岐部増喜）「国見物語」 国見町郷土史研究会 20 2001.4

町内の小さな祭りを訪ねて《国見物語20周年記念特集》―〈特別研究班の研究項目〉（広末九州男）「国見物語」 国見町郷土史研究会 20 2001.4

寺村の「庚申之縁起」の解読《国見物語20周年記念特集》―〈特別研究班の研究項目〉（武田成道）「国見物語」 国見町郷土史研究会 20 2001.4

国見町田舎歌舞伎の活動状況及び上演芸題集（信原英治）「国見物語」 国見町郷土史研究会 21 2002.4

神社奉納相撲とわたし（田辺久夫）「国見物語」 国見町郷土史研究会 21 2002.4

雨夜のむかしばなし（武多洋子）「国見物語」 国見町郷土史研究会 21 2002.4

石碑道標（右ながせ道左すみよし道）を歩く（岐部増喜）「国見物語」 国見町郷土史研究会 23 2004.4

神話のふるさとを訪ねて（溝井和子）「国見物語」 国見町郷土史研究会 23 2004.4

福本伊六・陰陽石・姫島・清虚・耕三郎など（加賀其康喜）「国見物語」 国見町郷土史研究会 25 2006.4

祖父から聞いた用明天皇伝説（河野昭一）「国見物語」 国見町郷土史研究会 25 2006.4

鍛名命様と鍛名命屋敷（古城敬人）「国見物語」 国見町郷土史研究会 25 2006.4

国見町の石橋記念碑・供養塔（岡崎文雄）「国見物語」 国見町郷土史研究会 26 2007.6

一般の方への能楽の手引き（佐藤基美）「国見物語」 国見町郷土史研究会 26 2007.6

聞き慣れない神名を持つ石祠たち（廣末九州男）「国見物語」 国見町郷土史研究会 29 2010.04

随想 「神」とは何か（園田豊）「国見物語」 国見町郷土史研究会 29 2010.04

コラム 共同井戸ともらい風呂/わき水と名水について「国見物語」 国見町郷土史研究会 29 2010.04

大分県　　　　　郷土に伝わる民俗と信仰　　　　　九州・沖縄

弘法大師信仰と国見町域のお接待について―概論（末綱巌，河村安，桜井義一）「国見物語」　国見町郷土史研究会　31　2012.04

密教・憤怒の「不動明王像」と「聖観音菩薩像」に祈る―理想的な父親像と母親像を求めて（末綱巌）「国見物語」　国見町郷土史研究会　31　2012.04

年寄りから聞いた昔話　鉄砲撃ちと赤猫の話（編集子）「国見物語」　国見町郷土史研究会　31　2012.04

巻頭言　寺社に神仏習合の歴史を学ぶ（末綱巌）「国見物語」　国見町郷土史研究会　33　2014.04

古里の火祭り「善神王祭」（末松洋一郎）「国見物語」　国見町郷土史研究会　33　2014.04

野上一族とキリシタン遺跡（廣末九州男）「国見物語」　国見町郷土史研究会　33　2014.04

来鉢神社

来鉢神社沿革（1）（加藤照廣）「挾間史談」　挾間史談会　（1）2010.04

来鉢神社の沿革（2）（加藤照廣）「挾間史談」　挾間史談会　（2）2011.07

久原

久原地区の神社（太田義弘）「白水郎」　坂ノ市地区郷土史愛好会　16　1999.3

求菩提資料館

豊後町・求菩提資料館を訪ねて（小野富士雄）「国見物語」　国見町郷土史研究会　16　1997.7

久保泊

久保泊石幢考（橋迫照）「佐伯史談」　佐伯史談会　174　1997.3

来島町

来島町の地蔵菩薩とその建設者（市野瀬仁）「佐伯史談」　佐伯史談会　198　2005.2

車

狩生・車に伝わる書画（野々下静）「佐伯史談」　佐伯史談会　（205）2007.6

九六位山

会員発表レジメ　山頭火、九六位山に観音参詣の旅（安部光太郎）「研究小報」　大分市鶴崎公民館ふるさとの歴史教室　（26）2009

九六位山　摩利支天の神　由緒（市原幸雄）「研究小報」　大分市鶴崎公民館ふるさとの歴史教室　（27）2010.00

剣八幡宮

劔八幡宮由緒　本文と口語訳「研究小報」　大分市鶴崎公民館ふるさとの歴史教室　（25）2008

喧嘩祭（〈既刊の研究小報より抜粋〉）（河合寅雄）「研究小報」　大分市鶴崎公民館ふるさとの歴史教室　（26）2009

監物

冬原監物の石畳（後藤祥）「五輪」　竹田地区文化財調査委員連絡協議会　22　2002.3

合元寺

赤壁の寺合元寺について（〈宇佐・中津の文化財探訪〉）（薬師寺直）「大佐井」　大分市大在地区文化財同好会　17　2000.3

興禅院

龍雲山興禅院参詣（薬師寺敏子）「大佐井」　大分市大在地区文化財同好会　16　1999.3

丹生津留島

宇佐宮領の成立過程と展開（2）―附豊後丹生津留島（橋本操六）「大分県地方史」　大分県地方史研究会　（181）2001.3

弘法の井戸

弘法の井戸（佐藤圭司）「安心院縄文 ： 安心院縄文会機関誌」　安心院縄文会　（23）2012.04

小浦

豊後豊岡「小浦・頭成」の風物（講演会講師論稿及びレジュメ）（大野雅章）「別府史談」　別府史談会　（26）2013.3

虚空蔵寺

虚空蔵寺（山本地区　近世以降は黄檗宗）「宇佐の文化」　宇佐の文化財を守る会　（97）2013.05

国清寺

玖珠町九重町野上区　廃寺「国清寺」資料の事（小野喜美夫）「玖珠郡史談」　玖珠郡史談会　（67）2011.06

極楽寺

極楽寺縁起について（藤野十一）「大佐井」　大分市大在地区文化財同好会　21　2004.3

極楽寺（南宇佐地区　浄土真宗本願寺）「宇佐の文化」　宇佐の文化財を守る会　（100）2014.05

古後

復興した古後神楽（野川治実）「玖珠郡史談」　玖珠郡史談会　43　1999.3

九重町

九重町の絵馬（上），（中），（下）（甲斐素純）「玖珠郡史談」　玖珠郡史談会　（72）/（74）2013.12/2014.11

小佐井

小佐井地区の神社について（内田忠清，内田昭義）「白水郎」　坂ノ市地区郷土史愛好会　16　1999.3

小佐井地区の寺院（内田忠清，内田昭義）「白水郎」　坂ノ市地区郷土史愛好会　17　2000.3

小佐井村

小佐井村の市　八柱神社縁起に載る市/市の立った場所（内田忠清，内田昭義）「白水郎」　坂ノ市地区郷土史愛好会　（23）2006.3

旧丹生村・旧小佐井村における江戸時代の寺社（1）（久々宮喬）「白水郎」　坂ノ市地区郷土史愛好会　（26）2009.03

護生院

石垣護生院　行円上人木像の由来（佐藤正映）「別府史談」　別府史談会　13　1999.12

許波多社

西方山清浄光寺・許波多社のある西方寺谷をたずねて（末綱巌）「国見物語」　国見町郷土史研究会　29　2010.04

小平

ふるさとコーナー　北原人形芝居/「小平椿まつり」の紹介「三保の文化」　三保の文化財を守る会　（92）2007.7

北原人形芝居の近況/小平椿まつり「三保の文化」　三保の文化財を守る会　（97）2010.01

小牟礼城

宣教師が伝えていた小牟礼城のこと（竹内宏郎）「あさじ史談」　朝地史談会　（108）2009.3

米神山

米神山のある町（斎藤洋一）「安心院縄文 ： 安心院縄文会機関誌」　安心院縄文会　7　1997.4

米神山は古代海人族の天文観測センターか（堀田総八郎）「安心院縄文 ： 安心院縄文会機関誌」　安心院縄文会　7　1997.4

米神山巨石の謎に迫る（高嶋直人）「安心院縄文 ： 安心院縄文会機関誌」　安心院縄文会　10　1999.11

米神山大人伝説（竹折勉）「安心院縄文 ： 安心院縄文会機関誌」　安心院縄文会　11　2000.4

米神山と佐田京石（山田孝一）「安心院縄文 ： 安心院縄文会機関誌」　安心院縄文会　14　2003.4

米神山巨石信仰特集「安心院縄文 ： 安心院縄文会機関誌」　安心院縄文会　17　2006.4

米神山巨石信仰特集「安心院縄文 ： 安心院縄文会機関誌」　安心院縄文会　19　2008.4

薦神社

薦神社神門（国重文）と三角池（〈宇佐・中津の文化財探訪〉）（薬師寺敏子）「大佐井」　大分市大在地区文化財同好会　17　2000.3

古要神社の傀儡子の舞と相撲

古要宮おいろかし「三保の文化」　三保の文化財を守る会　（93）2008.1

古要舞と神相撲（藤永義香）「三保の文化」　三保の文化財を守る会　（94）2008.7

古要舞（藤永義香）「三保の文化」　三保の文化財を守る会　（100）2011.07

御霊園クルスバ遺跡

報告　御霊園クルスバ遺跡の調査（田中裕介）「大分県地方史」　大分県地方史研究会　（214）2012.03

佐伯市

表紙解説　莒の木の庚申塔（佐伯市本匠）/行事のお知らせ（事務局だより）「佐伯史談」　佐伯史談会　（224）2014.03

佐伯藩

佐伯藩の切支丹処刑とその類族（研究）（林寅喜）「佐伯史談」　佐伯史談会　（221）2013.03

佐尉郷

伝説をつないだ創作物語　用明皇子佐尉郷（大在）を行く（山岡俊邦）「大佐井」　大分市大在地区文化財同好会　17　2000.3

西方寺谷

西方山清浄光寺・許波多社のある西方寺谷をたずねて（末綱厳）「国見物語」 国見町郷土史研究会 29 2010.04

佐伯

「佐伯肩衝」について（佐伯朗）「佐伯史談」 佐伯史談会 175 1997.6

随想 方言はみな兄弟（中林幸夫）「佐伯史談」 佐伯史談会 176 1997.10

「古文書紹介」名言句集六ツ乃観音（松村昌勝）「佐伯史談」 佐伯史談会 177 1998.2

三照庵に祀られている二体の位牌について（野々下晃）「佐伯史談」 佐伯史談会 178 1998.6

表紙解説 佐伯神楽（五十川千代見）「佐伯史談」 佐伯史談会 181 1999.6

表紙解説 虫供養地蔵（五十川千代見）「佐伯史談」 佐伯史談会 182 1999.10

古文書紹介 無尽帳について（高宮昭夫）「佐伯史談」 佐伯史談会 184 2000.6

佐伯の歴史歌（小野ミヤ子）「佐伯史談」 佐伯史談会 191 2002.10

味の歴史（中林幸夫）「佐伯史談」 佐伯史談会 191 2002.10

郷土話方資料（一）―神武天皇（山本保）「佐伯史談」 佐伯史談会 191 2002.10

忘れ得ぬ名歌・辞世歌（1）～（4）（古藤田太）「佐伯史談」 佐伯史談会 192/198 2003.2/2005.2

正月の風習・伝統と愛国心（中林幸夫）「佐伯史談」 佐伯史談会 193 2003.6

お為とお馬、そして梅野、お歌（戸山恵子）「佐伯史談」 佐伯史談会 197 2004.10

百度石と歴史の変化（中林幸夫）「佐伯史談」 佐伯史談会 197 2004.10

廃仏毀釈と神仏分離令（宮下良明）「佐伯史談」 佐伯史談会 198 2005.2

佐伯城古瓦・住吉神社奉納絵馬・佐伯海軍航空隊行進曲（並河正明［他］）「佐伯史談」 佐伯史談会 （204） 2007.2

宝暦四戊年五月 御領分中古社作佛年数（高盛西郷）「佐伯史談」 佐伯史談会 （206） 2007.10

「中島子宝墓碑銘」現代語訳（木許博）「佐伯史談」 佐伯史談会 （212） 2010.03

佐伯地方の民俗芸能―神楽を中心として（清家隆仁）「佐伯史談」 佐伯史談会 （214） 2010.11

表紙解説「山神塔」（事務局だより）「佐伯史談」 佐伯史談会 （215） 2011.03

我が家の庚申塔（資料紹介）（泥谷敏行）「佐伯史談」 佐伯史談会 （219） 2012.07

独歩兄弟を船頭と『おろし』のこと（研究）（林寅喜）「佐伯史談」 佐伯史談会 （225） 2014.09

佐伯三十三観音

佐伯三十三観音巡り・蒲江（吉田勝重）「佐伯史談」 佐伯史談会 （210） 2009.07

佐伯三十三観音巡り・米水津（吉田勝重）「佐伯史談」 佐伯史談会 （211） 2009.11

報告 佐伯三十三観音巡り・鶴見（吉田勝重）「佐伯史談」 佐伯史談会 （212） 2010.03

報告 佐伯三十三観音巡り 佐伯I,II（吉田勝重）「佐伯史談」 佐伯史談会 （213）/（215） 2010.07/2011.03

報告 佐伯三十三観音巡り 弥生（吉田勝重）「佐伯史談」 佐伯史談会 （216） 2011.07

報告 佐伯三十三観音巡り 上浦・津久見（吉田勝重）「佐伯史談」 佐伯史談会 （217） 2011.11

報告 佐伯三十三観音巡り 大入島（吉田勝重）「佐伯史談」 佐伯史談会 （218） 2012.03

佐伯招魂所

招魂とはどんな所か（1）周辺の地理的歴史的環境について（市野瀬仁）「佐伯史談」 佐伯史談会 174 1997.3

佐伯南郡八十八ヶ所

佐伯南郡八十八ヶ所巡礼の感想と仏像（宮下良明）「佐伯史談」 佐伯史談会 195 2004.2

坂ノ市

ふるさとの神社と寺院（河野太助）「白水郎」 坂ノ市地区郷土史愛好会 16 1999.3

坂ノ市地区の神社（大平亮）「白水郎」 坂ノ市地区郷土史愛好会 16 1999.3

献穀斎田祭について（大平亮、板井弘、木崎親治、松崎寛一、太田義弘、太田英明、安達正人）「白水郎」 坂ノ市地区郷土史愛好会 17 2000.3

上野遠江守の鎮守神社（大平亮、板井弘、木崎親治）「白水郎」 坂ノ市地区郷土史愛好会 17 2000.3

こうや―紺屋（大平亮）「白水郎」 坂ノ市地区郷土史愛好会 18 2001.5

やさしい仏教の歴史（東光爾英）「白水郎」 坂ノ市地区郷土史愛好会 18 2001.5

郷土の砂鉄と綱を使う鍛冶屋（大平亮）「白水郎」 坂ノ市地区郷土史愛好会 19 2002.3

郷土の塩田と塩つくりの今昔（大平亮）「白水郎」 坂ノ市地区郷土史愛好会 19 2002.3

玉ノ瀬の石棺（栗野良一）「白水郎」 坂ノ市地区郷土史愛好会 19 2002.3

〈調査研究坂ノ市地区に伝わる伝統行事・神社の祭り〉「白水郎」 坂ノ市地区郷土史愛好会 （22） 2005.3

日吉神社の祭り（若林光幸，大平亮）「白水郎」 坂ノ市地区郷土史愛好会 （22） 2005.3

加茂神社の祭り（岩田和男）「白水郎」 坂ノ市地区郷土史愛好会 （22） 2005.3

白山神社の祭り（重久弘幸）「白水郎」 坂ノ市地区郷土史愛好会 （22） 2005.3

祭りの織立て今昔（大平亮）「白水郎」 坂ノ市地区郷土史愛好会 （22） 2005.3

講話 神社の起源その成立と制度を中心に（長田弘通）「白水郎」 坂ノ市地区郷土史愛好会 （22） 2005.3

明治の市出店の場所割り「白水郎」 坂ノ市地区郷土史愛好会 （23） 2006.3

戦後の市と物々交換（染矢多喜男）「白水郎」 坂ノ市地区郷土史愛好会 （23） 2006.3

わら草履を持って物々交換へ（工藤勝武）「白水郎」 坂ノ市地区郷土史愛好会 （23） 2006.3

子どもの市の店調べ/戦後の物々交換の変遷「白水郎」 坂ノ市地区郷土史愛好会 （23） 2006.3

物々交換と市（長田弘通）「白水郎」 坂ノ市地区郷土史愛好会 （23） 2006.3

匠の技眠る安国家（見塩未知洋）「白水郎」 坂ノ市地区郷土史愛好会 （24） 2007.3

明治以降戦後までの岩田家の屋敷と農作業―養蚕を中心にして（岩田和男）「白水郎」 坂ノ市地区郷土史愛好会 （24） 2007.3

我が家の農業並びに地域の変遷（安部貢）「白水郎」 坂ノ市地区郷土史愛好会 （24） 2007.3

内田家の屋敷と農作業（内田忠清）「白水郎」 坂ノ市地区郷土史愛好会 （24） 2007.3

民家の調査について―参考例の紹介（栗野良一）「白水郎」 坂ノ市地区郷土史愛好会 （24） 2007.3

昔の水の確保―井戸「白水郎」 坂ノ市地区郷土史愛好会 （25） 2008.3

昔の米搗き水車―水車・サコンタロ・石臼「白水郎」 坂ノ市地区郷土史愛好会 （25） 2008.3

昭和初期の食生活「白水郎」 坂ノ市地区郷土史愛好会 （25） 2008.3

わが家の味噌づくりのあゆみ「白水郎」 坂ノ市地区郷土史愛好会 （25） 2008.3

おやつ・粉食「白水郎」 坂ノ市地区郷土史愛好会 （25） 2008.3

葬の今昔―墓の変遷（大平亮）「白水郎」 坂ノ市地区郷土史愛好会 （26） 2009.03

木挽きであった祖父の話（姫野浩）「白水郎」 坂ノ市地区郷土史愛好会 （26） 2009.03

竹ほら奮闘記―竹製のほら貝（久枝和夫）「白水郎」 坂ノ市地区郷土史愛好会 （26） 2009.03

佐賀関町

地域社会と宗教（2）―大分県北海部郡佐賀関町の事例（高橋泉）「民俗学研究所紀要」 成城大学民俗学研究所 25 2001.3

現代の祭り状況と祭り類型化の試み―大分県佐賀関町「関の権現夏祭り」を例として（田中宣一）「民俗学研究所紀要」 成城大学民俗学研究所 28 2004.3

西寒多神社

講義 大分の神々・西寒多神社と長浜神社（佐藤満洋）「大佐井」 大分市大在地区文化財同好会 19 2002.3

大分の古墳と神社（16）寒田古墳と西寒多神社（松尾則男）「古代朝鮮文化を考える」 古代朝鮮文化を考える会 （17） 2002.12

西寒多縁起と繰生伝承（加藤貞弘）「古代朝鮮文化を考える」 古代朝鮮文化を考える会 （18） 2003.12

西寒多神社の石碑の考察（岡崎文雄）「二豊の石造美術」 大分県石造美術研究会 23 2004.3

西寒多神社の謎に迫る（末広九州男）「古代朝鮮文化を考える」 古代朝鮮文化を考える会 （21） 2006.12

ふる里発 西寒多ご遷座六百年大祭（大分県）（後藤匡史）「郷土史紀行」 ヒューマン・レクチャー・クラブ （52） 2008.5

佐田
　　佐田地名から安心院盆地の記紀伝承を探る（河野光男）「安心院縄文：
　　　安心院縄文会機関誌」　安心院縄文会　12　2001.4
　　米神山と佐田京石（山田孝一）「安心院縄文：安心院縄文会機関誌」　安
　　　心院縄文会　14　2003.4

佐野
　　佐野地区の神社の明細（藤井健爾）「白水郎」　坂ノ市地区郷土史愛好会
　　　16　1999.3

佐野植物公園
　　佐野植物公園と庄屋池見家住宅訪問（山岡俊邦）「大佐井」　大分市大在地
　　　区文化財同好会　14　1997.3

猿谷
　　猿谷の大師風呂（矢野徳弥）「二豊の石造美術」　大分県石造美術研究会
　　　19　1999.3

三角池
　　薦神社神門（国重文）と三角池（〈宇佐・中津の文化財探訪〉）（薬師寺敏
　　　子）「大佐井」　大分市大在地区文化財同好会　17　2000.3

志賀
　　志賀五箇寺の盛衰（姫嶋輝）「あさじ史談」　朝地史談会　（109）2010.03

志賀城
　　志賀城址のかくれキリシタンについて（橋爪定直）「あさじ史談」　朝地史
　　　談会　（101）2005.4

志加若宮神社
　　志加若宮神社の周辺（渡辺繁子）「あさじ史談」　朝地史談会　87　2000.6
　　志加若宮神社について（東藤哲典）「あさじ史談」　朝地史談会　（107）
　　　2008.7

重藤十王堂
　　表紙解説　重藤十王堂石造仏像群「おおいた歴博」　大分県立歴史博物館
　　　12　2002.3

地獄極楽
　　洞窟「地獄極楽」案内（古恵良菊男）「安心院縄文：安心院縄文会機関
　　　誌」　安心院縄文会　16　2005.4

子子神社
　　大分市内の獅子の巡幸と伝説（下）一敷戸子子神社と弥栄神社の獅子巡
　　　幸について（古瀬美鈴）「大分県地方史」　大分県地方史研究会　（213）
　　　2012.01

自性寺
　　自性寺（丹羽隆）「西日本文化」　西日本文化協会　409　2005.3

自性禅寺
　　金剛山・自性禅寺大雅堂（〈宇佐・中津の文化財探訪〉）（藤野和恵）「大
　　　佐井」　大分市大在地区文化財同好会　17　2000.3

地蔵院
　　地蔵院（曹洞宗　日足地区）「宇佐の文化」　宇佐の文化財を守る会　（99）
　　　2014.01

地蔵原
　　地蔵原物語（1）（小野喜美夫）「玖珠郡史談」　玖珠郡史談会　44　1999.9

篠原
　　篠原の火伏祭りについて（原田キヨカ）「あさじ史談」　朝地史談会　79
　　　1997.12

四極山
　　布岳「四極山新道図」（資料紹介　善教寺宝物）（矢野彌生，鶴野博文）「佐
　　　伯史談」　佐伯史談会　（208）2008.7

志村神社
　　志村神社（藤野十一）「大佐井」　大分市大在地区文化財同好会　18
　　　2001.3

下赤嶺キリシタン墓群
　　下赤嶺キリシタン墓群について（三重町文化財保護委員会）「五輪」　竹田
　　　地区文化財調査委員連絡協議会　（22）2002.3

下市
　　下市のお獅子の源はターキーに在った（二宮哲雄）「挟間史談」　挟間史談
　　　会　（2）2011.7
　　「鎮主祇園午頭天王守護」石板の発見につながる　下市八坂神社の由緒に
　　　関する資料の考察（二宮寿）「挟間史談」　挟間史談会　（3）2013.03

下旦天満神社
　　珍しい本殿一下旦天満神社本殿（佐藤正彦）「玖珠郡史談」　玖珠郡史談会

　　　（69）2012.05

下藤
　　下藤地区共有墓地の発掘調査と16・17世紀のキリシタン墓地一キリスト
　　　教遺跡を通してみた、キリシタン時代の野津院（神田高士）「大分県地
　　　方史」　大分県地方史研究会　（214）2012.03

下矢部
　　万歳松の碑（大字下矢部）「宇佐の文化」　宇佐の文化財を守る会　（84）
　　　2009.1

尺間山
　　尺間山愛宕権現（織田清綱）「津久見史談」　津久見史談会　5　2001.3

尺間神社
　　愛宕神社の大鳥居と霊峰尺間神社御神幸祭・表紙写真解説（市野瀬仁）
　　　「佐伯史談」　佐伯史談会　199　2005.6

修正鬼会
　　天念寺修正鬼会一仏の里の鬼さまに会う（高瀬美代子）「西日本文化」　西
　　　日本文化協会　359　2000.3

須弥山
　　盤座と須弥山と八面山（中尾七平）「古代朝鮮文化を考える」　古代朝鮮文
　　　化を考える会　（19）2004.12

浄雲寺
　　松岡の浄雲寺について（広川武男）「落穂」　大分市大南地区文化財同好会
　　　57　1997.8

正覚寺
　　竹田市浄土宗成等山正覚寺の将軍（勝軍）地蔵について（外川一實）「おく
　　　やまのしょう：奥山荘郷土研究会誌」　奥山荘郷土研究会　（35）
　　　2010.03
　　竹田市浄土宗成等山正覚寺所蔵舊記覺書から　夏姫・兼姫とその時代（外
　　　川一實）「おくやまのしょう：奥山荘郷土研究会誌」　奥山荘郷土研究
　　　会　（38）2013.03
　　竹田市浄土宗成等山正覚寺の釣鐘（外川一實）「おくやまのしょう：奥
　　　山荘郷土研究会誌」　奥山荘郷土研究会　（39）2014.03

松寿庵
　　時宗寺院松寿庵について（小泊立矢）「別府史談」　別府史談会　11
　　　1997.3

成就院
　　地神盲僧琵琶　成就院玄清法流について（佐藤正映）「別府史談」　別府史
　　　談会　14　2000.12

生善寺
　　明治銅版画（願行寺・生善寺）（種崎益多）「落穂」　大分市大南地区文化
　　　財同好会　66　2002.3

成仏寺
　　表紙解説　成仏寺修二鬼会「おおいた歴博」　大分県立歴史博物館　5
　　　2000.2

白岳神社
　　白岳神社と祭り（谷地区民俗調査報告）（佐藤末喜）「挟間史談」　挟間史
　　　談会　（3）2013.03

城山神社
　　城山神社（伊藤田）「三保の文化」　三保の文化財を守る会　（106）2014.
　　　07

神角寺
　　神角寺とその周辺の歴史（吉野公紀）「あさじ史談」　朝地史談会　86
　　　2000.3
　　大分県朝地町・神角寺金剛力士像をめぐって（渡辺文雄）「大分県立歴史
　　　博物館研究紀要」　大分県立歴史博物館　通号7　2006.3
　　神角寺縁起と菊池武氏檀主（佐藤豊治）「あさじ史談」　朝地史談会
　　　（105）2007.3

神宮寺
　　元妻垣神宮寺の銀杏の木（拝田静男）「安心院縄文：安心院縄文会機関
　　　誌」　安心院縄文会　15　2004.4

神明社
　　竹中の明治銅版画（神明社・神力寺）（種崎益多）「落穂」　大分市大南地
　　　区文化財同好会　64　2001.3
　　大分の古墳と神社（22）上坂田横穴墓群と神明社（松尾則男）「古代朝鮮
　　　文化を考える」　古代朝鮮文化を考える会　（23）2008.12

神力寺
　　竹中の明治銅版画（神明社・神力寺）（種崎益多）「落穂」　大分市大南地
　　　区文化財同好会　64　2001.3

九州・沖縄　　　郷土に伝わる民俗と信仰　　　大分県

住吉神社
住吉神社秋の大祭随行記（《大分県速水郡日出町深江地区合同調査特集》）（福島閑子）「昔風と当世風」 古々路の会　（92）　2008.4

清浄光寺
西方山清浄光寺・許波多社のある西方壱谷をたずねて（末綱巌）「国見物語」 国見町郷土史研究会　29　2010.04

清水寺
九州西国第三番霊場 補陀落山清水寺（内尾宣和）「宇佐の文化」 宇佐の文化財を守る会　（76）　2006.5

瀬社
宇佐の絵図（12）瀬社八幡宮略絵図「宇佐の文化」 宇佐の文化財を守る会　53　1998.10

善教寺
三条甲公下賜「阿弥陀三尊像」（資料紹介 善教寺宝物）（矢野彌生，鶴野博文）「佐伯史談」 佐伯史談会　（208）　2008.7
布告「四極山新道図」（資料紹介 善教寺宝物）（矢野彌生，鶴野博文）「佐伯史談」 佐伯史談会　（208）　2008.7

禅源寺
禅源寺（麻生地区 臨済宗）「宇佐の文化」 宇佐の文化財を守る会　（101）　2014.09

善光寺
賓頭盧尊者像（宇佐市大字下時枝 善光寺）「宇佐の文化」 宇佐の文化財を守る会　（91）　2011.05

千歳
特集「薬師寺岩雄氏の文章」 千歳昔話（研究小報第16集より）、西南戦争と大分県（第16集より）、吉岡氏千歳城跡について（第9集より）、延岡藩千歳役所について（第9集より）（既刊の研究小報より抜粋）「研究小報」 大分市鶴崎公民館ふるさとの歴史教室　（27）　2010.0

千灯寺
旧千灯寺周辺の古蹟を探訪する［1］，（2）（広末九州男）「国見物語」 国見町郷土史研究会　23/27　2004.4/2008.4

千灯籠神社
千燈籠神社の祭典について（永井輝生）「国見物語」 国見町郷土史研究会　30　2011.04

千人塚
郷土話方資料（3）―千人塚（山本保）「佐伯史談」 佐伯史談会　193　2003.6

泉福寺
宇佐歴博物館・両子寺・泉福寺（見学記）「白水郎」 坂ノ市地区郷土史愛好会　16　1999.3

善福寺
皆春の善福寺と亀王山善福寺（薬師寺信雄）「研究小報」 大分市鶴崎公民館ふるさとの歴史教室　（24）　2007

宗玄寺
会員研修懇談会報告 宗玄寺墓地にある「烏八臼の墓」について（松樹弘隆）「郷土史杵築」 杵築郷土史研究会　（137）　2012.08

寒田古墳
大分の古墳と神社（16）寒田古墳と西寒多神社（松尾則男）「古代朝鮮文化を考える」 古代朝鮮文化を考える会　（17）　2002.12

祖母山
祖母山祭り（和田コウ子）「あさじ史談」 朝地史談会　77　1997.6
祖母山と傾山の背比べ（和田ユウ子）「あさじ史談」 朝地史談会　92　2001.12

祖母岳大明神
祖母嶽大明神縁起 大神氏はじめのこと「豊後佐伯一族」 豊後佐伯氏中世研究会　（6）　2003.3

大雄寺
大雄寺（橋津地区 曹洞宗）「宇佐の文化」 宇佐の文化財を守る会　（98）　2013.09

大願寺
大願寺蔵書目録（資料紹介）（米水津の歴史を考える会）「佐伯史談」 佐伯史談会　（209）　2009.03

大将軍神社
挾間町の神社について（2）大将軍神社の伝説（1）（河野百雄）「古代朝鮮文化を考える」 古代朝鮮文化を考える会　（17）　2002.12
大将軍神社の祭りについて（谷地区民俗調査報告）（佐藤周太）「挾間史談」 挾間史談会　（3）　2013.03

大南
〈歴史を探る旅 清田一族先祖祭〉「落穂」 大分市大南地区文化財同好会　57　1997.8
清田家一族先祖供養祭（津野一喜）「落穂」 大分市大南地区文化財同好会　57　1997.8
清田一族先祖祭を終えて（清田高弘）「落穂」 大分市大南地区文化財同好会　57　1997.8
清田一族先祖祭に参加して（清田恵美子）「落穂」 大分市大南地区文化財同好会　57　1997.8
清田氏ゆかりの石祠（桑原常夫）「落穂」 大分市大南地区文化財同好会　61　1999.8
だるまさん（日本伝来811年）（種崎益多）「落穂」 大分市大南地区文化財同好会　66　2002.3
石造遺物の謎を追って（三浦幸三）「落穂」 大分市大南地区文化財同好会　68　2003.3
「八坂神社」由緒（伊東栄）「落穂」 大分市大南地区文化財同好会　69　2003.8
謎の洞穴と民間信仰遺跡（三浦幸三）「落穂」 大分市大南地区文化財同好会　71　2005.8
大南地区石造文化財神社関係（工藤久行）「落穂」 大分市大南地区文化財同好会　（74）　2008.8
庚申塔と道鏡について（工藤久行）「落穂」 大分市大南地区文化財同好会　（78）　2012.08
板碑と史跡探訪（工藤久行）「落穂」 大分市大南地区文化財同好会　（78）　2012.08
日本の神社の縮図（工藤久行）「落穂」 大分市大南地区文化財同好会　（80）　2014.08

大日寺
大日寺護摩堂棟札と地鎮入用の覚え（資料紹介）（竹中進）「佐伯史談」 佐伯史談会　（211）　2009.11

大分八幡宮
大分八幡宮のまつりと獅子舞（畠中大三郎）「嘉飯山郷土研究会会誌」 嘉飯山郷土研究会　（22）　2008.11
大分八幡宮の獅子舞（高瀬美代子）「西日本文化」 西日本文化協会　通号441　2009.10

大楽寺
大楽寺所蔵「仏涅槃図」について（高宮なつ美）「大分県立歴史博物館研究紀要」 大分県立歴史博物館　（15）　2014.03

田植地蔵
田植地蔵について（原嶋千鶴子）「あさじ史談」 朝地史談会　（111）　2012.03

高須
臼杵の獅子舞（1）高須の獅子・風流（吉井正治）「臼杵史談」 臼杵史談会　91　2000.12

鷹栖観音
宇佐の民俗 鷹栖観音の鬼会「宇佐の文化」 宇佐の文化財を守る会　54　1999.1

高栖観音堂
高栖観音堂（曹洞宗 山本地区）「宇佐の文化」 宇佐の文化財を守る会　（95）　2012.09

高瀬石仏
高瀬石仏拝観記（佐藤豊治）「あさじ史談」 朝地史談会　92　2001.12

高田
高田の刀鍛冶について（高田浩己）「研究小報」 大分市鶴崎公民館ふるさとの歴史教室　（25）　2008
戦時中の大分（高田）刀工について（講話レジメ）（河村信雄）「研究小報」 大分市鶴崎公民館ふるさとの歴史教室　（26）　2009
郷土往来「高田めぐり」、松岡郷土唱歌、川添村地理歴史唱歌、鶴崎御船歌「研究小報」 大分市鶴崎公民館ふるさとの歴史教室　（30）　2013.03
「高田邨志」の「寺院（五箇寺）」について（熊谷剛至）「研究小報」 大分市鶴崎公民館ふるさとの歴史教室　（31）　2014.03

高田校区
高田校区の寺（別保グループ）「研究小報」 大分市鶴崎公民館ふるさとの歴史教室　21　2004.3

宝八幡宮
「四季農耕図 絵馬」（右田天満社所蔵）/「宇佐大神、宝山飛願由来之図」（宝八幡宮旧蔵、焼失）「玖珠郡史談」 玖珠郡史談会　（73）　2014.05

田川市石炭・歴史博物館

市外―「田川市石炭・歴史博物館」の見学にちなんで「のそん弁当」（史跡探訪感想文）（宮崎雅美）「別府史談」 別府史談会 （26） 2013.03

竹田

層塔（九重塔）（土谷眞康）「五輪」 竹田地区文化財調査委員連絡協議会 （22） 2002.3

竹田市

竹田市の街並み保存の現状と課題（佐伯治）「大分県地方史」 大分県地方史研究会 （180） 2001.2

竹田津

国見町・竹田津地区に見られたキリシタンの証（入学正敏）「国見物語」 国見町郷土史研究会 19 2000.6

武多都神社

海浜の聖地における祭祀―国東半島・武多都神社を中心にして（黒田一充）「関西大学博物館紀要」 関西大学博物館 11 2005.3

竹中

竹中の明治銅版画（神明社・神力寺）（種崎益多）「落穂」 大分市大南地区文化財同好会 64 2001.3

竹中・河原内の伝説（1）（三浦幸三）「落穂」 大分市大南地区文化財同好会 70 2004.8

竹中鍛冶屋調査報告について（磯部宏子）「栗東歴史民俗博物館紀要」 栗東歴史民俗博物館 （11） 2005.3

田染

報告 水・信仰・くらし―田染と内成を事例として（三谷紘平）「大分県地方史」 大分県地方史研究会 （210） 2010.9

田染小崎

ムラの調査と景観保全―大分県豊後高田市田染小崎地区について（特集 "地域の再生"と歴史文化）（櫻井成昭）「Link ： 地域・大学・文化」 神戸大学大学院人文学研究科地域連携センター 2 2010.8

畳屋町

臼杵市の獅子舞（10）畳屋町の獅子舞（吉井正治）「臼杵史談」 臼杵史談会 （101） 2011.02

立野

臼杵の獅子舞（2）立野の獅子舞（吉井正治）「臼杵史談」 臼杵史談会 92 2001.12

田中社

田中社由来記（末綱杵一遺稿）（末綱巖）「国見物語」 国見町郷土史研究会 33 2014.04

谷

日吉神社と祭り（谷地区民俗調査報告）（坂本勝信）「挾間史談」 挾間史談会 （3） 2013.03

谷・中村の三つのお祭り（佐藤龍江）「挾間史談」 挾間史談会 （3） 2013.03

俵積宮

古文書を読む「俵積宮略記」（原嶋千鶴子）「あさじ史談」 朝地史談会 （110） 2011.06

俵積神社

俵積神社と当地区の歴史（佐藤豊治）「あさじ史談」 朝地史談会 97 2003.6

智恩寺

資料紹介 智恩寺国東塔「おおいた歴博」 大分県立歴史博物館 4 1999.9

茅渟宮

古墳と神社寺院（1）茅渟宮を牽く片岡葦田墓（尾崎善信）「古代朝鮮文化を考える」 古代朝鮮文化を考える会 （21） 2006.12

長木墓地

長木墓地の国東塔からホーヤク祭へ（廣末九州男）「国見物語」 国見町郷土史研究会 28 2009.04

長久寺

長久寺の屋根瓦（1），（2）（竹折勉）「三保の文化」 三保の文化財を守る会 85/（86） 2004.1/2004.7

長興寺

明治銅版画（長興寺・萬寿寺）（種崎益多）「落穂」 大分市大南地区文化財同好会 68 2003.3

潮谷寺

潮谷寺史料（資料紹介）（黒木豊文）「佐伯史談」 佐伯史談会 （209）

2009.03

潮谷寺所蔵文書（資料紹介）（黒木豊文）「佐伯史談」 佐伯史談会 （211） 2009.11

潮谷寺所蔵文書「船法度」（資料紹介）（黒木豊文）「佐伯史談」 佐伯史談会 （212） 2010.03

長泉寺

朱湯山寛徳院 長泉寺略縁起概況（芹川昭教）「別府史談」 別府史談会 （16） 2002.12

朱湯山寛徳院 長泉寺史（安部巖）「別府史談」 別府史談会 （16） 2002.12

長福寺

乱世、吹上長福寺と朝鮮鐘（松井公男）「日田文化」 日田市教育委員会 （49） 2007.3

「長福寺本堂」修理・工事報告（福島孝篤）「日田文化」 日田市教育委員会 （49） 2007.3

長林禅寺

松岳山長林禅寺の歴史と観音堂の由来について（山田治雄）「落穂」 大分市大南地区文化財同好会 66 2002.3

津久見

文化一揆にみる農民の生活（小島一志）「津久見史談」 津久見史談会 1 1997.3

ナバ山師豊後国市平之墓（籾田力）「津久見史談」 津久見史談会 1 1997.3

おくら饅頭（樋口義久）「津久見史談」 津久見史談会 2 1998.3

宗門踏絵改めと病人之覚（江藤ツギ子）「津久見史談」 津久見史談会 3 1999.3

享保飢饉と禹襃合祀壇（小島一志）「津久見史談」 津久見史談会 3 1999.3

翻る大日章旗（野中公昭）「津久見史談」 津久見史談会 3 1999.3

茸山師樋口光蔵物語（樋口義久）「津久見史談」 津久見史談会 3 1999.3

新道開発に伴う功績碑と鳥居建立について（角崎謙介）「津久見史談」 津久見史談会 3 1999.3

はしけ船（艀）（織田清繝）「津久見史談」 津久見史談会 4 2000.3

江戸時代末期の貸金台帳を読んで（酒井容子）「津久見史談」 津久見史談会 5 2001.3

江戸時代の庶民の暮らし（芦刈政治）「津久見史談」 津久見史談会 5 2001.3

つくみ点描 バッポ（立川哲三郎）「津久見史談」 津久見史談会 5 2001.3

庚申信仰について（小泊立矢）「津久見史談」 津久見史談会 6 2002.3

つくみ点描 相撲石碑によせて（編集部）「津久見史談」 津久見史談会 6 2002.3

釘抜き紋（江藤ツギ子）「津久見史談」 津久見史談会 （8） 2004.3

津久見の盲僧城豊の活躍（酒井容子）「津久見史談」 津久見史談会 （8） 2004.3

庶民の信仰あれこれ（芦刈政治）「津久見史談」 津久見史談会 （8） 2004.3

船仕事記憶のままに（小嶋西海一）「津久見史談」 津久見史談会 （8） 2004.3

つくみ点描 氏子札（編集部）「津久見史談」 津久見史談会 （9） 2005.3

ナバ山師・父平川政秋のこと（加茂紀代子）「津久見史談」 津久見史談会 （10） 2006.3

「田うずら」とは何だろう（深江克寿）「津久見史談」 津久見史談会 （11） 2007.3

神賑取調書顛末（つくみ点描）（編集部）「津久見史談」 津久見史談会 （11） 2007.3

ふるさとミュージカル 茸師源兵衛と三平どんこ（編集部）「津久見史談」 津久見史談会 （12） 2008.3

大壁のみかん小屋（寄稿）（加茂恵介）「津久見史談」 津久見史談会 （13） 2009.03

津久見の伝統とくらし（講演）（段上達雄）「津久見史談」 津久見史談会 （14） 2010.3

甦る小太刀（編集部）「津久見史談」 津久見史談会 （14） 2010.03

戦中までの暮らし（樋口義久）「津久見史談」 津久見史談会 （14） 2010.03

津久見相撲史跡巡り（寄稿）（杉浦弘）「津久見史談」 津久見史談会 （14） 2010.3

杉浦氏の相撲碑巡りに同行して（酒井博）「津久見史談」 津久見史談会 （14） 2010.03

みかん小屋に建築の初源を探る 実測調査に同行して（寄稿）（加茂恵介）「津久見史談」 津久見史談会 （14） 2010.03

島の男女の恋と結婚（三浦鎚春）「津久見史談」 津久見史談会 （15）

九州・沖縄　　　郷土に伝わる民俗と信仰　　　大分県

2011.03

田ະ關守の像（酒井容子）「津久見史談」　津久見史談会　（15）　2011.03

鍛冶屋と衛門様（竹本正彦）「津久見史談」　津久見史談会　（16）　2012.03

時雨天神の杜（二村直次）「津久見史談」　津久見史談会　（16）　2012.03

歴史の伝承と弘化四年海岸絵図（鳥越謙造）「津久見史談」　津久見史談会　（18）　2014.3

津久見市

臼杵市・津久見市のキリシタン墓碑を訪ねて（荒木英市）「津久見史談」　津久見史談会　5　2001.3

津久見市内のお接待行事について（酒井容子）「津久見史談」　津久見史談会　（17）　2013.03

大叔母のお大師さま（「津久見市内のお接待行事について」史談十七号関連）（山本正義）「津久見史談」　津久見史談会　（18）　2014.03

津波戸山

宇佐の山（15）津波戸山「宇佐の文化」　宇佐の文化財を守る会　50　1997.9

坪泉

坪泉年中行事いろいろ［1］〜（3）（和田ニウ子）「あさじ史談」　朝地史談会　79/81　1997.12/1998.7

剣大明神

剣大明神伝来の碑　大友氏庶流清田一族と狩野氏の顕彰の碑除幕祝賀会に参加して（清田厚子）「落穂」　大分市大南地区文化財同好会　68　2003.3

鶴崎

鶴崎の引き札「研究小報」　大分市鶴崎公民館ふるさとの歴史教室　22　2005.3

鶴崎の神社について（安部光太郎）「研究小報」　大分市鶴崎公民館ふるさとの歴史教室　22　2005.3

幽霊を切殺した話（中西正生）「研究小報」　大分市鶴崎公民館ふるさとの歴史教室　（25）　2008

民唄（亥の子）、わらべ唄No.1、わらべ唄No.2、地搗き音唄（〈既刊の研究小報より抜粋〉）（毛利太喜）「研究小報」　大分市鶴崎公民館ふるさとの歴史教室　（26）　2009

カッパの仇討ち物語（〈既刊の研究小報より抜粋〉）（毛利太喜）「研究小報」　大分市鶴崎公民館ふるさとの歴史教室　（26）　2009

抜けまいり（鶴崎古文書の会，牧和義）「研究小報」　大分市鶴崎公民館ふるさとの歴史教室　（28）　2011.03

グループ研究（研究小報既刊分より再録）旧家「綿六」について（第1集より、別保研究グループ）/別保地区の醸造業について（第5集より、別保グループ）/鶴崎地区・農村の戦前の生活（第7集より、郷土グループ）「研究小報」　大分市鶴崎公民館ふるさとの歴史教室　（29）　2012.03

郷土往来「高田めぐり」、松岡郷土唱歌、川添村地理歴史唱歌、鶴崎御船歌「研究小報」　大分市鶴崎公民館ふるさとの歴史教室　（30）　2013.03

野村杜季子作詞の小唄二題（遊船小唄、鶴崎小唄）「研究小報」　大分市鶴崎公民館ふるさとの歴史教室　（31）　2014.03

鶴崎校区

鶴崎校区の寺（鶴崎グループ）「研究小報」　大分市鶴崎公民館ふるさとの歴史教室　21　2004.3

鶴崎西国三十三巡礼

鶴崎西国三十三巡礼（山岡俊邦）「大佐井」　大分市大在地区文化財同好会　19　2002.3

鶴見岳

別府の伝説　由布岳・鶴見岳（堀藤吉郎）「別府史談」　別府史談会　11　1997.3

鶴見岳は天の香具山（水野孝夫）「別府史談」　別府史談会　（18）　2004.12

鶴見照湯山瑠璃光堂温泉

鶴見照湯山瑠璃光堂温泉略縁起（県立図書館）「別府史談」　別府史談会　11　1997.3

寺町

実地学習　寺町めぐり（1）（二階堂智査子）「郷土史杵築」　杵築郷土史研究会　122　2005.3

伝乗寺

馬城山伝乗寺（真木大堂）（国東半島北部の仏像を尋ねて）（姫野憲一）「大佐井」　大分市大在地区文化財同好会　15　1998.3

天神水

仲屋の「天神水」　朝見糸永家のこと（岡部光瑞）「別府史談」　別府史談会　14　2000.12

天念寺

長岩屋山天念寺（国東半島北部の仏像を尋ねて）（藤下アキエ）「大佐井」

大分市大在地区文化財同好会　15　1998.3

天念寺修正鬼会─仏の里の鬼さまに会う（高瀬美代子）「西日本文化」　西日本文化協会　359　2003.3

天念寺・川中不動（鬼会の里）（藤野和恵）「大佐井」　大分市大在地区文化財同好会　21　2004.3

天福寺

天福寺奥院仏像群について（高宮なつ美）「大分県立歴史博物館研究紀要」　大分県立歴史博物館　（13）　2012.03

天福寺奥院の仏像群の放射性炭素年代測定（AMS測定）（綿貫俊一，株式会社加速器研究所）「大分県立歴史博物館研究紀要」　大分県立歴史博物館　（13）　2012.03

天満社

大分の古墳と神社（19）三柱神社古墳と天満社（松尾則男）「古代朝鮮文化を考える」　古代朝鮮文化を考える会　（19）　2004.12

東海庵

千歳若宮八幡と岩船八幡宮と東海庵との関係について（研究小報第十八集より再録）（薬師寺岩雄）「研究小報」　大分市鶴崎公民館ふるさとの歴史教室　（31）　2014.03

東光寺

東光寺と五百羅漢（宇佐市重要文化財）（〈宇佐・中津の文化財探訪〉）（栗田正人）「大佐井」　大分市大在地区文化財同好会　17　2000.3

東光寺経塚

大分県杵築市所在　東光寺経塚に関する覚書（吉田和彦）「古文化談叢」　九州古文化研究会　65（分冊4）　2011.07

東巌寺

医王山東巌寺（阿部勝弘）「研究小報」　大分市鶴崎公民館ふるさとの歴史教室　（29）　2012.03

道三池

道三池と獅子舞について（広川武男）「落穂」　大分市大南地区文化財同好会　61　1999.8

道三池のお獅子さま（3）（広川武男）「落穂」　大分市大南地区文化財同好会　64　2001.3

遠見稲荷神社

遠見塚古墳と遠見稲荷神社（松尾則男）「古代朝鮮文化を考える」　古代朝鮮文化を考える会　（24）　2009.12

遠見塚古墳

遠見塚古墳と遠見稲荷神社（松尾則男）「古代朝鮮文化を考える」　古代朝鮮文化を考える会　（24）　2009.12

床浦祠

床浦祠の謎を追って（津崎伸治）「国見物語」　国見町郷土史研究会　27　2008.4

床浦社

門前の御霊社床浦社（桑原常夫）「落穂」　大分市大南地区文化財同好会　60　1999.3

歳の森大明神

歳の森大明神　由緒（衛藤俊二）「安心院縄文 : 安心院縄文会機関誌」　安心院縄文会　20　2009.04

利光

利光の「千貫双岩」の由来について（広川武男）「落穂」　大分市大南地区文化財同好会　59　1998.8

利光のキリシタンについて（廣川武男）「落穂」　大分市大南地区文化財同好会　67　2002.8

戸次

戸次の養蚕について（広川武男）「落穂」　大分市大南地区文化財同好会　59　1998.8

中津

地蔵移転　東京高輪から大分・中津へ（奥平政幸）「日本の石仏」　日本石仏協会，青娥書房（発売）　通号92　1999.12

鱧料理/中津吉呑（近刕致）「西日本文化」　西日本文化協会　409　2005.3

豊前国中津楽市楽座楽一通りあきまつり（大江康治郎）「西日本文化」　西日本文化協会　409　2005.3

明治期の大分県中津のキリスト教宣教　キャラハン宣教師夫妻の活動を中心に（清水孝子）「西日本文化」　西日本文化協会　通号448　2010.12

「昭和初期の中津の生活　絵に小平地区出身 84歳植田さん」平成23年11月25日（金曜日）読売新聞大分版に掲載「三保の文化」　三保の文化を守る会　（101）　2012.1

中津市

第11回石造物研究会報告 豊前の石塔を考えるⅡ—大分県中津市周辺を中心として（原田昭一）「日引 ： 石造物研究会会誌」 （13）2012.05

長浜神社

講義 大分の神々・西寒多神社と長浜神社（佐藤満洋）「大佐井」 大分市大在地区文化財同好会 19 2002.3

中村

谷・中村の三つのお祭り（佐藤龍江）「挾間史談」 挾間史談会 （3）2013.03

長良神社

表紙解説 長良神社入り口に立つ 毛利高翰寄進の灯籠／編集後記（事務局だより）「佐伯史談」 佐伯史談会 （225）2014.09

流川通り

講演会講師論稿 ビリケンは誰がたてたか—昔の流川通りをめぐる物語（小野弘）「別府史談」 別府史談会 （24）2011.3

鉈落としの滝

奈多姫落としの滝が鉈落としの滝か（井福芳彦）「安心院縄文 ： 安心院縄文会機関誌」 安心院縄文会 20 2009.04

奈多宮

八幡奈多宮の手水鉢（諸富道則）「二豊の石造美術」 大分県石造美術研究会 23 2004.3

奈多姫落としの滝

奈多姫落としの滝が鉈落としの滝か（井福芳彦）「安心院縄文 ： 安心院縄文会機関誌」 安心院縄文会 20 2009.04

南光寺

南光寺の仁王像修復に向かって（井福芳彦）「安心院縄文 ： 安心院縄文会機関誌」 安心院縄文会 16 2005.4

松本と南光寺の仁王像（井福芳彦）「安心院縄文 ： 安心院縄文会機関誌」 安心院縄文会 17 2006.4

松本仁王物語—南光寺と地域の再興を願って（井福芳彦）「安心院縄文 ： 安心院縄文会機関誌」 安心院縄文会 19 2008.4

南光寺仁王像修復（井福芳彦）「安心院縄文 ： 安心院縄文会機関誌」 安心院縄文会 21 2010.04

西大内山

西大内山のどんどん焼き（佐藤孝義）「郷土史杵築」 杵築郷土史研究会 118 2003.3

西ノ内

西ノ内天満社の歌舞伎興業—辻民蔵芝居願い（織田清綱）「津久見史談」 津久見史談会 （7）2003.3

西ノ内竹の本のお接待（「津久見市内のお接待行事について」史談十七号関連）（酒井容子）「津久見史談」 津久見史談会 （18）2014.03

丹生神社

大分市丹生神社探訪（姫野憲一）「大佐井」 大分市大在地区文化財同好会 14 1997.3

丹生神社の朱砂（太田義弘）「白水郎」 坂ノ市地区郷土史愛好会 18 2001.5

丹生神社の祭り（中島照美）「白水郎」 坂ノ市地区郷土史愛好会 （22）2005.3

丹生

丹生地区の神社（岡村治海）「白水郎」 坂ノ市地区郷土史愛好会 17 2000.3

丹生地区の伏墓（岡村治毎）「白水郎」 坂ノ市地区郷土史愛好会 19 2002.3

丹生村

旧丹生村・旧小佐井村における江戸時代の寺社（1）（久々宮喬）「白水郎」 坂ノ市地区郷土史愛好会 （26）2009.03

任聖寺

任聖寺（曹洞宗 法鏡寺地区）「宇佐の文化」 宇佐の文化財を守る会 （94）2012.05

野田

野田区祭組（土屋公照）「別府史談」 別府史談会 15 2001.12

野津

野津地域における南北朝期の塔婆形石塔（菊田徹）「臼杵史談」 臼杵史談会 （102）2012.02

野津のキリシタンについて（五野井隆史）「大分県地方史」 大分県地方史研究会 （214）2012.03

野津院

豊後野津院キリシタンの世紀（内藤克己）「臼杵史談」 臼杵史談会 （96）2006.2

下藤地区共有墓地の発掘調査と16・17世紀のキリシタン墓地—キリスト教遺跡を通してみた、キリシタン時代の野津院（神田高士）「大分県地方史」 大分県地方史研究会 （214）2012.03

野津町

野津町のキリシタン墓碑とその問題点（長田大輔）「二豊の石造美術」 大分県石造美術研究会 22 2003.3

拝香の宮

拝香の宮（近隣の歴史散歩）（秋吉秀康）「三保の文化」 三保の文化財を守る会 （89）2006.1

挾間

挾間の里唄について（河野百雄）「挾間史談」 挾間史談会 （2）2011.07

「やせうま」伝説の背景を想う（小野三郎）「挾間史談」 挾間史談会 （2）2011.07

辻地蔵堂（加藤照廣）「挾間史談」 挾間史談会 （2）2011.07

挾間西国三十三霊場

観世音菩薩挾間西国三十三霊場現況調査（坂本勝信）「挾間史談」 挾間史談会 （4）2014.03

観世音菩薩挾間西国三十三霊場現況調査（園田由紀子）「挾間史談」 挾間史談会 （4）2014.03

観世音菩薩挾間西国三十三霊場現況調査（丸野安比古）「挾間史談」 挾間史談会 （4）2014.03

挾間三十三霊場

挾間三十三霊場について（小野三郎）「挾間史談」 挾間史談会 （4）2014.03

挾間町

挾間町における禅宗文化の学習事始め—挾間一族と禅宗文化（1）（梅野敏明）「挾間史談」 挾間史談会 （4）2014.3

八幡朝見神社

彙報 福嶋御塩焼大夫文書（八幡朝見神社所蔵）の調査「史料 ： 皇學館大學研究開発推進センター史料編纂所報」 皇學館大學研究開発推進センター史料編纂所 （211）2007.10

彙報 福嶋御塩焼大夫文書（八幡朝見神社所蔵）の調査「史料 ： 皇學館大學研究開発推進センター史料編纂所報」 皇學館大學研究開発推進センター史料編纂所 （217）2008.10

八幡宇佐宮

雷山と『八幡宇佐宮御託宣集』「異国降伏事」と（吉田扶希子）「山岳修験」 日本山岳修験学会，岩田書院（発売）（33）2004.3

八幡宇佐宮 もう一つの謎（岡部富久市）「大分県地方史」 大分県地方史研究会 （201）2007.11

『八幡宇佐宮御託宣集』における「霊神」の位相（村田真一）「日本宗教文化史研究」 日本宗教文化史学会 13（2）通号26 2009.11

八幡竈門神社

神仏分離 八幡竈門神社の場合（土屋公照）「別府史談」 別府史談会 14 2000.12

八幡宮紹介 八幡竈門神社（大分県別府市）「季刊悠久.第2次」 鶴岡八幡宮悠久事務局 （135）2014.05

八幡社

大分の古墳と神社（176）雄城台遺跡と八幡社（松尾則男）「古代朝鮮文化を考える」 古代朝鮮文化を考える会 （18）2003.12

八面山

八面山周辺の信仰遺跡（平田由美）「山岳修験」 日本山岳修験学会，岩田書院（発売）（26）2000.11

盤座と須弥山と八面山（中尾七平）「古代朝鮮文化を考える」 古代朝鮮文化を考える会 （19）2004.12

花香

花香のキリシタン墓（田島春雄）「二豊の石造美術」 大分県石造美術研究会 19 1999.3

浜町

大分市浜町恵比須神社考（後藤匡史）「備陽史探訪」 備陽史探訪の会 123 2005.4

浜脇

浜脇薬師祭りを彩る 「風流見立て細工」と『造物趣向種』（論説）（外山健一）「別府史談」 別府史談会 （26）2013.03

九州・沖縄　　郷土に伝わる民俗と信仰　　大分県

羽室御霊社

別府歴史散歩 羽室御霊社・姫山メンヒル（行事部）「別府史談」 別府史談会　13　1999.12

古墳と神社（20）竈門氏古墳群と羽室御霊社（松尾則男）「古代朝鮮文化を考える」 古代朝鮮文化を考える会　（21）2006.12

速吸瀬戸

速吸瀬戸と龍宮城物語（松本政信）「古文書に親しむ会通信」 古文書に親しむ会事務局　9　2000.6

原田神社

三保の石造物 原田神社の鳥居「三保の文化」 三保の文化財を守る会（99）2011.01

原

つくみ点描 上青江原稲荷境内の石碑（酒井容子）「津久見史談」 津久見史談会　（13）2009.03

万休院

万休院の宝篋印塔（さとうたくみ）「佐伯史談」 佐伯史談会　184　2000.6

飯田

飯田の盆踊りと口説（小野喜美夫）「玖珠郡史談」 玖珠郡史談会　49　2001.11

飯田高原

飯田高原の椎茸（小野喜美夫）「玖珠郡史談」 玖珠郡史談会　47　2000.12

九重・飯田高原百話集（続）（小野喜美夫）「玖珠郡史談」 玖珠郡史談会（62）/（63）2008.11/2009.5

戸穴荘

戸穴荘と流鏑馬（宮下良明）「佐伯史談」 佐伯史談会　178　1998.6

東国東郡

明治前期の仏堂に関する一考察―東国東郡を中心として（櫻井成昭）「大分県地方史」 大分県地方史研究会　（185）2002.3

英彦山

英彦山をめぐる諸問題（山本義孝）「豊日史学 ： 復刊宇佐文化」 豊日史学会　62（1・2・3）通号218・219・220　1998.3

英彦山研究会10年の歩みとその成果（山本義孝）「豊日史学 ： 復刊宇佐文化」 豊日史学会　62（1・2・3）通号218・219・220　1998.3

英彦山修験道場（山岡俊邦）「大佐井」 大分市大在地区文化財同好会（23）2006.8

彦島

在、浦の供養塔と彦島（宮下良明）「佐伯史談」 佐伯史談会　192　2003.2

提子井手

提子井手鮎帰りの破損復旧（二宮修二）「挾間史談」 挾間史談会　（3）2013.03

日出

丸山神社の楼門・日出の遺跡について（河野百雄）「古代朝鮮文化を考える」 古代朝鮮文化を考える会　（18）2003.12

日出町

大分県日出町の郷土食と暮らし（《大分県速水郡日出町深江地区合同調査特集》）（丸山久子）「昔風と当世風」 古々路の会（92）2008.4

日田

日田地域中世廃寺考（長順一郎）「大分県地方史」 大分県地方史研究会（167・168）1998.1

日田の中世墓―近年の発掘調査から（吉田博嗣）「大分県地方史」 大分県地方史研究会（170）1998.7

村の神々（長順一郎）「日田文化」 日田市教育委員会（41）1999.3

赤茶けた紙／催促した年賀状（足立栄子）「天領日田」 天領日田を見直す会（21・22）2010.09

疱瘡の妙薬兎血丸 日田代官より注文（板井清一）「臼杵史談」 臼杵史談会　94　2003.12

日田・玖珠に残された謎の位牌について（内恵克彦）「玖珠郡史談」 玖珠郡史談会　53　2003.12

研究ノート 箱書からみる廣瀬家の人形と節供―近世箱書研究に向けての試論（園田大）「大分県地方史」 大分県地方史研究会（206）2009.03

史料紹介 日田・廣瀬家所蔵の池坊史料（園田大）「大分県地方史」 大分県地方史研究会（210）2010.09

天領日田の一風景―三絶僧・平野五岳と明治維新（矢野宣行）「水戸史学」 水戸史学会　（74）2011.6

史料紹介 袋屋合原家の池坊史料（園田大）「大分県地方史」 大分県地方史研究会（213）2012.01

春の史跡探訪 臼杵石仏・宇佐神宮・小京都日田を訪ねる（松本和典）「郷土史誌末盧國」 松浦史談会，芸文堂（発売）（194）2013.06

日田郡

幕末期における日田郡内楮皮川下げ史料から（穴井幸雄）「日田文化」 日田市教育委員会（48）2006.3

日岳神社

日岳神社と瓜（中島三夫）「宇佐の文化」 宇佐の文化財を守る会（77）2006.10

檜原山

耶馬渓檜原山の石造物（檜原順亨）「二豊の石造美術」 大分県石造美術研究会（25）2006.3

日女（姫）島

小串仙助（大蔵重成）と日女（姫）島考（小串信正）「国見物語」 国見町郷土史研究会　18　1999.5

姫島

幕末の姫島（加賀其康喜）「国見物語」 国見町郷土史研究会　21　2002.4

姫島の十王像（前田義隆）「国見物語」 国見町郷土史研究会　29　2010.04

姫島二例（資料・調査報告）（岸田裕一）「宮崎考古」 宮崎考古学会（22）2010.12

「天一根」大分県姫島説への疑い（灰塚照明）「九州倭国通信」 九州古代史の会（155）2011.3

姫島と野村望東尼と捕鯨（特集 海が創った暮らしの歴史―九州北部の島々から）（鳥巣京一）「西日本文化」 西日本文化協会（459）2012.10

姫島の盆踊り（特集 海が創った暮らしの歴史―九州北部の島々から）（木野村孝一）「西日本文化」 西日本文化協会（459）2012.10

姫島大明神

姫島大明神縁起の意味 古田さんの批判を受けて（高橋勝明）「九州倭国通信」 九州古代史の会（158）2011.11

日向泊

日向泊「神の井」伝説と「浮城物語」（さとうたくみ）「佐伯史談」 佐伯史談会（203）2006.10

日吉塔

宝篋印塔（日吉塔）―調査に纏わるエピソード（福澤邦夫）「日引 ： 石造物研究会会誌」（8）2006.09

日吉原

食卓にのぼった日吉原の網漁「白水郎」 坂ノ市地区郷土史愛好会（25）2008.3

平岩

平岩獅子舞種子島交流記（川野和朝）「津久見史談」 津久見史談会（14）2010.03

広瀬淡窓旧宅及び墓

「廣瀬淡窓旧宅及び墓」の追加指定について「日田文化」 日田市教育委員会（56）2014.03

広瀬淡窓宅

表紙写真 廣瀬淡窓旧宅（主屋）「廣瀬淡窓旧宅及び墓」は平成25年3月27日に国史跡追加指定「日田文化」 日田市教育委員会（56）2014.3

深江

景観と祭りからみた深江（《大分県速水郡日出町深江地区合同調査特集》）（森隆男）「昔風と当世風」 古々路の会（92）2008.4

オコボサマのこと―日出町深江地区のオコボサマ参りとお接待（《大分県速水郡日出町深江地区合同調査特集》）（今野大輔）「昔風と当世風」 古々路の会（92）2008.4

大分県速水郡日出町深江地区の住まい二棟（《大分県速水郡日出町深江地区合同調査特集》）（宮崎勝弘）「昔風と当世風」 古々路の会（92）2008.4

日出町深江の居住習俗―大分県速水郡日出町にみる住まいの暮らし（《大分県速水郡日出町深江地区合同調査特集》）（津山正幹）「昔風と当世風」 古々路の会（92）2008.4

深江地区の生業見聞抄（《大分県速水郡日出町深江地区合同調査特集》）（五十嵐稔）「昔風と当世風」 古々路の会（92）2008.4

口絵 深江に残る庚申塔「臼杵史談」 臼杵史談会（103）2013.02

深江港

日出町深江港地区と鏝絵（《大分県速水郡日出町深江地区合同調査特集》）（早瀬哲恒）「昔風と当世風」 古々路の会（92）2008.4

深島

離島深島に生きる「清水禎一翁」聞き書き（1），（2）（矢野徳弥）「佐伯史

談」佐伯史談会 176/177 1997.10/1998.2

深島食彩（ゼンゴ）こぼれ話（高司良恵）「佐伯史談」佐伯史談会 197
2004.10

深山神社

深山神社と中川クルス紋について（橋爪定直）「あさじ史談」朝地史談会
（100）2004.10

深山八幡神社

深山八幡神社と中川クルス紋について（橋爪定直）「あさじ史談」朝地史
談会 99 2004.3

深山流神楽の栞から（北尾勝義）「あさじ史談」朝地史談会 （107）
2008.7

富貴寺

蓮華寺富貴寺（国東半島北部の仏像を尋ねて）（姫野憲一）「大佐井」大
分市大在地区文化財同好会 15 1998.3

大分県公文書館所蔵の富貴寺大堂の修理記録（工藤圭章）「大分県公文書
館だより」大分県公文書館 9 2002.2

富貴寺大堂の修理記録を記載した公文書について「大分県公文書館だよ
り」大分県公文書館 9 2002.2

福貴野

特集「福貴野の滝」伝説（江藤巳生夫）「安心院縄文 : 安心院縄文会機
関誌」安心院縄文会 14 2003.4

福島

豊前岩戸神楽 福島神楽「三保の文化」三保の文化財を守る会 79
1998.6

福島神楽（下）「三保の文化」三保の文化財を守る会 80 1999.1

ふるさとの文化財 民俗芸能の里／くぐつの神事芸能／福島神楽／北原人形
芝居「三保の文化」三保の文化財を守る会 83 2003.1

京築神楽の里フェスティバル 福島神楽出演「三保の文化」三保の文化
財を守る会 84 2003.7

福良

臼杵の獅子舞（9）福良の獅子舞（吉井正治）「臼杵史談」臼杵史談会
（100）2010.03

普賢寺

随想 普賢寺の台所で（工藤美苗）「佐伯史談」佐伯史談会 （218）
2012.03

普光寺

普光寺散策（阿南清文）「あさじ史談」朝地史談会 81 1998.7

普光寺史料を読む（芦刈政治）「あさじ史談」朝地史談会 （100）2004.
10

藤田天満宮

臼杵の獅子舞（5）藤田天満宮の獅子舞（吉井正治）「臼杵史談」臼杵史談
会 95 2005.2

富士見橋

出会い・ふれあい…「富士見橋賛歌」（岩本紘一）「安心院縄文 : 安心院
縄文会機関誌」安心院縄文会 19 2008.4

豊前

豊前岩戸神楽 福島神楽「三保の文化」三保の文化財を守る会 79
1998.6

両子寺

宇佐歴史博物館・両子寺・泉福寺（見学記）「白水郎」坂ノ市地区郷土史
愛好会 16 1999.3

仏山寺

龍峨山仏山寺と金鱗湖（山岡俊郎）「大佐井」大分市大在地区文化財同好
会 16 1999.3

府内

中国地方の鋳物師と豊後府内（後藤匡史）「備陽史探訪」備陽史探訪の会
（143）2008.8

府内町

大分県・中世大友府内町跡出土の備前焼（《備前歴史フォーラム 備前
焼・海の道・夢フォーラム2006―備前焼の歴史と未来像をもとめ
て》）（吉田寛）「備前市歴史民俗資料館紀要」備前市歴史民俗資料館
（8）2006.9

普門寺

普門寺散策（岩沢光夫）「日田文化」日田市教育委員会 （48）2006.3

古園磨崖仏

豊後磨崖仏群（臼杵深田古園磨崖仏）の刻出者について（岡部富久市）「大
分県地方史」大分県地方史研究会 （205）2009.02

古野稲荷

古野稲荷考（藤原孝顕）「郷土史杵築」杵築郷土史研究会 115 2001.8

豊後

ザビエルと豊後（五野井隆史）「大分県地方史」大分県地方史研究会
（175）1999.11

16世紀、豊後におけるキリシタン音楽について（中山康弘）「土佐地域文
化」「土佐地域文化研究会」1 2000.6

墓にみる中世から近世―豊前・豊後における近世墓のはじまり（原田昭
一）「大分県地方史」大分県地方史研究会 （184）2002.2

豊後におけるキリシタンの露顕と排耶僧の動向（村井早苗）「史料館研究
紀要」大分県立先哲史料館 （7）2002.3

エッセイシリーズ・土の記憶「くずれ」と「豊後浄瑠璃」（佐々木哲哉）
「西日本文化」西日本文化協会 384 2002.8

宝篋印塔の形式と豊後地方の特色（内恵克彦）「二豊の石造美術」大分県
石造美術研究会 22 2003.3

豊後の隠れキリシタン墓について（佐藤満洋）「国見物語」国見町郷土史
研究会 22 2003.4

「鎮」字銘豊後刀に関する覚書き（真野和夫）「史料館研究紀要」大分県
立先哲史料館 （8）2003.6

豊後キリシタンとペトロ岐部カスイ（大津祐司）「国見物語」国見町郷土
史研究会 23 2004.4

豊後におけるキリシタン文化（五野井隆史）「大分県立歴史博物館研究紀
要」大分県立歴史博物館 通号7 2006.3

鎌倉・南北朝時代の豊前・豊後における仏師の動向―仏師在銘作品を中
心に（渡辺文雄）「大分県立歴史博物館研究紀要」大分県立歴史博物
館 通号8 2007.3

ほうちょう物語（豊後「ほうちょう」伝承の真相）（岡部富久市）「大分県
地方史」大分県地方史研究会 （202）2008.2

角塔婆変遷史一豊前・豊後における紀年銘資料を通して（原田昭一）「石
造文化研究」おおいた石造文化研究会事務局 通号27 2009.01

豊後なば山衆の軌跡（伊東六郎）「津久見史談」津久見史談会 （13）
2009.3

甦った豊後風土記（後藤匡史）「古代朝鮮文化を考える」古代朝鮮文化を
考える会 （24）2009.12

豊後の人々が薩摩焼締を作る（1）～（2）（恒松栖）「別府史談」別府史談
会 （23）/（24）2010.3/2011.3

祭りの組織と管理―豊後の一例（遺稿）（西郷信綱）「津久見史談」津久
見史談会 （15）2011.03

豊後国分寺

豊後国分寺（原嶋千鶴子）「あさじ史談」朝地史談会 92 2001.12

豊後高田市

石仏めぐり（5）豊後高田市の仏たち（網谷常幸）「郷土史紀行」ヒュー
マン・レクチャー・クラブ 11 2001.6

石仏めぐり（7）豊後高田市 熊野磨崖仏・真木大堂・富貴寺（網谷常幸）
「郷土史紀行」ヒューマン・レクチャー・クラブ 12 2001.8

豊後高田市の石造仁王像と磨崖仏探訪（会員の広場）（高野幸司）「日本の
石仏」日本石仏協会，青娥書房（発売）（145）2013.03

豊後国

筒井延年本「豊後国風土記」の翻刻と若干の問題（西別府元日）「内海文
化研究紀要」広島大学大学院文学研究科附属内海文化研究施設 通
号28 2000.3

『常陸・豊後・肥前国風土記』に描かれた神・人・集団一覧（田井恭一）
「東播磨 地域史論集」東播磨地域史懇話会 （11）2005.3

豊後国の延喜・式内社について（山岡俊邦）「大佐井」大分市大在地区文
化財同好会 22 2005.7

「秋季企画展記念講演会」講演 豊後国真宗寺院成立の背景一史資料にみ
る真宗門徒の歩み（本多正道）「史料館研究紀要」大分県立先哲史料
館 （13）2008.6

豊前豊後国神社宝物古器古文書取調から見た神官の動き（岡部光瑞）「別
府史談」別府史談会 （22）2009.03

熊本藩領 豊後国三手永の「総産物調帳」について（蓑田勝彦）「年報熊本
近世史」熊本近世史の会 2009年度 2010.6

豊後磨崖仏群

豊後磨崖仏群（臼杵深田古園磨崖仏）の刻出者について（岡部富久市）「大
分県地方史」大分県地方史研究会 （205）2009.02

別宮社

私の青少年期の想い出―在満州時代と別宮社神楽師として（古沢宗司）
「国見物語」国見町郷土史研究会 24 2005.4

別宮社秋季大祭と織旗（栗本清弘）「国見物語」国見町郷土史研究会
29 2010.04

別府
伝説 僧侶の霊異（堀藤吉郎）「別府史談」 別府史談会 12 1998.12
江戸時代の別府景観 村のなりたちと生活（後藤重巳）「別府史談」 別府史談会 13 1999.12
怪談（佐藤正映［他］）「別府史談」 別府史談会 13 1999.12
寛永キリシタン塔（藤内喜六）「別府史談」 別府史談会 （17） 2003.12
追悼論稿 宇佐八幡宮と別府（府）（中野幡能）「別府史談」 別府史談会 （18） 2004.12
仏像の見方（渡辺文雄）「別府史談」 別府史談会 （18） 2004.12
油屋熊八・梅田凡平・お伽船（堀田穣）「別府史談」 別府史談会 （19） 2006.3
別府における伝統産業（1），（2）（恒松栖）「別府史談」 別府史談会 （19）/（20） 2006.3/2007.3
お大師さま異聞（郷土史探訪）（大野三十四）「別府史談」 別府史談会 （19） 2006.3
百合若大臣物語（入江秀利）「別府史談」 別府史談会 （21） 2008.3
炉辺史話 第二話 消えそうな漁師の神様 エビスと船霊（入江秀利）「別府史談」 別府史談会 （22） 2009.03
別府における「上総掘り」について（講演会講師論稿）（外山健一）「別府史談」 別府史談会 （25） 2012.3
炉辺史話 第七話 亡霊（論説）（入江秀利）「別府史談」 別府史談会 （27） 2014.03
別府の「ヤッチキ踊り」考（論説）（外山健一）「別府史談」 別府史談会 （27） 2014.03

別府温泉
〈シンポジウム「別府温泉の施設と民具」〉「民具研究」 日本民具学会 （132） 2005.9

別府湾
海苔養殖の伝播と技術伝承（6）—豊前海と別府湾の事例から（藤塚悦司）「大田区立郷土博物館紀要」 大田区立郷土博物館 7 1997.3

別保
高田校区の寺（別保グループ）「研究小報」 大分市鶴崎公民館ふるさとの歴史教室 21 2004.3
グループ研究（研究小報既刊分より再録） 旧家「綿六」について（第1集より、別保研究グループ）/別保地区の醸造業について（第5集より、別保グループ）/鶴崎地区・農村の戦前の生活（第7集より、郷土グループ）「研究小報」 大分市鶴崎公民館ふるさとの歴史教室 （29） 2012.3

豊州前後六郷百八十三所霊場
「豊州前後六郷百八十三所霊場記」について（櫻井成昭）「大分県立歴史博物館研究紀要」 大分県立歴史博物館 通号4 2003.3

宝泉寺
挟間龍祥寺と別府宝泉寺（矢島嗣久）「挟間史談」 挟間史談会 （4） 2014.03
挟間龍祥寺と別府宝泉寺（論説）（矢島嗣久）「別府史談」 別府史談会 （27） 2014.03

法専寺
大分法専寺・康成在銘南無仏太子像をめぐって（渡辺文雄）「大分県立歴史博物館研究紀要」 大分県立歴史博物館 通号4 2003.3

宝蓮寺
国東山寶蓮寺再建をめぐる新史料（後藤重巳）「別府史談」 別府史談会 （19） 2006.3

法蓮寺
法蓮寺の「首塚」（岩尾豊文）「二豊の石造美術」 大分県石造美術研究会 19 1999.3

細
細地区の神社「白水郎」 坂ノ市地区郷土史愛好会 16 1999.3

細島官軍墓地
「西南の役 細島官軍墓地」における墓石の保存修復（山路康弘）「西南戦争之記録」 西南戦争を記録する会 2 2003.11

法華寺
小平法華寺 椿まつりのお礼（松永勇治）「三保の文化」 三保の文化財を守る会 （100） 2011.07

堀田
堀田の五百羅漢について（郷土史探訪）（井上友介）「別府史談」 別府史談会 （20） 2007.3
堀田井上家の鏝絵の由来（郷土史探訪）（井上友介）「別府史談」 別府史談会 （21） 2008.3

保戸島
マグロ漁船の基地保戸島（樋口義久）「津久見史談」 津久見史談会 （9） 2005.3
最後の漁村を見た（樋口義久）「津久見史談」 津久見史談会 （10） 2006.3
保戸島の歩み 嘉茂神社の変遷から（三浦鎚春）「津久見史談」 津久見史談会 （11） 2007.3
保戸島の歩み 戦前・戦中・戦後のマグロ漁業から（三浦鎚春）「津久見史談」 津久見史談会 （12） 2008.3
保戸島の歩み 一本釣り漁業から（三浦鎚春）「津久見史談」 津久見史談会 （13） 2009.3
保戸島の歩み イサリ漁業（採介業）から（三浦鎚春）「津久見史談」 津久見史談会 （14） 2010.3
保戸島の盆踊り（三浦鎚春）「津久見史談」 津久見史談会 （16） 2012.03
保戸島のマグロ漁（特集 海が創った暮らしの歴史—九州北部の島々から）（木村武司）「西日本文化」 西日本文化協会 （459） 2012.10
保戸島と三崎漁港（三浦鎚春）「津久見史談」 津久見史談会 （17） 2013.3

火男火売神社
神祇式内社 火男火売神社（1），（2）（大野保治）「別府史談」 別府史談会 13/14 1999.12/2000.12
日本人と「神様」信仰を考える 「式内火男火売神社史」補稿（1）（大野保治）「別府史談」 別府史談会 14 2000.12
火男火売神社の由来（加藤兼司，牧弘之）「別府史談」 別府史談会 （17） 2003.12

火売町
火売町の民俗行事（高橋憲二）「別府史談」 別府史談会 12 1998.12

磨崖クルス
口絵 寺小路磨崖クルスと掻懐キリシタン墓「臼杵史談」 臼杵史談会 （104） 2014.02

真木大堂
馬城山伝乗寺（真木大堂）（国東半島北部の仏像を尋ねて）（姫野憲一）「大佐井」 大分市大在地区文化財同好会 15 1998.3
特別陳列 大分の至宝・真木大堂のみ仏たち（渡辺文雄）「おおいた歴博」 大分県立歴史博物館 （24） 2008.3

真玉
真玉妙見社の列石は環状列石か（高坂孟承）「古代朝鮮文化を考える」 古代朝鮮文化を考える会 （21） 2006.12

真玉町
香々地町 真玉町の仏たち（網谷常幸）「郷土史紀行」 ヒューマン・レクチャー・クラブ 10 2001.4
《庚申塔特輯》「真玉町郷土研究会会誌」 真玉郷土研究会 （11） 2002.3
庚申塔に関する予備学習 研究方法の確認/庚申信仰について「真玉町郷土研究会会誌」 真玉郷土研究会 （11） 2002.3
結果の収録 地区別庚申塔一覧表 調査の中で気付いたこと 庚申信仰の分布と伝播/庚申石と庚申塔/塔建立と方位/祈り/修復ボランティアグループ「真玉町郷土研究会会誌」 真玉郷土研究会 （11） 2002.3
資料 有銘庚申塔建立一覧表「真玉町郷土研究会会誌」 真玉郷土研究会 （11） 2002.3
笠着連歌の今昔（矢野弘幸）「真玉町郷土研究会会誌」 真玉郷土研究会 （12） 2004.3

町田
町田楽（野上治実）「玖珠郡史談」 玖珠郡史談会 43 1999.3

松岡
郷土往来「高田めぐり」、松岡郷土唱歌、川添村地理歴史唱歌、鶴崎御船歌「研究小報」 大分市鶴崎公民館ふるさとの歴史教室 （30） 2013.03

松島神社
臼杵の獅子舞（6） 松島神社の獅子舞（吉井正治）「臼杵史談」 臼杵史談会 （96） 2006.2

松本
松本と南光寺の仁王像（井福芳彦）「安心院縄文 ： 安心院縄文会機関誌」 安心院縄文会 17 2006.4
松本仁王物語—南光寺と地域の再興を願って（井福芳彦）「安心院縄文 ： 安心院縄文会機関誌」 安心院縄文会 19 2008.4

政所
政所の昔話（栗田正人）「大佐井」 大分市大在地区文化財同好会 18 2001.3

真名野原
付記 真名野長者物語（姫野憲一）「大佐井」 大分市大在地区文化財同好

会　14　1997.3

真名野長者祭り（豊後大野市）（ふる里発）（後藤匡史）「郷土史紀行」 ヒューマン・レクチャー・クラブ　（49）　2008.1

真名野の長者伝説の虚実と富の源泉（菊田徹）「臼杵史談」 臼杵史談会 （101）　2011.2

豆田町

日田市豆田町伝統的建造物群保存地区の概要と保存の取り組みについて （今村華子，吉田博嗣）「大分県地方史」 大分県地方史研究会 （191） 2005.6

歴史・街道文化探訪 天領のまち・日田 豪商たちが育んだ小京都・豆田町 （間賀田晴行）「季刊南九州文化」 南九州文化研究会 （116）　2012.11

丸山神社

丸山神社の楼門・日出の遺跡について（河野百雄）「古代朝鮮文化を考える 会」 古代朝鮮文化を考える会　（18）　2003.12

万弘寺

広徳山万弘寺の市（薬師寺敏子）「大佐井」 大分市大在地区文化財同好会 14　1997.3

万弘寺の市の今昔（塩地政之）「白水郎」 坂ノ市地区郷土史愛好会 （23）　2006.3

万弘寺の縁起と市の起源・伝説（重久弘幸）「白水郎」 坂ノ市地区郷土史 愛好会　（23）　2006.3

思い出の万弘寺の市（見塩未知洋）「白水郎」 坂ノ市地区郷土史愛好会 （23）　2006.3

終戦 翌年の万弘寺市（岩田和男）「白水郎」 坂ノ市地区郷土史愛好会 （23）　2006.3

万弘寺の市の回想と展望（宮岡成夫）「白水郎」 坂ノ市地区郷土史愛好会 （23）　2006.3

万弘寺の市の運営と秘話（長岡亨）「白水郎」 坂ノ市地区郷土史愛好会 （23）　2006.3

万弘寺市

肥後国史に載る万弘寺市（太平亮）「白水郎」 坂ノ市地区郷土史愛好会 （23）　2006.3

万寿寺

明治銅版画（長興寺・萬寿寺）（種崎益多）「落穂」 大分市大南地区文化 財同好会　68　2003.3

三重野

臼杵の獅子舞（7）三重野の獅子舞（吉井正治）「臼杵史談」 臼杵史談会 （98）　2008.2

三笠山

草地三笠山 春日神社について―御許山上周辺遺跡群の調査報告につい て（山本龍司）「豊日史学 ： 復刊宇佐文化」 豊日史学会　66（1・2・ 3）通号230・231・232　2002.3

右田天満社

「四季農耕図 絵馬」（右田天満社所蔵）/「宇佐大神、宝山飛顕由来之図」 （宝八幡宮旧蔵、焼失）「玖珠郡史談」 玖珠郡史談会　（73）　2014.05

三隈川

三隈川観月会（阿部悦子）「天領日田」 天領日田を見直す会　（21・22） 2002.10

三崎漁港

保戸島と三崎漁港（三浦鎚春）「津久見史談」 津久見史談会　（17） 2013.3

三佐校区

三佐校区の寺（三佐グループ）「研究小報」 大分市鶴崎公民館ふるさとの 歴史教室　21　2004.3

三島神社

三島神社祖瓦通忠公ゆかりの北条市・大山祇神社参拝の旅後記（三嶋侃 士）「風早」 風早歴史文化研究会　39　1998.5

三柱神社古墳

大分の古墳と神社（19）三柱神社古墳と天満社（松尾則男）「古代朝鮮文化 を考える」 古代朝鮮文化を考える会　（19）　2004.12

三保

神と人の産屋（秋満良紀）「三保の文化」 三保の文化財を守る会　83 2003.1

「かくれ」と「かくし」（秋満良紀）「三保の文化」 三保の文化財を守る会 84/85　2003.7/2004.1

古代の信仰と動物（1），（2）（秋満良紀）「三保の文化」 三保の文化財を 守る会　（86）/（87）　2004.7/2005.1

天神さま 菅公の旧跡（竹折勉）「三保の文化」 三保の文化財を守る会

（90）　2006.7

ふるさとコーナー 資料館展示品 蛸壺（たこつぼ）「三保の文化」 三保の 文化財を守る会　（90）　2006.7

郷土芸能を地元住民で（澤村大助）「三保の文化」 三保の文化財を守る会 （93）　2008.1

豊作と疫病の退散祈願の万年願祭礼奉納（澤村大助）「三保の文化」 三保 の文化財を守る会　（94）　2008.7

三保の石造物 菅原神社の鳥居「三保の文化」 三保の文化財を守る会 （102）　2012.07

万年願「三保の文化」 三保の文化財を守る会　（102）　2012.07

三保の石造物 八坂神社の鳥居「三保の文化」 三保の文化財を守る会 （103）　2013.01

宮地嶽神社総本宮

宮地嶽神社総本宮参拝について（栗田正人）「大佐井」 大分市大在地区文 化財同好会　18　2001.3

宮の内

石間浦「彦神社」と宮の内「彦神社」・彦嶽神社との関わり（高盛西郷） 「佐伯史談」 佐伯史談会　（204）　2007.2

妙菴寺

「曹洞宗龍王山妙菴寺」探訪記（拝田静男）「安心院縄文 ： 安心院縄文会 機関誌」 安心院縄文会　10　1999.11

弥勒寺

宇佐の絵図（41）宇佐宮並弥勒寺造営指図（1）（宇佐市教育委員会）「宇 佐の文化」 宇佐の文化財を守る会　（84）　2009.01

弥勒寺跡

速報発掘調査（23），（24）弥勒寺跡（南宇佐）「宇佐の文化」 宇佐の文化 財を守る会　52/53　1998.5/1998.10

向田

向田地区のワクド石神様（重光清）「国見物語」 国見町郷土史研究会 21　2002.4

向田金毘羅宮について（重光清）「国見物語」 国見町郷土史研究会　22 2003.4

向田地区におけるお接待について（末綱巌）「国見物語」 国見町郷土史研 究会　（32）　2013.04

向田天満宮

向田天満宮の沿革等について（重光清）「国見物語」 国見町郷土史研究会 19　2000.6

無動寺

威王山無動寺（国東半島北部の仏像を尋ねて）（薬師寺敏子）「大佐井」 大分市大在地区文化財同好会　15　1998.3

毛利神社

毛利神社にあった狛犬のこと（回想）（林寅喜）「佐伯史談」 佐伯史談会 （222）　2013.07

望月天満宮

臼杵の獅子舞（3）望月天満宮の獅子風流・獅子舞（吉井正治）「臼杵史 談」 臼杵史談会　93　2002.12

樅木山

樅の木山系の文化史（講話）（野田雅之）「白水郎」 坂ノ市地区郷土史愛 好会　20　2003.3

森藩

佐々木流棒火矢の豊後森藩伝来（安田晃子）「史料館研究紀要」 大分県立 先哲史料館　（9）　2004.6

森藩領民の生活の記録[1]，（2）（森山泰民）「玖珠郡史談」 玖珠郡史談 会　（66）/（69）　2010.11/2012.5

文殊仙寺

平成14年度特別展「千年のいのり―聖なる山・くにさき」/表紙解説 文 殊仙寺境内図「おおいた歴博」 大分県立歴史博物館　13　2002.10

門前遺跡

中世の寺院 門前遺跡と国東六郷山（小柳和宏）「津久見史談」 津久見史 談会　（11）　2007.3

八坂川

八坂川の沈み橋（杉安嘉正）「郷土史杵築」 杵築郷土史研究会　（127） 2007.8

八坂下荘

史料紹介「八坂下庄若宮八幡御帳」と八坂下荘（飯沼賢司，牛山一貴） 「大分県地方史」 大分県地方史研究会　（178）　2000.8

九州・沖縄　　　　　　　　　　郷土に伝わる民俗と信仰　　　　　　　　　　大分県

弥栄神社

大分市内の獅子の巡幸と伝説（下）―敷戸子々神社と弥栄神社の獅子巡幸について（古瀬美鈴）「大分県地方史」　大分県地方史研究会　（213）2012.01

八坂村

八坂村郷土史による八坂村年中行事（工藤覚次）「郷土史杵築」　杵築郷土史研究会　111　1999.8

柳来

柳来地区の「船造り」行事について（河野昭一）「国見物語」　国見町郷土史研究会　26　2007.6

八柱神社

八柱神社の祭り（内田昭義，内田忠清）「白水郎」　坂ノ市地区郷土史愛好会　（22）2005.3

小佐井村の市 八柱神社縁起に載る市/市の立った場所（内田忠清，内田昭義）「白水郎」　坂ノ市地区郷土史愛好会　（23）2006.3

山家

山家むかし語り（1）（大平安行）「別府史談」　別府史談会　12　1998.12

路傍の石仏・墓石 山家むかし語り（2）（大平安行）「別府史談」　別府史談会　13　1999.12

山香町

子ども神楽クラブ（山香町）（上小学校）「国東半島・宇佐の文化」　国東半島・宇佐の文化を守る会　18　2003.3

山部

表紙解説 山部のキリシタン塔（五十川千代見）「佐伯史談」　佐伯史談会　180　1999.2

弥生町

南北朝時代と弥生町磨崖宝塔の考察（宮下良明）「佐伯史談」　佐伯史談会　189　2002.2

由原八幡宮

新収蔵品紹介 「探幽縮図」由原八幡宮縁起絵巻「大分市歴史資料館ニュース」　大分市歴史資料館　（70）2005.2

柞原八幡宮

神仏習合から神仏分離へ―柞原八幡宮を例に（講話要旨）「白水郎」　坂ノ市地区郷土史愛好会　16　1999.3

大分市の二大神社（春日神社・柞原八幡宮）について（佐藤満洋）「大佐井」　大分市大在地区文化財同好会　18　2001.3

弓立

弓立の寺小屋、337年前の灯（三浦幸三）「落穂」　大分市大南地区文化財同好会　59　1998.8

湯ノ平温泉薬師堂

賢巌禅師建立 湯ノ平温泉薬師堂（平山轟）「臼杵史談」　臼杵史談会　92　2001.12

由布院

由布院巡礼考（林裕司）「大分県地方史」　大分県地方史研究会　（205）2009.02

湯布院町

木地師史料 湯布院と栲木栽培―大分県湯布院町（杉本寿）「民俗文化」　滋賀民俗学会　432　1999.9

由布市

photo &essay「竹ヒゴに心をこめて―竹工芸家・高見八州洋（大分県由布市）」（高见剛）「西日本文化」　西日本文化協会　（450）2011.04

由布岳

別府の伝説 由布岳・鶴見岳（堀藤吉郎）「別府史談」　別府史談会　11　1997.3

湯山

『湯山人形座』の一考察（論説）（恒松栖）「別府史談」　別府史談会　（27）2014.03

養徳禅寺

養徳禅寺にて（斉藤典子）「郷土史杵築」　杵築郷土史研究会　110　1999.4

横田

横田の伝説（安藤ユク代）「大佐井」　大分市大在地区文化財同好会　19　2002.3

吉野

吉野の社寺図録（種崎益多）「落穂」　大分市大南地区文化財同好会　58　1998.3

吉野地区建之忠霊碑（吉田昌幸）「落穂」　大分市大南地区文化同好会　66　2002.3

吉弘楽

「吉弘楽」を見学して（二階堂智査子）「郷土史杵築」　杵築郷土史研究会　（125）2006.8

吉弘神社

吉弘神社と私の願い（田渕とみ子）「国見物語」　国見町郷土史研究会　16　1997.7

吉弘神社と四百年祭（下和田巌）「別府史談」　別府史談会　（17）2003.12

吉弘神社の歴史（矢島嗣久）「別府史談」　別府史談会　（25）2012.03

吉松

吉松の大灯籠（宇佐市大字吉松）/第18回文化財公開講座のご案内「宇佐の文化」　宇佐の文化財を守る会　（88）2010.5

四日市集落

四日市集落の歴史と伝承（河野康彦）「玖珠郡史談」　玖珠郡史談会　42　1998.11

羅漢寺

羅漢寺（平原潤）「西日本文化」　西日本文化協会　409　2005.3

市外―求菩提山資料館・邪馬渓羅漢寺（史跡探訪レポ）（研修部）「別府史談」　別府史談会　（22）2009.03

豊前羅漢寺の釈迦三尊・五百羅漢石仏について（特集 釈迦如来）（渡辺文雄）「日本の石仏」　日本石仏協会，青娥書房（発売）（136）2010.12

竜宮島

幻の竜宮島（渡辺達也）「宇佐の文化」　宇佐の文化財を守る会　66　2003.1

竜原寺

龍原寺三重塔と臼杵の大工（西水盛栄）「臼杵史談」　臼杵史談会　89　1998.12

竜興寺

龍興寺の仇討ち（「吉田伝太復仇現開録」）「研究小報」　大分市鶴崎公民館 ふるさとの歴史教室　（26）2009

竜祥寺

挾間龍祥寺と別府宝泉寺（矢島嗣久）「挾間史談」　挾間史談会　（4）2014.03

挾間龍祥寺と別府宝泉寺（論説）（矢島嗣久）「別府史談」　別府史談会　（27）2014.03

霊仙寺

観音霊場夷山霊仙寺（国東半島北部の仏像を尋ねて）（藤野和恵）「大佐井」　大分市大在地区文化財同好会　15　1998.3

蓮台寺

鶴見郷「蓮台寺」秘話（安部作男）「別府史談」　別府史談会　（17）2003.12

六郷山寺院

六郷山寺院と経塚遺構（栗田勝弘）「山岳修験」　日本山岳修験学会，岩田書院（発売）（26）2000.11

六郷満山

六郷満山仏の里・石の里（帆足文夫）「歴史玉名」　玉名歴史研究会　39　2000.2

六郷満山峯入行（玉川小夜子）「美多」　三田郷土史同好会　36　2000.9

六郷満山峰入りの荒行に参加して（《国見物語20周年記念特集》―〈特別研究班の研究項目〉）（武田良太）「国見物語」　国見町郷土史研究会　20　2001.4

人間菩薩と六郷満山（編集子）「国見物語」　国見町郷土史研究会　22　2003.4

仏教伝来と六郷満山閻魔と葬送供養（牧野豊陽）「古代朝鮮文化を考える」　古代朝鮮文化を考える会　（20）2005.12

特別寄稿 六郷満山峯入りに参加して（大日向節男）「国見物語」　国見町郷土史研究会　30　2011.04

特別寄稿 六郷満山を巡って（佐藤靖之）「国見物語」　国見町郷土史研究会　30　2011.04

六郷満山霊場

国東半島六郷満山霊場めぐり（吉武輝高）「国見物語」　国見町郷土史研究会　25　2006.4

六郷山

六郷山研究の成果と課題（桜井成昭）「大分県地方史」　大分県地方史研究会　（178）2000.8

六郷山と国東の修験（段上達雄）「山岳修験」　日本山岳修験学会，岩田書院（発売）（26）2000.11

大分県　　　　　　　　　　　郷土に伝わる民俗と信仰　　　　　　　　　　　九州・沖縄

宇佐八幡と六郷山（渡辺文雄）「津久見史談」　津久見史談会　　（9）　2005.3

六社

明治の六社について（第12集より再録）（二宮博文）「研究小報」　大分市
鶴崎公民館ふるさとの歴史教室　（30）　2013.03

若宮八幡

千歳若宮八幡と岩船八幡宮と東海庵との関係について（研究小報第十八
集より再録）（薬師寺岩雄）「研究小報」　大分市鶴崎公民館ふるさとの
歴史教室　（31）　2014.03

若宮八幡宮

若宮八幡宮（福島）「三保の文化」　三保の文化財を守る会　（105）　2014.
01

若宮八幡社

若宮八幡社の石造文化財（紀田兼昭）「二豊の石造美術」　大分県石造美術
研究会　20　2000.10

若宮楽について（西豊之輔）「郷土史杵築」　杵築郷土史研究会　122
2005.3

脇津留

利光の脇津留地蔵尊と鎮魂の碑について（廣川武男）「落穂」　大分市大南
地区文化財同好会　68　2003.3

和間海岸

和間海岸の旗竿立て（宇佐市大字伊岩保新田）「宇佐の文化」　宇佐の文化
財を守る会　（86）　2009.9

宮崎県

青木
高鍋町青木地区の行事等について（飛田博温）「史友会報」 高鍋史友会
（44）2009.6

青島
日本近代と青島塩について—その資産形成とワシントン会議後の返還について（山腰敏寛）「鳴門史学」 鳴門史学会 17 2003.10

赤江港
資料にみる赤江港・内海港の船運交易（土持孝雄）「みやざき民俗」 宮崎県民俗学会 53 1999.11

天宮神社
表紙写真 天宮神社の御神体「えびの」 えびの市史談会 （48）2014.05

有水
無形文化財「有水鉦踊り」の保存継承について（歴史）（別部利治）「日和城」 高城の昔を語る会 （17）2010.01

阿波岐原
天照大神の降誕地・阿波岐原（黒木宗利）「季刊邪馬台国」 「季刊邪馬台国」編纂委員会, 梓書院（発売）68 1999.7

飯野
鹿児島弁使用圏域の地域—飯野弁の音変について（1）,（2）（平野巌）「季刊南九州文化」 南九州文化研究会 72/73 1997.7/1997.11
鹿児島弁使用圏域の一地域—飯野弁の音変について（3）（平野巌）「季刊南九州文化」 南九州文化研究会 74 1998.1
飯野地区神社誌（黒川盛利）「えびの」 えびの市史談会 33 1999.4

生目
神楽資料紹介—生目神楽・島戸神楽・高鍋神楽「みやざき民俗」 宮崎県民俗学会 51 1997.8

生目神社
生目神社の治病祈願（高木道弘）「みやざき民俗」 宮崎県民俗学会 54 2001.1

石山
石山花相撲の保存伝承について（永田照明,「日和城」 高城の昔を語る会 （15）2008.1

石山観音
石山観音平成再興小史（松下勝冠）「日和城」 高城の昔を語る会 （18）2011.01

今城
今城慰霊碑公園（黒川盛利）「えびの」 えびの市史談会 （37）2003.4

今城跡
大河平今城跡に慰霊碑建設（橋口善昌）「えびの」 えびの市史談会 32 1998.4

伊満福寺
宮崎市内の石塔群と調査報告—景清廟・伊満福寺の石塔群（《特集1 新宮崎市の文化財調査と観光資源の開発》—第1部 宮崎市内の文化財調査）（大學康宏）「九州民俗学 ： bulletin of Kyushu Folklore Society」 九州民俗学会 （4）2007.3

今坊
今坊王子権現石塔探査（曽原義正）「ひなもり」 小林史談会 （43）2003.4

今町
わらべ唄（今町）「くしま史談会報」 串間史談会 13 2001.3

今山八幡宮
今山八幡宮・創建1250年祭記念事業として「亀井 ： 内藤家顕彰会会誌」 内藤家顕彰会 平成13年度 2001.5
今山八幡宮の御由緒と沿革（岩切重信）「亀井 ： 内藤家顕彰会会誌」 内藤家顕彰会 平成13年度 2001.5

入郷
入郷の地名と冠嶽大権現の鎮銘（黒川勝夫）「ひさみね」 広瀬地区郷土史同好会 （14）1997.3

岩井川
日之影神楽—岩井川地区大人神楽を中心として（特集 未来へ伝えるみやざきの行事・祭礼・芸能）（馬場久吉）「みやざき民俗」 宮崎民俗学会 （66）2014.03

岩見田
岩見田の弘法大師と庚申塔（《特集 石が語る清武の歴史》）「歴史散歩きよたけ」 清武町安井息軒顕彰会 （7）2001.9

上町
上町の庶史について（中村清春）「季刊南九州文化」 南九州文化研究会 82 2000.1

内海
内海、八十八ヵ所巡りの石仏について（湯浅倉平）「みやざき民俗」 宮崎県民俗学会 56 2003.11

内海港
資料にみる赤江港・内海港の船運交易（土持孝雄）「みやざき民俗」 宮崎県民俗学会 53 1999.11
内海港の人間魚雷発進基地検証（湯浅倉平）「みやざき民俗」 宮崎県民俗学会 （58）2006.3

内山寺
内山寺の石塔（《特集 石が語る清武の歴史》）「歴史散歩きよたけ」 清武町安井息軒顕彰会 （7）2001.9

鵜戸神宮
鵜戸神宮（岩下芳子）「ひさみね」 広瀬地区郷土史同好会 （15）1998.4
「鵜戸詣デ紀行」について（土持孝雄）「みやざき民俗」 宮崎県民俗学会 54 2001.1
鵜戸参りの道（小玉健一）「ひさみね」 広瀬地区郷土史同好会 （21）2005.1
茸不合神社と鵜戸神宮（三谷和夫）「我孫子市史研究センター会報」 我孫子市史研究センター （142）2013.12

梅ヶ瀬書堂跡
梅ヶ瀬書堂跡（神尊久斉）「史友会報」 高鍋史友会 36 2001.6

江合川流域
中世における鳴瀬川・江合川流域の熊野信仰—宮崎熊野神社の潮垢離神事が示す信仰の世界（佐藤正人）「東北学院大学東北文化研究所紀要」 東北学院大学東北文化研究所 （36）2004.11

えびの
続えびの地方の方言（市田寛幸）「えびの」 えびの市史談会 34 2000.5
消えていく方言（えびの地方の方言あれこれ）（山下常昌）「えびの」 えびの市史談会 （42）2008.5
梵字庚申塔について（えびの・吉松・栗野）（松田誠）「南九州の石塔」 南九州石塔研究会 （18）2013.08

えびの市
庚申供養塔年代表（田中政俊）「えびの」 えびの市史談会 33 1999.4
三種の神器について（上野一挙）「えびの」 えびの市史談会 33 1999.4
烏八臼について（上野一挙）「えびの」 えびの市史談会 35 2002.5
えびの市内の神社（上野一挙）「えびの」 えびの市史談会 （37）2003.4
社家としての雑感（黒木克正）「えびの」 えびの市史談会 （38）2004.5
松齢公と寺社について（上野一挙）「えびの」 えびの市史談会 （38）2004.5
えびのグワッケンケンまつり見学記（矢守龍一）「えびの」 えびの市史談会 （39）2005.5
神話伝説 熊襲征伐考・雑記（馬場冨芳）「えびの」 えびの市史談会 （41）2007.5
えびのの一の宮・二の宮・三の宮社を祀る神々（亀澤轟幸）「えびの」 えびの市史談会 （41）2007.5
かくれ念仏家系伝説（宝蔵健一）「えびの」 えびの市史談会 （41）2007.5
えびのの田の神さあ（亀澤轟幸）「えびの」 えびの市史談会 （42）2008.5
水天様（黒川盛利）「えびの」 えびの市史談会 （42）2008.5
熊野神社に伝わる鏡（馬場冨芳）「えびの」 えびの市史談会 （43）2009.05

家居建築と祭祀（黒木克正）「えびの」 えびの市史談会 （45） 2011.05

親鸞聖人と浄土真宗のお寺（亀澤矗幸）「えびの」 えびの市史談会 （46） 2012.05

金松法然様（上谷川敏）「えびの」 えびの市史談会 （48） 2014.05

円通庵

都城の伝承語り 円通庵物語（田代義博）「季刊南九州文化」 南九州文化研究会 （113） 2011.05

延竜院

幕府領修験正賢院とその配下延岡領修験延龍院（前田博仁）「みやざき民俗」 宮崎県民俗学会 （65） 2013.03

大淀川

大淀川の漁撈今昔（那賀教史）「みやざき民俗」 宮崎県民俗学会 55 2002.7

船大工からみた大淀川（首藤光幸）「みやざき民俗」 宮崎県民俗学会 55 2002.7

大淀川文化圏における野鳥にまつわる民俗文化（鈴木素直）「みやざき民俗」 宮崎県民俗学会 55 2002.7

大淀川と城ケ崎―江戸時代の河川交通（甲斐亮典）「みやざき民俗」 宮崎県民俗学会 57 2005.3

大淀川の水運―近世の「御手山勘場」と交易品をもとに（シリーズ 21世紀に語り継ぐ地域の民俗文化）（甲斐亮典）「みやざき民俗学会 （62） 2010.02

大淀川下流域

大淀川下流域と水神考（川辺節義）「みやざき民俗」 宮崎県民俗学会 55 2002.7

石の聴く大淀川下流域の文化交流―六十六部廻国塔を中心に（押川周弘, 長宗我部光義）「みやざき民俗」 宮崎県民俗学会 55 2002.7

大淀川流域

《特集 大淀川流域の民俗》「みやざき民俗」 宮崎県民俗学会 55 2002.7

大淀川流域の民謡―じょうさ節考（原田解）「みやざき民俗」 宮崎県民俗学会 55 2002.7

奥日向路

江口司著『柳田国男を歩く―肥後・奥日向路の旅―』（書誌紹介）（湯川洋司）「日本民俗学」 日本民俗学会 通号256 2008.11

尾高智神社

尾高智神社の御縁で「豊後佐伯一族」 豊後佐伯氏中世研究会 （4） 1998.9

小戸神社

小戸神社と御船講について―海中安全御祈禱と参会の意義（《特集 「みやざき民俗」への期待》）（甲斐亮典）「みやざき民俗」 宮崎県民俗学会 （60） 2008.5

小野神社

表紙説明 写真 内藤政擧公親筆碑 延岡市小野町 小野神社境内「亀井 ： 内藤家顕彰会会誌」 内藤家顕彰会 2014年度 2014.05

飫肥

シリーズ 21世紀に語り継ぐ地域の民俗文化 飫肥林業（1）（川辺節義）「みやざき民俗」 宮崎県民俗学会 （64） 2012.03

飫肥林業（2）（川辺節義）「みやざき民俗」 宮崎県民俗学会 （65） 2013.03

飫肥街道

歴史・街道文化探訪 神話や民俗芸能の息づく九州山地をゆく 飫肥街道と人吉街道（佐敷～飫肥）（間賀田晴行）「季刊南九州文化」 南九州文化研究会 （118） 2013.11

飫肥藩

飫肥藩の海上輸送とある事件（湯浅倉平）「みやざき民俗」 宮崎県民俗学会 57 2005.3

飫肥藩の「伊東塔」のなぞ（村川勝也）「みやざき民俗」 宮崎県民俗学会 57 2005.3

飫肥藩の鉄山とたたら製鉄の伝播（《特集 「みやざき民俗」への期待》―特集 二十一世紀に語り継ぐ地域の民俗文化）（湯浅倉平）「みやざき民俗」 宮崎県民俗学会 （60） 2008.5

尾平

尾平茶摘み唄の由来（《特集 ふるさとの古い唄》―〈仕事唄〉茶摘み唄）（川口正也）「歴史散歩きよたけ」 清武町安井息軒顕彰会 （6） 2000.9

尾平茶摘み唄（《特集 ふるさとの古い唄》―〈仕事唄〉茶摘み唄）（川口ヒサヲ）「歴史散歩きよたけ」 清武町安井息軒顕彰会 （6） 2000.9

尾前

椎葉村尾前地区における赤紙染色方法の記録「宮崎県総合博物館研究紀

要」 宮崎県総合博物館 27 2006.3

覚照寺

公明山覚照寺縁起（〔資料〕）（倉掛博志）「史友会報」 高鍋史友会 32 1997.6

加久藤

加久藤地区神社誌（山下のり子）「えびの」 えびの市史談会 33 1999.4

景清廟

宮崎市内の石塔群と調査報告―景清廟・伊満福寺の石塔群（《特集1 新宮崎市の文化財調査と観光資源の開発》―第1部 宮崎市内の文化財調査）（大學康宏）「九州民俗学 ： bulletin of Kyushu Folklore Society」 九州民俗学会 （4） 2007.3

梶山

梶山・長田の特産品―「庄内地理志」と「日向地誌」（桑畑初也）「ふるさとみまた」 三股郷土史研究会 （20） 2002.11

陸地

昭和初期の陸地地区について―教育とあかりを中心として（小野忠幸）「みやざき民俗」 宮崎県民俗学会 （62） 2010.02

金崎

金崎のカクレ念仏（井上重光）「みやざき民俗」 宮崎県民俗学会 53 1999.11

金崎神社

金崎神社の由来と神楽歌（井上重光）「みやざき民俗」 宮崎県民俗学会 51 1997.8

加納

加納の石垣（《特集 石が語る清武の歴史》）「歴史散歩きよたけ」 清武町安井息軒顕彰会 （7） 2001.9

樺山

溜池と水神塔―樺山の溜池はいつ頃つくられたのか（川原勝）「ふるさとみまた」 三股郷土史研究会 16 1998.11

川無

川無の古石塔群（花田武義）「ひなもり」 小林史談会 （46） 2006.5

川原

新町川原のがぐれ（水間多喜二）「季刊南九州文化」 南九州文化研究会 79 1999.4

観音寺

久峰観音寺逍遥（久家悟）「ひさみね」 広瀬地区郷土史同好会 （17） 2000.4

感応寺

感應寺について（芝原一三）「ひなもり」 小林史談会 （48） 2008.4

観音瀬

おすすめの史跡探訪（観音瀬）（南九州文化研究会事務局）「季刊南九州文化」 南九州文化研究会 （106） 2007.11

観音瀬水路

観音瀬水路の宮崎県文化財の指定について（江内谷満義）「日和城」 高城の昔を語る会 （18） 2011.1

北川

北川における庚申信仰（《特集 「みやざき民俗」への期待》―特集 二十一世紀に語り継ぐ地域の民俗文化）（児玉剛誠）「みやざき民俗」 宮崎県民俗学会 （60） 2008.5

清武

清武小唄（《特集 ふるさとの古い唄》―〈その他〉「歴史散歩きよたけ」 清武町安井息軒顕彰会 （6） 2000.9

無縫塔（《特集 石が語る清武の歴史》）「歴史散歩きよたけ」 清武町安井息軒顕彰会 （7） 2001.9

曽我兄弟供養塔（《特集 石が語る清武の歴史》）「歴史散歩きよたけ」 清武町安井息軒顕彰会 （7） 2001.9

三界萬霊碑（《特集 石が語る清武の歴史》）「歴史散歩きよたけ」 清武町安井息軒顕彰会 （7） 2001.9

佐代夫人供養塔（《特集 石が語る清武の歴史》）「歴史散歩きよたけ」 清武町安井息軒顕彰会 （7） 2001.9

聖観世音菩薩像（《特集 石が語る清武の歴史》）「歴史散歩きよたけ」 清武町安井息軒顕彰会 （7） 2001.9

戦没者之墓（《特集 石が語る清武の歴史》）「歴史散歩きよたけ」 清武町安井息軒顕彰会 （7） 2001.9

石山家の石垣（《特集 石が語る清武の歴史》）「歴史散歩きよたけ」 清武町安井息軒顕彰会 （7） 2001.9

田の神（《特集 石が語る清武の歴史》）「歴史散歩きよたけ」 清武町安井

息軒顕彰会 (7) 2001.9

鎧かけ松（三つに割れた墓石）《《特集 石が語る清武の歴史》》「歴史散歩きよたけ」 清武町安井息軒顕彰会 (7) 2001.9

道祖神《特集 石が語る清武の歴史》「歴史散歩きよたけ」 清武町安井息軒顕彰会 (7) 2001.9

六地蔵《特集 石が語る清武の歴史》「歴史散歩きよたけ」 清武町安井息軒顕彰会 (7) 2001.9

庚申塔《特集 石が語る清武の歴史》「歴史散歩きよたけ」 清武町安井息軒顕彰会 (7) 2001.9

力石《特集 石が語る清武の歴史》「歴史教歩きよたけ」 清武町安井息軒顕彰会 (7) 2001.9

蚕の神様《特集 石が語る清武の歴史》「歴史散歩きよたけ」 清武町安井息軒顕彰会 (7) 2001.9

薬師如来座像《特集 石が語る清武の歴史》「歴史散歩きよたけ」 清武町安井息軒顕彰会 (7) 2001.9

乳岩さま《特集 石が語る清武の歴史》「歴史散歩きよたけ」 清武町安井息軒顕彰会 (7) 2001.9

五輪塔《特集 石が語る清武の歴史》「歴史散歩きよたけ」 清武町安井息軒顕彰会 (7) 2001.9

地蔵菩薩像《特集 石が語る清武の歴史》「歴史散歩きよたけ」 清武町安井息軒顕彰会 (7) 2001.9

弘法大師（空海）《特集 石が語る清武の歴史》「歴史散歩きよたけ」 清武町安井息軒顕彰会 (7) 2001.9

畜魂碑と馬頭観世音菩薩像《特集 石が語る清武の歴史》「歴史散歩きよたけ」 清武町安井息軒顕彰会 (7) 2001.9

清武の六地蔵幢（染川邦雄）「みやざき民俗」 宮崎県民俗学会 (58) 2006.3

清武町

ふるさとの古い唄で人々の絆を《特集 ふるさとの古い唄》（落合国利）「歴史散歩きよたけ」 清武町安井息軒顕彰会 (6) 2000.9

夏祭り《特集 ふるさとの古い唄》―〈祝唄祭唄〉夏祭り唄》（九平忠義）「歴史散歩きよたけ」 清武町安井息軒顕彰会 (6) 2000.9

浜下り唄《特集 ふるさとの古い唄》―〈祝唄祭唄〉夏祭り唄》（井上清）「歴史散歩きよたけ」 清武町安井息軒顕彰会 (6) 2000.9

きよたけ破魔まつり唄《特集 ふるさとの古い唄》―〈祝唄祭唄〉夏祭り唄》（園田与三郎）「歴史散歩きよたけ」 清武町安井息軒顕彰会 (6) 2000.9

祝い唄《特集 ふるさとの古い唄》―〈祝唄祭唄〉祝い唄》（落合国利）「歴史散歩きよたけ」 清武町安井息軒顕彰会 (6) 2000.9

祝い目出度《特集 ふるさとの古い唄》―〈祝唄祭唄〉祝い唄》（原口栄七）「歴史散歩きよたけ」 清武町安井息軒顕彰会 (6) 2000.9

亥の子餅唄の風習《特集 ふるさとの古い唄》―〈祝唄祭唄〉亥の子餅唄》（岩切哲）「歴史散歩きよたけ」 清武町安井息軒顕彰会 (6) 2000.9

いのこもちについて《特集 ふるさとの古い唄》―〈祝唄祭唄〉亥の子餅唄》（藤野弘義）「歴史散歩きよたけ」 清武町安井息軒顕彰会 (6) 2000.9

「いのこもち」唄《特集 ふるさとの古い唄》―〈祝唄祭唄〉亥の子餅唄》（松田昭一）「歴史散歩きよたけ」 清武町安井息軒顕彰会 (6) 2000.9

ヨイトマケの唄《特集 ふるさとの古い唄》―〈仕事唄〉地搗き唄》（松田昭一）「歴史散歩きよたけ」 清武町安井息軒顕彰会 (6) 2000.9

地搗要領《特集 ふるさとの古い唄》―〈仕事唄〉地搗き唄》（貴島弥市）「歴史散歩きよたけ」 清武町安井息軒顕彰会 (6) 2000.9

地搗きの唄《特集 ふるさとの古い唄》―〈仕事唄〉地搗き唄》（貴島弥市）「歴史散歩きよたけ」 清武町安井息軒顕彰会 (6) 2000.9

お灸くどき音頭《特集 ふるさとの古い唄》―〈仕事唄〉地搗き唄》（貴島弥市）「歴史散歩きよたけ」 清武町安井息軒顕彰会 (6) 2000.9

地搗音頭《特集 ふるさとの古い唄》―〈仕事唄〉地搗き唄》（黒木秋善）「歴史散歩きよたけ」 清武町安井息軒顕彰会 (6) 2000.9

安井息軒先生に贈る音頭《特集 ふるさとの古い唄》―〈仕事唄〉地搗き唄》（黒木秋善）「歴史散歩きよたけ」 清武町安井息軒顕彰会 (6) 2000.9

「わらべうた」の語義歴史《特集 ふるさとの古い唄》―〈わらべ唄〉おじゃみ唄》（藤野弘義）「歴史散歩きよたけ」 清武町安井息軒顕彰会 (6) 2000.9

おしろのさん《特集 ふるさとの古い唄》―〈わらべ唄〉おじゃみ唄》（太田原トシ子[他]）「歴史散歩きよたけ」 渭武町安井息軒顕彰会 (6) 2000.9

一丁目の伊助さん《特集 ふるさとの古い唄》―〈わらべ唄〉まりつき唄》（太田原トシ子）「歴史散歩きよたけ」 清武町安井息軒顕彰会 (6) 2000.9

一ちの一助さん《特集 ふるさとの古い唄》―〈わらべ唄〉まりつき唄》（高山ミチエ）「歴史散歩きよたけ」 清武町安井息軒顕彰会 (6) 2000.9

あんた方どこさ《特集 ふるさとの古い唄》―〈わらべ唄〉まりつき唄》（太田原トシ子）「歴史散歩きよたけ」 清武町安井息軒顕彰会 (6) 2000.9

おしろのさん《特集 ふるさとの古い唄》―〈わらべ唄〉まりつき唄》（横山キクヲ）「歴史散歩きよたけ」 清武町安井息軒顕彰会 (6) 2000.9

白木屋《特集 ふるさとの古い唄》―〈わらべ唄〉まりつき唄》（川口マサコ）「歴史散歩きよたけ」 清武町安井息軒顕彰会 (6) 2000.9

お正月《特集 ふるさとの古い唄》―〈わらべ唄〉まりつき唄》（川口マサコ）「歴史散歩きよたけ」 清武町安井息軒顕彰会 (6) 2000.9

いちりっとら《特集 ふるさとの古い唄》―〈わらべ唄〉まりつき唄》（黒木シツ子）「歴史散歩きよたけ」 清武町安井息軒顕彰会 (6) 2000.9

一かけ二かけて《特集 ふるさとの古い唄》―〈わらべ唄〉お手打ち唄》（中川玉子，太田原トシ子）「歴史散歩きよたけ」 清武町安井息軒顕彰会 (6) 2000.9

あの土手から《特集 ふるさとの古い唄》―〈わらべ唄〉お手打ち唄》（中川玉子）「歴史散歩きよたけ」 清武町安井息軒顕彰会 (6) 2000.9

ずいずいずっころばし《特集 ふるさとの古い唄》―〈わらべ唄〉お手打ち唄》（川原スミ子）「歴史散歩きよたけ」 清武町安井息軒顕彰会 (6) 2000.9

かぞえ唄 一つとや―《特集 ふるさとの古い唄》（中川玉子）「歴史散歩きよたけ」 清武町安井息軒顕彰会 (6) 2000.9

子守唄 ねんねこさんねこ《特集 ふるさとの古い唄》（川口マサ子）「歴史散歩きよたけ」 清武町安井息軒顕彰会 (6) 2000.9

羽根突き唄 一目二目《特集 ふるさとの古い唄》（中川玉子）「歴史散歩きよたけ」 清武町安井息軒顕彰会 (6) 2000.9

縄跳び唄 おーはいり《特集 ふるさとの古い唄》（黒木シツ子）「歴史散歩きよたけ」 清武町安井息軒顕彰会 (6) 2000.9

ままごと遊び いんにくにくにく《特集 ふるさとの古い唄》（黒木シツ子，川原スミ子）「歴史散歩きよたけ」 清武町安井息軒顕彰会 (6) 2000.9

その他 げんこつ山のたぬきさん《特集 ふるさとの古い唄》（川原スミ子）「歴史散歩きよたけ」 清武町安井息軒顕彰会 (6) 2000.9

採譜のあれこれ《特集 ふるさとの古い唄》（増元久治）「歴史散歩きよたけ」 清武町安井息軒顕彰会 (6) 2000.9

ふるさとお手玉唄「おしろのさん」雑考《特集 ふるさとの古い唄》（松田昭一）「歴史散歩きよたけ」 清武町安井息軒顕彰会 (6) 2000.9

古井戸《特集 石が語る清武の歴史》「歴史散歩きよたけ」 清武町安井息軒顕彰会 (7) 2001.9

清武町の秋葉大権現像（前田博仁）「微笑佛」 全国木喰研究会 (12) 2004.10

霧島

霧島神舞覚書（杉本充）「ひなもり」 小林史談会 41 2001.3

中山晋平と霧島よいと節について（高田正江）「ひなもり」 小林史談会 (43) 2003.4

霧島山系

「隠れ念仏」地帯における修験の活動とその影響について―霧島山系東麓から南東麓の「カヤカベ類似の宗教」を中心として（森田清美）「山岳修験」 日本山岳修験学会，岩田書院（発売）(34) 2004.11

霧島大権現

霧島大権現東御在所の宮と性空上人伝について（黒木宮司）「ひなもり」 小林史談会 (43) 2003.4

霧島岑神社

霧島岑神社旧址探査に参加して（曽原義正）「ひなもり」 小林史談会 42 2002.4

切寄

続・切寄今昔―井戸と人の移動（茨木次夫）「ふるさとみまた」 三股郷土史研究会 19 2001.11

串間

串間の廻国塔（津野洋吉）「くしま史談会報」 串間史談会 14 2002.3

柱松（田中靖基）「くしま史談会報」 串間史談会 (17) 2005.3

むかしばなし（水谷哲）「くしま史談会報」 串間史談会 (19) 2007.3

串間の寺院(1)（田中靖基）「くしま史談会報」 串間史談会 (19) 2007.3

宗教（仏教）の修業と広まり（山下隆）「くしま史談会報」 串間史談会 (20) 2008.3

世事刻々 僧の女犯と破戒無慚（川﨑永伯）「くしま史談会報」 串間史談会 (20) 2008.3

小集落の小さな祭り（島田節次）「くしま史談会報」 串間史談会 (21) 2009.03

歴代天皇表「くしま史談会報」 串間史談会 (23) 2011.02

「諏訪さま」と「兼好さま」（来秀也）「くしま史談会報」 串間史談会 (25) 2013.02

串間市

串間市史から見たかくれ念仏（関野志郎）「大隅」 大隅史談会 (56)

宮崎県　　　　　　　郷土に伝わる民俗と信仰　　　　　　　　　　　九州・沖縄

2013.03

葛生
「葛生の阿弥陀堂」考（竹之井敏）「大隅」　大隅史談会　46　2003.3

国富町
国富町の醸造場跡をたずねて（前田聡）「みやざき民俗」　宮崎県民俗学会　56　2003.11
田の神像形態について―国富町の田の神様を通して（松田誠）「鹿児島民具」　鹿児島民具学会　通号19　2007.3

狗留孫
狗留孫と栄西禅師（亀澤轟幸）「えびの」　えびの市史談会　（43）　2009.05

狗留孫神社
昭和の狗留孫神社建て替え（江藤則男）「えびの」　えびの市史談会　31　1997.4

黒木家住宅
県内の民家調査について―「旧黒木家住宅」と「米良の民家」関連調査（小山博）「宮崎県総合博物館研究紀要」　宮崎県総合博物館　31　2011.3

黒坂観音堂
黒坂観音堂《特集 石が語る清武の歴史》「歴史散歩きよたけ」　清武町安井息軒顕彰会　（7）　2001.9

黒貫寺
大光寺と黒貫寺（鬼塚節子）「まいづる」　佐土原地区郷土史同好会　（28）　2012.03

黒山神社
黒山神社の狛犬（関山秀信）「みやざき民俗」　宮崎県民俗学会　52　1998.12

兼喜神社
おすすめの史跡探訪（兼喜神社）（南九州文化研究会事務局）「季刊南九州文化」　南九州文化研究会　（107）　2008.5
兼喜神社で北郷相久を思う（漆木忍）「季刊南九州文化」　南九州文化研究会　（109）　2009.05

現王島
六十六部廻国塔と現王島（長曽我部光義, 押川周弘）「みやざき民俗」　宮崎県民俗学会　53　1999.11

高月院
大光寺と高月院（高橋健一郎）「まいづる」　佐土原地区郷土史同好会　（24）　2008.1

広護寺
廣護寺と釈迦祭（島田節次）「くしま史談会報」　串間史談会　15　2003.3

郷原神社
郷原神社の神楽について（本山隆義）「みやざき民俗」　宮崎県民俗学会　51　1997.8

光林寺
高鍋藩秋月家菩提寺光林寺（岩切昭一）「史友会報」　高鍋史友会　37　2002.6

五ヶ瀬川
「五ヶ瀬川の五水神」と河童（和田寛）「河童通心」　河童文庫　180　2001.11

御在所岳
天智天皇伝説 御在所岳（福崎親）「季刊南九州文化」　南九州文化研究会　（111）　2010.5

巨田
巨田の鴨取り略記, 外/うずら網猟（中武喜一）「まいづる」　佐土原地区郷土史同好会　20　2003.9
巨田地区にまつわる民話（日高政一）「まいづる」　佐土原地区郷土史同好会　21　2004.9

巨田池
巨田池の鴨猟（清水聡）「宮崎県総合博物館研究紀要」　宮崎県総合博物館　通号21　1998.3

巨田八幡宮
巨田八幡宮・巨田神楽・越網技法（三好利庵）「まいづる」　佐土原地区郷土史同好会　20　2003.9

五反田
宮崎県新富町東五反田の千体仏（田中茂）「宮崎考古」　宮崎考古学会　（25）　2014.09

小林
焼き物の歩み（下り藤四男）「ひなもり」　小林史談会　（43）　2003.4
一・のお茶から（千玄室）「ひなもり」　小林史談会　（43）　2003.4
小林表千家の歩み（岩元美恵）「ひなもり」　小林史談会　（43）　2003.4
水神様をたずねて（中山哲）「ひなもり」　小林史談会　（44）　2004.5
郷土の氏神様（花田武義）「ひなもり」　小林史談会　（44）　2004.5
神社参拝書（記）帳について（天辰利郎）「ひなもり」　小林史談会　（44）　2004.5
「からいもこっば」の味（大山紀代子）「ひなもり」　小林史談会　（45）　2005.5
水神様を尋ねて（2）（中山哲）「ひなもり」　小林史談会　（46）　2006.5
御霊をたずねて（今門政人）「ひなもり」　小林史談会　（46）　2006.5
景行天皇伝説の地を案内（齊藤勉）「ひなもり」　小林史談会　（46）　2006.5
仏飯講、殉教地を訪ねて（花田武義）「ひなもり」　小林史談会　（46）　2006.5
大日如来と宗教（花田武義）「ひなもり」　小林史談会　（53）　2013.04

小林市
馬頭観世音菩薩の調査について（小林市内）（花田武義）「ひなもり」　小林史談会　（46）　2006.5
小林市における景行天皇伝承《総力特集 景行天皇 第1弾》（増谷理絵）「季刊邪馬台国」　「季刊邪馬台国」編纂委員会, 梓書院（発売）　（99）　2008.7

西都原
神話のふるさと西都原に古代を歩く（杢尾幹雄）「都府楼」　古都大宰府保存協会　27　1999.3

西都原古墳群
西都原古墳群と日向神話（松本和典）「郷土史誌末盧國」　松浦史談会, 芸文堂（発売）　（182）　2010.06

酒谷川
酒谷川のノボリコ漁（崎田一郎）「宮崎県総合博物館研究紀要」　宮崎県総合博物館　25　2004.3

崎田
「崎田通夜踊り」の復活について（森永栄四郎）「くしま史談会報」　串間史談会　11　1999.3

崎田村
寛永14年（1637年）崎田村善四郎が捕らえたイタリア人伴天連をめぐって（丸山隆照）「くしま史談会報」　串間史談会　（21）　2009.03

佐土原三十三ケ寺巡拝
古月禅師の佐土原三十三ケ寺巡拝御詠歌と巡路（青山幹雄）「まいづる」　佐土原地区郷土史同好会　15　1998.5

佐土原七社
佐土原七社（七社研究会）「ひさみね」　広瀬地区郷土史同好会　（16）　1999.4

佐土原
佐土原商人町（青山幹雄）「まいづる」　佐土原地区郷土史同好会　14　1997.5
仏教の基礎知識（高橋健一郎）「まいづる」　佐土原地区郷土史同好会　15　1998.5
佐土原とむかし話（井上喜美子）「まいづる」　佐土原地区郷土史同好会　15　1998.5
日本神話と稲作伝来（三好利庵）「まいづる」　佐土原地区郷土史同好会　17　2000.4
形式から見た「いろはくどき」（井上晟）「まいづる」　佐土原地区郷土史同好会　18　2001.7
庚申待（青山幹雄）「まいづる」　佐土原地区郷土史同好会　19　2002.9
石散燈（石敢当）（高橋健一郎）「まいづる」　佐土原地区郷土史同好会　19　2002.9
内容から見た「いろはくどき」―おかあさんのいろはくどきから（井上晟）「まいづる」　佐土原地区郷土史同好会　19　2002.9
「いろはくどき」をくらしにいかすために いろはイソップ物語り・金のおの「正直」（井上晟）「まいづる」　佐土原地区郷土史同好会　20　2003.9
出産から名つけまで（金丸スナオ）「まいづる」　佐土原地区郷土史同好会　20　2003.9
佐土原人形について（上田勇雄）「まいづる」　佐土原地区郷土史同好会　20　2003.9
佐土原歌舞伎考（村内安夫）「ひさみね」　広瀬地区郷土史同好会　（20）　2003.10
佐土原の神様（高橋健一郎）「まいづる」　佐土原地区郷土史同好会　21　2004.9

いろはくどき（井上晟）「まいづる」 佐土原地区郷土史同好会 21 2004.9

みな月まつり（川口ミチ）「まいづる」 佐土原地区郷土史同好会 21 2004.9

私の地区の移り変り（柳田フミノ）「まいづる」 佐土原地区郷土史同好会 21 2004.9

這込重（有馬シズ子）「まいづる」 佐土原地区郷土史同好会 21 2004.9

氏神祭（井上綾子）「まいづる」 佐土原地区郷土史同好会 21 2004.9

うずら車について（伊東政秀）「まいづる」 佐土原地区郷土史同好会 21 2004.9

お犬さま（高橋諭）「まいづる」 佐土原地区郷土史同好会 21 2004.9

わが町の氏神社（高橋健一郎）「まいづる」 佐土原地区郷土史同好会 22 2005.12

佐土原に於ける女の怨霊、一つの言い伝え（秋葉国夫）「まいづる」 佐土原地区郷土史同好会 22 2005.12

日本の神話と郷土の神様（野崎功）「まいづる」 佐土原地区郷土史同好会 （24） 2008.1

DVD第二弾（佐土原の伝統・文化）の紹介（編集部）「まいづる」 佐土原地区郷土史同好会 （25） 2009.02

佐土原びとの伝承—佐土原だんじり（那賀教史）「みやざき民俗」 宮崎県民俗学会 （61） 2009.02

あの頃の食べもの、思い出すままに（伊崎玲子）「まいづる」 佐土原地区郷土史同好会 （28） 2012.03

木喰上人（村上孝子）「まいづる」 佐土原地区郷土史同好会 （28） 2012.03

神話における民族のルーツを探求する（村上孝子）「まいづる」 佐土原地区郷土史同好会 （29） 2013.03

佐土原人形の型について—佐土原人形製作所「ますや」所有の型を中心に（小山博）「宮崎県総合博物館研究紀要」 宮崎県総合博物館 33 2013.3

佐土原町
佐土原町の神社（川本優）「ひさみね」 広瀬地区郷土史同好会 （22） 2006.1

佐土原藩
参勤大名の儀礼について—享保初期の「佐土原藩嶋津家江戸日記」をもとに（甲斐亮典）「みやざき民俗」 宮崎県民俗学会 56 2003.11

佐土原藩主島津久柄公霧島権現社参詣日記（塩水流忠夫）「もろかた ： 諸県」 都城史談会 （39） 2005.12

狭野
宮崎県高原町の祓川・狭野の神舞（神事）について（大學康宏）「みやざき民俗」 宮崎県民俗学会 57 2005.3

山王原
山王原トん通りの紙漉き（大田六男）「ふるさとみまた」 三股郷土史研究会 17 1999.11

椎葉
椎葉の始原生業民俗—その複合性と立体性（野本寛一）「Museum Kyushu ： 文明のクロスロード」 博物館等建設推進九州会議 16（2）通号60 1998.5

日本民俗学と椎葉（片山隆裕）「Museum Kyushu ： 文明のクロスロード」 博物館等建設推進九州会議 16（2）通号60 1998.5

みゅうじあむ・えっせい椎葉の郷土料理（荒木計子）「Museum Kyushu ： 文明のクロスロード」 博物館等建設推進九州会議 16（2）通号60 1998.5

神話と伝説の町高千穂・椎葉を尋ねて（山下節子）「もろかた ： 諸県」 都城史談会 34 2000.11

現場の声（1）椎葉民俗芸能博物館に関わって—脈々と息づいている椎葉の民俗文化と展示（小副川裕子）「九州民俗学 ： bulletin of Kyushu Folklore Society」 九州民俗学会 （1）2001.3

失われた民俗信仰—椎葉の山の神の造像信仰（永松敦）「椎葉民俗芸能博物館研究紀要」 椎葉民俗芸能博物館 （2）2001.3

中瀬浅夫家文書目録、甲斐シメ家文書目録、那須政登家文書目録（1）（2）（岩切悦子、大賀郁夫）「椎葉民俗芸能博物館研究紀要」 椎葉民俗芸能博物館 （2）2001.3

周防大島・太宰府・椎葉・高千穂研修レポート（岩嶋孝典）「香川の民俗」 香川民俗学会 通号71 2008.2

「椎葉の民家」関連調査について（小山博）「宮崎県総合博物館研究紀要」 宮崎県総合博物館 30 2010.4

椎葉平家祭り（黒木勝実）「みやざき民俗」 宮崎県民俗学会 （64）2012.03

松浦史談会 史跡探訪「神話・伝説の里、椎葉・高千穂を歩く」（池田恭子）「郷土誌末盧國」 松浦史談会，芸文堂（発売）（190）2012.6

椎葉厳島神社
九州古代紀行（25）平家落人伝説の椎葉厳島神社を往く（加藤哲也）「季刊邪馬台国」 「季刊邪馬台国」編纂委員会，梓書院（発売）（123）2014.10

椎葉神楽
椎葉神楽見学記（蒲池勢至）「まつり通信」 まつり同好会 38（4）通号446 1998.3

椎葉神楽 臼太鼓踊の系譜（永松敦）「Museum Kyushu ： 文明のクロスロード」 博物館等建設推進九州会議 16（2）通号60 1998.5

椎葉における神楽と修験（永松敦）「山岳修験」 日本山岳修験学会，岩田書院（発売）（32）2003.11

書棚 渡辺伸夫著『椎葉神楽発掘』 岩田書院 平成24年6月刊 4800円（税別）（久保田裕道）「儀礼文化ニュース」 儀礼文化学会 （187）2012.11

渡辺伸夫著『椎葉神楽発掘』（書評と紹介）（永松敦）「山岳修験」 日本山岳修験学会，岩田書院（発売）（51）2013.03

椎葉神楽における荒神—神楽祭文にみる荒神の中世迪像容について（論考）（井上隆弘）「民俗芸能研究」 民俗芸能学会 （55）2013.09

渡辺伸夫著『椎葉神楽発掘』（書評）（永池健二）「民俗芸能研究」 民俗芸能学会 （55）2013.09

渡辺伸夫著『椎葉神楽発掘』（書誌紹介）（鈴木正崇）「日本民俗学」 日本民俗学会 （280）2014.11

椎葉山
柳田国男と椎葉山（千葉徳爾）「宮崎県史しおり」 宮崎県総務部県史編さん室 （21）1999.3

椎葉山地
個人誌・尾前新太郎さんの半生—椎葉山地の民俗を中心として（野本寛一）「民俗文化」 近畿大学民俗学研究所 （13）2001.3

椎葉村
宮崎県椎葉村の民俗変化—外的要因と内的要因について（永松敦）「日本民俗学」 日本民俗学会 通号210 1997.5

稗搗節（保田克己）「玖珂文化」 玖珂文化の会 177 1997.6

古代九州・食の文化史（3）「焼畑」は畑作農耕のルーツか 宮崎県・椎葉村を訪ねて（玉木朋史）「歴史九州」 九州歴史大学講座事務局 8（3）通号86 1997.12

椎葉村資料目録（大賀郁夫）「椎葉民俗芸能博物館研究紀要」 椎葉民俗芸能博物館 （2）2001.3

柳田國男椎葉村100年—その足跡と動機を探る（黒木勝実）「みやざき民俗」 宮崎県民俗学会 （61）2009.02

塩の道
塩の道をさぐる—資料と聞き取りをもとに（《特集 宮崎における交流の民俗》）（那賀教史）「みやざき民俗」 宮崎県民俗学会 （59）2007.3

塩屋原
塩屋原河野家の盂蘭盆会風習（河野幸子）「くしま史談会報」 串間史談会 （25）2013.02

四家
「四家の伝説と少年時代を懐かしむ」（二見宗保）「日和城」 高城の昔を語る会 （16）2009.1

島津墓地
島津墓地の秘密（4）（川越明）「もろかた ： 諸県」 都城史談会 31 1997.11

島戸
神楽資料紹介—生目神楽・島戸神楽・高鍋神楽「みやざき民俗」 宮崎県民俗学会 51 1997.8

下川内村
高岡の名刹日蓮宗本永寺の高城下川内村潜匿について（塩水流忠夫）「もろかた ： 諸県」 都城史談会 34 2000.11

高岡の名刹日蓮宗本永寺の高城下川内村潜匿について—高城の下之城下に建てられた日蓮宗五輪塔の謎を追う（塩水流忠夫）「宮崎県地方史研究紀要」 宮崎県立図書館 27 2001.3

下倉
下倉地区の子供会行事—子供会活動を通じて（特集 未来へ伝えるみやざきの行事・祭礼・芸能）（亀澤克憲）「みやざき民俗」 宮崎民俗学会 （66）2014.03

下津佐
下津佐古石塔等基礎調査（齊藤勉）「ひなもり」 小林史談会 （48）2008.4

十三塚
郷土の田畑開発の歴史と記念碑（3）十三塚開田物語—平成の世に（花田

宮崎県　郷土に伝わる民俗と信仰　九州・沖縄

武義）「ひなもり」　小林史談会　（53）2013.4

十文字

十文字のお稲荷さん（秋葉操）「まいづる」　佐土原地区郷土史同好会
21　2004.9

十輪寺

十輪寺あと（鬼塚節子）「まいづる」　佐土原地区郷土史同好会　（23）
2007.2

城ヶ崎

大淀川と城ヶ崎—江戸時代の河川交通（甲斐亮典）「みやざき民俗」　宮崎
県民俗学会　57　2005.3

城ヶ崎俳人墓碑ならびに板碑群

宮崎県指定史跡「城ヶ崎俳人墓碑ならびに板碑群」の辞世について（甲
斐亮典）「みやざき民俗」　宮崎県民俗学会　55　2002.7

称専寺

称専寺の石灯籠の碑文（高橋照久）「史友会報」　高鍋史友会　36　2001.6

浄専寺

宮崎県御ヶ瀬町浄専寺所蔵「大般若経」奥書（甲斐素純）「大分県地方史」
大分県地方史研究会　（182）2001.11

定善寺

県北部の題目板碑について—本山定善寺の石塔群を中心に（緒方博文）
「宮崎県地方史研究紀要」　宮崎県立図書館　25　1999.3

庄内

庄内の石垣群の建造について—生涯を石積みに注いだ徳永長太郎（花房
憲政）「もろかた ： 諸県」　都城史談会　（45）2011.11

庄内町

日本武尊と熊襲踊りについて（鶴田勝）「季刊南九州文化」　南九州文化研
究会　（111）2010.05

定満池（観音池）水神碑

石山定満池（観音池）水神碑の物語るもの（歴史編）（塩水流忠夫）「もろ
かた ： 諸県」　都城史談会　（44）2010.11

白鳥神社

東大寺再建にかけた元禄の快挙白鳥の杜から搬出した赤松の巨木二本
（前田利武）「つつはの」　郷土研究会　（31）2003.4
白鳥神社と性空上人（新原嘯丈）「えびの」　えびの市史談会　（44）
2010.05
閑話 白鳥神社と白鳥伝説について（山下常昌）「えびの」　えびの市史談
会　（46）2012.05

銀鏡

銀鏡神楽の猪奉納と鎮魂儀礼（永松淳）「東北学. ［第1期］」　東北芸術工
科大学東北文化研究センター，作品社（発売）3　2000.10
伝承芸能誌（7）銀鏡の狩倉と神楽（須藤功）「まつり通信」　まつり同好
会　43（2）通号504　2003.3

銀鏡神社

濱砂武昭著／須藤功写真『銀鏡神楽—日向山地の民俗誌—』（新刊紹介）
（角田武頼）「宗教民俗研究」　日本宗教民俗学会　（23）2014.03

神代

「日向国神代絵図」にみえる湧水について（安藤正純）「宮崎県立西都原考
古博物館研究紀要」　宮崎県立西都原考古博物館　（8）2012.03

神徳院

神徳院の仁王さん（鎌田妙子）「ひさみね」　広瀬地区郷土史同好会
（14）1997.3

新別府川

絵入り水神塔—新別府川今昔—「石に聴く」檀の歴史散歩（1）（長曽我
部光義）「みやざき民俗」　宮崎民俗学会　（66）2014.03

菅原神社

菅原神社拝殿改築記念（三鑰景晴）「えびの」　えびの市史談会　（37）
2003.4
西川北菅原神社と道正家についての考察（安藤正継）「えびの」　えびの市
史談会　（39）2005.5

鈴岳

鈴嶽の成り立ち（松田正照）「くしま史談会報」　串間史談会　（20）
2008.3
鈴嶽の山容［1］,（2）（松田正照）「くしま史談会報」　串間史談会
（23）/（25）2011.02/2013.02

正賢院

幕府領修験正賢院とその配下延岡領修験延龍院（前田博仁）「みやざき民

俗」　宮崎県民俗学会　（65）2013.03

関の尾

新・関の尾物語（1）～（3）（宮原敏博）「季刊南九州文化」　南九州文化研
究会　（114）/（116）2011.11/2012.11

摂護寺

市内牟田町 浄土真宗摂護寺通用門を論ず「江戸時代都城私領主四万石
の都城島津館表御門説」（児玉三郎）「もろかた ： 諸県」　都城史談会
（37）2003.11

宗麟原供養塔

史跡豊後塚の宗麟原供養塔（高司佐平）「二豊の石造美術」　大分県石造美
術研究会　19　1999.3

台雲寺

台雲寺にて（甲斐季義）「亀井 ： 内藤家顕彰会会誌」　内藤家顕彰会　平
成12年度　2000.5

大光寺

［資料紹介］江戸時代の名僧 古月禅師の肖像画？—宮崎県佐土原町大光
寺（井形進）「九歴だより」　九州歴史資料館　7　1998.4
日向大光寺の頂相2軀と造像の環境（井形進）「九州歴史資料館研究論集」
九州歴史資料館　通号24　1999.3
大光寺と高月院（高橋健一郎）「まいづる」　佐土原地区郷土史同好会
（24）2008.1
大光寺と黒貫寺（鬼塚節子）「まいづる」　佐土原地区郷土史同好会
（28）2012.03

大慈寺

日向大慈寺入寺疏と京城諸山疏・相城諸山疏（山口隼正）「宮崎県史研究」
宮崎県　11　1997.3

大将軍社

大将軍社の石仏三体—西山崎村の門割と地租改正（長宗我部光義）「みや
ざき民俗」　宮崎県民俗学会　55　2002.7

大竜寺跡

飫肥大龍寺跡墓地調査（村川勝也）「みやざき民俗」　宮崎県民俗学会
（58）2006.3

高岡

高岡の石碑について（首藤光幸）「みやざき民俗」　宮崎県民俗学会　51
1997.8
高岡の風景—陸の道・川の道（那賀教史）「みやざき民俗」　宮崎県民俗学
会　57　2005.3
高岡と宮崎の交流（《特集 宮崎における交流の民俗》）（首藤光幸）「みや
ざき民俗」　宮崎県民俗学会　（58）2006.3
西南の役 薩軍 高岡藩士族の口供書（首藤光幸）「みやざき民俗」　宮崎県
民俗学会　（62）2010.02

高城

遺稿 庚申信仰について（中村時雄）「日和城」　高城の昔を語る会　（11）
2004.1
ひど～い「うぜけん〈世間〉話」（前田利行）「日和城」　高城の昔を語る会
（12）2005.1
山伏（修験者）考（野口順平）「日和城」　高城の昔を語る会　（13）2006.1
コマ（末永ミツ）「日和城」　高城の昔を語る会　（14）2007.1
高城とキリスト教について（吉田清邦）「日和城」　高城の昔を語る会
（15）2008.1
郷土復帰への苦難の道程——向宗嫌疑で百姓・山伏を経て（歴史）（比良
田幸雄）「日和城」　高城の昔を語る会　（17）2010.01
正月行事と子どもの遊び（回想）（福留健一）「日和城」　高城の昔を語る
会　（17）2010.01
田植え今昔物語（随想）（久保定雄）「日和城」　高城の昔を語る会　（17）
2010.01
高城の庚申塔（青面金剛像塔）について（田ノ上哲）「日和城」　高城の昔
を語る会　（18）2011.01
「かくれ念仏洞」の家族（飯価秋子）「日和城」　高城の昔を語る会　（18）
2011.01
仏を知る一問一答—教えてください観音さま（歴史）（松下勝冠）「日和
城」　高城の昔を語る会　（21）2014.02

高城町

高城町に今も残る「行者ドン（殿）」について（別府利治）「日和城」　高
城の昔を語る会　（16）2009.01
高城町の庚申塔（2）（歴史）（田ノ上哲）「日和城」　高城の昔を語る会
（20）2013.02

高千穂

「聖地」高千穂の峰の本家争い（石川恒太郎）「季刊邪馬台国」　「季刊邪

馬台国」編纂委員会，梓書院（発売）68 1999.7

阿蘇と高千穂の鬼八伝説（佐藤征子）「史叢」 熊本歴史学研究会 3 1999.7

猿田彦大神がいざなう高千穂夜神楽の世界—舞い手、神楽宿、見物人の視点をとおして（福島明子）「あらはれ : 猿田彦大神フォーラム年報 : ひらかれる未来神話」 猿田彦大神フォーラム 3 2000.9

神話と伝説の町高千穂・椎葉を尋ねて（山下節子）「もろかた : 諸県」 都城史談会 34 2000.11

高千穂の四季（那賀教史）「みやざき民俗」 宮崎県民俗学会 54 2001.1

お祭り・アラカルト（2） 高千穂の荒神さん（広野司，日野文雄）「西日本文化」 西日本文化協会 374 2001.8

民俗芸能の旅（2） 高千穂夜神楽（竹内秀夫）「足立史談会だより」 足立史談会 （217） 2006.4

神話と伝説の里高千穂（渡辺繁子）「あさじ史談」 朝地史談会 （104） 2006.10

周防大島・太宰府・椎葉・高千穂研修レポート（岩嶋孝典）「香川の民俗」 香川民俗学会 通号71 2008.2

道中記にみる高千穂の旅人（《特集 「みやざき民俗」への期待》）（山崎剛一）「みやざき民俗」 宮崎県民俗学会 （60） 2008.5

九州古代紀行（3） 高千穂の鬼伝説を往く（加藤哲也）「季刊邪馬台国」 「季刊邪馬台国」編纂委員会，梓書院（発売）（99） 2008.7

神話と伝説の町高千穂へ（矢野俊彦）「安心院縄文 : 安心院縄文会機関誌」 安心院縄文会 21 2010.04

いくつもの神話と火山—邪馬台国・アマテル・高千穂（特集 いくつもの日本の神話へ）（保立道久）「東北学．[第2期]」 東北芸術工科大学東北文化研究センター，柏書房（発売）（27） 2011.05

松浦史談会 史跡探訪「神話・伝説の里、椎葉・高千穂を歩く」（池田恭子）「郷土史誌末盧國」 松浦史談会，芸文堂（発売）（190） 2012.6

天孫降臨の聖地 神話の里での弘法大師信仰 高千穂の事例（多田豊美）「香川の民俗」 香川民俗学会 （75） 2013.01

高千穂における御供田の解釈あれこれ（特集 未来へ伝えるみやざきの行事・祭礼・芸能）（安在一夫）「みやざき民俗」 宮崎民俗学会 （66） 2014.03

高千穂の夜神楽

笹振り神楽の裏面（橋本進）「みやざき民俗」 宮崎県民俗学会 51 1997.8

夜神楽追想—「夜神楽小唄」の歌づくり（高橋政秋）「みやざき民俗」 宮崎県民俗学会 51 1997.8

高千穂神楽伝承者を惹きつける神楽保存会の集団の魅力（福島明子）「民俗芸能研究」 民俗芸能学会 （30） 2000.3

福島明子著『高千穂夜神楽の健康心理学的研究—神と人のヘルスケア・システム』（書誌紹介）（山口保明）「日本民俗学」 日本民俗学会 通号237 2004.2

熊本県菊池郡合志町の高千穂夜神楽（緒方俊輔）「みやざき民俗」 宮崎県民俗学会 （58） 2006.3

「高千穂の夜神楽」の地区による違いについて（《特集 「みやざき民俗」への期待》）（緒方俊輔）「みやざき民俗」 宮崎県民俗学会 （60） 2008.5

高千穂神楽を見学して（下地好孝）「きりん」 荒木集成館友の会 通号13 2009.11

高鍋

神楽資料紹介—生目神楽・島戸神楽・高鍋神楽「みやざき民俗」 宮崎県民俗学会 51 1997.8

み教えの中で（十住ミツ子）「史友会報」 高鍋史友会 33 1998.5

能文化（石井正敏）「史友会報」 高鍋史友会 36 2001.6

篆刻について（金丸益雄）「史友会報」 高鍋史友会 36 2001.6

吊念仏について（小森淳子）「史友会報」 高鍋史友会 （45） 2010.06

天下の逸品「楢柴の茶入れ」のゆくえ（岩切昭一）「史友会報」 高鍋史友会 （48） 2013.05

高鍋町

高鍋町先人供養祭の講話から（飛田博温）「史友会報」 高鍋史友会 （39） 2004.6

高原町

神武天皇生誕神話と地名の由来（星山信夫）「ひなもり」 小林史談会 （48） 2008.4

高原の神舞

「高原の神舞」国指定と民俗芸能の今後（大學康宏）「みやざき民俗」 宮崎県民俗学会 （64） 2012.03

高松

高松の百万遍（黒木辰義）「まほろば」 日向市史談会事務局 （15） 2008.6

田島かくれ念仏洞

おすすめの史跡探訪 田島かくれ念仏洞（山川あけみ）「季刊南九州文化」 南九州文化研究会 （110） 2009.11

田ノ上八幡神社

「みやざき民俗」60号記念講演 弥五郎どんとは何者か—飫肥田ノ上八幡神社の弥五郎人形を中心に（《特集 「みやざき民俗」への期待》）（山口保明）「みやざき民俗」 宮崎県民俗学会 （60） 2008.5

長久寺

資料紹介 宿院仏師の新出例 長久寺の木造虚空蔵菩薩坐像について（甲斐常興）「史迹と美術」 史迹美術同攷会 76（7）通号767 2006.8

長昌寺

宮崎市・長昌寺の板碑とその偈頌（甲斐常興）「史迹と美術」 史迹美術同攷会 71（6）通号716 2001.7

長善寺

明窓禅師創建の長善寺と曹洞宗大本山總持寺（亀澤蟲幸）「えびの」 えびの市史談会 （44） 2010.05

梅尾

梅尾臼太鼓踊（黒木光太郎）「みやざき民俗」 宮崎県民俗学会 54 2001.1

都農町

都農町の農業と永友百二の業績（堀内文夫）「宮崎県地方史研究紀要」 宮崎県立図書館 28 2002.3

東霧島神社

東霧島神社 御田植祭（前田宏）「季刊南九州文化」 南九州文化研究会 （116） 2012.11

都万神社

近世史料にみる都萬神社（法元加夫）「宮崎県地方史研究紀要」 宮崎県立図書館 31 2005.3

剣神社

剣神社盛衰記—再興から30年（秋丸信夫）「えびの」 えびの市史談会 （44） 2010.05

水流迫

水流迫の石塔建立（小林史談会）「ひなもり」 小林史談会 （46） 2006.5

水流神社

水流神社の太鼓（平原洋和）「季刊南九州文化」 南九州文化研究会 （115） 2012.05

水流町

習合宗教系「隠れ念仏」講と真宗講の年中行事比較に見る民俗—宮崎県都城市水流町を中心として（《特集 新しい宗教民俗論の構築—「真宗と民俗」の再検討》）（森田清美）「宗教民俗研究」 日本宗教民俗学会 （17） 2007.10

天長寺

特別寄稿 都城島津と天長寺（長谷川慈弘）「季刊南九州文化」 南九州文化研究会 （110） 2009.11

都井岬

トビウオをめぐる民俗誌—宮崎県都井岬のトビ網猟（渡辺一弘）「宮崎県総合博物館研究紀要」 宮崎県総合博物館 通号21 1998.3

唐人町

媽祖信仰と都城唐人町の媽祖像（歴史編）（佐々木綱洋）「もろかた : 諸県」 都城史談会 （47） 2013.11

栃股

高千穂町栃股地区における数珠繰り伝承（山崎剛一）「みやざき民俗」 宮崎県民俗学会 54 2001.1

十根川神社

《特集 十根川神社所蔵銅鏡資料》「椎葉民俗芸能博物館研究紀要」 椎葉民俗芸能博物館 （3） 2003.3

十根川神社所蔵銅鏡（永松敦）「椎葉民俗芸能博物館研究紀要」 椎葉民俗芸能博物館 （3） 2003.3

十根川神社所蔵銅鏡一覧（西村強三）「椎葉民俗芸能博物館研究紀要」 椎葉民俗芸能博物館 （3） 2003.3

遠見場山

遠見場山・観音霊場めぐり（山元辰彦）「みやざき民俗」 宮崎県民俗学会 54 2001.1

長田

梶山・長田の特産品—「庄内地理志」と「日向地誌」（桑畑初也）「ふるさ

とみまた」三股郷土史研究会　(20)　2002.11

中津城
たにし祭り(宮崎惇)「まつり通信」まつり同好会　38(8)通号450　1998.8

中野神社
中野神社の石燈籠(《特集 石が語る清武の歴史》)「歴史散歩きよたけ」清武町安井息軒顕彰会　(7)　2001.9

南郷村
伝説の里・南郷村を訪ねて(田中芳秋)「故郷の花」小郡市郷土史研究会　22　1997.5

南郷村百済の里めぐり(芳村融)「史友会報」高鍋史友会　32　1997.6

新名爪八幡宮
新名爪八幡宮所蔵舞楽面の補修にまつわる一考察(石井里佳)「元興寺文化財研究」元興寺文化財研究所　(85)　2004.7

二厳寺
二厳寺臨済講と琉球僧の薩摩藩領内参禅(佐々木綱洋)「季刊南九州文化」南九州文化研究会　(118)　2013.11

西川北
西川北愛宕梵字供養塔の謎(山下常昌)「えびの」えびの市史談会　32　1998.4

西小林
西小林の民話/民俗芸能「ひなもり」小林史談会　(43)　2003.4

西小林の民話(竹原一男)「ひなもり」小林史談会　(44)　2004.5

西長江浦
西長江浦大太鼓踊(平喜志男)「えびの」えびの市史談会　(39)　2005.5

西米良
西米良神楽の地舞(中武雅周)「みやざき民俗」宮崎県民俗学会　52　1998.12

西山崎村
大将軍社の石仏三体—西山崎村の門割と地租改正(長宗我部光義)「みやざき民俗」宮崎県民俗学会　55　2002.7

日州国分寺
日州国分寺の五智如来(是石いさ子)「微笑佛」全国木喰研究会　(13)　2005.7

日南
日南のいも焼酎(緒方孝昭)「みやざき民俗」宮崎県民俗学会　56　2003.11

日南海岸
日南海岸の素潜り漁とスイリのくらし(シリーズ 21世紀に語り継ぐ地域の民俗文化)(湯浅倉平)「みやざき民俗」宮崎県民俗学会　(62)　2010.02

野島神社
野島神社の降岳銘碑塔と神女(湯浅倉平)「みやざき民俗」宮崎県民俗学会　(59)　2007.3

延岡
「のぼり猿」の記(南邦和)「亀井 ： 内藤家顕彰会会誌」内藤家顕彰会　平成11年度　1999.5

昔のお話 (4)(桂テル)「亀井 ： 内藤家顕彰会会誌」内藤家顕彰会　平成11年度　1999.5

天下一薪能を観る(小野孟)「亀井 ： 内藤家顕彰会会誌」内藤家顕彰会　平成13年度　2001.5

"薪能"への誘い—「能」と私(南邦和)「亀井 ： 内藤家顕彰会会誌」内藤家顕彰会　平成13年度　2001.5

延岡に伝わる鍛冶屋祭り(土持孝雄)「みやざき民俗」宮崎県民俗学会　56　2003.11

昔ばなし 狸(小嶋政一郎)「亀井 ： 内藤家顕彰会会誌」内藤家顕彰会　平成17年度　2005.5

旧家を訪ねる 中城家・わが家の歴史(中城順一)「亀井 ： 内藤家顕彰会会誌」内藤家顕彰会　2006年度　2006.5

ばんば踊り音頭(杉本喜好)「亀井 ： 内藤家顕彰会会誌」内藤家顕彰会　2006年度　2006.5

お庚申さんと鶏(田中茂)「亀井 ： 内藤家顕彰会会誌」内藤家顕彰会　2006年度　2006.5

延岡の歴史を今に伝える復活の薪能(福田政憲)「亀井 ： 内藤家顕彰会会誌」内藤家顕彰会　2008年度　2008.5

天下一薪能「亀井 ： 内藤家顕彰会会誌」内藤家顕彰会　2008年度　2008.5

巻頭 延岡の絵と人 (9) 鍾馗図 四谷延陵 弘化4年 (1847)～明治8年

(1919)「亀井 ： 内藤家顕彰会会誌」内藤家顕彰会　2009年度　2010.05

石見屋 小田家のことども (1)～(3)完(小原禮三)「亀井 ： 内藤家顕彰会会誌」内藤家顕彰会　2009年度/2011年度　2010.05/2011.05

赤穂から来た延岡の塩(片伯部旭)「亀井 ： 内藤家顕彰会会誌」内藤家顕彰会　2009年度　2010.5

ばんば踊り考(渡邉博史)「亀井 ： 内藤家顕彰会会誌」内藤家顕彰会　2011年度　2011.05

自然を食べた半世紀前の子ども達(延岡史談会民俗部)「延岡史談会報」延岡史談会　(25)　2014.03

延岡藩
内藤家伝来の大名道具にみる美と心(中)(渡邉博史)「亀井 ： 内藤家顕彰会会誌」内藤家顕彰会　平成17年度/2006年度　2005.5/2006.5

延岡藩における能楽(地方史講座資料)(増田豪)「宮崎県立図書館研究紀要」宮崎県立図書館　33　2007.3

花木
花木あげ馬祭 (1)(《都城島津家》)(山下博明)「季刊南九州文化」南九州文化研究会　(107)　2008.5

花木あげ馬祭(前田宏)「季刊南九州文化」南九州文化研究会　(114)　2011.11

早馬神社
稲荷・早馬神社責任役員10年の軌跡(坂元忠実)「ふるさとみまた」三股郷土史研究会　18　2000.11

表紙写真「改築された早馬神社」撮影：久松節夫氏「ふるさとみまた」三股郷土史研究会　(31)　2013.11

祓川
宮崎県高原町の祓川・狭野の神舞(神事)について(大學康宏)「みやざき民俗」宮崎県民俗学会　57　2005.3

日向
日向山村のくらしと産物—「かまいり茶づくり」(地村光広)「宮崎県総合博物館研究紀要」宮崎県総合博物館　通号21　1998.3

日向・山をめぐる伝承(矢口裕康)「あしなか」山村民俗の会　250　1998.8

天孫降臨(日向の古事記)(大久保源右衛門)「ひさみね」広瀬地区郷土史同好会　(17)　2000.4

旅先で出会った、日向神楽の縁(後藤邦子)「ひさみね」広瀬地区郷土史同好会　(17)　2000.4

寺ん堂十一面観音像と『日向記』—雲州往侶六十六部聖相瑞と之幸(長曽我部光義)「みやざき民俗」宮崎県民俗学会　54　2001.1

日向神話の歴史的投影(日高正晴)「宮崎県地方史研究紀要」宮崎県立図書館　27　2001.3

日向の天狗伝承(《山岳信仰特集I》)(矢口裕康)「あしなか」山村民俗の会　257　2001.6

日向の百済王族亡命伝説について(時任伸一)「史友会報」高鍋史友会　37　2002.6

日向神楽と修験—米良系神楽とその背景(山口保明)「山岳修験」日本山岳修験学会、岩田書院(発売)　(32)　2003.11

野本寛一著『山地母源論1—日向山峡のムラから—野本寛一著作集I』(書誌紹介)(永松敦)「日本民俗学」日本民俗学会　通号240　2004.11

日向の盲僧(末永和孝)「宮崎県地方研究紀要」宮崎県立図書館　31　2005.3

日向における法華弘教の展開について(佐々木真理)「宮崎県地域史研究」宮崎県地域史研究会　(18)　2005.5

神武東遷とその環境橋—日向・筑紫から大和へ(山内美義)「江渟の久爾」江沼地方研究会　(51)　2006.3

中村地平の日向への旅と国策旅行ブーム(《特集 宮崎における交流の民俗》)(渡辺一弘)「みやざき民俗」宮崎県民俗学会　(58)　2006.3

半ぴな話を語りつぐ—日向のおどけばなし(〈民俗芸能採訪の旅〉)(矢口裕康)「あしなか」山村民俗の会　281　2008.6

宇佐神宮記—日向の古豪、土持氏の歴史に関連して(野口順平)「日和城」高城の昔を語る会　(16)　2009.01

日向の弥五郎人形行事調査報告書作成にほんのちょっと関わって(大久保泰男)「日和城」高城の昔を語る会　(16)　2009.01

西都原古墳群と日向神話(松本和典)「郷土史誌末盧國」松浦史談会、芸文堂(発売)　(182)　2010.06

日向三代の神話と式内社(甲斐亮典)「式内社のしおり」式内社顕彰会　(80)　2010.06

中世・近世における日向の硯とその特質(藤木聡)「宮崎考古」宮崎考古学会　(22)　2010.12

続・日向の「烏八臼」墓(2006年度調査報告以後の県内「烏八臼」墓)(長宗我部光義)「みやざき民俗」宮崎県民俗学会　(64)　2012.03

ビックリ！梅原猛氏講演「古事記(日向神話)に書かれていることはほ

九州・沖縄　　　　　郷土に伝わる民俗と信仰　　　　　宮崎県

ほ事実といってよい」(土岐宗春)「石の証言」「平和の塔」の史実を考える会　(50)　2003.10

古事記と日向神話(甲斐亮典)「ひなもり」　小林史談会　(53)　2013.04

日向七堂伽藍大寺

宮崎平野における古代遺蹟と日向七堂伽藍大寺(7)(川越京子)「季刊南九州文化」　南九州文化研究会　73　1997.11

日向諸藩

日向諸藩と薩摩藩における六十六部対応の相違について(前田博仁)「宮崎県文化講座研究紀要」　宮崎県立図書館　36　2010.03

隣人からみた薩摩焼 近世日向諸藩における薩摩焼流通の位相(特集 南九州の近世考古学)(堀田孝博)「鹿児島考古」　鹿児島県考古学会　(43)　2013.07

日向国

日向国における廻国僧—六十六部廻国を中心として(前田博仁)「宮崎県地方史研究紀要」　宮崎県立図書館　24　1998.3

日向国六十六部廻国塔資料(長曽我部光羲, 押川周弘)「みやざき民俗」　宮崎県民俗学会　52　1998.12

日向国における「伊勢参宮」の事例(前田博仁)「みやざき民俗」　宮崎県民俗学会　52　1998.12

日向国における庶民信仰—伊勢参宮の事例から(前田博仁)「宮崎県史研究」　宮崎県　13　1999.3

日向国における庶民信仰—四国遍路の事例(前田博仁)「宮崎県地方史研究紀要」　宮崎県立図書館　26　2000.6

日向国における遊行上人の廻国(《特集 みやざき民俗》への期待》)(前田博仁)「みやざき民俗」　宮崎県民俗学会　(60)　2008.5

日向国における伊勢御師御欠大夫(〈シリーズ 21世紀に語り継ぐ地域の民俗文化》)(前田博仁)「みやざき民俗」　宮崎県民俗学会　(61)　2009.02

日向之国七福神霊場

七福神はどんな神様か—日向之国七福神霊場(亀澤轟幸)「えびの」　えびの市史談会　(48)　2014.05

日向四藩

〈問題提起〉日向四藩と薩摩藩における六十六部対応の相違について《《大会特集/南九州の地域形成と境界性—都城からの歴史像I》》(前田博仁)「地方史研究」　地方史研究協議会　59(4)通号340　2009.08

平等寺

曽我殿の墓・平等寺(青山幹雄)「まいづる」　佐土原地区郷土史同好会　17　2000.4

平等寺の梵鐘(有村政則)「まいづる」　佐土原地区郷土史同好会　18　2001.7

もと国宝「平等寺の梵鐘」(川元優)「ひさみね」　広瀬地区郷土史同好会　(21)　2005.1

蕎山に里帰りした平等寺の鐘(野村稔子)「まいづる」　佐土原地区郷土史同好会　(29)　2013.03

平松

平松地区の塩作りについて(長友和子)「ひさみね」　広瀬地区郷土史同好会　(21)　2005.1

広瀬

語り継がれる怪談、奇談のあれこれ(黒木勝夫)「ひさみね」　広瀬地区郷土史同好会　(14)　1997.3

石敢当を訪ねて(村内安夫)「ひさみね」　広瀬地区郷土史同好会　(14)　1997.3

三万石の「肩衝」(茶入れ)(村内安夫)「ひさみね」　広瀬地区郷土史同好会　(14)　1997.3

鳥居について(川本優)「ひさみね」　広瀬地区郷土史同好会　(15)　1998.4

磐長姫・外(大久保源右衛門)「ひさみね」　広瀬地区郷土史同好会　(17)　2000.4

クマソ・ハヤト論(村内安夫)「ひさみね」　広瀬地区郷土史同好会　(17)　2000.4

山幸彦と海幸彦(大久保源右衛門)「ひさみね」　広瀬地区郷土史同好会　(17)　2000.4

大国から田の神(馬場辰雄)「ひさみね」　広瀬地区郷土史同好会　(18)　2001.6

大人歌舞伎(長友和子)「ひさみね」　広瀬地区郷土史同好会　(19)　2002.8

乳岩伝説(小玉健一)「ひさみね」広瀬地区郷土史同好会　(20)　2003.10

今も生きる竜伝説(鎌田妙子)「ひさみね」広瀬地区郷土史同好会　(20)　2003.10

山岳信仰と神楽(村内安夫)「ひさみね」　広瀬地区郷土史同好会　(20)　2003.10

県年中行事(馬場辰雄)「ひさみね」　広瀬地区郷土史同好会　(20)　2003.10

神武天皇の建国伝説を疑う(田代順一郎)「ひさみね」　広瀬地区郷土史同好会　(21)　2005.1

大師講(岩下芳子)「ひさみね」　広瀬地区郷土史同好会　(21)　2005.1

歳時習俗(曽我部暁美)「ひさみね」　広瀬地区郷土史同好会　(21)　2005.1

徳利と銚子のはなし(谷本大三)「ひさみね」　広瀬地区郷土史同好会　(21)　2005.1

正月料理の思いで(小野清子)「ひさみね」　広瀬地区郷土史同好会　(21)　2005.1

仏像について(川元優, 野村稔子)「ひさみね」　広瀬地区郷土史同好会　(23)　2007.1

神武天皇の建国伝説を疑う(田代順一郎)「ひさみね」　広瀬地区郷土史同好会　(23)　2007.1

広野

八月十五夜の行事—宮崎県串間市大平広野のモグラモチを中心に(和田裕子)「久里」　神戸女子民俗学会　(15)　2004.2

串間市広野の十五夜行事「もぐらもち」(1)〜(3)(三輪京子)「まつり通信」　まつり同好会　52(2)通号558/52(4)通号560　2012.03/2012.07

深角

日之影町「深角団七踊り」の物語について(甲斐亮典)「みやざき民俗」　宮崎県民俗学会　(59)　2007.3

福島

福島の隠れ念仏考(田中靖基)「くしま史談会報」　串間史談会　(21)　2009.03

福嶋

福嶋宗旨改め(津野洋吉)「くしま史談会報」　串間史談会　12　2000.3

串間市福嶋の隠れ念仏(田中靖基)「大隅」　大隅史談会　(50)　2007.3

福島町

昭和初期頃の串間市旧福島町地方の風習(深江洋一)「大隅」　大隅史談会　(49)　2006.3

福聚禅寺

日州三俣院亀石山福聚禅寺開山實庵禅師座像について(歴史)(塩水流忠夫)「日和城」　高城の昔を語る会　(17)　2010.01

豊後塚

史跡豊後塚の宗麟原供養塔(高司佐平)「二豊の石造美術」　大分県石造美術研究会　19　1999.3

報恩寺

飫肥報恩寺址墓地調査報告(鈴木常磐, 村川勝也)「みやざき民俗」　宮崎県民俗学会　(61)　2009.02

芳水館碑

蓮池市場—芳水館碑(長曽我部光羲, 押川周弘)「みやざき民俗」　宮崎県民俗学会　56　2003.11

法華岳薬師寺

中世法華嶽薬師寺炎上(福島峯林)「季刊南九州文化」　南九州文化研究会　81　1999.10

法華嶽薬師寺の裏山に洞穴を発見する(福島峯林)「季刊南九州文化」　南九州文化研究会　85　2000.10

穂満坊

穂満坊の浜宮物語(馬場時吉)「日和城」　高城の昔を語る会　(18)　2011.1

本永寺

高岡の名利日蓮宗本永寺の高城下川内村潜匿について(塩水流忠夫)「もろかた ：諸県」　都城史談会　34　2000.11

高岡の名利日蓮宗本永寺の高城下川内村潜匿について—高城の下之城下に建てられた日蓮宗五輪塔の謎を追う(塩水流忠夫)「宮崎県地方史研究紀要」　宮崎県立図書館　27　2001.3

本城

伝・本城殿の墓碑について(島田節次)「くしま史談会報」　串間史談会　(26)　2014.02

前目

前目—門松のなかったふるさとの昔をたずねて(3)〜(7)(今村照男)「ふるさとみまた」　三股郷土史研究会　16/(20)　1998.11/2002.11

真幸

真幸地区神社誌(上野寛昌)「えびの」　えびの市史談会　33　1999.4

宮崎県　　　　　　　　　　　　郷土に伝わる民俗と信仰　　　　　　　　　　　　九州・沖縄

松叶

松叶相撲踊り由来（《特集 ふるさとの古い唄》—〈甚句〉相撲甚句）（高山ミチエ）「歴史散歩きよたけ」 清武町安井息軒顕彰会 （6） 2000.9

松叶相撲甚句（《特集 ふるさとの古い唄》—〈甚句〉相撲甚句）（川口マサコ，高山辰正）「歴史散歩きよたけ」 清武町安井息軒顕彰会 （6） 2000.9

松原

香川県からの入植と集落の成立—宮崎県児湯郡都農町松原（大喜多紀明）「民俗文化」 滋賀民俗学会 （608） 2014.05

的野正八幡

南九州の「大人」人形行事の成立背景（1）的野正八幡の弥五郎どんを中心に（山口保明）「花礁」 「花礁」編集室 （6） 2007.2

的野正八幡宮

南九州の「大人」人形行事の歴史民俗的研究（1）的野正八幡宮の「弥五郎どん」を中心に（《特集 宮崎における交流の民俗》）（山口保明）「みやざき民俗」 宮崎県民俗学会 （59） 2007.3

円野神社

円野神社の阿比留文字（税所薫）「大隅」 大隅史談会 42 1999.3

馬関田

馬関田（まんがた）の阿弥陀堂（あんだ）（悲劇の人島津久林）（山下常昌）「えびの」 えびの市史談会 （43） 2009.05

万歳亭

万歳亭の井戸（杉田樹子）「史友会報」 高鍋史友会 （44） 2009.06

神門神社

百済伝説の宮崎県東臼杵郡南郷村（現美郷町南郷区）神門神社の鏡調査について（片山昭悟）「山崎郷土会報」 山崎郷土研究会 （120） 2013.03

三川内

三川内神楽（前田博仁）「みやざき民俗」 宮崎県民俗学会 51 1997.8

御崎神社

埋もれていた碑—御崎神社の西南之役出兵奉献碑（園田幸吉）「ふるさとみまた」 三股郷土史研究会 19 2001.11

三須神社

表紙写真 内藤政擧公親筆 日露戦役従軍者記念碑（延岡市三須神社境内）「亀井：内藤家顕彰会会誌」 内藤家顕彰会 2011年度 2011.05

三股

隠れ念仏の「一世訴人」について（比江島哲二）「ふるさとみまた」 三股郷土史研究会 16 1998.11

五十年も昔の食卓（小牧照子）「ふるさとみまた」 三股郷土史研究会 16 1998.11

昭和10年天皇陛下の行幸を仰ぎて（黒木絹）「ふるさとみまた」 三股郷土史研究会 16 1998.11

日本人の宗教観（桑畑愛一）「ふるさとみまた」 三股郷土史研究会 16 1998.11

むかしの医療——一人の体験より（山元六男）「ふるさとみまた」 三股郷土史研究会 17 1999.11

唐人墓が語る歴史（原口晴海）「ふるさとみまた」 三股郷土史研究会 18 2000.11

石塔発見（茨木次夫）「ふるさとみまた」 三股郷土史研究会 （22） 2004.11

武士道—道徳律—生活様式への過程（桑畑愛一）「ふるさとみまた」 三股郷土史研究会 （22） 2004.11

仏教の歴史とお盆について（指宿義正）「ふるさとみまた」 三股郷土史研究会 （22） 2004.11

三股の月待供塔（川原勝）「ふるさとみまた」 三股郷土史研究会 （24） 2006.11

纏足の女（桑畑愛一）「ふるさとみまた」 三股郷土史研究会 （25） 2007.11

「ほとくい」—雑草あれこれ[1],(2)（大田六男）「ふるさとみまた」 三股郷土史研究会 （25）/（26） 2007.11/2008.11

着物の変遷（岩崎民子）「ふるさとみまた」 三股郷土史研究会 （25） 2007.11

老の歴史（指宿義正）「ふるさとみまた」 三股郷土史研究会 （25） 2007.11

キリスト来日説考（桑畑愛一）「ふるさとみまた」 三股郷土史研究会 （25） 2007.11

くねんぼ（岩崎民子）「ふるさとみまた」 三股郷土史研究会 （26） 2008.11

古事記の森で遊ぶ（前田宏）「ふるさとみまた」 三股郷土史研究会 （27） 2009.11

毒虫のこと（大田六男）「ふるさとみまた」 三股郷土史研究会 （27）

クネンボの記憶（桑畑初也）「ふるさとみまた」 三股郷土史研究会 （27） 2009.11

茶摘みの頃（北畑ちさみ）「ふるさとみまた」 三股郷土史研究会 （27） 2009.11

鯨のはなし（児玉雅治）「ふるさとみまた」 三股郷土史研究会 （28） 2010.11

六月灯の思い出（大田六男）「ふるさとみまた」 三股郷土史研究会 （28） 2010.11

随想二題 姉妹/甘茶の思い出（岩崎民子）「ふるさとみまた」 三股郷土史研究会 （29） 2011.11

クサツの葉（岩崎民子）「ふるさとみまた」 三股郷土史研究会 （30） 2012.11

六郎どんの残酷物語（桑畑三則）「ふるさとみまた」 三股郷土史研究会 （31） 2013.11

随想三題 老爺の道楽/元日タクシー/水神様は恐ろしい（桑畑三則）「ふるさとみまた」 三股郷土史研究会 （32） 2014.11

三俣院高城

旧三俣院高城のあげ馬考—知っていてほしいこと（塩水流忠夫）「日和城」 高城の昔を語る会 （15） 2008.1

美々津

美々津伝統的建造物群・都農神社・宗麟原供養塔等視察記（歴史）（板垣重雄）「日和城」 高城の昔を語る会 （21） 2014.02

都嶋

サイノミコト（神武天皇）と都嶋（高野兼盛）「もろかた：諸県」 都城史談会 35 2001.11

都城

茶の間の歴史—衷史と弾圧と伝説（細木行男）「もろかた：諸県」 都城史談会 31 1997.11

投網の話（堀之内義治）「もろかた：諸県」 都城史談会 31 1997.11

振り子時計（神崎義照）「もろかた：諸県」 都城史談会 31 1997.11

"もろかた"再掲論文第1号「都城柔道物語」（中山正道）「もろかた：諸県」 都城史談会 31 1997.11

近世都城の商業について—史料からみる都城の町場（竹川克幸）「市史編さんだより」 都城市 4 1998.3

方言雑談（平野巌）「もろかた：諸県」 都城史談会 32 1998.11

方言のままに—幼き日を追憶して（丸中光子）「もろかた：諸県」 都城史談会 32 1998.11

民俗資料の収集と保存活用について（花房憲政）「もろかた：諸県」 都城史談会 32 1998.11

都城地方の薬の民俗（瀬戸山計佐儀）「みやざき民俗」 宮崎県民俗学会 52 1998.12

都城前賢者達の墓を訪ねる（児島静夫）「もろかた：諸県」 都城史談会 33 1999.11

古代都城における井戸祭祀（北田裕行）「考古学研究」 考古学研究会 47（1）通号185 2000.6

なんじゃかんじゃうぜけん話（立元久夫）「もろかた：諸県」 都城史談会 34 2000.11

過去帳—昭和21年（神崎義照）「もろかた：諸県」 都城史談会 34 2000.11

昔の男の子の遊び（持留勝）「もろかた：諸県」 都城史談会 34 2000.11

講演記録 最後の輸送船護衛と慰霊の旅（松元直春）「もろかた：諸県」 都城史談会 35 2001.11

都城の手すき和紙の集落について（菱口政俊）「もろかた：諸県」 都城史談会 36 2002.11

石敢当（亀元貞子）「もろかた：諸県」 都城史談会 （37） 2003.11

増補 都城薩摩焼の系統と諸窯[1]～(3)（佐々木綱洋）「季刊南九州文化」 南九州文化研究会 98/100 2004.1/2004.7

都城島津家文書「安永諏訪御神事旧例覚」について（若山浩章）「都城地域史研究：市史編さんだより」 都城市 （10） 2004.3

オヤッドン物語（得能哲夫）「もろかた：諸県」 都城史談会 （39） 2005.12

投網の話（堀之内義治）「もろかた：諸県」 都城史談会 （39） 2005.12

鎮火祭・道饗祭にみる都城の境界（宍戸香美）「寧楽史苑」 奈良女子大学史学会 （52） 2007.2

随感 「念仏解禁」について思うこと（水久保菊男）「もろかた：諸県」 都城史談会 （41） 2007.11

都城茶業の発達史（佐々木綱洋）「季刊南九州文化」 南九州文化研究会 （106） 2007.11

八幡信仰に係わる放生会に登場する弥五郎どんの朱面白面の意味するもの（塩水流忠夫）「もろかた：諸県」 都城史談会 （42） 2008.11

失われた「天の逆矛」（歴史編）（福崎親）「もろかた：諸県」 都城史談

会 (44) 2010.11
都城臨済宗寺院の変遷(創造・転派・存続・廃壊)(佐々木綱洋)「季刊南九州文化」 南九州文化研究会 (114) 2011.11
郷土復帰への苦難の道程――向宗嫌疑で百姓・山伏を経て(塩水流忠夫)「もろかた : 諸県」 都城史談会 (45) 2011.11
隠れ念仏とカヤカベ教について(立元久夫)「もろかた : 諸県」 都城史談会 (45) 2011.11
死生の間(会員の広場)(亀元義男)「もろかた : 諸県」 都城史談会 (45) 2011.11
棕櫚の縄(歴史編)(鶴田利業)「もろかた : 諸県」 都城史談会 (47) 2013.11
熊蜂捕獲と食の楽しみ(会員の広場)(平山良照)「もろかた : 諸県」 都城史談会 (47) 2013.11
都城島津領における臨済宗寺院(佐々木綱洋)「三州文化」 三州文化社 (7) 2014.03

都城島津館

市内牟田町 浄土真宗播護寺通用門を論ず 「江戸時代都城私領主四万石の都城島津館表御門説」(児玉三郎)「もろかた : 諸県」 都城史談会 (37) 2003.11

都城市立図書館

忘れられた筆記具の角筆とその文字―都城市立図書館の角筆を発見して(小林芳規)「市史編さんだより」 都城市 4 1998.3

都城盆地

都城盆地の坂物語(瀬戸山計佐儀)「みやざき民俗」 宮崎県民俗学会 53 1999.11
都城盆地の姥捨て場(瀬戸山計佐儀)「みやざき民俗」 宮崎県民俗学会 53 1999.11
都城盆地の坂物語(2)～(4)(瀬戸山計佐儀)「みやざき民俗」 宮崎県民俗学会 54/57 2001.1/2005.3
都城盆地の坂物語―歴史と民俗(瀬戸山計佐儀)「みやざき民俗」 宮崎県民俗学会 56 2003.11
都城盆地のガグレ達 大淀川上流(瀬戸山計佐儀)「みやざき民俗」 宮崎県民俗学会 (58) 2006.3
少年時代の遊びの思ひ出(〈昭和・平成の時代を語る1 子どもに伝えたい都城盆地の歴史〉)(榎崎究)「もろかた : 諸県」 都城史談会 (41) 2007.11
隠れ念仏「カヤカベ類似の宗教」と御霊の守護神化―宮崎県都城盆地における六十六部殺しにもとづく御霊信仰とその歴史的背景(《特集「みやざき民俗」への期待》)(森田清美)「みやざき民俗」 宮崎県民俗学会 (60) 2008.5

都城領三十三所観音

都城領三十三所観音について(児玉三郎)「もろかた : 諸県」 都城史談会 33 1999.11

宮崎

宮崎を愛した文人たち(土持孝雄)「みやざき民俗」 宮崎県民俗学会 51 1997.8
宮崎地方に於ける逃散一揆と隠れ念仏(黒木勝夫)「ひさみね」 広瀬地区郷土史同好会 (15) 1998.4
文献に見る宮崎の能(土持孝雄)「みやざき民俗」 宮崎県民俗学会 52 1998.12
宮崎の精霊棚(松村利規)「民具研究」 日本民具学会 通号120 1999.10
宮崎の太鼓台(前田博仁)「みやざき民俗」 宮崎県民俗学会 53 1999.11
宮崎の神楽と神楽面(泉房子)「ひさみね」 広瀬地区郷土史同好会 (17) 2000.4
宮崎の神楽について(山口保明)「宮崎県地方史研究紀要」 宮崎県立図書館 28 2002.3
宮崎の昔話(馬場辰雄)「ひさみね」 広瀬地区郷土史同好会 (19)/(20) 2002.8/2003.10
《特集 宮崎に見る醸造の民俗》「みやざき民俗」 宮崎県民俗学会 56 2003.11
みやざきの酒造り唄(原田解)「みやざき民俗」 宮崎県民俗学会 56 2003.11
みやざきの焼酎考(川辺節義)「みやざき民俗」 宮崎県民俗学会 56 2003.11
中世における鳴瀬川・江合川流域の熊野信仰―宮崎熊野神社の潮垢離神事が示す信仰の世界(佐藤正人)「東北学院大学東北文化研究所紀要」 東北学院大学東北文化研究所 (36) 2004.11
《特集 宮崎に見る交流の民俗》「みやざき民俗」 宮崎県民俗学会 57 2005.3
報告3 宮崎 身分と身形―衣服統制を中心に(黒木広志)「もやい : 長崎人権・学」 長崎人権研究所 50 2005.10
高岡と宮崎の交流(《特集 宮崎における交流の民俗》)(首藤光幸)「みやざき民俗」 宮崎県民俗学会 (58) 2006.3
みやざきの迷信と俗信(川辺節義)「みやざき民俗」 宮崎県民俗学会 (58) 2006.3
宮崎のハレの衣服の彩色方法(岡村好美)「民俗と風俗 : the journal of the Chubu Branch, the Japanese Society for History of Manners and Customs」 日本風俗史学会中部支部 (17) 2007.3
木材搬出の道(《特集 宮崎における交流の民俗》)(中武雅周)「みやざき民俗」 宮崎県民俗学会 (59) 2007.3
みやざきの迷信と俗信(2) 家畜、気象、住居・建物に関して(川辺節義)「みやざき民俗」 宮崎県民俗学会 (59) 2007.3
宮崎民謡のCD化・多彩な民俗芸能まつり(原田解)「日本民俗音楽学会会報」 日本民俗音楽学会 (27) 2007.7
故郷「みやざき」今昔物語(《特集 「みやざき民俗」への期待》)(根井浄)「みやざき民俗」 宮崎県民俗学会 (60) 2008.5
シンポジウム 宮崎における民俗学の課題と期待(《特集 「みやざき民俗」への期待》)「みやざき民俗」 宮崎県民俗学会 (60) 2008.5
〈特集 宮崎を訪れた人々〉「みやざき民俗」 宮崎県民俗学会 (61) 2009.02
宮崎の妖怪セコ・カリコ(シリーズ 21世紀に語り継ぐ地域の民俗文化)(前田博仁)「みやざき民俗」 宮崎県民俗学会 (62) 2010.02
宮崎の野鳥俗名考―ユニークな命名と消える生活誌(シリーズ 21世紀に語り継ぐ地域の民俗文化)(鈴木素直)「みやざき民俗」 宮崎県民俗学会 (62) 2010.02
みやざきの迷信と俗信(2)―病害虫、災害に関して(川辺節義)「みやざき民俗」 宮崎県民俗学会 (62) 2010.02
宮崎の怪火―他地域の事例との比較で(清水芳見)「みやざき民俗」 宮崎県民俗学会 (64) 2012.03
黎明期の宮崎と軽便鉄道(湯浅倉平)「みやざき民俗」 宮崎県民俗学会 (64) 2012.03
宮崎の千人針(2)(渡邉一弘)「みやざき民俗」 宮崎県民俗学会 (64) 2012.03
「急々如律令」銘の庚申塔について(田中茂)「宮崎考古」 宮崎考古学会 (23) 2012.04
宮崎の猟具様々(押川周弘)「みやざき民俗」 宮崎県民俗学会 (65) 2013.03
暮らしの文化のより良き実り(原田解)「みやざき民俗」 宮崎民俗学会 (66) 2014.03
故郷の記憶(2)―結いにみる伝統の力(那賀教史)「みやざき民俗」 宮崎民俗学会 (66) 2014.03
古文書の中のクラーク神父 願之趣離開届候条其旨雇主へ可相達事(押川周弘)「みやざき民俗」 宮崎民俗学会 (66) 2014.03

宮崎県

供養思想の精神構造(1)―近世農婦社会の原像(宗像哲男)「宮崎県総合博物館研究紀要」 宮崎県総合博物館 通号20 1996.7
《特集 神楽》「みやざき民俗」 宮崎県民俗学会 51 1997.8
宮崎県の民俗芸能(3)～(5)―かぐらを視座に(山口保明)「みやざき民俗」 宮崎県民俗学会 51/53 1997.8/1999.11
宮崎県関連神楽文献目録(渡辺一弘)「みやざき民俗」 宮崎県民俗学会 51 1997.8
庶民信仰(黒木安弘)「みやざき民俗」 宮崎県民俗学会 51 1997.8
おんなめかずら(江口司)「みやざき民俗」 宮崎県民俗学会 51 1997.8
よる・あむ・つくる(2)―吊りと枠のテゴ作り伝承から(那賀教史)「みやざき民俗」 宮崎県民俗学会 51 1997.8
宮崎県の年中行事(3)～(6)(前田博仁)「みやざき民俗」 宮崎県民俗学会 51/54 1997.8/2001.1
「軽み」の死生学―産と死の文化(宗像哲男)「宮崎県総合博物館研究紀要」 宮崎県総合博物館 通号21 1998.3
明治期の共同体と社会生活(徳永孝一)「宮崎県地方史研究紀要」 宮崎県立図書館 24 1998.3
百済王族伝承と地名(福宿孝夫)「みやざき民俗」 宮崎県民俗学会 52 1998.12
隠れ念仏講の現在(楠本友郎)「みやざき民俗」 宮崎県民俗学会 52 1998.12
モリを祀る人々(江口司)「みやざき民俗」 宮崎県民俗学会 52 1998.12
雨乞い習俗―昭和時代の伝承事例を中心に(那賀教史)「みやざき民俗」 宮崎県民俗学会 52 1998.12
労働唄(瀬戸山計佐儀)「みやざき民俗」 宮崎県民俗学会 52 1998.12
神楽のことで(橋本進)「みやざき民俗」 宮崎県民俗学会 52 1998.12
井上良臣家文書について―刀工井上氏関連文書の紹介(若山浩章)「宮崎県史研究」 宮崎県 13 1999.3
宮崎県の伝承子守歌(高橋政秋)「宮崎県地方史研究紀要」 宮崎県立図書館 25 1999.3
自然に関わる伝承と農耕習俗―野鳥にまつわる俗信・俚諺を中心に(鈴

木素直）「宮崎県地方史研究紀要」 宮崎県立図書館 25 1999.3

山村に伝承する技術とくらし（那賀教史）「宮崎県地方史研究紀要」 宮崎県立図書館 25 1999.3

ふるさとの詩・子守歌 米すり歌「亀井 ： 内藤家顕彰会会誌」 内藤家顕彰会 平成11年度 1999.5

ふるさとの詩 旧宮崎県の歌「亀井 ： 内藤家顕彰会会誌」 内藤家顕彰会 平成11年度 1999.5

ふるさとの詩 南町道念節・三町道念節「亀井 ： 内藤家顕彰会会誌」 内藤家顕彰会 平成11年度 1999.5

九州の石造物・長崎県/宮崎県南部/鹿児島県（加藤孝雄）「日本の石仏」 日本石仏協会，青蛾書房（発売） 通号90 1999.6

修験と山の神（千葉徳爾）「宮崎県県史だより」 宮崎県 29 1999.9

小さなスゲテゴー『カッテゴ』寸話（前田聡）「みやざき民俗」 宮崎県民俗学会 53 1999.11

百済王末流伝説の証左（福宿孝夫）「みやざき民俗」 宮崎県民俗学会 53 1999.11

宮崎県における歯の民間医療―歯痛平癒の神仏祈願（1），（2）（高木道弘）「みやざき民俗」 宮崎県民俗学会 53/54 1999.11/2001.1

田の神舞雑感―教えてもらいたいこと（所517平）「みやざき民俗」 宮崎県民俗学会 53 1999.11

《特集 21世紀に伝えたいふるさとの民俗》「みやざき民俗」 宮崎県民俗学会 54 2001.1

疱瘡踊りのことなど（山口保明）「みやざき民俗」 宮崎県民俗学会 54 2001.1

わらべ歌にみる伝播と変容―手まり歌「四方の景色」の場合（高橋政秋）「みやざき民俗」 宮崎県民俗学会 54 2001.1

イゴキ馬とモンゴル（福元治夫）「みやざき民俗」 宮崎県民俗学会 54 2001.1

鳥の声―聞き做しのこと（鈴木素直）「みやざき民俗」 宮崎県民俗学会 54 2001.1

「ヒダ・コチ」「ハシ・ケシ」―牛・馬による農耕の跡絶えに消えたことば（前田聡）「みやざき民俗」 宮崎県民俗学会 54 2001.1

外記どんと半びどん（首藤光幸）「みやざき民俗」 宮崎県民俗学会 54 2001.1

祖母が伝えたおまじない（渡辺一弘）「みやざき民俗」 宮崎県民俗学会 54 2001.1

カジメ考（前田博仁）「みやざき民俗」 宮崎県民俗学会 54 2001.1

「けさ」命名考（西岡洋三）「みやざき民俗」 宮崎県民俗学会 54 2001.1

義太・作威伝承（山崎剛一）「みやざき民俗」 宮崎県民俗学会 55 2002.7

山の民の生活史（永松敦）「宮崎県地方史研究紀要」 宮崎県立図書館 29 2003.3

世の中はちろりに過ぐる―焼酎と暮らし（山口保明）「みやざき民俗」 宮崎県民俗学会 56 2003.11

彼の御酒出き始まりし處いづくなるらん（押川周弘）「みやざき民俗」 宮崎県民俗学会 56 2003.11

伊東家譜「隠れキリスト系譜」（耕真介）「季刊南九州文化」 南九州文化研究会 99 2004.4

宮崎県の屋敷神（馬場辰雄）「ひさみね」 広瀬地区郷土史同好会 （21） 2005.1

「公益質屋」制度の誕生から終焉まで（植松修一）「みやざき民俗」 宮崎県民俗学会 57 2005.3

船形手水鉢雑考（長曽我部光義）「みやざき民俗」 宮崎県民俗学会 57 2005.3

刀豆（たちわけ）栽培ができない菜園（前田聡）「みやざき民俗」 宮崎県民俗学会 （58） 2006.3

「書面願之趣閏届候」―公文書を通しての祭礼行事の消長（押川周弘）「みやざき民俗」 宮崎県民俗学会 （58） 2006.3

シマの諺にみる人生愛のマンダラ（松山光秀）「花礁」 「花礁」編集室 （6） 2007.2

堂をめぐる若干の問題（岡谷公二）「花礁」 「花礁」編集室 （6） 2007.2

「御維新之今日ニ至リ甚以無謂事ニ候」―公文書で探る維新の宗教政策（押川周弘）「みやざき民俗」 宮崎県民俗学会 （59） 2007.3

近世の山村と生業―生業の三重構造という視点（武井弘一）「宮崎県地域史研究」 宮崎県地域史研究会 （21） 2007.3

武士の喧嘩と近世社会―喧嘩と立退を中心とした基礎的考察（佐藤晴悟）「宮崎県地域史研究」 宮崎県地域史研究会 （22） 2007.3

新しい一歩を―60号記念号の刊行にあたって（原田解）「みやざき民俗」 宮崎県民俗学会 （60） 2008.5

県内の民謡資料を集めた「宮崎県の民俗音楽」がまとまる（《特集 「みやざき民俗」への期待》）（原田解）「みやざき民俗」 宮崎県民俗学会 （60） 2008.5

仁王の利益―宮崎県の事例にみる仁王信仰（《特集 「みやざき民俗」への期待》）（高木道弘）「みやざき民俗」 宮崎県民俗学会 （60） 2008.5

宮崎県の狩猟関係資料にみる幻のニホンリス（《特集 「みやざき民俗」へ

の期待》）（安田雅俊）「みやざき民俗」 宮崎県民俗学会 （60） 2008.5

念仏講「百万遍」信仰（《特集 「みやざき民俗」への期待》）（前田聡）「みやざき民俗」 宮崎県民俗学会 （60） 2008.5

石に聴く「橋供養塔」の辻（《特集 「みやざき民俗」への期待》）（長曽我部光義）「みやざき民俗」 宮崎県民俗学会 （60） 2008.5

ふるさとの正月行事―宮崎県北部にみる事例から（《特集 「みやざき民俗」への期待》）（那賀教史）「みやざき民俗」 宮崎県民俗学会 （60） 2008.5

新しい課題に向かって（原田解）「みやざき民俗」 宮崎県民俗学会 （61） 2009.02

海辺の猟師―海と山のはざまで（《特集 海・山・里・川の民俗》）（渡邉一弘）「みやざき民俗」 宮崎県民俗学会 （61） 2009.02

鎮守の杜に響く笛太鼓が語りかけるもの（《シリーズ 21世紀に語り継ぐ地域の民俗文化》）（押川周弘）「みやざき民俗」 宮崎県民俗学会 （61） 2009.02

巨石信仰から見える乳岩（《シリーズ 21世紀に語り継ぐ地域の民俗文化》）（谷口実智代）「みやざき民俗」 宮崎県民俗学会 （61） 2009.02

ひっそりと息づく神々―子どもと取り組む民俗誌（1），（2）（西岡洋三）「みやざき民俗」 宮崎県民俗学会 （61）/（62） 2009.02/2010.02

内藤家旧蔵の能・狂言面について―伝来過程をめぐる一考察（増田豪）「宮崎県文化講座研究紀要」 宮崎県立図書館 35 2009.03

さらなる発酵を願って（原田解）「みやざき民俗」 宮崎県民俗学会 （62） 2010.02

宮崎県における公益質屋について（特集 情報と金融）（那賀教史）「みやざき民俗」 宮崎県民俗学会 （62） 2010.02

二つの漁業日誌（押川周弘）「みやざき民俗」 宮崎県民俗学会 （62） 2010.02

念仏講塔（前田聡）「みやざき民俗」 宮崎県民俗学会 （62） 2010.02

俚謡と舞踊と（押川周弘）「みやざき民俗」 宮崎県民俗学会 （64） 2012.03

道の変遷と暮らし―峠道から川沿いの道へ（那賀教史）「みやざき民俗」 宮崎県民俗学会 （64） 2012.03

研究 『古事記』仁徳天皇条にみる「水潦」の考察（大館正晴）「宮崎県地域史研究」 宮崎県地域史研究会 2012.03

石造仁王像造立の盛衰―宮崎県の事例と隣接諸県との比較（高木道弘）「みやざき民俗」 宮崎県民俗学会 （65） 2013.03

自然を見つめる確かな目―故郷の記憶（1）（那賀教史）「みやざき民俗」 宮崎県民俗学会 （65） 2013.03

紀元二千六百年奉祝運動の先駆者―君島清吉の政治思想と功績（黒岩昭彦）「みやざき民俗」 宮崎県民俗学会 （65） 2013.03

遺稿 女猪狩りと猟犬と葬送儀礼（特集 山口保明前会長追悼）（山口保明）「みやざき民俗」 宮崎県民俗学会 （65） 2013.03

県内の妖怪について―序論（小山博）「宮崎県総合博物館研究紀要」 宮崎県総合博物館 34 2014.03

講演記録 『古事記』を読むとは（大館真晴）「宮崎県地域史研究」 宮崎県地域史研究会 （29） 2014.03

発掘された火起こしの歴史と文化（藤木聡）「宮崎県文化講座研究紀要」 宮崎県立図書館 40 2014.03

「石屋がいちばん」と「笠地蔵」―宮崎県の昔話と石（続・石仏と民俗伝承）（矢口裕康）「あしなか」 山村民俗の会 300 2014.04

宮崎県の柴折り（大島建彦）「西郊民俗」 「西郊民俗談話会」 （228） 2014.09

宮崎市

宮崎市近辺の神楽（黒木亜美子）「民俗芸能学会会報」 民俗芸能学会 39 1998.1

宮崎の田の神像・塔―薩摩藩領および周辺域の分布状況（高木道弘）「みやざき民俗」 宮崎県民俗学会 52 1998.12

宮崎市における里修験の報告（《特集 宮崎における交流の民俗》）（前田博仁）「みやざき民俗」 宮崎県民俗学会 （58） 2006.3

宮崎市南部山岳地の修験―宮崎市における里修験の報告（《特集 宮崎における交流の民俗》）（前田博仁）「みやざき民俗」 宮崎県民俗学会 （59） 2007.3

民俗芸能編（《特集1 新宮崎市の文化財調査と観光資源の開発》）―第1部宮崎市内の文化財調査（永松敦）「九州民俗学 ： bulletin of Kyushu Folklore Society」 九州民俗学会 （4） 2007.3

宮崎平野

宮崎平野における古代遺蹟と日向七堂伽藍大寺（7）（川越凉子）「季刊南九州文化」 南九州文化研究会 73 1997.11

宮崎平野における海岸クロマツ林のキノコ民俗（黒木秀一，﨑田一郎）「宮崎県総合博物館研究紀要」 宮崎県総合博物館 30 2010.04

宮村

宮村の特産品―「庄内地理志」と「日向地誌」（桑畑初也）「ふるさとみまた」 三股郷土史研究会 （24） 2006.11

九州・沖縄　　　　　郷土に伝わる民俗と信仰　　　　　宮崎県

名田
下北方名田石橋供養塔─暮らしの道・祈りの道（《特集 宮崎における交流の民俗》）（長曽我部光義）「みやざき民俗」 宮崎県民俗学会　（58）2006.3

村所
村所神楽の神屋（中武雅周）「みやざき民俗」 宮崎県民俗学会　51
1997.8

米良神楽
西米良神楽の地舞（中武雅周）「みやざき民俗」 宮崎県民俗学会　52
1998.12

日向神楽と修験─米良系神楽とその背景（山口保明）「山岳修験」 日本山岳修験学会，岩田書院（発売）（32）2003.11

米良の神楽と狩猟習俗（特集 未来へ伝えるみやざきの行事・祭礼・芸能）（前田博仁）「みやざき民俗」 宮崎民俗学会　（66）2014.03

米良の民家
県内の民家調査について─「旧黒木家住宅」と「米良の民家」関連調査（小山博）「宮崎県総合博物館研究紀要」 宮崎県総合博物館　31
2011.3

持田古墳群
忍穂耳野命と持田古墳群（大久保源右衛門）「ひさみね」 広瀬地区郷土史同好会　（17）2000.4

元巣塚
元巣塚と梟（木崎原操六）「えびの」 えびの市史談会　32　1998.4

諸県
諸県の俚諺（馬場辰雄）「ひさみね」 広瀬地区郷土史同好会　（14）
1997.3

宮崎県諸県地方の廃仏毀釈（名越護）「鹿児島民俗」 鹿児島民俗学会
（137）2010.06

記憶を辿って─諸県のことわざ（随想）（福留健一）「日和城」 高城の昔を語る会　（21）2014.02

安井
漁村安井の変遷とすばらしい県施策─銃後を守る潜水講習会（飛田博温）「史友会報」 高鍋史友会　34　1999.6

八手神社
八手神社の棟札（甲斐亮典）「みやざき民俗」 宮崎民俗学会　（66）
2014.03

山内石塔群
山内石塔群（《特集 石が語る清武の歴史》）「歴史散歩きよたけ」 清武町安井息軒顕彰会　（7）2001.9

山之口の文弥人形
古浄瑠璃の芸態、今に伝える─宮崎・山之口麓文弥節人形浄瑠璃（山下博明）「西日本文化」 西日本文化協会　348　1999.1

山之口麓文弥節人形浄瑠璃について（桑原房子）「ひなもり」 小林史談会
（44）2004.5

日向の弥五郎人形行事─山之口弥五郎どん祭り（特集 未来へ伝えるみやざきの行事・祭礼・芸能）（中元照視）「みやざき民俗」 宮崎民俗学会
（66）2014.03

竜源寺
市木龍源寺栄光の百年（1），（2）（川崎永伯）「くしま史談会報」 串間史談会　14/15　2002.3/2003.3

竜福寺跡
龍福寺跡墓碑調査報告 童子・童女墓碑について（首藤光幸）「みやざき民俗」 宮崎県民俗学会　56　2003.11

龍福寺跡墓碑調べ 戒名の検討（首藤光幸）「みやざき民俗」 宮崎県民俗学会　57　2005.3

若鶴三社
若鶴三社の祭り（高橋香）「まいづる」 佐土原地区郷土史同好会　21
2004.9

鹿児島県

始良

思いをこめて踊る一曲（始良地区芸術祭）（海江田スエ子）「文化みぞべ」溝辺町文化協会　（12）2002.3

始良地区の伝統行事に見る竹と竹製品（濱田甫）「鹿児島民具」鹿児島民具学会　通号18　2006.3

始良町

鹿児島県始良町の史跡に成育する竹（濱田甫）「鹿児島民具」鹿児島民具学会　通号22　2010.03

吾平町

吾平町の千手坊（園田トヨ）「大隅」大隅史談会　48　2005.3

秋葉堂

秋葉堂と正福寺の創建について（資料）（小野義文）「くしきの」いちき串木野郷土史研究会　（18）2004.6

悪石島

ネーシ（内侍）の継承と成巫過程―悪石島の場合（渡山恵子）「鹿児島民俗」鹿児島民俗学会　121　2002.5

トカラ列島の中世石塔（1），（2）―鹿児島県十島村悪石島の15世紀の山川石製宝篋印塔（橋口亘，松田朝由）「南日本文化財研究」「南日本文化財研究」刊行会　（14）/（16）2012.10/2013.02

民俗行事と物語性 トカラ列島の七島正月―悪石島のコマ正月を中心に（渡山恵子）「鹿児島民俗」鹿児島民俗学会　（146）2014.12

悪石島のボゼ

悪石島のボゼに関する考察（渡山恵子）「鹿児島民俗」鹿児島民俗学会（133）2008.4

ボゼの現在をいかに描くか―悪石島における盆行事の現代的動態をめぐって（及川高）「沖縄民俗研究」沖縄民俗学会　（29）2011.03

阿久根

田の神の石像―薩摩・阿久根（山里だより（6））（柳生康史）「あしなか」山村民俗の会　273　2005.12

霧島修験 空ум法印の日記について（13），（14）阿久根の火留め祈願「御日待」と「空順講」、「火の神祭り」の修験と民俗（前），（後）（森田清美）「鹿児島民俗」鹿児島民俗学会　（143）/（144）2013.05/2013.12

浅間

徳之島浅間方言の活用形アクセント資料（上野善道）「琉球の方言」法政大学沖縄文化研究所　通号25　2001.3

聞き書き 徳之島浅間の妖怪と恐いもの（岡村隆博）「奄美沖縄民間文芸学」奄美沖縄民間文芸学会　（11）2012.03

芦清良集落

芦清良集落の屋号 昭和61年（1986）勝間行信作成「えらぶせりよさ：沖永良部郷土研究会会報」沖永良部郷土研究会　（19）2002.7

芦検

奄美大島「芦検」の新しい共同墓地―建設に至る経過と墓制の変化（福岡直子）「民俗文化研究」民俗文化研究所　（1）2000.9

奄美大島「芦検」の八月踊りにおける太鼓のリズム―宇検村内他集落との比較及び考察（末岡三穂子）「民俗文化研究」民俗文化研究所　（2）2001.9

豊年祭にみる民俗社会の変化―奄美大島宇検村芦検を例として（福岡直子）「民俗文化研究」民俗文化研究所　（3）2002.9

シマの同級生と過ごした3日間―奄美大島宇検村芦検の豊年祭の上がり相撲に参加して（末岡三穂子）「民俗文化研究」民俗文化研究所　（7）2006.8

シマを超える伝承―関東芦検民謡保存会の活動（末岡三穂子）「奄美沖縄民間文芸学」奄美沖縄民間文芸学会　（7）2007.8

奄美大島宇検村芦検の種子おろし行事「ムチムレ（餅貰い）」（末岡三穂子）「民俗文化研究」民俗文化研究所　（8）2008.8

奄美の暮らし―奄美大島宇検村芦検の行事体験（浅野博美）「民俗文化研究」民俗文化研究所　（9）2008.8

余多

余多アーャのマジムン（出村卓三）「えらぶせりよさ：沖永良部郷土研究会会報」沖永良部郷土研究会　（23）2003.7

奄美

奄美の童歌と神歌を繋ぐもの（小川学夫）「地域・人間・科学」鹿児島純心女子短期大学江角学びの交流センター地域人間科学研究所　（1）1997.3

奄美・沖縄の祭儀と女性たち（真下厚）「まつり通信」まつり同好会37（11）通号441　1997.11

奄美民謡と本土民謡の類似詞形（小川学夫）「地域・人間・科学」鹿児島純心女子短期大学江角学びの交流センター地域人間科学研究所　（2）1998.3

奄美への展望―古琉球辞令書の視点から（第1回研究例会報告）（高良倉吉）「沖縄で奄美を考える会会報」沖縄で奄美を考える会　（1）1998.7

奄美の本を読む（書評）音の力／沖縄と奄美（前利潔）「沖縄で奄美を考える会会報」沖縄で奄美を考える会　（2）1998.9

奄美における民謡と伝承説話の交渉（小川学夫）「地域・人間・科学」鹿児島純心女子短期大学江角学びの交流センター地域人間科学研究所（3）1999.3

第5回研究例会研究発表要旨 奄美の織物（柳悦州）「沖縄で奄美を考える会会報」沖縄で奄美を考える会　（4）1999.4

第8回研究例会研究発表要旨 奄美歌謡テキスト作成の現状（名富綾乃）「沖縄で奄美を考える会会報」沖縄で奄美を考える会　（7）2000.2

第9回研究例会研究発表要旨 奄美人と沖縄人の〈境界〉（前利潔）「沖縄で奄美を考える会会報」沖縄で奄美を考える会　（7）2000.2

厄払いの浜下り儀礼の考察―霊的来訪をめぐる奄美・沖縄の民俗観念（加藤正春）「沖縄文化研究：法政大学沖縄文化研究所紀要」法政大学沖縄文化研究所　（26）2000.3

奄美民謡とジェンダー（小川学夫）「地域・人間・科学」鹿児島純心女子短期大学江角学びの交流センター地域人間科学研究所　（4）2000.3

第11回研究例会研究発表要旨 奄美の人々の名前について考える（金城善）「沖縄で奄美を考える会会報」沖縄で奄美を考える会　（8）2000.6

奄美方言研究の現状と課題（第14回研究例会研究発表要旨）（かりまたしげひさ）「沖縄で奄美を考える会会報」沖縄で奄美を考える会　（9）2000.12

奄美方言分類辞典をめぐって―その可能性を探る（第14回研究例会研究発表要旨）（須山名保子，大胡太郎）「沖縄で奄美を考える会会報」沖縄で奄美を考える会　（9）2000.12

奄美の八月踊りの頃（藤井令一）「自然と文化」日本ナショナルトラスト通号65　2001.1

奄美民謡「あさばな節」再考 I型歌唱形式からII型歌唱形式へ（小川学夫）「地域・人間・科学」鹿児島純心女子短期大学江角学びの交流センター地域人間科学研究所　（5）2001.3

私の旅や浜宿り―交響詩「ベルスーズ奄美」―奄美の子守唄 揺籃雑談（山畑馨）「沖縄で奄美を考える会会報」沖縄で奄美を考える会　（12）2001.7

奄美と沖縄の俚諺（倉井則雄）「南島研究」南島研究会　42　2001.11

奄美の悲劇伝承―ノロ・ユタと関わって―ノロの死をめぐる伝承（高橋一郎）「奄美沖縄民間文芸学」奄美沖縄民間文芸学会　（2）2002.3

奄美とオモロ（波照間永吉）「奄美沖縄民間文芸学」奄美沖縄民間文芸学会　（2）2002.3

第26回研究会報告 奄美における芭蕉布生産叙事歌とその文化的背景（久万田晋）「沖縄染織研究通信」沖縄染織研究会　25　2002.7

随想 奄美の歌雑感（比嘉加津夫）「しまうた」しまうた文化研究会　14 2002.12

民謡を訪ねて 奄美の名歌―俊良主節（古木辰治）「しまうた」しまうた文化研究会　14　2002.12

奄美八月節祭りのワラ人形（《特集 祭りと信仰》）（下野敏見）「まつり」まつり同好会　通号64　2003.2

奄美民謡の伝播と変容―ちょうきく節の事例を通して（松山光秀）「奄美沖縄民間文芸学」奄美沖縄民間文芸学会　（2）2003.3

奄美沖縄の葬送・出産儀礼における霊魂の付着と力の作用（加藤正春）「沖縄文化研究：法政大学沖縄文化研究所紀要」法政大学沖縄文化研究所　（29）2003.3

奄美民謡における短詞形歌詞の表現様式（小川学夫）「地域・人間・科学」鹿児島純心女子短期大学江角学びの交流センター地域人間科学研究所（6・7）2003.3

奄美・山神考の試み―もうひとつの山神（高橋一郎）「法政大学沖縄文化研究所所報」法政大学沖縄文化研究所　53　2003.3

第28回研究例会発表要旨 南島における "もの" の文化—奄美の祭祀・儀礼歌謡の場合（大竹有子）「沖縄で奄美を考える会会報」 沖縄で奄美を考える会 （16） 2003.5

アチックミューゼアムの民具コレクション（3） 奄美の法螺貝（ブーラ）（斎藤純）「民具マンスリー」 神奈川大学 36（11）通号431 2004.2

東京で奄美のシマウタを習う—島唄教室の現状とその担い手たち（末岡三穂子）「民俗文化研究」 民俗文化研究所 （5） 2004.7

《特集 響きあう奄美の歌と芸能》「しまうた」 しまうた文化研究会 15 2004.12

奄美唄の魅力（郡山直）「しまうた」 しまうた文化研究会 15 2004.12

奄美裏声音楽文化の研究（仲宗根幸市）「しまうた」 しまうた文化研究会 15 2004.12

「第5回奄美太鼓まつり」報告（大城盛裕）「沖縄・八重山文化研究会会報」 沖縄・八重山文化研究会 （152） 2005.1

奄美における伝承的「名ヅケ」「コトワザ」「ナゾナゾ」とその「地域・人間・科学」 鹿児島純心女子短期大学江角学びの交流センター地域人間科学研究所 （8・9） 2005.3

『南九州の伝統文化I 祭礼と芸能、歴史』『南九州の伝統文化II 民具と民俗、研究』『奄美、都喝喇の伝統文化 祭りとノロ、生活』（書評）（小川直之）「民具研究」 日本民具学会 （131） 2005.3

奄美のヤンチュ（1），（2）（名越護）「鹿児島民俗」 鹿児島民俗学会 （127）/（128） 2005.5/2005.10

奄美・沖縄のノロ祭祀具（鉦）について（町健次郎）「南島研究」 南島研究会 46 2005.9

『HATERUMA』C.アウエハント/『奄美学—その地平と彼方』奄美学刊行委員会会刊/『奄美・吐噶喇の伝説文化』下野敏見著「南島研究」 南島研究会 46 2005.9

貝の道（シェル・ロード）と奄美（倉井則雄）「南島研究」 南島研究会 46 2005.9

下野敏見著『奄美、吐噶喇の伝統文化 祭りとノロ、生活』（書評）（福寛美）「法政大学沖縄文化研究所所報」 法政大学沖縄文化研究所 57 2005.9

酒井正子著『奄美・沖縄 哭きうたの民族誌』（書誌紹介）（鈴木正崇）「日本民俗学」 日本民俗学会 通号245 2006.2

奄美とその周辺地域における神名について—文献を中心に（照屋理）「沖縄芸術の科学 ： 沖縄県立芸術大学附属研究所紀要」 沖縄県立芸術大学附属研究所 （18） 2006.3

奄美・沖縄・韓国の兄妹・姉弟婚姻説話（田畑博子）「沖縄文化研究 ： 法政大学沖縄文化研究所紀要」 法政大学沖縄文化研究所 （32） 2006.3

奄美沖縄の近代「公園」と民俗空間（町健次郎）「首里城研究」 首里城公園友の会 （8） 2006.3

沖縄奄美の音楽芸能の現代的展開（記念講演）（久万田晋）「季刊沖縄」 沖縄協会 11（1・2）通号30 2006.4

奄美の債務奴隷ヤンチュ（3）（名越護）「鹿児島民俗」 鹿児島民俗学会 （129） 2006.5

奄美の儀礼的シマ歌にみる地域性—歌の展開を中心にその歴史的背景（三上絢子）「南島史学」 南島史学会 （67） 2006.5

奄美の共同墓地再考（福島直子）「民俗文化研究」 民俗文化研究所 （7） 2006.8

奄美民謡の短詞形歌詞における語句表現の変容（小川学夫）「地域・人間・科学」 鹿児島純心女子短期大学江角学びの交流センター地域人間科学研究所 （10・11） 2007.3

死者との究極のわかれ—奄美沖縄の突きうた（葬送歌）（酒井正子）「沖縄研究ノート ：《共同研究》南島における民族と宗教」 宮城学院女子大学キリスト教文化研究所 （16） 2007.3

南島民具—沖縄・奄美の民具（上江洲均）「民具研究」 日本民具学会 （特別号）2007.8

沖縄化される奄美のイメージ、脱沖縄化する奄美のイメージ（四條真也）「民俗文化研究」 民俗文化研究所 （8） 2007.8

奄美シマウタの三味線譜の考察（末岡三穂子）「民俗文化研究」 民俗文化研究所 （8） 2007.8

奄美シマウタのダイナミクス—請くま慢女節の歌詞考察より（鈴木みどり）「民俗文化研究」 民俗文化研究所 （8） 2007.8

奄美の暮らし—集落の葬式体験（浅野博美）「民俗文化研究」 民俗文化研究所 （8） 2007.8

奄美沖縄の死者儀礼と霊魂観念—死と離脱する二つの霊魂をめぐって（加藤正春）「民俗文化研究」 民俗文化研究所 （9） 2008.8

奄美における本土系民謡（小川学夫）「地域・人間・科学」 鹿児島純心女子短期大学江角学びの交流センター地域人間科学研究所 （12・13） 2009.03

奄美のハブ話—民俗文化研究の課題（本田碩孝）「鹿児島民俗」 鹿児島民俗学会 （135） 2009.06

奄美・沖縄民間説話研究の回顧と展望序説—特に岩倉市郎を中心に（山下欣一）「奄美沖縄民間文芸学」 奄美沖縄民間文芸学会 （9） 2009.09

奄美「うわさ歌」の歌掛け構造—「嘉徳鍋加那節」と「塩道長浜節」の分析から（居駒永幸）「奄美沖縄民間文芸学」 奄美沖縄民間文芸学会 （9） 2009.09

奄美・昔話三題（林蘇喜男）「南島研究」 南島研究会 通号50 2009.11

奄美のウミガメ漁—島の民俗知識と琉球・ヤマト文化圏との交流（奄美・沖縄の民俗）（藤井弘章）「民俗文化」 近畿大学民俗学研究所 （22） 2010.03

殺生釘補遺（2）（奄美・沖縄の民俗）（大脇潔）「民俗文化」 近畿大学民俗学研究所 （22） 2010.03

奄美の口承歌謡にみるウタ（短詞型歌謡）とカタリ（長詞型叙事歌謡）の位相—〈烏賊曳き（いきゃびき・いちゃびち）〉を例に（シンポジウム ウタとカタリ—比較歌謡研究の現場から—）（酒井正子）「口承文藝研究」 日本口承文藝學會 （33） 2010.03

新刊紹介 加藤正春著『奄美沖縄の火葬と葬墓制—変容と持続—』（波照間永吉）「沖縄文化」 沖縄文化協会 44（1）通号107 2010.07

奄美はハブの当たり年（酒井卯作）「南島研究」 南島研究会 通号51 2010.12

奄美におけるカトリック排撃運動（徐玄九）「沖縄文化研究 ： 法政大学沖縄文化研究所紀要」 法政大学沖縄文化研究所 （37） 2011.03

奄美・沖縄の民間説話研究の回顧と展望—私的回想などを中心に（山下欣一）「口承文藝研究」 日本口承文藝學會 （34） 2011.03

新民謡でたどる奄美新民謡リスト・つむぎエッセイ付（指宿邦彦）「徳之島郷土研究会会報」 徳之島郷土研究会 （31） 2011.05

加勝正春著『奄美沖縄の火葬と葬墓制—変容と持続—』（書評）（武井基晃）「日本民俗学」 日本民俗学会 （269） 2012.02

書評 『奄美民謡総覧』（山下欣一）「想林」 江角学びの交流センター地域人間科学研究所 （3） 2012.03

奄美・沖縄のシャーマニズムと呪言・呪詞の生成（真下厚）「奄美沖縄民間文芸学」 奄美沖縄民間文芸学会 （11） 2012.03

奄美・沖縄のシャーマニズムと歌の発生（シンポジウム シャーマニズムと神歌）（真下厚）「奄美沖縄民間文芸学」 奄美沖縄民間文芸学会 （11） 2012.03

私の研究 南西諸島の信仰文化はいかに「宗教」として捉えられていったか—近代奄美・沖縄における知の力学と「語り直し」の可能性（及川高）「法政大学沖縄文化研究所所報」 法政大学沖縄文化研究所 （70） 2012.03

資料 鹿児島の昔話（5）—奄美（瀬戸内町・宇検村・大和村）の民話から（下野敏見）「鹿児島民俗」 鹿児島民俗学会 （141） 2012.06

奄美の島唄を通して見た生きた文化の伝承—この50年の島唄の変遷（特集 鹿児島の未来遺産）（小川学夫）「想林」 江角学びの交流センター地域人間科学研究所 （4） 2013.03

沖縄 用語法からみた奄美・沖縄の「祭祀」研究（田村卓也）「沖縄民俗研究」 沖縄民俗学会 （31） 2013.03

奄美 薩摩藩勧農・開墾政策におけるノロ・ユタと怪異ケンモンについて（弓削政己）「沖縄民俗研究」 沖縄民俗学会 （31） 2013.03

グスクから見た琉球の土木技術（10）赤木名城と奄美遺産の整備（中山清美）「しまたてぃ ： 建設情報誌」 沖縄しまたて協会 （66） 2013.10

奄美のケンムン話（採集手帖）（酒井卯作）「南島研究」 南島研究会 （54） 2013.10

奄美・沖縄の台風と災害（特集 災害の民俗知）（上江洲均）「東北学.［第3期］」 東北芸術工科大学東北文化研究センター，はる書房（発売）3 2014.1

近代奄美における親族と墓の変容—民俗の変容からみた民衆史の試み（及川高）「沖縄文化研究 ： 法政大学沖縄文化研究所紀要」 法政大学沖縄文化研究所 （40） 2014.03

嘉陽の視座から 奄美シマウタの継承をめぐって（特集 伝承の諸相）（酒井正子）「奄美沖縄民間文芸学」 奄美沖縄民間文芸学会 （13） 2014.09

奄美大島

米軍統治下の奄美大島紬絹織物業—産地の視点から（仲村政文）「南日本文化」 鹿児島国際大学附属地域総合研究所 通号32 1999.8

奄美大島南部・消えたノロ祭祀具（町健次郎）「民具マンスリー」 神奈川大学 32（9）通号381 1999.12

奄美大島の船—丸木舟と準構造船—（板井英伸）「沖縄民俗研究」 沖縄民俗学会 （20） 2001.5

奄美大島の船—モーター船（板井英伸）「沖縄民俗研究」 沖縄民俗学会 （21） 2002.3

奄美大島のノロ行事・タネオロシ行事における歌と踊り（久万田晋）「沖縄・八重山文化研究会会報」 沖縄・八重山文化研究会 （130） 2003.1

第27回研究例会発表要旨 奄美大島のノロ行事・タネオロシ行事における歌と踊り（久万田晋）「沖縄で奄美を考える会会報」 沖縄で奄美を考える会 （16） 2003.5

鹿児島の伝統工芸品「大島紬」に関する研究（2）礼装用女物はかまの製作（西之園君子）「地域・人間・科学」 鹿児島純心女子短期大学江角学びの交流センター地域人間科学研究所 （10・11） 2007.3

奄美大島の学校における島唄・島口の伝承覚書（本田碩孝）「鹿児島民俗」

鹿児島県　　　　　　　　　　郷土に伝わる民俗と信仰　　　　　　　　　　九州・沖縄

鹿児島民俗学会　（132）2007.10

南島雑話とその周辺(16)（史料紹介と研究）(石上英一)「東京大学史料編纂所附属画像史料解析センター通信」 東京大学史料編纂所 （46）2009.7

奄美大島・徳之島の蛇の民話覚書(本田碩孝)「奄美沖縄民間文芸学」 奄美沖縄民間文芸学会 （9）2009.09

明治期における奄美大島開闢神話(町健次郎)「沖縄民俗研究」 沖縄民俗学会 （28）2010.03

奄美大島「奄美大島における八月踊り」(奄美群島 八月踊り特集)(高梨修)「法政大学沖縄文化研究所所報」 法政大学沖縄文化研究所 （67）2010.08

大正・昭和期における奄美大島開闢神話(町健次郎)「沖縄民俗研究」 沖縄民俗学会 （29）2011.03

琉球・沖縄の葬制の変遷 奄美大島南部域の人骨出土地及び散布地(町健次郎)「法政大学沖縄文化研究所所報」 法政大学沖縄文化研究所 （71）2012.09

獅子舞は登り 棒踊は下る(特集 黒潮の道の島々 トカラ列島から奄美大島へ)(所崎平)「西日本文化」 西日本文化協会 （462）2013.04

奄美大島の歌遊び(特集 黒潮の道の島々 トカラ列島から奄美大島へ)(龍英勝)「西日本文化」 西日本文化協会 （462）2013.04

九州南部の島々の特色ある衣と食(特集 黒潮の道の島々 トカラ列島から奄美大島へ)(牧島知子)「西日本文化」 西日本文化協会 （462）2013.4

「海上の道」再考―竹の焼畑とイモと黒米(赤米)(特集 黒潮の道の島々 トカラ列島から奄美大島へ)(川野和昭)「西日本文化」 西日本文化協会 （462）2013.4

琉球における妖怪の民族誌的研究―与論島と奄美大島の事例を中心に(2012年度修士論文発表要旨)(マッザロ, ヴェロニカ)「沖縄民俗研究」 沖縄民俗学会 （33）2014.03

奄美群島

トカラ列島と奄美群島における「地域開発と民俗変化」(小島摩文)「日本民俗学」 日本民俗学会 通号210 1997.5

資料紹介 古文献の中の船―奄美・沖縄群島の船についての書誌学(板井英伸)「沖縄民俗研究」 沖縄民俗学会 （22）2004.12

奄美・沖縄群島の船―自然・社会・文化の動態を見る「窓」としてのモノ研究(〈特集 第30回大会〉〈公開シンポジューム 環シナ海文化からみた沖縄〉)(板井英伸)「民具研究」 日本民具学会 （134）2006.9

奄美群島の産育をめぐる慣習の伝承と変容に関する研究(2)(宇都弘美, 下敷領須美子)「南九州地域科学研究所所報」 鹿児島女子短期大学附属南九州地域科学研究所 （23）2007.3

奄美群島おもろの世界(福寛美)「沖縄文化研究：法政大学沖縄文化研究所紀要」 法政大学沖縄文化研究所 （33）2007.3

シリーズ 琉球弧の「古墓」第1回 奄美群島における「古墓」研究(高梨修)「法政大学沖縄文化研究所所報」 法政大学沖縄文化研究所 （73）2013.09

奄美三島

奄美三島探訪記(早瀬哲恒)「昔風と当世風」 古々路の会 81 2001.11

奄美諸島

研究ノート 近畿地方および奄美諸島の石敢当について(久永元利)「南島史学」 南島史学会 通号51 1998.5

ラオスの山岳少数民族の暮らしと奄美諸島の民俗―つながる文化としての視座から(川野和昭)「えらぶせりよさ：沖永良部郷土研究会会報」 沖永良部郷土研究会 （3）1998.7

研究所活動 奄美諸島における為朝伝説地について(庄武憲子)「法政大学沖縄文化研究所所報」 法政大学沖縄文化研究所 49 2001.3

『海上の道』再考 南九州・奄美諸島とラオス・タイのアカ族の稲種・稲魂継承儀礼の比較から(川野和昭)「東北学. [第1期]」 東北芸術工科大学東北文化研究センター, 作品社(発売) 5 2001.10

第23回研究例会研究発表要旨「しまうた」にまつわる諸概念の成立過程―奄美諸島を中心として(高橋美樹)「沖縄で奄美を考える会会報」 沖縄で奄美を考える会 （14）2002.5

近世の道之島海運―奄美諸島を中心に(奄美・沖縄の民俗)(胡桃沢勘司)「民俗文化」 近畿大学民俗学研究所 （22）2010.03

阿室

シバサシ行事体験報告 奄美大島宇検村阿室の事例(鈴木みどり)「民俗文化研究」 民俗文化研究所 （10）2009.08

荒川

荒川びょうびょう祭(森田清美)「くしきの」 いちき串木野郷土史研究会 13 1999.6

有明町

有明町の古い寺院(安永遥)「大隅」 大隅史談会 40 1997.3

有明町蓬原

資料・有明町蓬原・熊野神社神舞文書(明治～昭和)「鹿児島民俗」 鹿児島民俗学会 111 1997.5

安楽山宮神社

安楽山宮神社神舞文書について(所崎平)「鹿児島民俗」 鹿児島民俗学会 116 1999.10

飯倉神社

南九州市川辺町宮の飯倉神社現存の宋風獅子(橋口亘)「南日本文化財研究」 『南日本文化財研究』刊行会 （19）2013.10

硫黄島

随筆 薪能「俊寛」―硫黄島にて(榎田満洲雄)「文化薩摩川内」 薩摩川内市立中央図書館 （5）2010.03

中世前期の薩摩国南部の対外交渉史をめぐる考古新資料―南さつま市芝原遺跡出土薩摩塔・同市加世田益山八幡神社玄孫の宋風獅子・三島村硫黄島発見の中国陶器を中心に(橋口亘)「鹿児島考古」 鹿児島県考古学会 （43）2013.07

飯隈山

「飯隈山由緒糺帳」を読む(1), (2)(救仁郷建)「大隅」 大隅史談会 47/48 2004.3/2005.3

伊佐市

資料 鹿児島の昔話(6)―志布志市・伊佐市の昔話から(下野敏見)「鹿児島民俗」 鹿児島民俗学会 （142）2012.12

伊佐市の田之神さあ二体(東哲郎)「南九州の石塔」 南九州石塔研究会 （18）2013.08

伊集院

伊集院での蛇の話覚書―出遭いの記(本田碩孝)「鹿児島民俗」 鹿児島民俗学会 （144）2013.12

出水市

出水市の宇土殿墓について―附・宇土神社由緒・位牌(名和達夫)「夜豆志呂」 八代史談会 124 1997.3

鹿児島県出水市の「辺路」(桑原康宏)「紀南・地名と風土研究会会報」 紀南・地名と風土研究会 （34）2003.12

伊多神社

伊多神社・良福寺・諏訪神社の創建年の考察(資料)(小野義文)「くしきの」 いちき串木野郷土史研究会 （18）2004.6

表紙 流失した橋 壊れた河良橋、遠くに伊多神社の鳥居が見える。(橋之口篤実[写真], 所崎平[解説])「くしきの」 いちき串木野郷土史研究会 （28）2014.06

いちき串木野

漁村の風物誌(長家喜代志)「くしきの」 いちき串木野郷土史研究会 15 2001.5

漁村風物誌(2)(長家喜代志)「くしきの」 いちき串木野郷土史研究会 16 2002.6

ガールンドのダゴ流し(所崎平)「くしきの」 いちき串木野郷土史研究会 （17）2003.6

かいぐんゆうぎ―なくなった遊び(安藤義明)「くしきの」 いちき串木野郷土史研究会 （18）2004.6

ウニのとげ抜き―おばあさんの知恵(下薗豊治)「くしきの」 いちき串木野郷土史研究会 （18）2004.6

神社の不思議について(座談会記録)「くしきの」 いちき串木野郷土史研究会 （18）2004.6

伊多神社・良福寺・諏訪神社の創建年の考察(資料)(小野義文)「くしきの」 いちき串木野郷土史研究会 （18）2004.6

メジロ(はなし)捕り(安藤義明)「くしきの」 いちき串木野郷土史研究会 （21）2007.6

家大工はカンナ、船大工はノコ(所崎平)「くしきの」 いちき串木野郷土史研究会 （21）2007.6

座談会記録 子供時代の遊び(所崎平)「くしきの」 いちき串木野郷土史研究会 （21）2007.6

天保度の一向宗取締り(所崎平)「くしきの」 いちき串木野郷土史研究会 （22）2008.6

穂垂れとメノモチ「くしきの」 いちき串木野郷土史研究会 （24）2010.06

「私の思い出―マグロ漁―」神﨑恵二(安藤義明)「くしきの」 いちき串木野郷土史研究会 （24）2010.06

ご八日・5升枡・マグロ漁の恩人たち(所崎平)「くしきの」 いちき串木野郷土史研究会 （25）2011.06

本浦家の記録簿から(安藤義明)「くしきの」 いちき串木野郷土史研究会 （25）2011.06

表紙 雨乞いの行列(橋之口篤美[写真], 所崎平[解説])「くしきの」 い

九州・沖縄　　　　　　　　　郷土に伝わる民俗と信仰　　　　　　　　　鹿児島県

ちき串木野郷土史研究会　（27）2013.06
いちき串木野地域のニセ入りについて（石堂次美）「くしきの」 いちき串木野郷土史研究会　（27）2013.6

いちき串木野市

いちき串木野市の太鼓踊—特徴と分類（所崎平）「くしきの」 いちき串木野郷土史研究会　（23）2009.06

市来の七夕踊

大浦太鼓踊と市来七夕太鼓踊（所崎平）「鹿児島民俗」 鹿児島民俗学会　122　2002.11
表紙写真解説 市来七夕踊の（花）笠と衣装（所崎平）「鹿児島民俗」 鹿児島民俗学会　（141）2012.06

一乗院

根来寺と坊津一乗院について（《小特集 根来寺をめぐる諸問題》）（栗林文夫）「和歌山地方史研究」 和歌山地方史研究会　（49）2005.7
密教聖教の伝授・集積と隔地間交流—「坊津一乗院聖教類等」の検討を通して（2010年度九州史学研究会大会公開講演）（福島金治）「九州史学」 九州史学研究会　（160）2011.10

一乗院跡

中世の海道・日本海ルート（若狭湾から坊津まで）—坊津一乗院跡にみられる中央形式塔の問題について（大石一久）「北薩民俗」 北薩民俗学研究会　14　1999.11

一湊

平内の民具と一湊・吉田のサバブシ工場（下野敏見）「鹿児島民具」 鹿児島民具学会　通号24　2012.03

井上（神）城跡

井上（神）城跡の石塔群（末次城）（隈元信一）「大隅」 大隅史談会　（52）2009.03

井之川

本田トメ嫗の昔語り（本田碩孝）「鹿児島民俗」 鹿児島民俗学会　112　1997.10
本田トメ嫗の昔語り—徳之島町井之川の天然痘に関して（本田碩孝）「鹿児島民俗」 鹿児島民俗学会　113　1998.5
井上かな嫗の昔語り—徳之島井之川（本田碩孝）「鹿児島民俗」 鹿児島民俗学会　114　1998.10
奄美・徳之島・井之川 井上カナ嫗の昔語り（本田碩孝）「鹿児島民俗」 鹿児島民俗学会　115　1999.6
奄美・徳之島町井之川・井上カナ嫗の昔語り（本田碩孝）「鹿児島民俗」 鹿児島民俗学会　116　1999.10
奄美徳之島井之川—米川トヨ嫗の伝承（本田碩孝）「民俗文化研究」 民俗文化研究所　（2）2001.9
井之川のアムトとジガミ（松原武実）「南日本文化」 鹿児島国際大学附属地域総合研究所　（34）2002.3
奄美徳之島町井之川—安田福忠翁の伝承（本田碩孝）「民俗文化研究」 民俗文化研究所　（3）2002.9
奄美徳之島町井之川—井上カナ嫗の昔語り（本田碩孝）「民俗文化研究」 民俗文化研究所　（4）2003.7
〈夏目踊り〉の多様性と芸能的特質（酒井正子）「奄美沖縄民間文芸学」 奄美沖縄民間文芸学会　（4）2004.3
徳之島しまうたの世界—井之川の事例（本庄碩孝）「しまうた」 しまうた文化研究会　15　2004.12
徳之島井之川の民俗誌—藤田福健氏の生活史を通して（1）（本田碩孝）「鹿児島民俗」 鹿児島民俗学会　（127）2005.5
徳之島民俗文化の研究課題—井之川からの報告（1）（本田碩孝）「民俗文化研究」 民俗文化研究所　（6）2005.8
徳之島の民話的世界覚書—井之川での事例[1]，(2)（本田碩孝）「奄美沖縄民間文芸学」 奄美沖縄民間文芸学会　（5）/（6）2005.9/2006.9
徳之島井之川の民俗文化稿—泰良豊重氏の生活史を通して（2）（本田碩孝）「南島研究」 南島研究会　46　2005.9
徳之島井之川の民俗誌稿—藤田喜秋氏の生活史を通して（1）（本田碩孝）「鹿児島民俗」 鹿児島民俗学会　（128）2005.10
徳之島井之川の闘牛覚書（本田碩孝）「鹿児島民俗」 鹿児島民俗学会　（129）2006.5
徳之島民俗文化の研究課題—井之川のオーイグティと闘牛覚書（本田硯孝）「民俗文化研究」 民俗文化研究所　（7）2006.8
徳之島井之川の民俗誌覚書—頂文吉氏の御教示を中心に（本田碩孝）「鹿児島民具」 鹿児島民具学会　通号19　2007.3
徳之島井之川の民俗誌稿（本田碩孝）「鹿児島民俗」 鹿児島民俗学会　（131）2007.5
徳之島民俗文化の事例—井之川頂文吉氏の伝承（資料紹介）（本田碩孝）「奄美沖縄民間文芸学」 奄美沖縄民間文芸学会　（8）2008.9
徳之島井之川の民俗誌覚書—和田キヨ嫗のシマ語り（本田碩孝）「鹿児島

民具」 鹿児島民具学会　通号22　2010.03
本田トメ嫗の昔語り（1989年）（本田碩孝）「鹿児島民俗」 鹿児島民俗学会　（146）2014.12

今村庚申塔

裏表紙写真「今村庚申塔」について（福元忠良）「千台 ： 薩摩川内郷土史研究会機関誌」 薩摩川内郷土史研究会　30　2002.3

藺牟田

藺牟田の田の神戻し—麓を中心に一覚書（所崎平）「鹿児島民俗」 鹿児島民俗学会　（141）2012.06

藺牟田

南九州の神楽における荒神—藺牟田神舞の三笠舞と胞衣荒神をめぐって（論考）（井上隆弘）「民俗芸能研究」 民俗芸能学会　（56）2014.03

入来

入来薪能「清経」（榎田満州雄）「文化川内」 川内市立図書館　16　2002.3
薪能と入来文書（榎田満洲雄）「文化薩摩川内」 薩摩川内市立中央図書館　（1）2006.3
文芸 随筆 入来薪能「巴」（榎田満州雄）「文化薩摩川内」 薩摩川内市立中央図書館　（6）2011.03
入来の歴史いろは歌（研究・論説）（右田幸雄）「千台 ： 薩摩川内郷土史研究会機関誌」 薩摩川内郷土史研究会　（40）2012.3
表紙写真 入来神舞（林碩信）「千台 ： 薩摩川内郷土史研究会機関誌」 薩摩川内郷土史研究会　（40）2012.03

岩川八幡神社

岩川八幡神社の神道裁許状について（加塩英樹）「大隅」 大隅史談会　（51）2008.3

岩屋観音

春山孝—岩屋観音と山伏（久米雅章）「鹿児島史学」 鹿児島県高校歴史部会　44　1998.3
裏表紙写真「岩屋観音と磨崖仏」（濱田宏）「千台 ： 薩摩川内郷土史研究会機関誌」 薩摩川内郷土史研究会　（37）2009.03

上面縄

徳之島上面縄の村落祭祀（本田義統）「沖縄で奄美を考える会会報」 沖縄で奄美を考える会　（11）2001.6

上塚

上塚 天心宮の謎—城上の歴史をさぐる（4）（福元忠良）「千台 ： 薩摩川内郷土史研究会機関誌」 薩摩川内郷土史研究会　30　2002.3

上之段

敷根上之段地区の民俗（後藤良雄）「鹿児島民俗」 鹿児島民俗学会　113　1998.5

浮辺

知覧浮辺の愛宕講と勝軍地蔵尊について（上田耕）「南九州市薩南文化 ： 地域の歴史と文化を記録する」 南九州市立図書館　（4）2012.03

宇検村

奄美大島「芦検」の八月踊りにおける太鼓のリズム—宇検村内他集落との比較及び考察（末岡三穂子）「民俗文化研究」 民俗文化研究所　（2）2001.9
奄美大島 宇検村—ノロの神女組織と祭祀を視座に（高橋一郎）「奄美沖縄民間文芸学」 奄美沖縄民間文芸学会　（7）2007.8

後岳

南九州市知覧町後岳の民具から（研究ノート）（松元孝義，下野敏見）「鹿児島民具」 鹿児島民具学会　（26）2014.03

内之浦

内之浦の「おつや踊り」（牧たくみ）「大隅」 大隅史談会　41　1998.3
高天原は末吉に、高屋神社は内之浦に（所崎平）「鹿児島民俗」 鹿児島民俗学会　123　2003.5

浦原

奄美喜界島 浦原の葬制（中島帳子）「南島研究」 南島研究会　（54）2013.10

生神神社

楠元町の生神神社について（江之口汎生）「千台 ： 薩摩川内郷土史研究会機関誌」 薩摩川内郷土史研究会　29　2001.3

頴娃町

頴娃町浜田家住宅について—薩摩半島南部の海運主の屋敷の研究（水田丞）「ミュージアム知覧紀要・館報」 知覧町教育委員会　（11）2007.3

江内

表紙解説 阿久根市脇本瀬之浦と高尾野町江内の山田楽（《村田煕先生追悼号》）（所崎平）「鹿児島民俗」 鹿児島民俗学会　（136）2009.12

鹿児島県 　　　郷土に伝わる民俗と信仰 　　　九州・沖縄

可愛陵

6枚の可愛陵図 (江之口汎生)「文化川内」 川内市立図書館 　13 　1999.3

『新田宮縁起』の可愛陵 (江之口汎生)「文化川内」 川内市立図書館 　14 　2000.3

可愛陵から可愛山陵へ (江之口汎生)「千台 ： 薩摩川内郷土史研究会機関誌」 薩摩川内郷土史研究会 　(38) 　2010.03

永良部

エラブの民具 農耕具 イーザイ (ゐーざい) (先田光演)「えらぶせりよさ ： 沖永良部郷土研究会会報」 沖永良部郷土研究会 　(1) 　1998.1

エラブの民具 農耕具 マガ (馬鍬) (先田光演)「えらぶせりよさ ： 沖永良部郷土研究会会報」 沖永良部郷土研究会 　(2) 　1998.4

エラブの民具 農耕具 ターチャゴイ (田打ち鍬) (先田光演)「えらぶせりよさ ： 沖永良部郷土研究会会報」 沖永良部郷土研究会 　(3) 　1998.7

エラブの民具 運搬具 牛の鞍 (先田光演)「えらぶせりよさ ： 沖永良部郷土研究会会報」 沖永良部郷土研究会 　(4) 　1998.10

エラブの民具 運搬具 乗馬用の鞍「えらぶせりよさ ： 沖永良部郷土研究会会報」 沖永良部郷土研究会 　(5) 　1999.1

エラブの民具 猟具 (受け籠) チニル「えらぶせりよさ ： 沖永良部郷土研究会会報」 沖永良部郷土研究会 　(6) 　1999.4

エラブの民具 履物 ワラグチ (先田光演)「えらぶせりよさ ： 沖永良部郷土研究会会報」 沖永良部郷土研究会 　(7) 　1999.7

エラブの民具 履物 サバとワラジ (先田光演)「えらぶせりよさ ： 沖永良部郷土研究会会報」 沖永良部郷土研究会 　(8) 　1999.10

エラブの民具 脱穀具 シルシ (摺臼)「えらぶせりよさ ： 沖永良部郷土研究会会報」 沖永良部郷土研究会 　(9) 　2000.1

エラブの民具 脱穀具 ウシ (臼)「えらぶせりよさ ： 沖永良部郷土研究会会報」 沖永良部郷土研究会 　(10) 　2000.4

エラブの民具 調理具 ハマタ (釜蓋)「えらぶせりよさ ： 沖永良部郷土研究会会報」 沖永良部郷土研究会 　(11) 　2000.7

エラブの仮面行事 (出村卓三)「えらぶせりよさ ： 沖永良部郷土研究会会報」 沖永良部郷土研究会 　(11) 　2000.7

エラブの民具 漁具 タング「えらぶせりよさ ： 沖永良部郷土研究会会報」 沖永良部郷土研究会 　(12) 　2000.11

エラブの民具 農具 クイ・クイビラ「えらぶせりよさ ： 沖永良部郷土研究会会報」 沖永良部郷土研究会 　(13) 　2001.1

「永良部ユリ」について 「永良部ユリ」の現状と今後の課題 (鎌田, 坪山, 平山, 花田)「えらぶせりよさ ： 沖永良部郷土研究会会報」 沖永良部郷土研究会 　(13) 　2001.1

エラブの民具 運搬具 ティル (腰籠)「えらぶせりよさ ： 沖永良部郷土研究会会報」 沖永良部郷土研究会 　(14) 　2001.4

エラブの民具 漁具 アカクミ (淦取り)「えらぶせりよさ ： 沖永良部郷土研究会会報」 沖永良部郷土研究会 　(15) 　2001.7

エラブの民具 衣服 ドギン (神衣装)「えらぶせりよさ ： 沖永良部郷土研究会会報」 沖永良部郷土研究会 　(16) 　2001.10

エラブの民具 運搬具・容器 ヒャーギ (笊)「えらぶせりよさ ： 沖永良部郷土研究会会報」 沖永良部郷土研究会 　(17) 　2002.2

エラブの民具 運搬具 クサハイオーダ (網もっこ)「えらぶせりよさ ： 沖永良部郷土研究会会報」 沖永良部郷土研究会 　(18) 　2002.4

エラブの民具 運搬具 コイウシオーダ (鞍用編袋)「えらぶせりよさ ： 沖永良部郷土研究会会報」 沖永良部郷土研究会 　(19) 　2002.7

永良部のムニについて一民謡の歌詞を考察しながら (永吉敏人)「えらぶせりよさ ： 沖永良部郷土研究会会報」 沖永良部郷土研究会 　(19) 　2002.7

エラブの民具 脱穀用具 フミユイ・ヌカユイ (米篩・糠篩)「えらぶせりよさ ： 沖永良部郷土研究会会報」 沖永良部郷土研究会 　(20) 　2002.11

エラブの民具 調整具 ファラ「えらぶせりよさ ： 沖永良部郷土研究会会報」 沖永良部郷土研究会 　(21) 　2003.2

エラブの民具 漁具 チチーとヤッティムン「えらぶせりよさ ： 沖永良部郷土研究会会報」 沖永良部郷土研究会 　(22) 　2003.5

エラブの民具 厨子甕 インジガミ「えらぶせりよさ ： 沖永良部郷土研究会会報」 沖永良部郷土研究会 　(23) 　2003.7

エラブの民具 俵編み機 ウマンカ「えらぶせりよさ ： 沖永良部郷土研究会会報」 沖永良部郷土研究会 　(24) 　2003.10

エラブの民具 雨具 ニョーサ (蓑)「えらぶせりよさ ： 沖永良部郷土研究会会報」 沖永良部郷土研究会 　(25) 　2004.2

エラブの民具 漁具 タング漁のドーグ「えらぶせりよさ ： 沖永良部郷土研究会会報」 沖永良部郷土研究会 　(26) 　2004.4

エラブの民具 農耕具 ガンゴー引 和泊町歴史民俗資料館所蔵 (島田信彦さんが寄贈)「えらぶせりよさ ： 沖永良部郷土研究会会報」 沖永良部郷土研究会 　(27) 　2004.7

エラブの民具 ドゥー (樽) 和泊町歴史民俗資料館所蔵 (村山晃さん寄贈)「えらぶせりよさ ： 沖永良部郷土研究会会報」 沖永良部郷土研究会 　(28) 　2004.10

エラブの民具 サゲジュー (提げ重) 和泊町歴史民俗資料館所蔵「えらぶ

せりよさ ： 沖永良部郷土研究会会報」 沖永良部郷土研究会 　(29) 　2005.1

エラブの民具 フーチ (ふいご) 和泊町歴史民俗資料館所蔵 (黒瀬剛さん寄贈)「えらぶせりよさ ： 沖永良部郷土研究会会報」 沖永良部郷土研究会 　(30) 　2005.4

エラブの民具 ミジクミャギヲゥキ 知名町瀬利覚 中瀬清亮さんの所蔵「えらぶせりよさ ： 沖永良部郷土研究会会報」 沖永良部郷土研究会 　(32) 　2005.11

エラブの民具 ショウジキガンナ (正直鉋) 和泊町歴史民俗資料館・中瀬清亮さん所蔵「えらぶせりよさ ： 沖永良部郷土研究会会報」 沖永良部郷土研究会 　(33) 　2006.2

「エラブの植物展」展示薬草一覧 (和泊町歴史民俗資料館)「えらぶせりよさ ： 沖永良部郷土研究会会報」 沖永良部郷土研究会 　(33) 　2006.2

エラブの民具 ハッシ (桶座) 和泊町歴史民俗資料館所蔵「えらぶせりよさ ： 沖永良部郷土研究会会報」 沖永良部郷土研究会 　(34) 　2006.4

エラブの民具 サゲゼー 和泊町歴史民俗資料館所蔵「えらぶせりよさ ： 沖永良部郷土研究会会報」 沖永良部郷土研究会 　(35) 　2006.7

エラブの民具 農耕具 クォイ (鍬) 和泊町歴史民俗資料館所蔵「えらぶせりよさ ： 沖永良部郷土研究会会報」 沖永良部郷土研究会 　(36) 　2006.11

エラブの民具 木製の砂糖車 サタグルマ 和泊町歴史民俗資料館所蔵「えらぶせりよさ ： 沖永良部郷土研究会会報」 沖永良部郷土研究会 　(37) 　2007.2

エラブの民具 蘇鉄の実切り ヤラブキリ 和泊町歴史民俗資料館所蔵「えらぶせりよさ ： 沖永良部郷土研究会会報」 沖永良部郷土研究会 　(38) 　2007.4

エラブの民具 莚網み機 ムシュウチハタムンとフドゥチ (箴) 和泊町歴史民俗資料館所蔵「えらぶせりよさ ： 沖永良部郷土研究会会報」 沖永良部郷土研究会 　(39) 　2007.7

エラブの民具 脱穀機 ハニクダ (千歯こき) 和泊町歴史民俗資料館所蔵「えらぶせりよさ ： 沖永良部郷土研究会会報」 沖永良部郷土研究会 　(40) 　2007.11

エラブの民具 脱穀機 クルマボー (唐竿) 和泊町歴史民俗資料館所蔵「えらぶせりよさ ： 沖永良部郷土研究会会報」 沖永良部郷土研究会 　(41) 　2008.2

エラブの民具 計測具 マシ (枡) 和泊町歴史民俗資料館所蔵「えらぶせりよさ ： 沖永良部郷土研究会会報」 沖永良部郷土研究会 　(42) 　2008.4

円福寺

隼人町小浜に在った二つ目の寺 (臨済宗正興寺末寺圓福寺の事) (藤浪三千尋)「南九州の石塔」 南九州石塔研究会 　(16) 　2009.08

桜洲小学校

桜島町立桜洲小学校における郷土教育―和太鼓 (火の島太鼓) への取り組み (福司山和宏, 林涼子)「地域・人間・科学」 鹿児島純心女子短期大学江角学びの交流センター地域人間科学研究所 　(5) 　2001.3

大浦

大浦太鼓踊と市来七夕太鼓踊 (所崎平)「鹿児島民俗」 鹿児島民俗学会 　122 　2002.11

大金久

歴史のなかの死者儀礼―奄美大島大和村大金久の事例を中心に (〈2004年度修士論文発表要旨〉) (藤川美代子)「沖縄民俗研究」 沖縄民俗学会 　(25) 　2007.3

大口

資料 鹿児島の昔話 (4) ―伊佐市大口の世間話と昔話から (下野敏見)「鹿児島民俗」 鹿児島民俗学会 　(140) 　2011.12

大隈

大隈地方の鼻高ドンについて (掃本英代)「あらはれ ： 猿田彦大神フォーラム年報 ： ひらかれる未来神話」 猿田彦大神フォーラム 　4 　2001.9

大来目神社

大来目神社三百三十年祭石碑 (福谷平)「大隅」 大隅史談会 　(51) 　2008.3

大崎町

大崎町とどろき下井手と井手籠秋次物語り (坂元ちづ子)「大隅」 大隅史談会 　41 　1998.3

大里

大里七夕踊にみる民俗芸能の伝承組織の動態 (俵木悟)「無形文化遺産研究報告」 国立文化財機構東京文化財研究所 　(4) 　2010.03

大島高等女学校

〔資料・解題〕 大島高等女学校の廃校問題に関する文部省資料 (平山久美子)「地域・人間・科学」 鹿児島純心女子短期大学江角学びの交流センター地域人間科学研究所 　(2) 　1998.3

九州・沖縄 　　郷土に伝わる民俗と信仰 　　鹿児島県

フランシスコ会総長（ローマ）に宛てたモーリス・ベルタン神父（日本宣教地区長）の大島高等女学校の建築窮状の解決を求める「報告書」（1925年11月）試訳（1）（平山久美子）「地域・人間・科学」 鹿児島純心女子短期大学江角学びの交流センター地域人間科学研究所 　（5） 2001.3

大島高等女学校の建築窮状の解決を求める「報告書」（1925年11月）試訳（2）（平山久美子）「地域・人間・科学」 鹿児島純心女子短期大学江角学びの交流センター地域人間科学研究所 　（6・7） 2003.3

「大島高等女学校に関するエジド・ロア館の質問事項に対するカリキスト・ジュリナ師の回答」（1925年11月）試訳（平山久美子）「地域・人間・科学」 鹿児島純心女子短期大学江角学びの交流センター地域人間科学研究所 　（8・9） 2005.3

資料（抜粋）・解題 大島高等女学校等式年遷宮遙拝式不學行顛末（平山久美子）「地域・人間・科学」 鹿児島純心女子短期大学江角学びの交流センター地域人間科学研究所 　（10・11） 2007.3

大島高等女学校の創立・運営に携わった宣教師たちの横顔（1） カリキスト・ジュリナ（帰化名：米川基）師（平山久美子）「地域・人間・科学」 鹿児島純心女子短期大学江角学びの交流センター地域人間科学研究所 （12・13） 2009.3

大小路町

大小八坂神社 社宝の扁額（研究・論説）（桐原洋）「千台 ： 薩摩川内郷土史研究会機関誌」 薩摩川内郷土史研究会 　（40） 2012.03

大隅

山上の廃寺跡（竹之井敏）「大隅」 大隅史談会 40 1997.3

除夜の鐘と元旦の風習（木場英一郎）「大隅」 大隅史談会 40 1997.3

しつもん・ごいけん—大隅地方の葬制について（後藤良雄）「鹿児島民俗」 鹿児島民俗学会 111 1997.5

建久末年の薩摩・大隅両国の事情—大隅国正八幡宮造営問題をめぐって（江平望）「ミュージアム知覧紀要」 ミュージアム知覧 4 1998.3

続・ヤジロー考（神田三男）「大隅」 大隅史談会 41 1998.3

模合上納と模地（中島勇三）「大隅」 大隅史談会 42 1999.3

方限について（森田慶信）「大隅」 大隅史談会 43 2000.3

熊野神社再建について（宇都静枝）「大隅」 大隅史談会 45 2002.3

弥五郎どん考［1］,（2）（中島勇三）「大隅」 大隅史談会 45/（52） 2002.3/2009.03

弁才天の社（竹之井敏）「大隅」 大隅史談会 45 2002.3

身近な伝説と謎（牧本文男）「大隅」 大隅史談会 46 2003.3

イッコシュガエ（一向宗通い）（関野志郎）「大隅」 大隅史談会 47 2004.3

楷榮の茶壺について（中島信夫）「大隅」 大隅史談会 （49） 2006.3

隠れ念仏とミニ仏（藤岡恒弘）「大隅」 大隅史談会 （50） 2007.3

「田蝶殿」「田蝶殿」（たにしどの）（関野志郎）「大隅」 大隅史談会 （51） 2008.3

大隅の社寺（1） 古代神武天皇を中心に（木下秀麿）「大隅」 大隅史談会 （51） 2008.3

天孫と大隅（武田悦孝）「大隅」 大隅史談会 （52） 2009.03

大隅の社寺（2）（木下秀麿）「大隅」 大隅史談会 （52） 2009.03

柱松（火祭り）（田中靖基）「大隅」 大隅史談会 （52） 2009.03

テコテン・テコテンダケ・テコテンドン（佐々木實然）「大隅」 大隅史談会 （53） 2010.03

大隅の水天（中島勇三）「大隅」 大隅史談会 （53） 2010.03

神武東征は無かった？（松下高明）「大隅」 大隅史談会 （54） 2011.05

ウガヤフキアエズ考（松下高明）「大隅」 大隅史談会 （54） 2011.05

中世武家達の造立した供養塔の特殊文様について（隈元信一）「大隅」 大隅史談会 （54） 2011.05

かくれ念仏（佐々木實然）「大隅」 大隅史談会 （54） 2011.05

ウツガンマツイを考える（平石承一郎）「大隅」 大隅史談会 （54） 2011.05

中世武家たちの造立した供養塔の特殊文様について（大隅編）（隈元信一）「南九州の石塔」 南九州石塔研究会 （17） 2011.12

肝付氏歴代の墓地整備について（竹之井敏）「大隅」 大隅史談会 （55） 2012.03

江口家起請文（橋口満）「大隅」 大隅史談会 （55） 2012.03

神武誕生（武田悦孝）「大隅」 大隅史談会 （56） 2013.03

資料 鹿児島の昔話（7）—大隅の昔話から（下野敏見）「鹿児島民俗」 鹿児島民俗学会 （143） 2013.05

伴姓の古石塔と肝付氏（竹之井敏）「大隅」 大隅史談会 （57） 2014.04

歴史随想 高天原神話と大隅（妹尾和代）「大隅」 大隅史談会 （57） 2014.04

大隅国

薩摩国・大隅国各郷の総飾とその現状（諸方敬）「鹿児島史談」 鹿児島史談会編集委員会 　（6） 2008.12

大田

表紙写真解説 大田太鼓踊（日置市伊集院町大田）（所崎平）「鹿児島民俗」 鹿児島民俗学会 　（142） 2012.12

大棚村落

奄美大島大棚村落における神役組織（山名洋平）「沖縄民俗研究」 沖縄民俗学会 （22） 2004.12

大谷村

大谷村検地竿次帳から（中島勇三）「大隅」 大隅史談会 44 2001.3

大津勘

大津勘の民話と戦争体験記（泉ヤエ）「えらぶせりよさ ： 沖永良部郷土研究会会報」 沖永良部郷土研究会 （32） 2005.11

大汝牟遅神社

大汝牟遅神社流鏑馬見聞録（佐土原伸也）「鹿児島民俗」 鹿児島民俗学会 111 1997.5

小川

城上町小川 蔵王権現（福元忠良）「千台 ： 薩摩川内郷土史研究会機関誌」 薩摩川内郷土史研究会 25 1997.3

沖ヶ浜田

種子島伊関沖ヶ浜田のサトウスメ（黒糖つくり）—阿久根脇本の黒糖つくりと比較して（牧洋一郎）「鹿児島民具」 鹿児島民具学会 　通号22 2010.03

沖永良部

33年忌まつりの調査（先田光演）「えらぶせりよさ ： 沖永良部郷土研究会会報」 沖永良部郷土研究会 （2） 1998.4

せりよさのことば（畳語編1）（永吉敏人）「えらぶせりよさ ： 沖永良部郷土研究会会報」 沖永良部郷土研究会 （2） 1998.4

東郷実正翁のシマウタ［1］～（7）「えらぶせりよさ ： 沖永良部郷土研究会会報」 沖永良部郷土研究会 （2）/（8） 1998.4/1999.10

せりよさのことば（畳語編1）（2）,（3）（永吉敏人）「えらぶせりよさ ： 沖永良部郷土研究会会報」 沖永良部郷土研究会 （3）/（4） 1998.7/1998.10

せりよさのことば（畳語編2）（1）,（2）（永吉敏人）「えらぶせりよさ ： 沖永良部郷土研究会会報」 沖永良部郷土研究会 （5）/（6） 1999.1/1999.4

33年忌祭「ミンブチ」について（先田光演）「えらぶせりよさ ： 沖永良部郷土研究会会報」 沖永良部郷土研究会 （6） 1999.4

家のまつわるシマウタ（先田光演）「えらぶせりよさ ： 沖永良部郷土研究会会報」 沖永良部郷土研究会 （8） 1999.10

家の民俗（1） 屋敷図（先田光演）「えらぶせりよさ ： 沖永良部郷土研究会会報」 沖永良部郷土研究会 （8） 1999.10

島唄と踊りの世界—禁忌と習い支度見しと支度直し（持田明美）「えらぶせりよさ ： 沖永良部郷土研究会会報」 沖永良部郷土研究会 （9） 2000.1

家の民俗（2） 屋敷（先田光演）「えらぶせりよさ ： 沖永良部郷土研究会会報」 沖永良部郷土研究会 （9） 2000.1

沖永良部諸方言の活用形のアクセント資料（2）（上野善道）「琉球の方言」 法政大学沖縄文化研究所 　通号24 2000.3

家の民俗（3） アナブイヤー（先田光演）「えらぶせりよさ ： 沖永良部郷土研究会会報」 沖永良部郷土研究会 （10） 2000.4

沖永良部の子供の遊びについて（第12回研究例会研究発表要旨）（本田義統）「沖縄で奄美を考える会会報」 沖縄で奄美を考える会 （8） 2000.6

「伝承」と「歴史的事実」について（前利潔）「えらぶせりよさ ： 沖永良部郷土研究会会報」 沖永良部郷土研究会 （13） 2001.1

「シマダティシンゴ」は「シニグのウムイ」（新納忠人）「えらぶせりよさ ： 沖永良部郷土研究会会報」 沖永良部郷土研究会 （13） 2001.1

「高倉問題」が残したもの（久岡学）「えらぶせりよさ ： 沖永良部郷土研究会会報」 沖永良部郷土研究会 （13） 2001.1

平成12年度「黒糖」の研究について（鹿児島県立沖永良部高等学校，黒糖研究会）「えらぶせりよさ ： 沖永良部郷土研究会会報」 沖永良部郷土研究会 （14） 2001.4

ヌンギドコロの考察（出村卓三）「えらぶせりよさ ： 沖永良部郷土研究会会報」 沖永良部郷土研究会 （14） 2001.4

芭蕉布作り行程（長谷川千代子）「えらぶせりよさ ： 沖永良部郷土研究会会報」 沖永良部郷土研究会 （14） 2001.4

ニシミの古い墓（先田光演）「えらぶせりよさ ： 沖永良部郷土研究会会報」 沖永良部郷土研究会 （18） 2002.4

沖永良部における大茎種（砂糖黍）導入期の様子（出村卓三）「えらぶせりよさ ： 沖永良部郷土研究会会報」 沖永良部郷土研究会 （20） 2002.11

書簡 郷土の歴史民俗 断簡資料（和泉哲人）「えらぶせりよさ ： 沖永良部郷土研究会会報」 沖永良部郷土研究会 （20） 2002.11

沖永良部の「三十三年忌祭」（所感）（出村卓三）「えらぶせりよさ：沖永良部郷土研究会会報」 沖永良部郷土研究会 （22） 2003.5

ヌキンドコロの考察（出村卓三）「えらぶせりよさ：沖永良部郷土研究会会報」 沖永良部郷土研究会 （22） 2003.5

伝説「和のワンタロー」について（梶原源済）「えらぶせりよさ：沖永良部郷土研究会会報」 沖永良部郷土研究会 （23） 2003.7

沖永良部のヤッコ踊り（出村卓三）「えらぶせりよさ：沖永良部郷土研究会会報」 沖永良部郷土研究会 （26） 2004.4

くらの話 その「こころ」と「かたち」（宮野秋彦）「えらぶせりよさ：沖永良部郷土研究会会報」 沖永良部郷土研究会 （26） 2004.4

新生丸遭難の歌（数え歌）（永山洋子）「えらぶせりよさ：沖永良部郷土研究会会報」 沖永良部郷土研究会 （27） 2004.7

熊本の「のさり」・沖永良部の「ヌサリ」（竹able千晶）「えらぶせりよさ：沖永良部郷土研究会会報」 沖永良部郷土研究会 （28） 2004.10

大山麟五郎説を考える（沖永良部と与論における、サトウキビ作の始まり）（前利潔）「えらぶせりよさ：沖永良部郷土研究会会報」 沖永良部郷土研究会 （29） 2005.1

ソーラチチ（鰆突き）（伊勢達一）「えらぶせりよさ：沖永良部郷土研究会会報」 沖永良部郷土研究会 （37） 2007.2

月へ昇る女、月へ昇る猟人と犬（山本節）「えらぶせりよさ：沖永良部郷土研究会会報」 沖永良部郷土研究会 （38） 2007.4

沖永良部のわらべ歌について（前原隆鋼）「えらぶせりよさ：沖永良部郷土研究会会報」 沖永良部郷土研究会 （記念号） 2007.8

サンシルを語る（鍋田武則）「えらぶせりよさ：沖永良部郷土研究会会報」 沖永良部郷土研究会 （40） 2007.11

島の言い伝え（大山澄夫）「えらぶせりよさ：沖永良部郷土研究会会報」 沖永良部郷土研究会 （42） 2008.4

沖永良部における島唄・島口の伝承覚書（本田碩孝）「南島研究」 南島研究会 通号49 2008.11

沖永良部島

沖永良部島の琉球関係資料―漆器と神女関係資料を中心に（前田孝允, 宮城清, 小野まさ子, 粟国恭子, 金城聡子）「浦添市美術館紀要」 浦添市美術館 7 1998.3

沖永良部島における藍壺の調査（平safe弘）「えらぶせりよさ：沖永良部郷土研究会会報」 沖永良部郷土研究会 （3） 1998.7

沖永良部島諸方言の活用形のアクセント資料（上野善道）「琉球の方言」 法政大学沖縄文化研究所 通号23 1999.3

第6回研究例会研究発表要旨 沖永良部島方言の位置づけ（かりまたしげひさ）「沖縄で奄美を考える会会報」 沖縄で奄美を考える会 （5） 1999.6

第6回研究例会研究発表要旨 沖永良部島のミンブチ（先田光演）「沖縄で奄美を考える会会報」 沖縄で奄美を考える会 （5） 1999.6

足でまとめた沖永良部島の高倉調査（川上忠志）「えらぶせりよさ：沖永良部郷土研究会会報」 沖永良部郷土研究会 （10） 2000.4

沖永良部島出身の柔道師範（梶原源斎）「えらぶせりよさ：沖永良部郷土研究会会報」 沖永良部郷土研究会 （10） 2000.4

沖永良部島の妖怪（第12回研究例会研究発表要旨）（新垣茜）「沖縄で奄美を考える会会報」 沖縄で奄美を考える会 （8） 2000.6

沖永良部島の高倉について（第12回研究例会研究発表要旨）（曳田和彦）「沖縄で奄美を考える会会報」 沖縄で奄美を考える会 （8） 2000.6

人体方言と民間療法（2）―沖永良部島の民間療法聞き書き（宮薗夏美）「鹿児島民俗」 鹿児島民俗学会 118 2000.11

奄美・沖永良部島のサンシルについて（清村杜夫）「えらぶせりよさ：沖永良部郷土研究会会報」 沖永良部郷土研究会 （12） 2000.11

人体方言と民間療法 屋久島永田、沖永良部島、種子島の比較考察（宮薗夏美）「鹿児島民俗」 鹿児島民俗学会 119 2001.5

作物によって明暗を分けた二つの島 徳之島と沖永良部島（伊勢達一）「えらぶせりよさ：沖永良部郷土研究会会報」 沖永良部郷土研究会 （16） 2001.10

沖永良部における家名（やーなー）童名（わらびな）の風習（川上忠志）「えらぶせりよさ：沖永良部郷土研究会会報」 沖永良部郷土研究会 （16） 2001.10

黎明館所蔵の民具（沖永良部島2）「えらぶせりよさ：沖永良部郷土研究会会報」 沖永良部郷土研究会 （16） 2001.10

奄美沖永良部島のサンシルについて（清村杜夫）「南島研究」 南島研究会 42 2001.11

黎明館所蔵の民具（沖永良部島3）（出村卓三）「えらぶせりよさ：沖永良部郷土研究会会報」 沖永良部郷土研究会 （17） 2002.2

沖永良部島の民俗信仰（先田光演）「東北学.［第1期］」 東北芸術工科大学東北文化研究センター, 作品社（発売） 6 2002.4

ユリ栽培の歴史的背景―大山麟五郎説を考える（前利潔）「えらぶせりよさ：沖永良部郷土研究会会報」 沖永良部郷土研究会 （27） 2004.7

沖永良部における蘇鉄味噌造り（蛸島直）「民俗と風俗：the journal of the Chubu Branch, the Japanese Society for History of

Manners and Customs」 日本風俗史学会中部支部 （15） 2005.3

沖永良部島の蚕糸業について（藩政時代から明治期を中心に）（伊地知裕仁）「えらぶせりよさ：沖永良部郷土研究会会報」 沖永良部郷土研究会 （35） 2006.7

沖永良部島三十三年忌祭―行事と歌の関わりについて（第174回研究会報告）（飯田くるみ）「沖縄・八重山文化研究会会報」 沖縄・八重山文化研究会 （174） 2007.1

沖永良部島のシマにおける信仰地名の概念図/沖永良部島の生活関連の湧水とクラゴー（先田光演）「えらぶせりよさ：沖永良部郷土研究会会報」 沖永良部郷土研究会 （記念号） 2007.8

沖永良部島―芸能の文化史（高橋孝代）「えらぶせりよさ：沖永良部郷土研究会会報」 沖永良部郷土研究会 （記念号） 2007.8

高橋孝代著『境界性の人類学―重層する沖永良部島民のアイデンティティ』（書誌紹介）（酒井正子）「日本民俗学」 日本民俗学会 通号253 2008.2

郷友会における結集の民俗的仕掛け―神戸沖州会における沖永良部島出身者の民俗芸能の実践を中心に（前川智子）「日本民俗学」 日本民俗学会 通号255 2008.8

沖永良部島「沖永良部島の八月踊り」（奄美群島 八月踊り特集）（高橋孝代）「法政大学沖縄文化研究所所報」 法政大学沖縄文化研究所 （67） 2010.08

沖永良部島の葬制（琉球・沖縄の葬制の変遷）（先田光演）「法政大学沖縄文化研究所所報」 法政大学沖縄文化研究所 （68） 2011.03

沖永良部島の敬老会における支度ミシと支度ノーシの伝説について（持田明美）「奄美沖縄民間文芸学」 奄美沖縄民間文芸学会 （11） 2012.03

沖永良部島民謡「イチカ（イチキャ）節」についての考察（持田明美）「沖縄芸術の科学：沖縄県立芸術大学附属研究所紀要」 沖縄県立芸術大学附属研究所 （25） 2013.03

沖永良部島での蛇の話覚書（本田碩孝）「鹿児島民俗」 鹿児島民俗学会 （143） 2013.05

尾下

山川町利永の「オイセコ」と「メンドン」尾下の「ダセンボ」と利永の「ダセチッ」（南清孝）「鹿児島民俗」 鹿児島民俗学会 （131） 2007.5

於斉

於斉のノロ祭祀とその周辺（松原武実）「南日本文化」 鹿児島国際大学附属地域総合研究所 （33） 2000.10

小島

上甑村小島の内侍舞い 鹿児島県薩摩郡上甑村小島住吉神社（下野敏見）「まつり通信」 まつり同好会 42（6）通号496 2002.5

小野津

喜界島小野津方言のアクセント調査報告（上野善道）「琉球の方言」 法政大学沖縄文化研究所 通号26 2002.3

開聞宮

資料・開聞宮音楽幷楽器之次第と解説（村田煕）「鹿児島民俗」 鹿児島民俗学会 115 1999.6

「資料・開聞宮音楽幷楽器の次第」解説（2）（村田煕）「鹿児島民俗」 鹿児島民俗学会 116 1999.10

開聞神社

〈特集 開聞神社神舞文書〉「鹿児島民俗」 鹿児島民俗学会 113 1998.5

開聞神社神舞について（所崎平）「鹿児島民俗」 鹿児島民俗学会 113 1998.5

加計呂麻島

加計呂麻ノロ祭祀の周辺・芝（松原武実）「南日本文化」 鹿児島国際大学附属地域総合研究所 通号32 1999.8

松原武実著『奄美 加計呂麻島のノロ祭祀』（書誌紹介）（福岡直子）「日本民俗学」 日本民俗学会 通号245 2006.2

徳之島・加計呂麻島での蛇「ハブ」の話覚書（本田碩孝）「南島研究」 南島研究会 通号51 2010.12

資料 鹿児島の昔話（3）―加計呂麻島の民話から（下野敏見）「鹿児島民俗」 鹿児島民俗学会 （139） 2011.05

鹿児島

集団給食施設における鹿児島の郷土料理と行事食の実施状況について（竹田千重乃）「地域・人間・科学」 鹿児島純心女子短期大学江角学びの交流センター地域人間科学研究所 （1） 1997.3

みんぞく・かわらばん―私のカゼ予防法（牧民郎）「鹿児島民俗」 鹿児島民俗学会 111 1997.5

漁撈と民俗随想（3）―ナマコ池物語（小川三郎）「鹿児島民俗」 鹿児島民俗学会 111 1997.5

鹿児島弁使用圏域の地域―飯野弁の音変について（1）,（2）（平野巌）「季刊南九州文化」 南九州文化研究会 72/73 1997.7/1997.11

並立島居（有村兼二）「鹿児島史談」 鹿児島史談会編集委員会 （3）

九州・沖縄　　郷土に伝わる民俗と信仰　　鹿児島県

1997.10

さつまさま（田尻敏郎）「鹿児島史談」鹿児島史談会編集委員会　（3）1997.10

私の墳墓考（中村清若）「鹿児島史談」鹿児島史談会編集委員会　（3）1997.10

空順法印日記について[1]～(7)（森田清美）「鹿児島民俗」鹿児島民俗学会　112/(137)　1997.10/2010.06

漁撈と民俗随想―カツオ節物語（小川三郎）「鹿児島民俗」鹿児島民俗学会　112　1997.10

鹿児島弁使用圏域の一地域―飯野市の音変について（3）（平野巌）「季刊南九州文化」南九州文化研究会　74　1998.1

鹿児島の仮面（出村卓三）「鹿児島史学」鹿児島県高校歴史部会　44　1998.3

漁撈と民俗随想―イワシ物語（小川三郎）「鹿児島民俗」鹿児島民俗学会　113　1998.5

莟の遊び（後藤良雄）「鹿児島民俗」鹿児島民俗学会　113　1998.5

座談会記録要約老人（老い）について（所崎平）「鹿児島民俗」鹿児島民俗学会　113　1998.5

織物の旅（3）機織の道（小林孝子）「鹿児島民俗」鹿児島民俗学会　113　1998.5

天保8年の家作記録について（山之口甲）「鹿児島民俗」鹿児島民俗学会　113　1998.5

みんぞくかわらばん（村田熙）「鹿児島民俗」鹿児島民俗学会　113　1998.5

伝統工芸品産業を担う職人の労働と「思想」―龍門司焼陶工からの聞書（仲村政文）「南日本文化」鹿児島国際大学附属地域総合研究所　通号31　1998.8

火流し（小野郁子）「鹿児島民俗」鹿児島民俗学会　114　1998.10

漁撈と民俗随想(6)，(7)―海藻・今昔物語（前），（後）（小川三郎）「鹿児島民俗」鹿児島民俗学会　114/115　1998.10/1999.6

棒踊りのサキヤマ・アトヤマ―成立論を読んで（所崎平）「鹿児島民俗」鹿児島民俗学会　114　1998.10

郷土の特産品を利用した将来的教材化の試み(1)―葛澱粉について（高田久美子，徳田和子）「地域・人間・科学」鹿児島純心女子短期大学江角学びの交流センター地域人間科学研究所　（3）1999.3

獅頭面について（出村卓三）「鹿児島民俗」鹿児島民俗学会　115　1999.6

オシャッテコ（お石体講）（小野郁子）「鹿児島民俗」鹿児島民俗学会　115　1999.6

将軍ひょぐり舞講（所崎平）「鹿児島民俗」鹿児島民俗学会　115　1999.6

10月亥の日小考（増田勝機）「南日本文化」鹿児島国際大学附属地域総合研究所　通号32　1999.8

魚撈と民俗随想(8)―鶚（ミサゴ）と瀬網の話（小川三郎）「鹿児島民俗」鹿児島民俗学会　116　1999.10

ブリとウナギの皮（牧民郎）「鹿児島民俗」鹿児島民俗学会　116　1999.10

旅立ちの風習「賦」をたずねて（橋口俊二）「鹿児島民俗」鹿児島民俗学会　116　1999.10

葬送雑感（小野郁子）「鹿児島民俗」鹿児島民俗学会　116　1999.10

資料・仁王像の紀銘用語と銘文いろいろ（荒木淳士）「鹿児島民俗」鹿児島民俗学会　116　1999.10

神舞写真と解説（所崎平）「鹿児島民俗」鹿児島民俗学会　116　1999.10

文書「浦安の舞」舞譜「鹿児島民俗」鹿児島民俗学会　116　1999.10

かくり念仏と講組織（芳即正）「鹿児島史学」鹿児島県高校歴史部会　45　2000.3

重松俊章と白蓮教研究（東郷孝仁）「鹿児島史学」鹿児島県高校歴史部会　45　2000.3

神兵人の面（出村卓三）「鹿児島民俗」鹿児島民俗学会　117　2000.5

漁撈と民俗随想(9)―蛸・今昔物語（小川三郎）「鹿児島民俗」鹿児島民俗学会　117　2000.5

旅立ちの風習の数々について（橋口俊二）「鹿児島民俗」鹿児島民俗学会　117　2000.5

初午祭今昔（小野郁子）「鹿児島民俗」鹿児島民俗学会　117　2000.5

盲僧有情（村田熙）「鹿児島民俗」鹿児島民俗学会　117　2000.5

鹿児島のキリシタン墓地について（山田尚二）「鹿児島史談」鹿児島史談会編集委員会　（4）2000.10

かみさまと私（木原重親）「鹿児島史談」鹿児島史談会編集委員会　（4）2000.10

ヒマラヤの軍刀（田尻敏郎）「鹿児島史談」鹿児島史談会編集委員会　（4）2000.10

仮面の鼻（出村卓三）「鹿児島民俗」鹿児島民俗学会　118　2000.10

漁撈と民俗随想(10)―魚の民俗（小川三郎）「鹿児島民俗」鹿児島民俗学会　118　2000.10

みんぞく・かわらばん（村田熙）「鹿児島民俗」鹿児島民俗学会　118

2000.10

語ゆしっ孫い譲んぞ鹿児島語を先人の遺訓（付昔語り一休さん）（安藤重義）「知覧文化」知覧町立図書館　38　2001.3

身の回りの消えかけている単位（所崎平）「鹿児島民俗」鹿児島民俗学会　119　2001.5

幕末、武士の湯治の記録（所崎平）「鹿児島民俗」鹿児島民俗学会　119　2001.5

ヘッ・ケンビ・疣・癬・乗について（牧民郎）「鹿児島民俗」鹿児島民俗学会　119　2001.5

左官の仕事は奥が深い（所崎平）「鹿児島民俗」鹿児島民俗学会　119　2001.5

幕末の葬式の記録（山之口甲）「鹿児島民俗」鹿児島民俗学会　119　2001.5

二つ並んだ鳥居（表紙解説）（所崎平）「鹿児島民俗」鹿児島民俗学会　120　2001.10

六月灯考（所崎平）「鹿児島民俗」鹿児島民俗学会　120　2001.10

はんぎり出し（小野郁子）「鹿児島民俗」鹿児島民俗学会　120　2001.10

漁労と民俗随想(11)―松の今昔物語（小川三郎）「鹿児島民俗」鹿児島民俗学会　120　2001.10

松の落葉アヤ（所崎平）「鹿児島民俗」鹿児島民俗学会　120　2001.10

呪術にみる病気観 単純ヘルペス・帯状疱疹（渡山恵子）「鹿児島民俗」鹿児島民俗学会　120　2001.10

文政5年正月元日の餅飾り（所崎平）「鹿児島民俗」鹿児島民俗学会　120　2001.10

山野草をたべる（村田熙）「鹿児島民俗」鹿児島民俗学会　120　2001.10

さのさ（所崎平）「鹿児島民俗」鹿児島民俗学会　121　2002.5

犀の角（所崎平）「鹿児島民俗」鹿児島民俗学会　121　2002.5

ハンズ（水甕）という言葉の謎（牧民郎）「鹿児島民俗」鹿児島民俗学会　121　2002.5

音の民俗（序文）（北村広隆）「鹿児島民俗」鹿児島民俗学会　121　2002.5

菜種子（所崎平）「鹿児島民俗」鹿児島民俗学会　121　2002.5

呪術にみる病気観―単純ヘルペス・帯状疱疹―の補足説明（渡山恵子）「鹿児島民俗」鹿児島民俗学会　121　2002.5

関狩と土踊―土踊には出陣と帰陣の踊りがある（所崎平）「鹿児島民俗」鹿児島民俗学会　121　2002.5

日本神話を彩るタミール系の神々（牧民郎）「鹿児島民俗」鹿児島民俗学会　122　2002.11

肌や神経を刺激して健康体に（牧民郎）「鹿児島民俗」鹿児島民俗学会　122　2002.11

音の民俗―竹製の楽器（北村広隆）「鹿児島民俗」鹿児島民俗学会　122　2002.11

漁撈と民俗随想(12)―問屋物語（小川三郎）「鹿児島民俗」鹿児島民俗学会　122　2002.11

記念行事の伝承について（牧民郎）「鹿児島民俗」鹿児島民俗学会　122　2002.11

鰻の民俗随想（小川三郎）「鹿児島民具」鹿児島民具学会　通号15　2002.12

東アジア竹文化紀行（濱田甫）「鹿児島民具」鹿児島民具学会　通号15　2002.12

永寿丸は「洋船」？（名越護）「鹿児島民俗」鹿児島民俗学会　123　2002.12

新発意型太鼓踊について（所崎平）「鹿児島民俗」鹿児島民俗学会　123　2003.5

鮑・今昔物語考―アワビはなぜ高いか（小川三郎）「鹿児島民俗」鹿児島民俗学会　123　2003.5

絵ハガキに見る太鼓踊（表紙解説）（所崎平）「鹿児島民俗」鹿児島民俗学会　124　2003.10

高足駄・鷺バ・高足呪法（古代農耕儀礼・棒踊り）（牧民郎）「鹿児島民俗」鹿児島民俗学会　124　2003.10

能楽（謡曲）について（大岳吉之助）「鹿児島民俗」鹿児島民俗学会　124　2003.10

漁撈と民俗随想―渋沢敬三・「延喜式」アワビ（小川三郎）「鹿児島民俗」鹿児島民俗学会　124　2003.10

「文政元年願書萬扣」について（所崎平）「鹿児島民俗」鹿児島民俗学会　124　2003.10

島津氏による「敵見方供養」ゆかりの地を訪ねて（島津修久）「鹿児島史談」鹿児島史談会編集委員会　（5）2003.12

青山墓地に眠る鹿児島の人々（平田信芳）「鹿児島史談」鹿児島史談会編集委員会　（5）2003.12

まちづくりへの決断―ある老舗250年のひとこま（津曲兼利）「鹿児島史談」鹿児島史談会編集委員会　（5）2003.12

網代（徳留秋輝）「鹿児島民具」鹿児島民具学会　通号16　2003.12

唱歌「我は海の子」と漂流民（徳留秋輝）「鹿児島民具」鹿児島民具学会　通号16　2003.12

民具雑感―思いつくままに（二見剛史）「鹿児島民具」鹿児島民具学会

通号16　2003.12

山田楽（表紙解説）（所崎平）「鹿児島民俗」　鹿児島民俗学会　125　2004.5

波静めに龍神へ祈る　葬式の供物（所崎平）「鹿児島民俗」　鹿児島民俗学会　125　2004.5

漁撈と民俗随想—海鼠の今昔［前］,（後）（小川三郎）「鹿児島民俗」　鹿児島民俗学会　125/（126）　2004.5/2004.10

一向宗禁制と修験者—愛甲隆嗣の「一向宗崩日記」を中心として（森田清美）「鹿児島民俗」　鹿児島民俗学会　125　2004.5

笛のある太鼓踊と鉦踊・太鼓踊の言い方（表紙解説）（所崎平）「鹿児島民俗」　鹿児島民俗学会　（126）　2004.10

ハヤトウリ（隼人瓜）の命名由来（所崎平）「鹿児島民俗」　鹿児島民俗学会　（126）　2004.10

明治12年の船旅は難儀だった（所崎平）「鹿児島民俗」　鹿児島民俗学会　（126）　2004.10

御霊信仰一考（牧民郎）「鹿児島民俗」　鹿児島民俗学会　（126）　2004.10

近道子賓（大岳吉之助）「鹿児島民俗」　鹿児島民俗学会　（126）　2004.10

マツリにおこなわれる「芸能」の類型—「渋谷・鹿児島おはら祭」を中心として（長野隆之）「都市民俗研究」　都市民俗学研究会　（11）　2005.3

稲荷大明神と古神（向囿信幸）「鹿児島民俗」　鹿児島民俗学会　（127）　2005.5

カエルの話（前）,（後）（小川三郎）「鹿児島民俗」　鹿児島民俗学会　（127）/（128）　2005.5/2005.10

春の七種の節供呪文/火祭り・オネッコ宿・稚児与/新年慶賀の「鹿児島民俗」　鹿児島民俗学会　（127）　2005.5

民俗歌・古典歌（牧民郎）「鹿児島民俗」　鹿児島民俗学会　（127）　2005.5

新年を祝う民俗歌（牧民郎）「鹿児島民俗」　鹿児島民俗学会　（127）　2005.5

「破竹・雷撃本営雑誌」について（金子鐵雄）「鹿児島民俗」　鹿児島民俗学会　（127）　2005.5

「オトリアゲ」儀礼を比較（森田清美）「鹿児島民俗」　鹿児島民俗学会　（128）　2005.10

一かけ二かけて　三をかけ（所崎平）「鹿児島民俗」　鹿児島民俗学会　（128）　2005.10

なぜ、七度判（所崎平）「鹿児島民俗」　鹿児島民俗学会　（128）　2005.10

甑とアクマキ作りに甑を使う例（牧島知子）「鹿児島民俗」　鹿児島民俗学会　（128）　2005.10

味噌仕立てのカッパ焼き（牧民郎）「鹿児島民俗」　鹿児島民俗学会　（128）　2005.10

東アジアの竹文化—ヒツゴマの問題（高重義好）「鹿児島民具」　鹿児島民具学会　通号18　2006.3

消え行く竹製民具二つ（牧島知子）「鹿児島民具」　鹿児島民具学会　通号18　2006.3

竹と「臍の緒」「民間薬」「担架」（渡山恵子）「鹿児島民具」　鹿児島民具学会　通号18　2006.3

古代の金魚（徳留秋輝）「鹿児島民具」　鹿児島民具学会　通号18　2006.3

『豆地獄』歌詞中の小鍋ときらず（牧民郎）「鹿児島民俗」　鹿児島民俗学会　（129）　2006.5

牛肉を食べることと「賦」（所崎平）「鹿児島民俗」　鹿児島民俗学会　（129）　2006.5

図書紹介　『区画改正　戸長職務心得　全』長尾景弼編纂（大岳吉之助）「鹿児島民俗」　鹿児島民俗学会　（129）　2006.5

アワビ貝の薬効（小川三郎）「鹿児島民俗」　鹿児島民俗学会　（130）　2006.10

みんぞく・かわらばん　カゼの引きはじめ（牧民郎）「鹿児島民俗」　鹿児島民俗学会　（130）　2006.10

学生の民話—体験・伝承（1）（本田碩孝）「鹿児島民俗」　鹿児島民俗学会　（130）　2006.10

島津日新斎『いろは歌』の研究（難波経輝）「鹿児島民俗学」　鹿児島県高校歴史部会　（52）　2007.3

鹿児島の棟石について—南九州の石の文化解明に向けて（橋口尚武）「鹿児島民具」　鹿児島民具学会　通号19　2007.3

漁具ヒビのなぞを解く—川の竹ヒビと海のヒビ（下野敏見）「鹿児島民具」　鹿児島民具学会　通号19　2007.3

烏賊餌木の文化（徳留秋輝）「鹿児島民具」　鹿児島民具学会　通号19　2007.3

サツマイモ伝来300年記念　サツマイモの伝来と鹿児島のサツマイモ（上妻道紀）「知覧文化」　知覧町立図書館　（44）　2007.3

モイドンを前身とする神社の考察（北野晃）「鹿児島民俗」　鹿児島民俗学会　（131）　2007.5

釈迦誕生日の甘茶かけ（所崎平）「鹿児島民俗」　鹿児島民俗学会　（131）　2007.5

「神幸」と「浜下り」とは別物か？（所崎平）「鹿児島民俗」　鹿児島民俗学会　（131）　2007.5

ツバキの話［前］,（後）（小川三郎）「鹿児島民俗」　鹿児島民俗学会　（131）/（132）　2007.5/2007.10

大工道具の手入れ・中国禅寺の放生池（所崎平）「鹿児島民俗」　鹿児島民俗学会　（131）　2007.5

牧民式養生法（牧民郎）「鹿児島民俗」　鹿児島民俗学会　（131）　2007.5

みんぞく・かわらばん　稲（麦）刈の手捌き（牧民郎）「鹿児島民俗」　鹿児島民俗学会　（131）　2007.5

區畫改正　戸長職務心得　全　長尾景弼編纂（資料紹介）（大岳吉之助）「鹿児島民俗」　鹿児島民俗学会　（131）　2007.5

太鼓踊の鉦（表紙解説）（所崎平）「鹿児島民俗」　鹿児島民俗学会　（132）　2007.10

天然痘防遏策！　御伊勢講灰黒塗り・剣叩き（牧民郎）「鹿児島民俗」　鹿児島民俗学会　（132）　2007.10

みんぞく・かわらばん　松尾芭蕉と泄痢（牧民郎）「鹿児島民俗」　鹿児島民俗学会　（132）　2007.10

蒸留酒器の分類とツブロ式蒸留器の伝来について—名称上の分類と構造上の分類（徳留秋輝）「鹿児島民具」　鹿児島民具学会　通号20　2008.3

鮑と浮世絵考（前）,（後）（小川三郎）「鹿児島民俗」　鹿児島民俗学会　（133）/（134）　2008.4/2008.10

戦争時の個人生活史覚書（本田碩孝）「鹿児島民俗」　鹿児島民俗学会　（133）　2008.4

みんぞく・かわらばん　松尾芭蕉と魚の目（牧民郎）「鹿児島民俗」　鹿児島民俗学会　（133）　2008.4

「児玉實則日記」について—明治11年（前半）,（後半）（所崎平）「鹿児島民俗」　鹿児島民俗学会　（133）/（134）　2008.4/2008.10

鬼の出る太鼓踊—ごちょう踊（表紙解説）（所崎平）「鹿児島民俗」　鹿児島民俗学会　（134）　2008.10

廃仏前夜の日本情勢［上］,（下）（名越護）「鹿児島民俗」　鹿児島民俗学会　（134）/（135）　2008.10/2009.06

生食の遺風=廉の日の粂、八つ頭、水の子（牧民郎）「鹿児島民俗」　鹿児島民俗学会　（134）　2008.10

不思議な言葉—山のクライドリと海のサンコンメ（下野敏見）「鹿児島民俗」　鹿児島民俗学会　（134）　2008.10

みんぞく・かわらばん　膝痛対応策（牧民郎）「鹿児島民俗」　鹿児島民俗学会　（134）　2008.10

伝承・芸能キャンペーン資料（所崎平）「鹿児島民俗」　鹿児島民俗学会　（134）　2008.10

旧暦日と新暦日の換算について（吉永正道）「鹿児島史談」　鹿児島史談会編集委員会　（6）　2008.12

島津吉貴と寺社（林匡）「鹿児島史学」　鹿児島県高校歴史部会　（54）　2009.03

手もみ茶（1）（牧島知子）「鹿児島民具」　鹿児島民具学会　通号21　2009.03

シオヤ爺と若君の衣（下野敏見）「鹿児島民具」　鹿児島民具学会　通号21　2009.03

語源噺二題（1）丸瓦羅橋、（2）稲妻（牧民郎）「鹿児島民俗」　鹿児島民俗学会　（135）　2009.06

鹿の子百合物語（前）,（後）（小川三郎）「鹿児島民俗」　鹿児島民俗学会　（135）/（136）　2009.06/2009.12

みんぞく・かわらばん　コップ一杯の冷水（牧民郎）「鹿児島民俗」　鹿児島民俗学会　（135）　2009.06

「児玉實則日記」明治12年分（1）（所崎平）「鹿児島民俗」　鹿児島民俗学会　（135）　2009.06

書評　下野敏見著『南日本の民俗文化史2 鹿児島の棒踊り』（松原武実）「民俗芸能研究」　民俗芸能学会　（47）　2009.09

秋の叙勲　悔いなしわが人生/第41回南日本文化賞　文化部門/お年玉の歴史と変遷　古くはモチ/かごしま民俗夜話1　はじめに　共同研究の「踏み台」に—南日本新聞から《（村田煕先生追悼号）》（村田煕）「鹿児島民俗」　鹿児島民俗学会　（136）　2009.12

鹿児島の廃仏毀釈—種子島の寺院整理（名越護）「鹿児島民俗」　鹿児島民俗学会　（136）　2009.12

芸能キャンペーンの記録（所崎平）「鹿児島民俗」　鹿児島民俗学会　（136）　2009.12

鹿児島本土での蛇話覚書（本田碩孝）「鹿児島民俗」　鹿児島民俗学会　（136）　2009.12

みんぞく・かわらばん　インフルエンザ予防一策（牧民郎）「鹿児島民俗」　鹿児島民俗学会　（136）　2009.12

お寺の鉦を探す—太鼓踊の鉦とのつながり（所崎平）「鹿児島民俗」　鹿児島民俗学会　（136）　2009.12

鹿児島の錫器製造（吉田晶子）「民具マンスリー」　神奈川大学　42（11）通号503　2010.02

序　知的興味の湧く泉（下野敏見）「鹿児島民具」　鹿児島民具学会　通号22　2010.03

鹿児島民具学会例会発表要旨　2009年5月〜2009年12月「鹿児島民具」　鹿児島民具学会　通号22　2010.03

九州・沖縄　　　　郷土に伝わる民俗と信仰　　　　鹿児島県

市町村章に見る風土と文化(2)(有村澄子)「鹿児島民具」 鹿児島民具学会 通号22 2010.03

講演記録 鹿児島の仮面(出村卓三)「くしきの」 いちき串木野郷土史研究会 (24) 2010.6

表紙解説 砂盛と鉦・小太鼓打ちなどの飾り物(所崎平)「鹿児島民俗」 鹿児島民俗学会 (137) 2010.06

資料 鹿児島の昔話(1),(2)―荒武タミさんの昔話から(下野敏見)「鹿児島民俗」 鹿児島民俗学会 (137)/(138) 2010.06/2010.12

みんぞく・かわらばん 雲脂防止にお茶やアロエ(牧民郎)「鹿児島民俗」 鹿児島民俗学会 (137) 2010.06

アワビと鎖国・開国私考[正],(続)(小川三郎)「鹿児島民俗」 鹿児島民俗学会 (137)/(138) 2010.06/2010.12

表紙解説 武士踊二葉のハガキ(大武進氏所蔵)について(所崎平)「鹿児島民俗」 鹿児島民俗学会 (138) 2010.12

みんぞく・かわらばん 民俗療法の本(牧民郎)「鹿児島民俗」 鹿児島民俗学会 (138) 2010.12

神代・綿津見ロマン(牧民郎)「鹿児島民俗」 鹿児島民俗学会 (138) 2010.12

みんぞく・かわらばん 「藤衣を脱ぎ捨てる」とは(牧島知子)「鹿児島民俗」 鹿児島民俗学会 (138) 2010.12

伝承芸能キャンペーン報告(所崎平)「鹿児島民俗」 鹿児島民俗学会 (138) 2010.12

みんぞく・かわらばん 「池ゑど・籠さこ御法度之事」(所崎平)「鹿児島民俗」 鹿児島民俗学会 (138) 2010.12

民具から見える生活(佐多特集号)(有村登子)「鹿児島民具」 鹿児島民具学会 通号23 2011.03

鹿児島の阿吽について(佐多特集号)(橋口尚武)「鹿児島民具」 鹿児島民具学会 通号23 2011.03

例会発表要旨 2010年1月～12月/学会記事「鹿児島民具」 鹿児島民具学会 通号23 2011.03

ごって(強張)な踊り(牧民郎)「鹿児島民俗」 鹿児島民俗学会 (139) 2011.05

みんぞく・かわらばん 相撲道の確立を願って(牧民郎)「鹿児島民俗」 鹿児島民俗学会 (139) 2011.05

方言―もん(者)・ほ(坊)・ごろ(所崎平)「鹿児島民俗」 鹿児島民俗学会 (139) 2011.05

みんぞく・かわらばん 立待ち(所崎平)「鹿児島民俗」 鹿児島民俗学会 (139) 2011.05

みんぞく・かわらばん 石風呂(所崎平)「鹿児島民俗」 鹿児島民俗学会 (139) 2011.05

第16回かごしま郷土芸能 下調べ・本番―覚え書き(所崎平)「鹿児島民俗」 鹿児島民俗学会 (140) 2011.12

みんぞく・かわらばん ムカデ油とガラッパ草(所崎平)「鹿児島民俗」 鹿児島民俗学会 (140) 2011.12

みんぞく・かわらばん 痒みにお茶割りの焼酎(牧民郎)「鹿児島民俗」 鹿児島民俗学会 (140) 2011.12

みんぞく・かわらばん 津波と高潮(所崎平)「鹿児島民俗」 鹿児島民俗学会 (140) 2011.12

「曽我(どん)の"かさたき"」考一「誤説」の訂正と「仮説」の提示(内倉昭文)「鹿児島民俗学」 鹿児島県高校歴史部会 (57) 2012.03

序 『鹿児島民具』第24号刊行に寄せて(有村澄子)「鹿児島民具」 鹿児島民具学会 通号24 2012.03

みんぞく・かわらばん 水で鼻を漱ぎカゼ予防(牧民郎)「鹿児島民俗」 鹿児島民俗学会 (141) 2012.06

イザナギ・イザナミ尊称考(牧民郎)「鹿児島民俗」 鹿児島民俗学会 (141) 2012.06

「ホトケバアサン(仏婆様)」を母とする「隠れ念仏」―シャーマンと「ウチノニョウサン(内の如様)」(1)～(6)(森田清美)「鹿児島民俗」 鹿児島民俗学会 (141)/(146) 2012.06/2014.12

古代の津と祭神・池王との関係(徳留秋輝)「鹿児島民俗」 鹿児島民俗学会 (141) 2012.06

マクンナとコナスッナ(牧民郎)「鹿児島民俗」 鹿児島民俗学会 (142) 2012.12

みんぞく・かわらばん 酒ズシ桶と地酒(所崎平)「鹿児島民俗」 鹿児島民俗学会 (142) 2012.12

「第17回かごしまの芸能」南日本新聞社・NHK主催―平成24年9月31日(日)開催の事前取材・調査報告(所崎平)「鹿児島民俗」 鹿児島民俗学会 (142) 2012.12

みんぞく・かわらばん 高齢者の銭湯入浴料金(牧民郎)「鹿児島民俗」 鹿児島民俗学会 (142) 2012.12

みんぞく・かわらばん 石風呂(所崎平)「鹿児島民俗」 鹿児島民俗学会 (142) 2012.12

鹿児島茶の源流を訪ねて(霧島山麓特集号―里・山・川の民具を考える)(川野博志)「鹿児島民具」 鹿児島民具学会 (25) 2013.03

海洋国家薩摩―焼酎が語る鹿児島の歴史と文化の伝承(特集 鹿児島の未来遺産)(松尾千歳)「想林」 江角学びの交流センター地域人間科学研究所 (4) 2013.3

彩色された南九州の龍について(特集 鹿児島の未来遺産)(橋口尚武)「想林」 江角学びの交流センター地域人間科学研究所 (4) 2013.3

みんぞく・かわらばん 秘結処方の一例(牧民郎)「鹿児島民俗」 鹿児島民俗学会 (143) 2013.05

みんぞく・かわらばん 「猪の目」模様(所崎平)「鹿児島民俗」 鹿児島民俗学会 (143) 2013.05

みんぞく・かわらばん 歯、目、しょうがない(所崎平)「鹿児島民俗」 鹿児島民俗学会 (143) 2013.05

18世紀から19世紀の龍門司焼の特徴 胎土・成形・釉薬からみた変化(特集 南九州の近世考古学)(関一之)「鹿児島考古」 鹿児島県考古学会 (43) 2013.07

「建部神嶋」について(平田信芳)「鹿児島史談」 鹿児島史談会編集委員会 (7) 2013.10

流鏑馬神事解説(佐藤信光)「鹿児島史談」 鹿児島史談会編集委員会 (7) 2013.10

みんぞく・かわらばん 柴屋(しばや)(所崎平)「鹿児島民俗」 鹿児島民俗学会 (144) 2013.12

みんぞく・かわらばん オシエの魚(所崎平)「鹿児島民俗」 鹿児島民俗学会 (144) 2013.12

家船と文部省唱歌『我は海の子』(徳留秋輝)「鹿児島民俗」 鹿児島民俗学会 (144) 2013.12

みんぞく・かわらばん 方言「様へ(サメ)」・「のさん」(所崎平)「鹿児島民俗」 鹿児島民俗学会 (144) 2013.12

「第18回かごしま郷土芸能」の報告(平成25年10月20日)(所崎平)「鹿児島民俗」 鹿児島民俗学会 (144) 2013.12

みんぞく・かわらばん 肌着の着替え(牧民郎)「鹿児島民俗」 鹿児島民俗学会 (144) 2013.12

みんぞく・かわらばん 手車(テイグマ)=大八車(所崎平)「鹿児島民俗」 鹿児島民俗学会 (144) 2013.12

みんぞく・かわらばん 「じょじょん・じょん」「へんげる・げる」(所崎平)「鹿児島民俗」 鹿児島民俗学会 (144) 2013.12

序 『鹿児島民具』第26号刊行によせて(小島摩文)「鹿児島民具」 鹿児島民具学会 (26) 2014.03

燭台・竹ワク(田植え定規)・屋根裏部屋(伊地知裕貴)「鹿児島民具」 鹿児島民具学会 (26) 2014.03

池水ツル蠅の昔語り(本田碩孝)「鹿児島民俗」 鹿児島民俗学会 (145) 2014.06

気象観測者顕彰碑に見る民俗(牧民郎)「鹿児島民俗」 鹿児島民俗学会 (146) 2014.12

みんぞく・かわらばん 桜の花見(所崎平)「鹿児島民俗」 鹿児島民俗学会 (146) 2014.12

みんぞく・かわらばん 士踊と強跳踊(所崎平)「鹿児島民俗」 鹿児島民俗学会 (146) 2014.12

第19回かごしま郷土芸能(報告)(所崎平)「鹿児島民俗」 鹿児島民俗学会 (146) 2014.12

鹿児島磯集成館

民具短信 鹿児島磯集成館製の蒸気機関(山口良久)「民具マンスリー」 神奈川大学 35(2)通号410 2002.5

鹿児島県

ネーシ(巫女)の祓から近代医療の受容過程について(渡山恵子)「隼人文化」 隼人文化研究会 27・28 1995.5

続両部神道桑原考(藤井重寿)「隼人文化」 隼人文化研究会 27・28 1995.5

法師(高松敬吉)「鹿大史学」 鹿大史学会 通号45 1997.1

「森神信仰」にみる動物霊祭祀と開拓始祖祭祀(徳丸亜木)「鹿大史学」 鹿大史学会 通号46 1999.1

九州の石造物・長崎県/宮崎県南部/鹿児島県(加藤孝雄)「日本の石仏」 日本石仏協会, 青娥書房(発売) 通号90 1999.6

鹿児島県のサルタヒコ(田頭寿雄)「あらはれ : 猿田彦大神フォーラム年報 : ひらかれる未来神話」 猿田彦大神フォーラム 4 2001.9

県内の太鼓踊の分類(所崎平)「鹿児島民俗」 鹿児島民俗学会 122 2002.11

下野敏見著『田の神と森山の神―隼人の国の民俗誌I』(書誌紹介)(田中宣一)「日本民俗学」 日本民俗学会 通号241 2005.2

下野敏見著『御田植祭りと民俗芸能―隼人の国の民俗誌II』(書誌紹介)(吉川祐子)「日本民俗学」 日本民俗学会 通号243 2005.8

鹿児島県出土の備前焼《備前歴史フォーラム 備前焼・海の道・夢フォーラム2006―備前焼の歴史と未来像をもとめて》(橋口亘)「備前市歴史民俗資料館紀要」 備前市歴史民俗資料館 (8) 2006.9

鹿児島県の昔話資料(1) 録音から文章へ、いくつかの試み(下野敏見)「鹿児島民俗」 鹿児島民俗学会 (130) 2006.10

鹿児島県　　郷土に伝わる民俗と信仰　　九州・沖縄

鹿児島県内の竹をめぐる民俗文化二題（濱田甫）「鹿児島民具」　鹿児島民具学会　通号19　2007.3

鹿児島県の昔話資料（2）方言で語る昔話と標準語で語る昔話（下野敏見）「鹿児島民俗」　鹿児島民俗学会　（131）2007.5

鹿児島県の昔話資料（3）方言まじりの共通語表現の問題（下野敏見）「鹿児島民俗」　鹿児島民俗学会　（133）2008.4

オハラ節とヤッサ節（桑畑三則）「ふるさとみまた」　三股郷土史研究会　（26）2008.11

鹿児島歴史資料センター黎明館・福島県立博物館編『樹と竹─列島の文化・北から南から』（書評と紹介）（橋村修）「民俗文化」　近畿大学民俗学研究所　（21）2009.03

方角をあらわす文字を確認 県内で初見か！（中野町正利）「南九州の石塔」　南九州石塔研究会　（16）2009.08

県内最古の在銘五輪塔「南九州の石塔」　南九州石塔研究会　（16）2009.08

山川観音丸を追って「豊年節」考（原田聖久）「季刊南九州文化」　南九州文化研究会　（113）2011.05

鹿児島県関係の戦犯記録について─「死没者連名簿」を一事例として（大竹進）「鹿児島民俗」　鹿児島民俗学会　（139）2011.05

鹿児島県に残る「琉球」─僧侶の墓を中心に（研究エッセイ）（渡辺美季）「非文字資料研究」　神奈川大学21世紀COEプログラム拠点推進会議　（26）2011.07

熊襲・隼人のこと（6）あがめられた犬（大内盤古）「九州倭国通信」　九州古代史の会　（158）2011.11

熊襲・隼人のこと（7）熊襲の猪猟と犬説話（大内盤古）「九州倭国通信」　九州古代史の会　（159）2012.01

熊襲・隼人のこと（8）独自の墓を持つ「ソウ族」（大内盤古）「九州倭国通信」　九州古代史の会　（160）2012.03

鹿児島県の「将軍舞」─付載 若松右京「将軍舞之次第」（星野岳義）「鹿児島民俗」　鹿児島民俗学会　（143）2013.05

県内たった二例の龍の天井画（橋口尚武）「鹿児島民具」　鹿児島民具学会　（26）2014.03

鹿児島市

白地蔵持明院（じめさあ）（渡辺敏）「鹿児島史談」　鹿児島史談会編集委員会　（4）2000.10

鹿児島城

鹿児島城（鶴丸城）二之丸跡から発見のキリシタン瓦とその背景（報告）（上田耕）「南九州の城郭 ： 南九州城郭談話会会報」　南九州城郭談話会　（30）2011.03

鹿児島神宮

八幡宮紹介 鹿児島神宮（鹿児島県始良郡）「季刊悠久.第2次」　鶴岡八幡宮悠久事務局　98　2004.7

鹿児島神宮初午の馬踊りについて（荒武操）「ふるさとみまた」　三股郷土史研究会　（25）2007.11

鹿児島神宮における火照尊鎮座場所の移動について（宮原岑康）「鹿児島史談」　鹿児島史談会編集委員会　（7）2013.10

鹿児島神社

鹿児島神社神舞拝観記と田之神採物飯脹祭祀（呪）具論（牧民郎）「鹿児島民俗」　鹿児島民俗学会　115　1999.6

鹿児島藩

市来四郎日記にみる鹿児島藩廃仏毀釈前史（芳即正）「鹿児島歴史研究」　鹿児島歴史研究会　（3）1998.5

鹿児島藩における女性史─殉教者"カタリナ永俊尼"について（難波経健）「鹿児島史学」　鹿児島県高校歴史部会　（53）2008.3

〈問題提起〉鹿児島藩・天保度の一向宗取締り─自訴不罰・宗旨替えを中心とした取締り（《大会特集/南九州の地域形成と境界性─都城からの歴史像I》）（所崎平）「地方史研究」　地方史研究協議会　59（4）通号340　2009.08

鹿児藩

〔資料〕坂田長愛稿 鹿児藩基督教史［正］,（続）（芳即正）「地域・人間・科学」　鹿児島純心女子短期大学江角学びの交流センター地域人間科学研究所　（1）/（2）1997.3/1998.3

笠祇神社

「オカッサンドン」（笠祇神社）の思い出（関野志郎）「大隅」　大隅史談会　47　2004.3

加治木

加治木の護符・呪符と修験山伏について（松田誠）「鹿児島民具」　鹿児島民具学会　通号18　2006.3

加治木のモノづくり（松田誠）「鹿児島民具」　鹿児島民具学会　通号21　2009.03

能仁寺島津家墓地悉皆調査報告─加治木島津家（松田誠）「南九州の石塔」　南九州石塔研究会　（16）2009.08

加治木町

加治木町「くも合戦」（山田直巳）「民俗学研究所ニュース」　成城大学民俗学研究所　67　2005.1

加治木町の石仏（松田誠）「南九州の石塔」　南九州石塔研究会　（16）2009.08

加世田

加世田の民話（本田碩孝）「鹿児島民俗」　鹿児島民俗学会　（126）2004.10

南さつま市の伊勢講行事（1）─加世田の伊勢講（1）（井上賢一）「鹿児島民具」　鹿児島民具学会　通号22　2010.03

南さつま市加世田内山家伝世の浄土真宗関係史料（1）─「廻章」（文化2年）控（橋口亘，上原兼善）「南日本文化財研究」　『南日本文化財研究』刊行会　（16）2013.02

南さつま市加世田内山家伝世の浄土真宗関係史料（2）「廻章」（文化2年）の筆者についての再考察（橋口亘，上原兼善）「南日本文化財研究」　『南日本文化財研究』刊行会　（19）2013.10

加世田川畑

南さつま市加世田川畑現存の薩摩塔（橋口亘）「南日本文化財研究」　『南日本文化財研究』刊行会　（19）2013.10

加世田郷

明治10年の戦役・加世田郷招魂社について（吉峰宗利）「敬天愛人」　西郷南洲顕彰会　（21）2003.9

加世田益山

南さつま市加世田益山の八幡神社現存の宋風獅子 中世万之瀬川下流域にもたらされた中国系石獅子（橋口亘）「南日本文化財研究」　『南日本文化財研究』刊行会　（18）2013.06

片泊

表紙写真解説 黒島片泊の太鼓踊（三島村）（所崎平）「鹿児島民俗」　鹿児島民俗学会　（143）2013.05

勝栗

表紙の写真「勝栗銅鏡」説明（調所保平）「つつはの」　つつはの郷土研究会　（38）2013.12

勝栗神社

コラム 勝栗神社（霧島山麓特集号）（橋口尚武）「鹿児島民具」　鹿児島民具学会　（25）2013.03

勝栗神社（調所保平）「つつはの」　つつはの郷土研究会　（38）2013.12

表紙の説明 勝栗神社拝殿の額（古川重郎）「つつはの」　つつはの郷土研究会　（39）2014.12

勝栗神社と栗野馬欲踊（吉岡勇二）「つつはの」　つつはの郷土研究会　（39）2014.12

嘉鉄集落

奄美大島南部嘉鉄集落における八月踊りの音楽様式─歌、太鼓、踊りの組み合わせと場の構成法（島添貴美子）「民俗音楽研究」　日本民俗音楽学会　（31）2006.3

嘉徳

奄美「うわさ歌」の歌掛け構造─「嘉徳鍋加那節」と「塩道長浜節」の分析から（居駒永幸）「奄美沖縄民間文芸学」　奄美沖縄民間文芸学会　（9）2009.09

門之浦

門之浦に伝来した絵巻物について（坂元恒太）「ミュージアム知覧紀要・館報」　知覧町教育委員会　（12）2010.3

知覧門之浦に伝来した絵巻物「門之浦伝来絵巻」の14C年代測定（小田寛貴，上田耕，坂元恒太）「ミュージアム知覧紀要・館報」　知覧町教育委員会　（13）2013.3

「門之浦伝来絵巻」小考─南薩における神事・祭祀との関わりから（鈴木彰）「ミュージアム知覧紀要・館報」　知覧町教育委員会　（13）2013.03

門之浦伝来絵幕に描かれた流鏑馬について（調査研究）（坂元恒太）「南九州市薩南文化 ： 地域の歴史と文化を記録する」　南九州市立図書館　（6）2014.03

樺山氏墓塔群

隼人町小田中福良の樺山氏墓塔群について（藤浪三千尋）「南九州の石塔」　南九州石塔研究会　（17）2011.12

上加治佐

知覧町の貴重な二つの儀礼─下塩屋の御船歌と上加治佐の家粥祭り（下野敏見）「知覧文化」　知覧町立図書館　40　2003.3

1062

九州・沖縄　　　郷土に伝わる民俗と信仰　　　鹿児島県

上嘉鉄

嘉島亀𡢳の昔語り―喜界島上嘉鉄 (本田碩孝)「鹿児島民俗」　鹿児島民俗学会　117　2000.5

嘉島亀𡢳の昔語り―喜界町上嘉鉄 (本田碩孝)「鹿児島民俗」　鹿児島民俗学会　118　2000.10

奄美・喜界島　上嘉鉄の埋葬地 (酒井卯作)「南島研究」　南島研究会　(54)　2013.10

上甑島

《上甑島特集》「鹿児島民具」　鹿児島民具学会　通号15　2002.12

上甑島内侍の衣装―付・海辺の舞い (下野敏見)「鹿児島民具」　鹿児島民具学会　通号15　2002.12

上甑島・物流と交通の民俗 (井上賢一)「鹿児島民具」　鹿児島民具学会　通号15　2002.12

上甑島の石塔を中心にして (松田誠)「鹿児島民具」　鹿児島民具学会　通号15　2002.12

弘化4年造立の無縫塔銘文にみる「鹿児庁錦江之津」―上甑島の琉球人墓と「錦江湾」の由来・語源 (橋口亘)「南日本文化財研究」「南日本文化財研究」刊行会　(14)　2012.10

上甑村

上甑村の民俗聞き取り調査 (牧島知子)「鹿児島民具」　鹿児島民具学会　通号15　2002.12

上甑村の食 (小川秀直)「鹿児島民具」　鹿児島民具学会　通号15　2002.12

上城

沖永良部民謡について (5)　上城地区 (知名町) における調査 (1) (前原隆鋼，永吉敏人)「南九州地域科学研究所report」　鹿児島女子短期大学附属南九州地域科学研究所　(19)　2003.2

上平川

知名町上平川の大蛇おどり (出村卓三)「えらぶせりよさ　：　沖永良部郷土研究会会報」　沖永良部郷土研究会　(3)　1998.7

上平川大蛇踊りの人形 (出村卓三)「鹿児島民俗」　鹿児島民俗学会　116　1999.10

上別府

上別府のあんだどん (阿弥陀様) (坂元ちづ子)「大隅」　大隅史談会　40　1997.3

神代三陵

神代三陵確定後の動向 (江之口汎生)「文化川内」　川内市立図書館　16　2002.3

亀津

徳之島町亀津・山における現地住民のイトマンチュー受け入れ状況―現地住民の視点を中心に (隆憲介)「沖縄民俗研究」　沖縄民俗学会　(23)　2005.1

亀焼

「カムィヤキ」ってなんだ？ (島袋かおり)「こがね南風」　南風原町立南風原文化センター　(10)　2003.3

蒲生町

蒲生町太鼓踊 (表紙解説) (所崎平)「鹿児島民俗」　鹿児島民俗学会　123　2003.5

佳例川

福山町佳例川の「おんなこ」(聞書) (松田誠)「鹿児島民俗」　鹿児島民俗学会　117　2000.5

川上

旧市来町川上踊の歌と代表踊・踊の種類 (表紙解説) (所崎平)「鹿児島民俗」　鹿児島民俗学会　(130)　2006.10

川上三郎天神社

川上三郎天神社と亀伝説 (吉村良秀)「つつはの」　つつはの郷土研究会　(39)　2014.12

川上神社

川上神社と伝説 (吉直富夫)「大隅」　大隅史談会　(52)　2009.03

川添

太鼓踊りの鉦の歴史と川添太鼓踊りの記録 (2) (吉岡勇二)「つつはの」　つつはの郷土研究会　(32)　2005.3

川辺

〔資料〕　家作方ニ付諸覚留川辺盲僧の釈𠮷 (村田熙)「鹿児島民俗」　鹿児島民俗学会　113　1998.5

資料・川辺盲僧の釈文 (2) (村田熙)「鹿児島民俗」　鹿児島民俗学会　114　1998.10

川邊名勝誌―附　清水磨崖仏周辺に関する記述の比較 (新地浩一郎)「南九州市薩南文化　：　地域の歴史と文化を記録する」　南九州市立図書館　(1)　2009.03

川辺仏壇の軌跡―川辺仏壇の礎となった熱き先人たち (久松佳史)「南九州市薩南文化　：　地域の歴史と文化を記録する」　南九州市立図書館　(5)　2013.03

『川邊名勝誌』(大正写本) 二 (新地浩一郎)「南九州市薩南文化　：　地域の歴史と文化を記録する」　南九州市立図書館　(5)　2013.3

表紙写真　川辺祇園祭「南九州市薩南文化　：　地域の歴史と文化を記録する」　南九州市立図書館　(5)　2013.03

川辺郷

資料　明和六年『次渡日帳』川邊郷 (前床重治)「鹿児島民俗」　鹿児島民俗学会　(141)　2012.06

資料　安永二年　次渡日帳　川邊郷 (前床重治)「鹿児島民俗」　鹿児島民俗学会　(142)／(146)　2012.12／2014.12

川辺町

川辺町の大鋸 (新地浩一郎)「民具マンスリー」　神奈川大学　34 (1) 通号397　2001.4

石にみる信仰―川辺町内の路傍の神々 (水神・田の神から石敢当・産神まで) (中原章策)「南九州市薩南文化　：　地域の歴史と文化を記録する」　南九州市立図書館　(2)　2010.03

旧川辺町の太鼓踊 (所崎平)「鹿児島民俗」　鹿児島民俗学会　(138)　2010.12

川辺町内の「巨岩」・「怪石」巨岩・奇岩・岩壁・天然の石橋・滝・怪石、語り継がれた岩と石など (中原章策)「南九州市薩南文化　：　地域の歴史と文化を記録する」　南九州市立図書館　(4)　2012.3

川畑

西南戦争従軍日記について (加世田市川畑久米家蔵) (所崎平)「鹿児島民俗」　鹿児島民俗学会　(127)　2005.5

みんぞく・かわらばん　川畑鍛冶屋の道具 (所崎平)「鹿児島民俗学会　(145)　2014.06

冠岳

入郷の地名と冠嶽大権現の鎮銘 (黒木勝夫)「ひさみね」　広瀬地区郷土史同好会　(14)　1997.3

特別寄稿　霊山崇拝と現代社会―冠岳と紫尾山を中心として (森田清美)「千台　：　薩摩川内郷土史研究会機関誌」　薩摩川内郷土史研究会　(39)　2011.03

徐福伝説再考―冠嶽権現の "変化" と徐福伝説 (臼井和樹)「鹿児島民俗」　鹿児島民俗学会　(144)　2013.12

喜界島

喜界島方言における「未然形＋まし」(西岡敏)「琉球の方言」　法政大学沖縄文化研究所　通号22　1998.3

死生学ノート (2)―喜界島の葬送の概論 (宗像哲男)「宮崎県総合博物館研究紀要」　宮崎県総合博物館　22　2001.3

喜界島の昔話・伝説・世間話―嘉島亀𡢳の伝承から (本田碩孝)「鹿児島民俗」　鹿児島民俗学会　119　2001.5

嘉島亀𡢳の昔語り―里謡等 (本田碩孝)「鹿児島民俗」　鹿児島民俗学会　120　2001.10

喜界島の伝承―柏木貞治・レイ子聞書 (本田碩孝)「南島研究」　南島研究会　42　2001.11

第24回研究例会研究発表要旨　琉歌形式と歌詞の語形―喜界島八月踊り歌の事例から (西岡敏)「沖縄で奄美を考える会会報」　沖縄で奄美を考える会　(15)　2002.7

喜界島紀行 (中瀬喜陽)「紀南・地名と風土研究会会報」　紀南・地名と風土研究会　(41)　2007.7

奄美一島嶼における人と海との関係性―喜界島民と糸満漁師の近代 (及川高)「史境」　歴史人類学会，日本図書センター (発売)　(55)　2007.9

喜界島における島唄・島口の伝承覚書 (本田碩孝)「南島研究」　南島研究会　通号48　2007.11

古代・中世のキカイガシマと喜界島 (永山修一)「沖縄研究ノート　：《共同研究》南島における民族と宗教」　宮城学院女子大学キリスト教文化研究所　(17)　2008.3

喜界島「喜界島の八月踊り」(奄美群島　八月踊り特集) (北島公一)「法政大学沖縄文化研究所所報」　法政大学沖縄文化研究所　(67)　2010.08

奄美・喜界島における「神々の明治維新」―神社神道とノロの宗教 (研究ノート) (及川高)「日本民俗学」　日本民俗学会　通号265　2011.03

喜界島の葬制 (琉球・沖縄の葬制の変遷) (勇勝美)「法政大学沖縄文化研究所所報」　法政大学沖縄文化研究所　(69)　2011.09

与論島と喜界島における風葬の変遷 (西日本文化協会創立50周年記念論文) (安陪光正)「西日本文化」　西日本文化協会　(455)　2012.02

吉川

吉川の地名と昔話 (川崎大十)「千台　：　薩摩川内郷土史研究会機関誌」　薩摩川内郷土史研究会　29　2001.3

鹿児島県 郷土に伝わる民俗と信仰 九州・沖縄

喜美留

沖永良部民謡について（4）喜美留地区（和泊町）および住吉地区（知名町）における調査（前原隆鋼，永吉敏人）「南九州地域科学研究所所報」鹿児島女子短期大学附属南九州地域科学研究所 （15）1999.1

肝付

肝付の島津庄の寄郡と国衙領（鹿児島神宮領）肝付の歴史（2）（神田三男）「大隅」 大隅史談会 42 1999.3

肝属郡

女性たちにとっての出産の近代化―鹿児島県肝属郡K市とN町におけるインタビュー調査から（橋本美幸）「白山人類学」 白山人類学研究会，岩田書院（発売）（9）2006.3

肝付町

肝付町（旧高山町）の石塔散歩（隈元信一）「大隅」 大隅史談会 （52）2009.03

玉淵寺

樋脇町塔之原・玉渕寺残照（江之口汎生）「千台 ： 薩摩川内郷土史研究会機関誌」 薩摩川内郷土史研究会 （34）2006.3

清水磨崖仏

川邊名勝志一附 清水磨崖仏周辺に関する記述の比較（新地浩一郎）「南九州市薩南文化 ： 地域の歴史と文化を記録する」 南九州市立図書館 （1）2009.03

鹿児島県指定文化財「清水磨崖仏」の三次元実測測量について（瀬戸口和宏）「ミュージアム知覧紀要・館報」 知覧町教育委員会 （13）2013.03

霧島

「霧島十社大明神祭の神楽歌」について（村田煕）「鹿児島民俗」 鹿児島民俗学会 118 1997.5

霧島の「猿田彦命巡行祭」（千葉晋平）「あらはれ ： 猿田彦大神フォーラム年報 ： ひらかれる未来神話」 猿田彦大神フォーラム 1 1998.10

霧島東物語（上），（下）一般若寺のくだり（村上恩）「つつはの」 つつはの郷土研究会 27/28 1999.6/2000.6

霧島修験 空順法印の日記について（8），（9）（森田清美）「鹿児島民俗」 鹿児島民俗学会 （138）/（139）2010.12/2011.05

霧島修験 空順法印の日記について（10），（11）（森田清美）「鹿児島民俗」 鹿児島民俗学会 （140）/（141）2011.12/2012.06

霧島修験 空順法印の日記について（12）空順法印に関する石塔類などを中心として（森田清美）「鹿児島民俗」 鹿児島民俗学会 （142）2012.12

霧島修験 空順法印の日記について（13），（14）阿久根の火留め祈願「御日待」と「空順講」、「火の神祭り」の修験と民俗（前），（後）（森田清美）「鹿児島民俗」 鹿児島民俗学会 （143）/（144）2013.05/2013.12

薩摩藩の廃仏毀釈と霧島山麓住民の民権的憲法草案―地域主権国家の展望と日本文化の再検討（神田嘉雄）「青峰 ： 歴史と文化」 土書房 （2）2013.6

霧島修験 本山派愛甲修験資料『異賦調伏御祈禱日帳』読み解き（1）（森田清美）「鹿児島民俗」 鹿児島民俗学会 （145）2014.06

霧島修験 本山派愛甲修験資料『異賦調伏御祈禱日帳』読み解き（2）―綿密かつ新調な薩摩藩の対外列強政策と修験による祈禱（森田清美）「鹿児島民俗」 鹿児島民俗学会 （146）2014.12

霧島権現社

佐土原藩主島津久柄公霧島権現社参詣日記（塩水流忠夫）「もろかた ： 諸県」 都城史談会 （39）2005.12

霧島神社

霧島神社の荒神面（出村卓三）「鹿児島民俗」 鹿児島民俗学会 111 1997.5

霧島山

シャーマンを信仰の核とする「隠れ念仏」の性格と文化の重層性について―霧島山麓を中心として（森田清美）「日本民俗学」 日本民俗学会 通号237 2004.2

「カゼタテ（風立て）」と霊魂観に関する一考察―霧島山麓の「隠れ念仏」地帯を中心として（森田清美）「鹿児島民俗」 鹿児島民俗学会 （126）2004.10

白鳥信仰と「カゼ（風）」―霧島山麓の「隠れ念仏」地帯を中心として〈特集 聖地と霊木〉（森田清美）「宗教民俗研究」 日本宗教民俗学会 （14・15）2006.3

森田清美著『霧島山麓の隠れ念仏と修験』（書評と紹介）（菅原寿清）「山岳修験」 日本山岳修験学会，岩田書院（発売）（43）2009.03

序、本誌刊行によせて（霧島山麓特集号）（下野敏見）「鹿児島民具」 鹿児島民具学会 （25）2013.03

「霧島山麓の民具共同調査」調査位置図（霧島山麓特集号）「鹿児島民具」 鹿児島民具学会 （25）2013.03

霧島山麓の農具と運搬具（霧島山麓特集号―里・山・川の民具を考える）（井上賢一）「鹿児島民具」 鹿児島民具学会 （25）2013.03

レポート 霧島山麓の民具共同調査に参加して（霧島山麓特集号）（竹中暁美）「鹿児島民具」 鹿児島民具学会 （25）2013.03

錦江湾

弘化4年造立の無縫塔銘文にみる「鹿児府錦江之津」―上甑島の琉球人墓と「錦江湾」の由来・語源（橋口亘）「南日本文化財研究」 『南日本文化財研究』刊行会 （14）2012.10

串木野

串木野の庚申塔の調査を終えて（小野義文）「くしのの」 いちき串木野郷土史研究会 14 2000.5

人と関わりのある串木野の虫の話―串木野の虫の話題あれこれ（二町一成）「くしのの」 いちき串木野郷土史研究会 15 2001.5

串木野の四神社の牛面（所崎平）「鹿児島民俗」 鹿児島民俗学会 119 2001.5

串木野さのさの始まり―カンカンノウから法界節→さのさへ（所崎平）「くしのの」 いちき串木野郷土史研究会 16 2002.6

串木野でいちばん古い鳥居（所崎平）「くしのの」 いちき串木野郷土史研究会 （18）2004.6

薩摩焼の誕生と展開―謎の壺屋ヶ平と串木野窯（関一之）「くしのの」 いちき串木野郷土史研究会 （18）2004.6

串木野の石造物等の梵字（小野義文）「くしのの」 いちき串木野郷土史研究会 （20）2006.6

講演記録 串木野手織り木綿（牧島知子）「くしのの」 いちき串木野郷土史研究会 （26）2012.7

串木野郷

天保度の一向宗取締り資料―徳永律編『串木野郷史資料集』平成元年刊行から（所崎平）「鹿児島民俗」 鹿児島民俗学会 125 2004.5

久志検

久志検のチンカラ踊りについて（出村卓三）「えらぶせりよさ ： 沖永良部郷土研究会会報」 沖永良部郷土研究会 （25）2004.2

楠川

楠川の「石垣」・「生垣」・「石塔」・「水神様」（渡山恵子）「鹿児島民具」 鹿児島民具学会 通号24 2012.03

楠川の「岳参り」信仰（對馬秀子，渡山恵子）「鹿児島民具」 鹿児島民具学会 通号24 2012.03

国合原

国合原周辺に造立された石塔から見る歴史（隈元信一）「大隅」 大隅史談会 （57）2014.04

国頭

昔のヌンギドゥクル 国頭 前原広実さん談「えらぶせりよさ ： 沖永良部郷土研究会会報」 沖永良部郷土研究会 （29）2005.1

沖永良部民謡について（10）国頭地区（和泊町）における調査（1）（前原隆鋼，永吉敏人）「南九州地域科学研究所所報」 鹿児島女子短期大学附属南九州地域科学研究所 （24）2008.3

沖永良部島国頭方言の人称代名詞（徳永晶子）「琉球の方言」 法政大学沖縄文化研究所 （38）2014.03

国頭集落

沖永良部島の集落発展とヌンギドコロ（怖い所）国頭集落の調査報告（川上志志）「えらぶせりよさ ： 沖永良部郷土研究会会報」 沖永良部郷土研究会 （18）2002.4

言語資料 継母の話―沖永良部島国頭集落の昔話（特集 伝承の諸相）（徳永晶子）「奄美沖縄民間文芸学」 奄美沖縄民間文芸学会 （13）2014.9

久富貴宮

久富貴宮の所在地（牧民郎）「鹿児島民俗」 鹿児島民俗学会 117 2000.5

隈之城

隈之城地区「田の神」調査奮闘記（家村比呂志）「千台 ： 薩摩川内郷土史研究会機関誌」 薩摩川内郷土史研究会 （34）2006.3

栗生共同墓地

口絵 栗生共同墓地（牧島知子）「鹿児島民具」 鹿児島民具学会 通号24 2012.03

栗下

栗下の磨崖仏（右田幸雄）「南九州の石塔」 南九州石塔研究会 （16）2009.08

栗野

梵字庚申塔について（えびの・吉松・栗野）（松田誠）「南九州の石塔」 南九州石塔研究会 （18）2013.08

勝栗神社と栗野磨欲踊（吉岡勇二）「つつはの」 つつはの郷土研究会

九州・沖縄　　　郷土に伝わる民俗と信仰　　　鹿児島県

（39）2014.12

黒島
黒島の盆行事（牧島知子）「鹿児島民具」　鹿児島民具学会　通号22
2010.03

黒鳥
旧薩摩町黒鳥の門外不出の棒踊り（向囿信幸）「鹿児島民俗」　鹿児島民俗
学会　（130）2006.10

黒貫集落
黒貫集落の屋号 昭和43年（1968）秋山西文作成「えらぶせりよさ ： 沖
永良部郷土研究会会報」　沖永良部郷土研究会　（19）2002.7

祁答院
祁答院で新たに発見したこと――（1）法蓮寺（2）大隅守護横川氏と早﨑城
（研究・論説）（藤﨑琢郎）「千台 ： 薩摩川内郷土史研究会機関誌」　薩
摩川内郷土史研究会　（40）2012.3

小石原
小石原焼（小ヶ倉靖郎）「文化川内」　川内市立図書館　16　2002.3

小路磨崖仏
裏表紙写真 小路磨崖仏（濱田宏）「千台 ： 薩摩川内郷土史研究会機関
誌」　薩摩川内郷土史研究会　（40）2012.03

高崇寺跡石塔群
高崇寺跡石塔群（隈元信一）「南九州の石塔」　南九州石塔研究会　（16）
2009.08

高山
調所笑左衛門の梅とノブ（高山こぼれ話）（日高幹子）「大隅」　大隅史談
会　（56）2013.03

高山郷
大隅高山郷の武家屋敷について（竹之井敏）「大隅」　大隅史談会　42
1999.3
高山郷神社明細帳写し（竹之井敏）「大隅」　大隅史談会　（52）2009.03

興隆寺
興隆寺は存在したか（臼井和樹）「くしきの」　いちき串木野郷土史研究会
（28）2014.06

郡山町
「田の神講」の事例―旧日置郡郡山町を調査して（牧島知子）「鹿児島民
俗」　鹿児島民俗学会　（134）2008.10

小烏神社
小烏神社と古代航海民（牧民郎）「鹿児島灵俗」　鹿児島民俗学会　113
1998.5

国分
国分盲僧のこと（村田煕）「鹿児島民俗」　亀児島民俗学会　112　1997.10
国分たばこ唐人町（林俊夫）「季刊南九州文化」　南九州文化研究会
（105）2006.1

甑島
甑島の風貌と伝承（1），（2）（塩田甚志）「ふるさとの自然と歴史」　歴史
と自然をまもる会　265/267　1997.11/1998.3
甑島の風貌と伝承（3）ながめ湖沼群（塩田甚志）「ふるさとの自然と歴
史」　歴史と自然をまもる会　269　1998.7
御縁節や大津絵節と葛の葉伝説（牧民郎）「鹿児島民俗」　鹿児島民俗学会
120　2001.10
資料・甑島の漁に関する諺（村田煕）「鹿児島民俗」　鹿児島民俗学会
120　2001.10
甑島の馬牧考―余話物語（小川三郎）「鹿児島民俗」　鹿児島民俗学会
121　2002.5
甑島採録記（本田碩孝）「鹿児島民具」　鹿児島民具学会　通号15　2002.
12
資料 桜田勝徳大福帳「甑島紀行三」「鹿児島民具」　鹿児島民具学会　通
号15　2002.12
桜田勝徳著作集と甑島（1）（小川三郎）「鹿児島民俗」　鹿児島民俗学会
（139）2011.05
甑島に日笠山宮司主宰「内侍舞」を訪ねて（山﨑泰子）「郷土研だより」
東村山郷土研究会　（390）2012.11

甑島郡
薩摩名勝志 巻十 甑島郡（古記録）（木場武則）「千台 ： 薩摩川内郷土史
研究会機関誌」　薩摩川内郷土史研究会　28　2000.3

甑島のトシドン
表紙写真「甑島のトシドン」（濱田宏）「千台 ： 薩摩川内郷土史研究会機
関誌」　薩摩川内郷土史研究会　（37）2009.03

取材リポート 甑島のトシドン（穴井宏明）「西日本文化」　西日本文化協
会　通号442　2009.12

五大院
五大院について（講演）（日隈正守）「千台 ： 薩摩川内郷土史研究会機関
誌」　薩摩川内郷土史研究会　（34）2006.3

駒ヶ水
塗木ヤンセ踊り考―琉球人踊り・佐賀の面浮立・駒ヶ水ヤンセ踊り比較
（下野敏见）「知覧文化」　知覧町立図書館　37　2000.3

児美神社
児美神社―城上の歴史をさぐる（福元忠良）「千台 ： 薩摩川内郷土史研
究会機関誌」　薩摩川内郷土史研究会　26　1998.3

蚕宮神社
蚕舞と出水の蚕宮神社（松原武実）「鹿児島民俗」　鹿児島民俗学会
（146）2014.12

後蘭
沖永良部民謡について（11）後蘭地区（和泊町）における調査（前原隆
鋼，永吉敏人）「南九州地域科学研究所所報」　鹿児島女子短期大学附
属南九州地域科学研究所　（25）2009.03

金剛寺
揮峻山金剛寺住職 暉峻菩瑞（てるおかおふずい）師（間野志郎）「大隅」
大隅史談会　（55）2012.03

最勝寺
雑記 最勝寺文書から（中島勇三）「大隅」　大隅史談会　47　2004.3

桜島
桜島観望の適地（牧民郎）「鹿児島民俗」　鹿児島民俗学会　118　2000.10
桜島見聞記（小川秀直）「鹿児島民具」　鹿児島民具学会　通号19　2007.3

佐多
序 特集にあたって（佐多特集号）（橋口尚武）「鹿児島民具」　鹿児島民具
学会　通号23　2011.03
文化温床の地・佐多（佐多特集号）（二見剛史）「鹿児島民具」　鹿児島民
具学会　通号23　2011.03
写真名で見る伝説と信仰 平家伝説の地、佐多（佐多特集号）（中島俊郎）
「鹿児島民具」　鹿児島民具学会　通号23　2011.03
鹿児島県佐多地域の竹とその利用（佐多特集号）（濱田甫）「鹿児島民具」
鹿児島民具学会　通号23　2011.03
佐多の漁業と海上交通（佐多特集号）（徳留秋輝）「鹿児島民具」　鹿児島
民具学会　通号23　2011.03
佐多の農具・田の神・運搬具（佐多特集号）（井上賢一）「鹿児島民具」
鹿児島民具学会　通号23　2011.03
南大隅町佐多の手もみ茶製造と葬送儀礼（佐多特集号）（牧島知子）「鹿児
島民具」　鹿児島民具学会　通号23　2011.03
「佐多の民具共同調査」に参加して（佐多特集号）（川邉惠久）「鹿児島民
具」　鹿児島民具学会　通号23　2011.03
本土最南端「佐多」の民具文化（佐多特集号）（下野敏见）「鹿児島民具」
鹿児島民具学会　通号23　2011.03
「佐多の民具共同調査」実施概要（佐多特集号）「鹿児島民具」　鹿児島民
具学会　通号23　2011.03

佐多町
佐多町における近世農民のくらし（東膳清水）「大隅」　大隅史談会
（54）2011.5

薩州
史料紹介 薩州浪人入用割合帳（京谷博次）「史談」　安蘇史談会　（18）
2002.6

薩南
知覧町を中心とする薩南の御伽ばなし（2）―西篤さんの昔話（下野敏见）
「知覧文化」　知覧町立図書館　42　2005.3
知覧町を中心とする薩南の御伽ばなし（3）折田貞蔵さん・植村明造さ
ん・牧添誠蔵さん・前原吉之助さん・西篤さん・井上さかえさんの昔
話（下野敏见）「知覧文化」　知覧町立図書館　（43）2006.3

薩南諸島
薩南諸島の仮面文化（特集 黒潮の道の島々 トカラ列島から奄美大島へ）
（出村卓三）「西日本文化」　西日本文化協会　（462）2013.4

薩南台地
薩南台地におけるコラおこし専用の山鍬（坂元恒太）「南九州市薩南文化
 ： 地域の歴史と文化を記録する」　南九州市立図書館　（1）2009.3

薩摩
薩摩義士慰霊の五輪塔（嶋賢）「薩摩義士」　鹿児島県薩摩義士顕彰会　4

1997.3

江戸切子と薩摩切子 (小木新造)「江戸東京博物館news ： Edo-Tokyo Museum news」 東京都歴史文化財団東京都江戸東京博物館　18　1997.6

薩摩の天吹 (村山謙一)「鹿児島史談」 鹿児島史談会編集委員会　(3)　1997.10

富山売薬商の薩摩との昆布・抜荷品輸送と廻船・飛脚―密田家新出史料による (深井甚三)「地方史研究」 地方史研究協議会　47(5)　1997.10

薩摩・道之島・琉球における宗門手札改めについて 《徳之島特集》―〈第I部 講演および研究報告関係資料〉 (金城善)「あしびなぁ」 沖縄県地域史協議会　9　1998.3

建久末年の薩摩・大隅両国の事情―大隅国正八幡宮造営問題をめぐって (江平望)「ミュージアム知覧」 ミュージアム知覧　4　1998.3

薩摩藩江戸藩邸と薩摩焼 (大八木謙司)「港郷土資料館だより」 港区立港郷土資料館　36　1998.3

大感動の薩摩義士祭の旅 (松田長門)「薩摩義士」 鹿児島県薩摩義士顕彰会　5　1998.3

薩摩の廃仏毀釈のこと (園田幸吉)「ふるさとみまた」 三股郷土史研究会　17　1999.11

ザビエル来航時の薩摩の文化的土壌 (芳即正)「地域・人間・科学」 鹿児島純心女子短期大学江角学びの交流センター地域人間科学研究所　(4)　2000.3

「江戸以前薩摩琵琶歌」を読む (村田熙)「鹿児島民俗」 鹿児島民俗学会　118　2000.10

薩摩盲僧史の諸問題 (村田熙)「鹿児島民俗」 鹿児島民俗学会　118　2000.10

薩摩の示現流 (橋口善昌)「えびの」 えびの市史談会　35　2001.4

会誌118号、村田熙「『江戸以前薩摩琵琶歌』を読む」に答える (島津正)「鹿児島民俗」 鹿児島民俗学会　119　2001.5

資料紹介 薩摩焼窯神石塔2例 (渡辺芳郎)「鹿大史学」 鹿大史学会　(49)　2002.1

さつま焼陶器の里と薩摩の国史跡めぐり (井上改造)「ひなもり」 小林史談会　42　2002.4

技と心と忍耐で焼かれる薩摩焼き四百年 (梯正二)「ひなもり」 小林史談会　42　2002.4

明如上人と薩摩開教 (法話聴聞記) (指宿義正)「ふるさとみまた」 三股郷土史研究会　(20)　2002.11

薩摩の白拍子について (江平望)「ミュージアム知覧紀要・館報」 知覧町教育委員会　(9)　2003.3

回想 町民舞台劇「洗堰に日は昇る」/消息 (顕彰会事務局)「薩摩義士」 鹿児島県薩摩義士顕彰会　10　2003.3

写真回顧 大正六年の薩摩義士祭典/宝暦義士碑竣工式/薩摩義士二百年祭記念事業 (顕彰会事務局)「薩摩義士」 鹿児島県薩摩義士顕彰会　10　2003.3

資料 明治時代の鹿児島新聞の薩摩、筑前琵琶関連記事 (島津正)「鹿児島民俗」 鹿児島民俗学会　123　2003.5

異界を見た薩摩人 (1) 永寿丸ロシア漂流物語 (名越護)「鹿児島民俗」 鹿児島民俗学会　124　2003.10

増補 都城薩摩焼の系統と諸窯 [1]〜(3) (佐々木綱洋)「季刊南九州文化」 南九州文化研究会　98/100　2004.1/2004.7

薩摩・琉球の真宗取締と伝播―水主と傾城―仲尾次政隆連座の真宗法難事件を中心に (長間安彦)「浦添市立図書館紀要」 浦添市教育委員会　(15)　2004.3

薩摩義士の墓参り (川宿田壮眞)「薩摩義士」 鹿児島県薩摩義士顕彰会　11　2004.3

薩摩義士の御霊と御霊を祀る岐阜県養老町天照寺 (水谷田鶴子)「薩摩義士」 鹿児島県薩摩義士顕彰会　11　2004.3

薩摩義士の歌は (顕彰会事務局)「薩摩義士」 鹿児島県薩摩義士顕彰会　11　2004.3

第32回研究例会発表要旨 薩琉関係におけるトカラ―海上交通の形態とその変遷 (高良由加利)「沖縄で奄美を考える会会報」 沖縄で奄美を考える会　(17)　2004.5

建業、風格という琵琶 (座頭歌、薩摩琵琶器、朱子学などに関り) (牧民郎)「鹿児島民俗」 鹿児島民俗学会　125　2004.5

異界を見た薩摩人 (2) 永寿丸ロシア漂流物語 (名越護)「鹿児島民俗」 鹿児島民俗学会　125　2004.5

薩摩焼の誕生と展開―謎の壺屋ヶ平と串木野窯 (関一之)「くしきの」 いちき串木野郷土史研究会　(18)　2004.6

総会記念公演 薩摩琵琶の鑑賞 (鈴木文子)「かつしか台地 ： 野田地方史懇話会会誌」 野田地方史懇話会　28　2004.9

薩摩焼とSATSUMA (古川洽次)「文化川内」 川内市立図書館　19　2005.3

ひだびだとの現代紀行 薩摩のかくれ念仏 (田中教恵、桐谷忠大)「飛驒春秋 ： 飛驒郷土学会誌」 高山市民時報社　532　2005.5

薩摩の郷中教育今の社会教育 (町内教育) (古川純一)「郷土目黒」 目黒

区郷土研究会　49　2005.10

薩摩石船 (藤崎定昭)「薩摩義士」 鹿児島県薩摩義士顕彰会　(13)　2006.3

田芋の文化と薩摩芋の文化 (徳留秋輝)「鹿児島民具」 鹿児島民具学会　通号18　2006.3

薩摩のものづくり (上田耕)「知覧文化」 知覧町立図書館　(43)　2006.3

薩摩藩江戸屋敷の “薩摩焼” (1) 土瓶・銚子・水注 (毎田佳奈子)「東京考古」 東京考古談話会　通号24　2006.5

主題は心身の健康 芋焼酎をうたった薩摩狂句 (牧民郎)「鹿児島民俗」 鹿児島民俗学会　(129)　2006.5

さつま竪琴にかける思い (橋口歌裕)「鹿児島民俗」 鹿児島民俗学会　(129)　2006.5

薩摩の「大宮姫伝説」(大芝英雄)「古代朝鮮文化を考える」 古代朝鮮文化を考える会　(21)　2006.12

薩摩の歴史散歩―郷中教育について (井原政純)「大隅」 大隅史談会　(50)　2007.3

薩摩藩江戸屋敷の “薩摩焼” (2) 碗・鉢・皿・その他 (毎田佳奈子)「東京考古」 東京考古談話会　通号25　2007.5

薩摩焼 近年の考古学域成果から 〈特集 九州やきもの史〉(渡辺芳郎)「海路」「海路」編集委員会、海鳥社 (発売) 通号6　2008.6

日仏交流150周年記念特別展「薩摩焼―パリと篤姫を魅了した伝統の美―」「江戸東京博物館news ： Edo-Tokyo Museum news」 東京都歴史文化財団東京都江戸東京博物館　64　2008.12

「大坂方の薩摩落ち伝説」について (島津修久)「鹿児島史談」 鹿児島史談会編集委員会　(6)　2008.12

太宰府所在の薩摩塔 (井形進)「市史研究ふくおか」 福岡市博物館市史編さん室　(2)　2009.02

薩摩屋所墓地所在の石造三層塔について (早川正司)「歴史考古学」 歴史考古学研究会　(60)　2009.03

須田誠舟氏の薩摩琵琶を聞く (随想)(西村喜美江)「東葛流山研究」 流山市立博物館友の会事務局　(27)　2009.03

近世肥後と薩摩の真宗三業惑乱事件―『肥後国諸記』を原点として (岩本税)「史叢」 熊本歴史学研究会　(14)　2009.12

薩摩塔研究―中国産石材による中国系石造物という視点から (高津孝、橋口亘、大木公彦)「鹿大史学」 鹿大史学会　(57)　2010.02

浄土真宗琉球伝播の歴史的前提―薩摩門徒の動向を中心に (知名定寛)「神女大史学」 神戸女子大学史学会　(27)　2010.11

重ね焼き技法から見た初期薩摩焼の技術変容―堂平窯跡出土資料を中心に (渡辺芳郎)「鹿大史学」 鹿大史学会　(58)　2011.2

頌徳慰霊祭に参加して (作道隆志)「薩摩義士に学ぶ」 霧島市薩摩義士顕彰会　(4)　2011.03

浄土真宗琉球伝播の時期と薩摩門徒 (知名定寛)「沖縄文化」 沖縄文化協会　45(1) 通号109　2011.06

薩摩かくれ念仏 (桑畑三則)「ふるさとみまた」 三股郷土史研究会　(29)　2011.11

薩摩義士頌徳慰霊祭 (鹿児島県薩摩義士顕彰会)「薩摩義士」 鹿児島県薩摩義士顕彰会　(19)　2012.03

薩摩塔研究 (続)―その現状と問題点 (高津孝、橋口亘、大木公彦)「鹿大史学」 鹿大史学会　(59)　2012.02

頌徳慰霊祭に出席して思う事 (酒井一俊、酒井貞子)「薩摩義士に学ぶ」 霧島市薩摩義士顕彰会　(5)　2012.03

薩摩義士頌徳慰霊祭 (鹿児島県薩摩義士顕彰会)「薩摩義士」 鹿児島県薩摩義士顕彰会　(20)　2013.02

頌徳慰霊祭に参加して (作道隆志)「薩摩義士に学ぶ」 霧島市薩摩義士顕彰会　(6)　2013.03

17世紀前半〜中葉の琉球陶器について―「初期無釉陶器」にみる薩摩焼の影響 (特集 南九州の近世考古学)(新垣力)「鹿児島考古」 鹿児島県考古学会　(43)　2013.07

隣人からみた薩摩焼 近世日向諸藩における薩摩焼流通の位相 (特集 南九州の近世考古学)(堀田孝博)「鹿児島考古」 鹿児島県考古学会　(43)　2013.07

薩摩の廃仏毀釈 (1)、(2)(秋吉龍敏)「敬天愛人」 西郷南洲顕彰会　(31)／(32)　2013.09/2014.09

資料 鹿児島の昔話 (8)―薩摩の昔話から (下野敏見)「鹿児島民俗」 鹿児島民俗学会　(144)　2013.12

口絵 「ふるさと薩摩の館」の民具 (養蚕その他)(牧島知子)「鹿児島民具」 鹿児島民具学会　(26)　2014.03

頌徳慰霊祭に参加して (安田剛)「薩摩義士に学ぶ」 霧島市薩摩義士顕彰会　(7)　2014.03

薩摩南部の中世考古資料をめぐる諸問題―薩摩塔・宋風獅子・貿易陶磁・清水磨崖仏群・硫黄交易 (橋口亘)「鹿児島考古」 鹿児島県考古学会　(44)　2014.07

明治11年における薩軍戦死者の改葬 (水野公寿)「敬天愛人」 西郷南洲顕彰会　(32)　2014.09

九州・沖縄　　　　　　　　郷土に伝わる民俗と信仰　　　　　　　　鹿児島県

薩摩芋栽培と猪捕獲雑感（会員の広場）（平山良照）「もろかた　：　諸県」
　都城史談会　（48）2014.12

薩摩郡

古記録 薩摩名勝志 巻四薩摩郡・巻十高城郡（木場武則）「千台　：　薩摩川
　内郷土史研究会機関誌」　薩摩川内郷土史研究会　27　1999.3

百ździ宍野氏文書一 薩摩郡百次郷土史竿次帳（古記録）（木場武則）「千台
　：　薩摩川内郷土史研究会機関誌」　薩摩川 内郷土史研究会　28　2000.3

薩摩国分寺

中世知覧関係史料補遺 付、鎌倉末期薩摩国分寺の相論について（江平
　望）「知覧文化」　知覧町立図書館　41　2004.3

薩摩国分寺四天王石像のなぞ（小倉一夫）「千台　：　薩摩川内郷土史研究
　会機関誌」　薩摩川内郷土史研究会　（33）2005.3

薩摩川内

指神之方（胘岡修一郎）「千台　：　薩摩川内郷土史研究会機関誌」　薩摩川
　内郷土史研究会　25　1997.3

秋葉神社の御札について―神社祠調査余話（柏木広一）「千台　：　薩摩川
　内郷土史研究会機関誌」　薩摩川内郷土史研究会　26　1998.3

墓碑銘（胘岡修一郎）「千台　：　薩摩川内郷土史研究会機関誌」　薩摩川内郷
　土史研究会　28/29　2000.3/2001.3

鬼瓦・巴瓦を作る―古い記憶の掘起し（柁木広一）「千台　：　薩摩川内郷
　土史研究会機関誌」　薩摩川内郷土史研究会　28　2000.3

田の神漫語（藤井重寿）「千台　：　薩摩川内郷土史研究会機関誌」　薩摩川
　内郷土史研究会　28　2000.3

神社祠調査余話（柏木広一）「千台　：　薩摩川内郷土史研究会機関誌」　薩
　摩川内郷土史研究会　30　2002.3

古記録 神社取調帳―明治7年（胘岡比呂志）「千台　：　薩摩川内郷土史研
　究会機関誌」　薩摩川内郷土史研究会　（32）2004.3

神社取調帳（2）、（3）（胘岡修一郎）「千台　：　薩摩川内郷土史研究会機関
　誌」　薩摩川内郷土史研究会　（33）/（34）2005.3/2006.3

ふるさと夏祭り（柏原神一郎）「文化薩摩川 内」　薩摩川内市立中央図書館
　（1）2006.3

茶花展（小ヶ倉靖郎）「文化薩摩川内」　薩摩川内市立中央図書館　（1）
　2006.3

おしゃべりな狐（後藤メイ子）「文化薩摩川内」　薩摩川内市立中央図書館
　（1）2006.3

神社取調帳（胘岡修一郎）「千台　：　薩摩川内郷土史研究会機関誌」　薩摩
　川内郷土史研究会　（35）2007.3

庚申信仰の探遊（松井重雄）「千台　：　薩摩川内郷土史研究会機関誌」　薩
　摩川内郷土史研究会　（36）2008.3

薪能幻影（入来院貞子）「文化薩摩川内」　薩摩川内市立中央図書館　（3）
　2008.3

裏表紙写真「倶利迦羅龍王」（橋口尚武）「千台　：　薩摩川内郷土史研究会
　機関誌」　薩摩川内郷土史研究会　（38）2010.03

随筆 心に残る茶事（小ヶ倉靖郎）「文化薩摩川内」　薩摩川内市立中央図
　書館　（5）2010.03

くまんじょん歌留多（研究・論説）（濵田宏）「千台　：　薩摩川内郷土史研
　究会機関誌」　薩摩川内郷土史研究会　（40）2012.3

文芸 随筆 夜咄の茶事（小ヶ倉靖郎）「文化薩摩川内」　薩摩川内市立中央
　図書館　（7）2012.03

民俗・その他 子どもの頃の遊び（岩井英一，下川明彦，山内喜久子，淺
　川俊浩，中野達男）「文化薩摩川内」　薩摩川内市立中央図書館　（7）
　2012.03

雑感「ごひとつ」と「一石」（研究・論説）（家村比呂志）「千台　：　薩摩川
　内郷土史研究会機関誌」　薩摩川内郷土史研究会　（41）2013.03

"かんじゃ墓"（研究・論説）（林碩信）「千台　：　薩摩川内郷土史研究会機
　関誌」　薩摩川内郷土史研究会　（41）2013.03

さつま町

みんぞく・かわらばん 浅山棒という棒踊（所崎平）「鹿児島民俗」　鹿児
　島民俗学会　（143）2013.05

口絵 さつま町の田の神石像から（井上賢一）「鹿児島民具」　鹿児島民具
　学会　（26）2014.03

炭俵編み機・田の神・十五夜の大草履と大箒―さつま町の里山文化（井
　上賢一）「鹿児島民具」　鹿児島民具学会　（26）2014.03

さつま町の茶民具と茶業の変遷（川野博志）「鹿児島民具」　鹿児島民具学
　会　（26）2014.03

さつま町の養蚕・食生活と民具（牧島知子）「鹿児島民具」　鹿児島民具学
　会　（26）2014.03

さつま町の共浴場（牧洋一郎）「鹿児島民具」　鹿児島民具学会　（26）
　2014.03

さつま町の民具調査から（有村澄子）「鹿児島民具」　鹿児島民具学会
　（26）2014.03

さつま町の馬聞書（小島摩文）「鹿児島民具」　鹿児島民具学会　（26）
　2014.03

さつま町の河川漁法とその漁具（徳留秋輝）「鹿児島民具」　鹿児島民具学
　会　（26）2014.03

「さつま町の民具」見て歩き（下野敏見）「鹿児島民具」　鹿児島民具学会
　（26）2014.03

さつま町の民具共同調査実施概要「鹿児島民具」　鹿児島民具学会
　（26）2014.03

薩摩町

薩摩町の小字名考（湯田信義）「北薩民俗」　北薩民俗学研究会　14
　1999.11

薩摩国

全国一宮祭礼記 紀伊国・讃岐国・土佐国・肥前国・薩摩国「季刊悠久.
　第2次」　鶴岡八幡宮悠久事務局　76　1999.3

かくれ念仏/薩摩国史跡めぐり（永田タエ子）「ひなもり」　小林史談会
　42　2002.4

薩摩国・大隅国各国の総廟とその現状（緒方敬）「鹿児島史談」　鹿児島史
　談会編集委員会　（6）2008.12

三輪山平等寺と薩摩国島津氏（平井良朗）「大美和」　大神神社　（119）
　2010.07

中世前期の薩摩国南部の対外交渉史をめぐる考古新資料―南さつま市芝
　原遺跡出土薩摩塔・同市加世田益山八幡神社玄孫の宋風獅子・三島村
　硫黄島発見の中国陶器を中心に（橋口亘）「鹿児島考古」　鹿児島県考
　古学会　（43）2013.07

薩摩藩

郷中教育に学ぶ（荵口政俊）「もろかた　：　諸県」　都城史談会　31
　1997.11

宮崎市の田の神像・塔―薩摩藩領および周辺域の分布状況（高木道弘）
　「みやざき民俗」　宮崎県民俗学会　52　1998.12

薩摩藩における寺請制度の特質について―民衆の信仰と寺院（山下悦
　子）「宮崎県地域史研究」　宮崎県地域史研究会　12・13　1999.8

近世薩摩藩における島津本宗家と私領主―養子・婚姻関係を中心に（山之
　内さおり）「宮崎県地域史研究」　宮崎県地域史研究会　（20）2006.7

越中さん―薩摩藩における富山売薬の活動と一向宗（桑畑初也）「ふるさ
　とみまた」　三股郷土史研究会　（24）2006.11

薩摩藩宗教統制政策の一考察―浄土真宗・キリシタンの禁令から（仙波
　芳一）「日本宗教文化史研究」　日本宗教文化史学会　11（1）通号21
　2007.5

琉球における薩摩藩の武я統制令について（麻生伸一）「沖縄文化」　沖縄
　文化協会　41（2）通号102　2007.5

現存するに薩摩藩に関係する藩外寺院（池田純）「鹿児島史談」　鹿児島史
　談会編集委員会　（6）2008.12

5月定例会レジュメ 薩摩藩の琉球侵略400年―王府末期の疑獄事件等に
　ついて（下地和宏）「宮古郷土史研究会会報」　宮古郷土史研究会
　（172）2009.05

〈問題提起〉日向四藩と薩摩藩における六十六部対応の相違について
　《大会特集/南九州の地域形成と境界性―都城からの歴史像I》（前
　田博仁）「地方史研究」　地方史研究協議会　59（4）通号340　2009.08

一向宗禁制下における薩摩藩の六十六部取締りについて（前田博仁）「も
　ろかた　：　諸県」　都城史談会　（43）2009.11

日向諸藩と薩摩藩における六十六部対応の相違について（前田博仁）「宮
　崎県文化講座研究紀要」　宮崎県立図書館　36　2010.03

奄美 薩摩藩勧農・開墾政策におけるノロ・ユタと怪異ケンモンについて
　（弓削政己）「沖縄民俗研究」　沖縄民俗学会　（31）2013.03

薩摩藩の廃仏毀釈と霧島山麓住民の民権的憲法草案―地域主権国家の展
　望と日本文化の再検討（神田嘉延）「青峰　：　歴史と文化」　土書房
　（2）2013.6

二厳寺臨済講と琉球僧の薩摩藩領内参禅（佐々木綱洋）「季刊南九州文
　化」　南九州文化研究会　（118）2013.11

薩摩藩の念佛禁制（指宿義正）「ふるさとみまた」　三股郷土史研究会
　（32）2014.11

霧島修験 本山派愛甲修験資料『異賦調伏御祈禱日帳』読み解き（2）―綿
　密かつ新調な薩摩藩の対外列強政策と修験による祈禱（森田清美）「鹿
　児島民俗」　鹿児島民俗学会　（146）2014.12

薩摩半島

薩摩半島の巨石文化を探る―巨石信仰と磐座と神社の起源等について
　（徳留秋輝）「鹿児島民具」　鹿児島民具学会　通号15　2002.12

薩摩半島における太鼓踊りの桴（調査研究）（井上賢一）「南九州市薩南文
　化　：　地域の歴史と文化を記録する」　南九州市立図書館　（6）2014.
　03

里

全国の「鶴の恩返し」 日本昔話通観25 鹿児島県編（薩摩郡里村里に伝
　わる）「夕鶴」　夕鶴の里友の会　（43）2009.12

1月例会講演資料 薩摩川内市里八幡神社所蔵の大般若経について（栗林
　文夫）「千台　：　薩摩川内郷土史研究会機関誌」　薩摩川内郷土史研究会

鹿児島県　　　　郷土に伝わる民俗と信仰　　　　九州・沖縄

（41）2013.03
薩摩川内市里八幡神社所蔵の大般若経について（講演）（栗林文夫）「千台：薩摩川内郷土史研究会機関誌」薩摩川内郷土史研究会　（42）2014.03

里町
表紙　甑島里町の「内侍舞い」／裏表紙　川内橋「千台：薩摩川内郷土史研究会機関誌」薩摩川内郷土史研究会　（41）2013.03
表紙写真　甑島里町の「内侍舞い」（林碩信）「千台：薩摩川内郷土史研究会機関誌」薩摩川内郷土史研究会　（41）2013.03

実久
研究所活動　加計呂麻島・実久のオボツ神（吉成直樹）「法政大学沖縄文化研究所所報」法政大学沖縄文化研究所　49　2001.3
45年前（1962年3月）の奄美・加計呂麻島実久の様子（1），（2）（植松明啓）「民俗文化研究」民俗文化研究所　（8）／（9）2007.8/2008.8

山
第29回研究例会発表要旨　徳之島町山における葬送儀礼の変化と「ボンサン」の受容（本田義統）「沖縄で奄美を考える会会報」沖縄で奄美を考える会　（17）2004.5
徳之島町山における葬送儀礼の変化と「ボンサン」の受容（本田義統）「沖縄民俗研究」沖縄民俗学会　（22）2004.12

塩道長浜
奄美「うわさ歌」の歌掛け構造—「嘉徳鍋加那節」と「塩道長浜節」の分析から（居駒永幸）「奄美沖縄民間文芸学」奄美沖縄民間文芸学会　（9）2009.09

七島
民俗行事と物語性　トカラ列島の七島正月—悪石島のコマ正月を中心に（渡山恵子）「鹿児島民俗」鹿児島民俗学会　（146）2014.12

志戸子
志戸子地区の「小屋」の分布と役割について（磯寿人）「鹿児島民具」鹿児島民具学会　通号24　2012.03

芝原遺跡
南さつま市芝原遺跡出土の中国系石塔（1）（橋口亘，松田朝由）「南日本文化財研究」『南日本文化財研究』刊行会　（16）2013.02
南さつま市芝原遺跡出土の中国系石塔（2）万之瀬川下流域から発見された薩摩塔（橋口亘，松田朝由）「南日本文化財研究」『南日本文化財研究』刊行会　（17）2013.04
中世前期の薩摩国南部の対外交渉史をめぐる考古新資料—南さつま市芝原遺跡出土薩摩塔・同市加世田益山八幡神社玄孫の宋風獅子・三島村硫黄島発見の中国陶器を中心に（橋口亘）「鹿児島考古」鹿児島県考古学会　（43）2013.07

紫尾
「紫尾」という地名（江之口汎生）「北薩民俗」北薩民俗学研究会　14　1999.11
紫尾神の重複授位の問題（江之口汎生）「千台：薩摩川内郷土史研究会機関誌」薩摩川内郷土史研究会　29　2001.3

紫尾山
特別寄稿　霊山崇拝と現代社会—冠岳と紫尾山を中心として（森田清美）「千台：薩摩川内郷土史研究会機関誌」薩摩川内郷土史研究会　（39）2011.03
紫尾山麓の現王信仰と日光修験（講演）（森田清美）「千台：薩摩川内郷土史研究会機関誌」薩摩川内郷土史研究会　（42）2014.03

紫尾田
横川町紫尾田の「安良神像」私説田の神像誕生異聞（上）（江之口汎生）「千台：薩摩川内郷土史研究会機関誌」薩摩川内郷土史研究会　（39）2011.03

志布志市
白銀堂物語（関野志郎）「大隅」大隅史談会　（53）2010.03
資料　鹿児島の昔話（6）—志布志市・伊佐市の昔話から（下野敏見）「鹿児島民俗」鹿児島民俗学会　（142）2012.12

四方学舎
南洲神社と四方学舎（川畑浩男）「敬天愛人」西郷南洲顕彰会　15　1997.9

島津
島津雨の中で（上野卓朗）「文化薩摩川内」薩摩川内市立中央図書館　（1）2006.3

島津墓地
島津墓地の被葬者と墓石の形態について（若松重弘）「知覧文化」知覧町立図書館　（45）2007.11

清水
清水のむかし話（郷土の歴史）（藤田房成）「南九州市薩南文化：地域の歴史と文化を記録する」南九州市立図書館　（2）2010.3
清水の沸き出ずる町のまちづくり（霧島山麓特集号—まちをはぐくむ民具の世界）（二見順史，二見朱實）「鹿児島民具」鹿児島民具学会　（25）2013.03

下久志
徳之島・下久志の民俗文化稿（本田碩孝）「徳之島郷土研究会報」徳之島郷土研究会　（32）2012.04

下甑島
薩摩郡下甑島の鏡について（橋口尚武）「鹿児島民具」鹿児島民具学会　通号16　2003.12
下甑島の衣と食—手打・瀬々野浦聞き取り（牧島知子）「鹿児島民具」鹿児島民具学会　通号16　2003.12
下甑島の石塔（松田誠）「鹿児島民具」鹿児島民具学会　通号16　2003.12
下甑島の農具と農耕伝承（井上賢一）「鹿児島民具」鹿児島民具学会　通号16　2003.12
下甑島産竹の特性と利用（濱田甫）「鹿児島民具」鹿児島民具学会　通号16　2003.12

下甑村
下甑村の芙蓉衣ビーダナシ、他—ビーダナシ・クズタナシ・オダナシ・ツツイ・ニンブ（下野敏見）「鹿児島民具」鹿児島民具学会　通号16　2003.12

下中和田郷
大正四年四月廿八日　決議録　下中和田郷（資料紹介）（大岳吉之助）「鹿児島民俗」鹿児島民俗学会　（131）2007.5

城上
児美神社—城上の歴史をさぐる（福元忠良）「千台：薩摩川内郷土史研究会機関誌」薩摩川内郷土史研究会　26　1998.3

上宮神社
上宮神社についての一考察（江之口汎生）「千台：薩摩川内郷土史研究会機関誌」薩摩川内郷土史研究会　（31）2003.3

正高寺
大隅正八幡本地三か寺正高寺の四十九院石造遺物について（藤浪三千尋）「南九州の石塔」南九州石塔研究会　（18）2013.08

盛光寺跡
盛光寺跡　肝付氏累代の墓地について（竹之井敏）「大隅」大隅史談会　43　2000.3

正国寺
「正国寺」からの史料とこれまでのまとめ（関野志郎）「大隅」大隅史談会　（52）2009.03

正八幡宮
建久末年の薩摩・大隅両国の事情—大隅国正八幡宮造営問題をめぐって（江平望）「ミュージアム知覧紀要」ミュージアム知覧　4　1998.3
大隅国正八幡宮祭神考（日隈正守）「鹿児島地域史研究」『鹿児島地域史研究』刊行会，鹿児島地域史研究会　（4）2007.10

正福寺
秋葉堂と正福寺の創建について（資料）（小野義文）「くしきの」いちき串木野郷土史研究会　（18）2004.6

菖蒲谷
菖蒲谷の「荷神講石祠」資料（西元肇）「鹿児島民俗」鹿児島民俗学会　116　1999.10

常楽院
常楽院の本尊について（村田熙）「鹿児島民俗」鹿児島民俗学会　120　2001.10

諸鈍芝居
第4回研究例会研究発表要旨　瀬戸内町諸鈍芝居（大胡太郎）「沖縄で奄美を考える会会報」沖縄で奄美を考える会　（3）1999.2

白川
白川のショケツクイドン（渡山恵子）「鹿児島民具」鹿児島民具学会　通号22　2010.03

白沢
枕崎市白沢の石灰生産「ヒトへ焼き」について—最後の伝承者 中俣末春さんからの聞き書（坂元恒太）「知覧文化」知覧町立図書館　（43）2006.3

九州・沖縄　　　　郷土に伝わる民俗と信仰　　　　鹿児島県

白鳥神社
白鳥神社神舞文書について（所崎平）「鹿児島民俗」　鹿児島民俗学会　122　2002.11

白浜
白浜の地引き網・その他について（梅北不可止）「くしきの」　いちき串木野郷土史研究会　14　2000.5

末次城
井上（神）城跡の石塔群（末次城）（隈元信一）「大隅」　大隅史談会（52）2009.03

末吉
文書「神舞覚録・大正十四年七月廿七日出認」「鹿児島民俗」　鹿児島民俗学会　116　1999.10
文書「神舞歌・明治三十二年旧九月調」「鹿児島民俗」　鹿児島民俗学会　116　1999.10
文書「末吉神舞文書」「鹿児島民俗」　鹿児島民俗学会　116　1999.10
高天原は末吉に、高屋神社は内之浦に（所崎平）「鹿児島民俗」　鹿児島民俗学会　123　2003.5

末吉町
末吉町住吉神社神舞文書について（所崎平）「鹿児島民俗」　鹿児島民俗学会　116　1999.10

住用村
奄美大島の船の変化と消滅―住用村山間集落の事例から（板井英伸）「沖縄民俗研究」　沖縄民俗学会　（21）2002.3

住吉
沖永良部民謡について（4）喜美留地区（和泊町）および住吉地区（知名町）における調査（前原隆鋼、永吉敏人）「南九州地域科学研究所所報」　鹿児島女子短期大学附属南九州地域科学研究所　（15）1999.1
知名町住吉におけるアムトゥの伝承（蛯島直）「えらぶせりよさ：沖永良部郷土研究会会報」　沖永良部郷土研究会　（36）2006.11

瀬上
上瓶村瀬上の秋まつり（牧島知子）「南日本文化」　鹿児島国際大学附属地域総合研究所　通号32　1999.8

瀬世上集落
瀬世上集落のソラヨイ（上田耕）「知覧文化」　知覧町立図書館　（43）2006.3

瀬々野浦
江戸後期の古い「ビーダナシ」の里薩摩郡下甑村・瀬々野浦（川上カズヨ）「地域・人間・科学」　鹿児島純心女子短期大学江角学びの交流センター地域人間科学研究所　（2）1998.3
下甑町の衣と食―手打・瀬々野浦聞き取り（牧島知子）「鹿児島民具」　鹿児島民具学会　通号16　2003.12

瀬々ノ浦集落
文芸　民俗・その他　瀬々ノ浦集落に伝わる（蔵野量夫）「文化薩摩川内」　薩摩川内市立中央図書館　（6）2011.C3

瀬戸内町
奄美・瀬戸内町島役人墓碑調査記録（徳永茂二）「南島研究」　南島研究会　通号51　2010.12
瀬戸内町の婚礼（採集手帖）（富島甫）「南島研究」　南島研究会　（55）2014.03

瀬之浦
表紙解説　阿久根市脇本瀬之浦と高尾野町江内の山田楽（《村田煕先生追悼号》）（所崎平）「鹿児島民俗」　鹿児島民俗学会　（136）2009.12

瀬利覚
知名町瀬利覚獅子舞保存会獅子修復事業（西田治利）「えらぶせりよさ：沖永良部郷土研究会会報」　沖永良部郷土研究会　（22）2003.5

仙巌園
仙巌園十六景について（迫田行男）「鹿児島史談」　鹿児島史談会編集委員会　（4）2000.10
続　仙巌園十六景（迫田行男）「鹿児島史談」　鹿児島史談会編集委員会　（5）2003.12

川内
川内の民具（1）（新原誠也、柏木廣一、福元忠良、有村真由美）「千台：薩摩川内郷土史研究会機関誌」　薩摩川内郷土史研究会　25　1997.3
夏下冬上（川畑耕）「文化川内」　川内市立図書館　12　1998.3
ナンセンス（宗教と戦争）（加治屋五郎）「文化川内」　川内市立図書館　12　1998.3
旅日記から昔の川内を見る（肱岡修一郎）「千台：薩摩川内郷土史研究

会機関誌」　薩摩川内郷土史研究会　28　2000.3
竹（文化）にまつわる（雑学）（浜田正彦）「文化川内」　川内市立図書館　14　2000.3
鎮守の森と里山（高井熊次郎）「文化川内」　川内市立図書館　14　2000.3
旅日記から昔の川内を見る（2）日本九峰修業日記・西遊雑記（肱岡修一郎）「千台：薩摩川内郷土史研究会機関誌」　薩摩川内郷土史研究会　30　2002.3
菅公ゆかりの郷―竹片（さがらゆき）「文化川内」　川内市立図書館　16　2002.3
前の茶碗屋のむだばなし（高井熊次郎）「文化川内」　川内市立図書館　16　2002.3
薪能「鳥追舟」（榎田満洲雄）「文化川内」　川内市立図書館　17　2003.3
姨捨て伝説への思い（高井熊次郎）「文化川内」　川内市立図書館　17　2003.3
『川内の神社祠』（川南編）の発刊をめぐって（福元忠良）「文化川内」　川内市立図書館　18　2004.3
鳥追の杜にて（随筆）（榎田満洲雄）「文化川内」　川内市立図書館　19　2005.3
美人をシャンというその語源は（随筆）（高井熊次郎）「文化川内」　川内市立図書館　19　2005.3
漱石と文旦漬（随筆）（松元章徳）「文化川内」　川内市立図書館　19　2005.3
財部町川内の五輪塔梵字について（中島勇三）「大隅」　大隅史談会（51）2008.3
川内大綱引　今昔（桐原洋）「千台：薩摩川内郷土史研究会機関誌」　薩摩川内郷土史研究会　（39）2011.03

川内川上流
川内川上流の童戯（松崎正治）「鹿児島民俗」　鹿児島民俗学会　111　1997.5

川内市
川内市内の春祭りに寄せて―南九州の田遊びについて（下野敏見）「千台：薩摩川内郷土史研究会機関誌」　薩摩川内郷土史研究会　25　1997.3
講演　民俗学から見る川内市―歴史・信仰・行事など（下野敏見）「千台：薩摩川内郷土史研究会機関誌」　薩摩川内郷土史研究会　29　2001.3
講演　民俗学から見る川内市（2）―民俗芸能・口承文芸・民間信仰（下野敏見）「千台：薩摩川内郷土史研究会機関誌」　薩摩川内郷土史研究会　30　2002.3
変容する祭り―鹿児島県川内市の大綱引き（特集　高齢社会の民俗）（繁原幸子）「女性と経験」　女性民俗学研究会　通号35　2010.10

川内橋
表紙　瓶島里町の「内侍舞い」/裏表紙　川内橋（千台：薩摩川内郷土史研究会機関誌」　薩摩川内郷土史研究会　（41）2013.03

滄浪
表紙写真　滄浪地区の民俗伝承行事「祝申そ」（林碩信）「千台：薩摩川内郷土史研究会機関誌」　薩摩川内郷土史研究会　（39）2011.03

太閤道
薩摩の太閤道伝説（牛嶋英俊）「千台：薩摩川内郷土史研究会機関誌」　薩摩川内郷土史研究会　30　2002.3

大慈寺
志布志大慈寺と道隆寺跡との交流（福谷平）「大隅」　大隅史談会　（50）2007.3
鹿児島県志布志市大慈寺の御影石製宝篋印塔・五輪塔―南九州に搬入された御影石製中世石塔（橋口亘、松本信光）「南日本文化財研究」　『南日本文化財研究』刊行会　（15）2012.12

平良
鹿児島県上瓶村平良の和鏡（橋口尚武）「鹿児島民具」　鹿児島民具学会　通号15　2002.12

平島
サチバアの先祖祭り　平島の女たち（稲垣尚友）「東北学．［第1期］」　東北芸術工科大学東北文化研究センター，作品社（発売）5　2001.10

高尾野町
野田・高尾野町の田の神踊考（所崎平）「北薩民俗」　北薩民俗学研究会　14　1999.11

高須
高須の「おぎおんさあ」にまつわる伝承あれこれ（上原義史）「大隅」　大隅史談会　（54）2011.05
高須の「主（ぬし）とり―御社あずかり」について（上原義史）「大隅」　大隅史談会　（55）2012.03

高之口
鬼火―薩摩・阿久根市高之口（旅の草ぐさ（6））（柳生康史）「あしなか」

山村民俗の会　281　2008.6

高屋神社
高天原は末吉に、高屋神社は内之浦に（所崎平）「鹿児島民俗」　鹿児島民俗学会　123　2003.5

高城郡
古記録　薩摩名勝志 巻四薩摩郡・巻十高城郡（木場武則）「千台 ： 薩摩川内郷土史研究会機関誌」　薩摩川内郷土史研究会　27　1999.3

竹迫権現神社
竹迫権現神社の御神体にみる廃仏毀釈と修験道（難波亀壽，坂本恒太）「知覧文化」　知覧町立図書館　（43）2006.3

竹田神社
士踊の特徴は水平打ちと行列か（表紙解説）（所崎平）「鹿児島民俗」　鹿児島民俗学会　（127）2005.5
島津日新斎および島津義久・義弘創出の「士踊り」について（井原政純）「大隅」　大隅史談会　（54）2011.05
「士踊り」について（2）（井原政純）「大隅」　大隅史談会　（55）2012.03

田崎神社
七狩長田貫神社（田崎神社）と棟札（隈元信一）「大隅」　大隅史談会　（54）2011.05

種子島
人体方言と民間療法（3）―種子島の民間療法聞き書き（宮薗夏美）「鹿児島民俗」　鹿児島民俗学会　118　2000.10
人体方言と民間療法 屋久島永田、沖永良部島、種子島の比較考察（宮薗夏美）「鹿児島民俗」　鹿児島民俗学会　119　2001.5
種子島の鉦―手鏡（円鏡）と鹿ツノの槌（表紙解説）（所崎平）「鹿児島民俗」　鹿児島民俗学会　（128）2005.10
種子島の産業遺産と文化遺産から―たたらとしおがまと板碑、古鏡（下野敏見）「鹿児島民具」　通号18　2006.3
淡路と種子島に今も生きる日良法印（濱岡きみ子）「あわじ ： 淡路地方史研究会会誌」　淡路地方史研究会　（24）2007.1
鹿児島県種子島の鏡について（1）小型海獣葡萄鏡とその他の鏡について（橋口尚武）「鹿児島地域史研究」　「鹿児島地域史研究」刊行会，鹿児島地域史研究会　（4）2007.10
種子島の突き網猟ほか（〈種子島特集〉）（牧島知子）「鹿児島民具」　鹿児島民具学会　通号20　2008.3
南の島々での竹の利用（〈種子島特集〉）（濱田甫）「鹿児島民具」　鹿児島民具学会　通号20　2008.3
南種子、今・昔あれこれ（〈種子島特集〉）（有村澄子）「鹿児島民具」　鹿児島民具学会　通号20　2008.3
生きている環境保護の伝統―種子島のシオ祭り（〈種子島特集〉）（下野敏見）「鹿児島民具」　鹿児島民具学会　通号20　2008.3
2006年秋の種子島調査日誌（〈種子島特集〉）（井上賢一）「鹿児島民具」　鹿児島民具学会　通号20　2008.3
鹿児島民具学会種子島調査実施概要・種子島全図（〈種子島特集〉）「鹿児島民具」　鹿児島民具学会　通号20　2008.3
種子島・屋久島菀紀行―カワラ前線南下スレドモ（《種子島・屋久島の民俗》）（大脇潔）「民俗文化」　近畿大学民俗学研究所　（21）2009.03
近世の種子島海運（《種子島・屋久島の民俗》）（胡桃沢勘司）「民俗文化」　近畿大学民俗学研究所　（21）2009.03
屋久・種子の自然と民俗―青潮生まれる海域の瀬風呂と赤米神事を中心に（《種子島・屋久島の民俗》）（戸田川克己）「民俗文化」　近畿大学民俗学研究所　（21）2009.03
種子島のウミガメ漁（《種子島・屋久島の民俗》）（藤井弘章）「民俗文化」　近畿大学民俗学研究所　（21）2009.03
シリーズ・種子島からめっかりもーさん（6）「さつまいも（甘藷）にまつわるお話」「長浜城歴史博物館友の会友の会だより」　長浜城歴史博物館友の会　（120）2009.10
シリーズ・種子島からめっかりもーさん（7）「芸能の島と顕彰就」「長浜城歴史博物館友の会友の会だより」　長浜城歴史博物館友の会　（121）2009.11
鹿児島の廃仏毀釈―種子島の寺院整理（名越護）「鹿児島民俗」　鹿児島民俗学会　（136）2009.12
種子島からめっかりもーさん（9）「春を呼ぶたねがしまの年中行事」「長浜城歴史博物館友の会友の会だより」　長浜城歴史博物館友の会　（123）2010.01
平岩獅子舞種子島交流記（川野和朝）「津久見史談」　津久見史談会　（14）2010.03
春牧オデラの石塔をめぐって―屋久島・種子島の古石塔分類（下野敏見）「鹿児島民具」　鹿児島民具学会　通号24　2012.03
種子島の瀬風呂（採集手帖）（下野敏見）「南島研究」　南島研究会　（55）2014.03

種子島宝満神社の御田植祭
種子島宝満神社の御田植え祭（森弘之）「山岳修験」　日本山岳修験学会，岩田書院（発売）（32）2003.11

田之浦山宮神社
志布志町田之浦山宮神社神舞について（所崎平）「鹿児島民俗」　鹿児島民俗学会　116　1999.10

玉里
資料紹介 玉里島津家所蔵の「黒漆青貝四重箱」について（岡本亜紀）「浦添市美術館紀要」　浦添市美術館　（9）2000.3

玉里別邸
玉里別邸の日時計について（有村澄子）「鹿児島民具」　鹿児島民具学会　通号19　2007.3

玉城
沖永良部民謡について（7）玉城地区（和泊町）における調査（前原隆鋼，永吉敏人）「南九州地域科学研究所所報」　鹿児島女子短期大学附属南九州地域科学研究所　（21）2005.3
資料 製莚の由来（仮称）玉城副業実行組合「えらぶせりよさ ： 沖永良部郷土研究会会報」　沖永良部郷土研究会　（39）2007.7

垂水
五百年目の勝軍地蔵（垂水）（中島信夫）「大隅」　大隅史談会　（49）2006.3
垂水の戦災復興と製塩（中島信夫）「大隅」　大隅史談会　（50）2007.3
平安末期から鎌倉時代の垂水の領主達―本城石塔群との関係（隈元信一）「大隅」　大隅史談会　（55）2012.03

湛水院跡
湛水院跡の現状と整備（竹之井敏）「大隅」　大隅史談会　（54）2011.05

旦那墓
旦那墓 町指定文化財「南九州の石塔」　南九州石塔研究会　（16）2009.08

知名
沖永良部民謡について（8），（9）知名地区（知名町）における調査（1），（2）（前原隆鋼，永吉敏人）「南九州地域科学研究所所報」　鹿児島女子短期大学附属南九州地域科学研究所　（22）/（23）2006.3/2007.3

知名町
沖永良部島知名町の年中行事と月待について（第12回研究例会研究発表要旨）（熊谷樹）「沖縄で奄美を考える会会報」　沖縄で奄美を考える会　（8）2000.6

茶屋
今は昔 茶屋部落の水汲み（石川哲）「横川史談」　横川史談会　（10）2000.2

中郷
表紙写真 『中郷虚無僧踊り』（林碩信）「千台 ： 薩摩川内郷土史研究会機関誌」　薩摩川内郷土史研究会　（42）2014.03

中薩
表紙写真解説 中薩の太鼓踊の特徴（所崎平）「鹿児島民俗」　鹿児島民俗学会　（145）2014.06

帖地
喜入町帖地のヤマンカンコウ（山の神講）（川野和昭）「鹿児島民俗」　鹿児島民俗学会　117　2000.5

長能寺
長能寺の板碑（竹之井敏）「大隅」　大隅史談会　（51）2008.3
長能寺墓地今昔（竹之井敏）「大隅」　大隅史談会　（55）2012.03

頂峯院
頂峯院の移り変り（所崎平）「くしきの」　いちき串木野郷土史研究会　15　2001.5
頂峯院文書「冠岳山之次第」の意訳（所崎平）「くしきの」　いちき串木野郷土史研究会　（22）2008.6

知覧
知覧型二つの家（土田充義）「知覧文化」　知覧町立図書館　34　1997.3
〈特集 知覧神舞関係資料〉「鹿児島民俗」　鹿児島民俗学会　114　1998.10
知覧神舞祭文について（所崎平）「鹿児島民俗」　鹿児島民俗学会　114　1998.10
知覧の民謡と遊びことば（佐多正行）「知覧文化」　知覧町立図書館　37　2000.3
知覧水車からくり保存会の25年間を振返って（赤崎千春）「知覧文化」　知覧町立図書館　41　2004.3

牛馬骨肥料の起源に関する一考察（坂元恒太）「ミュージアム知覧紀要・館報」　知覧町教育委員会　（10）2005.3

知覧における一向宗禁制について（村永薫）「知覧文化」　知覧町立図書館　（43）2006.3

位牌からみた仲覚兵衛家の系図（坂元常太）「ミュージアム知覧紀要・館報」　知覧町教育委員会　（11）2007.3

知覧茶の礎を築いた「知覧銘茶研究会」（瀬川芳幸）「南九州市薩南文化　：　地域の歴史と文化を記録する」　南九州市立図書館　（3）2011.3

ミュージアム知覧所蔵の土人形について（是枝智美）「ミュージアム知覧紀要・館報」　知覧町教育委員会　（13）2013.03

知覧町

ワゲェーたい―その光芒と残映（安田耕作）「知覧文化」　知覧町立図書館　34　1997.3

ワゲェーたい―私説ゴンザ物語（安田耕作）「知覧文化」　知覧町立図書館　34　1997.3

草薙の大刀（飯野布志夫）「知覧文化」　知覧町立図書館　34　1997.3

日本のおとずれ神―仮面来訪のしくみと意味（下野敏見）「知覧文化」　知覧町立図書館　35　1998.3

ワゲェーたい―ワゲェーたいのアスカ方（遊び方）（安田耕作）「知覧文化」　知覧町立図書館　35　1998.3

ワゲェーたい―昭和のあけぼの（安田耕作）「知覧文化」　知覧町立図書館　35　1998.3

古代ロマンの詩―古代天皇家と乱（安田至）「知覧文化」　知覧町立図書館　37　1998.3

知覧町の十五夜行事―ソラヨイ（本田碩孝）「まつり通信」　まつり同好会　41（4）通号482　2001.3

知覧町に伝来する蓮如絵伝（西方講本）について（1）（海江田義広）「ミュージアム知覧紀要」　ミュージアム知覧　7　2001.3

知覧町に伝来する蓮如絵伝（細布講）について（2）（海江田義広）「ミュージアム知覧紀要」　ミュージアム知覧　3　2002.3

知覧町の民俗［1］,（2）―松ヶ浦小学校区を中心に（本田碩孝）「鹿児島民俗」　鹿児島民俗学会　121/122　2002.5/2002.11

知覧町門之浦の十五夜行事《特集 祭りと信仰》（本田碩孝）「まつり」　まつり同好会　通号64　2003.2

大漁祝着の「万祝」について―ミュージアム知覧展示品より（上田耕）「ミュージアム知覧紀要・館報」　知覧町教育委員会　（10）2005.3

的場家隠れ念仏資料について―ミュージアム知覧展示品より（若松重弘）「ミュージアム知覧紀要・館報」　知覧町教育委員会　（10）2005.3

知覧を中心とする薩南の御伽ばなし（2）―西篤さんの昔話（下野敏見）「知覧文化」　知覧町立図書館　42　2005.3

サンゴを原料とした石灰づくり―博物館活動としての実験的再現（坂元恒太）「知覧文化」　知覧町立図書館　42　2005.3

知覧を中心とする薩南の御伽ばなし（3：折田貞蔵さん・植村明造さん・牧添誠蔵さん・前原吉之助さん・西篤さん・井上さかえさんの昔話（下野敏見）「知覧文化」　知覧町立図書館　（43）2006.3

知覧町及びその周辺の歴史的漆喰資料の原材料に関する調査（松井敏也,市川佐織）「ミュージアム知覧紀要・館報」　知覧町教育委員会　（11）2007.3

知覧町指定文化財「ヘヤッガマ（石炭焼窯）」について（知覧町教育委員会）「ミュージアム知覧紀要・館報」　知覧町教育委員会　（11）2007.3

中園佐多家に伝世した大牌について（若松重弘）「ミュージアム知覧紀要・館報」　知覧町教育委員会　（11）2007.3

ウッガンサマとはどんな神さまか―知覧町のウッガンと各地のウッガンを比べてみよう（下野敏見）「知覧文化」　知覧町立図書館　（44）2007.3

知覧町フィールドノート余禄抄―天神山・山下堰・柴神山・中須の水道・コッゾメイ・ヒビと蛇行剣・牧神どん・他（下野敏見）「知覧文化」　知覧町立図書館　（45）2007.11

知覧茶に魅せられて 知覧茶ブランド化への道（瀬川芳行）「知覧文化」　知覧町立図書館　（45）2007.11

筒羽野

改修成った秋葉神社の沿革について（前圧利武）「つつはの」　つつはの郷土研究会　26　1998.3

かくれ念仏（水谷浩）「つつはの」　つつはの郷土研究会　27　1999.6

昔の徒弟制度と私の体験記［1］,（2）（二反田武雄）「つつはの」　つつはの郷土研究会　28/（30）2000.6/2002.4

土葬時代の葬式（高城豊）「つつはの」　つつはの郷土研究会　（30）2002.4

民俗芸能の分類（水谷浩）「つつはの」　つつはの郷土研究会　（30）2002.4

旧家と蔵（1）（吉岡勇二）「つつはの」　つつはの郷土研究会　（31）2003.4

「つつはの」のタノカンサー（西田富善）「つつはの」　つつはの郷土研究会　（32）2005.3

たのかんさあがこんにちは（林きらら）「つつはの」　つつはの郷土研究会

（32）2005.3

「はやり唄」・「座唄」（吉岡勇二）「つつはの」　つつはの郷土研究会　（33）2006.3

氏神さまとは（調所保平）「つつはの」　つつはの郷土研究会　（33）2006.3

日本の神話と和の神（調所保平）「つつはの」　つつはの郷土研究会　（34）2008.10

陰膳に見られる女の強さ、やさしさ（黒木正彦）「つつはの」　つつはの郷土研究会　（34）2008.10

日本人と神社（調所保平）「つつはの」　つつはの郷土研究会　（35）2010.02

カヤカベ教信仰について（調所保平）「つつはの」　つつはの郷土研究会　（36）2011.10

六観音メイと馬頭観音の由来（調所保平）「つつはの」　つつはの郷土研究会　（37）2012.12

十五夜（古川重郎）「つつはの」　つつはの郷土研究会　（37）2012.12

廻り田の神さあ、山ん神さあと風土（古川重郎）「つつはの」　つつはの郷土研究会　（38）2013.12

津名久

葬送儀礼の変遷―大和村津名久の場合（2007年度卒業論文発表要旨）（松原優子）「沖縄民俗研究」　沖縄民俗学会　（28）2010.03

津貫

津貫の太鼓踊（表紙解説）（所崎平）「鹿児島民俗」　鹿児島民俗学会　（131）2007.5

壺屋ヶ平

薩摩焼の誕生と展開―謎の壺屋ヶ平と串木野窯（関一之）「くしきの」　いちき串木野郷土史研究会　（18）2004.6

釣掛崎

随想 甑島釣掛崎の「キリシタン殉難」について（島津修久）「鹿児島史談」　鹿児島史談会編集委員会　（7）2013.10

鶴丸城

鹿児島城（鶴丸城）二之丸跡から発見のキリシタン瓦とその背景（報告）（上田耕）「南九州の城郭　：　南九州城郭談話会会報」　南九州城郭談話会　（30）2011.03

手打

下甑島の衣と食―手打・瀬々野浦聞き取り（牧島知子）「鹿児島民具」　鹿児島民具学会　通号16　2003.12

手々知名

沖永良部民謡について（12）―手々知名（和泊町）における調査（前原隆鋼,永吉紀人）「南九州地域科学研究所所報」　鹿児島女子短期大学附属南九州地域科学研究所　（26）2010.03

照島

大正から昭和初期の照島の風物（有村興）「くしきの」　いちき串木野郷土史研究会　（20）2006.6

みんぞく・かわらばん 大津波は串木野羽島・照島に来た（上）,（下）（所崎平）「鹿児島民俗」　鹿児島民俗学会　（139）2011.05

天子神社

天子神社（宮）について（江之口汎生）「千台　：　薩摩川内郷土史研究会機関誌」　薩摩川内郷土史研究会　（31）2003.3

天文館

大正10年前後の天文館―私設市場の開設と南林寺墓地の移転（エッセイ・評論等）（唐鎌祐祥）「想林」　江角学びの交流センター地域人間科学研究所　（3）2012.03

天竜橋

余多川天竜橋の「高倉」修正の経緯（先田光演）「えらぶせりよさ　：　沖永良部郷土研究会会報」　沖永良部郷土研究会　（12）2000.11

東郷文弥節人形浄瑠璃

東郷町の文弥人形浄瑠璃について―その歴史と概要（小北金美）「千台　：　薩摩川内郷土史研究会機関誌」　薩摩川内郷土史研究会　25　1997.3

表紙写真「東郷文弥節人形浄瑠璃」・裏表紙写真「古城殿石塔」について（濱田宏）「千台　：　薩摩川内郷土史研究会機関誌」　薩摩川内郷土史研究会　（36）2008.3

国重要無形民俗文化財の指定を受けた『東郷文弥節人形浄瑠璃』について―その歴史と概要（前薗世継）「文化薩摩川内」　薩摩川内市立中央図書館　（4）2009.03

東郷人形「千台　：　薩摩川内郷土史研究会機関誌」　薩摩川内郷土史研究会　（41）2013.03

東郷文弥節人形浄瑠璃（民俗・その他 郷土史学習の楽しみ 中央公民館自主学級 ふるさとの歴史講座と探訪）（岩井英一）「文化薩摩川内」

鹿児島県　　　　　　　　　　　郷土に伝わる民俗と信仰　　　　　　　　　　　九州・沖縄

薩摩川内市立中央図書館　（9）　2014.03

当房通

南さつま市加世田小湊「当房通」の薩摩塔―万之瀬川旧河口付近「唐坊」比定地の中国系石塔（橋口亘，松田朝由）「南日本文化財研究」『南日本文化財研究』刊行会　（20）　2013.12

どうやま石塔群

鹿屋市根木原町　どうやま石塔群（隈元信一）「大隅」　大隅史談会　（51）　2008.3

道隆寺跡

道隆寺跡の整備と現状（竹之井敏）「大隅」　大隅史談会　44　2001.3

道隆寺跡の石造群（隈元信一）「大隅」　大隅史談会　（50）2007.3

道隆寺跡の残影（竹之井敏）「大隅」　大隅史談会　（50）2007.3

志布志大慈寺と道隆寺跡との交流（福谷平）「大隅」　大隅史談会　（50）2007.3

時空を超えて　鎌倉建長寺と道隆寺跡（福谷平）「大隅」　大隅史談会（53）2010.03

道隆寺跡六地蔵原型復元（福谷平）「大隅」　大隅史談会　（55）2012.03

戸円集落

奄美大島　戸円集落　貞岡家・坂元家祭祀関係文書（石井嘉生，弓削正己）「沖縄民俗研究」　沖縄民俗学会　（33）2014.03

都喝喇

『南九州の伝統文化I 祭礼と芸能、歴史』『南九州の伝統文化II 民具と民俗、研究』『奄美、都喝喇の伝統文化 祭りとノロ、生活』（書評）（小川直之）「民具研究」　日本民具学会　（131）2005.3

止上神社

止上神社の「田の神面」（出村卓三）「鹿児島民俗」　鹿児島民俗学会112　1997.10

止上神社御神幸祭（オタグリ）記（後藤良雄）「鹿児島民俗」　鹿児島民俗学会　112　1997.10

〈特集 止上神社神舞資料〉「鹿児島民俗」　鹿児島民俗学会　112　1997.10

止上神社神舞の残影（後藤良雄）「鹿児島民俗」　鹿児島民俗学会　1121997.10

止上神社神舞文書解説（所崎平）「鹿児島民俗」　鹿児島民俗学会　1121997.10

止上神社打植祭（春祭）見学記（所崎平）「鹿児島民俗」　鹿児島民俗学会113　1998.5

止上神社と渡来人について（小園公雄）「鹿児島中世史研究会報」　鹿児島中世史研究会　通号54　2006.1

トカラ

トカラのサワラ漁法と漁具（下野敏見）「鹿児島民具」　鹿児島民具学会通号22　2010.03

吐噶喇

『HATERUMA』C.アウエハント／『奄美学―その地平と彼方』奄美学刊行委員会刊／『奄美・吐噶喇の伝説文化』下野敏見著「南島研究」　南島研究会　46　2005.9

下野敏見著『奄美、吐噶喇の伝統文化 祭りとノロ、生活』（書評）（福寛美）「法政大学沖縄文化研究所報」　法政大学沖縄文化研究所　572005.9

トカラ列島

トカラ列島と奄美群島における「地域開発と民俗変化」（小島摩文）「日本民俗学」　日本民俗学会　通号210　1997.5

第32回研究例会発表要旨 薩琉関係におけるトカラ―海上交通の形態とその変遷（高良由加利）「沖縄で奄美を考える会会報」　沖縄で奄美を考える会　（17）2004.5

地域社会における祭祀の持続と変化をめぐる一考察―トカラ列島の事例から（田中正隆）「日本民俗学」　日本民俗学会　通号242　2005.5

書籍紹介 下野敏見著『南日本の民俗文化誌』第3巻『トカラ列島』（松原武実）「民俗芸能研究」　民俗芸能学会　（46）2009.03

獅子舞は登り 棒踊は下る（特集 黒潮の道の島々 トカラ列島から奄美大島へ）（所崎平）「西日本文化」　西日本文化協会　（462）2013.04

九州南部の島々の特色ある衣と食（特集 黒潮の道の島々 トカラ列島から奄美大島へ）（牧島知子）「西日本文化」　西日本文化協会　（462）2013.4

「海上の道」再考―竹の焼畑とイモと黒米（赤米）（特集 黒潮の道の島々トカラ列島から奄美大島へ）（川野和昭）「西日本文化」　西日本文化協会　（462）2013.4

民俗行事と物語性 トカラ列島の七島正月―悪石島のコマ正月を中心に（渡山恵子）「鹿児島民俗」　鹿児島民俗学会　（146）2014.12

徳之島

亀焼（カムィヤキ）窯とグスク時代の開始（《徳之島特集》―〈第I部 講演および研究報告関係資料〉）（安里進）「あしびなぁ」　沖縄県地域史協議会　9　1998.3

亀焼（カムィヤキ）と琉球（《徳之島特集》―〈第I部 講演および研究報告関係資料〉）（義憲和）「あしびなぁ」　沖縄県地域史協議会　9　1998.3

徳之島の闘牛―文化論的考察（山田直巳）「民俗学研究所紀要」　成城大学民俗学研究所　25　2001.3

徳之島の民謡について（本橋順一郎）「沖縄で奄美を考える会会報」　沖縄で奄美を考える会　（11）2001.6

徳之島の闘牛―その変遷と現状―（金城涼子）「沖縄で奄美を考える会会報」　沖縄で奄美を考える会　（11）2001.6

作物によって明暗を分けた二つの島 徳之島と沖永良部島（伊勢達一）「えらぶせりよさ ： 沖永良部郷土研究会会報」　沖永良部郷土研究会（16）2001.10

奄美・徳之島の火葬率調査より（酒井正子）「沖縄文化研究 ： 法政大学沖縄文化研究所紀要」　法政大学沖縄文化研究所　（29）2003.3

徳之島の古謡―「サカ歌」について（松山光秀）「法政大学沖縄文化研究所所報」　法政大学沖縄文化研究所　53　2003.3

徳之島夏目踊りの歌「あったら七月」の系譜―「ヨンナ」系ハヤシコトバと「投げ句・継ぎ句」の両面から（小川学夫）「奄美沖縄民間文芸学」奄美沖縄民間文芸学会　（4）2004.3

闘牛の社会経済的考察―徳之島社会研究への予備的アプローチ（山田直巳）「民俗学研究所紀要」　成城大学民俗学研究所　28　2004.3

徳之島民俗文化の研究課題―井之川からの覚書（1）（本田碩孝）「民俗文化研究」　民俗文化研究所　（6）2005.8

本の紹介松山光秀著『徳之島の民俗（1）（2）』（酒井卯作）「南島研究」南島研究会　46　2005.9

徳之島民俗文化の研究課題―井之川のオーイグティと闘牛覚書（本田碩孝）「民俗文化研究」　民俗文化研究所　（7）2006.8

文化遺産としての「歌掛け」―徳之島の「田植歌」を中心として（三上絢子）「南島史学」　南島史学会　（68）2006.8

徳之島における島歌・島口の伝承（本田碩孝）「南島研究」　南島研究会通号47　2006.11

鹿児島県徳之島の朝花節における「地域性」と「個人性」の考察（マット，ギラン）「沖縄芸術の科学 ： 沖縄県立芸術大学附属研究所紀要」沖縄県立芸術大学附属研究所　（19）2007.3

徳之島の民話 クツと'クヮタ（資料紹介）（時幸，岡村隆博）「奄美沖縄民間文芸学」　奄美沖縄民間文芸学会　（8）2008.9

徳之島民俗文化の研究課題―ハブとの出会いから（本田碩孝）「鹿児島民俗」　鹿児島民俗学会　（134）2008.10

奄美大島・徳之島の蛇の民話覚書（本田碩孝）「奄美沖縄民間文芸学」　奄美沖縄民間文芸学会　（9）2009.09

徳之島民俗語彙誌（18）～（20）（川野誠治）「徳之島郷土研究会報」　徳之島郷土研究会　（30）／（32）2010.03／2012.04

徳之島の語り部―松山光秀氏（川野誠治）「徳之島郷土研究会報」　徳之島郷土研究会　（30）2010.03

徳之島の闘牛文化（遠藤智）「徳之島郷土研究会報」　徳之島郷土研究会（30）2010.3

「松山光秀兄の郷土研究から学ぶ」覚書（本田碩孝）「徳之島郷土研究会報」　徳之島郷土研究会　（30）2010.3

徳之島の自然―ヘビ（蛇）を通して（本田碩孝）「徳之島郷土研究会報」徳之島郷土研究会　（30）2010.3

徳富重成氏の生活史覚書（本田碩孝）「徳之島郷土研究会報」　徳之島郷土研究会　（30）2010.3

徳之島の成り立ちと自然、そして農業（松岡由紀）「徳之島郷土研究会報」徳之島郷土研究会　（30）2010.3

徳之島・加計呂麻島での蛇「ハブ」の話覚書（本田碩孝）「南島研究」　南島研究会　通号51　2010.12

徳之島での蛇（ハブ）の話覚書（1）（本田碩孝）「徳之島郷土研究会報」徳之島郷土研究会　（31）2011.05

徳之島採集手帖（船間和子、松村省三、中村憲良、田畑修身、重村功、寳田辰巳、岡村隆博、永岡忠治、松山哲則、徳久正、柳義啓、大村達郎、日高正太）／寄贈図書紹介／会報17～21号までの内容紹介「徳之島郷土研究会報」　徳之島郷土研究会　（31）2011.05

吉満義彦と徳之島（寳田辰巳）「徳之島郷土研究会報」　徳之島郷土研究会（31）2011.05

2010年7月25日、8月1日NHKラジオ第二「宗教の時間」放送原稿 哭きうた（葬送歌）の世界（酒井正子）「徳之島郷土研究会報」　徳之島郷土研究会　（31）2011.05

結いの想い（三上絢子）「徳之島郷土研究会報」　徳之島郷土研究会（31）2011.05

徳之島民俗文化の事例（2）―勝ウトマツ嫗・キヨ嫗の伝承（本田碩孝）「徳之島郷土研究会報」　徳之島郷土研究会　（31）2011.05

九州・沖縄　　　　　　　　　　　　　郷土に伝わる民俗と信仰　　　　　　　　　　　　　鹿児島県

徳之島での蛇（ハブ）の話覚書（本田碩孝）「奄美沖縄民間文芸学」　奄美沖縄民間文芸学会　（11）2012.3

徳之島採集手帖（「私の子ども時代の遊びについて」中村憲良、「郷土研究会報31号を読んで」亘余世夫）/寄贈図書紹介/会報22～28号までの目次紹介「徳之島郷土研究会報」　徳之島郷土研究会　（32）2012.04

徳之島の住まい―琉球文化とヤマト文化の間で（大会発表研究論文）（森隆男）「民俗建築」　日本民俗建築学会　（146）2014.11

徳和瀬集落

公開シンポジウム 南島の芸能と信仰・シマ（集落）9のコスモロジー――奄美徳之島、徳和瀬集落の事例「沖縄研究ノート　：《共同研究》南島における民族と宗教」　宮城学院女子大学キリスト教文化研究所　（8）1999.3

浜オリ儀礼の基本構造と夏目踊り―徳之島町徳和瀬集落の事例を中心に（松田光秀）「奄美沖縄民間文芸学」　奄美沖縄民間文芸学会　（4）2004.3

利永

山川町利永の「オイセコ」と「メンドン」尾下の「ダセンボ」と利永の「ダセチッ」（南清孝）「鹿児島民俗」　鹿児島民俗学会　（131）2007.5

戸田

戸田の渡しと河童（和田寛）「河童通心」　河童文庫　152　2001.2

戸田の河童とトダセスジゲンゴロウ（和田寛）「河童通心」　河童文庫　153　2001.2

戸田観音

戸田観音伝説の風景（江之口汎生）「千台　：　薩摩川内郷土史研究会機関誌」　薩摩川内郷土史研究会　30　2002.3

戸田観音堂

戸田観音堂のガラッパ像（和田寛）「河童通心」　河童文庫　261　2005.7

「戸田観音堂のガラッパ像」追記（和田寛）「河童通心」　河童文庫　（号外）2005.10

徳光神社

鹿児島ほっつき歩記（2）徳光神社をゆく「北海道歴史教室」　歴史教育者協議会北海道協議会　（179）2004.3

豊玉姫神社

知覧町豊玉姫神社の神舞の音楽（松原武実）「鹿児島民俗」　鹿児島民俗学会　114　1998.10

豊玉姫神社の水からくり―知覧を訪ねて（高瀬美代子）「西日本文化」　西日本文化協会　通号419　2006.3

豊玉姫神社奉納掛面の墨銘「寺師伊豆介_」について（上田耕）「知覧文化」　知覧町立図書館　（45）2007.11

仲勝集落

名瀬市仲勝集落のノロ祭祀（西田テル子）「奄美沖縄民間文芸学」　奄美沖縄民間文芸学会　（5）2005.9

長崎寺

「弥陀山長崎寺」跡と「アンダサァ」のなぞ（家村比呂志）「千台　：　薩摩川内郷土史研究会機関誌」　薩摩川内郷土史研究会　（39）2011.03

「弥陀山長崎寺」跡と「アンダサァ」のなぞ（第39号追録）（研究・論説）（家村比呂志）「千台　：　薩摩川内郷土史研究会機関誌」　薩摩川内郷土史研究会　（40）2012.03

長里

旧東市来町長里上村家ふすまの内張り文書から（所崎平）「鹿児島民俗」　鹿児島民俗学会　（132）2007.10

長島

肥・薩国境における社寺堂塔―天草・長島の近世以降の信仰（「社会」部門）（岩本税）「史叢」　熊本歴史学研究会　（15）2011.06

中嶋宮

中嶋宮=塔之原説の波紋（江之口汎生）「千台　：　薩摩川内郷土史研究会機関誌」　薩摩川内郷土史研究会　（35）2007.3

永田

日高繁太郎翁旧事談―屋久島永田の民俗（増田勝機）「南日本文化」　鹿児島国際大学附属地域総合研究所　通号30　1997.8

屋久島永田の人体方言と民間療法（宮薗夏美）「鹿児島民俗」　鹿児島民俗学会　115　1999.6

人体方言と民間療法 屋久島永田、沖永良部島、種子島の比較考察（宮薗夏美）「鹿児島民俗」　鹿児島民俗学会　119　2001.5

中谷

曽於市財部町中谷奴踊と歌詞（所崎平）「鹿児島民俗」　鹿児島民俗学会　（135）2009.06

中津野

さつま町中津野の「氏神様」・「水神様」と氏神祭り（渡山恵子）「鹿児島民具」　鹿児島民具学会　（26）2014.03

中之島

資料 トカラ列島中之島の「粟山焼畑と粟の祭り」（下野敏見）「鹿児島民俗」　鹿児島民俗学会　（146）2014.12

中福良

上山田中福良の力石（坂元恒太）「南九州市薩南文化　：　地域の歴史と文化を記録する」　南九州市立図書館　（5）2013.3

中間

中間 山之神・鎮守権現・オナイサマ講―城下の歴史をさぐる（福元忠良）「千台　：　薩摩川内郷土史研究会機関誌」　薩摩川内郷土史研究会　28　2000.3

永嶺

永嶺の「しゅうとまい」考（高橋孝代）「えらぶせりよさ　：　沖永良部郷土研究会会報」　沖永良部郷土研究会　（34）2006.4

中村稲荷神社

頴娃町牧之内中村稲荷神社の絵馬について（木場愛美）「ミュージアム知覧紀要・館報」　知覧町教育委員会　（13）2013.03

中渡瀬集落

中渡瀬集落のウッガン講と神楽祭（坂元恒太）「知覧文化」　知覧町立図書館　（44）2007.3

投谷八幡神社

投谷八幡神社と祭祀（中島勇三）「大隅」　大隅史談会　40　1997.3

投谷八幡神社奉納和歌の参加者について（加塩英樹）「大隅」　大隅史談会　47　2004.3

名瀬勝

奄美民族文化の事例―名瀬勝での御教示（本田碩孝）「民俗文化研究」　民俗文化研究所　（8）2007.8

七狩長田貫神社

七狩長田貫神社（田崎神社）と棟札（隈元信一）「大隅」　大隅史談会　（54）2011.05

しか祭り―2月17日 七狩長田貫神社（山内裕子）「鹿児島民俗」　鹿児島民俗学会　（143）2013.05

成川

特集 山川町成川神舞資料「鹿児島民俗」　鹿児島民俗学会　115　1999.6

山川町成川神舞資料について（所崎平）「鹿児島民俗」　鹿児島民俗学会　115　1999.6

苗代川

平佐焼―平佐と天草・肥前・苗代川をつなぐもの（福元忠良）「千台　：　薩摩川内郷土史研究会機関誌」　薩摩川内郷土史研究会　29　2001.3

苗代川「不倫の恋」の物語 封建「身分」に生きた「朴権貞妻」（大武進）「季刊南九州文化」　南九州文化研究会　（114）2011.11

苗代川昭和史の一視点 黒陶器産業の株仲間たち 検証 朝鮮姓「最後の名簿」（大武進）「鹿児島民俗」　鹿児島民俗学会　（141）2012.06

南薩

「門之浦伝来絵巻」小考―南薩における神事・祭祀との関わりから（鈴木彰）「ミュージアム知覧紀要・館報」　知覧町教育委員会　（13）2013.03

表紙写真解説 太鼓踊の地域の特色―南薩地方（所崎平）「鹿児島民俗」　鹿児島民俗学会　（144）2013.12

南薩鉄道

南薩鉄道のあゆみ（大岳吉之助）「鹿児島民俗」　鹿児島民俗学会　（132）2007.10

南洲寺

僧月照の墓と南洲寺（七田安正）「鹿児島史談」　鹿児島史談会編集委員会　（4）2000.10

南洲神社

南洲神社と四方学舎（川畑浩男）「敬天愛人」　西郷南洲顕彰会　15　1997.9

「南洲神社」紀行（池田芳宏）「敬天愛人」　西郷南洲顕彰会　（25）2007.9

南林寺墓地

大正10年前後の天文館―私設市場の開設と南林寺墓地の移転（エッセイ・評論等）（唐鎌祐祥）「想林」　江角学びの交流センター地域人間科学研究所　（3）2012.03

西方

西方武士踊歌詞（拍子付）（肱岡修一郎）「千台　：　薩摩川内郷土史研究会

鹿児島県　　　　　　　　　　　郷土に伝わる民俗と信仰　　　　　　　　　　　九州・沖縄

機関誌」　薩摩川内郷土史研究会　26　1998.3

西之表御拝塔墓地

鹿児島県西之表市西之表御拝塔墓地の五輪塔（佐々木好直）「青陵：橿原考古学研究所彙報」　奈良県立橿原考古学研究所　（100）1998.8

新田宮

嘉永3年新田宮造営考（江之口汎生）「文化川内」　川内市立図書館　11　1997.3

新田宮移築計画の史料（江之口汎生）「文化川内」　川内市立図書館　12　1998.3

『新田宮縁起』の可愛陵（江之口汎生）「文化川内」　川内市立図書館　14　2000.3

権執印家ふすまの下張り文書から　嘉永の新田宮造替えの謎を追って（福元忠良）「千台：薩摩川内郷土史研究会機関誌」　薩摩川内郷土史研究会　（32）2004.3

権執印家ふすまの下張り文書から嘉永期の新田宮造替えについて（福元忠良）「千台：薩摩川内郷土史研究会機関誌」　薩摩川内郷土史研究会　（33）2005.3

「新田宮縁起」考（研究論説）（江之口廣男）「千台：薩摩川内郷土史研究会機関誌」　薩摩川内郷土史研究会　（42）2014.03

新田神社

新田神社の神面（出村卓三）「鹿児島民俗」　鹿児島民俗学会　114　1998.10

新田神社関係資料について（日隈正守）「千台：薩摩川内郷土史研究会機関誌」　薩摩川内郷土史研究会　27　1999.3

初期新田神社の周辺（江之口汎生）「文化川内」　川内市立図書館　15　2001.3

新田神社・三角縁神獣鏡（河口貞徳）「鹿児島考古」　鹿児島県考古学会　（35）2001.7

新田神社の社家について―中世成立期を中心に（講演）（日隈正守）「千台：薩摩川内郷土史研究会機関誌」　薩摩川内郷土史研究会　（31）2003.3

壇桂馬場幻想　新田神社賛同余談（江之口汎生）「文化川内」　川内市立図書館　17　2003.3

新田神社の社家について―鎌倉期執印を中心に（講演）（日隈正守）「千台：薩摩川内郷土史研究会機関誌」　薩摩川内郷土史研究会　（32）2004.3

新田神社の社家について―惟宗姓執印氏と紀姓権執印氏を中心に（講演）（日隈正守）「千台：薩摩川内郷土史研究会機関誌」　薩摩川内郷土史研究会　（33）2005.3

新田神社炎上の波紋（江之口汎生）「文化川内」　川内市立図書館　19　2005.3

薩摩一の宮　新田神社と神木・樟をめぐって（北野晃）「鹿児島民俗」　鹿児島民俗学会　（133）2008.4

新田八幡宮

薩摩国一宮新田八幡宮の成立（講演）（日隈正守）「千台：薩摩川内郷土史研究会機関誌」　薩摩川内郷土史研究会　28　2000.3

講演　源平合戦と新田八幡宮（日隈正守）「千台：薩摩川内郷土史研究会機関誌」　薩摩川内郷土史研究会　29　2001.3

講演　蒙古襲来と新田八幡宮（日隈正守）「千台：薩摩川内郷土史研究会機関誌」　薩摩川内郷土史研究会　30　2002.3

平安・鎌倉時代における新田八幡宮の社家機構について（講演）（日隈正守）「千台：薩摩川内郷土史研究会機関誌」　薩摩川内郷土史研究会　（35）2007.3

塗木

塗木ヤンセ踊り考―琉球人踊り・佐賀の面浮立・駒ヶ水ヤンセ踊り比較（下野敏見）「知覧文化」　知覧町立図書館　37　2000.3

根占

根占の民俗神（神田三郎）「大隅」　大隅史談会　44　2001.3

根占の葬送儀礼と墓制（佐多特集号）（川野博志）「鹿児島民具」　鹿児島民具学会　通号23　2011.03

能仁寺

能仁寺島津家墓地悉皆調査報告―加治木島津家（松田誠）「南九州の石塔」　南九州石塔研究会　（16）2009.08

梅真寺跡

平佐町奥之園梅眞寺跡實窓梅眞大姉を含む五基の墓確認の経過（研究・論説）（中島道一）「千台：薩摩川内郷土史研究会機関誌」　薩摩川内郷土史研究会　（41）2013.03

箱崎八幡神社

箱崎八幡神社植樹祭（南英明）「つつはの」　つつはの郷土研究会　（35）2010.02

羽島

「ワタマシ」儀礼と「ヤガユ（家粥）祭り」の関係についての一考察―串本市荒川・羽島地区の「ダンナドン信仰」地帯を中心として（森田清美）「鹿児島民俗」　鹿児島民俗学会　（127）2005.5

串木野　羽島太郎太郎祭見学記（所崎平）「鹿児島民俗」　鹿児島民俗学会　（137）2010.06

みんぞく・かわらばん　大津波は串木野羽島・照島に来た（上）,（下）（所崎平）「鹿児島民俗」　鹿児島民俗学会　（139）2011.05

羽島太郎太郎祭はどう変わったか（所崎平）「鹿児島民俗」　鹿児島民俗学会　（145）2014.06

羽島崎神社

羽島崎神社、太郎太郎祭の成立について（所崎平）「くしきの」　いちき串木野郷土史研究会　（23）2009.06

船持祝いの料理―いちき串木野市羽島崎神社・太郎太郎祭（牧島知子）「鹿児島民俗」　鹿児島民俗学会　（145）2014.06

羽島崎神社の太郎太郎祭りについて（石堂次美）「くしきの」　いちき串木野郷土史研究会　（28）2014.06

八幡新田宮

八幡新田宮の放生会について（講演）（日隈正守）「千台：薩摩川内郷土史研究会機関誌」　薩摩川内郷土史研究会　（36）2008.3

講演　薩摩国一宮制の特徴について（日隈正守）「千台：薩摩川内郷土史研究会機関誌」　薩摩川内郷土史研究会　（37）2009.03

講演　薩摩国一宮八幡新田宮について（日隈正守）「千台：薩摩川内郷土史研究会機関誌」　薩摩川内郷土史研究会　（38）2010.03

八幡新田宮の社家機構について―平安・鎌倉期を中心に（日隈正守）「鹿児島地域史研究」　『鹿児島地域史研究』刊行会,鹿児島地域史研究会　（6）2010.08

花尾神社

表紙写真解説　花尾楽（旧郡山町花尾神社）（所崎平）「鹿児島民俗」　鹿児島民俗学会　（140）2011.12

浜町

阿久根市浜町と串木野市元町のえびす祭―浜エビスと町エビス祭見学記（所崎平）「北薩民俗」　北薩民俗学研究会　14　1999.11

早崎城

祁答院で新たに発見したこと―(1)法蓮寺(2)大隅守護横川氏と早崎城（研究・論説）（藤崎琢郎）「千台：薩摩川内郷土史研究会機関誌」　薩摩川内郷土史研究会　（40）2012.3

隼人塚

隼人塚の保存整備（事務局）「日引：石造物研究会会誌」　3　2002.10

隼人塚・放生会・隼人の楯（内田賢作）「埼玉民俗」　埼玉民俗の会　（32）2007.3

隼人町小浜

隼人町小浜に在った二つ目の寺（臨済宗正興寺末寺圓福寺の事）（藤浪三千尋）「南九州の石塔」　南九州石塔研究会　（16）2009.08

般若寺

霧島東物語（上）,（下）―般若寺のくだり（村上恩）「つつはの」　つつはの郷土研究会　27/28　1999.6/2000.6

吉松の般若寺［正］,（つづき）（窪田仲市郎）「つつはの」　つつはの郷土研究会　（30）/（31）2002.4/2003.4

般若寺供養塔群一調査の概要(1)（藤井義則）「つつはの」　つつはの郷土研究会　（36）2011.10

般若寺跡

表紙　「般若寺跡」説明文（西田富善）「つつはの」　つつはの郷土研究会　（34）2008.10

蟠竜梅

蟠龍梅由来と出会い（黒木善夫）「つつはの」　つつはの郷土研究会　（36）2011.10

東串良町

東串良町の田の神について（溝口照男）「大隅」　大隅史談会　45　2002.3

東塩屋

知覧町の貴重な二つの儀礼―東塩屋の御船歌と上加治佐の家粥祭り（下野敏見）「知覧文化」　知覧町立図書館　40　2003.3

船と海上の人生―若松勝翁聞書　川辺郡知覧町松ヶ浦校区東塩屋（本田碩孝）「鹿児島民具」　鹿児島民具学会　通号16　2003.12

日向

「日向神話」と南九州、隼人―出典論との関わりから（原口耕一郎）「鹿児島地域史研究」　『鹿児島地域史研究』刊行会,鹿児島地域史研究会　（5）2009.2

九州・沖縄　　郷土に伝わる民俗と信仰　　鹿児島県

平出水
伊佐市平出水山田楽について（所崎平）「鹿児島民俗」 鹿児島民俗学会 （135） 2009.06

平内
平内の民具と一湊・吉田のサバブシ工場（下野敏見）「鹿児島民具」 鹿児島民具学会 通号24 2012.03

枚聞神社
枚聞神社の神舞いと面（出村卓三）「鹿児島民俗」 鹿児島民俗学会 113 1998.5
知識のファイル箱 枚聞神社（福島清）「首里城公園友の会会報」 首里城公園友の会 （61） 2007.9

平佐
平佐焼―平佐と天草・肥前・苗代川をつなぐもの（福元忠良）「千台 ： 薩摩川内郷土史研究会機関誌」 薩摩川内郷土史研究会 29 2001.3

平田神社
岸良平田神社の神事（黒木和人）「大隅」 大隅史談会 46 2003.3

樋脇町
精米・製粉に使われたペルトン水車―鹿児島県樋脇町（民具短信）（河野通明）「民具マンスリー」 神奈川大学 35（10）通号418 2003.1

樋脇町倉野
樋脇町倉野の稲穂神社（江之口汎生）「千台 ： 薩摩川内郷土史研究会機関誌」 薩摩川内郷土史研究会 （37） 2009.03

深田神社
市内研修 ガウンガウン祭見学（石堂次美）「くしきの」 いちき串木野郷土史研究会 （26） 2012.07

吹上町
吹上町の六月灯（所崎平）「鹿児島民俗」 鹿児島民俗学会 116 1999.10
吹上町伊佐太鼓踊について（表紙解説）（所崎平）「鹿児島民俗」 鹿児島民俗学会 122 2002.11

吹上浜
吹上浜の漁撈民俗（米原正晃）「くしきの」 いちき串木野郷土史研究会 （17） 2003.6

福昌禅寺
名刹福昌禅寺を訪ねて（民俗・その他 郷土史学習の楽しみ 中央公民館自主学級 ふるさとの歴史講座と探訪）（浅川俊治）「文化薩摩川内」 薩摩川内市立中央図書館 （9） 2014.03

蓬原
〈特集 蓬原神舞資料〉「鹿児島民俗」 鹿児島民俗学会 111 1997.5
蓬原神舞文書について（所崎平）「鹿児島民俗」 鹿児島民俗学会 111 1997.5
資料・蓬原神舞文書（曽於郡有明町熊野神社）「鹿児島民俗」 鹿児島民俗学会 111 1997.5
明治～昭和の蓬原神舞文書について（所崎平）「鹿児島民俗」 鹿児島民俗学会 111 1997.5

麓村
川内で一番古い棟札―高城郷麓村諏訪二・下宮新社（福元忠良）「千台 ： 薩摩川内郷土史研究会機関誌」 薩摩川内郷土史研究会 26 1998.3

古里
沖永良部島 古里字の世之主伝説（川上忠志）「えらぶせりよさ ： 沖永良部郷土研究会会報」 沖永良部郷土研究会 （35） 2006.7

古城殿
表紙写真「東郷文弥節人形浄瑠璃」について/裏表紙写真「古城殿石塔」について（濱田宏）「千台 ： 薩摩川内郷土史研究会機関誌」 薩摩川内郷土史研究会 （36） 2008.3

辺塚
辺塚に於けるヂバチの「群れ崩壊現象」（徳留秋輝）「鹿児島民具」 鹿児島民具学会 通号23 2011.03

宝泉庵跡古石塔群
寶泉庵跡古石塔群について（海ヶ倉喜通）「大隅」 大隅史談会 （51） 2008.3

坊津
坊津の十五夜行事（中島俊郎）「鹿児島民具」 鹿児島民具学会 通号18 2006.3

坊津町
鹿児島県南さつま市坊津町の日引石製宝篋印塔二例（橋口亘，松田朝由）「南日本文化財研究」 『南日本文化財研究』刊行会 （10） 2011.03

宝福寺
鹿児島県南さつま市坊津町の関西系砂岩製宝篋印塔と日引石製宝篋印塔（橋口亘，松田朝由）「南日本文化財研究」 『南日本文化財研究』刊行会 （11） 2011.05
史料紹介 『川邊名勝誌』所収の宝福寺関連部分（新地浩一郎）「ミュージアム知覧紀要・館報」 知覧町教育委員会 （12） 2010.03
『島津毅斎公遺稿』所収の「山寺（宝福寺）」に関する漢詩五首（ミュージアム知覧）「ミュージアム知覧紀要・館報」 知覧町教育委員会 （12） 2010.03

宝満寺
鹿児島県志布志町宝満寺所在元徳二年銘五輪塔について（佐藤亜聖）「元興寺文化財研究」 元興寺文化財研究所 （85） 2004.7
神々の風景（26），（27）宝満寺から英彦山へ―平成の大峯入り（上），（下）（森弘子）「飛梅」 太宰府天満宮社務所 （168）/（169） 2013.09/2014.01

宝満神社
種子島宝満神社の御田植え祭（森弘子）「山岳修験」 日本山岳修験学会，岩田書院（発売）（32） 2003.11

宝満の池
神々の風景（23）宝満の池「飛梅」 太宰府天満宮社務所 （165） 2013.01

北薩
故郷の伝説（東勝義）「北薩民俗」 北薩民俗学研究会 14 1999.11
表紙写真解説 北薩の太鼓踊の特徴（所崎平）「鹿児島民俗」 鹿児島民俗学会 （146） 2014.12

本城
垂水市本城に復元された古石塔について（隈元信一）「大隅」 大隅史談会 （55） 2012.03

本城石塔群
平安末期から鎌倉時代の垂水の領主達―本城石塔群との関係（隈元信一）「大隅」 大隅史談会 （55） 2012.03

本立寺
本立寺跡 島津氏五代の供養塔 市指定文化財「南九州の石塔」 南九州石塔研究会 （16） 2009.08

前野繁氏住宅
前野繁氏住宅に伝来した民具について（調査研究）（新地浩一郎）「南九州市薩南文化 ： 地域の歴史と文化を記録する」 南九州市立図書館 （6） 2014.03

枕崎
枕崎のガランドンと隠れ念仏（徳留秋輝）「鹿児島民具」 鹿児島民具学会 通号21 2009.03

馬頃尾
表紙写真「馬頃尾太鼓踊り」（濱田宏）「千台 ： 薩摩川内郷土史研究会機関誌」 薩摩川内郷土史研究会 （38） 2010.03

正名
沖永良部民謡について（2）正名地区（知名町）における調査（前原隆鋼，永吉敏人）「南九州地域科学研究所所報」 鹿児島女子短期大学附属南九州地域科学研究所 （16） 2000.1
正名地区の音韻について（林あんり）「えらぶせりよさ ： 沖永良部郷土研究会会報」 沖永良部郷土研究会 （12） 2000.11

益山八幡神社
中世前期の薩摩国南部の対外交渉史をめぐる考古新資料―南さつま市芝原遺跡出土薩摩塔・同市加世田益山八幡神社玄孫の宋瓶獅子・三島村硫黄島発見の中国陶器を中心に（橋口亘）「鹿児島考古」 鹿児島県考古学会 （43） 2013.07

松ヶ浦
知覧町松ヶ浦の松崎家伝説と課題（本田碩孝）「ミュージアム知覧紀要・館報」 知覧町教育委員会 （9） 2003.3

松ヶ浦校区
知覧町松ヶ裏校区の海の人生物語叙説―山道利内翁聞書き（本田碩孝）「鹿児島民俗」 鹿児島民俗学会 123 2003.5
船と海上の人生―知覧町松ヶ浦校区の事例 竹迫敏行翁・前村昇翁聞書（本田碩孝）「鹿児島民俗」 鹿児島民俗学会 124 2003.10

松ヶ浦小学校区
松ヶ浦小学校区の民俗（本田碩孝）「ミュージアム知覧紀要」 ミュージアム知覧 8 2002.3
知覧町の民俗［1］，（2）―松ヶ浦小学校区を中心に（本田碩孝）「鹿児島民

俗」鹿児島民俗学会　121/122　2002.5/2002.11

松ヶ浦小学校区の民俗（本田碩孝）「知覧文化」知覧町立図書館　40
2003.3

知覧町松ヶ浦小学校区の民俗―松ヶ浦集落の資料紹介（本田碩孝）「鹿児
島民俗」鹿児島民俗学会　125　2004.5

松原

徳之島松原方言のアクセント調査報告―用言の部（基本形）（上野善道）
「琉球の方言」法政大学沖縄文化研究所　通号22　1998.3

間根ヶ平

伊佐市青木の間根ヶ平　大口のお茶の話（研究・論説）（江之口廣男）「千
台　：　薩摩川内郷土史研究会機関誌」薩摩川内郷土史研究会　（41）
2013.3

万之瀬川下流域

南さつま市芝原遺跡出土の中国系石塔（2）万之瀬川下流域から発見され
た薩摩塔（橋口亘、松田朝由）「南日本文化財研究」『南日本文化財研
究』刊行会　（17）2013.04

南さつま市加世田益山の八幡神社現存の宋風獅子　中世万之瀬川下流域
にもたらされた中国系石獅子（橋口亘）「南日本文化財研究」『南日本
文化財研究』刊行会　（18）2013.06

万之瀬川旧河口

南さつま市加世田小湊「当房通」の薩摩塔―万之瀬川旧河口付近「唐坊」
比定地の中国系石塔（橋口亘、松田朝由）「南日本文化財研究」『南日
本文化財研究』刊行会　（20）2013.12

万徳寺

伊佐市大口　山野万徳寺跡の供養塔市指定文化財（史跡）になる（東哲郎）
「南九州の石塔」南九州石塔研究会　（16）2009.08

万八千神社

〈特集・串良町万八千神社神舞文書〉「鹿児島民俗」鹿児島民俗学会
117　2000.5

串良町万八千神社神舞について（所崎平）「鹿児島民俗」鹿児島民俗学会
117　2000.5

串良町万八千神社の神舞文書4篇「鹿児島民俗」鹿児島民俗学会　117
2000.5

御崎神社

神々の風景（29）岬―神、往来する御崎（森弘子）「飛梅」太宰府天満宮
社務所　（171）2014.06

見里

奄美大島〈見里〉の住民の移動と集落変化―1978年と2002年の事例から
（浅野博美）「民俗文化研究」民俗文化研究所　（5）2004.7

三島村

鹿児島県三島村踏査報告（調査報告）（渡辺芳郎）「鹿大史学」鹿大史学
会　（61）2014.2

資料　鹿児島の昔話（9）―三島村など離島の昔話から（下野敏見）「鹿児
島民俗」鹿児島民俗学会　（145）2014.06

溝辺町

峰友会とナンコ大会（笹峯護）「文化みぞべ」溝辺町文化協会　（12）
2002.3

棒踊り（蔵園成美）「文化みぞべ」溝辺町文化協会　（12）2002.3

溝辺町三縄

霧島市溝辺町三縄の水天石像（山﨑國博）「南九州の石塔」南九州石塔研
究会　（18）2013.08

道の島

薩摩・道の島・琉球における宗門手札改めについて《《徳之島特集》―
〈第I部　講演および研究報告関係資料〉》（金城善）「あしびなぁ」沖縄
県地域史協議会　9　1998.3

南方神社

枕崎南方神社の太鼓踊―中打ちのこと（表紙解説）（所崎平）「鹿児島民
俗」鹿児島民俗学会　（133）2008.4

表紙解説　四部落太鼓踊り（鹿児島県湧水町川西　南方神社）（霧島山麓特
集号）「鹿児島民具」鹿児島民具学会　（25）2013.03

並之島鳥居を持つ諏訪（南方）神社（緒方敬）「鹿児島史談」鹿児島史談会
編集委員会　（7）2013.10

潤沢な慈雨を願う大御幣―阿久根市波留の南方神社をめぐって（牧民
郎）「鹿児島民俗」鹿児島民俗学会　（144）2013.12

湊町

市来湊町の祇園祭り聞き書き（所崎平）「鹿児島民俗」鹿児島民俗学会
（142）2012.12

南九州市

清水若宮講（溝口逸王）「南九州市薩南文化　：　地域の歴史と文化を記録
する」南九州市立図書館　（1）2009.03

南九州市不思議ものがたり[1],（2）（下野敏見）「南九州市薩南文化　：
地域の歴史と文化を記録する」南九州市立図書館　（4）/（5）2012.
3/2013.3

磨崖仏について（鮫島伸吾）「南九州市薩南文化　：　地域の歴史と文化を
記録する」南九州市立図書館　（4）2012.03

緑茶の効能―高齢化時代において見直される栄西禅師の教え（鮫島庸
一）「南九州市薩南文化　：　地域の歴史と文化を記録する」南九州市立
図書館　（5）2013.03

モノから見る南九州市の生活文化（前）（調査研究）（下野敏見）「南九州
市薩南文化　：　地域の歴史と文化を記録する」南九州市立図書館
（6）2014.3

献灯者名の無い鎮魂の灯篭（調査研究）（松元淳郎）「南九州市薩南文化：
地域の歴史と文化を記録する」南九州市立図書館　（6）2014.03

南薩摩

祭礼の中の水車からくり―南薩摩における研究視座の提示（井上賢一）
「鹿児島民具」鹿児島民具学会　通号19　2007.3

九州の唐人町における媽祖信仰―南薩摩への伝播とその変容（陳佳秀）
「鹿児島民俗」鹿児島民俗学会　（140）2011.12

南薩摩の十五夜行事

知覧町の十五夜行事―ソラヨイ（本田碩孝）「まつり通信」まつり同好会
41（4）通号482　2001.3

知覧町門之浦の十五夜行事（《特集　祭りと信仰》）（本田碩孝）「まつり」
まつり同好会　通号64　2003.2

坊津の十五夜行事（中島俊郎）「鹿児島民具」鹿児島民具学会　通号18
2006.3

薩摩半島における十五夜行事の構造（井上賢一）「南九州市薩南文化　：
地域の歴史と文化を記録する」南九州市立図書館　（3）2011.03

南種子

南種子の民俗―カーゴーマー（松田誠）「鹿児島民俗」鹿児島民俗学会
119　2001.5

峰山

ふるさと　峰山地区（高江町）に響く歌（特別寄稿）（徳田勝章）「文化薩摩
川内」薩摩川内市立中央図書館　（8）2013.3

耳原

「耳原の孫次郎物語」（子どもたちに伝える松原校区の歴史）（松田衆治）
「南九州市薩南文化　：　地域の歴史と文化を記録する」南九州市立図
書館　（4）2012.03

耳原六地蔵塔

耳原六地蔵塔の歴史的価値と一考察（子どもたちにつ伝える松原校区の
歴史）（松田衆治）「南九州市薩南文化　：　地域の歴史と文化を記録す
る」南九州市立図書館　（5）2013.03

宮坂神社

喜入町宮坂神社の「牛の角神事」（村田熙）「鹿児島民俗」鹿児島民俗学
会　113　1998.5

〈特集　「喜入町宮坂神社神舞文書」〉「鹿児島民俗」鹿児島民俗学会
118　2000.10

「宮坂神社神舞文書」について（所崎平）「鹿児島民俗」鹿児島民俗学会
118　2000.10

喜入町宮坂神社神舞文書（所崎平）「鹿児島民俗」鹿児島民俗学会　118
2000.10

宮之城町

宮之城町の竹の話題二つ（濱田甫）「鹿児島民具」鹿児島民具学会
（26）2014.03

美山

薩摩焼400年祭の美山へ（長嶺寛）「千台　：　薩摩川内郷土史研究会機関
誌」薩摩川内郷土史研究会　27　1999.3

妙円寺

妙円寺参りの矢旗（表紙解説）（所崎平）「鹿児島民俗」鹿児島民俗学会
（129）2006.5

向田本通り

昭和初期の向田本通りの町並み（高井熊次郎）「千台　：　薩摩川内郷土史
研究会機関誌」薩摩川内郷土史研究会　30　2002.3

向田

向田の商い―今昔（福元良子）「千台　：　薩摩川内郷土史研究会機関誌」
薩摩川内郷土史研究会　28　2000.3

元町

元町のエビス祭（所崎平）「くしきの」 いちき串木野郷土史研究会 13 1999.6

阿久根市浜町と串木野市元町のえびす祭—浜エビスと町エビス祭見学記（所崎平）「北薩民俗」 北薩民俗学研究会 14 1999.11

百引

鹿児島県鹿屋市輝北町百引再訪（中間報告）（論文・研究ノート）（田中宜一）「民俗学研究所紀要」 成城大学民俗学研究所 38 2014.03

薬師

薬師の盆踊概観（松原武実）「南日本文化」 鹿児島国際大学附属地域総合研究所 通号30 1997.8

屋久島

世界遺産の"屋久島"記（原五郎）「伊那」 伊那史学会 45（1）通号824 1997.1

世界遺産屋久島の開発と環境（八木正）「南日本文化」 鹿児島国際大学附属地域総合研究所 通号30 1997.8

環境民俗学の可能性—屋久島の事例を中心として（中島成久）「南日本文化」 鹿児島国際大学附属地域総合研究所 （33） 2000.10

世界遺産屋久島から生まれた屋久杉工芸品「季報」 太宰府天満宮宝物殿 （66） 2000.12

世界自然遺産 屋久島「季報」 太宰府天満宮宝物殿 （66） 2000.12

屋久島の十五夜綱引（高野一宏）「Museum Kyushu ： 文明のクロスロード」 博物館等建設推進九州会議 19（4）通号74 2003.2

種子島・屋久島覚紀行—カワラ前線南下スレドモ《種子島・屋久島の民俗》（大脇潔）「民俗文化」 近畿大学民俗学研究所 （21） 2009.03

屋久・種子の自然と民俗—青潮生まれる海域の瀬風呂と赤米神事を中心に《種子島・屋久島の民俗》（戸井圧克己）「民俗文化」 近畿大学民俗学研究所 （21） 2009.03

食生活具から見た屋久島の文化（對馬秀子）「鹿児島民具」 鹿児島民具学会 通号24 2012.03

屋久島の今と昔（有村澄子）「鹿児島民具」 鹿児島民具学会 通号24 2012.03

屋久島民俗調査—志戸子・楠川・船行・栗生（牧島知子）「鹿児島民具」 鹿児島民具学会 通号24 2012.03

屋久島の漁業と海上交通（徳留秋輝）「鹿児島民具」 鹿児島民具学会 通号24 2012.03

屋久島の運搬具を訪ねて（井上賢一）「鹿児島民具」 鹿児島民具学会 通号24 2012.03

屋久島を訪ねて—信仰と伝説（中島俊郎）「鹿児島民具」 鹿児島民具学会 通号24 2012.03

春牧オデラの石塔をめぐって—屋久島・種子島の古石塔分類（下野敏見）「鹿児島民具」 鹿児島民具学会 通号24 2012.03

屋久島の竹二種について（濱田甫）「鹿児島民具」 鹿児島民具学会 通号24 2012.03

屋久島の林業と屋久島憲法（牧洋一郎）「鹿児島民具」 鹿児島民具学会 通号24 2012.03

屋久島の竜蛇の話覚書（1）（本田碩孝）「鹿児島民具」 鹿児島民具学会 通号24 2012.03

屋久島の民具協働調査実施概要「鹿児島民具」 鹿児島民具学会 通号24 2012.03

口絵 屋久島の運搬具（井上賢一）「鹿児島民具」 鹿児島民具学会 通号24 2012.03

中島成久著『森の開発と神々の闘争—改訂増補版屋久島の環境民俗学』（書誌紹介）（山下裕作）「日本民俗学」 日本民俗学会 （270） 2012.05

屋久島の鬼火たき（岡田親彦）「六甲倶楽邨報告」 六甲倶楽部 （101） 2012.06

屋久島—山田ツル嫗の生活覚書稿（本田碩孝）「鹿児島民俗」 鹿児島民俗学会 （142） 2012.12

聞き書き 屋久島の竜蛇の話覚書（2）（霧島山麓特集号）（本田碩孝）「鹿児島民具」 鹿児島民具学会 （25） 2013.03

屋久島参集での出会い（平井屯）「松前史談」 松前町郷土を語る会 （30） 2014.03

屋久島町

表紙写真 先island丸（屋久島町歴史民俗資料箇蔵）（井上賢一）「鹿児島民具」 鹿児島民具学会 通号24 2012.03

山ヶ野金山

山ヶ野金山初代山先役・内山与右衛門とその墓碑（論説）（新田栄治）「鹿大史学」 鹿大史学会 （60） 2013.02

山川

京都府今熊野観音寺に所在する山川石製石造物群について（松田朝由）「鹿児島考古」 鹿児島県考古学会 （44） 2014.07

山崎

表紙写真解説 宮之城山崎麓アケスメロの大太鼓・小太鼓・鉦（所崎平）「鹿児島民俗」 鹿児島民俗学会 （139） 2011.05

山寺

『島津毅斎公遺稿』所収の「山寺（宝福寺）」に関する漢詩五首（ミュージアム知覧）「ミュージアム知覧紀要・館報」 知覧町教育委員会 （12） 2010.03

大和村

奄美大和村八月歌儀礼的曲目（田畑千秋）「万葉古代学研究年報」 奈良県立万葉文化館 （3） 2005.3

大和村における舟の変遷とその使い分け（平田耕拓）「民具研究」 日本民具学会 （135） 2007.3

大和村における舟の変遷とその使い分け（2005年度卒業論文発表要旨）（平田耕拓）「沖縄民俗研究」 沖縄民俗学会 （26） 2008.3

大和村サンゴ礁の民俗分類と地名（2007年度南島地名研究センター大会報告）（渡久地盛）「珊瑚の島だより」 南島地名研究センター （54） 2008.8

ヤマンカン

吉川ヤマンカンと平家落人伝説—城上の歴史をさぐる（2）（福元忠良）「千台 ： 薩摩川内郷土史研究会機関誌」 薩摩川内郷土史研究会 27 1999.3

油井

奄美瀬戸内町油井の豊年踊り（徳永茂二）「しまうた」 しまうた文化研究会 15 2004.12

湧水町

口絵 湧水町の民具から／南九州の龍柱（霧島山麓特集号）「鹿児島民具」 鹿児島民具学会 （25） 2013.03

湧水町の棒締頭絡（霧島山麓特集号—里・山・川の民具を考える）（小島摩文）「鹿児島民具」 鹿児島民具学会 （25） 2013.03

湧水町の河川漁法と漁具、環境の変化（霧島山麓特集号—里・山・川の民具を考える）（徳留秋輝）「鹿児島民具」 鹿児島民具学会 （25） 2013.03

鹿児島県湧水町で見た竹と竹製品具（霧島山麓特集号—里・山・川の民具を考える）（濱田甫）「鹿児島民具」 鹿児島民具学会 （25） 2013.03

「湧水町民具」見て歩き（霧島山麓特集号—ムラとイエの民具を訪ねて）（下野敏見）「鹿児島民具」 鹿児島民具学会 （25） 2013.03

湧水町の民具から—吉松町を中心として（霧島山麓特集号—ムラとイエの民具を訪ねて）（牧島知子）「鹿児島民具」 鹿児島民具学会 （25） 2013.03

湧水町の民具を訪ねて—収蔵庫内の民具と垣根（霧島山麓特集号—ムラとイエの民具を訪ねて）（渡山恵子）「鹿児島民具」 鹿児島民具学会 （25） 2013.03

霧島山麓湧水町の食生活具と暮らしの変化（霧島山麓特集号—ムラとイエの民具を訪ねて）（對馬秀子）「鹿児島民具」 鹿児島民具学会 （25） 2013.03

湧水町の昔と今（霧島山麓特集号—まちをはぐくむ民具の世界）（有村澄子）「鹿児島民具」 鹿児島民具学会 （25） 2013.03

モノからみる湧水町の郷土芸能（霧島山麓特集号—まちをはぐくむ民具の世界）（下野敏見）「鹿児島民具」 鹿児島民具学会 （25） 2013.03

湯湾

湯湾の豊年祭とカミ道にまつわる伝承（直美希）「奄美沖縄民間文芸学」 奄美沖縄民間文芸学会 （7） 2007.8

養母

養母文書考察（川崎大十）「千台 ： 薩摩川内郷土史研究会機関誌」 薩摩川内郷土史研究会 29 2001.3

横川

昔の行事と子供の遊び（上野正行）「横川史談」 横川史談会 （8） 1997.3

島津雨とお稲荷さま（上野正行）「横川史談」 横川史談会 （8） 1997.3

茅葺き屋根の家屋の作り方と習わし（久木野純夫）「横川史談」 横川史談会 （10） 2000.2

お祭りの思いで他（若松重夫）「横川史談」 横川史談会 （10） 2000.2

横川の民俗郷土芸能（次村憲一）「横川史談」 横川史談会 （12） 2002.3

カヤカベ教の信者を訪ねて（嘉茂昭五）「横川史談」 横川史談会 （12） 2002.3

横川町

横川町ふるさと自慢 相撲甚句（内山美孝）「横川史談」 横川史談会 （12） 2002.3

吉田

平内の民具と一湊・吉田のサバブシ工場（下野敏見）「鹿児島民具」 鹿児島民具学会 通号24 2012.03

吉松

吉松の神社信仰（石川浩一）「つつはの」 つつはの郷土研究会 28 2000.6

吉松の水神サア（平野良雄）「つつはの」 つつはの郷土研究会 （30） 2002.4

コラム 吉松の餅勧進（霧島山麓特集号）（井上賢一）「鹿児島民具」 鹿児島民具学会 （25） 2013.03

梵字庚申塔について（えびの・吉松・栗野）（松田誠）「南九州の石塔」 南九州石塔研究会 （18） 2013.08

湧水町（吉松）の神職として我を顧みる（南英明）「つつはの」 つつはの郷土研究会 （38） 2013.12

吉松駅

レポート 鉄道～肥薩線「吉松」駅重点調査記録（霧島山麓特集号）（伊達廣隆）「鹿児島民具」 鹿児島民具学会 （25） 2013.03

吉松橋

吉松橋下流に怪物現る（郷原喜一）「つつはの」 つつはの郷土研究会 28 2000.6

吉松町

湧水町の民具から―吉松町を中心として（霧島山麓特集号―ムラとイエの民具を訪ねて）（牧島知子）「鹿児島民具」 鹿児島民具学会 （25） 2013.03

世之主神社

下城の世之主神社あれこれ（出村卓三）「えらぶせりよさ ： 沖永良部郷土研究会会報」 沖永良部郷土研究会 （18） 2002.4

世之主神社の宝物（宗昇）「えらぶせりよさ ： 沖永良部郷土研究会会報」 沖永良部郷土研究会 （27） 2004.7

与論

大山麟五郎説を考える（沖永良部と与論における、サトウキビ作の始まり）（前利潔）「えらぶせりよさ ： 沖永良部郷土研究会会報」 沖永良部郷土研究会 （29） 2005.1

民具館の石ビキ、民俗文化資料館の石ビキ《与論特集号》）「えらぶせりよさ ： 沖永良部郷土研究会会報」 沖永良部郷土研究会 （31） 2005.8

マチャンの地名とその漁法（田畑吉一さんの伝承）《与論特集号》）「えらぶせりよさ ： 沖永良部郷土研究会会報」 沖永良部郷土研究会 （31） 2005.8

与路島

奄美諸島与路島における村落と生活空間（石原清光）「日本民俗学」 日本民俗学会 通号209 1997.2

口頭伝承に示された村落空間―奄美諸島与路島の事例から（石原清光）「南島史学」 南島史学会 通号53 1999.7

与路島の婚礼（採集手帖）（喜入八郎）「南島研究」 南島研究会 （55） 2014.03

与論島

与論島の動物と人間の交わり［1］～（5）（栄喜久元）「鹿児島民俗」 鹿児島民俗学会 113/118 1998.5/2000.10

第4回研究例会研究発表要旨 与論島十五夜踊（久万田晋）「沖縄で奄美を考える会会報」 沖縄で奄美を考える会 （3） 1999.2

与論島の民俗―茅葺・浜下り・改装など聞書き（牧島知子）「鹿児島民俗」 鹿児島民俗学会 123 2003.5

与論島の英雄伝説とその辺（斉藤美穂）「えらぶせりよさ ： 沖永良部郷土研究会会報」 沖永良部郷土研究会 （29） 2005.1

薩摩藩統治期の与論島における砂糖政策《与論特集号》）（伊地知裕仁）「えらぶせりよさ ： 沖永良部郷土研究会会報」 沖永良部郷土研究会 （31） 2005.8

与論島奇譚（町健次郎）「南島研究」 南島研究会 通号47 2006.11

与論島デジカメ民俗散歩（津波高志）「沖縄民俗研究」 沖縄民俗学会 （25） 2007.3

月例会・民俗探訪報告 与論島の墓制を訪ねて（金城善）「沖縄民俗研究」 沖縄民俗学会 （25） 2007.3

与論島の改葬（斉藤美穂）「えらぶせりよさ ： 沖永良部郷土研究会会報」 沖永良部郷土研究会 （39） 2007.7

与論島のトゥンビャン（先田光演）「鹿児島民俗」 鹿児島民俗学会 （132） 2007.10

与論島と喜界島における風葬の変遷（西日本文化協会創立50周年記念論文）（安陪光正）「西日本文化」 西日本文化協会 （455） 2012.02

与論島における神官と僧侶―葬送儀礼との関連を中心に（2009年度卒業論文発表要旨）（上原早苗）「沖縄民俗研究」 沖縄民俗学会 （30） 2012.03

奄美 与論島における妖怪の民族誌的研究（マッザロ，ヴェロニカ）「沖縄民俗研究」 沖縄民俗学会 （31） 2013.03

与論島における年中行事と祖霊観（2010年度卒業論文発表要旨）（安次富

エリカ）「沖縄民俗研究」 沖縄民俗学会 （31） 2013.03

与論島における火葬への移行過程（2010年度卒業論文発表要旨）（仲村結）「沖縄民俗研究」 沖縄民俗学会 （31） 2013.03

琉球における妖怪の民族誌的研究―与論島と奄美大島の事例を中心に（2012年度修士論文発表要旨）（マッザロ，ヴェロニカ）「沖縄民俗研究」 沖縄民俗学会 （33） 2014.03

与論町

与論町西区・東区・麦屋のシニグ関係地名とシニグ祭の経路《与論特集号》）（先田光演）「えらぶせりよさ ： 沖永良部郷土研究会会報」 沖永良部郷土研究会 （31） 2005.8

与和泊

与和泊（ユワノハマ・ヤーヌハマ・ヤーウニ）のこと（出村卓三）「えらぶせりよさ ： 沖永良部郷土研究会会報」 沖永良部郷土研究会 （9） 2000.1

良清軒墓地

良清軒墓地の整備と現状（竹之井敏）「大隅」 大隅史談会 44 2001.3

良福寺

良福寺住職の墓石と栩鼻の発掘の出土物（資料）（小野義文）「くしきの」 いちき串木野郷土史研究会 （18） 2004.6

伊多神社・良福寺・諏訪神社の創建年の考察（資料）（小野義文）「くしきの」 いちき串木野郷土史研究会 （18） 2004.6

蓮光院

首藤善樹編『本山修験飯隈山蓮光院史料』（書評と紹介）（根井浄）「山岳修験」 日本山岳修験学会，岩田書院（発売） （43） 2009.03

和

沖永良部民謡について（3） 和地区（和泊町）における調査（前原隆鋼，永吉敏人）「南九州地域科学研究所所報」 鹿児島女子短期大学附属南九州地域科学研究所 （17） 2001.1

和字の紀家屋敷跡と紀有賢の墓（大福謙蔵）「えらぶせりよさ ： 沖永良部郷土研究会会報」 沖永良部郷土研究会 （39） 2007.7

脇本

種子島伊関中ヶ浜田のサトウスメ（黒糖つくり）―阿久根脇本の黒糖つくりと比較して（牧洋一郎）「鹿児島民具」 鹿児島民具学会 通号22 2010.03

和泊

沖永良部民謡について（4） 和泊地区（和泊町）における調査（前原隆鋼，永吉敏人）「南九州地域科学研究所所報」 鹿児島女子短期大学附属南九州地域科学研究所 （18） 2002.2

和泊町

奄美群島の産育をめぐる慣習の伝承と変容に関する研究 和泊町での調査より（宇都弘美，下敷領須美子）「南九州地域科学研究所所報」 鹿児島女子短期大学附属南九州地域科学研究所 （22） 2006.3

沖縄県

阿嘉
座間味村阿嘉における祭祀組織に関する研究（2010年度修士論文発表要旨）（金城友美）「沖縄民俗研究」 沖縄民俗学会 （31） 2013.03

赤木名城
グスクから見た琉球の土木技術（10） 赤木名城と奄美遺産の整備（中山清美）「しまたてぃ : 建設情報誌」 沖縄しまたて協会 （66） 2013.10

明石
石垣島北部開拓集落、明石のムラづくり―エイサーを軸として（山本芳美）「民俗文化研究」 民俗文化研究所 （8） 2007.8

阿嘉集落
友の会 勉強会―阿嘉集落や伝説について/集落散策（旧阿嘉集落跡）「久米島自然文化センターだより」 久米島自然文化センター （11） 2006.3

東御岳
聖地めぐり 東御嶽「竹富町史だより」 竹富町教育委員会 11 1997.3

東江
獅子舞のムラ回りの習俗について―沖縄県名護市東江の豊年祭との比較を試みて（板垣時夫）「埼玉民俗」 埼玉民俗の会 28 2003.3
名護市東江の豊年祭（板垣時夫）「コロス」 常民文化研究会 93 2003.5

粟国
祈りの形と祭りの行方―沖縄県島尻郡粟国ヤガン折目に関する一考察（後藤晴子）「沖縄学 : 沖縄学研究所紀要」 沖縄学研究所 11（1）通号11 2008.3

粟国島
粟国島の「風景」に関する考察―年中祭祀の事例から（2009年度卒業論文発表要旨）（大江李奈）「沖縄民俗研究」 沖縄民俗学会 （30） 2012.03

粟国村
移りゆく葬制―沖縄県島尻郡粟国村の事例より（中山洋）「歴史民俗」 早稲田大学第二文学部歴史・民俗系専修 （7・8） 2010.03

阿児奈波島
鑑真が来た阿児奈波島―沖縄島に寄港した遣唐使船（小島瓔禮）「季刊沖縄」 沖縄協会 14（1・2）通号36 2009.4

安田
安田郷友会のウシンデーク活動（遠藤美奈）「ムーサ : 沖縄県立芸術大学音楽学研究誌」 沖縄県立芸術大学音楽学部音楽学専攻 （7） 2006.3
沖縄県国頭地方安田の臼太鼓 安田郷友会 シンポジウム「故郷を演じる人々」を終えて（特集 日本民俗音楽学会第25回沖縄大会 大会テーマ「故郷（ふるさと）を演ずる人々」―シンポジウム・民俗音楽公演）（遠藤美奈）「日本民俗音楽学会会報」 日本民俗音楽学会 （36） 2012.03

新川
石垣市新川に伝承される念仏歌「七月念佛」について（飯田くるみ）「沖縄芸術の科学 : 沖縄県立芸術大学附属研究所紀要」 沖縄県立芸術大学附属研究所 （23） 2011.03

安谷屋
安谷屋におけるエイサーと地域社会の関係―安谷屋エイサーの実態を中心に（《2004年度卒業論文発表要旨》）（宮城麗奈）「沖縄民俗研究」 沖縄民俗学会 （25） 2007.3

阿底御岳
聖地めぐり―阿底御嶽「竹富町史だより」 竹富町教育委員会 15 1999.3

安波川
歌謡探訪―謡に訪ねる風土の旅（6） 安波川と集落の造形美/アダン葉帽づくりの歌（仲宗根幸一）「しまたてぃ : 建設情報誌」 沖縄しまたて協会 （36） 2006.1

網取
網取の古謡（杉本信夫）「地域研究シリーズ」 沖縄国際大学南島文化研究所 31 2003.3
第157回研究会報告網取の古謡（杉本信夫）「沖縄・八重山文化研究会会報」 沖縄・八重山文化研究会 （157） 2005.6

新城
八重山竹富町新城方言の助詞（野原三義）「地域研究シリーズ」 沖縄国際大学南島文化研究所 30 2002.3

新城島
来訪神儀礼の成立をめぐる考察―沖縄・新城島の場合（植松明石）「民俗文化研究」 民俗文化研究所 （1） 2000.9

新城村
第181回研究会報告 新城村頭の日誌より 庶子マイツの「たんかー祝い」（里井洋一）「沖縄・八重山文化研究会会報」 沖縄・八重山文化研究会 （181） 2007.9

新里
新里の「トゥスナギ スマフサリャ」祭祀（新垣則子，佐藤宣子，下地和宏，本永清）「宮古島市総合博物館紀要」 宮古島市総合博物館 （17） 2013.03

嵐山
大自然に憩いを求めて（ヤンバルヤマシシ会）/羽地内海を眼下に―嵐山・ウマヌカンジュ散策/やんばるを歩く―安波節の里を訪ねて「しまうた」 しまうた文化研究会 15 2004.12

安国山樹花木之記碑
琉球の土木石碑―石に刻まれた離土木史（13）―安国山樹花木之記碑（編集部）「しまたてぃ : 建設情報誌」 沖縄しまたて協会 （70） 2014.10

伊江島
沖縄伊江島方言の人生儀礼語意（生塩睦子）「沖縄文化」 沖縄文化協会 33（1）通号87 1997.10
随想 うたの浮亀山―伊江島い遊ぶ（伊波悦子）「しまうた」 しまうた文化研究会 14 2002.12
伊江島の「アヤメ歌」と首里の「踊合」―受容・変容・混交の文学史的一考察（平良徹也）「沖縄文化」 沖縄文化協会 43（1）通号105 2009.06
伊江島 講演 昔うたの伝承と記録とは、その今日的問題点について（2008年度第2回研修会）（杉本信夫）「あしびなぁ」 沖縄県地域史協議会 （20） 2009.07

伊江島の村踊
「伊江島の村踊」 国指定文化財になる「沖縄芸能史研究会会報」 沖縄芸能史研究会 （252） 1998.11
重要無形民俗文化財「伊江島の村踊」の指定について「沖縄芸能史研究会会報」 沖縄芸能史研究会 （253） 1998.12
伊江島の村踊りと組踊「忠臣蔵」（大城學）「沖縄文化」 沖縄文化協会 39（2）通号98 2004.7
文化財指定と民俗の変容―「塩屋湾のウンガミ」と「伊江島の村踊」を事例として（高橋あい）「沖縄民俗研究」 沖縄民俗学会 （22） 2004.12

伊江村
しまうたコーレーグス 伊江村民俗芸能壮行公演をみて/カチャーシーは乱舞がいのち「しまうた」 しまうた文化研究会 14 2002.12

伊計島
現代沖縄社会における人生儀礼について―伊計島における十五祝いを事例に（2010年度卒業論文発表要旨）（兼城詩子）「沖縄民俗研究」 沖縄民俗学会 （31） 2013.03

池間
20年ぶり5人のツカサ誕生 池間で「神と森を考える」シンポジウム（仲宗根將二）「宮古郷土史研究会会報」 宮古郷土史研究会 （152） 2006.1

池間島
池間島の年中行事と神歌（新里幸昭）「沖縄学 : 沖縄学研究所紀要」 沖縄学研究所 2 1998.4

石垣
八重山石垣方言の文法（2）動詞（3），（4）（宮城信勇）「沖縄文化」 沖縄文化協会 32（1）通号85/32（2）通号86 1997.1/1997.4
古見船と石垣船・鳥と船（《サバニ特集》）（飯田泰彦）「あかがーら」 石垣市立図書館八重山地域情報センター （22） 2002.4
石垣方言の撥音撥態語（1）（外間美奈子）「沖縄芸術の科学 : 沖縄県立芸術大学附属研究所紀要」 沖縄県立芸術大学附属研究所 （16） 2004.3
特別報告 石垣の子供あそびと遊び歌（崎原恒新）「しまうた」 しまうた

文化研究会　15　2004.12

石垣に伝世する肖像画二題について―紙本着色東任鐸（知念里之子親雲上政行）画像、紙本着色宮平長延画像（資料紹介）（平川信幸）「石垣市立八重山博物館紀要」　石垣市立八重山博物館　（21）2012.03

石垣市

竿秤と笊のある風景「石垣市史のひろば」　石垣市総務部　23　1997.3

石垣市の旧家の中国風庭園「あかがーら」　石垣市立図書館八重山地域情報センター　（19）2002.1

獅子舞におもう・獅子の威力（《新春！獅子舞特集》）（飯田泰彦）「あかがーら」　石垣市立図書館八重山地域情報センター　（19）2002.1

獅子舞乱舞（《新春！獅子舞特集》）（新盛清隆）「あかがーら」　石垣市立図書館八重山地域情報センター　（19）2002.1

サバニ―舟大工・新城康弘の世界（《サバニ特集》）（安本千夏）「あかがーら」　石垣市立図書館八重山地域情報センター　（22）2002.4

えーまあさぐる隊体験記（20）海神からの贈り物（M隊長）「あかがーら」　石垣市立図書館八重山地域情報センター　（22）2002.4

石になった女たち　あいなま石・野底マーペー・御神崎の頭石・アーパー石（多宇さより）「あかがーら」　石垣市立図書館八重山地域情報センター　（26）2002.9

赤山王―平家の落武者伝説（《特集 地域に貢献した昔の人II》）（多宇さより）「あかがーら」　石垣市立図書館八重山地域情報センター　（29）2003.1

「煙草」のおはなし（島袋綾野）「石垣市史のひろば」　石垣市総務部　26　2003.3

巻頭言　ある民家の記憶（島袋綾野）「石垣市史のひろば」　石垣市総務部　28　2005.3

わが家の年中行事を作ろう　沖縄県石垣市四ケ字　ソーロンのアンガマ　南の島の祖先霊は笑いにつつまれて（久保田裕道）「儀礼文化ニュース」　儀礼文化学会　（186）2012.09

石垣島

八重山石垣島の「みしゃぐパーシィ」（杉本信夫）「地域研究シリーズ」　沖縄国際大学南島文化研究所　28　2000.3

石垣島北部方言の体言基礎語彙（西岡敏）「琉球の方言」　法政大学沖縄文化研究所　通号24　2000.3

地域文化としての伝統工芸の現在―石垣島ミンサー織を事例に（小田原澪）「沖縄文化研究 : 法政大学沖縄文化研究所紀要」　法政大学沖縄文化研究所　28　2002.3

第124回研究会報告　石垣島北部諸方言における名詞基礎語彙について（西岡敏）「沖縄・八重山文化研究会会報」　沖縄・八重山文化研究会　（124）2002.5

石垣島を中心とした墓の事例紹介―八重山における墓の変遷試案（島袋綾野）「南島考古」　沖縄考古学会　22　2003.6

石垣島における伝統工芸従事者への聞き取り調査（1）（片本恵利）「地域研究シリーズ」　沖縄国際大学南島文化研究所　32　2004.3

石垣島における稲作の起源を追って（宇田津徹朗）「石垣市史のひろば」　石垣市総務部　28　2005.3

沖縄本島と石垣島　琉球近世瓦の展開―琉球近世瓦の研究（石井龍太）「沖縄文化研究 : 法政大学沖縄文化研究所紀要」　法政大学沖縄文化研究所　28　2008.3

綱引儀礼の伝承と変容―石垣島四ヶ村の事例を中心にして（大城公男）「日本民俗学」　日本民俗学会　通号255　2008.8

沖縄県八重山群島（石垣島・西表島）で見た竹と利用（《西表島特集》）（濱田甫）「鹿児島民具」　鹿児島民具学会　通号21　2009.03

シリーズ（4）八重山に残る組踊台本について―石垣島を中心に（鈴木耕太）「季刊沖縄」　沖縄協会　17（1・2）通号42　2012.04

石垣島における台湾移民の音楽行動―琉球華僑総会八重山分会婦人部の活動を通して（第26回大会報告「都市における民俗芸能の新たな展開」（2012 東京）―研究発表要旨）（岡部芳広）「民俗音楽研究」　日本民俗音楽学会　（38）2013.03

異郷に神を祀る―沖縄石垣島の台湾系華僑・華人の越境経験と宗教的実践（論文）（森田真也）「沖縄民俗研究」　沖縄民俗学会　（32）2013.04

アイナーヨイの現在―石垣島の結婚披露宴（髙久麻呂）「縁：集いの広場」　縁フォーラム事務局　（7）2014.09

石川

船大工の技が学べる船の模型づくり（第5部 紀要―調査報告）（越来勇喜）「うるま市立資料館年報・紀要 : 石川歴史民俗資料館・海の文化資料館」　うるま市立資料館　（3）2010.03

石川市

沖縄石川市のハヅチ（入墨）（採集手帖）（山城正夫）「南島研究」　南島研究会　（55）2014.03

石川山城

うるま市石川山城における婚姻と産育（2005年度卒業論文発表要旨）（真玉橋麻衣子）「沖縄民俗研究」　沖縄民俗学会　（26）2008.3

石田城碑

琉球の土木石碑―石に刻まれた離土木史（10）―石田城碑文（川島淳）「しまたてぃ : 建設情報誌」　沖縄しまたて協会　（67）2014.1

石畳道

探訪・昔道・新道　普天間宮から野嵩の石畳道・中村家を経て中城城跡まで/名護番所跡から羽地番所への宿道を経て親川グスク（羽地グスク）まで「宿道」　沖縄しまたて協会　20　2003.3

伊是名島

島々の芸能（18）伊是名島　伊是名島探訪記（大田将之）「あかがーら」　石垣市立図書館八重山地域情報センター　（32）2003.5

伊是名村

新刊紹介　株式会社国建編『伊是名村名嘉家の旧蔵品の解説書 伊平屋の阿母加那志の衣装・諸道具』（大竹有子）「沖縄文化」　沖縄文化協会　44（2）通号108　2010.11

伊是名玉御殿

知識ファイル箱（18）「伊是名玉御殿」の調査について（福島清）「首里城公園友の会会報」　首里城公園友の会　（53）2005.10

伊是名玉御殿の建築調査報告（《特集 伊是名玉御殿調査報告》）（福島清）「首里城研究」　首里城公園友の会　（9）2006.12

伊是名玉御殿の西室厨子の銘書について（《特集 伊是名玉御殿調査報告》）（田名真之）「首里城研究」　首里城公園友の会　（9）2006.12

伊是名玉御殿石厨子の拓本について（《特集 伊是名玉御殿調査報告》）（津波古聰、赤嶺敏）「首里城研究」　首里城公園友の会　（9）2006.12

伊是名玉御殿鼎型香炉について（《特集 伊是名玉御殿調査報告》）（津波古聰）「首里城研究」　首里城公園友の会　（9）2006.12

伊是名玉御殿の被葬者についての検討（《特集 伊是名玉御殿調査報告》）（高良倉吉）「首里城研究」　首里城公園友の会　（9）2006.12

伊祖

人骨の残存率から見た近世墓―浦添市伊祖の入め御拝領墓出土人骨の再検討（大城磨美）「よのつち : 浦添市文化部紀要 : bulletin of Culture Department,Urasoe City」　浦添市教育委員会文化部　（2）2006.3

伊祖村

浦添間切伊祖村・田ノはあらの女性たち―伊祖の入め御拝領墓の調査から（安里進）「沖縄県女性史研究」　沖縄県教育委員会　通号2　1998.9

池城墓

池城墓の歴史など学ぶ（新聞記事）「なきじん研究」　今帰仁村歴史文化センター　8　1998.3

池城墓（イチグスク墓）「なきじん研究」　今帰仁村歴史文化センター　（16）2009.03

糸満

奄美一島嶼における人と海との関係性―喜界島民と糸満漁師の近代（及川高）「史境」　歴史人類学会，日本図書センター（発売）　（55）2007.9

糸満市字糸満の根人腹門中墓調査報告（金城善）「首里城研究」　首里城公園友の会　（14）2012.03

書評　加藤久子著『海の狩人 沖縄漁民―糸満ウミンチュの歴史と生活史』（中俣均）「法政大学沖縄文化研究所所報」　法政大学沖縄文化研究所　（71）2012.09

糸満街道

ウチナー道物語　糸満街道（金城善）「宿道」　沖縄しまたて協会　18　2002.3

糸満市

糸満市の昔歌（4）座興歌（杉本信夫）「南島文化」　沖縄国際大学南島文化研究所　通号19　1997.3

糸満市の昔歌（5）～（7）わらべうた（上），（中），（下）（杉本信夫）「南島文化」　沖縄国際大学南島文化研究所　通号20/（22）1998.3/2000.3

糸満海人の歌―「糸満市の昔歌I～VII」の補遺（杉本信夫）「南島文化」　沖縄国際大学南島文化研究所　（25）2003.3

糸満市立中央図書館「牧田文庫」や「平敷令治文庫」、「島袋良徳文庫」を中心に民俗資料等を充実（金城良勝）「沖縄県図書館協会誌」　沖縄県図書館協会　7　2003.12

稲嶺

名護市字羽地地区におけるスポーツの民族誌―真喜屋と稲嶺の事例から（2011年度卒業論文発表要旨）（伊良波彩子）「沖縄民俗研究」　沖縄民俗学会　（32）2013.04

井之川集落

徳之島「井之川集落の浜下りについて」（奄美群島 八月踊り特集）（町田進）「法政大学沖縄文化研究所所報」　法政大学沖縄文化研究所　（67）2010.08

九州・沖縄　　　　　　　　　郷土に伝わる民俗と信仰　　　　　　　　　沖縄県

伊野波

安富祖流「伊野波節」の手様をめぐって（新城亘）「沖縄文化」　沖縄文化
協会　37（1）通号93　2002.5

伊原間

巻頭言 伊原間の村獅子（松村順一）「石垣市史のひろば」　石垣市総務部
26　2003.3

今泊

今泊の風土記（玉城英信）「なきじん研究」　今帰仁村歴史文化センター
（19）　2014.3

伊良部

宮古島伊良部の民間巫者―その職能を中心としての伝承記録（高松敬
吉）「鹿大史学」　鹿大史学会　通号46　1999.1
ニコライ・ネフスキーの伊良部調査（上原孝三）「宮古島市総合博物館紀
要」　宮古島市総合博物館　（18）　2014.3

伊良部島

イノーの民俗 宮古島・伊良部島・大神島のイノーと人々の暮らし（佐渡
山正吉）「宮古郷土史研究会会報」　宮古郷土史研究会　111　1999.2
サンゴ礁海域における民俗知識としての魚類―沖縄県伊良部島を事例と
した民族魚類学への試み（伊藤洋志）「土佐地域文化」　「土佐地域文化
研究会」　（9）　2005.8
病いの治癒と物語の生起―宮古諸島、伊良部島A村落の民俗医療の事例
から（東賢子）「日本民俗学」　日本民俗学会　通号248　2006.11
魚名からみる自然認識：沖縄・伊良部島の素潜り漁師の事例から（論文）
（高橋そよ）「地域研究」　沖縄大学地域研究所　（13）　2014.03

伊良部村

ネフスキー『宮古郡伊良部村語集』「民俗学研究所紀要」　成城大学民俗
学研究所　31（別冊）　2007.3
資料解説 柳田國男とネフスキー―『宮古郡伊良部村語集』をめぐって
（茂木明子）「民俗学研究所紀要」　成城大学民俗学研究所　31（別冊）
2007.3

西表

石垣金星『西表民謡誌と工工四』（新刊紹介）（照屋理）「沖縄文化」　沖縄
文化協会　40（2）通号100　2006.6

西表島

西表島の焼畑―島びとの語りによる復元研究をめざして（安渓遊地）「沖
縄文化」　沖縄文化協会　33（2）通号88　1998.5
竹富町のかまど神信仰―西表島を中心として（窪徳忠）「地域研究シリー
ズ」　沖縄国際大学南島文化研究所　28　2000.3
西表島のかまど神信仰［正］、（続）（窪徳忠）「地域研究シリーズ」　沖縄国
際大学南島文化研究所　29/30　2001.3/2002.3
竹富町西表島の古謡調査から―西部と東部の伝来のちがい（杉本信夫）
「南島文化研究所報」　沖縄国際大学南島文化研究所　49　2003.3
第46回沖縄染織研究会発表旨 西表島の植物染料（本多摂子、柳悦州）
「沖縄染織研究会通信」　沖縄染織研究会　（45）　2006.7
沖縄県八重山群島（石垣島・西表島）で見た竹と利用（〈西表島特集〉）
（濱田庸）「鹿児島民具」　鹿児島民具学会　通号21　2009.03

西表島の節祭

座談会 西表島節祭をめぐって（〈西表島特集〉）（下野敏見、濱田庸、米
原正晃、牧島知子、井上賢一）「鹿児島民具」　鹿児島民具学会　通号
21　2009.03

西村

資料紹介 波照間島西村のイシッパンコンギ（一番狂言）（西岡敏）「奄美
沖縄民間文芸学」　奄美沖縄民間文芸学会　（7）　2007.8

インギャー海岸

「なりやまあやぐ発祥の地」碑 友利部落会・インギャー海岸に建立「宮
古郷土史研究会会報」　宮古郷土史研究会　（152）　2006.1

上野

宮古島市上野・野原村落のサティパロウ祭祀の考察（2007年度卒業論文
発表要旨）（砂川長太）「沖縄民俗研究」　沖縄民俗学会　（28）　2010.03

上野村

宮古島のかまと神信仰―上野村と平良市を中心に（窪徳忠）「地域研究シ
リーズ」　沖縄国際大学南島文化研究所　25　1998.3

魚釣島

尖閣諸島魚釣島の山羊の親子塚（宇江城正晴）「南島研究」　南島研究会
（54）　2013.10

御宿井

御宿井の羽衣伝説（中本梨沙）「南風の杜 ： 南風原文化センター紀要」
南風原文化センター　9　2003.3

ウズミグムイ

登川村落の風水池「ウズミグムイ」―沖縄市字登川の調査事例（宮城利
旭）「あやみや ： 沖縄市立郷土博物館紀要」　沖縄市立郷土博物館　9
2001.3

大立大殿みゃーか

合併後初の宮古島市指定文化財―史跡・大立大殿みゃーか（新城宗心）
「宮古郷土史研究会会報」　宮古郷土史研究会　（192）　2012.09

浦添

第54回沖縄染織研究会発表要旨 浦添型（蒟蒻型）の研究（伊差川洋子）
「沖縄染織研究会通信」　沖縄染織研究会　（52）　2008.1
「浦添の屋取集落」について（仲間孝蔵）「博友 ： 沖縄県立博物館友の会
機関誌」　沖縄県立博物館友の会　（21）　2009.5
第71回沖縄染織研究会報告 紅型の祖形と言われる浦添型の復元事業報
告（伊差川洋子、鳥袋博子、鳥袋領子）「沖縄染織研究会通信」　沖縄染
織研究会　（66）　2012.01

浦添グスク

歴史 琉球遠景・近景（2）浦添グスクと浦添ようどれの発掘調査から解
ること（下地安広）「しまたてぃ ： 建設情報誌」　沖縄しまたて協会
32　2005.1

浦添市

天字形・団扇形の印のある漆工品―ドイツ・ハンブルグ工芸美術館の収
蔵品より新出資料紹介（資料紹介）（宮里正子）「浦添市美術館紀要」
浦添市美術館　6　1997.3
箔絵牡丹唐草文について（資料紹介）（岡本亜紀）「浦添市美術館紀要」
浦添市美術館　6　1997.3
黒漆山水人物螺鈿食籠（館蔵品紹介）（謝敷真起子）「浦添市美術館紀要」
浦添市美術館　6　1997.3
春慶塗詩文箔絵野弁当（館蔵品紹介）（稲福政斉）「浦添市美術館紀要」
浦添市美術館　6　1997.3
表紙のことば「朱漆山水人物沈金足付盆」（稲福政斉）「きよらさ ： 浦添
市美術館ニュース」　浦添市美術館　17　1998.1
表紙のことば「黒漆葡萄栗鼠箔絵八角食籠」（稲福政斉）「きよらさ ： 浦
添市美術館ニュース」　浦添市美術館　19　1998.7
金城次郎「人と作品」（重要無形文化財保持者）（宮城篤正）「きよらさ ：
浦添市美術館ニュース」　浦添市美術館　20　1998.10
玉那覇有公「人と作品」（重要無形文化財保持者）（外間修）「きよらさ ：
浦添市美術館ニュース」　浦添市美術館　20　1998.10
黒漆二十四孝唐草螺鈿沈金八角食籠からみた親孝行（比嘉順子）「浦添市
美術館友の会ニュース彩漆」　浦添市美術館友の会　（9）　1998.10
表紙のことば 「朱漆蝙蝠瑞雲箔絵東道盆」（謝敷真起子）「きよらさ ： 浦
添市美術館ニュース」　浦添市美術館　21　1999.2
館蔵品紹介 朱漆楼閣山水箔絵湯庫（稲福政斉）「浦添市美術館紀要」　浦
添市美術館　通号8　1999.3
美術館所蔵の箔絵作品について（謝敷真起子、岡本亜紀）「きよらさ ：
浦添市美術館ニュース」　浦添市美術館　22　1999.4
表紙のことば「白密陀山水人物四方盆」（稲福政斉）「きよらさ ： 浦添市
美術館ニュース」　浦添市美術館　22　1999.4
表紙のことば「黒漆孔雀牡丹唐草沈金台」（岡本亜紀）「きよらさ ： 浦添
市美術館ニュース」　浦添市美術館　24　1999.10
表紙のことば「黒漆桐鳳凰蝶螺鈿東道盆」（稲福政斉）「きよらさ ： 浦添市
美術館ニュース」　浦添市美術館　25　2000.1
黒漆麒麟葡萄栗鼠螺鈿重香合（館蔵品紹介）（平良園子）「浦添市美術館紀
要」　浦添市美術館　（9）　2000.3
表紙のことば「朱漆絵替密陀絵盆」（平良園子）「きよらさ ： 浦添美術
館ニュース」　浦添市美術館　26　2000.4
表紙のことば 芭蕉布着物「風車」平良敏子（岡本亜紀）「きよらさ ： 浦
添市美術館ニュース」　浦添市美術館　27　2000.7
表紙のことば「黒漆葡萄栗鼠螺鈿箔絵箱」（稲福政斉）「きよらさ ： 浦添
市美術館ニュース」　浦添市美術館　30　2001.4
染織の鑑賞と心構え（外間修）「浦添市美術館友の会ニュース彩漆」　浦添
市美術館友の会　（12）　2001.7
館に寄贈された「紅房コレクション」について（1）,（2）（岡本亜紀）「浦
添市美術館紀要」　浦添市美術館　（11）/（12）　2002.3/2003.3
館内における修復作業の試み―黒漆楼閣人物螺鈿飾櫃と紅房コレクショ
ン（仲北聡子）「浦添市美術館紀要」　浦添市美術館　（11）　2002.3
朱漆山水人物箔絵の蛍光X線分析結果（早川泰弘、平尾良光）「浦添市美
術館紀要」　浦添市美術館　（11）　2002.3
東道盆はどのように使われていたか―家わけ文書・日記などにみる漆器
の用途（謝敷真起子、岡本亜紀）「浦添市立図書館紀要」　浦添市教育委
員会　（13）　2002.3
「潤塗獅子牡丹沈金六角東道盆」（岡本亜紀）「きよらさ ： 浦添市美術館
ニュース」　浦添市美術館　35　2002.7

「黒釉按瓶」(岡本亜紀)「きよらさ : 浦添市美術館ニュース」 浦添市美術館 36 2002.10

表紙のことば「朱漆玉取獅子沈金膳」(稲福政斉)「きよらさ : 浦添市美術館ニュース」 浦添市美術館 37 2003.1

浦添市美術館所蔵漆器の塗膜構造調査(岡田文男, 謝敷真起子)「浦添市美術館紀要」 浦添市美術館 (12) 2003.3

「黒漆楼閣人物螺鈿網代重箱」浦添市美術館蔵修理報告書(室瀬和美, 松本達弥)「浦添市美術館紀要」 浦添市美術館 (12) 2003.3

表紙のことば「黒漆牡丹菱万字文箔絵櫃」(謝敷真起子)「きよらさ : 浦添市美術館ニュース」 浦添市美術館 38 2003.4

表紙のことば「黒漆山水楼閣箔絵提重」(謝敷真起子)「きよらさ : 浦添市美術館ニュース」 浦添市美術館 39 2003.7

表紙のことば「黒漆司馬温公家訓螺鈿掛板」(稲福政斉)「きよらさ : 浦添市美術館ニュース」 浦添市美術館 40 2003.10

表紙のことば 朱漆牡丹唐草箔絵提重(稲福政斉)「きよらさ : 浦添市美術館ニュース」 浦添市美術館 41 2004.1

表紙のことば 朱漆トランプ蒔絵煙草セット(岡本亜紀)「きよらさ : 浦添市美術館ニュース」 浦添市美術館 42 2004.4

表紙のことば「黒漆米軍戦車堆錦アルバム表紙」(岡本亜紀)「きよらさ : 浦添市美術館ニュース」 浦添市美術館 45 2005.1

オモロにみる神女―高級神女三十三君と地方神女(玉城伸子)「よのつち : 浦添市文化部紀要 : bulletin of Culture Department,Urasoe City」 浦添市教育委員会文化部 (1) 2005.3

浦添市美術館収蔵漆器資料の科学調査及び技術材料分析(室瀬和美)「よのつち : 浦添市文化部紀要 : bulletin of Culture Department,Urasoe City」 浦添市教育委員会文化部 (1) 2005.3

和太鼓芸能の受容と「琉球和太鼓」への展開―浦添市・鼓衆若太陽の志向する「沖縄らしさ」(大城盛裕)「沖縄文化」 沖縄文化協会 40(1) 通号99 2005.6

表紙の言葉「弁柄黒漆鷺密陀絵膳」(岡本亜紀)「きよらさ : 浦添市美術館ニュース」 浦添市美術館 48 2005.12

儒教の起源とその基本教義(崎原麗霞)「よのつち : 浦添市文化部紀要 : bulletin of Culture Department,Urasoe City」 浦添市教育委員会文化部 (2) 2006.3

表紙の言葉「朱漆寒山拾得螺鈿四方盆」「きよらさ : 浦添市美術館ニュース」 浦添市美術館 通号50 2006.8

表紙の言葉「黒漆螺鈿花円文合子」「きよらさ : 浦添市美術館ニュース」 浦添市美術館 通号51 2006.12

表紙の言葉「黒漆花鳥螺鈿箔絵密陀絵漆絵盆」「きよらさ : 浦添市美術館ニュース」 浦添市美術館 通号52 2007.4

表紙の言葉「黒漆蓮池人物螺鈿密陀絵印箱」「きよらさ : 浦添市美術館ニュース」 浦添市美術館 通号53 2007.8

表紙の言葉「黒漆梅月螺鈿膳」「きよらさ : 浦添市美術館ニュース」 浦添市美術館 通号54 2007.12

表紙「黒漆葡萄栗鼠螺鈿箔絵料紙箱」「きよらさ : 浦添市美術館ニュース」 浦添市美術館 通号55 2008.4

表紙の言葉「黒漆葡萄栗鼠螺鈿箔絵料紙箱」(伊禮綾乃)「きよらさ : 浦添市美術館ニュース」 浦添市美術館 通号55 2008.4

表紙「朱黒漆雲龍沈金螺鈿卓」「きよらさ : 浦添市美術館ニュース」 浦添市美術館 通号56 2008.8

表紙の言葉「朱黒漆雲龍沈金螺鈿卓」(伊禮綾乃)「きよらさ : 浦添市美術館ニュース」 浦添市美術館 通号56 2008.8

表紙「黒漆琴高仙人宝尽螺鈿箱」「きよらさ : 浦添市美術館ニュース」 浦添市美術館 通号57 2008.12

表紙の言葉「黒漆琴高仙人宝尽螺鈿箱」(岡本亜紀)「きよらさ : 浦添市美術館ニュース」 浦添市美術館 通号57 2008.12

活動報告：浦添市美術館のさわれる漆器について(岡本亜紀)「よのつち : 浦添市文化部紀要 : bulletin of Culture Department,Urasoe City」 浦添市教育委員会文化部 (5) 2009.03

城塞的グスクにおける聖域の考察(武部拓磨)「よのつち : 浦添市文化部紀要 : bulletin of Culture Department,Urasoe City」 浦添市教育委員会文化部 (5) 2009.03

表紙の言葉「黒漆葵紋菊螺鈿箱」(岡本亜紀)「きよらさ : 浦添市美術館ニュース」 浦添市美術館 通号58 2009.04

表紙の言葉「黒漆歌螺鈿硯箱」(岡本亜紀)「きよらさ : 浦添市美術館ニュース」 浦添市美術館 通号59 2009.08

表紙の言葉「緑地巴紋御玉貫」((本村))「きよらさ : 浦添市美術館ニュース」 浦添市美術館 通号60 2009.12

続・城塞的グスクにおける聖域の考察(武部拓磨)「よのつち : 浦添市文化部紀要 : bulletin of Culture Department,Urasoe City」 浦添市教育委員会文化部 (6) 2010.03

表紙「黒漆鳥獣草花箔絵椀」「きよらさ : 浦添市美術館ニュース」 浦添市美術館 通号61 2010.04

表紙の言葉「黒漆鳥獣草花箔絵椀」「きよらさ : 浦添市美術館ニュース」 浦添市美術館 通号61 2010.04

表紙「朱漆木葉形盛器」「きよらさ : 浦添市美術館ニュース」 浦添市美術館 通号62 2010.08

表紙の言葉「朱漆木葉形盛器」「きよらさ : 浦添市美術館ニュース」 浦添市美術館 通号62 2010.08

表紙「黒漆葡萄栗鼠箔絵花形遊具箱」「きよらさ : 浦添市美術館ニュース」 浦添市美術館 通号63 2010.12

表紙の言葉「黒漆葡萄栗鼠箔絵花形遊具箱」「きよらさ : 浦添市美術館ニュース」 浦添市美術館 通号63 2010.12

史劇「舜天王の誕生」の舞台裏―浦添市文化芸術振興事業の企画から上演までを一例として(當間眞栄)「よのつち : 浦添市文化部紀要 : bulletin of Culture Department,Urasoe City」 浦添市教育委員会文化部 (7) 2011.03

表紙「黒漆牡丹唐草螺鈿卓」「きよらさ : 浦添市美術館ニュース」 浦添市美術館 (64) 2011.04

表紙の言葉「黒漆牡丹唐草螺鈿卓」「きよらさ : 浦添市美術館ニュース」 浦添市美術館 (64) 2011.04

表紙「黒漆春秋草蒔絵徳利」「きよらさ : 浦添市美術館ニュース」 浦添市美術館 (65) 2011.08

表紙の言葉「黒漆春秋草蒔絵徳利」「きよらさ : 浦添市美術館ニュース」 浦添市美術館 (65) 2011.08

表紙「黒漆孔雀牡丹唐草沈金食籠」「きよらさ : 浦添市美術館ニュース」 浦添市美術館 (66) 2011.12

表紙の言葉「黒漆孔雀牡丹唐草沈金食籠」「きよらさ : 浦添市美術館ニュース」 浦添市美術館 (66) 2011.12

グスク時代における支配者の墓の考察(武部拓磨)「よのつち : 浦添市文化部紀要 : bulletin of Culture Department,Urasoe City」 浦添市教育委員会文化部 (8) 2012.03

表紙「朱漆瓜花蝶箔絵密陀絵輪花形合子」「きよらさ : 浦添市美術館ニュース」 浦添市美術館 (68) 2012.08

表紙の言葉「朱漆瓜花蝶箔絵密陀絵輪花形合子」「きよらさ : 浦添市美術館ニュース」 浦添市美術館 (68) 2012.08

表紙「黒漆苦瓜堆錦文庫」「きよらさ : 浦添市美術館ニュース」 浦添市美術館 (69) 2012.12

表紙の言葉「黒漆苦瓜堆錦文庫」「きよらさ : 浦添市美術館ニュース」 浦添市美術館 (69) 2012.12

表紙の言葉「黒漆折枝漆絵螺鈿膳」「きよらさ : 浦添市美術館ニュース」 浦添市美術館 (70) 2013.04

表紙「朱黒漆牡丹唐草沈金鍔広盛器」1950年代後半・紅房コレクション「きよらさ : 浦添市美術館ニュース」 浦添市美術館 (71) 2013.08

表紙の言葉「朱黒漆牡丹唐草沈金鍔広盛器」(岡本亜紀)「きよらさ : 浦添市美術館ニュース」 浦添市美術館 (71) 2013.08

表紙のことば「黒漆菱螺鈿耳付丸鉢」「きよらさ : 浦添市美術館ニュース」 浦添市美術館 (73) 2014.04

浦添大墓地公園

探訪昔道・新道 浦添ようどれから当山の石畳道を歩き、浦添大墓地公園を経て大山貝塚まで/仲原馬場から今帰仁城跡への旧道を通って、城跡へ、国道505号と宿道を走り比べる「宿道」 沖縄しまたて協会 25 2005.10

浦添番所

探訪 昔道・新道 具志川の川田十字路から勝連城址を経て平敷屋番所跡、屋慶名番所跡まで/西海道の起点だった首里城久慶門から儀保・経塚を経て浦添番所跡まで「宿道」 沖縄しまたて協会 23 2004.10

浦添ようどれ

歴史 琉球遠景・近景 (2) 浦添グスクと浦添ようどれの発掘調査から解ること(下地安広)「しまたてぃ : 建設情報誌」 沖縄しまたて協会 32 2005.1

探訪昔道・新道 浦添ようどれから当山の石畳道を歩き、浦添大墓地公園を経て大山貝塚まで/仲原馬場から今帰仁城跡への旧道を通って、城跡へ、国道505号と宿道を走り比べる「宿道」 沖縄しまたて協会 25 2005.10

浦添ようどれの火葬骨―高麗と琉球(沖縄)(犬飼公之)「沖縄研究ノート :《共同研究》南島における民族と宗教」 宮城学院女子大学キリスト教文化研究所 (17) 2008.3

砂川

国立劇場公演砂川クイチャーについて(岡本恵昭)「宮古研究」 宮古郷土史研究会 (9) 2004.2

7月定例会レジュメ 砂川のナーバイ祭祀(本永清)「宮古郷土史研究会会報」 宮古郷土史研究会 (185) 2011.07

砂川のナーバイ祭祀と大津波―7月定例会の報告(下地和宏)「宮古郷土史研究会会報」 宮古郷土史研究会 (186) 2011.09

砂川村

砂川村のナーバイ祭祀について(本永清)「文化課紀要」 沖縄県教育委員

会 17 2001.3

うるま市

うるま市の高潮・津波の民間伝承―チリ津波・シャーロット台風・ベルー地震・明和地震（特集 沖縄の地震・津波災害から身を守るために）（前田一舟）「しまたてぃ ： 建設情報誌」 沖縄しまたて協会（60） 2012.01

運天港

〈第2編 今帰仁村の運天港〉運天の概要/運天（村）の表記の変遷/源為朝の運天上陸伝説/『海東諸国紀』「琉球国之図」の「雲見」（運天）/運天の百按司（ムムジャナ）墓/薩摩軍の琉球侵攻と運天港/『正保国絵図』（1645年）にみる運天港/大北墓と今帰仁按司/唐人の漂着と運天港/運天の大和墓（2基）/仏艦船とオランダ墓/運天にある無名の古墓群/運天の番所・在番/勤（職）書からみた運天（港・番所）/明治の運天港/運天を訪れた人々/運天の主な出来事（明治以降）/現在（戦後）の運天港（港）が果たした役割「なきじん研究」 今帰仁村歴史文化センター 9 1999.3

円覚寺跡

円覚寺跡保存修理事業整備報告書(1),(2)（島袋洋）「文化課紀要」 沖縄県教育委員会 20/21 2004.3/2005.3

奥武

沖縄奥武方言の音韻―世代別調査から（中本謙）「沖縄文化」 沖縄文化協会 35(1) 通号87 1997.10

奥武山

沖縄の民話 奥武山のミミズ「南ぬ風 ： 財団法人海洋博覧会記念公園管理財団広報誌 ： 季刊誌」 海洋博覧会記念公園管理財団 (25) 2012.09

大神島

イノーの民俗 宮古島・伊良部島・大神島のイノーと人々の暮らし（佐渡山正吉）「宮古郷土史研究会会報」 宮古郷土史研究会 111 1999.2
宮古大神島方言の和語系数詞につく助数詞（久野マリ子）「沖縄文化」 沖縄文化協会 35(2) 通号90 1999.10
大神島の音韻について(Shige,Sakumoto)「沖縄芸術の科学 ： 沖縄県立芸術大学附属研究所紀要」 沖縄県立芸術大学附属研究所 (16) 2004.3
大神島の民俗変容と葬制墓制の変化―民俗と葬法の変化について（岡本恵昭）「平良市総合博物館紀要」 平良市総合博物館 (9) 2004.3
大神島の始祖伝承―沖縄・平良市（岡本恵昭）「民俗文化」 滋賀民俗学会 495 2004.12
資料紹介 「大神島の年中行事」について（岡本恵昭）「平良市総合博物館紀要」 平良市総合博物館 (10) 2005.3

大川

涙あり、笑いありの組踊講演―「大川敵打」観賞（大城樹）「首里城公園友の会会報」 首里城公園友の会 (71) 2010.04
「唱え」の妙味―大川敵討 礼の場（田場裕萩）「儀礼文化ニュース」 儀礼文化学会 (192) 2013.09

大木

読谷村字大木の年中行事（知花めぐみ）「読谷村立歴史民俗資料館紀要」 読谷村教育委員会 22 1998.3

大宜味村

第7章 大宜味村の港 大宜味村の港の概要/新聞記事にみる大宜味村の港/塩屋湾/根路銘/大宜味間切の「津口手形」「なきじん研究」 今帰仁村歴史文化センター 9 1999.3
猪と人々のくらし―大宜味村を事例にして（松川聖子）「沖縄県立博物館紀要」 沖縄県立博物館 (31) 2005.12

大宜味番所

探訪 昔道・新道 大宜味番所跡から山容の迫る国道58号を北上して国頭番所まで/知念城跡から垣花樋川を経てグスクロード沿いの玉城城趾まで「宿道」 沖縄しまたて協会 22 2004.3

大里

沖縄市大里の綱引（崎原恒新）「南島研究」 南島研究会 45 2004.10
村落祭祀とハラ祭祀に関する考察―二村落合併伝承を持つ糸満市字大里の事例から（山城智美）「沖縄民俗研究」 沖縄民俗学会 (22) 2004.12
南風原町の石獅子と大里の石獅子の特徴とその共通点（博物館実習生レポート）（名嘉山みゆき）「南風の杜 ： 南風原文化センター紀要」 南風原文化センター (18) 2012.03

大田池

琉球の土木石碑―石に刻まれた琉球土木史(7) 大田池の碑（中島徹也）「しまたてぃ ： 建設情報誌」 沖縄しまたて協会 (64) 2013.4

大浜

GON・GON大浜の獅子舞（《新春！ 獅子舞特集》）（廣田肇）「あかがーら」 石垣市立図書館八重山地域情報センター (19) 2002.1
ミノ・カサ・ツエの夜廻り役―石垣島大浜のサリサリコンコンを中心に（古谷野洋子）「日本民俗学」 日本民俗学会 通号249 2007.2
民俗事例紹介 大浜の盆アンガマで歌い踊られている流行歌について（下野栄高）「石垣市立八重山博物館紀要」 石垣市立八重山博物館 (21) 2012.03
民俗事例紹介 大浜の盆アンガマにおける戦後の変容について（下野栄高）「石垣市立八重山博物館紀要」 石垣市立八重山博物館 (22) 2013.03

大浜村

八重山・大浜村の竈模合について（山里純一）「沖縄研究ノート ： 《共同研究》南島における民族と宗教」 宮城学院女子大学キリスト教文化研究所 (8) 1999.3

大山貝塚

探訪昔道・新道 浦添ようどれから当山の石畳道を歩き、浦添大墓地公園を経て大山貝塚まで/仲原馬場から今帰仁城跡への旧道を通って、城跡へ、国道505号と宿道を走り比べる「宿道」 沖縄しまたて協会 25 2005.10

大湾

読谷村字大湾10番地所在の古墓調査について（仲宗根求）「読谷村立歴史民俗資料館紀要」 読谷村教育委員会 28 2004.3

沖縄

第232回研究会報告（要旨）三連音符に就いて―一世礼工工四の表現（祖慶剛）「沖縄芸能史研究会会報」 沖縄芸能史研究会 (232) 1997.1
『おもろさうし』研究史を語る(上),(下)（外間守善）「沖縄文化」 沖縄文化協会 32(1) 通号85/32(2) 通号86 1997.1/1997.4
第233回研究会報告（要旨）ワシントン大学における沖縄音楽指導（新城亘）「沖縄芸能史研究会会報」 沖縄芸能史研究会 (233) 1997.2
島袋本流 紫の会40周年記念「梅の公演」「沖縄芸能史研究会会報」 沖縄芸能史研究会 (233) 1997.2
引き裂かれた絆―沖縄組踊りノート(2)（犬飼公之）「沖縄研究ノート ： 《共同研究》南島における民族と宗教」 宮城学院女子大学キリスト教文化研究所 (6) 1997.3
沖縄の女性と信仰（稲福みき子）「沖縄県史研究紀要」 沖縄県教育委員会 3 1997.3
「沖縄地方旧慣問答書」にみる「性・産・家族」（比嘉道子）「沖縄県女性史研究」 沖縄県教育委員会 通号1 1997.3
沖縄の柑橘（続）（前田朝達）「博友 ： 沖縄県立博物館友の会機関誌」 沖縄県立博物館友の会 11 1997.3
沖縄の原始繊維「ユウナ」について（井関和代,片岡淳）「博友 ： 沖縄県立博物館友の会機関誌」 沖縄県立博物館友の会 11 1997.3
沖縄の女性の下着―その諸問題と流れをたどる（京馬伸子）「民具研究」 日本民具学会 通号113 1997.3
沖縄芸能研究の課題（矢野輝雄）「沖縄学 ： 沖縄学研究所紀要」 沖縄学研究所 1 1997.4
「ソホリ山」と「クシフルの峰」―沖縄方言「クシ」からの一考察（三島まき）「沖縄学 ： 沖縄学研究所紀要」 沖縄学研究所 1 1997.4
第235回研究会報告（要旨）昔節、大昔節の音楽構造―「仲節」を中心に（玉城秀治）「沖縄芸能史研究会会報」 沖縄芸能史研究会 (235) 1997.4
島袋流千尋会教師免許披露公演「沖縄芸能史研究会会報」 沖縄芸能史研究会 (235) 1997.4
日本教会史家の著述にみる戦後沖縄の社会と教会（小林紀由）「沖縄文化」 沖縄文化協会 32(2) 通号86 1997.4
第236回研究会報告（要旨）組踊「雪払」三種の比較考察（当間一郎）「沖縄芸能史研究会会報」 沖縄芸能史研究会 (236) 1997.5
組踊「身替忠女」上演「沖縄芸能史研究会会報」 沖縄芸能史研究会 (236) 1997.5
組踊「未生の縁」上演「沖縄芸能史研究会会報」 沖縄芸能史研究会 (236) 1997.5
第237回研究会報告（要旨）工工四譜の変遷―伊野波節の場合（新城亘）「沖縄芸能史研究会会報」 沖縄芸能史研究会 (237) 1997.6
NHK教育テレビで「沖縄の舞踊鑑賞入門」「沖縄芸能史研究会会報」 沖縄芸能史研究会 (237) 1997.6
第238回研究会報告（要旨）古典芸能にみる教訓と諺（崎間麗進）「沖縄芸能史研究会会報」 沖縄芸能史研究会 (238) 1997.8
浜千鳥節の伝承を追って（沖縄レポート）（仲宗根幸市）「南島研究」 南島研究会 38 1997.8
久仁屋節の解釈について（沖縄レポート）（義高之）「南島研究」 南島研究会 38 1997.8
本田メト媼の昔語り（沖縄レポート）（本田碩孝）「南島研究」 南島研究会 38 1997.8

沖縄県 郷土に伝わる民俗と信仰 九州・沖縄

垣花昌美氏の「日取り帖」(沖縄レポート)(岡本恵昭)「南島研究」南島研究会 38 1997.8

第239回研究会報告(要旨)古典音楽の魅力(国吉清昴)「沖縄芸能史研究会会報」沖縄芸能史研究会 (239) 1997.9

平成9年度県芸術祭 組踊・古典音楽公演「沖縄芸能史研究会会報」沖縄芸能史研究会 (239) 1997.9

第1回 沖縄染織研究会報告沖縄染織研究会発足について研究会「沖縄の衣装形態について」(祝嶺恭子)「沖縄染織研究会通信」沖縄染織研究会 1 1997.9

第15回玉城節子独演会「踊(うどい)」―古典七踊りと創作舞踊「沖縄芸能史研究会会報」沖縄芸能史研究会 (240) 1997.10

奄美・沖縄の祭儀と女性たち(真下厚)「まつり通信」まつり同好会 37(11)通号441 1997.11

第241回研究会報告(要旨)女踊りの廻り(大城ナミ)「沖縄芸能史研究会会報」沖縄芸能史研究会 (241) 1997.11

第2回 沖縄染織研究会報告「沖縄の衣裳の特徴」(植木ちか子)「沖縄染織研究会通信」沖縄染織研究会 2 1997.11

第242回研究会報告(要旨)古典七踊りと創作舞踊について第15回玉城節子リサイタルより(玉城節子)「沖縄芸能史研究会会報」沖縄芸能史研究会 (242) 1997.12

第3回 沖縄染織研究会報告「和服形態の変遷」(宮内聡子)「沖縄染織研究会通信」沖縄染織研究会 3 1998.1

新連載 第1回 沖縄のわらべ歌は何時変わったか?(小島美子)「季刊沖縄」沖縄協会 3(1)通号7 1998.1

琉球切手が語る沖縄の戦後史(佐藤克彦)「あじまぁ : 名護博物館紀要」名護博物館 8 1998.3

第245回研究会報告(要旨)組踊「忠孝夫婦忠義」について(当間一郎)「沖縄芸能史研究会会報」沖縄芸能史研究会 (245) 1998.3

〔書評〕山里純一著『沖縄の魔除けとまじない―フーフダ(符札)の研究』(大平聡)「沖縄研究ノート:《共同研究》南島における民族と宗教」宮城学院女子大学キリスト教文化研究所 (7) 1998.3

第4回 沖縄染織研究会報告「徳川綱ご所用縞麻羽織と沖縄の織物」(柳悦州)「沖縄染織研究会通信」沖縄染織研究会 4 1998.3

(有)皇道産業焼津船団と沖縄漁民―戦時下「水産業南進」と沖縄漁民(望月雅彦)「沖縄文化研究 : 法政大学沖縄文化研究所紀要」法政大学沖縄文化研究所 (24) 1998.3

『おもろさうし』における類推表記〈u→o〉の再検討(間宮厚司)「沖縄文化研究 : 法政大学沖縄文化研究所紀要」法政大学沖縄文化研究所 (24) 1998.3

『混効験集』の文法の研究(高橋俊三)「南島文化」沖縄国際大学南島文化研究所 通号20 1998.3

仁真会 第22回組踊の夕「沖縄芸能史研究会会報」沖縄芸能史研究会 (246) 1998.4

第247回研究会報告(要旨)野村流工工四の速さについての考察(国吉清昴)「沖縄芸能史研究会会報」沖縄芸能史研究会 (247) 1998.5

エイサー・オーラセー―沖縄青年の熱い夏(岡本純也)「民俗芸能学会会報」民俗芸能学会 40 1998.5

第248回研究会報告(要旨)悲劇的リズム―西洋演劇と沖縄演劇の比較―「オイディプス王」と「執心鐘入」を中心に(与那覇晶子)「沖縄芸能史研究会会報」沖縄芸能史研究会 (248) 1998.6

論「口伝心授」―中国伝統音楽の伝承について(第22回研究会記録)(劉富琳)「東洋音楽学会沖縄地区通信」東洋音楽学会 (21) 1998.6

沖縄の胡弓への招待(第22回研究会記録)(又吉真也)「東洋音楽学会沖縄地区通信」東洋音楽学会 (21) 1998.6

連載 第3回 沖縄ポップスの魅力(小島美子)「季刊沖縄」沖縄協会 3(3)通号9 1998.7

奄美の本を読む(書評)音の力/沖縄と奄美(前利潔)「沖縄で奄美を考える会会報」沖縄で奄美を考える会 2 1998.9

第250回研究会報告(要旨)組踊「忠臣反間の巻」の上演(当間一郎)「沖縄芸能史研究会会報」沖縄芸能史研究会 (250) 1998.9

第7回 沖縄染織研究会報告「沖縄の服飾について」(祝嶺恭子)「沖縄染織研究会通信」沖縄染織研究会 7 1998.9

第251回研究会報告(要旨)「執心鐘入」の宿の女のイメージ(徳元剛)「沖縄芸能史研究会会報」沖縄芸能史研究会 (251) 1998.10

組踊「操義伝」を見る「沖縄芸能史研究会会報」沖縄芸能史研究会 (251) 1998.10

「沖縄建築紀行」前編(平川靖三)「季刊南九州文化」南九州文化研究会 77 1998.10

沖縄の妖怪変化(崎原恒新)「南島研究」南島研究会 39 1998.10

本田メト嫗の昔語り(承前)(本田碩孝)「南島研究」南島研究会 39 1998.10

研究会報告組踊「忠臣反間の巻」を見る(当間一郎)「沖縄芸能史研究会会報」沖縄芸能史研究会 (252) 1998.11

平成11年2月3日に能と組踊比較鑑賞会「沖縄芸能史研究会会報」沖縄芸能史研究会 (252) 1998.11

第8回 沖縄染織研究会報告「現存する最古と言われる紅型資料について」(伊差川洋子)「沖縄染織研究会通信」沖縄染織研究会 8 1998.11

沖縄キリスト教団雑誌「道標」(1957、1958年)にみる沖縄キリスト者の社会意識(小林紀由)「沖縄文化」沖縄文化協会 34(1)通号89 1998.11

『混効験集』用語攷(斎藤達哉)「沖縄文化」沖縄文化協会 34(1)通号89 1998.11

沖縄研究と民俗の比較(古家信平)「日本民俗学」日本民俗学会 通号216 1998.11

組踊合同座談会「組踊の回廊を歩く」「沖縄芸能史研究会会報」沖縄芸能史研究会 (253) 1998.12

2000年の沖縄の行事暦と世紀末西暦2000年の沖縄の主な行事暦作成にあたって(雑感)(宮良孫好)「沖縄・八重山文化研究会会報」沖縄・八重山文化研究会 (92) 1999.1

第254回研究会報告(要旨)新垣義志の創作舞踊譜について―特に足使いについて(新垣義夫)「沖縄芸能史研究会会報」沖縄芸能史研究会 (254) 1999.1

私たちの唄は島唄(アルベルト,城間)「季刊沖縄」沖縄協会 4(1)通号11 1999.1

沖縄建築紀行(中)、(後)(平川靖三)「季刊南九州文化」南九州文化研究会 78/79 1999.1/1999.4

第24回研究会記録 民俗エイサー―研究の現状と今後の課題(久万田晋)「東洋音楽学会沖縄地区通信」東洋音楽学会 (23) 1999.2

第24回研究会記録 ハワイの沖縄系「ボン・ダンス」―ディアスポラの芸能における諸要素の混交(寺内直子)「東洋音楽学会沖縄地区通信」東洋音楽学会 (23) 1999.2

語りの周辺 1998年九州・沖縄(伊志弘子)「伝え : 日本口承文芸学会会報」日本口承文芸学会 24 1999.3

古日本の鏡としての琉球―柳田国男と沖縄研究の枠組み(屋嘉比収)「南島文化」沖縄国際大学南島文化研究所 通号21 1999.3

沖縄における貝塚と聖なる空間について(緒方行広)「貝塚研究」園生貝塚研究会 通号4 1999.4

南九州・沖縄における媽祖像(錦織亮介)「黄檗文華」黄檗山萬福寺文華殿 通号118 1999.5

第10回 沖縄染織研究会報告 ウールを用いた布地とその感触について(宮城奈々)「沖縄染織研究会通信」沖縄染織研究会 10 1999.5

第259回研究会報告(要旨)「組踊写本の研究」を上梓して(当間一郎)「沖縄芸能史研究会会報」沖縄芸能史研究会 (259) 1999.6

沖縄の石造遺品(岡村庄造)「日本の石仏」日本石仏協会,青娥書房(発売)通号90 1999.6

第11回 沖縄染織研究会報告 国画会工芸部の作品について(祝嶺恭子)「沖縄染織研究会通信」沖縄染織研究会 11 1999.7

第12回 沖縄染織研究会報告 在米国沖縄関連染織品調査研究報告(ルバース吟子)「沖縄染織研究会通信」沖縄染織研究会 12 1999.9

沖縄におけるジェンダーシンポリズムの研究―「オナリ神」信仰を中心に(成定洋子)「あらはれ : 猿田彦大神フォーラム年報 : ひらかれる未来神話」猿田彦大神フォーラム 2 1999.10

沖縄から猿田彦神をみて(深沢恵子)「あらはれ : 猿田彦大神フォーラム年報 : ひらかれる未来神話」猿田彦大神フォーラム 2 1999.10

第262回研究会報告(要旨)組踊「月の豊多」の上演(当間一郎)「沖縄芸能史研究会会報」沖縄芸能史研究会 (262) 1999.10

ポーランドと沖縄をつないだ創世神話(外間守善)「季刊沖縄」沖縄協会 4(4)通号14 1999.10

ウチナーンチュの海外分散(ジョエル,コトキン)「季刊沖縄」沖縄協会 4(4)通号14 1999.10

沖縄出身者の年中行事―異文化受容の諸相(田野登)「都市文化研究」大阪都市文化研究会 (22) 1999.10

沖縄の民家・町並み紀行(岡村昭二)「都市文化研究」大阪都市文化研究会 (22) 1999.10

まつり放談東西歩(4)―沖縄の秘祭(堀田吉雄)「まつり通信」まつり同好会 39(12)通号466 1999.11

展覧会案内「明治・大正・昭和初期 沖縄の染織展」「沖縄染織研究会通信」沖縄染織研究会 13 1999.11

近代とタビ(旅)―沖縄の人々の移動の研究への新たな視角(浅井易)「日本民俗学」日本民俗学会 通号220 1999.11

第265回研究会報告 沖縄芝居草創期の様相(徳元剛)「沖縄芸能史研究会会報」沖縄芸能史研究会 (265) 2000.1

第9回研究例会研究発表要旨 奄美人と沖縄人の〈境界〉(前利潔)「沖縄で奄美を考える会会報」沖縄で奄美を考える会 (7) 2000.2

第267回研究会報告 組踊「鏡の割」について(当間一郎)「沖縄芸能史研究会会報」沖縄芸能史研究会 (267) 2000.3

第4回静枝・千枝子の会 沖縄のうむいを踊る/平成11年度(第12回)伝統組踊保存会公演/第15回定期演奏会(湛水流伝統保存会)/第25回研究発表大会「沖縄芸能史研究会会報」沖縄芸能史研究会 (267) 2000.3

爬龍舟競漕に興じる人々たち―近世末期の爬龍舟競漕における準備体

制・役割分担について（上江洲安亨）「沖縄文化研究 : 法政大学沖縄文化研究所紀要」 法政大学沖縄文化研究所 （26） 2000.3

厄払いの浜下り儀礼の考察—霊的来訪をめぐる奄美・沖縄の民俗観念（加藤正春）「沖縄文化研究 : 法政大学沖縄文化研究所紀要」 法政大学沖縄文化研究所 （26） 2000.3

金城哲夫と沖縄芝居（宮里真由美）「南風の杜 : 南風原文化センター紀要」 南風原文化センター 6 2000.3

伝承古謡の古さを測る—比較文学研究から（竹内重雄）「季刊沖縄」 沖縄協会 5（2）通号16 2000.4

リバティサロン 沖縄芸能シリーズ（4）古典舞踊の世界「広報誌リバティ」 大阪人権博物館 9 2000.4

神々を繋ぐ人々 沖縄のユタとノロ（稲福みき子）「東北学.［第1期］」東北芸術工科大学東北文化研究センター，作品社（発売） 2 2000.4

第269回研究会報告「てぃんさぐぬ花」と「無法松」（与那嶺晶子）「沖縄芸能史研究会会報」 沖縄芸能史研究会 （269） 2000.5

第102回研究会報告 沖縄の染織文化の歴史的背景・古代鎌倉ノートを基に（久貝典子）「沖縄・八重山文化研究会会報」 沖縄・八重山文化研究会 （102） 2000.6

ザシキワラシとキジムナーの接点（佐藤公祥）「沖縄学 : 沖縄学研究所紀要」 沖縄学研究所 4（1）通号4 2000.6

《特集 沖縄の美「技と心」伝統工芸展》（きよらさ : 浦添市美術館ニュース」 浦添市美術館 27 2000.7

ハワイの沖縄系「盆踊り」—ディアスポラの芸能における諸要素の重層構造（寺内直子）「沖縄文化」 沖縄文化協会 36（1）通号91 2000.7

花で愛でるウチナーンチュの美感（外間守善）「季刊沖縄」 沖縄協会 5（3）通号17 2000.7

浦添市美術館文化講演会「沖縄の染めと織り」（きよらさ : 浦添市美術館ニュース」 浦添市美術館 28 2000.10

特集 文化講演会「沖縄の染織の歩み」（上江洲敏夫）「きよらさ : 浦添市美術館ニュース」 浦添市美術館 29 2001.1

第19回研究会報告 沖縄の通過儀礼における祝着について（湯井いずみ）「沖縄染織研究会通信」 沖縄染織研究会 19 2001.2

黒髪の呪力—「遠野物語」と沖縄の民間伝承（大竹有子）「遠野物語研究」遠野物語研究所 4 2001.3

「島中おもろ」を読む（波照間永吉）「沖縄芸術の科学 : 沖縄県立芸術大学附属研究所紀要」 沖縄県立芸術大学附属研究所 （13） 2001.3

第278回研究会報告（要旨）創作舞踊「孵水（すぃでぃみずぃ）」について（大城ナミ）「沖縄芸能史研究会会報」 沖縄芸能史研究会 （278） 2001.3

県指定無形文化財「沖縄伝統舞踊」追加認定「沖縄芸能史研究会会報」沖縄芸能史研究会 （278） 2001.3

伝統音楽野村流 演奏とシンポジウム「沖縄芸能史研究会会報」 沖縄芸能史研究会 （278） 2001.3

さつま棒踊と沖縄棒踊（フェーヌシマ踊）の比較 その芸態と起源・伝播について（下野敏見）「知覧文化」 知覧町立図書館 38 2001.3

第30回研究会記録 中国音楽紀行—中国音楽の変わりかたと日本音楽の変わりかた（蒲生美津子）「東洋音楽学会沖縄地区通信」 東洋音楽学会 （27） 2001.3

第30回研究会記録 沖縄民謡から沖縄ポップスへ—ネーネーズのライフヒストリー分析を通して—（高橋美樹）「東洋音楽学会沖縄地区通信」東洋音楽学会 （27） 2001.3

沖縄の稲作儀礼における模倣呪術と禁忌（大城学）「文化課紀要」 沖縄県教育委員会 17 2001.3

沖縄の墓誌に関する調査覚書（萩尾俊章）「文化課紀要」 沖縄県教育委員会 17 2001.3

書評・書誌紹介 外間守善著「おもろさうし（上・下）」（間宮厚司）「法政大学沖縄文化研究所所報」 法政大学沖縄文化研究所 49 2001.3

フォーラム ニライカナイの原義と祭祀（吉成直樹）「法政大学沖縄文化研究所所報」 法政大学沖縄文化研究所 49 2001.3

第280回研究会報告（要旨）西洋演劇の受容と沖縄芝居（与那覇晶子）「沖縄芸能史研究会会報」 沖縄芸能史研究会 （280） 2001.5

男性舞踊家公演「飛輪の舞」「沖縄芸能史研究会会報」 沖縄芸能史研究会 （280） 2001.5

ウティンジカビについて（山里純一）「沖縄民俗研究」 沖縄民俗学会 （20） 2001.5

沖縄民俗信仰の担い手たち—サアダカンマリの実態と役割—（高宮城良枝）「沖縄民俗研究」 沖縄民俗学会 （20） 2001.5

琉球舞踊からみる沖縄の工芸文化と精神文化（村吉早綾佳）「沖縄民俗研究」 沖縄民俗学会 （20） 2001.5

第31回研究会記録「御前風五節」の成立と変遷（外間正樹）「東洋音楽学会沖縄地区通信」 東洋音楽学会 （28） 2001.6

第31回研究会記録 本土復帰以降の沖縄における西洋音楽の受容—公開演奏会の側面から—（三島わかな）「東洋音楽学会沖縄地区通信」 東洋音楽学会 （28） 2001.6

「おもろのミューズ」と女縁（田場美津子）「南島文化研究所所報」 沖縄国際大学南島文化研究所 47 2001.8

小川徹先生と沖縄の民俗研究（〈追悼 小川徹先生〉）（竹内重雄）「法政大学沖縄文化研究所所報」 法政大学沖縄文化研究所 50 2001.8

書評 湧上元雄著「沖縄民俗文化論祭祀・信仰・御嶽」（高梨一美）「法政大学沖縄文化研究所所報」 法政大学沖縄文化研究所 50 2001.8

第1回沖縄民俗懇話会報告 柳田国男と沖縄研究（酒井卯作）「法政大学沖縄文化研究所所報」 法政大学沖縄文化研究所 50 2001.8

沖縄の民間信仰に探るその死生観—21世紀の「死ぬヒント」を求めて（太田有紀）「あらはれ : 猿田彦大神フォーラム年報 : ひらかれる未来神話」 猿田彦大神フォーラム 4 2001.9

第283回研究会報告（要旨）伝承からの二つの流れ—組踊「巡見官」と候文物語「孝児継母免科事」（徳元剛）「沖縄芸能史研究会会報」 沖縄芸能史研究会 （283） 2001.9

民俗 祭祀の受容の仕方に特質が（石垣博孝）「沖縄・八重山文化研究会会報」 沖縄・八重山文化研究会 （116） 2001.10

第284回研究会報告（要旨）舞踊歌劇「三日月（アカマター）」について（當間一郎）「沖縄芸能史研究会会報」 沖縄芸能史研究会 （284） 2001.10

組踊「月の豊多」再演「沖縄芸能史研究会会報」 沖縄芸能史研究会 （284） 2001.10

島袋本流紫の会45周年記念松の公演—古典の継承「沖縄芸能史研究会会報」 沖縄芸能史研究会 （284） 2001.10

沖縄キリスト教国新聞「道しるべ」にみる沖縄キリスト者の社会意識—「祖国復帰」を中心に—（小林紀由）「沖縄文化」 沖縄文化協会 36（2）通号92 2001.10

沖縄の船・航海・祭祀 説話と歌謡から（波照間永吉）「東北学.［第1期］」東北芸術工科大学東北文化研究センター，作品社（発売） 5 2001.10

第285回研究会報告（要旨）渡嘉敷守良の芸風 その「継承と研究」に期待（宮城鷹夫）「沖縄芸能史研究会会報」 沖縄芸能史研究会 （285） 2001.11

奄美と沖縄の俚諺（倉井則雄）「南島研究」 南島研究会 42 2001.11

オモロにおける「島が命」と八十島祭（福寛美）「南島史学」 南島史学会（57・58） 2001.11

沖縄学と「おもろさうし」（外間守善）「沖縄学 : 沖縄学研究所紀要」沖縄学研究所 5（1）通号5 2001.12

故平敷令治先生の「沖縄民俗学」（仲松弥秀）「南島文化研究所所報」 沖縄国際大学南島文化研究所 48 2001.12

沖縄のよもやま話（西表宏）「Museum Kyushu : 文明のクロスロード」 博物館等建設推進九州会議 19（1）通号71 2002.1

第120回研究会報告 沖縄の染織文化研究と鎌倉ノート（久貝典子）「沖縄・八重山文化研究会会報」 沖縄・八重山文化研究会 （120） 2002.2

第23回研究会報告 藍の話し（秋山眞和）「沖縄染織研究会通信」 沖縄染織研究会 23 2002.2

沖縄近海鯨類の人との関わりと変遷（山本英康）「あじまぁ : 名護博物館紀要」 名護博物館 10 2002.3

講演会 沖縄の神々の形象—説話の神と祭祀・芸能の神（波照間永吉）「キリスト教文化研究所年報 : 民族と宗教」 宮城学院女子大学キリスト教文化研究所 （35） 2002.3

「フカに助けられた男の話」予祭として—民間説話と現実の視点から（山下欣一）「奄美沖縄民間文芸学」 奄美沖縄民間文芸学会 （2） 2002.3

ノロ衣装論（下野敏見）「沖縄文化研究 : 法政大学沖縄文化研究所紀要」法政大学沖縄文化研究所 （28） 2002.3

航海をめぐる歌謡—タビパイ（旅栄え）のアーグについて（上原孝三）「沖縄文化研究 : 法政大学沖縄文化研究所紀要」 法政大学沖縄文化研究所 （28） 2002.3

沖縄そばの大衆化と伝統化—沖縄近現代の食生活研究から（西村秀三）「沖縄民俗研究」 沖縄民俗学会 （21） 2002.3

沖縄のシャーマン—プリースト論をめぐる一考察—女性司祭者の就任過程を中心に（仲里亜希子）「沖縄民俗研究」 沖縄民俗学会 （21） 2002.3

湖南と沖縄の洗骨葬の比較研究（羅景珠，栗本吉基）「南島文化」 沖縄国際大学南島文化研究所 （24） 2002.3

タマシイ（霊魂）の諸相（岡本恵昭）「法政大学沖縄文化研究所所報」 法政大学沖縄文化研究所 51 2002.3

第2回沖縄民俗懇話会報告 沖縄の婚姻制について（酒井卯作）「法政大学沖縄文化研究所所報」 法政大学沖縄文化研究所 51 2002.3

口承文芸の周辺 2001年・沖縄（伊藤弘子）「伝え : 日本口承文芸学会会報」 日本口承文芸学会 30 2002.4

沖縄の御嶽 その聖地観をめぐって（上原孝三）「東北学.［第1期］」 東北芸術工科大学東北文化研究センター，作品社（発売） 6 2002.4

沖縄の田植えと「田植え歌」 アマウェーダの持つ意味（竹内重雄）「東北学.［第1期］」 東北芸術工科大学東北文化研究センター，作品社（発売） 6 2002.4

本棚 野坂昭如 戦争童話集沖縄篇『ウミガメと少年』（仲程昌徳）「ひめゆり平和祈念資料館資料館だより」 沖縄県女師・一高女ひめゆり平和祈念財団立ひめゆり平和記念資料館 29 2002.5

第25回研究会報告 沖縄の染織文化研究と鎌倉ノート（久貝典子）「沖縄染織研究会通信」 沖縄染織研究会 24 2002.5

ネーネーズにおけるメンバー個人の音楽的志向—民謡とポップの境界を越えて（高橋美樹）「沖縄文化」 沖縄文化協会 37（1）通号93 2002.5

沖縄言葉（宮里朝光）「博友 : 沖縄県立博物館友の会機関誌」 沖縄県立博物館友の会 16 2002.5

ヤマトゥンチュ嫁試論—現代沖縄の"生活者たち"を考えるために（石附馨）「日本民俗学」 日本民俗学会 通号231 2002.8

第294回研究会報告（要旨）組踊「屋慶名大主敵打」について（當間一郎）「沖縄芸能史研究会会報」 沖縄芸能史研究会 （294） 2002.9

平良市総合博物館第43回企画「沖縄の染め織り—その素材と色の植物展」展について（小林裕子）「宮古郷土史研究会会報」 宮古郷土史研究会 132 2002.9

書評 外間守善・波照間永吉編著『定本おもろさうし』（間宮厚司）「法政大学沖縄文化研究所所報」 法政大学沖縄文化研究所 52 2002.9

書評 具志堅興貞著『沖縄移住地—ボリビアの大地とともに—』、望月雅彦著『ボルネオに渡った沖縄の漁夫と女工』（細田亜津子）「法政大学沖縄文化研究所所報」 法政大学沖縄文化研究所 52 2002.9

研究会だより 第4回沖縄民俗懇話会報告沖縄の自然と民俗（酒井卯作）「法政大学沖縄文化研究所所報」 法政大学沖縄文化研究所 52 2002.9

第295回研究会報告（要旨）宮里春行師を語る（岸本吉雄）「沖縄芸能史研究会会報」 沖縄芸能史研究会 （295） 2002.10

第28回研究会報告 蘇った2000年前の布地（中嶋鉄利）「沖縄染織研究会通信」 沖縄染織研究会 27 2002.11

流歌集から俗謡集、そして民謡集へ（仲程昌徳）「沖縄文化」 沖縄文化協会 37（2）通号94 2002.11

近代沖縄の民間社会事業—浄土真宗の仏教慈善事業と岡山孤児院の沖縄公演（末吉重人）「沖縄文化」 沖縄文化協会 37（2）通号94 2002.11

「しまうた」にまつわる諸概念の成立過程—沖縄を中心として（高橋美樹）「沖縄文化」 沖縄文化協会 37（2）通号94 2002.11

新刊紹介 真南風の会編『美ら布沖縄の風を織る光を染める』（久貝典子）「沖縄文化」 沖縄文化協会 37（2）通号94 2002.11

書評 真嘉志康忠『沖縄芝居と共に—老役者の独り言』（大嶺可代）「沖縄文化」 沖縄文化協会 37（2）通号94 2002.11

随想 沖縄「肝」の文化（山内範治）「しまうた」 しまうた文化研究会 14 2002.12

第298回研究会報告（要旨）渡嘉敷守良と沖縄芝居（徳元剛）「沖縄芸能史研究会会報」 沖縄芸能史研究会 （298） 2003.1

第29回沖縄染織研究会 鎌倉芳太郎収集紅型型紙の紹介（平田美奈子）「沖縄染織研究会通信」 沖縄染織研究会 28 2003.1

第299回研究会報告（要旨）田里朝直の作劇法の特徴（當間一郎）「沖縄芸能史研究会会報」 沖縄芸能史研究会 （299） 2003.2

沖縄の紋章（稲福政斉）「浦添市美術館紀要」 浦添市美術館 （12） 2003.3

旅と観光の民俗学—沖縄の例（渡邊欣雄）「沖縄学 : 沖縄学研究所紀要」 沖縄学研究所 6（1）通号6 2003.3

沖縄の民間信仰図像の解釈の試み—沖縄図像研究会活動報告（尾形希和子, 小林純子, 桂且起）「沖縄芸術の科学 : 沖縄県立芸術大学附属研究所紀要」 沖縄県立芸術大学附属研究所 （15） 2003.3

第300回研究会報告（要旨）舞天の天地（小那覇全人）「沖縄芸能史研究会会報」 沖縄芸能史研究会 （300） 2003.3

キリスト教文化研究所公開講演会「沖縄研究ノート : 《共同研究》南島における民族と宗教」 宮城学院女子大学キリスト教文化研究所 （12） 2003.3

「為朝伝説と沖縄」（「本土復帰の意味―復帰三十年目の沖縄」）（比嘉実）「沖縄研究ノート : 《共同研究》南島における民族と宗教」 宮城学院女子大学キリスト教文化研究所 （12） 2003.3

奄美沖縄の葬送・出産儀礼における霊魂の付着と力の作用（加藤正春）「沖縄文化研究 : 法政大学沖縄文化研究所紀要」 法政大学沖縄文化研究所 （29） 2003.3

ミロク信仰 沖縄と韓国のミロク説話の比較研究（田畑博子）「沖縄文化研究 : 法政大学沖縄文化研究所紀要」 法政大学沖縄文化研究所 （29） 2003.3

ホントに大丈夫？ 長寿県沖縄—食生活の聞き取りから考える（大城雅代）「南風の杜 : 南風原文化センター紀要」 南風原文化センター 9 2003.3

シマの記憶・シマの心意（山下欣一）「法政大学沖縄文化研究所所報」 法政大学沖縄文化研究所 53 2003.3

〈研究会だより 第5回・第6回沖縄民俗懇話会報告〉「法政大学沖縄文化研究所所報」 法政大学沖縄文化研究所 53 2003.3

沖縄の他界観念（1）一方位について（酒井卯作）「法政大学沖縄文化研究所所報」 法政大学沖縄文化研究所 53 2003.3

沖縄の他界観念（2）一魂の行方（酒井卯作）「法政大学沖縄文化研究所所報」 法政大学沖縄文化研究所 53 2003.3

沖縄音楽における歌詞のリズムと楽式（金城厚）「季刊沖縄」 沖縄協会 8（1・2）通号24 2003.4

沖縄 綱引きの旗頭（下地好孝）「きりん」 荒木集成館友の会 7 2003.5

第30回沖縄染織研究会 芭蕉布の研究について（カトリーヌ・ヘンドリックス）「沖縄染織研究会通信」 沖縄染織研究会 29 2003.5

第303回研究会報告（要旨）復元作業について（大城ナミ）「沖縄芸能史研究会会報」 沖縄芸能史研究会 （303） 2003.6

第32回研究会報告 紅型宗家城間家14代城間栄喜の壁掛（児玉絵里子）「沖縄染織研究会通信」 沖縄染織研究会 31 2003.8

沖縄芝居の時代（大城和喜）「こがね南風」 南風原町立南風原文化センター （11） 2003.9

第305回研究会報告（要旨）村踊り等の「踊り番組」について（當間一郎）「沖縄芸能史研究会会報」 沖縄芸能史研究会 （305） 2003.9

沖縄における仏教受容と展開（1）～（6）―生活の空間構成（仏間）を中心に（神山正之）「史迹と美術」 史迹美術同攷会 73（8）通号738/74（9）通号749 2003.9/2004.11

第306回研究会報告（要旨）沖縄芸能ブラジル公演に参加して（仲嶺貞夫）「沖縄芸能史研究会会報」 沖縄芸能史研究会 （306） 2003.10

「宇宙神話と君主権力の起源」の導くもの（《研究所創設者・初代所長中村哲先生追悼号》）（細田亜津子）「法政大学沖縄文化研究所所報」 法政大学沖縄文化研究所 54 2003.10

第307回研究会報告（要旨）ハワイ沖縄親善交流公演―沖縄の古謡を聴く（上里平三）「沖縄芸能史研究会会報」 沖縄芸能史研究会 （307） 2003.11

沖縄の組踊（倉井則雄）「南島研究」 南島研究会 44 2003.11

第308回研究会報告（要旨）明治時代に上演された「忠孝婦人」（与那覇晶子）「沖縄芸能史研究会会報」 沖縄芸能史研究会 （308） 2003.12

第309回研究会報告（要旨）古文書に見る芸能者たち（徳元剛）「沖縄芸能史研究会会報」 沖縄芸能史研究会 （309） 2004.1

第34回沖縄染織研究会発表要旨「鎌倉芳太郎資料集」の紹介（平田美奈子）「沖縄染織研究会通信」 沖縄染織研究会 33 2004.1

第310回研究会報告（要旨）村踊りに見る朝直の組踊（當間一郎）「沖縄芸能史研究会会報」 沖縄芸能史研究会 （310） 2004.2

沖縄における〈シマクサラシ儀礼〉の民俗学的研究（宮平盛晃）「奄美沖縄民間文芸学」 奄美沖縄民間文芸学会 （4） 2004.3

沖縄のミルク神に関する研究（城間義勝）「奄美沖縄民間文芸学」 奄美沖縄民間文芸学会 （4） 2004.3

「命どぅ宝」の典拠（波平八郎）「沖縄学 : 沖縄学研究所紀要」 沖縄学研究所 7（1）通号7 2004.3

位牌継承問題とユタ信仰（宮平真弥）「沖縄関係学研究会論集」 沖縄関係学研究会 8 2004.3

定例会報告 うたと音を通って沖縄へ（東琢磨）「沖縄関係学研究会論集」 沖縄関係学研究会 8 2004.3

第311回研究会報告（要旨）田里朝直生誕三百年祈念事業を終えて（仲嶺貞夫）「沖縄芸能史研究会会報」 沖縄芸能史研究会 （311） 2004.3

加藤三吾の沖縄研究―『琉球乃研究』をめぐって（齊藤郁子）「沖縄文化」 沖縄文化協会 39（1）通号97 2004.3

中世沖縄の稲祭と雨乞儀礼にみる大アムシラレとヒキ系官人の役割（上）―王府と久米島にみる二系的な祭祀に関連して（真嘉志瑠子）「沖縄文化研究 : 法政大学沖縄文化研究所紀要」 法政大学沖縄文化研究所 （30） 2004.3

沖縄の操り獅子の諸相（上地博）「文化課紀要」 沖縄県教育委員会 20 2004.3

第312回研究会報告（要旨）「組踊の世界」を発行して―「私の見方・楽しみ方」（勝連繁雄）「沖縄芸能史研究会会報」 沖縄芸能史研究会 （312） 2004.4

親泊千代さんの思い出 島唄無惨（中村裕子）「季刊沖縄」 沖縄協会 9（1・2）通号26 2004.4

沖縄の民俗学的研究（記念講演）（赤嶺政信）「季刊沖縄」 沖縄協会 9（1・2）通号26 2004.4

古の美しい沖縄―鎌倉芳太郎の写真より（歴史に学ぶシリーズ（17））（宮城篤直）「しまたてぃ : 建設情報誌」 沖縄しまたて協会 29 2004.4

沖縄における葬墓制の変化―近世墓研究ノート（西銘章）「南島考古」 沖縄考古学会 23 2004.6

第35回沖縄染織研究会発表要旨 尚家伝来染織品の衣装構成と染色について―尚家関係資料総合調査報告書より（宮里正子）「沖縄染織研究会通信」 沖縄染織研究会 34 2004.7

第36回沖縄染織研究会発表要旨 チリンチーの織りなす模様と名称―平織を中心にして（嘉陽妙子）「沖縄染織研究会通信」 沖縄染織研究会 35 2004.7

矢野輝雄先生追悼「芸能研究特集」にあたって（波照間永吉）「沖縄文化」 沖縄文化協会 39（2）通号98 2004.7

組踊研究史序説―戦前の沖縄芸能研究から（清村まり子）「沖縄文化」 沖縄文化協会 39（2）通号98 2004.7

狂言「畑屋の願い」に関する考察（飯田泰彦）「沖縄文化」 沖縄文化協会 39（2）通号98 2004.7

大野道雄著『沖縄芝居とその周辺』(新刊紹介)(大竹有子)「沖縄文化」沖縄文化協会 39(2)通号98 2004.7

沖縄の葬墓制と骨の位置づけ(加藤正春)「民俗文化研究」 民俗文化研究所 (5) 2004.7

『古典女踊の舞踊譜』の発行にあたって(神村真紀子)「沖縄芸能史研究会会報」 沖縄芸能史研究会 (316) 2004.9

沖縄の「門中」について[1],[2](比嘉政夫)「季刊沖縄」 沖縄協会 9(3・4)通号27/10(1・2)通号28 2004.10/2005.4

戦没者追悼のかたち—沖縄全戦没者追悼式前夜祭と伝統芸能の奉納(佐藤壮広)「季刊沖縄」 沖縄協会 9(3・4)通号27 2004.10

史料が語る沖縄の羽衣伝説(小玉正任)「季刊沖縄」 沖縄協会 9(3・4)通号27 2004.10

我が沖縄見聞記(倉井則雄)「南島研究」 南島研究会 45 2004.10

第318回研究会報告(要旨)大きな恩恵『野村流聲楽譜附工工四』(照屋勝義)「沖縄芸能史研究会会報」 沖縄芸能史研究会 (318) 2004.11

近代沖縄における戦没者慰霊祭祀の受容とその社会的影響に関する一考察—新聞記事から観る招魂祭祀の概要から(加治順人)「沖縄民俗研究」 沖縄民俗学会 (22) 2004.12

位牌の移動から見た沖縄の位牌祭祀の一考察(武智方寛)「沖縄民俗研究」 沖縄民俗学会 (22) 2004.12

沖縄文化における泡盛—家庭内の年中行事との関わりで(松澤美枝)「沖縄民俗研究」 沖縄民俗学会 (22) 2004.12

浦添市美術館開館15周年記念展 紅房—昭和を駆け抜けた沖縄の漆器とそのデザイン「きよらさ : 浦添市美術館ニュース」 浦添市美術館 45 2005.1

講演「沖縄民俗学会」への歩み(上江洲均)「沖縄民俗研究」 沖縄民俗学会 (23) 2005.1

北部沖縄の墓制とその変遷—単葬墓制と木造家型墓(加藤正春)「沖縄民俗研究」 沖縄民俗学会 (23) 2005.1

帰郷者たちの伝統創出(笠原政治)「沖縄民俗研究」 沖縄民俗学会 (23) 2005.1

あるユタの成巫過程と世界観(宇栄原亜里砂)「沖縄民俗研究」 沖縄民俗学会 (23) 2005.1

沖縄における命名法(赤嶺春佳)「沖縄民俗研究」 沖縄民俗学会 (23) 2005.1

クスイナイビタン・沖縄—食を考える(フォーラム)(長谷俊雄)「法政大学沖縄文化研究所所報」 法政大学沖縄文化研究所 56 2005.1

安達義弘著『沖縄の祖先崇拝と自己アイデンティティ』(書評)(小熊誠)「日本民俗学」 日本民俗学会 通号221 2005.2

沖縄の天秤腰機と紋織の復元(柳悦州)「沖縄芸術の科学 : 沖縄県立芸術大学附属研究所紀要」 沖縄県立芸術大学附属研究所 (17) 2005.3

『宇宙神話と君主権力の起源』の導くもの—中村哲先生の志をどう引き継いでいくか(〈追悼文—中村哲先生を偲んで〉)(細田亜津子)「沖縄文化研究 : 法政大学沖縄文化研究所紀要」 法政大学沖縄文化研究所 (31) 2005.3

『柳田国男の遺志』と沖縄文化研究所(〈追悼文—中村哲先生を偲んで〉)(吉成直樹)「沖縄文化研究 : 法政大学沖縄文化研究所紀要」 法政大学沖縄文化研究所 (31) 2005.3

アジア絣文化圏の形成と琉球・沖縄絣の文化的境位—「絣の起源・伝播・受容・熟成」論的検討のための序章(〈追悼論文〉)(安江孝司)「沖縄文化研究 : 法政大学沖縄文化研究所紀要」 法政大学沖縄文化研究所 (31) 2005.3

沖縄における14世紀~16世紀の中国産白磁の再整理 付.14~16世紀の青磁の様相整理メモ(新垣力, 瀬戸哲也)「沖縄埋文研究 : 紀要」 沖縄県立埋蔵文化財センター (3) 2005.3

沖縄の準構造船・サバニ—その登場から代替・消滅・継承まで(板井英伸)「民具研究」 日本民具学会 (131) 2005.3

沖縄の養生食と長寿(尚弘子)「季刊沖縄」 沖縄協会 10(1・2)通号28 2005.4

第37回沖縄染織研究会発表要旨 沖縄の織締め技法について(多和田淑子)「沖縄染織研究会通信」 沖縄染織研究会 36 2005.5

第40回沖縄染織研究会発表要旨本土の代表的な型紙から紅型型紙の模様の特徴を考える(平田美奈子)「沖縄染織研究会通信」 沖縄染織研究会 39 2005.5

第41回沖縄染織研究会発表要旨いわゆる「古着・古布」をめぐって(朝岡康二)「沖縄染織研究会通信」 沖縄染織研究会 40 2005.6

馬場と馬勝負—沖縄における農村娯楽の一側面(西村秀三)「沖縄文化」 沖縄文化協会 40(1)通号99 2005.6

知識ファイル箱(17)あやつり獅子箱—どこからやってきたのか? 沖縄の幻の民族芸能(上江洲安亨)「首里城公園友の会会報」 首里城公園友の会 (52) 2005.6

歴史 琉球遠景・近景(4)沖縄の泡盛について(萩尾俊章)「しまたてぃ : 建設情報誌」 沖縄しまたて協会 (34) 2005.7

ムヌ(物)の埋とクトゥ(事)の理—沖縄におけるもう一つの病因論と癒し(田中真砂子)「民俗文化研究」 民俗文化研究所 (6) 2005.8

奄美・沖縄のノロ祭祀具(鉦)について(町健次郎)「南島研究」 南島研究会 46 2005.9

「パナリ焼のイメージ」を考える(島袋綾野)「法政大学沖縄文化研究所所報」 法政大学沖縄文化研究所 57 2005.9

伝統的な沖縄の食文化について(岸朝子)「季刊沖縄」 沖縄協会 10(3・4)通号29 2005.10

沖縄の景観シンポジウム 基調講演 沖縄の風土と景観づくり(篠原修)「しまたてぃ : 建設情報誌」 沖縄しまたて協会 (35) 2005.10

第43回沖縄染織研究会発表要旨非破壊分析法による尚家伝承染色品"紅型"色材調査(下山進)「沖縄染織研究会通信」 沖縄染織研究会 42 2005.11

沖縄における鉄器研究について(當眞嗣一)「沖縄県立博物館紀要」 沖縄県立博物館 (31) 2005.12

戦時・戦後の沖縄に生れた島うたに表現されるウチナーンチュの精神性「時代—金城実 戦時戦後をうたう」からの一考察(當間健作)「あやみや : 沖縄市立郷土博物館紀要」 沖縄市立郷土博物館 (14) 2006.1

創生 芸能が創る地域社会(大城學)「しまたてぃ : 建設情報誌」 沖縄しまたて協会 (36) 2006.1

酒井正子著『奄美・沖縄 哭きうたの民族誌』(書誌紹介)(鈴木正崇)「日本民俗学」 日本民俗学会 通号245 2006.2

「ダバオ国」の沖縄人社会再考—本土日本人, フィリピン人との関係を中心に(大野俊)「移民研究」 琉球大学移民研究センター (2) 2006.3

TO OKINAWA AND BACK AGAIN: ハワイの沖縄系帰米二世のライフヒストリー(前原絹子)「移民研究」 琉球大学移民研究センター (2) 2006.3

沖縄社会と日系人・外国人・アメラジアン—新たな出会いとつながりをめざして(安藤由美, 鈴木規之, 野入直美)「移民研究」 琉球大学移民研究センター (2) 2006.3

石敢当に併(付)刻されている文言・記号(小玉正任)「沖縄学 : 沖縄学研究所紀要」 沖縄学研究所 9(1)通号9 2006.3

「紅型」という名前(久貝典子)「沖縄学 : 沖縄学研究所紀要」 沖縄学研究所 9(1)通号9 2006.3

近代以降の紅型と伝統—「沖縄の色合い」をめぐって(村松彰子)「沖縄芸術の科学 : 沖縄県立芸術大学附属研究所紀要」 沖縄県立芸術大学附属研究所 (18) 2006.3

中世沖縄の稲祭と雨乞儀礼にみる大アムシラレとヒキ系官員の役割(下)—主に、王府のミシキョマと雨乞儀礼に関して(真喜志瑤子)「沖縄文化研究 : 法政大学沖縄文化研究所紀要」 法政大学沖縄文化研究所 (32) 2006.3

奄美・沖縄・韓国の兄妹・姉弟婚姻説話(田畑博子)「沖縄文化研究 : 法政大学沖縄文化研究所紀要」 法政大学沖縄文化研究所 (32) 2006.3

民具論からみたサバニ(《特集 シンポジウム「サバニの伝統と未来」》)(上江洲均)「沖縄民俗研究」 沖縄民俗学会 (24) 2006.3

沖縄先史時代の貝文化(安里嗣淳)「沖縄埋文研究 : 紀要」 沖縄県立埋蔵文化財センター (4) 2006.3

琉球(沖縄)における神社(道道)の略史(新垣裕之)「首里城研究」 首里城公園友の会 (8) 2006.3

奄美沖縄の近代「公園」と民俗空間(町健次郎)「首里城研究」 首里城公園友の会 (8) 2006.3

『おもろさうし』と中世(フォーラム)(福寛美)「法政大学沖縄文化研究所所報」 法政大学沖縄文化研究所 (59) 2006.3

講演会 民衆のために生きた土木技術者たち(高橋裕)「しまたてぃ : 建設情報誌」 沖縄しまたて協会 (37) 2006.4

沖縄奄美の音楽芸能の現代的展開(記念講演)(久万田晋)「季刊沖縄」 沖縄協会 11(1・2)通号30 2006.4

沖縄の獅子舞の起源とその一考察(《特集 獅子芸能の世界へ》)—〈民族芸能研究会の芸能〉(李応寿)「まんだら : 東北文化友の会会報」 東北芸術工科大学東北文化研究センター (27) 2006.5

第44回沖縄染織研究会発表要旨 鎌倉芳太郎コレクション型紙の文字情報について(豊見山愛)「沖縄染織研究会通信」 沖縄染織研究会 (43) 2006.5

第45回沖縄染織研究会発表要旨 藍について(小橋川順市)「沖縄染織研究会通信」 沖縄染織研究会 (44) 2006.5

沖縄からの報告(小林幸男)「日本民俗音楽学会会報」 日本民俗音楽学会 (25) 2006.6

第168回研究会報告 沖縄の火の神信仰(宮良安彦)「沖縄・八重山文化研究会会報」 沖縄・八重山文化研究会 (168) 2006.6

沖縄芸能研究史のあらまし(大城學)「沖縄文化」 沖縄文化協会 40(2)通号100 2006.6

創生「島や宝」が合言葉(寺田麗子)「しまたてぃ : 建設情報誌」 沖縄しまたて協会 (38) 2006.7

沖縄葬墓文化の重層性について—東南中国との比較から(《特集 第30回大会》)—〈公開シンポジューム 環シナ海文化からみた沖縄》)(蔡文高)「民具研究」 日本民具学会 (134) 2006.9

沖縄出土の備前焼(《備前歴史フォーラム 備前焼・海の道・夢フォーラ

ム2006―備前焼の歴史と未来像をもとめて》）（池田榮史）「備前市歴史民俗資料館紀要」 備前市歴史民俗資料館 （8）2006.9

アムトゥとアムトゥ神（先田光演）「奄美沖縄民間文芸学」 奄美沖縄民間文芸学会 （6）2006.9

Cocco論序説、あるいは、ウタの始まり―〈ウタの癒し〉から〈癒しのウタ〉へ（未次智）「奄美沖縄民間文芸学」 奄美沖縄民間文芸学会 （6）2006.9

沖縄における家畜と供犠―「シマクサラシ儀礼」をめぐって《《特集 家畜とペット》》（宮平盛晃）「東北学．［第2期］」 東北芸術工科大学東北文化研究センター，柏書房（発売）（9）2006.10

沖縄と日本各地の石造物についての一考察（ヒンプンを中心として）（赤嶺逸男）「南島史学」 南島史学会 （68）2006.10

『おもろさうし』における玉について（大竹有子）「沖縄文化」 沖縄文化協会 41（1）通号101 2006.11

書評 内間直仁・野原三義［編著］『沖縄語辞典―那覇方言を中心に―』（西岡敏）「沖縄文化」 沖縄文化協会 41（1）通号101 2006.11

沖縄における口噛み酒と神酒の民俗（萩尾俊章）「沖縄県立博物館紀要」 沖縄県立博物館 （32）2006.12

資料紹介 沖縄の伝統鳥籠について（久場政彦）「沖縄県立博物館紀要」 沖縄県立博物館 （32）2006.12

近代沖縄における泡盛・焼酎の伝統的蒸留器と酒の類別化（萩尾俊章）「泡盛研究」 泡盛学会 （発売）（2）2007.3

歌謡探訪―謡に訪ねる風土の旅（10）〜（18）（仲宗根幸一）「しまたてぃ： 建設情報誌」 沖縄しまたて協会 （40）/（48）2007.1/2009.01

史跡巡見「再生する沖縄の墓」に参加して（いろいろレポート）（比嘉幸子）「首里城公園友の会会報」 首里城公園友の会 （58）2007.3

第48回沖縄染織研究会発表要旨 北欧の染織―畦機を中心に（片岡淳）「沖縄染織研究会通信」 沖縄染織研究会 （47）2007.2

沖縄の老・病・死の実際―ユタとの関わりを通して（大城博美）「史境」 歴史人類学会 日本国書センター（発売）（54）2007.3

修学旅行生が見る沖縄（木村友典）「高校地理歴史・公民科紀要」 栃木県高等学校教育研究会地理歴史・公民部会 （45）2007.3

沖縄における男性の祭祀―シヌグとアミドゥシ（黒田一充）「関西大学博物館紀要」 関西大学博物館 13 2007.3

沖縄の豚血下地について―職人から聞取りをもとに（伊禮綾乃）「よのつぢ： 浦添市文化部紀要： bulletin of Culture Department,Urasoe City」 浦添市教育委員会文化部 （3）2007.3

『おもろさうし』の詞書（松永明）「沖縄学： 沖縄学研究所紀要」 沖縄学研究所 10（1）通号10 2007.3

袋中上人とエイサー（山城宗朝）「沖縄学： 沖縄学研究所紀要」 沖縄学研究所 10（1）通号10 2007.3

近代沖縄の芸術研究（1）―末吉安恭（麦門冬）と鎌倉芳太郎（粟国恭子）「沖縄芸術の科学： 沖縄県立芸術大学附属研究所紀要」 沖縄県立芸術大学附属研究所 （19）2007.3

死者との究極のわかれ―奄美沖縄の突きうた（葬送歌）（酒井正子）「沖縄研究ノート：《共同研究》南島における民族と宗教」 宮城学院女子大学キリスト教文化研究所 （16）2007.3

第50回沖縄染織研究会発表要旨 古い紅型型紙に残された下絵（平田美奈子）「沖縄染織研究会通信」 沖縄染織研究会 （49）2007.4

北部沖縄の葬制と他界観・再生観―沖縄・本部町備瀬の事例を中心に（中畑充弘）「南島史学」 南島史学会 （69）2007.4

オーラル・ヒストリー総合研究会参加報告「水商売」の女性たちの研究とオーラル・ヒストリーの模索―沖縄を中心に（平井和子）「静岡県近代史研究会会報」 静岡県近代史研究会 （344）2007.5

ハワイ・沖縄移民たちの短歌（仲程昌徳）「沖縄文化」 沖縄文化協会 41（2）通号102 2007.5

近代沖縄における五線譜の受容―宮良長包の民謡採譜を中心に（三島わかな）「沖縄文化」 沖縄文化協会 41（2）通号102 2007.5

講演 沖縄の古風葬とオカヤドカリ類（〈2006年度第2回研修会 津堅島〉）（当山昌直）「あしびなぁ」 沖縄県地域史協議会 （18）2007.6

沖縄における葬祭と仏教（研究発表）（武田道生）「日本精神文化」 日本精神文化学会 （17）2007.7

沖縄の獅子舞と獅子神信仰（《特集 獅子舞とシシ踊り》）（大城學）「東北学．［第2期］」 東北芸術工科大学東北文化研究センター，柏書房（発売）（12）2007.8

南島民具―沖縄・奄美の民具（上江洲均）「民具研究」 日本民具学会 （特別号）2007.8

八月踊り 按司添とシャンクルメ（先田光演）「奄美沖縄民間文芸学」 奄美沖縄民間文芸学会 （7）2007.8

沖縄化される奄美のイメージ、脱沖縄化する奄美のイメージ（四條真也）「民俗文化研究」 民俗文化研究所 （8）2007.8

沖縄におけるミルクとシシの考察―ミルクとシシの芸能と役割の成立（古野野洋子）「民俗文化研究」 民俗文化研究所 （8）2007.8

沖縄の一人用―次葬墓について―土井卓治先生の沖縄調査との関連で（加藤正春）「岡山民俗」 岡山民俗学会 通号225 2007.10

『おもろさうし』の語学的研究（私の研究）（阿部美菜子）「法政大学沖縄文化研究所所報」 法政大学沖縄文化研究所 （61）2007.10

お盆と食 滋賀、沖縄、ラオスの盆行事（《特集 地元に残したい食材（4）》）（堀越昌子）「滋賀の食事文化（年報）」 滋賀の食事文化研究会 （16）2007.12

第183回研究会報告 冊封の意義と「冊封儀礼再現イベント」のビデオの概要（漢那敬子）「沖縄・八重山文化研究会会報」 沖縄・八重山文化研究会 （184）2007.12

口絵 坂部のカヤダカラと沖縄のサングァー（橋都正）「伊那」 伊那史学会 56（1）通号956 2008.1

写真から見る沖縄の墓（知名定順）「ガラマン： 宜野座村立博物館紀要」 宜野座村教育委員会 （14）2008.3

君手摩りの百果報事で託宣されたおもろの特徴（松永明）「沖縄学： 沖縄学研究所紀要」 沖縄学研究所 11（1）通号11 2008.3

近代沖縄の芸術研究（2）―鎌倉芳太郎と比嘉朝健・琉球芸術研究の光と影（粟国恭子）「沖縄芸術の科学： 沖縄県立芸術大学附属研究所紀要」 沖縄県立芸術大学附属研究所 （20）2008.3

沖縄の三線音楽における「早弾き」演奏法の音楽性の考察―リズムを中心に（マット，ギラン）「沖縄芸術の科学： 沖縄県立芸術大学附属研究所紀要」 沖縄県立芸術大学附属研究所 （20）2008.3

御後絵―復元か、再生か、それとも―佐藤文彦「遙かなる御後絵」によせて（井上研一郎）「沖縄研究ノート：《共同研究》南島における民族と宗教」 宮城学院女子大学キリスト教文化研究所 （17）2008.3

中世沖縄の王府儀礼〈キミテズリ百果報事〉の意義―「おもろさうし」と「公事帳」にみる「御捧」献上の場〈君誇〉に関連して（真喜志瑶子）「沖縄文化研究」 法政大学沖縄文化研究所 （34）2008.3

仮面祭祀からみた沖縄の「ミロク信仰」―八重山諸島竹富島の事例を中心に（古谷野洋子）「沖縄民俗研究」 沖縄民俗学会 （26）2008.3

論評 柳田国男の民俗学と沖縄（赤嶺政信）「沖縄民俗研究」 沖縄民俗学会 （26）2008.3

「アメジョ」の語り―戦後沖縄の異文化接触の一側面（2005年度卒業論文発表要旨）（新垣真）「沖縄民俗研究」 沖縄民俗学会 （26）2008.3

近代医療の中にみる民俗―「葬送」の移り変わりと近代医療のなかの「魔法」を通して（2005年度卒業論文発表要旨）（池原恵子）「沖縄民俗研究」 沖縄民俗学会 （26）2008.3

沖縄における貿易陶磁研究（瀬戸哲也，仁王浩司，玉城靖，宮城弘樹，安座間充，松原哲志）「沖縄埋文研究： 紀要」 沖縄県立埋蔵文化財センター （5）2008.3

宮古島市総合博物館第5回企画展「沖縄の紙展 in 宮古島―自然・歴史・生活・アート―」展終了（下地利幸）「宮古郷土史研究会会報」 宮古郷土史研究会 （165）2008.3

沖縄文化研究所叢書『沖縄古語の深層』（新刊紹介）（間宮厚司）「法政大学沖縄文化研究所所報」 法政大学沖縄文化研究所 （63）2008.8

奄美沖縄の死者儀礼と霊魂観念―死と離脱する二つの霊魂をめぐって（加藤正春）「民俗文化研究」 民俗文化研究所 （9）2008.8

神話とうたと歴史―「史歌」の方法（藤井貞和）「奄美沖縄民間文芸学」 奄美沖縄民間文芸学会 （8）2008.9

沖縄の瓦（石井龍太）「南島研究」 南島研究会 通号49 2008.11

本の紹介 ボルネオに渡った沖縄の漁夫と女工/封舟往還/躍（うどぅい）―児玉清子と沖縄芸能/琉球王国誕生（酒井卯作）「南島研究」 南島研究会 通号49 2008.11

沖縄における「地鎮め」の様相（新垣力）「廣友会誌」 廣友会 （4）2008.11

沖縄闘牛考―その様式の変遷（比嘉良憲）「あやみや： 沖縄市立郷土博物館紀要」 沖縄市立郷土博物館 （17）2009.2

記録 第36回沖縄私立郷土博物館企画展関連事業 パネルディスカッション「これからのエイサーの継承について」（尾崎江利子）「あやみや： 沖縄市立郷土博物館紀要」 沖縄市立郷土博物館 （17）2009.02

沖縄の村落社会における「カミンチュになる」ということの意味（大城博美）「日本民俗学」 日本民俗学会 通号257 2009.02

涼傘・アオリ考（松永明）「沖縄学： 沖縄学研究所紀要」 沖縄学研究所 12（1）通号12 2009.03

おもろ語考（仲宗根政善）「沖縄文化」 沖縄文化協会 42（2）通号104 2009.03

『おもろさうし』・動詞「かける」について（安部美菜子）「沖縄文化研究： 法政大学沖縄文化研究所紀要」 法政大学沖縄文化研究所 （35）2009.03

方言論争再考―方言復活論者になった吉田嗣延（船津好明）「沖縄文化研究： 法政大学沖縄文化研究所紀要」 法政大学沖縄文化研究所 （35）2009.03

遺骨の移動からみた先祖観―現代沖縄社会における墓の移動に関する一考察（越智郁乃）「沖縄民俗研究」 沖縄民俗学会 （27）2009.03

沖縄闘牛の民俗誌（2006年度卒業論文発表要旨）（伊波なぎさ）「沖縄民俗研究」 沖縄民俗学会 （27）2009.03

沖縄のキリスト教信徒の祖先観―沖縄の祖先崇拝とキリスト教（2006年度卒業論文発表要旨）（玉城詩織）「沖縄民俗研究」 沖縄民俗学会 （27） 2009.03

「沖縄の紙を考える会」の活動について（栗国恭子）「民具研究」 日本民具学会 （139） 2009.03

研究ノート 南洋移民の語りにみる「移民像」―サイパンに渡った沖縄系2世のライフヒストリーから（又吉祥一郎）「移民研究」 琉球大学移民研究センター （5） 2009.03

書評 大城立裕『花の幻―新作組踊十番』（鈴木耕太）「沖縄文化」 沖縄文化協会 43（1）通号105 2009.06

老いと「宗教的なもの」に関する一考察―沖縄離島の事例から（後藤晴子）「沖縄文化」 沖縄文化協会 43（1）通号105 2009.06

島人を魅了するウシオーラセー―沖縄闘牛の歴史と人々を魅了した大会（宮城邦治）「しまたてぃ ： 建設情報誌」 沖縄しまたて協会 （50） 2009.7

台湾発のオナリ神研究―馬淵東一の沖縄研究をめぐって（笠原政治）「民俗文化研究」 民俗文化研究所 （10） 2009.08

「エイサー」とは何であったか―引いてみたい渡邊他編『民俗民俗辞典』（渡邊欣雄）「民俗文化研究」 民俗文化研究所 （10） 2009.08

書評 高梨一美著『沖縄の「かみんちゅ」たち―女性祭司の世界』（鈴木正崇）「民俗芸能研究」 民俗芸能学会 （47） 2009.09

奄美・沖縄民間説話研究の回顧と展望序説―特に岩倉市郎を中心に（山下欣一）「奄美沖縄民間文芸学」 奄美沖縄民間文芸学会 （9） 2009.09

英雄伝説に託されたもの―海域社会の記録・記憶そして伝承（高橋一郎）「奄美沖縄民間文芸学」 奄美沖縄民間文芸学会 （9） 2009.09

語り継がれている民話「マルブンダチャー」（中澤鶴子）「奄美沖縄民間文芸学」 奄美沖縄民間文芸学会 （9） 2009.09

書評 高梨一美著『沖縄の「かみんちゅ」たち 女性祭司の世界』（岩田書院、2009年）（福寛美）「法政大学沖縄文化研究所報」 法政大学沖縄文化研究所 （65） 2009.09

島人を魅了するウシオーラセー―激戦の猛牛に歓喜！ ゆかり号人気で闘牛ブーム到来（宮城邦治）「しまたてぃ ： 建設情報誌」 沖縄しまたて協会 （51） 2009.10

冊封の舞台に供された組踊（鈴木耕太）「沖縄文化」 沖縄文化協会 43（2）通号106 2009.12

資料紹介 組踊「執心鐘入」の台本―伊波乥エと真境名本の比較（大城學）「沖縄文化」 沖縄文化協会 43（2）通号106 2009.12

「しまくとぅば」について（野原三義）「沖縄文化」 沖縄文化協会 43（2）通号106 2009.12

福建泉州の風獅爺と沖縄（王亦錚）「南島史学」 南島史学会 （74） 2009.12

青い海の再生を目指して（特集 沖縄の風土に根ざした土木技術）（西浜完治）「しまたてぃ ： 建設情報誌」 沖縄しまたて協会 （52） 2010.1

島人を魅了するウシオーラセー―地域と世代を超えて受け継がれる庶民娯楽の闘牛（宮城邦治）「しまたてぃ ： 建設情報誌」 沖縄しまたて協会 （52） 2010.04

伝統文化の継承―沖縄文化に寄せる試論―独自性とその普遍的価値（高草茂）「沖縄芸術の科学 ： 沖縄県立芸術大学附属研究所紀要」 沖縄県立芸術大学附属研究所 （22） 2010.03

日本民藝協会同人の沖縄調査―昭和13年～15年にかけて（久貝典子）「沖縄芸術の科学 ： 沖縄県立芸術大学附属研究所紀要」 沖縄県立芸術大学附属研究所 （22） 2010.03

琉球文学にみる沖縄人の心性―琉球文学の固有性をめぐって（波照間永吉）「沖縄芸術の科学 ： 沖縄県立芸術大学附属研究所紀要」 沖縄県立芸術大学附属研究所 （22） 2010.03

沖縄産施釉陶器に関する基礎研究（1）―灰釉碗を中心に（木村謙介）「壺屋焼物博物館紀要」 那覇市立壺屋焼物博物館 （11） 2010.3

『遺老説伝』の諸本について―近代に筆写された本文を中心に（木村淳也）「沖縄文化研究 ： 法政大学沖縄文化研究所紀要」 法政大学沖縄文化研究所 （36） 2010.03

沖縄民俗研究と仲松弥秀先生（特集 シンポジウム「仲松弥秀と沖縄研究」）（上江洲均）「沖縄民俗研究」 沖縄民俗学会 （28） 2010.03

仲松説における霊魂観と祖先祭祀（特集 シンポジウム「仲松弥秀と沖縄研究」）（赤嶺政信）「沖縄民俗研究」 沖縄民俗学会 （28） 2010.03

仲松説における葬法と神（特集 シンポジウム「仲松弥秀と沖縄研究」）（津波高志）「沖縄民俗研究」 沖縄民俗学会 （28） 2010.03

「ユタ」の専門性と民俗知―クライアントとの相談の場を事例として（2007年度会発表要旨）（村松彰子）「沖縄民俗研究」 沖縄民俗学会 （28） 2010.03

大阪で生きるウチナーンチュと沖縄の学生とのエイサーを通しての交流―外側と内側からのまなざしから生まれるもの（2007年度卒業論文発表要旨）（謝花美由子）「沖縄民俗研究」 沖縄民俗学会 （28） 2010.03

沖縄におけるアブシバレー儀礼の研究（2007年度修士論文発表要旨）（高嶺伸）「沖縄民俗研究」 沖縄民俗学会 （28） 2010.03

沖縄の色彩名を探る―南風原の織物の染織名を中心にして（博物館実習生レポート）（村上めぐみ）「南風の杜 ： 南風原文化センター紀要」 南風原文化センター （16） 2010.3

殺生釘補遺（2）（奄美・沖縄の民俗）（大脇潔）「民俗文化」 近畿大学民俗学研究所 （22） 2010.03

第64回沖縄染織研究会報告 日本の型紙（増井一平）「沖縄染織研究会通信」 沖縄染織研究会 （59） 2010.05

沖縄の木灰そばの製造と品質について（沖縄博物館友の会創立30周年記念シンポジウム）（仲間勇栄）「博友 ： 沖縄県立博物館友の会機関誌」 沖縄県立博物館友の会 （22） 2010.05

沖縄そばのダシと具（沖縄博物館友の会創立30周年記念シンポジウム）（平川宗隆）「博友 ： 沖縄県立博物館友の会機関誌」 沖縄県立博物館友の会 （22） 2010.05

神名要素としてのカサ（笠・傘）について（照屋理）「沖縄文化」 沖縄文化協会 44（1）通号107 2010.07

新刊紹介 加藤正春著『奄美沖縄の火葬と葬墓制―変容と持続―』（波照間永吉）「沖縄文化」 沖縄文化協会 44（1）通号107 2010.07

沖縄の色・形 金細工「南ぬ風 ： 財団法人海洋博覧会記念公園管理財団広報誌 ： 季刊誌」 海洋博覧会記念公園管理財団 （16） 2010.07

第66回沖縄染織研究会報告 むしろ機について（柳悦州）「沖縄染織研究会通信」 沖縄染織研究会 （61） 2010.09

シリーズ第1回 沖縄の芸能について―沖縄の芸能俯瞰と私見（鈴木耕太）「季刊沖縄」 沖縄協会 通号39 2010.09

沖縄の色・形 わらび細工「南ぬ風 ： 財団法人海洋博覧会記念公園管理財団広報誌 ： 季刊誌」 海洋博覧会記念公園管理財団 （17） 2010.10

ユークイ（世乞い）とウヤガン（祖先祭）をめぐって（上原孝三）「沖縄文化」 沖縄文化協会 44（2）通号108 2010.11

鵝の皮の衣服を着けた神―少名毘古那神、『礼記』「冊封」との関わりから（竹内重雄）「沖縄文化」 沖縄文化協会 44（2）通号108 2010.11

沖縄の民話 蚕の由来「南ぬ風 ： 財団法人海洋博覧会記念公園管理財団広報誌 ： 季刊誌」 海洋博覧会記念公園管理財団 （18） 2011.01

沖縄の民間説話―神話・伝説・昔話の間（福田晃）「奄美沖縄民間文芸学」 奄美沖縄民間文芸学会 （10） 2011.02

沖縄での竜蛇の話覚書（1）（本田碩孝）「奄美沖縄民間文芸学」 奄美沖縄民間文芸学会 （10） 2011.02

沖縄伝承話資料センターの活動（小特集3 各地から）（NPO法人沖縄伝承話資料センター事務局長）「伝え ： 日本口承文芸学会会報」 日本口承文芸学会 （48） 2011.02

沖縄における鉄並びに鍛冶に関する文献リスト（井口学）「あやみや ： 沖縄市立郷土博物館紀要」 沖縄市立郷土博物館 （19） 2011.3

『おもろさうし』英雄列伝序説（南島における民族と宗教20周年シンポジウム 見る、聞く、語る―沖縄の過去・現在・未来―――第2部 公開講演）（福寛美）〈共同研究〉南島における民族と宗教」 宮城学院女子大学キリスト教文化研究所 （20） 2011.03

近代沖縄 "空手"の普及発展（盧美威）「沖縄芸術の科学 ： 沖縄県立芸術大学附属研究所紀要」 沖縄県立芸術大学附属研究所 （23） 2011.03

沖縄の天秤腰機と紋織の復元の2―ロートン織の改良と絽織の復元（柳悦州）「沖縄芸術の科学 ： 沖縄県立芸術大学附属研究所紀要」 沖縄県立芸術大学附属研究所 （23） 2011.03

組踊「賢母三遷の巻」にみる儒学思想（研究ノート）（崎原麗霞）「沖縄文化研究 ： 法政大学沖縄文化研究所紀要」 法政大学沖縄文化研究所 （37） 2011.03

沖縄におけるカミンチュの一考察（2008年度卒業論文発表要旨）（高江洲力徳）「沖縄民俗研究」 沖縄民俗学会 （29） 2011.03

沖縄の民間療法の現状（2008年度卒業論文発表要旨）（國吉陽子）「沖縄民俗研究」 沖縄民俗学会 （29） 2011.03

沖縄の竈をめぐる民俗―竈合祭を中心に（2008年度卒業論文発表要旨）（比嘉香織）「沖縄民俗研究」 沖縄民俗学会 （29） 2011.03

村落祭祀の持続に関する動態的研究（2008年度修士論文発表要旨）（山川久乃）「沖縄民俗研究」 沖縄民俗学会 （29） 2011.03

御嶽の植物相についての民俗的研究（2008年度修士論文発表要旨）（木村甫）「沖縄民俗研究」 沖縄民俗学会 （29） 2011.03

巻頭言 何時なるか「述懐節」―65歳からの独習（仲程昌徳）「法政大学沖縄文化研究所所報」 法政大学沖縄文化研究所 （68） 2011.03

先祖崇拝とは何か（琉球・沖縄の葬制の変遷）（酒井卯作）「法政大学沖縄文化研究所所報」 法政大学沖縄文化研究所 （68） 2011.03

奄美・沖縄の民間説話研究の回顧と展望―私的回想などを中心に（山下欣一）「口承文藝研究」 日本口承文藝学会 （34） 2011.03

プロセスとしての民俗分類―現代沖縄におけるブタ/肉の商品化の時間と空間（比嘉理麻）「日本民俗学」 日本民俗学会 通号265 2011.03

公開講演会 渡邊欣雄氏「沖縄民俗の現代―高齢者生活論―」/所員研究例会「民俗学研究所ニュース」 成城大学民俗学研究所 （92） 2011.04

沖縄での蛇の話採録覚書（本田碩孝）「鹿児島民俗」 鹿児島民俗学会 （139） 2011.05

近代沖縄における五線譜の受容―山内盛彬の五線譜化を対象として（三島わかな）「沖縄文化」 沖縄文化協会 45（1）通号109 2011.06

沖縄県　　　　　　　　　　郷土に伝わる民俗と信仰　　　　　　　　　　九州・沖縄

沖縄の民話 ひばりの金貸し「南ぬ風 ： 財団法人海洋博覧会記念公園管理財団広報誌 ： 季刊誌」 海洋博覧会記念公園管理財団 （20） 2011.07

公開講演会 渡邊欣雄氏（中部大学教授）「沖縄民俗の現代―高齢者生活論―」（村松彰子）「民俗学研究所ニュース」 成城大学民俗学研究所 （93） 2011.07

里海の課題―里海とはどのようなものか？ どうすれば里海を作れるか？（鹿熊信一郎）「地域研究」 沖縄大学地域研究所 （8） 2011.08

書評 仲程昌徳著『沖縄文学の諸相―戦後文学・方言詩・戯曲・琉歌・短歌』（島村幸一）「法政大学沖縄文化研究所所報」 法政大学沖縄文化研究所 （69） 2011.09

沖縄の民話 蠅が手を擦り合わせるわけ「南ぬ風 ： 財団法人海洋博覧会記念公園管理財団広報誌 ： 季刊誌」 海洋博覧会記念公園管理財団 （21） 2011.10

ハワイ沖縄系移民による「ルーツ探し」（新垣智子）「女性と経験」 女性民俗学研究会 通号36 2011.10

境界の祈り―宮廷儀礼とシヌグ（沖縄）（長野ふさ子）「女性と経験」 女性民俗学研究会 通号36 2011.10

復帰後の港湾整備と県民の暮らし（特集 復帰後、沖縄の港湾・空港整備はどのように進められたか）（大城郁寛）「しまたてぃ ： 建設情報誌」 沖縄しまたて協会 （59） 2011.10

新刊紹介 久万田晋『沖縄の民俗芸能論―神祭り、臼太鼓からエイサーまで』（波照間永吉）「沖縄文化」 沖縄文化協会 45（2）通号110 2011.11

楽譜に見る念仏関連資料の関係とその構成（飯田くるみ）「沖縄文化」 沖縄文化協会 45（2）通号110 2011.11

沖縄における聖地巡拝慣習と観光（塩月亮子）「南島史学」 南島史学会 （77・78） 2011.12

南ぬ風インタビュー（15） 首里城を中心に沖縄の工芸の "美の発信" をしてもらいたい（室瀬和美）「南ぬ風 ： 財団法人海洋博覧会記念公園管理財団広報誌 ： 季刊誌」 海洋博覧会記念公園管理財団 （22） 2012.01

沖縄の民話 猿の長寿較べ「南ぬ風 ： 財団法人海洋博覧会記念公園管理財団広報誌 ： 季刊誌」 海洋博覧会記念公園管理財団 （22） 2012.01

沖縄で製作されたトンビャンという竜舌蘭繊維の織物―中国産の糸で製作された桐板との比較（研究ノート）（米村創）「日本民俗学」 日本民俗学会 （269） 2012.02

加藤正春著『奄美沖縄の火葬と葬墓制―変容と持続―』（書評）（武井基晃）「日本民俗学」 日本民俗学会 （269） 2012.02

せたがや文化創造塾・沖縄・組踊特別鑑賞会（平成23年度事業報告）「せたがやの文化財」 東京都世田谷区教育委員会事務局 （24） 2012.03

神奈川県民俗芸能保存協会の中における沖縄芸能（きらめくふるさと 2011かながわ民俗芸能祭特集）（長島浩子）「かながわの民俗芸能」 神奈川県民俗芸能保存協会 （76） 2012.03

奄美・沖縄のシャーマニズムと呪言・呪詞の生成（真下厚）「奄美沖縄民間文芸学」 奄美沖縄民間文芸学会 （11） 2012.03

基調講演 沖縄の祭祀とシャーマニズム（シンポジウム シャーマニズムと神歌）（赤嶺政信）「奄美沖縄民間文芸学」 奄美沖縄民間文芸学会 （11） 2012.03

奄美・沖縄のシャーマニズムと歌の発生（シンポジウム シャーマニズムと神歌）（真下厚）「奄美沖縄民間文芸学」 奄美沖縄民間文芸学会 （11） 2012.03

討議（シンポジウム シャーマニズムと神歌）「奄美沖縄民間文芸学」 奄美沖縄民間文芸学会 （11） 2012.03

沖縄における「ホタル」を利用した遊びについて（民俗）（岸本敬）「沖縄県立博物館・美術館博物館紀要」 沖縄県立博物館・美術館 （5） 2012.03

現代首里方言訳『沖縄対話』（1）―「第一章 四季の部」（春・夏）（仲原穣、仲里政子、新垣恒成、国吉朝政）「沖縄芸術の科学 ： 沖縄県立芸術大学附属研究所紀要」 沖縄県立芸術大学附属研究所 （24） 2012.03

1880年代の近代沖縄と石澤兵吾―〈勧業行政〉〈「琉球漆器考」成立背景〉〈琉球の絵師及び木脇啓四郎〉（粟国恭子）「沖縄芸術の科学 ： 沖縄県立芸術大学附属研究所紀要」 沖縄県立芸術大学附属研究所 （24） 2012.03

『おもろさうし』にみる王権正当化の論理（武部拓磨）「沖縄民俗研究」 沖縄民俗学会 （30） 2012.03

ベトナムのタオクァン（竈神）について―中国竈神・沖縄火の神との比較（2009年度卒業論文発表要旨）（鍋田尚子）「沖縄民俗研究」 沖縄民俗学会 （30） 2012.03

エイサーの持続と変化に関する動態的研究（2009年度修士論文発表要旨）（島袋幸司）「沖縄民俗研究」 沖縄民俗学会 （30） 2012.03

琉球・沖縄の葬制の変遷 墓と葬送の概念をめぐる覚書（加藤正春）「法政大学沖縄文化研究所所報」 法政大学沖縄文化研究所 （70） 2012.03

私の研究 南西諸島の信仰文化はいかに「宗教」として捉えられていったか―近代奄美・沖縄における知の力学と「語り直し」の可能性（及川

高）「法政大学沖縄文化研究所所報」 法政大学沖縄文化研究所 （70） 2012.03

書評 久万田晋著『沖縄の民俗芸能論―神祭り、臼太鼓からエイサーまで』（金城厚）「法政大学沖縄文化研究所所報」 法政大学沖縄文化研究所 （70） 2012.03

沖縄出身南洋移民の「言説」について―漁業従事者に関する新聞記事に焦点をあてて（川島淳）「よのつち ： 浦添市文化部紀要 ： bulletin of Culture Department,Urasoe City」 浦添市教育委員会文化部 （8） 2012.3

沖縄大会カメラルポ（特集 日本民俗音楽学会第25回沖縄大会 大会テーマ「故郷（ふるさと）を演ずる人々」）「日本民俗音楽学会会報」 日本民俗音楽学会 （36） 2012.03

特別講座「沖縄の民俗芸能の分類」（第25回大会報告「故郷（ふるさと）を演じる人々」2011 沖縄）（久万田晋）「民俗音楽研究」 日本民俗音楽学会 （37） 2012.03

公開講演会 沖縄民俗の現代―高齢者生活論（渡邊欣雄）「民俗学研究所紀要」 成城大学民俗学研究所 36 2012.03

沖縄の民話 豆と炭と藁「南ぬ風 ： 財団法人海洋博覧会記念公園管理財団広報誌 ： 季刊誌」 海洋博覧会記念公園管理財団 （23） 2012.04

「沖縄のわざと美・染め織り」展「久米島博物館だより」 久米島博物館 （21） 2012.05

第73回沖縄染織研究会 なぜ紅型の模様には日本風な模様が多いのか（濱田由惠）「沖縄染織研究会通信」 沖縄染織研究会 （68） 2012.05

新刊紹介 大城學著『琉球・沖縄の芸能―その継承と世界へ拓く研究』（鈴木耕太）「沖縄文化」 沖縄文化協会 46（1）通号111 2012.07

柳田国男の「葬制の沿革について」と沖縄の葬墓制（加藤正春）「沖縄文化」 沖縄文化協会 46（1）通号111 2012.07

オモロ語「かなし」と「きよら」n比較研究（阿部美essミ子）「沖縄文化」 沖縄文化協会 46（1）通号111 2012.07

第74沖縄染織研究会 明治30年代の沖縄の麻織物―第5回内国勧業博覧会と全国・宮古・八重山（粟国恭子）「沖縄染織研究会通信」 沖縄染織研究会 （69） 2012.7

第75沖縄染織研究会 當銘コレクションの花織衣装と芭蕉布（片岡淳）「沖縄染織研究会通信」 沖縄染織研究会 （70） 2012.07

沖縄の民話 一番鳥由来「南ぬ風 ： 財団法人海洋博覧会記念公園管理財団広報誌 ： 季刊誌」 海洋博覧会記念公園管理財団 （24） 2012.07

私の研究 沖縄の織物「桐板」の原材料繊維解明について（米村創）「法政大学沖縄文化研究所所報」 法政大学沖縄文化研究所 （71） 2012.9

屋良朝苗の日本復帰運動の原点―1953年の全国行脚（小松寛）「沖縄文化」 沖縄文化協会 46（2）通号112 2012.11

沖縄の葬送における経帷の習俗―八重山・宮古における事例を中心に（古谷野洋子）「沖縄文化」 沖縄文化協会 46（2）通号112 2012.11

資料紹介 宮城真治自草稿『おもろさうしの読方 展読法の研究』に対する意見（末次智）「沖縄文化」 沖縄文化協会 46（2）通号112 2012.11

言語接触論から見たブラジル沖縄コロニア語（儀保ルシーラ悦子）「移民研究」 琉球大学移民研究センター （8） 2013

暮らしとカー（崎山正美）「しまたてぃ ： 建設情報誌」 沖縄しまたて協会 （63） 2013.01

現代首里方言訳『沖縄対話』（2）―「第一章 四季の部」（秋・冬）「第二章 学校の部」（仲原穣、比嘉恒明、仲里政子、新垣恒成、国吉朝政）「沖縄芸術の科学 ： 沖縄県立芸術大学附属研究所紀要」 沖縄県立芸術大学附属研究所 （25） 2013.03

柳田国男の両墓制論―沖縄の葬墓制と両墓制研究（加藤正春）「沖縄研究ノート ： 《共同研究》南島における民族と宗教」 宮城学院女子大学キリスト教文化研究所 （22） 2013.03

沖縄 用法法からみた奄美・沖縄の「祭祀」研究（田村卓也）「沖縄民俗研究」 沖縄民俗学会 （31） 2013.03

沖縄における「異界」の変容（2010年度卒業論文発表旨）（宇根一麿）「沖縄民俗研究」 沖縄民俗学会 （31） 2013.03

現代沖縄社会における人生儀礼について―伊計島における十五祝いを事例に（2010年度卒業論文発表要旨）（兼城詩子）「沖縄民俗研究」 沖縄民俗学会 （31） 2013.03

沖縄と韓国の長寿儀礼の比較研究（2010年度卒業論文発表要旨）（比嘉麻里子）「沖縄民俗研究」 沖縄民俗学会 （31） 2013.03

史跡巡見南部コース「再生する沖縄の墓パートⅡ」（いろいろレポート）（事務局）「首里城公園友の会会報」 首里城公園友の会 （83） 2013.03

戦後沖縄の美術工芸復興に民芸運動が与えた影響について―琉球・沖縄の移動した文物という視点から（私の研究l）（久貝典子）「法政大学沖縄文化研究所所報」 法政大学沖縄文化研究所 （72） 2013.3

「打花鼓」から見る沖縄の中国文化の需要―唐躍再考（シンポジウム報告 連続シンポジウム《御冠船踊り―近世琉球の自己表象》について）（細井尚子）「ムーサ ： 沖縄県立芸術大学音楽学研究誌」 沖縄県立芸術大学音楽学部音楽学専攻 （14） 2013.03

三線からみる沖縄文化の変容―ウチナーンチュと文化（2011年度卒業論文発表要旨）（金城幸信）「沖縄民俗研究」 沖縄民俗学会 （32）

九州・沖縄　　郷土に伝わる民俗と信仰　　沖縄県

2013.04

沖縄における葬祭業者の影響と変遷について（2011年度卒業論文発表要旨）（久場郁歩）「沖縄民俗研究」沖縄民俗学会　（32）2013.04

沖縄仏教寺院と地域社会―沖縄仏教会及び盛光寺を中心に（2010年度修士論文発表要旨）（上江洲安宏）「沖縄民俗研究」沖縄民俗学会　（32）2013.04

うりずん「しまたてぃ：建設情報誌」沖縄しまたて協会　（64）2013.04

空白の沖縄芸能史（1）～（6）嗚呼！我青春の唄が聞こえる（中坪功雄）「公益社団法人全日本郷土芸能協会会報」全日本郷土芸能協会　（71）/（77）2013.04/2014.10

「沖縄の焼き物についての一考察」（辻田忠弘、長谷川美和）「博友：沖縄県立博物館友の会機関誌」沖縄県立博物館友の会　（25）2013.05

書評 高梨一美著『沖縄の「かみんちゅ」たち―女性祭司の世界―』岩田書院（2009年3月）（澤井真代）「日本民俗学」日本民俗学会　（274）2013.05

特集「琉球・沖縄からみる風俗史」にあたって（特集 琉球・沖縄からみる風俗史）（玉井建也）「風俗史学：日本風俗史学会誌」日本風俗史学会　（52）2013.5

沖縄の伝統芸能「組踊」を観にいきませんか 組踊の芸脈―古典化の軌跡（狩俣恵一）「儀礼文化ニュース」儀礼文化学会　（191）2013.07

南への風―沖縄・台湾近代沖縄の美術 工芸展催開催「きよらさ：浦添市美術館ニュース」浦添市美術館　（71）2013.8

新刊紹介 新垣清『沖縄空手道の真髄―秘云の奥義「平安の形」の検証』（盧爰威）「沖縄文化」沖縄文化協会　47（2）通号114　2013.09

組踊「花売の縁」の台本の考察（大城学）「沖縄文化」沖縄文化協会　47（2）通号114　2013.09

追悼 武者英二先生を偲ぶ―建築そして沖縄の民家と集落空間を求めて（永瀬克己）「法政大学沖縄文化研究所所報」法政大学沖縄文化研究所　（73）2013.09

「世ば籠れ」考（上）、（下）（波照間永吉）「沖縄文化」沖縄文化協会　47（2）通号114/48（1）通号115　2013.09/2014.02

沖縄での竜蛇の話覚書（3）（本田碩孝）「南島研究」南島研究会　（54）2013.10

沖縄のスーマチ（1）―南西諸島のサークル・ダンス（坂本要）「まつり」まつり同好会　（75）2013.12

奄美・沖縄の台風と災害（上江洲均）「東北学．[第3期]」東北芸術工科大学東北文化研究センター，はる書房（発売）3　2014.1

民俗芸能散歩 川崎・鶴見の沖縄芸能（大城康彦）「かながわの民俗芸能」神奈川県民俗芸能保存会　（78）2014.03

近現代沖縄の三線を取り巻く状況について（美術工芸）（園原謙）「沖縄県立博物館・美術館博物館紀要」沖縄県立博物館・美術館　（7）2014.03

悲しみと歓びのジェンダー―沖縄女性美術から工芸を考える（豊見山愛）「沖縄県立博物館・美術館美術館研究紀要」沖縄県立博物館・美術館　（4）2014.03

近代沖縄のラジオ放送に関する研究史概略（三島わかな）「沖縄芸術の科学：沖縄県立芸術大学附属研究所紀要」沖縄県立芸術大学附属研究所　（26）2014.03

衰退しつつある沖縄方言（何俊山）「沖縄芸術の科学：沖縄県立芸術大学附属研究所紀要」沖縄県立芸術大学附属研究所　（26）2014.03

現代首里方言訳『沖縄対話』（3）（仲原穣、仲里政子、新垣恒成、国吉朝政）「沖縄芸術の科学：沖縄県立芸術大学附属研究所紀要」沖縄県立芸術大学附属研究所　（26）2014.03

近代沖縄の新聞広告等にみる新たな酒類の登場と泡盛（予備的考察）（萩尾俊章）「沖縄史料編集紀要」沖縄県教育委員会　（37）2014.03

オモロ研究史―いわゆる新オモロ学派を中心に（島村幸一）「沖縄文化研究：法政大学沖縄文化研究所紀要」法政大学沖縄文化研究所　（40）2014.03

沖縄における龕・村落獅子・舞獅子の関連について（2012年度卒業論文発表要旨）（安慶名健吾）「沖縄民俗研究」沖縄民俗学会　（33）2014.03

中国武術と沖縄空手―双方における歴史的関係性と内容の比較（2012年度卒業論文発表要旨）（石川真璃）「沖縄民俗研究」沖縄民俗学会　（33）2014.03

フェミニズム論からみる沖縄演劇―組踊「忠孝婦人」を中心に（論文）（与那覇晶子）「地域研究」沖縄大学地域研究所　（13）2014.03

沖縄の俚諺について（仲田栄松）「南島研究」南島研究会　（55）2014.3

組踊の身体―身体感覚・身体技法の継承（2012年度事業報告―シマ研究会）（田場裕規）「南島文化研究所所報」沖縄国際大学南島文化研究所　（59）2014.03

古代日本文化の鏡を越えて―1930年の沖縄に関する仏国のシャルル・アグノエルのフィールドワーク調査（2012年度事業報告―南島研セミナー）（パトリック・ベイヴェール）「南島文化研究所所報」沖縄国際大学南島文化研究所　（59）2014.3

沖縄の御後絵と朝鮮の仏教絵画の比較（2013年度事業報告―全南大学校湖南学研究院との協定校間学術交流講演会）（金容儀）「南島文化研究所所報」沖縄国際大学南島文化研究所　（59）2014.03

沖縄の伝統芸能「組踊」における大和・中国芸能の受容について（私の研究）（小仲井恵理）「法政大学沖縄文化研究所所報」法政大学沖縄文化研究所　（74）2014.03

巻頭言 御嶽の中の携帯電話（上原孝三）「奄美沖縄民間文芸学」奄美沖縄民間文芸学会　（12）2014.04

沖縄の鉄人英雄譚―「チョウハグン親方」の誕生（福田晃）「奄美沖縄民間文芸学」奄美沖縄民間文芸学会　（12）2014.04

蛇（ハブ）の夢話覚書（本田碩孝）「奄美沖縄民間文芸学」奄美沖縄民間文芸学会　（12）2014.04

表紙「黒漆菱螺鈿耳付丸鉢」20世紀・沖縄「きよらさ：浦添市美術館ニュース」浦添市美術館　（73）2014.04

盆アンガマ仮面と土主神仮面の比較考察（外間守善先生追悼特集号―第四部 追悼論集）（大城学）「沖縄文化」沖縄文化協会　48（2）通号116　2014.05

連体形語尾からみた『おもろさうし』のオ段とウ段の仮名の使い分け（外間守善先生追悼特集号―第四部 追悼論集）（かりまたしげひさ）「沖縄文化」沖縄文化協会　48（2）通号116　2014.05

『シマに生きる―沖縄の民俗社会と世界観』（書籍紹介）（大上直美）「久里」神戸女子民俗学会　（34）2014.06

説話の視座から 察度王と我如古大主（特集 伝承の諸相）（原田信之）「奄美沖縄民間文芸学」奄美沖縄民間文芸学会　（13）2014.09

民俗の視座から 祭祀儀礼と供物（特集 伝承の諸相）（辻雄二）「奄美沖縄民間文芸学」奄美沖縄民間文芸学会　（13）2014.09

芸能の視座から 「ウシデーク」と「三月遊び」から考える祭祀芸能形式の展開論（特集 伝承の諸相）（平良徹也）「奄美沖縄民間文芸学」奄美沖縄民間文芸学会　（13）2014.09

伝承話 河童（ガワーラ）（特集 伝承の諸相）（岡村隆博）「奄美沖縄民間文芸学」奄美沖縄民間文芸学会　（13）2014.09

第76回染織研究会（報告）古典紅型の色彩（渡名喜はるみ）「沖縄染織研究会通信」沖縄染織研究会　（71）2014.09

沖縄のスーマチ（2）―南西諸島のサークルダンス（特集 神事芸能）（坂本要）「まつり」まつり同好会　（76）2014.12

沖縄群島

資料紹介 古文献の中の船―奄美・沖縄群島の船についての書誌学（板井英伸）「沖縄民俗研究」沖縄民俗学会　（22）2014.03

奄美・沖縄群島の船―自然・社会・文化の動態を見る「窓」としてのモノ研究（《特集 第30回大会》―〈公開シンポジューム 環シナ海文化からみた沖縄〉）（板井英伸）「民具研究」日本民具学会　（134）2006.9

沖縄県

本学所蔵紅型型紙の「分類」（外間美奈子）「沖縄芸術の科学：沖縄県立芸術大学附属研究所紀要」沖縄県立芸術大学附属研究所　（9）1997.3

喜久里教達氏新聞切抜資料に見る沖縄染色技術―沖縄県工業指導所での染色技術の改良を中心として―（小野まさ子）「沖縄県史研究紀要」沖縄県教育委員会　3　1997.3

舞踊「婚取敵打」について（当間一郎）「沖縄県立博物館紀要」沖縄県立博物館　通号23　1997.3

近世貝摺奉行所制作の中央卓について（金城聡子）「首里城研究」首里城公園友の会　（3）1997.11

海神祭ふたたび（田中義広）「まつり通信」まつり同好会　37（12）通号442　1997.12

藍壺雑考（大湾ゆかり）「沖縄県史研究紀要」沖縄県教育委員会　4　1998.3

「時双紙」の記載形式と内容をめぐって（萩尾俊章）「沖縄県立博物館紀要」沖縄県立博物館　（24）1998.3

資料紹介・組踊「忠孝夫婦忠義」について（当間一郎）「沖縄県立博物館紀要」沖縄県立博物館　（24）1998.3

遍参僧に関する覚書（深沢秋人）「史料編集室紀要」沖縄県教育委員会　通号23　1998.3

冊封儀式にみる建築像（上）（福島清）「首里城研究」首里城公園友の会　（4）1998.7

石材と人間の民俗的・歴史的関わり（神谷厚昭）「沖縄県立博物館紀要」沖縄県立博物館　（25）1999.3

稲つくりと稲まづん節（山原宗素）「博友：沖縄県立博物館友の会機関誌」沖縄県立博物館友の会　13　1999.5

資料紹介 沖縄県装蹄師会の思い出（比屋根ः）「あやみや：沖縄市立郷土博物館紀要」沖縄市立郷土博物館　8　2000.3

第3編 主なグスクの歴史と伝説「なきじん研究」今帰仁村歴史文化センター　10　2000.3

今帰仁城跡/城内の旧跡/今帰仁城の伝説/座喜味城跡/伊波城跡/安慶名城跡/勝連城跡/中城城跡/南山城跡/知念城跡/玉城城跡/多田名城跡/三つの具志川城跡/久米具志川城跡/喜屋武具志川城跡/中頭具志川

城跡/久米島の城/伊敷索城跡/宇江城城跡/登武那覇城跡/塩原城跡/与那嶺城跡/琉球の古城跡/浦添城跡/伊祖城跡/垣の花城跡/糸数城跡/幸地城跡「なきじん研究」 今帰仁村歴史文化センター 10 2000.3

博物館における三線づくり(仲底善章)「沖縄県立博物館紀要」 沖縄県立博物館 (26) 2000.3

ハワイ在の三線について(園原謙)「沖縄県立博物館紀要」 沖縄県立博物館 (26) 2000.3

金属文化の素描―神女の簪について(1)(粟国恭子)「首里城研究」 首里城公園友の会 (12) 2000.3

沖縄県における古式銃砲及び美術刀剣類の登録状況の推移についての一考察(嘉手苅徹)「文化課紀要」 沖縄県教育委員会 16 2000.3

厨子甕に見られる文様についての一考察(城間肇)「文化課紀要」 沖縄県教育委員会 16 2000.3

史料紹介 県博所蔵の染織思料III―経浮花織―(與那嶺一子,幸喜新)「沖縄県立博物館紀要」 沖縄県立博物館 (27) 2001.3

沖縄県下における初誕生儀礼(近藤直也)「九州民俗学 : bulletin of Kyushu Folklore Society」 九州民俗学会 (1) 2001.3

沖縄県における観光資源エイサーの現状(上),(下)(高木正)「法政人類学」 法政大学人類学研究会 (86)/(87) 2001.03/2001.06

ア・ン・ツ・クの完成(仲間留美)「博友 : 沖縄県立博物館友の会機関誌」 沖縄県立博物館友の会 15 2001.5

絣の定義(片岡淳)「博友 : 沖縄県立博物館友の会機関誌」 沖縄県立博物館友の会 15 2001.5

染織物あれこれ―資料と関わって(与那嶺一子,幸喜新,山田葉子)「博友 : 沖縄県立博物館友の会機関誌」 沖縄県立博物館友の会 15 2001.5

ウチナンチュとヤマトンチュのウエヂングラプソディー2001・ジューンブライドより(1),(2)(倉石あつ子)「長野県民俗の会通信」 長野県民俗の会 165/166 2001.9/2001.11

ユーヤユービレー(親泊安徳)「赤い瓦 : 沖縄県立博物館友の会だより」 沖縄県立博物館友の会 22 2001.11

島々の芸能(11)番外編 『『ちんだみは5』って、なんのことですか?』(大田将之)「あかがーら」 石垣市立図書館八重山地域情報センター (19) 2002.1

第4回著者を語る会 漆畑文彦「はじめての三線」(大田将之)「あかがーら」 石垣市立図書館八重山地域情報センター (19) 2002.1

「アブシバレー(虫払い)」の思い(前田朝達)「博友 : 沖縄県立博物館友の会機関誌」 沖縄県立博物館友の会 16 2002.5

四本堂家家礼を読んで 婚礼男子縁組の事(山原空茅)「博友 : 沖縄県立博物館友の会機関誌」 沖縄県立博物館友の会 16 2002.5

《特集 北と南の民謡・新視点(課題と謎にせまる)》「しまうた」 しまうた文化研究会 14 2002.12

ダンクモーイ草稿(具志堅要)「しまうた」 しまうた文化研究会 14 2002.12

ちゅんじゅん流り考(仲宗根幸市)「しまうた」 しまうた文化研究会 14 2002.12

しまうた豆知識(歌の名称について)(編集部)「しまうた」 しまうた文化研究会 14 2002.12

写真で見るしまうた・祭り紀行(編集部)「しまうた」 しまうた文化研究会 14 2002.12

聖地伊努と沖縄のアフ・オー(福寛美)「沖縄学 : 沖縄学研究所紀要」 沖縄学研究所 6(1)通号6 2003.3

英訳組踊(I「執心鐘入」 II「護佐丸敵討」)(小嶺長則)「文化課紀要」 沖縄県教育委員会 19 2003.3

なぜ猫の死骸は松の小枝に吊るされたか―陰陽五行による呪術(粟国安喜)「博友 : 沖縄県立博物館友の会機関誌」 沖縄県立博物館友の会 17 2003.5

組踊「万歳敵討」の敬語表現(西岡敏)「沖縄芸術の科学 : 沖縄県立芸術大学附属研究所紀要」 沖縄県立芸術大学附属研究所 (16) 2004.3

資料紹介 殷元良の絵画資料(津波古聰)「沖縄県立博物館紀要」 沖縄県立博物館 (30) 2004.3

フンシー(風水)の力と生きられる景観(歴史に学ぶシリーズ(17))(中本清)「しまたてぃ : 建設情報誌」 しまたて協会 29 2004.4

衣の記憶(装う)(いなみ悦)「博友 : 沖縄県立博物館友の会機関誌」 沖縄県立博物館友の会 18 2004.5

民謡を訪ねて やちゃ坊節伝承異聞(古木辰治)「しまうた」 しまうた文化研究会 15 2004.12

しまうたコーレーグス じゃんがら念仏踊りはエイサーのルーツか?(ヤンバカサー)「しまうた」 しまうた文化研究会 15 2004.12

稲魂の送迎と祖先祭祀について―シヌグと海神祭と(大部志保)「西日本文化」 西日本文化協会 410 2005.4

染織を教えて(いなみ悦)「博友 : 沖縄県立博物館友の会機関誌」 沖縄県立博物館友の会 19 2005.5

県博資料に見る縫製技法と和服縫製技法の比較(熊谷フサ子)「博友 : 沖縄県立博物館友の会機関誌」 沖縄県立博物館友の会 19 2005.5

明治・大正・昭和戦前期における沖縄出身女性の紡績工場就労体験の歴史的意味(比嘉道子)「沖縄文化」 沖縄文化協会 40(1)通号99 2005.6

第42回沖縄染織研究会発表旨沖縄県における染織技術の指定について(幸喜新)「沖縄染織研究会通信」 沖縄染織研究会 41 2005.9

お化け(採集手帖)(劉施粉)「南島研究」 南島研究会 46 2005.9

沖縄の「門中」について(3),(4)(比嘉政夫)「季刊沖縄」 沖縄協会 10(3・4)通号29/11(1・2)通号30 2005.10/2006.4

組踊鑑賞会行われる(平良啓)「首里城公園友の会会報」 首里城公園友の会 (53) 2005.10

「あやつり獅子」観覧会 全国でも珍しい幻の民俗芸能(事務局)「首里城公園友の会会報」 首里城公園友の会 (53) 2005.10

花風節新釈(金城厚)「ムーサ : 沖縄県立芸術大学音楽学研究誌」 沖縄県立芸術大学音楽学部音楽学専攻 (7) 2006.3

藍染色について(前田朝達)「博 : 沖縄県立博物館友の会機関誌」 沖縄県立博物館友の会 (20) 2006.8

70翁のひとりごと―陰陽五行をめぐって(粟国安喜)「博友 : 沖縄県立博物館友の会機関誌」 沖縄県立博物館友の会 (20) 2006.8

芭蕉布を詠む(いなみ悦)「博友 : 沖縄県立博物館友の会機関誌」 沖縄県立博物館友の会 (20) 2006.8

御冠船芸能の躍奉行と演目の全貌―戌の御冠船を中心に(崎原綾乃)「沖縄文化」 沖縄文化協会 41(1)通号101 2006.11

研究ノート 「孔子像及四聖配像」について(平川信幸)「沖縄県立博物館紀要」 沖縄県立博物館 (32) 2006.12

能の構えについて―動作としての構えを中心に(プリ,モハメッド)「ムーサ : 沖縄県立芸術大学音楽学研究誌」 沖縄県立芸術大学音楽学部音楽学専攻 (8) 2007.3

家譜にみられる芸能資料1 冠船(板谷徹)「ムーサ : 沖縄県立芸術大学音楽学研究誌」 沖縄県立芸術大学音楽学部音楽学専攻 (8) 2007.3

沖縄県の高齢者福祉施設における回想法の取り組みについて―民俗学の視点から(波平エリ子)「地域研究」 沖縄大学地域研究所 (3) 2007.3

試論「地相・地形語」研究で『おもろさうし』を訓む(久手堅憲夫)「珊瑚の島だより」 南島地名研究センター (52) 2007.7

組踊鑑賞会―ユーモアたっぷりの講師の解説―(いろいろレポート)「首里城公園友の会会報」 首里城公園友の会 (61) 2007.9

『王代記』にみる王(世子)と婚姻した女性をめぐる諸状況―婚姻・出産を中心に(山城彰子)「首里城研究」 首里城公園友の会 (10) 2008.3

史跡巡見中部コース 現世とニライカナイのグスクめぐり(いろいろレポート)(平良啓)「首里城公園友の会会報」 首里城公園友の会 (63) 2008.3

史跡巡見南部コース 沖縄の人々の信仰する心(いろいろレポート)(新屋美希)「首里城公園友の会会報」 首里城公園友の会 (63) 2008.3

「全島獅子舞フェスティバル&うるま市立石川歴史民俗資料館」見学(いろいろレポート)「首里城公園友の会会報」 首里城公園友の会 (65) 2008.10

組踊鑑賞会(いろいろレポート)「首里城公園友の会会報」 首里城公園友の会 (65) 2008.10

『おもろさうし』の「酒」と「銭」(吉成直樹)「南島研究」 南島研究会 通号49 2008.11

民話の記録保存活動を通して思うこと《特集 逆風の中で生きる 利用者と手を携えて》(辺土名初美)「沖縄県図書館協会誌」 沖縄県図書館協会 (12) 2008.12

崖葬墓考抄(西銘章)「廣友会誌」 廣友会 (4) 2008.12

女エイサーの音楽(1)(小林幸男,小林公江)「沖縄芸術の科学 : 沖縄県立芸術大学附属研究所紀要」 沖縄県立芸術大学附属研究所 (21) 2009.03

組踊と狂言、能の観賞(いろいろレポート)(平良啓)「首里城公園友の会会報」 首里城公園友の会 (67) 2009.03

資料紹介 当博物館所蔵の墓中符・瓦証文について(民俗)(萩尾俊章)「沖縄県立博物館・美術館博物館紀要」 沖縄県立博物館・美術館 (2) 2009.03

守り神としてのシーサー《特集 狛犬》(大城學)「季刊悠久.第2次」 鶴岡八幡宮悠久事務局 (116) 2009.05

崖葬墓考抄(再)(西銘章)「廣友会誌」 廣友会 (5) 2009.12

組踊鑑賞会 新作組踊「さかさま執心鐘入」を観賞して(いろいろレポート)(宇保朝輝)「首里城公園友の会会報」 首里城公園友の会 (70) 2010.01

『おもろさうし』にみられる水に関する語彙(大竹有子)「沖縄芸術の科学 : 沖縄県立芸術大学附属研究所紀要」 沖縄県立芸術大学附属研究所 (22) 2010.03

沖縄県内の石切について―沖縄本島中南部での聞き取り調査成果を中心に(萹原康平,安斎英介,島澤由香)「よのつち : bulletin of Culture Department,Urasoe City」 浦添市教育委員会文化部 (6) 2010.3

サンゴ礁の漁撈活動と民俗分類・地名(2009年度大会(研究発表)報告)(渡久地健)「珊瑚の島だより」 南島地名研究センター (58) 2010.3

御後絵の色彩に関する事例調査(上)―戦前の記録、証言、現存実物資料

九州・沖縄 郷土に伝わる民俗と信仰 沖縄県

を参考として(上江洲安亨)「首里城研究」 首里城公園友の会 (12) 2010.03

御後絵のモノクロ乾板写真から色を読み取る試みについて(吉田直人)「首里城研究」 首里城公園友の会 (12) 2010.03

親雲上の鬚—御冠船踊りにおける芸の前提(板谷徹)「ムーサ : 沖縄県立芸術大学音楽学研究誌」 沖縄県立芸術大学音楽学部音楽学専攻 (11) 2010.03

サンパウロ市における沖縄県人の四十九日のミサ(浜崎盛康)「移民研究」 琉球大学移民研究センター (6) 2010.03

美術工芸 殷元良「雪景山水図」に見られる技法の伝承について(平川信幸)「沖縄県立博物館・美術館博物館紀要」 沖縄県立博物館・美術館 (3) 2010.03

資料紹介 染織資料IV—御絵図(與那嶺一子)「沖縄県立博物館・美術館博物館紀要」 沖縄県立博物館・美術館 (3) 2010.03

民俗 当博物館所蔵の厨子甕の編年について(岸本敬)「沖縄県立博物館・美術館博物館紀要」 沖縄県立博物館・美術館 (3) 2010.03

民俗 当博物館所蔵の斧について(山崎真治)「沖縄県立博物館・美術館博物館紀要」 沖縄県立博物館・美術館 (3) 2010.03

尚家旧蔵「組踊集」—翻刻と注釈(上),(下)(鈴木耕太)「沖縄芸術の科学 : 沖縄県立芸術大学附属研究所紀要」 沖縄県立芸術大学附属研究所 (22)/(23) 2010.03/2011.03

自治体史編纂事業終了後における編纂事業の成果と住民サービスの関係について—「戦争の記憶」と「民話」を中心として(寄稿・投稿・感想など)(川島淳)「あしびなぁ」 沖縄県地域史協議会 (21) 2010.05

美術工芸 資料紹介 染織資料V—風呂敷(包み物・掛け物・被り物)(與那嶺一子)「沖縄県立博物館・美術館博物館紀要」 沖縄県立博物館・美術館 (4) 2011.03

組踊鑑賞会 1階2階とも満席の盛況(いろいろレポート)(松田一美)「首里城公園友の会会報」 首里城公園友の会 (78) 2011.03

1930年代前後のレコードに見る歌仕劇と沖芸能ジャンルの関係(長嶺亮子)「ムーサ : 沖縄県立芸術大学音楽学研究誌」 沖縄県立芸術大学音楽学部音楽学専攻 (12) 2011.03

美ら島・美ら海子ども工作室「こども凧 変わりカーブヤーを作って揚げよう」(事業紹介 亜熱帯性動植物に関する普及啓発事業)(篠原礼乃)「南ぬ風 : 財団法人海洋博覧会記念公園管理財団広報誌 : 季刊誌」 海洋博覧会記念公園管理財団 (20) 2011.07

サンゴ礁漁場の民俗語彙ならびに地名(南島地名研究センター2010年度大会報告)(渡久地健)「珊瑚の島だより」 南島地名研究センター (61) 2011.9

知識ファイル箱(42)「御後絵」の配色検討会(福島清)「首里城公園友の会会報」 首里城公園友の会 (78) 2012.01

「遺老説伝」に描かれた御嶽—その「市」的な機能(堂野前彰子)「奄美沖縄民間文芸学」 奄美沖縄民間文芸学会 (11) 2012.3

明治官僚の見た沖縄—尾崎三良「沖縄県視察復命書」の叙述から(割田聖史)「沖縄研究ノート 《共同研究》南島における民族と宗教」 宮城学院女子大学キリスト教文化研究所 (21) 2012.3

資料紹介 染織資料VI—縞子地浮織物(繻珍)・綾地浮織物(蜀江文錦)(美術工芸)(小林彩子, 與那嶺一子)「沖縄県立博物館・美術館博物館紀要」 沖縄県立博物館・美術館 (5) 2012.3

鎌倉芳太郎紅型型紙資料に書かれた年号と型紙の大きさの関係についての研究ノート(山田葉子)「沖縄芸術の科-学 : 沖縄県立芸術大学附属研究所紀要」 沖縄県立芸術大学附属研究所 (24) 2012.03

石厨子の彩色領袖(宮城弘樹, 上田圭一, 斉藤紀行, 青山奈緒)「首里城研究」 首里城公園友の会 (14) 2012.03

御冠船踊りを観る冊封使(板谷徹)「ムーサ : 沖縄県立芸術大学音楽学研究誌」 沖縄県立芸術大学音楽学部音楽学専攻 (13) 2012.03

御座楽楽曲における「加花」考(長嶺亮子)「ムーサ : 沖縄県立芸術大学音楽学研究誌」 沖縄県立芸術大学音楽学部音楽学専攻 (13) 2012.03

沖縄県出土の土人形について(福原りお)「南島考古」 沖縄考古学会 (31) 2012.05

尚育王御後絵復元模写制作工程について「腸野佳世子氏」(総合記念講演会)(福島清)「首里城公園友の会会報」 首里城公園友の会 (80) 2012.06

新刊紹介 沖縄県文化振興会編『沖縄の古謡』(波照間永吉)「沖縄文化」 沖縄文化協会 46(1) 通号111 2012.07

組踊鑑賞会(いろいろレポート)(事務局)「首里城公園友の会会報」 首里城公園友の会 (81) 2012.09

舜天と為朝伝説(創立30周年記念レポート)(菅原啓一郎)「歴研よこは」 横浜歴史研究会 (記念誌) 2012 11

美術工芸 三線の音へのアプローチ—沖縄県指定有形文化財「三線盛嶋開鐘附胴」の原音再生の試みを中心に(園原謙)「沖縄県立博物館・美術館博物館紀要」 沖縄県立博物館・美術館 (6) 2013.03

戦前の新聞資料にみる泡盛ならびに泡盛産業を取り巻く様相(萩尾俊章)「沖縄史料編集紀要」 沖縄県教育委員会 (36) 2013.3

沖縄県都市部における「霊園型墓地」の受容(論文)(早坂優子)「沖縄民俗研究」 沖縄民俗学会 (32) 2013.04

初誕生・タンカーユーエー—山口県小野田市・下関市豊北町角島・沖縄県の事例から(2011年度卒業論文発表要旨)(末武千枝)「沖縄民俗研究」 沖縄民俗学会 (32) 2013.04

東御廻りの謎(仲間孝蔵)「博友 : 沖縄県立博物館友の会機関誌」 沖縄県立博物館友の会 (25) 2013.05

トゥイオーラセー(高里盛国)「博友 : 沖縄県立博物館友の会機関誌」 沖縄県立博物館友の会 (25) 2013.05

漆喰ドラゴン・漆喰シーサー絵付け体験教室(いろいろレポート)(事務局)「首里城公園友の会会報」 首里城公園友の会 (85) 2013.09

組踊鑑賞へのいざない 能と組踊と歌舞伎(狩俣恵一)「儀礼文化ニュース」 儀礼文化学会 (192) 2013.09

博物館学芸員コラム 三線のチカラ—形の美と音の妙(園原謙)「はくび通信 : 沖縄県立博物館・美術館広報誌」 沖縄県立博物館 (8) 2014.01

旧天尊殿鐘の受入経緯の調査報告(歴史)(崎原恭子)「沖縄県立博物館・美術館博物館紀要」 沖縄県立博物館・美術館 (7) 2014.03

御拝領上布銘入紅型幕の製作時期についての考察(美術工芸)(與那嶺一子, 平田美奈子)「沖縄県立博物館・美術館博物館紀要」 沖縄県立博物館・美術館 (7) 2014.03

民俗資料のわかりやすい展示にむけて—旧盆における仏壇のお供え物から(民俗)(大湾ゆかり)「沖縄県立博物館・美術館博物館紀要」 沖縄県立博物館・美術館 (7) 2014.03

沖縄県立芸術大学附属図書館・芸術資料館所蔵楽器の新情報および新規追加資料(長嶺亮子)「沖縄芸術の科学 : 沖縄県立芸術大学附属研究所紀要」 沖縄県立芸術大学附属研究所 (26) 2014.03

ブサーガナシーについて(蓬姜威)「沖縄芸術の科学 : 沖縄県立芸術大学附属研究所紀要」 沖縄県立芸術大学附属研究所 (26) 2014.03

まれびと論を想う(星野紘)「沖縄芸術の科学 : 沖縄県立芸術大学附属研究所紀要」 沖縄県立芸術大学附属研究所 (26) 2014.03

博物館特別展示室 三線のチカラ—形の美と音の妙(園原謙)「はくび通信 : 沖縄県立博物館・美術館広報誌」 沖縄県立博物館 (9) 2014.04

美ら島ワクワク教室 ススキのほうき「南ぬ風 : 財団法人海洋博覧会記念公園管理財団広報誌 : 季刊誌」 海洋博覧会記念公園管理財団 (33) 2014.10

文化の杜共同企業体自主事業 しまくとぅばプロジェクト(国吉貴奈)「はくび通信 : 沖縄県立博物館・美術館広報誌」 沖縄県立博物館 (11) 2014.10

沖縄市

資料紹介 受鉢つくりつけ石臼(比嘉清和)「あやみや : 沖縄市立郷土博物館紀要」 沖縄市立郷土博物館 8 2000.3

小話「トーヤ・マーガ」考(前川守夫)「あやみや : 沖縄市立郷土博物館紀要」 沖縄市立郷土博物館 (11) 2003.3

サンゴ蔵骨器に残された古銭(比嘉政盛)「あやみや : 沖縄市立郷土博物館紀要」 沖縄市立郷土博物館 (12) 2004.3

チョンダラーとニンブチャー(與那嶺江利子)「あやみや : 沖縄市立郷土博物館紀要」 沖縄市立郷土博物館 (15) 2007.2

エイサーについての沖縄市青年会意識調査(與那嶺江利子)「あやみや : 沖縄市立郷土博物館紀要」 沖縄市立郷土博物館 (16) 2008.1

沖縄市地域の「古層の村々」について—考古学の調査と『おもろさうし』から(比嘉賀盛)「あやみや : 沖縄市立郷土博物館紀要」 沖縄市立郷土博物館 (17) 2009.02

仏壇と位牌の話(崎原恒新)「あやみや : 沖縄市立郷土博物館紀要」 沖縄市立郷土博物館 (18) 2010.02

鍛冶屋の信仰について(島袋幸司)「あやみや : 沖縄市立郷土博物館紀要」 沖縄市立郷土博物館 (19) 2011.03

沖縄市のウスデーク—ウシデーク歌で見る風土とヒトの景観論(平良徹也)「あやみや : 沖縄市立郷土博物館紀要」 沖縄市立郷土博物館 (20) 2012.03

沖縄市のウスデーク歌 基本琉歌集1(平良徹也)「あやみや : 沖縄市立郷土博物館紀要」 沖縄市立郷土博物館 (20) 2012.03

馬の鞍及び関連用具について(川副裕一郎)「あやみや : 沖縄市立郷土博物館紀要」 沖縄市立郷土博物館 (22) 2014.03

沖縄島

沖縄島の古風葬とオカヤドカリ類との関連について(予報)(当山昌直)「史料編集室紀要」 沖縄県教育委員会 (31) 2006.3

鑑真が来た阿児奈波島—沖縄島に寄港した遣唐使船(小島瓔禮)「季刊沖縄」 沖縄協会 14(1・2) 通号36 2009.4

沖縄島のカニの言語地図と呼び名(金城良三)「あやみや : 沖縄市立郷土博物館紀要」 沖縄市立郷土博物館 (21) 2013.03

沖縄諸島

沖縄諸島における近現代の島瓦とセメント瓦(上原静)「読谷村立歴史民俗資料館紀要」 読谷村教育委員会 29 2005.3

沖縄県 　　　　　　　　　郷土に伝わる民俗と信仰 　　　　　　　　　九州・沖縄

沖縄諸島の節―穀物による五つの折目（畠山篤）「奄美沖縄民間文芸学」
奄美沖縄民間文芸学会 　（8）　2008.9

沖縄神社
参考資料 「そっぽを向く龍柱と沖縄神社」（当真荘平）「ドラゴンブック
レット」 ドラゴンブックレット刊行会 　3　1997.2

沖縄島嶼
沖縄島嶼に継承される母たちの祭祀と母系社会―久高島の祭祀を中心に
して（島田恵子）「信濃［第3次］」 信濃史学会 　63（7）通号738
2011.07

沖縄本島
沖縄本島北部のシヌグとウンジャミ―男性のまつりと女性のまつり（黒
田一充）「大阪府立近つ飛鳥博物館館報」 大阪府立近つ飛鳥博物館 　3
1998.3
沖縄本島の闘牛について―牛主の活動を中心に（藤本悌志）「沖縄民俗研
究」 沖縄民俗学会 　（23）　2005.1
出自集団成員の帰属過程―沖縄本島北部の事例より（米田昌男）「民俗文
化研究」 民俗文化研究会 　（7）　2006.8
伝承行為としての歴史観の修正とその必要性―沖縄本島におけるムラ・
ヤードゥイ両集落の関係を事例に（武井基晃）「日本民俗学」 日本民
俗学会 　通号251　2007.8
沖縄本島と石垣島 琉球近世瓦の展開―琉球近世瓦の研究（石井龍太）「沖
縄文化研究 ： 法政大学沖縄文化研究所紀要」 法政大学沖縄文化研究
所 　（34）　2008.3
湧水利用と地元ユーザビリティ―沖縄県本島南部の事例を使って（鳥越
皓之）「日本民俗学」 日本民俗学会 　通号257　2009.02
琉球王府の「入子躍」と沖縄本島南部のウシデークの芸態の比較（玉城
幸）「ムーサ ： 沖縄県立芸術大学音楽学研究誌」 沖縄県立芸術大学音
楽学部音楽学専攻 　（12）　2011.03
シリーズ 琉球狐の「古墓」第3回 沖縄本島とその周辺離島における古墓
（長嶺操）「法政大学沖縄文化研究所所報」 法政大学沖縄文化研究所
（75）　2014.09

奥
国頭村奥区の赤瓦屋根・木造家屋の建築材（新里孝和，木下義宣）「あじ
まぁ ： 名護博物館紀要」 名護博物館 　（16）　2012.03

奥間
屋号が伝えるもの―国頭村字奥間の事例から（2006年度卒業論文発表要
旨）（山川実貴子）「沖縄民俗研究」 沖縄民俗学会 　（27）　2009.03
国頭村奥間のアマグスクにおける民俗的調査（予報）（当山昌直）「沖縄史
料編集紀要」 沖縄県教育委員会 　（36）　2013.03

御茶屋御殿
御茶屋御殿の復元で組踊の危機を救おう（狩俣恵一）「しまたてぃ ： 建
設情報誌」 沖縄しまたて協会 　（62）　2012.09

小那覇
西原町字小那覇「新川家の墓」調査概報（「新川家の墓」調査会）「文化課
紀要」 沖縄県教育委員会 　18　2002.3

親川グスク
探訪・昔道・新道 普天間宮から野嵩の石畳道・中村家を経て中城城跡ま
で／名護番所跡から羽地番所への宿道を経て親川グスク（羽地グスク）
まで「宿道」 沖縄しまたて協会 　20　2003.3

小禄
那覇市小禄地域の拝所とその変容（2013年度事業報告―シマ研究会）（波
平エリ子）「南島文化研究所所報」 沖縄国際大学南島文化研究所
（59）　2014.03

小禄城
探訪 昔道を歩く 小禄・豊見城間切境から兼城番所跡へマチンチュミチ、
シマジラーミチをたどる「宿道」 沖縄しまたて協会 　34　2013.2

小禄番所
探訪 昔道を歩く 小禄番所周辺の拝所まーい「宿道」 沖縄しまたて協会
33　2012.9

恩納村
恩納村の炭焼窯（崎原恒寿）「恩納村博物館紀要」 恩納村博物館 　（5）
2008.3

恩納博物館
探訪 昔道・新道 垣花樋川から具志堅の樋川を通り、知念城跡を経て斎場
御嶽へ至る／恩納博物館から仲泊遺跡、山田谷川の石矼、山田グスク
を経て護佐丸父祖の墓まで「宿道」 沖縄しまたて協会 　26　2006.3

改決羽地川碑
琉球の土木石碑―石に刻まれた琉球土木史（3）―改決羽地川碑記（平貞）
「しまたてぃ ： 建設情報誌」 沖縄しまたて協会 　（60）　2012.1

貝の道
貝の道（シェル・ロード）と奄美（倉井則雄）「南島研究」 南島研究会
46　2005.9

垣花樋川
探訪 昔道・新道 大宜味番所跡から山容の迫る国道58号を北上して国頭
番所まで／知念城跡から垣花樋川を経てグスクロード沿いの玉城城趾
まで「宿道」 沖縄しまたて協会 　22　2004.3
探訪 昔道・新道 垣花樋川から具志堅の樋川を通り、知念城跡を経て斎場
御嶽へ至る／恩納博物館から仲泊遺跡、山田谷川の石矼、山田グスク
を経て護佐丸父祖の墓まで「宿道」 沖縄しまたて協会 　26　2006.3

勝連
勝連門中の位牌祭祀―香炉わかしについて（勝連涼子）「沖縄民俗研究」
沖縄民俗学会 　（23）　2005.1

勝連城
探訪 昔道・新道 具志川の川田十字路から勝連城址を経て平敷屋番所跡、
屋慶名番所跡まで／西海道の起点だった首里城久慶門から儀保・経塚
を経て浦添番所跡まで「宿道」 沖縄しまたて協会 　23　2004.10

勝連南風原
うるま市勝連南風原の竈屋御願（第5部 紀要―調査報告）（宮里実雄）「う
るま市立資料館年報・紀要」 石川歴史民俗資料館・海の文化資料館」
うるま市立資料館 　（3）　2010.03

勝連半島
民俗学者・宮本常一の勝連半島の旅（研究ノート）（前田一舟）「沖縄民俗
研究」 沖縄民俗学会 　（27）　2009.03

嘉手苅
久米島の三庫理―儀間・嘉手苅の祭祀歌謡にみる首里および首里城の三
庫理の記憶（伊從勉）「沖縄民俗研究」 沖縄民俗学会 　（23）　2005.1

嘉手苅御岳
嘉手苅御嶽（石垣市白保）「あかがーら」 石垣市立図書館八重山地域情報
センター 　（25）　2002.8

嘉手苅集落
友の会 集落散策（嘉手苅集落）「久米島自然文化センターだより」 久米
島自然文化センター 　（17）　2009.03

金城
鍛冶屋の鉄を焼く装置についての報告―読谷村金城鍛冶屋の事例を中心
に（金城良三）「あやみや ： 沖縄市立郷土博物館紀要」 沖縄市立郷土
博物館 　（19）　2011.03

我那覇
地域文化の継承と変化―高安ガンゴー祭と我那覇ウークイの事例から
（2012年度卒業論文発表要旨）（瀬長彩）「沖縄民俗研究」 沖縄民俗学
会 　（33）　2014.03

兼城
南風原町字兼城の村落獅子に関する一考察（宮平盛晃）「南風の杜 ： 南
風原文化センター紀要」 南風原文化センター 　9　2003.3
糸満市字兼城在樋門門中墓内発見の礫石経（長嶺均）「沖縄埋文研究 ：
紀要」 沖縄県立埋蔵文化財センター 　（2）　2004.3

兼城番所
探訪 昔道を歩く 小禄・豊見城間切境から兼城番所跡へマチンチュミチ、
シマジラーミチをたどる「宿道」 沖縄しまたて協会 　34　2013.2

兼真御岳
聖地めぐり（19）三離御嶽・兼真御嶽「竹富町史だより」 竹富町教育委
員会 　22　2002.9

川平
婿離・嫁離、風待ちの港、川平節（地域資料にみるシリーズ（8）字川平）
（飯田泰彦）「あかがーら」 石垣市立図書館八重山地域情報センター
（27）　2002.11
サバニ 川平と竹富の芋掘狂言をめぐって（狩俣恵一）「南島文化研究所所
報」 沖縄国際大学南島文化研究所 　50　2004.3
石垣島川平のマユンガナシのカンフツに関する一考察―カンフツを聴く
人の視点から（澤井真代）「奄美沖縄民間文芸学」 奄美沖縄民間文芸
学会 　（5）　2005.9
川平尊の祭典台帳（注釈）（崎原恒新）「あやみや ： 沖縄市立郷土博物館
紀要」 沖縄市立郷土博物館 　（6）　2006.1
石垣島川平の十月祭（澤井真代）「奄美沖縄民間文芸学」 奄美沖縄民間文
芸学会 　（6）　2006.9
ゆるやかな共有―石垣島川平の来訪神儀礼における「神口」（澤井真代）
「口承文藝研究」 日本口承文藝學會 　（31）　2008.3
石垣島川平における女性神役「ツカサ」の就任過程―司祭者と神の関わ

り方の問題として（澤井真代）「南島史学」 南島史学会　（71）2008.6

石垣島川平のツカサとカンフツ（澤井真代）「奄美沖縄民間文芸学」 奄美沖縄民間文芸学会　（8）2008.9

石垣島川平の儀礼における歌・唱え言・発話—習得過程での関連付け、実践をめぐる対照性と共通性に着目して（澤井真代）「口承文藝研究」 日本口承文藝學會　（32）2009.03

石垣島川平の獅子舞—獅子としての動き、獅子をめぐる認識（澤井真代）「民俗文化研究」 民俗文化研究所　（13）2009.08

追考・儀礼の場における発話—石垣島川平の夜籠り儀礼とその描写（澤井真代）「奄美沖縄民間文芸学」 奄美沖縄民間文芸学会　（9）2009.09

石垣島川平の儀礼における歌・唱え言・発話の研究—川平での調査経過と今後の課題（私の研究）（澤井真代）「法政大学沖縄文化研究所所報」 法政大学沖縄文化研究所　（65）2009.09

石垣島川平の儀礼調査—ことばを聞く・ことばをめぐり聞く（小特集 フィールドから）（澤井真代）「伝え ： 日本口承文芸学会会報」 日本口承文芸学会　（46）2010.02

澤井真代「「もの言わぬ神」の「神口」—石垣島川平のマユンガナシー」（研究報告）（飯倉義之）「伝え ： 日本口承文芸学会会報」 日本口承文芸学会　（47）2010.11

「神」としての声をめぐる実践—石垣島川平におけるマユンガナシーの成員と「神口」（澤井真代）「口承文藝研究」 日本口承文藝學會　（34）2011.03

儀礼の変化と女性神役—石垣島川平の事例（澤井真代）「沖縄文化研究 ： 法政大学沖縄文化研究所紀要」 法政大学沖縄文化研究所　（38）2012.03

書棚 澤井真代著『石垣島川平の宗教儀礼—人・ことば・神—』 森話社 平成24年11月刊 6800円（税別）（久保田裕道）「儀礼文化ニュース」 儀礼文化学会　（188）2013.01

八重山・川平の成長した石（酒井卯作）「南島研究」 南島研究会　（54）2013.10

書評 澤井真代著『石垣島川平の宗教儀礼 —人・ことば・神—』森話社（2012年11月）（真下厚）「日本民俗学」 日本民俗学会　（277）2014.02

初夏の静粛—石垣島川平の物忌み（澤井真代）「南島研究」 南島研究会　（55）2014.03

澤井真代著『石垣島川平の宗教儀礼—人・ことば・神』（新刊紹介）（波照間永吉）「沖縄文化」 沖縄文化協会　48（2）通号116 2014.05

川平村

神話を探る—川平村の御嶽由来八重山諸島の神話（宮良安彦）「沖縄・八重山文化研究会会報」 沖縄・八重山文化研究会　（94）1999.9

石垣島川平村と竹富島の「芋掘り狂言」（狩俣恵一）「地域研究シリーズ」 沖縄国際大学南島文化研究所　31 2003.3

儀礼における発話—石垣島川平村の事例（澤井真代）「奄美沖縄民間文芸学」 奄美沖縄民間文芸学会　（7）2007.8

我部祖河

名護市我部祖河由来の石臼—宮城利旭氏所有資料（比嘉清和）「あやみや ： 沖縄市立郷土博物館紀要」 沖縄市立郷土博物館　（22）2014.3

神里

南風原町字神里における門中（古賀了悟）「南風の杜 ： 南風原文化センター紀要」 南風原文化センター　3 1997.3

神里の戦後史を見る「神里カンサー マーテヌ ニーグイ—神里を語る会」（赤嶺朋子）「南風の杜 ： 南風原文化センター紀要」 南風原文化センター　4 1998.3

ふるさと歳時記 麦酒の話 神里（平良次子）「こがね南風」 南風原町立南風原文化センター　（7）2002.6

神里の獅子舞について（伊波美樹）「南風の杜 ： 南風原文化センター紀要」 南風原文化センター　9 2003.3

南風原町字神里のクムイ（博物館実習生のレポート）（中村友美）「南風の杜 ： 南風原文化センター紀要」 南風原文化センター　10 2004.3

南風原町神里のエイサー（博物館実習生のレポート）（兼島英未）「南風の杜 ： 南風原文化センター紀要」 南風原文化センター　（14）2008.3

嘉陽

嘉陽の視座から 奄美シマウタの継承をめぐって（特集 伝承の諸相）（酒井正子）「奄美沖縄民間文芸学」 奄美沖縄民間文芸学会　（13）2014.09

狩俣

狩俣の城郭集落について（佐渡山正吉）「宮古郷土史研究会会報」 宮古郷土史研究会　101 1997.3

宮古島狩俣のウブイビムヌの神歌（新里幸昭）「地域研究シリーズ」 沖縄国際大学南島文化研究所　25 1998.3

狩俣の祖神かくし（岡本恵昭）「宮古研究」 宮古郷土史研究会　（8）2000.7

書評・書誌紹介 内田順子著『宮古島狩俣の神歌その継承と創成』（島村幸一）「法政大学沖縄文化研究所所報」 法政大学沖縄文化研究所　49

2001.3

平良市・狩俣の信仰世界と女性（奥濱幸子）「南島史学」 南島史学会　（57・58）2001.11

狩俣の祭祀継承の深層と現状—見える記録・見えない記録（奥濱幸子）「沖縄文化研究 ： 法政大学沖縄文化研究所紀要」 法政大学沖縄文化研究所　（28）2002.3

宮古島・狩俣の歌謡と儀礼（玉城政美）「東北学.［第1期］」 東北芸術工科大学東北文化研究センター，作品社（発売）6 2002.4

1月定例会レジュメ 狩俣の祭礼と女性—「シマ」における女性の精神史（奥濱幸子）「宮古郷土史研究会会報」 宮古郷土史研究会　140 2004.1

「狩俣の伝承世界」テーマに討論「宮古郷土史研究会会報」 宮古郷土史研究会　（170）2009.1

11月定例会レジュメ 狩俣の民謡「ンナグズ ヌ イサミガ」考（仲宗根浩二）「宮古郷土史研究会会報」 宮古郷土史研究会　（181）2010.11

狩俣の民謡「ンナグズ ヌ イサミガ」考—11月定例会のまとめ（仲宗根浩二）「宮古郷土史研究会会報」 宮古郷土史研究会　（182）2011.01

琉球弧の神歌の人称表現—宮古島狩俣の神歌から（島村幸一）「口承文藝研究」 日本口承文藝學會　（34）2011.03

宮古島狩俣の御嶽祭祀のゆくえ—女性祭祀者とムヌスの関わり（渡邉わこ）「縁 ： 集いの広場」 縁フォーラム事務局　4 2013.09

狩俣祖神のニーリ再考—稲village賢敷の「史歌」論文から半世紀（論文）（宮川耕次）「宮古研究」 宮古郷土史研究会　（12）2013.12

9月定例会レジュメ 宮古島狩俣の「ニーラアーグ」をめぐって（上原孝三）「宮古郷土史研究会会報」 宮古郷土史研究会　（204）2014.09

居駒永幸著『歌の原初へ—宮古島狩俣の神歌と神話』（新刊紹介）（波照間永吉）「沖縄文化」 沖縄文化協会　49（1）通号117 2014.11

9月定例会のまとめ 宮古島狩俣の「ニーラアーグ」をめぐって（上原孝三）「宮古郷土史研究会会報」 宮古郷土史研究会　（205）2014.11

狩俣村落

祭祀と環境—宮古狩俣村落（ズマ）の神行事を通して（奥浜幸子）「沖縄県女性史研究」 沖縄県教育委員会　通号2 1998.9

川田

東村川田部落における門中墓（登川亜紀）「沖縄民俗研究」 沖縄民俗学会　（21）2002.3

漢那ウェーヌアタイ

I 概況説明/II 考古・民俗学的調査/III 部材調査/IV 遺物調査/V 理化学的調査/VI まとめ/写真図版（漢那ウェーヌアタイ 木製家型墓複製製作に伴う調査）「ガラマン」 宜野座村立博物館紀要」 宜野座村教育委員会　（12）2006.3

木泊村

5月定例会のまとめ 下地島・キドマリ村跡調査について（山本正昭）「宮古郷土史研究会会報」 宮古郷土史研究会　（197）2013.7

喜名

読谷村字喜名の村踊り—「忠臣護佐丸」の継承からみる地域性（2008年度卒業論文発表要旨）（照屋早月）「沖縄民俗研究」 沖縄民俗学会　（29）2011.03

読谷の民話再考（1）喜名の民話（村山友江）「読谷村立歴史民俗資料館紀要」 読谷村教育委員会　（35）2011.03

喜名古窯

喜名古窯跡（瓦編）（仲宗根求，小原裕也，上門大悟，伊波勝美）「読谷村立歴史民俗資料館紀要」 読谷村教育委員会　（35）2011.3

喜名古窯跡（碗・皿・煙管編）（仲宗根求，小原裕也，伊波勝美）「読谷村立歴史民俗資料館紀要」 読谷村教育委員会　（36）2012.3

喜名古窯跡

喜名古窯跡出土の厨子甕片（伊波勝美）「読谷村立歴史民俗資料館紀要」 読谷村教育委員会　（34）2010.03

喜名古窯跡（瓶編）（仲宗根求，小原裕也，伊波勝美）「読谷村立歴史民俗資料館紀要」 読谷村教育委員会　（37）2013.3

宜野座

宜野座の年中行事（宮城昭美）「ガラマン ： 宜野座村立博物館紀要」 宜野座村教育委員会　（8）2002.3

字宜野座の拝所—関連資料の再検討を中心に（稲福政斉）「ガラマン ： 宜野座村立博物館紀要」 宜野座村教育委員会　（17）2011.03

宜野座村

ハンドゥーガーミ（1）（知名定順）「ガラマン ： 宜野座村立博物館紀要」 宜野座村教育委員会　（4）1998.3

紙芝居「ナビィおばあの戦争体験」「ガラマン ： 宜野座村立博物館紀要」 宜野座村教育委員会　（5）1999.3

民話磁気テープからミニディスク（MD）へ保存「ガラマン ： 宜野座村立博物館紀要」 宜野座村教育委員会　（5）1999.3

沖縄県　　　　　　　　　　　　　　郷土に伝わる民俗と信仰　　　　　　　　　　　　　　九州・沖縄

民話紙芝居ウニムーチーの由来「ガラマン ： 宜野座村立博物館紀要」 宜野座村教育委員会　(6)　2000.3

紙芝居「源助の一日」の紹介 (山川須真子)「ガラマン ： 宜野座村立博物館紀要」 宜野座村教育委員会　(7)　2001.3

戦争難民であふれた村 (紙芝居) (山川須真子, 知名久夫)「ガラマン ： 宜野座村立博物館紀要」 宜野座村教育委員会　(9)　2003.3

紙芝居「アメリカ世の子ども」―よく遊び・よく遊べ (仲間洋, 知名久夫)「ガラマン ： 宜野座村立博物館紀要」 宜野座村教育委員会　(11)　2005.3

宜野座村立博物館収蔵資料紹介―刃物に関する資料 (知名定順)「ガラマン ： 宜野座村立博物館紀要」 宜野座村教育委員会　(13)　2007.3

宜野座の紙芝居「宜野座村のチン談秘話」(宮城昭美, 知名美佐子)「ガラマン ： 宜野座村立博物館紀要」 宜野座村教育委員会　(13)　2007.3

宜野座村民話紙芝居『亀太郎の「宜野座村ムラ」ふしぎな旅』(新垣安之輔, 山川須真子)「ガラマン ： 宜野座村立博物館紀要」 宜野座村教育委員会　(14)　2008.3

宜野座村の民話紙芝居『新里善助物語』(たまなぎ裕子, 山川須真子)「ガラマン ： 宜野座村立博物館紀要」 宜野座村教育委員会　(15)　2009.03

青い仏具は海の色―変容する習俗とつくられる伝承 (稲福政斉)「ガラマン ： 宜野座村立博物館紀要」 宜野座村教育委員会　(16)　2010.03

宜野座村立博物館紙芝居「取り戻した魂」(山川須真子, 知名美佐子)「ガラマン ： 宜野座村立博物館紀要」 宜野座村教育委員会　(17)　2011.03

宜野座村立博物館 紙芝居『おきなわのわらしべ長者』(山川須真子, 知名美佐子)「ガラマン ： 宜野座村立博物館紀要」 宜野座村教育委員会　(18)　2012.03

宜野座村立博物館 紙芝居「宜野座村の山と人々の歴史」(田里一寿, 知名美佐子)「ガラマン ： 宜野座村立博物館紀要」 宜野座村教育委員会　(19)　2013.3

紙芝居『お茶のはじまり』(山川須真子)「ガラマン ： 宜野座村立博物館紀要」 宜野座村教育委員会　(20)　2014.03

儀保

探訪 昔道・新道 具志川の川田十字路から勝連城址を経て平敷屋番所跡、屋慶名番所跡まで/西海道の起点だった首里城久慶門から儀保・経塚を経て浦添番所跡まで「宿道」 沖縄しまたて協会　23　2004.10

喜宝院

念仏歌の伝承と解釈について―竹富島喜宝院院主 上勢頭同子氏の語りから (飯田くるみ)「ムーサ ： 沖縄県立芸術大学音楽学研究誌」 沖縄県立芸術大学音楽学部音楽学専攻　(13)　2012.03

儀間

久米島 (儀間・真謝) における動物方言名について (山城勇人, 遊磨正秀)「久米島自然文化センターだより」　2　2002.3

久米島の三庫理―儀間・嘉手苅の祭祀歌謡にみる首里および首里城の三庫理の記憶 (伊從勉)「沖縄民俗研究」 沖縄民俗学会　(23)　2005.1

儀間集落

友の会 集落散策 (儀間集落)「久米島自然文化センターだより」 久米島自然文化センター　(18)　2010.03

儀間村落

久米島儀間村落における御嶽の神屋建立―村落社会の信仰・祭祀における伝統の再活性化と創造 (深山直子)「民俗文化研究」 民俗文化研究所　(5)　2004.7

喜屋武

伝統芸能の現状について―喜屋武の十五夜遊びに見る (伊集奈々子)「南風の杜」 南風原文化センター紀要」 南風原文化センター　5　1999.3

喜屋武における伝統芸能の継承について―「十五夜遊び」を通して (宇保朝輝)「南風の杜 ： 南風原文化センター紀要」 南風原文化センター　8　2002.3

糸満市喜屋武におけるハルンクトゥをめぐって (2007年度卒業論文発表要旨) (遠藤俊太郎)「沖縄民俗研究」 沖縄民俗学会　(28)　2010.03

喜屋武御岳

聖地めぐり (25) 喜屋武御嶽「竹富町史だより」 竹富町教育委員会　(29)　2007.9

経塚

探訪 昔道・新道 具志川の川田十字路から勝連城址を経て平敷屋番所跡、屋慶名番所跡まで/西海道の起点だった首里城久慶門から儀保・経塚を経て浦添番所跡まで「宿道」 沖縄しまたて協会　23　2004.10

金武町

沖縄・金武町における門中の現代的諸相 (長浜哲人)「民俗文化研究」 民俗文化研究所　(4)　2003.7

具志川

探訪 昔道・新道 具志川の川田十字路から勝連城址を経て平敷屋番所跡、屋慶名番所跡まで/西海道の起点だった首里城久慶門から儀保・経塚を経て浦添番所跡まで「宿道」 沖縄しまたて協会　23　2004.10

具志川市

『具志川市史』第3巻「民話編」上〈伝説〉の編集を終えて (島袋智子)「具志川市史だより」 具志川市史編さん室　13　1998.3

寄稿 『具志川市史』第3巻「民話編」〈上〉の発刊によせて (又吉英仁)「具志川市史だより」 具志川市史編さん室　13　1998.3

紙芝居の制作 紙芝居『田ндай大工』『バキムン退治』の制作 作品紹介 (島袋智子)「具志川市史だより」 具志川市史編さん室　14　1999.3

紙芝居の制作 待ち遠しかった紙芝居の誕生 (奥那原美和子)「具志川市史だより」 具志川市史編さん室　14　1999.3

『具志川市史』第三巻「民話編」〈下・昔話〉の発刊「具志川市史だより」 具志川市史編さん室　15　2000.3

『具志川市史』第三巻「民話編」〈下・昔話〉の編集を終えて (島袋智子, 奥那原美和子, 池原美知子)「具志川市史だより」 具志川市史編さん室　15　2000.3

打ちすりてぃ遊ばなユッカヌヒー (座談会) (奥那原美和子)「具志川市史だより」 具志川市史編さん室　15　2000.3

『具志川市史』第三巻「民話編」出版祝賀回開催「具志川市史だより」 具志川市史編さん室　16　2001.3

愛玩用鶏への美学―沖縄県旧具志川市のシャモ (軍鶏) とチャーン (唱い鶏) を事例として (2005年度卒業論文発表要旨) (坂上佳奈)「沖縄民俗研究」 沖縄民俗学会　(26)　2008.3

具志川集落

友の会活動報告 具志川集落散策「久米島自然文化センターだより」 久米島自然文化センター　(19)　2010.06

具志川村

沖縄久米島の陽宅「風水」―具志川村の事例の予備考察 (河合洋尚)「民俗文化研究」 民俗文化研究所　(3)　2002.9

第59回沖縄染織研究会 屋取系集落に定着した染織技術―戦前の中頭郡具志川村の場合 (嘉陽妙子)「沖縄染織研究会通信」 沖縄染織研究会　(57)　2010.3

具志堅

今帰仁グスクが抱えた村―具志堅を中心に「なきじん研究」 今帰仁村歴史文化センター　13　2004.3

具志堅の豊年祭―聞き取り調査「なきじん研究」 今帰仁村歴史文化センター　13　2004.3

探訪 昔道・新道 垣花樋川から具志堅の樋川を通り、知念城跡を経て斎場御嶽へ至る/恩納博物館から仲泊遺跡、山田谷川の石矼、山田グスクを経て護佐丸父祖の墓まで「宿道」 沖縄しまたて協会　26　2006.3

具志頭

沖縄 沖縄本島南部における平民百姓の墓―八重瀬町字具志頭の場合 (長嶺操)「沖縄民俗研究」 沖縄民俗学会　(31)　2013.03

久志間切

久志間切弁柄 (鬼板) の材料科学的研究 (高田潤)「首里城公園管理センター調査研究・普及啓発事業年報」 沖縄美ら島財団首里城公園管理部　(2)　2012.03

城間

伝統の復活と存続―城間松明大綱引の場合 (川中茜)「沖縄民俗研究」 沖縄民俗学会　(21)　2002.3

グスクロード

探訪 昔道・新道 大宜味番所跡から山容の迫る国道58号を北上して国頭番所まで/知念城跡から垣花樋川を経てグスクロード沿いの玉城城趾まで「宿道」 沖縄しまたて協会　22　2004.3

久高島

易・陰陽五行からみた久高島 (前城直子)「沖縄文化」 沖縄文化協会　33 (1) 通号87　1997.10

久高島のヒータチ祭り (上江洲均)「まつり通信」 まつり同好会　38 (9) 通号451　1998.9

家を守護する女性たち―沖縄久高島の神役と家祭祀をめぐって (森田真也)「日本民俗学」 日本民俗学会　通号217　1999.2

久高島の祭祀組織の変容 その後 (畠山篤)「南島文化」 沖縄国際大学南島文化研究所　通号21　1999.3

シンポジウム 検証：イザイホーは正しく理解されてきたか (波照間永吉, 赤嶺政信, 上原孝三, 伊從勉, 豊見山和行)「沖縄文化」 沖縄文化協会　36 (1) 通号91　2000.7

久高島の名付けの祭祀世界 (畠山篤)「奄美沖縄民間文芸学」 奄美沖縄民間文芸学会　(3)　2003.3

琉球王権儀礼とイザイホー（小山和行）「沖縄学 ： 沖縄学研究所紀要」 沖縄学研究所　6（1）通号6　2003.3
沖縄・久高島のウムリングァをめぐって（赤嶺政信）「巫覡盲僧学会会報」 巫覡盲僧学会　16　2004.3
久高島のタムトゥ祝いの形成（畠山篤）「沖縄民俗研究」 沖縄民俗学会 （23） 2005.1
村落の始祖と門中の始祖―久高島の門中化現象の一側面（赤嶺政信）「沖縄民俗研究」 沖縄民俗学会 （23） 2005.1
久高島の生活と祭祀（1）―高田普次夫先生に聞く（小山和行）「沖縄学 ： 沖縄学研究所紀要」 沖縄学研究所　8（1）通号8　2005.3
久高島調査中間報告―ハンジャナシーの祭りを中心に（三島まき）「沖縄学 ： 沖縄学研究所紀要」 沖縄学研究所　8（1）通号8　2005.3
久高島のイザイホーの形成（畠山篤）「奄美沖縄民間文芸学」 奄美沖縄民間文芸学会 （5） 2005.9
地域 神の島・久高島―NPO久高島振興会の役割（西銘史則）「しまたてぃ ： 建設情報誌」 沖縄しまたて協会 （39） 2006.10
沖縄・久高島の「フバワク」―祭祀歌謡に見られる「ヤジク」を中心に（三島まき）「沖縄学 ： 沖縄学研究所紀要」 沖縄学研究所　12（1）通号12　2009.03
映像民俗学の方法―遠山霜月祭と久高島祭祀から（小特集 民俗学と記録映像）（北村皆雄）「日本民俗学」 日本民俗学会　通号264　2010.11
久高島の祭祀の現状と課題（2008年度卒業論文発表要旨）（西銘真希）「沖縄民俗研究」 沖縄民俗学会 （29） 2011.03
沖縄島嶼に継承される母たちの祭祀と母系社会―久高島の祭祀を中心にして（島田恵子）「信濃［第3次］」 信濃史学会　63（7）通号738　2011.07
沖縄「久高島」考―神の島をめぐって（小林保男）「板橋史談」 板橋史談会 （274） 2013.1
久高島における伝統的信仰と高齢者福祉をめぐる現状―エンド・オブ・ライフケアとスピリチュアルケアの視点から（論文）（川元恵美子）「地域研究」 沖縄大学地域研究所 （12） 2013.09
久高島の女（採集手帖）（篠田里香）「南島研究」 南島研究会 （55） 2014.03

国頭

沖縄の色・形 国頭の土と木の香りが漂う くんじゃん焼き知花窯「南ぬ風 ： 財団法人海洋博覧会記念公園管理財団広報誌 ： 季刊誌」 海洋博覧会記念公園管理財団 （25） 2012.09

国頭街道

ウチナー道物語 国頭街道（金城功）「宿道」 沖縄しまたて協会　17　2001.11

国仲御岳

聖地めぐり 国仲御嶽（通事孝作）「竹富町史だより」 竹富町教育委員会　21　2002.3

久場塘

南風原の羽衣伝説「久場塘嶽」について（照屋礼子）「南風の杜 ： 南風原文化センター紀要」 南風原文化センター　3　1997.3
南風原町の羽衣伝説「久場塘嶽」について（大川恵理）「南風の杜 ： 南風原文化センター紀要」 南風原文化センター　7　2001.3

久間原御岳

聖地めぐり（22）久間原御嶽「竹富町史だより」 竹富町教育委員会 （25） 2004.3

久米島

久米島上江洲家の正月飾り―黒漆九角二段食籠・同盆と銅製酒器を中心に（金城聡子）「浦添市美術館紀要」 浦添市美術館　通号8　1999.3
久米島オモロの特殊性について―神女、君南風を考察して（島村幸一）「史料編集室紀要」 沖縄県教育委員会　通号25　2000.3
稲作農具と藁の利用方法について（山里克也）「久米島自然文化センター紀要」 久米島自然文化センター　1　2001.3
『おもろさうし』にみる久米島出自の神々の変容とその歴史的背景―アオリヤヘほかと「ヒキ」制度のかかわり―（真喜志瑤子）「沖縄文化研究 ： 法政大学沖縄文化研究所紀要」 法政大学沖縄文化研究所 （28） 2002.3
金属製祭祀道具について（粟国恭子）「久米島自然文化センター紀要」 久米島自然文化センター　2　2002.3
久米島（儀間・真謝）における動物方言名について（山城勇人，遊磨正秀）「久米島自然文化センター紀要」 久米島自然文化センター　2　2002.3
昔神代之時ニ姉妹御三人（山里克也）「久米島自然文化センター紀要」 久米島自然文化センター　2　2002.3
えんがわ聞き取り調査（嘉手苅みゆき）「久米島自然文化センター紀要」 久米島自然文化センター　2　2002.3
久米島の墓地風水と手抄文書に見られる墓地祭祀について（劉正愛）「民俗文化研究」 民俗文化研究所 （3） 2002.9
シマの二つの祭り―久米島の稲大祭から見た君南風の一側面（小川順敬）「奄美沖縄民間文芸学」 奄美沖縄民間文芸学会 （3） 2003.3
資料紹介 神女具足の収蔵資料（山里克也）「久米島自然文化センター紀要」 久米島自然文化センター （3） 2003.3
中世沖縄の稲祭と雨乞儀礼にみる大アムシラレとヒキ系官員の役割（上）―王府と久米島にみる二系的な祭祀に関連して（真喜志瑤子）「沖縄文化研究 ： 法政大学沖縄文化研究所紀要」 法政大学沖縄文化研究所 （30） 2004.3
ヤッチのガマにおける墓域の形成（西銘章）「久米島自然文化センター紀要」 久米島自然文化センター （4） 2004.3
久米島の養蚕について―琉球新報新聞資料と仲里村勢要覧を中心に（宮良みゆき）「久米島自然文化センター紀要」 久米島自然文化センター （4） 2004.3
「場所」創出の重層性―沖縄久米島における御嶽再生活動をめぐって（河合洋尚）「民俗文化研究」 民俗文化研究所 （5） 2004.7
久米島の三庫理―儀間・嘉手苅の祭祀歌謡にみる首里および首里城の三庫理の記憶（伊従勉）「沖縄民俗研究」 沖縄民俗学会 （23） 2005.1
久米島にある「宝物」―周煌から神々へ捧げた詩歌を中心に（孫薇）「久米島自然文化センター紀要」 久米島自然文化センター （5） 2005.3
久米島の近世墓調査―盛吉家墓・喜久里家墓・吉浜家墓の調査（西銘章）「久米島自然文化センター紀要」 久米島自然文化センター （5） 2005.3
久米島における瓦屋について（仲村沙和子）「久米島自然文化センター紀要」 久米島自然文化センター （6） 2006.3
久米島の三線（山里克也）「久米島自然文化センター紀要」 久米島自然文化センター （7） 2007.3
『東内間家家譜』の織物記事について（宮良みゆき）「久米島自然文化センター紀要」 久米島自然文化センター （7） 2007.3
上江洲均著「久米島の民俗文化」（本の紹介）（酒井卯作）「南島研究」 南島研究会　通号48　2007.11
久米島における華南三彩陶の新資料（亀井明徳）「久米島自然文化センター紀要」 久米島自然文化センター （8） 2008.3
久米島に伝わる唐尺について（又吉光邦）「久米島自然文化センター紀要」 久米島自然文化センター （8） 2008.3
山里家の近世墓調査報告（中島徹也）「久米島自然文化センター紀要」 久米島自然文化センター （8） 2008.3
久米島紬の糸作り製作工程と一連の織機具類（宮良みゆき）「久米島自然文化センター紀要」 久米島自然文化センター （8） 2008.3
第56回沖縄染織研究会発表要旨 久米島紬について（宮良みゆき）「沖縄染織研究会通信」 沖縄染織研究会 （54） 2008.7
ヤッチのガマのことなど（西銘章）「久米島自然文化センター紀要」 久米島自然文化センター （9） 2009.03
久米島上江洲家所蔵寺院関係文書について―観音霊籤の被占者と年次の検討を中心に（下郡剛）「久米島自然文化センター紀要」 久米島自然文化センター （10） 2010.03
久米島の古謡II（杉本信夫）「地域研究シリーズ」 沖縄国際大学南島文化研究所 （37） 2010.03
久米島におけるユタの巫業―民間職能者による依頼者支援と審理臨床面接との比較（山入端津由，井村弘子）「地域研究シリーズ」 沖縄国際大学南島文化研究所 （37） 2010.03
久米島の按司伝説にみる歴史性（上江洲均）「奄美沖縄民間文芸学」 奄美沖縄民間文芸学会 （10） 2011.2
久米島の古謡に表出されている「大ごろう」像（大城盛光）「奄美沖縄民間文芸学」 奄美沖縄民間文芸学会 （10） 2011.02
『おもろさうし』にみる久米島の按司と地域とのかかわり（仲原穣）「奄美沖縄民間文芸学」 奄美沖縄民間文芸学会 （10） 2011.2
ウガミ考（中），（下）（保久村昌欣）「久米島自然文化センター紀要」 久米島自然文化センター （11）/（12） 2011.03/2012.03
グスクの構築における城塞化構造の検討―久米島所在グスク（森下真企）「久米島自然文化センター紀要」 久米島自然文化センター （11） 2011.3
琉球神女の馬乗石―久米島の事例を中心に（坂本直乙子）「沖縄民俗研究」 沖縄民俗学会 （30） 2012.03
杉本信夫「久米島の古謡、わらべうた、ウムイなどの過去と現在、そしてこれから…」（2010年度後期事業報告―第3回久米島調査報告講演会の開催について）「南島文化研究所所報」 沖縄国際大学南島文化研究所 （57） 2012.03
「宮古上布・琉球絣・久米島紬」三館合同企画展報告（平良次子）「南風の杜 ： 南風原文化センター紀要」 南風原文化センター （18） 2012.3
南の島のゲゲゲの鬼太郎―妖怪伝説と久米島史跡（伊賀明美）「讃岐のやまなみ」 香川県歴史研究会 （4） 2012.5
「久米島紬・宮古上布・琉球絣」展「久米島博物館だより」 久米島博物館 （21） 2012.5
表紙 久米島の「太陽石」「沖縄県史だより」 沖縄県教育庁 （22） 2013.3

沖縄県　　　　　　　　　　　郷土に伝わる民俗と信仰　　　　　　　　　九州・沖縄

久米島のなかの道教思想（上）（保久村昌欣）「久米島博物館紀要」　久米島博物館　（13）2013.03

久米島研究の現状と課題—歴史・民俗研究から（設立総会記念講演概要）（上江洲均）「久米島研究」　久米島研究会　（1）2014.3

秋山真和染織工芸展—染織で学ぶ、久米島紬の魅力づくり—「久米島博物館だより」　久米島博物館　（23）2014.5

企画展「久米島紬展」「久米島博物館だより」　久米島博物館　（23）2014.5

「久米島・島ことば調査のつどい」「久米島博物館だより」　久米島博物館　（23）2014.5

久米村

近世琉球の暦 試論（5）—選日通書刊本と久米村暦書（高田紀代志）「沖縄研究ノート：《共同研究》南島における民族と宗教」　宮城学院女子大学キリスト教文化研究所　（8）1999.3

来間島

短報 変容する来間島のムスヌン（虫払い）行事（金子進）「平良市総合博物館紀要」　平良市総合博物館　（7）2000.3

黒島

黒島で伝統の大綱引き旧正月行事にぎやかに（文化短信）「沖縄・八重山文化研究会会報」　沖縄・八重山文化研究会　（66）1997.2

八重山竹富町黒島方言の助詞（野原三義）「地域研究シリーズ」　沖縄国際大学南島文化研究所　29　2001.3

黒島の正月綱と爬龍船漕ぎ—儀礼・歌謡・語りか—（畠山篤）「地域研究シリーズ」　沖縄国際大学南島文化研究所　29　2001.3

五穀豊穣の神祀り—黒島の旧正月の場について（増田昭子）「地域研究シリーズ」　沖縄国際大学南島文化研究所　30　2002.3

研究ノート 竹富島黒島のサツマイモ栽培文化考（増田昭子）「民具マンスリー」　神奈川大学　37（7）通号439　2004.10

地域づくり 黒島物語—苦難の歴史を人の絆で乗り越えた島（當山忠）「しまたてぃ：建設情報誌」　沖縄しまたて協会　（37）2006.4

沖縄県八重山群島・黒島の船—豊年祭の爬龍船（板井英伸）「民具マンスリー」　神奈川大学　39（12）通号468　2007.3

ケシムリ御岳

文化財探訪（17）ケシムリ御嶽「竹富町史だより」　竹富町教育委員会　（23）2003.3

県立よみたん救護園運動場

県立よみたん救護園運動場発見の墓（名嘉真宜勝，仲宗根求）「読谷村立歴史民俗資料館紀要」　読谷村教育委員会　23　1999.3

幸喜

沖縄県名護市幸喜方言の擬声擬態語語彙（かりまたしげひさ，仲間恵子，宮城萬勇）「琉球の方言」　法政大学沖縄文化研究所　（37）2013.3

幸地

第304回研究会報告（要旨）湛水親方幸地賢忠のこころ—その人物像と生きざまを考える（宮城鷹夫）「沖縄芸能史研究会会報」　沖縄芸能史研究会　（304）2003.8

幸本御岳

聖地めぐり 幸本御嶽「竹富町史だより」　竹富町教育委員会　12　1997.9

古宇利島

古宇利島の人類発祥伝説「なきじん研究」　今帰仁村歴史文化センター　8　1998.3

古宇利島の祭祀組織と年中祭祀の構造に関する考察（2005年度修士論文発表要旨学）（玉城夕貴）「沖縄民俗研究」　沖縄民俗学会　（26）2008.3

古宇利島の祭祀の調査・研究「なきじん研究」　今帰仁村歴史文化センター　（17）2010.03

古宇利島の祭祀組織と年中祭祀（玉城夕貴）「なきじん研究」　今帰仁村歴史文化センター　（17）2010.03

越来グスク

越来グスクに関する聞き取りと若干の考察（川副裕一郎）「あやみや：沖縄市立郷土博物館紀要」　沖縄市立郷土博物館　（17）2009.2

古我知

沖縄の色・形 蘇った伝説の焼物 古我知焼「南ぬ風：財団法人海洋博覧会記念公園管理財団広報誌：季刊誌」　海洋博覧会記念公園管理財団　（22）2012.1

国際通り

国際通りへのまなざし—沖縄の都市におけるまちづくり（中川摩耶）「民俗文化研究」　民俗文化研究所　（10）2009.08

極楽寺

極楽寺創建場所の考察—極楽寺と山岳信仰（上）（武部拓磨，長濱健起）「よのつぢ：浦添市文化部紀要：bulletin of Culture Department,

Urasoe City」　浦添市教育委員会文化部　（9）2013.03

国立劇場おきなわ

連載 最終回沖縄の国立劇場をめぐって（小島美子）「季刊沖縄」　沖縄協会　3（4）通号10　1998.10

国立劇場寄席鑑賞会 寄席のしきたりや寄席囃子の実演も（いろいろレポート）（事務局）「首里城公園友の会会報」　首里城公園友の会　（82）2013.01

護国寺

古琉球の波上権現護国寺について（高橋康夫）「沖縄文化」　沖縄文化協会　44（1）通号107　2010.07

小浜

八重山竹富島小浜方言の助詞（2）（野原三義）「地域研究シリーズ」　沖縄国際大学南島文化研究所　28　2000.3

八重山小浜方言の音韻（仲原穣）「沖縄県立芸術大学附属研究所紀要」　沖縄県立芸術大学附属研究所　（16）2004.3

小浜島

小浜島の古謡（杉本信夫）「地域研究シリーズ」　沖縄国際大学南島文化研究所　28　2000.3

島々の芸能（14）小浜島 舟ぬユングトゥ（大田将之）「あかがーら」　石垣市立図書館八重山地域情報センター　（22）2002.4

島々の芸能（17）小浜島ほか嘉手久三兄弟（大田将之）「あかがーら」　石垣市立図書館八重山地域情報センター　（27）2002.11

小浜島の旧盆—村落行事としての旧盆（宇保朝輝）「沖縄民俗研究」　沖縄民俗学会　（22）2004.3

小浜島における男声の斉唱による歌謡の伝承について（《第22回大会報告「日本民謡研究の現状と課題」》（2008 東京）—研究発表要旨）（加藤廣美子）「民俗音楽研究」　日本民俗音楽学会　（34）2009.03

小浜嶋

沖縄県・小浜嶋における生涯教育システムとしての年中行事（加賀谷真梨）「日本民俗学」　日本民俗学会　通号242　2005.5

小波本御岳

小波本御嶽（石垣市字登野城）「あかがーら」　石垣市立図書館八重山地域情報センター　（26）2002.9

古見

《「西表島古見の伝統文化の調査研究」報告書》「沖縄芸術の科学：沖縄県立芸術大学附属研究所紀要」　沖縄県立芸術大学附属研究所　（10）1998.3

古見の集落と八重山の造船（小野まさ子）「沖縄芸術の科学：沖縄県立芸術大学附属研究所紀要」　沖縄県立芸術大学附属研究所　（10）1998.3

古見のプーリィの祭祀と歌謡（波照間永吉）「沖縄芸術の科学：沖縄県立芸術大学附属研究所紀要」　沖縄県立芸術大学附属研究所　（10）1998.3

古見の結願祭と狂言（波照間永吉）「沖縄芸術の科学：沖縄県立芸術大学附属研究所紀要」　沖縄県立芸術大学附属研究所　（10）1998.3

古見の結願祭（大城学）「沖縄芸術の科学：沖縄県立芸術大学附属研究所紀要」　沖縄県立芸術大学附属研究所　（10）1998.3

古見の伝統民俗芸能（森田孫榮）「沖縄芸術の科学：沖縄県立芸術大学附属研究所紀要」　沖縄県立芸術大学附属研究所　（10）1998.3

古見の屋号（大底朝要）「沖縄芸術の科学：沖縄県立芸術大学附属研究所紀要」　沖縄県立芸術大学附属研究所　（10）1998.3

古見方言の基礎語彙（加治工真市）「沖縄芸術の科学：沖縄県立芸術大学附属研究所紀要」　沖縄県立芸術大学附属研究所　（10）1998.3

「西表島古見の伝統文化の調査研究」を終えるにあたって（波照間永吉）「沖縄芸術の科学：沖縄県立芸術大学附属研究所紀要」　沖縄県立芸術大学附属研究所　（10）1998.3

島々の芸能（12）西表島古見ほか 古見ぬ浦節三兄弟（大田将之）「あかがーら」　石垣市立図書館八重山地域情報センター　（20）2002.2

古見船と石垣船・鳥と船（《サバニ特集》）（飯田泰彦）「あかがーら」　石垣市立図書館八重山地域情報センター　（22）2002.4

古見村

古見村のくらし（大底朝要）「沖縄芸術の科学：沖縄県立芸術大学附属研究所紀要」　沖縄県立芸術大学附属研究所　（10）1998.3

小湾集落

歴史に学ぶシリーズ（15）ちゅら小湾—沖縄戦で失われた旧小湾集落の復元（武者英二）「しまたてぃ：建設情報誌」　沖縄しまたて協会　27　2003.10

権現堂

権現堂の創建（平良勝保）「平良市総合博物館紀要」　平良市総合博物館　（8）2001.3

海からまっすぐ権現堂に向かう道（2）（内原節子）「あかがーら」　石垣市

立図書館八重山地域情報センター　(19)　2002.1

祥雲寺並びに権現堂の創建400年 (仲宗根將二)「宮古郷土史研究会会報」宮古郷土史研究会　(181)　2010.11

佐阿天橋

琉球の土木石碑―石に刻まれた琉球土木史 (4)―新造佐阿天橋碑記 (平敷兼哉)「しまたてぃ : 建設情報誌」沖縄しまたて協会　(61)　2012.5

先島

琉球列島の源郷観念―先島のマレビト祭祀をてがかりに (《小川徹先生追悼号》―〈第2部 追悼論集〉)(吉成直樹)「沖縄文化」沖縄文化協会　38(1)通号95　2003.3

先島諸島

先島諸島におけるアワ用農具の形態と地域性 (賀納章雄)「関西大学博物館紀要」関西大学博物館　3　1997.3

座喜味グスク

グスクから見た琉球の土木技術 (4) 座喜味グスクの土木建築的技術の系譜―立面アーチと平面アーチ (仲宗根求)「しまたてぃ : 建設情報誌」沖縄しまたて協会　(59)　2011.10

崎本部

神役組織の変化と祭祀実行組織への再編―本部町字崎本部のウフユミを事例として (2006年度卒業論文発表要旨) (山川久乃)「沖縄民俗研究」沖縄民俗学会　(27)　2009.03

村落祭祀の変化と持続に関する一考察―本部町崎本部の事例を通して (山川久乃)「沖縄民俗研究」沖縄民俗学会　(30)　2012.03

佐久伊御岳

聖地めぐり 佐久伊御嶽「竹富町史だより」竹富町教育委員会　17　2000.3

座間味村

座間味村における屋敷神信仰について (〈2004年度卒業論文発表要旨〉)(山内亜紀子)「沖縄民俗研究」沖縄民俗学会　(25)　2007.3

座間味間切

近世末期における座間味間切の民俗事象―「仲尾次政隆翁日誌」から (《小川徹先生追悼号》―〈第2部 追悼論集〉)(玉木順彦)「沖縄文化」沖縄文化協会　38(1)通号95　2003.3

佐良浜

伊良部町佐良浜における神願いの中断について (浦崎由加利)「沖縄民俗研究」沖縄民俗学会　(21)　2002.3

宮古諸島佐良浜におけるツカサとムヌスー (東資子)「沖縄民俗研究」沖縄民俗学会　(21)　2002.3

宮古・伊良部島佐良浜の伝承 (岡本恵昭)「南島研究」南島研究会　通号49　2008.11

伊良部島・佐良浜の豊年祭―ユークイとミャークヅツ (2007年度卒業論文発表要旨) (池原泰旗)「沖縄民俗研究」沖縄民俗学会　(28)　2010.03

三府竜脈碑

琉球の土木石碑―石に刻まれた琉球土木史 (9) 三府龍脈碑 (松原彰子)「しまたてぃ : 建設情報誌」沖縄しまたて協会　(66)　2013.10

塩屋

〔史料紹介〕源武雄調査ノート『塩屋地域海神祭及写真解説』について (長間安彦)「浦添市立図書館紀要」浦添市教育委員会　(10)　1999.3

塩屋湾のウンガミ

文化財指定と民俗の変容―「塩屋湾のウンガミ」と「伊江島の村踊」を事例として (高橋あい)「沖縄民俗研究」沖縄民俗学会　(22)　2004.12

識名

那覇市識名の三月遊び―ウスデーク歌の文学的研究の一環としての一考察 (平良徹也)「沖縄文化」沖縄文化協会　45(1)通号109　2011.06

勢理客

沖縄浦添の勢理客獅子と韓国 (《特集 獅子舞とシシ踊り》)(李應寿)「東北学. [第2期]」東北芸術工科大学東北文化研究センター, 柏書房 (発売)　(12)　2007.8

勢理客橋碑

琉球の土木石碑―石に刻まれた離土木史 (11)―勢理客橋碑 (編集部)「しまたてぃ : 建設情報誌」沖縄しまたて協会　(68)　2014.4

島尻

年中祭祀に見る沖縄本島島尻地方の生活世界 島尻風水序説 (伊從勉)「沖縄民俗研究」沖縄民俗学会　通号18　1998.3

久高島の島尻ミャークニの歌語り (畠山篤)「南島文化」沖縄国際大学南島文化研究所　通号21　1999.3

久米島島尻のウタキと拝所 (長沢利明)「南島研究」南島研究会　40　1999.10

島尻「ウヤガン」復活へ 神と森を考える会シンポジウム「宮古郷土研究会会報」宮古郷土史研究会　(158)　2007.1

南部史跡巡見「島尻の金石文を訪ねる」(いろいろレポート) (平良啓)「首里城公園友の会会報」首里城公園友の会　(79)　2012.3

「島尻散山節」歌碑建立「久米島博物館だより」久米島博物館　(22)　2013.01

島尻道

探訪 昔道を歩く 小禄・豊見城間切境から兼城番所跡ヘマチンチュミチ、シマジラーミチをたどる「宿道」沖縄しまたて協会　34　2013.2

島袋門中

島袋門中の「今帰仁上り (ナキジンヌブイ)」について (島袋かおり)「南風の杜 : 南風原文化センター紀要」南風原文化センター　3　1997.3

下里

本村家「報本」碑の来歴 (平良勝保)「宮古郷土史研究会会報」宮古郷土史研究会　108　1998.7

平良勝保氏発表本村家「報本」碑の来歴 (砂川幸夫)「宮古郷土史研究会会報」宮古郷土史研究会　109　1998.9

下地島

伝承とはなにか―下地島のヨナタマ伝説から (上原孝三)「法政大学沖縄文化研究所所報」法政大学沖縄文化研究所　51　2002.3

第169回シマ研究会 河名俊男「宮古・八重山諸島における過去1000年間の歴史津波と伝説の津波―1771年明和津波、1667年の地震と津波、下地島のヨナタマ伝説、多良間島のブナセー伝説を中心に―」(2010年度後期事業報告)「南島文化研究所所報」沖縄国際大学南島文化研究所　(57)　2012.3

謝名城

大宜味村謝名城の住居習俗 (桃原茂夫)「沖縄県立博物館紀要」沖縄県立博物館　(29)　2003.3

大宜味村謝名城の豊年祭について (前田朝達)「博友 : 沖縄県立博物館友の会機関誌」沖縄県立博物館友の会　(22)　2010.05

謝名堂

字謝名堂の祭祀組織―ウカミンツ (神女) の出自 (大山須美)「久米島自然文化センター紀要」久米島自然文化センター　(7)　2007.3

重修天女橋碑

琉球の土木石碑―石に刻まれた琉球土木史 (5)―重修天女橋碑記 (崎原恭子)「しまたてぃ : 建設情報誌」沖縄しまたて協会　(62)　2012.9

十二支ヌ御寺

十二支ヌ御寺巡り (井口亀英)「博友 : 沖縄県立博物館友の会機関誌」沖縄県立博物館友の会　11　1997.3

宿道

中城の山上を走る宿道の復元 (歴史に学ぶシリーズ (17)) (安里盛昭)「しまたてぃ : 建設情報誌」沖縄しまたて協会　29　2004.4

首里

表紙のことば「絹浅葱地花倉織着物」(岡本亜紀)「きよらさ : 浦添市美術館ニュース」浦添市美術館　20　1998.10

地方神女による首里上り制度の変容 (大城涼子)「首里城研究」首里城公園友の会　(6)　2001.7

沖縄語首里里方言の終助詞付き用言語彙資料 (西岡敏)「琉球の方言」法政大学沖縄文化研究所　通号26　2002.3

組踊の謙譲語―現代首里方言との比較を通して (西岡敏)「琉球の方言」法政大学沖縄文化研究所　通号28　2004.3

久米島の三庫理―儀間・嘉手苅の祭祀歌謡にみる首里および首里城の三庫理の記憶 (伊從勉)「沖縄民俗研究」沖縄民俗学会　(23)　2005.1

『おもろさうし』の幾何学―首里、今帰仁、そして玉城 (〈追悼論文〉) (吉成直樹, 福寛美)「沖縄文化研究 : 法政大学沖縄文化研究所紀要」法政大学沖縄文化研究所　(31)　2005.3

首里の結婚 (宮里朝光)「博友 : 沖縄県立博物館友の会機関誌」沖縄県立博物館友の会　(20)　2006.8

伊江島の「アヤメ歌」と首里の「踊合」―受容・変容・混交の文学史的一考察 (平良betya也)「沖縄文化」沖縄文化協会　43(1)通号105　2009.06

現代首里方言訳『沖縄対話』―「第一章 四季の部」(春・夏) (仲原穣, 比嘉悽明, 仲里政子, 新垣恒成, 国吉朝政)「沖縄芸術の科学 : 沖縄県立芸術大学附属研究所紀要」沖縄県立芸術大学附属研究所　(24)　2012.03

現代首里方言訳『沖縄対話』(2)―「第一章 四季の部」(秋・冬)「第二章 学校の部」(仲原穣, 比嘉悽明, 仲里政子, 新垣恒成, 国吉朝政)「沖縄芸術の科学 : 沖縄県立芸術大学附属研究所紀要」沖縄県立芸術大学附属研究所　(25)　2013.03

現代首里方言訳『沖縄対話』(3) (仲原穣, 仲里政子, 新垣恒成, 国吉朝

政）「沖縄芸術の科学 : 沖縄県立芸術大学附属研究所紀要」 沖縄県立芸術大学附属研究所 （26）2014.03

首里工芸品2 黒漆雲龍螺鈿長方形束道盆（久場まゆみ）「南ぬ風 : 財団法人海洋博覧会記念公園管理財団広報誌 : 季刊誌」 海洋博覧会記念公園管理財団 （33）2014.10

首里御グシク

首里御グシク（松島李風）「博友 : 沖縄県立博物館友の会機関誌」 沖縄県立博物館友の会 （26）2014.5

首里王府

首里王府の政策にみる芭蕉布について―仕明地における芭蕉植栽の奨励から考える（伊波香織）「史料編集室紀要」 沖縄県教育委員会 （31）2006.3

首里王府儀礼を彩る楽の変遷―蝶赤頭の楽と笙家来赤頭の楽を中心に（シンポジウム報告 連続シンポジウム《御冠船踊り―近世琉球の自己表象》について）（内田順子）「ムーサ : 沖縄県立芸術大学音楽学研究誌」 沖縄県立芸術大学音楽学部音楽学専攻 （14）2013.03

首里城

〔資料紹介〕 首里城京の内豚の釉裏紅（金城亀信，上原静）「文化課紀要」 沖縄県教育委員会 13 1997.3

首里城正殿唐破風の起源とその改修について―王権儀礼の舞台装置の誕生 伊従 勉耳征について（粟国恭子）「首里城研究」 首里城公園友の会 （3）1997.11

資料紹介 首里城公園所蔵 黒漆牡丹唐草沈金八角食籠（金城聡子）「首里城研究」 首里城公園友の会 （5）2000.3

太陽信仰に基づいて創建された首里城―古代エジプト古代ギリシャの例から見る（高草茂）「沖縄芸術の科学 : 沖縄県立芸術大学附属研究所紀要」 沖縄県立芸術大学附属研究所 （15）2003.3

「おもろさうし」のキミカナシと〈ヒキ〉の官員―首里城正殿下庫理の稲二祭のオモロにうたわれる者（真喜志瑶子）「沖縄文化研究 : 法政大学沖縄文化研究所紀要」 法政大学沖縄文化研究所 （29）2003.3

総会記念講演会 おもろさうしに見る首里城―池宮正治氏を迎えて（大城涼子）「首里城公園友の会会報」 首里城公園友の会 48 2004.6

石碑めぐり 碑文から窺い知る楽しさ―首里城周辺石碑めぐりに参加して（巡見レポート）（崎山用豊）「首里城公園友の会会報」 首里城公園友の会 51 2005.3

知識ファイル箱（16）尚家伝来の宝刀（池宮正治）「首里城公園友の会会報」 首里城公園友の会 51 2005.3

歌謡探訪―謡に訪ねる風土の旅（8）首里城築造・改築の木遣り唄 『おもろさうし』にも記録（仲宗根幸一）「しまたてぃ : 建設情報誌」 沖縄しまたて協会 （38）2006.7

王城祭祀における禁中女官・君々ほかの職事に関する基礎的考察―首里城正殿大庫理と大美御殿を中心に（真喜志瑶子）「沖縄文化研究 : 法政大学沖縄文化研究所紀要」 法政大学沖縄文化研究所 （33）2007.3

第2回首里城文化講演会 瓦と漆喰シーサー（平良啓）「首里城公園友の会会報」 首里城公園友の会 （63）2008.3

事業紹介 首里城に関する調査研究 漆塗装に関する調査（久場まゆみ）「南ぬ風 : 財団法人海洋博覧会記念公園管理財団広報誌 : 季刊誌」 海洋博覧会記念公園管理財団 （17）2010.10

首里城周辺巡り 琉球の寺跡を訪ねる（いろいろレポート）（福島清）「首里城公園友の会会報」 首里城公園友の会 （75）2011.03

南ぬ風インタビュー（15）首里城を中心に沖縄の工芸の"美の発信"をしてもらいたい（室瀬和美）「南ぬ風 : 財団法人海洋博覧会記念公園管理財団広報誌 : 季刊誌」 海洋博覧会記念公園管理財団 （22）2012.01

末次智著『琉球宮廷歌謡論―首里城の時空から』（新刊紹介）（波照間永吉）「沖縄文化」 沖縄文化協会 48（1）通号115 2014.02

御城物語6 首里城の赤瓦（久場まゆみ）「南ぬ風 : 財団法人海洋博覧会記念公園管理財団広報誌 : 季刊誌」 海洋博覧会記念公園管理財団 （29）2014.10

首里城久慶門

探訪 普道・新道 具志川の川田十字路から勝連城址を経て平敷屋番所跡、屋慶名番所跡まで／西海道の起点だった首里城久慶門から儀保・経塚を経て浦添番所跡まで「宿道」 沖縄しまたて協会 23 2004.10

首里城書院・鎖之間庭園

首里城書院・鎖之間庭園の復元について―国営沖縄記念公園（首里城地区）（國場善秀）「しまたてぃ : 建設情報誌」 沖縄しまたて協会 （50）2009.7

首里城正殿 唐玻豊

御城物語3 首里城正殿 唐玻豊（からはふう）の秘密（上江洲安亨）「南ぬ風 : 財団法人海洋博覧会記念公園管理財団広報誌 : 季刊誌」 海洋博覧会記念公園管理財団 （30）2014.1

祥雲寺

祥雲寺並びに権現堂の創建400年（仲宗根將二）「宮古郷土史研究会会報」

宮古郷土史研究会 （181）2010.11

城岳霊泉

琉球八景 北斎が描いた琉球（7）城嶽霊泉「しまたてぃ : 建設情報誌」 沖縄しまたて協会 （56）2011.1

諸志

諸志の浦島太郎物語「なきじん研究」 今帰仁村歴史文化センター 8 1998.3

白保

石垣市白保の豊年祭ハーリー（崎原恒新）「南島研究」 南島研究会 46 2005.9

八重山諸島白保における神役の継承法式（論文）（阿利まし乃）「沖縄民俗研究」 沖縄民俗学会 （32）2013.04

シィーシィが運ぶ幸せな時間 沖縄県石垣市白保・宮良 盆とイシタキバラの獅子舞（久保田裕道）「儀礼文化ニュース」 儀礼文化学会 （192）2013.09

新修美栄橋碑

琉球の土木石碑―石に刻まれた琉球土木史（1）―新修美栄橋碑記（川島淳）「しまたてぃ : 建設情報誌」 沖縄しまたて協会 （58）2011.7

新濬那覇江碑

琉球の土木石碑―石に刻まれた離土木史（12）―新濬那覇江碑文（編集部）「しまたてぃ : 建設情報誌」 沖縄しまたて協会 （69）2014.7

瑞泉門

知識のファイル箱 瑞泉門と石獅子（福島清）「首里城公園友の会会報」 首里城公園友の会 （60）2007.6

末吉宮

王府と神社について―特に末吉宮との関連性について（新垣裕子）「首里城研究」 首里城公園友の会 （7）2003.3

済井出

「済井出の龕」修復記録（比嘉ひとみ，友寄凡子）「あじまぁ : 名護博物館紀要」 名護博物館 9 1999.3

屋我地島・済井出の漁業―戦前の海人をたずねて（坂下宙子）「しまたてぃ : 建設情報誌」 沖縄しまたて協会 29 2004.4

盛光寺

沖縄仏教寺院と地域社会―沖縄仏教会及び盛光寺を中心に（2010年度修士論文発表要旨）（上江洲安宏）「沖縄民俗研究」 沖縄民俗学会 （32）2013.04

斎場御嶽

探訪 普道・新道 垣花樋川から具志堅の樋川を通り、知念城跡を経て斎場御嶽へ至る／恩納博物館から仲泊遺跡、山田谷川の石圧、山田グスクを経て護佐丸父祖の墓まで「宿道」 沖縄しまたて協会 26 2006.3

観光と保全をめぐる地元の論理と実践―世界遺産・斎場御嶽における管理の現場から（2008年度卒業論文発表要旨）（新垣瑛士）「沖縄民俗研究」 沖縄民俗学会 （29）2011.03

清明御岳

聖地めぐり（24）清明御嶽「竹富町史だより」 竹富町教育委員会 （28）2006.9

瀬底

瀬底エイサーの伝承と歌詞［1］、（2）（酒井正子）「奄美沖縄民間文芸学」 奄美沖縄民間文芸学会 （9）/（10）2009.09/2011.02

瀬底島

本部町瀬底島アンチ浜海底発見の碇石（片桐千亜紀，比嘉尚輝，崎原恒寿）「沖縄埋文研究 : 紀要」 沖縄県立埋蔵文化財センター （3）2005.3

瀬良垣

村踊りの民俗誌―恩納村瀬良垣（板谷徹）「民俗芸能研究」 民俗芸能学会 （34）2002.3

宗元寺跡

相模国における古代寺院の展開―宗元寺跡の忍冬交飾蓮華文軒丸瓦の系譜と年代をめぐって（2008年度総会研究報告「神奈川県域の古代寺院を考える」）（平平健三）「神奈川地域史研究」 神奈川地域史研究会 （27）2010.01

相模・武蔵南部における地方寺院の成立―宗元寺跡を中心として（2008年度総会研究報告「神奈川県域の古代寺院を考える」）（三舟隆之）「神奈川地域史研究」 神奈川地域史研究会 （27）2010.01

祖納

南島正月―西表祖納の節祭（伊藤芳枝）「まつり通信」 まつり同好会 38（1）通号443 1998.1

九州・沖縄 郷土に伝わる民俗と信仰 沖縄県

舟浮、祖納、干立の古謡―節謡（シチィ）のうたを中心に―（杉本信夫）「地域研究シリーズ」 沖縄国際大学南島文化研究所 29 2001.3

解説 祖納、干立の「節祭」について《西表・石垣特集》―〈1999年度第2回研修会・宿泊 於竹富町〉）（通事孝作）「あしびなぁ」 沖縄県地域史協議会 11 2002.5

西表島祖納の節祭考――人狂言とミクリ神とアンガマ―《西表島特集》（下野敏見）「鹿児島民具」 鹿児島民具学会 通号21 2009.03

与那国島祖納における祭祀組織の原状（2010年度卒業論文発表要旨）（田中聡子）「沖縄民俗研究」 沖縄民俗学会 （31） 2013.03

楚辺

門中と門中墓―読谷村楚辺の事例を中心に〈森謙二）「民俗文化研究」 民俗文化研究所 （6） 2005.8

読谷村楚辺における念仏歌の伝承について―イリベーシを中心に（飯田くるみ）「ムーサ ： 沖縄県立芸術大学音楽学学部誌」 沖縄県立芸術大学音楽学部音楽学専攻 （12） 2011.03

大東島

巫者の業とその変遷（2012年度事業報告―大東島調査報告講演会）（山入端津由）「南島文化研究所所報」 沖縄国際大学南島文化研究所 （59） 2014.03

南北大東島の伝承音楽の現状と、変容、そして発展に向けて―（2013年度事業報告―大東島調査報告講演会）（杉本信夫）「南島文化研究所所報」 沖縄国際大学南島文化研究所 （59） 2014.03

平良

8月定例会レジュメ ミャークフツのカナ表記を統一・普及できないか（平良・元市街地方言のカナ表記を基に）（仲宗根浩二）「宮古郷土史研究会会報」 宮古郷土史研究会 （191） 2012.07

高那村

竹富町西表高那村に三角屋根の墓を追って（島袋綾野，松島昭司）「南島考古だより」 沖縄考古学会 75 2005.5

高那村跡

竹富町西表高那村跡に残る墓（島袋綾乃，松島昭司）「南島考古」 沖縄考古学会 24 2005.5

高安

洗骨改葬から焼骨改葬へ―豊見城村字高安の葬法の変遷に関する一考察（蔡文高）「常民文化」 成城大学常民文化研究会 24 2001.3

豊見城村字高安の竈ゴウ祭観察記録「豊見城市史だより」 豊見城市教育委員会文化課 （6） 2001.3

地域文化の継承と変化―高安ガンゴー祭と我那覇ウークイの事例から（2012年度卒業論文発表要旨）（瀬尾彩）「沖縄民俗研究」 沖縄民俗学会 （33） 2014.03

高良家住宅

知識ファイル箱No.37 高良家住宅について（平良啓）「首里城公園友の会会報」 首里城公園友の会 （73） 2010.10

竹富

琉球・竹富方言の基礎語彙分野2 動物（加治工真市）「琉球の方言」 法政大学沖縄文化研究所 通号22 1998.3

竹富方言の基礎語彙―分野3、植物（加治工真市）「琉球の方言」 法政大学沖縄文化研究所 通号23 1999.3

竹富方言の基礎語彙―分野4 人体（加治工真市）「琉球の方言」 法政大学沖縄文化研究所 通号24 2000.3

竹富方言の基礎語彙―分野5、衣―（加治工真市）「琉球の方言」 法政大学沖縄文化研究所 通号25 2001.3

竹富方言の基礎語彙―分野6〔食〕・7〔住居〕（加治工真市）「琉球の方言」 法政大学沖縄文化研究所 通号26 2002.3

サバニ 川平と竹富の芋掘狂言をめぐって（狩俣恵一）「南島文化研究所所報」 沖縄国際大学南島文化研究所 50 2004.3

言語資料 竹富方言の弱変化動詞・活用一覧（西岡敏）「沖縄芸術の科学 ： 沖縄県立芸術大学附属研究所紀要」 沖縄県立芸術大学附属研究所 22 2012.03

竹富島

観光と「伝統文化」の意識化―沖縄竹富島の事例から（森田真也）「日本民俗学」 日本民俗学会 通号209 1997.2

竹富島方言のa/§について（ローレンス，ウエイン）「琉球の方言」 法政大学沖縄文化研究所 通号22 1999.3

竹富島の社会組織―祭祀からみた重層的・複合的な「村落」（玉城毅）「地域研究シリーズ」 沖縄国際大学南島文化研究所 28 2000.3

〈シンポジウム「沖縄・竹富島の伝承―神話・伝説・芸能―」「沖縄研究ノート ：《共同研究》南島における民族と宗教」 宮城学院女子大学キリスト教文化研究所 （10） 2001.3

祭祀空間としての家・屋敷―竹富島の事例から（中山麻紀）「沖縄民俗研究」 沖縄民俗学会 （21） 2002.3

竹富島の呪詞と『八重山島由来記』の神名とイベ名（狩俣恵一）「昔話伝説研究」 昔話伝説研究会 （22） 2002.3

島々の芸能（16）竹富島 そうじかち（大田将之）「あかがーら」 石垣市立図書館八重山地域情報センター （25） 2002.8

石垣島川平村と竹富島の「芋掘り狂言」（狩俣恵一）「地域研究シリーズ」 沖縄国際大学南島文化研究所 31 2003.3

ウツグミの竹富島 前新トヨさんの口語り（1）（野村敬子）「女性と経験」 女性民俗学研究会 通号28 2003.9

竹富島におけるアワのモチ「イーヤチ」・「ムチャニ」作りの伝統（賀納章雄）「民具マンスリー」 神奈川大学 37（7）通号439 2004.10

御嶽の神々の領分―竹富島をモデルに（第174回研究会報告）（照屋理）「沖縄・八重山文化研究会会報」 沖縄・八重山文化研究会 （174） 2007.1

仮面祭祀からみた沖縄の「ミロク信仰」―八重山諸島竹富島の事例を中心に（古谷野洋子）「沖縄民俗研究」 沖縄民俗学会 （26） 2008.3

「安里屋ユンタ」の教材化の有効性―音楽文化についての理解を深める視点から（研究発表要旨）（山本幸正）「民俗音楽研究」 日本民俗音楽学会 （37） 2012.03

宮古・八重山の鍛冶祭祀と伝承―竹富島の鍛冶工狂言を中心に（狩俣恵一）「奄美沖縄民間文芸学」 奄美沖縄民間文芸学会 （12） 2014.04

八重山竹富島の神司とカンフチ（中山瑠衣）「奄美沖縄民間文芸学」 奄美沖縄民間文芸学会 （12） 2014.04

竹富島の種子取

祭にみるアイデンティティの保持と継承―事例・竹富島の種子取祭（秋山裕之）「沖縄民俗研究」 沖縄民俗学会 通号17 1997.3

沖縄竹富島の種子取祭（真下厚）「まつり通信」 まつり同好会 40（2）通号468 2001.3

報告 沖縄・竹富島の種子取祭の伝承（狩俣恵一）「沖縄研究ノート ：《共同研究》南島における民族と宗教」 宮城学院女子大学キリスト教文化研究所 （10） 2001.3

竹富島種子取祭の魅力（真下厚）「巫覡盲僧学会会報」 巫覡盲僧学会 15 2003.3

弥勒菩薩について―沖縄・竹富島に伝わる種子取り祭りより（柳町節夫）「ちょうま」 更埴郷土を知る会 （25） 2005.1

沖縄県八重山地方竹富島種子取祭のスル掬い狂言 沖縄竹富郷友会 芸能と郷友会活動―沖縄竹富郷友会の「スル掬い狂言」を通して（特集 日本民俗音楽学会第25回沖縄大会 大会テーマ「故郷（ふるさと）を演ずる人々」―シンポジウム・民俗音楽公演）（狩俣恵一）「日本民俗音楽学会会報」 日本民俗音楽学会 （36） 2012.03

竹富町

新聞で知る町の今昔 招魂祭「竹富町史だより」 竹富町教育委員会 （9） 1996.03

古文書紹介―明治14年大地方村之御嶽並伊部名拝殿坪数神官人調帳「竹富町史だより」 竹富町教育委員会 16 1999.9

竹富町のかまど神信仰―西表島を中心として（窪徳忠）「地域研究シリーズ」 沖縄国際大学南島文化研究所 28 2000.3

竹富町・島々の織物文化（通事孝作）「竹富町史だより」 竹富町教育委員会 （23） 2003.3

写真に見るわが町（23）野辺送り「竹富町史だより」 竹富町教育委員会 （25） 2004.3

報告 「ミーナライ・シキナライ」会のこと（阿佐伊孫良）「竹富町史だより」 竹富町教育委員会 （29） 2007.9

写真にみるわが町（27）舟漕儀礼のあるシシィン（節祭）「竹富町史だより」 竹富町教育委員会 （32） 2011.03

竹富三郷友会の未来を創る『竹富方言辞典』と『竹富町史 第2巻 竹富島』書評特集1『竹富町史 第2巻 竹富島』について）（狩俣恵一）「竹富町史だより」 竹富町教育委員会 （34） 2013.03

伝承が支える島の歴史―島人の情熱と誇りの集大成（書評特集）（石川久美子）「竹富町史だより」 竹富町教育委員会 （35） 2014.03

岳山原

嶽山原の炭窯群について（比屋根淳満）「あやみや ： 沖縄市立郷土博物館紀要」 沖縄市立郷土博物館 5 1997.3

多田御岳

多田御嶽（ターダオン：石垣市字真栄里）「あかがーら」 石垣市立図書館八重山地域情報センター （28） 2002.12

棚原

西原町棚原の十五夜祭におけるみるく神について（瀧澤透）「沖縄民俗研究」 沖縄民俗学会 （21） 2002.3

西原町字棚原の綱曳き―その特色と変遷―（城間義勝）「沖縄民俗研究」 沖縄民俗学会 （22） 2004.12

田場

紙芝居の制作 紙芝居『田場大工』『バキムン退治』の制作 作品紹介（島

沖縄県 郷土に伝わる民俗と信仰 九州・沖縄

袰智子)「具志川市史だより」 具志川市史編さん室 14 1999.3

玉陵
玉陵中室の厨子甕の謎（仲間孝蔵）「博友 : 沖縄県立博物館友の会機関誌」 沖縄県立博物館友の会 （22）2010.05

玉城
『おもろさうし』の幾何学—首里、今帰仁、そして玉城（〈追悼論文〉）（吉成直樹，福寛美）「沖縄文化研究 : 法政大学沖縄文化研究所紀要」 法政大学沖縄文化研究所 （31）2005.3

玉城城
探訪 昔道・新道 大宜味番所跡から山容の迫る国道58号を北上して国頭番所まで／知念城跡から垣花樋川を経てグスクロード沿いの玉城城趾まで「宿道」 沖縄しまたて協会 22 2004.3

多良間
学術シンポジウム「多良間」を考える—歴史・言語・民俗・社会の視点から（仲宗根将二）「宮古郷土史研究会会報」 宮古郷土史研究会 115 1999.11
8月定例会のまとめ トゥブリ考（照屋盛）「宮古郷土史研究会会報」 宮古郷土史研究会 138 2003.9
トゥブリについての一考察（照屋盛）「宮古研究」 宮古郷土史研究会 （9）2004.2
多良間・スツウブナカをみる（下地和宏）「宮古郷土史研究会会報」 宮古郷土史研究会 （167）2008.7

多良間島
多良間島のシチウブナカの歌謡—フダヤーとアレーキの神歌（新里幸昭）「南島文化」 沖縄国際大学南島文化研究所 （24）2002.3
8月定例会のあらまし 多良間島の「スツウブナカ」（下地和宏）「宮古郷土史研究会会報」 宮古郷土史研究会 144 2004.9
沖縄・多良間島の御嶽と土原豊見親伝説（原田信之）「奄美沖縄民間文芸学」 奄美沖縄民間文芸学会 （8）2008.9
第169回シマ研究会 河名俊男「宮古・八重山諸島における過去1000年間の歴史津波と伝説の津波—1771年明和津波、1667年の地震と津波、下地島のヨナタマ伝説、多良間島のブナセラ伝説を中心に—」（2010年度後期事業報告）「南島文化研究所所報」 沖縄国際大学南島文化研究所 （57）2012.3
民俗 多良間島における「竈」の使用について（岸本敬）「沖縄県立博物館・美術館博物館紀要」 沖縄県立博物館・美術館 （6）2013.03

多良間の豊年祭（八月踊り）
八月踊り考—多良間島の豊年祭（照屋盛）「宮古郷土史研究会会報」 宮古郷土史研究会 127 2001.11
多良間村八月踊りへの学校関係者の参加（川副裕一郎）「あやみや : 沖縄市立郷土博物館紀要」 沖縄市立郷土博物館 （11）2003.3
「畑の草取狂言」—多良間島八月踊りの狂言（下地賀代子）「奄美沖縄民間文芸学」 奄美沖縄民間文芸学会 （8）2005.9
たらましゃの八月おどり（本村朝進）「博友 : 沖縄県立博物館友の会機関誌」 沖縄県立博物館友の会 （25）2013.05
9月定例会レジュメ 報告「多良間島の八月踊り」（下地和宏）「宮古郷土史研究会会報」 宮古郷土史研究会 （198）2013.09
「八月踊り」と「タラマユー」—9月定例会を終えて（下地和宏）「宮古郷土史研究会会報」 宮古郷土史研究会 （199）2013.11

伊敷索グスク
久米島・伊敷索グスク測量調査（1）（米田文孝，森下真企，松浦暢昌，大向智子，藤井陽輔，石原由莉，渡邊貴亮）「久米島自然文化センター紀要」 久米島自然文化センター （10）2010.03

知念城
探訪 昔道・新道 大宜味番所跡から山容の迫る国道58号を北上して国頭番所まで／知念城跡から垣花樋川を経てグスクロード沿いの玉城城趾まで「宿道」 沖縄しまたて協会 22 2004.3
探訪 昔道・新道 垣花樋川から具志堅の桶川を通り、知念城跡を経て斎場御嶽へ至る／恩納博物館から仲泊遺跡、山田谷川の石矼、山田グスクを経て護佐丸父祖の墓まで「宿道」 沖縄しまたて協会 26 2006.3

知花
第13回研究会報告 知花織について（幸喜新）「沖縄染織研究会通信」 沖縄染織研究会 13 1999.11
沖縄市知花の「カーメー行事」と「えさおもろ」—調査事例と途絶えている儀礼について（宮城利旭）「あやみや : 沖縄市立郷土博物館紀要」 沖縄市立郷土博物館 8 2000.3
第33回研究会報告 知花花織に関する染織資料の調査報告（幸喜新）「沖縄染織研究会通信」 沖縄染織研究会 32 2003.11
第38回沖縄染織研究会発表旨 知花花織に関する染織資料の調査報告（幸喜新）「沖縄染織研究会通信」 沖縄染織研究会 37 2004.11
沖縄市知花の民俗断片（1）—島袋次郎・池原加那・崎原山芳の話から（崎

原恒新）「あやみや : 沖縄市立郷土博物館紀要」 沖縄市立郷土博物館 （15）2007.2
沖縄市知花の民俗断片（2）—島袋盛保・大宜味トミの話から（崎原恒新）「あやみや : 沖縄市立郷土博物館紀要」 沖縄市立郷土博物館 （16）2008.1
知花ウスデーク祭祀に見る伝統の再生—知花花織の衣装からみる（2011年度卒業論文発表要旨）（又吉美沙希）「沖縄民俗研究」 沖縄民俗学会 （32）2013.04

北谷
字北谷ノロ墓（玉木順彦）「沖縄民俗研究」 沖縄民俗学会 （33）2014.03

北谷町
地方にみる「性・産」—北谷町・読谷村の産育調査から（比嘉道子）「沖縄県女性史研究」 沖縄県教育委員会 通号1 1997.3

津嘉山
五月ウマチーに見る津嘉山の村落祭祀（大城博）「南風の杜 : 南風原文化センター紀要」 南風原文化センター 3 1997.3
津嘉山の綱引き—調査を通して（仲村江美子）「南風の杜 : 南風原文化センター紀要」 南風原文化センター 4 1998.3
津嘉山の綱引き—東（アガリ）を中心（新垣淳）「南風の杜 : 南風原文化センター紀要」 南風原文化センター 4 1998.3
津嘉山の綱引きについて（宮城史乃）「南風の杜 : 南風原文化センター紀要」 南風原文化センター 4 1998.3
津嘉山の民話（博物館実習生のレポート）（仲宗根文代）「南風の杜 : 南風原文化センター紀要」 南風原文化センター 10 2004.3
津嘉山のエイサー（博物館実習生のレポート）（得平智子）「南風の杜 : 南風原文化センター紀要」 南風原文化センター （13）2007.3
子どもの遊びに関する民俗的研究—南風原町津嘉山の事例から（2009年度卒業論文発表要旨）（金城桃子）「沖縄民俗研究」 沖縄民俗学会 （30）2012.03

津堅島
南島の基層文化と津堅島の民俗（上）—来訪神とカーの由来譚を中心に（山田直巳）「沖縄研究ノート : 《共同研究》南島における民族と宗教」 宮城学院女子大学キリスト教文化研究所 （7）1998.3

津覇
中城村津覇の獅子舞にみる雌雄の動作（波照間永子）「沖縄文化」 沖縄文化協会 37（2）通号94 2002.11

壺屋
芭蕉布と壺屋のやちむん（上），（下）（清田友彦）「ふるさとの自然と歴史」 歴史と自然をまもる会 274/275 1999.5/1999.7
茅ヶ崎にある沖縄の壺屋焼き陶器について（寺岡早苗）「文化資料館調査研究報告」 茅ケ崎市教育委員会 通号8 2000.3
海を渡った壺屋焼陶器（小田静夫）「壺屋焼物博物館紀要」 那覇市立壺屋焼物博物館 （4）2003.3
荒焼の呼称について—陶工からの聞き取りをもとに（島袋まき子）「壺屋焼物博物館紀要」 那覇市立壺屋焼物博物館 （5）2004.3
厨子甕の製作について（倉成多郎）「壺屋焼物博物館紀要」 那覇市立壺屋焼物博物館 （6）2005.3
県外輸出商品について—戦前期の壺屋焼（1）（倉成多郎）「壺屋焼物博物館紀要」 那覇市立壺屋焼物博物館 （7）2006.3
アラヤチの製作と焼成について（赤嶺由紀子）「壺屋焼物博物館紀要」 那覇市立壺屋焼物博物館 （7）2006.3
戦前の壺屋地域における井戸・池・道・坂道・松林の名称について（高志保美奈）「壺屋焼物博物館紀要」 那覇市立壺屋焼物博物館 （8）2007.3
壺屋焼の荒焼（アラヤチ）壺—当館所蔵のいわゆる「一斗壺」について（内間靖）「壺屋焼物博物館紀要」 那覇市立壺屋焼物博物館 （8）2007.3
荒焼のカマチミ（窯詰め）とタムン（薪）について（赤嶺由紀子，嶽元美奈）「壺屋焼物博物館紀要」 那覇市立壺屋焼物博物館 （10）2009.03
墓から出土する古典焼（寄稿）（仁王浩司）「壺屋焼物博物館紀要」 那覇市立壺屋焼物博物館 （10）2009.03

壺屋古窯群
壺屋古窯群における「単室登窯」の変遷（島弘，仲宗根啓）「壺屋焼物博物館紀要」 那覇市立壺屋焼物博物館 （5）2004.3

照後御岳
聖地めぐり（17）照後御嶽「竹富町史だより」 竹富町教育委員会 20 2001.9

照久原
特別ルポ・東村有銘山上（照久原）の「ながみ」（編集部）「しまうた」 しまうた文化研究会 14 2002.12

九州・沖縄　　　　　　　　　郷土に伝わる民俗と信仰　　　　　　　　　沖縄県

照屋
ふるさと歳時記 「照屋八枚」の復元（平良次子）「こがね南風」 南風原町立南風原文化センター （10）2003.3

天后宮
久米島・天后宮由来に秘められた事実―歴史の民話化の背景（高阪薫）「奄美沖縄民間文芸学」 奄美沖縄民間文芸学会 （3）2003.3

天孫廟
表紙の説明 天孫廟にて鶴亀兄弟、阿君を討つの図「Archives ： 沖縄県公文書館だより」 沖縄県文化振興会 5 1997.6

独逸皇帝博愛記念碑
独逸皇帝博愛記念碑建立の顛末（砂川玄正）「宮古島市総合博物館紀要」 宮古島市総合博物館 （16）2012.03

桃原
本部町のわらべうた再創造ノートI―備瀬 桃原（杉本信夫）「南島文化」 沖縄国際大学南島文化研究所 （32）2010.03

桃原村
口絵 本琉球首里内桃原村譜代向氏浦添里之子親雲上女子真嘉戸の宗門手札「首里城研究」 首里城公園友の会 （16）2014.3

桃林寺
桃林寺本堂の実測図面と今後の歴史的建造物への取り組み（平良啓）「しまたてぃ ： 建設情報誌」 沖縄しまたて協会 （59）2011.10

人舛田
姨捨山と人舛田―その伝説の考証と現代的意味（横山十四男）「信濃［第3次］」 信濃史学会 57（5）通号664 2005.5

渡嘉敷島
渡嘉敷島における年中行事とウタキ―2004年の調査から（長谷川曾乃江）「地域研究」 沖縄大学地域研究所 （2）2006.3

渡名島
あのノロが健在だった頃―沖縄渡名島事録1982―1987（笠原政治）「民俗文化研究」 民俗文化研究所 （2）2001.9

登野城村
基調報告 登野城村の祭祀（《2004年度第2回研修会（in 石垣市）》）（石垣博孝）「あしびなぁ」 沖縄県地域史協議会 16 2005.7

豊見城
豊見城の色・形 自然の風合いが優しい染めと織り 豊見城ウージ染め「南ぬ風 ： 財団法人海洋博覧会記念公園管理財団広報誌 ： 季刊誌」 海洋博覧会記念公園管理財団 （23）2012.04

探訪 昔道を歩く 小禄・豊見城間切後から兼城番所跡へマチンチュミチ、シマジラーミチをたどる「宿道」 沖縄しまたて協会 34 2013.2

豊見城市
竈と竈ゴウ祭について「豊見城市史だより」 豊見城市教育委員会文化課 （6）2001.3

友利
「なりやまあやぐ発祥の地」碑 友利部落会・インギャー海岸に建立「宮古郷土史研究会会報」 宮古郷土史研究会 （152）2006.1

沖縄 宮古友利のスマフサラ儀礼（萩原左人）「沖縄民俗研究」 沖縄民俗学会 （31）2013.03

仲尾次
仲尾次の豊年祭―調査・記録（石野裕子）「なきじん研究」 今帰仁村歴史文化センター 8 1998.3

中城
中城の山上を走る宿道の復元（歴史に学ぶシリーズ（17））（安里盛昭）「しまたてぃ ： 建設情報誌」 沖縄しまたて協会 29 2004.4

神アサギからみえる村落祭祀のありかた―中城ノロの管掌する兼次・諸志・与那嶺・仲尾次・崎山のアサギを中心に（兼島吟枝）「沖縄民俗研究」 沖縄民俗学会 （23）2005.1

中城御殿
琉球国滅亡後の国家祭祀と中城御殿（論文）（後田多敦）「南島文化」 沖縄国際大学南島文化研究所 （35）2013.03

中城城
探訪・昔道・新道 普天間宮から野嵩の石畳道・中村家を経て中城城跡まで/名護番所跡から羽地番所への宿道を経て親川グスク（羽地グスク）まで「宿道」 沖縄しまたて協会 20 2003.3

探訪 昔道を歩く 野嵩クシヌカーから野嵩石畳道を経て、中城城跡へ、番所道の面影をたどる「宿道」 沖縄しまたて協会 32 2012.3

仲里村
久米島の養蚕について―琉球新報新聞資料と仲里村勢要要覧を中心に（宮良みゆき）「久米島自然文化センター紀要」 久米島自然文化センター （4）2004.3

中島蕉園
表紙の言葉琉球八景のうち「中島蕉園」（岡本亜紀）「きよらさ ： 浦添市美術館ニュース」 浦添市美術館 47 2005.8

仲筋御岳
聖地めぐり―仲筋御嶽「竹富町史だより」 竹富町教育委員会 16 1999.9

仲地
宮古島市伊良部字仲地における神女ツカサの選出（論文）（本永清，新垣則子，佐藤宣子）「宮古研究」 宮古郷土史研究会 （12）2013.12

仲泊遺跡
探訪 昔道・新道 垣花樋川から具志堅の樋川を通り、知念城跡を経て斎場御嶽へ至る/恩納博物館から仲泊遺跡、山田谷川の石矼、山田グスクを経て護佐丸父祖の墓まで「宿道」 沖縄しまたて協会 26 2006.3

ナーカヌカーアジ墓
座喜味「ナーカヌカーアジ墓」調査報告（名嘉真宜勝、仲宗根求）「読谷村立歴史民俗資料館紀要」 読谷村教育委員会 21 1997.3

長墓遺跡
島尻南嶺の長墓遺跡発掘調査（久貝弥嗣）「宮古郷土史研究会会報」 宮古郷土史研究会 （197）2013.07

長浜
読谷村字長浜の組踊「本部大腹」について（長浜真勇）「読谷村立歴史民俗資料館紀要」 読谷村教育委員会 26 2002.3

読谷村字長浜の組踊「萬歳敵討」について（長浜真勇）「読谷村立歴史民俗資料館紀要」 読谷村教育委員会 （30）2006.3

仲原馬場
探訪昔道・新道 浦添ようどれから当山の石畳道を歩き、浦添大墓地公園を経て大山貝塚まで/仲原馬場から今帰仁城跡への旧道を通って、城跡へ、国道505号と宿道を走り比べる「宿道」 沖縄しまたて協会 25 2005.10

名嘉真
名嘉真における民俗芸能の伝承―エイサーと豊年祭を支える二才中―（宮島由利子）「沖縄民俗研究」 沖縄民俗学会 （20）2001.5

中岡
鳩間中岡（はとまなかもり）―鳩間節（《鳩間島特集》）（マット，ギラン）「あかがーら」 石垣市立図書館八重山地域情報センター （23）2002.5

中山
琉球宮廷舞踊と中国民間歌舞―徐葆光『中山伝信録』をめぐって（劉富琳）「沖縄芸術の科学 ： 沖縄県立芸術大学附属研究所紀要」 沖縄県立芸術大学附属研究所 （18）2006.3

為朝伝説と中山王統（矢野美沙子）「沖縄文化研究 ： 法政大学沖縄文化研究所紀要」 法政大学沖縄文化研究所 （36）2010.03

今帰仁
今帰仁エイサーの音楽―崎山・兼次・今泊の資料化を通して（小林公江，小林幸男）「沖縄芸術の科学 ： 沖縄県立芸術大学附属研究所紀要」 沖縄県立芸術大学附属研究所 （9）1997.3

島袋門中の「今帰仁上り（ナキジンヌブイ）」について（島袋かおり）「南風の杜 ： 南風原文化センター紀要」 南風原文化センター 3 1997.3

第256回研究会報告（要旨）喜劇的リズム―「今帰仁祝女殿内」を中心に―「組踊」のパロディー（与那覇晶子）「沖縄芸能史研究会会報」 沖縄芸能史研究会 （256）1999.3

『おもろさうし』の幾何学―首里、今帰仁、そして玉城（〈追悼論文〉）（吉成直樹，福寛美）「沖縄文化研究 ： 法政大学沖縄文化研究所紀要」 法政大学沖縄文化研究所 （31）2005.3

第1章 今帰仁の村と神アサギ/第2章 本部域の村と神アサギ（第7篇 今帰仁・本部域の村と神アサギ）（仲原弘哲）「なきじん研究」 今帰仁村歴史文化センター （15）2007.3

沖縄の色・形 芭蕉布ならではの風合いと温かさ 今帰仁芭蕉布「南ぬ風 ： 財団法人海洋博覧会記念公園管理財団広報誌 ： 季刊誌」 海洋博覧会記念公園管理財団 （24）2012.07

今帰仁と本部の村踊りを巡って―今、なぜ豊年祭を研究するか（私の研究）（J.C.ジュステル）「法政大学沖縄文化研究所所報」 法政大学沖縄文化研究所 （73）2013.09

今帰仁グスク
今帰仁グスクが抱えた村―具志堅を中心に「なきじん研究」 今帰仁村

歴史文化センター　13　2004.3

今帰仁グスクが抱えた村―学芸員実習調査ノート「なきじん研究」　今帰仁村歴史文化センター　13　2004.3

今帰仁城

探訪昔道・新道　浦添ようどれから当山の石畳道を歩き、浦添大墓地公園を経て大山貝塚まで/伊原馬場から今帰仁城跡への旧道を通って、城跡へ、国道505号と宿道を走り比べる「宿道」　沖縄しまたて協会　25　2005.10

今帰仁村

慰霊の日と終戦記念日（親川繁）「なきじん研究」　今帰仁村歴史文化センター　8　1998.3

ターラグスクとチンマーサー（親川繁）「なきじん研究」　今帰仁村歴史文化センター　8　1998.3

臼という名の私たち（山内昌藤）「なきじん研究」　今帰仁村歴史文化センター　8　1998.3

資料紹介「祭祀の研究」ノート―宮城真治著（仲原弘哲）「なきじん研究」　今帰仁村歴史文化センター　8　1998.3

今帰仁の生活道具―番外編―（石野裕子）「なきじん研究」　今帰仁村歴史文化センター　8　1998.3

ホセ・ホアキンの世界―土の中に命を見、土の声を聴く（石野裕子）「なきじん研究」　今帰仁村歴史文化センター　8　1998.3

〈第2編　今帰仁村の運天港〉運天の概要/運天（村）の表記の変遷/源為朝の運天上陸伝説/『海東諸国紀』「琉球国之図」の「雲見」（運天）/運天の百按司（ムムジャナ）墓/薩摩軍の琉球侵攻と運天港/「正保国絵図」（1645年）にみる運天港/大北墓と今帰仁按司/唐人の漂着と運天港/運天の大和墓（2基）/仏艦船とオランダ墓/運天にある無名の古墓群/運天の番所・在番/勤（職）書からみた運天（港・番所）/明治の運天港/運天を訪れた人々/運天の主な出来事（明治以降）/現在（戦後）の運天港/運天（港）が果たした役割「なきじん研究」　今帰仁村歴史文化センター　9　1999.3

今帰仁村内の墓調査「なきじん研究」　今帰仁村歴史文化センター　13　2004.3

第9編「ミャークニー」の諸相―「哀惜歌」としての側面に注目して（酒井正子）「なきじん研究」　今帰仁村歴史文化センター　（15）2007.3

今帰仁村の手踊りエイサー―本部半島の他地域との比較を通して（小林公江，小林幸男）「沖縄芸術の科学　：　沖縄県立芸術大学附属研究所紀要」　沖縄県立芸術大学附属研究所　（20）2008.3

解説―祭祀の調査記録の課題（仲原弘哲）「なきじん研究」　今帰仁村歴史文化センター　（17）2010.03

今帰仁村内外の豊年祭（玉城菜美路）「なきじん研究」　今帰仁村歴史文化センター　（19）2014.03

名蔵

石垣市名蔵の地椿塔（森本嘉訓）「徳島地域文化研究」　徳島地域文化研究会　（10）2012.03

名蔵御岳

名蔵御嶽（《特集　地域資料にみるシリーズ　名蔵》）（翁長聖子）「あかがーら」　石垣市立図書館八重山地域情報センター　（33）2003.7

名護

ガンの寸法と唐尺との関係（山城正）「あじまぁ　：　名護博物館紀要」　名護博物館　9　1999.3

沖縄県名護のビトゥ漁―その歴史、現況および課題について（浜口尚）「和歌山地理」　和歌山地理学会　（25）2005.12

名護大獅子《特集　獅子芸能の世界へ／獅子が踊る！　獅子が舞う！―東アジアの獅子芸能》（岸本直也）「まんだら　：　東北文化友の会会報」　東北芸術工科大学東北文化研究センター　（27）2006.5

山本川恒の民話（1）―伝承話の紹介（比嘉久）「あじまぁ　：　名護博物館紀要」　名護博物館　通号14　2008.3

沖縄の民話　名護の民話　鼠浄土「南ぬ風　：　財団法人海洋博覧会記念公園管理財団広報誌　：　季刊誌」　海洋博覧会記念公園管理財団　（19）2011.04

名護市

名護市の墓制（与儀あずさ）「沖縄民俗研究」　沖縄民俗学会　（22）2004.12

名護市のハル石―資料紹介（平頁）「あじまぁ　：　名護博物館紀要」　名護博物館　通号14　2008.3

名護番所

探訪・昔道・新道　普天間宮から野嵩の石畳道・中村家を経て中城城跡まで/名護番所跡から羽地番所への宿道を経て親川グスク（羽地グスク）まで「宿道」　沖縄しまたて協会　20　2003.3

那覇

那覇のぶくぶく茶（大森恵子）「まつり通信」　まつり同好会　37（5）通号435　1997.5

野村流音楽協会那覇支部設立30周年式典・公演「沖縄芸能史研究会報」　沖縄芸能史研究会　（237）1997.6

第5回　沖縄染織研究会報告「那覇袴について」（上運天綾子，植木ちか子）「沖縄染織研究会通信」　沖縄染織研究会　5　1998.5

那覇方言の動詞形態論についての一考―構造言語学の見地から（アンニャ，ヴァルケ）「沖縄学　：　沖縄学研究所紀要」　沖縄学研究所　3　1999.7

書評　内間直仁・野原三義［編著］『沖縄語辞典―那覇方言を中心に―』（西岡敏）「沖縄文化」　沖縄文化協会　41（1）通号101　2006.11

那覇士族の仕事と漆器―福地家文書　御物城と御仮屋守の日記より（岡本亜紀）「よのつぢ　：　浦添市文化部紀要　：　bulletin of Culture Department,Urasoe City」　浦添市教育委員会文化部　（3）2007.3

那覇士族の仕事と漆器二―親見世日記より（岡本亜紀）「よのつぢ　：　浦添市文化部紀要　：　bulletin of Culture Department,Urasoe City」　浦添市教育委員会文化部　（4）2008.3

清代福州から那覇にもたらされた紙（松浦章）「南島史学」　南島史学会　（77・78）2011.12

那覇の旅（採集手帖）（山城正夫）「南島研究」　南島研究会　（55）2014.03

那覇市

拝所の変容からみる感性―那覇市の事例から―（2013年度事業報告―全南大学校湖南学研究院との協定校間学術交流講演会）（波平エリ子）「南島文化研究所所報」　沖縄国際大学南島文化研究所　（59）2014.03

西神山御岳

聖地めぐり―西神山御嶽「竹富町史だより」　竹富町教育委員会　14　1998.9

西原

宮古西原方言の語彙（4）～（10）（名嘉真三成，中本謙）「琉球の方言」　法政大学沖縄文化研究所　通号22/通号26　1998.3/2002.3

宮古島西原の「竜宮願い」　供犠としての豚（上原孝三）「東北学．[第1期]」　東北芸術工科大学東北文化研究センター，作品社（発売）3　2000.10

5月定例会レジュメ　日本の古代が生きている宮古方言―西原方言を中心として（大田義弘）「宮古郷土史研究会会報」　宮古郷土史研究会　130　2002.3

宮古島西原の祭祀と民俗（記念講演）（上原孝三）「季刊沖縄」　沖縄協会　10（1・2）通号28　2005.4

村落祭祀の担い手たち―宮古諸島西原のニガインマ（平井芽阿里）「沖縄民俗研究」　沖縄民俗学会　（25）2007.3

宮古島西原における祭祀組織の考察（〈2004年度修士論文発表要旨〉）（平井芽阿里）「沖縄民俗研究」　沖縄民俗学会　（25）2007.3

伝承文化の記録と継承へ「西原」の祭祀存続も討議（仲宗根神二）「宮古郷土史研究会会報」　宮古郷土史研究会　（164）2008.1

宮古諸島西原のミャークヅツ―担い手の役割からみる村落祭祀構造（平井芽阿里）「沖縄民俗研究」　沖縄民俗学会　（27）2009.03

南風原・西原における綱引き（博物館実習生レポート）（上原早苗）「南風の杜　：　南風原文化センター紀要」　南風原文化センター　（16）2010.03

宮古諸島西原の神々―祭祀集団への新たな加入に関する一考察（平井芽阿里）「宮古島市総合博物館紀要」　宮古島市総合博物館　（14）2010.03

宮古島市・西原のシートゥガンニガイ（生徒神願い）（上原孝三）「宮古研究」　宮古郷土史研究会　（11）2010.12

宮古島・西原の「麦の初初」祭祀儀礼と歌謡について（上原孝三）「沖縄文化」　沖縄文化協会　45（2）通号110　2011.11

宮古島西原の年中祭祀とシャーマン（シンポジウム　シャーマニズムと神歌）（上原孝三）「奄美沖縄民間文芸学」　奄美沖縄民間文芸学会　（11）2012.03

宮古島西原の祭祀用具について（上原孝三）「沖縄芸術の科学　：　沖縄県立芸術大学附属研究所紀要」　沖縄県立芸術大学附属研究所　（24）2012.03

根神山

トカラの根神山（下野敏見）「南島研究」　南島研究会　39　1998.10

野嵩石畳道

探訪　昔道を歩く　野嵩クシヌカーから野嵩石畳道を経て、中城城跡へ、番所道の面影をたどる「宿道」　沖縄しまたて協会　32　2012.3

野嵩クシヌカー

探訪　昔道を歩く　野嵩クシヌカーから野嵩石畳道を経て、中城城跡へ、番所道の面影をたどる「宿道」　沖縄しまたて協会　32　2012.3

野原

宮古島市上野・野原村落のサティパロウ祭祀の考察（2007年度卒業論文発表要旨）（砂川長太）「沖縄民俗研究」　沖縄民俗学会　（28）2010.03

野原集落
野原集落のサーツキ゜ニガイ祭祀（新垣則子，佐藤宣子）「宮古島市総合博物館紀要」 宮古島市総合博物館 （18） 2014.03

野原村
地域レポート 野原村のパーント神の仮面とその祭事（岡本恵昭）「しまうた」 しまうた文化研究会 15 2004.12

登川
沖縄市登川の赤瓦屋解体について（川副裕一郎）「あやみや ： 沖縄市立郷土博物館紀要」 沖縄市立郷土博物館 （15） 2007.2

登川村落
登川村落の風水池「ウズミグムイ」―沖縄市字登川の調査事例（宮城利旭）「あやみや ： 沖縄市立郷土博物館紀要」 沖縄市立郷土博物館 9 2001.3

南風保多御岳
聖地めぐり 南風保多御嶽「竹富町史だより」 竹富町教育委員会 18 2000.9

南風原
南風原の羽衣伝説「久場塘嶽」について（照屋礼子）「南風の杜 ： 南風原文化センター紀要」 南風原文化センター 3 1997.3
南風原のエイサー（知花貴子）「南風の杜 ： 南風原文化センター紀要」 南風原文化センター 3 1997.3
位牌祭祀の継承について（山里千春）「南風の杜 ： 南風原文化センター紀要」 南風原文化センター 4 1998.3
針突―ハジチ―について（仲嶺久里子）「南風の杜 ： 南風原文化センター紀要」 南風原文化センター 4 1998.3
絣に関すること（武井しのぶ）「南風の杜 ： 南風原文化センター紀要」 南風原文化センター 4 1998.3
マブイグミについて（稲福美智子）「南風の杜 ： 南風原文化センター紀要」 南風原文化センター 4 1998.3
ウンサク雑考（赤嶺朋子）「南風の杜 ： 南風原文化センター紀要」 南風原文化センター 5 1999.3
「南風原のわらべ歌昔歌集」集録の「口説」について（我那覇貴子）「南風の杜 ： 南風原文化センター紀要」 南風原文化センター 5 1999.3
南風原の琉球絣（喜友名速）「南風の杜 ： 南風原文化センター紀要」 南風原文化センター 5 1999.3
織物の力（仲宗根綾子）「南風の杜 ： 南風原文化センター紀要」 南風原文化センター 5 1999.3
井泉・水の信仰について（仲里亜希子）「南風の杜 ： 南風原文化センター紀要」 南風原文化センター 5 1999.3
イレズミ―肉体への装飾（比嘉美奈子）「南風の杜 ： 南風原文化センター紀要」 南風原文化センター 6 2000.3
琉球絣―南風原で確実に受け継がれていく伝統工芸（仲嶺千春）「南風の杜 ： 南風原文化センター紀要」 南風原文化センター 6 2000.3
綱引き（上原善周）「南風の杜 ： 南風原文化センター紀要」 南風原文化センター 6 2000.3
南風原の歌謡に見る地名―「南風原のわらべうた昔歌集」地名単語索引―（関戸塩）「南風の杜 ： 南風原文化センター紀要」 南風原文化センター 7 2001.3
南風原の綱曳き―綱の行方を追って（中山麻紀）「南風の杜 ： 南風原文化センター紀要」 南風原文化センター 7 2001.3
ハル石の拝所化について―南風原文化センター敷地内にあるハル石の事例から―（熊谷樹）「南風の杜 ： 南風原文化センター紀要」 南風原文化センター 8 2002.3
南風原の技と人 伊敷美千代さん（河津梨絵）「こがね南風」 南風原町立南風原文化センター （7） 2002.6
南風原を歩く―字の拝所（山城みどり）「こがね南風」 南風原町立南風原文化センター （9） 2002.12
南風原の子供達に伝わる怪談話について（徳村笑里子）「南風の杜 ： 南風原文化センター紀要」 南風原文化センター 9 2003.3
絣の新しい道（中村愛）「南風の杜 ： 南風原文化センター紀要」 南風原文化センター 9 2003.3
南風原の年中行事（比嘉勝子）「南風の杜 ： 南風原文化センター紀要」 南風原文化センター 9 2003.3
碑をめぐって（古賀徳子）「南風の杜 ： 南風原文化センター紀要」 南風原文化センター 11 2005.3
三線のチィーガ（胴）について（村山佳津典）「南風の杜 ： 南風原文化センター紀要」 南風原文化センター 11 2005.3
獅子舞について（中村竜太）「南風の杜 ： 南風原文化センター紀要」 南風原文化センター 11 2005.3
南風原の染織物産業とアジアの織物（平良次子）「南風の杜 ： 南風原文化センター紀要」 南風原文化センター （12） 2006.3
摩文仁家の墓―墓が現在に伝えること（博物館実習生のレポート）（福地有希）「南風の杜 ： 南風原文化センター紀要」 南風原文化センター （13） 2007.3
南風原の石碑（大城和喜）「南風の杜 ： 南風原文化センター紀要」 南風原文化センター （14） 2008.3
あけずば織（博物館実習生のレポート）（赤嶺明奈）「南風の杜 ： 南風原文化センター紀要」 南風原文化センター （14） 2008.3
南風原の伝承話（博物館実習生のレポート）（仲宗根彩乃）「南風の杜 ： 南風原文化センター紀要」 南風原文化センター （15） 2009.3
南風原の琉球絣・花織の事業展開の提案（博物館実習生のレポート）（安里和音）「南風の杜 ： 南風原文化センター紀要」 南風原文化センター （15） 2009.3
沖縄の色彩名を探る―南風原の織物の染織名を中心にして（博物館実習生レポート）（村上めぐみ）「南風の杜 ： 南風原文化センター紀要」 南風原文化センター （16） 2010.3
南風原の伝説（博物館実習生レポート）（金城彩子）「南風の杜 ： 南風原文化センター紀要」 南風原文化センター （16） 2010.03
ハイオ南風原花織（博物館実習生レポート）（野本由布貴，辻本沙織，渡辺智子）「南風の杜 ： 南風原文化センター紀要」 南風原文化センター （17） 2011.3
沖縄の色・形 南風原花織「南ぬ風 ： 財団法人海洋博覧会記念公園管理財団広報誌 ： 季刊誌」 海洋博覧会記念公園管理財団 （20） 2011.7
南風原の織物・かすり（博物館実習生レポート）（谷内友紀）「南風の杜 ： 南風原文化センター紀要」 南風原文化センター （18） 2012.3

南風原町
南風原町の羽衣伝説「久場塘嶽」について（大川恵理）「南風の杜 ： 南風原文化センター紀要」 南風原文化センター 7 2001.3
墓の祝い（大城和喜）「こがね南風」 南風原町立南風原文化センター （7） 2002.6
サンの力（大城和喜）「こがね南風」 南風原町立南風原文化センター （8） 2002.9
御祝儀（大城和喜）「こがね南風」 南風原町立南風原文化センター （9） 2002.12
ジュールクニチー（河津梨絵）「こがね南風」 南風原町立南風原文化センター （9） 2002.12
ジャンケンの話（大城和喜）「こがね南風」 南風原町立南風原文化センター （10） 2003.3
南風原町の建築儀礼について（松原章子）「南風の杜 ： 南風原文化センター紀要」 南風原文化センター 9 2003.3
南風原町の力石（博物館実習生のレポート）（上間一平）「南風の杜 ： 南風原文化センター紀要」 南風原文化センター 10 2004.3
南風原町の石ししに関する由来・伝説について（博物館実習生のレポート）（比嘉佑）「南風の杜 ： 南風原文化センター紀要」 南風原文化センター 10 2004.3
南風原町におけるアブシバレー行事（博物館実習生のレポート）（高嶺亨）「南風の杜 ： 南風原文化センター紀要」 南風原文化センター （13） 2007.3
南風原町における綱曳き行事と民俗文化財との関わり（博物館実習生のレポート）（外間裕一）「南風の杜 ： 南風原文化センター紀要」 南風原文化センター （13） 2007.3
南風原町字宮城の拝所井戸について（博物館実習生のレポート）（林辰弥）「南風の杜 ： 南風原文化センター紀要」 南風原文化センター （13） 2007.3
南風原町の石獅子と大里の石獅子の特徴とその共通点（博物館実習生レポート）（名嘉山みゆき）「南風の杜 ： 南風原文化センター紀要」 南風原文化センター （18） 2012.03

白銀堂
白銀堂物語（関野志郎）「大隅」 大隅史談会 （53） 2010.03

波照間
資料紹介 波照間の歴史・伝説考（3）―仲本信幸遺稿集「竹富町史だより」 竹富町教育委員会 （25） 2004.3

波照間島
写真集に見るわが町 波照間島の燐鉱採掘「竹富町史だより」 竹富町教育委員会 12 1997.9
新聞資料紹介燐鉱と海に輝く波照間島波照間島の人口動態―近世から現代まで（通事孝作）「竹富町史だより」 竹富町教育委員会 12 1997.9
波照間島の神行事（仲底善章）「沖縄県立博物館紀要」 沖縄県立博物館 （24） 1998.3
資料紹介 波照間島の歴史・伝説考（1），（2）―仲本信幸遺稿「竹富町史だより」 竹富町教育委員会 （23）／（24） 2003.3/2003.9
八重山諸島波照間島採集の狭刃形石斧（安里嗣淳，本田昭正）「沖縄埋文研究 ： 紀要」 沖縄県立埋蔵文化財センター （2） 2004.3
第151回研究会報告 波照間島・40年の時を経て甦る祭祀空間（アウエハント静子）「沖縄・八重山文化研究会会報」 沖縄・八重山文化研究会

（151）2004.12

波照間島聞書（採集手帖）（酒井卯作）「南島研究」　南島研究会　46
2005.9

コルネリウス・アウエハント著『HATERUMA 波照間―南琉球の島嶼
文化における社会＝宗教的諸相』／コルネリウス・アウエハント／静子・
アウエハント撮影『写真集 波照間島 祭祀の空間』（書誌紹介）（植松明
石）「日本民俗学」　日本民俗学会　通号244　2005.11

第167回研究会報告 波照間島のイシバンコンギ（一番狂言）―中間報
告（西岡敏）「沖縄・八重山文化研究会会報」　沖縄・八重山文化研究会
（167）2006.5

第180回研究会報告 波照間島の歴史・伝説考（本田昭正）「沖縄・八重山
文化研究会会報」　沖縄・八重山文化研究会　（180）2007.7

波照間島のプーリンにみる祭祀組織（2005年度卒業論文発表要旨）（阿
利よし乃）「沖縄民俗研究」　沖縄民俗学会　（26）2008.3

波照間島における祭祀組織の変遷―継承を中心として（2007年度卒業論
文発表要旨）（田村卓也）「沖縄民俗研究」　沖縄民俗学会　（28）
2010.03

波照間島における祭祀組織の研究―御嶽祭祀集団の構造と帰属（2007年
度修士論文発表要旨）（阿利よし乃）「沖縄民俗研究」　沖縄民俗学会
（28）2010.03

異人は「マニラ」の人々か？　八重山蔵元絵師画稿と波照間島漂着人をつ
なぐ（里井洋一）「竹富町史だより」　竹富町教育委員会　（33）2012.3

沖縄 八重山諸島波照間島の御嶽祭祀集団（阿利よし乃）「沖縄民俗研究」
沖縄民俗学会　（31）2013.03

波照間島のクリョン（小池淳一）「西郊民俗」　「西郊民俗談話会」
（225）2013.12

波照間島における場所への聖性の付与に関する考察―語られる過去と聖
地存続の論理（2012年度修士論文発表要旨）（田村卓也）「沖縄民俗研
究」　沖縄民俗学会　（33）2014.03

鳩間

鳩間方言のアクセント―名詞（ウェイン，ローレンス）「沖縄文化」　沖縄
文化協会　32（1）通号85　1997.1

鳩間方言のアクセント―数詞／助数詞（ローレンス，ウェイン）「沖縄芸術
の科学 ： 沖縄県立芸術大学附属研究所紀要」　沖縄県立芸術大学附属
研究所　（9）1997.3

島々の芸能（15）鳩間～横浜中華街5月の放浪者（大田将之）「あかがー
ら」　石垣市立図書館八重山地域情報センター　（23）2002.5

鳩間島

鳩間島の民謡・古謡を楽譜に『高音符号付鳩間古典民謡古謡集工工四』
の編纂にあたって学んだこと（小浜光次郎）「沖縄・八重山文化研究会
会報」　沖縄・八重山文化研究会　（91）1999.5

寄稿 鳩間島プール（豊年祭）の構造的意味（加治工真市）「竹富町史だよ
り」　竹富町教育委員会　（32）2011.03

新刊紹介 大城公男『八重山 鳩間島民俗誌』（波照間永吉）「沖縄文化」
沖縄文化協会　45（2）通号110　2011.11

自著を語る 八重山鳩間島民俗誌（大城公男）「東北宗教学」　東北大学大
学院文学研究科宗教学研究室　7　2011.12

書評 大城公男著『八重山 鳩間島民俗誌』（高橋孝代）「法政大学沖縄文化
研究所所報」　法政大学沖縄文化研究所　（70）2012.03

書評 大城公男著『八重山 鳩間島民俗誌』（高桑史子）「日本民俗学」　日
本民俗学会　（279）2014.08

羽地

名護市羽地地区におけるスポーツの民族誌―真喜屋と稲嶺の事例から
（2011年度卒業論文発表要旨）（伊良波彩子）「沖縄民俗研究」　沖縄民
俗学会　（32）2013.04

羽地グスク

探訪・昔道・新道 普天間宮から野嵩の石畳道・中村家を経て中城城跡ま
で／名護番所跡から羽地番所への宿道を経て親川グスク（羽地グスク）
まで「宿道」　沖縄しまたて協会　20　2003.3

羽地内海

大自然に憩いを求めて（ヤンバルヤマシシ会）／羽地内海を眼下に―嵐
山・ウマヌカンジュ散策／やんばるを歩く―安波節の里を訪ねて「し
まうた」　しまうた文化研究会　15　2004.12

歌謡探訪―謡に訪ねる風土の旅（7）詩情あふれる羽地内海／水に悩む島
人の暮らし偲ぶ（仲宗根幸一）「しまたてぃ ： 建設情報誌」　沖縄しま
たて協会　（37）2006.4

漲水御岳

漲水御嶽由来伝承―蛇婚入〈苧環型〉説話に見る昔話の伝播（人と物、文
化の移動、定着と再生産）について（〈宮古郷土史研究会設立30周年記
念シンポジウム―宮古の「旧記」編さんから三百年―〉）（下地利幸）
「宮古研究」　宮古郷土史研究会　（10）2006.8

漲水御岳

漲水御嶽の由来伝承「蛇聟入〈苧環型〉」について（下地利幸）「宮古郷土
史研究会会報」　宮古郷土史研究会　151　2005.11

宮古口創作神話伝説「漲水御嶽の由来」（研究余滴）（久貝愛子）「宮古研
究」　宮古郷土史研究会　（12）2013.12

万古山御岳

宮古の神・人・自然を考える―「万古山御嶽」の再興を目指して（佐渡
山政子）「宮古郷土史研究会会報」　宮古郷土史研究会　147　2005.3

東底原

沖糖と戦前のシートーヤー（東底原）―12月定例研究会のあらまし（下地
和宏）「宮古郷土史研究会会報」　宮古郷土史研究会　122　2001.1

比嘉村落

比嘉村落の女性の漁撈活動からみた生計維持についての考察―1980年代
以前の漁撈活動を中心に（2011年度奨励研究成果論文）（新垣夢乃）
「年報非文字資料研究」　神奈川大学日本常民文化研究所非文字資料研
究センター　（9）2013.3

比嘉村

浜比嘉島比嘉村落のタコ穴漁（新垣夢乃）「民具マンスリー」　神奈川大学
43（10）通号514　2011.01

樋川

探訪 昔道・新道 垣花樋川から具志堅の樋川を通り、知念城跡を経て斎場
御嶽へ至る／恩納博物館から仲泊遺跡、山田谷川の石紅、山田グスク
を経て護佐丸父祖の墓まで「宿道」　沖縄しまたて協会　26　2006.3

久松

久松に伝わる昔話「黄金を貰った兄嫁」の話（下地利幸）「宮古郷土史研
究会会報」　宮古郷土史研究会　（153）2006.3

比謝橋碑

琉球の土木石碑―石に刻まれた琉球土木史（2）―比謝橋碑文（宮平友介）
「しまたてぃ ： 建設情報誌」　沖縄しまたて協会　（59）2011.10

備瀬

北部沖縄の葬制と他界観・再生観―沖縄・本部町備瀬の事例を中心に
（中畑充弘）「南島史学」　南島史学会　（69）2007.4

本部町のわらべうた再創造ノートI―備瀬 桃原（杉本信夫）「南島文化」
沖縄国際大学南島文化研究所　（32）2010.03

広瀬御岳

8月定例会レジュメ 廣瀬御嶽の祭神マッサビについて―与那覇勢頭豊見
親とのかかわりで考える（下地利幸）「宮古郷土史研究会会報」　宮古
郷土史研究会　（173）2009.07

8月定例会のまとめ 与那覇勢頭と廣瀬御嶽の祭神マッサビについて（下地
利幸）「宮古郷土史研究会会報」　宮古郷土史研究会　（174）2009.09

ひめゆりの塔

表紙写真説明 ひめゆりの塔「長野県立歴史館たより」　長野県立歴史館
（62）2010.03

平得

平得・真栄里の御嶽めぐり（松村順一）「石垣市史巡見 村むら探訪」　石
垣市総務部市史編集課　（8）2004.2

平得村

伝承にみる平得村の始まり（松村順一）「石垣市史巡見 村むら探訪」　石
垣市総務部市史編集課　（8）2004.2

ビラドー村

「幻のビラドー村」探し（島袋綾野，松島昭司）「南島考古だより」　沖縄
考古学会　（80）2007.5

平良市

宮古島のかまと神信仰―上野村と平良市を中心に（窪徳忠）「地域研究シ
リーズ」　沖縄国際大学南島文化研究所　25　1998.3

平良市周辺における名子集落について（親泊宗二）「宮古研究」　宮古郷土
史研究会　（8）2000.11

神・ヒト・死の儀礼（岡本恵昭）「平良市総合博物館紀要」　平良市総合博
物館　（8）2001.3

大神島の始祖伝承―沖縄・平良市（岡本恵昭）「民俗文化」　滋賀民俗学会
495　2004.12

N・ネフスキー「若水」についての伝承（岡本恵昭）「平良市総合博物館紀
要」　平良市総合博物館　（10）2005.3

保栄茂

沖縄の祭祀における村棒―豊見城市字保栄茂の事例を中心に（2006年度
卒業論文発表要旨）（知念明奈）「沖縄民俗研究」　沖縄民俗学会
（27）2009.03

九州・沖縄　　　　　郷土に伝わる民俗と信仰　　　　　沖縄県

浮亀山
随想 うたの浮亀山―伊江島い遊ぶ（伊波悦子）「しまうた」 しまうた文化研究会　14　2002.12

福里
宮古島城辺町福里の十五夜祭（覚書）（上原孝三）「沖縄学 ： 沖縄学研究所紀要」 沖縄学研究所　4（1）通号4　2000.6

旧城辺街字福里の「八月十五夜の行事」その他（本永清）「宮古島市総合博物館紀要」 宮古島市総合博物館　（14）2010.03

福山御岳
福山御嶽（イナシキオン：石垣市字平得）「あかがーら」 石垣市立図書館八重山地域情報センター　（27）2002.11

普天間宮
探訪・昔道・新道 普天間宮から野嵩の石畳道・中村家を経て中城城跡まで／名護番所跡から羽地番所への宿道を経て親川グスク（羽地グスク）まで「宿道」 沖縄しまたて協会　20　2003.3

普天満宮
探訪昔道を歩く 普天満宮参詣の道をゆき「宿道」 沖縄しまたて協会　29　2008.3

舟浮
舟浮、祖納、干立の古謡―節祭（シチィ）のうたを中心に―（杉本信夫）「地域研究シリーズ」 沖縄国際大学南島文化研究所　29　2001.3

平敷
平敷の神アサギとその周辺（山内昌藤）「なきじん研究」 今帰仁村歴史文化センター　8　1998.3

平敷屋番所
探訪 昔道・新道 具志川の川田十字路から勝連城址を経て平敷屋番所跡、屋慶名番所跡まで／西海道の起点だった首里城久慶門から儀保・経塚を経て浦添番所跡まで「宿道」 沖縄しまたて協会　23　2004.10

辺野古
第4章 辺野古の海上交通 辺野古港の概要／山原船交易／造船／御願と進水式／サカンケー／辺野古船籍の山原船／戦後の造船／辺野古を津口とした平安座船／渡船「なきじん研究」 今帰仁村歴史文化センター　9　1999.3

平安座
第13章 平安座船 平安座船／山原船調査／テーサン舟の調査「なきじん研究」 今帰仁村歴史文化センター　9　1999.3

平安名
沖縄県勝連町平安名の歌謡―その記録と保存をめぐって（比嘉悦子）「民俗芸能研究」 民俗芸能学会　通号24　1997.3

北山
組踊「北山崩」の上演「沖縄芸能史研究会会報」 沖縄芸能史研究会　（239）1997.9

第240回研究会報告（要旨）組踊「北山崩」の上演について（当間一郎）「沖縄芸能史研究会会報」 沖縄芸能史研究会　（240）1997.10

北木山
北木山風水記「石垣市史叢書」 石垣市　（16）2008.1

『北木山風水記』解題（新城敏男）「石垣市史叢書」 石垣市　（16）2008.1

北木山風水記（原文からの翻刻文編）（得能壽美）「石垣市史叢書」・石垣市　（16）2008.1

北木山風水記（原文からの翻刻文・読み下し文・意訳文編編）（得能壽美，松村順一）「石垣市史叢書」 石垣市　（16）2008.1

保慶御岳
聖地めぐり（23）保慶御嶽「竹富町史だより」 竹富町教育委員会　（27）2005.9

干立
舟浮、祖納、干立の古謡―節祭（シチィ）のうたを中心に―（杉本信夫）「地域研究シリーズ」 沖縄国際大学南島文化研究所　29　2001.3

保良
宮古・城辺マチ字保良の盆綱引き（崎原恒，本永清）「文化課紀要」 沖縄県教育委員会　18　2002.3

沖縄宮古島保良方言の音韻（仲原穣）「琉球の方言」 法政大学沖縄文化研究所　通号26　2002.3

真栄里
平得・真栄里の御嶽めぐり（松村順一）「石垣市史巡見 村むら探訪」 石垣市総務部市史編集課　（8）2004.2

前田
沖縄・金武町における門中の現在と人類学 屋嘉・前田門中の事例から（石原直）「民俗文化研究」 民俗文化研究所　（4）2003.7

前泊御岳
聖地めぐり（27）前泊御嶽「竹富町史だより」 竹富町教育委員会　（33）2012.03

前浜
「乾隆三十六年大波」碑の修復について（新城宗史）「宮古郷土史研究会会報」 宮古郷土史研究会　（198）2013.09

真嘉比
綱引の変容―沖縄県那覇市字真嘉比の綱引（大浦幸子）「都市民俗研究」 都市民俗学研究会　（6）2000.3

まかん道
大衆文化の奥深さ感じる『まかん道の逆立ち幽霊』観賞（平良啓）「首里城公園友の会会報」 首里城公園友の会　（69）2009.10

真喜屋
名護市羽地地区におけるスポーツの民族誌―真喜屋と稲嶺の事例から（2011年度卒業論文発表要旨）（伊良波彩子）「沖縄民俗研究」 沖縄民俗学会　（32）2013.04

真謝
沖縄久米島真謝方言の音韻研究（仲原穣）「沖縄文化」 沖縄文化協会　35（2）通号90　1999.10

久米島（儀間・真謝）における動物方言名について（山城勇人，遊磨正秀）「久米島自然文化センター紀要」 久米島自然文化センター　2　2002.3

真珠湊碑
琉球の土木石碑―石に刻まれた琉球土木史（6）真珠湊碑文（崎原恭子）「しまたてぃ ： 建設情報誌」 沖縄しまたて協会　（63）2013.1

摩文仁
清明祭の摩文仁（採集手帖）（井口学）「南島研究」 南島研究会　（54）2013.10

真和志間切
琉球王国の測量技術と技師たち（1）真和志間切針図の発見（安里進）「しまたてぃ ： 建設情報誌」 沖縄しまたて協会　（46）2008.7

美里
沖縄市字美里のガン（龕）（比嘉賀盛）「あやみや ： 沖縄市立郷土博物館紀要」 沖縄市立郷土博物館　5　1997.3

美底御岳
聖地めぐり（21）美底御嶽「竹富町史だより」 竹富町教育委員会　（24）2003.9

三離御岳
聖地めぐり（19）三離御嶽・兼真御嶽「竹富町史だより」 竹富町教育委員会　22　2002.9

港川
糸満漁民の分村と墓―八重瀬町字港川の場合（長嶺操）「沖縄民俗研究」 沖縄民俗学会　（30）2012.03

南恩納
南恩納誌ノート―沖縄県国頭郡恩納村南恩納区（大上直美）「久里」 神戸女子民俗学会　（16・17）2005.3

南恩納の豊年祭（大上直美）「久里」 神戸女子民俗学会　（21）2008.1

書籍紹介 『南恩納字誌―恩納ノロとヨー島と山原船―』（植野加代子）「久里」 神戸女子民俗学会　（27）2011.01

南恩納区
祖先が守る、若者が担う―沖縄県恩納村南恩納区の家の年中行事（調査報告）（大上直美）「久里」 神戸女子民俗学会　（22）2008.6

南神山御岳
聖地めぐり 南神山御嶽「竹富町史だより」 竹富町教育委員会　（10）1996.09

南大東島
杉本信夫「琉球諸島に含まれる南大東音楽の特徴について」（2011年度事業報告―第1回大東島調査報告講演会の開催について）「南島文化研究所所報」 沖縄国際大学南島文化研究所　（57）2012.03

宮城
綱曳き―字宮城について（新垣理栄子）「南風の杜 ： 南風原文化センター紀要」 南風原文化センター　3　1997.3

沖縄県　　　　　　　　　　郷土に伝わる民俗と信仰　　　　　　　　　　　九州・沖縄

宮国

沖縄県宮古島市上野字宮国の祭祀行事―ククヌパイ（Mさん）の語りと実践（2005年度修士論文発表要旨学）（島尻麻里子）「沖縄民俗研究」沖縄民俗学会　（26）2008.3

宮古

フィールドを歩く―祭祀の中の井泉（カー）願い（奥浜幸子）「宮古郷土史研究会会報」　宮古郷土史研究会　102　1997.5

あがろうず節の元歌は宮古から「沖縄・八重山文化研究会会報」　沖縄・八重山文化研究会　（70）1997.6

八重山・宮古歌謡の類似性について（安里長祐）「沖縄・八重山文化研究会会報」　沖縄・八重山文化研究会　（70）1997.6

宮古の御嶽―文学（神歌）との関わりから（上原孝三）「宮古郷土史研究会会報」　宮古郷土史研究会　107　1998.5

一つの文化運動としての「宮古の伝統宗教」―今、人々は宮古の歴史、自然そして神をなぜ、どのように語るのか（泉水英計）「宮古郷土史研究会会報」　宮古郷土史研究会　108　1998.7

上原孝三氏発表　宮古の御嶽―文学（神歌）との関わりから（下地利幸）「宮古郷土史研究会会報」　宮古郷土史研究会　108　1998.7

「たましい」についての一考察（岡本恵昭）「宮古郷土史研究会会報」　宮古郷土史研究会　109　1998.9

地域史研究や自然保護運動とも相互に結びついた御嶽信仰（仲宗根将二）「宮古郷土史研究会会報」　宮古郷土史研究会　109　1998.9

民俗（宮古）における「左優位」観念（雑感）（下地利幸）「宮古郷土史研究会会報」　宮古郷土史研究会　109　1998.9

宮古アヤグに見るキリスト教文化の伝来について―伝承のもつリアリティとミステリアスな史実（松本一徹）「宮古郷土史研究会会報」　宮古郷土史研究会　110　1998.12

糸で結ぶと云うこと―たましいの原質をたづねて（岡本恵昭）「宮古郷土史研究会会報」　宮古郷土史研究会　110　1998.12

佐渡山正吉著「沖縄・宮古のことわざ」を読んで（平良新亮）「宮古郷土史研究会会報」　宮古郷土史研究会　111　1999.2

鍛冶関係文献目録（2）―沖縄本島南部・宮古・八重山篇（新里まゆみ）「史料編集室紀要」　沖縄県教育委員会　通号24　1999.3

柳田国男と宮古（砂川幸夫）「宮古郷土史研究会会報」　宮古郷土史研究会　112　1999.5

柳田国男と『海上の道』（仲宗根将二）「宮古郷土史研究会会報」　宮古郷土史研究会　112　1999.5

イノーの民俗　イノーと人びとのくらし（下地敏夫）「宮古郷土史研究会会報」　宮古郷土史研究会　112　1999.5

「柳田国男と宮古」四人の報告（仲宗根将二）「宮古郷土史研究会会報」　宮古郷土史研究会　113　1999.7

ニコライ・ネフスキーの「月と不死」をめぐる若干の問題（岡本恵昭）「宮古郷土史研究会会報」　宮古郷土史研究会　114　1999.9

「若水」・「死水」について（下地和宏）「宮古郷土史研究会会報」　宮古郷土史研究会　115　1999.11

宮古の昔話、異類婚姻譚についての一考察（新城日出郎）「宮古郷土史研究会会報」　宮古郷土史研究会　116　2000.1

1月定例会のあらまし　宮古の昔話、異類婚姻譚についての一考察―新城日出郎さんが発表（下地和宏）「宮古郷土史研究会会報」　宮古郷土史研究会　117　2000.3

史料を通して見る宮古の船々（砂川玄正）「平良市総合博物館紀要」　平良市総合博物館　（7）2000.3

「もぐる」という方言と民俗（岡本恵昭）「宮古郷土史研究会会報」　宮古郷土史研究会　119　2000.7

宮古の食文化　蘇鉄の実の食べ方と利用法（岡本恵昭）「宮古郷土史研究会会報」　宮古郷土史研究会　120　2000.9

イノーの民俗（佐渡山正吉）「宮古研究」　宮古郷土史研究会　（8）2000.11

「捧銭氏家譜」（〔史料紹介〕）（平良勝保）「宮古研究」　宮古郷土史研究会　（8）2000.11

動物婚型（新城日出郎）「宮古郷土史研究会会報」　宮古郷土史研究会　122　2001.1

異類婚型＝動物婚型まとめ（新城日出郎）「宮古郷土史研究会会報」　宮古郷土史研究会　123　2001.3

3月定例会のあらまし　神事・仏教に関わる「綱引き」（仲宗根将二）「宮古郷土史研究会会報」　宮古郷土史研究会　124　2001.5

最優秀賞に宮里金吉氏　笑いと涙の第8回宮古方言大会（仲宗根将二）「宮古郷土史研究会会報」　宮古郷土史研究会　125　2001.7

ネフスキー縁の地を訪ねて（照屋盛）「宮古郷土史研究会会報」　宮古郷土史研究会　126　2001.9

5月定例会レジュメ　日本の古代が生きている宮古方言―西原方言を中心として（大田義弘）「宮古郷土史研究会会報」　宮古郷土史研究会　130　2002.5

日本の古代が生きている方言―太田義弘氏の5月定例会あらまし（仲宗根

将二）「宮古郷土史研究会会報」　宮古郷土史研究会　131　2002.7

6月定例会のまとめ　「『小真良波按司の予言』の真意」と題して下地恵三氏発表（下地利幸）「宮古郷土史研究会会報」　宮古郷土史研究会　131　2002.7

9・10月定例会レジュメ　カテゴリーとしての海の山の民俗（岡本恵昭）「宮古郷土史研究会会報」　宮古郷土史研究会　132　2002.9

クイチャーフェスティバル―千余の観衆が詰めかける（下地和宏）「宮古郷土史研究会会報」　宮古郷土史研究会　133　2002.11

「忠導氏支流家譜」（伊佐家・屋号アダンガヤー）に関する覚書（平良勝保）「宮古郷土史研究会会報」　宮古郷土史研究会　135　2003.3

3月定例会のまとめ　「忠導氏支流家譜」（伊佐家・屋号アダンガヤー）に関する覚書（補遺）（平良勝保）「宮古郷土史研究会会報」　宮古郷土史研究会　136　2003.5

6月定例会のあらまし　「宮古人の気質について」島尻政長氏発表（下地利幸）「宮古郷土史研究会会報」　宮古郷土史研究会　137　2003.7

10月定例会レジュメ　民俗芸能における円陣行動様式―二項対置にみる「左」と「右」（岡本恵昭）「宮古郷土史研究会会報」　宮古郷土史研究会　138　2003.9

11月定例会レジュメ　民話で見る性風俗（洲鎌良平）「宮古郷土史研究会会報」　宮古郷土史研究会　139　2003.11

宮古上布発展への模索―9月定例会のあらまし（砂川猛）「宮古郷土史研究会会報」　宮古郷土史研究会　139　2003.11

聖なる行事は常に「左」優位　10月定例会のまとめ（上地洋子）「宮古郷土史研究会会報」　宮古郷土史研究会　139　2003.11

伝統から創作へ　第2回クイチャーフェスティバル（仲宗根将二）「宮古郷土史研究会会報」　宮古郷土史研究会　139　2003.11

12月定例会あらまし　松本一徹「宮古アヤグの古謡伝承に見る―エロス考のあらましに代えて」（松本一徹）「宮古郷土史研究会会報」　宮古郷土史研究会　140　2004.1

木のやかん（焼けるという言葉は禁止）の話（下地利幸）「宮古郷土史研究会会報」　宮古郷土史研究会　141　2004.3

8月定例会レジュメ　「スツウプナカ」について（照屋盛）「宮古郷土史研究会会報」　宮古郷土史研究会　142　2004.7

「三線大会のぱなす」で市長杯　終止笑いに包まれた方言大会（仲宗根将二）「宮古郷土史研究会会報」　宮古郷土史研究会　143　2004.7

「トーガニアーグ」の語意雑感（下地利幸）「宮古郷土史研究会会報」　宮古郷土史研究会　144　2004.9

12月定例会レジュメ　貢反布について（下地和宏）「宮古郷土史研究会会報」　宮古郷土史研究会　145　2004.11

10月定例会のあらまし　「神々の位相」―その一部「双分制とは」（岡本恵昭）「宮古郷土史研究会会報」　宮古郷土史研究会　145　2004.11

"んなまからど宮古ぬ世"　第3回クイチャーフェスティバル（仲宗根将二）「宮古郷土史研究会会報」　宮古郷土史研究会　145　2004.11

3月定例会レジュメ甘藷の伝来について（砂川幸夫）「宮古郷土史研究会会報」　宮古郷土史研究会　147　2005.3

甘藷の伝来について―3月定例会のあらまし（砂川幸夫）「宮古郷土史研究会会報」　宮古郷土史研究会　148　2005.5

新里幸昭著『宮古歌謡の研究』を読む（仲宗根将二）「宮古郷土史研究会会報」　宮古郷土史研究会　148　2005.5

7月定例会レジュメ『御嶽由来記』の研究（上原孝三）「宮古郷土史研究会会報」　宮古郷土史研究会　149　2005.7

宮古アングゥの話―民間文芸の可能性（沼崎麻矢）「奄美沖縄民間文芸学」　奄美沖縄民間文芸学会　（5）2005.9

生まり島の古城跡・御嶽を訪ねる（久貝愛子）「宮古郷土史研究会会報」　宮古郷土史研究会　150　2005.9

7月定例会を終えて『御嶽由来記』の研究（上原孝三）「宮古郷土史研究会会報」　宮古郷土史研究会　151　2005.11

2月定例会レジュメ　みたびここが変だよ「宮古上布」―現代の宮古上布を検証する（砂川猛）「宮古郷土史研究会会報」　宮古郷土史研究会　（152）2006.1

小禄恵良著　宮古音楽「世や荒れ」三部作（仲宗根將二）「宮古郷土史研究会会報」　宮古郷土史研究会　（152）2006.1

2月定例会のあらまし　現代の宮古上布を検証する（砂川猛）「宮古郷土史研究会会報」　宮古郷土史研究会　（153）2006.3

新里幸昭『宮古歌謡の研究』（新刊紹介）（竹内重雄）「沖縄文化」　沖縄文化協会　40（2）通号100　2006.6

『宮古のクイチャー』（報告書）（仲宗根將二）「宮古郷土史研究会会報」　宮古郷土史研究会　（155）2006.7

「密牙古人」に関する一考察（下地和宏）「宮古研究」　宮古郷土史研究会　（10）2006.8

近世宮古の民衆の暮らし（〈宮古郷土史研究会設立30周年記念シンポジウム―宮古の「旧記」編さんから三百年―〉）（仲宗根將二）「宮古研究」　宮古郷土史研究会　（10）2006.8

民俗芸能における円陣行動様式―二項対置にみる「左」と「右」（研究余滴）（岡本恵昭）「宮古研究」　宮古郷土史研究会　（10）2006.8

九州・沖縄　　　　　　　　郷土に伝わる民俗と信仰　　　　　　　　沖縄県

『御嶽由来記』の研究 (研究余滴) (上原孝三)「宮古研究」 宮古郷土史研究会　(10)　2006.8

現代の宮古上布を検証する (研究余滴) (砂川猛)「宮古研究」 宮古郷土史研究会　(10)　2006.8

「昔の恋のものがたり……」 第13回宮古方言大会最優秀に輝く「宮古郷土史研究会会報」 宮古郷土史研究会　(156)　2006.9

先人の足跡を訪ねる石碑めぐり (大浦康雄)「宮古郷土史研究会会報」 宮古郷土史研究会　(157)　2006.11

石碑めぐり (田中政子)「宮古郷土史研究会会報」 宮古郷土史研究会　(157)　2006.11

"揃いどぅ美さ" 第5回クイチャーフェスティバル (仲宗根將三)「宮古郷土史研究会会報」 宮古郷土史研究会　(157)　2006.11

第3回宮古島市総合博物館企画展「石碑が語る宮古の歴史」(写真展) を開催 (下地利幸)「宮古郷土史研究会会報」 宮古郷土史研究会　(157)　2006.11

2月定例会レジュメ 宮古のピーツク (針突) (砂川幸夫)「宮古郷土史研究会会報」 宮古郷土史研究会　(158)　2007.1

平良重信著『宮古芸能の系譜』を読む (仲宗根將二)「宮古郷土史研究会会報」 宮古郷土史研究会　(158)　20C7.1

3月定例会レジュメ 宮古上布 手積みの苧麻糸の事 (仲間伸恵)「宮古郷土史研究会会報」 宮古郷土史研究会　(159)　2007.3

2月定例会のあらまし 宮古のピーツク (針突) (砂川幸夫)「宮古郷土史研究会会報」 宮古郷土史研究会　(159)　2007.3

3月定例会のあらまし 宮古上布 手績の苧麻糸の事 (仲間伸恵)「宮古郷土史研究会会報」 宮古郷土史研究会　(160)　2007.5

9月・10月定例会レジュメ 他界からのマレビト―変身願望の神々=パーントブナハ (岡本恵昭)「宮古郷土史研究会会報」 宮古郷土史研究会　(162)　2007.9

なりやまあやぐまつり 22・23日 インギャー海上特設舞台 (仲宗根將二)「宮古郷土史研究会会報」 宮古郷土史研究会　(162)　2007.9

9・10月定例会のあらまし 「マレビト」の系譜 パーント・ブナハの出現の由来 (岡本恵昭)「宮古郷土史研究会会報」 宮古郷土史研究会　(163)　2007.11

1月定例会レジュメ 子守 (ファームリャ) と子守歌 (ファームイアーグ) (上地洋子)「宮古郷土史研究会会報」 宮古郷土史研究会　(164)　2008.1

1月定例会のあらまし 子守 (ファームリャ) と子守歌 (ファームイアーグ) (上地洋子)「宮古郷土史研究会会報」 宮古郷土史研究会　(165)　2008.3

7月定例会レジュメ 金志川兄弟の「史実」と「伝承」―仲立氏正統系図家譜」から見えてくるもの (仲宗根將二)「宮古郷土史研究会会報」 宮古郷土史研究会　(167)　2008.7

つれづれなるままに―宮古上布―追記 (當真まり子)「宮古郷土史研究会会報」 宮古郷土史研究会　(167)　2008.7

多くの記録・伝承あるなかで「家譜」記載のない金志川兄弟―7月定例会のあらまし (仲宗根將二)「宮古郷土史研究会会報」 宮古郷土史研究会　(168)　2008.9

11月定例会レジュメ 『御嶽由来記』を読む (本永清)「宮古郷土史研究会会報」 宮古郷土史研究会　(169)　2008.11

12月定例会レジュメ 「方言表記の不思議な時代の勘違い」について (仲宗根將二)「宮古郷土史研究会会報」 宮古郷土史研究会　(169)　2008.11

第3回なりやまあやぐまつり―本 (むとぅ) 島学習会も行う (下地和宏)「宮古郷土史研究会会報」 宮古郷土史研究会　(169)　2008.11

王府の地方支配の資料としての一面を持つ『御嶽由来記』―11月定例会より (下地和宏)「宮古郷土史研究会会報」 宮古郷土史研究会　(170)　2009.01

「方言表記の不思議な時代的勘違い」について―12月定例会のあらまし (仲宗根將二)「宮古郷土史研究会会報」 宮古郷土史研究会　(170)　2009.01

エッセー集『続・言葉を紡ぐ』 故友利ヒヨ珠玉の遺稿集 (仲宗根將二)「宮古郷土史研究会会報」 宮古郷土史研究会　(170)　2009.01

クイチャーフェスティバル08に思う (下地和宏)「宮古郷土史研究会会報」 宮古郷土史研究会　(170)　2009.01

鍛冶と鉄の伝来説話にみる鉄の力 (下地利幸)「宮古郷土史研究会会報」 宮古郷土史研究会　(171)　2009.03

宮古ペンクラブ『ぺん遊ぺん楽』第二集 (仲宗根將二)「宮古郷土史研究会会報」 宮古郷土史研究会　(171)　2009.03

宮古島市総合博物館企画展「よみがえる島のわざ―往にし方の宮古上布」によせて (仲間伸恵)「宮古郷土史研究会会報」 宮古郷土史研究会　(173)　2009.7

10月定例会レジュメ 衣料素材である繊維群中の麻類から宮古上布ブー (苧麻) 綛糸を探る (砂川猛)「宮古郷土史研究会会報」 宮古郷土史研究会　(174)　2009.9

「宮古の神歌の世界」講演 西原と佐良浜でシンポジウム (仲宗根浩二)

「宮古郷土史研究会会報」 宮古郷土史研究会　(175)　2009.11

第8回クイチャーフェスティバル 雨模様の中、33団体が歌い踊り共演「宮古郷土史研究会会報」 宮古郷土史研究会　(175)　2009.11

第4回なりやまあやぐまつり 満月のイムギャーにあやぐの音色「宮古郷土史研究会会報」 宮古郷土史研究会　(175)　2009.11

第65回沖縄染織研究会報告 宮古上布の生産量と苧麻生産地の変遷について―琉球処分から第2次世界大戦以前までの「琉球新報記事」と『沖縄県統計書』を中心に (本多摂子)「沖縄染織研究会通信」 沖縄染織研究会　(60)　2010.7

来間泰男教授著『稲作の起源・伝来と "海上の道"』(仲宗根將二)「宮古郷土史研究会会報」 宮古郷土史研究会　(179)　2010.07

10月定例会レジュメ 宮古の神話研究 (1) (宮川耕次)「宮古郷土史研究会会報」 宮古郷土史研究会　(180)　2010.09

「宮古上布―その手技」発刊 (仲間伸恵)「宮古郷土史研究会会報」 宮古郷土史研究会　(180)　2010.09

宮古歌謡における接続法を中心にして (高橋俊三)「沖縄文化」 沖縄文化協会　44 (2) 通号108　2010.11

12月定例会 近代殖産興業政策と宮古上布 (粟国恭子)「宮古郷土史研究会会報」 宮古郷土史研究会　(181)　2010.11

「宮古の神話研究序説」報告―10月定例会 (宮川耕次)「宮古郷土史研究会会報」 宮古郷土史研究会　(181)　2010.11

近代殖産興業政策と宮古上布 (粟国恭子)「宮古研究」 宮古郷土史研究会　(11)　2010.12

宮古の神話研究序説 (宮川耕次)「宮古研究」 宮古郷土史研究会　(11)　2010.12

巨人説話 (研究余滴) (本永清)「宮古研究」 宮古郷土史研究会　(11)　2010.12

子守 (ファームリャ) と子守唄 (ファームィアーグ) (研究余滴) (上地洋子)「宮古研究」 宮古郷土史研究会　(11)　2010.12

「マレビト」の系譜―パーント・ブナハ出現の由来 (研究余滴) (岡本恵昭)「宮古研究」 宮古郷土史研究会　(11)　2010.12

「往にし方の宮古上布」に学ぶ (研究余滴) (仲間伸恵)「宮古研究」 宮古郷土史研究会　(11)　2010.12

2月定例会レジュメ 砧打ちからみえる宮古上布=提言 (砂川猛)「宮古郷土史研究会会報」 宮古郷土史研究会　(182)　2011.1

「消えた記憶」に向き合う作業 近代殖産興業政策と宮古上布―12月定例会のまとめ (粟国恭子)「宮古郷土史研究会会報」 宮古郷土史研究会　(182)　2011.1

「砧打ちからみえる宮古上布」=提言―2月定例会のあらまし (砂川猛)「宮古郷土史研究会会報」 宮古郷土史研究会　(183)　2011.3

6月定例会レジュメ 地機 (ずばた) について (仲間伸恵)「宮古郷土史研究会会報」 宮古郷土史研究会　(184)　2011.05

第69回沖縄染織研究会 近代殖産興業政策と宮古上布 (粟国恭子)「沖縄染織研究会通信」 沖縄染織研究会　(64)　2011.6

6月定例会のまとめ 地機について (仲間伸恵)「宮古郷土史研究会会報」 宮古郷土史研究会　(185)　2011.07

11月定例会レジュメ 「旧記類」にみる宮古の神話伝説 (宮川耕次)「宮古郷土史研究会会報」 宮古郷土史研究会　(187)　2011.11

上原孝三さんが宮古の祭祀で講話 (宮川耕次)「宮古郷土史研究会会報」 宮古郷土史研究会　(187)　2011.11

1月定例会レジュメ 宮古の説話―三輪山伝承のこと (上原孝三)「宮古郷土史研究会会報」 宮古郷土史研究会　(188)　2012.01

「旧記類」にみる宮古の説話―11月定例会のまとめ (宮川耕次)「宮古郷土史研究会会報」 宮古郷土史研究会　(188)　2012.01

巻頭言 宮古クイチャーの新展開 (久万田晋)「奄美沖縄民間文芸学」 奄美沖縄民間文芸学会　(11)　2012.02

上原孝三「宮古の説話―三輪山伝承のこと―」(2011年度事業報告―第33回南島文化市民講座 テーマ「東アジアの説話と東アジア人の感性」)「南島文化研究所所報」 沖縄国際大学南島文化研究所　(57)　2012.03

「宮古上布・琉球絣・久米島紬」三館合同企画展報告 (平良次子)「南風の杜 : 南風原文化センター紀要」 南風原文化センター　(18)　2012.3

1月例会報告 宮古の説話―三輪山伝承のこと (上原孝三)「宮古郷土史研究会会報」 宮古郷土史研究会　(189)　2012.03

宮古の説話と世界像―「旧記類」の神話を中心に (宮川耕次)「宮古島市総合博物館紀要」 宮古島市総合博物館　(16)　2012.03

「久米島紬・宮古上布・琉球絣」展「久米島博物館だより」 久米島博物館　(21)　2012.5

第74沖縄染織研究会 明治30年代の沖縄の麻織物―第5回内国勧業博覧会と全国・宮古・八重山 (粟国恭子)「沖縄染織研究会通信」 沖縄染織研究会　(69)　2012.7

「島中の為メ勲功有之人由来」(「雍正旧記」) が記録する五篇のアヤゴについて (下地利幸)「宮古郷土史研究会会報」 宮古郷土史研究会　(191)　2012.07

ミャークフツのカナ表記を統一・普及できないか?―8月定例会まとめ (仲宗根浩二)「宮古郷土史研究会会報」 宮古郷土史研究会　(192)

2012.09

ネフスキーから宮古を学ぶ—宮古ネフスキー会を設立（砂川明）「宮古郷土史研究会会報」 宮古郷土史研究会 （192） 2012.09

沖縄の葬送における経巾の習俗—八重山・宮古における事例を中心に（古谷野洋子）「沖縄文化」 沖縄文化協会 46（2）通号112 2012.11

11月定例会レジュメ 宮古上布の現状（砂川猛）「宮古郷土史研究会会報」 宮古郷土史研究会 （193） 2012.11

ネフスキー生誕120年記念シンポジウム盛会裏に終る（下地和宏）「宮古郷土史研究会会報」 宮古郷土史研究会 （193） 2012.11

「ネフスキーの宮古」を歩く（砂川史香）「宮古郷土史研究会会報」 宮古郷土史研究会 （193） 2012.11

1月定例会レジュメ 神話伝承の分布と交流（宮川耕次）「宮古郷土史研究会会報」 宮古郷土史研究会 （194） 2013.01

11月定例会のまとめ 宮古上布の現状（砂川猛）「宮古郷土史研究会会報」 宮古郷土史研究会 （194） 2013.1

宮古における神歌の音楽的構造について（研究ノート）（杉本信夫）「南島文化」 沖縄国際大学南島文化研究所 （35） 2013.03

神話伝承の分布と交流—1月定例会のまとめ（宮川耕次）「宮古郷土史研究会会報」 宮古郷土史研究会 （195） 2013.03

「宮古大阿母」の意義—ファッションリーダーとしてのつかさ（奥濱幸子）「宮古島市総合博物館紀要」 宮古島市総合博物館 （17） 2013.03

宮古における鍛冶伝承（下地和宏）「宮古島市総合博物館紀要」 宮古島市総合博物館 （17） 2013.3

宮古の地機について（仲間伸恵）「宮古島市総合博物館紀要」 宮古島市総合博物館 （17） 2013.3

宮古関係図書紹介 新里幸昭『宮古歌謡の研究 続1』（仲宗根將二）「宮古島市総合博物館紀要」 宮古島市総合博物館 （17） 2013.03

平井芽阿里著『宮古の神々と聖なる森』 新典社（2012年5月）（書誌紹介）（高橋泉）「日本民俗学」 日本民俗学会 （274） 2013.05

ニコライ・ネフスキーの宮古フォークロア研究（上原孝三）「沖縄文化」 沖縄文化協会 47（1）通号113 2013.7

ネフスキーの見た宮古—講演と映像の集いに150人余（下地和宏）「宮古郷土史研究会会報」 宮古郷土史研究会 （197） 2013.7

第25回企画展「美ぎ布展—苧麻糸が繋ぐ伝統の技一」の紹介（砂川史香）「宮古郷土史研究会会報」 宮古郷土史研究会 （198） 2013.09

宮古の神々と聖なる森 平井芽阿里著（本の紹介）（酒井卯作）「南島研究」 南島研究会 （54） 2013.10

12月定例会レジュメ 稲村賢敷の宮古歌謡研究（上原孝三）「宮古郷土史研究会会報」 宮古郷土史研究会 （199） 2013.11

宮古のグスク時代の食（論文）（久貝弥嗣）「宮古研究」 宮古郷土史研究会 （12） 2013.12

「旧記類」と民間伝承に見る宮古の歴史伝承世界（論文）（下地利幸）「宮古研究」 宮古郷土史研究会 （12） 2013.12

字（童名）と諢号（おくり名）から見えてくるもの（研究余滴）（下地利幸）「宮古研究」 宮古郷土史研究会 （12） 2013.12

地機（じばた）について（研究余滴）（仲間伸恵）「宮古研究」 宮古郷土史研究会 （12） 2013.12

砧打ちから見える宮古上布=提案（研究余滴）（砂川猛）「宮古研究」 宮古郷土史研究会 （12） 2013.12

人頭税時代の祭祀と現代—12月定例会を終えて（下地和宏）「宮古郷土史研究会会報」 宮古郷土史研究会 （200） 2014.01

宮古人の生と死（中村理子）「南島研究」 南島研究会 （55） 2014.03

シリーズ 琉球弧の「古墓」第2回「宮古・八重山諸島の墓」（島袋綾野）「法政大学沖縄文化研究所所報」 法政大学沖縄文化研究所 （74） 2014.03

宮古・八重山の鍛冶祭祀と伝承—竹富島の鍛冶工狂言を中心に（狩俣恵一）「奄美沖縄民間文芸学」 奄美沖縄民間文芸学会 （12） 2014.04

宮古における鍛冶伝承（下地和宏）「奄美沖縄民間文芸学」 奄美沖縄民間文芸学会 （12） 2014.4

宮古歌謡トーガニの世界（本永清）「奄美沖縄民間文芸学」 奄美沖縄民間文芸学会 （12） 2014.04

5月定例会レジュメ 「御嶽由来記」の「こいちゃ」について（下地和宏）「宮古郷土史研究会会報」 宮古郷土史研究会 （202） 2014.05

8月定例会レジュメ 旧記類に見る「数」の観念について—聖教としての「七・五・三」を考える（下地利幸）「宮古郷土史研究会会報」 宮古郷土史研究会 （203） 2014.07

祭式舞踊「こいちゃ」（くいちゃー）—5月定例会を終えて考える（下地和宏）「宮古郷土史研究会会報」 宮古郷土史研究会 （203） 2014.07

第21回みゃーく方言大会 七名の弁士、方言で熱弁振るう（下地和宏）「宮古郷土史研究会会報」 宮古郷土史研究会 （203） 2014.07

8月定例会のまとめ 「旧記類」に見る「数」の観念について—聖教としての「七・五・三」から考える（下地利幸）「宮古郷土史研究会会報」 宮古郷土史研究会 （204） 2014.09

資料で辿るネフスキーの宮古研究—第一回採訪まで（田中水絵）「沖縄文化」 沖縄文化協会 49（1）通号117 2014.11

手績み苧麻糸を用いたクイチャー衣装の試作（岩本大介）「宮古郷土史研究会会報」 宮古郷土史研究会 （205） 2014.11

宮古島

宮古島のかまど神信仰—上野村と平良市を中心に（窪徳忠）「地域研究シリーズ」 沖縄国際大学南島文化研究所 25 1998.3

〔資料紹介〕 『宮古島旧記並史歌集解』（稲村賢敷著）歌謡語索引と語彙集（新里幸昭）「沖縄文化」 沖縄文化協会 33（2）通号88 1998.5

宮古島のフツダミ・根の国のこと（岡本恵昭）「南島研究」 南島研究会 39 1998.10

イノーの民俗 宮古島・伊良部島・大神島のイノーと人々の暮らし（佐渡山正吉）「宮古郷土史研究会会報」 宮古郷土史研究会 111 1999.2

宮古島における葬制用語の解説と研究（岡本恵昭）「平良市総合博物館紀要」 平良市総合博物館 （6） 1999.3

柳田国男と宮古島（上原孝三）「宮古郷土史研究会会報」 宮古郷土史研究会 113 1999.7

柳田国男と宮古島（砂川幸夫）「宮古郷土史研究会会報」 宮古郷土史研究会 114 1999.9

故郷の祖先祭祀—沖縄県・宮古島のこと（北台梨絵）「久里」 神戸女子民俗学会 7 1999.10

宮古島の子供遊び（岡本恵昭）「南島研究」 南島研究会 40 1999.10

宮古島の墓制について—墓地制度の分類の試み（岡本恵昭）「平良市総合博物館紀要」 平良市総合博物館 （7） 2000.3

「神秘の島」宮古島を訪ねて（中野容子）「すみだ川 : 隅田川市民交流実行委員会会報」 隅田川市民交流実行委員会 （4） 2000.4

宮古島のウタと生活（上）,（下）（友利綾香）「法政人類学」 法政大学人類学研究会 （83）/（84） 2000.06/2000.09

ネフスキーの「宮古島方言辞典」の刊行を望む（下地和宏）「宮古郷土史研究会会報」 宮古郷土史研究会 125 2001.7

宮古の自然と文化を考える会 宮古島の集団舞踊についての一考察（宮里尚安）「沖縄・八重山文化研究会会報」 沖縄・八重山文化研究会 （119） 2002.1

マウ神信仰でパネル討議 宮古島の神と森を考える会（下地和宏）「宮古郷土史研究会会報」 宮古郷土史研究会 128 2002.1

「宮古島記録」諸締帳 柳田文庫所蔵『諸締帳』ほかの宮古島近世史料をめぐって（真喜志揺子）「民俗学研究所紀要」 成城大学民俗学研究所 26 2002.3

7月定例会レジュメ 宮古島方言音素カタカナ文字の作成についての提案（仲宗根浩二）「宮古郷土史研究会会報」 宮古郷土史研究会 131 2002.7

7月定例会のまとめ 「宮古島方言音素カタカナ文字の作成についての提案」と題して仲宗根浩二氏発表（平良勝保）「宮古郷土史研究会会報」 宮古郷土史研究会 132 2002.9

砂川太徳『続宮古島人間風土記』を読む（仲宗根将二）「宮古郷土史研究会会報」 宮古郷土史研究会 136 2003.5

神の守る孤高な島に翳り 10周年を迎えた宮古島の神と森を考える会（佐渡山政子）「宮古郷土史研究会会報」 宮古郷土史研究会 140 2004.1

宮古島における「神の相位とその所在性について（岡本恵昭）「平良市総合博物館紀要」 平良市総合博物館 （10） 2005.3

9月定例会のあらまし 宮古島の伝説「月と不死」について（岡本恵昭）「宮古郷土史研究会会報」 宮古郷土史研究会 150 2005.9

中村十作が呟いた「暗愁」という語が宮古島民を変えた（仲宗根浩二）「宮古郷土史研究会会報」 宮古郷土史研究会 150 2005.9

9月定例会レジュメ 『宮古島夜曲』余話について（小禄良良）「宮古郷土史研究会会報」 宮古郷土史研究会 （156） 2006.9

9月定例会のまとめ 『宮古島夜曲』余話（小禄恵良）「宮古郷土史研究会会報」 宮古郷土史研究会 （157） 2006.11

紙の話—沖縄の紙展 in 宮古島（仲間伸恵）「宮古郷土史研究会会報」 宮古郷土史研究会 （165） 2008.3

宮古島のわらべうた（岡本恵昭）「南島研究」 南島研究会 通号50 2009.11

12月定例会レジュメ 「宮古島の歌」の成立をめぐって（上原孝三）「宮古郷土史研究会会報」 宮古郷土史研究会 （193） 2012.11

宮古島の厄払い（採集手帖）（伊良部喜代子）「南島研究」 南島研究会 （54） 2013.10

伝承から読み解く宮古島のマラリア（2013年度事業報告—全南大学校湖南学研究院との協定校間学術交流講演会）（崎浜靖）「南島文化研究所所報」 沖縄国際大学南島文化研究所 （59） 2014.3

宮古島市

宮古島市総合博物館第2回企画展「宮古のチョウと食卓」（砂川博秋）「宮古郷土史研究会会報」 宮古郷土史研究会 （156） 2006.9

金志川兄弟の「史実」と伝承（仲宗根將二）「宮古島市史だより」 宮古島市史編さん事務局 （1） 2008.3

開館20周年記念宮古島市総合博物館 第10回企画展よみがえる島のわざ—往にし方の宮古上布—展によせて（砂川猛）「宮古郷土史研究会

九州・沖縄　　　　　　　　　郷土に伝わる民俗と信仰　　　　　　　　　沖縄県

報」宮古郷土史研究会　（172）2009.5

研究ノート　節祭りと一若水を汲む（上原孝三）「宮古島市総合博物館紀要」宮古島市総合博物館　（14）2010.03

小禄恵良編著　宮古島市　音楽史年表（1）（仲宗根將二）「宮古郷土史研究会会報」宮古郷土史研究会　（192）2012.09

ニコライ・ネフスキーと若水の神話（宮川耕次）「宮古島市総合博物館紀要」宮古島市総合博物館　（17）2013 03

史料紹介　馬統氏支流系図家譜（仲宗根將二）「宮古島市総合博物館紀要」宮古島市総合博物館　（17）2013.03

宮古島のパーントゥ

2001年1月例会　研究発表「マレビトの構造一宮古島・島尻のパーントゥを中心に」本林靖久氏「日本宗教民俗学研究会通信」日本宗教民俗学研究会　（88）2001.2

来訪神祭祀の世界観一宮古島・島尻のパーントゥの事例から（本林靖久）「宗教民俗研究」宗教民俗学会　（11）2001.9

宮古島・島尻の来訪神パーントゥ民俗仮面の文化受容一比較民俗学の視点を通して来訪神の姿とこころの源流を探る（平辰彦）「秋田民俗」秋田文化出版　（33）2007.6

宮古島・島尻のパーントゥ（寄稿）（北河直子）「公益社団法人全日本郷土芸能協会会報」全日本郷土芸能協会　（70）2013.01

宮古諸島

第169回シマ研究会　河名俊男「宮古・八重山諸島における過去1000年間の歴史津波と伝説の津波一1771年明和津波、1667年の地震と津波、下地島のヨナタマ伝説、多良間島のブナゼー伝説を中心に一」（2010年度後期事業報告）「南島文化研究所所報」沖縄国際大学南島文化研究所　（57）2012.3

11月定例会　第47回琉球大学史学会大会「宮古諸島をめぐる歴史・民俗・社会」（事務局）「宮古郷土史研究会会報」宮古郷土史研究会　（205）2014.11

宮里

沖縄市宮里の伝承をたずねて（宮城昭美）「あやみや　：　沖縄市立郷土博物館紀要」沖縄市立郷土博物館　（22）2014.3

宮平

宮平の獅子頭交替式（赤嶺朋子）「南風の杜　：　南風原文化センター紀要」南風原文化センター　3　1997.3

ウンサクに関する一考察一宮平の事例より一（曳田和彦）「南風の杜　：　南風原文化センター紀要」南風原文化センター　7　2001.3

民俗芸能の継承と「芸能公開」が与える影響一宮平の獅子舞を事例として（2006年度修士論文発表要旨学）（高嶺美和子）「沖縄民俗研究」沖縄民俗学会　（27）2009.03

南風原町宮平に伝わる路次楽と『哨吶』の歴史（博物館実習生のレポート）（宮城樹）「南風の杜　：　南風原文化センター紀要」南風原文化センター　（15）2009.3

宮良

シィーシィが運ぶ幸せな時間　沖縄県石垣亍白保・宮良　盆とイシタキバラの獅子舞（久保田裕道）「儀礼文化ニュース」儀礼文化学会　（192）2013.09

本宮良御岳

本宮良御嶽を史跡にカトリック教会関係者が要請（文化短信）「沖縄・八重山文化研究会会報」沖縄・八重山文化研究会　（75）1997.12

宮良村

宮良村雨乞いの風景（内原節子）「あがらう」石垣市立図書館八重山地域情報センター　（32）2003.5

口噛み酒の心性史一石垣島・宮良村のオンプールにおける神前酒を事例に（仲間麻子）「久里」神戸女子民俗学会　（21）2008.1

明王窯

沖縄県に明王窯を築く　足立区・梅田明王院生まれ渡名嘉明氏（矢沢幸一朗）「足立史談」足立区教育委員会　（452）2005.10

三和

三和地区のガマ考［1］,（2）（津多則光）「珊瑚の島だより」南島地名研究センター　30/31　1999.2/1999.4

むいか越

7月定例会のまとめ　「むいか越」（与那覇勢頭豊見親のニーリ）について報告（下地利幸）「宮古郷土史研究会会報」宮古郷土史研究会　（198）2013.9

群星御岳

神への案内と群星御嶽の湧水（澤井真代）「南島研究」南島研究会　（54）2013.10

銘苅

銘苅子を読む（天女を拘束する意識）一沖縄組踊りノート（3）（犬飼公之）「沖縄研究ノート　：《共同研究》南島における民族と宗教」宮城学院女子大学キリスト教文化研究所　（7）1998.3

第255回研究会報告（要旨）組踊「銘苅子」と「羽衣」の上演（当間一郎）「沖縄芸能史研究会会報」沖縄芸能史研究会　（255）1999.2

本部

南風原を歩く　本部のシーサー（山城みどり）「こがね南風」南風原町立南風原文化センター　（7）2002.6

第1章　今帰仁の村と神アサギ／第2篇　本部域の村と神アサギ（第7篇　今帰仁・本部域の村と神アサギ）（仲原弘哲）「なきじん研究」今帰仁村歴史文化センター　（15）2007.3

地域の道を訪ねる（2）「本部ミャークニー」の道を走る一旧字を訪ね、歌詞をたどる旅「宿道」沖縄しまたて協会　28　2007.9

本部の年中行事と人びとの生活（博物館実習生レポート）（工藤早紀）「南風の杜　：　南風原文化センター紀要」南風原文化センター　（18）2012.03

本部公民館の仏壇と獅子舞（博物館実習生レポート）（川畑恵）「南風の杜　：　南風原文化センター紀要」南風原文化センター　（18）2012.03

沖縄本島本部の白太鼓一その特徴と現在の伝承（研究発表要旨）（小林公江，小林幸男）「民俗音楽研究」日本民俗音楽学会　（37）2012.03

今帰仁と本部の村踊りを巡って一今、なぜ豊年祭を研究するか（私の研究）（J.C.ジュステル）「法政大学沖縄文化研究所所報」法政大学沖縄文化研究所　（73）2013.09

本部町

第5章　本部町の港　本部町の港の概要／瀬底二仲（シークタナカ）／渡久地港「なきじん研究」今帰仁村歴史文化センター　9　1999.3

わが村に伝わる猫の話一沖縄本部町（仲田栄松）「南島研究」南島研究会通号50　2009.11

本部町のわらべうた再創造ノートI一備瀬　桃原（杉本信夫）「南島文化」沖縄国際大学南島文化研究所　（32）2010.03

本部半島

沖縄県本部半島の準構造船・タタナー（板井英伸）「民具マンスリー」神奈川大学　36（2）通号422　2003.5

今帰仁村の手踊りエイサー一本部半島の他地域との比較を通して（小林公江，小林幸男）「沖縄芸術の科学　：　沖縄県立芸術大学附属研究所紀要」沖縄県立芸術大学附属研究所　（20）2008.3

八重山

八重山民俗関係文献目録（〔新刊紹介〕）「沖縄芸能史研究会会報」沖縄芸能史研究会　（233）1997.2

「八重山の魔除けとまじない」山里純一氏がフーフダ中心に報告「沖縄・八重山文化研究会会報」沖縄・八重山文化研究会　（68）1997.4

八重山の魔除けとまじない（山里純一）「沖縄・八重山文化研究会会報」沖縄・八重山文化研究会　（68）1997.4

郷土の英雄をしのぶオヤケ・アカハチの慰霊祭（文化短信）「沖縄・八重山文化研究会会報」沖縄・八重山文化研究会　（68）1997.4

八重山・宮古歌謡の類似性について（安里長祐）「沖縄・八重山文化研究会会報」沖縄・八重山文化研究会　（70）1997.6

祭事芸能と王府の農民統制について語る「沖縄・八重山文化研究会会報」沖縄・八重山文化研究会　（72）1997.9

共通するハーモニー　八重山と台湾の原住民音楽「沖縄・八重山文化研究会会報」沖縄・八重山文化研究会　（73）1997.10

八重山の音楽と台湾の原住民音楽（杉本信夫）「沖縄・八重山文化研究会会報」沖縄・八重山文化研究会　（73）1997.10

八重山地域における紋章について一殊に複数の紋章の使い分けに関して（稲福政斉）「浦添市美術館紀要」浦添市美術館　7　1998.3

古見の集落と八重山の造船（小野まさ子）「沖縄芸術の科学　：　沖縄県立芸術大学附属研究所紀要」沖縄県立芸術大学附属研究所　（10）1998.3

方言分類の新しい方法を示す　ローレンス氏の方言区画　八重山方言の区画について（ウェイン, ローレンス）「沖縄・八重山文化研究会会報」沖縄・八重山文化研究会　（87）1999.1

家畜と人との関わり　畜産の技術と歴史を語る　八重山畜産史の一考察（唐真正次）「沖縄・八重山文化研究会会報」沖縄・八重山文化研究会　（88）1999.2

講演II　八重山における絣の儀式的用途一その実態と東南アジア交流の可能性（アマンダ, スティンチカム）「沖縄文化研究　：　法政大学沖縄文化研究所紀要」法政大学沖縄文化研究所　（25）1999.3

鍛冶関係文献目録（2）一沖縄本島南部・宮古・八重山篇（新里まゆみ）「史料編集室紀要」沖縄県教育委員会　通号24　1999.3

第99回研究会報告　田ヨ尚雄の八重山歌舞観一文献資料を中心に（當山善堂）「沖縄・八重山文化研究会会報」沖縄・八重山文化研究会　（99）2000.2

八重山の歌と踊り（山里純一）「沖縄研究ノート　：《共同研究》南島にお

ける民族と宗教」 宮城学院女子大学キリスト教文化研究所 （9） 2000.3

八重山の三線音楽（大城学）「文化課紀要」 沖縄県教育委員会 16 2000.3

第104回研究会報告 八重山における儀式と絆の関係―研究調査の初歩（アマンダ，スティンチカム）「沖縄・八重山文化研究会会報」 沖縄・八重山文化研究会 （104） 2000.8

沖縄・八重山の五穀（増田昭子）「民具マンスリー」 神奈川大学 33（6） 通号390 2000.9

アンガマ踊り（大田静男）「自然と文化」 日本ナショナルトラスト 通号65 2001.1

ミンサー帯・カガンヌブー―八重山縦絣木綿細帯の全史序説（上）（アマンダ，スティンチカム）「石垣市立八重山博物館紀要」 石垣市立八重山博物館 （18） 2001.3

資料紹介 「墓中符」（山里純一）「石垣市立八重山博物館紀要」 石垣市立八重山博物館 （18） 2001.3

第20回研究会報告 八重山のミンサー・カガンヌブー（アマンダ，スティンチカム）「沖縄染織会通信」 沖縄染織研究会 20 2001.5

第113回研究会報告 名蔵窯を中心とした八重山の窯業史について（池田榮史）「沖縄・八重山文化研究会会報」 沖縄・八重山文化研究会 （113） 2001.6

表紙のことば 「八重山風景」大嶺政寛（岡本亜紀）「きよらさ ： 浦添市美術館ニュース」 浦添市美術館 31 2001.7

芸能 独特な美意識が清雅な芸風生む（森田孫栄）「沖縄・八重山文化研究会会報」 沖縄・八重山文化研究会 （116） 2001.10

口承文芸 労働形態の相違が歌唱法の違いに（波照間永吉）「沖縄・八重山文化研究会会報」 沖縄・八重山文化研究会 （116） 2001.10

工芸 上布の透明感に八重山人の美意識（新垣幸子）「沖縄・八重山文化研究会会報」 沖縄・八重山文化研究会 （116） 2001.10

第117回研究会報告 八重山の床の間の香炉について（山里純一）「沖縄・八重山文化研究会会報」 沖縄・八重山文化研究会 （117） 2001.11

近代八重山の祝祭日―明治36年 新税実施記念祝賀会を中心に―（得能壽美）「南島史学」 南島史学会 （57・58） 2001.12

沖縄・八重山文化研究会 沖縄の民間信仰にみる死生観―八重山の事例を中心に―（太田有紀）「沖縄・八重山文化研究会会報」 沖縄・八重山文化研究会 （119） 2002.1

八重山の伝統料理（内原節子）「あかがーら」 石垣市立図書館八重山地域情報センター （21） 2002.3

島々の芸能（13） 番外編 八重芸関西公演ちんだみ日記（大田将之）「あかがーら」 石垣市立図書館八重山地域情報センター （21） 2002.3

第121回研究会報告 沖縄の船・航海・祭祀―八重山の事例を中心に（波照間永吉）「沖縄・八重山文化研究会会報」 沖縄・八重山文化研究会 （121） 2002.3

八重山に伝えられた『いろは琉歌』の翻刻―宇江城家文書所収いろは琉歌（田口恵）「史料編集室紀要」 沖縄県教育委員会 （27） 2002.3

古文書の一 「くり舟・はぎ舟」（《サバニ特集》）（内原節子）「あかがーら」 石垣市立図書館八重山地域情報センター （22） 2002.4

第122回研究会報告 沖縄芸能における八重山由来の歌（新城亘）「沖縄・八重山文化研究会会報」 沖縄・八重山文化研究会 （122） 2002.4

第123回研究会報告 戦前期八重山における畑作農耕技術の展開構造（坂井教郎）「沖縄・八重山文化研究会会報」 沖縄・八重山文化研究会 （123） 2002.5

第293回研究会報告（要旨）沖縄芸能における八重山由来の歌（新城亘）「沖縄芸能史研究会会報」 沖縄芸能史研究会 （293） 2002.8

八重山の歌と踊りにふれて―江差町南北文化交流団の思い出（館和夫）「しまうた」 しまうた文化協会 14 2002.12

第129回研究会報告 樹木霊の両義的性格と力の馴化（赤嶺政信）「沖縄・八重山文化研究会会報」 沖縄・八重山文化研究会 （129） 2002.12

ひきつれる芸能―芸能の展開を考える一つの視点として（清村まり子）「沖縄・八重山文化研究会会報」 沖縄・八重山文化研究会 （130） 2003.1

第133回研究会報告 画期的な大山さんの採譜―長包作品の全容明らかに（三木健）「沖縄・八重山文化研究会会報」 沖縄・八重山文化研究会 （133） 2003.4

第135回研究会報告 八重山古典・民謡の囃子と口説の考察（小濱光次郎）「沖縄・八重山文化研究会会報」 沖縄・八重山文化研究会 （135） 2003.6

石垣島を中心とした墓の事例紹介―八重山における墓の変遷試案（島袋綾野）「南島考古」 沖縄考古学会 22 2003.6

市制55周年記念講座（第16回市民講座）「ヤコウガイ交易と先島―螺鈿が導く八重山の7～9世紀と11～13世紀―（木下尚子）「石垣市史のひろば」 石垣市総務部 27 2004.1

第143回研究会報告 沖縄芸能の中で歌われている八重山由来の歌（新城亘）「沖縄・八重山文化研究会会報」 沖縄・八重山文化研究会 （143） 2004.3

鳥居龍蔵博士と八重山（島袋綾野）「史窓」 徳島地方史研究会 （34） 2004.3

上布算・村算・藁算（「八重山島風俗一班」のうち）―「東京国立博物館図版目録 琉球資料篇」（来間泰男）「地域研究シリーズ」 沖縄国際大学南島文化研究所 32 2004.3

八重山の御嶽とツカサ（石ães博孝）「巫覡盲僧学会会報」 巫覡盲僧学会 16 2004.3

第144回研究会報告 近代八重山の島唄研究―ユンタ・ジラバから節歌へ（新垣重雄）「沖縄・八重山文化研究会会報」 沖縄・八重山文化研究会 （144） 2004.4

第149回研究会報告 盂蘭盆・アンガマについての考察（玉木繁）「沖縄・八重山文化研究会会報」 （149） 2004.10

第153回研究会報告 『琉球古典民謡と八重山古典民謡』について（小濱光次郎）「沖縄・八重山文化研究会会報」 沖縄・八重山文化研究会 （153） 2005.2

第154回研究会報告 八重山における神名・御イベ名について―『琉球国由来記』を中心に（照屋理）「沖縄・八重山文化研究会会報」 沖縄・八重山文化研究会 （154） 2005.3

八重山における五穀の語り（増田昭子）「地域研究シリーズ」 沖縄国際大学南島文化研究所 33 2005.3

八重山歌謡トゥバラーマの歌い手（真下博厚）「奄美沖縄民間文芸学」 奄美沖縄民間文芸学会 （6） 2006.9

第171回研究会報告 神歌にみる八重山の神名について（照屋理）「沖縄・八重山文化研究会会報」 沖縄・八重山文化研究会 （171） 2006.10

第176回研究会報告 琉球古典音楽と八重山民謡（小濱光次郎）「沖縄・八重山文化研究会会報」 沖縄・八重山文化研究会 （176） 2007.3

琉球芸能における諸概念の形成過程―八重山芸能の「第三回郷土舞踊と民謡の会」への出演をめぐって（久万田晋）「沖縄芸術の科学 ： 沖縄県立芸術大学附属研究所紀要」 沖縄県立芸術大学附属研究所 （19） 2007.3

八重山芸能の魅力―琉球大学八重山芸能研究会40年の歩みから（山里純一）「沖縄研究ノート ：《共同研究》南島における民族と宗教」 宮城学院女子大学キリスト教文化研究所 （16） 2007.3

第18回市民講座 八重山の祭祀儀礼（石垣博孝）「石垣市史のひろば」 石垣市総務部 （29） 2007.3

「八重山古陶」展関連文化講座報告（倉成多郎）「壺屋焼物博物館紀要」 那覇市立壺屋焼物博物館 （9） 2008.3

「八重山古陶」展関連文化講座 なぞの多い湧田焼 もの作りの視点から考える（大嶺實清）「壺屋焼物博物館紀要」 那覇市立壺屋焼物博物館 （9） 2008.3

「八重山古陶」展関連文化講座 八重山焼の器形と胎土（阿利直治）「壺屋焼物博物館紀要」 那覇市立壺屋焼物博物館 （9） 2008.3

寄稿 八重山古陶を考える（田野多栄一）「壺屋焼物博物館紀要」 那覇市立壺屋焼物博物館 （9） 2008.3

第55回沖縄染織研究会発表要旨 人頭税時代の「赤嶋布」は現在の八重山上布と同一か？（新垣幸子）「沖縄染織研究会通信」 沖縄染織研究会 （53） 2008.5

8月定例会レジュメ 仲宗根豊見親の八重山入について―八重山鬼虎（ヤーマントゥラ）の記録・伝承を中心に（下地利幸）「宮古郷土史研究会会報」 宮古郷土史研究会 （167） 2008.7

八重山地方の「稲作儀礼」―その一播種儀礼について（石垣繁）「奄美沖縄民間文芸学」 奄美沖縄民間文芸学会 （8） 2008.9

八重山の節儀礼（石垣博孝）「奄美沖縄民間文芸学」 奄美沖縄民間文芸学会 （8） 2008.9

八重山の"安南伝承"―あるツカサの安南お礼訪問の語りから（古谷野洋子）「民俗文化研究」 民俗文化研究所 （10） 2009.08

八重山の謎々遊びーウーパナシャーアサビ（宇江城正晴）「南島研究」 南島研究会 通号50 2009.11

近代沖縄における録音メディアの導入―ニットーレコード制作の八重山民謡SP盤を対象として（髙橋美樹）「沖縄芸術の科学 ： 沖縄県立芸術大学附属研究所紀要」 沖縄県立芸術大学附属研究所 （22） 2010.03

乞食者詠と八重山のユングトゥ（万葉古代学研究所第4回委託共同研究報告）（狩俣恵一）「万葉古代学研究年報」 奈良県立万葉文化館 （8） 2010.03

八重山菫紀行―琉球菫文化圏の発見（奄美・沖縄の民俗）（大脇潔）「民俗文化」 近畿大学民俗学研究所 （22） 2010.03

八重山民俗紀行―黒潮生まれる海域の人と風俗（奄美・沖縄の民俗）（戸井田克己）「民俗文化」 近畿大学民俗学研究所 （22） 2010.03

八重山の稲作儀礼「種子取」を字義から考える（石垣繁）「南島研究」 南島研究会 通号51 2010.12

パナリ期と八重山の御嶽（考古学年表）（石垣博孝）「石垣市史考古ビジュアル版」 石垣市 （7） 2011.03

平成21年度博物館文化講座講演録 大正末期から昭和初期の吹き込み？―喜舎場孫知・仲本政子・松竹嘉武多 八重山民謡レコード鑑賞会（大田静男）「石垣市立八重山博物館紀要」 石垣市立八重山博物館 （20）

2011.03

凧の仕掛け・シャクシメー（寄川和彦）「石垣市立八重山博物館紀要」 石垣市立八重山博物館 （20） 2011.3

パナリ焼―イメージの形成・製作・流通の謎（島袋綾野）「石垣市立八重山博物館紀要」 石垣市立八重山博物館 （20） 2011.3

近世八重山における莚・畳の製造と利用（得能壽美）「沖縄文化研究 : 法政大学沖縄文化研究所紀要」 法政大学沖縄文化研究所 （37） 2011.3

沖縄の色・形 普段着として織られてきた素朴な伝統織物 八重山交布「南ぬ風 : 財団法人海洋博覧会記念公園管理財団広報誌 : 季刊誌」 海洋博覧会記念公園管理財団 （21） 2011.10

シリーズ（4）八重山に残る組踊台本について―石垣島を中心に（鈴木耕太）「季刊沖縄」 沖縄協会 17（1・2）通号42 2012.04

新刊紹介 高橋俊三著『琉球王国時代の初等教育―八重山における漢籍の琉球語資料』（呉海寧）「沖縄文化」 沖縄文化協会 46（1）通号111 2012.07

第74沖縄染織研究会 明治30年代の沖縄の麻織物―第5回内国勧業博覧会と全国・宮古・八重山（栗国恭子）「沖縄染織研究会通信」 沖縄染織研究会 （69） 2012.7

沖縄の葬送における経巾の習俗―八重山・宮古における事例を中心に（古谷野洋子）「沖縄文化」 沖縄文化協会 46（2）通号112 2012.11

宮古・八重山の鍛冶祭祀と伝承―竹富島の鍛冶工狂言を中心に（狩俣恵一）「奄美沖縄民間文芸学」 奄美沖縄民間文芸学会 （12） 2014.04

民話の系譜 宮古の英雄・金志川金盛は、八重山に生きる（石垣繁、中山瑠衣、本田碩孝、本永清）「奄美沖縄民間文芸学」 奄美沖縄民間文芸学会 （12） 2014.4

八重山郡

沖縄県八重山郡の赤マタ・黒マタを取り巻く社会的文脈と秘儀性保持の戦略（大日野佳代子）「常民文化」 成城大学常民文化研究会 25 2002.3

八重山島

竹富島の呪詞と『八重山島由来記』の神名とイベ名（狩俣恵一）「昔話伝説研究」 昔話伝説研究会 （22） 2002.3

八重山嶋

「八重山嶋農務帳」に見る人頭税時代の農民統制―祭事芸能を中心として（石島久雄）「沖縄・八重山文化研究会会報」 沖縄・八重山文化研究会 （72） 1997.9

八重山諸島

八重山の民話は世界の民話を結ぶ輪にあたる 八重山諸島の民話（宮良安彦）「沖縄・八重山文化研究会会報」 沖縄・八重山文化研究会 （78） 1998.3

神話を探る―川平村の御嶽由来八重山諸島の神話（宮良安彦）「沖縄・八重山文化研究会会報」 沖縄・八重山文化研究会 （94） 1999.9

第103回研究会報告 八重山諸島のことわざ（宮良安彦）「沖縄・八重山文化研究会会報」 沖縄・八重山文化研究会 （103） 2000.7

第114回研究会報告 八重山諸島の平家伝説と倭寇の行跡（宮良安彦）「沖縄・八重山文化研究会会報」 沖縄・八重山文化研究会 （114） 2001.7

フォーラム 八重山諸島のマレビト祭祀と岡正雄学説（吉成直樹）「法政大学沖縄文化研究所所報」 法政大学沖縄文化研究所 50 2001.8

八重山諸島の綱引（石垣博孝）「南島史学」 南島史学会 （57・58） 2001.11

第126回研究会報告 八重山諸島のシャーマニズム―シャーマニズム的世界としての八重山のシャーマン（宮良安彦）「沖縄・八重山文化研究会会報」 沖縄・八重山文化研究会 （126） 2002.9

第127回研究会報告 八重山諸島に見られる芭蕉織り（カトリーヌ, ヘンドリックス）「沖縄・八重山文化研究会会報」 沖縄・八重山文化研究会 （127） 2002.10

八重山諸島の狂言資料抄（飯田泰彦）「沖縄芸術の科学 : 沖縄県立芸術大学附属研究所紀要」 沖縄県立芸術大学附属研究所 （16） 2004.3

八重山諸島のシャーマニズム―シャーマニズム的世界としての八重山のシャーマン（宮良安彦）「沖縄文化研究 : 法政大学沖縄文化研究所紀要」 法政大学沖縄文化研究所 （30） 2004.3

八重山諸島のことわざ（宮良安彦）「南島研究」 南島研究会 45 2004.10

八重山諸島のアカマタ・クロマタ再考―男鹿のナマハゲとの比較考察から（稲雄次）「北方風土 : 北国の歴史民俗考古研究誌」 イズミヤ出版 通号49 2005.1

八重山諸島の窯業史における屋瓦の特質（上原静）「南島文化」 沖縄国際大学南島文化研究所 （27） 2005.3

第160回研究会報告 石垣島の雨乞い行事―八重山諸島の非年中行事（宮良安彦）「沖縄・八重山文化研究会会報」 沖縄・八重山文化研究会 （160） 2005.10

トラジャにおける葬制と表象の地域的特徴―沖縄・八重山諸島との比較研究（細田亜津子）「沖縄文化研究 : 法政大学沖縄文化研究所紀要」 法政大学沖縄文化研究所 （32） 2006.3

八重山諸島における琉球近世瓦関係文献資料の集成と諸問題の検証―琉球近世瓦の研究（石井龍太）「よのつぢ : 浦添市文化部紀要 : bulletin of Culture Department,Urasoe City」 浦添市教育委員会文化部 （3） 2007.3

来訪神祭祀儀礼の構造分析と他界観・世界観の一考察―八重山諸島における異装神祭祀を中心に（〈2004年度修士論文発表要旨〉）（佐久川志麻）「沖縄民俗学」 沖縄民俗学会 （25） 2007.3

第179回研究会報告 来訪神祭祀の構造分析と他界観の一考察―八重山諸島における異装神祭祀を中心に（佐久川志麻）「沖縄・八重山文化研究会会報」 沖縄・八重山文化研究会 （179） 2007.6

八重山諸島先史時代の葬制について（有土器から無土器へ―先島諸島先史時代無土器期の暮らし）「石垣市史考古ビジュアル版」 石垣市 （3） 2009.03

八重山諸島のドンソン文化（徳留秋輝）「鹿児島民具」 鹿児島民具学会 通号22 2010.03

第169回シマ研究会 河名俊男「宮古・八重山諸島における過去1000年間の歴史津波と伝説の津波―1771年明和津波、1667年の地震と津波、下地島のヨナタマ伝説、多良間島のブナゼー伝説を中心に―」（2010年度後期事業報告）「南島文化研究所所報」 沖縄国際大学南島文化研究所 （57） 2012.3

シリーズ 琉球弧の「古墓」第2回 「宮古・八重山諸島の墓」（島袋綾野）「法政大学沖縄文化研究所所報」 法政大学沖縄文化研究所 （74） 2014.03

屋嘉

沖縄・金武町における門中の現在と人類学 屋嘉・前田門中の事例から（石垣直）「民俗文化研究」 民俗文化研究所 （4） 2003.7

沖縄県国頭郡金武町屋嘉区の門中の編成についての調査報告（横田祥子）「民俗文化研究」 民俗文化研究所 （4） 2003.7

第61回沖縄染織研究会発表要冒 金武町屋嘉の御冠船踊衣裳調査研究報告（伊差川洋子）「沖縄染織研究会通信」 沖縄染織研究会 （56） 2009.09

第61回沖縄染織研究会 金武町屋嘉の御冠船踊衣裳調査研究報告（伊差川洋子）「沖縄染織研究会通信」 沖縄染織研究会 （58） 2010.09

屋慶名番所

探訪 昔道・新道 具志川の川田十字路から勝連城址を経て平敷屋番所跡、屋慶名番所跡まで/西海道の起点だった首里城久慶門から儀保・経塚を経て浦添番所跡まで「宿道」 沖縄しまたて協会 23 2004.10

屋部

名護市東江屋部家（屋号仲）の墓調査記録（2005年）（名護市教育委員会文化課、名護博物館）「あじまぁ : 名護博物館紀要」 名護博物館 通号13 2006.3

沖縄のこころ5 名護市屋部の八月踊り「南ぬ風 : 財団法人海洋博覧会記念公園管理財団広報誌 : 季刊誌」 海洋博覧会記念公園管理財団 （31） 2014.04

山川

南風原町字山川のお盆（大城和代）「南風の杜 : 南風原文化センター紀要」 南風原文化センター 4 1998.3

山城

山城の葬制について（佐久川勇）「久米島自然文化センター紀要」 久米島自然文化センター （4） 2004.3

山田グスク

探訪 昔道・新道 垣花樋川から具志堅の樋川を通り、知念城跡を経て斎場御嶽へ至る/恩納博物館から仲泊遺跡、山田谷川の石矼、山田グスクを経て護佐丸父祖の墓まで「宿道」 沖縄しまたて協会 26 2006.3

山田谷川

探訪 昔道・新道 垣花樋川から具志堅の樋川を通り、知念城跡を経て斎場御嶽へ至る/恩納博物館から仲泊遺跡、山田谷川の石矼、山田グスクを経て護佐丸父祖の墓まで「宿道」 沖縄しまたて協会 26 2006.3

やんばる

大自然に憩いを求めて（ヤンバルヤマシシ会）/羽地内海を眼下に―嵐山・ウマヌカンジュ散策/やんばるを歩く―安波節の里を訪ねて「しまうた」 しまうた文化研究会 15 2004.12

歌謡探訪―謡に訪ねる風土の旅（9）やんばるの古城を歌う 山中の泉水を用水路へ（仲宗根幸一）「しまたてぃ : 建設情報誌」 沖縄しまたて協会 （39） 2007.01

地域を歩き、未来をつくる「みんなで学ぼう 名護・やんばる講座」の取り組み（三嶋啓二）「しまたてぃ : 建設情報誌」 沖縄しまたて協会 （57） 2011.04

山原

第13章 平安座船 平安座船/山原船調査/テーサン舟の調査「なきじん研究」 今帰仁村歴史文化センター 9 1999.3

第5篇 山原の御嶽（ウタキ）と集落（仲原弘哲）「なきじん研究」 今帰仁村歴史文化センター （15）2007.3

ウンジャミ、シヌグ祭祀にみる北部沖縄の神観念―「山原の土俗」を中心に（加藤正春）「民俗文化研究」 民俗文化研究所 （8）2007.8

琉球国の統治と祭祀―山原の祭祀から「なきじん研究」 今帰仁村歴史文化センター （16）2009.03

山原の御嶽（ウタキ）と集落と村（ムラ）「なきじん研究」 今帰仁村歴史文化センター （16）2009.03

山原の五つのグスクと集落「なきじん研究」 今帰仁村歴史文化センター （16）2009.3

山原の間切と両惣地頭など「なきじん研究」 今帰仁村歴史文化センター （16）2009.3

山原の芸能と祭祀「なきじん研究」 今帰仁村歴史文化センター （16）2009.03

山原のムラ・シマ講座及び調査記録「なきじん研究」 今帰仁村歴史文化センター （18）2011.3

与那国

山神を見た与那国の百姓（歴史の中に生きた人々）《特集 地域に貢献した昔の人々》）（内原節子）「あがーら」 石垣市立図書館八重山地域情報センター （28）2002.12

与那国方言について（加治工真市）「沖縄芸術の科学： 沖縄県立芸術大学附属研究所紀要」 沖縄県立芸術大学附属研究所 （16）2004.3

与那国の聖地と祭祀（1）（与那覇仁一，波照間永吉）「沖縄芸術の科学： 沖縄県立芸術大学附属研究所紀要」 沖縄県立芸術大学附属研究所 （16）2004.3

与那国の墓を歩く（島袋綾野）「廣友会誌」 廣友会 （3）2007.12

与那国島

儀礼と社会変動―沖縄・与那国島における死者儀礼の事例より（原知章）「日本民俗学」 日本民俗学会 通号217 1999.2

与那国島における水の神信仰について（仲村清香）「沖縄民俗研究」 沖縄民俗学会 （23）2005.1

八重山与那国島の葬墓制（崎原恒新）「南島研究」 南島研究会 通号51 2010.12

与那国島の祭事の芸能

与那国島の芸能覚書（飯田泰彦）「沖縄芸術の科学： 沖縄県立芸術大学附属研究所紀要」 沖縄県立芸術大学附属研究所 （16）2004.3

与那覇岳

沖縄県国頭郡与那覇岳山頂付近で確認された民俗的遺構について（大湾ゆかり，当山昌直）「史料編集室紀要」 沖縄県教育委員会 （26）2001.3

与那良御岳

聖地めぐり 与那良御嶽「竹富町史だより」 竹富町教育委員会 19 2010.3

与根

豊見城市字与根の人生儀礼―産育と婚姻（儀間淳一）「豊見城市史だより」 豊見城市教育委員会文化課 （8）2005.3

読谷

読谷のわらべうた再創造ノート（杉本信夫）「南島文化」 沖縄国際大学南島文化研究所 （28）2006.3

読谷山

沖縄の色・形 多彩な模様に繊細さが漂う 読谷山花織「南ぬ風： 財団法人海洋博覧会記念公園管理財団広報誌： 季刊誌」 海洋博覧会記念公園管理財団 （19）2011.4

読谷山芭蕉衣について―収蔵品にみるバサーヂン（芭蕉衣）（玉城和美，玉城琳子）「読谷村立歴史民俗資料館紀要」 読谷村教育委員会 （36）2012.3

読谷村

民俗調査について（粟盛智子）「資料館だより」 読谷村立歴史民俗資料館 30 1997.1

地方にみる「性・産」―北谷町・読谷村の産育調査から（比嘉道子）「沖縄県女性史研究」 沖縄県教育委員会 通号1 1997.3

読谷に関する詞歌（1）―読谷の口説歌謡（長浜真勇）「読谷村立歴史民俗資料館紀要」 読谷村教育委員会 22 1998.3

読谷に関する誌歌（2）―南海に憧れた詩人佐藤惣之助の風物詩（長浜真勇）「読谷村立歴史民俗資料館紀要」 読谷村教育委員会 23 1999.3

読谷村の鳥類とその方言名及び探鳥地について（嵩原健二）「読谷村立歴史民俗資料館紀要」 読谷村教育委員会 24 2000.3

鬼餅雑考（当銘由嗣）「読谷村立歴史民俗資料館紀要」 読谷村教育委員会 24 2000.3

高ヨザウリ説話に関する一考察（當銘由嗣）「読谷村立歴史民俗資料館紀要」 読谷村教育委員会 25 2001.3

読谷に関する詩歌IV―「こてい節」考（長浜真勇）「読谷村立歴史民俗資料館紀要」 読谷村教育委員会 25 2001.3

読谷村の木綿衣―資料館収蔵木綿衣168点をめぐって（玉城琳子，玉城和美）「読谷村立歴史民俗資料館紀要」 読谷村教育委員会 26 2002.3

読谷に関する詩歌、読谷に関する琉歌（長浜真勇）「読谷村立歴史民俗資料館紀要」 読谷村教育委員会 27 2003.3

読谷村の民俗（2）（名嘉真宜勝）「読谷村立歴史民俗資料館紀要」 読谷村教育委員会 27 2003.3

読谷村におけるボーシクマー調査概要（玉城琳子，玉城和美，安田こずえ，島袋美乃）「読谷村立歴史民俗資料館紀要」 読谷村教育委員会 28 2004.3

「卒業式の歌」雑感―古い世代を結んだ歌（渡久山朝章）「読谷村立歴史民俗資料館紀要」 読谷村教育委員会 28 2004.3

チョンダラーニンブチャー考（上）（長浜眞勇）「読谷村立歴史民俗資料館紀要」 読谷村教育委員会 （31）2007.3

読谷村における終戦直後のジュラルミン製民具―資料館収蔵品の中から（玉城和美，玉城琳子）「読谷村立歴史民俗資料館紀要」 読谷村教育委員会 （32）2008.3

沖縄県読谷村における都市計画と風水（浅井秀子）「北東アジア文化通信」 鳥取短期大学北東アジア文化総合研究所 （33）2009.5

沖縄県読谷村の都市計画における風水思想（浅井秀子）「北東アジア文化研究」 鳥取短期大学 （30）2009.10

民話にみる年中行事―当館収蔵民話資料より（玉城琳子，玉城和美）「読谷村立歴史民俗資料館紀要」 読谷村教育委員会 （34）2010.03

民話にみる笑話―当館収蔵民話資料より（2）（玉城和美，玉城琳子）「読谷村立歴史民俗資料館紀要」 読谷村教育委員会 （35）2011.03

琉球

アメリカで受け入れられた琉球音楽 ワシントン大学 民族音楽 沖縄音楽指導報告「沖縄・八重山文化研究会会報」 沖縄・八重山文化研究会 （65）1997.1

米国における琉球音楽の受容について（新城亘）「沖縄・八重山文化研究会会報」 沖縄・八重山文化研究会 （65）1997.1

琉球漆器の髹漆技法について―塗膜の科学的分析報告（1）（四柳嘉章）「浦添市美術館紀要」 浦添市美術館 6/（9）1997.3/2000.3

「福原実関係日誌」にみる琉球漆器（資料紹介）（小野まさ子）「浦添市美術館紀要」 浦添市美術館 6 1997.3

第234回研究会報告（要旨）「琉球古典音楽の源流」を出版して（宮城嗣幸）「沖縄芸能史研究会会報」 沖縄芸能史研究会 （234）1997.3

琉球古典音楽の基礎研究―歌い出しの原則論（大湾清之）「読谷村立歴史民俗資料館紀要」 読谷村教育委員会 21 1997.3

戦後の復興と琉球絣（仲村浩美）「南風の杜： 南風原文化センター紀要」 南風原文化センター 3 1997.3

戦前の琉球漆器五点寄贈される―佐伯皐穂・光子氏所蔵資料「歴史資料室だより」 那覇市文化局 48 1997.3

琉球方言における可能表現（内間直仁）「沖縄学： 沖縄学研究所紀要」 沖縄学研究所 1 1997.4

野村流音楽協会組踊地謡研修部 第15回発表会「仇討物の系譜」「沖縄芸能史研究会会報」 沖縄芸能史研究会 （235）1997.4

伊波普猷の師・田島利三郎／新たな検証 田島利三郎の『おもろさうし』研究（齋藤郁子）「沖縄・八重山文化研究会会報」 沖縄・八重山文化研究会 （77）1998.2

亀焼（カムィヤキ）と琉球《徳之島特集》―《第I部 講演および研究報告関係資料》）（義憲和）「あしびなぁ」 沖縄県地域史協議会 9 1998.3

薩摩・道の島・琉球における宗門手札改めについて《徳之島特集》―《第I部 講演および研究報告関係資料》）（金城善）「あしびなぁ」 沖縄県地域史協議会 9 1998.3

琉球切手が語る沖縄の戦後史（佐藤克彦）「あじまぁ： 名護博物館紀要」 名護博物館 8 1998.3

琉球漆器復元のための技術分析（8） 朱漆鳥獣草花箔絵面盆（山下好彦）「浦添市美術館紀要」 浦添市美術館 7 1998.3

「第1回 琉球漆芸研究会議」報告（岡本亜紀）「浦添市美術館紀要」 浦添市美術館 7 1998.3

沖永良部島の琉球関係資料―漆器と神女関係資料を中心に（前田孝允，宮城清，小野まさ子，粟国恭子，金城聡子）「浦添市美術館紀要」 浦添市美術館 7 1998.3

琉球古典音楽の基礎研究―旋律（フシ）のめぐりかた（大湾清之）「読谷村立歴史民俗資料館紀要」 読谷村教育委員会 22 1998.3

若樹文庫旧蔵本「琉歌集」―解説と翻刻（嘉手苅千鶴子）「南島文化」 沖縄国際大学南島文化研究所 通号20 1998.3

琉球絣現状について（備瀬貴子）「南風の杜： 南風原文化センター紀要」 南風原文化センター 4 1998.3

琉球絣について（屋我一美）「南風の杜： 南風原文化センター紀要」 南風原文化センター 4 1998.3

琉歌定型のリズム（千葉聡）「沖縄学： 沖縄学研究所紀要」 沖縄学研究所 2 1998.4

「魂（たましひ）」という語の意味機能—琉球語とアイヌ語の比較考察（片山龍峯）「沖縄学 : 沖縄学研究所紀要」 沖縄学研究所 2 1998.4

第246回研究会報告（要旨）琉球古典女踊りの様式（1）（大城ナミ）「沖縄芸能史研究会会報」 沖縄芸能史研究会 （246） 1998.4

[書評と紹介] 琉球古典漢詩『蔡大鼎集』を読む（荒居須美樹）「南島史学」 南島史学会 通号51 1998.5

「芭蕉布」創作の背景/人との縁の大切さを語る 「芭蕉布」創作の背景—故郷への思いと人との縁（吉川安一）「沖縄・八重山文化研究会会報」 沖縄・八重山文化研究会 （82） 1998.7

奄美への展望—古琉球辞令書の視点から（第1回研究例会報告）（高良倉吉）「沖縄で奄美を考える会会報」 沖縄で奄美を考える会 （1） 1998.7

琉球服飾史の課題（池宮正治）「首里城研究」 首里城公園友の会 （4） 1998.7

琉球と錫について（粟国恭子）「首里城研究」 首里城公園友の会 （4） 1998.7

第249回研究会報告（要旨）琉球組踊と中国戯曲（劉富琳）「沖縄芸能史研究会会報」 沖縄芸能史研究会 （249） 1998.8

琉球藍製造 伊野波盛正（岡本亜紀）「きよらさ : 浦添市美術館ニュース」 浦添市美術館 20 1998.10

沖縄県指定無形文化財保持者「前田孝允 琉球漆器の技」—風土と歴史に育まれて「きよらさ : 浦添市美術館ニュース」 浦添市美術館 20 1998.10

琉舞 かなの会 発足記念公演高嶺久枝の会「沖縄芸能史研究会会報」 沖縄芸能史研究会 （251） 1998.10

むんじゅる節の伝承を追って（仲宗根幸市）「南島研究」 南島研究会 39 1998.10

冊封使録にみる食年（原田禹雄）「南島研究」 南島研究会 39 1998.10

冊封使録にみる風水用語（原田禹雄）「南島研究」 南島研究会 39 1998.10

琉球方言の親族語彙（内間直仁）「沖縄文化」 沖縄文化協会 34（1）通号89 1998.11

琉球組踊と中国戯曲—曲牌体と比較して（第23回研究会記録）（劉富彬）「東洋音楽学会沖縄地区通信」 東洋音楽学会 （22） 1998.11

第253回研究会報告（要旨） 女踊りの様式（2） 琉球舞踊の美（大城ナミ）「沖縄芸能史研究会会報」 沖縄芸能史研究会 （253） 1998.12

琉球漆器復元のための技術分析 黒漆葡萄栗鼠螺鈿箔絵料紙箱黒漆鳥蹴草花箔絵椀（山下好彦）「浦添市美術館紀要」 浦添市美術館 通号8 1999.3

三平等の大あむしられの役割とその変遷—近世琉球における祭祀政策を中心に（大城涼子）「浦添市立図書館紀要」 浦添市教育委員会 （10） 1999.3

紅型における同一模様と紺屋の関わりについて—「霞松大函梅模様」を例にした（与那嶺一子）「沖縄県立博物館紀要」 沖縄県立博物館 （25） 1999.3

琉球古典音楽の基礎研究（5）—富原守清著『琉球音楽考』の研究（大湾清之）「読谷村立歴史民俗資料館紀要」 読谷村教育委員会 23 1999.3

古日本の鏡としての琉球—柳田国男と沖縄研究の枠組み（屋嘉比収）「南島文化」 沖縄国際大学南島文化研究所 通号21 1999.3

南風原の琉球絣（喜友名速）「南風の杜 : 南風原文化センター紀要」 南風原文化センター 5 1999.3

琉歌の音数律が語形に与える制約（西岡敏）「琉球の方言」 法政大学沖縄文化研究所 通号23 1999.3

琉球漆芸研究会講報告（岡本亜紀）「きよらさ : 浦添市美術館ニュース」 浦添市美術館 22 1999.4

北京に眠る幻の琉球漆器（前田孝允）「きよらさ : 浦添市美術館ニュース」 浦添市美術館 22 1999.4

琉球漆器の科学分析について（宮腰哲雄）「きよらさ : 浦添市美術館ニュース」 浦添市美術館 22 1999.4

第257回研究会報告（要旨） 十四絃箏工工四発刊への一考 琉球箏は独立楽器になりうるか？（山内秀治）「沖縄芸能史研究会会報」 沖縄芸能史研究会 （257） 1999.4

特集 平成11年度前期常設展 琉球王朝文化の華—漆芸（稲福政斉）「きよらさ : 浦添市美術館ニュース」 浦添市美術館 23 1999.7

アルプスの琉球漆器（宮里正子）「浦添市美術館友の会ニュース彩漆」 浦添市美術館友の会 （10） 1999.7

琉球の意気込み北京・故宮博物院の文物（金城聡子）「浦添市美術館友の会ニュース彩漆」 浦添市美術館友の会 （10） 1999.7

琉球の近世芸能—能・金春流が伝来 琉球に'云わった能の流儀（新城亘）「沖縄・八重山文化研究会会報」 沖縄・八重山文化研究会 （93） 1999.7

琉歌語における動詞否定形（西岡敏）「沖縄 : 沖縄学研究所紀要」 沖縄学研究所 3 1999.7

門外漢にも興味深く読める琉球古典漢詩『林世功・林世忠集』（越後耕一）「南島史学」 南島史学会 通号53 1999.7

琉球の儀礼歌謡 祭司と来訪神の歌謡（〈特集 南北の地平に向けて〉）（玉城政美）「東北学. [第1期]」 東北芸術工科大学東北文化研究センター, 作品社（発売）1 1999.10

琉球文学にみる憑霊表現（波照間永吉）「沖縄・八重山文化研究会会報」 沖縄・八重山文化研究会 （96） 1999.11

第263回研究会報告（要旨）琉球に伝わった能の流儀（新城亘）「沖縄芸能史研究会会報」 沖縄芸能史研究会 （263） 1999.11

第10回研究例会研究発表要旨 アーマンの話—琉球文化との関わりを求めて—（当山昌直）「沖縄で奄美を考える会会報」 沖縄で奄美を考える会 （7） 2000.2

第266回研究会報告 私の琉舞人生（新垣典子）「沖縄芸能史研究会会報」 沖縄芸能史研究会 （266） 2000.2

琉球漆器復元のための技術分析（勝又智志）「浦添市美術館紀要」 浦添市美術館 （9） 2000.3

琉球の漆工品と紋章—主に浦添市美術館収蔵の沈金・箔絵作品から（稲福政斉）「浦添市美術館紀要」 浦添市美術館 （9） 2000.3

組踊り「二童敵討」ノート―隠されたアマオヘ像（犬飼公之）「沖縄研究ノート :《共同研究》南島における民族と宗教」 宮城学院女子大学キリスト教文化研究所 （9） 2000.3

近世琉球における寺院の諸相（深沢秋人）「史料編集室紀要」 沖縄県教育委員会 通号25 2000.3

琉球のオカヤドカリ類に関する民俗的伝承について（試論）,（試論2）（当山昌直）「史料編集室紀要」 沖縄県教育委員会 通号25/（32） 2000.3/2007.3

座間味景典の家譜―「おもろさうし」・「混効験集」の編者（池宮正治）「首里城研究」 首里城公園友の会 （5） 2000.3

冊封儀式に見る琉球建築（下）（福島清）「首里城研究」 首里城公園友の会 （5） 2000.3

塗木ヤンセ踊り考―琉球人踊り・佐賀の面浮立・駒ヶ水ヤンセ踊り比較（下野敏見）「知覧文化」 知覧町立図書館 37 2000.3

琉球絣—南風原で確実に受け継がれていく伝統工芸（仲嶺千春）「南風の杜 : 南風原文化センター紀要」 南風原文化センター 6 2000.3

第268回研究会報告 歌舞伎と琉球芸能（安里長祐）「沖縄芸能史研究会会報」 沖縄芸能史研究会 （268） 2000.3

琉球民族の起源と稲作―言語と神話伝承を考える「季刊邪馬台国」 「季刊邪馬台国」編纂委員会, 梓書院（発売） 70 2000.6

常設展「琉球王朝文化の華・漆芸」「きよらさ : 浦添市美術館ニュース」 浦添市美術館 27 2000.7

琉球の火器について（上里隆史）「沖縄文化」 沖縄文化協会 36（1）通号91 2000.7

琉球歌謡研究の課題（玉城政美）「東北学. [第1期]」 東北芸術工科大学東北文化研究センター, 作品社（発売）3 2000.10

第106回研究会報告 琉球横笛再考（玉木繁）「沖縄・八重山文化研究会会報」 沖縄・八重山文化研究会 （106） 2000.11

古琉球王国と仏教—尚泰久・尚徳・尚真の仏教政策を中心に（知名定寛）「南島史学」 南島史学会 （56） 2000.12

琉球漆器復元のための技術分析（室瀬和美, 松本達弥, 土井菜々子）「浦添市美術館紀要」 浦添市美術館 （10） 2001.3

資料紹介 「琉球漆器図解」（仲北聡子）「浦添市美術館紀要」 浦添市美術館 （10） 2001.3

琉球漆器の漆固定に関する科学的な分析（宮腰哲雄, 神谷幸男, 謝敷真起子, 仲北聡子）「浦添市美術館紀要」 浦添市美術館 （10） 2001.3

評定所文書覚書（11） 芸能史研究からの評定所文書へのアプローチ（徳元剛）「浦添市立図書館紀要」 浦添市教育委員会 （12） 2001.3

近世琉球の暦 試論六 先島蔵元の時賦（高田紀代志）「沖縄研究ノート :《共同研究》南島における民族と宗教」 宮城学院女子大学キリスト教文化研究所 （10） 2001.3

キンマモンの神とその成立をめぐって—「琉球神道記」ほか諸説の検討—（真喜志瑤子）「沖縄文化研究 : 法政大学沖縄文化研究所紀要」 法政大学沖縄文化研究所 （27） 2001.3

明代における琉球の表文・箋文—「歴代宝案」より—（孫薇）「史料編集室紀要」 沖縄県教育委員会 （26） 2001.3

琉球絣の移り変わり（大城英樹）「南風の杜 : 南風原文化センター紀要」 南風原文化センター 7 2001.3

琉歌における条件形（西岡敏）「琉球の方言」 法政大学沖縄文化研究所 通号25 2001.3

琉球舞踊からみる沖縄の工芸文化と精神文化（村吉早綾佳）「沖縄民俗研究」 沖縄民俗学会 （20） 2001.5

世界遺産・琉球王国のグスク群登録を祝う―グスクサークルの活動―（与儀達憲）「博友 : 沖縄県立博物館友の会機関誌」 沖縄県立博物館友の会 15 2001.5

第21回研究会報告 染太郎琉染色考（北澤勇二）「沖縄染織研究会通信」 沖縄染織研究会 21 2001.7

「琉球びんがた」を事例とした技術伝承に関する一考察（村松彰子）「民具研究」 日本民具学会 （124） 2001.7

特集 輪島塗と漆芸作家について―琉球漆器の若い友へ(柳橋真)「きよらさ : 浦添市美術館ニュース」 浦添市美術館 32 2001.10

平成13年度後期常設展 琉球漆器をかざる(岡本亜紀)「きよらさ : 浦添市美術館ニュース」 浦添市美術館 32 2001.10

古琉球仏教史の研究課題(知名定寛)「歴史地名通信」 平凡社地方資料センター 26 2001.10

琉球を守護知る神(原田禹雄)「南島研究」 南島研究会 42 2001.11

第287回研究会報告(要旨)琉球箏曲の現在(仲嶺貞夫)「沖縄芸能史研究会会報」 沖縄芸能史研究会 (287) 2002.1

琉球の祭具・酒台をめぐって―史料及び遺品の検討と考察(稲福政斉)「浦添市美術館紀要」 浦添市美術館 (11) 2002.3

琉球漆器の修復及び復元のための技術分析(室瀬和美, 勝又智志, 土井菜々子)「浦添市美術館紀要」 浦添市美術館 (11) 2002.3

「琉球王国のグスク及び関連遺産群」の世界遺産登録とその周辺(當眞嗣一)「文化課紀要」 沖縄県教育委員会 18 2002.3

対訳 : 琉歌・琉球舞踊解説(小嶺長則)「文化課紀要」 沖縄県教育委員会 18 2002.3

南風の窓 琉歌にみる自然―琉歌鑑賞(1)(屋嘉宗彦)「法政大学沖縄文化研究所所報」 法政大学沖縄文化研究所 51 2002.3

すらからの速御船(佐ına清)「琉球の方言」 法政大学沖縄文化研究所 通号26 2002.3

尚巴志王杏文と古琉球仏教(知名定寛)「沖縄文化」 沖縄文化協会 37(1)通号93 2002.5

書評 野原三義著『新編 琉球方言助詞の研究』(西岡敏)「沖縄文化」 沖縄文化協会 37(1)通号93 2002.5

第24回研究会研究発表要旨 琉歌形式と歌詞の語形―喜界島八月踊り歌の事例から(西岡敏)「沖縄で奄美を考える会会報」 沖縄で奄美を考える会 (15) 2002.7

琉歌鑑賞 琉歌と自然(2)(屋嘉宗彦)「法政大学沖縄文化研究所所報」 法政大学沖縄文化研究所 52 2002.9

南風の窓 「爪紅の習慣」と琉歌一首(吉成直樹, 中本謙)「法政大学沖縄文化研究所所報」 法政大学沖縄文化研究所 52 2002.9

「琉球古典焼」その謎と魅力について(黒田恭正)「季刊沖縄」 沖縄協会 7(3・4)通号23 2002.10

「かじゃで」について(奥田良寛春)「珊瑚の島だより」 南島地名研究センター 41 2002.11

琉球狂歌における語彙の特徴について―民俗語彙を中心に(西岡敏)「奄美沖縄民間文芸学」 奄美沖縄民間文芸学会 (3) 2003.3

琉球王権儀礼とイザイホー(小山和行)「沖縄学 : 沖縄学研究所紀要」 沖縄学研究所 6(1)通号6 2003.3

識名家文書「風水書」の「凡墓造図訣」と琉中の亀甲墓―福建省永定県・長汀県との比較・覚書(《小川徹先生追悼号》)(渡邊欣雄)「沖縄文化」 沖縄文化協会 38(1)通号95 2003.3

琉球国王の常服(原田禹雄)「沖縄文化研究 : 法政大学沖縄文化研究所紀要」 法政大学沖縄文化研究所 (29) 2003.3

琉球絣の文様について(大城彰美)「南風の杜 : 南風原文化センター紀要」 南風原文化センター 9 2003.3

琉球絣(照屋由紀子)「南風の杜 : 南風原文化センター紀要」 南風原文化センター 9 2003.3

琉歌鑑賞(3)―農耕の歌(屋嘉宗彦)「法政大学沖縄文化研究所所報」 法政大学沖縄文化研究所 53 2003.3

ティダ拝みと宮参り―琉球・ヤマトの生児儀礼から(下野敏見)「法政大学沖縄文化研究所所報」 法政大学沖縄文化研究所 53 2003.3

嘉手苅千鶴子『おもろと琉歌の世界―交響する琉球文学』(書評)(島村幸一)「法政大学沖縄文化研究所所報」 法政大学沖縄文化研究所 53 2003.3

第301回研究会報告(要旨)琉球古典音楽界への提言―『琉球楽譜の研究』から得た着想(宮城嗣幸)「沖縄芸能史研究会会報」 沖縄芸能史研究会 (301) 2003.4

第302回研究会報告(要旨)琉球古典音楽の演奏理論について(大湾清之)「沖縄芸能史研究会会報」 沖縄芸能史研究会 (302) 2003.5

袋中上人『琉球神道記』を巡る本地観(《特集 いわきの原始・古代から近世までの生業と信仰》)(鯨岡勝成)「いわき地方史研究」 いわき地方史研究会 (40) 2003.9

南島論余涎―袋中『琉球神道記』から(鯨岡勝成)「史峰」 新進考古学同人会 (31) 2003.9

干鮑を琉球で取引き(所崎平)「鹿児島民俗」 鹿児島民俗学会 124 2003.10

幕末琉球の外圧に対する祈祷政策(熱美保子)「南島史学」 南島史学会 (62) 2003.10

第139回研究会報告 鎌倉芳太郎の琉球芸術調査(久belongs典子)「沖縄・八重山文化研究会会報」 沖縄・八重山文化研究会 (139) 2003.11

鎌倉芳太郎の琉球芸術調査(上),(下)(久belongs典子)「沖縄文化」 沖縄文化協会 38(2)通号96/39(1)通号97 2003.11/2004.3

琉球使節の日光参詣(佐藤権司)「鹿沼史林」 鹿沼史談会 (43) 2003.12

琉球大学資料館「風樹館」新収蔵のサバニの帆について(板井英伸)「民具マンスリー」 神奈川大学 36(11)通号431 2004.2

太宰府神社旧蔵「琉球国図」にみる15世紀の琉球王国(安里進)「浦添市立図書館紀要」 浦添市教育委員会 (15) 2004.3

薩摩・琉球の真宗取締と伝播―水主と傾城―仲尾次政隆連座の真宗法難事件を中心に(長間安彦)「浦添市立図書館紀要」 浦添市教育委員会 (15) 2004.3

琉球舞踊に見られる踊りと舞うの一考察(瑞慶山和子)「沖縄学研究所紀要」 沖縄学研究所 7(1)通号7 2004.3

研究ノート 尾崎清次と『琉球玩具図譜』について(久場政彦)「沖縄県立博物館紀要」 沖縄県立博物館 (30) 2004.3

沖縄の風水史―琉球国の国策管見(渡邊欣雄)「沖縄文化」 沖縄文化協会 39(1)通号97 2004.3

加藤三吾の沖縄研究―『琉球乃研究』をめぐって(齊藤郁子)「沖縄文化」 沖縄文化協会 39(1)通号97 2004.3

書評 吉成直樹著『琉球民俗の底流―古歌謡は何を語るか―』(福寛美)「沖縄文化」 沖縄文化協会 39(1)通号97 2004.3

新刊紹介 嘉手苅千鶴子著『おもろと琉歌の世界―交響する琉球文学―』(玉城伸子)「沖縄文化」 沖縄文化協会 39(1)通号97 2004.3

琉球王権の性格と『おもろさうし』(吉成直樹, 福寛美)「沖縄文化研究 : 法政大学沖縄文化研究所紀要」 法政大学沖縄文化研究所 (30) 2004.3

新本家文書『官話』の翻字および注釈(高橋俊三, 兼本敏)「地域研究シリーズ」 沖縄国際大学南島文化研究所 32 2004.3

琉歌鑑賞(4)―若さの町(屋嘉宗彦)「法政大学沖縄文化研究所所報」 法政大学沖縄文化研究所 54 2004.3

吉成直樹著『琉球民俗の底流―古歌謡は何を語るか』(書評)(福寛子)「法政大学沖縄文化研究所所報」 法政大学沖縄文化研究所 55 2004.3

吉成直樹著『琉球民俗の底流―古歌謡は何を語るか』(書評と紹介)(福寛美)「南島史学」 南島史学会 (63) 2004.4

第32回研究例会発表要旨 薩琉関係におけるトカラ―海上交通の形態とその変遷(高良由加利)「沖縄で奄美を考える会会報」 沖縄で奄美を考える会 (17) 2004.5

第313回研究会報告(要旨)記念誌『琉球古典音楽の原点』を発行して(山内秀吉)「沖縄芸能史研究会会報」 沖縄芸能史研究会 (313) 2004.5

袋中著『琉球神道記』をめぐって(上)―浄土宗名越派僧袋中の位置(鯨岡勝成)「史峰」 新進考古学同人会 (32) 2004.5

陶磁器が語る琉球のタイ・ベトナム交流史(金武正紀)「博友 : 沖縄県立博物館友の会機関誌」 沖縄県立博物館友の会 18 2004.5

『校注 琉球戯曲集』より御冠船舞踊にみられる復元舞踊『入子躍』の構成・作舞について(又吉靜枝)「沖縄芸能史研究会会報」 沖縄芸能史研究会 (314) 2004.6

大日本地名辞書・琉球篇原稿の周辺(旗野博)「五頭郷土文化」 五頭郷土文化研究会 52 2004.6

琉球舞踊における動作単元データベースの構築のための基礎研究―指導言語・動作特性データの収集と抽出(波照間永子)「沖縄文化」 沖縄文化協会 39(2)通号98 2004.7

第317回研究会報告(要旨)琉球古典音楽の流れ―湛水流から現代まで古典音楽はどう変わったか(国吉清昂)「沖縄芸能史研究会会報」 沖縄芸能史研究会 (317) 2004.11

琉球遠景・近景シリーズ(1) 御嶽空間について(備瀬ヒロ子)「しまたてぃ : 建設情報誌」 沖縄しまたて協会 31 2004.10

琉歌へのいざない(1)「しまたてぃ : 建設情報誌」 沖縄しまたて協会 31 2004.10

琉歌銘撰―謡に訪ねる風土の旅―《(よしや思鶴(チル)作》(仲宗根幸市)「しまたてぃ : 建設情報誌」 沖縄しまたて協会 31 2004.10

『御嶽由来記』覚書―御嶽所在不明の村(上原孝三)「沖縄・八重山文化研究会会報」 沖縄・八重山文化研究会 (152) 2005.1

琉球大学史学会第38回大会公開シンポジウム「御嶽」再考(下地和宏)「宮古郷土史研究会会報」 宮古郷土史研究会 146 2005.1

第153回研究会報告 『琉球古典民謡と八重山古典民謡』について(小濱光次郎)「沖縄・八重山文化研究会会報」 沖縄・八重山文化研究会 (153) 2005.2

琉球と東南アジアの捲胎漆器―ミャンマーの籃胎素地と捲胎構造の観点より(宮里正子, 岡本亜紀)「よのつち : 浦添市文化部紀要 : bulletin of Culture Department,Urasoe City」 浦添市教育委員会文化部 (1) 2005.3

アジア絣文化圏の形成と琉球・沖縄絣の文化的位置―「絣の起源・伝播・受容・熟成」論的検討のための序章(《追悼論文》)(安江孝司)「沖縄文化研究 : 法政大学沖縄文化研究所紀要」 法政大学沖縄文化研究所 (31) 2005.3

琉球伝統芸能 エイサー(中條里美)「高校地理歴史・公民科紀要」 栃木県高等学校教育研究会地理歴史・公民部会 43 2005.3

組踊台詞のデータベース化の試案―「姉妹敵討」を例として(高橋俊三)「地域研究シリーズ」 沖縄国際大学南島文化研究所 33 2005.3

九州・沖縄　　郷土に伝わる民俗と信仰　　沖縄県

嘉永6年、木鉢の琉球芋（松竹秀雄）「長崎談叢」 長崎史談会　94　2005.5

和太鼓芸能の受容と「琉球和太鼓」への展開―浦添市・鼓衆若太陽の志向する「沖縄らしさ」（大城盛裕）「沖縄文化」 沖縄文化協会　40（1）通号99　2005.6

琉球の織り（岩井信子）「土佐地域文化」「土佐地域文化研究会」 （9）2005.8

琉球芸能の可能性（狩俣恵一）「奄美沖縄民間文芸学」 奄美沖縄民間文芸学会 （5）2005.9

資料紹介琉球王国における染織注文書（平川信幸）「沖縄県立博物館紀要」 沖縄県立博物館 （31）2005.12

琉球漆器の評価を一変させた徳川義宣先生（安里進）「よのつち ： 浦添市文化部紀要 ： bulletin of Culture Department,Urasoe City」 浦添市教育委員会文化部 （2）2006.3

琉球近世瓦関係文献資料の集成と諸問題の検証―琉球近世瓦の研究（石井龍太）「よのつち ： 浦添市文化部紀要 ： bulletin of Culture Department,Urasoe City」 浦添市教育委員会文化部 （2）2006.3

中国に献上された琉球の東道盆（岡本亜紀）「よのつち ： 浦添市文化部紀要 ： bulletin of Culture Department,Urasoe City」 浦添市教育委員会文化部 （2）2006.3

仙台藩白老元陣屋資料館蔵の琉球漆器（安里進）「よのつち ： 浦添市文化部紀要 ： bulletin of Culture Department,Urasoe City」 浦添市教育委員会文化部 （2）2006.3

『Hawaii Pacific Press』紙に掲載されたペルーの琉歌（仲程昌徳）「移民研究」 琉球大学移民研究センター （2）2006.3

在日ウチナーンチュのアイデンティティ（城田愛，金城宗和，仲間恵子，新里健，町田宗博）「移民研究」 琉球大学移民研究センター （2）2006.3

『琉歌百控』乾柔節流の編名由来（松永明）「沖縄学 ： 沖縄学研究所紀要」 沖縄学研究所 9（1）通号9　2006.3

琉球宮廷舞踊と中国民間歌舞―徐廣光『中山伝信録』をめぐって（劉富琳）「沖縄芸術の科学 ： 沖縄県立芸術大学附属研究所紀要」 沖縄県立芸術大学附属研究所 （18）2006.3

琉球の近世墓を探る―考古学と形質人類学からのアプローチ（大城磨美）「沖縄研究ノート ： 《共同研究》南島における民族と宗教」 宮城学院女子大学キリスト教文化研究所 （15）2006.3

琉球における神社（神道）の略史（新垣裕之）「首里城研究」 首里城公園友の会 （8）2006.3

「野村欽定楽譜（工工四）序文」について（渡久山朝章）「読谷村立歴史民俗資料館紀要」 読谷村教育委員会 （30）2006.3

琉歌案内 恋と海と船（屋嘉宗彦）「法政大学沖縄文化研究所所報」 法政大学沖縄文化研究所 （59）2006.3

吉成直樹著『琉球民俗の底流』（書誌紹介）（田畑千秋）「日本民俗学」 日本民俗学会 通号246　2006.5

第172回研究会報告 琉球狂歌について―性描写・世相描写（西岡敏）「沖縄・八重山文化研究会会報」 沖縄・八重山文化研究会 （172）2006.11

資料 明治8年琉球神道化への建言書（酒井卯作）「南島研究」 南島研究会 通号47　2006.11

泡盛とウイスキーと琉球三線とバイオリンと（エッセイ）（奥山正剛）「泡盛研究」 泡盛学会 （1）2006.12

第49回沖縄染織研究会発表要旨 琉球王朝時代の染織の調査研究（祝嶺恭子）「沖縄染織研究会通信」 沖縄染織研究会 （48）2007.2

三線の歴史（琉球への伝来を中心に）（喜瀬慎仁）「潮持ちの館資料館だより」 福山市鞆の浦歴史民俗資料館 （38）2007.3

古琉球における海船の変遷とその状況―進貢・東南アジア派遣船を中心に（山田浩世）「よのつち ： 浦添市文化部紀要 ： bulletin of Culture Department,Urasoe City」 浦添市教育委員会文化部 （2）2007.3

戦後の文化意識台頭期における琉球芸能―1949～50年の琉球舞踊（大城ナミ）「ムーサ ： 沖縄県立芸術大学音楽学研究誌」 沖縄県立芸術大学音楽学部音楽学専攻 （8）2007.3

絵巻「琉球人坐楽之図」に描かれた「團羽躍」の身体技法の考察（小濱川ひとみ）「ムーサ ： 沖縄県立芸術大学音楽学研究誌」 沖縄県立芸術大学音楽学部音楽学専攻 （8）2007.3

三味線組歌『琉球組』の歌詞配分（覚え書き）（金城厚）「ムーサ ： 沖縄県立芸術大学音楽学研究誌」 沖縄県立芸術大学音楽学部音楽学専攻 （8）2007.3

第176回研究会報告 琉球古典音楽と八重山民謡（小濱光次郎）「沖縄・八重山文化研究会会報」 沖縄・八重山文化研究会 （176）2007.3

レビューになった琉球舞踊―戦前の本土における琉球舞踊上演の一形態（清村まり子）「沖縄芸術の科学 ： 沖縄県立芸術大学附属研究所紀要」 沖縄県立芸術大学附属研究所 （19）2007.3

琉球芸能における諸概念の形成過程―八重山芸能の「第三回郷土舞踊と民謡の会」への出演をめぐって（久万田晋）「沖縄芸術の科学 ： 沖縄県立芸術大学附属研究所紀要」 沖縄県立芸術大学附属研究所 （19）

仲宗根政善と琉球大学琉球方言研究クラブ―戦後琉球方言研究の黎明（今林直樹）「沖縄研究ノート ： 《共同研究》南島における民族と宗教」 宮城学院女子大学キリスト教文化研究所 （16）2007.3

『琉球国由来記』にみられる説話の多層構造（越野真理子）「沖縄文化研究 ： 法政大学沖縄文化研究所紀要」 法政大学沖縄文化研究所 （33）2007.3

琉球文化圏におけるミロク信仰の研究―〈ミロクとシャカの伝承〉とミロク経巻との比較を中心に（古谷野洋子）「沖縄文化研究 ： 法政大学沖縄文化研究所紀要」 法政大学沖縄文化研究所 （33）2007.3

浅地・紺地の琉歌について（新里彩）「史料編集室紀要」 沖縄県教育委員会 （32）2007.3

琉球王国における瓦窯生産の画期と展開―灰色系瓦から赤色系瓦への変化（上原静）「南島文化」 沖縄国際大学南島文化研究所 （29）2007.3

「琉球絣」を伝える（博物館実習生のレポート）（土田碧）「南風の杜 ： 南風原文化センター紀要」 南風原文化センター （13）2007.3

琉歌案内 普段着の沖縄（屋嘉宗彦）「法政大学沖縄文化研究所所報」 法政大学沖縄文化研究所 （60）2007.3

安里進著『琉球の王権とグスク』（書評）（石井龍太）「法政大学沖縄文化研究所所報」 法政大学沖縄文化研究所 （60）2007.3

補陀落渡海における上野国と琉球王国のえにし（大野富次）「群馬歴史散歩」 群馬歴史散歩の会 （199）2007.5

琉球における薩摩藩の武具統制令について（麻生伸一）「沖縄文化」 沖縄文化協会 41（2）通号102　2007.5

巻頭言 琉球語による民話の継承（西岡敏）「奄美沖縄民間文芸学」 奄美沖縄民間文芸学会 （8）2007.5

「蔡温と国土経営」最終回 「琉球ビジョン」と蔡温（グレゴリー，スミッツ）「しまたてぃ ： 建設情報誌」 沖縄しまたて協会 （43）2007.10

第182回研究会報告 琉球文学研究に見る柳田国男と折口信夫（波照間永吉）「沖縄・八重山文化研究会会報」 沖縄・八重山文化研究会 （182）2007.10

昭和4年琉球墓制の素（シャルル，アグノエル，酒井卯作［訳］）「南島研究」 南島研究会 通号48　2007.11

安里進著『琉球の王権とグスク』（大門聡）「沖縄研究ノート ： 《共同研究》南島における民族と宗教」 宮城学院女子大学キリスト教文化研究所 （17）2008.3

浦添ようどれの火葬骨―高麗と琉球（沖縄）（犬飼公之）「沖縄研究ノート ： 《共同研究》南島における民族と宗教」 宮城学院女子大学キリスト教文化研究所 （17）2008.3

資料紹介 近代琉球の肖像画（美術工芸）（平川信幸）「沖縄県立博物館・美術館博物館紀要」 沖縄県立博物館・美術館 （1）2008.3

琉球伝統音楽における中国伝統音楽受容の三つの類型（王耀華）「沖縄文化研究 ： 法政大学沖縄文化研究所紀要」 法政大学沖縄文化研究所 （34）2008.3

沖縄本島と石垣島 琉球近世瓦の展開―琉球近世瓦の研究（石井龍太）「沖縄文化研究 ： 法政大学沖縄文化研究所紀要」 法政大学沖縄文化研究所 （34）2008.3

伝世する染織資料からみた中琉交易史（上江洲安亨）「首里城研究」 首里城公園友の会 （10）2008.3

研究ノート：サメに救われたと言う琉球の伝説をめぐって（長崎祐）「首里城研究」 首里城公園友の会 （10）2008.3

琉歌案内 琉歌と音楽（曲節）（屋嘉宗彦）「法政大学沖縄文化研究所所報」 法政大学沖縄文化研究所 （62）2008.3

身体の楽譜―琉球古典音楽野村流と世礼国男の「声楽譜」（末次智）「沖縄文化」 沖縄文化協会 42（1）通号103　2008.5

伝播し変容する口承文芸の問題―ヤマト早物語と琉球狂言、京太郎（下野敏見）「奄美沖縄民間文芸学」 奄美沖縄民間文芸学会 （8）2008.9

琉球王国の測量技術と技師たち（2）元文（乾隆）検地以前の測量法と絵図―近年の地図と絵図の発見から見えてきたもの（伊從勉）「しまたてぃ ： 建設情報誌」 沖縄しまたて協会 （47）2008.10

連載第1回 琉球王家秘伝武術「本部御殿手」（宮城隼夫）「季刊沖縄」 沖縄協会 13（3・4）通号35　2008.10

本の紹介 ボルネオに渡った沖縄の漁夫と女工／封舟往還／躍（うどぅい）―児玉清子と沖縄芸能／琉球王国誕生（酒井卯作）「南島研究」 南島研究会 通号49　2008.11

バジルホール・チェンバレン著『琉球語の文法と辞典』（改訂版）を読んで（宮良安彦）「南島研究」 南島研究会 通号49　2008.11

本の紹介 琉球仏教史の研究（酒井卯作）「南島研究」 南島研究会 通号49　2008.11

第57回沖縄染織研究会発表要旨 琉装の形態と着装方法（植木ちか子）「沖縄染織研究会通信」 沖縄染織研究会 （55）2009.3

琉球王国の測量技術と技師たち（3）『量地法式集』と著者・高原景宅（安里進）「しまたてぃ ： 建設情報誌」 沖縄しまたて協会 （48）2009.01

日琉両言語における「Ａ接ハＢ―Ｂスル」構文（ウエイン，ローレンス）

沖縄県 郷土に伝わる民俗と信仰 九州・沖縄

「琉球の方言」 法政大学沖縄文化研究所 通号33 2009.03

琉球の赤絵の歴史について（寄稿）（垣花隆夫）「壺屋焼物博物館紀要」 那覇市立壺屋焼物博物館 （10）2009.3

仲宗根政善先生とオモロ研究（南島神名からみたオモロ研究の一側面―いま仲宗根政善をどう考えるか）（波照間永吉）「沖縄文化」 沖縄文化協会 42（2）通号104 2009.3

仲宗根政善と琉球方言研究クラブとアクセント研究と（南島神名からみたオモロ研究の一側面）（かりまたしげひさ）「沖縄文化」 沖縄文化協会 42（2）通号104 2009.3

琉球路次楽六曲の旋律源流考（王耀華）「沖縄文化研究 ： 法政大学沖縄文化研究所紀要」 法政大学沖縄文化研究所 （35）2009.03

琉球王国の航海儀礼と歌謡―乗員による儀礼という視点から（真喜志瑞子）「沖縄文化研究 ： 法政大学沖縄文化研究所紀要」 法政大学沖縄文化研究所 （35）2009.03

知識ファイル箱（32）古琉球のナゾの言葉（高良倉吉）「首里城公園友の会会報」 首里城公園友の会 （67）2009.3

琉球絣について（博物館実習生のレポート）（新垣愛乃）「南風の杜 ： 南風原文化センター紀要」 南風原文化センター （15）2009.3

南風原の琉球絣・花織の事業展開の提案（博物館実習生のレポート）（安里和音）「南風の杜 ： 南風原文化センター紀要」 南風原文化センター （15）2009.3

琉球案内 春の歌（屋嘉宗彦）「法政大学沖縄文化研究所所報」 法政大学沖縄文化研究所 （64）2009.03

琉球神女衣裳の製作について（美術工芸）（寺田貴子，植木ちか子）「沖縄県立博物館・美術館博物館紀要」 沖縄県立博物館・美術館 （2）2009.03

連載第2回 舞に秘められた琉球古手の奥義技（宮城隼夫）「季刊沖縄」 沖縄協会 14（1・2）通号36 2009.4

琉球王国の測量技術と技師たち（4）どのようにして間切を測量したか（金城善）「しまたてぃ ： 建設情報誌」 沖縄しまたて協会 （49）2009.4

5月定例会レジュメ 薩摩藩の琉球侵略400年―王府末期の疑獄事件等について（下地和宏）「宮古郷土史研究会会報」 宮古郷土史研究会 （172）2009.05

6月定例会レジュメ 伊波普猷著「琉球人種論」を読んで（仲宗根將二）「宮古郷土史研究会会報」 宮古郷土史研究会 （172）2009.6

新刊紹介 波照間永吉編『琉球の歴史と文化―おもろさうしの世界』（照屋理）「沖縄文化」 沖縄文化協会 43（1）通号105 2009.06

伊波普猷著「琉球人種論」を読んで 6月定例会の発表要旨（仲宗根將二）「宮古郷土史研究会会報」 宮古郷土史研究会 （173）2009.8

琉球王国の測量技術と技師たち（5）近世琉球を描いた絵地図―琉球国絵図から琉球国之図まで（金城善）「しまたてぃ ： 建設情報誌」 沖縄しまたて協会 （50）2009.7

総会記念講演 琉球絵画の顔料分析について―三浦、吉田、佐野の各氏を迎えて（福島清）「首里城公園友の会会報」 首里城公園友の会 （68）2009.07

琉歌案内 恩納ナベってどんな人？（屋嘉宗彦）「法政大学沖縄文化研究所所報」 法政大学沖縄文化研究所 （65）2009.09

連載第3回 意識と呼吸が生み出す琉球古手の秘技（宮城隼夫）「季刊沖縄」 沖縄協会 14（3・4）通号37 2009.10

生命ある伝統の継承―ソフトパワーとしての琉球芸能の可能性（嘉数道彦）「しまたてぃ ： 建設情報誌」 沖縄しまたて協会 （51）2009.10

琉球王国の測量技術と技師たち（6），（7）蔡温と乾隆（元文）検地（1），（2）（田里修）「しまたてぃ ： 建設情報誌」 沖縄しまたて協会 （51）/（52）2009.10/2010.1

琉球漆器のコースターを作ろう！ にぎわった琉球漆器教室（大城樹）「首里城公園友の会会報」 首里城公園友の会 （69）2009.10

史料紹介 本願寺史料研究所蔵 浄土真宗琉球関係史料［1］，（2）（知名定寛）「神女大史学」 神戸女子大学史学会 （26）/（31）2009.11/2014.11

講演会「琉球の漆文化と科学」開催/うるしの日―美術館フェスタ「きよらさ ： 浦添市美術館ニュース」 浦添市美術館 通号60 2009.12

琉球文学にみる沖縄人の心性―琉球文学の固有性をめぐって（波照間永吉）「沖縄芸術の科学 ： 沖縄県立芸術大学附属研究所紀要」 沖縄県立芸術大学附属研究所 （22）2010.03

琉球王国における扁額の工芸史的位相―その類型と現地調査報告（磯部直希，望月規史）「よのつぢ ： 浦添市文化部紀要 ： bulletin of Culture Department,Urasoe City」 浦添市教育委員会文化部 （6）2010.3

琉球絵画および関連作品の彩色材料調査（早川泰弘，吉田直人，佐野千絵，三浦定俊）「首里城研究」 首里城公園友の会 （12）2010.3

講演録 琉球絵画の顔料分析について（三浦定俊，吉田直人，佐野千絵）「首里城研究」 首里城公園友の会 （12）2010.3

琉歌案内 国王や王子の歌（1）（屋嘉宗彦）「法政大学沖縄文化研究所所報」 法政大学沖縄文化研究所 （66）2010.03

ウチナーンチュの越境的ネットワーク化と紐帯―「チムグクル」を運ぶ言語的文化（研究ノート）（金城宏幸）「移民研究」 琉球大学移民研究センター （6）2010.03

研究ノート 琉球古典音楽の理解の仕方（野村流）（仲村善信）「地域研究」 沖縄大学地域研究所 （7）2010.03

「琉球人坐楽之図」絵巻にみる琉球人風俗の考察（植木ちか子）「民俗と風俗 ： the journal of the Chubu Branch, the Japanese Society for History of Manners and Customs」 日本風俗史学会中部支部 （20）2010.03

奄美のウミガメ漁―島の民俗知識と琉球・ヤマト文化圏との交流（奄美・沖縄の民俗）（藤井弘章）「民俗文化」 近畿大学民俗学研究所 （22）2010.03

後田多敦著『琉球の国家祭祀制度―その変容・解体過程―』（書評と紹介）（町健次郎）「民俗文化」 近畿大学民俗学研究所 （22）2010.03

『琉球交易港図屏風』をタッチパネルで「きよらさ ： 浦添市美術館ニュース」 浦添市美術館 通号61 2010.04

琉球王国の測量技術と技師たち（8）検地と測量技術の歴史公園構想（安里進）「しまたてぃ ： 建設情報誌」 沖縄しまたて協会 （53）2010.4

パネルディスカッション（シンポジウム琉球王国の測量技術と遺産―「印部石（シルビイシ）」）（田名真之，田里修，安里進）「あしびなぁ」 沖縄県地域史協議会 （21）2010.5

琉球砥石考（上原靜）「南島考古」 沖縄考古学会 （29）2010.06

瓦当笵の移動にみる琉球近世瓦の生産―琉球近世瓦の研究（石井龍太）「南島考古」 沖縄考古学会 （29）2010.06

豆腐がつなぐ湯殿山麓と琉球紅型―六浄とルクジュウ（岩本由輝）「東北民俗」 東北民俗の会 44 2010.07

第65回沖縄染織研究会報告 宮古上布の生産量と苧麻生産地の変遷について―琉球処分から第2次世界大戦以前までの「琉球新報記事」と『沖縄県統計書』を中心に（本多摂子）「沖縄染織研究会通信」 沖縄染織研究会 （60）2010.7

書評 島村幸一著『「おもろさうし」と琉球文学』（上原孝三）「法政大学沖縄文化研究所所報」 法政大学沖縄文化研究所 （67）2010.08

琉歌案内 国王や王子の歌（2）―蔡温の琉歌「いろは歌」（屋嘉宗彦）「法政大学沖縄文化研究所所報」 法政大学沖縄文化研究所 （67）2010.08

琉球王国の測量技術と技師たち（10）公開座談会第2部 琉球の測量技術と技師たち（豊見山和行，安里進，金城善，田里修，鳴海邦匡）「しまたてぃ ： 建設情報誌」 沖縄しまたて協会 （55）2010.10

浄土真宗琉球伝播の歴史的前提―薩摩門徒の動向を中心に（知名定寛）「神女大史学」 神戸女子大学史学会 （27）2010.11

近世琉球人が異国で観た芸能（大城學）「沖縄文化」 沖縄文化協会 44（2）通号108 2010.11

琉歌に歌われた「豊作」（前城淳子）「沖縄文化」 沖縄文化協会 44（2）通号108 2010.11

第34回大会・シンポジウム うた・語りにおける人称―だれが語り歌うのか―「アイヌの物語文学から」中川裕、「日本文学の文体からみる人称」古橋信孝、「琉球の神歌の「人称」」島村幸一、司会 三浦佑之（三浦佑之）「伝え ： 日本口承文芸学会会報」 日本口承文芸学会 （47）2010.11

戦前のハワイにおける「琉球盆踊」の歴史―マウイ島内での継承とその背景について（遠藤美奈）「移民研究」 琉球大学移民研究センター （7）2011.03

美術工芸 図巻「琉球人舞楽御巻物」の芸能史的考察（板谷徹，金城厚，細井尚子）「沖縄県立博物館・美術館博物館紀要」 沖縄県立博物館・美術館 （4）2011.03

ハワイの「琉球盆踊り」に関する新聞記事―1926～1940年（栗山新也）「沖縄芸術の科学 ： 沖縄県立芸術大学附属研究所紀要」 沖縄県立芸術大学附属研究所 （23）2011.03

補陀落渡海僧日秀上人と琉球―史書が創った日秀伝説（高橋康夫）「沖縄文化研究 ： 法政大学沖縄文化研究所紀要」 法政大学沖縄文化研究所 （37）2011.03

「明・・・瓦」という呼称について―『琉球陶器の来た道』を踏まえて（石井龍太）「壺屋焼物博物館紀要」 那覇市立壺屋焼物博物館 （12）2011.3

先祖崇拝とは何か（琉球・沖縄の葬制の変遷）（酒井卯作）「法政大学沖縄文化研究所所報」 法政大学沖縄文化研究所 （68）2011.03

久保智康著『日本の美術 琉球の金工』（書評）（粟国恭子）「法政大学沖縄文化研究所所報」 法政大学沖縄文化研究所 （68）2011.03

シンポジウム「御冠船踊り―近世琉球の自己表象」（板谷徹）「ムーサ ： 沖縄県立芸術大学音楽学研究誌」 沖縄県立芸術大学音楽学部音楽学専攻 （12）2011.03

島村幸一著『「おもろそうし」と琉球文学』（書評）（狩俣恵一）「口承文藝研究」 日本口承文藝學會 （34）2011.03

シリーズ 琉球における宮廷芸能（上），（下）（鈴木耕太）「季刊沖縄」 沖縄協会 16（1・2）通号40/16（3・4）通号41 2011.04/2011.10

グスクから見た琉球の土木技術（2）北と南の海城（ウミグスク）、その縄張構造を見る―土木的側面から見た琉球列島のグスク（當眞嗣一）「しまたてぃ ： 建設情報誌」 沖縄しまたて協会 （57）2011.4

第68,70回沖縄染織研究会報告 「江戸上り」絵図にみる琉球人の服装
（1）,（2）―1832年の事例について（植木ちか子）「沖縄染織研究会通
信」 沖縄染織研究会 （63）/（65） 2011.5/2011.7

「琉球陶器の来た道」関連企画 ウチナー産のヤチムン（平田由実）「博友：
沖縄県立博物館友の会機関誌」 沖縄県立博物館友の会 （23） 2011.5

浄土真宗琉球伝播の時期と薩摩門徒（知名定寛）「沖縄文化」 沖縄文化協
会 45（1）通号109 2011.06

新刊紹介 瀬戸口律子著『琉球官話課本の研究』（呉海燕）「沖縄文化」 沖
縄文化協会 45（1）通号109 2011.06

琉球近世植木鉢の系譜―アジアの琉球園芸文化（石井龍太）「南島考
古」 沖縄考古学会 （30） 2011.06

久保智康著『日本の美術No.533 琉球の金工』（書評）（山本正昭）「南島考
古」 沖縄考古学会 （30） 2011.06

鹿児島県に残る「琉球」―僧侶の墓を中心に（研究エッセイ）（渡辺美
季）「非文字資料研究」 神奈川大学21世紀COEプログラム拠点推進会
議 （26） 2011.07

酒井卯作作「柳田国男と琉球―『南海小記』をよむ」（書籍紹介）（植野加
代子）「御影史学論集」 御影史学研究会 通号36 2011.10

清代檔案に見る琉球漂着船の積荷―芭蕉布を中心に（岑玲）「南島史学」
南島史学会 （77・78） 2011.12

琉球宮廷音楽復元演奏会（「たより」124～159号寄稿文）（園部志津代）
「ひがし」 東区郷土史研究会 （12） 2012.01

琉球船、土佐漂着資料にみる伝承の記事をめぐって―二つの天女伝承を
中心に（島村幸一）「奄美沖縄民間文芸学」 奄美沖縄民間文芸学会
（11） 2012.3

古琉球のチヂウリ（シンポジウム シャーマニズムと神歌）（波照間永吉）
「奄美沖縄民間文芸学」 奄美沖縄民間文芸学会 （11） 2012.03

公開講演会 古代日本と朝鮮、そして琉球―葬制（火葬、散骨）の展開（犬
飼公之）「沖縄研究ノート：《共同研究》南島における民族と宗教」
宮城学院女子大学キリスト教文化研究所 （21） 2012.03

公開講演会 古代日本と朝鮮、そして琉球―葬制（火葬、散骨）の展開（犬
飼公之）「沖縄研究ノート：《共同研究》南島における民族と宗教」
宮城学院女子大学キリスト教文化研究所 （21） 2012.03

近世琉球における書跡の用印―館蔵書跡資料の調査をもとにして（美術
工芸）（稲福政斉）「沖縄県立博物館・美術館博物館紀要」 沖縄県立博
物館・美術館 （5） 2012.3

プレゼンスとしての琉球産漆芸品について（美術工芸）（園原謙）「沖縄県
立博物館・美術館博物館紀要」 沖縄県立博物館・美術館 （5） 2012.3

柳宗悦の「琉球行」をめぐって―鎌倉芳太郎の「琉球芸術調査」との比
較を前提にして（久貝典子）「沖縄芸術の科学：沖縄県立芸術大学附
属研究所紀要」 沖縄県立芸術大学附属研究所 （24） 2012.03

琉球王国一五世紀中期以降の畿内制的な特徴と王城儀礼（真喜志瑶子）
「沖縄文化研究：法政大学沖縄文化研究所紀要」 法政大学沖縄文化
研究所 （38） 2012.3

琉球神女の馬乗石―久米島の事例を中心に（坂本直乙子）「沖縄民俗研
究」 沖縄民俗学会 （12） 2012.03

田名真之『源為朝の琉球渡来伝説―その形成と展開―』（2011年度事業報
告―第33回南島文化市民講座 テーマ「東アジアの説話と東アジア人
の感性」）「南島文化研究所所報」 沖縄国際大学南島文化研究所
（57） 2012.3

「宮古上布・琉球絣・久米島紬」三館合同企画展報告（平良次子）「南風の
杜：南風原文化センター紀要」 南風原文化センター （18） 2012.3

琉球・沖縄の葬制の変遷 墓と葬送の概念をめぐる覚書（加藤正春）「法政
大学沖縄文化研究所所報」 法政大学沖縄文化研究所 （72） 2012.03

歴史的な琉球漆器の科学分析と金工技術（本多貴之，宮腰哲雄，宮里正
子，岡本亜紀）「よのつぢ：浦添市文化部紀要：bulletin of Culture
Department,Urasoe City」 浦添市教育委員会文化部 （8） 2012.3

琉球漆器における葡萄栗鼠の図様について―浦添市美術館所蔵作品を中心
に（森根涼子）「よのつぢ：浦添市文化部紀要：bulletin of Culture
Department,Urasoe City」 浦添市教育委員会文化部 （8） 2012.3

「久米島紬・宮古上布・琉球絣」展「久米島博物館だより」 久米島博物
館 （21） 2012.5

新刊紹介 大城學著『琉球・沖縄の芸能―その継承と世界へ拓く研究』
（鈴木耕太）「沖縄文化」 沖縄文化協会 46（1）通号111 2012.07

新刊紹介 高橋俊三著『琉球王国時代の初等教育―八重山における漢籍の
琉球語資料』（呉海寧）「沖縄文化」 沖縄文化協会 46（1）通号111
2012.07

ブラジルにおける琉球古典音楽の継承―沖縄からもたらされたそれぞれ
の「国際化」（遠藤美奈）「移民研究」 琉球大学移民研究センター
（8） 2012.09

体験教室 琉球漆器（沈金）（いろいろレポート）（大城樹）「首里城公園友
の会会報」 首里城公園友の会 （81） 2012.09

知識ファイル箱（45）復元された朱漆花鳥七宝繋沈金密陀絵御供飯 琉球
漆器の名器をここに復元！（上江洲安亨）「首里城公園友の会会報」
首里城公園友の会 （81） 2012.9

私の研究 レプリカ法の可能性―琉球近世窯業製品の研究（石井龍太）「法
政大学沖縄文化研究所所報」 法政大学沖縄文化研究所 （71） 2012.9

弘化4年造立の無縫塔銘文にみる「鹿児府錦江之津」―上甑島の琉球人
墓と「錦江湾」の由来・語源（橋口亘）「南日本文化財研究」 『南日本
文化財研究』刊行会 （14） 2012.10

琉球漆器の歴史・技術技法について（糸数政次）「季刊沖縄」 沖縄協会
17（3・4）通号43 2012.10

琉歌と和歌の表現比較研究―「面影」をめぐって（ヤナ.ウルバノ
ヴァー）「沖縄文化」 沖縄文化協会 46（2）通号112 2012.11

明清代東アジア海域における楽器演奏証明書の役割について―琉球国発行の
符文・執照の変遷を中心に（山田浩世）「沖縄文化協会」 沖縄文化協会
46（2）通号112 2012.11

平成22年度・平成23年度御座楽衣装関連染色資料の非破壊色材調査報告
（下山進，大下浩司，下山裕子）「首里城公園管理センター調査研究・
普及啓発事業年報」 沖縄美ら島財団首里城公園管理部 （3） 2013.03

明朝系瓦と琉球近世瓦の名称（上原静）「壺屋焼物博物館紀要」 那覇市立
壺屋焼物博物館 （14） 2013.3

琉球の外交儀礼における楽器演奏の意味（シンポジウム報告 連続シンポ
ジウム《御冠船踊り―近世琉球の自己表象》について）（金城厚）「ムー
サ：沖縄県立芸術大学音楽学研究誌」 沖縄県立芸術大学音楽学部音
楽学専攻 （14） 2013.03

"打花鼓"について（シンポジウム報告 連続シンポジウム《御冠船踊り―
近世琉球の自己表象》について）（張中学）「ムーサ：沖縄県立芸術大
学音楽学研究誌」 沖縄県立芸術大学音楽学部音楽学専攻 （14）
2013.03

故事としての御冠船踊り―尚敬冊封の画期（シンポジウム報告 連続シン
ポジウム《御冠船踊り―近世琉球の自己表象》について）（板谷徹）
「ムーサ：沖縄県立芸術大学音楽学研究誌」 沖縄県立芸術大学音楽
学部音楽学専攻 （14） 2013.03

表紙「黒漆折枝絵蒜螺鈿膳」琉球18～19世紀「きよらさ：浦添市美術
館ニュース」 浦添市美術館 （70） 2013.04

連載 グスクから見た琉球の土木技術（8）グスクの成り立ちとその背景
（福島駿介）「しまたてぃ：建設情報誌」 沖縄しまたて協会 （64）
2013.4

みんぞく・かわらばん 藍染め―徳島藍と琉球藍（所narrative平）「鹿児島民俗」
鹿児島民俗学会 （143） 2013.05

特集「琉球・中縄からみる風俗史」にあたって（特集 琉球・沖縄からみ
る風俗史）（玉井建也）「風俗史学：日本風俗史学会誌」 日本風俗史
学会 （52） 2013.5

17世紀前半～中葉の琉球陶器について―「初期無釉陶器」にみる薩摩焼
の影響（特集 南九州の近世考古学）（新垣力）「鹿児島考古」 鹿児島県
考古学会 （43） 2013.07

琉球に伝わった中国戯曲「和番」（劉富琳）「沖縄文化」 沖縄文化協会
47（1）通号113 2013.7

連載 グスクから見た琉球の土木技術（9）琉球のグスク石垣に見る石垣
構造の技術的特徴（北垣聰一郎）「しまたてぃ：建設情報誌」 沖縄し
またて協会 （65） 2013.7

能楽から組踊を学ぶ―坂井章観世流シテ方の「薪能」と琉球士族文化
（狩俣恵一）「しまたてぃ：建設情報誌」 沖縄しまたて協会 （65）
2013.07

系図と子孫―琉球王府士族の家譜の今日における意義（小特集 民俗研究
は文字文化をどう扱うか）（武井基晃）「日本民俗学」 日本民俗学会
（275） 2013.08

近世琉球と朝鮮の士族社会における家族像―祖先崇拝思想と祭祀儀礼を
中心として（私の研究l）（金正寿）「法政大学沖縄文化研究所所報」 法
政大学沖縄文化研究所 （73） 2013.9

琉球の女（酒井卯作作）「南島研究」 南島研究会 （54） 2013.10

二厳寺臨済講と琉球僧の薩摩藩領内参禅（佐々木綱洋）「季刊南九州文
化」 南九州文化研究会 （118） 2013.11

第80回沖縄染織研究会（報告）木綿紡績糸と手紡糸の判別方法について
―琉球絣への木綿紡績糸の移入（新田摂子）「沖縄染織研究会通信」
沖縄染織研究会 （75） 2014.1

「冠船躍」とは何か―冊封使録から見る琉球舞踊の成立（金城厚）「沖縄文
化」 沖縄文化協会 48（1）通号115 2014.02

大城立裕『自伝琉歌集 命凌じ坂』（新刊紹介）（西岡敏）「沖縄文化」 沖
縄文化協会 48（1）通号115 2014.02

末次智著『琉球宮廷歌謡論―首里城の時空から』（新刊紹介）（波照間永
吉）「沖縄文化」 沖縄文化協会 48（1）通号115 2014.02

資料紹介：尾崎清次（『琉球玩具図譜』著者）宛て書簡について（民俗）
（久場政彦）「沖縄県立博物館・美術館博物館紀要」 沖縄県立博物館・
美術館 （7） 2014.3

琉球舞踊の指導方法についての研究報告（孤島丘奈）「沖縄芸術の科学：
沖縄県立芸術大学附属研究所紀要」 沖縄県立芸術大学附属研究所
（26） 2014.03

琉球における妖怪の民族誌的研究―与論島と奄美大島の事例を中心に

（2012年度修士論文発表要旨）（マッザロ，ヴェロニカ）「沖縄民俗研究」 沖縄民俗学会 （33）2014.03

3）首里城公園企画展「椿展〜琉球漆器に描かれた椿模様〜」実施結果報告（1事業報告）（大城樹）「首里城公園管理センター調査研究・普及啓発事業年報」 沖縄美ら島財団首里城公園管理部 （4）2014.3

台湾と琉球のキセル（採集手帖）（石井龍太）「南島研究」 南島研究会 （55）2014.03

琉球王国と中国福建との生産技術交流―瓦窯技術と石棺彫刻技術―（2012年度事業報告―福建師範大学中琉関係研究所との学術交流）（上原静）「南島文化研究所所報」 沖縄国際大学南島文化研究所 （59）2014.3

琉歌の表現研究（私の研究）（ヤナ，ウルバノヴァー）「法政大学沖縄文化研究所所報」 法政大学沖縄文化研究所 （74）2014.03

哭きからウタへ―琉球と日本本土の葬送歌をめぐって（酒井正子）「口承文藝研究」 日本口承文藝學會 （37）2014.03

琉球漆器のあゆみ（平成26年度第I期常設展 すてきなお宝ありがとう！―漆器がつなぐ縁―）「きよらさ : 浦添市美術館ニュース」 浦添市美術館 （73）2014.4

琉球の年中行事とそれに伴う伝説及風俗（外間守善先生追悼特集号―第一部 外間守善先生遺稿）（外間守善）「沖縄文化」 沖縄文化協会 48（2）通号116 2014.5

「けふり・くちゃ船・脱体・みけい」考―言葉からみた琉球史（外間守善先生追悼特集号―第四部 追悼論集）（豊見山和行）「沖縄文化」 沖縄文化協会 48（2）通号116 2014.5

琉歌の句末にくるム変動詞融合の語尾について―ui語尾を中心に（外間守善先生追悼特集号―第四部 追悼論集）（西岡敏）「沖縄文化」 沖縄文化協会 48（2）通号116 2014.5

幻の繍衣装をつくる―伊平屋阿母加那志衣裳―与那嶺一子先生を迎えて（新里涼子）「首里城公園友の会会報」 首里城公園友の会 （88）2014.6

上原静著『琉球古瓦の研究』（書評）（知念勇）「南島考古」 沖縄考古学会 （33）2014.06

上原静著『琉球古瓦の研究』（書評）（池田榮史）「南島考古」 沖縄考古学会 （33）2014.06

上原静著『琉球古瓦の研究』（書評）（盛本勲）「南島考古」 沖縄考古学会 （33）2014.06

琉球の漆文化と科学2014―謎の16世紀漆器と琉欧交流「きよらさ : 浦添市美術館ニュース」 浦添市美術館 （74）2014.8

琉球漆器の修復（学芸員よりちょっとヒトコト）「きよらさ : 浦添市美術館ニュース」 浦添市美術館 （74）2014.8

第83回沖縄染織研究会のおしらせ 博物館実物資料から見た琉球王国時代及び比較的古い時代に製作された織物「沖縄染織研究会通信」 沖縄染織研究会 （71）2014.9

琉球古典音楽野村流における声出し・声切れの特徴（一考察）（研究ノート）（仲村善信）「地域研究」 沖縄大学地域研究所 （14）2014.09

第83回染織研究会（報告）博物館実物資料から見た琉球王国時代及び比較的古い時代に製作された織物―織物組成調査と再現製作研究を通して（大城あや，仲間伸恵，松茂良恵美，平良美由紀，宮城奈々，宮良みゆき，町田恵美）「沖縄染織研究会通信」 沖縄染織研究会 （83）2014.11

琉球の漆文化と科学2014―神女・ノロの祭祀具から見る漆の世界 久米島・伊是名・奄美の漆器より 宮腰哲雄先生インタビュー「きよらさ : 浦添市美術館ニュース」 浦添市美術館 （75）2014.12

琉球王国

琉球王国の皮弁冠服（原田禹雄）「沖縄文化研究 : 法政大学沖縄文化研究所紀要」 法政大学沖縄文化研究所 （27）2001.3

琉球王府

中世沖縄の稲祭と雨乞儀礼にみる大アムシラレとヒキ系官人の役割（上）―王府と久米島にみる二系的な祭祀に関連して（真喜志瑶子）「沖縄文化研究 : 法政大学沖縄文化研究所紀要」 法政大学沖縄文化研究所 （30）2004.3

中世沖縄の稲祭と雨乞儀礼にみる大アムシラレとヒキ系官人の役割（下）―主に、王府のミシキョマと雨乞儀礼に関して（真喜志瑶子）「沖縄文化研究 : 法政大学沖縄文化研究所紀要」 法政大学沖縄文化研究所 （32）2006.3

琉球王府の「入子躍」と沖縄本島南部のウシデークの芸態の比較（玉城幸）「ムーサ : 沖縄県立芸術大学音楽学研究誌」 沖縄県立芸術大学音楽学部音楽学専攻 （12）2011.03

琉球弧

「弔い泣き」からウタへ―琉球弧（南西諸島）の葬送歌の特質（酒井正子）「奄美沖縄民間文芸学」 奄美沖縄民間文芸学会 （2）2002.3

サルタヒコ大神の動態原理をさぐる舞踊空間論―琉球弧の烏天狗芸能から熊野権現へと結ぶ視点（《第4回「猿田彦大神と未来の精神文化」研究・表現助成論文》）（須藤義人）「あらはれ : 猿田彦大神フォーラム年報 : ひらかれる未来神話」 猿田彦大神フォーラム 5 2002.9

琉球弧の神歌の人称表現―宮古島狩俣の神歌から（島村幸一）「口承文藝研究」 日本口承文藝學會 （34）2011.03

有明海と琉球弧（江頭俊介）「ふるさとの自然と歴史」 歴史と自然をまもる会 （349）2012.11

琉球諸島

柳田國男の文化史学の神髄―琉球諸島の産育習俗の体系を例に（小島瓔禮）「民俗学研究所紀要」 成城大学民俗学研究所 29 2005.3

土木建築技術者の参画で文化的公共事業を―琉球諸島各地に眠るグスク群の調査・復元の地域再生事業（真栄里泰山）「しまたてぃ : 建設情報誌」 沖縄しまたて協会 （53）2010.4

琉球諸島におけるグスク・琉球王国時代の礎石建物（1）―礎石（上原静）「読谷村立歴史民俗資料館紀要」 読谷村教育委員会 （36）2012.3

琉球諸島における動物・防除儀礼《シマクサラシ儀礼》の名称に関する研究―悉皆調査による新たな展開と問題（研究ノート）（宮平盛晃）「日本民俗学」 日本民俗学会 （276）2013.11

琉球国

琉球国碑文記にみる刻字匠と拓匠（渡久地龍雲）「博友 : 沖縄県立博物館友の会機関誌」 沖縄県立博物館友の会 11 1997.3

『琉球国由来記』の説話関連記事（覚書）（波照間永吉）「沖縄学 : 沖縄学研究所紀要」 沖縄学研究所 2 1998.4

豊かな神話・縁起話の数々／『琉球国由来記』の説話群 『琉球国由来記』説話の性格（波照間永吉）「沖縄・八重山文化研究会会報」 沖縄・八重山文化研究会 （81）1998.6

地名短信 『琉球国由来記』の神々（久手堅憲夫）「珊瑚の島だより」 南島地名研究センター 30 1999.2

「琉球国由来記」を読む―易・陰陽五行が深く沈潜―（粟国安喜）「博友 : 沖縄県立博物館友の会機関誌」 沖縄県立博物館友の会 15 2001.5

「琉球国由来記」記載御嶽の地理学的考察―名護・羽地・久志・浦添4間切を事例として（島田由利佳）「あやみや : 沖縄市立郷土博物館紀要」 沖縄市立郷土博物館 （14）2006.1

琉球国王とオナリ神―尚真王周辺のオモロから（小山和行）「沖縄学 : 沖縄学研究所紀要」 沖縄学研究所 11（1）通号11 2008.3

史料にみる「シマクサラシ儀礼」―仲尾次政隆関係史料、『琉球国由来記』から（宮平盛晃）「沖縄民俗研究」 沖縄民俗学会 （26）2008.3

琉球国の統治と祭祀―山原の祭祀から「なきじん研究」 今帰仁村歴史文化センター （16）2009.03

琉球国の統治と祭祀「なきじん研究」 今帰仁村歴史文化センター （16）2009.03

琉球国滅亡後の国家祭祀と中城御殿（論文）（後田多敦）「南島文化」 沖縄国際大学南島文化研究所 （35）2013.03

琉球八社

琉球八社の起源伝説（井口亀英）「博友 : 沖縄県立博物館友の会機関誌」 沖縄県立博物館友の会 13 1999.5

琉球列島

琉球列島における「女性の霊的優位」の文化史的位置（吉成直樹）「沖縄文化研究 : 法政大学沖縄文化研究所紀要」 法政大学沖縄文化研究所 （27）2001.3

書評・琉球列島「島うた」紀行（金城文規）「しまうた」 しまうた文化研究会 14 2002.12

琉球列島の源郷観念―先島のマレビト祭祀をてがかりに（《小川徹先生追悼号》―（第2部 追悼論集）（吉成直樹）「沖縄文化」 沖縄文化協会 38（1）通号95 2003.3

琉球列島における芭蕉布と糸芭蕉について（カトリーヌ・ヘンドリックス）「沖縄文化」 沖縄文化協会 39（1）通号97 2004.3

琉球列島・東南アジアの殺會と風葬墓に関する民俗誌（《追悼論文》）（東喜望）「沖縄文化研究 : 法政大学沖縄文化研究所紀要」 法政大学沖縄文化研究所 （31）2005.3

食器生産と流通からみた琉球列島―11世紀〜14世紀（第34回沖縄研究奨励賞 受賞記念講演）（新里亮人）「季刊沖縄」 沖縄協会 18（1・2）通号44 2013.4

竜潭

琉球の土木石碑―石に刻まれた琉球土木史（8）龍潭浚渫碑（崎原恭子）「しまたてぃ : 建設情報誌」 沖縄しまたて協会 （65）2013.7

竜洞

琉球八景 北斎が描いた琉球（3）龍洞松濤「しまたてぃ : 建設情報誌」 沖縄しまたて協会 （52）2010.1

迎里御岳

聖地めぐり（20）迎里御嶽「竹富町史だより」 竹富町教育委員会 （23）2003.3

その他

韓国

近代における韓日昔話の影響関係―教科書に語られた「瘤取り爺」譚を中心に（金容儀）「近畿民俗 ： 近畿民俗学会会報 ： Bulletin of the Folklore Society of Kinki」 近畿民俗学会 153 1998.12

日韓併合と出雲大社（藤澤秀晴）「大社の史話」 大社史話会 （165） 2010.12

韓国併合と熊本県下の諸行事（韓国併合100年・大逆事件100年特集）（水野公寿）「近代熊本」 熊本近代史研究会 （34） 2010.12

台湾

鳥居龍蔵の台湾・西南中国調査（野林厚志）「史窓」 徳島地方史研究会 （34） 2004.3

日本の臺灣統治初期の臺灣帆船について（丞浦章）「史泉 ： historical & geographical studies in Kansai University」 関西大学史学・地理学会 （101） 2005.1

日本植民地時代生活文化の残像とその再利用―台湾の鼻緒はきものを中心として《《特集 日本民具学会30周年記念事業シンポジウム「モノ研究の過去・現在・未来―民具学の理論的地平を探る》》（角南総一郎）「民具研究」 日本民具学会 （133） 2006.3

日本統治下台湾における台日プロテスタント教会の「合同」問題（高井ヘラー由紀）「横浜プロテスタント史研究会会報」 横浜プロテスタント史研究会 （39） 2006.10

書評 陳艶紅著『「民俗台湾」と日本人』（武井基晃）「史境」 歴史人類学会，日本図書センター（発売） （54） 2007.3

日本語教育と昔話絵本―台湾の事例から（伊藤龍平）「昔話伝説研究」 昔話伝説研究会 （28） 2008.12

台湾における日本観の交錯―族群と歴史の複雑性の視角から（《特集 海外の現代民俗学―東アジア編》）（黄智慧）「日本民俗学」 日本民俗学会 通号259 2009.08

台湾発のオナリ神研究―馬淵東一の沖縄研究をめぐって（笠原政治）「民俗文化研究」 民俗文化研究所 （10） 2009.08

報告 日本語教育と昔話紙芝居―台湾の事例から（伊藤龍平）「昔話伝説研究」 昔話伝説研究会 （30） 2010.12

海外神社研究会「台湾に渡った日本の神々」（研究報告）（金子展也）「非文字資料研究」 神奈川大学21世紀COEプログラム拠点推進会議 （25） 2011.01

海外神社跡地から見た景観の持続と変容 台湾の神社跡地調査からみた共同研究の今後の展望（研究調査報告）（津田良樹）「非文字資料研究」 神奈川大学21世紀COEプログラム拠点推進会議 （27） 2012.01

台湾侵略神社跡地のヤスクニ（辻子実）「年嘱非文字資料研究」 神奈川大学日本常民文化研究所非文字資料研究センター （8） 2012.03

戦時下台湾における「郷土意識」と柳宗悦の「民芸思想」―雑誌『民俗台湾』と『月刊民芸・民芸』との比較（張修慎）「桃山歴史・地理」 京都教育大学史学会 （47） 2012.12

1925年6月の台湾における芸能活動―始政三十年記念に関する新聞記事を中心に（長嶺亮子）「沖縄芸術の科学 ： 沖縄県立芸術大学附属研究所紀要」 沖縄県立芸術大学附属研究所 （25） 2013.03

2012年度神奈川大学非文字資料研究センター第2回公開展示「帝国後 海外神社跡地の景観変容―台湾の事例を中心に―」「非文字資料研究」 神奈川大学21世紀COEプログラム拠点推進会議 （30） 2013.07

台湾における海外神社跡地調査（研究調査報告―海外神社跡地から見た景観の持続と変容）（津田良樹）「非文字資料研究」 神奈川大学21世紀COEプログラム拠点推進会議 （31） 2014.01

台湾中部の海外神社跡地を訪ねて（研究調査報告―海外神社跡地から見た景観の持続と変容）（中島三千男）「非文字資料研究」 神奈川大学21世紀COEプログラム拠点推進会議 （31） 2014.01

海外神社跡地から見た景観の持続と変容 台湾における営内神社等の調査（研究調査報告）（坂井久能）「非文字資料研究」 神奈川大学21世紀COEプログラム拠点推進会議 （32） 2014.07

台湾神宮

明治の日本武尊 台湾神宮と北白川能久親三（田邊英治）「歴研よこはま」 横浜歴史研究会 （57） 2005.11

台湾神社から台湾神宮へ―台湾神社昭和造替の経過とその結果の検討（津田良樹）「年報非文字資料研究」 神奈川大学日本常民文化研究所非文字資料研究センター （8） 2012.03

台湾神社

台湾神社から台湾神宮へ―台湾神社昭和造替の経過とその結果の検討（津田良樹）「年報非文字資料研究」 神奈川大学日本常民文化研究所非文字資料研究センター （8） 2012.03

台湾神社の創建と祭典時の催し物の変容（金子展也）「年報非文字資料研究」 神奈川大学日本常民文化研究所非文字資料研究センター （8） 2012.03

「海外神社跡地から見た景観の持続と変容」研究会「台湾神社の創建と祭典時の催し物の変容」（研究会報告）（金子展也）「非文字資料研究」 神奈川大学21世紀COEプログラム拠点推進会議 （29） 2013.01

台湾神社 今なお残る遺跡の数々と新事実（金子展也）「年報非文字資料研究」 神奈川大学日本常民文化研究所非文字資料研究センター （9） 2013.03

朝鮮

映像からみた植民地朝鮮の民俗（崔吉城）「東北学．［第2期］」 東北芸術工科大学東北文化研究センター，柏書房（発売） （4） 2005.8

朝鮮植民地化過程と日本仏教の布教活動―日清戦争から初期の朝鮮総督府治政まで（中西直樹）「竜谷史壇」 竜谷大学史学会 （137） 2013.03

特別寄稿 日帝強占期における日本人による朝鮮民俗研究の現状（崔仁鶴，宋宰鐥，李瑛洙，徐鍾源）「南島文化」 沖縄国際大学南島文化研究所 （36） 2014.03

植民地期朝鮮における説話の再話―沈宜麟の新発掘資料『実演童話第一集』を中心に（金廣植）「昔話伝説研究」 昔話伝説研究会 （33） 2014.03

3.1独立運動とキリスト教（徐正敏）「横浜プロテスタント史研究会報」 横浜プロテスタント史研究会 （55） 2014.11

朝鮮神宮

皇民化政策と朝鮮神宮（田邊英治）「歴研よこはま」 横浜歴史研究会 （59） 2006.11

東向寺

以酊庵輪番制と東向寺輪番制（特集 対馬藩特集―主体としての対馬・対馬藩）（池内敏）「九州史学」 九州史学研究会 （163） 2012.10

南洋

沖縄出身南洋移民の「言説」について―漁業従事者に関する新聞記事に焦点をあてて（川島淳）「よのつぢ ： 浦添市文化部紀要 ： bulletin of Culture Department,Urasoe City」 浦添市教育委員会文化部 （8） 2012.3

扶余神宮

扶余神宮造営といわゆる扶余神都建設（1）（孫禎睦）「大阪民衆史研究」 大阪民衆史研究会 49 2001.9

屏東県

海外神社跡地から見た景観の持続と変容 台湾屏東県の原住民集落に建立された神社（祠）の現状（研究調査報告）（金子展也）「非文字資料研究」 神奈川大学21世紀COEプログラム拠点推進会議 （29） 2013.01

満州

私の青少年期の想い出―在満州時代と別宮社神楽師として（古沢宗司）「国見物語」 国見町郷土史研究会 24 2005.4

日本のキリスト教と植民地伝道―旧満州「熱河宣教」の記憶（渡辺祐子）「横浜プロテスタント史研究会報」 横浜プロテスタント史研究会 （49） 2011.11

満州国

調査報告7 満州国下におけるチベット系モンゴル仏教寺院（ラマ教寺院）の対日対策―旧吉田家所蔵「喇嘛教御仏像付属品」の手紙類から（旧吉田家具調査）（古谷野洋子）「かしわの歴史 ： 柏市史研究」 柏市史編さん委員会 （1） 2012.03

満鉄

満鉄の駅弁と汽車茶瓶（冨祐次）「栃木県立博物館友の会だより」 栃木県立博物館友の会 （53） 2011.03

地名・寺社名索引

地名・寺社名索引　　　　　　　　　　あかつ

【あ】

安威 (大阪府) ・・・・・・・・・・・ 686
相内 (青森県) ・・・・・・・・・・・ 26
相浦谷 (佐賀県) ・・・・・・・・・・・ 994
相生 (徳島県) ・・・・・・・・・・・ 902
相生町 (群馬県) ・・・・・・・・・・・ 148
秋穂浦 (山口県) ・・・・・・・・・・・ 879
合海 (山形県) ・・・・・・・・・・・ 71
相ヶ鶴 (大分県) ・・・・・・・・・・・ 1017
秋鹿屋敷 (静岡県) ・・・・・・・・・・・ 535
鮎川 (群馬県) ・・・・・・・・・・・ 148
合川 (秋田県) ・・・・・・・・・・・ 59
相川 (神奈川県) ・・・・・・・・・・・ 336
相川 (新潟県) ・・・・・・・・・・・ 374
相川家 (群馬県) ・・・・・・・・・・・ 148
相川道 (新潟県) ・・・・・・・・・・・ 374
相川町 (新潟県) ・・・・・・・・・・・ 374
愛川村 (神奈川県) ・・・・・・・・・・・ 336
相川村 (静岡県) ・・・・・・・・・・・ 535
愛敬稲荷社 (東京都) ・・・・・・・・・・・ 248
愛行院 (愛知県) ・・・・・・・・・・・ 569
相倉 (富山県) ・・・・・・・・・・・ 402
愛甲郡 (神奈川県) ・・・・・・・・・・・ 336
愛甲村 (神奈川県) ・・・・・・・・・・・ 336
愛西市 (愛知県) ・・・・・・・・・・・ 569
相沢西ノ奥 (兵庫県) ・・・・・・・・・・・ 716
鮎沢御厨 (静岡県) ・・・・・・・・・・・ 535
愛荘町 (滋賀県) ・・・・・・・・・・・ 630
会津 (福島県) ・・・・・・・・・・・ 90
相津 (福島県) ・・・・・・・・・・・ 92
会津熊野三山岩沢本宮 (福島県) ・・・ 92
会津五薬師 (福島県) ・・・・・・・・・・・ 92
会津ころり三観音 (福島県) ・・・・・ 92
会津山 (福島県) ・・・・・・・・・・・ 93
会津三十三観音 (福島県) ・・・・・ 93
会津高田 (福島県) ・・・・・・・・・・・ 93
会津高田町 (福島県) ・・・・・・・・・・・ 93
会津田島 (福島県) ・・・・・・・・・・・ 93
会津藩 (福島県) ・・・・・・・・・・・ 93
会津坂下町 (福島県) ・・・・・・・・・・・ 93
会津磐梯山 (福島県) ・・・・・・・・・・・ 93
会津本郷 (福島県) ・・・・・・・・・・・ 93
会津万歳 (福島県) ・・・・・・・・・・・ 93
会津美里 (福島県) ・・・・・・・・・・・ 93
会津美里町 (福島県) ・・・・・・・・・・・ 93
会津若松市 (福島県) ・・・・・・・・・・・ 93
愛染寺 (滋賀県) ・・・・・・・・・・・ 630
藍染川 (福岡県) ・・・・・・・・・・・ 972
愛岳神社 (福岡県) ・・・・・・・・・・・ 972
間神社 (新潟県) ・・・・・・・・・・・ 374
愛知 (愛知県) ・・・・・・・・・・・ 569
愛知県 (愛知県) ・・・・・・・・・・・ 569
愛知県護国神社 (愛知県) ・・・・・ 570
愛知国学院 (愛知県) ・・・・・・・・・・・ 570
アイヌ古式舞踊 (北海道) ・・・・・ 4
相島 (福岡県) ・・・・・・・・・・・ 972
相浜 (千葉県) ・・・・・・・・・・・ 203
相原廃寺 (大分県) ・・・・・・・・・・・ 1017
相原町 (東京都) ・・・・・・・・・・・ 248
鮎屋 (群馬県) ・・・・・・・・・・・ 148
始良 (鹿児島県) ・・・・・・・・・・・ 1052
始良町 (鹿児島県) ・・・・・・・・・・・ 1052
吾平町 (鹿児島県) ・・・・・・・・・・・ 1052

相賀八幡神社 (和歌山県) ・・・・・ 781
芦浦観音寺 (滋賀県) ・・・・・・・・・・・ 630
阿吽寺 (北海道) ・・・・・・・・・・・ 4
阿閇神社 (兵庫県) ・・・・・・・・・・・ 716
阿尾 (和歌山県) ・・・・・・・・・・・ 781
青井 (東京都) ・・・・・・・・・・・ 248
青井 (福井県) ・・・・・・・・・・・ 432
青井阿蘇神社 (熊本県) ・・・・・ 1011
青渭神社 (東京都) ・・・・・・・・・・・ 248
青江 (岡山県) ・・・・・・・・・・・ 830
青岡大寺 (香川県) ・・・・・・・・・・・ 911
青垣 (兵庫県) ・・・・・・・・・・・ 716
青ヶ島 (東京都) ・・・・・・・・・・・ 248
青ヶ島 (静岡県) ・・・・・・・・・・・ 535
青ヶ城 (広島県) ・・・・・・・・・・・ 847
青方神社 (長崎県) ・・・・・・・・・・・ 1002
青河八幡神社 (広島県) ・・・・・ 847
青河町 (広島県) ・・・・・・・・・・・ 847
青木 (長野県) ・・・・・・・・・・・ 455
青木 (福岡県) ・・・・・・・・・・・ 972
青木 (宮崎県) ・・・・・・・・・・・ 1039
青木集落 (千葉県) ・・・・・・・・・・・ 203
青木神社 (静岡県) ・・・・・・・・・・・ 535
青木新田 (新潟県) ・・・・・・・・・・・ 374
青木峠 (長野県) ・・・・・・・・・・・ 455
青木花見 (長野県) ・・・・・・・・・・・ 455
青木磨崖梵字群 (熊本県) ・・・・・ 1011
青崩峠 (長野県) ・・・・・・・・・・・ 455
青崩峠 (静岡県) ・・・・・・・・・・・ 535
蒼柴神社 (新潟県) ・・・・・・・・・・・ 374
青島 (長野県) ・・・・・・・・・・・ 455
青島 (宮崎県) ・・・・・・・・・・・ 1039
青麻神社 (宮城県) ・・・・・・・・・・・ 48
青谷 (京都府) ・・・・・・・・・・・ 661
阿保町 (大阪府) ・・・・・・・・・・・ 686
青野 (岐阜県) ・・・・・・・・・・・ 516
青野ヶ原 (岐阜県) ・・・・・・・・・・・ 516
青の洞門 (大分県) ・・・・・・・・・・・ 1017
青峰山 (三重県) ・・・・・・・・・・・ 598
青葉 (宮城県) ・・・・・・・・・・・ 48
青墓 (岐阜県) ・・・・・・・・・・・ 516
青墓町 (岐阜県) ・・・・・・・・・・・ 516
青墓宿 (岐阜県) ・・・・・・・・・・・ 516
青葉神社 (宮城県) ・・・・・・・・・・・ 48
青幡神社 (佐賀県) ・・・・・・・・・・・ 994
青部 (静岡県) ・・・・・・・・・・・ 535
青堀 (千葉県) ・・・・・・・・・・・ 203
粟生町 (石川県) ・・・・・・・・・・・ 416
青海神社 (新潟県) ・・・・・・・・・・・ 374
青物町 (茨城県) ・・・・・・・・・・・ 118
青森 (青森県) ・・・・・・・・・・・ 26
青森県 (青森県) ・・・・・・・・・・・ 26
青森市 (青森県) ・・・・・・・・・・・ 27
青森のねぶた (青森県) ・・・・・ 27
青森湾 (青森県) ・・・・・・・・・・・ 27
青柳 (福島県) ・・・・・・・・・・・ 93
青柳 (長野県) ・・・・・・・・・・・ 455
青柳 (福岡県) ・・・・・・・・・・・ 972
青柳家 (新潟県) ・・・・・・・・・・・ 374
青宿 (茨城県) ・・・・・・・・・・・ 118
青山通 (東京都) ・・・・・・・・・・・ 248
青山八幡宮 (静岡県) ・・・・・・・・・・・ 535
青山墓地 (東京都) ・・・・・・・・・・・ 248
阿嘉 (沖縄県) ・・・・・・・・・・・ 1079
赤石山系 (愛媛県) ・・・・・・・・・・・ 926
赤石山地 (静岡県) ・・・・・・・・・・・ 535

赤石神社 (岩手県) ・・・・・・・・・・・ 33
赤石山 (長野県) ・・・・・・・・・・・ 455
赤岩 (群馬県) ・・・・・・・・・・・ 148
赤岩村 (長野県) ・・・・・・・・・・・ 455
赤江港 (宮崎県) ・・・・・・・・・・・ 1039
赤尾 (埼玉県) ・・・・・・・・・・・ 174
赤岡 (高知県) ・・・・・・・・・・・ 948
赤岡町 (高知県) ・・・・・・・・・・・ 948
銅街道 (関東) ・・・・・・・・・・・ 114
銅御殿 (東京都) ・・・・・・・・・・・ 248
銅門番所 (京都府) ・・・・・・・・・・・ 661
赤神 (秋田県) ・・・・・・・・・・・ 59
赤神神社 (秋田県) ・・・・・・・・・・・ 59
赤川 (山形県) ・・・・・・・・・・・ 71
丹川 (大分県) ・・・・・・・・・・・ 1017
阿賀川流域 (東日本) ・・・・・・・・・・・ 2
赤城 (群馬県) ・・・・・・・・・・・ 148
赤木 (長野県) ・・・・・・・・・・・ 455
赤城山 (群馬県) ・・・・・・・・・・・ 148
赤城神社 (群馬県) ・・・・・・・・・・・ 148
赤城神社 (東京都) ・・・・・・・・・・・ 248
赤城神社元宮跡地 (群馬県) ・・・・・ 148
阿賀北 (新潟県) ・・・・・・・・・・・ 374
揚北 (新潟県) ・・・・・・・・・・・ 374
赤木名城 (沖縄県) ・・・・・・・・・・・ 1079
赤城村 (群馬県) ・・・・・・・・・・・ 148
赤倉 (新潟県) ・・・・・・・・・・・ 374
赤倉山 (青森県) ・・・・・・・・・・・ 27
赤倉神社 (石川県) ・・・・・・・・・・・ 416
赤郷 (山口県) ・・・・・・・・・・・ 879
赤坂 (新潟県) ・・・・・・・・・・・ 374
赤坂 (岐阜県) ・・・・・・・・・・・ 516
赤坂 (愛知県) ・・・・・・・・・・・ 570
赤坂 (福岡県) ・・・・・・・・・・・ 972
赤坂集落 (山形県) ・・・・・・・・・・・ 71
赤坂宿 (岐阜県) ・・・・・・・・・・・ 516
赤坂諏訪神社 (新潟県) ・・・・・ 374
赤坂白山神社 (東京都) ・・・・・ 248
赤坂氷川神社 (東京都) ・・・・・ 248
赤崎 (福井県) ・・・・・・・・・・・ 432
赤崎 (山口県) ・・・・・・・・・・・ 879
赤崎三十三観世音 (福島県) ・・・・・ 93
赤崎神社 (新潟県) ・・・・・・・・・・・ 374
赤碕町 (鳥取県) ・・・・・・・・・・・ 802
赤沢 (福島県) ・・・・・・・・・・・ 93
赤沢 (埼玉県) ・・・・・・・・・・・ 174
赤沢 (新潟県) ・・・・・・・・・・・ 374
阿賀市 (新潟県) ・・・・・・・・・・・ 374
明石 (兵庫県) ・・・・・・・・・・・ 716
明石 (沖縄県) ・・・・・・・・・・・ 1079
明石海峡 (兵庫県) ・・・・・・・・・・・ 716
明石市 (兵庫県) ・・・・・・・・・・・ 716
明石七仏薬師 (兵庫県) ・・・・・ 716
明石堂 (新潟県) ・・・・・・・・・・・ 374
明科 (長野県) ・・・・・・・・・・・ 455
明科廃寺 (長野県) ・・・・・・・・・・・ 455
明科町 (長野県) ・・・・・・・・・・・ 455
阿嘉集落 (沖縄県) ・・・・・・・・・・・ 1079
赤津 (愛知県) ・・・・・・・・・・・ 570
赤須村 (長野県) ・・・・・・・・・・・ 455
赤田 (秋田県) ・・・・・・・・・・・ 59
県神社 (千葉県) ・・・・・・・・・・・ 203
赤田神社 (新潟県) ・・・・・・・・・・・ 374
赤田村 (秋田県) ・・・・・・・・・・・ 59
赤田山神社 (栃木県) ・・・・・・・・・・・ 134
赤塚 (東京都) ・・・・・・・・・・・ 248

1125

あかつ

赤塚（新潟県）･･････････････ 374
赤塚（島根県）･･････････････ 810
赤塚郷（東京都）･･･････････ 248
赤塚神社（新潟県）････････ 374
赤塚諏訪神社（東京都）･･ 248
赤塚氷川神社（東京都）･･ 248
吾妻（群馬県）･･････････････ 148
吾妻町（群馬県）･･･････････ 148
英賀西村（兵庫県）････････ 716
赤沼（秋田県）･･････････････ 59
赤根（大分県）･･･････････ 1017
上野（福岡県）･･････････････ 972
阿賀野川流域（新潟県）･･ 374
阿賀野市（新潟県）････････ 374
我野神社（埼玉県）････････ 174
赤羽（三重県）･･････････････ 598
赤羽川（三重県）･･･････････ 598
赤膚山（奈良県）･･･････････ 740
赤羽（福島県）･･････････････ 93
赤羽根神明大神（神奈川県）336
赤羽家長屋門（東京都）･･ 248
赤羽村（三重県）･･･････････ 598
赤淵川（静岡県）･･･････････ 535
赤不動尊（茨城県）････････ 118
赤星（福岡県）･･････････････ 972
赤堀町（群馬県）･･･････････ 148
赤間（山口県）･･････････････ 879
赤間関（山口県）･･･････････ 879
赤間神宮（山口県）････････ 879
阿賀町（新潟県）･･･････････ 375
赤松（徳島県）･･････････････ 902
阿賀南（新潟県）･･･････････ 375
赤山（埼玉県）･･････････････ 174
赤湯（山形県）･･････････････ 71
東御岳（沖縄県）･･･････････ 1079
東江（沖縄県）･･････････････ 1079
上り松（福岡県）･･･････････ 972
東山（京都府）･･････････････ 661
閼伽流山（長野県）････････ 455
阿川（山口県）･･････････････ 879
阿川岳山（山口県）････････ 879
阿寒（北海道）･･････････････ 4
阿願寺（岐阜県）･･･････････ 516
安芸（広島県）･･････････････ 847
安芸（愛媛県）･･････････････ 926
秋保（宮城県）･･････････････ 48
秋保の田植踊（宮城県）･･ 48
秋川（東京都）･･････････････ 248
秋川渓谷（東京都）････････ 248
秋川谷（東京都）･･･････････ 248
安芸国分寺（広島県）･･････ 847
安芸国分寺跡（広島県）･･ 847
安芸市（高知県）･･･････････ 948
秋篠（奈良県）･･････････････ 740
秋篠寺（奈良県）･･･････････ 740
阿岸本誓寺（石川県）･･････ 416
昭島市（東京都）･･･････････ 248
秋月（福岡県）･･････････････ 972
秋月眼鏡橋（福岡県）･･････ 972
秋田（秋田県）･･････････････ 59
安芸高田（広島県）････････ 847
安芸高田市（広島県）･･････ 847
秋田県（秋田県）･･･････････ 60
秋田市（秋田県）･･･････････ 61
秋田のイタヤ箕製作技術（秋田県）61
秋田の竿灯（秋田県）･･････ 61

秋田藩（秋田県）･･･････････ 61
秋田万歳（秋田県）････････ 61
秋田六郡観音霊場（秋田県）61
秋津（東京都）･･････････････ 248
秋津神社（東京都）････････ 248
安芸国（広島県）･･･････････ 847
安芸のはやし田（広島県）847
秋葉街道（長野県）････････ 455
秋葉街道（静岡県）････････ 535
秋葉権現（静岡県）････････ 535
秋葉山（静岡県）･･･････････ 535
秋葉三尺坊（新潟県）･･････ 375
秋葉山道（静岡県）････････ 535
秋葉社（愛知県）･･･････････ 570
秋葉神社（静岡県）････････ 535
秋畑（群馬県）･･････････････ 148
秋葉堂（鹿児島県）････････ 1052
秋葉道（長野県）･･･････････ 455
秋葉道（静岡県）･･･････････ 535
秋葉山古墳群（神奈川県）336
秋間古窯跡（群馬県）･･････ 148
安岐町（大分県）･･･････････ 1017
秋元宮（群馬県）･･･････････ 148
秋元神社（京都府）････････ 661
秋元藩（山形県）･･･････････ 71
秋山（長野県）･･････････････ 455
秋山郷（新潟県）･･･････････ 375
秋山郷（長野県）･･･････････ 455
秋山村（茨城県）･･･････････ 118
秋吉台（山口県）･･･････････ 879
秋吉台鍾乳洞（山口県）･･ 879
秋吉八幡宮（山口県）･･････ 879
阿伎留神社（東京都）･･････ 249
秋留台地（東京都）････････ 249
あきる野市（東京都）･･････ 249
あく井戸（千葉県）････････ 203
悪逆塚（京都府）･･･････････ 661
悪石島（鹿児島県）････････ 1052
悪石島のボゼ（鹿児島県）1052
芥川山城跡（大阪府）･･････ 686
芥見村（岐阜県）･･･････････ 516
阿久津（群馬県）･･･････････ 148
阿久津河岸（栃木県）･･････ 134
阿久津町（群馬県）････････ 148
粟国（沖縄県）･･････････････ 1079
粟国島（沖縄県）･･･････････ 1079
粟国村（沖縄県）･･･････････ 1079
阿久根（鹿児島県）････････ 1052
飽海（山形県）･･････････････ 71
安久美神戸神明社（愛知県）570
安倉（高知県）･･････････････ 948
阿倉川（三重県）･･･････････ 598
阿久和教会（神奈川県）･･ 336
明通り（秋田県）･･･････････ 61
明野（茨城県）･･････････････ 118
明野（山梨県）･･････････････ 444
明野村（山梨県）･･･････････ 444
明浜町（愛媛県）･･･････････ 926
曙酒造（福島県）･･･････････ 93
曙町（三重県）･･････････････ 598
揚町観音堂（熊本県）･･････ 1011
明眼地蔵（千葉県）････････ 203
安居院（奈良県）･･･････････ 740
赤穂（兵庫県）･･････････････ 716
赤穂市（兵庫県）･･･････････ 716
赤穂藩（兵庫県）･･･････････ 716

阿漕（三重県）･･････････････ 598
阿古師神社（三重県）･･････ 598
阿児町S地域（三重県）･･ 598
阿児町志摩（三重県）･･････ 598
阿児町神明（三重県）･･････ 598
安居田（石川県）･･･････････ 416
あごなし地蔵（島根県）･･ 810
阿児奈波島（沖縄県）･･････ 1079
阿古屋（山形県）･･･････････ 71
浅井（滋賀県）･･････････････ 630
旦飯野神社（新潟県）･･････ 375
朝夷郡（千葉県）･･･････････ 203
浅井岳（岐阜県）･･･････････ 516
浅井町（滋賀県）･･･････････ 630
浅江観音堂（山口県）･･････ 879
朝霞（埼玉県）･･････････････ 174
朝霞市（埼玉県）･･･････････ 174
安坂村（長野県）･･･････････ 455
阿佐ヶ谷（東京都）････････ 249
阿佐谷（東京都）･･･････････ 249
阿佐谷北（東京都）････････ 249
浅川（徳島県）･･････････････ 902
浅川金刀比羅神社（東京都）249
浅川金刀比羅大権現（東京都）249
浅川堤防（長野県）････････ 455
浅川西条（長野県）････････ 455
朝川原神社（長野県）･･････ 455
朝酌促戸（島根県）････････ 810
浅草（東京都）･･････････････ 249
浅草観音（東京都）････････ 249
浅草七福神（東京都）･･････ 249
浅草神社（東京都）････････ 249
浅草溜（東京都）･･･････････ 249
浅草名所七福神（東京都）249
浅草富士（東京都）････････ 249
朝酌促戸渡（島根県）･･････ 810
アサクラ（岐阜県）････････ 516
朝倉（福岡県）･･････････････ 972
朝倉神社（高知県）････････ 948
朝倉橘広庭宮（福岡県）･･ 972
朝倉村（愛媛県）･･･････････ 926
朝倉山（長野県）･･･････････ 455
朝倉山（福岡県）･･･････････ 972
朝地（大分県）･･････････････ 1017
浅茅ヶ原（東京都）････････ 249
朝地町（大分県）･･･････････ 1017
朝妻（滋賀県）･･････････････ 630
安佐町飯室（広島県）･･････ 847
朝鳥明神（岐阜県）････････ 516
浅沼（栃木県）･･････････････ 134
浅野村（石川県）･･･････････ 416
浅羽（静岡県）･･････････････ 535
浅羽町（静岡県）･･･････････ 535
浅原神社（新潟県）････････ 375
朝原寺跡（岡山県）････････ 830
旭（茨城県）････････････････ 118
旭（島根県）････････････････ 810
旭（佐賀県）････････････････ 994
朝日（山形県）･･････････････ 71
朝日（和歌山県）･･･････････ 781
朝日稲荷神社（福島県）･･ 93
旭川（北海道）･･････････････ 4
旭川（岡山県）･･････････････ 830
旭川市（北海道）･･･････････ 4
旭川神社（北海道）････････ 4
旭川村（北海道）･･･････････ 4

地名・寺社名索引　　　　　あつき

朝日神社（富山県）……………… 402
旭館（愛媛県）…………………… 926
朝日根（埼玉県）………………… 174
朝日森稲荷（千葉県）…………… 203
朝日山（長野県）………………… 455
朝日山（山口県）………………… 879
朝日山太神宮（富山県）………… 402
浅布渓谷（宮城県）……………… 48
阿佐間（山口県）………………… 174
浅間（群馬県）…………………… 148
浅間（鹿児島県）………………… 1052
朝熊（三重県）…………………… 598
浅舞酒造（秋田県）……………… 61
浅間大明神（群馬県）…………… 148
朝熊町（三重県）………………… 598
浅間山（群馬県）………………… 148
浅間山（長野県）………………… 456
朝熊山経塚群（三重県）………… 598
浅見（大分県）…………………… 1017
朝見（大分県）…………………… 1017
麻溝（神奈川県）………………… 336
朝峯神社（高知県）……………… 948
朝宮（滋賀県）…………………… 630
浅利（山梨県）…………………… 444
梓河内（滋賀県）………………… 630
足洗い井戸（大阪府）…………… 686
足洗池（三重県）………………… 598
味生池（熊本県）………………… 1011
足尾（栃木県）…………………… 134
足尾銅山（栃木県）……………… 134
足尾山城（栃木県）……………… 134
足利（栃木県）…………………… 134
足利学校（栃木県）……………… 134
足利市（栃木県）………………… 134
芦ヶ久保（埼玉県）……………… 174
鰺ヶ沢町（青森県）……………… 27
足柄（神奈川県）………………… 336
足柄神社（神奈川県）…………… 336
足柄峠（神奈川県）……………… 336
足柄平野（神奈川県）…………… 335
足柄道（神奈川県）……………… 333
足柄明神（神奈川県）…………… 333
芦刈町（佐賀県）………………… 994
芦河内（山口県）………………… 879
芦川村（山梨県）………………… 444
葦北（熊本県）…………………… 1011
芦清良集落（鹿児島県）………… 1052
芦峅（富山県）…………………… 402
芦峅寺（富山県）………………… 402
足峅寺（富山県）………………… 402
葦毛塚（東京都）………………… 249
芦毛塚（東京都）………………… 249
芦検（鹿児島県）………………… 1052
あじさい寺（群馬県）…………… 148
あじさい寺（千葉県）…………… 203
芦沢村（長野県）………………… 456
阿字神社（静岡県）……………… 535
阿知須町（山口県）……………… 879
あしずり遍路道（高知県）……… 948
足摺岬（高知県）………………… 948
芦田（静岡県）…………………… 535
愛鷹山水神社（静岡県）………… 535
愛鷹神社（静岡県）……………… 535
足高神社（岡山県）……………… 830
芦名沢（秋田県）………………… 61
葦名寺（神社）（秋田県）……… 61

葦名神社（秋田県）……………… 61
芦ノ尻（長野県）………………… 456
芦別市（北海道）………………… 4
蘆別神社（北海道）……………… 4
阿島（長野県）…………………… 456
阿島北明神社（長野県）………… 456
阿島大師（愛媛県）……………… 926
味真野（福井県）………………… 432
味見河内町（福井県）…………… 432
足見田神社（三重県）…………… 598
安心院（大分県）………………… 1017
安心院盆地（大分県）…………… 1017
安心院町（大分県）……………… 1017
葦守八幡宮（岡山県）…………… 830
芦屋（福岡県）…………………… 972
芦安村（山梨県）………………… 444
芦屋浜（福岡県）………………… 972
芦屋町（福岡県）………………… 972
芦生（富山県）…………………… 402
安代（岩手県）…………………… 33
網代（静岡県）…………………… 535
足代八幡神社（徳島県）………… 902
足代山分（徳島県）……………… 902
飛鳥（奈良県）…………………… 740
明日香（奈良県）………………… 740
飛鳥京（奈良県）………………… 740
阿須賀神社（和歌山県）………… 781
飛鳥神社（三重県）……………… 598
飛鳥町大又（三重県）…………… 598
飛鳥町小又（三重県）…………… 598
飛鳥寺（奈良県）………………… 740
飛鳥坐神社（奈良県）…………… 741
明日香村（奈良県）……………… 741
飛鳥山（東京都）………………… 249
飛鳥山神社（北海道）…………… 4
小豆沢（岐阜県）………………… 516
足助（愛知県）…………………… 570
梓山（山形県）…………………… 71
小豆沢（東京都）………………… 249
安土城（滋賀県）………………… 630
阿須那（島根県）………………… 810
阿須那公民館阿須那分館（島根県）…… 810
吾妻（福島県）…………………… 93
東（千葉県）……………………… 203
あずま街道（宮城県）…………… 48
吾妻神社（千葉県）……………… 203
吾妻神社（神奈川県）…………… 336
吾嬬神社（千葉県）……………… 203
東町（東京都）…………………… 249
東八十八ヶ所霊場（群馬県）…… 148
東村（栃木県）…………………… 134
東村（群馬県）…………………… 148
東村（京都府）…………………… 661
四阿山（長野県）………………… 456
吾妻山神社（福島県）…………… 93
安曇（長野県）…………………… 456
安曇野（長野県）………………… 456
安曇村（長野県）………………… 456
足羽神社（福井県）……………… 432
阿字万字町（奈良県）…………… 741
汗入（鳥取県）…………………… 802
阿蘇（熊本県）…………………… 1011
安蘇（栃木県）…………………… 134
安蘇（熊本県）…………………… 1011
麻生（福井県）…………………… 432
麻生（茨城県）…………………… 118

麻生（滋賀県）…………………… 630
麻生（岡山県）…………………… 830
麻生（大分県）…………………… 1017
麻生神社（福岡県）……………… 972
蒴生田（福井県）………………… 432
阿蔵田観音堂（新潟県）………… 375
吾桑の里（高知県）……………… 948
麻生町（茨城県）………………… 118
阿蘇（熊本県）…………………… 1011
阿蘇神社（東京都）……………… 249
阿蘇神社（熊本県）……………… 1011
阿曽津千軒（滋賀県）…………… 630
阿曽沼（栃木県）………………… 135
阿曽沼氏宝篋印塔（山口県）…… 879
阿蘇宮（熊本県）………………… 1011
阿田（奈良県）…………………… 741
安田（沖縄県）…………………… 1079
出雲郷（奈良県）………………… 741
新川（沖縄県）…………………… 1079
安宅荘（和歌山県）……………… 781
愛宕（東京都）…………………… 249
愛宕池（広島県）………………… 847
阿太郷（鳥取県）………………… 802
愛宕坂（福井県）………………… 432
愛宕史跡（福島県）……………… 94
愛宕社（京都府）………………… 661
愛宕神社（東京都）……………… 249
愛宕神社（京都府）……………… 661
愛宕神社本殿（長野県）………… 456
愛宕町（秋田県）………………… 61
愛宕花園神社（福島県）………… 94
愛宕山（福島県）………………… 94
愛宕山（東京都）………………… 249
愛宕山（京都府）………………… 661
愛宕山（高知県）………………… 948
新鹿本（三重県）………………… 598
価谷たたら（島根県）…………… 810
安達太良神社（福島県）………… 94
安達（福島県）…………………… 94
足立（東京都）…………………… 249
安達ヶ原（福島県）……………… 94
足立区（東京都）………………… 252
足立郡（東京都）………………… 252
足立郡百不動尊（埼玉県）……… 174
足立十二薬師（埼玉県）………… 174
足立神社（埼玉県）……………… 174
足立塚（富山県）………………… 402
足立寅薬師（埼玉県）…………… 174
足立八十八ヵ所弘法大師霊場（埼玉県）
……………………………………… 174
足立坂東札所（埼玉県）………… 174
安達百不動尊（埼玉県）………… 174
足立百不動尊（埼玉県）………… 174
安達町（福島県）………………… 94
安谷屋（沖縄県）………………… 1079
熱海（静岡県）…………………… 535
阿田和神社（三重県）…………… 598
阿智（長野県）…………………… 456
阿智神社（長野県）……………… 456
阿智神社（岡山県）……………… 830
阿智神社奥宮（長野県）………… 457
阿智村（長野県）………………… 457
厚木（神奈川県）………………… 336
厚木市（神奈川県）……………… 336
厚木宿（神奈川県）……………… 337
厚木神社（神奈川県）…………… 337

1127

あつき　　　　　　　　　　　　地名・寺社名索引

阿月の神明祭 (山口県)	879
厚岸町 (北海道)	4
厚沢部町 (北海道)	4
熱塩 (福島県)	94
熱塩加納 (福島県)	94
熱塩加納村 (福島県)	94
朝来峠 (和歌山県)	781
熱田 (愛知県)	570
熱田宮 (愛知県)	570
熱田社 (愛知県)	570
熱田社領 (愛知県)	571
熱田神宮 (福島県)	94
熱田神宮 (愛知県)	571
熱田太神宮 (愛知県)	571
厚田浜 (北海道)	4
熱田湊 (愛知県)	571
アツチ山 (滋賀県)	630
厚別 (北海道)	4
厚別西 (北海道)	4
渥美 (愛知県)	571
厚見郡 (岐阜県)	516
渥美町 (愛知県)	571
渥美半島 (愛知県)	571
阿津里貝塚 (三重県)	598
安庭 (岩手県)	33
阿底御岳 (沖縄県)	1079
阿出川家煉瓦造蔵 (東京都)	252
阿寺 (埼玉県)	174
阿寺 (長野県)	457
左沢 (山形県)	71
阿戸 (和歌山県)	781
跡市町 (島根県)	810
安曇川 (滋賀県)	630
跡部の踊り念仏 (長野県)	457
花桐 (埼玉県)	174
穴沢天神社 (東京都)	252
穴師 (奈良県)	741
穴師谷 (三重県)	598
穴師坐兵主神社 (奈良県)	741
穴門山神社 (岡山県)	830
穴馬 (福井県)	432
穴水 (石川県)	416
穴水町 (石川県)	416
穴守稲荷 (東京都)	253
阿南市 (徳島県)	902
阿南町 (長野県)	457
阿仁 (秋田県)	61
阿日寺 (奈良県)	741
阿仁部三十三観音 (秋田県)	61
阿仁町 (秋田県)	61
姉川 (滋賀県)	630
姉崎 (千葉県)	203
安濃 (三重県)	598
穴太 (滋賀県)	630
安濃川 (三重県)	598
賀名生旧皇居 (奈良県)	741
穴太神社 (大阪府)	686
安濃町 (三重県)	598
安濃津 (三重県)	598
安波賀春日神社 (福井県)	432
安波川 (沖縄県)	1079
安波山 (宮城県)	48
吾橋庄 (高知県)	948
網走 (北海道)	4
阿波八幡神社 (岡山県)	830
網引村 (兵庫県)	716

我孫子 (千葉県)	203
我孫子観音 (大阪府)	686
我孫子市 (千葉県)	203
阿武川 (山口県)	879
阿武隈 (茨城県)	118
阿武隈川流域 (福島県)	94
阿武隈高地 (福島県)	94
阿武隈山系 (福島県)	94
阿武隈山地 (福島県)	94
阿武郡 (山口県)	879
虻田 (北海道)	4
安布知神社 (長野県)	457
油ヶ淵 (愛知県)	571
油日神社 (滋賀県)	630
油面 (東京都)	253
油山 (福岡県)	972
阿夫利神社 (栃木県)	135
阿倍王子神社 (大阪府)	686
安倍王子神社 (大阪府)	686
阿部家住宅 (秋田県)	61
安倍晴明神社 (大阪府)	686
阿倍寺 (大阪府)	686
阿倍寺跡 (奈良県)	741
阿部野神社 (大阪府)	686
阿倍野筋北遺跡 (大阪府)	686
阿倍野墓地 (大阪府)	686
安倍平吉窯跡 (山形県)	71
網干 (兵庫県)	716
網干区 (兵庫県)	716
阿保原地蔵尊 (宮城県)	48
阿万 (兵庫県)	716
尼ケ崎 (兵庫県)	716
尼崎 (兵庫県)	716
尼崎市 (兵庫県)	717
尼崎神社 (兵庫県)	717
尼崎町 (兵庫県)	717
尼崎藩 (兵庫県)	717
甘樫坐神社 (奈良県)	741
尼ヶ辻 (奈良県)	741
甘木 (福岡県)	972
天城山 (静岡県)	535
甘木市 (福岡県)	973
天霧観音 (滋賀県)	630
天草 (熊本県)	1011
天草コレジヨ館 (熊本県)	1011
雨乞山 (新潟県)	375
天座 (京都府)	661
海士坂 (福井県)	432
天前社 (島根県)	810
甘地 (兵庫県)	717
天増川 (滋賀県)	630
余多 (鹿児島県)	1052
天田郡 (京都府)	661
天田亭家 (群馬県)	149
天津 (千葉県)	203
天神社 (大阪府)	686
天津小湊 (千葉県)	203
天津神社 (新潟県)	375
雨坪 (神奈川県)	337
天剣神社 (岡山県)	830
天戸神社 (広島県)	847
甘縄観世音寺 (神奈川県)	337
甘縄神明社 (神奈川県)	337
天沼 (東京都)	253
天沼千軒 (千葉県)	203
天野 (和歌山県)	781

天磐盾 (福岡県)	973
天の香具山 (大分県)	1017
天の川 (大阪府)	686
天野郷 (和歌山県)	781
天ノ沢 (福島県)	94
天野社 (和歌山県)	781
天羽衣神社 (静岡県)	535
阿万の風流大踊小踊 (兵庫県)	717
天水分神社 (奈良県)	741
天引 (群馬県)	149
雨引観音 (茨城県)	118
海部 (大分県)	1017
天間 (大分県)	1018
奄美 (鹿児島県)	1052
奄美大島 (鹿児島県)	1053
奄美群島 (鹿児島県)	1054
奄美三島 (鹿児島県)	1054
奄美諸島 (鹿児島県)	1054
天山 (愛媛県)	926
雨呼山 (山形県)	71
雨呼山山系 (山形県)	71
余目 (山形県)	71
余目郷 (山形県)	71
余目町 (山形県)	71
網一色 (神奈川県)	337
網倉 (山梨県)	444
阿弥陀池 (大阪府)	686
阿弥陀寺町 (山口県)	879
阿弥陀院 (茨城県)	118
阿弥陀山 (滋賀県)	630
阿弥陀寺 (福島県)	94
阿弥陀寺 (富山県)	402
阿弥陀寺 (長野県)	457
阿弥陀寺 (大阪府)	686
阿弥陀寺 (兵庫県)	717
阿弥陀寺 (和歌山県)	781
阿弥陀寺 (広島県)	847
阿弥陀寺 (山口県)	879
阿弥陀寺 (長崎県)	1002
阿弥陀順礼四十八ケ所 (静岡県)	535
阿弥陀浄土院 (大阪府)	686
阿弥陀浄土院 (奈良県)	741
阿弥陀町魚橋東 (兵庫県)	717
阿弥陀堂 (千葉県)	203
阿弥陀堂墓地 (東京都)	253
網取 (沖縄県)	1079
網野町 (京都府)	661
阿室 (鹿児島県)	1054
雨桜神社 (静岡県)	535
雨滝 (鳥取県)	802
天石門別神社 (大阪府)	686
天石門別神社 (岡山県)	830
天手長男神社 (長崎県)	1002
天宮 (静岡県)	535
天宮神社 (静岡県)	535
天宮神社 (宮崎県)	1039
雨宮の神事芸能 (長野県)	457
天日陰日咩神社 (石川県)	416
天武主神社 (東京都)	253
飴屋敷 (長野県)	457
天生 (岐阜県)	516
天生峠 (岐阜県)	516
安茂里村 (長野県)	457
綾歌町 (香川県)	911
綾織 (岩手県)	33
綾織池 (栃木県)	135

地名・寺社名索引　　　　　　　　　　　　　　　　　　　　　　　　　　　　あんと

綾木八幡宮（山口県）	879
阿野郡（香川県）	911
綾子舞（新潟県）	375
綾瀬観音寺（東京都）	253
綾瀬市（神奈川県）	337
綾渡の夜念仏と盆踊（愛知県）	571
綾延神社（愛媛県）	926
綾部（京都府）	661
あやめ池（奈良県）	741
鮎川（和歌山県）	781
鮎川小学校（秋田県）	62
鮎滝坊（石川県）	416
阿由多神社（三重県）	598
新井（東京都）	253
新井（長野県）	457
新居（静岡県）	536
新井閣（神奈川県）	337
新井集落（京都府）	661
新井宿（東京都）	253
荒井新田（埼玉県）	174
新磯（神奈川県）	337
新井孝男家（群馬県）	149
新井薬師（東京都）	253
荒尾（熊本県）	1011
荒尾谷（愛知県）	571
荒海（福島県）	94
麁香神社（東京都）	253
安良川（茨城県）	118
荒川（関東）	114
荒川（埼玉県）	174
荒川（東京都）	253
荒川（長野県）	457
荒川（愛媛県）	926
荒川（鹿児島県）	1054
荒川下流域（東京都）	253
荒川区（東京都）	254
荒川白久（埼玉県）	174
荒川堤（東京都）	254
荒川村（埼玉県）	174
安楽城（山形県）	71
荒木家住宅（広島県）	847
新城（沖縄県）	1079
新城島（沖縄県）	1079
新城村（沖縄県）	1079
荒熊神社（愛知県）	572
荒子観音（愛知県）	572
荒崎（岐阜県）	516
新里（沖縄県）	1079
荒沢（山形県）	71
荒沢不動明王（新潟県）	375
荒沢不動明王（長野県）	457
荒島風穴（福井県）	432
嵐山（京都府）	661
嵐山（沖縄県）	1079
荒宿（茨城県）	118
荒田郡（兵庫県）	717
荒田島（静岡県）	536
新野町（徳島県）	902
愛葵関（滋賀県）	630
新津（新潟県）	375
荒戸山東照宮（福岡県）	973
阿羅波婆岐社（東京都）	254
荒脛神社（埼玉県）	174
荒浜（宮城県）	48
荒平稲荷（大分県）	1013
荒船不動（群馬県）	149

荒穂神社（佐賀県）	994
荒堀（長野県）	457
荒巻（神奈川県）	337
荒横権現社（山口県）	879
荒町（秋田県）	62
荒町（長野県）	457
新町（宮城県）	48
桐町（山形県）	71
荒見村（和歌山県）	781
新谷（愛媛県）	926
新屋町（青森県）	27
有明（北海道）	4
有明海（九州・沖縄）	967
有明海（福岡県）	973
有明海（佐賀県）	994
有明町（鹿児島県）	1054
有明町蓬原（鹿児島県）	1054
有明山（長野県）	457
有家（長崎県）	1002
有家町（長崎県）	1002
蟻ヶ崎（長野県）	457
有川（長崎県）	1002
有木城跡（千葉県）	203
有礒正八幡宮（富山県）	402
有田（和歌山県）	781
有田（佐賀県）	994
有田川（和歌山県）	781
有田郡（和歌山県）	781
有田皿山（佐賀県）	994
有田神社（和歌山県）	781
有田町（佐賀県）	994
有田村（和歌山県）	781
蟻通神社（大阪府）	686
蟻通明神（大阪府）	686
有野中町（兵庫県）	717
在野（滋賀県）	630
有原天満宮（広島県）	847
有原堂（東京都）	254
有福（島根県）	810
有福温泉町（島根県）	810
有福温泉町本明（島根県）	810
有馬（群馬県）	149
有馬（三重県）	598
有馬（福岡県）	973
有馬遺跡（群馬県）	149
有間神社（兵庫県）	717
有馬村（群馬県）	149
有馬屋敷（東京都）	254
有水（宮崎県）	1039
有賀（広島県）	847
有賀家住宅（長野県）	457
有鹿神社（神奈川県）	337
有賀峠（長野県）	457
有瀬（徳島県）	902
阿波（徳島県）	902
安房（千葉県）	203
安和（高知県）	948
粟井（岡山県）	830
粟井（愛媛県）	926
粟鹿（兵庫県）	717
粟鹿神社（兵庫県）	717
阿波岐原（宮崎県）	1039
泡子塚（滋賀県）	630
安房小湊（千葉県）	204
淡路（兵庫県）	717
淡路護国寺（兵庫県）	717

淡路座（兵庫県）	717
淡路市（兵庫県）	717
淡路島（兵庫県）	717
淡路人形浄瑠璃（兵庫県）	718
粟島（新潟県）	375
粟島（香川県）	911
淡嶋社（和歌山県）	781
淡島神社（和歌山県）	781
淡嶋神社（和歌山県）	781
淡路霊場（兵庫県）	718
粟田（京都府）	661
粟田神社（京都府）	661
粟田部（福井県）	432
阿波町（徳島県）	903
阿波人形浄瑠璃（徳島県）	903
粟野（福島県）	94
粟野（千葉県）	204
粟野浦（山口県）	879
粟野橋（山口県）	879
阿波国（徳島県）	903
粟国（徳島県）	903
安房国（千葉県）	204
粟野村（埼玉県）	174
粟野村（大分県）	1018
あわら市（福井県）	432
安位寺（奈良県）	741
安閑神社（滋賀県）	630
安行藤八（埼玉県）	174
安源寺（長野県）	457
安国山樹花木之記碑（沖縄県）	1079
安国寺（山形県）	71
安国寺（栃木県）	135
安国寺（埼玉県）	174
安国寺（千葉県）	204
安国寺（石川県）	416
安国寺（山梨県）	444
安国寺（長野県）	457
安国寺（島根県）	810
安国寺（広島県）	847
安国寺（山口県）	879
安国寺（福岡県）	973
安国寺（大分県）	1018
安国寺跡（神奈川県）	337
安国寺跡（滋賀県）	630
安国寺領（鳥取県）	802
安国東隆禅寺（山口県）	879
闇斎神社（兵庫県）	718
庵札二十四輩霊場（愛媛県）	926
安住内（福島県）	94
安寿姫塚（京都府）	661
安城（愛知県）	572
安勝寺（群馬県）	149
安祥寺（三重県）	598
安城市（愛知県）	573
安城町（愛知県）	573
安城村（愛知県）	573
安城歴史博物館（愛知県）	573
安禅寺（茨城県）	118
安禅寺（新潟県）	375
安禅寺（奈良県）	741
安代温泉（長野県）	457
安中坊（山形県）	71
安渡（岩手県）	33
安藤記念教会（埼玉県）	174
安藤家住宅（宮城県）	48
安藤家住宅（山梨県）	444

1129

あんと　　　　　　　　　　地名・寺社名索引

安藤家長屋門（神奈川県）..........337
安堵町（奈良県）..................741
安中（群馬県）....................149
安中教会（群馬県）................149
安中市（群馬県）..................149
安中中宿の燈籠人形（群馬県）......149
安那郡（広島県）..................848
安養寺（長野県）..................457
安養寺（岐阜県）..................516
安養寺（滋賀県）..................630
安養寺（鳥取県）..................802
安濃郡（島根県）..................810
安穏寺（福島県）...................94
安穏寺（茨城県）..................118
安八町（岐阜県）..................516
安福寺（大阪府）..................686
安福寺（広島県）..................848
安養院（東京都）..................254
安養寺（岩手県）...................33
安養寺（宮城県）...................48
安養寺（福島県）...................94
安養寺（東京都）..................254
安養寺（愛知県）..................573
安養寺（京都府）..................661
安養寺（大阪府）..................686
安養寺（和歌山県）................781
安養寺（島根県）..................810
安養寺（愛媛県）..................926
安養寺宝物殿（岐阜県）............516
安養寺村（滋賀県）................630
安楽院（広島県）..................848
安楽院（福岡県）..................973
安楽寺（茨城県）..................118
安楽寺（埼玉県）..................174
安楽寺（東京都）..................254
安楽寺（新潟県）..................375
安楽寺（長野県）..................457
安楽寺（三重県）..................598
安楽寺（滋賀県）..................630
安楽寺（高知県）..................948
安楽寺（福岡県）..................973
安楽寺天満宮（京都府）............661
安楽寿院（京都府）................661
安楽山宮神社（鹿児島県）.........1054

【い】

飯岡（千葉県）....................204
飯岡（京都府）....................661
飯岡郡（島根県）..................810
飯岡律僧寺（千葉県）..............204
飯尾寺（千葉県）..................204
飯香岡八幡宮（千葉県）............204
飯川（宮城県）....................48
飯倉神社（鹿児島県）.............1054
飯坂（福島県）....................94
飯坂町（福島県）..................94
飯前（茨城県）...................118
飯石郡（島根県）..................810
飯島（岐阜県）...................517
飯島町（長野県）.................457
飯塚（埼玉県）...................175
飯塚（福岡県）...................973
飯塚市郎家（群馬県）.............149
飯塚馨家（群馬県）...............149

飯塚市（福岡県）..................973
飯塚宿（福岡県）..................973
飯塚村（埼玉県）..................175
飯綱（長野県）....................457
飯綱神社（新潟県）................375
飯縄神社（千葉県）................205
飯綱町（長野県）..................457
飯縄山（長野県）..................457
飯泉（神奈川県）..................337
飯泉観音（神奈川県）..............337
飯積神社（愛媛県）................926
飯詰八幡宮（青森県）...............27
飯田（埼玉県）....................175
飯田（神奈川県）..................337
飯田（長野県）....................457
飯田（静岡県）....................536
飯田院内集落（静岡県）............536
飯高郡上（三重県）................598
飯高町（三重県）..................599
飯高町舟戸（三重県）..............599
飯田市（長野県）..................458
飯田町（茨城県）..................118
飯舘（福島県）....................94
飯田藩（長野県）..................458
飯田町（石川県）..................416
飯田町（長野県）..................458
飯田遊郭（長野県）................459
飯豊（山形県）....................71
飯豊山（山形県）..................71
飯豊山（福島県）..................94
飯豊山（新潟県）..................375
飯豊山神社（新潟県）..............375
飯豊町（山形県）..................71
飯豊町（新潟県）..................375
飯豊（岩手県）....................33
飯豊神社（宮城県）................48
言いなり地蔵（静岡県）............536
飯沼（長野県）....................459
飯沼観音（千葉県）................205
飯沼山観世音（千葉県）............205
飯野（宮崎県）...................1039
飯野陣屋跡（千葉県）..............205
飯野八幡宮（福島県）..............95
飯ノ山（大阪府）..................686
飯場（福岡県）....................973
飯母（高知県）....................948
飯盛社（福岡県）..................973
飯森神社（福島県）................95
飯盛神社（福岡県）................973
飯盛神社（佐賀県）................994
飯盛山城（大阪府）................686
飯山（長野県）....................459
飯山市（長野県）..................459
飯山城（長野県）..................459
飯山寺（神奈川県）................337
飯山八幡宮（山口県）..............879
井内（徳島県）....................903
伊江島（沖縄県）.................1079
家島神社（兵庫県）................718
家島（兵庫県）....................718
家島町坊勢（兵庫県）..............718
家島町宮（兵庫県）................718
伊江島の村踊（沖縄県）...........1079
伊江村（沖縄県）.................1079
家俊（高知県）....................948
家野（大分県）...................1018

家浦（香川県）....................911
家原邑（大阪府）..................686
医王院（福島県）..................95
医王院（岡山県）..................830
医王寺（福島県）..................95
医王寺（栃木県）..................135
医王寺（静岡県）..................536
医王寺（愛知県）..................573
医王寺（広島県）..................848
医王寺（熊本県）.................1011
伊王島（長崎県）.................1002
硫黄島（鹿児島県）...............1054
井荻（東京都）....................254
伊保木海岸（山口県）..............879
庵谷（高知県）....................948
五百原（静岡県）..................536
伊折（富山県）....................402
伊賀（三重県）....................599
猪飼野（大阪府）..................686
伊賀上野（三重県）................600
伊賀街道（三重県）................600
伊香（滋賀県）....................630
五十崎町（愛媛県）................926
井笠鉄道（岡山県）................830
伊賀市（三重県）..................600
五十島（新潟県）..................375
雷（新潟県）......................375
雷神社（神奈川県）................337
坐摩神社（大阪府）................686
伊方（愛媛県）....................926
伊方町（愛媛県）..................926
伊陸（山口県）....................880
伊賀町（三重県）..................600
伊賀国（三重県）..................600
伊賀八幡宮（愛知県）..............573
伊賀別所（三重県）................600
伊香保（群馬県）..................149
伊香保温泉（群馬県）..............149
伊香保神社（群馬県）..............149
伊賀見（奈良県）..................741
伊賀良（長野県）..................459
五十嵐浜（新潟県）................375
伊加利（福岡県）..................973
伊甘（島根県）....................810
碇（山形県）......................71
碇神社（愛媛県）..................926
碇神社跡（愛媛県）................926
猪狩山（埼玉県）..................175
斑鳩（奈良県）....................741
斑鳩寺（兵庫県）..................718
鵤荘（兵庫県）....................718
五十海村（静岡県）................536
井川（長野県）....................459
井川（静岡県）....................536
井川町（徳島県）..................903
壱岐（長崎県）...................1002
壱岐神楽（長崎県）...............1002
生萱（長野県）....................459
生木地蔵（香川県）................911
生子神社（栃木県）................135
伊岐佐（佐賀県）..................994
生島（兵庫県）....................718
印岐志呂神社（滋賀県）............630
生月島（長崎県）.................1002
生月町（長崎県）.................1002
生出神社（山梨県）................444

地名・寺社名索引　　　いしは

生目（宮崎県）	1039
生目神社（宮崎県）	1039
依京寺（静岡県）	536
生岡神社（栃木県）	135
生国魂神社（大阪府）	686
井草（東京都）	254
井草観音堂（東京都）	254
井草八幡宮（東京都）	254
井草八幡参道（東京都）	254
生路井（愛知県）	573
生品神社（群馬県）	149
生島足島神社（長野県）	459
生地町（富山県）	402
生田遺跡（兵庫県）	718
生田社（兵庫県）	718
生田神社（兵庫県）	718
生田部奈（長野県）	459
生口島（広島県）	848
生根神社（大阪府）	687
生野（大阪府）	687
生野（兵庫県）	718
生野区（大阪府）	687
飯隈山（鹿児島県）	1054
伊久間堤防（長野県）	459
生雲（山口県）	880
伊久良河宮跡（岐阜県）	517
伊倉町（熊本県）	1011
生桑区（大分県）	1018
生和神社（滋賀県）	630
伊計島（沖縄県）	1079
池内村（大阪府）	687
池上（埼玉県）	175
池上（福井県）	432
池上（大阪府）	687
池上七福神（東京都）	254
池上本門寺（東京都）	254
池川（高知県）	948
池川町（高知県）	948
池黒神明神社（山形県）	71
池黒村美濃（山形県）	71
池子（神奈川県）	337
池河内（福井県）	432
池子村（神奈川県）	337
池島（大阪府）	687
池尻庚申堂（東京都）	254
神母神社（高知県）	948
池新田（静岡県）	536
池月（宮城県）	48
池田（福井県）	432
池田（長野県）	459
池田（岐阜県）	517
池田（大阪府）	687
池田（香川県）	911
池田山（岐阜県）	517
池田神社（香川県）	911
池田町（岐阜県）	517
池田町（徳島県）	903
池田の棧敷（香川県）	911
池田宿（静岡県）	536
池田町（長野県）	459
池田宮（長野県）	459
池田村（静岡県）	536
池田村（滋賀県）	631
池津川（奈良県）	741
池戸城（岐阜県）	517
池ノ内（高知県）	948

池之内（香川県）	911
池之端（東京都）	254
池ノ谷（静岡県）	536
池袋（東京都）	254
池間（沖縄県）	1079
池間島（沖縄県）	1079
池見家住宅（大分県）	1018
池水神社（大分県）	1018
池村（高知県）	948
池山町（三重県）	600
医源寺（静岡県）	536
伊古（長崎県）	1002
医光寺（群馬県）	149
医光寺（千葉県）	205
伊興七福神（東京都）	254
伊興寺町（東京都）	254
伊興氷川神社（東京都）	254
伊興村（東京都）	254
伊古むら（長崎県）	1002
生駒（奈良県）	741
胆駒神南備山（大阪府）	687
生駒市（奈良県）	741
往馬大社（奈良県）	741
生駒谷（奈良県）	741
生駒山（奈良県）	741
伊後村（島根県）	810
伊佐（山口県）	880
石原（京都府）	661
率川神社（奈良県）	741
率川坐大神御子神社（奈良県）	742
伊崎（山口県）	880
井崎（長崎県）	1002
伊崎寺（滋賀県）	631
伊佐沢（山形県）	71
五十沢（山形県）	71
伊佐市（鹿児島県）	1054
五郷（三重県）	600
伊弉諾神宮（兵庫県）	718
いざなぎ神社（埼玉県）	175
諫早（長崎県）	1002
諫早台場（長崎県）	1003
伊佐部（茨城県）	118
伊和（山梨県）	444
胆沢（岩手県）	33
胆沢川神社（岩手県）	33
伊沢修二生家（長野県）	459
石和町（山梨県）	444
伊雑宮（三重県）	600
石穴稲荷（福岡県）	973
石阿弥陀（福島県）	95
石井（香川県）	911
石井家住宅（東京都）	254
石井神社（新潟県）	375
石井町（徳島県）	903
石井荘（新潟県）	375
石井廃寺跡（徳島県）	903
石臼大明神（京都府）	661
石内（福島県）	95
石岡（茨城県）	118
石岡市（茨城県）	118
石鏡（三重県）	600
石垣（沖縄県）	1079
石垣市（沖縄県）	1080
石垣島（沖縄県）	1080
石垣神社（大分県）	1018
石垣原（大分県）	1018

石釜（福岡県）	973
石神遺跡（奈良県）	742
石神社（東京都）	254
石神村（茨城県）	118
石ヶ森（福島県）	95
石狩（北海道）	4
石狩市（北海道）	4
石狩浜（北海道）	4
石狩弁天社（北海道）	5
石川（福島県）	95
石川（石川県）	416
石川（沖縄県）	1080
石川郡（福島県）	95
石川県（石川県）	416
石川市（沖縄県）	1080
石川町（東京都）	255
石川庄（福島県）	95
石川町（福島県）	95
石川山城（沖縄県）	1080
一色（静岡県）	536
石切沢（山形県）	72
石切神社（大阪府）	687
石切谷（香川県）	911
石切剣箭神社（大阪府）	687
石下町（茨城県）	118
石坂（静岡県）	536
石沢郷（秋田県）	62
石神社（宮城県）	48
石神社（神奈川県）	337
石鎚（愛媛県）	926
石鎚山（愛媛県）	926
石鉄山（愛媛県）	926
石鎚山系（愛媛県）	926
石鎚神社（愛媛県）	926
石関（岩手県）	33
石関町（岡山県）	830
石田（埼玉県）	175
石田（香川県）	911
石田遺跡（滋賀県）	631
石田城址（神奈川県）	337
石田城碑（沖縄県）	1080
石畳道（沖縄県）	1080
石田町（滋賀県）	631
石立八幡宮（高知県）	948
石鉄山（岡山県）	830
石土神社（高知県）	948
石手寺（愛媛県）	926
石塔寺（滋賀県）	631
石堂薬師堂（岡山県）	830
石床大師堂（愛媛県）	926
石飛（愛知県）	573
石島谷（岩手県）	33
石名（新潟県）	375
石名坂（茨城県）	118
石名原宿（三重県）	600
石貫穴観音（大分県）	1018
石巻（宮城県）	48
石巻市（宮城県）	48
石野村（静岡県）	536
石橋（栃木県）	135
石橋御成御殿（栃木県）	135
石浜（宮城県）	48
石浜神社（東京都）	255
石原（埼玉県）	175
石原観音堂（広島県）	848
石原経塚（兵庫県）	718

1131

石原町（静岡県） 536
石原町（広島県） 848
石部（静岡県） 536
石淵（富山県） 402
石部宿（滋賀県） 631
伊島（徳島県） 903
石島（香川県） 911
石間浦（大分県） 1018
石見川村（大阪府） 687
石室（佐賀県） 994
石室観音（福島県） 95
石守廃寺（兵庫県） 718
石薬師本陣（神奈川県） 337
石山（大阪府） 687
石山（宮崎県） 1039
石山観音（群馬県） 149
石山観音（宮崎県） 1039
石山寺（愛知県） 573
石山寺内町（大阪府） 687
石山寺（滋賀県） 631
石山本願寺（大阪府） 687
伊集院（鹿児島県） 1054
移情閣（兵庫県） 718
伊自良村（岐阜県） 517
井尻（京都府） 661
石脇（秋田県） 62
石原（東京都） 255
石原村（山口県） 880
一身田寺内町（三重県） 600
伊豆（静岡県） 536
泉井神社（埼玉県） 175
伊豆稲取（静岡県） 537
出部郷（岡山県） 830
伊豆沿岸（静岡県） 537
伊豆木（長野県） 459
伊介神社（神奈川県） 337
伊豆佐比売神社（宮城県） 48
伊豆山（静岡県） 537
伊豆山権現（静岡県） 537
伊豆志坐神社（兵庫県） 718
出石神社（兵庫県） 718
伊豆七条町（奈良県） 742
出石町日野辺（兵庫県） 718
伊豆諸島（東京都） 255
伊豆駿河両国横道巡礼（静岡県） 537
伊都多神社（高知県） 948
伊豆殿堀（東京都） 255
出浦（新潟県） 375
飯縄寺（千葉県） 205
伊豆西海岸（静岡県） 537
伊豆国（静岡県） 537
伊豆の国市（静岡県） 537
出羽（島根県） 810
出早雄小萩神社（長野県） 459
厳原町（長崎県） 1003
厳原町天道茂（長崎県） 1003
厳原町宮谷（長崎県） 1003
伊豆半島（静岡県） 537
伊豆半島西海岸（静岡県） 537
泉（千葉県） 205
泉（新潟県） 375
泉（三重県） 600
和泉（神奈川県） 337
和泉（愛知県） 573
和泉（大阪府） 687
泉穴師神社（大阪府） 687

泉大津（大阪府） 687
泉川（愛媛県） 926
泉観音堂（福島県） 95
泉区（神奈川県） 337
夷灊郡（千葉県） 205
夷隅郡（千葉県） 205
和泉公会堂（千葉県） 205
和泉五社（大阪府） 687
泉崎村（福島県） 95
泉佐野（大阪府） 687
泉佐野市（大阪府） 687
泉沢（群馬県） 149
和泉山脈（大阪府） 688
出水市（鹿児島県） 1054
飯積（泉）寺（高知県） 948
和泉市（大阪府） 688
泉神社（茨城県） 118
和泉神社（滋賀県） 631
泉田（愛知県） 573
泉中央公園中世武家館跡（神奈川県）
　　　　337
泉町（東京都） 255
泉町（島根県） 810
泉廃寺跡（福島県） 95
泉水村（千葉県） 205
泉山城（広島県） 848
出雲（奈良県） 742
出雲（島根県） 810
出雲伊波比神社（埼玉県） 175
出雲大川（島根県） 813
出雲郡（島根県） 813
出雲市（島根県） 813
出雲路（島根県） 813
出雲神社（東京都） 255
出雲神社（島根県） 813
出雲大社（島根県） 813
出雲大社境内遺跡（島根県） 815
出雲大社参道（島根県） 815
出雲大社道（島根県） 815
出雲大神宮（島根県） 815
出雲乃伊波比神社（埼玉県） 175
出雲国（島根県） 815
出雲国一宮（島根県） 816
出雲平野（島根県） 816
石動寺（滋賀県） 631
伊勢（三重県） 600
医聖堂（京都府） 661
伊勢街道（岐阜県） 517
伊勢街道（三重県） 603
伊勢街道（奈良県） 742
伊勢上座蛭子社（三重県） 603
伊勢国分寺跡（三重県） 603
伊勢小町塚（三重県） 603
伊勢西国（三重県） 603
伊勢佐木（神奈川県） 337
伊勢崎（群馬県） 149
伊勢参宮本街道（三重県） 603
伊勢参宮道（愛知県） 573
伊勢市（三重県） 603
伊勢路（三重県） 603
伊勢路（和歌山県） 781
伊勢志摩（三重県） 603
伊勢諸別宮（三重県） 603
伊勢神宮（三重県） 603
伊勢神宮外宮（三重県） 605
伊勢神宮寺（三重県） 605

伊勢神宮内宮（三重県） 605
伊勢神社（栃木県） 135
伊勢太神楽（三重県） 605
伊勢太神宮（三重県） 605
伊勢大神宮（三重県） 605
伊勢太神宮寺（三重県） 605
伊是名島（沖縄県） 1080
伊是名村（沖縄県） 1080
伊是名玉御殿（沖縄県） 1080
伊勢国（三重県） 605
伊勢国一宮（三重県） 605
伊勢原（神奈川県） 337
伊勢原市（神奈川県） 337
伊勢別街道（三重県） 605
伊勢本街道（三重県） 605
伊勢丸稲荷（東京都） 255
院瀬見（富山県） 403
伊勢道（三重県） 605
伊勢村（福井県） 432
伊勢山皇大神宮（神奈川県） 337
伊勢山田（三重県） 605
伊勢両宮（三重県） 605
伊勢湾（愛知県） 573
伊勢湾（三重県） 605
伊勢湾沿岸（滋賀県） 631
伊勢湾諸島（三重県） 606
伊祖（沖縄県） 1080
磯（京都府） 661
磯崎（岡山県） 830
磯崎製塩所（岡山県） 830
磯神社（広島県） 848
伊祖村（沖縄県） 1080
五十猛のグロ（島根県） 816
磯野（滋賀県） 631
石上神宮（奈良県） 742
石上神社（長野県） 459
石上峠（福島県） 95
伊曽乃神社（愛媛県） 926
伊曽乃神社（高知県） 948
伊曽乃台地（愛媛県） 927
磯部（三重県） 606
磯部町（富山県） 403
磯山城址（滋賀県） 631
井田（静岡県） 537
板井迫（大分県） 1018
板荷畑（栃木県） 135
伊太祁曽神社（和歌山県） 781
井田金七家（群馬県） 149
板倉（群馬県） 149
板倉（新潟県） 375
板倉家紺屋座（島根県） 816
板倉町（新潟県） 376
板倉町（群馬県） 149
飯武（愛媛県） 927
潮来（茨城県） 118
潮来市（茨城県） 119
板敷山（山形県） 72
板敷山（茨城県） 119
伊多神社（鹿児島県） 1054
射楯兵主神社（兵庫県） 719
板野町（徳島県） 903
板橋（東京都） 255
板橋（神奈川県） 337
板橋区（東京都） 255
板橋地蔵尊（神奈川県） 337
板橋七福神（東京都） 256

地名・寺社名索引　　いなみ

板橋宿（東京都） 256	一宮神社（新潟県） 376	伊藤谷村（東京都） 256
板橋の田遊び（東京都） 256	一宮大明神（島根県） 816	伊東原（山形県） 72
伊丹（兵庫県） 719	一之宮貫前神社（群馬県） 149	糸崎神社（広島県） 850
伊丹廃寺跡（兵庫県） 719	一之宮八幡大神（神奈川県） 338	糸碕神社（広島県） 850
潮宮神社（茨城県） 119	一宮八幡社（宮城県） 48	糸崎天神社（広島県） 850
板柳（青森県） 27	一宮本郷村（千葉県） 205	糸崎の仏舞（福井県） 432
板山（新潟県） 376	市場（神奈川県） 338	糸島（福岡県） 973
板山不動尊洞窟（新潟県） 376	市場一里塚（神奈川県） 338	糸島半島（福岡県） 973
一宇村（徳島県） 903	一迫邑（宮城県） 48	井戸尻（長野県） 459
一運寺（大阪府） 688	市場村（徳島県） 903	石徹白（福井県） 432
一円屋敷（滋賀県） 631	一畑寺（島根県） 816	伊門神社（栃木県） 135
市ヶ原廃寺（静岡県） 537	一畑薬師（島根県） 816	糸貫川（岐阜県） 517
市ヶ谷（東京都） 256	一畑薬師灯籠（島根県） 816	糸原記念館（島根県） 816
市川（埼玉県） 175	市場町（徳島県） 903	糸満（沖縄県） 1080
市川（千葉県） 205	市原（千葉県） 205	糸満街道（沖縄県） 1080
市川（山梨県） 444	市原稲荷神社（愛知県） 574	糸満市（沖縄県） 1080
市川（兵庫県） 719	市原市（千葉県） 205	伊那（長野県） 460
市川市（千葉県） 205	都部（千葉県） 205	稲川（静岡県） 537
市川陣屋（山梨県） 444	市村新田村（大阪府） 688	猪名川（大阪府） 688
市川大門町（山梨県） 444	市守神社（山口県） 880	稲川神社（新潟県） 376
市川町（兵庫県） 719	一已兵村（北海道） 5	伊南川流域（福島県） 95
市川三郷町（山梨県） 444	一誉坊墓地（三重県） 606	稲城市（東京都） 256
市川義夫家（群馬県） 149	一蓮寺（山梨県） 444	稲草八幡神社（広島県） 850
市河原天満宮（熊本県） 1011	一蓮寺門前町（山梨県） 444	伊那郡（長野県） 463
一木（大分県） 1018	五日市（宮城県） 48	稲毛（千葉県） 205
いちき串木野（鹿児島県） 1054	五日市（東京都） 256	稲毛沖（千葉県） 205
いちき串木野市（鹿児島県） 1055	五日市（広島県） 848	稲毛海岸（千葉県） 205
市杵島神社（茨城県） 119	一閑寺（茨城県） 119	稲毛薬師（神奈川県） 338
市来の七夕踊（鹿児島県） 1055	一貫田（広島県） 848	稲越（岐阜県） 517
池城墓（沖縄県） 1080	一箕（福島県） 95	伊那小沢（長野県） 463
市坂（京都府） 661	五木（熊本県） 1011	引佐（静岡県） 537
一志郡（三重県） 606	一騎塚（神奈川県） 338	引佐町（静岡県） 537
一志町（三重県） 606	一休寺（京都府） 662	稲沢（山形県） 72
市島（兵庫県） 719	厳島（広島県） 848	稲沢市（愛知県） 574
市島町（兵庫県） 719	伊都岐島社（広島県） 848	伊那市（長野県） 463
一乗院（埼玉県） 175	厳島社（広島県） 848	伊那路（長野県） 463
一乗院（鹿児島県） 1055	厳島神社（広島県） 848	稲積（富山県） 403
一乗院跡（鹿児島県） 1055	厳嶋大明神（広島県） 850	稲田（茨城県） 119
一条大路（奈良県） 742	一区町（栃木県） 135	稲田（神奈川県） 338
一乗寺（大阪府） 688	一宮東（高知県） 948	伊那谷（長野県） 463
一乗寺（兵庫県） 719	一軒茶屋（東京都） 256	稲田八幡宮（大阪府） 688
一乗谷（福井県） 432	一向寺（栃木県） 135	稲付（東京都） 256
一条谷（福井県） 432	一向寺跡（栃木県） 135	猪名寺廃寺（兵庫県） 719
市神社（埼玉県） 175	一山神社（埼玉県） 175	稲取（静岡県） 538
市寺（京都府） 662	何鹿神社（京都府） 662	稲庭（秋田県） 62
市之郷廃寺（兵庫県） 719	一色（神奈川県） 338	猪名庄（兵庫県） 719
一ノ瀬（長野県） 459	一色（三重県） 606	猪名荘（兵庫県） 719
市ノ瀬（和歌山県） 781	一色村（神奈川県） 338	猪名野神社（兵庫県） 719
一関（岩手県） 33	一心庵（愛媛県） 927	因幡（鳥取県） 802
一関市（岩手県） 33	一心寺（岐阜県） 517	伊奈波神社（岐阜県） 517
一関藩（岩手県） 33	一心寺（大阪府） 688	因幡堂（京都府） 662
一之瀬高橋（山梨県） 444	一石山（東京都） 256	因幡堂（鳥取県） 802
市之瀬村（岐阜県） 517	一湊（鹿児島県） 1055	因幡東照宮（鳥取県） 802
一の岳（福岡県） 973	一瓶塚稲荷神社（栃木県） 135	因幡国（鳥取県） 802
一の谷（高知県） 948	一本松街道（長野県） 459	因幡薬師霊場（鳥取県） 802
市野々（岩手県） 33	井出（京都府） 662	稲含大明神（群馬県） 149
市辺（滋賀県） 631	以酊庵（長崎県） 1003	稲含山（群馬県） 150
一の宮（東京都） 256	井出上神社（群馬県） 149	稲淵（奈良県） 742
一ノ宮（愛媛県） 927	井手野（佐賀県） 994	稲武町（愛知県） 574
一宮（島根県） 816	井出明神（長崎県） 1003	員弁郡（三重県） 606
一宮（香川県） 911	糸魚川（新潟県） 376	伊那部宿（長野県） 463
一之宮（神奈川県） 338	糸魚川市（新潟県） 376	伊奈町（茨城県） 119
一宮市（愛知県） 574	糸魚川・能生の舞楽（新潟県） 376	伊奈町（埼玉県） 175
一宮寺（香川県） 911	伊東（静岡県） 537	井波（富山県） 403
一宮修家（群馬県） 149	伊東市（静岡県） 537	印南（和歌山県） 781
一ノ宮神社（東京都） 256	伊藤田（大分県） 1018	井波御坊（富山県） 403

いなみ　　　　　　　　　　　地名・寺社名索引

井波城（富山県）	403
稲美町（兵庫県）	719
印南町（和歌山県）	781
稲嶺（沖縄県）	1080
印南野（兵庫県）	719
伊南庄新巡礼三十三ヵ所（千葉県）	205
印波の鳥見の丘（茨城県）	119
井波八幡宮（富山県）	403
井波町（富山県）	403
伊南村（福島県）	95
稲荷（稲生）神社（広島県）	850
稲荷町（京都府）	662
稲荷町（新潟県）	376
稲荷山（長野県）	464
稲荷山（京都府）	662
稲荷山支線（岡山県）	830
稲荷山宿（長野県）	464
稲荷山町（長野県）	464
伊奈良の沼（群馬県）	150
猪苗代（福島県）	95
猪苗代湖（福島県）	96
猪苗代宿（福島県）	96
猪苗代城跡（福島県）	96
渭南（四国）	897
井仁（広島県）	850
犬居（静岡県）	538
衣縫廃寺（大阪府）	688
犬飼山御岳神社（長野県）	464
犬上川左岸扇状地（滋賀県）	631
犬上神社（滋賀県）	631
犬神谷（大分県）	1018
犬川（山形県）	72
犬島（岡山県）	830
犬鳴山（大阪府）	688
犬の宮（山形県）	72
犬目（東京都）	256
犬目町（東京都）	256
犬山（愛知県）	574
犬山祭の車山行事（愛知県）	574
犬山市（愛知県）	574
犬山神社（鳥取県）	802
伊根（兵庫県）	719
稲核（長野県）	464
伊根町（京都府）	662
いの（高知県）	948
伊野（高知県）	948
井野（千葉県）	205
伊能（千葉県）	205
井上（石川県）	416
井上（長野県）	464
井上家住宅（長野県）	464
井上家住宅（岡山県）	830
井上醤油醸造（東京都）	256
井上廃寺（茨城県）	119
井上廃寺（福岡県）	973
稲生神社（千葉県）	205
井上（神）城跡（鹿児島県）	1055
猪狩神社（埼玉県）	175
井之川（鹿児島県）	1055
井之川集落（沖縄県）	1080
井野川流域（群馬県）	150
井ノ草（兵庫県）	719
井口（富山県）	403
井隈荘（徳島県）	903
猪子迫（広島県）	850
井の谷（高知県）	948

猪谷（富山県）	403
命主社（島根県）	816
命山（高知県）	948
いの町（高知県）	948
伊野町（高知県）	949
伊野波（沖縄県）	1081
猪平（石川県）	416
猪目峠（島根県）	816
猪野山（新潟県）	376
飯之山（大阪府）	688
伊場（静岡県）	538
伊場遺跡群（静岡県）	538
井原（岡山県）	830
茨川（滋賀県）	631
茨城（茨城県）	119
茨木（大阪府）	688
茨城県（茨城県）	120
茨木市（大阪府）	688
井原市（岡山県）	830
井原町（岡山県）	830
伊原間（沖縄県）	1081
揖斐（岐阜県）	517
揖斐川上流域（岐阜県）	517
揖斐川町（岐阜県）	517
揖斐郡（岐阜県）	517
揖斐谷（岐阜県）	517
揖斐町（岐阜県）	517
伊美別宮社（大分県）	1018
伊吹（岐阜県）	517
伊吹（滋賀県）	631
伊吹山系（滋賀県）	631
伊吹島（香川県）	911
息吹島（香川県）	911
伊吹町（滋賀県）	631
伊吹山（岐阜県）	517
伊吹山（滋賀県）	631
伊吹山文化資料館（滋賀県）	632
伊福寺（広島県）	850
伊福部の岳（茨城県）	120
飯福田寺（三重県）	606
伊部郷（福井県）	432
揖保（兵庫県）	719
疣石（宮城県）	48
伊保庄（兵庫県）	719
伊保庄（山口県）	880
イボ弁天（千葉県）	205
今井（埼玉県）	175
今井（千葉県）	206
今井（長野県）	464
今井（福岡県）	973
今池遺跡（大阪府）	688
今泉（静岡県）	538
今泉（佐賀県）	994
今泉嘉一郎生家（群馬県）	150
今泉区（宮城県）	48
今泉村（千葉県）	206
今伊勢宮（広島県）	850
今市（栃木県）	135
今市町（栃木県）	135
今市報徳二宮神社（栃木県）	135
今井津（福岡県）	973
今上河岸（千葉県）	206
今上村（千葉県）	206
今木神社（秋田県）	62
今城谷（奈良県）	742
今熊（東京都）	256

今熊野観音寺（京都府）	662
今熊野窟（福岡県）	973
今熊野権現（高知県）	949
新熊野神社（京都府）	662
今国府（奈良県）	742
今高野山（広島県）	850
今里（大阪府）	688
縛られ地蔵（東京都）	256
今庄（福井県）	432
今城（宮崎県）	1039
今城跡（宮崎県）	1039
今津（福岡県）	973
今津町（滋賀県）	632
今津町（広島県）	850
今津町椋川（滋賀県）	632
今津村（広島県）	850
今諏訪（山梨県）	444
今田（長野県）	464
今田居村（滋賀県）	632
今立（福井県）	432
今出（愛媛県）	927
今戸（東京都）	256
今泊（沖縄県）	1081
今成（高知県）	949
今西家住宅（広島県）	850
今八幡神社（岐阜県）	517
今治（愛媛県）	927
今治教会（愛媛県）	927
今治市（愛媛県）	927
伊満福寺（宮崎県）	1039
今保（新潟県）	376
今坊（宮崎県）	1039
今堀（滋賀県）	632
今町（佐賀県）	994
今町（宮崎県）	1039
今町湊（新潟県）	376
今湊（石川県）	416
今宮（栃木県）	135
今宮（京都府）	662
今宮（大阪府）	688
今宮戎神社（大阪府）	688
今宮神社（栃木県）	135
今宮神社（千葉県）	206
今宮神社（静岡県）	538
今宮神社（京都府）	662
今宮浅間神社（静岡県）	538
今村（長野県）	464
今村（福岡県）	973
今村庚申塔（鹿児島県）	1055
今村村（長野県）	464
今谷（千葉県）	206
今山（福岡県）	973
今山神社（新潟県）	376
今山八幡宮（宮崎県）	1039
伊万里（佐賀県）	994
伊万里市（佐賀県）	994
射水（富山県）	403
射水郡（富山県）	403
射水平野（富山県）	403
忌宮神社（山口県）	880
蘭牟田（鹿児島県）	1055
蘭牟田（鹿児島県）	1055
芋井（長野県）	464
芋ヶ峠道（奈良県）	742
妹背の滝（広島県）	850
妹背山（奈良県）	742

地名・寺社名索引　　　　　　　　　　　　　　　　　　　　　いわま

妹背山（和歌山県）……782	入山辺（長野県）……464	石清水八幡宮（広島県）……850
芋平（富山県）……403	居木神社（東京都）……256	岩代（和歌山県）……782
妹山（奈良県）……742	入間川（埼玉県）……175	岩瀬池（香川県）……911
祖谷（徳島県）……903	入間郡（埼玉県）……175	石清尾八幡宮（香川県）……911
揖夜神社（島根県）……816	入間郡東部（埼玉県）……175	岩橋山塊（和歌山県）……782
弥谷寺（香川県）……911	入間東部（埼玉県）……175	岩瀬山横穴墓群（神奈川県）……338
伊夜彦神社（新潟県）……376	色川（和歌山県）……782	岩橋千塚（和歌山県）……782
弥彦神社（千葉県）……206	色地蔵（群馬県）……150	磐田（静岡県）……538
弥彦神社（新潟県）……376	岩井川（宮崎県）……1039	磐田市（静岡県）……538
伊夜比咩神社（石川県）……416	岩井郡（鳥取県）……802	磐田寺（静岡県）……538
祖谷山（徳島県）……903	岩井市（茨城県）……120	岩槻（埼玉県）……175
伊予（愛媛県）……927	祝島（山口県）……880	岩付（埼玉県）……175
伊予稲荷神社（愛媛県）……928	磐井清水（岩手県）……33	岩槻市（埼玉県）……176
伊予岡八幡神社（愛媛県）……928	岩泉町（岩手県）……33	岩槻の古式土俵入り（埼玉県）……176
伊予岡八幡池（愛媛県）……928	岩井戸（千葉県）……206	岩槻藩（埼玉県）……176
伊予街道（愛媛県）……928	岩井堂（埼玉県）……175	岩壺神社（兵庫県）……719
伊予神楽（愛媛県）……928	岩井堂観世音（群馬県）……150	岩手（岩手県）……33
伊予郡（愛媛県）……928	岩井堂観音（埼玉県）……175	岩手かっぱ村（岩手県）……34
伊予国分寺（愛媛県）……928	岩井堂観音（広島県）……850	岩手県（岩手県）……34
伊予西条藩（愛媛県）……928	岩尾（福島県）……96	岩手県南旧仙台藩領（岩手県）……35
伊予市（愛媛県）……928	石岡神社（愛媛県）……929	岩手山（岩手県）……36
伊予路（愛媛県）……928	岩谷（香川県）……911	岩出惣社（栃木県）……135
伊予津（愛媛県）……928	岩門大日堂（長野県）……464	岩出山（宮城県）……48
伊予灘（愛媛県）……928	岩神王子（和歌山県）……782	岩戸観音堂（北海道）……5
伊予国（愛媛県）……928	岩神神社（奈良県）……742	岩戸山（三重県）……606
伊予八幡（愛媛県）……928	岩川八幡神社（鹿児島県）……1055	岩戸寺（兵庫県）……719
伊予八幡宮（愛媛県）……928	いわき（福島県）……96	石戸地蔵堂（埼玉県）……176
伊予府中21ヶ所霊場（愛媛県）……929	岩城（福島県）……96	岩殿沢（埼玉県）……176
伊予三島（愛媛県）……929	岩木（青森県）……27	岩殿山（長野県）……464
伊予三島社（愛媛県）……929	磐城（福島県）……96	石門別神社（岡山県）……830
伊良湖（愛知県）……574	岩木山（青森県）……27	岩内（北海道）……5
伊良湖岬（愛知県）……574	石城山（山口県）……880	岩内町（北海道）……5
伊良湖町（愛知県）……574	石城山神籠石（山口県）……880	岩沼（千葉県）……206
伊良湖東大寺瓦窯（愛知県）……574	岩木山の登拝行事（青森県）……27	岩沼市（宮城県）……48
伊良胡御厨（愛知県）……574	いわき市（福島県）……96	岩沼村（千葉県）……206
伊良原（福岡県）……973	岩城相馬街道（茨城県）……120	岩根（福島県）……96
伊良原谷（福岡県）……973	岩木山神社（青森県）……27	岩根（滋賀県）……632
伊良部（沖縄県）……1081	岩国（山口県）……880	岩根寺（島根県）……816
伊良部島（沖縄県）……1081	岩国市（山口県）……880	岩根神社（埼玉県）……176
伊良部村（沖縄県）……1081	岩国城（山口県）……880	岩根神社（島根県）……816
入会山（愛媛県）……929	岩国町（山口県）……880	岩野（新潟県）……376
入江（広島県）……850	岩国行波の神舞（山口県）……880	岩野（長野県）……464
入江神社（広島県）……850	岩倉（京都府）……662	岩野木（埼玉県）……176
西表（沖縄県）……1081	岩蔵（東京都）……256	岩野田（岐阜県）……517
西表島（沖縄県）……1081	岩倉川（京都府）……662	岩野目沢（秋田県）……62
西表島の節祭（沖縄県）……1081	岩崎寺（富山県）……403	磐椅神社（福島県）……96
入方（岐阜県）……517	岩崎寺集落（富山県）……403	岩原（埼玉県）……176
入来（鹿児島県）……1055	岩倉社（大分県）……1018	岩原村（高知県）……949
入郷（宮崎県）……1039	岩倉神社（山形県）……72	光岩稲荷神社（埼玉県）……176
入沢村（山梨県）……444	岩倉神社（三重県）……606	岩櫃（群馬県）……150
入四間湯殿権現（茨城県）……120	岩倉塚（香川県）……911	岩淵（京都府）……256
入曽（埼玉県）……175	岩倉村（鳥取県）……802	岩淵寺（奈良県）……742
入野（東京都）……256	岩倉村（岡山県）……830	岩船（新潟県）……376
入野（長野県）……464	岩崎（秋田県）……62	磐船郡（新潟県）……376
入野（静岡県）……538	岩崎（栃木県）……135	岩船地蔵（東日本）……2
入野（島根県）……816	岩崎森（愛媛県）……929	岩船地蔵（茨城県）……120
入野（愛媛県）……929	岩沢（新潟県）……376	岩船地蔵（栃木県）……135
入古（静岡県）……538	岩沢村（新潟県）……376	岩船地蔵（埼玉県）……176
入見神社（愛知県）……574	鰯街道（三重県）……606	岩船地蔵（千葉県）……206
西村（沖縄県）……1082	岩子島（広島県）……850	岩船地蔵（東京都）……256
入谷（宮城県）……48	岩下（長野県）……464	岩船神社（愛知県）……574
入谷（東京都）……256	岩島（群馬県）……150	磐船神社（大阪府）……688
入谷（神奈川県）……338	石清水（京都府）……662	岩船八幡宮（大分県）……1018
入山（群馬県）……150	石清水八幡（京都府）……662	岩舟不動堂（岐阜県）……517
不入斗（静岡県）……538	石清水八幡宮（広島県）……850	岩間（長野県）……464
入山田村（大阪府）……688	石清水八幡宮（京都府）……662	岩窟神社（兵庫県）……719

いわま　　　　　　　　　　　地名・寺社名索引

岩間町（茨城県）	120	上杉神社（山形県）	72	浮島（愛媛県）	929

岩間町（茨城県） …………… 120
石見（島根県） ……………… 816
石見海岸（島根県） ………… 817
石見銀山（島根県） ………… 817
石見銀山遺跡（島根県） …… 817
岩見田（宮崎県） …………… 1039
石見国（島根県） …………… 817
巌室寺（静岡県） …………… 538
岩室村（新潟県） …………… 376
岩本（静岡県） ……………… 538
岩本院（神奈川県） ………… 338
岩本寺（高知県） …………… 949
岩本神社（石川県） ………… 416
岩本坊（神奈川県） ………… 338
岩屋観音（長崎県） ………… 1003
岩屋観音（鹿児島県） ……… 1055
岩谷観音（滋賀県） ………… 632
岩屋熊野座神社（熊本県） … 1011
岩屋山洞窟（新潟県） ……… 376
岩屋寺（愛知県） …………… 574
岩屋寺（島根県） …………… 817
岩屋寺（愛媛県） …………… 929
岩屋寺（大分県） …………… 1018
岩屋地蔵尊（島根県） ……… 817
岩屋洞（埼玉県） …………… 176
岩屋峠（奈良県） …………… 742
岩山（新潟県） ……………… 376
岩山観音堂（広島県） ……… 850
石湯行宮（愛媛県） ………… 929
岩原（福岡県） ……………… 973
磐余道（奈良県） …………… 742
岩脇山（岩手県） …………… 36
岩湧寺（大阪府） …………… 688
岩涌寺（大阪府） …………… 688
インギャー海岸（沖縄県） … 1081
印西（千葉県） ……………… 206
印西市（千葉県） …………… 206
因州（鳥取県） ……………… 802
因州東照宮（鳥取県） ……… 802
引接寺（京都府） …………… 662
位田家住宅（東京都） ……… 256
インド水塔（神奈川県） …… 338
印南（兵庫県） ……………… 719
印鑰社（福岡県） …………… 973
印鑰神社（熊本県） ………… 1011
印野（静岡県） ……………… 538
因島（広島県） ……………… 850
因島大浜町（広島県） ……… 850
因島水軍城（広島県） ……… 850
因島中庄町（広島県） ……… 850
院庄（岡山県） ……………… 831
因伯（鳥取県） ……………… 802
印旛郡（千葉県） …………… 206
印旛沼（千葉県） …………… 206
伊部南大窯（岡山県） ……… 831
陰涼寺（大阪府） …………… 688

【う】

生石子神社（広島県） ……… 850
外良寺（山梨県） …………… 444
上畠神社（愛知県） ………… 574
上面縄（鹿児島県） ………… 1055
植木（福岡県） ……………… 973
上杉重秋氏屋敷（愛媛県） … 929

上杉神社（山形県） ………… 72
上田（長野県） ……………… 464
上田市（長野県） …………… 465
上田寺（石川県） …………… 416
上田西宮えびす神社（長野県） … 465
上田藩（長野県） …………… 465
上田盆地（長野県） ………… 465
上塚（鹿児島県） …………… 1055
植槻八幡神社（奈良県） …… 742
上戸（石川県） ……………… 416
上戸嶺谷（石川県） ………… 416
飢人地蔵（福岡県） ………… 974
上野（千葉県） ……………… 206
上野（東京都） ……………… 256
上野（新潟県） ……………… 376
上野（滋賀県） ……………… 632
上野（大分県） ……………… 1018
上野（沖縄県） ……………… 1081
上野庵寺（滋賀県） ………… 632
上野遺跡（三重県） ………… 606
上野公園（東京都） ………… 256
上野宿（三重県） …………… 606
上野村（沖縄県） …………… 1081
上之段（鹿児島県） ………… 1055
上の天神さん（熊本県） …… 1011
上野東照宮（東京都） ……… 257
上ノ原（山形県） …………… 72
上ノ原台地（東京都） ……… 257
上野原町（山梨県） ………… 444
上野村（群馬県） …………… 150
植野村（栃木県） …………… 135
上原（千葉県） ……………… 206
上原（長野県） ……………… 465
上原（佐賀県） ……………… 994
上町（大阪府） ……………… 688
上町（宮崎県） ……………… 1039
上町台地（大阪府） ………… 688
植松（大分県） ……………… 1018
上村天神（愛媛県） ………… 929
上村日月神社（静岡県） …… 538
植谷戸（神奈川県） ………… 338
ウエンナイ神社三社（北海道） … 5
魚ヶ辺（山口県） …………… 880
魚津（富山県） ……………… 403
魚津市（富山県） …………… 403
魚津神社（富山県） ………… 403
魚津八幡（富山県） ………… 403
魚津町（富山県） …………… 403
魚釣島（沖縄県） …………… 1081
魚止（福井県） ……………… 432
魚沼（新潟県） ……………… 376
魚沼郡（新潟県） …………… 377
魚沼市（新潟県） …………… 377
魚沼神社（新潟県） ………… 377
魚野川流域（新潟県） ……… 377
魚町（愛知県） ……………… 574
魚見の松（静岡県） ………… 538
宇賀郷（島根県） …………… 817
浮島（山口県） ……………… 880
宇賀神社（香川県） ………… 911
鵜方（三重県） ……………… 606
宇賀弁天（群馬県） ………… 150
鵜川（石川県） ……………… 416
鵜川（滋賀県） ……………… 632
宇木（長野県） ……………… 465
浮島（京都府） ……………… 662

浮島（愛媛県） ……………… 929
浮島地蔵尊（栃木県） ……… 135
浮島神社（東京都） ………… 257
浮羽（福岡県） ……………… 974
浮辺（鹿児島県） …………… 1055
浮谷（埼玉県） ……………… 176
宇久（長崎県） ……………… 1003
宇久井神社（和歌山県） …… 782
宇久島（長崎県） …………… 1003
宇久神社（長崎県） ………… 1003
宇久須（静岡県） …………… 538
宇気河口神社（鳥取県） …… 802
宇検村（鹿児島県） ………… 1055
羽後町（秋田県） …………… 62
宇佐（高知県） ……………… 949
宇佐（大分県） ……………… 1018
兎田八幡宮（高知県） ……… 949
宇崎（茨城県） ……………… 121
宇佐宮（大分県） …………… 1019
宇佐宮上宮（大分県） ……… 1019
宇佐宮神領（大分県） ……… 1019
宇佐宮領（大分県） ………… 1019
宇佐市（大分県） …………… 1019
宇佐神宮（大分県） ………… 1019
宇佐神宮社叢（大分県） …… 1019
宇佐神社（香川県） ………… 911
宇佐村（山口県） …………… 880
宇佐八幡（大分県） ………… 1019
宇佐八幡宮（長野県） ……… 465
宇佐八幡宮（大分県） ……… 1019
宇佐平野（大分県） ………… 1020
宇佐美（静岡県） …………… 538
宇佐美郷（静岡県） ………… 538
宇佐美尋常小学校（静岡県） … 538
宇佐美村（静岡県） ………… 538
宇佐歴史博物館（大分県） … 1020
宇治（京都府） ……………… 662
氏家（栃木県） ……………… 135
牛尾神社（新潟県） ………… 377
潮田（神奈川県） …………… 338
潮田神社（神奈川県） ……… 338
牛飼（滋賀県） ……………… 632
牛ヶ首島（香川県） ………… 911
牛ヶ島（新潟県） …………… 377
宇治上神社（京都府） ……… 663
丑川（東京都） ……………… 257
宇治川流域（京都府） ……… 663
牛久（千葉県） ……………… 206
牛久市（茨城県） …………… 121
牛頸（福岡県） ……………… 974
宇治郡（三重県） …………… 606
宇治上阿弥陀堂（新潟県） … 377
宇治市（京都府） …………… 663
宇治神社（三重県） ………… 606
宇治神社（京都府） ………… 663
牛津川（佐賀県） …………… 994
牛田（東京都） ……………… 257
牛岳権現（富山県） ………… 403
宇治田原（京都府） ………… 663
牛出津（石川県） …………… 416
牛天神（東京都） …………… 257
牛天神北野神社（東京都） … 257
牛塔（滋賀県） ……………… 632
艮社（広島県） ……………… 850
艮神社（広島県） …………… 850
牛滑（富山県） ……………… 403

地名・寺社名索引　　うやか

宇治二郷(三重県)	606
牛の首観音堂(広島県)	850
牛の角突きの習俗(新潟県)	377
牛の塔(群馬県)	150
宇治陵(京都府)	663
宇治橋(三重県)	606
牛原(佐賀県)	994
宇治平等院(京都府)	663
牛深(熊本県)	1011
牛深町(熊本県)	1011
牛袋(宮城県)	49
牛堀(茨城県)	121
牛島(山口県)	880
牛牧(長野県)	465
牛牧神社(長野県)	465
牛牧無縁堂(長野県)	465
牛窓(岡山県)	831
牛守神社(福岡県)	974
牛山(愛知県)	574
宇治山田(三重県)	606
宇治山田市(三重県)	606
後(愛媛県)	929
後岳(鹿児島県)	1055
後山(岡山県)	831
牛渡(茨城県)	121
有珠(北海道)	5
臼井(千葉県)	206
薄磯(福島県)	96
臼井田(千葉県)	206
臼井台(千葉県)	206
碓氷峠(群馬県)	150
碓氷峠(長野県)	465
臼井町(福岡県)	974
臼ヶ峰(富山県)	403
臼杵(大分県)	1020
臼木(大分県)	1020
臼杵護国神社(大分県)	1020
臼杵市(大分県)	1020
臼杵城(大分県)	1020
臼杵石仏(大分県)	1020
薄衣(岩手県)	36
臼杵藩(大分県)	1020
臼杵磨崖仏(大分県)	1020
御宿井(沖縄県)	1081
臼沢(岩手県)	36
薄島(富山県)	403
淡墨桜(岐阜県)	517
有珠善光寺(北海道)	5
臼田町(長野県)	465
臼田村(長野県)	465
有珠町(北海道)	5
臼中(富山県)	403
巴波川(栃木県)	135
太秦(京都府)	663
ウズミグムイ(沖縄県)	1081
臼谷稲荷神社(北海道)	5
羽前(山形県)	72
鶯の口(長野県)	465
宇陀(奈良県)	742
宇田(群馬県)	150
宇多郡(福島県)	96
宇陀西国三十三所(奈良県)	742
鵜多須町(愛知県)	574
温谷寺跡(石川県)	417
宇谷町(石川県)	417
菟田野(奈良県)	742

歌登パンケナイ砂金地(北海道)	5
歌笛(北海道)	5
宇太水分神社(奈良県)	742
菟足神社(愛知県)	574
宇智(奈良県)	742
内海(宮崎県)	1039
内海港(宮崎県)	1039
内浦(静岡県)	538
内浦長浜(静岡県)	539
内浦町(石川県)	417
内浦湾(北海道)	5
内ヶ巻(新潟県)	377
内川(神奈川県)	338
内川(石川県)	417
内子(愛媛県)	929
内郷村(神奈川県)	338
打越(東京都)	257
打越弁財天(東京都)	257
打越町(東京都)	257
内子町(愛媛県)	929
内田(長野県)	465
内田佐七邸(愛知県)	574
打田町(和歌山県)	782
内楯(山形県)	72
内田手永(熊本県)	1011
打出(兵庫県)	719
内出(茨城県)	121
内殿(福岡県)	974
内外海半島(福井県)	432
内成(大分県)	1020
内野(新潟県)	377
内之浦(鹿児島県)	1055
内海八幡神社(香川県)	911
内船(山梨県)	444
内本町(大阪府)	688
内谷(福岡県)	96
内山(長野県)	465
内山(大分県)	1020
内山永久寺(奈良県)	742
内山寺(宮崎県)	1039
内山神社(佐賀県)	994
内山武家(群馬県)	150
内尾(石川県)	417
美ヶ原(長野県)	465
打沢(長野県)	465
宇津神社(広島県)	850
打田(京都府)	663
打田村(京都府)	663
内々神社庭園(愛知県)	574
宇津野(高知県)	949
宇都宮(栃木県)	136
宇都宮市(栃木県)	136
宇都宮女子高等学校(栃木県)	136
宇都宮明神(栃木県)	136
内海(愛知県)	574
内海(香川県)	911
内海谷(愛知県)	574
内海東端(愛知県)	574
宇津明神(山形県)	72
宇土(熊本県)	1012
有東木(静岡県)	539
有東木の盆踊(静岡県)	539
善知鳥神社(青森県)	27
宇藤木(大分県)	1020
宇土山砦(大分県)	1020
宇土市(熊本県)	1012

鵜戸神宮(宮崎県)	1039
宇土神社(熊本県)	1012
鵜殿浦(三重県)	606
鵜無ケ淵(静岡県)	539
宇内薬師堂(茨城県)	121
宇奈加美(千葉県)	206
海上(千葉県)	206
海上八幡宮(千葉県)	206
宇奈岐日女神社(大分県)	1020
宇波(富山県)	403
有年(千葉県)	206
有年(兵庫県)	719
畝田村(石川県)	417
有年原(兵庫県)	719
采女神社(奈良県)	742
宇野津(岡山県)	831
鵜鳥神楽(岩手県)	36
宇ノ御厨荘(佐賀県)	994
卯之町(愛媛県)	929
宇ノ御厨(佐賀県)	994
姥神大神宮(北海道)	5
姥島(神奈川県)	338
鵜羽神社(千葉県)	206
姥捨山(長野県)	465
鵜原(千葉県)	206
菟原郡(兵庫県)	719
初生衣神社(静岡県)	539
宇夫階神社(香川県)	911
大立大殿みゃーか(沖縄県)	1081
宇部(山口県)	880
宇部市(山口県)	880
雨宝院(石川県)	417
宇摩(愛媛県)	929
馬洗い池(滋賀県)	632
馬返し(山梨県)	444
馬返鳥居(山梨県)	444
宇摩郡(愛媛県)	929
馬路村(高知県)	949
馬取り池(愛知県)	574
馬乗り馬頭観音(千葉県)	206
馬見(奈良県)	742
茨城郡(茨城県)	121
宇美(福岡県)	974
宇美川(福岡県)	974
宇美八幡(福岡県)	974
宇美八幡宮(福岡県)	974
海辺大工町(東京都)	257
海渡神社(山形県)	72
梅ヶ島(静岡県)	539
梅ヶ島新田(静岡県)	539
梅ヶ瀬書堂跡(宮崎県)	1039
梅沢(東京都)	257
梅沢村(秋田県)	62
梅園(埼玉県)	176
梅園神社(埼玉県)	176
梅田(東京都)	257
梅田(大阪府)	688
梅田(福岡県)	974
梅田厚生館(大阪府)	688
梅田町(群馬県)	150
梅田町(東京都)	257
梅之堂(愛媛県)	929
梅の堂前(愛媛県)	929
宇目(大分県)	1020
梅若塚(東京都)	257
敬川町(島根県)	817

1137

うやま　　　　　　　　　　　　　地名・寺社名索引

宇山（広島県）‥‥‥‥‥‥‥‥ 850
浦臼町（北海道）‥‥‥‥‥‥‥‥ 5
浦賀（神奈川県）‥‥‥‥‥‥‥ 338
浦上（石川県）‥‥‥‥‥‥‥‥ 417
浦上（長崎県）‥‥‥‥‥‥‥ 1003
浦上国津姫神社（和歌山県）‥ 782
浦河町（北海道）‥‥‥‥‥‥‥‥ 5
浦川原（新潟県）‥‥‥‥‥‥‥ 377
遊楽庄（兵庫県）‥‥‥‥‥‥‥ 719
浦郷（島根県）‥‥‥‥‥‥‥‥ 818
浦郷（高知県）‥‥‥‥‥‥‥‥ 949
浦里村（長野県）‥‥‥‥‥‥‥ 465
浦佐毘沙門堂の裸押合（新潟県）‥ 377
浦潮本願寺（北方地域）‥‥‥‥‥ 1
浦島神社（広島県）‥‥‥‥‥‥ 851
浦島の不動滝（埼玉県）‥‥‥‥ 176
浦城（秋田県）‥‥‥‥‥‥‥‥‥ 62
後須田（新潟県）‥‥‥‥‥‥‥ 377
浦添（沖縄県）‥‥‥‥‥‥‥ 1081
浦添グスク（沖縄県）‥‥‥‥ 1081
浦添市（沖縄県）‥‥‥‥‥‥ 1081
浦添大墓地公園（沖縄県）‥‥ 1082
浦添番所（沖縄県）‥‥‥‥‥ 1082
浦添ようどれ（沖縄県）‥‥‥ 1082
浦田（岡山県）‥‥‥‥‥‥‥‥ 831
浦寺（埼玉県）‥‥‥‥‥‥‥‥ 176
浦寺村（埼玉県）‥‥‥‥‥‥‥ 176
浦富（鳥取県）‥‥‥‥‥‥‥‥ 802
浦戸湾（高知県）‥‥‥‥‥‥‥ 949
浦ノ内（徳島県）‥‥‥‥‥‥‥ 903
浦原（鹿児島県）‥‥‥‥‥‥ 1055
浦幌（北海道）‥‥‥‥‥‥‥‥‥ 5
浦幌町（北海道）‥‥‥‥‥‥‥‥ 5
浦松（福岡県）‥‥‥‥‥‥‥‥ 974
占見廃寺址（岡山県）‥‥‥‥‥ 831
浦村（三重県）‥‥‥‥‥‥‥‥ 606
浦村町（三重県）‥‥‥‥‥‥‥ 606
浦本（新潟県）‥‥‥‥‥‥‥‥ 377
浦安（千葉県）‥‥‥‥‥‥‥‥ 206
浦安市（千葉県）‥‥‥‥‥‥‥ 206
浦山（埼玉県）‥‥‥‥‥‥‥‥ 176
浦山大日堂（埼玉県）‥‥‥‥‥ 176
浦山大日如来堂（埼玉県）‥‥‥ 176
浦和（埼玉県）‥‥‥‥‥‥‥‥ 176
浦和市（埼玉県）‥‥‥‥‥‥‥ 176
宇利郷（愛知県）‥‥‥‥‥‥‥ 574
宇竜（島根県）‥‥‥‥‥‥‥‥ 818
瓜生（福井県）‥‥‥‥‥‥‥‥ 432
宇竜浦（島根県）‥‥‥‥‥‥‥ 818
瓜生区（福井県）‥‥‥‥‥‥‥ 432
瓜生島（大分県）‥‥‥‥‥‥ 1020
砂川（沖縄県）‥‥‥‥‥‥‥ 1082
砂川村（沖縄県）‥‥‥‥‥‥ 1082
生神神社（鹿児島県）‥‥‥‥ 1055
売木（長野県）‥‥‥‥‥‥‥‥ 465
漆ヶ窪（長野県）‥‥‥‥‥‥‥ 465
漆戸（山梨県）‥‥‥‥‥‥‥‥ 444
漆山（新潟県）‥‥‥‥‥‥‥‥ 377
漆山大仏（山形県）‥‥‥‥‥‥‥ 72
漆山神社（新潟県）‥‥‥‥‥‥ 377
漆山陣屋（栃木県）‥‥‥‥‥‥ 136
うるま市（沖縄県）‥‥‥‥‥ 1083
嬉野（佐賀県）‥‥‥‥‥‥‥‥ 994
嬉野町（佐賀県）‥‥‥‥‥‥‥ 994
有漏神社（滋賀県）‥‥‥‥‥‥ 632
宇和（愛媛県）‥‥‥‥‥‥‥‥ 930

宇和海（愛媛県）‥‥‥‥‥‥‥ 930
宇和郡（愛媛県）‥‥‥‥‥‥‥ 930
宇和島（愛媛県）‥‥‥‥‥‥‥ 930
宇和島市（愛媛県）‥‥‥‥‥‥ 930
宇和島藩（愛媛県）‥‥‥‥‥‥ 930
宇波西神社（福井県）‥‥‥‥‥ 432
宇和町伊賀上（愛媛県）‥‥‥‥ 930
表門郷（山梨県）‥‥‥‥‥‥‥ 444
上成（高知県）‥‥‥‥‥‥‥‥ 949
上沼八幡神社（宮城県）‥‥‥‥‥ 49
上野邑（新潟県）‥‥‥‥‥‥‥ 377
雲海寺（静岡県）‥‥‥‥‥‥‥ 539
雲巌寺（栃木県）‥‥‥‥‥‥‥ 136
雲巌禅寺（栃木県）‥‥‥‥‥‥ 136
雲興寺（東京都）‥‥‥‥‥‥‥ 257
雲谷庵（山口県）‥‥‥‥‥‥‥ 880
雲谷寺（群馬県）‥‥‥‥‥‥‥ 150
雲居寺（京都府）‥‥‥‥‥‥‥ 663
雲山峰（大阪府）‥‥‥‥‥‥‥ 688
雲州（島根県）‥‥‥‥‥‥‥‥ 818
雲樹寺（島根県）‥‥‥‥‥‥‥ 818
雲照寺（栃木県）‥‥‥‥‥‥‥ 136
雲祥寺（青森県）‥‥‥‥‥‥‥‥ 27
雲祥寺（三重県）‥‥‥‥‥‥‥ 606
雲上寺（新潟県）‥‥‥‥‥‥‥ 377
雲仙（長崎県）‥‥‥‥‥‥‥ 1003
雲仙山系（長崎県）‥‥‥‥‥ 1003
温泉神社（長崎県）‥‥‥‥‥ 1003
雲仙岳（長崎県）‥‥‥‥‥‥ 1003
運天港（沖縄県）‥‥‥‥‥‥ 1083
雲洞庵（新潟県）‥‥‥‥‥‥‥ 377
雲南神社（山形県）‥‥‥‥‥‥‥ 72
雲入寺（広島県）‥‥‥‥‥‥‥ 851
雲浜（福井県）‥‥‥‥‥‥‥‥ 433
雲辺寺（徳島県）‥‥‥‥‥‥‥ 903
温明殿（京都府）‥‥‥‥‥‥‥ 663
雲竜院（京都府）‥‥‥‥‥‥‥ 663
雲竜の館（福岡県）‥‥‥‥‥‥ 974
雲林寺（神奈川県）‥‥‥‥‥‥ 338

【 え 】

江合川流域（宮崎県）‥‥‥‥ 1039
永運院（京都府）‥‥‥‥‥‥‥ 663
永久庵（愛媛県）‥‥‥‥‥‥‥ 930
永久寺（千葉県）‥‥‥‥‥‥‥ 207
永久寺（神奈川県）‥‥‥‥‥‥ 338
永久寺（奈良県）‥‥‥‥‥‥‥ 742
永京寺（福島県）‥‥‥‥‥‥‥‥ 96
永慶寺（奈良県）‥‥‥‥‥‥‥ 742
永慶寺（大分県）‥‥‥‥‥‥ 1020
永建寺（福井県）‥‥‥‥‥‥‥ 433
永源寺（埼玉県）‥‥‥‥‥‥‥ 176
永源寺（静岡県）‥‥‥‥‥‥‥ 539
永源寺（滋賀県）‥‥‥‥‥‥‥ 632
永源寺（山口県）‥‥‥‥‥‥‥ 880
永源寺町（滋賀県）‥‥‥‥‥‥ 632
永国寺（熊本県）‥‥‥‥‥‥ 1012
永国寺跡（高知県）‥‥‥‥‥‥ 949
叡山（滋賀県）‥‥‥‥‥‥‥‥ 632
永寿寺（広島県）‥‥‥‥‥‥‥ 851
栄昌院（岐阜県）‥‥‥‥‥‥‥ 517
永昌寺（富山県）‥‥‥‥‥‥‥ 403
永昌寺（長野県）‥‥‥‥‥‥‥ 465
英勝寺（神奈川県）‥‥‥‥‥‥ 338

永専寺（北海道）‥‥‥‥‥‥‥‥ 5
栄蔵寺（山形県）‥‥‥‥‥‥‥‥ 72
永蔵坊（山形県）‥‥‥‥‥‥‥‥ 72
永代寺（東京都）‥‥‥‥‥‥‥ 257
永代橋（東京都）‥‥‥‥‥‥‥ 257
永代橋沈溺横死諸亡霊塚（東京都）‥ 257
永沢寺（岩手県）‥‥‥‥‥‥‥‥ 36
頴娃町（鹿児島県）‥‥‥‥‥ 1055
叡福寺（大阪府）‥‥‥‥‥‥‥ 688
永福寺（茨城県）‥‥‥‥‥‥‥ 121
永福寺（東京都）‥‥‥‥‥‥‥ 257
永福寺（大阪府）‥‥‥‥‥‥‥ 688
永福寺（山口県）‥‥‥‥‥‥‥ 880
永福寺（大分県）‥‥‥‥‥‥ 1020
永福平（大分県）‥‥‥‥‥‥ 1020
永平寺（福井県）‥‥‥‥‥‥‥ 433
永平寺町（福井県）‥‥‥‥‥‥ 433
永宝院（長野県）‥‥‥‥‥‥‥ 465
永満寺（福岡県）‥‥‥‥‥‥‥ 974
延命寺（愛知県）‥‥‥‥‥‥‥ 575
栄養寺（愛媛県）‥‥‥‥‥‥‥ 930
永隆寺（東京都）‥‥‥‥‥‥‥ 257
永林寺（三重県）‥‥‥‥‥‥‥ 606
永蓮寺（新潟県）‥‥‥‥‥‥‥ 377
英連邦戦没者墓地（神奈川県）‥ 338
江内（鹿児島県）‥‥‥‥‥‥ 1055
荏柄天神（神奈川県）‥‥‥‥‥ 338
荏柄天神社（神奈川県）‥‥‥‥ 338
駅家町服部永谷（広島県）‥‥‥ 851
江口（群馬県）‥‥‥‥‥‥‥‥ 150
絵下（広島県）‥‥‥‥‥‥‥‥ 851
江下観音（山口県）‥‥‥‥‥‥ 880
絵下谷（広島県）‥‥‥‥‥‥‥ 851
回向院（東京都）‥‥‥‥‥‥‥ 257
恵光寺（大阪府）‥‥‥‥‥‥‥ 688
江古田（東京都）‥‥‥‥‥‥‥ 257
江坂（大阪府）‥‥‥‥‥‥‥‥ 688
江崎（山口県）‥‥‥‥‥‥‥‥ 880
江差（北海道）‥‥‥‥‥‥‥‥‥ 5
江刺区（岩手県）‥‥‥‥‥‥‥‥ 36
江差町（北海道）‥‥‥‥‥‥‥‥ 5
江島杉山神社（東京都）‥‥‥‥ 257
江尻（静岡県）‥‥‥‥‥‥‥‥ 539
江尻津（静岡県）‥‥‥‥‥‥‥ 539
絵図沢（宮城県）‥‥‥‥‥‥‥‥ 49
蝦夷（北海道）‥‥‥‥‥‥‥‥‥ 5
蝦夷島（北海道）‥‥‥‥‥‥‥‥ 5
蝦夷地（北海道）‥‥‥‥‥‥‥‥ 5
江田（広島県）‥‥‥‥‥‥‥‥ 851
枝川（高知県）‥‥‥‥‥‥‥‥ 949
江田島鷹宮（広島県）‥‥‥‥‥ 851
愛知川町（滋賀県）‥‥‥‥‥‥ 632
愛知郡（滋賀県）‥‥‥‥‥‥‥ 632
越後（新潟県）‥‥‥‥‥‥‥‥ 377
依知郷（神奈川県）‥‥‥‥‥‥ 339
愛知高等女学校（滋賀県）‥‥‥ 632
越後国（新潟県）‥‥‥‥‥‥‥ 378
越後原（宮城県）‥‥‥‥‥‥‥‥ 49
越後湯沢（新潟県）‥‥‥‥‥‥ 378
愛知実業学校（滋賀県）‥‥‥‥ 632
越前（福井県）‥‥‥‥‥‥‥‥ 433
越前五山（福井県）‥‥‥‥‥‥ 434
越前町（福井県）‥‥‥‥‥‥‥ 434
越前国（福井県）‥‥‥‥‥‥‥ 434
越前万歳（福井県）‥‥‥‥‥‥ 434
越前岬（福井県）‥‥‥‥‥‥‥ 434

地名・寺社名索引　　　　　　　　　　　　　　　　　　　　えんめ

越佐（新潟県）	378	
越中（富山県）	403	
越中国（富山県）	404	
越中の稚児舞（富山県）	404	
越登賀（石川県）	417	
江戸（東京都）	257	
江戸川（埼玉県）	176	
江戸川（千葉県）	207	
江戸川（東京都）	261	
江戸川河口（関東）	114	
江戸川区（東京都）	261	
江戸川上流（埼玉県）	176	
江戸川西岸（千葉県）	207	
江戸川土手（千葉県）	207	
江戸川橋（東京都）	261	
江戸川流域（関東）	114	
江戸川流域（埼玉県）	176	
江戸川流域（東京都）	261	
江戸五色不動（東京都）	261	
江戸城大奥（東京都）	261	
江戸内湾（東京都）	261	
江戸の里神楽（東京都）	261	
江戸のサンタ・マリア（東京都）	261	
江戸前（東京都）	261	
江戸六阿弥陀（東京都）	261	
江戸六地蔵（東京都）	261	
江戸湾（千葉県）	207	
江戸湾（東京都）	261	
恵那（岐阜県）	517	
江名（福島県）	96	
胞衣神社（栃木県）	136	
榎津廃寺（大阪府）	689	
江波（鳥取県）	802	
江波（佐賀県）	995	
榎並城跡伝承地（大阪府）	389	
慧日山（京都府）	563	
恵日寺（福島県）	96	
恵日寺（佐賀県）	995	
慧日寺（福島県）	97	
慧日寺跡（福島県）	97	
江沼（石川県）	417	
江沼郡（石川県）	417	
江の浦（静岡県）	539	
江浦（静岡県）	539	
江の浦湾（静岡県）	539	
榎稲荷（東京都）	261	
榎坂（東京都）	262	
榎田遺跡（長野県）	465	
榎戸（千葉県）	207	
榎前（愛知県）	575	
榎前村（愛知県）	575	
江の島（神奈川県）	339	
江の嶋（神奈川県）	339	
江島神社（神奈川県）	339	
江島寺（神奈川県）	339	
江ノ島八福神（神奈川県）	339	
江ノ島弁天（神奈川県）	339	
江之島道（神奈川県）	339	
可愛陵（鹿児島県）	1056	
榎本神社（奈良県）	742	
江波（広島県）	851	
荏原郡（東京都）	262	
海老江（大阪府）	689	
海老崎（愛媛県）	930	
戎池（大阪府）	689	
蛭子井戸（佐賀県）	995	

恵美須神社（山口県）	880	
胡神社（広島県）	851	
恵比須町（高知県）	949	
夷山（徳島県）	903	
海老名（神奈川県）	339	
海老名市（神奈川県）	339	
えびの（宮崎県）	1039	
えびの市（宮崎県）	1039	
愛媛（愛媛県）	930	
愛媛県（愛媛県）	931	
江文神社（京都府）	663	
江別（北海道）	5	
江別市（北海道）	5	
烏帽子岩（山梨県）	444	
江間村（静岡県）	539	
江見（千葉県）	207	
江良（広島県）	851	
永良部（鹿児島県）	1056	
江良真砂山観音（山口県）	880	
えりも町（北海道）	6	
恵隆寺（福島県）	97	
恵林寺（山梨県）	444	
延応寺（兵庫県）	719	
円覚寺（東京都）	262	
円覚寺（神奈川県）	339	
円覚寺（福岡県）	974	
円覚寺跡（沖縄県）	1083	
延喜村（愛媛県）	932	
円教寺（兵庫県）	719	
円行寺（秋田県）	62	
園教寺（滋賀県）	632	
延慶碑（秋田県）	62	
縁切榎（東京都）	262	
円慶寺（千葉県）	207	
円興寺（岐阜県）	517	
円光寺（岩手県）	36	
円光寺（埼玉県）	176	
円光寺（石川県）	417	
円光寺（愛媛県）	932	
円光寺跡（岡山県）	831	
円光大師讃岐二十五箇所（香川県）	911	
円光大師二十五霊場（西日本）	624	
円座（香川県）	911	
円座町（三重県）	606	
円珠院（和歌山県）	782	
遠州（静岡県）	539	
遠州岩水寺（静岡県）	539	
遠州三山（静岡県）	539	
遠州灘（静岡県）	540	
延寿王院（福岡県）	974	
円寿寺（大分県）	1020	
延寿寺（岩手県）	36	
延寿寺（福島県）	97	
延寿堂（神奈川県）	339	
円乗院（千葉県）	207	
円成院（福島県）	97	
円成院（東京都）	262	
円生院（奈良県）	743	
円勝寺（千葉県）	207	
円照寺（東京都）	262	
円照寺（大阪府）	689	
円照寺（兵庫県）	720	
円照寺（奈良県）	743	
円照寺（大分県）	1020	
円乗寺（東京都）	262	
円乗寺（福井県）	434	

円城寺（東京都）	262	
円城寺（岐阜県）	517	
円成寺（岐阜県）	517	
円成寺（静岡県）	540	
円成寺（奈良県）	743	
円正寺（千葉県）	207	
園城寺（富山県）	404	
延勝寺（滋賀県）	632	
縁城寺（京都府）	663	
縁浄寺（鳥取県）	802	
塩吹岩穴（茨城県）	121	
遠駿豆（静岡県）	540	
円清寺（福岡県）	974	
円泉寺（東京都）	262	
円蔵院（千葉県）	207	
円蔵院（山梨県）	444	
円増寺（愛知県）	575	
円蔵寺（福島県）	97	
円蔵寺（神奈川県）	339	
円通庵（宮崎県）	1040	
円通院（山梨県）	444	
円通閣（三重県）	606	
円通閣（広島県）	851	
円通寺（埼玉県）	176	
円通寺（神奈川県）	339	
円通寺（新潟県）	378	
円通寺（静岡県）	540	
円通寺（兵庫県）	720	
円通寺（鳥取県）	802	
円通寺（岡山県）	831	
円通寺（大分県）	1020	
円通寺跡（神奈川県）	339	
円提寺（京都府）	663	
円田（静岡県）	540	
炎天寺（東京都）	262	
遠藤（神奈川県）	339	
遠藤導水城（滋賀県）	632	
円徳院庄（三重県）	606	
円徳寺（新潟県）	378	
塩那（栃木県）	136	
円応寺（千葉県）	207	
円応禅寺（佐賀県）	995	
円福寺（秋田県）	62	
円福寺（福島県）	97	
円福寺（群馬県）	150	
円福寺（千葉県）	207	
円福寺（東京都）	262	
円福寺（愛知県）	575	
円福寺（高知県）	949	
円福寺（鹿児島県）	1056	
焔魔堂（東京都）	262	
閻魔堂（東京都）	262	
円満井（奈良県）	743	
円満寺（秋田県）	62	
円満寺（千葉県）	207	
円満寺（富山県）	404	
円満寺（愛知県）	575	
円満坊（長野県）	465	
円明院（東京都）	262	
円明院（三重県）	606	
円明寺（愛媛県）	932	
延命院（群馬県）	150	
延命院（埼玉県）	176	
延命院（山梨県）	444	
延命院（香川県）	911	
延命古墳（香川県）	911	

1139

えんめ 地名・寺社名索引

円明寺 (高知県) …… 949	王越町木沢 (香川県) …… 912	大朝 (広島県) …… 851
延命寺 (群馬県) …… 150	相差町 (三重県) …… 606	大麻神社 (茨城県) …… 121
延命寺 (千葉県) …… 207	王子 (東京都) …… 262	大麻生 (埼玉県) …… 176
延命寺 (東京都) …… 262	王寺 (奈良県) …… 743	大網 (千葉県) …… 207
延命寺 (神奈川県) …… 339	王子稲荷 (東京都) …… 262	大網白里 (千葉県) …… 207
延命寺 (長野県) …… 465	王子稲荷神社 (東京都) …… 262	大網白里町 (千葉県) …… 207
延命寺 (大阪府) …… 689	王子権現 (東京都) …… 262	大網八幡神社 (千葉県) …… 207
延命寺 (和歌山県) …… 782	王子神社 (東京都) …… 262	大洗神社 (茨城県) …… 121
延命寺 (愛媛県) …… 932	王子神社 (静岡県) …… 540	大嵐 (山梨県) …… 445
延命地蔵尊 (神奈川県) …… 339	王島山 (岡山県) …… 831	大井 (埼玉県) …… 177
延命地蔵堂 (千葉県) …… 207	王地山 (兵庫県) …… 720	大井 (千葉県) …… 207
延命地蔵堂 (長野県) …… 465	奥州 (東北) …… 19	大井 (神奈川県) …… 339
円優寺 (東京都) …… 262	桜洲小学校 (鹿児島県) …… 1056	大井 (山口県) …… 881
円融寺 (東京都) …… 262	奥州仙台七福神 (宮城県) …… 49	大井川 (静岡県) …… 540
円融寺 (兵庫県) …… 720	奥州仙道 (福島県) …… 97	大堰川 (京都府) …… 663
園養寺 (滋賀県) …… 632	往生院 (奈良県) …… 743	大井川町 (静岡県) …… 540
延養寺 (群馬県) …… 150	応声教院 (静岡県) …… 540	大井川流域 (静岡県) …… 540
円楽寺 (山梨県) …… 444	王城山 (群馬県) …… 150	大飯郡 (福井県) …… 434
延暦寺 (滋賀県) …… 632	往生寺 (宮城県) …… 49	大池 (岡山県) …… 831
延暦寺里坊 (滋賀県) …… 633	往生寺 (長野県) …… 465	大池村 (長野県) …… 466
延竜院 (宮崎県) …… 1040	応声寺 (群馬県) …… 150	大井沢 (山形県) …… 72
円流寺 (島根県) …… 818	王子両社 (東京都) …… 263	大石水神社 (福岡県) …… 974
円竜寺 (兵庫県) …… 720	王塚 (岐阜県) …… 517	大石田 (山形県) …… 72
	王禅寺 (神奈川県) …… 339	大石田 (福島県) …… 97
	王禅寺村 (神奈川県) …… 339	大石の沼 (北海道) …… 6
【 お 】	皇太子神社 (香川県) …… 912	大井城 (滋賀県) …… 636
	相知 (佐賀県) …… 995	大井神社 (静岡県) …… 540
お穴様 (神奈川県) …… 339	相知町 (佐賀県) …… 995	大泉 (東京都) …… 263
お穴の鬼子母神 (東京都) …… 262	小内八幡神社 (長野県) …… 466	大泉学園町 (東京都) …… 263
小天村 (熊本県) …… 1012	王ノ瀬 (大分県) …… 1021	大泉庄 (山形県) …… 72
老神神社 (熊本県) …… 1012	奥武山 (沖縄県) …… 1083	大泉町 (群馬県) …… 150
小井川 (長野県) …… 465	黄梅院 (京都府) …… 663	大磯 (神奈川県) …… 340
生杉 (滋賀県) …… 633	お馬塚 (東京都) …… 263	大磯の左義長 (神奈川県) …… 340
笈ヶ岳 (石川県) …… 417	近江 (滋賀県) …… 633	大磯町 (神奈川県) …… 340
奥石神社 (滋賀県) …… 633	小海 (徳島県) …… 904	大磯六所神社 (神奈川県) …… 340
生立八幡神社 (福岡県) …… 974	小海 (香川県) …… 912	大分 (大分県) …… 1021
置霊山 (山形県) …… 72	淡海 (滋賀県) …… 635	大分川流域 (大分県) …… 1021
生出 (岩手県) …… 36	青海島 (山口県) …… 880	大分郡 (大分県) …… 1021
生出森八幡神社 (宮城県) …… 49	青海島鯨墓 (山口県) …… 881	大分県 (大分県) …… 1021
お糸淵 (長野県) …… 465	近江神宮 (滋賀県) …… 635	大分市 (大分県) …… 1022
老ノ坂 (京都府) …… 663	近江神社 (滋賀県) …… 635	大分元町 (大分県) …… 1022
老松神社 (福岡県) …… 974	近江町 (石川県) …… 417	大飯町 (福井県) …… 434
老松天満社 (大分県) …… 1020	近江町 (滋賀県) …… 635	大井荘 (岐阜県) …… 517
花魁地蔵 (群馬県) …… 150	近江中山の芋競べ祭り (滋賀県) …… 636	大井八幡大神社 (愛媛県) …… 932
於岩稲荷 (東京都) …… 262	近江の海 (滋賀県) …… 636	大井氷川神社 (埼玉県) …… 177
追分 (長野県) …… 465	近江国 (滋賀県) …… 636	大井法華堂 (長野県) …… 466
追分 (滋賀県) …… 633	近江八幡 (滋賀県) …… 636	大井俣窪八幡神社 (山梨県) …… 445
追分子育地蔵尊 (長野県) …… 465	近江八幡市 (滋賀県) …… 636	大井町 (神奈川県) …… 340
追分宿 (長野県) …… 465	近江八景 (滋賀県) …… 636	大岩 (富山県) …… 404
御岩山阿弥陀堂 (茨城県) …… 121	近江歴史街道 (滋賀県) …… 636	大岩毘沙門天 (栃木県) …… 136
奥武 (沖縄県) …… 1083	青梅 (東京都) …… 263	大岩不動 (富山県) …… 404
麻生 (三重県) …… 606	青梅街道 (東京都) …… 263	大岩不動明王 (長野県) …… 466
奥羽 (東北) …… 19	青梅市 (東京都) …… 263	大内 (秋田県) …… 62
相賀浦 (三重県) …… 606	青梅宿 (東京都) …… 263	大内 (静岡県) …… 540
逢鹿瀬寺 (三重県) …… 606	青梅新町 (東京都) …… 263	大内 (山口県) …… 881
扇 (東京都) …… 262	青梅町 (東京都) …… 263	大内 (香川県) …… 912
王城神社 (福岡県) …… 974	青梅村 (東京都) …… 263	大内 (大分県) …… 1022
扇町 (香川県) …… 911	邑楽 (群馬県) …… 150	大内かっぱハウス (千葉県) …… 207
扇山 (大分県) …… 1021	邑楽町 (群馬県) …… 150	大内町 (香川県) …… 912
応挙寺 (兵庫県) …… 720	王竜寺 (奈良県) …… 743	大内沢 (秋田県) …… 62
応供寺 (秋田県) …… 62	王陵の谷 (大阪府) …… 689	大内沢 (埼玉県) …… 177
意宇郡 (島根県) …… 818	応暦寺 (大分県) …… 1021	大内宿 (福島県) …… 97
応現寺 (東京都) …… 262	大赤沢 (新潟県) …… 378	大内町 (秋田県) …… 62
影向寺 (愛知県) …… 575	大県社 (愛知県) …… 575	大内道 (長野県) …… 466
於友評 (島根県) …… 818	大懸神社 (愛知県) …… 575	大浦 (鹿児島県) …… 1056
王越町 (香川県) …… 911	大県神社 (愛知県) …… 575	大浦観音堂 (滋賀県) …… 636

地名・寺社名索引　　　　　　　　　　　おおた

大浦国際墓地（長崎県）	1003	
大浦天主堂（長崎県）	1003	
大江（福岡県）	974	
大江町（京都府）	663	
大江八幡神社の御船行事（静岡県）	540	
大江山（京都府）	663	
大岡（長野県）	466	
大府市（愛知県）	575	
大垣（岐阜県）	517	
大垣祭の軕行事（岐阜県）	518	
大垣市（岐阜県）	518	
大垣藩（岐阜県）	518	
大籠村（岩手県）	36	
大潟町（新潟県）	379	
大潟村（秋田県）	62	
大金久（鹿児島県）	1056	
大鐘家（静岡県）	540	
大神（奈良県）	743	
大神島（沖縄県）	1083	
大川（静岡県）	540	
大川（福岡県）	974	
大川（沖縄県）	1083	
大川上美良布神社（高知県）	949	
大川郡（香川県）	912	
大川将軍道（福島県）	97	
大川瀬（兵庫県）	720	
大川町（香川県）	912	
大川町（佐賀県）	995	
大川戸（神奈川県）	340	
大河土御厨（埼玉県）	177	
大川端（東京都）	263	
大川村（高知県）	949	
大河原（長野県）	466	
青木（兵庫県）	720	
大木（長野県）	466	
大木（大阪府）	689	
大木（沖縄県）	1083	
大木が森住吉神社（山口県）	881	
大木城（大阪府）	689	
大北（埼玉県）	177	
大木戸（福島県）	97	
大木戸（千葉県）	207	
大木戸遺跡（山梨県）	445	
大木戸区（千葉県）	207	
大君（広島県）	851	
大宜味村（沖縄県）	1083	
大宜味番所（沖縄県）	1083	
大行山（広島県）	851	
大木六（新潟県）	379	
大草（長野県）	436	
大草（広島県）	851	
大草郷（愛知県）	575	
大楠神社（佐賀県）	995	
大楠の観音（山口県）	881	
大崩集落（新潟県）	379	
大口（石川県）	417	
大口（鹿児島県）	1056	
大国家住宅（岡山県）	831	
大国神社（群馬県）	150	
大国神社（香川県）	912	
大国魂神社（東京都）	263	
大国荘（三重県）	606	
大久野村（東京都）	263	
大久保（新潟県）	379	
大久保（静岡県）	540	
大窪（大阪府）	689	

大窪寺（香川県）	912	
大久保集落（新潟県）	379	
大窪山共同墓地（福島県）	97	
大隈（鹿児島県）	1056	
大熊毛（大分県）	1022	
大隈正八幡（大分県）	1022	
大来目神社（鹿児島県）	1056	
大倉（福島県）	97	
大蔵（東京都）	263	
大椋神社（新潟県）	379	
大椋神社（福井県）	434	
大蔵谷（兵庫県）	720	
大倉戸（静岡県）	540	
大蔵村（山形県）	72	
大桑（石川県）	417	
大桑村（栃木県）	136	
大河津分水（新潟県）	379	
大河内（長野県）	466	
大河内（静岡県）	540	
大在（大分県）	1022	
大坂（大阪府）	689	
大坂（徳島県）	904	
大阪（大阪府）	689	
大境（富山県）	404	
大阪割烹学校（大阪府）	691	
大坂三郷（大阪府）	691	
大阪市（大阪府）	691	
大阪城（大阪府）	691	
大阪天満宮（大阪府）	691	
大阪府（大阪府）	692	
大坂本願寺（大阪府）	692	
大阪本王子（和歌山県）	782	
大阪靖国霊場（大阪府）	692	
大阪湾（大阪府）	692	
大崎下島（広島県）	851	
大前神社（栃木県）	136	
大前神社（新潟県）	379	
大崎町（鹿児島県）	1056	
大崎八幡宮（宮城県）	49	
大崎八幡神社（宮城県）	49	
大佐倉（千葉県）	207	
大酒神社（京都府）	663	
大避神社（兵庫県）	720	
大笹街道（新潟県）	379	
大笹原神社（滋賀県）	636	
大笹生（福島県）	97	
大里（埼玉県）	177	
大里（徳島県）	904	
大里（鹿児島県）	1056	
大里（沖縄県）	1083	
大沢（北海道）	6	
大沢（青森県）	27	
大沢（埼玉県）	177	
大沢（神奈川県）	340	
大沢川（長野県）	466	
大沢郷（秋田県）	62	
大沢町（滋賀県）	636	
大沢野町（富山県）	404	
大沢町（埼玉県）	177	
大塩（福島県）	97	
大鹿（長野県）	466	
大鹿村（長野県）	466	
大鹿村（兵庫県）	720	
生石神社（兵庫県）	720	
大地蔵（広島県）	851	
大地蔵堂（愛媛県）	932	

大篠原（滋賀県）	636	
大島（東京都）	264	
大島（福井県）	434	
大島（岡山県）	831	
大島（福岡県）	974	
大島高等女学校（鹿児島県）	1056	
大島神社（島根県）	818	
大島神社（広島県）	851	
大島七樽神社（長野県）	466	
大島八幡神社（愛媛県）	932	
大島半島（福井県）	434	
大島御岳山遺跡（福岡県）	974	
大島村（福井県）	434	
大小路町（鹿児島県）	1057	
大白川（新潟県）	379	
大白布（山形県）	72	
大洲（愛媛県）	932	
大須（愛知県）	575	
大津（山口県）	881	
大洲街道（愛媛県）	932	
大須賀大明神（千葉県）	207	
大須観音（愛知県）	575	
大杉さま（栃木県）	136	
大杉神社（茨城県）	121	
大洲市（愛媛県）	932	
大洲城（愛媛県）	932	
大堤（茨城県）	121	
大須戸（新潟県）	379	
大砂子（高知県）	949	
大洲藩（愛媛県）	932	
大隅（鹿児島県）	1057	
大住（京都府）	663	
大隅国（鹿児島県）	1057	
大瀬（埼玉県）	177	
大関区（千葉県）	207	
大瀬瀬洞（静岡県）	540	
多田（新潟県）	379	
太田（茨城県）	121	
太田（群馬県）	150	
太田（新潟県）	379	
太田（和歌山県）	782	
太田（山口県）	881	
太田（鹿児島県）	1057	
大田池（沖縄県）	1083	
大台町（三重県）	606	
大平（福島県）	97	
大平（長野県）	466	
大平山（新潟県）	379	
大高（愛知県）	575	
大高斎田（愛知県）	575	
大高神社（千葉県）	207	
大高大仏（岡山県）	831	
太田川（広島県）	851	
太田川流域（静岡県）	540	
多多喜（千葉県）	208	
大滝神社（秋田県）	62	
大滝神社（福島県）	97	
大滝神社（福井県）	434	
大滝神社（滋賀県）	636	
大田区（東京都）	264	
大竹市（広島県）	851	
太田家住宅（広島県）	851	
大岳山（群馬県）	150	
大田紅葉座（山口県）	881	
太田市（群馬県）	150	
大田市（島根県）	818	

1141

おおた　　　　　　　　　　　　地名・寺社名索引

太田城（和歌山県）‥‥‥‥‥ 782
大館市（秋田県）‥‥‥‥‥‥ 62
大館集落（青森県）‥‥‥‥‥ 27
大棚村落（鹿児島県）‥‥‥ 1057
大谷（富山県）‥‥‥‥‥‥‥ 404
大谷（静岡県）‥‥‥‥‥‥‥ 540
大谷川（岐阜県）‥‥‥‥‥‥ 518
大谷寺（福井県）‥‥‥‥‥‥ 434
大谷村（岡山県）‥‥‥‥‥‥ 831
大谷村（鹿児島県）‥‥‥‥ 1057
大谷町（滋賀県）‥‥‥‥‥‥ 636
大谷不動尊（長野県）‥‥‥‥ 466
大谷本願寺（京都府）‥‥‥‥ 663
大谷山（愛知県）‥‥‥‥‥‥ 575
大直禰子神社（奈良県）‥‥‥ 743
太田荘（長野県）‥‥‥‥‥‥ 466
大田庄（広島県）‥‥‥‥‥‥ 851
大丹波（東京都）‥‥‥‥‥‥ 264
大田八幡宮（山口県）‥‥‥‥ 881
太田姫稲荷神社（東京都）‥‥ 264
太田部（埼玉県）‥‥‥‥‥‥ 177
太田部村（埼玉県）‥‥‥‥‥ 177
大田和宿（栃木県）‥‥‥‥‥ 136
大田和村（神奈川県）‥‥‥‥ 340
邑智（島根県）‥‥‥‥‥‥‥ 818
邑智郡（島根県）‥‥‥‥‥‥ 818
樗谿神社（鳥取県）‥‥‥‥‥ 802
大知波峠廃寺跡（静岡県）‥‥ 540
大津（茨城県）‥‥‥‥‥‥‥ 121
大津（滋賀県）‥‥‥‥‥‥‥ 636
大塚（山梨県）‥‥‥‥‥‥‥ 445
大塚観音（東京都）‥‥‥‥‥ 264
大塚村（山梨県）‥‥‥‥‥‥ 445
大塚山（千葉県）‥‥‥‥‥‥ 208
大塚山古墳（大阪府）‥‥‥‥ 693
大津勘（鹿児島県）‥‥‥‥ 1057
大月（栃木県）‥‥‥‥‥‥‥ 136
大月（高知県）‥‥‥‥‥‥‥ 949
大槻（栃木県）‥‥‥‥‥‥‥ 136
大附（埼玉県）‥‥‥‥‥‥‥ 177
大月遺跡（山梨県）‥‥‥‥‥ 445
大月観音堂（新潟県）‥‥‥‥ 379
大槻剛家（群馬県）‥‥‥‥‥ 150
大津（滋賀県）‥‥‥‥‥‥‥ 637
大津祭の曳山行事（滋賀県）‥ 637
大津市（滋賀県）‥‥‥‥‥‥ 637
大津町（茨城県）‥‥‥‥‥‥ 121
大堤（鳥取県）‥‥‥‥‥‥‥ 802
大寺（山形県）‥‥‥‥‥‥‥ 72
大寺（新潟県）‥‥‥‥‥‥‥ 379
大寺（大阪府）‥‥‥‥‥‥‥ 693
大寺宿（福島県）‥‥‥‥‥‥ 97
大寺薬師（島根県）‥‥‥‥‥ 818
大戸（徳島県）‥‥‥‥‥‥‥ 904
大垰耆神社（山口県）‥‥‥‥ 881
大地主神社（石川県）‥‥‥‥ 417
大友山（愛媛県）‥‥‥‥‥‥ 932
大利河内神社（広島県）‥‥‥ 851
大歳社（広島県）‥‥‥‥‥‥ 851
大歳神社（広島県）‥‥‥‥‥ 851
大歳神社（山口県）‥‥‥‥‥ 881
大戸地蔵堂（埼玉県）‥‥‥‥ 177
大戸神社（千葉県）‥‥‥‥‥ 208
大土地神楽（島根県）‥‥‥‥ 818
大栃高校（高知県）‥‥‥‥‥ 949
大利根（千葉県）‥‥‥‥‥‥ 208

大利根町（埼玉県）‥‥‥‥‥ 177
大泊（三重県）‥‥‥‥‥‥‥ 606
大泊（山口県）‥‥‥‥‥‥‥ 881
大泊（大分県）‥‥‥‥‥‥ 1022
大友観音堂（千葉県）‥‥‥‥ 208
大友遥拝所（大分県）‥‥‥ 1022
大豊（高知県）‥‥‥‥‥‥‥ 949
大豊町（高知県）‥‥‥‥‥‥ 949
鳳（大阪府）‥‥‥‥‥‥‥‥ 693
大鳥井山遺跡（秋田県）‥‥‥ 62
大鳥神社（東京都）‥‥‥‥‥ 264
大鳥神社（大阪府）‥‥‥‥‥ 693
大鷲神社（東京都）‥‥‥‥‥ 264
鷲神社（東京都）‥‥‥‥‥‥ 264
鷲大明神（東京都）‥‥‥‥‥ 264
大鳥村（中村）美波比神社（大阪府）
　　　　　　　　　　　　‥‥ 693
大中里（静岡県）‥‥‥‥‥‥ 540
大長谷（富山県）‥‥‥‥‥‥ 404
大中臣神社（福岡県）‥‥‥‥ 974
大己貴神社（福岡県）‥‥‥‥ 974
大汝牟遅神社（鹿児島県）‥ 1057
大奈良（長野県）‥‥‥‥‥‥ 466
大成（愛媛県）‥‥‥‥‥‥‥ 932
大西（愛媛県）‥‥‥‥‥‥‥ 932
大西町（愛媛県）‥‥‥‥‥‥ 932
大新田（福島県）‥‥‥‥‥‥ 97
大庭小路（長野県）‥‥‥‥‥ 466
大額町（石川県）‥‥‥‥‥‥ 417
大貫（宮城県）‥‥‥‥‥‥‥ 49
大沼（愛知県）‥‥‥‥‥‥‥ 575
大沼田新田（東京都）‥‥‥‥ 264
大根（東京都）‥‥‥‥‥‥‥ 264
大根島（島根県）‥‥‥‥‥‥ 818
大野（栃木県）‥‥‥‥‥‥‥ 136
大野（埼玉県）‥‥‥‥‥‥‥ 177
大野（福井県）‥‥‥‥‥‥‥ 434
大野（京都府）‥‥‥‥‥‥‥ 663
大野（広島県）‥‥‥‥‥‥‥ 851
大野（長崎県）‥‥‥‥‥‥ 1003
大野命山（静岡県）‥‥‥‥‥ 540
大野川（大分県）‥‥‥‥‥ 1022
大野川中上流域（大分県）‥ 1022
大野木（三重県）‥‥‥‥‥‥ 607
大野木（滋賀県）‥‥‥‥‥‥ 637
大野郡（福井県）‥‥‥‥‥‥ 434
大野郡（岐阜県）‥‥‥‥‥‥ 518
大生郷天満宮（茨城県）‥‥‥ 121
大野市（福井県）‥‥‥‥‥‥ 434
大野寺（奈良県）‥‥‥‥‥‥ 743
大野城（福岡県）‥‥‥‥‥‥ 974
太神社（神奈川県）‥‥‥‥‥ 340
太神社（三重県）‥‥‥‥‥‥ 607
大野神社（滋賀県）‥‥‥‥‥ 637
大野谷（愛知県）‥‥‥‥‥‥ 575
大野谷（愛媛県）‥‥‥‥‥‥ 932
大野町（岐阜県）‥‥‥‥‥‥ 518
大野寺（大阪府）‥‥‥‥‥‥ 693
大野寺石仏（奈良県）‥‥‥‥ 743
大野寺土塔（大阪府）‥‥‥‥ 693
大ノ洞（長野県）‥‥‥‥‥‥ 466
大野荘（和歌山県）‥‥‥‥‥ 782
大野荘（大分県）‥‥‥‥‥ 1022
大野湊神社（石川県）‥‥‥‥ 417
大野村（埼玉県）‥‥‥‥‥‥ 177
大野用水（富山県）‥‥‥‥‥ 404

大庭（島根県）‥‥‥‥‥‥‥ 818
大迫（岩手県）‥‥‥‥‥‥‥ 36
大迫町（岩手県）‥‥‥‥‥‥ 36
大波野（山口県）‥‥‥‥‥‥ 881
大庭御厨（神奈川県）‥‥‥‥ 340
大浜（香川県）‥‥‥‥‥‥‥ 912
大浜（沖縄県）‥‥‥‥‥‥ 1083
大浜街道（愛知県）‥‥‥‥‥ 575
大浜村（沖縄県）‥‥‥‥‥ 1083
大場山（福島県）‥‥‥‥‥‥ 97
大原（福島県）‥‥‥‥‥‥‥ 97
大原（静岡県）‥‥‥‥‥‥‥ 540
大原（滋賀県）‥‥‥‥‥‥‥ 637
大原（島根県）‥‥‥‥‥‥‥ 818
大原（岡山県）‥‥‥‥‥‥‥ 831
大原（広島県）‥‥‥‥‥‥‥ 851
大原大宮神社（千葉県）‥‥‥ 208
大原郡（島根県）‥‥‥‥‥‥ 818
大原社（大分県）‥‥‥‥‥ 1022
大原神社（島根県）‥‥‥‥‥ 818
大原神社（広島県）‥‥‥‥‥ 851
大原大明神（京都府）‥‥‥‥ 663
大原町（岡山県）‥‥‥‥‥‥ 831
大原野（京都府）‥‥‥‥‥‥ 663
大原野神社（京都府）‥‥‥‥ 663
大原八ヶ村（京都府）‥‥‥‥ 663
大原八幡神社（岩手県）‥‥‥ 36
大原墓地（静岡県）‥‥‥‥‥ 540
大原町（千葉県）‥‥‥‥‥‥ 208
大飛島（岡山県）‥‥‥‥‥‥ 831
大櫃川（京都府）‥‥‥‥‥‥ 663
大日比（山口県）‥‥‥‥‥‥ 881
太平山（栃木県）‥‥‥‥‥‥ 136
大平森林公園（新潟県）‥‥‥ 379
大平町（栃木県）‥‥‥‥‥‥ 136
大平山（秋田県）‥‥‥‥‥‥ 62
大平山（大分県）‥‥‥‥‥ 1022
大日霊女神社（兵庫県）‥‥‥ 720
大日雲貴神社（秋田県）‥‥‥ 62
大広戸（埼玉県）‥‥‥‥‥‥ 177
大保木（愛媛県）‥‥‥‥‥‥ 933
大保木村（愛媛県）‥‥‥‥‥ 933
大袋（埼玉県）‥‥‥‥‥‥‥ 177
大袋新田（埼玉県）‥‥‥‥‥ 177
大淵（静岡県）‥‥‥‥‥‥‥ 540
大船観音（神奈川県）‥‥‥‥ 340
大船津（茨城県）‥‥‥‥‥‥ 121
大船渡市（岩手県）‥‥‥‥‥ 36
大辺路（和歌山県）‥‥‥‥‥ 782
大辺路街道（和歌山県）‥‥‥ 782
大部庄（兵庫県）‥‥‥‥‥‥ 720
大部荘（兵庫県）‥‥‥‥‥‥ 720
大部屋稲荷（福島県）‥‥‥‥ 97
大星神社（青森県）‥‥‥‥‥ 27
大堀（福島県）‥‥‥‥‥‥‥ 97
大堀城（大阪府）‥‥‥‥‥‥ 693
大堀村（大阪府）‥‥‥‥‥‥ 693
大間（青森県）‥‥‥‥‥‥‥ 27
大前田諏訪神社（群馬県）‥‥ 150
大曲（秋田県）‥‥‥‥‥‥‥ 62
大巻（岩手県）‥‥‥‥‥‥‥ 36
大間木（埼玉県）‥‥‥‥‥‥ 177
大牧（新潟県）‥‥‥‥‥‥‥ 379
大巻村（新潟県）‥‥‥‥‥‥ 379
大俣（徳島県）‥‥‥‥‥‥‥ 904
大又集落（山形県）‥‥‥‥‥ 72

地名・寺社名索引　　　　　　　　　　　　　　　　おかみ

大町（山形県）	72
大町（茨城県）	121
大町（長野県）	466
大町市（長野県）	466
大真名子山（栃木県）	136
大間々（群馬県）	150
大間々神明宮（群馬県）	151
大間々町（群馬県）	151
大海（愛知県）	575
大見（香川県）	912
大甕神社（福島県）	97
大御食神社（長野県）	466
大見郷（静岡県）	540
大三島（愛媛県）	933
大三島町（愛媛県）	933
大水主社（香川県）	912
大溝（滋賀県）	637
大道（宮城県）	49
大御堂（茨城県）	121
大湊（青森県）	27
大湊（三重県）	607
大湊神社（福井県）	434
大峯（奈良県）	743
大嶺（山口県）	881
大峯南奥駈（和歌山県）	782
大峯奥駈道（奈良県）	743
大峰山（神奈川県）	340
大峰山（兵庫県）	720
大峯山（奈良県）	743
大峯山寺（奈良県）	743
大峰山（新潟県）	379
大宮（茨城県）	121
大宮（埼玉県）	177
大宮（東京都）	264
大宮（奈良県）	743
大宮五十鈴神社（長野県）	466
大宮遺跡（東京都）	264
大宮踊（岡山県）	832
大宮子易（山形県）	72
大宮市（埼玉県）	177
大宮宿（埼玉県）	177
大宮小学校（東京都）	264
大宮神社（岩手県）	36
大宮神社（福島県）	97
大宮神社（群馬県）	151
大宮神社（長野県）	466
大宮神社（大阪府）	693
大宮神明社（三重県）	607
大宮住吉神社（埼玉県）	177
大宮諏訪神社（長野県）	436
大宮八幡（香川県）	912
大宮八幡宮（東京都）	234
大宮八幡宮（広島県）	851
大宮八幡宮（愛媛県）	933
大宮八幡神社（徳島県）	904
大宮氷川神社（埼玉県）	177
大宮坊跡（石川県）	417
大宮町（茨城県）	121
大三輪（奈良県）	743
大神神社（愛知県）	575
大神神社（奈良県）	743
大神神社勅使殿（奈良県）	744
大虫神社（福井県）	434
大牟田（福岡県）	974
大村（長野県）	466
大村（長崎県）	1003

大村町（兵庫県）	720
大村藩（長崎県）	1003
大室（宮城県）	49
大室権現（神奈川県）	340
大室村（栃木県）	136
大室山（静岡県）	540
大元神楽（島根県）	818
大元神社（高知県）	949
大物忌神社（山形県）	72
大桃（福島県）	97
大森（東京都）	264
大森神社（三重県）	607
大森山（山形県）	72
大門（東京都）	264
大屋（広島県）	851
大谷（栃木県）	136
大谷（埼玉県）	177
大谷（神奈川県）	340
大谷木（埼玉県）	177
大柳神社跡（東京都）	264
大柳生（奈良県）	744
大谷口（千葉県）	208
大谷口（東京都）	264
大谷田（東京都）	264
大谷代官屋敷（東京都）	265
大矢知（三重県）	607
大矢智（三重県）	607
大屋町（兵庫県）	720
大柳明神社（高知県）	949
大宅廃寺跡（京都府）	663
大山（山形県）	72
大山（千葉県）	208
大山（神奈川県）	340
大山（富山県）	404
大山（広島県）	851
大山阿夫利神社（神奈川県）	340
大山貝塚（沖縄県）	1083
大谷磨崖仏（栃木県）	136
大山崎（京都府）	663
大山崎町（京都府）	663
大山寺（千葉県）	208
大山神社（広島県）	851
大山祇神社（福島県）	97
大山祇神社（三重県）	607
大山祇神社（広島県）	851
大山祇神社（山口県）	881
大山祇神社（愛媛県）	933
大山積神社（愛媛県）	933
大山石尊大権現（神奈川県）	341
大山田神社（長野県）	466
大山町（富山県）	404
大山寺（神奈川県）	341
大倭神社（三重県）	607
大和神社（奈良県）	744
大山福地蔵尊（東京都）	265
大山不動（千葉県）	208
大山道（埼玉県）	177
大山道（東京都）	265
大山道（神奈川県）	341
大谷流（千葉県）	208
大幽（群馬県）	151
大湯環状列石（秋田県）	62
大横町（東京都）	265
大吉村（埼玉県）	177
大淀（三重県）	607
大淀川（宮崎県）	1040

大淀川下流域（宮崎県）	1040
大淀川流域（宮崎県）	1040
大浦（秋田県）	62
大類（埼玉県）	177
大和田（千葉県）	208
大和田（大阪府）	693
大和田宿（埼玉県）	177
大和田新田（千葉県）	208
大和田新田上区（千葉県）	208
大和田新田下区（千葉県）	208
大和田住吉神社（大阪府）	693
大輪田泊（兵庫県）	720
大輪田橋（兵庫県）	720
大和田町（東京都）	265
大和田村（埼玉県）	177
大和田村（大阪府）	693
大和田霊園（大阪府）	693
大湾（沖縄県）	1083
男鹿（秋田県）	62
岡垣（福岡県）	974
小垣江（愛知県）	575
小垣江村（愛知県）	575
岡倉（京都府）	663
お囲い池（愛媛県）	933
岡崎（愛知県）	575
岡崎市（愛知県）	575
岡崎城（愛媛県）	933
岡崎八幡宮（山口県）	881
岡崎藩（愛知県）	576
岡里（群馬県）	151
小笠原家廟所（福岡県）	974
小笠原島（東京都）	265
小笠原書院（長野県）	466
岡三所神社（高知県）	949
男鹿市（秋田県）	62
岡地天満宮（長野県）	466
岡城（大分県）	1022
岡神社（山梨県）	445
岡新田（埼玉県）	177
岡津田区（神奈川県）	341
岡瀬田区（千葉県）	208
岡田（茨城県）	121
岡田（千葉県）	208
岡田（和歌山県）	782
岡田神社（福岡県）	974
岡田足袋店（東京都）	265
岡田村（滋賀県）	637
雄勝（秋田県）	62
雄勝町（秋田県）	62
御勝山古墳（大阪府）	693
雄勝町（宮城県）	49
雄勝法印神楽（宮城県）	49
岡寺（奈良県）	744
岡豊八幡観音堂（高知県）	949
小鹿野（埼玉県）	177
男鹿のナマハゲ（秋田県）	62
男鹿半島（秋田県）	63
岡部（埼玉県）	178
岡部（愛知県）	576
岡部聖天（埼玉県）	178
岡益の石堂（鳥取県）	802
岡益廃寺（鳥取県）	803
岡三沢（青森県）	27
おがみ神社（青森県）	27
意加美神社（広島県）	851
意賀美神社（大阪府）	693

1143

おかみ   地名・寺社名索引

越上山（埼玉県）・・・・・・・・・・・・・ 178
岡村（大阪府）・・・・・・・・・・・・・・・ 693
岡本（神奈川県）・・・・・・・・・・・・・ 341
岡本（福井県）・・・・・・・・・・・・・・・ 434
岡本（香川県）・・・・・・・・・・・・・・・ 912
岡太神社（福井県）・・・・・・・・・・・ 434
岡谷（長野県）・・・・・・・・・・・・・・・ 466
岡谷市（長野県）・・・・・・・・・・・・・ 467
岡山（静岡県）・・・・・・・・・・・・・・・ 540
岡山（岡山県）・・・・・・・・・・・・・・・ 832
岡山県（岡山県）・・・・・・・・・・・・・ 833
岡山孤児院（岡山県）・・・・・・・・・ 834
岡山市（岡山県）・・・・・・・・・・・・・ 834
岡山城（岡山県）・・・・・・・・・・・・・ 834
岡山藩（岡山県）・・・・・・・・・・・・・ 834
岡山民俗館（岡山県）・・・・・・・・・ 835
オカレンボウシ貝塚（北海道）・・・・ 6
緒川（茨城県）・・・・・・・・・・・・・・・ 121
緒川（愛知県）・・・・・・・・・・・・・・・ 576
小川（茨城県）・・・・・・・・・・・・・・・ 121
小川（東京都）・・・・・・・・・・・・・・・ 265
小川（滋賀県）・・・・・・・・・・・・・・・ 637
小川（鹿児島県）・・・・・・・・・・・・ 1057
小河内（島根県）・・・・・・・・・・・・・ 818
小川地蔵（静岡県）・・・・・・・・・・・ 540
小川路峠（長野県）・・・・・・・・・・・ 467
小川島（佐賀県）・・・・・・・・・・・・・ 995
小川庄（新潟県）・・・・・・・・・・・・・ 379
小川神社（長野県）・・・・・・・・・・・ 467
小川町（愛知県）・・・・・・・・・・・・・ 576
小川町（茨城県）・・・・・・・・・・・・・ 122
小川町（埼玉県）・・・・・・・・・・・・・ 178
小川村（埼玉県）・・・・・・・・・・・・・ 178
小川村（東京都）・・・・・・・・・・・・・ 265
小川村（長野県）・・・・・・・・・・・・・ 467
小川村（大阪府）・・・・・・・・・・・・・ 693
小川四番（東京都）・・・・・・・・・・・ 265
隠岐（島根県）・・・・・・・・・・・・・・・ 818
荻（長野県）・・・・・・・・・・・・・・・・ 467
小城（佐賀県）・・・・・・・・・・・・・・・ 995
小木（石川県）・・・・・・・・・・・・・・・ 417
沖井井戸（愛媛県）・・・・・・・・・・・ 933
沖ヶ浜田（鹿児島県）・・・・・・・・・ 1057
沖家室島（山口県）・・・・・・・・・・・ 881
起木薬師（岡山県）・・・・・・・・・・・ 835
荻窪（東京都）・・・・・・・・・・・・・・・ 265
荻窪八幡神社（東京都）・・・・・・・・ 265
隠岐国分寺（島根県）・・・・・・・・・ 819
隠岐国分寺蓮華会舞（島根県）・・ 819
沖島（滋賀県）・・・・・・・・・・・・・・・ 637
荻島（埼玉県）・・・・・・・・・・・・・・・ 178
沖神社（広島県）・・・・・・・・・・・・・ 851
沖新田（岡山県）・・・・・・・・・・・・・ 835
小木曽（新潟県）・・・・・・・・・・・・・ 379
小木曽（長野県）・・・・・・・・・・・・・ 467
小木田（愛知県）・・・・・・・・・・・・・ 576
沖田神社（岡山県）・・・・・・・・・・・ 835
興田神社（岩手県）・・・・・・・・・・・ 36
置賜（山形県）・・・・・・・・・・・・・・・ 72
置賜三十三観音（山形県）・・・・・・ 73
小城町（佐賀県）・・・・・・・・・・・・・ 995
興津（静岡県）・・・・・・・・・・・・・・・ 540
奥津嶋神社（滋賀県）・・・・・・・・・ 637
奥津宿（三重県）・・・・・・・・・・・・・ 607
興津宿（静岡県）・・・・・・・・・・・・・ 540
興津八幡宮（高知県）・・・・・・・・・ 949

沖泊（島根県）・・・・・・・・・・・・・・・ 819
沖縄（沖縄県）・・・・・・・・・・・・・・・ 1083
沖縄群島（沖縄県）・・・・・・・・・・・ 1091
沖縄県（沖縄県）・・・・・・・・・・・・・ 1091
沖縄市（沖縄県）・・・・・・・・・・・・・ 1093
沖縄島（沖縄県）・・・・・・・・・・・・・ 1093
沖縄諸島（沖縄県）・・・・・・・・・・・ 1093
沖縄神社（沖縄県）・・・・・・・・・・・ 1094
沖縄島嶼（沖縄県）・・・・・・・・・・・ 1094
沖縄本島（沖縄県）・・・・・・・・・・・ 1094
沖永良部（鹿児島県）・・・・・・・・・ 1057
沖永良部島（鹿児島県）・・・・・・・ 1058
荻野郷（神奈川県）・・・・・・・・・・・ 341
荻野重雄家（群馬県）・・・・・・・・・ 151
隠岐島（島根県）・・・・・・・・・・・・・ 819
沖の島（福岡県）・・・・・・・・・・・・・ 974
沖ノ島（福岡県）・・・・・・・・・・・・・ 974
隠岐島前（島根県）・・・・・・・・・・・ 819
荻野神社（神奈川県）・・・・・・・・・ 341
雄城台遺跡（大分県）・・・・・・・・・ 1022
沖の太道（西日本）・・・・・・・・・・・ 624
小木のたらい舟製作技術（新潟県）・・・ 379
荻堂（埼玉県）・・・・・・・・・・・・・・・ 178
荻野堂（静岡県）・・・・・・・・・・・・・ 540
沖端（福岡県）・・・・・・・・・・・・・・・ 975
興浜（兵庫県）・・・・・・・・・・・・・・・ 720
小木町（新潟県）・・・・・・・・・・・・・ 379
奥（沖縄県）・・・・・・・・・・・・・・・・ 1094
尾久（東京都）・・・・・・・・・・・・・・・ 265
邑久（岡山県）・・・・・・・・・・・・・・・ 835
奥会津（福島県）・・・・・・・・・・・・・ 97
奥飯石（島根県）・・・・・・・・・・・・・ 819
奥泉（静岡県）・・・・・・・・・・・・・・・ 540
奥出雲（島根県）・・・・・・・・・・・・・ 819
奥越前（福井県）・・・・・・・・・・・・・ 435
奥遠州路（静岡県）・・・・・・・・・・・ 540
奥河内（大阪府）・・・・・・・・・・・・・ 693
奥川並（滋賀県）・・・・・・・・・・・・・ 637
小茎（茨城県）・・・・・・・・・・・・・・・ 122
奥久慈（茨城県）・・・・・・・・・・・・・ 122
奥熊野（三重県）・・・・・・・・・・・・・ 607
奥熊野（和歌山県）・・・・・・・・・・・ 782
奥郡（愛知県）・・・・・・・・・・・・・・・ 576
邑久郡（旧）南巡り八十八ヶ所霊場（岡
　山県）・・・・・・・・・・・・・・・・・・・ 835
邑久郡南巡り霊場（岡山県）・・・・・ 835
奥古道（関東）・・・・・・・・・・・・・・・ 114
奥沢（東京都）・・・・・・・・・・・・・・・ 265
奥沢城（東京都）・・・・・・・・・・・・・ 265
奥三山（山形県）・・・・・・・・・・・・・ 73
奥滋賀（滋賀県）・・・・・・・・・・・・・ 637
奥嶋荘（滋賀県）・・・・・・・・・・・・・ 637
奥尻（北海道）・・・・・・・・・・・・・・・ 6
奥尻島（北海道）・・・・・・・・・・・・・ 6
奥大勘場（富山県）・・・・・・・・・・・ 404
奥高遠（長野県）・・・・・・・・・・・・・ 467
奥谷（鳥取県）・・・・・・・・・・・・・・・ 803
奥多摩（東京都）・・・・・・・・・・・・・ 265
奥多摩町（東京都）・・・・・・・・・・・ 265
尾下（鹿児島県）・・・・・・・・・・・・・ 1058
奥秩父山（埼玉県）・・・・・・・・・・・ 178
小口薬師堂（長野県）・・・・・・・・・ 467
邑久町（岡山県）・・・・・・・・・・・・・ 835
奥津町（岡山県）・・・・・・・・・・・・・ 835
小国（山形県）・・・・・・・・・・・・・・・ 73
小国（新潟県）・・・・・・・・・・・・・・・ 379

小国（広島県）・・・・・・・・・・・・・・・ 851
小国郷（山形県）・・・・・・・・・・・・・ 73
小国神社（静岡県）・・・・・・・・・・・ 540
雄国山（福島県）・・・・・・・・・・・・・ 98
奥野々（福井県）・・・・・・・・・・・・・ 435
奥之院（愛媛県）・・・・・・・・・・・・・ 933
奥の院（利意志里山大権現）（北海
　道）・・・・・・・・・・・・・・・・・・・・・ 6
奥能登（石川県）・・・・・・・・・・・・・ 417
奥能登のあえのこと（石川県）・・・ 417
奥野八幡神社（石川県）・・・・・・・・ 417
奥の宮神社（愛媛県）・・・・・・・・・ 933
尾久八幡神社（東京都）・・・・・・・・ 265
奥氷川神社（東京都）・・・・・・・・・ 265
奥日高（和歌山県）・・・・・・・・・・・ 782
奥日向路（宮崎県）・・・・・・・・・・・ 1040
奥琵琶湖（滋賀県）・・・・・・・・・・・ 637
奥豊後（大分県）・・・・・・・・・・・・・ 1022
奥間（沖縄県）・・・・・・・・・・・・・・・ 1094
奥三河（愛知県）・・・・・・・・・・・・・ 576
奥湊川（高知県）・・・・・・・・・・・・・ 949
奥美濃（岐阜県）・・・・・・・・・・・・・ 518
奥武蔵（埼玉県）・・・・・・・・・・・・・ 178
奥村（佐賀県）・・・・・・・・・・・・・・・ 995
奥山（東京都）・・・・・・・・・・・・・・・ 266
奥山峠（石川県）・・・・・・・・・・・・・ 417
奥山荘（新潟県）・・・・・・・・・・・・・ 379
奥山発電所（富山県）・・・・・・・・・ 405
奥八女（福岡県）・・・・・・・・・・・・・ 975
小倉（新潟県）・・・・・・・・・・・・・・・ 379
小倉（京都府）・・・・・・・・・・・・・・・ 664
小倉（奈良県）・・・・・・・・・・・・・・・ 744
巨椋池（京都府）・・・・・・・・・・・・・ 664
御蔵入（福島県）・・・・・・・・・・・・・ 98
小倉神社（京都府）・・・・・・・・・・・ 664
小倉神社（広島県）・・・・・・・・・・・ 852
小倉諏訪神社（長野県）・・・・・・・・ 467
小椋谷（滋賀県）・・・・・・・・・・・・・ 637
小椋荘（滋賀県）・・・・・・・・・・・・・ 637
小倉山（広島県）・・・・・・・・・・・・・ 852
小栗山経塚遺跡（新潟県）・・・・・・ 379
送り大師（千葉県）・・・・・・・・・・・ 208
小倉（愛媛県）・・・・・・・・・・・・・・・ 933
桶川（埼玉県）・・・・・・・・・・・・・・・ 178
桶狭間神明社（愛知県）・・・・・・・・ 576
おげみ山（和歌山県）・・・・・・・・・ 782
小河内（東京都）・・・・・・・・・・・・・ 266
小河内村（東京都）・・・・・・・・・・・ 266
おこうはん石造物群（香川県）・・・ 912
小郡（福岡県）・・・・・・・・・・・・・・・ 975
小郡官衙遺跡（福岡県）・・・・・・・・ 975
小郡市（福岡県）・・・・・・・・・・・・・ 975
越生（埼玉県）・・・・・・・・・・・・・・・ 178
越生町（埼玉県）・・・・・・・・・・・・・ 178
雄琴（滋賀県）・・・・・・・・・・・・・・・ 637
小子内（岩手県）・・・・・・・・・・・・・ 36
尾小屋鉱山（石川県）・・・・・・・・・ 418
表佐（岐阜県）・・・・・・・・・・・・・・・ 518
於斉（鹿児島県）・・・・・・・・・・・・・ 1058
小坂（愛媛県）・・・・・・・・・・・・・・・ 933
小坂観音院（長野県）・・・・・・・・・ 467
小坂神社（長野県）・・・・・・・・・・・ 467
尾崎（千葉県）・・・・・・・・・・・・・・・ 208
尾崎（福井県）・・・・・・・・・・・・・・・ 435
尾崎神社（埼玉県）・・・・・・・・・・・ 178
尾崎神社（広島県）・・・・・・・・・・・ 852

1144

地名・寺社名索引　　　　おのつ

尾崎村（愛知県）	576
尾崎町（愛知県）	576
小作（東京都）	266
長田（三重県）	607
長田観音堂（愛媛県）	933
若木山（山形県）	73
長孫天神社（愛知県）	576
長姫神社（長野県）	467
長船（岡山県）	835
納内屯田兵村（北海道）	6
小沢（群馬県）	151
押上（新潟県）	379
押井（愛知県）	576
押岡（高知県）	949
牡鹿（宮城県）	49
小値賀島（長崎県）	1003
大君ケ畑（滋賀県）	337
牡鹿半島（宮城県）	49
押沢台小学校（愛知県）	576
押立神社（滋賀県）	337
於下村（茨城県）	122
おしどり塚（栃木県）	136
忍野（山梨県）	445
押日八幡社（千葉県）	208
押部（東京都）	266
小島（福島県）	98
小島（静岡県）	541
小島（鹿児島県）	1058
大島（愛媛県）	933
大島（長崎県）	1003
渡島（北海道）	6
尾島（群馬県）	151
雄島（宮城県）	49
雄島五ヶ浦（福井県）	435
渡島半島（北海道）	6
尾島町（群馬県）	151
小千谷（新潟県）	379
小千谷市（新潟県）	380
オジロが池（茨城県）	122
小津（岐阜県）	518
尾続経塚（山梨県）	445
小津郷（岐阜県）	518
御鮨所（岐阜県）	518
小鈴谷村（愛知県）	576
御巣鷹山（長野県）	467
小瀬（茨城県）	122
尾瀬（東日本）	2
おせい稲荷（茨城県）	122
尾関神社（広島県）	852
尾瀬沼（福島県）	98
お洗馬淵（長野県）	467
おそのいの滝（東京都）	266
遅場（新潟県）	380
恐山（青森県）	27
小田（茨城県）	122
小田（兵庫県）	720
小田（香川県）	912
織田（福井県）	435
小田井（長野県）	467
小田井宿（長野県）	467
お大尽稲荷（東京都）	266
小高（福島県）	98
小高（茨城県）	122
尾高観音堂（大分県）	1022
尾高智神社（宮崎県）	1040
織田ヶ浜（愛媛県）	933
小田観音堂（福島県）	975
おたきさん道（千葉県）	208
御滝不動（千葉県）	208
小田切（長野県）	467
小滝涼源寺遺跡（千葉県）	208
小竹（千葉県）	208
小竹峠（富山県）	405
小田郷（愛媛県）	933
織田塚（岐阜県）	518
男抱山（栃木県）	136
小田谷（鳥取県）	803
織田町（福井県）	435
小谷城（滋賀県）	637
お種池（長野県）	467
おたねの水（長野県）	467
小田村（愛媛県）	933
小樽（北海道）	6
小樽市（北海道）	6
小田原（神奈川県）	341
小田原市（神奈川県）	342
小田原七福神（神奈川県）	342
小田原城（神奈川県）	342
小田原藩（神奈川県）	342
越知（高知県）	949
越智（愛媛県）	933
落合（東京都）	266
落合（静岡県）	541
落合（徳島県）	904
落合町（岡山県）	835
落合峠（徳島県）	904
越知山（福井県）	435
越知谷（兵庫県）	720
落ノ浦（大分県）	1022
御茶屋御殿（福島県）	98
御茶屋御殿（沖縄県）	1094
御中道（静岡県）	541
おちょうず池（福岡県）	975
小津（東京都）	266
乙方（愛知県）	576
追通（長野県）	467
小槻神社（滋賀県）	637
小槻大社（滋賀県）	637
追倉（長野県）	467
雄岡山（兵庫県）	720
乙事諏訪社（長野県）	467
乙事諏訪神社下社（長野県）	467
オッパイ山（北海道）	6
追波川流域（宮城県）	49
越畑（埼玉県）	178
追波湾（宮城県）	49
乙宝寺（新潟県）	380
小手（福島県）	98
尾出山（栃木県）	136
小戸（千葉県）	208
尾戸（高知県）	949
小土肥（静岡県）	541
音江（北海道）	6
乙訓（京都府）	664
乙訓郡（京都府）	664
乙子（岡山県）	835
男山（京都府）	664
男山窯址（兵庫県）	720
男山丘陵（京都府）	664
男山（広島県）	852
男山八幡神社（福島県）	98
音沢（富山県）	405
小戸神社（宮崎県）	1040
乙田村（奈良県）	744
小戸名（長野県）	467
鳴無（高知県）	949
音無神社（静岡県）	541
鳴無神社（高知県）	950
乙宮社（佐賀県）	995
乙宮神社（佐賀県）	995
小門山（大分県）	1022
乙女河岸（栃木県）	136
小友（岩手県）	36
音路太子堂（福島県）	98
音羽（三重県）	608
音羽（滋賀県）	637
女ケ堰（千葉県）	209
女川（宮城県）	49
女川町（宮城県）	49
小名木川（東京都）	266
女谷（新潟県）	380
女沼（茨城県）	122
小那覇（沖縄県）	1094
女淵（群馬県）	151
御成街道（静岡県）	541
御成橋（東京都）	266
大汝宮（奈良県）	745
鬼江町（富山県）	405
鬼甲山（山形県）	73
鬼剣舞（岩手県）	36
鬼首（宮城県）	49
鬼首大明神（長野県）	467
鬼石（群馬県）	151
鬼石町（群馬県）	151
鬼塚（東京都）	266
鬼住天満天神社（大阪府）	693
鬼住村（大阪府）	693
鬼松天神（福岡県）	975
遠敷（福井県）	435
小沼（長野県）	467
小根山（長野県）	467
小根山稲荷神社（長野県）	467
小野（長野県）	467
小野（滋賀県）	637
小野（兵庫県）	720
小野（山口県）	881
大沼（群馬県）	151
尾上区（滋賀県）	637
尾上神社（兵庫県）	720
尾上町（青森県）	28
小野上（群馬県）	151
小野上村（群馬県）	151
小野川（千葉県）	209
小野観音堂（福島県）	98
小野子（茨城県）	122
小野子千手観音（茨城県）	122
小野里武一家（群馬県）	151
小野市（兵庫県）	720
小野路（東京都）	266
小野路村（東京都）	266
小野宿問屋（長野県）	467
小野神社（東京都）	266
小野神社（神奈川県）	342
小野神社（長野県）	467
小野神社（宮崎県）	1040
小野田市（山口県）	881
小野町（滋賀県）	637
小野津（鹿児島県）	1058

おのて　　　　　　　　　　　地名・寺社名索引

小野寺（滋賀県）	637
小野天神（茨城県）	122
小野毛人墓（京都府）	664
小野八幡神社（兵庫県）	721
小野藩（兵庫県）	721
尾道（広島県）	852
尾道市（広島県）	852
小野村（長野県）	467
小野良太郎家書院（群馬県）	151
オハグロ池（広島県）	852
姨捨面影塚（長野県）	467
姨捨山（長野県）	467
小幡（愛知県）	576
小幡（滋賀県）	637
小畑（山口県）	881
小俣町（三重県）	608
小幡廃寺（愛知県）	576
尾花沢（山形県）	73
尾羽廃寺（静岡県）	541
小浜（福井県）	435
小浜市（福井県）	435
小浜八幡神社（福井県）	435
尾林（長野県）	468
小原（富山県）	405
小原（石川県）	418
小原（愛知県）	576
小原家住宅（長野県）	468
尾開村（徳島県）	904
飫肥（宮崎県）	1040
飫肥街道（宮崎県）	1040
大尾山（静岡県）	541
小櫃（千葉県）	209
帯解寺（奈良県）	745
大日向村（長野県）	468
飫肥藩（宮崎県）	1040
帯広（北海道）	6
帯広競馬場（北海道）	6
帯広別院（北海道）	6
お姫井戸（静岡県）	541
尾平（宮崎県）	1040
小平井（岡山県）	835
お福地蔵（東京都）	266
小向（三重県）	608
小布施（長野県）	468
小布施上町（長野県）	468
小布施町（長野県）	468
オブタテシケ（北海道）	6
意太神社（滋賀県）	638
御堀端（東京都）	266
尾前（宮崎県）	1040
御前崎市（静岡県）	541
小牧（愛知県）	576
小又（富山県）	405
お松が池（新潟県）	380
小見（山形県）	73
小見（富山県）	405
小見川（千葉県）	209
麻績神社（長野県）	468
御水神社（長野県）	468
御陵山（山梨県）	445
麻績御厨（長野県）	468
御明神（岩手県）	36
重須（静岡県）	541
恩穂山（北海道）	6
小村井（東京都）	266
小村神社（高知県）	950

小室浅間神社（山梨県）	445
御目洗井戸（栃木県）	136
思川（栃木県）	136
おもかげ地蔵尊（岩手県）	36
面白山（山形県）	73
表参道（東京都）	266
小本街道（岩手県）	36
御許山（大分県）	1022
御許神社（広島県）	852
オモト淵（静岡県）	541
母木座（大阪府）	693
「御薬園」楽寿亭（福島県）	98
親子観音水（高知県）	950
親沢（長野県）	468
小屋敷（山梨県）	445
大矢田（岐阜県）	518
小矢部川上流域（富山県）	405
御山（山口県）	881
小山（秋田県）	63
尾山（石川県）	418
雄山（富山県）	405
大山街道（神奈川県）	342
御山御坊（石川県）	418
尾山御坊（石川県）	418
小山権現参詣道（和歌山県）	782
小山市（栃木県）	137
尾山神社（石川県）	418
雄山神社（富山県）	405
小山（東京都）	266
お芳ガ淵（広島県）	852
及木伍社宮（長野県）	468
及木寺（長野県）	468
オランダ観音（千葉県）	209
遠里小野遺跡（大阪府）	693
折立山（滋賀県）	638
織田神社（福井県）	435
下立（富山県）	405
折戸（福島県）	98
下戸村（新潟県）	380
織部灯籠（京都府）	664
折渡峠（秋田県）	63
おろかもの之碑（群馬県）	151
小禄（沖縄県）	1094
小禄城（沖縄県）	1094
小禄番所（沖縄県）	1094
下石西山古瀬戸窯（岐阜県）	518
小呂島（福岡県）	975
尾鷲（三重県）	608
尾鷲市（三重県）	608
尾張（愛知県）	576
尾張一宮（愛知県）	577
尾張大国神社（愛知県）	577
尾張大国魂神社（愛知県）	577
尾張大国霊神社（愛知県）	577
尾張高野山（愛知県）	577
尾張国分寺（愛知県）	577
尾張国分寺跡（愛知県）	577
尾張津島天王祭の車楽舟行事（愛知県）	
	577
尾張国（愛知県）	577
尾張藩（愛知県）	577
尾張平野（愛知県）	578
尾張万歳（愛知県）	578
遠賀川（福岡県）	975
遠賀川流域（福岡県）	975

音楽寺（愛知県）	578
恩方（東京都）	266
恩方村（東京都）	266
遠賀町（福岡県）	975
御客神社（島根県）	819
音戸の瀬戸（広島県）	852
御前神社（岡山県）	835
恩智（大阪府）	693
園城寺（滋賀県）	638
遠成寺（福井県）	435
恩昌寺（山梨県）	445
温泉寺（兵庫県）	721
温泉神社（福島県）	98
温泉神社（栃木県）	137
温泉神社（群馬県）	151
恩多（東京都）	266
小鹿田（大分県）	1022
大岱（東京都）	266
大岱学校（東京都）	266
鬼岳（長崎県）	1003
御岳（長野県）	468
御岳（東京都）	266
御岳山（長野県）	468
御岳神社（東京都）	267
恩多町（東京都）	267
恩長寺（新潟県）	380
音戸（広島県）	852
音戸瀬戸（広島県）	852
恩名（神奈川県）	342
恩納村（沖縄県）	1094
恩納博物館（沖縄県）	1094
恩幣幸雄家（群馬県）	151

【か】

加（千葉県）	209
甲斐（山梨県）	445
海晏寺（東京都）	267
海印寺（山口県）	881
海雲寺（東京都）	267
開運毘沙門天（静岡県）	541
開運弁財天（東京都）	267
海会寺（愛知県）	578
海鷗居（岐阜県）	518
貝ヶ原（広島県）	852
貝ヶ森（高知県）	950
海岸寺（長野県）	468
海岸尼寺（神奈川県）	342
開（木）山道（富山県）	405
改決羽地川碑（沖縄県）	1094
会見郡（鳥取県）	803
開原寺（北海道）	6
戒光院（静岡県）	541
海向寺（山形県）	74
借行社（香川県）	912
外国人墓地（神奈川県）	342
甲斐国府（山梨県）	445
甲斐国分寺（山梨県）	445
甲斐国分寺跡（山梨県）	445
蚕神社（群馬県）	151
蚕の社（京都府）	664
甲斐駒ヶ岳（山梨県）	445
甲斐駒岳（山梨県）	445
甲斐路（山梨県）	445
海住山寺（京都府）	664

地名・寺社名索引　　　　　　　　　　　　　　　　かさの

海上（愛知県）	578	
海神神社（長崎県）	1003	
海津（滋賀県）	638	
会水庵（東京都）	267	
貝塚（大阪府）	693	
貝塚市（大阪府）	693	
貝塚寺内（大阪府）	694	
貝塚寺内町（大阪府）	694	
海津神社（長崎県）	1003	
開成町（神奈川県）	342	
甲斐善光寺（山梨県）	445	
海禅寺（秋田県）	63	
海禅寺（東京都）	267	
海禅寺（愛媛県）	933	
開善寺（長野県）	468	
海匝（千葉県）	209	
海蔵院（神奈川県）	342	
海草郡（和歌山県）	782	
海蔵寺（神奈川県）	342	
海蔵寺（山梨県）	446	
海蔵寺（静岡県）	541	
海蔵寺（和歌山県）	782	
海田（広島県）	852	
開拓神社（北海道）	6	
貝谷（徳島県）	904	
開田村（長野県）	468	
垣内（大阪府）	694	
垣内（兵庫県）	721	
垣内村（大阪府）	694	
貝蔓山稲荷神社（秋田県）	63	
開出（滋賀県）	638	
回天神社（茨城県）	122	
垣内宿（三重県）	608	
海南神社（神奈川県）	342	
海南町（徳島県）	904	
海野（三重県）	608	
貝野（広島県）	852	
甲斐（山梨県）	446	
甲斐国三十三観音霊場（山梨県）	446	
貝の道（沖縄県）	1094	
戒場（奈良県）	745	
萱浜（福島県）	85	
柏原（兵庫県）	721	
海部（徳島県）	904	
貝吹（愛媛県）	933	
海福寺（東京都）	267	
海部郡（徳島県）	904	
開法寺（香川県）	912	
会北（福島県）	98	
開聞宮（鹿児島県）	1058	
海門寺（石川県）	418	
開聞神社（鹿児島県）	1058	
貝谷（茨城県）	122	
偕楽園（和歌山県）	782	
海竜王寺（奈良県）	745	
海隣寺（千葉県）	209	
下越（新潟県）	380	
加越能（北陸甲信越）	372	
加賀（石川県）	418	
加賀郷（島根県）	819	
加賀市（石川県）	418	
香々地町（大分県）	1022	
加賀禅定道（石川県）	418	
加賀田（大阪府）	694	
加賀田神社（大阪府）	694	
加賀野（岐阜県）	518	

加賀国（石川県）	418	
鏡宮（三重県）	608	
加賀藩（富山県）	405	
加賀藩（石川県）	418	
加賀前田藩（石川県）	419	
鏡（佐賀県）	995	
鏡石神社（岡山県）	835	
鏡岩（滋賀県）	638	
鏡ヶ池（福岡県）	975	
鏡川（高知県）	950	
鏡神社（佐賀県）	995	
鏡作神社（奈良県）	745	
鏡作坐天照御魂神社（奈良県）	745	
各務野（岐阜県）	518	
香我美橋（高知県）	950	
鏡村（高知県）	950	
鏡山（福岡県）	975	
鏡山（佐賀県）	995	
鏡陵皇太神碑（群馬県）	151	
香川（北海道）	6	
香川（神奈川県）	342	
香川（香川県）	912	
香川県（香川県）	914	
香川町（香川県）	914	
香川町東谷（香川県）	914	
鍵（奈良県）	745	
鈎上（埼玉県）	178	
垣内（長崎県）	1003	
柿崎（新潟県）	380	
柿碕村（愛知県）	578	
我帰山（長野県）	468	
柿下（福岡県）	975	
掻懐（大分県）	1022	
杜若園（愛知県）	578	
柿谷（富山県）	405	
柿沼（埼玉県）	178	
柿の木坂（東京都）	267	
柿木鎮守（三重県）	608	
柿木村（島根県）	819	
垣花樋川（沖縄県）	1094	
柿本神社（兵庫県）	721	
柿本大明神（島根県）	819	
礎花八幡宮（大分県）	1022	
額安寺（奈良県）	745	
鰐淵寺（島根県）	819	
学王寺（兵庫県）	721	
覚園寺（神奈川県）	342	
楽音寺（広島県）	852	
覚城院（香川県）	914	
覚照寺（宮城県）	49	
覚照寺（愛知県）	578	
覚照寺（宮崎県）	1040	
覚性寺（富山県）	405	
覚正寺（大分県）	1022	
廓信寺（埼玉県）	178	
角田市（宮城県）	49	
角田村（北海道）	6	
格知学舎（山形県）	74	
加久藤（宮崎県）	1040	
角野（愛媛県）	933	
角館（秋田県）	63	
角館町（秋田県）	63	
角館祭りのやま行事（秋田県）	63	
学能堂山（奈良県）	745	
覚範寺跡（山形県）	74	
覚鱸城（岩手県）	36	

角間（新潟県）	381	
角間（長野県）	468	
鹿熊岳（大分県）	1023	
角間町（長野県）	468	
鶴満寺（大阪府）	694	
角海浜（新潟県）	381	
覚夢寺（高知県）	950	
神楽尾城（岡山県）	835	
鶴林寺（兵庫県）	721	
鶴林寺（長崎県）	1003	
隠蓑（福岡県）	975	
隠山（大分県）	1023	
加計（広島県）	852	
掛川（静岡県）	541	
掛川市（静岡県）	541	
掛川清明家（群馬県）	151	
加家観音寺（愛知県）	578	
景清廟（宮崎県）	1040	
掛塚（静岡県）	541	
鹿毛馬神籠石（福岡県）	975	
掛合町（島根県）	819	
加計呂麻島（鹿児島県）	1058	
香河（京都府）	664	
加古川（兵庫県）	721	
加古川市（兵庫県）	721	
加古川流域（兵庫県）	721	
価谷鑪（島根県）	819	
鹿児島（鹿児島県）	1058	
鹿児島磯集成館（鹿児島県）	1061	
鹿児島県（鹿児島県）	1061	
鹿児島市（鹿児島県）	1062	
鹿児島城（鹿児島県）	1062	
鹿児島神宮（鹿児島県）	1062	
鹿児島神社（鹿児島県）	1062	
鹿児島藩（鹿児島県）	1062	
鹿児島藩（鹿児島県）	1062	
鹿児神社（高知県）	950	
賀古駅家（兵庫県）	721	
加護坊山（宮城県）	49	
河後森城（愛媛県）	933	
加西（兵庫県）	721	
葛西（岩手県）	36	
葛西（東京都）	267	
加西郡（兵庫県）	721	
笠居郷（香川県）	914	
加西市（兵庫県）	721	
笠石神社（栃木県）	137	
葛西領（東京都）	267	
笠岡市（岡山県）	835	
笠岡諸島（岡山県）	835	
笠懸町（群馬県）	151	
笠ヶ岳（岐阜県）	518	
瘡神社（広島県）	852	
笠祇神社（鹿児島県）	1062	
笠置寺（京都府）	664	
笠置峠古墳（愛媛県）	933	
加佐郡（京都府）	664	
笠師（石川県）	419	
笠師保（石川県）	419	
風透（愛媛県）	933	
笠寺（愛知県）	578	
笠戸島（山口県）	881	
笠取山（京都府）	664	
笠縫邑（奈良県）	745	
重畳山（和歌山県）	782	
笠野（宮城県）	49	

1147

風早（愛媛県） 933
風早宮（愛媛県） 933
風早西国三十三観音（愛媛県） 934
風早町（愛媛県） 934
風早八十八ヶ所（愛媛県） 934
笠原（長野県） 468
笠原（静岡県） 541
笠原院内（静岡県） 541
笠間（茨城県） 122
笠舞（石川県） 419
笠間稲荷（茨城県） 122
笠松陣屋（岐阜県） 518
笠松町（岐阜県） 518
風祭（神奈川県） 342
風間堂（大阪府） 694
笠目（奈良県） 745
笠森稲荷（大阪府） 694
笠森観音（千葉県） 209
花山寺跡（宮城県） 49
峨山道（石川県） 419
加治（岡山県） 835
香椎宮（福岡県） 975
香椎古社（福岡県） 975
香椎廟（福岡県） 975
梶尾（広島県） 852
鹿塩（長野県） 468
柏尾山経塚（山梨県） 446
梶尾神社（広島県） 852
鰍沢河岸跡（山梨県） 446
鰍沢河岸遺跡（山梨県） 446
梶賀町（三重県） 608
加治木（鹿児島県） 1062
加治木町（鹿児島県） 1062
柏沢（山形県） 74
梶島山（広島県） 852
柏田（大阪府） 694
梶無川（茨城県） 122
梶並八幡神社（岡山県） 835
樫野埼灯台旧官舎（和歌山県） 782
橿原（奈良県） 745
橿原市（奈良県） 745
橿原神宮（奈良県） 745
加志波良比古神社（石川県） 419
鹿島（茨城県） 122
鹿島（栃木県） 137
鹿島（奈良県） 745
鹿島（佐賀県） 995
鹿島踊（関東） 114
鹿島川上・中流域（千葉県） 209
鹿島国足神社（北海道） 6
鹿島社（茨城県） 122
鹿島神宮（茨城県） 122
鹿島神宮（栃木県） 137
鹿島神社（宮城県） 49
鹿島神社（福島県） 98
鹿島神社（茨城県） 122
鹿島神社（長野県） 468
鹿島大明神（茨城県） 123
鹿嶋大明神（東京都） 267
鍛治町（秋田県） 63
鹿島町（福島県） 98
鹿島明神（静岡県） 541
鹿嶋明神（茨城県） 123
加島村（静岡県） 541
樫本神社（京都府） 664
鍛冶屋（滋賀県） 638
梶山（宮崎県） 1040
鍛冶山西（三重県） 608
鍛冶屋村（滋賀県） 638
加州（石川県） 419
賀集（兵庫県） 721
勧修寺（京都府） 664
頭成（大分県） 1023
柏（千葉県） 209
柏尾（岐阜県） 518
柏崎（岩手県） 36
柏崎（茨城県） 123
柏崎（埼玉県） 178
柏崎（新潟県） 381
柏崎市（新潟県） 381
柏島神社（広島県） 853
柏原（長野県） 468
柏原（滋賀県） 638
柏原（大阪府） 694
柏原藩陣屋（兵庫県） 721
柏原村（長野県） 468
梶原（神奈川県） 342
柏原市（大阪府） 694
梶原堂（静岡県） 541
柏原八幡（兵庫県） 721
可睡斎（静岡県） 541
糟尾大明神（栃木県） 137
春日（山形県） 74
春日（兵庫県） 721
春日（奈良県） 745
春日（福岡県） 975
春日井（愛知県） 578
春日井郡（愛知県） 578
春日井市（愛知県） 578
春日大宮若宮（奈良県） 745
春日市（福岡県） 975
春日社（奈良県） 745
春日神社（福島県） 98
春日神社（大阪府） 694
春日神社（奈良県） 746
春日神社（和歌山県） 782
春日神社（岡山県） 835
春日神社（広島県） 853
春日神社（福岡県） 976
春日神社（大分県） 1023
春日大社（奈良県） 746
春日大社酒殿（奈良県） 746
春日谷（岐阜県） 518
春日野（奈良県） 746
春日番匠座（奈良県） 746
春日部郡（愛知県） 578
春日部八幡神社（埼玉県） 178
春日村（岐阜県） 518
春日山（長野県） 468
春日山（奈良県） 746
春日山原始林（奈良県） 746
春日山神社（新潟県） 381
春日山石仏群（奈良県） 746
春日若宮おん祭の神事芸能（奈良県） 746
粕川扇状地（岐阜県） 519
粕川村（群馬県） 151
上総（千葉県） 209
上総一ノ宮（千葉県） 209
上総国分寺（千葉県） 209
上総国分寺跡（千葉県） 209
上総国分尼寺（千葉県） 210
上総国（千葉県） 210
上総掘りの技術（千葉県） 210
鹿角（秋田県） 63
鹿角市（秋田県） 63
数馬（東京都） 267
霞（鳥取県） 803
霞ヶ浦（茨城県） 123
かすみがうら市（茨城県） 123
霞ヶ浦町（茨城県） 123
加積神社（富山県） 405
霞寺ヶ宇根遺跡（鳥取県） 803
糟嶺神社（東京都） 267
糟屋荘（神奈川県） 342
葛城嶺（奈良県） 747
葛畑（兵庫県） 721
葛畑村（兵庫県） 721
花井寺経塚（愛知県） 578
嘉瀬観音山（青森県） 28
風島（新潟県） 381
加世田（鹿児島県） 1062
加世田川畑（鹿児島県） 1062
加世田郷（鹿児島県） 1062
枠田荘（和歌山県） 782
加世田益山（鹿児島県） 1062
風三郎神社（長野県） 468
風宮橋（三重県） 608
風吹山（和歌山県） 782
加瀬山（神奈川県） 342
鹿背山（京都府） 664
悴山家住宅（香川県） 914
鹿背山不動（京都府） 664
加須（埼玉県） 178
加須市（埼玉県） 178
加須町（埼玉県） 178
加蘇山神社（栃木県） 137
賀蘇山神社（栃木県） 137
加太（和歌山県） 782
賀田（三重県） 608
神田（愛知県） 578
神田（岡山県） 835
片岡王寺（奈良県） 747
片岡社（兵庫県） 721
片岡茶園堂（高知県） 950
片岡葦田墓（大分県） 1023
片岡山（奈良県） 747
片貝（新潟県） 381
片貝川上流域（富山県） 405
片貝町（新潟県） 381
片上池（三重県） 608
樫原廃寺（京都府） 664
樫原廃寺跡（京都府） 664
堅来道（大分県） 1023
片倉村（東京都） 267
片塩（長野県） 468
片品（群馬県） 151
片品の猿追い祭（群馬県） 151
片品村（群馬県） 151
賀多神社（三重県） 608
片瀬（神奈川県） 342
片袖地蔵尊（新潟県） 381
堅田（滋賀県） 638
堅田（山口県） 881
片田（三重県） 608
片泊（鹿児島県） 1062
交野（大阪府） 694
片野尾（新潟県） 381

地名・寺社名索引　　　　　　　　　　　　　　　　かねい

片埜神社（大阪府）………… 694
片葉の葦（静岡県）………… 541
片町（新潟県）………… 381
傾山（大分県）………… 1023
片柳（埼玉県）………… 178
片山（福井県）………… 435
勝浦（和歌山県）………… 782
勝川（愛知県）………… 578
勝栗（鹿児島県）………… 1062
勝栗神社（鹿児島県）………… 1062
勝栗山（愛知県）………… 578
陸地（宮崎県）………… 1040
香長平野（高知県）………… 950
勝浦（千葉県）………… 210
勝浦市（千葉県）………… 210
勝尾寺（大阪府）………… 694
勝木八幡宮（新潟県）………… 381
月山（山形県）………… 74
月山神社（秋田県）………… 63
月山神社（山形県）………… 74
葛飾（東京都）………… 267
葛飾区（東京都）………… 267
葛飾大師八十八ヶ所（千葉県）… 210
葛飾八幡（東京都）………… 267
鹿田（岡山県）………… 835
勝田（千葉県）………… 210
勝田台（千葉県）………… 210
かった村（大阪府）………… 694
甲冑堂（宮城県）………… 49
勝沼館（群馬県）………… 151
勝尾城（佐賀県）………… 965
勝部神社（滋賀県）………… 638
勝間（山口県）………… 881
勝間（香川県）………… 914
勝間田院内（静岡県）………… 541
勝本浦（長崎県）………… 1003
勝屋（新潟県）………… 381
勝屋集落（新潟県）………… 381
勝山（千葉県）………… 210
勝山（福井県）………… 435
勝山町（岡山県）………… 835
勝占（徳島県）………… 904
桂川（京都府）………… 664
葛城（大阪府）………… 694
葛城（奈良県）………… 747
葛城（和歌山県）………… 782
葛又（徳島県）………… 904
葛城一言神社（奈良県）………… 748
桂木観音堂（埼玉県）………… 178
葛城古道（奈良県）………… 748
桂太山（山口県）………… 881
葛城市（奈良県）………… 748
かつらぎ町（和歌山県）………… 782
葛木御歳神社（奈良県）………… 748
葛城峯（奈良県）………… 748
葛城山（奈良県）………… 748
桂地蔵（京都府）………… 664
桂塚（大阪府）………… 694
桂山落合神社（長野県）………… 468
桂離宮（京都府）………… 664
勝連（沖縄県）………… 1094
勝連城（沖縄県）………… 1094
勝連南風原（沖縄県）………… 1094
勝連半島（沖縄県）………… 1094
嘉手苅（沖縄県）………… 1094
嘉手苅御岳（沖縄県）………… 1094

嘉手苅集落（沖縄県）………… 1094
嘉鉄集落（鹿児島県）………… 1062
加藤（香川県）………… 914
我堂（大阪府）………… 694
加藤家（岩手県）………… 36
嘉徳（鹿児島県）………… 1062
門倉勝家（群馬県）………… 151
角地蔵（東京都）………… 267
門平（埼玉県）………… 178
門谷（静岡県）………… 541
首途八幡宮（京都府）………… 664
門入（岐阜県）………… 519
門之浦（鹿児島県）………… 1062
角浜（岩手県）………… 36
門僕神社（奈良県）………… 748
門真市（大阪府）………… 694
香取（千葉県）………… 210
香取郡（千葉県）………… 210
香取市（千葉県）………… 210
香取社（千葉県）………… 210
香取社領（千葉県）………… 210
香取神宮（千葉県）………… 210
香取神社（千葉県）………… 211
香取大神宮寺（千葉県）………… 211
カトリック宝塚教会（兵庫県）… 721
カトリック箱根教会（神奈川県）… 342
門脇家住宅（岩手県）………… 36
門和佐（岐阜県）………… 519
金井（長野県）………… 468
金碇神社（広島県）………… 853
金井沢碑（群馬県）………… 151
金石（石川県）………… 419
金石町（石川県）………… 419
金浦（岡山県）………… 835
金江津（茨城県）………… 123
金尾（埼玉県）………… 178
神奈川（神奈川県）………… 342
神奈川（神奈川県）………… 343
金川集落（福島県）………… 98
神奈川宿（神奈川県）………… 343
神奈川湊（神奈川県）………… 343
神奈川遊廓神風楼跡地（神奈川県）… 343
金城町歴史民俗資料館（島根県）… 820
金城（沖縄県）………… 1094
金倉（長野県）………… 468
金倉山（新潟県）………… 381
金砂（茨城県）………… 123
金崎（埼玉県）………… 178
金崎神社（埼玉県）………… 178
金桜神社（山梨県）………… 446
金砂神社（茨城県）………… 123
金鑚神社（埼玉県）………… 178
金鑚神社（東京都）………… 267
金鑚神社（埼玉県）………… 179
金砂山（茨城県）………… 123
金沢（栃木県）………… 137
金沢（神奈川県）………… 343
金沢（石川県）………… 419
金沢区（神奈川県）………… 343
金沢市（石川県）………… 419
金沢寺（石川県）………… 420
金沢庄（石川県）………… 420
金沢城（石川県）………… 420
金沢女学校（石川県）………… 420
金沢神社（石川県）………… 420
金沢町（石川県）………… 420

金沢東照宮（石川県）………… 420
金沢能見堂（神奈川県）………… 344
金沢の羽山ごもり（福島県）………… 98
金沢文庫（神奈川県）………… 344
金沢別院（石川県）………… 420
金沢御堂（石川県）………… 420
金敷平（群馬県）………… 151
金塚（新潟県）………… 381
金杉（東京都）………… 267
金津町（福井県）………… 435
金善子七社明神（群馬県）………… 151
金田（福岡県）………… 976
金鳥居（山梨県）………… 446
我那覇（沖縄県）………… 1094
金橋桜花（東京都）………… 267
金原田（福島県）………… 98
金生山（岐阜県）………… 519
金丸（大分県）………… 1023
金峯神社（兵庫県）………… 721
金村別雷神社（茨城県）………… 123
要町（東京都）………… 267
金森（滋賀県）………… 638
金森御坊（岐阜県）………… 519
金屋（新潟県）………… 381
金屋（富山県）………… 405
金屋（岐阜県）………… 519
金屋（滋賀県）………… 638
金屋（鳥取県）………… 803
金屋（大分県）………… 1023
金谷（福島県）………… 98
金屋子神社（島根県）………… 820
金谷御殿（石川県）………… 420
金屋町（富山県）………… 405
金谷天満宮（山口県）………… 881
金谷浜（千葉県）………… 211
金山寺（岡山県）………… 835
金山神社（栃木県）………… 137
金山神社（埼玉県）………… 179
金山神社（東京都）………… 267
金山神社（神奈川県）………… 344
金山神社（長野県）………… 469
金山神社（静岡県）………… 541
金山八幡宮（群馬県）………… 152
金山八幡神社（山形県）………… 74
金山明神（奈良県）………… 748
金屋村（兵庫県）………… 721
加南（石川県）………… 420
河南（栃木県）………… 137
可児（岐阜県）………… 519
蟹江町（愛知県）………… 578
和坂（兵庫県）………… 721
可児郡（岐阜県）………… 519
可児市（岐阜県）………… 519
かにまん寺（京都府）………… 664
蟹満寺（京都府）………… 664
我入道（静岡県）………… 541
和爾良神社（愛知県）………… 578
神庭村（埼玉県）………… 179
鹿庭山（兵庫県）………… 721
加貫（大分県）………… 1023
鹿沼（栃木県）………… 137
鹿沼今宮権現（栃木県）………… 137
鹿沼今宮神社祭の屋台行事（栃木県）
　　　　　　　　　　………… 137
鹿沼市（栃木県）………… 137
金居原（滋賀県）………… 638

1149

かねか　　　　　　　　　　　　　地名・寺社名索引

金ヶ崎（岩手県）	36	
金崎宮（福井県）	435	
金ヶ崎町（岩手県）	36	
金ケ作陣屋（千葉県）	211	
金ヶ辻子町（福井県）	435	
鐘ヶ岳（神奈川県）	344	
金森町（滋賀県）	638	
兼城（沖縄県）	1094	
兼城番所（沖縄県）	1094	
金蔵（石川県）	420	
金古絹市場（群馬県）	152	
金子八反田稲荷神社（東京都）	268	
金子村（埼玉県）	179	
金子村（神奈川県）	344	
金崎（宮崎県）	1040	
鐘崎（福岡県）	976	
金崎神社（宮崎県）	1040	
金沢（秋田県）	63	
金沢（埼玉県）	179	
金沢（千葉県）	211	
金島公民館（群馬県）	152	
鐘撞堂（福島県）	98	
鐘撞堂（岡山県）	836	
兼真御岳（沖縄県）	1094	
金町（茨城県）	123	
金丸町（茨城県）	123	
金山（福島県）	98	
金山町（山形県）	74	
金山町（福島県）	99	
金屋村（岐阜県）	519	
加納（福島県）	99	
加納（岐阜県）	519	
加納（大阪府）	694	
加納（宮崎県）	1040	
加能（石川県）	420	
鹿野山（千葉県）	211	
加納宿（岐阜県）	519	
叶津（福島県）	99	
加納天満宮（岐阜県）	519	
狩野徳市家（群馬県）	152	
加納西（岐阜県）	519	
狩野々八幡宮（群馬県）	152	
加納八幡神社（岐阜県）	519	
狩野川（静岡県）	541	
狩野川以北（静岡県）	541	
樺井月神社（京都府）	664	
樺崎寺（栃木県）	137	
樺崎寺跡（栃木県）	137	
加波山（茨城県）	123	
蒲御厨（静岡県）	541	
樺山（宮崎県）	1040	
樺山氏墓塔群（鹿児島県）	1062	
嘉飯山（福岡県）	976	
川平（沖縄県）	1094	
川平村（沖縄県）	1095	
賀毗礼の高峰（茨城県）	123	
歌舞伎座（東京都）	268	
株式地蔵尊（兵庫県）	721	
我部祖河（沖縄県）	1095	
下払坊（大分県）	1023	
加太（三重県）	608	
冑形神社（大分県）	1023	
甲神社（広島県）	123	
兜塚（神奈川県）	344	
甲山（兵庫県）	721	
甲山（広島県）	853	

兜山観音（広島県）	853	
甲山町（広島県）	853	
甲山八幡神社（岡山県）	836	
鏑木城（千葉県）	211	
鏑宅神社（福岡県）	976	
蕪坂（和歌山県）	783	
可部（広島県）	853	
壁土山地蔵堂（神奈川県）	344	
嘉穂（福岡県）	976	
華浦（山口県）	881	
下方五社（静岡県）	541	
河北（石川県）	421	
河北潟沿岸（石川県）	421	
河北郡（石川県）	421	
河北町（山形県）	74	
可保夜が沼（群馬県）	152	
嘉万（山口県）	881	
釜石（岩手県）	36	
釜石市（岩手県）	36	
蒲江浦（大分県）	1023	
鎌ケ岳（神奈川県）	344	
霞間ヶ渓（岐阜県）	519	
鎌ケ谷市（千葉県）	211	
蒲刈（広島県）	853	
鎌苅（千葉県）	211	
蒲刈町宮盛（広島県）	853	
鎌倉（神奈川県）	344	
鎌倉街道（神奈川県）	345	
鎌倉街道（岐阜県）	519	
鎌倉街道（愛知県）	578	
鎌倉街道上道（神奈川県）	345	
鎌倉古道（神奈川県）	345	
鎌倉さん（愛媛県）	934	
鎌倉三十三観音（神奈川県）	345	
鎌倉七福神（神奈川県）	345	
鎌倉大仏（神奈川県）	345	
鎌倉幕府（神奈川県）	345	
鎌倉八幡（神奈川県）	345	
鎌倉浜（神奈川県）	345	
鎌倉道（神奈川県）	345	
鎌倉路（埼玉県）	179	
釜沢（長野県）	469	
鎌沢神社（秋田県）	63	
釜地蔵寺（愛知県）	578	
鎌田神明宮（静岡県）	541	
釜田寺（東京都）	268	
蒲池八幡宮（高知県）	950	
鎌塚清男家（群馬県）	152	
釜津田（岩手県）	36	
釜寺東遺跡（東京都）	268	
竈門山寺（福岡県）	976	
竈門氏古墳群（大分県）	1023	
竈門神社（福岡県）	976	
鎌沢（秋田県）	63	
鎌八幡宮（和歌山県）	783	
釜臥山（青森県）	28	
釜屋（山口県）	881	
釜谷（新潟県）	381	
釜屋堀庚申堂（東京都）	268	
釜利谷（神奈川県）	345	
釜利谷郷（神奈川県）	345	
加美（宮城県）	49	
加美（山梨県）	446	
上赤須（長野県）	469	
上吾川村（高知県）	950	
上阿久津（栃木県）	137	

上味野（鳥取県）	803	
上天野（和歌山県）	783	
上飯田（神奈川県）	345	
上飯田（長野県）	469	
上一光（福井県）	435	
上井草（東京都）	268	
上井桑（高知県）	950	
上砂（千葉県）	211	
上五十沢（山形県）	74	
上五十沢集落（山形県）	74	
神石（大阪府）	694	
上石原（東京都）	268	
上石原若宮八幡神社（東京都）	268	
上泉井（埼玉県）	179	
上泉（新潟県）	381	
上磯部（神奈川県）	345	
上板町（徳島県）	904	
上伊田廃寺（福岡県）	976	
上板橋（東京都）	268	
上市（大分県）	1023	
上市町（富山県）	405	
上伊那（長野県）	469	
上井堀（長野県）	469	
上今井（長野県）	469	
上弥彦神社（新潟県）	381	
上伊良原（福岡県）	976	
上岩瀬（茨城県）	123	
上岩田廃寺（福岡県）	976	
上岩出神社（和歌山県）	783	
上植木廃寺跡（群馬県）	152	
上植木村（群馬県）	152	
上打波（福井県）	435	
上宇内薬師堂（福島県）	99	
上大槻（神奈川県）	345	
上太田（山口県）	881	
上大妻（長野県）	469	
神岡山（広島県）	853	
神岡町跡津川（岐阜県）	519	
神岡町森茂（岐阜県）	519	
上小瀬（茨城県）	123	
上落川（東京都）	268	
神尾寺（京都府）	664	
上音標神社（北海道）	6	
上小野子（群馬県）	152	
上恩方（東京都）	268	
上恩方町（東京都）	268	
神掛神社（香川県）	914	
上加治佐（鹿児島県）	1062	
上方（近畿）	627	
上嘉鉄（鹿児島県）	1063	
上金井（長野県）	469	
上賀茂（京都府）	664	
上賀茂神社（京都府）	664	
上萱津（愛知県）	578	
上軽部（茨城県）	123	
上川（北海道）	6	
上川神社（北海道）	6	
上川戸（広島県）	853	
上川町（東京都）	268	
上川村（新潟県）	381	
上香春（福岡県）	976	
上神（群馬県）	152	
上岸本（滋賀県）	638	
上北沢左内屋敷（東京都）	268	
上北山村（奈良県）	748	
上京（京都府）	664	

1150

上京区（京都府）……664
上桐（新潟県）……381
上九沢（神奈川県）……345
上窪辻（山形県）……74
上組（新潟県）……381
上組（高知県）……950
神倉神社（栃木県）……137
神倉神社（和歌山県）……783
上黒田（長野県）……459
上郷（東京都）……238
上郷神明社（神奈川県）……345
上郷村（愛知県）……578
上郷屋（新潟県）……381
上高野（千葉県）……211
上高野原（千葉県）……211
上郡（宮城県）……49
上甑島（鹿児島県）……1063
上甑村（鹿児島県）……1063
上五島（長崎県）……1003
上狛（京都府）……665
上採銅所（福岡県）……976
上斎原（岡山県）……836
上斎原村（岡山県）……836
上坂田横穴墓群（大分県）……1023
上坂廃寺（福岡県）……976
神崎（熊本県）……1012
上大角豆村（茨城県）……123
上里（三重県）……608
神里（沖縄県）……1095
上里町（埼玉県）……179
上沢（長野県）……469
香美市（高知県）……950
上塩尻村（長野県）……469
上志津（千葉県）……211
神科（長野県）……469
神島（三重県）……608
上島田（山口県）……881
神嶋村（広島県）……853
上・下賀茂社（京都府）……665
上十条村（東京都）……268
上宿（東京都）……268
上条（長野県）……469
加美正覚寺遺跡（大阪府）……694
上庄谷（富山県）……405
上正六（群馬県）……152
上城（鹿児島県）……1063
神城（長野県）……469
上新田（群馬県）……152
上新田（新潟県）……381
上新田（香川県）……914
上直路（長野県）……469
上勝呂（埼玉県）……179
上須々孫館跡（岩手県）……36
上埣（宮城県）……49
上醍醐寺（京都府）……665
上大領（栃木県）……137
上高井戸（東京都）……268
上高田（東京都）……268
上高柳（愛媛県）……934
上宝村（岐阜県）……519
上竹田（兵庫県）……721
上田代町（熊本県）……1012
上田上（滋賀県）……638
神谷神社（香川県）……914
神谷神社（愛媛県）……934
上田原（大阪府）……694

上町（新潟県）……381
上津江町（大分県）……1023
上毛野（群馬県）……152
上寺山（埼玉県）……179
上当間川（静岡県）……541
上時国家（石川県）……421
上殿岡（長野県）……469
上鳥羽（京都府）……665
上砥山村（滋賀県）……638
上富田（和歌山県）……783
上富田町（和歌山県）……783
神長（静岡県）……541
上長井（山形県）……74
上長尾（長野県）……469
上中庚申塔（東京都）……268
髪長神社（愛媛県）……934
上中町（福井県）……435
上長貫集落（静岡県）……542
上名倉（福島県）……99
上名栗（埼玉県）……179
上灘（愛媛県）……934
神なび山（奈良県）……748
雷八幡神社（香川県）……914
神縄（神奈川県）……345
上新川（富山県）……405
上丹生（滋賀県）……638
上貫津（山形県）……74
上猫巣（新潟県）……381
上野条（京都府）……665
上之郷村（千葉県）……211
上の島（兵庫県）……721
上野間（愛知県）……578
上の森八幡宮（群馬県）……152
上ノ山（山形県）……74
神の山（高知県）……950
上山市（山形県）……74
上山田天満宮（広島県）……853
上山八幡宮（宮城県）……49
上芳我（愛媛県）……934
上八町（長野県）……469
上羽鮒（静岡県）……542
上原（山梨県）……446
上原（長野県）……470
神原美弘家（群馬県）……152
上久堅（長野県）……470
上平川（鹿児島県）……1063
上平根（秋田県）……63
上深川（奈良県）……748
上福岡（埼玉県）……179
上福岡市（埼玉県）……179
上富良野町（北海道）……7
上古田（長野県）……470
上分（高知県）……950
上藤中横穴墓群（山口県）……881
上分村（高知県）……950
上閉伊郡（岩手県）……37
上別府（鹿児島県）……1063
上蛇窪（東京都）……268
上保谷（東京都）……268
上保原（福島県）……99
上本郷（千葉県）……211
上町（宮城県）……49
上町（高知県）……950
上溝（神奈川県）……345
上水内郡（長野県）……470
上三林（群馬県）……152

上三原田（群馬県）……152
上三原田庚塚（群馬県）……152
上村（長野県）……470
上村（静岡県）……542
上村上町（長野県）……470
上村木（富山県）……405
上村中郷（長野県）……470
上目黒（東京都）……268
上目黒村（東京都）……268
上百瀬（富山県）……405
神谷院（徳島県）……904
上谷ケ貫（埼玉県）……179
上安田町（石川県）……421
上柳渡戸八幡山遺跡（山形県）……74
上矢部（神奈川県）……345
上山（長野県）……470
神山（青森県）……28
上山口（神奈川県）……345
神山権現社（神奈川県）……345
上山里（宮城県）……49
神山神社（東京都）……268
上山田（神奈川県）……346
上山田（長野県）……470
上山田（福岡県）……976
神山町（徳島県）……904
上柚木（東京都）……268
上行合村（福島県）……99
上八日町（東京都）……268
神代三陵（鹿児島県）……1063
上吉田（山梨県）……446
上代継（東京都）……268
上淀（鳥取県）……803
上淀廃寺（鳥取県）……803
上淀廃寺跡（鳥取県）……803
上竜頭の滝（広島県）……853
上和田（神奈川県）……346
神岳（奈良県）……748
神川神社（新潟県）……381
カムチャッカ（北方地域）……1
神目神社（広島県）……853
学文路大師（和歌山県）……783
亀石（奈良県）……748
亀石弁財天（京都府）……665
亀戸（東京都）……268
亀戸七福神（東京都）……268
亀戸天神（東京都）……268
亀戸天神社（東京都）……268
亀戸天満宮（東京都）……269
亀戸村（東京都）……269
亀井六郎屋敷跡（神奈川県）……346
亀岡（宮城県）……50
亀岡（京都府）……665
亀岡市（京都府）……665
亀尾山神社（広島県）……853
亀谷（島根県）……820
亀ヶ池八幡宮（神奈川県）……346
亀が崎（大分県）……1023
亀形石（奈良県）……748
亀川（大分県）……1023
亀倉（長野県）……470
亀崎潮干祭の山車行事（愛知県）……579
亀塚（東京都）……269
亀田（北海道）……7
亀田（秋田県）……63
亀谷堂（千葉県）……211
亀田八満宮（北海道）……7

かめた   地名・寺社名索引

亀田藩（秋田県）	63	加茂山（高知県）	950	刈谷市（愛知県）	579
亀津（鹿児島県）	1063	鴨山（岡山県）	836	刈谷田川（新潟県）	382
亀鶴観音（静岡県）	542	加守（奈良県）	748	刈谷町（愛知県）	579
亀焼（鹿児島県）	1063	冬瓜町（石川県）	421	苅宿（福島県）	99
亀山（滋賀県）	638	賀茂別雷神社（栃木県）	137	刈谷藩（愛知県）	579
亀山（京都府）	665	賀茂別雷神社（京都府）	665	狩山八幡宮（島根県）	820
亀山（広島県）	853	萱津神社（愛知県）	579	刈羽（新潟県）	382
亀山（長崎県）	1003	萱田（千葉県）	211	刈和野（秋田県）	63
亀山城（岡山県）	836	苅田（千葉県）	211	刈羽村（新潟県）	382
亀山神社（千葉県）	211	萱田町（千葉県）	211	狩留家（広島県）	853
亀山神社（山口県）	881	加悦町（京都府）	665	苅萱（福岡県）	976
亀山八幡宮（広島県）	853	茅沼（茨城県）	123	苅萱堂（和歌山県）	783
亀山八幡宮（山口県）	881	栢森（奈良県）	748	軽寺（奈良県）	748
亀山八幡神社（広島県）	853	萱振寺内町（大阪府）	694	軽野神社（静岡県）	542
亀山本徳寺（兵庫県）	721	茅部神社（岡山県）	836	軽野神社（滋賀県）	638
亀割坂（新潟県）	381	萱間（静岡県）	542	佳例川（鹿児島県）	1063
加茂（新潟県）	381	栢山神社（神奈川県）	346	枯木又（新潟県）	382
加茂（岐阜県）	520	茅町（広島県）	853	賀露神社（鳥取県）	803
加茂（静岡県）	542	萱森（奈良県）	748	河井（栃木県）	138
加茂（愛知県）	579	通（山口県）	881	河合（奈良県）	748
加茂（京都府）	665	通浦（山口県）	882	川井（東京都）	269
加茂（高知県）	950	嘉陽（沖縄県）	1095	川井（新潟県）	382
賀（愛知県）	579	賀羅加波神社（広島県）	853	河合経塚（奈良県）	748
賀茂（三重県）	608	韓郷神社（長野県）	470	川合神社（新潟県）	382
賀茂（京都府）	665	唐桑町（宮城県）	50	河合寺（大阪府）	694
賀茂（広島県）	853	唐崎（大阪府）	694	河合村（岐阜県）	520
鴨池（石川県）	421	唐沢（栃木県）	137	河合村（大阪府）	694
加茂岩倉遺跡（島根県）	820	唐沢（埼玉県）	179	河内神社（愛媛県）	934
蒲生（埼玉県）	179	唐沢姫雄家（群馬県）	152	河内谷（石川県）	421
蒲生川流域（鳥取県）	803	唐沢山（栃木県）	137	河内町（大阪府）	694
蒲生郡（滋賀県）	638	唐沢山神社（栃木県）	137	川宇連（愛知県）	579
蒲生町（鹿児島県）	1063	辛科神社（群馬県）	152	川奥（高知県）	950
神恵内村（北海道）	7	辛島（大分県）	1023	川角（埼玉県）	179
鴨方往来（岡山県）	836	香良洲（三重県）	608	川上（長野県）	470
鴨方町（岡山県）	836	烏森神社（栃木県）	137	川上（岐阜県）	520
鴨神（奈良県）	748	烏川（宮城県）	50	川上（滋賀県）	638
鴨川市（千葉県）	211	香良洲町（三重県）	608	川上（奈良県）	748
加茂川町（岡山県）	836	烏丸（京都府）	666	川上（愛媛県）	934
加茂郡（新潟県）	382	烏森稲荷（東京都）	269	川上（鹿児島県）	1063
加茂郡（岐阜県）	520	烏森神社（東京都）	269	川上郷（岐阜県）	520
賀茂郡（静岡県）	542	烏山藩（栃木県）	137	川上三郎天神社（鹿児島県）	1063
賀茂郡（兵庫県）	722	烏山稲荷神社（埼玉県）	179	川上正沢（長野県）	470
賀毛郡（兵庫県）	722	烏山川緑道（東京都）	269	川上神社（大阪府）	694
賀茂皇太神宮（京都府）	665	烏山城（栃木県）	137	川上神社（鹿児島県）	1063
加茂市（新潟県）	382	唐津（佐賀県）	995	川上村（岡山県）	836
鴨島町（徳島県）	904	唐津くんちの曳山行事（佐賀県）	995	河上庄（岐阜県）	520
賀茂下上社（京都府）	665	唐津市（佐賀県）	995	河上荘（滋賀県）	638
加茂社（富山県）	405	唐津城（佐賀県）	996	川上村（長野県）	470
賀茂社（京都府）	665	唐津藩（佐賀県）	996	河口（山梨県）	446
加茂神社（石川県）	421	唐戸石（三重県）	608	川口（秋田県）	63
加茂神社（長野県）	470	唐戸山（石川県）	421	川口（埼玉県）	179
嘉母神社（愛媛県）	934	樺太（北方地域）	1	川口（千葉県）	211
嘉茂神社（大分県）	1023	空堀川（東京都）	269	川口（東京都）	269
賀茂神社（京都府）	665	唐松（岡山県）	836	河口浅間神社（山梨県）	446
鴨神社（山口県）	881	唐松神社（秋田県）	63	河口湖町（山梨県）	446
加茂神社上宮（福井県）	435	からむし織りの里（福島県）	99	川口市（埼玉県）	179
神魂神社（島根県）	820	狩生（大分県）	1023	川口神社（千葉県）	211
加茂町（京都府）	665	狩尾神社（福岡県）	976	川口町（新潟県）	382
賀茂町（愛知県）	579	苅田町（福岡県）	976	川口明神（千葉県）	211
加茂町観音寺（京都府）	665	仮の宮（島根県）	820	川倉（青森県）	28
賀茂那備神社（島根県）	820	狩場神社（和歌山県）	783	河桁御河辺神社（滋賀県）	638
鴨庄（兵庫県）	722	狩俣（沖縄県）	1095	河芸町（三重県）	608
鴨の宮（奈良県）	748	狩俣村落（沖縄県）	1095	川越（埼玉県）	179
賀茂御祖皇太神宮（京都府）	665	刈谷（愛知県）	579	川越街道（埼玉県）	180
賀茂御祖領御厨（愛媛県）	934	刈谷沢神明宮（長野県）	470	川越市（埼玉県）	180
賀茂御祖神社（京都府）	665	刈谷沢村（長野県）	470	川越七福神（埼玉県）	180

1152

地名・寺社名索引　　かんち

川越城（埼玉県）・・・・・・・180
川越八幡宮（埼玉県）・・・・・180
川越八幡神社（埼玉県）・・・・180
川越藩（埼玉県）・・・・・・・180
河崎（三重県）・・・・・・・・608
川崎（千葉県）・・・・・・・・211
川崎（神奈川県）・・・・・・・346
川崎区（神奈川県）・・・・・・346
河崎山王社（神奈川県）・・・・346
川崎市（神奈川県）・・・・・・346
川崎大師（神奈川県）・・・・・346
河崎天神（京都府）・・・・・・636
川崎東照宮（大阪府）・・・・・694
川崎町（神奈川県）・・・・・・346
川崎道（神奈川県）・・・・・・346
川崎民家園（神奈川県）・・・・346
川崎村（岐阜県）・・・・・・・520
川崎村（岡山県）・・・・・・・836
川治（新潟県）・・・・・・・・382
川島（香川県）・・・・・・・・914
川島祥三家（群馬県）・・・・・152
川島神社（徳島県）・・・・・・904
川島町（岐阜県）・・・・・・・520
川島庄（福井県）・・・・・・・435
川尻（秋田県）・・・・・・・・63
川尻岬（山口県）・・・・・・・882
河津（静岡県）・・・・・・・・542
川裾神社（北海道）・・・・・・7
川瀬（愛媛県）・・・・・・・・934
川添（鹿児島県）・・・・・・・1063
川添村（大分県）・・・・・・・1023
川田（沖縄県）・・・・・・・・1095
河内（茨城県）・・・・・・・・123
河内（山梨県）・・・・・・・・446
河内（大阪府）・・・・・・・・694
河内天美駅（大阪府）・・・・・696
河内鋳物師工房跡（大阪府）・・696
河内大塚山古墳（大阪府）・・・696
河内郷（島根県）・・・・・・・820
河内国分（大阪府）・・・・・・696
河内西国観音霊場（大阪府）・・696
河内寺（愛媛県）・・・・・・・934
河内社（山口県）・・・・・・・882
河内神社（滋賀県）・・・・・・633
河内神社（山口県）・・・・・・882
河内寺廃寺跡（大阪府）・・・・696
河内長野（大阪府）・・・・・・696
河内長野市（大阪府）・・・・・696
河内七墓（大阪府）・・・・・・696
河内国（大阪府）・・・・・・・696
河内廃寺（愛媛県）・・・・・・934
河内町（茨城県）・・・・・・・123
河内町（長崎県）・・・・・・・1004
河内村（三重県）・・・・・・・608
河内六大寺（大阪府）・・・・・696
川戸（栃木県）・・・・・・・・138
川奈（静岡県）・・・・・・・・542
川名（神奈川県）・・・・・・・346
川名（静岡県）・・・・・・・・542
川名岡（千葉県）・・・・・・・211
川中島（長野県）・・・・・・・470
川中島平（長野県）・・・・・・470
川中不動（大分県）・・・・・・1023
川無（宮崎県）・・・・・・・・1040
川辺（鹿児島県）・・・・・・・1063
川辺郷（鹿児島県）・・・・・・1063

川辺町（鹿児島県）・・・・・・1063
川西（長野県）・・・・・・・・470
川西（愛知県）・・・・・・・・579
川西町（山形県）・・・・・・・74
川沼新田（栃木県）・・・・・・138
川野（東京都）・・・・・・・・269
川之石（愛媛県）・・・・・・・934
川の内（高知県）・・・・・・・950
川之江市（愛媛県）・・・・・・934
川之江八幡神社（香川県）・・・914
川之下（新潟県）・・・・・・・382
川之浜（愛媛県）・・・・・・・934
川登（愛媛県）・・・・・・・・934
川登（大分県）・・・・・・・・1023
川端（長野県）・・・・・・・・470
川畑（鹿児島県）・・・・・・・1063
川端町（福岡県）・・・・・・・976
川場村（群馬県）・・・・・・・152
川原（岩手県）・・・・・・・・37
河原神社（福井県）・・・・・・435
河原町（兵庫県）・・・・・・・722
河原町（鳥取県）・・・・・・・803
河原寺（奈良県）・・・・・・・748
川平町（島根県）・・・・・・・820
川辺川ダム（熊本県）・・・・・1012
川辺西国観音霊場三十三ヶ所（兵庫県）
・・・・・・・・・・・・・722
川間（千葉県）・・・・・・・・212
川俣（栃木県）・・・・・・・・138
川俣町（福島県）・・・・・・・99
川村（神奈川県）・・・・・・・346
川本村（島根県）・・・・・・・820
川本町（島根県）・・・・・・・820
川柳（埼玉県）・・・・・・・・180
河原（山口県）・・・・・・・・882
川原（宮崎県）・・・・・・・・1040
川原明戸（埼玉県）・・・・・・180
河原内（大分県）・・・・・・・1023
河原子（茨城県）・・・・・・・124
香春神社（福岡県）・・・・・・976
河原津（愛媛県）・・・・・・・934
川原平（青森県）・・・・・・・28
香春岳（福岡県）・・・・・・・976
河原田神社（三重県）・・・・・608
河原町（京都府）・・・・・・・666
香春町（福岡県）・・・・・・・976
瓦谷戸窯（東京都）・・・・・・269
川和（群馬県）・・・・・・・・152
川勾神社（神奈川県）・・・・・346
寛永寺（東京都）・・・・・・・269
寛永寺（大阪府）・・・・・・・696
冠纓神社（香川県）・・・・・・914
感応院（大阪府）・・・・・・・696
感応寺（兵庫県）・・・・・・・722
願王寺（長野県）・・・・・・・470
観音寺（香川県）・・・・・・・914
観音寺（宮崎県）・・・・・・・1040
元恩寺（岡山県）・・・・・・・836
観音寺跡（広島県）・・・・・・853
観音寺市（香川県）・・・・・・914
観華寺（広島県）・・・・・・・853
歓喜院（埼玉県）・・・・・・・180
勧帰寺（石川県）・・・・・・・421
歓喜寺（長野県）・・・・・・・470
歓喜寺（和歌山県）・・・・・・783
岩崎寺（山口県）・・・・・・・882

歓喜寺遺跡（滋賀県）・・・・・638
岩休寺（山口県）・・・・・・・882
観行院（岩手県）・・・・・・・37
願寺（山形県）・・・・・・・・74
願寺（石川県）・・・・・・・・421
願寺（愛知県）・・・・・・・・579
願寺（山口県）・・・・・・・・882
願寺（大分県）・・・・・・・・1023
寛弘寺（大阪府）・・・・・・・696
元興寺（奈良県）・・・・・・・748
元興寺極楽坊（奈良県）・・・・748
菅公祠碑（大分県）・・・・・・1023
菅公聖跡巡拝（西日本）・・・・624
菅公手掘の井戸（広島県）・・・853
韓国（その他）・・・・・・・・1121
観護寺（神奈川県）・・・・・・346
関西（西日本）・・・・・・・・624
神在居（高知県）・・・・・・・950
神埼（佐賀県）・・・・・・・・996
神崎川（兵庫県）・・・・・・・722
観察院五輪塔（山口県）・・・・882
関三寺（関東）・・・・・・・・114
菅山寺（滋賀県）・・・・・・・638
寒耳庵（福島県）・・・・・・・99
観自在王院（岩手県）・・・・・37
観自在寺荘（愛媛県）・・・・・934
巌鷲山（岩手県）・・・・・・・37
願修寺（神奈川県）・・・・・・346
観正院（神奈川県）・・・・・・346
願成院（山口県）・・・・・・・882
寛勝寺（富山県）・・・・・・・405
観昌寺（群馬県）・・・・・・・152
岩松寺（静岡県）・・・・・・・542
願勝寺（徳島県）・・・・・・・904
願照寺（福岡県）・・・・・・・976
願成寺（福島県）・・・・・・・99
願成寺（茨城県）・・・・・・・124
願成寺（千葉県）・・・・・・・212
願成寺（神奈川県）・・・・・・346
願成寺（山梨県）・・・・・・・446
願成寺（愛知県）・・・・・・・579
願成寺（熊本県）・・・・・・・1012
願正寺（新潟県）・・・・・・・382
願生寺（新潟県）・・・・・・・382
元成寺（大阪府）・・・・・・・696
願成就院（静岡県）・・・・・・542
観心寺（大阪府）・・・・・・・696
感神社（兵庫県）・・・・・・・722
寒水寺古墓群（広島県）・・・・853
願誓寺（茨城県）・・・・・・・124
観世音寺（広島県）・・・・・・853
観世音寺（福岡県）・・・・・・976
観世音寺（佐賀県）・・・・・・996
観音寺（福島県）・・・・・・・99
勧善寺（徳島県）・・・・・・・904
岩船寺（京都府）・・・・・・・666
願泉寺（大阪府）・・・・・・・696
岩蔵寺（宮城県）・・・・・・・50
神田（東京都）・・・・・・・・269
神田阿弥陀地蔵堂（広島県）・・853
神田上水（東京都）・・・・・・269
感田神社（大阪府）・・・・・・697
神庤旧跡（三重県）・・・・・・608
神田明神（東京都）・・・・・・269
感田村（福岡県）・・・・・・・977
カンチン峠（新潟県）・・・・・382

1153

かんて　　　　　　　　　　　　地名・寺社名索引

願定院（千葉県）	212	
関帝廟（大阪府）	697	
岩殿寺（神奈川県）	346	
岩殿寺（長野県）	470	
関東（関東）	114	
関東祈禱所（関東）	115	
関東三十六不動霊場（関東）	115	
関東信越（東日本）	2	
関東檀林寺（関東）	115	
甘棠碑（岡山県）	836	
願得寺（石川県）	421	
願得寺（大阪府）	697	
神門郡（島根県）	820	
雁戸山（山形県）	74	
漢那ウェーヌヌアタイ（沖縄県）	1095	
神流川（群馬県）	152	
神辺（広島県）	853	
神流町（群馬県）	152	
函南（静岡県）	542	
甘南備寺（島根県）	820	
鉄輪温泉（大分県）	1023	
寛益寺（新潟県）	382	
願入寺（茨城県）	124	
願入寺跡（茨城県）	124	
感念井戸（神奈川県）	346	
観念寺（愛媛県）	934	
願念寺（石川県）	421	
桑納（千葉県）	212	
神納（千葉県）	212	
感応寺（東京都）	269	
感応寺（鳥取県）	803	
感応寺（宮崎県）	1040	
神呪寺（兵庫県）	722	
神納村（千葉県）	212	
神野神社正八幡宮（香川県）	915	
神宮村（愛媛県）	934	
観ノ山（長野県）	470	
観音院（埼玉県）	180	
観音院（和歌山県）	783	
観音院（香川県）	915	
観音山経塚（愛知県）	579	
観音寺（宮城県）	50	
観音寺（福島県）	99	
観音寺（茨城県）	124	
観音寺（埼玉県）	180	
観音寺（千葉県）	212	
観音寺（東京都）	269	
観音寺（神奈川県）	346	
観音寺（三重県）	608	
観音寺（滋賀県）	638	
観音寺（京都府）	666	
観音寺（大阪府）	697	
観音寺（島根県）	820	
観音寺（岡山県）	836	
観音寺（福岡県）	977	
観音寺（長崎県）	1004	
観音寺（塩浜町）（新潟県）	382	
観音寺（青町）（新潟県）	382	
観音寺（長江）（新潟県）	382	
観音寺跡（兵庫県）	722	
観音寺城（滋賀県）	638	
観音寺山（滋賀県）	638	
観音正寺（滋賀県）	638	
観音瀬（宮崎県）	1040	
観音瀬水路（宮崎県）	1040	
観音平経塚（山梨県）	446	

観音滝（岐阜県）	520
観音堂（静岡県）	542
観音堂跡（神奈川県）	346
観音の水（奈良県）	748
観音橋（東京都）	269
観音原（長野県）	470
観音平（奈良県）	749
観音淵（静岡県）	542
観音やぐら（神奈川県）	346
観音山（岩手県）	37
観音山（埼玉県）	180
観音霊山（岩手県）	37
汗馬山（長野県）	470
蒲原（静岡県）	542
鎌原観音堂（群馬県）	152
蒲原郡（新潟県）	382
蒲原三十三観音（新潟県）	382
蒲原神社（新潟県）	382
蒲原平野（新潟県）	382
菅廟碑（大分県）	1023
環琵琶湖（滋賀県）	639
寒風山（秋田県）	63
観福寺（千葉県）	212
観福寺（愛知県）	579
観福寺（兵庫県）	722
神戸金貫家（群馬県）	152
神戸国吉家（群馬県）	152
巌峰寺（福島県）	99
観菩提寺（三重県）	608
上政（山口県）	882
閑馬村（栃木県）	138
蚶満寺（秋田県）	63
観明寺（千葉県）	212
桓武伊和神社（兵庫県）	722
冠稲荷（群馬県）	153
冠岳（鹿児島県）	1063
冠天満宮（山口県）	882
上室（愛知県）	579
関門（山口県）	882
関門（福岡県）	977
甘楽（群馬県）	153
甘楽郡（群馬県）	153
甘楽町（群馬県）	153
元林院（奈良県）	749
願力寺（愛知県）	579
岩滝寺（兵庫県）	722
願立寺（島根県）	820
願隆寺（石川県）	421
観蓮寺（熊本県）	1012

【 き 】

紀伊（和歌山県）	783
紀伊大島（和歌山県）	783
紀伊山地（三重県）	608
紀伊山地（近畿）	627
紀伊山地（和歌山県）	783
紀伊神社（神奈川県）	347
紀伊長島（三重県）	609
紀伊長島町（三重県）	609
紀伊国（和歌山県）	783
紀伊藩（和歌山県）	783
紀伊半島（和歌山県）	783
紀伊半島東岸部（三重県）	609
紀伊風土記の丘（和歌山県）	783

祇王井川（滋賀県）	639
鬼王神社（東京都）	269
木下（千葉県）	212
祇園（京都府）	666
祇園甲部（京都府）	666
祇園三社（東京都）	269
祇園寺（東京都）	269
祇園社（富山県）	405
祇園社（京都府）	666
祇園城跡（栃木県）	138
喜界島（鹿児島県）	1063
帰帆寺（広島県）	853
城上神社（島根県）	820
鬼岩寺（静岡県）	542
木岐（徳島県）	904
菊沢川（栃木県）	138
菊水寺（埼玉県）	180
菊水泉（岐阜県）	520
菊田神社（千葉県）	212
菊池川（熊本県）	1012
菊池川下流域（熊本県）	1012
菊池川流域（熊本県）	1012
菊池の松囃子（熊本県）	1012
菊池霊社（福岡県）	977
菊名（神奈川県）	347
菊尾（熊本県）	1012
菊間（愛媛県）	934
木熊野神社（香川県）	915
鬼籠（大分県）	1023
帰厚院（北海道）	7
喜光地（寺）（愛媛県）	934
祇却寺（宮城県）	50
亀谷山（神奈川県）	347
聞召神社（新潟県）	382
鬼籠谷（大分県）	1023
鬼骨寺（徳島県）	904
木古庭（神奈川県）	347
木頃（広島県）	853
騎西城（埼玉県）	180
騎西城跡（埼玉県）	180
騎西町（埼玉県）	180
木境大物忌神社（秋田県）	63
象潟（秋田県）	63
木崎（群馬県）	153
木崎宿（群馬県）	153
吉舎町敷地（広島県）	853
木更津（千葉県）	212
木更津市（千葉県）	212
木在村（秋田県）	63
岸（神奈川県）	347
紀路（奈良県）	749
貴志（兵庫県）	722
岸上（徳島県）	904
岸神社（広島県）	853
紀氏神社（大阪府）	697
岸岳古窯群（佐賀県）	996
岸岳城（佐賀県）	996
来住廃寺（愛媛県）	934
吉志部瓦窯跡（大阪府）	697
吉志部神社（大阪府）	697
鬼子母神（東京都）	269
木島平村（長野県）	470
岸下荘（滋賀県）	639
汽車地蔵（愛知県）	579
紀州（三重県）	609
紀州（和歌山県）	783

地名・寺社名索引　　　　きちし

紀州神社（東京都）	270
紀州鷹場（埼玉県）	180
紀州東照宮（和歌山県）	784
紀州藩（三重県）	609
紀州藩（和歌山県）	784
気象神社（東京都）	270
木代神社（三重県）	309
岸和田（大阪府）	397
鬼神社（青森県）	28
鬼鎮神社（埼玉県）	180
木津（京都府）	666
木津川（近畿）	627
木津川（京都府）	666
木津川流域（京都府）	666
杵築（島根県）	820
木附（愛知県）	579
杵築社（島根県）	820
杵築大社（島根県）	820
木造新田（青森県）	28
木津神社（山口県）	882
吉瀬（茨城県）	124
吉瀬（長野県）	470
紀勢町（三重県）	609
木瀬川宿（静岡県）	542
木曽（長野県）	470
木曽御岳（長野県）	471
木曽川（東海）	514
木曽川（愛知県）	579
木曽川町（愛知県）	579
木曽駒ヶ岳（長野県）	471
木曽駒岳（長野県）	471
木曽駒ヶ岳神社（長野県）	471
木曽岬町（三重県）	609
木曽路（長野県）	471
木曽谷（長野県）	471
木曽谷（岐阜県）	520
木曽道（京都府）	636
木曽呂（埼玉県）	180
喜多（兵庫県）	722
城田（三重県）	609
北（静岡県）	542
木田（大分県）	1023
北相木村（長野県）	471
北秋川（東京都）	270
北秋川渓谷（東京都）	270
北浅井邑（石川県）	421
北浅羽（埼玉県）	180
北安曇（長野県）	471
北安曇郡（長野県）	471
北足立郡（埼玉県）	180
北鐙坂（新潟県）	382
北硫黄島（東京都）	270
北伊豆（静岡県）	542
北市（奈良県）	749
北伊予（愛媛県）	934
喜多院（埼玉県）	180
北浦（山口県）	882
北浦（愛媛県）	934
北浦（大分県）	1023
北奥羽（東北）	19
北近江（滋賀県）	639
北大熊（長野県）	471
北大塩（長野県）	471
北小倉（長野県）	471
北押原（栃木県）	138
喜多方（福島県）	99

北潟（石川県）	421
北方（宮城県）	50
北潟湖（福井県）	435
北方神社（岐阜県）	520
北方町（岐阜県）	520
北加納（岐阜県）	520
北加納（大阪府）	697
北釜（宮城県）	50
北上（岩手県）	37
北上山系（岩手県）	37
北上山地（東北）	19
北上山地（岩手県）	37
北上山地（宮城県）	50
北上市（岩手県）	37
北川（埼玉県）	181
北川（東京都）	270
北川（宮崎県）	1040
喜多川神社（埼玉県）	181
北川神社（埼玉県）	181
北河内（大阪府）	697
北河内十三仏（大阪府）	697
北川村（高知県）	950
北関東（関東）	115
北関東三県（関東）	115
北九州（九州・沖縄）	967
北九州（福岡県）	977
北九州市（福岡県）	977
北近畿（近畿）	627
北区（東京都）	270
北区（京都府）	666
北口本宮富士浅間神社（山梨県）	446
北国（北陸甲信越）	372
木田郡（香川県）	915
北郷村（静岡県）	542
北小浦（新潟県）	382
北小林（静岡県）	542
北巨摩（山梨県）	446
北巨摩郡（山梨県）	446
喜多座（岐阜県）	520
北埼玉（埼玉県）	181
北相模（神奈川県）	347
北郷（茨城県）	124
北沢八幡神社（東京都）	270
北沢牡丹園（東京都）	270
北塩原村（福島県）	99
北鹿浜町（東京都）	270
北設楽（愛知県）	579
北品川稲荷（東京都）	270
北信濃（長野県）	471
北島国造館（島根県）	820
北島国造家四脚門（島根県）	820
北下総（茨城県）	124
北十万（大阪府）	697
北庄（奈良県）	749
北庄内（山形県）	74
北白川（京都府）	666
木田神社（大分県）	1023
北杉田（福島県）	99
北爪安家（群馬県）	153
北畝神社（岡山県）	836
北千住駅（東京都）	270
北田気（茨城県）	124
北谷（新潟県）	383
北谷町谷（福井県）	435
北多摩（東京都）	270
北多摩郡（東京都）	270

北田原（奈良県）	749
木立村（大分県）	1023
北寺（高知県）	950
北寺尾（神奈川県）	347
北当尾（京都府）	666
北峠（長野県）	471
北東北（東北）	19
北長池十二北面山厄除け観音堂（長野県）	471
北中通（大阪府）	697
北名古屋市（愛知県）	579
北灘（愛媛県）	934
北波村（佐賀県）	996
木谷（島根県）	820
北野（東京都）	270
北野（京都府）	666
北野（奈良県）	749
北之幸谷（千葉県）	212
北野五所神社（茨城県）	124
北野社（山形県）	74
北野社（京都府）	666
北野神社（東京都）	270
北野神社（京都府）	666
北野町異人館（兵庫県）	722
北野天神（東京都）	270
北野天神（京都府）	666
北野天満宮（京都府）	667
北ノ根（茨城県）	124
北野廃寺（愛知県）	579
北野廃寺跡（京都府）	667
北の又（秋田県）	64
北浜（愛知県）	579
北浜（三重県）	609
吉田林（埼玉県）	181
北原村（埼玉県）	181
北播磨（兵庫県）	722
北原（大分県）	1023
北広島町（広島県）	853
北福地（長野県）	471
北武州（埼玉県）	181
北牧野（滋賀県）	639
北町（東京都）	270
北松戸（千葉県）	212
喜多見（東京都）	271
北見（北海道）	7
北見市（北海道）	7
北峰神社（香川県）	915
北嶺町（東京都）	271
北水口（千葉県）	212
北向（愛知県）	579
北武蔵（埼玉県）	181
北村遺跡（長野県）	471
北村山（山形県）	74
北矢（北海道）	7
北山（宮城県）	50
北山（東京都）	271
北山（長野県）	472
北山（京都府）	667
北山（香川県）	915
北山遺跡（兵庫県）	722
北山本門寺（静岡県）	542
北山薬師堂（広島県）	853
北脇村（滋賀県）	639
吉川（鹿児島県）	1063
吉沢（栃木県）	138
吉次峠（熊本県）	1012

1155

吉祥院（東京都） 271
吉祥院（三重県） 609
吉祥寺（群馬県） 153
吉祥寺（東京都） 271
吉祥寺（新潟県） 383
吉祥寺（長野県） 472
吉祥寺（広島県） 853
吉祥寺（高知県） 950
吉祥寺（熊本県） 1012
吉田寺（新潟県） 383
紀中（和歌山県） 784
義仲寺無名庵（滋賀県） 639
杵築（大分県） 1024
杵築市（大分県） 1024
杵築藩（大分県） 1024
吉根（愛知県） 579
吉香神社（山口県） 882
木辻遊郭（奈良県） 749
吉祥院（京都府） 667
吉祥村御所（大阪府） 697
橘禅寺（千葉県） 212
狐塚（東京都） 271
狐塚（大阪府） 697
吉保八幡（千葉県） 212
喜連川（栃木県） 138
木頭（徳島県） 904
木頭村（徳島県） 904
木泊村（沖縄県） 1095
木留神社（長野県） 472
喜名（沖縄県） 1095
畿内（近畿） 627
木中地蔵（岐阜県） 520
喜名古窯（沖縄県） 1095
喜名古窯跡（沖縄県） 1095
鬼無里（長野県） 472
鬼無里村（長野県） 472
鬼無（香川県） 915
鬼無町（香川県） 915
鬼泪山（千葉県） 212
木鍋八幡宮（岡山県） 836
紀南（三重県） 609
紀南（和歌山県） 784
衣浦観音（愛知県） 579
衣笠城経塚（神奈川県） 347
撤山（滋賀県） 639
鬼怒川（関東） 115
鬼怒川中流域（栃木県） 138
絹の家（群馬県） 153
貴祢谷社（三重県） 609
杵原校舎（長野県） 472
木野（京都府） 667
木野愛宕神社（京都府） 667
紀ノ川下流域（和歌山県） 784
紀ノ川中流域（奈良県） 749
紀ノ川流域（和歌山県） 784
宜野座（沖縄県） 1095
城崎（兵庫県） 722
城崎温泉（兵庫県） 722
木野崎下町（千葉県） 212
宜野座村（沖縄県） 1095
木ノ下（青森県） 28
木之下（神奈川県） 347
木下川やくしみち（東京都） 271
来宮（静岡県） 542
木之本町大音（滋賀県） 639
木之本町杉野（滋賀県） 639

木野山神社（岡山県） 836
木場（石川県） 421
木幡神社（栃木県） 138
木原（石川県） 421
木原（静岡県） 542
木原町（広島県） 854
木原暖（静岡県） 542
吉備（岡山県） 836
吉備池（奈良県） 749
吉備池廃寺（奈良県） 749
吉備池廃寺跡（奈良県） 749
吉備津（岡山県） 836
吉備津神社（岡山県） 836
吉備津神社（広島県） 854
吉備津彦神社（岡山県） 836
喜美留（鹿児島県） 1064
岐阜（岐阜県） 520
岐阜県（岐阜県） 520
岐阜市（岐阜県） 521
貴船神社（静岡県） 542
貴船神社（兵庫県） 722
貴船神社（福岡県） 977
貴布禰神社（愛媛県） 934
貴船神社の船祭り（神奈川県） 347
貴船明神（福島県） 99
岐阜町（岐阜県） 521
来振寺（岐阜県） 521
岐部（大分県） 1024
木部（滋賀県） 639
木部町（群馬県） 153
儀保（沖縄県） 1096
喜宝院（沖縄県） 1096
紀宝町（三重県） 609
紀北（三重県） 609
紀北（和歌山県） 784
紀北（三重県） 609
儀間（沖縄県） 1096
木間ヶ瀬（千葉県） 212
儀間集落（沖縄県） 1096
儀間村落（沖縄県） 1096
紀三井寺（和歌山県） 784
君帰観音（新潟県） 383
君ケ崎（神奈川県） 347
君ケ崎稲荷神社（神奈川県） 347
君ケ畑（滋賀県） 639
君田村（広島県） 854
君田町（栃木県） 138
君田町（広島県） 854
君津（千葉県） 212
君津市（千葉県） 212
帰命寺（岩手県） 37
義民地蔵（東京都） 271
木村（静岡県） 542
木村番屋（北海道） 7
肝付（鹿児島県） 1064
肝属郡（鹿児島県） 1064
肝付町（鹿児島県） 1064
木門田（広島県） 854
客坊墓地（大阪府） 697
きやぶ（佐賀県） 996
きやぶ天保四国八十八ヶ所（佐賀県） 996
きやぶ天保四国八十八ヶ所霊場（佐賀県） 996
木山神社（岡山県） 837
木屋薬師堂（京都府） 667

喜屋武（沖縄県） 1096
喜屋武御岳（沖縄県） 1096
旧朝倉邸（東京都） 271
旧薊家住宅（東京都） 271
旧阿部家住宅（島根県） 820
旧新井家住宅（埼玉県） 181
旧新井家住宅（長野県） 472
旧安藤家住宅（東京都） 271
旧安中藩郡奉行役宅（群馬県） 153
旧安中藩武家長屋（群馬県） 153
旧伊沢家住宅（長野県） 472
旧石井家（広島県） 854
旧石井家住宅（東京都） 271
旧石井家住宅（神奈川県） 347
旧石井家住宅（広島県） 854
旧市倉家（東京都） 271
旧市倉家住宅（東京都） 271
旧稲垣邸（千葉県） 212
旧稲葉家住宅（東京都） 271
旧入江家住宅（兵庫県） 722
旧入沢住宅（群馬県） 153
旧岩本家住宅（奈良県） 749
旧植田家住宅（大阪府） 697
旧生方家住宅（群馬県） 153
久運寺（岐阜県） 521
旧海老名三平邦飛宅（愛知県） 579
旧恵利邸（香川県） 915
旧大石家住宅（東京都） 271
旧岡山藩学校講堂（岡山県） 837
旧荻野家住宅（東京都） 271
旧小沢家住宅（新潟県） 383
旧粕谷家住宅（東京都） 271
旧片山家住宅（岡山県） 837
旧紙屋鈴木家住宅（愛知県） 579
旧川越織物市場（埼玉県） 181
旧川澄家住宅（大阪府） 698
休岩寺（神奈川県） 347
旧菊池家住宅主屋（東京都） 271
旧菊池敏清家（群馬県） 153
旧木原家住宅（広島県） 854
旧共栄市場（東京都） 271
旧工藤家住宅（秋田県） 64
旧雲越仙太郎家（群馬県） 153
旧黒岩家住宅（北海道） 7
旧黒沢家住宅（群馬県） 153
吸江寺（高知県） 950
旧光明寺（東京都） 271
旧小机領三十三所子歳観音霊場（神奈川県） 347
旧小西儀助商店（大阪府） 698
旧小西家住宅（大阪府） 698
旧佐藤家住宅（宮城県） 50
旧真田山陸軍墓地（大阪府） 698
旧沢原家住宅（広島県） 854
旧自証院霊屋（東京都） 271
旧下田家住宅（東京都） 271
旧下田邸書院（群馬県） 153
九州（九州・沖縄） 967
九州・沖縄（九州・沖縄） 968
九州山地（九州・沖縄） 968
九州脊梁山地（九州・沖縄） 968
九州北部（九州・沖縄） 968
旧秀隣寺庭園（滋賀県） 639
久昌院（長野県） 472
久昌寺（三重県） 609
宮昌寺（群馬県） 153

地名・寺社名索引　　　　きりは

旧新川家住宅（大阪府）	698
久岑寺（愛知県）	580
旧鈴木家住宅（群馬県）	153
旧鈴木家住宅（東京都）	271
旧鈴木家住宅（愛知県）	580
久蔵地蔵（滋賀県）	539
旧対川荘（秋田県）	64
旧高戸家住宅（岡山県）	837
旧高野家住宅（埼玉県）	181
旧高橋家（岩手県）	37
旧高橋家住宅（埼玉県）	181
旧滝沢本陣（福島県）	99
旧武石家住宅（新潟県）	383
旧竹村家住宅（長野県）	472
旧田島平良家（東京都）	271
旧谷岡家（東京都）	271
旧千明太礼家（群馬県）	153
宮中（京都府）	667
宮中三殿（京都府）	667
旧道面家住宅（島根県）	820
旧戸部家住宅（群馬県）	153
旧富沢家住宅（群馬県）	153
旧鳥潟家住宅（秋田県）	64
旧中西家住宅（大阪府）	698
旧奈良家住宅（秋田県）	64
旧西尾家住宅（大阪府）	698
旧野崎家住宅（岡山県）	837
旧馬場家住宅（長野県）	472
旧林家住宅（長野県）	472
旧坂東家住宅（埼玉県）	181
旧彦部家住宅（群馬県）	153
旧平岩家住宅（愛知県）	580
旧広野藤右衛門家（三重県）	609
旧萩原家長屋門（神奈川県）	347
久兵衛水車（東京都）	271
久法院（東京都）	272
久宝寺（大阪府）	698
久宝寺御坊（大阪府）	698
久宝寺寺内町（大阪府）	698
久宝寺墓地（大阪府）	698
久宝寺内町（大阪府）	698
旧堀田邸（千葉県）	212
旧堀氏庭園（島根県）	820
旧松井家（岡山県）	837
旧松沢家住宅（東京都）	272
旧三沢家住宅（長野県）	472
旧味元家（高知県）	950
旧味元家住宅（高知県）	950
旧向井家（大阪府）	698
旧武藤家（東京都）	272
旧武藤家住宅（東京都）	272
旧目黒家（宮城県）	50
旧茂木家住宅（群馬県）	153
旧森村家住宅（群馬県）	153
旧山内家住宅（愛知県）	580
旧山崎家住宅（島根県）	820
旧山伏峠道（山梨県）	446
旧吉井藩陣屋（群馬県）	153
旧吉田家（千葉県）	212
厳木町天川（佐賀県）	996
旧和井田家住宅（東京都）	272
旧和田家（神奈川県）	347
旧和田家住宅（神奈川県）	347
京（京都府）	667
教安寺（山梨県）	446
教安寺（愛知県）	580

経王寺（東京都）	272
教学院（東京都）	272
教覚寺（山口県）	882
京ヶ島（群馬県）	153
経ケ岳（福井県）	435
経ヶ岳（静岡県）	542
経ヶ岳（長野県）	472
経ヶ谷（奈良県）	749
経ヶ峰（三重県）	609
経ヶ峯経塚（三重県）	609
行元寺（千葉県）	213
行元寺（東京都）	272
凝香園（東京都）	272
教興寺（大阪府）	698
教昊寺（島根県）	820
教興寺村（大阪府）	698
京極氏館跡庭園（滋賀県）	639
教西寺（広島県）	854
教算坊（富山県）	405
行者山（鳥取県）	803
行者堂跡（山梨県）	446
教証寺（山口県）	882
教浄寺（岩手県）	37
教正寺（高知県）	950
行人台（千葉県）	213
きょうじん淵（静岡県）	542
経塚（沖縄県）	1096
経塚山西窯跡（愛知県）	580
教専寺（和歌山県）	785
教善寺（広島県）	854
京蔵寺（埼玉県）	181
経蔵寺（長野県）	472
行田（静岡県）	542
行田市（埼玉県）	181
京田辺（京都府）	667
京田辺市（京都府）	667
京丹後（京都府）	667
京田川（山形県）	74
経田山（富山県）	405
京都（京都府）	667
行道山（愛媛県）	934
京都祇園祭の山鉾行事（京都府）	669
京都御苑（京都府）	669
行徳（千葉県）	213
京都五山（京都府）	669
京都御所（京都府）	669
京都市（京都府）	669
京都七福神（京都府）	669
京都忠霊塔（京都府）	669
京都の六斎念仏（京都府）	669
京都府（京都府）	669
峡南（山梨県）	446
行人坂（東京都）	272
行人坂般若塚（東京都）	272
鏡忍寺（千葉県）	213
京の六地蔵（京都府）	670
峡北（山梨県）	447
橋北（三重県）	609
京町（京都府）	670
京丸（静岡県）	542
京目町（群馬県）	153
経文橋（東京都）	272
教来石（山梨県）	447
京楽院（広島県）	854
京来下（大分県）	1024
教蓮寺（香川県）	915

協和町（秋田県）	64
起洋館（高知県）	950
玉淵寺（鹿児島県）	1064
玉性院（岐阜県）	521
玉泉院（石川県）	421
玉泉寺（青森県）	28
玉泉寺（滋賀県）	639
玉泉寺（京都府）	670
玉泉寺（山口県）	882
玉蔵院（東京都）	272
玉蔵院（神奈川県）	347
玉田寺（群馬県）	153
旭南（秋田県）	64
玉宝院（神奈川県）	347
旭北（秋田県）	64
玉兎山陣城（滋賀県）	639
玉竜寺（奈良県）	749
玉滝坊（神奈川県）	347
清沢（静岡県）	542
清洲（愛知県）	580
清須（愛知県）	580
清須市（愛知県）	580
清洲宿（愛知県）	580
清瀬（東京都）	272
清瀬市（東京都）	272
清滝（高知県）	950
清滝寺（北海道）	7
清滝寺（高知県）	950
清滝寺（滋賀県）	639
清武（宮崎県）	1040
清武町（宮崎県）	1041
清田八幡神社（岡山県）	837
玉桂寺（滋賀県）	639
清福稲荷神社（長崎県）	1004
清見潟（愛知県）	580
清水寺（岩手県）	37
清水寺（千葉県）	213
清水寺（京都府）	670
清水寺（兵庫県）	722
清水寺（島根県）	820
清水寺（福岡県）	977
泰産寺（京都府）	670
清水寺（新清水）（大阪府）	698
清水磨崖仏（鹿児島県）	1064
浄見原神社（奈良県）	749
魚藍観音（富山県）	405
魚籃寺（東京都）	272
吉良（愛知県）	580
喜（徳島県）	904
鬼来迎（千葉県）	213
喜楽院（秋田県）	64
雲母（長野県）	472
切石町（岐阜県）	521
霧島（宮崎県）	1041
霧島（鹿児島県）	1064
霧島権現社（鹿児島県）	1064
霧島山系（宮崎県）	1041
霧島神社（鹿児島県）	1064
霧島大権現（宮崎県）	1041
霧島岑神社（宮崎県）	1041
霧島山（鹿児島県）	1064
桐ノ城山（群馬県）	153
切畑（山口県）	882
切幡寺（徳島県）	904
桐林（長野県）	472
桐原牧神社（長野県）	472

きりめ　　　　　　　　　　　　　　地名・寺社名索引

切目（島根県）	820
切寄（宮崎県）	1041
切山（愛媛県）	934
桐生（群馬県）	153
桐生市（群馬県）	154
桐生新町（群馬県）	154
桐生天満宮（群馬県）	154
桐生西宮神社（群馬県）	154
木六（岩手県）	37
黄和田町（滋賀県）	639
金栄（愛媛県）	934
金閣寺（京都府）	670
銀閣寺（京都府）	670
金華山（宮城県）	50
金華三十三ヶ寺（岐阜県）	521
近畿（近畿）	627
近畿圏（近畿）	628
金気神社（千葉県）	213
金玉神社（宮城県）	50
金鶏山（岩手県）	37
金鶏寺（山梨県）	447
金剣宮（石川県）	421
金光院（和歌山県）	785
近江寺（兵庫県）	722
錦江湾（鹿児島県）	1064
金谷寺（千葉県）	213
銀座（東京都）	272
金山観音寺（岡山県）	837
金山出石寺（愛媛県）	934
錦糸町（東京都）	272
金砂（香川県）	915
金砂町（愛媛県）	934
金城（愛知県）	580
近松寺（佐賀県）	996
金勝寺（奈良県）	749
金性寺（福島県）	99
金照寺山三十三観音（秋田県）	64
金城霊沢（石川県）	421
錦織寺（滋賀県）	639
金石寺（長野県）	472
金川寺（福島県）	99
金泉寺（長崎県）	1004
金全寺（長崎県）	1004
金宗寺（東京都）	272
金岳川（埼玉県）	181
金武町（沖縄県）	1096
金刀比羅参詣道（香川県）	915
金富（福岡県）	977
金峯（奈良県）	749
金峰山（山梨県）	447
金峰山（長野県）	472
金峯神社（新潟県）	383
金峯神社（奈良県）	749
金峰山（奈良県）	749
金峯山（奈良県）	749
金峯山寺（奈良県）	749
金峰山寺蔵王堂（奈良県）	749
金峯山寺蔵王堂（奈良県）	749
金幣社（岐阜県）	521
金峰神社（秋田県）	64
金北山道（新潟県）	383
金竜寺（山形県）	74
金竜寺（群馬県）	154
金竜寺（奈良県）	749
金竜神社（奈良県）	749
金鱗湖（大分県）	1024

金輪寺（東京都）	272
金蓮寺（岐阜県）	521

【く】

久井稲生神社（広島県）	854
杭稲荷神社（広島県）	854
咋岡神社（京都府）	670
杭止神社（青森県）	28
空山観音堂（佐賀県）	996
久遠寺（山梨県）	447
九品寺（広島県）	854
久賀（山口県）	882
玖珂（山口県）	882
久我神社（栃木県）	138
国上（新潟県）	383
久我山（東京都）	272
久我山稲荷神社（東京都）	272
弘願寺（石川県）	421
久喜（埼玉県）	181
九鬼（三重県）	609
久々知須佐男神社（兵庫県）	722
泳宮（岐阜県）	521
九景寺（静岡県）	542
久下田（栃木県）	138
鵠沼皇太神宮（神奈川県）	347
日下部（愛知県）	580
草木（静岡県）	542
草木八幡宮（福岡県）	977
草倉銅山（新潟県）	383
草越（長野県）	472
草田（岡山県）	837
草津（群馬県）	154
草津（滋賀県）	639
草津温泉（群馬県）	154
草津市（滋賀県）	639
草津宿（滋賀県）	639
草津宿本陣（滋賀県）	639
草戸千軒（広島県）	854
草戸千軒遺跡（広島県）	854
草戸千軒町遺跡（広島県）	854
草薙（静岡県）	542
クサナギ神社（静岡県）	542
草薙神社（新潟県）	383
草薙神社（静岡県）	542
草野川谷（滋賀県）	639
草野家住宅（大分県）	1024
菌神社（滋賀県）	640
草間（長野県）	472
草分神社（北海道）	7
串（愛媛県）	934
櫛岩窓神社（兵庫県）	722
櫛生ミニ西国霊場（愛媛県）	934
久慈川（茨城県）	124
具志川（沖縄県）	1096
具志川市（沖縄県）	1096
具志川集落（沖縄県）	1096
具志川村（沖縄県）	1096
久知河内（新潟県）	383
久慈川流域（茨城県）	124
櫛来社（大分県）	1024
櫛来谷（大分県）	1024
串木野（鹿児島県）	1064
串木野郷（鹿児島県）	1064
久寺家（千葉県）	213

久志検（鹿児島県）	1064
具志堅（沖縄県）	1096
櫛田神社（福岡県）	977
櫛玉比女命神社（奈良県）	749
具志頭（沖縄県）	1096
久知八幡宮（新潟県）	383
串挽（茨城県）	124
櫛引八幡宮（青森県）	28
クシフル山（福岡県）	977
串間（宮崎県）	1041
久志間切（沖縄県）	1096
串間市（宮崎県）	1041
串本（和歌山県）	785
九十九坊廃寺（千葉県）	213
九十九里（千葉県）	213
九十九里浜（千葉県）	213
九重山金山坊（大分県）	1024
郡上（岐阜県）	521
郡上（滋賀県）	640
郡上踊（岐阜県）	521
久成寺（神奈川県）	347
九条町道（奈良県）	750
郡上八幡（岐阜県）	521
郡上八幡楽芸館（岐阜県）	521
鯨井（埼玉県）	181
くじら資料館（山口県）	882
久白廃寺（島根県）	820
釧路（北海道）	7
釧路市（北海道）	7
釧路八幡神社（北海道）	7
玖珠（大分県）	1024
国栖（奈良県）	750
葛生（宮崎県）	1042
葛岡墓園（宮城県）	50
玖珠神楽神祇社（大分県）	1024
九頭神廃寺（大阪府）	698
葛谷御霊神社（東京都）	272
楠川（鹿児島県）	1064
城間（沖縄県）	1096
グスクロード（沖縄県）	1096
玖珠郡（大分県）	1024
玖珠路（大分県）	1024
崩止経塚（岐阜県）	521
久須志神社（宮城県）	50
楠町（三重県）	609
楠田寺（福岡県）	977
楠町（山口県）	882
葛の葉稲荷（愛知県）	580
樟葉（大阪府）	698
楠葉（大阪府）	698
楠廃寺（愛媛県）	935
楠原宿（三重県）	609
楠部村（三重県）	609
玖珠町（大分県）	1024
葛見神社（静岡県）	542
薬水（奈良県）	750
葛和田（埼玉県）	181
久瀬（岐阜県）	521
弘誓院（千葉県）	213
弘誓寺（新潟県）	383
久瀬川町（岐阜県）	521
公所横穴群（神奈川県）	347
久高島（沖縄県）	1096
久谷（石川県）	421
九谷（石川県）	421
下松（山口県）	882

下松市（山口県）・・・・・882
来民（熊本県）・・・・・1012
球覃郷（大分県）・・・・・1024
百済尼寺跡（大阪府）・・・・・698
百済王神社（大阪府）・・・・・698
百済大寺（奈良県）・・・・・750
百済来（熊本県）・・・・・1012
百済寺（大阪府）・・・・・698
百済寺跡（大阪府）・・・・・698
九段南（東京都）・・・・・272
口ケ島（岐阜県）・・・・・521
口熊野（三重県）・・・・・609
口丹波（京都府）・・・・・670
口之津（長崎県）・・・・・1004
口能登（石川県）・・・・・421
口曲がり地蔵（秋田県）・・・・・64
口吉川町（兵庫県）・・・・・722
久通（高知県）・・・・・951
久通浦観音堂（高知県）・・・・・951
久通観音堂（高知県）・・・・・951
沓掛（茨城県）・・・・・124
沓掛（東京都）・・・・・272
履掛天神宮（岡山県）・・・・・837
朽木（滋賀県）・・・・・640
朽木古屋（滋賀県）・・・・・640
朽木村（滋賀県）・・・・・640
クツヌイ遺跡（三重県）・・・・・609
久津部村（静岡県）・・・・・542
沓見（福井県）・・・・・435
久土（大分県）・・・・・1024
功徳寺（山形県）・・・・・74
久努西村（静岡県）・・・・・543
九度山町（和歌山県）・・・・・785
久那（埼玉県）・・・・・181
国合原（鹿児島県）・・・・・1064
国懸宮（和歌山県）・・・・・785
国懸神社（和歌山県）・・・・・785
国神（埼玉県）・・・・・181
国頭（鹿児島県）・・・・・1064
国頭（沖縄県）・・・・・1097
国頭街道（沖縄県）・・・・・1097
国頭集落（鹿児島県）・・・・・1064
国崎（三重県）・・・・・609
国東（大分県）・・・・・1024
国東半島（大分県）・・・・・1025
国東六郷山（大分県）・・・・・1025
国定（群馬県）・・・・・154
国司神社（岡山県）・・・・・837
柴島（大阪府）・・・・・698
国立（東京都）・・・・・272
国立市（東京都）・・・・・273
国附町（愛知県）・・・・・580
国都神社（茨城県）・・・・・124
国富町（宮崎県）・・・・・1042
国中（山梨県）・・・・・447
国仲御岳（沖縄県）・・・・・1097
国見（高知県）・・・・・951
国見（大分県）・・・・・1025
国見観音（京都府）・・・・・671
国見山廃寺（岩手県）・・・・・37
国見山廃寺跡（岩手県）・・・・・37
国見町（大分県）・・・・・1025
国見町（福島県）・・・・・99
六合村（群馬県）・・・・・154
国安（滋賀県）・・・・・640
国安（愛媛県）・・・・・935

国安区（茨城県）・・・・・124
邦安社（和歌山県）・・・・・785
国山（福井県）・・・・・435
椚塚羽黒神社（山形県）・・・・・74
椚平（埼玉県）・・・・・181
久能山（静岡県）・・・・・543
久能山東照宮（静岡県）・・・・・543
久能寺（静岡県）・・・・・543
久野川集落（岐阜県）・・・・・521
久野村（神奈川県）・・・・・347
久野本（山形県）・・・・・74
来鉢神社（大分県）・・・・・1026
久場塘（沖縄県）・・・・・1097
久芳八幡（広島県）・・・・・854
久芳保（広島県）・・・・・854
久原（大分県）・・・・・1026
首洗い井戸（兵庫県）・・・・・722
頸城（新潟県）・・・・・383
頸城野（新潟県）・・・・・383
首切り観音（岩手県）・・・・・37
首斬り地蔵（千葉県）・・・・・213
首切田（静岡県）・・・・・543
首塚（群馬県）・・・・・154
首塚（神奈川県）・・・・・347
首塚（静岡県）・・・・・543
久富貴宮（鹿児島県）・・・・・1064
久保（千葉県）・・・・・213
久保（石川県）・・・・・421
久保（長野県）・・・・・472
久保（広島県）・・・・・854
久保（徳島県）・・・・・904
窪（富山県）・・・・・406
久保市乙剣宮（石川県）・・・・・421
弘法寺（千葉県）・・・・・213
窪川（高知県）・・・・・951
窪城（長野県）・・・・・472
久保島（埼玉県）・・・・・181
久保神社（千葉県）・・・・・213
久保田（秋田県）・・・・・64
窪田（三重県）・・・・・610
久保田経塚（新潟県）・・・・・383
窪田宿（三重県）・・・・・610
久保田町（佐賀県）・・・・・996
楳田荘（富山県）・・・・・406
久保田ふだらく（秋田県）・・・・・64
久保田村（埼玉県）・・・・・181
求菩提（福岡県）・・・・・977
求菩提山（福岡県）・・・・・977
求菩提資料館（大分県）・・・・・1026
久保泊（大分県）・・・・・1026
久保西（群馬県）・・・・・154
窪八幡神社（山梨県）・・・・・447
久保村（長野県）・・・・・472
窪本町（富山県）・・・・・406
九品院（東京都）・・・・・273
九品寺（奈良県）・・・・・750
九品仏（東京都）・・・・・273
久万（愛媛県）・・・・・935
球磨（熊本県）・・・・・1012
熊（愛知県）・・・・・580
熊甲神社（石川県）・・・・・421
熊甲二十日祭の枠旗行事（石川県）・・421
熊谷（埼玉県）・・・・・181
熊谷市（埼玉県）・・・・・182
球磨川（熊本県）・・・・・1012
熊川宿（福井県）・・・・・435

熊毛（山口県）・・・・・882
熊郷田沼（新潟県）・・・・・383
熊坂（静岡県）・・・・・543
久万山（愛媛県）・・・・・935
杭全神社（大阪府）・・・・・698
久万町（愛媛県）・・・・・935
熊手八幡宮（香川県）・・・・・915
熊無（富山県）・・・・・406
熊野（三重県）・・・・・610
熊野（近畿）・・・・・628
熊野（和歌山県）・・・・・785
熊野一の鳥居（和歌山県）・・・・・787
熊野街道（京都府）・・・・・671
熊野街道（和歌山県）・・・・・787
熊野川（三重県）・・・・・610
熊野川（和歌山県）・・・・・787
熊野川下流部（三重県）・・・・・610
熊野川町（和歌山県）・・・・・787
熊野皇十二社宮（佐賀県）・・・・・996
熊野皇神社（佐賀県）・・・・・996
熊野皇大神宮（長野県）・・・・・472
熊野古道（三重県）・・・・・610
熊野古道（近畿）・・・・・628
熊野古道（大阪府）・・・・・698
熊野古道（和歌山県）・・・・・787
熊野古道伊勢路（三重県）・・・・・610
熊野権現（和歌山県）・・・・・787
熊野参詣道伊勢路（三重県）・・・・・610
熊野参詣道（近畿）・・・・・628
熊野参詣道（和歌山県）・・・・・787
熊野三山（近畿）・・・・・628
熊野三山（和歌山県）・・・・・787
熊野市（三重県）・・・・・610
熊野路（和歌山県）・・・・・787
熊野七薬師（和歌山県）・・・・・787
熊野地村（和歌山県）・・・・・787
熊野社（神奈川県）・・・・・347
隈之城（鹿児島県）・・・・・1064
熊野新宮（和歌山県）・・・・・787
熊野神社（和歌山県）・・・・・788
熊野神社（島根県）・・・・・820
熊野神社（岡山県）・・・・・837
熊野大社（山形県）・・・・・74
熊野大社（和歌山県）・・・・・788
熊野大社（島根県）・・・・・820
熊野町（広島県）・・・・・854
熊野九十九王子社（和歌山県）・・・・・788
熊野堂（宮城県）・・・・・50
熊野灘（三重県）・・・・・610
熊野那智（和歌山県）・・・・・788
熊野那智大社（和歌山県）・・・・・788
熊野坐神社（和歌山県）・・・・・788
熊野本宮（和歌山県）・・・・・788
熊野本宮大社（和歌山県）・・・・・788
熊森（新潟県）・・・・・383
熊野八坂神社（静岡県）・・・・・543
熊野山（静岡県）・・・・・543
久間原御岳（沖縄県）・・・・・1097
熊本（熊本県）・・・・・1012
熊本県（熊本県）・・・・・1012
熊本市（熊本県）・・・・・1013
熊本城（熊本県）・・・・・1013
熊本藩（熊本県）・・・・・1013
熊山（岡山県）・・・・・837
久万山郷（愛媛県）・・・・・935
熊野堤（東京都）・・・・・273

くまん 地名・寺社名索引

九万坊大権現（石川県）	421
久見（島根県）	821
久米島（沖縄県）	1097
久美浜（京都府）	671
久美浜町（京都府）	671
久御山町（岡山県）	837
弘妙寺（長野県）	472
弘明寺（神奈川県）	347
久村（愛知県）	580
久米（愛媛県）	935
久目（富山県）	406
久米川（東京都）	273
久米川宿（東京都）	274
久米村（沖縄県）	1098
久米多寺（奈良県）	750
久米寺（奈良県）	750
久米寺（愛媛県）	935
雲越仙太郎旧居（群馬県）	154
雲出川の渡し（三重県）	610
雲出川流域（三重県）	610
雲取越（和歌山県）	788
雲取山（埼玉県）	182
雲根（長野県）	472
闇龗神社（青森県）	28
倉垣（大阪府）	699
鞍掛（山口県）	882
倉掛湧水池（栃木県）	138
倉数（茨城県）	124
倉賀野河岸（群馬県）	154
倉賀野町（群馬県）	154
闇の森八幡社（愛知県）	580
蔵迫（広島県）	854
倉沢（岩手県）	37
倉沢薬師堂（長野県）	472
倉敷（岡山県）	837
倉敷川（岡山県）	837
倉敷市（岡山県）	837
倉科村（長野県）	472
鞍瀬（愛媛県）	935
倉田八幡宮（鳥取県）	803
倉月荘（石川県）	422
鞍手（福岡県）	977
鞍手町（福岡県）	977
倉並（長野県）	472
蔵迫（愛知県）	580
鞍迫観音（岩手県）	37
倉橋（広島県）	855
倉橋浦（広島県）	855
倉橋島（広島県）	855
倉部（三重県）	610
倉淵町（群馬県）	154
倉淵村（群馬県）	154
鞍馬（京都府）	671
鞍馬蓋寺（京都府）	671
鞍馬寺（京都府）	671
鞍馬山（京都府）	671
闇見神社（福井県）	435
倉光（広島県）	855
倉見屋荻野家住宅（福井県）	436
蔵持山（福岡県）	977
蔵持山大廻道（福岡県）	977
蔵持山神社（福岡県）	977
倉安川（岡山県）	837
暗闇坂（東京都）	274
倉吉（鳥取県）	803
倉吉市（鳥取県）	803

蔵人稲荷神社（大阪府）	699
栗生共同墓地（鹿児島県）	1064
倶利伽羅三十三観音（石川県）	422
栗駒山（山形県）	74
栗坂（岡山県）	837
栗下（鹿児島県）	1064
栗枝渡（徳島県）	904
栗栖野（兵庫県）	722
栗田（福井県）	436
栗田口（京都府）	671
栗太郡（滋賀県）	640
栗坪（埼玉県）	182
栗出（福島県）	99
栗野（鹿児島県）	1064
栗橋町（埼玉県）	182
栗原（宮城県）	50
栗原（岐阜県）	521
栗原郡（宮城県）	50
栗原市（宮城県）	50
栗原氷川神社（東京都）	274
来間島（沖縄県）	1098
栗守神社（広島県）	855
栗山（北海道）	7
栗山（富山県）	406
栗山町（北海道）	7
栗山村（栃木県）	138
栗生沢（福島県）	99
来島（愛媛県）	935
来島町（大分県）	1026
狗留孫（宮崎県）	1042
狗留孫神社（宮崎県）	1042
久留野町（奈良県）	750
車（大分県）	1026
車地蔵（神奈川県）	347
車谷（高知県）	951
車評（群馬県）	154
くるみ浦（福井県）	436
胡桃下稲荷（長野県）	472
来美廃寺（島根県）	821
久留米（福岡県）	977
くるめがすりの家（福島県）	99
久留米市（福岡県）	978
久留里（千葉県）	213
久留里市場（千葉県）	213
久留里街道西往還（千葉県）	213
久礼（高知県）	951
呉（広島県）	855
久礼川（高知県）	951
呉市（広島県）	855
呉羽（富山県）	406
晡時臥之山（茨城県）	124
黒石郷（岩手県）	37
黒石野（岩手県）	37
黒岩（福島県）	100
黒岩（高知県）	951
黒岩九蔵家（群馬県）	154
黒岩虚空蔵（福島県）	100
黒岩虚空蔵尊（福島県）	100
九郎丸（福岡県）	978
黒江（和歌山県）	788
黒岡（兵庫県）	722
鉄神社（神奈川県）	347
鉄の井（神奈川県）	347
黒髪神社（長崎県）	1004
黒髪山（佐賀県）	996
黒髪山神社（群馬県）	154

黒川（秋田県）	64
黒川（山形県）	74
黒川（神奈川県）	347
黒川（富山県）	406
黒川（長野県）	472
黒川（佐賀県）	996
黒川郷（長野県）	472
黒川たたら鉱山跡（山口県）	882
黒川町（佐賀県）	996
黒川能（山形県）	74
黒き窟（岩手県）	37
黒木家住宅（宮崎県）	1042
黒木神社（島根県）	821
黒木神明社（岐阜県）	521
九六位山（大分県）	1026
黒駒（茨城県）	124
黒坂（茨城県）	124
黒坂観音堂（宮崎県）	1042
黒崎宿（福岡県）	978
黒沢（東京都）	274
黒沢（愛知県）	580
黒沢尻（岩手県）	37
黒沢不動尊（長野県）	473
黒沢不動滝（長野県）	473
黒島（長崎県）	1004
黒島（鹿児島県）	1065
黒島（沖縄県）	1098
黒島教会（長崎県）	1004
黒島天主堂（長崎県）	1004
黒塚（栃木県）	138
黒瀬町（広島県）	855
黒田（長野県）	473
黒滝（滋賀県）	640
黒滝村（奈良県）	750
黒田玄仙（山形県）	75
黒田庄（奈良県）	750
黒田庄町大門（兵庫県）	722
黒谷（富山県）	406
黒谷（広島県）	855
黒谷橋（富山県）	406
黒田藩（福岡県）	978
黒鳥（鹿児島県）	1065
黒鳥観音堂（山形県）	75
黒貫寺（宮崎県）	1042
黒貫集落（鹿児島県）	1065
黒沼神社（福島県）	100
黒姫（長野県）	473
黒姫山（新潟県）	383
黒部奥山（石川県）	422
黒俣（新潟県）	383
黒見（高知県）	951
黒森（山形県）	75
黒森神楽（岩手県）	37
黒谷（埼玉県）	182
黒山神社（宮崎県）	1042
桑崎（埼玉県）	182
桑島（石川県）	422
桑戸（山梨県）	447
桑取谷（新潟県）	383
桑名（三重県）	610
桑名石取祭の祭車行事（三重県）	610
桑名郡（三重県）	611
桑名藩（三重県）	611
桑野町（徳島県）	904
桑原（長野県）	473
桑実寺（滋賀県）	640

地名・寺社名索引　　　　　　　　　　　　　こいて

桑山(山口県) ……… 383	華厳寺(栃木県) ……… 138	玄性寺(福井県) ……… 436
桑原(神奈川県) ……… 347	華厳寺(長野県) ……… 473	献上地遺跡(山梨県) ……… 447
桑原堂(埼玉県) ……… 182	華厳寺(岐阜県) ……… 521	源助橋(埼玉県) ……… 182
訓谷(兵庫県) ……… 722	袈裟塚の耳無不動(東京都) ……… 274	建聖寺(石川県) ……… 422
軍道(東京都) ……… 274	ケシムリ御岳(沖縄県) ……… 1098	懸泉堂(和歌山県) ……… 788
郡内(山梨県) ……… 447	下条(新潟県) ……… 383	源太桜(愛媛県) ……… 935
郡内三十三所観音霊場(山梨県) ……… 447	下条(山梨県) ……… 447	建中寺(愛知県) ……… 580
郡中(愛媛県) ……… 935	毛塚茂平治家(群馬県) ……… 158	建長興国禅寺(神奈川県) ……… 348
訓子府町(北海道) ……… 7	気仙(岩手県) ……… 37	建長寺(神奈川県) ……… 348
軍馬碑(栃木県) ……… 138	気仙町(岩手県) ……… 37	源長寺(埼玉県) ……… 182
群馬(群馬県) ……… 154	気仙沼(宮城県) ……… 50	源長寺(東京都) ……… 274
群馬郡(群馬県) ……… 157	気仙沼市(岩手県) ……… 37	犬頭(愛知県) ……… 580
群馬県(群馬県) ……… 157	気仙沼市(宮城県) ……… 50	玄答院(山口県) ……… 883
群馬町(群馬県) ……… 158	華蔵寺(群馬県) ……… 158	元徳稲荷(東京都) ……… 274
	華蔵寺(愛知県) ……… 580	乾徳寺(愛知県) ……… 580
【け】	華蔵寺公園(群馬県) ……… 158	建徳寺(静岡県) ……… 543
	気多郡(兵庫県) ……… 722	見徳寺(三重県) ……… 611
恵雲寺(福井県) ……… 436	気多社(石川県) ……… 422	県南(栃木県) ……… 138
京王御陵線跡(東京都) ……… 274	気多神社(富山県) ……… 406	県南(長野県) ……… 473
慶海山(山形県) ……… 75	気多大社(石川県) ……… 422	県南(徳島県) ……… 905
慶岸寺(岡山県) ……… 837	気多の鵜祭の習俗(石川県) ……… 422	建仁寺(京都府) ……… 671
慶巌寺(長崎県) ……… 1004	月江寺(山梨県) ……… 447	現王島(宮崎県) ……… 1042
恵現寺(広島県) ……… 855	結城寺(静岡県) ……… 543	剣八幡宮(大分県) ……… 1026
慶元寺(東京都) ……… 274	月照寺(兵庫県) ……… 722	建福寺(長野県) ……… 473
恵現寺跡(広島県) ……… 855	月照寺(島根県) ……… 821	建福寺前(三重県) ……… 611
慶珊寺(神奈川県) ……… 347	気都倭既神社(奈良県) ……… 750	見物(千葉県) ……… 214
景石神社(福岡県) ……… 978	祁答院(鹿児島県) ……… 1065	玄法院(山梨県) ……… 447
芸州(広島県) ……… 855	下頭六蔵菩薩(東京都) ……… 274	見法寺(山梨県) ……… 447
慶性院(東京都) ……… 274	毛長神社(埼玉県) ……… 182	県北(秋田県) ……… 64
慶照寺(京都府) ……… 671	毛野(栃木県) ……… 138	県北(茨城県) ……… 124
芸西村(高知県) ……… 951	気比社(福井県) ……… 436	県北(広島県) ……… 855
鶏石神社(福岡県) ……… 978	気比神宮(福井県) ……… 436	賢見神社参拝道(徳島県) ……… 905
京摂(近畿) ……… 628	気比神宮寺(福井県) ……… 436	健命寺(長野県) ……… 473
桂泉院(長野県) ……… 473	気比神社(福井県) ……… 436	監物(大分県) ……… 1026
慶僧院(神奈川県) ……… 347	華報寺(新潟県) ……… 383	県立よみたん救護園運動場(沖縄県)
慶増院(神奈川県) ……… 347	毛馬内の盆踊(秋田県) ……… 64	……… 1098
鶏足寺(滋賀県) ……… 640	検見川(千葉県) ……… 213	建暦寺(千葉県) ……… 214
京築(福岡県) ……… 978	煙島(兵庫県) ……… 722	見滝寺(佐賀県) ……… 996
鶏頂山(栃木県) ……… 138	花野(和歌山県) ……… 788	賢林寺(愛知県) ……… 580
けいちんの池(福井県) ……… 436	毛谷村(福岡県) ……… 978	兼六園(石川県) ……… 422
慶徳稲荷神社(福島県) ……… 100	化楽庵(秋田県) ……… 64	
景徳院(山梨県) ……… 447	下呂の田の神祭(岐阜県) ……… 521	**【こ】**
慶徳寺(福島県) ……… 100	粧坂(山形県) ……… 75	
慶雲寺(広島県) ……… 855	県央(神奈川県) ……… 347	子合地蔵尊(神奈川県) ……… 348
芸濃(三重県) ……… 611	玄界島(福岡県) ……… 978	小合溜井(東京都) ……… 274
芸能神社(山形県) ……… 75	玄界灘(九州・沖縄) ……… 969	小穴(山形県) ……… 75
萩野(三重県) ……… 611	玄海町(福岡県) ……… 978	小網寺(千葉県) ……… 214
京坂(近畿) ……… 628	源覚寺(東京都) ……… 274	五位尾(富山県) ……… 406
芸藩(広島県) ……… 855	剣ヶ峯(福島県) ……… 100	小池(愛媛県) ……… 935
京阪三神社(近畿) ……… 628	兼喜神社(宮崎県) ……… 1042	碁石ヶ峰(富山県) ……… 406
京阪神(近畿) ……… 629	源久寺(山口県) ……… 883	小石川(東京都) ……… 274
芸備(中国) ……… 799	乾亨院(長崎県) ……… 1004	小石川七福神(東京都) ……… 274
芸備(広島県) ……… 855	源九郎稲荷神社(奈良県) ……… 750	小石原(鹿児島県) ……… 1065
景福寺(鳥取県) ……… 803	源光寺(高知県) ……… 951	小泉(奈良県) ……… 750
京北(京都府) ……… 671	玄向寺(長野県) ……… 473	小泉教太郎家(福井県) ……… 436
芸北(広島県) ……… 855	剣崎道場仏(石川県) ……… 422	小泉宮(三重県) ……… 611
京北町(京都府) ……… 671	元祠堂(茨城県) ……… 124	小泉家屋敷(東京都) ……… 274
芸予(西日本) ……… 624	源氏山(神奈川県) ……… 348	小泉神社(群馬県) ……… 158
芸予諸島(西日本) ……… 624	賢叔庵(愛知県) ……… 580	小泉神社(奈良県) ……… 750
京洛(京都府) ……… 671	剣城(石川県) ……… 422	小泉町(福井県) ……… 436
恵倫寺(福島県) ……… 100	賢聖院(宮城県) ……… 50	小泉村(岐阜県) ……… 521
毛賀(長野県) ……… 473	見性寺(栃木県) ……… 138	小井田村(長野県) ……… 473
毛賀諏訪神社(長野県) ……… 473	源証寺(東京都) ……… 274	小市(長野県) ……… 473
外宮(三重県) ……… 611	源正寺(東京都) ……… 274	小出(神奈川県) ……… 348
警固神社(福岡県) ……… 978	玄照寺(東京都) ……… 274	小出(新潟県) ……… 383
	玄照寺(長野県) ……… 473	

1161

こいて

小出郷（新潟県）‥‥‥‥‥‥‥‥ 384
小出七福神（神奈川県）‥‥‥‥‥ 348
小出邸（東京都）‥‥‥‥‥‥‥‥ 274
小稲（静岡県）‥‥‥‥‥‥‥‥‥ 543
小犬丸遺跡（兵庫県）‥‥‥‥‥‥ 722
小岩（千葉県）‥‥‥‥‥‥‥‥‥ 214
郷（愛媛県）‥‥‥‥‥‥‥‥‥‥ 935
興亜観音（静岡県）‥‥‥‥‥‥‥ 543
高安護国禅寺（東京都）‥‥‥‥‥ 274
講安寺（東京都）‥‥‥‥‥‥‥‥ 274
高安寺（東京都）‥‥‥‥‥‥‥‥ 274
興雲寺（青森県）‥‥‥‥‥‥‥‥ 28
光運寺（三重県）‥‥‥‥‥‥‥‥ 611
耕雲寺（新潟県）‥‥‥‥‥‥‥‥ 384
虹（光）雲寺（長野県）‥‥‥‥‥ 473
向栄庵（大阪府）‥‥‥‥‥‥‥‥ 699
港栄館（神奈川県）‥‥‥‥‥‥‥ 348
光円寺（兵庫県）‥‥‥‥‥‥‥‥ 723
高円寺（東京都）‥‥‥‥‥‥‥‥ 274
高円寺村（東京都）‥‥‥‥‥‥‥ 274
江翁寺（岐阜県）‥‥‥‥‥‥‥‥ 521
光恩寺（群馬県）‥‥‥‥‥‥‥‥ 158
孝恩寺（大阪府）‥‥‥‥‥‥‥‥ 699
広園寺（東京都）‥‥‥‥‥‥‥‥ 274
香園寺（愛媛県）‥‥‥‥‥‥‥‥ 935
甲賀（滋賀県）‥‥‥‥‥‥‥‥‥ 640
高賀（岐阜県）‥‥‥‥‥‥‥‥‥ 521
光海神社（広島県）‥‥‥‥‥‥‥ 855
高階野（高知県）‥‥‥‥‥‥‥‥ 951
高岳院（愛知県）‥‥‥‥‥‥‥‥ 580
向岳寺（山梨県）‥‥‥‥‥‥‥‥ 447
向獄寺（山梨県）‥‥‥‥‥‥‥‥ 447
甲賀郡（滋賀県）‥‥‥‥‥‥‥‥ 640
高賀山（岐阜県）‥‥‥‥‥‥‥‥ 522
甲賀市（滋賀県）‥‥‥‥‥‥‥‥ 640
甲賀町（滋賀県）‥‥‥‥‥‥‥‥ 640
甲賀町（滋賀県）‥‥‥‥‥‥‥‥ 640
甲賀歴史民俗資料館（滋賀県）‥‥ 640
高巌寺（石川県）‥‥‥‥‥‥‥‥ 422
高岩寺（東京都）‥‥‥‥‥‥‥‥ 274
合元寺（大分県）‥‥‥‥‥‥‥‥ 1026
厚間たたら跡（広島県）‥‥‥‥‥ 855
幸喜（沖縄県）‥‥‥‥‥‥‥‥‥ 1098
光久寺（長野県）‥‥‥‥‥‥‥‥ 473
興敬寺（滋賀県）‥‥‥‥‥‥‥‥ 640
広教寺（大阪府）‥‥‥‥‥‥‥‥ 699
高宮寺（滋賀県）‥‥‥‥‥‥‥‥ 640
光慶寺（奈良県）‥‥‥‥‥‥‥‥ 750
高下谷（広島県）‥‥‥‥‥‥‥‥ 855
江月院（静岡県）‥‥‥‥‥‥‥‥ 543
高月院（宮崎県）‥‥‥‥‥‥‥‥ 1042
皎月原（長野県）‥‥‥‥‥‥‥‥ 473
広見（埼玉県）‥‥‥‥‥‥‥‥‥ 182
高乾院（神奈川県）‥‥‥‥‥‥‥ 348
光源寺（東京都）‥‥‥‥‥‥‥‥ 274
向原寺（奈良県）‥‥‥‥‥‥‥‥ 750
向源寺（滋賀県）‥‥‥‥‥‥‥‥ 640
広見寺（埼玉県）‥‥‥‥‥‥‥‥ 182
耕源寺（山形県）‥‥‥‥‥‥‥‥ 75
高原寺（長野県）‥‥‥‥‥‥‥‥ 473
高源寺（兵庫県）‥‥‥‥‥‥‥‥ 723
高源寺経塚（山梨県）‥‥‥‥‥‥ 447
皇后宮（京都府）‥‥‥‥‥‥‥‥ 671
皇后八幡神社（広島県）‥‥‥‥‥ 855
興国寺（兵庫県）‥‥‥‥‥‥‥‥ 723
興国寺（和歌山県）‥‥‥‥‥‥‥ 788

広護寺（宮崎県）‥‥‥‥‥‥‥‥ 1042
光巌寺（千葉県）‥‥‥‥‥‥‥‥ 214
光巌寺（福井県）‥‥‥‥‥‥‥‥ 436
高座（神奈川県）‥‥‥‥‥‥‥‥ 348
香西（香川県）‥‥‥‥‥‥‥‥‥ 915
広済寺（埼玉県）‥‥‥‥‥‥‥‥ 182
広済寺（千葉県）‥‥‥‥‥‥‥‥ 214
広済寺（兵庫県）‥‥‥‥‥‥‥‥ 723
弘済寺（山口県）‥‥‥‥‥‥‥‥ 883
神前神社（大阪府）‥‥‥‥‥‥‥ 699
興崎村（徳島県）‥‥‥‥‥‥‥‥ 905
神崎町（千葉県）‥‥‥‥‥‥‥‥ 214
光山寺（滋賀県）‥‥‥‥‥‥‥‥ 640
功山寺（山口県）‥‥‥‥‥‥‥‥ 883
耕山寺（茨城県）‥‥‥‥‥‥‥‥ 124
高山寺（長野県）‥‥‥‥‥‥‥‥ 473
高山寺（京都府）‥‥‥‥‥‥‥‥ 671
高山寺（岡山県）‥‥‥‥‥‥‥‥ 837
孔子廟唐人館（長崎県）‥‥‥‥‥ 1004
小路磨崖仏（鹿児島県）‥‥‥‥‥ 1065
神島神社（長崎県）‥‥‥‥‥‥‥ 1004
合志町（熊本県）‥‥‥‥‥‥‥‥ 1013
麹町（東京都）‥‥‥‥‥‥‥‥‥ 274
香積院（愛知県）‥‥‥‥‥‥‥‥ 580
香積寺（広島県）‥‥‥‥‥‥‥‥ 855
香積寺（山口県）‥‥‥‥‥‥‥‥ 883
高寿庵（愛媛県）‥‥‥‥‥‥‥‥ 935
江州（滋賀県）‥‥‥‥‥‥‥‥‥ 640
甲州（山梨県）‥‥‥‥‥‥‥‥‥ 447
光秀院（山形県）‥‥‥‥‥‥‥‥ 75
甲州国（山梨県）‥‥‥‥‥‥‥‥ 447
光宗寺（山口県）‥‥‥‥‥‥‥‥ 883
香集寺（静岡県）‥‥‥‥‥‥‥‥ 543
甲州道（東京都）‥‥‥‥‥‥‥‥ 274
高寿寺（愛媛県）‥‥‥‥‥‥‥‥ 935
光浄院庭園（滋賀県）‥‥‥‥‥‥ 640
興正寺（愛知県）‥‥‥‥‥‥‥‥ 580
興正寺（京都府）‥‥‥‥‥‥‥‥ 671
興聖寺（滋賀県）‥‥‥‥‥‥‥‥ 640
興聖寺（京都府）‥‥‥‥‥‥‥‥ 671
興聖寺（福岡県）‥‥‥‥‥‥‥‥ 978
迎接寺（千葉県）‥‥‥‥‥‥‥‥ 214
光照寺（岐阜県）‥‥‥‥‥‥‥‥ 522
光照寺（広島県）‥‥‥‥‥‥‥‥ 855
光浄（佐賀県）‥‥‥‥‥‥‥‥‥ 996
孝勝寺（宮城県）‥‥‥‥‥‥‥‥ 50
広紹寺（愛媛県）‥‥‥‥‥‥‥‥ 935
弘正寺（三重県）‥‥‥‥‥‥‥‥ 611
江浄寺（静岡県）‥‥‥‥‥‥‥‥ 543
香城寺（富山県）‥‥‥‥‥‥‥‥ 406
高勝寺（東京都）‥‥‥‥‥‥‥‥ 274
高昌寺（秋田県）‥‥‥‥‥‥‥‥ 64
高松寺（神奈川県）‥‥‥‥‥‥‥ 348
高松寺（広島県）‥‥‥‥‥‥‥‥ 855
高照寺（秋田県）‥‥‥‥‥‥‥‥ 64
強情島（東京都）‥‥‥‥‥‥‥‥ 274
更埴（長野県）‥‥‥‥‥‥‥‥‥ 473
甲信越（北陸甲信越）‥‥‥‥‥‥ 372
荒神山城（岡山県）‥‥‥‥‥‥‥ 837
庚申山荘（栃木県）‥‥‥‥‥‥‥ 138
荒神谷（島根県）‥‥‥‥‥‥‥‥ 821
荒神山（滋賀県）‥‥‥‥‥‥‥‥ 640
国府津（神奈川県）‥‥‥‥‥‥‥ 348
楮（富山県）‥‥‥‥‥‥‥‥‥‥ 406
高津宮（大阪府）‥‥‥‥‥‥‥‥ 699
上野（群馬県）‥‥‥‥‥‥‥‥‥ 158

上野国分寺（群馬県）‥‥‥‥‥‥ 158
上野国分寺跡（群馬県）‥‥‥‥‥ 158
上野田（滋賀県）‥‥‥‥‥‥‥‥ 640
上野国（群馬県）‥‥‥‥‥‥‥‥ 158
上野国総社神社（群馬県）‥‥‥‥ 159
上野総社神社（群馬県）‥‥‥‥‥ 159
高津原温泉（熊本県）‥‥‥‥‥‥ 1013
神津島（東京都）‥‥‥‥‥‥‥‥ 274
神津島のかつお釣り行事（東京都）‥‥ 275
楮集落（富山県）‥‥‥‥‥‥‥‥ 406
甲津原（滋賀県）‥‥‥‥‥‥‥‥ 641
高井寺（長野県）‥‥‥‥‥‥‥‥ 473
高栖寺（東京都）‥‥‥‥‥‥‥‥ 275
興禅院（埼玉県）‥‥‥‥‥‥‥‥ 183
興禅院（大分県）‥‥‥‥‥‥‥‥ 1026
高仙山（香川県）‥‥‥‥‥‥‥‥ 915
興善寺（茨城県）‥‥‥‥‥‥‥‥ 124
興善寺（奈良県）‥‥‥‥‥‥‥‥ 750
興禅寺（東京都）‥‥‥‥‥‥‥‥ 275
興禅寺（鳥取県）‥‥‥‥‥‥‥‥ 803
光専寺（秋田県）‥‥‥‥‥‥‥‥ 64
光前寺（長野県）‥‥‥‥‥‥‥‥ 473
光善寺（北海道）‥‥‥‥‥‥‥‥ 8
光禅寺（山形県）‥‥‥‥‥‥‥‥ 75
向川寺（山形県）‥‥‥‥‥‥‥‥ 75
広禅寺（三重県）‥‥‥‥‥‥‥‥ 611
香仙寺（茨城県）‥‥‥‥‥‥‥‥ 124
興禅寺山窯址（兵庫県）‥‥‥‥‥ 723
ゴウセン屋敷（高知県）‥‥‥‥‥ 951
高蔵院（東京都）‥‥‥‥‥‥‥‥ 275
高座石寺（福岡県）‥‥‥‥‥‥‥ 978
高倉寺（埼玉県）‥‥‥‥‥‥‥‥ 183
高蔵寺（愛知県）‥‥‥‥‥‥‥‥ 580
高崇寺跡石塔群（鹿児島県）‥‥‥ 1065
高蔵寺地蔵堂（東京都）‥‥‥‥‥ 275
光則寺（神奈川県）‥‥‥‥‥‥‥ 348
光尊寺（栃木県）‥‥‥‥‥‥‥‥ 138
河田（三重県）‥‥‥‥‥‥‥‥‥ 611
幸田（岩手県）‥‥‥‥‥‥‥‥‥ 37
甲田（大阪府）‥‥‥‥‥‥‥‥‥ 699
香田（香川県）‥‥‥‥‥‥‥‥‥ 915
神田（大阪府）‥‥‥‥‥‥‥‥‥ 699
神田（高知県）‥‥‥‥‥‥‥‥‥ 951
光台院（和歌山県）‥‥‥‥‥‥‥ 788
光太寺（栃木県）‥‥‥‥‥‥‥‥ 138
広泰寺（三重県）‥‥‥‥‥‥‥‥ 611
国府台寺（岡山県）‥‥‥‥‥‥‥ 837
皇大神社（兵庫県）‥‥‥‥‥‥‥ 723
香田観音堂（長崎県）‥‥‥‥‥‥ 1004
糠沢庵寺（秋田県）‥‥‥‥‥‥‥ 64
光沢寺（鳥取県）‥‥‥‥‥‥‥‥ 803
広沢寺（長野県）‥‥‥‥‥‥‥‥ 473
神田神社（奈良県）‥‥‥‥‥‥‥ 750
幸田町（愛知県）‥‥‥‥‥‥‥‥ 580
河田町（石川県）‥‥‥‥‥‥‥‥ 422
河内（静岡県）‥‥‥‥‥‥‥‥‥ 543
河内（山口県）‥‥‥‥‥‥‥‥‥ 883
幸地（沖縄県）‥‥‥‥‥‥‥‥‥ 1098
高知（高知県）‥‥‥‥‥‥‥‥‥ 951
高知朝倉陸軍墓地（高知県）‥‥‥ 951
高知県（高知県）‥‥‥‥‥‥‥‥ 951
高知市（高知県）‥‥‥‥‥‥‥‥ 952
河内町（広島県）‥‥‥‥‥‥‥‥ 855
河内町宇山（広島県）‥‥‥‥‥‥ 855
弘長寺（福島県）‥‥‥‥‥‥‥‥ 100
光珍寺（岡山県）‥‥‥‥‥‥‥‥ 837

地名・寺社名索引　　　　　　　　　　こおり

高越山（徳島県）	905
江津市（島根県）	821
高越寺（徳島県）	905
江津町（島根県）	821
丹生津留島（大分県）	1026
高伝寺（佐賀県）	996
高田寺（千葉県）	214
神戸（岐阜県）	522
神門（埼玉県）	183
江東（東京都）	275
江東区（東京都）	275
向導寺（神奈川県）	348
高幢寺（東京都）	275
郡戸王子（大阪府）	699
幸徳院（山形県）	75
興徳寺（福島県）	100
興徳寺（福岡県）	978
光徳寺（山形県）	75
光徳寺（福島県）	100
光徳寺（神奈川県）	348
光徳寺（京都府）	671
光徳寺（兵庫県）	723
向徳寺（山口県）	883
広徳寺（千葉県）	214
広徳寺（東京都）	275
広徳寺（長野県）	474
康徳寺（広島県）	855
皇徳寺（山口県）	883
高徳寺（茨城県）	124
高徳寺（新潟県）	384
高徳寺（長野県）	474
豪徳寺（東京都）	275
郊戸神社（長野県）	474
広渡町（兵庫県）	723
広渡廃寺（兵庫県）	723
郊戸八幡宮（長野県）	474
顔戸山（滋賀県）	641
厚南（山口県）	883
江南高等学校（北海道）	8
香南市（高知県）	952
香南町（香川県）	915
弘仁寺（奈良県）	750
甲奴郡（広島県）	855
甲奴町（広島県）	855
光念寺（滋賀県）	641
河野（愛媛県）	935
高野（山口県）	883
鴻池（大阪府）	699
江の川（中国）	799
江の川（島根県）	821
江の川（広島県）	855
江の川水系（中国）	799
江の川流域（中国）	799
江の川流域（広島県）	855
交野山（大阪府）	699
河野神社（鳥取県）	803
鴻巣（新潟県）	384
鴻巣市（埼玉県）	183
国府台（千葉県）	214
神谷（高知県）	952
郷之原（福島県）	100
郷原神社（宮崎県）	1042
神峯寺（高知県）	952
神峯神社（高知県）	952
国府宮（愛知県）	580
河野村（福井県）	436

神本神社（兵庫県）	723
高野山（千葉県）	214
神山（三重県）	611
神野山（奈良県）	750
高野山新田（千葉県）	214
河端（愛知県）	580
鴻八幡宮（岡山県）	837
郷（岡山県）	837
江畔市（茨城県）	124
甲府（山梨県）	447
興福寺（埼玉県）	183
興福寺（奈良県）	750
興福寺（長崎県）	1004
光福寺（千葉県）	214
光福寺（長野県）	474
光福寺（静岡県）	543
光福寺（三重県）	611
光福寺（京都府）	671
広福寺（熊本県）	1013
弘福寺（鳥取県）	803
高福寺（埼玉県）	183
高福寺（千葉県）	214
興福寺禅南院（奈良県）	751
甲府城（山梨県）	447
甲府城跡（山梨県）	447
甲府盆地（山梨県）	447
神戸（茨城県）	124
神戸（兵庫県）	723
神戸居留地（兵庫県）	724
神戸市（兵庫県）	724
神戸八社（兵庫県）	724
神戸市立外国人墓地（兵庫県）	724
興法寺（大阪府）	699
弘法寺（岡山県）	838
弘法寺（広島県）	856
弘法寺（高知県）	952
弘法大師灘二十一カ所霊場（兵庫県）	
	724
弘法の井戸（大分県）	1026
更北（長野県）	474
江北（東京都）	275
郷町（愛媛県）	935
光丸山（栃木県）	138
小海線（北陸甲信越）	372
光明院（宮城県）	50
光明院（東京都）	275
光明院（神奈川県）	348
光明院（新潟県）	384
光明院（山梨県）	447
光明院（大阪府）	699
光明山城（兵庫県）	724
光明寺（宮城県）	50
光明寺（山形県）	75
光明寺（福島県）	100
光明寺（栃木県）	138
光明寺（千葉県）	214
光明寺（東京都）	275
光明寺（神奈川県）	348
光明寺（長野県）	474
光明寺（岐阜県）	522
光明寺（愛知県）	581
光明寺（京都府）	671
光明寺（奈良県）	751
光明寺（岡山県）	838
光明寺（広島県）	856
光明寺（愛媛県）	935

浩妙寺（東京都）	275
行明寺（愛知県）	581
光明寺廃寺（栃木県）	138
光明禅寺（福岡県）	978
光明坊（広島県）	856
公明院（長野県）	474
幸本御岳（沖縄県）	1098
幸谷（千葉県）	214
高谷（埼玉県）	183
高野（千葉県）	214
高野（東京都）	275
高野（滋賀県）	641
高野街道（和歌山県）	788
高野山（和歌山県）	788
西室院（和歌山県）	789
高野山奥の院（和歌山県）	789
高野山奥ノ院（和歌山県）	789
高野寺領（和歌山県）	789
高山（鹿児島県）	1065
高山郷（鹿児島県）	1065
坑山神社（静岡県）	543
神山神社（神奈川県）	348
高野道（滋賀県）	641
孝養寺（東京都）	275
紅葉寺（長野県）	474
古浦（島根県）	821
高良（福岡県）	978
小浦（大分県）	1026
光瀬寺（奈良県）	751
高麗寺村（神奈川県）	348
高楽寺横穴石仏群（東京都）	275
高良山（福岡県）	978
高良社（京都府）	671
高良神社（滋賀県）	641
高良神社（福岡県）	978
高良大社（福岡県）	978
古宇利島（沖縄県）	1098
興隆寺（福島県）	100
興隆寺（京都府）	671
興隆寺（山口県）	883
興隆寺（愛媛県）	935
興隆寺（鹿児島県）	1065
広隆寺（京都府）	671
高竜寺（北海道）	8
興隆寺跡石切場（香川県）	915
興隆寺跡石塔群（香川県）	915
荒綾八十八ケ所（東京都）	275
香林院（東京都）	276
光林寺（岩手県）	37
光林寺（長野県）	474
光林寺（愛媛県）	935
光林寺（宮崎県）	1042
香林寺（埼玉県）	183
高林寺（東京都）	276
香林坊（石川県）	422
高蓮寺（高知県）	952
鴻臚館跡（福岡県）	978
合鹿（石川県）	422
幸若舞（福岡県）	978
河和町（愛知県）	581
孤雲屋敷（宮城県）	50
越来グスク（沖縄県）	1098
小右衛門稲荷神社（東京都）	276
小乙（新潟県）	384
古保利薬師（広島県）	856
郡山（宮城県）	50

1163

こおり　　　　　　　　　　　　　　地名・寺社名索引

郡山 (福島県) ………………… 100
郡山 (奈良県) ………………… 751
郡山市 (奈良県) ……………… 751
郡山宿 (福島県) ……………… 100
郡山城跡 (奈良県) …………… 751
郡山町 (鹿児島県) …………… 1065
郡山細沼教会 (福島県) ……… 100
古河 (茨城県) ………………… 124
古賀 (福岡県) ………………… 978
五箇 (富山県) ………………… 406
五箇 (福井県) ………………… 436
五箇 (滋賀県) ………………… 641
蚕養神社 (茨城県) …………… 124
養蚕神社 (福島県) …………… 100
蚕影神社 (茨城県) …………… 124
蚕霊神社 (茨城県) …………… 125
古河市 (茨城県) ……………… 125
古賀市 (福岡県) ……………… 978
五個荘 (福井県) ……………… 436
五箇荘町 (滋賀県) …………… 641
五個荘町 (滋賀県) …………… 641
五ヶ瀬川 (宮崎県) …………… 1042
古我知 (沖縄県) ……………… 1098
小金 (千葉県) ………………… 214
小金井神社 (東京都) ………… 276
黄金島神社 (宮城県) ………… 50
小金宿 (千葉県) ……………… 214
小金原 (千葉県) ……………… 214
小金牧 (千葉県) ……………… 214
黄金山神社 (宮城県) ………… 50
小金山神社 (青森県) ………… 28
古ヶ場 (埼玉県) ……………… 183
五霞町 (茨城県) ……………… 125
五箇山 (富山県) ……………… 406
小烏神社 (鹿児島県) ………… 1065
小軽米 (岩手県) ……………… 37
粉河 (和歌山県) ……………… 789
粉河寺 (和歌山県) …………… 789
小川庄三十三番札所 (新潟県) … 384
御器所町 (愛知県) …………… 581
小吉山火葬墓跡 (秋田県) …… 64
小行山 (広島県) ……………… 856
虚空蔵寺 (大分県) …………… 1026
小久喜 (埼玉県) ……………… 183
谷厳寺 (長野県) ……………… 474
国済寺 (埼玉県) ……………… 183
国際通り (沖縄県) …………… 1098
国作手永 (福岡県) …………… 978
小久慈 (茨城県) ……………… 125
国昌寺 (滋賀県) ……………… 641
国上寺 (新潟県) ……………… 384
国清寺 (静岡県) ……………… 543
国清寺 (大分県) ……………… 1026
黒石寺 (岩手県) ……………… 38
国前寺 (広島県) ……………… 856
黒蔵 (愛媛県) ………………… 935
虚空蔵道 (長崎県) …………… 1004
虚空蔵山 (広島県) …………… 856
国泰寺 (北海道) ……………… 8
国土安穏寺 (東京都) ………… 276
石納 (千葉県) ………………… 214
国府 (栃木県) ………………… 138
国府 (東京都) ………………… 276
国府 (神奈川県) ……………… 348
国府 (石川県) ………………… 422
国分 (神奈川県) ……………… 348

国分 (滋賀県) ………………… 641
国分 (愛媛県) ………………… 935
国分 (鹿児島県) ……………… 1065
国府町 (岐阜県) ……………… 522
国府八幡宮 (東京都) ………… 276
国分校地遺跡 (千葉県) ……… 214
国分寺 (東京都) ……………… 276
国分寺 (富山県) ……………… 406
国分寺 (岐阜県) ……………… 522
国分寺 (静岡県) ……………… 543
国分寺 (岡山県) ……………… 838
国分寺 (高知県) ……………… 952
国分寺跡 (東京都) …………… 276
国分寺尼寺跡 (群馬県) ……… 159
国分寺伽藍旧跡 (東京都) …… 276
国分寺霹靂神社 (島根県) …… 821
国分寺町 (香川県) …………… 915
国分寺町 (栃木県) …………… 138
国分寺村 (東京都) …………… 276
小熊家 (埼玉県) ……………… 183
小倉 (福岡県) ………………… 978
極楽院 (奈良県) ……………… 751
極楽寺 (山形県) ……………… 75
極楽寺 (神奈川県) …………… 348
極楽寺 (新潟県) ……………… 384
極楽寺 (長野県) ……………… 474
極楽寺 (愛知県) ……………… 581
極楽寺 (京都府) ……………… 672
極楽寺 (大阪府) ……………… 699
極楽寺 (兵庫県) ……………… 724
極楽寺 (奈良県) ……………… 751
極楽寺 (和歌山県) …………… 789
極楽寺 (広島県) ……………… 856
極楽寺 (山口県) ……………… 883
極楽寺 (香川県) ……………… 915
極楽寺 (福岡県) ……………… 978
極楽寺 (大分県) ……………… 1026
極楽寺 (沖縄県) ……………… 1098
極楽寺跡 (香川県) …………… 915
極楽寺遺跡 (香川県) ………… 915
極楽寺廃寺 (香川県) ………… 915
小倉藩 (福岡県) ……………… 979
小倉南区 (福岡県) …………… 979
国立劇場おきなわ (沖縄県) … 1098
国立天文台 (東京都) ………… 276
国立民族学博物館 (京都府) … 672
小来栖 (富山県) ……………… 406
小暮神社 (群馬県) …………… 159
小榑村 (東京都) ……………… 276
子鍬倉神社 (福島県) ………… 100
古渓大明神 (福岡県) ………… 979
戸建沢 (青森県) ……………… 28
五間樋稲荷神社 (広島県) …… 856
古後 (大分県) ………………… 1026
五合庵 (新潟県) ……………… 384
五劫院 (奈良県) ……………… 751
己高閣 (滋賀県) ……………… 641
小河内 (静岡県) ……………… 543
湖国 (滋賀県) ………………… 641
護国 (愛媛県) ………………… 935
護国寺 (東京都) ……………… 276
護国寺 (沖縄県) ……………… 1098
護国寺清正公堂 (山口県) …… 883
護国神社 (新潟県) …………… 384
興居島 (愛媛県) ……………… 935
五個荘 (滋賀県) ……………… 641

小牛田山 (宮城県) …………… 50
九重町 (大分県) ……………… 1026
九日市 (新潟県) ……………… 384
古座 (和歌山県) ……………… 789
湖西 (静岡県) ………………… 543
小佐井 (大分県) ……………… 1026
小斎 (宮城県) ………………… 50
湖西市 (静岡県) ……………… 543
御座石神社 (長野県) ………… 474
御在所岳 (宮崎県) …………… 1042
小佐井村 (大分県) …………… 1026
小才角 (高知県) ……………… 952
故斎藤善蔵宅 (富山県) ……… 406
小坂 (山形県) ………………… 75
小阪 (大阪府) ………………… 699
小境 (富山県) ………………… 406
小坂井町 (愛知県) …………… 581
小坂鎮守 (長野県) …………… 474
古座川 (和歌山県) …………… 789
古座川一枚岩 (和歌山県) …… 789
小砂川集落 (秋田県) ………… 64
古座川町 (和歌山県) ………… 789
小佐治 (滋賀県) ……………… 641
小座山稲荷神社 (茨城県) …… 125
五山 (神奈川県) ……………… 349
五山 (京都府) ………………… 672
越 (北陸甲信越) ……………… 372
護持院 (東京都) ……………… 276
胡四王山 (岩手県) …………… 38
古四王神社 (秋田県) ………… 64
高志王神社 (新潟県) ………… 384
腰掛神社 (神奈川県) ………… 349
越ヶ浜 (山口県) ……………… 883
越ヶ谷 (埼玉県) ……………… 183
越谷 (埼玉県) ………………… 183
越谷市 (埼玉県) ……………… 183
越ヶ谷宿 (埼玉県) …………… 183
越谷町 (埼玉県) ……………… 183
甑島 (鹿児島県) ……………… 1065
甑島郡 (鹿児島県) …………… 1065
甑島のトシドン (鹿児島県) … 1065
五色台 (香川県) ……………… 916
甑天満神社 (広島県) ………… 856
五色浜 (愛媛県) ……………… 936
五色不動 (東京都) …………… 276
越久保 (長野県) ……………… 474
古志郡 (新潟県) ……………… 384
古志郷 (新潟県) ……………… 384
腰越 (長野県) ………………… 474
越野観音堂 (東京都) ………… 276
越国 (北陸甲信越) …………… 372
越の国 (北陸甲信越) ………… 372
小篠原 (滋賀県) ……………… 641
越硒村 (福井県) ……………… 436
小柴家 (群馬県) ……………… 159
児島 (岡山県) ………………… 838
小島 (長野県) ………………… 474
小島 (大阪府) ………………… 699
腰巻地蔵 (石川県) …………… 422
児島四国霊場 (岡山県) ……… 838
幸島新田 (岡山県) …………… 838
児島湾 (岡山県) ……………… 838
古清水 (神奈川県) …………… 349
小清水 (新潟県) ……………… 384
伍社 (長野県) ………………… 474
五社稲荷 (兵庫県) …………… 724

五社宮（新潟県）384
五社神社（東京都）276
五社神社（滋賀県）641
五社堂（秋田県）64
五社弁才天社（大阪府）699
小釘（山形県）75
御所（埼玉県）183
御所（京都府）672
五条（奈良県）751
古社稲荷大明神（宮城県）51
護生院（大分県）1026
五条市（奈良県）751
五条天神社（東京都）276
五城目（秋田県）64
御所浦島（熊本県）1013
五所社（愛知県）581
五所八幡（九州・沖縄）969
五所八幡宮（福岡県）979
御所原大神宮（山口県）883
小女郎が池（滋賀県）641
小白石（富山県）406
小白川（山形県）75
小白川町（山形県）75
小白倉（新潟県）384
古地老稲荷（東京都）276
御神幸道（静岡県）543
悟真寺（三重県）611
悟真寺（長崎県）1004
古新田（岡山県）838
五頭（新潟県）384
虎睡軒（佐賀県）996
不来方（岩手県）38
小塚原刑場跡遺跡（東京都）276
小塚原（東京都）276
小杉（富山県）406
小杉（山口県）883
小杉慶司さん宅（東京都）276
小杉道（神奈川県）349
小杉の獅子舞（富山県）406
小菅（長野県）474
小菅神社（長野県）474
小菅の柱松行事（長野県）474
小菅村（千葉県）214
小菅村（山梨県）448
五頭山（新潟県）384
牛頭天王川（東京都）276
牛頭天王三社（東京都）276
御所（奈良県）751
湖西（滋賀県）641
巨勢路（奈良県）751
後世神社（高知県）952
小瀬戸（埼玉県）183
五泉市（新潟県）384
狐禅寺村（岩手県）38
御前柳大明神（秋田県）64
御前山（茨城県）125
小沢川村（愛媛県）938
子育観音堂（神奈川県）349
巨田（宮崎県）1042
古田（静岡県）543
小田（岩手県）38
五大院（鹿児島県）1065
巨田池（宮崎県）1042
五台山（高知県）952
御代参街道（滋賀県）641
五大堂（宮城県）51

五代村（群馬県）159
小平（東京都）276
小平市（東京都）277
小平霊園（東京都）277
己高山（滋賀県）641
小滝（長野県）474
小滝古道（長野県）474
小滝のチョウクライロ舞（秋田県）64
居多神社（新潟県）384
小田中（長野県）474
小谷（広島県）856
小丹波（東京都）277
巨田八幡宮（宮崎県）1042
児玉（埼玉県）183
小玉川（山形県）75
木魂明神社（静岡県）543
小駄良（岐阜県）522
五反田（宮崎県）1042
小丹波嶋家（東京都）277
五智院（新潟県）384
五智国分寺（新潟県）384
東向（高知県）953
五町田（茨城県）125
五町田（群馬県）159
五町田村（茨城県）125
木津川（奈良県）751
小坪（神奈川県）349
小坪（広島県）856
小局村（新潟県）384
小坪八幡宮（広島県）856
小坪八幡神社（広島県）856
古寺（山形県）75
御殿場（静岡県）543
御殿山（東京都）277
湖東（滋賀県）641
五島（福岡県）979
五島（長崎県）1004
呉東（富山県）406
厚東（山口県）883
厚東川（山口県）883
湖東三山（滋賀県）642
湖東町（滋賀県）642
五島灘（長崎県）1004
五島屋敷（東京都）277
琴浦町（兵庫県）724
五島列島（長崎県）1004
琴崎八幡宮（山口県）883
事代主神社（石川県）422
小留浦（東京都）277
琴南町（香川県）916
琴似神社（北海道）8
琴ノ浦温泉山荘園（和歌山県）790
事任八幡宮（静岡県）543
後鳥羽神社（滋賀県）642
琴弾宮（香川県）916
琴平（香川県）916
琴平宮（長野県）474
金刀比羅宮（香川県）916
金比羅宮（東京都）277
琴平神社（山形県）75
琴平神社（香川県）916
琴平神社（高知県）953
金刀比羅神社（秋田県）64
寿町（愛知県）581
小泊（青森県）28
小永田（山梨県）448

子生（茨城県）125
湖南（福島県）100
湖南　642
小西行長領（熊本県）1013
粉糠山古墳（岐阜県）522
固寧倉（兵庫県）724
許襴神社（静岡県）544
護念院（奈良県）751
小沼（群馬県）159
神種（兵庫県）724
木島神社（京都府）672
籠神社（京都府）672
此田（長野県）474
小野幌（北海道）8
木葉神社（和歌山県）790
木華佐久耶比咩神社（岡山県）838
菓実神社（福岡県）979
木の実山城（山口県）883
木ノ元地蔵（兵庫県）724
木本御厨（三重県）611
小乗浜（宮城県）51
小墓円満地蔵尊（兵庫県）724
虎狛神社（東京都）277
こばし池（茨城県）125
小橋天神（石川県）422
許波多社（大分県）1026
古浜（広島県）856
小浜（千葉県）214
小浜（沖縄県）1098
小浜島（沖縄県）1098
小浜嶋（沖縄県）1098
小波本御岳（沖縄県）1098
小林（愛知県）581
小林（宮崎県）1042
小林英二郎家（群馬県）159
小林家住宅（東京都）277
小林家住宅（和歌山県）790
小林市（宮崎県）1042
小林久豊家（群馬県）159
小針（埼玉県）183
五番町（京都府）672
小百（栃木県）138
五百川（福島県）100
五百石（富山県）406
五百羅漢（埼玉県）183
五百羅漢寺（茨城県）125
五百羅漢寺（東京都）277
小平（大分県）1026
小平潟天神（福島県）100
小平潟天満宮（福島県）100
五分市本山（福井県）436
古峯ヶ原（栃木県）138
こぶ観音（群馬県）159
子生観音（神奈川県）349
牛伏寺（長野県）474
小伏（山梨県）448
小二又（富山県）406
小淵村（埼玉県）183
御府内八十八ヶ所（東京都）277
小舟渡八幡宮（岩手県）38
小舟（茨城県）125
古分屋敷（茨城県）125
五部（茨城県）125
五兵衛新田（東京都）277
五兵衛新田屯所（東京都）277
五兵衛汐（長野県）475

こへつ　　　　　　　　　　　　　　　地名・寺社名索引

後別当（高知県） 953	小松寺（千葉県） 214	木屋平村（徳島県） 905
御坊（和歌山県） 790	小松寺（石川県） 422	昆陽寺（兵庫県） 724
護法山（福島県） 100	小松庄（石川県） 422	小屋名（岐阜県） 522
古坊中跡（熊本県） 1013	小松神社（高知県） 953	木屋瀬（福岡県） 979
御宝殿（福島県） 100	小松町（愛媛県） 936	古山（神奈川県） 349
御宝殿の稚児田楽・風流（福島県） 100	小松天満宮（石川県） 422	小山（石川県） 422
牛房野（山形県） 75	駒繋神社（東京都） 277	湖山池（鳥取県） 803
御坊屋敷（富山県） 406	小松藩（愛媛県） 936	小山酒造（東京都） 278
午王山遺跡（埼玉県） 184	高麗寺（神奈川県） 349	小山神社（高知県） 953
湖北（滋賀県） 642	高麗寺（京都府） 672	小山村（東京都） 278
湖北三十三観音（滋賀県） 643	小馬寺（愛知県） 581	昆陽村（兵庫県） 724
湖北路（滋賀県） 643	高麗寺領（神奈川県） 349	小谷原稲荷大明神（茨城県） 125
湖北町伊部（滋賀県） 643	駒止峠（福島県） 100	小用（埼玉県） 184
吾北ミニ八十八ヵ所（高知県） 953	駒止地蔵（京都府） 672	五葉院（山口県） 883
小堀（茨城県） 125	駒留神社（東京都） 277	古要神社の傀儡子の舞と相撲（大分県）
五本木（東京都） 277	駒野（岐阜県） 522	1026
巨摩（山梨県） 448	駒場（長野県） 475	後蘭（鹿児島県） 1065
高麗（広島県） 856	駒場村（長野県） 475	古里村（東京都） 278
駒岩（群馬県） 159	駒林神社（神奈川県） 349	五流尊滝院（岡山県） 838
駒宇佐八幡神社（兵庫県） 724	子守神社（岐阜県） 522	五竜の滝（静岡県） 544
狛江（東京都） 277	子眉嶺神社（宮城県） 51	五科（群馬県） 159
狛江市（東京都） 277	古見（沖縄県） 1098	五料（群馬県） 159
駒帰（鳥取県） 803	込皆戸（群馬県） 159	御霊園クルスバ遺跡（大分県） 1026
駒形（千葉県） 214	小御門神社（千葉県） 214	御霊宮（大阪府） 699
駒形駅（群馬県） 159	五味川地蔵（新潟県） 384	御霊神社（神奈川県） 349
駒ヶ岳（岩手県） 38	児美神社（鹿児島県） 1065	御霊神社（京都府） 672
駒ヶ岳（長野県） 475	古見村（沖縄県） 1098	御霊神社（大阪府） 699
駒ヶ岳神社（長野県） 475	小湊（千葉県） 214	御霊神社（兵庫県） 724
駒形神社（秋田県） 64	小南（滋賀県） 643	御霊神社（奈良県） 751
駒形神社（福島県） 100	小峯町（愛知県） 581	五料の茶屋本陣（群馬県） 159
駒形神社（千葉県） 214	小箕（香川県） 916	御霊谷戸（東京都） 278
駒形根神社（岩手県） 38	古宮神社（埼玉県） 184	五輪地蔵（東京都） 278
駒形根神社（宮城県） 51	蚕宮神社（鹿児島県） 1065	五輪原（長野県） 475
駒ヶ根（長野県） 475	小宮神社（東京都） 278	是川（青森県） 28
駒ヶ根市（長野県） 475	小宮町（東京都） 278	是竹（香川県） 916
駒ヶ林（兵庫県） 724	古宮八幡宮（福岡県） 979	是政（東京都） 278
駒ヶ原（広島県） 856	古宮八幡神社（福岡県） 979	ごろう経塚（大阪府） 699
駒ヶ水（鹿児島県） 1065	小向（新潟県） 384	吾郎兵衛池（高知県） 953
駒木（岩手県） 38	小牟礼城（大分県） 1026	ごろが池弁天さま（千葉県） 214
小牧（新潟県） 384	小室藩（滋賀県） 643	胡録神社（東京都） 278
小牧（京都府） 672	米神社（神奈川県） 349	五郎兵衛新田村（長野県） 475
駒木村（千葉県） 214	米神山（大分県） 1026	五郎兵衛用水（長野県） 475
小牧山（愛知県） 581	小目名村（青森県） 28	挙母（愛知県） 581
巨摩郡（山梨県） 448	古馬牧（群馬県） 159	挙母神社（愛知県） 581
高麗郡（埼玉県） 184	蒲生野（滋賀県） 643	挙母藩（愛知県） 581
駒込（東京都） 277	鷹神社（大分県） 1026	ころり薬師様（山形県） 75
駒込天祖神社（東京都） 277	菰田（福岡県） 979	古和浦（三重県） 611
駒込名主屋敷（東京都） 277	子持岩神社（高知県） 953	強首（秋田県） 64
駒込日光御成道（東京都） 277	子持神社（群馬県） 159	強清水（福島県） 100
駒込富士神社（東京都） 277	子持村（群馬県） 159	子和清水（千葉県） 215
許麻神社（大阪府） 699	子持山（群馬県） 159	小和田（神奈川県） 349
高麗神社（埼玉県） 184	小森（埼玉県） 184	小和田（福井県） 436
古町（静岡県） 544	子守神社（千葉県） 214	小湾集落（沖縄県） 1098
小町経塚（三重県） 611	こもれびの里（東京都） 278	金戒光明寺（京都府） 672
小町塚（三重県） 611	小諸（長野県） 475	権現河岸（埼玉県） 184
小町塚（滋賀県） 643	小諸市（長野県） 475	権現塚（千葉県） 215
小町塚瓦経塚（三重県） 611	小諸八幡神社（長野県） 475	権現づるね（長野県） 475
小町塚経塚（三重県） 611	昆陽（兵庫県） 724	権現堂（千葉県） 215
小松（千葉県） 214	小屋（山形県） 75	権現堂（長野県） 475
小松（神奈川県） 349	小谷（埼玉県） 184	権現堂（沖縄県） 1098
小松（石川県） 422	後屋敷新宿（山梨県） 448	権現堂村（埼玉県） 184
小松（兵庫県） 724	子安観音堂（福井県） 436	権現堂山（岩手県） 38
小松（愛媛県） 936	子安神社（千葉県） 214	権現山（茨城県） 125
小松川（東京都） 277	子易神社（神奈川県） 349	権現山（長野県） 475
小松市（石川県） 422	子安浅間（埼玉県） 184	権現山（愛知県） 581
小松寺（茨城県） 125	木屋平（徳島県） 905	金光（岡山県） 838

1166

地名・寺社名索引　　　　さいた

金剛院（東京都） 278	金毘羅山（東京都） 278	西郷（長崎県） 1004
金剛院（福井県） 436	興福院（奈良県） 752	西光院（茨城県） 125
金剛王院（京都府） 672	金福寺（京都府） 672	西光院（東京都） 278
金剛山（大阪府） 699	昆布盛（北海道） 8	西郷（広島県） 856
金剛山（奈良県） 752	権兵衛街道（長野県） 475	西光寺（山形県） 75
金剛山寺（奈良県） 752	権兵衛峠（長野県） 475	西光寺（栃木県） 138
金光寺（京都府） 672	金宝寺（京都府） 672	西光寺（埼玉県） 184
金剛寺（秋田県） 65	金宝寺（広島県） 856	西光寺（千葉県） 215
金剛寺（千葉県） 215	筥峰寺（宮城県） 51	西光寺（東京都） 278
金剛寺（東京都） 278	根本寺（茨城県） 125	西光寺（神奈川県） 349
金剛寺（神奈川県） 349	根本寺（千葉県） 215	西光寺（新潟県） 384
金剛寺（石川県） 423	紺屋（島根県） 821	西光寺（福井県） 436
金剛寺（大阪府） 699	紺屋（香川県） 916	西光寺（長野県） 475
金剛寺（奈良県） 752	建立寺（山口県） 883	西光寺（静岡県） 544
金剛寺（和歌山県） 790	金蓮寺（愛知県） 581	西光寺（愛知県） 581
金剛寺（高知県） 953	金蓮寺（広島県） 856	西光寺（大阪府） 699
金剛寺（福岡県） 979	金連寺（京都府） 672	西光寺（兵庫県） 725
金剛寺（鹿児島県） 1065		西光寺（広島県） 856
金剛証寺（三重県） 611	**【さ】**	西光寺村（兵庫県） 725
金剛定寺（滋賀県） 643		西郷八幡神社（長崎県） 1004
金剛新（富山県） 406	佐阿天橋（沖縄県） 1099	西国（西日本） 624
金光町（岡山県） 838	西安寺（福井県） 436	西国（近畿） 629
金剛頂寺（高知県） 953	西運寺（愛知県） 581	西国観音巡礼三十三カ所（近畿） 629
金光町地頭下（岡山県） 838	西雲寺（千葉県） 215	西国三十三ヶ所（近畿） 629
金剛童子神社（京都府） 672	西栄寺（滋賀県） 644	西国三十三カ所観音霊場（近畿） 629
金剛日寺（山形県） 75	西円寺（山口県） 883	西国三十三観世音（近畿） 629
金剛福寺（高知県） 953	西円堂（奈良県） 752	西国三十三所（近畿） 629
金剛峯寺（和歌山県） 790	紫屋寺（静岡県） 544	西国三十三所観音（近畿） 629
金剛宝寺（千葉県） 215	最恩寺（山梨県） 448	西国寺（広島県） 856
金光明寺（奈良県） 752	西園寺（広島県） 856	西国霊場（近畿） 629
金剛流能楽堂（京都府） 672	西音寺（千葉県） 215	幸崎八幡宮（広島県） 856
金剛輪寺（滋賀県） 643	雑賀（和歌山県） 790	西持寺（佐賀県） 996
権五郎神社（神奈川県） 349	西海（九州・沖縄） 969	西住塚（富山県） 406
金乗院（茨城県） 125	西海（佐賀県） 996	西城（広島県） 856
金乗院（千葉県） 215	西海（長崎県） 1004	西条（広島県） 856
近松寺（滋賀県） 643	済海寺（東京都） 278	西条（愛媛県） 936
金勝寺（山形県） 75	西覚寺（山形県） 75	最上稲荷（岡山県） 838
金勝寺（愛知県） 581	雑賀崎（和歌山県） 790	裁松院三十三所観音（宮城県） 51
金勝寺（滋賀県） 643	財賀寺（愛知県） 581	最勝寺（富山県） 406
権正寺（富山県） 406	さいかち（東京都） 278	最勝寺（和歌山県） 790
厳正寺（東京都） 278	さいかち経塚（岐阜県） 522	最勝寺（鹿児島県） 1065
今生塚（茨城県） 125	さいかち浜（滋賀県） 644	最乗寺（神奈川県） 349
午頭山（埼玉県） 184	西勝（福島県） 100	最成寺（千葉県） 215
魂生神社（千葉県） 215	犀川（石川県） 423	済松寺（東京都） 278
金勝山（滋賀県） 643	犀川（長野県） 475	細勝寺（高知県） 953
金泉寺（群馬県） 159	犀川（福岡県） 979	西松寺（福島県） 100
金蔵院（栃木県） 138	犀川口（石川県） 423	西照寺（東京都） 278
金蔵院（東京都） 278	犀川神社（長野県） 475	西証寺（長野県） 475
金蔵院（新潟県） 384	犀川盆地（福岡県） 979	西条市（愛媛県） 936
金蔵寺（兵庫県） 724	犀川町（福岡県） 979	最乗寺参詣道（神奈川県） 349
根田（秋田県） 65	西願寺（富山県） 406	最乗寺参道（神奈川県） 349
金胎寺（京都府） 672	西巌殿寺（熊本県） 1013	西条神社（愛媛県） 936
金胎寺（福岡県） 979	佐伯市（大分県） 1026	西城町（広島県） 856
金台寺（福岡県） 979	佐伯町（広島県） 856	西条庄（愛媛県） 936
金地院（東京都） 278	佐伯藩（大分県） 1026	西条藩（愛媛県） 936
紺原（愛媛県） 936	西行庵（香川県） 916	西条四日市（広島県） 857
金比羅（香川県） 916	西教寺（長野県） 475	妻女山（長野県） 475
金毘羅（香川県） 916	西教寺（滋賀県） 644	狭井神社（奈良県） 752
こんぴら街道（香川県） 916	西教寺（兵庫県） 725	塞神社（長崎県） 1004
金比羅街道（愛媛県） 936	西行清水（千葉県） 215	西善寺（長野県） 475
金毘羅街道（徳島県） 905	斎宮（三重県） 611	西禅寺（鳥取県） 803
金毘羅山（香川県） 916	斎宮跡（三重県） 612	西蔵院（東京都） 278
金毘羅参詣道（香川県） 916	斎宮寮（三重県） 612	才蔵寺（広島県） 857
金毘羅道（香川県） 916	細工谷遺跡（大阪府） 699	西大寺（宮城県） 51
金毘羅門前町（香川県） 916	佐尉郷（大分県） 1026	西大寺（奈良県） 752
金比羅山（新潟県） 384		西大寺（岡山県） 838

西大寺の会陽（岡山県）	838	
才谷（奈良県）	752	
埼玉（埼玉県）	184	
埼玉県（埼玉県）	185	
さいたま市（埼玉県）	186	
西澄寺（東京都）	278	
幸津（佐賀県）	996	
佐井寺伊射奈岐神社（大阪府）	699	
西戸（埼玉県）	186	
西徳寺（東京都）	278	
西徳寺（滋賀県）	644	
西都原（宮崎県）	1042	
西都原古墳群（宮崎県）	1042	
西念寺（北海道）	8	
西念寺（富山県）	406	
西念寺（岡山県）	838	
西念寺（福岡県）	979	
西院河原（京都府）	672	
才ノ木（兵庫県）	725	
才羽（埼玉県）	186	
西畑（高知県）	953	
才原（広島県）	857	
宰府（福岡県）	979	
最福寺（新潟県）	384	
西福寺（千葉県）	215	
西福寺（東京都）	278	
西福寺（神奈川県）	349	
西福寺（京都府）	672	
西福寺（山口県）	883	
西福寺（愛媛県）	936	
西宝寺（山口県）	883	
西方寺（新潟県）	384	
西方寺（山梨県）	448	
西方寺（長野県）	475	
西方寺（和歌山県）	790	
西方寺（福岡県）	979	
西法寺（静岡県）	544	
西法寺（京都府）	672	
西法寺（大阪府）	700	
西方寺谷（大分県）	1027	
西本寺（北海道）	8	
最明寺（長野県）	475	
西明寺（山形県）	76	
西明寺（神奈川県）	349	
西明寺（滋賀県）	644	
西明寺（京都府）	672	
西明寺（兵庫県）	725	
最明寺跡（広島県）	857	
佐井村（青森県）	28	
西門院（和歌山県）	790	
西門寺（東京都）	278	
西来寺（三重県）	612	
西楽寺（長野県）	475	
西楽寺（静岡県）	544	
西隆寺（岡山県）	838	
西林寺（広島県）	857	
西琳寺（大阪府）	700	
西連寺（茨城県）	125	
西蓮寺（東京都）	278	
西蓮寺（滋賀県）	644	
西蓮寺（奈良県）	752	
西連寺（愛媛県）	937	
佐伯（大分県）	1027	
佐伯三十三観音（大分県）	1027	
佐伯招魂所（大分県）	1027	
佐伯南郡八十八ヶ所（大分県）	1027	
蔵王（広島県）	857	
蔵王権現（新潟県）	385	
蔵王山（山形県）	76	
蔵王山（新潟県）	385	
蔵王堂（新潟県）	385	
蔵王堂（奈良県）	752	
蔵王町（宮城県）	51	
佐賀（佐賀県）	996	
嵯峨（京都府）	672	
坂（茨城県）	125	
境（東京都）	279	
堺（大阪府）	700	
酒井（神奈川県）	349	
酒井（静岡県）	544	
境川（東京都）	279	
境川（静岡県）	544	
境木（神奈川県）	350	
坂井郡（福井県）	436	
堺港（大阪府）	700	
坂井市（福井県）	436	
堺市（大阪府）	700	
境島村（群馬県）	159	
酒井神社（滋賀県）	644	
堺泉州（大阪府）	701	
坂井町御油田（福井県）	436	
坂出（香川県）	916	
坂出市（香川県）	916	
境宮神社（千葉県）	215	
境の明神（新潟県）	385	
坂井平野（福井県）	436	
境町（茨城県）	125	
境町（群馬県）	159	
坂内（岐阜県）	522	
寒河江（山形県）	76	
栄稲荷神社（茨城県）	125	
栄区（神奈川県）	350	
寒河江市（山形県）	76	
栄谷町（石川県）	423	
栄谷町道場（石川県）	423	
栄町（千葉県）	215	
栄町（東京都）	279	
寒河江八幡宮（山形県）	76	
栄町（岐阜県）	522	
栄町（和歌山県）	790	
栄村（長野県）	475	
坂折山（高知県）	953	
酒折宮（山梨県）	448	
栄喜（高知県）	953	
坂木（長野県）	476	
坂北（長野県）	476	
坂城町（長野県）	476	
坂京（静岡県）	544	
坂口王子（大阪府）	701	
佐賀県（佐賀県）	997	
嵯峨御所（京都府）	672	
逆巻（新潟県）	385	
坂下（愛知県）	581	
坂下地蔵堂（東京都）	279	
坂下神社（岐阜県）	522	
坂田（滋賀県）	644	
酒田（山形県）	76	
嵯峨大念仏狂言（京都府）	672	
坂田郡（滋賀県）	644	
酒田市（山形県）	76	
坂田（奈良県）	752	
酒谷川（宮崎県）	1042	
佐方八幡神社（広島県）	857	
佐賀町（東京都）	279	
坂町（広島県）	857	
坂手（香川県）	916	
坂戸越（千葉県）	215	
酒門町（茨城県）	125	
相楽（京都府）	672	
嵯峨念仏（京都府）	672	
嵯峨野（京都府）	672	
坂ノ市（大分県）	1027	
坂ノ上薬師堂（静岡県）	544	
佐賀関町（大分県）	1027	
坂の太子堂（東京都）	279	
佐賀藩（佐賀県）	997	
酒船石遺跡（奈良県）	752	
坂部（長野県）	476	
佐賀平野（佐賀県）	997	
酒見（石川県）	423	
相模（神奈川県）	350	
相模川（神奈川県）	350	
相模国府祭六社（神奈川県）	350	
相模国府（神奈川県）	350	
相模国分寺（神奈川県）	350	
相模国分寺跡（神奈川県）	351	
相模国分尼寺（神奈川県）	351	
相模路（神奈川県）	351	
酒見大明神（兵庫県）	725	
相模人形芝居（神奈川県）	351	
相模野（関東）	116	
相模国（神奈川県）	351	
相模国延喜式十三社めぐり（神奈川県）	351	
相模国準四国八十八ヶ所（神奈川県）	351	
相模野航空隊（神奈川県）	351	
相模原（神奈川県）	351	
相模原市（神奈川県）	351	
相模湾（神奈川県）	351	
坂元（香川県）	916	
坂本（東京都）	279	
坂本（神奈川県）	351	
坂本（富山県）	406	
坂本（滋賀県）	644	
坂本（香川県）	916	
阪本（奈良県）	752	
坂本川（高知県）	953	
坂本社（鳥取県）	803	
坂元神社（香川県）	916	
坂元町（兵庫県）	725	
坂元墓地（奈良県）	752	
坂本屋（愛媛県）	937	
さかもと六地蔵（滋賀県）	644	
酒盛稲荷（栃木県）	138	
酒盛稲荷神社（栃木県）	138	
相良（静岡県）	544	
相良（熊本県）	1013	
相楽神社（奈良県）	752	
相良天神（熊本県）	1013	
相良領（熊本県）	1013	
狭川（奈良県）	752	
佐川（高知県）	953	
酒匂（神奈川県）	351	
酒匂川（神奈川県）	351	
酒匂川沿岸（神奈川県）	351	
佐川町（高知県）	953	
崎（島根県）	821	

鷺浦（島根県） 821
佐木島（広島県） 857
先島（沖縄県） 1099
先島諸島（沖縄県） 1099
鷺塚（福岡県） 979
崎田（宮崎県） 1042
崎田村（宮崎県） 1042
崎戸本郷（長崎県） 1004
前鳥神社（神奈川県） 352
佐伎国（島根県） 821
座喜味グスク（沖縄県） 1099
崎本部（沖縄県） 1099
鷺森神社（茨城県） 125
崎屋地蔵（島根県） 821
前山（兵庫県） 725
左京（京都府） 672
幸稲荷神社（秋田県） 35
佐久（長野県） 476
佐久伊御岳（沖縄県） 1099
作木村（広島県） 857
佐久郡（長野県） 476
佐久市（長野県） 476
作州（岡山県） 838
作州絣工芸館（岡山県） 838
作田（宮城県） 51
裂田溝（福岡県） 979
佐口（長野県） 476
佐口幸夫家（群馬県） 159
作東町（岡山県） 838
作間神社（群馬県） 159
佐倉（千葉県） 215
佐倉（静岡県） 544
桜井（長野県） 476
桜井（愛知県） 581
桜井（奈良県） 752
桜井（愛媛県） 937
桜井駅（奈良県） 752
桜井市（奈良県） 752
桜井神社（新潟県） 385
桜井神社（愛知県） 581
桜井神社（大阪府） 701
桜井神社（福岡県） 979
桜井村（愛知県） 581
桜井戸（高知県） 953
桜岩観音（群馬県） 159
桜江（島根県） 821
桜江町川戸（島根県） 821
桜ヶ池（静岡県） 544
桜ヶ丘庚申神社（東京都） 279
桜形（愛知県） 581
桜川（東京都） 279
桜川（高知県） 953
桜川八十八ヶ所霊場（茨城県） 125
桜木神社（千葉県） 215
桜木神社（東京都） 279
桜木神社（奈良県） 752
桜小路（山形県） 76
桜坂（福岡県） 979
桜沢（長野県） 476
桜三里（愛媛県） 937
佐倉市（千葉県） 215
佐倉七福神（千葉県） 215
桜島（鹿児島県） 1065
佐倉神社（長野県） 476
桜谷鑪（島根県） 821
桜堤防（三重県） 612

佐倉峠（奈良県） 752
桜堂薬師（岐阜県） 522
佐倉藩（千葉県） 215
佐倉藩城付領（山形県） 76
桜実神社（奈良県） 753
桜山（神奈川県） 352
桜山神社（岩手県） 38
桜山八幡宮（岐阜県） 522
桜山村（神奈川県） 352
鮭川（山形県） 76
鮭川村（山形県） 76
鮭立（福島県） 100
下ケ戸（千葉県） 215
酒津のトンドウ（鳥取県） 803
酒呑み地蔵（群馬県） 159
酒野谷稲荷神社（栃木県） 138
佐古（徳島県） 905
座光寺（長野県） 476
座光寺南本城（長野県） 477
坂越浦（兵庫県） 725
坂越の船祭（兵庫県） 725
佐々井（広島県） 857
笹井観音堂（埼玉県） 186
さざえ堂（群馬県） 159
笹岡（新潟県） 385
笹ケ峰（愛媛県） 937
笹神村（新潟県） 385
笹川（千葉県） 215
笹川（富山県） 406
沙沙貴神社（滋賀県） 644
笹久保（埼玉県） 186
笹久保（東京都） 279
笹久保新田（埼玉県） 186
篠栗新四国八十八ヶ所（福岡県） 979
篠栗新四国霊場（福岡県） 979
笹崎（岩手県） 38
笹津（富山県） 406
笹塚（栃木県） 138
笹塚古墳（長崎県） 1004
笹野（山形県） 76
笹野観音（山形県） 76
笹原（長野県） 477
笹原（熊本県） 1013
西寒多神社（大分県） 1027
笹目神社（埼玉県） 186
篠山（兵庫県） 725
佐沢薬師（静岡県） 544
佐志（佐賀県） 997
佐治（鳥取県） 803
指扇（埼玉県） 186
指扇領別所（埼玉県） 186
佐治谷（鳥取県） 803
猿島（茨城県） 125
佐島（神奈川県） 352
猿島郡（茨城県） 125
猿島三十三カ所観音（千葉県） 216
猿島新四国八十八ヶ所霊場（茨城県）
 125
猿島町（茨城県） 125
佐志武神社（島根県） 821
佐須（福島県） 100
佐世保（長崎県） 1005
佐世保市（長崎県） 1005
佐世保東山海軍墓地（長崎県） 1005
佐多（鹿児島県） 1065
佐田（大分県） 1028

佐竹（茨城県） 125
佐太神社（島根県） 821
佐田神社（徳島県） 905
佐陀神能（島根県） 821
狭田村（三重県） 612
佐多町（鹿児島県） 1065
佐太天神宮（大阪府） 701
佐田岬半島（愛媛県） 937
貞光町（徳島県） 905
薩州（鹿児島県） 1065
幸手市（埼玉県） 186
薩南（鹿児島県） 1065
薩南諸島（鹿児島県） 1065
薩南台地（鹿児島県） 1065
猿飛来（宮城県） 51
札幌（北海道） 8
札幌県（北海道） 8
札幌市（北海道） 8
札幌神社（北海道） 8
薩摩（鹿児島県） 1065
薩摩郡（鹿児島県） 1067
薩摩国分寺（鹿児島県） 1067
薩摩川内（鹿児島県） 1067
さつま町（鹿児島県） 1067
薩摩町（鹿児島県） 1067
薩摩国（鹿児島県） 1067
薩摩藩（鹿児島県） 1067
薩摩藩江戸藩邸（東京都） 279
薩摩藩江戸屋敷（東京都） 279
薩摩半島（鹿児島県） 1067
佐渡（新潟県） 385
里（鹿児島県） 1067
佐藤善一郎家（群馬県） 159
佐渡ヶ島（新潟県） 386
佐渡島（新潟県） 386
佐渡教会（新潟県） 386
佐渡金銀山（新潟県） 386
佐渡国分寺（新潟県） 386
佐渡国（新潟県） 386
佐渡の人形芝居（文弥人形、説経人形、
　のろま人形）（新潟県） 386
佐土原三十三ヶ寺巡拝（宮崎県） 1042
佐土原七社（宮崎県） 1042
里町（鹿児島県） 1068
里美（茨城県） 125
里見隆家（群馬県） 159
里見哲夫家（群馬県） 159
里矢場町（栃木県） 139
佐渡山（新潟県） 386
佐土原（宮崎県） 1042
佐土原町（宮崎県） 1043
佐土原藩（宮崎県） 1043
佐内（新潟県） 387
佐柳島（香川県） 916
猿投神社（愛知県） 581
真田（長野県） 477
佐奈田飴本舗（神奈川県） 352
真田町（長野県） 477
真田山（大阪府） 701
真田山陸軍墓地（大阪府） 701
真田山陸軍墓地納骨堂（大阪府） 701
佐奈田霊社（神奈川県） 352
佐貫（千葉県） 216
讃岐（香川県） 916
讃岐街道（香川県） 917
讃岐国分寺（香川県） 917

さぬき   地名・寺社名索引

讃岐国分寺跡（香川県） …… 917	讃良郡条里遺跡（大阪府） …… 701	三社の森（長野県） …… 477
さぬき市（香川県） …… 917	更級郡（長野県） …… 477	三州（愛知県） …… 581
讃岐国（香川県） …… 917	佐良志奈神社（長野県） …… 477	三十三間堂（東京都） …… 279
佐貫藩（千葉県） …… 216	佐良浜（沖縄県） …… 1099	三十三間堂（京都府） …… 672
讃岐民芸館（香川県） …… 917	沙流（北海道） …… 8	讃州寺（京都府） …… 672
実川集落（新潟県） …… 387	猿江（東京都） …… 279	三十番神社（秋田県） …… 65
実久（鹿児島県） …… 1068	去我苦塚（東京都） …… 279	三十番神堂（神奈川県） …… 352
真経（岡山県） …… 838	沙流川（北海道） …… 8	三条（千葉県） …… 216
狭野（宮崎県） …… 1043	ざる観音（群馬県） …… 159	三条（新潟県） …… 387
佐野（栃木県） …… 139	猿毛（新潟県） …… 387	三乗院（山形県） …… 76
佐野（千葉県） …… 216	猿田神社（千葉県） …… 216	三乗院（福島県） …… 101
佐野（静岡県） …… 544	猿田彦神社（三重県） …… 612	山上山（香川県） …… 918
佐野（大阪府） …… 701	猿田彦神社（高知県） …… 953	三勝寺（広島県） …… 857
佐野（大分県） …… 1028	猿田彦土中神社（三重県） …… 612	三条市（新潟県） …… 387
佐野家妙見社（東京都） …… 279	猿橋（山梨県） …… 448	三条西別院（新潟県） …… 387
佐野市（栃木県） …… 139	猿面茶席（愛知県） …… 581	三上山（山口県） …… 884
佐野氏邸（東京都） …… 279	猿谷（大分県） …… 1028	三所神社（滋賀県） …… 644
佐野城壘（栃木県） …… 139	沢井（東京都） …… 279	サン・ジワン枯松神社（長崎県） … 1005
佐野植物公園（大分県） …… 1028	沢内（岩手県） …… 38	三信遠（東海） …… 514
佐野町（大阪府） …… 701	沢内通り（岩手県） …… 38	三助稲荷神社（秋田県） …… 65
佐野荘（栃木県） …… 139	佐脇家（奈良県） …… 753	三瀬（山形県） …… 76
佐野藩（栃木県） …… 139	沢口観音堂（岩手県） …… 38	三猷院（東京都） …… 279
佐波（山口県） …… 883	沢尻（茨城県） …… 125	三世寺（青森県） …… 28
鯖江（福井県） …… 436	沢尻お不動尊（長野県） …… 477	三世堂（茨城県） …… 126
鯖江市（福井県） …… 436	雑太郡（新潟県） …… 387	山千寺（長野県） …… 477
鯖街道（福井県） …… 436	沢田集落（青森県） …… 28	三千人塚（東京都） …… 279
鯖街道（三重県） …… 612	佐渡（高知県） …… 953	三蔵塚（愛知県） …… 581
さば神社（神奈川県） …… 352	沢辺（千葉県） …… 216	三田（兵庫県） …… 725
サバ神社（神奈川県） …… 352	沢又（茨城県） …… 125	散田（東京都） …… 279
佐波神社（山口県） …… 883	佐和山城（滋賀県） …… 644	三代王神社（千葉県） …… 216
左馬神社（神奈川県） …… 352	佐和山城址（滋賀県） …… 644	産泰様（群馬県） …… 159
鯖野（福島県） …… 100	佐原（千葉県） …… 216	三大寺跡（滋賀県） …… 644
サハリン（北方地域） …… 1	早良区（福岡県） …… 979	産泰神社（群馬県） …… 159
佐毘売山神社（島根県） …… 821	早良郡（福岡県） …… 979	三田市（兵庫県） …… 725
寒風沢（宮城県） …… 51	佐原市（千葉県） …… 216	三田藩（兵庫県） …… 725
佐保（奈良県） …… 753	佐原の山車行事（千葉県） …… 216	三多摩（東京都） …… 279
佐保路三観音（奈良県） …… 753	山（鹿児島県） …… 1068	三天王社（東京都） …… 279
佐保神社（兵庫県） …… 725	山陰（中国） …… 799	三嶋郡（新潟県） …… 387
様似（北海道） …… 8	三遠（愛知県） …… 581	山東町（滋賀県） …… 644
座間味村（沖縄県） …… 1099	三遠信（東日本） …… 2	山東荘（和歌山県） …… 790
座間味間切（沖縄県） …… 1099	三遠南信（東日本） …… 2	三富（埼玉県） …… 187
淋し谷（高知県） …… 953	三翁神社（広島県） …… 857	山南（兵庫県） …… 725
三水村（長野県） …… 477	三箇（大阪府） …… 701	産寧坂（京都府） …… 672
寒川（千葉県） …… 216	三ヶ岡（神奈川県） …… 352	三会院（京都府） …… 673
寒川（神奈川県） …… 352	三角池（大分県） …… 1028	山王（滋賀県） …… 644
寒川神社（神奈川県） …… 352	三角寺（愛媛県） …… 937	山王稲荷神社（東京都） …… 279
寒川町（神奈川県） …… 352	三ヶ国参り（四国） …… 897	山王寺（栃木県） …… 139
寒川村（千葉県） …… 216	寒川（香川県） …… 918	山王七社（滋賀県） …… 644
サムハラ神社（大阪府） …… 701	さんきち橋（北海道） …… 8	山王集落（群馬県） …… 159
佐目（滋賀県） …… 644	産業技術記念館（愛知県） …… 581	山王町（群馬県） …… 159
醍ケ井（滋賀県） …… 644	山居観音（山口県） …… 883	山王堂東谷やぐら群（神奈川県） … 352
鮫川村（福島県） …… 100	山居観音岩（山口県） …… 884	山王廃寺（群馬県） …… 159
佐本（和歌山県） …… 790	山宮浅間神社（静岡県） …… 544	山王廃寺（長野県） …… 477
佐谷田（埼玉県） …… 186	三宮穂高社（長野県） …… 477	山王廃寺跡（群馬県） …… 160
サヤト台（茨城県） …… 125	三郡六阿弥陀（東京都） …… 279	山王八幡宮（福井県） …… 437
鞘橋（香川県） …… 917	三渓園（神奈川県） …… 352	山王原（神奈川県） …… 352
狭山（埼玉県） …… 186	三光院（茨城県） …… 126	山王原（宮崎県） …… 1043
狭山（大阪府） …… 701	三光院（東京都） …… 279	三戸郡（青森県） …… 28
佐山（千葉県） …… 216	三皇神社（愛媛県） …… 937	三戸城（青森県） …… 28
狭山池（大阪府） …… 701	三国境石（福岡県） …… 979	三戸町（青森県） …… 28
狭山ヶ丘（東京都） …… 279	三国詣り（関東） …… 116	三宮神社（群馬県） …… 160
狭山丘陵（埼玉県） …… 187	三綱田町（奈良県） …… 753	三之宮神社（大阪府） …… 701
狭山三十三観音（埼玉県） …… 187	三社（東京都） …… 279	産宮神社（福岡県） …… 979
佐用（兵庫県） …… 725	三社（新潟県） …… 387	三波川谷（群馬県） …… 160
小夜の中山（静岡県） …… 544	三社ヶ森（福井県） …… 437	三波川村（群馬県） …… 160
佐代姫神社（佐賀県） …… 997	三社権現（長野県） …… 477	三迫川流域（宮城県） …… 51

地名・寺社名索引　　ししか

三福寺（千葉県）216
三福寺（長野県）477
三仏生（新潟県）387
三部神社（徳島県）905
三仏寺（鳥取県）803
三仏寺投入堂（鳥取県）803
三仏寺廃寺（岐阜県）522
三府竜脈碑（沖縄県）1399
三瓶山（島根県）821
三宝院（栃木県）139
三宝院（京都府）673
三宝院門跡（京都府）673
三宝荒神社（岡山県）838
三宝荒神社（広島県）857
三宝寺（東京都）279
三宝寺（長野県）477
三宝寺（大阪府）701
三宝寺池（東京都）279
三本榎（東京都）279
三本木（青森県）28
三昧崖（福井県）437
三昧鳥居（山口県）884
三明院（京都府）673
三明寺（鳥取県）803
三明寺経塚（静岡県）544
山陽（中国）800
山陽小野田市（山口県）884
三陸（東北）19
三陸（岩手県）38
三陸沿岸（東北）19
三陸海岸（東北）19
三里小学校（高知県）953
三里山（福井県）437
三和区水吉（新潟県）387
三和町（三重県）612

【し】

椎津（千葉県）216
椎田町（福岡県）979
椎名（高知県）953
椎名町（東京都）279
椎宮八幡神社（徳島県）905
椎葉（宮崎県）1043
椎葉厳島神社（宮崎県）1043
椎葉神楽（宮崎県）1043
椎葉山（宮崎県）1043
椎葉山地（宮崎県）1043
椎葉村（宮崎県）1043
椎葉村（東京都）279
慈雲寺（石川県）423
慈雲寺（島根県）821
JR成田線（東京都）279
塩井（山形県）76
汐入（東京都）279
四王寺三十三ケ所観音霊場（福岡県）
　　980
四王寺山（福岡県）980
潮江荘（高知県）953
塩竈（宮城県）51
塩竈神社（宮城県）51
塩竈神社（長野県）477
塩かま明神（宮城県）51
塩川（福島県）101
塩川町（福島県）101

塩古郷（千葉県）216
塩古六所社（千葉県）216
塩沢（新潟県）387
塩尻（長野県）477
塩尻市（長野県）477
塩尻村（長野県）477
塩田平（長野県）477
塩谷（島根県）821
塩津（滋賀県）644
塩津港遺跡（滋賀県）644
塩津谷（滋賀県）644
塩津峠（兵庫県）725
汐泊チャシ（北海道）8
塩江（香川県）918
塩江町（香川県）918
塩江村（香川県）918
塩の沢（福島県）101
塩野神社（長野県）477
塩の道（長野県）477
塩の道（高知県）954
塩の道（宮崎県）1043
塩野薬師堂（和歌山県）790
塩浜（神奈川県）352
塩原の大山供養田植（広島県）857
塩船観音寺（東京都）280
塩町（新潟県）387
塩道長浜（鹿児島県）1068
塩屋（石川県）423
塩屋（沖縄県）1099
塩屋観音堂（千葉県）216
塩谷区（新潟県）387
塩屋原（宮崎県）1043
塩屋湾のウンガミ（沖縄県）1099
塩湯彦神社（秋田県）65
枝折（滋賀県）644
慈恩寺（山形県）76
慈恩寺（埼玉県）187
心合寺山古墳（大阪府）701
四家（宮崎県）1043
志賀（大分県）1028
滋賀（滋賀県）644
四階楼（山口県）884
志賀海神社（福岡県）980
志賀王子神社（和歌山県）790
滋賀県（滋賀県）646
志賀高原（長野県）477
志賀島（福岡県）980
志賀城（大分県）1028
師勝町（愛知県）581
鹿野（福井県）437
志賀島神社（福岡県）980
鹿の湯（三重県）612
鹿浜（東京都）280
飾磨郡（兵庫県）725
飾磨津（兵庫県）726
四賀村（長野県）477
地家室（山口県）884
鹿森（愛媛県）937
志賀谷（滋賀県）647
信楽（滋賀県）647
信楽町MIHO美術館（滋賀県）648
紫香楽宮（滋賀県）648
栅（長野県）477
志加若宮神社（大分県）1028
慈眼寺（愛知県）581
慈願寺（東京都）280

慈願寺（大阪府）701
磯城（奈良県）753
志木（埼玉県）187
式王寺（高知県）954
志岐蒲鉾本店（福岡県）980
磯城郡（奈良県）753
信貴山（大阪府）701
信貴山（奈良県）753
敷玉（宮城県）51
敷玉御玉神社（宮城県）51
識名（沖縄県）1099
式内阿智神社（長野県）477
師木の宮（奈良県）753
式部塚（三重県）612
地行（福岡県）980
時雨岡不動堂（東京都）280
四郡大師（関東）116
寺家（三重県）612
重国観音堂（広島県）857
重寺（静岡県）544
重信（愛媛県）937
重信町（愛媛県）937
重則（滋賀県）648
重原（愛知県）581
重藤十王堂（大分県）1028
慈眼院（群馬県）160
慈眼寺（福島県）101
慈眼寺（茨城県）126
慈眼寺（埼玉県）187
慈眼寺（神奈川県）352
慈眼寺（新潟県）387
慈眼寺（長野県）477
慈眼寺（滋賀県）648
慈眼寺（愛媛県）937
示現寺（福島県）101
示現神社（栃木県）139
慈光院（石川県）423
慈光寺（埼玉県）187
慈光寺（新潟県）387
慈光寺（愛知県）582
慈光寺（大阪府）701
四国（四国）897
地獄極楽（大分県）1028
四国山地（四国）900
四国八十八霊場（四国）900
四国八十八ヶ所（四国）900
四国八十八箇所（四国）900
四国八八ヵ所（四国）900
四国八八ヶ所霊場（四国）900
四国八八ヶ札所（四国）900
四国八十八所沢畑霊場（山形県）76
四国別格20霊場（四国）900
四国偏礼道（四国）900
四国辺路道（四国）900
四国村（香川県）918
四国霊場（四国）900
四国霊場八十八ヶ所（四国）901
篠籠田（千葉県）216
色丹神社（北海道）8
支笏湖（北海道）8
自在院（福島県）101
自在神社（長野県）477
四阪島（愛媛県）937
獅子王堂（東京都）280
鹿折（宮城県）51
鹿ケ谷（京都府）673

ししか　　　　　　　　　　地名・寺社名索引

獅子ヶ谷（神奈川県）	352
志々伎社（長崎県）	1005
志式神社（福岡県）	980
宍喰（徳島県）	905
宍喰町（徳島県）	905
獅子窟寺（大阪府）	701
宍崎村（高知県）	954
志々島（香川県）	918
子子神社（大分県）	1028
志島（三重県）	612
鹿見塚（千葉県）	216
四社神社（奈良県）	753
地主神社（滋賀県）	648
四条（京都府）	673
柿松院（岐阜県）	522
自性院（長野県）	477
慈照寺（山梨県）	448
慈照寺（京都府）	673
自性寺（群馬県）	160
自性寺（大分県）	1028
自性禅寺（大分県）	1028
四所神社（徳島県）	905
歯神堂（大阪府）	701
志津（千葉県）	216
泗翠庵（三重県）	612
酒々井町（千葉県）	216
泗水町（熊本県）	1013
静浦（静岡県）	544
静浦村（静岡県）	544
静岡（静岡県）	544
静岡県（静岡県）	545
静岡市（静岡県）	547
静岡藩（静岡県）	547
賤ヶ岳（滋賀県）	648
静薬師庵（香川県）	918
志津川（宮城県）	51
志津川町（宮城県）	51
志筑廃寺（兵庫県）	726
雫石（岩手県）	38
静神社（茨城県）	126
閑谷（岡山県）	838
閑谷学校（岡山県）	839
閑谷神社（岡山県）	839
静内（北海道）	8
志都乃石室（島根県）	821
志都岩屋神社（島根県）	821
賤機山（静岡県）	547
清水浜（宮城県）	51
倭文（山梨県）	448
倭文神社（奈良県）	753
四寸道（埼玉県）	187
似禅寺（大阪府）	701
慈仙寺（広島県）	857
慈善橋（三重県）	613
紙祖（島根県）	821
宍粟（兵庫県）	726
地蔵院（埼玉県）	187
地蔵院（千葉県）	216
地蔵院（東京都）	280
地蔵院（神奈川県）	352
地蔵院（広島県）	857
地蔵院（大分県）	1028
地蔵ヶ坪（山口県）	884
地蔵川（滋賀県）	648
宍粟郡（兵庫県）	726
地蔵寺（大阪府）	701

地蔵寺（和歌山県）	790
地蔵寺（徳島県）	905
地蔵寺（香川県）	918
地蔵岳（群馬県）	160
宍粟タタラ（兵庫県）	726
地蔵堂（栃木県）	139
地蔵堂（神奈川県）	352
地蔵堂（愛媛県）	937
地蔵峠（長野県）	477
地蔵の水（奈良県）	753
地蔵原（神奈川県）	352
地蔵原（大分県）	1028
地蔵町（富山県）	407
地蔵町（愛媛県）	937
地蔵山（福島県）	101
慈尊院村（和歌山県）	790
志太（静岡県）	547
下方村（千葉県）	216
下窪（福島県）	101
下小屋集落（富山県）	407
下田（新潟県）	387
下田村（新潟県）	387
下波（愛媛県）	937
下淵（茨城県）	126
志太平野（静岡県）	547
下町（東京都）	280
下町（山梨県）	448
下町（長崎県）	1005
下見（広島県）	857
志段味（愛知県）	582
志談郷（愛知県）	582
下谷（東京都）	280
下谷七福神（東京都）	280
七桶（神奈川県）	352
七ヶ宿町（宮城県）	51
七観音（滋賀県）	648
紫竹原（福岡県）	980
七窪地蔵（石川県）	423
七軒町（東京都）	280
七国峠（東京都）	280
七社（奈良県）	753
七社宮（福島県）	101
七所明神（山形県）	76
七所寺（長野県）	477
七天王塚（千葉県）	216
七島（鹿児島県）	1068
七堂伽藍跡（神奈川県）	352
七百余所神社（千葉県）	217
七福園岩屋（富山県）	407
七面山（山梨県）	448
七面神社（千葉県）	217
寺中（福岡県）	980
後月郡（岡山県）	839
日月社（神奈川県）	352
十石峠（長野県）	477
実際寺（広島県）	857
十社神社（埼玉県）	187
室泉寺（東京都）	280
実相院（京都府）	673
実相寺（埼玉県）	187
実相寺（千葉県）	217
実相寺（山梨県）	448
実相寺（静岡県）	547
実相寺（大阪府）	701
実相寺（兵庫県）	726
実相寺（山口県）	884

悉地院（滋賀県）	648
勢理客（沖縄県）	1099
勢理客橋碑（沖縄県）	1099
七宝山（香川県）	918
実報寺（愛媛県）	937
七宝町（愛知県）	582
七宝町下之森（愛知県）	582
七宝滝寺（大阪府）	701
実本寺（千葉県）	217
四天王寺（大阪府）	701
志度（香川県）	918
志度浦（香川県）	918
四徳稲荷（山形県）	76
自得院（愛媛県）	937
至徳堂（千葉県）	217
志戸子（鹿児島県）	1068
志度寺（香川県）	918
蔀山（広島県）	857
倭文神社（群馬県）	160
倭文神社（静岡県）	547
志鳥村（栃木県）	139
志戸呂（静岡県）	547
寺内村（岐阜県）	522
科長神社（大阪府）	702
品川（東京都）	280
品川大森羽田海苔場（東京都）	280
品川区（東京都）	280
品川神社（東京都）	281
科野（長野県）	477
信濃（長野県）	477
信濃川（新潟県）	387
信濃川中流（新潟県）	387
信濃川流域（新潟県）	387
信濃国分寺（長野県）	479
信濃三十三か所（長野県）	479
信濃三十三番観音（長野県）	479
信濃路（長野県）	479
信濃町（長野県）	479
信濃国（長野県）	479
信濃国天台談義所（長野県）	479
地主大明神（広島県）	857
次年子（山形県）	76
篠井山（山梨県）	448
篠井山経塚（山梨県）	448
篠木（兵庫県）	726
篠座町（福井県）	437
篠島（愛知県）	582
篠塚（栃木県）	139
信太（大阪府）	702
篠津（北海道）	8
篠ノ井（長野県）	479
篠ノ井遺跡群（長野県）	479
篠ノ井横田（長野県）	479
篠場瓦窯（静岡県）	547
小竹八幡神社（和歌山県）	790
篠原（滋賀県）	648
篠原（奈良県）	753
篠原（大分県）	1028
篠原新田（千葉県）	217
信夫郡（福島県）	101
信夫山（福島県）	101
四之宮神社（広島県）	857
篠村八幡宮（京都府）	673
篠路（北海道）	8
柴（神奈川県）	352
柴（静岡県）	547

柴（愛媛県）937
芝（東京都）281
芝（大阪府）702
芝川（静岡県）547
芝川町（静岡県）547
芝宮明神（長野県）479
芝久保町（東京都）281
芝車町（東京都）281
柴崎（東京都）281
芝崎（神奈川県）352
柴崎神社（千葉県）217
柴崎新田（東京都）281
芝宿（群馬県）160
芝新網町（東京都）281
新発田（新潟県）387
芝大神宮（東京都）281
芝田町（大阪府）702
新発田藩（新潟県）387
芝塚古墳（大阪府）702
四極山（大分県）1028
芝野（秋田県）65
芝原（千葉県）217
芝原（滋賀県）648
芝原遺跡（鹿児島県）1068
芝間（東京都）281
柴又（東京都）281
柴又七福神（東京都）281
柴又帝釈天（東京都）281
柴又八幡神社（東京都）281
柴町八幡神社（群馬県）160
芝明神（東京都）281
芝村（埼玉県）187
芝山仁王尊（千葉県）217
芝山町（千葉県）217
縛り地蔵（宮城県）51
紫尾（鹿児島県）1068
紫尾山（鹿児島県）1068
紫尾田（鹿児島県）1068
渋井町（茨城県）126
渋江（埼玉県）187
渋温泉（長野県）479
渋川（群馬県）160
渋川市（群馬県）160
渋川廃寺（大阪府）702
渋川村（群馬県）160
渋木（山口県）884
渋木村（佐賀県）997
自福寺（長野県）479
地福寺（埼玉県）187
地福寺（千葉県）217
地福寺（三重県）613
地福寺（愛媛県）937
地福寺（福岡県）980
地福のトイトイ（山口県）884
渋沢（神奈川県）352
渋沢（山梨県）448
志布志市（鹿児島県）1068
渋谷（山口県）884
渋野（徳島県）905
渋谷（東京都）281
治兵衛堂（愛媛県）937
標茶町（北海道）8
持宝院（栃木県）139
持宝院（福井県）437
四方学舎（鹿児島県）1068
四方寺（埼玉県）187

四方神社（岐阜県）522
芝生町（徳島県）905
忍草（山梨県）448
忍草浅間神社（山梨県）448
シボツ島（北海道）8
四本木（東京都）281
志摩（三重県）613
島（千葉県）217
島内（長野県）479
島和子家住宅（富山県）407
志摩片田（三重県）613
島勝浦（三重県）613
島ヶ原（三重県）613
島上郡（大阪府）702
志摩加茂五郷の盆祭行事（三重県）613
四万川（高知県）954
志摩郡（三重県）613
島四国（愛媛県）937
島四国八十八ヶ所（愛媛県）937
島尻（沖縄県）1099
島尻道（沖縄県）1099
嶋神社（岡山県）839
島津（鹿児島県）1068
島津墓地（宮崎県）1043
島津墓地（鹿児島県）1068
島薗邸（東京都）281
島田（埼玉県）187
島田（石川県）423
島田（静岡県）548
島田（山口県）884
島田川（山口県）884
島田家住宅（栃木県）139
島田市（静岡県）548
島町（滋賀県）648
島戸（宮崎県）1043
嶋名神社（静岡県）548
島根（東京都）281
島根（島根県）821
島根郡（島根県）822
島根県（島根県）822
島根半島（島根県）822
島根半島四十二浦巡礼（島根県）823
嶋根村（東京都）281
島之内（大阪府）702
志摩国（三重県）613
嶋之坊（東京都）281
島の星町（島根県）823
島原（京都府）673
島原（長崎県）1005
島原藩（長崎県）1005
島原半島（長崎県）1005
四万部（埼玉県）187
島袋門中（沖縄県）1099
島牧村（北海道）9
志摩町（福岡県）980
島町八幡神社（岐阜県）522
島村（群馬県）160
島村教会（群馬県）160
島村重助旧宅（高知県）954
島村重助家住宅（高知県）954
島本町（大阪府）702
島守（青森県）28
島山島（長崎県）1005
島山神社（福島県）437
四万十川（高知県）954
四万十川水系（高知県）954

四万十川流域（高知県）954
清水（山形県）77
清水（福島県）101
清水（東京都）281
清水（静岡県）548
清水（鹿児島県）1068
清水庵（富山県）407
清水が丘（東京都）281
清水川原（新潟県）387
清水公園（東京都）281
清水神社（兵庫県）726
清水神社（香川県）918
清水立場（東京都）281
清水谷（新潟県）388
清水町（福井県）437
清水町（静岡県）548
清水八幡神社（石川県）423
清水町（福島県）101
清水湊（静岡県）548
清水村（高知県）954
清水山城（滋賀県）648
持明院（石川県）423
志村（東京都）281
志村神社（大分県）1028
七五三場（茨城県）126
四面宮（長崎県）1005
志茂（東京都）281
下赤塚（東京都）281
下赤嶺キリシタン墓群（大分県）1028
下麻生（神奈川県）353
下麻生綱場（岐阜県）522
下天見一里山墓地（大阪府）702
下飯田（宮城県）51
下井草（東京都）281
下井草村（東京都）281
下伊佐野村（栃木県）139
下伊沢（岩手県）38
下石塚（栃木県）139
下石原（東京都）281
下石原八幡神社（東京都）282
下市（大分県）1028
下市田（長野県）480
下市場（千葉県）217
下市場村（千葉県）217
下市蛭子神社（奈良県）753
下伊那（長野県）480
下伊那郡（長野県）480
下岩（茨城県）126
下岩（神奈川県）353
下総（関東）116
下総（千葉県）217
下総国（関東）116
下総国（千葉県）217
下総四郡新四国八十八ヶ所（千葉県）
　　217
下総四郡八十八ヶ所（千葉県）217
下老袋（埼玉県）187
下大久保（栃木県）139
下大越（福島県）101
下小坂（埼玉県）187
下小瀬（茨城県）126
下恩方（東京都）282
下笠居（香川県）918
下笠加（岡山県）839
下笠間（奈良県）753
下勝田（千葉県）217

しもか

下蒲刈町（広島県）	857
下賀茂（静岡県）	548
下鴨神社（京都府）	673
下嘉万八幡宮（山口県）	884
下烏田（千葉県）	217
下川内村（宮崎県）	1043
下川町（北海道）	9
下河戸鑪（島根県）	823
下香春（福岡県）	980
下瓦屋（大阪府）	702
下北（青森県）	28
下北北通り（青森県）	28
下北郡（青森県）	29
下北沢（東京都）	282
下北半島（青森県）	29
下北半島三十三ヶ所観音霊場（青森県）	29
下北半島西通り（青森県）	29
下京（京都府）	673
下切八幡神社（岐阜県）	522
下九沢（神奈川県）	353
下久志（鹿児島県）	1068
甚目寺（愛知県）	582
甚目寺町（愛知県）	582
下久能（静岡県）	548
下組（高知県）	954
下倉（宮崎県）	1043
下栗（長野県）	480
下黒水（新潟県）	388
下郷（埼玉県）	187
下河内観音堂（三重県）	613
下河辺庄（関東）	116
下高間木（栃木県）	139
下高野（千葉県）	217
下甑島（鹿児島県）	1068
下甑村（鹿児島県）	1068
下小塙町（群馬県）	160
下採銅所（福岡県）	980
下阪本（滋賀県）	648
下狭川（奈良県）	753
下佐々木（京都府）	673
下差川（山口県）	884
下里（埼玉県）	187
下里（沖縄県）	1099
下地（三重県）	613
下地島（沖縄県）	1099
下志津（千葉県）	217
下品野（愛知県）	582
下十条村（東京都）	282
下条（長野県）	480
下条村（長野県）	480
下新城岩城（秋田県）	65
下新庄堂ノ奥稚子権現堂跡（福井県）	437
下関（山口県）	884
下田（宮城県）	51
下田（静岡県）	548
下竹田（兵庫県）	726
下田市（静岡県）	548
下田竹司家旧主家（群馬県）	160
下立松原神社（千葉県）	217
下田中（福島県）	101
下田邑（岡山県）	839
下田八幡宮（東京都）	282
下田八幡神社（静岡県）	548
下田村（奈良県）	753

下田原（大阪府）	702
下旦天満神社（大分県）	1028
下津井（岡山県）	839
下津池（愛媛県）	937
下津井町（岡山県）	839
下柘植（三重県）	613
下野（栃木県）	139
下野国府（栃木県）	139
下野国分寺（栃木県）	139
下野国（栃木県）	139
下野国一社八幡宮（栃木県）	140
下野国薬師寺（栃木県）	140
下野薬師寺（栃木県）	140
下野薬師堂（栃木県）	140
下津佐（宮崎県）	1043
下妻（茨城県）	126
下妻市（茨城県）	126
下妻城（茨城県）	126
下鶴間（神奈川県）	353
下手渡（福島県）	101
下手附（佐賀県）	997
下出部村（岡山県）	839
下寺尾（神奈川県）	353
下徳山（石川県）	423
下戸倉宿（長野県）	480
下豊松（広島県）	857
下中（新潟県）	388
下長磯（群馬県）	160
下長尾（長野県）	480
下長殿（千葉県）	218
下中野（新潟県）	388
下長淵（東京都）	282
下中和田郷（鹿児島県）	1068
下名栗（埼玉県）	187
下灘浦（愛媛県）	937
下南室（群馬県）	160
下新川（富山県）	407
下丹生（滋賀県）	648
下仁田（群馬県）	160
下仁田道（群馬県）	160
下仁田町（群馬県）	160
下仁歩（富山県）	407
下猫巣（新潟県）	388
下練馬（東京都）	282
下練馬村（東京都）	282
下野（千葉県）	218
下之一色（愛知県）	582
下之川（三重県）	613
下庄（富山県）	407
下庄（岡山県）	839
下野尻（福島県）	101
下関市（広島県）	857
下之町（岡山県）	839
下野寺（京都府）	673
下の浜（広島県）	857
下の宮赤城神社（栃木県）	140
下野明（山形県）	77
下八町（長野県）	480
下浜八田（秋田県）	65
下原田村（岐阜県）	522
下久堅（長野県）	480
下久堅知久平（長野県）	480
下久堅虎岩（長野県）	480
下日出谷（埼玉県）	187
下平井の鳳凰の舞（東京都）	282
下広沢村（群馬県）	160

下深川（奈良県）	753
下福万（鳥取県）	803
下総町（千葉県）	218
下藤（大分県）	1028
下藤沢（埼玉県）	187
下船岡神社（鳥取県）	803
下古川（京都府）	673
下保谷（東京都）	282
下保谷村（東京都）	282
下細谷（埼玉県）	187
下牧集落（新潟県）	388
下間久里（埼玉県）	188
下町（愛知県）	582
下御門（奈良県）	753
下三沢（埼玉県）	188
下三林（群馬県）	160
下村（東京都）	282
下村（富山県）	407
下村（福井県）	437
下村湊（岡山県）	839
下目黒（東京都）	282
下牧（群馬県）	161
下元郷（東京都）	282
下矢崎（長野県）	480
下安松（埼玉県）	188
下谷地（福島県）	101
下矢部（大分県）	1028
下山荒町（山梨県）	448
下山口（神奈川県）	353
下余川（富山県）	407
下横場（新潟県）	388
下竜頭の滝（広島県）	857
蛇円山（広島県）	857
釈迦庵（徳島県）	905
釈迦院（愛知県）	582
釈迦ヶ岳（奈良県）	753
釈迦塚町（新潟県）	388
釈迦堂（茨城県）	126
釈迦堂遺跡（山梨県）	448
釈迦内（秋田県）	65
釈迦文院（和歌山県）	790
蛇木神社（三重県）	613
社宮司遺跡（長野県）	480
若越（福井県）	437
石神井（東京都）	282
石神井川（東京都）	282
錫杖岳（三重県）	613
若松寺（山形県）	77
若松寺（東京都）	282
寂照寺（三重県）	613
寂照寺（滋賀県）	648
寂静寺（愛知県）	582
積善坊（香川県）	918
尺田（広島県）	858
釈導寺（福井県）	437
石峯寺（兵庫県）	726
尺間山（大分県）	1028
尺間神社（大分県）	1028
遮軍神社（東京都）	282
斜古丹（北海道）	9
積丹町（北海道）	9
蛇骨地蔵堂（福島県）	101
寂光庵大師堂（愛媛県）	937
寂光寺（栃木県）	140
蛇頭館（福島県）	101
舍那院（滋賀県）	648

地名・寺社名索引　　　　　　　　　　　　　　しよう

謝名城（沖縄県） …………… 1099	重林寺（東京都） ………… 282	常安寺（山形県） …………… 77
謝名堂（沖縄県） …………… 1099	鷲林寺（兵庫県） ………… 726	常安寺（福島県） ………… 101
社日稲荷神社（群馬県） …… 161	住蓮寺（広島県） ………… 858	常安寺（新潟県） ………… 388
蛇喰A遺跡（富山県） ……… 407	十連寺（埼玉県） ………… 188	浄安寺（広島県） ………… 858
十王中学校（茨城県） ……… 126	十蓮寺遺跡（滋賀県） …… 648	成安寺（埼玉県） ………… 188
十王町（茨城県） …………… 126	十六島（千葉県） ………… 218	正安寺（長野県） ………… 481
十王町山部（茨城県） ……… 126	十六町（岐阜県） ………… 522	勝胤寺（千葉県） ………… 218
宗海寺跡（神奈川県） ……… 353	寿延山（神奈川県） ……… 353	松韻寺（愛知県） ………… 582
修学院離宮（京都府） ……… 673	樹温寺（秋田県） ………… 65	松陰神社（東京都） ……… 283
鷲岩殿（埼玉県） …………… 188	宿稲荷神社（群馬県） …… 161	松雲寺（兵庫県） ………… 726
洲干弁天社（神奈川県） …… 353	宿院頓宮（大阪府） ……… 702	祥雲寺（東京都） ………… 283
十玉院（埼玉県） …………… 188	宿大類（群馬県） ………… 161	祥雲寺（長野県） ………… 481
十玉坊（埼玉県） …………… 188	宿河原不動（神奈川県） … 353	祥雲寺（兵庫県） ………… 726
鷲窟磨崖仏（埼玉県） ……… 188	粥座明神（山形県） ……… 77	祥雲寺（山口県） ………… 884
十五所神社（山梨県） ……… 448	宿根木（新潟県） ………… 388	祥雲寺（沖縄県） ………… 1100
十五所神社（奈良県） ……… 753	宿道（沖縄県） …………… 1099	浄運寺（群馬県） ………… 161
十五柱神社（熊本県） ……… 1013	宿山（東京都） …………… 283	浄運寺（長野県） ………… 481
十三塚（宮城県） …………… 51	樹下神社（滋賀県） ……… 648	浄雲寺（大分県） ………… 1028
十三塚（佐賀県） …………… 997	寿光稲荷神社（茨城県） … 126	正雲寺（岡山県） ………… 839
十三塚（宮崎県） …………… 1043	修性院（東京都） ………… 283	常栄寺（福島県） ………… 101
十三峠（大阪府） …………… 702	修正鬼会（大分県） ……… 1028	常栄寺（山口県） ………… 884
十三峠（奈良県） …………… 753	寿昌寺（神奈川県） ……… 353	上越（新潟県） …………… 388
周山廃寺（京都府） ………… 673	守禅庵（石川県） ………… 423	上越市（新潟県） ………… 388
十三宝塚遺跡（群馬県） …… 161	寿仙院（高知県） ………… 954	松塩（長野県） …………… 481
十七が坂（東京都） ………… 282	修善寺（静岡県） ………… 548	勝円寺（広島県） ………… 858
十七夜観音（静岡県） ……… 548	修禅寺（三重県） ………… 613	常円寺（東京都） ………… 283
出牛峠（埼玉県） …………… 188	鷲山寺（千葉県） ………… 218	浄円寺（三重県） ………… 613
重修天女橋碑（沖縄県） …… 1099	朱智社（京都府） ………… 673	常円坊（長野県） ………… 481
十条（東京都） ……………… 282	朱智神社（京都府） ……… 673	松応寺（山形県） ………… 77
十条富士（東京都） ………… 282	出石寺（愛媛県） ………… 937	浄応寺（北海道） ………… 9
十条村（東京都） …………… 282	鷲頭寺（山口県） ………… 884	性翁寺（東京都） ………… 283
鷲仙寺（大阪府） …………… 702	寿徳寺（東京都） ………… 283	正応寺（長野県） ………… 481
周桑（愛媛県） ……………… 937	修那羅山（長野県） ……… 480	聖応寺（山梨県） ………… 448
重蔵神社（石川県） ………… 423	修那羅峠（長野県） ……… 480	勝央町（岡山県） ………… 839
周桑平野（愛媛県） ………… 937	守福寺（岡山県） ………… 839	松音寺（福島県） ………… 101
秋都庵（愛媛県） …………… 937	寿福寺（東京都） ………… 283	常恩寺（長野県） ………… 481
修道（三重県） ……………… 613	寿福寺（兵庫県） ………… 726	浄開寺（東京都） ………… 283
修徳学区（京都府） ………… 673	寿福寺（熊本県） ………… 1013	性海寺（愛知県） ………… 582
周南（山口県） ……………… 834	寿宝寺（京都府） ………… 673	性海寺（兵庫県） ………… 726
周南村（千葉県） …………… 218	須弥山（新潟県） ………… 388	城入子安観音（愛知県） … 582
十二支ヌ御家（沖縄県） …… 1099	須弥山（大分県） ………… 1028	常覚院（青森県） ………… 29
十二所神社（埼玉県） ……… 188	寿楽院（奈良県） ………… 753	浄覚院（埼玉県） ………… 188
十二神社（青森県） ………… 29	寿楽寺廃寺跡（岐阜県） … 522	正覚寺（千葉県） ………… 218
十二町潟（富山県） ………… 407	聚楽第（京都府） ………… 673	正覚寺（東京都） ………… 283
十二天神社（埼玉県） ……… 188	首羅山（福岡県） ………… 980	正覚寺（兵庫県） ………… 726
十二堂（山形県） …………… 77	首羅山遺跡（福岡県） …… 980	勝覚寺（新潟県） ………… 388
十二山神社（群馬県） ……… 161	首里（沖縄県） …………… 1099	浄覚寺（東京都） ………… 283
十念寺（長野県） …………… 480	首里御グシク（沖縄県） … 1100	成学寺（石川県） ………… 423
十念寺（愛知県） …………… 582	首里王府（沖縄県） ……… 1100	正覚寺（秋田県） ………… 65
十八夜観世音堂（宮城県） … 51	首里城（沖縄県） ………… 1100	正覚寺（群馬県） ………… 161
集福寺（埼玉県） …………… 188	首里城久慶門（沖縄県） … 1100	正覚寺（東京都） ………… 283
集福寺（滋賀県） …………… 648	首里城書院・鎖之間庭園（沖縄県）… 1100	正覚寺（福井県） ………… 437
秋芳町（山口県） …………… 884	首里城正殿 唐玻豊（沖縄県）… 1100	正覚寺（愛知県） ………… 582
十文字（宮崎県） …………… 1044	寿竜院（静岡県） ………… 548	正覚寺（三重県） ………… 613
十文字峠（埼玉県） ………… 188	寿量院（長野県） ………… 481	正覚寺（広島県） ………… 858
十文字町（秋田県） ………… 65	樹林寺（東京都） ………… 283	正覚寺（大分県） ………… 1028
秋葉寺（静岡県） …………… 548	樹林寺（長野県） ………… 481	城岳霊泉（沖縄県） ……… 1100
十羅刹女堂（東京都） ……… 282	春慶寺（東京都） ………… 437	城ヶ崎（宮崎県） ………… 1044
修理免村（島根県） ………… 823	春光寺（熊本県） ………… 1013	城ヶ崎俳人墓碑ならびに板碑群（宮崎県）… 1044
十輪院（大阪府） …………… 702	春山寺（千葉県） ………… 218	城ヶ島（秋田県） ………… 65
十輪院（奈良県） …………… 753	舜水祠堂（茨城県） ……… 126	城ヶ島（神奈川県） ……… 353
十林寺（広島県） …………… 858	春清寺（東京都） ………… 283	城ヶ島薬師堂（神奈川県） … 353
十輪寺（兵庫県） …………… 726	淳仁天皇御陵（滋賀県） … 648	消渇神社（岡山県） ……… 839
十輪寺（奈良県） …………… 753	駿馬塚（東京都） ………… 283	正月堂（三重県） ………… 613
十輪寺（愛媛県） …………… 937	松庵稲荷（東京都） ……… 283	城ヶ鼻（広島県） ………… 858
十輪寺（宮崎県） …………… 1044	勝安寺（山口県） ………… 884	

1175

しよう　　　　　　　　　　　　地名・寺社名索引

城上 (鹿児島県)	1068
庄川 (富山県)	407
上川原村 (東京都)	283
勝寺 (長野県)	481
乗願寺 (千葉県)	218
城願寺 (神奈川県)	353
城願寺 (愛媛県)	937
常観寺 (愛知県)	582
常願寺 (山形県)	77
浄閑寺 (東京都)	283
浄願寺 (福井県)	437
浄願寺 (岐阜県)	522
成願寺 (新潟県)	388
成願寺 (三重県)	613
成願寺 (徳島県)	905
正願寺 (福井県)	437
正願寺 (広島県)	858
常願寺川 (富山県)	407
成願寺城跡 (福井県)	437
乗久寺 (福井県)	437
浄久寺 (広島県)	858
正久寺 (長崎県)	1005
正及神社 (愛知県)	582
貞享義民社 (長野県)	481
照行寺 (新潟県)	388
上行寺 (千葉県)	218
上行寺 (東京都)	283
上行寺 (富山県)	407
常行寺 (東京都)	283
浄教寺 (三重県)	613
浄橋寺 (兵庫県)	726
浄行寺 (広島県)	858
正教寺 (福島県)	101
正教寺 (熊本県)	1013
正行寺 (北海道)	9
正行寺 (山梨県)	448
正行寺 (熊本県)	1013
上行寺やぐら群 (神奈川県)	353
常行堂 (栃木県)	140
上宮寺 (長野県)	481
上宮寺 (愛知県)	582
上宮神社 (鹿児島県)	1068
勝軍寺 (茨城県)	126
清池 (山形県)	77
松径院 (山梨県)	448
常慶院 (山形県)	77
勝慶寺 (岐阜県)	522
浄慶寺 (神奈川県)	353
定継寺 (長野県)	481
松月院 (東京都)	283
定義如来 (宮城県)	51
勝源寺 (神奈川県)	353
松源寺 (長野県)	481
常眼寺 (福井県)	437
常顕寺 (神奈川県)	353
浄見寺 (神奈川県)	353
浄玄寺 (長野県)	481
浄玄寺 (愛知県)	582
性玄寺 (福井県)	437
成顕寺 (千葉県)	218
正源寺 (富山県)	407
上居 (奈良県)	753
聖護院 (京都府)	673
聖護院門跡 (京都府)	673
勝光院 (東京都)	283
聖皇院 (香川県)	918

勝興寺 (富山県)	407
松岡寺 (石川県)	423
照光寺 (京都府)	673
常興寺 (広島県)	858
常光寺 (岩手県)	38
常光寺 (神奈川県)	353
常光寺 (静岡県)	548
常光寺 (大阪府)	702
常光寺 (奈良県)	753
浄興寺 (新潟県)	388
浄光寺 (千葉県)	218
浄光寺 (東京都)	283
浄光寺 (長野県)	481
正興寺 (長野県)	481
正光寺 (熊本県)	1013
正高寺 (鹿児島県)	1068
聖興寺 (石川県)	423
聖光寺 (佐賀県)	997
定光寺 (新潟県)	388
定光寺 (静岡県)	548
定光寺 (愛知県)	582
盛光寺跡 (鹿児島県)	1068
松江八幡宮 (山口県)	884
勝光明院 (京都府)	673
浄光明寺 (神奈川県)	353
常国寺 (広島県)	858
浄国寺 (千葉県)	218
浄谷寺 (大阪府)	702
星谷寺 (神奈川県)	353
正国寺 (鹿児島県)	1068
相国寺 (京都府)	674
正護寺 (山口県)	884
城腰寺 (福井県)	437
浄巌院 (滋賀県)	648
浄巌院 (滋賀県)	648
荘厳寺 (島根県)	823
荘厳寺 (長崎県)	1005
常在院 (秋田県)	65
常在寺 (山梨県)	448
常在寺 (滋賀県)	648
正西寺 (福島県)	101
請西藩 (千葉県)	218
城山稲荷神社 (兵庫県)	726
浄山寺 (埼玉県)	188
性山寺 (茨城県)	126
常三島 (徳島県)	905
浄慈寺 (愛知県)	582
聖持院 (佐賀県)	997
生子橋 (愛媛県)	938
松寿庵 (大分県)	1028
成就院 (東京都)	283
成就院 (神奈川県)	353
成就院 (大分県)	1028
正受院 (東京都)	283
正寿寺 (千葉県)	218
正授院 (広島県)	858
上州 (群馬県)	161
城州 (京都府)	674
上州太田七福神 (群馬県)	163
松秀院 (東京都)	283
松秀院 (愛知県)	582
浄住寺 (京都府)	674
上州新四国八十八ヶ所 (群馬県)	163
聖衆来迎寺 (滋賀県)	648
成就寺 (福岡県)	980
聖寿寺 (青森県)	29

聖寿禅寺 (岩手県)	38
松寿弁財天 (東京都)	283
上条 (愛知県)	582
常昌院 (静岡県)	548
常正院 (茨城県)	126
清浄院 (埼玉県)	188
常照皇寺 (京都府)	674
篠生寺 (石川県)	423
勝常寺 (福島県)	101
証誠寺 (山形県)	77
証誠寺 (千葉県)	218
常照寺 (秋田県)	65
常称寺 (広島県)	858
常性寺 (東京都)	283
浄勝寺 (福井県)	437
浄照寺 (奈良県)	753
浄正寺 (東京都)	283
常照寺漢学塾 (千葉県)	218
清浄心院 (和歌山県)	790
常照禅寺 (茨城県)	126
上条町 (愛知県)	582
上条弁財天 (愛知県)	582
上条村 (愛知県)	582
精進川 (北海道)	9
常信寺 (滋賀県)	648
常信寺 (愛媛県)	938
浄信寺 (千葉県)	218
浄信寺 (滋賀県)	648
浄心寺 (長野県)	481
浄心寺 (岡山県)	839
浄真寺 (東京都)	283
照瑞寺 (新潟県)	388
小豆郡 (香川県)	918
昌清院 (神奈川県)	353
渉成園 (京都府)	674
常清寺 (群馬県)	163
清誓寺 (広島県)	858
松石寺 (神奈川県)	353
常善院 (東京都)	284
正善院 (鳥取県)	804
勝専寺 (東京都)	284
勝泉寺 (新潟県)	388
勝善寺 (長野県)	481
照専寺 (新潟県)	388
祥泉寺 (神奈川県)	353
称専寺 (宮崎県)	1044
城泉寺 (熊本県)	1013
常泉寺 (埼玉県)	188
浄専寺 (宮崎県)	1044
浄漸寺 (長崎県)	1005
正泉寺 (埼玉県)	188
正泉寺 (千葉県)	218
正泉寺 (東京都)	284
生善寺 (大分県)	1028
定善寺 (宮崎県)	1044
定禅寺 (宮城県)	51
照善坊 (広島県)	858
常総 (茨城県)	126
勝蔵院 (東京都)	284
上蔵院 (和歌山県)	790
正倉院 (奈良県)	753
正倉院中倉 (奈良県)	754
勝蔵寺 (埼玉県)	188
浄蔵寺 (群馬県)	163
小岱山 (熊本県)	1013
浄泰寺 (佐賀県)	997

地名・寺社名索引　　　　　しよう

賞田廃寺跡（岡山県）…839	城生柵（宮城県）…51	常北町（茨城県）…127
勝長寿院（神奈川県）…353	城ノ原（福岡県）…980	成菩提院（滋賀県）…648
聖天院（埼玉県）…188	正八幡（岐阜県）…522	少菩提寺（滋賀県）…649
承天寺（福岡県）…980	正八幡宮（山口県）…884	証菩提寺（神奈川県）…354
正伝寺（山梨県）…448	正八幡宮（鹿児島県）…1068	浄発願寺（神奈川県）…354
聖天社（埼玉県）…188	正八幡神社（長野県）…481	上品寺町（奈良県）…754
聖天堂（埼玉県）…188	正八幡神社（福岡県）…980	勝鬘寺（岐阜県）…522
浄土院（千葉県）…218	城端（富山県）…407	勝鬘寺（愛知県）…583
城東（東京都）…284	庄原市（広島県）…858	定満池（観音池）水神碑（宮崎県）…1044
城東（大阪府）…702	浄必寺（広島県）…858	小御堂（長野県）…481
昌東院（秋田県）…65	松風庵（東京都）…284	浄名院（東京都）…284
上道北方（岡山県）…839	成福院（和歌山県）…790	浄明院（神奈川県）…354
照導寺（北海道）…9	勝福寺（奈良県）…754	称名寺（茨城県）…127
常灯寺（千葉県）…218	照福寺（京都府）…674	称名寺（神奈川県）…354
小童城（広島県）…858	乗福寺（山口県）…884	称名寺（新潟県）…388
常徳寺（石川県）…423	常福寺（福島県）…102	称名寺（大阪府）…702
聖徳寺（埼玉県）…188	常福寺（茨城県）…127	称名寺（兵庫県）…726
聖徳寺（神奈川県）…353	常福寺（千葉県）…218	称名寺（愛知県）…938
聖徳寺（長野県）…481	常福寺（神奈川県）…353	浄妙寺（和歌山県）…790
聖徳寺（愛知県）…583	常福寺（愛知県）…583	浄名寺（愛知県）…583
聖徳太子廟（大阪府）…702	常福寺（大阪府）…702	浄名寺（山口県）…884
浄土山（富山県）…407	常福寺（岡山県）…839	正明寺（滋賀県）…649
浄土三昧墓地（岐阜県）…522	常福寺（広島県）…858	称名寺領（千葉県）…218
浄土寺（青森県）…29	常福寺（愛媛県）…938	上毛（群馬県）…163
浄土寺（神奈川県）…353	浄福寺（福岡県）…980	上毛五色山（群馬県）…163
浄土寺（石川県）…423	性福寺（徳島県）…905	青目寺（広島県）…858
浄土寺（愛知県）…583	星福寺（茨城県）…127	青目寺跡（広島県）…858
浄土寺（兵庫県）…726	正福寺（福島県）…102	城山（長野県）…481
浄土寺（和歌山県）…790	正福寺（東京都）…284	城山（福岡県）…980
浄土寺（広島県）…858	正福寺（三重県）…613	正祐寺（大阪府）…702
浄土寺（香川県）…918	正福寺（和歌山県）…790	城陽（京都府）…674
浄土寺町（福井県）…437	正福寺（山口県）…884	照陽寺（山形県）…77
小豆島（香川県）…918	正福寺（鹿児島県）…1068	城陽市（京都府）…674
庄内（山形県）…77	聖福寺（京都府）…674	常落庵（愛媛県）…938
庄内（千葉県）…218	聖福寺（福岡県）…980	常楽院（鹿児島県）…1068
庄内（宮崎県）…1044	貞福寺（千葉県）…218	勝楽寺（和歌山県）…790
荘内（香川県）…919	定福寺（高知県）…954	常楽寺（福島県）…102
庄内町（宮崎県）…1044	常福寺跡（茨城県）…127	常楽寺（栃木県）…140
城内町（新潟県）…388	正福寺跡（千葉県）…218	常楽寺（群馬県）…163
庄内藩（山形県）…77	正福寺地蔵堂（東京都）…284	常楽寺（東京都）…284
荘内藩（山形県）…77	上武国境（群馬県）…163	常楽寺（新潟県）…388
荘内半島（香川県）…919	菖蒲沢（神奈川県）…353	常楽寺（富山県）…407
庄内平野（山形県）…77	上武新四国（関東）…116	常楽寺（長野県）…481
庄内町（山形県）…77	菖蒲谷（鹿児島県）…1068	常楽寺（滋賀県）…649
沼南（千葉県）…218	菖蒲塚古墳経塚（新潟県）…388	常楽寺（山口県）…884
湘南（神奈川県）…353	成仏寺（神奈川県）…354	常楽寺（愛媛県）…938
城南（京都府）…674	成仏寺（大分県）…1028	浄楽寺（神奈川県）…354
松南院座（奈良県）…754	上平寺（滋賀県）…648	正楽寺（岡山県）…839
城南寺（京都府）…674	正平寺（秋田県）…65	常楽寺跡（埼玉県）…188
沼南町（千葉県）…218	上平寺城（滋賀県）…648	常楽寺市（奈良県）…754
城南町（熊本県）…1013	上坊（広島県）…858	常楽廃寺（兵庫県）…726
少弐神社（佐賀県）…997	勝宝院（神奈川県）…354	正力寺（佐賀県）…997
上人橋通り（福岡県）…980	勝方寺（福島県）…102	正暦寺（奈良県）…754
城沼（群馬県）…163	浄法寺（岩手県）…38	小流寺（埼玉県）…188
称念寺（宮城県）…51	浄法寺（栃木県）…140	承隆寺（岐阜県）…522
称念寺（新潟県）…388	浄法寺（群馬県）…163	松竜寺（千葉県）…219
称念寺（福井県）…437	正法寺（岩手県）…38	松籠寺（千葉県）…219
称念寺（静岡県）…548	正法寺（宮城県）…51	青竜寺（高知県）…954
常念寺（京都府）…674	正法寺（群馬県）…163	聖霊会の舞楽（大阪府）…702
浄念寺（山口県）…884	正法寺（埼玉県）…188	少林院（奈良県）…127
正念寺（長野県）…481	正法寺（長野県）…481	松林院（奈良県）…754
定念寺（山口県）…884	正法寺（愛知県）…583	少林山（群馬県）…163
常念岳（長野県）…481	正法寺（京都府）…674	勝林寺（埼玉県）…188
笙の窟（奈良県）…754	正法寺（兵庫県）…726	小林寺（岐阜県）…522
定納（愛知県）…583	正法寺（長崎県）…1006	少林寺（埼玉県）…188
城ノ上（奈良県）…754	聖宝寺（長崎県）…1006	少林寺（東京都）…284

1177

少林寺（兵庫県） 726
少林寺（佐賀県） 997
昌林寺（山形県） 77
松林寺（岩手県） 38
松林寺（千葉県） 219
松林寺（東京都） 284
松林寺（新潟県） 388
照林寺（大阪府） 702
常林寺（宮城県） 51
常輪寺（長野県） 481
浄輪寺（長野県） 481
正琳寺（福井県） 437
聖林寺（奈良県） 754
定林寺（埼玉県） 188
浄瑠璃寺（京都府） 674
松例祭の大松明行事（山形県） 77
常蓮院（福島県） 102
青蓮院（京都府） 674
青蓮院門跡（京都府） 674
松連寺（東京都） 284
照蓮寺（岐阜県） 523
照蓮寺（愛知県） 583
乗蓮寺（東京都） 284
常蓮寺（岐阜県） 523
浄蓮寺（岐阜県） 523
浄蓮寺（愛知県） 583
浄蓮寺（島根県） 823
正蓮寺（東京都） 284
正蓮寺（岐阜県） 523
青蓮寺（群馬県） 163
城連寺村（大阪府） 703
上呂（岐阜県） 523
丈六町（徳島県） 905
昭和新撰（東京都） 284
昭和電工鹿瀬工場（新潟県） 388
昭和町（秋田県） 65
昭和町（千葉県） 219
昭和村（福島県） 102
昭和村（群馬県） 163
諸志（沖縄県） 1100
諸鈍芝居（鹿児島県） 1068
修那羅（長野県） 481
勝幡（愛知県） 583
諸仏護念院（大阪府） 703
岨巒堂山（新潟県） 388
白井家墓地（千葉県） 219
白石踊（岡山県） 839
白石島（岡山県） 839
白石の鼻（愛媛県） 938
白石畑（奈良県） 754
白市（広島県） 858
白井天神宮（愛媛県） 938
白井の滝（広島県） 858
白岩（山形県） 77
白岩（埼玉県） 188
白岩（新潟県） 388
白岩（長野県） 481
白岩宿（山形県） 77
白老（北海道） 9
白岡八幡宮（埼玉県） 188
白岡町（埼玉県） 188
白方浜（香川県） 919
白樺湖（長野県） 481
白髪分校（高知県） 954
白神社（広島県） 858
白髪神社（埼玉県） 188

白河（福島県） 102
白川（岐阜県） 523
白川（京都府） 674
白川（鹿児島県） 1068
白河郡（福島県） 102
白川県（熊本県） 1013
白川郷（岐阜県） 523
白河市（福島県） 102
白川神社（滋賀県） 649
白河ノ庄（新潟県） 388
白川村（岐阜県） 523
白雲稲荷大明神（山口県） 884
白倉（群馬県） 163
白子川流域（埼玉県） 188
白沢（鹿児島県） 1068
白沢村（福島県） 102
白沢村（群馬県） 163
白鷹丘陵（山形県） 78
白鷹町（山形県） 78
白滝観音（秋田県） 65
白滝山（広島県） 858
白滝谷（石川県） 423
白岳神社（大分県） 1028
白谷越え（滋賀県） 649
白谷城（岐阜県） 523
白谷民俗資料館（滋賀県） 649
白塚（三重県） 613
白鳥（茨城県） 127
白鳥神社（岐阜県） 523
白鳥神社（広島県） 858
白鳥神社（香川県） 919
白鳥神社（宮崎県） 1044
白鳥神社（鹿児島県） 1069
白鳥塚（三重県） 613
不知火（熊本県） 1013
不知火湾岸（熊本県） 1013
白糠（北海道） 9
白萩村（富山県） 407
白羽神社（香川県） 919
白幡社（神奈川県） 354
白旗神社（神奈川県） 354
白幡（旗）神社（神奈川県） 354
白籏神社（神奈川県） 354
白旗塚（東京都） 284
白幡八幡神社（千葉県） 219
白浜（鹿児島県） 1069
白浜村（静岡県） 548
白原町（長崎県） 1006
白髭神社（新潟県） 388
白髭神社（福井県） 437
白髭神社（静岡県） 548
白髭神社（滋賀県） 649
白髭神社（奈良県） 754
白髯神社（神奈川県） 354
白髯神社（山梨県） 448
白鬚神社（東京都） 284
白鬚神社の田楽（佐賀県） 997
白藤観音（宮城県） 52
白藤大師堂（香川県） 919
白藤滝（三重県） 613
白保（沖縄県） 1100
白間津（千葉県） 219
白間津のオオマチ（大祭）行事（千葉県）
　　　　　　　　　　　　219
白水阿弥陀堂（福島県） 102
白峰（石川県） 423

白峰村（石川県） 423
白屋八幡神社（奈良県） 754
白山媛神社（愛知県） 583
後志（北海道） 9
尻屋（青森県） 29
寺領廃寺（愛知県） 583
汁カノ上（長崎県） 1006
知床半島（北海道） 9
白井（群馬県） 163
白井（千葉県） 219
白井市（千葉県） 219
白石（岩手県） 38
白井町（千葉県） 219
四郎右衛門邸（千葉県） 219
白浦（三重県） 614
白金猿町（東京都） 284
白銀神社（宮城県） 52
城川町（愛媛県） 938
白鬼女橋（福井県） 437
白久（埼玉県） 188
城鍬舞（栃木県） 140
白子（三重県） 614
白子神社（山形県） 78
次郎左衛門新田（東京都） 284
城里（茨城県） 127
白田郷（福島県） 102
代田八幡神社（東京都） 284
白鳥（岐阜県） 523
白鳥社領（香川県） 919
白鳥神社（長野県） 481
白鳥谷登り窯跡（香川県） 919
白鳥町（香川県） 919
白鳥町二日町（岐阜県） 523
白羽（山口県） 884
白八幡宮（青森県） 29
白原王子社（和歌山県） 790
銀鏡（宮崎県） 1044
銀鏡神社（宮崎県） 1044
白峯（香川県） 919
城宿（神奈川県） 354
城山（長崎県） 1006
城山神社（大分県） 1028
白山神社（大阪府） 703
城山八幡宮（愛知県） 583
志和（高知県） 954
志和観音（岩手県） 38
志和岐（徳島県） 905
塩飽（香川県） 919
塩飽島本島（愛媛県） 938
塩飽本島（香川県） 919
志波彦神社（宮城県） 52
新旭町針江（滋賀県） 649
信越（北陸甲信越） 372
新開（福島県） 102
新海三社神社（長野県） 481
新海神社（長野県） 481
心岳寺（静岡県） 548
真覚寺（東京都） 284
真覚寺（高知県） 954
神角寺（大分県） 1028
新川（宮城県） 52
新川（埼玉県） 188
新川村（千葉県） 219
森巌寺（東京都） 284
真観寺（長野県） 482
神感寺（大阪府） 703

神願寺（大阪府）……703
新北上川流域（宮城県）……52
神久寺（愛媛県）……938
信行寺（福井県）……437
信行寺（兵庫県）……726
真行寺（千葉県）……219
真行寺（長野県）……482
新行人塚（千葉県）……219
新宮（茨城県）……127
新宮（岐阜県）……523
新宮（和歌山県）……790
新宮（愛媛県）……938
神宮（三重県）……614
新宮熊野神社（福島県）……102
神功皇后陵（奈良県）……754
新宮市（和歌山県）……791
神宮寺（秋田県）……65
神宮寺（新潟県）……388
神宮寺（石川県）……423
神宮寺（福井県）……437
神宮寺（愛知県）……583
神宮寺（三重県）……614
神宮寺（大阪府）……703
神宮寺（岡山県）……840
神宮寺（愛媛県）……938
神宮寺（熊本県）……1013
神宮寺（大分県）……1028
神宮寺岳（秋田県）……65
神宮寺八幡（秋田県）……65
神宮寺八幡宮（秋田県）……65
神宮寺八幡神社（秋田県）……65
神宮寺村（秋田県）……65
新宮城（和歌山県）……791
新宮神社（茨城県）……127
新宮神社（岐阜県）……523
新宮神社（兵庫県）……726
新宮神社（高知県）……954
新宮町（兵庫県）……726
新宮町新宮（兵庫県）……726
新宮の速玉祭・御燈祭り（和歌山県）……791
神宮御厨（長野県）……482
新宮村（愛媛県）……938
新九郎坂（滋賀県）……649
新家（大阪府）……703
新渓園（岡山県）……840
心月寺（福井県）……437
新月村（宮城県）……52
新源寺（山形県）……78
真源寺（東京都）……285
信玄塚（愛知県）……583
信玄原（愛知県）……583
真光院（岡山県）……840
信綱寺（長野県）……482
心光寺（新潟県）……389
心光寺（長野県）……482
真興寺（三重県）……614
真光寺（群馬県）……163
真光寺（新潟県）……389
真光寺（長野県）……482
真光寺（兵庫県）……726
真光寺（広島県）……853
真光寺（山口県）……884
真光寺（徳島県）……905
真光寺（愛媛県）……938
真高寺（千葉県）……219

神光寺（長野県）……482
神光寺（愛知県）……583
神光寺（島根県）……823
神向寺（茨城県）……127
新光寺跡（新潟県）……389
神幸神社（広島県）……858
心光堂本堂（大阪府）……703
深谷寺（兵庫県）……726
神護寺（静岡県）……549
神護寺（愛知県）……583
神護寺（京都府）……674
真言院（新潟県）……389
新西国三十三所（近畿）……629
新栄座（岐阜県）……523
新沢八幡宮（秋田県）……65
真山（秋田県）……65
新山権現（秋田県）……65
新山神社（岩手県）……38
新山神社（秋田県）……65
人而其神碑（栃木県）……140
宍道湖（島根県）……823
新四国猿島八十八ヶ所霊場（千葉県）……219
新四国相馬霊場（関東）……116
新四国相馬霊場（千葉県）……219
新四国相馬霊場八十八カ所（関東）……116
新四国相馬霊場八十八ヶ所（千葉県）……219
新四国八十八ヵ所弘法大師霊場（埼玉県）……188
新四国美祢八十八ヶ所（山口県）……885
宍道町（島根県）……823
真慈悲寺（東京都）……285
新島（千葉県）……220
神積寺（兵庫県）……726
神社集落（千葉県）……220
深沙大王堂（東京都）……285
真珠庵（京都府）……674
信州（長野県）……482
進修（三重県）……614
真宗寺（岐阜県）……523
信州新町（長野県）……483
新修美栄橋碑（沖縄県）……1100
新宿（東京都）……285
新宿（神奈川県）……354
新宿区（東京都）……285
新宿山の手七福神（東京都）……285
新澎那覇江碑（沖縄県）……1100
新庄（山形県）……78
信松院（東京都）……285
真浄院（神奈川県）……354
新勝寺（茨城県）……127
新勝寺（千葉県）……220
新庄（静岡県）……549
真勝寺（滋賀県）……649
真照寺（東京都）……285
真照寺（滋賀県）……649
神照寺（滋賀県）……649
新庄地廻り三十三観音（山形県）……78
新城城（神奈川県）……354
新庄村（和歌山県）……791
新庄村（岡山県）……840
新庄藩（山形県）……78
新荘藩（山形県）……78
新庄町（山形県）……78
新庄まつりの山車行事（山形県）……78

新城（愛知県）……583
新城市（愛知県）……583
新水（新潟県）……389
神通川（富山県）……407
神通川下流（富山県）……407
神通川上流（富山県）……407
神通川流域（富山県）……407
新住吉町（富山県）……407
真盛寺（東京都）……285
真盛上人廿五霊場（京都府）……674
神石（広島県）……858
神石町（広島県）……858
神泉苑（京都府）……674
新善光寺（茨城県）……127
新善光寺（神奈川県）……354
新善光寺（石川県）……423
新善光寺（長野県）……483
新善光寺（滋賀県）……649
新善光寺（岡山県）……840
新善寺（茨城県）……127
秦泉寺（高知県）……954
秦泉寺城址（高知県）……954
秦泉寺廃寺（高知県）……954
深仙宿（福島県）……980
新造院（島根県）……823
真蔵院（東京都）……285
新蔵寺（千葉県）……220
仁叟寺（群馬県）……163
神代（宮崎県）……1044
賑貸感恩碑（群馬県）……163
深大寺（東京都）……285
神台寺（茨城県）……127
深大寺参詣道（東京都）……285
深大寺水車館（東京都）……285
深大寺道（東京都）……285
信達（福島県）……102
新知恩院（滋賀県）……649
神池寺（兵庫県）……726
新長谷寺（岐阜県）……523
新丁八幡神社（岐阜県）……523
新田（埼玉県）……188
新田（神奈川県）……354
新田宿（神奈川県）……354
新田町（群馬県）……163
新戸（神奈川県）……355
真土（神奈川県）……355
心洞寺（群馬県）……163
神道鉄火山道場（大阪府）……703
新堂村（大阪府）……703
信篤（千葉県）……220
神徳院（宮崎県）……1044
新十津川（北海道）……9
新十津川町（北海道）……9
真名瀬（神奈川県）……355
神南山（愛媛県）……938
真如院（富山県）……407
真如寺（福岡県）……980
真如堂（京都府）……674
神恵院（香川県）……919
真念庵（高知県）……954
親縁寺（神奈川県）……355
真念道標（四国）……901
神応院（広島県）……859
親王院（和歌山県）……791
新馬喰町（長野県）……483
新橋（東京都）……285

しんは　　　　　　　　　　　　　　地名・寺社名索引

神馬事記念館(北海道)	9
新長谷寺(愛媛県)	938
新ひだか町(北海道)	9
真福寺(埼玉県)	188
真福寺(神奈川県)	355
真福寺(新潟県)	389
真福寺(愛媛県)	938
新富士(東京都)	285
新富士(静岡県)	549
新別府川(宮崎県)	1044
信法寺(神奈川県)	355
心法寺(東京都)	285
神保俊二郎家(群馬県)	163
神保友重家(群馬県)	164
神保領十三ヵ寺(千葉県)	220
新本(岡山県)	840
新町(千葉県)	220
新町(新潟県)	389
新町(山梨県)	448
新町(大阪府)	703
新町(兵庫県)	727
新町(愛媛県)	938
新町(高知県)	954
新町大神宮(新潟県)	389
新湊(富山県)	407
新湊市(富山県)	407
神武皇大神宮(福岡県)	980
神武寺(神奈川県)	355
神武寺弥勒窟(神奈川県)	355
新明国上教会(神奈川県)	355
神明寺(福井県)	437
進美寺(兵庫県)	727
神明社(大分県)	1028
神明神社(滋賀県)	649
神明神社(大阪府)	703
神明大神宮(神奈川県)	355
神明町(東京都)	285
神明町(富山県)	408
神明町(愛知県)	583
神門通り(島根県)	823
新薬師寺(奈良県)	754
新屋敷(福島県)	102
新山高原(岩手県)	38
新吉原(東京都)	285
真楽寺(長野県)	483
新羅社(山梨県)	448
神力寺(大分県)	1028
真竜寺(群馬県)	164
心蓮社(石川県)	423

【す】

瑞雲院(山形県)	78
瑞応寺(愛媛県)	938
随願寺(京都府)	674
瑞巌寺(宮城県)	52
水軒堤防(和歌山県)	791
水郷(茨城県)	127
瑞光寺(秋田県)	65
瑞光寺(長崎県)	1006
水沢野田町(三重県)	614
水晶山(山形県)	78
水精寺(広島県)	859
瑞祥寺(東京都)	285
随心院(京都府)	674

水津(新潟県)	389
随泉寺(広島県)	859
瑞仙寺(新潟県)	389
瑞泉寺(神奈川県)	355
瑞泉寺(富山県)	408
瑞泉寺(石川県)	423
瑞泉寺(京都府)	674
瑞泉寺(広島県)	859
瑞泉門(沖縄県)	1100
瑞相寺(山口県)	885
吹田(大阪府)	703
吹田市(大阪府)	703
水谷(滋賀県)	649
吹田博物館(大阪府)	703
水天宮(福岡県)	980
隧道川(新潟県)	389
水原(新潟県)	389
水舞神社(富山県)	408
瑞法寺(愛媛県)	938
瑞竜院(千葉県)	220
瑞竜寺(富山県)	408
瑞林寺(秋田県)	65
瑞林寺(静岡県)	549
周敷神社(愛媛県)	938
崇福寺(滋賀県)	649
須恵(福岡県)	981
陶(山口県)	885
陶荒田神社(大阪府)	703
須越(滋賀県)	649
末次城(鹿児島県)	1069
末広稲荷神社(京都府)	674
末松廃寺(石川県)	423
陶邑(大阪府)	703
末森城跡(石川県)	423
末吉(鹿児島県)	1069
末吉宮(沖縄県)	1100
末吉町(鹿児島県)	1069
末吉道(神奈川県)	355
末吉不動堂(東京都)	285
周防(山口県)	885
周防大島(山口県)	885
周防国府跡(山口県)	885
周防国分寺(山口県)	885
周防祖生の柱松行事(山口県)	885
周防国国分寺(山口県)	885
須賀(神奈川県)	355
須賀(徳島県)	905
菅生神社(香川県)	919
菅浦(滋賀県)	649
菅生(東京都)	285
菅生の滝(福岡県)	981
須賀川(長野県)	483
須賀神社(埼玉県)	189
須賀神社(東京都)	285
須賀神社(島根県)	823
素鵞神社(神奈川県)	355
菅谷(新潟県)	389
姿見の井戸(奈良県)	754
菅沼家住宅(長野県)	483
須加荘(富山県)	408
菅浜(福井県)	437
菅原神社(大阪府)	703
須賀ハリストス正教会(千葉県)	220
巣鴨(東京都)	286
巣鴨遺跡(東京都)	286
巣鴨庚申塚(東京都)	286

須川(岩手県)	38
須川南宮諏訪神社(福島県)	102
菅原大神(千葉県)	220
菅原神社(秋田県)	65
菅原神社(埼玉県)	189
菅原神社(奈良県)	754
菅原神社(宮崎県)	1044
菅原天満宮(大阪府)	703
菅原天満宮(島根県)	823
杉尾神社(徳島県)	905
杉坂一夜城(滋賀県)	649
杉坂山陣城(滋賀県)	649
鋤崎八幡神社(岡山県)	840
杉沢比山(山形県)	78
杉田町(宮城県)	52
杉並(東京都)	286
菅波(福島県)	102
杉並区(東京都)	286
杉野沢村(長野県)	483
杉ノ堂(長野県)	483
杉妻(福島県)	102
杉妻村(福島県)	102
椙杜八幡宮(山口県)	885
椙原院(福島県)	102
椙原八幡宮(広島県)	859
杉本(滋賀県)	649
杉本家庵室(岡山県)	840
杉森神社(福岡県)	981
杉谷(石川県)	423
杉薬師(宮城県)	52
杉山(滋賀県)	649
杉山神社(東京都)	287
杉山神社(神奈川県)	355
椙山神社(東京都)	287
少彦名神社(大阪府)	703
須下(愛媛県)	938
菅(神奈川県)	355
菅(長野県)	483
菅内(山口県)	885
菅沢(愛媛県)	938
菅沢新四国(香川県)	919
菅沢町(香川県)	919
菅沢村(香川県)	919
菅蔵(徳島県)	905
菅田新四国八十八か所(愛媛県)	938
菅窪(岩手県)	38
助松村(大阪府)	703
助宗古窯(静岡県)	549
須古(佐賀県)	997
数河(岐阜県)	523
須高(長野県)	483
菅生(石川県)	423
菅生(愛知県)	583
菅生(奈良県)	754
菅生(愛媛県)	938
菅生石部神社(石川県)	423
菅生石部神社(福井県)	437
菅生道(宮城県)	52
豆国三十三所観世音菩薩霊場(静岡県)	549
須坂(長野県)	483
洲崎(神奈川県)	355
須崎(高知県)	954
洲崎遺跡(秋田県)	65
洲崎寺(香川県)	919
須崎市(高知県)	955

地名・寺社名索引　　　せいき

州崎神社（東京都） ……………… 287
須崎太鼓台（高知県） …………… 955
須崎八幡神社（愛媛県） ………… 938
須佐神社（島根県） ……………… 823
須佐神社（広島県） ……………… 859
須佐神社（長崎県） ……………… 1006
須佐能袁神社（福岡県） ………… 981
素盞雄神社（東京都） …………… 287
すさみ（和歌山県） ……………… 791
周参見（和歌山県） ……………… 791
すさみ町（和歌山県） …………… 791
出沢（愛知県） …………………… 583
須沢（長野県） …………………… 483
須沢（愛媛県） …………………… 938
図師（東京都） …………………… 287
逗子（神奈川県） ………………… 355
須子城（広島県） ………………… 859
辻ヶ谷（大阪府） ………………… 703
辻ヶ谷道（大阪府） ……………… 703
豆州（静岡県） …………………… 549
珠洲（石川県） …………………… 424
鈴鹿（三重県） …………………… 614
鈴鹿（滋賀県） …………………… 649
鈴鹿越（三重県） ………………… 614
鈴鹿山麓（三重県） ……………… 614
鈴ヶ岳山（群馬県） ……………… 164
鈴ヶ峰観音道（徳島県） ………… 905
鈴鹿明神（神奈川県） …………… 355
煤ヶ谷（神奈川県） ……………… 355
須々岐水神社（長野県） ………… 483
須須岐水神社（長野県） ………… 483
薄地蔵（富山県） ………………… 408
鈴木新田（東京都） ……………… 287
鐸木真哉家（群馬県） …………… 164
鈴木町（東京都） ………………… 287
鈴子村（長野県） ………………… 484
珠洲市（石川県） ………………… 424
須須神社（石川県） ……………… 424
鈴岳（宮崎県） …………………… 1044
鈴身（千葉県） …………………… 220
雀神社（茨城県） ………………… 127
雀神社（埼玉県） ………………… 189
雀林（福島県） …………………… 103
裾野（静岡県） …………………… 549
裾野市（静岡県） ………………… 549
裾花川水系（長野県） …………… 484
須田貝（群馬県） ………………… 164
頭陀寺（福島県） ………………… 103
隅田八幡宮神社（和歌山県） …… 791
隅田八幡神社（和歌山県） ……… 791
須田幸秀家（群馬県） …………… 164
簾の名水（奈良県） ……………… 754
頭塔（奈良県） …………………… 754
須津川（静岡県） ………………… 549
砂川（東京都） …………………… 287
砂川三番石橋（東京都） ………… 287
砂川市（北海道） ………………… 9
砂川村（東京都） ………………… 287
砂子（群馬県） …………………… 164
砂子瀬（青森県） ………………… 29
砂ヶ原（福島県） ………………… 103
砂天神（熊本県） ………………… 1013
砂ノ川（東京都） ………………… 287
砂町（東京都） …………………… 287
須波（広島県） …………………… 859
須波西町（広島県） ……………… 859

砂村稲荷神社（東京都） ………… 288
砂山（兵庫県） …………………… 727
須成祭の車楽船行事と神葭流し（愛知
　県） …………………………… 583
脛折（埼玉県） …………………… 189
洲崎（千葉県） …………………… 220
洲宮（千葉県） …………………… 220
須走（静岡県） …………………… 549
須走村（静岡県） ………………… 549
洲原神社（岐阜県） ……………… 523
苞木（愛媛県） …………………… 938
須磨（兵庫県） …………………… 727
須万（山口県） …………………… 885
洲巻（石川県） …………………… 424
須磨区（兵庫県） ………………… 727
角家住宅（島根県） ……………… 823
墨田（東京都） …………………… 288
隅田川（東京都） ………………… 288
隅田川七福神（東京都） ………… 288
墨田区（東京都） ………………… 288
隅田宿（東京都） ………………… 288
住田村（新潟県） ………………… 389
住田町（岩手県） ………………… 39
住谷宗七家（群馬県） …………… 164
隅ノ観音（青森県） ……………… 29
住野区（千葉県） ………………… 220
角屋（京都府） …………………… 674
住用村（鹿児島県） ……………… 1069
住吉（長野県） …………………… 484
住吉（大阪府） …………………… 703
住吉（鹿児島県） ………………… 1069
住吉御旅所（大阪府） …………… 704
住吉四所神社（埼玉県） ………… 189
住吉社（大阪府） ………………… 704
住吉神社（福島県） ……………… 103
住吉神社（大阪府） ……………… 704
住吉神社（山口県） ……………… 885
住吉神社（福岡県） ……………… 981
住吉神社（大分県） ……………… 1029
住吉神社能楽殿（福岡県） ……… 981
住吉神社本殿（福岡県） ………… 981
住吉新地（大阪府） ……………… 704
住吉大社（大阪府） ……………… 704
住吉太神宮（大阪府） …………… 705
住吉町（東京都） ………………… 288
住吉町（富山県） ………………… 408
住吉灯台（岐阜県） ……………… 523
住吉能楽殿（福岡県） …………… 981
住吉の御田植（大阪府） ………… 705
住吉八景（大阪府） ……………… 705
住吉磨崖仏第四号龕（福島県） … 103
済井出（沖縄県） ………………… 1100
須牟地寺（大阪府） ……………… 705
角力灘（長崎県） ………………… 1006
洲本（兵庫県） …………………… 727
洲本市（兵庫県） ………………… 727
巣守神社（新潟県） ……………… 389
守門神社（新潟県） ……………… 389
須門神社（新潟県） ……………… 389
守門大明神（新潟県） …………… 389
守門村（新潟県） ………………… 389
巣山（愛知県） …………………… 583
須山口（静岡県） ………………… 549
磨臼山（香川県） ………………… 919
駿河（静岡県） …………………… 549
駿河観音三十三所（静岡県） …… 549

駿河国（静岡県） ………………… 549
駿河国弘法大師霊場（静岡県） … 549
駿河湾（静岡県） ………………… 550
摺墨（滋賀県） …………………… 649
須留田神社（高知県） …………… 955
諏訪（茨城県） …………………… 127
諏訪（長野県） …………………… 484
阪波（長野県） …………………… 485
諏訪形（長野県） ………………… 485
諏方上社（長野県） ……………… 485
諏訪上社（長野県） ……………… 485
諏訪上社前宮（長野県） ………… 485
諏訪湖（長野県） ………………… 485
諏訪栄町（三重県） ……………… 614
諏訪市（長野県） ………………… 485
諏訪四社（長野県） ……………… 485
諏訪社（長野県） ………………… 485
諏訪神社（宮城県） ……………… 52
諏訪神社（埼玉県） ……………… 189
諏訪神社（長野県） ……………… 485
諏訪神社（山口県） ……………… 885
諏訪神社上社（長野県） ………… 486
諏訪大社（長野県） ……………… 486
諏訪大社秋宮（長野県） ………… 486
諏訪大社上社（長野県） ………… 486
諏訪大社上社前宮（長野県） …… 486
諏訪大社下社（長野県） ………… 486
諏方大明神（長野県） …………… 486
諏訪大明神（長野県） …………… 486
諏訪峠（宮城県） ………………… 52
諏訪ノ木（新潟県） ……………… 389
諏方道（東京都） ………………… 288
諏訪道（千葉県） ………………… 220
諏訪明神（長野県） ……………… 486
諏訪明神社（東京都） …………… 288
諏訪村（新潟県） ………………… 389
駿遠（静岡県） …………………… 550
駿州（静岡県） …………………… 550
駿東（静岡県） …………………… 550
駿府（静岡県） …………………… 550
駿府浅間神社（静岡県） ………… 551

【せ】

瀬居（香川県） …………………… 919
正位寺（東京都） ………………… 288
清雲院（三重県） ………………… 614
棲雲寺（山梨県） ………………… 448
栖雲寺（山梨県） ………………… 448
清雲寺（神奈川県） ……………… 355
西永寺（長野県） ………………… 486
誓王寺（北海道） ………………… 9
清園寺（兵庫県） ………………… 727
青海神社（福井県） ……………… 437
精華町（京都府） ………………… 675
清岸院（群馬県） ………………… 164
清岩院（東京都） ………………… 288
栖岸院跡（東京都） ……………… 288
西岸寺（長野県） ………………… 486
誓願寺（長野県） ………………… 486
誓願寺（愛媛県） ………………… 938
誓願寺門前（京都府） …………… 675
青岸渡寺（和歌山県） …………… 791
清鏡寺（東京都） ………………… 288
清狂草堂（山口県） ……………… 885

1181

せいけ　　　　　　　　　　　　　　　　　地名・寺社名索引

成慶院（和歌山県）	791	
聖経女学校（神奈川県）	355	
正賢院（宮崎県）	1044	
清源院（神奈川県）	355	
清見寺（静岡県）	551	
清源寺（東京都）	288	
清源寺（京都府）	675	
青源寺（高知県）	955	
盛興院（山形県）	78	
清光寺（東京都）	288	
盛光寺（沖縄県）	1100	
西江寺（広島県）	859	
誓光寺（広島県）	859	
勢江線（滋賀県）	649	
清谷寺（愛媛県）	938	
西巌寺（長野県）	486	
西讃（香川県）	919	
静思館（兵庫県）	727	
勢至堂（福島県）	103	
瀬居島（香川県）	919	
清寿院（愛知県）	583	
静修熊野神社（北海道）	9	
勢住寺（兵庫県）	727	
清十郎稲荷（岐阜県）	523	
西相（神奈川県）	355	
西正院大姥堂（長野県）	486	
清浄光寺（大分県）	1029	
静勝寺（東京都）	288	
棲真寺（広島県）	859	
清水寺（群馬県）	164	
清水寺（山梨県）	448	
清水寺（静岡県）	551	
清水寺（愛媛県）	938	
清水寺（大分県）	1029	
西摂（大阪府）	705	
西摂湾岸（大阪府）	705	
清澄寺（千葉県）	220	
清澄寺（兵庫県）	727	
聖長楼（岩手県）	39	
井田（岡山県）	840	
清伝寺（新潟県）	389	
西伝寺（静岡県）	551	
清道寺山（高知県）	955	
精道村（兵庫県）	727	
誓度寺（和歌山県）	791	
清内路（長野県）	487	
西南四国（四国）	901	
清寧軒（和歌山県）	791	
西濃（岐阜県）	523	
青柏祭の曳山行事（石川県）	424	
斎場御嶽（沖縄県）	1100	
清福寺（大阪府）	705	
清峰寺（岐阜県）	523	
誓法寺（愛知県）	583	
誓満寺（愛知県）	583	
勢見（徳島県）	905	
清明御岳（沖縄県）	1100	
晴明淵（和歌山県）	791	
西毛（群馬県）	164	
星友寺（岡山県）	840	
青竜権現堂（山形県）	78	
清竜寺（福島県）	103	
清滝神社（広島県）	859	
青竜神社（岡山県）	840	
清亮寺（東京都）	288	
清涼寺（東京都）	288	

清涼寺（滋賀県）	649	
清涼寺（京都府）	675	
井領神社（広島県）	859	
青蓮寺（大阪府）	705	
青蓮寺（奈良県）	755	
聖籠（新潟県）	389	
清和（熊本県）	1013	
清和寺（岡山県）	840	
清和村（熊本県）	1013	
清和天皇社（京都府）	675	
清雲（滋賀県）	649	
瀬上（鹿児島県）	1069	
関（埼玉県）	189	
関（東京都）	288	
積雲院（静岡県）	551	
積雲寺跡（福島県）	103	
関ヶ原（岐阜県）	523	
関川（山形県）	78	
石龕寺（兵庫県）	727	
赤岩寺（愛知県）	583	
関沢（長野県）	487	
関市（岐阜県）	523	
世義寺（三重県）	614	
関清水蝉丸大明神（滋賀県）	649	
石州（島根県）	823	
関宿（三重県）	614	
石上寺（埼玉県）	189	
堰神社（青森県）	29	
石西（島根県）	823	
積善館（群馬県）	164	
関善光寺（岐阜県）	523	
石像寺（兵庫県）	727	
石尊山（栃木県）	140	
石東（島根県）	823	
石動山（富山県）	408	
石動山（石川県）	424	
石道寺（滋賀県）	649	
関根（岩手県）	39	
関根（栃木県）	140	
関根才市家（群馬県）	164	
関根薬師堂（栃木県）	140	
関の尾（宮崎県）	1044	
関原（東京都）	288	
石仏寺（奈良県）	755	
石仏山（石川県）	424	
赤壁の家（長野県）	487	
石峰寺（京都府）	675	
関前（東京都）	288	
関磨崖仏（群馬県）	164	
関谷（栃木県）	140	
関屋家墓地（長野県）	487	
関屋谷（奈良県）	755	
関宿（千葉県）	220	
関宿藩（茨城県）	127	
関宿町（千葉県）	221	
関山（新潟県）	389	
関山権現（新潟県）	389	
関山三社権現（新潟県）	389	
関山神社（新潟県）	389	
瀬古（静岡県）	551	
瀬崎（山口県）	885	
瀬崎村（埼玉県）	189	
瀬社（大分県）	1029	
瀬世上集落（鹿児島県）	1069	
瀬々野浦（鹿児島県）	1069	
瀬々ノ浦集落（鹿児島県）	1069	

膳所藩（滋賀県）	649	
瀬底（沖縄県）	1100	
瀬底島（沖縄県）	1100	
世尊院（東京都）	288	
世田谷（東京都）	288	
世田谷観音（東京都）	289	
世田谷区（東京都）	289	
世田谷八幡宮（東京都）	289	
瀬田唐橋竜宮社（滋賀県）	649	
瀬田南大萱町（滋賀県）	649	
雪害調査所（山形県）	78	
摂河泉（大阪府）	705	
雪蹊寺（高知県）	955	
切光（新潟県）	389	
摂護寺（宮崎県）	1044	
摂州（大阪府）	705	
摂津（大阪府）	705	
摂津一国八十八ヶ所（兵庫県）	727	
摂南（大阪府）	705	
摂播（兵庫県）	727	
切腹石（長野県）	487	
切腹稲荷（埼玉県）	189	
瀬戸（静岡県）	551	
瀬戸（愛知県）	583	
瀬戸（中国）	800	
瀬戸石（熊本県）	1013	
瀬戸内（西日本）	624	
瀬戸内（中国）	800	
瀬戸内町（鹿児島県）	1069	
瀬戸大橋（香川県）	919	
瀬戸窯（愛知県）	584	
瀬戸観音（山梨県）	448	
瀬戸越町（長崎県）	1006	
瀬戸崎（山口県）	885	
瀬戸市（愛知県）	584	
背戸尻観音（福島県）	103	
瀬戸内海（西日本）	625	
瀬戸内海（香川県）	919	
瀬戸内海歴史民俗資料館（香川県）	919	
瀬戸村（愛知県）	584	
瀬波（石川県）	424	
銭（長野県）	487	
銭神（群馬県）	164	
銭神塚（群馬県）	164	
銭亀沢（北海道）	9	
瀬野（広島県）	859	
瀬之浦（鹿児島県）	1069	
妹尾（岡山県）	840	
瀬野川（広島県）	859	
瀬野川東中学（広島県）	859	
瀬野川流域（広島県）	859	
瀬野小学校（広島県）	859	
施福寺（大阪府）	705	
脊振山（福岡県）	981	
脊振山（佐賀県）	997	
脊振山系（福岡県）	981	
脊振弁財天（佐賀県）	997	
脊振村（佐賀県）	997	
施無畏寺（和歌山県）	791	
瀬谷八福神（神奈川県）	355	
瀬良垣（沖縄県）	1100	
世羅郡（広島県）	859	
世良田（群馬県）	164	
世良田東照宮（群馬県）	164	
世羅町（広島県）	859	
瀬利覚（鹿児島県）	1069	

地名・寺社名索引　　　　　　　　　　　　　　せんと

芹沢（栃木県）	140
芹沢院（山形県）	78
瀬脇（長野県）	487
善応寺（愛媛県）	938
善願（新潟県）	389
泉岳寺（東京都）	289
仙巌園（鹿児島県）	1069
善久寺（東京都）	289
全久寺（愛知県）	584
善教寺（広島県）	859
善教寺（大分県）	1029
善行寺（神奈川県）	355
善行寺（京都府）	675
善行寺（福岡県）	981
仙宮神社（三重県）	614
洗慶院（高知県）	955
浅間（栃木県）	140
浅間（埼玉県）	189
仙元宮（埼玉県）	189
禅源寺（福井県）	437
禅源寺（大分県）	1029
浅間大社（静岡県）	551
浅間大神（神奈川県）	355
仙元塚（神奈川県）	355
先賢堂（香川県）	919
浅間山（千葉県）	221
浅間山（東京都）	289
善行（神奈川県）	355
仙光院（神奈川県）	355
千光院（滋賀県）	649
千光寺（富山県）	408
千光寺（岐阜県）	523
千光寺（静岡県）	551
千光寺（愛知県）	584
千光寺（兵庫県）	727
千光寺（奈良県）	755
千光寺（広島県）	859
専光寺（石川県）	424
専光寺（福井県）	437
専光寺（愛知県）	584
泉光寺（長野県）	487
善光寺（北海道）	9
善光寺（山形県）	78
善光寺（千葉県）	221
善光寺（東京都）	289
善光寺（富山県）	408
善光寺（山梨県）	448
善光寺（長野県）	487
善光寺（岐阜県）	523
善光寺（三重県）	614
善光寺（滋賀県）	649
善光寺（大阪府）	705
善光寺（愛媛県）	938
善光寺（福岡県）	981
善光寺（長崎県）	1006
善光寺（大分県）	1029
善光寺（港区）（愛知県）	584
善光寺（中区）（愛知県）	584
全興寺（大阪府）	705
禅興寺（大阪府）	705
禅興寺（岡山県）	840
善光寺表参道（長野県）	489
善光寺表参道七福神（長野県）	489
善光寺街道（新潟県）	389
善光寺街道（長野県）	489
善光寺さん（佐賀県）	997

善光寺参道（長野県）	489
善光寺七社（長野県）	489
善光寺釈迦堂（長野県）	489
善光寺平（長野県）	489
善光寺道（長野県）	489
善光寺仁王門（長野県）	489
善光寺西街道（長野県）	489
善光寺町（福井県）	437
善光寺町（長野県）	489
善光寺門前七稲荷（長野県）	489
善光寺門前七天神（長野県）	489
千光寺山（広島県）	859
善光寺四十八願所（長野県）	489
仙石（群馬県）	164
千石（群馬県）	164
千石在所（石川県）	424
専故寺（広島県）	859
善根寺（広島県）	859
池言坊（神奈川県）	355
千歳（大分県）	1029
千歳宮（長野県）	489
仙崎（島根県）	823
仙崎（山口県）	885
千寿（静岡県）	551
千住（東京都）	289
千住青物市場（東京都）	290
千手院（山形県）	78
千手院（茨城県）	127
千手院（埼玉県）	189
千手院（千葉県）	221
泉州（大阪府）	705
千住河原町（東京都）	290
千住河原町青物市場（東京都）	290
千手観音院（岡山県）	840
千手寺（宮城県）	52
千手寺（福岡県）	981
専修寺（栃木県）	140
専修寺（長野県）	489
専修寺（三重県）	614
千住汐入大橋（東京都）	290
千住市場（東京都）	290
千寿七福神（東京都）	290
千住宿（東京都）	290
千住宿・千住七福神（東京都）	290
禅寿禅寺（福岡県）	981
千手堂（山形県）	78
千住橋戸町稲荷神社（東京都）	290
千住本氷川神社（東京都）	290
仙丈（長野県）	490
千松公園（高知県）	955
船上山（鳥取県）	804
先照寺（静岡県）	551
専称寺（山形県）	78
専称寺（福島県）	103
専称寺（新潟県）	389
専称寺（石川県）	424
専称寺（長野県）	490
専正寺（新潟県）	389
善勝寺（滋賀県）	649
善照寺（山口県）	885
善性寺（東京都）	290
善生寺（東京都）	290
善生寺（山口県）	885
全昌寺（新潟県）	389
全性寺（群馬県）	164
全政寺（広島県）	860

禅昌寺（宮城県）	52
禅昌寺（山口県）	885
千丈寺山（兵庫県）	727
禅定神社（福井県）	438
浅（泉）処寺（山口県）	885
仙仁（長野県）	490
千頭（静岡県）	551
善水寺（滋賀県）	650
全水寺（栃木県）	140
千頭山（静岡県）	551
千蔵院（東京都）	290
千蔵院（和歌山県）	791
泉倉寺（千葉県）	221
浅草（東京都）	290
浅草寺内町（東京都）	290
洗足池（東京都）	290
千束稲荷（東京都）	290
千束郷（東京都）	290
千足大明神之社（愛媛県）	938
千束八幡宮（東京都）	290
千足山村（愛媛県）	938
千田（広島県）	860
仙台（宮城県）	52
川内（鹿児島県）	1069
千代川（鳥取県）	804
川内川上流（鹿児島県）	1069
千代川流域（鳥取県）	804
仙台坂（東京都）	290
仙台市（宮城県）	53
千体寺（奈良県）	755
川内市（鹿児島県）	1069
仙台東照宮（宮城県）	53
川内橋（鹿児島県）	1069
仙台藩（宮城県）	53
仙台平野（宮城県）	53
仙台領（宮城県）	54
千駄ヶ谷（東京都）	290
千駄ヶ谷観音堂（東京都）	290
千駄ヶ谷富士（東京都）	290
千駄木（東京都）	290
千駄堀村（千葉県）	221
千田村（広島県）	860
千丁（熊本県）	1014
千町（滋賀県）	650
千町庵（香川県）	919
専長寺（愛知県）	584
善長寺（東京都）	290
禅長寺（静岡県）	551
善長谷（長崎県）	1006
善通寺（広島県）	860
善通寺（香川県）	919
善通寺市（香川県）	920
善貞庵（埼玉県）	189
仙洞稲荷社（京都府）	675
仙洞御所（京都府）	675
千灯寺（大分県）	1029
善導寺（東京都）	290
善導寺（静岡県）	551
善導寺（福岡県）	981
善導大師本堂（千葉県）	221
千灯籠神社（大分県）	1029
船頭給（千葉県）	221
善得寺（静岡県）	551
善徳寺（富山県）	408
善徳寺（石川県）	424
善徳寺（長野県）	490

1183

せんと   地名・寺社名索引

善徳寺（静岡県）	551
善徳寺（広島県）	860
善徳坊（群馬県）	164
仙南（宮城県）	54
泉南（大阪府）	705
千日前（大阪府）	706
泉涌寺（京都府）	675
泉養寺（和歌山県）	792
千人塚（山口県）	885
千人塚（大分県）	1029
専念寺（群馬県）	164
専念寺（神奈川県）	355
専念寺（新潟県）	390
専念寺（石川県）	424
専念寺（和歌山県）	792
善念寺（群馬県）	164
善応寺（秋田県）	65
善能寺（埼玉県）	189
善雄寺（千葉県）	221
船場（大阪府）	706
仙波東照宮（埼玉県）	189
専福寺（福島県）	103
泉福寺（埼玉県）	189
泉福寺（東京都）	290
泉福寺（山口県）	885
泉福寺（大分県）	1029
善福寺（千葉県）	221
善福寺（東京都）	290
善福寺（長野県）	490
善福寺（兵庫県）	727
善福寺（広島県）	860
善福寺（大分県）	1029
全福寺（愛知県）	584
善福寺池（東京都）	291
泉福寺洞穴（長崎県）	1006
善宝寺（山形県）	78
善法律寺（京都府）	675
仙北（秋田県）	65
千本えんま堂（京都府）	675
千本木茂家（群馬県）	164
千本木神社（群馬県）	164
千本釈迦堂（京都府）	675
千本浜（静岡県）	551
千本緑町（静岡県）	551
千枚田（高知県）	955
千厩町（岩手県）	39
善妙寺（京都府）	675
善名寺（静岡県）	551
善明寺（東京都）	291
線守稲荷（神奈川県）	355
先屋遺跡（岩手県）	39
善養寺（東京都）	291
千里丘（大阪府）	706
仙竜寺（愛媛県）	939
泉流寺（山形県）	78
泉竜寺（群馬県）	164
泉竜寺（東京都）	291
善竜寺（福島県）	103
善竜寺（兵庫県）	727
全良寺（秋田県）	66
仙琳寺（滋賀県）	650
禅林寺（京都府）	675

【 そ 】

副川神社（秋田県）	66
宗安寺（滋賀県）	650
宗安寺（高知県）	955
早雲寺（神奈川県）	355
宗円寺（東京都）	291
宗円寺（長野県）	490
相応寺（愛知県）	584
崇恩寺（三重県）	614
草加（埼玉県）	189
惣海寺（石川県）	424
宗覚寺（新潟県）	390
草加市（埼玉県）	189
総願寺（岡山県）	840
崇久寺（福岡県）	981
摠見寺（滋賀県）	650
宗玄寺（大分県）	1029
曹源寺（群馬県）	164
曹源寺（神奈川県）	356
曹源寺（岡山県）	840
藻原寺（千葉県）	221
宗元寺跡（沖縄県）	1100
宗光寺（栃木県）	140
宗光寺（広島県）	860
総光寺（和歌山県）	792
相川新（石川県）	424
宗吾霊堂（千葉県）	221
匝瑳市（千葉県）	221
惣持院（千葉県）	221
雑司が谷（東京都）	291
雑司ヶ谷鬼子母神堂（東京都）	291
雑司ヶ谷旧宣教師館（東京都）	291
雑司ヶ谷霊園（東京都）	291
惣持寺（石川県）	424
総持寺（東京都）	291
総持寺（神奈川県）	356
総持寺（石川県）	424
総持寺（大阪府）	706
総持寺（和歌山県）	792
総持寺祖院（石川県）	424
総持禅寺（石川県）	424
総社（岡山県）	840
総社神社（滋賀県）	650
総社大明神（群馬県）	164
惣社水分神社（奈良県）	755
相州（神奈川県）	356
相州小出七福神（神奈川県）	356
宗昌寺（愛媛県）	939
増上寺（東京都）	291
増上寺領（東京都）	291
宗心寺（静岡県）	551
崇信寺（静岡県）	551
双水（佐賀県）	997
増瑞寺（愛知県）	584
象頭山参詣道（愛媛県）	939
宗泉寺（神奈川県）	356
崇禅寺（石川県）	424
総泉寺（鳥取県）	804
相双（福島県）	103
寒田古墳（大分県）	1029
惣谷（奈良県）	755
宗智寺（佐賀県）	997
桑都（東京都）	291

宗徳寺（静岡県）	551
崇徳寺（埼玉県）	189
総南（千葉県）	221
僧尼寺（東京都）	291
相沼（静岡県）	551
宗福院（大阪府）	706
崇福寺（愛知県）	584
崇福寺（福岡県）	981
崇福寺（長崎県）	1006
崇福禅寺（福岡県）	981
宗平寺（長野県）	490
像法寺（千葉県）	221
相馬（福島県）	103
相馬（千葉県）	221
相馬街道（茨城県）	127
相馬山（群馬県）	164
相馬市（福島県）	103
相馬神社（福島県）	103
相馬大師（千葉県）	221
相馬中村藩（福島県）	103
相馬野馬追（福島県）	103
相馬御厨（茨城県）	127
相馬御厨（千葉県）	221
相馬藩（福島県）	103
相馬霊場（千葉県）	221
総宮神社（山形県）	78
宗谷（北海道）	9
相楽郡（京都府）	675
蒼竜寺（秋田県）	66
宗林寺（福岡県）	981
双林寺（宮城県）	54
双林寺（群馬県）	164
双林寺八十八番大師堂（千葉県）	221
宗麟原供養塔（宮崎県）	1044
滄浪（鹿児島県）	1069
総和町（茨城県）	127
添田（福岡県）	981
添田町（福岡県）	981
傍陽（長野県）	490
曽我丘陵（神奈川県）	356
曽我（宗我）神社（高知県）	955
曽我八幡宮（静岡県）	551
即清寺新四国霊場（東京都）	291
則霜寺（茨城県）	127
即得寺（石川県）	424
速念寺（愛知県）	584
続命院（福岡県）	981
曽許乃御立神社（静岡県）	551
素盞嗚尊神社（大阪府）	706
祖師野八幡宮（岐阜県）	523
袖浦（静岡県）	551
袖ヶ浦（千葉県）	221
袖ヶ浦市（千葉県）	221
外海府（新潟県）	390
外浜（青森県）	29
外秩父（埼玉県）	189
外秩父山地（埼玉県）	189
外海（長崎県）	1006
外山（石川県）	424
祖納（沖縄県）	1100
備崎（和歌山県）	792
曽爾（奈良県）	755
曽爾村（奈良県）	755
曽根（新潟県）	390
曽根（滋賀県）	650
曽根崎（大阪府）	706

1184

地名・寺社名索引　たいせ

曽根崎村（大阪府）706
曽根城（愛媛県）939
曽根天満宮（兵庫県）727
園田神社（長崎県）1006
園原（長野県）490
園部町船岡（京都府）675
園部藩（京都府）675
側高神社（千葉県）221
側鷹神社（茨城県）127
蕎原（大阪府）706
楚辺（沖縄県）1101
祖母山（大分県）1029
祖母岳大明神（大分県）1029
杣口金桜神社奥社地遺跡（山梨県）448
杣谷（滋賀県）650
杣中（滋賀県）650
染井（東京都）291
染井能楽堂（神奈川県）356
染井霊園（東京都）291
空川（東京都）291
空知（北海道）9
反町遺跡（埼玉県）189
尊延寺（大阪府）706

【た】

田井（高知県）955
大阿弥陀経寺（大阪府）706
泰安寺（山梨県）449
大安寺（静岡県）552
大安寺（愛知県）584
大安寺（三重県）615
大安寺（大阪府）706
大安寺（奈良県）755
大庵寺（栃木県）140
大安寺嘯堂（奈良県）755
大安楽寺（愛媛県）939
大威徳寺（岐阜県）523
大威徳寺遺跡（岐阜県）523
台雲寺（宮崎県）1044
大運寺（岐阜県）524
大雲寺（新潟県）390
大雲寺（兵庫県）727
大栄寺（千葉県）221
大栄寺（富山県）408
大栄神社（埼玉県）189
太江遺跡（岐阜県）524
大栄町（千葉県）221
大円院（山形県）78
大円寺（千葉県）221
大円寺（東京都）291
大円寺（三重県）615
大雄院（茨城県）127
大雄寺（栃木県）140
大雄寺（大阪府）706
大雄寺（愛媛県）939
大雄寺（大分県）1029
大海寺野（富山県）408
大海神社（大阪府）706
大覚（京都府）675
大覚（兵庫県）727
台方村（千葉県）221
大巌院（千葉県）222
大願寺（広島県）860
大願寺（佐賀県）997

大願寺（大分県）1029
大義寺（東京都）292
大吉寺（東京都）292
大吉寺（滋賀県）650
大教院（千葉県）222
大行院（宮城県）54
題経寺（東京都）292
大行事社（福岡県）981
大鋸（神奈川県）356
大工町恵比寿神社（茨城県）127
大慶寺（神奈川県）356
太玄塔（高知県）955
大子（茨城県）127
醍醐（京都府）675
大光院（宮城県）54
大光院（山形県）78
大光院（群馬県）164
大光寺（福島県）103
大光寺（埼玉県）189
大光寺（新潟県）390
大光寺（長野県）490
大光寺（宮崎県）1044
太閤水（福岡県）981
大幸八幡社（愛知県）584
太閤道（鹿児島県）1069
大国座（福岡県）981
大極殿（奈良県）755
醍醐寺（京都府）675
醍醐寺地蔵院（京都府）676
太鼓橋（福島県）103
大子町（茨城県）127
大五輪（三重県）615
大御輪寺（奈良県）755
太山寺（兵庫県）727
太山寺（愛媛県）939
太山寺（茨城県）127
大山寺（広島県）860
大師（神奈川県）356
大慈院（山形県）78
大師沖（神奈川県）356
大師送り（東京都）292
大慈恩寺（千葉県）222
大師河原（神奈川県）356
太子寺（長野県）490
大慈寺（岩手県）39
大慈寺（神奈川県）356
大慈寺（宮崎県）1044
大慈寺（鹿児島県）1069
大師新道（神奈川県）356
大慈禅寺（熊本県）1014
太子寺（大阪府）706
太子町（兵庫県）727
太地町（和歌山県）792
太子殿（長野県）490
太子堂（東京都）292
大師堂（埼玉県）189
太子町（長野県）490
大師道（神奈川県）356
大社（島根県）823
帝釈山間地（栃木県）140
大蛇神社（北海道）9
大社町（島根県）825
大師山（香川県）920
大樹寺（愛知県）584
台宿（千葉県）222
大樹寺（三重県）615

大衆免（石川県）424
大照院（山口県）885
大乗院（東京都）292
大乗院（新潟県）390
大乗院（京都府）676
大乗院（奈良県）755
大乗院（高知県）955
大乗院（福岡県）981
大聖院（千葉県）222
大聖院（東京都）292
大乗院坂（静岡県）552
大照院鐘楼門（山口県）885
大正学院（千葉県）222
大正区（大阪府）706
大将軍遺跡（滋賀県）650
大将軍社（宮崎県）1044
大将軍神社（大分県）1029
大勝寺（岩手県）39
大昌寺（神奈川県）356
大昌寺（長野県）490
大乗寺（岩手県）39
大乗寺（千葉県）222
大乗寺（新潟県）390
大乗寺（石川県）424
大乗寺（京都府）676
大成寺（山口県）886
大正寺（秋田県）66
大正寺（東京都）292
大正寺（新潟県）390
大聖寺（東京都）292
大聖寺（石川県）424
大聖寺（愛知県）584
大聖寺（佐賀県）997
大聖寺藩（石川県）424
大正天皇多摩陵（東京都）292
大正飛行場（大阪府）706
大乗妙典供養塔（佐賀県）997
田井城村（大阪府）706
大小山（栃木県）140
太神宮（三重県）615
太神宮（福島県）103
大神宮（千葉県）222
大神宮（三重県）615
大神宮寺（三重県）615
大神宮法楽寺（三重県）615
大神宮村（千葉県）222
大森寺（愛知県）584
太清寺（愛知県）584
大聖勝軍寺（大阪府）706
大石寺（静岡県）552
大山（鳥取県）804
大仙院（京都府）676
大泉院（群馬県）164
対泉院（青森県）29
泰仙寺（福岡県）981
大山寺（鳥取県）804
大仙寺（岐阜県）524
大仙寺（愛知県）584
大仙寺（愛媛県）939
大千寺（福島県）103
大泉寺（岩手県）39
大泉寺（群馬県）164
大泉寺（東京都）292
大善寺（東京都）292
大善寺（神奈川県）356
大善寺（和歌山県）792

たいせ　　　　　　　　　　　　　　　地名・寺社名索引

大善寺（広島県）	860	
大善寺（高知県）	955	
大川寺駅（富山県）	408	
大善寺玉垂宮の鬼夜（福岡県）	981	
大善町（東京都）	292	
大山陵（大阪府）	706	
大蔵経寺前遺跡（山梨県）	449	
太総寺（新潟県）	390	
胎蔵寺（広島県）	860	
大蔵寺（秋田県）	66	
大蔵寺（奈良県）	755	
太祖神社（福岡県）	981	
代田（東京都）	292	
台田（千葉県）	222	
太田窪（埼玉県）	189	
代田八幡（東京都）	292	
大中院（京都府）	676	
大中寺（栃木県）	140	
大長寺（神奈川県）	356	
大長寿院（岩手県）	39	
対潮楼（広島県）	860	
大通庵（大阪府）	706	
大通寺（群馬県）	165	
大通寺（千葉県）	222	
大通寺（福井県）	438	
大通寺（滋賀県）	650	
大通寺（岡山県）	840	
大伝法院（和歌山県）	792	
大東（神奈川県）	356	
大堂（東京都）	292	
大道（山口県）	886	
大東市（大阪府）	706	
大同寺（和歌山県）	792	
大道寺（山口県）	886	
大同寺跡（長野県）	490	
大道寺（山口県）	886	
大東島（沖縄県）	1101	
大東町（岩手県）	39	
大徳院（埼玉県）	189	
大徳院（東京都）	292	
台徳院霊廟（東京都）	292	
大徳寺（秋田県）	66	
大徳寺（富山県）	408	
大徳寺（京都府）	676	
大南（大分県）	1029	
大日寺（青森県）	29	
大日寺（山形県）	78	
大日寺（大阪府）	706	
大日寺（福岡県）	981	
大日寺（大分県）	1029	
大日堂（秋田県）	66	
大日堂舞楽（秋田県）	66	
大日比浦（山口県）	886	
大日坊大蔵出張所（山形県）	78	
大日六観音堂（群馬県）	165	
太寧寺（神奈川県）	356	
大寧寺（山口県）	886	
大寧寺峠（山口県）	886	
大年寺（宮城県）	54	
大念仏寺（大阪府）	706	
太白山（宮城県）	54	
大波寺（静岡県）	552	
田井八幡宮（岡山県）	840	
大比叡（滋賀県）	650	
大悲王院（福岡県）	981	
大悲願寺（東京都）	292	

大悲寺（秋田県）	66	
大福光寺（京都府）	676	
大福寺（石川県）	424	
大福寺（愛媛県）	939	
大福寺（熊本県）	1014	
大藤原京（奈良県）	755	
大仏（新潟県）	390	
大仏切通し（神奈川県）	356	
大仏殿（奈良県）	755	
大分廃寺（福岡県）	981	
大分八幡宮（大分県）	1029	
太平（秋田県）	66	
太平山三吉神社（秋田県）	66	
太平寺（秋田県）	66	
太平寺（福島県）	103	
太平寺（栃木県）	140	
太平寺（神奈川県）	356	
太平寺（広島県）	860	
泰平寺（福島県）	103	
泰平寺（京都府）	676	
泰平寺（愛媛県）	939	
太平寺（大阪府）	706	
太平寺城（滋賀県）	650	
大宝院（静岡県）	552	
大宝院（愛知県）	584	
大宝院廃寺（静岡県）	552	
大報恩寺（京都府）	676	
大宝寺（山形県）	79	
大宝寺（富山県）	408	
大宝寺（愛媛県）	939	
大宝寺（長崎県）	1006	
大法寺（千葉県）	222	
大法寺（長野県）	490	
大法寺（愛媛県）	939	
大法寺（高知県）	955	
大宝寺門前町（愛媛県）	939	
大宝神社（滋賀県）	650	
大宝沼（茨城県）	127	
大宝八幡宮（茨城県）	127	
大北（長野県）	490	
大菩薩峠（山梨県）	449	
当麻（神奈川県）	356	
当麻（奈良県）	755	
当麻寺（奈良県）	755	
当麻田（神奈川県）	356	
松明殿稲荷（京都府）	676	
大明寺（神奈川県）	356	
大明神社（愛知県）	584	
題目立（奈良県）	756	
大門（富山県）	408	
大門（滋賀県）	650	
大文字屋（京都府）	676	
大門厨子（東京都）	292	
大門町（長野県）	490	
大門町（広島県）	860	
大門峠（長野県）	490	
大雄院（京都府）	676	
大雄山（神奈川県）	356	
太融寺（大阪府）	706	
大雄村（秋田県）	66	
太用寺（福島県）	103	
大陽寺（埼玉県）	189	
大洋村（茨城県）	127	
多比良（群馬県）	165	
平（福島県）	104	
平（群馬県）	165	

平良（鹿児島県）	1069	
平良（沖縄県）	1101	
平上大越（福島県）	104	
大楽院（鳥取県）	804	
大楽院（岡山県）	840	
大楽寺（東京都）	292	
大楽寺（大分県）	1029	
平島（鹿児島県）	1069	
平村（埼玉県）	189	
平村（富山県）	408	
大竜寺（福島県）	104	
大竜寺（千葉県）	222	
帝竜寺（富山県）	408	
大竜寺跡（宮崎県）	1044	
大竜神社（兵庫県）	727	
大林寺（岩手県）	39	
大林寺（岡山県）	840	
大輪（山形県）	79	
大輪寺跡（新潟県）	390	
台蓮寺（秋田県）	66	
大隨神社（滋賀県）	650	
台渡里廃寺跡（茨城県）	127	
台湾（その他）	1121	
台湾神宮（その他）	1121	
台湾神社（その他）	1121	
田植地蔵（大分県）	1029	
田尾城（徳島県）	905	
多可（兵庫県）	727	
多賀（滋賀県）	650	
多賀（香川県）	920	
多賀（愛媛県）	939	
高穴穂神社（滋賀県）	650	
高井（長野県）	490	
高井郡（長野県）	491	
高石（新潟県）	390	
高石町（大阪府）	706	
高井田横穴墓（大阪府）	706	
高井堂（東京都）	292	
高稲積宮（香川県）	920	
高岩（長崎県）	1006	
高尾（栃木県）	140	
高尾（東京都）	292	
高岡（茨城県）	127	
高岡（富山県）	408	
高岡（宮崎県）	1044	
高岡区観音堂（千葉県）	222	
高岡市（富山県）	408	
高岡神社（高知県）	955	
高尾山（東京都）	292	
高尾山城（広島県）	860	
高尾山八十八大師（東京都）	293	
鷹尾社（福岡県）	981	
高尾神社（栃木県）	140	
高尾野町（鹿児島県）	1069	
高雄山（和歌山県）	792	
高賀茂神社（高知県）	955	
高鴨神社（奈良県）	756	
高木（山形県）	79	
高城氏居館跡（千葉県）	222	
高木神社（東京都）	293	
高木神社（福岡県）	982	
高木陣屋（千葉県）	222	
高き田（福島県）	104	
高木場坊（富山県）	408	
喬木村（長野県）	491	
高木薬師堂（長野県）	491	

地名・寺社名索引　　　　たかも

高草木重鎰家（群馬県）	165	高田地蔵（新潟県）	390	高場観音堂（岡山県）	840
高串（佐賀県）	997	高田神社（茨城県）	128	高萩市（茨城県）	128
鷹幅（福岡県）	982	高舘（岩手県）	39	高荻神明神社（埼玉県）	189
高倉（埼玉県）	189	高棚町（愛知県）	584	高橋（福島県）	104
高倉（神奈川県）	356	高田八幡宮（愛媛県）	939	高橋栄次家（群馬県）	165
高倉山三所神社（山形県）	79	高田藩（新潟県）	390	高梁川（岡山県）	840
高倉宮（福岡県）	982	高田富士（東京都）	293	高梁川流域（岡山県）	840
高倉山（山形県）	79	高擶（山形県）	79	高梁基督教会堂（岡山県）	840
多賀郡（茨城県）	127	田方町（富山県）	408	高橋家（岩手県）	39
高道祖神社（茨城県）	128	高田松原（岩手県）	39	高橋敬一家（東京都）	293
高崎（群馬県）	165	高田村（茨城県）	128	高橋家屋敷林（東京都）	293
高崎（新潟県）	390	高千穂（宮崎県）	1044	高梁市（岡山県）	840
高崎観音山（群馬県）	165	高千穂の夜神楽（宮崎県）	1045	高幡（東京都）	293
高崎市（群馬県）	165	多賀町（滋賀県）	650	高畑（長野県）	491
高崎藩（群馬県）	165	高津（千葉県）	222	高畠（山形県）	79
高砂（兵庫県）	727	高津観音堂（千葉県）	222	高幡上組（東京都）	293
高砂（高知県）	955	高月町井口集落（滋賀県）	650	高畑集落（埼玉県）	190
高砂沖（兵庫県）	727	高月町唐川（滋賀県）	650	高畑町（奈良県）	756
高砂市（兵庫県）	727	高津神社（大阪府）	706	高幡不動（東京都）	293
高砂神社（兵庫県）	727	高津新田（千葉県）	222	高幡不動尊（東京都）	293
高島（新潟県）	390	高津八幡宮（京都府）	676	高鉢山（香川県）	920
高島（滋賀県）	650	高津比咩神社（千葉県）	222	高浜（千葉県）	223
高島（岡山県）	840	高津湊（島根県）	825	高浜（福井県）	438
高島（佐賀県）	998	高津村（千葉県）	222	高浜町（福井県）	438
高島郡（滋賀県）	650	高爪社（石川県）	425	高原（茨城県）	128
高島台（神奈川県）	356	高爪山（石川県）	425	高原郷（岐阜県）	524
高島藩（長野県）	491	高寺（福島県）	104	高原山（栃木県）	140
高清水善光寺（宮城県）	54	高寺山（福島県）	104	高原町（宮崎県）	1045
多賀社（滋賀県）	650	高照神社（青森県）	29	高原の神舞（宮崎県）	1045
高城（宮崎県）	1044	高照町（長野県）	491	鷹番住区（東京都）	293
高城町（宮崎県）	1044	高遠（長野県）	491	高平（兵庫県）	727
鷹匠町（高知県）	955	高遠町芝平（長野県）	491	高部（静岡県）	552
多賀神社（宮城県）	54	高遠町山室（長野県）	491	高船（京都府）	676
多賀神社（滋賀県）	650	高時川支流（滋賀県）	650	高星神社（岡山県）	840
多賀神社（山口県）	886	高土手（長野県）	491	高松（東京都）	294
多賀神社（福岡県）	982	高殿（大阪府）	706	高松（和歌山県）	792
高須（大分県）	1029	高殿（島根県）	825	高松（香川県）	920
高須（鹿児島県）	1069	鷹取神社（神奈川県）	357	高松（福岡県）	982
高塚地蔵尊（福岡県）	982	高取町（奈良県）	756	高松（宮崎県）	1045
高津川（島根県）	825	鷹取山（神奈川県）	357	高松市（香川県）	920
鷹栖観音（大分県）	1029	鷹取山（福岡県）	982	高松城跡（岡山県）	840
高栖観音堂（大分県）	1029	高梨次男家（群馬県）	165	高松八幡宮（山口県）	886
高須大師（茨城県）	128	高那村（沖縄県）	1101	高松藩（香川県）	920
高砂（新潟県）	390	高那村跡（沖縄県）	1101	高松平野（愛媛県）	939
高鷲村（岐阜県）	524	高鍋（宮崎県）	1045	高松焼窯跡（和歌山県）	792
高瀬（山口県）	886	高鍋町（宮崎県）	1045	高円山（奈良県）	756
高瀬（香川県）	920	高輪（東京都）	293	高見（大阪府）	707
高瀬（熊本県）	1014	高縄山系（愛媛県）	939	田上（新潟県）	390
高瀬川流域（山形県）	79	高縄神社（愛媛県）	939	高見山（奈良県）	756
高瀬神社（富山県）	408	高輪接遇所（東京都）	293	高見島（香川県）	920
高瀬石仏（大分県）	1029	高縄半島（愛媛県）	939	高見神社（福岡県）	982
高瀬町（香川県）	920	高縄磨崖仏（群馬県）	165	高水山（東京都）	294
多賀村（静岡県）	552	竹貫（福島県）	104	高溝（滋賀県）	650
高田（岩手県）	39	高根沢（栃木県）	140	田上町（新潟県）	390
高田（福島県）	104	高根町（山梨県）	449	高光八幡神社（広島県）	860
高田（東京都）	293	高野（埼玉県）	189	高皇産霊神社（千葉県）	223
高田（新潟県）	390	高野（福岡県）	982	田上村（新潟県）	390
高田（岐阜県）	524	高之口（鹿児島県）	1069	高宮神社（愛知県）	584
高田（奈良県）	756	鷹巣（秋田県）	66	高宮町（滋賀県）	651
高田（岡山県）	840	鷹巣神社（秋田県）	66	高室院（和歌山県）	792
高田（広島県）	860	鷹巣盆地（秋田県）	66	高売布神社（兵庫県）	728
高田（大分県）	1029	鷹巣町（秋田県）	66	高本（千葉県）	223
田方（静岡県）	552	鷹の巣山（栃木県）	140	高森町（長野県）	491
高滝（千葉県）	222	高野町（広島県）	860	高森町（熊本県）	1014
高田郡（広島県）	860	高野町村（長野県）	491	高森山（福島県）	104
高田校区（大分県）	1029	高場（岩手県）	39	高諸神社（広島県）	860

1187

たかや   地名・寺社名索引

高屋（京都府） …… 676	滝沢町（静岡県） …… 552	竹迫権現神社（鹿児島県） …… 1070
高屋（岡山県） …… 840	滝沢てる家（群馬県） …… 165	竹芝寺（東京都） …… 294
高屋敷（岩手県） …… 39	滝沢とき家（群馬県） …… 165	竹島（島根県） …… 825
高社神社（長野県） …… 491	滝山寺（愛知県） …… 585	武石村（長野県） …… 492
高社山（長野県） …… 492	多岐志の小浜（島根県） …… 825	竹城（愛媛県） …… 939
高屋神社（鹿児島県） …… 1070	多気宿（三重県） …… 615	多家神社（広島県） …… 860
高安（大阪府） …… 707	滝尻王子（和歌山県） …… 792	竹田（兵庫県） …… 728
高安（沖縄県） …… 1101	多岐神社（新潟県） …… 390	竹田（大分県） …… 1030
高安郡（大阪府） …… 707	滝田家住宅（千葉県） …… 223	竹田市（大分県） …… 1030
高安山（大阪府） …… 707	滝谷（新潟県） …… 390	竹田神社（鹿児島県） …… 1070
高安大教会（大阪府） …… 707	滝谷寺（福井県） …… 438	竹田津（大分県） …… 1030
高屋町（広島県） …… 860	多気（三重県） …… 615	武多都神社（大分県） …… 1030
高柳（宮城県） …… 54	滝寺跡（奈良県） …… 756	武田為朝宮（山梨県） …… 449
高柳不動堂（千葉県） …… 223	滝波町（福井県） …… 438	竹寺（埼玉県） …… 190
高柳町（新潟県） …… 390	滝野（佐賀県） …… 998	竹富（沖縄県） …… 1101
高山（長野県） …… 492	滝ノ入（埼玉県） …… 190	竹富島（沖縄県） …… 1101
高山（岐阜県） …… 524	滝ノ院（東京都） …… 294	竹富島の種子取（沖縄県） …… 1101
高山（奈良県） …… 756	滝尾（栃木県） …… 140	竹富町（沖縄県） …… 1101
高山（愛媛県） …… 939	滝尾神社（栃木県） …… 141	武豊町（愛知県） …… 585
高山（福岡県） …… 982	滝の川（神奈川県） …… 357	竹中（大分県） …… 1030
高山郷（奈良県） …… 756	滝野川村（東京都） …… 294	竹ノ内住宅（長野県） …… 492
高山祭の屋台行事（岐阜県） …… 524	滝の観音堂（広島県） …… 860	竹内神社（千葉県） …… 223
高山市（岐阜県） …… 524	滝宮（広島県） …… 860	竹野神社（京都府） …… 676
高山市立郷土館（岐阜県） …… 524	滝宮神社（広島県） …… 860	竹の台遺跡（静岡県） …… 552
高山神社（群馬県） …… 165	滝宮の念仏踊（香川県） …… 920	竹野町（新潟県） …… 390
高山新八十八ヶ所（奈良県） …… 756	滝の山廃寺跡（山形県） …… 79	武幡横手神社（埼玉県） …… 190
高山茶筌の里（奈良県） …… 756	滝畑（大阪府） …… 707	竹鼻（岐阜県） …… 524
高山町（岐阜県） …… 524	滝原宮（三重県） …… 615	竹原（長野県） …… 492
高山八幡宮（奈良県） …… 756	滝部（山口県） …… 886	竹原（岡山県） …… 841
高山不動（埼玉県） …… 190	滝部村（山口県） …… 886	竹原（広島県） …… 860
高山御厨（群馬県） …… 165	滝部八幡宮（山口県） …… 886	竹原市（広島県） …… 860
鷹山明神（茨城県） …… 128	滝前不動尊（神奈川県） …… 357	竹原村（長野県） …… 492
高山村（群馬県） …… 165	滝本（岡山県） …… 841	竹原町（広島県） …… 860
高屋村（秋田県） …… 66	滝薬師（滋賀県） …… 651	竹姫の井戸（東京都） …… 294
高屋村（岡山県） …… 841	滝薬師（徳島県） …… 905	武生（福井県） …… 438
高湯山（栃木県） …… 140	滝谷城（新潟県） …… 390	竹房（長野県） …… 492
宝尾村（京都府） …… 676	滝谷新田（新潟県） …… 390	武生市（福井県） …… 438
宝尾邑（福井県） …… 438	滝山（東京都） …… 294	武生盆地（福井県） …… 438
高良家住宅（沖縄県） …… 1101	滝山（高知県） …… 955	建布都神社（徳島県） …… 905
宝塚（兵庫県） …… 728	滝山不動堂（静岡県） …… 552	武生（福井県） …… 438
宝塚市（兵庫県） …… 728	滝山明神（静岡県） …… 552	建部（岡山県） …… 841
宝田稲荷（東京都） …… 294	建穂寺（静岡県） …… 552	建部郷（滋賀県） …… 651
宝八幡宮（大分県） …… 1029	多久（佐賀県） …… 998	建部大社（滋賀県） …… 651
田川（山形県） …… 79	多久市（佐賀県） …… 998	建部町（岡山県） …… 841
田川（福岡県） …… 982	多久庄（佐賀県） …… 998	武孫平家（群馬県） …… 165
田川カルバート（滋賀県） …… 651	多久豆玉神社（奈良県） …… 756	竹又町（石川県） …… 425
田川郡（福岡県） …… 982	多久聖廟（佐賀県） …… 998	竹松町（石川県） …… 425
田川市（福岡県） …… 982	沢蔵司稲荷（栃木県） …… 141	建水分神社（大阪府） …… 707
田川市石炭・歴史博物館（大分県） …… 1030	田口（岡山県） …… 841	武水穂神社（長野県） …… 492
田川八幡神社（山形県） …… 79	焼火神社（島根県） …… 825	武水別神社（長野県） …… 492
多気（三重県） …… 615	田隈（福岡県） …… 982	武水別八幡宮（長野県） …… 492
滝（東京都） …… 294	田熊石畑遺跡（福岡県） …… 982	岳妙泉寺（岩手県） …… 39
滝（京都府） …… 676	詫間（香川県） …… 920	竹村家住宅（高知県） …… 955
高家寺（岐阜県） …… 524	詫間町大浜（香川県） …… 920	岳薬師（石川県） …… 425
滝大神（千葉県） …… 223	詫間町大浜浦（香川県） …… 920	岳山（大阪府） …… 707
滝ヶ原町（石川県） …… 425	岳（岩手県） …… 39	嵩山（群馬県） …… 165
滝川（北海道） …… 9	武井菊子家（群馬県） …… 165	岳山城址（大阪府） …… 707
滝川観音（静岡県） …… 552	武井神社（長野県） …… 492	武山不動尊（神奈川県） …… 357
滝川市（北海道） …… 9	武井紀之家（群馬県） …… 165	岳山原（沖縄県） …… 1101
滝川内（佐賀県） …… 998	竹内街道（大阪府） …… 707	岳路（長崎県） …… 1006
滝久保（徳島県） …… 905	武雄（佐賀県） …… 998	多古（神奈川県） …… 357
高城郡（鹿児島県） …… 1070	武雄市（佐賀県） …… 998	田子（宮城県） …… 54
多紀郡神社（兵庫県） …… 728	竹駒神社（岩手県） …… 39	高向上村（大阪府） …… 707
田儀桜井家たたら製鉄遺跡（島根県） …… 825	竹駒神社（宮城県） …… 54	田子浦浜通り（静岡県） …… 552
	竹崎観世音修正会鬼祭（佐賀県） …… 998	多胡郡（群馬県） …… 165
滝沢（静岡県） …… 552	竹崎島（佐賀県） …… 998	田越坂（神奈川県） …… 357
		蛸島町（石川県） …… 425

多胡の嶺（群馬県） 165
多古町（千葉県） 223
田子山（埼玉県） 190
多西郡（東京都） 294
太宰府（福岡県） 982
大宰府（福岡県） 982
太宰府市（福岡県） 982
太宰府天満宮（福岡県） 983
田崎神社（鹿児島県） 1070
田沢（秋田県） 66
田沢（山形県） 79
田沢（福島県） 104
田沢湖（秋田県） 66
田沢湖姫観音（秋田県） 66
田沢村（長野県） 492
手力雄神社（岐阜県） 524
田篠（群馬県） 165
多治速比売神社（大阪府） 707
丹比柴籬宮（大阪府） 707
丹比野遺跡（大阪府） 707
田染（大分県） 1030
田染小崎（大分県） 1030
但馬（兵庫県） 728
田島（福島県） 104
田島（埼玉県） 190
田島（神奈川県） 357
田島（長野県） 492
田島かくれ念仏洞（宮崎県） 1045
田島健一家（群馬県） 165
但馬国分寺跡（兵庫県） 728
但馬三十三所観音（兵庫県） 728
田島神社（佐賀県） 998
但馬国（兵庫県） 728
但馬八十八所（兵庫県） 728
多治見（岐阜県） 524
太助灯籠（香川県） 921
田尻（宮城県） 54
田尻（広島県） 860
田尻（福岡県） 983
田尻浜（茨城県） 128
田代（神奈川県） 357
田代（静岡県） 552
田代（佐賀県） 998
田代（長野県） 1006
田代村（山口県） 886
田代町（秋田県） 66
田耕（山口県） 886
田面古間（香川県） 921
多田（静岡県） 552
多田院（兵庫県） 728
多田御岳（沖縄県） 1101
忠岡（大阪府） 707
多田幸寺（滋賀県） 651
多太神社（石川県） 425
多太神社（島根県） 825
多田神社（新潟県） 391
多田神社（兵庫県） 728
田立（長野県） 492
陀々堂の鬼はしり（奈良県） 756
只海村（愛媛県） 939
多田荘（兵庫県） 728
多田八幡神社（愛媛県） 939
只見（福島県） 104
只見川上流域（福島県） 104
只見川中・下流域（福島県） 104
只見川流域（福島県） 104

只見町（福島県） 104
畳屋町（大分県） 1030
多々羅（京都府） 676
多々羅（広島県） 860
多々良（山口県） 886
多田良（千葉県） 223
多々良川（福岡県） 983
タタラ峰（新潟県） 391
立川（東京都） 294
立川崖線（東京都） 294
立川家（東京都） 294
立川市（東京都） 294
立木観音（福島県） 104
立久恵峡（島根県） 825
立祇園社（山口県） 886
立延（茨城県） 128
太刀野山（徳島県） 905
橘（神奈川県） 357
橘（新潟県） 391
橘（山口県） 886
橘樹郡（神奈川県） 357
橘郷造神社（茨城県） 128
橘新宮神社（愛媛県） 939
橘樹神社（群馬県） 166
橘樹神社（千葉県） 223
橘神社（千葉県） 223
橘寺（奈良県） 756
橘寺西（奈良県） 756
橘町（佐賀県） 998
立花山（福岡県） 984
橘山窯（長野県） 492
立原（茨城県） 128
立間（愛媛県） 939
立間村（愛媛県） 939
立足（栃木県） 141
辰市郷（奈良県） 756
竜江（長野県） 492
立江地蔵（大阪府） 707
立江町（徳島県） 906
竜男山古墳（福岡県） 984
田束（岩手県） 39
達谷窟（岩手県） 39
達谷窟毘沙門堂（岩手県） 39
達者（新潟県） 391
達身寺（兵庫県） 728
竜田（奈良県） 756
竜台（千葉県） 223
竜田明神（奈良県） 756
たっちゃん池（東京都） 294
辰野（長野県） 492
辰口町（石川県） 425
竜田神社（広島県） 860
竜野藩（兵庫県） 728
辰野町（長野県） 492
立部村（大阪府） 707
竜山（兵庫県） 728
伊達（北海道） 9
伊達（福島県） 104
舘（福島県） 104
舘（群馬県） 166
立石（栃木県） 141
立石（東京都） 294
立石（長野県） 492
立石校区（福岡県） 984
舘岩（福島県） 104
立岩神社（福岡県） 984

舘岩村（福島県） 104
建岡神社（山梨県） 449
立ヶ花（長野県） 492
館神（青森県） 29
立神（三重県） 615
伊達郡（福島県） 104
伊達市（北海道） 9
楯西村（山形県） 79
館野（茨城県） 128
館野（千葉県） 223
立野（大分県） 1030
館之内神社（山形県） 79
立野神社（茨城県） 128
立野天満宮（佐賀県） 998
立野脇（富山県） 408
館林（群馬県） 166
館林市（群馬県） 166
館林藩分領（栃木県） 141
楯原神社（大阪府） 707
伊達藩（宮城県） 54
建鉾山（福島県） 104
楯守神社（長野県） 492
館山（千葉県） 223
立山（富山県） 408
立山、大岩道しるべ（富山県） 410
立山参詣道三十三番観音（石川県） 425
館山市（千葉県） 223
館山湾（千葉県） 223
多度観音堂（三重県） 615
多度山（三重県） 615
多度神社（三重県） 615
田戸神社（愛知県） 585
多度町（三重県） 615
多度津（香川県） 921
多度津町（香川県） 921
田名（神奈川県） 357
田中（東京都） 294
田中（滋賀県） 651
田中（香川県） 921
田中稲荷（東京都） 294
田中家（愛媛県） 939
田中地蔵尊（岩手県） 39
田中社（大分県） 1030
田中宿（長野県） 492
田中神社（福島県） 104
田中神社（和歌山県） 792
田中八幡神社（広島県） 861
田中博家（群馬県） 166
田上（滋賀県） 651
田中みめぐりの稲荷（東京都） 294
太神山（滋賀県） 651
田中亮家（群馬県） 166
田中良助旧邸（高知県） 955
多奈川（大阪府） 707
棚倉藩（福島県） 104
棚倉町（福島県） 104
棚沢（東京都） 294
棚沢（神奈川県） 357
田無（東京都） 294
棚下不動（群馬県） 166
たなし八十八箇所（東京都） 295
七夕神社（福岡県） 984
多奈波太神社（愛知県） 585
棚原（沖縄県） 1101
田辺（大阪府） 707
田辺（和歌山県） 792

たなへ　　　　　　　　　　　　　　　地名・寺社名索引

田辺市（和歌山県）	792	玉川（東京都）	298	玉生古宮（愛媛県）	939
田辺寺（広島県）	861	多摩川（関東）	116	田守神社（秋田県）	66
田辺藩（京都府）	676	多摩川（東京都）	298	田守神社（東京都）	299
田並上（和歌山県）	792	多摩川（神奈川県）	357	多聞院（奈良県）	756
田名村（神奈川県）	357	多摩川園（東京都）	298	多門院（香川県）	921
谷（大分県）	1030	多摩川沿岸（東京都）	298	多門寺跡（山口県）	886
谷川岳（群馬県）	166	多摩川下流域（関東）	116	多聞廃寺跡（兵庫県）	728
谷口（福岡県）	984	多摩川上流域（東京都）	298	田屋（新潟県）	391
谷汲（岐阜県）	524	多摩川中流域（東京都）	298	田屋（山口県）	886
谷汲巡礼街道（岐阜県）	524	玉川村（福島県）	104	田谷の洞窟（神奈川県）	357
谷内経塚（秋田県）	66	玉置神社（奈良県）	756	田山（岩手県）	39
谷村（山梨県）	449	玉城町（三重県）	615	田山（京都府）	676
田主丸（福岡県）	984	玉木八幡神社（徳島県）	906	多由比神社（福井県）	438
種貸社（大阪府）	707	玉置山（奈良県）	756	太夫坂集落（福島県）	104
種子島（鹿児島県）	1070	多摩丘陵（東京都）	298	多羅尾（滋賀県）	651
種子島宝満神社の御田植祭（鹿児島県）		玉串墓地（大阪府）	707	多羅尾磨崖仏（滋賀県）	651
	1070	多摩城（沖縄県）	1102	多良岳（九州・沖縄）	969
種崎浦戸湾口（高知県）	955	玉城城（沖縄県）	1102	太良岳（長崎県）	1006
多祢寺（京都府）	676	多摩郡（東京都）	298	太良岳神社（長崎県）	1006
種苧原（新潟県）	391	多摩湖町（東京都）	299	多良岳山（長崎県）	1006
種村（滋賀県）	651	多摩御陵（東京都）	299	蓊萩野（滋賀県）	651
田能（兵庫県）	728	玉前（千葉県）	223	太良荘（福井県）	438
田野々（高知県）	955	玉里（鹿児島県）	1070	多良間（沖縄県）	1102
田野（山梨県）	449	玉里別邸（鹿児島県）	1070	多良間島（沖縄県）	1102
田野（高知県）	955	多摩市（東京都）	299	多良間の豊年祭（八月踊り）（沖縄県）	
田野井（和歌山県）	792	玉敷神社（埼玉県）	190		1102
田能（静岡県）	552	玉敷神社神楽（埼玉県）	190	蓊萩峯（滋賀県）	651
田ノ上八幡神社（宮崎県）	1045	玉島（岡山県）	841	垂井（岐阜県）	524
田ノ浦（岡山県）	841	玉島乙島（岡山県）	841	垂井（兵庫県）	728
田之浦山宮神社（鹿児島県）	1070	玉島神社（佐賀県）	998	垂井宿（岐阜県）	524
田の浦霊場（長崎県）	1006	玉城（鹿児島県）	1070	垂井町（岐阜県）	524
田の口（岡山県）	841	玉章地蔵（京都府）	676	だるま記念堂（広島県）	861
田熊（岡山県）	841	多摩西部（東京都）	299	達磨寺（群馬県）	166
田野町（徳島県）	906	玉祖神社（山口県）	886	達磨寺（山形県）	79
多野藤岡（群馬県）	166	玉垂宮（福岡県）	984	垂水（鹿児島県）	1070
田場（沖縄県）	1101	玉磨町（東京都）	299	垂水神社（大阪府）	707
煙草大神創祭記念碑（栃木県）	141	玉造（茨城県）	128	太郎稲荷（東京都）	299
たばこ神社（岡山県）	841	玉造稲荷神社（大阪府）	707	太郎川（高知県）	955
莨屋岡本家住宅（愛知県）	585	玉造町（茨城県）	129	太郎坊阿賀神社（滋賀県）	651
田畑（長野県）	492	玉名（熊本県）	1014	太郎坊宮（滋賀県）	651
田端神社（東京都）	295	玉縄（神奈川県）	357	太郎丸神社（石川県）	425
多鳩神社（島根県）	825	玉縄城（神奈川県）	357	太郎村（山形県）	79
丹波山（山梨県）	449	多摩ニュータウン（東京都）	299	多和（香川県）	921
丹波山村（山梨県）	449	玉井村（埼玉県）	190	多和目（埼玉県）	190
田原市（愛知県）	585	玉の内（東京都）	299	田原（京都府）	676
田原坂（熊本県）	1014	玉内（東京都）	299	田原（大阪府）	707
多比（静岡県）	552	玉祖神社（大阪府）	707	田原（兵庫県）	728
田光り観音（東京都）	295	多摩陵（東京都）	299	田原（奈良県）	756
旅立ち地蔵（広島県）	861	多摩村（東京都）	299	俵積宮（大分県）	1030
多肥町（香川県）	921	玉村八幡宮（群馬県）	166	俵積神社（大分県）	1030
田布施（山口県）	886	玉山（岩手県）	39	田原本（奈良県）	756
田伏（茨城県）	128	玉依比売命神社（長野県）	492	俵山（山口県）	886
田布施町（山口県）	886	多磨霊園（東京都）	299	俵山温泉（山口県）	886
田部（千葉県）	223	玉若酢命神社（島根県）	825	俵山八幡宮（山口県）	886
田部行男家（群馬県）	166	田峯（愛知県）	585	湛井堰十二ヶ郷用水（岡山県）	841
多宝寺（神奈川県）	357	田簑神社（大阪府）	707	淡海道（山口県）	887
多宝坊観音堂（高知県）	955	手向山八幡宮（奈良県）	756	段葛（神奈川県）	357
多摩（東京都）	295	田村（長野県）	492	壇鏡神社（島根県）	825
玉井（埼玉県）	190	田村（高知県）	955	丹後（京都府）	676
玉井宮（岡山県）	841	田村郡（福島県）	104	潭鼓（広島県）	861
玉井宮東照宮（岡山県）	841	田村大明神（岩手県）	39	丹後・丹波・若狭山彙（近畿）	629
玉井神社（埼玉県）	190	田村堂（長野県）	493	丹後町（京都府）	676
玉石地蔵堂（京都府）	676	田村利良家（群馬県）	166	丹後国（京都府）	676
玉陵（沖縄県）	1102	為朝神社（山梨県）	449	丹後半島（京都府）	677
玉江浦（山口県）	886	玉生荘（愛媛県）	939	丹後山（神奈川県）	357
玉垣（三重県）	615	玉生古宮（愛媛県）	939	丹後由良（京都府）	677

地名・寺社名索引　　　　ちゆう

丹三郎（東京都）　299
丹三郎村（東京都）　299
丹沢（神奈川県）　357
丹沢山（神奈川県）　357
談山神社（奈良県）　756
誕生寺（山形県）　79
誕生寺（千葉県）　223
誕生寺（岡山県）　841
弾正原（香川県）　921
湛水院跡（鹿児島県）　1070
単誓坊（岐阜県）　524
但東町（兵庫県）　728
旦那墓（鹿児島県）　1070
丹南藩（大阪府）　707
丹南村（大阪府）　707
檀王法林寺（京都府）　677
壇ノ浦（山口県）　387
丹ノ木（佐賀県）　998
丹波（近畿）　629
丹波（京都府）　677
丹波（大阪府）　707
丹波（兵庫県）　728
丹波郡（京都府）　677
丹波山地（京都府）　677
丹波市（兵庫県）　729
丹波路（京都府）　677
丹波神社（大阪府）　707
丹波国（京都府）　677
丹原（愛媛県）　939
檀波羅蜜寺（大阪府）　708
檀波羅山（大阪府）　708
丹比神社（大阪府）　708
段平尾（静岡県）　552
丹保（長野県）　493
丹陽町（愛知県）　585
檀林寺（京都府）　677

【ち】

血洗島（埼玉県）　190
小県（長野県）　493
小県郡（長野県）　493
知恩院（京都府）　677
智恩寺（大分県）　1030
智音寺（神奈川県）　357
近内町（奈良県）　757
近久保経塚（山梨県）　449
茅ヶ崎（神奈川県）　357
茅ヶ崎街道（神奈川県）　358
茅ヶ崎市（神奈川県）　358
茅ヶ崎城址（神奈川県）　358
近殿神社（神奈川県）　358
近津神社（茨城県）　129
近津神社（栃木県）　141
千勝神社（茨城県）　129
近露王子（和歌山県）　792
近露春日神社（和歌山県）　792
近戸（埼玉県）　190
千鹿頭神社（長野県）　493
近戸神社（群馬県）　166
知行院（東京都）　299
千木良（神奈川県）　358
竺園寺（千葉県）　223
筑後（福岡県）　984
筑後川（福岡県）　984

筑後川上流（福岡県）　984
筑後市（福岡県）　984
筑後市神社（福岡県）　984
筑後国（福岡県）　984
筑後平野（福岡県）　984
千種新田（千葉県）　224
千種村（三重県）　615
筑紫（福岡県）　984
筑紫神社（福岡県）　984
筑前（福岡県）　984
筑前大島（福岡県）　984
筑前国（福岡県）　984
筑前藩（福岡県）　984
竹生島（滋賀県）　651
都久夫須麻神社（滋賀県）　651
竹生島弁才天（滋賀県）　651
筑豊（福岡県）　984
筑豊炭田（福岡県）　985
筑北（長野県）　493
千曲（長野県）　493
千曲川（長野県）　493
竹間沢（埼玉県）　190
千曲市（長野県）　493
筑摩神社（滋賀県）　651
筑摩野（長野県）　493
千倉（千葉県）　224
千倉町川口（静岡県）　552
千倉町（千葉県）　224
竹林寺（大阪府）　708
竹林寺（広島県）　861
竹林寺（高知県）　955
池口寺（長野県）　493
稚児塚（三重県）　615
稚児山（岐阜県）　524
智識寺（大阪府）　708
千島（北海道）　10
知新館（岐阜県）　524
智頭（鳥取県）　804
知足院（山梨県）　449
知足院（奈良県）　757
知多（愛知県）　585
知多郡（愛知県）　585
知多郡新四国（愛知県）　585
知多四国（愛知県）　585
知多新四国（愛知県）　585
知多半島（愛知県）　585
父鬼街道（大阪府）　708
秩父（埼玉県）　190
秩父今宮神社（埼玉県）　191
秩父御岳神社（埼玉県）　191
秩父街道（山梨県）　449
秩父観音（埼玉県）　191
秩父観音霊場（埼玉県）　191
秩父三社（埼玉県）　191
秩父三十四カ所（埼玉県）　191
秩父三十四ヶ所（埼玉県）　191
秩父三十四箇所札所（埼玉県）　191
秩父三十四所（埼玉県）　191
秩父三十四番札所（埼玉県）　191
秩父34札所（埼玉県）　191
秩父路（埼玉県）　191
秩父巡礼道（群馬県）　166
秩父神社（埼玉県）　191
秩父札所（埼玉県）　191
秩父札所三十四観音霊場（埼玉県）　191
秩父妙見（埼玉県）　191

致道館（山形県）　79
千歳（北海道）　10
千年（神奈川県）　358
千年（新潟県）　391
千年伊勢山台遺跡（神奈川県）　358
千歳市（北海道）　10
千歳神社（北海道）　10
知名（鹿児島県）　1070
血流地蔵道（千葉県）　224
血流地蔵尊（千葉県）　224
知名町（鹿児島県）　1070
伊敷索グスク（沖縄県）　1102
茅渟宮（大分県）　1030
茅渟道（三重県）　615
知念城（沖縄県）　1102
茅野（長野県）　493
血ノ池弁財天（長野県）　493
茅野市（長野県）　493
千葉（千葉県）　224
千葉（静岡県）　552
千葉御茶屋御殿（千葉県）　224
千葉かっぱ村（千葉県）　224
千葉県（千葉県）　224
千葉御殿（千葉県）　225
千葉山（静岡県）　552
千葉市（千葉県）　225
千葉神社（千葉県）　225
千葉大学園芸学部松戸キャンパス（千葉県）　225
千葉寺（千葉県）　225
知花（沖縄県）　1102
千葉町（千葉県）　225
千葉妙見（千葉県）　225
千葉妙見宮（千葉県）　225
千葉妙見寺（千葉県）　225
知波夜比古神社（広島県）　861
知波夜比売神社（広島県）　861
知夫村（島根県）　825
池辺寺（熊本県）　1014
智満寺（静岡県）　552
北谷（沖縄県）　1102
北谷町（沖縄県）　1102
チャッキラコ（神奈川県）　358
茶湯寺（神奈川県）　358
茶屋（鹿児島県）　1070
茶や谷（高知県）　956
茶屋本陣両中島家（群馬県）　166
茶屋町（石川県）　425
茶屋町（愛知県）　585
中越（新潟県）　391
中遠（静岡県）　552
中央区（東京都）　299
中宮（石川県）　425
中宮寺（奈良県）　757
中郷（鹿児島県）　1070
中国（中国）　800
中国三十三観音霊場（中国）　800
中国山地（中国）　800
中薩（鹿児島県）　1070
中社（長野県）　493
中条町（新潟県）　391
中信（長野県）　493
中勢（三重県）　615
中善寺（福島県）　104
仲仙寺（長野県）　494
忠全寺跡（宮城県）　54

ちゆう

地名・寺社名索引

中尊寺（岩手県）	39
中尊寺金色堂（岩手県）	40
中丹波（京都府）	677
中堂寺（京都府）	677
中道寺（高知県）	956
中名沢（新潟県）	391
中南信（長野県）	494
中濃（岐阜県）	524
中部（東海）	514
中部山地（東海）	514
中部瀬戸内海（西日本）	625
中文堂（東京都）	299
中予（愛媛県）	939
千代（長野県）	494
長安院（島根県）	825
長安寺（千葉県）	226
長安寺（神奈川県）	358
長安寺（新潟県）	391
長安寺（京都府）	677
長安寺（島根県）	825
長運寺（神奈川県）	358
長栄座（滋賀県）	651
長栄寺（愛知県）	585
長栄寺（大阪府）	708
長円寺（兵庫県）	729
長延寺（長野県）	494
潮音寺（兵庫県）	729
潮音寺（島根県）	825
長恩寺（新潟県）	391
潮音洞（山口県）	887
鳥海（山形県）	79
鳥海山（東北）	19
鳥海山（秋田県）	66
鳥海山（山形県）	79
鳥海山大物忌神社（山形県）	79
鳥海町（秋田県）	67
長岳寺（長野県）	494
長岳寺（奈良県）	757
帳ヶ塚（静岡県）	552
長岐寺（秋田県）	67
長喜城（宮城県）	54
長木墓地（大分県）	1030
長久寺（福島県）	104
長久寺（埼玉県）	191
長久寺（福井県）	438
長久寺（長野県）	494
長久寺（愛知県）	585
長久寺（滋賀県）	651
長久寺（大分県）	1030
長久寺（宮崎県）	1045
長教寺（福岡県）	985
長慶寺（群馬県）	166
長慶寺（東京都）	299
長慶寺（山梨県）	449
長慶寺（静岡県）	552
長慶寺（広島県）	861
長慶天皇陵（東京都）	299
長源院（静岡県）	552
朝光寺（兵庫県）	729
調合寺（福島県）	104
長興寺（千葉県）	226
長興寺（愛知県）	585
長興寺（佐賀県）	998
長興寺（大分県）	1030
長光寺（東京都）	299
長光寺（愛知県）	585

長光寺（滋賀県）	651
銚港神社（千葉県）	226
潮谷（大分県）	1030
長国寺（長野県）	494
長谷寺（秋田県）	67
長谷寺（千葉県）	226
長谷寺（新潟県）	391
長谷寺（山梨県）	449
長谷寺（和歌山県）	792
長谷寺（鳥取県）	804
長谷寺（島根県）	825
長谷寺（徳島県）	906
朝護孫子寺（奈良県）	757
銚子（千葉県）	226
銚子かっぱ村（千葉県）	226
銚子口（埼玉県）	191
銚子市（千葉県）	226
長者園（神奈川県）	358
長者ヶ崎（神奈川県）	358
長者ヶ原廃寺（岩手県）	40
長者原廃寺跡（岩手県）	40
長寿院（群馬県）	166
長寿院左阿弥（京都府）	677
長州（山口県）	887
長州藩（山口県）	887
張州府（愛知県）	585
長寿寺（愛知県）	585
長寿寺（滋賀県）	651
長寿山（福島県）	104
長勝寺（埼玉県）	191
超勝寺（福井県）	438
長勝寺（青森県）	29
長勝寺（千葉県）	226
長昌寺（岐阜県）	524
長昌寺（宮崎県）	1045
長松寺（岩手県）	40
長松寺（秋田県）	67
長松寺（群馬県）	166
長松寺（長野県）	494
長松寺（愛知県）	585
長助茶屋（広島県）	861
長水寺（宮城県）	54
長水城（兵庫県）	729
丁塚（経塚）古墳（三重県）	615
長生（千葉県）	226
長成吉家（群馬県）	166
長盛寺（福島県）	104
長生村（千葉県）	226
長石寺（長野県）	494
朝鮮（その他）	1121
長泉院（東京都）	299
長泉寺（東京都）	299
長泉寺（新潟県）	391
長泉寺（福井県）	438
長泉寺（長野県）	494
長泉寺（愛知県）	585
長泉寺（高知県）	956
長泉寺（大分県）	1030
長善寺（神奈川県）	358
長善寺（宮崎県）	1045
朝鮮神宮（その他）	1121
長泉律院（東京都）	299
帖地（鹿児島県）	1070
挑灯野（静岡県）	553
提灯山（愛知県）	585
朝田寺（三重県）	615

長徳寺（埼玉県）	191
長徳寺（東京都）	299
長徳寺（神奈川県）	358
長徳寺（長野県）	494
長徳寺（山口県）	887
長徳寺（高知県）	956
長徳寺三社（高知県）	956
長南（千葉県）	226
長南町（千葉県）	226
朝日寺（岡山県）	841
長念寺（埼玉県）	191
長能寺（鹿児島県）	1070
長畑（福岡県）	985
調布（東京都）	299
長福寺（秋田県）	67
長福寺（山形県）	79
長福寺（福島県）	104
長福寺（千葉県）	226
長福寺（新潟県）	391
長福寺（愛知県）	586
長福寺（三重県）	615
長福寺（京都府）	677
長福寺（大阪府）	708
長福寺（岡山県）	841
長福寺（広島県）	861
長福寺（山口県）	887
長福寺（香川県）	921
長福寺（高知県）	956
長福寺（大分県）	1030
長福寺跡（大阪府）	708
長福寿寺（千葉県）	226
調布市（東京都）	300
頂峯院（鹿児島県）	1070
長保寺（和歌山県）	792
長宝寺（大阪府）	708
長法寺遺跡（滋賀県）	651
長母寺（愛知県）	586
長妙寺（千葉県）	226
長命寺（東京都）	300
長命寺（滋賀県）	651
長命寺（福岡県）	985
長命不動尊（福島県）	104
長養寺（千葉県）	226
長楽寺（群馬県）	166
長楽寺（千葉県）	226
長楽寺（東京都）	300
長楽寺（石川県）	425
長楽寺（静岡県）	553
長楽寺（愛知県）	586
長楽寺（兵庫県）	729
長滝寺（岐阜県）	524
長隆寺（三重県）	615
長滝寺荘園上庄（岐阜県）	524
長滝寺荘園焼野（岐阜県）	524
長林寺（栃木県）	141
長林禅寺（大分県）	1030
千代ヶ池（東京都）	300
勅使（京都府）	677
勅旨（滋賀県）	651
千代崎行宮（大阪府）	708
千代寺院跡（神奈川県）	358
千代田（東京都）	300
千代田（広島県）	861
千代田区（東京都）	300
知覧（鹿児島県）	1070
知覧町（鹿児島県）	1071

地名・寺社名索引　　　　つほい

底哩不動尊（茨城県）	129
鎮国寺（福岡県）	985
椿山荘（東京都）	300
珍蔵寺（山形県）	79
珍野（静岡県）	553
枕流亭跡（滋賀県）	651

【つ】

津（三重県）	615
築地（新潟県）	391
通船会所（埼玉県）	191
杖立峠（徳島県）	906
都賀（千葉県）	226
都賀（奈良県）	757
栂尾（宮崎県）	1045
塚口寺内町（兵庫県）	729
津嘉山（沖縄県）	1102
塚地坂（高知県）	956
津金寺（長野県）	494
塚之元（兵庫県）	729
塚原（岐阜県）	525
塚原（香川県）	921
塚原稲荷神社（香川県）	921
塚原大神宮（神奈川県）	358
筑摩郡（長野県）	494
栂峰（山形県）	79
束荷村（山口県）	887
津軽（青森県）	29
津軽海峡（東日本）	2
津軽海峡（青森県）	30
つがる市（青森県）	30
津軽藩（青森県）	30
津川町（新潟県）	391
津川村（新潟県）	391
月（愛知県）	586
月居峠（茨城県）	129
月ヶ瀬石打（奈良県）	757
月潟（新潟県）	391
月崎神社（北海道）	10
築地（東京都）	300
築地市場（東京都）	300
築地本願寺（東京都）	300
月田（群馬県）	166
月舘町（福島県）	105
月見山（千葉県）	226
槻木遥拝所（宮城県）	54
槻の屋（島根県）	825
月輪神社（埼玉県）	192
月輪寺（京都府）	677
月輪殿（奈良県）	757
槻峯寺（兵庫県）	729
つきみ野（神奈川県）	358
月山（富山県）	410
月夜野（群馬県）	166
月読神社（茨城県）	129
月読神社（京都府）	677
津久井（神奈川県）	358
津久井郡（神奈川県）	359
筑紫海原（福岡県）	985
筑紫路（福岡県）	985
筑紫平野（福岡県）	985
佃島（東京都）	301
佃村（大阪府）	708
築土神社（東京都）	301

津久根（埼玉県）	192
附野（山口県）	887
筑波郡（茨城県）	129
筑波山（茨城県）	129
筑波山神社（茨城県）	129
つくば市（茨城県）	129
津久見（大分県）	1030
大築海貝塚（三重県）	615
津久見市（大分県）	1031
九十九王子社（和歌山県）	792
九十九橋（福井県）	438
津具山（愛知県）	586
津具山郷（愛知県）	586
春米（鳥取県）	804
造石法華経供養遺跡（群馬県）	166
繕沢（茨城県）	129
柘植（三重県）	615
都祁（奈良県）	757
都祁白石（奈良県）	757
都祁水分神社（奈良県）	757
津堅島（沖縄県）	1102
津古（福岡県）	985
津沢（富山県）	410
津市（三重県）	615
辻（滋賀県）	651
辻（広島県）	861
辻が谷戸（東京都）	301
辻沢（滋賀県）	652
辻町（徳島県）	906
辻堂（鳥取県）	804
辻堂諏訪神社（神奈川県）	359
辻の獅子舞（埼玉県）	192
対馬（長崎県）	1006
津島（愛知県）	586
津島（滋賀県）	652
津島（愛媛県）	939
対馬市（長崎県）	1006
津島市（愛知県）	586
津島社（長野県）	494
津島社（愛知県）	586
津島神社（長野県）	494
津島神社（愛知県）	586
津嶋神社（香川県）	921
対馬藩（長崎県）	1007
対馬歴史民俗資料館（長崎県）	1007
辻村（東京都）	301
辻村（滋賀県）	652
辻山（山口県）	887
鼓岡（新潟県）	391
葛貫（埼玉県）	192
津田（徳島県）	906
津田荘（滋賀県）	652
津田村（広島県）	861
土浦（茨城県）	129
土浦市（茨城県）	129
土御前神社（愛知県）	586
土崎（秋田県）	67
土崎神明社祭の曳山行事（秋田県）	67
土崎港（秋田県）	67
土樽（新潟県）	391
土橋（岩手県）	40
土睦村（千葉県）	226
土山宿（滋賀県）	652
土湯（福島県）	105
土湯温泉（福島県）	105
筒井町（長崎県）	1007

筒江（兵庫県）	729
筒木（京都府）	677
都々古山（福島県）	105
都々古別三社（福島県）	105
都々古別神社（福島県）	105
つつじ寺（福岡県）	985
筒野（香川県）	921
筒羽野（鹿児島県）	1071
堤台（千葉県）	226
堤通手永（愛知県）	586
堤根（千葉県）	226
堤端（秋田県）	67
津戸（島根県）	825
津堂城山（大阪府）	708
綱木（山形県）	79
綱木（新潟県）	391
津名久（鹿児島県）	1071
綱敷天神（長野県）	494
綱敷天満宮（兵庫県）	729
綱敷天満宮（福岡県）	985
綱島往還（神奈川県）	359
綱島家（東京都）	301
津波戸山（大分県）	1031
津南町（新潟県）	391
津貫（鹿児島県）	1071
常石（広島県）	861
恒石八幡宮（山口県）	887
常将神社（群馬県）	166
角（岐阜県）	525
津之郷（広島県）	861
角避比古神社（静岡県）	553
角沢（山形県）	79
角沢八幡神社（山形県）	79
角沢村（山形県）	79
津野山（高知県）	956
角島（山口県）	887
角島灯台（山口県）	887
津野神社（高知県）	956
都野津町（島根県）	825
角田嘉吉家（群馬県）	166
津野町（高知県）	956
都農町（宮崎県）	1045
都野津村（島根県）	825
角振新屋町（奈良県）	757
津野領（高知県）	956
津覇（沖縄県）	1102
椿井大塚山古墳（京都府）	677
椿井郷（岐阜県）	525
海石榴市（奈良県）	757
海石榴庵（高知県）	956
椿市廃寺（福岡県）	985
椿大神社（三重県）	616
椿神社（東京都）	301
椿田稲荷大明神（栃木県）	141
椿明神（青森県）	30
椿杜神社（群馬県）	166
津幡川流域（石川県）	425
津八幡（三重県）	616
津八幡宮（三重県）	616
燕市（新潟県）	391
椿山（高知県）	956
掘江神社神像群（滋賀県）	652
坪穴（新潟県）	391
坪池神社（富山県）	410
坪泉（大分県）	1031
坪井町（静岡県）	553

1193

つほい　　　　　　　　　　地名・寺社名索引

壺井八幡宮（長野県）	494
壺井八幡宮（大阪府）	708
坪生町（広島県）	861
壺笠山古墳（滋賀県）	652
壺坂（奈良県）	757
壺坂寺（奈良県）	757
壺阪寺（奈良県）	757
壺坂峠道（奈良県）	757
坪沼（宮城県）	54
坪野（新潟県）	391
坪野神社（富山県）	410
坪野田（高知県）	956
壺屋（沖縄県）	1102
壺屋ヶ平（鹿児島県）	1071
壺屋古窯群（沖縄県）	1102
東霧島神社（宮崎県）	1045
妻籠（長野県）	494
妻恋稲荷（東京都）	301
妻崎開作（山口県）	887
妻崎神社（山口県）	887
妻科神社（長野県）	494
爪白（高知県）	956
都万神社（宮崎県）	1045
妻田（神奈川県）	359
都万村（島根県）	825
妻有（新潟県）	391
都美恵神社（三重県）	616
津水（長崎県）	1007
積（香川県）	921
冷沢（長野県）	494
津守王子（大阪府）	708
津谷川（岩手県）	40
津谷木（埼玉県）	192
津屋崎（福岡県）	985
津山（岡山県）	841
津山城（岡山県）	841
津谷村（岩手県）	40
釣掛崎（鹿児島県）	1071
鶴居（兵庫県）	729
鶴岡（山形県）	79
敦賀（福井県）	438
鶴ヶ岡城（山形県）	80
鶴ヶ岡八幡宮（神奈川県）	359
鶴岡八幡宮（神奈川県）	359
鶴岡八幡宮若宮（神奈川県）	359
敦賀市（福井県）	438
鶴ヶ島市（埼玉県）	192
敦賀半島（福井県）	438
鶴亀山（愛媛県）	939
鶴ケ谷八幡宮（千葉県）	227
剱神社（福井県）	438
剱神社（宮崎県）	1045
剱大明神（福井県）	438
剱大明神（大分県）	1031
剱岳（富山県）	410
剱主神社（奈良県）	757
剣ノ山（和歌山県）	792
鶴来日詰町（石川県）	425
鶴来町（石川県）	425
剱御子寺（福井県）	438
剣山城（愛媛県）	940
都留郡（山梨県）	449
鶴光路町（群馬県）	166
鶴崎（大分県）	1031
鶴崎校区（大分県）	1031
鶴崎西国三十三巡礼（大分県）	1031

水流迫（宮崎県）	1045
都留市（山梨県）	449
水流神社（宮崎県）	1045
鶴間（東京都）	301
鶴馬（埼玉県）	192
鶴舞（青森県）	30
水流町（宮崎県）	1045
鶴丸城（鹿児島県）	1071
鶴見（神奈川県）	359
鶴見（大阪府）	708
鶴見川下流域（神奈川県）	359
鶴見川南部（神奈川県）	359
鶴見郷（神奈川県）	360
鶴見七福神（神奈川県）	360
鶴見岳（大分県）	1031
鶴見照湯山瑠璃光堂温泉（大分県）	1031
鶴嶺（神奈川県）	360
鶴嶺八幡宮（神奈川県）	360
鶴嶺八幡社（神奈川県）	360
津呂（高知県）	956
津和野往還（島根県）	825
津和野町（島根県）	825
津和野藩（島根県）	825
津和野弥栄神社の鷺舞（島根県）	825
津原（滋賀県）	652

【て】

禎祥庵（愛媛県）	940
貞照寺（岐阜県）	525
貞祥寺（長野県）	494
禎祥寺（愛媛県）	940
禎瑞（愛媛県）	940
貞宗寺（神奈川県）	360
照後御岳（沖縄県）	1102
手打（鹿児島県）	1071
手斧神社（島根県）	825
手賀（茨城県）	129
手賀（千葉県）	227
手賀使徒伊望教会堂（千葉県）	227
手賀沼（千葉県）	227
手柄山（兵庫県）	729
デカンショ街道（千葉県）	227
出口（広島県）	861
手子神社（神奈川県）	360
手島（香川県）	921
出島（大阪府）	708
出島（長崎県）	1007
豊島（香川県）	921
豊嶋郡（大阪府）	708
手城堂（広島県）	861
手塚原（長野県）	494
手接神社（茨城県）	129
鉄舟寺（静岡県）	553
哲西（岡山県）	841
鉄砲洲稲荷神社（東京都）	301
鉄砲町（新潟県）	391
鉄砲道（神奈川県）	360
手々知名（鹿児島県）	1071
手取城跡（和歌山県）	792
手長山（宮城県）	54
出庭村（滋賀県）	652
出町（富山県）	410
出村（福井県）	438
手良（長野県）	494

寺井町（香川県）	921
寺尾稲荷（神奈川県）	360
寺尾郷（神奈川県）	360
寺尾城址（神奈川県）	360
寺門（千葉県）	227
寺川（高知県）	956
照久原（沖縄県）	1102
寺崎（宮城県）	54
寺崎（千葉県）	227
寺田（奈良県）	757
寺台（千葉県）	227
寺田遺跡（香川県）	921
寺谷（三重県）	616
寺谷用水下組（静岡県）	553
寺田村（京都府）	677
寺戸廃寺（岡山県）	841
寺泊（新潟県）	391
寺野（静岡県）	553
寺ノ上経塚（岩手県）	40
寺畑（山口県）	887
寺原（広島県）	861
寺町（新潟県）	392
寺町（富山県）	410
寺町（石川県）	425
寺町（福井県）	438
寺町（長野県）	494
寺町（大阪府）	708
寺町（大分県）	1031
寺町廃寺（広島県）	861
寺村（滋賀県）	652
手良村（長野県）	494
寺屋敷（広島県）	861
寺谷廃寺（埼玉県）	192
寺山（広島県）	861
寺山谷（石川県）	425
照井堰（岩手県）	40
照島（鹿児島県）	1071
照手の井戸（岐阜県）	525
光雲神社（福岡県）	985
照屋（沖縄県）	1103
出羽（東北）	19
出羽（山形県）	80
出羽三山（山形県）	80
出羽三山神社（山形県）	80
出羽路（山形県）	80
出羽島（徳島県）	906
出羽善光寺（山形県）	80
出羽国（東北）	19
出羽山北六所八幡宮（秋田県）	67
天一神社（奈良県）	757
天栄村（福島県）	105
天恩寺（愛知県）	586
天ヶ須賀村（三重県）	616
天川郷（奈良県）	757
天河大弁財天社（奈良県）	757
天川村（奈良県）	757
天吉寺山（滋賀県）	652
伝教寺（長野県）	494
天狗岩（長野県）	494
天狗岩堰用水（群馬県）	166
天狗の松（長野県）	494
天華寺（三重県）	616
天后宮（沖縄県）	1103
伝香寺（奈良県）	757
天山神社（佐賀県）	998
天子神社（鹿児島県）	1071

地名・寺社名索引　　　　　　　　　とうこ

天司の宮ばてれん塚（福島県） …… 105	天満社（大分県） …………… 1031	等覚寺（神奈川県） ………… 360
天聖院（三重県） ………… 616	天満神社（京都府） ………… 677	等覚寺（長野県） …………… 495
天照寺（岐阜県） ………… 525	天満神社（愛媛県） ………… 940	東覚廃寺（群馬県） ………… 166
天上寺（兵庫県） ………… 729	天満天神（大阪府） ………… 708	東葛（千葉県） ……………… 227
天性寺（大阪府） ………… 708	天明（栃木県） ……………… 141	東葛印旛大師（千葉県） …… 227
伝乗寺（大分県） ………… 1031	天文館（鹿児島県） ………… 1071	東葛八十八ヶ所（千葉県） … 227
天照神社（千葉県） ……… 227	天理（奈良県） ……………… 757	東金御殿（千葉県） ………… 227
天神（福岡県） …………… 985	伝利休茶室（島根県） ……… 825	十日町（広島県） …………… 861
天神社（山梨県） ………… 449	天理参考館（奈良県） ……… 757	堂ヶ谷経塚（静岡県） ……… 553
天神社（広島県） ………… 861	天竜院内（静岡県） ………… 553	堂ヶ谷廃寺（静岡県） ……… 553
天神水（大分県） ………… 1031	天竜川（長野県） …………… 495	道官稲荷（京都府） ………… 677
天神ノ谷天神（高知県） … 956	天竜川（東海） ……………… 514	渡岸寺（滋賀県） …………… 652
天神前（茨城県） ………… 129	天竜川（静岡県） …………… 553	とうかんぼう（千葉県） …… 227
天神山（群馬県） ………… 166	天竜川水系（東海） ………… 514	道観山稲荷（東京都） ……… 301
天神山（愛知県） ………… 586	天竜川流域（長野県） ……… 495	陶器川（大阪府） …………… 708
天神山（京都府） ………… 677	天竜川流域（静岡県） ……… 553	筒木原（福島県） …………… 105
天神山（佐賀県） ………… 998	天竜川流域（愛知県） ……… 586	東京（東京都） ……………… 301
天神山城跡（富山県） …… 410	天竜寺（京都府） …………… 677	東京華族会館（東京都） …… 303
天津司舞（山梨県） ……… 449	天竜水系（東海） …………… 514	東京9区（東京都） ………… 303
天祖神社（東京都） ……… 301	天竜水系（静岡県） ………… 553	東京競馬場（東京都） ……… 303
天孫神社（滋賀県） ……… 652	天竜橋（鹿児島県） ………… 1071	東京国際空港（東京都） …… 303
天孫廟（沖縄県） ………… 1103	天竜村の霜月神楽（長野県） … 495	東京市（東京都） …………… 303
天台寺（岩手県） ………… 40	天倫寺（島根県） …………… 826	道脇寺（千葉県） …………… 227
天台寺跡（福岡県） ……… 985		東京真宗中学校（東京都） … 303
天池庵（神奈川県） ……… 360	**【と】**	東京大学医学部附属病院（東京都）‥ 303
天長寺（愛媛県） ………… 940		東京タワー（東京都） ……… 303
天長寺（宮崎県） ………… 1045	土居（高知県） ……………… 956	東京都（東京都） …………… 303
天童（山形県） …………… 80	土肥（静岡県） ……………… 553	東京8区（東京都） ………… 304
伝東光寺跡（岐阜県） …… 525	土井家（三重県） …………… 616	東京府（東京都） …………… 304
天童市（山形県） ………… 81	遠石（山口県） ……………… 887	東京湾（千葉県） …………… 227
伝灯寺（石川県） ………… 425	砥石山（愛媛県） …………… 940	東京湾（東京都） …………… 304
田頭集落（岩手県） ……… 40	戸板島（高知県） …………… 956	東宮惇允家（群馬県） ……… 166
天童城（山形県） ………… 81	独逸皇帝博愛記念碑（沖縄県） 1103	東寅寺（京都府） …………… 677
天徳院（和歌山県） ……… 792	戸出野（富山県） …………… 410	手向（山形県） ……………… 81
転徳院（石川県） ………… 425	都井岬（宮崎県） …………… 1045	洞慶院（静岡県） …………… 553
天徳寺（北海道） ………… 10	土居屋敷（高知県） ………… 956	東慶寺（神奈川県） ………… 360
天徳寺（秋田県） ………… 67	東運寺（東京都） …………… 301	同慶寺（栃木県） …………… 141
天徳寺（東京都） ………… 301	東雲寺（東京都） …………… 301	陶芸の森（滋賀県） ………… 652
天徳寺（神奈川県） ……… 360	桃雲寺（秋田県） …………… 67	東源寺（山形県） …………… 81
天徳寺（滋賀県） ………… 652	洞雲寺（宮城県） …………… 54	桃源寺（神奈川県） ………… 360
天寧（福島県） …………… 105	洞雲寺（福井県） …………… 438	洞玄寺（山口県） …………… 887
天寧寺（福島県） ………… 105	洞雲寺（広島県） …………… 861	島後（島根県） ……………… 826
天寧寺（東京都） ………… 301	東叡山（東京都） …………… 301	道後（愛媛県） ……………… 940
天寧寺（滋賀県） ………… 652	東叡山勧学寮（東京都） …… 301	東行庵（山口県） …………… 887
天寧寺（京都府） ………… 677	東叡山領（東京都） ………… 301	東光院（茨城県） …………… 129
天然寺（長野県） ………… 494	東栄寺（千葉県） …………… 227	東光院（埼玉県） …………… 192
天念寺（大分県） ………… 1031	東栄町（愛知県） …………… 586	東光院（千葉県） …………… 227
天王（秋田県） …………… 67	東円寺（青森県） …………… 30	東光院（東京都） …………… 304
天王（福井県） …………… 438	堂応寺（岡山県） …………… 841	東光寺（宮城県） …………… 54
天王（高知県） …………… 956	東温（愛媛県） ……………… 940	東光寺（茨城県） …………… 129
天王寺（大阪府） ………… 708	東海（東海） ………………… 514	東光寺（栃木県） …………… 141
天皇（宮城県） …………… 54	洞海（福岡県） ……………… 985	東光寺（埼玉県） …………… 192
天王原（長野県） ………… 494	東海庵（大分県） …………… 1031	東光寺（千葉県） …………… 227
天白（愛知県） …………… 586	東海市（愛知県） …………… 586	東光寺（東京都） …………… 304
天白神社（静岡県） ……… 553	東海寺（東京都） …………… 301	東光寺（神奈川県） ………… 360
天福寺（香川県） ………… 921	東海七福神（東京都） ……… 301	東光寺（滋賀県） …………… 652
天福寺（大分県） ………… 1031	東海七福神（神奈川県） …… 360	東光寺（京都府） …………… 677
伝芳庵跡（神奈川県） …… 360	東海道（東京都） …………… 301	東光寺（和歌山県） ………… 792
伝法院（東京都） ………… 301	東海道（静岡県） …………… 553	東光寺（高知県） …………… 956
伝法院（和歌山県） ……… 792	東海道（三重県） …………… 616	東光寺（福岡県） …………… 985
伝法寺（青森県） ………… 30	東街道（宮城県） …………… 54	東光寺（大分県） …………… 1031
天満（和歌山県） ………… 792	東海白寿三十三観音霊場（東海） … 515	東向寺（その他） …………… 1121
伝馬（青森県） …………… 30	東海村（茨城県） …………… 129	洞光寺（島根県） …………… 826
天満青物市場（大阪府） … 708	洞海湾（福岡県） …………… 985	東光寺経塚（大分県） ……… 1031
天満天神裏（大阪府） …… 708	東覚寺（東京都） …………… 301	東光寺の鬼会（兵庫県） …… 729
天満本願寺跡（大阪府） … 708		東光禅寺（神奈川県） ……… 360

1195

とうこ　　　　　　　　　　　　　　　　　　　地名・寺社名索引

東光禅寺（香川県）‥‥‥‥‥‥‥‥ 921
東郷文弥節人形浄瑠璃（鹿児島県）‥ 1071
道後温泉（愛媛県）‥‥‥‥‥‥‥‥ 940
東国（東日本）‥‥‥‥‥‥‥‥‥‥‥ 2
東国（関東）‥‥‥‥‥‥‥‥‥‥‥ 116
東国三社（関東）‥‥‥‥‥‥‥‥‥ 116
道後神社（岐阜県）‥‥‥‥‥‥‥‥ 525
道後平野（愛媛県）‥‥‥‥‥‥‥‥ 940
東湖八坂神社のトウニン（統人）行事
　　（秋田県）‥‥‥‥‥‥‥‥‥‥‥ 67
東根院（和歌山県）‥‥‥‥‥‥‥‥ 793
東巌寺（大分県）‥‥‥‥‥‥‥‥‥ 1031
動坂（東京都）‥‥‥‥‥‥‥‥‥‥ 304
藤崎観音堂（新潟県）‥‥‥‥‥‥‥ 392
堂崎教会（長崎県）‥‥‥‥‥‥‥‥ 1007
道三池（大分県）‥‥‥‥‥‥‥‥‥ 1031
東山道（東京都）‥‥‥‥‥‥‥‥‥ 304
東山道（長野県）‥‥‥‥‥‥‥‥‥ 495
東山道（京都府）‥‥‥‥‥‥‥‥‥ 677
東寺（新潟県）‥‥‥‥‥‥‥‥‥‥ 392
東寺（京都府）‥‥‥‥‥‥‥‥‥‥ 677
答志（三重県）‥‥‥‥‥‥‥‥‥‥ 616
道志（山梨県）‥‥‥‥‥‥‥‥‥‥ 449
道谷（岩手県）‥‥‥‥‥‥‥‥‥‥ 40
東持寺（茨城県）‥‥‥‥‥‥‥‥‥ 129
答志町（三重県）‥‥‥‥‥‥‥‥‥ 616
堂島（大阪府）‥‥‥‥‥‥‥‥‥‥ 708
道志村（山梨県）‥‥‥‥‥‥‥‥‥ 449
道者街道（東京都）‥‥‥‥‥‥‥‥ 304
等澍院（北海道）‥‥‥‥‥‥‥‥‥‥ 10
藤樹書院（岡山県）‥‥‥‥‥‥‥‥ 841
洞春寺（山口県）‥‥‥‥‥‥‥‥‥ 887
東城（広島県）‥‥‥‥‥‥‥‥‥‥ 861
東条（千葉県）‥‥‥‥‥‥‥‥‥‥ 227
東条川（兵庫県）‥‥‥‥‥‥‥‥‥ 729
東照宮（栃木県）‥‥‥‥‥‥‥‥‥ 141
東照宮（群馬県）‥‥‥‥‥‥‥‥‥ 167
東昌寺（東京都）‥‥‥‥‥‥‥‥‥ 304
東昌寺（神奈川県）‥‥‥‥‥‥‥‥ 360
東昌寺（長野県）‥‥‥‥‥‥‥‥‥ 495
東照寺（千葉県）‥‥‥‥‥‥‥‥‥ 227
東照寺（長野県）‥‥‥‥‥‥‥‥‥ 495
東照寺（福岡県）‥‥‥‥‥‥‥‥‥ 985
道成寺（和歌山県）‥‥‥‥‥‥‥‥ 793
唐招提寺（奈良県）‥‥‥‥‥‥‥‥ 757
東信（長野県）‥‥‥‥‥‥‥‥‥‥ 495
東尋坊（福井県）‥‥‥‥‥‥‥‥‥ 438
唐人町（福岡県）‥‥‥‥‥‥‥‥‥ 985
唐人町（宮崎県）‥‥‥‥‥‥‥‥‥ 1045
唐人屋（島根県）‥‥‥‥‥‥‥‥‥ 826
道瀬（三重県）‥‥‥‥‥‥‥‥‥‥ 616
島前（島根県）‥‥‥‥‥‥‥‥‥‥ 826
道前（愛媛県）‥‥‥‥‥‥‥‥‥‥ 940
東川院（岩手県）‥‥‥‥‥‥‥‥‥‥ 41
東泉院（静岡県）‥‥‥‥‥‥‥‥‥ 553
東善院（山形県）‥‥‥‥‥‥‥‥‥‥ 81
東漸院（埼玉県）‥‥‥‥‥‥‥‥‥ 192
稲泉寺（長野県）‥‥‥‥‥‥‥‥‥ 495
東仙寺（和歌山県）‥‥‥‥‥‥‥‥ 793
東泉寺（千葉県）‥‥‥‥‥‥‥‥‥ 227
東泉寺（愛媛県）‥‥‥‥‥‥‥‥‥ 940
東善寺（群馬県）‥‥‥‥‥‥‥‥‥ 167
東漸寺（埼玉県）‥‥‥‥‥‥‥‥‥ 192
東漸寺（千葉県）‥‥‥‥‥‥‥‥‥ 227
東漸寺（東京都）‥‥‥‥‥‥‥‥‥ 304
東漸寺（神奈川県）‥‥‥‥‥‥‥‥ 360

東漸寺（長崎県）‥‥‥‥‥‥‥‥‥ 1007
東禅寺（千葉県）‥‥‥‥‥‥‥‥‥ 227
東禅寺（東京都）‥‥‥‥‥‥‥‥‥ 304
東禅寺（愛知県）‥‥‥‥‥‥‥‥‥ 586
洞禅寺（佐賀県）‥‥‥‥‥‥‥‥‥ 998
道前八社八幡神社（愛媛県）‥‥‥‥ 940
道前原（福島県）‥‥‥‥‥‥‥‥‥ 105
道前平野（愛媛県）‥‥‥‥‥‥‥‥ 940
童仙房（京都府）‥‥‥‥‥‥‥‥‥ 678
東総（千葉県）‥‥‥‥‥‥‥‥‥‥ 228
東大寺（奈良県）‥‥‥‥‥‥‥‥‥ 758
東大寺開山堂（奈良県）‥‥‥‥‥‥ 759
東大寺戒壇院（奈良県）‥‥‥‥‥‥ 759
東大寺大仏殿（奈良県）‥‥‥‥‥‥ 759
東大寺南大門（奈良県）‥‥‥‥‥‥ 759
東大寺二月堂（奈良県）‥‥‥‥‥‥ 759
東大寺法華堂（奈良県）‥‥‥‥‥‥ 760
東大社（千葉県）‥‥‥‥‥‥‥‥‥ 228
東大人遺跡（和歌山県）‥‥‥‥‥‥ 793
堂平山（埼玉県）‥‥‥‥‥‥‥‥‥ 192
堂平仏堂跡（栃木県）‥‥‥‥‥‥‥ 141
東忠（新潟県）‥‥‥‥‥‥‥‥‥‥ 392
東長寺（福岡県）‥‥‥‥‥‥‥‥‥ 985
藤長寺（島根県）‥‥‥‥‥‥‥‥‥ 826
遠坪遺跡（千葉県）‥‥‥‥‥‥‥‥ 228
塔寺（福島県）‥‥‥‥‥‥‥‥‥‥ 105
塔寺八幡宮（福島県）‥‥‥‥‥‥‥ 105
堂塔寺（福岡県）‥‥‥‥‥‥‥‥‥ 985
東都三拾三間堂（東京都）‥‥‥‥‥ 304
東都三十三間堂（東京都）‥‥‥‥‥ 304
道頓堀（大阪府）‥‥‥‥‥‥‥‥‥ 708
東平（愛媛県）‥‥‥‥‥‥‥‥‥‥ 940
東平集落（愛媛県）‥‥‥‥‥‥‥‥ 940
道南（北海道）‥‥‥‥‥‥‥‥‥‥‥ 10
東南院（奈良県）‥‥‥‥‥‥‥‥‥ 760
東濃（岐阜県）‥‥‥‥‥‥‥‥‥‥ 525
唐ノ川（佐賀県）‥‥‥‥‥‥‥‥‥ 998
洞ノ口遺跡（宮城県）‥‥‥‥‥‥‥‥ 55
東庄（千葉県）‥‥‥‥‥‥‥‥‥‥ 228
東庄町（千葉県）‥‥‥‥‥‥‥‥‥ 228
当尾石仏（京都府）‥‥‥‥‥‥‥‥ 678
銅之鳥居八幡神社（徳島県）‥‥‥‥ 906
多武峰（奈良県）‥‥‥‥‥‥‥‥‥ 760
多武峯妙楽寺（奈良県）‥‥‥‥‥‥ 760
桃原（沖縄県）‥‥‥‥‥‥‥‥‥‥ 1103
桃原村（沖縄県）‥‥‥‥‥‥‥‥‥ 1103
東福院（大阪府）‥‥‥‥‥‥‥‥‥ 708
東福寺（福島県）‥‥‥‥‥‥‥‥‥ 105
東福寺（群馬県）‥‥‥‥‥‥‥‥‥ 167
東福寺（埼玉県）‥‥‥‥‥‥‥‥‥ 192
東福寺（千葉県）‥‥‥‥‥‥‥‥‥ 228
東福寺（神奈川県）‥‥‥‥‥‥‥‥ 360
東福寺（京都府）‥‥‥‥‥‥‥‥‥ 678
東福城址（新潟県）‥‥‥‥‥‥‥‥ 392
豆腐地蔵（東京都）‥‥‥‥‥‥‥‥ 304
東武線（埼玉県）‥‥‥‥‥‥‥‥‥ 192
東部地域（埼玉県）‥‥‥‥‥‥‥‥ 192
童部堂（埼玉県）‥‥‥‥‥‥‥‥‥ 192
東武東上線（埼玉県）‥‥‥‥‥‥‥ 192
唐房（佐賀県）‥‥‥‥‥‥‥‥‥‥ 998
当房通（鹿児島県）‥‥‥‥‥‥‥‥ 1072
東北（東北）‥‥‥‥‥‥‥‥‥‥‥‥ 19
胴埋塚（千葉県）‥‥‥‥‥‥‥‥‥ 228
東明寺（福島県）‥‥‥‥‥‥‥‥‥ 105
東明寺（京都府）‥‥‥‥‥‥‥‥‥ 678
東明寺（奈良県）‥‥‥‥‥‥‥‥‥ 760

等妙寺（愛媛県）‥‥‥‥‥‥‥‥‥ 940
道明寺（大阪府）‥‥‥‥‥‥‥‥‥ 708
等妙寺集石墓群（愛媛県）‥‥‥‥‥ 940
道明寺天満宮（大阪府）‥‥‥‥‥‥ 708
東毛（群馬県）‥‥‥‥‥‥‥‥‥‥ 167
銅屋（福島県）‥‥‥‥‥‥‥‥‥‥ 105
どうやま石塔群（鹿児島県）‥‥‥‥ 1072
東予（愛媛県）‥‥‥‥‥‥‥‥‥‥ 940
東陽院（東京都）‥‥‥‥‥‥‥‥‥ 304
東陽寺（東京都）‥‥‥‥‥‥‥‥‥ 304
東洋町（高知県）‥‥‥‥‥‥‥‥‥ 956
東予市（愛媛県）‥‥‥‥‥‥‥‥‥ 940
刀利（富山県）‥‥‥‥‥‥‥‥‥‥ 410
刀利村（富山県）‥‥‥‥‥‥‥‥‥ 410
刀利谷（富山県）‥‥‥‥‥‥‥‥‥ 410
東隆寺（栃木県）‥‥‥‥‥‥‥‥‥ 141
東隆寺（山口県）‥‥‥‥‥‥‥‥‥ 887
東竜寺（新潟県）‥‥‥‥‥‥‥‥‥ 392
東竜寺（愛知県）‥‥‥‥‥‥‥‥‥ 586
道隆寺（香川県）‥‥‥‥‥‥‥‥‥ 921
道隆寺跡（鹿児島県）‥‥‥‥‥‥‥ 1072
東林庵（長野県）‥‥‥‥‥‥‥‥‥ 495
桐林院（長野県）‥‥‥‥‥‥‥‥‥ 495
東林寺（秋田県）‥‥‥‥‥‥‥‥‥‥ 67
東林寺（茨城県）‥‥‥‥‥‥‥‥‥ 129
桃林寺（沖縄県）‥‥‥‥‥‥‥‥‥ 1103
東蓮寺（長崎県）‥‥‥‥‥‥‥‥‥ 1007
東蓮寺跡（長崎県）‥‥‥‥‥‥‥‥ 1007
塘路（北海道）‥‥‥‥‥‥‥‥‥‥‥ 10
東和町（岩手県）‥‥‥‥‥‥‥‥‥‥ 41
東和町（宮城県）‥‥‥‥‥‥‥‥‥‥ 55
東和町（山口県）‥‥‥‥‥‥‥‥‥ 887
人舛田（沖縄県）‥‥‥‥‥‥‥‥‥ 1103
戸円集落（鹿児島県）‥‥‥‥‥‥‥ 1072
遠石八幡宮（山口県）‥‥‥‥‥‥‥ 887
十日市（広島県）‥‥‥‥‥‥‥‥‥ 861
遠刈田（宮城県）‥‥‥‥‥‥‥‥‥‥ 55
十日町（新潟県）‥‥‥‥‥‥‥‥‥ 392
十日町市（新潟県）‥‥‥‥‥‥‥‥ 392
十日森稲荷神社（東京都）‥‥‥‥‥ 304
遠島（岩手県）‥‥‥‥‥‥‥‥‥‥‥ 41
十津（高知県）‥‥‥‥‥‥‥‥‥‥ 956
遠田郡（宮城県）‥‥‥‥‥‥‥‥‥‥ 55
遠竹村（長崎県）‥‥‥‥‥‥‥‥‥ 1007
遠江（静岡県）‥‥‥‥‥‥‥‥‥‥ 553
遠江国分寺（静岡県）‥‥‥‥‥‥‥ 554
遠江国（静岡県）‥‥‥‥‥‥‥‥‥ 554
遠江国十一院内（静岡県）‥‥‥‥‥ 554
遠江のひよんどりとおくない（静岡県）
　　　　　　　　　　　　　　　‥‥ 554
遠江山（静岡県）‥‥‥‥‥‥‥‥‥ 554
遠野（岩手県）‥‥‥‥‥‥‥‥‥‥‥ 41
多保市（京都府）‥‥‥‥‥‥‥‥‥ 678
遠野郷（岩手県）‥‥‥‥‥‥‥‥‥‥ 42
遠野郷八幡宮（岩手県）‥‥‥‥‥‥‥ 42
通古賀（福岡県）‥‥‥‥‥‥‥‥‥ 985
遠野市（岩手県）‥‥‥‥‥‥‥‥‥‥ 42
遠見稲荷神社（大分県）‥‥‥‥‥‥ 1031
遠見塚古墳（大分県）‥‥‥‥‥‥‥ 1031
遠光（徳島県）‥‥‥‥‥‥‥‥‥‥ 906
遠山谷（長野県）‥‥‥‥‥‥‥‥‥ 495
遠山の霜月祭（長野県）‥‥‥‥‥‥ 495
遠山庄（長野県）‥‥‥‥‥‥‥‥‥ 496
通町（山形県）‥‥‥‥‥‥‥‥‥‥‥ 81
融神社（滋賀県）‥‥‥‥‥‥‥‥‥ 652
利賀（富山県）‥‥‥‥‥‥‥‥‥‥ 410

1196

戸隠（長野県）……496	徳童（福岡県）……985	豊島ヶ池（愛知県）……587
戸隠旧本坊久山家（長野県）……496	徳念寺（愛知県）……586	豊島ヶ岡御陵（福島県）……105
戸隠高原（長野県）……496	徳之島（鹿児島県）……1072	豊島岡墓地（東京都）……305
戸隠神社（秋田県）……67	徳森村（愛媛県）……940	豊島区（東京都）……305
戸隠神社（新潟県）……392	得橋郷（石川県）……425	利島村（東京都）……305
戸隠神社（長野県）……496	徳淵町（熊本県）……1014	利光（大分県）……1031
戸隠寺（長野県）……496	徳丸（東京都）……304	土州（高知県）……960
等覚寺の松会（福岡県）……985	徳丸北野神社（東京都）……304	道修町（大阪府）……708
戸隠村（長野県）……496	徳丸本村（東京都）……305	戸神社（岡山県）……841
戸ヶ崎（埼玉県）……192	徳明院（山口県）……888	鳥栖（佐賀県）……998
富樫（石川県）……425	徳山（岐阜県）……525	鳥栖市（佐賀県）……999
渡嘉敷島（沖縄県）……1103	徳山の盆踊（静岡県）……554	答志島（三重県）……616
砥鹿神社（愛知県）……586	徳山藩（山口県）……888	戸田（埼玉県）……192
十勝（北海道）……10	徳山村（岐阜県）……525	戸田（鹿児島県）……1073
十勝海岸（北海道）……10	徳融寺（奈良県）……760	戸田観音（鹿児島県）……1073
十勝川流域（北海道）……10	戸倉（長野県）……496	戸田観音堂（鹿児島県）……1073
十勝旭明社（北海道）……10	土倉道（三重県）……616	戸田家上屋敷（東京都）……305
十勝場所（北海道）……10	徳林寺（茨城県）……129	戸田市（埼玉県）……192
都喝喇（鹿児島県）……1072	徳和（山梨県）……449	戸田の渡し（東京都）……305
止上神社（鹿児島県）……1072	徳和瀬集落（鹿児島県）……1073	戸田羽黒権現（埼玉県）……192
利賀村（富山県）……410	斗合田（群馬県）……167	栃泉町（福井県）……438
利賀村大勘場（富山県）……410	床浦祠（大分県）……1031	栃尾（新潟県）……392
トカラ（鹿児島県）……1072	床浦社（大分県）……1031	栃尾観音堂（奈良県）……760
吐噶喇（鹿児島県）……1072	常滑（愛知県）……586	栃尾市（新潟県）……392
トカラ列島（鹿児島県）……1072	常滑市（愛知県）……587	栃木（栃木県）……141
外川家（山梨県）……449	常滑町（愛知県）……587	栃木県（栃木県）……141
外川家住宅（山梨県）……449	床舞（青森県）……30	栃木沢（福島県）……105
都幾川村（埼玉県）……192	常世岐姫神社（埼玉県）……192	栃木市（栃木県）……142
時田村（山形県）……81	所子（鳥取県）……804	栃久保（東京都）……305
時平神社（千葉県）……228	所沢（埼玉県）……192	栃堀（新潟県）……392
富来町（石川県）……425	所沢市（埼玉県）……192	栃股（宮崎県）……1045
時水城（新潟県）……392	野老山（高知県）……956	栃本（栃木県）……142
利屋（愛知県）……586	土佐（高知県）……956	栃本（群馬県）……167
戸切（福岡県）……985	土佐一宮（高知県）……959	橡原御厨（長野県）……496
常盤（埼玉県）……192	土佐稲荷神社（大阪府）……708	戸塚（神奈川県）……360
常盤が丘（栃木県）……141	砥崎観音（熊本県）……1014	十束（静岡県）……554
常盤座（岐阜県）……525	土佐国分寺（高知県）……960	戸塚七福神（神奈川県）……360
常盤台天祖神社（東京都）……304	土佐西国観音霊場三十三カ所（高知県）	戸塚宿（神奈川県）……360
常盤歴史資料館（長崎県）……1007	……960	戸塚伝導所（神奈川県）……360
頭巾山（京都府）……678	土佐西国三十三観音霊場（高知県）……960	十津川（岐阜県）……525
徳雲寺（神奈川県）……360	土佐三十三番（高知県）……960	十津川（奈良県）……760
徳栄寺（福岡県）……985	土佐路（高知県）……960	十津川の大踊（奈良県）……760
徳江観音（福島県）……105	土佐清水市（高知県）……960	十津川村（岐阜県）……525
徳江観音寺（福島県）……105	土佐神社（高知県）……960	十津川村（奈良県）……760
徳右エ門稲荷（新潟県）……392	土佐町（高知県）……960	戸次（大分県）……1031
徳川家霊廟（関東）……116	土佐の神楽（高知県）……960	とっくり村（岐阜県）……525
徳川霊廟（東京都）……304	土佐国（高知県）……960	独狐（青森県）……30
徳願寺（千葉県）……229	土佐国三十三所霊場（高知県）……960	徳光神社（鹿児島県）……1073
徳願寺（岐阜県）……525	土佐国惣社跡（高知県）……960	独鈷山（熊本県）……1014
徳源院（滋賀県）……552	土佐藩（高知県）……960	独鈷寺（福岡県）……985
徳山（山口県）……887	土佐山（高知県）……960	戸津神社（滋賀県）……652
徳地（山口県）……887	土佐山田（高知県）……960	鳥頭神社（群馬県）……167
徳島（徳島県）……906	土佐山田町（高知県）……960	鳥取（鳥取県）……804
徳島県（徳島県）……906	土佐山村（高知県）……960	鳥取県（鳥取県）……805
徳島市（徳島県）……907	戸沢（山形県）……81	鳥取市（鳥取県）……806
徳島城（徳島県）……907	戸沢（長野県）……496	鳥取神社（北海道）……10
徳勝寺（岐阜県）……525	土師神社（群馬県）……167	鳥取東照宮（鳥取県）……806
徳昌寺（山形県）……81	歳大明神（長崎県）……1007	鳥取藩（鳥取県）……806
徳善院（福島県）……105	歳苗神社（滋賀県）……652	土塔（大阪府）……709
徳善院（東京都）……304	利永（鹿児島県）……1073	戸渡島神社（佐賀県）……999
徳泉寺（高知県）……956	歳の森大明神（大分県）……1031	戸渡嶋神社（佐賀県）……999
徳ぞう院（千葉県）……229	利仁神社経塚（埼玉県）……192	椴法華村（北海道）……10
徳蔵院（長野県）……496	利別（北海道）……10	富海（山口県）……888
徳蔵寺（栃木県）……141	富島（兵庫県）……729	轟木（佐賀県）……999
徳蔵寺（東京都）……304	豊島（東京都）……305	二十六木（秋田県）……67
徳谷（滋賀県）……652	利島（東京都）……305	轟神社（徳島県）……907

戸那子（長野県）496
渡名名島（沖縄県）1103
刀那神社（福井県）439
礪波（富山県）410
礪波郡（富山県）411
礪波市（富山県）411
礪波詰所（富山県）411
となみ野（富山県）411
礪波平野（富山県）411
土成（徳島県）907
都南（岩手県）42
土南（高知県）960
都南村（岩手県）42
戸入（岐阜県）525
刀根（福井県）439
利根（茨城県）129
利根（群馬県）167
利根川（関東）116
利根川（茨城県）129
利根川（群馬県）167
利根川（埼玉県）192
利根川（千葉県）229
利根川（東京都）305
利根川下流域（関東）116
利根川下流域（千葉県）229
利根川左岸（茨城県）129
十根川神社（宮崎県）1045
利根川水系（千葉県）229
利根川中・下流（千葉県）229
利根川中・下流域（千葉県）229
利根川中流域（関東）116
利根川中流域（千葉県）229
利根川流域（関東）116
利根川流域（茨城県）129
利根川流域（埼玉県）193
利根川流域（千葉県）229
刀根区（福井県）439
利根沼田（群馬県）167
舎人（東京都）305
舎人諏訪神社（東京都）305
舎人氷川神社（東京都）305
殿（静岡県）554
外之内（茨城県）129
殿ヶ谷分水（東京都）305
土庄町（香川県）921
登野城村（沖縄県）1103
殿原廃寺（兵庫県）729
殿部田（千葉県）229
鳥宮（長野県）496
殿村（三重県）616
冨波（滋賀県）652
鳥羽市（三重県）617
鳥羽・志摩の海女漁の技術（三重県）617
鳥羽小左衛門邸宅（千葉県）229
戸畑祇園大山笠行事（福岡県）985
鳥羽町（三重県）617
鳥羽の火祭り（愛知県）587
鳥羽離宮跡（京都府）678
飛梅町（石川県）425
飛川宮（山梨県）449
飛島（山形県）81
飛島村（愛知県）587
飛田給（東京都）305
飛血山（千葉県）229

飛幡八幡宮（福岡県）985
飛火野（奈良県）760
戸部（愛知県）587
砥部（愛媛県）940
富部神社（愛知県）587
斗升（広島県）861
苫田郡（岡山県）841
苫田ダム（岡山県）841
泊里浜（岩手県）42
富浦（千葉県）229
富浦町（千葉県）229
登美丘（大阪府）709
富岡（群馬県）167
富岡（山梨県）449
富岡（静岡県）554
富岡集落（青森県）30
富岡八幡宮（岩手県）42
富岡八幡宮（千葉県）229
富岡八幡宮（東京都）305
富岡八幡宮（神奈川県）360
富岡八幡神社（宮城県）55
富雄川上流（奈良県）760
富川（滋賀県）652
豊見城（沖縄県）1103
豊見城市（沖縄県）1103
富崎（千葉県）229
富里（千葉県）229
富郷町（愛媛県）940
富沢（山形県）81
富沢磨崖仏群（宮城県）55
鳥見神社（千葉県）229
等弥神社（奈良県）760
富塚富士（東京都）305
富洲原（三重県）617
富田（福島県）105
富田（長野県）496
富田（三重県）617
富田（香川県）921
富田川（和歌山県）793
富田川（山口県）888
冨田神社（佐賀県）999
富田中村（香川県）921
富田弁天（茨城県）129
富田町（福島県）105
富田村（香川県）921
富永（三重県）617
富永（高知県）960
富松神社（兵庫県）729
富松神社（長崎県）1007
富屋町（島根県）826
富山（千葉県）229
富山村（愛知県）587
富吉上町（兵庫県）729
戸室神社（神奈川県）360
登米（宮城県）55
登米市（宮城県）55
鞆（広島県）861
巴川（静岡県）554
巴川（愛知県）587
鞆ヶ浦（島根県）826
友田（東京都）306
友田（奈良県）760
友田町（東京都）306
鞆町（広島県）862
鞆津（広島県）862

伴野（長野県）496
鞆の浦（広島県）862
鞆の津（広島県）862
具平親王神社（兵庫県）729
友広神社（広島県）862
鞆淵（和歌山県）793
鞆淵荘（和歌山県）793
鞆淵八幡神社（和歌山県）793
友部村（茨城県）129
友利（沖縄県）1103
鳥屋（神奈川県）361
戸谷塚（群馬県）167
外山（長野県）496
外山（愛媛県）941
富山（富山県）411
富山県（富山県）412
富山郷（富山県）412
戸山山荘（東京都）306
富山市（富山県）412
富山城跡（富山県）412
富山馬頭観音堂（山形県）81
富山藩（富山県）412
富山別院（富山県）412
富山湾（富山県）412
豊浦寺（奈良県）760
十余一（千葉県）229
豊受神社（千葉県）229
豊受神社（愛媛県）941
豊岡（神奈川県）361
豊岡（静岡県）554
豊岡市（兵庫県）729
豊岡町（茨城県）129
豊丘村（長野県）496
豊川稲荷（愛知県）587
豊川下流域（愛知県）587
豊川市（愛知県）587
豊国（九州・沖縄）969
豊国社（京都府）678
豊国酒造（福島県）105
豊国神社（滋賀県）652
豊国神社（京都府）678
豊栄町安宿（広島県）862
豊郷（北海道）10
豊郷神社（長野県）496
豊四季（千葉県）229
豊科（長野県）496
豊島（広島県）862
豊島市（愛知県）587
豊田神社（新潟県）392
豊田神社（広島県）862
豊田町（静岡県）554
豊玉西（東京都）306
豊玉姫神社（千葉県）229
豊玉姫神社（鹿児島県）1073
豊玉姫小綱（長崎県）1007
豊田屋（群馬県）167
豊田屋旅館（群馬県）167
豊津（千葉県）229
豊津町（福岡県）985
豊富稲荷（青森県）30
豊富町（兵庫県）729
豊中（大阪府）709
豊中えびす神社（大阪府）709
豊永郷（高知県）960
豊中市（大阪府）709
豊中町（香川県）921

地名・寺社名索引　　なかし

豊野町（長野県）………………… 496
豊橋（愛知県）…………………… 588
豊橋市（愛知県）………………… 588
豊橋神明社の鬼祭（愛知県）…… 588
豊浜（北海道）…………………… 10
豊浜（千葉県）…………………… 230
豊浜（愛知県）…………………… 588
豊浜（三重県）…………………… 617
豊浜中野（静岡県）……………… 554
豊浜八幡神社（香川県）………… 921
豊原寺（福井県）………………… 439
豊原城（福井県）………………… 439
豊平（広島県）…………………… 862
豊満神社（滋賀県）……………… 652
豊満神社下之郷（滋賀県）……… 652
虎御前山（滋賀県）……………… 652
虎姫町（滋賀県）………………… 652
東浪見（千葉県）………………… 230
東浪見村（千葉県）……………… 230
寅薬師堂（埼玉県）……………… 193
トラリ（北海道）………………… 10
鳥上げ坂（山形県）……………… 81
鳥居川霊園（滋賀県）…………… 652
鳥居区（山梨県）………………… 449
鳥居古墳（三重県）……………… 617
鳥居峠（長野県）………………… 496
鳥井野（青森県）………………… 30
鳥居原（長野県）………………… 496
鳥飼八幡宮（福岡県）…………… 986
鳥髪（島根県）…………………… 826
鳥越村（石川県）………………… 425
鳥塚橋（茨城県）………………… 129
取手（茨城県）…………………… 130
とりで街道（長野県）…………… 496
鳥出神社の鯨船行事（三重県）… 617
鳥辺野（京都府）………………… 678
鳥屋（石川県）…………………… 425
鳥屋町（石川県）………………… 425
泥江県神社（愛知県）…………… 588
洞川（奈良県）…………………… 761
洞川温泉郷（奈良県）…………… 761
都呂須（大阪府）………………… 709
泥田新田（神奈川県）…………… 361
泥田廃寺（岩手県）……………… 42
十和（高知県）…………………… 960
十和田山（青森県）……………… 30
トンガラシ地蔵尊（東京都）…… 306
頓証寺（香川県）………………… 921
富田（滋賀県）…………………… 653
富田（山口県）…………………… 888
冨田（滋賀県）…………………… 653
ドンデン山（新潟県）…………… 392
とんとん地蔵尊（東京都）……… 306
どんどん橋（東京都）…………… 306
遠見場山（宮崎県）……………… 1045

【 な 】

奈井江神社（北海道）…………… 10
奈井江町（北海道）……………… 11
内海（神奈川県）………………… 361
内海（広島県）…………………… 862
内宮（三重県）…………………… 617
内湖（滋賀県）…………………… 653
内船寺（山梨県）………………… 449

内藤新宿（東京都）……………… 306
内母神社（三重県）……………… 617
名内（千葉県）…………………… 230
苗木藩（岐阜県）………………… 525
苗敷山（山梨県）………………… 449
苗間戸稲荷（東京都）…………… 306
奈江村（北海道）………………… 11
直江津（新潟県）………………… 392
直江津砂丘（新潟県）…………… 392
直島（香川県）…………………… 921
直島諸島（香川県）……………… 921
縄生廃寺（三重県）……………… 617
那珂（福岡県）…………………… 986
那賀（茨城県）…………………… 130
中井（東京都）…………………… 306
中居（石川県）…………………… 425
永井源多（滋賀県）……………… 653
中井御霊神社（東京都）………… 306
中井侍（長野県）………………… 496
長井市（山形県）………………… 81
中市（山口県）…………………… 888
中井町（岡山県）………………… 841
永井の大念仏剣舞（岩手県）…… 42
中井廃寺（兵庫県）……………… 729
中印旛（千葉県）………………… 230
中魚沼（新潟県）………………… 392
中海（鳥取県）…………………… 806
長柄（神奈川県）………………… 361
長柄桜山古墳（神奈川県）……… 361
中尾（群馬県）…………………… 167
中尾（長野県）…………………… 497
中尾（香川県）…………………… 921
長尾（長野県）…………………… 497
長尾（香川県）…………………… 921
中追（広島県）…………………… 862
長岡（新潟県）…………………… 392
長岡京（京都府）………………… 678
長岡京跡（京都府）……………… 678
長岡市（新潟県）………………… 392
長尾川（兵庫県）………………… 729
中尾観音堂（群馬県）…………… 167
仲尾次（沖縄県）………………… 1103
長尾寺（香川県）………………… 922
中尾神社（埼玉県）……………… 193
長尾神社（千葉県）……………… 230
長尾神社（奈良県）……………… 761
長尾神社（広島県）……………… 862
長尾諏訪神社（長野県）………… 497
長尾製麺株式会社（福岡県）…… 986
中小田井（愛知県）……………… 588
長尾町（香川県）………………… 922
長尾名村（香川県）……………… 922
長尾西村（香川県）……………… 922
長尾八幡宮（山口県）…………… 888
長尾弁天社（栃木県）…………… 142
中海府（新潟県）………………… 392
仲勝集落（鹿児島県）…………… 1073
中神（東京都）…………………… 306
中賀茂（徳島県）………………… 907
中萱（長野県）…………………… 497
中川（埼玉県）…………………… 193
中川（静岡県）…………………… 554
中川（京都府）…………………… 678
那珂川（栃木県）………………… 142
那珂川河畔（福岡県）…………… 986
中川区（愛知県）………………… 588

中河村（福井県）………………… 439
中河内（滋賀県）………………… 653
中河内（大阪府）………………… 709
那賀川町（徳島県）……………… 908
那賀川町上福井（徳島県）……… 908
中川番所（東京都）……………… 306
那珂川町（栃木県）……………… 142
中川村（栃木県）………………… 142
中川村（千葉県）………………… 230
中川村（長野県）………………… 497
中川原（兵庫県）………………… 729
中川流域（埼玉県）……………… 193
那珂川流域（栃木県）…………… 142
那賀川流域（徳島県）…………… 908
中岸本（滋賀県）………………… 653
中岸本町（滋賀県）……………… 653
中京区（京都府）………………… 678
中清戸（東京都）………………… 306
中桐（三重県）…………………… 617
中釘（埼玉県）…………………… 193
中釘村（埼玉県）………………… 193
長草天神社（愛知県）…………… 588
中城（沖縄県）…………………… 1103
中城御殿（沖縄県）……………… 1103
中城城（沖縄県）………………… 1103
長久手（愛知県）………………… 588
中頸城（新潟県）………………… 392
仲久保（高知県）………………… 960
中組（長野県）…………………… 497
中組（広島県）…………………… 862
中蔵谷薬師堂（広島県）………… 862
那賀郡（和歌山県）……………… 793
那賀郡（島根県）………………… 826
中郷（山形県）…………………… 81
中郷薬師堂（埼玉県）…………… 193
長坂（岩手県）…………………… 42
長坂（富山県）…………………… 412
長坂（山梨県）…………………… 450
長坂（愛知県）…………………… 588
長坂村（秋田県）………………… 67
長狭観音（千葉県）……………… 230
長崎（東京都）…………………… 306
長崎（長崎県）…………………… 1007
長崎街道（福岡県）……………… 986
長崎教会（長崎県）……………… 1008
長崎くんちの奉納踊（長崎県）… 1008
長崎県（長崎県）………………… 1008
長崎港（北海道）………………… 11
長崎市（長崎県）………………… 1008
長崎寺（鹿児島県）……………… 1073
長崎村（東京都）………………… 306
長狭三十三観音（千葉県）……… 230
中里（岩手県）…………………… 42
中里（秋田県）…………………… 67
中里（東京都）…………………… 306
中里（静岡県）…………………… 554
中里（三重県）…………………… 617
中里（佐賀県）…………………… 999
長里（鹿児島県）………………… 1073
仲里村（沖縄県）………………… 1103
中里村（新潟県）………………… 392
長沢（新潟県）…………………… 392
長沢（滋賀県）…………………… 653
長沢神社（滋賀県）……………… 653
長沢辻（大阪府）………………… 709
中志田（福島県）………………… 105

なかし 地名・寺社名索引

長篠茮柄天神（愛知県）	588	
中島（千葉県）	230	
中島（石川県）	425	
中島（長野県）	497	
長島（岩手県）	42	
長島（鹿児島県）	1073	
中島観音堂（高知県）	960	
中嶋郷（静岡県）	554	
中島蕉園（沖縄県）	1103	
中島神社九州分社（福岡県）	986	
中嶋宮（鹿児島県）	1073	
中島不動尊堂（神奈川県）	361	
中嶋村（静岡県）	554	
中宿（群馬県）	167	
中宿（東京都）	306	
中宿（滋賀県）	653	
仲宿（東京都）	306	
中庄（岡山県）	841	
中条（新潟県）	392	
中条（長野県）	497	
中条村（長野県）	497	
中泰泉寺（高知県）	960	
中新田命山（静岡県）	554	
長須賀村（千葉県）	230	
中須川（長崎県）	1009	
中条（島根県）	826	
仲筋御岳（沖縄県）	1103	
長洲天満神社（兵庫県）	729	
長砂経塚（鳥取県）	806	
長洲荘（兵庫県）	729	
長瀬（岐阜県）	525	
中関（長野県）	497	
中畝神社（岡山県）	841	
中山道（東京都）	306	
中山道（岐阜県）	525	
中山道（滋賀県）	653	
中山道十七宿（東京都）	306	
中所（広島県）	862	
中曽根（長野県）	497	
中曽根神社（東京都）	306	
永田（鹿児島県）	1073	
中田（富山県）	412	
長田（宮崎県）	1045	
中高（鳥取県）	806	
長田（愛媛県）	941	
長滝（大阪府）	709	
中滝郷（千葉県）	230	
長滝白山神社（岐阜県）	525	
長田社（兵庫県）	729	
中田代八幡神社（秋田県）	67	
長田神社（兵庫県）	729	
中谷（高知県）	960	
中谷（鹿児島県）	1073	
長谷（京都府）	678	
長谷（大阪府）	709	
長谷神社（広島県）	862	
永田馬場（埼玉県）	193	
中田町柳橋（福島県）	105	
仲地（沖縄県）	1103	
中町（埼玉県）	193	
中町（東京都）	306	
仲町（千葉県）	230	
仲町（東京都）	306	
那賀町（徳島県）	908	
中津（大分県）	1031	
中津池（香川県）	922	
中津川（岩手県）	42	
中津川（山形県）	81	
中津川（埼玉県）	193	
中津川（岐阜県）	525	
中津川行者堂（和歌山県）	793	
中津川市（岐阜県）	525	
中津市（大分県）	1032	
中津城（岐阜県）	525	
中津城（宮崎県）	1046	
中角（高知県）	961	
中津野（鹿児島県）	1073	
中津原（福岡県）	986	
中津万象園（香川県）	922	
中坪（栃木県）	142	
中間天満神社（香川県）	922	
中妻町（茨城県）	130	
中寺廃寺（香川県）	922	
中土（愛媛県）	941	
長棟（富山県）	412	
長門（山口県）	888	
仲洞（高知県）	961	
中通り（福島県）	105	
長棟川流域（富山県）	412	
長門国府（山口県）	888	
中土佐町（高知県）	961	
長門市（山口県）	888	
長土塀（石川県）	425	
仲泊遺跡（沖縄県）	1103	
中富（埼玉県）	193	
中臣氏神社（三重県）	617	
長瀞（山形県）	81	
長瀞七草寺（埼玉県）	193	
長瀞町（埼玉県）	193	
中奈良村（埼玉県）	193	
中新田（宮城県）	55	
中新田町（宮城県）	55	
ナーカヌカーアジ墓（沖縄県）	1103	
長沼（栃木県）	142	
長沼（東京都）	306	
長沼（滋賀県）	653	
長沼集落（千葉県）	230	
長沼八幡宮（栃木県）	142	
中沼薬師堂（神奈川県）	361	
中根（東京都）	306	
中根（愛知県）	588	
中根三叉路（東京都）	307	
永野（高知県）	961	
中野（青森県）	30	
中野（岩手県）	42	
中野（福島県）	105	
中野（群馬県）	167	
中野（埼玉県）	193	
中野（東京都）	307	
中野（長野県）	497	
中野（静岡県）	554	
長野（長野県）	497	
長野（静岡県）	554	
中之院（愛知県）	588	
長野運動公園（長野県）	498	
長野駅（長野県）	498	
中の川（高知県）	961	
中之川（愛媛県）	941	
中野観音堂（静岡県）	554	
中野区（東京都）	307	
長野県（長野県）	498	
中之郷（三重県）	617	
中河内集落（富山県）	412	
中之郷村（愛知県）	588	
那賀郡（茨城県）	130	
中ノ沢（福島県）	105	
中ノ沢（新潟県）	392	
中野市（長野県）	500	
長野市（長野県）	500	
中之島（鹿児島県）	1073	
長野市民会館（長野県）	500	
長野宿（三重県）	617	
中之庄（奈良県）	761	
中之条（群馬県）	167	
中庄八幡宮（岡山県）	842	
中之条町（群馬県）	167	
中野神社（福井県）	439	
中野神社（滋賀県）	653	
中野神社（宮崎県）	1046	
長野水神社（福岡県）	986	
中之岳神社（群馬県）	167	
中之町（広島県）	862	
中野町（福井県）	439	
中能登町（石川県）	425	
中野八幡神社（広島県）	862	
中浜（高知県）	961	
長浜原（長野県）	500	
中ノ原遺跡（宮城県）	55	
長登銅山（山口県）	888	
長野盆地（長野県）	500	
長野町（長崎県）	1009	
中野村（宮城県）	55	
中野村（東京都）	307	
中野村（静岡県）	554	
中野村（広島県）	862	
長野村（長野県）	500	
長野村（和歌山県）	793	
長墓遺跡（沖縄県）	1103	
長浜（静岡県）	554	
長浜（滋賀県）	653	
長浜（島根県）	826	
長浜（愛媛県）	941	
長浜（沖縄県）	1103	
長浜市（滋賀県）	653	
長浜城（滋賀県）	653	
長浜神社（大分県）	1032	
長浜町（愛媛県）	941	
長浜八幡宮（滋賀県）	653	
長浜曳山祭の曳山行事（滋賀県）	653	
長浜湊（島根県）	826	
中原（長野県）	500	
中原（山口県）	888	
長原（徳島県）	908	
中原集落（千葉県）	230	
仲原馬場（沖縄県）	1103	
中氷川神社（埼玉県）	193	
長引（奈良県）	761	
中峠（千葉県）	230	
中平出（栃木県）	142	
中福（埼玉県）	193	
長福庵（熊本県）	1014	
中福良（鹿児島県）	1073	
永淵神社（高知県）	961	
中家郷（茨城県）	130	
中辺路（和歌山県）	793	
中別所（青森県）	30	
中別保（三重県）	617	
長穂（山口県）	888	

地名・寺社名索引　　　　　　　　　　　　　**なにわ**

中伯耆（鳥取県）	806	
長洞（岩手県）	42	
中間（鹿児島県）	1073	
名嘉真（沖縄県）	1103	
中町（宮城県）	55	
長町（岩手県）	42	
長松戸隠神社（新潟県）	392	
中丸（埼玉県）	193	
中丸（東京都）	307	
中丸子羽黒権現（神奈川県）	361	
中丸村（東京都）	307	
中店（新潟県）	392	
仲見世（東京都）	307	
中道遺跡（三重県）	617	
那珂湊天満宮（茨城県）	130	
永嶺（鹿児島県）	1073	
長峰神社（香川県）	922	
長峯神社（三重県）	617	
中武蔵七十二薬師（埼玉県）	193	
中村（秋田県）	67	
中村（山形県）	81	
中村（福島県）	105	
中村（新潟県）	393	
中村（静岡県）	554	
中村（奈良県）	761	
中村（高知県）	961	
中村（大分県）	1032	
中村遺跡（群馬県）	167	
中村稲荷神社（鹿児島県）	1073	
中村区（愛知県）	588	
中村城小太郎神社（栃木県）	142	
中村神社（石川県）	425	
中村大明神（宮城県）	55	
中村町（三重県）	617	
仲村廃寺（香川県）	922	
中村藩（福島県）	105	
中村判官堂（岩手県）	42	
中村南（東京都）	307	
中村薬師堂（長野県）	500	
中村輪中（岐阜県）	525	
中目黒（東京都）	307	
中目黒八幡（東京都）	307	
中目黒八幡神社（東京都）	307	
ながめ公園（群馬県）	167	
中岡（沖縄県）	1103	
長屋王墓（大阪府）	709	
長屋神社（岐阜県）	525	
中藪田（静岡県）	554	
永山（東京都）	307	
中山（滋賀県）	654	
中山（京都府）	678	
中山（島根県）	826	
中山（香川県）	922	
中山（沖縄県）	1103	
中山観音寺跡（大阪府）	709	
中山神社（群馬県）	167	
中山神社（埼玉県）	193	
仲山神社（三重県）	617	
中山寺（兵庫県）	730	
中山村（香川県）	922	
永吉（千葉県）	230	
長柄（千葉県）	230	
長柄（大阪府）	709	
長良（岐阜県）	526	
長良川上流域（岐阜県）	526	
長良川の鵜飼漁の技術（岐阜県）	526	

長柄郷（千葉県）	230	
長柄神社（群馬県）	167	
長良神社（群馬県）	167	
長良神社（大分県）	1032	
長柄町（千葉県）	230	
長柄明神（群馬県）	167	
長留（埼玉県）	193	
流留（宮城県）	55	
流川通り（大分県）	1032	
流田神社（三重県）	617	
流れ谷（三重県）	617	
流谷（大阪府）	709	
流廃寺（福島県）	106	
流山（千葉県）	230	
流山市（千葉県）	231	
奈川（長野県）	501	
中和田（福島県）	106	
中渡瀬集落（鹿児島県）	1073	
奈川村（長野県）	501	
今帰仁（沖縄県）	1103	
今帰仁グスク（沖縄県）	1103	
今帰仁城（沖縄県）	1104	
今帰仁村（沖縄県）	1104	
南木曽町（長野県）	501	
奈義町（岡山県）	842	
長刀堀（岐阜県）	526	
波切神社（大阪府）	709	
名久井岳（青森県）	30	
名草神社（兵庫県）	730	
奈具神社（京都府）	678	
奈倉（埼玉県）	193	
名倉（愛知県）	588	
名蔵（沖縄県）	1104	
名蔵御岳（沖縄県）	1104	
名倉堂（東京都）	307	
名倉村（神奈川県）	361	
名倉山酒造（福島県）	106	
名栗（埼玉県）	193	
投谷八幡神社（鹿児島県）	1073	
奈古（福岡県）	986	
奈胡（福井県）	439	
名護（沖縄県）	1104	
那古寺（千葉県）	231	
名護市（沖縄県）	1104	
莫越山神社（千葉県）	231	
名護番所（沖縄県）	1104	
和水町（熊本県）	1014	
奈古谷（静岡県）	555	
名古屋（新潟県）	393	
名古屋（愛知県）	588	
名護屋（佐賀県）	999	
名古屋市（愛知県）	589	
名護屋神社（福岡県）	986	
名古屋東照宮（愛知県）	590	
名護屋岬（福岡県）	986	
名塩（兵庫県）	730	
名塩八幡神社（兵庫県）	730	
梨の木観音（新潟県）	393	
名島（神奈川県）	361	
南志見（石川県）	425	
成本廃寺（大阪府）	709	
那須（栃木県）	142	
茄子作（大阪府）	709	
那須岳（栃木県）	142	
那須野（栃木県）	142	
那須野が原（栃木県）	143	

那須野ケ原（栃木県）	143	
ナスビ屋敷（愛媛県）	941	
那須町（栃木県）	143	
名瀬勝（鹿児島県）	1073	
鉈落としの滝（大分県）	1032	
那谷観音（石川県）	425	
奈多宮（大分県）	1032	
名田庄堂本（福井県）	439	
名田庄村（福井県）	439	
名田町（和歌山県）	793	
灘手（鳥取県）	806	
那谷寺（石川県）	425	
奈多姫落としの滝（大分県）	1032	
那谷町（石川県）	425	
那智（和歌山県）	793	
那智勝浦（和歌山県）	793	
那智勝浦座神社（熊本県）	1014	
那智勝浦町（和歌山県）	793	
那智経塚（和歌山県）	793	
那智山（和歌山県）	793	
那智の田楽（和歌山県）	793	
夏井（岩手県）	42	
夏井廃寺（福島県）	106	
夏見潟（千葉県）	231	
夏身寺（奈良県）	761	
夏見廃寺（三重県）	618	
夏目（千葉県）	231	
夏目堰（千葉県）	231	
名取（宮城県）	55	
名取熊野四社（宮城県）	55	
名取市（宮城県）	55	
七浦（千葉県）	231	
七飯（北海道）	11	
七尾（石川県）	426	
七尾瓦窯跡（大阪府）	709	
七桶島（神奈川県）	361	
七尾市（石川県）	426	
七狩長田貫神社（鹿児島県）	1073	
七北田川河口（宮城県）	55	
七草寺（群馬県）	167	
七国山（東京都）	307	
七座山神社（秋田県）	67	
七久里神社（長野県）	501	
七沢（神奈川県）	361	
七社神社（東京都）	307	
七頭ヶ岳観音（滋賀県）	654	
七椙神社（長野県）	501	
七谷（新潟県）	393	
七谷神社（京都府）	678	
七谷村（新潟県）	393	
七寺（愛知県）	590	
七ツ鉢（長野県）	501	
七つ淵（高知県）	961	
七つ淵参詣道（高知県）	961	
七ツ淵神社（高知県）	961	
七墓（大阪府）	709	
七曲坂（東京都）	307	
七曲坂（神奈川県）	361	
七曲り峠（滋賀県）	654	
七二会（長野県）	501	
難波（大阪府）	709	
浪花（大阪府）	709	
浪速（大阪府）	709	
難波浦（大阪府）	709	
難波津（大阪府）	709	
難波鋳銭司（大阪府）	709	

なにわ　　　　　　　　　　　　　　　　　地名・寺社名索引

難波の宮 (大阪府) …………… 709
難波宮 (大阪府) ……………… 709
七日市場 (長野県) …………… 501
那覇 (沖縄県) ………………… 1104
那覇市 (沖縄県) ……………… 1104
南原 (広島県) ………………… 862
名張 (三重県) ………………… 618
名張市 (三重県) ……………… 618
名張本町 (三重県) …………… 618
那比新宮 (岐阜県) …………… 526
名振 (宮城県) ………………… 55
鍋倉山 (長野県) ……………… 501
鍋こわし坂 (北海道) ………… 11
鍋島 (佐賀県) ………………… 999
鍋田 (山形県) ………………… 81
鍋屋町 (愛知県) ……………… 590
那富山墓 (奈良県) …………… 761
生枝 (群馬県) ………………… 168
生品 (群馬県) ………………… 168
生麦 (神奈川県) ……………… 361
生里 (香川県) ………………… 922
生里のモモテ (香川県) ……… 922
鉛山 (秋田県) ………………… 67
浪合神社 (長野県) …………… 501
浪合村 (長野県) ……………… 501
浪江町 (福島県) ……………… 106
浪岡町 (青森県) ……………… 30
並木 (茨城県) ………………… 130
浪切不動 (千葉県) …………… 231
波切不動堂 (東京都) ………… 307
並滝寺 (広島県) ……………… 863
浪分神社 (宮城県) …………… 55
行方郡 (福島県) ……………… 106
行方市 (茨城県) ……………… 130
行方村 (茨城県) ……………… 130
滑河観音 (千葉県) …………… 231
滑川村 (福島県) ……………… 106
行沢観音 (群馬県) …………… 168
滑川のネブタ流し (富山県) … 412
納谷 (千葉県) ………………… 231
奈良 (奈良県) ………………… 761
奈良井 (神奈川県) …………… 361
奈良井 (長野県) ……………… 501
北風原 (千葉県) ……………… 231
奈良尾 (埼玉県) ……………… 193
奈良尾 (長野県) ……………… 501
奈良街道 (三重県) …………… 618
奈良県 (奈良県) ……………… 763
奈良古道 (奈良県) …………… 764
奈良坂 (奈良県) ……………… 764
奈良阪 (奈良県) ……………… 765
奈良沢 (長野県) ……………… 501
奈良市 (奈良県) ……………… 765
習志野 (千葉県) ……………… 231
奈良神社 (埼玉県) …………… 193
奈良田 (山梨県) ……………… 450
奈良豆比古神社の翁舞 (奈良県) … 765
奈良原 (愛媛県) ……………… 941
奈良布 (福島県) ……………… 106
奈良盆地 (奈良県) …………… 765
奈良町 (奈良県) ……………… 765
楢山 (岩手県) ………………… 42
成相寺 (長崎県) ……………… 1009
成川 (鹿児島県) ……………… 1073
成沢村 (埼玉県) ……………… 193
成田 (千葉県) ………………… 231

成田街道 (千葉県) …………… 231
成田空港 (千葉県) …………… 231
成田山 (千葉県) ……………… 231
成田市 (千葉県) ……………… 232
成増 (東京都) ………………… 308
成松 (兵庫県) ………………… 730
成松大明神 (佐賀県) ………… 999
鳴山 (千葉県) ………………… 232
成生庄 (山形県) ……………… 81
成生荘 (山形県) ……………… 81
成行 (香川県) ………………… 922
成羽町 (岡山県) ……………… 842
鳴尾 (兵庫県) ………………… 730
成子天神 (東京都) …………… 308
鳴沢 (山梨県) ………………… 450
鳴沢不動堂 (静岡県) ………… 555
成島 (岩手県) ………………… 42
成島八幡神社 (山形県) ……… 81
成瀬会館 (東京都) …………… 308
鳴瀬川流域 (宮城県) ………… 55
成東 (千葉県) ………………… 232
成東町 (千葉県) ……………… 232
鳴門塩田 (徳島県) …………… 908
鳴門市 (徳島県) ……………… 908
鳴門御崎神社 (兵庫県) ……… 730
鳴水 (福岡県) ………………… 986
鳴海の滝 (静岡県) …………… 555
鳴海廃寺 (愛知県) …………… 590
鳴海八幡宮 (愛知県) ………… 590
成山村 (高知県) ……………… 961
縄沢村 (福島県) ……………… 106
苗代川 (鹿児島県) …………… 1073
南越 (福井県) ………………… 439
南奥 (東北) …………………… 24
南海 (西日本) ………………… 625
南海道 (京都府) ……………… 678
南紀 (和歌山県) ……………… 793
南宮神社 (長野県) …………… 501
南宮大社 (岐阜県) …………… 526
南宮の神事芸能 (岐阜県) …… 526
南湖 (神奈川県) ……………… 361
南郷 (奈良県) ………………… 765
南光院 (福島県) ……………… 106
南光院 (愛媛県) ……………… 941
南郷街道 (茨城県) …………… 130
南光寺 (大阪府) ……………… 709
南光寺 (大分県) ……………… 1032
南郷村 (宮崎県) ……………… 1046
南光坊 (広島県) ……………… 863
南光坊 (愛媛県) ……………… 941
南国 (高知県) ………………… 961
南国市 (高知県) ……………… 961
南薩 (鹿児島県) ……………… 1073
南薩鉄道 (鹿児島県) ………… 1073
南山神社 (山口県) …………… 888
南宗寺 (大阪府) ……………… 710
南洲寺 (鹿児島県) …………… 1073
南洲神社 (鹿児島県) ………… 1073
南条郷 (富山県) ……………… 412
南条村 (長野県) ……………… 501
南信 (長野県) ………………… 501
南西諸島 (九州・沖縄) ……… 969
南禅院 (京都府) ……………… 678
南泉寺 (福島県) ……………… 106
南禅寺 (京都府) ……………… 678
南総 (千葉県) ………………… 232

南蔵院 (秋田県) ……………… 67
南蔵院 (東京都) ……………… 308
南蔵寺 (埼玉県) ……………… 193
男体山 (茨城県) ……………… 130
男体山 (栃木県) ……………… 143
南丹市 (京都府) ……………… 679
南帝陵 (奈良県) ……………… 765
南都 (奈良県) ………………… 765
南礪 (富山県) ………………… 412
南島 (九州・沖縄) …………… 969
南島町 (三重県) ……………… 618
南都楽所 (奈良県) …………… 765
南都寺院 (奈良県) …………… 765
南野村 (兵庫県) ……………… 730
南葉山 (新潟県) ……………… 393
南畑 (埼玉県) ………………… 193
難波八阪神社 (大阪府) ……… 710
南原寺 (山口県) ……………… 888
南部 (東北) …………………… 24
南部 (青森県) ………………… 31
南部 (岩手県) ………………… 42
南部坂 (東京都) ……………… 308
南部町 (青森県) ……………… 31
南部町 (山梨県) ……………… 450
南部町 (鳥取県) ……………… 806
南部藩 (岩手県) ……………… 43
南部領 (青森県) ……………… 31
南部領辻 (埼玉県) …………… 193
なんぼいさん (新潟県) ……… 393
南方 (九州・沖縄) …………… 970
南明寺 (奈良県) ……………… 765
南牧 (群馬県) ………………… 168
南牧谷 (群馬県) ……………… 168
南牧村 (群馬県) ……………… 168
南予 (愛媛県) ………………… 941
南洋 (その他) ………………… 1121
南陽 (山形県) ………………… 81
南陽市 (山形県) ……………… 81
南陽寺 (三重県) ……………… 618
南養寺 (東京都) ……………… 308
南竜寺 (千葉県) ……………… 232
南林寺墓地 (鹿児島県) ……… 1073
南嶺和尚道行碑 (山口県) …… 888

【 に 】

新居 (愛媛県) ………………… 941
新居大島 (愛媛県) …………… 941
新潟 (新潟県) ………………… 393
新方 (埼玉県) ………………… 193
新潟県 (新潟県) ……………… 393
新潟市 (新潟県) ……………… 395
新潟大神宮 (新潟県) ………… 395
新潟町 (新潟県) ……………… 395
新潟湊 (新潟県) ……………… 395
新冠町 (北海道) ……………… 11
新川 (富山県) ………………… 412
新川家 (大阪府) ……………… 710
新川郡 (富山県) ……………… 412
新木戸 (千葉県) ……………… 232
新倉村 (東京都) ……………… 308
新池教会 (静岡県) …………… 555
新里村 (群馬県) ……………… 168
新島村 (東京都) ……………… 308
新居庄 (愛媛県) ……………… 941

地名・寺社名索引　にしの

新曽（埼玉県）193	西祖谷（徳島県）908	西相模（神奈川県）361
仁井田（高知県）961	西祖谷山村（徳島県）908	西酒屋（新潟県）395
二井田（福島県）106	西予市（愛媛県）942	西崎（千葉県）232
新高山城（広島県）863	西岩尾（福島県）106	西岬（千葉県）232
仁井田五社（高知県）961	西浦賀（神奈川県）361	西崎箱式石棺群（広島県）863
仁井田五社神社（高知県）961	西浦（静岡県）555	西佐古（高知県）961
仁井田神社（高知県）961	西浦江梨（静岡県）555	西里（奈良県）765
新鶴村（福島県）106	西浦古宇（静岡県）555	西讃岐（香川県）922
二井寺（愛知県）590	西浦の田楽（静岡県）555	西塩子（茨城県）130
新名爪八幡宮（宮崎県）1046	西宇和（愛媛県）942	西四国（四国）901
新沼（福島県）106	西江原（岡山県）842	西忍（岐阜県）526
新野（長野県）501	西江部（長野県）501	西島（兵庫県）730
新野の盆踊（長野県）501	西小（京都府）679	西嶋（山梨県）450
新野の雪祭（長野県）501	西尾（愛知県）590	西宿（東京都）308
新居浜（愛媛県）941	西大内山（大分県）1032	西宿町（滋賀県）654
新居浜市（愛媛県）942	西大阪（大阪府）710	西上州（群馬県）168
新治村（群馬県）168	西大塚村（大阪府）710	西上州山地（群馬県）168
新穂荘（新潟県）395	西大橋（福岡県）986	西条町（愛知県）590
新堀（岩手県）43	西岡田（神奈川県）361	西陣（京都府）679
新見（岡山県）842	西尾市（愛知県）590	西秦泉寺（高知県）961
新見市（岡山県）842	西落合（東京都）308	西津（福井県）439
新谷藩（愛媛県）942	西尾村（兵庫県）730	西堤神社（大阪府）710
新山（岩手県）43	西垣内（広島県）863	西砂三新田（東京都）308
仁比山神社（佐賀県）999	西ヶ坂（秋田県）67	西駿河（静岡県）555
新山馬頭観音堂（山形県）81	西海神（千葉県）232	西瀬戸島嶼（中国）801
丹生（兵庫県）730	西上総（千葉県）232	西仙北（秋田県）67
丹生川上神社（三重県）618	西方（福島県）106	西田（東京都）308
丹生川上神社（奈良県）765	西方（鹿児島県）1073	西台（東京都）308
丹生川上神社（広島県）863	西方廃寺（三重県）618	西平（埼玉県）194
丹生川上神社中社（奈良県）765	西方村（埼玉県）194	西高柳（愛媛県）943
丹生神社（和歌山県）793	西金砂神社（茨城県）130	西谷（新潟県）395
丹生大明神（和歌山県）793	西金砂山（茨城県）130	西谷（石川県）426
丹生都比売神社（和歌山県）793	西神山御岳（沖縄県）1104	西谷（兵庫県）730
仁尾（香川県）922	西賀茂（京都府）679	西谷村（福井県）439
匂住庵（滋賀県）654	西賀茂妙見堂（京都府）679	西多摩（東京都）308
仁尾町（香川県）922	西河内（徳島県）908	西丹沢（神奈川県）361
仁尾村（香川県）922	西河内観音霊場（山梨県）450	西筑摩郡（長野県）501
仁賀（広島県）863	西川北（宮崎県）1046	西秩父（埼玉県）194
二月堂（奈良県）765	西川口（新潟県）395	西中国山地（中国）801
苦林宿（埼玉県）193	西川古柳座（東京都）308	西町（千葉県）232
苦林野（埼玉県）193	西川春洞住居跡（東京都）308	西鳥海山（秋田県）67
にかほ市（秋田県）67	西川町（山形県）81	西出目（徳島県）908
仁木地蔵堂（長野県）501	西川町（新潟県）395	西東京市（東京都）308
新北（福岡県）986	西蒲（新潟県）395	西宮松須佐男神社（兵庫県）730
熟田津村（愛媛県）942	錦織神社（大阪府）710	西奈（静岡県）555
仁久（愛媛県）942	錦川下流域（山口県）888	西長江浦（宮崎県）1046
二厳寺（宮崎県）1046	錦川流域（山口県）888	西中島橋（福岡県）986
二郷半領（埼玉県）193	西岸（石川県）426	西中野俣（新潟県）395
ニコライ堂（東京都）308	錦田（静岡県）555	仁科家住宅（長野県）501
ニコライ堂（神奈川県）361	錦町（滋賀県）654	仁科神明宮（長野県）501
濁川用水（長野県）501	錦町宇佐郷（山口県）888	西那須（栃木県）143
濁り沢（長野県）501	錦町府谷（山口県）888	仁科御厨（長野県）501
爾佐神社（島根県）826	西九州海域（九州・沖縄）970	西日暮里（東京都）308
西会津（福島県）106	西京（京都府）679	西日本（西日本）625
西会津町（福島県）106	西区（神奈川県）361	西根堰（福島県）106
西赤尾（富山県）412	西区（愛知県）590	西野（滋賀県）654
西吾野（埼玉県）194	西熊野神社（東京都）308	西ノ内（大分県）1032
西浅井町塩津中（滋賀県）654	西鞍手（福岡県）986	西浦（山口県）888
西浅井町集福寺（滋賀県）654	西小磯西（神奈川県）361	西之表御拝塔墓地（鹿児島県）1074
西麻生（福島県）106	西河内（静岡県）555	西の京（奈良県）765
西阿田（奈良県）765	西後町（長野県）501	西ノ島（島根県）826
西新井（東京都）308	西小林（宮崎県）1046	西ノ島町（島根県）826
西新井大師（東京都）308	西小屋の滝（茨城県）130	西野水道（滋賀県）654
西有田（佐賀県）999	西埼玉（埼玉県）194	西野手習所（山梨県）450
西泉（福岡県）986	西蔵王（山形県）81	西の土居（愛媛県）943
西市（岡山県）842	西坂部町（三重県）618	西の端（愛媛県）943

にしの 地名・寺社名索引

虹の松原（佐賀県） 999	二上山（奈良県） 765	日暮里（東京都） 308
西峰（高知県） 961	二上山博物館（奈良県） 766	日暮里町（東京都） 308
西宮（長野県） 501	二条城（京都府） 679	仁ノ（高知県） 961
西宮（兵庫県） 730	西横田（長野県） 502	荷之上村（愛知県） 591
西宮浦（兵庫県） 730	西横堀（大阪府） 710	二尾稲荷（埼玉県） 194
西宮恵比寿神社（静岡県） 555	西横堀新築地（大阪府） 710	二ノ岡神社（静岡県） 555
西宮市（兵庫県） 730	西横山（新潟県） 395	新口村（奈良県） 766
西宮七福神（兵庫県） 730	西淀川区（大阪府） 710	二戸（岩手県） 43
西宮神社（大阪府） 710	西和賀（岩手県） 43	二ノ宮（神奈川県） 362
西宮神社（兵庫県） 730	西脇（兵庫県） 732	二宮（東京都） 308
西宮八幡宮（高知県） 961	西脇（福岡県） 986	二宮（神奈川県） 362
西ノ矢（長野県） 502	西脇山岳修験道（兵庫県） 732	二宮赤城神社（群馬県） 168
西野谷（新潟県） 395	西脇市（兵庫県） 732	二宮神社（千葉県） 232
西端（愛知県） 590	錬御殿（北海道） 11	二宮神社（東京都） 309
西浜（青森県） 31	西代（大阪府） 710	二宮神社（静岡県） 555
西浜（島根県） 826	二僧塚（長野県） 502	二宮町神主（島根県） 826
西浜殿（和歌山県） 794	二尊院（京都府） 679	二宮町（栃木県） 144
西浜村（滋賀県） 654	二尊院（山口県） 889	二の森（宮城県） 55
西原（沖縄県） 1104	仁田（長崎県） 1009	二番町（山形県） 82
西原廃寺（福島県） 106	仁多郡（島根県） 826	丹生神社（千葉県） 233
西播磨（兵庫県） 732	新田ノ目（宮城県） 55	丹生神社（大分県） 1032
西春近（長野県） 502	仁田山（群馬県） 168	日本海（中国） 801
西肥前（長崎県） 1009	日慶寺（東京都） 308	二本木宿（三重県） 618
西比田（島根県） 826	日州国分寺（宮崎県） 1046	日本基督教団富士見丘教会（東京都）
西平松（静岡県） 555	日南（宮崎県） 1046	309
西枇杷島（愛知県） 590	日南海岸（宮崎県） 1046	日本芸能神社（山形県） 82
西部金屋（富山県） 413	日南町（鳥取県） 807	日本聖公会川越キリスト教会（埼玉県）
西福田（愛知県） 590	日原（島根県） 826	194
西富士（静岡県） 555	日仏寺（東京都） 308	日本橋（東京都） 309
西船（千葉県） 232	日羅寺（大阪府） 710	日本橋七福神（東京都） 309
西別岳（北海道） 11	日滝寺（長野県） 502	日本福音ルーテル市川教会堂（東京都）
西別府祭祀遺跡（埼玉県） 194	日光（栃木県） 143	309
西別府廃寺（埼玉県） 194	日光御成道（群馬県） 168	二本松（宮城県） 55
西伯耆（鳥取県） 806	日光御成道（埼玉県） 194	二本松（福島県） 106
西堀（長野県） 502	日光県（栃木県） 143	二本松神社（福島県） 106
西堀八幡社（長野県） 502	日光御神領（栃木県） 143	二本松藩（福島県） 106
西本願寺（京都府） 679	日光山（栃木県） 143	日本民家園（神奈川県） 362
西本願寺飛雲閣（京都府） 679	日光山東照宮（栃木県） 144	日本民家集落博物館（大阪府） 710
西間神社（長野県） 502	日光山領（栃木県） 144	日本メソヂスト広島中央教会堂（広島県）
西町（長野県） 502	日光寺（新潟県） 395	863
西町村（長野県） 502	日光寺（滋賀県） 654	邇摩（島根県） 826
西丸山（茨城県） 130	日光社（栃木県） 144	仁万浦（島根県） 826
西御門（神奈川県） 361	日光神社（栃木県） 144	邇摩郡（島根県） 826
西三河（愛知県） 590	日光神領（栃木県） 144	仁摩町宅野（島根県） 826
西美濃（岐阜県） 526	日光杉並木街道（栃木県） 144	仁万製鉄所（島根県） 826
西美濃街道（岐阜県） 526	日光道（東京都） 308	若一王子（和歌山県） 794
西村（愛知県） 591	日光東照宮（栃木県） 144	若一王子（福岡県） 986
西村山（山形県） 82	日光東街道（茨城県） 130	若一王子宮（高知県） 961
西牟婁郡（和歌山県） 794	日光例幣使街道（群馬県） 168	若王寺（香川県） 922
西目町（秋田県） 67	日子神社（佐賀県） 999	若沢寺跡（長野県） 502
西目屋村（青森県） 31	日進（埼玉県） 194	丹生（山形県） 82
西米良（宮崎県） 1046	日新館（福島県） 106	丹生（滋賀県） 654
西馬音内の盆踊（秋田県） 68	新田愛宕神社（福島県） 106	丹生（大分県） 1032
西屋敷（愛知県） 591	日泰寺（愛知県） 591	丹生川村（岐阜県） 526
二社神社（高知県） 961	新田宮（鹿児島県） 1074	入寺（愛媛県） 943
西山（山形県） 82	新田郡（群馬県） 168	入定寺（福岡県） 986
西山（長野県） 502	新田神社（群馬県） 168	丹生神社（群馬県） 168
西山光明院（奈良県） 765	新田神社（三重県） 618	入船山（広島県） 863
西山崎村（宮崎県） 1046	新田神社（愛媛県） 943	入南説教場（島根県） 826
西山荘（千葉県） 232	新田神社（鹿児島県） 1074	丹生谷（滋賀県） 654
二十五箇所（西日本） 626	新田秩父三十四番（群馬県） 168	丹生村（大分県） 1032
23区（東京都） 308	新田八幡宮（鹿児島県） 1074	如意院（愛知県） 591
二十村郷（新潟県） 395	仁田館遺跡（静岡県） 555	如意寺（群馬県） 168
二十四輩（東日本） 3	日中（福島県） 106	如意寺（愛知県） 591
西湯浦八幡宮（熊本県） 1014	日朝寺（山形県） 82	如意寺（兵庫県） 732
二条（徳島県） 908	日原（東京都） 308	如意輪寺（愛知県） 591

地名・寺社名索引　のくち

女体神社（埼玉県）	194	
女体神社（千葉県）	233	
仁淀川（高知県）	961	
仁淀川町（高知県）	961	
如法寺（福島県）	106	
如法寺（新潟県）	395	
如法寺（長野県）	502	
如来院（兵庫県）	732	
如来寺（福島県）	106	
如来寺（栃木県）	144	
如来寺（山梨県）	450	
如来寺（兵庫県）	732	
如来寺跡（神奈川県）	362	
韮崎市（山梨県）	450	
韮山（静岡県）	555	
韮山辻（静岡県）	555	
二里町（佐賀県）	999	
楡（長野県）	502	
楡阿弥陀院（長野県）	502	
仁礼宿口（長野県）	502	
仁連町（茨城県）	130	
楡原城（富山県）	413	
楡山神社（埼玉県）	194	
韮生（高知県）	961	
韮生山（高知県）	961	
上神谷（大阪府）	710	
鶏権現（栃木県）	144	
鶏塚（富山県）	413	
人魚塚（滋賀県）	654	
尼寺廃寺（奈良県）	766	
任聖寺（大分県）	1032	
仁和寺（京都府）	679	
忍辱山墓地石仏群（奈良県）	766	
仁平寺（山口県）	889	

【ぬ】

鵺塚（大阪府） 710
糠浦（福井県） 439
奴可郡札三十三ケ所霊場（広島県） 863
糠塚（福岡県） 986
額田（愛知県） 591
額田町（愛知県） 591
糠部三十三観音（青森県） 31
貫前神社（群馬県） 168
貫見（山形県） 82
沼島（兵庫県） 732
沼田新荘（広島県） 863
沼垂郡（新潟県） 395
沼垂郷（新潟県） 395
鐸比古鐸比売神社（大阪府） 710
沼名前神社（広島県） 863
布市藩（富山県） 413
布師田（高知県） 961
布尻（富山県） 413
布忍神社（大阪府） 710
布橋（富山県） 413
布引高原（福島県） 106
布曳滝（兵庫県） 732
布引谷（奈良県） 766
沼隈町（広島県） 863
沼代（神奈川県） 362
沼須（群馬県） 168
沼津（静岡県） 555
沼津港（静岡県） 555

沼津市（静岡県） 555
沼田（群馬県） 168
沼田（東京都） 309
沼田（広島県） 863
沼田郷（愛媛県） 943
沼田市（群馬県） 168
沼田神社（福島県） 107
沼田神社（広島県） 863
沼田町（北海道） 11
沼田藩（群馬県） 168
沼町（大阪府） 710
沼袋（東京都） 309
沼目（長野県） 502
漆部の里（奈良県） 766
温川百所観音（群馬県） 168
塗木（鹿児島県） 1074
濡衣塚（福岡県） 986
濡れ薬師（宮城県） 55

【ね】

婦負郡（富山県） 413
根雨宿（鳥取県） 807
根尾山（岐阜県） 526
根ヶ布（東京都） 309
根神山（沖縄県） 1104
根木内（千葉県） 233
祢宜島（静岡県） 557
根岸町（東京都） 309
根岸村（福島県） 107
猫川（福島県） 107
猫地蔵（大阪府） 710
猫魔岳（福島県） 107
金花猫明神（長野県） 502
根子（福島県） 107
根古屋百庚申塚（群馬県） 168
根来（和歌山県） 794
根香寺（香川県） 922
根来寺（和歌山県） 794
根来寺遺跡（和歌山県） 794
根来寺西方丘陵遺跡（和歌山県） 794
根来寺西山城（和歌山県） 794
根来寺坊院跡（和歌山県） 794
根崎（北海道） 11
根崎八幡神社（愛知県） 591
捻木峠（和歌山県） 794
根獅子（長崎県） 1009
根占（鹿児島県） 1074
根城（秋田県） 68
根津（東京都） 309
根津権現（東京都） 309
根津神社（東京都） 309
根知山寺の延年（新潟県） 395
祢津（長野県） 502
根子（秋田県） 68
祢津東町（長野県） 502
根戸新田（千葉県） 233
子之大黒天（千葉県） 233
子の権現（埼玉県） 194
子の権現（東京都） 309
子ノ権現（埼玉県） 194
子の権現社（東京都） 309
根の谷川（広島県） 863
子ノ山（埼玉県） 194
根羽（長野県） 502

根羽村（長野県） 502
根原（静岡県） 557
根府川（神奈川県） 362
根室市（北海道） 11
根本（茨城県） 130
根本（千葉県） 233
寝物語の里（滋賀県） 654
子モロ（北海道） 11
寝屋（大阪府） 710
寝屋川市（大阪府） 710
根利（群馬県） 168
練馬（東京都） 309
練馬区（東京都） 309
練馬御殿（東京都） 310
年代（埼玉県） 194
念仏寺（長野県） 502
念仏寺陀々堂（奈良県） 766
念仏堂（東京都） 310
念来寺（長野県） 502

【の】

野井川（愛媛県） 943
野池（長野県） 502
野池社（長野県） 502
野市（高知県） 961
能安寺（神奈川県） 362
苗加村（富山県） 413
能化庵（新潟県） 395
能郷（岐阜県） 526
能光社（愛知県） 591
能郷の能・狂言（岐阜県） 526
能護寺（埼玉県） 194
能地（広島県） 863
能寺院（茨城県） 130
能ぞう寺（千葉県） 233
能仁寺（埼玉県） 194
能仁寺（鹿児島県） 1074
能生白山社（新潟県） 395
能生白山神社（新潟県） 395
濃飛（岐阜県） 526
濃尾（岐阜県） 526
濃尾平野（岐阜県） 526
能楽寺（広島県） 863
能力経塚（福島県） 107
直方（福岡県） 986
直方市（福岡県） 986
野飼（富山県） 413
野上（埼玉県） 194
野上（東京都） 310
野上川（栃木県） 144
野神さん（奈良県） 766
野上町（広島県） 863
野上八幡（和歌山県） 794
野上八幡宮（和歌山県） 794
乃木神社（北海道） 11
乃木神社（広島県） 863
乃木神社（山口県） 889
乃木神社（香川県） 922
野北（福岡県） 986
禾森町（岐阜県） 526
野際（京都府） 679
野際神社（東京都） 310
野口（東京都） 310
野口（滋賀県） 654

のくち　　　　　　　　　　　　　　　　　　　　　地名・寺社名索引

野口仮屋（東京都）	310
野口町（東京都）	310
野口塚群（千葉県）	233
野口正雄家（群馬県）	168
野忽那島（愛媛県）	943
仰ヶ返り地蔵前遺跡（宮城県）	55
能古（福岡県）	986
鋸山（千葉県）	233
鋸山日本寺（千葉県）	233
野崎観音（大阪府）	710
野崎家旧宅（岡山県）	842
野里住吉神社（大阪府）	710
野沢（福島県）	107
野沢（東京都）	310
野沢（長野県）	502
野沢温泉の道祖神祭り（長野県）	502
野沢温泉村（長野県）	502
野七里（神奈川県）	362
野路の玉川（滋賀県）	654
野島（神奈川県）	362
野嶋（神奈川県）	362
野島神社（宮崎県）	1046
能代（秋田県）	68
能代市（秋田県）	68
野津田町薬師堂（東京都）	310
野津田村（東京都）	310
野津田薬師堂（東京都）	310
能勢（大阪府）	710
能迫河村（奈良県）	766
能迫川村（奈良県）	766
能勢郷（大阪府）	710
能勢路（大阪府）	710
能勢町（大阪府）	710
野添（大阪府）	711
野田（群馬県）	168
野田（千葉県）	233
野田（滋賀県）	654
野田（大阪府）	711
野田（大分県）	1032
野嵩石畳道（沖縄県）	1104
野嵩クシヌカー（沖縄県）	1104
野田市（千葉県）	234
野田神社（山口県）	889
野田神社（愛媛県）	943
野田八幡宮（愛知県）	591
野田町（千葉県）	234
野田村（愛知県）	591
野田山（石川県）	426
野田山墓地（石川県）	426
野津（大分県）	1032
野津院（大分県）	1032
ノッカマップ岬（北海道）	11
野津町（大分県）	1032
野出墓地（大阪府）	711
能登（石川県）	426
能登川町（滋賀県）	654
能登島（石川県）	427
能登島町（石川県）	427
能登半島（石川県）	427
野中神社（高知県）	961
野中新田（東京都）	310
野中の清水（和歌山県）	794
農波国（島根県）	826
野根（高知県）	961
野根川流域（高知県）	962
野根山（高知県）	962

野々井（大阪府）	711
野の花観音径（滋賀県）	654
野々宮（埼玉県）	194
野々宮神社（埼玉県）	194
野々宮神社（福井県）	439
野原八幡宮（熊本県）	1014
野原（沖縄県）	1104
野原集落（沖縄県）	1105
野原村（沖縄県）	1105
延方（茨城県）	130
延沢（神奈川県）	362
延島新田（栃木県）	144
登戸（千葉県）	234
登戸村（千葉県）	234
野部（静岡県）	557
野辺（長野県）	502
延岡（宮崎県）	1046
延岡藩（宮崎県）	1046
野辺地（青森県）	31
登川（沖縄県）	1105
登川村落（沖縄県）	1105
登戸（埼玉県）	194
登戸（神奈川県）	362
野間郡（愛媛県）	943
野間寺（愛媛県）	943
野間大坊（愛知県）	591
野間町（愛知県）	591
野間村（兵庫県）	732
能美（石川県）	427
野見（高知県）	962
呑川（東京都）	310
能美川（福井県）	439
野見神社（愛知県）	591
能見神明宮（愛知県）	591
野見宿禰神社（島根県）	826
野村（岐阜県）	526
野村（愛媛県）	943
野村町松渓（愛媛県）	943
野行村（福島県）	107
野依（愛知県）	591
野依（奈良県）	766
野依八幡社（愛知県）	591
乗鞍岳（長野県）	503

【は】

廃永樹寺跡（広島県）	863
梅岩寺（東京都）	310
早岐茶市（長崎県）	1009
拝宮（徳島県）	908
梅郷（東京都）	310
拝香の宮（大分県）	1032
拝島（東京都）	310
拝島宿（東京都）	310
拝島大師（東京都）	310
梅照院（東京都）	310
配志和神社（岩手県）	43
梅津寺（愛媛県）	943
梅真寺跡（鹿児島県）	1074
灰塚ダム（広島県）	863
梅宗寺（神奈川県）	362
梅洞寺（東京都）	310
榛原（静岡県）	557
南風保多御岳（沖縄県）	1105
梅竜寺（山形県）	82

梅林天満宮（熊本県）	1014
南風原（沖縄県）	1105
南風原町（沖縄県）	1105
芳賀（栃木県）	144
芳賀郡（栃木県）	144
博多（福岡県）	986
博多祇園山笠行事（福岡県）	987
伯方島（愛媛県）	943
博多善導寺（福岡県）	987
博多津（福岡県）	987
墓の谷（和歌山県）	794
袴腰山（富山県）	413
芳賀町（栃木県）	144
萩（山口県）	889
萩生（千葉県）	234
萩市（山口県）	889
萩城（山口県）	889
萩園（神奈川県）	362
萩平（埼玉県）	194
萩谷（高知県）	962
脛永（岐阜県）	526
萩の堂（長野県）	503
萩野村（山形県）	82
萩藩（山口県）	889
萩反射炉（山口県）	889
萩日吉（埼玉県）	194
萩日吉神社（埼玉県）	194
杷木町（福岡県）	987
萩室（群馬県）	169
萩森神社（愛媛県）	943
萩森八幡神社（愛媛県）	943
萩焼深川古窯（山口県）	889
萩山神社（長野県）	503
萩生村（愛媛県）	943
萩原（千葉県）	234
萩原家住宅（東京都）	310
萩原城跡（広島県）	863
羽咋（石川県）	427
羽咋市（石川県）	427
白銀堂（沖縄県）	1105
白山（千葉県）	234
白山（石川県）	427
白山（福井県）	439
白山奥山（石川県）	428
白山宮（神奈川県）	362
白山宮（新潟県）	396
白山宮（石川県）	428
白山山系（石川県）	428
白山三山（石川県）	428
白山三馬場（石川県）	428
白山市（石川県）	428
白山社（愛知県）	591
白山社奥社（長野県）	503
白山神奥社（長野県）	503
白山神社（岩手県）	43
白山神社（宮城県）	55
白山神社（秋田県）	68
白山神社（東京都）	310
白山神社（静岡県）	557
白山神社（愛知県）	591
白山水系（石川県）	428
白山禅定道（石川県）	428
白山中居神社（岐阜県）	526
白山中宮長滝寺（岐阜県）	526
白山町（三重県）	618
白山堂（石川県）	428

地名・寺社名索引　　　　　　　　　　はつた

白山長滝（岐阜県）…………	527
白山比咩神社（石川県）……	428
白山別所（埼玉県）…………	194
白山本宮（石川県）…………	428
白次薬師（秋田県）…………	68
白米塚（滋賀県）……………	654
白湯山（栃木県）……………	144
葉栗郡（愛知県）……………	591
白竜神社（愛知県）…………	591
羽黒（秋田県）………………	68
羽黒（山形県）………………	82
羽黒（新潟県）………………	396
羽黒（愛知県）………………	591
羽黒山（山形県）……………	82
羽黒神社（新潟県）…………	396
羽黒神社（岡山県）…………	842
羽黒大明神（神奈川県）……	362
羽黒町（山形県）……………	82
羽黒ノ宮（東京都）…………	310
半家（高知県）………………	962
箱（香川県）…………………	922
箱崎（福島県）………………	107
箱崎（福岡県）………………	987
筥崎宮（福岡県）……………	987
筥崎八幡宮（福岡県）………	987
箱崎八幡神社（鹿児島県）…	1074
箱島（群馬県）………………	169
函館（北海道）………………	11
函館市（北海道）……………	11
函館正教会（北海道）………	11
函館西部（北海道）…………	11
函館八幡宮（北海道）………	11
函館山七福神（北海道）……	11
箱根（神奈川県）……………	362
箱根（静岡県）………………	557
箱根ヶ崎（東京都）…………	311
箱根権現（神奈川県）………	362
箱根石仏群（神奈川県）……	362
箱浦（香川県）………………	922
箱御崎宮（香川県）…………	922
箱柳（愛知県）………………	591
羽衣（大阪府）………………	711
波佐（島根県）………………	826
波崎（茨城県）………………	130
波崎町（茨城県）……………	130
挟間（大分県）………………	1032
狭間（東京都）………………	311
挟間西国三十三霊場（大分県）	1032
挟間三十三霊場（大分県）…	1032
廻間町（愛知県）……………	591
挟間町（大分県）……………	1032
波佐見（長崎県）……………	1009
箸尾（奈良県）………………	766
橋上（静岡県）………………	557
階上町（青森県）……………	31
始神峠（三重県）……………	618
椅鹿山神領地（兵庫県）……	732
橋倉（埼玉県）………………	194
箸蔵（徳島県）………………	908
橋都家（長野県）……………	503
土師村（京都府）……………	679
橋立浦（石川県）……………	428
橋立真宗寺（福井県）………	439
橋立山（福井県）……………	439
橋戸稲荷（東京都）…………	311
橋戸稲荷神社（東京都）……	311

箸墓古墳（奈良県）…………	766
波止浜塩田（愛媛県）………	943
羽島（鹿児島県）……………	1074
羽島崎神社（鹿児島県）……	1074
橋本（福島県）………………	107
橋本八幡宮（福岡県）………	987
芭蕉天神（神奈川県）………	362
芭蕉天神社（静岡県）………	557
芭蕉天満宮（静岡県）………	557
半城土村（愛知県）…………	591
柱野（山口県）………………	889
走水（神奈川県）……………	362
走水神社（神奈川県）………	362
橋和屋地蔵（東京都）………	311
葉津（岐阜県）………………	527
蓮池藩（佐賀県）……………	999
八菅山（神奈川県）…………	362
羽豆神社（愛知県）…………	591
幡豆神社（愛知県）…………	591
バスチャン屋敷跡（長崎県）	1009
蓮沼村（東京都）……………	311
羽須美（島根県）……………	826
波積町（島根県）……………	826
初瀬街道（三重県）…………	618
長谷川邦男家（群馬県）……	169
長谷川家住宅（三重県）……	618
長谷川邸（兵庫県）…………	732
丈部荘（富山県）……………	413
長谷寺（東京都）……………	311
長谷寺（神奈川県）…………	362
長谷寺（石川県）……………	428
長谷寺（三重県）……………	618
長谷寺（奈良県）……………	766
長谷村（長野県）……………	503
長谷山（三重県）……………	618
秦（高知県）…………………	962
幡多（高知県）………………	963
八田（高知県）………………	963
畑井（埼玉県）………………	194
旗岡八幡神社（東京都）……	311
安口東（兵庫県）……………	732
畑熊集落（山梨県）…………	450
畑集落（青森県）……………	31
畠大日堂跡（広島県）………	863
幡多郡路（高知県）…………	963
畠敷町（広島県）……………	863
八多町（兵庫県）……………	732
八多町（徳島県）……………	908
八多町附物（兵庫県）………	732
秦野（神奈川県）……………	362
秦河勝五輪塔（大阪府）……	711
秦野市（神奈川県）…………	363
幡多庄（高知県）……………	963
秦廃寺（高知県）……………	963
秦廃寺趾（高知県）…………	963
羽田八幡宮（愛知県）………	591
旗振り山（兵庫県）…………	732
秦村（高知県）………………	963
畑村（兵庫県）………………	732
旛山家（広島県）……………	863
八王沢（山梨県）……………	450
八王子（埼玉県）……………	194
八王子（東京都）……………	311
八王子市（東京都）…………	311
八王子宿（東京都）…………	312
八王子城（東京都）…………	312

八王子神社（千葉県）………	234
八王子村（三重県）…………	618
八王子霊園（東京都）………	312
八ヶ崎（千葉県）……………	234
鉢が峰（広島県）……………	863
八軒家（大阪府）……………	711
八軒屋町（島根県）…………	826
八高線（東京都）……………	312
八国山（東京都）……………	312
八十八箇所地蔵尊（北海道）	11
八丈島（東京都）……………	312
八条町（滋賀県）……………	654
八丈町（東京都）……………	312
蜂須賀（愛知県）……………	591
八瀬（京都府）………………	679
八天宮（佐賀県）……………	999
八堂山（愛媛県）……………	943
八戸（青森県）………………	31
八戸三社大祭の山車行事（青森県）	31
八戸市（青森県）……………	31
八戸のえんぶり（青森県）…	31
八戸藩（青森県）……………	31
八戸湊（青森県）……………	31
鉢伏町（新潟県）……………	396
八木（京都府）………………	679
八本松（宮城県）……………	55
鉢巻山（三重県）……………	618
八幡朝見神社（大分県）……	1032
八幡宇佐宮（大分県）………	1032
八幡竈門神社（大分県）……	1032
八幡ヶ谷（静岡県）…………	557
八幡宮（群馬県）……………	169
八幡宮腰掛石（山梨県）……	450
八幡宮神社（長崎県）………	1009
八幡社（大分県）……………	1032
八幡宿村（東京都）…………	312
八幡神社の杜（福島県）……	107
八幡平（秋田県）……………	68
八幡町（東京都）……………	312
八幡町（静岡県）……………	557
八幡町（三重県）……………	618
八幡新田宮（鹿児島県）……	1074
八幡堀（滋賀県）……………	654
八宮（兵庫県）………………	732
八面山（大分県）……………	1032
鉢山町（東京都）……………	312
八葉寺（福島県）……………	107
八葉の峰（山梨県）…………	450
八楽溜（滋賀県）……………	654
八郎潟（秋田県）……………	68
八郎潟町（秋田県）…………	68
八海神社（新潟県）…………	396
廿日市（広島県）……………	863
八角院（京都府）……………	679
初倉（静岡県）………………	557
八講田（富山県）……………	413
初崎（広島県）………………	863
初島（静岡県）………………	557
八聖山（山形県）……………	82
八正寺（兵庫県）……………	732
初瀬川（奈良県）……………	766
初瀬本村（高知県）…………	963
八草（岐阜県）………………	527
八草村（岐阜県）……………	527
筬隊山神社（秋田県）………	68
法多山（静岡県）……………	557

1207

はつた　　　　　　　　　　　　地名・寺社名索引

波立薬師（福島県）	107
八町（愛媛県）	943
八天狗神社（高知県）	963
初天神三社（東京都）	312
八東谷（鳥取県）	807
初富（千葉県）	234
八島（広島県）	863
服部（奈良県）	766
服部（広島県）	863
服部川村（大阪府）	711
服部天神社（大阪府）	711
八鳥村（広島県）	864
発鳥山（秋田県）	68
潑々園（愛媛県）	943
ぱてぃお大門（長野県）	503
端出場（愛媛県）	943
波照間（沖縄県）	1105
波照間島（沖縄県）	1105
波伝谷（宮城県）	55
鳩井郷（埼玉県）	194
馬頭神社（長崎県）	1009
鳩ヶ嶺八幡宮（長野県）	503
鳩ヶ谷（埼玉県）	194
鳩ヶ谷市（埼玉県）	195
鳩ケ谷浅間社（埼玉県）	195
鳩間（沖縄県）	1106
鳩間島（沖縄県）	1106
鳩胸坂（東京都）	312
鳩山（埼玉県）	195
服部大池（広島県）	864
花泉町（岩手県）	43
花岡八幡宮（山口県）	889
花尾神社（鹿児島県）	1074
花尾山（山口県）	889
花香（大分県）	1032
花上（広島県）	864
花木（宮崎県）	1046
花咲港金刀比羅神社（北海道）	11
花咲堂（広島県）	864
花咲（群馬県）	169
花沢（静岡県）	557
花沢村（静岡県）	557
咄塚（愛知県）	591
花島（千葉県）	234
花島観音（千葉県）	234
花背（京都府）	679
花園（京都府）	679
花園往還（山口県）	889
花園神社（東京都）	312
花園村（和歌山県）	794
花岳寺（宮城県）	55
花立（山形県）	82
花立山（福岡県）	987
花野井村（千葉県）	234
花の窟（三重県）	618
花窟神社（三重県）	618
花ノ木（埼玉県）	195
花畑（東京都）	312
花畑大鷲神社（東京都）	313
鼻節神社（宮城県）	55
鼻曲山（群馬県）	169
花巻（岩手県）	43
花巻市（岩手県）	43
花巻城（岩手県）	43
花祭（愛知県）	591
花見堂（埼玉県）	195

花本神社（新潟県）	396
花山（宮城県）	55
花山峠（宮城県）	55
花山湖（宮城県）	56
花山ダム（宮城県）	56
花山村寒湯番所（宮城県）	56
花輪（秋田県）	68
花輪（群馬県）	169
花和田（埼玉県）	195
花輪祭の屋台行事（秋田県）	68
埴科郡（長野県）	503
土津神社（福島県）	107
埴安神社（山口県）	889
羽生（茨城県）	130
羽生（埼玉県）	195
羽入（富山県）	413
埴生（長野県）	503
埴生郡（千葉県）	234
羽生田駅（新潟県）	396
羽生田小学校（新潟県）	396
波根（島根県）	826
羽尾（埼玉県）	195
羽地（沖縄県）	1106
羽地グスク（沖縄県）	1106
羽地内海（沖縄県）	1106
羽田（大阪府）	711
羽田飛行場（東京都）	313
羽根町（高知県）	963
羽根山村（秋田県）	68
羽ノ浦町（徳島県）	908
羽場（群馬県）	169
馬場（神奈川県）	363
馬場稲荷（神奈川県）	363
婆々が茶屋（東京都）	313
馬場観音（神奈川県）	363
馬場家住宅（長野県）	503
馬場大門（東京都）	313
馬場町（栃木県）	144
馬場都々古別神社（福島県）	107
羽場日枝神社（群馬県）	169
羽曳野（大阪府）	711
羽広（長野県）	503
垣生（愛媛県）	943
歯吹阿弥陀（神奈川県）	363
歯吹阿弥陀（香川県）	922
波閇科神社（長野県）	503
浜（茨城県）	130
浜一色（三重県）	618
浜郷（三重県）	618
浜郷神社（三重県）	618
浜坂（鳥取県）	807
浜坂町（兵庫県）	732
浜崎（山口県）	889
浜七町（大阪府）	711
浜田（島根県）	826
浜田川（島根県）	827
浜田市（島根県）	827
浜田藩（島根県）	827
浜田藩江戸屋敷（東京都）	313
浜田湊（島根県）	827
浜寺（大阪府）	711
浜寺俘虜収容所（大阪府）	711
浜当目（静岡県）	557
浜通り（福島県）	107
浜名湖（静岡県）	557
浜名湖七福神（静岡県）	557

浜名寛家（群馬県）	169
浜の宮（和歌山県）	795
浜の宮（福岡県）	987
ハママシケ（北海道）	11
浜町（大分県）	1032
浜町（鹿児島県）	1074
浜松（静岡県）	557
浜松市（静岡県）	557
浜松藩（静岡県）	557
浜村（滋賀県）	654
浜守地蔵尊（島根県）	827
浜脇（大分県）	1032
羽村（東京都）	313
羽村市（東京都）	313
羽村の堰（東京都）	313
羽村町（東京都）	313
葉室（大阪府）	711
羽室御霊社（大分県）	1033
羽茂郡（新潟県）	396
芳養（和歌山県）	795
隼上り窯跡（京都府）	679
早馬町（山梨県）	450
芳養浦（和歌山県）	795
早長八幡宮（山口県）	889
早借（富山県）	413
早鐘眼鏡橋（福岡県）	987
早川（神奈川県）	363
早川（新潟県）	396
早川（山梨県）	450
早川流域（山梨県）	450
早坂山（山形県）	82
早崎城（鹿児島県）	1074
林（滋賀県）	654
林家住宅（岡山県）	842
林家舞楽（山形県）	82
林家墓地（東京都）	313
林田村（滋賀県）	654
速吸瀬戸（大分県）	1033
早瀬（福井県）	439
速瀬神社（福岡県）	987
早田（佐賀県）	999
早池峰（岩手県）	43
早池峰神楽（岩手県）	43
早池峰山（岩手県）	43
早池峰神社（岩手県）	43
隼人神社（岐阜県）	527
隼人塚（鹿児島県）	1074
隼人町小浜（鹿児島県）	1074
芳養荘（和歌山県）	795
羽山（福島県）	107
葉山（山形県）	82
葉山（神奈川県）	363
葉山小僧伽（神奈川県）	363
早馬神社（宮崎県）	1046
葉山大円院（山形県）	82
葉山町（神奈川県）	363
葉山南御用邸（神奈川県）	363
葉山村（高知県）	963
早見町（長崎県）	1009
原（群馬県）	169
原（埼玉県）	195
祓川（福岡県）	987
祓川（宮崎県）	1046
払沢（長野県）	503
原市（埼玉県）	195
原市教会（群馬県）	169

地名・寺社名索引　　　　　　　　　ひかし

原海岸（静岡県）············ 557	万松寺（愛知県）············ 592
原ヶ崎堤（新潟県）·········· 396	万松寺（愛媛県）············ 943
原ヶ崎町（徳島県）·········· 908	番条町（奈良県）············ 766
原窯（山口県）·············· 889	繁昌亭（大阪府）············ 711
原川（香川県）·············· 923	番匠町（石川県）············ 428
荊口村（長野県）············ 503	阪神間（兵庫県）············ 733
幡羅郡（埼玉県）············ 195	半助地蔵尊（東京都）········ 313
幡羅郡新四国八十八ケ所霊場（埼玉県）	万世（山形県）·············· 82
···························· 195	半蔵金（新潟県）············ 396
原体（岩手県）·············· 43	半僧坊（神奈川県）·········· 363
原田家（愛知県）············ 592	半田（群馬県）·············· 169
原田神社（大分県）·········· 1033	半田（愛知県）·············· 592
原町（奈良県）·············· 766	飯田（大分県）·············· 1033
原町（宮城県）·············· 56	磐梯山（福島県）············ 107
原町市（福島県）············ 107	磐台寺（広島県）············ 864
原町田七福神（東京都）······ 313	磐梯神社（福島県）·········· 107
原馬室（埼玉県）············ 195	半田稲荷社（東京都）········ 313
原村（東京都）·············· 313	磐梯町（福島県）············ 107
原村（長野県）·············· 503	半田亀崎（岐阜県）·········· 527
原山（島根県）·············· 827	飯田高原（大分県）·········· 1033
針江集落（滋賀県）·········· 654	半田市（愛知県）············ 592
針子塚（愛知県）············ 592	半田村（徳島県）············ 908
磔茂左衛門地蔵（群馬県）···· 169	半田町（徳島県）············ 908
針の木峠（長野県）·········· 503	半田墓地（大阪府）·········· 711
播磨（兵庫県）·············· 732	坂東（関東）················ 116
播磨国分寺跡（兵庫県）······ 733	坂東（千葉県）·············· 234
播磨西国（兵庫県）·········· 733	坂東家（埼玉県）············ 195
播磨西国三十三所（兵庫県）·· 733	飯道山（滋賀県）············ 654
播磨灘（兵庫県）············ 733	坂東三十三ヵ所（関東）······ 116
播磨国（兵庫県）············ 733	坂東三十三ヶ所観音霊場（関東）· 116
張水御岳（沖縄県）·········· 1106	坂東三十三観音霊場（千葉県）· 234
漲水御岳（沖縄県）·········· 1106	坂東三十三所（関東）········ 116
波立寺（福島県）············ 107	坂東三十三番観音（関東）···· 116
針生集落（福島県）·········· 107	飯道寺（滋賀県）············ 654
原（大分県）················ 1033	阪敦琵琶湖運河（滋賀県）···· 654
春影稲荷神社（京都府）······ 679	鑁阿寺（栃木県）············ 144
治田神社（長野県）·········· 503	磐南（静岡県）·············· 558
春近神社（長野県）·········· 503	般若院（神奈川県）·········· 363
榛名（群馬県）·············· 169	般若寺（栃木県）············ 144
榛名山（群馬県）············ 169	般若寺（奈良県）············ 766
榛名神社（群馬県）·········· 169	般若寺（山口県）············ 889
榛名神社社家町（群馬県）···· 169	般若寺（福岡県）············ 987
春埜山（静岡県）············ 558	般若寺（佐賀県）············ 999
春野町（静岡県）············ 558	般若寺（鹿児島県）·········· 1074
原の辻遺跡（長崎県）········ 1009	般若寺跡（鹿児島県）········ 1074
原分町（長崎県）············ 1009	般若野荘（富山県）·········· 413
春山基二家（群馬県）········ 169	般若坊（群馬県）············ 169
飯伊（長野県）·············· 503	般若村（埼玉県）············ 195
繁栄稲荷神社（東京都）······ 313	万人子守地蔵尊（福島県）···· 107
磐越（東日本）·············· 3	飯能（埼玉県）·············· 195
半過岩鼻（長野県）·········· 503	飯能市（埼玉県）············ 195
幡岳寺（滋賀県）············ 654	飯能市郷土館（埼玉県）······ 195
万吉寺（愛媛県）············ 943	飯能町（埼玉県）············ 195
万休院（大分県）············ 1033	番の木鑪（島根県）·········· 827
繁桂寺（栃木県）············ 144	番場（東京都）·············· 313
万古神社（三重県）·········· 618	番場（滋賀県）·············· 654
万古山御岳（沖縄県）········ 1106	番場南裏通り（東京都）······ 313
半在家（福島県）············ 107	半原（神奈川県）············ 363
半在家並桜（福島県）········ 107	半原神社（神奈川県）········ 363
播州（兵庫県）·············· 733	半福寺跡（千葉県）·········· 234
磐舟（新潟県）·············· 396	蟠竜寺（東京都）············ 313
番匠（神奈川県）············ 363	蟠竜梅（鹿児島県）·········· 1074
蕃松院（長野県）············ 503	
万松院（神奈川県）·········· 363	
飯盛寺（福井県）············ 439	
万松寺（山形県）············ 82	

【ひ】

戸穴荘（大分県）············ 1033
日出（愛知県）·············· 592
斐伊川下流域（島根県）······ 827
比井崎（和歌山県）·········· 795
日出町（愛知県）············ 592
燧灘（愛媛県）·············· 943
火打山（新潟県）············ 396
日浦（愛媛県）·············· 943
比江（滋賀県）·············· 654
比叡（滋賀県）·············· 655
比叡山（滋賀県）············ 655
比叡山（京都府）············ 679
比叡山三塔回峰行者道（滋賀県）· 655
比叡山三塔諸堂（滋賀県）···· 655
日吉山王神社（茨城県）······ 130
日吉山王社（東京都）········ 313
日枝山王社家邸宅跡（東京都）· 313
日枝神社（東京都）·········· 313
日枝神社（滋賀県）·········· 655
日吉津村（鳥取県）·········· 807
稗貫・和賀二郡三拾四番（岩手県）· 43
比江廃寺（高知県）·········· 963
稗畠（富山県）·············· 413
稗原町（岡山県）············ 842
稗原村（岡山県）············ 842
日岡神社（兵庫県）·········· 733
日置川（和歌山県）·········· 795
日置神社（石川県）·········· 428
日置天神社（大阪府）········ 711
日置前廃寺（滋賀県）········ 655
日開谷川流域（徳島県）······ 908
日影（神奈川県）············ 363
東吾妻町（群馬県）·········· 169
東阿田（奈良県）············ 766
東阿田町（奈良県）·········· 766
東粟倉村（岡山県）·········· 842
東一口（京都府）············ 679
東祖谷（徳島県）············ 908
東祖谷落合（徳島県）········ 908
東祖谷村（徳島県）·········· 908
東祖谷山村（徳島県）········ 908
東磐井郡（岩手県）·········· 43
東岩蔵寺（京都府）·········· 679
東植田（香川県）············ 923
東植田八幡神社（香川県）···· 923
東上野町（群馬県）·········· 169
東宇和郡（愛媛県）·········· 943
東近江（滋賀県）············ 655
東近江市（滋賀県）·········· 655
東大久保（東京都）·········· 313
東大阪市（大阪府）·········· 711
東尾町（愛知県）············ 592
東尾八幡社（愛知県）········ 592
東かがわ市（香川県）········ 923
東樫山（長崎県）············ 1009
東上総（千葉県）············ 234
東葛飾（千葉県）············ 235
東金砂（茨城県）············ 130
東金砂神社（茨城県）········ 130
東金野井（千葉県）·········· 235
東川（愛媛県）·············· 943
東川観音堂（高知県）········ 963

1209

ひがし

地名・寺社名索引

東蒲（新潟県）	396
東蒲原（新潟県）	396
東蒲原郡（新潟県）	396
東紀州（三重県）	618
東・北信濃（長野県）	503
東区（愛知県）	592
東久佐奈岐神社（静岡県）	558
東草野（滋賀県）	655
東串良町（鹿児島県）	1074
東口本宮富士浅間神社（静岡県）	558
東国東郡（大分県）	1033
東頸城（新潟県）	396
東首塚供養堂（岐阜県）	527
東区民会館（群馬県）	169
東クルス山（大阪府）	711
東久留米市（東京都）	313
東高円寺（東京都）	313
東神指（福島県）	107
東高野街道（京都府）	679
東子浦（静岡県）	558
東西条（広島県）	864
東沢（山形県）	82
東塩屋（鹿児島県）	1074
東シナ海（九州・沖縄）	970
東信濃（長野県）	503
東島（高知県）	963
東秦泉寺（高知県）	963
東新町（愛知県）	592
東塚（岡山県）	842
東関（新潟県）	396
東関根（栃木県）	144
東善町（群馬県）	169
東底原（沖縄県）	1106
東田遺跡（広島県）	864
東高木（佐賀県）	999
東谷（三重県）	618
東谷（山口県）	889
東谷（香川県）	923
東谷（高知県）	963
東谷山（愛知県）	592
東筑摩郡（長野県）	503
東茶屋街（石川県）	428
東鳥海山（秋田県）	68
東町観音堂（東京都）	313
東寺（滋賀県）	655
東通村（青森県）	31
東殿塚古墳（奈良県）	766
東中専妙寺（北海道）	11
東日本（東日本）	3
東根（山形県）	82
東根市（山形県）	83
東野（長野県）	503
東野阿弥陀堂（長野県）	503
東浜（香川県）	923
東浜（長崎県）	1009
東播磨（兵庫県）	733
東碑殿（香川県）	923
東広島（広島県）	864
東広島川（広島県）	864
東二見（兵庫県）	734
東分中村経塚（山口県）	889
東別院（岐阜県）	527
東別府（埼玉県）	195
東別府神社（埼玉県）	195
東伯耆（鳥取県）	807
東坊城町（奈良県）	766

東本願寺（京都府）	679
東俣渓谷（長野県）	503
東町（長野県）	503
東町（広島県）	864
東猫穴（茨城県）	130
東御荷鉾山不動尊（群馬県）	169
東三河（愛知県）	592
東みよし町（徳島県）	908
東村山（埼玉県）	195
東村山（東京都）	313
東村山市（東京都）	315
東村山停車場（東京都）	315
東茂住（岐阜県）	527
東矢嶋（群馬県）	169
東谷戸（東京都）	315
東山（岩手県）	44
東山（東京都）	315
東山（長野県）	503
東山（兵庫県）	734
東山温泉（福島県）	107
東山丘陵（山形県）	83
東山神社（埼玉県）	195
東山神社（島根県）	827
東山町（岩手県）	44
東大和市（東京都）	315
東大町（長崎県）	1009
東山村（奈良県）	766
東湯野（福島県）	107
東由利（秋田県）	68
東横田公民館（長野県）	504
東吉田（千葉県）	235
東吉野（奈良県）	766
東四ッ屋（新潟県）	396
東六軒町（愛知県）	592
比嘉村落（沖縄県）	1106
干潟（千葉県）	235
干潟町（千葉県）	235
日金山（静岡県）	558
火釜（石川県）	428
氷上（愛知県）	592
氷上（兵庫県）	734
氷上姉子神社（愛知県）	592
氷上郡（兵庫県）	734
氷上山（山口県）	889
比嘉村（沖縄県）	1106
光市（山口県）	889
光町（千葉県）	235
樋川（沖縄県）	1106
鍍川郡（島根県）	827
鍍川神社（東京都）	315
氷川神社（埼玉県）	196
氷川神社（東京都）	315
氷川神社旧本殿（埼玉県）	196
氷川台（東京都）	315
氷川町（東京都）	315
氷川登計集落（東京都）	316
氷川女体神社（埼玉県）	196
比企（埼玉県）	196
引地川（神奈川県）	363
引田浦（香川県）	923
引田村（香川県）	923
疋田町（奈良県）	766
引作神社（三重県）	618
引野（広島県）	864
疋野神社（熊本県）	1014
匹見町（島根県）	827

引本浦（三重県）	618
比丘尼谷（岐阜県）	527
日熊塔（広島県）	864
比熊山（広島県）	864
日雲宮（滋賀県）	655
檜倉岳（北海道）	11
引田（香川県）	923
引田町（香川県）	923
肥後（熊本県）	1014
彦糸（埼玉県）	196
彦神別神社（長野県）	504
彦崎（岡山県）	842
比古佐須伎神社（広島県）	864
英彦山（福岡県）	987
英彦山（大分県）	1033
彦山（福岡県）	987
英彦山秋峰道（福岡県）	987
彦山三所権現（福岡県）	987
英彦山道（福岡県）	987
樋越神明宮の春鍬祭（群馬県）	169
彦島（大分県）	1033
彦岳神社（熊本県）	1015
彦根（滋賀県）	655
彦根城（滋賀県）	655
彦根城跡（滋賀県）	655
彦根城表御殿（滋賀県）	655
彦根藩（滋賀県）	656
彦根藩足軽屋敷（滋賀県）	656
肥後国（熊本県）	1015
肥後藩（熊本県）	1015
飛駒町（栃木県）	144
久居（三重県）	619
尾西（愛知県）	593
久居市（三重県）	619
久伊豆神社（埼玉県）	196
久堅（長野県）	504
久木（神奈川県）	363
久木（愛知県）	593
提子井手（大分県）	1033
久津峠（広島県）	864
樋里（東京都）	316
久富（福岡県）	988
久長（埼玉県）	196
久永庄（島根県）	827
久之浜（福島県）	107
久昌稲荷社（東京都）	316
久松（沖縄県）	1106
久山町（福岡県）	988
久良（愛媛県）	943
尾参（愛知県）	593
眉山（徳島県）	908
備讃瀬戸漁場（西日本）	626
日出（大分県）	1033
臂岡天満宮（兵庫県）	734
菱形八幡宮（熊本県）	1015
肱川（愛媛県）	943
肱川町（愛媛県）	943
菱沼牡丹餅立場（神奈川県）	363
菱根（島根県）	827
菱根村（島根県）	827
菱野丘陵窯跡群（愛知県）	593
飛島（岡山県）	842
比島神明宮（高知県）	963
日出町（大分県）	1033
比謝橋碑（沖縄県）	1106
比治山橋（広島県）	864

地名・寺社名索引　　　　　　　　　　　　　　　ひやつ

毘沙門堂（京都府） …………… 680	一日市場（長野県）………… 504	比婆の山（島根県）………… 827
尾州（愛知県）………………… 593	一日市場（岐阜県）………… 529	比婆山（島根県）…………… 827
美女木（埼玉県）……………… 196	一日市場観音堂（長野県）… 504	比婆山（広島県）…………… 864
聖観音（神奈川県）…………… 363	一津屋村（大阪府）………… 711	日原（山梨県）……………… 450
聖神社（大阪府）……………… 711	人遠（神奈川県）…………… 363	ひばら湖（福島県）………… 108
聖神社（鳥取県）……………… 807	樋殿谷（徳島県）…………… 908	檜原山（大分県）…………… 1033
聖大明神（鳥取県）…………… 807	一針薬師笠石仏（奈良県）… 766	ひばりが丘（東京都）……… 316
聖山（長野県）………………… 504	人丸（兵庫県）……………… 734	日引（福井県）……………… 439
ヒスイ谷（三重県）…………… 619	人麿明神（奈良県）………… 767	美深（北海道）……………… 11
日土町（愛媛県）……………… 943	人見浦（千葉県）…………… 235	美深町（北海道）…………… 11
備瀬（沖縄県）………………… 1106	肥土山（香川県）…………… 923	火防観音（東京都）………… 316
飛雪の滝（三重県）…………… 619	人吉（熊本県）……………… 1015	日振島（愛媛県）…………… 943
肥前（九州・沖縄）…………… 970	人吉街道（熊本県）………… 1015	飛保（愛知県）……………… 593
肥前（佐賀県）………………… 999	人吉球磨（熊本県）………… 1015	肥豊（九州・沖縄）………… 970
備前（岡山県）………………… 842	人吉市（熊本県）…………… 1015	備北（広島県）……………… 864
備前（広島県）………………… 854	人吉城跡（熊本県）………… 1015	尾北（愛知県）……………… 593
肥前稲荷大明神（東京都）…… 316	日永（三重県）……………… 619	日間賀島（愛知県）………… 593
肥前市（岡山県）……………… 843	日奈久（熊本県）…………… 1015	氷見（富山県）……………… 413
飛泉寺跡遺跡（山形県）……… 83	日名倉山茅場（兵庫県）…… 734	干三（新潟県）……………… 396
肥前国（九州・沖縄）………… 970	日脚（島根県）……………… 827	氷見市（富山県）…………… 413
肥前国（佐賀県）……………… 999	日向（埼玉県）……………… 196	干溝（新潟県）……………… 396
備前国（岡山県）……………… 843	日向（東京都）……………… 316	日見村（長崎県）…………… 1009
備前国衙（岡山県）…………… 843	日向（長野県）……………… 504	氷見町（富山県）…………… 414
備前藩（岡山県）……………… 843	日向（静岡県）……………… 558	日室（石川県）……………… 428
比曽寺（奈良県）……………… 766	日向薬師（神奈川県）……… 363	氷室（京都府）……………… 680
日田（大分県）………………… 1033	日向薬師堂（神奈川県）…… 363	氷室亀山神社（山口県）…… 889
斐陀（岐阜県）………………… 527	備南（広島県）……………… 864	氷室山（栃木県）…………… 144
肥田（滋賀県）………………… 656	日根神社（大阪府）………… 711	氷室神社（奈良県）………… 767
飛騨（岐阜県）………………… 527	日根野村（大阪府）………… 711	姫街道（東京都）…………… 316
日高（岩手県）………………… 44	日野（東京都）……………… 316	姫神観音（岩手県）………… 44
日高（群馬県）………………… 169	日野（山梨県）……………… 450	姫神山（岩手県）…………… 44
日高（和歌山県）……………… 795	日野（滋賀県）……………… 656	姫谷（広島県）……………… 864
日高川（和歌山県）…………… 795	日野（高知県）……………… 963	日咩語曽神社（大阪府）…… 711
日高市（埼玉県）……………… 196	火の雨塚古墳（長野県）…… 504	毘売崎（島根県）…………… 827
日高八幡宮（広島県）………… 864	檜枝岐（福島県）…………… 108	姫路（兵庫県）……………… 734
日高村（高知県）……………… 963	檜枝岐村（福島県）………… 108	姫路市（兵庫県）…………… 734
火焼神社（三重県）…………… 619	日尾（富山県）……………… 413	姫路城（兵庫県）…………… 734
日田郡（大分県）……………… 1033	桧尾（大阪府）……………… 711	姫路藩（兵庫県）…………… 734
斐太神社（新潟県）…………… 396	日野川（福井県）…………… 439	日女（姫）島（大分県）…… 1033
常陸（茨城県）………………… 130	檜木城（広島県）…………… 864	姫島（大分県）……………… 1033
日立（茨城県）………………… 131	火の国（九州・沖縄）……… 970	姫島大明神（大分県）……… 1033
常陸太田（茨城県）…………… 131	日前宮（和歌山県）………… 795	姫塚（愛媛県）……………… 943
常陸大宮市（茨城県）………… 131	檜隈寺（奈良県）…………… 767	姫ノ郷（香川県）…………… 923
常陸路（茨城県）……………… 131	日野（鳥取県）……………… 807	姫宮神社（広島県）………… 865
日立市（茨城県）……………… 131	「日先」神社（東京都）…… 316	姫山（兵庫県）……………… 734
常陸大子（茨城県）…………… 131	日里御宰建神社（長野県）… 504	ひめゆりの塔（沖縄県）…… 1106
常陸国（茨城県）……………… 131	氷之沢（茨城県）…………… 131	碑文谷（東京都）…………… 316
常陸国総社宮（茨城県）……… 131	日野山（福井県）…………… 439	碑文谷池厳島神社（東京都）… 316
日立風流物（茨城県）………… 131	日野市（東京都）…………… 316	碑文谷公園（東京都）……… 317
飛騨国（岐阜県）……………… 528	日野宿（東京都）…………… 316	碑文谷八幡宮（東京都）…… 317
飛騨国分寺（岐阜県）………… 528	日岳神社（大分県）………… 1033	白衣観音堂（岩手県）……… 44
飛騨屋集落（岐阜県）………… 528	日野谷（東京都）…………… 316	白衣大観音（群馬県）……… 169
広瀬御岳（沖縄県）…………… 1106	日野町（島根県）…………… 827	百観音（関東）……………… 116
備中（岡山県）………………… 843	日野津（東京都）…………… 316	百観音（茨城県）…………… 131
備中神楽（岡山県）…………… 844	日出神社（岩手県）………… 44	百観音明治寺（東京都）…… 317
備中国分寺跡（岡山県）……… 844	日之出町（静岡県）………… 558	百観音霊場（関東）………… 116
備中西国（中国）……………… 801	檜原（東京都）……………… 316	白毫寺（兵庫県）…………… 734
備中国（岡山県）……………… 844	檜原村（東京都）…………… 316	白毫寺（奈良県）…………… 767
筆甫（宮城県）………………… 56	日野町（滋賀県）…………… 656	百済観音（奈良県）………… 767
比布神社（北海道）…………… 11	日御碕（島根県）…………… 827	百尺観音（千葉県）………… 235
秀芳我家（愛媛県）…………… 943	日御崎御宮（島根県）……… 827	百太夫神社（兵庫県）……… 734
秀衡街道（岩手県）…………… 44	日御崎神社（鳥取県）……… 807	百八人塚（福岡県）………… 988
比土（三重県）………………… 619	日御碕神社（島根県）……… 827	白蓮寺（滋賀県）…………… 656
人穴（静岡県）………………… 558	日宮神社（千葉県）………… 235	百済観音（奈良県）………… 767
人穴遺跡（静岡県）…………… 558	比売嶋（大阪府）…………… 711	百貫石（熊本県）…………… 1015
人穴村（静岡県）……………… 558	比婆荒神神楽（広島県）…… 864	百軒島（神奈川県）………… 363
		百間鼻（長崎県）…………… 1009

1211

ひやつ　　　　　　　　　　　　　　　　　　　　地名・寺社名索引

白狐山（山形県）　83	平尾井薬師（三重県）　619	平松地蔵（神奈川県）　364
檜山（北海道）　11	平岡（長野県）　504	平溝（東京都）　317
檜山（栃木県）　144	枚岡（大阪府）　711	平柳（滋賀県）　656
日向（福岡県）　988	枚岡神社（大阪府）　711	平柳領辻（埼玉県）　196
日向（宮崎県）　1046	平尾水分神社（奈良県）　767	平山（山形県）　83
日向（鹿児島県）　1074	平柿庄（三重県）　619	平山（神奈川県）　364
日向谷村（愛媛県）　944	平方（埼玉県）　196	平山観音堂（愛媛県）　944
日向七堂伽藍大寺（宮崎県）　1047	枚方（大阪府）　711	平山神社（広島県）　865
日向諸藩（宮崎県）　1047	枚方市（大阪府）　711	平山不動尊常実坊（神奈川県）　364
日向国（宮崎県）　1047	枚方寺内（大阪府）　711	平谷村（長野県）　504
日向之国七福神霊場（宮崎県）　1047	枚方神社（福岡県）　988	平湯（岐阜県）　529
日向泊（大分県）　1033	平方（滋賀県）　656	平良市（沖縄県）　1106
日向四藩（宮崎県）　1047	平賀（岐阜県）　529	日向（福井県）　439
備陽（広島県）　865	平賀八幡宮（長野県）　504	蛭児社（福島県）　108
尾陽（愛知県）　593	平賀町（青森県）　31	蒜山盆地（岡山県）　844
兵庫（兵庫県）　734	平川（茨城県）　131	蛭谷（富山県）　414
兵庫県（兵庫県）　735	平川（岡山県）　844	蛭谷（滋賀県）　656
兵越峠（長野県）　504	平河天神社（東京都）　317	昼寝山（香川県）　923
兵庫島（東京都）　317	枚聞神社（鹿児島県）　1075	広（広島県）　865
兵庫津（兵庫県）　735	平木の沢（滋賀県）　656	広江（岡山県）　844
兵主郷（滋賀県）　656	庇羅郷（佐賀県）　999	広江村（岡山県）　844
兵主神社（青森県）　31	平佐（鹿児島県）　1075	広尾（東京都）　317
兵主神社（滋賀県）　656	平崎神社（徳島県）　908	広岡（岩手県）　44
兵主神社（兵庫県）　735	平作（千葉県）　235	広神村（新潟県）　396
兵主大社（滋賀県）　656	平沢（長野県）　504	弘川寺（大阪府）　712
瓢簞山古墳（大阪府）　711	平沢津（熊本県）　1015	広木酒造（福島県）　108
平等院（石川県）　428	平沢村（秋田県）　68	広小坪（広島県）　865
平等院（京都府）　680	平沢村（静岡県）　558	弘前（青森県）　31
平等寺（新潟県）　396	比良山系（滋賀県）　656	弘前市（青森県）　31
平等寺（奈良県）　767	比良山地（滋賀県）　656	弘前東照宮（青森県）　32
平等寺（徳島県）　908	平塩（山形県）　83	弘前のねぷた（青森県）　32
平等寺（宮崎県）　1047	平清水（山形県）　83	弘前藩（青森県）　32
平等心王院（京都府）　680	平清水八幡宮（山口県）　889	弘前藩江戸藩邸（東京都）　317
屏風岩（奈良県）　767	平瀬（岡山県）　844	広島（広島県）　865
屏風島（香川県）　923	平田（島根県）　827	広島県（広島県）　866
日吉（長野県）　504	平田家屋敷（埼玉県）　196	広島市（広島県）　869
日吉倉（千葉県）　235	平田産業有限会社（福岡県）　988	広島市西区（広島県）　869
日吉寺（宮城県）　56	平田神社（鹿児島県）　1075	広島城（広島県）　869
日吉神社（岐阜県）　529	平田町（高知県）　963	広島大構内遺跡（広島県）　869
日吉神社（滋賀県）　656	平田町脇野（岐阜県）　529	広島東照宮（広島県）　869
日吉浅間神社（静岡県）　558	平谷八幡神社（徳島県）　908	広島藩（広島県）　869
日吉大社（滋賀県）　656	平塚（神奈川県）　363	広島別院（広島県）　869
日吉塔（大分県）　1033	平塚赤城神社（群馬県）　169	広島湾（広島県）　869
日吉八幡神社（秋田県）　68	平塚市（神奈川県）　363	広塩焼（広島県）　869
日吉原（大分県）　1033	平塚神社（東京都）　317	広瀬（群馬県）　169
日和村（鳥取県）　807	平塚八幡宮（神奈川県）　364	広瀬（岐阜県）　529
日和山（新潟県）　396	平塚ムラ大師（千葉県）　235	広瀬（島根県）　827
日和山（兵庫県）　735	平戸（埼玉県）　196	広瀬（山口県）　889
比良（滋賀県）　656	平戸（千葉県）　235	広瀬（宮崎県）　1047
平井（奈良県）　767	平戸（神奈川県）　364	広瀬神社（北海道）　11
平井川（東京都）　317	平戸（長崎県）　1009	広瀬神社（奈良県）　767
避来矢神社（埼玉県）　196	平戸神楽（長崎県）　1009	広瀬淡窓旧宅及び墓（大分県）　1033
平出水（鹿児島県）　1075	平戸集落（千葉県）　235	広瀬淡窓宅（大分県）　1033
平泉（岩手県）　44	平戸瀬戸（長崎県）　1009	広瀬荘（長野県）　504
平磯（宮城県）　56	ビラドー村（沖縄県）　1106	広田（兵庫県）　735
平出（群馬県）　169	平戸藩（長崎県）　1009	広田社（兵庫県）　735
平出（長野県）　504	平戸村（千葉県）　235	広田神社（大阪府）　712
平出集落（長野県）　504	平野（栃木県）　145	広田神社（兵庫県）　735
平井村（東京都）　317	平野（静岡県）　558	広田町（岩手県）　44
平岩（大分県）　1033	平野（大阪府）　712	広田八幡神社（香川県）　923
平内（鹿児島県）　1075	平野（兵庫県）　735	広長浜（広島県）　869
平得（沖縄県）　1106	平野郷（大阪府）　712	広野（宮崎県）　1047
平得村（沖縄県）　1106	平野郷町（大阪府）　712	広野村（福島県）　108
平尾（三重県）　619	平浜八幡宮（島根県）　827	広畑八幡社（福岡県）　988
平尾（奈良県）　767	平松（福岡県）　988	広八幡神社（和歌山県）　795
平尾遺跡（大阪府）　711	平松（宮崎県）　1047	広町（広島県）　869

地名・寺社名索引　　ふくや

広嶺山牛頭天王社（兵庫県）…… 735
広峰社（兵庫県）…… 735
広村（広島県）…… 839
比和（広島県）…… 839
樋脇町（鹿児島県）…… 1075
樋脇町倉野（鹿児島県）…… 1075
琵琶首観音（千葉県）…… 235
琵琶湖（滋賀県）…… 656
琵琶湖岸（滋賀県）…… 657
日和佐（徳島県）…… 908
日和佐町（徳島県）…… 908
枇杷島（新潟県）…… 396
枇杷島（愛知県）…… 593
日和田高原（岐阜県）…… 529
びわ町（滋賀県）…… 657
保栄茂（沖縄県）…… 1106
備後（広島県）…… 869
備後安国寺（広島県）…… 870
備後護国神社（広島県）…… 870
備後国一宮（広島県）…… 870
貧乏神神社（長野県）…… 504
敏満寺（滋賀県）…… 657
敏満寺遺跡（静岡県）…… 558

【ふ】

風治（福岡県）…… 988
風治八幡宮（福岡県）…… 988
風治八幡神社（福岡県）…… 988
風伯神社（愛知県）…… 944
笛木喜一家（群馬県）…… 170
笛吹峠（埼玉県）…… 196
武縁寺（福島県）…… 108
武音寺（福島県）…… 108
深居神社（大阪府）…… 712
深江（大阪府）…… 712
深江（兵庫県）…… 735
深江（大分県）…… 1033
深江港（大分県）…… 1033
深川（東京都）…… 317
深川永代寺（東京都）…… 317
深川七福神（東京都）…… 317
深川宿（東京都）…… 317
深川町（山口県）…… 890
深川富士（東京都）…… 317
富岳（静岡県）…… 558
深草（京都府）…… 680
深草大門町（京都府）…… 680
深沢（群馬県）…… 170
深志神社（長野県）…… 504
深島（大分県）…… 1033
深角（宮崎県）…… 1047
深田神社（鹿児島県）…… 1075
深谷（愛媛県）…… 944
深津市（広島県）…… 870
深淵（高知県）…… 963
布鎌（千葉県）…… 235
福釜（愛知県）…… 593
深町（広島県）…… 870
福釜村（愛知県）…… 593
深見（神奈川県）…… 364
深見（静岡県）…… 558
深水家墓地（熊本県）…… 1015
深見薬師（静岡県）…… 558
深谷寺（埼玉県）…… 196

深安二十六社（広島県）…… 870
深山神社（大分県）…… 1034
深山八幡神社（大分県）…… 1034
布川（千葉県）…… 235
布川（愛知県）…… 593
不吹堂（富山県）…… 414
茸不合神社（千葉県）…… 235
吹上（和歌山県）…… 795
吹上町（鹿児島県）…… 1075
吹上浜（鹿児島県）…… 1075
賦木春日社（熊本県）…… 1015
福来口（新潟県）…… 396
富貴寺（大分県）…… 1034
福貴野（大分県）…… 1034
蕗原（長野県）…… 504
吹屋（岡山県）…… 844
浮亀山（沖縄県）…… 1107
福井（新潟県）…… 396
福井（福井県）…… 439
福井県（福井県）…… 440
福井市（福井県）…… 440
福井城（福井県）…… 440
福井八幡神社（広島県）…… 870
吹浦（山形県）…… 83
福江（香川県）…… 923
福江（長崎県）…… 1009
福江島（長崎県）…… 1009
福栄村（山口県）…… 890
福円寺（滋賀県）…… 657
福円寺跡（富山県）…… 414
福王寺（広島県）…… 870
福応寺毘沙門堂（宮城県）…… 56
福応神社（兵庫県）…… 735
福岡（愛媛県）…… 944
福岡（福岡県）…… 988
福岡上代神社（鳥取県）…… 807
福岡金文堂（福岡県）…… 988
福岡県（福岡県）…… 989
福岡市（福岡県）…… 989
福岡城（福岡県）…… 989
福岡大師堂（愛媛県）…… 944
福岡藩（福岡県）…… 989
福源寺（奈良県）…… 767
福厳寺（神奈川県）…… 364
福厳寺（新潟県）…… 397
福厳寺（福島県）…… 990
福里（沖縄県）…… 1107
福沢神社（神奈川県）…… 364
福地（長野県）…… 504
福島（福島県）…… 108
福島（長野県）…… 504
福島（福岡県）…… 990
福島（大分県）…… 1034
福島（宮崎県）…… 1047
福嶋（宮崎県）…… 1047
福島県（福島県）…… 109
福島聖天（大阪府）…… 712
福島町（北海道）…… 12
福島町（宮崎県）…… 1047
福島松寿家（群馬県）…… 170
福寿庵（東京都）…… 317
福寿院（東京都）…… 317
福寿院（山梨県）…… 450
福寿院（京都府）…… 680
福秀寺（千葉県）…… 235
福聚坊（長崎県）…… 1009

福寿寺（奈良県）…… 767
福聚寺（福岡県）…… 990
福聚禅寺（宮崎県）…… 1047
福勝寺（和歌山県）…… 795
福昌寺（山形県）…… 83
福昌寺（新潟県）…… 397
福成寺（兵庫県）…… 735
福成寺（広島県）…… 870
福成寺（佐賀県）…… 999
福生寺（埼玉県）…… 196
福生寺（新潟県）…… 397
福生寺（岡山県）…… 844
福昌寺跡（新潟県）…… 397
福成寺旧境内遺跡（広島県）…… 870
福昌禅寺（鹿児島県）…… 1075
福泉寺（茨城県）…… 131
福泉寺（神奈川県）…… 364
福泉寺（滋賀県）…… 657
福泉寺（島根県）…… 827
福禅寺（広島県）…… 870
福相寺（東京都）…… 317
福増寺（群馬県）…… 170
福田（福島県）…… 110
福田（埼玉県）…… 196
福田（岡山県）…… 844
福田（広島県）…… 870
福武（愛媛県）…… 944
福田新開（岡山県）…… 844
福田町（岡山県）…… 844
福田町（長崎県）…… 1009
福田天満宮（香川県）…… 923
福谷（福井県）…… 441
福田橋（兵庫県）…… 735
福田村（秋田県）…… 68
福足神社（福岡県）…… 990
福智院（和歌山県）…… 795
福知山（京都府）…… 680
福智山（京都府）…… 680
福知山市（京都府）…… 680
福知山城（京都府）…… 680
福知山藩（京都府）…… 680
福田（静岡県）…… 558
茸田（岩手県）…… 44
福天（京都府）…… 680
福田寺（広島県）…… 870
福田寺（愛媛県）…… 944
福田寺通玄庵（愛媛県）…… 944
福徳稲荷神社（山形県）…… 83
福徳寺（長野県）…… 504
福徳寺（大阪府）…… 712
福富（福岡県）…… 990
福富ダム（広島県）…… 870
福野村（富山県）…… 414
福平（富山県）…… 414
福部村（鳥取県）…… 807
福間（福岡県）…… 990
福満寺（長野県）…… 504
福満寺（京都府）…… 680
福満寺（佐賀県）…… 999
福見（愛媛県）…… 944
福光（富山県）…… 414
福光町（富山県）…… 414
福山（広島県）…… 870
福山御岳（沖縄県）…… 1107
福山市（広島県）…… 870
福山城（広島県）…… 870

ふくや　　　　　　　　　　　　　　　　　　地名・寺社名索引

福山八十八ヶ所（広島県）	870	藤沢敵御方供養塔（神奈川県）	364	峰定寺（京都府）	681
福山藩（広島県）	870	藤沢山（神奈川県）	364	富士横道観音（静岡県）	564
福良（兵庫県）	735	富士山（山梨県）	451	富士吉田（山梨県）	451
福良（大分県）	1034	富士山（静岡県）	562	富士吉田市（山梨県）	451
福楽寺（愛媛県）	944	富士山表口（静岡県）	563	富士吉田市一合目経塚（山梨県）	451
福浦港（石川県）	428	富士山北口登山道（山梨県）	451	藤原（群馬県）	170
袋井（静岡県）	558	富士山須山口登山道（静岡県）	563	藤原（埼玉県）	197
袋井市（静岡県）	559	富士山登山口集落（静岡県）	563	藤原（奈良県）	767
袋倉（千葉県）	235	富士山東口（静岡県）	563	藤原京（奈良県）	767
袋町（熊本県）	1015	富士山本宮浅間神社（静岡県）	563	藤原寺（長野県）	505
福原（兵庫県）	735	富士山本宮浅間大社（静岡県）	563	藤原山（静岡県）	564
普慶寺（山口県）	890	富士市（静岡県）	563	不津倉（神奈川県）	364
普賢院（愛知県）	593	藤重神社（高知県）	963	衾（東京都）	318
普賢寺（京都府）	680	藤代（茨城県）	131	衾帝釈天（東京都）	318
普賢寺（大分県）	1034	藤白神社（和歌山県）	795	衾村（東京都）	318
普賢寺郷（京都府）	681	藤代町（茨城県）	131	布施（千葉県）	235
普賢寺谷（京都府）	681	富士山領（静岡県）	563	布施（大阪府）	712
武甲山（埼玉県）	196	富士浅間（静岡県）	563	布施（島根県）	827
普光寺（山形県）	83	富士岳（長野県）	505	布施戎神社（大阪府）	712
普光寺（大分県）	1034	藤田天満宮（大分県）	1034	伏島宏家（群馬県）	170
布佐（岩手県）	44	藤田美術館多宝塔（大阪府）	712	伏姫桜（千葉県）	235
布佐（千葉県）	235	藤田村（宮城県）	56	布施弁天（千葉県）	235
豊財院（石川県）	428	藤田村（福島県）	990	布施弁天（千葉県）	235
普済寺（茨城県）	131	藤塚浜（新潟県）	397	布施村（千葉県）	236
普済寺（埼玉県）	196	藤戸（岡山県）	844	豊前（九州・沖縄）	970
普済寺（東京都）	317	藤戸寺（岡山県）	844	豊前（福岡県）	990
布佐下稲荷（千葉県）	235	藤並神社（高知県）	963	豊前（大分県）	1034
富士（山梨県）	450	藤縄三島神社（愛媛県）	944	豊前海（九州・沖縄）	970
富士（静岡県）	559	藤野（静岡県）	564	豊前国分寺（福岡県）	990
富知（静岡県）	561	藤尾八幡神社（香川県）	923	豊前市（福岡県）	990
藤井（山梨県）	450	藤ノ木古墳（奈良県）	767	豊前国（九州・沖縄）	970
藤井川（広島県）	871	藤野町（神奈川県）	364	豊前国三十三ヶ所観音（福岡県）	990
葛井寺（大阪府）	712	富士宮（静岡県）	564	豊前国神祇官庁（福岡県）	990
藤井寺市（大阪府）	712	富士宮市（静岡県）	564	武相（関東）	116
藤井村（新潟県）	397	富士宮浅間神社（静岡県）	564	武蔵寺（福岡県）	990
藤井有鄰館（京都府）	681	藤野村（神奈川県）	364	武相荘（東京都）	318
藤江神社（岐阜県）	529	藤社（三重県）	619	不退寺（奈良県）	767
藤枝（静岡県）	561	藤橋（岐阜県）	529	二上射水神社（富山県）	414
藤枝市（静岡県）	561	富士八海（山梨県）	451	二神神社（福岡県）	990
藤尾（山梨県）	450	富士町（東京都）	318	二川鈩（島根県）	828
藤尾（滋賀県）	657	富士見（群馬県）	170	二川町（愛知県）	593
富士大宮浅間神社（静岡県）	562	伏見（京都府）	681	二子（神奈川県）	364
富士大山道（東京都）	317	伏見稲荷（京都府）	681	布田五宿（東京都）	318
藤岡（栃木県）	145	伏見稲荷社（京都府）	681	両児神社（岡山県）	844
藤岡（群馬県）	170	伏見稲荷神社（京都府）	681	両子寺（大分県）	1034
藤岡家住宅（奈良県）	767	伏見稲荷大社（京都府）	681	二子村（神奈川県）	364
藤岡市（群馬県）	170	富士見市（埼玉県）	196	補陀寺（秋田県）	68
藤岡町（栃木県）	145	富士見十三州（東海）	515	二瀬橋（東京都）	318
伏拝（福島県）	110	伏見城（京都府）	681	二ツ石大師（高知県）	963
伏拝坂（福島県）	110	伏見神社（福岡県）	990	二塚（兵庫県）	735
富士御室浅間神社（山梨県）	450	ふじ道（神奈川県）	364	二ツ野（山口県）	890
藤ヶ瀬（高知県）	963	富士見町（鳥取県）	807	布多天神社（東京都）	318
富士川（山梨県）	451	富士峯（静岡県）	564	札の辻（滋賀県）	657
富士川（静岡県）	562	ふじみ野市（埼玉県）	196	双葉町（東京都）	318
富士川下流域（静岡県）	562	富士見橋（大分県）	1034	二葉の里（広島県）	871
富士河口湖町（山梨県）	451	富士見村（群馬県）	170	双葉町（福島県）	110
富士川水系（山梨県）	451	藤室（福島県）	110	二又（石川県）	428
藤倉（東京都）	317	藤基神社（新潟県）	397	二又（静岡県）	564
藤倉神社（秋田県）	68	藤森社（京都府）	681	二見（山口県）	890
富士五山（静岡県）	562	武州（埼玉県）	196	二見（熊本県）	1015
藤坂（広島県）	871	武州（千葉県）	235	双海町（愛媛県）	944
藤崎（福島県）	110	武州稲荷（埼玉県）	197	二見町（三重県）	619
藤沢（神奈川県）	364	武州御岳（東京都）	318	二荒山神社（栃木県）	145
藤沢市（神奈川県）	364	武州御岳権現社（東京都）	318	二荒神社（新潟県）	397
藤沢宿（神奈川県）	364	武州御岳神社（東京都）	318	淵江領（東京都）	318
藤沢町（岩手県）	44	武州六阿弥陀（東京都）	318	淵之上（岐阜県）	529

地名・寺社名索引　　　　　　　　　　　　　　　　　　　　　　　　　　　へいく

府中（東京都） …… 318	舟岡山（香川県） …… 923	豊楽寺（高知県） …… 963
府中（福井県） …… 441	船穂町（岡山県） …… 844	プラン堂（長野県） …… 505
府中（広島県） …… 871	舟形（山形県） …… 83	ブランド薬師（長野県） …… 505
府中競馬場（東京都） …… 319	船形（千葉県） …… 236	富理姫宮（福井県） …… 441
府中三町（東京都） …… 319	船形香取神社（千葉県） …… 236	古井（愛知県） …… 593
府中市（東京都） …… 319	船形山神社（宮城県） …… 56	古市（三重県） …… 619
府中宿（東京都） …… 319	船形陣屋（千葉県） …… 236	古市古墳群（大阪府） …… 712
府中東京競馬場（東京都） …… 319	船形村（千葉県） …… 236	古内村（千葉県） …… 236
府中八幡宮（新潟県） …… 397	船川神社（愛媛県） …… 944	古江（広島県） …… 871
府中八幡神社（広島県） …… 871	船木（愛媛県） …… 944	古江高須郷（広島県） …… 871
府中町（東京都） …… 319	船木護国神社（山口県） …… 890	古尾谷（埼玉県） …… 197
婦中町蔵島（富山県） …… 414	船木小学校（千葉県） …… 236	古尾谷庄（埼玉県） …… 197
仏眼寺（滋賀県） …… 657	舟子（岐阜県） …… 529	古尾谷八幡宮（埼玉県） …… 197
物響寺（宮城県） …… 56	舟越（山形県） …… 83	古尾谷八幡神社（埼玉県） …… 197
仏光寺（三重県） …… 619	船越（秋田県） …… 68	古鹿熊（富山県） …… 414
仏光寺（京都府） …… 681	船小屋鉱泉（福岡県） …… 990	古川市（宮城県） …… 56
仏向寺（山形県） …… 83	船坂（岡山県） …… 844	古川祭の起し太鼓・屋台行事（岐阜県）
仏谷寺（島根県） …… 828	船魂社（長野県） …… 505	…… 529
福生（東京都） …… 320	船魂神社（北海道） …… 12	古川薬師（東京都） …… 320
福生村（東京都） …… 320	船津（静岡県） …… 564	古熊神社（山口県） …… 890
仏山寺（大分県） …… 1034	舟渡（山形県） …… 83	古里（埼玉県） …… 197
仏生山おなり街道（香川県） …… 923	船戸（千葉県） …… 236	古里（鹿児島県） …… 1075
仏生寺（栃木県） …… 145	船渡（岐阜県） …… 529	古城殿（鹿児島県） …… 1075
仏生寺（富山県） …… 414	舟戸口用水（富山県） …… 414	古園磨崖仏（大分県） …… 1034
仏生寺（岐阜県） …… 529	舟戸社（富山県） …… 414	古田（長野県） …… 505
仏心寺（愛媛県） …… 944	船橋（千葉県） …… 236	古高松小学校（香川県） …… 924
仏心寺（福岡県） …… 990	船橋浦（千葉県） …… 236	古野稲荷（大分県） …… 1034
布都神社（愛媛県） …… 944	船橋漁港（千葉県） …… 236	古畑（高知県） …… 963
富津（千葉県） …… 236	船橋市（千葉県） …… 236	古法華石仏（兵庫県） …… 735
仏通寺（広島県） …… 871	船橋大神宮（千葉県） …… 236	古町（福島県） …… 110
富津市（千葉県） …… 236	船橋廃寺（大阪府） …… 712	古町（長野県） …… 505
富津岬（千葉県） …… 236	船橋不動院（千葉県） …… 236	古海（長野県） …… 505
仏導寺（神奈川県） …… 364	船町（山形県） …… 83	古峯（栃木県） …… 145
仏日庵（神奈川県） …… 364	船町中組（岐阜県） …… 529	古峯神社（栃木県） …… 145
蓬原（鹿児島県） …… 1075	船町湊（岐阜県） …… 529	古海村（長野県） …… 505
仏法寺（長野県） …… 505	船山神社（新潟県） …… 397	古宮会所（奈良県） …… 767
仏隆寺（奈良県） …… 767	船山神社（長野県） …… 505	古宮神社（大阪府） …… 712
筆岡（香川県） …… 923	不入岡（鳥取県） …… 807	古屋谷城趾（石川県） …… 428
筆塚（大阪府） …… 712	船ヶ頭口（山口県） …… 890	古谷本郷（埼玉県） …… 197
普天間宮（沖縄県） …… 1107	船田町（東京都） …… 320	風呂川（群馬県） …… 170
普天満宮（沖縄県） …… 1107	舟乗り地蔵（東京都） …… 320	文永寺（長野県） …… 505
富戸（静岡県） …… 564	船引（福島県） …… 110	文京（東京都） …… 320
不動池（東京都） …… 320	船引町（福島県） …… 110	文京区（東京都） …… 320
不動院（茨城県） …… 131	布野（広島県） …… 871	豊後（大分県） …… 1034
不動院（千葉県） …… 236	布野宿（広島県） …… 871	豊後国分寺（大分県） …… 1034
不動院（東京都） …… 320	布野村（広島県） …… 871	豊後高田市（大分県） …… 1034
不動院（新潟県） …… 397	布野町（広島県） …… 871	豊後塚（宮崎県） …… 1047
不動院（広島県） …… 871	分梅町（東京都） …… 320	豊後国（大分県） …… 1034
不動寺（群馬県） …… 170	府八幡宮（静岡県） …… 564	豊後磨崖仏群（大分県） …… 1034
不動寺（滋賀県） …… 657	不破八幡宮（高知県） …… 963	文裁寺（広島県） …… 871
不動寺（和歌山県） …… 795	夫馬（滋賀県） …… 657	分水（新潟県） …… 397
不動宿（茨城県） …… 131	府馬（千葉県） …… 236	分水町（新潟県） …… 397
不動滝（東京都） …… 320	普明寺（東京都） …… 320	文丸（高知県） …… 963
不動堂（東京都） …… 320	武南桜（埼玉県） …… 197	文命宮（神奈川県） …… 365
不動堂（岡山県） …… 844	簏（佐賀県） …… 1000	文命堤（神奈川県） …… 365
不動淵（山形県） …… 83	簏二区（新潟県） …… 397	文命函隄碑（神奈川県） …… 365
府所郷（栃木県） …… 145	簏村（鹿児島県） …… 1075	文楽劇場（大阪府） …… 712
懐山（静岡県） …… 564	普門庵（広島県） …… 871	
伏菟野（和歌山県） …… 795	普門院（埼玉県） …… 197	【へ】
府内（東京都） …… 320	普門寺（岩手県） …… 44	
府内（大分県） …… 1034	普門寺（山形県） …… 83	平安寺（青森県） …… 32
府内町（大分県） …… 1034	普門寺（神奈川県） …… 364	平安神宮（京都府） …… 681
舟浮（沖縄県） …… 1107	普門寺（愛知県） …… 593	平塩寺（山梨県） …… 451
船穂（岡山県） …… 844	普門寺（大分県） …… 1034	平潟街道（茨城県） …… 131
船岡（新潟県） …… 397	冬井（新潟県） …… 397	平郡島（山口県） …… 890
船岡（鳥取県） …… 807	扶余神宮（その他） …… 1121	

へいけ　　　　　　　　　　　　　　　地名・寺社名索引

平家八幡宮（広島県）	871
平間寺（神奈川県）	365
平坂無量寺（愛知県）	593
米山寺（静岡県）	564
米山寺（広島県）	871
平城（奈良県）	767
平城宮（奈良県）	767
平城宮跡（奈良県）	767
平城京（奈良県）	767
平勝寺（愛知県）	593
平城神宮（奈良県）	767
平泉寺（福井県）	441
幣立神宮（熊本県）	1015
平地御坊（愛知県）	593
屏東県（その他）	1121
平福寺（長野県）	505
平林寺（埼玉県）	197
平林荘（岐阜県）	529
平和大通り（広島県）	871
平和観音（東京都）	320
平和公園（広島県）	871
平和の塔（福岡県）	990
碧海（愛知県）	593
碧南（愛知県）	593
日置八幡宮（山口県）	890
舳倉島（石川県）	428
平群（千葉県）	236
平久里天神社（千葉県）	236
平敷（沖縄県）	1107
平敷屋番所（沖縄県）	1107
戸田（静岡県）	564
部田神社（静岡県）	564
戸田村（静岡県）	564
辺塚（鹿児島県）	1075
別海町（北海道）	12
別宮社（大分県）	1034
別子銅山（愛媛県）	944
別子山村（愛媛県）	944
別所（新潟県）	397
別所（福井県）	441
別所温泉（長野県）	505
別所坂児童遊園（東京都）	320
別所町（大阪府）	712
別子ライン（愛媛県）	944
別当賀（北海道）	12
別府（山口県）	890
別府（大分県）	1035
別府温泉（大分県）	1035
別府村（山口県）	890
別府沼（埼玉県）	197
別府湾（大分県）	1035
別保（大分県）	1035
兵執神社（埼玉県）	197
紅皿塚（東京都）	320
辺野古（沖縄県）	1107
蛇塚（京都府）	681
蛇山（新潟県）	397
部屋（栃木県）	145
徧界一覧亭（神奈川県）	365
平安座（沖縄県）	1107
弁財寺（神奈川県）	365
弁城（福岡県）	990
遍照寺（山形県）	83
遍照寺（福島県）	110
遍照寺（兵庫県）	736
遍照寺（広島県）	871

遍照寺山城（広島県）	871
遍照心院（愛知県）	593
弁天池（東京都）	320
弁天坂庚申塔（東京都）	320
弁天島（広島県）	871
弁天島（山口県）	890
弁天洞窟（東京都）	320
平安名（沖縄県）	1107
人里（東京都）	320
遍明院（岡山県）	844
遍明院（山口県）	890
ヘンロ道（四国）	901
遍路道（四国）	901

【ほ】

保井田（広島県）	871
宝安寺（神奈川県）	365
法安寺（大阪府）	712
法雲院（山口県）	890
法雲院（神奈川県）	365
法雲寺（静岡県）	564
法雲寺（兵庫県）	736
保延寺（滋賀県）	657
法円寺（神奈川県）	365
法円寺（新潟県）	397
鳳凰山（山梨県）	452
鳳凰堂（京都府）	681
報恩寺（岩手県）	44
報恩寺（千葉県）	236
報恩寺（岐阜県）	529
報恩寺（兵庫県）	736
報恩寺（宮崎県）	1047
法恩寺（石川県）	429
法音寺（山形県）	83
報恩寺跡（広島県）	871
法海寺（愛知県）	593
法海寺（島根県）	828
法界寺（栃木県）	145
法界寺（京都府）	681
宝覚寺（兵庫県）	736
宝華林廟（宮城県）	56
防川（愛媛県）	944
判官石（愛知県）	593
法観寺（京都府）	681
法厳寺（千葉県）	236
伯耆（鳥取県）	807
伯耆国分寺（鳥取県）	807
伯耆国分寺跡（鳥取県）	807
箒沢（神奈川県）	365
伯耆路（鳥取県）	807
伯耆大山（鳥取県）	807
伯耆南条領（鳥取県）	807
伯耆国（鳥取県）	807
宝鏡院（秋田県）	68
宝鏡院（神奈川県）	365
宝教寺（兵庫県）	736
宝鏡寺（京都府）	681
宝鏡寺（高知県）	963
宝行寺（愛知県）	593
法橋寺（福島県）	110
法行寺（愛知県）	593
法花（千葉県）	236
鳳源寺（広島県）	871
奉献塔山古墳（大阪府）	712

暮雨巷（愛知県）	593
宝光院（長野県）	505
宝光寺（福島県）	110
宝光寺（茨城県）	131
宝光寺（新潟県）	397
放光寺（群馬県）	170
放光寺（山梨県）	452
方広寺（京都府）	681
法興寺（秋田県）	68
法光寺（青森県）	32
法光寺（広島県）	871
法光寺（佐賀県）	1000
方広寺大仏殿（京都府）	681
豊国（福岡県）	990
保国寺（愛媛県）	944
法国寺（長野県）	505
保国禅寺（愛媛県）	944
宝金剛寺（千葉県）	236
宝金剛寺（神奈川県）	365
宝厳寺（滋賀県）	657
宝沢（山形県）	83
坊沢（秋田県）	68
宝山寺（奈良県）	767
坊寺（広島県）	871
芳地戸（埼玉県）	197
宝積寺（岩手県）	45
宝積寺（群馬県）	170
宝積寺（広島県）	871
法積寺（山口県）	890
宝珠（寿・修）院（岡山県）	844
宝寿院（群馬県）	170
宝寿院（富山県）	414
宝寿院（広島県）	871
峯寿院（岩手県）	45
房州（千葉県）	236
法鷲院（茨城県）	131
宝珠院（愛媛県）	944
法住寺（石川県）	429
法住寺（長野県）	505
法住寺（京都府）	681
豊州前後六郷百八十三所霊場（大分県）	
	1035
保寿寺（長野県）	505
保寿寺（静岡県）	564
保寿寺（山口県）	890
宝樹寺（富山県）	414
法寿寺（愛知県）	593
宝珠花（関東）	116
宝珠山村（福岡県）	990
方丈（静岡県）	564
北条（愛知県）	593
北条（兵庫県）	736
北条（香川県）	924
北条（愛媛県）	944
方丈庵（京都府）	681
宝生院（愛知県）	593
北条郷（山形県）	83
保正寺（埼玉県）	197
宝勝寺（秋田県）	68
宝勝寺（福島県）	110
宝勝寺（埼玉県）	197
宝勝寺（和歌山県）	795
宝昌寺（東京都）	320
宝城寺（栃木県）	145
宝生寺（神奈川県）	365
宝生寺（新潟県）	397

地名・寺社名索引　　　　　　　　　　　　　　　　　　　　　　　　　　　　　　　　ほしの

法常寺（広島県） ……………… 871
法性寺（埼玉県） ……………… 197
法定寺（新潟県） ……………… 397
北条市（愛媛県） ……………… 944
放生津（富山県） ……………… 414
放生津八幡宮（富山県） ……… 414
北条八幡宮（鳥取県） ………… 807
保昌山（京都府） ……………… 681
豊稔池堰堤（香川県） ………… 924
芳水館碑（宮崎県） …………… 1047
坊勢島（兵庫県） ……………… 736
法船庵（山口県） ……………… 890
宝泉庵跡古石塔群（鹿児島県） … 1075
逢善寺（茨城県） ……………… 131
宝仙寺（東京都） ……………… 320
宝泉寺（秋田県） ……………… 68
宝泉寺（東京都） ……………… 321
宝泉寺（石川県） ……………… 429
宝泉寺（長野県） ……………… 505
宝泉寺（静岡県） ……………… 564
宝泉寺（三重県） ……………… 619
宝泉寺（京都府） ……………… 681
宝泉寺（山口県） ……………… 890
宝泉寺（大分県） ……………… 1035
法宣寺（千葉県） ……………… 237
法専寺（茨城県） ……………… 131
法専寺（香川県） ……………… 924
法専寺（大分県） ……………… 1035
法泉寺（岡山県） ……………… 844
法善寺（大阪府） ……………… 712
法全寺（長野県） ……………… 505
芳全寺（栃木県） ……………… 145
法泉寺跡（神奈川県） ………… 365
法善寺横丁（大阪府） ………… 712
法泉坊（広島県） ……………… 871
房総（千葉県） ………………… 237
宝蔵院（茨城県） ……………… 131
宝蔵院（千葉県） ……………… 239
宝蔵院（神奈川県） …………… 365
宝蔵院（長野県） ……………… 505
宝蔵院（愛知県） ……………… 593
宝蔵院（奈良県） ……………… 768
房総座（千葉県） ……………… 239
宝蔵寺（埼玉県） ……………… 197
宝蔵寺（新潟県） ……………… 397
宝蔵寺（長野県） ……………… 505
宝蔵寺（奈良県） ……………… 768
宝蔵寺（愛媛県） ……………… 944
宝蔵寺（佐賀県） ……………… 1000
法蔵寺（愛知県） ……………… 593
宝蔵寺跡（茨城県） …………… 132
房総半島（千葉県） …………… 239
房総風土記の丘（千葉県） …… 239
祝園神社（京都府） …………… 681
鳳台寺（山形県） ……………… 83
捧沢寺（岡山県） ……………… 844
宝池院（山形県） ……………… 83
宝池院（石川県） ……………… 429
方違神社（大阪府） …………… 712
防長（山口県） ………………… 890
坊寺（長野県） ………………… 505
宝幢院（茨城県） ……………… 132
宝幢院（滋賀県） ……………… 657
法道院（福島県） ……………… 110
宝塔寺（京都府） ……………… 681
宝島寺（岡山県） ……………… 844

宝幢寺（山形県） ……………… 83
宝幢寺（埼玉県） ……………… 197
法導寺（熊本県） ……………… 1015
法幢寺（岐阜県） ……………… 529
宝当神社（佐賀県） …………… 1000
宝徳寺（三重県） ……………… 619
宝徳寺（広島県） ……………… 871
法徳寺（新潟県） ……………… 397
法然寺（香川県） ……………… 924
法然上人二十五霊場（西日本） … 626
法然堂（長野県） ……………… 505
房の内（福島県） ……………… 110
坊津（鹿児島県） ……………… 1075
坊津町（鹿児島県） …………… 1075
防府（山口県） ………………… 890
宝福寺（群馬県） ……………… 170
宝福寺（岡山県） ……………… 845
宝福寺（鹿児島県） …………… 1075
法福寺（大阪府） ……………… 712
宝福禅寺（岡山県） …………… 845
防府市（山口県） ……………… 890
防府天満宮（広島県） ………… 871
防府天満宮（山口県） ………… 890
防府天満宮円楽坊（山口県） … 890
防府天満宮歴史館（山口県） … 890
豊北（山口県） ………………… 890
豊北町（山口県） ……………… 890
豊北町角島（山口県） ………… 891
宝菩提院（京都府） …………… 681
宝菩提院廃寺（京都府） ……… 682
宝満（福岡県） ………………… 990
宝満宮竈門神社（福岡県） …… 990
宝満山（福岡県） ……………… 990
宝満寺（兵庫県） ……………… 736
宝満寺（福岡県） ……………… 990
宝満寺（鹿児島県） …………… 1075
宝満神社（鹿児島県） ………… 1075
豊満大明神（滋賀県） ………… 657
宝満の池（鹿児島県） ………… 1075
法明寺（東京都） ……………… 321
法明寺（岐阜県） ……………… 529
法明寺（大阪府） ……………… 712
保谷（東京都） ………………… 321
保谷村（東京都） ……………… 321
法用寺（福島県） ……………… 110
蓬莱池（和歌山県） …………… 795
蓬莱山（福島県） ……………… 110
鳳来山（愛知県） ……………… 594
宝来山神社（和歌山県） ……… 795
鳳来山東照宮（愛知県） ……… 594
法来寺（山形県） ……………… 83
鳳来寺（愛知県） ……………… 594
鳳来寺山（東京都） …………… 321
蓬莱神社（栃木県） …………… 145
鳳来町（愛知県） ……………… 594
法楽寺（大阪府） ……………… 712
法楽寺（兵庫県） ……………… 736
法楽舎（三重県） ……………… 619
祝神社（長野県） ……………… 505
法隆寺（奈良県） ……………… 768
法竜寺（東京都） ……………… 321
法竜寺（愛媛県） ……………… 944
法隆寺東院（奈良県） ………… 769
法隆寺東西両郷（奈良県） …… 769
法隆寺道（奈良県） …………… 769
法隆寺夢殿（奈良県） ………… 769

宝竜神社（宮城県） …………… 56
宝竜権現（秋田県） …………… 68
宝林寺（福島県） ……………… 110
宝林寺（神奈川県） …………… 365
法林寺（千葉県） ……………… 239
法輪寺（山梨県） ……………… 452
法輪寺（愛知県） ……………… 594
法輪寺（大阪府） ……………… 712
法輪寺（奈良県） ……………… 769
法輪寺（福岡県） ……………… 990
芳林寺（埼玉県） ……………… 197
宝暦庵（長野県） ……………… 505
宝蓮寺（大分県） ……………… 1035
法蓮寺（山形県） ……………… 83
法蓮寺（東京都） ……………… 321
法蓮寺（愛媛県） ……………… 944
法蓮寺（大分県） ……………… 1035
蒲刈島（広島県） ……………… 871
保木間（東京都） ……………… 321
保木間十三仏堂（東京都） …… 321
卜雲寺（埼玉県） ……………… 197
北遠（静岡県） ………………… 564
北奥（東北） …………………… 24
北五（青森県） ………………… 32
北五津軽（青森県） …………… 32
北薩（鹿児島県） ……………… 1075
北山（沖縄県） ………………… 1107
北信（長野県） ………………… 505
北辰妙見尊（東京都） ………… 321
北勢（三重県） ………………… 619
北勢町（三重県） ……………… 619
北摂（大阪府） ………………… 712
北総（茨城県） ………………… 132
北総（千葉県） ………………… 239
北杜市（山梨県） ……………… 452
北南茂呂（宮城県） …………… 132
北播（兵庫県） ………………… 736
卜半境内（大阪府） …………… 712
北豊（福岡県） ………………… 991
北部九州（九州・沖縄） ……… 970
北房町（岡山県） ……………… 845
北木山（沖縄県） ……………… 1107
保久良神社（兵庫県） ………… 736
北陸（北陸甲信越） …………… 372
北陸新幹線（北陸甲信越） …… 373
保慶御岳（沖縄県） …………… 1107
法華経寺（千葉県） …………… 240
法華岳薬師寺（宮崎県） ……… 1047
鉾神社（茨城県） ……………… 132
鉾田（茨城県） ………………… 132
鉾田城跡（茨城県） …………… 132
鉾田町（茨城県） ……………… 132
星合遺跡（茨城県） …………… 132
星尾（群馬県） ………………… 170
星尾（和歌山県） ……………… 795
星神社（和歌山県） …………… 795
星神社（高知県） ……………… 963
星竹（東京都） ………………… 321
干立（沖縄県） ………………… 1107
星峠（新潟県） ………………… 397
星野（福岡県） ………………… 991
星井寺（神奈川県） …………… 365
星のぶらんこ（大阪府） ……… 712
星之宮（岐阜県） ……………… 529
星宮神社（栃木県） …………… 145
星宮神社（埼玉県） …………… 197

1217

ほしの

地名・寺社名索引

星の森宮（大阪府）	712
細（大分県）	1035
細江神社（静岡県）	564
細川（埼玉県）	197
細川（鳥取県）	807
細川領（熊本県）	1015
細草檀林（千葉県）	240
細越（青森県）	32
細島官軍墓地（大分県）	1035
細島村（富山県）	414
細谷川（高知県）	963
細屋神社（大阪府）	713
保田（千葉県）	240
菩提池東寺院址（京都府）	682
菩提院（栃木県）	145
菩提院大御堂（奈良県）	769
菩提山（三重県）	619
菩提寺（新潟県）	397
菩提寺（兵庫県）	736
菩提寺山（山口県）	891
菩提仙川（奈良県）	769
布袋野（京都府）	682
菩提廃寺（福岡県）	991
穂高（長野県）	505
穂高神社（長野県）	505
穂高神社奥宮（長野県）	506
穂高町（長野県）	506
武尊山（群馬県）	170
牡丹園（東京都）	321
法界寺（福島県）	110
北海道（北海道）	12
北海道三十三観音（北海道）	16
北海道神宮（北海道）	16
ぽっくり不動尊（茨城県）	132
法花寺（奈良県）	769
法華寺（東京都）	321
法華寺（神奈川県）	365
法華寺（静岡県）	564
法華寺（奈良県）	769
法華寺（香川県）	924
法華寺（愛媛県）	944
法華寺（大分県）	1035
法華堂（奈良県）	769
法興寺（兵庫県）	736
北国街道（長野県）	506
北国街道（滋賀県）	657
北国街道（京都府）	682
法勝寺（京都府）	682
法勝寺（鳥取県）	808
法照寺（静岡県）	564
法性寺（京都府）	682
法性寺（山口県）	891
法勝寺跡（滋賀県）	658
堀田（大分県）	1035
堀田宮（千葉県）	240
北方地域（北方地域）	1
北方領土（北海道）	16
最御崎寺（高知県）	963
保土ヶ谷（神奈川県）	365
仏谷（京都府）	682
宝登山（埼玉県）	197
宝登山神社（埼玉県）	197
保戸島（大分県）	1035
程野（長野県）	506
程洞稲荷（岩手県）	45
帆止めの稲荷・観音（山口県）	891

保内（茨城県）	132
保内（滋賀県）	658
保内町（愛媛県）	944
保内町喜木津（愛媛県）	944
保寧寺（神奈川県）	365
骨寺（岩手県）	45
骨寺荘（岩手県）	45
骨寺村（岩手県）	45
火男火売神社（大分県）	1035
穂国（愛知県）	594
火売町（大分県）	1035
帆柱（福岡県）	991
母畑（福島県）	110
保原（福島県）	110
保原町（福島県）	110
ホハレ峠（岐阜県）	529
穂満坊（宮崎県）	1047
穂見諏訪十五所神社（山梨県）	452
頬焼地蔵（滋賀県）	658
洞土（岐阜県）	529
保良（沖縄県）	1107
洞観音（栃木県）	145
洞草（徳島県）	908
堀池（兵庫県）	736
堀内（神奈川県）	365
堀内家住宅（長野県）	506
堀内村（山形県）	83
堀江家住宅（広島県）	871
堀岡（富山県）	414
堀金（長野県）	506
堀川戎神社（大阪府）	713
堀切（静岡県）	565
堀切（和歌山県）	795
堀切遺跡（富山県）	414
堀切菖蒲園（東京都）	321
堀口（群馬県）	170
堀越（長野県）	506
堀越（広島県）	872
堀越（山口県）	891
堀越（香川県）	924
堀越家住宅（長野県）	506
堀越公一郎家（群馬県）	170
堀止地蔵（滋賀県）	658
堀の内（東京都）	321
堀之内（群馬県）	170
堀之内（新潟県）	397
堀之内町（新潟県）	397
堀之内村（静岡県）	565
堀松（石川県）	429
堀村（長野県）	506
堀村（大阪府）	713
保呂羽堂（山形県）	83
幌加内町（北海道）	16
保呂羽権現（秋田県）	68
保呂羽神社（山形県）	83
本天沼（東京都）	321
本永寺（宮崎県）	1047
本円寺（神奈川県）	365
本海獅子舞番楽（秋田県）	68
本覚院（東京都）	321
本覚院（和歌山県）	795
本覚寺（青森県）	32
本覚寺（福井県）	441
本覚寺（山口県）	891
本学神（霊）社（長野県）	506
本覚坊（新潟県）	397

本堅田（滋賀県）	658
本川（高知県）	963
本川町（富山県）	414
本川根町（静岡県）	565
本願寺（富山県）	414
本願寺（京都府）	682
本願寺（大阪府）	713
本願寺（広島県）	872
本願寺（高知県）	963
本観音堂（広島県）	872
本経寺（兵庫県）	736
本経寺（長崎県）	1009
本行寺（石川県）	429
本行寺（山口県）	891
本郡（愛媛県）	944
本宮（和歌山県）	795
本宮権現社（和歌山県）	795
本宮浅間神社（静岡県）	565
本宮大社（和歌山県）	795
本宮町（愛知県）	594
本宮町（和歌山県）	795
本宮八幡神社（広島県）	872
本源寺（大阪府）	713
本郷（北海道）	16
本郷（東京都）	321
本郷（石川県）	429
本郷（福井県）	441
本郷（長野県）	506
本郷（広島県）	872
本郷（愛媛県）	944
本光院（秋田県）	68
本郷教会（神奈川県）	365
本興寺（神奈川県）	365
本興寺（静岡県）	565
本光寺（東京都）	321
本光寺（和歌山県）	795
本光寺（佐賀県）	1000
本江寺遺跡（石川県）	429
本郷神社（長野県）	506
本郷村（長野県）	506
本郷太子堂（長野県）	506
本郷町南方（広島県）	872
本郷平廃寺跡（広島県）	872
本郷富士（東京都）	321
本郷村（埼玉県）	197
本郷村（岐阜県）	529
本郷山（長野県）	506
本国寺（山梨県）	452
本在寺（神奈川県）	365
本坂（静岡県）	565
本坂（滋賀県）	658
本山（広島県）	872
本山寺（岡山県）	845
本州（東北）	24
品秀寺（広島県）	872
本宗寺（愛知県）	594
本宿（東京都）	321
本所（東京都）	321
本庄（埼玉県）	197
本庄（滋賀県）	658
本城（福島県）	111
本城（宮崎県）	1047
本城（鹿児島県）	1075
本荘（秋田県）	69
本昌寺（千葉県）	240
本照寺（山形県）	83

地名・寺社名索引　　まつい

本証寺 (愛知県) …… 594	米原市 (滋賀県) …… 658	幕山 (神奈川県) …… 365
本乗寺 (千葉県) …… 240	米原町 (滋賀県) …… 658	枕崎 (鹿児島県) …… 1075
本成寺 (新潟県) …… 397	真浦 (兵庫県) …… 736	間久里 (埼玉県) …… 197
本荘市 (秋田県) …… 69	真浦の津 (新潟県) …… 397	馬越 (三重県) …… 619
本勝寺経塚 (秋田県) …… 69	前掛山 (長野県) …… 506	馬越峠 (三重県) …… 619
本庄神社 (佐賀県) …… 1000	前川 (東京都) …… 322	孫内 (青森県) …… 32
本城石塔群 (鹿児島県) …… 1075	前倉 (新潟県) …… 397	真駒内 (北海道) …… 16
本荘八幡神社 (秋田県) …… 69	真栄里 (沖縄県) …… 1107	馬籠 (長野県) …… 506
本荘藩 (秋田県) …… 69	前嶋橋 (新潟県) …… 397	馬込遺跡 (千葉県) …… 240
本城村 (長野県) …… 506	前新田 (東京都) …… 322	馬籠宿 (岐阜県) …… 529
本荘領三十三番観音霊場 (秋田県) …… 69	前田 (京都府) …… 682	馬頃尾 (鹿児島県) …… 1075
本所下屋敷 (東京都) …… 322	前田 (沖縄県) …… 1107	将門塚 (東京都) …… 322
本瑞寺 (福井県) …… 441	前田宿 (三重県) …… 619	松前 (愛媛県) …… 945
本誓寺 (神奈川県) …… 365	前田村 (埼玉県) …… 197	真幸 (宮崎県) …… 1047
本誓寺 (新潟県) …… 397	前泊御岳 (沖縄県) …… 1107	正木 (千葉県) …… 240
本誓寺 (石川県) …… 429	前野繁氏住宅 (鹿児島県) …… 1075	正木 (愛媛県) …… 945
本誓寺 (長野県) …… 506	前橋 (群馬県) …… 170	松前町 (愛媛県) …… 945
本誓寺跡 (長野県) …… 506	前橋市 (群馬県) …… 170	正木町 (愛知県) …… 594
本泉寺 (茨城県) …… 132	前橋城 (群馬県) …… 170	真砂 (島根県) …… 828
本田上 (新潟県) …… 397	前橋藩 (群馬県) …… 170	真砂寺廃寺跡 (山形県) …… 83
本多家下総領飛地 (千葉県) …… 240	前橋町 (群馬県) …… 170	政田 (岡山県) …… 845
本多健一郎家 (群馬県) …… 170	前浜 (沖縄県) …… 1107	正名 (鹿児島県) …… 1075
本谷 (山口県) …… 891	前原埼 (島根県) …… 828	正間峠 (富山県) …… 414
本町 (長野県) …… 506	前原中組 (群馬県) …… 170	増毛厳島神社 (北海道) …… 16
本寺 (岩手県) …… 45	前目 (宮崎県) …… 1047	増毛町 (北海道) …… 16
本伝寺 (大阪府) …… 713	前山 (長野県) …… 506	益子 (栃木県) …… 145
梵天塚遺跡 (山形県) …… 83	前山百体観音 (長野県) …… 506	益津 (静岡県) …… 565
梵天山 (群馬県) …… 170	磨崖クルス (大分県) …… 1035	真下和哉家 (群馬県) …… 170
本道寺 (山形県) …… 83	磨崖和霊石地蔵 (広島県) …… 872	増田善市家 (群馬県) …… 170
本土寺 (千葉県) …… 240	間方 (福島県) …… 111	増田原 (長野県) …… 506
本土寺 (新潟県) …… 397	麻賀多神社 (千葉県) …… 240	増林 (埼玉県) …… 198
本中根 (静岡県) …… 565	曲谷 (滋賀県) …… 658	間島 (東京都) …… 322
本応寺 (東京都) …… 322	真嘉比 (沖縄県) …… 1107	真謝 (沖縄県) …… 1107
本野上 (埼玉県) …… 197	真壁 (茨城県) …… 132	升潟 (新潟県) …… 398
本福寺 (千葉県) …… 240	真亀 (千葉県) …… 240	升形村 (山形県) …… 83
本別町 (北海道) …… 16	曲木 (福井県) …… 441	益田 (島根県) …… 828
本法寺 (京都府) …… 682	曲松 (茨城県) …… 132	増田 (秋田県) …… 69
本町 (青森県) …… 32	まかん道 (沖縄県) …… 1107	増田 (福島県) …… 111
本町 (岐阜県) …… 529	巻 (新潟県) …… 397	益田岩船 (奈良県) …… 769
本町 (鳥取県) …… 808	真木 (山口県) …… 891	益田湊 (島根県) …… 828
本町田七面堂 (東京都) …… 322	牧 (栃木県) …… 145	増田製作所長屋門 (東京都) …… 322
本町田村 (東京都) …… 322	真木大堂 (大分県) …… 1035	益原村 (岡山県) …… 845
本満寺蓮乗院 (京都府) …… 682	蒔田 (群馬県) …… 170	増間 (千葉県) …… 240
本妙寺 (千葉県) …… 240	牧野 (千葉県) …… 240	真澄庵 (大阪府) …… 713
本妙寺 (東京都) …… 322	牧野 (神奈川県) …… 365	真清田神社 (愛知県) …… 594
本妙寺 (熊本県) …… 1015	牧野 (大阪府) …… 713	益山八幡神社 (鹿児島県) …… 1075
本村 (広島県) …… 872	牧ノ城 (千葉県) …… 240	間瀬 (福島県) …… 111
本村 (愛媛県) …… 944	マキノ町 (滋賀県) …… 658	馬瀬口 (富山県) …… 414
本牧 (神奈川県) …… 365	馬木ノ内 (岩手県) …… 45	馬瀬村 (岐阜県) …… 529
本門寺 (東京都) …… 322	牧之原 (静岡県) …… 565	馬渡島 (佐賀県) …… 1000
本薬師堂 (広島県) …… 872	牧目 (新潟県) …… 398	俣野郷 (神奈川県) …… 365
本山町 (広島県) …… 872	牧の渡し (岐阜県) …… 529	真玉 (大分県) …… 1035
本立寺 (東京都) …… 322	牧姫塚 (石川県) …… 429	真玉町 (大分県) …… 1035
本立寺 (神奈川県) …… 365	馬木不動尊 (島根県) …… 828	真珠湊碑 (沖縄県) …… 1107
本立寺 (鹿児島県) …… 1075	巻町 (新潟県) …… 398	真渡島 (北海道) …… 16
本蓮寺 (石川県) …… 429	纒向遺跡 (奈良県) …… 769	町田 (東京都) …… 322
	巻向山 (奈良県) …… 769	町田 (大分県) …… 1035
【ま】	牧村 (新潟県) …… 398	町田浩蔵家 (群馬県) …… 171
	真喜屋 (沖縄県) …… 1107	町田市 (東京都) …… 322
真穴 (愛媛県) …… 944	牧山 (長野県) …… 506	町長 (富山県) …… 414
舞鶴市 (京都府) …… 682	槇山郷 (高知県) …… 963	町見村 (愛媛県) …… 945
舞鶴城跡 (佐賀県) …… 1000	真草神社 (静岡県) …… 565	町屋 (長野県) …… 506
舞岳神社 (宮城県) …… 56	秋の滝 (岐阜県) …… 529	摩頂山 (富山県) …… 414
舞中島 (徳島県) …… 908	馬曲古道 (長野県) …… 506	松井 (京都府) …… 682
米原 (滋賀県) …… 658	間口またやぐら群 (神奈川県) …… 365	松井神社 (熊本県) …… 1015
	真国丹生神社 (和歌山県) …… 795	松井田町 (群馬県) …… 171

まつい　　　　　　　　　　　地名・寺社名索引

松井町（静岡県）	565
松井直之家（群馬県）	171
松浦（北海道）	16
松浦（佐賀県）	1000
松浦川（佐賀県）	1000
松浦市（長崎県）	1009
松江（島根県）	828
松江市（島根県）	828
松江城（島根県）	828
松江東照宮（島根県）	828
松江藩（島根県）	828
松尾（滋賀県）	658
松尾（京都府）	682
松岡（大分県）	1035
松岡霊社（静岡県）	565
松尾観音（三重県）	619
松尾寺（滋賀県）	658
松尾寺（香川県）	924
松尾寺跡（滋賀県）	658
松尾社（京都府）	682
松苧神社（新潟県）	398
松尾神社（新潟県）	398
松尾神社（奈良県）	769
松尾大社（京都府）	682
松尾大明神（福島県）	111
松尾町（三重県）	619
松尾寺（奈良県）	769
松尾町（長野県）	506
松尾村（福島県）	111
松ヶ浦（鹿児島県）	1075
松ヶ浦校区（鹿児島県）	1075
松ヶ浦小学校区（鹿児島県）	1075
松ヶ崎八幡神社（秋田県）	69
松笠地蔵（宮城県）	56
松叶（宮崎県）	1048
松川（長野県）	506
松川町（長野県）	506
松川町（島根県）	828
松倉城（富山県）	414
松坂（三重県）	619
松阪（三重県）	619
松坂家住宅（広島県）	872
松阪市（三重県）	619
松崎（長野県）	506
松崎（山口県）	891
松崎浦（愛媛県）	945
末崎町（岩手県）	45
松崎天神（山口県）	891
松沢（千葉県）	240
松沢村（東京都）	322
松茂町（徳島県）	908
松島（宮城県）	56
松島（長野県）	506
松島滋家（群馬県）	171
松島神社（長野県）	507
松島神社（大分県）	1035
松代（長野県）	507
松城家住宅（静岡県）	565
松代藩（長野県）	507
松平主馬家（福井県）	441
松平大弐灰塚（滋賀県）	658
松平東照宮（愛知県）	594
まつだ松林堂（岩手県）	45
松谷（高知県）	963
松戸（千葉県）	240
真人（新潟県）	398

松任（石川県）	429
松任金剣宮（石川県）	429
松任市（石川県）	429
松任集落（石川県）	429
松戸駅（千葉県）	241
松戸市（千葉県）	241
松戸神社（千葉県）	241
真人村（新潟県）	398
松永（広島県）	872
松長（静岡県）	565
松ッ原（東京都）	322
松縄町（香川県）	924
松野（福島県）	111
松野（福島県）	991
松之木（岐阜県）	529
松野千光寺経塚（福島県）	111
松森天満宮（長崎県）	1009
松葉（広島県）	872
松葉地蔵（長野県）	507
松葉谷（高知県）	964
松浜稲荷神社（新潟県）	398
松林（千葉県）	241
松原（滋賀県）	658
松原（宮崎県）	1048
松原（鹿児島県）	1076
松原神社（福井県）	441
松原諏方神社（長野県）	507
松原町（兵庫県）	736
松原通り（新潟県）	398
松原八幡宮（山口県）	891
松原八幡神社（兵庫県）	736
松原明神社（神奈川県）	365
松伏溜井（埼玉県）	198
松伏町（埼玉県）	198
松前（北海道）	16
松前三湊（北海道）	16
松前藩（北海道）	16
松見坂地蔵尊（東京都）	322
松本（長野県）	507
松本（静岡県）	565
松本（大分県）	1035
松本一郎治家（群馬県）	171
松本教会（長野県）	507
松本市（長野県）	507
松本城（長野県）	508
松本神社（東京都）	322
松本平（長野県）	508
松本峠（三重県）	619
松本藩（長野県）	508
松本領（長野県）	508
松森神社（佐賀県）	1000
松山（愛媛県）	945
松山市（愛媛県）	945
松山神社（佐賀県）	1000
松山藩（愛媛県）	945
松山平野（愛媛県）	945
松山道（宮城県）	56
松浦（長崎県）	1009
末羅（佐賀県）	1000
松浦郡（長崎県）	1009
松浦圏（佐賀県）	1000
馬通峠（広島県）	872
政所（大分県）	1035
的野（奈良県）	769
的野正八幡（宮崎県）	1048
的野正八幡宮（宮崎県）	1048

的場（鳥取県）	808
真名井荒神（島根県）	828
真長田（山口県）	891
真名子（栃木県）	145
真鶴（神奈川県）	366
真名野原（大分県）	1035
摩尼寺（鳥取県）	808
正西道（島根県）	828
真庭郡（岡山県）	845
真庭市（岡山県）	845
馬庭念流道場（群馬県）	171
間根ヶ平（鹿児島県）	1076
真野（新潟県）	398
万之瀬川下流域（鹿児島県）	1076
万之瀬川旧河口（鹿児島県）	1076
真野中学校（新潟県）	398
馬橋（千葉県）	241
馬橋稲荷（東京都）	323
馬橋稲荷神社（東京都）	323
馬橋村（東京都）	323
馬引沢（東京都）	323
真備町（岡山県）	845
摩文仁（沖縄県）	1107
馬淵川流域（青森県）	32
馬堀（新潟県）	398
真間（千葉県）	241
間々田（栃木県）	145
間々乳観音（愛知県）	594
真々部（長野県）	508
馬見烽（島根県）	828
馬宮（埼玉県）	198
真室川（山形県）	83
馬目木大師（愛媛県）	945
豆田町（大分県）	1036
大豆戸（神奈川県）	366
間物（群馬県）	171
摩耶（兵庫県）	736
間山（長野県）	508
間山村（長野県）	508
麻羅観音（長崎県）	1010
マリア観音（兵庫県）	736
丸池（東京都）	323
丸石道祖神（長野県）	508
丸岡城（福井県）	441
丸岡町（福井県）	441
丸ヶ崎観音堂（埼玉県）	198
丸亀（香川県）	924
丸亀市（香川県）	924
丸亀平野（香川県）	924
丸子町（長野県）	508
丸小山経塚（広島県）	872
丸太の森（神奈川県）	366
円野神社（宮崎県）	1048
丸畑（山梨県）	452
円山（北海道）	17
円山（兵庫県）	736
丸山（岐阜県）	529
丸山（福岡県）	991
丸山窯跡（滋賀県）	658
丸山神社（大分県）	1036
丸山町（長野県）	508
真和志間切（沖縄県）	1107
万栄寺（秋田県）	69
万覚院（新潟県）	398
馬関田（宮崎県）	1048
万願寺（大阪府）	713

万願寺（兵庫県）	736	
万願寺（山口県）	891	
満願寺（福島県）	111	
満願寺（栃木県）	145	
満願寺（埼玉県）	198	
満願寺（東京都）	323	
満願寺（神奈川県）	366	
満願寺（福井県）	441	
満願寺（長野県）	508	
満願寺（兵庫県）	736	
満願寺（山口県）	891	
満願寺（愛媛県）	945	
万願寺一里塚（東京都）	323	
万行寺（福岡県）	991	
万弘寺（大分県）	1036	
満光寺（東京都）	323	
万弘寺市（大分県）	1036	
万歳山（福島県）	111	
万歳寺（佐賀県）	1000	
万歳亭（宮崎県）	1048	
万治の石仏（長野県）	508	
満州（その他）	1121	
満州国（その他）	1121	
満舟寺（広島県）	872	
万寿寺（三重県）	619	
万寿寺（大分県）	1036	
万寿湯（東京都）	323	
万勝寺（静岡県）	565	
万生寺（香川県）	924	
満照寺（長野県）	508	
満浄寺（長崎県）	1010	
満性寺（愛知県）	594	
万倉（山口県）	891	
万蔵稲荷（宮城県）	56	
満蔵寺（宮城県）	56	
万太郎塚（静岡県）	565	
満鉄（その他）	1121	
万徳院跡（広島県）	872	
万徳寺（鹿児島県）	1076	
満徳寺（群馬県）	171	
満徳寺遺跡公園（群馬県）	171	
万徳旅館（東京都）	323	
万富東大寺瓦窯跡（岡山県）	845	
万年寺（埼玉県）	198	
万年寺（山梨県）	452	
万年寺（滋賀県）	658	
万年橋（東京都）	323	
万年橋の碑（愛媛県）	945	
満濃池（香川県）	924	
万八千神社（鹿児島県）	1076	
万福寺（茨城県）	132	
万福寺（群馬県）	171	
万福寺（千葉県）	241	
万福寺（東京都）	323	
万福寺（神奈川県）	366	
万福寺（京都府）	682	
万福寺（和歌山県）	796	
万福寺（岡山県）	845	
万福寺（広島県）	872	
万福寺（山口県）	891	
満福寺（宮城県）	56	
満福寺（群馬県）	171	
満福寺（山梨県）	452	
満福寺（和歌山県）	796	
万部寺（神奈川県）	366	
万仏山（長野県）	508	

万満寺（千葉県）	241	
満明寺（長崎県）	1010	
万葉の里（福岡県）	991	
万竜寺（長野県）	508	

【 み 】

美合（香川県）	924	
美合村（香川県）	924	
美麻（長野県）	508	
三池（福岡県）	991	
御井神社（岐阜県）	529	
御井神社（兵庫県）	736	
御井神社（島根県）	828	
三井寺（滋賀県）	658	
三井寺別所（滋賀県）	658	
三入神社（広島県）	872	
三入八幡（広島県）	872	
三浦（神奈川県）	366	
三浦（愛媛県）	945	
三浦氏古墳（神奈川県）	366	
三浦郡（神奈川県）	366	
御浦郡（神奈川県）	366	
三浦市（神奈川県）	366	
三浦七阿弥陀（神奈川県）	366	
三浦半島（神奈川県）	366	
三浦文殊堂（山口県）	891	
三重（三重県）	619	
御影堂（三重県）	620	
御影堂（奈良県）	769	
三重県（三重県）	620	
美江寺（岐阜県）	529	
三重野（大分県）	1036	
三重庄（三重県）	620	
水尾小路（広島県）	872	
三面（新潟県）	398	
三面川（新潟県）	398	
みかえり阿弥陀（群馬県）	171	
客神社（山口県）	891	
御神楽岳（新潟県）	398	
御影（長野県）	508	
御影（兵庫県）	736	
御笠郡（福岡県）	991	
御蓋山（奈良県）	769	
三笠山（奈良県）	769	
三笠山（大分県）	1036	
三ヶ尻（岩手県）	45	
三日月（栃木県）	145	
三葛（島根県）	828	
美方郡（兵庫県）	736	
御形神社（兵庫県）	736	
三角（神奈川県）	366	
神門神社（宮崎県）	1048	
御金神社（京都府）	682	
三上家住宅（広島県）	872	
御上神社（滋賀県）	658	
三上八幡宮（高知県）	964	
三上山（滋賀県）	658	
三瓶（愛媛県）	945	
三瓶神社（愛媛県）	945	
三加茂（徳島県）	909	
美甘村（岡山県）	845	
三加茂町（徳島県）	909	
三毳山（栃木県）	145	
三河（愛知県）	594	

三川（静岡県）	565	
美川（石川県）	429	
三川内（宮崎県）	1048	
三川浦（千葉県）	241	
三河三弘法（愛知県）	595	
三河島（東京都）	323	
三河田原藩（愛知県）	595	
三川内（長崎県）	1010	
三河国（愛知県）	595	
参河国（愛知県）	595	
三河の田楽（愛知県）	595	
三河万歳（愛知県）	595	
三河三谷（愛知県）	595	
三河湾岸（愛知県）	595	
三木（兵庫県）	736	
三木浦（三重県）	620	
三木玄夫家（群馬県）	171	
三木郡（香川県）	924	
三木里（三重県）	620	
三木市（兵庫県）	737	
右田天満社（大分県）	1036	
三木町（香川県）	924	
美具久留御魂神社（大阪府）	713	
三国（群馬県）	171	
三国（福井県）	441	
三国町（福井県）	441	
三国峠（群馬県）	171	
三国峠（新潟県）	398	
三国湊（福井県）	441	
三国三社権現（群馬県）	171	
御首神社（岐阜県）	529	
御隈川（大分県）	1036	
水分（奈良県）	770	
水分神社（秋田県）	69	
御蔵島（東京都）	323	
美久理神社（新潟県）	398	
御厨（静岡県）	565	
御厨神社（栃木県）	145	
御気院（和歌山県）	796	
御毛寺（和歌山県）	796	
弥気淵（和歌山県）	796	
巫女淵（長野県）	508	
三坂（島根県）	828	
三坂（愛媛県）	945	
神坂（長野県）	508	
神坂神社（長野県）	508	
味水神社（福井県）	441	
神坂峠（長野県）	508	
三坂野（広島県）	872	
三崎（神奈川県）	366	
三崎（愛媛県）	945	
三崎漁港（大分県）	1036	
三崎港（東京都）	323	
三崎権現（石川県）	429	
三崎坂（東京都）	323	
御崎神社（山口県）	891	
御崎神社（愛媛県）	945	
御崎神社（宮崎県）	1048	
御崎神社（鹿児島県）	1076	
岬町（大阪府）	713	
岬町（千葉県）	241	
御崎明神（山梨県）	452	
水窪（静岡県）	565	
水窪町（静岡県）	565	
三佐校区（大分県）	1036	
見里（鹿児島県）	1076	

みさと

地名・寺社名索引

三郷（群馬県）	171	水沢（岩手県）	45	三岳山（京都府）	682
三郷（埼玉県）	198	水沢（福島県）	111	御岳山（埼玉県）	198
三郷（長野県）	508	水沢（新潟県）	398	三田尻（山口県）	892
三里（高知県）	964	水沢観音（群馬県）	171	御楯稲荷神社（山形県）	84
美里（三重県）	620	水沢集落（秋田県）	69	三田寺町（東京都）	323
美里（沖縄県）	1107	水沢寺（群馬県）	171	三谷（高知県）	964
三里郷（和歌山県）	796	水沢村（新潟県）	398	三谷寺（高知県）	964
三郷市（埼玉県）	198	水主神社（香川県）	924	三谷神社（愛媛県）	946
美郷村（徳島県）	909	水島（岡山県）	845	三珠町（山梨県）	452
美里町高座原（三重県）	620	三須神社（宮崎県）	1048	三田村氏庭園（福井県）	441
美里町（福島県）	111	水須村（富山県）	414	美田邑八幡宮（島根県）	828
箕郷町（群馬県）	171	水田（福岡県）	991	三田用水（東京都）	323
三郷村（長野県）	509	水田天満宮（福岡県）	991	御手洗（岐阜県）	530
御射山（長野県）	509	水谷（埼玉県）	.198	御手洗（広島県）	872
御射山社（長野県）	509	水堂（神奈川県）	366	御手洗（愛媛県）	946
御射山大社（長野県）	509	水堂須佐男神社（兵庫県）	737	御手洗観音（長崎県）	1010
御射山道（長野県）	509	水無（富山県）	414	御手洗社（山口県）	892
三沢（青森県）	32	水無川（山口県）	892	御手洗集落（岐阜県）	530
三沢（埼玉県）	198	水沼（群馬県）	171	御手洗港（広島県）	872
三島（静岡県）	565	水沼神社（群馬県）	171	道上（愛知県）	595
三島（愛媛県）	945	水野藩（静岡県）	565	道しるべ観音（群馬県）	171
三島ヶ岳経塚（静岡県）	565	水野平家（愛知県）	595	道神社（富山県）	414
三島宮（愛媛県）	945	水吞地蔵院（大阪府）	713	道の駅南国「風良里」（高知県）	964
三島五社神社（高知県）	964	水吞地蔵尊（大阪府）	713	みちのく（東北）	24
三島市（静岡県）	565	水原（福岡県）	991	道の島（鹿児島県）	1076
三島七島（愛媛県）	945	水引（福島県）	111	三離御岳（沖縄県）	1107
三島宿（静岡県）	565	瑞穂（愛知県）	595	三津（愛媛県）	946
三島神社（福島県）	111	瑞穂（島根県）	828	三石（北海道）	17
三島神社（栃木県）	145	瑞穂町（東京都）	323	三石（山梨県）	452
三島神社（東京都）	323	瑞穂町（島根県）	828	三石（島根県）	828
三島神社（愛媛県）	945	瑞穂町（長崎県）	1010	三石（岡山県）	845
三島神社（大分県）	1036	水間寺（大阪府）	713	御杖神社（奈良県）	770
三嶋（島）神社（神奈川県）	366	三隅（島根県）	828	三丘中村（山口県）	892
三嶋神社（福島県）	111	三隅（山口県）	892	三日市（大阪府）	713
三嶋神社（群馬県）	171	美須美（山口県）	892	三日市場（山梨県）	452
三嶋神社（神奈川県）	366	三隅七観音（山口県）	892	三日市廃寺（静岡県）	565
三嶋神社（静岡県）	565	三隅湊（島根県）	828	三か日町（静岡県）	565
三嶋神社（香川県）	924	水元（千葉県）	241	御調（広島県）	872
三嶋神社（愛媛県）	945	水元（東京都）	323	三ツ木（東京都）	323
三嶋神社（高知県）	964	水薬師寺（京都府）	682	美都岐神社（高知県）	964
三嶋神社（福岡県）	991	水若酢神社（島根県）	828	御調八幡宮（広島県）	873
三島大社（静岡県）	565	水分の道（三重県）	620	箕作（長野県）	509
三島大明神（静岡県）	565	御勢大霊石神社（福岡県）	991	箕作（静岡県）	565
三嶋大明神（静岡県）	565	弥山（鳥取県）	808	三作神楽（山口県）	892
三島町（福島県）	111	弥山（広島県）	872	見付（静岡県）	566
三島町（静岡県）	565	弥山山地（島根県）	828	見附（新潟県）	398
三島村（鹿児島県）	1076	禊の井戸（山形県）	84	見附市（新潟県）	398
水海（福井県）	441	溝古新（新潟県）	398	見付宿（静岡県）	566
水海の田楽・能舞（福井県）	441	溝沼（埼玉県）	198	見付天神（静岡県）	566
水尾（京都府）	682	御園（長野県）	509	見付天神社（静岡県）	566
水落集落（山口県）	891	御園（滋賀県）	658	見付天神裸祭（静岡県）	566
水落神明社（福井県）	441	溝口（神奈川県）	366	三小牛山（石川県）	429
水ヶ浦薬師堂（愛媛県）	945	溝の口墓地（大阪府）	713	御津紙工（岡山県）	845
水荷浦薬師堂（愛媛県）	946	御園座（愛知県）	595	満島神社（長野県）	509
水掛不動（大阪府）	713	御園村（滋賀県）	658	美津島町（長崎県）	1010
水上（山口県）	892	溝淵荒神社（香川県）	924	美津島町今里（長崎県）	1010
水上布奈山神社（長野県）	509	溝辺町（鹿児島県）	1076	三ツ塚廃寺（兵庫県）	737
水瓶山（福岡県）	991	溝辺町三縄（鹿児島県）	1076	三ツ塚廃寺跡（京都府）	682
御厨観音（奈良県）	770	みそや別館（和歌山県）	796	密蔵院（茨城県）	132
美杉（三重県）	620	三田（東京都）	323	密蔵院（埼玉県）	198
水城院（福岡県）	991	三田（広島県）	872	密蔵院（東京都）	323
水木浜（茨城県）	132	三鷹（東京都）	323	密蔵院（新潟県）	398
水切2号墳（福井県）	441	三滝参道（広島県）	872	密蔵院（愛知県）	595
美底御岳（沖縄県）	1107	三滝寺（広島県）	872	蜜蔵院（栃木県）	145
水汲み井戸（岐阜県）	530	御岳（東京都）	323	御津高津（岡山県）	845
水越家長屋門（神奈川県）	366	御岳（愛知県）	595	三ツ寺（群馬県）	171

三ツ峠山（山梨県） 452
三葉神社（静岡県） 566
三俣（埼玉県） 198
三俣（新潟県） 398
三峰（埼玉県） 198
三峯（埼玉県） 198
三峰山（埼玉県） 198
三峯山（埼玉県） 199
三峯山（長野県） 509
三峰神社（山梨県） 452
三峰神社（長野県） 510
三峯神社（埼玉県） 199
三峯村（福井県） 441
三森山（山形県） 84
水戸（茨城県） 132
御堂（大阪府） 713
美東町（山口県） 892
三徳山（鳥取県） 808
水戸市（茨城県） 132
御津神社（愛知県） 595
水戸道（東京都） 323
水戸東照宮（茨城県） 132
三戸のオショロ流し（神奈川県） 366
水戸藩（茨城県） 132
水戸森峠（愛媛県） 946
三豊（香川県） 924
三豊郡（香川県） 924
三豊市（香川県） 924
見取（静岡県） 566
緑井（広島県） 873
緑区（埼玉県） 199
みどり市（群馬県） 171
緑千人塚（愛媛県） 946
緑町（東京都） 323
南方神社（鹿児島県） 1076
三奈木（福岡県） 991
水口（滋賀県） 658
水口神社（滋賀県） 658
水口町（滋賀県） 658
皆沢（群馬県） 171
水無神社（山形県） 84
水無神社（岐阜県） 530
皆瀬（秋田県） 69
皆瀬川村（神奈川県） 367
水無瀬御影堂（大阪府） 713
水無瀬神宮（大阪府） 713
湊（大阪府） 713
湊（島根県） 328
港川（沖縄県） 1107
湊川下流域（千葉県） 242
湊川神社（兵庫県） 737
港区（東京都） 323
湊三ヵ寺（秋田県） 69
港七福神（東京都） 324
湊神社（宮城県） 56
湊町（大阪府） 713
港橋（静岡県） 566
湊八幡神社（兵庫県） 737
湊町 211
湊町（愛媛県） 946
湊町（鹿児島県） 1076
湊宮村（京都府） 682
湊村（和歌山県） 796
湊屋（三重県） 620
湊山町（兵庫県） 737
皆野（埼玉県） 200

みなべ町（和歌山県） 796
南部町（和歌山県） 796
南部荘（和歌山県） 796
南会津（福島県） 111
南会津郡（福島県） 111
南秋津（東京都） 324
南秋津村（東京都） 324
南足柄（神奈川県） 367
南安曇（長野県） 510
南安曇山地（長野県） 510
南阿田（奈良県） 770
南石堂町（長野県） 510
南伊勢（三重県） 620
南稲八妻村（京都府） 682
南今泉村（千葉県） 242
南伊予（愛媛県） 946
南魚沼（新潟県） 398
南魚沼郡（新潟県） 398
南魚沼市（新潟県） 398
南浦江（大阪府） 713
南宇和（愛媛県） 946
南宇和郡（愛媛県） 946
南奥州（東北） 24
南大窯跡（岡山県） 845
南大塚（埼玉県） 200
南恩加島小学校（大阪府） 713
南小河原町（長野県） 510
南沖洲（徳島県） 909
南小国町（熊本県） 1015
南生実（千葉県） 242
南恩納（沖縄県） 1107
南恩納村（沖縄県） 1107
南加賀（石川県） 429
南柏（千葉県） 242
南方八幡宮（山口県） 892
南片辺（新潟県） 398
南葛城郡（奈良県） 770
南神山御岳（沖縄県） 1107
南茅部町（北海道） 17
南川（香川県） 924
南河内（大阪府） 713
南河原石塔婆（埼玉県） 200
南関東（関東） 116
南九州（九州・沖縄） 970
南九州市（鹿児島県） 1076
南久米（愛媛県） 946
南巨摩（山梨県） 452
南坂（東京都） 324
南佐久（長野県） 510
南薩摩（鹿児島県） 1076
南薩摩の十五夜行事（鹿児島県） 1076
南里村（奈良県） 770
南沢又（福島県） 111
南志賀（滋賀県） 659
南下浦町菊名（神奈川県） 367
南信濃（長野県） 510
南信村（静岡県） 566
南上州（群馬県） 171
南信州（長野県） 510
南砂川（東京都） 324
南千住（東京都） 324
南相馬市（福島県） 111
南大東島（沖縄県） 1107
南平（東京都） 324
南高田（長野県） 510
南多久（佐賀県） 1000

南田島（埼玉県） 200
南立石（香川県） 924
南田中村（青森県） 32
南種子（鹿児島県） 1076
南玉（千葉県） 242
南多摩（東京都） 324
南田原（奈良県） 770
南千倉（千葉県） 242
南知多（愛知県） 595
南知多五色観音霊場（愛知県） 596
南知多三十三観音霊場（愛知県） 596
南知多町（愛知県） 596
南町（大阪府） 713
美波町（徳島県） 909
南津（福島県） 111
南邸（京都府） 682
南長池（長野県） 510
南日本（九州・沖縄） 971
南沼上（静岡県） 566
南野（山形県） 84
南野（兵庫県） 737
南八幡宮（島根県） 828
南原（山形県） 84
南はりまや町（高知県） 964
南飛騨（岐阜県） 530
南福地村（長野県） 510
南布田（東京都） 324
南古谷村（埼玉県） 200
南房総（千葉県） 242
南房総市（千葉県） 242
南法花寺（奈良県） 770
南間長瀬（長野県） 510
南箕輪（長野県） 510
南箕輪村（長野県） 510
南武蔵（関東） 116
南武蔵（神奈川県） 367
南山（福島県） 111
南山（長野県） 510
南山（京都府） 682
南山城（京都府） 682
南六呂師（福井県） 441
見奈良村（愛媛県） 946
三成（広島県） 873
三成八幡神社（広島県） 873
見沼（埼玉県） 200
見沼代用水（関東） 116
敏売崎（兵庫県） 737
美祢（山口県） 892
峰（東京都） 324
嶺岡（千葉県） 242
嶺崎（新潟県） 398
美祢市（山口県） 892
三根町（佐賀県） 1000
峯寺（島根県） 828
峰白山神社（神奈川県） 367
嶺村（静岡県） 566
峰本社（富山県） 415
峰山（鹿児島県） 1076
美濃（岐阜県） 530
耳納山（福岡県） 991
箕面（大阪府） 713
美濃郡（島根県） 829
三野郡三十三観音霊場（香川県） 924
箕の越（高知県） 964
美濃三十三観音霊場（岐阜県） 532
美濃路（岐阜県） 532

みのた　　　　　　　　　　　　　　地名・寺社名索引

美濃高田（岐阜県）……… 532	
水内郡（長野県）……… 510	
水内大社（長野県）……… 510	
三野町（徳島県）……… 909	
三野町（香川県）……… 924	
三野町吉津（香川県）……… 924	
三野国（岐阜県）……… 532	

美濃高田（岐阜県）……… 532
水内郡（長野県）……… 510
水内大社（長野県）……… 510
三野町（徳島県）……… 909
三野町（香川県）……… 924
三野町吉津（香川県）……… 924
三野国（岐阜県）……… 532
美濃国（岐阜県）……… 533
美濃馬場（岐阜県）……… 533
身延（山梨県）……… 452
身延山（山梨県）……… 452
身延山支院（山梨県）……… 452
身延線（山梨県）……… 452
身延道（山梨県）……… 452
水呑（広島県）……… 873
蓑山神社（埼玉県）……… 200
箕輪（福島県）……… 111
美濃輪稲荷（静岡県）……… 566
箕輪中部小学校（長野県）……… 510
箕輪町（長野県）……… 510
蓑輪峠（茨城県）……… 132
箕輪南宮神社（長野県）……… 510
三柱神社（長野県）……… 510
三柱神社古墳（大分県）……… 1036
美旗（三重県）……… 620
御浜街道（三重県）……… 621
御浜町（三重県）……… 621
美浜町（福井県）……… 441
三原（広島県）……… 873
三原市（広島県）……… 875
見晴山経塚（愛知県）……… 596
三原城（広島県）……… 875
三原村（高知県）……… 964
三春（福島県）……… 111
三春城（福島県）……… 111
三春町（福島県）……… 111
三峰（長野県）……… 510
壬生（栃木県）……… 145
壬生川（愛媛県）……… 946
壬生狂言（京都府）……… 683
壬生神社（山口県）……… 892
御船（熊本県）……… 1015
三船神社（和歌山県）……… 796
壬生の花田植（広島県）……… 875
三保（静岡県）……… 566
三保（大分県）……… 1036
三穂（長野県）……… 510
御穂神社（静岡県）……… 566
美保神社（島根県）……… 829
美保関町（島根県）……… 829
三保松原（静岡県）……… 566
三間（愛媛県）……… 946
御馬河の里（石川県）……… 429
御牧子安神社（山梨県）……… 452
美作（岡山県）……… 845
美作国分寺（岡山県）……… 845
美作国（岡山県）……… 845
三増（神奈川県）……… 367
三股（宮崎県）……… 1048
三俣院高城（宮崎県）……… 1048
三間町（愛媛県）……… 946
美馬町（徳島県）……… 909
三間中間村（愛媛県）……… 946
御廐（香川県）……… 924
見々久町（島根県）……… 829
弥美神社（福井県）……… 441

耳塚（福岡県）……… 991
美々津（宮崎県）……… 1048
耳原（鹿児島県）……… 1076
耳原六地蔵塔（鹿児島県）……… 1076
御窟（奈良）……… 770
三室村（埼玉県）……… 200
三谷（愛知県）……… 596
宮内（山形県）……… 84
宮内（神奈川県）……… 367
宮内天満宮（愛媛県）……… 946
宮内八幡神社（秋田県）……… 69
宮内村（愛媛県）……… 946
宮尾（福岡県）……… 991
宮ケ崎村（茨城県）……… 132
宮ケ谷戸（埼玉県）……… 200
宮川（長野県）……… 510
宮川村（岐阜県）……… 533
宮川（三重県）……… 621
宮城（宮城県）……… 56
宮城（沖縄県）……… 1107
宮木（長野県）……… 510
宮城県（宮城県）……… 56
宮口（愛知県）……… 596
宮国（沖縄県）……… 1108
宮窪観音堂（神奈川県）……… 367
三宅島（東京都）……… 324
三宅町（大阪府）……… 713
三宅八幡神社（京都府）……… 683
宮古（岩手県）……… 45
宮古（沖縄県）……… 1108
京都（福岡県）……… 991
都（京都府）……… 683
宮小路（千葉県）……… 242
宮越（長野県）……… 511
宮越村（長野県）……… 511
都七福神（京都府）……… 683
宮古島（沖縄県）……… 1110
都嶋（宮崎県）……… 1048
宮古島市（沖縄県）……… 1110
宮古島のパーントゥ（沖縄県）……… 1111
宮古諸島（沖縄県）……… 1111
都城（宮崎県）……… 1048
都城島津家（宮崎県）……… 1049
都城市立図書館（宮崎県）……… 1049
都城盆地（宮崎県）……… 1049
都城領三十三所観音（宮崎県）……… 1049
みやこ町（福岡県）……… 991
宮坂神社（鹿児島県）……… 1076
宮崎（宮崎県）……… 1049
宮崎県（宮崎県）……… 1049
宮崎市（宮崎県）……… 1050
宮崎町（宮城県）……… 57
宮崎平野（宮崎県）……… 1050
宮谷県（千葉県）……… 243
宮里（沖縄県）……… 1111
宮沢（静岡県）……… 566
宮重（愛知県）……… 596
宮地神社（高知県）……… 964
宮地岳神社（福岡県）……… 991
宮地獄神社総本宮（大分県）……… 1036
宮下町（広島県）……… 875
宮地谷御茶屋（熊本県）……… 1015
宮島（広島県）……… 875
宮代町（埼玉県）……… 200
宮津（京都府）……… 683
宮津市（京都府）……… 683

宮津八幡宮（富山県）……… 415
宮津藩（京都府）……… 683
宮滝遺跡（奈良県）……… 770
宮田国三郎家（群馬県）……… 171
宮竹（石川県）……… 429
宮田不動尊（群馬県）……… 171
宮田村（長野県）……… 511
宮田村（愛知県）……… 596
宮寺（埼玉県）……… 200
宮峠（岐阜県）……… 533
宮床（宮城県）……… 57
宮永町（東京都）……… 324
宮鍋家住宅（東京都）……… 324
宮成村（千葉県）……… 243
宮の内（大分県）……… 1036
宮越宿（長野県）……… 511
宮ノ下（愛媛県）……… 946
宮の城（広島県）……… 875
宮之城町（鹿児島県）……… 1076
宮前（鳥取県）……… 808
宮の前廃寺跡（広島県）……… 875
宮の町（熊本県）……… 1015
ミヤノメ神社（東京都）……… 324
宮之咩神社（東京都）……… 324
宮原（長野県）……… 511
宮原（岡山県）……… 845
宮原氏館（和歌山県）……… 796
宮平（沖縄県）……… 1111
宮洞（長野県）……… 511
三山（千葉県）……… 243
美山（東京都）……… 324
美山（福井県）……… 441
美山（京都府）……… 683
美山（鹿児島県）……… 1076
宮前（千葉県）……… 243
宮前（東京都）……… 324
宮前（神奈川県）……… 367
深山観音堂（山形県）……… 84
宮町（岐阜県）……… 533
海山町（三重県）……… 621
美山町（福井県）……… 441
美山町（京都府）……… 683
宮村（長野県）……… 511
宮村（宮崎県）……… 1050
三谷村（栃木県）……… 145
宮本（長野県）……… 511
宮良（沖縄県）……… 1111
本宮良御岳（沖縄県）……… 1111
宮良村（沖縄県）……… 1111
宮脇鹿島神社（茨城県）……… 132
御幸町（広島県）……… 875
御幸町上岩成（広島県）……… 875
妙安寺（茨城県）……… 132
妙安寺（群馬県）……… 171
妙安寺（滋賀県）……… 659
妙菴寺（大分県）……… 1036
明暗寺（新潟県）……… 398
明暗寺（京都府）……… 683
妙雲寺（茨城県）……… 132
妙雲寺（栃木県）……… 145
妙雲寺（静岡県）……… 566
妙永寺（石川県）……… 429
明栄寺（山口県）……… 892
妙円寺（東京都）……… 324
妙円寺（神奈川県）……… 367
妙円寺（山口県）……… 892

妙円寺（鹿児島県）1076
妙円地蔵（東京都）324
明王院（群馬県）172
明王院（東京都）324
明王院（神奈川県）367
明王院（滋賀県）659
明王院（兵庫県）737
明王院（広島県）875
明王窯（沖縄県）1111
妙応寺（岐阜県）533
妙音寺（福島県）111
妙音寺（新潟県）399
妙音寺（愛知県）596
明音寺（長野県）511
名荷（広島県）875
妙覚寺（千葉県）243
妙覚寺（東京都）325
妙覚寺（神奈川県）367
妙覚寺（京都府）683
妙覚寺（奈良県）770
妙覚寺（岡山県）845
妙覚寺（愛媛県）946
明覚寺跡（広島県）875
名荷神社（広島県）875
妙感寺（滋賀県）659
明厳寺（大阪府）713
妙義（群馬県）172
妙義山（群馬県）172
妙喜寺（愛知県）596
妙義神社（群馬県）172
妙亀塚（東京都）325
妙教寺（岡山県）845
妙慶寺（石川県）429
明見（愛知県）596
妙見宮（愛知県）596
妙見宮（香川県）924
妙見寺（山形県）84
妙見寺（群馬県）172
妙見寺（千葉県）243
妙見寺（大阪府）713
妙顕寺（埼玉県）200
妙顕寺（京都府）683
妙玄寺（山口県）892
明根寺（島根県）829
明源寺（三重県）621
妙見社（兵庫県）737
妙見堂（東京都）325
妙高外輪山（長野県）511
妙高山（新潟県）399
妙興寺（千葉県）243
妙興寺（愛知県）596
妙興寺（鳥取県）808
妙光寺（千葉県）243
妙光寺（京都府）683
妙光寺（大阪府）713
妙高市（新潟県）399
妙高寺（山梨県）452
明光寺（福岡県）991
妙鮫法亀大明神（北海道）17
妙国寺（福島県）111
妙国寺（高知県）964
妙厳寺（島根県）829
明西寺（奈良県）770
明積寺（愛媛県）946
妙珠寺（石川県）429
妙寿寺（東京都）325

妙秀寺（神奈川県）367
妙順寺（大阪府）713
明星院（広島県）875
妙成寺（石川県）429
妙正寺（千葉県）243
妙正寺（東京都）325
妙正寺（広島県）875
明照寺（静岡県）566
明性寺（滋賀県）659
妙星寺（福岡県）991
妙正寺跡（島根県）829
明星輪寺（岐阜県）533
明神ヶ岳（神奈川県）367
明神窯跡群（兵庫県）737
明神木（愛知県）946
妙信寺（広島県）875
妙心寺（京都府）683
明神淵（岩手県）45
妙宣寺（新潟県）399
妙宣寺（兵庫県）737
妙泉寺（千葉県）243
妙泉寺（大阪府）713
妙泉寺（長崎県）1010
妙善寺（静岡県）566
明専寺（福岡県）991
明泉寺（石川県）429
明大寺（愛知県）596
妙湛寺（福岡県）991
妙智院（京都府）683
明通寺（福井県）442
名田（宮崎県）1051
妙典寺（群馬県）172
名東県（徳島県）909
明道寺（埼玉県）200
妙徳寺（愛媛県）946
明徳寺（静岡県）566
妙野ノ牧（青森県）32
妙福寺（岡山県）845
妙福寺（広島県）875
妙法院（京都府）683
妙法ヶ岳（埼玉県）200
妙法山（石川県）429
妙法寺（福島県）111
妙法寺（栃木県）146
妙法寺（東京都）325
妙法寺（福井県）442
妙法寺（山梨県）452
妙法寺（兵庫県）737
妙法寺（奈良県）770
妙法寺参詣道（東京都）325
妙本寺（茨城県）132
妙本寺（千葉県）243
妙本寺（長崎県）1010
妙満寺（京都府）683
妙薬寺（東京都）325
明楽（愛知県）596
妙楽寺（千葉県）243
妙楽寺（兵庫県）737
妙楽寺村（兵庫県）737
妙楽禅寺（福岡県）991
妙琳寺（岩手県）45
妙蓮寺（千葉県）243
三義（長野県）511
三好（徳島県）909
三次（広島県）875
三吉演芸場（神奈川県）367

三好郡（徳島県）909
三好市（徳島県）909
三次市（広島県）876
三吉神社（秋田県）69
三好町（徳島県）909
みよし灯籠（愛知県）596
美吉野（奈良県）770
三芳野天神（埼玉県）200
三次盆地（広島県）876
三好山（大阪府）713
三良坂町（広島県）876
弥勒寺（山形県）84
弥勒寺（神奈川県）367
弥勒寺（愛媛県）946
弥勒寺（大分県）1036
弥勒寺跡（大分県）1036
弥勒寺集落（山形県）84
身禄堂（山梨県）452
身延（神奈川県）367
三輪（岐阜県）533
三輪（兵庫県）737
三輪（奈良県）770
三和（高知県）964
三和（沖縄県）1111
美和（兵庫県）737
美和（奈良県）770
三輪川（奈良県）770
三輪神社（兵庫県）737
三輪神社（奈良県）770
美和神社（群馬県）172
三輪大明神（奈良県）770
三輪田町（長野県）511
三輪足社（宮城県）57
美和町（愛知県）596
三和町（福島県）111
三輪明神（奈良県）770
三輪村（東京都）325
三輪山（奈良県）770

【む】

むいか越（沖縄県）1111
六日町（新潟県）399
無為信寺（新潟県）399
向地の宮（三重県）621
向島（広島県）876
向島（香川県）924
向島町（広島県）876
向田（福岡県）992
向田本通り（鹿児島県）1076
向井村（大阪府）713
向井村（茨城県）132
向灘（愛媛県）946
向原（東京都）325
向原（神奈川県）367
向原町（広島県）876
向山（長野県）511
向方（長野県）511
向田（大分県）1036
向田天満宮（大分県）1036
向津具半島（山口県）892
向津具村（山口県）893
武川村（山梨県）452
牟岐浦（徳島県）909
牟岐浦八幡神社（徳島県）909

むきく　　　　　　　　　　　地名・寺社名索引

武儀郡（岐阜県）	533
麦島大神宮（熊本県）	1015
麦谷（広島県）	876
麦原（埼玉県）	200
椋神社（埼玉県）	200
椋土八幡宮（愛媛県）	946
椋土八幡神社（愛媛県）	946
椋梨川流域（広島県）	876
椋本宿（三重県）	621
武庫（兵庫県）	737
向江田町（広島県）	876
向丘（東京都）	325
向島（東京都）	325
向島百花園（東京都）	325
向関村（長野県）	511
向田（鹿児島県）	1076
向台町（東京都）	325
向山（千葉県）	243
向山遺跡（奈良県）	771
武庫川（兵庫県）	737
武庫郡（兵庫県）	737
務古の海（兵庫県）	737
武佐（滋賀県）	659
武蔵（関東）	116
武蔵（埼玉県）	200
武蔵（東京都）	325
武蔵（神奈川県）	367
武蔵一の宮参道（東京都）	325
武蔵川崎山王権現（神奈川県）	367
武蔵国府（東京都）	325
武蔵国府跡（東京都）	325
武蔵国分寺（東京都）	326
武蔵国分寺跡（東京都）	326
武蔵野（関東）	117
武蔵野（東京都）	326
武蔵国（関東）	117
武蔵国（埼玉県）	200
武蔵国（東京都）	326
武蔵国（神奈川県）	367
武蔵国三十三番札所（埼玉県）	200
武蔵国府八幡宮（東京都）	326
武蔵野三十三観音（関東）	117
武蔵野三十三観音霊場（東京都）	326
武蔵野市（東京都）	326
武蔵野新田（東京都）	326
武蔵野新田村（東京都）	326
武蔵御岳神社（東京都）	326
武蔵村山（東京都）	327
武蔵村山市（東京都）	327
武蔵陵墓地（東京都）	327
武社（射）国（千葉県）	243
虫明（岡山県）	845
虫生（長野県）	511
虫歌観世音（長野県）	511
虫亀（新潟県）	399
虫倉（長野県）	511
六島（岡山県）	846
虫生（千葉県）	243
無生野の大念仏（山梨県）	452
席田廃寺（岐阜県）	533
結大明神（岐阜県）	533
陸奥（東北）	24
六浦庄（神奈川県）	367
六県神社（奈良県）	771
睦月神事（福井県）	442
六椹八幡社（山形県）	84

陸奥国分寺（宮城県）	57
陸奥国分寺跡（宮城県）	57
陸奥国分尼寺（宮城県）	57
六崎組十善講（千葉県）	243
睦沢（千葉県）	243
睦沢町（千葉県）	243
陸奥国（岩手県）	45
六実（千葉県）	243
無動寺（滋賀県）	659
無動寺（大分県）	1036
宗像（福岡県）	992
宗像・沖ノ島と関連遺産群（福岡県）	992
宗像郡（福岡県）	992
宗像市（福岡県）	992
宗像社（新潟県）	399
宗像社（福岡県）	992
宗形神社（鳥取県）	808
宗像神社（福岡県）	992
宗方神社（長崎県）	1010
宗像大社（福岡県）	992
宗高尾城（広島県）	876
宗貞薬師堂（広島県）	876
撫養（徳島県）	909
撫養町木津（徳島県）	909
村岡（神奈川県）	367
村岡（新潟県）	399
村岡（兵庫県）	737
村尾神社（奈良県）	771
村上（千葉県）	244
村上（新潟県）	399
村上家千巻舎（愛知県）	596
村上祭の屋台行事（新潟県）	399
村上市（新潟県）	399
村上精華堂（東京都）	327
村上村（千葉県）	244
村木沢（山形県）	84
夢楽洞（福井県）	442
紫川（福岡県）	992
村島（愛媛県）	946
村所（宮崎県）	1051
村田川流域（千葉県）	244
村田町（宮城県）	57
村野家住宅（東京都）	327
村檜神社（栃木県）	146
邑町のサイノカミ（富山県）	415
村松（新潟県）	399
村松甲（新潟県）	399
村松藩（新潟県）	399
村山（宮城県）	57
村山（山形県）	84
村山（東京都）	327
村山（静岡県）	566
村山村（東京都）	327
群星御岳（沖縄県）	1111
無量光院（岩手県）	45
無量光院跡（岩手県）	45
無量光寺（神奈川県）	367
無量寺（神奈川県）	367
無量寺（長野県）	511
無量寺（佐賀県）	1000
無量寿院（香川県）	925
無量寿寺（愛知県）	596
牟礼（長野県）	511
牟礼（山口県）	893
牟礼町（香川県）	925

牟礼橋（東京都）	327
牟礼村（長野県）	511
室池（大阪府）	714
室生（奈良県）	771
室生寺（奈良県）	771
室生神社（神奈川県）	367
室生明神（神奈川県）	367
室古神社（三重県）	621
牟婁子明神（和歌山県）	796
室積（山口県）	893
室津（兵庫県）	737
室津賀茂神社（兵庫県）	737
室根神社（岩手県）	45
室根神社祭のマツリバ行事（岩手県）	45
室根町（岩手県）	45
室根村（岩手県）	45
室ノ木（神奈川県）	367
室の津（兵庫県）	737
室の八島（栃木県）	146
室の八島（埼玉県）	200
牟呂八幡宮（愛知県）	596
室見橋（福岡県）	992
むろや（山口県）	893
室谷集落（新潟県）	399
室蘭（北海道）	17
室蘭市（北海道）	17
室蘭製鉄所（北海道）	17
室蘭八幡宮（北海道）	17

【め】

目青不動（東京都）	327
目赤不動尊（東京都）	327
明治神宮（東京都）	327
名勝史蹟四十五佳選（神奈川県）	367
明石寺（愛媛県）	946
明善学校大田原支校（長野県）	511
明禅寺城（岡山県）	846
明徳寺（長野県）	511
姪浜（福岡県）	992
明和町（群馬県）	172
明和村（群馬県）	172
目加田（滋賀県）	659
目鑑橋（熊本県）	1015
女神山（福島県）	111
和布刈神社（福岡県）	992
銘苅（沖縄県）	1111
女河八幡宮（静岡県）	566
廻神町（広島県）	876
廻田（東京都）	327
目黒（東京都）	327
目黒川（東京都）	328
目黒銀座（東京都）	328
目黒銀座観音（東京都）	328
目黒区（東京都）	328
目黒七福神（東京都）	329
目黒新富士（東京都）	329
目黒大仏（東京都）	329
目黒邸（東京都）	329
目黒富士（東京都）	329
目黒不動（東京都）	329
目黒不動尊（東京都）	329
目黒元富士（東京都）	329
飯盛（東京都）	329

1226

地名・寺社名索引　　　　もんせ

目白（東京都）	329
目白不動（東京都）	329
売太神社（奈良県）	771
雌岡山（兵庫県）	737
愛島（宮城県）	57
女鳥羽山（長野県）	511
女取川（山梨県）	452
妻沼（埼玉県）	200
布沼（千葉県）	244
妻沼郷聖天堂（埼玉県）	200
妻沼聖天山（埼玉県）	200
妻沼低地（埼玉県）	200
目吹（千葉県）	244
布良（千葉県）	244
米良神楽（宮崎県）	1051
米良の民家（宮崎県）	1051
免田西（熊本県）	1015
免田東（熊本県）	1015

【も】

庤神社（千葉県）	244
茂古森（奈良県）	772
母子（兵庫県）	737
望陀郡（千葉県）	244
毛越寺（岩手県）	45
毛越寺庭園（岩手県）	45
毛越寺の延年（岩手県）	45
望来（北海道）	17
毛利家長屋門（福井県）	442
毛利神社（大分県）	1036
真岡（栃木県）	146
真岡市（栃木県）	146
最上（山形県）	85
最上川（山形県）	85
最上観音霊場（山形県）	85
最上三十三観音（山形県）	85
最上町（山形県）	85
百草園（東京都）	330
百草園城跡（東京都）	330
百草村（東京都）	330
木喰観音堂（新潟県）	399
黙想の家（東京都）	330
木母寺（東京都）	330
木郎（石川県）	429
木郎越（石川県）	429
百舌鳥八幡宮（大阪府）	714
茂住（岐阜県）	533
妹背牛町（北海道）	17
用瀬（鳥取県）	808
餅喰地蔵（富山県）	415
望月（長野県）	511
望月天満宮（大分県）	1036
文知摺観音（福島県）	111
餅田（岩手県）	46
持田古墳群（宮崎県）	1051
餅つき地蔵（山口県）	893
茂木町（栃木県）	146
元荒川（埼玉県）	200
元宇品（広島県）	876
本浦（三重県）	621
元浦河教会（北海道）	17
本籠町（長崎県）	1010
元観音（千葉県）	244
元木（山形県）	85

本木（東京都）	330
本木村（東京都）	330
元古沢（栃木県）	146
元盛松（三重県）	621
元城（秋田県）	69
本巣郡（岐阜県）	533
本栖集落（山梨県）	452
元善光寺（長野県）	511
元総社町（群馬県）	172
本楯（山形県）	85
元町（埼玉県）	200
元常谷（広島県）	876
元中山諏訪神社（山形県）	85
元怒和（京都府）	683
元巣塚（宮崎県）	1051
本埜村（千葉県）	244
元箱根（神奈川県）	367
元八王子（東京都）	330
本部（沖縄県）	1111
本部町（沖縄県）	1111
本太観音堂（埼玉県）	200
本太村（埼玉県）	200
本部半島（沖縄県）	1111
本堀庄（石川県）	429
元町（長野県）	511
元町（鹿児島県）	1077
元松崎（岩手県）	46
モトマリ（北海道）	17
本宮（福島県）	112
元宮千勝神社（茨城県）	133
本宮町（福島県）	112
本村集落（神奈川県）	367
求の塚（兵庫県）	738
本薬師寺（奈良県）	772
本山（高知県）	964
本山寺（香川県）	925
元八幡（東京都）	330
元横山町（東京都）	330
茂名の里芋祭（千葉県）	244
茂庭（福島県）	112
物部（栃木県）	146
物部（高知県）	964
物部川上流域（高知県）	964
物部川流域（高知県）	964
物部村（高知県）	964
茂原（千葉県）	244
茂原富次郎家（群馬県）	172
紅葉八幡宮（福岡県）	992
紅葉山（東京都）	330
樅木山（大分県）	1036
樅山（栃木県）	146
樅山神社（茨城県）	133
樅山大明神（茨城県）	133
百村（東京都）	330
桃井里（群馬県）	172
桃ヶ池（大阪府）	714
桃香野（奈良県）	772
桃川（佐賀県）	1000
桃園稲荷神社（千葉県）	244
桃太郎神社（愛知県）	596
桃の川（佐賀県）	1000
桃原（高知県）	964
桃原村（高知県）	964
百引（鹿児島県）	1077
森（千葉県）	244
森（長野県）	512

森（静岡県）	566
森栄一郎家（群馬県）	172
盛岡（岩手県）	46
盛岡三十三観音（岩手県）	46
盛岡市（岩手県）	46
盛岡城（岩手県）	46
盛岡天満宮（岩手県）	46
盛岡八幡宮（岩手県）	46
盛岡藩（岩手県）	46
森垣村（兵庫県）	738
森北町（兵庫県）	738
森享造家（群馬県）	172
森子大物忌神社（秋田県）	69
森小観音（岩手県）	46
もりさま（山口県）	893
森下町（東京都）	330
森孝観音堂（愛知県）	596
森田寿吉家住宅（東京都）	330
森田村（青森県）	32
森戸（神奈川県）	367
森戸海岸（神奈川県）	367
森戸神社（神奈川県）	367
森之谷（千葉県）	244
森八幡神社（岐阜県）	533
森藩（大分県）	1036
守部（兵庫県）	738
森町（静岡県）	566
森光商店（佐賀県）	1001
森水無八幡神社（岐阜県）	533
森南田遺跡（三重県）	621
森村章明家（群馬県）	172
森本（石川県）	429
杜本神社（大阪府）	714
守屋家天満宮筆塚花塚（埼玉県）	200
守山（福島県）	112
守山（愛知県）	596
守山（滋賀県）	659
守山市（滋賀県）	659
森山社（神奈川県）	367
森山城（千葉県）	244
森山神社（神奈川県）	367
森吉山（秋田県）	69
茂林寺（群馬県）	172
毛呂（埼玉県）	200
諸井（茨城県）	133
諸磯（神奈川県）	368
師井の生墓（山口県）	893
諸江（石川県）	429
師岡熊野神社（神奈川県）	368
師岡町（神奈川県）	368
諸県（宮崎県）	1051
諸川（茨城県）	133
諸川町（茨城県）	133
師崎（愛知県）	596
師崎村（愛知県）	596
茂呂小学校（群馬県）	172
諸橋三十三観音（石川県）	430
茂呂村（群馬県）	172
毛呂山（埼玉県）	200
毛呂山町（埼玉県）	201
諸寄（兵庫県）	738
文殊仙寺（大分県）	1036
文殊堂（長野県）	512
文殊堂（鳥取県）	808
門前（愛知県）	596
門前（和歌山県）	796

1227

門前（鳥取県）808
門前遺跡（大分県）1036
門前通り（神奈川県）368
門前町（石川県）430
門前町皆月（石川県）430
桃原（静岡県）566
紋別（北海道）17
紋別市（北海道）17
百間（埼玉県）201
聞名寺（富山県）415

【 や 】

焼津（静岡県）566
焼津市（静岡県）567
焼津神社（静岡県）567
矢板（栃木県）146
八色石（島根県）829
八重（広島県）876
八重垣神社（岐阜県）533
八重垣神社（三重県）621
八重垣神社（島根県）829
八重籬神社（岡山県）846
八重河内（長野県）512
八枝神社（埼玉県）201
八重山（沖縄県）1111
八重山郡（沖縄県）1113
八重山島（沖縄県）1113
八重山嶋（沖縄県）1113
八重山諸島（沖縄県）1113
八尾（大阪府）714
八尾御坊（大阪府）714
八尾市（大阪府）714
八尾地蔵（大阪府）714
八尾寺内町（大阪府）714
八尾城（大阪府）714
矢落神社（奈良県）772
八百津（岐阜県）533
八百津町（岐阜県）533
八乙女（富山県）415
八乙女山（富山県）415
八乙女神社（山梨県）452
屋嘉（沖縄県）1113
山神（三重県）621
矢上（宮城県）57
矢上（島根県）829
八木（栃木県）146
八木（千葉県）244
八木（兵庫県）738
八木ヶ鼻（新潟県）399
八木神社（新潟県）399
柳橋（茨城県）133
八木蒔（茨城県）133
矢木村（富山県）415
八鬼山道（三重県）621
野牛（埼玉県）201
柳生（奈良県）772
柳生街道（奈良県）772
矢行地（埼玉県）201
矢切（千葉県）244
薬王院（茨城県）133
薬王院（東京都）330
薬王院（神奈川県）368
薬王院（石川県）430
薬応寺（福島県）112

薬王寺（栃木県）146
薬王寺（千葉県）244
薬王寺（東京都）330
薬王寺（新潟県）399
薬王寺（岐阜県）533
薬師（鹿児島県）1077
薬師寺（福島県）112
薬師寺（石川県）430
薬師寺（京都府）683
薬師寺（奈良県）772
薬師寺（愛媛県）946
薬師寺廃寺跡（京都府）683
薬師寺村（秋田県）69
薬師岳（富山県）415
薬師堂（東京都）330
薬師峠（新潟県）399
薬師廃寺（愛媛県）946
屋久島（鹿児島県）1077
屋久島町（鹿児島県）1077
薬勝寺（富山県）415
矢口神社（千葉県）244
薬徳寺（和歌山県）796
夜久野（京都府）683
夜久野町（京都府）684
夜久野町直見（京都府）684
八雲（北海道）17
八雲（東京都）330
八雲（愛知県）596
八雲神社（北海道）17
八雲神社（東京都）330
八雲神社（神奈川県）368
八雲神社（愛媛県）946
矢倉沢（神奈川県）368
矢倉沢往還（東京都）330
八栗寺（香川県）925
屋慶名番所（沖縄県）1113
宅部（東京都）330
矢古宇郷（埼玉県）201
矢越（青森県）32
八事遊園地（愛知県）596
弥五郎新田（東京都）330
弥三右エ門稲荷（石川県）430
弥三右エ門稲荷（石川県）430
八坂（東京都）330
八坂川（大分県）1036
八坂下荘（大分県）1036
八坂神社（京都府）684
弥栄神社（大分県）1037
弥栄町（京都府）684
八坂廃寺（兵庫県）738
八坂村（長野県）512
八坂村（大分県）1037
矢坂山（岡山県）846
矢崎（岩手県）46
石作神社（愛知県）596
矢沢木（秋田県）69
矢沢村（神奈川県）368
八潮市（埼玉県）201
谷下（埼玉県）201
八品神社（大阪府）714
屋島（香川県）925
八島（熊本県）1015
矢島（秋田県）69
矢島（新潟県）399
矢島（長野県）512
矢島（滋賀県）659

矢島稲荷社（長野県）512
八島田（福島県）112
屋島東（香川県）925
夜叉が池（福井県）442
夜叉ヶ池（岐阜県）533
夜叉竜神（岐阜県）533
野州（栃木県）146
屋代（山形県）85
屋代（長野県）512
屋代遺跡群（長野県）512
八代八幡宮（高知県）964
八代村（愛媛県）946
野新田（東京都）330
野洲（滋賀県）659
安井（宮崎県）1051
安居（高知県）965
安居神社（大阪府）714
谷津遺跡（千葉県）244
安井天神（大阪府）714
安浦（広島県）876
野洲川（滋賀県）659
野洲川流域（滋賀県）659
安来（島根県）829
安来郷（島根県）829
谷津経塚（千葉県）244
靖国（東京都）330
靖国神社（東京都）330
靖国神社遊就館（東京都）331
靖国の杜（東京都）331
安国御名方神社（長野県）512
八菅神社（神奈川県）368
野洲市（滋賀県）659
安塚（新潟県）399
保田（和歌山県）796
安田園（兵庫県）738
安武（福岡県）992
安田八幡宮（新潟県）399
安田村（高知県）965
夜須町（高知県）965
野洲町（滋賀県）659
夜須町手結（高知県）965
安場（愛媛県）946
矢津八幡宮（新潟県）399
安東（広島県）876
安松（埼玉県）201
安松（大阪府）714
安海熊野神社（愛知県）596
安八百屋通り（東京都）331
矢頭山（三重県）621
安吉村（石川県）430
やすらい花（京都府）684
谷田（千葉県）244
矢田（愛知県）596
矢田（奈良県）772
弥高寺跡（滋賀県）659
矢高っ原（長野県）512
八尺鏡野（和歌山県）796
八滝神社（長野県）512
八咫神社（埼玉県）201
谷田町（愛知県）596
矢立木（長野県）512
矢立廃寺（秋田県）69
矢田寺（奈良県）772
矢田坐久志玉比古神社（奈良県）772
矢玉（山口県）893
矢垂（長野県）512

地名・寺社名索引　　やまさ

谷地（山形県）	85	柳沢（宮城県）	58	藪路（広島県）	877
谷地郷（山形県）	85	柳沢遺跡（長野県）	512	矢部川流域（福岡県）	993
八街（千葉県）	244	柳島（神奈川県）	368	矢部八幡宮（東京都）	332
八街市（千葉県）	244	柳神社（愛媛県）	946	谷保（東京都）	332
八街神社（千葉県）	244	柳新田（長野県）	512	谷保天神（東京都）	332
野中寺（大阪府）	714	柳田（福島県）	112	谷保天満宮（東京都）	332
八千代（千葉県）	244	柳田村（石川県）	430	谷保村（東京都）	332
八千代（東京都）	331	柳（香川県）	925	山市場（神奈川県）	368
八千代座（熊本県）	1315	柳橋（福島県）	112	山五十川（山形県）	86
八千代市（千葉県）	245	楊原（静岡県）	567	山岩尾（福島県）	112
八千代台西（千葉県）	245	楊原神社（静岡県）	567	山内（愛知県）	597
八千代八福神（千葉県）	245	柳町（福島県）	112	山後村（岐阜県）	533
八千代緑が丘駅（千葉県）	245	柳明神（京都府）	684	山内家住宅（山口県）	893
谷津（神奈川県）	368	柳本（奈良県）	772	山内石塔群（宮崎県）	1051
八尾（富山県）	415	柳元町（福井県）	442	山家宿（福岡県）	993
八尾町谷折（富山県）	415	柳原神社（長野県）	512	山尾（茨城県）	133
八ヶ岳（山梨県）	452	簗沢（山形県）	85	山岡町（岐阜県）	533
八ヶ岳山麓（山梨県）	452	柳島（福岡県）	992	山家（大分県）	1037
八ヶ岳山麓（長野県）	512	魚梁瀬（高知県）	965	山鹿魚町（福岡県）	993
八槻（福島県）	112	柳瀬（熊本県）	1016	山角町（神奈川県）	368
八槻都々古別神社（福島県）	112	柳瀬川（東京都）	331	山形（山形県）	86
八ツ口（岩手県）	46	柳瀬川流域（埼玉県）	201	山県岩（岐阜県）	533
奴稲荷（埼玉県）	201	柳瀬橋（東京都）	331	山県郡（広島県）	877
八代（千葉県）	245	梁田御厨（栃木県）	146	山形県（山形県）	87
八代（熊本県）	1015	栅原町（岡山県）	846	山形市（山形県）	87
八代郡（山梨県）	452	矢奈比売神社（静岡県）	567	山形城跡（山形県）	88
八代神社（三重県）	621	矢奈比売天神（静岡県）	567	山形盆地（山形県）	88
八代神社（熊本県）	1016	谷根千（東京都）	331	山形山（福島県）	112
八代神明宮（長野県）	512	矢野（広島県）	876	山ヶ野金山（鹿児島県）	1077
八代妙見宮（熊本県）	1016	竜宿浦（佐賀県）	1001	山香町（大分県）	1037
八代妙見祭の神幸行事（熊本県）	1016	矢野大浜（広島県）	877	山上多宝塔（群馬県）	172
谷津田（千葉県）	245	矢野火葬場跡（広島県）	877	山上二町（山形県）	88
ヤッチロ（熊本県）	1016	谷の口（静岡県）	567	山鹿村（福岡県）	993
八ツ手（長野県）	512	矢野口（東京都）	332	山川（鹿児島県）	1077
八手神社（宮崎県）	1051	矢野鷹ノ宮（広島県）	877	山川（沖縄県）	1113
八津寺廃寺（石川県）	430	矢野町（広島県）	877	山川阿弥陀堂（高知県）	965
八釣（奈良県）	772	矢野西（広島県）	877	山北（神奈川県）	368
八剣神社（千葉県）	245	箭根森八幡宮（青森県）	32	山北（福岡県）	993
八剣神社（愛知県）	596	矢野荘（兵庫県）	738	山北村（福岡県）	993
八剣神社（広島県）	876	矢浜（三重県）	621	山北のお峰入り（神奈川県）	368
八剣神社（福岡県）	992	矢作川（愛知県）	596	山北町（神奈川県）	368
八剣八幡神社（千葉県）	245	矢作川水系（愛知県）	596	山際神社（東京都）	332
弥富市（愛知県）	596	矢作川流域（愛知県）	597	山越（愛媛県）	946
矢取川（愛媛県）	946	八柱神社（茨城県）	133	山城（沖縄県）	1113
柳井（山口県）	893	八柱神社（奈良県）	772	山口（千葉県）	246
柳井市（山口県）	893	八柱神社（大分県）	1037	山口（岐阜県）	533
柳津虚空蔵尊（宮城県）	58	八柱霊園（千葉県）	246	山口（山口県）	893
柳井町（福島県）	112	矢馳（山形県）	86	山口観音（埼玉県）	201
柳井津町（山口県）	893	八幡（岡山県）	846	山口家住宅（千葉県）	246
谷中（千葉県）	246	八幡（福岡県）	992	山口県（山口県）	893
谷中（東京都）	331	矢畑（埼玉県）	201	山口市（山口県）	895
谷中観音（群馬県）	172	八幡寺（石川県）	430	山口神社（奈良県）	772
谷中五重塔（東京都）	331	八幡製鉄所（福岡県）	993	山口大神宮（山口県）	895
谷中七福神（東京都）	331	八幡人丸神社（山口県）	893	山口町下山口（兵庫県）	738
谷中墓地（東京都）	331	矢放神社（滋賀県）	659	山口藩（山口県）	895
谷中町（東京都）	331	矢原御厨（長野県）	512	山口村（山形県）	88
谷中霊園（東京都）	331	弥彦（新潟県）	399	山国（京都府）	684
柳川（福岡県）	992	矢彦神社（長野県）	512	山古志（新潟県）	400
梁川（福島県）	112	弥彦大明神（長野県）	512	山古志郷（新潟県）	400
柳川城堀黒門前（福岡県）	992	弥彦村（新潟県）	399	山崎（山形県）	88
梁川八幡宮（福島県）	112	八広稲荷（茨城県）	133	山崎（新潟県）	400
梁河藩（福岡県）	992	屋部（沖縄県）	1113	山崎（富山県）	415
梁川町（福島県）	112	八夫（滋賀県）	659	山崎（京都府）	684
柳生（宮城県）	58	養父郡三拾三所（兵庫県）	738	山崎（兵庫県）	738
柳来（大分県）	1037	夜夫坐神社（兵庫県）	738	山崎（岡山県）	846
柳久保（東京都）	331	養父神社（兵庫県）	738	山崎（鹿児島県）	1077

1229

やまさ　　　　　　　　　　　　　　地名・寺社名索引

山崎家住宅（東京都）・・・・・・・・・・・・・・ 332
山崎郷（和歌山県）・・・・・・・・・・・・・・ 796
山崎町鶴木（兵庫県）・・・・・・・・・・・・ 738
山崎庄（和歌山県）・・・・・・・・・・・・・・ 796
山崎八幡宮（山口県）・・・・・・・・・・・・ 895
山下家別邸（神奈川県）・・・・・・・・・・ 368
山階座（滋賀県）・・・・・・・・・・・・・・・・ 659
山階寺（奈良県）・・・・・・・・・・・・・・・・ 772
山科本願寺（京都府）・・・・・・・・・・・・ 684
山城（徳島県）・・・・・・・・・・・・・・・・・・ 909
山代（山口県）・・・・・・・・・・・・・・・・・・ 895
山城国（京都府）・・・・・・・・・・・・・・・・ 684
山神宮（千葉県）・・・・・・・・・・・・・・・・ 246
山神宮（島根県）・・・・・・・・・・・・・・・・ 829
山神社（北海道）・・・・・・・・・・・・・・・・・ 17
山神社（島根県）・・・・・・・・・・・・・・・・ 829
山菅（栃木県）・・・・・・・・・・・・・・・・・・ 146
山背（京都府）・・・・・・・・・・・・・・・・・・ 684
山添村（奈良県）・・・・・・・・・・・・・・・・ 773
山田（宮城県）・・・・・・・・・・・・・・・・・・・ 58
山田（千葉県）・・・・・・・・・・・・・・・・・・ 246
山田（東京都）・・・・・・・・・・・・・・・・・・ 332
山田（福井県）・・・・・・・・・・・・・・・・・・ 442
山田（三重県）・・・・・・・・・・・・・・・・・・ 621
山田（大阪府）・・・・・・・・・・・・・・・・・・ 714
山田（兵庫県）・・・・・・・・・・・・・・・・・・ 738
山田（広島県）・・・・・・・・・・・・・・・・・・ 877
山田（高知県）・・・・・・・・・・・・・・・・・・ 965
山田（福岡県）・・・・・・・・・・・・・・・・・・ 993
山田（長崎県）・・・・・・・・・・・・・・・・・・ 1010
山田（熊本県）・・・・・・・・・・・・・・・・・・ 1016
山直（大阪府）・・・・・・・・・・・・・・・・・・ 714
山田伊射奈岐神社（大阪府）・・・・・・ 714
山高（山梨県）・・・・・・・・・・・・・・・・・・ 452
山田区（千葉県）・・・・・・・・・・・・・・・・ 246
山田グスク（沖縄県）・・・・・・・・・・・・ 1113
山田郡（愛知県）・・・・・・・・・・・・・・・・ 597
山田郡（香川県）・・・・・・・・・・・・・・・・ 925
山田郷（兵庫県）・・・・・・・・・・・・・・・・ 738
山田権現跡（長崎県）・・・・・・・・・・・・ 1010
山田地蔵尊（福岡県）・・・・・・・・・・・・ 993
山田集落（長崎県）・・・・・・・・・・・・・・ 1010
山田孝充家（群馬県）・・・・・・・・・・・・ 172
山田谷（千葉県）・・・・・・・・・・・・・・・・ 246
山田谷川（沖縄県）・・・・・・・・・・・・・・ 1113
山田町（神奈川県）・・・・・・・・・・・・・・ 368
山田町（山梨県）・・・・・・・・・・・・・・・・ 452
山田町（兵庫県）・・・・・・・・・・・・・・・・ 738
山田町（奈良県）・・・・・・・・・・・・・・・・ 773
山田寺（奈良県）・・・・・・・・・・・・・・・・ 773
山田の滝（長崎県）・・・・・・・・・・・・・・ 1010
山田原（三重県）・・・・・・・・・・・・・・・・ 621
山田町（岩手県）・・・・・・・・・・・・・・・・・ 46
山田町（千葉県）・・・・・・・・・・・・・・・・ 246
山田村（高知県）・・・・・・・・・・・・・・・・ 965
山田屋小路（石川県）・・・・・・・・・・・・ 430
山田家本屋（山口県）・・・・・・・・・・・・ 895
山町（富山県）・・・・・・・・・・・・・・・・・・ 415
山津照神社（滋賀県）・・・・・・・・・・・・ 659
山津見神社（福島県）・・・・・・・・・・・・ 112
山手（広島県）・・・・・・・・・・・・・・・・・・ 877
山手村（岡山県）・・・・・・・・・・・・・・・・ 846
山寺（山形県）・・・・・・・・・・・・・・・・・・・ 88
山寺（新潟県）・・・・・・・・・・・・・・・・・・ 400
山寺（鹿児島県）・・・・・・・・・・・・・・・・ 1077
山寺（伊那市）（長野県）・・・・・・・・・・ 512

山寺（辰野町）（長野県）・・・・・・・・・・ 512
山寺（筑北村）（長野県）・・・・・・・・・・ 512
山寺観音堂（山形県）・・・・・・・・・・・・・ 88
山寺堰（山形県）・・・・・・・・・・・・・・・・・ 88
大和（奈良県）・・・・・・・・・・・・・・・・・・ 773
大和大国魂神社（兵庫県）・・・・・・・・ 738
大和川（大阪府）・・・・・・・・・・・・・・・・ 714
大和川（奈良県）・・・・・・・・・・・・・・・・ 777
大和高原（奈良県）・・・・・・・・・・・・・・ 777
大和郡山（奈良県）・・・・・・・・・・・・・・ 777
大倭国分寺（奈良県）・・・・・・・・・・・・ 777
大和三山（奈良県）・・・・・・・・・・・・・・ 777
大和市（神奈川県）・・・・・・・・・・・・・・ 368
大和路（奈良県）・・・・・・・・・・・・・・・・ 777
大和村（鹿児島県）・・・・・・・・・・・・・・ 1077
大和高田（奈良県）・・・・・・・・・・・・・・ 778
大和高田八幡宮（奈良県）・・・・・・・・ 778
大和町（岐阜県）・・・・・・・・・・・・・・・・ 533
大和町（佐賀県）・・・・・・・・・・・・・・・・ 1001
大和町名尾（佐賀県）・・・・・・・・・・・・ 1001
大和国（奈良県）・・・・・・・・・・・・・・・・ 778
大和盆地（奈良県）・・・・・・・・・・・・・・ 778
大和民俗公園（奈良県）・・・・・・・・・・ 778
大和屋本店（東京都）・・・・・・・・・・・・ 332
山名（静岡県）・・・・・・・・・・・・・・・・・・ 567
山中（石川県）・・・・・・・・・・・・・・・・・・ 430
山中（山梨県）・・・・・・・・・・・・・・・・・・ 453
山中湖（山梨県）・・・・・・・・・・・・・・・・ 453
山中郷（福島県）・・・・・・・・・・・・・・・・ 112
山中越（滋賀県）・・・・・・・・・・・・・・・・ 659
山中町（滋賀県）・・・・・・・・・・・・・・・・ 659
山中野（広島県）・・・・・・・・・・・・・・・・ 877
山中八幡宮（愛知県）・・・・・・・・・・・・ 597
山中八幡神社（島根県）・・・・・・・・・・ 829
山梨（山梨県）・・・・・・・・・・・・・・・・・・ 453
山梨（長野県）・・・・・・・・・・・・・・・・・・ 512
山梨県（山梨県）・・・・・・・・・・・・・・・・ 453
山梨市（山梨県）・・・・・・・・・・・・・・・・ 453
山梨町新四国八十八箇所（静岡県）・・・ 567
山名神社（群馬県）・・・・・・・・・・・・・・ 172
山名神社（静岡県）・・・・・・・・・・・・・・ 567
山根（福島県）・・・・・・・・・・・・・・・・・・ 112
山野（東京都）・・・・・・・・・・・・・・・・・・ 332
山野（福岡県）・・・・・・・・・・・・・・・・・・ 993
山ノ上（滋賀県）・・・・・・・・・・・・・・・・ 659
山ノ上碑（群馬県）・・・・・・・・・・・・・・ 172
山上碑（群馬県）・・・・・・・・・・・・・・・・ 172
山上八幡社（熊本県）・・・・・・・・・・・・ 1016
山内（石川県）・・・・・・・・・・・・・・・・・・ 430
山ノ内町（長野県）・・・・・・・・・・・・・・ 512
山ノ尾城址（茨城県）・・・・・・・・・・・・ 133
山の神（高知県）・・・・・・・・・・・・・・・・ 965
山ノ神遺跡（奈良県）・・・・・・・・・・・・ 778
山神社（宮城県）・・・・・・・・・・・・・・・・・ 58
山の神神社（山形県）・・・・・・・・・・・・・ 88
山之口の文弥人形（宮崎県）・・・・・・ 1051
山手七福神（東京都）・・・・・・・・・・・・ 332
山の寺（宮城県）・・・・・・・・・・・・・・・・・ 58
山の根（神奈川県）・・・・・・・・・・・・・・ 368
山辺郷（山形県）・・・・・・・・・・・・・・・・・ 88
山辺神宮（島根県）・・・・・・・・・・・・・・ 829
山辺神社（島根県）・・・・・・・・・・・・・・ 829
山辺荘（山形県）・・・・・・・・・・・・・・・・・ 88
山の辺の道（奈良県）・・・・・・・・・・・・ 778
山辺の道（奈良県）・・・・・・・・・・・・・・ 778
山辺町（山形県）・・・・・・・・・・・・・・・・・ 88

山宮（静岡県）・・・・・・・・・・・・・・・・・・ 567
山鼻（北海道）・・・・・・・・・・・・・・・・・・・ 17
山部（大分県）・・・・・・・・・・・・・・・・・・ 1037
山吹（長野県）・・・・・・・・・・・・・・・・・・ 512
山伏山（石川県）・・・・・・・・・・・・・・・・ 430
山伏山神社（兵庫県）・・・・・・・・・・・・ 738
山布施村（長野県）・・・・・・・・・・・・・・ 512
山舟生（福島県）・・・・・・・・・・・・・・・・ 112
山辺郡（奈良県）・・・・・・・・・・・・・・・・ 778
山辺三（奈良県）・・・・・・・・・・・・・・・・ 778
山辺神社（大阪府）・・・・・・・・・・・・・・ 714
山海（愛知県）・・・・・・・・・・・・・・・・・・ 597
山道三十三観音（東京都）・・・・・・・・ 332
山村廃寺（奈良県）・・・・・・・・・・・・・・ 778
山室（長野県）・・・・・・・・・・・・・・・・・・ 512
山室村（長野県）・・・・・・・・・・・・・・・・ 512
山本（秋田県）・・・・・・・・・・・・・・・・・・・ 69
山本（静岡県）・・・・・・・・・・・・・・・・・・ 567
山本（広島県）・・・・・・・・・・・・・・・・・・ 877
山本窯跡（岡山県）・・・・・・・・・・・・・・ 846
山本集落（新潟県）・・・・・・・・・・・・・・ 400
山本神社（熊本県）・・・・・・・・・・・・・・ 1016
山元町（宮城県）・・・・・・・・・・・・・・・・・ 58
山本村（京都府）・・・・・・・・・・・・・・・・ 684
山本村（兵庫県）・・・・・・・・・・・・・・・・ 738
山本有三邸（東京都）・・・・・・・・・・・・ 332
山森（石川県）・・・・・・・・・・・・・・・・・・ 430
山屋（新潟県）・・・・・・・・・・・・・・・・・・ 400
山谷（新潟県）・・・・・・・・・・・・・・・・・・ 400
山吉（新潟県）・・・・・・・・・・・・・・・・・・ 400
山脇邸睡庵（東京都）・・・・・・・・・・・・ 332
ヤマンカン（鹿児島県）・・・・・・・・・・・・ 1077
山ねき（大阪府）・・・・・・・・・・・・・・・・ 715
八溝（栃木県）・・・・・・・・・・・・・・・・・・ 146
八溝山系（栃木県）・・・・・・・・・・・・・・ 146
八溝嶺神社（茨城県）・・・・・・・・・・・・ 133
矢峰（長崎県）・・・・・・・・・・・・・・・・・・ 1010
八女（福岡県）・・・・・・・・・・・・・・・・・・ 993
八女郡（福岡県）・・・・・・・・・・・・・・・・ 993
八女市（福岡県）・・・・・・・・・・・・・・・・ 993
八女福島の燈篭人形（福岡県）・・・・ 993
矢持町（三重県）・・・・・・・・・・・・・・・・ 621
弥生町（大分県）・・・・・・・・・・・・・・・・ 1037
鑓川（長崎県）・・・・・・・・・・・・・・・・・・ 1010
鑓水（千葉県）・・・・・・・・・・・・・・・・・・ 246
八幡（長野県）・・・・・・・・・・・・・・・・・・ 512
八幡（京都府）・・・・・・・・・・・・・・・・・・ 684
八幡（鳥取県）・・・・・・・・・・・・・・・・・・ 808
八幡大池（長野県）・・・・・・・・・・・・・・ 512
八幡市（京都府）・・・・・・・・・・・・・・・・ 684
八幡宿（千葉県）・・・・・・・・・・・・・・・・ 246
八幡八幡宮（群馬県）・・・・・・・・・・・・ 172
八幡浜（愛媛県）・・・・・・・・・・・・・・・・ 946
八幡南山（京都府）・・・・・・・・・・・・・・ 684
やんばる（沖縄県）・・・・・・・・・・・・・・ 1113
山原（沖縄県）・・・・・・・・・・・・・・・・・・ 1113

【ゆ】

湯浅（和歌山県）・・・・・・・・・・・・・・・・ 796
湯浅城跡（和歌山県）・・・・・・・・・・・・ 796
油井（鹿児島県）・・・・・・・・・・・・・・・・ 1077
由比（静岡県）・・・・・・・・・・・・・・・・・・ 567
由比ヶ浜（神奈川県）・・・・・・・・・・・・ 368
由比北田（静岡県）・・・・・・・・・・・・・・ 567

1230

唯称寺（東京都） 332
夕顔観音（東京都） 332
有楽苑（愛知県） 597
結城（茨城県） 133
結城座（東京都） 332
結城廃寺（茨城県） 133
悠久山（新潟県） 400
ゆうげん地蔵（高知県） 965
結崎（奈良県） 778
勇崎（岡山県） 846
油山寺（静岡県） 567
湧水町（鹿児島県） 1077
融通寺（福島県） 112
由宇町（山口県） 895
祐天寺（東京都） 333
祐徳稲荷神社（佐賀県） 1001
融念寺（奈良県） 778
夕張神社（北海道） 17
夕日神社（富山県） 415
雄平（秋田県） 69
雄峰寺（山口県） 895
雄和（秋田県） 69
由加（岡山県） 846
由加山（岡山県） 846
瑜伽山（岡山県） 846
瑜伽参道（岡山県） 846
瑜伽山門前町（岡山県） 846
瑜珈祠（大阪府） 715
ゆかし潟（和歌山県） 796
由加神社（大阪府） 715
由加神社（岡山県） 846
ユガテ（埼玉県） 201
油上（大阪府） 715
瑜迦みち（岡山県） 846
湯川（奈良県） 778
由岐（徳島県） 909
由木（東京都） 333
雪ヶ谷八幡（東京都） 333
行神社（宮城県） 58
雪月園（長野県） 512
柚木即清寺新四国八十八ケ所霊場（東京都） 333
湯来町（広島県） 877
由岐町（徳島県） 909
行常村（兵庫県） 738
雪野山（滋賀県） 659
雪野寺跡（滋賀県） 659
行畑（滋賀県） 659
油木八幡（広島県） 877
由来八幡（島根県） 829
遊行寺（神奈川県） 368
無行沼（福島県） 112
行野浦（三重県） 621
行橋（福岡県） 993
弓削寺（岐阜県） 533
弓削島荘（愛媛県） 947
弓削荘（愛媛県） 947
遊佐（山形県） 83
湯坂公民館（神奈川県） 369
湯沢（新潟県） 400
湯沢市（秋田県） 69
湯沢町（新潟県） 400
湯島（東京都） 333
湯島神社（東京都） 333
湯島聖堂（東京都） 333
湯島天神（東京都） 333

湯島天満宮（東京都） 333
樽原（高知県） 965
樽原観音（高知県） 965
樽原町（高知県） 965
由原八幡宮（大分県） 1037
柞原八幡宮（大分県） 1037
樽原東区（高知県） 965
弓弦神社（兵庫県） 738
湯田（岩手県） 46
弓立（大分県） 1037
湯田中（長野県） 512
湯田町（岩手県） 46
湯殿（山形県） 88
湯殿山（山形県） 88
湯殿三山（山形県） 88
湯殿山神社（山形県） 88
湯西川（栃木県） 146
柚野（静岡県） 567
湯の岡（愛媛県） 947
柚の木（静岡県） 567
柚木（長崎県） 1010
湯ノ平温泉薬師堂（大分県） 1037
湯の谷村（三重県） 621
温泉津（島根県） 829
湯之島薬師堂（岐阜県） 533
湯宮山（長野県） 512
湯原神社（長野県） 513
由布院（大分県） 1037
湯布院町（大分県） 1037
湯福神社（長野県） 513
由布市（大分県） 1037
由布岳（大分県） 1037
湯蓋道空社（広島県） 877
弓ヶ浜（鳥取県） 808
弓浜半島（鳥取県） 808
弓手原（奈良県） 778
弓浜（鳥取県） 808
弓張山脈（愛知県） 597
湯本（宮城県） 58
湯本（山口県） 895
湯本平（神奈川県） 369
油谷（山口県） 895
湯山（大分県） 1037
由良（山形県） 88
由良（和歌山県） 796
由良川源流（京都府） 684
由良町（和歌山県） 796
油良八幡宮（山口県） 895
由良比女神社（島根県） 829
由利（秋田県） 69
百合長根地蔵尊（秋田県） 69
湯梨浜町（鳥取県） 808
由利本荘市（秋田県） 69
ゆるぎ岩（広島県） 877
湯涌（石川県） 430
湯涌校下（石川県） 430
湯湾（鹿児島県） 1077

【よ】

余市（北海道） 17
余市町（北海道） 17
ヨイチ場所（北海道） 17
養安寺（岐阜県） 533
要害（宮城県） 58

養海院（三重県） 621
要害城（東京都） 333
八日市（滋賀県） 659
八日市場（千葉県） 246
八日堂（長野県） 513
八日町（東京都） 333
用賀村（東京都） 333
陽願寺（福井県） 442
要行寺（千葉県） 246
養玉院（東京都） 333
余戸（愛媛県） 947
影向寺（神奈川県） 369
永興寺（山口県） 895
永光寺（石川県） 430
養光寺（神奈川県） 369
楊谷寺（京都府） 684
養沢（東京都） 333
養沢神社（東京都） 333
養子山（岡山県） 846
養寿院（埼玉県） 201
容住寺（兵庫県） 738
養寿寺（大阪府） 715
陽春院（山形県） 88
養生舘（愛媛県） 947
永泉寺（秋田県） 69
永沢寺（兵庫県） 738
桜池院（和歌山県） 796
用土（埼玉県） 201
養徳寺（神奈川県） 369
養徳禅寺（大分県） 1037
用土村（埼玉県） 201
永福寺（神奈川県） 369
養福寺（東京都） 333
永福寺跡（神奈川県） 369
養母（鹿児島県） 1077
要法寺（高知県） 965
要法寺町（京都府） 684
永明寺（山口県） 895
養命寺（島根県） 829
養老（岐阜県） 533
養老渓谷街道（千葉県） 246
養老の滝（群馬県） 172
予岳寺（高知県） 965
与賀神社（佐賀県） 1001
余川（富山県） 415
与北町（香川県） 925
与豊天神（奈良県） 778
余慶寺（岡山県） 846
除堀の獅子舞（埼玉県） 201
余呉（滋賀県） 659
四郷（三重県） 621
四郷神社（三重県） 621
横尾（静岡県） 567
横大路（奈良県） 778
横貝（高知県） 965
横垣峠（三重県） 621
横川（鹿児島県） 1077
余呉川五湖沼（滋賀県） 659
横川町（鹿児島県） 1077
横川山（長野県） 513
横河原（愛媛県） 947
横倉（長野県） 513
横倉寺（高知県） 965
横蔵寺（岐阜県） 533
横倉神社（高知県） 965
横倉大権現（高知県） 965

よここ   地名・寺社名索引

横越（新潟県）	400	
横越（福井県）	442	
横坂喜代吉家（群馬県）	172	
横沢（静岡県）	567	
横沢入（東京都）	333	
横須賀（神奈川県）	369	
横須賀（静岡県）	567	
横須賀高校（静岡県）	568	
横須賀市（神奈川県）	369	
横須賀製鉄所（神奈川県）	369	
横須賀村（愛知県）	597	
横瀬（埼玉県）	201	
横瀬浦（長崎県）	1010	
横瀬町（埼玉県）	201	
横田（大分県）	1037	
横滝山廃寺（新潟県）	400	
横滝山廃寺跡（新潟県）	400	
横竹（佐賀県）	1001	
横田庄（島根県）	829	
横田村（栃木県）	146	
横町（新潟県）	400	
余呉町（滋賀県）	659	
余呉町中河内（滋賀県）	659	
横手（秋田県）	69	
横手市（秋田県）	70	
横手町（長崎県）	1010	
横手平野（秋田県）	70	
横手盆地（秋田県）	70	
横樋（富山県）	415	
横中馬（東京都）	333	
横根（埼玉県）	201	
横根（神奈川県）	369	
横根稲荷（神奈川県）	369	
横根山（栃木県）	146	
横畑（新潟県）	400	
横畠（高知県）	965	
横浜（神奈川県）	369	
横浜植木戸塚試作場（神奈川県）	370	
横浜海岸教会（神奈川県）	370	
横浜金沢七福神（神奈川県）	370	
横浜熊野神社（神奈川県）	370	
横浜市（神奈川県）	370	
横浜中華街（神奈川県）	370	
横浜能楽堂（神奈川県）	370	
横浜山手聖公会（神奈川県）	370	
横淵（秋田県）	70	
横見郡（埼玉県）	201	
横道（神奈川県）	370	
横道（長野県）	513	
横室（群馬県）	172	
横森赤台（東下）遺跡（山梨県）	453	
横森前墓地（山梨県）	453	
横山（滋賀県）	659	
横山家住宅（東京都）	333	
横割八幡宮（静岡県）	568	
依網屯倉（大阪府）	715	
予讃瀬戸（中国）	801	
吉井（群馬県）	172	
吉井（愛媛県）	947	
吉井川（岡山県）	846	
吉井宿（群馬県）	172	
吉浦（広島県）	877	
吉浦八幡神社（広島県）	877	
吉尾（千葉県）	246	
吉岡町（群馬県）	172	
吉ケ平（新潟県）	400	

吉川（埼玉県）	201	
吉川市（埼玉県）	201	
吉川町（新潟県）	400	
吉川八幡宮（岡山県）	846	
吉崎（石川県）	430	
吉崎御坊（福井県）	442	
吉崎坊（福井県）	442	
吉塚地蔵尊（福岡県）	993	
吉田（新潟県）	400	
吉田（山梨県）	453	
吉田（愛知県）	597	
吉田（奈良県）	778	
吉田（島根県）	829	
吉田（広島県）	877	
吉田（鹿児島県）	1077	
吉田口登山道（山梨県）	454	
吉田家大坂加所（大阪府）	715	
吉田神社（静岡県）	568	
吉田町（新潟県）	400	
吉田町（静岡県）	568	
吉田天王社（愛知県）	597	
吉田トモ子家（群馬県）	172	
吉田西（群馬県）	172	
吉田の火祭（山梨県）	454	
吉田浜（宮城県）	58	
吉田村（岐阜県）	533	
吉田村（島根県）	829	
吉田山（京都府）	684	
芳太朗地蔵尊（群馬県）	172	
義綱公神社（新潟県）	400	
義経神社（北海道）	17	
吉富町（福岡県）	993	
吉永（静岡県）	568	
吉永北（静岡県）	568	
吉野（北海道）	17	
吉野（山形県）	88	
吉野（富山県）	415	
吉野（石川県）	430	
吉野（大阪府）	715	
吉野（奈良県）	778	
吉野（高知県）	965	
吉野（大分県）	1037	
芳野（奈良県）	779	
良野（兵庫県）	738	
吉野ヶ里（佐賀県）	1001	
吉野川（奈良県）	779	
吉野川流域（奈良県）	779	
吉野川流域（四国）	901	
吉野川流域（徳島県）	909	
吉野家（東京都）	333	
吉野路（奈良県）	779	
吉野神社（埼玉県）	201	
吉野町（奈良県）	779	
吉野町（徳島県）	910	
吉野の樽丸製作技術（奈良県）	779	
吉野水分神社（奈良県）	779	
吉野山（奈良県）	779	
吉橋（千葉県）	246	
吉橋城（千葉県）	246	
吉橋大師（千葉県）	246	
吉橋村（千葉県）	246	
吉浜（静岡県）	568	
吉浜のスネカ（岩手県）	46	
吉原（静岡県）	568	
吉弘楽（大分県）	1037	
吉弘神社（大分県）	1037	

吉藤（岡山県）	846	
吉松（大分県）	1037	
吉松（鹿児島県）	1078	
吉松駅（鹿児島県）	1078	
吉松橋（鹿児島県）	1078	
吉松町（鹿児島県）	1078	
吉見（兵庫県）	738	
吉見村（山口県）	895	
善峰寺（鳥取県）	808	
良峰寺（京都府）	684	
吉見百穴（埼玉県）	201	
与次郎稲荷神社（秋田県）	70	
吉原（東京都）	333	
吉原（香川県）	925	
吉原家住宅（広島県）	877	
吉原宿（静岡県）	568	
世附（神奈川県）	370	
与瀬（神奈川県）	371	
与瀬神社（神奈川県）	371	
与地（長野県）	513	
四日市（三重県）	621	
四日市（広島県）	877	
四日市市（三重県）	623	
四日市集落（大分県）	1037	
四日市宿（三重県）	623	
四日市場（埼玉県）	201	
四日市橋（福井県）	442	
四日市町（福井県）	442	
四街道（千葉県）	246	
四ツ木（東京都）	333	
四倉（福島県）	112	
四倉町（福島県）	112	
四倉町長友（福島県）	112	
四ツ子（新潟県）	400	
四つ橋文楽座（大阪府）	715	
四ッ葉村（東京都）	333	
四ツ又山（群馬県）	172	
四ツ屋（新潟県）	400	
四ツ屋（長野県）	513	
四谷（東京都）	333	
四谷（新潟県）	400	
四津屋集落（秋田県）	70	
四ツ家町（岩手県）	46	
予土（四国）	901	
余戸（鳥取県）	808	
淀川（大阪府）	715	
淀川河口部（大阪府）	715	
淀川区（大阪府）	715	
淀藩下総領（千葉県）	246	
淀姫神社（佐賀県）	1001	
淀姫神社（長崎県）	1010	
淀姫宮（佐賀県）	1001	
与内畑（福島県）	112	
世直神社（千葉県）	246	
夜泣き石（愛知県）	597	
与那国（沖縄県）	1114	
与那国島（沖縄県）	1114	
与那国島の祭事の芸能（沖縄県）	1114	
米子（鳥取県）	808	
米子市（鳥取県）	808	
米子不動（長野県）	513	
米子不動尊（長野県）	513	
与那覇岳（沖縄県）	1114	
胞姫神社（新潟県）	401	
米本稲荷（千葉県）	246	
与那良御岳（沖縄県）	1114	

1232

与縄（山梨県）……454	羅漢寺（大分県）……1037	竜宮神社（神奈川県）……371
与根（沖縄県）……1114	羅漢町（群馬県）……172	竜宮西門（山口県）……895
米川（宮城県）……58	楽水寺（高知県）……965	竜渓寺（千葉県）……247
米倉（宮城県）……58	洛北（京都府）……684	竜華寺（神奈川県）……371
米沢（山形県）……88	楽満寺（千葉県）……246	竜華寺（広島県）……877
米沢街道（新潟県）……401	櫟野寺（滋賀県）……659	立源寺（東京都）……334
米沢市（山形県）……89	洛陽三十三所観音（京都府）……684	竜眼寺（東京都）……334
米沢藩（山形県）……89	洛陽天神二十五社巡拝（京都府）……684	竜見寺（東京都）……334
米代川流域（秋田県）……70	ラッコ島（北海道）……17	竜原寺（大分県）……1037
米永町（石川県）……430	蘭越（北海道）……17	竜源寺（東京都）……334
米山（新潟県）……401	蘭越町（北海道）……17	竜源寺（宮崎県）……1051
米山薬師（神奈川県）……371		柳原寺跡（鳥取県）……809
米山薬師（新潟県）……401	**【り】**	竜光院（愛媛県）……947
米納津（新潟県）……401		竜光院（和歌山県）……796
世之主神社（鹿児島県）……1078	離宮八幡宮（京都府）……684	竜興寺（山形県）……89
呼ばわり山（東京都）……334	六義園（東京都）……334	竜興寺（福島県）……112
呼子カトリック教会（佐賀県）……1001	陸軍第四師団兵器部大手前倉庫跡（大阪府）……715	竜興寺（栃木県）……146
呼子芭蕉塚（佐賀県）……1001	陸前江島（宮城県）……58	竜興寺（広島県）……877
余別（北海道）……17	陸前高田（岩手県）……46	竜興寺（大分県）……1037
夜交郷（長野県）……513	陸前高田市（岩手県）……46	竜光寺（福島県）……112
読谷（沖縄県）……1114	陸中（東北）……25	竜光寺（栃木県）……146
読谷山（沖縄県）……1114	陸別町（北海道）……17	竜光寺（東京都）……334
読谷村（沖縄県）……1114	鯉山（岡山県）……846	竜光寺（岐阜県）……534
嫁いらず観音（岡山県）……846	利性院（栃木県）……146	竜光寺（愛媛県）……947
世茂井神社（長野県）……513	理性院（京都府）……684	竜江寺（愛知県）……597
代々木（東京都）……334	理正院（愛媛県）……947	竜国寺（石川県）……430
寄合町（新潟県）……401	利尻（北海道）……17	竜谷寺（埼玉県）……202
寄居（埼玉県）……201	利尻島（北海道）……17	竜谷寺（三重県）……623
寄居十二支（埼玉県）……201	理窓院（広島県）……877	竜谷寺（和歌山県）……796
寄居町（埼玉県）……201	立石寺（山形県）……89	竜湖寺（千葉県）……247
寄江神社（島根県）……829	立石寺（長野県）……513	柳古新田（新潟県）……401
寄島（岡山県）……846	栗東（滋賀県）……660	滝山（山形県）……89
鎧神社（東京都）……334	栗東町（滋賀県）……660	滝山寺（千葉県）……247
与論（鹿児島県）……1078	栗東歴史民俗博物館（滋賀県）……660	笠寺観音（愛知県）……597
与路島（鹿児島県）……1078	リュウ（長野県）……513	隆昌寺（秋田県）……70
与論島（鹿児島県）……1078	竜雲寺（秋田県）……70	隆昌寺（愛媛県）……947
与論町（鹿児島県）……1078	竜雲寺（島根県）……829	竜祥寺（大分県）……1037
与和泊（鹿児島県）……1078	竜雲寺（広島県）……877	竜瑞寺（長崎県）……1010
四区町（栃木県）……146	竜淵寺（埼玉県）……201	竜石祠（富山県）……415
四百石稲荷（茨城県）……133	竜淵寺（長野県）……513	竜泉（愛媛県）……947
	竜王山（広島県）……877	竜泉院（千葉県）……247
【ら】	竜王寺（埼玉県）……201	竜泉院（東京都）……334
	竜王寺（滋賀県）……660	竜泉院（静岡県）……568
来木丘陵（福岡県）……993	竜王神社（和歌山県）……796	竜前院（神奈川県）……371
来迎院（茨城県）……133	竜王神社（徳島県）……910	立善講寺（埼玉県）……202
来迎院（東京都）……334	竜王大権現（高知県）……966	流泉（東京都）……334
来迎寺（千葉県）……246	竜王大明神（鳥取県）……809	竜泉寺（山形県）……89
来迎寺（神奈川県）……371	竜海院（群馬県）……172	竜泉寺（埼玉県）……202
来迎寺（富山県）……415	竜谷山（埼玉県）……201	竜泉寺（千葉県）……247
来迎寺（長野県）……513	竜角寺（千葉県）……246	竜泉寺（東京都）……334
来迎寺（三重県）……623	竜ヶ崎（茨城県）……133	竜泉寺（静岡県）……568
来迎寺（滋賀県）……659	竜ヶ崎市（茨城県）……133	竜泉寺（愛知県）……597
来迎寺（大阪府）……715	竜ヶ谷山神社（埼玉県）……201	竜泉寺（三重県）……623
雷山（福岡県）……993	琉球（沖縄県）……1114	竜泉寺（大阪府）……715
雷神社（埼玉県）……201	琉球王国（沖縄県）……1120	竜泉寺（兵庫県）……738
頼忠寺（千葉県）……246	琉球王府（沖縄県）……1120	竜泉寺（奈良県）……779
らいでん沢（福島県）……112	琉球弧（沖縄県）……1120	竜泉寺（広島県）……877
雷電神社（栃木県）……146	琉球山（神奈川県）……371	竜禅寺（静岡県）……568
雷電神社（群馬県）……172	琉球諸島（沖縄県）……1120	竜泉寺弁財天社参道橋（大阪府）……715
雷電神社（千葉県）……246	琉球国（沖縄県）……1120	竜蔵院（愛知県）……597
礼堂薬師（茨城県）……133	琉球八社（沖縄県）……1120	龍巣院（静岡県）……568
来内（岩手県）……46	琉球列島（沖縄県）……1120	竜造寺八幡宮（佐賀県）……1001
羅漢寺（東京都）……334	竜宮（愛知県）……597	滝沢寺（宮城県）……58
羅漢寺（兵庫県）……738	竜宮島（大分県）……1037	柳沢寺（群馬県）……172
羅漢寺（島根県）……829		竜潭（沖縄県）……1120
		竜洞（沖縄県）……1120

りゅう　地名・寺社名索引

竜洞院（長野県）	513
竜徳寺（長野県）	513
竜馬山（秋田県）	70
竜尾寺（千葉県）	247
竜福寺（奈良県）	779
竜福寺（山口県）	895
竜腹寺（千葉県）	247
竜福寺跡（宮崎県）	1051
隆芳寺（長野県）	513
竜宝寺（宮城県）	58
竜宝寺（神奈川県）	371
竜峰寺（神奈川県）	371
竜峰寺（長野県）	513
竜舞（群馬県）	173
竜文寺（山口県）	895
竜門（秋田県）	70
竜門寺（福島県）	112
竜門寺（福井県）	442
竜洋（静岡県）	568
竜洋町（静岡県）	568
竜安寺（京都府）	684
凌雲寺（山口県）	895
両神山（埼玉県）	202
両神村（埼玉県）	202
了義寺（神奈川県）	371
領下（岐阜県）	534
領家八幡神社（広島県）	877
陵厳寺（福岡県）	993
両国橋（東京都）	334
両国広小路（東京都）	334
漁師町（三重県）	623
霊鷲山（福島県）	112
両所宮（山形県）	89
竜津寺（静岡県）	568
了清院跡墓地（熊本県）	1016
良清軒墓地（鹿児島県）	1078
霊山（福島県）	113
霊山観音（京都府）	684
霊仙山（滋賀県）	660
霊山寺（山形県）	89
霊山寺（福島県）	113
霊山寺（奈良県）	779
霊仙寺（大分県）	1037
霊山寺遺跡（山形県）	89
霊山神社（福島県）	113
霊山青年道場（福島県）	113
両総（千葉県）	247
両丹（京都府）	684
竜潭寺（静岡県）	568
両津湾（新潟県）	401
梁田寺（東京都）	334
了徳寺（滋賀県）	660
了徳寺（京都府）	684
両沼（福島県）	113
両八幡神社（岡山県）	846
了福寺（兵庫県）	738
良福寺（鹿児島県）	1078
両面窟（岐阜県）	534
林昌院（愛知県）	597
林松寺（山形県）	89
林正寺（長野県）	513
隣松寺（愛知県）	597
隣政寺（長野県）	513
林泉寺（山形県）	89
林泉寺（新潟県）	401
林泉寺（奈良県）	779

臨川寺（和歌山県）	796
隣船寺（福島県）	993
林蔵院（山形県）	89
林蔵院（埼玉県）	202
林蔵寺（埼玉県）	202
林通寺（新潟県）	401
輪王寺（宮城県）	58
輪王寺（栃木県）	146
輪王寺（東京都）	334
輪王寺宮墓地（東京都）	334
林福寺（千葉県）	247

【る】

瑠璃光寺（長野県）	513
瑠璃光寺（山口県）	895
瑠璃光寺三十三観音（長野県）	513
瑠璃寺（長野県）	513

【れ】

嶺雲庵（長野県）	513
霊巌寺（東京都）	334
霊験寺（福島県）	993
霊山寺（静岡県）	568
霊芝寺（香川県）	925
霊靜山（長野県）	513
霊昌寺（山口県）	896
冷泉寺（山形県）	89
霊泉寺（岐阜県）	534
霊泉禅寺（長野県）	513
嶺南四郡（福井県）	442
例幣使道（群馬県）	173
霊明神社（京都府）	684
鈴熊寺（福岡県）	993
礼受（北海道）	17
烈々布（北海道）	18
礼文華（北海道）	18
礼文島（北海道）	18
蓮永寺（静岡県）	568
蓮花寺（兵庫県）	738
蓮馨寺（埼玉県）	202
蓮華院（和歌山県）	796
蓮華院誕生寺（熊本県）	1016
蓮華（富山県）	415
蓮華（福井県）	442
蓮華（静岡県）	568
蓮華（愛知県）	597
蓮華寺（滋賀県）	660
蓮華寺（京都府）	684
蓮華（大阪府）	715
蓮華（広島県）	877
蓮華寺跡（高知県）	966
蓮華定院（和歌山県）	796
蓮光院（鹿児島県）	1078
蓮光寺（埼玉県）	202
蓮光寺（高知県）	966
連光寺（東京都）	334
連雀町（埼玉県）	202
連祥院（栃木県）	146
璉城寺（奈良県）	779
蓮昌寺（岡山県）	846
蓮照寺（千葉県）	247

蓮照寺（富山県）	415
蓮浄寺（三重県）	623
蓮生寺（神奈川県）	371
蓮生寺（長野県）	513
蓮生寺（滋賀県）	660
連正寺（岩手県）	46
蓮蔵坊（静岡県）	568
蓮岱寺（栃木県）	146
蓮台寺（栃木県）	146
蓮台寺（岡山県）	846
蓮台寺（大分県）	1037
蓮台堂（千葉県）	247
聯芳寺（福島県）	113

【ろ】

蠟崎神社（宮城県）	58
滝泉寺（東京都）	334
六阿弥陀（東京都）	334
鹿王院（京都府）	684
六月村（東京都）	334
六郷（秋田県）	70
六郷（東京都）	334
六合庵（愛知県）	597
六郷山寺院（大分県）	1037
六郷神社（東京都）	334
六郷満山（大分県）	1037
六郷満山霊場（大分県）	1037
六郷山（大分県）	1037
六地蔵（東京都）	334
六地蔵寺（茨城県）	133
六社（大分県）	1038
六社明神（山形県）	89
六十六部廻国供養塔（大阪府）	715
六条御殿（京都府）	684
六勝寺（京都府）	685
六条八幡（兵庫県）	738
六条八幡宮（兵庫県）	738
六所宮（千葉県）	247
六所宮（東京都）	335
六所宮（神奈川県）	371
六所宮社領（東京都）	335
六所家（静岡県）	568
六所神社（千葉県）	247
六所神社（神奈川県）	371
六所大明神（栃木県）	146
六所邸（静岡県）	568
鹿水亭（三重県）	623
六代御前塚墓（神奈川県）	371
六丁（佐賀県）	1001
六道の辻（東京都）	335
六道の辻（京都府）	685
六道原（長野県）	513
六野瀬（新潟県）	401
六波羅（京都府）	685
六波羅蜜寺（京都府）	685
六万寺（香川県）	925
六万部塚（埼玉県）	202
六里ヶ原（群馬県）	173
六呂師（福井県）	442
廬山天台講寺（京都府）	685
芦城公園（石川県）	430
六角（宮城県）	58
六角（京都府）	685
六角堂（長野県）	513

地名・寺社名索引

六角堂（愛知県） 597
六角堂（京都府） 685
六角堂（山口県） 896
六筒庄（和歌山県） 796
六供（福島県） 113
六句町（愛知県） 597
鹿行（茨城県） 133
六甲（兵庫県） 739
六甲山（兵庫県） 739
論田・熊無の藤箕製作技術（富山県）
　　　　　　　　　 415

【わ】

和（鹿児島県） 1078
和意谷（岡山県） 846
和賀（岩手県） 46
若海集落（茨城県） 133
和歌浦天満宮（和歌山県） 796
和歌浦天満宮神社（和歌山県） 796
若江（大阪府） 715
和我叡登挙神社碑（岩手県） 47
若生町（北海道） 18
若草伽藍（奈良県） 779
若草山（奈良県） 779
若郷（東京都） 335
若狭（石川県） 430
若狭（福井県） 442
若狭井（奈良県） 779
若狭路（福井県） 442
若狭高浜（福井県） 443
若狭彦神社（福井県） 443
若狭姫神社（福井県） 443
若狭美浜町（福井県） 443
分去り茶屋（群馬県） 173
若狭湾（福井県） 443
若竹町（福井県） 443
若鶴三社（宮崎県） 1051
和歌浦（和歌山県） 796
和歌浦東照宮（和歌山県） 796
若葉区（宮城県） 58
若林座（愛知県） 597
若林村（大阪府） 715
若彦路（山梨県） 454
若間（栃木県） 147
若松（福島県） 113
若松（高知県） 966
若松（福岡県） 993
若松恵比須神社（福岡県） 993
若松観音（山形県） 89
若松栄町教会（福島県） 113
若松市（福島県） 113
若松町（群馬県） 173
若松町（東京都） 335
若宮（石川県） 430
若宮（奈良県） 779
若宮（愛媛県） 947
若宮大路（神奈川県） 371
若宮さん（広島県） 877
若宮神社（愛知県） 597
若宮天神社（高知県） 966
若宮八幡（神奈川県） 371
若宮八幡（高知県） 966
若宮八幡（大分県） 1038
若宮八幡宮（山梨県） 454

若宮八幡宮（静岡県） 568
若宮八幡宮（大分県） 1038
若宮八幡社（神奈川県） 371
若宮八幡社（愛知県） 597
若宮八幡社（大分県） 1038
若宮八幡神社（宮城県） 58
若宮八幡神社（兵庫県） 739
若柳（岩手県） 47
若柳（宮城県） 58
若山（愛媛県） 947
和歌山（和歌山県） 797
和歌山（和歌山県） 797
和歌山市（和歌山県） 797
和歌山城（和歌山） 798
若山谷（石川県） 430
和歌山藩（和歌山県） 798
若山町（石川県） 430
和木（島根県） 829
脇ヶ畑村（滋賀県） 660
湧ヶ淵（愛媛県） 947
脇子八幡宮（富山県） 415
和木町（島根県） 829
脇町（静岡県） 568
脇津留（大分県） 1038
湧出之宮（京都府） 685
涌出宮の宮座行事（京都府） 685
脇町（徳島県） 910
脇本（鹿児島県） 1078
脇屋館跡（群馬県） 173
脇山（福岡県） 993
和具（三重県） 623
和具浦（三重県） 623
和気郡（愛媛県） 947
和気神社（岡山県） 846
和合（長野県） 513
和光寺（大阪府） 715
和光神社（山形県） 89
和佐尾（長野県） 513
鷲家（奈良県） 779
鷲家峠（奈良県） 779
鷲ヶ峰（神奈川県） 371
鷲敷（徳島県） 910
鷲崎（新潟県） 401
鷲神社（埼玉県） 202
鷲神社（千葉県） 247
鷲田（福島県） 113
和志取神社（愛知県） 597
鷲取神社（愛知県） 597
鷲ノ窟（奈良県） 779
鷲の宮（茨城県） 133
鷲宮催馬楽神楽（埼玉県） 202
輪島（石川県） 430
輪島湊（石川県） 431
鷲見（滋賀県） 660
鷲宮町（埼玉県） 202
和州（奈良県） 779
和束町（京都府） 685
和田（福島県） 113
和田（東京都） 335
和田（長野県） 513
和田（愛知県） 597
和田（大阪府） 715
和田（島根県） 829
和田（岡山県） 846
和田（広島県） 878
和田家（岐阜県） 534

和田島（徳島県） 910
和田島村（徳島県） 910
和田神社（長野県） 513
和田神社（滋賀県） 660
和田神社（兵庫県） 739
渡津神社（島根県） 829
和多都美神社（長崎県） 1010
渡瀬（福島県） 113
度津神社（新潟県） 401
わだつみ神社（高知県） 966
海神社（兵庫県） 739
海神社（熊本県） 1016
海津見神社（高知県） 966
渡辺開墾（栃木県） 147
渡辺家住宅（秋田県） 70
渡辺健一郎家（群馬県） 173
渡辺村（大阪府） 715
和田乃神社（東京都） 335
渡波（宮城県） 58
和田浜（静岡県） 568
渡部（新潟県） 401
渡部家住宅（秋田県） 70
和田堀廟所（東京都） 335
和田岬（兵庫県） 739
和田山（石川県） 431
和田山町中（兵庫県） 739
渡瀬（埼玉県） 202
渡良瀬（群馬県） 173
渡良瀬遊水地（栃木県） 147
亘理（宮城県） 58
亘理町（宮城県） 58
和知（京都府） 685
ワッハ上方（大阪府） 715
和田寺（兵庫県） 739
和銅寺（石川県） 431
和泊（鹿児島県） 1078
和泊町（鹿児島県） 1078
和名ヶ谷（千葉県） 247
和那美川（福井県） 443
和奈美神社（兵庫県） 739
和那美神社（新潟県） 401
和那美水門祇園社（新潟県） 401
鰐鳴八幡宮（山口県） 896
鰐八集落（福岡県） 993
和納（新潟県） 401
輪之内町（岐阜県） 534
和間海岸（大分県） 1038
藁科川流域（静岡県） 568
藁園神社（滋賀県） 660
蕨（埼玉県） 202
蕨岡（山形県） 89
蕨市（埼玉県） 202
和楽備神社（埼玉県） 202
蕨町（長崎県） 1010
破籠井名（長崎県） 1010
和霊神社（愛媛県） 947
椀貸塚（香川県） 925
わんわん寺（山口県） 896

【ん】

迎里御岳（沖縄県） 1120

監修者略歴

飯澤 文夫（いいざわ・ふみお）

1949年長野県辰野町生まれ。元明治大学図書館勤務。現在、明治大学史資料センター研究調査員、帝京大学学修・研究支援センター非常勤講師（図書館課程）

編　集：「地方史雑誌文献目録」（『月刊 歴史手帖』、名著出版、1979.5-1997.2）
　　　　「地方史研究雑誌目次速報」（『地方史情報』、岩田書院、1997.6-現在）
　　　　『地方史文献年鑑』（岩田書院、1997年版[1999]-現在）
編著書：『飯澤文夫書誌選集―地方史研究雑誌文献情報の編集と書誌調査にもとづく人物研究』（金沢文圃閣、2015、文献探索人叢書26）
　　　　『飯澤文夫書誌選集Ⅱ―明治大学校歌、本の街・神保町、地方史文献調査』（金沢文圃閣、2016、文献探索人叢書29）
監　修：『郷土ゆかりの人々―地方史誌にとりあげられた人物文献目録』（日外アソシエーツ、2016）
　　　　『地名でたどる郷土の歴史―地方史誌にとりあげられた地名文献目録』（日外アソシエーツ、2017）

郷土に伝わる民俗と信仰
―地方史誌にとりあげられた民俗文献目録

2018年7月25日　第1刷発行

監　　修／飯澤文夫
発 行 者／大高利夫
発　　　行／日外アソシエーツ株式会社
　　　　　〒140-0013 東京都品川区南大井6-16-16 鈴中ビル大森アネックス
　　　　　電話 (03)3763-5241（代表）　FAX(03)3764-0845
　　　　　URL http://www.nichigai.co.jp/
発 売 元／株式会社紀伊國屋書店
　　　　　〒163-8636 東京都新宿区新宿 3-17-7
　　　　　電話 (03)3354-0131（代表）
　　　　　ホールセール部（営業）電話 (03)6910-0519

　　　　　電算漢字処理／日外アソシエーツ株式会社
　　　　　印刷・製本／株式会社平河工業社

不許複製・禁無断転載　　　　　　　　　　《中性紙クリームドルチェ使用》
＜落丁・乱丁本はお取り替えいたします＞
ISBN978-4-8169-2729-4　　　**Printed in Japan,2018**

地名でたどる郷土の歴史
―地方史誌にとりあげられた地名文献目録

飯澤文夫 監修　B5・1,240頁　定価（本体18,500円＋税）　2017.12刊

2000〜2014年に日本各地の地方史研究雑誌・地域文化誌に発表された「土地」の歴史に関する文献6.4万点を収録した文献目録。市区町村、旧国・藩、山、川、施設名など、2.2万の地名から引くことができる。

人物レファレンス事典 郷土人物編
第Ⅱ期（2008-2017）

B5・900頁　定価（本体46,000円＋税）　2018.7刊

ある人物が百科事典・人物事典・歴史事典等のどこにどんな見出しで掲載されているかがわかる事典総索引。これまでの『人物レファレンス事典』が対象としてこなかった地方別・県別の事典から収録。調査しづらい、地方で活躍した人物を効率よく調べることができる。

日本全国 歴史博物館事典

A5・630頁　定価（本体13,500円＋税）　2018.1刊

日本全国の歴史博物館・資料館・記念館など275館を収録した事典。全館にアンケート調査を行い、沿革・概要、展示・収蔵、事業、出版物・グッズ、館のイチ押しなどの最新情報のほか、外観・館内写真、展示品写真を掲載。

民俗風俗 図版レファレンス事典

民俗事典、風俗事典、民具事典、生活・文化に関する事典、祭礼・芸能・行事事典、図集・図説・写真集に掲載された日本各地・各時代の民俗・風俗に関する写真や図を探すことができる図版索引。郷土の祭礼、民俗芸能、年中行事、衣食住や生産・生業、信仰、人の一生にまつわることなどに関する写真や図の掲載情報がわかる。図版の掲載頁および写真/図、カラー/白黒の区別、文化財指定、地名、所蔵、行事等の実施時期、作画者、出典、撮影者、撮影年代などを記載。

古代・中世・近世篇

B5・1,110頁　定価（本体46,250円＋税）　2016.12刊

衣食住・生活篇

B5・1,120頁　定価（本体45,000円＋税）　2015.11刊

祭礼・年中行事篇

B5・770頁　定価（本体45,000円＋税）　2015.6刊

データベースカンパニー
日外アソシエーツ

〒140-0013　東京都品川区南大井6-16-16
TEL.（03）3763-5241　FAX.（03）3764-0845　http://www.nichigai.co.jp/